Wiedemann
Handbuch des Kartellrechts

Handbuch des Kartellrechts

Herausgegeben von

Prof. Dr. Gerhard Wiedemann
Rechtsanwalt in Düsseldorf
Honorarprofessor an der Universität Rostock

Bearbeitet von

Dr. Georg-Klaus de Bronett LL. M. (Brügge), Referatsleiter a. D., Europäische Kommission, Brüssel;
Holger Dieckmann LL. M. (Harvard), Hauptverwaltungsrat, Europäische Kommission, Brüssel;
Dr. Rüdiger Dohms, stellvertretender Referatsleiter, Europäische Kommission, Brüssel;
Christian Ewald, Leitender Regierungsdirektor, Bundeskartellamt, Bonn;
Hans-Joachim Hellmann LL. M. (Miami), Rechtsanwalt in Mannheim;
Dr. Wolfgang Kirchhoff, Richter am Bundesgerichtshof, Karlsruhe;
Prof. Christian Klawitter, Rechtsanwalt in Hamburg;
Dr. Tobias Klose, Rechtsanwalt in Düsseldorf;
Dr. Martin Klusmann, Rechtsanwalt in Düsseldorf;
Dr. Hans-Dieter Lübbert, Rechtsanwalt in Hamburg;
Prof. Dr. Thomas Lübbig, Rechtsanwalt in Berlin;
Hartwig Ollerdißen, Vors. Richter am Landgericht, Düsseldorf;
Dr. Burkhard Richter, Rechtsanwalt in Düsseldorf;
Hans-Helmut Schneider, Leitender Regierungsdirektor, Bundeskartellamt, Bonn;
Dr. Markus Schöner M. Jur. (Oxford), Rechtsanwalt in Hamburg;
Dr. Ulrich Scholz LL. M. (Tulane), Rechtsanwalt in Köln;
Prof. Dr. Dirk Schroeder, Rechtsanwalt in Köln;
Dr. Michael Schütte, Rechtsanwalt und Avocat, Brüssel;
Prof. Dr. Daniela Seeliger LL. M. (King's College, London), Rechtsanwältin in Düsseldorf;
Dr. Till Steinvorth, Rechtsanwalt in Düsseldorf;
Prof. Dr. Stefan Thomas, Universität Tübingen;
Julia Topel, Direktorin beim Bundeskartellamt, Bonn;
Dr. Markus Wagemann, Direktor beim Bundeskartellamt, Bonn;
Prof. Dr. Gerhard Wiedemann, Rechtsanwalt in Düsseldorf.

3., neu bearbeitete und erweiterte Auflage
2016

C.H.BECK

Zitiervorschlag:

Wiedemann/Bearbeiter Hdb. KartellR, 3. Aufl. 2016, § … Rdnr. …

www.beck.de

ISBN 978 3 406 65139 7

Wilhelmstraße 9, 80801 München
Satz, Druck, Bindung und Umschlagsatz:
Druckerei C. H. Beck Nördlingen
(Adresse wie Verlag)

Gedruckt auf säurefreiem, alterungsbeständigem Papier
(hergestellt aus chlorfrei gebleichtem Zellstoff)

Vorwort

Die 2. Auflage des Handbuches (2008) ist vom „Markt“ wiederum gut aufgenommen worden. Viele Leser haben die Autoren in ihrer Erwartung bestätigt, dass das Konzept einschließlich der „integrierten“ Bearbeitung des Stoffes einem Bedürfnis der Praxis entspricht. Vor allem die 8. GWB-Novelle machte nunmehr eine Neubearbeitung erforderlich. Sie enthält für alle praktisch bedeutsamen Abschnitte des GWB wichtige Änderungen, insbesondere für die Fusionskontrolle, wo in § 36 Abs. 1 der materielle Prüfungsmaßstab der EG-Fusionskontrolle („SIEC“) in das deutsche Recht übernommen wurde. Ferner wurden das Missbrauchsrecht (§§ 18ff. GWB) neu geordnet und verschiedene sektorspezifische Regelungen geändert. Auch im EU-Kartellrecht waren mehrere Änderungen zu berücksichtigen. Dies betrifft namentlich die neugestalteten Gruppenfreistellungsverordnungen (die Vertikal-GVO Nr. 330/2010, die Technologietransfer-GVO Nr. 316/2014, die GVOs Nr. 1217/2010 für Forschungs- und Entwicklungs-Vereinbarungen und Nr. 1218/2010 für Spezialisierungsvereinbarungen sowie die GVO Nr. 267/2010 für den Versicherungssektor). Zu erwähnen ist ferner die VO Nr. 622/2008 der Kommission zur Einführung eines Vergleichsverfahrens (Settlements) in Kartellverfahren und die im August 2015 erlassene VO Nr. 2015/1348, mit der verschiedene Änderungen in der (Verfahrens-)VO Nr. 773/2004 erfolgten. Die Schadensersatz-Richtlinie des Europäischen Parlamentes und des Rats vom 26.11.2014 wurde schon in die Erläuterungen einbezogen, auch wenn die Frist für die Umsetzung ins nationale Recht erst Ende 2016 abläuft. Eingearbeitet wurden ferner die neuen Verfahrensordnungen des EuGH (2012) und des Gerichts (2015). Angesichts der großen praktischen Bedeutung des Bußgeldverfahrens der Kommission erfolgt in § 46 des Handbuches eine vertiefte Darstellung dieses Themenkreises, namentlich im Zusammenhang mit Kronzeugenanträgen und dem (neuen) Vergleichsverfahren. Schließlich ist in die Einleitung ein Kapitel über die Grundzüge der Wettbewerbsökonomie (§ 7) aufgenommen worden, womit deren gestiegener Bedeutung Rechnung getragen wird und den Lesern ein unmittelbarer Zugriff auf die einschlägigen Fragestellungen ermöglicht werden soll.

Das Handbuch ist ein Werk von Praktikern für Praktiker. Der Autorenkreis setzt sich trotz einiger Änderungen (bis auf eine Ausnahme) weiterhin aus Angehörigen der Richterschaft, Beamten des Bundeskartellamts und der Generaldirektion Wettbewerb der Europäischen Kommission sowie aus auf Kartellrecht spezialisierten Rechtsanwälten zusammen. Die Ausführungen der Kommissionsbeamten geben nur ihre persönliche Meinung wieder, die nicht notwendigerweise die Sicht der Europäischen Kommission widerspiegelt. Die Darstellung des Stoffes erfolgt nach den Themenkomplexen, die die Praxis vorgibt und die, wo immer es zweckmäßig erschien, entsprechend dem „integrierten“ Ansatz des Handbuches sowohl nach deutschem als auch nach EU-Kartellrecht behandelt werden. Dies gilt – neben der Einleitung (§§ 1–7) – für die materiellrechtlichen Ausführungen zu den Themenkreisen Wettbewerbsbeschränkungen zwischen Konkurrenten (§§ 8, 9), vertikale Wettbewerbsbeschränkungen, insbesondere im Vertrieb (§§ 10–13), und Lizenzverträge (§ 14). Bei der Fusionskontrolle sind das deutsche Recht und die EG-Fusionskontrollverordnung alternativ anwendbar; sie werden daher auch separat behandelt (§§ 15–17, 18–21). Daneben treten mit der Missbrauchsaufsicht über marktbeherrschende Unternehmen und dem verbotenen Verhalten von Unternehmen mit relativer oder überlegener Marktmacht (§§ 22–26) weitere praxisrelevante Themen. Den zweiten Schwerpunkt des Handbuches (§§ 32–36) bilden mehrere Sonderbereiche, für die z. T. spezielle kartellrechtliche Vorschriften gelten, nämlich die Landwirtschaft, Versicherungen und Banken, Energie und die öffentlichen Unternehmen im Sinne des Art. 106 AEUV. Zum Montansektor wurde der Abschnitt zu EGKS-Altfällen aktualisiert. Den dritten Hauptteil bilden schließlich Beiträge zu den Themen Sanktionen, Verfahren und Rechtsmittel im deutschen und im EU-Kartellrecht (§§ 40–58) sowie zu den Besonderheiten des Kartellzivilprozesses (§§ 59–62).

Die Ausrichtung an den Bedürfnissen der Praxis ermöglicht und verlangt eine Konzentration auf das Wesentliche. Damit erklären sich vereinzelte Lücken bei weniger bedeutsamen Nebenfragen, die der interessierte Leser unschwer entdecken wird. Das Ziel, ein kompaktes einbändiges Werk vorzulegen, rechtfertigt jedoch nach Auffassung von Verlag und Herausgeber diese Beschränkung. Maßgebend für das Konzept des Handbuches ist weiterhin die Orientierung an der Rechtsprechung und der Entscheidungspraxis der Kartellbehörden, was eigene Stellungnahmen nicht ausschließt. Die Leser, die eine Vertiefung von Einzelfragen wünschen, finden in aller Regel Hinweise auf weiterführende Literatur. Zur Konzentration auf das Wesentliche gehört schließlich der Verzicht auf einen Textanhang. Die Aufnahme der Texte des deutschen und des Unionskartellrechts hätte den Umfang des Werkes erheblich erweitert, ohne dass dem Leser damit etwas Neues geboten worden wäre. Der wesentliche Inhalt der gesetzlichen Regelungen wird ohnehin in den Erläuterungen wiedergegeben.

Die Ausführungen befinden sich überwiegend auf dem Stand vom Mai/Juni 2015; vereinzelt konnten noch neue Entwicklungen in der Entscheidungspraxis der Kartellbehörden und in der Rechtsprechung bis September/Oktober 2015 berücksichtigt werden.

Der Herausgeber dankt allen Autoren/-innen für ihre Tätigkeit, die sie wiederum ganz überwiegend neben ihrem ausgefüllten normalen Berufsalltag leisten mussten.

Im Falle von Unzulänglichkeiten oder bei Verbesserungsvorschlägen ergeht an die Leser die Bitte, Kontakt mit den Autoren oder dem Herausgeber aufzunehmen. Jede Anregung und jeder Hinweis sind willkommen.

Düsseldorf, im Oktober 2015 Gerhard Wiedemann

Bearbeiterverzeichnis

Dr. Georg-Klaus de Bronett, Referatsleiter a. D., Europäische Kommission:
§§ 22, 32

Holger Dieckmann LL.M., Hauptverwaltungsrat, Europäische Kommission:
§§ 40–45, 47 und 48

Dr. Rüdiger Dohms, stellvertretender Referatsleiter, Europäische Kommission:
§ 35

Christian Ewald, Leitender Regierungsdirektor, Bundeskartellamt:
§ 7

Hans-Joachim Hellmann LL. M., Rechtsanwalt, SZA Schilling, Zutt & Anschütz Rechtsanwalts AG:
§ 46

Dr. Wolfgang Kirchhoff, Richter am Bundesgerichtshof:
§§ 10–13

Prof. Christian Klawitter, Rechtsanwalt, Klawitter Neben Platz Zindler:
§ 14

Dr. Tobias Klose, Rechtsanwalt, Freshfields Bruckhaus Deringer LLP:
§§ 51–54

Dr. Martin Klusmann, Rechtsanwalt, Freshfields Bruckhaus Deringer LLP:
§§ 55–58

Prof. Dr. Thomas Lübbig, Rechtsanwalt, Freshfields Bruckhaus Deringer LLP:
§§ 8–9

Dr. Hans-Dieter Lübbert, Rechtsanwalt, CMS Hasche Sigle:
§§ 23–26

Hartwig Ollerdißen, Vors. Richter am Landgericht Düsseldorf:
§§ 59–62

Dr. Burkhard Richter, Rechtsanwalt, Freshfields Bruckhaus Deringer LLP:
§§ 18–21

Hans-Helmut Schneider, Leitender Regierungsdirektor, Bundeskartellamt:
§ 33

Dr. Markus Schöner M. Jur., Rechtsanwalt, CMS Hasche Sigle:
§§ 23–26

Dr. Ulrich Scholz LL. M., Rechtsanwalt, Freshfields Bruckhaus Deringer LLP:
§ 34

Prof. Dr. Dirk Schroeder, Rechtsanwalt, Cleary Gottlieb Steen & Hamilton LLP:
§ 9

Dr. Michael Schütte, Rechtsanwalt:
§ 49

Dr. Daniela Seeliger, Rechtsanwältin, Linklaters LLP:
§§ 11, 13

Dr. Till Steinvorth, Rechtsanwalt, Orrick, Herrington & Sutcliffe LLP:
§§ 18–21

Prof. Dr. Stefan Thomas, Universität Tübingen:
§§ 36, 49

Bearbeiterverzeichnis

Julia Topel, Direktorin beim Bundeskartellamt:
§ 50

Dr. Markus Wagemann, Direktor beim Bundeskartellamt:
§§ 15–17

Prof. Dr. Gerhard Wiedemann, Rechtsanwalt, Freshfields Bruckhaus Deringer LLP:
§§ 1–6, 15, 16, 23

Inhaltsübersicht

Inhaltsübersicht

Inhaltsverzeichnis

1. Kapitel. Einleitung

Seite

§ 1 Regelungszweck und Rechtsquellen

§ 2 Grundzüge des EU-Kartellrechts

Inhaltsverzeichnis

Inhaltsverzeichnis

Seite

Seite

Inhaltsverzeichnis

Inhaltsverzeichnis

5. Kapitel. Fusionskontrolle

1. Abschnitt. Die EG-Fusionskontroll-Verordnung

§ 15 Anwendungsbereich und Zusammenschlusstatbestand

§ 17 Das Verfahren

Seite

Inhaltsverzeichnis

7. Kapitel. Verbotenes Verhalten von Unternehmen mit relativer oder überlegener Marktmacht (§ 20 GWB)

§ 24 Das Missbrauchsverbot für marktstarke Unternehmen (§ 20 GWB) – Anspruchsvoraussetzungen

Inhaltsverzeichnis

Inhaltsverzeichnis

Inhaltsverzeichnis

Inhaltsverzeichnis

Seite

Inhaltsverzeichnis

Seite

Inhaltsverzeichnis

§ 45 Der Abschluss des Verfahrens durch Entscheidung und andere Maßnahmen

§ 46 Geldbußen und Zwangsgelder

Inhaltsverzeichnis

Inhaltsverzeichnis

Inhaltsverzeichnis

Inhaltsverzeichnis

§ 52 Ermittlungsbefugnisse der Kartellbehörden

Seite

§ 53 Kartellverfahrensrecht (GWB, VwGO, VwVfG, VwZG, VwVG)

Inhaltsverzeichnis

Inhaltsverzeichnis

Inhaltsverzeichnis

Inhaltsverzeichnis

§ 60 Zivilprozess und Europäisches Kartellrecht

Seite

§ 61 Zivilprozessualer Rechtsschutz in Kartellsachen

Inhaltsverzeichnis

Seite

§ 62 Schiedsverfahren

Abkürzungs- und Literaturverzeichnis

aA	anderer Ansicht
aaO	am angegebenen Ort
Abk	Abkommen
abl.	ablehnend
ABl.	Amtsblatt der Europäischen Union, Reihe L und C
Abs.	Absatz
Abschn.	Abschnitt
abw.	abweichend
a. E.	am Ende
AEG	Allgemeines Eisenbahngesetz
AEUV	Vertrag über die Arbeitsweise der Europäischen Union
ÄnderungsG	Änderungsgesetz
a. F.	alte Fassung
AfP	Archiv für Presserecht (Jahrgang, Seite)
AG	Aktiengesellschaft/Die Aktiengesellschaft (Jahrgang, Seite)
AGB	Allgemeine Geschäftsbedingungen
AktG	Aktiengesetz
allg.	allgemein
Alt.	Alternative
a. M.	anderer Meinung
Amtl. Begr.	Amtliche Begründung
Anh.	Anhang
Anl.	Anlage(n)
Anm.	Anmerkung(en)
AO	Abgabenordnung
AöR	Archiv des öffentlichen Rechts (Band, Seite)
ARE	Arbeitsgemeinschaft Regionaler Energieversorgungs-Unternehmen
arg.	argumentum
Art.	Artikel
Aufl.	Auflage
AVB	Allgemeine Versorgungsbedingungen
AWD	Außenwirtschaftsdienst des Betriebsberaters (ab 1975: Recht der Internationalen Wirtschaft)
AWR	Archiv für Wettbewerbsrecht (Jahr, Seite)
B.	Beschluss
BAG	Bundesarbeitsgericht
BAKred	Bundesaufsichtsamt für das Kreditwesen
BAnz.	Bundesanzeiger
BauRB	Bau-Rechts-Berater (Jahr, Seite)
BAV	Bundesaufsichtsamt für das Versicherungswesen
BB	Betriebs-Berater (Jahr, Seite)
Bd.	Band
BDEW	Bundesverband der Energie- und Wasserwirtschaft e. V.
BDI	Bundesverband der Deutschen Industrie
Bechtold	Kommentar zum Kartellgesetz, 7. Aufl. 2013
Begr.	Begründung
Bek.	Bekanntmachung
Bekl.	Beklagte(r)
bes.	besonders
betr.	betreffend

Abkürzungs- und Literaturverzeichnis

Bez	Bezeichnung
BFH	Bundesfinanzhof
BGB	Bürgerliches Gesetzbuch
BGBl.	Bundesgesetzblatt (Teil, Jahr, Seite)
BGH	Bundesgerichtshof
BGHSt	Entscheidungen des Bundesgerichtshofs in Strafsachen (Band, Seite)
BGHZ	Entscheidungen des Bundesgerichtshofs in Zivilsachen (Band, Seite)
BGW	Bundesverband der deutschen Gas- und Wasserwirtschaft
BIORecht	BIOR – Die Zeitschrift für Europäisches Lebensmittelrecht (Jahr, Seite)
BKartA	Bundeskartellamt
Bl.	Blatt
BMJ	Bundesministerium der Justiz
BMWi	Bundesministerium für Wirtschaft und Energie
BPatG	Bundespatentgericht
BR	Bundesrat
BR-Drucks.	Bundesratsdrucksache
BSG	Bundessozialgericht
Bspr.	Besprechung
BT	Bundestag
BT-Drucks.	Bundestagsdrucksache
BTOElt	Bundestarifordnung Elektrizität
Buchst.	Buchstabe
Bull.	Bulletin der Europäischen Gemeinschaften
BVerfG	Bundesverfassungsgericht
BVerwG	Bundesverwaltungsgericht
BVM	Bundesminister für Verkehr, Bau und Stadtentwicklung
bzgl.	bezüglich
bzw.	beziehungsweise
ca.	circa
Cass	Cour de Cassation, Paris
CC	Code Civil
CCH	Commerce Clearing House
CCZ	Corporate Compliance Zeitschrift (Jahr, Seite)
CEE	Communauté economique européenne
C. M. L. R.	Common Market Law Reports
C. M. L. Rev.	Common Market Law Review (Band, Jahr, Seite)
CR	Computer und Recht (Jahr, Seite)
D	Deutschland
DB	Der Betrieb (Jahr, Seite)
DBP	Deutsches Bundespatent
DDR	Deutsche Demokratische Republik
ders.	derselbe
d. h.	das heißt
dies.	dieselbe
DIGH	Deutsches Institut zum Schutz von geographischen Herkunftsangaben e. V.
DIHT	Deutscher Industrie- und Handelstag
DIN	Deutsches Institut für Normung
Diss.	Dissertation
DÖV	Die Öffentliche Verwaltung (Jahr, Seite)
DPA	Deutsches Patentamt (München)
DR	Deutsches Recht (Jahr, Seite)
DRiZ	Deutsche Richterzeitung (Jahr, Seite)
Drucks.	Drucksache
DRZ	Deutsche Rechtszeitschrift (Jahr, Seite)
DSD	Duales System Deutschland („Grüner Punkt“)
DVBl.	Deutsches Verwaltungsblatt (Jahr, Seite)
DVG	Deutsche Verbundgesellschaft

DVGRUR	Deutsche Vereinigung für Gewerblichen Rechtsschutz und Urheberrecht
DVO	Durchführungsverordnung
DW	Der Wettbewerb (Jahr, Nr., Seite)
E.	Entscheidung
EAG	Europäische Atomgemeinschaft
EAGV	Vertrag zur Gründung der Europäischen Atomgemeinschaft
ebd.	Ebenda
EBOR	European Business Organisation Law Review (Jahr, Seite)
ECLI	European Case Law Identifier – elektronische Sammlung der Rechtsprechung des EuGH (Teil C) und des Gerichts (Teil T) der Europäischen Union
ECLR	European Competition Law Review
ECU	European Currency Unit
EDV	Elektronische Datenverarbeitung
EEA	Einheitliche Europäische Akte
EG	Europäische Gemeinschaft(en)
EG	Vertrag zur Gründung der Europäischen Gemeinschaft (EG-Vertrag. ab 1.11.1993, zuvor EWGV)
EGBGB	Einführungsgesetz zum Bürgerlichen Gesetzbuch vom 18.8.1896 (RGBl 604)
EGKS	Europäische Gemeinschaft für Kohle und Stahl (Montanunion)
EGKSV	Vertrag über die Gründung der Europäischen Gemeinschaft für Kohle und Stahl
EGMR	Europäischer Gerichtshof für Menschenrechte
EG-Richtl.	EG-Richtlinie(n)
EG-Vertrag	Vertrag zur Gründung der Europäischen Gemeinschaft vom 25.3.1957 mit Änderungen durch den Europäischen Unionsvertrag (Maastricht-Vertrag) und den Amsterdamer Vertrag
Einf.	Einführung
Einl.	Einleitung
EKMR	Europäische Kommission für Menschenrechte
ELR	European Law Review (Jahr, Seite)
EMRK	Europäische Konvention für Menschenrechte
endg.	endgültig
entspr.	entsprechend
EnWG	Energiewirtschaftsgesetz
EP	Europäisches Parlament
EPA	Europäisches Patentamt
EPZ	Europäische Politische Zusammenarbeit
Erl.	Erläuterung
ErstrG	Gesetz über die Erstreckung von gewerblichen Schutzrechten (Erstreckungsgesetz vom 23.4.1992 (BGBI. I 1938))
EStG	Einkommensteuergesetz
EU	Europäische Union
EuG	Gericht (der Europäischen Union)
EuGH (Slg)	Gerichtshof der Europäischen Union (auch Sammlung der Rechtsprechung des Gerichtshofes, Band, Seite)
EuGVÜ	Übereinkommen über die gerichtliche Zuständigkeit und die Vollstreckung gerichtlicher Entscheidungen in Zivil- und Handelssachen
EuR	Europarecht (Jahr, Seite)
EUV	Vertrag über die Europäische Union vom 7. Februar 1992
EuZW	Europäische Zeitschrift für Wirtschaftsrecht (Jahr, Seite)
e. V.	eingetragener Verein
EVU	Energieversorgungsunternehmen
EW	Elektrizitätswirtschaft (Jahr, Seite)
EWG	Europäische Wirtschaftsgemeinschaft

EWGV	Vertrag zur Gründung der Europäischen Wirtschaftsgemeinschaft vom 25.3.1957 (BGBl. II 753)
EWR	Europäischer Wirtschaftsraum
EWRA	Abkommen über den Europäischen Wirtschaftsraum
EWS	Europäisches Wirtschafts- und Steuerrecht (Jahr, Seite)
f.	folgende
F&E	Forschung und Entwicklung
ff.	fortfolgende
FGG	Gesetz über die Angelegenheiten der Freiwilligen Gerichtsbarkeit
FGO	Finanzgerichtsordnung
FIDE	Fédération Internationale de Droit Européen
Fischer	Kommentar zum Strafgesetzbuch, 61. Aufl. 2014
FIW-Schriftenreihe	Schriftenreihe des Forschungsinstituts für Wirtschaftsverfassung und Wettbewerb eV, Köln
FKVO	EG-Fusionskontrollverordnung
FLF	Finanzierung, Leasing, Factoring (Jahr, Seite)
Fn.	Fußnote
FK-Bearbeiter	Jaeger/Kokott/Pohlmann/Schroeder (Hrsg.), Frankfurter Kommentar zum GWB (Loseblatt)
Fs.	Festschrift
FTC	Amtliche Entscheidungssammlung der Federal Trade Commission (USA)
G. oder Ges.	Gesetz
GA/GA'in	Generalanwalt/Generalanwältin
GATT	General Argeement on Tariffs and Trade
GB	Gemeinschaftsbericht
GBl.	Gesetzblatt
GD	Generaldirektion
GebrMG	Gebrauchsmustergesetz idF v 28.8.86 (BGBl. I 1455)
gem.	gemäß
GemS	Gemeinsamer Senat
GenG	Gesetz betreffend die Erwerbs- und Wirtschaftsgenossenschaften
Gericht	Gericht der Europäischen Union (früher: EuG)
GeschmMG	Gesetz betreffend das Urheberrecht an Muster und Modellen
GesR	Gesundheitsrecht, Zeitschrift (Jahr, Seite)
GG	Grundgesetz
ggf.	gegebenenfalls
GK-Bearbeiter	Gesetz gegen Wettbewerbsbeschränkungen und Europäisches Kartellrecht – Gemeinschaftskommentar – Herausgegeben von Hans Müller-Henneberg und Gustav Schwartz, 5. Aufl. 1999 ff.
Gloy/Loschelder-Bearbeiter	Gloy, Handbuch des Wettbewerbsrechts, 4. Aufl. 2010
Gleiss/Hirsch	Kommentar zum EG-Kartellrecht, 4. Aufl. 1993
GmbH	Gesellschaft mit beschränkter Haftung
GmbHG	Gesetz bereffend die Gesellschaften mit beschränkter Haftung
GmbHR	GmbH-Rundschau (Band, Seite)
GO	Gemeindeordnung
Göhler	Kommentar zum Ordnungswidrigkeitsgesetz, 16. Aufl. 2012
Grabitz/Hilf/Nettesheim (auch: *G/H/N*)	Kommentar zur Europäischen Union, Loseblatt
grdl.	grundlegend
grds.	grundsätzlich
GRUR	Gewerblicher Rechtsschutz und Urheberrecht (Jahr, Seite)
GRURAusl/Int	Gewerblicher Rechtsschutz und Urheberrecht, Ausländischer/Internationaler Teil (Jahr, Seite)
GStA	Generalstaatsanwaltschaft

Groeben/Schwarze-Bearbeiter	von der Groeben/Schwarze (Hrsg.), Vertrag über die Europäische Union und Vertrag über die Gründung der Europäischen Gemeinschaft, 6. Aufl., vier Bände, 2003/2004
GU	Gemeinschaftsunternehmen
GüKG	Güterkraftverkehrsgesetz
GUR	Gesamtumsatzrabatt
GVBl.	Gesetz- und Verordnungsblatt
GVG	Gerichtsverfassungsgesetz i. d. F. vom 9.5.1975 (BGBl. I 1077)
GVO	Gruppenfreistellungsverordnung
GWB	Gesetz gegen Wettbewerbsbeschränkungen in der Fassung der Bekanntmachung der Neufassung v. 26. Juni 2013 (BGBl. I S. 1750)
GWR	Gesellschaft- und Wirtschaftsrecht (Jahr, Seite)
HauptGA	Hauptgutachten der Monopolkommission
HB	Hohe Behörde
HGB	Handelsgesetzbuch vom 10.5.1897 (RGBl 219)
h. L.	herrschende Lehre
h. M.	herrschende Meinung
Hrsg.	Herausgeber
Hs.	Halbsatz
IATA	International Air Transport Association
ICC	International Chambre of Commerce
idF	in der Fassung
idR	in der Regel
IHK	Industrie- und Handelskammer
Immenga/Mestmäcker EG WbR	Immenga/Mestmäcker (Hrsg.), Wettbewerbsrecht Band 1. EU/Teil 1 und Teil 2, Kommentar zum Europäischen Kartellrecht, 5. Aufl. 2012
Immenga/Mestmäcker GWB	Immenga/Mestmäcker (Hrsg.),Wettbewerbsrecht Band 2. GWB/Teil 1, Kommentar zum Deutschen Kartellrecht, 4. Aufl. 2007 bzw. 5. Aufl. 2014
insbes.	insbesondere
IP	Information à la presse (Pressemitteilung der Kommission), Jahr, Nummer
IPRax	Praxis des Internationalen Privat- und Verfassungsrechts (Jahrgang, Seite)
iSd/iSv	im Sinne des/im Sinne von
iVm.	in Verbindung mit
iZw	im Zweifel
JECL&P/JECLAP	Journal of European Competition Law & Practice (Jahr, Seite)
JMin	Justizminister(ium)
JO	Journal Officiel
JR	Juristische Rundschau (Jahr, Seite)
JuS	Juristische Schulung (Jahr, Seite)
JW	Juristische Wochenschrift (Jahr, Seite)
JZ	Juristenzeitung (Jahr, Seite)
KAGG	Kapitalanlagegesellschaftsgesetz
Kap.	Kapitel
KartB	Kartellbehörde
KartGer	Kartellgericht
KartKostV	Verordnung über die Kosten der Kartellbehörde vom 16.11.1970 (BGBl. I 1535)
KartR	Kartellrecht
KartRdsch.	Kartell-Rundschau (Jahr, Seite)
KartRegV	Verordnung über die Anlegung und Führung des Kartellregisters (Kartellregisterverordnung)

KartVO	Verordnung gegen den Missbrauch wirtschaftlicher Machtstellungen vom 2.11.1923 (RGBl. 1067)
KAV	Konzessionsabgabenverordnung
KG	Kammergericht, Kommanditgesellschaft
KGaA	Kommanditgesellschaft auf Aktien
KK	*Busche/Röhling* (Hrsg.), Kölner Kommentar zum Kartellrecht, Band 2 – Deutsches Kartellrecht, §§ 35-96, 130, 131 GWB, 2014; Band 4 – Europäisches Kartellrecht, 2013
Kl.	Kläger(in)
KMU	kleine und mittlere Unternehmen
KOG	österr. Kartellobergericht
Komm.	Europäische Kommission
K&R	Kommunikation & Recht (Jahr, Seite)
krit.	kritisch
KRT	Tagung der Kartellreferenten des Bundes und der Länder
KWG	Gesetz über das Kreditwesen i. d. F. vom 11.7.1985 (BGBl. I 1472)
LAG	Landesarbeitsgericht
Langen/Bunte	Kommentar zum deutschen und europäischen Kartellrecht, Band 1 – Deutsches Kartellrecht, Band 2 – Europäisches Kartellrecht, 12. Aufl. 2014
LG	Landgericht
lit.	Buchstabe
LKartB	Landeskartellbehörde
LM	Nachschlagewerk des Bundesgerichtshofs, herausgegeben von Lindenmaier, Möhring u. a.
LPG	Landespressegesetz
Ls	Leitsatz
lt.	laut
LuftVG	Luftverkehrsgesetz
LwVG	Gesetz über das gerichtliche Verfahren in Landwirtschaftssachen
MA	Der Markenartikel (Jahr, Seite)
MarkenG	Gesetz über den Schutz von Marken und sonstigen Kennzeichen (Markengesetz) v. 25.10.1994
MarkenV	Verordnung zur Ausführung des Markengesetzes (Markenverordnung) v. 11.5.2004
MAT	Marine, Aviation and Transport
maW	mit anderen Worten
MBl.	Ministerialblatt
MCR	EEC Merger Control Reporter
MDR	Monatszeitschrift für Deutsches Recht (Jahr, Seite)
MHA	Madrider Herkunftsabkommen
MIF	Multilateral Interchange Fees
Mitt.	Mitteilungen des Verbandes deutscher Patentanwälte
MittBl (MBl)	Mitteilungsblatt der Dt. Vereinigung für gewerbl. Rechtsschutz und Urheberrecht (Jahr, Nummer, Seite)
MIV	Marktinformationsverfahren
MK	Monopolkommission
MMA	Madrider Markenabkommen vom 14.4.1891 betr. internationale Registrierung von Fabrik- und Handelsmarken mit Nachweisen
MüKo	*Bornkamm/Montag/Säcker* (Hrsg.), Münchener Kommentar – Europäisches und Deutsches Wettbewerbsrecht, Band 1 Europäisches Wettbewerbsrecht, Band 2 GWB, 2. Aufl. 2015
MuR	Medien und Recht (Jahr, Seite)
MuW	Markenschutz und Wettbewerb (Jahr, Seite)
mwN	mit weiteren Nachweisen
NA	Normenausschuss
NAAT	No Appreciable Affectation of Trade

n. F.	neue Fassung
NJW	Neue Juristische Wochenschrift (Jahr, Seite)
NJW-RR	NJW-Rechtsprechung-Report Zivilrecht (Jahr, Seite)
Nr.	Nummer
NRW	Nordrhein-Westfalen
NStZ	Neue Zeitschrift für Strafrecht (Jahr, Seite)
NVwZ	Neue Zeitschrift für Verwaltungsrecht (Jahr, Seite)
NZA	Neue Zeitschrift für Arbeits- und Sozialrecht (Jahr, Seite)
NZBau	Neue Zeitschrift für Baurecht und Vergaberecht (Jahr, Seite)
NZKart	Neue Zeitschrift für Kartellrecht (Jahr, Seite)
NZV	Neue Zeitschrift für Verkehrsrecht (Jahr, Seite)
NZS	Neue Zeitschrift für Sozialrecht (Jahr, Seite)
OECD	Organisation for Economic Cooperation and Development
ÖZK	Österreichische Zeitschrift für Kartellrecht (Jahr, Seite)
OHG	offene Handelsgesellschaft
OLG	Oberlandesgericht
OVG	Oberverwaltungsgericht
OWiG	Gesetz über Ordnungswidrigkeiten idF v. 19.2.1987 (BGBl. I 602)
PatG	Patentgesetz idF v. 16.12.1980 (BGBl. 81 I 1)
Prop Ind	La Propriété Industrielle, Zeitschrift des Internationalen Büros zum Schutz des gewerblichen Eigentums
PVÜ	Pariser Verbandsübereinkunft vom 20.3.1883 zum Schutze des Gewerblichen Eigentums
RabelsZ	Zeitschrift für ausländisches und internationales Privatrecht, begründet von Rabel (Jahr, Seite)
RabG	Rabattgesetz
RAL	Vereinbarungen des Ausschusses für Lieferbedingungen und Gütesicherungen beim Deutschen Normenausschuss
Rat	Europäischer Rat
RdE	Recht der Elektrizitätswirtschaft (Jahr, Seite)
Rdnr.	Randnummer
RE	Runderlass; Rechnungseinheiten
Recht	Das Recht (Jahr, Seite)
RegBegr.	Regierungsbegründung
RegE	Regierungsentwurf
RevMC	Revue du Marché Commun (Jahr, Seite)
Rev. trim. dr. eur.	Revue trimestrielle de droit européen
RG	Reichsgericht
RGBl.	Reichsgesetzblatt (Teil, Jahr, Seite)
RGSt	Entscheidungen des Reichsgerichts in Strafsachen (Band, Seite)
RGZ	Entscheidungen des Reichsgerichts in Zivilsachen (Band, Seite)
RiStBV	Richtlinien für das Straf- und Bußgeldverfahren vom 1.1.1977
Riv Dir Ind	Rivista di diritto industriale (Italien)
RIW	Recht der Internationalen Wirtschaft (Jahr, Seite)
RIW/AWD	Recht der internationalen Wirtschaft/Außenwirtschaftsdienst (Jahr, Seite)
Rl/RL	Richtlinie
Rs	Rechtssache
Rspr.	Rechtsprechung
RTDE	Revue trimestrielle du droit européen
RWP	Rechts- und Wirtschaftspraxis (Loseblatt)
RWS-Skript	Kommunikationsforum Recht Wirtschaft Steuern
S.	Seite
s.	siehe
SEP	standard-essentielles Patent

Slg. .... Sammlung der Rechtsprechung des Gerichtshofs und des Gerichts, Teil I – Gerichtshof, Teil II – Gericht (Jahr, Seite)
s. o. .... siehe oben
sog. .... sogenannt(e)
SonderGA .... Sondergutachten der Monopolkommission
Sp. .... Spalte
StabG .... Gesetz zur Förderung der Stabilität und des Wachstums der Wirtschaft vom 8.6.1967 (BGBl. I 582)
StGB .... Strafgesetzbuch
StPO .... Strafprozessordnung idF v 7.4.87 (BGBl. I 1074)
str. .... streitig
stRspr .... ständige Rechtsprechung
StV .... Strafverteidiger (Jahr, Seite)

TB .... Tätigkeitsbericht des Bundeskartellamtes
TKG .... Telekommunikationsgesetz
Transpatent .... Auslandsdienst für Patent-, Muster-, Warenzeichen-, Wettbewerbsrecht und Wirtschaft
Tz. .... Textziffer

U. .... Urteil
u. a. .... unter anderem; und andere
unstr. .... unstreitig
Unterabs. .... Unterabsatz
UrhG .... Gesetz über Urheberschutz und verwandte Schutzrechte vom 9.9.1965
U. S. .... United States Supreme Court Reports
UStG .... Umsatzsteuergesetz (Mehrwertsteuer) vom 29.5.1967
u. U. .... unter Umständen
UWG .... Gesetz gegen den unlauteren Wettbewerb

v. .... vom
VAG .... Versicherungsaufsichtsgesetz
VDEW .... Vereinigung Deutscher Elektrizitätswerke
VDI .... Verein der Deutschen Ingenieure
VEnergR .... Veröffentlichungen des Instituts für Energierecht an der Universität zu Köln (Band, Seite)
Verb. Rs .... Verbundene Rechtssachen
v. Gamm .... Kommentar zum GWB, 2. Aufl. 1990
VG .... Verwaltungsgericht
VGH .... Verwaltungsgerichtshof
VIK .... Verband der Industriellen Energie- und Kraftwirtschaft
vgl. .... vergleiche
VO .... Verordnung
VerfO .... Verfahrensordnung
VersR .... Versicherungsrecht
Vol. .... Volume
Vorbem. .... Vorbemerkung
VuR .... Verbraucher und Recht (Jahr, Seite)
VVG .... Gesetz über den Versicherungsvertrag
VwGO .... Verwaltungsgerichtsordnung
VwVfG .... Verwaltungsverfahrensgesetz
VwVG .... Verwaltungsvollstreckungsgesetz

Wb .... Wettbewerb
WB .... Wettbewerbsbericht der Europäischen Kommission
wbl .... wirtschaftsrechtliche Blätter
WbR .... Wettbewerbsrecht
WbZentrale .... Wettbewerbszentrale zur Bekämpfung unlauteren Wettbewerbs
WIPO .... World Intellectual Property Organization

WiR	Wirtschaftsrecht (Jahr, Seite)
Wistra	Zeitschrift für Wirtschaft – Steuer – Strafrecht
WiVerw	Wirtschaft und Verwaltung – Vierteljahresbeilage zum Gewerbearchiv (Jahr, Seite)
WM	Wertpapier-Mitteilungen (Jahr, Seite)
WRP	Wettbewerb in Recht und Praxis (Jahr, Seite)
WTO	World Trade Organisation
WuW	Wirtschaft u. Wettbewerb (Jahr, Seite)
WuW/E	WuW-Entscheidungssammlung zum Kartellrecht (Rubrik, Seite)
WWU	Wirtschafts- und Währungsunion
WZG	Warenzeichengesetz
z. B.	zum Beispiel
ZD	Zeitschrift für Datenschutz (Jahr, Seite)
Zentrale	Wettbewerbszentrale zur Bekämpfung unlauteren Wettbewerbs
ZfBR	Zeitschrift für deutsches und internationales Bau- und Vergaberecht (Jahr, Seite)
ZfE	Zeitschrift für Energiewirtschaft (Jahr, Seite)
ZGR	Zeitschrift für Unternehmens- und Gesellschaftsrecht (Jahr, Seite)
Ziff.	Ziffer
zit.	zitiert
ZHR	Zeitschrift für das gesamte Handelsrecht und Wirtschaftsrecht (Band, Jahr, Seite)
ZIP	Zeitschrift für Wirtschaftsrecht und Insolvenzpraxis (Jahr, Seite)
ZIS	Zeitschrift für internationale Strafrechtsdogmatik (Jahr, Seite)
ZKA	Zentraler Kreditausschuss
ZPO	Zivilprozessordnung
ZRP	Zeitschrift für Rechtspolitik (Jahr, Seite)
ZS	Zivilsenat
zT	zum Teil
ZugabeVO	Zugabeverordnung (aufgehoben)
ZUM	Zeitschrift für Urheber- und Medienrecht (Jahr, Seite)
zust.	zustimmend, zuständig
zutr.	zutreffend
ZVertriebsR	Zeitschrift für Vertriebsrecht (Jahr, Seite)
ZWeR	Zeitschrift für Wettbewerbsrecht (Jahr, Seite)
ZZP	Zeitschrift für Zivilprozess (Jahr, Seite)

1. Kapitel. Einleitung

§ 1 Regelungszweck und Rechtsquellen

Übersicht

Schrifttum: *Bechtold,* GWB, 7. Aufl., 2013; *Bechtold/Bosch/Brinker/Hirsbrunner,* EG-Kartellrecht, 2. Aufl., 2009; *Bellamy/Child,* Common Market Law of Competition, 7. Aufl. 2013; *Bornkamm/Montag/Säcker* (Hrsg.), Münchener Kommentar – Europäisches und Deutsches Wettbewerbsrecht, Band 1 Europäisches Wettbewerbsrecht und Band 2 GWB, 2. Aufl. 2015; *Busche/Röhling* (Hrsg.), Kölner Kommentar zum Kartellrecht, Band 2 (Deutsches Kartellrecht, 2014) und Band 4 (VO Nr. 1/2003 u. a., 2013, zit.: *KK-Bearbeiter*); *Emmerich,* Kartellrecht, 13. Aufl. 2014; *von Gamm,* Kartellrecht, Kommentar, 2. Aufl. 1990; *Jaeger/Kokott/Pohlmann/Schroeder* (Hrsg.), Frankfurter Kommentar zum Kartellrecht, Stand 81. Ergänzungslieferung September 2014; *Gleiss/Hirsch,* Kommentar zum EG-Kartellrecht, 4. Aufl. Bd. I, 1993; *Grabitz/Hilf/Nettesheim,* Das Recht der Europäischen Union, Bd. II, 51. Ergänzungslieferung – Stand September 2013 (zit.: *G/H/N-Bearbeiter*); *v. d. Groeben/Schwarze,* Vertrag über die Europäische Union und Vertrag zur Gründung der Europäischen Gemeinschaft, 6. Aufl. 2003/2004; *Immenga/Mestmäcker,* Wettbewerbsrecht Band 2 GWB 5. Aufl. 2014; *Immenga/Mestmäcker,* Wettbewerbsrecht Band 1 EU Teil 1 und Teil 2, 5. Aufl. 2012; *Klees,* Europäisches Kartellverfahrensrecht, 2005; *Kling/Thomas,* Kartellrecht, 2007; *Langen/Bunte,* Kartellrecht, Bd. 1, Deutsches Kartellrecht und Bd. 2 Europäisches Kartellrecht, 12. Aufl. 2014; *Loewenheim/Meessen/Riesenkampff* (Hrsg.), Kartellrecht 2. Aufl. 2009; *Mestmäcker/Schweitzer,* Europäisches Wettbewerbsrecht, 3. Aufl. 2014; *Möschel,* Recht der Wettbewerbsbeschränkungen, 1983; *Müller-Henneberg* u. a. (Hrsg.), Gemeinschaftskommentar zum GWB, 5. Aufl. 1999 ff. (zit.: *GK-Bearbeiter*); *Ritter/Braun,* European Competition Law, 3. Aufl. 2004; *Rittner/Dreher/Kulka,* Wettbewerbs- und Kartellrecht, 8. Aufl. 2014; *Säcker/Hirsch/Montag* (Hrsg.), Münchner Kommentar zum Kartellrecht, Bd. 1 – Europäisches Wettbewerbsrecht, 2007, Bd. 2 – GWB, 2008; *Schröter/Jakob/Klotz/Mederer* (Hrsg.), Europäisches Wettbewerbsrecht, 2. Aufl. 2014 (zit.: *S/J/K/M-Bearbeiter*); *Schwalbe/Zimmer,* Kartellrecht und Ökonomie, 2. Aufl. 2011; *Schweitzer,* Judicial review in EU competition law, in *Lianos/Geradin,* Handbook on European Competition Law, 2013, 491 ff.; *Wiedemann,* Kommentar zu den Gruppenfreistellungsverordnungen des EWG-Kartellrechts, Bd. 1, 1989/Bd. 2, 1990.

A. Ziele und Mittel des Kartellrechts

1 Das deutsche Gesetz gegen Wettbewerbsbeschränkungen (im folg.: **GWB**) und der EWG-Vertrag mit seinen Wettbewerbsregeln (Art. 85 ff., jetzt: Art. 101 ff. **AEUV**) traten beide am 1.1.1958 in Kraft. Trotz einiger Unterschiede in der Konzeption verfolgen beide Regelungswerke dasselbe Ziel, nämlich den **Schutz des Wettbewerbs** vor privat veranlassten Beschränkungen (durch Unternehmen). Als Mittel der Wettbewerbsbeschränkung können in erster Linie Verträge und abgestimmte Verhaltensweisen dienen, aber auch einseitige Maßnahmen von Unternehmen. Die dagegen gerichteten zivilrechtlichen, verwaltungsrechtlichen und bußgeldrechtlichen **Sanktionen** des Kartellrechts markieren daher auch eine Grenze der Vertragsfreiheit. Als der klassische Fall der vertraglichen Wettbewerbsbeschränkung gilt das Preiskartell zwischen Konkurrenten, durch das eine Vereinbarung über (Mindest-)Preise zu Lasten Dritter, nämlich der Kunden, getroffen wird. Die zumindest historisch überragende Bedeutung der Kartelle hat dem Rechtsgebiet seinen inoffiziellen Namen gegeben, obwohl damit nur ein Teil des Regelungsgegenstandes angesprochen ist und überdies auch der Kartellbegriff selbst unter dem GWB einen Beurteilungswandel (im Sinne einer Ausdehnung des Tatbestandes) erfahren hat. Im Unionskartellrecht ist die Bekämpfung der Wettbewerbsbeschränkungen eingebettet in das integrationspolitische telos. Daher führte Art. 3 Abs. 1 lit. g EG im Katalog der Tätigkeiten der Gemeinschaft ausdrücklich die Errichtung eines Systems auf, „das den Wettbewerb innerhalb des Binnenmarkts vor Verfälschungen schützt“. Diese Vorschrift wurde zwar – auf Betreiben Frankreichs – durch den **Vertrag von Lissabon** vom 13.12.2007 (in Kraft getreten am 1.12.2009) gestrichen. Stattdessen enthält nunmehr aber ein Anhang zum Vertrag („Protokoll Nr. 27 über den Binnenmarkt und den Wettbewerb“) dieselbe Zielsetzung, so dass sich in der Sache nichts geändert haben dürfte.[1] Bei der Kartellaufsicht wird traditionell zwischen der sog. Verhaltenskontrolle und der Strukturkontrolle unterschieden. Gegenstand der **Verhaltenskontrolle** sind vertragliche Wettbewerbsbeschränkungen und einseitiges, außervertragliches Verhalten insbes. marktbeherrschender Unternehmen. Ziel der **Strukturkontrolle** ist die Erhaltung oder Wiederherstellung von Marktstrukturen, in denen der Wettbewerb seine wirtschafts- und gesellschaftspolitischen Funktionen[2] erfüllen kann. Hierzu zählt insbes. die Fusionskontrolle, die sowohl im Unions- als auch im deutschen Kartellrecht die Entstehung oder Verstärkung marktbeherrschender Stellungen durch externes Unternehmenswachstum verhindern soll (in der EG-FKVO seit 2004 und im GWB seit 2013 eingebettet in den Test der „erheblichen Wettbewerbsbehinderung“). Das weite Feld staatlich veranlasster Wettbewerbsbeschränkungen (z. B. Beihilfen und gesetzliche Monopole für bestimmte wirtschaftliche Tätigkeiten) wird vom GWB überhaupt nicht, vom AEU-Vertrag nur in Teilbereichen geregelt. Der AEU-Vertrag enthält **Wettbewerbsregeln für Beihilfen,** die von den Mitgliedstaaten der Gemeinschaft gewährt werden (Art. 107 ff. AEUV); derartigen Beihilfen (Subventionen) kann ebenfalls wettbewerbsverfälschende Wirkung zukommen. Unabhängig davon erfassen beide Regelungswerke auch das Verhalten staatlicher Organisationen, soweit diese als Unternehmen tätig sind (§ 130 Abs. 1 GWB und Art. 101, 102 iVm. Art. 106 Abs. 1 AEUV).

---

[1] S. dazu *Nihoul/Lübbig,* JECL&P 2010, 91.

[2] Dazu Rdnr. 2.

Der vom AEU-Vertrag und vom GWB bezweckte Schutz des Wettbewerbs beruht auf seinen allgemein anerkannten positiven Wirkungen. Man unterscheidet in diesem Zusammenhang zwischen wirtschaftspolitischen und gesellschaftspolitischen **Funktionen des Wettbewerbs**.[3] Zu den ersteren zählt insbes. seine Steuerungs- oder Ordnungsfunktion, ferner die Antriebs- oder Leistungsfunktion (ständige Verbesserung der Leistungen). Dem Wettbewerb wird auch eine Verteilungsfunktion (Belohnung) entsprechend der Durchsetzung im Markt beigemessen. Ein anderer Aspekt dieses ökonomischen Prozesses ist die Auslesefunktion des Wettbewerbs. Schließlich wird dem Wettbewerb eine gesellschaftspolitische Funktion zugewiesen. Es geht dabei um die Herstellung einer einigermaßen gleichmäßigen Machtverteilung in Wirtschaft und Gesellschaft durch „offene" Märkte. Aufgabe des Wettbewerbs ist es dabei, den Aufbau endgültiger Machtpositionen zu verhindern, durch den die gleiche Freiheit aller anderen bedroht oder beseitigt wird. Die ökonomische Auslesefunktion des Wettbewerbs ermöglicht damit zugleich gesellschaftspolitisch den „Verfall" von Machtpositionen durch Wettbewerb.[4] Da das Unternehmen mit der besten Leistung den größten Markterfolg erzielt, wohnt dem Wettbewerb modelltheoretisch eine Tendenz zur Selbstabschaffung inne. Dieses Risiko realisiert sich freilich – wiederum systemimmanent – in der Regel nicht: Meistens gelingt es den Konkurrenten, den Abstand zum leistungsstärksten Unternehmen aufzuholen oder doch gering zu halten. Außerdem machen auch erfolgreiche Unternehmen Fehler. Dementsprechend kennt die Marktwirtschaft zahlreiche Beispiele vom Aufstieg und Fall großer Unternehmen. 2

Der **Wettbewerbsbegriff** wird weder im AEU-Vertrag noch im GWB definiert. In der Wissenschaft sind hierfür verschiedene Konzepte entwickelt worden. So wird als Wettbewerb z. B. das selbständige Streben sich gegenseitig im Wirtschaftserfolg beeinflussender Anbieter oder Nachfrager (Mitbewerber) nach Geschäftsverbindungen mit Dritten (Kunden oder Lieferanten) durch Inaussichtstellen günstiger erscheinender Geschäftsbedingungen angesehen.[5] Wettbewerb wird aber auch definiert als die wirtschaftlichen Erfordernisse, Risiken und Chancen, die sich für die einzelnen Marktbeteiligten daraus ergeben, dass die Marktpartner unter den verschiedenen Anbietern (Nachfragern) wählen oder dort von dem einen Anbieter (Nachfrager) auf andere ausweichen können.[6] Für die Praxis sind diese Definitionen jedoch nur von begrenztem Wert. Dies beruht vor allem darauf, dass der Wettbewerb ein hochkomplexes System ist, dessen Ergebnisse sich im Allgemeinen nicht vorhersehen lassen. *Von Hayek* hat hierfür den Begriff vom „Wettbewerb als Entdeckungsverfahren" geprägt.[7] 3

Anders als im Unionsrecht ist in Deutschland namentlich im Zusammenhang mit den GWB-Novellen viel über das beste **wettbewerbstheoretische Konzept** diskutiert worden. Das Leitbild des Gesetzgebers hat sich dabei im Laufe der Jahrzehnte gewandelt. Es war dabei trotz aller Akzentverschiebungen stets auf den Angebotswettbewerb fixiert, während für die Probleme des Nachfragewettbewerbs bis heute kein eindeutiges theoretisches Leitbild existiert.[8] In der Begründung zum Regierungsentwurf des GWB[9] hieß es, dass die Marktverfassung des freien Wettbewerbs das Vorhandensein der Marktform des vollkommenen Wettbewerbs als wirtschaftliche Gegebenheit zur Voraussetzung hat. Der Gesetzgeber war damals also noch dem Modell der vollständigen Konkurrenz verpflichtet, dessen 4

---

[3] S. dazu z. B. *Emmerich*, Kartellrecht, S. 3 f.; *Möschel*, Recht der Wettbewerbsbeschränkungen, 1983, S. 41 ff.; *Langen/Bunte-Bunte*, Kartellrecht, Bd. 1, Einleitung zum GWB, Rdnr. 97/98.

[4] S. dazu *Emmerich*, aaO, S. 3 („machtzerstörende … Wirkung des Wettbewerbs").

[5] *Fikentscher*, WuW 1961, 788, 798.

[6] *Knöpfle*, DB 1991, 1433 ff.

[7] *Von Hayek*, Der Wettbewerb als Entdeckungsverfahren, Kieler Vorträge n. F., Heft 56, 1968.

[8] Die Monopolkomm. stellte zu den Beschaffungsmärkten des Einzelhandels in ihrem 23. Sondergutachten, 1994, S. 119 f., fest, es sei „nach wie vor unklar", was unter Nachfragemacht zu verstehen ist. Auch im Hauptgutachten 2010/2011 (2012), Rdnr. 1072/1073 geht die Monopolkomm. in ihrer Untersuchung der Nachfragemacht im Lebensmitteleinzelhandel noch von „begrifflichen und konzeptionellen Herausforderungen" aus und meint, dass es „an einem theoretisch und empirisch entwickelten ökonomischen Konzept und einer entsprechenden Fall- und Rechtspraxis bislang fehlt."

[9] Bei A. V., abgedr. in Gemeinschaftskommentar, 1. Aufl. 1958, S. 1059.

Voraussetzungen wegen zahlreicher Unvollkommenheiten der Märkte inzwischen als weitgehend irreal angesehen werden.[10] Im Regierungsentwurf der 2. GWB-Novelle[11] wurde auf den „funktionsfähigen, wirksamen Wettbewerb", d. h. auf einen Wettbewerb, der seine volkswirtschaftliche Aufgabe möglichst gut erfüllt, abgestellt.[12] Nach den Vertretern des Konzeptes der Wettbewerbsfreiheit[13] hat der Gesetzgeber vor allem darauf zu achten, dass (staatliche oder private) Wettbewerbsbeschränkungen, wo immer sie auftreten, bekämpft werden müssen. Abgesehen davon, dass sich die verschiedenen Konzepte zum Teil überschneiden, wachsen inzwischen die Zweifel an dem Sinn sämtlicher Formen staatlicher Interventionen in den Wettbewerbsprozeß. Als Hauptaufgabe einer rationalen **Wettbewerbspolitik** erweist sich damit die Offenhaltung der Märkte vor künstlichen Beschränkungen, damit alle Machtpositionen von Unternehmen vom Wettbewerb bedroht bleiben und im Zeitablauf wieder abgebaut werden können.[14] Diesem Konzept der Wettbewerbsfreiheit sehen sich seit einigen Jahren auch die Kommission und die Bundesregierung verpflichtet. Dies kommt in der inzwischen erfolgten Deregulierung der lange Zeit nicht vom Wettbewerb geprägten Märkte zum Ausdruck, namentlich im Post- und Telekommunikations-Sektor und in der Energiewirtschaft.[15] Die Diskussion dieses Fragenkreises ist nicht zuletzt deswegen von Bedeutung, weil als größter Feind des Wettbewerbs nicht die Unternehmen anzusehen sind, sondern der Staat.[16] Freilich besteht Einvernehmen darüber, dass unter bestimmten Voraussetzungen (vertragliche) Beschränkungen des Wettbewerbs durch Unternehmen als nützlich angesehen werden können, was sowohl im Unionskartellrecht als auch im GWB zur Schaffung wichtiger Ausnahmetatbestände geführt hat.

5 Der **unlautere Wettbewerb** ist nicht Schutzgegenstand des GWB und der Wettbewerbsregeln des AEU-Vertrages.[17] Hierfür ist in Deutschland das **Gesetz gegen unlauteren Wettbewerb** einschlägig.[18] Daraus folgt unter anderem, dass Vereinbarungen über die Beschränkung unlauteren Wettbewerbs durch das Kartellrecht nicht verboten sind; Probleme ergeben sich, wenn die Unvereinbarkeit der untersagten Verhaltensweise mit dem UWG zweifelhaft ist bzw. eine Partei die Maßstäbe vorgeben kann.[19] Vereinzelt ergeben sich Überschneidungen zwischen Kartellrecht und UWG-Recht; so können z. B. unlautere Verhaltensweisen marktbeherrschender oder marktstarker Unternehmen auch die Tatbestände der §§ 19, 20 GWB erfüllen; umgekehrt sieht das GWB die Anerkennung von Wettbewerbsregeln durch die Kartellbehörden vor (§§ 24 ff. GWB).

6 Durchgesetzt wird das Kartellrecht in beiden Regelungswerken (AEUV und GWB) durch ein System unterschiedlicher **Sanktionen** gegen Unternehmen, das im deutschen Recht auch die in den Unternehmen handelnden natürlichen Personen erfasst. Diese

---

[10] So z. B. *Möschel*, aaO, S. 43 f.; *Emmerich*, aaO, S. 5.

[11] BT-Drucks. VI/2520, S. 34.

[12] S. dazu *Kantzenbach*, Die Funktionsfähigkeit des Wettbewerbs, 2. Aufl. 1967, S. 14/15 und passim; *Herdzina*, Wettbewerbspolitik, 5. Aufl. 1999, S. 33 ff.

[13] *Von Hayek*, aaO; *Hoppmann*, in Festschrift Wessels, 1967, S. 145 ff.

[14] *Emmerich*, aaO, S. 3; *Möschel*, aaO, S. 48, 57.

[15] Zur Abschaffung des Telefonmonopols in der Gemeinschaft s. die Richtlinie 96/19/EG der Kommission, ABl. 1996 L 74/13 ff., mittlerweile ersetzt durch Richtlinie 2002/77/EG, ABl. 2002 L 249/21; zur Deregulierung der Europäischen Stromwirtschaft s. z. B. die Richtlinie des Europäischen Parlaments und des Rates v. 19.12.1996 betreffend gemeinsame Vorschriften für den Elektrizitätsbinnenmarkt, ABl. 1997 L 27/20 ff. – ergänzt durch die sog. Beschleunigungs-Richtlinie 2003/54/EG, ABl. 2003 L 176/37 – sowie das Gesetz zur Neuregelung des Energiewirtschaftsrechts v. 28.4.1998, BGBl. I 730 ff., geändert durch Gesetz vom 24.5.2003, BGBl. I 686. Zu den letzten Änderungen des EuWG s. *Kühling*, RdE 2011, 332 ff. (EnWG 2011) und *Ruge*, EuWZ 2013, 3 ff. (zur EnWG-Novelle 2012).

[16] *Emmerich*, aaO, S. 4.

[17] Begründung zum Regierungsentwurf des GWB, aaO Fn. 9, S. 1076; BGH WuW/E BGH 2347, 2348 – *Aktion Rabattverstöße*.

[18] In der Fassung der Bek. vom 3.7.2004, BGBl. I S. 1414.

[19] *Immenga/Mestmäcker-Zimmer*, Wettbewerbsrecht GWB, 4. Aufl., § 1 Rdnr. 142 f.; *Ritter/Braun*, S. 133 ff.

Sanktionen setzen bereits am Zivilrecht an, indem sie bestimmte vertragliche Vereinbarungen für nichtig erklären, so dass sie vor Gericht nicht durchgesetzt werden können (siehe insbes. Art. 101 Abs. 2 AEUV; für die Verbotstatbestände der §§ 1 und 19, 20 GWB gilt § 134 BGB); außerdem können Kartellrechtsverstöße zu Unterlassungs- oder Schadensersatzansprüchen der davon Betroffenen führen (s. § 33 GWB). Sowohl die Mitgliedstaaten der Union als auch der deutsche Gesetzgeber vertrauten jedoch nicht allein auf die Durchsetzung des Kartellrechts durch die betroffenen Unternehmen, sondern übertrugen diese Aufgabe auch staatlichen Instanzen (im Unionsrecht der Kommission, im deutschen Kartellrecht dem BKartA und den Landeskartellbehörden). Diese Kartellbehörden sind befugt, gegen wettbewerbsbeschränkende Verhaltensweisen mittels verwaltungsrechtlicher Feststellungsentscheidungen bzw. Abstellungsverfügungen vorzugehen. Darüber hinaus verfügen sie über die Befugnis, Geldbußen gegen Unternehmen zu verhängen, die gegen kartellrechtliche Verbote verstoßen haben (siehe dazu insbes. Art. 23 der VO Nr. 1/2003 des Rates und § 81 GWB). Anders als beim UWG bleibt der Schutz des Wettbewerbs also nicht nur der Initiative der betroffenen Konkurrenten und privater Verbände überlassen. Die zivilrechtlichen Sanktionen führen freilich dazu, dass dem Kartellrecht bereits bei der Vertragsgestaltung eine große Bedeutung zukommt.

B. Rechtsquellen des Unionskartellrechts

I. Die Wettbewerbsregeln des AEU-Vertrages

1. Die primärrechtlichen Verbote (Art. 101 ff. AEUV). Der AEU-Vertrag enthält in 7
seinem VII. Titel Wettbewerbsregeln für Unternehmen (Art. 101 bis 106) und für staatliche Beihilfen der Mitgliedstaaten (Art. 107 ff.). Gegenstand dieses Handbuchs sind nur die für Unternehmen geltenden Regelungen. Die genannten Vorschriften – das sog. primäre Unionsrecht – lassen sich in zwei Abschnitte unterteilen, nämlich die mit direkter Wirkung[20] ausgestatteten materiellrechtlichen Verbote wettbewerbsbeschränkender Vereinbarungen (Art. 101 Abs. 1, wobei dieses Verbot mit den in Abs. 3 vorgesehenen Freistellungen eine Einheit bildet) und der missbräuchlichen Ausnutzung marktbeherrschender Stellungen (Art. 102) sowie in die Ermächtigungs- und Zuständigkeitsvorschriften der Art. 103 bis 105 AEUV. Dabei kommt insbes. Art. 103 AEUV große Bedeutung zu. Diese Vorschrift ermächtigt den Rat, Verordnungen und Richtlinien zur Verwirklichung der in Art. 101, 102 AEUV niedergelegten Grundsätze zu erlassen (sog. sekundäres Unionskartellrecht). Davon hat der Rat umfassend Gebrauch gemacht, und zwar auch für so grundlegende Regelungen wie die EG-Fusionskontroll-VO (die daneben auf Art. 23, 5 EGV, jetzt: Art. 352 AEUV, gestützt wurde).[21] Art. 106 enthält Sonderregelungen für öffentliche und monopolartige Unternehmen.[22] Von bisher freilich eher theoretischer Relevanz für das Wettbewerbsrecht sind ferner die sog. **Querschnittsklauseln** der Art. 8 ff. AEUV, in denen u. a. angeordnet wird, dass bei der Festlegung und Durchführung der (anderen) Unionspolitiken (also auch der Wettbewerbspolitik) den „Erfordernissen" im Zusammenhang mit dem Sozialschutz und dem Gesundheitsschutz (Art. 9) sowie denen des Umweltschutzes (Art. 11) und des Verbraucherschutzes (Art. 12) Rechnung zu tragen ist. Die Wettbewerbsregeln des sekundären Unionskartellrechts einschließlich der darauf bezogenen Bekanntmachungen/Leitlinien etc. haben inzwischen einen nur noch schwer zu überblickenden Umfang angenommen. Die von der Kommission zuletzt auf Deutsch veröffentlichte Textsammlung[23] umfasste noch rund 600 Druckseiten. Inzwischen umfasst allein die von der Kommission veröffentlichte dreibändige Textsammlung „Rules Applicable to Antitrust enforcement" mit den EU-Wettbewerbsregeln (freilich ohne die Texte zur EG-Fusionskontrolle) mit Stand zum 1.7.2013 ca.

[20] EuGH U. v. 6.4.1962, Slg. 1962, 105, 111 ff. – *Bosch*.
[21] Dazu Rdnr. 8 ff.
[22] Dazu Überblick in § 2 Rdnr. 12 und ausführlich *Dohms* in § 35.
[23] Amt für amtliche Veröffentlichungen der Europäischen Gemeinschaften, 1995 (Stand: Juni 1994).

700 Seiten,[24] das Antitrust Manual of Procedures (vom März 2012) weitere ca. 280 Seiten. Darüber hinaus hat die Kommission auf ihrer Homepage eine englischsprachige Sammlung der Regelungen zur EU-Fusionskontrolle (EU Competition Law Rules Applicable to Merger Control) mit Stand vom 1.4.2010 veröffentlicht, die einen Umfang von ca. 360 Seiten aufweist.

8 **2. Die EG-Fusionskontrollverordnung des Rates.** Im Gegensatz zu dem inzwischen außer Kraft getretenen EGKS-Vertrag[25] enthielten die Wettbewerbsregeln des EWG-Vertrages (jetzt: AEU-Vertrag) ursprünglich keine Fusionskontrolle. Die Kommission unternahm deshalb im *Continental Can*-Verfahren (1971) den Versuch, über Art. 86 EWG-Vertrag (jetzt: Art. 102 AEUV) auch Unternehmenszusammenschlüsse zu erfassen. Der EuGH folgte dem zwar im Grundsatz;[26] die Konzentrationskontrolle über Art. 86 EWG-Vertrag bzw. später Art. 82 EG hat in der Folgezeit jedoch keine praktische Bedeutung erlangt. Den Durchbruch in ihrem rechtspolitischen Bemühen um die Verabschiedung eines echten Fusionskontroll-Regimes erreichte die Kommission nach dem Erlass des *Philip Morris*-Urteils des EuGH,[27] das eine erhebliche Rechtsunsicherheit ausgelöst hatte. In diesem Urteil hatte der EuGH sogar die Anwendung des Art. 85 EWG-Vertrag (jetzt: Art. 101 AEUV) auf Unternehmenskaufverträge in Betracht gezogen. Der Rat erließ daraufhin auf Vorschlag der Kommission gemäß Art. 87 EWG-Vertrag (jetzt: Art. 103 AEUV) und Art. 235 EWG-Vertrag (jetzt: Art. 352 AEUV) die **Verordnung Nr. 4064/89,** die im September 1990 in Kraft trat. Sie wurde 1997 durch die **Verordnung Nr. 1310/97** mit Wirkung zum 1.3.1998 zum ersten Mal novelliert. Eine zweite Novellierung erfolgte durch die **Verordnung Nr. 139/2004,**[28] die die FKVO Nr. 4064/89 mit Wirkung zum 1.5.2004 ersetzte. Eine weitere Änderung der FKVO zeichnet sich ab.[29] Ergänzt wird die neue FKVO durch die **Verordnung Nr. 802/2004** der Kommission,[30] welche Vorschriften über Anmeldungen, über die Fristen, über die Anhörung und über die Vorlage von Verpflichtungsangeboten der Unternehmen nach der FKVO enthält; Bestandteile dieser sog. Durchführungsverordnung sind auch das **Formblatt CO,** das separate vereinfachte **Formblatt für Anmeldungen** und das **Formblatt RS** für den Antrag auf Verweisung von Fällen an die Kommission oder an einen Mitgliedstaat. Diese Regelungen wurden im Dezember 2013 (VO Nr. 1269/2013) mit Wirkung zum 1.1.2014 geändert. Im Formblatt CO wurden die Anforderungen an die Informationsübermittlung verschärft (insbes. im Abschnitt 5.4); dagegen wurde der Anwendungsbereich für Anmeldungen in vereinfachten Verfahren erweitert, so dass nach der Einschätzung der Kommission inzwischen ca. 60–70% aller Anmeldungen auf diese unkomplizierte Weise geprüft werden dürften.[31] Schließlich gehören zur EG-Fusionskontrolle mehrere Bekanntmachungen der Kommission zu materiellrechtlichen Tatbestandsmerkmalen der VO Nr. 139/2004 und die Leitlinien zur Bewertung horizontaler und nicht-horizontaler Zusammenschlüsse.[32]

9 **3. Die Durchführungs-Verordnungen des Rates zu Art. 101, 102 AEUV.** Während im EU-Kartellrecht bisher erst eine Richtlinie verabschiedet wurde,[33] hat der Rat von

---

[24] Veröff. auf der Homepage der Kommission.

[25] Dazu Rdnr. 29 ff. sowie *Thomas* in § 36.

[26] EuGH U. v. 24.3.1972, Slg. 1972, 157 ff. – *Continental Can.*

[27] EuGH U. v. 17.11.1987, Slg. 1987, 4487 ff.

[28] ABl. 2004 L 24/1.

[29] Im Anschluss an die im Jahre 2013 dazu erfolgte öffentliche Konsultation hat die Kommission 2014 ein Weißbuch zu diesem Themenkreis vorgelegt, s. dazu noch näher in Rdnr. 35.

[30] ABl. 2004 L 133/1ff; durch Art. 25 dieser VO wurde die alte Durchführungs-VO Nr. 447/98 aufgehoben. Die VO Nr. 802/2004 wurde zuletzt durch die VO Nr. 1269/2013 der Kommission (ABl. 2013 L 336/1) geändert.

[31] So Presse-Mitt. der Komm. Nr. IP/13/1214 v. 5.12.2013.

[32] S. dazu *Wagemann/Wiedemann* in §§ 15–17.

[33] Richtlinie Nr. 2014/104/EU des Europäischen Parlaments und des Rates über private Schadensersatzklagen (ABl. EG 2014 L 349/1), dazu näher *Topel* in § 50.

der Ermächtigung des Art. 103 AEUV (früher: Art. 87 EWG-Vertrag bzw. Art. 83 EG) zum Erlass von Verordnungen umfassend Gebrauch gemacht. Von zentraler Bedeutung ist dabei zunächst die (allgemeine) Durchführungs-Verordnung Nr. 1/2003, die mit Wirkung zum 1.5.2004 die bis dahin geltende Verordnung Nr. 17/62 ersetzt hat (dazu a)). Wichtig sind aber auch verschiedene sektorale Verordnungen (dazu b) und c)) sowie ergänzende verfahrensrechtliche Regelungen (dazu d)).

a) Die Verordnung Nr. 1/2003 des Rates und die Verordnung Nr. 773/2004 der Kommission. 10
Die **VO Nr. 1/2003 des Rates**[34] ersetzte mit Wirkung zum 1.5.2004 die bis dahin geltende VO Nr. 17/62.[35] Vorausgegangen war eine intensive Diskussion über den Bedarf nach einer „Reform" des EG-Kartellverfahrensrechts, die durch das Weißbuch der Kommission zur Modernisierung der Vorschriften zur Anwendung der Art. 81 und 82 EG-Vertrag (jetzt: Art. 101, 102 AEUV) aus dem Jahre 1999 angestoßen wurde.[36] Die wesentliche Neuerung der VO Nr. 1/2003 lag in der Einführung eines **Systems der Legalausnahme** unter Abschaffung des früheren Anmeldesystems für wettbewerbsbeschränkende Vereinbarungen. Dies bedeutet, dass die Ausnahmevorschrift des Art. 101 Abs. 3 AEUV nicht mehr einer Umsetzung durch Verwaltungsakt bedarf, sondern – genauso wie vorher bereits Art. 101 Abs. 1 und Art. 102 AEUV (früher: Art. 81 Abs. 1 und Art. 82 EG) – unmittelbar anwendbar ist. Aus diesem Grund sind die in der alten VO Nr. 17/62 enthaltenen Regelungen über Anmeldungen auf Formblatt A/B und Freistellungsentscheidungen nach Art. 81 Abs. 3 EG (vgl. Art. 4, 6 und 8 VO Nr. 17/62) – jetzt: Art. 101 Abs. 3 AEUV – ersatzlos entfallen. Die seinerzeit in Art. 2 VO Nr. 17/62 vorgesehenen Negativatteste enthält die VO Nr. 1/2003 in dieser Form ebenfalls nicht mehr. Stattdessen sieht Art. 10 VO Nr. 1/2003 die Möglichkeit einer von Amts wegen ergehenden Entscheidung über die Feststellung der Nichtanwendbarkeit von Art. 81 oder 82 EG (jetzt: Art. 101 und 102 AEUV) vor. Aufgrund des Systems der Legalausnahme hat eine solche Entscheidung jedoch lediglich deklaratorische Wirkung.[37] Darüber hinaus enthält die Verordnung Ermächtigungsgrundlagen für Feststellungs- bzw. Abstellungsentscheidungen der Kommission (Art. 7), für einstweilige Maßnahmen (Art. 8) und – als weitere Neuerung – für Entscheidungen, mit denen Verpflichtungszusagen seitens der Unternehmen für verbindlich erklärt werden (Art. 9). Die Beachtung der in Art. 81 Abs. 1 und Art. 82 (jetzt: Art. 101 und Art. 102 AEUV) enthaltenen Verbote wird weiterhin durch die Befugnis zur Verhängung von Geldbußen und Zwangsgeldern (Art. 23 und 24) gewährleistet. Eine Neuregelung erfuhr ferner die Zuständigkeit für die Anwendung der EG-Wettbewerbsregeln. Neben der Kommission sind seit 2004 nach Art. 5 und 6 der VO Nr. 1/2003 auch die Wettbewerbsbehörden und Gerichte der Mitgliedstaaten für die Anwendung der Art. 81 und 82 EG (jetzt: Art. 101, 102 AEUV) zuständig, womit das frühere Freistellungsmonopol der Kommission nach Art. 81 Abs. 3 EG (jetzt: Art. 101 Abs. 3 AEUV) entfallen ist. Gemäß Art. 11 Abs. 6 VO Nr. 1/2003 endet die Zuständigkeit der Wettbewerbsbehörden eines Mitgliedstaates jedoch, wenn die Kommission ein Verfahren zum Erlass einer Entscheidung nach den Artikeln 7 bis 10 der VO Nr. 1/2003 einleitet (sog. **Selbsteintrittsrecht** der Kommission). Um die Effektivität der (grundsätzlich) dezentralen Durchsetzung der Wettbewerbsregeln zu gewährleisten, haben die Kommission und die nationalen Wettbewerbsbehörden ein Europäisches (Wettbewerbs-)Netzwerk (ECN) aufgebaut.[38] Regeln über die Zusammenarbeit zwischen der Kommission und den mitgliedstaatlichen Wettbewerbsbehörden enthalten die Art. 11 bis 14 der VO Nr. 1/2003. Art. 15 und 16 der VO Nr. 1/2003 regeln die Zusammenarbeit der Kommission mit den nationalen Gerichten. Dabei wird in Art. 16

---

[34] ABl. 2003 L 1/1 ff.

[35] ABl. 1962 L 13/204 ff.

[36] S. zur Entstehungsgeschichte *GK-Schütz*, Einführung zur VO 1/2003, Rdnr. 34 ff.

[37] *GK-Schütz*, Art. 10 VO 1/2003 Rdnr. 6; *Mestmäcker/Schweitzer*, Europäisches Wettbewerbsrecht, 2. Aufl., § 19 Rdnr. 9 f.

[38] Dazu z.B. *Italianer*, The ECN, convergence and enforcement of EU competition law: achievements and challenges, Vortrag v. 3.10.2013, veröff. auf der Homepage der Kommission.

Abs. 1 angeordnet, dass Entscheidungen der Kommission auch für die Gerichte der Mitgliedstaaten verbindlich sind (was eine bemerkenswerte Ausnahme vom Prinzip der Gewaltenteilung darstellt). Die VO Nr. 1/2003 gilt grundsätzlich für alle Wirtschaftsbereiche. Die für den Verkehrssektor geltenden Ausnahmen werden in Rdnr. 12 behandelt.

11 Art. 33 VO Nr. 1/2003 ermächtigt die Kommission, Ausführungsbestimmungen über Form, Inhalt und andere Einzelheiten der **Beschwerden** nach Art. 7 sowie das Verfahren zur Abweisung einer Beschwerde, die praktische Durchführung des Informationsaustausches und der Konsultation nach Art. 11 sowie über die Anhörung der Unternehmen nach Art. 27 zu erlassen. Auf dieser Grundlage erließ die Kommission 2004 die **Durchführungsverordnung Nr. 773/2004,** die im August 2015 durch die **VO Nr. 2015/1348** im Zusammenhang mit der Schadensersatz-Richtlinie in einigen Punkten geändert wurde.[39] Teil dieser VO ist auch das **Formblatt C,** das natürliche und juristische Personen bei Beschwerden nach Art. 7 der VO Nr. 1/2003 verwenden sollen.

12 *b) Die Rats-Verordnungen für den Verkehrssektor.* Die Vorschriften des AEU-Vertrages über die gemeinsame Verkehrspolitik (Art. 90 ff., früher Art. 70 ff. EG) enthalten keine ausdrückliche Regelung über die Anwendbarkeit der Wettbewerbsregeln. Art. 91 sieht jedoch eine umfassende Ermächtigung des Rates zum Erlass aller zweckdienlichen Vorschriften für die Verwirklichung einer gemeinsamen Verkehrspolitik vor. Aufgrund von Art. 87 EWGV (jetzt: Art. 103 AEUV) erklärte der Rat 1962 parallel zur Verabschiedung der VO Nr. 17/62 diese VO auf die Unternehmen des Verkehrs für nicht anwendbar **(VO Nr. 141/62 des Rates).**[40] Maßgebend für diese Ausnahmeregelung waren die „Besonderheiten dieses Wirtschaftsbereichs". Die Ausnahme war allerdings begrenzt auf Vereinbarungen etc., die „unmittelbar die Erbringung von Verkehrsleistungen betreffen".[41] Für den Eisenbahn-, Straßen- und Binnenschiffsverkehr wurde die Ausnahme befristet bis zum 30.6.1968 (die entsprechende Durchführungs-VO Nr. 1017/68 trat am 1.7.1968 in Kraft); für den Luft- und den Seeverkehr sollte sie unbefristet gelten, weil seinerzeit noch nicht abzusehen war, wann der Rat für jene Bereiche Durchführungsverordnungen nach Art. 87 EWGV erlassen würde. Diese Verordnungen ergingen für den Seeverkehr 1986 und für den Luftverkehr 1987.[42] Die VO Nr. 141/62 wurde mit Wirkung zum 1.5.2004 durch Art. 43 Abs. 2 VO Nr. 1/2003 aufgehoben, da der Grund für die bis dahin geltende Rechtszersplitterung durch die Klarstellung des EuGH,[43] dass die Wettbewerbsregeln des EG-Vertrages auch für den Verkehrssektor gelten, entfallen war.[44] Die VO Nr. 1/2003 gilt somit nunmehr grundsätzlich auch für den Verkehrssektor. Durch die VO Nr. 1/2003 wurden die Rats-Verordnungen Nr. 1017/68, Nr. 4056/86 und Nr. 3975/87, die besondere Regelungen für den Verkehrssektor enthielten, entweder grundlegend geändert oder aufgehoben. Aufgehoben wurden insbes. die Regelungen über Anmeldungen und Beschwerden sowie über Bußgelder und Zwangsgelder. Deshalb sind die früher aus der Schaffung verschiedener Durchführungsverordnungen für den Verkehrssektor resultierenden Probleme weitgehend entfallen. Die VO Nr. 1/2003 findet nunmehr auch im Geltungsbereich dieser Sektorenverordnungen Anwendung.[45] Dies gilt insbes. für das Prinzip der Legalausnahme. Die Ausnahmeregelung in Art. 32 VO Nr. 1/2003 für internationale Trampdienste nach Art. 1 Abs. 3 lit a) der VO (EWG) Nr. 4056/86 und für innerstaatliche Seeverkehrsleistungen wurde mit Wirkung zum 18.10.2006 durch die Rats-VO Nr. 1419/2006 aufgehoben.[46]

---

[39] ABl. 2004 L 123/18 ff. bzw. ABl. 2015 L 208/3 ff.
[40] ABl. 1962, S. 2751.
[41] Letzte BE der VO Nr. 141 des Rates sowie Art. 1.
[42] Dazu bei Rdnr. 15 und 17.
[43] Vgl. EuGH U. v. 30.4.1986, Slg. 1986, 1457 Rdnr. 42 – *Ministère Public/Asjes („Nouvelles Frontières").*
[44] Vgl. Erwägungsgrund 36 der VO Nr. 1/2003; s. auch *Klees*, Europäisches Kartellverfahrensrecht, § 1 Rdnr. 49 f.
[45] Zu jüngeren Verfahren der Komm. s. *Rabinovici*, JECL&P 2014, 227 ff.
[46] S. dazu noch Rdnr. 15.

Die zum 1.7.1968 durch den Rat erlassene **Durchführungs-VO über die Anwendung der Wettbewerbsregeln auf dem Gebiet des Eisenbahn-, Straßen- und Binnenschiffsverkehrs Nr. 1017/68**[47] wurde durch Art. 36 VO Nr. 1/2003 grundlegend geändert. Nunmehr unterliegt auch der Bereich des Eisenbahn-, Straßen- und Binnenschiffsverkehrs grundsätzlich der **VO Nr. 1/2003.** Da mittlerweile die Geltung der Wettbewerbsregeln des AEU-Vertrages auch für den Verkehrssektor anerkannt ist, wurden die materiellen Vorschriften der VO Nr. 1017/68, die weitgehend denen der Art. 81, 82 und 86 EG (jetzt: Art. 101, 102 AEUV) entsprachen (insbes. Art. 2 und Art. 8), aufgehoben. Die Verordnung weist jedoch nach wie vor einige Besonderheiten auf, namentlich die Legalausnahme für bestimmte technische Kooperationsvereinbarungen (Art. 3) und für Vereinbarungen zwischen kleinen und mittleren Unternehmen (Art. 4). Im Jahre 2009 wurde die alte Rats-VO Nr. 1017/68 aus Gründen der Übersichtlichkeit und Klarheit durch die **Rats-VO Nr. 169/2009** über die Anwendung von Wettbewerbsregeln auf dem Gebiet des Eisenbahn-, Straßen-, und Binnenschiffsverkehrs[48] aufgehoben bzw. ersetzt.[49] 13

Die **Verordnungen Nr. 2842/98 und Nr. 2843/98,** die früher Regelungen über die Anhörung sowie über die Form, den Inhalt und andere Einzelheiten der Anträge und Anmeldungen nach der VO Nr. 1017/68 enthielten,[50] wurden durch Art. 18 **VO Nr. 773/2004**[51] aufgehoben, so dass diese Durchführungs-VO nunmehr auch für Verfahren im Geltungsbereich der VO Nr. 1017/68 bzw. der Nachfolge-VO Nr. 169/2009 gilt. 14

Auch die verfahrensrechtlichen Bestimmungen der **Durchführungs-VO des Rates über die Einzelheiten der Anwendung der Art. 85 und 86 des Vertrages auf den Seeverkehr (VO Nr. 4056/86 des Rates)**[52] wurden zunächst durch Art. 38 der **VO Nr. 1/2003** weitgehend aufgehoben, so dass auch in diesem Bereich die VO Nr. 1/2003 Anwendung findet. Zu den vorübergehend weiterhin bestehenden Besonderheiten zählte wiederum eine Legalausnahme für technische Vereinbarungen (Art. 2), ferner die – inzwischen gegenstandslose – (Gruppen-)Freistellung für Wettbewerbsbeschränkungen iVm. **Linienkonferenzen** (Art. 3 und Art. 6). Im Oktober 2004 veröffentlichte die Kommission ein Weißbuch zur Überprüfung der VO Nr. 4056/86 über die Anwendung der EG-Wettbewerbsregeln auf den Seeverkehr. Daran anknüpfend kündigte die Kommission im Dezember 2005 an, dem Rat die Abschaffung dieser GVO für Linienkonferenzen vorzuschlagen. Der Rat beschloss diese Aufhebung mit der **VO Nr. 1419/2006** vom 25.9.2006[53] mit Wirkung zum 18.10.2006. Diese Rats-VO ordnete außerdem die (endgültige) **Aufhebung der VO (EWG) Nr. 4056/86** sowie umgekehrt die Ausweitung des Anwendungsbereichs der VO Nr. 1/2003 auf **Kabotage und internationale Trampdienste** an. Anstelle der früher geltenden VOs Nr. 2842/98 und Nr. 2843/98 über die Anhörung sowie über die Form, den Inhalt und andere Einzelheiten der Anträge und Anmeldungen nach der VO Nr. 4056/98[54] regelt nunmehr auch in diesem Segment des Verkehrssektors die **VO Nr. 773/2004**[55] die Durchführung des Verfahrens. Diese VO wurde durch die VO Nr. 1419/2006 auf die Kabotage und Trampdienste ausgeweitet. Seit dem 18.10.2006 fallen somit sämtliche Seeverkehrsdienstleistungen unter die allgemeinen Verfahrensvorschriften. Die Kommission veröffentlichte 2008 für die neue Rechtslage **Leitlinien** über die Anwendung von Art. 81 des EG-Vertrages (jetzt: Art. 101 AEUV) auf Seeverkehrsdienst- 15

---

[47] ABl. 1968 L 175/1 ff.
[48] ABl. 2009 L 61/1 ff.
[49] Näher zur VO Nr. 169/2009 *KK-Rother/von Merveldt,* Bd. 4, Syst. I – *Landverkehr,* Rdnr. 1 ff. und *S/J/K/M-Janutta/Stehmann,* Europ. WbR, 2. Aufl. 2014, B., Rdnr. 14 ff. (S. 1348 ff.).
[50] ABl. 1998 L 354/18 ff.
[51] ABl. 2004 L 123/18.
[52] ABl. 1986 L 378/4. Zum Seeverkehrskartellrecht s. näher *KK-Raimann,* Bd. 4, Syst. III Rdnr. 1 ff., *MüKo-Schröter,* Bd. 1, SB Verkehr (S. 1441 ff.) und *S/J/K/M-Janutta/Stehmann,* Europ. WbR, 2. Aufl. 2014, B., Rdnr. 88 ff. (S. 1365 ff.).
[53] ABl. 2006 L 269/1 ff. Dazu auch Komm., Presse-Mitt. Nr. IP/06/1249 und IP/06/1283.
[54] ABl. 1998 L 354/18 ff.
[55] ABl. 2004 L 123/18.

leistungen.[56] Diese Leitlinien galten für fünf Jahre (bis September 2013); sie wurden nicht verlängert, weil die Kommission ihr Ziel, den Übergang von sektorspezifischen zu allgemeinen wettbewerbsrechtlichen Bestimmungen für den Seeverkehr zu erleichtern, als erreicht ansah.[57]

16 Zu den Wettbewerbsregeln für den **Seeverkehr** gehört ferner die **VO Nr. 479/92 des Rates**[58] über die Anwendung des Art. 85 Abs. 3 des Vertrages (jetzt: Art. 101 Abs. 3 AEUV) auf bestimmte Gruppen von Vereinbarungen, Beschlüssen und aufeinander abgestimmte Verhaltensweisen zwischen **Seeschiffahrtsunternehmen (Konsortien).** Es handelte sich dabei um die Ermächtigungsgrundlage für eine entsprechende Gruppenfreistellungs-VO der Kommission. Eine erste darauf basierende Gruppenfreistellungs-VO Nr. 870/95[59] erließ die Kommission im Jahre 1995. Diese Verordnung wurde durch die **Gruppenfreistellungs-VO Nr. 823/2000**[60] ersetzt und im Jahre 2005 durch die **VO Nr. 611/2005** geändert.[61] Im Jahre 2009 wurde sie auf der Grundlage einer neuen **Ermächtigungs-VO des Rates (VO Nr. 246/2009)**[62] abgelöst durch die **VO Nr. 906/2009** der Kommission vom 28.9.2009 über Seeschiffahrtskonsortien,[63] wobei die neue Rats-VO wiederum aus Gründen der Übersichtlichkeit und Klarheit in einer die früheren Änderungen konsolidierenden Fassung erlassen wurde. Die Voraussetzungen für die Gruppenfreistellung wurden dadurch vereinfacht und wesentlich geändert. Die VO Nr. 906/2009 sollte am 25.4.2015 auslaufen; sie wurde aber durch die VO Nr. 697/2014 vom 24.6.2014 um fünf Jahre, d.h. bis zum 25.4.2020, verlängert.[64]

17 Die 1987 durch den Rat erlassene **VO Nr. 3975/87 über die Einzelheiten der Anwendung der Wettbewerbsregeln auf Luftfahrtunternehmen**[65] ist mittlerweile gegenstandslos.[66] Zunächst wurden durch Art. 39 **VO Nr. 1/2003**[67] die Art. 3 bis 19 der VO Nr. 3975/87 – mit Ausnahme des Art. 6 Abs. 3 – mit Wirkung zum 1.5.2004 aufgehoben. Anschließend wurden auch die Art. 1, 2 und 20 durch die **VO Nr. 411/2004**[68] des Rates aufgehoben. Demnach gilt nur noch Art. 6 Abs. 3 VO Nr. 3975/87 für die vor dem 1.5.2004 getroffenen Entscheidungen nach Art. 81 Abs. 3 EG (jetzt: Art. 101 Abs. 3 AEUV) fort. Nachdem Art. 32 lit. c VO Nr. 1/2003, der zunächst den Luftverkehr zwischen Flughäfen der Gemeinschaft und Drittländern vom Anwendungsbereich der Verordnung ausnahm, durch Art. 3 VO Nr. 411/2004 ebenfalls gestrichen wurde, gilt die VO Nr. 1/2003 nunmehr für den gesamten Luftverkehr.

18 Parallel zur VO Nr. 3975/87 ermächtigte der Rat die Kommission zum Erlass von **Gruppenfreistellungs-VO im Luftverkehrssektor.** Einschlägig war zunächst die **VO Nr. 3976/87 des Rates.**[69] Der Anwendungsbereich dieser VO wurde 2004 durch die Rats-VO Nr. 411/2004 auf Sachverhalte betreffend den Luftverkehr zwischen der Gemeinschaft

---

56 ABl. 2008 C 245/2 ff.

57 Komm., Presse-Mitt. Nr. IP/13/222 v. 19.2.2013.

58 ABl. 1992 L 55/3.

59 ABl. 1995 L 89/7.

60 ABl. 2000 L 100/24, geändert durch die VO Nr. 453/2004 der Kommission (ABl. 2004 L 77/23).

61 ABl. 2005 L 101/10 ff.

62 ABl. 2009 L 79/1.

63 ABl. 2009 C 256/31 ff.

64 ABl. 2014 L 184/3; s. dazu auch Komm., Entwurf einer Änderungs-VO zur VO Nr. 906/2009, ABl. 2014 C 56/1.

65 ABl. 1987 L 374/1, geändert durch die VO Nr. 1284/91 des Rates (ABl. 1991 L 122/2) sowie durch die VO Nr. 2410/92 des Rates (ABl. 1992 L 240/18).

66 Zum Luftverkehrskartellrecht s. näher *KK-zu Solms-Sieglin*, Bd. 4, 2013, Syst. II, Rdnr. 1 ff., 163 und *S/J/K/M-Janutta/Stehmann*, Europ. WbR, 2. Aufl. 2014, B., Rdnr. 211 ff. (S. 1388).

67 ABl. 2003 L 1/1.

68 ABl. 2004 L 68/1.

69 ABl. 1987 L 374/9, geändert durch die VO Nr. 2344/90 des Rates (ABl. 1990 L 217/15), durch die VO Nr. 2411/92 des Rates (ABl. 1992 L 240/19) und durch die VO Nr. 411/2004 des Rates (ABl. 2004 L 68/1).

und Drittstaaten erweitert.[70] Im Jahre 2009 wurde die VO Nr. 3976/87 aufgehoben bzw. durch die **Rats-VO Nr. 487/2009** zur Anwendung von Art. 81 Abs. 3 des Vertrages (jetzt: Art. 101 Abs. 3 AEUV) auf bestimmte Gruppen von Vereinbarungen etc. im Luftverkehr[71] ersetzt. Diese legislative Maßnahme erfolgte vor allem aus Gründen der Übersichtlichkeit und Klarheit wegen der mehrfachen früheren Änderungen (dazu BE Nr. 1). Ursprünglich hatte die Kommission auf der Grundlage der alten Ermächtigungs-VO drei GVOs erlassen. Die erste dieser GVOs betraf Gruppen von Vereinbarungen zwischen Unternehmen, Beschlüssen von Unternehmensvereinigungen und aufeinander abgestimmte Verhaltensweisen **zur gemeinsamen Planung und Koordinierung der Kapazität, der Aufteilung der Einnahmen, der Tarifkonsultationen im Flugverkehr** sowie der Zuweisung von Zeitnischen auf Flughäfen.[72] Diese VO wurde später durch die GVO Nr. 84/91[73] ersetzt. Nach einer Verlängerung wurde sie mit Wirkung zum 1.7.1993 ersetzt durch die **GVO Nr. 1617/93** der Kommission zur Anwendung von Art. 85 Abs. 3 EGV auf Gruppen von Vereinbarungen, Beschlüssen und aufeinander abgestimmten Verhaltensweisen betreffend die gemeinsame Planung und Koordinierung von Flugplänen, den gemeinsamen Betrieb von Flugdiensten, Tarifkonsultationen im Personen- und Frachtlinienverkehr sowie die Zuweisung von Zeitnischen auf Flughäfen.[74] Diese GVO wurde in Gestalt der GVO Nr. 1459/2006 noch einmal mit eingeschränktem Inhalt (nur noch für Tarifkonsultationen betreffend Flüge aus der EU in bestimmte Drittstaaten) verlängert, im Juni 2007 allerdings mit Wirkung zum 30.6.2007 bzw. 31.10. aufhoben.[75] Die zweite GVO in diesem Bereich betraf **Vereinbarungen** zwischen Unternehmen **über computergesteuerte Buchungssysteme** (CRS) für den Luftverkehr (GVO Nr. 2672/88).[76] Diese VO wurde zunächst durch die GVO Nr. 83/91[77] ersetzt. Sie wurde mehrfach verlängert, zuletzt durch die VO Nr. 1618/93 der Kommission[78] bis zum 31.12.1993. Mit Wirkung zum 1.1.1994 wurde sie durch die GVO Nr. 3652/93 über computergesteuerte Buchungssysteme für den Luftverkehr ersetzt.[79] Diese GVO lief am 30.6.1998 aus. Maßgebend dafür war die Entwicklung der CRS zu eigenständigen, von den Luftfahrtunternehmen weitgehend unabhängigen Anbietern und die Verabschiedung einer Rats-VO mit inhaltlichen Anforderungen an solche Systeme. Eine dritte GVO regelte Vereinbarungen zwischen Unternehmen, Beschlüsse von Unternehmensvereinigungen und aufeinander abgestimmte Verhaltensweisen bezüglich **Versorgungsleistungen auf Flughäfen** (GVO Nr. 2673/88).[80] Sie wurde später ersetzt durch die GVO Nr. 82/91.[81] Auch diese VO wurde mangels praktischer Bedeutung nicht verlängert und lief Ende 1992 aus. Derzeit enthält das Unionskartellrecht damit zwar eine Ermächtigungs-VO, aber keine auf dieser Grundlage ergangenen GVOs.

c) Die VO Nr. 1184/2006 (Landwirtschaft). Eine Sonderstellung innerhalb der Wettbe- 19
werbsregeln nimmt der Bereich der Landwirtschaft ein (dazu näher *de Bronett* in § 32). Aus Art. 42 Abs. 1 AEUV (früher: Art. 36 Abs. 1 EG) folgt, dass die Anwendung der im Vertrag vorgesehenen Wettbewerbsregeln auf die Produktion landwirtschaftlicher Erzeugnisse und den Handel mit diesen zum Wesen der gemeinsamen Agrar-Politik gehört und dass die nachstehenden Vorschriften unter Berücksichtigung der Entwicklung dieser Politik

[70] Vgl. Art. 2 der VO Nr. 411/04, ABl. 2004 L 68/1.

[71] ABl. 2009 L 148/1 ff. Dazu *KK-zu Solms-Sieglin* Bd. 4, Syst. II, Rdnr. 1ff, 164.

[72] VO Nr. 2671/88, ABl. 1988 L 239/9.

[73] ABl. 1991 L 10/14 ff.

[74] ABl. 1993 L 155/18 ff., zuletzt geändert durch die VO Nr. 11105/2002 der Komm. v. 25.6.2002, ABl. 2002 L 167/6.

[75] Komm., Presse-Mitt. Nr. IP/07/973 v. 29.6.2007. Zu den Plänen der Komm. zur eingeschränkten Verlängerung der Vorgänger-GVO s. Presse-Erklärung IP/05/1432 v. 16.11.2005.

[76] ABl. 1988 L 239/13.

[77] ABl. 1991 L 10/9 ff.

[78] ABl. 1993 L 155/23.

[79] ABl. 1993 L 333/37 ff.

[80] ABl. 1988 L 239/17.

[81] ABl. 1991 L 10/7 ff.

ergänzt werden müssen. Der Rat hat daher zunächst in der **VO Nr. 26/62** und später in der **VO Nr. 1184/2006**[82] entsprechende Regelungen verabschiedet. Er hat dort die grundsätzliche Geltung der Art. 81 bis 86 EG (jetzt: Art. 101 bis 106 AEUV) postuliert (Art. 1), jedoch eine Einschränkung für solche Vereinbarungen angeordnet, die wesentlicher Bestandteil einer einzelstaatlichen Marktordnung sind oder zur Verwirklichung der Ziele des Art. 33 EG (jetzt: Art. 39 AEUV) notwendig sind (Art. 2 Abs. 1). Die Reichweite dieser Legalausnahme wirft eine Reihe von Auslegungsfragen auf. In Art. 2 Abs. 2 ist daher vorgesehen, dass die Kommission die Befugnis hat, durch Entscheidung festzustellen, welche Vereinbarungen etc. die Voraussetzungen des Art. 2 Abs. 1 erfüllen.

20 *d) Die Verordnungen des Rates über die Verfolgungs- und Vollstreckungsverjährung.* Durch die ursprünglichen Durchführungs-VOs des Rates (insbes. die VO Nr. 17/62) wurde der Kommission zwar das Recht eingeräumt, Geldbußen und andere Sanktionen gegen Unternehmen und Unternehmensvereinigungen zu verhängen. Eine Regelung über die Verfolgungs- und Vollstreckungsverjährung enthielten diese VOs jedoch nicht. Diesen Mangel behob der Rat durch die **VO Nr. 2988/74.**[83] Sie deckte über die allgemeine Durchführungs-VO Nr. 17/62 hinaus auch alle Zuwiderhandlungen „im Verkehrs- oder Wettbewerbsrecht" der EG ab, und zwar ausdrücklich auch für die Bereiche, für die der Rat seinerzeit noch keine Durchführungs-VOs erlassen hatte (siehe Art. 1 Abs. 1 und die letzte BE). Wesentlicher Inhalt der VO ist eine **fünfjährige Verjährungsfrist** für Verstöße gegen das **materielle Unionskartellrecht** und für die Vollstreckung von Entscheidungen der Kommission (Art. 1 Abs. 1b und Art. 4 Abs. 1) sowie eine dreijährige Verjährungsfrist für Zuwiderhandlungen gegen Vorschriften über Anträge oder Anmeldungen von Unternehmen oder Unternehmensvereinigungen, über die Einholung von Auskünften oder die Vornahme von Nachprüfungen (Art. 1 Abs. 1a). Die Verjährungsfrist für materiellrechtliche Verstöße ging damit ursprünglich deutlich über die nach dem deutschen Ordnungswidrigkeitenrecht geltende Dreijahresfrist gemäß § 31 Abs. 1 Nr. 1 OWiG hinaus; 1997 erfolgte dort jedoch eine Anpassung (s. § 81 Abs. 8 GWB). Die **Verordnung Nr. 1/2003** enthält nunmehr für ihren Anwendungsbereich in Art. 25 und 26 eine eigenständige Regelung der Verfolgungs- und Vollstreckungsverjährung. Aus diesem Grunde nimmt Art. 37 der VO Nr. 1/2003 alle Maßnahmen, die nach Maßgabe der Verordnung Nr. 1/2003 getroffen werden, vom Anwendungsbereich der VO Nr. 2988/74 aus. Der VO Nr. 2988/74 kommt daher vor allem für die Fusionskontroll-VO Nr. 139/2004 sowie für den Verkehrsbereich, soweit dort nicht ebenfalls die VO Nr. 1/2003 zur Anwendung gelangt, Bedeutung zu.[84] Die Regelungen der Art. 25 und 26 der VO Nr. 1/2003 entsprechen weitgehend den Regelungen der VO Nr. 2988/74. Einige Unterschiede bestehen allerdings hinsichtlich der Unterbrechungstatbestände (näher dazu *Hellmann* in § 46).

21 **4. Das Mandat des Anhörungsbeauftragten.** Im Jahr 1982 erließ die Kommission einen Beschluss über die Durchführung von Anhörungen in Verfahren zur Anwendung der Art. 81, 82 EG (jetzt: Art. 101, 102 AEUV) sowie der Art. 65, 66 EGKSV.[85] Dieser Beschluss wurde mehrfach – zuletzt 2011 – modifiziert.[86] Wesentlicher Inhalt des Beschlusses ist die Schaffung des Amtes eines oder mehrerer **Anhörungsbeauftragter,** die die effektive Wahrung der Verfahrensrechte über den gesamten Verlauf von Wettbewerbsverfahren der Kommission zur Umsetzung der Art. 101 und 102 AEUV und nach der Fusionskontroll-VO Nr. 139/2004 gewährleisten sollen (Art. 1 Abs. 2 des Beschlusses). Die

[82] ABl. 1962 Nr. 30 S. 993 bzw. ABl. 2006 L 214/7 ff.

[83] ABl. 1974 L 319/1.

[84] Vgl. dazu *Klees,* Europäisches Kartellverfahrensrecht, § 10 Rdnr. 150 und *Langen/Bunte-Sura,* Komm. zum Kartellrecht, Bd. 2, VO Nr. 1/2003, vor Art. 25–26 Rdnr. 1.

[85] 12. WB, Tz. 36, 37.

[86] ABl. 2011 L 275/29, B. v. 13.10.2011; dazu näher *Kellerbauer,* EuZW 2013, 10 ff. und *Bueren,* WuW 2012, 684 ff. Zu den Vorgängerregelungen s. 20. WB, Tz. 89, Beschluss vom 12.12.1994, ABl. 1994 L 330/67 ff. und Beschluss vom 23.5.2001, ABl. 2001 L 162/21 ff.; dazu *Johannes* und *Gilchrist,* CPN 1995, S. 11 ff. und *Durande/Kellerbauer,* WuW 2007, 865 ff. sowie *Dieckmann* in § 44 Rdnr. 4/5.

Anhörungsbeauftragten – derzeit zwei – sind verwaltungstechnisch dem für Wettbewerb zuständigen Kommissionsmitglied unterstellt (Art. 2 Abs. 2); sie sind bei der Wahrnehmung ihrer Aufgaben unabhängig (Art. 3 Abs. 1). Wegen der Einzelheiten sei auf die Darstellung von *Dieckmann* in § 44 verwiesen. Die Einführung des Amtes geht vor allem auf die Kritik britischer Stimmen zurück, die beanstandet hatten, dass die Kommission im Bußgeldverfahren gleichsam Ankläger und Richter in einer Person sei.[87]

5. Die Gruppenfreistellungsverordnungen. *a) Die Ermächtigungs-VOs des Rates.* Zu den Durchführungs-VOs im Sinne des Art. 103 AEUV zählen schließlich die sog. Gruppenfreistellungs-VOs (GVOs). Ihre Rechtsgrundlage bildet Art. 103 Abs. 2 lit. b), wonach die in Abs. 1 vorgesehenen Vorschriften insbes. bezwecken, die Einzelheiten der Anwendung des Art. 101 Abs. 3 festzulegen. Gemäß Art. 101 Abs. 3 AEUV kann das Verbot wettbewerbsbeschränkender Vereinbarungen nach Abs. 1 auch auf Gruppen von Vereinbarungen, Beschlüssen und aufeinander abgestimmten Verhaltensweisen für nicht anwendbar erklärt werden. **Gruppen** von Absprachen gemäß dieser Vorschrift sind solche, denen gemeinsame oder vergleichbare Tatbestände zugrunde liegen, die angesichts der weitgehenden Gleichförmigkeit der Interessen der Beteiligten selbst, ihrer Handelspartner, ihrer Wettbewerber sowie der Verbraucher einer typisierenden Beurteilung zugänglich sind.[88] Der Rat hat sich dafür entschieden, die Schaffung von GVOs mittels eines zweistufigen Rechtssetzungssystems vorzunehmen, nämlich durch den Erlass von Ermächtigungs-VOs durch den Rat und den darauf gestützten Erlass der GVOs durch die Kommission.[89] Die Freistellungswirkung der GVOs tritt daher bei Erfüllung ihrer Tatbestandsvoraussetzungen automatisch (als Legalausnahme, d. h. auf der Basis einer Selbsteinschätzung durch die Unternehmen) ein, ohne dass es auf die Verwirklichung der Tatbestandsvoraussetzungen des Art. 101 Abs. 3 EG ankommt.[90] Der **Regelungszweck** der GVOs lag unter der Geltung der – inzwischen aufgehobenen – VO Nr. 17/62 ursprünglich darin, das „Massenproblem" der Kommission zu bewältigen, das sich aus der Schwerfälligkeit und der mangelnden Breitenwirkung des bis April 2004 geltenden Einzelfreistellungsverfahrens ergab.[91] Außerdem dienten die GVOs der Verwaltungsvereinfachung und -beschleunigung. Sie boten den Unternehmen die Möglichkeit, ohne Durchführung des damals erforderlichen Einzelfreistellungsverfahrens, insbes. ohne eine förmliche Anmeldung der Vereinbarung, in den Genuss einer Freistellung zu gelangen, die damit auch die Nichtigkeitssanktion des Art. 81 Abs. 2 EG (jetzt: Art. 101 Abs. 2 AEUV) aufhob. Der Übergang zu einem **System der Legalausnahme** durch die **VO Nr. 1/2003,** nach dem wettbewerbsbeschränkende Vereinbarungen, welche die Voraussetzungen des Art. 101 Abs. 3 AEUV erfüllen, automatisch vom Verbot des Art. 101 Abs. 1 AEUV ausgenommen sind, führte zu einem **Funktionswandel der GVOs.**[92] Nunmehr sollen sie nach Ansicht der Kommission im System der dezentralen Anwendung der Wettbewerbsregeln die Einheitlichkeit der Anwendung des Gemeinschaftsrechts in den Mitgliedstaaten gewährleisten.[93] Diese Bewertung ist freilich unscharf. Zunächst gilt, dass GVOs in einem System der Legalausnahme strenggenommen rechtlich überflüssig sind, weil die Freistellung nun generell ipso iure erfolgt.[94] Art. 101 Abs. 3 AEUV ist also insgesamt in eine Art „primärrechtliche GVO" verwandelt worden. Ob dies 22

---

[87] S. WuW 1982, 650 (UNICE).

[88] *V. d. Groeben/Schwarze-Schröter,* Art. 81 Abs. 3 Rdnr. 287.

[89] Zur Zulässigkeit dieses Konzeptes s. EuGH U. v. 13.7.1966, Slg. 1966, S. 457, 481 – *Italienische Republik ./. Rat und Kommission.*

[90] Allgemeine Ansicht schon zu Art. 81 Abs. 3 EG, s. z. B. *Mestmäcker/Schweitzer,* Europäisches Wettbewerbsrecht, 2. Aufl., § 13 Rdnr. 23; zu Art. 101 AEUV s. *G/H/N-Schumacher,* Art. 101 Rdnr. 355 („unmittelbare Wirkung").

[91] S. dazu näher *Wiedemann,* GVO-Kommentar, Band I, AT Rdnr. 38.

[92] *Mestmäcker/Schweitzer,* Europäisches Wettbewerbsrecht, 2. Aufl., § 1 Rdnr. 14.

[93] So Begründungserwägung 9 des Kommissionsvorschlags, ABl. 2000 C 365 E/284.

[94] *Bornkamm/Becker,* ZWeR 2005, 213, 222 („dogmatische Ungereimtheit"); *Bechtold,* BB 2000, 2425, 2426; *Deringer,* EuZW 2000, 5, 7.

zulässig war, wurde von mehreren Stimmen in der Literatur bezweifelt,[95] kann aber hier offenbleiben. Den GVOs fällt jedoch selbst im System der Legalausnahme eine gewisse praktische Bedeutung zu, weil ihre Tatbestandsmerkmale auf die einzelnen Vertragstypen zugeschnitten und daher zumeist – bis auf die Marktanteilsschwellen – leichter zu handhaben sind als die allgemeinen Kriterien des Art. 101 Abs. 3 AEUV; dies spricht gegen ihre ersatzlose Abschaffung.[96] Diese Konkretisierung oder Präzisierung der Freistellungsvoraussetzungen – im vorgegebenen Rahmen des Art. 101 Abs. 3 AEUV – ist sinnvoll und auch im Hinblick auf ein Plus an Rechtssicherheit hilfreich.[97] Aus dogmatischer Sicht unbefriedigend ist es freilich, dass der rechtliche Effekt der GVOs heute im Wesentlichen darin liegt, dass sie (wenn auch unter dem Entziehungsvorbehalt) u. U. Vereinbarungen freistellen, die zwar die Voraussetzungen der GVO, nicht aber die des Art. 101 Abs. 3 AEUV erfüllen. Dies war zwar auch früher schon so; damals handelte es sich aber nur um einen rechtlich eher belanglosen Nebeneffekt, während den GVOs heute nur in diesem Punkt eine eigenständige *rechtliche* Bedeutung zukommt. In der Literatur wird demgegenüber argumentiert, dass die GVOs als sekundärrechtliche Normen auch für die Gerichte und Behörden der Mitgliedstaaten verbindlich bzw. von ihnen zu beachten seien.[98] Das trifft zwar zu; ohne Existenz der GVOs wäre das Ergebnis, nämlich die Freistellung nach Art. 101 Abs. 3 AEUV, allerdings dasselbe, wenn man hier einmal unterstellt, dass Rat und Kommission die Konkretisierung für die betroffenen Vertragstypen im Einklang mit Art. 101 Abs. 3 AEUV korrekt vorgenommen haben. Eine „Diskrepanz" zwischen einer GVO und Art. 101 Abs. 3 AEUV kann dabei außer in den genannten „pathologischen" Fällen nicht auftreten,[99] und gerade dann wäre eine Entziehung des Vorteils veranlasst. Die GVOs haben daher unabhängig von ihrer Verbindlichkeit für nationale Behörden und Gerichte überwiegend deklaratorische Wirkung (soweit sie dasselbe anordnen wie Art. 101 Abs. 3 AEUV), und in Ausnahmefällen konstitutive Wirkung (mit Rechtsfolgen entgegen Art. 101 Abs. 3 AEUV, aber vorbehaltlich der Entziehung des Vorteils).

23 Der Rat hat – abgesehen von den Sonderregelungen des Verkehrssektors (dazu oben Rdnr. 12 ff.) – für GVOs mehrere Ermächtigungs-VO gemäß Art. 83 EG (jetzt: Art. 103 AEUV) erlassen. Die **VO Nr. 19/65** über die Anwendung von Art. 85 Abs. 3 (jetzt: Art. 101 Abs. 3 AEUV) des Vertrages auf Gruppen von Vereinbarungen und aufeinander abgestimmte Verhaltensweisen[100] betrifft mehrere Arten **vertikaler Wettbewerbsbeschränkungen,** darunter auch solche, die im Zusammenhang mit dem Erwerb oder der Nutzung von gewerblichen Schutzrechten oder im Zusammenhang mit den Rechten aus einem Vertrag zur Übertragung oder Gebrauchsüberlassung von Herstellungsverfahren oder zum Gebrauch und zur Anwendung von Betriebstechniken dienenden Kenntnissen (Know How) vereinbart werden. Die Reichweite dieser VO wurde durch die **VO Nr. 1215/1999**[101] erweitert, insbes. durch Streichung der Beschränkung auf (vertikale) Vereinbarungen nur zum Zwecke des Weiterverkaufs.

24 Ferner hat der Rat für bestimmte **Gruppen horizontaler Wettbewerbsbeschränkungen** die **VO Nr. 2821/71** erlassen.[102] Sie ermächtigt die Kommission zum Erlass von GVOs in bezug auf Normen- und Typenkartelle, F&E-Kooperationen sowie Spezialisierungs-Vereinbarungen.

25 Die jüngste Ermächtigung bildet die **VO Nr. 1534/91** des Rates über die Anwendung von Art. 85 Abs. 3 des Vertrages (jetzt: Art. 101 Abs. 3 AEUV) auf bestimmte Gruppen

---

[95] S. dazu z. B. *Mestmäcker/Schweitzer,* Europäisches Wettbewerbsrecht, 2. Aufl., § 13 Rdnr. 10 ff.; *Möschel,* JZ 2000, 61 ff.; *Deringer,* EuZW 2000, 5 ff.
[96] Ähnlich *Bornkamm/Becker,* ZWeR 2005, 2013; *Fuchs,* ZWeR 2005, 1, 10 ff. mwN.
[97] So auch *Bornkamm/Becker,* aaO 223; K. *Schmidt,* BB 2003, 1237, 1240.
[98] *Bornkamm/Becker* und *Fuchs,* aaO.
[99] So aber *Fuchs,* aaO S. 11.
[100] ABl. 1965 L 36/33.
[101] ABl. 1999 L 148/1.
[102] ABl. 1971 L 285/46, geändert durch VO Nr. 1/2003, ABl. 2003 L 1/1.

von Vereinbarungen, Beschlüssen und aufeinander abgestimmten Verhaltensweisen im Bereich der **Versicherungswirtschaft.**[103]

26 *b) Die GVOs.* Zurzeit (August 2015) sind noch sechs GVOs in Kraft. Dabei handelt es sich um folgende Regelungen (die GVO für Seeschifffahrtskonsortien ist bereits in Rdnr. 16 behandelt worden):

– GVO Nr. 267/2010 der Kommission über die Anwendung von Art. 101 Abs. 3 des AEU-Vertrages auf Gruppen von Vereinbarungen, Beschlüssen und abgestimmten Verhaltensweisen im **Versicherungssektor**.[104]
– GVO Nr. 330/2010 der Kommission über die Anwendung von Art. 101 Abs. 3 des AEU-Vertrages auf Gruppen von **vertikalen Vereinbarungen** und abgestimmten Verhaltensweisen.[105]
– GVO Nr. 461/2010 der Kommission über die Anwendung von Art. 101 Abs. 3 des AEU-Vertrages auf Gruppen von vertikalen Vereinbarungen und abgestimmten Verhaltensweisen im **Kraftfahrzeugsektor**.[106]
– GVO Nr. 1217/2010 der Kommission über die Anwendung von Art. 101 Abs. 3 des AEU-Vertrages auf bestimmte Gruppen von **Vereinbarungen über Forschung und Entwicklung**.[107]
– GVO Nr. 1218/2010 der Kommission über die Anwendung von Art. 101 Abs. 3 des AEU-Vertrages auf bestimmte Gruppen von **Spezialisierungsvereinbarungen**.[108]
– GVO Nr. 316/2014 der Kommission über die Anwendung von Art. 101 Abs. 3 AEUV auf Gruppen von **Technologietransfer-Vereinbarungen**.[109]

Ebenso wie die Vorschriften des primären Gemeinschaftsrechts (Art. 101, 102 AEUV) gelten auch die auf der Grundlage von Art. 83 EG bzw. jetzt Art. 103 AEUV erlassenen Durchführungs-VOs des Rates und die wiederum auf dieser Grundlage erlassenen Verordnungen der Kommission unmittelbar und uneingeschränkt in allen Mitgliedstaaten der Union.[110] Sie sind überall in der Union nach einheitlichen Maßstäben anzuwenden, wobei über die Auslegung letztlich der EuGH entscheidet.

27 **6. Bekanntmachungen und Mitteilungen der Kommission.** Zu den Wettbewerbsregeln des AEU-Vertrages zählen außerdem die Bekanntmachungen (oder Mitteilungen) der Kommission über die Auslegung bestimmter kartellrechtlicher Fragen der Art. 101, 102 AEUV und der EG-Fusionskontrolle. Diese Bekanntmachungen haben nicht den Charakter von Rechtsnormen, weil mit ihnen keine rechtliche Regelung bezweckt wird. Sie sollen die Unternehmen lediglich über den Rechtsstandpunkt der Kommission unterrichten.[111] Die Generalanwälte beim Gerichtshof haben verschiedentlich vom „Hinweischarakter" der Bekanntmachungen gesprochen.[112] Die Bekanntmachungen haben freilich insoweit auch eine rechtliche Wirkung, als sie hinsichtlich der in ihnen behandelten Fragen zu einer Selbstbindung der Kommission führen.[113] Das Gericht und der EuGH werden durch sie freilich nicht gebunden.

---

[103] ABl. 1991 L 143/1 ff., geändert durch VO Nr. 1/2003, ABl. 2003 L 1/1.

[104] ABl. 2010 L 83/1 ff. Die Komm. prüft derzeit – in Abstimmung mit den Mitgliedstaaten – die Notwendigkeit einer Verlängerung über den 31.3.2017 hinaus. Das BKartA hält eine solche Verlängerung nicht für erforderlich, s. TB 2013/2014, S. 81 f.

[105] ABl. 2010 L 102/1 ff.

[106] ABl. 2010 L 129/52 ff.

[107] ABl. 2010 L 335/36 ff.

[108] ABl. 2010 L 335/43 ff.

[109] ABl. 2014 L 93/17 ff.

[110] *V. d. Groeben/Schwarze-Schröter*, Vorbem. zu den Art. 81 bis 85, Rdnr. 10/11.

[111] *V. d. Groeben/Schwarze-Schröter*, Vorbem. zu den Art. 81 bis 85, Rdnr. 6.

[112] Z. B. GA *Warner*, Schlussanträge in der Sache *Miller International Schallplatten*, Slg. 1978, 153, 157 f.

[113] *V. d. Groeben/Schwarze-Schröter*, aaO, Rdnr. 14. Zur fehlenden Bindungswirkung für die Gerichte und Behörden der Mitgliedstaaten *Pohlmann*, WuW 2005, 1005 ff. und *Pampel*, EuZW 2005, S 11 ff. AA *Schweda*, WuW 2004, 1133, 1139 ff.

28 Abgesehen von den verschiedenen Bekanntmachungen zur EG-Fusionskontrolle (dazu *Wagemann/Wiedemann* in §§ 15ff.) hat die Kommission zu folgenden Themen Bekanntmachungen veröffentlicht (die inzwischen ersetzten Texte werden hier nicht mehr aufgelistet):

– Bekanntmachung über Zulieferverträge[114]
– Bekanntmachung über Vereinbarungen von geringer Bedeutung (Bagatell-Bekanntmachung)[115]
– Leitlinien über die Anwendung von Wettbewerbsregeln im Telekommunikationsbereich[116]
– Bekanntmachung über die Zusammenarbeit zwischen der Kommission und den Gerichten der Mitgliedstaaten[117]
– Mitteilung der Kommission über den Erlass und die Ermäßigung von Geldbußen in Kartellsachen (2006)[118]
– Bekanntmachung über die Anwendung der EG-Wettbewerbsregeln auf grenzüberschreitende Überweisungssysteme[119]
– Erläuterung der Empfehlungen der Kommission zur Anwendung der Wettbewerbsregeln auf neue Verkehrsinfrastrukturprojekte[120]
– Bekanntmachung über die Zusammenarbeit innerhalb des Netzes der Wettbewerbsbehörden[121]
– Bekanntmachung über die Definition des relevanten Marktes im Sinne des Wettbewerbsrechts der Gemeinschaft[122]
– Leitlinien für das Verfahren zur Festsetzung von Geldbußen gemäß Artikel 23 Absatz 2 Buchstabe a) der Verordnung (EG) Nr. 1/2003 (2006)[123]
– Bekanntmachung der Kommission über die Anwendung der Wettbewerbsregeln auf dem Postsektor und über die Beurteilung bestimmter staatlicher Maßnahmen betreffend Postdienste[124]
– Mitteilung der Kommission über die Anwendung von Art. 101 AEU-Vertrag auf Gruppen von Vereinbarungen etc. im Versicherungssektor[125]
– Mitteilung der Kommission über die Anwendung der Wettbewerbsregeln auf Zugangsvereinbarungen im Telekommunikationsbereich[126]
– Leitlinien für vertikale Beschränkungen (2010)[127]
– Leitlinien zur Anwendbarkeit von Artikel 101 des AEU-Vertrages auf Vereinbarungen über horizontale Zusammenarbeit[128]
– Ergänzende Leitlinien für vertikale Beschränkungen in Vereinbarungen über den Verkauf und die Instandsetzung von Kraftfahrzeugen und den Vertrieb von Kraftfahrzeugersatzteilen (2010)[129]
– Mitteilung der Kommission über bestimmte Aspekte der Behandlung von Wettbewerbsfällen nach Auslaufen des EGKS-Vertrags[130]

---

114 ABl. 1979 C 1/2.
115 Neufassung vom 30.8.2014, ABl. 2014 C 291/1ff.; früher ABl. 2001 C 368/7, ABl. 1997 C 372/13, ABl. 1986 C 231/2 und ABl. 1994 C 368/20.
116 ABl. 1991 C 233/2.
117 ABl. 2004 C 101/54, geändert in ABl. 2015 C 256/5; früher ABl. 1993 C 39/6.
118 ABl. 2006 C 298/17ff. v. 8.12.2006, geändert in ABl. 2015 C 256/1.
119 ABl. 1995 C 251/3.
120 ABl. 1997 C 298/5.
121 ABl. 2004 C 101/43; zur Vorgängerregelung s. ABl. 1997 C 313/3.
122 ABl. 1997 C 372/5.
123 ABl. 2006 C 210/2ff. v. 1.9.2006.
124 ABl. 1998 C 39/2.
125 ABl. 2010 C 82/20ff.
126 ABl. 1998 C 265/2ff.
127 ABl. 2010 C 130/1ff.
128 ABl. 2011 C 11/1ff.
129 ABl. 2010 C 138/16ff.
130 ABl. 2002 C 152/3.

- Leitlinien zur Anwendung von Art. 101 AEUV auf Technologietransfer-Vereinbarungen[131]
- Bekanntmachung der Kommission über die Behandlung von Beschwerden durch die Kommission gemäß Artikel 81 und 82 EG-Vertrag (jetzt: Art. 101 und 102 AEUV)[132]
- Bekanntmachung der Kommission über informelle Beratung bei neuartigen Fragen zu den Artikeln 81 und 82 des Vertrages, die in Einzelfällen auftreten (Beratungsschreiben)[133]
- Leitlinien über den Begriff der Beeinträchtigung des zwischenstaatlichen Handels in den Artikeln 81 und 82 des Vertrags (jetzt: Art. 101 und 102 AEUV)[134]
- Leitlinien zur Anwendung von Artikel 81 Absatz 3 EG-Vertrag (jetzt: Art. 101 Abs. 3 AEUV)[135]
- Mitteilung der Kommission vom 15. Dezember 2005 über die Regeln für die Einsicht in Kommissionsakten in Fällen einer Anwendung der Artikel 81 und 82 EG-Vertrag etc. (jetzt: Art. 101 und 102 AEUV) und der Verordnung (EG) Nr. 139/2004[136]
- Mitteilung der Kommission über die Durchführung von Vergleichsverfahren bei dem Erlass von Entscheidungen nach Artikel 7 und Artikel 23 der Verordnung (EG) Nr. 1/2003 des Rates in Kartellfällen[137]
- Bekanntmachung der Kommission über bewährte Vorgehensweisen in Verfahren nach Artikel 101 und 102 des AEU-Vertrages[138]
- Mitteilung der Kommission – Erläuterungen zu den Prioritäten der Kommission bei der Anwendung von Artikel 82 des EG-Vertrages (jetzt: Art. 102 AEUV) auf Fälle von Behinderungsmissbrauch durch marktbeherrschende Unternehmen (2009)[139]
- Mitteilung der Kommission zur Ermittlung des Schadensumfangs bei Schadensersatzklagen wegen Zuwiderhandlungen gegen Art. 101 oder 102 AEUV (2013)[140]

Darüber hinaus gibt es verschiedene Textsammlungen, die die Kommission nur auf Englisch veröffentlicht hat (s. dazu die Homepage der Kommission unter European Commission.Competition auf der Unterseite „EU Competition Law – Cartel Legislation and other reference texts"). Dazu gehört insbes. die Zusammenstellung der Wettbewerbsregeln „Rules applicable to Antitrust Enforcement", Vol. I: General Rules, Vol. II: General Block Exemption sowie Vol. III: Sector specific Rules, alle mit Stand zum 1.7.2013. Zu nennen sind ferner das im März 2012 veröffentlichte Antitrust Manual of Procedures, die Best Practices on the disclosure of information in data rooms in proceedings under Art. 101 and 102 TFEU and under the EU Merger Regulation vom 2.6.2015 sowie die Guidance on the preparation of public versions of Commission Decisions adopted under Art. 7–10, 23 and 24 of Regulation 1/2003 vom 4.6.2015, alle veröffentlicht auf der Website der Generaldirektion Wettbewerb.

II. Die Wettbewerbsregeln des EGKS-Vertrages

Wettbewerbsregeln enthielt auch der bereits 1952 in Kraft getretene, jedoch 2002 ausgelaufene EGKS-Vertrag (dazu näher *J. Seeliger* in §§ 36ff. der 1. Aufl. des Handbuches; zum sachlichen Anwendungsbereich siehe § 4 Rdnr. 4). Das wettbewerbspolitische Konzept des EGKSV unterschied sich jedoch – vor allem aus historischen Gründen – von dem des später abgeschlossenen EWG-Vertrages. Dies zeigte insbes. die Verpflichtung der Montanun- **29**

---

[131] ABl. 2014 C 89/3ff.
[132] ABl. 2004 C 101/65.
[133] ABl. 2004 C 101/78.
[134] ABl. 2004 C 101/81.
[135] ABl. 2004 C 101/97.
[136] ABl. 2005 C 325/7, geändert gemäß ABl. 2015 C 256/3ff.; diese Mitteilung ersetzte die Mitteilung vom 23.1.1997, ABl. 1997 C 23/3ff. Zum wesentlichen Inhalt der Neuregelungen s. XXXIV. Wettbewerbsbericht der Kommission (2004), Tz. 23/24.
[137] ABl. 2008 C 167/1, geändert gemäß ABl. 2015 C 256/2.
[138] ABl. 2011 C 308/6ff.
[139] ABl. 2009 C 45/7ff.
[140] ABl. 2013 C 167/19ff.

ternehmen, ihre Preise und Verkaufsbedingungen zu veröffentlichen, und das allgemeine Diskriminierungsverbot (Art. 60).

30 **Art. 65 EGKSV** enthielt in § 1 ein **Kartellverbot,** sah jedoch in § 2 unter bestimmten Voraussetzungen Genehmigungen namentlich für Vereinbarungen über Spezialisierung, gemeinsamen Einkauf oder Verkauf vor, ferner für Wettbewerbsbeschränkungen, die derartigen Vereinbarungen „streng analog" waren. Außerdem regelte Art. 65 Verfahrensfragen und die Sanktionen (Nichtigkeit entsprechender Vereinbarungen gemäß § 4 sowie Geldbußen und Zwangsgelder gemäß § 5).

31 **Art. 66 EGKSV** sah in seinen §§ 1–6 eine **präventive Fusionskontrolle** für den EGKS-Sektor vor. Eine Besonderheit lag darin, dass die Kommission durch Verordnung Befreiungen vom Erfordernis der vorherigen Genehmigung vornehmen konnte. Derartige, den GVOs entsprechende Regelungen hat die Kommission mittels sog. Allgemeiner Entscheidungen erlassen. Art. 66 § 7 enthielt schließlich eine **Missbrauchsaufsicht** über marktbeherrschende Unternehmen.

32 Nachdem der EGKS-Vertrag am 23.7.2002 ausgelaufen ist, finden auf die ihm bis dahin unterfallenden Sektoren seitdem grundsätzlich zunächst die Regeln des EG-Vertrages (Art. 81, 82) bzw. jetzt die **Art. 101, 102 AEUV** und das hieraus abgeleitete Recht – insbes. die Verfahrensregeln und die Fusionskontroll-VO – Anwendung. Einzelheiten werden in der Mitteilung der Kommission über bestimmte Aspekte der Behandlung von Wettbewerbsfällen nach Auslaufen des EGKS-Vertrages[141] behandelt. Einige Rechtsfragen ergeben sich daraus, dass die Parteien des EGKS-Vertrages keine Übergangsregelungen vorgesehen hatten (dazu näher *Thomas* in § 36).

III. Die Entscheidungen der Kommission und der Unionsgerichte

33 Die Durchsetzung des Unionskartellrechts in Einzelfällen erfolgt vor allem durch förmliche **Beschlüsse der Kommission** (früher: Entscheidungen). Derartige Beschlüsse sind gemäß Art. 288 Abs. 4 AEUV (früher: Art. 249 Abs. 4 EG) in allen ihren Teilen für diejenigen verbindlich, die sie bezeichnet. Die knappen personellen Ressourcen der Generaldirektion Wettbewerb, die Langwierigkeit des Verfahrens nach der früheren VO Nr. 17 und die komplizierten Regularien der Geschäftsordnung der Kommission haben freilich dazu geführt, dass die Kommission pro Jahr jeweils nur eine relativ kleine Zahl förmlicher Entscheidungen erlassen kann. Die Kommission war daher schon vor längerer Zeit dazu übergegangen, die dafür geeigneten Fälle nach wettbewerbspolitischen Kriterien auszuwählen. Diesen Leitentscheidungen kam damit vielfach eine weit über den Einzelfall hinausreichende Bedeutung zu.[142] Auch nach dem durch die VO Nr. 1/2003 erfolgten Übergang zu einem System der Legalausnahme sollte sich daran nichts Grundlegendes ändern; es war gerade ein Ziel dieser „Reform", der Kommission die Möglichkeit zur Konzentration auf wettbewerbspolitisch wichtige Verfahren zu verschaffen. Tatsächlich hat die Kommission aber in den 12 Jahren seit Inkrafttreten der VO Nr. 1/2003 nur wenige solcher Entscheidungen erlassen (Bußgeldentscheidungen und Entscheidungen nach Art. 9 der Verordnung, die nur einen begrenzten „precedent value" haben, ausgenommen). Von der Möglichkeit, nach Art. 10 der VO deklaratorische Feststellungsentscheidungen über die Nicht-Anwendung des Art. 101 AEUV (früher: Art. 81 EG) zu treffen, hat die Kommission bisher keinen Gebrauch gemacht. Dasselbe gilt für die Klärung von Rechtsfragen durch sog. Beratungsschreiben.[143] Insgesamt ist die Entscheidungspraxis der Kommission stark auf die

[141] Vgl. Mitteilung der Kommission über bestimmte Aspekte der Behandlung von Wettbewerbsfällen nach Auslaufen des EGKS-Vertrags, ABl. 2002 C 152/5.

[142] S. dazu z. B. die Entscheidungen in Sachen *Raymond/Nagoya* (ABl. 1972 L 143/39) zu Lizenzverträgen mit Unternehmen in Drittstaaten; *SABA* (ABl. 1976 L 28/19) zu selektiven Vertriebssystemen; *Reuter/BASF* (ABl. 1976 L 254/40) zu Wettbewerbsverboten in Unternehmenskaufverträgen und *Campari* (ABl. 1978 L 70/69) zu Warenzeichenlizenzen.

[143] Dazu noch § 6 Rdnr. 9.

Sanktionierung von Hardcore-Kartellen und missbräuchlichen Verhaltensweisen sowie die EG-Fusionskontrolle fokussiert. Die Kommission veröffentlicht jährlich (freilich seit einiger Zeit erst im jeweils übernächsten Jahr) einen **Wettbewerbsbericht,** in dem sie neben den wettbewerbspolitischen Entwicklungen auch die wichtigsten von ihr behandelten Einzelfälle schildert. Anfechtbare Entscheidungen der Kommission liegen im Übrigen auch dann vor, wenn sie Maßnahmen ergreift, die verbindliche Rechtswirkungen erzeugen, welche die Interessen eines Unternehmens durch einen Eingriff in seine Rechtsstellung beeinträchtigen,[144] insbes. bei der (endgültigen) Zurückweisung von Beschwerden.

Eine der wichtigsten Rechtsquellen des Unionskartellrechts sind schließlich die **Urteile des Gerichtes (früher: EuG bzw. GEI) und des Gerichtshofes (EuGH).** Die Unionsgerichte überwachen gemäß Art. 263 AEUV (früher: Art. 230 EG) die Rechtmäßigkeit der Entscheidungen/Beschlüsse der Kommission. Gemäß Art. 263 Abs. 4 AEUV kann jede natürliche oder juristische Person gegen die an sie ergangenen Beschlüsse Klage erheben. Die in diesen Verfahren bisher ergangenen Urteile des EuGH und – seit 1990 – auch des EuG bzw. des Gerichtes sind neben dem sekundären Unionsrecht von herausragender Bedeutung, weil sie das europäische Kartellrecht ausformen und weiterentwickeln; außerdem binden sie auch die Kommission. 34

IV. Ausblick

1. Rechtspolitische Vorhaben. Das EU-Kartellrecht war viele Jahre stärker als das deutsche GWB (dazu Rdnr. 39 ff.) ständigen Veränderungen unterworfen. Dies galt nicht nur wegen der größeren Bedeutung der Rechtsfortbildung durch den EuGH, die gelegentlich zur Schließung von Regelungslücken im kodifizierten Wettbewerbsrecht führte,[145] sondern auch wegen der Besonderheiten der gestuften Rechtssetzung im Gemeinschaftsrecht. Der Rat hat in seinen Durchführungs-VOs nach Art. 103 AEUV (früher: Art. 83 EG) in erheblichem Umfang Kompetenzen an die Kommission übertragen. Mit der Ausfüllung dieser Kompetenzen, insbes. in Gestalt von GVOs, war die Kommission viele Jahre praktisch ständig befasst. Seit der Einführung der Legalausnahme in die Verfahrens-VO Nr. 1/2003 haben die GVOs jedoch rechtlich an Bedeutung verloren.[146] Zugleich hat damit und seit den Änderungen der FKVO im Mai 2004 die Bedeutung von Bekanntmachungen und Mitteilungen zur Erläuterung der Wettbewerbspolitik der Kommission zugenommen. Die wesentlichen Veröffentlichungen liegen jedoch inzwischen vor, und einschneidende Neuerungen stehen seit der Verabschiedung der VO Nr. 1269/2013 der Kommission vom 5.12.2013 betr. die Änderung der FKVO-Verfahrens-VO Nr. 802/2004, die eine Neufassung des Formblattes CO, des vereinfachten Formblattes und das Formblattes RS sowie eine Erweiterung des Anwendungsbereiches des vereinfachten Verfahrens enthält, nicht auf der Tagesordnung. 35

Allerdings prüft die Kommission derzeit, ob im Lichte der Erfahrungen der letzten Jahre in bestimmten verfahrensrechtlichen oder materiellrechtlichen Punkten **Änderungen oder Ergänzungen der FKVO** zweckmäßig sind. Die Kommission hat dazu am 25.6.2013 ein Konsultationspapier („Towards more effective EU Merger Control") veröffentlicht und daraufhin mehrere Stellungnahmen interessierter Kreise erhalten (so z. B. vom BKartA und von der Studienvereinigung Kartellrecht, jeweils veröffentlicht auf der Homepage der Kommission). Im Juli 2014 hat die Kommission ihre Vorstellungen in einem **Weißbuch** nebst begleitenden Dokumenten konkretisiert und diverse Vorschläge zur Änderung der FKVO unterbreitet.[147] In der Sache geht es vor allem um die Erweiterung des 35a

---

144 EuGH U. v. 7.7.1981, Slg. 1981, 2639, 2651 – *IBM.*

145 Z. B. zur Anerkennung eines Rechts der Kommission zum Erlass einstweiliger Anordnungen EuGH U. v. 17.1.1980, Slg. 1980, 119, 131 – *Camera Care*; zur Anerkennung einer Fusionskontrolle auch nach Art. 82 EG EuGH U. v. 21.3.1972, Slg. 1972, 215 – *Continental Can.*

146 S. dazu bereits oben Rdnr. 22.

147 Weißbuch „Eine wirksamere EU-Fusionskontrolle" v. 9.7.2014, COM (2014) 449 final.

Zusammenschlusstatbestandes auf nicht-kontrollierende Minderheitsbeteiligungen (sog. structural links, dazu § 15 Rdnr. 29a), um Anpassungen der Regelungen über Verweisungen und um eine Einschränkung des Anwendungsbereichs der FKVO im Hinblick auf Gemeinschaftsunternehmen mit Aktivitäten ausschließlich außerhalb des EWR, die den Wettbewerb im EWR nicht beeinträchtigen (s. dazu auch § 5 Rdnr. 15/16). Eine Umsetzung mittels Novellierung der FKVO erfordert eine Initiative der neuen Kommissarin bzw. der neuen Kommission. Langfristig wird in der Kommission darüber nachgedacht, in Parallele zur Anwendung der Art. 101, 102 AEUV für den Bereich der EU-Fusionskontrolle eine **„European Merger Area"** zu schaffen, bei der unionsweit ein einheitlicher Rechtsrahmen für die Verfahren und die materiellrechtliche Bewertung besteht und die Zuständigkeit für die Prüfung von Einzelfällen nach dem Prinzip der „am besten geeigneten" Behörde verteilt wird.[148]

36 Im Bereich der Art. 101, 102 AEUV hat die Kommission seit längerem Maßnahmen zur Verbesserung der **privaten** (d.h. zivilrechtlichen) **Durchsetzung der Wettbewerbsregeln** in den Mitgliedstaaten geprüft. Diese Prüfung mündete im November 2014 in die **Richtlinie Nr. 2014/104/EU des EP und des Rates zu privaten Schadensersatzklagen.** Die Richtlinie hat eine längere Vorgeschichte. Bereits im Dezember 2005 hatte die Kommission ein **Grünbuch** veröffentlicht, in dem mehrere „Optionen" zur Erleichterung der privaten Kartellrechtsdurchsetzung zur Diskussion gestellt wurden, darunter die Einführung von Strafschadensersatz und von discovery-Regeln, die Abschaffung des Verschuldenserfordernisses und Beweiserleichterungen für Kläger im Hinblick auf das Vorliegen eines Schadens.[149] Am 3.4.2008 legte die Kommission ein **Weißbuch** vor, in dem sie ihre Überlegungen konkretisierte. Vorgeschlagen wurden – im Sinne eines EU-weiten Mindeststandards – Maßnahmen, die sicherstellen sollen, dass alle Opfer von Verstößen gegen das EG-Wettbewerbsrecht Zugang zu wirksamen Rechtsschutzinstrumenten haben, damit sie Schäden in vollem Umfang ersetzt erhalten (Prinzip der vollständigen Entschädigung). Die Einführung eines doppelten (Straf-)Schadenersatzes wurde nicht vorgeschlagen. Zu den weiteren in dem Weißbuch behandelten Maßnahmen und rechtspolitischen Optionen zählten Regelungen betreffend den kollektiven Rechtsschutz (nach dem opt-in-Verfahren), Verbandsklagen von qualifizierten Einrichtungen, die Schaffung einer Regelung, mit der die Gerichte die Offenlegung von Beweismitteln zwischen den Parteien anordnen können (discovery/insoweit sind allerdings Sonderregelungen zum Schutze der von Kronzeugen eingereichten Unterlagen vorgesehen), die Bindungswirkung von Entscheidungen nationaler Kartellbehörden für die Gerichte, die mit Schadenersatzforderungen befasst sind, die Zulassung der passing on-defence sowie die Einführung einer gesonderten Verjährungsregelung für kartellrechtliche Schadenersatzansprüche (anknüpfend an die Bestandskraft der Entscheidung der Kartellbehörden). Konkrete Gesetzgebungsvorschläge enthielt das Weißbuch (noch) nicht. Sie erfolgte im April 2009 in Gestalt eines englischsprachigen Richtlinienentwurfs, der allerdings nicht offiziell veröffentlicht wurde.[150] Eine offizielle Konkretisierung erfolgte erst in dem **Richtlinien-Vorschlag** vom 11.6.2013, der eine Reihe von Maßnahmen „zur Erleichterung von Schadensersatzklagen"[151] enthielt. Dazu zählte z.B. die Einführung einer Befugnis der einzelstaatlichen Gerichte, die Offenlegung von Beweismitteln durch Unternehmen anzuordnen, wenn Opfer Schadensersatz verlangen (discovery), ferner eine Regelung, wonach die Entscheidungen einzelstaatlicher Wettbewerbsbehörden, mit denen eine Zuwiderhandlung festgestellt wird, vor den Gerichten aller Mitgliedstaaten einen Beweis für das Vorliegen der Zuwiderhandlung darstellen (s. dazu in Deutschland § 33 Abs. 4 GWB); außerdem sollten die Vorschriften über die Ver-

---

[148] Dazu *Almunia*, Vortrag auf dem European Competition Day in Rom am 10.10.2014, veröff. als Speech/14/678 auf der Homepage der Generaldirektion Wettbewerb.

[149] Grünbuch vom 19.12.2005, COM (2005) 672 final sowie Commission staff working paper, beides veröffentlicht im Internet.

[150] S. dazu z.B. *Wagner-von Papp*, EWS 2009, 445 ff.

[151] So Presse-Mitt. vom 11.6.2013.

jährungsfristen klarer gefasst werden und in Fällen, in denen auf einer Zuwiderhandlung beruhende Preiserhöhungen in der Vertriebs- oder Lieferkette „weitergegeben" wurden, sollten die Haftungsvorschriften präzisiert werden. Die Kommission will damit erreichen, dass diejenigen, die einen Schaden erlitten haben, am Ende auch den Schadensersatz erhalten (sog. passing on-defense). Anders als im US-Kartellrecht sollen Bestrafung und Abschreckung nicht privatrechtlichen Streitigkeiten überlassen werden. Hauptziel des Vorschlags war es vielmehr, den Opfern die Erlangung eines vollständigen, angemessenen Schadensersatzes zu erleichtern, wenn eine Behörde eine Zuwiderhandlung festgestellt und geahndet hat. Schließlich enthielt der Vorschlag Regelungen, die das Kronzeugen-Modell der Kommission schützen sollen. Zu diesem Zweck ist eine Reihe von Vorkehrungen vorgesehen, mit denen gewährleistet werden soll, dass die Erleichterung von Schadensersatzklagen nicht den Anreiz der Unternehmen verringert, mit den Wettbewerbsbehörden zusammenzuarbeiten. Im Rahmen der Konkretisierung des Weißbuches hat die Kommission außerdem eine Mitteilung über die Ermittlung des Umfangs des kartellrechtlichen Schadens angenommen, um den Gerichten und den Parteien von Schadensersatzklagen eine Orientierungshilfe an die Hand zu geben.[152] Im April 2014 verständigten sich Kommission, Rat und EP auf einen Kompromiss über den Inhalt des Rechtsaktes. Die **Richtlinie 2014/104/EU** wurde schließlich am 5.12.2014 im Amtsblatt veröffentlicht[153] und trat am 26.12.2014 in Kraft; für die Umsetzung ist eine Frist von zwei Jahren vorgesehen.[154] In diesem Zusammenhang hat die Kommission im August 2015 die **Änderungs-VO Nr. 2015/1348 zur Verfahrens-VO Nr. 773/2004** erlassen.[155] Sie enthält in mehreren Vorschriften (insbes. Art. 4a, 15 und 16a) Neuregelungen, die sich allerdings nur zum Teil aus der Schadensersatz-Richtlinie ergeben (z.B. betreffend den Schutz von Leniency-Unterlagen nach Art. 6 der Richtlinie). Die Änderungen sind am 6.8.2015 in Kraft getreten. Parallel dazu hat die Kommission in ABl. 2015 C 256/1 entsprechende **Folgeänderungen in den Bekanntmachungen** über den Erlass und die Ermäßigung von Geldbußen (Kronzeugenregelung), über die Durchführung von Vergleichsverfahren (Settlements), über die Regeln für die Einsicht in Kommissionsakten und über die Zusammenarbeit zwischen der Kommission und den Gerichten der EU-Mitgliedstaaten vorgenommen. Nachdem das EP sich in Zusammenhang mit der Richtlinie gegen die Zulassung von Sammelklagen für Verbraucher ausgesprochen hat, ist eine entsprechende spätere Erweiterung des zivilrechtlichen Instrumentariums offenbar nicht mehr zu erwarten.[156]

2. Entwicklungen de lege lata. Neue Entwicklungen in der Rechtspraxis zum **Kartellverbot in Art. 101 Abs. 1 AEUV** könnten sich im Zusammenhang mit dem von der 36a
Kommission derzeit gegen mehrere Seereedereien geführten Verfahren ergeben;[157] dort geht es u.a. um die kartellrechtliche Bewertung des sog. **Signalling.** In dem Verfahren steht der Verdacht im Raum, dass die Reedereien Wettbewerbsbeschränkungen (insbes. über Preise oder Mengen/Kapazitäten) nicht durch direkte Kontaktaufnahme, sondern über wechselseitige kurzfristig getaktete, an die Öffentlichkeit gerichtete Presseerklärungen vorgenommen haben könnten. Der Fall wirft u.a. die grundsätzliche Frage nach dem Verhältnis von EU-Kartellrecht zum Kapitalmarktrecht und den namentlich für börsennotierte Unternehmen geltenden Rechnungslegungsgrundsätzen auf (z.B. dem Deutschen Rechnungslegungsstandard Nr. 20 (DRS 20) ab 2013). Es ist allerdings anzunehmen, dass die Kommission einen Konflikt mit diesen ohnehin zumeist EU-rechtlich veranlassten nationalen Regelungen vermeiden und sich – im Lichte des konkreten Sachverhalts – darauf beschränken wird, gegen Praktiken vorzugehen, die nachweislich als verbotene abgestimmte,

152 Veröff. auf der Homepage der Kommission.

153 ABl. 2014 L 349/1 ff.

154 Dazu näher *Topel* in § 50.

155 ABl. 2015 L 208/3 ff.

156 S. dazu FAZ vom 19.4.2014, S. 22.

157 Komm. Presse-Mitt. v. 22.11.2013 betreffen die Einleitung eines Verfahrens i.S. *Containerlinienschifffahrt.*

also *koordinierte Verhaltensweisen* der Marktteilnehmer einzustufen sind. Autonome und sachlich veranlasste Erklärungen von Unternehmen an die interessierte (Fach-)Öffentlichkeit, insbes. an Investoren bzw. den Kapitalmarkt, werden nicht von Art. 101 AEUV erfasst. Ohnehin gibt es Anzeichen dafür, dass das Verfahren gegen die *Containerlinienschifffahrts*-Unternehmen durch eine Zusagenentscheidung abgeschlossen werden könnte, mit der sich die Unternehmen zur Einhaltung bestimmter Leitlinien über den (nicht zu frühen) Zeitpunkt und den Inhalt entsprechender öffentlicher Erklärungen zu wichtigen Wettbewerbsparametern wie künftigen Preisen, Kostenentwicklungen etc. verpflichten würden.

37 Für **Bußgeldverfahren** gegen Kartelle bleibt abzuwarten, wie sich die Politik der Kommission im Rahmen der bisher sehr erfolgreichen „Leniency Notice" entwickelt. Die Anforderungen an die Immunität und die Reduzierung von Geldbußen wurden mit der Neufassung der Bekanntmachung 2006 verschärft. Da es außerdem inzwischen nahezu ausnahmslos nach Bußgeld-Entscheidungen der Kommission und der damit verbundenen Feststellungswirkung nach § 33 Abs. 4 GWB jedenfalls in Deutschland zur Geltendmachung von Schadensersatzansprüchen durch die Marktgegenseite kommt (näher dazu *Topel* in § 50) und dieser Mechanismus sich nach Umsetzung der Schadensersatz-Richtlinie noch weiter verschärfen wird, sind negative Rückwirkungen auf die Bereitschaft der Unternehmen, Kronzeugenanträge zu stellen, nicht auszuschließen. Generell stellt sich mit zunehmender Effizienz der zivilrechtlichen Sanktionen die Frage nach der richtigen Balance zwischen Bußgeldsanktion und Schadensersatz bzw. es droht ohne (partielle) Anrechnung von Schadensersatzleistungen auf die Geldbuße ein „Sanktions-Overkill".[158]

38 Die **Überprüfung der Praxis zu Art. 82 EG (jetzt: Art. 102 AEUV)** wurde 2009 durch die Erläuterungen zu den Prioritäten der Kommission bei der Anwendung des Art. 82 EG auf Fälle von Behinderungsmissbrauch durch marktbeherrschende Unternehmen abgeschlossen.[159] Es ging dabei vor allem um die Anwendung des „more economic approach" auch auf dieses Verbot. Allerdings haben die Unionsgerichte in mehreren Urteilen Distanz zu diesem Prioritätspapier durchblicken lassen.[160] Es bleibt daher abzuwarten, wie sich die Kommissionspraxis in diesem Bereich weiter entwickeln wird. Dies gilt auch für die Bewertung möglicherweise missbräuchlicher Praktiken von Unternehmen der **Digitalwirtschaft**.[161] Dazu werden möglicherweise im *Google*-Verfahren[162] wichtige Weichenstellungen erfolgen. Ferner ist in diesem Zusammenhang auf die Sektoruntersuchung der Kommission zum **elektronischen Handel** zu verweisen.[163]

C. Rechtsquellen des deutschen Kartellrechts

I. Das Gesetz gegen Wettbewerbsbeschränkungen

39 **1. Entstehungsgeschichte.** Das deutsche Kartellrecht ist im Gesetz gegen Wettbewerbsbeschränkungen (GWB)[164] kodifiziert. Dieses Gesetz trat nach mehrjährigen Vorarbeiten am 1.1.1958 in Kraft. Es ist seitdem achtmal (1965, 1973, 1976, 1980, 1989, 1998,

---

[158] So *Steinle*, EuZW 2014, 481, 482.

[159] ABl. 2009 C 45/7 ff.

[160] Z.B. EuGH U. v. 19.4.2012, Rs C-549/10, ECLI:EU:C:2012:221 Rdnr. 59 ff. – *Tomra*. S. auch EuGH U. v. 27.3.2012, Rs C-209/10, ECLI:EU:C:2012:172, passim – *Post Danmark*; EuG U. v. 12.6.2014, Rs T-286/09, ECLI:EU:T:2014:547, Rdnr. 80 ff., 103, 142 ff. – *Intel*.

[161] S. dazu statt aller Monopolkommission, Sondergutachten „Wettbewerbspolitik: Herausforderung digitale Märkte" v. 1.6.2015, veröff. auf der Homepage der Monopolkommission.

[162] Dazu anlässlich der Zustellung ergänzender Beschwerdepunkte Komm., Factsheet v. 15.4.2015 sowie anlässlich der Einleitung des Verfahrens Presse-Mitt. v. 30.10.2010, Nr. IP/10/1624. S. ferner *Jaeger*, WuW 2015, 702 ff., u.a. – wenngleich ablehnend – zu einem „More Technological Approach" bei der Bewertung des Verhaltens marktbeherrschender Technologieunternehmen.

[163] Dazu Komm., Factsheet v. 6.5.2015.

[164] In der Fassung der 8. GWB-Novelle, Bekanntmachung v. 26.6.2013, BGBl. I, S. 1750, geändert durch Art. 2 Abs. 78 des Gesetzes vom 7.8.2013 (BGBl. I, S. 3154).

2005 und 2013) novelliert worden; hinzu kamen die am 21.12.2007 in Kraft getretenen Änderungen des Gesetzes zur Bekämpfung von Preismissbrauch im Bereich der Energieversorgung und des Lebensmittelhandels[165] und die Einführung einer „Zweiten Inlandsumsatzschwelle" in die Fusionskontrolle (§ 35 Abs. 1 Nr. 2 GWB) durch das 3. Mittelstandsentlastungsgesetz vom 17.3.2009,[166] wodurch der Geltungsbereich der Fusionskontrolle nicht unerheblich eingeschränkt worden ist. Am bedeutsamsten war die 2. GWB-Novelle von 1973;[167] mit ihr wurde die materielle Fusionskontrolle (§§ 24, 24a GWB a.F. = §§ 35ff.) eingeführt. Zu ihren Neuerungen zählte ferner die Ausweitung des Diskriminierungsverbots auf marktstarke Unternehmen in § 26 Abs. 2 Satz 2 a.F. (jetzt: § 20 Abs. 1). Schließlich wurde 1973 die Zulässigkeit der Preisbindung für Markenwaren aufgehoben; sie ist heute nur noch für Zeitungen und Zeitschriften erlaubt (§ 30).

Wichtige Änderungen brachte später die **7. GWB-Novelle.** Sie trat am **1.7.2005** in 40
Kraft. Vorausgegangen war 2003 die Einsetzung einer Expertengruppe, die eine **Reform des GWB** vorbereiten sollte. Vorrangiges Ziel sollte dabei die Angleichung des Gesetzes an die Wettbewerbsregeln des EG-Vertrages sein (sog. „Referenzmodell Europa"). Veranlassung dafür bot vor allem die Europäische Kartellverfahrensverordnung Nr. 1/2003, die den Vorrang des Art. 81 Abs. 1 EG (jetzt: Art. 101 Abs. 1 AEUV) vor dem nationalen Recht erweitert hatte. Durch die Angleichung des deutschen Rechts sollte insofern die Einheit des Wettbewerbsrechts bewahrt werden. Das Bundesministerium für Wirtschaft und Arbeit stellte im Frühjahr 2003 sog. **Eckpunkte** zu der geplanten Novelle vor.[168] Auf dieser Grundlage veröffentlichte das Ministerium im Dezember 2003 einen **Referentenentwurf.** Im August 2004 verabschiedete das Bundeskabinett den **Regierungsentwurf**.[169] Die 7. GWB-Novelle hat in einigen Bereichen zu grundlegenden Änderungen geführt. So wurde die frühere unterschiedliche materiellrechtliche Behandlung horizontaler und vertikaler vertraglicher Wettbewerbsbeschränkungen aufgegeben. Das Verbot des § 1 GWB erfasst seitdem – ebenso wie Art. 101 Abs. 1 AEUV – sowohl horizontale als auch vertikale Wettbewerbsbeschränkungen. § 2 GWB enthält als Legalausnahme eine dem Vorbild des Art. 101 Abs. 3 AEUV nachgebildete Generalklausel für von dem Verbot des § 1 freigestellte Vereinbarungen, Beschlüsse und aufeinander abgestimmte Verhaltensweisen. Allerdings wurde die Ausnahmeregelung des Art. 106 Abs. 2 AEUV (dazu *Dohms,* § 35) nicht übernommen. Ferner wurde den deutschen Kartellbehörden auch nicht die Befugnis zum Erlass von GVOs eingeräumt. Dafür finden nach § 2 Abs. 2 GWB die jeweils geltenden GVOs des europäischen Rechts im Wege einer „dynamischen" Verweisung entsprechende Anwendung, selbst wenn keine zwischenstaatlichen Auswirkungen vorliegen. Die bis dahin geltenden Freistellungstatbestände des deutschen Rechts wurden aufgehoben. Lediglich § 3 GWB enthält noch eine Sonderregelung für Mittelstandskartelle. Eine wesentliche Änderung stellten auch die in §§ 32–32e GWB zum Teil erweiterten, zum Teil neuen Befugnisse der Kartellbehörden dar, die weitgehend den Befugnissen der Kommission nach Art. 7ff. VO Nr. 1/2003 nachgebildet wurden. Des Weiteren wurden die zivilrechtlichen Sanktionen bei Kartellrechtsverstößen verschärft. So gewährt § 33 GWB dem Betroffenen eines Kartellrechtsverstoßes einen Beseitigungs-, Unterlassungs- und Schadensersatzanspruch, ohne dass (noch) ein Verstoß gegen ein Schutzgesetz erforderlich ist. Schließlich wurde die Bußgeldobergrenze in § 81 Abs. 4 GWB an das europäische Vorbild angepaßt. Die Möglichkeit der Verhängung einer Geldbuße bis zur dreifachen Höhe des erzielten Mehrerlöses wurde abgeschafft. Nunmehr gilt im deutschen Recht als Basisbetrag eine Summe von bis zu 1 Mio. € (Satz 1) und bei Bußen gegen Unternehmen „über Satz 1 hinaus" bis zu 10% des Gesamtumsatzes des betroffenen Unternehmens. Die 7. GWB-Novelle erreichte das

165 BGBl. 2007, Teil I Nr. 66, S. 2965ff.; dazu näher Rdnr. 40a.
166 BGBl. I, S. 550.
167 BGBl. I, S. 917.
168 WuW 2003, 379.
169 BT-Drucks. 15/3640 v. 12.8.2004, mit Stellungnahme des Bundesrates v. 9.7.2004 und Gegenäußerung der Bundesregierung (s. WuW-Sonderveröffentlichung, 2005).

Ziel einer Angleichung an das europäische Recht nur teilweise. So blieben die Verbote missbräuchlichen Verhaltens für marktbeherrschende Unternehmen etc. (§§ 19, 20) mit ihren erheblichen Redundanzen namentlich beim Behinderungsmissbrauch weitgehend unverändert (dies wurde durch die 8. GWB-Novelle geändert, dazu Rdnr. 40b). Auch im Bereich der Fusionskontrolle bestehen nach wie vor große Unterschiede. Die Zusammenschlusstatbestände des § 37 Abs. 1 GWB gehen über die entsprechenden Regelungen der EG-FKVO (namentlich bei Minderheitsbeteiligungen) weit hinaus. § 36 Abs. 1 GWB stellte für die materielle Beurteilung eines Zusammenschlusses weiterhin auf die Begründung oder Verstärkung einer marktbeherrschenden Stellung ab, kombiniert mit einer Abwägungsklausel. Das neue Beurteilungskriterium der Fusionskontrollverordnung Nr. 139/2004, der sog. SIEC-Test, wurde erst mit der 8. Novelle in das GWB übernommen (dazu Rdnr. 40b).

40a In Umsetzung des Koalitionsvertrages der Großen Koalition beschloss die Bundesregierung am 25.4.2007 den Entwurf eines **Gesetzes zur Bekämpfung von Preismissbrauch im Bereich der Energieversorgung und des Lebensmittelhandels.**[170] Diese sog. **„Preismissbrauchsnovelle"** trat am 22.12.2007 in Kraft.[171] Sie enthielt in ihrem Art. 1 eine Vielzahl von Änderungen des GWB. Dabei handelte es sich zu einem erheblichen Teil um die Korrektur von Redaktionsversehen der 7. GWB-Novelle. Seinen Namen trägt das Gesetz, weil es in den genannten zwei Bereichen materiellrechtliche Verschärfungen einführte. Der **neue § 29** GWB dient der Verschärfung der Preismissbrauchsaufsicht im Energiesektor; diese Regelung sollte gemäß § 131 Abs. 7 n. F. nach dem 31.12.2012 nicht mehr angewendet werden und lief, weil die 8. Novelle mit der Verlängerung der Geltungsdauer der Vorschrift erst im Juni 2013 in Kraft trat, zunächst aus. § 29 zielt insbesondere auf eine wirksamere Kontrolle der Strom- und Gaspreise gegenüber Endverbraucherkunden sowie – durch Einführung eines speziellen Tatbestandes in § 29 Satz 1 Nr. 2 – auf eine Kontrolle der Kosten (der Stromerzeugung). Ergänzend sei auf die Erläuterungen von *Scholz* in § 34 des Handbuches verwiesen. Die zweite wesentliche materiellrechtliche Regelung fand sich in **§ 20 Abs. 4 Satz 2** GWB (jetzt: § 20 Abs. 3). Mit dieser Reglung sollen Niedrigpreisstrategien großer Handelsunternehmen bekämpft werden. Die neue Vorschrift sah dafür – zunächst ebenfalls nur bis Ende 2012 (s. Art. 3) – u. a. ein grundsätzliches Verbot des Verkaufs von Lebensmitteln unter Einstandspreis (Nr. 1) sowie einen Sondertatbestand des Verbots von Preis-Kosten-Zangen-Verhalten in Nr. 3 vor. Nach dem RegE sollten mit der Änderung der ruinöse Preiswettbewerb im Lebensmitteleinzelhandel begrenzt und kleine und mittlere Lebensmittelhändler vor Verdrängungspraktiken marktstarker Handelskonzerne wirksamer geschützt werden.[172] In der 8. Novelle (s. Rdnr. 40b) wurde die Regelung erneuert bzw. verlängert, allerdings nur bis 31.12.2017.

40b Die vorerst letzte, nämlich die **8. GWB-Novelle** trat am **30.6.2013** in Kraft. Parallel dazu erfolgte eine neue Bekanntmachung des Gesetzes.[173] Die Novelle enthält für alle praktisch bedeutsamen Abschnitte des GWB wichtige Änderungen. Dies gilt insbes. für die Fusionskontrolle, wo in § 36 Abs. 1 der materielle Prüfungsmaßstab der EU-Fusionskontrolle, nämlich die „erhebliche Behinderung wirksamen Wettbewerbs" (significant impediment to effective competition, SIEC) in das deutsche Recht übernommen wurde. Das bislang im deutschen Recht maßgebliche Untersagungskriterium der Marktbeherrschung wird zum Regelbeispiel. Das BKartA wird daher auch in Zukunft Zusammenschlüsse, die zur Begründung oder Verstärkung einer marktbeherrschenden Stellung führen, untersagen; darüber hinaus erhält es eine Untersagungsbefugnis aber auch für solche Zusammenschlüsse, die – unterhalb dieser Schwelle – wirksamen Wettbewerb erheblich behindern. Offen

---

[170] BT-Drucks. 2007 16/5847.

[171] BGBl. 2007, Teil I, Nr. 66, S. 2965 ff. Zu den vom Bundestag noch vorgenommenen Änderungen, u. a. in § 20 Abs. 4 und § 29, s. Beschlussempfehlung und Bericht des Ausschusses für Wirtschaft und Technologie (9. Ausschuss) v. 14.11.2004, BT-Drucks. 16/7156. Die Gesetzesmaterialien sind abgedruckt in WuW 2008, 295 ff.

[172] Siehe dazu Begründung zum RegE, S. 9/10 (BT-Drucks. 16/5847).

[173] BGBl. 2013 I Nr. 32 S. 1750.

ist, ob die ausdrückliche Aufnahme eines Erheblichkeitskriteriums („significantly") umgekehrt die Eingriffsschwelle heraufsetzt. Hinter der Änderung steht vor allem die Absicht des Gesetzgebers, die deutschen Vorschriften (auch insoweit) an die Europäische Fusionskontrolle anzupassen und damit eine weitgehend gleichlaufende Beurteilung von Fusionsvorhaben auf deutscher und europäischer Ebene vorzunehmen. Die Novelle enthält im Bereich der Fusionskontrolle noch weitere Änderungen. Insbes. wurde die Bagatellmarktklausel aus den Voraussetzungen für die Anwendbarkeit der Fusionskontrolle herausgenommen und in die materiellrechtliche Prüfung überführt. Künftig unterliegen also auch solche Fälle zunächst dem Vollzugsverbot. § 38 Abs. 5 Satz 3 GWB n. F. hat die Zusammenrechnungsklausel des Art. 5 Abs. 2 Unter-Abs. 2 EG-Fusionskontroll-VO bei mehreren zeitlich gestaffelten Erwerbsvorgängen, die für sich betrachtet an der Zweiten Inlands-Umsatzschwelle scheitern würden, übernommen. Auf diese Weise sollen – wie im EU-Recht – Umgehungsstrategien (sog. Salami-Taktik) verhindert werden. Weiter wurde das Vollzugsverbot in § 41 Abs. 1a für öffentliche Übernahmeangebote und Wertpapiergeschäfte entsprechend dem Vorbild des Art. 7 Abs. 2 EG-Fusionskontroll-VO gelockert, und in § 41 Abs. 1 Satz 3 wurde klarstellend geregelt, wann die zivilrechtliche Unwirksamkeitsfolge für sonstige Rechtsgeschäfte in Folge eines Verstoßes gegen das Vollzugsverbot nicht gilt bzw. rückwirkend geheilt wird.[174] Es bleibt freilich dabei, dass im Entflechtungsverfahren keine Fristen gelten; auch die Befugnis des BKartA, den Verstoß gegen das Vollzugsverbot mit Geldbußen zu ahnden, bleibt von der Heilungsmöglichkeit unberührt. Durch die 8. GWB-Novelle wurden außerdem die **Missbrauchsvorschriften des GWB** neu geordnet, und es wurden historisch bedingte Redundanzen der Verbotstatbestände beseitigt. Nunmehr ist die Legaldefinition der Marktbeherrschung in § 18 enthalten, § 19 regelt das als missbräuchlich verbotene Verhalten marktbeherrschender Unternehmen, wobei der Diskriminierungstatbestand des § 20 Abs. 1 a. F. und der Tatbestand der Aufforderung oder Veranlassung zur Vorteilsgewährung (§ 20 Abs. 3 a. F.) in den Katalog der Missbrauchstatbestände des § 19 Abs. 2 überführt worden sind. § 20 betrifft nunmehr nur noch verbotenes Verhalten von Unternehmen mit relativer oder überlegener Marktmacht (früher: § 20 Abs. 2–6 GWB). Diese Änderungen sollen das Gesetz „anwenderfreundlicher und verständlicher" gestalten; sie sollen jedoch nicht zu inhaltlichen Erweiterungen oder Einschränkungen führen. Neu ist allerdings, dass die Einzelmarktbeherrschungsvermutung in § 18 Abs. 4 jetzt nicht mehr bei einem Marktanteil von einem Drittel, sondern erst bei 40 Prozent eingreift. Diese neue Schwelle gilt auch für die Beurteilung von Zusammenschlüssen gemäß § 36 GWB. Weiter wurden die Missbrauchstatbestände in § 20 Abs. 4 Satz 2–4 a. F., die aufgrund des Preismissbrauchsgesetzes vom Dezember 2007 zum 1.1.2013 außer Kraft getreten waren (dazu Rdnr. 40a), nunmehr im neuen § 20 Abs. 3 Satz 2–4 wieder eingeführt. Das Verbot der „Preis-Kosten-Schere" zur Stärkung der Wettbewerbsfähigkeit der kleineren und mittleren Tankstellenbetreiber wurde vor dem Hintergrund der Ergebnisse der Sektorenuntersuchung Kraftstoffe des BKartA dauerhaft in § 20 Abs. 3 Satz 2 Nr. 3 GWB verankert. Bei den **sektorspezifischen Regelungen** sind zunächst neue Vorschriften betreffend die gesetzliche Absicherung des Presse-Grosso (Aufnahme eines neuen Absatzes 2a in § 30 GWB) sowie Änderungen im Bereich der Pressefusionskontrolle (§ 36 Abs. 1 Satz 2 Nr. 3, Sanierungsklausel für den Pressesektor) sowie eine geänderte Umsatzberechnungsklausel in § 38 Abs. 3 zu erwähnen. Bei der pressespezifischen Aufgreifschwelle wurde der Multiplikationsfaktor von 20 auf acht verringert. Dies gilt auch für die Bagatellmarktschwelle. Im Bereich **Energie** wurde die spezielle Preismiss-

[174] Durch die 7. GWB-Novelle waren Zweifel aufgetreten, inwieweit bei einer „nachträglichen Freigabeentscheidung" des BKartA für nachträglich angemeldete (vollzogene) Zusammenschlüssel die Unwirksamkeitsfolge für sonstige Rechtsgeschäfte nicht gilt oder rückwirkend geheilt wird. Durch die neue Nr. 3 wird den Unternehmen die Rechtssicherheit zurückgegeben, die früher bestand, d. h. die schwebende Unwirksamkeit der – unter Verstoß gegen das Vollzugsverbot abgeschlossenen – Rechtsgeschäfte entfällt rückwirkend, wenn bzw. soweit das Entflechtungsverfahren eingestellt wird oder eine Ministererlaubnis erteilt wird.

brauchsaufsicht über marktbeherrschende Strom- und Gasanbieter in § 29 GWB, die Ende 2012 ausgelaufen war, für fünf Jahre wieder eingeführt. Im Bereich **Wasserwirtschaft** wurden mit der Einführung der §§ 31–31b GWB die (alten) kartellrechtlichen Freistellungs- und Missbrauchsvorschriften, die bislang durch die Übergangsvorschrift des § 130 Abs. 6 GWB mittels Verweisung auf die §§ 103ff. GWB 1990 geregelt waren, in das neu gefasste GWB integriert. Weiter ist auf Betreiben des Bundesrates als Reaktion auf Missbrauchsverfahren gegen Wasserversorgungsunternehmen in § 130 Abs. 1 eine Regelung eingefügt worden, mit der klargestellt wird, dass die §§ 19, 20 und 31b Abs. 5 auf öffentlich-rechtliche Gebühren und Beiträge keine Anwendung finden. Dies wird voraussichtlich dazu führen, dass sich angesichts einer zunehmenden Zahl von Preismissbrauchsverfahren gegen WVU die „Flucht ins Gebührenrecht“ fortsetzen wird. Meinungsverschiedenheiten zwischen Bundestag und Bundesrat gab es bei der Anwendung des Kartellrechts auf **Krankenkassen.** Hier wurde im Vermittlungsausschuss ein Kompromiss gefunden, wonach in Zukunft freiwillige Vereinigungen von Krankenkassen vom BKartA nach den Vorschriften über die Zusammenschlusskontrolle nach den §§ 35ff. GWB geprüft werden. Die von der Bundesregierung zunächst vorgeschlagene entsprechende Anwendung auch der §§ 1ff., 19ff. auf Krankenkassen entfällt dagegen. Neuerungen gibt es schließlich im **Verfahrens- und Sanktionsrecht** des GWB. In § 32 Abs. 2 ist die Befugnis der Kartellbehörden für Abstellungsverfügungen konkretisiert bzw. ergänzt worden. Es geht dabei insbes. um die ausdrückliche Aufnahme von Abhilfemaßnahmen „struktureller Art“. Auch dabei handelt es sich um eine Angleichung an das EU-Kartellrecht (Art. 7 Abs. 1 Satz 2 VO Nr. 1/2003). Die neue Regelung könnte u. U. sogar darauf hinauslaufen, dass die Kartellbehörden Entflechtungen vornehmen, z. B. bei wiederholten Preismissbräuchen. Darüber hinaus wird im neuen § 32 Abs. 2a GWB im Anschluss an die einschlägige Rechtsprechung des Bundesgerichtshofes klargestellt, dass die Kartellbehörden im Rahmen einer Abstellungsverfügung (auch) die Möglichkeit haben, eine Rückerstattung der erwirtschafteten Vorteile in Folge kartellrechtswidrigen Verhaltens anzuordnen. In § 33 Abs. 2 Nr. 1 wurde die **Klagebefugnis für Wirtschaftsverbände** erweitert. Bisher waren nur Verbände von Wettbewerbern der Kartellanten etc. befugt, Ansprüche geltend zu machen; nunmehr sind es generell Verbände von „betroffenen Unternehmen“, d. h. auch solche der Marktgegenseite. Ferner wurde die Aktivlegitimation für Unterlassungs-, Beseitigungs- und Vorteilsabschöpfungsansprüche im Zusammenhang mit Kartellrechtsverstößen durch die Novelle auf Verbraucherverbände ausgedehnt (§ 33 Abs. 2 Nr. 2 GWB). Eine Vorteilsabschöpfung (an den Bund) entfällt allerdings jetzt auch dann, wenn die Kartellbehörde eine Rückerstattung nach § 32 Abs. 2 angeordnet hat. Beide Neuregelungen beziehen sich nicht auf Schadensersatzansprüche gemäß § 33 Abs. 3. Schließlich sieht das Änderungsgesetz auch eine Erweiterung der **Rechtsnachfolgehaftung** nach **§ 30 OWiG** vor. Nach der Rechtsprechung des BGH war dies zuvor nur unter der engen Voraussetzung möglich, dass bei wirtschaftlicher Betrachtung zwischen der bisherigen und der neuen Vermögensverbindung nahezu Identität besteht. Nachdem bereits der BGH darauf hingewiesen hatte, dass eine weitergehende Erstreckung der bußgeldrechtlichen Haftung nur der Gesetzgeber vornehmen kann, wurde nunmehr § 30 OWiG durch einen Abs. 2a ergänzt. Diese Ergänzung schafft eine ausdrückliche Rechtsgrundlage für die Festsetzung einer Geldbuße gegen den Gesamtrechtsnachfolger bzw. gegen die Teilrechtsnachfolger nach einer partiellen Gesamtrechtsnachfolge durch Aufspaltung gemäß § 123 Abs. 1 UmwG. Fehlt es an einer Gesamtrechtsnachfolge, wie etwa bei Abspaltungen oder Ausgliederungen, bei denen der ursprüngliche Rechtsträger fortbesteht, findet die neue Vorschrift keine Anwendung. Dies gilt ebenso für den Fall einer Einzelrechtsnachfolge (s. dazu de lege ferenda Rdnr. 52).

41 **2. Inhalt des GWB – Überblick.** Die **materiellrechtlichen Regelungen des GWB** enthält sein Erster Teil.[175] Er regelt in den §§ 1–43 den Schutz des Wettbewerbs vor Beschränkungen durch Unternehmen. Dazu zählt insbes. das Verbot wettbewerbsbeschrän-

[175] Näher dazu *Wiedemann* in § 3 Rdnr. 1 ff.

kender Vereinbarungen mit als Legalausnahme ausgestalteten Ausnahmetatbeständen (§§ 1–3), die Missbrauchsaufsicht über marktbeherrschende Unternehmen (§ 19), verbotenes Verhalten von Unternehmen mit relativer oder überlegener Marktmacht (§ 20) sowie die Fusionskontrolle (§§ 35 ff.). Die Durchsetzung dieser materiellrechtlichen Vorschriften erfolgt vor allem durch die Kartellbehörden (§ 48 ff.), darunter insbes. das BKartA.

Obwohl im eigentlichen Sinne nicht deutsches Recht, sind doch – entsprechend ihrer Rechtsnatur als Gemeinschaftsrecht – auch die Wettbewerbsregeln des AEU-Vertrages (dazu oben Rdnr. 7 ff.) unmittelbar in Deutschland anwendbar und insoweit auch Bestandteil des deutschen Kartellrechts. Dementsprechend sieht § 50 Abs. 1 GWB vor, dass das BKartA und die obersten Landesbehörden für die Anwendung der Art. 101 und 102 AEUV iSd Art. 35 Abs. 1 VO Nr. 1/2003 zuständig sind. Ergänzend räumt § 22 Abs. 1 u. Abs. 3 GWB den deutschen Kartellbehörden die *Option* ein, *neben* den (vorrangigen) Art. 101, 102 AEUV auch die entspr. Verbote des deutschen Kartellrechts anzuwenden. Die Anwendung der EU-Verbote ist durch Art. 3 Abs. 1 VO Nr. 1/2003 zwingend vorgeschrieben, wenn die Sachverhalte eine Eignung zur Handelsbeschränkung aufweisen. Die deutschen Kartellbehörden müssen keine Doppelprüfung vornehmen, sind aber dazu befugt. § 50 Abs. 5 GWB überträgt in anderen als den in Abs. 1–4 bezeichneten Fällen (jene Absätze beziehen sich auf die Art. 101, 102 AEUV) die Befugnisse gemäß Art. 104, 105 AEUV dem BKartA. Dabei geht es vor allem um die Mitwirkung in Verfahren nach der EG-FKVO. Die viele Jahre mangels Durchführungs-VOs bestehende Zuständigkeit der Mitgliedstaaten im Rahmen des Art. 104 AEUV (früher: Art. 84 EG)[176] für den internationalen Trampdienst-Seeverkehr und Seeverkehrsdienstleistungen, die ausschließlich zwischen den Häfen ein und desselben Mitgliedstaats erbracht werden (Kabotage), ist durch die Erstreckung der VO Nr. 1/2003 auch auf diese See-Dienstleistungen durch die Rats-VO Nr. 1419/2006 entfallen.[177] 42

II. Ausführungs-Verordnungen zum GWB

Anders als im Unionskartellrecht sind im deutschen Kartellrecht Ausführungs-Verordnungen von völlig untergeordneter Bedeutung. Zu erwähnen ist hier lediglich die auf der Grundlage von § 80 GWB ergangene VO über die Kosten der Kartellbehörden **(KartKostVO)** vom 16.11.1970.[178] 43

III. Berichte und Verwaltungsgrundsätze des BKartA

Gemäß § 53 Abs. 1 GWB veröffentlicht das BKartA alle zwei Jahre einen **Tätigkeitsbericht** und seit dem Bericht 2009/2010 als Anlage dazu einen **Dokumentenband.** Er behandelt die Tätigkeit des Amtes in den beiden vorangegangenen Kalenderjahren sowie die Lage und Entwicklung auf seinem Aufgabengebiet. Die Tätigkeitsberichte und die Dokumentenbände bilden eine wichtige Erkenntnisquelle des deutschen Kartellrechts, weil sich nur ein kleiner Teil der Aktivitäten des BKartA in förmlichen (und veröffentlichten) Entscheidungen (dazu noch bei VI.) niederschlägt. Insbesondere werden – anders als im Unionskartellrecht – die Freigaben von Unternehmenszusammenschlüssen in der ersten Phase nicht veröffentlicht, so dass – neben zeitnahen Pressemitteilungen – insoweit in erster Linie die Tätigkeitsberichte Informationen über interessante Fälle vermitteln. Um die Zeit bis zum Erscheinen des nächsten Tätigkeitsberichts zu überbrücken, veröffentlicht das BKartA auf seiner Homepage regelmäßig vorab die sog. **Fallberichte** (die später ebenso wie die Pressemitteilungen in die Dokumentenbände aufgenommen werden). Seit 2013 erstellt das Amt auch **Jahresberichte.** 44

Gemäß § 53 Abs. 1 GWB hat das BKartA ferner fortlaufend seine **Verwaltungsgrundsätze** zu veröffentlichen. Sie werden gelegentlich auch als Merkblätter oder Bekanntma- 45

---

[176] S. dazu – aus der Zeit vor Erlass der VO Nr. 17/62 – BKartA, WuW/E BKartA 25, 241, 254 und 465.

[177] Dazu bereits oben Rdnr. 15.

[178] BGBl. I, S. 1535.

chungen bezeichnet. Ihre Rechtsnatur entspricht der der Bekanntmachungen der Kommission, d. h. sie binden die Behörde, nicht aber die Gerichte.[179]

46 Verwaltungsgrundsätze des BKartA sind zu den folgenden Themen veröffentlicht worden (aufgehobene Bekanntmachungen werden nicht aufgelistet):

- Bekanntmachung Nr. 18/2007 über die Nichtverfolgung von Kooperationsabreden mit geringer wettbewerbsbeschränkender Bedeutung (Bagatellbekanntmachung) vom 13. März 2007[180]
- Merkblatt zur deutschen Fusionskontrolle (Stand: 1. Juli 2005)[181] (wird derzeit überarbeitet)
- Merkblatt zu Inlandsauswirkungen in der Fusionskontrolle vom 30. September 2014[182]
- Merkblatt über Kooperationsmöglichkeiten für kleinere und mittlere Unternehmen (Stand: 1. März 2007)[183]
- Bekanntmachung Nr. 124/2003 des BKartA zur Anwendung des § 20 Abs. 4 Satz 2 GWB (Angebot unter Einstandspreis)[184] (wird zurzeit aktualisiert)
- Merkblatt zum Anwendungsbereich der EU-Fusionskontrolle (Stand: 1. Juli 2004)[185]
- Bekanntmachung zu den Auswirkungen der 2. Inlandsumsatzschwelle auf die Ausnahmeregelungen beim Erwerb von Immobilien (Stand: 7. April 2006)[186]
- Bekanntmachung Nr. 9/2006 über den Erlass und die Reduktion von Geldbußen in Kartellsachen (Bonusregelung) vom 7. März 2006[187]
- Leitfaden zur Marktbeherrschung in der Fusionskontrolle (Stand: 29. März 2012)[188]
- Standards für ökonomische Gutachten (Stand: 20. Oktober 2010)[189]
- Das Settlement-Verfahren des BKartA in Bußgeldsachen (Stand: 23. Dezember 2013)[190]
- Leitlinien für die Bußgeldzumessung vom 25. Juni 2013 („Bußgeldleitlinien")[191]
- Mitteilung zur Behandlung nachträglich angemeldeter Zusammenschlüsse (Stand: 1. Januar 2005)[192]
- Leitfaden zur Vergabe von Strom- und Gaskonzessionen und zum Wechsel des Konzessionsnehmers (Stand: 15. Dezember 2010)[193]

Das Amt hat auf seiner Homepage ferner allgemeine Informationen zu seiner Tätigkeit sowie Mustertexte und Formulare (zur Fusionskontrolle) veröffentlicht.

IV. Allgemeine Weisungen des Bundesministers für Wirtschaft und Energie

47 Der Bundesminister für Wirtschaft und Energie ist befugt, dem BKartA **allgemeine Weisungen** für den Erlass oder die Unterlassung von Verfügungen nach dem GWB zu erteilen. Soweit solche Weisungen ergehen, sind sie im Bundesanzeiger zu veröffentlichen (§ 52 GWB). Anwendungsfälle waren bzw. sind die Weisungen vom 25.3.1976 über Zusagen in Zusammenschlusskontrollverfahren[194] (inzwischen durch die Einführung von Freigaben unter Bedingungen und Auflagen in § 40 Abs. 3 erledigt), vom 16.2.1978 über die

---

179 *Immenga/Mestmäcker-Klaue*, § 53 Rdnr. 4.
180 Abrufbar unter www.bundeskartellamt.de.
181 Abrufbar unter www.bundeskartellamt.de.
182 Abrufbar unter www.bundeskartellamt.de.
183 Abrufbar unter www.bundeskartellamt.de.
184 Abrufbar unter www.bundeskartellamt.de.
185 Abrufbar unter www.bundeskartellamt.de.
186 Abrufbar unter www.bundeskartellamt.de.
187 Abrufbar unter www.bundeskartellamt.de.
188 Abrufbar unter www.bundeskartellamt.de.
189 Abrufbar unter www.bundeskartellamt.de.
190 Abrufbar unter www.bundeskartellamt.de.
191 Abrufbar unter www.bundeskartellamt.de.
192 Abrufbar unter www.bundeskartellamt.de.
193 Abrufbar unter www.bundeskartellamt.de.
194 BAnz. 1976, Nr. 66.

Aufstellung von Leitsätzen zur leistungssteigernden Kooperation[195] und vom 30.5.1980 über die Behandlung von Auslandszusammenschlüssen.[196] **Einzelweisungen** des Ministers, die grundsätzlich zulässig sind,[197] werden nicht veröffentlicht; sie spielen aber in der Praxis dem Vernehmen nach keine Rolle.

V. Monopolkommission

48 Der Monopolkommission obliegt vor allem die regelmäßige Begutachtung der Entwicklung der Unternehmenskonzentration in Deutschland und der Anwendung der Vorschriften über die Zusammenschlusskontrolle. Sie erstellt alle zwei Jahre ein Gutachten, das als BT-Drucksache veröffentlicht wird (siehe § 44 Abs. 1). Diese sog. **Hauptgutachten** der Monopolkommission sind eine weitere Erkenntnisquelle des deutschen Kartellrechts, zumal sich die Kommission gelegentlich auch kritisch mit der Praxis des BKartA auseinandersetzt. Die Monopolkommission kann ferner (Sonder-)Gutachten zu ihr besonders wichtig erscheinenden Fragen erstatten. Im Ministererlaubnisverfahren der Fusionskontrolle nach § 42 erstattet sie Einzelfallgutachten.

VI. Entscheidungen der Kartellbehörden und der Gerichte

49 Auch das deutsche Kartellrecht ist weitgehend Fallrecht. Dementsprechend kommt der Entscheidungspraxis der **Kartellbehörden** (sowie der Rechtsprechung, dazu Rdnr. 50) große Bedeutung für die Unternehmenspraxis zu. Hier dominiert kraft Zuständigkeit und personeller Ausstattung das BKartA.[198] Das BKartA sieht seine Aufgabe auch darin, den Anwendungsbereich des GWB „auszuloten“ und dafür Pilotverfahren zur Klärung neuer Rechtsfragen einzuleiten (so z. B. in mehreren Entscheidungen zum Online-Vertrieb im Dezember 2013).

50 Die **Rechtsprechung** zum GWB ist nach mehr als 50 Jahren fast schon unüberschaubar geworden. Wegen seiner Zuständigkeit für Rechtsmittel gegen Beschlüsse des BKartA kommt seit dessen Umzug nach Bonn den Entscheidungen des **OLG Düsseldorf** – vorher denen des Kammergerichts – die größte praktische Bedeutung zu. Die meisten Rechtsmittelverfahren werden jedoch erst durch den Kartellsenat des **BGH** entschieden. Insoweit kann erneut auf die Entscheidungssammlungen der WuW/E-Ausgaben verwiesen werden.[199] Nach der Zahl der Fälle sind vor allem die zivilrechtlichen Urteile zum Diskriminierungsverbot des § 20 Abs. 1 und 2 a. F. und die verwaltungsrechtlichen Beschlüsse des Kammergerichts bzw. des OLG Düsseldorf und des BGH zur Fusionskontrolle hervorzuheben. In zahlreichen Zivilprozessen ging es ferner um die durch die 6. Novelle (1998) für Neuverträge aufgehobene Formvorschrift des § 34 GWB a. F., inzwischen zunehmend auch um Schadensersatzansprüche der Abnehmer von Kartellunternehmen.

VII. Vergaberecht

51 Der Gesetzgeber hat das Recht zur Vergabe öffentlicher Aufträge und ihrer Nachprüfung im Zuge der 6. GWB-Novelle in das GWB integriert. Der vom Kabinett am 3.9.1997 angenommene Gesetzesentwurf des Bundeswirtschaftsministeriums vom 20.8.1997, der die Aufnahme eines neuen sechsten Teils in das GWB vorsah (als §§ 106 ff.), wurde von Bundestag

---

[195] BAnz. 1978, Nr. 46.

[196] BAnz. 1980, Nr. 103.

[197] *Bechtold*, GWB, § 52 Rdnr. 2; differenzierend *Immenga/Mestmäcker-Klaue*, § 51 Rdnr. 11 ff. und *Loewenheim/Meessen/Riesenkampff-Becker*, § 52 Rdnr. 2/3; ablehnend *Möschel*, aaO, Rdnr. 1073; *Langen/Bunte-Schneider*, § 52 Rdnr. 2.

[198] S. hierzu insbes. die alte Entscheidungssammlung WuW/E BKartA, die rund 3000 Seiten umfasst, und die im Jahre 1998 eingerichtete Serie WuW/E DE-V, die bis zu ihrer Einstellung (2014) ca. 1950 Seiten umfasste.

[199] Die 1998 abgeschlossene WuW/E-Serie der OLG-Entscheidungen umfasst rund 6000 Seiten, die der BGH-Ausgabe rund 3200 Seiten. Die Sammlung WuW/E DE-R, in der seit 1998 alle deutschen Gerichtsentscheidungen zusammengefasst sind, umfasst derzeit rund 4700 Seiten (Stand: Juni 2015).

und Bundesrat im Mai 1998 verabschiedet. Das **Vergaberechtsänderungsgesetz** trat am 1.1.1999 in Kraft. Es regelt für öffentliche Aufträge und sog. „Sektorenaufträge" die allgemeinen Grundsätze des Vergabeverfahrens sowie ein zweistufiges Nachprüfungsverfahren mit Vergabekammern und bei den Oberlandesgerichten einzurichtenden Vergabesenaten. Die Aufnahme dieses Rechtsgebietes in das GWB wurde mit der Sachnähe gerechtfertigt. Schon bisher war der Vergabeüberwachungsausschuss des Bundes beim BKartA angesiedelt. Das Vergaberecht wird in diesem Handbuch nicht behandelt (s. aber § 53 Rdnr. 27).

VIII. Ausblick

52 **1. Rechtspolitische Vorhaben.** Nach der Verabschiedung der 8. GWB-Novelle (2013) steht de lege ferenda derzeit – d.h. für die Legislaturperiode 2013–2017 – unmittelbar keine weitere größere Änderung des GWB an. Insbesondere wird im **Koalitionsvertrag** vom 27.11.2013 nicht vom Projekt einer 9. GWB-Novelle gesprochen. Der Vertrag enthält allerdings einen Abschnitt zum „Wettbewerbsrecht" (S. 17), in dem allgemein eine Weiterentwicklung bzw. Optimierung des Wettbewerbsrechts gefordert wird. Ferner werden eine Auswertung der Wirkungen der 8. GWB-Novelle, eine Stärkung der Kartellrechtsdurchsetzung (gemeint wohl: durch Private) und Maßnahmen zur Erleichterung der Zusammenarbeit von (Presse-)Verlagen „unterhalb der redaktionellen Ebene" angekündigt.[200] Die inzwischen vom Europäisches Parlament und Rat verabschiedete **Richtlinie 2014/104/EU zu privaten Schadensersatzklagen** (dazu Rdnr. 36) macht allerdings Änderungen des GWB, ggf. auch der ZPO erforderlich. Hierfür wird inzwischen der Arbeitstitel **„9. GWB-Novelle"** verwendet. Ein Referentenentwurf zu diesem Themenkreis ist im Frühjahr 2016 zu erwarten. Darüber hinaus wird es vor dem Hintergrund der Erfahrungen im *Wurstkartell*-Fall in dieser Novelle – wie vom BKartA gefordert – zusätzliche Änderungen des § 30 OWiG im Hinblick auf eine erweiterte Regelung betreffend die **Haftung von Rechtsnachfolgern** geben.[201] Die Bundesregierung prüft ferner, ob die Verantwortung von Konzernen für Kartellverstöße ihrer Tochterunternehmen „klarer geregelt werden sollte" (gemeint offenbar als Angleichung an die Konzernhaftung im EU-Bußgeldrecht).[202] Offen ist, ob die Bundesregierung im Rahmen der geplanten 9. Novelle auch den Vorschlag der Monopolkommission aufgreifen wird, die Begehung von Hardcore-Kartellen als Straftat zu qualifizieren und – wie beim Ausschreibungsbetrug – mit einer Freiheitsstrafe bis zu fünf Jahren zu sanktionieren (s. dazu das Sondergutachten der Monopolkommission vom 27. Oktober 2015 „Strafrechtliche Sanktionen bei Kartellverstößen", Rdnr. 191 ff.).

53 Außerdem strebt das BKartA Änderungen in der **Ausgestaltung des gerichtlichen Verfahrens für Kartellordnungswidrigkeiten** an.[203] Damit sollen Kartellbußgeldsachen aus dem geltenden OWiG-Rechtssystem, das eine umfassende gerichtliche Tatsachenermittlung einschließlich mündlicher Verfahrensführung und eine rechtliche Neubewertung des Falles (durch das Gericht) nach einem Einspruch der Unternehmen gegen eine Bußgeldentscheidung des BKartA vorsieht, herausgeführt werden. Nach öffentlichen Stellungnahmen des BKartA wird dabei an ein Instrumentarium gedacht, das einerseits nicht mehr so gründlich und aufwendig ist wie das geltende Recht, andererseits aber auch nicht dem vielfach als „light review" kritisierten europäischen Rechtsschutzsystem entspricht.[204] Für eine grundlegende Reform des Kartellverfahrens- und Ordnungswidrigkeitenrechts, um die

---

[200] Kritisch zu Änderungen im Bereich des Presse-Kartellrechts *Mundt*, FAZ v. 6.2.2014, S. 15.

[201] S. dazu Stellungnahme der BReg. zum BKartA-TB 2013/2014, S. IV („zeitnahe" Vorschläge dazu, wie die „noch verbliebenen Regelungslücken … geschlossen" werden können).

[202] BReg. aaO S. IV.

[203] S. dazu den Zwischenbericht des BKartA zum Expertenkreis Kartellsanktionenrecht – Reformimpulse für das Bußgeldverfahren v. 12.1.2015; ferner dazu schon BKartA, Hintergrundpapier „Kartellbußgeldverfahren zwischen deutschem Systemdenken und europäischer Konvergenz", 2012, veröff. auf der Homepage des BKartA.

[204] S. dazu schon Stellungnahme des BKartA zum RegE der 8. GWB-Novelle vom 22.6.2012, S. 12 (Schaffung eines „eigenständigen Kartellverfahrensrechts"), abrufbar auf der Homepage des BKartA.

Verfolgung von Kartellvergehen durch die Kartellbehörden zu erleichtern und für die Betroffenen nachvollziehbarer zu machen, hat sich auch *Haucap* (seinerzeit Mitglied der Monopolkommission) ausgesprochen.[205] Ob und inwieweit die Bundesregierung diesen Wünschen des BKartA nachkommen wird, bleibt abzuwarten. Kritisiert worden sind darüber hinaus mehrere Regelungen für Sonderbereiche in der 8. GWB-Novelle. So plädiert *Haucap* dafür, die durch die 8. GWB-Novelle umgesetzten „fragwürdigen Kompromisse" zu korrigieren. Er fordert u. a. die Aufhebung des besonderen Missbrauchsverbots für den Energiesektor nach § 29 GWB, welches die Entwicklung des Wettbewerbs behindere, die Anwendung des GWB auf das Verhältnis zwischen gesetzlichen Krankenkassen und im Verhältnis der Kassen zu den Versicherten sowie eine Anwendung des Kartellrechts auf die Trinkwasserversorgung mit dem mittelfristigen Ziel, eine Sektor-spezifische Preisaufsicht einzuführen.[206]

2. Entwicklungen de lege lata. De lege lata stellen sich im deutschen Kartellrecht **54** vielfach die gleichen Fragen wie im EU-Kartellrecht. So besteht auch hier aufgrund der zunehmenden Bedeutung von Schadensersatzansprüchen neben Bußgeldern und deren steuerrechtlicher Behandlung (keine Abzugsfähigkeit als Betriebsausgaben) das **Risiko einer übermäßigen Sanktionierung von Kartellen.** Ferner ist auch in Deutschland offen, wie mit den **Herausforderungen der Digitalwirtschaft** umzugehen ist bzw. ob sie mit dem geltenden Recht gemeistert werden können.[207] Schließlich besteht ein unausgewogenes Verhältnis zwischen Ermittlungsverfahren zur Durchsetzung der kartellrechtlichen Verbote in § 1 bzw. Art. 101 AEUV einerseits und dem zurückhaltenden Ansatz des BKartA (und erst recht der Kommission) bei der Beratung in rechtlichen Zweifelsfragen in Bezug auf den Anwendungsbereich der Verbote und/oder etwaige Freistellungen nach § 2 GWB bzw. Art. 101 Abs. 3 AEUV. Wegen der zunehmenden Bedeutung der Compliance-Politik auch nach deutschem Kartellrecht wird voraussichtlich die Geltendmachung von Schadensersatzansprüchen gegen verantwortliche Organe der betroffenen Unternehmen größere Bedeutung erlangen;[208] dabei ergeben sich für die Praxis allerdings schwierige Abwägungsprobleme, denn nach den Grundsätzen der Business Judgement Rule (§ 93 Abs. 1 Satz 2 AktG) wird der – in der AG – zuständige Aufsichtsrat jeweils prüfen müssen, ob er als Gegenleistung für Aufklärungsbeiträge im Rahmen von Kronzeugenanträgen z. B. von Vorstandsmitgliedern auf die Geltendmachung von Regressansprüchen verzichten kann.[209]

§ 2 Grundzüge des EU-Kartellrechts

Übersicht

[205] *Haucap*, WuW 2013, 1163.

[206] *Haucap* aaO.

[207] S. dazu schon oben Rdnr. 38 zum EU-Recht sowie der insoweit eher konservative Ansatz der Monopolkommission, Sondergutachten „Wettbewerbspolitik: Herausforderung digitale Märkte" v. 1.6.2015 sowie das Diskussionspapier des BKartA „Digitale Ökonomie – Internetplattformen zwischen Wettbewerbsrecht, Privatsphäre und Verbraucherschutz" für den Arbeitskreis Kartellrecht, 2015, abrufbar unter www.bundeskartellamt.de.

[208] S. dazu grundlegend – wenngleich nicht zum Kartellrecht – das *ARAG/Garmenbeck*-Urteil des BGH v. 21.4.1997, BGHZ 135, 244 ff.; s. ferner *Topel* in § 50 Rdnr. 94.

[209] Dazu aus der Literatur z. B. *Konrads*, Entschärfung des Haftungsrisikos des verantwortlichen Vorstands zum Zwecke der Inanspruchnahme einer kartellrechtlichen Kronzeugenregelung, 2012, S. 214.

Schrifttum: *Bechtold/Bosch/Brinker,* EU-Kartellrecht, 3. Aufl. 2014; *Bellamy/Child,* Common Market Law of Competition, 7. Aufl. 2012; *de Bronett,* Europäisches Kartellverfahrensrecht, 2. Aufl. 2012; *Bornkamm/Montag/Säcker* (Hrsg.), Münchener Kommentar zum Europäischen und Deutschen Wettbewerbsrecht, Band 1 Europäisches Wettbewerbsrecht, 2. Aufl. 2015; *Drauz/Schroeder,* Praxis der Europäischen Fusionskontrolle, 3. Aufl. 1996; *Cook/Kerse,* EC Merger Control, 5. Aufl. 2009; *Emmerich,* Kartellrecht, 12. Aufl. 2012; *Fuchs,* Neue Entwicklungen beim Konzept der Wettbewerbsbeschränkung in Art. 81 Abs. 1 EG, ZWeR 2007, 369 ff.; *Gleiss/Hirsch,* Kommentar zum EG-Kartellrecht, 4. Aufl. Bd. I 1993; *Grabitz/Hilf/Nettesheim* (Hrsg.), Das Recht der Europäischen Union, 51. Ergänzungslieferung 2013 (zit.: *G/H/N-Bearbeiter*); *v. d. Groeben/Schwarze-Bearbeiter,* Vertrag über die Europäische Union und Vertrag zur Gründung der Europäischen Gemeinschaft, 6. Aufl. 2003/2004; *Immenga/Mestmäcker-Bearbeiter,* Wettbewerbsrecht, Bd. 1 EU, Teil 1 und 2, 5. Aufl. 2012; *Jaeger/Kokott/Pohlmann/Schroeder* (Hrsg.), Frankfurter Kommentar zum Kartellrecht, Stand: 80. Lieferung Mai 2014 (zit.: *FK-Bearbeiter*); *Korah,* An Introductory Guide to EC Competition Law and Practice, 9. Aufl. 2007; *Klees,* Europäisches Kartellverfahrensrecht, 2005; *Kling/Thomas,* Kartellrecht, 2007; *Langen/Bunte,* Kartellrecht, Band 2 – Europäisches Kartellrecht, 12. Aufl. 2014; *Loewenheim/Meessen/Riesenkampff,* Kartellrecht, 2. Aufl. 2009; *Mestmäcker/Schweitzer,* Europäisches Wettbewerbsrecht, 3. Aufl. 2014; *Ritter/Braun,* European Competition Law, 3. Aufl. 2004; *Rittner/Dreher/Kulka,* Wettbewerbs- und Kartellrecht, 8. Aufl. 2014; *Rosenthal/Thomas,* European Merger Control, 2010; *Whish/Bailey,* Competition Law, 7. Aufl. 2011; *Schröter/Jakob/Klotz/Mederer,* Europäisches Wettbewerbsrecht, 2. Aufl. 2014 (zit.: *S/J/K/M-Bearbeiter*); *Schwarze/Weitbrecht,* Grundzüge des europäischen Kartellverfahrensrechts, 2004; *Schweitzer,* Judicial review in EU competition law, in *Lianos/Geradin,* Handbook on European Competition Law, 2013, 491 ff.; *Wiedemann,* Kommentar zu den Gruppenfreistellungsverordnungen des EWG-Kartellrechts, Bd. 1, 1989.

A. Die wesentlichen materiellrechtlichen Regelungen

I. Wettbewerbsbeschränkende Vereinbarungen (Art. 101 AEUV)

1 Art. 101 Abs. 1 AEUV[1] enthält das unionsrechtliche Verbot wettbewerbsbeschränkender Vereinbarungen, darunter insbes. das **Kartellverbot.** Die Vorschrift erklärt alle Vereinbarungen zwischen Unternehmen, Beschlüsse von Unternehmensvereinigungen und aufeinander abgestimmte Verhaltensweisen, welche den Handel zwischen Mitgliedstaaten zu be-

[1] Mit dem Inkrafttreten des Vertrages von Lissabon am 1.12.2009 wurde der EG-Vertrag in Vertrag über die Arbeitsweise der Europäischen Union (AEUV) umbenannt; die Grundlagen der Europäischen Union (früher: Europäische Gemeinschaft) finden sich seitdem im Vertrag über die Europäische Union (EUV). Zum Teil wurden grundlegende Regelungen aus dem (alten) EG-Vertrag in den EUV übertragen, darunter die Verpflichtung der Mitgliedstaaten zur Gemeinschaftstreue in Art. 4 Abs. 3 EUV. Schon früher – mit dem Inkrafttreten des Vertrages von Amsterdam (1999) – hatten die Artikel des EG-Vertrages eine neue Nummerierung erhalten. Damals wurde Art. 85 a. F. zu Art. 81 n. F., Art. 86 a. F. wurde zu Art. 82 n. F. Inhaltlich sind die Wettbewerbsregeln seit 1958 unverändert geblieben.

einträchtigen geeignet sind und eine Verhinderung, Einschränkung oder Verfälschung des Wettbewerbs innerhalb des Binnenmarktes bezwecken oder bewirken, für unvereinbar mit dem Binnenmarkt und verboten. Art. 101 Abs. 1 erfasst freilich über die sog. Kartelle hinaus alle wettbewerbsbeschränkenden Vereinbarungen. Das in § 1 GWB vor der 7. GWB-Novelle noch enthaltene zusätzliche Tatbestandsmerkmal „zwischen miteinander in Wettbewerb stehenden Unternehmen" fehlt. Daraus ergibt sich, dass sowohl **horizontale Vereinbarungen** (zwischen Wettbewerbern) als auch **vertikale Vereinbarungen** (z.B. zwischen Lieferant und Abnehmer) erfasst werden.

Verbotsadressaten des Art. 101 Abs. 1 sind **Unternehmen** und **Unternehmensvereinigungen.** Diese Tatbestandsmerkmale werden in diesem Handbuch im Zusammenhang mit dem persönlichen Geltungsbereich der EU-Wettbewerbsregeln behandelt (dazu § 4 Rdnr. 1ff. und § 8 Rdnr. 1ff.). Als Handlungsformen erfasst das Verbot vor allem **Vereinbarungen.** Maßgebend dafür ist grundsätzlich der (zivilrechtliche) Vertragsbegriff, d.h. es ist eine Willensübereinstimmung zwischen mindestens zwei Parteien erforderlich, während einseitiges Verhalten eines Unternehmens grundsätzlich nicht ausreicht.[2] Das Tatbestandsmerkmal wird allerdings weit ausgelegt.[3] Insbesondere kommt es nicht auf einen rechtlichen Bindungswillen der Parteien an.[4] Auch Vergleiche können Vereinbarungen iSd Art. 101 Abs. 1 sein.[5] Der EuGH hat in älteren Urteilen zu selektiven Vertriebssystemen entschieden, dass unter bestimmten Umständen sogar **einseitige Maßnahmen** von Art. 81 Abs. 1 EG (jetzt: Art. 101 Abs. 1 AEUV) erfasst werden können, wenn sie sich – z.B. als Lieferverweigerungen für bestimmte Erzeugnisse oder in Gestalt von Rundschreiben – einer bestimmten Vereinbarung zuordnen lassen.[6] In den letzten Jahren erfolgte jedoch eine Einschränkung dieser weiten Rechtsprechung, insbes. in Gestalt des Erfordernisses einer zumindest stillschweigenden Zustimmung des anderen Teils.[7] Als zweite Handlungsform erfasst Art. 101 Abs. 1 **aufeinander abgestimmte Verhaltensweisen** von Unternehmen (ebenso § 1 GWB). Dabei handelt es sich um eine Form der *Koordinierung* zwischen Unternehmen, die bewusst eine praktische Zusammenarbeit an die Stelle des mit Risiken verbundenen Wettbewerbs treten lässt.[8] Die Abgrenzung abgestimmter Verhaltensweisen von Vereinbarungen ist zwar begrifflich einfach; in der Praxis wirft sie jedoch – beim Nachweis eines Gesetzesverstoßes – Probleme auf. Die beiden von Art. 101 verbotenen Handlungsformen sind wiederum abzugrenzen vom zulässigen **gleichförmigen (bewussten) Parallelverhalten.** Eine autonome Anpassung an das Verhalten von Wettbewer- 2

[2] EuGH U. v. 6.1.2004, Slg. 2004 I-23ff. – *Bundesverband der Arzneimittel-Importeure u. Komm. ./. Bayer;* EuG U. v. 15.9.2005, Slg. 2005 II-3319, Rdnr. 83, 84 – *DaimlerChrysler AG ./. Komm.;* EuGH U. v. 13.7.2006, Slg. 2006 I-6602ff., Rdnr. 36ff. – *Volkswagen AG ./.* Komm., unter Bestätigung des vorangegangenen EuG-Urteils v. 3.12.2003.

[3] S. dazu z.B. EuGH U. v. 15.7.1970, Slg. 1970, 803 – *Chinin-Boehringer;* U. v. 25.10.1983, Slg. 1983, 3151, 3195, Rdnr. 38 – *AEG-Telefunken.*

[4] Kommission E. v. 10.7.1986, ABl. 1986 L 232/15, 27 – *Belasco.*

[5] EuGH U. v. 27.9.1988, Slg. 1988, 5249, 5289 – *Bayer/Süllhöfer.*

[6] EuGH U. v. 25.10.1983, Slg. 1983, 3151, 3195 – *AEG/Telefunken* und U. v. 17.9.1985, Slg. 1985, 2725, 2742, Rdnr. 20ff. – *Ford II;* diese Rechtsprechung ist nicht unproblematisch, weil sie die begrifflich klare Abgrenzung zwischen zulässigem und unzulässigem Verhalten iSd Art. 101 Abs. 1 AEUV zu verwischen droht und zu erheblicher Rechtsunsicherheit führt; sie war auch in der Kommission nicht unumstritten (s. dazu die bewusst auf das Zustandekommen einer Vereinbarung abstellende Begründung der *Konica*-Entscheidung der Kommission vom 18.12.1987, ABl. 1988 L 78/34).

[7] EuGH U. v. 6.1.2004, Slg. 2004 I-23ff., 64ff., Rdnr. 141ff. – *Bundesverband der Arzneimittel-Importeure e. V. ./. Bayer AG (Adalat);* EuG U. v. 26.10.2000, Slg. 2000 II-3383, 3409 Rdnr. 70ff. – *Bayer/Kommission;* EuG U. v. 3.12.2003, Rs T-208/01 Rdnr. 34ff. – *Volkswagen AG,* Slg. 2003 II – 5141ff., 5158ff., sowie EuG U. v. 15.9.2005 aaO Fn. 2.

[8] EuGH U. v. 14.7.1972, Slg. 1972, 619, 658 – *Farbstoffe,* U. v. 31.3.1993, Slg. 1993 I-1575, 1599 – *Ahlström* und U. v. 8.7.1999, Slg. 1999 I-4125, 4202f. – *Anic Partecipazioni;* zum Erfordernis einer Umsetzung der Abstimmung auf dem Markt s. EuGH U. v. 8.7.1999, Slg. 1999 I-4287, 4386, Rdnr. 161 – *Hüls;* U. v. 8.7.1999, Slg. 1999 I-4125, 4203 Rdnr. 118 – *Anic Partecipazioni* und U. v. 8.7.1999, Slg. 1999 I-4539, 4616, Rdnr. 125 – *Montecatini.*

bern, z. B. ein Nachziehen bei Preiserhöhungen, ist also nicht verboten. In der Praxis geht es vielfach darum, die Vereinbarkeit von Preiserhöhungen mehrerer Unternehmen, die in zeitlich kurzer Abfolge vorgenommen werden, mit dem EU-Kartellrecht zu prüfen. Der EuGH hat entschieden, dass auch in solchen Fällen der Verstoß gegen Art. 101 Abs. 1 – sei es in Gestalt einer Vereinbarung oder einer aufeinander abgestimmten Verhaltensweise – nachgewiesen werden muss; das Parallelverhalten könne aber ein Indiz für eine abgestimmte Verhaltensweise sein, wenn es sich nur durch die Abstimmung einleuchtend erklären lasse.[9] Die betroffenen Unternehmen haben also die Möglichkeit, für die einheitlichen Preise eine (andere) plausible Erklärung in Gestalt einer autonomen Verhaltensanpassung zu geben. Schließlich erfasst Art. 101 Abs. 1 auch (wettbewerbsbeschränkende) **Beschlüsse von Unternehmensvereinigungen.**[10] Hierbei ist es unbeachtlich, ob ihr satzungsgemäßer Zweck die Beteiligung an wettbewerbsbeschränkenden Verhaltensweisen zulässt.[11] Dagegen werden **Empfehlungen** in Art. 101 Abs. 1 nicht erwähnt. Sie können aber von dem Verbot erfasst werden, wenn sie auf einer Vereinbarung oder aufeinander abgestimmten Verhaltensweise beruhen oder zu einer aufeinander abgestimmten Verhaltensweise führen.[12] Empfehlungen haben daher im EU-Kartellrecht nur dann eine praktische Bedeutung erlangt, wenn sie Gegenstand des Beschlusses einer Unternehmensvereinigung sind.[13] Empfehlungen eines einzelnen Unternehmens – z. B. Preisempfehlungen in Vertriebsverträgen – werden in der Regel nicht von Art. 101 Abs. 1 erfasst.[14]

3 Zentrales Tatbestandsmerkmal des Art. 101 Abs. 1 ist die Verhinderung, Einschränkung oder Verfälschung des Wettbewerbs, von der Praxis kurz als **Wettbewerbsbeschränkung** bezeichnet. Nach der traditionellen Rechtsprechung des EuGH kommt es dabei grundsätzlich auf die *Beeinträchtigung der wirtschaftlichen Handlungsfreiheit* der Unternehmen an[15] (zu Ausnahmen von diesem Ansatz s. Rdnr. 3a). Dies bedeutet, dass Vereinbarungen die wirtschaftliche Selbständigkeit des Handelns der Unternehmen nicht berühren dürfen (sog. **Selbständigkeitspostulat**), wobei es für das Vorliegen einer Beeinträchtigung ausreicht, wenn sie Zweck oder Folge einer Vereinbarung ist (nicht aber Gegenstand i. S. einer konkreten rechtlichen Bindung).[16] Der AEU-Vertrag geht davon aus, dass jeder Marktteilnehmer selbst zu bestimmen hat, welche Geschäftspolitik er auf dem Binnenmarkt (früher: Gemeinsamen Markt) betreiben will. Dies betrifft die Freiheit des Marktzugangs, die Wahl des Vertragspartners, den Abschluss von Geschäften und die inhaltliche Ausgestaltung der

[9] EuGH U. v. 13.7.1989, Slg. 1989, 2521, 2565 – *Tournier;* U. v. 31.3.1993, Slg. 1993 I-1575, 1601 – *Ahlström* (dort unter Hinzuziehung von Sachverständigengutachten verneint).

[10] S. dazu z. B. *Langen/Bunte-Hengst,* Kartellrecht, Bd. 2 – Europäisches Kartellrecht, Art. 101 Rdnr. 103; *v. d. Groeben/Schwarze-Schröter,* Art. 81 Abs. 1 Rdnr. 64 ff.; *Immenga/Mestmäcker-Emmerich,* Wettbewerbsrecht EU/Teil 1, Art. 101 Abs. 1 Rdnr. 41 f.; *S/J/K/M-Schröter/Voet van Vormizeele,* Art. 101 AEUV Rdnr. 48 ff.

[11] EuG U. v. 15.3.2000, Slg. 2000 II-491, 748 Rdnr. 928 – *Cimentieres CBR.*

[12] EuGH U. v. 29.10.1980, Slg. 1980, 3125 – *FEDETAB;* U. v. 27.1.1987, Slg. 1987, 405, 455 – *Verband der Sachversicherer; Rittner/Dreher/Kulka* aaO Rdnr. 825.

[13] S. dazu z. B. EuGH U. v. 18 7. 2013, Rs C-136/12, ECLI:EU:C:2013:489, Rdnr. 46 – *Consiglio nazionale dei geologi;* zu den Einzelheiten s. z. B. *S/J/K/M-Schröter/Voet van Vormizeele,* Art. 101 AEUV Rdnr. 52; *Langen/Bunte-Hengst* aaO Art. 101 Rdnr. 135 ff.; *v. d. Groeben/Schwarze-Schröter,* Art. 81 Abs. 1 Rdnr. 51, 66; *Immenga/Mestmäcker-Emmerich* aaO Art. 101 Abs. 1 Rdnr. 103/104.

[14] S. dazu EuGH U. v. 28.1.1986, Slg. 1986, 353, 384, Rdnr. 25 – *Pronuptia,* für Richtpreise eines Franchisegebers. Zur Ausgrenzung von Weisungen eines Prinzipals gegenüber seinem Handelsvertreter (mangels Unternehmenseigenschaft des letzteren) s. EuG U. v. 15.9.2005, Rs T-325/01, Rdnr. 85 ff. – *DaimlerChrysler AG.* S. ferner *Langen/Bunte-Hengst* aaO Rdnr. 139.

[15] S. dazu EuGH U. v. 15.7.1970, Slg. 1970, 661, 701 – *Chinin-Chemiefarma;* U. v. 16.12.1975, Slg. 1975, 1663, 1965 – *Suiker Unie;* U. v. 29.10.1980, Slg. 1980, 3125, 3267 ff. – *FEDETAB;* U. v. 21.2.1984, Slg. 1984, 883, 908, Rdnr. 46 – *Hasselblad;* U. v. 20.11.2008, Slg. 2008 I-8637ff, Rdnr. 15ff, 24 ff. – *BIDS;* s. auch Komm., Leitlinien für horizontale Zusammenarbeit, ABl. EG 2011 C 11/1 ff., Rdnr. 27 sowie Bekanntmachung über die Beurteilung kooperativer Gemeinschaftsunternehmen, ABl. 1993 C 43/2 ff., Rdnr. 65.

[16] S. EuGH U. v. 16.12.1975, Slg. 1975, 1663, 1965 – *Suiker Unie;* U. v. 31.3.1993, Slg. 1993 I-1575, 1599 – *Ahlström.*

Geschäftsbedingungen. Soweit die so umschriebene Betätigungsfreiheit eines Unternehmens durch eine Vereinbarung eingeschränkt wird, stellt sie regelmäßig auch eine verbotene Wettbewerbsstörung iSd Art. 101 Abs. 1 AEUV dar.[17] Anhaltspunkte für den Inhalt des Tatbestandsmerkmals liefert bereits die in Art. 101 Abs. 1 enthaltene Insbesondere-Aufzählung; dort werden Preisabsprachen, (vertikale) Preisbindungen und Marktaufteilungen genannt. Auch Exportverbote sind eine Wettbewerbsbeschränkung, ferner die meisten Ausschließlichkeitsbindungen.[18] Da das Verbot des Art. 101 Abs. 1 in Zusammenhang mit der Freistellung in Abs. 3 gelesen werden muss, ist für die Praxis vor allem die Unterscheidung zwischen freigestellten Wettbewerbsbeschränkungen[19] und nicht freigestellten EU-kartellrechtlichen „Todsünden", d.h. Wettbewerbsbeschränkungen, die Kommission und Unionsgerichte als besonders schädlich für die Errichtung des Binnenmarktes ansehen, wichtig. Als Beispiel für die letzte Fallgruppe sind neben Preis- und Quotenkartellen geographische Marktaufteilungen und die Abschottung nationaler Märkte, insbes. durch Ein- und Ausfuhrverbote, zu nennen.[20]

In den letzten Jahren haben sich bei der **Auslegung des Tatbestandsmerkmals** der **Wettbewerbsbeschränkung** allerdings mehrere wichtige **neue Entwicklungen** ergeben. 3a
Sie haben dazu geführt, dass einerseits Wettbewerbsbeschränkungen zum Teil auch ohne Beeinträchtigungen der unternehmerischen/wirtschaftlichen Handlungsfreiheit bejaht werden (dazu im Folgenden), andererseits in bestimmten Konstellationen trotz einer Einschränkung dieser Handlungsfreiheit eine Wettbewerbsbeschränkung iSd Art. 101 Abs. 1 AEUV wegen (ungeschriebener) Rechtfertigungsgründe verneint wird (dazu Rdnr. 3b). Der Verzicht auf das Erfordernis der Beeinträchtigung der wirtschaftlichen Handlungsfreiheit zeigt sich vor allem an der Praxis zum Informationsaustausch. Hier hat die Rechtsprechung schon vor längerer Zeit in den *Traktormarkt*-Entscheidungen[21] die Formel entwickelt, dass eine Vereinbarung über einen Informationsaustausch gegen die Wettbewerbsregeln verstößt, „wenn sie den Grad der Ungewissheit über das fragliche Marktgeschehen verringert oder beseitigt und dadurch zu einer Beschränkung des Wettbewerbs zwischen den Unternehmen führt".[22] In diesem Zusammenhang hat der EuGH auch auf die alte Formel zum Selbstständigkeitspostulat Bezug genommen und erneut betont, dass es „streng jeder unmittelbaren oder mittelbaren Fühlungnahme zwischen den Wirtschaftsteilnehmern entgegen (stehe)".[23] Dies gelte selbst dann, wenn es sich – anders als im *Traktormarkt*-Fall – nicht um einen hochgradig konzentrierten oligopolistischen Markt handele.[24] Während das EuG im *Thyssen Stahl*-Fall diese Einschränkung noch unter Bezugnahme auf die „Entscheidungsfreiheit" der Wirtschaftsteilnehmer begründet hatte,[25] hat der EuGH in seinem diese Entscheidung bestätigenden Urteil diesen Begriff nicht (mehr) verwendet, sondern auf die oben referierte Formel zur „Verringerung des Grades der Ungewissheit" abgestellt. Das EuG hat dann in seinem *AC-Treuhand I*-Urteil vom 8.7.2008[26] zum *Organische Peroxide*-Kartell daraus die Konsequenz gezogen und erklärt, dass das Kriterium der Einschränkung der wirtschaftlichen Handlungsfreiheit nicht konstitutiv für das Tatbestandsmerkmal der Wettbewerbsbeschränkung sei, d.h. ein Unternehmen sich an einer solchen Beschränkung

[17] *V. d. Groeben/Schwarze-Schröter,* Art. 81 Abs. 1 Rdnr. 86 mwN.
[18] Zu den Einzelheiten s. § 10.
[19] Dazu sogleich bei Rdnr. 6.
[20] S. dazu auch die Differenzierung zwischen verschiedenen Wettbewerbsbeschränkungen in der Mitteilung der Komm. über den Erlass und die Ermäßigung von Geldbußen in Kartellsachen, ABl. 2006 C-298/17, Rdnr. 1.
[21] EuGH U. v. 28.5.1998, Slg. 1998 I-3111 ff. – *Deere ./. Komm.* bzw. 3175 ff. – *New Holland Ford ./. Komm.*
[22] EuGH aaO Rdnr. 90 – *Deere ./. Komm.;* bestätigt in EuGH U. v. 2.10.2003, Slg. 2003 I-10885, Rdnr. 81 – *Thyssen Stahl AG.*
[23] EuGH aaO Rdnr. 83 – *Thyssen Stahl AG.*
[24] EuGH aaO Rdnr. 86 – *Thyssen Stahl AG.*
[25] EuG U. v. 11.3.1999, Slg. 1999 II-347 ff., Rdnr. 401 – *Thyssen Stahl AG.*
[26] Slg. 2008 II-1501 ff. – *AC-Treuhand AG I.*

auch dann beteiligen könne, wenn es seine eigene Handlungsfreiheit auf dem Markt, auf dem es hauptsächlich tätig ist, nicht einschränke.[27] Das EuG hat dem noch hinzugefügt, dass die Bedeutung der Beschränkung der wirtschaftlichen Handlungsfreiheit ohnehin nicht überschätzt werden sollte, weil selbst im Falle ihrer Bejahung wegen der Grundsätze über die Rechtfertigung von Wettbewerbsbeschränkungen der Tatbestand des Art. 101 Abs. 1 AEUV nicht erfüllt sein müsse (dazu noch Rdnr. 3b). Eine Fortsetzung fand diese Rechtsprechung im *Bananenkartell*-Verfahren. Dort bestätigte der EuGH das Urteil des Gerichts, das wiederum die Klage des Kartellmitglieds *Dole* abgewiesen hatte;[28] es ging dabei um einen Informationsaustausch über Faktoren für die Festsetzung des Bananenpreises in der kommenden Woche oder über Preistrends, die erörtert oder preisgegeben wurden bzw. über Hinweise auf die voraussichtlichen Listenpreise der kommenden Woche (sog. Vorab-Preismitteilungen). Diese Kontakte hatten nach Ansicht der Kommission dazu gedient, die Unsicherheit in Bezug auf das Verhalten der Anbieter im Zusammenhang mit den später festzulegenden Listenpreisen zu reduzieren und somit „Marktsignale" dargestellt. Die Einstufung dieses Informationsaustausches als bezweckte Wettbewerbsbeschränkung durch die Kommission beruhte freilich auch und gerade darauf, dass der Kronzeuge *Chiquita* und ein anderes Unternehmen ausdrücklich eingeräumt hatten, dass sie die ausgetauschten Informationen bei der endgültigen Preisfestsetzung „zwangsläufig berücksichtigen" mussten. Die dagegen gerichtete Argumentation der Klägerin *Dole,* dass die Informationen nicht geeignet gewesen seien, die Unsicherheit in Bezug auf die (späteren) tatsächlichen Preise zu verringern, war vor diesem Hintergrund nicht erfolgreich,[29] zumal durchaus ein konkreter Marktbezug der ausgetauschten Informationen vorlag. Noch weiter ist inzwischen das Gericht im Fall des Kartells für *Badezimmerausstattungen* gegangen. Nach seinem (die Kommission bestätigenden) Urteil soll bereits ein isolierter Austausch vertraulicher Informationen über die Umsatzentwicklung und über erhöhte Exportzahlen der Wirtschaftsteilnehmer ohne Aufschlüsselung nach Märkten das Tatbestandsmerkmal Wettbewerbsbeschränkung erfüllen, weil auch er geeignet sei, die „Ungewissheit hinsichtlich des zukünftigen Verhaltens der Wettbewerber auf dem Markt zu senken".[30] Eine Beschränkung der wettbewerblichen Handlungsfreiheit im herkömmlichen Sinne ist dabei offensichtlich nicht gegeben. Es fehlt aber auch ein konkreter Anhaltspunkt für eine Abstimmung (oder gar Vereinbarung) i. S. einer Verringerung der Ungewissheit über das Verhalten der beteiligten Unternehmen *am Markt;* der Informationsaustausch kann mit maW ohne jede praktische Auswirkung bleiben. Obwohl das Gericht die vom EuGH verwendete Formel anwendete, überdehnt eine solche nicht mehr an konkrete Märkte oder Maßnahmen anknüpfende negative Bewertung die Reichweite des Kartellverbots.[31] Diese Überdehnung ist für die „Antitrust Advocacy" nicht hilfreich.

3b Als zweite neue Entwicklung ist die Rechtsprechung des EuGH zu nennen, durch die – beginnend mit dem ***Wouters*-Urteil** vom 19.2.2002[32] – der Verbotstatbestand des Art. 101

---

[27] EuG aaO Rdnr. 127, dort für die Bewertung der Tätigkeit der Klägerin, einem Wirtschaftsberatungsunternehmen, als Gehilfe zur Durchführung eines Kartells anderer Unternehmen. Anders für einen ähnlich gelagerten Fall die Schlussanträge des GA *Wahl* v. 21.5.2015, Rs C-194/14 P, ECLI:EU:C:2015:350, Rdnr. 65 – *AC-Treuhand II* („... weder eine wettbewerbswidrige Verpflichtung eingegangen, noch hat sie eine solche entgegengenommen"), vom EuGH in seinem U. v. 22.10.2015 in dieser Sache (ECLI:EU:C:2015:717, Rdnr. 30 ff.) jedoch abgelehnt.

[28] EuGH U. v. 19.3.2015, Rs C-286/13 P, ECLI:EU:C:2015:184.

[29] EuGH aaO Rdnr. 14–18, 19/20 sowie Rdnr. 107, 119 ff.

[30] EuG U. v. 16.9.2013, Rs T-373/10, ECLI:EU:T:2013:455, Rdnr. 121, 148 – *Villeroy & Boch ./. Komm. (Badezimmerausstattungen),* nicht rkr. S. dazu bereits Komm., Horizontal-Leitlinien, ABl. 2011 C 11/1 ff. Rdnr. 65 ff., wo negative Auswirkungen einer künstlich erhöhten Transparenz jeweils als theoretisch möglich („kann") erörtert werden.

[31] Zu dem darauf namentlich beim Informationsaustausch resultierenden Problem s. auch § 3 Rdnr. 4. Tendenziell kritisch zu den Anforderungen des EuGH an eine Distanzierung eines Beteiligten von quasi aufgedrängten (einseitigen) Informationen *Dreher/Hoffmann,* WuW 2011, 1181, 1185 f.

[32] EuGH U. v. 19.2.2002, Slg. 2002 I-1577, 1653, Rdnr. 97.

Abs. 1 AEUV mittels Anerkennung bestimmter aus dem Gemeinwohl abgeleiteter **Rechtfertigungsgründe** eingeschränkt wurde. Der EuGH hat dies in die Formel gekleidet, dass „nicht jede Vereinbarung zwischen Unternehmen (...), durch die die Handlungsfreiheit einer der Parteien beschränkt wird, automatisch vom Verbot des Art. 81 Abs. 1 (jetzt: Art. 101 AEUV) erfasst“ werde; vielmehr seien bei der Anwendung der Vorschrift im Einzelfall der *Gesamtzusammenhang,* in dem der fragliche Beschluss zustande gekommen ist oder seine Wirkungen entfaltet, und insbes. seine *Zielsetzung* zu würdigen. Im *Wouters*-Fall ging es um Regelungen zum Schutze der Rechtspflege. Diese neue Auslegung haben der EuGH und das Gericht inzwischen in mehreren Urteilen bekräftigt. Dazu zählt das EuGH-Urteil vom 18.7.2007 in Sachen *Meca-Medina* u.a. ./. Kommission.[33] Es ging dort um die Vereinbarkeit von Doping-Sanktionen eines internationalen Schwimmverbandes mit den Wettbewerbsregeln des EG-Vertrages (jetzt: AEUV). Der EuGH bejahte zwar grundsätzlich die Anwendbarkeit des EG-Kartellrechts. Er erklärte aber erneut, dass die Vereinbarkeit eines Regelungswerks mit den gemeinschaftlichen Wettbewerbsregeln nicht abstrakt beurteilt werden könne und verwies in diesem Zusammenhang auf die im *Wouters*-Fall entwickelte (oben zitierte) Formel. Es sei daher bei der Anwendung des Art. 81 EG (jetzt: Art. 101 AEUV) im Einzelfall „der Zusammenhang, in dem der fragliche Beschluss zustande gekommen ist oder seine Wirkungen entfaltet, und insbes. seine Zielsetzung zu würdigen“. Weiter sei zu prüfen, ob die mit dem Beschluss verbundenen wettbewerbsbeschränkenden Wirkungen *notwendig* mit der Verfolgung der genannten Ziele zusammenhängen und ob sie im Hinblick auf diese Ziele *verhältnismäßig* sind.[34] Da das fragliche Regelungswerk zur Doping-Bekämpfung erlassen wurde und die angegriffenen Sanktionen auch erforderlich waren, um die Einhaltung dieses Verbots sicherzustellen, hing die Auswirkung der Sanktionen auf die Handlungsfreiheit der Sportler im Prinzip notwendig mit der Anti-Doping-Regelung zusammen. Der EuGH fügte hinzu, dass selbst bei einer die Handlungsfreiheit einschränkenden Entscheidung die Regelung „durch einen legitimen Zweck gerechtfertigt“ sein könne. Diese Rechtsprechung wurde 2013 und 2014 in mehreren Urteilen bestätigt, darunter im Fall *Consiglio nazionale dei geologi (CNG),* wo es um die wettbewerbsbeschränkende Wirkung von Verhaltensregeln eines italienischen Berufsverbandes *(CNG)* ging, und im Fall *API,* der ein System zur Festlegung von Mindestbetriebskosten im Straßentransportsektor betraf, das wiederum der Einhaltung von Sicherheitsmaßstäben im Straßenverkehr dienen sollte.[35] Der Sache nach übernimmt der EuGH damit seine Rechtsprechung zur Zulässigkeit von Ausnahmen bei den Grundfreiheiten des AEU-Vertrages[36] (bei zwingenden Gründen des Allgemeininteresses) in die Wettbewerbsregeln, und zwar sowohl für Art. 101 als auch für Art. 102 AEUV. Die Einführung eines solchen ungeschriebenen Rechtfertigungstatbestandes ist methodisch bemerkenswert, weil die Kommission in ihrem in etwa zeitgleich (Herbst 2005) vorgelegten Diskussionspapier zum Missbrauchsbegriff des Art. 82 EG (jetzt: Art. 102 AEUV) ebenfalls eine Art allgemeinen Rechtfertigungsgrund in die Vorschrift hineingelesen hat, der sich bei ihr freilich nur aus den Wertungen des Art. 81 Abs. 3 (jetzt: Art. 101 Abs. 3 AEUV) ergeben sollte. Der Ansatz des EuGH ist zwar für die klassischen (Preis- und Quoten-)Kartelle irrelevant; er kann aber in einigen Sektoren durchaus zu einer praktisch bedeutsamen Einschränkung des Verbotstatbestandes führen. So ist es für eine Vielzahl von Vereinbarungen oder Beschlüssen denkbar, dass sie auch im Allgemeininteresse getroffen werden und verhältnismäßig sind.

---

[33] EuGH U. v. 18.7.2006, Slg. 2006 I-7006ff.; kritisch dazu *Fuchs,* ZWeR 2007, 369, 383f. („erhebliche Sprengkraft“).

[34] EuGH aaO Rdnr. 42.

[35] EuGH U. v. 18.7.2013, Rs C-136/12, ECLI:EU:C:2013:489, Rdnr. 53ff. – *CNG* und U. v. 4.9.2014, Rs C-184/13, ECLI:C:2014:2147, Rdnr. 28ff., 51ff. – *API* (dort Rechtfertigung im Allgemeininteresse verneint); s. ferner U. v. 28.2.2013, Rs C-1/12, ECLI:EU:C:2013:127 – *OTOC.*

[36] S. dazu statt aller *Lenz-Borchardt,* EU-Verträge, 6. Aufl. 2013, Art. 56/57 AEUV Rdnr. 23 mwN zur Rechtsprechung sowie *Schwarze,* Europäisches Wirtschaftsrecht, 2007, Rdnr. 155/156 (zu Art. 58 EG).

Zu denken ist dabei über den Sportsektor und die Rechtspflege hinaus an Themen wie Umweltschutz, Gesundheitspolitik, Verkehr und Sicherung der Energieversorgung.

3c Ein dritter neuer Ansatz bei der Auslegung des Tatbestandsmerkmals Wettbewerbsbeschränkung ergibt sich aus den Leitlinien der Kommission zur Anwendbarkeit von Art. 101 Abs. 1 AEUV auf horizontale Vereinbarungen bzw. dem **„more economic approach".**[37] Der Kommission geht es in diesen Leitlinien um die Prüfung des Verbotstatbestandes auf der Grundlage eines **Marktmachtansatzes** anstelle der früher vorherrschenden eher formalen Betrachtung (unter Fokussierung auf die Handlungsfreiheit der Parteien). Demzufolge sollen das rechtliche und wirtschaftliche Umfeld und die Marktbedingungen im Einzelnen betrachtet werden, und es soll eine spürbare negative Auswirkung erforderlich sein (anders bei bezweckten Wettbewerbsbeschränkungen).

4 Der Tatbestand des Art. 101 Abs. 1 ist ferner nur erfüllt, wenn das Verhalten geeignet ist, den **Handel zwischen den Mitgliedstaaten** zu beeinträchtigen. Diese sog. **Zwischenstaatlichkeitsklausel** dient in erster Linie dem Zweck, den Anwendungsbereich des nationalen Kartellrechts von dem des EU-Kartellrechts (negativ) abzugrenzen. Nach der ständigen Rechtsprechung des EuGH ist das Tatbestandsmerkmal erfüllt, wenn sich anhand einer Gesamtheit objektiver rechtlicher oder tatsächlicher Umstände mit hinreichender Wahrscheinlichkeit voraussehen lässt, dass die Vereinbarung unmittelbar oder mittelbar, tatsächlich oder potentiell den Handel zwischen Mitgliedstaaten in einer Weise beeinflussen kann, die der Verwirklichung der Ziele eines einheitlichen Marktes abträglich sein kann (bzw. ihn hemmen könnte).[38] Die Eignung zur Herbeiführung einer anderen Entwicklung reicht, so dass selbst bei einer Förderung des Handels der Tatbestand des Art. 101 Abs. 1 erfüllt sein kann.[39] Auszugrenzen sind lediglich Sachverhalte mit regionaler oder lokaler Bedeutung. Auch rein nationale Kartelle können eine Eignung zur Handelsbeeinträchtigung aufweisen. Der EuGH hat mehrfach entschieden, dass Kartelle, die sich auf das gesamte Gebiet eines Mitgliedstaates erstrecken, schon ihrem Wesen nach geeignet sind, den Handel zwischen den Mitgliedstaaten zu beeinträchtigen.[40] Nach der Rechtsprechung des EuGH können sogar Verträge zwischen Unternehmen eines Mitgliedstaates, die eine unbedeutende Marktposition innehaben und daher den Handelsverkehr allenfalls in extrem geringfügiger Weise beeinträchtigen können, dem Tatbestand des Art. 101 Abs. 1 unterfallen. Es muss dann aber hinzukommen, dass **gleichartige Verträge** zwischen einem der Beteiligten und einer größeren Zahl dritter Unternehmen vorliegen. Der EuGH hat hierzu in einem Bierbezugsverträge betreffenden Urteil entschieden, dass das Bestehen gleichartiger Verträge ein Sachverhalt sei, der gemeinsam mit anderen eine Gesamtheit wirtschaftlicher und rechtlicher Begleitumstände bilden könne, in deren Zusammenhang der Vertrag bei seiner Beurteilung betrachtet werden müsse.[41] Auf diese Weise hat die **Bündeltheorie** Eingang in die EU-kartellrechtliche Begriffsbildung gefunden. Eine Klärung einiger mit dieser Theorie verbundener Fragen brachte das EuGH-Urteil im Fall *„Delimitis/Henninger Bräu"*.[42] Der EuGH verwendete dort ein Zweistufenkonzept. Er entschied, dass für einzelne Bierlieferungsverträge zwar die „Bündeltheorie" gilt, dass solche Verträge gleichwohl nur dann nach Art. 81 Abs. 1 EG (jetzt: Art. 101 Abs. 1 AEUV) verboten sind, wenn sie in

[37] S. ABl. 2001 C 3/2, Rdnr. 20 (alte Fassung) bzw. ABl. 2011 C 33/20, Rdnr. 27-29 (neue Fassung).

[38] S. z.B. U. v. 31.3.1993, Slg. 1993 I-1575, 1617 – *Ahlström* (dort auch zu Zwischenerzeugnissen, die den Ausgangsstoff für – zwischenstaatlich gehandelte – Endprodukte bilden); EuGH U. v. 10.12.1985, Slg. 1985, 3860, 3879 – *Stichting Sigarettenindustrie;* EuG U. v. 14.5.1997, Slg. 1997 II 762 ff. – *VGB, Florimex u.a. ./. Komm.*, Rdnr. 132. S. ferner EuGH U. v. 18.7.2013 aaO Fn. 35, Rdnr. 49 – *Consiglio nazionale dei geologi (CNG).*

[39] EuGH U. v. 13.7.1966, Slg. 1966, 322 – *Grundig/Consten.*

[40] EuGH U. v. 17.10.1972, Slg. 1972, 977, 991 – *VCH;* U. v. 19.2.2002, Slg. 2002, I-1577, 1687 Rdnr. 95 – *Wouters;* U. v. 18.7.2013 aaO Fn. 35, Rdnr. 50 – *Consiglio nazionale dei geologi (CNG).*

[41] EuGH U. v. 12.12.1967, Slg. 1967, 543, 545 – *de Haecht I.* Ferner U. v. 30.4.1998, Slg. 1998 I-2055, 2101 Rdnr. 50 – *Cabour,* zu Kfz-Vertriebsverträgen.

[42] U. v. 28.2.1991, Slg. 1991 I-935 ff.

erheblichem Maße zu der Abschottungswirkung beitragen, die das Bündel dieser Verträge aufgrund ihres wirtschaftlichen und rechtlichen Zusammenhangs entfaltet; die Bedeutung des Beitrages der einzelnen Verträge hänge von der Stellung der Vertragspartner auf dem relevanten Markt und von der Vertragsdauer ab.[43] Als Fazit ist festzuhalten, dass die Anwendbarkeit des EU-Kartellverbots nur in den seltensten Fällen am Tatbestandsmerkmal der Handelsbeeinträchtigung scheitert.[44]

Um einer uferlosen Anwendung des Art. 101 Abs. 1 entgegenzutreten, ist – mit Zu- 5
stimmung des EuGH – das (ungeschriebene) Tatbestandsmerkmal der **Spürbarkeit** entwickelt worden. Danach ist es erforderlich, dass die Wettbewerbsbeschränkung *und* die Handelsbeeinträchtigung „spürbar", also nicht nur von rein theoretischer Bedeutung sind.[45] Dies lässt sich nur nach Maßgabe der Umstände des Einzelfalles feststellen. Während die Kommission in ihrer alten **Bagatellbekanntmachung von 1997**[46] das Erfordernis der Spürbarkeit sowohl hinsichtlich der Wettbewerbsbeschränkung als auch hinsichtlich der Handelsbeeinträchtigung noch gemeinsam definierte, behandelt sie die Themen inzwischen getrennt. Nach den **Leitlinien über den Begriff der Beeinträchtigung des zwischenstaatlichen Handels in den Artikeln 81 und 82 des Vertrags**[47] liegt eine spürbare Beeinträchtigung des Handels zwischen den Mitgliedstaaten nicht vor, wenn der gemeinsame Marktanteil der Parteien 5% und der Jahresumsatz mit den von der Vereinbarung erfassten Waren 40 Mio. € nicht überschreitet. Diese Leitlinien enthalten in Rdnr. 53 auch eine positive Vermutung für das Vorliegen der Spürbarkeit, wenn eine Vereinbarung ihrem Wesen nach geeignet ist, den Handel zwischen Mitgliedstaaten zu beeinträchtigen, und der entsprechende Umsatz entweder 40 Mio. € oder der gemeinsame Marktanteil 5% überschreitet. Die (neu gefasste) **Bagatellbekanntmachung von 2014**[48] unterstellt eine (spürbare) Handelsbeeinträchtigung und behandelt sodann die Voraussetzungen für das Fehlen einer **spürbaren Wettbewerbsbeschränkung.** Sie unterscheidet dabei zwischen horizontalen und vertikalen Vereinbarungen. Für erstere gilt eine Marktanteilsschwelle von 10%, für letztere eine Schwelle von 15%. Im Sinne der Bündeltheorie werden dabei die Marktanteilsschwellen für horizontale Vereinbarungen auf 5% und für vertikale Vereinbarungen auf 10% herabgesetzt, sofern der Wettbewerb durch die kumulative Wirkung von Vereinbarungen beschränkt wird, die verschiedene Lieferanten oder Händler für den Verkauf von Waren oder Dienstleistungen geschlossen haben. Abgesehen von den vielen Zweifelsfragen bei der Marktabgrenzung wird die „Wohltat" einer Qualifizierung als nicht „spürbar" in Rdnr. 13 der Bekanntmachung durch eine Auflistung „bezweckter" Wettbewerbsbeschränkungen erheblich und über die ältere EuGH-Rechtsprechung hinaus eingeschränkt, so dass die Bagatellbekanntmachung für die Praxis nur von geringer Relevanz ist. Den Hintergrund für diese (neue) Einschränkung bildet das *Expedia*-Urteil des EuGH v. 13.12.2012.[49] Die 2. Kammer referiert dort zunächst die ständige Rechtsprechung des EuGH zu den Voraussetzungen einer fehlenden Spürbarkeit (insbes. das *Völk*-Urteil v. 9.7.1969), wechselt dann aber den rechtlichen Referenzrahmen, indem sie auf die – eben-

---

[43] AaO Rdnr. 27; s. ferner U. v. 7.12.2000, Slg. 2000 I-11121, 11149 Rdnr. 27 – *Neste* sowie *Kirchhoff* in § 9 Rdnr. 24.

[44] Ein Beispiel dafür bildet die Sache *VGB, Florimex u.a. ./. Kommission* aaO Fn. 38, Rdnr. 129ff., für ausschließliche Bezugsverträge für Blumen mit mehreren Großhändlern in den Niederlanden.

[45] S. dazu EuGH U. v. 9.7.1969, Slg. 1969, 301ff. – *Völk/Vervaecke,* sowie U. v. 28.4.1998, WuW/E EU-R 57ff., Rdnr. 17 – *Javico International/YSLP,* jeweils zu Alleinvertriebsverträgen mit absolutem Gebietsschutz.

[46] ABl. 1997 C 372/13ff. = WuW 1998, 159ff. Dazu *Jestaedt/Bergau,* WuW 1998, 119ff.

[47] ABl. 2004 C 101/81ff.

[48] ABl. 2014 C 291/1ff.; s. dazu auch die ergänzende Arbeitsunterlage (bisher nur auf Englisch verfügbar), in der die Kommission die Sachverhalte aufzeigt, die als „bezweckte Wettbewerbsbeschränkungen" angesehen werden und (daher) stets eine spürbare Wettbewerbsbeschränkung darstellen. Zur Vorläuferfassung der Bagatellbekanntmachung s. ABl. 2001 C 368/13ff.

[49] EuGH U. v. 13.12.2012, Rs C-226/11, ECLI:EU:C:2012:795, Rdnr. 35–37.

falls ständige – Rechtsprechung zur Differenzierung zwischen bezweckten und bewirkten Wettbewerbsbeschränkungen und der nur bei letzteren erforderlichen „Wirkungsanalyse" eingeht. Dem schließt sich in Rdnr. 37 die Aussage an, dass eine Vereinbarung, die geeignet sei, den Handel zwischen Mitgliedstaaten zu beeinträchtigen, und die einen wettbewerbswidrigen Zweck habe, „ihrer Natur nach und unabhängig von ihren konkreten Auswirkungen eine spürbare Beschränkung des Wettbewerbs" darstelle. Damit setzt sich die Kammer freilich in Widerspruch zum *Völk*-Urteil, dem ein Sachverhalt mit ausdrücklich vereinbartem absoluten Gebietsschutz und damit eine bezweckte Wettbewerbsbeschränkung zugrunde lag und in dem nach bisherigem Verständnis[50] bereits – mangels konkreter Auswirkungen – die Eignung zu einer spürbaren Beschränkung fehlte. Da dies im *Expedia*-Urteil nicht erwähnt wird, ist unklar, ob nun generell eine Verschärfung des Prüfungsmaßstabes gelten soll oder ob die *Völk*-Grundsätze zumindest für die (mangelnde) Spürbarkeit der Handelsbeeinträchtigung weitergelten. Es bleibt zu hoffen, dass der EuGH – ggf. als Große Kammer – diese Grundsatzfrage demnächst klarstellt.

6 Gemäß **Art. 101 Abs. 2** sind die nach Art. 101 Abs. 1 AEUV verbotenen Vereinbarungen und Beschlüsse **nichtig;** außerdem kann die Kommission nach Maßgabe der Durchführungs-VO des Rates (Art. 23 der VO Nr. 1/2003) bei Verstößen gegen Art. 101 Abs. 1 (und Art. 102) **Bußgelder** verhängen.[51] Für zahlreiche Verhaltensweisen kommt aber gemäß **Art. 101 Abs. 3** eine **Freistellung** von dem Verbot in Betracht. Danach – und iVm Art. 1 der VO Nr. 1/2003 – sind diejenigen Vereinbarungen ipso iure, d.h. per **Legalausnahme,** von dem Verbot des Art. 101 Abs. 1 ausgenommen, die unter angemessener Beteiligung der Verbraucher an dem entstehenden Gewinn zur Verbesserung der Warenerzeugung oder -verteilung oder zur Förderung des technischen oder wirtschaftlichen Fortschritts beitragen, ohne dass den Beteiligten Beschränkungen auferlegt werden, die für die Verwirklichung dieser Ziele nicht unerlässlich sind, oder Möglichkeiten eröffnet werden, für einen wesentlichen Teil der betreffenden Waren den Wettbewerb auszuschalten. Entgegen der Rechtslage unter der früheren VO Nr. 17/62 bedarf es für die Freistellung also keiner Anmeldung und keiner vorherigen Entscheidung der Kommission mehr. Die Einzelheiten der Reichweite des Verbotes in Art. 101 Abs. 1 und der Freistellung in Art. 101 Abs. 3 werden in den §§ 8/9 und 10–13 des Handbuches behandelt.

7 Art. 101 Abs. 1 AEUV gilt nicht für **konzerninterne Wettbewerbsbeschränkungen.**[52] Außerdem ist anerkannt, dass Beschränkungen, die bestimmten allgemein anerkannten Vertragstypen des Handelsrechts „immanent" sind, nicht von dem Verbot erfasst werden. Zu diesen **zulässigen Nebenabreden (immanente Beschränkungen)** gehört z.B. das (erforderliche) Wettbewerbsverbot zu Lasten des Veräußerers beim Unternehmenskauf.[53]

II. Missbrauch marktbeherrschender Stellungen (Art. 102 AEUV)

8 Art. 102 Satz 1 AEUV verbietet die **missbräuchliche Ausnutzung einer beherrschenden Stellung** auf dem Binnenmarkt oder auf einem wesentlichen Teil desselben durch ein oder mehrere Unternehmen, soweit dies dazu führen kann, den Handel zwischen Mitgliedstaaten zu beeinträchtigen. Verbotsadressat des Art. 102 sind also nur **marktbeherrschende Unternehmen.** Für die Anwendung dieses Tatbestandsmerkmals

[50] S. dazu statt aller *S/J/M-Schröter* aaO 1. Aufl. 2003, Art. 81 Rdnr. 212 (unter Bezugnahme auf die in der Rechtsprechung vorgenommene quantitative Beurteilung der Auswirkungen) sowie – trotz Zustimmung zu *Expedia*-Urteil – auch *Ackermann* in Fs. Roth, 2015, S. 1, 9.

[51] Dazu noch bei Rdnr. 22ff.

[52] EuGH U. v. 4.5.1988, Slg. 1988, 2479, 2513 – *Bodson/Pompes Funèbres* und U. v. 24.10.1996, Slg. 1996 I-5482, 5488ff. – *Viho;* EuG U. v. 12.7.2011, Slg. 2011 II – 4091ff., Rdnr. 180 – *Fuji Electric.* Dazu näher *Schroeder* in § 9 Rdnr. 1ff.

[53] Näher dazu z.B. *Rittner/Dreher/Kulka* aaO Rdnr. 856ff.; *MüKo-Säcker/Molle,* Art. 101 Rdnr. 108ff.

muss zunächst der relevante Markt in sachlicher und geographischer Hinsicht abgegrenzt werden. Insoweit gilt das sog. Bedarfsmarktkonzept.[54] Nach der Rechtsprechung des EuGH hält ein Unternehmen eine marktbeherrschende Stellung, wenn sie das Unternehmen „in die Lage versetzt, die Aufrechterhaltung eines wirksamen Wettbewerbs auf dem relevanten Markt zu verhindern, indem sie ihm die Möglichkeit verschafft, sich seinen Wettbewerbern, seinen Abnehmern und den Verbrauchern gegenüber in einem nennenswerten Umfang unabhängig zu verhalten".[55] Ein Unternehmen ist also dann marktbeherrschend, wenn es auf den Wettbewerb keine Rücksicht zu nehmen braucht, ohne dass ihm daraus Nachteile entstünden. Ob dies der Fall ist, kann jeweils nur im Rahmen einer Gesamtwürdigung des Sachverhalts festgestellt werden. Dabei sind mehrere Faktoren maßgebend. Dem Marktanteil kommt jedoch eine besondere Bedeutung zu, und zwar sowohl hinsichtlich seiner absoluten Höhe als auch hinsichtlich der Anteile anderer Unternehmen und der Größe des Vorsprungs gegenüber den Wettbewerbern. Im *Akzo*-Urteil hat der EuGH einen stabilen Marktanteil von 50% als regelmäßig ausreichend für eine marktbeherrschende Stellung angesehen.[56] Ein Marktanteil von bis zu 25% reicht dagegen für eine beherrschende Stellung regelmäßig nicht aus.[57] Neben dem Marktanteil des möglichen Beherrschers prüft der EuGH eine Vielzahl von Gesichtspunkten, darunter die Wettbewerbssituation und das Marktverhalten des betroffenen Unternehmens.[58] Eine marktbeherrschende Stellung liegt außerdem vor, wenn das fragliche Unternehmen über ein gesetzliches Monopol verfügt.[59] Lange Zeit war zweifelhaft, ob Art. 102 auch gemeinsame (kollektive) marktbeherrschende Stellungen mehrerer Unternehmen, also **marktbeherrschende Oligopole,** erfasst (zum deutschen Recht s. § 18 Abs. 5 GWB). Ausgehend vom Wortlaut der Vorschrift („durch ein oder mehrere Unternehmen") wird dies von der Kommission bei Art. 102 (und in der EG-Fusionskontrolle) bejaht. Das EuG hat diesen Ansatz der Kommission zu Art. 102 im Fall *Italienisches Flachglas* dem Grunde nach bestätigt, die Entscheidung jedoch mangels hinreichenden Nachweises einer gemeinsamen marktbeherrschenden Stellung aufgehoben.[60] Auch der EuGH hat inzwischen die sog. „kollektive beherrschende Stellung" anerkannt.[61] Voraussetzung dafür ist, dass die betreffenden Unternehmen so eng miteinander verbunden sind, dass sie auf dem Markt in gleicher Weise vorgehen können. Ausreichend für die Anwendung des Art. 102 ist im Übrigen das Bestehen einer marktbeherrschenden Stellung auf einem **wesentlichen Teil des Binnenmarktes.** Nach der Rechtsprechung des EuGH bildet zumindest jeder mittlere oder größere Mitgliedstaat der Union einen solchen wesentlichen Teil (z. B. Niederlande oder Belgien, nicht dagegen Luxemburg); der Gerichtshof hat ferner entschieden, dass auch Teile der größeren Mitgliedstaaten genügen (z. B. Süddeutschland oder Rheinland-Pfalz).[62]

---

[54] S. dazu EuGH U. v. 9.11.1983, Slg. 1983, 3461, 3505 – *Michelin;* Komm., Bekanntmachung über die Definition des relevanten Marktes, ABl. 1997 C 372/5ff.; s. in diesem Handbuch auch § 16 zur EG-Fusionskontroll-VO und § 22 zu Art. 102 AEUV.

[55] EuGH Slg. 1978, 207, 286, Rdnr. 63, 66 – *United Brands (Chiquita).*

[56] EuGH U. v. 3.7.1991, Slg. 1991, I-3359, 3453, Rdnr. 60 – *Akzo/ECS.*

[57] S. dazu die 32. BE zur EG-FKVO Nr. 139/2004.

[58] Marktbeherrschende Stellung bejaht z. B. für *Hoffmann-LaRoche* für verschiedene Vitamine (Marktanteil zwischen 47 und 90%), EuGH U. v. 13.2.1979, Slg. 1979, 461, 525ff.; für das US-Unternehmen *United Brands* beim Vertrieb von Bananen (Marktanteil ca. 40–45%), U. v. 14.2.1978, Slg. 1978, 207, 286, 290; für *Michelin* beim Verkauf von Lkw- und Omnibusersatzreifen in den Niederlanden (Marktanteil 57–65%), U. v. 9.11.1983, Slg. 1983, 3461, 3503.

[59] S. dazu z. B. EuGH U. v. 24.3.1991, Slg. 1991 I-1979, 2018 – *Höfner & Elser/Macroton,* dort für die Bundesanstalt für Arbeit auf dem Markt der Arbeitsvermittlung.

[60] EuG U. v. 10.3.1992, Slg. 1992 II-1403, 1547ff., Rdnr. 357ff.

[61] EuGH U. v. 27.4.1994, Slg. 1994 I-1477, Rdnr. 42 – *Almelo,* zu Art. 86 EG (jetzt: Art. 106 AEUV).

[62] Für Belgien und Luxemburg: EuGH U. v. 16.12.1975, Slg. 1975, 1663, 1695 – *Zucker*; für die Niederlande: EuGH U. v. 9.11.1983, Slg. 1983, 3461, 3502 – *Michelin;* für Süddeutschland: EuGH U. v. 16.12.1975, Slg. 1975, 1663, 2011 – *Zucker;* für Rheinland-Pfalz: EuGH U. v. 25.10.2001, Slg. 2001 I-8089, Rdnr. 38 – *Ambulanz Klöckner.*

Namentlich im Verkehrssektor wird das Tatbestandsmerkmal von Kommission und EuGH weit ausgelegt. So ist z.B. der Hafen von *Genua* als wesentlicher Teil der Gemeinschaft (heute: des Binnenmarktes) für den Seetransport von und nach Italien angesehen worden.[63] Ferner hat die Kommission den Hafen von *Holyhead* in England als wesentlichen Teil der Gemeinschaft für den Fährverkehr zwischen Großbritannien und Irland angesehen;[64] entsprechendes gilt für den Linienverkehr zwischen zwei Flughäfen in Irland und in Großbritannien[65] sowie für den Flughafen *Frankfurt.*[66]

9 Verboten ist die **missbräuchliche Ausnutzung** der marktbeherrschenden Stellung. Art. 102 enthält für den Missbrauch keine Legaldefinition. Die Vorschrift nennt allerdings in Satz 2 mehrere Beispiele; dort wird insbes. die Festsetzung unangemessener Verkaufspreise oder sonstiger Geschäftsbedingungen und die Anwendung unterschiedlicher Bedingungen bei gleichwertigen Leistungen gegenüber Handelspartnern erwähnt. Nach der vom EuGH in ständiger Rechtsprechung verwendeten Formel sind als Missbrauch iSd Art. 102 die Verhaltensweisen eines Unternehmens in beherrschender Stellung anzusehen, die die Struktur eines Marktes beeinflussen können, auf dem der Wettbewerb gerade wegen der Anwesenheit des fraglichen Unternehmens bereits geschwächt ist, und die die Aufrechterhaltung des auf dem Markt noch bestehenden Wettbewerbs oder dessen Entwicklung durch die Verwendung von Mitteln behindern, welche von den Mitteln eines normalen Produkt- oder Dienstleistungswettbewerbs auf der Grundlage der Leistungen der Unternehmen abweichen.[67] Es geht bei diesem unbestimmten Rechtsbegriff also im Wesentlichen um *leistungsfremde Praktiken* des Marktbeherrschers. Dagegen enthält Art. 102 kein allgemeines Monopolisierungsverbot; die Erreichung, die Verteidigung oder der Ausbau einer marktbeherrschenden Stellung mit Mitteln des Leistungswettbewerbs ist also zulässig. Das gilt auch, wenn deshalb Wettbewerber, die weniger leistungsfähig sind als der Marktbeherrscher, „vom Markt verschwinden oder bedeutungslos werden".[68] Im Übrigen wird in der Rechtsprechung des Gerichtshofs zwischen **Ausbeutungsmissbrauch** gegenüber Abnehmern/Kunden einerseits und dem **Behinderungsmissbrauch** gegenüber Wettbewerbern unterschieden. Die Einzelheiten werden von *de Bronett* in § 22 des Handbuches behandelt.

10 Schließlich enthält auch Art. 102 eine **Zwischenstaatlichkeitsklausel.** Insoweit bestehen keine Unterschiede im Verhältnis zu dem entsprechenden Tatbestandsmerkmal des Art. 101 Abs. 1.[69] Nicht erfasst werden also Verhaltensweisen, deren Auswirkungen sich auf das Gebiet eines einzigen Mitgliedstaates bzw. auf einen lokalen oder regionalen Markt beschränken.[70]

11 Freistellungen von dem Verbot des Art. 102 sind begrifflich nicht möglich. Die früher bestehende Möglichkeit der Erteilung von Negativattesten ist mit der VO Nr. 1/2003 entfallen. Nunmehr sind lediglich eine Feststellung der Nichtanwendbarkeit nach Art. 10 VO Nr. 1/2003, ein informelles Beratungsschreiben der Kommission bzw. eine Entscheidung (Art. 5 VO Nr. 1/2003) oder eine formlose Äußerung der nationalen Kartellbehörde, dass nach ihrer Auffassung kein Anlass zum Einschreiten besteht, möglich. Art. 102 ist neben Art. 101 AEUV anwendbar. Seine praktische Bedeutung ist deutlich geringer als die des Art. 101, weil es nur wenige marktbeherrschende Stellungen gibt. Wegen der Einzelheiten sei auf § 22 des Handbuches verwiesen.

---

[63] EuGH U. v. 10.12.1991, Slg. 1991 I-5923, 5928.

[64] Komm. E. v. 21.12.1993, ABl. 1994 L 15/8 – *Sea Containers/Stena Sealink.*

[65] Komm. E. v. 26.2.1992, ABl. 1992 L 96/34 – *British Midland/Aer Lingus.*

[66] Komm. E. v. 14.1.1998, ABl. 1998 L 72, Rdnr. 57 – *FAG – Flughafen Frankfurt/Main AG.*

[67] S. dazu z.B. EuGH U. v. 9.11.1983, Slg. 1983, 3514, Rdnr. 70 – *Michelin.* S. ferner EuGH U. v. 27.3.2012, Rs C-209/10, ECLI:EU:C:2012:172, Rdnr. 21 ff., 24 – *Post Danmark.*

[68] So EuGH im *Post Danmark*-Urteil aaO Fn. 67, Rdnr. 22, 25.

[69] S. dazu oben Rdnr. 4 ff.

[70] S. dazu z.B. EuGH U. v. 31.5.1979, Slg. 1979, 1869, 1899, Rdnr. 17 – *Hugin,* dort zu missbräuchlichen Praktiken auf dem niederländischen Markt der Ersatzteile für Registrierkassen.

III. Wettbewerbsbeschränkungen durch Mitgliedstaaten und Ausnahmeregelung (Art. 106 AEUV, Art. 4 Abs. 3 EUV)

1. Wettbewerbsbeschränkungen durch Mitgliedstaaten (Art. 106 Abs. 1 AEUV, Art. 4 Abs. 3 EUV iVm Art. 101, 102 AEUV). Das EU-Kartellrecht gilt grundsätzlich nur für **Unternehmen** (dazu § 4 des Handbuches). Allerdings erstreckt – insoweit als eine Art Fremdkörper in den Art. 101 ff. AEUV – Art. 106 Abs. 1 AEUV diese Verbote unter bestimmten Voraussetzungen auch auf **wettbewerbsbeschränkendes staatliches Verhalten.** Die Vorschrift untersagt den **Mitgliedstaaten,** in Bezug auf **öffentliche Unternehmen** und auf Unternehmen, denen sie besondere oder ausschließliche Rechte gewähren, dem Vertrag und insbes. dessen Art. 18 und 101 bis 109 widersprechende Maßnahmen zu treffen oder beizubehalten. Das Verbot ist in Zusammenhang mit der allgemeinen **Verpflichtung zur Gemeinschaftstreue** in Art. 4 Abs. 3 EUV (früher: Art. 10 EG) zu sehen, wonach die Mitgliedstaaten alle geeigneten Maßnahmen „zur Erfüllung der Verpflichtungen, die sich aus den Verträgen oder den Handlungen der Organe der Union ergeben" ergreifen und „alle Maßnahmen (unterlassen), die die Verwirklichung der Ziele der Union gefährden könnten". Dahinter steht zunächst (bei Art. 106 Abs. 1) die Zielsetzung, eine wirtschaftliche Chancengleichheit im Wettbewerb dadurch zu erreichen, dass die Wettbewerbsregeln nicht nur für die (privaten) Unternehmen gelten, sondern auch für die Mitgliedstaaten, soweit sie sich selbst – durch öffentliche Unternehmen – unternehmerisch betätigen oder das Marktverhalten von Unternehmen durch ihre Intervention in einem den Zielen der Union zuwiderlaufenden Sinne beeinflussen.[71] Art. 106 Abs. 1 AEUV will also verhindern, dass die Mitgliedstaaten durch Eingriffe mittels öffentlicher oder staatlich bevorzugter Unternehmen den Wettbewerb beschränken, insbes. durch Diskriminierungen im Sinne von Art. 18 AEUV. Die Regelung einschließlich der in Art. 106 Abs. 2 vorgesehenen Ausnahme (dazu Rdnr. 13) ist das Ergebnis eines Kompromisses zwischen denjenigen Mitgliedstaaten der Union, die Wettbewerbsnachteile für ihre überwiegend privatwirtschaftlich organisierte Industrie gegenüber dem starken öffentlichen Sektor in anderen Mitgliedstaaten befürchteten, und jenen, die das ungehinderte Funktionieren eben dieser öffentlichen Sektoren durch die völlige Gleichstellung aller Unternehmen in der Union gefährdet sahen.[72] Die Vorschrift ist keine Kartellrechtsnorm im engeren Sinne. Sie steht aber in engem Zusammenhang mit den Wettbewerbsregeln, weil sie deren Wirksamkeit sichert. Die Norm ist damit Ausdruck der Effet utile-Doktrin des EuGH[73] und entfaltet insoweit unmittelbare Wirkung, als sie die Kontrolle staatlich-hoheitlicher (also nicht unternehmerischer) Verstöße gegen das Wettbewerbsrecht durch die nationalen Gerichte ermöglicht.[74] 12

Der EuGH hat die Reichweite der für die Mitgliedstaaten geltenden Pflichten im Laufe der Jahre deutlich ausgeweitet (dazu näher *Dohms* in § 35 Rdnr. 225 ff.). Nach seiner gefestigten Rechtsprechung verbieten es die Art. 101, 102 AEUV (früher: 81, 82 EG) iVm Art. 4 Abs. 3 EUV (früher: Art. 10 EG), der eine Pflicht zur Zusammenarbeit begründet, den Mitgliedstaaten, Maßnahmen – auch in Form von Gesetzen oder Verordnungen – zu treffen oder beizubehalten, die die praktische Wirksamkeit der für die Unternehmen geltenden Wettbewerbsregeln aufheben könnten.[75] Eine Verletzung der Art. 4 Abs. 3 EUV und 101 AEUV liegt insbes. vor, wenn ein Mitgliedstaat gegen Art. 101 AEUV verstoßen- 12a

[71] S. dazu z. B. *Langen/Bunte-Stadler* aaO Art. 106 Rdnr. 1; *Emmerich,* Kartellrecht, S. 279 ff. sowie *Dohms* in § 35 Rdnr. 1 ff.

[72] *G/H/N-Wernicke* aaO Art. 106 AEUV Rdnr. 1 mwN.

[73] *FK-Kapp,* Art. 106 Tz. 7/8.

[74] EuGH U. v. 10.12.1991, Slg. 1991 I-5889.

[75] S. dazu EuGH U. v. 9.9.2003, Slg. 2003 I-8055 ff., Rdnr. 45 – *Consorzio Industrie Fiammiferi* (CIF) mwN; erstmals dazu U. v. 16.11.1977, Slg. 1977, 2115, Rdnr. 31 – *GB-Inno – BM.* Aus dem Schrifttum z. B. *Klasse,* Gemeinschaftsrechtliche Grenzen für staatlich veranlasste Wettbewerbsbeschränkungen, 2006, S. 38 ff. mit Darstellung der Rechtsprechung.

de Kartellabsprachen vorschreibt oder erleichtert oder die Auswirkungen solcher Absprachen verstärkt oder wenn er seiner eigenen Regelung dadurch ihren staatlichen Charakter nimmt, dass er die Verantwortung für die in die Wirtschaft eingreifenden Entscheidungen privaten Wirtschaftsteilnehmern überträgt.[76] Darüber hinaus stützt der EuGH in seiner neueren Rechtsprechung dieses für die Mitgliedstaaten geltende Verbot seit dem Inkrafttreten des Vertrages von Maastricht (1993) auch darauf, dass die Tätigkeit der Mitgliedstaaten im Rahmen ihrer Wirtschaftspolitik dem Grundsatz einer offenen Marktwirtschaft mit freiem Wettbewerb verpflichtet ist (Art. 4 Abs. 1 EG und 98 EG, jetzt: Art. 119, 120 AEUV). Um dieser Rechtsprechung rechtliche und praktische Wirksamkeit zu verleihen, setzt der EuGH das Prinzip des Vorrangs des Gemeinschaftsrechts ein. Dieses Prinzip verlangt, dass jede nationale Rechtsvorschrift, die einer Gemeinschaftsvorschrift entgegensteht, *unangewendet* bleibt, unabhängig davon, ob sie älter oder jünger ist als diese. Die Pflicht, eine dem Gemeinschaftsrecht entgegenstehende nationale Rechtsvorschrift unangewendet zu lassen, obliege nicht nur den nationalen Gerichten, sondern allen staatlichen Organen einschl. der Verwaltungsbehörden. Daraus ergebe sich ggf. auch die Verpflichtung, alle Bestimmungen zu erlassen, um die volle Geltung des Gemeinschaftsrechts zu erleichtern.[77] Auf der Grundlage von Art. 106 Abs. 1 bzw. Art. 101, 102 AEUV iVm Art. 4 Abs. 3 EUV ist ein nationales Gericht oder eine nationale (Kartell-)Behörde daher ermächtigt, eine nationale Norm, die den Wettbewerbsregeln des AEU-Vertrages zuwiderläuft, aus eigener Entscheidungsbefugnis *unangewendet* zu lassen, ohne dass es die vorherige Beseitigung dieser Bestimmung auf gesetzgeberischem Wege oder durch irgendein anderes verfassungsrechtliches Verfahren beantragen oder abwarten müsste.[78] Aus diesen Grundsätzen hat GA *Mazak* im Fall *Tele2Polska* gefolgert, dass eine nationale Kartellbehörde ggf. auch Art. 5 VO Nr. 1/2003 unmittelbar anwenden muss, selbst wenn z. B. das nationale Kartellrecht (noch) keine Ermächtigungsgrundlage für die Feststellung enthält, dass für sie in einem konkreten Fall kein Anlass besteht, tätig zu werden (wohingegen die nationale Behörde nicht dafür zuständig sei, die Nicht-Anwendbarkeit der Verbote nach Art. 101, 102 AEUV festzustellen).[79]

12b Der Begriff der **Maßnahme** im Sinne von Art. 106 Abs. 1 AEUV ist im Übrigen weit auszulegen. Er erfasst jede rechtliche und tatsächliche Einflussnahme der Mitgliedstaaten, wenn diese zu einem vertragswidrigen Verhalten des Unternehmens oder des Mitgliedstaats führt oder führen kann[80] und gilt sowohl für Gesetze, Verordnungen, untergesetzliche Regelungen und Verwaltungsakte als auch für tatsächliche Einwirkungen.[81] Erfasst werden nicht nur Maßnahmen, die gegen Art. 18 und 101 bis 109 AEUV verstoßen, sondern auch sonstige Vertragsverletzungen. Die in Art. 106 Abs. 1 AEUV genannten Normen sind nur exemplarisch. Auch Beschränkungen des freien Warenverkehrs (Art. 34 AEUV), des freien Dienstleistungsverkehrs (Art. 56 AEUV), des Rechts auf Arbeitnehmerfreizügigkeit (Art. 45 AEUV) und der Niederlassungsfreiheit (Art. 49 AEUV) werden erfasst.[82]

12c Hat ein Mitgliedstaat gegen die Wettbewerbsregeln verstoßen, so ergibt sich die Frage, inwieweit das Unternehmen, das aufgrund dieser staatlichen Maßnahmen bestimmten Verhaltenspflichten unterlag, dennoch mit EU-rechtlichen Sanktionen belegt werden kann. Auch diese Thematik ist in der Rechtsprechung des EuGH mehrfach behandelt worden, insbes. im *CIF*-Urteil vom 9.9.2003. Danach gilt folgendes: Die nationale Kartellbehörde

---

[76] EuGH U. v. 9.9.2003, Slg. 2003 I-8055 ff., Rdnr. 46 – *CIF;* U. v. 9.6.1994, Slg. 1994 I-2517, Rdnr. 14 – *Delta Schiffahrts- und Speditionsgesellschaft.*

[77] EuGH U. v. 9.9.2003, Slg. 2003 I-8055 ff., Rdnr. 48 ff. – *CIF.*

[78] EuGH U. v. 8.6.2000, Slg. 2000 I-4217 ff., Rdnr. 16 – *Carra* (für nationale Gerichte); EuGH U. v. 9.9.2003, Slg. 2003 I-8055 ff., Rdnr. 50/51 – *CIF* (für nationale Behörden). Aus der deutschen Rechtsprechung s. dazu z. B. BGH WuW/E DE-R 2408 ff., Rdnr. 124, 135 ff. – *Lottoblock.*

[79] GA *Mazak,* Schlussanträge in der Rs C-357/09 v. 7.12.2010, Slg. 2010 I-3055 ff., Rdnr. 56 ff.

[80] *S/J/K/M-Klotz,* Art. 106 Rdnr. 40.

[81] *FK-Kapp,* Art. 106 Tz. 33 ff.

[82] *FK-Kapp,* Art. 106 Tz. 41.

darf im Fall von Verhaltensweisen von Unternehmen, die gegen Art. 101 Abs. 1 AEUV verstoßen und die durch nationale Rechtsvorschriften, die deren Wirkungen rechtfertigen oder verstärken, vorgeschrieben oder erleichtert werden (insbes. im Hinblick auf die Festlegung von Preisen oder Marktaufteilungsvereinbarungen), gegen die betroffenen Unternehmen keine Sanktionen für in der Vergangenheit liegende Verhaltensweise verhängen, wenn diese Verhaltensweise ihnen durch diese nationalen Rechtsvorschriften vorgeschrieben waren; sie darf aber gegen die betroffenen Unternehmen Sanktionen für ihr Verhalten nach der Entscheidung, diese nationalen Rechtsvorschriften nicht anzuwenden, verhängen, sobald diese Entscheidung den Unternehmen gegenüber Bestandskraft erlangt hat. Ferner darf die Behörde gegen die betroffenen Unternehmen Sanktionen für in der Vergangenheit liegende Verhaltensweisen verhängen, wenn diese durch diese nationalen Rechtsvorschriften erleichtert oder begünstigt wurden, allerdings unter Berücksichtigung der Besonderheiten des rechtlichen Rahmens, innerhalb dessen die Unternehmen gehandelt haben. Ob ein solcher Spielraum für Wettbewerb bestand, der durch selbständige Verhaltensweisen der betroffenen Unternehmen beschränkt werden konnte, muss durch das zuständige nationale Gericht beurteilt werden.[83] Im Ergebnis liegt also kein vorwerfbarer Verstoß gegen die Wettbewerbsregeln vor, wenn eine staatliche Maßnahme ein Unternehmen dazu gezwungen hat, den Art. 101, 102 zuwider zu handeln, weil ein solcher Verstoß eine „selbständige Verhaltensweise des Unternehmens" voraussetzt.[84] Dagegen sind die Art. 101, 102 AEUV anwendbar, wenn die nationalen Maßnahmen die Möglichkeit eines Wettbewerbs bestehen lassen, der sodann durch selbständige Verhaltensweisen der Unternehmen beschränkt werden kann.[85] Obwohl sich Art. 106 Abs. 1 an die Mitgliedstaaten und Art. 106 Abs. 2 (dazu Rdnr. 13) an die Unternehmen richtet, besteht eine Wechselwirkung zwischen beiden Vorschriften: Staatliche Maßnahmen, die zu einem nach Art. 106 Abs. 2 rechtmäßigen unternehmerischen Verhalten veranlassen, verstoßen nicht gegen Art. 106 Abs. 1 AEUV.[86]

2. Die Ausnahmeregelung des Art. 106 Abs. 2 AEUV. Art. 106 Abs. 2 AEUV 13
enthält für bestimmte **Dienstleistungen** eine vom französischen Verständnis des service public geprägte **Ausnahmeregelung** für die Anwendung der Wettbewerbsregeln. Dahinter steht der Gedanke, dass Maßnahmen, durch die ein Mitgliedstaat das Marktverhalten von Unternehmen regelt oder beeinflusst, aus **Gründen des öffentlichen Interesses** gerechtfertigt sein können, wobei freilich dieses Interesse gegenüber den Interessen und den Zielen der Gemeinschaft abzuwägen ist.[87] Die Vorschrift geht zunächst davon aus, dass auch für Unternehmen, die mit Dienstleistungen von allgemeinem wirtschaftlichen Interesse betraut sind oder die den Charakter eines Finanzmonopols haben, die Wettbewerbsregeln gelten, ordnet allerdings einen Vorbehalt an, soweit die Anwendung dieser Vorschriften die Erfüllung der diesen Unternehmen übertragenen besonderen Aufgabe rechtlich oder tatsächlich verhindert. Es handelt sich bei Art. 106 Abs. 2 also um einen begrenzten Vorbehalt zu den Vorschriften des Vertrages für die genannten Unternehmen, der ausnahmsweise und in bestimmten Grenzen Abweichungen vom AEU-Vertrag zulässt.[88] Art. 106 Abs. 2 gilt sowohl für öffentliche als auch für private Unternehmen.[89] Der Vorschrift können Dienstleistungen sehr unterschiedlicher Art unterfallen, und zwar in den

---

[83] EuGH U. v. 9.9.2003, Slg. 2003 I-8055 ff., Rdnr. 52 ff. – *CIF.*

[84] S. bereits EuGH U. v. 16.12.1975, Slg. 1975, 1663, 1943, Rdnr. 29, 72 – *Zucker* (bejaht für italienische Preisregulierung); EuG U. v. 18.9.1996, Slg. 1996 II-961, 990 – *Asia Motor France;* EuGH U. v. 11.11.1997, Slg. 1997 I-6265, Rdnr. 33 – *Kommission und Frankreich/Ladbroke Racing.*

[85] EuGH aaO *(Ladbroke Racing),* Rdnr. 34.

[86] GA *van Gerven,* Schlussanträge in der Rs C-179/90, Slg. 1991 I-5889, 5919 Rdnr. 26; dazu näher *Dohms* in § 35.

[87] S. dazu *Dohms* in § 35 Rdnr. 290 ff.

[88] *G/H/N-Wernicke* aaO Art. 106 AEUV Rdnr. 62; *v. d. Groeben/Schwarze-Hochbaum/Klotz* aaO Art. 86 Rdnr. 53; *Langen/Bunte-Stadler* aaO Art. 106 Rdnr. 42; *Immenga/Mestmäcker-Mestmäcker/Schweitzer,* WbR EG/Teil 1, Art. 106 Abs. 2 AEUV Rdnr. 1, 17 ff.

[89] EuGH U. v. 27.3.1974, Slg. 1974, 318 – *BRT II/SABAM.*

Bereichen Eisenbahnverkehr, Energieversorgung, Post, Telekommunikation, Luftverkehr, öffentlich-rechtliche Rundfunkanstalten u. v.a..[90] Infolge einer engen Auslegung ihrer Tatbestandsmerkmale (sowohl im Hinblick auf die **Betrauung** als auch die **Verhinderung** der von den Unternehmen wahrzunehmenden Aufgabe) hatte die Vorschrift lange Zeit keine praktische Bedeutung. Mit den Urteilen des EuGH in den Rechtssachen *Paul Corbeau*[91] und *Almelo*[92] trat jedoch eine neue Entwicklung ein, deren Konsequenzen allerdings wegen der zunehmenden Liberalisierung mehrerer bisher regulierter Sektoren wie Telekom, Energie, Post und Bahn begrenzt geblieben sind.[93]

IV. Die EG-Fusionskontrolle

14 Die dritte Säule des Unions-Kartellrechts bildet die mit Wirkung zum September 1990 eingeführte EG-Fusionskontrolle. Sie ist seit Mai 2004 in der EG-Fusionskontrollverordnung Nr. 139/2004 (FKVO) geregelt, durch welche die bis dahin geltende FKVO Nr. 4064/89 ersetzt wurde.[94] Die FKVO erfasst gemäß Art. 1 Abs. 1 **Zusammenschlüsse von gemeinschaftsweiter Bedeutung.** Der **Zusammenschlusstatbestand** wird in Art. 3 FKVO definiert. Ihm unterfallen **Fusionen oder der Erwerb der Kontrolle** über ein anderes Unternehmen durch den Erwerb von Anteils- oder Vermögensrechten. Der Erwerb von Minderheitsbeteiligungen wird also nur dann erfasst, wenn er zur (alleinigen oder gemeinsamen) Kontrolle über das Zielunternehmen führt. Die gemeinschaftsweite Bedeutung von Zusammenschlüssen wird in Art. 1 Abs. 2 und 3 anhand von **Umsatzschwellen** definiert. Gemäß Art. 1 Abs. 2 FKVO hat ein Zusammenschluss gemeinschaftsweite Bedeutung, wenn ein weltweiter Gesamtumsatz aller beteiligten Unternehmen zusammen von mehr als 5 Mrd. € und ein gemeinschaftsweiter Gesamtumsatz von mindestens zwei beteiligten Unternehmen von jeweils mehr als 250 Mio. € vorliegt; dies gilt nicht, wenn die am Zusammenschluss beteiligten Unternehmen jeweils mehr als zwei Drittel ihres gemeinschaftsweiten Gesamtumsatzes in ein und demselben Mitgliedstaat erzielen. Art. 1 Abs. 3 erfasst zusätzlich anhand von vier kumulativ geltenden Umsatz-Schwellenwerten Zusammenschlüsse, die erhebliche Auswirkungen in mindestens drei Mitgliedstaaten haben. Für die von der Verordnung erfassten Zusammenschlüsse gilt eine präventive Fusionskontrolle (Art. 4) mit einem **Vollzugsverbot** bis zur Vereinbarkeitserklärung (Freigabe) durch die Kommission (Art. 7).

15 Den **materiellrechtlichen Prüfungsmaßstab** der EG-Fusionskontrolle enthält **Art. 2 FKVO.** Die Kommission hat die angemeldeten Vorhaben anhand bestimmter Kriterien zu prüfen (Art. 2 Abs. 1). Nach Art. 2 Abs. 2 bzw. Abs. 3 FKVO sind Zusammenschlüsse, durch die wirksamer Wettbewerb im Gemeinsamen Markt oder in einem wesentlichen Teil desselben erheblich behindert würde (engl.: significantly impeding effective competition, sog. **SIEC-Test**), insbes. durch Begründung oder Verstärkung einer beherrschenden Stellung, für unvereinbar mit dem Gemeinsamen Markt zu erklären. Kooperative Gemeinschaftsunternehmen mit Vollfunktionen gelten ebenfalls als Zusammenschluss; die von ihnen ausgehenden Koordinierungseffekte werden gemäß Art. 2 Abs. 4 und Abs. 5 zusätzlich nach den Kriterien des Art. 81 Abs. 1 und Abs. 3 EG (jetzt: Art. 101 Abs. 1 und Abs. 3 AEUV) beurteilt. Die Kommission schließt die Prüfung der Fälle entweder innerhalb von 25 Arbeitstagen nach der Anmeldung ab (sog. I. Phase), oder sie leitet „das Verfahren" ein, wenn „ernsthafte Bedenken" hinsichtlich der Vereinbarkeit des Falles mit dem Gemeinsamen Markt bestehen; für die Prüfung stehen ihr dann (mindestens) weitere 90 Arbeitstage zur Verfügung (sog. II. Phase, s. Art. 6 Abs. 1c FKVO). Für das Verfahren, insbes. die Er-

[90] Zu den Einzelheiten s. *Dohms* in § 35 Rdnr. 439 ff.

[91] EuGH U. v. 19.5.1993, Slg. 1993 I-2533 ff.

[92] EuGH U. v. 27.4.1994, Slg. 1994 I-1508 ff.

[93] S. dazu z. B. EuGH U. v. 7.6.2005, Rs C-17/03, Slg. 2005 I-5016, betr. Stromimporte nach den Niederlanden sowie *Dohms* in § 35.

[94] Zu den Einzelheiten der EG-Fusionskontrolle s. unter §§ 15 ff., zur EGKS-Fusionskontrolle s. unter § 39 der 1. Auflage dieses Handbuches.

mittlungsrechte, und die Sanktionen (Bußgelder) sieht die FKVO Regelungen vor, die weitgehend denen der Rats-VO Nr. 1/2003 entsprechen.

Die Entscheidungen der Kommission in EG-Fusionskontrollverfahren sind über ihre 16 Homepage im Internet zugänglich. Im Amtsblatt werden nur die Entscheidungen abgedruckt, die in die II. Prüfungsphase gehen, und auch diese seit der Novelle 2004 gemäß Art. 20 Abs. 2 nur in abgekürzter Form. Da mehr als 90% der Fälle innerhalb der I. Phase abgeschlossen werden, sind die Entscheidungen als Papierversion schwer zugänglich,[95] wohl aber auf der Homepage der Generaldirektion Wettbewerb. Pro Jahr werden etwa 250–300 Fälle angemeldet (bisher insgesamt ca. 5.900), und die Kommission hat bisher 24 Zusammenschlussvorhaben gemäß Art. 2 iVm Art. 8 FKVO untersagt (Stand: 30.6.2015). Der praktische Effekt der Verordnung ist damit freilich unzureichend beschrieben, weil – abgesehen von der sog. Vorfeldwirkung – ca. 360 Fälle erst freigegeben worden sind, nachdem die Unternehmen Zusagen abgegeben hatten, mit denen die von der Kommission identifizierten kartellrechtlichen Bedenken ausgeräumt wurden.[96]

V. Rechtsstaatsgrundsätze und EU-Grundrechte

Schranken für die Anwendung des Unions-Kartellrechts durch die Kommission oder – 16a dezentral – durch die nationalen Kartellbehörden ergeben sich aus den **allgemeinen (Rechtsstaats-)Grundsätzen des Gemeinschaftsrechts.**[97] Zu diesen gehören zunächst die ***Grundrechte*** des Unionsrechts. Sie waren schon vor dem Inkrafttreten des Vertrages von Lissabon (2009) trotz fehlender Kodifizierung im EG-Vertrag bzw. im AEU-Vertrag in der Rechtsprechung des EuGH – freilich nach anfänglichem Zögern – fest verankert.[98] In Fortschreibung dieser Rechtsprechung bestätigt inzwischen Art. 6 Abs. 3 EUV, dass die „Grundrechte, wie sie in der **Europäischen Konvention zum Schutze der Menschenrechte und Grundfreiheiten** gewährleistet sind und wie sie sich aus den gemeinsamen Verfassungsüberlieferungen der Mitgliedstaaten als allgemeine Grundsätze des Gemeinschaftsrechts ergeben", als allgemeine Grundsätze Teil des Unionsrechts sind. Die Grundrechte-Charta und die Verträge sind nach Art. 6 Abs. 1 Satz 1 EUV „rechtlich gleichrangig". Ursprünglich leitete der EuGH die Grundrechte u. a. aus den gemeinsamen Verfassungsüberlieferungen der Mitgliedstaaten her. Dies bedeutete jedoch nicht, „dass die von den Behörden eines Mitgliedstaates erlassene beschränkende Maßnahme einer allen Mitgliedstaaten gemeinsamen Auffassung darüber entspricht, wie das betreffende Grundrecht (…) zu schützen ist".[99] Der EuGH ging somit davon aus, dass die Inhalte der einzelnen mitgliedstaatlichen Grundrechte unterschiedlich ausgestaltet sein können. Zur Bestimmung des Inhalts der gemeinschaftsrechtlichen Grundrechte ist es aber nicht erforderlich, dass es zwischen den Mitgliedstaaten eine gemeinsame Auffassung darüber gibt. Ferner ist es nach dieser Rechtsprechung auch zulässig, bei einer Abwägung der betroffenen Belange die besonderen mitgliedstaatlichen Ausprägungen zu berücksichti-

---

95 S. hierzu den im Kluwer-Verlag erschienenen EEC Merger Control Reporter (Coordinators: *van Gerven/Kinsella*), in dem alle Entscheidungen veröffentlicht werden; s. ferner den von *Canenbley/Hölzler/Wiedemann* bearbeiteten EC Merger Control Monitor (Verlag Dr. Otto Schmidt, 1997), der für die Jahre 1990 bis 1998 u. a. englische Kurzbeschreibungen aller von der Kommission entschiedenen Fälle einschließlich eines Registers der untersuchten Produktmärkte enthält.

96 Zu den Einzelheiten s. *Wagemann* in § 16.

97 S. dazu EuGH U. v. 13.11.1990, Slg. 1990, I-4023, Rdnr. 7 ff. – *Fedesa;* EuGH U. v. 7.6.2005, Slg. 2005, I-4983, Rdnr. 73 – *VEMW; MüKo-Skouris/Kraus,* Europäisches und Deutsches Wettbewerbsrecht (Kartellrecht), Bd. 1, Europäisches Recht, 1. Aufl. 2007, Einl. B, Rdnr. 342 ff., 414 ff.; *MüKo-Callies,* ebd., 2. Aufl. 2015, Einl. Rdnr. 743 ff.

98 Grundlegend EuGH U. v. 12.11.1969, Slg. 1969, 419 – *Stauder;* s. ferner EuGH U. v. 17.12.1970, Slg. 1970, 1125 – *Internationale Handelsgesellschaft* und EuGH U. v. 21.9.1989, Slg. 1989, 2589, Rdnr. 12/13 – *Hoechst,* sowie *Kutscher* in *Kutscher/Rogge/Matscher,* Der Grundrechtsschutz im Europäischen Gemeinschaftsrecht, 1982, 35ff.

99 EuGH U. v. 14.10.2004, Slg. 2004, I-9609, Rdnr. 37 – *Omega.* Aus der Literatur s. *Rengeling/Szczekalla,* Grundrechte in der Europäischen Union, 2004; *Jarass,* EU-Grundrechte, 2005.

gen.[100] Einen geschriebenen Grundrechtskatalog erhielt die Union mit der Proklamation der **Charta der Grundrechte der Europäischen Union**[101] am 7.12.2000 in Nizza. Das Gericht sowie die Generalanwälte des EuGH haben (im Gegensatz zum EuGH selbst) die zunächst – vor dem Inkrafttreten des Vertrages von Lissabon am 1.12.2009 – noch nicht rechtsverbindliche Grundrechtecharta bereits mehrmals als Erkenntnisquelle herangezogen.[102] Inzwischen erfolgt dies nach entsprechenden Rechtsmittelgründen insbes. im Zusammenhang mit Art. 47 Grundrechtscharta,[103] der das Recht auf einen „wirksamen Rechtsbehelf und ein unparteiisches Gericht" garantiert. Ferner stellt der Gemeinschaftsgesetzgeber auch im Kartellrecht die besondere Bedeutung der Grundrechte durch Verweis auf die Grundrechtecharta heraus.[104] Zu den allgemeinen **(Rechtsstaats-)Grundsätzen des Unionsrechts** gehören ferner das Verhältnismäßigkeitsprinzip,[105] der Vertrauensschutz,[106] das Rückwirkungsverbot,[107] die Wahrung der Verteidigungsrechte und der Anspruch auf effektiven Rechtsschutz[108] (s. dazu auch Art. 47 der EU-Grundrechtscharta) sowie der Grundsatz der Rechtssicherheit.[109] Der Grundsatz der Rechtssicherheit umfasst auch den Bestimmtheitsgrundsatz.[110] Dieser besagt, dass Rechtsvorschriften klar und bestimmt sein müssen, damit die Betroffenen ihre sich aus der Regelung ergebenden Rechte und Pflichten erkennen und demgemäß ihre Vorkehrungen treffen können. Auch kartellrechtliche Normen müssen sich am Bestimmtheitsgrundsatz messen lassen.[111]

16b Bei der Anwendung des Unions-Kartellrechts ist der Rechtsschutz mittels der Grundrechte und der allgemeinen Rechtsgrundsätze im **Kartellverfahrensrecht** besonders ausgeprägt.[112] Zu den Verteidigungsrechten gehören u. a. der Anspruch auf rechtliches Gehör[113] und das Akteneinsichtsrecht.[114] Weniger Beachtung hat der Grundrechtsschutz bisher in materieller Hinsicht erfahren. So sind zwar seit langer Zeit in der Rechtsprechung[115] und nun-

---

[100] *Von Danwitz,* Grundrechtsschutz im dezentralen Vollzug europäischen Kartellrechts, in Fs. Rupert Scholz, 2007, S. 1019, 1028.

[101] ABl. EG 2000 Nr. C 364/1.

[102] S. dazu Nachweise bei *MüKo-Skouris/Kraus* aaO Fn. 97, Rdnr. 348 ff.

[103] So insbes. im Fall *Chalkor,* EuGH U. v. 8.12.2011, Rs C-386/10P, Slg. 2011 I-13085, Rdnr. 52 ff. Aus dem Schrifttum s. z. B. *Peers/Hervey/Kenner/Ward,* The EU-Charter of Fundamental Rights – Commentary, 2014, S. 1197 ff.; *Jarass,* Charta der Grundrechte der EU, 2. Aufl. 2013, S. 391 ff.

[104] S. Erwägungsgrund 37 der VO Nr. 1/2003 sowie Erwägungsgrund 36 der Fusionskontroll-VO Nr. 139/2004.

[105] EuGH U. v. 11.7.1989, Slg. 1989, I-2237, Rdnr. 21 – *Schräder;* s. dazu auch *von Danwitz,* Europäisches Verwaltungsrecht, S. 348 ff. mwN.

[106] EuGH U. v. 7.6.2005, Slg. 2005, I-4983, Rdnr. 73 – *VEMW;* s. ferner *von Danwitz* aaO S. 351ff.

[107] EuGH U. v. 22.9.1983, Slg. 1983, 2711, Rdnr. 8 – *Verli-Wallace.*

[108] EuGH U. v. 17.12.1998, Slg. 1998, 8417, Rdnr. 48 – *Baustahlgewebe;* EuGH U. v. 15.5.1986, Slg. 1986, 1651, Rdnr. 18 f. – *Johnston;* EuGH U. v. 8.12.2011, Rs C-368/10P, Slg. 2011 I-13085, Rdnr. 52 – *Chalkor;* s. ferner *von Danwitz* aaO S. 273 und 356ff.

[109] EuGH U. v. 7.6.2005, Slg. 2005, I-4983, Rdnr. 80 – *VEMW.*

[110] EuGH U. v. 9.7.1981, Slg. 1981, 1931, Rdnr. 31 – *Gondrand;* EuGH U. v. 7.6.2005, Slg. 2005, I-4983, Rdnr. 80 – *VEMW.*

[111] Verletzung hinsichtlich Art. 15 Abs. 2 VO Nr. 17/62 (jetzt: Art. 23 VO Nr. 1/2003) allerdings verneint durch EuG U. v. 27.6.2006, Slg. 2006, II-3435, Rdnr. 69 ff. – *Jungbunzlauer.*

[112] Grundlegend EuGH U. v. 21.9.1989, Slg. 1989, 2589, Rdnr. 12 ff. – *Hoechst;* s. dazu ausführlich *MüKo-Callies* aaO Fn. 97, Rdnr. 832 ff.; *Mestmäcker/Schweitzer,* Europäisches Wettbewerbsrecht, 2. Aufl., 2004, § 3 Rdnr. 52; *Nowak,* Grundrechtsschutz im Europäischen Wettbewerbsrecht, in Europäisches Wettbewerbsrecht im Umbruch, 2004, S. 23, 33 ff. Zum Hintergrund s. *von Danwitz,* Europäisches Verwaltungsrecht, S. 300 („besonders kontrollintensiv durchgeführte, gleichsam kompensatorisch angelegte Nachprüfung von Verfahrensgarantien in der Rechtsprechung der Gemeinschaftsgerichte").

[113] EuGH U. v. 13.2.1979, Slg. 1979, 461, Rdnr. 9 – *Hoffmann-La Roche.*

[114] EuGH U. v. 8.7.1999, Slg. 1999, I-4235, Rdnr. 75 ff. – *Hercules Chemicals.*

[115] EuGH U. v. 14.5.1974, Slg. 1974, 491, Rdnr. 12–14 – *Nold,* dort auch unter Hinweis auf die EMRK; EuGH U. v. 13.12.1979, Slg. 1979, 3727, Rdnr. 13 ff. – *Hauer.*

mehr auch in Art. 15 und 17 der Grundrechtecharta der Eigentumsschutz und die Berufsfreiheit als Grundrechte anerkannt.[116] Ferner kann auf die in Art. 16 der Charta genannte unternehmerische Freiheit verwiesen werden. Die Unionsgerichte versuchen allerdings, den Grundrechtsschutz von Unternehmen im EU-Kartellrecht nach Möglichkeit nicht aus materiellen „Wirtschaftsgrundrechten", sondern primär aus (gemeinschafts-)verfassungsrechtlichen Verfahrensrechten abzuleiten.[117] Unabhängig davon hat *von Danwitz* schon 2007 die Frage aufgeworfen, „ob dem Eigentumsschutz in der Kartellrechtspraxis tatsächlich der Stellenwert beigemessen wird, der ihm aus (gemeinschafts-)verfassungsrechtlicher Perspektive zukommt bzw. zukommen sollte".[118] Anlass dazu bot die Haltung des OLG Düsseldorf in seiner Eilentscheidung im Verfahren „langfristige Gaslieferverträge",[119] wo das Gericht die aus den Gaslieferverträgen resultierenden Rechtspositionen nicht dem Eigentumsschutz zuordnete, weil sie nicht im Einklang mit der geltenden Rechtsordnung begründet worden seien. Zur Begründung verwies das Gericht auf die ex-tunc wirkende Nichtigkeitsrechtsfolge des Art. 81 Abs. 2 EG (jetzt: Art. 101 Abs. 2 AEUV), welche einer Entstehung eigentumsrechtlich geschützter Positionen von vornherein entgegenstehe. *Von Danwitz* kritisiert diese Beurteilung als einen „dogmatisch unhaltbaren Zirkelschluss"; eine grundrechtswahrende Auslegung des Tatbestandes von Art. 81 Abs. 1 EG (jetzt: Art. 101 Abs. 1 AEUV) dürfe nicht mit der Rückwirkung der Rechtsfolgenanordnung vermischt werden.[120] Dies setze eine ergebnisoffene Prüfung der Grundrechte voraus. Bei der Abwägung zwischen den Kartellrechtsvorschriften und den Grundrechten im Rahmen des Tatbestandes müsse ein Ausgleich geschaffen werden, ohne dass dem einen oder anderen Interesse ein genereller Vorrang zukommen würde.[121] Dem ist zuzustimmen. (Die konkrete Rechtsfrage wurde im Rechtsmittelverfahren nicht ausgetragen, weil die Verfügung des BKartA bezüglich der Alt-(liefer-)Verträge im Hauptsacheverfahren nicht angegriffen wurde.) Der BGH hat in seinem *Soda-Club II*-Beschluss vom 4.3.2008 einen Verstoß gegen Art. 14 GG durch die angefochtene, auch auf Art. 82 EG (jetzt: Art. 102 AEUV) gestützte Verfügung des BKartA verneint, weil die aufgegebene Beschränkung das Eigentum nicht in seinem Wesensgehalt antaste.[122]

Die verschärfte Sanktionspraxis der Kommission, insbes. bei der Bußgeldhöhe, einerseits und das Inkrafttreten des Lissabonner Vertrages und der durch ihn herbeigeführten förmlichen Anerkennung der EU-Grundrechtscharta (Art. 6 Abs. 1 EUV) andererseits hat der seit längerem geäußerten Kritik an der als unzureichend empfundenen **Kontrolle der Kommission durch die Unionsgerichte** zusätzlichen Auftrieb gegeben.[123] Dabei geht es um verschiedene Aspekte des effektiven Rechtsschutzes (dazu Art. 47 Abs. 1 GRCh) und des Rechts auf ein faires Verfahren (dazu Art. 47 Abs. 2 GRCh), nämlich die nur geringe Prüfungstiefe der Rechtsprechung in Bezug auf Entscheidungen der Kommission (sog. **„light review"**), die aus deutscher Perspektive erheblich von den nach dem GWB und dem OWiG maßgebenden Grundsätzen abweicht,[124] die restriktiven Leitlinien der Unionsgerichte für die Praxis der Rechtsmittelverfahren, die die Wahrnehmung der Rechtsbehelfe 16c

116 S. *MüKo-Callies* aaO Fn. 97, Rdnr. 785 ff.

117 So *Nowak* aaO Fn. 112, S. 23, 28 ff.

118 S. Fn. 100, S. 1032.

119 OLG Düsseldorf B. v. 20.6.2006, WuW/E DE-R 1757, 1773 – *E.ON Ruhrgas.*

120 S. Fn. 100, S. 1033.

121 S. Fn. 100, S. 1033.

122 BGH WuW/E DE-R 2268 ff.

123 S. dazu z. B. aus der Literatur *Schwarze,* Rechtsstaatliche Defizite des europäischen Kartellbußgeldverfahrens, WuW 2009, 6 ff.; *Voet van Vormizeele,* Kartellrecht und Verfassungsrecht, NZKart 2013, 386 ff.; *Bechtold/Wernicke,* Grenzenlos? Kartellbußen ohne Maß, FAZ v. 13.2.2009, S. 12; *Bornkamm,* Richterliche Kontrolle von Entscheidungen im deutschen und europäischen Kartellverwaltungsverfahren, ZWeR 2010, 34 ff.; *Weiß,* Grundrechtsschutz durch den EuGH: Tendenzen seit Lissabon, EuZW 2013, 287 ff.

124 S. dazu *von Danwitz,* Europäisches Verwaltungsrecht, S. 297: „bemerkenswerte Unterschiede"; *Schweitzer,* in *Lianos/Geradin* aaO S. 491, 497 ff.

in komplexen Fällen beeinträchtigen (z.B. wegen der Beschränkung des Umfangs der Schriftsätze und der Dauer der Plädoyers) sowie um die grundsätzliche Frage, ob das Rechtsschutzsystem des AEUV rechtsstaatlichen Anforderungen entspricht, weil die Kommission gleichsam als „Ankläger und Richter" in einer Person fungiert. Gerügt wird außerdem, dass die Kommission auch ohne Gefahr in Verzug Nachprüfungen durchführt, ohne zuvor durch ein Gericht dazu ermächtigt worden zu sein. Die Unionsgerichte haben diese Kritik jedoch (bisher) durchgehend als unbegründet zurückgewiesen und den Standpunkt eingenommen, dass die Rechtsprechung schon immer am Prinzip des effektiven Rechtsschutzes und den einschlägigen justiziellen Grundrechten ausgerichtet war. Damit wollen sie ersichtlich einen Bruch im Verhältnis zu ihrer früheren Rechtsprechung vermeiden, die geprägt ist durch die prinzipiell bestehende „Beweislast" des Klägers, die Zurückhaltung bei der Beweiserhebung und –würdigung sowie die Orientierung an der aus dem französischem Verwaltungsrechts stammenden „qualification juridique des faits", die wiederum zu einer stark eingeschränkten gerichtlichen Kontrolle der Tatsachenerfassung durch die Verwaltung führt(e). Daneben tritt die ebenfalls aus dem romanischen Rechtskreis stammende Anerkennung von Ermessens- bzw. Beurteilungsspielräumen der Verwaltung, die einer gerichtlichen Kontrolle nur anhand des Evidenzmaßstabes unterliegen.[125]

16d Prüft man die neueren Urteile genauer, so erscheint die Haltung der Unionsgerichte etwas weniger starr; vielmehr ist bei einigen Themen im Hinblick auf den effektiven Rechtsschutz durchaus etwas Bewegung zu verzeichnen. Die betrifft insbes. die **Prüfungstiefe.**[126] Der EuGH hat dazu inzwischen mehrere Urteile erlassen, von denen hier vor allem der Fall *Chalkor* betreffend das Kartell für *Kupferinstallationsrohre* zu nennen ist.[127] Der EuGH verweist dort auf seine ständige Rechtsprechung, wonach die Gewährung effektiven gerichtlichen Rechtsschutzes ein allgemeiner Grundsatz des Unionsrechts sei, der nunmehr in Art. 47 GRCh zum Ausdruck komme. Über die in Art. 263 AEUV vorgesehene Rechtsmäßigkeitskontrolle hinaus unterlägen in Verordnungen vorgesehene Zwangsmaßnahmen einer „unbeschränkten Nachprüfung". Auch wenn der Kommission in Bereichen, in denen komplexe wirtschaftliche Beurteilungen erforderlich sind, in Wirtschaftsfragen ein **Beurteilungsspielraum** zustehe, bedeute dies nicht, dass der Unionsrichter eine Kontrolle der Auslegung von Wirtschaftsdaten durch die Kommission unterlassen müsse. Der Unionsrichter müsse nämlich nicht nur die sachliche Richtigkeit der angeführten Beweise, ihre Zuverlässigkeit und ihre Kohärenz prüfen, sondern auch kontrollieren, ob diese Beweise alle relevanten Daten darstellen, die bei der Beurteilung einer komplexen Situation heranzuziehen waren, und ob sie die aus ihnen gezogenen Schlüsse zu stützen vermögen.[128] Was speziell die Prüfung von Bußgeldentscheidungen angehe, würden bereits die einschlägigen Regelungen der VO Nr. 1/2003 die Kommission zu einer gründlichen Prüfung der Umstände der Zuwiderhandlung zwingen und ihre Entscheidung mit einer entsprechenden Begründung zu versehen. Dabei sei das Vorliegen einer Begründung vom Richter von Amts wegen zu prüfen.[129] Im Übrigen sei es Sache des Unionsrichters, die ihm obliegende Rechtmäßigkeitskontrolle auf der Grundlage der vom Kläger zur Stützung seiner Klagegründe vorgelegten Beweise vorzunehmen. Bei dieser Kontrolle könne der Richter weder hinsichtlich der Wahl der Gesichtspunkte, die bei der Anwendung der in den (Bußgeld-)Leitlinien genannten Kriterien berücksichtigt wurden, noch hinsichtlich ihrer Be-

---

[125] Zum Ganzen s. *von Danwitz,* Europäisches Verwaltungsrecht, S. 298 ff.

[126] S. dazu z.B. *MüKo-Callies,* Band 1, EU-WbR, Einl. Rdnr. 783 („scheint sich die Kontrolldichte zu erhöhen"); *Ost,* JECL&P 2014, 125, 130; *Weitbrecht,* EuZW 2012, 290, 291 („Höhere Kontrolldichte" in der neueren Rechtsprechung); tendenziell so wohl auch *Schweitzer,* in *Lianos/Geradin,* aaO S. 491, 498 („the principle of full judicial review applies equally to facts and the application of the law to the facts").

[127] U. v. 8.12.2011, Rs C-386/10 P, Slg. 2011 I-13085 – *Chalkor;* s. auch das Parallelurteil i.S. *KME,* U. v. 8.12.2011, Rs C-272/09 P, Slg. 2011 I-12789, Rdnr. 91 ff. sowie das *Schindler*-Urteil v. 22.7.2013, Rs C-501/11 P, ECLI:EU:C:2013:522 (zum *Aufzugskartell*).

[128] EuGH i.S. *Chalkor* aaO Rdnr. 54.

[129] EuGH i.S. *Chalkor* aaO Rdnr. 55 ff., 61.

wertung auf den Ermessungsspielraum der Kommission verweisen, um auf eine **„gründliche rechtliche wie tatsächliche Kontrolle"** zu verzichten; schließlich werde die Rechtmäßigkeitskontrolle ergänzt durch die dem Unionsrichter durch Art. 31 VO Nr. 1/2003 für Geldbußen und Zwangsgelder eingeräumte Befugnis zu unbeschränkter Nachprüfung.[130] Zusammenfassend führt der EuGH aus, dass nach der in den Verträgen vorgesehenen Kontrolle der Unionsrichter „sowohl in rechtlicher als auch in tatsächlicher Hinsicht eine Kontrolle vornimmt und befugt ist, die Beweise zu würdigen, die angefochtene Entscheidung für nichtig zu erklären und die Höhe der Geldbußen zu ändern". Es sei daher nicht ersichtlich, dass die in Art. 263 AEUV vorgesehene Rechtsmäßigkeitskontrolle iVm Art. 31 VO Nr. 1/2003 gegen den in Art. 47 GRCh verankerten Grundsatz effektiven gerichtlichen Rechtsschutzes verstoße. Allerdings hat der EuGH im *KONE*-Urteil v. 24.10.2013[131] in einem Rechtsstreit zum Aufzugskartell an seiner alten Rechtsprechung zur begrenzten Tatsachenprüfung festgehalten. Danach ist es mit dem Grundsatz effektiven Rechtsschutzes sowie mit dem Fair Trial-Grundsatz vereinbar, wenn das Gericht keine neue und umfassende Sachverhaltsermittlung von kartellrechtlichen Bußgeldentscheidungen der Kommission vornimmt und nicht seine eigene Bewertung und Einschätzung anstelle der der Kommission setzt. Die Rechtsprechung zum Bestehen eines gerichtlich nicht (oder nur begrenzt) überprüfbaren Beurteilungsspielraums der Kommission wurde außerdem jüngst in einem die EU-Fusionskontrolle betreffenden Fall vom Gericht bekräftigt.[132] Es ging dort um die Überprüfung der Freigabeentscheidung der Kommission im Fall *Microsoft/Skype* mittels einer Klage durch einen Dritten.

Unklar ist, ob das Gericht im Hinblick auf etwaige **Beweisaufnahmen** zukünftig einen etwas strengeren Prüfungsmaßstab praktizieren wird. Bisher hat es von diesen – gesetzlich bestehenden – Möglichkeiten mit sehr wenigen Ausnahmen keinen Gebrauch gemacht.[133] Insbesondere werden die Kronzeugen in Kartellbußgeldsachen – zum Missfallen der betroffenen Kartellanten – nicht einvernommen. Es gibt hierzu Andeutungen, dass in Zukunft eine vertiefte Prüfung möglich ist.[134] Bisher gibt es dafür allerdings keine konkreten Beispiele. Auch bei den rigiden Vorgaben zur Länge der Schriftsätze und zur Dauer des Plädoyers in den Praktischen Anweisungen für die Parteien vor dem Gericht und vor dem EuGH[135] ist keine Änderung geplant.[136] Offensichtlich sehen die Unionsgerichte solche Beschränkungen weiterhin nicht als Beeinträchtigung des effektiven Rechtsschutzes an, sondern als erforderliche Bedingung für eine geordnete europäische Rechtspflege.[137] Es bleibt abzuwarten, ob sich etwa über die Verfassungsbeschwerde von *Thyssen* gegen die Bußgeldentscheidung im *Edelstahl*-Kartell ein Anstoß für eine Lockerung ergeben wird.[138] Schwerpunkt jenes Verfahrens ist allerdings eine Rüge gegen den Grundsatz nulla poena sine lege, weil die Unionsgerichte davon ausgegangen sind, dass die Bußgeldsanktionen des ausgelaufenen EGKS-Vertrages durch das Sanktionssystem des AEUV bzw. die VO Nr. 1/2003 ersetzt worden sind, obwohl der EGKS-Vertrag hierzu keine Übergangsvorschriften enthielt. Zur Vertiefung des Themenkreises sei im Übrigen auf die Ausführungen von *Schütte/Thomas* in § 49 des Handbuches verwiesen. 16e

---

[130] EuGH i. S. *Chalkor* aaO Rdnr. 62/63.

[131] EuGH U. v. 24.10.2013, Rs C-510/11 P, ECLI:EU:C:2013:696, Rdnr. 26/27 – *KONE*.

[132] EuG U. v. 11.12.2013, Rs T-79/12, ECLI:EU:T:2013:635, Rdnr. 49/50 – *Cisco Systems*.

[133] Neben vereinzelten Zeugenaussagen hat das Gericht im *Cofaz*-Fall (betreffend Beihilfen) einen Sachverständigen beauftragt, weil die Sachverständigen der Parteien sich widersprochen hatten (U. v. 28.1.1986, Slg. 1986, 391 ff.). Zu Beweiserhebungen s. ferner *Wägenbaur,* Court of Justice of the EU, 2013, Art. 68 RP GC, Rdnr. 1 und Art. 70 RP GC, Rdnr. 4 ff.

[134] S. dazu MLex-Meldung v. 21.11.2013, „EU Court could review wider scope of economic evidence in merger appeals" (bezogen auf eine Äußerung des Richters *N. Forwood*).

[135] ABl. 2012 L68/23 ff. bzw. Neufassung v. 18.6.2015, ABl. L 152/1, Ziff. 114 sowie Praktische Anweisungen für die Parteien in den Rechtssachen vor dem Gerichtshof, ABl. 2014 L 31/1 ff.

[136] Kritisch zu dieser Beschränkung z. B. unlängst *Brinker,* NZKart 2014, 81, 82.

[137] S. *Wägenbaur* aaO Art. 44 RP GC, Rdnr. 7, 8.

[138] S. dazu BVerfG, Zwischenbeschluss zu einstweiliger Anordnung, NZKart 2013, 509.

16f Zurückgewiesen haben die Unionsgerichte auch die Rüge der *Deutsche Bahn AG,* dass es rechtswidrig sei, wenn die Kommission Nachprüfungen – selbst ohne Gefahr in Verzug – ohne vorherige richterliche Ermächtigung durchführe.[139] Dabei stützte sich das Gericht maßgebend auf Urteile des EGMR, wonach eine fehlende vorherige richterliche Ermächtigung durch eine nachträgliche richterliche Prüfung kompensiert werden könne.[140] Es nutzte allerdings die Gelegenheit, die Verfahrensgarantien des von einer Nachprüfung betroffenen Unternehmens zusammenfassend darzustellen und in einem Punkt sogar zu erweitern, indem es den Unternehmen das Recht zubilligte, „jeden Verdacht einer während der Nachprüfung aufgetretenen Unregelmäßigkeit oder jede etwaige Rüge in ein Protokoll aufnehmen zu lassen, ohne sich jedoch (…) der Nachprüfung förmlich zu widersetzen".[141] Zurückgewiesen wurde außerdem die Rüge, dass ein Verstoß gegen das **Gebot der Unparteilichkeit** vorliege, wenn bzw. weil die Kommission die Aufgaben der Ermittlung und der Ahndung kumuliert habe. Dies sei schon im Ansatz verfehlt, weil die Kommission kein Gericht iSd Art. 6 EMRK bzw. des Art. 47 GRCh sei.[142]

B. Die Auslegung der Wettbewerbsregeln des AEU-Vertrages

I. Allgemeine Auslegungsprinzipien des Unionsrechts

17 Die Wettbewerbsregeln des AEU-Vertrages sind Teil des Unionsrechts. Die Grundsätze für ihre Auslegung entsprechen daher denen des Unionsrechts.[143] Als leitender Maßstab – und insoweit der teleologischen Auslegungsmethode entsprechend – dient insbes. die vertragliche Zielsetzung der Integration. Der EuGH geht bei der Auslegung des Gemeinschaftsrechts von dem Text der Vorschrift aus, um ihr den Sinn zu entnehmen, der sich bei wörtlicher und logischer Auslegung ergibt. Führt diese Auslegung nicht zu einem eindeutigen Ergebnis, so ist der (Sach-)Zusammenhang zu berücksichtigen, in dem eine Vorschrift steht; schließlich ist die Funktion der Vorschrift in Betracht zu ziehen, wenn sie sich aus der Gesamtheit der Vorschriften des Vertrages ergibt.[144] Besondere Bedeutung kommt dabei der teleologischen Auslegung unter Berücksichtigung der „nützlichen Wirkung" **(„effet utile")** der auszulegenden Vorschrift zu.[145] Dieses Prinzip besagt, dass die einzelnen Vorschriften des Primär- und Sekundärrechts dahingehend auszulegen sind, dass ihr Zweck nach Möglichkeit vollständig erreicht wird, dass die Vorschrift also ihre „Nutzwirkung" bzw. ihre „praktische Wirksamkeit" voll entfalten kann. Wenn dabei mehrere Ergebnisse in Betracht kommen, gibt der EuGH derjenigen Auslegung den Vorzug, bei der sich die Wirkung der gemeinschaftsrechtlichen Norm am stärksten entfaltet und bei der ihr

[139] EuG U. v. 6.9.2013, Rs T-289/11 u.a., ECLI:EU:T:2013:404, Rdnr. 65ff. – *Deutsche Bahn u.a. ./. Komm.* = WuW/E EU-R 2820ff. (berichtigt durch B. v. 10.2.2013, ECLI:EU:T:2013:687); insoweit bestätigt durch EuGH U. v. 18.6.2015, Rs C-583/13 P, ECLI:EU:C:2015:404, Rdnr. 16ff., 41ff.

[140] EuG aaO Rdnr. 66, 97, 111; EuGH aaO Rdnr. 26, 32.

[141] EuG aaO Rdnr. 88; auch insoweit bestätigt durch EuGH U. v. 18.6.2015 aaO Rdnr. 28ff.

[142] EuG U. v. 27.6.2012, Rs T-372/10, ECLI:EU:T:2012:325, Rdnr. 62ff. – *Bolloré;* bestätigt durch EuGH U. v. 8.5.2014, Rs C-414/12 P, ECLI:EU:C:2014:301.

[143] S. dazu z.B. *Ipsen,* Europäisches Gemeinschaftsrecht, 1972, 5–71ff.; *Mestmäcker/Schweitzer,* Europäisches Wettbewerbsrecht, § 4 Rdnr. 42; *Anweiler,* Die Auslegungsmethoden des Gerichtshofs der Europäischen Gemeinschaften, 1997; *Leisner,* Die subjektiv-historische Auslegung des Gemeinschaftsrechts, EuR 2007, 689ff.

[144] EuGH U. v. 1.6.1961, Slg. 1961, S. 239, 262; U. v. 15.7.1962, Slg. 1962, S. 13/14, 237; aus jüngerer Zeit U. v. 14.10.1999, Slg. 1999, I-7081, Rdnr. 23 sowie U. v. 7.6.2005, Rs C-17/03, Slg. 2005 I-5016ff., Rdnr. 41; EuG U. v. 6.9.2011, Rs T-18/10, Slg. 2011 II-5599, Rdnr. 40 – *Inuit Tapiriit Kanatami u.a. ./. EP;* s. ferner *Immenga/Mestmäcker,* Wettbewerbsrecht EG/Teil 1, Einl. EU C Rdnr. 1ff.

[145] Z.B. EuGH U. v. 16.7.1956, Slg. 1955/56, 197/312. S. ferner *von Danwitz,* Europäisches Verwaltungsrecht, S. 167f., *Potacs,* EuR 2009, 465ff., 467ff. und *Rittner/Dreher/Kulka,* Wettbewerbs- und Kartellrecht, Rdnr. 664.

praktischer Nutzen am größten ist.[146] Bei der Auslegung von sekundärem Unionsrecht berücksichtigt der EuGH daher neben dem Wortlaut und dem Aufbau der Verordnungen vor allem den Zweck der jeweiligen Vorschrift;[147] ergänzend werden dafür die Begründungserwägungen herangezogen.[148] Im Übrigen muss bei der Auslegung des Unionsrechts beachtet werden, dass es sich um übernationales Recht handelt und dass sich die Unionsgerichte aus Richtern aller Mitgliedstaaten zusammensetzen. Die Rechtsprechung des Gerichtshofes folgt daher anderen als den nationalen (deutschen) Auslegungsregeln. Namentlich bei der Rechtsfortbildung oder der Schließung von Lücken im Vertrag werden auch Rechtsgrundsätze oder Verfassungstraditionen der Mitgliedstaaten berücksichtigt.[149]

II. Besonderheiten bei der Auslegung der Wettbewerbsregeln

Bei der Auslegung der Wettbewerbsregeln hat der EuGH von Anfang an auf das Ziel der Gemeinschaft abgehoben, wonach die Tätigkeit der Gemeinschaft auch ein System umfasst, das den Wettbewerb innerhalb des Binnenmarkts vor Verfälschungen schützt (Art. 3 Abs. 1 lit. g EG). Diese – durch den Vertrag von Lissabon in dessen Anhang (Protokoll Nr. 27) verschobene – Regelung enthalte nicht nur einen unverbindlichen Programmsatz, sondern ein Ziel des Gemeinsamen Marktes, dem „zwingende Geltung" zukomme.[150] Der Bezug auf die allgemeinen Ziele des Vertrages hat die Auslegung der Wettbewerbsregeln in wichtigen Beziehungen beeinflusst.[151] Der EuGH legt die Wettbewerbsregeln so aus, dass sie wirksamen Wettbewerb herbeiführen können.[152] Auch die Interpretation der Zwischenstaatlichkeitsklausel wird auf die allgemeinen Ziele des Vertrages bezogen.[153] Im Übrigen wird namentlich beim Tatbestandsmerkmal der Wettbewerbsbeschränkung maßgebend auf den Zweck der Vorschrift[154] sowie auf den **wirtschaftlichen und rechtlichen Zusammenhang** der geprüften Vereinbarungen[155] abgestellt. 18

Wortlaut und Zweck in Verbindung mit den Begründungserwägungen wurden von der EG-Kommission in der Bekanntmachung zu den alten GVOs Nr. 1983/83 und Nr. 1984/83 ausdrücklich als Auslegungskriterien genannt.[156] Anzumerken ist freilich, dass dem Wortlaut als Auslegungskriterium im Unionsrecht aufgrund der schwierigen Textgestaltung und der Anfälligkeit für Redaktionsversehen und Übersetzungsfehler[157] im Gesetz- 19

[146] Z. B. EuGH U. v. 17.1.1980, Slg. 1980, 119, 131 – *Camera Care;* zum Ganzen auch *Anweiler* aaO S. 219 ff.

[147] S. dazu z. B. EuGH U. v. 24.10.1995, Slg. 1995 I-3439, 3471, Rdnr. 28 – *BMW/ALD.*

[148] S. dazu EuGH U. v. 6.7.1988, Slg. 1988, 3761 ff., Rdnr. 24/26 – *Dillinger Hüttenwerke ./. Kommission;* einschränkend in U. v. 7.6.2005, Slg. 2005 I-5016 ff., Rdnr. 69, 70 – *VEMW* u. a.

[149] S. dazu z. B. EuGH U. v. 18.5.1982, Slg. 1982, 1575 – *AM&S,* zum legal privilege, und U. v. 15.5.1986, Slg. 1986, 1651, 1682, Rdnr. 18 – *Johnston,* zum gerichtlichen Rechtsschutz. S. ferner *Anweiler* aaO S. 305 ff., 377.

[150] EuGH U. v. 21.2.1973, Slg. 1973, 215, Rdnr. 25 – *Continental Can.*

[151] Vgl. *Mestmäcker/Schweitzer* aaO § 4 Rdnr. 45 ff., 50 ff.

[152] EuGH U. v. 13.2.1979, Slg. 1979, 461, 552 – *Hoffmann LaRoche.*

[153] EuGH U. v. 17.10.1972, Slg. 1972, 977, 991, Rdnr. 28/30 – *VCH.*

[154] S. z. B. EuG U. v. 12.12.1991, Slg. 1991 II-1497, 1512 – *SEP.*

[155] S. z. B. EuGH U. v. 27.9.1988, Slg. 1988, 5249 ff. Rdnr. 16/17 – *Bayer/Süllhöfer* sowie U. v. 28.4.1998, WuW/E EU-R 57, 60, Rdnr. 22 – *Javico/YSLP,* mwN.; aus jüngerer Zeit z. B. U. v. 28.2.2013, Rs C-1/12, ECLI:EU:C:2013:127, Rdnr. 70 – *OTOC* (Berufsverband portugiesischer Buchhalter) sowie U. v. 18.7.2013, Rs C-136/12, ECLI:EU:C:2013:489, Rdnr. 53 – *CNG* („Gesamtzusammenhang").

[156] ABl. 1984 C 101/2, Rdnr. 2; zum Wortlaut s. auch EuGH U. v. 11.3.1997, Slg. 1997 I-1312 ff. – *UIC.*

[157] Als Beispiele seien die deutsche Fassung von Abschnitt 6 III des bis Dezember 2013 geltenden Formblattes CO genannt, in der ganze Textpartien der englischen Fassung fehlen, ferner der von der englischen und französischen Fassung der EG-FKVO abweichende Wortlaut des Art. 2 Abs. 5 EG-FKVO im Hinblick auf „benachbarte Märkte" („oder" statt „und"). Auch die VO Nr. 1/2003 weist eine Reihe von Redaktionsversehen auf, s. dazu *de Bronett,* Komm. zum europäischen Kartellverfahrensrecht, 1. Aufl., Art. 11, Rdnr. 2 und 7.

gebungsprozess eine geringere Bedeutung zukommt als z. B. im deutschen Recht. Generell sollten die GVOs in ihrem systematischen und teleologischen Zusammenhang sowie in Verbindung mit ihrer materiellrechtlichen Grundlage (Art. 101 Abs. 1 und 3 AEUV) interpretiert werden. Dies entspricht dem Ansatz, den der EuGH in den Urteilen *Hydrotherm/Compact* und *Kali+Salz*[158] gewählt hat. In einem anderen zur (alten) Alleinvertriebs-GVO Nr. 67/67 ergangenen Urteil[159] hat der EuGH ausdrücklich die Vermeidung von Ungereimtheiten als (kartellrechtliches) Auslegungskriterium anerkannt. Als Leitlinie der GVO-Auslegung sind danach so weit wie möglich allgemeine wettbewerbsrechtliche Gesichtspunkte heranzuziehen.[160]

20 Namentlich für die Reichweite der GVOs ist die Frage nach ihrem Verhältnis zum Verbot des Art. 101 Abs. 1 AEUV von Bedeutung. Der EuGH hat mehrfach den allgemeinen Rechtsgrundsatz angewendet, dass Ausnahmen eng auszulegen sind.[161] Diese Urteile bezogen sich freilich nicht auf die Wettbewerbsregeln des AEU-Vertrages oder gar auf GVOs. Im Streit um die Rechtmäßigkeit der VO Nr. 19/65 hat sich der EuGH an der Regel-Ausnahme-Diskussion zu Art. 81 Abs. 1 und Abs. 3 (jetzt: Art. 101 AEUV) nicht beteiligt, sondern lediglich von „Befreiungen" vom Verbot gesprochen.[162] In späteren Urteilen hat der EuGH jedoch die GVOs ausdrücklich als „Ausnahmevorschriften" im Verhältnis zu Art. 81 Abs. 1 EG (jetzt: Art. 101 Abs. 1 AEUV) angesehen und betont, dass sie „nicht extensiv" und nicht so ausgelegt werden (dürfen), dass die Wirkungen der Verordnungen über das hinausgehen, was zum Schutz der Interessen, deren Wahrung sie dienen sollen, erforderlich ist.[163]

21 Ferner hat der EuGH entschieden, dass eine analoge Anwendung von GVOs auf Fallgruppen, die von ihnen nicht (ausdrücklich) geregelt werden, nicht in Betracht kommt.[164] Das eigentliche Problem liegt jedoch darin, dass die Grenzen zwischen einer analogen Anwendung und einer weiten Auslegung der GVOs fließend sind; dies gilt namentlich dann, wenn der Wortlaut nicht eindeutig ist. Die Kommission hält eine weite Auslegung grundsätzlich für möglich. So bejahte sie z. B. die Anwendbarkeit der alten Alleinvertriebs-GVO Nr. 67/67 auf Vertriebs-Franchise-Vereinbarungen, soweit die Voraussetzungen der Verordnung erfüllt sind, verneinte sie jedoch im konkreten Fall wegen des Vorhandenseins zusätzlicher Wettbewerbsbeschränkungen.[165] Instruktiv ist ferner die Frage nach der Erfassung bestimmter landwirtschaftlicher Maschinen durch die (alte) Kfz-Vertriebs-GVO Nr. 123/85. Die Generaldirektion Wettbewerb sprach sich wegen des sachlichen Zusammenhanges mit den anderen von der GVO erfassten Maschinen (z. B. Mähdreschern) zunächst für eine analoge Anwendung aus, widerrief diese Bewertung jedoch später.[166] Im „Leitfaden" zur alten Kfz-Vertriebs-GVO Nr. 1475/95, durch welche die GVO Nr. 123/85 abgelöst wurde, stellte die Kommission klar, dass landwirtschaftliche Fahrzeuge wie z. B. Traktoren nicht Gegenstand der Verordnung sind, da sie in erster Linie nicht für den Verkehr auf öffentlichen Wegen vorgesehen sind; dies war eine Auslegung, die sich auf den Wortlaut des Art. 1 der GVO stützen konnte.

---

158 U. v. 12.7.1984, Slg. 1984, 2999 ff., Rdnr. 15 – *Hydrotherm/Compact;* U. v. 31.3.1998, Slg. 1998 I-1375, 1501 ff. Rdnr. 166 ff. – *Kali+Salz.*

159 U. v. 1.2.1977, Slg. 1977, 56, 93 – *Concordia.*

160 S. dazu auch *Wiedemann,* Kommentar zu den GVOs des EWG-Kartellrechts, Bd. 1, Rdnr. 73 ff., 76.

161 Nachweise zur älteren Rechtsprechung bei *Grabitz/Hilf-Pernice/Mayer* (Altauflage), Art. 220 EGV Rdnr. 45.

162 EuGH U. v. 13.7.1966, Slg. 1966, 457, 482.

163 EuGH U. v. 24.10.1995, Slg. 1995 I-3439, 3471, Rdnr. 28 – BMW/ALD und Slg. 1995 I-3477, 3520, Rdnr. 33 – *VAG* (kritisch dazu *Bechtold,* ZHR 160 (1996), 660, 669); U. v. 30.4.1998, Slg. 1998 I-2055, 2096 Rdnr. 30 mwN – *Cabour.* S. auch *Rittner/Dreher/Kulka* aaO Rdnr. 664.

164 EuGH U. v. 28.2.1991, Slg. 1991, I-935, 992, Rdnr. 55 – *Delimitis.*

165 S. dazu die Wiedergabe des Rechtsstandpunktes der Kommission im Urteil des EuGH vom 28.1.1986, Slg. 1986, 386 – *Pronuptia.*

166 Kommission 21. WB, 1992, Rdnr. 42.

C. Die Durchsetzung des EU-Kartellrechts

I. Verwaltungs- und Bußgeldverfahren der Kommission

Die Kommission ist gemäß Art. 17 Abs. 1 EUV (früher: Art. 211 EG) die für die Durchführung und Ausgestaltung der Wettbewerbspolitik in der Gemeinschaft zuständige Verwaltungsbehörde, die zu diesem Zweck im öffentlichen Interesse zu handeln hat.[167] Die beiden grundlegenden Verbote des EU-Kartellrechts (Art. 101 Abs. 1 iVm Abs. 3, 102 AEUV) gelten zwar unmittelbar und direkt in allen Mitgliedstaaten, und jedes Unternehmen kann sich auf diese Vorschriften berufen und daraus ggf. Rechte herleiten.[168] Unbeschadet dieser Direktwirkung der Wettbewerbsregeln ist nach dem System des AEU-Vertrages aber auch und gerade die Kommission dafür zuständig, für die Einhaltung dieser Verbote zu sorgen. Dies geschieht zum Teil von Amts wegen, vielfach aber auch aufgrund von Beschwerden betroffener Unternehmen.[169] Als Rechtsgrundlage für diese „Überwachungspflicht"[170] dienen ihr die Durchführungs-VOs des Rates nach Art. 103 AEUV, insbes. die Durchführungs-VO Nr. 1/2003. Aufgabe der Kommission ist es danach, in Gestalt von Abstellungsverfügungen und Feststellungsentscheidungen (Art. 7), einstweiligen Maßnahmen (Art. 8), Zusagenentscheidungen (Art. 9), Nichtanwendbarkeitsentscheidungen (Art. 10) sowie Bußgeldentscheidungen (Art. 23) die Wettbewerbsregeln anzuwenden.[171] Daneben ist inzwischen die EG-FKVO mit der Befugnis zur Untersagung von Zusammenschlüssen von gemeinschaftsweiter Bedeutung getreten. Förmliche Beschlüsse trifft die Kommission als Kollegialorgan aller Kommissare. Einige Beschlüsse sind freilich im sog. Habilitationsverfahren auf das für das EU-Kartellrecht zuständige Kommissionsmitglied bzw. auf die Generaldirektion Wettbewerb übertragen worden.[172] Die eigentliche operative Tätigkeit der Kommission leisten die verschiedenen Direktionen der Generaldirektion Wettbewerb, die nach Wirtschaftsbereichen gegliedert sind. Eine wichtige Rolle fällt ferner dem Juristischen Dienst der Kommission zu, mit dem die Generaldirektion Wettbewerb ihre Tätigkeit abstimmen muss. Ferner ist die Kommission gemäß Art. 11 Abs. 1 der VO Nr. 1/2003 und Art. 19 EG-FKVO verpflichtet, bei der Anwendung der Wettbewerbsregeln eng mit den zuständigen Behörden der Mitgliedstaaten zusammenzuarbeiten bzw. ihre Verfahren in enger und stetiger Verbindung mit diesen durchzuführen. Zu diesem Zweck ist ein Beratender Ausschuss für Kartell- und Monopolfragen sowie für die Kontrolle von Unternehmenszusammenschlüssen errichtet worden, der vor jeder verfahrensabschließenden Entscheidung der Kommission anzuhören ist. Daneben tritt die Abstimmung im European Competition Network (ECN) der nationalen Wettbewerbsbehörden der Mitgliedstaaten.[173] 22

Um die Kommission in die Lage zu versetzen, ihre Befugnisse sachgerecht wahrzunehmen, werden ihr in der VO Nr. 1/2003 umfassende **Ermittlungsbefugnisse** eingeräumt. Sie kann von den betroffenen Unternehmen alle erforderlichen Auskünfte einholen (Art. 18), Untersuchungen von Wirtschaftszweigen oder bestimmter Arten von Vereinbarungen vornehmen (Art. 17), Zeugen (mit deren Zustimmung) vernehmen (Art. 19) und – vor allem – bei den Unternehmen bzw. unter bestimmten Voraussetzungen in anderen Räumlichkeiten alle erforderlichen Nachprüfungen vornehmen (Art. 20, 21). Die Entscheidungen der Kommission sind entweder verwaltungsrechtlicher oder ordnungswidrigkeitenrechtlicher Art.[174] Weitgehend parallele Vorschriften enthält die EG-FKVO (Art. 11 ff.). 23

---

[167] Bekanntmachung über die Zusammenarbeit zwischen der Kommission und den Gerichten der Mitgliedstaaten, Rdnr. 4.

[168] Zur Zuständigkeit der nationalen Gerichte s. Rdnr. 30.

[169] Dazu näher *Dieckmann* in § 47 des Handbuches.

[170] EuGH U. v. 11.10.1983, Slg. 1983, 3045, 3066 – *Demo-Studio Schmidt.*

[171] Zur Entscheidungspraxis der Kommission s. bereits § 1 Rdnr. 33.

[172] Dazu näher *Dieckmann* in § 41 Rdnr. 14.

[173] Dazu noch unten Rdnr. 28.

[174] Zu den Sanktionen s. § 2 Rdnr. 35, 36.

24 Daneben tritt ggf. die Zuständigkeit der Kommission nach Art. 105 AEUV. Es geht dabei ebenso wie bei Art. 104 um die Wirtschaftsbereiche, für die der Rat noch keine Durchführungs-VO nach Art. 103 AEUV erlassen hat. Da es solche Bereiche nicht mehr gibt, ist Art. 105 praktisch nicht mehr relevant.[175]

II. Die Unionsgerichte (EuGH und Gericht)

25 Der Gerichtshof der Europäischen Union (EuGH) sichert gemäß Art. 19 Abs. 1 Satz 2 EUV die Wahrung des Rechts bei der Auslegung und Anwendung der Verträge. Ihm wurde durch Beschluss des Rates vom 24.10.1988 ein Gericht erster Instanz der Europäischen Gemeinschaften (EuG) – jetzt: das Gericht – zur Seite gestellt.[176] Die Unionsgerichte nehmen bei der Ausformung des EU-Wettbewerbsrechts verschiedene Aufgaben wahr: Sie entscheiden erstens über die sog. Direktklagen. Dazu gehören zunächst die **Nichtigkeitsklagen gegen Entscheidungen bzw. Beschlüsse der Kommission** (Art. 263 AEUV), ferner zählen dazu die **Untätigkeitsklagen** (Art. 265 AEUV). Seit seiner Errichtung ist das Gericht als erste Instanz für die beiden vorgenannten Rechtsmittel der Unternehmen zuständig. Gegen Entscheidungen des Gerichts kann ein auf Rechtsfragen beschränktes **Rechtsmittel** beim EuGH eingelegt werden (Art. 256 Abs. 1 UA. 2 AEUV). Einzelheiten werden von *Schütte/Thomas* in § 49 des Handbuches behandelt.

26 Zweitens entscheidet der EuGH im sog. **Vorabentscheidungsverfahren** nach Art. 267 AEUV über Fragen des EU-Kartellrechts. Die Gerichte der Mitgliedstaaten legen dabei im Rahmen der vor ihnen anhängigen Verfahren (sog. Ausgangsverfahren) dem EuGH Rechtsfragen zur Auslegung des Unionsrechts vor. Wesentliche Weichenstellungen des EU-Kartellrechts sind auf diesem Weg erfolgt.[177] Wegen der prozeduralen Einzelheiten sei auf die Erläuterungen von *Ollerdißen* in § 63 des Handbuches verwiesen.

III. Die Befugnisse der nationalen Kartellbehörden

27 Neben der Kommission sind grundsätzlich – freilich mit Einschränkungen – auch die Kartellbehörden der Mitgliedstaaten befugt, das EU-Kartellrecht anzuwenden. Rechtsgrundlage dafür ist zunächst **Art. 5 VO Nr. 1/2003.** Nach dieser Vorschrift sind die Behörden der Mitgliedstaaten für die Anwendung der Art. 81 und Art. 82 EG (jetzt: Art. 101 und 102 AEUV) „in Einzelfällen" zuständig. Sie sind u. a. befugt, Abstellungsentscheidungen und einstweilige Anordnungen zu treffen, Zusagen entgegenzunehmen und Geldbußen, Zwangsgelder oder andere Sanktionen nach Maßgabe des nationalen Rechts (z. B. § 81 GWB) zu verhängen. Umgekehrt können die Behörden der Mitgliedstaaten auch entscheiden, dass für sie *kein Anlass zum Tätigwerden* besteht.[178] Diese Befugnisse sind in den §§ 32 ff. GWB in das deutsche Recht übertragen worden. Nach Art. 16 Abs. 2 VO Nr. 1/2003 dürfen die nationalen Behörden allerdings keine Entscheidung treffen, die einer solchen der Kommission zuwiderlaufen würde (Gleiches gilt nach Art. 16 Abs. 1 für die Gerichte der Mitgliedstaaten). Bereits nach Art. 9 Abs. 3 der alten VO Nr. 17/62 waren die Wettbewerbsbehörden der Mitgliedstaaten für die Anwendung der Wettbewerbsre-

---

175 So auch *Langen/Bunte-Stadler* aaO Art. 105 Rdnr. 2/3.

176 ABl. 1988 L 319/1 sowie ABl. 1989 C 215/1, berichtigt durch ABl. 1989 L 241/4; geändert durch Beschluss vom 8.6.1993, ABl. 1993 L 144/21; s. ferner Art. 256 AEUV.

177 So z. B. bezüglich der Anerkennung von Einschränkungen des Verbotstatbestands in Art. 101 Abs. 1 AEUV (früher: Art. 81 EG) EuGH U. v. 8.6.1982, Slg. 1982, 2015 ff. – *Maissaatgut* (zu Sortenschutz-Lizenzverträgen); EuGH U. v. 28.1.1986, Slg. 1986, 353 ff. – *Pronuptia* (zu Franchiseverträgen); EuGH U. v. 19.2.2002, Slg. 2002 I-1577 ff. – *Wouters* (zu Regelungen zum Schutz der Rechtspflege).

178 Sie dürften jedoch nicht feststellen, dass die Tatbestandsvoraussetzungen der Art. 101 Abs. 1 oder 102 AEUV nicht vorliegen; diese Befugnis steht als Behörde allein der Kommission zu. Falls das nationale Kartellrecht eine Ermächtigungsgrundlage in dem o. g. Sinne (noch) nicht enthält, kann sie eine solche Entscheidung in unmittelbarer Anwendung des Art. 5 VO Nr. 1/2003 treffen (s. EuGH U. v. 3.5.2011, Slg. 2011 I-3055 ff., Rdnr. 32 ff. – *Tele2Polska*).

geln, wenn auch in engen Grenzen, zuständig. Dementsprechend hat das BKartA bereits unter Geltung der alten VO Nr. 17/62 gemäß § 50 GWB a. F. mehrere Verfügungen auf Art. 81 Abs. 1 EG (jetzt: Art. 101 Abs. 1 AEUV) gestützt.[179] Durch die VO Nr. 1/2003 wurde die Zuständigkeit der nationalen Behörden erheblich erweitert. Die Einführung einer **dezentralen Anwendung** des EU-Kartellrechts war hierbei ein wesentliches Element der „Reform" des Kartellverfahrensrechts.[180] Daneben sieht die **EG-FKVO** mit den Verweisungsregelungen in Art. 4 Abs. 4 und Art. 9 die Möglichkeit einer dezentralen Rechtsanwendung durch die Behörden der Mitgliedstaaten vor (materiell freilich nach nationalem Recht), daneben umgekehrt eine Verweisung von Fällen durch die Mitgliedstaaten an die Kommission (Art. 4 Abs. 5 und Art. 22).

Da grundsätzlich sowohl die Kommission als auch die nationalen Kartellbehörden für die Anwendung der Art. 101, 102 AEUV zuständig sind, regeln die Art. 11 bis 14 VO Nr. 1/2003 die Zusammenarbeit zwischen den nationalen Wettbewerbsbehörden und der Kommission bei der Anwendung dieser Wettbewerbsregeln. Zur Vertiefung der Zusammenarbeit haben die nationalen Behörden und die Kommission das **Europäische Wettbewerbsnetz (European Competition Network/ECN)** gegründet.[181] Besonders bedeutsam ist das sog. **Selbsteintrittsrecht** der Kommission gemäß Art. 11 Abs. 6 VO Nr. 1/2003, wonach die Zuständigkeit der Mitgliedstaaten entfällt, wenn die Kommission ein Verfahren zum Erlass einer Entscheidung nach den Art. 7–10 eingeleitet hat. Die Kommission bleibt damit „Herrin des Wettbewerbsverfahrens"; sie kann als „Spinne im Netz der europäischen Wettbewerbsbehörden" das Verfahren praktisch jederzeit – theoretisch auch in letzter Minute – an sich ziehen.[182] Von dieser (bisher allerdings sehr selten angewendeten) Vorschrift abgesehen, enthält die VO Nr. 1/2003 keine Regeln über die Verteilung von einzelnen Fällen zwischen den Mitgliedern des Netzwerkes. Die Verordnung setzt vielmehr auf eine Verständigung unter den Wettbewerbsbehörden.[183] Die Kommission hat dafür 2004 eine **Bekanntmachung über die Zusammenarbeit innerhalb des Netzes der Wettbewerbsbehörden** veröffentlicht,[184] die für die Frage der Zuständigkeitsverteilung insbes. auf die Eignung einer Wettbewerbsbehörde zur Behandlung eines Falles abstellt. Hiernach wird die Behörde nur eines Mitgliedstaates dann als gut geeignet zur alleinigen Behandlung eines Falles angesehen, wenn die Vereinbarungen oder Verhaltensweisen den Wettbewerb hauptsächlich innerhalb ihres Hoheitsgebietes wesentlich beeinträchtigen oder wenn zwar mehrere Wettbewerbsbehörden an sich gut geeignet wären, das alleinige Tätigwerden aber ausreicht, um die gesamte Zuwiderhandlung zu beenden. Das parallele Vorgehen von zwei oder drei nationalen Wettbewerbsbehörden ist nach der Bekanntmachung dann angemessen, wenn die Zuwiderhandlung hauptsächlich im Hoheitsgebiet dieser Behörden wesentliche Auswirkungen auf den Wettbewerb hat, das Vorgehen nur einer Behörde aber nicht ausreichen würde, um die gesamte Zuwiderhandlung zu beenden bzw. sie angemessen zu ahnden. Ein **Tätigwerden** allein **der Kommission** ist für Fälle vorgesehen, in denen die Vereinbarungen oder Verhaltensweisen in **mehr als drei Mitgliedstaaten** Auswirkungen auf den Wettbewerb haben. Darüber hinaus ist ein alleiniges Vorgehen der Kommission dann angezeigt, wenn der betreffende Fall eng mit anderen 28

---

[179] BKartA WuW/E BKartA 2778 – *Ruhrgas/Thyssengas;* WuW/E BKartA 2859 – *RWE Energie/Nordhorn;* WuW/E BKartA 2659 – *ATG/Menke* u. a.; WuW/E BKartA 2795 – *Carpartner;* WuW/E BKartA 2761 – *TUI, NUR;* zur Fallpraxis des BKartA nach § 50 GWB a. F. s. ferner *Ruppelt,* Fs. Lieberknecht, 1997, S. 515 ff. Umfassend zu den Rechtsfragen des § 50 a. F. *Klose,* Das Verhältnis des deutschen zum europäischen Kartellrecht, 1998.

[180] Vgl. *Mestmäcker/Schweitzer,* Europäisches Wettbewerbsrecht, § 6 Rdnr. 41; s. aber die Einschränkung betreffend negative Feststellungsentscheidungen nach dem *Tele2Polska*-Urteil des EuGH, oben Fn. 178.

[181] Dazu näher *Italianer,* The ECN – Convergence and enforcement of EU Competition Law, Vortrag v. 3.10.2013, veröff. auf der Homepage der Komm.

[182] So zutr. *Fuchs,* Europarecht, Beiheft 2/2005, S. 77, 117.

[183] So *Klees,* Europäisches Kartellverfahrensrecht, § 7 Rdnr. 139.

[184] ABl. 2004 C 101/43 ff.

Gemeinschaftsbestimmungen verbunden ist, die ausschließlich oder effizienter von der Kommission angewendet werden können, oder wenn das Gemeinschaftsinteresse eine Entscheidung der Kommission erfordert.[185] Aufgrund der Unbestimmtheit der verwendeten Kriterien lässt sich der Kommissionsbekanntmachung allerdings nicht hinreichend sicher entnehmen, welche Behörde im Einzelfall ein betreffendes Verfahren durchführen wird.[186] Insbes. werden die Kriterien der Bekanntmachung betreffend die alleinige Zuständigkeit der Kommission nicht strikt befolgt. Die Kommission behält es sich vor, EU-weite Kartelle oder vertikale Wettbewerbsbeschränkungen nicht selbst zu verfolgen, wenn deren Bedeutung gering oder ihre Arbeitsbelastung zu hoch ist. Dies hat schwerwiegende Konsequenzen insbes. für die Handhabung der sog. Kronzeugen-Bekanntmachung, weil die Unternehmen dann nicht mehr von der Geltung eines One-stop-shop-Prinzips ausgehen können, sondern stattdessen u. U. gleichzeitig in bis zu 28 Mitgliedstaaten Leniency-Anträge stellen müssen. Als Abhilfemaßnahmen zur Behebung dieses Missstandes sollen Musterregelungen für Leniency-Anträge dienen (dazu *Hellmann* in § 46 des Handbuches). Außerdem gelten bei Anwendung des nationalen Rechts andere Rahmenbedingungen für Bußgeldverfahren einschließlich der ggf. durchgeführten Rechtsmittelverfahren.

29 Eine **Zuständigkeit der nationalen Kartellbehörden** ergibt sich theoretisch auch unmittelbar aus **Art. 104 AEUV.** Dabei handelt es sich um Wirtschaftsbereiche, für die der Rat (noch) keine Durchführungs-VO gemäß Art. 103 AEUV erlassen hat. Gemäß Art. 104 können die Mitgliedstaaten die Art. 101 und 102 AEUV selbst als Verwaltungsbehörde anwenden, und zwar im Hinblick auf Kartellabsprachen einschl. der Vorschrift über Einzelfreistellungen. Seit der Überführung auch der internationalen Trampdienste und Seetransportdienstleistungen in die VO Nr. 1/2003 durch die Rats-VO Nr. 1419/2006 hat Art. 104 freilich keine praktische Bedeutung mehr.[187] Schließlich ergeben sich theoretisch Zuständigkeiten der nationalen Kartellbehörden aus Verfahren der Kommission gemäß **Art. 105 AEUV.**[188]

IV. Zivilrechtliche Sanktionen bzw. Streitigkeiten zwischen Unternehmen vor den nationalen Gerichten

30 Die Durchsetzung der Wettbewerbsregeln des EU-Vertrages erfolgt schließlich im Rahmen zivilrechtlicher Auseinandersetzungen auch durch die betroffenen Unternehmen, sei es außergerichtlich oder mit Hilfe der nationalen Gerichte. Die Zuständigkeit der Gerichte folgt aus der **Direktwirkung** der jeweiligen Normen des Unionsrechts. Insoweit hat die Zuständigkeitsregelung in Art. 6 VO Nr. 1/2003 lediglich deklaratorische Bedeutung.[189] Die Gerichte der Mitgliedstaaten sind berufen, die subjektiven Rechte von Privatpersonen (bzw. Unternehmen) in ihren Beziehungen untereinander zu wahren.[190] Die Unternehmen können sich daher in Zivilprozessen vor den nationalen Gerichten im Sinne eines subjektiven Rechts auf die EU-Wettbewerbsregeln berufen.[191] In Betracht kommt die Geltendmachung von **Ansprüchen,** die auf Art. 101, 102 AEUV iVm § 33 GWB gestützt werden, und die Berufung auf die **Nichtigkeitssanktion** des Art. 101 Abs. 2 AEUV bzw. des Art. 102 AEUV iVm § 134 BGB **als Einwendung.**[192] Die nationalen Gerichte können dabei – anders als die nationalen Kartellbehörden – auch das Vorliegen der Freistellungsvoraussetzungen nach Art. 101 Abs. 3 oder eine fehlende Tatbestandsverwirklichung nach

---

[185] AaO Rdnr. 5 ff.

[186] Vgl. *Schwarze/Weitbrecht,* Grundzüge des europäisches Kartellverfahrensrechts, § 9 Rdnr. 41.

[187] *Immenga/Mestmäcker-Ritter,* Wettbewerbsrecht Bd. 1 EU, 1. Teil, Art. 104 AEUV Rdnr. 6; *Langen/Bunte-Stadler* aaO Art. 104 Rdnr. 3/4.

[188] Zur fehlenden praktischen Bedeutung dieser Vorschrift s. oben Rdnr. 24.

[189] *Mestmäcker/Schweitzer,* Europäisches Wettbewerbsrecht, 2. Aufl. § 5 Rdnr. 40 bzw. 3. Aufl. § 6 Rdnr. 51.

[190] EuGH U. v. 28.2.1991, Slg. 1991, I-935, Rdnr. 44 – *Delimitis.*

[191] Zu verfahrensrechtlichen Fragen s. *Dieckmann* in § 40 und *Wiedemann* in § 5 Rdnr. 67 ff.

[192] S. dazu auch unten Rdnr. 32 ff.

Art. 102 AEUV feststellen; sie dürfen aber nach Art. 16 Abs. 1 der VO Nr. 1/2003 keine Entscheidungen treffen, die einer bereits erlassenen oder – im Falle eines bereits eingeleiteten Verfahrens – einer beabsichtigten Entscheidung der Kommission zuwiderlaufen würden.[193]

Die Anwendung des EU-Kartellrechts durch die nationalen (Zivil-)Gerichte wird in der **Bekanntmachung über die Zusammenarbeit zwischen der Kommission und den Gerichten der EU-Mitgliedstaaten** bei der Anwendung der Art. 81 und 82 EG (jetzt: Art. 101 und 102 AEUV)[194] ausführlich behandelt. Die Bekanntmachung befasst sich insbes. mit Art. 15 Abs. 1 und 3 VO Nr. 1/2003, der die Zusammenarbeit der Kommission mit den nationalen Gerichten im Rahmen anhängiger Verfahren regelt.[195] Die nationalen Gerichte können danach z. B. die Kommission um Stellungnahmen zu Rechtsfragen bitten. Ein solches Vorgehen ist jedoch nicht unproblematisch (und daher sehr selten). Zum einen wirft es Fragen nach dem Selbstverständnis der nationalen Richter auf.[196] Zum anderen besteht die Gefahr, dass auf diese Weise die Zuständigkeit des EuGH in Frage gestellt wird. Allein der EuGH hat im Vorabentscheidungsverfahren gemäß Art. 267 AEUV über Auslegungsfragen der Wettbewerbsregeln zu entscheiden.[197] Ferner geht die Bekanntmachung auf Art. 15 Abs. 3 Satz 3 VO Nr. 1/2003 ein, wonach die Kommission aus eigener Initiative den nationalen Gerichten schriftliche Stellungnahmen übermitteln kann.[198] Schließlich behandelt die Bekanntmachung die Anwendung der EU-Wettbewerbsregeln durch die nationalen Gerichte.[199] Hierbei geht die Kommission auch auf die Rechtsfragen ein, die sich aus einer gleichzeitigen Anwendung der Wettbewerbsregeln durch die nationalen Gerichte und die Kommission auf ein und dieselbe Vereinbarung ergeben. Die Kommission weist insofern darauf hin, dass das nationale Gericht zur Vermeidung einer widersprüchlichen Entscheidung das Verfahren aussetzen kann.[200] 31

D. Die Bedeutung der Wettbewerbsregeln des EU-Rechts und seiner Sanktionen für die Unternehmenspraxis

I. Die Sanktionen

1. Zivilrecht. Das für die Praxis wohl wichtigste zivilrechtliche Risiko des EU-Kartellrechts bildet die **Nichtigkeitssanktion** des Art. 101 Abs. 2 AEUV; Entsprechendes gilt – über § 134 BGB – für Art. 102 AEUV und für das Vollzugsverbot der EG-Fusionskontrolle (Art. 7 Abs. 4 VO Nr. 139/2004). Soweit Vereinbarungen gegen diese Vorschriften verstoßen, können sie vor den Gerichten zivilrechtlich nicht durchgesetzt werden. Das EU-Kartellrecht ist im Zivilprozess insoweit als **Einwendung** von Amts wegen zu beachten. Umgekehrt bietet die Nichtigkeitssanktion dem gebundenen Unternehmen eine Gelegenheit für den „Ausstieg" aus einem nicht mehr gewollten Vertragsverhältnis. Art. 101 Abs. 2 AEUV erfasst zwar nur die Bestimmungen, die den Tatbestand des Art. 101 Abs. 1 AEUV erfüllen, ggf. also lediglich eine einzelne Klausel aus einem umfangreichen Vertragswerk. Nur wenn sich die nichtige Klausel von den restlichen Regelungen nicht trennen lässt, tritt bereits nach Art. 101 Abs. 2 Gesamtnichtigkeit ein.[201] Bei kartellrechtlicher Teilnichtigkeit kann aber § 139 BGB zur Gesamtnichtigkeit der Vereinba- 32

---

193 Damit wird das Urteil des EuGH v. 14.12.2000, Slg. 2000, I-11369, 11430f. – *Masterfoods/H. B. Ice Cream* umgesetzt.

194 ABl. 2004 C 101/54ff.

195 AaO, Rdnr. 15f.

196 Dazu *Odersky* in Fs. *Mestmäcker,* 1996, S. 699, 708f.

197 So auch Kommission aaO Rdnr. 39.

198 Diese Stellungnahmen (zu Grundsatzfragen) werden von der Kommission auf ihrer Homepage veröffentlicht.

199 AaO, Rdnr. 3ff.

200 AaO, Rdnr. 12.

201 EuGH U. v. 13.7.1966, Slg. 1966, 322, 392f. – *Grundig/Consten.*

rung führen;[202] eine Ausschaltung dieses Risikos lässt sich regelmäßig durch die Vereinbarung einer salvatorischen Klausel erreichen, mit der die Anwendbarkeit des § 139 BGB abbedungen wird. Bei der Sanktion des Art. 7 Abs. 4 EG-FKVO Nr. 139/2004 dürfte es sich – vergleichbar der deutschen Regelung in § 41 Abs. 1 GWB – zumeist nur um eine schwebende Unwirksamkeit bis zum Abschluss der (nachzuholenden) Prüfung und Freigabe des Zusammenschlusses durch die Kommission handeln.[203]

33 Daneben können Dritten auf der Basis entsprechender nationaler Anspruchsgrundlagen (in Deutschland: § 33 Abs. 3 GWB) **Schadensersatzansprüche** gegen Unternehmen zustehen, die gegen das EU-Kartellrecht verstoßen haben. Aufgrund des Schutzgesetzcharakters der in Art. 81, 82 EG (jetzt: Art. 101, 102 AEUV) enthaltenen Verbote kam ein Schadensersatzanspruch nach § 823 Abs. 2 BGB bereits vor der Änderung des § 33 GWB durch die 7. GWB-Novelle in Betracht.[204] Im Anschluss an die Urteile des EuGH i. S. *Courage*[205] und *Manfredi*[206] hat diese Sanktion inzwischen – namentlich in Kartellfällen – große praktische Bedeutung. Heute gibt es in der EU (namentlich in Deutschland) kaum noch Kartellbußgeldentscheidungen, denen nicht die Geltendmachung von Schadensersatzansprüchen durch die Marktgegenseite folgt.[207] Durch die **Schadensersatzrichtlinie 2014/104** soll und wird die Bedeutung dieser Sanktion weiter zunehmen. Ohne Verschulden bleibt die Geltendmachung von **Unterlassungs- oder Beseitigungsansprüchen** (§ 33 Abs. 1 und 2 GWB) möglich.[208]

34 Vor der Einführung der unmittelbaren Anwendbarkeit des Art. 101 Abs. 3 AEUV und der damit verbundenen Abschaffung des administrativen Freistellungsverfahrens durch die VO Nr. 1/2003 bestanden für die nationalen Gerichte gewisse Schwierigkeiten bei der (endgültigen) Feststellung eines Verstoßes gegen Art. 101 Abs. 1 AEUV. Diese Probleme resultierten daraus, dass die zivilrechtliche Sanktion des Art. 101 Abs. 2 AEUV auch bei Vereinbarungen galt, die zwecks Erteilung einer Einzelfreistellung bei der Kommission angemeldet worden waren. Die Anmeldung führte also nicht zur vorläufigen Gültigkeit der wettbewerbsbeschränkenden Klauseln. Aus der Möglichkeit einer rückwirkenden Freistellung (Art. 6 Abs. 1 VO Nr. 17/62) ergaben sich jedoch rechtliche Probleme für die Durchsetzung der Sanktion, weil widersprüchliche Entscheidungen zwischen den nationalen Zivilgerichten und der Kommission vermieden werden mussten.[209] Zweckmäßig war daher eine Aussetzung des Zivilprozesses bis zur Entscheidung der Kommission über die Anmeldung. Da die nationalen Gerichte seit 2004 nicht mehr eine solche Entscheidung der Kommission abwarten müssen, sondern selbst die **Freistellungsvoraussetzungen** des Art. 101 Abs. 3 AEUV prüfen können, hat sich der Charakter solcher Prozesse stark verändert.[210] Sie sind aber bisher selten. Für die Parteien ist es problematisch, wenn eine Entscheidung über solche „pathologischen" Fälle erst nach mehrjährigen Gerichtsverfahren (ggf. mit Vorabentscheidungsverfahren beim EuGH) getroffen wird (wobei sie gelegentlich dazu gezwungen sein können, weil Negativatteste in der VO Nr. 1/2003 nicht (mehr) vor-

---

[202] EuGH U. v. 18.12.1986, Slg. 1986, 4084, 4088 – *VAG France;* BGH WuW/E BGH 2909, 2913 – *Pronuptia II.*

[203] *Cook/Kerse,* EC Merger Control, 2000, S. 149 (5–025); *Bechtold/Bosch/Brinker,* EU-Kartellrecht, Art. 7 FKVO Rdnr. 12.

[204] BGH WuW/E BGH 1643 ff. – *BMW-Importe;* WuW/E BGH 2451 ff. – *Cartier-Uhren;* OLG Düsseldorf U. v. 16.6.1998, Az. U (Kart) 15/97 – *British Telecom ./. Deutsche Telekom* n. rkr., WuW/E DE-R 143 ff. – *Global One* = CR 1998, 536 mit zust. Anm. *Immenga* aaO 538. LG Düsseldorf CR 1997, 687; *Baur,* EuR 1988, 257.

[205] EuGH U. v. 20.9.2001, Slg. 2001 I-6297 ff. – *Courage/Crehan.*

[206] EuGH U. v. 13.7.2006, Slg. 2006 I-6619 ff. – *Manfredi.*

[207] S. BKartA TB 2013/2014, S. 33 („auf dem Weg zum Regelfall").

[208] S. dazu *Topel* in § 50 des Handbuches sowie *Wiedemann* in *Tamm/Tonner,* Verbraucherrecht, 2012, S. 132, 150.

[209] EuGH Slg. 1991, I-935 ff. – *Delimitis;* s. dazu *Dieckmann* in § 40.

[210] S. dazu *Hirsch,* ZWeR 2003, 233, 237; *Schwarze/Weitbrecht,* Grundzüge des europäischen Kartellverfahrensrechts, § 11 Rdnr. 24.

gesehen sind, die Kommission keine Positiv-Entscheidungen nach Art. 10 und keine Beratungsschreiben erlässt, die informelle Beratungspraxis der Kartellbehörden spärlich ausfällt und außerdem nach dem *Schenker*-Urteil des EuGH[211] unter Umständen keine Rechtssicherheit bietet). Die vom Verordnungsgeber vorausgesetzte **Selbsteinschätzung** der Rechtslage durch die Unternehmen weist daher **grundlegende konzeptionelle Schwächen** auf, zumal der EuGH im *Schenker*-Urteil auch entschieden hat, dass sie sich auf Auskünfte von Rechtsanwälten nicht verlassen können.[212]

2. Bußgelder. Nach **Art. 23 der VO Nr. 1/2003** ist die Kommission befugt, **Geldbußen** gegen die Unternehmen festzusetzen, die vorsätzlich oder fahrlässig gegen Art. 81 Abs. 1, 82 EG (jetzt: Art. 101, 102 AEUV) verstoßen. Die Höhe der Geldbuße bestimmt sich nach der Schwere des Verstoßes und nach der Dauer der Zuwiderhandlung;[213] sie reicht bis zu 10% des von dem einzelnen an der Zuwiderhandlung beteiligten Unternehmens (ggf. des gesamten Konzerns) im letzten Geschäftsjahr erzielten Umsatzes. Die Kommission hat in den letzten Jahren mehrfach sehr hohe Geldbußen festgesetzt.[214] Dabei ging es vor allem um die Praktizierung der kartellrechtlichen „Todsünden" wie Preisabsprachen sowie Gebiets-, Quoten- und Mengenvereinbarungen. Die Zahl der von der Kommission geführten Verfahren gegen solche hardcore-Kartelle hat wegen des großen Erfolges der **Kronzeugenregelung** in den letzten zehn Jahren stark zugenommen. Aber auch vertragliche Exportverbote zu Lasten von Händlern werden von der Kommission traditionell als schwerer Verstoß gegen Art. 101 geahndet. Die letzte Verschärfung der Bußgeldpraxis erfolgte mit der Bekanntmachung über **Leitlinien** für das Verfahren zur Festsetzung von **Geldbußen** nach Art. 23 Abs. 2a VO Nr. 1/2003 vom 1.9.2006.[215] Die früher für rechtliche Zweifelsfälle – also nicht für klassische Kartelle – gegebene Möglichkeit, das Bußgeldrisiko durch eine Anmeldung der Vereinbarung in Verbindung mit dem Antrag auf Erteilung einer Einzelfreistellung nach Art. 101 Abs. 3 AEUV auszuschalten (s. Art. 15 Abs. 5 VO Nr. 17/62), besteht nach dem Übergang zu einem System der Legalausnahme durch die VO Nr. 1/2003 nicht mehr. Bußgeldsanktionen sieht auch **Art. 14 EG-FKVO** Nr. 139/2004 vor, insbes. für Verstöße gegen Auflagen der Kommission oder gegen das Vollzugsverbot der EG-Fusionskontrolle. Während diese Sanktion bis 1998 nur einmal – im *Samsung*-Fall – verhängt worden war, hat sie in den letzten Jahren etwas an Bedeutung gewonnen.[216] 35

3. Verwaltungsrechtliche Verfügungen. Die Kommission kann schließlich gegen verbotene Vereinbarungen oder Verhaltensweisen iSd Art. 101, 102 AEUV mit **Abstellungsverfügungen, Feststellungsentscheidungen oder einstweiligen Maßnahmen** vorgehen. Die Rechtsgrundlage dafür bieten Art. 7 Abs. 1 und Art. 8 VO Nr. 1/2003. Daneben kann gemäß Art. 24 VO Nr. 1/2003 die Festsetzung von Zwangsgeldern treten. Die praktische Bedeutung dieser verwaltungsrechtlichen Sanktionen ist aber gering, da die betroffenen Unternehmen zumeist vorher einlenken. Vor diesem Hintergrund haben Entscheidungen der Kommission mit sog. **Verpflichtungszusagen** der Unternehmen nach Art. 9 VO Nr. 1/2003 in den letzten Jahren große praktische Bedeutung erlangt.[217] Sie weisen für die Unternehmen den Vorteil auf, dass die Frage, ob das von der Kommission beanstandete Verhalten einen Verbotstatbestand erfüllte, offenbleibt. Die Entscheidung bewirkt nur, dass die Verpflichtungszusagen für verbindlich erklärt werden (und etwaige Ver- 36

[211] EuGH U. v. 18.6.2013, Rs C-681/11, ECLI:EU:C:2013:404, Rdnr. 33ff., 41.
[212] EuGH aaO Rdnr. 41.
[213] Zu den Einzelheiten s. *Hellmann* in § 46 des Handbuches.
[214] Den „Rekord" hält derzeit nach Art. 101 AEUV der *Libor*-Fall (2013) mit Bußen in Höhe von ca. 1,7 Mrd. € und nach Art. 102 AEUV der Fall *Intel* (Komm. E v. 13.5.2009) mit einer Buße in Höhe von 1,06 Mrd. €. Im *Monitor- und Bildröhrenkartell* (2012) wurden Bußen in Höhe von insgesamt 1,47 Mrd. € verhängt.
[215] ABl. 2006 C 210/2ff. Dazu näher *Hellmann* in § 46.
[216] Dazu näher *Wagemann* in § 17 des Handbuches.
[217] Dazu näher *Dieckmann* in § 45 des Handbuches.

stöße gegen sie selbständig sanktioniert werden können). Die Vorteile einer Verpflichtungsentscheidung gegenüber normalen Verbotsentscheidungen nach Art. 7 VO Nr. 1/2003 erörtert die Kommission in einem im März 2014 veröffentlichten Papier („To commit or not to commit? Deciding between prohibition and committments").[218] Größere Bedeutung kommt außerdem den **Unvereinbarkeitsentscheidungen** (Untersagungen) der Kommission für Zusammenschlüsse im Rahmen der EG-FKVO Nr. 139/2004 (Art. 2 Abs. 3 iVm Art. 8) zu.

II. Kooperationen und Zusammenschlüsse

37 Das weitreichende Verbot wettbewerbsbeschränkender Vereinbarungen in Art. 101 Abs. 1 wird durch den **Freistellungstatbestand des Art. 101 Abs. 3 AEUV** in seiner Wirkung erheblich gemildert. Im Gegensatz zur Rechtslage unter der früheren VO Nr. 17/62 ist dafür seit Mai 2004 keine Anmeldung der Vereinbarung auf Formblatt A/B bei der Kommission mehr erforderlich. Vielmehr ist Art. 101 Abs. 3 nach der VO Nr. 1/2003 nunmehr unmittelbar anwendbar (sog. Legalausnahme). Die materiellrechtlichen Voraussetzungen des Art. 101 Abs. 3 AEUV lassen zahlreiche praxisrelevante Ausnahmen zu. Freigestellt sein können insbes. **Kooperationen zwischen Wettbewerbern** auf den Gebieten F&E, Einkauf, Produktion und – wenngleich unter sehr engen Voraussetzungen – Verkauf.[219] Zum Teil hat die Kommission für diese Kooperationsgegenstände GVOs erlassen. Sie decken freilich nicht alle Konstellationen ab, so dass vielfach eine Prüfung anhand der allgemeinen Kriterien des Art. 101 Abs. 3 AEUV im Wege der sog. „Selbsteinschätzung" erfolgen muss. Insgesamt lässt sich sagen, dass wirtschaftlich vernünftige Kooperationen ohne hardcore-Beschränkungen regelmäßig nicht am EU-Kartellverbot scheitern. Etwas anderes kann gelten, wenn die beteiligten Unternehmen hohe Marktanteile halten (s. Art. 101 Abs. 3b). Insgesamt hat allerdings der Übergang zum System der Legalausnahme für die Unternehmen wegen der gestiegenen **Rechtsunsicherheit**[220] erhebliche Risiken mit sich gebracht. Sie müssen – mit oder ohne GVO – selbst beurteilen, ob die Voraussetzungen des Art. 101 Abs. 3 AEUV gegeben sind.[221] Auskünfte der nationalen Kartellbehörden können dabei zwar hilfreich sein; auf sie vertrauen dürfen die Unternehmen jedoch nicht, schon weil den Behörden eine Freistellungsbefugnis nicht zusteht.[222] Dies gilt – gleichsam erst recht – für Auskünfte von spezialisierten Anwälten.[223]

38 Im Ergebnis zulässig sind auch zahlreiche **Wettbewerbsbeschränkungen in Vertriebsvereinbarungen.** Die vielfach als unbefriedigend empfundene Einbeziehung vertikaler Wettbewerbsbeschränkungen in den Verbotstatbestand des Art. 101 Abs. 1 AEUV wird durch die weite Fassung der Vertikal-GVO[224] relativiert. Hinzu kommt, dass typische Handelsvertreter- und Kommissionsverhältnisse sowie sog. „einfache" selektive Vertriebssysteme regelmäßig nicht von Art. 101 Abs. 1 AEUV erfasst werden.[225] Auch hier gilt freilich, dass maßgeschneiderte Konzepte häufig nicht in das Raster der Bekanntmachungen oder der GVOs passen, so dass die Unternehmen auch insoweit selbst prüfen müssen, ob die Freistellungsvoraussetzungen des Art. 101 Abs. 3 AEUV vorliegen. Die **Rechtsunsicherheit** hat deshalb als Folge der „Reform" des Verfahrensrechts auch hier erheblich zugenommen.[226]

---

[218] Kommission Competition policy brief, März 2014, S. 1 ff.
[219] Dazu näher *Lübbig* und *Schroeder* in § 9 Rdnr. 85 ff.
[220] Zu Abhilfemaßnahmen s. *Wiedemann* in Fs. Bechtold, 2006, S. 627 ff.
[221] S. zu rechtlichen Bedenken gegen das neue System *Mestmäcker/Schweitzer,* Europäisches Wettbewerbsrecht, § 14 Rdnr. 15 mwN („Irrtumsrisiko … besonders groß"); *Fuchs,* Europarecht, Beiheft 2/2005, S. 77, 85 ff.
[222] EuGH U. v. 18.6.2013, Rs C 681/11, ECLI:EU:C:2013:404, Rdnr. 42 – *Schenker.*
[223] EuGH aaO. Rdnr. 41.
[224] S. bereits § 1 Rdnr. 26 sowie *Seeliger* in § 11.
[225] Zu den Einzelheiten s. *Kirchhoff* in § 11.
[226] Dazu schon Rdnr. 37 a. E. sowie *Wiedemann* aaO Fn. 220.

Die Unternehmen müssen schließlich bei ihren M&A-Aktivitäten die **EG-Fusionskontrolle** beachten. Sie erfasst zwar nur „Zusammenschlüsse von gemeinschaftsweiter Bedeutung" (Art. 1 Abs. 2 und 3 FKVO). Die gestufte Legaldefinition dieses Begriffes führt aber dazu, dass z.B. auch die Errichtung wirtschaftlich unbedeutender **Gemeinschaftsunternehmen** kontrollpflichtig sein kann, wenn nur die Muttergesellschaften die erforderlichen Umsatzschwellen erreichen.[227] Außerdem werfen viele Fälle Zweifelsfragen hinsichtlich der Anwendbarkeit der Verordnung auf, die zunächst mit der Kommission mittels einer informellen Anfrage („informal guidance") geklärt werden müssen. Da die europäischen Märkte weitestgehend durch wesentlichen Wettbewerb geprägt sind, ist das Untersagungsrisiko jedoch gering. Von bisher ca. 5900 angemeldeten Zusammenschlüssen wurden nur 24 untersagt (Stand: 30.6.2015); weitere ca. 360 Fälle wurden jedoch nur gegen Zusagen der Unternehmen freigegeben. Umgekehrt werden inzwischen ca. 70% aller Anmeldungen im sog. vereinfachten Verfahren geprüft. Vielfach wird jedoch bereits die Verpflichtung zur Durchführung des präventiven Fusionskontrollverfahrens und vor allem die Einhaltung der aus dem **Vollzugsverbot** resultierenden **Wartefristen** von mehr als sieben Monaten (2. Phase-Verfahren zuzüglich des Vorverfahrens zur Klärung der Vollständigkeit der Anmeldung) als starke Belastung des operativen Geschäftes empfunden. Es empfiehlt sich daher eine rechtzeitige Einbeziehung dieses rechtlichen Aspektes in die Vorbereitung der Transaktion. Bei einem Verstoß gegen das Vollzugsverbot verhängt die Kommission hohe Bußgelder; daneben tritt gemäß Art. 7 Abs. 4 FKVO eine Nichtigkeitssanktion für die zum Vollzug führenden Rechtsgeschäfte.[228] 39

§ 3 Grundzüge des deutschen Kartellrechts

Übersicht

Schrifttum: *Bechtold,* GWB, 7. Aufl. 2013; *Bornkamm/Montag/Säcker* (Hrsg.), Münchener Kommentar zum Europäischen und Deutschen Wettbewerbsrecht, Band 2 GWB, 2. Aufl. 2015; *Bunte,* Kartellrecht, 2. Aufl. 2008; *Emmerich,* Kartellrecht, 13. Aufl. 2014; *Busche/Röhling* (Hrsg.), Kölner Kommentar zum Kartellrecht, Bd. 2, §§ 33–131 GWB, 2014; *Fuchs,* Die 7. GWB-Novelle – Grundkonzeption und praktische Konsequenzen, WRP 2005, 1384ff.; *v. Gamm,* Kartellrecht, Kommentar, 2. Aufl. 1990; *Jaeger/Kokott/Pohlmann/Schroeder* (Hrsg.), Frankfurter Kommentar zum Kartellrecht, 81. Ergänzungslieferung September 2014; *Immenga/Mestmäcker,* Wettbewerbsrecht GWB, 5. Aufl.

[227] S. bereits Rdnr. 14ff. sowie § 15 des Handbuches.
[228] Dazu bereits Rdnr. 32.

2014; *Langen/Bunte,* Kommentar, Bd. 1 – Deutsches Kartellrecht, 12. Aufl. 2014; *Kling/Thomas,* Kartellrecht, 2007; *Loewenheim/Meessen/Riesenkampff* (Hrsg.), Kartellrecht, 2. Aufl. 2009; *Müller-Henneberg* u. a. (Hrsg.), Gemeinschaftskommentar zum GWB, 5. Aufl. 1999 ff.; *Möschel,* Recht der Wettbewerbsbeschränkungen, 1983; *Rittner/Dreher/Kulka,* Wettbewerbs- und Kartellrecht, 8. Aufl. 2014; *Schröter/Jakob/Klotz/Mederer,* Europäisches Wettbewerbsrecht, 2. Aufl. 2014 (zit.: *S/J/K/M-Bearbeiter*).

A. Die wesentlichen materiellrechtlichen Regelungen (§§ 1–43 GWB)

I. Wettbewerbsbeschränkende Vereinbarungen

1 Das erste materiellrechtliche Kernstück des GWB in der Fassung der 8. Novelle 2013[1] bildet sein Erster Abschnitt mit den Regelungen über **wettbewerbsbeschränkende Vereinbarungen** (§§ 1–3 GWB). Dieser Abschnitt ist durch die **7. Novelle 2005**[2] erheblich umgestaltet worden. Die früher bestehende unterschiedliche Regelung von (horizontalen) Kartellvereinbarungen (§§ 1–13 GWB a. F.) und Vertikalvereinbarungen (§§ 14–18 GWB a. F.) wurde mit dieser Novelle aufgegeben. Seit Juli 2005 erfasst der Verbotstatbestand des § 1 GWB – dem Vorbild des Art. 101 Abs. 1 AEUV folgend – auch alle Arten vertikaler Wettbewerbsbeschränkungen. Dies stellt eine Verschärfung der Regeln für Vertikalvereinbarungen dar, da nach altem Recht nur sog. Inhaltsbindungen verboten waren, während die sog. Ausschließlichkeitsbindungen lediglich einer Missbrauchsaufsicht unterstanden. Wettbewerbsbeschränkende Vereinbarungen sind gemäß § 1 GWB „verboten", es sei denn, sie sind nach den §§ 2 und 3 GWB von diesem Verbot freigestellt. Der **Freistellungstatbestand** des § 2 GWB entspricht Art. 101 Abs. 3 AEUV, wird allerdings durch die Sonderregelung für Mittelstandskartelle in § 3 ergänzt. Neben diese materiellrechtliche Umgestaltung trat mit der 7. Novelle 2005 die Übernahme des **Systems der Legalausnahme** aus dem zum 1. Mai 2004 geänderten EU-Kartellrecht (dazu noch Rdnr. 5). Auch im Rahmen der §§ 1 ff. GWB sind seitdem Anmeldungen von Kartellvereinbarungen zum Zwecke der Erteilung von Einzelfall-Genehmigungen etc. (§§ 2 ff. a. F.), von der Bundesregierung als „System der Administrativ-Freistellung" bezeichnet, nicht mehr möglich. Eine Zuwiderhandlung gegen das Verbot des § 1 GWB stellt nach § 81 Abs. 2 Nr. 1 eine bußgeldbewehrte Ordnungswidrigkeit dar. Zivilrechtlich führt § 134 BGB zur Nichtigkeit verbotener, nicht freigestellter Vereinbarungen. Ebenso wie bei der Fusionskontrolle hat der deutsche Gesetzgeber zu den §§ 1 ff. die Regelungen des Unionsrechts nicht übernommen, die die Befugnisse der Kartellbehörden eingeschränkt hätten. Dies betrifft hier die Ausnahme für den Bereich der Daseinsvorsorge in Art. 106 Abs. 2 AEUV. Die Angleichung der Vorschriften des Ersten Abschnitts des GWB an Art. 81 EG (jetzt: Art. 101 AEUV) begründete die Bundesregierung im RegE der 7. Novelle mit dem durch Art. 3 der VO Nr. 1/2003 erweiterten Anwendungsvorrang des europäischen Wettbewerbsrechts. Nach dieser Vorschrift müssen die Kartellbehörden der EU-Mitgliedstaaten und die einzelstaatlichen Gerichte auf Unternehmensvereinbarungen, Beschlüsse von Unternehmensvereinigungen und aufeinander abgestimmte Verhaltensweisen, die Auswirkungen auf den zwischenstaatlichen Handel haben können, neben dem nationalen Recht auch Art. 101 AEUV anwenden. Da jedoch nach Art. 3 der VO Nr. 1/2003 das einzelstaatliche Recht in diesen Fällen im Ergebnis nicht vom europäischen Recht abweichen darf, wäre die Anwendung nationalen Rechts auf Fälle mit zwischenstaatlichen Auswirkungen demnach entbehrlich gewesen. Gleichwohl erklärte der deutsche Gesetzgeber in § 22 Abs. 1 und 2 GWB auch die Vorschriften des GWB für anwendbar, um schwierige Abgrenzungsfragen, die sich aus der fehlenden begrifflichen Schärfe der Zwischenstaatlichkeitsklausel des Art. 101 AEUV ergeben, zu vermeiden.[3] Um allerdings einen Gleichlauf des deutschen und des europäischen Rechts sicherzustellen, wurde eine Anpassung der Vorschriften des

[1] Zum wesentlichen Inhalt der 8. Novelle s. § 1 Rdnr. 40b.
[2] Zum wesentlichen Inhalt s. § 1 Rdnr. 40.
[3] Begründung zum RegE, BT-Drucks. 15/3640, S. 22.

Ersten Abschnitts des GWB an Art. 81 EG (jetzt: Art. 101 AEUV) als erforderlich angesehen, was durch die Neuregelung der §§ 1 und 2 GWB geschehen ist. Über die Anforderungen der VO Nr. 1/2003 hinausgehend entschied sich der deutsche Gesetzgeber dafür, auch für Fälle ohne zwischenstaatliche Auswirkungen weitgehend das europäische Recht zu übernehmen, um eine Gleichbehandlung aller Wettbewerbsbeschränkungen sicherzustellen.[4] Damit wurde freilich ohne Not die jahrzehntelange und auch nach Ansicht der Bundesregierung[5] bewährte differenzierende Regelung der vertikalen Wettbewerbsbeschränkungen aufgegeben.[6] Immerhin bestanden die Abgrenzungsfragen im Rahmen der Zwischenstaatlichkeitsklausel schon seit mehr als 40 Jahren, ohne dass dies zu ernsten Problemen geführt hätte. Die generelle Anwendung des Verbotsprinzips (§ 1) mit Ausnahmevorbehalt (§§ 2, 3) auf vertikale Wettbewerbsbeschränkungen mit lediglich lokaler Bedeutung hat – wie auch im EU-Recht – zu verstärkter Rechtsunsicherheit und daraus resultierenden praktischen Unzuträglichkeiten geführt. Die 8. GWB-Novelle (2013)[7] hat beim Ersten Abschnitt des Gesetzes nicht zu materiellrechtlichen Änderungen geführt (die Übergangsregelung in § 3 Abs. 2, die bereits zum 30.6.2009 ausgelaufen war, wurde jedoch gestrichen).

Das Verbot wettbewerbsbeschränkender Vereinbarungen betrifft nur **Unternehmen** und **Vereinigungen von Unternehmen** (§ 1). Diese Tatbestandsmerkmale werden in § 4 (Rdnr. 9) und § 8 (Rdnr. 1 ff.) dieses Handbuches bei der Darstellung des persönlichen Geltungsbereichs des GWB behandelt. Probleme ergeben sich insoweit nur sehr selten. Ähnliches gilt für die von § 1 erfassten Handlungsformen **Vereinbarungen** und **Beschlüsse.** Nach der Rechtsprechung des BGH gilt grundsätzlich der zivilrechtliche Vertragsbegriff, d. h. die §§ 145 ff. BGB.[8] Es sind also Willenserklärungen der beteiligten Unternehmen erforderlich. Wegen des gesetzlichen Verbots bzw. § 134 BGB muss allerdings kein Rechtsfolgewille vorliegen; es reicht ein tatsächlicher Bindungswille. Dementsprechend werden auch sog. Gentlemen's Agreements erfasst.[9] In Fällen ohne tatsächliche Bindung kann eine **aufeinander abgestimmte Verhaltensweise** vorliegen, die seit der 6. Novelle ebenfalls von § 1 verboten wird. § 1 bezieht sich seit der 7. GWB-Novelle auf Vereinbarungen (aller Art) **„zwischen Unternehmen".** Damit werden auch vertikale Wettbewerbsbeschränkungen erfasst. Das früher zusätzlich in § 1 enthaltene Tatbestandsmerkmal „zwischen miteinander im Wettbewerb stehenden Unternehmen" (vor der 6. GWB-Novelle: „zu einem gemeinsamen Zweck") diente demgegenüber der Abgrenzung der Kartellvereinbarungen von den Vertikalvereinbarungen gemäß §§ 14 ff. GWB a. F., die überwiegend anderen Rechtsfolgen unterlagen. Zur Abgrenzung verwendete die Rechtsprechung des BGH vor der 6. GWB-Novelle das Kriterium des anzuerkennenden Interesses.[10] Seit der 7. Novelle (Juli 2005) ist eine Abgrenzung zwischen horizontalen und vertikalen Wettbewerbsbeschränkungen bei § 1 nicht mehr erforderlich.[11] Der Freistellungstatbestand des § 3 knüpft daran aber weiterhin an, weil er nur für Mittelstands*kartelle* gilt. Insoweit muss zur Abgrenzung in Zweifelsfällen weiterhin auf die alte Rechtsprechung 2

---

[4] Begründung zum RegE, BT-Drucks. 15/3640, S. 22 f.

[5] Gegen die Rechtsangleichung an Art. 81 EG noch die Bundesregierung in der Begründung zum RegE der 6. Novelle, s. BT-Drucks. 13/9720 = WuW-Sonderheft 1998, S. 70.

[6] Kritisch zum Verzicht auf Wettbewerb um die richtigen Konzepte *Fuchs,* Kontrollierte Dezentralisierung der europäischen Wettbewerbsaufsicht, in: Europarecht, Beiheft 2–2005 (Vollzug des Europäischen Wirtschaftsrechts zwischen Zentralisierung und Dezentralisierung), S. 77, 79 f.

[7] Dazu näher § 1 Rdnr. 40b.

[8] BGH WuW/E BGH 1147, 1153 – *Teerfarben;* s. ferner *Immenga/Mestmäcker-Zimmer,* aaO § 1 Rdnr. 81 ff. und *Bunte,* Kartellrecht, S. 248.

[9] BGH WuW/E BGH 602, 604 – *Schiffspumpen;* OLG Düsseldorf WuW/E DE-R 1315, 1318 – *Berliner Transportbeton I; Immenga/Mestmäcker-Zimmer,* aaO Rdnr. 83; s. dazu auch *FK-Huber/Baums,* § 1 a. F. Tz. 432, insbes. zum „Abkauf" von Wettbewerb.

[10] BGH WuW/E BGH 3121, 3125 – *Bedside-Testkarten;* s. ferner das parallel ergangene Urteil WuW/E BGH 3115, 3118 – *Druckgußteile* sowie WuW/E BGH 3137, 3138 – *Sole.*

[11] Zur eventuell fortbestehenden Bedeutung dieser Formel zur teleologischen Reduktion des § 1 GWB: *Bahr,* WuW 2004, 259, 262 f.

des BGH zurückgegriffen werden. Auf eine Unterscheidung zwischen horizontalen und vertikalen Wettbewerbsbeschränkungen kommt es auch im Rahmen des § 2 GWB an, weil namentlich die sog. Schirm-GVO Nr. 2790/1999 der Kommission nur für vertikale Beschränkungen gilt (dazu noch § 11 dieses Handbuches). **Beschlüsse** wurden in § 1 GWB aufgenommen, um Umgehungen des Kartellverbots durch Wirtschaftsverbände zu verhindern. Gemeint sind parallele Willenserklärungen an einen Verbandsleiter im Rahmen einer verbandsmäßigen Organisation.[12] Die praktische Bedeutung dieser Tatbestandsalternative betrifft vor allem die Arbeit der Wirtschaftsverbände. Die früher im GWB enthaltenen Empfehlungsverbote (§§ 22, 23 GWB a. F.) sind mit der 7. Novelle entfallen. **Empfehlungen** werden in § 1 GWB nicht erwähnt. Sie können aber – ebenso wie bei Art. 101 Abs. 1 AEUV – dem Verbot des § 1 GWB unterfallen, wenn sie der Sache nach eine Vereinbarung, eine aufeinander abgestimmte Verhaltensweise oder einen Beschluss darstellen.[13]

3 Wettbewerbsbeschränkende Vereinbarungen sind verboten, wenn sie „eine Verhinderung, Einschränkung oder Verfälschung des Wettbewerbs bezwecken oder bewirken". Diese schon durch die 6. Novelle eingeführte Formulierung wurde gewählt, um den Wortlaut des § 1 GWB an den des Art. 85 Abs. 1 EGV (jetzt: Art. 101 Abs. 1 AEUV) anzugleichen.[14] Die drei Alternativen werden unter dem Begriff der **Wettbewerbsbeschränkung** zusammengefasst. Sie liegt nach herkömmlicher Auslegung vor, wenn die Vereinbarung die *wirtschaftliche Handlungsfreiheit* der Unternehmen *beschränkt*. Dies betrifft im Verhältnis zu Konkurrenten grundsätzlich alle Wettbewerbsparameter wie Preis, Konditionen und Rabatte, Produktion, Absatz, Werbung etc., gilt aber auch im Vertikalverhältnis, z. B. für die Preisbindung.[15]

4 Die traditionelle Definition der Wettbewerbsbeschränkung mit ihrem Bezug auf eine Beschränkung der (unternehmerischen) Handlungsfreiheit ist freilich inzwischen durch die Entwicklung der europäischen Rechtsprechung teilweise überholt.[16] Dies lässt sich insbes. am Beispiel des (unzulässigen) Informationsaustausches unter Wettbewerbern zeigen.[17] In der Praxis ist hierzu eine Vielzahl sehr unterschiedlicher Sachverhaltsvarianten anzutreffen, und zwar von der Ausschaltung des „Geheimwettbewerbs" durch förmlich organisierte Marktinformationsverfahren[18] bis hin zu punktuellen, ein zukünftiges Verhalten betreffenden Maßnahmen.[19] In den meisten dieser Fälle liegt es nahe, dass der Informationsaustausch auf eine Verhaltensabstimmung abzielt oder diese jedenfalls bewirkt. Eine Beschränkung der wettbewerblichen Handlungsfreiheit ist dabei aber nicht zu erkennen. Schwierige Abgrenzungsfragen ergeben sich dann, wenn sich der vereinbarte Informationsaustausch – ggf. sogar nur ein einseitiger – nur auf die Vergangenheit bezieht (z. B. die Absatz- oder Marktanteilsentwicklung im letzten Kalenderjahr), bei der nicht ohne Weiteres ersichtlich ist, dass er für die Zukunft – ggf. unter anderen Rahmenbedingungen oder mit anderen Marktteilnehmern – eine Wettbewerbsbeschränkung am Markt bewirkt.[20] Nach den Horizontal-Leitlinien der Kommission hat der Informationsaustausch eine wettbewerbsbeschränkende *Wirkung,* wenn er eine Koordinierung im Gesamtmarkt ermöglicht oder erleichtert.[21] Kennzeichnend für die dogmatischen Schwierigkeiten bei der Subsumtion unter die Tatbe-

---

[12] S. *Langen/Bunte-Krauß,* aaO § 1 Rdnr. 84 ff. Aus der jüngeren Rechtsprechung dazu s. BGH WuW/E DE-R 2408 ff., 2413 – *Lottoblock* (zu Art. 81 EG); LG Köln, WuW/E DE-R 3532, 3541 – *Presse-Grosso.*

[13] Vgl. *Bechtold,* DB 2004, 235, 238; zum europäischen Recht s. *Wiedemann* in § 2 Rdnr. 2.

[14] Begründung zum RegE, BT-Drucks. 13/9720, S. 31.

[15] S. hierzu z. B. *Immenga/Mestmäcker-Zimmer,* aaO § 1 Rdnr. 209 ff.; *Langen/Bunte-Krauß,* aaO § 1 Rdnr. 125/126; *FK-Huber/Baums,* § 1 a. F. Tz. 295 ff.

[16] Dazu schon § 2 Rdnr. 3a; so auch *Langen/Bunte-Krauß,* aaO § 1 Rdnr. 129, 228 ff., 231; *FK-Roth/Ackermann,* § 1 Tz. 83.

[17] Zutr. *Heyers,* NZKart 2013, 99 f.

[18] S. dazu grundlegend BGH WuW/E BGH 1337, 1342 f. – *Aluminiumhalbzeug.*

[19] So z. B. im Fall *T-Mobile Netherlands,* EuG U. vom 4.6.2009, Slg. 2009 I-4529 ff.

[20] S. dazu aus der älteren Praxis BKartA TB 1995/96, 126 sowie TB 1971, 14, 56 und TB 1978, 49, zu Kartellrechtsverstößen durch Informationsaustausch s. ferner *Dreher/Hoffmann,* WuW 2011, 1181 ff.

[21] Leitlinien, ABl. C 11/1 vom 14.1.2011, Rdnr. 58, 69.

standsmerkmale des § 1 GWB ist das *Silostellgebühr*-Urteil des OLG Düsseldorf,[22] wo das Gericht das Vorliegen einer „wettbewerbsbeschränkenden Abstimmung (Verhaltenskoordinierung)" als einheitliches Tatbestandsmerkmal prüft.[23] Auch bei einem solchen einheitlichen Prüfungsansatz ist aber an dem Erfordernis einer (bezweckten oder bewirkten) Wettbewerbsbeschränkung festzuhalten, die in den genannten Fällen darin gesehen wird, dass die beteiligten Unternehmen sich über ein bestimmtes Marktverhalten abstimmen und dies später am Markt durchsetzen. Offen ist, ob die neuere Rechtsprechung des EuGH zu tatbestandsvermeidenden „Rechtfertigungsgründen" aus Gründen des Allgemeininteresses[24] und der ebenfalls für die Reichweite des Verbotstatbestandes wichtige „more economic approach" der Kommission[25] von der deutschen Praxis übernommen werden.

Auch wenn die in Art. 101 Abs. 1 AEUV aufgeführten Regelbeispiele nicht in § 1 GWB 5
übernommen wurden, so sind sie doch für die Auslegung des Tatbestandsmerkmals heranzuziehen.[26] Demnach stellen insbesondere Preisabsprachen, (vertikale) Preisbindungen und Marktaufteilungen Wettbewerbsbeschränkungen dar. Hinzu kommen die verschiedenen Arten von Ausschließlichkeits- und Alleinbezugsbindungen. Umstritten war früher die Frage, in welchem Verhältnis die Wettbewerbsbeschränkung zu der Vereinbarung stehen muss. Hierzu wurden in Gestalt der Gegenstandstheorie, der Zwecktheorie und der Folgetheorie drei verschiedene Konzepte vertreten.[27] Die Neufassung des § 1 durch die 6. GWB-Novelle („bezwecken oder bewirken") hat diesen Streit endgültig erledigt, und zwar i. S. einer Kombination von Zweck- und Folgetheorie. Schutzobjekt des § 1 GWB ist nicht nur der aktuelle, sondern auch der **potentielle Wettbewerb.**[28] In der Praxis ergeben sich dabei jedoch Abgrenzungsschwierigkeiten namentlich im Verhältnis zu dem (irrelevanten) rein theoretischen Wettbewerb. Der BGH hat in diesem Zusammenhang auch auf subjektive Erwägungen des betroffenen Unternehmens abgestellt, nämlich auf die Bereitschaft zum Markteintritt, die wiederum objektiv danach zu bestimmen ist, ob die Teilnahme am Markt wirtschaftlich zweckmäßig und kaufmännisch vernünftig ist.[29] Zur Wahrscheinlichkeit des Marktzutritts gehört auch der vom Gesetzgeber anlässlich der 6. Novelle besonders hervorgehobene **Arbeitsgemeinschaftsgedanke.**[30] Es geht dabei um die Frage, ob ein Unternehmen überhaupt als (eigenständiger) Wettbewerber anzusehen ist. Kann es – z. B. auf Grund der hohen Risiken einer bestimmten Tätigkeit – nicht selbständig am Markt auftreten, so liegt in einem gemeinsamen Handeln mit anderen keine Wettbewerbsbeschränkung.[31] Auch **konzerninterne Wettbewerbsbeschränkungen** werden von § 1 GWB grundsätzlich nicht erfasst.[32] Von der überwiegenden Ansicht wird dies zutreffend damit

---

[22] U. vom 29.10.2012, NZKart 2013, 122ff.

[23] Näher zur Beurteilung von Marktinformationsverfahren *Lübbig* in § 9 Rdnr. 239ff.

[24] Sog. *Wouters*-Doktrin, dazu § 2 Rdnr. 3a.

[25] Dazu näher bei *Ewald* in § 7 Rdnr. 17ff. des Handbuches.

[26] Begründung RegE der 7. Novelle, BT-Drucks. 15/3640 S. 23; *Bechtold*, DB 2004, 235, 237.

[27] S. dazu BGHZ 65, 30ff. = WuW/E BGH 1367ff. – *Zementverkaufsstelle Niedersachsen*, dort betreffend eine Verkaufsgemeinschaft ohne Andienungspflicht (sog. Torsosyndikat); WuW/E BGH 1871, 1874 – *Transportbeton-Vertrieb;* WuW/E BGH 2313, 2317 – *Baumarkt-Statistik* sowie KG WuW/E OLG 3737, 3742f. – *Selex-Tania;* aus der Literatur *Langen/Bunte-Krauß,* aaO § 1 Rdnr. 132/133. In Art. 101 Abs. 1 AEUV sind sowohl die Zweck- als auch die Folgetheorie ausdrücklich vorgesehen, weil es ausreicht, wenn die Vereinbarungen eine Wettbewerbsbeschränkung „bezwecken oder bewirken".

[28] S. dazu bereits BGH WuW/E BGH 359, 361 – *Gasglühkörper* sowie aus jüngerer Zeit BGH WuW/E DE-R 3695ff. – *Haller Tagblatt.*

[29] BGH WuW/E BGH 2050 – *Bauvorhaben Schramberg.*

[30] Begründung zum RegE, aaO S. 48.

[31] BGH WuW/E DE-R 876, 878 – *Jugend- und Frauennachtfahrten;* BKartA, B. v. 3.3.2009, S. 10, betr. *gemeinsame Vermarktung von Rohholzmengen,* veröff. auf der Homepage des BKartA; KG WuW/E OLG 3737, 3745 – *Selex-Tania,* für Einkaufskooperationen; allgemein *Immenga/Mestmäcker-Zimmer,* aaO § 1 Rdnr. 157/158; *FK-Roth/Ackermann,* § 1 Tz. 102f. mwN.

[32] S. dazu z. B. Schroeder in § 9 Rdnr. 1ff. sowie *Langen/Bunte-Krauß,* aaO § 1 Rdnr. 136; *Immenga/Mestmäcker-Zimmer,* aaO § 1 Rdnr. 111ff., 112; *Möschel,* aaO S. 122.

begründet, dass insoweit bereits keine wirtschaftliche Handlungsfreiheit der beteiligten Unternehmen besteht. Trotz dieses grundsätzlichen Einvernehmens sind verschiedene Einzelfragen noch nicht abschließend geklärt. Unproblematisch sind insbes. wettbewerbsbeschränkende Verträge (z.B. Gebiets- oder Produktaufteilungen) zwischen einem Industrieunternehmen und seinen 100%igen Tochtergesellschaften in der Rechtsform einer GmbH oder zwischen diesen Tochtergesellschaften. In solchen Fällen könnte das entsprechende Verhalten der Tochtergesellschaft auch über eine Weisung des Mehrheitsgesellschafters vorgegeben werden.[33] Schwieriger liegen die Verhältnisse im faktischen Konzern, insbes. bei Tochtergesellschaften in der Rechtsform der AG, bei denen der Vorstand der abhängigen Gesellschaft nicht weisungsgebunden ist, sondern sie „unter eigener Verantwortung" (§ 76 AktG) leitet.[34] Das BKartA geht davon aus, dass konzerninterne Allianzen generell nicht vom Kartellverbot erfasst werden.[35] Nicht erfasst werden schließlich sog. **immanente Wettbewerbsbeschränkungen,** d.h. wettbewerbsbeschränkende Nebenbestimmungen eines von der Rechtsordnung anerkannten kartellrechtsneutralen Vertrages.[36] Dazu gehören vor allem (erforderliche) Wettbewerbsverbote zu Lasten des Veräußerers in einem Unternehmenskaufvertrag und in Gesellschaftsverträgen von Personenhandelsgesellschaften.[37]

6 Im Zusammenhang mit dem durch die 6. Novelle gestrichenen Tatbestandsmerkmal der Eignung zur Marktbeeinflussung hatten Rechtsprechung und Literatur zu § 1 das ungeschriebene Tatbestandsmerkmal der **Spürbarkeit** entwickelt. Da dieses Kriterium auch bei Art. 81 Abs. 1 EG (jetzt: Art. 101 Abs. 1 AEUV) in das Gesetz „hineingelesen" wird, wurde es auch unter Geltung der 6. GWB-Novelle als erforderlich angesehen.[38] § 1 GWB greift daher nicht ein, wenn die Außenwirkungen der Wettbewerbsbeschränkung „praktisch nicht ins Gewicht fallen", also nicht „spürbar" sind; es ist also eine merkliche Beeinträchtigung der wirtschaftlichen Betätigungsmöglichkeiten und der zur Verfügung stehenden Alternativen der Marktbeteiligten erforderlich.[39] Dies ist jeweils anhand der Umstände des Einzelfalles zu prüfen.[40] Zu berücksichtigen ist ggf. nicht nur die Höhe des „kartellierten" Marktanteils, sondern auch der betroffene Wettbewerbsparameter und die Dauer der Wettbewerbsbeschränkung. Das BKartA hat in seiner **Bagatellbekanntmachung** vom 13.3.2007 über die „Nichtverfolgung von Kooperationsabreden mit geringer wettbewerbsbeschränkender Bedeutung" den Versuch einer Quantifizierung des Spürbarkeitskriteriums vorgenommen. Es wird danach regelmäßig von der Einleitung eines Verfahrens nach § 1 GWB, Art. 81 EG (jetzt: Art. 101 AEUV) absehen, wenn die an der Vereinbarung beteiligten Unternehmen bei horizontalen Vereinbarungen insgesamt einen Marktanteil von weniger als 10% halten oder wenn bei einer nicht-horizontalen Vereinbarung der gemeinsame Marktanteil auf keinem der betroffenen Märkte 15% überschreitet. Dies gilt allerdings nicht für sog. „Kernbeschränkungen" (hardcore restrictions) wie die Festsetzung von Preisen oder Preisbestandteilen oder die Beschränkung von Produktion, Bezug oder Absatz, insb. durch Marktaufteilungen. Dieser dem Vorgehen der Kommission in deren Bagatellbekanntmachung entsprechende Ansatz ist für die Praxis weitgehend unergiebig, und er steht mit den Vorgaben der Rechtsprechung nicht im Einklang, wonach auch „Kernbeschränkungen" nicht spürbar sein können (dann freilich eher bei Marktanteilen von weniger als 5%). Offen ist, ob die jüngst im *Expedia*-Urteil des EuGH[41] erfolgte Relativierung der

---

[33] S. dazu OLG Frankfurt WuW/E OLG 3600, 3601 – *Guy Laroche.*

[34] Gegen eine Anwendung des § 1 *FK-Huber/Baums,* § 1 a.F. Tz. 244ff. und *Immenga/Mestmäcker-Zimmer,* aaO § 1 Rdnr. 115.

[35] TB 1989/90, S. 31, zu strategischen Allianzen.

[36] Dazu BGH NJW 1994, 384 und KG WuW/E OLG 5642, 5648 – *Demarkation Gasversorgung.* S. auch *Immenga/Mestmäcker-Zimmer,* aaO § 1 Rdnr. 148ff. und *FK-Roth/Ackermann,* § 1 Tz. 100/101 mwN.

[37] Dazu insbes. BGH WuW/E BGH 1517 – *Gabelstapler; FK-Roth/Ackermann,* § 1 Tz. 101.

[38] S. hierzu *Bechtold,* GWB, § 1 Rdnr. 42/43.

[39] BGH WuW/E BGH 1458, 1462 – *Fertigbeton* (zu § 1 idF vor der 6. GWB-Novelle).

[40] *Immenga/Mestmäcker-Zimmer,* aaO § 1 Rdnr. 139ff., 141; *FK-Roth/Ackermann,* § 1 Tz. 91ff.

[41] U. v. 13.12.2012, Rs C-226/11, ECLI:EU:C:2012:795, Rdnr. 35ff.; dazu schon § 2 Rdnr. 5.

Spürbarkeit für Fälle mit *bezweckten Wettbewerbsbeschränkungen* auch in das deutsche Recht übernommen wird.

Das Verbot des § 1 GWB gilt vorbehaltlich der ipso iure anwendbaren **Freistellungen** 7
in den §§ 2, 3 GWB. In § 2 GWB wurde durch die 7. Novelle (2005) eine dem Art. 101 Abs. 3 AEUV entsprechende **Generalklausel** mit vier Tatbestandsvoraussetzungen eingeführt. Danach sind diejenigen Vereinbarungen, aufeinander abgestimmten Verhaltensweisen und Beschlüsse vom Verbot des § 1 GWB freigestellt, die unter angemessener Beteiligung der Verbraucher an dem entstehenden Gewinn zur Verbesserung der Warenerzeugung oder -verteilung oder zur Förderung des technischen oder wirtschaftlichen Fortschritts beitragen, ohne dass den Beteiligten Beschränkungen auferlegt werden, die für die Verwirklichung dieser Ziele nicht unerlässlich sind, oder Möglichkeiten eröffnet werden, für einen wesentlichen Teil der betreffenden Waren den Wettbewerb auszuschalten. § 2 GWB ermächtigt die Kartellbehörden allerdings nicht zum Erlass von Gruppenfreistellungen. Stattdessen enthält § 2 Abs. 2 GWB eine „dynamische Verweisung"[42] auf die jeweils geltenden GVOs des Gemeinschaftsrechts, die demnach auch in Fällen ohne zwischenstaatliche Auswirkungen entsprechende Anwendung finden. Die früher – also vor 2005 – in den §§ 2–8 enthaltenen kasuistisch ausgestalteten Freistellungstatbestände wurden durch die 7. GWB-Novelle – mit Ausnahme der Regelung für Mittelstandskartelle in § 4 Abs. 1 GWB a. F. – aufgehoben. Die Regierungsbegründung ging davon aus, dass hiermit in aller Regel keine sachliche Änderung gegenüber der bisherigen Rechtslage verbunden war, da sich die Freistellungsvoraussetzungen des neuen § 2 GWB weitgehend mit denen der §§ 2–8 GWB a. F. deckten.[43] § 3 GWB enthält weiterhin eine spezielle Regelung für **Mittelstandskartelle,** die im Grundsatz derjenigen in § 4 Abs. 1 GWB a. F. entspricht. Zu berücksichtigen ist jedoch, dass dieser Vorschrift in Fällen mit zwischenstaatlichen Auswirkungen keine Bedeutung zukommt, da solche Wettbewerbsbeschränkungen im Ergebnis allein an Art. 101 AEUV zu messen sind.[44] Wie bei dem **System der Legalausnahme** der VO Nr. 1/2003 sind die Wettbewerbsbeschränkungen bei Vorliegen der Voraussetzungen der §§ 2 und 3 GWB automatisch freigestellt, so dass ein Freistellungsverfahren – wie es in den §§ 9–13 GWB a. F. vorgesehen war – nicht mehr erforderlich ist. Die §§ 28–30 enthalten schließlich **sektorale Ausnahme- und Sonderregelungen** für die **Landwirtschaft** (§ 28), den **Energiesektor** (§ 29)[45] und für vertikale **Preisbindungen beim Vertrieb von Zeitungen und Zeitschriften** (§ 30). Die in §§ 29–31 GWB a. F. noch enthaltenen Ausnahmeregelungen für die Kredit- und Versicherungswirtschaft, Urheberrechtsverwertungsgesellschaften und die zentrale Vermarktung von Fernsehrechten durch Sportverbände wurden mit der 7. Novelle aufgehoben, da in diesen Fällen regelmäßig die Zwischenstaatlichkeitsklausel des Art. 101 Abs. 1 AEUV erfüllt ist und nationale Sonderregelungen dementsprechend leer laufen würden.[46] Wegen der Einzelheiten sei auf die Darstellung in den §§ 8/9 und 32 ff. des Handbuches verwiesen; zu den Sanktionen s. auch § 3 Rdnr. 24.

Schwierige Beurteilungsfragen im Schnittfeld zwischen Kartellrecht und Fusionskontrol- 8
le wirft die Errichtung von **Gemeinschaftsunternehmen** auf, die eine weitverbreitete Form wirtschaftlicher Zusammenarbeit sind. Da es sich dabei zunächst nur um eine bestimmte gesellschaftsrechtliche Organisationsform handelt, ist der Begriff an sich kartellrechtlich neutral. In der (deutschen) **Fusionskontrolle** wird die Errichtung von Gemeinschaftsunternehmen unter bestimmten Voraussetzungen (zwei Gesellschafter mit mindestens 25% Beteiligung) als Zusammenschlusstatbestand eingestuft (§ 37 Abs. 1 Nr. 3 Satz 3). Freilich können auch Gemeinschaftsunternehmen mit anderer Gesellschafterstruktur (z. B. fünf Gesellschafter mit je 20% Beteiligung) einen Zusammenschlusstatbestand erfüllen, wenn eine gemeinsame Kontrolle i. S. des § 37 Abs. 1 Nr. 2 vorliegt. Daneben steht die –

[42] Begründung RegE, BT-Drucks. 15/3640 S. 25.
[43] Begründung RegE, BT-Drucks. 15/3640 S. 26.
[44] Zur hieraus resultierenden Kritik an § 3 GWB *Bechtold,* DB 2004, 235, 237.
[45] Dazu bereits § 1 Rdnr. 40a.
[46] Begründung RegE, BT-Drucks. 15/3640 S. 48 ff.

hier vor allem interessierende – Frage, ob und unter welchen Voraussetzungen Gemeinschaftsunternehmen **als Kartell** auch den **Verbotstatbestand des § 1** erfüllen können. Die **Abgrenzungsfrage** ist sowohl verfahrens- als auch materiellrechtlich von Bedeutung, weil Vereinbarungen nach § 1 und Zusammenschlüsse unterschiedlich geregelt sind (z. B. genügt bei § 1 eine spürbare Wettbewerbsbeschränkung, während bei § 36 Abs. 1 für eine Untersagung eine erhebliche Behinderung wirksamen Wettbewerbs, z. B. in Gestalt der Begründung oder Verstärkung einer marktbeherrschenden Stellung, erforderlich ist). Soweit das Gemeinschaftsunternehmen zur Durchführung kartellrechtlich neutraler Zwecke eingesetzt wird (z. B. für Inkasso oder Buchführung), ist der Tatbestand des § 1 nicht erfüllt. Wenn das Gemeinschaftsunternehmen aber der Realisierung typischer Kartellzwecke dient – z. B. als Verkaufs- oder Einkaufssyndikat –, findet § 1 GWB Anwendung. Die Praxis spricht insoweit von sog. **kooperativen (d. h. kartellartigen) Gemeinschaftsunternehmen.**[47] Den Gegensatz bilden sog. **konzentrative** (d. h. zusammenschlussartige) **Gemeinschaftsunternehmen,** für die das Verbot des § 1 nicht gilt, wohl aber – je nach Verwirklichung der gesetzlichen Umsatzschwellenwerte (§ 35) – die Fusionskontrolle. Das BKartA differenziert seit vielen Jahren zwischen diesen beiden Kategorien von Gemeinschaftsunternehmen.[48] Die Rechtsprechung musste sich mit diesem Thema bisher nur selten befassen. Hervorzuheben ist vor allem der *OAM-Mischwerke*-Beschluss des BGH vom 1.10.1985.[49] In diesem Beschluss entschied der BGH, dass jedenfalls bei kooperativen Gemeinschaftsunternehmen § 1 GWB neben der Fusionskontrolle angewendet werden kann (sog. **Doppelkontrolle**); in dem konkreten Fall ging es um ein Torso-Syndikat. Umgekehrt bestätigte der BGH indirekt, dass bestimmte (konzentrative) Gemeinschaftsunternehmen nicht unter § 1 fallen, wenn sie selbständig planen, entscheiden und handeln, also als selbständige Wirtschaftseinheit in Erscheinung treten. Diese Grundsätze hat der BGH in seinem *Ost-Fleisch*-Beschluss vom 8.5.2001 bestätigt.[50] Im Hinblick auf kritische Anmerkungen des BGH im *OAM*-Beschluss widerrief das BKartA seine bis dahin praktizierten Verwaltungsgrundsätze von 1978.[51] Eine Neufassung der Grundsätze wurde erwogen, später aber verworfen. Die Praxis des BKartA ist dennoch weiterhin von den alten Grundsätzen geprägt.[52] Der BGH differenziert außerdem zwischen der Grundsatzfrage, ob ein (kooperatives) Gemeinschaftsunternehmen mit § 1 GWB unvereinbar (z. B. weil schon sein Unternehmensgegenstand gegen das Kartellverbot verstößt) oder vereinbar ist, und im Falle der Vereinbarkeit danach, ob einzelne Klauseln des Vertragswerkes gegen das Kartellverbot verstoßen (z. B. ein übermäßiges bzw. nicht erforderliches Wettbewerbsverbot zu Lasten der Gesellschafter).[53] Den Schwerpunkt der kartellrechtlichen Prüfung von Gemeinschaftsunternehmen bildet freilich die Fusionskontrolle (§§ 35 ff. GWB), die das BKartA grundsätzlich bei allen Arten von Gemeinschaftsunternehmen für anwendbar hält.[54] Ferner unter-

---

[47] S. dazu z. B. *Langen/Bunte-Krauß,* § 1 Rdnr. 291, 294 ff.; *Immenga/Mestmäcker-Zimmer,* GWB, § 1 Rdnr. 285 ff., 291 ff.; *Wiedemann,* Gemeinschaftsunternehmen im deutschen Kartellrecht, 1981, S. 173 ff.

[48] S. dazu vor allem die inzwischen widerrufenen Grundsätze im TB 1978, S. 23 ff.

[49] BGH WuW/E BGH 2169 ff. = BGHZ 96, 69 ff.

[50] BGH WuW/E DE-R 711, 719 – *Ost-Fleisch.* Der BGH nahm dort insofern eine Einschränkung des Konzeptes der Doppelkontrolle vor, als er anerkannte, dass die Kartellbehörde die Untersagung auf das Kartellverbot beschränken darf und nicht stets auch die Fusionskontrolle anwenden muss. Aus jüngerer Zeit zur Anwendung von (auch) § 1 auf Gemeinschaftsunternehmen – unter Bezugnahme auf *Ost-Fleisch* – BGH WuW/E DE-R 2361, 2362 – *Nord-KS/Xella.*

[51] TB 1985/86, S. 24.

[52] S. dazu *Stockmann,* WuW 1988, 270 sowie den Fall *„Carpartner"* WuW/E BKartA 2795 ff., vom BGH unter Verweisung auf die Grundsätze des *OAM*-Beschlusses bestätigt (WuW/E DE-R 115, 116.).

[53] BGH WuW/E DE-R 2742 ff. – *Gratiszeitung Hallo.*

[54] Eine Ausnahme gilt für Gemeinschaftsunternehmen, die lediglich als Organ eines zu legalisierenden Kartells dienen, s. BKartA BB 1975, S. 1314 – *Bitumen-Verkaufsgesellschaft II,* und für Nahverkehrskooperationen in Gestalt rein kooperativer GU, s. BKartA TB 1997/98, S. 145 – *Tuttlingen.* Diese Fallgruppen werden nur nach den §§ 1 ff. GWB geprüft.

sucht das BKartA unter Berücksichtigung der Umstände des Einzelfalles, ob daneben auch der Tatbestand des § 1 GWB bzw. eines Freistellungstatbestandes erfüllt ist. Dabei untersagt das Amt ein Vorhaben ggf. auf der Grundlage der Fusionskontrolle und des Kartellverbots.[55] Gelegentlich sieht das BKartA auch von einer Beanstandung nach § 1 GWB unter Ermessensgesichtspunkten ab[56] oder prüft diesen Aspekt erst später.[57] Die Zurückhaltung des BKartA bei der Anwendung des § 1 GWB neben der deutschen Fusionskontrolle (d.h. die sog. Doppelkontrolle nach dem Konzept der Zweischrankentheorie) ist zwar zu begrüßen; gleichwohl wäre eine strikte Trennung in der kartellrechtlichen Beurteilung zwischen kooperativen und konzentrativen Gemeinschaftsunternehmen vorzuziehen.[58] Der Trennungstheorie hat sich der Ministerrat der EG bei der Verabschiedung der **EG-Fusionskontrolle** angeschlossen (s. dazu Art. 21 Abs. 1 der VO Nr. 139/2004 bzw. die Darstellung in § 15 Rdnr. 60ff.).

Zusätzliche Probleme bei der kartellrechtlichen Beurteilung von Gemeinschaftsunter- **9**
nehmen ergeben sich aus der vielfach in Betracht kommenden parallelen Anwendung des **Art. 101 AEUV** auf kooperative Sachverhalte. Dabei ist zu beachten, dass die Abgrenzung zwischen kooperativen und konzentrativen Gemeinschaftsunternehmen im deutschen Kartellrecht anders vorgenommen wird als im EU-Kartellrecht.[59] Da die EG-VO Nr. 1/2003 nicht für die „Kontrolle von Unternehmenszusammenschlüssen" (Art. 3 Abs. 3) gilt, hat sich daran durch die 7. (und die 8.) GWB-Novelle nichts Wesentliches geändert. Als Faustformel kann gelten, dass Gemeinschaftsunternehmen mit Teilfunktionen (jeweils nur im Bereich Einkauf, Verkauf, Produktion oder F&E) als kooperativ einzustufen sind, während Gemeinschaftsunternehmen mit Vollfunktionen in der Regel als konzentrativ angesehen werden (s. dazu auch unten § 16 Rdnr. 85ff. für die Prüfung nach Art. 2 Abs. 4, 5 EG-FKVO). Sog. Produktionsgemeinschaften sieht das BKartA im Anschluss an seine früheren Verwaltungsgrundsätze offenbar trotz ihres Charakters als Teilfunktions-Gemeinschaftsunternehmen weiterhin als überwiegend konzentrativ an und wendet daher § 1 GWB in der Regel nicht an.[60] In solchen Fällen ist jedoch meistens eine Legalisierung nach Art. 101 AEUV erforderlich.[61]

---

[55] So außer im *Ost-Fleisch*-Fall auch bei der von *RTL* und *Pro7Sat1* geplanten Video-on-Demand-Plattform, dazu TB 2011/12, S. 91f.

[56] S. dazu den Fall *FAZ/Magazin Verlagsgesellschaft Süddeutsche Zeitung,* WuW 1996, 573; mangels einer (konstitutiven) Legalisierung könnten die Zivilgerichte aber § 1 GWB bzw. § 134 BGB anwenden.

[57] So im Fall *Nord-KS/Xella,* dazu OLG Düsseldorf WuW/E DE-R 2146ff. (grundsätzliche Bestätigung einer Verfügung des BKartA, in der es festgestellt hatte, dass die Durchführung des Gesellschaftsvertrages des Vollfunktions-GU gegen § 1 GWB und Art. 81 EG (jetzt: Art. 101 AEUV) verstößt und den Gesellschafter *Xella* verpflichtete, innerhalb einer bestimmten Frist als Gesellschafter auszuscheiden).

[58] In diesem Sinne die Vertreter der sog. Trennungstheorie, s. dazu z.B. *Wiedemann,* aaO S. 107ff., 137 mwN.

[59] Zum deutschen Kartellrecht s. *FK-Huber/Baums,* § 1 a.F. Tz. 256ff.; *Immenga/Mestmäcker-Zimmer,* aaO § 1 Rdnr. 291ff.; *Wiedemann,* Gemeinschaftsunternehmen, S. 113ff. Zum EU-Kartellrecht s. die Bekanntmachung der Komm. über den Begriff des Vollfunktionsgemeinschaftsunternehmens nach der VO Nr. 4064/69 des Rates, ABl. 1998 C 66/1ff. sowie *Wiedemann* in § 15 Rdnr. 60ff.

[60] S. z.B. TB 1995/96, S. 93 – *Oberrheinische Mineraloelwerke* und S. 101 – *Gerresheimer Glas/Oberland Glas.* Im Fall *VW/Ford,* der die gemeinsame Produktion einer Großraumlimousine betraf, erhob das BKartA dagegen Bedenken nach § 1 GWB, s. TB 1991/92, S. 87. Im Fall *Mobilbagger* wurde die Prüfung nach § 1 bis zur Entscheidung der Komm. über Art. 81 EG (jetzt: Art. 101 AEUV) zurückgestellt, TB 1991/92, S. 84. Gegen das Vorliegen einer Wettbewerbsbeschränkung *FK-Huber/Baums,* § 1 a.F., Tz. 317ff. In mehreren Fällen sah das Amt ein Gemeinschaftsunternehmen mit Vollfunktionen als Kartellverstoß an, nämlich in *DEL-Wochenblatt* (Herausgabe eines Anzeigenblattes) (TB 1995/96, S. 89f.), in *„Carpartner"* (aaO Fn. 52) und in *„Rethmann/GfR Köthen"* (bestätigt durch OLG Düsseldorf WuW/E DE-R 1626, 1630), weil beide Muttergesellschaften auf dem Markt des GU tätig waren und blieben.

[61] S. dazu *Lübbig* in § 9 Rdnr. 157ff.

10 Der frühere Zweite Abschnitt **„Vertikalvereinbarungen"** des GWB (§§ 14–18 GWB a. F.) ist durch die 7. Novelle ersatzlos entfallen. Für die dort bis zum Jahre 2005 nach einem differenzierten materiellrechtlichen System geregelten Vertragstypen gilt nunmehr – ebenso wie für horizontale Wettbewerbsbeschränkungen – das Verbot des § 1 GWB bzw. die Legalausnahme des § 2 GWB. Materiellrechtlich bedeutet dies für die sog. Inhaltsbindungen (insb. **Preisbindungen**) keinen Unterschied, weil sie schon nach § 14 GWB a. F. dem Verbotsprinzip unterlagen. Einen schwerwiegenden Einschnitt stellt die seit 2005 geltende Regelung jedoch für die sog. **Ausschließlichkeitsbindungen** dar, die nach der alten Fassung des GWB lediglich einer Missbrauchsaufsicht unterlagen (s. dazu *Kirchhoff/Seeliger* in §§ 10–13 des Handbuchs). Für sie gilt seitdem – wie im EU-Kartellrecht – das Verbotsprinzip mit Ausnahmevorbehalt. In der Praxis waren freilich für alle davon betroffenen Vertragstypen (insbesondere Alleinvertriebsverträge und Alleinbezugsvereinbarungen) schon in einem erheblichen Umfang die EU-rechtlichen Regelungen maßgebend, soweit eine Eignung zur Beeinträchtigung des zwischenstaatlichen Handels in der Gemeinschaft vorlag. Seit 2005 müssen auch Verträge ohne Handelsbeeinträchtigung an § 1 bzw. an der analog anwendbaren Vertikal-GVO der Kommission gemessen werden. Dies führt im Hinblick auf die Anwendungssperre dieser GVO für Unternehmen mit einem Marktanteil von mehr als 30% zu Problemen bei der praktischen Handhabung. Ähnliche Probleme ergeben sich für die früher in den §§ 17, 18 GWB a. F. geregelten **Lizenzverträge** über bestimmte gewerbliche Schutzrechte sowie für **Know-how-Vereinbarungen** und Saatgut. Auch sie unterliegen seit 2005 den §§ 1–3 GWB, während die differenzierenden großzügigen Regelungen des alten Rechts ersatzlos aufgehoben worden sind. Auch hier galt freilich, dass für die Mehrzahl der Fälle, zumal der wirtschaftlich wichtigeren, schon früher die Technologietransfer-GVO der Kommission maßgebend war (s. dazu *Klawitter* in § 14 des Handbuchs). Eine erhebliche praktische Bedeutung kam nach altem Recht dem **Schriftformerfordernis des § 34 GWB a. F.** zu. Diese Vorschrift gilt allerdings seit der 6. Novelle (1998) nur noch für Altverträge. Ihre praktische Bedeutung dürfte daher heute gegen Null tendieren, und hinsichtlich der rechtlichen Tragweite ist auf die inzwischen vom BGH vorgenommenen Einschränkungen zu verweisen (dazu § 50 Rdnr. 46 ff.).

II. Missbrauch marktbeherrschender Stellungen, verbotenes Verhalten von Unternehmen mit relativer oder überlegener Marktmacht

11 Der Zweite Abschnitt des GWB (§§ 18–21) wurde durch die 8. GWB-Novelle 2013 „systematisch einfacher, anwendungsfreundlicher und verständlicher" gestaltet.[62] Dabei ging es vor allem darum, die früheren Überschneidungen zwischen den Verbotstatbeständen in § 19 Abs. 4 und § 20 a. F. zu beseitigen. Eine Änderung des materiellen Gehalts der §§ 19, 20 sollte dabei nicht erfolgen, so dass auch die alte Rechtsprechung weiterhin maßgebend bleibt. Die 8. Novelle überführte die Legaldefinitionen der Marktbeherrschung in den § 18, während das für marktbeherrschende Unternehmen geltende Missbrauchsverbot in einem neugefassten § 19 geregelt wird. § 20 regelt jetzt nur noch das verbotene Verhalten von Unternehmen mit relativer oder überlegener Marktmacht. Das **Verbot des Missbrauchs einer marktbeherrschenden Stellung** nach § 19 GWB[63] (vor 1999 = § 22 a. F.) gilt neben der Parallelregelung in Art. 102 AEUV.[64] Für das Tatbestandsmerkmal **Marktbeherrschung** enthält das Gesetz in § 18 Abs. 1 (für Einzelunternehmen) und in Abs. 5 (für marktbeherrschende Oligopole) Legaldefinitionen. Nach dem Grundtatbestand des § 18 Abs. 1 ist ein einzelnes Unternehmen marktbeherrschend, wenn es ohne Wettbewerber ist (Nr. 1), keinem wesentlichen Wettbewerb ausgesetzt ist (Nr. 2) oder eine im Verhältnis zu seinen Wett-

---

[62] Begr. RegE 8. Novelle, BT-Drucks. 17/9852, S. 20.
[63] Dazu näher *Lübbert/Schöner* und *Wiedemann* in § 23.
[64] Dazu noch § 6 Rdnr. 4 sowie *de Bronett* in § 22 des Handbuches.

bewerbern „überragende Marktstellung" hat (Nr. 3). § 18 Abs. 5 enthält sodann die Legaldefinition für **marktbeherrschende Oligopole.**[65] Für die Feststellung einer Marktbeherrschung ist jeweils eine zweistufige Prüfung erforderlich. Zunächst muss der **relevante Markt** in sachlicher und räumlicher (zuweilen auch in zeitlicher) Hinsicht abgegrenzt werden. Diese Abgrenzung erfolgt auf der Grundlage des sog. Bedarfsmarktkonzeptes,[66] d. h. nach der funktionellen Austauschbarkeit der Produkte aus der Sicht der Abnehmer. Die Marktabgrenzung zählt zu den schwierigsten Fragen des Kartellrechts; da es hunderttausende von Produkten gibt, ist sie nur in Teilbereichen durch die Rechtsprechung geklärt.[67] Erst nach Abgrenzung des relevanten Marktes kann auf der zweiten Stufe die Prüfung der Marktmacht des oder der betroffenen Unternehmen erfolgen. Marktbeherrschend ist ein Unternehmen, wenn es über einen besonderen, vom Wettbewerb nicht mehr hinreichend kontrollierten Verhaltensspielraum verfügt.[68] Erforderlich ist dabei stets eine Gesamtbetrachtung aller marktrelevanten Faktoren, von denen die wichtigsten in § 18 Abs. 3 genannt werden (Marktanteil, Finanzkraft etc.). § 18 Abs. 4 enthält eine widerlegliche **Marktbeherrschungsvermutung;** danach wird eine Einzelmarktbeherrschung bei einem Marktanteil von mindestens 40% vermutet. Widerlegliche Marktbeherrschungsvermutungen für Oligopole finden sich in § 18 Abs. 6 und 7. Für den **Missbrauchstatbestand** enthält § 19 neben einer Generalklausel (Abs. 1) mehrere sog. Regeltatbestände (Abs. 2). Wegen der Schwierigkeiten der Ausfüllung dieses unbestimmten Rechtsbegriffes arbeitet die Praxis traditionell mit Fallgruppen, die ihren Niederschlag in den Tatbeständen des § 19 Abs. 2 gefunden haben. Eine erste Orientierung liefert die Unterscheidung zwischen dem **Behinderungsmissbrauch,** der sich in erster Linie (horizontal) gegen Wettbewerber richtet (s. dazu § 19 Abs. 2 Nr. 1), und dem sog. **Ausbeutungsmissbrauch,** der (vertikale) Sachverhalte im Verhältnis Lieferant/Kunde betrifft (s. dazu insbes. den in § 19 Abs. 2 Nr. 2 geregelten Preis- und Konditionenmissbrauch). Die Fallgruppe **Diskriminierung** wurde 2013 von § 20 Abs. 1 a. F. in § 19 Abs. 2 Nr. 1 überführt. Wegen der Einzelheiten sei auf die Darstellung in § 23 des Handbuches verwiesen. Für Energieversorgungsunternehmen gilt nach dem zum 22.12.2007 eingeführten § 29 und für Unternehmen der öffentlichen Versorgung mit Wasser gemäß §§ 31 ff. eine etwas strengere sektorale Missbrauchskontrolle.

Das **Behinderungs- und Diskriminierungsverbot** des § 19 Abs. 2 Nr. 1 gilt nach 12
§ 20 Abs. 1 auch für **Unternehmen mit relativer Marktmacht.** Daneben gilt auch für **Unternehmen mit** gegenüber kleinen und mittleren Wettbewerbern **überlegener Marktmacht** ein Behinderungsverbot (§ 20 Abs. 3, früher: § 20 Abs. 4 a. F.). Die Einzelheiten werden von *Lübbert/Schöner* in §§ 24 ff. behandelt.

III. Die Zusammenschlusskontrolle

Der Siebente Abschnitt des GWB enthält in den §§ 35–43 GWB die deutsche **Zu-** 13
sammenschlusskontrolle. Sie bildet seit 1973 das dritte Kernstück des GWB (in den letzten Jahren mit ca. 1100 bis 1200 Verfahren pro Jahr). § 35 legt den Anwendungsbereich anhand von **Umsatzschwellenwerten** für die am Zusammenschluss beteiligten Unternehmen fest; § 37 Abs. 1 enthält eine abschließende Aufzählung der **Zusammenschlusstatbestände.** Anders als im EU-Recht wird nicht nur auf den Kontrollerwerb (Nr. 2) abgestellt, sondern es wird daneben auch der Erwerb einer Beteiligung von 25% oder mehr an einem anderen Unternehmen als Zusammenschluss erfasst (Nr. 3). § 37 Abs. 1 Nr. 4

[65] Dazu z. B. BGH WuW/E DE-R 3591 ff., Rdnr. 45 ff. – *Total/OMV* und WuW/E DE-R 2905 ff. – *Phonak/GN-Store* (noch zu § 19 Abs. 2 a. F.).

[66] S. dazu z. B. BGH WuW/E BGH 2771, 2772 – *Kaufhof/Saturn;* KG WuW/E OLG 995, 996 – *Handpreisauszeichner.*

[67] Einzelheiten bei § 20 Rdnr. 7 ff. (zur deutschen Fusionskontrolle) und bei § 23 Rdnr. 9 ff. (zur Missbrauchsaufsicht).

[68] BGH WuW/E BGH 1533, 1536 – *Erdgas Schwaben;* WuW/E BGH 1749, 1755 – *Klöckner/Becorit.*

ermöglicht sogar die Erfassung eines Anteilserwerbs unter 25%. Dennoch kommt dem Erwerb von (kontrollierenden) Mehrheitsbeteiligungen neben den Gemeinschaftsunternehmen (Nr. 3 Satz 3) in der Praxis die größte Bedeutung zu. § 36 Abs. 1 enthält den durch die 8. Novelle (2013) an die EG-FKVO angeglichenen **Untersagungstatbestand** (erhebliche Behinderung wirksamen Wettbewerbs, insbes. Begründung oder Verstärkung einer marktbeherrschenden Stellung) und eine wettbewerbliche Abwägungsklausel. Anders als das EU-Recht sieht die deutsche Fusionskontrolle in § 42 eine sog. **Ministererlaubnis** vor, mit der Untersagungsentscheidungen des BKartA auf der Grundlage wirtschaftspolitischer Erwägungen vom BMWi außer Kraft gesetzt werden können. Wegen der Einzelheiten sei auf die Darstellung von *Richter/Steinvorth* in §§ 18ff. des Handbuches verwiesen.

IV. Weitere materiellrechtliche Regelungen

13a Weitere materiellrechtliche Regelungen finden sich im Dritten und Vierten Abschnitt des GWB (§ 22 bzw. §§ 24ff.). Der durch die 7. Novelle (2005) in das Gesetz eingefügte § 22 setzt Art. 3 der VO Nr. 1/2003 über den Vorrang des EU-Kartellrechts vor nationalem Kartellrecht um. Dabei hat der Gesetzgeber den deutschen Kartellbehörden die Möglichkeit eingeräumt, in Fällen, die den Handel zwischen den Mitgliedstaaten der Gemeinschaft beeinträchtigen können, auf die parallele Anwendung des nationalen Kartellrechts neben der verbindlichen Anwendung des EU-Kartellrechts zu verzichten. Die ursprünglich erwogene Vorschrift eines neuen § 23, in der die nationalen Kartellbehörden an die Leitlinien der Kommission gebunden werden sollten, ist nicht in das Gesetz übernommen worden. Der Vierte Abschnitt enthält in den §§ 24ff. Vorschriften über die förmliche Anerkennung sog. **Wettbewerbsregeln** durch die Kartellbehörden. Diese Vorschriften sind durch die 7. GWB-Novelle hinsichtlich ihrer materiellen Anforderungen nicht geändert worden. Geändert hat sich allerdings die Stellung der Wettbewerbsregeln im Freistellungssystem des GWB. Dementsprechend sieht § 26 jetzt nicht mehr eine förmliche Freistellung vom Kartellverbot des § 1 oder von dem früheren Empfehlungsverbot vor, sondern lediglich eine Verfügung mit dem Inhalt, dass die Kartellbehörde von den ihr nach dem 6. Abschnitt zustehenden Befugnissen (also insbesondere einer Untersagungs- bzw. Abstellungsverfügung) keinen Gebrauch machen wird. Vor allem aber hat sich der Stellenwert der Wettbewerbsregeln im neuen System der Legalausnahme (dazu oben Rdnr. 1) verändert.[69] Während früher mit der Anerkennung der Wettbewerbsregeln die Freistellung verbunden war, erfolgt die Freistellung vom Verbot des § 1 GWB jetzt gemäß §§ 2 und 3 von Gesetzes wegen (s. dazu auch § 26 Abs. 2). Die Anerkennung durch die Kartellbehörde bewirkt jetzt also nur noch eine Art amtliches Qualitätssiegel für die von Gesetzes wegen ohnehin zulässigen Regeln. Ob das Rechtsinstitut damit noch hinreichend attraktiv ist, ist zweifelhaft.[70] Für einen fortbestehenden Anreiz spricht der Umstand, dass die Anerkennung durch die Kartellbehörde den seltenen Fall einer förmlichen (wenngleich indirekten) Entscheidung über das Vorliegen der Freistellungstatbestandsvoraussetzungen darstellt; ferner dürfte die Appellwirkung des Regelungswerkes durch die behördliche Anerkennung verstärkt werden. Zu erwähnen sind schließlich das **Boykottverbot** (§ 21 Abs. 1) sowie der **gesetzliche Umgehungstatbestand** des § 21 Abs. 2; diese Vorschrift enthält ein Verbot der Androhung von Nachteilen oder des Versprechens von Vorteilen, um andere Unternehmen zu einem Verhalten zu veranlassen, das insbes. nach § 1 GWB, aber auch nach Art. 101, 102 AEUV nicht zum Gegenstand einer vertraglichen Bindung gemacht werden

[69] Kritisch zur rechtstechnischen Ausgestaltung der Regelungen über die Wettbewerbsregeln daher die Stellungnahme des Bundesrates zur 7. Novelle, WuW-Sonderheft 2005, S. 213, freilich unter grundsätzlicher Begrüßung der Beibehaltung dieses Instituts.

[70] Einen Überblick über die anerkannten Wettbewerbsregeln gemäß § 24 Abs. 3 GWB geben die Tätigkeitsberichte des BKartA, s. dazu zuletzt TB 2011/12, S. 140 (neun Fälle) und TB 2013/2014, S. 142 (elf Fälle). Zur fehlenden Verbindlichkeit von Wettbewerbsregeln (nur „Empfehlung") s. BGH U. v. 7.2.2006, WuW/E DE-R 1779ff. – *Probeabonnement.*

darf.[71] Die **8. GWB-Novelle** (2013) hat für den Dritten und den Vierten Abschnitt keine materiellrechtlichen Änderungen mit sich gebracht.

B. Die Auslegung des GWB

I. Auslegungsgrundsätze

Die Auslegung des GWB wirft einige spezielle Probleme auf. Dies beruht zunächst darauf, dass das Gesetz mehrere aus den Wirtschaftswissenschaften entlehnte Tatbestandsmerkmale (z. B. Markt, Wettbewerb) und unbestimmte Rechtsbegriffe (z. B. Missbrauch, unbillige Behinderung) verwendet. Hinzu kommt die sog. *Gemengelage* des Gesetzes. Darunter versteht man den Umstand, dass das GWB hinsichtlich der geregelten Sachverhalte Zivilrecht, Verwaltungsrecht und Ordnungswidrigkeitenrecht zugleich ist.[72] Wegen dieser Gemengelage besteht Einvernehmen darüber, dass Auslegungsgrundsätze, die jeweils für eines der Rechtsgebiete entwickelt worden sind, nicht ohne weiteres auf das GWB insgesamt übertragen werden können.[73] Eine unterschiedliche Auslegung je nachdem, ob GWB-Normen in einer zivilrechtlichen Auseinandersetzung, einem Verwaltungsverfahren oder in einem Bußgeldverfahren angewendet werden (sog. Normspaltung), scheidet aber aus.[74] Da das GWB keine besonderen Auslegungsregeln enthält, sind die allgemeinen Grundsätze juristischer Hermeneutik anzuwenden.[75] Der BGH hat sich dabei von Anfang an auf die sog. objektive Auslegungsmethode gestützt. Danach ist maßgebend für die Auslegung einer Gesetzesvorschrift der in dieser zum Ausdruck kommende objektivierte Wille des Gesetzgebers, so wie er sich aus dem Wortlaut der Gesetzesbestimmung und dem Sinnzusammenhang ergibt, in den diese hineingestellt ist; dem Ziel, den im Gesetz objektivierten Willen des Gesetzgebers zu erfassen, dienen die nebeneinander zulässigen, sich gegenseitig ergänzenden Methoden der Auslegung aus dem Wortlaut der Norm, aus ihrem (systematischen) Zusammenhang, aus ihrem Zweck sowie aus den Gesetzesmaterialien und der Entstehungsgeschichte.[76] Im Rahmen der teleologischen Auslegung unbestimmter Rechtsbegriffe greift der BGH z. B. bei § 1 auf die Freiheit des Wettbewerbs[77] und bei § 20 Abs. 1 und 2 a. F. („unbillig", „sachlich nicht gerechtfertigter Grund", jetzt: § 19 Abs. 2 Nr. 1 und § 20 Abs. 1) auf eine Interessenabwägung unter Berücksichtigung der auf die Freiheit des Wettbewerbs gerichteten Zielsetzung des Gesetzes zurück.[78] Im Schrifttum wird in diesem Zusammenhang von funktionaler Rechtsauslegung[79] oder sogar von einer „Politik des Gesetzes"[80] gesprochen. Zutreffend wird jedoch hervorgehoben, dass die er- 14

---

[71] S. dazu z. B. BKartA, Presse-Mitt. v. 18.6.2015, „Vertikale Preisbindung im Lebensmitteleinzelhandel", wo über verschiedene Fälle der Druckausübung und der Gewährung monetärer Anreize zur Beeinflussung der Ladenpreisgestaltung von Lebensmitteleinzelhändlern durch Hersteller berichtet wird.

[72] So z. B. beim Verbot wettbewerbsbeschränkender Vereinbarungen, für das in § 32 eine verwaltungsrechtliche Ermächtigungsgrundlage für Verfügungen der Kartellbehörde und in § 81 Abs. 2 Nr. 1 ein Ordnungswidrigkeittatbestand enthalten ist; die Nichtigkeitssanktion ergibt sich aus § 134 BGB.

[73] So auch *Bechtold,* GWB, Einführung Rdnr. 86.

[74] So die heute h. M., s. z. B. *von Gamm,* aaO Einf. A Rdnr. 19; *Immenga/Mestmäcker-U. Immenga/Mestmäcker,* aaO Einleitung, Rdnr. 29; *Rittner/Dreher/Kulka,* S. 234; *Bechtold,* GWB, Einführung, Rdnr. 86; so auch *Doepner* in Fs. Köhler, 2014, S. 77, 80 ff. mwN. zum Lauterkeitsrecht; aA noch *P. Ulmer,* WuW 1971, 878, 885.

[75] *Immenga/Mestmäcker,* aaO Rdnr. 28; *Rittner/Dreher/Kulka,* S. 234, 236.

[76] BGH WuW/E BGH 795, 798 – *Schallplatten,* unter Bezugnahme auf die Rechtsprechung des Bundesverfassungsgerichts, insbes. BVerfGE 1, 299, 312; s. BGH WuW/E BGH 2875, 2879 – *Hersteller-Leasing.*

[77] BGH WuW/E BGH 1458, 1461 – *Fertigbeton;* WuW/E BGH 3115, 3117 – *Druckgußteile.*

[78] S. dazu z. B. BGH WuW/E BGH 2990, 2995 – *Importarzneimittel* (zu § 26 Abs. 2 idF vor der 6. GWB-Novelle) und WuW/E BGH 2953, 2962 – *Gasdurchleitung* (zu § 103 Abs. 5 Satz 2 Nr. 4 GWB idF vor der 6. GWB-Novelle).

[79] *Immenga/Mestmäcker,* aaO Rdnr. 30/31 ff.; *Rittner/Dreher/Kulka,* S. 234.

[80] *Steindorff* in Fs. Larenz, S. 217, 231 ff.

höhte Bedeutung der teleologischen Interpretation keinen Verzicht auf die Bedeutung von Wortlaut und System für die Auslegung bedeuten kann.[81]

15 Aus der Unzulässigkeit einer Normspaltung bzw. dem Gebot der einheitlichen Auslegung des GWB folgt die Anwendung der **strafrechtlichen Auslegungsgrundsätze.** Dazu zählt insbes. das Analogieverbot. Daher hat der BGH in seinem *Teerfarben*-Urteil[82] entschieden, dass der Tatbestand einer Ordnungswidrigkeit – es ging dort um das Kartellverbot des § 38 Abs. 1 Nr. 1 iVm § 1 GWB idF vor der 6. GWB-Novelle – auch bei einem noch so dringenden rechtspolitischen Bedürfnis nicht im Wege der Gesetzes- oder Rechtsanalogie erweitert werden dürfe.

16 Da es sich bei dem GWB um ein vergleichsweise junges Gesetz handelt, das außerdem bereits achtmal novelliert worden ist, stellt sich in besonderem Maße die Frage nach dem Stellenwert der **Gesetzesmaterialien** und der **Entstehungsgeschichte** für die Auslegung. Obwohl sich der BGH stets für die objektive Auslegungsmethode[83] ausgesprochen hat, sind in seiner Rechtsprechung gewisse Nuancierungen festzustellen. Eine besondere Betonung der Entstehungsgeschichte erfolgte in dem bereits zitierten *Schallplatten*-Urteil.[84] Dort führte der BGH aus, dass sich die Tragweite der wirtschaftspolitischen Entscheidungen des GWB-Gesetzgebers oft nicht schon aus dem Wortlaut oder aus dem Sinnzusammenhang der einzelnen Vorschrift oder aus der allgemeinen Zielsetzung des Gesetzes, sondern nur aus der Entstehungsgeschichte erschließen lasse, wenn diese zuverlässig erkennen lasse, was für einen konkreten Tatbestand der Gesetzgeber bei der von ihm getroffenen Regelung im Auge gehabt hat. Dementsprechend zieht der BGH bei der Auslegung des Gesetzes regelmäßig auch die Entstehungsgeschichte heran.[85] Dem stehen freilich einige Entscheidungen gegenüber, in denen Hinweise in den Gesetzesmaterialien nicht aufgegriffen wurden, weil sie nach Ansicht des BGH in dem objektiven Inhalt des Gesetzes keinen hinreichenden Ausdruck gefunden haben.[86]

II. Gesetzesumgehung und wirtschaftliche Betrachtungsweise

17 Da das Kartellrecht den Kartellbehörden zum Teil schwerwiegende Eingriffe ermöglicht (namentlich bei der Fusionskontrolle), besteht für die Unternehmen ein Anreiz zur Entwicklung von Konzepten, die die Anwendbarkeit des Gesetzes vermeiden. Dies führt zwangsläufig zu Zweifelsfragen, für die nur die Rechtsprechung eine Klärung herbeiführen kann. Die Unzulässigkeit der Gesetzesanalogie ist zwar allgemein anerkannt;[87] es wird aber gelegentlich über die Erfassung sog. Gesetzesumgehungen diskutiert. Als Beispiel aus den ersten Jahren der Fusionskontrolle (nach 1973) kann der Erwerb von Minderheitsbeteiligungen genannt werden, soweit Unternehmen bewusst darauf verzichtete, einen ausdrücklich als Zusammenschlusstatbestand erfassten Sachverhalt (z. B. Erwerb von 25% der Aktien an einem Wettbewerber) zu verwirklichen und sich statt dessen auf den Erwerb einer Be-

---

[81] *Immenga/Mestmäcker-Immenga,* GWB, 3. Aufl., Einleitung, Rdnr. 68.

[82] BGH WuW/E BGH 1147, 1153.

[83] S. oben Rdnr. 10.

[84] WuW/E BGH 795, 801 ff. mwN (803).

[85] Dazu WuW/E BGH 3037, 3040 – *Raiffeisen,* zu § 22 Abs. 1 Nr. 2 GWB idF vor der 6. GWB-Novelle; WuW/E BGH 2953, 2962 f. – *Gasdurchleitung,* zu § 103 Abs. 5 Satz 2 Nr. 4 GWB idF vor der 6. GWB-Novelle; WuW/E BGH 3128, 3131 – *NJW auf CD-ROM,* zu § 16 GWB idF vor der 6. GWB-Novelle.

[86] S. BGH WuW/E BGH 2875, 2879 – *Hersteller-Leasing* (zu § 26 Abs. 2 Satz 2 GWB idF vor der 6. GWB-Novelle), BGHZ 129, 37, 50 = WuW/E BGH 2967, 2974 – *Strompreis Schwäbisch Hall* (zu § 103 Abs. 5 Satz 2 Nr. 2 GWB idF vor der 6. GWB-Novelle); BGHZ 135, 323 ff. = WuW/E BGH 3140, 3142 – *Gaspreis* (zur Bedeutung des Wärmemarktes bei § 103 Abs. 5 Satz 2 Nr. 2 GWB idF vor der 6. GWB-Novelle) sowie BGH WuW/E DE-R 839, 841 – *Private Pflegedienste* (zur Neufassung des § 87 GWB als materiellrechtliche Änderung). S. auch *von Gamm,* aaO Einf. A Rdnr. 16: „untergeordnete Bedeutung" der Entstehungsgeschichte.

[87] S. dazu z. B. *Bechtold,* GWB, Einführung Rdnr. 88 sowie oben Rdnr. 11.

teiligung von 24, 9% beschränkten.[88] Die Gesetzesumgehung ist aber kein eigenständiges Rechtsproblem, sondern letztlich eine Frage von Auslegung oder Analogie. Dementsprechend besteht heute Einigkeit darüber, dass das GWB **kein allgemeines kartellrechtliches Umgehungsverbot** enthält.[89] Es ist vielmehr legitim, wenn die Unternehmen durch entsprechende Ausgestaltung ihrer Rechtsgeschäfte einer Anwendung des Gesetzes ausweichen.[90] Dem trägt auch die Rechtsprechung des BGH Rechnung. Er hat nicht nur im *Teerfarben*-Urteil die Erstreckung des Kartellverbots auf andere Formen bewusst gleichförmigen Verhaltens als Verstoß gegen das Analogieverbot verworfen,[91] sondern es z. B. im Fall *„Telefunken-EH-Partner-System"* auch abgelehnt, die Vereinbarung von Handelsvertretervereinbarungen beim Absatz von Unterhaltungselektronik-Produkten als Umgehung des Preisbindungsverbots anzusehen.[92] In jüngster Zeit hat der BGH es abgelehnt, in § 30 OWiG eine generelle Rechtsnachfolgerhaftung bei Umstrukturierungen hineinzulesen und stattdessen den Gesetzgeber zur Schließung der Lücke aufgefordert.[93] Wenn sich also ein bestimmtes unternehmerisches Verhalten mit Hilfe der allgemeinen Auslegungskriterien nicht mehr unter einen Tatbestand des Gesetzes subsumieren lässt, muss der Gesetzgeber entscheiden, ob er diese Lücke schließen will. So ist in dem eingangs genannten Beispiel des Erwerbs von Minderheitsbeteiligungen unter 25% durch die 4. GWB-Novelle 1980 der sog. Umgehungstatbestand des § 23 Abs. 2 Nr. 2 Satz 4 a. F. in das Gesetz eingefügt worden, dessen Funktion seit der 6. Novelle von § 37 Abs. 1 Nr. 4 übernommen worden ist. Im Fall der Rechtsnachfolge wurde die Gesetzeslücke durch die 8. GWB-Novelle mittels Einfügung eines Abs. 2a in § 30 OWiG jedenfalls zum größten Teil geschlossen.

Nicht mit dem eben behandelten allgemeinen Thema zu verwechseln ist der Umstand, **18** dass das GWB einige **spezielle gesetzliche Umgehungsverbote** enthält. Neben dem bereits erwähnten Zusammenschlusstatbestand des § 37 Abs. 1 Nr. 4 zählt dazu das Verbot des Veranlassens zu einem unerlaubten Verhalten in § 21 Abs. 2 (dazu oben Rdnr. 13a).

Aus dem Vorgesagten ergibt sich, dass für die Auslegung des Gesetzes **keine** spezifische **19** **wirtschaftliche Betrachtungsweise** zugrundezulegen ist, zumal der Inhalt dieses Begriffes unklar ist.[94] Im Rahmen der teleologischen oder funktionalen Auslegung können aber wirtschaftliche Erwägungen geboten sein.[95] So hat der BGH mehrfach hervorgehoben, dass nach der Lebenserfahrung von einem wirtschaftlich zweckmäßigen und kaufmännisch vernünftigen Verhalten der Unternehmen auszugehen ist.[96] Allerdings verweisen sowohl der

---

[88] BKartA TB 1978, S. 26.

[89] OLG Frankfurt a. M. WuW/E DE-R 3525, 3530 – *Rekommunalisierung*. S. ferner *Langen/Bunte*, aaO Einführung, Rdnr. 77; *Bechtold*, GWB, Einführung, Rdnr. 89; *Delahye*, WuW 1987, 877 ff.; gegen die Berücksichtigung von Wünschen de lege ferenda *Rittner/Kulka*, 7. Aufl., S. 190.

[90] *Von Gamm*, Kartellrecht, 2. Aufl., Einführung A, Rdnr. 19.

[91] BGH WuW/E BGH 1147, 1153.

[92] BGH WuW/E BGH 2238, 2243.

[93] BGH WuW/E DE-R 3455 ff. – *Versicherungsfusion*. Dazu näher *Klusmann* in § 55 Rdnr. 45 ff. des Handbuches.

[94] *Von Gamm*, aaO Einf. A Rdnr. 18; *Immenga/Mestmäcker-U. Immenga/Mestmäcker*, GWB, Einl. Rdnr. 28; *Langen/Bunte*, Bd. 1, Einleitung zum GWB, Rdnr. 89 (= S. 34); *Rittner/Dreher/Kulka*, S. 236; *Rittner*, Die sogenannte wirtschaftliche Betrachtungsweise in der Rechtsprechung des Bundesgerichtshofs, 1975, S. 47 ff., 54 ff. spricht von einer „Leerformel"; zur älteren Diskussion des Themas s. auch *P. Ulmer*, WuW 1971, 878 mwN. Ablehnend zur kodifizierten „wirtschaftlichen Betrachtungsweise" in § 20 des österreichischen Kartellgesetzes *Gruber*, ÖZK 2011, 94 ff. („inhaltlich nutzlos und methodisch verfehlt"). *Gruber* (aaO S. 97) verweist insbes. darauf, dass der Begriff in der Literatur zur juristischen Methodenlehre eine „unbekannte Größe" sei.

[95] So auch *Rittner/Dreher/Kulka*, S. 236 („ökonomische Erwägungen … unentbehrlich").

[96] Zuletzt wohl BGH WuW/E DE-R 2361, 2362 – *Nord-KS/Xella;* zustimmend insoweit *Lohse* in Fs. Säcker, 2011, S. 827, 829. S. ferner BGHZ 65, 30, 40 = WuW/E BGH 1367, 1373 – *ZVN;* WuW/E BGH 1489, 1490 – *Brotindustrie;* BGHZ 71, 102, 122 f. = WuW/E BGH 1501, 1505 – *Kfz-Kupplungen;* WuW/E BGH 2025, 2027 – *Texaco/Zerssen;* im Sinne einer wirtschaftlichen Würdigung des Sachverhalts auch BGH WuW/E BGH 1707, 1708 – *Taxi-Besitzervereinigung* und BGH WuW/E BGH 2050, 2051 – *Bauvorhaben Schramberg*.

BGH als auch einige OLGs gelegentlich auf eine im Kartellrecht maßgebende wirtschaftliche Betrachtungsweise,[97] ohne dies näher rechtlich einzuordnen. Dabei kann es sich aber nicht um ein eigenständiges Auslegungsprinzip und schon gar nicht um ein Allzweckinstrument zur weiten Auslegung des Gesetzes handeln.[98] Der Rückgriff auf diese Formel lässt sich letztlich nur mit dem Bestreben der Rechtsprechung erklären, bestimmte Sachverhalte unter das Gesetz zu subsumieren. Im *Carpartner*-Beschluss[99] spricht der BGH von einer „nach Sinn und Zweck des Gesetzes gebotenen Gesamtbetrachtung der wirtschaftlichen Zusammenhänge und Auswirkungen einer Vereinbarung". Damit wird letztlich eine Brücke geschlagen zur teleologischen Auslegung und zu der EuGH-Formel von der Berücksichtigung des wirtschaftlichen und rechtlichen Zusammenhangs von (kartellrechtlich relevanten) Vereinbarungen bei Art. 101 AEUV.[100]

C. Die Durchsetzung des deutschen Kartellrechts

I. Verwaltungs- und Bußgeldverfahren der Kartellbehörden

20 Die Durchsetzung des deutschen Kartellrechts erfolgt in erster Linie durch die **Kartellbehörden.** Kartellbehörden im Sinne des GWB sind neben dem BKartA auch das Bundesministerium für Wirtschaft und Energie und die nach Landesrecht zuständigen obersten Landesbehörden (sog. Landeskartellbehörden, § 48 Abs. 1). Aufgrund mehrerer ausschließlicher Zuständigkeiten, insbes. für die Fusionskontrolle (§ 48 Abs. 2 iVm § 36 Abs. 1 GWB), hat das BKartA den größten Anteil an der Kartellrechtsdurchsetzung. Es hat seinen Sitz seit dem Umzug der Bundesregierung in Bonn (§ 51 Abs. 1 Satz 1 GWB). Das BKartA ist regelmäßig zuständig für alle Wettbewerbsbeschränkungen, die über das Gebiet eines Bundeslandes hinausreichen (§ 48 Abs. 2), und für Wettbewerbsbeschränkungen nur in einem Bundesland auch dann, wenn die zuständige Landesbehörde die Sache an das BKartA abgibt (§ 49 Abs. 3).

21 Die **Ermittlungsbefugnisse** der Kartellbehörden sind in den §§ 57ff. GWB geregelt. Von praktischer Bedeutung sind insbes. Auskunftsverlangen (§ 59 Abs. 1 Nr. 1 und Nr. 2). Sie sind nur zulässig, wenn ein konkreter Anfangsverdacht für einen Verstoß gegen kartellrechtliche Vorschriften vorliegt.[101] Seit der 7. GWB-Novelle (2005) verfügen das BKartA und die obersten Landesbehörden nach § 32e auch über ein Enquête-Recht hinsichtlich einzelner Wirtschaftszweige oder – Sektor übergreifend – einzelner Arten von Vereinbarungen.[102] Das GWB enthält eigene Vorschriften für das Verwaltungsverfahren (§§ 54ff.) und für das Bußgeldverfahren (§§ 81ff.).[103] Die Tätigkeit der Kartellbehörden mündet dann entweder in **Verfügungen** oder **Bußgeld-Entscheidungen** (dazu noch Rdnr. 25/26).

22 Gegen die Entscheidungen der Kartellbehörden in Verwaltungsverfahren ist das **Rechtsmittel** der **Beschwerde** zu dem örtlich zuständigen Oberlandesgericht gegeben. Gegen

---

[97] Z.B. BGH B. v. 27.1.2015, KRB 39/14, Rdnr. 3 – *Melitta* (zur wirtschaftlichen Nahezu-Identität nach § 30 OWiG); BGH WuW/E DE-R 399, 402 – *Verbundnetz* (zur Umdeutung einer Untersagungsverfügung); BGH WuW/E DE-R 264ff. = BGHZ 140, 342, 351 – *Preisbindung durch Franchise-Geber (Sixt);* BGH WuW/E DE-R 24, 26 – *Stromversorgung Aggertal,* zu § 23 Abs. 2 GWB idF vor der 6. GWB-Novelle; ferner BGH WuW/E BGH 2707, 2713 – *Krankentransportunternehmen II,* zur Annahme eines Marktes für die Beziehungen zwischen Transportunternehmen und Sozialversicherungsträgern; BGH WuW/E BGH 2013, 2014 – *VEW/Gelsenwasser;* KG WuW/E OLG 5601, 5609 – *Stromversorgung Aggertal,* jeweils zum Zusammenschlussbegriff des § 23 Abs. 2 GWB a.F.; KG WuW/E OLG 5677, 5688 – *Carpartner;* s. auch BKartA WuW/E BKartA 2795, 2809 – *Carpartner* und OLG Stuttgart WuW/E OLG 5903, 5906 – *Eintritt in Gebäudereinigungsvertrag.*

[98] Zurückhaltend auch *Immenga/Mestmäcker-Dannecker/Biermann,* aaO Vor § 81 Rdnr. 65ff.

[99] BGH WuW/E DE-R 115, 117, zu § 1 GWB a.F.

[100] S. dazu § 2 Rdnr. 18.

[101] KG WuW/E OLG 4627f. – *Hamburger Benzinpreise.*

[102] Vor der 7. GWB-Novelle bestand ein solches Recht nicht, s. BGH WuW/E BGH 425 – *Vereidigte Buchprüfer.*

[103] Zu den Einzelheiten des Verwaltungs- und des Bußgeldverfahrens s. *Klose* in § 53 und *Klusmann* in § 57.

Bußgeldentscheidungen kann **Einspruch** eingelegt werden. Über die Beschwerde im Verwaltungsverfahren und den Einspruch im Bußgeldverfahren entscheidet ausschließlich das für den Sitz der Kartellbehörde zuständige OLG (§§ 63 Abs. 4, 83 GWB). Da die meisten Entscheidungen vom BKartA erlassen werden, kommt dem OLG Düsseldorf eine besondere Bedeutung zu.[104] Gegen Entscheidungen des OLG findet in beiden Verfahrensarten die **Rechtsbeschwerde** an den BGH statt (§§ 74, 84 GWB). Zu Umfang und Bedeutung der Entscheidungspraxis der Kartellbehörden und der Gerichte s. § 1 Rdnr. 49/50.

II. Zivilrechtliche Streitigkeiten zwischen Unternehmen

Die Durchsetzung des Kartellrechts erfolgt auch durch die Unternehmen selbst, sei es durch außergerichtliche Auseinandersetzungen oder in Zivilprozessen. Zwar kam dem „private enforcement" in Deutschland beim Kartellverbot (§ 1) früher keine große Bedeutung zu. Dies lag nicht nur an dem Fehlen eines Anreizes wie bei den im US-Recht vorgesehenen treble damage suits, sondern auch an der unterschiedlichen Rechtstradition. Die Situation hat sich jedoch seit der Abschaffung des Schutzgesetzerfordernisses in § 33 und der Einführung der Tatbestandsbindung an Entscheidungen der Kartellbehörde, die Bußgelder verhängt hat (§ 33 Abs. 4), grundlegend geändert.[105] Schwierige Probleme bleiben dabei trotz § 287 ZPO die Frage nach dem Eintritt und ggf. der Höhe eines Schadens[106] und die Zuordnung etwaiger Schäden zur Marktgegenseite oder zu deren Abnehmern (sog. Passing-on).[107] Ohnehin gab es auch schon vor der 7. Novelle (2005) zahlreiche Streitfälle, in denen sich Unternehmen auf kartellrechtliche **Anspruchsgrundlagen** berufen konnten (insbes. § 20 Abs. 1 und 2 iVm § 33 a. F.) oder – häufiger – in denen sie die kartellrechtlich bedingte Nichtigkeitssanktion als **Einwendung** geltend machten (§ 1 iVm § 134 BGB sowie § 34 idF vor der 6. GWB-Novelle). Es gehört zu den besonderen Tücken des Kartellrechts, dass seine zivilrechtlichen Sanktionen beim Abschluss wettbewerbsbeschränkender Verträge häufig übersehen werden. Daher kann die gebundene Partei später versuchen, sich auf diesem Wege von – inzwischen ungeliebten – Verpflichtungen zu lösen. Besonders krass trat dieser Effekt beim Schriftformerfordernis des § 34 GWB a. F. zu Tage, was zur Abschaffung dieser Vorschrift durch die 6. Novelle führte. Das GWB trägt dem zivilrechtlichen Aspekt des Kartellrechts durch einen eigenen Abschnitt mit der Überschrift „Bürgerliche Rechtsstreitigkeiten" (§§ 87 ff.) Rechnung.[108] Von der dort vorgesehenen Ermächtigung, bestimmten LGs und OLGs die ausschließliche Zuständigkeit für Kartellsachen zuzuweisen (§§ 89, 92), haben die Landesregierungen in großem Umfang Gebrauch gemacht.[109] 23

D. Die Bedeutung des GWB und seiner Sanktionen für die Unternehmenspraxis

I. Die Sanktionen

Ähnlich wie im EU-Kartellrecht[110] kommt auch im GWB zunächst den zivilrechtlichen Sanktionen große Bedeutung zu. In der Praxis geht es dabei vor allem um die Berufung 24

---

[104] Vor dem Umzug des BKartA nach Bonn fiel diese Rolle dem Berliner Kammergericht zu.

[105] S. dazu *Topel* in § 50 sowie das instruktive Diskussionspapier des BKartA vom September 2005 „Private Kartellrechtsdurchsetzung – Stand, Probleme, Perspektiven" (abrufbar unter http://www.bundeskartellamt.de/). Aus der Literatur s. ferner *Berrisch/Burianski,* WuW 2005, 878 ff. 881 ff., *Roth* Fs. U. Huber, 2006, S. 1133 ff. sowie *Wiedemann,* in *Tamm/Tonner,* Verbraucherrecht, 2012, S. 134 ff.

[106] Ausführlich dazu *Inderst/Thomas,* Ermittlung der Schadenshöhe bei Verstößen gegen das Kartellverbot, 2014.

[107] Dazu z. B. *Wiedemann,* in *Tamm/Tonner,* Verbraucherrecht, 2012, S. 132, 146 ff.; *Inderst/Thomas,* Ermittlung der Schadenshöhe bei Verstößen gegen das Kartellverbot, 2014, S. 270 ff.; zum Ganzen auch *Topel* in § 50 Rdnr. 101 ff.

[108] Zu den Besonderheiten der Kartellzivilprozesse s. *Ollerdißen* in §§ 59 ff. des Handbuches.

[109] Zu den Einzelheiten *Ollerdißen* in § 60 Rdnr. 10, 25.

[110] S. dazu § 2 Rdnr. 32.

auf die **Nichtigkeitssanktionen** der §§ 1, 19 und 20 GWB iVm § 134 BGB, § 41 Abs. 1 GWB sowie § 34 GWB idF vor der 6. GWB-Novelle. Die Nichtbeachtung des Kartellrechts ist daher für die Unternehmen mit erheblichen Risiken hinsichtlich der Durchsetzbarkeit wettbewerbsbeschränkender Vereinbarungen verbunden.[111] Verschärft wird dieses Risiko durch den Umstand, dass die Berufung auf kartellrechtliche Nichtigkeitssanktionen wegen des öffentlichen Interesses an der Durchsetzung des Kartellrechts nicht gegen Treu und Glauben (§ 242 BGB) verstößt[112] (zur neuen Rechtsprechung des BGH zu Fällen mit einem Verstoß gegen das bis 1999 geltende Schriftformerfordernis des § 34 a. F. s. *Topel* in § 50 Rdnr. 46 ff. der 2. Aufl.). Das GWB bestimmt in § 33 Abs. 3 weiter, dass jeder, der schuldhaft gegen eine Vorschrift des GWB, gegen die Art. 101 und 102 AEUV oder eine Verfügung der Kartellbehörde verstößt, dem Betroffenen zum **Schadensersatz** verpflichtet ist. Diese Sanktion hat in den letzten Jahren erheblich an Bedeutung gewonnen.[113] Ohne Verschulden können nach § 33 Abs. 1 **Beseitigungs- oder Unterlassungsansprüche** bestehen. Somit ist es seit der 7. GWB-Novelle nicht mehr erforderlich, dass das verletzte Gesetz oder die kartellbehördliche Verfügung den Schutz des Betroffenen bezweckt. Als Schutzgesetz in diesem Sinne wurde früher vor allem das Diskriminierungsverbot des § 20 Abs. 1 und 2 a. F. angesehen; für das Kartellverbot (§ 1 a. F.) war die Schutzgesetzeigenschaft dagegen umstritten.[114] Durch die **7. GWB-Novelle** (2005) wurde in § 34a das Recht von Verbänden i. S. des § 33 Abs. 2 eingeführt, unter bestimmten Umständen die Unternehmen, die durch eine Zuwiderhandlung gegen eine Vorschrift des GWB, gegen die Art. 101 und 102 AEUV oder gegen eine Verfügung der Kartellbehörde einen wirtschaftlichen Vorteil erlangt haben, auf **Abführung des wirtschaftlichen Vorteils** an den Bundeshaushalt in Anspruch zu nehmen. Die **8. GWB-Novelle (2013)** hat in § 33 Abs. 2 nunmehr im Hinblick auf Beseitigungs- und Unterlassungsansprüche iSd. § 33 Abs. 1 auch **Klagerechte von Verbänden** und Einrichtungen iSd. Unterlassungsklagengesetzes eingeführt. Schadensersatzansprüche stehen dagegen nur den Betroffenen zu.

25 Daneben kommt der Verhängung von **Bußgeldern** durch die Kartellbehörden eine – schon wegen der gestiegenen Höhe – immer größere praktische Bedeutung zu.[115] Insoweit sei namentlich auf den Katalog der Ordnungswidrigkeiten in § 81 Abs. 1 bis Abs. 3 verwiesen. Wegen § 30 OWiG ist als Nebenfolge der Verhängung von Bußgeldern gegen natürliche Personen auch die Festsetzung von Geldbußen gegen das betroffene Unternehmen zulässig. Zwar galt für die Geldbuße vor der 7. Novelle an sich ein Rahmen von 500 000,00 €; das BKartA hat aber unter Rückgriff auf die bis Juli 2005 geltende Mehrerlösregelung in § 81 Abs. 2 a. F. verschiedentlich wesentlich höhere Bußen verhängt.[116] Mit der 7. GWB-Novelle wurde die Mehrerlösregelung durch die Befugnis zur Verhängung von Geldbußen gegen Unternehmen in Höhe von **bis zu 10 %** des im Vorjahr erzielten **Gesamtumsatzes** ersetzt. Diese Methode der Bußgeldbemessung entspricht der Regelung in Art. 23 Abs. 2 S. 2 VO Nr. 1/2003. Das BKartA hat hierzu Bußgeldleitlinien – zuletzt neugefasst im Jahr 2013 – veröffentlicht.[117] Seit der Grundsatzentscheidung des BGH vom 8.1.1992[118] besteht bei

---

[111] S. dazu auch Rdnr. 23.

[112] BGH WuW/E BGH 1514 – *Belüftungsfilter.*

[113] Dazu *Topel* in § 50 Rdnr. 83 ff. und *Inderst/Thomas* aaO, passim.

[114] Differenzierend BGH WuW/E BGH 1985, 1988 – *Familienzeitschrift.*

[115] S. dazu z. B. BKartA TB 2011/12, S. 28: 2011 verhängte Bußgelder iHv 190 Mio. €, 2012 iHv 316 Mio. €. Im Jahr 2013 hat das BKartA in elf Fällen Bußgelder von rund 240 Mio. € gegen 54 Unternehmen und 52 Privatpersonen verhängt, s. Presseerklärung vom 27.12.2013, im Jahr 2014 Bußgelder in Höhe von 1,12 Mrd. Euro, s. Presseerklärung v. 30.6.2015, jeweils veröff. auf der Homepage des BKartA.

[116] Der bisherige „Rekord" steht bei mehr als 700 Mio. € Gesamtbuße gegen 12 beteiligte Unternehmen, davon allein ca. 250 Mio. € gegen ein einzelnes Unternehmen, im sog. *Zementkartell,* s. Pressemitteilung des BKartA v. 17.12.2003 und Begründung RegE zur 7. GWB-Novelle, BT-Drucks. 15/3640 S. 42.

[117] Veröff. auf der Homepage des BKartA.

[118] BGH WuW/E BGH 2849 – *Arbeitsgemeinschaft Rheinausbau* = BGHSt 38, 193.

Submissionsabsprachen außerdem das Risiko einer strafrechtlichen Verfolgung gemäß **§ 263 StGB.** Für Wettbewerbsbeschränkungen bei Ausschreibungen gilt seit dem 20.8.1997 der **Straftatbestand des § 298 StGB.** Die Verfolgung verbotener Kartellvereinbarungen (§ 1 GWB) nach strafrechtlichen Grundsätzen wirft einige spezielle Probleme auf, die bisher von der Praxis noch nicht gelöst worden sind.[119]

Verwaltungsrechtliche Abstellungs- und Feststellungsentscheidungen (§ 32), 26 **die Befugnis zur Anordnung einstweiliger Maßnahmen** (§ 32a) sowie weitere Ermächtigungen für Verfügungen nach §§ 32bff. der Kartellbehörden komplettieren den Katalog der Sanktionen des GWB. Bei Verstößen gegen die Art. 101 und 102 AEUV oder die Verbotstatbestände des GWB – z.B. das Verbot wettbewerbsbeschränkender Vereinbarungen oder das Verbot des Missbrauchs marktbeherrschender Stellungen (§ 19) – sind mit der **7. Novelle** in Gestalt der §§ 32–32e Ermächtigungsgrundlagen geschaffen worden, die denen der Art. 7ff. VO Nr. 1/2003 nachgebildet wurden. Auch die Entziehung des Vorteils einer Gruppenfreistellung kann unter bestimmten Voraussetzungen durch eine deutsche Kartellbehörde erfolgen (§ 32d). Daneben gibt § 34 GWB den Kartellbehörden die Befugnis zur Abschöpfung des wirtschaftlichen Vorteils, den ein Unternehmen durch die Zuwiderhandlung gegen eine Vorschrift des GWB, gegen die Art. 101 und 102 AEUV oder gegen eine Verfügung der Kartellbehörde erlangt hat. Die **Beschwerde** gegen Verfügungen der Kartellbehörden hatte bis Ende 2007 regelmäßig **keine aufschiebende Wirkung** mehr, sondern nur noch in den Fällen des § 32 iVm §§ 19 bis 21 (§ 64 Abs. 1 Nr. 1). Mit der Preismissbrauchsnovelle ist seit 22.12.2007 generell die aufschiebende Wirkung von Beschwerden entfallen. Die Unternehmen müssen daher ggf. Eilrechtsschutz nach § 63 Abs. 3 GWB beantragen. Die 8. GWB-Novelle (2013) hat die Befugnisse der Kartellbehörde nach § 32 Abs. 2 erweitert, indem nun (wie in Art. 7 VO Nr. 1/2003) ausdrücklich auch Abhilfemaßnahmen „struktureller Art“ genannt werden; außerdem wurde der Kartellbehörde in Abs. 2a die Befugnis eingeräumt, in der Abstellungsverfügung (auch) eine Rückerstattung der aus dem kartellrechtswidrigen Verhalten erwirtschafteten Vorteile anzuordnen.[120]

II. Unternehmenskooperationen und Zusammenschlüsse

Trotz der weiten Auslegung des Verbots wettbewerbsbeschränkender Vereinbarungen las- 27 sen die Ausnahmeregelungen der §§ 2–3 GWB breiten Raum für **Unternehmenskooperationen** und wettbewerbsbeschränkende **Vertriebskonzepte.** Da § 2 GWB dem Art. 101 Abs. 3 AEUV nachgebildet ist, kann insoweit auf die entsprechende Wertung für das EU-Kartellrecht[121] und auf die Ausführungen von Lübbig und *Schroeder* in den §§ 8/9 verwiesen werden. Im Geltungsbereich des § 3 GWB ist ggf. die parallele Anwendbarkeit des EU-Kartellrechts und seine Vorrangwirkung gegenüber dem GWB[122] zu beachten.

Die **Fusionskontrolle** ist seit ihrer Einführung im Jahre 1973 nach Zahl und Bedeutung 28 der Verfahren der wichtigste Teil des deutschen Kartellrechts. Ähnlich wie im EU-Recht werden zwar nur wenige Zusammenschlüsse untersagt; die Zahl der präventiv oder – in der Zeit vor der 6. Novelle – der nachträglich kontrollpflichtigen Fälle ist jedoch sehr hoch.[123] Die deutschen Unternehmen sind zwar seit Langem mit der Fusionskontrolle vertraut. Dennoch wird die Kontrollpflichtigkeit gelegentlich übersehen. Die deutsche Fusionskontrolle ist seit der 6. Novelle generell präventiv ausgestaltet; bei einem Verstoß gegen das **Vollzugsver-**

[119] Dazu *Klusmann* in § 56 Rdnr. 1ff. des Handbuches.
[120] Dazu näher *Klose* in § 51 Rdnr. 21 des Handbuches.
[121] S. § 2 Rdnr. 37f.
[122] Dazu noch § 6 Rdnr. 3ff.
[123] S. dazu z.B. BKartA TB 2003/2004, S. 215f.: jeweils ca. 1400 Anmeldungen bei insgesamt 14 Untersagungen. In den Jahren 2005 und 2006 stieg die Zahl auf ca. 1600 bzw. 1800 (TB 2005/2006, S. 223). Nach Einführung der Zweiten Inlandsumsatzschwelle im März 2009 ist die Zahl der Verfahren deutlich zurückgegangen, nämlich in 2012 und 2013 auf jeweils ca. 1100; 2014 waren es ca. 1200 Anmeldungen (TB 2013/2014, S. 131).

bot gilt insoweit eine Unwirksamkeitssanktion (§ 41 Abs. 1 GWB); hinzu kommt ggf. ein Bußgeld nach § 81 Abs. 2 Nr. 1. Nicht nur von ausländischen Unternehmen wird vielfach die Regelungstiefe des Zusammenschlusskataloges in § 37 Abs. 1 mit Erstaunen registriert. Dies betrifft insbes. die Reichweite des § 37 Abs. 1 Nr. 4 in Bezug auf (Minderheits-)Beteiligungen sogar unter 25% und die durch die verwendeten unbestimmten Rechtsbegriffe verursachte Rechtsunsicherheit. Das Konzept des GWB weicht damit (noch) erheblich von der vergleichsweise einfachen, nur auf Fusion und Kontrollerwerb abstellenden Parallelregelung in Art. 3 der EG-FKVO ab.[124] Der „Lästigkeitseffekt" des nationalen Fusionskontrollverfahrens wird bei Transaktionen mit internationalem Zuschnitt noch dadurch gesteigert, dass sie auch nach den Fusionskontroll-Regimes anderer Staaten kontrollpflichtig sind. Das One-Stop-Shop-Prinzip gilt nur im Rahmen der EG-FKVO, und selbst dort sind Verweisungen an die Mitgliedstaaten möglich. Allerdings führt das BKartA seine Fusionskontrollverfahren in aller Regel mit erfahrenen Beamten und mit vergleichsweise geringen Anforderungen an den Inhalt der Anmeldungen; es trägt dabei dem Interesse der Unternehmen an einer schnellen Freigabe der unproblematischen Fälle Rechnung.

III. Der Einfluss des EU-Kartellrechts auf das GWB

29 **1. Fusionskontrolle.** Das Inkrafttreten der EG-Fusionskontrolle im September 1990 mit ihrem One-Stop-Shop-Prinzip für die gesamte Gemeinschaft blieb nicht ohne Einfluss auf die Ausgestaltung von Zusammenschlüssen mit Beteiligung deutscher Unternehmen. Zwar sind die Tatbestandsvoraussetzungen eines „Zusammenschlusses mit gemeinschaftsweiter Bedeutung" gemäß Art. 3 iVm Art. 1 Abs. 2 und 3 EG-FKVO vorgegeben. Innerhalb bestimmter Grenzen können die beteiligten Unternehmen jedoch Gestaltungsspielräume nutzen und damit Einfluss darauf nehmen, ob ein konkreter Zusammenschluss der EG-FKVO oder den §§ 35 ff. GWB (bzw. anderen nationalen Fusionskontroll-Regimes) unterfällt. Die EG-Fusionskontrolle war früher vor allem deshalb „attraktiv", weil die Kommission die betroffenen Märkte in ihrem EU-weiten Zusammenhang würdigen kann und muss, während das BKartA nach der Rechtsprechung aus der Zeit vor der 6. Novelle verpflichtet war, beim räumlich relevanten Markt nur auf Deutschland abzustellen.[125] Dies führte im EU-Recht regelmäßig zu deutlich niedrigeren Marktanteilen der beteiligten Unternehmen, so dass Fälle von der Kommission freigegeben wurden, die vom BKartA u. U. untersagt worden wären. Nach der Änderung des § 19 Abs. 2 Satz 1 Nr. 2 a. F. durch die 6. GWB-Novelle hatte jedoch auch der BGH entschieden, dass der räumlich relevante Markt über das Bundesgebiet hinausreichen kann.[126] Mit der 7. GWB-Novelle (2005) wurde dies auch in § 19 Abs. 2 S. 3 ausdrücklich klargestellt (jetzt: § 18 Abs. 2). Hinzu kommt, dass das EU-Recht an die Verstärkung einer marktbeherrschenden Stellung rechtlich – wegen des anderen materiellen „Tests" in Art. 2 – und faktisch höhere Anforderungen stellte als das BKartA. Dieser Unterschied müsste mit der 8. GWB-Novelle (2013), die bei dem Untersagungskriterium zu einer Rechtsangleichung des § 36 Abs. 1 GWB an Art. 2 EG-FKVO führte, eigentlich der Vergangenheit angehören. Das BKartA versucht allerdings, hinsichtlich der erforderlichen „*erheblichen* Behinderung" an seiner alten Praxis zur Verstärkung marktbeherrschender Stellungen festzuhalten, wonach noch nicht einmal eine spürbare Verstärkung erforderlich war.[127]

30 **2. Ausnahmetatbestände und Verfolgung von Kartellen.** Auch auf die Praxis der **Unternehmenskooperation** wirkt sich die Geltung paralleler Wettbewerbsregeln des AEU-Vertrages und des GWB (sowie ggf. anderer nationaler Vorschriften) aus. Zwar gibt es nach wie vor Kooperationen, die lediglich einen regionalen oder lokalen Zuschnitt auf-

---

124 Die Kommission erwägt allerdings eine Erweiterung des Zusammenschlusstatbestandes der EG-FKVO durch eine dem § 37 Abs. 1 Nr. 4 entsprechende Regelung, s. § 1 Rdnr. 35.

125 BGH WuW/E BGH 3026, 3030 – *Backofenmarkt.*

126 BGH WuW/E DE-R 1355 ff. – *Staubsaugerbeutelmarkt.*

127 So z. B. *Bardong,* NZKart 2013, 303 ff.; aA z. B. *Schroeder* in Fs. Roth, 2015, S. 583 ff.

weisen und daher nur dem deutschen Recht unterliegen. Im EU-Binnenmarkt sind aber Unternehmenskooperationen zunehmend international angelegt; maßgebend dafür ist nicht nur das Ziel der Erschließung weiterer Absatzmärkte in der Union, sondern auch die Kostensenkung durch Rationalisierung oder Verlagerung der Produktion von Deutschland in andere Mitgliedstaaten sowie die gemeinsame Erschließung neuer Einkaufsquellen in der Union oder in Drittstaaten. Der durch Art. 3 der VO Nr. 1/2003 bewirkte erweiterte Vorrang des europäischen Wettbewerbsrechts hat zu einer weitgehenden Angleichung von § 1 GWB an Art. 101 AEUV geführt. Auf eine Kooperation, die eine Vereinbarung, einen Beschluss oder eine aufeinander abgestimmte Verhaltensweise im Sinne von Art. 101 Abs. 1 AEUV darstellt und die zwischenstaatliche Auswirkungen im Sinne dieser Vorschrift hat, muss die deutsche Kartellbehörde nunmehr (auch) Art. 101 AEUV anwenden. Zwar hindert das Vorliegen zwischenstaatlicher Auswirkungen nicht die gleichzeitige Anwendung nationalen Kartellrechts auf die in Frage stehende Kooperation, doch darf dies im Ergebnis nicht zum Verbot einer Kooperation führen, die entweder keine Wettbewerbsbeschränkung im Sinne von Art. 101 Abs. 1 AEUV enthält oder die Voraussetzungen des Art. 101 Abs. 3 AEUV erfüllt. Insofern kommt den §§ 1–3 GWB in Fällen mit zwischenstaatlichen Auswirkungen praktisch keine Bedeutung zu.[128] Deswegen lässt es § 22 Abs. 1 GWB zu, dass die **deutschen Behörden** in solchen Fällen nur das EU-Recht anwenden. Entsprechendes gilt für die **Unternehmen,** die sich bei der **Selbsteinschätzung** im Rahmen des Systems der Legalausnahme im Wesentlichen an den Grundsätzen der Art. 101, 102 AEUV orientieren können. Die parallele Zuständigkeit sowohl der Kommission als auch der nationalen Wettbewerbsbehörden für die Anwendung des Art. 101 (und 102) AEUV erschwert jedoch die Vorhersehbarkeit bei der Antwort auf die Frage, welche Wettbewerbsbehörde ggf. ein Verfahren durchführen wird.[129] Ausdrücklich geregelt ist allein, dass die Zuständigkeit der Wettbewerbsbehörden der Mitgliedstaaten für die Anwendung des Art. 101 (und 102) AEUV entfällt, sobald die Kommission nach Art. 11 Abs. 6 der VO Nr. 1/2003 selbst ein Verfahren einleitet.[130]

Die vorstehenden Ausführungen gelten entsprechend für die **Verfolgung und Ahndung von Kartellverstößen.** Auch hier sind grundsätzlich nationales und EU-Kartellrecht nebeneinander anwendbar. Namentlich internationale Preis-, Gebiets- und Quotenkartelle sind daher theoretisch dem Risiko paralleler Bußgeldverfahren von Kommission und nationalen Kartellbehörden ausgesetzt. Der EuGH hat allerdings schon unter der Geltung der früheren VO Nr. 17/62 entschieden, dass bei der Verhängung von Geldbußen durch die Kommission wegen Verstoßes gegen das europäische Wettbewerbsrecht aus Billigkeitsgründen eine Anrechnung von Geldbußen stattfinden muss, welche die Behörden der Mitgliedstaaten wegen Verstoßes gegen ihr nationales Wettbewerbsrecht verhängt haben.[131] Der Grundsatz „ne bis in idem“, der eine mehrfache Bebußung wegen desselben Gesetzesverstoßes verbietet, sollte dagegen wegen der unterschiedlichen Schutzgegenstände von europäischem und nationalem Recht nicht gelten.[132] Da nach der VO Nr. 1/2003 nunmehr auch die Mitgliedstaaten Geldbußen wegen Verstoßes gegen die Art. 101 und 102 AEUV verhängen können, ist allerdings fraglich, ob diese Rechtsprechung zukünftig in Fällen Geltung beanspruchen kann, in denen mehrere nationale Wettbewerbsbehörden Bußgelder wegen Verstoßes gegen die Art. 101 und 102 AEUV festsetzen. Der Grundsatz **ne bis in idem** setzt nach der Rechtsprechung des EuGH die Identität des Sachverhalts, des Zuwiderhandelnden und des geschützten Rechtsgutes voraus.[133] Sofern von mehreren nationalen 31

[128] S. dazu noch näher bei § 6 Rdnr. 3ff.

[129] S. dazu näher bei § 2 Rdnr. 28.

[130] Streitig ist jedoch, ob damit auch die Zuständigkeit zur Anwendung des nationalen Wettbewerbsrechts entfällt: verneinend *Klees,* Europäisches Kartellverfahrensrecht, § 7 Rdnr. 34; bejahend *de Bronett,* VO 1/2003, Art. 11 Rdnr. 3 und *Blake/Schnichels,* EuZW 2004, 551, 552 und 554.

[131] EuGH U. v. 13.2.1969, Slg. 1969, 1ff. – *Teerfarben.*

[132] EuGH aaO Rdnr. 11.

[133] EuGH U. v. 7.1.2004, Slg. 2004 I-123ff., 403ff. Rdnr. 338 – *Aalborg Portland* u. a.

Kartellbehörden Bußgelder wegen Verstoßes gegen Art. 101 oder 102 AEUV für dasselbe Verhalten verhängt werden sollten, ist diese dreifache Identität gegeben. Insofern wird man in diesen Fällen von der Unzulässigkeit einer mehrfachen Bußgeldverhängung auszugehen haben.[134] Die – offenbar vom BKartA vertretene – Gegenansicht geht dahin, dass jede nationale Behörde im Hinblick auf die **Auswirkungen** des verbotenen Verhaltens in ihrem Hoheitsgebiet ein Bußgeld festsetzen kann. Gegen diese Position spricht, dass nach der EuGH-Rechtsprechung Auswirkungen eines Kartells allein kein relevantes Kriterium für das ne bis in idem-Prinzip sind. Diese Fragen stellen sich nicht, wenn Verfahren gegen internationale Kartelle in der Gemeinschaft nur von einer Wettbewerbsbehörde auf der Grundlage der EU-Wettbewerbsregeln geführt werden;[135] anders verhält es sich, soweit davon abtrennbare nationale Sachverhaltselemente festzustellen sind.[136] Für Submissionsverfahren kommt eine weitere „Arbeitsteilung" insoweit in Betracht, als Art. 101 AEUV durch die Kommission oder eine nationale Kartellbehörde gegen die betroffenen *Unternehmen* und die deutschen Straftatbestände der §§ 298 bzw. 263 StGB durch die deutschen Strafverfolgungsbehörden bzw. Gerichte gegen betroffene *natürliche Personen* angewendet werden könnten.

§ 4 Persönlicher, sachlicher und räumlicher Geltungsbereich

Übersicht

Schrifttum: *Bechtold,* GWB, 7. Aufl. 2013 § 1 Rdnr. 7ff.; *Bellamy & Child,* European Union Law of Competition, 7. Aufl. 2013, Rdnr. 1.082ff., 2.003ff.; *Bornkamm/Montag/Säcker* (Hrsg.), Münchener Kommentar – Europäisches und Deutsches Wettbewerbsrecht, Bd. 1 – Europäisches Wettbewerbsrecht, 2. Aufl. 2015 (zit.: *MüKo-Bearbeiter*); *Emmerich,* Kartellrecht, 13. Aufl. 2014, S. 26ff.; *Gleiss/Hirsch,* Kommentar zum EG-Kartellrecht, 4. Aufl. 1993, Bd. 1, Art. 85 Abs. 1 Rdnr. 1ff.; *Immenga/Mestmäcker-Zimmer,* Wettbewerbsrecht GWB, 5. Aufl. 2014, § 1 Rdnr. 23ff.; *diess.-Emmerich,* Wettbewerbsrecht, Bd. 1, EU, Teil 1, 5. Aufl. 2012, Art. 101 Rdnr. 6ff.; *Jaeger/Kokott/Pohlmann/Schroeder* (Hrsg.), Frankfurter Kommentar zum Kartellrecht, Stand: 81. Ergänzungslieferung, September 2014; *Kling/Dally,* Staatliches Handeln und Kartellrecht, ZWeR 2014, 3ff.; *Kling/Thomas,* Kartellrecht, S. 52ff.; *Loewenheim/Meessen/Riesenkampff – Gippini-Fournier/Mojzesowicz* bzw. – *J.B. Nordemann,* Kartellrecht – Europäisches und Deutsches Recht, 2. Aufl. 2009, Art. 81 Rdnr. 35ff. und § 1 GWB Rdnr. 18ff.; *Mestmäcker/Schweitzer,* Europäisches Wettbewerbsrecht, 3. Aufl. 2014, § 9; *Langen/Bunte-Bearbeiter,* Kartellrecht, Bd. 1 – Deutsches Kartellrecht und Bd. 2 – Europäisches Kartellrecht, 12. Aufl. 2014; *v.d.Groeben/Schwarze-Schröter,* aaO, Bd. 2, Vorbem. zu den Art. 81 bis 85 EG, Rdnr. 17ff.; *Pauer,* Die Abgrenzung hoheitlicher und wirtschaftlicher Tätigkeiten im Europäischen Wettbewerbsrecht, WuW 2013, 1080ff.; *Ritter/Braun,* European Competition Law, 3. Auflage 2004, S. 9ff.; *Rittner/Dreher/Kulka,* Wettbewerbs- und Kartellrecht, 8. Aufl., 2014, S. 250ff.; *Roth,* Zum Unternehmensbegriff im europäischen Kartellrecht, Fs. Bechtold, 2006, S. 393ff.; *Schröter/Jakob/Klotz/Mederer,* Europäisches Wettbewerbsrecht, 2. Aufl. 2014 (zit.: *S/J/K/M-Bearbeiter*).

134 S. hierzu: *de Bronett,* Kartellverfahrensrecht, Vorbemerkung Rdnr. 31; *Schwarze/Weitbrecht,* Grundzüge des europäischen Kartellverfahrensrechts, § 7 Rdnr. 29; *Klees,* Europäisches Kartellverfahrensrecht, § 10 Rdnr. 66; *Eilmannsberger,* EWS 2004, 49, 52f.; *Kerse/Khan,* EC Antitrust Procedure, Rdnr. 7–252ff.; *Wils,* World Competition 2003, 131, 143ff.

135 Dies ist jedoch trotz der anders lautenden Arbeitsteilungs-Kriterien der einschlägigen Bekanntmachung der Kommission nicht sicher, s. oben § 2 Rdnr. 28.

136 So z.B. vor dem Inkrafttreten der VO Nr. 1/2003 im *Zementverfahren,* BKartA TB 1989/90, S. 29f.; EG-Kommission, 24. WB, S. 100ff.

A. EU-Kartellrecht

I. Persönlicher Geltungsbereich

Die Art. 101, 102 AEUV richten sich an **Unternehmen** und **Unternehmensvereinigungen;** letztere sind aber nur insoweit betroffen, als sie die Summe der in ihr zusammengeschlossenen Mitgliedsunternehmen sind.[1] Ebenso wie im GWB[2] wird auch in den Wettbewerbsregeln des EU-Rechts der Unternehmensbegriff *funktional ausgelegt.* Nach der Rechtsprechung des EuGH umfasst der Begriff des Unternehmens im Wettbewerbsrecht der Gemeinschaft jede eine wirtschaftliche Tätigkeit ausübende Einheit unabhängig von ihrer Rechtsform und der Art der Finanzierung.[3] Die funktionale Auslegung dient vor allem der Abgrenzung der hoheitlichen Tätigkeiten und des privaten Verbrauchs. Entscheidend ist somit die nicht nur gelegentliche oder vorübergehende (selbstständige) **Teilnahme am Wirtschaftsleben.**[4] Unternehmen sind daher nicht nur die Handelsgesellschaften, sondern auch natürliche Personen wie der Einzelhandelskaufmann sowie Angehörige der freien Berufe,[5] ferner der Erfinder, der seine Schutzrechte geschäftlich verwertet,[6] der öffentlich auftretende Künstler[7] und der Berufssportler.[8] Das EuG (jetzt: Gericht) hat außerdem in seinem *DaimlerChrysler*-Urteil v. 15.9.2005[9] entschieden, dass der Handelsvertreter kein Unternehmen (gemeint iSd Kartellrechts) ist, soweit er nach den Weisungen des Prinzipals tätig wird. Dies führt zu einem **relativen Unternehmensbegriff,** weil der Handelsvertreter auf seinem Tätigkeitsbereich gegenüber Dritten (nicht aber gegenüber seinem Geschäftsherrn) durchaus ein Unternehmen ist.[10] Eine Gewinnerzielungsabsicht ist nicht erforderlich;[11] daher können auch sozialversicherungsrechtliche Organisationen[12] und gemeinnützige Unternehmen erfasst werden, ferner Unternehmen der öffentlichen 1

---

[1] *V. d. Groeben/Schwarze-Schröter,* Vorbem. zu den Art. 81–85 EG, Rdnr. 17.

[2] S. dazu Rdnr. 9.

[3] EuGH U. v. 11.7.2006, Slg. 2006 I-6319, Rdnr. 25 – *FENIN;* U. v. 23.4.1991, Slg. 1991 I-1979 Rdnr. 21 – *Höfner und Elser;* U. v. 19.1.1994, Slg. 1994 I-55 ff., Rdnr. 18 – *Eurocontrol;* U. v. 16.11.1995, Slg. 1995 I-4022, Rdnr. 14 – *Fédération française des sociétés d'assurance;* U. v. 19.2.2002, Slg. 2002 I-1577, 1676, Rdnr. 46 – *Wouters;* Gericht U. v. 27.6.2012, Rs T-372/10, ECLI:EU:T:2012:325, Rdnr. 48 – *Bolloré.* Zu der schwierigen Einordnung von sozialversicherungsrechtlichen Organisationen, insbes. von Krankenkassen, s. EuGH U. v. 16.3.2004, verb. Rs C-264/01 etc., Slg. 2004 I-2524 ff., Rdnr. 45 ff. – *AOK Bundesverband* (dort für die deutschen Krankenkassen verneint); dazu *Krajewski,* EWS 2004, 256 ff.

[4] Wohl allg. Ansicht, s. dazu *Langen/Bunte-Hengst,* aaO Art. 101 Rdnr. 7, 29; *Immenga/Mestmäcker-Emmerich,* WbR EG/Teil 1, Art. 101 Abs. 1 Rdnr. 7 f.; MüKo-*Herrmann,* Bd. 1 Europäisches WbR, Einl. Rdnr. 950 ff. S. ferner *Lübbig* in § 8 Rdnr. 1 ff.

[5] S. dazu z.B. EuGH U. v. 19.2.2002, Slg. 2002 I-1577, 1676 f. Rdnr. 48–49 – *Wouters,* für Rechtsanwälte; U. v. 12.9.2000, Slg. 2000 I-6451, 6521 Rdnr. 77 – *Pavlov,* für Ärzte; Komm. E. v. 30.1.1995, ABl. 1995 L 122/37, Rdnr. 32 – *Coapi* (Spanischer Berufsverband der Vermittler für gewerbliches Eigentum), für Patentanwälte.

[6] Komm. E. v. 2.12.1975, ABl. 1976 L 6/12 – *AOIP/Beyrard.*

[7] Komm. E. v. 26.5.1978, ABl. 1978 L 157/39 – *RAI/Unitel.*

[8] EuGH U. v. 12.12.1974, Slg. 1974, 1420, 1422 – *Walrave;* s. ferner MüKo-*Herrmann* aaO Einl. Rdnr. 969.

[9] EuG Rs T-325/01, Slg. 2005 II-3326 ff., Rdnr. 85 ff. Kritisch dazu *Rittner,* Irrungen und Wirrungen im europäischen Handelsvertreterrecht, ZWeR 2006, 331.

[10] So *Bechtold,* GWB, § 1 Rdnr. 11. Zum relativen Unternehmensbegriff s. auch *Rittner/Dreher/Kulka,* S. 254 ff. und *S/J/K/M-Schröter,* Vorbem. zu den Art. 101 bis 105 AEUV, Rdnr. 43.

[11] EuGH U. v. 16.11.1995, Slg. 1995 I-4022 ff., Rdnr. 18 – *Fédération française des sociétés d'assurance* und U. v. 21.9.1999, Slg. 1999 I-5751, 5888, Rdnr. 85 – *Albany.*

[12] Verneint aber in EuGH aaO Fn. 3, i.S. *AOK Bundesverband,* Rdnr. 45 ff. Im Fall *Kattner Stahlbau/MMB* hat der EuGH die Unternehmenseigenschaft eines berufsgenossenschaftlichen Unfallversicherungsträgers verneint, weil es sich um eine Aufgabe rein sozialer Natur handelte, und weil er im Rahmen eines Systems tätig wurde, mit dem der Grundsatz der Solidarität umgesetzt wird und das staatlicher Aufsicht unterliegt (EuGH U. v. 5.3.2009, Slg. 2009 I-1513 ff.). S. auch *Lübbig,* § 8 Rdnr. 4.

Hand.[13] Zu den Unternehmen im Sinne der Wettbewerbsregeln können auch öffentlich-rechtliche Körperschaften und Anstalten zählen,[14] nach h. M. auch der **Staat** selbst, soweit dieser als Anbieter erwerbswirtschaftlich tätig wird.[15] Der **Konzern** ist kein Unternehmen im Sinne der Wettbewerbsregeln, wohl aber seine Mitglieder;[16] dementsprechend handelt es sich kartellrechtlich bei der gebotenen wirtschaftlichen Betrachtungsweise um *ein* Unternehmen.[17] In diesem Zusammenhang ist unter dem Begriff „Unternehmen" eine „wirtschaftliche Einheit" zu verstehen, selbst wenn diese wirtschaftliche Einheit rechtlich „aus mehreren natürlichen oder juristischen Personen gebildet wird".[18] Vor diesem Hintergrund hat die Kommission mit Billigung der Unionsgerichte zunächst in vereinzelten Entscheidungen, seit dem *Stora*-Urteil vom 16.11.2000[19] aber in ständiger Praxis das Verhalten von (zunächst nur) 100%-igen Tochtergesellschaften der Muttergesellschaft zugerechnet. Dies war an die Bedingung geknüpft, dass die Tochtergesellschaft trotz eigener Rechtspersönlichkeit ihr Marktverhalten nicht autonom bestimmt, sondern im Wesentlichen Weisungen der Muttergesellschaften folgt, und zwar vor allem wegen der wirtschaftlichen, organisatorischen und rechtlichen Bindungen zwischen diesen beiden Rechtssubjekten; in Fällen, in denen eine Muttergesellschaft das gesamte oder nahezu das gesamte Kapital ihrer Tochtergesellschaft halte, die gegen die Wettbewerbsregelungen verstoßen hat, bestehe eine *widerlegbare Vermutung,* dass diese Muttergesellschaft tatsächlich einen bestimmenden Einfluss auf ihre Tochter ausübe,[20] so dass die Kommission Bußgelder wegen eines Kartellrechtsverstoßes entweder gegen die Tochter- oder die Muttergesellschaft oder – als Gesamtschuldner – gegen beide verhängen konnte. Dabei ist es nach der Rechtsprechung für die Ahndung dieses Wettbewerbsverstoßes unerheblich, ob alle rechtlichen Einheiten, die das Unternehmen bilden, selbst wirtschaftlich aktiv sind und damit schon für sich genommen dem Begriff des Unternehmens entsprechen.[21] Ausschlaggebend sei es allein, dass alle rechtlichen Einheiten, die gesamtschuldnerisch oder teilweise für die Zahlung derselben Geldbuße haften, zusammen mit der Einrichtung, deren unmittelbare Beteiligung an einer Zuwiderhandlung erwiesen ist, ein einziges Unternehmen iSv Art. 101 AEUV darstellen.[22] Mit dieser Begründung hat der EuGH auch die Haftung einer Stiftung als Muttergesellschaft eines Kartellunternehmens bejaht (dort: der *Stichting A. Portielje* für ihre Tochtergesellschaft *Gosselin* betreffend das *Kartell für internationale Umzugsdienste*). Im Fall *E. I. Du Pont* hat der EuGH diese Rechtsprechung erweitert auf eine wirtschaftliche Einheit aus einem (paritätischen) Gemeinschaftsunternehmen und seinen Gesellschaftern, soweit diese einen bestim-

---

[13] Allgemeine Ansicht, s. statt aller *v. d. Groeben/Schwarze-Schröter,* aaO Rdnr. 37 mwN; vgl. für einen Betriebsrentenfonds EuGH U. v. 21.9.1999, Slg. 1999 I-5751, 5882 Rdnr. 59 ff. – *Albany;* zu Einschränkungen für Beschaffungsmaßnahmen der öffentlichen Hand im *FENIN*-Fall s. Rdnr. 1b.

[14] Bejaht z. B. für die Bundesanstalt für Arbeit durch den EuGH U. v. 23.4.1991, Slg. 1991, I-1979, Rdnr. 21 – *Höfner & Elser.*

[15] *V. d. Groeben/Schwarze-Schröter,* aaO Rdnr. 37; *Gleiss/Hirsch,* aaO Rdnr. 29 ff., 32; *Ritter/Braun,* S. 50; *Bellamy/Child,* Rdnr. 2. 013 et seq.

[16] *V. d. Groeben/Schwarze-Schröter,* aaO Rdnr. 32; *S/J/K/M-Schröter,* Vorbem. zu den Art. 101 bis 105 AEUV, Rdnr. 51.

[17] EuGH U. v. 12.7.1984, Slg. 1984, 2999, 3016 – *Hydrotherm Gerätebau/Compact;* EuGH U. v. 11.7.2013, Rs C-440/11 P, ECLI:EU:C:2013:514, Rdnr. 36 – *Stichting A. Portielje* u. a.

[18] EuGH aaO Rdnr. 11 – *Hydrotherm Gerätebau/Compact.* So auch EuGH U. v. 11.7.2013, Rs C-440/11 P, ECLI:EU:C:2013:514, Rdnr. 36 – *Stichting A. Portielje.*

[19] EuGH U. v. 16.11.2000, Rs C-286/98 P, Slg. 2000 I-9925 ff., Rdnr. 26 ff., dort betreffend die Entscheidung der Komm. zum *Kartonkartell* v. 13.7.1994. Der Klägerin *Stora* war dort eine Geldbuße für Kartellverstöße ihrer 100%-igen Tochtergesellschaften *Koppafors, Feldmühle* und *CBC* auferlegt worden, und zwar mit ca. 11 Mio. € der höchste bis dahin im EU-Kartellrecht festgesetzte Betrag.

[20] S. dazu EuGH U. v. 10.9.2009, Rs C-97/08 P, Slg. 2009 I-8237 ff., Rdnr. 58, 60 – *Akzo Nobel u. a. ./. Komm.;* s. auch EuGH U. v. 11.7.2013 aaO Rdnr. 38 ff. – *Stichting A. Portielje.*

[21] EuGH U. v. 11.7.2013, Rs C-440/11 P, ECLI:EU:C:2013:514, Rdnr. 43/44 – *Stichting A. Portielje.*

[22] EuGH aaO Rdnr. 44 – *Stichting A. Portielje.*

menden Einfluss auf die Tochtergesellschaft haben.[23] Im Ergebnis stellt danach ein und dasselbe Gemeinschaftsunternehmen mit jeder seiner Mütter *zwei „wirtschaftliche Einheiten"* dar. Dies ist freilich ein Widerspruch in sich und deutet auf eine Überdehnung des relativen Unternehmensbegriffes hin. Nach ständiger Rechtsprechung bilden schließlich auch der Geschäftsherr (Prinzipal) und sein (echter) Handelsvertreter eine wirtschaftliche Einheit, so dass das Verhalten des Letzteren dem Ersteren zuzurechnen ist.[24]

Nicht erfasst wird die **Deckung des persönlichen Bedarfs.** Keine Unternehmen sind ferner die **Arbeitnehmer**[25] sowie Vereinbarungen zwischen Organisationen der Arbeitgeber und der Arbeitnehmer (Gewerkschaften), d. h. der Sozialpartner.[26] **1a**

In seinem *FENIN*-Urteil hat der EuGH im Jahre 2006 eine nicht nur für Sozialversicherungssysteme wichtige **Einschränkung** des Unternehmensbegriffes vorgenommen.[27] Im Einklang mit der Vorinstanz entschied der EuGH, dass die **Einkaufstätigkeit** nicht von der späteren Verwendung der Erzeugnisse zu trennen sei und dass „der wirtschaftliche oder nicht-wirtschaftliche Charakter der späteren Verwendung des erworbenen Erzeugnisses zwangsläufig den Charakter der Einkaufstätigkeit bestimmt".[28] Dies bedeutet, dass im EU-Recht – anders als nach der traditionellen Auslegung im deutschen Kartellrecht – auch die Einkaufstätigkeit von Behörden (z. B. der Polizei für Uniformen) nicht den Wettbewerbsregeln unterliegt.[29] Als hoheitliches Handeln hat der EuGH ferner Aktivitäten der Republik Österreich – also eines Hoheitsträgers – angesehen, obwohl diese für die Nutzung der von ihr erfassten Unternehmensdaten (auf der Grundlage gesetzlicher Meldepflichten für Unternehmen) ein Entgelt verlangte, das freilich wiederum durch Gesetz geregelt war. Der EuGH verwies zwar zunächst auf die Rechtsfigur des relativen Unternehmensbegriffes, der eine Einstufung der wirtschaftlichen Tätigkeit von Hoheitsträgern als Unternehmen erlaubt. Dies gelte jedoch nur, wenn diese Tätigkeit von der Ausübung der hoheitlichen Befugnisse „losgelöst" werden könne. Sei sie – wie im Streitfall – „mit der Ausübung der **1b**

---

[23] EuGH U. v. 26.9.2013, Rs C-172/12 P, ECLI:EU:C:2013:601 = WuW/E EU-R 2870 ff., Rdnr. 38 ff. – *E. I. Du Pont.*

[24] So bereits EuGH U. v. 16.12.1975, Slg. 1975, 1663, Rdnr. 480 – *Suiker Unie;* aus jüngster Zeit EuG U. v. 15.7.2015, Rs. T-418/10, ECLI:EU:T:2015:516, Rdnr. 134 ff. – *voestalpine* (dort bejaht auch für einen Fall, in dem der Handelsvertreter zugleich für einen anderen Geschäftsherrn tätig war).

[25] *V. d. Groeben/Schwarze-Schröter,* aaO Rdnr. 24; *Immenga/Mestmäcker-Emmerich,* Bd. 1 EU, Art. 101 Abs. 1 Rdnr. 24; *Langen/Bunte-Hengst,* Art. 101 Rdnr. 7, 14.

[26] EuGH U. v. 21.9.1999, Rs C-67/96, Slg. 1999 I-5751, Rdnr. 59 – *Albany;* EuGH U. v. 4.12.2014, Rs C-413/13, ECLI:EU:C:2014:2411, Rdnr. 22/23 – *FNV Kunsten Informatie en Media.*

[27] EuGH U. v. 11.7.2006, Slg. 2006 I-6319 ff., Rdnr. 25. Es ging dort um die Einkaufstätigkeit verschiedener das spanische nationale System der sozialen Sicherheit verwaltenden Einrichtungen, wobei diese Einrichtungen den ihnen Angeschlossenen kostenlose medizinische Leistungen erbringen. Kritisch dazu *Bornkamm* in Fs. Günter Hirsch, 2008, 230, 237 ff.; *Schröter* in Fs. Carl Baudenbacher, 2007, 593, 608 ff.; *Langen/Bunte-Hengst,* Art. 101 Rdnr. 10; *Kling/Dally,* ZWeR 2014, 3, 8.

[28] EuGH aaO Rdnr. 26.

[29] Zu den Konsequenzen z. B. für Einkaufskartelle der deutschen Krankenkassen kann das BKartA-Verfahren betreffend gemeinsame Ausschreibung von Rabattverträgen nach § 130a Abs. 8 SGB V durch die *AOKs,* BKartA Gesch.-Z.: 3–552/06, genannt werden. Das Amt führte dort das *FENIN*-Urteil an und übte sein Eingriffsermessen dergestalt aus, dass es die Beschwerdeführer auf den Rechtsweg verwies, in dem geklärt werden müsse, ob die *AOKs* Unternehmen im Sinne des EU-Kartellrechts sind. Der BGH hat die Frage, ob die Grundsätze des *FENIN*-Urteils Anlass dazu geben, die „gefestigte Rechtsprechung zum Unternehmensbegriff im deutschen Recht einer Überprüfung zu unterziehen", im summarischen (Kosten-)Verfahren in der Sache *Tariftreueerklärung III* nicht beantwortet (WuW/E DE-R 2161, 2163) und auch später offengelassen (s. BGH WuW/E DE-R 4037 ff., Rdnr. 52 – *VBL-Gegenwert*). Die *FENIN*-Rechtsprechung des EuGH ist auch der Grund dafür, dass die deutsche Zusammenschlusskontrolle bei Vereinigungen von Krankenkassen (jetzt in § 172a SGB-V geregelt) nur eine „entsprechende Anwendung" der einschlägigen Regelungen im 7. Abschnitt des GWB (§§ 35 ff.) vorsieht.

hoheitlichen Befugnisse untrennbar verbunden", blieben sämtliche Tätigkeiten dieser Einheit Tätigkeiten in Ausübung hoheitlicher Befugnisse.[30]

2 Mit dem Begriff der **Unternehmensvereinigungen** sind in erster Linie die Unternehmensverbände gemeint. Wie beim Unternehmensbegriff sind Rechtsform und Organisation irrelevant;[31] Rechtsfähigkeit ist nicht erforderlich.[32] Auch öffentlich-rechtliche Verbände werden von Art. 101 AEUV erfasst.[33] Berufsverbände sind regelmäßig Unternehmensvereinigungen, soweit sie keine auf dem Solidaritätsgrundsatz beruhende soziale Aufgabe und auch keine typischerweise hoheitlichen Befugnisse ausüben.[34]

2a Unternehmen und Unternehmensvereinigungen sind abzugrenzen von natürlichen und juristischen **Personen** im Sinne der Durchführungsverordnung Nr. 1/2003 des Rates (z. B. im dortigen Art. 19) sowie der Kommissionsverordnung Nr. 773/2004 zur Festlegung des Kreises der Beschwerde- und Anhörungsberechtigten im Verwaltungsverfahren der Kommission. Hierbei braucht es sich nicht um Unternehmen iSv Art. 101 oder 102 AEUV zu handeln. In Zusammenhang mit diesen Vorschriften hat die Kommission z. B. auch Beschwerden von Verbrauchern[35] und von Gewerkschaften[36] als zulässig angesehen.

3 Die Frage nach der Unternehmensqualität von **natürlichen Personen und Personenvereinigungen** stellt sich vor allem in Zusammenhang mit der **privaten Vermögensverwaltung,** insbesondere bei privaten Unternehmensbeteiligungen. Insoweit gilt zunächst der Grundsatz, dass die Verwaltung privaten Eigentums keine wirtschaftliche Betätigung darstellt; daher vermitteln Anteilsrechte an einer Gesellschaft erst dann Unternehmensqualität, wenn der Rechtsinhaber auf die Führung der Geschäfte planend und lenkend Einfluss nimmt oder die Unternehmensbeteiligungen als eigenständige Tätigkeit betrieben werden.[37] Die Qualifizierung als Unternehmen hängt nicht von dem Umfang und der Bedeutung der wirtschaftlichen Tätigkeit ab, so dass auch ein einmaliges Geschäft zur Begründung der Unternehmenseigenschaft führen kann.[38] Ein Privatmann soll demzufolge bereits dann unternehmerisch handeln, wenn er ein Unternehmen bzw. eine Beteiligung veräußert oder erwirbt.[39] Diese Ansicht geht aber zu weit. Wenn ein Privatmann, der selbst nicht unternehmerisch tätig ist, eine von ihm gehaltene Beteiligung (sei es eine Minderheits- oder eine Mehrheitsbeteiligung an einem Unternehmen) an ein anderes Unternehmen verkauft, mag dieser Vorgang der Fusionskontrolle unterfallen. Auf den Veräußerer kommt es dabei jedoch nicht an (dazu noch im Folgenden). Wenn der *Erwerber* seinerseits bisher ein Privatmann war, wird er durch einen Mehrheitserwerb selbst zum Unternehmen (s.

---

[30] EuGH U. v. 12.7.2012, Rs C-138/11, ECLI:EU:C:2012:449, Rdnr. 38 ff. – *Compass-Datenbank;* dort unter Bezugnahme auf EuGH U. v. 26.3.2009, Slg. 2009 I-2207 ff. – *Selex Sistemi Integrati* (Beschwerde gegen *Eurocontrol*).

[31] S. EuGH U. v. 30.1.1985, Slg. 1985, 391, 423 – *BNIC/Clair* und U. v. 12.9.2000, Slg. 2000 I-6451, 6523, Rdnr. 85 – *Pavlov.* Vgl. ferner *Lübbig,* § 8 Rdnr. 8.

[32] Komm. E. v. 25.6.1969, ABl. 1969 L 168/22 – *VVVF.*

[33] S. dazu EuGH U. v. 9.6.1977, Slg. 1977, 1091, 1127 – *van Ameyde/UCI* und U. v. 19.2.2002, Slg. 2002 I-1577, 1679, Rdnr. 58–71 – *Wouters;* Komm. E. v. 26.7.1976, ABl. 1976 L 231/24, 27 – *BNIA/Pabst & Richarz.*

[34] So EuGH U. v. 18.7.2013, Rs C-136/12, ECLI:EU:C:2013:489, Rdnr. 41 ff., 44 – *Consiglio nationale dei geologi (CNG).*

[35] Komm. E. v. 12.12.1978, ABl. 1979 L 16/9 – *Kawasaki;* s. auch EuGH U. v. 28.2.1984, Slg. 1984, 1129 ff. – *Ford I.*

[36] S. Komm. 16. WB, Rdnr. 43 – *British Transport and General Workers Union/BP und Texaco;* s. ferner die Beschwerde im EG-Fusionskontrollverfahren *Nestlé/Perrier,* EuG U. v. 27.4.1995, Slg. 1995 II-1216 ff. – *Comité Central d'entreprise.*

[37] S. Komm. E. v. 26.7.1976, ABl. 1976 L 254/40, 45 – *Reuter/BASF;* Komm. E. v. 26.1.1979, ABl. 1979 L 19/32 Rdnr. 12 – *Vaessen/Moris; Langen/Bunte-Hengst,* Art. 101 Rdnr. 15; *v. d. Groeben/Schwarze-Schröter,* Vorbemerkung zu den Art. 81 bis 85 EG Rdnr. 29 und *Mestmäcker/Schweitzer,* Europäisches Wettbewerbsrecht, § 9 Rdnr. 42.

[38] *V. d. Groeben/Schwarze-Schröter,* Vorbemerkung zu den Art. 81 bis 85 EG Rdnr. 29.

[39] S. *v. d. Groeben/Schwarze-Schröter,* Vorbemerkung zu den Art. 81 bis 85 EG Rdnr. 29; *Mestmäcker/Schweitzer,* Europäisches Wettbewerbsrecht, § 9 Rdnr. 42.

dazu auch Art. 3 Abs. 1 EG-FKVO). Erlegt dieser Unternehmer-Erwerber einem Unternehmer-Veräußerer ein Wettbewerbsverbot auf, so kann es an den Vorgaben des Art. 101 Abs. 1 AEUV gemessen werden.[40] Einem privaten Veräußerer wird man ein Wettbewerbsverbot aber nur dann auferlegen, wenn er aufgrund seiner aktiven Tätigkeit in dem veräußerten Unternehmen selbst über entsprechendes technisches oder kommerzielles Knowhow verfügt. Dann aber bleibt er auch nach der Veräußerung für die fragliche Übergangszeit Unternehmer.[41] Wenn aber eine Privatperson im Rahmen eines MBO ein Unternehmen erwirbt, ist dies als solches kartellrechtlich (und zwar auch nach der Fusionskontrolle) unerheblich, wenn sie bis dahin nicht anderweitig selbst bzw. über ihr gehörende juristische Personen unternehmerisch tätig war.[42] Dem trägt die Legaldefinition für natürliche Personen als Unternehmen in der EG-FKVO Rechnung. Art. 3 Abs. 1 lit. b FKVO unterscheidet zwischen Unternehmen und natürlichen Personen. Natürliche Personen kommen nur dann als mögliche Kontrollerwerber in Betracht, wenn sie (vor der Transaktion) bereits mindestens ein Unternehmen kontrollieren. Die Unternehmenseigenschaft natürlicher Personen setzt also die Kontrolle eines Unternehmens voraus.[43] Eine Minderheitsbeteiligung ohne bestimmenden Einfluss auf das gesamte Unternehmen reicht somit für die Unternehmenseigenschaft nicht aus.[44]

II. Sachlicher Geltungsbereich

Der AEU-Vertrag erfasst grundsätzlich **alle Wirtschaftsbereiche.** Dementsprechend sind auch die Wettbewerbsregeln der Art. 101, 102 AEUV auf alle Arten wirtschaftlicher Betätigung und auf alle Wirtschaftszweige anwendbar, soweit nicht der AEUV Ausnahmen vorsieht.[45] Die Wettbewerbsregeln des AEU-Vertrages gelten daher auch für den **Verkehrssektor.** Insoweit hat der Rat jedoch erst relativ spät in mehreren Schritten die erforderlichen Durchführungsverordnungen erlassen, die mittlerweile jedoch von der VO Nr. 1/2003 abgelöst wurden.[46] Sonderregelungen gelten gemäß Art. 42 AEUV für die Produktion von und den Handel mit **landwirtschaftlichen Erzeugnissen.**[47] 4

Der **EGKS-Vertrag** ist am 23.7.2002 außer Kraft getreten. Insofern finden nun die Vorschriften des AEU-Vertrages auch auf die Märkte für **Kohle und Stahl** Anwendung. Der vorher bestehenden Rechtslage kommt jedoch unter gewissen Umständen weiterhin Bedeutung zu für bis zum 23.7.2002 bestehende Kartelle, vollzogene Unternehmenszusammenschlüsse und praktizierte Verhaltensweisen von Unternehmen in beherrschender Stellung.[48] Im Geltungsbereich der Wettbewerbsregeln des EGKS-Vertrages (Art. 65, 66) fanden früher nur diese Vorschriften, nicht aber die Wettbewerbsregeln des EG-Vertrages (jetzt: AEU-Vertrages) Anwendung. In der Praxis kam es freilich häufig zu einer Anwendung der Wettbewerbsregeln des EG-Vertrages neben denen des EGKS-Vertrages, soweit die zu beurteilenden Vereinbarungen oder Zusammenschlüsse Produkte beider Regelungsbereiche betrafen.[49] 5

---

[40] So Komm. E. v. 12.12.1983, ABl. 1983 L 376/22 Rdnr. 23 – *Nutricia/Zuid-Hollandse Conservenfabriek,* dort – ohne Begründung – für den Erwerb eines Unternehmens durch eine Privatperson.

[41] So im Fall *Reuter/BASF,* Komm. E. v. 26.7.1976, ABl. 1976 L 254/40, 45. Dort war Herr *Reuter* zuvor selbst als Forscher und Geschäftsführer des veräußerten Unternehmens tätig und blieb danach in anderen Bereichen unternehmerisch tätig.

[42] S. dazu Komm. Konsolidierte Mitt., Rdnr. 151, 152.

[43] *Mestmäcker/Schweitzer,* Europäisches Wettbewerbsrecht, § 25 Rdnr. 3; *S/J/K/M-Hirsbrunner/Rating,* aaO Art. 3 FKVO Rdnr. 9.

[44] *Pohlmann,* Der Unternehmensverbund im Europäischen Kartellrecht, 1999, S. 64.

[45] EuGH U. v. 30.4.1986, Slg. 1986, 1425, 1465 f. – *Asjes;* U. v. 27.1.1987, Slg. 1987, 405, 451 – *Verband der Sachversicherer ./. Kommission.*

[46] S. dazu § 1 Rdnr. 12 ff.

[47] S. dazu § 1 Rdnr. 19 sowie *de Bronett* in § 32 des Handbuches.

[48] S. dazu näher Mitteilung der Kommission über bestimmte Aspekte der Behandlung von Wettbewerbsfällen nach Auslaufen des EGKS-Vertrags, ABl. 2002 C 152/5 sowie *Thomas* in § 36 des Handbuches.

[49] S. dazu z. B. aus der EG-Fusionskontrolle die Fälle *RTZ/CRA,* M.660, und *Krupp II,* M.740.

6 Eine gewisse praktische Bedeutung im Rahmen der EG-Fusionskontrolle hat inzwischen Art. 346 Abs. 1 lit. b) AEUV (früher: Art. 296 Abs. 1 lit. b) EG) erlangt. Danach kann jeder Mitgliedstaat die Maßnahmen ergreifen, die seines Erachtens für die Wahrung seiner **wesentlichen Sicherheitsinteressen** erforderlich sind, soweit sie die Erzeugung von **Waffen, Munition und Kriegsmaterial** oder den Handel damit betreffen. Unter Berufung auf diese Klausel haben mehrfach Mitgliedstaaten der Gemeinschaft Unternehmen angewiesen, die Anmeldung von Zusammenschlüssen nach der EG-FKVO nur für nicht-militärische Produkte vorzunehmen; die Kommission akzeptiert dieses Vorgehen.[50]

III. Geographischer Geltungsbereich

7 Den geographischen Geltungsbereich des EU-Vertrages und damit auch seiner Wettbewerbsregeln legt Art. 52 EUV fest. Nach Abs. 1 gilt der Vertrag in den **(28) Mitgliedstaaten.** Dazu gehören seit der deutschen Wiedervereinigung auch die neuen Bundesländer[51] und seit 1.7.2013 auch Kroatien.[52] Ergänzende Regelungen enthält über die Verweisungsnorm des Art. 52 Abs. 2 EUV der Art. 355 AEUV. Das – völkerrechtlich motivierte – Auswirkungsprinzip ist im AEU-Vertrag – anders als in § 130 Abs. 2 GWB – nicht geregelt; gleichwohl ist allgemein anerkannt, dass die EU-Wettbewerbsregeln auch für Unternehmen mit Sitz in **Drittstaaten** gelten, wenn sich ihr Verhalten auf die Gemeinschaft spürbar auswirkt; umgekehrt gelten sie nicht für wettbewerbsbeschränkende Verhaltensweisen, die ausschließlich Drittstaaten betreffen und sich innerhalb der Gemeinschaft nicht auswirken. Einzelheiten werden in § 5 des Handbuches behandelt.[53]

8 Mit dem **EWR-Abkommen** (Art. 53, 54) wurde der Geltungsbereich der EG-Wettbewerbsregeln ab 1.1.1994 auch auf die EFTA-Staaten (mit Ausnahme der Schweiz) erstreckt. Seit dem Beitritt Schwedens, Finnlands und Österreichs zur Gemeinschaft am 1.1.1995 betrifft das EWR-Abkommen nur noch **Norwegen, Island** und **Liechtenstein.**

B. Deutsches Kartellrecht (GWB)

I. Persönlicher Geltungsbereich

9 Auch das GWB richtet sich (nur) an **Unternehmen** und **Unternehmensvereinigungen.** Ebenso wie im EU-Kartellrecht fehlt dazu eine Legaldefinition; maßgebend ist nach ganz h. M. wiederum ein **funktionaler Unternehmensbegriff**,[54] dessen Inhalt aus dem Gesetzeszusammenhang sowie dem Sinn und Zweck des Gesetzes zu bestimmen ist. Der BGH hat entschieden, dass „jedwede Tätigkeit im geschäftlichen Verkehr“, die auf den Austausch von Waren oder gewerblichen Leistungen gerichtet ist, den Unternehmensbegriff erfüllt.[55] Dieser Begriff ist weit und insbes. rechtsformneutral auszulegen. Neben den Handelsgesellschaften werden also auch freie Berufe, Wissenschaftler und Künstler erfasst, soweit sie wirtschaftlich tätig sind.[56] Es gelten im Wesentlichen dieselben Grundsätze wie

---

[50] S. dazu z. B. die Fälle *British Aerospace/VSEL,* M.528 (ABl. 1994 C 312/7), *GEC/Thomson-CSF (II),* M.724 (ABl. 1996 C 114/7) und *British Aerospace/GEC Marconi,* M.1438 (ABl. 1999 C 241/8).

[51] Komm. 20. WB, Rdnr. 39.

[52] Dazu Entschließung des Europäischen Parlaments und Beschluss des Rates der EU vom 1. bzw. 5.12.2011 über die Aufnahme der Republik Kroatien in die EU, ABl. 2013 L 300/4 ff.

[53] S. § 5 Rdnr. 12.

[54] S. z. B. BGH WuW/E BGH 1841, 1842 – *Ganser-Dahlke;* ferner BGH WuW/E DE-R 2144 ff. – *Rettungsleitstelle* (für eine juristische Person des Privatrechts, die als Beliehene auftritt) sowie BGH WuW/E DE-R 4037 ff., Rdnr. 43 – *VBL-Gegenwert* (für die Versorgungsanstalt des Bundes und der Länder). S. auch *Möschel,* Wettbewerbsrecht, Rdnr. 100; *Immenga/Mestmäcker-Zimmer,* GWB, § 1 Rdnr. 23.

[55] BGH WuW/E BGH 1325 – *Schreibvollautomat;* BGH WuW/E DE-R 4037 ff., Rdnr. 43 – *VBL-Gegenwert.*

[56] *Immenga/Mestmäcker-Zimmer,* aaO § 1 Rdnr. 65 ff.

im EU-Kartellrecht.[57] Wie dort wird außerdem auch im deutschen Recht der Begriff Unternehmen als wirtschaftliche Einheit verstanden, zu der die verbundenen Unternehmen hinzuzurechnen sind, die in einem Konzernverbund (§ 18 AktG) unter einheitlicher Leitung stehen.[58] Auszugrenzen sind wiederum öffentlich-rechtliches (hoheitliches) Handeln,[59] die rein private Nachfrage bzw. der private Lebensbedarf und nicht-selbständige Tätigkeiten, insbes. von Arbeitnehmern.[60] Die Verwaltung des eigenen Vermögens fällt nicht unter den Unternehmensbegriff. Die Beteiligung einer natürlichen Person an einem Unternehmen vermittelt nur dann die Unternehmenseigenschaft, wenn der Inhaber wirtschaftlich planend das Geschehen am Markt aktiv mitbestimmt.[61] Nach § 36 Abs. 3 GWB wird in der Fusionskontrolle allerdings die Unternehmenseigenschaft einer natürlichen (oder juristischen) Person (oder Personenvereinigung) fingiert, wenn diese die Mehrheitsbeteiligung an einem Unternehmen hält (sog. *Flick*-Klausel). Diese Fiktion gilt für das gesamte GWB und stellt somit eine generelle Erweiterung des Unternehmensbegriffes dar.[62] Auch im deutschen Kartellrecht ist die Absicht der Gewinnerzielung kein für den Unternehmensbegriff wesentliches Merkmal, so dass auch gemeinnützige Organisationen als Unternehmen anzusehen sind.[63] Die Sozialversicherungsträger sind als Unternehmen behandelt worden, soweit es entweder um die Erbringung zusätzlicher Leistungen oder um ihr Verhältnis zu Apothekern, Optikern und Heilmittelherstellern ging.[64] Auch der Staat bzw. Körperschaften des öffentlichen Rechts können sich als Unternehmen betätigen.[65] So handeln Rundfunkanstalten als Unternehmen im Sinne des GWB, soweit sie z. B. im Werbegeschäft oder als Nachfrager von Programmen tätig sind.[66] Ergänzend stellt § 130 Abs. 1 GWB klar, dass das Gesetz auch Anwendung auf Unternehmen findet, die ganz oder teilweise im Eigentum der öffentlichen Hand stehen oder die von ihr verwaltet oder betrieben werden.[67] Das BKartA hat z.B. die Bundesländer Rheinland-Pfalz und Baden-Württemberg bezüglich ihrer Tätigkeit bei der Holzvermarktung als Unternehmen angesehen.[68] Die Grundsatzfrage, ob für den Unternehmensbegriff des GWB auch die Vorgaben des *FENIN*-Urteils des EuGH (dazu Rdnr. 1a) gelten, die für Einkaufskartelle der öffentlichen Hand im Zweifel auf eine Nichtanwendbarkeit der Wettbewerbsregeln hinauslaufen (dazu Fn. 28 a. E.), hat der BGH bisher offengelassen.[69] Schließlich gilt auch im deutschen Kartellrecht, dass nicht notwendig stets einheitlich zu beantworten ist, ob ein Unternehmen vorliegt; vielmehr ist die Unternehmenseigenschaft im Einzelfall für die in Frage stehende wirtschaftliche Tätigkeit zu prüfen.[70] Für die Versorgungsanstalt des Bundes und der Länder

---

[57] S. dazu oben Rdnr. 1 ff. sowie *Lübbig* in § 8 Rdnr. 83.

[58] BGH WuW/E DE-R 3861 ff., Rdnr. 69 – *Grauzementkartell,* dort zur Bußgeldbemessung nach § 81 Abs. 4 GWB.

[59] BGH WuW/E DE-R 2144 ff. – *Rettungsleitstelle* (für ein beliehenes Unternehmen).

[60] BGH WuW/E BGH 1841, 1842 – *Ganser-Dahlke.*

[61] *GK-Hootz,* § 1 Rdnr. 38; *Immenga/Mestmäcker-Zimmer,* aaO § 1 Rdnr. 51.

[62] *Bechtold,* § 1 Rdnr. 11; *Langen/Bunte-Krauß,* Bd. 1, § 1 GWB Rdnr. 41.

[63] BGH WuW/E DE-R 4037 ff., Rdnr. 43 – *VBL-Gegenwert;* KG WuW/E OLG 307, 308 – *AOK;* WuW/E BGH 419 – *AOK;* KG WuW/E OLG 2028, 2030.

[64] S. dazu *Immenga/Mestmäcker-Zimmer,* aaO Rdnr. 55 mwN.

[65] BGH WuW/E BGH 442, 444 – *Gummistrümpfe;* WuW/E BGH 1361, 1363 – *Krankenhaus-Zusatzversicherung II;* BGH WuW/E DE-R 289, 292 – *Lottospielgemeinschaft.*

[66] KG WuW/E OLG 4267, 4269 – *Sportübertragungen;* BGH WuW/E BGH 2627 ff.

[67] S. dazu insbes. *Immenga/Mestmäcker-Emmerich,* GWB, § 130 Rdnr. 9 ff.; *Langen/Bunte-Stadler,* Bd. 1, § 130 GWB Rdnr. 9 ff.

[68] BKartA, B. v. 3.3.2009, Az. B2–90/01–3, S. 10, veröff. auf der Homepage des BKartA; Presse-Mitt. v. 15.7.2015, „Bundeskartellamt untersagt die gebündelte Rundholzvermarktung in Baden-Württemberg".

[69] So ausdrücklich in BGH WuW/E DE-R 4037 ff., Rdnr. 52 – *VBL-Gegenwert.* S. zu diesem Themenkreis auch *Bornkamm* in Fs. Blaurock, 2013, S. 41, 48 ff. und Monopolkommission, 18. Hauptgutachten 2008/2009, Rdnr. 1203 ff.

[70] BGH WuW DE-R 4037 ff., Rdnr. 44 – *VBL-Gegenwert;* s. auch BGH WuW/E BGH 1661, 1662 – *Berliner Musikschule.*

(VBL) hat der BGH daher in Anlehnung an die Rechtsprechung des EuGH zu Betriebsrentenfonds mit einer Tätigkeit im Wettbewerb mit Versicherungsunternehmen die Unternehmenseigenschaft bejaht. Auch den „relativen" Unternehmensbegriff erkennt der BGH an, d.h. eine Organisationseinheit kann, obwohl sie hoheitlich tätig ist, im Sinne einer „Doppelqualifikation" zugleich als Unternehmen anzusehen sein, wenn und soweit sie daneben in einer Wettbewerbsbeziehung zu anderen Unternehmen steht.[71] Das Angebot von Lotterien durch staatliche Lotto-Gesellschaften ist ebenfalls eine wirtschaftliche Tätigkeit.[72] Dagegen wurde der Widerruf einer Erlaubnis für Glücksspielangebote im Internet durch die Ordnungsbehörde nicht als unternehmerisches Handeln bewertet.[73] Für **Unternehmensvereinigungen** gilt das Vorgesagte entsprechend. Als Beispiel aus jüngerer Zeit kann die Qualifizierung des *Presse-Grosso-Verbandes* als Unternehmensvereinigung genannt werden.[74]

II. Sachlicher Geltungsbereich

10 Auch das GWB gilt grundsätzlich für **alle Wirtschaftsbereiche.** In den §§ 28ff. sind inzwischen nur noch wenige Sonderregelungen für bestimmte Sektoren vorgesehen; sie betreffen eine Einschränkung des Kartellverbots für landwirtschaftliche Erzeugerbetriebe (§ 28), eine verschärfte Missbrauchsaufsicht über Energieversorgungsunternehmen (§ 29), vertikale Preisbindungen für Zeitungen und Zeitschriften (§ 30) sowie Sonderregelungen für Wasserversorgungsunternehmen (§§ 31ff., vor der 8. GWB-Novelle über § 131 Abs. 6 a.F. in § 103 GWB i.d. Fassung von 1990 geregelt). Durch die 7. Novelle (2005) wurden die früher in den §§ 29–31a.F. enthaltenen Ausnahmen für Kreditinstitute und Versicherungsunternehmen, Urheberrechtsverwertungsgesellschaften und für die zentrale Vermarktung von Fernsehrechten durch Sportverbände aufgehoben. Auch das GWB fand vor dem Auslaufen des EGKS-Vertrages insgesamt keine Anwendung, soweit er besondere Vorschriften enthielt. Auch hier galt, dass eine parallele Anwendung von EGKSV und GWB möglich war, wenn eine Vereinbarung oder ein Zusammenschluss Produkte beider Regelungsbereiche betraf.[75]

III. Geographischer Geltungsbereich

11 Hinsichtlich seines geographischen Anwendungsbereiches enthält das GWB in § 130 Abs. 2 eine besondere Vorschrift. Danach findet das Gesetz Anwendung „auf alle Wettbewerbsbeschränkungen, die sich im Geltungsbereich dieses Gesetzes auswirken, auch wenn sie außerhalb des Geltungsbereichs dieses Gesetzes veranlaßt werden". Die Vorschrift ist eine Kollisionsnorm, die als maßgebliches Anknüpfungskriterium auf die **Inlandsauswirkung** abstellt. Sie sieht nicht nur die Erfassung der Aktivitäten ausländischer Unternehmen in Deutschland vor, sondern ordnet umgekehrt – im Sinne einer Einschränkung – auch die Nichterfassung ausländischer Aktivitäten deutscher Unternehmen an.[76]

12 Seit der Wiedervereinigung am 3.10.1990 gilt das GWB uneingeschränkt auch in den neuen Bundesländern.[77] Schon seit Inkrafttreten der Wirtschafts- und Währungsunion am

---

[71] So bereits BGHZ 36, 91, 101ff. – *Gummistrümpfe;* ferner BGH WuW/E DE-R 3497ff., Rdnr. 13 – *Niederbarnimer Wasserverband,* dort bejaht für einen Zweckverband der Wasserversorgung, um dem BKartA die Ermittlung von Vergleichsdaten für ein Preismissbrauchsverfahren gegen ein anderes WVU zu ermöglichen.

[72] BGH WuW/E DE-R 2408ff. – *Lottoblock;* dazu näher *Westermann,* ZWeR 2010, 81ff.

[73] BGH WuW/E DE-R 4007, 4009 – *Anybet.*

[74] LG Köln WuW/E DE-R 3532, 3541 – *Presse-Grosso* bzw. OLG Düsseldorf WuW/E DE-R 4242ff.

[75] S. dazu z.B. den Fall *GKN/Fichtel & Sachs,* WuW/E BKartA 1625ff. sowie WuW/E BGH 1501ff.

[76] S. dazu BGH WuW/E BGH 1276, 1277 – *Ölfeldrohre; Immenga/Mestmäcker-Rehbinder,* GWB, § 130 Rdnr. 106.

[77] S. Art. 8 des Einigungsvertrages, BGBl. 1990 II Nr. 25, S. 892.

1.7.1990 galt das GWB mit geringfügigen Änderungen im Rahmen der Zusammenschlusskontrolle auch in der DDR.[78] Die Durchführung des Gesetzes war seinerzeit dem Amt für Wettbewerbsschutz übertragen.

§ 5 Internationales Kartellrecht

Übersicht

Schrifttum: *Basedow,* Weltkartellrecht, 1998; *Bellamy/Child,* European Community Law of Competition, 7. Aufl. 2013; *Böge,* Die Herausforderungen einer internationalen Wettbewerbspolitik in Zeiten globalisierter Märkte, WuW 2005, 590 ff.; *Bornkamm/Montag/Säcker* (Hrsg.), Münchener Kommentar zum Europäischen und Deutschen Wettbewerbsrecht, Band 1 Europäisches Wettbewerbsrecht, 2. Aufl. 2015; *Bunte,* Kartellrecht, 2003, S. 42 ff.; *Busche/Röhling* (Hrsg.), Kölner Kommentar zum Kartellrecht, Bd. 2, §§ 35–131 GWB, 2014 (zit.: *KK-Bearbeiter*); Calliess (Hrsg.), Rome

[78] Textfassung abgedruckt in WuW 1990, 757; s. dazu *Wutzke,* WuW 1990, 715 ff.

Regulations, Commentary, 2. Aufl. 2015 (zit.: *Calliess-Augenhofer*); *Divivier,* Die Reichweite der Befugnis mitgliedstaatlicher Gerichte und Wettbewerbsbehörden zur Anwendung des EU-Kartellrechts, 2014; *Emmerich,* Kartellrecht, 13. Aufl. 2014, S. 23; *Ezrachi,* Limitations on the Extraterritorial Reach of the European Merger Regulation, ECLR 2001, 137; *Gleiss/Hirsch,* aaO, Einl. B, Rdnr. 27 ff.; *Herrmanns* in: Festschrift für Benisch, 1989, S. 439; *Hess,* Europäisches Zivilprozessrecht, 2010; *Immenga/Mestmäcker-Rehbinder,* Wettbewerbsrecht Bd. 2 GWB, Teil 1, 5. Aufl. 2014, § 130 Rdnr. 96 ff.; *Immenga/Mestmäcker-Rehbinder,* Wettbewerbsrecht Bd. 1 EU/Teil 1, 5. Aufl. 2012, IntWbR Rdnr. 1 ff.; *Jaeger/Kokott/Pohlmann/Schroeder* (Hrsg.), Frankfurter Kommentar zum Kartellrecht, Stand Dezember 2013 (79. Ergänzungslieferung); *Kindler,* Gerichtsstandvereinbarung und Rechtshängigkeitssperre: Zum Schutz vor Torpedo-Klagen nach der Brüssel Ia-Verordnung, Fs. Coester-Waltjen, 2015, S. 485 ff.; *Klauß,* Die Aufsicht über ein gemeinsames Wirtschaftsgebiet, 2008; *Langen/Bunte-Stadler,* Kartellrecht – Kommentar, 12. Aufl. 2014, Bd. 1, Deutsches Kartellrecht, § 130 Rdnr. 119 ff.; *Leible/Terhechte* (Hrsg.), Europäisches Rechtsschutz- und Verfahrensrecht, 2014; *Lenz/Borchard* (Hrsg.), EU-Verträge Kommentar, 6. Aufl. 2012; *Meessen,* Völkerrechtliche Grundsätze des internationalen Kartellrechts, 1975; *ders.* Schadensersatz bei weltweiten Kartellen, WuW 2005, 1115 ff.; *Mestmäcker/Schweitzer,* Europäisches Wettbewerbsrecht, 3. Aufl. 2014, § 6; *Montag,* Common Market Merger Control of Third-Country Enterprises, in: Comparative Law Yearbook of International Business, Vol. 13, 1991, S. 47 ff.; *Podszun,* Perspektiven des internationalen Kartellrechts, GRURInt 2010, 302 ff.; *Rauscher-Bearbeiter,* Europäisches Zivilprozess- und Kollisionsrecht, 2011; *Ritter/Braun,* European Competition Law, 3. Aufl. 2004, S. 72 ff.; *Sansom/Morfey/Teague,* Recent Developments in Private Antitrust Damages Litigation in Europe, Antitrust Vol. 29 No. 2, 2015, S. 33 ff.; *Schack,* Internationales Zivilverfahrensrecht, 6. Aufl. 2014; *Schnichels/Stege,* Die Entwicklung des Europäischen Zivilprozessrechts im Bereich der EuGVVO im Jahr 2013, EuZW 2014, 808 ff.; *Schödermeier,* Die vermiedene Auswirkung, Anm. zum Papierstoff-Urteil des EuGH, WuW 1989, 21; *Schnur,* Internationales Kartellprivatrecht nach der Rom II-Verordnung, 2012; *Schröter/Jakob/Klotz/Mederer,* Europäisches Wettbewerbsrecht, 2. Aufl. 2014 (zit.: *S/J/K/M-Bearbeiter*); *Schwarze,* Die extraterritoriale Anwendbarkeit des EG-Wettbewerbsrechts, WuW 2001, 1190; *Staudinger/Fezer/Koos,* Internationales Wirtschaftsrecht, 2010; *Torremans,* Extraterritorial Application of E. C. and U. S. Competition Law, 21 European Law Revue (1996), 280 ff.; *Tzakas,* Die Haftung für Kartellrechtsverstöße im internationalen Rechtsverkehr, 2011; *Van Miert,* Transatlantic Relations and Competition Policy, in: Competition Policy Newsletter No. 3/1996; *v. d. Groeben/Schwarze-Schröter,* Kommentar zum Vertrag über die Europäische Union und zur Gründung der Europäischen Gemeinschaft, 6. Aufl. 2003, Vorbemerkung zu Art. 81 bis 85, Rdnr. 58 ff.; *Whish & Bailey,* Competition Law, 7. Aufl. 2012, S. 487 ff.; *Wiedemann,* Drittstaaten-Zusammenschlüsse und EG-Fusionskontroll-Verordnung, in: Fs. Lieberknecht, 1997, S. 625 ff.

A. Problemstellung

1 Die zunehmende **internationale Verflechtung der Wirtschaft** und das Entstehen zahlreicher Weltmärkte durch den Abbau von Zollschranken im Rahmen des GATT, gesunkene Kosten für den Transport über weite Entfernungen und kostengünstige Kommunikationstechniken stellen auch für das Kartellrecht eine Herausforderung dar. Der räumliche Geltungsbereich der Wettbewerbsregeln des AEUV und des GWB ist geographisch grundsätzlich auf das Hoheitsgebiet der Mitgliedstaaten bzw. der Bundesrepublik Deutschland beschränkt.[1] Rein nationale Wettbewerbsbeschränkungen treten freilich immer seltener auf. Zusammenschlüsse international tätiger Unternehmen oder internationale Kartelle machen an den Staatsgrenzen nicht halt, sondern betreffen Sachverhalte in mehreren Staaten oder Erdteilen (neben Europa insbes. Nordamerika und die Fernoststaaten). Eine (nationale) Wettbewerbspolitik, die sich die Kontrolle von Wettbewerbsbeschränkungen zum Ziel gesetzt hat, stößt daher auf rechtliche Probleme, wenn sie gegen ausländische Unternehmen bzw. im Ausland durchgesetzt werden soll. Von dem früheren BKartA-Präsidenten *Kartte* stammt das Wort, dass „die Kanonen des BKartA nur bis Aachen schießen". Für die Kommission in Brüssel gilt hinsichtlich der Grenzen der Gemeinschaft grundsätzlich nichts anderes; auch für sie kann es Probleme aufwerfen, wenn sie die Wettbewerbsregeln des AEUV gegen Drittstaaten-Unternehmen durchsetzen will. Eine Lösung der durch die Globalisierung der Wirtschaft aufgeworfenen Rechtsprobleme könnte in der Schaffung eines **Weltkartellrechts** liegen. In der Havanna-Charta von 1947 gab es dazu bereits konkrete Rege-

[1] S. dazu bereits § 4 Rdnr. 7 und 11.

lungen; sie wurden jedoch nicht in Kraft gesetzt.[2] Gelegentlich wird über neue Vorhaben nachgedacht, z. B. von der (privaten) International Antitrust Code Working Group[3] sowie im Rahmen der WTO-Arbeitsgruppe „Handel und Wettbewerb".[4] Solange solche Überlegungen jedoch nicht umgesetzt sind, müssen die Staaten auf ihr nationales Recht bzw. muss die Kommission auf die Wettbewerbsregeln des AEUV zurückgreifen und mit Hilfe dieses Instrumentariums versuchen, ihre Ziele zu erreichen. Zunehmende Bedeutung kommt dabei seit längerer Zeit der Zusammenarbeit der Kartellbehörden in Europa und anderen Industriestaaten zu, insbes. den USA (dazu näher § 6 Rdnr. 20). Daneben ist seit 2001 die Zusammenarbeit der Wettbewerbsbehörden im Rahmen des **International Competition Networks (ICN)** getreten, durch welche die Konvergenz des verfahrens- und des materiellrechtlichen Wettbewerbsrecht der (heute) kooperierenden 132 Wettbewerbsbehörden aus 119 Staaten mittels „soft harmonization" gefördert werden soll.[5] Dieser Kooperations-Ansatz ist so erfolgreich, dass inzwischen Zweifel an der Erforderlichkeit eines internationalen Kartellrechts-Abkommens bestehen.[6]

Die Anwendung nationaler Kartellrechtsvorschriften bzw. der EU-Wettbewerbsregeln auf 2
Sachverhalte, die außerhalb des betroffenen Hoheitsgebietes von Unternehmen mit Sitz im Ausland bzw. in Drittstaaten veranlasst werden, aber dennoch Auswirkungen im Inland haben, wirft mehrere Probleme auf. Dazu gehört zunächst die eher wettbewerbspolitische Frage, inwieweit es überhaupt sinnvoll ist, dass jede – ggf. nur insignifikante – Auswirkung die Jurisdiktion eines Staates begründet.[7] Aus rechtlicher Sicht geht es vor allem um die Grundsatzfrage, ob und inwieweit eine solche extraterritoriale Anwendung mit den Regeln des **Völkerrechts** vereinbar ist.[8] Ferner stellen sich entsprechend der Gemengelage des Kartellrechts im Zusammenhang mit den verschiedenen Verfahrensarten (Verwaltungs- und Bußgeldverfahren; Zivilprozesse) zahlreiche **kollisions-, materiell- und verfahrensrechtliche Fragen.** Für Zivilprozesse mit kartellrechtlichem Hintergrund (insbes. die Geltendmachung von Schadensersatzansprüchen gegen Beteiligte an EU-weiten Kartellen) gewinnt dabei die Schaffung EU-rechtlicher Regelungen (EuGVVO, Rom II-VO u. a.) zunehmende Bedeutung. In der Literatur werden diese Rechtsfragen ausführlich und z. T. kontrovers diskutiert.[9] Im Rahmen dieses Handbuches ist jedenfalls eine knappe Darstellung der Probleme unter

[2] Final Act and Related Documents, New York 1948; deutsche Übersetzung in WuW 1953, 244.

[3] Zu ihrem Draft International Antitrust Code (DIAC) s. *Fikentscher/Heinemann,* WuW 1994, 97 ff. und *Basedow,* Weltkartellrecht, S. 70 ff.

[4] Die Verhandlungen über ein WTO-Abkommen bezüglich multilateraler Wettbewerbsbedingungen müssen aber wohl als gescheitert angesehen werden; dazu BKartA TB 2003/2004, S. 77; *Podszun,* GRURInt. 2010, 302, 303; *Mestmäcker/Schweitzer,* Europäisches Wettbewerbsrecht, § 7 Rdnr. 152 f. Dennoch schlägt *Baetge* (Globalisierung des Wettbewerbsrechts – Eine internationale Wettbewerbsordnung zwischen Kartell- und Welthandelsrecht, 2009) den Abschluss eines entsprechenden weiteren WTO-Abkommens mit einem umfassenden, aber ausschließlich auf internationale Wettbewerbsbeschränkungen anwendbaren Kartellsrechts vor (kritisch dazu *Meessen,* WuW 2009, 516 ff.).

[5] BKartA Presse-Mitt. v. 4.5.2015. S. ferner die Homepage des ICN (www.internationalcompetitionnetwork.org), insbes. das 2003 ICN-Statement of Achievements vom April 2013 und die vom ICN erarbeiteten Empfehlungen und Best Practice-Regeln. S. ferner BKartA TB 2011/2012, S. 50; *Mestmäcker/Schweitzer,* Europäisches Wettbewerbsrecht, § 7 Rdnr. 154 f.; *Böge,* WuW 2005, 590, 593 ff.; *Klauß,* aaO S. 418 ff.; *Reimers,* Probleme und Perspektiven der Internationalisierung des Wettbewerbsrechts, 2007, S. 159 ff.

[6] S. dazu bereits *Brittan/Van Miert,* Towards an International Framework of Competition Rules, Internat. Business Lawyer 1996, S. 454 ff., die im Rahmen der WTO i. e. L. auf verstärkte Rechtsangleichung und Konsultationen setzen. Ähnlich *Van Miert,* The WTO and Competition Policy: The Need to Consider Negotiations. Vortrag vor den Botschaftern der WTO am 21.4.1998 in Genf. S. ferner Monopolkomm., XII. Hauptgutachten, 1998, S. 351 ff. Anders – trotz positiver Bewertung des ICN – *Klauß,* aaO S. 431/432.

[7] Zurückhaltend dazu *Böge,* WuW 2005, 590, 591.

[8] S. dazu im Einzelnen Rdnr. 3 ff.

[9] S. dazu z. B. *Immenga/Mestmäcker-Rehbinder,* WbR Bd. 1 EU/Teil 1, IntWbR, Rdnr. 1 ff., *Staudinger/Fezer/Koos* (2010), IntWirtschR, Rdnr. 59 ff. sowie den Überblick von *Podszun,* GRURInt 2010, 302 ff.

Hinweis auf die einschlägige Rechtsprechung und Literatur[10] veranlasst. Für Bußgeldverfahren haben die Kartellbehörden mit Unterstützung der Gerichte Konzepte entwickelt, die sich im Großen und Ganzen als wirksam erwiesen haben. Die Diskussion im Schrifttum war daher in Deutschland seit längerer Zeit abgeebbt. Das Problem hat sich wegen des Zusammenwachsens der Märkte in Europa zunehmend auf die EU-Ebene verlagert. Mit dem Inkrafttreten der EG-Fusionskontrolle 1990 verstärkte sich diese Entwicklung, denn an zahlreichen bei der Kommission angemeldeten Zusammenschlussvorhaben waren bzw. sind Drittstaaten-Unternehmen beteiligt.[11] Die daraus resultierenden Probleme werden freilich zumeist unterhalb der Schwelle von Untersagungsentscheidungen durch Zusagenregelungen gelöst. Vor einigen Jahren hat allerdings die strenge Praxis des BKartA gegenüber Auslandszusammenschlüssen die Diskussion neu entfacht,[12] ehe sie dann durch die Rechtsprechung praktisch beendet und mit der Einführung der sog. Zweiten Inlandsumsatzschwelle in § 35 Abs. 1 Nr. 2 GWB (2009) hinsichtlich der Tragweite des Problems etwas entschärft wurde. Im EU-Kartellrecht zeichnet sich über eine Novellierung der EG-FKVO eine Lösung der Probleme ab, die aus der unbefriedigenden Praxis der Kommission in Bezug auf Gemeinschaftsunternehmen in Drittstaaten ohne spürbare Auswirkungen auf die EU resultieren.[13]

B. Völkerrechtliche Schranken für die extraterritoriale Anwendung

I. Vorrang des Völkerrechts vor Unionsrecht und deutschem Kartellrecht

3 Neben dem (unionsrechtlichen) Verhältnismäßigkeitsprinzip[14] können die allgemein anerkannten Grundsätze des Völkerrechts dazu führen, dass die Kommission oder das BKartA die ihnen nach den Wettbewerbsregeln des AEU-Vertrages bzw. des GWB zustehenden Befugnisse im Hinblick auf bestimmte Drittstaaten- bzw. Auslandssachverhalte nicht oder nur eingeschränkt wahrnehmen dürfen. Nach allgemeiner Ansicht ist die Union ein Völkerrechtssubjekt. Ihre Organe sind daher an das Völkerrecht gebunden.[15] Dementsprechend hat der EuGH in seiner Rechtsprechung zu Wettbewerbssachen auch die Vereinbarkeit von Entscheidungen der Kommission mit völkerrechtlichen Grundsätzen erörtert.[16] Entsprechendes gilt für die Rechtslage in Deutschland. Dort ordnet Art. 25 GG an, dass die allgemeinen Regeln des Völkerrechts Vorrang vor Bundesrecht haben. Zu diesen allgemeinen Regeln gehören nicht nur die Grundsätze des Völkergewohnheitsrechts, sondern nach überwiegender Auffassung auch die allgemeinen Rechtsgrundsätze iSv Art. 38 Abs. 1c des Statuts des Internationalen Gerichtshofs.[17] Bei der Auslegung von § 130 Abs. 2 GWB[18] sind daher auch die völkerrechtlichen Anforderungen zu ermitteln und zu beachten. Es ist eine Auslegung zu wählen, die die Ziele des GWB unter den geringstmöglichen Konflikten mit anderen Staaten erreicht und den Gesichtspunkten der Normklarheit, der Vorhersehbarkeit und der Mindestbetroffenheit Rechnung trägt.[19]

---

[10] Dazu bei Rdnr. 67 ff.

[11] S. z. B. die Angaben der Komm., 25. WB (1995), S. 74.

[12] Dazu z. B. *Bechtold,* GWB, § 39 Rdnr. 30; s. ferner unten Rdnr. 44 und 48.

[13] Dazu bereits § 1 Rdnr. 35 sowie unten Rdnr. 16.

[14] S. dazu statt aller *v. Danwitz,* Europäisches Verwaltungsrecht, 2008, S. 215 ff. sowie für die EG-Fusionskontrolle *Wiedemann,* in Fs. Lieberknecht, 1997, S. 625, 637.

[15] EuGH U. v. 12.12.1972, Slg. 1972, 1219, 1227 – *International Fruit Company;* GA *Mayras,* Schlussanträge im *Farbenhersteller*-Verfahren, Slg. 1972, 699 unter Verweis auf EuGH U. v. 15.7.1964, Slg. 1964, 1251 – *Costa/Enel; Bleckmann,* Europarecht, 4. Aufl., S. 198; *Ipsen,* Europarecht, S. 200 ff.

[16] EuGH U. v. 27.9.1988, Slg. 1988, 5240, 5242 ff. – *Zellstoff.*

[17] BVerfGE 23, 288, 317.

[18] Dazu Rdnr. 23 ff.

[19] *Immenga/Mestmäcker-Rehbinder,* GWB, § 130 Rdnr. 115; *GK-Koenigs,* 4. Aufl. 1985, § 98 Abs. 2 Rdnr. 10 f.; *Langen/Bunte-Stadler,* aaO § 130 Rdnr. 142; s. ferner KG WuW/E OLG 2419 ff. – *Bayer/Firestone.*

II. Die einschlägigen völkerrechtlichen Grundsätze

1. Grundsätze für eine sinnvolle Anknüpfung. Im Völkerrecht sind verschiedene Grundsätze für eine sinnvolle Anknüpfung für die Anwendung des Rechts eines bestimmten Staates entwickelt worden. Dazu zählt vor allem das **Territorialitätsprinzip,** das an die Vornahme der Handlungen im Geltungsbereich der jeweiligen Rechtsordnung anknüpft; die Regelungsbefugnis geht mit anderen Worten grundsätzlich nicht über die jeweiligen Staatsgrenzen (bzw. hier: die Grenzen der Union) hinaus.[20] Zur Lösung der eingangs genannten Rechtsprobleme ist das Territorialitätsprinzip jedoch nur begrenzt geeignet, soweit die handelnden Unternehmen ihren Sitz in Drittstaaten haben und ggf. wettbewerbsbeschränkende Vereinbarungen in Drittstaaten abgeschlossen werden. Der EuGH hat dieses Dilemma im *Zellstoff*-Fall dadurch gelöst, dass er zwischen der in einem Drittstaat abgeschlossenen wettbewerbsbeschränkenden Vereinbarung und Maßnahmen zu ihrer Durchsetzung in der Gemeinschaft (jetzt: Union) unterschieden und die Erfassung letzterer als mit dem Territorialitätsprinzip vereinbar angesehen hat.[21] Die Tragfähigkeit dieses Konzeptes ist allerdings begrenzt. Es passt insbes. nicht für Drittstaaten-Zusammenschlüsse, die außerhalb des Territoriums der Gemeinschaft vereinbart und vollzogen werden, aber Auswirkungen auf die Gemeinschaft haben.[22] 4

Als zweites ist das **Personalitäts- oder Nationalitätsprinzip**[23] zu nennen. Maßgebend ist danach die Nationalität bzw. der Sitz der an der Maßnahme beteiligten Unternehmen. Dieses Prinzip ist jedoch für die Erfassung von in Drittstaaten bzw. im Ausland veranlassten Wettbewerbsbeschränkungen von vornherein ungeeignet. Dies gilt nicht nur für wettbewerbsbeschränkende Vereinbarungen oder missbräuchliche Verhaltensweisen, sondern auch für Zusammenschlüsse. 5

Lässt man das im Zusammenhang mit den Wettbewerbsregeln nicht relevante Schutzprinzip[24] außer Acht, so kommt für eine völkerrechtliche Legitimierung eines Eingriffs gegen Wettbewerbsbeschränkungen, die von Drittstaaten ausgehen, vor allem das **Auswirkungsprinzip** in Betracht.[25] Die Diskussion um die inhaltliche Ausgestaltung dieses Prinzips, insbes. das zusätzliche Erfordernis einer „qualifizierten Auswirkung",[26] kann hier nicht nachgezeichnet werden. Der EuGH hat das Auswirkungsprinzip bisher nicht anerkannt, es aber auch nicht verworfen.[27] Die Kommission wendet dieses Prinzip in ständiger Praxis an, freilich im Hinblick auf die Anwendung der EG-FKVO auf Gemeinschaftsunternehmen in Drittstaaten ohne Auswirkungen in der Union inkonsequent.[28] Im deutschen Kartellrecht ist das Auswirkungsprinzip in § 130 Abs. 2 gesetzlich verankert. Dem entspricht die Praxis des BKartA und der Kartellgerichte.[29] 6

2. Einschränkungen. Für die Praxis ist somit davon auszugehen, dass bei der extraterritorialen Anwendung vor allem auf das Auswirkungsprinzip zurückgegriffen werden kann. 7

---

[20] *S/J/K/M-Zurkinden/Lauterburg,* Vorbem. zu den Art. 101–105 AEUV, Rdnr. 106.

[21] EuGH aaO Fn. 16 – *Zellstoff.*

[22] S. dazu *Wiedemann,* in Fs. Lieberknecht, S. 625 ff.

[23] S. dazu z. B. *Slot/Grabandt,* CMLRev. 23 (1986), 545, 548; *Langen/Bunte-Bunte,* aaO Einleitung zum EU-Kartellrecht, Rdnr. 56/57; *v. d. Groeben/Schwarze-Schröter,* aaO Vorbemerkung zu den Art. 81–85 EG, Rdnr. 80.

[24] S. dazu *Slot/Grabandt,* aaO 549.

[25] S. dazu die berühmte *Alcoa*-Entscheidung, *US v. Aluminium Co. of America,* 148 Fed. 2nd 416 (2nd cir. 1945); *Meessen,* Völkerrechtliche Grundsätze des internationalen Kartellrechts, 1975, 108 ff.; ders., Kollisionsrecht der Zusammenschlusskontrolle, 1984, 23 ff.; *Basedow,* Weltkartellrecht, S. 19 ff.; *Langen/Bunte-Bunte,* aaO Rdnr. 59 ff.; *Immenga/Mestmäcker-Rehbinder,* WbR EG/Teil 1, IntWbR Rdnr. 6 ff., 27 ff.; *Mestmäcker/Schweitzer,* Europäisches Wettbewerbsrecht, § 7 Rdnr. 13 ff.; *Staudinger/Fezer/Koos* (2010), IntWirtschR, Rdnr. 132.

[26] S. dazu GA *Mayras,* aaO Fn 11, 701; GA *Darmon,* Slg. 1980, 5226, Tz. 53, 57–58; ähnlich *Meessen* ZHR 143 (1979), 273, 276; *von Hahn,* WuW 1983, 448, 454.

[27] S. oben Rdnr. 4, zum *Zellstoff*-Fall.

[28] Dazu unten Rdnr. 9 ff. sowie Rdnr. 12.

[29] Dazu unten Rdnr. 23 ff.

Allerdings ist anerkannt, dass auch eine nach diesem Prinzip begründete Kompetenz nicht schrankenlos ausgeübt werden darf.[30] Als Konzept für die Einschränkung hält das Völkerrecht, das insoweit das Unionsrecht überlagert, das Einmischungsverbot, das Verbot des Rechtsmissbrauchs, das Verhältnismäßigkeitsprinzip und den Grundsatz des freundlichen Umgangs der Staaten miteinander (comity of nations) bereit. Der Übergang zwischen diesen Begriffen ist offenbar fließend.[31] Daraus wird ein **Grundsatz der Interessenabwägung** abgeleitet, der wiederum überwiegend auf das Einmischungsverbot gestützt, z.T. aber auch unabhängig davon postuliert wird.[32] Dabei wird das Einmischungsverbot (bzw. der Grundsatz der Interessenabwägung) gleichsam als Gegenstück zum Verhältnismäßigkeitsprinzip gesehen.[33] Während letzteres die beteiligten Unternehmen schütze, diene das Einmischungsverbot dem Schutz der Interessen der anderen betroffenen Staaten. Im Kern geht es darum, dass die Interessen des handelnden Staates (bzw. der Union) an der Durchsetzung der eigenen Rechtsordnung mit den gegenläufigen Interessen der negativ betroffenen dritten Staaten (nach Auffassung einiger auch der betroffenen Unternehmen) abzuwägen und, sofern diese deutlich überwiegen, zurückzusetzen[34] sind. Diese Einschränkung gilt für die Wettbewerbsregeln des AEU-Vertrages (einschließlich der EG-Fusionskontrolle)[35] ebenso wie für das deutsche GWB. Erforderlich ist also jeweils eine Prüfung im Einzelfall, bei der zunächst die Interessen der Union bzw. Deutschlands und die des betroffenen Drittstaates zu ermitteln und sodann gegeneinander abzuwägen sind. Relevante Gesichtspunkte sind dabei die konkreten Auswirkungen des Verhaltens bzw. des Zusammenschlusses auf die Union bzw. in Deutschland, also z.B. die Größe der betroffenen Märkte, ihre volkswirtschaftliche Bedeutung und der Grad der Beeinflussung der Marktverhältnisse in der Union bzw. in Deutschland.[36] Sowohl die Kommission als auch das BKartA neigen allerdings dazu, die Prüfung völkerrechtlicher Fragen zu vermeiden (dazu noch Rdnr. 9ff.). Dies beginnt schon mit den qualifizierten Anforderungen an das Auswirkungsprinzip,[37] gilt aber erst recht für die Auseinandersetzung mit dem Grundsatz der Interessenabwägung.[38] Insgesamt hat sich in der Praxis das (qualifizierte) Auswirkungsprinzip

---

[30] S. dazu das Urteil des US-Supreme Court im Fall *Empagram* (ebenso wie das Endurteil in dieser Sache), dazu unten Rdnr. 91. Aus deutscher Sicht BGH WuW/E BGH 1613, 1614 – *Organische Pigmente* (gegen eine „uferlose Ausdehnung" der nationalen Wettbewerbsordnungen) und *Immenga/Mestmäcker-Rehbinder,* GWB, § 130 Rdnr. 116ff.; zum EU-Kartellrecht *Immenga/Mestmäcker-Rehbinder,* WbR Bd. 1 EU, Rdnr. 33ff. sowie *MüKo-Wagner von Papp/Wurmnest,* Bd. 1, Europ. WbR, Einl. Rdnr. 1585ff.; zurückhaltend *Staudinger/Fezer/Koos* (2010), IntWirtschR, Rdnr. 135ff., 149ff.

[31] S. dazu z.B. BKartA, B. v. 14.2.2007 i.S. *Sulzer/Kelmix,* Rdnr. 25, 28 (veröff. auf der Homepage des Amtes); ferner GA *Darmon,* aaO Tz. 48, der die beiden erstgenannten Prinzipien nahezu inhaltsgleich verwendet; KG WuW/E OLG 3057, 3059 – *Morris Rothmans II.*

[32] S. OLG Düsseldorf WuW/E DE-R 2477ff., 2483 – *Phonak/ReSound;* KG WuW/E OLG 2419, 2420 – *Bayer/Firestone;* Komm. E. v. 19.12.1984, ABl. 1995, L 92/1, 48, Rdnr. 14. 7. – *Aluminium; Niederleithinger* WuW 1981, 471; *Immenga/Mestmäcker-Rehbinder,* GWB, § 130 Rdnr. 118ff. („in extremen Fällen unverzichtbar"; für Berücksichtigung im Rahmen des Ermessens); *Langen/Bunte-Stadler,* aaO § 130 Rdnr. 144. Ablehnend *Mestmäcker/Schweitzer,* aaO § 7 Rdnr. 71ff.

[33] So z.B. *Meessen,* ZHR 143 (1979), 273, 281.

[34] S. dazu OLG Düsseldorf aaO 2483 sowie *Immenga/Mestmäcker-Rehbinder,* GWB, § 130 Rdnr. 118ff., 120/121 mwN und *Meessen,* aaO 276.

[35] Entscheidungen des EuGH, in denen diese Einschränkungen anerkannt werden, liegen noch nicht vor. Die Kommission hat sich mit den Interessen eines Drittstaates erstmals im EG-Fusionskontrollfall *Boeing/McDonnell Douglas* befasst, s. Komm. E. v. 30.7.1997, IV/M. 877, ABl. 1997 L 336/16ff. Das EuG erörterte im *Gencor*-Urteil v. 25.3.1999 (Slg. 1999 II-753, Tz. 89ff.) zwar die Vereinbarkeit der Untersagungsentscheidung mit dem Völkerrecht, freilich nur im Hinblick auf das Erfordernis eines direkten, wesentlichen und vorhersehbaren Effektes in der Gemeinschaft.

[36] S. *Wiedemann,* aaO Fn. 14, S. 641ff. mwN.

[37] S. dazu aber die Vorgaben im *Gencor/Lonrho*-Urteil des EuG v. 25.3.1999, Slg. 1999 II-753 Tz. 89ff. zum Völkerrecht.

[38] Auf diesen Grundsatz ging das EuG aaO im *Gencor*-Urteil nicht ein. Kritisch zur BKartA-Praxis im Fall *Ajinomoto* (BKartA WuW/E DE-V 777, 782) *Barthelmeß/Rudolf,* WuW 2003, 1176, 1180f. Negativ auch der Befund bei *Basedow,* Weltkartellrecht, S. 23ff., 26.

weitgehend durchgesetzt, während seine Einschränkung durch eine Interessenabwägung nur geringe Bedeutung erlangt hat (das OLG Düsseldorf aaO sieht z.B. Handlungsbedarf nur in „extremen Fällen"). Ein Beispiel für die Anwendung des **Comity-Prinzips** durch die US-Gerichte ist die Entscheidung des US District Court des Northern District of California in einem Zivilprozess betr. das *Rubber Chemicals*-Kartell. In seiner Entscheidung vom 7. Mai 2007 lehnte das Gericht – nach einer Intervention der Kommission als amicus curiae – den Erlass einer Anordnung auf Herausgabe der sog. Unternehmenserklärung der Beklagten *Flexsys N. V.* im Rahmen der Kronzeugen-Bekanntmachung der Kommission an die Klägerin *Korea Kumho Petrochemical Co., Ltd.* zum Zwecke der Discovery ab.[39] Die Kommission hatte vor allem darauf verwiesen, dass die Herausgabe der Unternehmenserklärungen auch in einzelnen Fällen generell die Funktionsfähigkeit und Wirksamkeit ihres Kronzeugenprogramms beeinträchtigen würde. Das Gericht wog das pro und contra der Discovery ab und bejahte ein Überwiegen der Comity-Aspekte. Im *Empagram*-Fall (dazu Rdnr. 91) lehnte der US Supreme Court seine Zuständigkeit für Zivilprozesse betr. Schäden außerhalb der USA auch unter Verweis auf das Comity-Prinzip ab.

Da Drittstaaten regelmäßig nicht zugunsten der von Verfahren in der Union (oder in Deutschland) betroffenen Unternehmen intervenieren,[40] bleibt die Frage, ob eine derartige staatliche Intervention Voraussetzung für die Einschränkung der Befugnisse der Kommission oder des BKartA ist,[41] oder ob sich auch die beteiligten Unternehmen auf die Interessen der Drittstaaten berufen können.[42] Den Vorzug verdient die letztgenannte Ansicht, denn die abzuwägenden Kriterien sind überwiegend objektiver Art, und namentlich kleinere Drittstaaten werden im Zweifel aus handelspolitischen Erwägungen auf einen Streit mit der Kommission verzichten.[43] Im Schrifttum ist die Sorge geäußert worden, dass die Abwägung staatlicher Interessen ohne justiziable Maßstäbe zu einer Überforderung der Gerichte und einer Gefährdung gesetzlich geschützter Individualinteressen führen könnte.[44] In der Praxis findet dies jedoch bisher keine Stütze, was freilich vor allem daran liegt, dass die Probleme namentlich in der Fusionskontrolle regelmäßig durch Zusagen gelöst werden.[45] 8

C. Die extraterritoriale Anwendung der Unions-Wettbewerbsregeln

I. Die Praxis der Kommission und des EuGH

1. Die Anwendung der Wettbewerbsregeln auf Unternehmen in Drittstaaten. 9
Die **Kommission** hat in ihrer Entscheidungspraxis gegenüber internationalen Kartellen

---

[39] Order v. 9.5.2007, Az. C 04–1648 MJJ (BZ). Zu weiteren Fällen s. Rdnr. 91.

[40] S. dazu aus der Sicht des BKartA *Niederleithinger,* WuW 1981, 469, 471. Eine Ausnahme – namentlich im Rahmen der EG-Fusionskontrolle – bildet die US-Regierung, so z.B. in den Fällen *GE/Honeywell* und *Boeing/McDonnell Douglas,* s. dazu Fn. 35. Das schweizerische Wirtschaftsministerium reichte in den deutschen Fusionskontrollverfahren *Sulzer/Kelmix* und *Phonak/GN ReSound* amicus curiae-Briefe beim OLG Düsseldorf ein, die sich kritisch zu den Untersagungen des BKartA in diesen Fällen äußerten.

[41] So z.B. *Markert,* RIW 1981, 407, 410 sowie *Immenga/Mestmäcker-Rehbinder,* GWB, § 130 Rdnr. 119.

[42] So KG WuW/E OLG 3051, 3053 – *Morris Rothmans I; Meessen,* ZHR 143 (1979), 273, 276 sowie Diskussionskreis des BDI, WuW 1982, 24.

[43] *Wiedemann,* aaO Fn. 14.

[44] *Immenga/Mestmäcker-Rehbinder,* GWB, § 130 Rdnr. 118.

[45] Zur EG-Fusionskontrolle s. den Fall *Boeing/McDonnell Douglas* (Fn. 35) sowie *Wiedemann,* aaO Fn. 14; zum Sonderfall einer Teiluntersagung in der deutschen Fusionskontrolle s. den Fall *Linde/Lansing,* BKartA WuW/E BKartA 2363 ff.

schon früh auf das **Auswirkungsprinzip** gesetzt. In verschiedenen Fällen, in denen an Kartellen auch Unternehmen aus Drittstaaten beteiligt waren, hat die Kommission daher die Anwendbarkeit des Unionsrechts auch insoweit bejaht.[46] Die meisten dieser Fälle hatten einen direkten Bezug zum Wettbewerb in der Union, weil an den Vereinbarungen Anbieter innerhalb und außerhalb der Union teilgenommen hatten und der Vorwurf dahin ging, dass eine Einigung über Preise bzw. Zielpreise stattgefunden habe. Der *Zellstoff*-Fall betraf dagegen ausschließlich Unternehmen aus Drittstaaten.[47] In allen diesen Fällen wurde entscheidende Bedeutung allein den Wirkungen in der Union beigemessen. Derselbe Ansatz liegt der Praxis der Kommission zur EG-FKVO zugrunde.[48] Im *Aluminium*-Fall[49] zeigte sich die Kommission bereit, das Bestehen gesetzlicher Verpflichtungen von Unternehmen in ihrer Heimat als Rechtfertigung für Wettbewerbsbeschränkungen zu prüfen; der Befund war jedoch negativ.

10 Der **EuGH** hat sich mit der Anwendung der Wettbewerbsregeln auf Drittstaaten-Unternehmen bereits mehrfach befasst. Relativ einfach ist die Rechtslage bei vertikalen Wettbewerbsbeschränkungen im Verhältnis zu einem EU-Unternehmen. So hat der EuGH im Fall *Béguelin*[50] für einen Alleinvertriebsvertrag zwischen einem japanischen Hersteller (von Feuerzeugen) und einem EU-Händler mit Hinweis auf die Wirkungen der Vereinbarung in der Gemeinschaft die Anwendbarkeit von Art. 85 EGV (jetzt: Art. 101 AEUV) bejaht. Bei horizontalen Wettbewerbsbeschränkungen hat sich der EuGH bisher nicht auf das Auswirkungsprinzip festgelegt, seine Geltung aber auch nicht ausgeschlossen. Im *Teerfarben*-Verfahren[51] hob der EuGH auf die Theorie der wirtschaftlichen Einheit zwischen Mutter- und Tochtergesellschaften ab, d.h. er machte die Drittstaatenunternehmen für das Verhalten ihrer Tochtergesellschaften in der Gemeinschaft haftbar.[52] Diesen Ansatz gab er im *Zellstoff*-Urteil[53] auf. Dort differenzierte der EuGH für die in Rede stehenden Preisabsprachen zwischen der Bildung des Kartells und seiner Durchführung. Während erstere in Drittstaaten stattfand, sei letztere der Union zuzuordnen. Dementsprechend kam der EuGH zu dem Ergebnis, dass die Zuständigkeit der Union für die Anwendung ihrer Wettbewerbsvorschriften auf derartige Verhaltensweisen durch das Territorialitätsprinzip gedeckt war, das im Völkerrecht allgemein anerkannt ist.[54] Generalanwalt *Darmon* war in seinen Schlussanträgen weiter gegangen.[55] Er schloss sich dem Konzept an, das Generalanwalt *Mayras* bereits in seinen Schlussanträgen in den *Farbstoff*-Rechtssachen entwickelt hat-

---

[46] S. dazu insbes. die Entscheidungen der Kommission im *Farbstoffe*-Verfahren vom 24.7.1969, ABl. 1969 L 195/11ff., bestätigt durch EuGH U. v. 14.7.1972, Slg. 1972, 619ff.; s. ferner Komm. E. v. 16.7.1969, ABl. 1969 L 192/5ff. – *Chinin,* im Wesentlichen bestätigt durch EuGH U. v. 15.7.1970, Slg. 1970, 661ff.; Komm. E. v. 11.3.1964, ABl. 1964 L 58/915 – *Grosfillex;* Komm. E. v. 9.6.1972, ABl. 1972 L 143/39 – *Raymond/Nagoya;* Komm. E. v. 29.11.1974, ABl. 1974 L 343/19, 25 – *Französisch-japanische Kugellagervereinigungen;* Komm. E. v. 23.4.1986, ABl. 1986 L 230/1, 30/31 – *Polypropylen* (unter Beteiligung von Unternehmen aus Österreich und Norwegen); Komm. E. v. 21.12.1988, ABl. 1989 L 74/1 – *PVC* (unter Beteiligung eines norwegischen Unternehmens); Komm. E. v. 21.12.1988, ABl. 1989 L 74/21, 34/35 – *LDPE* (unter Beteiligung von Unternehmen aus Österreich, Finnland, Norwegen und den USA); s. auch EuG U. v. 15.3.2000, Slg. 2000, II-491, 1450 Rdnr. 4240–4244 – *Cimentieres CBR u. a./Kommission.*

[47] Komm. E. v. 19.12.1984, ABl. 1985 L 85/1, 25ff.; bestätigt durch EuGH, Slg. 1988, 5193ff. Die betroffenen Unternehmen stammten aus Finnland, Schweden, Norwegen, Kanada, Spanien, Portugal und den USA.

[48] Dazu noch Rdnr. 15.

[49] Komm. E. v. 19.12.1984, ABl. 1985 L 92/1, 28ff., 37ff., Rdnr. 10.

[50] EuGH U. v. 25.11.1971, Slg. 1971, 949, 959; ebenso U. v. 20.6.1978, Slg. 1978, 1391, 1415 – *Tepea.*

[51] U. v. 14.7.1972, Slg. 1972, 619, 665, Rdnr. 132–135.

[52] Im Schrifttum ist darin eine Überdehnung des Territorialitätsprinzips gesehen worden; s. *Langen/Bunte-Bunte,* aaO Einleitung zum EU-Kartellrecht, Rdnr. 61; *Gleiss/Hirsch,* Einleitung D Rdnr. 39.

[53] U. v. 27.9.1988, Slg. 1988, 5193ff.

[54] EuGH aaO 5240, 5242f.

[55] EuGH Slg. 1988, 5193, 5226 Rdnr. 53.

te.[56] Danach soll die Kommission im Falle qualifizierter Auswirkungen (in der Gemeinschaft) über eine extraterritoriale Zuständigkeit verfügen. Erforderlich dafür sei eine unmittelbare und sofortige Auswirkung, die hinreichend vorhersehbar und wesentlich sein muss.[57]

Als Zwischenergebnis ist festzuhalten, dass die EuGH-Rechtsprechung zwar eine Tendenz zum Auswirkungsprinzip aufweist.[58] Es ist freilich noch nicht entschieden, dass Auswirkungen alleine stets materiell-rechtliche Kompetenzen der Kommission begründen. Es ist daher offen, ob nicht in bestimmten Fällen Einschränkungen (des Auswirkungsprinzips) nach den o. g. Prinzipien (Interessenabwägung) vorzunehmen sind. Das EuG hat in seinem Urteil vom 25.3.1999,[59] mit dem die Untersagung des Zusammenschlusses *Gencor/Lonrho* durch die Kommission bestätigt wurde, den o. g. Test für qualifizierte Auswirkungen angewendet („… vorauszusehen, dass ein geplanter Zusammenschluss in der Gemeinschaft eine unmittelbare und wesentliche Auswirkung haben wird"). Die weitere Frage, ob die Entscheidung das Prinzip der Nichteinmischung (oder das Verhältnismäßigkeitsprinzip) verletze, verneinte das Gericht, wobei es offen ließ, ob ein solcher Grundsatz anerkannt werden könne. 11

2. Die Nichtanwendung der Wettbewerbsregeln bei fehlenden Auswirkungen in der Gemeinschaft. Das Auswirkungsprinzip wird vor allem herangezogen, um Verhaltensweisen von Unternehmen mit Sitz in Drittstaaten durch das Gemeinschaftsrecht zu erfassen. Es gilt freilich auch umgekehrt.[60] Selbst wenn wettbewerbsbeschränkende Verhaltensweisen durch Unternehmen mit Sitz in der Union praktiziert werden, finden die Wettbewerbsregeln des AEU-Vertrages keine Anwendung, wenn es an einer spürbaren Auswirkung in der Gemeinschaft fehlt. Für Art. 101 Abs. 1 und Art. 102 geht dies bereits aus dem Wortlaut der Vorschriften hervor. Dort wird auf eine Verfälschung des Wettbewerbs „innerhalb des Binnenmarktes" bzw. auf eine missbräuchliche Ausnutzung „auf dem Binnenmarkt" abgestellt. Die Kommission trägt dem in ihrer Entscheidungspraxis Rechnung.[61] Auch der Gerichtshof hat entschieden, dass Wettbewerbsbeschränkungen, die sich auf Exporte in Länder außerhalb der Union beziehen, als solche nicht geeignet sind, den Wettbewerb im Binnenmarkt zu beschränken.[62] Derartige Wettbewerbsbeschränkungen unterfallen den Wettbewerbsregeln der Union nur dann, wenn sie spürbare Auswirkungen in der Union haben.[63] Die Anwendung von Art. 102 AEUV auf Drittstaaten-Sachverhalte ist dementsprechend nur dann bejaht worden, wenn die wettbewerbliche Marktstruktur innerhalb der Union betroffen war.[64] Dies alles gilt unabhängig davon, ob die betroffenen 12

---

[56] Slg. 1972, 699 f.

[57] Zum Erfordernis derartiger qualifizierter Auswirkungen im US-Kartellrecht s. GA Darmon, aaO Tz. 54 sowie Restatement (Third) of the Foreign Relations Law of the United States (1987), insbes. §§ 402, 403 und 415; hierzu *Juenger,* WuW 1990, 602 ff.; *Meng,* ArchVR 1989, 156 ff. sowie *Basedow,* NJW 1989, 627 ff., 636.

[58] *Mestmäcker/Schweitzer,* Europäisches Wettbewerbsrecht, § 7 Rdnr. 61.

[59] EuG U. v. 25.3.1999, Slg. 1999, II-753 Tz. 76 ff., 102 ff. – *Gencor/Kommission.*

[60] Aus der Literatur s. statt aller *Staudinger/Fezer/Koos* (2010), IntWirtschR, Rdnr. 317 ff. Zum deutschen Recht s. § 130 Abs. 2 GWB bzw. Rdnr. 23 ff.

[61] S. z. B. Komm., Bekanntmachung über die Beurteilung kooperativer Gemeinschaftsunternehmen nach Art. 85 EG-Vertrag, ABl. 1993, C 43/2, Rdnr. 14; Komm. E. v. 12.12.1994, ABl. 1994 L 341/66, Rdnr. 39 – *Fujitsu AMD Semiconductor* (zu Marktaufteilungen außerhalb des EWR); s. ferner Komm. E. v. 21.12.1988, ABl. 1989 L 74/1 ff. und 21 ff., 34 – *PVC und LDPE.*

[62] EuGH U. v. 18.2.1986, Slg. 1986, 559, 589 – *Bulkoil ./. Sun,* dort betreffend mengenmäßige Beschränkungen bei der Ausfuhr von Rohöl nach Israel.

[63] EuG U. v. 15.3.2000, Slg. 2000, II-491, 1358 Rdnr. 3785 – *Cimenteries CBR u. a./Kommission;* Komm. E. v. 21.12.1976, ABl. 1977, L 30/10, 14 – *Junghans;* Komm. E. v. 10.7.1987, ABl. 1987, L 222/1, Rdnr. 63 – *Tipp-Ex.* Zu Exportgeboten nach Drittstaaten bzw. Rücklieferungsverboten s. EuGH U. v. 28.4.1998, WuW/E EU-R 57 ff. – *Javico International/YSLP.*

[64] EuGH U. v. 25.10.1979, Slg. 1979, 3275, 3288 f., Rdnr. 111 – *Greenwich Film Production ./. SACEM.*

Unternehmen auf anderen Märkten Umsatzerlöse in der Union erzielen. Inkonsequent ist daher die Praxis der Kommission, im Rahmen der EG-Fusionskontrolle auch solche Fälle materiell zu prüfen und nach Art. 6 Abs. 1b) der EG-FKVO zu bescheiden, die keinerlei oder allenfalls sehr geringfügige Auswirkungen in der Gemeinschaft aufweisen.[65] Für dieses Problem zeichnet sich allerdings im Zuge der von der Kommission seit 2013 erwogenen Novellierung der FKVO (Ausnahme von der Anwendbarkeit der FKVO für die fraglichen Gemeinschaftsunternehmens-Fälle) eine Lösung ab.[66]

II. Einzelfragen

13 **1. Die Verbotstatbestände der Art. 101, 102 AEUV.** Die Kommission hat ihre Politik zur Anwendung der EU-Wettbewerbsregeln auf Unternehmen in Drittstaaten vor allem auf der Grundlage des **Art. 85 EWGV (jetzt: Art. 101 AEUV)** entwickelt. Den Schwerpunkt bildeten dabei Fälle, bei denen Unternehmen innerhalb der Gemeinschaft mit Wettbewerbern außerhalb der Gemeinschaft Kartellvereinbarungen über Preise[67] oder über Zielpreise[68] trafen. Der *Zellstoff*-Fall[69] betraf dagegen allein das Verhalten von Unternehmen in Drittstaaten. Als Beispiel für eine vertikale Wettbewerbsbeschränkung mit einem Drittstaaten-Unternehmen kann die Alleinvertriebsvereinbarung im Fall *Tepea*[70] (mit einem UK-Unternehmen als Lieferant) genannt werden. Wegen der Anforderungen an die Auswirkung in der Gemeinschaft ist auf die Ausführungen bei I. (Rdnr. 9) zu verweisen. Bei der „extraterritorialen" Anwendung des Art. 101 Abs. 1 AEUV muss außerdem, ebenso wie sonst bei der Anwendung der Vorschrift, das Tatbestandsmerkmal der **Handelsbeeinträchtigung** gegeben sein. Eine Auswirkung allein auf den Handel zwischen einem Drittstaat und einem Mitgliedstaat der Union genügt nicht; die Eignung zur Beeinträchtigung des Handels muss im Verhältnis zwischen den Mitgliedstaaten gegeben sein.[71] Bejaht wurde eine Handelsbeeinträchtigung in diesem Zusammenhang, wenn der Handel zwischen den Mitgliedstaaten ausdrücklich Gegenstand der wettbewerbsbeschränkenden Regelung ist,[72] wenn die Vereinbarung den Binnenmarkt insgesamt von Importen aus einem Drittstaat isoliert,[73] oder wenn die Wettbewerbsstruktur im Binnenmarkt beeinträchtigt wird.[74]

14 Die vorgenannten Grundsätze gelten auch für den **Missbrauch einer marktbeherrschenden Stellung** durch Unternehmen mit Sitz in einem Drittstaat. Als einschlägige Fälle sind hier insbes. die Entscheidungen *Continental Can*[75] und *Commercial Solvents*[76] (je-

[65] Kritisch dazu *Wiedemann,* in Fs. Lieberknecht, S. 625 ff. und wohl auch *Mestmäcker/Schweitzer,* Europäisches Wettbewerbsrecht, § 7 Rdnr. 107 ff., 112. Aus der Zeit vor Inkrafttreten der FKVO ebenso *Montag,* aaO S. 47, 52. Zustimmend zur Praxis der Komm. *Immenga/Mestmäcker-Rehbinder,* Wettbewerbsrecht Bd. 1/EU, aaO Rdnr. 57 unter Hinweis auf die Abmilderung der Rechtsfolgen durch die Anwendung des vereinfachten Verfahrens nach der VO Nr. 802/2004.

[66] S. dazu das Konsultationspapier der Kommission vom 20.6.2013, „Towards more effective EU merger control" sowie die dazu eingereichten Stellungnahmen, veröff. auf der Homepage der Kommission.

[67] S. dazu den *Farbstoff-Fall* und den *französisch-japanischen Kugellager-Fall* (zit. bei Rdnr. 9).

[68] S. dazu namentlich die Fälle *Polypropylen, PVC und LDPE* (dazu bereits Rdnr. 9), an denen außer EG-Anbietern auch Firmen aus Österreich, Norwegen, Finnland und den USA beteiligt waren.

[69] S. dazu bereits oben Rdnr. 9.

[70] EuGH U. v. 20.6.1978, Slg. 1978, 1391 ff.

[71] S. dazu EuGH U. v. 25.11.1971, Slg. 1971, 949, 960 – *Béguelin;* U. v. 20.6.1978, Slg. 1978, 1391, 1415 – *Tepea;* U. v. 31.5.1979, Slg. 1979, 1869, 1899 f. – *Hugin;* s. auch Komm., Stellungnahme im Verfahren vor dem EuGH, Gutachten des EuGH Nr. 1/92 zum Entwurf des EWR-Abkommens, ABl. 1992 C 136/1 ff., 6, re. Sp.; *Ritter/Braun,* S. 72.

[72] Komm. E. v. 8.1.1975, ABl. 1975, L 29/28 – *Champignon.*

[73] EuGH U. v. 15.6.1976, Slg. 1976, 871, 908 – *EMI/CBS;* s. ferner Kommission, Bekanntmachung „Japan-Importe", ABl. 1972, C 111/13.

[74] S. dazu EuGH U. v. 6.3.1974, Slg. 1974, 254 – *Commercial Solvents;* U. v. 14.2.1978, Slg. 1978, 207, 299 – *United Brands;* U. v. 31.5.1979, Slg. 1979, 1869, 1899 – *Hugin/Liptons.*

[75] Komm. E. v. 9.12.1971, ABl. 1972 L 7/25.

[76] EuGH U. v. 14.3.1973, Slg. 1973, 357 ff.

weils Verfahren gegen US-Unternehmen), *Hugin*[77] (schwedisches Unternehmen), *Eurofix-Bauco/Hilti*[78] (*Hilti* als Liechtensteiner Unternehmen), *Tetra Pak II* (Eg. gerichtet an die Schweizerische Konzernobergesellschaft) und *Intel* (Eg. gerichtet an US-Unternehmen betreffend einen Missbrauch auf einem weltweiten Markt)[79] zu nennen. Im Fall *Hugin* verneinte der EuGH einen Verstoß gegen Art. 102 AEUV mangels Handelsbeeinträchtigung des beanstandeten Verhaltens. Im *Intel*-Fall wird der EuGH voraussichtlich Gelegenheit haben, seine Rechtsprechung im *Zellstoff*-Fall zu ergänzen.

2. Drittstaaten-Zusammenschlüsse und EG-Fusionskontrollverordnung. Die EG-FKVO gilt nur für „Zusammenschlüsse von gemeinschaftsweiter Bedeutung" (Art. 1 Abs. 1). Dieser Begriff wird anhand von Umsatzschwellenwerten definiert (Art. 1 Abs. 2 und 3). Die Kommission folgert daraus, dass die Verordnung beim Erreichen dieser Mindestumsätze in der Gemeinschaft auch auf Zusammenschlüsse in Drittstaaten Anwendung findet, und zwar auch solcher nur unter Beteiligung von Drittstaaten-Unternehmen und in Fällen, in denen die Zusammenschlüsse (nur) Auswirkungen in Drittstaaten haben, nicht aber in der Gemeinschaft.[80] In der *JCSAT/SAJAC*-Entscheidung führte die Kommission zur Begründung für die Freigabe wörtlich aus: „Therefore, the concentration has presently no effect in the Community". Ferner hat die Kommission inzident die Anwendbarkeit der EG-FKVO in Fällen bejaht, in denen nur Unternehmen aus der Gemeinschaft an Zusammenschlüssen in Drittstaaten beteiligt sind, auch wenn diese Zusammenschlüsse nur marginale oder keine Auswirkungen auf die Gemeinschaft hatten.[81] Auch in „gemischten" Sachverhalten, bei denen Unternehmen aus der Gemeinschaft und solche aus Drittstaaten beteiligt waren, hat die Kommission die Anwendbarkeit der Verordnung auch ohne Auswirkungen in der Gemeinschaft bejaht.[82] Es hat umgekehrt aber auch mehrere bedeutende Fälle gegeben, an denen ausschließlich Drittstaaten-Unternehmen beteiligt waren und die – im Sinne des Auswirkungsprinzips (siehe dazu oben Rdnr. 6) – unmittelbare und spürbare Auswirkungen auf die Gemeinschaft hatten. Zu den wichtigsten Beispielen für diese Fallgruppe zählt die Sache *Kimberly-Clark/Scott.*[83] Es ging dort um den Zusammenschluss zweier US-Papierunternehmen, die ihre weltweiten Aktivitäten in einem Gemeinschaftsunternehmen zusammenführten. Beide Unternehmen verfügten im Bereich der Tissue-Produkte über umfangreiche Aktivitäten (einschließlich Produktionsanlagen) in der Union. Ferner zählt zu dieser Kategorie der Zusammenschluss der beiden schweizerischen Chemie-Unternehmen *Ciba Geigy* und *Sandoz* (diese Unternehmen hielten in einer Reihe von Produktmärkten auch substantielle Marktanteile in der Union),[84] der Fall *Boeing/McDonnell Douglas,*[85] der u.a. ohne die Zusagen wegen der Addition von Marktanteilen auf dem Weltmarkt für große Zivil-Flugzeuge zur Verstärkung einer marktbeherrschenden Stellung von Boeing geführt hätte, 15

[77] S. Fn. 71.

[78] Komm. E. v. 22.12.1987, ABl. 1988 L 65/19ff.; bestätigt durch EuG U. v. 12.12.1991, Slg. 1991 II-1439ff. und durch den EuGH U. v. 2.3.1994, Slg. 1994 I-667ff.

[79] Komm. E. v. 13.5.2009, C-3/37. 990 – *Intel,* Zusammenfassung in ABl. 2009 C 227/13, bestätigt durch EuG U. v. 12.6.2014, Rs T-286/09, ECLI:EU:T:2014:547, Rdnr. 231ff., wo das Gericht die Zuständigkeit der Kommission sowohl auf der Grundlage einer wesentlichen, direkten und vorhersehbaren Auswirkung als auch nach Maßgabe des Durchführungs-Tests bejahte; dazu näher *Wurmnest/Lund,* NZKart 2015, 73ff., 75ff.

[80] S. dazu z.B. *Kyowa/Saitama-Bank,* Fall-Nr. IV/M. 069, WuW/E EV 1591 sowie *JCSAT/SAJAC,* Fall-Nr. IV/M. 346, Komm. E. v. 30.6.1993.

[81] S. dazu z.B. Fall-Nr. IV/M. 021, WuW/E EV 1568 – *BNP/Dresdner Bank;* Fall-Nr. IV/M. 583, E. v. 1.6.1995 – *InchCape plc./Gestetner Holdings Plc.*

[82] S. z.B. Fall-Nr. IV/M. 648, Komm. E. v. 27.11.1995, Rdnr. 23 und 25 – *McDermott;* Fall-Nr. IV/M. 1689, Komm. E. v. 6.10.1999 – *Nestlé/Pillsbury/Häagen-Dazs US.*

[83] Fall-Nr. IV/M. 623, Komm. E. v. 16.1.1995, ABl. 1996 L 183/1ff.

[84] Fall-Nr. IV/M. 737, Komm. E. v. 16.7.1996, ABl. 1997 L 201/1; s. dazu Presse-Mitt. IP 96/652 v. 17.7.1996.

[85] Fall-Nr. IV/M. 877, Komm. E. v. 30.7.1997, ABl. 1997 L 336/16ff.

und der Zusammenschluss *General Electric/Honeywell*[86] (Untersagung wegen Begründung oder Verstärkung beherrschender Stellungen auf mehreren Weltmärkten für Triebwerke und Fluggeräte). Wegen dieser Auswirkungen in der Union sieht sich die Kommission als befugt an, beim Vorliegen der Untersagungsvoraussetzungen des Art. 2 FKVO gemäß Art. 8 Abs. 3 Unvereinbarkeitsentscheidungen auch gegen Drittstaaten-Zusammenschlüsse zu erlassen. In den meisten Fällen werden aber fusionsrechtliche Probleme, die sich nur auf bestimmte (sachliche oder geographische) Märkte beziehen, durch Zusagen (commitments) der betroffenen Unternehmen gelöst. Dies gilt auch für Drittstaaten-Zusammenschlüsse.[87] Bereits die erste Untersagungsentscheidung der Kommission – der Fall *Aerospatiale/Alenia/de Havilland*[88] – betraf einen Drittstaaten-Sachverhalt; Ziel der Akquisition war mit *de Havilland* eine Division der US-Gesellschaft *Boeing* mit Produktionsanlagen in den USA und in Kanada. Der Fall hatte auf den betroffenen Flugzeugmärkten Auswirkungen in der Gemeinschaft. Im Fall *Gencor/Lonrho*[89] untersagte die Kommission zum zweiten Mal einen Zusammenschluss mit Beteiligung eines Drittstaaten-Unternehmens. Es ging dort um den Zusammenschluss zwischen der *Impala Platinum,* die von der südafrikanischen Gesellschaft Gencor kontrolliert wird, und der *Lonrho Platin Division,* einem Tochterunternehmen der britischen *Lonrho plc.,* deren für das Verfahren relevante Minen ebenfalls in Südafrika liegen. Der Zusammenschluss führte nach Ansicht der Kommission zu einem marktbeherrschenden Monopol auf dem Platin-Weltmarkt und damit auch in der Union. Nach den Feststellungen der Kommission lag der westeuropäische Verbrauch von Platinmetallen bei etwa 20% des Weltverbrauchs; Auswirkungen auf die Union wurden insbes. für die Hersteller von Kfz-Katalysatoren angenommen. Die von *Gencor* erhobene Anfechtungsklage gegen die Untersagungsentscheidung wies das Gericht mit Urteil vom 25.3.1999 u.a. deswegen ab, weil der Zusammenschluss hinreichend qualifizierte Auswirkungen in der Union hatte.[90]

16 Die Praxis der Kommission zur Anwendbarkeit der **EG-Fusionskontrolle** und damit des **Vollzugsverbots** der Verordnung auf Drittstaatenzusammenschlüsse ist nicht zu beanstanden, soweit die erforderlichen qualifizierten Auswirkungen auf die Gemeinschaft (s. o. Rdnr. 10) vorliegen. Abzulehnen ist jedoch die Ansicht der Kommission, dass die Verordnung auch bzw. immer dann anwendbar ist, wenn die Umsatz-Schwellenwerte überschritten werden, selbst wenn keine Auswirkungen auf die Gemeinschaft vorliegen.[91] Ebenso wie bei Art. 101 AEUV muss bei der FKVO auch das (negative) Auswirkungsprinzip gelten. Dies gilt für alle in Betracht kommenden Fallgruppen, d.h. nicht nur bei Zusammenschlüssen, an denen nur Drittstaaten-Unternehmen beteiligt sind, sondern auch für gemischte Fälle und schließlich für solche, an denen nur Unternehmen aus der Gemeinschaft beteiligt sind, Auswirkungen auf die Gemeinschaft aber fehlen. Letzteres kommt insbes. dann in Betracht, wenn zwei Großunternehmen aus der Union ein Gemeinschaftsunter-

---

[86] Fall-Nr. IV/M. 2220, Komm.E. v. 3.7.2001, ABl. 2004 L 48/1; zur Kritik an der fehlenden Begründung für die internationale Anwendbarkeit des Gemeinschaftsrechts *Meessen,* WuW 2001, 1027. Im Klageverfahren vor dem EuG (U. v. 14.12.2005) wurde die Zuständigkeit der Komm. nicht gerügt.

[87] S. dazu insbes. die Fälle *Kimberly-Clark/Scott,* aaO; *Ciba Geigy/Sandoz,* aaO; *Boeing/McDonnell Douglas,* aaO.

[88] Komm. E. v. 2.10.1991, ABl. 1991 L 334/42.

[89] Fall-Nr. IV/M. 619, Komm. E. v. 20.4.1996, ABl. 1997 L 11/30ff.

[90] Zur Begründung s. oben Rdnr. 11.

[91] So auch *Rosenthal/Thomas,* European Merger Control, S. 11/12; *Bechtold,* EuZW 1994, 653, 658, *Montag,* aaO S. 52f., Monopolkommission, XII. Hauptgutachten 1998, Rdnr. 423; *MüKo-Wagner von Papp/Wurmnest,* Bd. 1, Europ. WbR, Einl. Rdnr. 1612; aA *Wagemann* in § 15 Rdnr. 22ff.; *Langen/Bunte-Käseberg,* aaO Bd. 2, FKVO Art. 1 Rdnr. 44ff. (der aber einräumt, dass dies zu „Problemen und Belastungen" für die beteiligten Unternehmen führt, aaO Rdnr. 48); *Drauz/Schroeder,* Praxis der europäischen Fusionskontrolle, 3. Aufl. 1995, S. 11ff.; *Jones/Gonzales Diaz,* EEC Merger Regulation, 1992, S. 88; *Whish & Bailey,* Competition Law, 7. Aufl. 2012, S. 499; *Immenga/Mestmäcker-Rehbinder,* WbR Bd. 1 EG, Rdnr. 57; *S/J/K/M-Zurkinden/Lauterburg,* Vorbem. zu den Art. 101 bis 105 AEUV, Rdnr. 117.

nehmen mit einem örtlich begrenzten Tätigkeitsbereich in einem Drittstaat errichten und deshalb auch mit einem Spillover-Effekt (Gruppeneffekt) in der Union nicht zu rechnen ist (so z. B. bei einem Gemeinschaftsunternehmen für die regionale Gasversorgung in Russland oder beim Betrieb von Lebensmittel-Einzelhandelsgeschäften in Neuseeland). In solchen Fällen dennoch erfolgende Anmeldungen sind daher nach Art. 6 Abs. 1a) FKVO negativ zu bescheiden. Drittstaaten-Zusammenschlüsse, die eine unmittelbare, sofortige und vorhersehbare Auswirkung auf die Gemeinschaft aufweisen, unterliegen wegen des Ermittlungsinteresses der Kommission dem Anmeldungserfordernis[92] gemäß Art. 4 bzw. dem Vollzugsverbot gemäß Art. 7 FKVO. Eine **Unvereinbarkeitserklärung** gemäß Art. 2 iVm. Art. 8 FKVO ist bei Zusammenschlüssen in Drittstaaten nur bei festgestellten qualifizierten Auswirkungen auf den Wettbewerb in der Union und nur dann zulässig, wenn die Maßnahme im Einklang mit dem (unionsrechtlichen) Verhältnismäßigkeitsprinzip und den allgemein anerkannten Grundsätzen des Völkerrechts steht. Wenn die Transaktion teilbar ist, hat die Kommission die Untersagungsverfügung auf den Teil des Zusammenschlusses zu beschränken, der die Wettbewerbsverfälschung in der Union unmittelbar bewirkt. Bei mangelnder Teilbarkeit ist das völkerrechtliche Einmischungsverbot zu beachten.[93] Im Rahmen einer Interessenabwägung muss dabei geprüft werden, ob die Interessen der Union an der Untersagung die Interessen des betroffenen Drittstaates an der Durchführung des Zusammenschlusses überwiegen.[94] Im Fall *Boeing/McDonnell-Douglas,* für den die US-Behörden bereits eine Zustimmung erteilt hatten, findet sich zwar im Ansatz eine solche Abwägung, jedoch in lakonischer Kürze und ohne Bezug auf die betroffenen Zivilflugzeugmärkte.[95] Der hier beschriebene Meinungsstreit wird sich zum Teil erledigen, wenn das von der Kommission erwogene Vorhaben umgesetzt wird, wonach Gemeinschaftsunternehmen ohne (spürbare) Auswirkungen in der Union nicht mehr der EG-FKVO unterfallen.[96]

3. Verfahrensrechtliche Maßnahmen (Ermittlungsmaßnahmen sowie Zustellung und Vollstreckung von Entscheidungen). Bei den **Ermittlungsmaßnahmen** der Kommission geht es vor allem um Nachprüfungsentscheidungen nach Art. 20 Abs. 4 und Auskunftsersuchen nach Art. 18 der VO Nr. 1/2003. Parallele Regelungen enthalten die Art. 13, 11 der EG-FKVO. Die Durchführung von **Nachprüfungen** in Drittstaaten durch Beamte der Kommission ist aus völkerrechtlichen Gründen nicht möglich. Die entsprechenden Befugnisse der Kommission beschränken sich auf das Hoheitsgebiet der Union.[97] In der Union kann die Kommission Nachprüfungen aber nicht nur bei EU-Unternehmen vornehmen, sondern auch bei Tochtergesellschaften oder Niederlassungen von Drittstaaten-Unternehmen. 17

Auskunftsersuchen nach Art. 18 VO Nr. 1/2003 werden allerdings häufig auch an Unternehmen mit Sitz in Drittstaaten gerichtet.[98] Dies gilt auch für entsprechende Ermittlungen im Rahmen der EG-Fusionskontrolle.[99] Dabei handelt es sich dann jedoch um formlose Schreiben bzw. einfache Auskunftsersuchen, nicht um förmliche Entscheidungen der Kommission.[100] Auch hier gilt, dass sich die Kommission in erster Linie an die Toch- 18

[92] Art. 4 enthält keine Anmeldepflicht im Rechtssinne, weil die Unterlassung einer Anmeldung als solche nicht sanktioniert ist. Ein Gesetzesverstoß mit Sanktion liegt erst dann vor, wenn der Zusammenschluss ohne Anmeldung und Freigabe vollzogen wird (sog. Vollzugsverbot).

[93] S. dazu bereits oben Rdnr. 7.

[94] S. dazu *Wiedemann,* aaO Fn. 14, S. 641 ff.; *Montag,* aaO S. 53 ff.

[95] Komm. aaO Rdnr. 12, 123.

[96] S. dazu bereits oben Rdnr. 12 a. E.

[97] *Ritter/Braun,* S. 74; *Lenz/Borchardt-Grill,* EU-Verträge, Vorbem. Art. 101–106 Rdnr. 24; i. E. ebenso *v. d. Groeben/Schwarze-Schröter,* aaO Rdnr. 76 und *S/J/K/M-Zurkinden/Lauterburg,* Vorbem. zu den Art. 101 bis 105 AEUV, Rdnr. 123.

[98] *Ritter/Braun,* aaO.

[99] Der Hinweis auf Bußgeldsanktionen wird in diese Schreiben idR nicht aufgenommen.

[100] So *S/J/K/M-Zurkinden/Lauterburg,* Vorbem. zu den Art. 101 bis 105 AEUV, Rdnr. 122, 153 ff. und *Langen/Löffler,* aaO 8. Aufl., Art. 11 FKVO Rdnr. 4 für Art. 11 EG-FKVO; für die Zulässigkeit solcher Entscheidungen *Lenz/Borchardt-Grill,* aaO, Fn. 97 Rdnr. 24.

tergesellschaften in der Union bzw. an entsprechende Niederlassungen wendet.[101] Wenn die Kommission ein Drittstaatenunternehmen direkt anschreibt, unterrichtet sie gemäß einer OECD-Empfehlung[102] vorher die Wettbewerbsbehörden in dem betroffenen Drittstaat von ihrer Absicht zur Durchführung der Ermittlungsmaßnahme.[103] Im Verhältnis zu den USA ist ferner auf die bilateralen Kooperationsabkommen zum Wettbewerbsrecht[104] zu verweisen. Im Rahmen der Fusionskontrolle kann die Kommission bei Auskunftsersuchen an beteiligte Unternehmen von einem faktischen Eigeninteresse an der Beantwortung ausgehen; bei unbeteiligten Dritten gilt das naturgemäß nicht. Selbst bei Unternehmen in der Union liegt die Rücklaufquote von Auskunftsersuchen dem Vernehmen nach vielfach unter 50%.[105] Darauf reagiert die Kommission nur in seltenen Ausnahmefällen mit Zwangsmaßnahmen. Eine dieser Ausnahmen war der Fall *Mitsubishi Heavy Industries,* in dem die Kommission mit Entscheidung vom 12.7.2000 wegen mangelnder Antwort auf ein Auskunftsersuchen sowohl ein Zwangsgeld als auch ein Bußgeld verhängte.[106]

19 Das Unionsrecht enthält keine Regelungen über **Zustellungen** an Unternehmen in Drittstaaten. Insbesondere fehlt die Befugnis für eine öffentliche Zustellung. Entscheidungen (Beschlüsse) der Kommission werden nach Art. 297 Abs. 2 UA. 3 AEUV denjenigen, für die sie bestimmt sind, bekanntgegeben, und sie werden durch diese Bekanntgabe wirksam.[107] Daran orientiert sich die Kommission auch bei Verfahren gegen Drittstaaten-Unternehmen für die Zustellung von Beschwerdepunkten (Abmahnungen) und förmlichen Entscheidungen. Nach Ansicht der Kommission liegt eine ordnungsgemäße Zustellung vor, wenn das Dokument in den Besitz des Adressaten gelangt. Parallel dazu wird – entsprechend dem Procedere in der Union – die zuständige Kartellbehörde des Drittstaates über den Erlass der an Unternehmen in ihrem Hoheitsgebiet gerichteten Entscheidung unterrichtet.[108] Dies gilt entsprechend für die Zustellung von Beschwerdepunkten (Abmahnungen).[109] Die Zustellung von Entscheidungen der Kommission erfolgt entweder direkt über die Post an den Sitz des Drittstaaten-Unternehmens,[110] auf diplomatischem Weg oder – falls vorhanden – durch Tochtergesellschaften oder Niederlassungen des betroffenen Drittstaaten-Unternehmens in der Union.[111] In letzter Zeit überwiegt offenbar die Übermittlung durch (private) Kurierdienste.

---

[101] S. dazu *Ritter/Braun,* aaO.

[102] OECD-Empfehlung über die Zusammenarbeit auf dem Gebiet wettbewerbsbeschränkender Praktiken mit Auswirkungen auf den internationalen Handel vom 21.5.1986, abgedruckt in WuW 1986, 420, 217.

[103] S. *Ritter/Braun,* aaO.

[104] Dazu § 6 Rdnr. 20.

[105] Die Kommission legt die Rücklaufquote in den veröff. Entscheidungen im Allgemeinen nicht offen. Sie wird aber gelegentlich in Gerichtsurteilen erwähnt, so z.B. im Fall EuG U. v. 9.7.2007, Slg. 2007 II-2149, Rdnr. 12 – *Sun Chemical* u.a. ./. Komm. (auf die Auskunftsersuchen antworteten 13 von 21 Wettbewerbern und 10 von 13 Kunden) und im Fall EuG U. v. 7.6.2013, Rs T-405/08, ECLI:EU:T:2013:306, Rdnr. 229 – *Spar ./. Komm.* (von 218 befragten Lieferanten antworteten 122).

[106] WuW/E EU-V 543ff. – *Mitsubishi Heavy Industries;* die Eg. war an die europäische Tochtergesellschaft gerichtet.

[107] *V. d. Groeben/Schwarze-Schröter,* aaO zu Art. 254 EG, Rdnr. 107. S. auch *Dieckmann* in § 41 Rdnr. 38ff. sowie Art. 10 Abs. 1 VO Nr. 773/2004 (schriftliche Mitteilung der Beschwerdepunkte).

[108] Entsprechend der bereits zitierten OECD-Empfehlung, s. Rdnr. 18.

[109] S. EuGH U. v. 14.7.1972, Slg. 1972, 787, 825ff. – *Farbstoffe* (für Zustellung am Sitz des Unternehmens) sowie U. v. 21.2.1973, Slg. 1973, 215, 222, 239f. – *Continental Can* (für Zustellung an EG-Tochterunternehmen auf Wunsch des Unternehmens); s. auch U. v. 15.5.1975, Slg. 1975, 563, 580f. – *Frubo.*

[110] Kritisch dazu *S/J/K/M-Zurkinden/Lauterburg,* aaO Rdnr. 151. S. dazu z.B. den Fall *Continental Can,* EuGH U. v. 21.2.1973, Slg. 1973, 215, 241, Rdnr. 9ff.

[111] So in den *Farbstoff-Fällen,* s. EuGH U. v. 14.7.1972, Slg. 1972, 619, 655, Rdnr. 34ff., 787, 827, Rdnr. 16ff. und im Fall *Tetra Pak II,* Komm.E. v. 24.7.1991, ABl. 1992 L 72/1ff.; kritisch dazu *Gleiss/Hirsch,* aaO Einleitung B, Rdnr. 49; *Steindorff,* CML Rev. 1972, 504.

Der EuGH ließ im *Farbstoff*-Fall offen, ob die Zustellung an die im Gemeinsamen Markt (jetzt: Binnenmarkt) ansässige Tochtergesellschaft eines Nicht-EG-Unternehmens (aus der Schweiz) rechtsfehlerhaft war, weil die Zustellung nicht die Wirksamkeit der Entscheidung, sondern nur den Ablauf der Klagefrist nach Art. 173 Abs. 3 EGV (jetzt: Art. 263 Abs. 6 AEUV) betreffe. Da die schweizerischen Klägerinnen unstreitig Kenntnis von der Entscheidung erlangt und rechtzeitig Klage erhoben hätten, seien sie nicht beschwert.[112] Der EuGH wies auch die Rüge der nicht ordnungsgemäßen Zustellung der Beschwerdepunkte an die schweizerischen Unternehmen zurück. Da die Behörden der Schweiz keine praktikable Möglichkeit der Zustellung auf ihrem Hoheitsgebiet anerkennten, könne der Gemeinschaft (jetzt: Union) deshalb nicht unter Berufung auf das Völkerrecht die Befugnis abgesprochen werden, die Wirksamkeit ihrer Maßnahmen gegen wettbewerbsbeeinträchtigende Maßnahmen, die innerhalb des Gemeinsamen Marktes zutage getreten seien, auch dann zu gewährleisten, wenn der Urheber seinen Sitz in einem Drittland habe.[113] Auch hier hielt es der EuGH für entscheidend, dass der Empfänger bei der nach den Vorschriften des Unionsrechts erfolgten Zustellung (der Beschwerdepunkte) die tatsächliche Möglichkeit der Kenntnisnahme habe und deshalb nicht beschwert sei. Im *Continental Can*-Fall entschied der EuGH, dass sich die ausländische Muttergesellschaft nicht auf ihre Weigerung berufen könne, Schriftstücke entgegenzunehmen und zur Kenntnis zu nehmen, die in ihren Herrschaftsbereich gelangen und nicht auf dem regulären diplomatischen Weg zugestellt worden sind.[114] Während nach EU-Recht die Entscheidung in der Sprache des Adressaten abgefasst sein muss, genügt für Drittstaaten-Unternehmen nach Ansicht der Kommission irgendeine Amtssprache der Gemeinschaft.[115] 20

Bei der **Vollstreckung** von Entscheidungen der Kommission ist zwischen dem Bußgeld- und dem Verwaltungsverfahren zu unterscheiden. Die Entscheidungen der Kommission in **Bußgeldverfahren** nach Art. 101, 102 AEUV iVm. Art. 23 VO Nr. 1/2003 oder nach Art. 14 EG-FKVO sind zwar gemäß Art. 299 Abs. 1 AEUV vollstreckbare Titel. Eine Zwangsvollstreckung nach dieser Vorschrift erfolgt aber nach dem nationalen Zivilprozessrecht der Mitgliedstaaten, in deren Hoheitsgebiet sie stattfindet,[116] d. h. nur im Territorium der Union. Wenn die Entscheidung gegen Drittstaaten-Unternehmen gerichtet ist, kann deshalb nur in Vermögenswerte vollstreckt werden, die in der Union gelegen sind.[117] Da die betroffenen Unternehmen regelmäßig auch über Vermögen in der Union verfügen, geht davon so starker Druck aus, dass – soweit ersichtlich – in der Praxis noch keine Zwangsvollstreckungen erforderlich geworden sind. 21

In **Verwaltungsverfahren** stellt sich die Frage nach der Vollstreckbarkeit sowohl für Verfügungen, die ein bestimmtes (wettbewerbliches) Verhalten gemäß Art. 7 der VO Nr. 1/2003 betreffen, als auch für ergänzende Zwangsgeld-Entscheidungen nach Art. 24 der VO Nr. 1/2003 bzw. der entsprechenden Regelung in Art. 15 EG-FKVO. Diese Zahlungsentscheidungen der Kommission sind ebenfalls gemäß Art. 299 Abs. 1 AEUV vollstreckbare Titel. Auch hier gilt die Beschränkung auf das Hoheitsgebiet der Mitgliedstaaten. Eine Vollstreckung in Drittstaaten ist nicht möglich. Es besteht jedoch Zugriff auf das Vermögen der betroffenen Unternehmen in der Union.[118] 22

---

[112] EuGH Slg. 1972, 619, 656 sowie 787, 828.

[113] EuGH aaO 826.

[114] EuGH Slg. 1973, 241, Rdnr. 10 – *Continental Can.*

[115] S. *Ritter/Braun,* S. 1108; dabei dürfte in der Regel eine englische Version gewählt werden, insbes. für japanische Unternehmen.

[116] *Immenga/Mestmäcker-Rehbinder,* WbR EG Bd. 1, IntWbR Rdnr. 91; *Langen/Bunte-Sura,* aaO VO Nr. 1/2003, Art. 24 Rdnr. 17 (für Zwangsgelder).

[117] *Rehbinder* aaO Rdnr. 91.

[118] S. dazu bereits Rdnr. 20; zur freiwilligen Zahlung von Geldbußen im deutschen Kartellrecht s. *Immenga/Mestmäcker-Rehbinder,* GWB, 4. Aufl. § 130 Rdnr. 395.

D. Die extraterritoriale Anwendung des deutschen Kartellrechts

I. Die gesetzliche Verankerung des Auswirkungsprinzips in § 130 Abs. 2 GWB

23 Im deutschen Kartellrecht ist das Auswirkungsprinzip in § 130 Abs. 2 GWB gesetzlich verankert. § 130 Abs. 2 GWB ist eine *spezielle Kollisionsnorm* mit Vorrang vor den Regeln des allgemeinen Kollisionsrechts. Die Norm grenzt den Anwendungsbereich des deutschen Kartellrechts für ausländische und für deutsche Unternehmen ab.[119] Maßgeblich für die Anwendbarkeit des deutschen Kartellrechts ist, ob eine Wettbewerbsbeschränkung Auswirkungen im Inland entfaltet. Unerheblich sind demgegenüber der Ort, an dem die wettbewerbsbeschränkende Vereinbarung getroffen wurde, und der Sitz der beteiligten Unternehmen. Die Kollisionsnorm des § 130 Abs. 2 GWB wirkt somit in zwei Richtungen: Einerseits unterwirft sie im Ausland veranlasste Wettbewerbsbeschränkungen mit Inlandsauswirkung dem deutschen Kartellrecht, auch wenn daran ausschließlich ausländische Unternehmen beteiligt sind; andererseits nimmt sie im Inland veranlasste Wettbewerbsbeschränkungen (z. B. Vereinbarungen zwischen deutschen Unternehmen) ohne Inlandsauswirkung von dem Anwendungsbereich des GWB aus.[120] Dies gilt für alle Wettbewerbsbeschränkungen, d. h. alle materiellrechtlichen Regelungen des GWB. § 98 Abs. 2 Satz 2 GWB a. F., der Exportkartelle dann generell dem deutschen Kartellrecht unterwarf, wenn an ihnen Unternehmen mit Sitz im Inland beteiligt waren, ist durch die 6. Novelle (1998) gestrichen worden.

24 Die Inlandsauswirkung der Wettbewerbsbeschränkung gemäß § 130 Abs. 2 muss spürbar sein.[121] Feste Kriterien für die **Spürbarkeit** sind bislang nicht entwickelt worden, weil es im Wesentlichen auf die Umstände des Einzelfalles ankommt. In der Fusionskontrolle ist sie z. T. trotz sehr geringer Marktanteile der beteiligten Unternehmen bejaht worden, wenn besondere Umstände vorlagen, z. B. der Erwerber Zugang zu dem qualifizierten Know-how der ausländischen Zielgesellschaft erhielt.[122] Die Praxis des BKartA war trotz des von ihm zu § 130 Abs. 2 GWB zunächst veröffentlichten Merkblattes[123] uneinheitlich. Gelegentlich wurde bei Umsatzerlösen des targets von unter 1,5 bis 2,5 Mio. € im Inland die Spürbarkeit der inländischen Wettbewerbsbeschränkung verneint.[124] Im allgemeinen neigt(e) das Amt allerdings zu einer „zuständigkeitsfreundlichen" Anwendung der Vorschrift. Das Problem hat sich mit der Einführung einer Zweiten Inlandsumsatzschwelle in § 35 Abs. 1 Nr. 2 GWB (2009) etwas verschoben. Die deutsche Fusionskontrolle ist jetzt ohnehin nur anwendbar, wenn mindestens ein beteiligtes Unternehmen im Inland Umsatzerlöse von mehr als 25 Mio. € und ein anderes beteiligtes Unternehmen Umsatzerlöse von mehr als 5 Mio. € erzielt. Diese neuen Umsatzschwellen enthalten aber keine fusionskontrollspezifische allgemeine Präzisierung des Auswirkungsprinzips.[125] Es ist daher trotz Erfüllung der Umsatzschwellen zu prüfen, ob der fragliche Zusammenschluss zu spürbaren Inlandsauswirkungen führt. Daran kann es bei der Errichtung eines Gemeinschaftsunternehmens im Ausland durch zwei deutsche Unternehmen fehlen. Das BKartA hat wegen der seit 2009 veränderten Rechtslage im Herbst 2014 ein neues **Merkblatt „Inlandsaus-**

---

[119] S. dazu statt aller *KK-Stoll/Holterhus,* aaO § 130 GWB Rdnr. 61, 69; zum Dualismus der Kollisionsanknüpfung im Verhältnis zur Rom II-VO auch aaO Rdnr. 82 ff. sowie *Staudinger/Fezer/Koos* (2010), IntWirtschR, Rdnr. 165 ff. Zur Rom II-VO s. auch unten Rdnr. 81/82.

[120] S. BGH WuW/E BGH 1276, 1277 – *Ölfeldrohre.*

[121] BGH WuW/E BGH 1613, 1615 – *Organische Pigmente.*

[122] BGH aaO 1615, dort freilich nur zur Anzeigepflicht nach § 23 Abs. 1 GWB idF vor der 6. GWB-Novelle. Zur Fusionskontrolle s. auch Rdnr. 39 ff.

[123] Informationsblatt (a. F.) vom Januar 1999 zu Inlandsauswirkungen bei Unternehmenszusammenschlüssen, veröff. auf der Homepage des BKartA.

[124] Schreiben des BKartA vom 20.5.1996, Gesch. – Z. B. 7–74/96 (eigene Angabe); s. auch *Bechtold,* GWB, 4. Aufl., § 130 Rdnr. 18 (unter 2–3 Mio. €).

[125] *Bechtold,* GWB, § 35 Rdnr. 33.

wirkungen in der Fusionskontrolle" veröffentlicht.[126] Mit der Zweiten Inlandsumsatzschwelle ist zugleich das völkerrechtliche Problem einer Untersagung von Auslandszusammenschlüssen trotz insgesamt begrenzter Inlandsauswirkungen etwas entschärft worden.

§ 130 Abs. 2 GWB markiert den Bereich, für den Deutschland völkerrechtlich die Jurisdiktion über kartellrechtliche Sachverhalte beansprucht. Soweit der Anwendungsbereich des GWB reicht, sind die deutschen Behörden zuständig, auch gegenüber ausländischen Unternehmen Verfügungen zu erlassen. Es besteht also eine Art Gleichlauf zwischen der Frage der Anwendbarkeit des materiellen Rechts und der Behördenzuständigkeit.[127] Zusätzlich begrenzt wird der nationale Jurisdiktionsanspruch durch **völkerrechtliche Grundsätze** wie das Rücksichtnahmegebot, das Einmischungsverbot und das Verhältnismäßigkeitsprinzip.[128] Die Durchführung des Verfahrens, insbes. die Vornahme und Durchsetzung von Ermittlungsmaßnahmen und die Vollstreckung von Verfügungen, verlangt Rücksichtnahme auf die Souveränitätsinteressen des ausländischen Sitzstaates. Hier gilt der aus dem völkerrechtlichen Territorialitätsprinzip abgeleitete Grundsatz, dass hoheitliche Akte auf fremdem Staatsgebiet nur mit Zustimmung des anderen Staates vorgenommen werden dürfen. **25**

II. Praxis der Kartellbehörden und Gerichte zu § 130 Abs. 2 GWB

In der Praxis des BKartA und der Gerichte ist die **Inlandsauswirkung** iSd § 130 Abs. 2 GWB **als sinnvoller und mit dem Völkerrecht vereinbarer Anknüpfungstatbestand** für die Anwendung des nationalen Kartellrechts grundsätzlich anerkannt.[129] In der Fusionskontrolle rechtfertigen Auswirkungen auf die inländischen Marktverhältnisse allerdings nicht generell die Untersagung eines Zusammenschlusses zwischen ausländischen Unternehmen insgesamt, weil das deutsche BKartA zur Regelung des ausländischen Sachverhalts nicht die erforderliche Gebiets- bzw. Personalhoheit hat (dazu noch Rdnr. 39 ff.). Möglich bleibt die Untersagung eines abtrennbaren inländischen Teils des Zusammenschlusses, wie sie etwa die Übernahme inländischer Tochtergesellschaften darstellt.[130] Diese Teilbarkeit hat allerdings in der Praxis keine nennenswerte Bedeutung erlangt. **26**

Der BGH hat klargestellt, dass sich das Tatbestandsmerkmal „Wettbewerbsbeschränkungen" des § 130 Abs. 2 GWB entsprechend der Überschrift des Ersten Teils des GWB auf alle in den §§ 1 bis 43 normierten Tatbestände bezieht.[131] Dies bedeutet, dass sich ausländische Unternehmen in gleicher Weise wie solche mit Sitz im Inland auf die Freistellungsvorschriften der §§ 2 und 3 GWB berufen können. Ferner sollten auch Empfehlungen iSd – durch die 7. GWB-Novelle (2005) gestrichenen – §§ 22, 23 a. F. erfasst sein.[132] **27**

Der Begriff der Inlandsauswirkung birgt die Gefahr einer „uferlosen Ausdehnung" des extraterritorialen Anwendungsbereichs des GWB in sich. Um dies zu verhindern, bedarf es nach der Rechtsprechung einer **Eingrenzung und Konkretisierung** der maßgebenden Inlandsauswirkungen nach dem Schutzzweck des GWB allgemein und nach der jeweils in **28**

---

[126] Merkblatt vom 30.9.2014, veröff. auf der Homepage des BKartA.

[127] *Immenga/Mestmäcker-Rehbinder,* GWB, § 130 Rdnr. 364/365; *Langen/Bunte-Stadler,* aaO § 130 Rdnr. 125.

[128] Sehr restriktiv dazu jedoch OLG Düsseldorf WuW/E DE-R 2477 ff. – *Phonak/ReSound,* Leitsätze 3b–d und 2483, nur in „extremen Fällen"; *Bechtold,* aaO § 130 Rdnr. 16; zu den maßgeblichen Völkerrechtsprinzipien s. o. Rdnr. 7 f.

[129] Dazu zuletzt OLG Düsseldorf WuW/E DE-R 2477 ff. – *Phonak/ReSound;* aus der älteren Rechtsprechung KG WuW/E OLG 3051, 3061 – *Morris-Rothmans;* darauf bezugnehmend BKartA WuW/E BKartA 2204, 2210 – *Morris-Rothmans II;* WuW/E BKartA 2521, 2540 ff. – *Zahnradfabrik Friedrichshafen/Allison.* S. ferner BKartA, Merkblatt Inlandsauswirkungen der Fusionskontrolle (2014), S. 1 Fn. 3. Aus dem Schrifttum dazu *KK-Stoll/Holterhus,* aaO § 130 GWB Rdnr. 93 ff. sowie *MüKo-Wagner von Papp/Wurmnest,* Bd. 1, Europ. WbR, Einl. Rdnr. 1628 ff.

[130] S. KG aaO 3054 ff.; BKartA WuW/E 2521, 2540 – *Zahnradfabrik Friedrichshafen/Allison;* näher zur Fusionskontrolle bzw. zur Teiluntersagung unten Rdnr. 39 ff.

[131] BGH WuW/E BGH 1613, 1614 – *Organische Pigmente* (zu § 98 Abs. 2 idF vor der 6. GWB-Novelle).

[132] BKartA WuW/E BKartA 845.

Betracht kommenden speziellen Sachnorm. Relevant sind danach nur solche Folgen auslandsbezogener Wettbewerbsbeschränkungen, die den **Schutzbereich der jeweiligen Sachnorm** im Inland verletzen.[133]

29 Die Inlandsauswirkung der Wettbewerbsbeschränkung muss nach der Rechtsprechung zudem spürbar sein. Die **Spürbarkeit** ist im Einzelfall unter sorgfältiger Berücksichtigung und Abwägung aller in Betracht kommender Umstände zu ermitteln.[134] Daneben sind weitere – undeutlich konturierte – Kriterien zur Quantifizierung der Inlandsauswirkung formuliert worden: Für die (durch die 6. Novelle abgeschaffte) Anzeigepflicht nach § 23 Abs. 1 GWB a. F. bei einem Auslandszusammenschluss hatte der BGH gefordert, dass der Zusammenschluss eine spürbare und unmittelbare Auswirkung auf die Wettbewerbsverhältnisse auf dem Inlandsmarkt haben muss.[135] Das BKartA hat zum Teil auf die „Erheblichkeit" der Inlandsauswirkung abgestellt.[136]

30 Ungeklärt ist die Frage, ob zur Anwendung des GWB auf im Ausland veranlasste Wettbewerbsbeschränkungen eine **tatsächliche Inlandsauswirkung** erforderlich ist oder ob bereits die **Eignung** zur Beschränkung des Wettbewerbs im Inland ausreicht.[137] Der früher in § 1 GWB enthaltene Hinweis im Gesetzeswortlaut, wonach das Kartellverbot alle Verträge erfasst, die geeignet sind, die Marktverhältnisse durch Wettbewerbsbeschränkung zu beeinflussen, ist durch die 6. Novelle (1998) entfallen. Dennoch dürfte weiter gelten, dass kollisionsrechtlich die Eignung zur Beeinflussung der Marktverhältnisse zur Anwendung des Gesetzes ausreicht.[138]

III. Einzelfragen

31 **1. Kartelle.** Auf Kartellverträge unter Beteiligung ausländischer Unternehmen fand § 1 GWB idF vor der 6. GWB-Novelle Anwendung, wenn sie geeignet waren, die Erzeugung oder die Marktverhältnisse im Inland spürbar zu beeinflussen.[139] Nach der Umgestaltung der Vorschrift und dem Wegfall des Tatbestandsmerkmals „Marktverhältnisse" durch die 6. GWB-Novelle (1998) ist zweifelhaft, ob sich die Rechtslage insoweit geändert hat; nach der hier vertretenen Ansicht ist das nicht der Fall.[140] Die Praxis des BKartA war zunächst von deutlicher Zurückhaltung gegenüber ausländischen Unternehmen gekennzeichnet.[141] Später wurde das **Auswirkungsprinzip** jedoch in weitgehendem Umfang angewendet. Aus der Praxis des Amtes können hier Verfahren gegen internationale Preiskartelle,[142] gegen Selbstbeschränkungsabkommen ausländischer Unternehmen hinsichtlich ihrer Exporte nach Deutschland[143] und gegen internationale Marktaufteilungen[144] genannt werden. Einschränkungen aufgrund völkerrechtlicher Grundsätze sind in diesem Bereich – soweit ersichtlich – nicht erfolgt. Durch die verschärfte Verfolgungspraxis der Kommission gegen-

---

[133] BGH WuW/E BGH 1276, 1278 f. – *Ölfeldrohre;* WuW/E BGH 2596 – *Eisenbahnschwellen;* für die Fusionskontrolle: BGH WuW/E BGH 1613, 1614 – *Organische Pigmente; Basedow* NJW 1989, 627, 628; *Staudinger/Fezer/Koos* (2010), IntWirtschR, Rdnr. 182 ff.; *KK-Stoll/Holterhus,* aaO § 130 GWB, Rdnr. 129.

[134] BGH WuW/E BGH 2596, 2597 – *Eisenbahnschwellen;* s. auch *KK-Stoll/Holterhus,* aaO § 130 GWB, Rdnr. 151ff und *Staudinger/Fezer/Koos* (2010), IntWirtschR, Rdnr. 221 ff.

[135] BGH WuW/E BGH 1613, 1615 – *Organische Pigmente.*

[136] Z. B. in der Untersagungsentscheidung *Gillette/Wilkinson,* AG 1992, 363, 367.

[137] S. zum Streitstand *Langen/Bunte-Stadler,* aaO § 130 Rdnr. 120; *Immenga/Mestmäcker-Rehbinder,* GWB, § 130 Rdnr. 159 ff.

[138] BGH WuW/E BGH 2088 – *Korkschrot;* so wohl auch *Rehbinder,* aaO Rdnr. 159 (gegen abstrakte fernliegende Gefahr, aber „qualifizierte abstrakte Gefahr" genügt); offengelassen in BGH WuW/E BGH 1280 – *Organische Pigmente.*

[139] *Immenga/Mestmäcker-Rehbinder,* GWB, 2. Aufl. 1992, § 98 Abs. 2 Rdnr. 89; *GK-Koenigs,* § 98 Abs. 2 Rdnr. 61; *Langen/Jungbluth,* 8. Aufl. 1998, § 98 Abs. 2 Rdnr. 132.

[140] So wohl auch *Rehbinder,* aaO § 130 Rdnr. 169; *Langen/Bunte-Stadler,* aaO § 130 Rdnr. 159.

[141] S. z. B. BKartA TB 1963, 25.

[142] S. z. B. TB 1970, 17.

[143] BKartA TB 1976, 37 f.; TB 1978, 53 f.

[144] BKartA WuW/E BKartA 1393 ff. – *Polyamid.*

über internationalen Kartellen hat das Thema aber seit den 80er Jahren an praktischer Bedeutung verloren. Internationale Kartelle, die auch Auswirkungen auf Deutschland haben, werden heute in aller Regel gemäß Art. 101 AEUV durch die Kommission verfolgt.[145] Dieser Zustand hat sich auch durch die Umgestaltung des EG-Verfahrensrechts zum 1.5.2004 und die damit gemäß Art. 12 VO Nr. 1/2003 verbundene Einführung des European Competition Networks (ECN) der EG-Kartellbehörden nicht grundsätzlich geändert. Inzwischen hat sich allerdings gezeigt, dass die Kommission nicht bereit ist, sich stets an die dort festgelegten Arbeitsverteilungsregeln zu halten. Nach diesen Regeln ist ihr an sich die Verfolgung von EU-weiten (oder weltweiten) Kartellen zugewiesen. Zusätzliche Komplexität ergibt sich daraus, dass Kommission und nationale Kartellbehörden in einigen Fällen eine Aufteilung verschiedener Aspekte neuer Fälle vornehmen.[146] Die (deutsche) Rechtsprechung musste sich – abgesehen von dem bekannten *Ölfeldrohre*-Beschluss des BGH zu Exportkartellen – nur sehr selten mit der Frage nach relevanten Inlandsauswirkungen bei Kartellen befassen. Dabei hat das Kammergericht für eine Inlandsauswirkung nach § 1 idF vor der 6. GWB-Novelle zwar verlangt, dass der Vertrag geeignet sein muss, die inländischen Marktverhältnisse unmittelbar zu beeinflussen; es hat dafür aber Auswirkungen einer Absatzbeschränkung im Ausland auf die inländische Kapazitätsausweitung als ausreichend angesehen.[147] Generell ergeben sich Zweifelsfragen, wenn die Kartelle ausländischer Unternehmen nicht direkt den inländischen (deutschen) Markt regeln. Im Schrifttum wird grundsätzlich das Erfordernis einer unmittelbaren Auswirkung hervorgehoben, so dass die bloße Beeinflussung der inländischen Marktverhältnisse als Folge einer auf einen Drittmarkt bezogenen Regelung grundsätzlich nicht reicht.[148] Etwas anderes soll allerdings für Fälle gelten, in denen sich die vertragliche Bindung zwar auf einen vorgelagerten Drittmarkt bezieht, die Beteiligten sich jedoch i.S. der Zweck- oder Folgetheorie[149] auch im Inland wettbewerbsbeschränkend verhalten.[150] § 1 idF seit der 6. GWB-Novelle (1998) bestätigt dies durch die ausdrückliche Bezugnahme auf das Bezwecken oder Bewirken der Wettbewerbsbeschränkung.

Wenn § 1 GWB anwendbar ist, gelten grundsätzlich auch die Legalausnahmen der §§ 2 32 und 3 GWB.[151] Soweit die Ausnahmevorschriften auf bestimmte materielle Tatbestandsmerkmale abstellen, müssen diese grundsätzlich in Deutschland erfüllt sein. Dies stand vor der 7. GWB-Novelle freilich der Anwendung der Vorschriften über Rationalisierungskartelle (§ 5 GWB a.F.) nicht entgegen, wenn an einem solchen Kartell zwar ausländische Unternehmen beteiligt waren, jedenfalls aber hinsichtlich der beteiligten deutschen Unternehmen Rationalisierungswirkungen auch im Inland auftraten.[152]

Die Sonderregelung für (reine) **Exportkartelle** in § 98 Abs. 2 Satz 2 GWB a.F., die 33 eine Ausnahme vom Auswirkungsprinzip vorsah, ist wegen der Streichung des entsprechenden Legalisierungstatbestandes in § 6 a.F. ebenfalls bereits 1998 entfallen.

2. Vertikalvereinbarungen. Im Rahmen der 7. GWB-Novelle (2005) wurde das in 34 § 1 GWB enthaltene Tatbestandsmerkmal „miteinander im Wettbewerb stehenden" (Un-

---

[145] S. dazu auch *Immenga/Mestmäcker-Rehbinder,* GWB, § 130 Rdnr. 112; *Langen/Bunte-Stadler,* aaO § 130 Rdnr. 161; *KK-Stoll/Holterhus,* aaO § 130 GWB, Rdnr. 63, 78.

[146] S. dazu näher *Dieckmann,* § 41 Rdnr. 49 ff.

[147] WuW/E OLG 1339, 1346 – *Linoleum,* für die Einschränkung von Rabattwettbewerb auf Exportmärkten; bestätigt durch BGH NJW 1975, 269; so für § 18 idF vor der 6. GWB-Novelle auch OLG Düsseldorf WuW/E OLG 1061, 1064.

[148] Dazu *Immenga/Mestmäcker-Rehbinder,* GWB, § 130 Rdnr. 142 ff.; *Langen/Bunte-Stadler,* aaO § 130 Rdnr. 160.

[149] S. dazu § 3 Rdnr. 3.

[150] S. dazu *Immenga/Mestmäcker-Rehbinder,* GWB, § 130 Rdnr. 146/147; *Langen/Bunte-Stadler,* aaO § 130 Rdnr. 160. So wohl im Ergebnis auch BGH, aaO Fn. 130 unter Bezugnahme auf die relevante Sachnorm.

[151] *Immenga/Mestmäcker-Rehbinder,* GWB, § 130 Rdnr. 188 ff.; *Langen/Bunte-Stadler,* aaO § 130 Rdnr. 163; *KK-Stoll/Holterhus,* aaO § 130, Rdnr. 170.

[152] S. *Immenga/Mestmäcker-Rehbinder,* GWB, § 130 Rdnr. 190.

ternehmen) gestrichen, so dass nunmehr – wie in Art. 101 Abs. 1 AEUV – auch vertikale Wettbewerbsbeschränkungen von § 1 erfasst werden. Insofern gelten die zu § 1 dargestellten Grundsätze der extraterritorialen Anwendung seit dem 1.7.2005 auch für Vertikalvereinbarungen. Eine Inlandsauswirkung liegt daher vor, wenn durch die (vertikale) Vereinbarung die Betätigungs- oder Entschließungsfreiheit eines gebundenen Unternehmens in Bezug auf den Inlandsmarkt beeinträchtig wird und die Bindung geeignet ist, die inländischen Marktverhältnisse zu verändern.[153] Dies gilt insbes. für **Preis- und Konditionenbindungen.**[154] Die vor der 7. Novelle geltenden Besonderheiten (§ 14 a. F.) sind in der 2. Auflage (§ 5 Rdnr. 34) behandelt worden.

35 Für **Ausschließlichkeitsverträge** i. S. des § 16 a. F. galten schon früher (bis 1.7.2005) die allgemeinen Grundsätze des § 130 Abs. 2 GWB. Bei Vereinbarungen zwischen einem ausländischen und einem deutschen Unternehmen konnte die Kartellbehörde also eingreifen, wenn der Tatbestand des § 16 a. F. in Bezug auf das Inland verwirklicht war und dadurch die von der Vorschrift geschützten Rechtsgüter beeinträchtigt wurden.[155] Die praktische Bedeutung der Fragestellung war gering. Dies beruhte zunächst darauf, dass § 16 GWB a. F. nur eine Missbrauchsaufsicht vorsah, die ohnehin keine große Bedeutung erlangt hatte.[156] Hinzu kam, dass gerade internationale Ausschließlichkeitsverträge im Zweifel von Art. 81 EG (jetzt: Art. 101 AEUV) erfasst wurden bzw. werden. Anders als im (damaligen) deutschen Kartellrecht gilt dort ein grundsätzliches Verbot mit Freistellungsvorbehalt. Die Praxis orientierte sich daher schon früher namentlich bei Alleinvertriebsverträgen maßgebend an den einschlägigen EU-rechtlichen Regelungen, insbes. der GVO Nr. 2790/1999 über vertikale Vereinbarungen, welche die zuvor einschlägige Alleinvertriebs-GVO Nr. 1983/83 und die Alleinbezugs-GVO Nr. 1984/83 ersetzte; heute gilt insoweit die Vertikal-GVO Nr. 330/2010. Auch für ausschließliche Bezugsverträge zum Zwecke der Weiterverarbeitung war und ist zumeist das EU-Kartellrecht maßgebend.[157] Seit dem Inkrafttreten der 7. Novelle ist ein materiellrechtlicher Gleichklang mit dem EU-Recht hergestellt, weil sowohl der Verbotstatbestand des § 1 als auch die Ausnahme gemäß § 2 GWB inhaltlich dem Art. 101 AEUV entsprechen.

36 Das Vorliegen einer Inlandsauswirkung bei Ausschließlichkeitsverträgen gemäß § 16 a. F. mit Auslandsbezug war für Altverträge (vor dem 1.1.1999) wegen des Schriftformerfordernisses gemäß § 34 GWB idF vor der 6. GWB-Novelle von erheblicher Bedeutung. Diese Vorschrift galt u. a. generell für den Abschluss von Ausschließlichkeitsverträgen, die dem deutschen Kartellrecht unterlagen.[158] § 34 a. F. galt selbst dann, wenn die Parteien die Geltung ausländischen Rechts vereinbart hatten.[159] Mit der 6. Novelle (1998) wurde die Vorschrift abgeschafft. Für Altverträge gilt sie aber – wenn auch mit bestimmten, durch die Rechtsprechung vorgenommenen Einschränkungen – nach wie vor (s. dazu näher *Topel,* § 50).

37 Die Ausführungen zu § 16 a. F. galten entsprechend für Wettbewerbsbeschränkungen in **Lizenzverträgen** und in **Know-how-Verträgen** gemäß §§ 17, 18 a. F. Die Vorschriften wurden aber bei internationalen Sachverhalten auch schon vor dem 1.7.2005 (7. GWB-Novelle) regelmäßig durch das vorrangige EU-Kartellrecht (Art. 81 EG, jetzt: Art. 101 AEUV) überlagert, so dass die Praxis sich an den dazu entwickelten Grundsätzen, insbes. an der GVO Nr. 772/2004 für Technologietransfer-Vereinbarungen, orientierte[160] (seit

---

[153] *Immenga/Mestmäcker-Rehbinder,* GWB, § 130 Rdnr. 194, *Langen/Bunte-Stadler,* aaO § 130 Rdnr. 165.

[154] *KK-Stoll/Holterhus,* aaO § 130 GWB, Rdnr. 171/172; *Staudinger/Fezer/Koos* (2010), IntWirtschR Rdnr. 244 ff.

[155] *Immenga/Mestmäcker-Rehbinder,* 2. Aufl., § 130 Abs. 2 Rdnr. 126; *Langen/Jungbluth,* GWB, 8. Aufl., § 130 Abs. 2 Rdnr. 137.

[156] Zu den Einzelheiten s. *Immenga/Mestmäcker-Rehbinder,* 2. Aufl., § 130 Abs. 2 Rdnr. 129 ff.; *Langen/Jungbluth,* GWB, 8. Aufl., § 130 Abs. 2 Rdnr. 138 ff.

[157] S. dazu unter § 10 Rdnr. 266 ff.

[158] S. dazu z. B. OLG Düsseldorf WuW/E OLG 1061, 1064.

[159] OLG Frankfurt WRP 1992, 331, 332; *Bechtold,* GWB, 1. Aufl. 1993, § 98 Rdnr. 7.

[160] S. dazu *Klawitter* in § 14.

1.4.2014: GVO Nr. 316/2014). Diese GVO gilt gemäß § 2 Abs. 2 GWB im deutschen Recht entsprechend. Auch hier war bis zum 31.12.1998 das Schriftformerfordernis des § 34 GWB zu beachten.[161]

3. Missbrauch marktbeherrschender Stellungen und Fusionskontrolle. *a) Missbrauch marktbeherrschender Stellungen.* Die Missbrauchsaufsicht über Unternehmen mit einer marktbeherrschenden Stellung gemäß §§ 18, 19 GWB ist gemäß § 130 Abs. 2 GWB anwendbar, wenn sich der Missbrauch der Marktmacht in der Weise auswirkt, dass der Wettbewerb und die Betätigungsfreiheit im Inland (unmittelbar und spürbar) tatsächlich beeinträchtigt werden.[162] Eine Inlandsauswirkung liegt daher vor, wenn ein ausländisches Unternehmen seine im Inland marktbeherrschende Stellung missbräuchlich ausnutzt, d. h. inländische Abnehmer ausbeutet oder in- oder ausländische Wettbewerber auf diesem Markt behindert.[163] Mit der 8. GWB-Novelle (2013) ist die zuvor in § 20 Abs. 1 geregelte Diskriminierung durch marktbeherrschende Unternehmen in den Fallgruppenkatalog der verbotenen Missbrauchshandlungen in § 19 Abs. 2 (dort: Nr. 1) verschoben worden. Die praktische Bedeutung der Thematik ist schon deswegen gering, weil von den deutschen Kartellbehörden relativ wenige Missbrauchsverfahren geführt werden. Hinzu kommt, dass ausländische Unternehmen mit starken Marktpositionen in Deutschland vielfach über inländische Tochtergesellschaften tätig sind, so dass es sich insoweit um reine Inlandssachverhalte handelt.[164] 38

b) Fusionskontrolle. Seinen praktisch wohl wichtigsten Anwendungsbereich hat § 130 Abs. 2 GWB in der Fusionskontrolle (§§ 35 ff.).[165] Im Zeitalter der grenzüberschreitenden Fusionen und Unternehmensbeteiligungen kommt es zu zahlreichen Zusammenschlüssen mit Auslandsbezug. Allerdings ist bereits der Begriff des **Auslandszusammenschlusses** schillernd. Er reicht vom Zusammenschluss ausländischer Unternehmen, die in Deutschland gar keine oder lediglich Marktaktivitäten in Form von Importen haben, über den Zusammenschluss ausländischer Unternehmen mit Vertriebstochtergesellschaften im Inland bis hin zu der Verbindung von Unternehmen, die im Inland durch eine eigene Produktion vertreten sind. Schließlich zählt zu dieser Kategorie auch der im Ausland realisierte Zusammenschluss zweier Gesellschaften, von denen eine ein verbundenes Unternehmen einer deutschen Konzernobergesellschaft ist. 39

Die **unterschiedliche Intensität der Inlandsauswirkung** bei diesen verschiedenen Arten von Auslandszusammenschlüssen gibt den Ausschlag für die Geltung oder Nichtgeltung der hoheitlichen Eingriffsbefugnisse der §§ 35 ff. GWB. Nach der vom BKartA ge- 40

---

[161] S. dazu bereits Rdnr. 36.

[162] OLG Frankfurt a. M. WuW/E DE-R 801, 802 – *Brüsseler Buchhandlung; Immenga/Mestmäcker-Rehbinder,* GWB, § 130 Rdnr. 220; *KK-Stoll/Holterhus,* aaO § 130 GWB, Rdnr. 190; *Staudinger/Fezer/Koos* (2010), IntWirtschR, Rdnr. 270 ff.; *GK-Koenigs,* § 98 Abs. 2 Rdnr. 99; *Langen/Bunte-Stadler,* aaO § 130 Rdnr. 179.

[163] BKartA WuW/E BKartA 1361, 1367 – *Fernost-Schiffahrtskonferenz;* TB 1971, 52; *Langen/Bunte-Stadler,* aaO Rdnr. 180.

[164] S. dazu z. B. die Missbrauchsverfahren wegen der Benzinpreise gegen Tochtergesellschaften internationaler Mineralölunternehmen, BKartA TB 1981/82, 40; wegen der Preise eines Pharmaherstellers (Tochtergesellschaft des schweizerischen Unternehmens *Hoffmann La- Roche*) WuW/E BKartA 1526 – *Valium-Librium* und – für den Fall eines Behinderungsmißbrauchs durch Treuerabatte – BKartA WuW/E BKartA 1817 ff. – *Fertigfutter* (Verfahren gegen eine deutsche Tochtergesellschaft der *Mars*-Gruppe); zu einer Diskriminierung durch ein Konditionensystem BKartA TB 2011/2012, S. 57 – *Heimtierfutter* (*Royal Canin*) sowie zur Preis-Kosten-Schere BKartA TB 2011/2012, S. 106 – *Mineralölunternehmen* (*BP, ExxonMobil* u. a.).

[165] Das Thema hat das Schrifttum früher insbes. im Zusammenhang mit dem sog. Zigarettenfall *Morris/Rothmans* und dem Fall *Bayer/Firestone* beschäftigt (dazu näher unten), s. *Autenrieth,* Die grenzüberschreitende Fusionskontrolle in Theorie und Praxis, 1982; *Bunte* WuW 1981, 605 ff.; *v. Hahn* WuW 1983, 448 ff.; *Kunig* WuW 1984, 700 ff.; *Meessen,* Kollisionsrecht der Zusammenschlusskontrolle 1984; *ders.,* ZHR 143 (1979), 273 ff. S. ferner *Bach,* WuW 1997, 291 ff. und *MüKo-Wagner von Papp/Wurmnest,* Bd. 1, Europ. WbR, Einl. Rdnr. 1648 ff.; s. auch *Richter/Steinvorth* in § 19 Rdnr. 176 ff.

prägten und in modifizierter Form auch in seinem neuen **Merkblatt** von 2014 verwendeten Formel liegen (relevante) Inlandsauswirkungen vor, „wenn ein Zusammenschluss **geeignet** ist, die Voraussetzungen für den Wettbewerb auf Märkten **unmittelbar** zu beeinflussen, die das Inland ganz oder teilweise umfassen“. Die mögliche Beeinflussung der Marktverhältnisse müsse „eine gewisse Mindestintensität erreichen, d.h. sie muss spürbar sein“; dafür seien grundsätzlich „alle Strukturfaktoren“ relevant.[166] Im Einklang mit der Rechtsprechung sind daran keine hohen Anforderungen zu stellen.[167] Die Abgrenzungsfrage wird heute dadurch etwas entschärft, dass das GWB in § 35 Abs. 1 Nr. 2 eine doppelte Inlandsumsatzschwelle enthält. Wenn sie nicht erreicht wird, gilt die Fusionskontrolle selbst dann nicht, wenn eine Inlandsauswirkung gegeben ist.[168] Umgekehrt werden mit den Umsatzschwellen die sonstigen völkerrechtlichen Grenzen der extraterritorialen Geltung der Fusionskontrollvorschriften (z.B. das Einmischungsverbot) aber noch nicht berücksichtigt. Sie werden allerdings vom BKartA in seinem Merkblatt nicht behandelt. Der BGH geht für die Fusionskontrolle von einem **abgestuften Regelungssystem** aus, mit dem der Gesetzgeber die Eingriffsbefugnisse des Staates auf das zum Schutz des (inländischen) Wettbewerbs notwendige Maß beschränkt habe.[169] Ausgangspunkt hierfür sei jeweils der **Schutzzweck der Norm,** die zur Anwendung gelangen soll: § 36 Abs. 1 soll den inländischen Wettbewerb vor solchen Unternehmenskonzentrationen schützen, die die Wettbewerbsbedingungen auf dem Markt derart verändern, dass die Funktionsfähigkeit des Wettbewerbs nicht mehr gewährleistet ist, von einer bestimmten Schwelle ab der Wettbewerb noch mehr eingeschränkt wird oder sich die Chance für ein Wiederaufleben des erlahmten Wettbewerbs noch mehr verschlechtert. Die Anzeigepflicht des § 23 Abs. 1 GWB idF vor der 6. GWB-Novelle hatte demgegenüber eine (andere) selbständige Bedeutung; ihr unterlagen über die Fälle des § 24 GWB a.F. hinaus zum Zweck der Konzentrationsbeobachtung auch solche Zusammenschlüsse, bei denen aufgrund ihrer absoluten Größenverhältnisse oder ihrer wettbewerblichen Bedeutung auf dem Markt die Gefahr einer Beeinträchtigung der Wettbewerbsfreiheit bestehen konnte.[170] Nach dem am Schutzzweck der Norm ausgerichteten Maßstab des BGH[171] müsste bezüglich der verschiedenen Sachnormen (Vollzugsverbot bzw. sog. „Anmeldepflicht“, Untersagung, ggf. Entflechtung) differenziert werden. Das BKartA verfolgt jedoch einen anderen Ansatz. Es stellt in seiner Praxis zur **Anwendbarkeit der Fusionskontrolle (Vollzugsverbot und Untersagungsbefugnis)** allein auf etwaige Inlandsauswirkungen ab. Die neuere Rechtsprechung folgt dem im Wesentlichen.[172] Das OLG Düsseldorf hat seine Position in der Entscheidung *Phonak/ReSound*[173] zusammengefasst. Danach folge aus dem völkerrechtlichen Grundsatz der Nicht-Einmischung in die inneren Angelegenheiten eines fremden Staates (sog. **Interventionsverbot**) die Notwendigkeit, die Interessen des handelnden Staates an der Durchsetzung seiner eigenen Rechtsordnung mit den gegenläufigen Interessen des negativ betroffenen Staates abzuwägen. Nur wenn danach gewichtige wettbewerbliche oder wettbewerbspolitische Belange des ausländischen Veranlasserstaates das berechtigte Interesse der Bundesrepublik Deutschland an einem Schutz seiner Wettbewerbsordnung „deutlich überwiegen“, habe die Anwendbarkeit der nationalen Fusions-

---

[166] S. Merkblatt des BKartA Inlandsauswirkungen in der Fusionskontrolle vom 30.9.2014, Rdnr. 9, veröff. auf der Homepage des BKartA; früher BKartA WuW/E BKartA 2445, 2447 – *Daimler-Benz/MAN – ENASA;* WuW/E BKartA 2521, 2526 – *Zahnradfabrik Friedrichshafen/Allison.*

[167] BKartA aaO Rdnr. 10 unter Bezugnahme auf BGH WuW/E BGH 1613, 1615 – *Organische Pigmente* (dort freilich bezogen auf die heute nicht mehr existierende Anzeigepflicht zum Zwecke der Konzentrationsbeobachtung).

[168] BKartA, Merkblatt Inlandsauswirkungen, Rdnr. 6; *Bechtold,* GWB, § 35 Rdnr. 33.

[169] BGH WuW/E BGH 1613, 1614 – *Organische Pigmente.*

[170] BGH WuW/E BGH 1613, 1614f.

[171] BGH WuW/E BGH 1613, 1615 – *Organische Pigmente;* s. auch *Bechtold,* GWB, § 130 Rdnr. 19.

[172] Kritisch dazu *Bechtold,* GWB, § 130 Rdnr. 23.

[173] WuW/E DE-R 2477, 2490f. bzw. Ls. 3.

kontrolle „jedenfalls in extremen Fällen zu unterbleiben". Es sei auch für die Geltung der nationalen Zusammenschlusskontrolle nicht erforderlich, dass sich der **Schwerpunkt** der Fusion im Inland befinde. Schließlich sieht das OLG Düsseldorf auch eine **Totaluntersagung** eines Auslandszusammenschlusses mit relevanten Inlandsauswirkungen nicht deshalb als völkerrechtlich unzulässig an, weil der Zusammenschluss unteilbar ist. Für die Frage der Teilbarkeit eines Zusammenschlusses komme es maßgeblich darauf an, ob sich der den Inlandsbezug ergebende Sachverhalt sinnvoll ohne die Einbeziehung des Auslandssachverhalts regeln lässt. Dies sei nur dann der Fall, wenn die isolierte Untersagung des Inlandsteils genüge, um die Belange der inländischen Wettbewerbsordnung zu schützen, d.h. die fusionsbedingt zu erwartenden Verstärkungswirkungen auf ein kartellrechtlich unbedenkliches Maß zurückzuführen. Da der BGH die Entscheidung des OLG Düsseldorf aus anderen, im engeren Sinne fusionskontrollrechtlichen Gründen des § 36 Abs. 1 GWB aufhob, nahm er zu diesem Teil des OLG-Beschlusses nicht Stellung (beanstandete ihn also auch nicht).

Die **Pflicht zur Anzeige** eines Auslandszusammenschlusses nach § 23 Abs. 1 GWB idF vor der 6. GWB-Novelle bestand nach der Rechtsprechung zum alten Recht bei **spürbaren unmittelbaren Inlandsauswirkungen** der Transaktion. Diese wurden zum Teil schon bei sehr geringen Anteilen der beteiligten Unternehmen auf dem Inlandsmarkt bejaht, weil infolge des konkreten Zusammenschlusses ein Wettbewerber ausschied und der Erwerber Zugang zu dem qualifizierten Know-how der Zielgesellschaft erhielt.[174] Die Anzeigepflicht traf auch die Verantwortlichen ausländischer Unternehmen; ihre Durchsetzung im Ausland mit Zwangsmitteln war freilich nicht möglich.[175] Entsprechendes dürfte für die mit der 6. Novelle erstmals – und rechtlich missverständlich – so bezeichnete **Anmeldepflicht** (§ 39 Abs. 1) gelten;[176] sie ist wegen des ohnehin geltenden Vollzugsverbots (§ 41 Abs. 1) überflüssig bzw. regelt keine Pflicht im Rechtssinne, weil der Verstoß als solcher nicht sanktioniert wird. Verboten ist nur der Verstoß gegen das Vollzugsverbot (Vollzug ohne Freigabe).[177] Die heute in § 39 Abs. 6 geregelte **Anzeigepflicht** hat wegen ihres rein statistischen Hintergrundes einen anderen Stellenwert als früher, als sie oberhalb bestimmter Umsatzschwellen noch den Beginn der nachträglichen Fusionskontrolle markierte oder der Konzentrationsbeobachtung diente. Wenn ein Sachverhalt Inlandsauswirkungen hat, die zur Anwendbarkeit der deutschen Fusionskontrolle führen, liegt immer auch eine relevante Auswirkung bzgl. der Anzeigepflicht vor. 41

In der Theorie folgt aus den Erwägungen des BGH im Fall *Organische Pigmente* eigentlich ein System, in dem je nach Intensität der Inlandsauswirkung hoheitliche Eingriffe von unterschiedlicher Intensität zulässig sind. Zu unterscheiden wäre dann zwischen der Anwendbarkeit der Fusionskontrolle, die das Vollzugsverbot nach § 41 Abs. 1 GWB auslöst, und die Unternehmen mittelbar zwingt, den Zusammenschluss vor Vollzug anzumelden (§ 39 GWB), um dafür die Freigabe (für den Vollzug) zu erhalten, der Befugnis des BKartA zur Untersagung eines Zusammenschlusses gemäß § 36 Abs. 1 GWB sowie der Befugnis zu Entflechtungsanordnungen (§ 41 Abs. 3 GWB). Je intensiver der Eingriff in die Rechtssphäre ausländischer Unternehmen und damit die extraterritoriale Wirkung eines deutschen Hoheitsaktes sein soll, umso stärker müsste die Inlandsauswirkung des (geplanten) Zusammenschlusses sein. In der Praxis wird ein solches graduell abgestuftes System aber nicht durchgeführt (s.o. Rdnr. 40). Vielmehr prüft das BKartA regelmäßig (nur) die Frage der Spürbarkeit der Wettbewerbsbeschränkung im Inland, die zum Teil – so auch im Merkblatt 2014 (aaO Rdnr. 18) – anhand der betroffenen Inlandsumsatzerlöse ermittelt 42

---

[174] BGH WuW/E BGH 1613, 1615 – *Organische Pigmente* mit krit. Anm. *Klawitter* aaO: Marktanteile von 4,4% und 0,14% bzw. 3,5% und 0,23% in zwei aufeinander folgenden Jahren; dazu auch *Kersten* WuW 1979, 721ff.

[175] *Kleinmann/Bechtold,* Komm. zur Fusionskontrolle, § 23 Rdnr. 449f.

[176] *Immenga/Mestmäcker-Rehbinder,* GWB, 2. Aufl., § 130 Abs. 2 Rdnr. 173; aA *Barthelmeß/Schulz,* WuW 2003, 129, 132f.

[177] So auch *Bechtold,* GWB, § 39 Rdnr. 5 mwN.

wird. Als zweites Kriterium stellt das BKartA auf etwaige Spillover-Effekte zwischen den Muttergesellschaften ab.[178] In den meisten Fällen praktiziert das Amt dabei eine „zuständigkeitsfreundliche" Handhabung.

43 Die für die Praxis wichtigste Frage ist, welcher Inlandsbezug eines Auslandszusammenschlusses die Anwendung der heute generell präventiven Fusionskontrolle mit dem **Vollzugsverbot** rechtfertigt. Das BKartA geht davon aus, dass die präventive Fusionskontrolle bei Erreichung der Umsatzschwellen des § 35 und relevanter Inlandsauswirkungen im Extremfall auch dann gilt, wenn sich zwei Unternehmen mit Sitz im Ausland zusammenschließen, die in Deutschland *nur über Niederlassungen oder Importeure* tätig sind (der Vollzug also im Ausland erfolgt).[179] In der Praxis wurde diese Position aber wohl nicht immer durchgesetzt. Das dürfte letztlich daran liegen, dass das Amt völkerrechtlich gehindert sein könnte, gegen derartige „reine" Auslandszusammenschlüsse vorzugehen. Theoretisch besteht zwar das Bußgeldrisiko des § 81 Abs. 2 Nr. 1 iVm. § 41 Abs. 1 GWB; die Zustellung und Vollstreckung von Bußgeldentscheidungen im Ausland ist jedoch nicht möglich.[180] In Betracht kommen allenfalls Maßnahmen gegen im Inland befindliche Personen bzw. gelegene Unternehmensteile (s. u. Rdnr. 66). Die zivilrechtliche Unwirksamkeitssanktion nach § 41 Abs. 1 gilt für Verträge, die ausländischem Recht unterliegen, ohnehin nicht.[181] In der Praxis wurde daher gelegentlich so verfahren, dass „reine" Auslandszusammenschlüsse zwischen Unternehmen mit Sitz im Ausland, die keine Produktionstochtergesellschaften in Deutschland haben, dem BKartA lediglich nachträglich „angezeigt" wurden, auch wenn die Unternehmen im Inland durch Importe tätig waren und die Umsatzschwellen des § 35 erreicht wurden.[182] In diese Richtung deutet auch die allgemeine Weisung des BMWi über die Prüfung von Auslandszusammenschlüssen von 1980,[183] wonach Auslandszusammenschlüsse, die die Untersagungsvoraussetzungen des § 24 Abs. 1 idF vor der 6. GWB-Novelle (jetzt: § 36 Abs. 1 GWB) erkennbar nicht erfüllen, unverzüglich freizugeben sind, selbst wenn die in der Anmeldung gemachten Angaben unvollständig sind und die Unternehmen dies entschuldigen. Unklar ist, ob sich das BKartA nach seinem – freilich nur insoweit gegebenen – Erfolg im Fall *Phonak/ReSound* darauf noch einlassen wird (dort war allerdings das Zielunternehmen auch mit einer Produktionsanlage und einem Patentportfolio in Deutschland vertreten, die Erwerberin nur mit einer Vertriebsgesellschaft). Wegen des geänderten Rechtsrahmens (Zweite Inlandsumsatzschwelle) muss damit gerechnet werden, dass ein Verzicht auf das Vollzugsverbot nur in Extremfällen akzeptiert wird.

44 **Mindestvoraussetzung für** die Geltung des Vollzugsverbotes und etwaige **Untersagungsbefugnisse** des BKartA sollte jedoch die Existenz einer **inländischen Produktionstochtergesellschaft oder Produktionsstätte** eines der beteiligten Unternehmen in dem betroffenen Markt sein. Nur dann beeinflusst das Zusammenschlussvorhaben bei Beteiligung eines inländischen Unternehmens die strukturellen Voraussetzungen für den inländischen Wettbewerb, wie es das Amt in seinem Merkblatt von 1999 gefordert hat.[184] Hinreichenden Inlandsbezug dieser Qualität hatte z. B. der schwedisch-niederländisch-amerikanische Zusammenschluss *Gillette/Wilkinson,* der nach den Feststellungen des BKartA wegen einer *Wilkinson*-Klingenfabrik in Solingen und des Umstandes, dass *Wilkinson* ein Drittel seines EG-Absatzes in Deutschland erzielte, einen „Schwerpunkt der Produktions-

---

[178] Merkblatt aaO Rdnr. 20/21.

[179] Merkblatt Inlandsauswirkungen des BKartA von 1999, I. 2. b).

[180] Weitergehend *Bechtold,* § 39 Rdnr. 30: eine Ordnungswidrigkeit nach § 81 Abs. 2 Nr. 1 GWB liege bei Vollzug im Ausland nicht vor.

[181] So auch *Bechtold,* aaO § 39 Rdnr. 30. S. aber KG WuW/E DE-R 384, 385 – *Show-Produktions-Vertrag,* wo in Bezug auf § 1 GWB ausgeführt wurde, dass bei Vorliegen wettbewerbsbeschränkender Inlandswirkungen die kartellrechtliche Unbedenklichkeit eines ausländischem Recht unterworfenen Vertrages nach deutschem Recht zu beurteilen sei.

[182] S. z. B. die Fälle BKartA AG 1992, 363 – *Gillette/Wilkinson* und BKartA TB 1981/82, S. 54 f. – *Ciba-Geigy/AG für Präzisionsinstrumente.*

[183] BAnz. Nr. 103 vom 7.6.1980.

[184] Ähnlich *Bechtold,* GWB, § 130 Rdnr. 25/26.

und Absatzlogistik im Inland“ aufwies.[185] Insgesamt ist die Praxis des BKartA – unter Zustimmung des OLG Düsseldorf und von Teilen der Literatur[186] – allerdings deutlich strenger. So nahm das Amt bei dem Zusammenschluss von *Ajinomoto* und *Orsan* eine Untersagungsbefugnis auch ohne inländische Produktionstochtergesellschaft an, da der wirtschaftliche Schwerpunkt der Transaktion aufgrund des Absatzvolumens in Deutschland liege.[187] Im Fall *Sulzer/Kelmix* gab es lediglich zwei Betriebsstätten (der Zusammenschlussbeteiligten) in der Schweiz, während in Deutschland keine Niederlassung oder Produktionsstätte vorhanden waren.[188] Diese Umstände hielten das BKartA jedoch nicht davon ab, eine Untersagung des bereits vollzogenen Zusammenschlusses und eine Auflösungsverfügung zu erlassen.[189] Im Fall *Phonak/GN ReSound*[190] schließlich verfügten die beiden Zusammenschlussbeteiligten über mehrere Vertriebsunternehmen in Deutschland; ein *GN ReSound*-Tochterunternehmen verfügte auch über Fertigungskapazitäten im Inland. Eine sinnvolle Abspaltung des Wettbewerbspotentials von *GN ReSound* im Wege der Abtrennung eines im wesentlichen nicht-produzierenden deutschen Teils erschien dem Amt jedoch im Lichte der Umstände des konkreten Falles nicht möglich, da im Inland fast nur Vertriebsstrukturen betroffen waren. Der Zusammenschluss wurde untersagt. Die Gerichte beanstandeten das nicht, obwohl beide Beteiligte nur ca. 8% bzw. 6% ihrer Weltumsätze in Deutschland erzielten.[191] Im Fall *Coherent/Excel Technology* betreffend Lasergeräte beriefen sich die Zusammenschlussbeteiligten zwar nicht auf völkerrechtliche Erwägungen, und es erfolgte auch keine Intervention der US-Regierung. Die Beteiligten verwiesen allerdings darauf, dass das US-Justizministerium die Transaktion bereits gründlich geprüft und unter Auflagen freigegeben habe. Gerügt wurde dabei, dass im Ergebnis die Entscheidung des Staates, der am meisten durch den Zusammenschluss betroffen werde (nämlich die USA), aufgehoben wurde, obwohl die Überschneidungen der Produktangebote der Beteiligten in Deutschland minimal seien.[192] Das BKartA rechtfertigte sein Vorgehen sinngemäß damit, dass seine Prüfung gründlicher gewesen sei als die der zuständigen US-Behörde. Ähnliche Einwände wurden von den Zusammenschlussbeteiligten in der Sache *Cargotech/CVS Ferrari* geäußert, das ebenfalls zu einer Untersagung führte. Betroffenes Geschäft waren Containertransport-Geräte. Die Parteien beanstandeten, dass zu den Freigaben der spanischen und der österreichischen Wettbewerbsbehörde nicht Stellung genommen wurde und dass aufgrund der geringen Größe des Zielunternehmens und dessen geringer Umsätze in Deutschland die Funktionsfähigkeit des Wettbewerbs durch den Zusammenschluss nicht gefährdet werden könne.[193] Das Amt erwiderte darauf, dass ihm die österreichische Entscheidung nicht vorliege und es im Verhältnis zu der spanischen Entscheidung über „wei-

---

[185] BKartA AG 1992, 363, 367; Untersagung nach Anzeige, d.h. es erfolgte keine Anmeldung. Ein weiteres Beispiel ist der *Kartoffelstärke*-Fall, der eine inlandswirksame Fusion zweier niederländischer Unternehmen betraf, BKartA WuW/E BKartA 1716, 1717; s. ferner TB 1981/82, S. 54f.

[186] S. OLG Düsseldorf WuW/E DE-R 2477ff. – *Phonak/ReSound* sowie z.B. *Langen/Bunte-Stadler,* aaO § 130 Rdnr. 199; *Rehbinder,* aaO § 130 Rdnr. 269 (Importeur reicht aus); *KK-Stoll/Holterhus,* aaO § 130 GWB Rdnr. 226/227; *MüKo-Wagner von Papp/Wurmnest,* Bd. 1, Europ. WbR, Einl. Rdnr. 1660.

[187] BKartA WuW/E DE-V 777, 782 – *Ajinomoto/Orsan.* Kritisch dazu *Barthelmeß/Rudolf,* WuW 2003, 1176ff.

[188] BKartA B. v. 14.2.2007, Rdnr. 26 (veröff. auf der Homepage des Amtes).

[189] Im Rechtsmittelverfahren wurde vor allem über die Voraussetzungen der Bagatellmarktklausel gestritten; sowohl das OLG Düsseldorf als auch der BGH bejahten sie, so dass die (präventive) Fusionskontrolle schon deshalb nicht anwendbar war. Die territoriale Reichweite der deutschen Fusionskontrolle wurde (daher) nicht mehr thematisiert (s. BGH WuW/E DE-R 2133ff.).

[190] BKartA B. v. 11.4.2007, Rdnr. 11ff., 28 (veröff. auf der Homepage des Amtes).

[191] Zweifelnd daher *Bechtold,* GWB, § 130 Rdnr. 23; zustimmend *MüKo-Wagner von Papp/Wurmnest,* Bd. 1, Europ. WbR, Einl. Rdnr. 1660. Die Aufhebung der Untersagungsentscheidung durch den BGH erfolgte aus Gründen des Wettbewerbs iSd § 36 Abs. 1 GWB, s. BGH WuW/E DE-R 2905ff.

[192] BKartA B. v. 25.10.2006, Rdnr. 22 (veröff. auf der Homepage des Amtes).

[193] BKartA B. v. 24.8.2007, Rdnr. 15 (veröff. auf der Homepage des Amtes).

tergehende, aus Ermittlungen gewonnene Erkenntnisse" verfüge; daher seien auch die Entscheidungsgrundlagen nicht vergleichbar.[194] In Sachverhalten mit (bloßer) Einzelhandelstätigkeit der betroffenen Unternehmen ist eine Anknüpfung an inländische Produktionsstätten nicht möglich; dort kann sich eine Inlandsauswirkung aber aus Rückwirkungen auf einen inländischen Beschaffungsmarkt ergeben.[195] Wenn ein im Ausland errichtetes Gemeinschaftsunternehmen zunächst nur interne Machbarkeits-Prüfungen für erwogene Investitionen in Deutschland vornimmt, fehlt noch die erforderliche Inlandsauswirkung.

45 Auch bei relevanten Inlandsauswirkungen eines im Ausland vollzogenen Zusammenschlusses muss noch geprüft werden, ob eine **Untersagung** des Zusammenschlusses **insgesamt,** also des inländischen und des ausländischen Teils, verhältnismäßig ist oder einen Verstoß gegen das völkerrechtliche Missbrauchs- oder Einmischungsverbot darstellt.[196] Mildere Mittel zur Verhinderung einer Wettbewerbsbeschränkung im Inland sind auf inländische Unternehmensteile bezogene **(Veräußerungs-)Zusagen** der Unternehmen, die in entsprechende Bedingungen oder Auflagen nach § 40 Abs. 3 (bei Freigaben im Hauptprüfverfahren) münden, oder – bei Teilbarkeit – die **Untersagung nur des inländischen Teils** des Zusammenschlusses,[197] etwa des Erwerbs deutscher Tochtergesellschaften. Ein Beispiel für eine **untersagungsabwendende Zusage** bildete der Fall *Heidelberger Zement/CBR,* in dem sich der deutsche Zementhersteller zur Veräußerung von Unternehmensanteilen und damit Zement-Absatzvolumen verpflichtete, um die Verstärkung seiner marktbeherrschenden Stellung in Bayern durch die ihm zuzurechnenden Mengen des (mit) erworbenen tschechischen Herstellers zu vermeiden.[198]

46 Eine **Teiluntersagung** setzt voraus, dass die Beschränkung auf den Inlandsteil rechtlich und wirtschaftlich möglich ist und dadurch die wettbewerbsbeschränkenden Auswirkungen im Inland in ausreichendem Maße beseitigt werden.[199] Die Praxis zur Frage der Teiluntersagung war zunächst uneinheitlich. Das BKartA vertrat ursprünglich die Auffassung, dass vollzogene Auslandszusammenschlüsse mit Inlandsauswirkung insgesamt zu untersagen seien; die „kollisionsrechtlich" (wohl gemeint i. S. von „völkerrechtlich") gebotene Beschränkung auf die Beseitigung der inländischen Wettbewerbsbeschränkung sei erst im Rahmen der Auflösung des untersagten Zusammenschlusses zu beachten.[200] Im *Linde/Lansing*-Fall sah sich das BKartA aber aus „völkerrechtlichen Gründen" gehindert, den Gesamtzusammenschluss zu untersagen; es beschränkte sich daher auf die Untersagung des Erwerbs der inländischen *Lansing*-Tochtergesellschaft.[201] Später untersagte das BKartA den Zusammenschluss *MAN/Sulzer* wieder insgesamt und verwies zur Begründung auf „die gegenständliche Reichweite der Untersagungsbefugnis des § 24 Abs. 1 GWB" (idF vor der 6. GWB-Novelle, heute § 36 Abs. 1), die sich auf „den" Zusammenschluss erstrecke.[202] Im Fall *Sulzer/Kelmix* (2007) zitierte das Amt die einheitliche Position von Rechtsprechung und Literatur, dass bei einem *teilbaren Zusammenschluss* das völkerrechtliche Einmischungsverbot greift und die kartellrechtlichen Befugnisse sich auf den Inlandsteil des Zusammenschlusses beschränken.[203] Dem ist zuzustimmen.

---

194 BKartA aaO Rdnr. 84/85.

195 S. dazu BKartA TB 2001/2002, S. 177 – *Metro/Innovation S. A.*

196 Dazu OLG Düsseldorf WuW/E DE-R 2477, 2484 – *Phonak/ReSound* (bei Unteilbarkeit ist Untersagung nicht völkerrechtswidrig); BKartA 2405, 2412 – *MAN/Sulzer.* S. ferner *Bechtold,* GWB, § 39 Rdnr. 30.

197 Zur Teiluntersagung *Rehbinder,* aaO Rdnr. 280/281; *Langen/Bunte-Stadler,* aaO § 130 Rdnr. 214 ff. mwN.

198 S. BKartA TB 1993/94, S. 45, 76.

199 BKartA TB 1989/90, S. 20; zum Problemkreis insgesamt *Richter,* Teiluntersagung in der Fusionskontrolle, 1987.

200 BKartA WuW/E BKartA 2204, 2211 f. – *Morris/Rothmans II.*

201 BKartA WuW/E BKartA 2363, 2369.

202 WuW/E BKartA 2405, 2412; dazu auch BKartA TB 1989/90, S. 20.

203 BKartA B. v. 14.2.2007, Tz. 26; kritisch zum Konzept der Teiluntersagung noch BKartA TB 1991/92, S. 24 f.

Allerdings war das Zusammenschlussvorhaben ***Linde/Lansing*** strenggenommen kein Fall für eine Teiluntersagung, da wegen frühzeitig geäußerter Bedenken des BKartA der inländische Teil durch Ausgliederung der deutschen Tochtergesellschaft vor Vollzug des ausländischen Teils abgetrennt worden war.[204] Der BGH entschied in diesem Fall, dass der fortbestehende wirtschaftliche Zusammenhang zwischen dem Inlands- und dem Auslandsteil nichts daran ändere, dass es sich rechtlich um voneinander getrennte Vorgänge handelte. Letztlich ging es für das BKartA nur noch um den Erwerb einer inländischen Gesellschaft durch ein inländisches Unternehmen. Aufgehoben wurde die Untersagungsverfügung aus einem anderen Grund: Durch die Aufspaltung des Warenzeichens *Lansing* auf verschiedene Unternehmen in verschiedenen EG-Mitgliedstaaten ergab sich für diese die Möglichkeit, Importe des jeweils anderen Inhabers in ihr Gebiet zu verhindern und damit ein Handelshemmnis iSd Art. 28 EG (jetzt: Art. 34 AEUV) zu schaffen.[205] **47**

Lange Zeit ungeklärt war die Rechtslage, wenn der **Zusammenschluss nicht teilbar** ist.[206] In dem – freilich atypisch gelagerten – *Bayer/Firestone*-Fall sah das KG die Gesamtuntersagung als völkerrechtswidrig an, weil der Zusammenschluss durch Vermögenserwerb unmittelbar nur zwischen ausländischen Beteiligten stattfand, der veräußerte Vermögensteil im Ausland gelegen war und dessen Produktion dem inländischen Beteiligten nur zu einem geringen Teil zur Verfügung stand.[207] Das Amt hat mehrfach die Auffassung vertreten, dass eine Teiluntersagung aus wirtschaftlichen Gründen nicht möglich oder nicht sinnvoll sei[208] bzw. dass die Untersagung nur des Inlandsteils die negativen Auswirkungen auf den inländischen Wettbewerb nicht zufriedenstellend beseitige.[209] Dabei sei es unerheblich, ob das Deutschlandgeschäft nur einen geringfügigen Teil des Gesamtumsatzes der (ausländischen) Zielgesellschaft bzw. des zu erwerbenden Geschäftsbereichs ausmache.[210] Das Amt machte in diesen Fällen den Anspruch auf eine extraterritoriale Anwendung der deutschen Fusionskontrolle auch gegen völkerrechtliche Bedenken geltend. Dem ist entgegenzuhalten, dass die Untersagungsbefugnis der deutschen Behörde nach § 130 Abs. 2 GWB grundsätzlich auf die Inlandswirkungen eines Zusammenschlusses beschränkt ist. Das völkerrechtliche Einmischungsverbot gebietet es, trotz eines sinnvollen Anknüpfungspunktes für die Regelung des Auslandssachverhalts den hoheitlichen Eingriff (Untersagung) auf den die bekämpfte Wettbewerbsbeschränkung darstellenden Inlandssachverhalt zu beschränken.[211] In der Rechtsprechung war zunächst ungeklärt, wie bei fehlender Teilbarkeit zu verfahren ist, d. h. ob bei „einheitlichem Sachverhalt" eine Eingriffsmöglichkeit gänzlich entfällt oder es völkerrechtlich zulässig ist, sie auf den gesamten Sachverhalt zu erstrecken.[212] Die Frage wurde 2007 in den Fällen *Sulzer/Kelmix* und *Phonak/GN ReSound* erneut thematisiert; das Amt lehnte einen Verzicht auf eine Untersagung aus völkerrechtlichen Gründen bei mangelnder Teilbarkeit ab.[213] Dieses Vorgehen wurde von der Schweiz in den Beschwerdeverfahren vor **48**

---

[204] S. hierzu BKartA WuW/E BKartA 2363; BGH WuW/E BGH 2731, 2734 – *Inlandstochter;* zutr. *Niederleithinger/Held,* Kartellrechtspraxis 1989/90, S. 182.

[205] BGH aaO 2733 f., 2738; dazu BKartA TB 1991/92, S. 24 f.

[206] So z. B. die Auffassung aller Beteiligter im Fall *Sulzer/Kelmix,* aaO Tz. 26.

[207] KG WuW/E OLG 2419, 2420 f. – *Synthetischer Kautschuk II;* die Untersagungsverfügung wurde später wegen Verfahrensmängeln endgültig aufgehoben, s. KG WuW/E OLG 2411 – *Synthetischer Kautschuk I.*

[208] ZB BKartA AG 1992, 363, 367 – *Gillette/Wilkinson:* deutscher Unternehmenszweig auf sich allein gestellt nicht überlebensfähig; BKartA WuW/E DE-V 931, 933 f. – *Synthes-Stratec/Mathys:* mangels inländischer Produktionsstätten keine wirtschaftlich sinnvolle Teilung möglich.

[209] BKartA TB 1989/90, S. 20 zum Fall *MAN/Sulzer;* WuW/E BKartA 2521, 2541 f. – *Zahnradfabrik Friedrichshafen/Allison.*

[210] BKartA WuW/E BKartA 2521, 2542 und TB 1993/94, S. 21.

[211] KG WuW/E OLG 3051, 3058 – *Morris/Rothmans,* dazu *Kunig* WuW 1984, 700 ff.; *Richter,* aaO Fn. 199, S. 6 f.; *Kleinmann/Bechtold,* aaO § 24 Rdnr. 422; aA bereits BKartA WuW/E BKartA 2204, 2211 – *Morris Rothmans II,* für Untersagung des Zusammenschlusses insgesamt.

[212] Offengelassen von KG aaO 3063, weil der Tenor der (ersten) BKartA-Untersagungsverfügung auf den Erwerb der inländischen Tochtergesellschaft begrenzt war, s. WuW/E BKartA 1943.

[213] BKartA aaO Tz. 26 – *Sulzer/Kelmix;* BKartA aaO Tz. 23 ff. – *Phonak/GN ReSound.*

dem OLG Düsseldorf in amicus curiae-Briefen kritisiert. Dennoch wurden die Untersagungen vom OLG Düsseldorf bestätigt.[214] Der BGH bestätigte wiederum die OLG-Entscheidung i. S. *Sulzer/Kelmix,* freilich ohne auf etwaige Einschränkungen der Untersagungsbefugnis einzugehen;[215] im Fall *Phonak/ReSound* ging er auf die Thematik nicht ein, weil die angefochtene Verfügung aus anderen Gründen aufgehoben wurde.[216] Die Literatur stimmt diesem strengen Ansatz überwiegend zu,[217] nur zum Teil wird ihm widersprochen.[218] Auch das Amt geht allerdings davon aus, dass **in Ausnahmefällen** ein **Zurücktreten des** (deutschen) **Untersagungsanspruches** veranlasst sein kann. Wenn sich ergebe, dass ein Auslandszusammenschluss unteilbar sei, sei in einem weiteren Schritt eine umfassende Abwägung „einerseits der Stärke der Wettbewerbsbeschränkung im Inland und der Verbindung der beteiligten Unternehmen zur inländischen Rechtsordnung, andererseits Art und Ausmaß der Beeinträchtigung legitimer (wirtschafts-)politischer Interessen des betroffenen ausländischen Staates“ vorzunehmen. „Nur wenn bei dieser Abwägung das Interesse des ausländischen Staates eindeutig überwiegt, tritt das deutsche Recht zurück“.[219] Bisher hat das Amt eine solche Ausnahme soweit ersichtlich noch nicht anerkannt. Ein berechtigtes Interesse anderer Staaten kann sich insbes. auf den Erhalt von Produktion und Arbeitsplätzen beziehen, wobei das Amt freilich davon ausgeht, dass die Wahrung dieser Interessen auch auf anderem Wege (z. B. mittels Erwerb durch andere Unternehmen) erfolgen kann.[220] Es verweist bei der Interessenabwägung regelmäßig auf die betroffenen inländischen Umsatzerlöse der Zusammenschlussbeteiligten bzw. die Größe der betroffenen Märkte (die per definitionem über dem Schwellenwert der Bagatellmarktklausel liegen müssen) und sieht sich auch bei einem niedrigen deutschen Umsatzanteil der Zusammenschlussbeteiligten (z. B. im Fall *Phonak/GN ReSound* 0–10% des weltweiten Umsatzes) nicht als befugt an, auf eine Untersagung zu verzichten. Das Problem hat sich 2009 durch die Einführung der Zweiten Inlandsumsatzschwelle in § 35 Abs. 1 Nr. 2 etwas entschärft, existiert aber weiterhin.

49 **Entflechtungsanordnungen** (§ 41 Abs. 3) bezüglich im Ausland realisierter Teile von Unternehmenszusammenschlüssen dürften rechtlich wie praktisch ausgeschlossen sein.[221]

50 Bei der Untersagung von Zusammenschlüssen, die ihr Schwergewicht im Ausland haben, besteht zudem ein **besonderes Begründungserfordernis** für das BKartA, das sich mit der Anwendbarkeit von § 130 Abs. 2 GWB und den völkerrechtlichen Schranken der Untersagungsbefugnis nach § 36 Abs. 1 GWB auseinandersetzen muss. Fehlt eine solche Begründung ganz oder ist sie inhaltlich nicht ausreichend, so ist der Untersagungsbeschluss wegen Verletzung des § 61 Abs. 1 aufzuheben.[222] Ein schwerer Begründungsmangel kann auch Anlass dafür sein, den ausländischen Unternehmen den Vollzug des untersagten Erwerbsvorgangs im Wege der einstweiligen Anordnung zu gestatten.[223]

51 Aus § 130 Abs. 2 folgte nach der früheren Rechtsprechung des BGH, dass der **räumlich relevante Markt** nach dem GWB nicht größer als das Bundesgebiet sein kann. Zweck des GWB insgesamt und des § 24 idF vor der 6. GWB-Novelle im Besonderen sei es, den Wettbewerb auf dem inländischen Markt zu schützen; für die Entscheidung, ob ein Zusammenschluss zu untersagen ist, komme es daher allein darauf an, ob die Entstehung oder Verstär-

---

[214] WuW/E DE-R 1931 – *Sulzer/Kelmix;* WuW/E DE-R 2477, 2484 – *Phonak/ReSound.*

[215] BGH WuW/E DE-R 2133 ff.

[216] BGH WuW/E DE-R 2905 ff.

[217] So z. B. *Rehbinder,* aaO § 130 Rdnr. 277 ff.; *Langen/Bunte-Stadler,* aaO § 130 Rdnr. 216; *MüKo-Schneyder,* aaO S. 380 f.; *Staudinger/Fezer/Koos* (2010), IntWirtschR Rdnr. 307 ff., 315.

[218] So z. B. *Bechtold,* GWB, § 130 Rdnr. 23, 25.

[219] BKartA aaO Rdnr. 26 – *Sulzer/Kelmix* unter wörtlichem Zitat der Auffassung von *Immenga/Mestmäcker-Rehbinder,* GWB, 3. Aufl. § 130 Abs. 2 Rdnr. 194.

[220] BKartA aaO Rdnr. 26 – *Sulzer/Kelmix.*

[221] S. hierzu *Schmidt-Preuß,* Grenzen internationaler Unternehmensakquisition, 1983, S. 13 f., 20, 31 ff.; *Kleinmann/Bechtold,* aaO § 24 Rdnr. 426 (zu § 24 idF vor der 6. GWB-Novelle).

[222] KG WuW/E OLG 2411, 2417 f. – *Synthetischer Kautschuk I;* Untersagungsbeschluss des BKartA WuW/E BKartA 1837 – *Bayer France/Firestone France.*

[223] KG WuW/E OLG 2419, 2420 – *Synthetischer Kautschuk II.*

kung einer marktbeherrschenden Stellung auf dem Inlandsmarkt zu erwarten ist. Damit werde zugleich der räumliche Markt normativ auf das Inland als größtmöglichen geographisch relevanten Markt beschränkt.[224] Dieses Ergebnis begründete der BGH auch mit den praktischen Schwierigkeiten, die sich wegen der völkerrechtlich begrenzten Befugnisse des BKartA bei der Ermittlung der relevanten Tatsachen im Ausland zur Bestimmung der Verhältnisse auf angenommenen grenzüberschreitenden Märkten ergeben.[225] Illustriert wurden diese Probleme durch den Fall *Morris/Rothmans,* in dem eine Untersagung nach Ansicht des BKartA an seinen fehlenden Ermittlungsbefugnissen im Ausland scheiterte. Das BKartA sah sich wegen der Auslandsbelegenheit der erheblichen Sachverhalte nicht in der Lage, den Nachweis einer gemeinsamen, einheitlichen und beständigen Einflussnahme der beteiligten Unternehmen zu führen, die der BGH für das Vorliegen des Zusammenschlusstatbestandes gemäß § 23 Abs. 2 Nr. 5 idF vor der 6. GWB-Novelle gefordert hatte.[226] Im Anschluss an die (missglückte) Ergänzung des § 19 Abs. 2 Satz 1 Nr. 2 durch die 6. Novelle (Erwähnung von Unternehmen außerhalb des Geltungsbereichs des Gesetzes) und die Absicht einer erneuten Klarstellung in der 7. Novelle hat der BGH diese Rechtsprechung allerdings aufgegeben, so dass der räumlich relevante Markt jetzt auch über den Geltungsbereich des GWB hinausgehen kann.[227] Seit der 7. GWB-Novelle ergab sich dies direkt aus § 19 Abs. 2 S. 3 a. F. (jetzt: § 18 Abs. 2).

Schließlich ist § 130 Abs. 2 GWB bei der **Bemessung der Verwaltungsgebühr** für die Prüfung angemeldeter Zusammenschlussvorhaben mit Auslandsbezug zu beachten. Nach der Rechtsprechung des KG sind für die wirtschaftliche Bedeutung des Zusammenschlusses nur seine Auswirkungen auf den inländischen Markt zu berücksichtigen.[228] 52

4. Verwaltungs- und Bußgeldverfahren (Ermittlungsmaßnahmen, Zustellungen und Vollstreckung von Entscheidungen im Ausland). Ermittlungsmaßnahmen, Zustellungen und die Vollstreckung von Entscheidungen an bzw. gegenüber ausländischen Beteiligten unterliegen im Kartellverwaltungsverfahren und im Kartellzivilprozess unterschiedlichen Regelungen. Im Folgenden werden zunächst die mit der Durchführung eines kartellbehördlichen Verwaltungs- oder Bußgeldverfahrens gegen ein Unternehmen mit ausländischem Hauptverwaltungssitz verbundenen Verfahrensfragen behandelt.[229] 53

a) Ermittlungsmaßnahmen. Das völkerrechtliche **Territorialitätsprinzip** untersagt die Vornahme hoheitlicher Akte (insbes. von Durchsuchungen) auf fremdem Staatsgebiet. Für die Durchführung förmlicher Ermittlungen bzw. die Erhebung von Beweisen im Ausland sind die deutschen Kartellbehörden daher auf die Mitwirkung des betroffenen Staates angewiesen. Diese kann aufgrund einer Konsultation im Einzelfall oder im Rahmen hierfür geschlossener Rechtshilfeverträge gewährt werden. Eine Besonderheit bilden die von einigen Staaten (u. a. Vereinigtes Königreich, Schweiz, Frankreich) erlassenen **Abwehr- und Geheimnisschutzgesetze,** die es inländischen Unternehmen und Personen untersagen, in ausländischen Kartellverfahren Informationen beizusteuern. Einige dieser Gesetze bezwecken generell den Schutz inländischer Geschäftsgeheimnisse (z. B. Art. 273 Schweizerisches StGB), andere richten sich speziell gegen die extraterritoriale Anwendung des US-Kartellrechts (wie der britische Protection of Trading Interests Act 1980). Die mit solchen Verboten verfolgten Interessen des anderen Staates sind in die Abwägung einzubeziehen, ob ein förmliches Auskunftsersuchen gestellt werden kann.[230] 54

---

[224] BGH WuW/E BGH 3026, 3030 – *Backofenmarkt;* für Weltmarktbetrachtung in der Fusionskontrolle *Autenrieth,* WuW 1982, 905 ff. und *Schütz,* WuW 1996, S. 286. In diesem Sinne auch der RegE zur 6. GWB-Novelle, mit einer Klarstellung zu § 19 Abs. 2 Nr. 2 GWB, abgedr. in WuW-Sonderheft 1998, S. 71.

[225] AaO 3030; s. dazu auch Rdnr. 54 ff.

[226] S. BKartA WuW/E BKartA 2295, 2296.

[227] BGH WuW/E DE-R 1355 ff. – *Staubsaugerbeutelmarkt;* dazu näher § 23 Rdnr. 12.

[228] KG WuW/E OLG 1951 – *Computer.*

[229] Zum Kartellzivilprozess s. Rdnr. 67 ff.

[230] *Immenga/Mestmäcker-Rehbinder,* GWB, § 130 Rdnr. 366.

55 **Förmliche Auskunftsverfügungen** i. S. des § 59 Abs. 1 GWB und Zeugenbefragungen i. S. des § 57 GWB deutscher Kartellbehörden sind zwar zulässig,[231] können aber wegen ihres hoheitlichen Charakters im Ausland nicht durchgesetzt werden. Dies gilt wegen der damit verbundenen Zwangswirkung erst recht für die Betretungs- und Durchsuchungsrechte des § 59 Abs. 3 und 4 sowie die Beschlagnahme nach § 58 GWB. Auf die Schranken der Ermittlungsbefugnisse des BKartA gegenüber ausländischen Unternehmen und die praktischen Schwierigkeiten bei ihrer Ausübung hat der BGH in seinem *Backofen*-Beschluss hingewiesen.[232] In dieser Entscheidung begrenzte der BGH den räumlich relevanten Markt i. S. von § 24 idF vor der 6. GWB-Novelle (jetzt: § 36 Abs. 1 GWB) u. a. deswegen auf das Bundesgebiet, weil die Ermittlung der Tatsachen zur Beurteilung der Verhältnisse auf grenzüberschreitenden Märkten „in vielen Fällen nicht oder nur mit einem unvertretbaren Zeitaufwand möglich wäre".[233] Die beschränkten Ermittlungsbefugnisse der Kartellbehörden im Ausland hat der BGH auch in seinem *Staubsaugerbeutelmarkt*-Beschluss noch einmal angesprochen.[234]

56 Ungeklärt ist, ob **formlose Auskunftsersuchen** gegenüber Unternehmen mit Sitz im Ausland völkerrechtlich zulässig sind. Zum Teil wird vertreten, dass auch „nicht-hoheitliche Erkundigungen als Handlungen tatsächlicher Art ohne Zwangswirkung" ohne Gestattung des Sitzstaates gegen den Territorialitätsgrundsatz verstießen.[235] Nach anderer Auffassung stellen „private" Ermittlungstätigkeiten auf freiwilliger Grundlage keine Souveränitätsverletzung des Sitz- (bzw. Belegenheits-)Staates dar.[236] In der Praxis richtet das BKartA gelegentlich informelle Auskunftsersuchen an ausländische Unternehmen. Damit ist jedenfalls ein erhöhter Aufwand für die Behörde verbunden (Übersetzungen). Das Amt ist bei dieser Vorgehensweise letztlich auf die Kooperationsbereitschaft der befragten Unternehmen angewiesen.[237] Je nach Lage des Falles sind die befragten Unternehmen aber im eigenen Interesse zu Auskünften bereit, sei es zur Vermeidung eigener Rechtsnachteile als Verfahrensbeteiligte oder zur Förderung des Verfahrens als (beschwerdeführende) Dritte. Eine durchsetzbare Pflicht zur Beantwortung informeller Auskunftsersuchen besteht aber nicht, denn die Androhung von Sanktionen wäre jedenfalls völkerrechtswidrig. Es ist auch nicht ersichtlich, dass es in der bisherigen Praxis des BKartA zum Versuch der gerichtlichen Durchsetzung einer Auskunftsverfügung gegen ein ausländisches Unternehmen gekommen wäre (zur Rechtshilfe s. Rdnr. 58).

57 Eine andere Frage ist es, ob von einer **inländischen Tochtergesellschaft** Auskunft über die wirtschaftlichen Verhältnisse der ausländischen Muttergesellschaft verlangt werden kann. Das KG hat diese Frage in einem Beschluss aus dem Jahre 1974 zunächst bejaht,[238] später aber entschieden, dass zur Auskunft nur derjenige verpflichtet werden kann, der angesichts der Bußgelddrohung des § 39 Abs. 1 Nr. 1 GWB idF vor der 6. GWB-Novelle (jetzt: § 81 Abs. 2 Nr. 6) die Verantwortung für die gesetzmäßige Erfüllung der Auskunftsverpflichtung übernehmen kann.[239] Das sind bei verbundenen, aber rechtlich selbständigen Unternehmen jeweils die verantwortlichen Personen bei dem Unternehmen, über dessen wirtschaftliche Verhältnisse (§ 59 Abs. 1 GWB) Auskunft begehrt wird.[240] Danach ist die Befragung der inländischen Tochtergesellschaft über die Verhältnisse der ausländischen

---

[231] *Immenga/Mestmäcker-Rehbinder,* GWB, § 130 Rdnr. 360; s. auch *KK-Stoll/Holterhus,* § 130 GWB Rdnr. 268.

[232] WuW/E BGH 3026, 3030.

[233] AaO 3030.

[234] BGH, WuW/E DE-R 1355 ff. – *Staubsaugerbeutelmarkt.*

[235] S. Monopolkommission, Hauptgutachten 1978/79, Rdnr. 631; *Immenga/Mestmäcker-Rehbinder,* aaO § 130 Rdnr. 373 ff.

[236] So z. B. *Stockmann,* WuW 1975, 243, 246.

[237] So z. B. in den Fällen *Precision Castparts/Permaswage,* B. v. 23.10.2013, S. 8 und *Magna/Karmann,* B. v. 21.5.2010, S. 5, beide veröff. auf der Homepage des BKartA.

[238] WuW/E OLG 1467, 1469 – *BP,* obiter dictum.

[239] KG WuW/E OLG 1961, 1964 – *Flugunion.*

[240] KG WuW/E OLG 2607, 2610 – *Raffinerie-Abnahmepreise;* WuW/E OLG 3734, 3735 – *französische Muttergesellschaft.*

Muttergesellschaft unzulässig.[241] Seit der 7. Novelle erstreckt § 59 Abs. 1 Satz 1 Nr. 2 die Auskunftspflicht eines Unternehmens (generell) auf Informationen über die mit dem befragten Unternehmen verbundenen Unternehmen, freilich mit der Einschränkung „soweit sie (lies: die Unternehmen) … zur Beschaffung der Informationen über die verbundenen Unternehmen in der Lage sind". Nach der Begründung des RegE[242] „können durch die neue Regelung im erweiterten Umfange Informationen von im Ausland ansässigen Mutter- oder Schwestergesellschaften angefordert werden". An den zuvor erläuterten Einschränkungen für die Auskunftspflicht inländischer Tochterunternehmen dürfte sich dadurch jedoch nichts geändert haben, wenn die genannten Probleme bestehen,[243] sie also nicht in der Lage sind, ihre ausländische Mutter zur Herausgabe zu veranlassen.[244]

Wenn gegen ein ausländisches Unternehmen nicht im Inland ermittelt werden kann und **58** das betroffene ausländische Unternehmen nicht freiwillig antwortet, ist die Kartellbehörde daher auf die Gewährung von **Amtshilfe** durch den Sitzstaat angewiesen. Verwaltungsrechtliche Abkommen bestehen allerdings nur in geringer Zahl und im Verhältnis zu wenigen Staaten. Zu nennen ist das **Europäische Übereinkommen vom 15.3.1978** über die Erlangung von Auskünften und Beweisen in Verwaltungssachen im Ausland,[245] das im Verhältnis zu Belgien, Italien, Luxemburg und Portugal gilt, aber keine praktische Bedeutung erlangt hat.[246] Spezielle Abkommen über die Zusammenarbeit der nationalen Kartellbehörden existieren im Verhältnis Deutschland/USA[247] und Deutschland/Frankreich.[248] Eine freiwillige Zusammenarbeit erfolgt auch auf der Grundlage der **OECD-Ratsempfehlung** vom 21.5.1986.[249] Keines dieser Abkommen gestattet es den Kartellbehörden, direkt Kontakt mit Unternehmen im anderen Vertragsstaat aufzunehmen, geschweige denn die Androhung oder Anwendung von Zwang zur Durchsetzung ihrer Ermittlungsbegehren in den anderen Vertragsstaaten. Mit den **USA** war ursprünglich lediglich die Weiterleitung von Informationsersuchen auf freiwilliger Basis an Unternehmen im Hoheitsgebiet des Vertragspartners vereinbart worden. Inzwischen wird die Prüfung von Rechtshilfeersuchen erleichtert durch den am 1.2.2010 in Kraft getretenen **Vertrag** zwischen Deutschland und den Vereinigten Staaten von Amerika **über Rechtshilfe in Strafsachen** vom 25.6.2003.[250] In dessen Anwendungsbereich sind Ermittlungen und Verfahren wegen Ordnungswidrigkeiten nach deutschem Kartellrecht einbezogen (nach US-Recht sind dies idR Strafsachen, die ohnehin erfasst sind). Bisher ist der Vertrag in der Praxis des BKartA aber nicht zur Anwendung gekommen.[251] Nach dem deutsch-französischen Abkommen sind Auskunftsersuchen an die Wettbewerbsbehörden der anderen Vertragspartei zu richten, die von diesen (nicht von den Unternehmen) „nach Möglichkeit" beantwortet werden.[252] Au-

---

[241] H. M., s. auch OLG Düsseldorf WuW/E DE-R 677, 680 – *Müllverbrennungsanlage; Werner* in: Fs. Lieberknecht, S. 607, 611; aA *Langen/Jungbluth,* GWB, 8. Aufl., § 130 Abs. 2 Rdnr. 201.

[242] WuW-Sonderheft 2005, S. 189.

[243] So auch *Bechtold,* GWB, § 59 Rdnr. 12.

[244] So wohl auch *Langen/Bunte-Schneider,* Kartellrecht, Bd. 1, § 59 Rdnr. 22/26 (maßgeblich sei die „Möglichkeit der Beschaffung") und *Staudinger/Fezer/Koos* (2010), IntWirtschR, Rdnr. 384.

[245] BGBl. 1981 II, S. 533, 550; in Kraft seit 1.1.1983, BGBl. 1982 II 1052; Ausführungsgesetz BGBl. 1981 I 665.

[246] So *Hess,* Europäisches Zivilprozessrecht, 2010, S. 225.

[247] Regierungsabkommen über die Zusammenarbeit in bezug auf restriktive Geschäftspraktiken, BGBl. 1976 II, S. 1711.

[248] Abkommen zwischen der Regierung der Bundesrepublik Deutschland und der Regierung der Französischen Republik über die Zusammenarbeit in Bezug auf wettbewerbsbeschränkende Praktiken, BGBl. 1984 II, S. 785.

[249] Text in WuW 1987, 214 ff.

[250] BGBl. 2007, Teil II Nr. 34, S. 1618 bzw. Bekanntmachung über das Inkrafttreten BGBl. 2010, Teil II Nr. 19, S. 829.

[251] So BKartA TB 2009/10, S. 60 und TB 2011/12, S. 51.

[252] S. BKartA TB 1989/90, S. 48 und 54 zur praktischen Bedeutung der Verträge, ferner *Grützner/Reimann/Wissel,* Richtiges Verhalten bei Kartellamtsermittlungen im Unternehmen, 3. Aufl., Rdnr. 315 ff.

ßerhalb des Anwendungsbereichs der genannten Verträge kann Rechtshilfe zwar im Einzelfall auf diplomatischem oder konsularischem Wege erlangt werden, z. B. die Vernehmung von Zeugen (auf freiwilliger Basis) durch Beamte des BKartA. In der Praxis hat dies aber soweit ersichtlich keine Bedeutung erlangt. Innerhalb der EU wird das Thema inzwischen durch die **Amtshilfe** bzw. die **Kooperation im European Competition Network (ECN)** gem. Art. 12 und Art. 22 der VO Nr. 1/2003 überlagert. Nach Art. 12 sind die Kommission und die nationalen Wettbewerbsbehörden in der EU berechtigt, einander bei der Anwendung der Art. 101 und 102 AEUV Informationen – auch solche vertraulicher Natur – mitzuteilen und diese als Beweismittel zu verwenden. Die so mitgeteilten Informationen dürfen allerdings nur zum Zwecke der Anwendung der Art. 101 und 102 AEUV und nicht zur Anwendung des nationalen Wettbewerbsrechts verwendet werden, es sei denn das nationale Recht wird im gleichen Fall und parallel zum Unionsrecht angewendet und führt nicht zu anderen Ergebnissen (s. dazu Art. 3 VO Nr. 1/2003). Nach Art. 22 VO Nr. 1/2003 darf die Wettbewerbsbehörde eines Mitgliedstaats (also z. B. das BKartA) im Hoheitsgebiet dieses Mitgliedstaats nach Maßgabe des innerstaatlichen Rechts im Namen und für Rechnung der Wettbewerbsbehörde eines anderen Mitgliedstaats alle Nachprüfungen und sonstigen Maßnahmen zur Sachverhaltsaufklärung durchführen, um festzustellen, ob eine Zuwiderhandlung gegen Art. 101 oder 102 AEUV vorliegt. Der Austausch und die Verwendung der erhobenen Informationen erfolgt gemäß Art. 12. In Anwendung dieser Vorschrift hat es inzwischen mehrere Verfahren gegeben, in denen das BKartA auf Ersuchen anderer EU-Staaten tätig geworden ist.[253] Die entsprechenden Zuständigkeitsregelungen nach dem GWB enthalten § 50 Abs. 3 und 4 (die Zuständigkeit für Ermittlungen nach Art. 22 VO Nr. 1/2003 liegt beim BKartA), § 50a für den Informationsaustausch im ECN (zuständig ist „die Kartellbehörde", ggf. iVm. § 50 Abs. 2 GWB, wonach der Geschäftsverkehr mit der Kommission und den Wettbewerbsbehörden der anderen Mitgliedstaaten der EU über das BKartA erfolgt) sowie § 50b für die sonstige Zusammenarbeit mit ausländischen Wettbewerbsbehörden (Zuständigkeit des BKartA, hier bezogen zum einen auf die EU-Fusionskontrolle, zum anderen auf Wettbewerbsbehörden in Drittstaaten). Andere Formen der Zusammenarbeit, wie z. B. die Vornahme von Ermittlungen durch deutsche Behörden im Auftrag ausländischer Behörden, richten sich nach den allgemeinen Vorschriften für Rechtshilfeverfahren. Für das Kartellrecht hat insoweit das **Gesetz über die Internationale Rechtshilfe in Strafsachen (IRG)** nur geringe praktische Bedeutung erlangt (bis 2008 neun Verfahren, alle aufgrund von Ersuchen aus den USA. In der Zeit nach 2008 hat es offenbar keine weiteren Fälle gegeben.[254]). Nach dem IRG wird der Rechtshilfeverkehr mit dem Ausland in strafrechtlichen Angelegenheiten abgewickelt (§ 1 Abs. 1). Zu den strafrechtlichen Angelegenheiten zählen dabei nach deutschem Recht bußgeldbewehrte Ordnungswidrigkeiten (§ 1 Abs. 2) und somit grundsätzlich auch die §§ 81 ff. GWB. Die §§ 66, 67 IRG ermöglichen eine Beschlagnahme von Gegenständen und deren Herausgabe an eine zuständige Stelle eines ausländischen Staates. Zum Zwecke der Beschlagnahme und Herausgabe von Gegenständen ist es ferner möglich, Durchsuchungen durchzuführen (§ 61 Abs. 1 Satz 2 IRG). Im Jahr 2003 hat das BKartA nach einer Durchsuchung und Beschlagnahme von Asservaten und nach Bewilligung durch das BMWi (s. § 74 Abs. 1 Satz 2 IRG) Unterlagen an die Antitrust Division des US-amerikanischen Justizministeriums herausgegeben.[255] Das BKartA schloss damit erstmals ein Rechtshilfeverfahren nach dem IRG durch Herausgabe von Gegenständen an die ersuchende Behörde ab. Daneben wurde ein weiteres Rechtshilfeverfahren auf der Grundlage des IRG zum Abschluss gebracht; es betraf die Zustellung eines Schriftstückes innerhalb Deutschlands.[256]

---

[253] Allerdings wohl nicht mehr in den letzten Jahren, s. dazu BKartA TB 2011/2012, S. 51 und TB 2013/2014, S. 45; zur Amtshilfe im Rahmen des ECN ebd., S. 39.

[254] S. dazu z. B. BKartA TB 2007/2008, S. 61, TB 2011/2012, S. 51 und TB 2013/2014, S. 45.

[255] BKartA TB 2003/2004, S. 78.

[256] S. BKartA ebendort.

Das Verfahren in **kartellrechtlichen Bußgeldsachen** iSd §§ 81ff. GWB richtet sich nach dem **OWiG** und, soweit das OWiG darauf verweist, nach der **StPO.** Das GWB regelt in den §§ 82 bis 86 nur Zuständigkeitsfragen. Als Ermittlungsrechte stehen der Kartellbehörde im OWi-Verfahren u.a. die Durchsuchung (§§ 102ff. StPO iVm. § 46 Abs. 1 OWiG), die Augenscheinseinnahme und die Zeugenvernehmung (§ 161a StPO iVm. § 46 Abs. 1 OWiG) sowie die Beschlagnahme von Sachen (§§ 94ff. StPO iVm. § 46 Abs. 1 OWiG) zur Verfügung.[257] Zur Durchführung dieser Maßnahmen kann sich die Kartellbehörde ggf. der Unterstützung der Polizei bedienen. Die Vornahme dieser mit hoheitlicher Zwangswirkung verbundenen Eingriffe ist jedoch auf das Inland beschränkt. Unmittelbar gegen im Ausland befindliche Betroffene oder im Ausland belegene Sachen gerichtete Ermittlungsmaßnahmen sind nicht zulässig.[258] **59**

b) Zustellungen. Verfügungen der Kartellbehörden müssen den betroffenen Adressaten zugestellt werden. Nur die ordnungsgemäße Zustellung wahrt Entscheidungs- und Untersagungsfristen bzw. setzt Rechtsbehelfs- und Rechtsmittelfristen in Gang. Bei kartellbehördlichen Verfügungen ist die Bekanntgabe in der Form der Zustellung zudem Wirksamkeitsvoraussetzung (§ 61 Abs. 1 Satz 1 GWB). Im internationalen Rechtsverkehr bereitet die Zustellung häufig Schwierigkeiten, weil in ihr traditionell ein Hoheitsakt gesehen wird, dessen Vornahme auf fremdem Staatsgebiet eine Souveränitätsverletzung des anderen Staates darstellt.[259] Nach kontinentaleuropäischer Völkerrechtsauffassung ist es daher grundsätzlich unzulässig, dass eine Behörde zuzustellende Schriftstücke auf fremdem Staatsgebiet an den Adressaten persönlich übergibt oder direkt per Briefpost an den ausländischen Sitz eines Unternehmens sendet. Im Unterschied dazu wird die Zustellung in den USA als private Angelegenheit der Beteiligten qualifiziert, die der Benachrichtigung der Gegenseite dient; hoheitlichen Charakter hat nach US-Vorstellungen nur die Zustellung von Schriftstücken, die den Adressaten unter Zwangsandrohung zu einem bestimmten Verhalten auffordern, wie z.B. die einer Zeugenvorladung unter Strafdrohung (subpoena) der US-Kartellbehörde Federal Trade Commission.[260] Im Kartellverwaltungsverfahren werden Zustellungen regelmäßig an die inländischen (Verfahrens-)Bevollmächtigten der betroffenen ausländischen Unternehmen gerichtet (siehe § 61 Abs. 1 Satz 3 GWB). Zur Bestellung eines solchen Bevollmächtigten sind die Beteiligten eines Zusammenschlussvorhabens seit der 6. Novelle gemäß § 39 Abs. 3 Satz 2 Nr. 6 GWB verpflichtet. Zustellungsprobleme treten dann ebenso wenig auf wie in den Fällen, in denen nicht die ausländische (Mutter-)Gesellschaft Verfahrensbeteiligte ist, sondern die inländische Tochtergesellschaft. Wenn dieser Weg nicht zur Verfügung steht, könnte auf die einschlägigen Rechtshilfeabkommen zurückgegriffen werden, z.B. nach dem Europäischen Übereinkommen vom 24.11.1977 über die Zustellung von Schriftstücken in Verwaltungssachen im Ausland (für Belgien, Frankreich, Italien, Luxemburg, Österreich, Spanien),[261] das aber wegen seiner beschränkten Geltung keine praktische Bedeutung erlangt hat.[262] **60**

Im Übrigen ist im Kartellverwaltungsverfahren zu unterscheiden zwischen Verfügungen (Verwaltungsakten iSd § 35 VwVfG), die mit Begründung und Rechtsmittelbelehrung zu versehen und zuzustellen sind (§ 61 Abs. 1 Satz 1 GWB), und einfachen Mitteilungen (z.B. die Verfahrenseinstellung nach § 61 Abs. 2 GWB), für die das Zustellungserfordernis **61**

---

[257] S.i.e. *Grützner/Reimann/Wissel,* Richtiges Verhalten bei Kartellamtsermittlungen im Unternehmen, Rdnr. 106ff.; *Lutz* WuW 1977, 69ff.

[258] *Göhler,* OWiG, 16. Aufl. 2012, vor § 59 Rdnr. 21ff., dort auch zur Rechtshilfe in OWi- und Strafsachen.

[259] S. auch *KK-Stoll/Holterhus,* § 130 GWB Rdnr. 273; *Staudinger/Fezer/Koos* (2010), IntWirtschR, Rdnr. 385.

[260] S. *F. T. C. v. Compagnie de Saint-Gobain-Pont-à-Mousson,* 636 F. 2d 1300 (D.C. Cir. 1980). Zur Zustellungspraxis der Kommission s. o. Rdnr. 19.

[261] BGBl. 1981 II S. 533, in Kraft seit 1.1.1983, BGBl. 1982 II S. 1057, Ausführungsgesetz BGBl. 1981 I 665. Näher dazu *Immenga/Mestmäcker-Rehbinder,* GWB, § 130 Rdnr. 355.

[262] So *Hess,* Europäisches Zivilprozeßrecht, S. 225.

nicht gilt. **Abmahnungen,** mit denen die Kartellbehörden den betroffenen Unternehmen Gelegenheit zur Stellungnahme zu kartellrechtlichen Vorwürfen geben (§ 56 Abs. 1 GWB), werden im Inland regelmäßig zugestellt. Gegenüber Unternehmen mit Sitz im Ausland sollen Abmahnungen **mittels formlosen Schreibens** möglich sein.[263] Darin liegt jedoch eine Ungleichbehandlung der ausländischen gegenüber den inländischen Unternehmen im Hinblick auf die Sicherheit der Übermittlung des Schriftstücks und damit der Gewährung des rechtlichen Gehörs. Bei „formloser Abmahnung" muss die Behörde jedenfalls sicherstellen, dass sie den Nachweis des Zugangs bei dem Adressaten oder seinem Bevollmächtigten führen kann. Für die Fusionskontrolle hat sich das Problem durch § 39 Abs. 3 Satz 2 Nr. 6 erledigt.

62 **Verfügungen,** mit denen den Adressaten ein bestimmtes Verhalten aufgegeben wird, bedürfen nach § 61 Abs. 1 Satz 1 GWB der **Zustellung.** Diese richtet sich nach den Vorschriften des Verwaltungszustellungsgesetz (VwZG). In der Praxis bestellen im Inland geschäftlich aktive ausländische Unternehmen regelmäßig einen inländischen Zustellungs- bzw. Verfahrensbevollmächtigten, dem Verfügungen zugestellt werden können (§ 8 VwZG). Die in §§ 3 und 4 VwZG vorgesehenen einfachen Formen der Zustellung durch die Post kommen gegenüber ausländischen Unternehmen nicht in Betracht. Ist keine Zustellung im Inland möglich, muss nach § 14 VwZG grundsätzlich im Ausland unter Inanspruchnahme von **Rechtshilfe** des Sitzstaates des Unternehmens zugestellt werden. Hier hat aber die 6. GWB-Novelle in Gestalt des § 61 Abs. 1 Satz 2 und 3 a. F. (Satz 3 und 4) eine Erleichterung für die Kartellbehörden gebracht. Danach besteht für ausländische Unternehmen jetzt generell die Obliegenheit zur Benennung eines (inländischen) Zustellungsbevollmächtigten. Geschieht dies nicht, kann die Kartellbehörde (Untersagungs- oder Abstellungs-)Verfügungen durch Bekanntmachung im Bundesanzeiger zustellen.[264] Die Wartefrist des § 15 Abs. 3 VwZG gilt hierfür nicht entsprechend, weil die Sonderregelung des § 61 Abs. 1 Satz 4 GWB insofern abschließend ist.[265]

63 § 39 Abs. 3 Satz 2 Nr. 6 sieht für Anmeldungen im Rahmen der Fusionskontrolle ausdrücklich die Verpflichtung ausländischer Unternehmen vor, eine zustellungsbevollmächtigte Person im Inland anzugeben. Ist diese Person später nicht mehr benannt, kann das BKartA einen Zusammenschluss auch nach Fristablauf untersagen (§ 40 Abs. 2 Satz 4 Nr. 3).

64 **Einfache Mitteilungen** wie die **Verfahrenseinstellung** werden den beteiligten Unternehmen bzw. ihren Bevollmächtigten formlos per Post übersandt. Mangels hoheitlichen Gehalts dieser Schreiben kann dies auch an den ausländischen Sitz geschehen.

65 Im kartellrechtlichen **Bußgeldverfahren** richtet sich die Zustellung nach § 51 OWiG, der grundsätzlich auf die Vorschriften des VwZG verweist (nach § 51 Abs. 5 OWiG gelten §§ 6 Abs. 1 und 7 Abs. 1 und 2 VwZG nicht). Als inländischer Zustellungsempfänger ausländischer Betroffener kommen nach § 51 Abs. 3 OWiG der gewählte Verteidiger, dessen Vollmacht sich bei den Akten befindet, und der bestellte Verteidiger in Betracht. Auslandszustellungen können regelmäßig nur im Wege der Rechtshilfe oder bei Gestattung des Aufenthaltsstaates durch die Auslandsvertretungen der Bundesrepublik bewirkt werden, es sei denn, dies ist völkerrechtlich zulässig, z. B. aufgrund eines entsprechenden Abkommens.[266] Einzelne Staaten lassen die unmittelbare Zustellung von Bußgeldbescheiden durch die Post in ihr Staatsgebiet zu (Österreich, und die Schweiz aufgrund bilateraler Verträge).[267] Ob davon auch Bußgeldentscheidungen von Kartellbehörden erfasst sind, ist unklar.

---

263 *Immenga/Mestmäcker-Rehbinder,* GWB, § 130 Rdnr. 352; *Staudinger/Fezer/Koos* (2010), IntWirtschR, Rdnr. 385.

264 S. zu § 57 Abs. 1 Satz 3 idF vor der 6. GWB-Novelle (nur für das Fusionskontrollverfahren) KG WuW/E OLG 2411, 2416 f. – *Synthetischer Kautschuk I.*

265 KG aaO S. 2417, zu § 57 idF vor der 6. GWB-Novelle.

266 *Göhler,* aaO § 51 Rdnr. 28 ff.

267 *Göhler,* aaO Rdnr. 28; in Strafsachen ermöglicht § 37 Abs. 1 StPO iVm. § 183 Abs. 1 Nr. 1 ZPO, Art. 52 des Schengener Abkommens von 1990 die Zustellung durch Einschreiben mit Rückschein.

c) Vollstreckung von Entscheidungen im Ausland. Eine Vollstreckung behördlicher Entscheidungen im Ausland kann nur unter Inanspruchnahme von **Rechtshilfe des Sitzstaates** des betroffenen Unternehmens geschehen. Der Vollstreckung muss jedenfalls die Zustellung der Entscheidung nach den hierfür geltenden Regeln vorausgehen (s. o. Rdnr. 60 ff.). Nach dem gegenwärtigen Stand des Völkerrechts wird aber zur Durchsetzung behördlicher Entscheidungen mit **Eingriffscharakter** (z. B. Missbrauchsverfügungen, Entflechtungsanordnungen, Bußgeldentscheidungen) **keine Rechtshilfe** gewährt. Ausnahmen können für privatrechtsgestaltende kartellrechtliche Verfügungen (z. B. nach § 32 GWB) gelten, wenn die Anwendung des deutschen Kartellrechts vom betroffenen ausländischen Staat gebilligt wird.[268] Daraus folgt, dass kartellbehördliche Entscheidungen im Allgemeinen nur im Inland – ggf. gegen inländisches Vermögen der betroffenen Unternehmen – vollstreckt werden können. Aufgrund der internationalen Verflechtung der Wirtschaft ist zu beobachten, dass ausländische Unternehmen zur Beachtung bzw. Erfüllung gegen sie gerichteter Verfügungen der deutschen Kartellbehörden freiwillig bereit sind, wenn diese bestandskräftig geworden sind.[269] **66**

E. Internationaler Kartellzivilprozess

I. Einleitung

Die Kronzeugenprogramme der Kommission und des BKartA haben in den letzten Jahren zur Aufdeckung zahlreicher internationaler Hardcore-Kartelle und zum Erlass entsprechender Bußgeldentscheidungen geführt (zu den Einzelheiten s. § 46 und § 57 des Handbuches). Aufgrund der Rechtsprechung des EuGH in den Rs. *Courage/Crehan* und *Manfredi,* einer sanktionsfreundlichen Ausgestaltung des GWB und einschlägiger öffentlicher Hinweise der Kartellbehörden[270] werden seit einiger Zeit in solchen Fällen praktisch ausnahmslos von den betroffenen Abnehmern der Kartellunternehmen Schadensersatzansprüche gegen ihre Lieferanten geltend gemacht. Erleichtert wird ihnen das in Deutschland durch § 33 Abs. 4 GWB, der in Bezug auf das Vorliegen eines Gesetzesverstoßes eine Bindungswirkung der Bußgeldentscheidungen nach Art. 101, 102 AEUV und nach den Verboten des GWB für die Zivilgerichte anordnet. Gegenüber den Kartellunternehmen muss der Anspruchsteller dann also lediglich noch den Schaden, die Kausalität und das Verschulden des Kartell-Unternehmens darlegen und ggf. beweisen (wobei letzteres bei Hardcore-Kartellen keine Hürde darstellt). Eine entsprechende Bindungswirkung gilt für Bußgeld-Entscheidungen der Kommission nach Art. 16 Abs. 1 VO Nr. 1/2003. Obwohl empirische Studien dazu fehlen, wird offenbar ein erheblicher Anteil dieser Schadensersatzforderungen der Marktgegenseite bilateral und außergerichtlich geregelt, außerdem wohl zumeist auf nationaler Ebene (d. h. also z. B. deutscher Kunde im Verhältnis zu einem deutschen Kartellbeteiligten).[271] Gelegentlich scheitert allerdings eine außergerichtliche Einigung, so dass die Betroffenen ihre Forderung vor den Zivilgerichten geltend machen (sog. Follow-on-Klagen). Auch das erfolgt offenbar zu einem erheblichen Teil bilateral und im nationalen Rahmen,[272] gelegentlich und zunehmend aber auch Verfahren mit einer internationalen **67**

[268] S. auch *Immenga/Mestmäcker-Rehbinder,* GWB, § 130 Rdnr. 387.

[269] S. *Immenga/Mestmäcker-Rehbinder,* GWB, 4. Aufl., § 130 Rdnr. 395.

[270] So weist die Kommission z. B. in den Pressemitteilungen zu Kartell-Bußgeldentscheidungen regelmäßig auf etwaige zivilrechtliche Ansprüche der von dem Kartell betroffenen Abnehmer hin, so z. B. schon Presse-Mitt. IP/06/1647 v. 29.11.2006 – *Synthetic Rubber.*

[271] S. dazu z. B. aus der Presse die Fälle *Gesamtvergleich Feuerwehrfahrzeuge,* s. FAZ v. 14.5.2013 und *Deutsche Bahn ./. ThyssenKrupp* im *Schienenkartell,* Handelsblatt v. 19.11.2013.

[272] S. dazu z. B. die Fälle *ORWI,* BGH WuW/E DE-R 3431 ff.; LG Mannheim WuW/E DE-R 3584 ff. – *Feuerwehrfahrzeuge* sowie diverse Klagen deutscher Kunden gegen Hersteller von *Fahrtreppen,* s. dazu z. B. LG Berlin NZKart 2013, 37 ff.

Dimension. Wenn z. B. das Kartellunternehmen (d. h. der Lieferant der kartellierten Produkte) seinen Sitz nicht in Deutschland hat, stellt sich für die betroffenen Abnehmer die Frage, ob sie es im Ausland verklagen müssen oder ob zivilprozessuale Regelungen zur Verfügung stehen, die eine Klage auch vor einem deutschen Gericht ermöglichen. Diese Frage stellt sich entsprechend, wenn betroffene Abnehmer in anderen EU-Staaten prüfen, ob Klagen dort z. B. gegen deutsche Unternehmen zulässig sind. Das Bestehen eines Wahlrechts hinsichtlich des internationalen Gerichtsstandes (dazu Rdnr. 69 ff.) ermöglicht den betroffenen Abnehmern ggf. ein **Forum Shopping,** d. h. eine nach Abwägung diverser rechtlicher und taktischer Erwägungen getroffene Entscheidung über die Wahl des Gerichtsstandes in einem bestimmten Mitgliedstaat der EU. Eine Variante dieser Erwägungen führt gelegentlich zur Erhebung einer negativen Feststellungsklage der Kartellunternehmen gegen ihre Kunden (als erwartete Kläger auf Schadensersatz, sog. **Torpedo-Klagen,** dazu Rdnr. 78) in ihrem Heimat-Staat. Die Ansatzpunkte für die Entscheidung über das angerufene Gericht sind wegen des weitgehenden Fehlens einer Rechtsharmonisierung im Bereich des Kartellschadensersatzrechts vielfältig. So werden z. B. für die Wahl englischer Gerichte (nach dem Zivilrecht von England und Wales) vielfach die Kriterien Sprache, Reputation der Gerichte, zuständigkeitsfreundliche Rechtsprechung sowie das Bestehen gesetzlicher Discovery-Verpflichtungen genannt.[273] Die Bewertung des zuletzt genannten Punktes ist allerdings insoweit ambivalent, als sie auch zu Lasten der Kläger gilt. Auch sie werden also mit zusätzlichem Aufwand belastet, und die dabei produzierten Dokumente können als Beweis für ein etwaiges Passing-on eines überhöhten Kartellpreises gegen sie verwendet werden. In England und Wales ist es außerdem möglich, dass anstelle des schlichten kompensatorischen Schadensersatzes auch sog. „exemplary damages" (eine Art Strafschadensersatz) zugesprochen werden. Allerdings ist dieses Thema in Kartellsachen nur von theoretischer Bedeutung, denn im Fall *Devenish*[274] wurde bereits entschieden, dass das Instrument nicht anwendbar ist in Fällen, in denen eine Kartellbehörde bereits ein Bußgeld gegen den Beklagten verhängt hat.[275] Als Vorzug eines deutschen Gerichtsstandes werden die Bindungswirkung des § 33 Abs. 4 GWB, die zügige Durchführung der Verfahren, der vergleichsweise geringere Aufwand (insbes. das Fehlen von Discovery-Regelungen), die Qualität der fachlich spezialisierten Gerichte und die deutlich geringeren Kosten (als in England) genannt. Für den Gerichtsstand England und Wales gilt im Übrigen, dass dort zwar viele Verfahren anhängig gemacht, (bisher) aber nahezu ausnahmslos durch Vergleiche beendet werden,[276] während es in Deutschland auch mehrere Endurteile gibt, allerdings verteilt auf verschiedene Gerichte. Beide Alternativen werden in der Praxis vielfach gewählt. Von den anderen Jurisdiktionen in der EU sind vor allem die Niederlande zu nennen, wo freilich deutlich weniger Sachen anhängig gemacht worden sind. Vor diesem Hintergrund soll im Folgenden kurz behandelt werden, welche rechtlichen Themen im Zusammenhang mit (solchen) internationalen Kartellzivilprozessen relevant sind, wobei der Schwerpunkt der Fragestellung bei der Geltendmachung von Schadensersatzansprüchen gegen Kartell-Unternehmen liegt. Die Ausführungen gelten entsprechend für Verstöße gegen andere kartellrechtliche Verbote; solche Fälle treten jedoch vergleichsweise selten auf. Eine gewisse **Rechtsangleichung** (und damit der Wegfall einiger Abwägungsparameter für das Forum Shopping) wird durch die im Dezember 2014 in Kraft getretene **Schadensersatz-Richtlinie 2014/104/EU** erfolgen. Sie sieht für alle Mitgliedstaaten z. B. in Art. 9 die Einführung der Bindungswirkung von kartellbehördlichen Entscheidungen vor und in Art. 5 die Einführung von Vorschriften über die „Offenlegung von Beweismitteln" **(Discovery)** (dazu näher *Topel* in § 50 Rdnr. 131 ff. und *Ollerdißen* in § 60 Rdnr. 64 f.).

---

[273] S. z. B. *Sansom/Morfey/Teague,* Antitrust Vol. 29 No. 2, 2015, S. 33 ff., 34.

[274] *Devenish Nutrition Ltd. v. Sanonfi Aventis SA* (2007) EWHC 2394 (CH.) (52).

[275] S. dazu auch *Marton/Campbell,* GCR – Getting The Deal Through, Private Litigation, 2011, S. 6.

[276] S. dazu *Sansom/Morfey/Teague* aaO S. 34 (mit Nachw. zu mehreren Fällen).

II. Internationale Zuständigkeit

Soll eine auf Vorschriften des GWB, z.B. § 1 oder § 19 iVm. § 33 Abs. 1 (Unterlassung) oder Abs. 4 (Schadensersatz), oder der Wettbewerbsregeln des AEU-Vertrages (Art. 101, 102 iVm. § 33 Abs. 1 oder Abs. 3 GWB) gestützte Zivilklage gegen ein ausländisches *Unternehmen*[277] vor einem deutschen Gericht erhoben werden (oder gegen deutsche Unternehmen vor einem Gericht eines anderen EU-Mitgliedstaates), stellt sich zunächst die Frage nach der internationalen Zuständigkeit. Nach den im internationalen Kartellzivilprozess anwendbaren Regeln des internationalen Zivilprozessrechts folgt die internationale grundsätzlich der örtlichen Zuständigkeit. Daneben sind bi- und multilaterale Übereinkommen bzw. EU-Verordnungen über die internationale Zuständigkeit zu beachten. Dazu gehörte bis Januar 2015 insbes. die **VO Nr. 44/2001 des Rates** über die gerichtliche Zuständigkeit und die Anerkennung und Vollstreckung von Entscheidungen in Zivil- und Handelssachen (**EuGVVO,** auch **Brüssel I** genannt).[278] Seit 10.1.2015 gilt die **Nachfolgeregelung VO Nr. 1215/2012** (auch Brüssel Ia-VO genannt), die hinsichtlich der beiden für das Kartellrecht zentralen Bestimmungen (nur) zu einer Änderung in der Zählung der Vorschriften geführt hat (s. dazu auch Rdnr. 80). Die EuGVVO gilt im Verhältnis der EU-Mitgliedstaaten – ursprünglich mit Ausnahme von Dänemark (Art. 1 Abs. 3 EuGVVO) – zueinander und verdrängt insoweit das nationale Recht.[279] Seit dem 1.7.2007 gilt die EuGVVO aufgrund eines Übereinkommens vom 19.10.2005 auch für Dänemark.[280] Im Verhältnis zu den verbliebenen EFTA-Staaten (Schweiz, Norwegen, Island) gilt das weitgehend inhaltsgleiche **Lugano-Übereinkommen** (LugÜ) vom 30.10.2007.[281] Die EuGVVO verdrängt in ihrem Anwendungsbereich die entsprechenden nationalen Vorschriften, z.B. § 32 ZPO.[282] Sie erwähnt zwar Kartellsachen nicht ausdrücklich, findet aber auch insoweit Anwendung. Dazu hat der EuGH unlängst entschieden, dass Art. 1 Abs. 1 VO Nr. 44/2001 (jetzt: Art. 1 Satz 1 VO Nr. 1215/2012) dahin auszulegen ist, dass eine Klage auf Ersatz des durch angebliche Verstöße gegen das Wettbewerbsrecht der Union entstandenen Schadens unter den Begriff „Zivil- und Handelssachen" im Sinne dieser Bestimmung und demzufolge in den Anwendungsbereich dieser Verordnung fällt.[283] Die **Grundregel** in Art. 4 Abs. 1 (früher: Art. 2 Abs. 1), Art. 63 (früher: Art. 60) EuGVVO besagt, dass ein ausländisches Unternehmen an seinem **(Wohn-)Sitz** verklagt werden muss.[284] Es gibt aber mehrere – eng auszulegende[285] – **Ausnahmen** von diesem Grundsatz. So sind z.B. für Klagen aus wettbewerbsbeschränkenden Vereinbarungen deutsche Gerichte dann international zuständig, wenn der *Erfüllungsort* für die streitige Verpflichtung im Inland liegt (Art. 5 Nr. 1 a.F., jetzt: Art. 7 Nr. 2 EuGVVO). Auch Gerichtsstandsvereinbarungen werden anerkannt (Art. 23 a.F., jetzt: Art. 25 EuGVVO, dazu noch Rdnr. 77und 80). Bei Regress-Klagen von Kartellanten gegen andere Kartellmitglieder gel-

[277] Zur fehlenden Gerichtsbarkeit gegenüber anderen *Staaten* wegen der sog. Staaten-Immunität s. *Staudinger/Fezer/Koos* (2010), IntWirtschR, Rdnr. 365.

[278] ABl. 2001 Nr. L 12/1 ff. Zur Rechtsprechung des EuGH zur EuGVVO s. die Berichte von *Dietze/Schnichels,* EuZW 2007, 687 ff. (zu 2006), *Dietze/Schnichels,* EuZW 2009, 33 ff. (zu 2007) und von *Schnichels/Stege,* EuZW 2010, 846 ff. (zu 2008/2009), *dies.,* EuZW 2011, 817 ff. (zu 2010), *dies.,* EuZW 2012, 812 ff. (zu 2011) und *dies.,* EuZW 2013, 809 ff. (zu 2012). S. ferner zur EuGVVO *Tzakas,* aaO S. 91 ff., 100 ff.; *Staudinger/Fezer/Koos* (2010), IntWirtschR, Rdnr. 366 ff.

[279] S. dazu *Langen/Bunte-Stadler,* aaO § 130 Rdnr. 234 mwN. und *KK-Stoll/Holterhus,* aaO § 130 GWB Rdnr. 258.

[280] ABl. 2007 L94/70.

[281] ABl. 2009 L 147/5 ff. Es handelt sich dabei um das Nachfolgeabkommen zum Lugano-Abkommen vom 16.9.1988, das den Regeln der VO Nr. 44/2001 angepasst wurde. Es ist seit 1.1.2010 in Kraft für alle Mitgliedstaaten der EU und Norwegen, seit 1.1.2011 in Kraft für die Schweiz und seit 1.5.2011 in Kraft für Island. S. dazu auch *Schack* aaO Rdnr. 128 ff., 264 f.

[282] *Musielak/Heinrich,* ZPO, 11. Aufl., § 32 Rdnr. 24.

[283] EuGH U. v. 23.10.2014, Rs C-302/13, ECLI:EU:C:2014:2319, Rdnr. 23 ff. – *flyLAL-Lithuanian Airlines* (betr. Abgrenzung zu hoheitlichem Verhalten im Hinblick auf Flughafenentgelte).

[284] Prinzip des actor sequitur forum rei, s. auch § 17 ZPO.

[285] EuGH U. v. 18.7.2013, Rs C-147/12, ECLI:EU:C:2013:490, Rdnr. 30/31 – *ÖFAB.*

ten ebenfalls die vorgenannten Regelungen. Rechtsprechung dazu liegt allerdings soweit ersichtlich noch nicht vor.

69 Für **Kartelldelikte** ist außerdem der besondere **Gerichtsstand des Tatortes der unerlaubten Handlung** gemäß § 32 ZPO[286] bzw. im Geltungsbereich der EuGVVO deren Art. 5 Nr. 3 a. F., jetzt: Art. 7 Nr. 2 EuGVVO[287] („Gericht des Ortes, an dem das schädigende Ereignis eingetreten ist oder einzutreten droht") relevant. Danach ist eine deutsche internationale Zuständigkeit gegeben, wenn die schädigende wettbewerbsbeschränkende Handlung bzw. relevante Aktivitäten auf der Täterseite (auch) im Inland begangen wurden. Dafür genügt es, dass der *Handlungs- oder der Erfolgsort* im Inland liegt. Nach der Rechtsprechung des EuGH ist bei unerlaubten Handlungen das Gericht des Ortes, an dem das schädigende Ereignis eingetreten ist oder einzutreten droht, insbes. wegen der Nähe zum Streitgegenstand und der leichteren Beweisaufnahme und damit aus Gründen der geordneten Rechtspflege idR am besten in der Lage, den Rechtsstreit zu entscheiden.[288] Weiter hat der EuGH entschieden, dass die Wendung „Ort, an dem das schädigende Ereignis eingetreten ist oder einzutreten droht" in Art. 5 Nr. 3 a. F. (jetzt: Art. 7 Nr. 2) „sowohl den Ort der Verwirklichung des Schadenserfolgs als auch den Ort des für den Schaden ursächlichen Geschehens meint, so dass der Beklagte nach Wahl des Klägers vor dem Gericht eines dieser beiden Orte verklagt werden kann".[289] Die Vorschrift erfasst also sowohl den *Handlungsort,* an dem das schadensbegründende ursächliche Geschehen stattgefunden hat bzw. seinen Ausgang nahm, als auch den *Erfolgsort,* an dem die schädigenden Auswirkungen des haftungsbegründenden Ereignisses zu Lasten des Betroffenen eintreten.[290] Der EuGH hat in seinem *CDC*-Urteil vom 21.5.2015[291] Gelegenheit gehabt, die rechtliche Tragweite des Art. 5 Nr. 3 a. F. (jetzt: Art. 7 Nr. 2) EuGVVO für Schadensersatzprozesse im Zusammenhang mit internationalen Kartellen klarzustellen (s. dazu näher unten Rdnr. 75). Die Frage, ob sich die Kognitionsbefugnis des auf der Grundlage von Art. 5 Nr. 3 (jetzt: Art. 7 Nr. 2) – wie bei Art. 2 Abs. 1 (jetzt: Art. 4 Abs. 1) – angerufenen Gerichts auf den gesamten Schaden erstreckt oder nur auf den Schaden, der in dem Staat (genauer: in dem Gerichtsbezirk) des angerufenen Gerichts verursacht worden ist, wurde bisher nicht einheitlich beantwortet.[292] In seinem *CDC*-Urteil hat der EuGH auch dazu Stellung genommen (s. Rdnr. 75/76). Eine **negative Feststellungsklage** mit dem Antrag, festzustellen, dass keine Haftung aus einer unerlaubten Handlung pp. besteht, fällt ebenfalls unter Art. 5 Nr. 3 a. F. (jetzt: Art. 7 Nr. 2).[293] Nach der sog. *Kalfelis*-Doktrin ist allerdings ein nach Art. 5

---

[286] BGH WuW/E BGH 734 – *Glühlampenkartell;* BGH WuW/E BGH 1643 – *BMW-Importe.*

[287] Näher dazu *Rausch-Leible,* Europäisches Zivilprozeßrecht, 2. Aufl. 2006, Art. 5 Brüssel I-VO, Rdnr. 73 ff.; *Zöller-Geimer,* ZPO, 30. Aufl. 2014, Anh. I, Art. 5 EuGVVO Rdnr. 21 ff.; *Mankowski,* WuW 2012, 797 ff.; *Schack* aaO Rdnr. 330 ff.; *Tzakas,* aaO S. 100 ff.; *Staudinger/Fezer/Koos* (2010), IntWirtschR Rdnr. 374.

[288] Dazu z. B. EuGH U. v. 21.5.2015, Rs C-352/13, ECLI:EU:C:2015:335, Rdnr. 39/40 – *CDC ./. Akzo Nobel u. a.,* mwN.

[289] EuGH U. v. 18.7.2013, Rs C-147/12, ECLI:EU:C:2013:490, Rdnr. 51 – *ÖFAB;* bestätigt in EuGH U. v. 21.5.2015, Rs. C-352/13, ECLI:EU:C:2015:335, Rdnr. 38 – *CDC ./. Akzo Nobel u.a.*

[290] St. Rechtsprechung, s. z. B. EuGH U. v. 7.3.1995, Slg. 1995 I-450, Rdnr. 20 ff. – *Fiona Shevill;* s. dazu auch *Zöller-Geimer,* aaO Art. 5 EuGVVO Rdnr. 26 und *Divivier,* Die Reichweite pp., S. 90.

[291] EuGH U. v. 21.5.2015, Rs C-352/13, ECLI:EU:C:2015:335, Rdnr. 34 ff. – *CDC ./. Akzo Nobel u.a.*

[292] Für eine solche Einschränkung – sog. „Mosaik-Theorie" – in presserechtlichen Sachen EuGH U. v. 7.3.1995, Slg. 1995 I-450 Rdnr. 30 ff. – *Fiona Shevill;* für die Geltung dieser Rechtsprechung auch im Kartellrecht Komm., Commission Staff Working Paper, SEC (2005) 1732, Rdnr. 239; aA *Zöller-Geimer,* aaO Rdnr. 31. Zum Ganzen auch *Divivier,* aaO S. 126 ff.

[293] EuGH U. v. 25.10.2012, Rs C-133/11, ECLI:EU:C:2012:664 – *Folien Fischer.* Es geht dort um die Klage eines Unternehmens, dem die Beklagte vorwirft, im Zusammenhang mit seinem Vertriebsverhalten und der Weigerung, Patentlizenzen zu erteilen, kartellrechtswidrig gehandelt zu haben. Zum entsprechenden Vorlagebeschluss des BGH s. WuW/E DE-R 3233 – *Trägermaterial für Kartenformulare.* Nach dem Urteil des EuGH hat der BGH den Rechtsstreit an das HansOLG zurückverwiesen, weil dort die Zuständigkeit verneint worden war, s. U. v. 29.1.2013, KZR 8/10, veröff. auf der

Nr. 3 a. F. (jetzt: Art. 7 Nr. 2) EuGVVO zuständiges Gericht nicht auch dafür zuständig, über dieselbe Klage unter anderen, nicht-deliktischen Gesichtspunkten zu entscheiden (sog. Spaltungstheorie).[294] Relevant ist dies vor allem, wenn der Kläger auch vertragliche Ansprüche geltend machen will.

Wenn **mehrere Beteiligte eines internationalen Kartells** auf Schadensersatz verklagt 70
werden sollen, wird vielfach der **Gerichtsstand der Streitgenossenschaft** gemäß Art. 6 Nr. 1 EuGVVO a. F. (jetzt: Art. 8 Nr. 1) einschlägig sein.[295] Danach kann eine Person, die ihren Wohnsitz im Gebiet eines Mitgliedstaates hat, auch verklagt werden, „wenn mehrere Personen zusammen verklagt werden, vor dem Gericht des Ortes, an dem *einer der Beklagten* seinen Wohnsitz hat, sofern *zwischen den Klagen eine so enge Beziehung gegeben ist,* dass eine gemeinsame Verhandlung und Entscheidung geboten erscheint, um zu vermeiden, dass in getrennten Verfahren widersprechende Entscheidungen ergehen könnten". Diese Zuständigkeitsregel entspricht dem Bestreben, „eine geordnete Rechtspflege zu fördern, Parallelverfahren soweit wie möglich zu vermeiden und damit zu verhindern, dass in getrennten Verfahren möglicherweise widersprechende Entscheidungen ergehen".[296] Der EuGH hatte schon die Vorgänger-Regelung so ausgelegt, dass sie – als ungeschriebenes Tatbestandsmerkmal – einen Zusammenhang der verschiedenen Klagen des Klägers gegen die Beklagten erfordert.[297] Die Vorschrift ist bereits in einigen kartellrechtlichen Fällen herangezogen worden, zuletzt im Rechtsstreit *CDC ./. Akzo Nobel u. a.* (dazu unten Rdnr. 73). Der – soweit ersichtlich – erste Fall war die Sache *Provimi* (im *Vitamin*-Kartell). Dort hat der High Court of England and Wales[298] die Bestimmung weit ausgelegt und die Klage eines deutschen Unternehmens *(Trouw)* vor einem englischen Gericht gegen eine britische, eine deutsche und eine schweizerische Tochtergesellschaft des *Roche*-Konzerns für zulässig gehalten. Der Klägerin wurde damit im Ergebnis die Befugnis eingeräumt, als deutsche Partei gegen eine deutsche Gesellschaft vor einem englischen Gericht Klage zu erheben, obwohl nur die schweizerische Muttergesellschaft *Hoffmann-La Roche* Adressat der Bußgeldentscheidung der Kommission gewesen war. Das englische Gericht vertrat die Auffassung, dass die Klägerin *Trouw* einen Anspruch gegen die englische Tochtergesellschaft von *Roche* haben könnte, weil diese das Kartell durch den Verkauf von Vitaminen zu Kartellpreisen durchgeführt haben könnte, selbst wenn sie möglicherweise keine Kenntnis von dem Kartell gehabt hätte. Die Entscheidung ermöglicht es, Prozesse in England gegen eine Reihe von Beklagten geltend zu machen, wenn ein englischer „Ankerbeklagter" existiert, auch wenn dieser lediglich eine Tochtergesellschaft eines der Adressaten der Kommissionsentscheidung ist, selbst wenn diese Tochtergesellschaft weder eine direkte Rolle in dem Kartell einnahm oder Kenntnis davon hatte.[299] Zu weiteren Entscheidungen der englischen Gerichte in der Zuständigkeitsfrage kam es dort ebenso wenig wie zu einer Vorabentscheidung des EuGH.

In weiteren Entscheidungen haben die englischen Gerichte ihre Bereitschaft bestätigt, 71
ihre internationale Zuständigkeit für EU-weite Kartelle zu bejahen, auch wenn der Bezug zu England und Wales nur gering ist. Immerhin hat der High Court in *SanDisk Corporation*

Homepage des BGH. Unklar ist, ob diese Rechtsprechung entsprechend für Verfahren nach Art. 6 Nr. 1 a. F., jetzt: Art. 8 Nr. 1 gilt.

[294] EuGH U. v. 27.9.1988, Slg. 1988, 5565 Rdnr. 19–21 – *Kalfelis ./. Bankhaus Schröder;* dazu *Tzakas,* aaO S. 104 f.

[295] S. dazu *Mankowski,* WuW 2012, 947 ff.; *Rauscher-Leible,* Europäisches Zivilprozeßrecht, 2. Aufl. 2006, Art. 6 Brüssel I-VO, Rdnr. 4 ff.; *Schack* aaO Rdnr. 409 ff.; *Tzakas,* aaO S. 126 ff.

[296] EuGH U. v. 21.5.2015, Rs C-352/13, ECLI:EU:C:2015:335, Rdnr. 19 – *CDC ./. Akzo Nobel u.a.*

[297] EuGH U. v. 27.9.1988, Slg. 1988, 5565, Tz. 9–13 – *Kalfelis ./. Bankhaus Schröder;* dazu auch *Koutsoukou/Pavlova,* WuW 2014, 153 ff. und *Tzakas,* aaO S. 127 f.

[298] High Court of Justice, Queensbench Division, 6.5.2003, 2003 EWHC 961 (Comm.) – *Provimi et al. v. Aventis S. A. et al.;* s. auch die Besprechung der Entscheidung von *Bulst,* EBOR 4 (2003), 623 ff.

[299] S. dazu auch *Morony/Alderton,* GCR – Getting The Deal Through, Private Antitrust Litigation 2014 – England & Wales.

v Philips entschieden, dass zumindest ein gewisser Bezug zu England und Wales vorliegen müsse, bevor das Gericht eine internationale Zuständigkeit bejaht. Es ging in dieser Sache um einen Fall nach Art. 102 AEUV, und das Gericht vertrat die Ansicht, dass keine entsprechende „connection" zu England und Wales vorlag, weil es weder Beweise dafür gab, dass die ersten Schritte des vorgeworfenen verbotenen Verhaltens im UK unternommen worden waren, noch dass der unmittelbare Schaden für *SanDisk* als ein Ergebnis des fraglichen Verhaltens im UK eingetreten war.[300] Die zuständigkeitsfreundliche Haltung aus *Provimi* wurde jedoch beibehalten im Fall *Cooper Tire & Rubber Company v. Shell Chemicals UK Ltd.*[301] Die dortige Klage bezog sich auf das *Synthetic Rubber*-Kartell, in dem die Kommission zuvor Bußgelder verhängt hatte. Auch in diesem Fall war keiner der Adressaten der Kommissionsentscheidung ein englisches Unternehmen. Dennoch reichte eine Reihe von Reifenherstellern, die synthetischen Kautschuk erworben hatten, eine Schadensersatzklage beim High Court ein, die sich auf Kaufverträge in mehreren europäischen Staaten bezog. Als Anknüpfungspunkt diente das Argument, dass englische Tochtergesellschaften einiger (aber nicht aller) Kartellmitglieder das Kartell auch im UK durchgeführt hätten, indem sie die Produkte dort zum Kartellpreis verkauft hätten. Erneut wurden also englische Tochtergesellschaften von Kartellbeteiligten als „Ankerbeklagte" nach Art. 6 Nr. 1 EuGVVO a. F. (jetzt: Art. 8 Nr. 1) herangezogen. Der Court of Appeal bestätigte die Zuständigkeit der englischen Gerichte (der Rechtsstreit wurde inzwischen verglichen). Im Ergebnis haben danach englische Gerichte die Zuständigkeit, sich mit EU-weiten Kartellschadensersatzklagen zu befassen, wenn die Kläger vortragen, dass die Tochtergesellschaft eines kartellbeteiligten Unternehmens mit Sitz in England das Kartell durchgeführt hat und entweder Kenntnis davon hatte oder Teil des wettbewerbsbeschränkenden Verhaltens war.[302] Ein weiterer Fall auf dieser Linie war die Sache *Toshiba Carrier UK and Others v. KME Yorkshire Ltd. and Others*.[303] Die Beklagten hatten sich gegen die internationale Zuständigkeit des englischen Gerichts gewandt (dort bezogen auf das *Industrierohre*-Kartell, in dem die Kommission wiederum Bußgelder nur gegen Unternehmen außerhalb des UK festgesetzt hatte). *KME Yorkshire Ltd.* war die Tochtergesellschaft eines der Kartellmitglieder, aber nicht Adressat der Bußgeldentscheidung. Auch in dieser Sache bestätigte der Court of Appeal aber die Zuständigkeit der ersten Instanz. Gelegentlich wurden Klagen auf Kartellschadensersatz auf der Grundlage von Art. 6 Nr. 1 EuGVVO a. F. (jetzt: Art. 8 Nr. 1) auch in den Niederlanden erhoben. Dazu zählt das 2014 mit dem holländischen Ankerbeklagten *Nedri Spanstaal* anhängig gemachte Verfahren der *DB AG* in einem Stahlkartellfall aus abgetretenem Recht (von der Bundesrepublik Deutschland) und als mittelbarer Betroffener gegen mehrere Kartellteilnehmer vor dem *Limburger* Bezirksgericht in *Roermond*.[304] Zu den weiteren Beklagten zählen auch deutsche Unternehmen.

72 Im österreichischen *Aufzugskartell* hatte sich der OGH mit der Anwendbarkeit des Art. 6 Nr. 1 EuGVVO a. F. (jetzt: Art. 8 Nr. 1) zu befassen. Es ging in jener Sache um eine Schadensersatzklage gegen die ausländische Muttergesellschaft eines österreichischen Kartellbeteiligten sowie gegen den Geschäftsführer eines der mitbeklagten Kartellanten. Der OGH bejahte seine internationale Zuständigkeit auf der Basis des Art. 6 Nr. 1 EuGVVO a. F. Dabei argumentierte er im Hinblick auf die ausländische Muttergesellschaft damit, dass die mögliche Einflussnahme der Muttergesellschaft auf das kartellrechtswidrige Verhalten der Tochtergesellschaft die notwenige Konnexität gemäß Art. 6 Nr. 1 EuGVVO a. F. herstel-

300 *SanDisk Corporation v. Koninklijke Philips Electronics NV* (2007) EWHC 332 (Ch). S. dazu *Marton/Campbell,* aaO S. 3, 4.

301 *Cooper Tire & Rubber Company v. Shell Chemicals UK Ltd.* (2009) EWHC 2609; s. dazu *Morony/Alderton,* GCR – Getting The Deal Through, Private Antitrust Litigation, 2014, England and Wales.

302 S. dazu *Morony/Alderton* aaO.

303 *Toshiba Carrier UK and Others v. KME Yorkshire Ltd. and Others* (2012) EWCA Civ 1190; s. dazu *Morony/Alderton* aaO.

304 MLex-Meldung v. 8.5.2014, „Deutsche Bahn cartel claim may break new ground for Dutch courts".

le.[305] Die internationale Zuständigkeit betreffend die Schadensersatzklage gegen den Geschäftsführer stützte der OGH auf die Zurechnung des gesellschaftlichen Handelns auf den Geschäftsführer.[306]

Zu einer Klärung wichtiger auf Kartellsachverhalte bezogener Rechtsfragen hat das **EuGH-Urteil vom 21.5.2015** zum Vorabentscheidungsersuchen des LG *Dortmund* im Fall der *CDC*-Klage gegen Mitglieder des *Bleichstoffmittel-Kartells*[307] geführt. Dort ging es vor allem um die Anwendbarkeit von Art. 6 Nr. 1 EuGVVO a. F. (jetzt: Art. 8 Nr. 1) bei einer Klage, mit der eine im Gerichtsstand ansässige Beklagte und weitere in anderen Mitgliedstaaten der EU ansässige Beklagte gemeinsam auf Auskunft und Schadensersatz in Anspruch genommen werden (wiederum im Anschluss an eine vorangegangene Bußgeldentscheidung der Kommission). Die Besonderheit des Falles liegt darin, dass die Klage wegen der Existenz eines deutschen „Ankerbeklagten" *(Evonik Degussa)* in Deutschland anhängig gemacht worden war, die Klägerin und *Evonik Degussa* sich jedoch kurz danach und noch vor Ablauf der richterlich gesetzten Fristen zur Klageerwiderung verglichen hatten und die Klage gegen die „Ankerbeklagte" zurückgenommen wurde. Im Ergebnis richtet sich der Schadensersatzprozess vor dem LG Dortmund daher nur noch gegen ausländische Beklagte.[308] Das Vorlageersuchen befasste sich aber auch mit Art. 5 Nr. 3 a. F. (jetzt: Art. 7 Nr. 2) der Verordnung und fragte danach, ob die Vorschrift in diesem Fall so auszulegen sei, dass das schädigende Ereignis in Bezug auf jeden Beklagten und auf alle geltend gemachten Schäden oder einen Gesamtschaden in denjenigen Mitgliedstaaten eingetreten ist, in denen Kartellvereinbarungen getroffen und umgesetzt wurden. Das Vorlageverfahren betraf schließlich die Frage, ob in Lieferverträgen enthaltene Schieds- und Gerichtsstandsklauseln auch dann zu berücksichtigen sind, wenn dies zur Derogation eines nach Art. 5 Nr. 3 und/oder Art. 6 Nr. 1 der EuGVVO a. F. international zuständigen Gerichts gegenüber allen Beklagten und/oder für alle oder einen Teil der geltend gemachten Ansprüche führt (dazu Rdnr. 77). 73

Zu der ersten, Art. 6 Nr. 1 VO Nr. 44/2001 (jetzt: Art. 8 Nr. 1 VO Nr. 1215/2012) betreffenden Frage zum Inhalt der Regelung für **Streitgenossenschaften** stellte der EuGH zunächst klar, dass im Ausgangsverfahren (mit einem eine einheitliche und fortgesetzte Zuwiderhandlung gegen Art. 101 AEUV betreffenden Sachverhalt) im Fall getrennter Entscheidung über Schadensersatzklagen *gegen mehrere in verschiedenen Mitgliedstaaten ansässige Unternehmen* die in der Vorschrift genannte Gefahr widersprechender Entscheidungen bestehen kann und die Kartellbeteiligten bei einer entsprechenden Bußgeldentscheidung der Kommission damit rechnen mussten, vor den Gerichten eines Mitgliedstaates verklagt zu werden, in dem einer von ihnen ansässig ist.[309] Der Umstand, dass die Klägerin des Ausgangsverfahrens ihre Klage gegen die einzige im Mitgliedstaat des angerufenen Gerichts ansässige Mitbeklagte (hier: *Evonik Degussa*) zurückgenommen hatte, schließe die Anwendbarkeit des Art. 6 Nr. 1 (jetzt: Art. 8 Nr. 1) nicht aus, „es sei denn, dass das Bestehen eines kollusiven Zusammenwirkens des Klägers und des genannten Mitbeklagten zu dem Zweck, die Voraussetzungen für die Anwendung der genannten Bestimmung im Zeitpunkt der Klageerhebung künstlich herbeizuführen oder aufrechtzuerhalten, nachgewiesen wird". Dafür müssten „beweiskräftige Indizien" vorliegen; das bloße Führen von Verhandlungen zum Zwecke eines Vergleichs sei dafür kein Nachweis. Anders verhalte es sich, wenn der Vergleich tatsächlich geschlossen, jedoch verschleiert wurde, um den Anschein zu erwecken, dass die Voraussetzungen für die Anwendung von Art. 6 Nr. 1 VO Nr. 44/2001 a. F. vorliegen.[310] Es bleibt abzuwarten, ob das LG *Dortmund* auf der Grundlage dieser Vorgaben seine Zuständigkeit bejahen wird.[311] 74

[305] OGH (Österreich) B. v. 14.2.2012, WuW/E KR Int 393 ff. – *Gesamtschuldnerische Haftung.*
[306] S. dazu im Einzelnen – und kritisch – *Koutsoukou/Pavlova,* WuW 2014, 153 ff.
[307] LG Dortmund B. v. 29.4.2013, WuW/E DE-R 3946 ff.
[308] S. LG Dortmund WuW/E DE-R 3946 ff.
[309] EuGH aaO Rdnr. 21 ff.
[310] EuGH aaO Rdnr. 26 ff., 33.
[311] Bejahend *Haus,* FAZ v. 27.5.2015.

75 Bei seinen Ausführungen zur zweiten, den **Gerichtsstand der unerlaubten Handlung** gemäß Art. 5 Nr. 3 VO Nr. 44/2001 (jetzt: Art. 7 Nr. 2 VO Nr. 1215/2012) betreffenden Frage hat der EuGH zunächst seine frühere Rechtsprechung zum Wahlrecht der Kläger im Hinblick auf den Ort des ursächlichen Geschehens und den Ort der Verwirklichung des Schadenserfolgs (dazu schon oben Rdnr. 69) bekräftigt und sodann die insoweit geltenden Grundsätze im Hinblick auf den Sachverhalt des Ausgangsverfahrens, nämlich ein internationales Kartell, wie folgt klargestellt: Der **Ort des ursächlichen Geschehens** lasse sich in den fraglichen Fällen zunächst abstrakt als der ***Gründungsort des Kartells*** bestimmen;[312] diese Erwägung greife jedoch unter den Umständen des Ausgangsverfahrens nicht durch, weil das Kartell nach den Feststellungen der Kommission durch eine Anzahl von Kartellvereinbarungen bei verschiedenen Treffen und Konsultationen an verschiedenen Orten in der Union gegründet worden sei.[313] Denkbar sei es allerdings auch, dass eine ***spezifische Absprache*** unter jenen Absprachen, durch die in ihrer Gesamtheit das fragliche Kartell gegründet wurde, ***für sich allein*** das ursächliche Geschehen für den einem Käufer angeblich verursachten Schaden bildete. In diesem Fall wäre das Gericht, in dessen Zuständigkeitsbereich die Absprache getroffen worden ist, dann für die Entscheidung über den diesem Käufer verursachten Schaden zuständig.[314] Im Anschluss daran erörterte der EuGH, ob nach Art. 5 Nr. 3 a. F. (jetzt: Art. 7 Nr. 2) für den Fall, dass die beiden vorgenannten Fragen zu bejahen sein sollten, mehrere Beteiligte dieses Kartells vor demselben Gericht verklagt werden können und bejahte dies.[315] Eine Zuweisung der Zuständigkeit für die Entscheidung über einen etwaigen durch ein rechtswidriges Kartell verursachten Schaden, die gemäß Art. 5 Nr. 3 VO Nr. 44/2001 nach Maßgabe des ursächlichen Geschehens und im Hinblick auf alle Urheber des Kartells erfolgen soll, setze folglich „die Ermittlung eines konkreten Geschehens im Zuständigkeitsbereich des angerufenen Gerichts voraus, bei dem dieses Kartell definitiv gegründet oder eine Absprache getroffen wurde, die für sich allein das ursächliche Geschehen für den einem Käufer angeblich verursachten Schaden bildete".[316] Angesichts der Komplexität internationaler Kartelle (nicht nur im Sachverhalt des Ausgangsverfahrens) wird man davon ausgehen können, dass diese Anknüpfungspunkte für die Zuständigkeit eines Gerichts wohl nur selten vorliegen werden.

76 Im Anschluss daran widmete sich der EuGH der zweiten Tatbestandsalternative des Art. 5 Nr. 3 (jetzt: Art. 7 Nr. 2) EuGVVO, nämlich dem Anknüpfungskriterium **„Ort der Verwirklichung des Schadenserfolgs".** Auch hier knüpfte der EuGH zunächst an seine frühere Rechtsprechung an, wonach der Ort der Verwirklichung des Schadenserfolgs der Ort ist, an dem sich der behauptete Schaden konkret zeigt. Da es sich um einen Schaden handele, der in den Mehrkosten bestehe, die wegen eines künstlich überhöhten Preises für das kartellierte Produkt anfielen, lasse sich dieser Ort nur für jeden einzelnen mutmaßlichen Geschädigten ermitteln und liege grundsätzlich an dessen Sitz.[317] Dieser Ort biete alle Garantien für die sachgerechte Gestaltung eines eventuellen Prozesses, da die Prüfung im Wesentlichen von den spezifischen Gegebenheiten der Situation dieses Unternehmens abhänge. Das so bestimmte Gericht sei bei einer *Klage gegen einen oder mehrere Urheber* des betreffenden Kartells für die Entscheidung über den gesamten Schaden zuständig, der dem mutmaßlich geschädigten Unternehmen aufgrund der Mehrkosten für den Bezug der vom Kartell betroffenen Produkte entstanden sei.[318] Der EuGH nahm jedoch eine wichtige Einschränkung vor, die sich aus einer Besonderheit des Ausgangsverfahrens ergab. Der *CDC* waren nämlich Schadensersatzansprüche von insgesamt 71 Unternehmen abgetreten worden.[319] Der EuGH stellte klar,

---

[312] EuGH aaO Rdnr. 44 ff.
[313] EuGH aaO Rdnr. 45.
[314] EuGH aaO Rdnr. 46.
[315] EuGH aaO Rdnr. 47 ff.
[316] EuGH aaO Rdnr. 50.
[317] EuGH aaO Rdnr. 52.
[318] EuGH aaO Rdnr. 54.
[319] EuGH aaO Rdnr. 2.

dass dieses Geschäftsmodell mit den zuvor entwickelten Grundsätzen über die Zuständigkeit nach Art. 5 Nr. 3 (jetzt: Art. 7 Nr. 2) nicht im Einklang steht: Ein Kläger wie *CDC*, der die Schadensersatzforderungen mehrerer Unternehmen bündele, müsse für den Schaden jedes dieser Unternehmen getrennt jeweils bei dem Gericht Klage erheben, in dessen Zuständigkeitsbereich der jeweilige Sitz dieser Unternehmen liege.[320] Obwohl diese letztgenannte Einschränkung zu Art. 5 Nr. 3 (jetzt: Art. 7 Nr. 2) die Handlungsoptionen der *CDC* einschränkt, dürfte dies für den konkreten Fall im Ergebnis ohne größere Bedeutung sein, weil die *CDC* weiterhin die Möglichkeit hat, die Zuständigkeit des angerufenen Gerichts auf Art. 6 Nr. 1 (jetzt: Art. 8 Nr. 1) zu stützen. Entsprechendes dürfte für andere, ähnlich gelagerte internationale Kartelle gelten.

Die dritte Frage des Vorlageersuchens iS *CDC ./. Akzo Nobel u. a.* betraf Art. 23 Abs. 1 **77** VO Nr. 44/2001 (= Art. 45 Abs. 1 VO Nr. 1215/2012), nämlich die Bedeutung von **Gerichtsstandsklauseln** in Lieferverträgen zwischen Kartellunternehmen und ihren Kunden. Zur Bedeutung von Schiedsklauseln äußerte sich der EuGH nicht, wohl weil er meinte, nicht über ausreichende Informationen zu verfügen, um eine sachdienliche Antwort zu geben.[321] Für Gerichtsstandsklauseln legte er Art. 23 Abs. 1 a. F. (jetzt: Art. 25 Abs. 1) dahin aus, dass die Vorschrift es bei Schadensersatzklagen wegen Verstoßes gegen Art. 101 AEUV zulasse, in Lieferverträgen enthaltene Gerichtsstandsklauseln auch dann zu berücksichtigen, wenn dies zur Derogation eines nach Art. 5 Nr. 3 (jetzt: Art. 7 Nr. 2) und/oder Art. 6 Nr. 1 (jetzt: Art. 8 Nr. 1) der genannten VO international zuständigen Gerichts führt, sofern sich diese Klauseln (auch) auf Streitigkeiten aus Haftung wegen der Zuwiderhandlung gegen das Wettbewerbsrecht beziehen. Das (nationale) Gericht müsse mit anderen Worten berücksichtigen, dass eine Klausel, die sich in abstrakter Weise (nur) auf Rechtsstreitigkeiten aus Vertragsverhältnissen bezieht, nicht einen Rechtsstreit erfasst, in dem ein Vertragspartner aus deliktischer Haftung wegen seines einem rechtswidrigen Kartell entsprechenden Verhaltens belangt wird; anders verhalte es sich, wenn sich die Klausel (auch) auf Streitigkeiten aus Haftung wegen einer Zuwiderhandlung gegen das Wettbewerbsrecht beziehe.[322]

Eine besondere Variante des Forum Shoppings stellt die sog. **Torpedo-Klage** dar.[323] **78** Dabei erhebt ein Unternehmen, das Adressat einer Kartellbußgeldentscheidung der Kommission ist, typischerweise in seinem Heimatstaat vor einem möglicherweise unzuständigen Gericht eine negative Feststellungsklage, mit der die Existenz des Kartells bzw. die Beteiligung des Klägers und der Eintritt eines Schadens bei den beklagten Kartellabnehmern bestritten wird. Mit diesem prozessualen Schritt soll einer erwarteten (oder angedrohten) Leistungsklage der Beklagten (als Marktgegenseite/Kunden der Kartellunternehmen) in einer anderen Jurisdiktion (z. B. in England oder in Deutschland) mit dem Einwand der Rechtshängigkeit der Sache zuvorgekommen werden. Die ersten Klagen dieser Art wurden in Italien erhoben (daher auch die Bezeichnung „Italian Torpedo“). Diese Wahl beruhte wohl auch auf der Erwartung einer längeren Verfahrensdauer in jenem Land, was sich wiederum aus einschlägigen Erfahrungen in IP-Auseinandersetzungen speiste. Im Kartellrecht hat es – soweit ersichtlich – zwei solcher „italienischer“ Fälle gegeben. In dem ersten Fall ging es um die negative Feststellungsklage von Gesellschaften des *ENI*-Konzerns im Kartellfall *Synthetischer Kautschuk (Synthetic Rubber)*. Verklagt wurden mehrere italienische und ausländische Reifenhersteller vor dem Tribunale di Milano, wobei die Zuständigkeit auf Art. 6 Nr. 1 EuGVVO a. F. (jetzt: Art. 8 Nr. 1) gestützt wurde. Die Kommission hatte zuvor gegen die Klägerin *ENI* und weitere Unternehmen wegen Preisabsprachen eine Bußgeldentscheidung erlassen.[324] Trotz des in Italien bereits anhängigen Rechtsstreits ver-

---

320 EuGH aaO Rdnr. 55.

321 EuGH aaO Rdnr. 58.

322 EuGH aaO Rdnr. 57 ff., 69 ff.

323 Dazu z. B. *Morony/Alderton* aaO; *Marton/Campbell*, GCR – Getting The Deal Through, Private Litigation 2011, S. 3 ff.; *Schnur*, aaO S. 143; *Kindler*, Fs. Coester-Waltjen, 2015, S. 485 ff.

324 S. dazu Presse-Mitt. der Komm. Nr. IP/06/1647 v. 29.11.2006.

klagten danach mehrere Reifenhersteller (als Marktgegenseite) *ENI* und andere Kartellteilnehmer in England auf Zahlung von Schadensersatz. Die EuGVVO sieht in den Art. 27 und 28 a. F. (jetzt: Art. 29 und 30) Mechanismen für Konstellationen vor, in denen bei Gerichten verschiedener Mitgliedstaaten Klagen „wegen desselben Anspruchs zwischen denselben Parteien" oder Klagen, die „im Zusammenhang stehen", anhängig gemacht werden. Als Abhilfe sehen die Regelungen vor, dass das später angerufene Gericht das Verfahren von Amts wegen aussetzt, bis die Zuständigkeit des zuerst angerufenen Gerichts feststeht; bei Klagen, die (lediglich) „im Zusammenhang stehen", *kann* nach Art. 30 Abs. 1 jedes später angerufene Gericht das Verfahren aussetzen. Die Rechtslage für die Behandlung solcher Fälle ist jedoch noch weit von einer Klärung entfernt. Im Fall *Synthetischer Kautschuk* hat das zuerst angerufene italienische Gericht die Feststellungsklage zum Teil deswegen als unbegründet abgewiesen, weil die beantragte negative Feststellung hinsichtlich der Beteiligung der Klägerinnen an dem fraglichen Kartell der Bußgeldentscheidung der Kommission widersprochen und daher gegen Art. 16 VO Nr. 1/2003 verstoßen hätte. Der Feststellungsantrag zum Fehlen eines Schadens wurde als unsubstantiiert und daher prozessual unerheblich iSv Art. 164 der italienischen ZPO angesehen und daher ebenfalls abgewiesen. Wegen der mangelnden Substantiierung sah sich das Gericht auch nicht in der Lage, eine Entscheidung über seine Zuständigkeit zu treffen.[325] Umgekehrt lehnte es der Londoner Commercial Court ab, die (spätere) Klage zu demselben Kartell mangels Zuständigkeit abzuweisen oder auch nur das Verfahren auszusetzen, sondern er bejahte seine internationale Zuständigkeit. Diese Bewertung wurde in der Berufungsinstanz durch den Court of Appeal bestätigt.[326] Dabei verneinten die Gerichte eine Anwendbarkeit von Art. 27 EuGVVO a. F. (jetzt: Art. 29), weil die Parteien nicht vollständig identisch waren; eine Anwendung der fakultativen Aussetzungsregelung des Art. 28 a. F. (jetzt: Art. 30) für „Klagen, die im Zusammenhang stehen", verneinten die Gerichte mit der pragmatischen Begründung, dass der Rechtsstreit in England inzwischen weiter gediehen sei als in Italien.[327] Die Sache wurde inzwischen verglichen. Zu dem o. g. zweiten Fall eines „Italian Torpedo" sind noch keine veröffentlichten Informationen zugänglich. Inzwischen gibt es weitere Verfahren dieser Art, bei denen wohl auch die Erwägung eine Rolle spielte, die Streitfragen zum Schadensersatz vor einem „Heimatgericht" des Kartellanten klären zu lassen. So hat der (dänische) Pumpenhersteller *Danfoss* in Dänemark eine negative Feststellungsklage eingereicht, die sich auf das Nicht-Bestehen von Schadensersatzansprüchen im Zusammenhang mit dem seinerzeit vor der Kommission anhängigen Kompressoren-Kartell für Haushaltsgeräte bezieht. In Bezug auf daraus resultierende (Kartell-)Schäden hat der Kunde *BSH Bosch Siemens Haushaltsgeräte GmbH* inzwischen in Deutschland *(München)* eine Schadensersatzklage gegen mehrere Kartellmitglieder erhoben, allerdings wegen der schon vorher in Dänemark anhängig gemachten Feststellungsklage jenes Unternehmens nicht gegen *Danfoss*. *BSH* soll allerdings in Dänemark eine Widerklage erhoben haben.[328] Ferner hat *KLM* im Zusammenhang mit dem Air Cargo-Kartell in den Niederlanden *(Amsterdam)* eine negative Feststellungsklage gegen die *Deutsche Bahn AG* und einige ihrer Konzerngesellschaften (insbes. *Schenker AG*) erhoben; der Antrag der Beklagten, dieses Verfahren im Hinblick auf die von ihnen in Deutschland und in den USA anhängig gemachten Schadensersatzklagen als prozessualen Missbrauch für unzulässig zu erklären, wurde vom *Amsterdamer* Gericht abgelehnt.[329] Es bleibt abzuwarten, ob derartige „Torpedos" die mit ihnen

[325] Tribunale di Milano, U. v. 8.5.2009, Nr. 6185 in der Sache 53825/07 RG.

[326] *Cooper Tire & Rubber Company v. Shell Chemicals UK Ltd.* (2009) EWHC 2609, bestätigt in *Cooper Tire & Rubber Company Europe Ltd. & andere v. Dow Deutschland Inc. & andere* (2010) EWCA Civ 864.

[327] S. *Marton/Campbell*, aaO S. 4.

[328] S. dazu den Form 10k-Report des Kartellmitglieds *Tecumseh* per 31.12.2014, veröff. auf der Homepage des Unternehmens.

[329] Rechtbank *Amsterdam* U. v. 28.7.2015, Az. C-13–571990 – HA ZA 14–875, u. a. unter Bezugnahme auf das *Folien Fischer*-Urteil des EuGH, s. oben Fn. 293.

angestrebten direkten und indirekten Ziele erreichen werden (zur Aufwertung von Gerichtsstandsvereinbarungen durch die neue EuGVVO s. Rdnr. 80). Auch in solchen Fällen dürften die Auseinandersetzungen vermutlich mit Vergleichen abgeschlossen werden.

Sowohl für Klagen aus Vertrag als auch für solche aus Delikt kommt der **Gerichtsstand der Niederlassung** (§ 21 ZPO bzw. Art. 5 Nr. 5 EuGVVO, jetzt: Art. 7 Nr. 5) in Betracht. Voraussetzung ist dann, dass die Wettbewerbsbeschränkung von der Niederlassung ausgeht oder sich unmittelbar auf ihren Geschäftsbetrieb bezieht. Der „exorbitante" Vermögensgerichtsstand des § 23 ZPO, für den die Präsenz nicht völlig unerheblicher Vermögensgegenstände im Inland ausreicht, ist im Verhältnis zu den Mitgliedstaaten im Sinne des EuGVVO bzw. zu Dänemark ausgeschlossen worden (Art. 3 Abs. 2 EuGVVO/EuGVÜ/LugÜ), gilt aber für Drittstaaten-Unternehmen (z.B. mit Sitz in den USA). 79

Die Neufassung der EuGVVO durch die **VO Nr. 1215/2012**[330] hat zur **Abschaffung des Exequatur-Verfahrens** geführt,[331] das im Rahmen der Anerkennung und Vollstreckung als erhebliches Hindernis des freien Verkehrs von Entscheidungen im Binnenmarkt angesehen wurde. Gerichtliche Entscheidungen aus anderen Mitgliedstaaten sind nun im Vollstreckungsstaat vollstreckbar, ohne dass es einer Vollstreckbarkeitserklärung bedarf (dazu Art. 39ff.). Außerdem ist die neue Verordnung auch auf einstweilige Maßnahmen anwendbar (Art. 35), und es gibt Änderungen im Bereich von Gerichtsstandsvereinbarungen (Art. 25, 26); letztere können – z.B. wegen der Abkehr vom strengen Prioritätsprinzip – auch für „Torpedo"-Klagen relevant sein.[332] Die Neufassung der EuGVVO führt allerdings dazu, dass der bisher bestehende inhaltliche Gleichklang mit dem **Lugano-Übereinkommen** (relevant für Norwegen, Island und die Schweiz) bis auf weiteres beseitigt wird. 80

III. Anwendbares nationales Recht

Von Bedeutung für das bei internationalen Kartellzivilprozessen **anwendbare materielle nationale Recht** ist im Rahmen der kollisionsrechtlichen Regelungen vor allem die im Sommer 2007 verabschiedete, aber erst am 11.1.2009 in Kraft getretene **VO (EG) Nr. 864/2007** des Europäischen Parlamentes und des Rates vom 11.7.2007 über **das auf außervertragliche Schuldverhältnisse anzuwendende Recht (Rom II).**[333] Anknüpfend an das unter dem Namen „Rom I" bekannte Übereinkommen von Rom über das auf *vertragliche* Schuldverhältnisse anzuwendende Recht[334] enthält Rom II Regelungen zur Harmonisierung der sehr heterogenen nationalen Kollisionsnormen für *außervertragliche* Schuldverhältnisse wie ungerechtfertigte Bereicherung, GoA oder unerlaubte Handlungen; dazu gehören auch Kartellzivilsachen. Die VO Nr. 864/2007 bewirkte wesentliche Änderungen der deutschen Kollisionsnormen (freilich nicht für Altfälle aus der Zeit vor dem 11.1.2009). Die neuen einheitlichen Regelungen bestimmen, welches Recht gilt, wenn bei Delikten wegen unterschiedlicher Nationalität der Beteiligten mehrere Rechtsordnungen betroffen sind.[335] Den Anwendungsbereich regelt Art. 1. Gemäß dessen Abs. 1 gilt die Verordnung für „außervertragliche Schuldverhältnisse in Zivil- und Handelssachen, die eine Verbindung zum Recht verschiedener Staaten aufweisen". Art. 1 definiert darüber hinaus die Bereiche, für die die Verordnung nicht gilt. Insofern sei insbes. auf seinen Abs. 2 verwiesen. Die Einzelheiten sind für die hier erörtertete Thematik irrelevant. In dem Kapitel 81

---

[330] ABl. 2012 L 351/1ff. Dazu näher *v. Hein,* RIW 2013, 97ff.

[331] Dazu näher *Kieninger,* VuR 2011, 243ff.

[332] Dazu *Kindler,* Fs. Coester-Waltjen, S. 485, 489ff.

[333] ABl. 2007 L 199/40ff.; die VO gilt wiederum nicht für Dänemark. Dazu aus kartellrechtlicher Sicht *Scholz/Rixen,* EuZW 2008, 327ff.; *Wurmnest,* EuZW 2012, 933ff.; *Schnur,* Internationales Kartellprivatrecht nach der Rom II-VO, 2012.

[334] ABl. 1998 C 27/34ff. Zu dem Projekt der neuen VO bereits *Ashton/Vollrath,* ZWeR 2006, 1, 19ff. S. ferner *Wagner,* IPRax 2008, 1ff., *Handig,* GRURInt 2008, 24ff. sowie *MüKo-Wagner von Papp/Wurmnest,* Bd. 1, Europ. WbR, Einl. Rdnr. 1673ff.

[335] Dazu näher *Rauscher-Unberath/Cziupka,* Europäisches Zivilprozess- und Kollisionsrecht, 2011, Rom I-VO/Rom II-VO, S. 634ff.

über „unerlaubte Handlungen" wird in Art. 4 Abs. 1 zunächst als „allgemeine Kollisionsnorm" angeordnet, dass auf ein außervertragliches Schuldverhältnis aus unerlaubter Handlung das Recht des Staates anzuwenden ist, in dem der Schaden eintritt, unabhängig davon, in welchem Staat das schadensbegründende Ereignis oder indirekte Schadensfolgen eingetreten sind. Die allgemeine Regel des Art. 4 Abs. 1 wird im Hinblick auf Wettbewerbssachen in Art. 6 präzisiert.[336]

82 Für **kartellrechtliche Ansprüche** gilt als Sonderregelung **Art. 6 Abs. 3** der **Rom II-Verordnung.** Nach dessen **lit. a)** ist im Sinne des Auswirkungsprinzips auf außervertragliche Schuldverhältnisse „aus einem den Wettbewerb einschränkenden Verhalten (...) das Recht des Staates anzuwenden, dessen Markt beeinträchtigt ist oder wahrscheinlich beeinträchtigt wird". Für internationale (z.B. EU- oder weltweite) Kartelle, die sich in mehreren Staaten auswirken, enthält **lit. b)** spezielle Regelungen. Wird „der Markt in mehr als einem Staat beeinträchtigt oder wahrscheinlich beeinträchtigt, so kann ein Geschädigter, der vor einem Gericht im Mitgliedstaat des Wohnsitzes des Beklagten klagt, seinen Anspruch auf das Recht des Mitgliedstaates des angerufenen Gerichts stützen, sofern der Markt in diesem Mitgliedstaat zu den Märkten gehört, die unmittelbar und wesentlich durch das den Wettbewerb einschränkende Verhalten beeinträchtigt sind, das das außervertragliche Schuldverhältnis begründet, auf welches sich der Anspruch stützt" (1. Hs.); klagt der Kläger (so der 2. Hs.) gemäß den geltenden Regeln über die gerichtliche Zuständigkeit (lies: gemäß Art. 6 Nr. 1 EuGVVO a.F., jetzt: Art. 8 Nr. 1) vor diesem Gericht *gegen mehr als einen Beklagten,* so kann er seinen Anspruch nur dann auf das Recht dieses Gerichts stützen, „wenn das den Wettbewerb einschränkende Verhalten, auf das sich der Anspruch gegen jeden dieser Beklagten stützt, auch den Markt im Mitgliedsstaat dieses Gerichts unmittelbar und wesentlich beeinträchtigt".[337] Die Begründungserwägungen der Rom II-VO stellen klar, dass sich Art. 6 Abs. 3 auf Verstöße sowohl gegen nationale als auch gegen unionsrechtliche Wettbewerbsvorschriften erstreckt. Ferner wird in BE Nr. 23 ausgeführt, dass der Begriff „Einschränkung des Wettbewerbs" die Verbote gemäß Art. 81, 82 EG (jetzt: Art. 101, 102 AEUV) oder die entsprechenden Regelungen der Mitgliedsstaaten erfassen soll. Den **Geltungsbereich des anwendbaren Rechts** definiert Art. 15. Danach ist das nach der VO anzuwendende Recht insbes. maßgebend für den Grund und den Umfang der Haftung, das Vorliegen, die Art und die Bemessung des Schadens, die Maßnahmen, die ein Gericht zur Vorbeugung, zur Beendigung oder zum Ersatz des Schadens anordnen kann sowie die Bedingungen für das Erlöschen von Verpflichtungen und die Vorschriften über die Verjährung. Nach Art. 22 gehören zu dem maßgebenden Recht auch gesetzliche Vermutungen und Regelungen über die Beweislastverteilung. Obwohl die Auslegung der Rom II-VO mangels einschlägiger Vorlageverfahren durch den EuGH noch nicht geklärt ist,[338] dürfte dies alles bedeuten, dass bei einem EU-weiten Kartell ein deutsches (geschädigtes) Unternehmen sich bei einer zulässigerweise in England erhobenen Klage gegen einen dort ansässigen Schädiger und gegen weitere Kartellmitglieder aus anderen Mitgliedstaaten ggf. auf materielles englisches Recht stützen kann; das Erfordernis einer unmittelbaren und wesentlichen Beeinträchtigung dürfte bei EU-weiten Kartellen grundsätzlich in allen betroffenen Mitgliedsstaaten gegeben sein. Der Kläger kann aber alternativ nach Art. 6 Nr. 1 a.F. bzw. jetzt Art. 8 Nr. 1 EuGVVO iVm. Art. 6 Abs. 3b Rom II-VO gegen ein deutsches Kartellmitglied und weitere Kartellmitglieder aus anderen EU-Staaten auch in Deutschland auf der Grundlage deutschen Rechts klagen.[339] Mit diesem Vorgehen lassen sich die Nachteile

---

336 Siehe dazu Begründungserwägung 21 der VO aaO.

337 Näher dazu *Staudinger/Fezer/Koos* (2010), IntWirtschR, Rdnr. 334ff., 362ff.; *Tzakas,* Die Haftung für Kartellrechtsverstöße im internationalen Rechtsverkehr, 2011, S. 312ff.; *Schnur,* aaO S. 54ff., 164ff.

338 Im *Bleichmittelkartell*-Fall hat das LG Dortmund (aaO) keine Fragen zum anwendbaren materiellen Recht gestellt; auf die Rom II-VO kam es ohnehin nicht an, weil das Kartell vor 2009 beendet worden war.

339 So wohl auch *MüKo-Wagner von Papp/Wurmnest,* Bd. 1, Europ. WbR, Einl. Rdnr. 1688ff.

der „Mosaiktheorie“, d.h. der begrenzten Kognitionsbefugnis eines nationalen Gerichts, vermeiden.[340] Bei Regressklagen gegen Mitkartellanten ist Art. 20 der Rom II-VO einschlägig. Danach richtet sich das anwendbare Recht beim Regressanspruch nach dem Recht, das auf den Deliktanspruch des Schadenersatzgläubigers gegen den oder die Gesamtschuldner Anwendung findet. Insoweit ergibt sich allerdings – insbes. im Hinblick auf Rechtsfragen der Verjährung – die Schwierigkeit, dass im Hinblick auf die Wahlrechte der in Betracht kommenden Kläger vielfach noch längere Zeit unklar ist, wo ggf. eine Klage erhoben wird und welches Recht zur Anwendung kommen wird.

IV. Zustellungen

Zustellungen im Kartellzivilprozess richten sich nach den Vorschriften der ZPO (§§ 166ff.) iVm. den anwendbaren internationalen Rechtshilfe-Übereinkommen sowie den bilateralen Zusatzvereinbarungen und Abkommen.[341] Die größte praktische Bedeutung hatte hier zunächst – die inzwischen aufgehobene – EG-Zustellungsverordnung Nr. 1348/2000 des Rates;[342] sie wurde im Dezember 2007 durch die **Zustellungsverordnung Nr. 1393/2007** des EP und des Rates vom 13. November 2007 über die Zustellung gerichtlicher und außergerichtlicher Schriftstücke in Zivil- oder Handelssachen in den Mitgliedstaaten („Zustellung von Schriftstücken“) und zur Aufhebung der Verordnung (EG) Nr. 1348/2000 des Rates ersetzt.[343] Daneben besteht das **Haager Zustellungsübereinkommen vom 15.11.1965 (HZÜ).**[344] Beide Regelungen erfassen auch zivilrechtliche Streitigkeiten in Kartellsachen. Mitgliedstaaten des HZÜ sind neben den EG-Staaten außer Irland die USA, Kanada und Japan. Probleme bereitet in Zivilprozessen gegen ausländische Unternehmen insbes. die Zustellung des verfahrenseinleitenden Schriftstücks. In der Praxis wird für die **Klagezustellung** (§ 253 ZPO) an ausländische Unternehmen meist die Auslandszustellung im Wege der **Rechtshilfe** unter Einschaltung staatlicher Stellen im Sitzstaat gewählt. Dabei ist die Auslandszustellung auf dem diplomatischen oder konsularischen Weg äußerst aufwendig und langwierig. Einfacher und schneller funktioniert die Zustellung im Anwendungsbereich des Haager Zustellungsübereinkommens (HZÜ) über hierfür jeweils eigens eingerichtete bzw. benannte Zentrale Behörden. Aber selbst im Verhältnis zu den Vertragsstaaten des HZÜ benötigen Zustellungen oft Wochen und mitunter Monate. Im Rahmen der EG-Zustellungsverordnung (EG-ZustVO), die für die Zustellung von einem in einen anderen Mitgliedstaat anwendbar ist, erfolgt die Übermittlung dagegen über Übermittlungs- und Empfangsstellen, die nicht zentral eingerichtet sind, sondern im direkten Behördenverkehr übermitteln. Mitgliedstaaten sind hierbei die EU-Staaten mit Ausnahme von Dänemark. Nach Art. 14 und 16 EG-ZustVO können die Mitgliedstaaten gerichtliche und außergerichtliche Schriftstücke auch unmittelbar durch die Post per Einschreiben mit Rückschein zustellen lassen. Dies wird aus Effizienzgründen für Zustellungen im Ausland entsprechend auch von § 183 Abs. 1 ZPO als vorrangige Zustellungsart nahegelegt. Scheitert die Auslandszustellung auf dem Rechtshilfeweg, so kann als ultima ratio **öffentlich zugestellt** werden (§ 185 Nr. 2 ZPO). Art. 15 Abs. 2 HZÜ sieht eine Mindestwartezeit von sechs Monaten seit Absendung des Zustellungsersuchens vor, bevor der inländische Richter die öffentliche Zustellung anordnen kann. Diese Frist erscheint auch als Maßstab im Verhältnis zu Nicht-HZÜ-Vertragsstaaten angemessen. Zweifelhaft ist, ob das HZÜ auch auf Klagen auf dreifachen Schadensersatz aus US-Antitrust-Recht (class actions) mit gesamtschuldnerischer Haftung jedes einzelnen Beklagten anwendbar ist. Das OLG Koblenz hat einem entsprechenden US-amerikanischen Ersuchen um Zustellung 83

---

[340] *Callies/Augenhofer,* Rome Regulations, 2. Aufl. 2015, S. 599; s. dazu auch schon oben Rdnr. 69.

[341] Dazu *Bülow/Böckstiegel,* Der internationale Rechtsverkehr in Zivil- und Handelssachen, 3 Bände Loseblatt.

[342] ABl. 2000 L 160/37; s. auch das EG-Zustellungsdurchführungsgesetz vom 9.7.2001, BGBl. 2001 I, S. 1536.

[343] ABl. 2007 L 324/79.

[344] BGBl. 1977 II, S. 1453.

einer derartigen Klage nach Art. 13 Abs. 1 HZÜ wegen Verletzung des deutschen ordre public durch US-Kartellprivatrecht und US-Kartellprozessrecht nicht stattgegeben,[345] während das OLG Naumburg das HZÜ für anwendbar hält.[346] Im Zuge der Globalisierung verfügen freilich viele international tätige Unternehmen über Tochtergesellschaften in den USA, die bei angeblichen Kartellverstößen dort zumeist direkt mittels class actions verklagt werden, ohne dass es dafür einer Zustellung in Deutschland bedarf.

84 Einfacher können Klagen zugestellt werden, wenn das ausländische Unternehmen **im Inland** über einen **Zustellungsbevollmächtigten** (§ 184 ZPO), einen **rechtsgeschäftlich bestellten Vertreter** (§ 171 ZPO) **oder** einen **Prozessbevollmächtigten** (§ 172 ZPO) verfügt. In Betracht kommt auch die Zustellung an vertretungsberechtigte Organe ausländischer Gesellschaften während ihrer Anwesenheit in Deutschland (vgl. §§ 170 Abs. 2 iVm. 177 ZPO). Hingegen soll es nach deutschem Recht (anders als nach US-amerikanischem Recht) nicht zulässig sein, für eine ausländische Gesellschaft eine Zustellung an ihre inländische Tochtergesellschaft zu bewirken (sog. Zustellungsdurchgriff). Zum Teil wird aber eine Zustellung an den Leiter einer inländischen Niederlassung gemäß § 178 ZPO für zulässig gehalten.[347]

85 Ein **vereinfachtes Zustellungsverfahren** gilt für andere Schriftstücke als die Klage (Parteischriftsätze, gerichtliche Verfügungen wie Terminsladungen etc.) und für **Urteile:** Nach § 184 ZPO kann das Gericht bei einer Zustellung nach § 183 Abs. 1 Nr. 2 und 3 ZPO anordnen, dass die ausländischen Parteien nach Verfahrenseinleitung einen inländischen Zustellungsbevollmächtigten benennen. Geschieht dies nicht, können alle weiteren Zustellungen **durch Aufgabe zur Post** bewirkt werden. Dabei wird die Zustellung zwei Wochen nach der Übergabe der Sendung an die inländische Post fingiert. Wenn ein **Prozessbevollmächtigter** bestellt worden ist, sind allerdings sämtliche Zustellungen im anhängigen Verfahren an diesen zu bewirken (§ 172 ZPO).

V. Beweisverfahren

86 Im Zivilprozess geht es bei der Beweiserhebung in erster Linie um die Ladung und Vernehmung von Zeugen und die Vorlage von Dokumenten.[348] Unproblematisch sind Zeugenvernehmungen von **im Inland** erreichbaren Personen und Anordnungen, im Inland belegene Urkunden vorzulegen (§§ 425, 378 ZPO). Auch auf die freiwillige Mitwirkung von auslandsansässigen Personen kann zurückgegriffen werden. Selbst weitergehende (formlose) Aufforderungen zur Informationsbeibringung wie etwa unmittelbare schriftliche Befragungen von Zeugen nach § 377 Abs. 3 Satz 1 ZPO werden überwiegend als zulässig angesehen.[349] Im Ausland können deutsche Gerichte hingegen nur im Wege der **Rechtshilfe** per Ersuchen der ausländischen Behörde förmlich Beweise erheben (§ 363 ZPO). Im Verhältnis zu einer Reihe von Staaten gilt hierfür das **Haager Übereinkommen** vom 18.3.1970 über die Beweisaufnahme im Ausland in Zivil- und Handelssachen **(HBÜ).**[350] Das HBÜ sieht die Einrichtung bzw. Benennung von Zentralen Behörden vor, an die die Gerichte der anderen Vertragsstaaten Rechtshilfeersuchen richten können. Erledigt werden die Ersuchen von den zuständigen Behörden des ersuchten Staates nach dessen innerstaatlichen Rechtsvorschriften. Im Verhältnis der EG-Mitgliedstaaten – mit Ausnahme Dänemarks – zueinander findet die **VO Nr. 1206/2001 des Rates** über die Zusammenarbeit zwischen den Gerichten auf dem Gebiet der Beweisaufnahme **(Beweisaufnahmeverord-**

[345] OLG Koblenz U. v. 27.6.2005, WuW/E DE-R 1557 ff. – *Boehringer Ingelheim/Rheinland Pfalz* (Vorlagebeschluss an den BGH).

[346] WuW/E DE-R 1774, 1795 ff. – *Electrical Carbon,* mwN.

[347] *Immenga/Mestmäcker-Rehbinder,* GWB, § 130 Rdnr. 337.

[348] Zur Einführung eines „Discovery"-Verfahrens durch die Private Enforcement-Richtlinie s. § 1 Rdnr. 36 sowie § 50 Rdnr. 129 ff.

[349] S. *Zöller/Geimer,* ZPO, 30. Aufl. 2014, § 363 Rdnr. 11 mwN.

[350] BGBl. 1977 II, S. 1472, in Kraft seit 26.6.1979, BGBl. II S. 780; Ausführungsgesetz vom 22.12.1977, BGBl. I S. 3105.

nung/EuBVO) Anwendung.[351] Danach können die Gerichte, bei denen das Verfahren eingeleitet wurde oder eröffnet werden soll, dem zuständigen Gericht eines anderen Mitgliedstaates unmittelbar ein Gesuch zur Durchführung der Beweisaufnahme übersenden. Die Beweisaufnahme wird – entsprechend den Vorschriften des HBÜ – grundsätzlich nach Maßgabe des nationalen Rechts des ersuchten Gerichts durchgeführt (s. aber Art. 17 zur sog. passiven Rechtshilfe, bei der das Prozessgericht die Beweisaufnahme in dem anderen Mitgliedstaat selbst durchführt, dann nach den Regeln des Rechts des Prozessgerichts).

VI. Anerkennung und Vollstreckung von Urteilen

Im Kartellzivilprozess folgt die **Anerkennung und Vollstreckung gerichtlicher Entscheidungen** den Regeln des internationalen Zivilprozessrechts. Es existieren zahlreiche bi- und multilaterale Vollstreckungsübereinkommen. Hervorzuheben sind die im Verhältnis der EU-Staaten zueinander anwendbare **EuGVVO** sowie im Hinblick auf die verbliebenen EFTA-Staaten das **Lugano-Übereinkommen (LugÜ).**[352] Die VO Nr. 44/2001 (EuGVVO) wurde zum 10.1.2015 durch die VO Nr. 1215/2012 abgelöst. Nach der EuGVVO sind die Vertrags-/Mitgliedstaaten zur Anerkennung und Vollstreckung ihrer Entscheidungen ohne besonderes Verfahren verpflichtet (Art. 36 Abs. 1 EuGVVO; zu den Anerkennungsversagungsgründen vgl. Art. 45 (früher: Art. 34 und 35 a.F.) EuGVVO). Insbesondere hat der Anerkennungsstaat grundsätzlich nicht zu prüfen, ob das Erstgericht zur Entscheidung zuständig war (Art. 45 Abs. 3 EuGVVO, früher: Art. 35 Abs. 3). Weiterhin dürfen in einem anderen Vertragsstaat ergangene Entscheidungen nicht „in der Sache", d.h. auf ihre kollisions- und materiellrechtliche Richtigkeit nach dem Recht des Anerkennungsstaates, überprüft werden (Art. 52, früher: Art. 36 EuGVVO). Ein solches **Verbot der révision au fond** enthalten die meisten anderen Anerkennungs- und Vollstreckungsübereinkommen nicht. Insbesondere die USA, die Vollstreckungshilfe auf vertragloser Grundlage leisten, sind bemüht, eigene Kartellrechtsvorstellungen auch im Anerkennungsprozess durchzusetzen.[353] Wie oben (Rdnr. 80) bereits dargestellt, sieht die Neufassung der EuGVVO die Abschaffung des Exequatur-Verfahrens vor, so dass gerichtliche Entscheidungen aus anderen Mitgliedstaaten nun im Vollstreckungsstaat vollstreckbar sind, ohne dass es einer Vollstreckbarkeitserklärung bedarf (s. dazu Art. 39ff. EuGVVO). 87

Einige der bereits erwähnten **Abwehrgesetze**[354] sehen die Nichtanerkennung ausländischer, auf Kartellrecht beruhender Entscheidungen vor. Damit soll vornehmlich der extraterritorialen Anwendung des US-Kartellrechts und der dort vorgesehenen Verhängung von treble damages (Strafschadensersatz in dreifacher Höhe des tatsächlichen Schadens) entgegengewirkt werden. In Deutschland wird z.B. die US-Regelung des dreifachen Schadensersatzes in Kartellsachen als Verstoß gegen den deutschen ordre publique angesehen.[355] 88

F. Die Extraterritoriale Anwendung des US-amerikanischen Kartellrechts auf weltweite Kartelle (insbes. Zivilprozesse vor US-Gerichten)

I. Bedeutung

Die (extraterritoriale) Anwendung des US-Kartellrechts kann für die betroffenen europäischen bzw. deutschen Unternehmen schwerwiegende Konsequenzen haben. Dies be- 89

[351] ABl. 2001 L 174/1. Dazu näher z.B. *Leible/Terhechte-McGuire,* Europäisches Rechtsschutz- und Verfahrensrecht, 2014, § 23 Rdnr. 17ff.

[352] ABl. 1988 Nr. L 319/9ff.

[353] S. auch *Immenga/Mestmäcker-Rehbinder,* GWB, § 130 Rdnr. 386 und *Staudinger/Fezer/Koos* (2010), IntWirtschR, Rdnr. 389.

[354] S. oben Rdnr. 54.

[355] Dazu schon oben Fn. 345 betreffend Verweigerung der Zustellung.

trifft zum einen die Verfolgung von Kartellverstößen als Straftaten, was regelmäßig zur Verhängung von Freiheitsstrafen gegen Verantwortliche der kartellrechtswidrig handelnden Unternehmen führt (auch gegen Ausländer),[356] zum anderen die Besonderheiten der Geltendmachung zivilrechtlicher Schadensersatzansprüche vor US-Gerichten einschließlich verfahrensrechtlicher Aspekte. Dies rechtfertigt eine kurze Darstellung der extraterritorialen Anwendung des US-amerikanischen Kartellrechts, wobei der Schwerpunkt – entsprechend der Bedeutung für die Unternehmen – bei der Zuständigkeit der US-Gerichte für zivilrechtliche Klagen liegt.

II. Extraterritoriale Anwendung des US-Kartellrechts

90 Das US-amerikanische Kartellrecht enthält – ebenso wie die Wettbewerbsregeln des EU-Kartellrechts – keine ausdrückliche Regelung seiner extraterritorialen Anwendbarkeit. Nach Section 1 Sherman Act sind Verträge, Zusammenschlüsse oder Absprachen, die den Wettbewerb zwischen verschiedenen US-(Bundes)Staaten oder mit ausländischen Staaten beeinträchtigen, verboten. Nach der Rechtsprechung des Supreme Court findet diese Vorschrift auch auf ausländische Wettbewerbsbeschränkungen Anwendung, sofern die ausländischen Verhaltensweisen wesentliche Auswirkungen in den USA bewirken sollen und diese auch tatsächlich haben („effects doctrine").[357] Die Beantwortung der Frage, wann die Auswirkungen in den USA als wesentlich einzustufen sind, brachte allerdings gewisse Schwierigkeiten mit sich und führte zu teilweise divergierenden Entscheidungen der (unteren) US-Gerichte.[358] Um diesem Problem zu begegnen und gleichzeitig Exportkartelle zu privilegieren, erließ der US-Kongress im Jahre 1982 den Foreign Trade Antitrust Improvement Act (FTAIA), nach dem sich die Anwendbarkeit des Sherman Acts nur auf Vorgänge bezieht, die direkte, erhebliche und vernünftigerweise vorhersehbare Auswirkungen auf den innerstaatlichen Handel haben. Eine (zusätzliche) Abwägung zwischen den US-amerikanischen Interessen an der Durchsetzung des eigenen Kartellrechts und den berechtigten Interessen eines anderen Staates zieht der Supreme Court nur dann in Betracht, wenn es den betroffenen Unternehmen nicht möglich ist, nach beiden Rechtsordnungen rechtmäßig zu handeln.[359]

III. (Internationale) Zuständigkeit der US-Gerichte

91 Kartelle werden im Zuge der Globalisierung zum Teil weltweit vereinbart und praktiziert, freilich – wegen der dort schärferen Sanktionen – oft unter Ausklammerung der USA. Geschädigte stehen daher vor der Frage, wo sie etwaige Schadensersatzansprüche gegen Kartellmitglieder geltend machen können. Besondere Bedeutung kommt hierbei Klagen vor den US-amerikanischen Gerichten zu, da die Voraussetzungen für Klagen wegen Kartellrechtsverletzungen in den USA für den Kläger einige Vorzüge aufweisen. So sieht § 4 Clayton Act bei Kartellrechtsverstößen sog. treble damages (dreifachen Schadensersatz) vor und erleichtert dem Kläger die Begründung seines Anspruchs durch das sog. pre-trial-discovery-Verfahren. Weitere Vorteile sind das idR klägerfreundliche Jury-Verfahren, die Möglichkeit von class actions und die Vereinbarung von Erfolgshonoraren für Anwälte.[360] Insoweit bestehen gewisse Anreize für ein US-bezogenes „forum shopping" Die Zuständigkeit der US-Gerichte für kartellrechtliche Klagen auf Grundlage des Sher-

---

356 Seit Mai 1999 (Stand: 2009) sollen mehr als vierzig ausländische Angeklagte in den USA Freiheitsstrafen wegen der Teilnahme an einem internationalen Kartell oder wegen Obstruktion eines entsprechenden Ermittlungsverfahrens verbüßen oder verbüßt haben (so *Hammond,* The Evolution of Criminal Antitrust Enforcement Over the Last Two Decades, 25.2.2010, zitiert nach kartellblog.de). Im Fall *Marine hoses* hatte das US-Justizministerium 2007 acht ausländische Personen festgenommen und später unter Hausarrest (mit „elektronischen Fußfesseln") gestellt.

357 S. nur 509 U.S. 764 (1993) – *Hartford Fire Insurance v. California.*

358 *Shenefield/Beninca,* WuW 2004, 1276, 1278.

359 S. hierzu näher *Mestmäcker/Schweitzer,* Europäisches Wettbewerbsrecht, § 7 Rdnr. 38 ff.

360 S. *Zimmer,* in Fs. Immenga, 2004, S. 475 f.

man Acts in (Kartell-)Fällen, die ausländischen Handel betreffen, ist im FTAIA geregelt. Die Zuständigkeit ist hiernach gegeben, sofern (1) das Verhalten direkte, erhebliche und vernünftigerweise vorhersehbare Auswirkungen auf den innerstaatlichen, den Import- oder den US-Exporthandel hat und (2) diese Auswirkungen einen Anspruch nach dem Sherman Act begründen. Aufgrund dieser Vorschrift nahmen zunächst einige US-Gerichte eine sehr weitreichende internationale Zuständigkeit an, indem sie keinen Zusammenhang zwischen den inländischen Auswirkungen und dem auf den Sherman Act gestützten Anspruch verlangten.[361] Die Möglichkeit zur Klageerhebung eines Kartell-Abnehmers in den USA wurde allerdings 2004 durch das Urteil des US Supreme Court i. S. ***Empagran,***[362] das Schadensersatzansprüche im Zusammenhang mit dem Vitaminkartell betraf, begrenzt. Dem lag ein Sachverhalt zugrunde, in dem mehrere Abnehmer von Vitaminen Klage in den USA gegen US-amerikanische und ausländische Vitaminhersteller, die sich an einem Kartell beteiligt hatten, erhoben hatten.[363] Unter den Klägern waren u. a. nicht-amerikanische Unternehmen, die Vitamine ausschließlich auf nicht-amerikanischen Märkten (die Klägerin *Empagran* z. B. in Ekuador) bezogen hatten. Der Supreme Court hatte darüber zu entscheiden, ob diese ausländischen Unternehmen unter 15 U. S. C. § 6a FTAIA in den USA eine Klage anhängig machen können. Der U. S. Court of Appeals (D. C. Circuit) hatte diese Frage bejaht und lediglich gefordert, dass innerstaatliche Auswirkungen vorliegen müssen, die einen Anspruch eines beliebigen Klägers – wobei es sich nicht um den konkreten Kläger handeln musste – begründen.[364] Der **Supreme Court** hob diese Entscheidung auf und verwies sie zur erneuten Verhandlung an den Court of Appeals zurück.[365] Er stützte seine Entscheidung u. a. darauf, dass es im Hinblick auf die Souveränität anderer Staaten (sog. **comity-Prinzip**) sachlich nicht gerechtfertigt sei, das amerikanische Recht auf Fälle anzuwenden, in denen es in anderen Staaten – unbeeinflusst von einem Kartellrechtsverstoß in den USA – zu Schäden wegen eines Kartells gekommen ist. Er ließ es aber offen, ob eine Klage in den USA dann möglich ist, wenn eine Verbindung zwischen der Schädigung auf dem ausländischen Markt und dem Kartellrechtsverstoß in den USA besteht. Ein solcher Zusammenhang sei denkbar, wenn das Kartell auf dem US-Markt dazu beigetragen hätte, die Preise auf den nicht-amerikanischen Märkten zu beeinflussen. Am 28.6.2006 hat inzwischen der US Court of Appeals das Endurteil in dieser Sache gesprochen. Danach stellt eine bloße conditio sine qua non – nämlich die Verhinderung von Parallelimporten durch hohe Kartellpreise innerhalb der Vereinigten Staaten – keine ausreichende Begründung zur Ausübung der US-amerikanischen Zuständigkeit dar.[366] Damit schließt das Berufungsgericht sich bewusst der Passage im Urteil des Supreme Court an, in dem dieser auf das völkerrechtliche comity-Prinzip bzw. den Grundsatz der Nichteinmischung verwiesen hatte. Das US-amerikanische Kartellrecht sei daher auf Schadensersatzansprüche, die nicht amerikanische Unternehmen wegen außerhalb der USA entstandene Schäden erheben, nur dann anwendbar, wenn diese Ansprüche mit innerhalb der USA aufgetretenen wettbewerbsbeschränkenden Wirkungen und in einem unmittelbaren, nahen Kausalzusammenhang stehen („direct causal relationship, that is, proximate causation"). Bei weltweiten Preiskartellen könne ein unmittelbarer, naher Kausalzusammenhang aber nicht bereits darin gesehen werden, dass die Kartellbeteiligten überhöhte Kartellpreise außerhalb der USA nur

---

361 So 315 F.3d 338, 343 (D. C. Cir. 2003) – *Empagran S. A. v. Hoffmann-La Roche Ltd.;* 284 F. 3d 384, 400 (2nd Cir. 2002) – *Kruman v. Christie's Int'l. PLC;* anders allerdings 241 F. 3d 420, 427 (5th Cir. 2001) – *Den Norske Stats Oljeselkap As v. HeereMac Vof.* Zu den unterschiedlichen Standpunkten der Circuit Courts *Hay/Krätzschmar,* RIW 2003, 809, 811 f.

362 124 S. Ct. 2359 – *F. Hoffmann-La Roche Ltd. v. Empagran* (U. v. 14.6.2004) = WuW/E KRInt 37 ff.

363 Zum ganzen *Meessen,* WuW 2005, 1115 ff.

364 315 F. 3d 338, 343 (D. C. Cir. 2003) = WuW/E KRInt. 1 ff.

365 U. v. 14.6.2004, 124 S. Ct. 2359 – *F. Hoffmann-La Roche Ltd. v. Empagran S. A.* = WuW/E KRInt 37 ff.; dazu *Hay/Krätzschmar,* RIW 2004, 667, 671; *Shenefield/Beninca,* WuE 2004, 1276, 1281 f.

366 US Ct. app. D. C. Cir., U. v. 28.6.2005, 417 f. 3d 1266 (D. C. C. 2005) = WuW/E KRInt 103 ff. – *Empagran S. A./F. Hoffmann-La Roche Ltd.*

dadurch durchsetzen konnten, dass sie für das Gebiet der USA, um eine Unterbietung durch Reexporte zu vermeiden, ähnlich erhöhte Preise vereinbart haben. Der Ausgang des *Empagran*-Verfahrens und insbes. die Anerkennung des Rücksichtnahmegebotes durch die US-Gerichte ist allgemein begrüßt worden, weil sich andernfalls rechtspolitisch und wettbewerbspolitisch problematische Konsequenzen ergeben hätten.[367] Auf der Linie des Supreme Court im *Empagran*-Fall liegt daher auch ein Urteil des District Court for the Northern District of California v. 13.8.2007 im Fall *Bridgestone Americas Holding et al. v. Chemtura Corporation et al.* in einem Zivilprozess betr. das *Synthetic Rubber*-Kartell;[368] das Gericht verneinte dort seine Zuständigkeit für die Entscheidung über Schadenersatzansprüche, soweit die Klage sich auch auf Schäden in Gebieten außerhalb der USA bezog. Zur Begründung verwies es darauf, dass die Voraussetzungen für eine Ausnahme vom FTAIA nicht vorlägen. Für Schäden in den USA wurde die Klage dagegen als zulässig angesehen.

92 Die Frage der Zuständigkeit amerikanischer Gerichte stellt sich auch dann, wenn ein Unternehmen in den USA im Zusammenhang mit einem Verstoß gegen Art. 101, 102 AEUV zur Preisgabe von Informationen verpflichtet werden soll, die z. B. in Europa gegen ein Unternehmen verwendet werden sollen, das dort gegen ein kartellrechtliches Verbot verstoßen haben soll. Nach amerikanischem Recht (28 U. S. C. § 1782) kann ein District Court auf Antrag einer „interested person" nach eigenem Ermessen die Herausgabe von Dokumenten gegenüber bestimmten Personen anordnen, wenn diese Informationen vor einem ausländischen oder internationalen „tribunal" verwendet werden sollen (sog. pre-trial discovery). In dem Fall *Intel/Advanced Micro Devices (AMD)*[369] hatte der Supreme Court über die Reichweite dieser Vorschrift zu entscheiden. *AMD* hatte bei der Kommission eine Beschwerde wegen Verstoßes gegen Art. 82 EG (jetzt: Art. 102 AEUV) durch *Intel* eingereicht. Um seine Vorwürfe in Europa zu substantiieren, stellte *AMD* in den USA einen Antrag auf Herausgabe von Akten gegen *Intel*. Der US Supreme Court entschied, dass es sich bei der Kommission um ein „tribunal" im Sinne der besagten Vorschrift handele und *AMD* als Beteiligter am Kommissionsverfahren eine „interested person" sei, so dass *Intel* zur Herausgabe von Dokumenten verpflichtet werden könne. Es sei nicht entscheidend, ob eine Verpflichtung zur Herausgabe der Dokumente auch nach den Beweiserhebungsregeln der anderen Jurisdiktion (also der EU) möglich wäre (keine foreign-discoverability rule). Im Rahmen der Ermessensprüfung könne der zuständige District Court aber berücksichtigen, ob der Antrag eine Umgehung der Beweiserhebungsvorschriften in anderen Ländern bezwecke.[370]

IV. Der Schutz von Unternehmenserklärungen etc. gegenüber der Kommission in US-Zivilprozessen

93 Schon mehrfach haben Kläger, die in den USA kartellrechtliche Schadensersatzansprüche geltend machen, nach den Regeln über die dort geltende (pre-trial) discovery versucht, Zugang zu Dokumenten aus der Verfahrensakte der Kommission zu erhalten, um diese als Beweismittel zu verwenden. Dies gilt zum einen für die sog. *Unternehmenserklärung* nach der Kronzeugenregelung des EU-Kartellrechts, aber auch für ergänzende, von Kronzeugen eingereichte Dokumente sowie für die vertrauliche Fassung der Bußgeldentscheidung der Kommission. In solchen Fällen unterstützt die Kommission regelmäßig das Petitum der beklagten Unternehmen, solche Vorlagen abzuwehren, indem sie über die Generaldirektion Wettbewerb entsprechende offizielle Stellungnahmen bei Gericht (als amicus curiae) einreicht. Zur Begründung verweist die Kommission darauf, dass die Offenlegung solcher Dokumente die Durchsetzung des EU-Kartellrechts gefährde, weil sie die betroffenen Un-

---

[367] So namentlich BKartA TB 2005/2006, S. 63/64; *Lambsdorff*, WuW 2004, 877 zum Urteil des Supreme Court. Zustimmend dazu auch *Shenefield/Beninca*, WuW 2004, 1276 ff., 1283 und *Böge*, WuW 2005, 590, 591.

[368] Dazu Komm. Presse-Mitt. IP/06/1647 v. 29.11.2006.

[369] 542 U. S. (2004) – *Intel Corp., Petitioners v. Advanced Micro Devices, Inc.* = WuW/E KRInt 47 ff.

[370] Zu diesem US-rechtlichen Instrument zur Verschaffung von Informationen s. auch *Jungermann*, WuW 2014, 4 ff.

ternehmen veranlassen könnte, die Zusammenarbeit mit der Kommission bei der (freiwilligen) Aufklärung von Kartellen einzuschränken. Die Kommission war damit in aller Regel erfolgreich, u. a. schon 2007 im *Synthetic Rubber*-Kartell.[371] Soweit ersichtlich ist es der Kommission auch in den letzten Jahren gelungen, die US-Gerichte von ihrer Position zu überzeugen und die Vorlage der Dokumente zu verhindern. Die US-Gerichte stützten ihre Entscheidungen auf die Verpflichtung der USA zur Berücksichtigung der Interessen der EU, also das völkerrechtliche **Comity-Prinzip.** Die Kommission hat eine entsprechende Initiative im Jahre 2012 gegenüber einem kanadischen Gericht im DRAM-*Chip*-Kartell-Fall ergriffen, in dem es um die Vorlage von Unterlagen in einem Vergleichsverfahren vor der Kommission ging.

§ 6 Das Verhältnis der EU-Wettbewerbsregeln zu anderen Rechtsordnungen

Übersicht

Schrifttum: *Bechtold/Bosch/Brinker,* EU-Kartellrecht, 3. Aufl. 2014; *Bellamy/Child,* Common Market Law of Competition, 7. Aufl., 2013, Rdnr. 15.001 ff.; *de Bronett,* Kommentar zum europäischen Kartellverfahrensrecht/VO Nr. 1/2003, 2. Aufl. 2012; *Bechtold,* in: Fs. Lieberknecht, 1997, S. 251 ff.; *Bornkamm/Montag/Säcker* (Hrsg.), Münchener Kommentar zum Europäischen und Deutschen Wettbewerbsrecht, Band 1 Europäisches Wettbewerbsrecht, 2. Aufl. 2015; *Emmerich,* Kartellrecht, 13. Aufl. 2014, S. 38 ff.; *Gleiss/Hirsch,* aaO, Einleitung C Rdnr. 58 ff.; *Grabitz/Hilf/Nettesheim-Schuhmacher,* Das Recht der Europäischen Union, Art. 101 Rdnr. 46 ff.; *v. d. Groeben/Schwarze–Schröter,* aaO, Vorbemer-

---

[371] District Court des Northern District of California, Order v. 9.5.2007, Az. C 04–1648 MJJ (BZ).

kung zu Art. 81–85, Rdnr. 114ff.; *Immenga/Mestmäcker-Völcker,* Wettbewerbsrecht EU/Teil 1, 5. Aufl. 2012, EU-US, Rdnr. 1ff.; *Klaue,* in: Festschrift für Steindorff, 1990, S. 979; *Klauß,* Die Aufsicht über ein Gemeinsames Wettbewerbsgebiet, 2008; *Klees,* Europäisches Kartellverfahrensrecht, 2005, § 4 Rdnr. 1ff.; *Klose,* Das Verhältnis des deutschen zum europäischen Kartellrecht in der Verfügungspraxis des Bundeskartellamtes, 1998; *Langen/Bunte,* Kartellrecht, Bd. 2 – Europäisches Kartellrecht, 12. Aufl. 2014, Einleitung zum EU-Kartellrecht, Rdnr. 70ff.; *Lieberknecht,* in: Fs. Pfeiffer, 1988, S. 589; *Mestmäcker/Schweitzer,* Europäisches Wettbewerbsrecht, 3. Aufl. 2014; *Müller-Henneberg/Schwartz/Hootz-Schütz,* Gemeinschaftskommentar zum Kartellrecht, 5. Aufl., 9. Lieferung 2004; *Niederleithinger,* in: Fs. Lukes, 1989, S. 511ff.; *E. Rehbinder,* in: Fs. Mestmäcker, 1996, S. 711ff.; *Schröter/Jakob/Klotz/Mederer,* Europäisches Wettbewerbsrecht, 2. Aufl. 2014 (zit.: *S/J/K/M-Bearbeiter*); *Schwarze/Weitbrecht,* Grundzüge des europäischen Kartellverfahrensrechts, 2004; *Wiedemann,* Auf der Suche nach der verlorenen Rechtssicherheit, Fs. Bechtold, 2006, S. 627ff.; *ders.,* Kommentar zu den Gruppenfreistellungsverordnungen des EWG-Kartellrechts, Bd. I, 1989, AT Rdnr. 387ff.

A. Das Verhältnis des EU-Rechts zum Kartellrecht der Mitgliedstaaten

I. Problemstellung

1 Alle Mitgliedstaaten der Union haben inzwischen nationale Gesetze gegen Wettbewerbsbeschränkungen erlassen.[1] Dabei lehnen sich die jüngeren Gesetzgebungen (Belgien, Frankreich, Griechenland, Italien, Irland, Portugal und Spanien) eng an das Vorbild des Unionsrechts an; eine eigenständige Ausprägung weisen demgegenüber die älteren Wettbewerbsgesetze auf (Dänemark, Deutschland, Luxemburg, Niederlande und Vereinigtes Königreich).[2] Auch die Mitgliedstaaten Finnland, Schweden und Österreich sowie die zum 1.5.2004 bzw. zum 1.1.2007 beigetretenen Staaten Estland, Lettland, Litauen, Malta, Polen, Slowakei, Slowenien, die Tschechische Republik, Ungarn und Zypern sowie Bulgarien und Rumänien haben jeweils eigene nationale Kartellgesetze.[3] Dasselbe gilt für Kroatien (Beitritt zum 1.7.2013). Die nationalen Kartellgesetze regeln zum Teil die gleichen Arten von Wettbewerbsbeschränkungen, die auch von den Wettbewerbsregeln des AEU-Vertrages erfasst werden. Zum Teil ergeben sich freilich auch Abweichungen. So entsprachen z.B. im deutschen Kartellrecht vor der 7. GWB-Novelle (2005) die Regelungen über horizontale Wettbewerbsbeschränkungen weitestgehend denen des Art. 101 AEUV, während vertikale Ausschließlichkeitsbindungen aller Art – anders als nach Art. 101 AEUV – gemäß § 16 GWB a.F. nur einer Missbrauchskontrolle unterworfen waren. Mit der 7. Novelle ist insoweit eine Anpassung an das EU-Recht erfolgt. Ferner sehen die Gesetze einiger Mitgliedstaaten für Kartellrechtsverstöße auch strafrechtliche Sanktionen vor (z.B. in Spanien und im Vereinigten Königreich). Im Zuge der 2003 erfolgten „Modernisierung" des EU-Kartellverfahrensrechts und insbes. der Abschaffung der Freistellungsmonopols der Kommission unter Einführung des Systems der Legalausnahme bei Art. 81 Abs. 3 EG (jetzt: Art. 101 Abs. 3 AEUV) sind den Kartellbehörden und Gerichten der Mitgliedstaaten neue Aufgaben bei der Anwendung des EU-Kartellrechts (als Teil des nationalen Rechts) zugefallen. Die grundsätzliche parallele Zuständigkeit aller Mitgliedstaaten und der Kommission für die Anwendung der EU-Wettbewerbsregeln führt zu neuen Abgrenzungsfragen, auf die in diesem Abschnitt (bei Rdnr. 7ff.) ebenfalls eingegangen wird.

2 Soweit die Kartellbehörden und -gerichte bei der Anwendung der Wettbewerbsregeln des EU-Vertrages einerseits und des nationalen Kartellrechts andererseits zu demselben Ergebnis kommen, ergeben sich aus juristischer Sicht im allgemeinen keine Probleme.[4] Dies gilt auch für nationale Sanktionen gegen natürliche Personen, die im EU-Recht nicht

---

[1] S. dazu den Überblick in *Gijlstra* (Hrsg.), Competition Law in Western Europe and the USA, Vol. A 2/3 sowie die Informationen über aktuelle Entwicklungen im Kartellrecht der Mitgliedstaaten in den WBen der EG-Kommission, z.B. 25. WB (1996), S. 313ff. und 34. WB (2005), Rdnr. 628f.

[2] S. *v. d. Groeben/Schwarze-Schröter,* Vorbemerkung zu den Art. 81–85, Rdnr. 114.

[3] S. Komm. 25. WB (1996), S. 313ff., 34. WB (2005), Rdnr. 628f.

[4] Zur Behandlung von Doppelsanktionen s. Rdnr. 11 und 19.

vorgesehen sind; namentlich in Deutschland gehen die Kartellbehörden nicht nach deutschem Kartellrecht gegen natürliche Personen vor, wenn gegen die beteiligten Unternehmen durch die EU-Kommission ein Verfahren eingeleitet bzw. eine Geldbuße verhängt worden ist. Anders verhält es sich, wenn ein Verstoß gegen deutsches Strafrecht (z. B. § 298 StGB) in Betracht kommt; dann erfolgt eine Abgabe der Sache an die Staatsanwaltschaft.[5] Die Durchführung paralleler Verfahren kann allerdings zu **Normkonflikten** führen. So ist es insbes. möglich, dass nach Art. 101, 102 AEUV bestimmte Verhaltensweisen verboten sind, während diese nach dem Kartellrecht eines Mitgliedstaates zulässig oder freigestellt sein können. Auch die umgekehrte Konstellation (Freistellung nach EU-Recht, Verbot nach nationalem Recht) kommt in Betracht. Die Verfasser des EU-Vertrages haben dieses Problem gesehen. Daher enthält Art. 103 Abs. 2 lit. e) eine Ermächtigung für den Rat, das Verhältnis zwischen den innerstaatlichen Rechtsvorschriften einerseits und den in diesem Abschnitt enthaltenen (Art. 101, 102) oder aufgrund dieses Artikels getroffenen Bestimmungen andererseits durch Ausführungsverordnungen oder Richtlinien festzulegen. Von dieser Ermächtigungsgrundlage hat der Rat mit Art. 3 der Verordnung Nr. 1/2003 Gebrauch gemacht. Dort wird generell der Vorrang des Gemeinschaftsrecht angeordnet.[6]

II. Parallele Anwendung, aber Vorrang des Unionsrechts

Art. 3 der VO Nr. 1/2003 enthält eine umfassende gesetzliche Vorrang-Regelung für das europäische Kartellrecht gegenüber den nationalen Kartellrechtsordnungen der Mitgliedstaaten. Aber auch unter der Geltung der VO Nr. 17/62 – also bis April 2004 – war das Prinzip des Vorrangs des EG-Rechts schon weitgehend maßgebend. Einigkeit bestand darüber, dass die EG-Wettbewerbsregeln in ihrem Geltungsbereich nicht zu einer Verdrängung der nationalen Kartellgesetze führten, sondern dass zunächst grundsätzlich von einer **parallelen Anwendung** der verschiedenen Regelungen auszugehen war. Soweit aber die gleichzeitige Anwendung der Wettbewerbsregeln des EG-Vertrages und des innerstaatlichen Kartellrechts auf denselben Sachverhalt zu einem Norm- oder Entscheidungskonflikt führte, waren diese **Konflikte** nach dem Prinzip des **Vorrangs des Gemeinschaftsrechts** zu lösen.[7] Der EuGH hatte im *Walt Wilhelm*-Urteil ausdrücklich entschieden, dass die Anwendung des nationalen Kartellrechts die uneingeschränkte und einheitliche Anwendung des Gemeinschaftskartellrechts und die Wirksamkeit der zu seinem Vollzug ergangenen oder zu treffenden Maßnahmen nicht beeinträchtigen durfte.[8] Dieser Grundsatz war allgemein anerkannt.[9] Dies galt insbes. für den generellen Vorrang des Gemeinschaftsrechts für die in Art. 81 Abs. 1 und in Art. 82 (jetzt Art. 101 Abs. 1 und Art. 102 AEUV) enthaltenen Verbote; sie durften von den Mitgliedstaaten nicht durch Legalausnahmen oder Einzelfreistellungen nach nationalem Recht unterlaufen werden. Der Vorrang des EG-Kartellrechts galt aber umgekehrt auch für Freistellungen vom Kartellverbot gemäß Art. 81 Abs. 3 EG (jetzt Art. 101 Abs. 3 AEUV). Der EuGH hatte sich in seinem *Walt Wilhelm*-Urteil zwar nicht direkt mit Art. 81 Abs. 3 EG befasst; er hatte aber den Vorrang des Gemeinschaftsrechts ausdrücklich auch auf „positive, obgleich mittelbare Eingriffe zur Förderung einer harmonischen Entwicklung des Wirtschaftslebens innerhalb der Gemeinschaft im Sinne von Art. 2 EWG-Vertrag" erstreckt.[10] Dazu gehörten nach h. M. auch (Einzel-) 3

[5] Dazu *Klusmann* in § 56 Rdnr. 5 des Handbuches.

[6] S. dazu unten Rdnr. 3 ff.

[7] EuGH U. v. 13.2.1969, Slg. 1969, 1, 13 f. – *Walt Wilhelm (Teerfarben I)*.

[8] EuGH aaO, S. 13 f.

[9] S. dazu z. B. *v. d. Groeben/Schwarze-Schröter,* aaO, Rdnr. 118; *Ritter/Braun,* 3. Aufl. 2004, S. 65, 66; *Langen/Bunte,* aaO, 10. Aufl., Rdnr. 77; *Bellamy/Child,* 5. Aufl., Rdnr. 10–077.

[10] EuGH aaO, S. 14. Den Vorrang „positiver" Maßnahmen der Gemeinschaft hat der Gerichtshof in späteren Urteilen bekräftigt, s. z. B. EuGH U. v. 10.7.1980, Slg. 1980, 2327, 2374 f. – *Guerlain*.

Freistellungen, denen insoweit generell Vorrang vor nationalen Verboten zukam.[11] Einen von der praktischen Relevanz her eher am Rande angesiedelten Aspekt betraf die sog. **Kernbereichslehre.** Sie postulierte, dass eine ergänzende Anwendung des nationalen Rechts möglich sei, wenn diese die Freistellung nicht in ihrem Kernbereich oder in ihrer Substanz beeinträchtige, sondern lediglich die Praktizierung der Freistellung kontrolliere, insbes. eine Missbrauchsaufsicht ausübe.[12] Die Vereinbarkeit dieser Lehre mit dem Vorrang des Gemeinschaftsrechts mochte zweifelhaft sein,[13] war aber wegen der ohnehin möglichen parallelen Anwendung des Art. 82 EG (jetzt: Art. 102 AEUV) auch durch die nationalen Kartellbehörden für die Praxis von nachrangiger Bedeutung.[14]

4 Vor dem Hintergrund des durch die VO Nr. 1/2003 bewirkten Systemwechsels, nämlich dem Übergang zu einer dezentralisierten Anwendung des europäischen Wettbewerbsrechts und der Ausgestaltung des Art. 81 Abs. 3 EG (jetzt: Art. 101 Abs. 3 AEUV) als Legalausnahme, hielt es der Rat für erforderlich, das Verhältnis von nationalem und europäischem Kartellrecht auf der Grundlage des Art. 83 Abs. 2 lit. e) EG (jetzt: Art. 103 AEUV) ebenfalls in der VO Nr. 1/2003 zu regeln.[15] Die Vorrangwirkung des Art. 81 EG (jetzt: Art. 101 AEUV) wurde so erweitert, dass sich dieser letztlich immer durchsetzt.[16] Bei Art. 82 EG (jetzt: Art. 102 AEUV) ist es im Ergebnis bei dem bisher geltenden Rechtszustand geblieben.[17] Art. 3 der VO Nr. 1/2003 geht dabei weiterhin von der **parallelen Anwendung** des nationalen und des europäischen Rechtes aus. Anders als nach altem Recht wird in Art. 3 Abs. 1 allerdings ausdrücklich angeordnet, dass die nationalen Wettbewerbsbehörden und Gerichte *neben ihrem nationalen Recht auch die Art. 81 und 82 EG (jetzt: Art. 101, 102 AEUV) anzuwenden haben,* sofern die in Frage stehenden Verhaltensweisen geeignet sind, den Handel zwischen den Mitgliedstaaten zu beeinträchtigen. Hieraus folgt, dass die in Art. 101 Abs. 1 und Art. 102 AEUV enthaltenen Verbote nicht durch weniger strenges nationales Recht unterlaufen werden dürfen, was dem bereits unter der VO Nr. 17/67 anerkannten Grundsatz des **Vorrangs des Gemeinschaftsrechts** entspricht. Nach Art. 3 Abs. 2 S. 1 der VO Nr. 1/2003 darf die (parallele) Anwendung des nationalen Rechts aber auch nicht zum Verbot von Verhaltensweisen gemäß Art. 81 Abs. 1 EG (jetzt: Art. 101 Abs. 1 AEUV) führen, die entweder den Wettbewerb nicht im Sinne des Art. 81 Abs. 1 (jetzt: Art. 101 Abs. 1 AEUV) einschränken oder die Freistellungsvoraussetzungen nach Art. 81 Abs. 3 (jetzt: Art. 101 Abs. 3 AEUV) bzw. die Voraussetzungen einer GVO erfüllen. Insofern darf das nationale Recht im Anwendungsbereich des Art. 101 europarechtlich Zulässiges nicht verbieten.[18] Mehr Spielraum verbleibt den Mitgliedstaaten

---

[11] So z. B. *v. d. Groeben/Schwarze-Schröter,* aaO, Rdnr. 119; *Gleiss/Hirsch,* Einleitung, Rdnr. 58 ff., 64 ff.; *Kleinmann/Bechtold,* Kommentar zur Fusionskontrolle, 2. Aufl. 1989, Einleitung, Rdnr. 149; *GK-Mailänder,* 3. Aufl., EWG-Grundzüge, Rdnr. 21; *Steindorff,* ZHR 142 (1978), 525, 547; *Lieberknecht* in Fs. *Pfeiffer,* 1987, 589, 596; *Wiedemann,* aaO, Bd. 1 AT Rdnr. 398 ff.; *Emmerich,* Kartellrecht, 9. Aufl., S. 378; *Klaue* in Fs. Steindorff, 1990, S. 985; *Ritter/Braun/Rawlinson,* 2. Aufl. 2000, S. 72; enger – i. S. bestimmter Anforderungen an die „positiven Eingriffe" – *Möschel,* Recht der Wettbewerbsbeschränkungen, Rdnr. 136, 138; *Stockmann,* in: 1987 Fordham Corporate Law Institute 1988, S. 265, 291; *Niederleithinger,* BB 1959, 1185, 1188; *Markert,* ZHR 135 (1971), 179, 182; *Immenga/Mestmäcker,* GWB, 3. Aufl. Einleitung Rdnr. 87.

[12] So im Ergebnis BGH WuW/E BGH 1455, 1456 – *BMW* (für § 26 Abs. 2 S. 2 GWB idF vor der 6. GWB-Novelle); zum Ganzen *Rehbinder* in Fs. Mestmäcker, S. 711 ff., 716.

[13] Ablehnend wohl GA *Tesauro* in den Schlussanträgen v. 22.11.1994 zu zwei Vorlagebeschlüssen des BGH (WuW/E BGH 2858 – *Fremdleasingboykott* und 2875 – *Herstellerleasing*), Slg. 1995 I-3439, 3454 ff. – *BMW/ALD;* da der EuGH in seinen U. v. 24.10.1995 die Anwendbarkeit der GVO Nr. 123/85 für die vom BKartA als Boykott und Diskriminierung (§ 26 Abs. 1 und 2 GWB idF vor der 6. GWB-Novelle) angegriffenen Verhaltensweisen verneinte, lag kein Konflikt vor, so dass die Frage nicht entschieden werden musste. S. auch *Wiedemann,* aaO, Bd. 1, AT Rdnr. 416.

[14] So zutreffend *Rehbinder,* aaO, S. 718 f.

[15] S. Erwägungsgrund 8 der VO Nr. 1/2003; *Klees,* Kartellverfahrensrecht, § 4 Rdnr. 10 f.

[16] *Klees,* Kartellverfahrensrecht, § 4 Rdnr. 14.

[17] *GK-Schütz,* Art. 3 VO 1/2003 Rdnr. 2.

[18] *Klees,* Kartellverfahrensrecht, § 4 Rdnr. 18; *GK-Schütz,* Art. 3 VO 1/2003 Rdnr. 7.

im Geltungsbereich des Art. 102 AEUV. Gemäß ihrem Art. 3 Abs. 2 S. 2 der VO steht die VO Nr. 1/2003 der Anwendung strengerer innerstaatlicher Vorschriften zur Unterbindung oder Ahndung „einseitiger Handlungen" von Unternehmen nicht entgegen. Dies setzt zunächst voraus, dass Art. 101 Abs. 1 AEUV nicht anwendbar ist,[19] was angesichts dessen weiter Reichweite für Vereinbarungen aller Art eine erhebliche Hürde darstellt. Die Abgrenzung zwischen einseitigem und nicht-einseitigem Verhalten bestimmt sich nach Gemeinschaftsrecht.[20] Sie wirft einige Probleme auf, weil das in Rede stehende Verhalten marktstarker Unternehmen (z.B. bei § 20 GWB) vielfach seinen Ausdruck in Vereinbarungen – also gerade nicht in „einseitigen" Maßnahmen – findet.[21] Daher ist die Frage, inwieweit § 20 GWB unter Art. 3 Abs. 2 S. 2 der VO Nr. 1/2003 fällt und damit von der (faktischen) Verdrängungswirkung des europäischen Kartellrechts ausgenommen ist, ungeklärt.[22] Teilweise wird unter Berufung auf Erwägungsgrund 8 der VO Nr. 1/2003 vertreten, die §§ 19 und 20 GWB seien insgesamt von der Vorrangwirkung ausgenommen, ohne dass es auf das Vorliegen rein einseitiger Handlungen ankomme;[23] dem steht freilich der klare Wortlaut des Art. 3 Abs. 2 entgegen. Schließlich enthält Art. 3 Abs. 3 VO Nr. 1/2003 eine allgemeine Beschränkung der Vorrangwirkung. Danach gelten die Absätze 1 und 2 des Art. 3 nicht, wenn die nationalen Behörden und Gerichte Vorschriften der nationalen **Fusionskontrolle** anwenden. Zweifelhaft ist, ob das auch dann gilt, wenn die nationalen Regelungen – anders als die EG-FKVO – auch kooperative Sachverhalte (Gemeinschaftsunternehmen) der Fusionskontrolle unterwerfen. Dies dürfte unzulässig sein, wenn dadurch nach Art. 101 AEUV freigestellte Vorhaben untersagt werden sollen (was praktisch freilich selten sein dürfte). Des weiteren stehen die Absätze 1 und 2 auch nicht der Anwendung von Bestimmungen des einzelstaatlichen Rechts entgegen, die überwiegend ein von den Art. 81 und 82 EG (jetzt: Art. 101 und 102 AEUV) abweichendes Ziel verfolgen. Insofern muss das primäre Ziel dieser Normen aber ein anderes sein als der Schutz des Wettbewerbs.[24] Als Beispiel hierfür führt Erwägungsgrund 9 der VO Nr. 1/2003 Rechtsvorschriften zur Untersagung oder Ahndung unlauterer Handelspraktiken auf. In Deutschland bleiben demnach die Vorschriften des **UWG** unberührt.[25] Die Beantwortung der Frage, ob weitere Vorschriften des nationalen Rechts ein überwiegend abweichendes Ziel verfolgen, wirft wiederum erhebliche Abgrenzungsprobleme auf.[26]

Risiken der (neuen) dezentralen Anwendung des Europäischen Kartellrechts im Hinblick auf die Kohärenz soll Art. 16 Abs. 1 S. 1 und Abs. 2 der VO Nr. 1/2003 ausschalten. Danach dürfen die nationalen Wettbewerbsbehörden und Gerichte, die nach Art. 81 und 82 EG (jetzt: Art. 101 und 102 AEUV) über Vereinbarungen, Beschlüsse und Verhaltensweisen zu bestimmen haben, die bereits Gegenstand einer Entscheidung der Kommission sind, keine Entscheidungen treffen, die der von der Kommission erlassenen Entscheidung zuwiderlaufen würden.[27] Entscheidungen in diesem Sinne sind vor allem Abstellungsverfügungen und Feststellungsentscheidungen gemäß Art. 7 der VO Nr. 1/2003.[28] Hinsichtlich der 4a

[19] *Klees,* Kartellverfahrensrecht, § 4 Rdnr. 20; *Mestmäcker/Schweitzer,* Europäisches Wettbewerbsrecht, § 6 Rdnr. 33.

[20] *GK-Schütz,* Art. 3 VO 1/2003 Rdnr. 20.

[21] S. dazu z.B. *Eilmannsberger,* ZWeR 2004, 285, 303.

[22] S. dazu aber *Mestmäcker/Schweitzer,* Europäisches Wettbewerbsrecht, § 6 Rdnr. 35.

[23] *Weitbrecht,* EuZW 2003, 69, 72; so weitgehend auch *GK-Schütz,* Art. 3 VO 1/2003 Rdnr. 21; *S/J/K/M-Schröter,* Vorbem. zu den Art. 101–105 AEUV, Rdnr. 170; aA *Schwarze/Weitbrecht,* Kartellverfahrensrecht, § 3 Rdnr. 33f.; *Wirtz,* WuW 2003, 1039, 1043f.

[24] S. 9. Erwägungsgrund der VO Nr. 1/2003.

[25] *Schwarze/Weitbrecht,* Kartellverfahrensrecht, § 3 Rdnr. 35.

[26] Dazu *Hossenfelder/Lutz,* WuW 2003, 118, 121 in Fn. 24; *Klees,* Europäisches Kartellverfahrensrecht, § 4 Rdnr. 25.

[27] In diesem Sinne bereits EuGH U. v. 13.2.1969, Slg. 1969, S. 1, 14f. – *Walt Wilhelm,* für nationale Wettbewerbsbehörden, und EuGH U. v. 14.12.2000, Slg. 2000, I-11369 Rdnr. 52 – *Masterfoods,* für nationale Gerichte.

[28] S. zu weiteren Entscheidungsarten unten Rdnr. 7ff.

nationalen Gerichte bestimmt Art. 16 Abs. 1 S. 2 der VO Nr. 1/2003 weitergehend, dass diese auch den Erlass von Entscheidungen zu vermeiden haben, die Entscheidungen der Kommission zuwiderlaufen könnten, die diese in einem bereits eingeleiteten Verfahren „zu erlassen beabsichtigt". Unklar ist, welche Anforderungen an das Vorliegen einer entsprechenden Absicht zu stellen sind (sie dürfte jedenfalls mit der Zustellung von Beschwerdepunkten vorliegen). Ggf. kann es sich aber schon vorher empfehlen, das gerichtliche Verfahren auszusetzen (s. Art. 16 Abs. 1 Satz 3), wenn in absehbarer Zeit mit einer Entscheidung der Kommission zu rechnen ist.

III. EG-Fusionskontrolle

5 Eine Ausnahme vom Prinzip der parallelen Anwendbarkeit gilt für die EG-**Fusionskontrolle.** Die **EG-Fusionskontrollverordnung Nr. 139/2004** enthält eine ausdrückliche Regelung ihres Verhältnisses zum nationalen Recht. Gemäß Art. 21 Abs. 3 der FKVO wenden die Mitgliedstaaten ihr innerstaatliches Wettbewerbsrecht nicht auf Zusammenschlüsse von gemeinschaftsweiter Bedeutung an; etwas anderes gilt nur für Fälle, die die Kommission gemäß Art. 9 (sog. „deutsche Klausel") an die Kartellbehörden der Mitgliedstaaten verweist. Daneben findet das nationale Wettbewerbsrecht nach Art. 4 Abs. 4 FKVO auch auf Zusammenschlüsse Anwendung, die die Kommission vor einer Anmeldung nach Art. 4 Abs. 1 an einen Mitgliedstaat verwiesen hat. Für alle der FKVO unterfallenden Zusammenschlüsse gilt ansonsten das Prinzip der ausschließlichen Anwendbarkeit des Gemeinschaftsrechts. Dies gilt auch dann, wenn Fälle nach Art. 4 Abs. 5 oder Art. 22 von den Mitgliedstaaten an die Kommission verwiesen werden.

IV. Einzelfragen

6 **1. Gruppenfreistellungsverordnungen (GVOs).** Bereits unter der Geltung der früheren Verfahrens-VO Nr. 17/62 – also bis April 2004 – ging die herrschende Meinung von der **generellen Vorrangwirkung der GVOs** gegenüber dem nationalen Kartellrecht der Mitgliedstaaten aus.[29] Nunmehr ordnet die VO Nr. 1/2003 eine solche Vorrangwirkung in Art. 3 Abs. 2 ausdrücklich an.[30] Die Anwendung des einzelstaatlichen Wettbewerbsrechts darf hiernach nicht zum Verbot von Verhaltensweisen im Sinne des Art. 81 Abs. 1 EG (jetzt: Art. 101 Abs. 1 AEUV) führen, welche „durch eine Verordnung zur Anwendung des Art. 81 Abs. 3 EG (jetzt: Art. 101 Abs. 3 AEUV) erfasst sind". Nach dem Wortlaut dieser Vorschrift kommt den GVOs eine Vorrangwirkung auch dann zu, wenn die von ihnen erfassten Vereinbarungen keine (spürbare) Wettbewerbsbeschränkung im Sinne des Art. 101 Abs. 1 AEUV enthalten. Eine solche Sperrwirkung wurde von der überwiegenden Ansicht bereits vor Inkrafttreten der VO Nr. 1/2003 angenommen.[31] Zwar mag man durchaus an der gemeinschaftsrechtlichen Zulässigkeit einer solchen vom Tatbestand des Art. 101 Abs. 1 AEUV abgekoppelten und auf das nationale Recht erstreckten Ausnahmeregelung in Art. 101 Abs. 3 AEUV zweifeln.[32] Für die Praxis dürfte dies freilich keine Auswirkungen

---

[29] So z. B. GA *Tesauro,* Schlussanträge zur Rechtssache *BMW/ALD,* EuGH U. v. 24.10.1995, Slg. 1995 I-3439, 3457, Rdnr. 39; P. *Ulmer* in Neue Entwicklungen im EWG-Kartellrecht, VI. Kartellrechtsforum, Brüssel, 1977, S. 82; *Gleiss/Hirsch,* aaO, Rdnr. 58 ff., 71; *Wissel,* WuW 1985, 780; *Lieberknecht* in Fs. Pfeiffer, S. 589, 597 ff.; *FK-Huber/Baums,* § 1 a. F. Tz. 701 ff.; *Emmerich,* Kartellrecht, 9. Aufl. S. 378; *Wiedemann,* aaO, Bd. 1 AT Rdnr. 404; *Rehbinder* in Fs. Mestmäcker, S. 711, 715; für eine differenzierende Betrachtung *Bunte/Sauter,* GVO-Kommentar, Einführung, Rdnr. 68; *Möschel,* FIW-Schriftreihe, Heft 114, S. 107.

[30] S. oben Rdnr. 4.

[31] *Wiedemann,* aaO, Bd. 1 AT Rdnr. 410; ebenso *FK-Huber/Baums,* § 1 a. F. Tz. 402: „erst recht"; *Wagner,* EWG-Gruppenfreistellung und nationales Kartellrecht, 1993, S. 20 ff.; in der Tendenz auch GA *Tesauro,* Schlussanträge in der Rechtssache *VW u. VAG Leasing,* EuGH U. v. 24.10.1995, Slg. 1995 I-3477, 3504, Rdnr. 56/57; aA wohl *Immenga/Mestmäcker,* GWB, 3. Aufl. Einleitung Rdnr. 93.

[32] So *Mestmäcker/Schweitzer,* Europäisches Wettbewerbsrecht, 2. Aufl., § 5 Rdnr. 23 und *S/J/K/M-Schröter,* Vorbem. zu den Art. 101–105 AEUV, Rdnr. 168.

haben. Schließlich dürfen Verhaltensweisen, die keine Wettbewerbsbeschränkung im Sinne des Art. 81 Abs. 1 EG (jetzt: Art. 101 Abs. 1 AEUV) enthalten, nach Art. 3 Abs. 2 Alt. 1 der VO Nr. 1/2003 nach nationalem Recht ohnehin nicht untersagt werden, ohne dass es insoweit auf die Voraussetzungen einer GVO ankäme. An der Zulässigkeit dieser Regelung bestehen aber keine Zweifel. Für das Verhältnis zum deutschen Recht ist darüber hinaus der durch die 7. GWB-Novelle (2005) eingeführte § 2 Abs. 2 Satz 2 GWB zu beachten, der die GVOs des europäischen Rechts im Wege einer dynamischen Verweisung (auch) in den Fällen für anwendbar erklärt, in denen Art. 101 AEUV mangels Vorliegens einer Eignung zur Beeinträchtigung des Handels zwischen Mitgliedstaaten keine Anwendung findet.

2. Entscheidungen der Kommission nach Art. 7, 8 und 10 VO Nr. 1/2003. Das neue System der parallelen Zuständigkeit der Kommission und der Kartellbehörden der Mitgliedstaaten für die Anwendung der Art. 101, 102 AEUV wirft jeweils die Frage auf, welche Behörde(n) gegen bestimmte verbotene Maßnahmen vorgehen soll(en) und wie in einem solchen System eine „kohärente" Auslegung und Anwendung des EU-Rechts sichergestellt werden kann. Die Antworten darauf enthält die VO Nr. 1/2003, wobei freilich einige Zweifelsfragen verbleiben. Zunächst sehen Art. 7 und Art. 8 die Befugnis der Kommission zum Erlass sog. **Feststellungs- und Abstellungsentscheidungen** und zum Erlass entsprechender einstweiliger Maßnahmen vor. Diese Regelungen entsprechen Art. 3 der früheren VO Nr. 17/62 und der vom EuGH entwickelten Doktrin zum Erlass von Eilmaßnahmen. Weiter eröffnet Art. 10 der VO Nr. 1/2003 der Kommission die Möglichkeit, durch deklaratorische Entscheidung (positiv) festzustellen, dass Art. 101 und 102 AEUV keine Anwendung finden, weil entweder deren Tatbestandsvoraussetzungen nicht gegeben sind oder (im Falle des Art. 101) die Freistellungsvoraussetzungen nach Art. 101 Abs. 3 vorliegen (sog. „große" **Positiventscheidung,** im Gegensatz zur „kleinen" der Behörden der Mitgliedstaaten nach Art. 5, dazu noch unten Rdnr. 10). Art. 10 ersetzt funktionell das frühere Negativattest und die frühere (konstitutive) Einzelfreistellungsentscheidung nach Art. 81 Abs. 3 EG. Allerdings werden derartige Entscheidungen von der Kommission nur erlassen, wenn dies „aus Gründen des öffentlichen Interesses der Gemeinschaft" erforderlich ist. Welche Anforderungen an dieses Gemeinschaftsinteresse zu stellen sind, geht aus der Vorschrift nicht hervor.[33] Erwägungsgrund 14 nennt in diesem Zusammenhang nur **Ausnahmefälle** zur Klärung der Rechtslage und zur Sicherstellung einer einheitlichen Rechtsanwendung in der Gemeinschaft, wobei dies insbesondere in Bezug auf neue Formen von Vereinbarungen oder Verhaltensweisen gilt, deren Beurteilung durch Rechtsprechung und Verwaltungspraxis noch nicht geklärt ist. Die Kommission hat erklärt, dass sie dieses Tatbestandsmerkmal sehr restriktiv handhaben will. Art. 10 ist allerdings bisher kein einziges Mal angewendet worden, was über eine restriktive Handhabung deutlich hinausgeht und Zweifel an der Zweckmäßigkeit des neuen Systems aufkommen lässt. Dies gilt um so mehr, als die Kommission auch von dem 2003 geschaffenen Instrument der „Beratungsschreiben" (unterhalb der Ebene förmlicher positiver Entscheidungen, dazu noch Rdnr. 9) bisher keinen Gebrauch gemacht hat. Damit fehlt dem integrierten Konzept des Art. 101 AEUV, in dem der Verbotstatbestand und etwaige Freistellungen von dem Verbot in einem engen systematischen und sachlichen Zusammenhang stehen,[34] bei der Rechtsumsetzung die innere Balance. Allerdings haben die Unternehmen – anders als früher – ohnehin keinen Anspruch auf den Erlass einer solchen positiven Entscheidung.[35] Alle vorgenannten Entscheidungen der Kommission entfalten nach Art. 16 **Bindungswirkung** gegenüber den nationalen Wettbewerbsbehörden und Gerichten, soweit sie an sich zur Anwendung des EU-Rechts zuständig sind (s. auch

[33] Dazu näher *Klees,* Kartellverfahrensrecht, § 6 Rdnr. 156ff.

[34] *Immenga/Mestmäcker-Ellger,* WbR EU, Art. 101 Abs. 3 AEUV, Rdnr. 13.

[35] *Kerse/Khan,* EC Antitrust Procedure, Rdnr. 2088; *Schwarze/Weitbrecht,* Kartellverfahrensrecht, § 6 Rdnr. 97.

Art. 11 Abs. 6 VO Nr. 1/2003).[36] Auch wenn eine solche Wirkung vereinzelt abgelehnt wird,[37] so spricht doch gerade der mit dieser Vorschrift verfolgte Zweck dafür. Anderenfalls wäre die in Erwägungsgrund 14 genannte Sicherstellung der einheitlichen Rechtsanwendung und die Klärung der Rechtslage nicht zu erreichen.[38] Die Vorrangwirkung aller dieser Entscheidungen gegenüber Maßnahmen nach **nationalem Kartellrecht** ergibt sich aus den allgemeinen Grundsätzen zum Vorrang des Gemeinschaftsrechts bzw. aus Art. 3 Abs. 2 VO Nr. 1/2003.

8 **3. Verpflichtungszusagen (Art. 9 VO Nr. 1/2003).** Nach Art. 9 der VO Nr. 1/2003 kann die Kommission durch Entscheidung bestimmte von den Unternehmen vorgeschlagene Verpflichtungszusagen für bindend erklären, wenn sie zuvor ein Verfahren nach Art. 7 betrieben hat.[39] Diese Entscheidung stellt lediglich fest, dass die Zusagen bindend sind und für ein Tätigwerden der Kommission kein Anlass mehr besteht. Eine Beantwortung der Frage, ob ursprünglich eine Zuwiderhandlung vorgelegen hat oder noch vorliegt, ist damit nicht verbunden.[40] Die Entscheidung bindet die Kommission, wobei nach Art. 9 Abs. 2 der VO Nr. 1/2003 eine Befristung und auch ein Wiederaufgreifen des Verfahrens möglich ist. Zweifelhaft ist, ob eine derartige Entscheidung auch die Wettbewerbsbehörden der Mitgliedstaaten und die Gerichte bei der Anwendung des EU-Rechts bindet. Den Erwägungsgründen 13 und 22 der VO Nr. 1/2003 zufolge lassen Entscheidungen nach Art. 9 die Befugnisse der Wettbewerbsbehörden und Gerichte der Mitgliedstaaten, das Vorliegen einer Zuwiderhandlung festzustellen und über den Fall zu entscheiden, unberührt. Die wohl h. M. geht dementsprechend davon aus, dass solchen Entscheidungen keine (rechtliche) Bindungswirkung zukommt.[41] Diese Auffassung steht jedoch im Widerspruch zum Wortlaut des Art. 16 Abs. 1, der generell den „Entscheidungen" der Kommission Vorrang gegenüber Entscheidungen der nationalen Gerichte einräumt und dabei nicht zwischen verschiedenen Arten von Kommissionsentscheidungen differenziert. Außerdem ordnet Art. 11 Abs. 6 ganz allgemein und demnach auch für Entscheidungen nach Art. 9 den Wegfall der Zuständigkeit nationaler Wettbewerbsbehörden an. Die Ausführungen in den Erwägungsgründen lassen sich daher wohl vor allem damit erklären, dass Art. 9 Abs. 1 S. 1 keine endgültige inhaltliche Bewertung des ursprünglichen Sachverhalts durch die Kommission voraussetzt. Insoweit ist vielmehr davon auszugehen, dass es den nationalen Behörden nach Art. 11 Abs. 6 jedenfalls während der Dauer des Kommissionsverfahrens verwehrt ist, ein Parallelverfahren durchzuführen.[42] Nach Erlass der Kommissionsentscheidung sind die Wettbewerbsbehörden und Gerichte der Mitgliedstaaten zwar zur Feststellung einer Zuwiderhandlung befugt, allerdings nur für die Zeit bis zur Entscheidung der Kommission. Es ist ihnen m. a. W. nach Art. 16 verwehrt, trotz eines Verfahrensabschlusses (und eines veränderten Verhaltens des betroffenen Unternehmens) noch eine fortdauernde Zuwiderhandlung festzustellen.[43] Die Zuständigkeit der Wettbewerbsbehörden und Gerichte bleibt

---

36 *Canenbley/Rosenthal,* ECLR 2005, 106, 108; *Kerse/Khan,* EC Antitrust Procedure, Rdnr. 2089; *GK-Schütz,* Art. 10 VO 1/2003 Rdnr. 9; *Schwarze/Weitbrecht,* Kartellverfahrensrecht, § 6 Rdnr. 106; so auch *Ritter/Braun,* S. 90 f., allerdings unter Berufung auf EuGH U. v. 13.2.1969, Slg. 1969, S. 1, 13 f. – *Walt Wilhelm* und EuGH U. v. 16.7.1992, Slg. 1992, S. 4785 Rdnr. 12 – *Spanische Banken.*

37 So *Röhling,* GRUR 2003, 1019, 1023; *K. Schmidt,* BB 2003, 1237, 1242.

38 S. auch *Klees,* Kartellverfahrensrecht, § 6 Rdnr. 162; *Schwarze/Weitbrecht,* Kartellverfahrensrecht, § 6 Rdnr. 106.

39 Nach h. M. muss dafür keine Mitteilung der Beschwerdepunkte erfolgen, s. dazu *Immenga/Mestmäcker-Ritter,* WbR EU, VO 1/2003, Art. 9 Rdnr. 6; *Bechtold/Bosch/Brinker,* VO 1/2003, Art. 9 Rdnr. 7; *Hirsbrunner/Rhomberg,* EWS 2005, 61, 62; *GK-Schütz,* Art. 9 Rdnr. 3 sowie *MüKo-Bauer,* Europ. WbR, VO 1/2003, Art. 9 Rdnr. 14/15; so wohl auch *Schwarze/Weitbrecht,* aaO, S. 115.

40 Erwägungsgrund 13 der VO Nr. 1/2003.

41 *GK-Schütz,* Art. 9 VO 1/2003 Rdnr. 8; *Klees,* Kartellverfahrensrecht, § 6 Rdnr. 131; *Schwarze/Weitbrecht,* Kartellverfahrensrecht, § 6 Rdnr. 95; *Busse/Leopold,* WuW 2005, 146, 151.

42 *De Bronett,* Kartellverfahrensrecht, Art. 9 Rdnr. 8.

43 *De Bronett,* Kartellverfahrensrecht, Art. 9 Rdnr. 8.

insofern vor allem zur Entscheidung über Schadensersatzansprüche für die Vergangenheit bestehen.[44] Für die Anwendung des **nationalen Kartellrechts** neben dem EU-Kartellrecht gelten wiederum die allgemeinen Grundsätze bzw. Art. 3 Abs. 2 VO Nr. 1/2003.

4. Beratungsschreiben. Die VO Nr. 1/2003 lässt nach ihrem Erwägungsgrund 38 „das Recht der Kommission, informelle Beratung zu leisten, unberührt". Dahinter steht das Bedürfnis der Praxis nach Beurteilungshilfen bei der Anwendung des Kartellrechts.[45] In ihrer **Bekanntmachung** über informelle Beratung bei neuartigen Fragen zu den Artikeln 81 und 82 des Vertrages (jetzt: Art. 101 und 102 AEUV), die in Einzelfällen auftreten **(Beratungsschreiben),**[46] hat die Kommission die Voraussetzungen für solche informelle Maßnahmen festgelegt. Die dort geregelten Beratungsschreiben sind schriftliche Äußerungen der Kommission zu „neuartigen Fragen", die sich bei der Auslegung der Art. 101 und 102 AEUV ergeben.[47] Ein Beratungsschreiben kommt nach der Kommissionsbekanntmachung nur in Betracht, wenn die Beurteilung einer Vereinbarung oder Verhaltensweise „neue oder ungelöste Fragen" aufwirft und eine Klärung bestimmter Punkte durch Beratungsschreiben im Lichte ihrer Prioritäten „angebracht" ist.[48] Umgekehrt nennt die Bekanntmachung mehrere Ausschlussgründe, bei deren Vorliegen ein Beratungsschreiben nicht erteilt wird.[49] Insgesamt sind die Hürden für das neue Instrument so hoch, dass die Kommission bisher (Stand: Juli 2015) noch kein Beratungsschreiben gemäß Rdnr. 21 der Bekanntmachung veröffentlicht hat. Das Beratungsschreiben bewirkt für die Kommission – ebenso wie unter der VO Nr. 17/62 ein sog. „comfort letter" – eine **Selbstbindung,** die in Rdnr. 24 jedoch relativiert wird. Die Kommission kann danach den Sachverhalt im Rahmen eines förmlichen Verfahrens erneut prüfen, darf jedoch nicht grundlos eine inhaltlich abweichende förmliche Entscheidung treffen.[50] Da es sich bei den Beratungsschreiben nicht um Entscheidungen handelt, kommt ihnen – ebenso wie früher einem „comfort letter" – keine Bindungswirkung gegenüber nationalen Wettbewerbsbehörden und Gerichten zu.[51] Gleichwohl stellen sie für die Behörden und Gerichte einen Anhaltspunkt im Rahmen ihrer rechtlichen Würdigung des EU-Rechts dar.[52] Daneben sind die Beratungsschreiben als Schuldausschließungsgrund im Hinblick auf die Verhängung von Bußgeldern durch die Kommission,[53] aber wohl auch durch nationale Wettbewerbsbehörden, relevant. Für die Anwendung des **nationalen Kartellrechts** gelten wiederum die allgemeinen Grundsätze bzw. Art. 3 Abs. 2 VO Nr. 1/2003. 9

5. Entscheidungen der nationalen Wettbewerbsbehörden zum EU-Kartellrecht (Art. 5 VO Nr. 1/2003). Eine wesentliche Voraussetzung für die dezentrale Anwendung der Art. 101 und 102 AEUV durch die Wettbewerbsbehörden der Mitgliedstaaten ist deren (parallele) Befugnis zum Erlass von Entscheidungen, die für die Anwendung und Durchsetzung des EU-Wettbewerbsrechts erforderlich sind.[54] Daher enthält Art. 5 S. 2 und 3 der VO Nr. 1/2003 eine Ermächtigung der nationalen Behörden zum Erlass von Entscheidun- 10

---

[44] So auch *Kerse/Khan,* EC Antitrust Procedure, Rdnr. 6–090.

[45] So auch *de Bronett,* aaO Art. 10 Rdnr. 4.

[46] ABl. 2004 C 101/78.

[47] Vgl. Bekanntmachung über Beratungsschreiben, Rdnr. 5.

[48] AaO Rdnr. 8.

[49] AaO Rdnr. 9.

[50] Dazu näher *Klees,* Kartellverfahrensrecht, § 2 Rdnr. 60.

[51] *De Bronett,* Kartellverfahrensrecht, Art. 10 Rdnr. 13; *Kerse/Khan,* EC Antitrust Procedure, Rdnr. 2–086; *Klees,* Kartellverfahrensrecht, § 2 Rdnr. 59.

[52] Kommissionsbekanntmachung über Beratungsschreiben, Rdnr. 25; so zum Instrument des „comfort letter" bereits EuGH U. v. 10.7.1980, Slg. 1980, 2327, 2374 – *Guerlain* und U. v. 10.7.1980, Slg. 1980, 2481, 2499 – *Estée Lauder.*

[53] *Klees,* Kartellverfahrensrecht, § 2 Rdnr. 61; ebenso *Wiedemann* in Fs. Bechtold, 2006, S. 627, 645, für entsprechende Stellungnahmen nationaler Kartellbehörden (insoweit wohl relativiert durch das *Schenker*-Urteil des EuGH vom 18.6.2013, dazu Rdnr. 10).

[54] *Klees,* Kartellverfahrensrecht, § 7 Rdnr. 37; *de Bronett,* aaO, Art. 5 Rdnr. 7.

gen, die weitgehend den Befugnissen der Kommission nach den Art. 7 bis 9, 23 und 24 der VO Nr. 1/2003 entspricht. Eine Ermächtigung zum Erlass von Nichtanwendbarkeitsentscheidungen im Sinne von Art. 10 der VO Nr. 1/2003 findet sich allerdings in der Verordnung nicht.[55] Die nationalen Behörden können daher zu Art. 102 AEUV nicht entscheiden, dass keine missbräuchliche Verhaltensweise vorliegt;[56] entsprechendes gilt für das Vorliegen der Freistellungsvoraussetzungen des Art. 101 Abs. 3 AEUV. Die nationalen Behörden können aber nach Art. 5 S. 3 VO Nr. 1/2003 entscheiden, dass für sie kein Anlass zum Tätigwerden besteht[57] (sog. **„kleine" Positiventscheidung**). Insofern handelt es sich um eine inhaltlich abgeschwächte Parallele zur „großen" Positiv-Entscheidung der Kommission nach Art. 10 der VO Nr. 1/2003. Die in Art. 5 S. 2 und 3 VO Nr. 1/2003 aufgeführten Entscheidungen binden nur die nationale Behörde, die diese Entscheidung getroffen hat. Eine Bindungswirkung gegenüber anderen nationalen Behörden oder gar der Kommission besteht also nicht,[58] so dass abweichende Entscheidungen durchaus möglich sind. Erst recht haben **informelle Äußerungen** der nationalen Wettbewerbsbehörden – ebenso wie die Beratungsschreiben der Kommission – keine Bindungswirkung für die Gerichte oder andere Wettbewerbsbehörden. Ihnen kann aber faktisch bzw. im Hinblick auf den Ausschluss des Verschuldens in Bußgeldverfahren anderer Behörden auch rechtlich eine Bedeutung zukommen. Es sollte daher nicht vorkommen, dass die Kommission wegen eines Verhaltens von Unternehmen ein Bußgeld verhängt, das zuvor vom BKartA informell als unbedenklich bezeichnet und daraufhin von den Unternehmen praktiziert worden ist.[59] Das *Schenker*-Urteil des EuGH[60] hat allerdings Zweifel daran gesät, ob Unternehmen im dem vorbeschriebenen Sinne zumindest faktisch auf Auskünfte nationaler Kartellbehörden zum EU-Recht vertrauen können. Die Besonderheit des Falles lag darin, dass die betroffenen Unternehmen einen Kartellrechtsanwalt konsultiert hatten, der eine Kooperation als kartellrechtsneutrales Bagatellkartell bewertet hatte und dass anschließend die österreichische Kartellbehörde eine Art Negativattest zum *österreichischen Kartellrecht* erteilt hatte; zum EU-Recht hatte sie sich nicht (direkt) geäußert. Der EuGH entschied, dass ein Unternehmen, das gegen Art. 101 AEUV verstoßen hat, nicht der Verhängung einer Geldbuße entgehen kann, wenn der Zuwiderhandlung ein Irrtum dieses Unternehmens über die Rechtsmäßigkeit seines Verhaltens zugrunde liegt, der auf dem Inhalt eines Rechtrats eines Anwalts oder einer Entscheidung einer nationalen Wettbewerbsbehörde beruht. Diese generelle „Entwertung" nicht nur von Rechtsrat der Anwälte, sondern auch von Stellungnahmen der nationalen Kartellbehörden wirft die Frage auf, ob sich die Kommission in Zukunft stärker darauf einlassen muss, informelle Anfragen von Unternehmen in Einzelfällen zu prüfen, auch wenn natürlich die Wiedereinführung des Anmeldesystems „durch die Hintertür" nicht in Betracht kommt. Jedenfalls wäre es unbefriedigend und der Sache des Kartellrechts nicht dienend, wenn dem Unternehmen weder nationale Kartellbehörden noch die Kommission als Ansprechpartner bei der Einschätzung von kartellrechtlichen Zweifelsfällen zur Verfügung stehen würden. Die rigorose Haltung des EuGH bei der Ablehnung des (in den meisten Mitgliedsstaaten anerkannten) schuldausschließenden Verbotsirrtums dürfte darauf zurückzuführen sein, dass in dem konkreten Fall der Eindruck entstehen konnte, dass die Beratung durch den Anwalt und die Präsentation des Falles bei der nationalen Kartellbehörde gewisse Mängel aufwies. Es bleibt daher zu hoffen, dass der EuGH bald Gelegenheit erhält, seine Position zu dieser Rechtsfrage unter Berück-

---

[55] S. dazu EuGH U. v. 3.5.2011, Slg. 2011 I – 3082 ff. Rdnr. 30 – *Tele 2 Polska.*

[56] EuGH aaO *Tele 2 Polska,* Rdnr. 17 ff., 30.

[57] EuGH aaO *Tele 2 Polska,* Rdnr. 32.

[58] S. dazu EuGH aaO *Tele 2 Polska,* Rdnr. 26 ff. unter Verweis auf die erforderliche einheitliche Anwendung der EU-Wettbewerbsregeln bzw. eine sonst drohende Beeinträchtigung der Zuständigkeit der Kommission. S. ferner die Begründung zum Kommissionsvorschlag, ABl. 2000 C 365 E/284, zu Artikel 5; so auch *GK-Schütz,* Art. 5 VO 1/2003 Rdnr. 8.

[59] So schon *Wiedemann* in Fs. Bechtold, 2006, S. 627, 645.

[60] EuGH U. v. 18.6.2013, Rs C-681/11, ECLI:EU:C:2013:404.

sichtigung der differenzierenden Schlussanträge der Generalanwältin *Kokott* zu relativieren.[61]

6. Parallele Verfahren der Kommission und nationaler Wettbewerbsbehörden. 11
Bei der Verfolgung und Sanktionierung kartellrechtswidriger Verhaltensweisen gemäß Art. 81 Abs. 1, 82 EG (jetzt: Art. 101, 102 AEUV) waren bereits unter Geltung der VO Nr. 17/62 seit längerer Zeit keine parallelen Verfahren vor der Kommission und – nach nationalem Recht – vor den nationalen Behörden mehr bekannt geworden.[62] Dem lag eine Art **Arbeitsteilung** zwischen den Kartellbehörden der Mitgliedstaaten und der Kommission zugrunde; sie dürfte eine Folge der Rechtsprechung des EuGH zur **Anrechnung paralleler Bußgeldfestsetzungen** sein.[63] Der EuGH hat im *Teerfarben*-Fall entschieden, dass ein allgemeiner Billigkeitsgedanke es gebietet, die zuerst verhängte Bußgeldsanktion bei der Festsetzung der späteren zu berücksichtigen. Dementsprechend hatte die Kommission eine von den nationalen Behörden (wegen Verstoßes gegen nationales Kartellrecht) verhängte Geldbuße auf die von ihr selbst (nach EG-Recht) in Aussicht genommene Geldbuße anzurechnen; dieselbe Verpflichtung traf im umgekehrten Fall die nationale Kartellbehörde.[64] Der zum 1.5.2004 bewirkte Wechsel vom Anmeldesystem zur Legalausnahme bei Art. 81 EG (jetzt: Art. 101 AEUV) unter gleichzeitiger Aufgabe des Freistellungsmonopols der Kommission soll(te) auch und gerade zu einer **Dezentralisierung** bei der Anwendung des EU-Kartellrechts führen. Da seitdem auch die nationalen Kartellbehörden grundsätzlich für die Anwendung des EU-Kartellrechts *zuständig* sind (sog. System paralleler Zuständigkeiten), mussten Regelungen geschaffen werden, die eine vernünftige **Arbeitsteilung** (auch im Verhältnis der Mitgliedstaaten zueinander) ermöglichen. Einschlägig dafür ist die **„Bekanntmachung der Kommission über die Zusammenarbeit innerhalb des Netzes der Wettbewerbsbehörden".**[65] Eine parallele *Anwendung* des EU-Kartellrechts durch die Kommission und die Kartellbehörde eines Mitgliedstaates ist freilich wegen des Erstzugriffrechts der Kommission gemäß Art. 11 Abs. 6 VO Nr. 1/2003 ausgeschlossen. Nach h.M. soll die Zuständigkeit der Mitgliedstaaten nach Abschluss des Kommissionsverfahrens wieder aufleben, wobei jedoch die Bindungswirkung des Art. 16 VO Nr. 1/2003 an die Entscheidung der Kommission zu beachten sei.[66] Dann bleibt aber die Zuständigkeit ohne Substanz es sei denn, die Kommission stellt das Verfahren ohne Entscheidung ein. Umgekehrt kann auch die Kommission nach Abschluss oder während eines nationalen Verfahrens tätig werden, wobei sie dies nur in Ausnahmefällen in Betracht ziehen will.[67] Von größerer praktischer Relevanz könnten **parallele Verfahren mehrerer nationaler Wettbewerbsbehörden** sein, da die VO Nr. 1/2003 insoweit keine Vorgaben über die Arbeitsteilung für einzelne Fälle zwischen den Mitgliedern des Europäischen Netzes der Kartellbehörden enthält. Ein Beispiel dafür liefert das Vorgehen mehrerer nationaler Kartellbehörden in der EU gegen die Bestpreis-Klauseln des Hotelbetreibers *HRS.*[68] Lediglich die Netzwerkbekanntmachung

[61] So auch *Kersting,* WuW 2013, 845 ff., 849.

[62] Im Anschluss an die Klärung der Zuständigkeiten durch das *Walt-Wilhelm*-Urteil des EuGH Slg. 1969, 1 ff. Eine Ausnahme bildet das *Betonstahlmattenverfahren* (s. Fn. 63).

[63] EuGH Slg. 1969, S. 15; s. dazu auch EuG U. v. 6.4.1995, Slg. 1995 II-1117, Rdnr. 136 und 149 ff. – *Trefilunion* (Betonstahlmatten) und BGH WuW/E BGH 1147 ff.

[64] So auch *v. d. Groeben/Schwarze-Schröter,* aaO, Rdnr. 122; s. dazu auch EuG U. v. 6.4.1995, Slg. 1995 II-1127, 1142 f. – *Sotralentz SA* (Anrechnung von Bußen in Frankreich durch die Kommission im Betonstahlmatten-Verfahren). Zur Parallelfrage im Hinblick auf das Recht von Drittstaaten s. unten Rdnr. 19.

[65] ABl. 2004 C 101/43.

[66] So EuGH U. v. 14.2.2012, Rs C-17/10, ECLI:EU:C:2012:72, Rdnr. 80, 91 – *Toshiba; GK-Schütz,* Art. 11 VO 1/2003 Rdnr. 16; *Klees,* Kartellverfahrensrecht, § 7 Rdnr. 176; aA *Schwarze/Weitbrecht,* Kartellverfahrensrecht, § 7 Rdnr. 27.

[67] Rdnr. 57 der Bekanntmachung der Kommission über die Zusammenarbeit innerhalb des Netzes der Wettbewerbsbehörden, ABl. 2004 C 101/43.

[68] S. dazu BKartA E. v. 20.12.2013, Rdnr. 67, veröff. auf der Homepage des BKartA.

der Kommission sieht Regeln für die Fallverteilung vor.[69] Für solche Fälle einer parallelen Verfolgung hat die Kommission angekündigt, in der Regel das Verfahren mit der Wirkung des Art. 11 Abs. 6 VO Nr. 1/2003 nur dann an sich ziehen, wenn widersprüchliche Entscheidungen der nationalen Behörden drohen.[70] Sofern ein bestimmter Fall von mehreren nationalen Kartellbehörden beschieden wird – was vor allem für Kartelle in Betracht kommt –,[71] ergibt sich die Frage nach der Zulässigkeit mehrfacher Sanktionen (insbesondere Bußgelder). Die These, dass jede nationale Behörde nur die *Auswirkungen* eines Kartells in ihrem Hoheitsgebiet bebußt und daher theoretisch mehrere Bußgelder für dasselbe (internationale) Kartell verhängt werden könnten,[72] wäre mit dem Grundsatz ne bis in idem (s. auch Art. 50 GR-Charta) nicht vereinbar, weil bzw. wenn die vom EuGH verlangte „dreifache Voraussetzung der Identität des Sachverhalts, des Zuwiderhandelnden und des geschützten Rechtsguts" erfüllt ist.[73] Das *Toshiba*-Urteil[74] könnte man allerdings so lesen, dass der EuGH auch unabhängig vom „Sachverhalt" mit seiner Differenzierung der Ahndung für Verhalten vor und nach dem Beitritt zur Union das Kriterium der „Auswirkungen eines Kartells" im Hoheitsgebiet eines Mitgliedstaats so auslegt, dass es Relevanz auch für zeitgleiche Verfahren bzw. Kartellverstöße in der Union haben soll.[75]

B. Das Verhältnis des EU-Kartellrechts zum Kartellrecht dritter Staaten

I. Parallele Anwendung

12 Der Abbau internationaler Handelshemmnisse, die Kostensenkungen im Transportwesen und neue Kommunikationstechnologien haben in vielen Sektoren zu einer Globalisierung der Wirtschaft und zugleich bei zahlreichen Produkten zur Entstehung von Weltmärkten geführt;[76] selbst bei unterschiedlichen geographisch relevanten Märkten haben die gegen-

---

[69] AaO Rdnr. 5 ff.

[70] AaO Rdnr. 54 lit. a). Zu weiteren Fallgruppen s. aaO lit. b) bis e).

[71] So z. B. im *(Brotgetreide-)Mühlen-Kartell* mit zeitlich parallelen Verfahren der französischen, der niederländischen und der deutschen Kartellbehörden, s. BKartA TB 2011/2012, S. 55 und TB 2013/2014, Dokumentenband, S. 236 ff.

[72] So dem Vernehmen nach die Auffassung des BKartA, die aber z. B. im *Mühlen-Kartell* nicht praktisch wurde, weil sich die nationalen Kartell-Sachverhalte voneinander unterschieden.

[73] S. dazu EuGH U. v. 7.1.2004, Slg. 2004 I-123 ff., 403 ff., Rdnr. 338 – *Aalborg Portland u. a. ./. Komm.* sowie eben dort *GA Ruiz-Jarabo,* Schlussanträge im Fall *Italcementi,* Slg. 2004 I-123 ff., 230 ff., Rdnr. 87 ff. S. ferner *W. P. J. Wils,* World Competition 2003, 131 ff.

[74] EuGH U. v. 14.2.2012, Rs C-17/10, ECLI:EU:C:2012:72, Rdnr. 93 ff. – *Toshiba:* Kein Hindernis für die Anwendung des nationalen Kartellrechts, weil keine „Identität des Sachverhalts" vorlag (aaO Rdnr. 98).

[75] Im *Toshiba*-Fall (dazu Fn. 74) ging es um eine Bußgeldentscheidung der Tschechischen Kartellbehörde und eine spätere der Kommission bezogen auf Verhalten von Unternehmen im *GIS*-Kartell. Der EuGH verneinte einen Verstoß gegen das ne bis in idem-Prinzip, weil die nationale Kartellbehörde nur ein Verhalten vor dem Beitritt Tschechiens zur EU am 1.5.2004 bebußt hatte. Der EuGH entschied, dass nach dem Grundsatz der Rechtssicherheit keine restriktive Anwendung des Art. 101 AEUV in Betracht komme. Da die nationale Kartellbehörde ihr Kartellrecht nur auf Auswirkungen des Kartells im tschechischen Hoheitsgebiet vor dem Beitritt zur Union angewendet habe, könne die Kommission Art. 101 für die Ahndung in der Zeit nach dem Beitritt anwenden. S. dazu in dieser Sache auch die Schlussanträge der GA'in *Kokott* v. 8.9.2011, Rs C-17/10, ECLI:EU:C:2011:552, Rdnr. 69 ff., 111 ff.; *Kokott* will sich bei der Definition des „idem" allein auf die Identität des Sachverhalts stützen, was die Identität der Handelnden einschließe (aaO Rdnr. 122). Bezüglich der Auswirkungen eines Kartells will sie allerdings nach *verschiedenen Gebieten* differenzieren; der Umstand, dass es sich um ein „weltweites Kartell" handele, reiche nicht aus, um von einem idem auszugehen (aaO Rdnr. 134). Der EuGH hat das Votum für eine Beschränkung der Kriterien allein auf die Identität des Sachverhalts nicht aufgegriffen, sondern weiterhin seine drei Kriterien genannt (aaO Rdnr. 97).

[76] Aus der EG-Fusionskontrollpraxis s. z. B. die Fälle *Aerospatiale/MBB* (E. v. 25.2.1991, IV/M. 017) für zivile Hubschrauber; *Aerospatiale/Alenia/de Havilland* (E. v. 2.10.1991, ABl. 1991 L 334/42)

seitigen Abhängigkeiten im Welthandel stark zugenommen. Internationale Kartelle können daher, wenn sie „wirksame" Absprachen treffen, mit den Wettbewerbsregeln verschiedener Staaten in Konflikt geraten. Zusammenschlüsse können wegen internationaler Aktivitäten der betroffenen Unternehmen sowohl der EG-FKVO als auch den Fusionskontroll-Regimes von Drittstaaten unterfallen und dadurch Normenkonflikte auslösen.[77] Ähnliche Probleme können sich bei der Beurteilung vorgeblich missbräuchlicher Verhaltensweisen international handelnder Unternehmen ergeben,[78] wenn z. B. das geprüfte Verhalten in den USA nicht beanstandet worden war (s. dazu u. Rdnr. 15).

In der **Fusionskontrolle** finden die entsprechenden Regelungen der Gemeinschaft und die der Drittstaaten nebeneinander Anwendung. Insoweit gilt nichts anderes als für die parallele Anwendung mehrerer nationaler Fusionskontroll-Regimes in der Gemeinschaft auf Fälle, die nicht die Schwellenwerte eines Zusammenschlusses mit gemeinschaftsweiter Bedeutung (Art. 1 Abs. 2 und 3 FKVO) erreichen. Im Verhältnis der Gemeinschaft zu den USA findet insoweit auf der Grundlage der beiden **Kooperationsabkommen** über die Anwendung der Wettbewerbsgesetze[79] ein ständiger Informations- und Meinungsaustausch statt, der zu gewissen Rationalisierungsmöglichkeiten bei der Bearbeitung der Fälle führen kann. Die Unternehmen stehen grundsätzlich vor der Aufgabe, die erforderlichen Freigaben nach allen anwendbaren Rechtsordnungen zu erwirken.[80] Die Untersagungsentscheidung nur einer Behörde führt daher regelmäßig zum Scheitern der gesamten Transaktion.[81] Meistens werden aber die fusionsrechtlichen Probleme in einer Jurisdiktion durch entsprechend begrenzte Zusagen der Unternehmen gelöst.[82] Es ist – freilich wohl nur in Extremfällen – auch denkbar, dass eine Behörde wegen der völkerrechtlichen Grenzen des nationalen Kartellrechts von einer Untersagung absieht.[83] 13

Bei der **Legalisierung wettbewerbsbeschränkender Vereinbarungen** findet das EU-Recht neben den entsprechenden Rechtsordnungen der Drittstaaten Anwendung. Auch hier ist also neben der Freistellung nach EU-Recht ggf. **eine Ausnahme oder Genehmigung** nach dem Recht eines Drittstaates erforderlich. Allerdings besteht im Rahmen der Vertragsgestaltung gelegentlich Spielraum für territoriale Ausnahmen, z. B. für die Aktivitäten von Gemeinschaftsunternehmen, die die Auswirkungen auf einzelne Staaten entfallen lassen können. Eine besondere Situation besteht bei Exportkartellen, die in der Regel von den Rechtsordnungen, in denen die exportierenden Unternehmen ihren Sitz haben, nicht beanstandet werden, während die betroffenen Zielstaaten ihre Wettbewerbsregeln anwenden.[84] 14

Eine parallele Anwendung der Wettbewerbsregeln der Union (bzw. der Mitgliedstaaten) und von Drittstaaten findet vor allem bei der **Verfolgung internationaler Kartelle** 15

---

für bestimmte Flugzeuge und *BT/TELE DK/SBB/MIGROS/UBS* (E. v. 16.4.1997, IV/M. 900) für Enhanced Global Network Services.

[77] Ein berühmtes Beispiel dafür ist der Zusammenschluss *GE/Honeywell,* der von der US-Kartellbehörde freigegeben, von der EG-Kommission jedoch untersagt wurde (bestätigt durch EuG U. v. 14.12.2005, Rs T-210/01, Slg. 2005 II-5575 ff.).

[78] So z. B. im Hinblick auf das integrierte Browser-Angebot und den verweigerten Zugang zu Schnittstellen im Fall *Microsoft,* Komm. E. v. 24.3.2004 (Bußgeld-Entscheidung).

[79] Dazu noch unten Rdnr. 20/21.

[80] S. dazu z. B. den Fall *Ciba-Geigy/Sandoz,* der am 17.7.1996 von der Kommission (Fall Nr. IV/M. 737) und erst im Dezember 1996 von den US-Behörden freigegeben wurde. Außerdem erfolgte eine Prüfung nach dem schweizerischen Kartellrecht.

[81] So z. B. in den Fällen *Gencor/Lonrho,* Komm. E. v. 20.4.1996, ABl. EG 1997 L 11/30 und *General Electric/Honeywell,* Komm. E. v. 3.7.2001, ABl. EG 2004 L 48/1. Im Fall *BOC/Air Liquide,* Komm. E. v. 18.1.2000, ABl. 2004 L 92/1, gaben die beteiligten Unternehmen ihr Zusammenschlussvorhaben trotz Freigabe durch die Kommission auf, nachdem die FTC angekündigt hatte, gegen das Vorhaben einzuschreiten.

[82] So z. B. im Fall *Kimberly Clark/Scott,* Komm. E. v. 16.1.1995, ABl. EG 1996, L 183/1 Rdnr. 233 ff.

[83] S. dazu § 5 Rdnr. 4 ff.

[84] Zur Praxis der Kommission zu Exportkartellen s. Handbuch, 1. Aufl. § 8 Rdnr. 203; die Ausnahmeregelung im US-Recht nach dem *Webb-Pomerene* Act lässt die Anwendbarkeit des EG-Kartellrechts unberührt, s. EuGH U. v. 27.9.1988, Slg. 1988, 5193, 5244 – *Zellstoff.*

und missbräuchlicher Verhaltensweisen statt. Als älteres Beispiel kann das internationale *Chinin*-Kartell genannt werden, gegen das bereits 1969 parallele Bußgeldverfahren in der Europäischen Gemeinschaft und in den USA betrieben wurden.[85] In den Jahren seit 2000 haben die gemeinsamen Aktivitäten der Kartellbehörden gegen internationale Kartelle erheblich zugenommen. Neben der EU und den USA sind dabei zunächst Kanada und Japan stärker in Erscheinung getreten, in letzter Zeit verstärkt auch Brasilien und Süd-Korea.[86] So wurden z.B. zwischen der EU-Kommission und den US-Antitrust-Behörden koordinierte Ermittlungsverfahren gegen Hersteller von *Graphit-Elektroden* wegen des Vorwurfs von Preisabsprachen im Sommer 1997 eingeleitet und von der Kommission im Juli 2001 mit einer Bußgeldentscheidung abgeschlossen.[87] Im *Lysin*-Fall schloß sich dem US-Verfahren ein Verfahren der EU-Kommission (gemäß Art. 81 EG, jetzt: Art. 101 AEUV) an.[88] Im *Vitamin*-Kartell wurden Geldbußen sowohl von der Kommission als auch von den US-amerikanischen und kanadischen Kartellbehörden verhängt.[89] Weitere parallel betriebene Fälle sind bei den Behörden anhängig. Zu Art. 102 AEUV ist das *(erste) Microsoft*-Verfahren zu nennen,[90] das bestimmte Regelungen in Software-Lizenzverträgen betraf; der Fall wurde zeitgleich in den USA und in der Gemeinschaft mit einem inhaltlich abgestimmten Vergleich bzw. einer Zusagenregelung abgeschlossen. Die Kommission betrachtete diesen Fall als Modell der Zusammenarbeit der beiden Kartellbehörden im Hinblick auf Praktiken „multinationaler Gesellschaften". In einem weiteren Verfahren gegen *Microsoft* verhängte die Kommission eine Geldbuße wegen des Missbrauchs einer beherrschenden Stellung bei Betriebssystemen für PCs, obwohl zuvor ein in den USA betriebenes Verfahren der Kartellbehörde mit einem Vergleich beendet wurde.[91] Die parallele Verfolgung insbesondere von Kartellen im Verhältnis EU/USA wirft eine Reihe schwieriger rechtlicher und praktischer Probleme auf. Es bestehen mehrere Inkompatibilitäten zwischen beiden Rechtsordnungen. Sie resultieren zum einen aus den Besonderheiten für zivilrechtliche Klagen im Zusammenhang mit Kartellrechtsverstößen in den USA (Strafschadensersatz, pre-trial discovery, class actions). Das sich daraus ergebende Risiko für ein forum shopping ausländischer Kläger wurde allerdings durch das Urteil des US Supreme Court und das Urteil des Berufungsgerichts im Fall *Empagran*[92] begrenzt. Besondere Risiken ergeben sich, wenn in der EU nach den Grundsätzen der Mitteilung über den Erlass und die Ermäßigung von Geldbußen in Kartellsachen (Kronzeugen-Regelung) mit der Kommission kooperiert wird, während die Verfahren in den USA (vor den zuständigen Strafverfolgungsbehörden oder den Zivilgerichten) noch streitig anhängig sind. Die Problemstellungen im einzelnen – auch für Anwälte der betroffenen Unternehmen – sind so vielfältig, dass sie an dieser Stelle nicht abgehandelt werden können.[93]

---

[85] S. dazu noch unten Rdnr. 19.

[86] Auf die beiden letztgenannten Staaten sollen 2014 mehr als die Hälfte aller weltweit in Kartellsachen verhängten Geldbußen entfallen sein, s. GCR v. 7.1.2015.

[87] European Report v. 11.6.1997, S. III 2; FAZ v. 25.2.1998, S. 20; Komm.E. v. 18.7.2001, ABl. EG 2002 L 100/1.

[88] Komm.E. v. 7.6.2001, ABl. EG 2001 L 152/24.

[89] Komm.E. v. 22.11.2001, ABl. 2003 L 6/1.

[90] Komm. Presse-Mitt. IP/94/653; die Kommission hatte Bedenken nach Art. 81 und Art. 82 EG (jetzt: Art. 101 und 102 AEUV) geäußert.

[91] Komm.E. v. 24.3.2004, Fall COMP/37.792, Zusammenfassung in ABl. 2008 C 128/10ff. – *Microsoft.*

[92] S. dazu § 5 Rdnr. 76.

[93] S. dazu *Spratling, Low, Klusmann u.a.*, Cutting-edge Issues in Cartels, in Global Competition Review 2005, S. 24.

II. Wettbewerbsregeln der Assoziierungs-, Freihandels- und Europa-Abkommen

Die Gemeinschaft hat mit verschiedenen **Drittstaaten** Assoziierungs- und Freihandelsabkommen abgeschlossen.[94] Eine Bezugnahme auf die Wettbewerbsregeln des EGV (jetzt: AEUV) findet sich z. B. im Assoziierungsabkommen mit der **Türkei.**[95] Ferner enthalten die Freihandelsabkommen zwischen der Gemeinschaft und den Mitgliedstaaten der EFTA die Feststellung, dass bestimmte Praktiken mit dem guten Funktionieren der Abkommen unvereinbar sind, soweit sie geeignet sind, den Warenverkehr zwischen der Gemeinschaft und dem jeweiligen Drittstaat zu beeinträchtigen; dazu zählen auch alle Vereinbarungen zwischen Unternehmen, die eine Wettbewerbsbeschränkung bezüglich der Produktion und des Warenverkehrs bezwecken und bewirken, ferner die missbräuchliche Ausnutzung einer beherrschenden Stellung. Nachdem inzwischen mehrere EFTA-Staaten der Gemeinschaft beigetreten sind und in Norwegen, Liechtenstein und Island die Wettbewerbsregeln des EGV (jetzt: AEUV) über das EWR-Abkommen gelten, kommt insoweit heute nur noch dem Freihandelsabkommen mit der **Schweiz** rechtliche Bedeutung zu.[96] In diese Kategorie fallen ferner die Europa-Mittelmeer-Abkommen mit **Israel,**[97] **Jordanien,**[98] **Marokko,**[99] **Tunesien,**[100] **Ägypten,**[101] **Algerien**[102] und **Libanon.**[103] 16

Die Frage, ob die Wettbewerbsregeln der Freihandelsabkommen unmittelbar gelten oder nur über das Verfahren des durch sie geschaffenen Gemischten Ausschusses durchgesetzt werden können, ist bisher nicht geklärt. Insbesondere gibt es dazu – soweit ersichtlich – keine Rechtsprechung in den Drittstaaten. Der überwiegende Teil des Schrifttums hat sich gegen die Direktwirkung ausgesprochen.[104] Die praktische Tragweite des Problems ist allerdings gering. Dies ergibt sich vor allem daraus, dass die fraglichen Verhaltensweisen bei entsprechend qualifizierten Auswirkungen auf die Union ohnehin von den Art. 101, 102 AEUV erfasst werden.[105] Jedenfalls schließen die Wettbewerbsregelungen des Freihandelsabkommens mit den EFTA-Staaten die Anwendbarkeit des EU-Kartellrechts nicht aus.[106] Umgekehrt richtet sich die parallele Anwendbarkeit der Kartellgesetze der Drittstaaten auch hier nach den allgemeinen Grundsätzen.[107] 17

Assoziierungsabkommen waren zwischen der Europäischen Gemeinschaft und ihren Mitgliedstaaten einerseits und mehreren Kandidatenländern für einen Beitritt, nämlich **Rumänien, Bulgarien** und **Kroatien**[108] andererseits abgeschlossen worden.[109] Alle diese Abkommen haben sich mit dem Beitritt jener Staaten zur EU erledigt (bei Rumänien und 18

[94] S. dazu näher *Müko-Stoll,* Europ. WbR, Einl. Rdnr. 1917 ff.; *S/J/K/M-Held* aaO, 7. Teil, Wettbewerbsregeln in internationalen Abkommen, Rdnr. 25 ff., sowie ebendort *Zurkinden/L. M. Baudenbacher,* Rdnr. 51 ff.

[95] ABl. 1964 Nr. 217, S. 3685.

[96] S. dazu VO Nr. 2840/72 vom 19.12.1972, ABl. 1972 L 300/188.

[97] VO Nr. 1274/75 vom 20.05.1975, ABl. EG 1975 L 136/1 und ABl. 2000 L 147/3.

[98] ABl. 2002 L 129.

[99] ABl. 2000 L 138.

[100] ABl. 1998 L 97/2.

[101] ABl. 2004 L 304.

[102] ABl. 2005 L 265.

[103] ABl. 2006 L 143.

[104] S. dazu die Nachweise bei *v. d. Groeben/Schwarze-Jakob/Schröter,* nach Art. 89 (Internationale Wettbewerbsregeln), Rdnr. 39 f.

[105] So auch *v. d. Groeben/Schwarze-Jakob/Schröter,* aaO, Rdnr. 41 (noch zu Art. 81, 82 EG).

[106] EuGH U. v. 27.9.1988, Slg. 1988, 5193, 5246 – *Zellstoff,* dort für das Abkommen mit Finnland.

[107] S. dazu oben Rdnr. 12 ff. sowie unten Rdnr. 19.

[108] S. ABl. 1994 L 357/1 (Rumänien) und L 358/1 (Bulgarien) sowie ABl. 2005 L 26/3 (Kroatien). Zum kroatischen Kartellrecht s. die monographische Darstellung von *Vrcek,* Die Angleichung des kroatischen Wettbewerbsrechts an die Wettbewerbsregeln der Europäischen Gemeinschaft, 2007.

[109] S. *Van Miert,* Competition Policy Newsletter 1998 No. 2, S. 1, 4; dort auch zum Inhalt der Abkommen.

Bulgarien am 1.1.2007, bei Kroatien zum 1.7.2013) Diese sog. **Europa-Abkommen** enthielten in Titel V. Kapitel II.[110] in drei Abschnitten die wesentlichen Elemente der EU-Wettbewerbsregeln (Wettbewerbsbeschränkungen durch Unternehmen, Monopole und staatliche Beihilfen). Gemäß Art. 62 Abs. 1 waren wettbewerbsbeschränkende Vereinbarungen und missbräuchliche Ausnutzungen einer marktbeherrschenden Stellung im Gebiet einer Vertragspartei unvereinbar mit dem ordnungsgemäßen Funktionieren der Europa-Abkommen, soweit sie den Handel zwischen der Gemeinschaft und dem Drittstaat beeinträchtigen. Art. 62 Abs. 2 ordnete an, dass alle Verhaltensweisen, die im Gegensatz zu diesem Artikel stehen, nach den Kriterien beurteilt werden, die sich aus den Art. 81, 82 EG (jetzt: Art. 101, 102 AEUV) ergeben. Allerdings ergab sich dort aus Art. 62 Abs. 3, dass die vorgenannten Vorschriften nicht unmittelbar galten. Vielmehr musste der Assoziationsrat binnen drei Jahren nach Inkrafttreten des jeweiligen Abkommens durch Beschluss die erforderlichen Durchführungsbestimmungen erlassen. Dies war seinerzeit geschehen, wobei die Art. 81, 82 EG (jetzt: Art. 101, 102 AEUV) durch die Europa-Abkommen allerdings keine Einschränkung erfuhren.[111]

III. Einzelfragen

19 **1. Festsetzung von Bußgeldern durch die Kommission und durch Behörden in Drittstaaten.** Die Frage, ob sich die an internationalen Kartellen beteiligten Unternehmen im Falle der Verhängung von Bußgeldern durch die Kommission einerseits und Drittstaatenbehörden andererseits auf den **Grundsatz „ne bis in idem"** berufen können, ist durch die Rechtsprechung von EuG (jetzt: Gericht) und EuGH inzwischen verneint worden.[112] In dem Verfahren gegen das internationale *Chinin*-Kartell[113] war dies noch offengeblieben. Dort hatte eines der betroffenen Unternehmen bei der Kommission beantragt, die von dem zuständigen US-Gericht verhängte Geldbuße auf den von der Kommission festzusetzenden Betrag anzurechnen. Die Kommission lehnte dies mit der Begründung ab, dass das Gemeinschaftsrecht die Anrechnung einer von einem dritten Staat verhängten Geldbuße nicht vorschreibe und weil es an einer **Identität der Tat** fehle.[114] Der EuGH wies die dagegen gerichtete Klage wegen fehlender Tatidentität ab. Dabei stellte der Gerichtshof nicht auf die wettbewerbsbeschränkenden Vereinbarungen selbst, sondern auf die jeweiligen Durchführungshandlungen (in der Gemeinschaft) ab. Der EuGH ließ aber ausdrücklich offen, ob bei Tatidentität eine **Anrechnung** zu erfolgen habe.[115] In mehreren Urteilen hat inzwischen das EuG einen Verstoß gegen den Grundsatz „ne bis in idem" bei mehrfacher Geldbußenverhängung in der EU einerseits und in Drittstaaten andererseits verneint. Auch eine Anrechnungspflicht wurde abgelehnt, da sich in diesen Fällen den Urteilen der US-amerikanischen Gerichte nicht eindeutig entnehmen ließ, ob sich diese auch auf Durchführungshandlungen oder Auswirkungen außerhalb der USA erstreckten.[116] Diese Rechtsprechung wurde vom EuGH bestätigt.[117] Allerdings hatte der EuGH die Voraussetzungen für die Anwendung des ne bis in idem-Grundsatzes im Zement-Urteil vom

---

[110] Im Falle Kroatiens im VI. Titel.

[111] S. dazu bereits Rdnr. 17.

[112] Dazu näher Fn. 116. Verneinend schon *Immenga/Mestmäcker-Dannecker,* EG-WbR, 1. Aufl., 1997, VO 17, Vorbem. vor Art. 15, Rdnr. 123. Zum deutschen Verfassungsrecht s. BGH WuW/E BGH 1147, 1149 – *Farbstoffe* mwN.

[113] Komm. E. v. 16.7.1969, ABl. 1969 L 192/5 ff.; bestätigt durch EuGH U. v. 15.7.1970, Slg. 1970, 733 ff. – *Chemiefarma* u. a.

[114] Komm. E. v. 25.11.1971, ABl. 1971 L 282/46 – *Boehringer II.*

[115] EuGH U. v. 14.12.1972, Slg. 1972, 1281 – *Boehringer II.*

[116] EuG U. v. 9.7.2003, Slg. 2003, II-2597 Rdnr. 85–112 – *Archer Daniels Midland;* U. v. 29.4.2004, Slg. 2004 II-1181 ff., verb. Rs T-236/01 u. a., Rdnr. 130–148 – *Tokai Carbon Co. Ltd. u. a.* (Graphitelektroden); U. v. 15.6.2005, verb. Rs T-71/03 u. a., *Tokai Carbon Co. Ltd. u. a. ./. Komm.,* Rdnr. 112 ff.

[117] EuGH U. v. 10.5.2007, Slg. 2007 I – 3955 ff., Rdnr. 24 ff. – *SGL Carbon.*

7.1.2004 anders definiert als das EuG.[118] Die Kommission geht ohnehin generell davon aus, dass bei Drittstaatensanktionen eine Tatidentität nicht gegeben sein könne und demnach auch eine Anrechnung nicht stattzufinden habe. So wurde in einigen Entscheidungen ausgeführt, dass sich das Kartellrecht Kanadas und der USA auf **Auswirkungen** in ihrem Hoheitsgebiet beschränke und Wettbewerbsbeschränkungen in der EU von den in diesen Staaten verhängten Sanktionen somit nicht erfasst würden.[119] Unterschiedliche Auswirkungen in verschiedenen Staaten gehören jedoch nicht zu den vom EuGH entwickelten Voraussetzungen für das Doppelbestrafungsverbot.[120] Im Schrifttum wurde aufgrund des allgemeinen Billigkeitsgedankens früher vielfach für eine Anrechnung plädiert;[121] unter dem Eindruck der Rechtsprechung der Unionsgerichte schwindet der Rückhalt für diese Position. Zweifelsfragen können sich außerdem aus der namentlich in den USA verbreiteten Praxis einvernehmlicher Verfahrensabschlüsse (plea bargain) ergeben.[122] Die Praxis wird nach den abschließenden Entscheidungen durch den EuGH mit einer **Mehrfachbebußung** leben müssen, was wegen der zusätzlichen Mehrfachbelastung durch Schadensersatzansprüche eine insgesamt unverhältnismäßige **Übersanktionierung** bewirkt. Rechtspolitische Lösungen für diesen Missstand zeichnen sich mangels eines „Weltkartellrechts" nicht ab, obwohl es durchaus möglich wäre, dieses Thema in bilateralen Abkommen (z.B. zwischen der Union und den USA) zu regeln. Das Problembewußtsein scheint jedoch zu fehlen, weil wegen des fiskalischen Interesses an hohen Bußgeldeinnahmen die Bereitschaft einer Behörde, zugunsten anderer (in Drittstaaten) auf Bußgelder zu verzichten, nur gering entwickelt sein dürfte.

2. Die Kooperationsabkommen zwischen der Kommission und der Regierung der USA. Eine große praktische Bedeutung für die Behandlung internationaler Wettbewerbsbeschränkungen aller Art hat die Zusammenarbeit der EG (jetzt: Union) und der USA.[123] Zu erwähnen ist außerdem das geplante Freihandelsabkommen (TTIP), für das die Verhandlungen zwischen der Kommission und den USA im Juli 2013 begonnen haben, das auch wettbewerbsrechtliche Bestimmungen enthalten soll (vermutlich aber nur solche „nicht-operativer" Art). De lege lata ist zunächst das 1991 unterzeichnete **Abkommen zwischen der Kommission der EG und der Regierung der Vereinigten Staaten von Amerika über die Anwendung ihrer Wettbewerbsgesetze** zu nennen.[124] Das Abkommen liefert die Grundlage für einen ständigen Informationsaustausch und Konsultierungen über anhängige Verfahren.[125] Offiziell bekanntgewordene Beispiele der Kooperation sind 20

[118] EuGH U. v. 7.1.2004, Slg. 2004 I-123ff., Rdnr. 338 – *Aalborg Portland u. a. ./. Komm.*

[119] Komm. E. v. 18.7.2001, ABl. 2002 L 100/1 Rdnr. 180 – *Graphitelektroden;* E. v. 5.12.2001, ABl. 2002 L 239/18 Rdnr. 333 – *Zitronensäure;* E. v. 22.11.2001, ABl. 2003 L 6/1 Rdnr. 773 – *Vitamine.*

[120] Im *Toshiba*-Urteil vom 14.2.2012 (s. o. Fn. 75, Rdnr. 93ff.) hebt der EuGH allerdings beim ne bis in idem-Prinzip in zeitlicher Hinsicht auf die Auswirkungen ab.

[121] *Bellamy/Child,* aaO, 5. Aufl., Rdnr. 12–112 (anders jetzt 7. Aufl., Rdnr. 14.101); *Klusmann,* WuW 2001, 820, 832; *Kuck,* WuW 2002, 689ff.; aA *Ritter/Braun,* 3. Aufl. 2004, S. 1141 sowie aktuell *MüKo-Stoll,* Europ. WbR, Einl. Rdnr. 1848. *Immenga/Mestmäcker-Rehbinder,* Bd. 1 EU/Teil 1, IntWbR Rdnr. 71 spricht sich für eine Anrechnung aus, soweit die ausländische Sanktion den Unrechtsgehalt der auf die EU bezogene Zuwiderhandlung ausschöpfe, was aber nur selten der Fall sei.

[122] Zur eingeschränkten gerichtlichen Kontrolle solcher Vergleiche s. *Anderson,* Antitrust Law Journal 1996, S. 1ff.

[123] S. dazu die Presse-Mitt. der Komm. Nr. IP/11/1194 v. 14.10.2011, „EU und USA blicken auf 20 Jahre erfolgreicher Zusammenarbeit zurück und wollen Kooperation weiter ausbauen". Aus dem Schrifttum *Müko-Stoll,* Europ. WbR, Einl. Rdnr. 2044ff.

[124] ABl. 1995 L 95/47ff., geändert in ABl. 1995 L 131. Das Abkommen wurde am 23.9.1991 von der Komm. unterzeichnet. Nachdem der EuGH mit U. v. 9.8.1994 entschieden hatte, dass die Komm. dazu nicht befugt war, beschloß der Rat am 10.4.1995, das Abkommen mittels eines auslegenden Briefwechsels mit der Regierung der USA zu schließen. Zur Entstehungsgeschichte auch *Klauß,* aaO. S. 193ff.

[125] S. dazu die Berichte der Kommission an den Rat und an das Europäische Parlament über die Anwendung des Abkommens im 2. Halbjahr 1996, Dok. COM (97) 346 final v. 4.7.1977 und für das

namentlich die (beiden) *Microsoft*-Fälle,[126] der *AC Nielsen*-Fall[127] (jeweils zu Art. 82 EG, jetzt; Art. 102 AEUV) und der *Fine Art Auction Houses*-Fall[128] (zu Art. 81 EG, jetzt: Art. 101 AEUV). Die Behörden halten ferner in den Fusionskontrollverfahren Kontakt miteinander, die Belange beider Vertragsparteien berühren (so z. B. in den Fällen *Boeing/McDonnell-Douglas, Guinness/Grand Metropolitan,*[129] *Exxon/Mobil,*[130] *Oracle/Peoplesoft*[131] und *Google/Motorola*[132]). Dazu existiert seit 2002 ein „Leitfaden mit bewährten Praktiken in der EU-US-Zusammenarbeit in Fusionskontrollsachen" (Best Practices on Cooperation in Merger Investigations). Dieses Regelwerk wurde 2011 in überarbeiteter Form veröffentlicht.[133] Gelegentlich treten freilich Meinungsunterschiede bei der kartellrechtlichen Bewertung auf (z. B. bei den Zusammenschlüssen *Boeing/McDonnell-Douglas* und *General Electric/Honeywell* sowie bei der Bewertung von *Nord-Atlantik-Luftfahrtallianzen*).[134] Den Schwerpunkt der Konsultationen bilden die Themen Verfahrensablauf (timing), Marktabgrenzung und Abhilfemaßnahmen.[135] In letzter Zeit ist eine zunehmende Abstimmung der Kommission und der US-amerikanischen Wettbewerbsbehörden bei der Auswahl geeigneter Abhilfemaßnahmen in Zusammenschlussfällen[136] sowie bei der Koordinierung von Ermittlungsmaßnahmen gegen Kartelle[137] zu verzeichnen. Für die Unternehmen ist vor allem die in Art. VIII des Abkommens enthaltene Regelung über die Vertraulichkeit der Angaben und Unterlagen von Bedeutung. Die Kommission[138] versteht Art. VIII (1) so, dass Informationen gemäß Art. 20 der VO Nr. 17/62 (jetzt: Art. 28 der VO Nr. 1/2003) von der Kommission unter keinen Umständen den US-Antitrust-Behörden übermittelt werden, es sei denn, dass die betroffenen Unternehmen zustimmen (was inzwischen bei Fusionskontrollverfahren gelegentlich mittels eines sog. Waivers geschieht und bei Kronzeugen-Verfahren von der Kommission sogar als Teil der Verpflichtung zur Kooperation angesehen wird). In einer Mitteilung der Kommission an den Rat vom 12.10.1994 betreffend das Abkommen wird erläutert, dass die Kommission deshalb keine Informationen, die ihr im Rahmen von Anmeldungen oder durch Ermittlungen bzw. Auskunftsersuchen zugänglich gemacht worden sind, an die US-Behörden weitergeben darf.[139]

21 Am 4.6.1998 unterzeichneten dieselben Parteien ein weiteres Abkommen, das am selben Tag in Kraft trat **(Abkommen über die Anwendung der „Positive Comity" – Grundsätze bei der Durchführung ihrer Wettbewerbsregeln).**[140] Diese Vereinbarung ergänzt

Jahr 1997 (v. 11.5.1998) sowie 27. WB (1998), Rdnr. 324 ff. S. ferner Bericht der Komm. v. 4.10.2000 für das Jahr 1999 (COM (2000) 618 final) sowie Bericht vom 29.1.2002 für das Jahr 2000 (COM (2002) 45 final), beide mit zahlreichen Beispielen für die Kooperation. S. ferner XXXIV. WB (2004), Rdnr. 639 ff., WB 2006, Anhang, Rdnr. 341 ff. und Arbeitsunterlage der Komm. zum WB 2012, S. 18/19.

[126] S. dazu bereits Rdnr. 15.

[127] Komm. Presse-Mitt. IP/96/1117 v. 4.12.1996.

[128] 31. WB (2002), S. 371.

[129] 27. WB (1998), Rdnr. 325, 326.

[130] 29. WB (2000), Rdnr. 337.

[131] Komm. Presse-Mitt. Nr. IP/04/1312 v. 26.10.2004.

[132] Komm. E. v. 13.2.2012, M. 6381.

[133] Veröff. auf der Homepage der Komm.; s. dazu Presse-Mitt. der Komm. Nr. IP/11/1194 v. 14.11.2011.

[134] Dazu FAZ v. 8.7.1998, S. 21.

[135] S. dazu den Erfahrungsbericht von *Van Miert,* Competition Policy Newsletter No. 3/1996, S. 1 ff.

[136] Komm. 31. WB (2002), S. 370 f.; 32. WB (2003), S. 328 f.; WB 2005, Rdnr. 680; Arbeitsunterlage zum WB 2011, S. 20.

[137] Komm. WB 2005, Rdnr. 682 und WB 2006, Anhang (Commission Staff Working Document), Rdnr. 342; Arbeitsunterlage zum WB 2011, S. 18.

[138] Briefwechsel zu dem Abkommen, abgedruckt in ABl. 1995 L 95/51.

[139] Mitteilung der Kommission an den Rat vom 10.12.1994, Dok. COM (94) 430 final, S. 6. S. auch Bericht für 1997, S. 5.

[140] ABl. 1998 L 173/28 ff.; dazu (und zur Abgrenzung von der negative comity) *Kiriazis,* Competition Policy Newsletter 1998, no. 3, S. 11 ff. sowie *Klauß,* aaO S. 325 ff.

das in Kraft bleibende Abkommen im Anschluss an die dort in Art. V geregelte „Positive Comity"-Klausel und fasst insbes. die Regelungen für dieses Konzept klarer. Der Grundsatz der Positive Comity besagt, dass eine Partei, der durch wettbewerbswidriges Verhalten im Hoheitsgebiet der anderen Partei Nachteile entstehen, die andere Partei ersuchen kann, entsprechende Gegenmaßnahmen zu treffen.[141] Die extraterritoriale Anwendung des eigenen Kartellrechts (effects doctrine) wird damit vermieden. Das neue Abkommen enthält daher eine Bestimmung, wonach eine Partei die Anwendung ihrer Wettbewerbsregeln auf ein bestimmtes Verhalten von Unternehmen aufschieben oder aussetzen kann, wenn sich die andere Partei bereit erklärt, auf der Grundlage ihrer eigenen Vorschriften in dieser Sache tätig zu werden (Art. IV). Gemeint sind wettbewerbswidrige Verhaltensweisen, die vor allem im Gebiet der anderen Partei praktiziert werden und sich vor allem gegen dieses Gebiet wenden. Die Befassung nur einer Seite mit diesen Fällen soll einen rationelleren Einsatz der Ressourcen der Wettbewerbsbehörden ermöglichen, eine Alternative zur extraterritorialen Anwendung der Wettbewerbsregeln bieten und den Unternehmen den Vorteil einer einzigen Bearbeitung verschaffen.[142] Die Vertraulichkeit der Informationen bleibt ebenso wie beim Abkommen von 1991 gewahrt (Art. V). Das Abkommen betrifft nicht die Fusionskontrolle, weil die Kartellrechtsordnungen beider Seiten dort einen Aufschub oder eine Aussetzung staatlicher Maßnahmen nicht zulassen.[143] Ein Beispiel nach Art. 82 EG (jetzt: Art. 102 AEUV) bildet das Verfahren gegen *Air France* wegen Begünstigung des Reservierungssystems *Amadeus* (gegenüber dem Wettbewerbersystem *SABRE*).[144]

Am 31.3.1999 hat die Kommission einer **Verwaltungsvereinbarung zwischen den USA und der EG über die gegenseitige Teilnahme an bestimmten Verfahrensabschnitten, die dem Wettbewerbsrecht der anderen Partei unterliegen,**[145] zugestimmt. Hierbei handelt es sich um eine Abrede im Rahmen des Abkommens von 1991. Der Kommission bzw. den amerikanischen Wettbewerbsbehörden kann nach dieser Vereinbarung in geeigneten Fällen, welche die Belange beider Seiten berühren, die **Teilnahme an Anhörungen** bzw. Verhandlungen der jeweils anderen Wettbewerbsbehörde gestattet werden, sofern ausreichende Garantien oder Vereinbarungen hinsichtlich der Vertraulichkeit und Verwendung der Informationen vorliegen und die betroffenen Personen der Teilnahme ausdrücklich zugestimmt haben. Hierdurch sollen die Zusammenarbeit und das gegenseitige Verständnis der Wettbewerbsbehörden verbessert und mögliche Konflikte bereits im Vorfeld verhindert werden.[146] Von der Vereinbarung wurde in mehreren Fällen Gebrauch gemacht, so z.B. in den Zusammenschlüssen *BOC/Air Liquide*[147] und *MCI Worldcom/Sprint*.[148] 21a

3. Das Kooperationsabkommen zwischen der EU und der Regierung von Kanada. Mit Kanada wurde 1999 ein Kooperations-Abkommen unterzeichnet.[149] Das **Abkommen zwischen den Europäischen Gemeinschaften und der Regierung von Kanada über die Anwendung ihres Wettbewerbsrechts** entspricht weitgehend dem Abkommen mit der Regierung der Vereinigten Staaten von 1991. Dies gilt auch für die Wahrung der Vertraulichkeit der Informationen (Art. X).[150] Die Zusammenarbeit der Kommission mit dem Canadian Competition Bureau hat sich dabei seit Inkrafttreten des 22

---

141 Komm. 27. WB, Rdnr. 328.

142 Zu unnötiger Verdoppelung der Arbeit für die Behörden und die Unternehmen s. auch *Brittan/Van Miert,* Internat. Business Lawyer, 1996, S. 455.

143 Komm. 27. WB, Rdnr. 328.

144 Komm. Presse-Mitt. Nr. IP/99/171 v. 15.3.1999; s. hierzu auch 30. WB (2001), S. 181 f.

145 Bulletin EU 3–1999, Rdnr. 1.3.44.

146 Komm. 29. WB (2000), Rdnr. 340.

147 Komm. 29. WB (2000), S. 361.

148 Komm. 30. WB (2001), Rdnr. 452; s. auch Arbeitsunterlage der Komm. zum WB 2012, S. 19.

149 ABl. 1999 L 175/50; zum Entwurf des Abkommens *Van Cauwelaert,* Competition Policy Newsletter, 1997, S. 53 ff. S. ferner *Müko-Stoll,* aaO Rdnr. 2070 ff.

150 Dazu oben Rdnr. 20.

Abkommens stetig intensiviert.[151] Im Rahmen der Fusionskontrolle ist dabei z. B. die Zusammenarbeit im Fall *Bayer/Aventis* zu erwähnen.[152] Inzwischen werden Verhandlungen über die Erweiterung des Abkommens auf den Austausch (auch) vertraulicher Informationen ohne Zustimmung der betroffenen Unternehmen geführt.[153] Als Muster dient dabei das jüngst abgeschlossene Abkommen mit der Schweiz (dazu Rdnr. 25), das wegen des erweiterten Anwendungsbereichs als Abkommen „der zweiten Generation" bezeichnet wird.

23 **4. Das Kooperationsabkommen zwischen der EU und der Regierung von Japan.** Auch das im Juli 2003 unterzeichnete und im August 2003 in Kraft getretene **Abkommen zwischen der Europäischen Gemeinschaft und der Regierung von Japan über die Zusammenarbeit bei wettbewerbswidrigen Verhaltensweisen**[154] stimmt weitgehend mit der Vereinbarung zwischen der EG und den USA von 1991 überein. Die Kooperation scheint allerdings weniger intensiv zu sein als die mit den USA und Kanada.[155] Seit März 2013 werden zwischen der EU und Japan Verhandlungen über ein Freihandelsabkommen geführt, das auch wettbewerbsrechtliche Bestimmungen (wohl nicht-operativer Art) enthalten soll.

24 **5. Das Kooperationsabkommen zwischen der EU und der Regierung der Republik Korea über die Zusammenarbeit bei wettbewerbswidrigen Verhaltensweisen.** Mit (Süd-)Korea wurde am 23.5.2009 ebenfalls ein Kooperationsabkommen in Wettbewerbssachen vereinbart.[156] Auch hierbei orientiert sich der Inhalt weitestgehend am Modell der Vereinbarung mit den USA von 1991.

25 **6. Das Abkommen zwischen der EU und der Schweizerischen Eidgenossenschaft über die Zusammenarbeit bei der Anwendung ihres Wettbewerbsrechts.** Das fünfte zwischen der EU und Drittstaaten abgeschlossene völkerrechtliche Abkommen über die Zusammenarbeit im Wettbewerbsrecht wurde am 17.5.2013 mit der Schweiz vereinbart.[157] Es ist am 1.12.2014 in Kraft getreten.[158] Das Abkommen enthält im wesentlichen die zuvor (bei 2.–5.) bereits beschriebenen Regelungen. Anders als die früheren Kooperationsabkommen sieht es darüber hinaus (in Art. VII ff.) den **Austausch von vertraulichen Beweismitteln,** die von den Wettbewerbsbehörden im Rahmen von Untersuchungen im selben Fall zusammengetragen werden, auch ohne Zustimmung der betroffenen Unternehmen vor. Der Austausch unterliegt allerdings strengen Anforderungen in Bezug auf den Schutz von Geschäftsgeheimnissen und personenbezogenen Daten. Die Informationen können von der Behörde, an die sie weitergegeben werden, ausschließlich zur fallbezogenen Durchsetzung des Wettbewerbsrechts und für die Zwecke des ursprünglichen Ersuchens verwendet werden. Ferner dürfen Beweismittel nicht eingesetzt werden, um Sanktionen gegen natürliche Personen zu verhängen.[159] Die erweiterten Möglichkeiten für den Informationsaustausch gelten allerdings nicht für Kronzeugenanträge und Anträge auf Settlements; insoweit bleibt auch künftig ein Waiver der Unternehmen erforderlich. In der Schweiz gibt es unter rechtsstaatlichen Gesichtspunkten Kritik am Fehlen eines Rechtsmittels betreffend die Durchführung des erweiterten Informationsaustausches.[160]

---

[151] S. dazu den Bericht der Komm. an den Rat und das Europäische Parlament über die Anwendung des Abkommens vom 17. Juni bis zum 31. Dezember 1999, Brüssel, 13.10.2000, KOM (2000) 645 endgültig. S. ferner XXXIV. WB (2004), Rdnr. 649 ff. und WB 2005, Rdnr. 688 ff.

[152] Komm. 32. WB (2003), S. 332.

[153] S. dazu Komm. Arbeitsunterlage zum WB 2013, S. 21: „gute Fortschritte" bei einer ähnlichen Vereinbarung wie mit der Schweiz (dazu Rdnr. 26).

[154] ABl. 2003 L 183/12. Dazu auch *Müko-Stoll* aaO Rdnr. 2076 ff.

[155] S. dazu die Angaben im XXXIV. WB (2004), Rdnr. 653 ff. und im WB 2005, Rdnr. 690 ff.

[156] ABl. 2009 L 202/35 ff.

[157] Dok. Com (2012) 245 final v. 1.6.2012, veröff. auf der Homepage der Komm. Aus dem Schrifttum dazu *Ducrey,* JECL&P 2013, 437 ff.; *Brei/Hoffet,* NZKart 2013, 393 ff.

[158] Komm. Presse-Mitt. Nr. IP/14/2245 v. 28.11.2014.

[159] S. dazu Presse-Mitt. der Komm. Nr. IP/13/444 v. 17.5.2013.

[160] S. dazu *Brei/Hoffet,* NZKart 2013, 393 ff.

Inhaltlich handelt es sich wegen des erweiterten Anwendungsbereichs um das erste sog. „Second Generation-Abkommen“, das die Union abgeschlossen hat.[161]

7. Memoranda of Understanding zwischen der Generaldirektion Wettbewerb und Wettbewerbsbehörden in anderen Drittstaaten. Die Generaldirektion Wettbewerb hat darüber hinaus mehrere Memoranda of Understanding mit Kartellbehörden in anderen Drittstaaten abgeschlossen. Als Beispiel können hier genannt werden das Memorandum of Understanding (MoU) on Cooperation in the Area of Anti-Monopoly Law von 2009 mit **China,**[162] ein entsprechendes MoU mit **Indien**[163] und die Vereinbarung über eine engere Zusammenarbeit zwischen den Wettbewerbsbehörden der EU und **Russlands.**[164] Diese Memoranden dienen insgesamt der Verstärkung der Kooperation und der Abstimmung im Bereich der Wettbewerbsgesetzgebung und stützen sich vor allem auf einen Meinungs- und Erfahrungsaustausch. Es handelt sich dabei um Instrumente der Zusammenarbeit, nicht aber um völkerrechtlich bindende Verträge. Es gibt darüber hinaus zahlreiche völkerrechtliche Verträge mit (anderen) Drittstaaten, in denen Wettbewerbsfragen geregelt werden. Wegen der Einzelheiten sei insoweit auf die Homepage der Komm. unter der Rubrik „International“ verwiesen. 26

C. EGKS-Kartellrecht

Der am 23.7.2002 außer Kraft getretene EGKS-Vertrag enthielt spezielle Regelungen für den Kohle- und Stahlsektor. Dies galt auch für seine Wettbewerbsregeln (Art. 65, 66 EGKSV). Gemäß Art. 305 Abs. 1 EG galt das EG-Recht insoweit nicht. Gleichwohl war eine parallele Anwendung möglich, soweit Zusammenschlüsse oder wettbewerbsbeschränkende Vereinbarungen Produkte des EGKSV und des EGV betrafen.[165] Seit Mitte Mai 2002 finden nunmehr die Vorschriften des EG-Vertrages (jetzt: AEU-Vertrages) auch auf die Märkte für Kohle und Stahl Anwendung, wobei dem EGKS-Vertrag unter gewissen Umständen für Altfälle weiterhin Bedeutung zukommt.[166] 27

§ 7 Grundzüge der Wettbewerbsökonomie

Übersicht

[161] Das Abkommen hat daher „Pilotcharakter“, so *Brei/Hoffet,* NZKart 2013, 393.

[162] Presse-Mitt. der Komm. Nr. IP/12/993 v. 20.9.2012; s. dazu auch Komm. Arbeitsunterlage zum WB 2012, S. 17.

[163] Presse-Mitt. der Komm. Nr. IP/13/1143 v. 21.11.2013.

[164] Presse-Mitt. der Komm. Nr. IP/11/278 v. 10.3.2011.

[165] S. dazu bereits § 4 Rdnr. 5 für die Fusionskontrolle.

[166] S. dazu näher die Mitteilung der Kommission über bestimmte Aspekte der Behandlung von Wettbewerbsfällen nach Auslaufen des EGKS-Vertrags, ABl. 2002 C 152/5, sowie *Thomas* in § 36.

Schrifttum: *Belleflamme/Peitz,* Industrial Organization: Markets and Strategies, 2010; *Bester,* Theorie der Industrieökonomik, 6. Aufl., 2012; *Bishop/Walker,* The Economics of EC Competition Law: Concepts, Applications and Measurement, 3. Aufl., 2010; *Buccirossi (Hrsg.),* Handbook of Antitrust Economics, 2008; *Budzinski/Ruhmer,* Merger Simulation in Competition Policy: A Survey, Journal of Competition Law and Economics, 6 (2010), 277 ff.; *Bühler/Jaeger,* Einführung in die Industrieökonomik, 2002; *Carlton/Perloff,* Modern Industrial Organization, 4. Aufl., 2005; *Christiansen,* Der „More Economic Approach“ in der EU-Fusionskontrolle, 2010; *Church,* Monopsony and Buyer Power, Background Note, OECD-Policy-Roundtable on Monopsony and Buyer Power, 2008; *Collins et al. (Hrsg.),* Issues in Competition Law and Policy, ABA Section of Antitrust Law, 3 Bde., 2008; *Crampton,* Alternative Approaches to Competition Law: Consumers' Surplus, Total Surplus, Total Welfare and Non-Efficiency Goals, World Competition 17 (1994), 55 ff.; *Davis/Garcés,* Quantitative Techniques for Competition and Antitrust Analysis, 2010; *Dewenter/Rösch,* Einführung in die neue Ökonomie der Medienmärkte: Eine wettbewerbsökonomische Betrachtung aus Sicht der Theorie zweiseitiger Märkte, 2015; *Drexl/Kerber/Podszun (Hrsg.),* Competition Policy and the Economic Approach, 2011; *Ewald,* Ökonomie im Kartellrecht: Vom more economic approach zu sachgerechten

Standards forensischer Ökonomie, ZWeR 2011, 15 ff.; *Gore/Lewis/Lofaro/Dethmers,* The Economic Assessment of Mergers under European Competition Law, 2013; *Hellwig,* Effizienz oder Wettbewerbsfreiheit? Zur normativen Grundlegung der Wettbewerbspolitik, in: *Engel/Möschel (Hrsg.),* Recht und spontane Ordnung, 2006, 231 ff.; *Kirchhoff,* Ökonomie und Kartellrecht aus der Sicht des deutschen Richters, in: Fs Tolksdorf, 2014, 521 ff.; *Inderst/Thomas,* Schadensersatz bei Kartellverstößen, 2014; *Ivaldi/Jullien/Rey/Seabright/Tirole,* The Economics of Tacit Collusion, Final Report for DG Competition, 2003; *Ivaldi/Jullien/Rey/Seabright,/Tirole,* The Economics of Unilateral Effects. Report for DG Competition, 2003; *Kerber,* Wettbewerbspolitik, in: Apolte u. a. (Hrsg.), Vahlens Kompendium der Wirtschaftstheorie und Wirtschaftspolitik, Band 2, 9. Aufl., 2007, 370 ff.; *Kerber/Schwalbe,* Die ökonomische Grundlagen des Wettbewerbsrechts, in: *Bornkamm/Montag/Säcker (Hrsg.),* Münchner Kommentar zum europäischen und deutschen Wettbewerbsrecht, 2. Aufl., Band 1, Rdnr. 36 ff. *(Müko-Kerber/Schwalbe); Knieps,* Wettbewerbsökonomie: Regulierungstheorie, Industrieökonomie, Wettbewerbspolitik, 3. Aufl., 2008; *Kühn,* Fighting Collusion by Regulating Communication between Firms, Economic Policy, 2001, 169 ff.; *Motta,* Competition Policy: Theory and Practice, 2004; *Perloff/Karp/Golan,* Estimating Market Power and Strategies, 2007; *Röller,* Economic Analysis and Competition Policy Enforcement in Europe, in *Bergeijk/Kloosterhuis (Hrsg.),* Modelling European Mergers, 2005, 13 ff.; *Röller/Stennek/Verboven,* Efficiency Gains From Mergers, in: European Economy – Reports and Studies, 5 (2001), 31 ff.; *Schinkel,* Forensic Economics in Competition Law Enforcement, Journal of Competition Law and Economics, 4 (2007), 1 ff.; *Schmalensee/Willig/Armstrong/Porter (Hrsg.),* Handbook of Industrial Organization, 3 Bde., 1989/2007; *Schmidt/Haucap,* Wettbewerbspolitik und Kartellrecht, 10. Aufl., 2013; *Schulz,* Wettbewerbspolitik: Eine Einführung aus industrieökonomischer Perspektive, 2003; *Schwalbe/Maier-Rigaud,* Market Definition, Background Note, OECD-Policy-Roundtable, 2012; *Schwalbe/Zimmer,* Kartellrecht und Ökonomie, 2. Aufl., 2013; *Tirole,* The Theory of Industrial Organization, 1988 (deutsche Übersetzung: Industrieökonomik, 2. Aufl., 1999); *Viscusi/Harrington/Vernon,* Economics of Regulation and Antitrust, 4. Aufl., 2005; *Williamson,* Economics as an Antitrust Defense: The Welfare Trade-offs, in: American Economic Review, 1968, 18 ff.; *Zimmer,* Der rechtliche Rahmen für die Implementierung moderner ökonomischer Ansätze, WuW 2007, 1198 ff.

A. Rolle und Bedeutung der Wettbewerbsökonomie im Kartellrecht

I. Vorbemerkungen und Einordnung

Der effektive Schutz des Wettbewerbs vor privat veranlassten Beschränkungen ist eine tragende Säule einer funktionsfähigen und erfolgreichen marktwirtschaftlichen Wirtschaftsordnung. Wettbewerb ist jedoch ein sehr vielschichtiges Phänomen. Der Begriff beschreibt mehr ein **Organisationsprinzip und** einen ergebnisoffenen und dynamischen **Prozess** als einen konkreten Zustand. Das Schutzgut der Kartellrechtspraxis lässt sich aus ökonomischer Sicht im ersten Zugriff daher nur recht allgemein beschreiben. So stellt der Nobelpreisträger für Wirtschaftswissenschaften *George Stigler* in seinem Beitrag zum Stichwort Wettbewerb im *New Palgrave Dictionary of Economics* fest: *„Wettbewerb ist die Rivalität zwischen* Individuen *(oder Gruppen oder Nationen), und er zeigt sich immer dort, wo zwei oder mehr Parteien nach etwas streben, was nicht von allen zugleich erreicht werden kann.“*[1] Die Unterscheidung verschiedener Ziele des Wettbewerbsschutzes und **Wettbewerbsfunktionen** ermöglicht zwar eine Konkretisierung der für das Kartellrecht relevanten Teilaspekte des Wettbewerbs. Nach den jeweils im Vordergrund stehenden gesellschafts- oder wirtschaftspolitischen **Zielen** können die Freiheits- und Machtbegrenzungsfunktion, die Effizienz- und Allokationsfunktion, die Gerechtigkeits- und Verteilungsfunktion und die Fortschritts- und Innovationsfunktion unterschieden werden.[2] Aber auch diese Ziele und Funktionen bleiben ebenso wie die in der Literatur diskutierten **Leitbilder** des „funktionsfähigen“ oder „wirksamen“ Wettbewerbs *(John M. Clark, Joe S. Bain),* des „freien“ Wettbewerbs *(Friedrich August v. Hayek, Erich Hoppmann)* oder der „optima- 1

[1] *Stigler,* Competition, in: *Durlauf/Blume (Hrsg.),* The New Pelgrave Dictionary of Economics, 2. Aufl., 2008, 51 (Übersetzung d. Verfasser); vgl. ähnlich: *Schmidt/Haucap,* aaO 3.

[2] Vgl. u. a. *Kerber,* aaO 372.

len Wettbewerbsintensität" *(Erhard Kantzenbach)*[3] notwendiger Weise abstrakt. Die zentrale Herausforderung und Aufgabe der Kartellrechtspraxis ist hingegen sehr konkret. Sie besteht darin, ein zulässiges von einem unzulässigen Verhalten abzugrenzen. Bei dieser Abgrenzung müssen die Erkenntnisse der Wettbewerbsökonomie als Teildisziplin der Wirtschaftswissenschaft berücksichtigt und in die Rechtspraxis übersetzt werden.

2 Die interdisziplinäre Aufgabe der Übersetzung wettbewerbsökonomischer Erkenntnisse in die rechtliche Bewertung wettbewerbsrelevanter Sachverhalte betrifft sämtliche Ebenen der Kartellrechtspraxis:[4] Zum einen sollten die maßgeblichen gesetzlichen, insbesondere die **materiell-rechtlichen Regelungen** dem Stand der wettbewerbsökonomischen Forschung Rechnung tragen. Die zentrale Herausforderung besteht darin, die allgemeinen Prüfungs- und Beurteilungsmaßstäbe so festzulegen, dass diejenigen Wettbewerbsbeschränkungen, die als schädlich angesehen und unterbunden werden sollen, erfasst werden. Die Aufgabe einer sachgerechten Übersetzung wettbewerbsökonomischer Erkenntnisse stellt sich zum anderen auf der Ebene der Anwendung gesetzlicher Normen auf konkrete Einzelfälle. Im Vordergrund steht hier die Aufgabe, konsistente wettbewerbliche **Schadenstheorien *(„theories of harm")*** und entsprechende Prüfungsraster abzuleiten, die jeweils die konkreten Voraussetzungen für das Eintreten und das Ausmaß eines Wettbewerbsschadens beschreiben. Diese **Prüfungsraster** können z.B. in entsprechende Leitlinien der Kartellbehörden gegossen werden. Sie schlagen sich auch in Leit- und Erfahrungssätzen der einschlägigen Rechtsprechung nieder. Die Wettbewerbsökonomie stellt ferner zahlreiche empirische Analyseinstrumente zur Verfügung, die im Sinne von **Ermittlungs- und Beweiserhebungsmethoden** genutzt werden können, um zu prüfen, ob in einem konkreten Einzelfall die relevanten Eingriffsvoraussetzungen vorliegen.

3 Die Aufgabe, wissenschaftliche Erkenntnisse und deren dynamische Entwicklung in die Rechtsanwendung zu integrieren, ist kein Spezifikum des Kartellrechts. Sie stellt sich vielmehr in nahezu allen Rechtsgebieten.[5] Bei der **Wettbewerbsökonomie als** Teil der Wirtschaftswissenschaft handelt es sich jedoch zum einen um keine normative, sondern um eine positive **Sozialwissenschaft.** Im Kartellrecht kann zum anderen weniger als in anderen Rechtsgebieten, deren Aufgabe und Herausforderung in der Integration naturwissenschaftlicher Erkenntnisse besteht, auf unumstößliche oder allgemein anerkannte Gesetzmäßigkeiten zurückgegriffen werden.[6] Diese Feststellungen stellen jedoch – wie ein Blick auf andere Rechtsgebiete zeigt, in denen wie z.B. im Straf- oder Familienrecht sozialwissenschaftliche Erkenntnisse eine wichtige Rolle spielen – die Notwendigkeit und den Nutzen einer sachgerechten Integration nicht grundsätzlich in Frage. Sie lenken aber den Blick auf die Tatsache, dass im Bereich des Kartellrechts **gesellschafts-, wirtschafts- und wettbewerbspolitische Wertungen** eine gewichtige Rolle spielen.[7] Diese manifestieren sich unter anderem in der Existenz wettbewerbspolitischer **„Schulen".** Diese unterscheiden sich insbesondere im Hinblick auf das Vertrauen in die „Selbstheilungskräfte" des Markt- und

---

[3] Für einen Überblick vgl. *Schmidt/Haucap,* aaO 4ff.; *Kerber,* aaO 374ff.; *Müko-Kerber/Schwalbe,* Bd. 1 Rdnr. 131ff.

[4] Vgl. *Ewald,* aaO 25ff.; *Röller,* aaO 16ff.

[5] Vgl. z.B. *Breyer,* The Interdependence of Science and Law, in: Science, 280 (2008), 537f.; vgl. hierzu auch ein sehr illustratives Handbuch des US-amerikanischen Federal Judicial Centre, einer Serviceeinrichtung der US-Bundesgerichte; dieses bietet – allerdings bezogen auf das US-amerikanische Rechtssystem – einen breiten Überblick über die verschiedensten Bereiche und Herausforderungen der Integration wissenschaftlicher Erkenntnisse in die Rechtanwendungspraxis: *Federal Judicial Centre,* Reference Manual on Scientific Evidence, 3. Aufl., 2011.

[6] Vgl. für einen Überblick über die Bausteine, Entwicklung und den Stand der Wettbewerbsökonomie unten Rdnr. 4ff.

[7] Zur Notwendigkeit „normativer Festlegungen" im Kartellrecht vgl. *Hellwig,* Effizienz oder Wettbewerbsfreiheit? Zur normativen Grundlegung der Wettbewerbspolitik, in: *Engel/Möschel (Hrsg.),* Recht und spontane Ordnung, 2006, 231ff.; *Vanberg,* Consumer Welfare, Total Welfare and Economic Freedom – On the Normative Foundations of Competition Policy, in: *Drexl/Kerber/Podszun (Hrsg.),* aaO 44ff.; *Zimmer,* aaO 1200ff.; vgl. ferner ausführlicher unten Rdnr. 11ff.

Wettbewerbsprozesses und haben auf dieser Grundlage abweichende Vorstellungen über die Anforderungen an einen effektiven Wettbewerbsschutz entwickelt.[8] Zudem haben die allgemeinen **rechtlich-institutionellen Rahmenbedingungen** einer Rechtsordnung einen Einfluss darauf, wie der aktuelle wettbewerbsökonomische Erkenntnisstand in die Anwendungspraxis übersetzt wird. So ist z. B. die Bedeutung ökonomischer Gutachter vor Gericht in Rechtssystemen, in denen wie in den USA die Kartellbehörde als Ankläger fungiert, größer als in administrativen Kartellrechtsordnungen, in denen wie in der EU und Deutschland die Gerichte die (erstinstanzlichen) Entscheidungen der Kartellbehörde überprüfen. Abweichende wettbewerbspolitische Wertungen und unterschiedliche rechtlich-institutionelle Rahmenbedingungen können daher zur Folge haben, dass identische Sachverhalte in verschiedenen Rechtsordnungen unterschiedlich geregelt oder im konkreten Einzelfall bewertet werden. Sie stehen tendenziell einer vollständigen **Konvergenz** der internationalen Kartellrechtspraxis im Wege.[9] Wettbewerbsökonomische Erwägungen bilden daher zwar einerseits die Grundlage für die Ausgestaltung kartellrechtlicher Normen und die Bewertung konkreter Einzelfälle. Die Kartellrechtspraxis ist aber andererseits nicht ausschließlich angewandte Wettbewerbsökonomie.

II. Bausteine, Entwicklung und Stand der Wettbewerbsökonomie

Die für die Kartellrechtspraxis einschlägigen ökonomischen Erkenntnisse bilden keine 4
einheitliche, in sich geschlossene Theorie.[10] Die relevanten Theoriebereiche können jedoch alle dem sehr breiten Forschungsfeld der **Industrieökonomie** („industrial organization", IO) zugeordnet werden. Die Industrieökonomie beschäftigt sich im weitesten Sinne mit *„der Funktionsweise von Märkten und Industrien, insbesondere der Art und Weise, wie Unternehmen miteinander konkurrieren."*[11] In Abgrenzung zu denjenigen Bereichen der Wirtschaftswissenschaft, die gesamtwirtschaftliche Kausalzusammenhänge analysieren und ganze Volkswirtschaften als Erkenntnisobjekt betrachten (Makroökonomie), beschäftigt sich die Industrieökonomie mit der einzelwirtschaftlichen Analyse des individuellen Verhaltens und der Verhaltensanreize von (Markt-)Akteuren und ist damit Teil der **Mikroökonomie.** Sie liefert neben den für die Kartellrechtspraxis relevanten Erkenntnissen auch die ökonomische Begründung für die Notwendigkeit und konkrete Ausgestaltung des Regulierungsrahmens für einzelne Märkte und Wirtschaftszweige. Um die Entwicklung und verschiedenen Bausteine der Industrie- und Wettbewerbsökonomie zu ordnen, wird in der Literatur zwischen der traditionellen und der neueren oder „modernen" Industrieökonomie unterschieden:[12]

Traditionelle Industrieökonomie: Als ideengeschichtlicher Ausgangs- und Bezugs- 5
punkt der gesamten Industrieökonomie kann die Metapher des Markt- und Wettbewerbsprozesses als **„unsichtbare Hand"** *(„invisible hand")* gelten, die *Adam Smith* in seinem 1776 erstmals erschienen Werk *„Der Wohlstand der Nationen"* verwendet.[13] Dieses Bild fasst die Erkenntnis zusammen, dass – obgleich jeder Marktteilnehmer eigennützig seinem individuellen ökonomischen (Optimierungs-)Kalkül folgt – die Interaktion im Rahmen eines unverfälschten und freien Markt- und Wettbewerbsprozesses zu einer effizienten Ressourcenverwendung und optimalen Güterallokation führt. Relevanter Effi-

[8] Vgl. für einen Überblick z. B. *Knieps,* aaO 67 ff.

[9] Vgl. *Evans,* Why Different Jurisdictions Do Not (and Should Not) Adopt the Same Antitrust Rules, Chicago Journal of International Law, (10) 2009, 161 ff.

[10] Vgl. hierzu und zu den nachfolgenden Ausführungen: *Müko-Kerber/Schwalbe,* Bd. 1 Rdnr. 67 ff.. *Budzinski,* Monoculture versus Diversity in Competition Economics, Cambridge Journal of Economics, 32 (2008), 295, 296 ff.; *Evans,* Economics and the Design of Competition Law, in: *Collins et al. (Hrsg.),* aaO 99 ff.

[11] *Cabral,* Introduction to Industrial Organization, 2000, 3 (Übersetzung d. Verf.).

[12] Vgl. *Bester,* aaO 2 ff.; *Bühler/Jaeger,* aaO 3 ff.; *Carlton/Perloff,* aaO 3 ff.

[13] Vgl. *Smith,* An Inquiry into the Nature and Causes of the Wealth of Nations, 1776, Buch IV, Kapitel 2, Ausgabe: Chicago University Press, 1976, 423.

zienzmaßstab ist dabei das so genannte **Pareto-Optimum,** d.h. ein Zustand, in dem sämtliche Vorteile des Tauschs über Märkte realisiert sind. Für jeden Marktteilnehmer ist eine Verbesserung der eigenen Wohlfahrtsposition dann nur im Sinne einer (staatlich erzwungenen) Umverteilung möglich.[14] Vollkommene Markt- und Wettbewerbsprozesse führen unter Berücksichtigung der bestehenden technologischen Restriktionen nach dieser Vorstellung zu einer Maximierung der **Wohlfahrt** (im Sinne der gesamtwirtschaftlichen Wertschöpfung oder des „Volkseinkommens"). Die stringente theoretische Ableitung und der Nachweis dieser These ist Gegenstand und Ergebnis der so genannten **Gleichgewichtstheorie.**[15] Diese fußt auf einer modellhaften Abbildung des Verhaltens von Anbietern (Unternehmen) und Nachfragern (Haushalten/Konsumenten) sowie von deren individuellen ökonomischen (Optimierungs-)Kalkülen. Die modellhafte Erfassung der Interaktion von Anbietern und Nachfragern auf Märkten folgt der Vorstellung eines Gleichgewichts im Sinne der Übereinstimmung von angebotenen und nachgefragten Mengen bei einem bestimmten Preis („Markträumung"). Diese Betrachtung ist insofern statisch, als sie von einer Abbildung der (dynamischen) Anpassungsreaktionen der Akteure absieht. Mit anderen Worten: Es werden für ein gegebenes Produktangebot und gegebene Präferenzen der Nachfrager lediglich Gleichgewichtszustände hinsichtlich der angebotenen und nachgefragten Menge eines Produkts zu einem bestimmten Preis verglichen **(komparative Statik).** Mit Hilfe dieses theoretischen Grundgerüsts können jedoch bereits die wesentlichen Auswirkungen von Beschränkungen des Wettbewerbs analysiert und beschrieben werden. Es bietet – ausgehend von den theoretischen Grenzfällen der vollkommenen Konkurrenz und des Monopols – den konzeptionellen Rahmen für eine konsistente Definition des für die Kartellrechtspraxis zentralen ökonomischen Konzepts der **Marktmacht.**[16] Die Modelle der traditionellen Industrieökonomie sind allerdings dadurch gekennzeichnet, dass sie mit Hilfe idealisierender Annahmen von gewissen „Unvollkommenheiten" der Marktinteraktion abstrahieren.[17]

6 Auf der dargelegten modelltheoretischen Grundlage hat sich ein Grundverständnis des komplexen Markt- und Wettbewerbsprozesses entwickelt, das als einfaches **Struktur-Verhalten-Ergebnis-Paradigma** *(structure-conduct-performance;* SVE- oder SCP-Paradigma) bezeichnet wird (Abb. 1).[18] Nach dieser Vorstellung hängt das Marktergebnis (ausschließlich) von der Marktstruktur ab. Das konkrete Marktverhalten der Anbieter wird als von der Marktstruktur determiniert angesehen, selbst aber keiner vertieften Analyse unterzogen.

Abbildung 1: Das einfache Struktur-Verhalten-Ergebnis-Paradigma

Konsequenterweise konzentriert sich der empirische Zweig der traditionellen Industrieökonomie darauf, systematische Zusammenhänge zwischen konkreten Ausprägungen der

[14] Vgl. *Schwalbe/Zimmer,* aaO 4ff.
[15] Vgl. statt Vieler: *Knieps,* aaO 7ff.
[16] Vgl. hierzu ausführlicher unten Rdnr. 20ff.
[17] Vgl. hierzu *Schulz,* aaO 3ff. Ein wesentliches Kennzeichen der modernen Industrieökonomik ist es, sich mit den Folgen, die sich aus diesen „Unvollkommenheiten" ergeben, im Detail zu beschäftigen; vgl. unten Rdnr. 8ff.
[18] Vgl. *Mükо-Kerber/Schwalbe,* Bd. 1, Rdnr. 79ff.; *Schmidt/Haucap,* aaO 71ff.

Marktstruktur und dem Marktergebnis zu untersuchen. Häufig im Mittelpunkt stehen dabei der Konzentrationsgrad eines Marktes oder die Art und Höhe von Schranken des Marktzutritts.[19]

Trotz seines stark vereinfachenden Charakters verdeutlicht das SVE-Paradigma zum einen die Tatsache, dass es die Verschlechterungen des Marktergebnisses in Form höherer Preise, einer sinkenden Angebotsmenge und Produktqualität oder einer abnehmenden Innovationsdynamik sind, die den ökonomischen Anknüpfungspunkt für die kritische Bewertung von Wettbewerbsbeschränkungen bilden. Zum anderen lenkt es den Blick auf die Bedeutung marktstruktureller Faktoren für das Marktergebnis. Allerdings werden durch die Annahme einer strikten Kausalität zwischen Marktstruktur und Marktergebnis das Verhalten und die zugrundeliegenden Anreize der Marktakteure nicht eingehend analysiert. Die moderne Industrieökonomie verfolgt nicht zuletzt das Ziel, dieses Defizit des SVE-Paradigmas aufzulösen und die Realität und Komplexität des Markt- und Wettbewerbsprozesses besser abzubilden. **7**

Moderne Industrieökonomie: Eine wichtige „Wasserscheide" zwischen der traditionellen und der modernen Industrieökonomie ist die verstärkte Nutzung spieltheoretischer Erkenntnisse für die Analyse wettbewerbsrelevanter Phänomene.[20] Bei der **Spieltheorie** handelt es sich um eine mathematische Methode, die – nicht allein für den Bereich der Ökonomie, sondern für nahezu sämtliche Lebensbereiche – Entscheidungskalküle und (optimale) Verhaltensstrategien in komplexen Interaktionsbeziehungen darstellt und analysiert.[21] Sie ist daher in besonderem Maße geeignet, den **Wettbewerbsprozess als strategische Interaktion** von Anbietern und Nachfragern auf Märkten abzubilden. Dies gilt insbesondere für Marktkonstellationen, die durch eine begrenzte Anzahl von Anbietern gekennzeichnet sind (Oligopole). Hier kann unterstellt werden, dass die Anbieter jeweils wissen, dass ihr individuelles Handeln einen gewissen Einfluss auf das Marktergebnis hat. Sie werden daher bei ihren (strategischen) Entscheidungen über den Einsatz ihrer Wettbewerbsparameter (Preis, Kapazitäten, Produktqualität etc.) diese Auswirkungen und die (möglichen) Reaktionen anderer Anbieter berücksichtigen. Das Hauptinteresse der modernen Industrieökonomie gilt daher der Analyse oligopolistischer Marktstrukturen und der „Reaktionsverbundenheit" der Akteure („Spieler").[22] Die Idee des Marktergebnisses als Gleichgewicht wird zwar beibehalten, dies jedoch im Sinne eines (spiel-)strategischen Gleichgewichts.[23] **8**

Die (Pareto-)Effizienz und das Ziel der Maximierung der (Gesamt-)Wohlfahrt bilden ebenso wie in der traditionellen auch in der modernen Industrieökonomie den zentralen Bezugspunkt der theoretischen Analyse. Die moderne Industrieökonomie zeichnet sich jedoch dadurch aus, dass sie die idealisierenden Annahmen der traditionellen Industrieökonomie durch eine realitätsnähere und **verfeinerte Analyse** ersetzt. So wird in den Modellen der traditionellen Industrieökonomie in der Regel unterstellt, dass alle Marktteilnehmer stets vollständig informiert sind und über perfekte Voraussicht verfügen. Für eine komple- **9**

---

[19] Vgl. für einen umfassenden Überblick: *Schmalensee,* Inter-Industry Studies of Structure and Performance, in: *Schmalensee/Willig (Hrsg.),* aaO 951 ff.; vgl. ferner: *Perloff/Karp/Golan,* Estimating Market Power and Strategies, 2007, 13 ff.

[20] Vgl. *Bester,* aaO 6 ff.; *Schulz,* aaO 10 ff.; *Fudenberg/Tirole,* Noncooperative Game Theory for Industrial Organization: An Introduction and Overview, in: *Schmalensee/Willig (Hrsg.),* aaO 259 ff.

[21] Vgl. *Dieckmann,* Spieltheorie: Einführung, Beispiele, Experimente, 2012; *Berninghaus/Erhart/Güth,* Strategische Spiele: Eine Einführung in die Spieltheorie, 3. Aufl., 2010.

[22] Vgl. *Schmalensee,* Industrial Economics: An Overview, The Economic Journal, 98 (1988), 643, 645 ff.; *Shapiro,* The Theory of Business Strategy, Rand Journal of Economics, 20 (1989), 125 ff.; *Schwalbe/Zimmer,* aaO 35 ff.; vgl. ferner ausführlicher unten Rdnr. 41 ff.

[23] Ein zentrales Konzept ist in diesem Zusammenhang das sogenannte „Nash-Gleichgewicht", das nach dem berühmten Mathematiker und Nobelpreisträger für Ökonomie *John F. Nash* benannt ist. Es beschreibt eine Kombination von (Spiel-)Strategien, in der es für keinen Spieler sinnvoll ist, von seiner gewählten Strategie abzuweichen; vgl. *Schwalbe/Zimmer,* aaO 38 ff.; *Fudenberg/Tirole,* Noncooperative Game Theory for Industrial Organization: An Intrduction and Overview, in: *Schmalensee/Willig (Hrsg.),* aaO 265 ff.; *Berninghaus/Erhart/Güth,* aaO 23 ff.

xe Organisationsstruktur wie ein Unternehmen wird ferner angenommen, dass sie wie eine (vollkommen rationale) Einzelperson handelt. Zudem wird davon ausgegangen, dass Verträge stets sämtliche Einzelaspekte einer Transaktion vollständig regeln („vollständige Verträge“) und der Marktprozess insgesamt keinerlei Transaktionskosten wie z. B. Such-, Informations-, Verhandlungs- oder Durchsetzungskosten verursacht. Insgesamt beruht die traditionelle Industrieökonomie damit auf der Annahme, dass es im Zuge der Interaktion auf Märkten zu keinerlei Koordinierungsproblemen zwischen Vertrags- und Transaktionspartnern kommt, die einem optimalen Tausch und der Erreichung des Effizienzziels im Wege stehen könnten. Ein wichtiger Teilbereich der modernen Industrieökonomie, der diese vereinfachenden Annahmen verfeinert, ist die **Neue Institutionenökonomie** *(new institutional economics)*.[24] Deren Ziel und Kennzeichen ist es, sowohl komplexe Organisationsstrukturen wie diejenige von Unternehmen[25] als auch konkrete Vertrags- und Transaktionsformen hinsichtlich ihrer Effizienzwirkungen zu analysieren und dabei Unvollkommenheiten wie z. B. bestehende Informationsasymmetrien und die Existenz von Transaktionskosten zu berücksichtigen.[26] Weitere Verfeinerung erfahren die Erkenntnisse der traditionellen Industrieökonomie durch die so genannte **Verhaltensökonomie** *(behavioral economics)*. Diese analysiert im Detail das tatsächliche, nicht durchgehend „rationale“ Entscheidungsverhalten von Marktakteuren und greift hierzu auch auf das Instrument des Laborexperiments zurück (**experimentelle Ökonomie,** *experimental economics*).[27] Gemeinsames Kennzeichen aller dieser Forschungsfelder ist es letztendlich, das idealisierende Bild des perfekt-rationalen und vollständig informierten *homo oeconomicus* und des friktionslosen Marktprozesses systematisch zu verfeinern.[28] Allerdings wird – da dies einer konsistenten theoretischen Analyse ohnehin nicht zugänglich wäre – keineswegs ein irrationales Verhalten der Akteure unterstellt. Vielmehr werden – gemessen an der Modellvorstellung der traditionellen Industrieökonomie – die Auswirkungen einer beschränkten Rationalität **(bounded rationality)** der Akteure analysiert.[29]

10 Eine wichtige Konsequenz dieses erweiterten Analyseansatzes ist ein im Vergleich zum traditionellen SVE-Paradigma[30] verfeinertes Grundverständnis des Markt- und Wettbewerbsprozesses. Die Marktstruktur wird nicht mehr als exogen vorgegeben und das Marktergebnis als (ausschließlich) hiervon determiniert angesehen. Im Mittelpunkt stehen vielmehr die (spieltheoretische) Analyse des Verhaltens der Marktakteure sowie der jeweils zugrunde liegenden Anreize sowie die Wechselwirkungen zwischen Marktverhalten, Marktergebnis und (Veränderungen der) Marktstruktur.[31] Die moderne Industrie- und Wettbewerbsökonomie ist in der Folge durch eine sehr große **Modellvielfalt** gekennzeichnet, wobei sich die einzelnen Modelle durch sehr spezifische Annahmen auszeichnen können. Der Schwerpunkt der empirischen Analyse in der modernen Industrieökonomie

---

[24] Vgl. *Schulz,* aaO 10 ff.; *Müko-Kerber/Schwalbe,* Bd. 1 Rdnr. 114 ff.

[25] Zu den Grundlagen der „Theorie der Unternehmung“ (*theory of the firm*) vgl. *Holmstrom/Tirole,* The Theory of the Firm, in: *Schmalensee/Willig (Hrsg.),* aaO 61 ff.; *Bühler/Jaeger,* aaO 13 ff.

[26] Als alternative, jeweils jedoch nicht vollständig deckungsgleiche Bezeichnungen werden in der Literatur auch die Begriffe „Transaktionskostenökonomie“, „Vertragstheorie“ oder „Theorie der unvollständigen Verträge“ verwendet, wobei ein Unternehmen als spezifische (Gesellschafts-)Vertragsform analysiert wird; vgl. hierzu z. B. *Bühler/Jaeger,* aaO 38 ff.

[27] Vgl. für einen Überblick mit besonderem Fokus auf Wettbewerbsfragen: *Normann,* Experimental Economics, in: *Collins et al. (Hrsg.),* aaO 773 ff. (aktualisierte deutschsprachige Fassung: Experimentelle Ökonomik für die Wettbewerbspolitik, Düsseldorfer Institut für Wettbewerbsökonomie, Ordnungspolitische Perspektiven, Nr. 6, Dezember 2010); vgl. ferner *Bühler/Jaeger,* aaO 212 ff.; *Plott,* An Updated Review of Industrial Organization: Applications of Experimental Methods, in: *Schmalensee/Willig (Hrsg.),* aaO 1109 ff.

[28] Vgl. *Schwalbe/Zimmer,* aaO 14 ff.

[29] Vgl. *Haucap,* Bounded Rationality and Competition Policy, in: *Drexl/Kerber/Podszun (Hrsg.),* aaO 217 ff.; *Fuchs,* Introducing more features of real life into the economists‘ world of theoretical models, in: *Drexl/Kerber/Podszun (Hrsg.),* aaO 270 ff.

[30] Vgl. oben Rdnr. 6.

[31] Vgl. *Bühler/Jaeger,* aaO 4 ff.

liegt dem entsprechend nicht auf der Identifikation allgemein gültiger Kausalzusammenhänge zwischen denkbaren Ausprägungen einzelner Marktstrukturparameter und dem Marktergebnis. Im Vordergrund steht vielmehr das Ziel, ggf. sehr spezifische Kausal- und Wirkungszusammenhänge mit Hilfe konkreter Markt- und Unternehmensdaten zu überprüfen.[32] Die technischen Voraussetzungen für solche Analysen haben sich in den beiden vergangenen Jahrzehnten erheblich verbessert. Neben Fortschritten im Bereich der empirisch-quantitativen Methodik **(Ökonometrie)** haben hierzu vor allem die dynamischen Entwicklungen in der Informationstechnologie beigetragen, Diese haben sowohl die Datenverfügbarkeit als auch die Verarbeitungs- und Auswertungsmöglichkeiten für komplexe Datenbestände stark erweitert.

III. Zur Bedeutung wettbewerbspolitischer Wertungen

Trotz der theoretisch immer feiner verästelten und empirisch zunehmend besser untermauerten (industrie-)ökonomischen Analyse des Markt- und Wettbewerbsprozesses verbleiben bei der Übersetzung wettbewerbsökonomischer Erkenntnisse in die praktische Kartellrechtsanwendung **Wertungsspielräume.**[33] Da es sich bei der Industrie- und Wettbewerbsökonomie um keine normative Wissenschaft, sondern um eine positive Sozialwissenschaft handelt, beziehen sich diese Spielräume zum einen auf die (normative) Frage, welche Ziele das Kartellrecht verfolgen soll. Zum anderen ist die Tatsache zu berücksichtigen, dass sich die (ökonomischen) Wirkungen potentiell wettbewerbsbeschränkender Sachverhalte bzw. Verhaltensweisen oft nur mit einem begrenzten Grad an Gewissheit ermitteln und belegen lassen. Die Rechtsanwendung ist jedoch entscheidungsorientiert und erfordert daher in jedem Einzelfall die Abgrenzung eines zulässigen von einem unzulässigen Verhalten. Wertungsentscheidungen sind daher auch bei der Festlegung der Nachweisanforderungen für staatliche Eingriffe in den Wettbewerbsprozess unvermeidlich. 11

Zieldiskussion: Hinsichtlich der Frage, welche Ziele das Kartellrecht verfolgen soll, wird insbesondere diskutiert, ob und inwieweit neben den ökonomischen Zielen der Effizienz und Wohlfahrt **außerökonomische Ziele** berücksichtigt werden sollten. Dabei steht in der Regel der Schutz der **(Handlungs-)Freiheit** von Marktakteuren im Mittelpunkt.[34] Hauptgrund hierfür ist, dass ein funktionsfähiger Wettbewerb aufgrund seiner machtbegrenzenden Wirkungen erkennbar auch eine (gesellschafts-)politische Dimension aufweist. So liegen die Ursprünge des US-amerikanischen Kartellrechts mit dem *Sherman-Act* aus dem Jahre 1890 in einer historischen Phase, in der das gesellschaftspolitische Ziel der Kontrolle wirtschaftlich-politischer Macht sehr große Aufmerksamkeit genoss. Eine solche Machtstellung repräsentierte u.a. das einige Jahre später zerschlagene Öl-Imperium von *John D. Rockefeller (Standard Oil Company).*[35] Für die Genese des deutschen und mittelbar auch des europäischen Kartellrechts waren hingegen die unheilvollen Erfahrungen mit den Wechselwirkungen zwischen wirtschaftlicher und politischer Macht in der Zeit vor und während des 2. Weltkriegs prägend. Sie setzten den entscheidenden Impuls für den insbesondere vom **Ordoliberalismus** der **Freiburger Schule** (u.a. *Franz Böhm, Walter Eucken, Wilhelm Röpke*) entwickelten Gedanken, dass einem effektiven Wettbewerbsschutz über ökonomische Erwägungen hinaus eine freiheitssichernde Funktion zu- 12

---

[32] Vgl. *Bühler/Jaeger,* aaO 195 ff.; für einen Überblick über gängige ökonometrische Methoden vgl. ferner *Davis/Garcés,* aaO.

[33] Vgl. hierzu bereits Rdnr. 3.

[34] Vgl. *Schmidt/Haucap,* aaO 35 ff.; *Hellwig,* Effizienz oder Wettbewerbsfreiheit? Zur normativen Grundlegung der Wettbewerbspolitik, in: *Engel/Möschel (Hrsg.),* Recht und spontane Ordnung, 2006, 231–268; *Vanberg,* Wettbewerbsfreiheit und ökonomische Effizienz: Die ordnungsökonomische Perspektive, in *Vanberg (Hrsg.),* Evolution und freiheitlicher Wettbewerb, 2009, 107 ff.

[35] Vgl. *Schmidt/Haucap,* aaO 277 ff.; *Page,* The Ideological Origins and Evolution of U.S. Antitrust Rules, in: *Collins et al. (Hrsg.),* aaO 5 ff.; *Martin,* The Goals of Antitrust and Competition Policy, in: *Collins et al. (Hrsg.),* aaO 23 ff.

kommt.[36] Der Schutz des Wettbewerbs als machtbegrenzender Prozess ist nach dieser Ansicht nicht nur ein Mittel zur Verwirklichung ökonomischer Ziele. Er hat vielmehr selbst die Qualität eines Ziels. Eine hinreichende Konkretisierung bzw. Operationalisierung des Freiheitsziels ist – da die Gewährleistung der Handlungsfreiheit des Einen regelmäßig zugleich eine Beschränkung der Handlungsfreiheit Anderer bedeutet – jedoch im Einzelfall schwierig.[37] Im praktischen Kartellrecht schlägt sich die Berücksichtigung des Freiheitsziels daher in erster Linie als grundsätzliche Skepsis gegenüber (markt-)mächtigen Unternehmen und in der Betonung des mit einzelnen Verhaltensweisen dieser Unternehmen verbundenen freiheitlichen **Gefährdungspotentials** nieder. Marktmächtige oder marktbeherrschende Unternehmen müssen im Zweifel im Sinne einer gesteigerten „Wettbewerbs- oder Marktstrukturverantwortung" stärkere Einschränkungen ihrer Handlungsfreiheit in Kauf nehmen als weniger marktmächtige Anbieter.

13 Die Ansicht, dass das Kartellrecht und der Schutz des Wettbewerbsprozesses (ausschließlich) ein Mittel sein sollte, um Effizienz- und Wohlfahrtsziele zu erreichen, vertritt hingegen z. B. die **Chicago School of Antitrust** *(Robert Bork, Richard Posner, George Stigler).*[38] In den USA als Gegenreaktion zu einer tendenziell interventionistischen Kartellrechtspraxis in den 60er und 70er Jahren des vergangenen Jahrhunderts entstanden,[39] heben die Vertreter dieser wettbewerbspolitischen Schule hervor, dass selbst die Marktposition marktbeherrschender Unternehmen zumindest bei einer längerfristigen Perspektive angreifbar sei **(Bestreitbarkeitsthese; *contestability*).** Diese Betonung der **Selbstheilungskräfte des Marktes** geht einher mit einem tiefen Misstrauen gegenüber staatlichen Eingriffen in den Markt- und Wettbewerbsprozess. Dies gilt weniger für den Bereich der Verfolgung von Hard-core-Kartellabsprachen, aber insbesondere für die Bereiche der Kontrolle von Unternehmenszusammenschlüssen und der Missbrauchsaufsicht über marktbeherrschende Unternehmen. Hinsichtlich einer weiteren Konkretisierung des ökonomischen Effizienz- und Wohlfahrtsziels sind allerdings unterschiedliche Schwerpunktsetzungen denkbar. So hat das Ziel der Effizienz sowohl eine statische als auch eine dynamische Dimension.[40] Bei einer statischen Perspektive führt der Wettbewerbs- und Marktprozess bei einem gegebenen Stand des technischen Fortschritts zu einer optimalen Verwendung (Allokation) der vorhandenen Ressourcen **(allokative Effizienz).** Damit ist aber noch nicht notwendiger Weise sichergestellt, dass die Unternehmen über hinreichende Anreize verfügen, um in ausreichendem Maße in Produkt- und Prozessinnovationen zu investieren und damit auch in dynamischer Hinsicht die Wohlfahrt einer Volkswirtschaft zu gewährleisten und zu steigern **(dynamische Effizienz).** Dieses Ziel kann – anknüpfend an die insbesondere auf *Joseph A. Schumpeter* zurückgehenden Überlegungen[41] – ggf. nur dadurch gefördert werden, dass den Unternehmen zumindest temporär ein höheres Maß an Marktmacht zugestanden wird, als dies unter rein statisch-allokativen Gesichtspunkten wünschenswert wäre. Dieser Grundgedanke bildet unter anderem die ökonomische Begründung für das Patent als Rechtsinstitut des gewerblichen Rechtsschutzes.[42] Dieses gewährt im Sinne einer Be-

---

[36] Vgl. *Schmidt/Haucap,* aaO 211 ff.; *Knieps,* aaO 69 f.; vgl. exemplarisch als wichtige Beiträge der „Freiburger Schule": *Böhm,* Freiheit und Ordnung in der Marktwirtschaft, ORDO, 22 (1971), 11 ff.; wieder abgedruckt in: *Mestmäcker (Hrsg.),* Freiheit und Ordnung in der Marktwirtschaft, 1980, 195ff; *Eucken,* Grundsätze der Wirtschaftspolitik, 6. Auflage, 1990, insbes. Drittes Buch, Kapitel IV. („Das Problem der wirtschaftlichen Macht"), 169 ff.

[37] Vgl. hierzu *Schmidtchen,* Freiheit oder Effizienz als Rechtsprinzip? Zum Freiheitsdilemma im Wettbewerbsrecht, in: *Vanberg (Hrsg.),* Evolution und freiheitlicher Wettbewerb, 2009, 79 ff.

[38] Vgl. *Schmidt/Haucap,* aaO 23 ff.; *Müko-Kerber/Schwalbe,* Bd. 1, Rdnr. 89 ff.; vgl. exemplarisch als wichtigen Beitrag der „Chicago-School": *Bork,* The Antitrust Paradox: A Policy at War with Itself, 1978.

[39] Vgl. *Page,* aaO 10 ff.; *Martin,* aaO 45 ff.

[40] Vgl. *Kerber,* aaO 372 ff.

[41] Vgl. *Hovenkamp,* Schumpeterian Competition and Antitrust, Competition Policy International, 4 (2008), 273 ff.; *Müko-Kerber/Schwalbe,* Bd. 1 Rdnr. 101 ff.

[42] Vgl. hierzu u. a. *Motta,* aaO 56 ff., 65 ff.

lohnung für geleistete Innovationsanstrengungen *(return on investment)* dem Inhaber ein zeitlich begrenztes ausschließliches Verwertungsrecht und damit zumindest temporär ein Monopol. Allerdings ist zugleich zu berücksichtigen, dass nur ein hinreichender Wettbewerb den Anreiz für Unternehmen begründet und stärkt, über kontinuierliche Produkt- und Prozessinnovationen Wettbewerbsvorsprünge zu erzielen.[43]

Im Hinblick auf eine weitere Konkretisierung des Wohlfahrtsziels steht die Frage im 14
Mittelpunkt, welches Gewicht der sogenannten Verteilungsfunktion des Wettbewerbs bei der Kartellrechtsanwendung gegeben werden sollte.[44] Der Blick des Kartellrechts kann sich entweder auf das Ziel der Steigerung der **Gesamtwohlfahrt** einer Volkswirtschaft (im Sinne der gesamtwirtschaftlichen Wertschöpfung und des Volkseinkommens) richten; die Verteilung der gesamtwirtschaftlichen Wertschöpfung zwischen Unternehmen bzw. deren Eigentümern und Gesellschaftern (Gewinn; Produzentenrente) und Konsumenten (Nettonutzen; Konsumentenrente) stünde dann nicht im Mittelpunkt.[45] Es lassen sich allerdings durchaus überzeugende Gründe dafür anführen, dass das Kartellrecht den Blick stärker auf die **Konsumentenwohlfahrt** und die Wahrung der Konsumenteninteressen richten sollte.[46] Tragend könnte z. B. die polit-ökonomische Erkenntnis sein, dass Unternehmen und Verbände über sehr effektive Möglichkeiten verfügen, ihre (Gewinn-)Interessen im politischen Prozess wirksam zur Geltung zu bringen. Für Konsumenten ist dies aufgrund der Zersplitterung ihrer Interessen in weitaus geringerem Maße der Fall.[47]

Unsicherheit und Nachweisanforderungen: Neben unterschiedlichen Vorstellungen 15
zu den Zielen des Kartellrechts bieten die Nachweisanforderungen, die an einen staatlichen Eingriff in den Wettbewerbsprozess gestellt werden, einen Anknüpfungspunkt für wettbewerbspolitische Wertungen.[48] Maßgeblicher Hintergrund hierfür ist die Tatsache, dass sich die (ökonomischen) Wirkungen denkbarer Formen von Wettbewerbsbeschränkungen in einem konkreten Einzelfall oft nur mit einem begrenzten Grad an Gewissheit ermitteln lassen. Einzelne Formen von Beschränkungen wie z. B. klassische Kartellabsprachen haben zwar in aller Regel nachteilige Wirkungen und rechtfertigen daher ein Per-se-Verbot. Andere Formen wie z. B. bestimmte Kooperationsformen, Unternehmenszusammenschlüsse oder einseitige Verhaltensweisen marktmächtiger oder sogar marktbeherrschender Unternehmen können hingegen ambivalente Wirkung entfalten. Sie erfordern daher im Ansatz eine differenziertere Analyse und Bewertung.[49] Kartellrechtliche Entscheidungen in

---

[43] Zu dem hieraus möglicherweise resultierenden Spannungsverhältnis zwischen Kartell- und Patentrecht vgl. *Heitzer,* Innovation und Wettbewerb aus kartellrechtlicher Sicht, in: FIW, Innovation und Wettbewerb, Referate des XLII. FIW-Symposions, 2009, 1 ff.

[44] Vgl. *Crampton,* Alternative Approaches to Competition Law: Consumers' Surplus, Total Surplus, Total Welfare and Non-Efficiency Goals, World Competition 17 (1994), 55 ff.; *Farrell/Katz,* The Economics of Welfare Standards in Antitrust, Competition Policy International, 2 (2006), 3 ff.; *Werden,* Consumer Welfare and Competition Policy, in: *Drexl/Kerber/Podszun (Hrsg.),* aaO 11 ff.

[45] Zu den hinter diesen Begriffen stehenden (wohlfahrts-)ökonomischen Erwägungen vgl. unten Rdnr. 26 ff.

[46] Vgl. für zwei Debattenbeiträge, die – von zwei Mitarbeitern derselben Wettbewerbsbehörde (US-Department of Justice) verfasst – die Argumente unmittelbar aufeinander prallen lassen: *Heyer,* Welfare Standards and Merger Analysis: Why not the Best?, U. S. Department of Justice, Economic Analysis Group Discussion Paper Nr. 06–8, 2006; *Pittman,* Consumer Surplus as the Appropriate Standard for Antitrust Enforcement, U. S. Department of Justice, Economic Analysis Group Discussion Paper Nr. 07–9, 2007.

[47] Vgl. hierzu u. a. *Neven/Röller,* Consumer Surplus vs. Welfare Standard in a Political Economy Model of Merger Control, International Journal of Industrial Organization, 23 (2005), 829 ff.

[48] Vgl. hierzu und zu den nachfolgenden Ausführungen: *Ewald,* aaO 18 ff.; zu den im folgenden dargestellten entscheidungstheoretischen Überlegungen vgl. auch *Beckner/Salop,* Decision Theory and Antitrust Rules, Antitrust Law Journal, 67 (1999), 41 ff.; *Evans,* Economics and the Design of Competition Law, in: *Collins et al. (Hrsg.),* aaO 99 ff.

[49] Vgl. zu diesem Problem und den daraus resultierenden Folgen für die Rechtsanwendung: *Kerber,* Regelorientierte Wettbewerbspolitik aus rechtsökonomischer Sicht, in: Fs. Möschel, 2011, 341 ff.; *Christiansen/Kerber,* Competition Policy with Optimally Differentiated Rules Instead of „Per se Rules

Einzelfällen sind und bleiben aber stets Entscheidungen unter (mehr oder weniger großer) Unsicherheit. Sie können daher auch objektiv fehlerhaft sein. Hierbei sind zwei mögliche Fehlertypen denkbar: auf der einen Seite der auch als ***over-enforcement*** bezeichnete **Typ-I-Fehler** *(false positive)* im Sinne des Verbots eines objektiv nicht zu beanstandenden Verhaltens, auf der anderen Seite der als ***under-enforcement*** bezeichnete **Typ-II-Fehler** *(false negative)* im Sinne einer Duldung objektiv wettbewerbsschädlicher Praktiken. Die Verringerung des Risikos von Typ-I oder Typ-II-Fehlern und damit eine Verbesserung der Qualität und „Treffgenauigkeit" des Kartellrechts erfordern den Abbau der bestehenden Unsicherheit über die konkreten Wirkungen etwaiger Wettbewerbsbeschränkungen. Erforderlich hierfür sind wiederum die Bewertung bzw. der Nachweis bestimmter Tatsachen.[50] Die hierzu notwendigen Ermittlungen verursachen für alle Beteiligten (Unternehmen, Behörden, Gerichte) einen entsprechenden (Mehr-)Aufwand (**Implementierungskosten** der Rechtsanwendung). Die Höhe der Implementierungskosten hängt dabei entscheidend von dem Beweismaß ab, d. h. der Frage, welcher Grad an Gewissheit gefordert wird, um eine Tatsache als nachgewiesen annehmen zu können. Die Frage, welchen Anteil an den Implementierungskosten die verschiedenen Akteure tragen müssen, wird hingegen maßgeblich von der Verteilung der Beweislast bestimmt, d. h. der Frage, ob eine Tatsache von der Kartellbehörde oder den betroffenen Unternehmen nachgewiesen und belegt werden muss.[51] Wettbewerbspolitische Wertungen manifestieren sich vor diesem Hintergrund in einer unterschiedlichen **Gewichtung des Risikos denkbarer Fehlentscheidungen.** Wird dem Ziel der Vermeidung von Typ-II-Fehlern und mithin den negativen Folgen von Wettbewerbsbeeinträchtigungen ein größeres Gewicht beigemessen, müssen die Anforderungen, die von einer Kartellbehörde für den Nachweis eines Rechtsverstoßes zu erfüllen sind, tendenziell niedriger angesetzt werden. Im Falle des Vorliegens ausreichender Indizien für einen möglichen Wettbewerbsschaden (Vermutungstatbestände) kann ferner im Sinne einer Beweislastumkehr den Unternehmen die Pflicht auferlegt werden, das Vorliegen positiver oder wettbewerbsfördernder Wirkungen („Effizienzen") sowie deren Überwiegen nachzuweisen. Umgekehrt gilt: Werden die negativen Folgen eines *over-enforcement* (Typ-I-Fehler) höher gewichtet, muss die Beweislast ausschließlich bei der Kartellbehörde liegen und die Nachweisanforderungen müssen entsprechend höher sein.

16 Die an den Nachweisanforderungen für einen kartellrechtlichen Eingriff anknüpfenden politischen Wertungen können durchaus einem **Wandel im Zeitablauf** unterliegen. In der jüngeren Vergangenheit lieferte u. a. die Kartellrechtspraxis in den Vereinigten Staaten im Zuge des Wechsels von der republikanischen *Bush*- zur demokratischen *Obama*-Administration einen Beleg für diese Tatsache. Für den Bereich der Fusionskontrolle vertraten *Baker/Shapiro* im Vorfeld des Regierungswechsels Anfang 2009 z. B. die These, dass die kartellrechtliche Eingriffsintensität wegen zu hoher Nachweisanforderungen zu niedrig gewesen sei.[52] Andere Kommentatoren gestanden zwar zu, dass sich in den Vereinigten Staaten durchaus Pendelbewegungen in der Anwendungspraxis feststellen ließen.[53] Die Regierungszeit der *Bush*-Administration könne jedoch zumindest für den Bereich der Fusionskontrolle nicht als Phase eines *under-enforcement* bewertet wer-

---

vs. Rule of Reason", Journal of Competition Law and Economics, 2006, 215 ff.; *Borrell,* Fashioning Antitrust Regimes, in: *Collins et al. (Hrsg.),* aaO 85 ff.

[50] Vgl. hierzu und zur Unterscheidung zwischen Norm- und Subsumtionstatsachen: *Pohlmann,* Ökonomische Normtatsachen im Kartellzivilprozess – Am Beispiel der Kosten-Preis-Schere, in: Fs. Stürner, 2013, 435 ff.

[51] Vgl. für eine knappe Darstellung anhand der geltenden Nachweisanforderungen im US-amerikanischen und europäischen Kartellrecht: *Gavil,* Burden of Proof in U. S. Antitrust Law, in: *Collins et al. (Hrsg.),* aaO 125 ff.; *Parr/Burrows,* Burden and Standards of Proof in EC Competition Law, in: *Collins et al. (Hrsg.),* aaO 159 ff.

[52] Vgl. *Baker/Shapiro,* Detecting and Reversing the Decline in Horizontal Merger Enforcement, Antitrust, 22 (2008), 29 ff.

[53] Vgl. hierzu u. a. *Kovacic/Shapiro,* Antitrust Policy: A Century of Economic and Legal Thinking, Journal of Economic Perspectives, 14 (2000), 43 ff.

den.[54] Noch größere öffentliche Aufmerksamkeit erregte jedoch die Missbrauchsaufsicht über marktbeherrschende Unternehmen.[55] Unmittelbar nach dem Regierungswechsel wurde ein vom U.S. Department of Justice (DoJ) kurz zuvor veröffentlichter Bericht zu den hier maßgeblichen Nachweisanforderungen offiziell widerrufen.[56] Betont wurde, dass die in dem Bericht dargelegten Nachweisanforderungen eine zu hohe Hürde für einen staatlichen Eingriff und effektiven Wettbewerbsschutz errichten würden.[57] In diesem Sinne hatte sich z.B. auch die U.S. Federal Trade Commission (FTC) geäußert und die zu starke Betonung des Ziels der Vermeidung eines *over-enforcement* durch das DoJ beanstandet.[58]

IV. Der *more economic approach* im Kartellrecht

Eine der zentralen wettbewerbspolitischen Debatten in Europa und Deutschland in den letzten beiden Jahrzehnten wird unter den Schlagworten der **Ökonomisierung** und des ***more economic approach*** geführt. Sie betrifft die Neujustierung der Bedeutung wettbewerbsökonomischer Erkenntnisse und Methoden für die Kartellrechtspraxis. Im Vordergrund steht das Ziel, durch eine verfeinerte Analyse der konkreten Wirkungen von Wettbewerbsbeschränkungen die Qualität und Treffgenauigkeit der Kartellrechtspraxis zu verbessern ***(effects-based approach)***.[59] Die verschiedenen Bereiche der Kartellrechtspraxis wurden von dieser Debatte schrittweise erfasst. Nach den Anfängen im Bereich des Kartellverbots und der vertikalen Wettbewerbsbeschränkungen Ende der 1990er Jahre verlagerte sie sich zunächst in der ersten Hälfte des vergangenen Jahrzehnts auf den Bereich der Fusionskontrolle.[60] Das Ende 2005 veröffentlichte Diskussionspapier und die Anfang 2009 verabschiedete Mitteilung der Kommission zu den Prioritäten bei der Anwendung des Kartellrechts auf missbräuchliche Behinderungstatbestände[61] sind wichtige Wegmarken dieser Debatte im Bereich der Missbrauchsaufsicht über marktbeherrschende Unternehmen. Die Diskussion, ob und wie die Erkenntnisse und Methoden der Wettbewerbsökonomie stärker und besser in das Kartellrecht integriert werden können, wurde ferner von Einzelfallentscheidungen befeuert. So waren es mehrere Urteile der europäischen Gerichte, die den Reformprozess und die Ökonomisierung der europäischen Fusionskontrolle angestoßen haben.[62] Für den Bereich der Missbrauchsaufsicht bildeten hingegen die auf beiden Seiten des Atlantiks gegen *Microsoft* ergangenen Entscheidungen wichtige Referenzpunkte.[63] Das 17

[54] Vgl. *Kovacic,* Assessing the Quality of Competition Policy: The Case of Horizontal Merger Enforcement, Competition Policy International, 5 (2009), 129, 133 ff.

[55] Vgl. hierzu unter Berücksichtigung der parallelen Entwicklungen auf EU-Ebene: *Evans,* Why Different Jurisdictions Do Not (and Should Not) Adopt the Same Antitrust Rules, Chicago Journal of International Law, (10) 2009, 161 ff.

[56] Vgl. U.S. Department of Justice, Competition and Monopoly: Single Firm Conduct under Section 2 of the Sherman Act, September 2008.

[57] Vgl. hierzu die Pressemitteilung „Justice Department wirthdraws Report on Antitrust Monopoly Law; Antitrust Division to apply more rigorous Standard with Focus on the Impact of Exclusionary Conduct on Consumers, Press Release, 11 May 2009: http://justice.gov/atr/public/press_releases/2009/245710.htm.

[58] Vgl. zur Presseverlautbarung und dem Wortlaut der Stellungnahme der Kommissare der FTC im Einzelnen: http://ftc.gov/opa/2008/09/section2.shtm.

[59] Der Begriff wurde durch Verlautbarungen führender Vertreter der Kommission geprägt; vgl. z.B. *Esteva-Mosso,* The More Economic Approach Paradigm – An Effects-based Approach to EU-Competition Policy, in: *Basedow/Wurmnest (Hrsg.),* Structure and Effects in EU Competition Law, 2011, 11 ff.

[60] Vgl. *Christiansen,* Der „More Economic Approach" in der EU-Fusionskontrolle, 2010, 31 ff.

[61] Europäische Kommission, Erläuterungen zu den Prioritäten der Kommission bei der Anwendung von Artikel 82 des EG-Vertrags auf Fälle von Behinderungsmissbrauch durch marktbeherrschende Unternehmen, ABl. 2009, C 45, 7 ff.

[62] Vgl. *Christiansen,* aaO 59 ff.

[63] Vgl. *Rubini (Hrsg.),* Microsoft on Trial – Legal and Economic Analysis of a Transatlantic Antitrust Case, 2010; für eine kurze Darstellung der wesentlichen Streitpunkte vgl. *Kühn/Van Reenen,* Interoperability and Market Foreclosure in the European Microsoft Case, in *Lyons (Hrsg.),* Cases in

im Jahre 2007 ergangene Urteil des U.S. Supreme Court im Fall *Leegin,*[64] mit dem das seit 1911 geltende Per-se Verbot der vertikalen Preisbindung zugunsten einer Einzelfallprüfung *(rule of reason)* aufgegeben wurde, belegt diese Tatsache hingegen für den Bereich der kartellrechtlichen Beurteilung vertikaler Wettbewerbsbeschränkungen.[65]

18 Insbesondere in Deutschland wurde und wird die Neujustierung der Bedeutung ökonomischer Erkenntnisse und Methoden im Kartellrecht von einer lebhaften und durchaus kontroversen Debatte begleitet. Unter Bezugnahme auf die im Kartellrecht bestehenden Anknüpfungspunkte für wettbewerbspolitische Wertungen[66] spielen dabei zum einen **normative Erwägungen** eine wichtige Rolle.[67] Hingewiesen wird auf die Gefahr, dass mit einer stärkeren Ökonomisierung die mit dem Kartellrecht verbundenen freiheitlichen Zielsetzungen zu sehr aus dem Blickfeld geraten könnten.[68] Hervorgehoben werden außerdem die Risiken, die sich aus der Berücksichtigung sehr komplexer ökonomischer (und insbesondere ökonometrischer) Analysemethoden bei der Beurteilung konkreter Einzelfälle ergeben könnten. Befürchtet wird, dass durch steigende **Nachweisanforderungen** die Hürde für einen kartellbehördlichen Eingriff zu hoch angesetzt und damit das Risiko eines unzureichenden Wettbewerbsschutzes *(under-enforcement)* heraufbeschworen wird.[69] Umgekehrt wird jedoch insbesondere von ökonomischer Seite zu Recht darauf hingewiesen, dass durch eine verfeinerte Analyse der konkreten Wirkungen von Wettbewerbsbeschränkungen die Qualität und **Treffgenauigkeit** der Kartellrechtspraxis verbessert und insbesondere das Risiko eines *over-enforcement* verringert werden kann.[70] Auch die Diskussion in Deutschland betrifft daher im Wesentlichen die Frage des vorzugswürdigen „Wie" der Integration ökonomischer Erkenntnisse und Methoden in die Kartellrechtspraxis. Das „Ob" einer sachgerechten Integration und mithin die Tatsache, dass die Wettbewerbsökonomie bei der Gestaltung gesetzlicher Normen, der Formulierung von Leitlinien und der Beurteilung konkreter Einzelfälle eine zentrale Rolle spielen sollte und muss, wird hingegen nicht ernsthaft in Frage gestellt.[71]

19 Für die Aufgabe einer sachgerechten Integration ökonomischer Erkenntnisse und Analysen in das Kartellrecht wird teilweise der Begriff der **forensischen Ökonomie** verwendet.[72]

European Competition Policy, 2009, 50ff; *Melamed/Rubinfeld,* US v. Microsoft: Lessons Learned and Issues Raised, in: *Fox/Crane (Hrsg.),* Antitrust Stories, 2007, 287 ff.

[64] *Leegin Creative Leather Products Inc. v. PSKS Inc.*, Supreme Court of the United States, 28. Juni 2007, No. 06–480, 551 U.S. 877, auszugsweiser Abdruck in: WuW/E KRInt 185 ff.

[65] Vgl. u.a. *Ewald,* The Economics of Resale Price Maintenance – Why Europe is right not to follow the USA on the 'slippery slope' of *Leegin,* Journal of European Competition Law and Practice, 3 (2012), 300 ff.

[66] Vgl. oben Rdnr. 11 ff.

[67] Vgl. u.a. *Böge,* Der „more economic approach" und die deutsche Wettbewerbspolitik, WuW 2004, 726 ff.; *Immenga,* Ökonomie und Recht in der europäischen Wettbewerbspolitik, ZWeR 2006, 346 ff.; *Schmidt,* ‚More economic approach': Ein wettbewerbspolitischer Fortschritt?, in: Fs. Bechtold, 2006, 409 ff.; *Dreher,* Die Zukunft der Missbrauchsaufsicht in einem ökonomisierten Kartellrecht, WuW 2008, 23 ff.

[68] Vgl. u.a. *Künzler,* Effizienz oder Wettbewerbsfreiheit? Zur Frage nach den Aufgaben des Rechts gegen private Wettbewerbsbeschränkungen, 2008; vgl. zu diesem rechtswissenschaftlichen Beitrag allerdings auch die aus ökonomischer Sicht zuweilen recht kritische Rezension von *Schwalbe,* ZWeR 2010, 456 ff.

[69] Vgl. u.a. *Budzinski,* Monoculture versus Diversity in Competition Economics, Cambridge Journal of Economics, 32 (2008), 295 ff.; *ders.*, Modern Industrial Economics and Competition Policy: Open Problems and Possible Limits, in: *Drexl/Kerber/Podszun (Hrsg.),* aaO 111 ff.; *Schmidt,* Wie ökonomisch ist der ‚more economic approach'?: Einige kritische Anmerkungen aus ordnungsökonomischer Sicht, Freiburger Diskussionspapiere zur Ordnungsökonomik Nr. 06/10, 2006.

[70] Vgl. *Haucap,* Irrtümer über die Ökonomisierung des Wettbewerbsrechts, Orientierungen zur Wirtschafts- und Gesellschaftspolitik, 114 (2007), 12 ff.

[71] Vgl. *Ewald,* aaO 15 ff.; *Zimmer,* aaO., *Kirchhoff,* Ökonomie und Kartellrecht aus der Sicht des deutschen Richters, in: Fs Tolksdorf, 2014, 521 ff.

[72] Vgl. *Ewald,* aaO 22 ff.; *Schinkel,* Forensic Economics in Competition Law Enforcement, Journal of Competition Law and Economics, 4 (2007), 1 ff.

Dieser trägt der Tatsache Rechnung, dass sich die Forensik in einem umfassenden Sinne mit der Anwendung wissenschaftlicher Erkenntnisse und Methoden im Prozess der Rechtsfindung befasst. Um der dynamischen Entwicklung wissenschaftlicher Erkenntnisse Rechnung zu tragen, bilden für den Bereich der naturwissenschaftlich-technischen Wissenschaftsdisziplinen z.B. anerkannte „Regeln der Technik" oder der „Stand von Wissenschaft und Technik" in zahlreichen Rechtsgebieten wichtige Bezugspunkte für Gesetzgeber, Verwaltung und Rechtsprechung.[73] Ein konkreter Stand der wissenschaftlichen Diskussion und Methodenlehre existiert – allerdings mit einem geringeren Grad an Verbindlichkeit als im Bereich der Naturwissenschaft – auch für die Industrie- und Wettbewerbsökonomie. Vor dem Hintergrund der gängigen Unterscheidung zwischen theoretischer und empirischer Industrie- und Wettbewerbsökonomie bietet sich die Unterscheidung von zwei Ebenen forensischer Ökonomie im Kartellrecht an. Die Aufgabe der theoretisch-konzeptionellen forensischen Ökonomie im Kartellrecht besteht darin, vor dem Hintergrund des Standes der theoretischen Wettbewerbsökonomie **justitiable Kausalbeziehungen** und **Erfahrungssätze** abzuleiten, die eine rechtliche Bewertung konkreter Sachverhalte ermöglichen. Bildlich gesprochen geht es darum, den Stand der wettbewerbsökonomischen Theorie in eine kartellrechtliche Landkarte zu übersetzen, die als Orientierung für die Kartellrechtspraxis dienen kann (Ableitung denkbarer Schadenstheorien).[74] Die Ebene der empirischen forensischen Ökonomie setzt hingegen an der in jedem Einzelfall erforderlichen **Ermittlung** und **Bewertung von Tatsachen** an. Für diese Aufgabe steht eine Vielzahl unterschiedlicher Ermittlungs- und Analysemethoden zur Verfügung. Das Spektrum reicht dabei von einfachen Befragungen von Marktteilnehmern bis hin zu komplexen Simulationsmodellen.[75] Jede dieser Methoden hat spezifische Vor- und Nachteile, die sich darauf auswirken, wie aufwändig ihre Anwendung und wie aussagekräftig ihre Ergebnisse sind. In der Regel besteht daher ein Zielkonflikt zwischen der Genauigkeit bzw. Aussagekraft und der Komplexität bzw. dem Aufwand einer bestimmten Ermittlungs- bzw. Beweiserhebungsmethode.[76] Aus verfahrensökonomischer Sicht sollten in einem konkreten Einzelfall stets diejenigen Ermittlungsmethoden bevorzugt werden, die ein besonders vorteilhaftes Verhältnis zwischen Aufwand (Komplexität) und Ertrag (Aussagekraft) aufweisen.

B. Grundlegende wettbewerbsökonomische Konzepte und Modelle

I. Marktmacht

1. Formen und ökonomischer Analyserahmen. Formen: Zentraler ökonomischer 20
Bezugspunkt für das Kartellrecht ist das ökonomische Konzept der Marktmacht. In sehr allgemeiner Form kann Marktmacht als die Möglichkeit eines Anbieters oder Nachfragers beschrieben werden, das Ziel der individuellen Gewinnmaximierung zu einem gewissen Grade unabhängig und unkontrolliert von anderen Anbietern bzw. Nachfragern zu verfolgen. Die Marktmacht von Anbietern **(angebotsseitige Marktmacht)** manifestiert sich in

[73] Vgl. hierzu *Nicklisch,* Funktion und Bedeutung technischer Standards in der Rechtsprechung, Betriebs-Berater, 1983, 261 ff. Als Beispiele können hier z.B. das Umweltschutzrecht oder das Baurecht genannt werden; vgl. für das Baurecht: *Seibel,* Stand der Technik, allgemeine Regeln der Technik und Stand von Wissenschaft und Technik, Baurecht, 2004, 266 ff.

[74] Vgl. bereits oben Rdnr. 2. In der englisch-sprachigen Literatur findet sich für diese Aufgabe der theoretisch-konzeptionellen forensischen Ökonomie der Begriff des „Einrahmung" oder „Strukturierung" eines Einzelfalles (*„framing the case"*); vgl. hierzu u. a. *Röller,* aaO 16.

[75] Für einen umfassenden Überblick insbesondere über datengestützte quantitative Methoden vgl. *Davis/Garcés,* aaO.

[76] Vgl. hierzu unter Bezugnahme auf das Beispiel der Bestimmung der Höhe des Schadens von Kartellabsprachen: *Friederiszick/Röller,* Quantification of Harm in Damages Actions for Antitrust Infringements: Insights from German Cartel Cases, Journal of Competition Law and Economics, 6 (2010), 598, 609 ff.

erweiterten Spielräumen, die wesentlichen Parameter des jeweiligen Produktangebots (Preis, Menge, Qualität, Service etc.) einseitig bestimmen zu können. Da jede Verschlechterung der Produkt- oder Servicequalität bei einem konstanten Preis einer (versteckten) Preiserhöhung gleichkommt, kann angebotsseitige Marktmacht als die Fähigkeit eines Anbieters beschrieben werden, den Produktpreis gewinnbringend über ein wettbewerbliches Referenzniveau hinaus anzuheben. Nachfrageseitige Marktmacht **(Nachfragemacht)** manifestiert sich spiegelbildlich in der Fähigkeit eines Nachfragers, gegenüber Anbietern für eine gegebene Qualität eine den eigenen Gewinn steigernde Preissenkung durchzusetzen. Der Grad der Marktmacht von Anbietern bzw. Nachfragern wird generell davon bestimmt, welche anderen Anbieter oder Nachfrager als Ausweichalternativen zur Verfügung stehen. Hierbei handelt es sich erkennbar jeweils um **graduelle Phänomene.**

21 **Analyserahmen:** Die ökonomische Analyse der Auswirkungen und Bestimmungsfaktoren des graduellen Phänomens der Marktmacht bedient sich **theoretischer Modelle.**[77] Diese isolieren durch idealisierende, teilweise stark vereinfachende **Annahmen** einzelne Faktoren und Wirkungszusammenhänge. Bildlich gesprochen wird – vergleichbar mit einer Landkarte oder einem Stadtplan – die sehr komplexe Topographie des Markt- und Wettbewerbsprozesses auf ihre wesentlichen Grundstrukturen reduziert. Durch Variation oder Auflösung einzelner Annahmen können die Modelle schrittweise der Realität wieder angenähert werden. Ein gewisser Nachteil dieses Vorgehens besteht darin, dass die Modelle im Einzelfall ein vergleichsweise hohes **Abstraktionsniveau** erreichen. Dieser Nachteil wird aber dadurch kompensiert, dass grundlegende Kausalbeziehungen und die Bedeutung einzelner Einflussfaktoren offengelegt und im Detail analysiert werden können.[78] Im Folgenden werden grundlegende industrieökonomische Modelle skizziert, die als Bezugspunkte für zahlreiche praxisrelevante Fragen und Konzepte der Kartellrechtsanwendung dienen. Die Modelle verdeutlichen insbesondere die verschiedenen denkbaren Ursachen und Indikatoren für Marktmacht wie z.B. die Anzahl der in einem Markt tätigen Unternehmen, den Grad der Produktdifferenzierung oder die Höhe von Marktzutrittsschranken. Dabei steht zunächst das Phänomen der **unilateralen Marktmacht** im Mittelpunkt, d.h. es wird zunächst von der Tatsache abstrahiert, dass Unternehmen ihre Marktmacht auch durch eine explizite Koordinierung ihres Marktverhaltens oder ein bewusstes Parallelverhalen (explizite oder implizite **Kollusion**) steigern könnten. Die modelltheoretischen Grundlagen für diese zweite Form der wettbewerbsbeschränkenden und marktmachtsteigernden Interaktion auf einem Markt[79] werden im Kontext der Beurteilung horizontaler Wettbewerbsbeschränkungen und des Kartellverbots zusammenfassend dargestellt.[80] **Anmerkung:** Für den **praxisorientierten Leser** kann es sinnvoll sein, die folgenden Abschnitte jeweils im Zusammenhang mit den relevanten kartellrechtlichen Fragestellungen zu lesen. Durch entsprechende **Verweise** wird in den jeweiligen Abschnitten auf die dargestellten modelltheoretischen Erwägungen Bezug genommen.

22 **Grundlegende Verhaltensannahmen:** Grundlage der theoretischen Analyse des graduellen Phänomens der Marktmacht ist eine modellhafte Abbildung des Entscheidungsverhaltens von Unternehmen und privaten Haushalten (Konsumenten).[81] Diese erhebt nicht

[77] Für einen knappen, wenig technisch-mathematischen Überblick über die wichtigsten Modelle vgl. insbesondere *Schwalbe/Zimmer,* aaO 14ff.; für eine knapp gehaltene formale Darstellung der Modelle vgl. *Motta,* aaO 533ff.

[78] Um erneut das Bild des „Stadtplans" zu verwenden: Bei einem erstmaligen Besuch in einer neuen Stadt verschafft ein lediglich die wesentlichen Grundstrukturen darstellender Stadtplan in der Regel einen besseren Überblick und eine zielgerichtete Orientierung als ein detailliertes Satellitenbild im Maßstab 1:1.

[79] Vgl. hierzu anknüpfend an das „Gefangenen Dilemma" aus spieltheoretischer Sicht unten Rdnr. 42.

[80] Vgl. hierzu ausführlich unten Rdnr. 88ff.

[81] Vgl. zu den Grundlagen der mikroökonomischen Theorie des Haushalts und des Unternehmens *Varian,* Grundzüge der Mikroökonomie, 7. Aufl., 23ff. (Theorie des Haushalts) und 381ff. (Theorie des Unternehmens); vgl. auch *Knieps,* aaO 8ff.; *Belleflamme/Peitz,* aaO 13ff.; *Davis/Garcés,* aaO 1ff.

den Anspruch, das tatsächliche Verhalten von Anbietern und Nachfragern in allen Facetten widerzuspiegeln. Vielmehr dürften in der Realität auch Verhaltensweisen beobachtbar sein, die mit dieser modellhaften Vorstellung nicht in Einklang zu bringen sind. Die Annahmen sind jedoch eine sinnvolle und hinreichende Annäherung an die Realität. Sie ermöglichen überhaupt erst eine konsistente theoretische Analyse des Markt- und Wettbewerbsprozesses. Konsumenten streben danach ihr individuelles **Nutzenmaximum** unter Berücksichtigung bestehender Einkommensrestriktionen (so genannte „Budgetrestriktion") an. Sie kaufen nur dann ein bestimmtes Produkt, wenn der Preis niedriger oder genauso hoch ist wie ihre marginale Zahlungsbereitschaft für dieses Produkt. Diese marginale Zahlungsbereitschaft ergibt sich aus den individuellen **Präferenzen** der Abnehmer; diese weisen einzelnen Produkten im Vergleich zu anderen Produkten einen individuellen (relativen) Nutzenwert zu. Die Differenz zwischen dem tatsächlich gezahlten Preis und der marginalen Zahlungsbereitschaft (dem individuellen „Nutzen") ist der individuelle Vorteil (Netto-Nutzen), den der Konsument aus der Markttransaktion zieht **(Konsumentenrente).** Da sich die Präferenzen der Verbraucher stark unterscheiden, ergeben sich unterschiedliche marginale Zahlungsbereitschaften für einzelne Produkte. In der Regel ist von einem negativen Zusammenhang zwischen der Höhe des Preises und der nachgefragten Menge eines Produkts auszugehen. Denn mit einem steigenden Preis finden sich immer weniger Konsumenten, für die der Produktpreis niedriger oder ebenso hoch wie die marginale Zahlungsbereitschaft ist. Dieser Zusammenhang lässt sich als **Nachfragefunktion** darstellen (Abb. 2). In Abhängigkeit von den jeweiligen Präferenzen kann diese einen unterschiedlichen Verlauf haben. In zahlreichen Modellen wird aus Vereinfachungsgründen von einem linearen Verlauf ausgegangen.

Eine für die wettbewerbsökonomische Analyse wichtige Kennzahl, die sich aus dem Verlauf der Nachfragefunktion für ein Produkt ableiten lässt, ist die sogenannte **Preiselastizität** der Nachfrage (ε). Diese gibt an, wie stark sich die nachgefragte Menge eines Produkts i (q_i) bei einer Erhöhung des Preises (p_i) verändert:[82] 23

$$\varepsilon_i = \frac{dq_i/q_i}{dp_i/p_i}$$

Da die Nachfrage mit steigendem Preis sinkt, ist der Wert der Preiselastizität in der Regel negativ.[83] Liegt der Wert für die Preiselastizität der Nachfrage zwischen 0 und -1, spricht man von einer unelastischen Nachfrage, d.h. die (prozentuale) Verringerung der Nachfrage nach einem Produkt fällt geringer aus als der (prozentuale) Preisanstieg. Sinkt die Nachfrage trotz steigenden Preises generell nicht ($\varepsilon = 0$), spricht man von einer vollkommen preisunelastischen Nachfrage. Das Phänomen einer preisunelastischen Nachfrage lässt sich z.B. bei wichtigen Produkten der Grundversorgung wie z.B. Heizungsenergie beobachten. Auf diese kann der Konsument in der Regel trotz steigender Preise nur bedingt verzichten. Die Werte der Preiselastizität für viele andere Produkte nimmt Werte größer |1| an, d.h. der prozentuale Mengenrückgang ist größer als die prozentuale Preiserhöhung. In diesen Fällen wird die Nachfrage als preiselastisch bezeichnet. Sofern die Preiselastizität für alle Preis-Mengen-Kombinationen und damit über die gesamte Nachfragefunktion hinweg gleich ist, spricht man von einer isoelastischen Nachfrage.

[82] In der nachfolgenden Gleichung werden die absoluten Mengen- bzw. Preisänderungen durch die Bezeichnung dq_i bzw. dp_i erfasst, während Ausgangsmenge und –preis mit q_i bzw. p_i bezeichnet sind. Die in Bezug gesetzten Quotienten geben daher jeweils prozentuale Veränderungen an.

[83] Ein seltener Ausnahmefall sind so genannte „Snob-Produkte"; hier nimmt der einem Produkt individuell zugemessene Nutzen bei einem Teil oder der Mehrheit der Konsumenten ab, wenn der Gesamtabsatz des Produkts steigt. Bei einem steigenden Preis kann dann – ggf. nur in bestimmten Bereichen der Nachfragefunktion – die Nachfrage ggf. sogar zunehmen.

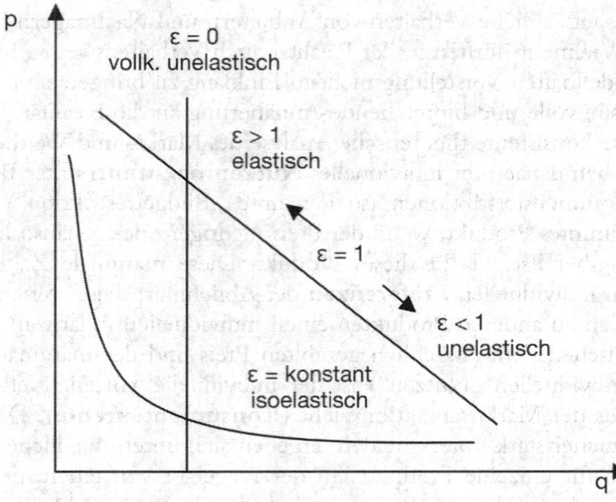

Abbildung 2: Nachfragefunktion und Preiselastizität der Nachfrage

24 Bei Unternehmen kann davon ausgegangen werden, dass sie eine **Maximierung des Gewinns** unter Berücksichtigung bestehender technologischer (und damit kostenwirksamer) Restriktionen anstreben. Um den eigenen Gewinn zu maximieren, sollten Anbieter nur dann eine (zusätzliche) Einheit eines bestimmten Produkts verkaufen, wenn der hierfür erzielbare Erlös die zusätzlichen Kosten für diese Produkteinheit (Grenzkosten) zumindest deckt oder übersteigt. Andernfalls würde das Unternehmen einen (marginalen) Verlust und damit eine Gewinnreduktion hinnehmen. Sofern der tatsächlich realisierte Preis oberhalb der Grenzkosten liegt, führt die Markttransaktion hingegen zu einem (zusätzlichen) Gewinn **(Produzentenrente).** Ob sich für ein Unternehmen der Verkauf einer (zusätzlichen) Produkteinheit lohnt, hängt daher entscheidend von der konkreten, insbesondere von der **Produktionstechnologie und Kapazitätsauslastung** determinierten Kostensituation ab.[84] Wichtig ist in diesem Zusammenhang die Unterscheidung zwischen fixen, d.h. von der Produktionsmenge unabhängigen Kosten und variablen, d.h. mit der Produktionsmenge steigenden Kosten.[85] Fallen keine Fixkosten der Produktion an und wird ein linearer Kostenverlauf unterstellt, d.h. steigen die Produktionskosten mit jeder weiteren Produkteinheit um einen konstanten Betrag an, entsprechen die **Grenzkosten** den (variablen und totalen) **Durchschnittskosten.** Diese sind ferner konstant, d.h. ihre Höhe variiert nicht mit der Ausbringungsmenge. Fallen hingegen Fixkosten an, weichen die Grenz- und Durchschnittskosten voneinander ab. Bei einem linearen Kostenverlauf entsprechen die (konstanten) Grenzkosten den variablen Durchschnittskosten. Die totalen Durchschnittskosten („Stückkosten") nehmen zwar wegen der Fixkostendegression mit zunehmender Ausbringungsmenge ab. Sie liegen aber stets über den Grenz- und variablen Durchschnittskosten. Die in der Realität vorkommenden Produktionstechnologien sind jedoch oft nicht durch einen linearen Kostenverlauf gekennzeichnet. Bei einer zunehmend besseren Auslastung der vorhandenen Kapazitäten kann vielmehr davon ausgegangen werden, dass die Kosten für die Herstellung einer zusätzlichen Produkteinheit zunächst abnehmen (d.h. die Produktionsfaktoren weisen steigende Grenzerträge auf). Nähert sich die Produktionsmenge der Kapazitätsgrenze, können aufgrund von Engpässen hingegen die Grenzerträge der Produktion sinken und die Grenzkosten steigen. In der Folge sind die Grenzkosten der

[84] Vgl. für die nachfolgende Darstellung *Bühler/Jaeger,* aaO 14ff.

[85] Vereinfachend umfassen die Fixkosten die Kosten der Bereitstellung einer bestimmten Produktionskapazität (z.B. Gebäude, Maschinen, Kapital etc.), während die Höhe der variablen Kosten von den in das Produkt unmittelbar einfließenden Vorprodukten sowie Roh-, Hilfs- und Betriebsstoffen bestimmt wird.

Produktion nicht konstant sondern nehmen mit wachsender Auslastung zunächst ab, nach Überschreiten der optimalen Kapazitätsauslastung hingegen wieder zu. Die Grenzkosten sind demensprechend zunächst niedriger, ab einer bestimmten Auslastung jedoch höher als die (variablen und totalen) Durchschnittskosten.

Diejenige Auslastung und Produktionsmenge, für welche die Grenzkosten den totalen 25
Durchschnittskosten entsprechen, bezeichnet die Schwelle, ab der das Unternehmen mit dem Verkauf jeder zusätzlichen Produkteinheit einen zusätzlichen Gewinn erzielt. Liegt der Preis oberhalb der Grenz- und variablen Durchschnittskosten aber unterhalb der totalen Durchschnittskosten, erzielt das Unternehmen mit jeder abgesetzten Einheit zumindest **Deckungsbeiträge** für die (teilweise) Deckung der Fixkosten. Das Unternehmen erzielt in diesem Fall eine **„Quasi-Rente"**. Die Erlöse für eine Produkteinheit liegen zwar höher als die (variablen) Kosten, die bei einem Verzicht auf die Produktion dieser Einheit entfallen würden (kurzfristig vermeidbare Kosten). Eine Deckung der nicht vermeidbaren und von der Ausbringungsmenge unabhängigen (Fix-)Kosten wird jedoch nicht erreicht. Während kurzfristig eine fehlende Deckung der Fixkosten in Kauf genommen werden kann, ist die langfristige Überlebensfähigkeit eines Unternehmens nur für den Fall der Vollkostendeckung gewährleistet. Insgesamt ist davon auszugehen, dass ein positiver Zusammenhang zwischen dem Produktpreis und der von einem Unternehmen angebotenen Menge besteht, da mit steigendem Preis die Wahrscheinlichkeit der Kostendeckung zunimmt. Auf der Grundlage dieser modellhaften Vorstellung lässt sich – analog zum Konzept der Nachfragefunktion[86] – für jedes Produkt eine **Angebotsfunktion** ableiten. Diese bildet den Zusammenhang zwischen Preishöhe und angebotener Menge ab und erlaubt die Bestimmung der bei einer bestimmten Preis-Mengen-Kombination relevanten **Preiselastizität des Angebots.**

2. Angebotsmacht: Zwischen vollkommener Konkurrenz und Monopol. Vollkommene Konkurrenz: Das graduelle Phänomen der anbieterseitigen Marktmacht wird durch ein Modellspektrum erfasst, das durch die Grenzfälle der vollkommenen Konkurrenz und des Monopols abgesteckt wird. Das Modell der vollkommenen Konkurrenz bildet dabei eine Marktsituation ab, in der Anbieter über keinerlei Markmacht verfügen (Abb. 3).[87] 26

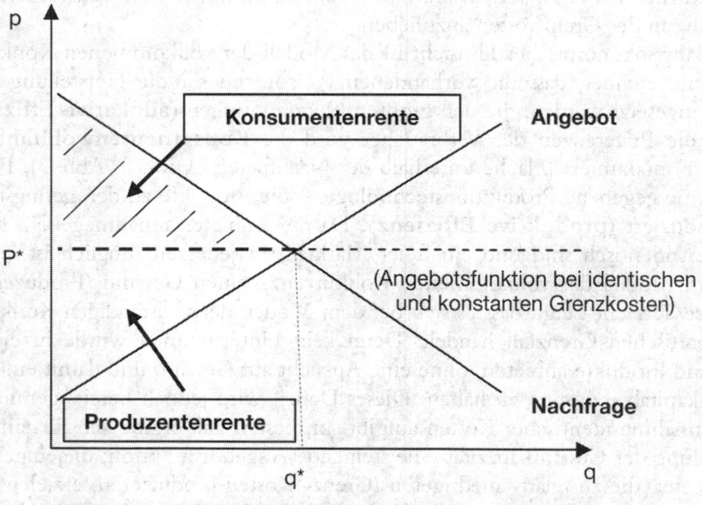

Abbildung 3: Marktgleichgewicht bei vollkommener Konkurrenz

Obgleich dieses Modell aufgrund seiner extremen Annahmen keiner realen Marktsituation entspricht, bietet es einen aussagekräftigen Bezugspunkt. Denn es beschreibt eine

[86] Vgl. hierzu oben Rdnr. 22.

[87] Vgl. *Schwalbe/Zimmer,* aaO 14 ff.; für eine technisch-mathematische Darstellung vgl. z. B. *Bester,* aaO 8 ff.; *Belleflamme/Peitz,* aaO 26 ff.; *Carlton/Perloff,* aaO 56 ff.

(hypothetische) Situation, in der selbst ein allwissender staatlicher Planer durch eine Intervention keine Verbesserung des Marktergebnisses zu Gunsten der Konsumenten erreichen könnte. Das Modell muss hierzu allerdings Folgendes unterstellen: (1.) Auf dem Markt ist eine (nahezu unbegrenzte) Vielzahl von Anbietern und Nachfragern aktiv, so dass die von einzelnen Anbietern oder Nachfragern angebotene bzw. nachgefragte Produktmenge keinerlei Einfluss auf das Marktergebnis, d. h. insbesondere den Preis hat („atomistische" Marktstruktur). (2.) Das betrachtete Produkt ist vollkommen homogen, d. h. die Angebote der Unternehmen unterscheiden sich weder in sachlicher noch in räumlicher oder zeitlicher Hinsicht auch nur minimal. (3.) Sämtliche Anbieter sind vollkommen identisch und weisen damit auch identische Grenz- und Durchschnittskosten auf. (4.) Alle Marktteilnehmer sind stets perfekt informiert. (5.) Es fallen keinerlei Kosten für den Marktzutritt oder den Austritt aus dem Markt an, d. h. sowohl die Aufnahme als auch die Einstellung der Produktion des Produkts verursacht keine zusätzlichen Kosten. Unter diesen Voraussetzungen stellt sich ein Marktergebnis ein, bei dem der Produktpreis den Grenzkosten der Herstellung des Produkts entspricht (Punkt p^*/q^* in Abb. 3). Keiner der Anbieter hat einen Einfluss auf die Preishöhe. Alle Anbieter verhalten sich als so genannte **Preisnehmer** (bzw. Mengenanpasser). Jeder Versuch eines Anbieters, den Preis über die Grenzkosten der Herstellung anzuheben, würde aufgrund der Ausweichreaktionen der Nachfrager und der Preiselastizität des Angebots (freier Marktzutritt) zu einem vollständigen Absatzverlust und Marktaustritt führen.

27 Hierauf aufbauend bildet der sogenannte **Grenzkostenpreis** den Referenzpunkt für die ökonomische Definition von Marktmacht. Unter Marktmacht wird aus ökonomischer Sicht die Fähigkeit eines Unternehmens verstanden, Preise oberhalb der Grenzkosten zu erzielen. Die sehr strikten Annahmen des Modells der vollkommenen Konkurrenz weisen dabei allerdings bereits auf Quellen einer – keineswegs kartellrechtlich per se bereits kritisch zu beurteilenden – Marktmacht hin. Neben einer Verringerung der Anzahl der Anbieter können z. B. die Differenzierung von Produkten in sachlicher, räumlicher oder zeitlicher Hinsicht, Informationsdefizite der Anbieter oder Konsumenten oder bestehende Schranken des Marktzutritts den Anbietern Marktmacht und damit Spielräume verschaffen, den Preis über das Niveau der Grenzkosten anzuheben.

28 In wohlfahrtsökonomischer Hinsicht ist das Modell der vollkommenen Konkurrenz dadurch gekennzeichnet, dass die vorhandenen Ressourcen für die Herstellung derjenigen Produkte eingesetzt werden, die den größten Nutzen bringen **(allokative Effizienz).** Bezogen auf die Präferenzen der Verbraucher wird die **Konsumentenwohlfahrt** (Konsumentenrente) maximiert (Fläche unterhalb der Nachfragefunktion in Abb. 3). Ferner werden – für eine gegebene Produktionstechnologie – die Produkte zu den geringstmöglichen Kosten produziert **(produktive Effizienz).** Da die Anbieter annahmegemäß hinsichtlich ihrer Kosten identisch sind und ein freier Marktzutritt jederzeit möglich ist, erzielen die Anbieter im Modell der vollkommenen Konkurrenz keinen Gewinn (Produzentenrente). Bereits diese Tatsache zeigt, dass es sich bei dem Modell der vollständigen Konkurrenz um einen theoretischen Grenzfall handelt. Denn kein Unternehmen würde in einen Markt eintreten und Produkte anbieten, ohne eine Aussicht auf Gewinn und damit eine angemessene Eigenkapitalverzinsung zu haben. Dieses Defizit wird jedoch bereits gemildert, wenn man die Annahme identischer Kosten aufgibt. In diesem Fall ergibt sich für eine atomistische Verteilung der Gesamtkapazität eine steigende Angebotsfunktion; diejenigen (effizienteren) Anbieter, die zu relativ niedrigeren (Grenz-)Kosten produzieren, erzielen dann auch einen Gewinn (Produzentenrente; Fläche oberhalb der Angebotsfunktion in Abb. 3).

29 **Monopol:** Die negativen Folgen von Marktmacht werden deutlich, wenn man dem Extremfall der vollkommenen Konkurrenz den anderen Extremfall des absoluten und nicht angreifbaren Monopols gegenüberstellt (Abb. 4).[88] Unter Beibehaltung aller übrigen An-

---

[88] Vgl. *Schwalbe/Zimmer,* aaO 22ff; für eine technisch-mathematische Darstellung vgl. z. B. *Bester,* aaO 29 ff.; *Tirole,* aaO 65 ff.; *Belleflamme/Peitz,* aaO 26 ff. *Carlton/Perloff,* aaO 88 ff.

nahmen wird lediglich die Annahme einer atomistischen Marktstruktur durch die Annahme eines einzelnen Anbieters ersetzt. Da den Nachfragern keine Ausweichalternative zur Verfügung steht, kann dieser Anbieter seinen Gewinn relativ zum Verlauf der Nachfragefunktion und damit unter Berücksichtigung der Präferenzen und marginalen Zahlungsbereitschaften der Konsumenten maximieren.[89] Unter der Annahme, dass es für das Produkt nur einen einheitlichen Produktpreis gibt,[90] kann ein Monopolist seinen Gewinn immer dann (marginal) weiter steigern, wenn der Erlös einer zusätzlich verkauften Einheit (Grenzerlös) über seinen Kosten für die Produktion dieser zusätzlichen Einheit (Grenzkosten) liegt. Der Monopolist berücksichtigt bei der Wahl des gewinnmaximierenden Preises stets einen (hinsichtlich des Gewinns gegenläufigen) Preis- und einen Mengeneffekt. Der **Preiseffekt** erfasst die Auswirkungen auf den Gewinn, die sich aus einem verringerten oder erhöhten Preis und mithin der veränderten Marge ergeben. Der **Mengeneffekt** erfasst hingegen die Auswirkungen, die aus der Senkung oder Steigerung der Absatzmenge in Folge einer Preiserhöhung oder -senkung resultieren. Das Gewinnmaximum und das Marktgleichgewicht im Monopol wird durch die Übereinstimmung von Grenzerlös und Grenzkosten bestimmt (Punkt p^m/q^m in Abb. 4).[91]

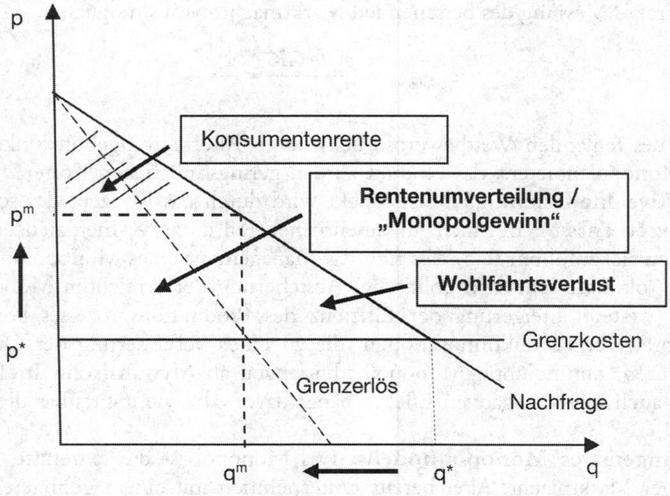

Abbildung 4: Marktgleichgewicht im Monopol

Ein Monopol hat **allokative Ineffizienzen** zur Folge. Im Vergleich zum Fall der vollkommenen Konkurrenz wird eine niedrigere Menge zu einem höheren Preis angeboten und nachgefragt. Sowohl die Konsumentenwohlfahrt als auch die Gesamtwohlfahrt (als Summe aus Produzenten- und Konsumentenente) sinkt. Die Verringerung der Gesamtwohlfahrt ergibt sich aus der Tatsache, dass weniger Konsumenten weniger von dem Produkt nachfragen und eine geringere Menge des Produkts hergestellt und angeboten wird.[92] Für die verbleibende Menge kommt es zu einer **Umverteilung** zwischen Konsumenten und Produzenten. Der Monopolist steigert seinen Gewinn, indem er sich durch einen höheren Preis einen Teil des Nettonutzens, den die Konsumenten aus dem Kauf und Konsum 30

[89] Vgl. zu den Bestimmungsfaktoren des Verlaufs der Nachfragefunktion oben Rdnr. 22.

[90] Zum Aspekt der Preisdiskriminierung im Monopol vgl. unten Rdnr. 36 ff.

[91] Die Grenzerlöskurve in Abb. 4 ergibt sich mathematisch als 1. Ableitung der Erlösfunktion. Sie gibt an, wie sich der (Umsatz-)Erlös des Monopolisten aufgrund der entgegengesetzten Preis- und Mengeneffekte bei marginalen Preisveränderungen entwickelt.

[92] Der (Netto-)Wohlfahrtsverlust wird im Englischen als so genannter „deadweight loss" bezeichnet.

des Produkts (Konsumentenrente) ziehen, aneignet.[93] In diesem Sinne führt ein Monopol zu einer „Enteignung" der Konsumenten. Dieser Marktmachteffekt steht im Vordergrund, wenn die Begrenzung von (zunehmender) Marktmacht durch kartellrechtliche Eingriffe mit dem Ziel der Konsumentenwohlfahrt begründet wird.[94]

31 Das konkrete Ausmaß der negativen Marktmachteffekte hängt sowohl von dem Nachfrageverhalten (und mithin den Präferenzen der Abnehmer) als auch dem Angebotsverhalten (und mithin der Kostensituation) des Anbieters ab.[95] Mit Hilfe des Falles eines vollkommen preiselastischen Angebots und konstanter Grenzkosten (vgl. Abb. 4) kann insbesondere der systemtischer Zusammenhang zwischen dem Ausmaß, in dem der Anbieter den Preis über das Niveau der Grenzkosten anheben kann (so genannter *mark-up*) und der Preiselastizität der Nachfrage verdeutlicht werden.[96] Ist die Nachfrage relativ unelastisch, fällt der realisierbare Preisaufschlag höher aus als bei einer elastischeren Nachfrage. Diesen Zusammenhang bildet der sogenannte ***Lerner*-Index** als Indikator für die Marktmacht eines Unternehmens ab.[97] Im Falle des Monopols entspricht der (prozentuale) Aufschlag auf den Grenzkostenpreis dem Kehrwert der Preiselastizität der Nachfrage. In einer idealen Welt, in der sämtliche Informationen und Daten zum Nachfrageverhalten und den Kosten für die Herstellung eines Produkts vorlägen, wäre auf der Grundlage des *Lerner*-Index eine direkte Messung des bestehenden Marktmachtniveaus möglich.

$$L_{Monopol} = \frac{p^m - GK}{p^m} = \frac{1}{\varepsilon}$$

32 Aufgrund des fehlenden Wettbewerbsdrucks durch Alternativangebote sinkt ferner der Anreiz des Monopolanbieters, das Produkt zu den geringstmöglichen Kosten zu produzieren **(produktive Ineffizienz).** Dieser Aspekt wird durch das Konzept der so genannten **X-Ineffizienzen** erfasst.[98] Ein nicht unwesentlicher Teil dieser X-Ineffizienzen dürfte auf die Tatsache zurückzuführen sein, dass sich das Management eines Monopolunternehmens mehr auf die (ökonomische und politische) Absicherung der erreichten Monopolstellung als auf eine (weitere) Steigerung der Effizienz des Produktionsprozesses konzentriert.[99] Auch der Anreiz für Produktinnovationen, die zu einer Verbesserung der Qualität eines Produktes führen, nimmt unter Monopolbedingungen ab **(dynamische Ineffizienz).**[100] Das Ausmaß auch dieser negativen Effekte hängt davon ab, wie angreifbar die Monopolstellung ist.[101]

33 **Erweiterungen des Monopolmodells:** Das Monopol ist die extremste Ausprägung angebotsseitiger Marktmacht. Aber bereits Unternehmen mit einem geringeren Grad von Marktmacht können den Preis ihrer angebotenen Produkte über das Niveau der Grenzkosten hinaus anheben und sind somit keine reinen Preisnehmer sondern **Preissetzer.**[102] Durch Erweiterungen bzw. Verfeinerungen des Monopolmodells können daher wichtige, neben der Anzahl der Anbieter bedeutsame Bestimmungsfaktoren des Grades an Markt-

---

[93] Der Nettonutzen ist die Differenz zwischen der maximalen Zahlungsbereitschaft eines Konsumenten und dem tatsächlich für das Produkt gezahlten Preis; vgl. zum Konzept der Konsumentenrente ferner bereits oben Rdnr. 22.

[94] Vgl. hierzu bereits oben Rdnr. 14.

[95] Diese Unterschiede würden sich in den o.a. Abbildungen in einem unterschiedlichen Verlauf (Lage und Steigung) der Angebots- und Nachfragefunktion niederschlagen.

[96] Vgl. zum Konzept der Preiselastizität und den relevanten Zusammenhängen oben Rdnr. 23.

[97] Vgl. *Bester,* aaO 30 f.; *Bühler/Jaeger,* aaO 61; *Motta,* aaO 123.

[98] Vgl. grundlegend: *Leibenstein,* Allocative Efficiency v. ‚X-Efficiency', American Economic Review, 56 (1966), 392 ff.; vgl. ferner: *Bühler/Jaeger, aaO* 64 ff.

[99] Vgl. zu diesem als „Rent Seeking" bezeichneten Problem: *Tirole,* aaO 76 ff.

[100] Zum Patent als Instrument zur Gewährleistung eines temporären, ausreichende Innovationsanreize sicherstellenden Monopols, vgl. bereits oben Rdnr. 13.

[101] Zum Extremfall des „natürlichen Monopols" vgl. unten Rdnr. 68 ff.

[102] Vgl. hierzu im Zusammenhang mit dem Modell der vollkommenen Konkurrenz oben Rdnr. 26.

macht näher analysiert werden. Hierzu werden einzelne Annahmen des Grundmodells unter Aufrechterhaltung aller anderen Annahmen modifiziert (*Ceteris paribus*-Ansatz). Eine für das Verständnis der Marktmacht als graduelles Phänomen zentrale Verfeinerung ist das Modell eines **dominierenden Anbieters** eines homogenen Produkts, der nur einer Anzahl kleinerer und schwacher Wettbewerber **(„wettbewerblicher Rand")** gegenübersteht.[103] Der dominierende Anbieter muss in dieser Konstellation berücksichtigen, dass er im Falle einer Preiserhöhung Nachfrager an den wettbewerblichen Rand verliert. Sofern sich diese Rand-Anbieter jedoch wie im Falle der vollkommenen Konkurrenz als Preisnehmer bzw. Mengenanpasser verhalten, indem sie den Preis und die Angebotsmenge des dominierenden Anbieters als gegeben hinnehmen und ihr Angebot daran anpassen, ist der dominierende Anbieter der einzige Preis- und Mengensetzer im Markt.[104] Der Unterschied zum einfachen Monopolmodell besteht ausschließlich darin, dass der dominierende Anbieter seinen Gewinn nicht bezogen auf den Verlauf der gesamten Nachfrage nach dem betreffenden Produkt („Markt-Nachfragefunktion") maximiert. Bezugspunkt ist vielmehr die so genannte unternehmensspezifische **Residualnachfrage,** d.h. derjenige Zusammenhang zwischen dem eigenen Preis und der eigenen Absatzmenge des dominierenden Anbieters, der sich ergibt, wenn man die Tatsache berücksichtigt, dass bei einem bestimmten Preis ein Teil der Gesamtnachfrage nach dem homogenen Produkt von anderen Anbietern (dem „wettbewerblichen Rand") bedient wird. Bezüglich dieser Residualnachfrage kann der Anbieter die monopolistische Gewinnmaximierungsregel praktizieren. Der gewinnmaximale Produktpreis wird durch die Übereinstimmung von Grenzkosten und Grenzerlös der Residualnachfrage bestimmt. Der Gleichgewichtspreis liegt im Ergebnis niedriger und die insgesamt angebotene Menge ist höher als im Monopol.

Dieses Modell verdeutlicht sehr anschaulich, dass das Ausmaß des marktmachtbedingten **34**
Verhaltensspielraums des dominanten Anbieters sowohl von der Preiselastizität der Nachfrage als auch der Preiselastizität des Angebots abhängt. Der Marktmacht eines Anbieters werden stets von zwei Seiten Schranken gesetzt. Einerseits von den Ausweichreaktionen der Nachfrager, andererseits von den Angebotsreaktionen aktueller oder potentieller Wettbewerber. Für den Grad von Marktmacht sind daher insbesondere objektive und subjektive **Wechselkosten** der Nachfrager[105] und **Schranken der Angebotsexpansion und des Marktzutritts** von Wettbewerbern von Bedeutung. Sind die Wechselkosten der Nachfrager hoch (preisunelastische Nachfrage) oder können Anbieter ihre Angebotsmenge nur bedingt ausweiten oder in den Markt eintreten (preisunelastisches Angebot), kann der dominierende Anbieter einen umso höheren Preisaufschlag *(mark-up)* durchsetzen und verfügt über eine entsprechend stärker ausgeprägte Marktmacht. Je preiselastischer die Nachfrage und das Angebot konkurrierenden Anbieter sind, umso geringer sind hingegen seine Marktmacht und der erzielbare Preisaufschlag.

Eine weitere Verfeinerung des Monopolmodells berücksichtigt die Tatsache, dass Unter- **35**
nehmen in der Regel nicht ein einzelnes sondern mehrere Produkte herstellen und anbieten **(„Mehrprodukt-Unternehmen").**[106] Wie sich dies auf das Preissetzungsverhalten des (Monopol-)Anbieters und mithin das Marktergebnis auswirkt, hängt davon ab, in welchem Verhältnis die betrachteten Produkte zueinander stehen. Entscheidend ist dabei das für die

---

[103] Vgl. *Schwalbe/Zimmer,* aaO 31ff.; *Carlton/Perloff,* aaO 110ff.. Die Gründe für eine dominierende Marktposition können unterschiedlich sein; neben Effizienz- und Kostenvorteilen können dies bei differenzierten Produkten eine höhere Produktqualität oder ein *„first-mover advantage"* auf einem Markt mit hohen Marktzutrittsschranken sein; vgl. *Carlton/Perloff,* aaO 111f.

[104] Würden sich die (Rand-)Anbieter nicht als Preisnehmer-/Mengenanpasser verhalten, hätte man eine oligopolistische Marktkonstellation vor sich. Diese ist dadurch gekennzeichnet, dass sich mehrere Unternehmen als Preis- bzw. Mengensetzer verhalten und die Reaktionen der jeweils anderen Anbieter antizipieren und in ihr Entscheidungskalkül einbeziehen; zur Oligopoltheorie vgl. ausführlicher Rdnr. 41ff.

[105] Beispiele für objektive Wechselkosten sind z.B. Transport- oder Such- und Informationskosten; subjektive Wechselkosten resultieren hingegen aus den individuellen Präferenzen der Nachfrager.

[106] Vgl. *Bester,* aaO 33ff.; *Bühler/Jaeger,* aaO 66f.

Abnehmer bestehende Verhältnis der Produkte zueinander. Ohne Auswirkungen auf das Marktergebnis ist die gemeinsame Herstellung und das Angebot von Produkten, die aus Sicht der Konsumenten hinsichtlich der Deckung eines bestimmten Bedarfs keinerlei Bezüge zueinander aufweisen (wie z.B. Zahnbürsten und Autos). Anders ist dies hingegen (1.) für Produkte, die untereinander (begrenzt) austauschbar und mithin als (mehr oder weniger gute) Substitute für die Deckung eines bestimmten Bedarfs geeignet sind und (2.) für Produkte, die sich bei der Deckung eines bestimmten Bedarfs ergänzen und mithin in der Regel gemeinsam nachgefragt werden (so genannte Komplemente). Eine wichtige ökonomische Kennziffer, die dieses Verhältnis der Produkte zueinander abbildet ist die **Kreuzpreiselastizität der Nachfrage** (η). Diese misst und erfasst die so genannten Kreuzpreiseffekte zwischen zwei Produkten. Die Kreuzpreiselastizität gibt an, um wie viel Prozent sich die nachgefragte Menge eines ganz konkreten Produkts i (q_i) bei einer Erhöhung des Preises eines anderen Produktes j (p_j) um einen Prozent verändert:

$$\eta_{ij} = \frac{dq_i/q_i}{dp_j/p_j}$$

Handelt es sich bei den Produkten um (mehr oder weniger enge) **Substitute,** steigt aufgrund der entsprechenden Ausweichreaktionen der Abnehmer die Nachfrage nach Produkt 2 mit einem steigenden (relativen) Preis für Produkt 1. Die Kreuzpreiselastizität ist positiv. Werden Produkte hingegen aufgrund des sich ergänzenden Nutzens für den Abnehmer in der Regel gemeinsam nachgefragt, spricht man von **Komplementärgütern.**[107] In diesem Fall wird bei einem steigenden Preis für Produkt 1 nicht nur weniger von Produkt 1 sondern auch weniger von dem Produkt 2 nachgefragt. Die Kreuzpreiselastizität zwischen den Produkten ist negativ. Ein gewinnmaximierendes Mehrprodukt-Unternehmen berücksichtigt die zwischen den Produkten des Sortiments jeweils wirksamen Kreuzpreiseffekte in seinem Entscheidungskalkül. Beim Angebot von Substitutionsgütern (positive Kreuzpreiselastizität) steht der Anbieter partiell im Wettbewerb mit sich selbst. Er berücksichtigt dies, indem er den Preis (die angebotene Menge) für das Produkt 1 noch über (unter) das Niveau anhebt (absenkt), das sich im Falle des Angebots nur dieses einen Produkts ergeben würde. Umgekehrt gilt: Bietet ein Anbieter komplementäre Produkte an (negative Kreuzpreiselastizität), kann er durch Preissenkungen für das eine Produkt den Absatz der anderen Produkte fördern und seinen Gewinn steigern. Der Gleichgewichtspreis liegt in diesem Fall daher unter dem Preis des Einzelprodukt-Monopols.

36 Mit Hilfe des Monopolmodells lassen sich ferner die Voraussetzungen und Wirkungen der häufig beobachtbaren Tatsache verdeutlichen, dass Anbieter von Nachfragern keinen einheitlichen Preis sondern unterschiedlich hohe Preise verlangen **(Preisdiskriminierung).**[108] Ein Monopolist oder ein Unternehmen mit Marktmacht ist nur dann gezwungen, von allen Nachfragern einen einheitlichen Produktpreis zu verlangen, wenn (1.) die Nachfrager bei bestehenden Preisunterschieden das Produkt an andere Abnehmer jederzeit weiterverkaufen könnten (Möglichkeit der Arbitrage) und (2.) eine Identifikation unterschiedlicher Gruppen von Nachfragern bzw. deren unterschiedlicher Zahlungsbereitschaften nicht möglich ist. Dieser Konstellation diametral gegenüber steht der (theoretische) Grenzfall eines Anbieters, der jede Form der Arbitrage unterbinden und die individuellen Zahlungsbereitschaften seiner Abnehmer perfekt identifizieren kann. In dieser Konstellation kann der (Monopol-)Anbieter seinen Gewinn im Vergleich zu einer Situation mit einem einheitlichen Preis durch eine sogenannte **perfekte Preisdiskriminierung (Preis-**

---

[107] Je nach Grad der Komplementarität lassen sich perfekte oder vollkommene und unvollständige Komplemente unterscheiden. Perfekte Komplemente werden stets nur gemeinsam nachgefragt. Unvollständige Komplemente sind Produkte, die sich hinsichtlich ihres Nutzens zwar ergänzen, aber auch einzeln nachgefragt werden.

[108] Vgl. hierzu *Bester,* aaO 63ff.; *Tirole,* aaO 133ff.; *Carlton/Perloff,* aaO 290ff. *Varian,* Price Discrimination, in: *Schmalensee/Willig (Hrsg.),* aaO 597ff.

diskriminierung 1. Grades) steigern. Im Vergleich zum Monopolfall bei einem einheitlichen Preis eignet sich der Anbieter im Falle der perfekten Preisdiskriminierung nicht mehr nur einen Teil des Nettonutzens an, den die Konsumenten aus dem Kauf und Konsum des Produkts (Konsumentenrente) ziehen.[109] Vielmehr kann er für jeden einzelnen Abnehmer einen der marginalen Zahlungsbereitschaft entsprechenden Preis durchsetzen. Die Konsumentenrente wird vollständig in eine Produzentenrente umgewandelt.[110] Aus wohlfahrtsökonomischer Perspektive ist jedoch gleichzeitig zu berücksichtigen, dass im Falle der perfekten Preisdiskriminierung die insgesamt im Markt abgesetzte Produktmenge höher ist und sogar derjenigen bei vollkommener Konkurrenz entspricht. Eine perfekte Preisdiskriminierung senkt daher zwar einerseits aufgrund ihrer Umverteilungseffekte die Konsumentenwohlfahrt. Sie steigert aber aufgrund der im Vergleich zu einem einheitlichen Preis zusätzlich nachgefragten und abgesetzten Menge die allokative Effizienz und die Gesamtwohlfahrt.[111]

37 Die Voraussetzungen für eine perfekte Preisdiskriminierung sind – wenn überhaupt – in der Realität nur äußerst selten erfüllt. Insbesondere verfügen Anbieter nicht über die erforderlichen vollständigen Informationen über die Struktur der Nachfrage, d. h. die Präferenzen und Zahlungsbereitschaften der einzelnen Abnehmer. Andere Formen der Preisdiskriminierung bieten (Monopol-)Anbietern jedoch die Möglichkeit, sich im Vergleich zu einem einheitlichen Preis zumindest einen Teil der Konsumentenrente anzueignen und dadurch ihren Gewinn zu steigern.[112] Als **Preisdiskriminierung 2. Grades** oder **nichtlineare Preisgestaltung** werden Preissysteme bezeichnet, die durch die Gewährung unterschiedlicher Formen von Mengenrabatten faktisch eine „Selbsteinordnung" der Abnehmer erlauben. Das konkrete Nachfrageverhalten eines Abnehmers in Form der nachgefragten Menge bestimmt die Höhe des zu zahlenden (Durchschnitts-)Preises. Eine spezifische Form eines Mengenrabatts sind so genannte **zweistufige Preissysteme** *(two-part tariffs)*, die eine fixe „Grundgebühr" mit einem Preis pro Produkteinheit kombinieren.[113] Als **Preisdiskriminierung 3. Grades** werden hingegen Preissysteme bezeichnet, mit deren Hilfe ein Anbieter eine Preisdifferenzierung anhand klar erkennbarer Eigenschaften der Nachfrager vornimmt.[114] Im Gegensatz zum (theoretischen) Grenzfall der perfekten Preisdiskriminierung sind die konkreten wohlfahrtsökonomischen Wirkungen dieser beiden Formen der Preisdiskriminierung weniger eindeutig. In Abhängigkeit von den spezifischen Kosten- und Nachfragebedingungen kommt es in unterschiedlichem Ausmaß einerseits zu einer (partiellen) Rentenumverteilung zwischen Nachfragern und Anbietern und andererseits ggf. zu einer Ausweitung der angebotenen und nachgefragten Menge und mithin einer Steigerung der allokativen Effizienz.

38 Das einfache Grundmodell des Monopols geht ferner davon aus, dass ein (homogenes) Produkt unmittelbar beim Kauf auch vollständig konsumiert (verbraucht) wird. Eine weitere Verfeinerung des Monopolmodells analysiert daher den Fall des Angebots **dauerhafter Güter,** d. h. von Produkten, die nicht zeitgleich gekauft und konsumiert werden, sondern wie z. B. Autos oder Elektrogeräte ihren Nutzen für den Konsumenten über einer längeren Zeitraum stiften.[115] Dadurch wird der Zeitpunkt der Nachfrage bzw. des Kaufs als zusätzli-

---

[109] Vgl. hierzu oben Rdnr. 29.

[110] Vgl. zum Konzept der Konsumenten- und Produzentenrente bereits oben Rdnr. 26.

[111] Hier zeigt sich erneut, dass die Frage, welche Wohlfahrtsziele das Kartellrecht verfolgen sollte (Gesamt- oder Konsumentenwohlfahrt), einen starken Einfluss auf die Bewertung bestimmter ökonomischer Wirkungen einzelner Verhaltensweisen haben kann; vgl. hierzu bereits Rdnr. 14.

[112] Vgl. hierzu und zu den nachfolgenden Ausführungen *Tirole,* aaO 137 ff.; *Varian,* Price Discrimination, in: *Schmalensee/Willig (Hrsg.),* aaO 611 ff.; *Bester,* aaO 66 ff.

[113] Solche Preissysteme sind z. B. in der Versorgungswirtschaft (Grund- und Arbeitspreis) oder aber auch bei Freizeitparks (Eintritt plus Einzelpreise für Nutzung der Fahrgeschäfte) anzutreffen.

[114] Beispiele für diese Form der Preisdiskriminierung sind unterschiedlich hohe Preise für Familien, Studenten und Senioren.

[115] Vgl. für die nachfolgenden Ausführungen *Schwalbe/Zimmer,* aaO 29ff; für eine technisch-mathematische Darstellung vgl. z. B. *Bester,* aaO 35 ff.; *Tirole,* aaO 79 ff.; *Carlton/Perloff,* aaO 498 ff.

che Dimension des Marktprozesses in die Betrachtung einbezogen. Da die Nachfrager über den Zeitpunkt des Kaufs entscheiden, ähnelt das Entscheidungskalkül eines Monopolanbieters von dauerhaften Gütern demjenigen des Mehrprodukt-Unternehmens mit (begrenzten) Substituten.[116] Im Falle einer Preiserhöhung verschiebt ein Teil der Konsumenten den Kauf des Produkts auf einen späteren Zeitpunkt. Der Monopolist steht auf der Zeitachse partiell im Wettbewerb mit sich selbst. Für den Monopolanbieter wäre der Gewinn am höchsten, wenn er zunächst für die Anbieter mit der stärksten Präferenz für das Produkt (und damit der höchsten Zahlungsbereitschaft) einen hohen Preis durchsetzen und in den Folgeperioden zu einem zunehmend niedrigeren Preis die Nachfrage der Abnehmer mit einer geringeren Zahlungsbereitschaft bedienen würde (perfekte **intertemporale Preisdiskriminierung**). Diese Möglichkeit ist ihm jedoch verschlossen, wenn die Konsumenten diese Strategie erwarten und perfekt antizipieren. Im theoretischen Grenzfall lässt sich sogar zeigen, dass der Monopolist unter sehr restriktiven Annahmen für das Produkt lediglich den Preis bei vollkommener Konkurrenz (Grenzkostenpreis) durchsetzen kann.[117] Gelingt es hingegen dem Monopolisten, sich gegenüber den Abnehmern glaubwürdig auch für die Folgeperioden auf einen hohen Preis festzulegen (zu „verpflichten"), kann er auch im Falle dauerhafter Güter seine Marktmacht mittels über den Grenzkosten liegenden Preise ausschöpfen. Eine weitere Möglichkeit für den Anbieter, seine Marktmacht auszuschöpfen, besteht darin, das Produkt nicht zu verkaufen, sondern ausschließlich zu vermieten **(Leasing);** durch das Prinzip des ***„pay as you use"*** wird den Abnehmern die Ausweichoption einer zeitlichen Verschiebung des Kaufs genommen. Denkbar ist jedoch auch der umgekehrte Fall, in dem der Monopolist zunächst einen Anreiz hat, einen niedrigeren Preis zu setzen. Dies ist bei Produkten der Fall, für welche die Nachfrage in den Folgeperioden zunimmt, je größer die Nachfrage in den Vorperioden ist (Mode- und Trendprodukte).[118] Der Anbieter steht dann über die Zeit nicht mehr im Wettbewerb mit sich selbst, sondern das Produktangebot zu einem späteren Zeitpunkt ist komplementär zum Angebot heute.

39 **Monopolistische Konkurrenz:** Der Einfluss der **Produktdifferenzierung** auf den Grad der Marktmacht von Anbietern kann mit Hilfe des auf *Chamberlin* zurückgehenden Modells der monopolistischen Konkurrenz veranschaulicht werden.[119] Dieses Modell verbindet Elemente der Grundmodelle des Monopols und der vollkommenen Konkurrenz. Ausgangspunkt ist dabei die Feststellung, dass die angebotenen Produkte in der Regel nie vollkommen homogen sondern heterogen (d.h. differenziert) sind. Dabei kann zwischen der horizontalen und der vertikalen Produktdifferenzierung unterschieden werden.[120] Unter **vertikaler Differenzierung** werden unterschiedliche Qualitäten ein und derselben Produkteigenschaft verstanden.[121] Als horizontal differenziert bezeichnet man hingegen Produkte, die sich hinsichtlich ihrer konkreten Verwendungseigenschaften unterscheiden. Eine **horizontale Differenzierung** kann insbesondere in sachlicher Hinsicht vorliegen.[122] Aus ökonomischer Sicht und der Perspektive eines Nachfragers sind jedoch auch sachlich relativ homogene Produkt (wie z.B. Sand), die an unterschiedlichen (Stand-)Orten ange-

---

[116] Vgl. oben Rdnr. 35.

[117] Dieser theoretische Grenzfall wird auch als *Coase-Conjecture* (*Coase*-Vermutung) bezeichnet; vgl. grundlegend: *Coase,* Durability and Monoply, Journal of Law and Economics, 15 (1972), 143 ff.; vgl. ferner: *Carlton/Perloff,* aaO 509 f.

[118] Vgl. *Bühler/Jaeger,* aaO 70.

[119] Vgl. grundlegend: *Chamberlin,* The Theory of Monopolistic Competition, 1933; vgl. ferner *Schwalbe/Zimmer,* aaO 33 ff.; für eine mathematische Darstellung vgl. *Bester,* aaO 123 ff.; *Carlton/Perloff,* aaO 200 ff.

[120] Vgl. statt Vieler: *Belleflamme/Peitz,* aaO 111 ff.

[121] Als Beispiel kann auf das Phänomen unterschiedlicher Rot-. Weiß- und Roséwein-Qualitäten verwiesen werden.

[122] Beispiele sind ebenso wie die vielfältigen Unterscheidungsmerkmale von Kraftfahrzeugen oder anderer komplexer Gebrauchsgüter auch die unterschiedlichen Sorten und Geschmacksrichtungen typischer Konsumgüter.

boten werden, (räumlich) horizontal differenziert.[123] Eine horizontale Differenzierung kann sich ferner aus einem unterschiedlichen Angebotszeitpunkt für ein an sich (sachlich und räumlich) homogenes Produkts ergeben. Mit dieser Unterscheidung sind zugleich die Dimensionen **(sachlich, räumlich, zeitlich)** beschrieben, die im Bereich des Kartellrechts für die Frage der Abgrenzung „relevanter Märkte“ bedeutsam sind.[124]

Bieten mehrere Anbieter jeweils nur ein einziges, von den anderen Produkten differen- 40
ziertes Produkt an, besitzt jeder Anbieter bezüglich der Nachfrage nach seinem Produkt eine (in Abhängigkeit von Grad der Differenzierung begrenzte) Alleinstellung und damit Marktmacht. Bezüglich der Nachfrage nach diesem Produkt kann er sich als Preissetzer nach der monopolistischen Gewinnmaximierungsregel „Grenzkosten = Grenzerlös“ verhalten. Der Anbieter kann sich zunutze machen, dass es Nachfrager gibt, die eine relativ starke Präferenz für sein Produkt haben und deren Nachfrage daher relativ preisunelastisch ist. Er wird aber zugleich berücksichtigen müssen, dass es ebenso Nachfrager mit weniger stark ausgeprägten Präferenzen für sein Produkt und damit einer relativ preiselastischen Nachfrage gibt. Der insgesamt realisierbare Preisaufschlag auf die Grenzkosten *(mark-up)* und mithin die Höhe des Gewinns hängt von dem Grad der Differenzierung des Produkts und der Präferenzstruktur der Nachfrager ab. Diese bestimmen gemeinsam die Preiselastizität der Gesamtnachfrage nach dem (differenzierten) Produkt. Bei dem sich für einen gegebenen **Grad der Produktdifferenzierung** (d. h. der **„wettbewerblichen Nähe“** verschiedener Produkte) und gegebenen Nachfragepräferenzen einstellenden Gleichgewichtspreis handelt es sich aber zunächst lediglich um ein kurzfristiges Gleichgewicht. Ob dieses auch längerfristig stabil ist, hängt unter anderem von der Existenz und der Höhe der **Schranken des Marktzutritts** ab. Ist – wie im Modell der vollkommenen Konkurrenz unterstellt – ein Marktzutritt jederzeit kostenlos möglich, lockt die Aussicht auf Gewinne Anbieter weiterer (differenzierter) Produkte an. Diese Markzutritte führen dazu, dass für die etablierten Anbieter die Nachfrage nach ihren Produkten jeweils preiselastischer wird. Einer größeren Anzahl von Nachfragern nach dem fraglichen differenzierten Produkt stehen bezogen auf ihre Präferenzen durch die Marktzutritte mehr und besser geeignete Ausweichalternativen zur Verfügung. Die Preise der etablierten Anbieter müssen daher in Folge der Marktzutritte sinken. Im theoretischen Grenzfall kann sich langfristig sogar das Marktergebnis bei vollkommener Konkurrenz einstellen, d. h. kein Anbieter kann einen Preis oberhalb der Grenzkosten fordern.

3. Grundzüge der Oligopoltheorie. Spieltheoretische Grundlagen: Die Modelle 41
der Oligopoltheorie sind – da die erfassten Marktkonstellationen in der Realität wohl am häufigsten anzutreffen sind – für die Kartellrechtspraxis und insbesondere die Fusionskontrolle von zentraler Bedeutung.[125] Sie bilden Märkte ab, die durch eine begrenzte bzw. (relativ) geringe Anzahl von Anbietern gekennzeichnet sind, die jeweils über ein gewisses Maß an Marktmacht verfügen. Anders als im Grenzfall der vollkommenen Konkurrenz kann in einem solchen Umfeld unterstellt werden, dass die Anbieter jeweils wissen, dass ihr individuelles Handeln ebenso wie das ihrer Wettbewerber einen gewissen Einfluss sowohl auf das Marktergebnis als auch den eigenen Gewinn hat. Sie werden daher bei ihren (strategischen) Entscheidungen über den Einsatz ihrer Wettbewerbsparameter (Preise, Produktqualität, Produktionskapazitäten, Werbung etc.) diese Auswirkungen und (möglichen) Reaktionen anderer Anbieter berücksichtigen. Der Wettbewerbsprozess ist mithin durch eine **strategische Interaktion** und **Reaktionsverbundenheit der Anbieter** gekennzeichnet, Diese kann mit Hilfe der **Spieltheorie** im Detail theoretisch analysiert werden. Die Spiel-

[123] Das Grundmodell des Wettbewerbs bei räumlich differenzierten Produkten wurde von *Harold Hotelling* entwickelt und ist daher unter Ökonomen als *Hotelling*-Modell bekannt; vgl. grundlegend: *Hotelling,* Stability in Competition, in: Economic Journal, 39 (1929), 41; vgl. ferner *Carlton/Perloff,* aaO 221 ff.; *Belleflamme/Peitz,* aaO 113 ff.

[124] Vgl. unten Rdnr. 73 ff.

[125] Vgl. ausführlich unten Rdnr. 116 ff. zur praktischen Bedeutung und Umsetzung der Modelle.

theorie als mathematische Methode beschreibt und analysiert Entscheidungskalküle und (optimale) Verhaltensstrategien in komplexen Interaktionsbeziehungen.[126] Folgende spieltheoretischen Bausteine und Konzepte sind dabei von besonderer Bedeutung:[127] Ausgangspunkt ist die Überlegung, dass sich die **Unternehmen („Spieler")** auf der Grundlage ihrer Kenntnis der **Marktverhältnisse („Spielregeln")** Erwartungen über das Verhalten ihrer **Wettbewerber („Mit-/Gegenspieler")** bilden. Unter Berücksichtigung dieser (als rational unterstellten) Erwartungen wählen sie ihre optimale Verhaltensstrategie. Bezugspunkt ist dabei jeweils die sogenannte **Auszahlungsfunktion,** die – gegeben ein konkretes Verhalten der Gegenspieler – verschiedenen Strategieoptionen eine Auszahlung im Sinne eines individuellen Spielergebnisses zuordnet. In ökonomischen Anwendungsfällen ist dies in der Regel die Höhe des (zu erwartenden) Gewinns. Eine bestimmte Verhaltensstrategie bezeichnet man als **dominante Strategie,** wenn sie stets die optimale (d.h. die Auszahlung/den Gewinn maximierende) Strategie ist, und zwar unabhängig davon, welche Strategie die Mitspieler/Konkurrenten wählen. Für jedes Unternehmen/jeden Spieler können auf dieser Grundlage die jeweils „besten Antworten" auf eine bestimmte Verhaltensstrategie der Mitspieler **(Reaktionsfunktion)** abgeleitet werden. Das Spielergebnis im Sinne des (Markt-)Gleichgewichts und der „wechselseitig besten Antworten" ergibt sich aus dem Zusammenspiel (graphisch: dem Schnittpunkt) der individuellen Reaktionsfunktionen. Ein zentrales Konzept ist in diesem Zusammenhang das sogenannte **Nash-Gleichgewicht,** das nach dem Mathematiker und Nobelpreisträger für Ökonomie *John F. Nash* benannt ist. Es beschreibt eine Kombination von (Spiel-)Strategien, in der es für keinen Spieler sinnvoll ist, von seiner gewählten Strategie abzuweichen.[128]

42 Ein wichtiger spieltheoretischer Referenzpunkt für die Analyse oligopolistischer Märkte ist ein als **„Gefangenen-Dilemma"** bezeichnetes strategisches Szenario.[129] Es beschreibt in abstrakter Form die grundlegende strategische Herausforderung eines Anbieters in einem oligopolistischen Markt. Das Spiel beschreibt eine Situation, in der zwei schuldige Täter (z.B. eines Diebstahls) getrennt gefasst und unabhängig voneinander (d.h. ohne Gelegenheit zur expliziten Kommunikation und damit Absprache) verhört werden. Die einzigen Strategiealternativen sind „Gestehen" oder „Leugnen". Aus den verschiedenen Folgen einzelner Strategiekombinationen (Zugriff auf Beute, Freiheit bzw. verkürzte Haftstrafe, härtere Strafe wegen Falschaussage etc.) lassen sich (beispielhaft) die in Abb. 5 dargestellten „Auszahlungen" für die Spieler bei den denkbaren Strategiekombinationen annehmen.

		Verdächtiger 1 (Anbieter 1)	
Verdächtiger 2 (Anbieter 2)		**Leugnen** (Kooperieren/Absprache)	**Gestehen** (Konkurrenz)
	Leugnen (Kooperieren/Absprache)	**15, 15**	**20, -5**
	Gestehen (Konkurrenz)	**-5, 20**	**2, 2**

Abbildung 5: Das „Gefangenen-Dilemma"

[126] Vgl. *Dieckmann,* Spieltheorie: Einführung, Beispiele, Experimente, 2012; *Berninghaus/Erhart/Güth,* Strategische Spiele: Eine Einführung in die Spieltheorie, 3. Aufl., 2010.

[127] Im vorliegenden Rahmen ist es nicht möglich, die sehr umfangreichen und teilweise sehr komplexen Ansätze und Erkenntnisse der Spieltheorie wiederzugeben. Die Darstellung konzentriert sich auf einige für die Oligopoltheorie wesentlichen Eckpunkte; vgl. zu den nachfolgenden Ausführungen u.a. den jeweils ebenfalls knapp gehaltenen Einblick von *Schwalbe/Zimmer,* aaO 35ff.; *Bühler/Jaeger,* aaO 72ff.; *Fudenberg/Tirole,* Noncooperative Game Theory for Industrial Organization: An Introduction and Overview, in: *Schmalensee/Willig (Hrsg.),* aaO 265ff.; *Carlton/Perloff,* aaO 159ff.

[128] Vgl. *Schwalbe/Zimmer,* aaO 38ff.; *Fudenberg/Tirole,* aaO 265ff.; *Berninghaus/Erhart/Güth,* aaO, 23ff.

[129] Vgl. hierzu *Schwalbe/Zimmer,* aaO 37f.; *Bühler/Jaeger,* aaO 73ff.; *Motta,* aaO 544ff.

Obgleich sich beide Täter nach den dargestellten Auszahlungen gemeinsam am besten stellen würden, wenn sie übereinstimmend die Tat abstreiten,[130] handelt es sich hierbei für keinen der Spieler um eine dominante Spielstrategie. Denn sollte der jeweils andere Spieler die Strategie „Gestehen" wählen, wäre die individuelle Auszahlung z. B. aufgrund einer noch höheren Strafe niedriger (-5) als im Falle der Strategieoption „Gestehen". Die Strategieoption „Gestehen" stellt daher für beide Spieler zumindest unter den vorherrschenden Spielregeln (insbesondere der fehlenden Kommunikation untereinander) die wechselseitig „beste Antwort" für eine gegebene (und annahmegemäß nicht sicher vorhersehbare) Strategie des jeweils anderen und mithin ein *Nash*-Gleichgewicht dar.

Der wettbewerbliche Bezug der in Abb. 5 dargestellten strategischen Entscheidungssitua- 43
tion kann dadurch hergestellt werden, dass die Strategiealternativen „Gestehen" und „Leugnen" durch die Handlungsoptionen „Konkurrieren" und „Kooperieren" ersetzt werden. Das Spiel illustriert dann das grundsätzliche Dilemma (den Zielkonflikt), dem sich ein Anbieter in einem oligopolistischen Markt ausgesetzt sieht. Einerseits ist er versucht, durch aggressiven Wettbewerb seine Marktposition auszubauen. Aufgrund der Reaktion seiner Konkurrenten (Mitspieler), die das gleiche Ziel verfolgen, führt diese Strategie jedoch im Ergebnis für alle Spieler zu einem niedrigeren Gewinn (Auszahlung). Das dargestellte Spiel verdeutlicht ferner, dass zumindest unter den vorherrschenden Spielregeln (einmaliges Spiel; Fehlen jedweder Kommunikationsmöglichkeit) keine kooperative Lösung zustande kommt, obwohl diese den Spielern in der Summe eine höhere Auszahlung (d. h. Gewinn) verspricht. Selbst wenn es im dargestellten „Gefangenen-Dilemma"-Spiel (z. B. im Vorfeld der Festnahme der Täter) eine Absprache gegeben hätte, verbliebe zudem bei jedem Spieler eine gewisse Unsicherheit bezüglich der Zuverlässigkeit und Vertrauenswürdigkeit des Mitspielers, d. h. bezüglich der Frage, ob sich der Mitspieler auch tatsächlich an die getroffene Absprache hält. Dieses gegenseitige Misstrauen kann ggf. abgebaut und Vertrauen aufgebaut werden, wenn sich die strategische Entscheidungssituation mehrfach stellt (d. h. das Spiel mehrfach hintereinander gespielt wird; so genanntes „wiederholtes Spiel"). Das dargestellte „Gefangenen-Dilemma"-Spiel ist daher auch ein zentraler spieltheoretischer Bezugspunkt für die Analyse der Wahrscheinlichkeit und der Stabilität von Kartellabsprachen oder einem bewussten Parallelverhalten im Sinne einer impliziten Kollusion.[131]

Die Grundlagen der Oligopoltheorie wurden – noch ohne Rückgriff auf das spieltheo- 44
retische Analyseinstrumentarium, das erst seit Mitte des vergangenen Jahrhunderts entwickelt und ausgefeilt wurde – bereits Ende des 19. Jahrhunderts mit den modelltheoretischen Erwägungen der französischen Mathematiker *Cournot* und *Bertrand* gelegt.[132] Ihre Modelle unterscheiden sich im Hinblick auf den jeweils im Detail analysierten Wettbewerbsparameter. Während die so genannten *Cournot*-Modelle die Bedeutung der Angebotsmenge als Aktionsparameter im Wettbewerb untersuchen, bilden die *Bertrand*-Modelle die wettbewerbliche Interaktion und strategischen Kalküle der Anbieter hinsichtlich der Höhe des Preises ab. Die Unterscheidung zwischen **Mengen- oder *Cournot*-Wettbewerb** und **Preis- oder *Bertrand*-Wettbewerb** bildet daher den Ausgangspunkt für die ökonomische Analyse der Marktmacht auf oligopolistisch strukturierten Märkten. Diese Unterscheidung trägt nicht zuletzt der Tatsache Rechnung, dass in bestimmten Märkten wie z. B. für Rohstoffe und andere (homogene) Massengüter die Anbieter ihre Produktionskapazitäten und Angebotsmengen nur mit einem relativ hohen Aufwand und allenfalls längerfristig errichten und anpassen können, während sich Preisänderungen sehr kurzfristig, auf börsenähnlichen Marktplätzen ggf. sogar im Sekundentakt, ergeben können. Die Festlegung der Produktionskapazität und Angebotsmenge ist in diesem Umfeld für einen Anbieter die auschlaggebende (weil gewinnrelevante) strategische Entscheidungsvariable. In anderen Industrien

---

[130] Die Höhe der Auszahlungen erreicht für beide Spieler gemeinsam den höchsten Wert.

[131] Vgl. hierzu ausführlich unten Rdnr. 88 ff.

[132] Vgl. hierzu den wenig technischen Überblick in *Schwalbe/Zimmer,* aaO 39 ff.; für eine knappe formale Darstellung vgl. *Motta,* aaO 551; *Belleflamme/Peitz,* aaO 45 ff.

kann hingegen eine Preisanpassung im Vergleich zu einer Kapazitäts- und Mengenanpassung schwieriger sein, z. B. weil der Produktpreis bei den Abnehmern durch längerfristige Verträge oder andere Verkaufs- und Werbemaßnahmen relativ fest verankert ist. In solchen Konstellationen ist für die Anbieter der Produktpreis die bedeutsamere strategische Variable.

45 Insgesamt verdeutlichen die für den Preis- und Mengenwettbewerb entwickelten und weiter verfeinerten theoretischen Modelle, dass sich selbst bei einer gleichen und sehr geringen Anzahl von Anbietern in Abhängigkeit von der betrachteten Entscheidungsvariable sehr unterschiedliche Marktergebnisse einstellen und die Marktmacht der Anbieter unterschiedlich stark ausgeprägt ist. Diese Ergebnisse sind jedoch keineswegs als widersprüchlich oder inkonsistent zu bewerten. Sie werden vielmehr maßgeblich von den jeweils zugrunde liegenden Modellannahmen („Spielregeln" des Marktes) getrieben und erfassen damit die verschiedenen denkbaren Formen der wettbewerblichen Interaktion in einem oligopolistisch strukturierten Markt. Die Modelle sind daher die maßgeblichen Bezugspunkte für die Bewertung der Marktmacht von Anbietern auf sehr unterschiedlichen Märkten. So sind für die Beurteilung der Marktmacht auf Ausschreibungs- und Bietermärkten oder von Anbietern stark differenzierter Produkte die Modelle des *Bertrand*-Wettbewerbs einschlägiger. Die Modellwelt des *Cournot*-Wettbewerbs bietet hingegen für relativ homogene Massengüter, die in einem weitgehend anonymen Marktprozess (d. h. nicht im Wege von Verhandlungen oder Ausschreibungen) angeboten und nachgefragt werden, den jeweils aussagekräftigeren Bezugspunkt.

46 **Mengen-/*Cournot*-Wettbewerb mit homogenen Gütern:** Einen wichtigen Baustein des relevanten Modellspektrums liefert das grundlegende *Cournot*-Modell eines oligopolistischen Marktes.[133] Es ist der zentrale theoretische Bezugspunkt für die herausgehobene Bedeutung, die in der Kartellrechtspraxis dem **Konzentrationsgrad** eines Marktes und den **Marktanteilen** für die Beurteilung der Marktmacht beigemessen wird. Das Modell analysiert die wettbewerbliche Interaktion von Anbietern eines homogenen Produkts, die nicht den Preis sondern die jeweils angebotene Produktmenge als entscheidende strategische Variable betrachten. Der grundlegende Wirkungsmechanismus, der das Ausmaß an Marktmacht der Anbieter bestimmt, basiert dabei auf der Tatsache, dass sich der für alle Anbieter maßgebliche Gleichgewichtspreis aus der insgesamt von allen Anbietern angebotenen Menge ergibt. Die einzelnen „Spieler" berücksichtigen jedoch bei ihrer Mengenentscheidung nur den eigenen Gewinn und damit das Zusammenspiel von Marktpreis, eigener Absatzmenge und eigenen (Grenz-)Kosten. Dies unterscheidet das Oligopol grundlegend vom Monopol. Während ein gewinnmaximierender Monopolist zugleich mit seiner (niedrigeren) Angebotsmenge unmittelbar den (höheren) Marktpreis bestimmen kann und dabei gegenläufige Preis- und Mengeneffekte in Rechnung stellt,[134] kann der Oligopolist nur die eigene Teilmenge des gesamten Marktangebots als strategische Entscheidungsvariable einsetzen. Die hieraus resultierenden Folgen lassen sich anhand der Entscheidungskalküle im Falle von nur zwei vollkommen identischen Anbietern (symmetrisches Duopol) verdeutlichen (vgl. Abb. 6).

---

[133] Vgl. grundlegend: *Cournot,* Recherches sur les Principes Mathématique de la Théorie des Riches, 1838; vgl. ferner: *Schwalbe/Zimmer,* aaO 41ff; für eine etwas technisch-mathematischere Darstellung vgl. z. B. *Bester,* aaO 81 ff.; *Bühler/Jaeger,* aaO 81ff; *Carlton/Perloff,* aaO 161 ff.; *Shapiro,* Theories of Oligopoly Behavior, in: *Schmalensee/Willig (Hrsg.),* aaO 330. 333ff.

[134] Vl. hierzu bereits oben Rdnr. 29.

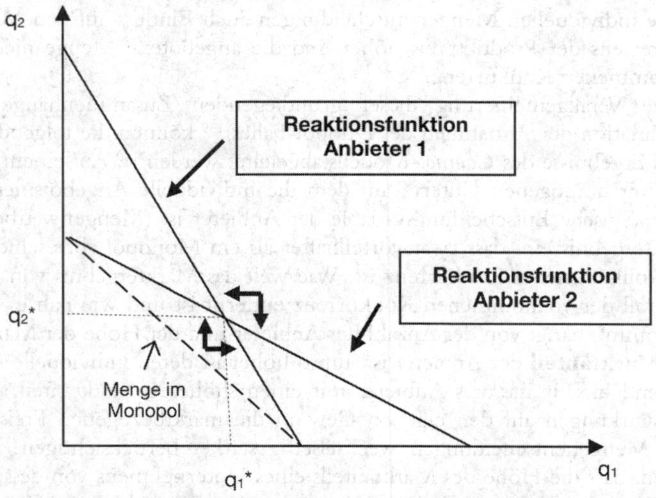

Abbildung 6: Reaktionsfunktionen und (Nash-)Gleichgewicht bei Mengenwettbewerb mit homogenen Produkten

Beide Anbieter müssen – analog zu dem stilisierten spieltheoretischen Szenario des „Gefangenen-Dilemma"-Spiels[135] – ihre Entscheidung über die angebotene Mange simultan[136] und unabhängig voneinander treffen (so genanntes ***„one-shot game"***). Dabei ist ihnen jedoch bewusst, dass – für eine gegebene Angebotsmenge des anderen „Spielers" – eine individuelle Mengenausweitung im Markt zu einem sinkenden Preis führt. Würde ein Anbieter die eigene Angebotsmenge ausweiten, würde sich der resultierende Preiseffekt aus seiner Sicht aber nur auf seinen Anteil an der Gesamtnachfrage auswirken und damit – im Vergleich zum Monopol – auch entsprechend schwächer auf den eigenen Gewinn. Auch der andere Anbieter wäre durch diese Mengenausweitung von einem negativen, die eigenen Erlöse reduzierenden Preiseffekt betroffen. Dieser hätte aber keinen Anreiz, ebenfalls mit einer Ausweitung seiner Angebotsmenge zu reagieren. Im Gegenteil: Da eine solche strategische Reaktion die gesamte Angebotsmenge noch weiter erhöhen und den negativen Preiseffekt weiter verstärken würde, bestünde seine „beste Antwort" in einer Mengenreduktion. Da die Anreize der beiden Anbieter entgegengesetzt sind, handelt es sich bei der **Angebotsmenge** aus spieltheoretischer Sicht um **strategische Substitute.** Dieser Zusammenhang wird durch den Verlauf der Reaktionsfunktionen der beiden Anbieter in Abb. 6 veranschaulicht.[137] Für eine höhere Angebotsmenge des Wettbewerbers (q_1 bzw. q_2) ist die Reduktion der eigenen Angebotsmenge (q_2 bzw. q_1) strategisch die beste Antwort. Die Mengenreduktion des zweiten Anbieters würde im Vergleich zur Monopolsituation jedoch die Angebotsausweitung des ersten nicht in vollem Umfang ausgleichen. Denn auch er würde seine strategisch beste Antwort allein unter Berücksichtigung des positiven Preiseffekts einer Mengenreduktion auf seinen eigenen Anteil an der Gesamtnachfrage und den eigenen Gewinn treffen. Da beide Anbieter diese Zusammenhänge vor ihrer strategischen Mengenentscheidung wechselseitig antizipieren, ergeben sich im *Nash*-Gleichgewicht der wechselseitig besten Antworten (Schnittpunkt der Reaktionsfunktionen in Abb. 6) im Vergleich zu einem Monopol eine höhere Angebotsmenge und ein entsprechend niedrigerer Produktpreis. Da beide Anbieter die Auswirkungen ihrer Mengenentscheidungen auf den Produktpreis zwar nicht wie ein Monopolst vollständig, aber zumindest partiell berücksich-

[135] Vgl. oben Rdnr. 42.

[136] „Simultan" heißt hier nicht notwendiger Weise „zum gleichen Zeitpunkt". Entscheidend ist vielmehr, dass jeder Spieler zum Zeitpunkt *seiner* Entscheidung über die Angebotsmenge noch keine gesicherten Informationen dazu hat, wie groß die Angebotsmenge der übrigen Spieler sein wird.

[137] Zum spieltheoretischen Konzept der Reaktionsfunktion vgl. oben Rdnr. 41.

tigen und ihre individuellen Mengenentscheidungen auch Einfluss auf den Marktpreis haben, ist andererseits der Produktpreis höher und die angebotene Menge niedriger als im Fall der vollkommenen Konkurrenz.[138]

47 Durch eine Verallgemeinerung dieser grundlegenden Zusammenhänge (d. h. eine schrittweise Variation der Annahmen des Duopol-Falles)[139] können die folgenden zentralen Aussagen und Ergebnisse des *Cournot*-Modells abgeleitet werden:[140] Auf einem oligopolistischen Markt mit homogenen Gütern, auf dem die individuelle Angebotsmenge die entscheidende strategische Entscheidungsvariable der Anbieter ist (Mengenwettbewerb), stellt sich ein Marktergebnis ein, dass zwar vorteilhafter als ein Monopol aber schlechter als das Ergebnis bei vollkommener Konkurrenz ist. Wie weit das Marktergebnis von dem theoretischen Grenzfall der vollkommenen Konkurrenz entfernt ist und wie nah es dem Monopolergebnis kommt, hängt von der Anzahl der Anbieter und der Höhe der Marktanteile ab. Je höher der **Marktanteil** der Anbieter ist, umso höher ist deren individuelle Marktmacht. Ausschlaggebend hierfür ist, dass Anbieter mit einem höheren Marktanteil aufgrund der größeren Auswirkungen auf den eigenen Gewinn die marktbezogenen Preiseffekte ihrer individuellen Mengenentscheidungen wechselseitig stärker berücksichtigen. Ferner kann gezeigt werden, dass die Höhe des Marktanteils eines Unternehmens von dessen Effizienz- und Kostenniveau bestimmt wird. Die Unternehmen mit niedrigeren Grenzkosten der Produktion erzielen tendenziell im Gleichgewicht einen höheren Marktanteil. Sie verfügen aufgrund ihrer Kostensituation insgesamt über einen stärkeren Anreiz, trotz der preissenkenden Wirkungen die Angebotsmenge auszuweiten. Für Anbieter mit relativ hohen Grenzkosten dominiert der Anreiz, durch eine Reduktion der Angebotsmenge und den dadurch induzierten Preisanstieg die Erlöse zu erhöhen.

48 Wie für den Fall des Monopols kann dieser Zusammenhang mit dem **Lerner-Index** als Maßzahl für den Grad an Marktmacht eines Anbieters i mit einem bestimmten Angebots-/Marktanteil abgebildet werden:[141] Der als Aufschlag auf die Grenzkosten *(mark-up)* gemessene Grad an Marktmacht eines Anbieters i entspricht im Fall des *Cournot*-Oligopols mit homogenen Gütern dem Verhältnis zwischen dessen Angebots- bzw. Marktanteil (m_i) und der Preiselastizität der Nachfrage (ε) nach dem Produkt.

$$L_i = \frac{p - GK_i}{p} = \frac{m_i}{\varepsilon}$$

Ferner besteht unter bestimmten Voraussetzungen[142] ein systematischer Zusammenhang zwischen dem Konzentrationsgrad des Angebots für das betrachtete homogene Produkt und der (durchschnittlichen) Marktmacht der Anbieter gegenüber den betroffenen Nachfragern.[143] Der Konzentrationsgrad wird dabei durch den sogenannten ***Herfindahl-Hirschman*-Index (HHI)** gemessen. Dieser ergibt sich als Summe der quadrierten Angebots- bzw. Marktanteile der Anbieter.

$$HHI = \sum_i m_i^2$$

---

138 Vgl. zum Modell der vollkommenen Konkurrenz oben Rdnr. 26; in diesem Modell verhalten sich alle Anbieter als reine „Mengenanpasser", d. h. sie wählen für den von ihren Mengenentscheidungen vollkommen unbeeinflussten und nicht beeinflussbaren Marktpreis die für sie vor dem Hintergrund ihrer Grenzkosten optimale Angebotsmenge.

139 Vgl. zu dieser methodischen Vorgehensweise, die kennzeichnend für die ökonomisch-theoretische Analyse ist, bereits oben Rdnr. 21.

140 Vgl. z. B. *Bester,* aaO 86 ff.; *Bühler/Jaeger,* aaO 82 f.; *Shapiro,* aaO 336 ff.

141 Vgl. zum Grundkonzept des *Lerner*-Index bereits Rdnr. 31; vgl. ferner *Schwalbe/Zimmer,* aaO 58 f.; *Shapiro,* aaO 342 ff.

142 Entscheident ist hier, dass die Anbieter über konstante Grenzkosten verfügen. Konstante Grenzkosten setzen einen linearen Kostenverlauf voraus; vgl. hierzu bereits oben Rdnr. 24.

143 Vgl. zu den nachfolgenden Ausführungen sowie die mathematisch-technische Ableitung: *Bester,* aaO 87 f.; *Motta,* aaO 123 f.

Der HHI kann – sofern absoluten Prozentwerte verwendet werden – Werte zwischen nahe 0 (atomistische Marktstruktur) und 10.000 (Monopol) annehmen. Werden die Prozentwerte als Quotient (d.h. 50% = $^1/_2$ = 0,5) ausgedrückt, liegt der Wert des HHI zwischen 0 (atomistisch) und 1 (Monopol). Durch die Addition der Quadrate der Marktanteile haben die Unternehmen mit einem relativ hohen Angebots-/Marktanteil ein überproportionales Gewicht bei der Berechnung des HHI. Dieser Ansatz trägt der oben dargestellten Tatsache Rechnung, dass die Marktmacht der einzelnen Anbieter im Falle des Mengenwettbewerbs mit homogenen Gütern mit dem Marktanteil zunimmt und damit auch ein größerer Teil der Nachfrage von dieser Marktmacht betroffen ist. Der (gewichtete durchschnittliche) Preisaufschlag auf die Grenzkosten als Marktmachtindikator im Sinne eines marktweiten, die jeweiligen Marktanteile als Gewichtungsfaktor berücksichtigenden *Lerner*-Index ergibt sich als Verhältnis zwischen dem ermittelten Wert des HHI und der Preiselastizität der Nachfrage.[144]

$$L = \sum_i m_i L_i = \sum_i \frac{m_i^2}{\varepsilon} = \frac{HHI}{\varepsilon}$$

Diese Aussage ist der maßgebliche theoretische Bezugspunkt für die große praktische Bedeutung der Marktkonzentration und des Marktanteils als Marktmachtindikator. Eine Gegenüberstellung mit dem im Folgenden dargestellten *Bertrand*-Modell eines oligopolistischen Marktes verdeutlicht jedoch, dass in anderen Marktkonstellationen andere Einflussfaktoren bedeutsamer für die Beurteilung der Marktmacht sein können.[145]

***Bertrand*-Wettbewerb mit homogenen Gütern:** Das Modell des so genannten Preis- 49
bzw. *Bertrand*-Wettbewerbs bei homogenen Gütern[146] zeigt, dass unter bestimmten Voraussetzungen selbst nur zwei Anbieter eines Produkts über keinerlei Marktmacht verfügen und mithin das Marktergebnis demjenigen bei vollkommener Konkurrenz entspricht.[147] Für dieses im Ansatz und vor dem Hintergrund der Ergebnisse des *Cournot*-Modells kontraintuitive Resultat hat sich der Begriff **„*Bertrand*-Paradoxon"** durchgesetzt. Es tritt jedoch nur unter sehr engen Voraussetzungen auf. So nimmt das grundlegende *Bertrand*-Modell an, dass (1.) jedes Unternehmen über nahezu unbegrenzte Kapazitäten verfügt, die jederzeit ausreichen, die gesamte Marktnachfrage zu bedienen, und (2.) die Produkte aus Sicht der Nachfrage tatsächlich vollkommen homogen sind. Ferner wird – ebenso wie im *Cournot*-Modell für die Angebotsmenge – angenommen, dass (3.) die Unternehmen simultan[148] über die Höhe des Preises entscheiden *(„one-shot game")*. Aufgrund dieser Annahmen würde jeder noch so kleine Preisunterschied dazu führen, dass die gesamte Nachfrage zu dem Anbieter mit dem niedrigeren Preis abwandert. Da jeder Anbieter antizipiert, dass der jeweils andere deshalb einen Anreiz hat, jeden über den Grenzkosten liegenden Preis minimal zu unterschreiten, ist ein Angebot des Produkts zu Grenzkostenpreisen die wechselseitig beste Strategie (*Nash*-Gleichgewicht). Da der strategische Anreiz beider Anbieter in die gleiche Richtung weist, sind – anders als im *Cournot*-Modell – die **Preise** der Anbieter in

---

[144] Der dargestellte Zusammenhang verdeutlicht auch nochmals die Modelle der vollkommenen Konkurrenz und des Monopols. Im Fall der vollkommenen Konkurrenz (atomistische Anbieterstruktur) liegt der Wert des HHI bei/nahe 0, d.h. die Anbieter verfügen über keine Marktmacht im Sinne der Möglichkeit, Preis oberhalb der Grenzkosten durchzusetzen. Im Fall der Monopols ist der Wert des HHI = 1, und es gilt der für das Monopol bereits dargestellte Zusammenhang; vgl. oben Rdnr. 31.

[145] Vgl. hierzu z.B. für den Bereich der Fusionskontrolle ausführlicher unten Rdnr. 116ff.

[146] Vgl. grundlegend: *Bertrand,* Théorie Mathematique de la Richesse Sociale, Journal des Savant, 1883, 499ff.; vgl. ferner: *Schwalbe/Zimmer,* aaO 40f.; für eine etwas technisch-mathematischere Darstellung vgl. *Bester,* aaO 100ff.; *Bühler/Jaeger,* aaO 78ff.; *Carlton/Perloff,* aaO 171ff.; *Shapiro,* aaO 343ff.

[147] Vgl. zum Modell der vollkommenen Konkurrenz oben Rdnr. 26.

[148] „Simultan" heißt hier nicht notwendiger Weise „zum gleichen Zeitpunkt". Entscheidend ist vielmehr, dass jeder Spieler zum Zeitpunkt *seiner* Entscheidung über den Preis noch keine gesicherten Informationen dazu hat, wie hoch der Angebotspreis der übrigen Spieler sein wird.

einem Oligopol aus spieltheoretischer Sicht **strategische Komplemente.** Die wechselseitig „beste Antwort" auf eine (antizipierte) Preissenkung (Preiserhöhung) ist ebenfalls ein niedrigerer (höherer) Preis. Die durch das grundlegende *Bertrand*-Modell mit homogenen Gütern beschriebene Modellwelt dürfte in der Realität allerdings aufgrund der strikten Annahmen nur in Ausnahmefällen vorzufinden sein. Am nächsten kommt ihr ein **idealtypischer Bieter- und Ausschreibungsmarkt.**[149] Das Szenario einer Auktion oder Ausschreibung entspricht insbesondere der Vorgabe bzw. Annahme des Modells, dass die Unternehmen (nahezu) simultan über die Höhe ihres Angebotspreises entscheiden müssen. Die Voraussetzungen für einen äußerst intensiven Preiswettbewerb sind ferner dann besonders gut, wenn das ausgeschriebene Produkt vom Nachfrager exakt und in allen Details vorgegeben (d.h. aus Sicht der Bieter vollkommen homogen) ist. Die konkurrierenden Bieter sollten zudem nicht genau wissen, wann der nächste Auftrag vergeben wird und der Ausschreibungssieger sollte stets den Zuschlag für den gesamten Auftrag erhalten. Ein einmal gewonnener Auftrag darf ferner zu keinem Vorteil im Sinne eines Wettbewerbsvorsprungs bei einer erneuten Auftragsvergabe führen und ein Auf- bzw. Ausbau der erforderlichen Kapazitäten sollte jederzeit problemlos möglich sein. Unter diesen Bedingungen sind sowohl die Nachfrage als auch das Produktangebot extrem preiselastisch. Keines der Unternehmen kann den Preis über die Grenzkosten profitabel anheben, da es mit dem (im Extremfall vollständigen) Verlust des eigenen Absatzes rechnen muss.

50 Die sehr strikten Annahmen des *Bertrand*-Grundmodells lenken den Blick jedoch bereits auf mögliche Quellen und Bestimmungsfaktoren von Marktmacht. So entsprechen insbesondere die Annahmen des Grundmodells, dass alle Anbieter im Markt über nahezu unbegrenzte Kapazitäten verfügen bzw. Kapazitätserweiterungen oder Marktzutritte jederzeit kostenlos möglich sind (Annahme eines vollkommen preiselastischen Angebots), in vielen Fällen nicht der Realität. Eine wichtige, auf *Edgeworth* zurückgehende Verfeinerung des *Bertrand*-Modells beschäftigt sich daher mit den Auswirkungen von **Kapazitätsrestriktionen** auf das Preissetzungskalkül der Anbieter in einem oligopolistischen Markt ***(Bertrand-Edgeworth*-Modell*).***[150] Bestehende Kapazitätsrestriktionen führen dazu, dass – selbst wenn alle anderen Annahmen des Modells erfüllt wären – ein Anbieter bei einer Erhöhung des Preises über die Grenzkosten nicht den gesamten Absatz verlieren würde, sondern – obwohl alle Nachfrager aufgrund des höheren Preises gerne wechseln würden – eine Residualnachfrage bei ihm verbleibt.[151] Sofern die Anbieter diese Tatsache antizipieren, sind Marktpreise oberhalb der Grenzkosten möglich. Allerdings lässt sich spieltheoretisch zeigen, dass sich – zumindest wenn die Anbieter den Preis für gegebene Kapazitäten simultan[152] bestimmen *(„one-shot game")* – kein stabiles *(Nash-)*Gleichgewicht einstellt. Es ergibt sich vielmehr eine zyklische Abfolge von wechselseitigen Preiserhöhungen und Preissenkungen (so genannte ***Edgeworth*-Zyklen**).[153] Mit Hilfe einer weiteren spieltheoretischen Verfeinerung kann allerdings gezeigt werden, dass die Zyklen unterbleiben und sich ein stabiles Nash-Gleichgewicht einstellt, wenn man die Annahme aufgibt, dass die Unternehmen ihre Preisentscheidung für eine bereits gegebene Kapazität treffen.[154] Geht man hingegen von einem **zweistufigen Entscheidungsprozess („Spiel")** aus, in dem die Unternehmen in einem ersten Schritt zunächst im Wettbewerb den Umfang der eigenen Produktionskapazitäten festlegen und danach mit dem

---

149 Vgl. hierzu auch *Klemperer,* Competition Policy in Auction and Bidding Markets, in: *Buccirossi (Hrsg.),* aaO 583, 585f.; *Schwalbe/Zimmer,* aaO 63f.

150 Vgl. *Bester,* aaO 103ff.; *Carlton/Perloff,* aaO 174ff.

151 Zum Konzept der Residualnachfrage vgl. bereits oben Rdnr. 33.

152 „Simultan" heißt hier nicht notwendiger Weise „zum gleichen Zeitpunkt". Entscheidend ist vielmehr, dass jeder Spieler zum Zeitpunkt *seiner* Entscheidung über den Preis noch keine gesicherten Informationen dazu hat, wie hoch die Angebotspreis der übrigen Spieler sein wird.

153 Vgl. hierzu insbesondere: *Maskin/Tirole,* A Theory of Dynamic Oligopoly: Price Competition, Kinked Demand Curves and Edgeworth Cycles, Econometrica, 56 (1988), 571ff.

154 Vgl. zu den nachfolgenden Ausführungen grundlegend: *Kreps/Scheinkman,* Quantity Precommitment and Bertrand-Competition yield Cournot Outcomes, Bell Journal of Economics, 14 (1983), 326ff.

Preis um deren Auslastung konkurrieren, ergibt sich das gleiche Marktergebnis (*Nash*-Gleichgewicht) wie im einfachen *Cournot*-Modell bei Mengenwettbewerb.[155]

Produktdifferenzierung: Wie bereits im Zusammenhang mit dem grundlegenden Modell der monopolistischen Konkurrenz dargelegt,[156] ist die Produktdifferenzierung eine weitere denkbare Quelle von Marktmacht. Im *Bertrand*-Modell des Preiswettbewerbs verfügen Anbieter über Marktmacht und können über den Grenzkosten liegende Preise realisieren, sobald man nicht ein homogenes Produkt, sondern differenzierte Güter betrachtet.[157] Ausschlaggebend hierfür ist, dass der Anbieter eines differenzierten Produkts bei einer Preiserhöhung zunächst nur diejenigen (marginalen) Konsumenten verliert, die eine vergleichsweise geringe Präferenz für die jeweiligen Differenzierungsmerkmale eines Produktes haben. Die Nachfrage ist insgesamt weniger preiselastisch als bei einem vollkommen homogenen Produkt, weil es auch „Stammkunden" gibt. In diesem Fall ergibt sich das folgende wechselseitige Entscheidungskalkül (vgl. Abb. 7): 51

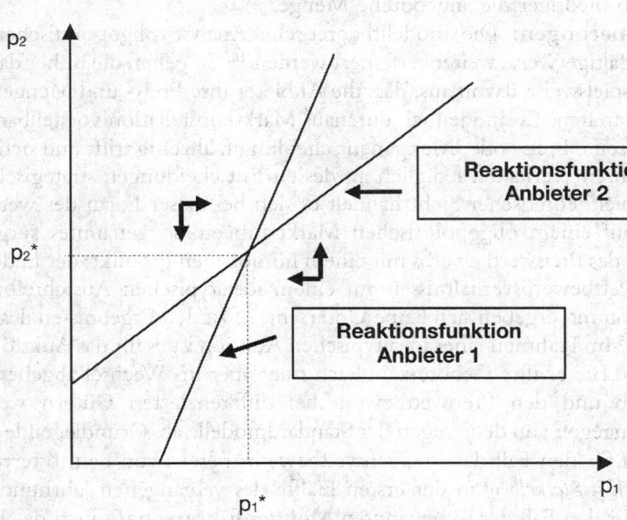

Abbildung 7: Reaktionsfunktionen und (Nash-)Gleichgewicht bei Preiswettbewerb mit differenzierten Produkten

Erhöht ein Anbieter den Preis seines Produktes, verliert er einen Teil der Konsumenten an Wettbewerber. Bezüglich der verbleibenden Nachfrage erhöht sich jedoch die Marge und – in Abhängigkeit von der durch den Grad der Produktdifferenzierung bestimmten Preiselastizität der Nachfrage – der Gewinn.[158] Zugleich steigt für die übrigen Anbieter die Nachfrage nach deren Produkt. Dies ermöglicht ihnen ebenfalls eine gewinnsteigernde Preiserhöhung (Preishöhe als „strategische Komplemente").[159] Diese fällt jedoch geringer aus als die anfängliche Preiserhöhung ihres Konkurrenten, da jeweils nur die individuellen Gewinneffekte und die Preiselastizität für das eigene Produkt berücksichtigt werden. Da alle Anbieter diesen Zusammenhang antizipieren, ergeben sich im Gleichgewicht über den Grenzkosten liegende Produktpreise. Das Ausmaß des Preisaufschlags hängt entscheidend von dem **Grad der Substituierbarkeit („wettbewerbli-**

155 Vgl. hierzu bereits oben Rdnr. 46.

156 Vgl. oben Rdnr. 39.

157 Vgl. *Schwalbe/Zimmer,* aaO 44f; für eine technisch-mathematische Darstellung vgl. z. B. *Bester,* aaO 111 ff.; *Bühler/Jaeger,* aaO 89 ff.

158 Vgl. zur gegenläufigen Wirkung von Preis- und Mengeneffekt auf den Gewinn eines Anbieters bereits oben Rdnr. 29.

159 Vgl. hierzu bereits oben Rdnr. 49.

chen Nähe") und mithin von der Preiselastizität der Nachfrage der Produkte ab.[160] Bei vollkommener Substituierbarkeit (d. h. homogenen Produkten) ergibt sich das Marktergebnis des ursprünglichen *Bertrand*-Modells mit homogenen Gütern. Nimmt der Grad der Produktdifferenzierung zu und mithin die Substituierbarkeit und wettbewerbliche Nähe ab, ergeben sich zunehmende Preiserhöhungsspielräume. Dieser Zusammenhang zeigt nicht zuletzt, dass wettbewerbliche Impulse auch von einer Veränderung einzelner Eigenschaften eines differenzierten Produkts **(„Umpositionierung" eines Produkts)** ausgehen können. Auch für das *Cournot*-Modell des Mengenwettbewerbs ergeben sich in Abhängigkeit von dem Grad der Produktdifferenzierung (zusätzliche) Marktmachteffekte.[161] Je differenzierter die Produkte sind, umso schwächer ist der aus einer Mengenreduzierung resultierende Preiseffekt für die anderen Oligopolisten, d. h. umso „unabhängiger" sind die Mengenentscheidungen der Anbieter von einander. Umso höher ist dementsprechend im Vergleich zu vollkommen homogenen Produkten im Gleichgewicht der Preis und umso niedriger die angebotene Menge.

52 **Weitere Verfeinerungen:** Die modelltheoretische Analyse oligopolistischen Wettbewerbs kann auf vielfältige Weise weiter verfeinert werden.[162] So gehen die bisher dargestellten Grundmodelle beispielsweise davon aus, dass die Anbieter ihre Preis- und Mengenentscheidungen simultan[163] treffen. Es sind jedoch durchaus Marktkonstellation vorstellbar, in denen einer der Anbieter seine Preis- oder Mengenentscheidung frühzeitig trifft und sich die anderen Anbieter mit ihrem Verhalten lediglich an dessen Entscheidungen strategisch anpassen (können).[164] Aus spieltheoretischer Sicht handelt es sich bei dieser Form der wettbewerblichen Interaktion auf einem oligopolistischen Markt um ein so genanntes **sequentielles Spiel.** Für den Fall des Preiswettbewerbs mit einem homogenen Produkt, der in der Realität am ehesten den Wettbewerbsverhältnissen auf einem idealtypischen Ausschreibungs- und Bietermarkt nahekommt, ergeben sich keine Unterschiede zu den Ergebnissen des Standard-*Bertrand*-Modells.[165] Im Rahmen einer idealtypischen Auktion ist es für das Auktionsergebnis unerheblich, ob die Bieter ihre Gebote zeitgleich oder aber im Wechsel abgeben. Für den Mengenwettbewerb und den Preiswettbewerb bei differenzierten Gütern weichen die Marktergebnisse hingegen von denjenigen der Standardmodelle ab. Grundlegende Erwägungen hierzu wurden für den Fall des Mengenwettbewerbs bereits von dem österreichischen Ökonomen *Heinrich v. Stackelberg* in der ersten Hälfte des vergangenen Jahrhunderts angestellt, so dass sich für den Fall der so genannten **Mengenführerschaft** auch der Begriff der **„*Stackelberg*-Leadership"** eingebürgert hat.[166] Da die Angebotsmengen im Oligopol strategische Substitute sind,[167] bietet der *Stackelberg*-Führer im ersten Schritt eine größere Angebotsmenge an, da er davon ausgehen kann, dass die anderen Anbieter *(„follower")* ihre Angebotsmenge reduzieren, um einen weiteren Preisverfall zu vermeiden. Die Mengenführerschaft führt daher im Vergleich zum Standard-Modell des Mengenwettbewerbs[168] zu

---

[160] In Abbildung 7 manifestiert sich ein unterschiedlicher Grad der Substituierbarkeit der Produkte in einer jeweils abweichenden Lage und Steigung der Reaktionsfunktionen.

[161] Vgl. hierzu *Schwalbe/Zimmer,* aaO 46.

[162] Im vorliegenden Rahmen ist es nicht möglich, sämtliche denkbaren Modifikationen wiederzugeben. Die Darstellung konzentriert sich auf wichtige „Eckpunkte".

[163] „Simultan" heißt hier nicht notwendiger Weise „zum gleichen Zeitpunkt". Entscheidend ist vielmehr, dass jeder Spieler zum Zeitpunkt *seiner* Entscheidung über Menge oder Preis noch keine gesicherten Informationen dazu hat, wie hoch Angebotsmenge und Preis der übrigen Spieler sein werden.

[164] Vgl. *Schwalbe/Zimmer,* aaO 46ff; für eine technisch-mathematische Darstellung vgl. z. B. *Bester,* aaO 117 ff.; *Bühler/Jaeger,* aaO 86ff; *Belleflamme/Peitz,* aaO 75 ff.

[165] Vgl. hierzu oben Rdnr. 49.

[166] Vgl. grundlegend: *Stackelberg,* Marktform und Wettbewerb, 1934.

[167] D. h. die aus dem Blickwinkel der Maximierung des eigenen Gewinns strategisch „beste Antwort" eines Anbieters auf eine Mengenausweitung des Wettbewerbers ist eine Verringerung der eigenen Angebotsmenge (und *vice versa*); vgl. hierzu bereits oben Rdnr. 46.

[168] Vgl. hierzu oben Rdnr. 46.

einem für die Nachfrager vorteilhafteren Marktergebnis, d. h. einer höheren Angebotsmenge und einem niedrigeren Gleichgewichtspreis. Die (Marktmacht-)Gewinne der Anbieter sind jedoch anders verteilt. Der Gewinn des *Stackelberg*-Führers ist im Vergleich zur simultanen Entscheidung höher, derjenige der Mengenfolger hingegen niedriger. Der Mengenführer hat demnach einen ***„First-Mover-Advantage"*.** Das umgekehrte Ergebnis ergibt sich für den Fall der **Preisführerschaft:** Der Grund hierfür ist, dass in einem oligopolistischen Markt die Preise der Anbieter keine strategischen Substitute, sondern strategische Komplemente sind.[169] Der preisführende Anbieter eines differenzierten Produkts stellt in Rechnung, dass die Preisfolger den Preis ihrer Produkte zwar auch anheben, im Ergebnis aber eine geringfügig niedrigere Preiserhöhung vornehmen, um Nachfrager auf sich umzulenken. Er wird daher, um seinen Gewinn zu maximieren, den Preis im ersten Schritt stärker anheben als bei einer simultanen Entscheidung. Im Ergebnis führt Preisführerschaft im Vergleich daher zu höheren Gleichgewichtspreisen und niedrigeren Angebotsmengen und damit einem für die Nachfrager schlechteren Ergebnis. Im Vergleich zum Standard-*Bertrand*-Modell bei differenzieren Gütern realisiert der Preisführer allerdings einen niedrigeren und die Preisfolger einen höheren Gewinn **(„First-Mover-Disadvantage").**

53 In den Modellen der Mengen- und Preisführerschaft muss der Mengen- bzw. Preisführer die Reaktionen der anderen Anbieter von vorneherein bei seinen Entscheidungen als sicher unterstellen können. Ferner müssen sich die *„follower"* unmittelbar an die Entscheidung des Mengen- oder Preisführers anpassen. Die Modelle der Mengen- und Preisführerschaft sind daher insbesondere für Märkte relevant, in denen die einmal getroffenen Entscheidungen der Marktteilnehmer aufgrund einer hinreichend hohen **Markttransparenz** gut beobachtbar sind. Die Modelle belegen ferner erneut, dass der Wettbewerb über den Preis generell intensiver ist als der Mengenwettbewerb. Sie zeigen, dass für Anbieter auf einem oligopolistischen Markt lediglich zeitgleich vorgenommene Preiserhöhungen vorteilhaft sind, während eine Preisführerschaft im Vergleich hierzu Gewinneinbußen zur Folge hätte. Aufgrund der Reaktionen der Nachfrager sind Preisveränderungen von Wettbewerbern in der Regel auch leichter zu beobachten als Kapazitäts- und Mengenveränderungen. Durch den Ausbau der Produktionskapazitäten und der Angebotsmenge kann ein Anbieter im Sinne einer Mengenführerschaft die eigene Marktposition ausbauen und den Gewinn zwar steigern. Die hierfür erforderlichen Maßnahmen (Zubau von Produktionsanlagen etc.) benötigen jedoch in der Regel Zeit und sie sind bereits im Vorfeld von den Wettbewerben relativ leicht zu beobachten. Ein wettbewerblicher Vorstoß durch eine Kapazitäts- und Mengenausweitung ist daher insbesondere erfolgversprechend, wenn ein Anbieter seine Entscheidung zur Kapazitätserweiterung so lange wie möglich vor seinen Wettbewerbern geheim halten kann. Andernfalls könnten diese ihm zuvor kommen. So kann sich ein Unternehmen durch den (vertraulichen) Abschluss aller hierfür erforderlichen Verträge und Verpflichtungen bereits so glaubwürdig auf die Ausweitung seiner Kapazitäten festlegen ***(„commitment"),*** dass die Wettbewerber die Angebotsausweitung bei Bekanntwerden bereits als gegeben hinnehmen.[170]

54 **4. Nachfragemacht: Monopson, Oligopson und relative Verhandlungsmacht.** Moderne Volkswirtschaften sind durch ein hohes Maß an Arbeitsteilung gekennzeichnet.

[169] D. h. die aus dem Blickwinkel der Maximierung des eigenen Gewinns strategisch „beste Antwort" eines Anbieters auf eine Preiserhöhung (Preissenkung) eines Wettbewerbers ist ebenfalls eine Preiserhöhung (Preissenkung); vgl. hierzu bereits oben Rdnr. 51.

[170] Zu dieser als „pre-emption" bezeichneten Strategie vgl. *Spence,* Investment Strategy and Growth in a New Market, Bell Journal of Economics, 10 (1979), 1 ff.; *Abreu et al.,* Towards a Theory of Discounted Repeated Games With Imperfect Monitoring, Econometrica, 58 (1990), 1041 ff. Die gleichen Erwägungen gelten nicht nur für einen wettbewerblichen Vorstoß durch eine Mengenausweitung, sondern auch für eine erfolgversprechende Verhinderung oder Abwehr von Marktzutritten; vgl. hierzu *Allen/Deneckere//Faith/Kovenok,* Capacity Precommitment as a Barrier to Entry, Economic Theory, 15 (2000), 501 ff.; *Dixit,* The Role of Investmet in Entry-Deterrence, The Economic Journal, 90 (1980), 95 ff.

Unternehmen stehen daher nicht nur Konsumenten, sondern als Bezieher von Vorprodukten auch anderen Anbietern als Nachfrager gegenüber und können dabei über Marktmacht verfügen. Als Nachfragemacht bezeichnet man in sehr allgemeiner Form die Fähigkeit eines Unternehmens, einseitig die Bezugskonditionen (Mengen und Preise) für die von ihm eingesetzten Vorprodukte zu seinen Gunsten zu beeinflussen.[171] Theoretisch kann sie – spiegelbildlich zur Angebotsmacht – mit Hilfe der Modelle des Nachfrage-Monopols **(Monopson)** und des Nachfrage-Oligopols **(Oligopson)** analysiert werden. In vielen Fällen sind jedoch die Austauschbeziehungen zwischen anbietenden und nachfragenden Unternehmen durch komplexe bilaterale Verhandlungsprozesse gekennzeichnet, die im Ergebnis dazu führen, dass Anbieter verschiedenen Nachfragern unterschiedliche Preise und Bezugskonditionen gewähren (Preisdiskriminierung). Neuere theoretische Ansätze nutzen daher die Erkenntnisse der Verhandlungstheorie für die Analyse des Phänomens der Nachfragemacht. In diesem Rahmen ist Nachfragemacht als **(relative) Verhandlungsmacht** zu interpretieren.

55 **Monopson:**[172] Die grundlegenden Wirkungen von Nachfragemacht können mit Hilfe des einfachen Monopson-Modells veranschaulicht werden. Dieses geht von einem Monopol-Nachfrager (Monopsonisten) aus, der das von ihm unter Einsatz des nachgefragten Vorprodukts hergestellte Endprodukt auf einem (vollkommenen) Konkurrenzmarkt anbietet. Für den Monopsonisten ist der Preis seines Endprodukts daher ein Datum, d. h. er ist auf dem nachgelagerten Markt Preisnehmer und verfügt dort über keinerlei Marktmacht.[173] Da jedoch den Anbietern auf dem vorgelagerten Markt keine anderen Abnehmer als Ausweichalternative zur Verfügung stehen, kann der Monopsonist seinen Gewinn durch die Beeinflussung von Preis und Menge des Vorprodukts relativ zum Verlauf der Angebotsfunktion[174] maximieren (vgl. Abb. 8).

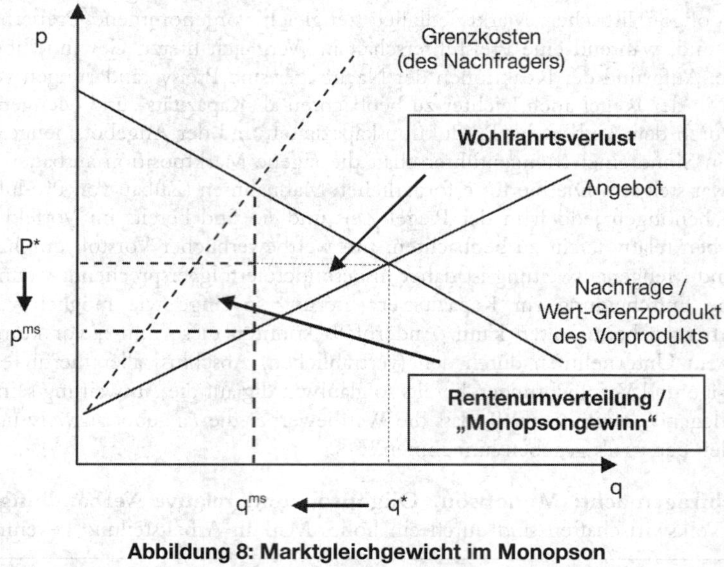

Abbildung 8: Marktgleichgewicht im Monopson

[171] Vgl. für einen Überblick: *Church,* aaO; *Noll,* Buyer Power and Economic Policy, Antitrust Law Journal, 72 (2005), 589 ff.; für einen knappen Überblick vgl. auch *Schwalbe/Zimmer,* aaO 50 ff.

[172] Vgl. statt Vieler: *Carlton/Perloff,* aaO 107 ff.; *Church,* aaO 10 ff.; *Blair/Durrance,* The Economics of Monopsony, in: *Collins et al. (Hrsg.),* aaO 393 ff.

[173] Vgl. zum Modell der vollkommenen Konkurrenz bereits oben Rdnr. 26; als praktischer Bezugspunkt kann z. B. der Fall einer Molkerei dienen, die auf dem (regionalen) Beschaffungsmarkt für Rohmilch für die Landwirte der einzige Abnehmer ist, beim Absatz der weiterverarbeiteten Produkte aber nicht zuletzt aufgrund der erweiterten Liefergebiete und mithin geographischen Marktgrenzen starkem überregionalen Wettbewerb ausgesetzt ist.

[174] Vgl. zu den Bestimmungsfaktoren des Verlaufs der Angebotsfunktion oben Rdnr. 24 f.

Der Preis des Vorprodukts bestimmt dabei die Grenzkosten des Monopsonisten für die Herstellung des Endprodukts. Seine Erlöse werden bei einem gegebenen Preis für das Endprodukt von der Grenzproduktivität des Vorprodukts bestimmt, d.h. davon, wie viele zusätzliche Einheiten des Endprodukts durch den zusätzlichen Einsatz einer weiteren Einheit des Vorprodukts produziert werden können. Der Monopsonist kann seinen Gewinn (marginal) weiter steigern, wenn der Preis des Vorprodukts und damit die Grenzkosten der Herstellung des Endprodukts niedriger sind als die zusätzlichen Erlöse durch den Bezug einer zusätzlichen Einheit des Vorprodukts und den Verkauf der hiermit hergestellten zusätzlichen Einheiten des Endprodukts **(Wert-Grenzprodukt).**[175] Der Monopsonist berücksichtigt – spiegelbildlich zum Monopolisten – stets einen Preis- und einen Mengeneffekt. Der Preiseffekt erfasst die Auswirkungen auf seinen Gewinn, die sich aus einem verringerten oder erhöhten Preis für das Vorprodukt und mithin der veränderten Marge für die von ihm abgesetzte Menge des Endprodukts ergeben. Der Mengeneffekt erfasst hingegen die Tatsache, dass aufgrund einer Erhöhung oder Senkung des Bezugspreises die Menge des Vorprodukts und damit auch die produzierte und abgesetzte Menge des Endprodukts gesenkt bzw. gesteigert werden kann. Im Marktgleichgewicht entsprechen die Grenzkosten des Monopsonisten dem Wert-Grenzprodukt des eingesetzten Vorprodukts.

Im Ergebnis wird im Monopson eine niedrigere Menge des Vorprodukts zu einem ge- 56
ringeren Preis nachgefragt und abgesetzt als bei funktionsfähigem Beschaffungswettbewerb. Wie sein Spiegelbild des Angebotsmonopols führt das Monopson deshalb zu einem **Wohlfahrtsverlust** (vgl. Abb. 8). Nachfragemacht entfaltet ferner Umverteilungswirkungen, wenn die Anbieter auf dem vorgelagerten Markt eine positive Produzentenrente (einen „Gewinn") realisieren.[176] Außer in dem theoretischen Grenzfall eines vollkommen preiselastischen Angebots für das Vorprodukt[177] ist die Existenz von Nachfragemacht stets gleichbedeutend mit einer **Umverteilung von Produzentenrente** (Gewinn/Marge) zwischen den auf vor- bzw. nachgelagerten Wertschöpfungsstufen tätigen Unternehmen. Deren Ausmaß hängt sowohl von der Preiselastizität des Angebots als auch der Preiselastizität der Nachfrage nach dem Vorprodukts ab (vgl. Abb. 8). Ferner lässt sich – analog zum Fall der perfekten Preisdiskriminierung gegenüber Endabnehmern auf Angebotsmärkten[178] – zeigen, dass sich ein Monopsonist sogar die gesamte Produzentenrente seiner Lieferanten aneignen kann, wenn er über die Möglichkeit so genannter **„Alles-oder-Nichts"-Angebote** *(„all-or-none offers")* verfügt.[179] Voraussetzung hierfür wäre allerdings zum einen, dass

---

[175] Das Wert-Grenzprodukt ist die „maximale Zahlungsbereitschaft" des Abnehmers eines Vorprodukts. Jedes Vorprodukt hat eine bestimmte Grenz-Produktivität, d.h. mit einer zusätzlichen Einheit eines Vorprodukts kann eine bestimmte zusätzliche Menge des Endprodukts hergestellt werden. Das Wert-Grenzprodukt ist die mit dem Preis des Endprodukts multiplizierte Grenzproduktivität.

[176] In technischer Hinsicht ist diese Aussage gleichbedeutend mit der Feststellung, dass die Angebotsfunktion für das betrachtete Vorprodukt einen steigenden Verlauf haben muss. Die Produzentenrente/Gewinne können unterschiedliche Ursachen haben. Sie können entweder auf entsprechenden Kostenvorsprüngen zumindest eines Teils der Anbieter beruhen („*Ricardo*-Renten") oder den Charakter von so genannten „Quasi-Renten" haben, d.h. die Anbieter erzielen zwar keinen positiven Gewinn, aber der Preis liegt zumindest oberhalb der kurzfristig vermeidbaren bzw. durchschnittlichen variablen Kosten. Der Gewinn/die Produzentenrente der Anbieter kann aber auch auf angebotsseitiger Marktmacht i.S.v. über den Grenzkosten liegenden Preisen beruhen; vgl. zu dieser grundlegenden Definition angebotsseitiger Marktmacht aus ökonomischer Sicht bereits oben Rdnr. 27.

[177] Bei einem vollkommen preiselastischen Angebot würde die Angebotsfunktion in Abbildung 8 einen horizontalen Verlauf aufweisen. Dies würde allerdings voraussetzen, dass sämtliche Anbieter des Vorprodukts symmetrisch sind und zu konstanten Grenzkosten produzieren. Die Anbieter des Vorprodukts würden unter diesen strikten Annahmen unabhängig von der Struktur der Marktgegenseite keinerlei Gewinn (im Sinne einer Produzentenrente) erzielen; vgl. *Noll,* aaO 592ff.; *Church,* aaO 10ff.

[178] Vgl. hierzu oben Rdnr. 36.

[179] Hierunter ist die Fähigkeit eines Abnehmers zu verstehen, einem Lieferanten – faktisch im Sinne eines „Friss-Vogel-oder-Stirb" – lediglich einmalig ein Angebot zu unterbreiten, dass dieser entweder nur annehmen oder ganz ablehnen kann. Im Falle der Ablehnung kommt es zu keinen weiteren Angebotsverhandlungen; vgl. *Church,* aaO 14ff.

der Nachfrager selbst in keiner Weise auf den Bezug des Vorprodukts eines bestimmten Lieferanten angewiesen ist, d. h. die Anbieter über keinerlei angebotsseitige Marktmacht verfügen. Der Nachfrager müsste ferner über umfassende Informationen über die Kostensituation aller potentiellen Lieferanten verfügen. In diesem (theoretischen Grenz-)Fall würde ein Monopson nicht zu einem Rückgang der nachgefragten Menge (und damit einen allokativen Wohlfahrtsverlust) führen.

57 **Oligopson und Nachfragemacht-Index:** Auch der Fall des Angebotsoligopols lässt sich spiegelbildlich auf die Nachfrageseite übertragen (Oligopson).[180] Die Modelle beschreiben dann eine Situationen, in der eine geringe Anzahl von Abnehmern um die angebotenen Vorprodukte konkurriert. Wie für ihre angebotsseitigen Spiegelbilder[181] hängt das zu erwartende Marktergebnis nicht zuletzt von den Eigenschaften des betrachteten Produktes (homogen oder differenziert) und dem von den Marktteilnehmern als ausschlaggebend betrachteten strategischen Wettbewerbsparameter (Menge oder Preis) ab. Für den Fall eines relativ homogenen Vorprodukts, für das die Nachfrager die jeweils bezogene Menge als entscheidenden strategische Parameter nutzen, lässt sich – spiegelbildlich zum Modell des *Cournot-* oder Mengenwettbewerb bei homogenen Gütern[182] – zeigen, dass unter bestimmten Voraussetzungen ein enger Zusammenhang zwischen dem (Markt-)Anteil eines Nachfragers an der gesamten Marktnachfrage (und mithin dem Konzentrationsgrad der Beschaffungsseite eines Marktes) und dem bestehenden Grad von Nachfragemacht existiert. Ebenso wie sich für das angebotsseitige Modell der so genannte *Lerner*-Index als Marktmachtindikator ableiten lässt, kann für den Fall des Oligopsons unter den entsprechenden Modellannahmen ein Nachfragemacht-Index bestimmt werden. Während der *Lerner*-Index den Zusammenhang zwischen dem Grad an Angebotsmacht sowie dem Marktanteil bzw. dem Konzentrationsniveau der Angebotsseite und der Preiselastizität der Nachfrage verdeutlicht, bildet der Nachfragemachtindex den Zusammenhang zwischen dem Grad an Nachfragemacht und dem Konzentrationsgrad der Beschaffungsseite sowie der Preiselastizität des Angebots für das Vorprodukt ab.[183]

58 **Verfeinerungen der Grundmodelle:** Die wettbewerbsökonomische Analyse des Phänomens der Nachfragemacht ist insbesondere deshalb komplex, weil sie sich mit wettbewerblichen Interaktionsbeziehungen innerhalb einer mehrstufigen Wertschöpfungskette befasst. Weitere Verfeinerungen der dargestellten Grundmodelle beziehen daher unterschiedliche Wettbewerbsverhältnisse auf dem vor- bzw. nachgelagerten Markt in die Betrachtung mit ein. Verfügt ein Monopsonist beispielsweise auch auf dem nachgelagerten Markt über Marktmacht und im Extremfall sogar über ein Angebotsmonopol, verstärken sich die negativen Effekte von Angebots- und Nachfragemacht gegenseitig. Aufgrund seines Gewinnmaximierungskalküls auf der Absatzseite[184] reduziert ein Monopolanbieter im Vergleich zum Fall eines Konkurrenzmarktes seine Ausbringungsmenge und dies führt – in Abhängigkeit von der Preiselastizität des Angebots für das Vorprodukt – zu einer weiteren Mengenreduktion und Rentenumverteilung auf dem Beschaffungsmarkt. Im Falle des bilateralen Monopols auf dem vorgelagerten Markt, d. h. einer Situation, in der ein einziger Nachfrager einem einzigen Anbieter des Vorprodukts gegenübersteht, sind verschiedene Marktergebnisse denkbar, einschließlich der Option, dass sich beide Anbieter wie ein integriertes Monopol verhalten und den gemeinsamen Gewinn maximieren.[185] Wenig eindeutig hinsichtlich ihrer Wirkungen und nur schwer zu analysieren sind in dem aufgezeigten Modellrahmen die in der Praxis wohl am häufigsten vorkommenden Marktkonstellationen, in denen auf dem vorgelagerten Markt eine relativ geringe Anzahl von Anbietern einer begrenzten Zahl von Nachfragern gegenübersteht, die selbst wiederum beim Absatz

[180] Vgl. *Church,* aaO 13 ff.
[181] Vgl. hierzu ausführlich oben Rdnr. 44 ff.
[182] Vgl. hierzu ausführlich oben Rdnr. 46 ff.
[183] Vgl. *Church,* aaO 15 f.
[184] Vgl. hierzu ausführlich oben Rdnr. 29.
[185] Vgl. *Church,* aaO 18 f. mit weiteren Nachweisen auf die Literatur.

ihres Endprodukts auf oligopolistisch strukturierten Märkten agieren (aufeinander folgende Oligopole). Sowohl das Ausmaß der Rentenumverteilung innerhalb der Wertschöpfungskette als auch die Beantwortung der Frage, welche Auswirkungen sich letztendlich für den Endnachfrager (Konsumenten) hieraus ergeben, hängen von einer Vielzahl denkbarer Einflussfaktoren ab. Zumindest unter statisch-allokativen Gesichtspunkten kann jedoch davon ausgegangen werden, dass mögliche (Preis-)Vorteile, die Anbieter aus ihrer Nachfragemacht auf einem vorgelagerten Märkten ziehen, umso mehr zumindest teilweise in Form niedrigerer Preise an die Abnehmer auf dem nachgelagerten Marktstufen weitergegeben werden („pass through"), je stärker der Wettbewerbsdruck auf dem nachgelagerten Mark ist.

Verhandlungstheoretische Ansätze: Die Grenzen der dargestellten traditionellen theo- 59
retischen Ansätze zur Analyse der Nachfragemacht ergeben sich nicht zuletzt daraus, dass die Modelle durchgängig von anonymen Markttransaktionen ausgehen. In der Realität sind die Austauschbeziehungen zwischen anbietenden und nachfragenden Unternehmen jedoch oft durch komplexe bilaterale Verhandlungsprozesse zwischen relativ gut informierten Marktakteuren gekennzeichnet, die im Ergebnis auch dazu führen, dass Anbieter verschiedenen Nachfragern ggf. unterschiedliche Bezugskonditionen gewähren (Preisdiskriminierung). Neuere theoretische Ansätze nutzen daher die Erkenntnisse der Verhandlungstheorie für die Analyse des Phänomens der Nachfragemacht. Nachfragemacht wird in diesem Kontext als **(relative) Verhandlungsmacht *(bargaining power)*** interpretiert.[186] Ein zentrales Kennzeichen relativer Verhandlungsmacht ist, dass der Nachfrager eine Verbesserung der Preise und Konditionen nicht wie im Monopson- und Oligopson-Modell durch eine tatsächliche Verringerung der nachgefragten Menge, sondern bereits durch die **Drohung** mit einer solchen Reduktion erreicht. In den verhandlungstheoretischen Analysen steht dementsprechend die Frage der Verteilung der mit einer Liefer- und Vertragsbeziehung insgesamt verbundenen Wertschöpfung im Vordergrund. Oder bildhaft ausgedrückt: Im Rahmen von Vertragsverhandlungen streben die Vertragspartner in der Regel an, eine möglichst hohe Wertschöpfung im Sinne des gemeinsam realisierbaren Gewinns zu erzielen (Größe des „Kuchens"); die relative Verhandlungsmacht entscheidet dann maßgeblich darüber, wie dieser (Wertschöpfungs-)„Kuchen" in Form des individuellen Gewinns auf die Verhandlungspartner verteilt wird.[187] Ausgangspunkt und Kern ist die Überlegung, dass die relativen Verhandlungspositionen entscheidend davon bestimmt werden, welche Konsequenzen ein Scheitern der Verhandlungen für die Verhandlungspartner jeweils hätte. Im Blickpunkt steht der maximal erzielbare Gewinn, den die potentiellen Vertragspartner erzielen könnten, wenn zwischen ihnen keine Einigung zu Stande käme. Diese Determinante für die relative Verhandlungsposition wird als **Abbruchoption *(„outside option")*** oder **„Drohpunkt"** in den Verhandlungen bezeichnet. Sie spiegeln letztendlich die bestehenden Ausweichmöglichkeiten der Verhandlungspartner wider. Diejenige Seite mit den besseren Ausweichmöglichkeiten und damit weniger schwerwiegenden (wirtschaftlichen) Konsequenzen eines Scheiterns der Verhandlungen verfügt in den Verhandlungen über effektivere Drohpunkte und damit relative Verhandlungsmacht. Sie kann daher in den Verhandlungen die Verteilung der mit dem Vertrag insgesamt verbundenen Wertschöpfung zu ihren Gunsten beeinflussen. Ein aufgrund zunehmender Verhandlungsmacht steigender *Anteil* an der Wertschöpfung für einen Vertragspartner (geänderte Verteilung des „Kuchens") führt jedoch nicht zwangsläufig zu einem abnehmenden Gewinn des relativ schwächeren Verhandlungspartners, wenn – z. B. aufgrund entsprechender Effizienzvorteile – die durch die Vertragsbeziehung insgesamt erzielte Wertschöpfung (Größe des „Kuchens") entsprechend steigt.

---

[186] Vgl. hierzu und zu den nachfolgenden Ausführungen: *Inderst/Wey,* Die Wettbewerbsanalyse von Nachfragemacht aus verhandlungstheoretischer Sicht, Perspektiven der Wirtschaftspolitik, 9 (2008), 465 ff.; *Church,* aaO 20 ff., jeweils mit weiteren Nachweisen auf die verhandlungstheoretische Literatur.

[187] Vgl. für eine modelltheoretische Analyse mit einer empirischen Betrachtung des Kaffeemarktes: *Draganska/Klapper/Villas-Boas,* A Larger Slice or a Larger Pie? An Empirical Investigation of Bargaining Power in the Distribution Channel, Marketing Science, 29 (201), 57 ff.

60 In der ökonomischen Literatur werden verschiedene Faktoren diskutiert, die Einfluss auf die relativen Drohpunkte von Verhandlungspartnern und damit die Verteilung der Verhandlungsmacht haben.[188] Dabei ist zunächst zu berücksichtigen, dass Voraussetzung für die Ausübung von Nachfragemacht im Sinne relativer Verhandlungsmacht zumindest ein gewisses Maß von Marktmacht auf dem nachgelagerten Endkundenmarkt ist. Können die Endkunden beliebig und unbegrenzt zwischen den Angeboten zahlreicher alternativer Unternehmen wechseln, verfügt der Abnehmer über keine hinreichenden Drohpunkte in den bilateralen Verhandlungen. Obgleich keine zwingende Voraussetzung relativer Verhandlungsmacht, wirkt sich die **Größe eines Abnehmers** (i. S. d. Beschaffungsvolumens) tendenziell positiv auf seine Verhandlungsposition aus, weil sich die Kosten eines Lieferantenwechsels (Wechselkosten) auf eine relativ große Absatzmenge verteilen. Auch die **relative Größe** von Lieferant und Abnehmern (i. S. v. Umsatz- bzw. Lieferanteilen) beeinflusst die relative Verhandlungsposition. Ist der Abnehmer im Vergleich zum Lieferanten relativ groß, ist die Frage des Zustandekommens oder Scheiterns der Verhandlungen aufgrund des relativ starken Einflusses auf die Kapazitätsauslastung und mithin Kosten- und Gewinnsituation für den Lieferanten bedeutsamer. Umgekehrt gilt, dass eine starken **Produktdifferenzierung** und ausgeprägte **Markenstärke** (und mithin Angebotsmacht) die Verhandlungsmacht in Richtung des Lieferanten verschiebt.

II. Effizienzen: Grundgedanke und Formen

61 Neben dem Konzept der Marktmacht bilden Effizienzerwägungen die zweite zentrale Säule des für das Kartellrecht relevanten wettbewerbsökonomischen Erkenntnisstandes. Bezugspunkt ist dabei die Unterscheidung zwischen statischer und dynamischer Effizienz.[189] Das Konzept der **statischen Effizienz** bezieht sich auf die Frage, ob zu einem bestimmten Zeitpunkt für einen gegebenen Stand der (Produktions-)Technologie die vorhandenen Ressourcen optimal verwendet werden **(allokative Effizienz)** und die hergestellten Waren und Dienstleistungen jeweils mit dem geringstmöglichen („effizienten") Ressourceneinsatz und damit den geringstmöglichen Kosten hergestellt werden **(produktive Effizienz).** In der theoretischen Analyse bilden hierfür die allgemeine Gleichgewichtstheorie und das Modell der vollkommenen Konkurrenz den Ausgangspunkt.[190] Diese Modelle zeigen zwar einerseits, dass ein idealtypischer Markt- und Wettbewerbsprozess zu effizienten Ergebnissen führt. Die Existenz und Ausübung von Marktmacht (Extremfall: Monopol) führt hingegen zu Effizienz- und Wohlfahrtsverlusten.[191] Die Gleichgewichtstheorie und das Modell der vollkommenen Konkurrenz beruhen jedoch andererseits auf relativ restriktiven und idealisierenden Annahmen, durch die zahlreiche reale Phänomene (zunächst) ausgeblendet werden.[192] Werden diese „Marktunvollkommenheiten" berücksichtigt, können Wettbewerbsbeschränkungen unter bestimmten Voraussetzungen die statische Effizienz steigern. Ähnliche Überlegungen gelten auch in dynamischer Hinsicht.[193] Das Konzept der **dynamischen Effizienz** adressiert die Frage, ob die Unternehmen über hinreichende Anreize verfügen, einen Teil der vorhandenen Ressourcen in die Entwicklung neuer und besserer Produkte **(Produktinnovationen)** und eine Steigerung und Verbesserung der Herstellungsprozesse **(Prozessinnovationen)** zu investieren, um im

[188] Vgl. hierzu und zu den nachfolgenden Ausführungen: *Inderst/Mazzarotto,* Buyer Power in Distribution, in: *Collins et al. (Hrsg.),* aaO 1953 ff.; *Church,* aaO, 23 ff.; *Inderst/Wey,* Buyer Power and Supplier Incentives, European Economic Review, 51 (2007), 647 ff.

[189] Vgl. statt Vieler: *Bovenzi/Pisarkiewicz,* The Role of Efficiency Claims in Antitrust Proceedings, Background Note, OECD-Policy-Roundtable, 2012, 12 ff.

[190] Vgl. hierzu bereits oben Rdnr. 26.

[191] Vgl. für den Extremfall des Monopols oben Rdnr. 29.

[192] Vgl. oben Rdnr. 8 und Rdnr. 26; vgl. ferner: *Deng/Leonard,* Allocative and Productive Efficency, in: *Collins et al. (Hrsg.),* aaO 449 ff.

[193] Vgl. hierzu unter Verweis auf die in dieser Hinsicht grundlegenden Beiträge von *Joseph A. Schumpeter* und die ökonomische Ratio des Patents als temporäres Monopolrecht bereits oben Rdnr. 13.

Zeitablauf eine bessere und effizientere Verwendung der vorhandenen Ressourcen zu gewährleisten. Verhaltensweisen und Vereinbarungen, die aus statischer Perspektive den Wettbewerb zwischen Anbietern beschränken und mithin zu einem Anstieg von Marktmacht (und entsprechenden statischen Effizienzverlusten) führen, können sich ggf. positiv auf die Möglichkeiten und Anreize auswirken, vorhandene Ressourcen in die Entwicklung von (Produkt- und Prozess-)Innovationen zu investieren.

***Williamson* Trade-off:** In dem Modell der vollkommenen Konkurrenz als dem zentralen theoretischen Bezugspunkt für das ökonomische Konzept der Marktmacht[194] wird durch die Annahme einer atomistischen Marktstruktur das Problem der **optimalen Betriebsgröße** weitgehend ausgeblendet. Eine der für die Kartellrechtspraxis besonders wichtigen Effizienzerwägungen knüpft daher an der Tatsache an, dass mit einer zunehmenden Unternehmensgröße (und damit einer geringeren Anzahl von Anbietern) Kosten- und damit **produktive Effizienzvorteile** verbunden sein können. Die Zusammenarbeit (Kooperation) von Anbietern bis hin zu einem Zusammenschluss führt daher potentiell nicht nur zu einer Wettbewerbsbeschränkung, einem Marktmachtzuwachs und entsprechenden allokativen Ineffizienzen, sondern zugleich auch zu produktiven und grenzkostenwirksamen Effizienzvorteilen.[195] Diese können die Verhaltens- und insbesondere Preissetzungsanreize der Beteiligten so beeinflussen, dass im Ergebnis der primäre Marktmachteffekt ausgeglichen wird. Für diesen Zusammenhang hat sich in der Literatur der Begriff *Williamson* Trade-off durchgesetzt (vgl. Abb. 9).[196] 62

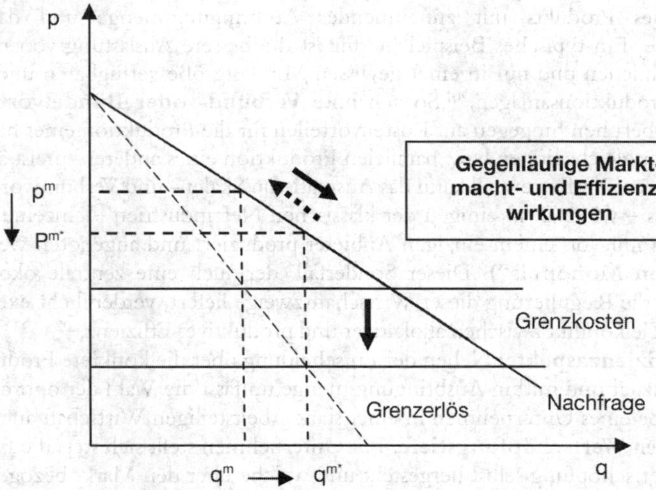

Abbildung 9: Der Williamson Trade-off

Der aus einer Senkung der Grenzkosten resultierende Anreiz eines Unternehmens für eine Preissenkung und Mengenausweitung basiert dabei auf dem grundlegenden Wirkungszusammenhang zwischen Preis- und (Grenz-)Kostenhöhe (und damit der Marge pro Stück), der Absatzmenge und dem Gewinn eines Unternehmens. Steigt durch niedrigere Kosten die Marge pro Stück, besteht für einen Anbieter ein Anreiz, den Preis zu senken, wenn der *zu-*

[194] Vgl. hierzu oben Rdnr. 20 ff.

[195] Die Grenzkosten bezeichnen die Kosten der Produktion genau einer zusätzlichen Einheit eines Produkts. Die Grenzkosten sind daher in vielen Fällen nahezu identisch mit den variablen Durchschnittskosten, d.h. insbesondere den Kosten für die erforderlichen Vorprodukte zur Herstellung einer Produkteinheit; vgl. hierzu bereits oben Rdnr. 24.

[196] Vgl. grundlegend: *Williamson,* Economics as an Antitrust Defense: The Welfare Trade-offs, American Economic Review, 1968, 18ff.; vgl. ferner: *Schmidt/Haucap,* aaO 123 f.; *Bovenzi/Pisarkiewicz,* aaO 17 ff.

sätzliche Gewinn durch die aufgrund des niedrigeren Preises *zusätzlich* abgesetzte Menge **(Mengeneffekt)** größer ist, als der Gewinnrückgang aufgrund der mit sinkendem Preis abnehmenden Marge **(Preiseffekt).** Aus der zentralen Bedeutung, die der gegenläufige Preis- und Mengeneffekt für die Entwicklung des Gewinns hat, ergibt sich zwangsläufig, dass die Preiselastizität der Nachfrage nach einem bestimmten Produkt von ausschlaggebender Bedeutung dafür ist, ob und in welchem Ausmaß sich eine Senkung der Grenzkosten in einer Preisreduktion und einer Mengenausweitung niederschlagen.[197] Dieser Zusammenhang gilt zwar zunächst unabhängig von dem vorherrschenden Marktmachtniveau.[198] Eine ausgeprägte Marktmacht (Extremfall: Monopol) hat potentiell allerdings auch negative Auswirkungen auf die produktive Effizienz. Mit einem abnehmenden Wettbewerbsdruck sinkt tendenziell der Anreiz, objektiv bestehende Effizienzpotenziale zu heben.[199] Es ist daher im Sinne eines möglichen Zielkonflikts zwischen allokativer und produktiver Effizienz davon auszugehen, dass *ceteris paribus* die Wahrscheinlichkeit von Effizienzvorteilen, die den primären Marktmachteffekt einer Kooperation oder eines Zusammenschlusses dauerhaft überwiegen, mit dem Marktmachtniveau der Beteiligten sinkt.

63 **Produktive Effizienzvorteile,** die sich bei einem gegebenen Stand der Produktionstechnologie grenzkostenreduzierend auswirken, sind insbesondere auf so genannte Größen- und Verbundvorteile zurückzuführen.[200] Bestimmte Produktionsprozesse und Technologien sind dadurch gekennzeichnet, dass der vermehrte Einsatz eines bestimmten Produktionsfaktors zu einer überproportionalen Erhöhung der Produktionsmenge führt. In Folge dieser **zunehmenden Skalenerträge** ***(economies of scale)*** sinken die Durchschnittskosten für die Herstellung eines Produkts mit zunehmender Ausbringungsmenge und damit Unternehmensgröße. Ein typisches Beispiel hierfür ist die bessere Auslastung von mit hohen Fixkosten verbundenen und nur in einer gewissen Mindestgröße verfügbaren und ggf. sehr spezialisierten Produktionsanlagen.[201] So genannte **Verbund- oder Bündelvorteile** ***(economies of scope)*** beruhen hingegen auf Kostenvorteilen für die Produktion eines bestimmten Gutes, die aus der gleichzeitigen bzw. parallelen Produktion eines anderen (meist ähnlichen) Produkts resultieren. Im Extremfall kann das Ausmaß von Skalen- und Verbundvorteile sogar dazu führen, dass – wie z. B. in einigen der klassischen Netzindustrien – einzelne Produkte am effizientesten nur von einem einzigen Anbieter produziert und angeboten werden (Fall des **„natürlichen Monopols"**). Dieser Sonderfall, der auch eine zentrale ökonomische Begründung für die Regulierung dieser Wirtschaftszweige liefert, verdeutlicht exemplarisch den möglichen Zielkonflikt zwischen allokativer und produktiver Effizienz.[202]

64 **Vertikale Effizienzaspekte:** Neben der Entscheidung über die konkrete Produktpalette, Produktionskapazität und mithin Ausbringungsmenge umfasst die Wahl der optimalen (d. h. effizienten) Größe eines Unternehmen in einer stark arbeitsteiligen Wirtschaft auch den Aspekt der vertikalen **Wertschöpfungstiefe.** Für Unternehmen stellt sich stets die Frage, welche Teile der Wertschöpfung selbst hergestellt und welche über den Markt bezogen werden sollen (Outsourcing). Bei einer bestimmten Aufteilung der gesamten Wertschöpfungskette für ein bestimmtes (End-)Produkt können sich positive Effizienzwirkungen einer vertikalen Zusammenarbeit zwischen Unternehmen unterschiedlicher Markt- und Wertschöpfungsstufen bis hin zur vertikalen Integration nicht zuletzt aus der Vermeidung des Problems des sogenannten **doppelten Gewinnaufschlages** ***(„double marginalization")*** ergeben.[203] Wird ein bestimmtes Produkt in mehreren Markt- und Wertschöpfungsstufen erstellt, folgen die

---

[197] Zum Konzept der Preiselastizität vgl. oben Rdnr. 23.

[198] Zur Veranschaulichung des Williamson Trade-off wird in der Regel – so auch in Abbildung 9 – das Beispiel einer Fusion zum Monopol gewählt; vgl. z. B. *Kerber,* aaO 376.

[199] Vgl. zum Problem der „X-Ineffizienzen" bereits oben Rdnr. 32.

[200] Vgl. hierzu statt Vieler: *Bühler/Jaeger,* aaO 14ff; *Carlton/Perloff,* aaO 36ff.

[201] Zu möglichen technischen Ursachen zunehmender Skalenerträge vgl. auch *Bühler/Jaeger,* aaO 19ff.

[202] Vgl. *Bühler/Jaeger,* aaO 22ff.; *Knieps,* aaO 22ff.; vgl. hierzu ferner unten Rdnr. 68f.

[203] Vgl. *Bühler/Jaeger,* aaO 140ff.; *Carlton/Perloff,* aaO 415ff.; *Knieps,* aaO 160ff.

Unternehmen auf den verschiedenen Stufen jeweils einem getrennten wettbewerblichen (Gewinn-)Kalkül. Bei den Anbietern des Vorprodukts führt das Vorliegen eines gewissen Grades von Marktmacht dazu, dass das Vorprodukt – im Vergleich zur vollkommenen Konkurrenz – in einer geringeren Menge und zu einem höheren Preis angeboten wird. Der Gewinnaufschlag (*„mark-up"*) bei dem Vorprodukt bedeutet für den Produzenten des Endprodukts entsprechend höhere (Grenz-)Kosten. Diese bewirken, dass – für einen gegebenen Grad an Marktmacht – auch das Endprodukt zu einem höheren Preis angeboten wird. Durch eine vertikale Integration beider Wertschöpfungsstufen in einem Unternehmen würde dieser Effekt „internalisiert". Im Sinne einer Steigerung der allokativen Effizienz wird das Produkt in größerer Menge und zu einem niedrigeren Preis angeboten.[204]

Effizienz des Markt- und Transaktionsprozesses: Für die Beantwortung der Frage, ob ein bestimmtes Produkt und damit eine bestimmte Wertschöpfung effizienter durch mehrere oder durch ein (vertikal) integriertes Unternehmen hergestellt werden kann, ist zu berücksichtigen, dass der Marktprozess selbst Unvollkommenheiten und Friktionen aufweisen kann. Die in dieser Hinsicht idealisierenden Annahmen des Modells der vollkommenen Konkurrenz erfassen die Realität nur unzureichend.[205] Sie abstrahieren u. a. von den realen Phänomenen, dass Marktteilnehmer nie über vollständige Informationen verfügen (bestehende **Informationsdefizite und -asymmetrien**). Auch die Tatsache, dass Entscheidungen von Vertragspartnern negative oder positive Auswirkungen auf die Transaktionsmöglichkeiten anderer Marktteilnehmer haben können (Existenz externer Effekte), bleibt unberücksichtigt. Gleiches gilt für das Problem, dass Verträge in der Regel nie sämtliche Detailaspekte und Eventualitäten abschließend regeln können (Problem der **unvollständigen Verträge**). Das Modell vernachlässigt ferner die Tatsache, dass die Abwicklung von Markttransaktionen selbst **Transaktionskosten** verursacht. Stellt man diese „Unvollkommenheiten" in Rechnung, zeigt sich, dass Verhaltensweisen und Vereinbarungen, die einerseits – bei Zugrundelegung des Annahmekranzes vollkommener Konkurrenz – den Wettbewerb zwischen Anbietern beschränken und die Marktmacht steigern, andererseits zugleich auch positive Effizienzwirkungen entfalten können, indem sie den Güteraustausch (Markt- und Transaktionsprozess) effizienter gestalten. Diese Form potentieller Effizienzwirkungen spielt insbesondere für die Beurteilung vertikaler Wettbewerbsbeschränkungen eine Rolle.[206] 65

Dynamische Effizienz: Das Ziel der Effizienz hat neben einer statischen auch eine dynamische Dimension.[207] Um die Wohlfahrt einer Volkswirtschaft im Zeitablauf zu gewährleisten und zu steigern, müssen Unternehmen über hinreichende Anreize verfügen, um in ausreichendem Maße in **Produkt- und Prozessinnovationen** zu investieren. Wettbewerb begründet und stärkt, zunehmende Marktmacht und im Extremfall ein Monopol schwächt hingegen tendenziell den Anreiz von Unternehmen, über kontinuierliche Produkt- und Prozessinnovationen Wettbewerbsvorsprünge zu erzielen.[208] Wettbewerb dient somit einerseits sowohl dem Ziel der statisch-allokativen als auch dem Ziel der dynamischen Effizienz. Anknüpfend an die insbesondere auf *Joseph A. Schumpeter* zurückgehenden Überlegungen besteht aber andererseits ein potentieller Zielkonflikt zwischen statisch-allokativer und dynamischer Effizienz. Hintergrund hierfür ist die Tatsache, dass es 66

---

204 Besonders deutlich wird dieser Zusammenhang bei der Betrachtung von zwei aufeinander folgenden Monopolen. Die von einem „integrierten" Monopol angebotene Menge eines Endprodukts ist stets höher und der Preis niedriger als bei einem aufeinander folgenden Monopol. Das Phänomen der „double marginalization" wird daher in der Regel anhand dieses Extremfalles verdeutlicht; vgl. statt Vieler: *Bühler/Jaeger,* aaO 140 ff.

205 Vgl. für die insoweit zu berücksichtigende Unterscheidung zwischen der traditionellen und der modernen Industrieökonomie bereits oben Rdnr. 5 ff.; vgl. zu den nachfolgenden Ausführungen ferner: *Deng/Leonard,* Allocative and Productive Effciency, in: *Collins et al. (Hrsg.),* aaO 456 ff.

206 Vgl. hierzu ausführlich unten Rdnr. 102 ff.

207 Vgl. für einen Überblick: *Motta,* aaO 55 ff.; *Gilbert,* Competition and Innovation, in: *Collins et al. (Hrsg.),* aaO 577 ff.; *Scherer,* Technological Innovation and Monopolization, in: *Collins et al. (Hrsg.),* aaO 1033 ff.; vgl. hierzu ferner bereits oben Rdnr. 13.

208 Zu den dynamischen Ineffizienzen eines Monopols vgl. statt Vieler: *Motta,* aaO 56 ff.

sich bei Investitionen in Forschung und Entwicklung um Fixkosten handelt. Für Unternehmen besteht daher nur ein Anreiz, solche Investitionen zu tätigen, wenn eine hinreichende Aussicht auf entsprechende Gewinne besteht (im Sinne eines *return on investment* bzw. von Deckungsbeiträgen). Im Modell der vollkommenen Konkurrenz stellt sich als Gleichgewichtspreis der so genannte Grenzkostenpreis ein.[209] Dieser führt – in Abhängigkeit von der konkreten Kostensituation der Unternehmen – unter Umständen dazu, dass Unternehmen keine (hinreichenden) Gewinne zur (vollständigen) Deckung ihrer Fixkosten erzielen.[210] Über den Grenzkosten liegende Preise und mithin aus ökonomischer Sicht die Existenz von Marktmacht erhöht daher potentiell die Anreize für Forschungs- und Entwicklungsinvestitionen (sogenannter **„*Schumpeter* Trade-off"**). Bildlich gesprochen ist ein intensiver Wettbewerb die „Peitsche", die Aussicht auf marktmachtbedingte Gewinne hingegen das „Zuckerbrot" für dynamische Effizienz im Sinne ausreichender Innovationsanstrengungen.[211] Einzelne empirische Untersuchungen deuten darauf hin, dass zwischen der Wettbewerbsintensität und der Innovationsdynamik auf einem Markt ein umgekehrt U-förmiger Zusammenhang besteht, d. h. die Innovationstätigkeit ist bei einer „mittleren" Wettbewerbsintensität am höchsten, bei hoher ebenso wie bei niedriger Wettbewerbsintensität hingegen ggf. zu niedrig.[212] Diese These ist aber keineswegs unumstritten.[213] Da auch die theoretische Analyse der Einfluss- und Bestimmungsfaktoren des Innovationsprozesses (dynamische Marktanalyse) nach wie vor große Lücken aufweist, lässt sich eine unter dem Gesichtspunkt der dynamischen Effizienz **„optimale" Wettbewerbsintensität** nur schwer bestimmen.[214]

III. Sektorspezifische Besonderheiten

67 Die dargelegten theoretischen Grundkonzepte und Modelle bieten eine geeignete Grundlage für die Erfassung und Analyse des Wettbewerbs und der Auswirkungen von Wettbewerbsbeschränkungen in einer Vielzahl unterschiedlicher Märkte und Wirtschaftszweige. Einzelne Produkte und Sektoren sind jedoch durch **angebots- oder nachfrageseitige Besonderheiten** gekennzeichnet. So können in einzelnen Märkten aufgrund der relevanten Kostenstrukturen die Produkte am effizientesten durch einen einzelnen Anbieter bereitgestellt werden **(„natürliches Monopol").** Ursache dafür, dass einzelne Märkte quasi aus sich heraus zu einem hohen Konzentrationsgrad oder sogar einem Monopol tendieren, können ferner nachfrageseitige **direkte Netzwerkeffekte** sein (dazu unter 1.). Andere Wirtschaftszweige sind hingegen dadurch gekennzeichnet, dass ein Anbieter seine Erlöse mit zwei ggf. sehr unterschiedlichen Kundengruppen erzielt und zwischen den Erlösaussichten mit beiden Kundengruppen mehr oder weniger starke Wechselwirkungen in Form **indirekter Netzeffekte** bestehen (sogenannte **„zweiseitige Märkte"**; hierzu unter 2.). Diese Besonderheiten wirken sich sowohl auf die Beurteilung des Phänomens der Marktmacht in diesen Märkten als auch des Verhältnisses zwischen negativen Marktmachteffekten und potentiell effizienzsteigernden Wirkungen von Wettbewerbsbeschränkungen aus. Sie sind daher bei der praktischen Kartellrechtsanwendung zu berücksichtigen.

---

209 Vgl. hierzu bereits oben Rdnr. 26.

210 Vgl. hierzu bereits oben Rdnr. 27.

211 Vgl. für dieses Bild z. B. auch *Heitzer,* Innovation und Wettbewerb aus kartellrechtlicher Sicht, in: FIW, Innovation und Wettbewerb, Referate des XLII. FIW-Symposions, 2009, 1 ff.

212 Vgl. insbesondere die sehr einflussreiche Studie von *Aghion/Bloom/Blundell/Griffith/Howitt,* Competition and Innovation: An Inverted-U Relationsship, Quarterly Journal of Economics, 120 (2005), 701 ff.

213 Vgl. für einen umfassenden Überblick: *Cohen/Levin,* Empirical Studies of Innovation and Market Structure, *Schmalensee/Willig (Hrsg.),* aaO 1059 ff.; vgl. ferner *Schmutzler,* The Relation between Competition and Innovation – Why is it such a Mess?, CEPR Discussion Paper 7640, 2010.

214 Hierzu und zu den daraus abzuleitenden Schlussfolgerungen für die Kartellrechtspraxis vgl. *Hovenkamp,* Schumpeterian Competition and Antitrust, Competition Policy International, 4 (2008), 273 ff.; *Ewald,* Competition and Innovation: Dangerous Myopia of Economistst in Antitrust?, Competition Policy International, 4 (2008), 253 ff.

1. Natürliche Monopole und direkte Netzwerkeffekte. Als natürliches Monopol wird eine Situation bezeichnet, in der ein Anbieter ein bestimmtes Produkt zu niedrigeren (Durchschnitts-)Kosten produzieren kann als zwei oder mehr Unternehmen, d. h. die Gesamtkosten zur Bereitstellung eines Gutes durch ein einzelnes Unternehmen sind niedriger als die Summe der Kosten mehrerer Anbieter **(Subadditivität der Kosten).**[215] Ursächlich hierfür sind sehr hohe Fixkosten und niedrige variable Durchschnitts- und Grenzkosten und damit ausgeprägte steigende Skalenerträge der Produktion.[216] Steigende Skalenerträge *(economies of scale)* sind allerdings in vielen Wirtschaftszweigen anzutreffen.[217] Entscheidend ist daher, dass ein natürliches Monopol nur dann vorliegt, wenn tatsächlich nur ein Unternehmen den gesamten Markt kostendeckend bedienen kann.[218] Das Phänomen des natürlichen Monopols wird insbesondere im Zusammenhang mit der Erbringung **leitungs- und netzgebundener Dienstleistungen** (Energie, Wasser, Telekom, Post, Verkehr) diskutiert. Allerdings weist in der Regel nicht der gesamte Wirtschaftszweig die Charakteristik eines natürlichen Monopols auf. Die Voraussetzungen der strikten Subadditivität der Kosten sind vielmehr in der Regel nur für die notwendigen Netzinfrastrukturen erfüllt, bei denen sehr hohe Fixkosten für den Aufbau anfallen, die Betriebskosten hingegen vergleichsweise gering sind.[219] Teilweise handelt es sich bei den Fixkosten ferner um so genannte **irreversible oder versunkene Kosten** *(sunk cost).*[220] Dieses Konzept erfasst die Tatsache, dass aufgrund ihrer Spezifizität bestimmte fixkostenwirksame Investitionen nur für genau einen Zweck (z. B. Bereitstellung eines Versorgungsnetzes in einer bestimmten Region) verwendet werden können; ein Anbieter, der diese Investitionen getätigt hat, kann diese daher bei einem Marktaustritt auch nur bedingt durch eine (Weiter-)Veräußerung der Vermögenswerte decken. Im Falle von Versorgungsnetzen kommen z. B. als Käufer allenfalls Unternehmen infrage, die anstelle des bisherigen Monopolisten den Betrieb des ganz konkret betroffenen Netzes übernehmen wollen. Irreversible Kosten sind auch eine wesentliche Marktzutrittsschranke und ein Grund für die **Unangreifbarkeit** eines (natürlichen) Monopols; ein etablierter Anbieter *(incumbent)*, der die irreversiblen Fixkosten bereits durch Erlöse (teilweise) refinanziert hat, kann das Produkt stets günstiger anbieten als ein etwaiger Wettbewerber, der diese Investitionen noch vorzunehmen und die Kosten durch entsprechend höhere Preise zu refinanzieren hätte. 68

In der Marktrealität schlagen sich natürliche Monopole in der Existenz so genannter **Flaschenhals-Infrastrukturen *(bottlenecks)*** in einer konkreten Wertschöpfungskette nieder; in der ökonomischen und rechtlichen Terminologie hat sich hierfür der Begriff der **wesentlichen Einrichtung *(essential facilities)*** durchgesetzt.[221] Aus wettbewerbspolitischer Perspektive wirft ihre Existenz die Frage auf, wie auf den (nachgelagerten) Märkten für die Herstellung von Produkten, die auf die Nutzung dieser Infrastrukturen zwingend angewiesen sind, ein hinreichender Wettbewerb gewährleistet und gesichert werden kann.[222] Neben ei- 69

---

[215] Vgl. *Knieps,* aaO 21 ff.; *Schmidt/Haucap,* aaO 44 ff.

[216] Zu den relevanten Kostenkonzepten vgl. oben Rdnr. 24.

[217] Vgl. hierzu bereits oben Rdnr. 63.

[218] Das Konzept des „natürlichen" Monopols erfasst daher in konzeptioneller Hinsicht auch solche Konstellationen, in denen – bei der Existenz hinreichend starker Größen- und Skalenerträge – das relevante Nachfrage- und Marktvolumen zu klein ist, um mehreren Anbietern eine (in der Summe) kostendeckende Existenz im Markt zu ermöglichen.

[219] Hinsichtlich des Angebots der Netzinfrastruktur und der – insoweit auf einem nachgelagerten Markt erbrachten – Versorgungs- und Betriebsleistung (Energie- und Wasserlieferung, Verkehrsdienstleistungen) können zudem Verbundvorteile zu berücksichtigen sein; diese können aus technischen Synergien und entsprechenden Kostenvorteilen des gemeisamen Angebots von Versorgungsinfrastruktur und nachgelagerter (Versorgungs-)Dienstleistung resultieren; vgl. *Knieps,* aaO 25 f.; zum Konzept des Verbundvorteils vgl. ferner bereits oben Rdnr. 63.

[220] Vgl. hierzu und zu den nachfolgenden Ausführungen *Knieps,* aaO 32 ff.

[221] Vgl. hierzu *Motta,* aaO 66 f.; vgl. ferner ausführlich unten *de Bronett,* § 22 Rdnr. 83 ff.; *Wiedemann,* § 23 Rdnr. 230 ff.

[222] Vgl. zu den nachfolgenden Ausführungen: *Schmidt/Haucap,* aaO 55 ff.

ner Verstaatlichung der Infrastruktur steht hierfür das Instrument einer umfassenden **Zugangsregulierung** (einschließlich Preisregulierung) zur Verfügung, die zudem auf einer Trennung der Monopolinfrastruktur von den nachgelagerten Wertschöpfungsstufen (vertikale Entflechtung; ***unbundling***) aufbauen kann.[223] Alternativ kann auf das Instrument der kartellrechtlichen **Missbrauchsaufsicht** zurückgegriffen werden.[224] Ferner ist zu berücksichtigen, dass die Existenz eines natürlichen Monopols oder einer wesentlichen Einrichtung nicht jegliche Form von Wettbewerb ausschließt. So kann im Sinne eines **„Wettbewerbs um den Markt"** das (exklusive) Recht für den Betrieb eines natürlichen Monopols wie z. B. einer Netzinfrastruktur in regelmäßigen Abständen im Wettbewerb vergeben werden. Die Konzession für den Betrieb des natürlichen Monopols wie z. B. eines Versorgungsnetzes würde dann an denjenigen Bieter vergeben, der den effizientesten Betrieb gewährleistet. Aus einer (wohlfahrts-)ökonomischen Perspektive sind für die Beantwortung der Frage, welchem Regulierungsansatz letztendlich der Vorzug gegeben werden sollte, deren Wohlfahrtswirkungen unter Berücksichtigung der anfallenden Implementierungskosten und der Anreizwirkungen für die maßgeblichen Akteure (Unternehmen und regulierende/kontrollierende Behörde) bedeutsam.[225] In der Realität spielen bei der konkreten Ausgestaltung des (Regulierungs-)Rahmens darüber hinaus auch gesellschafts- und industriepolitische Erwägungen eine wichtige Rolle.[226]

70 Eine weitere Ursache dafür, dass Märkte zu einer zunehmenden Konzentration und ggf. sogar einem Monopol neigen, können **direkte Netzwerkeffekte** sein.[227] Diese treten auf, wenn der Nutzen durch den Konsum eines Gutes oder einer Dienstleistung steigt, je mehr Nachfrager dieses Gut oder die Dienstleistung ebenfalls nutzen und nachfragen. Häufig herangezogene Beispiele für diese **nachfrageseitigen Skalenerträge** sind Telefone oder Faxgeräte. Je mehr Nutzer über entsprechende Geräte verfügen, umso größer ist aufgrund der dadurch erweiterten Kommunikationsmöglichkeiten deren Nutzen für jeden Einzelnen. In der Welt des Internets stehen die Angebote von Kommunikations-Plattformen und sozialen Medien beispielhaft für diesen Effekt. Er bewirkt, dass – obgleich im Gegensatz zum natürlichen Monopol[228] aufgrund der Kostenstrukturen grundsätzlich mehrere Anbieter nebeneinander in einem Markt existieren könnten – beim Überschreiten einer **„kritischen Masse"** von Nutzern bei einem Anbieter der Markt relativ dynamisch in Richtung eines Monopols tendiert *(tippy market)*. Aufgrund dieser **Pfadabhängigkeit** der Marktstruktur besteht die optimale Preispolitik eines Anbieters im Zeitablauf in solchen Märkten in der Regel darin, durch relativ niedrige Preise zunächst den Kreis der Nutzer zu erweitern; nach Überschreiten der kritischen Masse können hingegen aufgrund der dann möglicherweise relativ hohen Wechselkosten für die Nutzer (sogenannter **„Lock-in-Effekt"**) entsprechend höhere Preise gefordert werden.[229] Der in einem Markt bei einzelnen Anbietern beobachtbare Preisanstieg kann daher auch nur bedingt als Hinweis auf ein kritisches Maß an Marktmacht gewertet werden. Direkte Netzwerkeffekte bewirken ferner auf zahlreichen Technologiemärkten einen (temporären) **Systemwettbewerb** bevor sich eine bestimmte Technologie als Standard durchgesetzt hat; ein häufig zitiertes Beispiel sind hier u. a. Video-Standards oder Computer-

[223] Für den wichtigen Bereich der Energiewirtschaft vgl. hierzu ausführlich *Scholz,* § 34 Rdnr. 78 ff.

[224] Für eine ausführliche Erläuterung der rechtlichen Voraussetzungen für den kartellrechtlichen Missbrauchstatbestand der Verweigerung des Zugangs zu einer wesentlichen Einrichtung vgl. unten *de Bronett,* § 22, Rdnr. 83 ff.; *Wiedemann,* § 23 Rdnr. 230 ff.

[225] Vgl. hierzu auch *Knieps,* aaO 79 ff.

[226] Zur Rolle (wettbewerbs-)politischer Wertungen im Kartellrecht vgl. auch bereits oben Rdnr. 11 ff.

[227] Vgl. *Motta,* aaO 82 ff.; für eine modelltheoretische Darstellung vgl. u. a. *Katz/Shapiro,* Network Externalities, Competition and Compatability, American Economic Review, 75 (1985), 424 ff.

[228] Vgl. oben Rdnr. 68.

[229] Vgl. u. a. *Besen/Farrell,* Choosing How to Compete: Strategies and Tactics in Standardization, in Journal of Economic Perspectives, 8 (1994), 117 ff.; *Katz/Shapiro,* Systems Competition and Network Effects, Journal of Economic Perspectives, 8 (1994), 93 ff.

Betriebssysteme. Von ausschlaggebender Bedeutung für die wettbewerbliche Beurteilung von Industrien mit direkten Netzwerkeffekten ist stets, wie stark diese sind und wie angreifbar in der Folge eine einmal errungene Markt- oder ggf. sogar Monopolstellung ist.

2. Indirekte Netzwerkeffekte und „zweiseitige Märkte". Andere Wirtschaftszweige sind dadurch gekennzeichnet, dass ein Anbieter seine Erlöse mit zwei ggf. sehr unterschiedlichen Kundengruppen erzielt und zwischen beiden Kundengruppen Wechselwirkungen bestehen. Für solche Konstellationen hat sich inzwischen der Begriff des **zweiseitigen Marktes** *(two-sided market)* durchgesetzt.[230] Der Begriff ist nicht besonders aussagekräftig, denn jeder Markt ist mit Angebot und Nachfrage durch zwei Seiten gekennzeichnet. Treffender wäre daher der Begriff der Marktplätze[231] oder **Plattformmärkte.**[232] Medienmärkte sind ein klassisches Beispiel für zweiseitige bzw. Plattformmärkte; die Anbieter haben sowohl die Leser, Hörer bzw. Zuschauer als Kunden als auch die werbende Wirtschaft, mit der Anzeigen- und Werbeerlöse erzielt werden.[233] Die zwischen beiden Kundengruppen bestehenden Wechselwirkungen in Form positiver oder negativer Externalitäten werden als **indirekte Netzwerkeffekte** bezeichnet. Der Begriff beschreibt die Tatsache, dass der Nutzen, den die jeweilige Kundengruppe aus dem Produkt zieht, durch die Größe (Größenexternalität) oder die Zusammensetzung (Sortierungsexternalität) der jeweils anderen Kunden- bzw. Nutzergruppe positiv oder negativ beeinflusst wird.[234] Ein typischer positiver indirekter Netzwerkeffekt ist die sogenannte Auflagen-Anzeigen-Spirale in Zeitungsmärkten; der Nutzen und damit auch die Zahlungsbereitschaft der werbenden Wirtschaft nimmt mit einer zunehmenden Verbreitung oder einer für den Werbekunden besonders attraktiven Zusammensetzung der Leserschaft einer Zeitung oder Zeitschrift zu. Dieser Zusammenhang ist bereits seit langem bekannt.[235] Allerdings hat sich erst im vergangenen Jahrzehnt eine allgemeine Theorie der zwei- oder mehrseitigen Märkte entwickelt, die das Phänomen der indirekten Netzwerkeffekte und ihrer wettbewerblichen Auswirkungen systematisch analysiert. Grund für diese Dynamik war nicht zuletzt die Erkenntnis, dass indirekte Netzwerkeffekte nicht nur im Medienbereich bedeutsam sind, sondern auch zahlreiche andere Märkte wie z.B. diejenigen für Zahlungssysteme und Kreditkarten, Börsen- und Marktplatzdienstleistungen oder Computer-Software kennzeichnen. Ferner haben die dynamische Entwicklung des Internets und die inzwischen sehr zahlreichen Geschäftsmodelle zwei- oder mehrseitiger Kommunikations- und Transaktionsplattformen das Forschungsinteresse befeuert.[236] 71

Zentrales Kennzeichen zwei- oder mehrseitiger Märkte in wettbewerblicher Hinsicht ist die Tatsache, dass die Anbieter des maßgeblichen Produkts (Medium, Plattform, Markt- 72

---

[230] Vgl. hierzu und zu den nachfolgenden Ausführungen folgende grundlegenden Arbeiten und Überblicksartikel: *Rochet/Tirole,* Platform Competition in Two-Sided Markets, Journal of the European Economic Association, 1 (2003), 1333ff.; *Evans,* The Antitrust Economics of Multi-Sided Platform Markets, Yale Journal of Regulation, 20 (2003), *Evans/Schmalensee,* Markets with Two-Sided Platforms, in: *Collins et al. (Hrsg.),* aaO 667ff.; *Armstrong,* Competition in Two-Sided Markets, Rand Journal of Economics, 37 (2006), 668ff; *Rysman,* The Economics of Two-Sided Markets, Journal of Economic Perspectives, 23 (2009), 125ff.; *Peitz,* Marktplätze und indirekte Netzwerkeffekte, Perspektiven der Wirtschaftspolitik, 7 (2006), 317ff.

[231] Vgl. u.a. *Peitz,* aaO 318.

[232] Vgl. u.a. *Evans/Schmalensee,* Markets with Two-Sided Platforms, in: *Collins et al. (Hrsg.),* aaO 668.

[233] Für einen umfassenden Überblick vgl. *Dewenter/Rösch,* Einführung in die neue Ökonomie der Medienmärkte: Eine wettbewerbsökonomische Betrachtung aus Sicht der Theorie zweiseitiger Märkte, 2015.

[234] Zum Konzept und Begriff der Größen- und Sortierungexternalität vgl. u.a. *Peitz,* aaO 321ff.

[235] Vgl. grundlegend: *Corden,* The Maximization of Profits by a Newspaper, The Review of Economic Studies, 20 (1952), 181ff.; *Furhoff,* Some Reflections on Newspaper Concentration, The Scandinavian Economic History Review, 21 (1973), 1ff.

[236] Für eine tabellarische Übersicht vgl. *Dewenter/Rösch,* aaO 116f.; für eine Kategorisierung mehrseitiger Märkte anhand von Beispielen vgl. ferner *Peitz,* aaO 318.

platz-Dienstleistung) als **Intermediär** die zwischen den verschiedenen Kundengruppen wirksamen indirekten Netzwerkeffekte internalisieren. Sie berücksichtigen diese in ihrem Gewinnkalkül und im Rahmen der Preis- und Angebotsgestaltung gegenüber den verschiedenen Kundengruppen. Insgesamt ist aufgrund des Erfordernisses, die Auswirkungen der indirekten Netzwerkeffekte bei der Beurteilung der marktmachtbestimmenden Faktoren zu berücksichtigen, die Beurteilung kartellrechtlicher Einzelfälle in zwei- oder mehrseitigen Märkten daher komplexer. Folgende Aspekte und ökonomischen Zusammenhänge sind dabei besonders bedeutsam:[237] Die Erlöse, der Gewinn und die Marktstellung eines Anbieters hängen in zwei- oder mehrseitigen Märkten davon ab, ob und wie stark die beiden oder mehreren relevanten Kundengruppen sein Angebot nutzen. Daher ist die relative Preishöhe auf beiden Marktseiten und mithin die **Preisstruktur** auschlaggebend für den Erfolg eines Anbieters. Diejenige Marktseite bzw. Kundengruppe, von der relativ stärkere positive indirekte Netzwerkeffekte ausgehen, muss tendenziell „subventioniert" werden. Sie zahlt im Vergleich zu den anfallenden Kosten einen relativ niedrigeren Preis, da ihre Nachfrage die Erlös- und Gewinnaussichten mit den anderen Kundengruppen positiv beeinflusst.[238] Ist der indirekte Netzwerkeffekt besonders stark, kann sogar eine für die Nachfragergruppe kostenlose Inanspruchnahme des Angebots optimal sein.[239] Die Preishöhe bzw. die Marge auf nur einer der Marktseiten ist aus diesem Grund kein aussagekräftiger Indikator für den Grad an Marktmacht eines Anbieters; besonders hohe Preise auf einer Marktseite sind auf zweiseitigen Märkten ggf. lediglich die Folge von geringen Netzeffekten, die auf diesem Markt generiert werden. Ferner ist es ein Kennzeichen zwei- und mehrseitiger Märkte, das diejenige Marktseite bzw. Kundengruppe, von der positive indirekte Netzwerkeffekte ausgehen, das jeweilige Angebot ggf. erst in ausreichendem Umfang nachfragen muss, um es auch für die andere Kundengruppe hinreichend attraktiv zu gestalten (sogenanntes **„Chicken-Egg-Problem"**).[240] Wie beim Vorliegen direkter Netzwerkeffekte[241] kann sich daher die optimale Preisstruktur im Zeitablauf ändern. Während in der Markteintrittsphase die Preise für diejenige Marktseite, von der positive indirekte Netzwerkeffekte ausgehen, niedrig sein müssen, können sie nach Erreichen der erforderlichen kritischen Masse ansteigen. Auch dieser Preisanstieg ist jedoch für sich genommen noch kein hinreichendes Indiz für ausgeprägte Marktmacht. Wie bei direkten kann auch die Existenz indirekter Netzwerkeffekte dazu führen, dass der Markt ab einer bestimmten **kritischen Größe** eines Anbieters dynamisch in Richtung eines Monopols tendiert *(tippy market)*. Indirekte Netzwerkeffekte schlagen sich ferner in höheren **Marktzutrittsschranken** nieder. Sie sind besonders hoch, wenn diejenige Marktseite, von der positive Netzwerkeffekte ausgehen, jeweils nur ein Plattformangebot nutzt *(„single homing")*. Betreiben die Kunden hingegen stets oder überwiegend ein sogenanntes Multihoming und nutzen parallel mehrere Angebote, sind die Marktzutrittsschranken niedriger und die Wettbewerbsintensität entsprechend höher.

---

[237] Vgl. für die nachfolgenden Ausführungen u. a. *Peitz,* aaO 323ff.; *Dewenter/Rösch,* aaO 123ff.; mit einem spezifischen Blick auf Internet-Plattformen: *Haucap/Heimeshoff,* Google, Facebook, Amazon, Ebay: Is the Internet Driving Competition or Market Monopolization?, Düsseldorf Institute of Competition Economics (DICE), Discussion Paper Nr. 83, 2013, 3ff.

[238] Dieser Wirkungszusammenhang ist vergleichbar mit dem Kalkül eines Anbieters, der zwei oder mehrere komplementäre Produkte anbietet. Durch niedrigere Preise für das eine Produkt kann der Absatz der anderen Produkte und damit auch der Gesamtgewinn positiv beeinflusst werden; vgl. hierzu bereits im Zusammenhang mit dem Mehrprodukt-Monopol oben Rdnr. 35.

[239] Beispiele hierfür sind unter anderem Gratiszeitungen oder die kostenlose Nutzung von Internet-Plattformen oder Buchungsportalen durch den Konsumenten.

[240] Vgl. *Dewenter/Rösch,* aaO 123.

[241] Vgl. hierzu oben Rdnr. 70.

C. Abgrenzung relevanter Märkte

I. Rechtliche und ökonomische Einordnung

Die Abgrenzung relevanter Märkte ist eines der zentralen Instrumente für die Untersuchung und Bewertung kartellrechtlicher Fragen und Einzelfälle.[242] Die Marktabgrenzung verfolgt in rechtlicher Hinsicht den Zweck, das relevante **Schutzobjekt** im Sinne des in einem konkreten Einzelfall möglicherweise gefährdeten Wettbewerbs ***(area of effective competition)*** zu definieren. Mit Hilfe und als Ergebnis der Marktabgrenzung werden diejenigen Produkte und Unternehmen bestimmt, die in einem maßgeblichen Umfange aufeinander Wettbewerbsdruck ausüben. Aufbauend auf der Marktabgrenzung können die Marktstellung der betrachteten Unternehmen (u.a. gemessen an den Marktanteilen) und die tatbestandlichen Voraussetzungen der verschiedenen denkbaren Formen von Wettbewerbsbeschränkungen geprüft und subsumiert werden. Aus einer rein ökonomischen Perspektive ist die Marktabgrenzung allerdings integraler Bestandteil der Ermittlung und Bewertung des bestehenden Ausmaßes und der Veränderung von **Marktmacht.** Innerhalb des durch die Extrempunkte der vollkommenen Konkurrenz und des (unangreifbaren) Monopols vorgegebenen Modellspektrums wird dabei unter Marktmacht das konkrete Ausmaß verstanden, in dem ein Anbieter den Produktpreis über den sich bei vollkommener Konkurrenz einstellenden Grenzkostenpreis anheben kann.[243] Sofern sich das Ausmaß bestehender Marktmacht und der Marktmachtwirkungen von Wettbewerbsbeschränkungen in der Praxis stets zuverlässig direkt messen ließen,[244] könnte aus rein ökonomischer Sicht auf einen separaten Prüfungsschritt der Abgrenzung relevanter Märkte verzichtet werden. Insbesondere im Bereich der Fusionskontrolle hat diese Tatsache dazu geführt, dass die praktische Notwendigkeit einer Abgrenzung konkreter sachlich, räumlich und ggf. zeitlich relevanter Märkte in konkreten Einzelfällen in Frage gestellt wird.[245] Die technisch-analytische Möglichkeit, mit Hilfe datengestützter Instrumente und Methoden die wettbewerblichen Wirkungen von Unternehmenszusammenschlüssen im Sinne eines Marktmachtanstiegs direkt messen zu können, mache eine Marktabgrenzung obsolet.[246] Da die Voraussetzungen für eine zuverlässige direkte Marktmachtmessung jedoch in der Praxis oft nicht erfüllt sind, ist die Abgrenzung relevanter Märkte auch in der Fusionskontrolle aus ökonomischer Sicht ein geeignetes und notwendiges Mittel für eine **indirekte Erfassung und Messung** der Marktmacht von Unternehmen und der konkreten wettbewerblichen Wirkungen etwaiger Wettbewerbsbeschränkungen. Der Prüfungsschritt der Marktabgrenzung führt ferner im praktischen Prozess der rechtlichen Subsumtion eines Einzelfalles zu einer sinnvollen Strukturierung der für die wettbewerbliche Prüfung relevanten Teilaspekte.[247] 73

Dem konkreten wettbewerblichen **Verhaltensspielraum** und damit der Marktmacht eines Unternehmens werden stets von zwei Seiten Schranken gesetzt. Einerseits von den Ausweichreaktionen der Nachfrager zu austauschbaren Produkten anderer Anbieter, andererseits von den Reaktionen der aktuellen oder potentiellen Anbieter hinreichend austauschbarer Produkte. Für die Abgrenzung von Märkten als dem in einem konkreten Einzelfall relevanten Bereich schützenswerten Wettbewerbs sind daher zum einen die **Sub-** 74

---

[242] Für einen Überblick und die nachfolgenden Ausführungen vgl. statt Vieler: *Schwalbe/Zimmer,* aaO 69 ff.; *Motta,* aaO 101 ff.; *Bishop/Walker,* aaO 107 ff.; *Baker,* Market Definition: An Analytical Overview, Antitrust Law Journal, 74 (2007), 129 ff.; *Schwalbe/Maier-Rigaud,* aaO.

[243] Vgl. hierzu oben Rdnr. 26.

[244] Zum so genannten *Lerner*-Index als ökonomische Kennziffer zur Messung des bestehenden Ausmaßes an Marktmacht vgl. ausführlich oben Rdnr. 31 und Rdnr. 48.

[245] Vgl. hierzu beispielhaft: *Farrell/Shapiro,* Antitrust Evaluation of Horizontal Mergers: An Economic Alternative to Market Definition, B.E. Journal of Theoretical Economics, 10 (2010), Art. 9; vgl. ferner: *Schwalbe/Maier-Rigaud,* aaO 41 ff.

[246] Auf die hier angesprochenen Methoden wird weiter unten im Zusammenhang mit den ökonomischen Grundlagen der Fusionskontrolle noch ausführlicher eingegangen; vgl. unten Rdnr. 131 ff.

[247] Vgl. hierzu auch *Schwalbe/Zimmer,* aaO 72 ff.; *Schwalbe/Maier-Rigaud,* aaO 8 ff. und 61 ff.

stitutionsmöglichkeiten und damit bestehende objektive oder subjektive Wechselhürden der Nachfrager zu berücksichtigen. Zum anderen zu bewerten sind die **Angebotsumstellungsflexibilität** und damit bestehende technische oder wirtschaftliche Schranken für das Angebot austauschbarer Produkte durch andere Unternehmen.[248] Ausgangspunkt hierfür ist die Existenz einer letztendlich unbegrenzten Anzahl sehr unterschiedlicher (d. h. differenzierter) Produkte.[249] Eine (horizontale) Produktdifferenzierung kann insbesondere in sachlicher Hinsicht bestehen, d. h. hinsichtlich der Eignung eines konkreten Produkts für einen bestimmten (Verwendungs-)Zweck und die Deckung eines bestimmten Bedarfs.[250] Ferner kann sich – selbst wenn der konkrete Verwendungszweck eines Produkts identisch ist – die Qualität ein und derselben Produkteigenschaft unterscheiden (vertikale Differenzierung).[251] Selbst in sachlicher Hinsicht vollkommen identische (homogene) Produkte (wie z. B. Sand) unterscheiden sich ferner sowohl aus Sicht der Nachfrager als auch der Anbieter, wenn sie an unterschiedlichen (Stand-)Orten angeboten und nachgefragt werden. Eine Differenzierung kann sich im Einzelfall ferner aus einem unterschiedlichen Angebots- und Nachfragezeitpunkt ergeben. Die Abgrenzung relevanter Märkte muss daher stets **in sachlicher, räumlicher und ggf. zeitlicher Hinsicht** vorgenommen werden. Bei all diesen Zusammenhängen handelt es sich jedoch erkennbar um graduelle Phänomene. Im Rahmen der Abgrenzung relevanter Märkte ist daher stets in Rechnung zu stellen, dass mit einer konkreten Abgrenzung nicht notwendigerweise sämtliche tatsächlich wirksamen, sondern lediglich die jeweils stärksten bzw. **bedeutsamsten Wettbewerbskräfte** erfasst werden. Wettbewerbskräfte, die in einem konkreten Einzelfall als nicht hinreichend stark angesehen werden, um die betrachteten Produkte und Anbieter einem einheitlichen Markt zuzurechnen, sollten bzw. müssen spätestens im Rahmen der Bewertung der Auswirkungen eines wettbewerbsrelevanten Verhaltens oder Sachverhalts berücksichtigt werden **(„Randwettbewerb“).** Die Prüfungsschritte der Abgrenzung relevanter Märkte und der Ermittlung des bestehenden Grades an Marktmacht sowie der wettbewerblichen Wirkungen eines kartellrechtsrelevanten Verhaltens oder Sachverhalts müssen daher – im Sinne von „kommunizierenden Röhren“ – bei der Gesamtwürdigung eines Falles im Ergebnis stets eine Einheit bilden.

75 Die in der Kartellrechtspraxis entwickelten Grundsätze der Marktabgrenzung spiegeln die dargelegten Zusammenhänge wider.[252] Bezugspunkt für die Marktabgrenzung in der deutschen Anwendungspraxis ist das sogenannte **Bedarfsmarktkonzept.**[253] Relevante Märkte sind danach anhand des Kriteriums der Austauschbarkeit der Produkte aus Sicht der Marktgegenseite abzugrenzen. Zu einem relevanten Angebotsmarkt[254] gehören alle Waren oder Dienstleistungen, die sich nach ihren Eigenschaften, ihrem wirtschaftlichen Verwendungszweck und der Preislage so nahe stehen, dass der verständige Nachfrager sie für die Deckung eines bestimmten Bedarfs als geeignet und gegeneinander austauschbar ansieht. Ergänzend zu dem Nachfrageverhalten der Marktgegenseite wird der Gesichtspunkt der

---

[248] Vgl. zu dem in dieser Hinsicht besonders wichtigen theoretischen Modell der so genannten „monopolistischen Konkurrenz“ ausführlich oben Rdnr. 39.

[249] Vgl. hierzu bereits oben Rdnr. 39 und Rdnr. 51.

[250] Beispiele sind ebenso wie die vielfältigen Unterscheidungsmerkmale von Kraftfahrzeugen oder anderer Gebrauchsgüter die unterschiedlichen Sorten und Geschmacksrichtungen typischer Konsumgüter.

[251] Als Beispiel kann auf das Phänomen unterschiedlicher Rot-. Weiß- oder Roséwein-Qualitäten verwiesen werden.

[252] Vgl. hierzu auch ausführlich unten *Wagemann,* § 16 Rdnr. 23 ff.; *Richter/Steinworth,* § 20 Rdnr. 10 ff.

[253] Vgl. hierzu statt Vieler die folgende Rechtsprechung: BGH, B. v. 16. Januar 2007, KVR 12/06, WuW DE-R 1925, 1926 ff. – *National Geographic II;* BGH, B. v. 24. Oktober 1995, WuW/E BGH 3026, 3028 – *Backofenmarkt;* vgl. ferner ausführlich unten *Richter/Steinworth,* § 20 Rdnr. 16 ff.

[254] Für einen Beschaffungsmarkt sind die gleichen Grundsätze spiegelbildlich anzuwenden. Die relevante Marktgegenseite sind dann die Anbieter der betrachteten Produkte, die zu berücksichtigenden Wettbewerber hingegen Unternehmen, die das (Vor-)Produkt bereits nachfragen oder ohne größere Umstellungskosten nachfragen könnten.

Angebotsumstellungsflexibilität berücksichtigt, da ein kontrollierender Wettbewerb auch von Anbietern ähnlicher Produkte ausgeht, die ihr Angebot kurzfristig umstellen können. In der Literatur wird zuweilen kritisch angemerkt, dass die ausdrückliche Bezugnahme des Bedarfsmarktkonzepts auf den „verständigen Verbraucher" in ökonomischer Hinsicht unscharf und daher angreifbar sei.[255] Denn für die Beurteilung der bestehenden Substitutionsmöglichkeiten und des Ausmaßes der Nachfragesubstitution komme es nicht auf die Perspektive und das Verhalten eines verständigen oder „durchschnittlichen" Verbrauchers an. Für einen hinreichenden Wettbewerbsdruck seien vielmehr die Perspektive und das Verhalten der so genannten marginalen Konsumenten relevant, d. h. derjenigen Konsumenten, die bei einer Preiserhöhung oder Qualitätsverschlechterung tatsächlich auf alternative Produktangebote ausweichen (würden). Obgleich aus ökonomischer Sicht zutreffend, erscheint es jedoch fraglich, ob die damit adressierte Unschärfe in der Praxis tatsächlich bedeutsam ist. Denn in Übereinstimmung mit den dargelegten ökonomischen Grundüberlegungen dient nach der ständigen deutschen Entscheidungspraxis und Rechtsprechung auch das Bedarfsmarktkonzept ausdrücklich *„der Prüfung, ob das Unternehmen von seinen Wettbewerbern so in seinem Verhalten beeinflusst wird, dass ein der Marktbeherrschung entsprechender Verhaltensspielraum ausgeschlossen wird. Konkret geht es daher um die Frage, welche konkurrierenden Unternehmen tatsächlich in der Lage sind, dem [...] zu überprüfenden Unternehmen bei der Gestaltung seines Marktverhaltens Schranken zu setzen."*[256] Das Bedarfsmarktkonzept sei ferner nicht mechanisch anzuwenden, sondern diene dazu, die im konkreten Fall relevanten Wettbewerbskräfte zu ermitteln.[257] Auch im deutschen Recht bilden daher die tatsächlichen und empirisch belegbaren nachfrage- und angebotsseitigen Substitutions- und Austauschbeziehungen die Grundlage für die Abgrenzung relevanter Märkte. Zentraler Bezugspunkt für die europäische Anwendungspraxis sind die in der Bekanntmachung der Kommission über die Definition des relevanten Marktes niedergelegten Grundsätze.[258] Nahezu wortgleich mit der deutschen Entscheidungspraxis wird als Zweck der Marktabgrenzung die Erfassung der nachfrage- und angebotsseitigen Wettbewerbskräfte bezeichnet, denen sich die betrachteten Unternehmen stellen müssen.[259] Bei der Darlegung der Grundsätze der Marktabgrenzung nimmt die Bekanntmachung ferner ausdrücklich Bezug auf den sogenannten **Hypothetischen-Monopolisten-Test.**[260] Dieser Test setzt die dargelegten ökonomischen Zusammenhänge, die bei der Abgrenzung relevanter Märkte zu berücksichtigen sind, konsequent um.

II. Grundkonzeption des Hypothetischen-Monopolisten-(SSNIP-)Tests

Der Hypothetische-Monopolisten-Test[261] basiert auf dem Grundgedanken, dass ein Markt in ökonomischer Hinsicht ein Produkt bzw. eine Gruppe von Produkten umfasst, 76

[255] Vgl. u. a. *Schwalbe/Zimmer,* aaO 76 f.; *Bishop/Walker,* aaO 133 f.

[256] OLG Düsseldorf, B. v. 13.9.2003, Kart. 52/01 (V) – *Deutsche Post/Trans-o-flex,* Beschlussausfertigung, 12. vgl. ferner *Ewald,* Paradigmenwechsel bei der Abgrenzung relevanter Märkte?, ZWeR 2004, 512, 521 f.

[257] Vgl. OLG Düsseldorf, B. v. 14.3.2007, VI-Kart 5/06 (V) – *Soda Club I,* Rdnr. 24, zitiert nach juris.

[258] Kommission, Bekanntmachung über die Definition des relevanten Marktes im Sinne des Wettbewerbsrechts der Gemeinschaft, ABl. EG C 372 v. 9.12.1997, 3 ff.; vgl. ferner unten *Wagemann* § 16 Rdnr. 24 ff.

[259] Vgl. insbesondere EU-Kommission, Bekanntmachung über die Definition des relevanten Marktes im Sinne des Wettbewerbsrechts der Gemeinschaft, ABl. C 372 v. 9.12.1997, 3 ff., Rdnr. 2 und Rdnr. 13 ff.

[260] Bekanntmachung über die Definition des relevanten Marktes im Sinne des Wettbewerbsrechts der Gemeinschaft, ABl. C 372 v. 9.12.1997, 3 ff., Rdnr. 15 ff.

[261] Vgl. für einen Überblick und die nachfolgenden Ausführungen: *Schwalbe/Zimmer,* aaO 77 ff.; *Schwalbe/Maier-Rigaud,* aaO 12 ff.; *Motta,* aaO 102 ff.; *Bishop/Walker,* aaO 111 ff.; *Gore/Lewis/Lofaro/Dethmers,* aaO 33 ff.

für die es sich aufgrund der dann erzielbaren höheren Gewinne für ein Unternehmen auszahlen würde, ein (möglichst unangreifbares) Monopol zu besitzen. Umgekehrt ausgedrückt: Die Stellung als alleiniger Anbieter eines bestimmten Produkts in einem bestimmten Gebiet zu einem konkreten Zeitpunkt vermittelt dann keine kritisch zu bewertende Marktmacht bzw. Monopolstellung im Sinne des Fehlens hinreichend starker Wettbewerbskräfte, wenn die Möglichkeit fehlt, den Produktpreis gewinnsteigernd zu erhöhen.[262] Der Hypothetische-Monopolisten-Test zieht die Grenzen des relevanten Marktes vor diesem Hintergrund anhand der Auswirkungen angenommener Preiserhöhungen auf die Gewinnsituation eines (hypothetischen Allein-)Anbieters der betrachteten Produkte. Aufgrund dieser Methodik hat sich in Literatur und Praxis auch die Bezeichnung **SSNIP-Test** etabliert. Die Grenzen eines Marktes sind danach dann erreicht, wenn für einen (hypothetischen) Alleinanbieter der betrachteten (Gruppe von) Produkte(n) eine geringfügige aber signifikante und dauerhafte Preiserhöhung (***S****mall but* ***S****ignificant* ***N****on-transitory* ***I****ncrease of* ***P****rice,* **SSNIP**) profitabel möglich wäre. Ist dies hingegen nicht der Fall, ist davon auszugehen, dass von entsprechenden Ausweichreaktionen der Nachfrager und Angebotsreaktionen aktueller oder potentieller Anbieter austauschbarer Produkte hinreichend starke Wettbewerbskräfte ausgehen, die eine Erweiterung des relevanten Marktes rechtfertigen.

77 Der SSNIP-Test ist in erster Linie ein ökonomisch **konsistentes Grundkonzept,** das die für die Abgrenzung relevanter Märkte bedeutsamen ökonomischen Zusammenhänge abbildet. Eine voll umfängliche empirische Umsetzung des Tests in konkreten Einzelfällen ist zwar durchaus denkbar. Sie erfordert aber zum einen die Verfügbarkeit zahlreicher Informationen und Daten, und sie muss zum anderen auch die möglichen Grenzen des Tests beachten.[263] Ausgehend von der engsten, in der Regel an einem spezifischen Produkt der betrachteten Unternehmen anknüpfenden Abgrenzung, müssen schrittweise die jeweils nächsten Substitute in die Betrachtung einbezogen werden **(iterative Systematik).** Aus dieser Tatsache ergibt sich zwangsläufig, dass eine voll umfängliche empirisch-quantitative Umsetzung des SSNIP-Tests eine gewisse qualitative, z. B. am Verwendungszweck oder der funktionellen Austauschbarkeit der Produkte anknüpfende „Vorsortierung" der betrachteten Produkte voraussetzt. Werden Produkte, die durch eine asymmetrische Substitutionsbeziehung gekennzeichnet sind, in der falschen Reihenfolge in die Betrachtung einbezogen, geben die Testergebnisse die relevanten Marktgrenzen unzutreffend wieder.[264] Ferner wird das Testergebnis von dem prozentualen Ausmaß der unterstellten **Preiserhöhung *(„small but significant")*** beeinflusst. In der Praxis hat sich hier inzwischen eine (hypothetische) Preiserhöhung um 5–10% (bei konstanten Preisen der jeweils anderen Produkte) etabliert. Diese Festlegung ist jedoch keineswegs zwingend, sondern sie beruht faktisch auf einer Wertung. Diese Wertung kann dazu führen, dass Produkte, die bei einer nur geringfügig stärkeren unterstellten Preiserhöhung in den Markt einbezogen würden, aus der Betrachtung ausgeblendet werden (so genannte ***„binary fallacy"***).[265]

78 Erfasst bzw. gemessen werden müssen ferner die Auswirkungen der angenommenen Preiserhöhung auf die Absatzmenge des hypothetischen (Allein-)Anbieters und damit die konkrete Stärke der Ausweichreaktionen der Nachfrager und der Angebotsreaktionen aktueller oder potentieller Wettbewerber (**Preiselastizität der Nachfrage und des Angebots** der be-

---

[262] Die Möglichkeit einer Preiserhöhung steht hierbei für jede einseitige, durch austauschbare und konkurrierende Produkte und Anbieter nicht hinreichend kontrollierte Verschlechterung des Produktangebots. Diese Sichtweise trägt der Tatsache Rechnung, dass z. B. eine Qualitäts- oder Serviceverschlechterung bei einem konstanten Preis stets als „versteckte" Preiserhöhung aufgefasst werden muss.

[263] Für eine knappe Darstellung der rein mathematischen „Hydraulik" des SSNIP-Tests vgl. *Geroski/Griffith,* Identifying Antitrust Markets, The Institute of Fiscal Studies, WP03/01, 2003 (insbes. auch den Anhang *„The Simple Algebra of SSNIP"*) ; *Davis/Garcés,* aaO 204 ff.; *Schwalbe/Maier-Rigaud,* aaO 15 ff.; *Bishop/Walker,* aaO 114 ff.

[264] Vgl. hierzu *Gore/Lewis/Lofaro/Dethmers,* aaO 39 f.

[265] Vgl. hierzu *Gore/Lewis/Lofaro/Dethmers,* aaO 36 ff.

troffenen Produkte).[266] Da der Kern des SSNIP-Tests darin besteht, die Frage zu beantworten, ob eine Preiserhöhung profitabel möglich wäre, ist zudem die Erfassung und quantitative Messung der **Kostensituation** des hypothetischen (Allein-)Anbieters notwendig. Zu berücksichtigen sind dabei die rein faktischen Zusammenhänge zwischen der aktuellen Preishöhe eines Produktes, der unternehmensspezifischen Absatzmenge, der (prozentualen) **Gewinnmarge** sowie der unterstellten (prozentualen) Preiserhöhung. Ob der mit einer Preiserhöhung verbundene Anstieg der Gewinnmarge pro Stück auch zu einem höheren Gesamtgewinn führt (und damit profitabel ist), hängt zwar auch davon ab, wie stark die Absatzmenge als Folge der angenommenen Preiserhöhung sinken würde. Je höher (niedriger) jedoch die Gewinnmarge vor der Preiserhöhung ist, umso geringer (größer) ist der Mengeneffekt (d.h. Absatzverlust), ab dem die unterstellte Preiserhöhung profitabel sein würde.[267] Ein wichtiges Kennzeichen der „Hydraulik" des SSNIP-Tests ist es daher, dass sich in Abhängigkeit von der Höhe der gemessenen Gewinnmarge jeweils unterschiedliche Schwellenwerte für das Ausmaß der nachfrage- und angebotsseitigen Substitutionsreaktionen ergeben, ab deren Überschreiten die Preiserhöhung profitabel wäre. Je höher (niedriger) die Gewinnmarge in der Ausgangssituation ist, umso niedriger (höher) sind die Werte der so genannten kritischen Preiselastizität ***(„critical elasticity")*** und des kritischen unternehmensspezifischen Absatzverlusts ***(„critical loss"),*** ab denen eine hypothetische Preiserhöhung nicht profitabel wäre und der Test mithin eine Erweiterung des relevanten Marktes indizieren würde.[268]

Die zentrale Bedeutung der Höhe der Gewinnmarge in der Grundkonzeption und bei der empirischen Umsetzung des SSNIP-Tests ist auch der Hintergrund für eine systematische Schwachstelle des Tests, die unter dem Stichwort der ***„cellophane fallacy"*** bekannt ist:[269] Die Ergebnisse des SSNIP-Tests sind nur dann widerspruchsfrei, wenn die Preisbildung der betrachteten Produkte in der Ausgangssituation einem funktionsfähigen und unverfälschten Wettbewerb unterworfen ist. Verfügt ein Anbieter hingegen bereits über Marktmacht oder im Extremfall sogar über ein tatsächliches Monopol, sind der aktuelle Produktpreis und auch die Marge in der Ausgangssituation bereits überhöht. Eine im Rahmen des SSNIP-Tests unterstellte Preiserhöhung würde – außer im Grenzfall einer vollkommen preisunelastischen Nachfrage – in diesem Fall in aller Regel zu einem Gewinnrückgang führen, d.h. unprofitabel sein. Die nach der Grundkonzeption des SSNIP-Tests zu ziehende Schlussfolgerung, dass der betroffene relevante Markt zu erweitern sei, wäre jedoch verfehlt. Diese Gefahr einer zu weiten Abgrenzung des relevanten Marktes stellt sich insbesondere in Fallkonstellationen, in denen der Missbrauch einer marktbeherrschenden Stellung geprüft wird und in denen für die empirische Anwendung des SSNIP-Tests auf die Daten des möglicherweise bereits marktbeherrschenden Unternehmens zurückgegriffen wird. Die *cellophane fallacy* kann zwar dadurch vermieden werden, dass bei der empirischen Umsetzung des Tests nicht auf die tatsächlichen Preise und Margen der betroffenen Unternehmen zurückgegriffen wird, sondern auf wie auch immer zu ermittelnde (hypothetische) wettbewerbsanaloge Preise und Margen. Auch diese Tatsache zeigt jedoch, dass eine vollumfängliche empirische Umsetzung des SSNIP-Tests an der mangelnden Verfügbarkeit bzw. den Problemen bei der Beschaffung der benötigten Daten in der erforderlichen Qualität scheitern kann. Diese Probleme ändern allerdings umgekehrt nichts an der Tatsache, dass der SSNIP-Test in *konzeptioneller* Hinsicht ein konsistentes Grundgerüst zur 79

[266] Die Preiselastizität gibt an, um wie viel Prozent sich die nachgefragte bzw. angebotene Menge eines Produkts bei einer Preisveränderung um 1 Prozent verändert; vgl. hierzu bereits oben Rdnr. 23.

[267] Zu diesem bezogen auf den Gesamtgewinn eines Anbieters gegenläufigen Preis/Margen- und Mengeneffekt vgl. bereits oben Rdnr. 29.

[268] Vgl. hierzu z.B. auch die tabellarische Übersicht in *Bishop/Walker,* aaO 116f.; für eine graphische Darstellung des Zusammenhangs vgl. *Gore/Lewis/Lofaro/Dethmers,* aaO 53.

[269] Anknüpfungspunkt für diese Bezeichnung ist der konkrete Einzelfall, bei dem dieses Problem erstmals offen zu Tage trat. Dieser betraf den Markt für Zellophanfolie; vgl. *Schwalbe/Zimmer,* aaO 96ff.; *Geroski/Griffith,* aaO 7f.; *Schwalbe/Maier-Rigaud,* aaO 22ff.; *Bishop/Walker,* aaO 124ff.

Verfügung stellt, um im Rahmen von Einzelfällen sowohl die vorgetragenen qualitativen Argumente als auch die empirisch-quantitativen Belege zu bewerten, die für oder gegen eine konkrete Marktabgrenzung sprechen.

III. Qualitative und quantitative Methoden der Marktabgrenzung

80 Für die konkrete Marktabgrenzungspraxis stehen zahlreiche Instrumente und Methoden für die Ermittlung der in einem konkreten Einzelfall maßgeblichen nachfrage- und angebotsseitigen Substitutions- und Austauschbeziehungen zur Verfügung.[270] In qualitativer Hinsicht liefern die **Produkteigenschaften** und mithin die funktionelle Austauschbarkeit wichtige Grundlagen für die sachliche Marktabgrenzung. Ein Blick auf die Produkteigenschaften offenbart jedoch noch keine hinreichenden Informationen zu den maßgeblichen Präferenzen der Nachfrager. Diese bestimmen jedoch die Preiselastizität der Nachfrage, d. h. wie stark die Austauschbarkeit der betrachteten Produkte ist. Zwei Produkte, die für eine konkrete Gruppe von Nachfragern sehr gute Substitute (d. h. austauschbar) sind, müssen dies für andere, ggf. große Gruppen von Nachfragern noch lange nicht sein. Ein reiner Blick auf Produkteigenschaften liefert auch nur sehr begrenzt Informationen zu dem erforderlichen Aufwand der Anbieter, Produkte mit vergleichbaren Eigenschaften auf dem Markt anzubieten. Durch einen Blick auf die Produkteigenschaften wird daher auch der Aspekt der angebotsseitigen Umstellungsflexibilität (Preiselastizität des Angebots) nur unscharf erfasst. Dennoch bilden sie in der Kartellrechtspraxis stets den Ausgangspunkt für die Abgrenzung relevanter Märkte.[271] In räumlicher Hinsicht bieten die geographischen **Liefer- und Bezugsströme** eines Produkts einen hilfreichen Ausgangspunkt für die Marktabgrenzung.[272] Ein bestimmter Raum ist danach als relevanter Markt abzugrenzen, wenn von Anbietern und Standorten in einer Region nur wenige Lieferungen an Nachfrager in anderen Gebieten („*low out from inside*", LOFI) bzw. wenige Lieferungen von auswärtigen Anbietern und Standorten an Nachfrager in einem Gebiet („*low in from outside*", LIFO) feststellbar sind (so genannter ***Elzinga-Hogarty*-Test**).[273] Ein typischer Anwendungsfall für diese Methode in der deutschen Kartellrechtspraxis ist die Fusionskontrolle im Krankenhaussektor; aus den beobachteten Patientenströmen werden hier Schlussfolgerungen für die geographische Reichweite eines Marktes gezogen.[274] Auch in der europäischen Praxis wird sie regelmäßig zur Stützung der räumlichen Markabgrenzung genutzt.[275] Allerdings zeigen Lieferströme lediglich ein statisches Bild der Vergangenheit und bilden daher nur begrenzt die dynamischen räumlichen Ausweichreaktionen von Anbietern und Nachfragern ab. Aussagekräftige Belege für eine konkrete Marktabgrenzung können zudem **unternehmensinternen Dokumenten** entnommen werden. Hierbei ist jedoch stets zu berücksichtigen, dass die Abgrenzung eines Marktes und die Interpretation relevanter Wettbewerbskräfte aus Anbietersicht nicht notwendiger Weise mit dem Sinn und Zweck der Abgrenzung relevanter Märkte im Kartellrecht übereinstimmt; der Markt- und Wettbe-

---

[270] Vgl. für einen umfassenden Überblick: *Motta,* aaO 106 ff.; *Schwalbe/Maier-Rigaud,* aaO 15 ff.; *Gore/Lewis/Lofaro/Dethmers,* aaO 43 ff.; mit einem klaren Fokus auf quantitativ-ökonometrische Methoden vgl. *Davis/Garcés,* aaO 161 ff.; vgl. ferner: EU-Kommission, Bekanntmachung über die Definition des relevanten Marktes im Sinn des Wettbewerbsrechts der Gemeinschaft, ABl. EG C 372 v. 9.12.1997, 3 ff., Rdnr. 25 ff.

[271] Vgl. zur Praxis der Marktabgrenzung auch ausführlich unten *Wagemann,* § 16 Rdnr. 31 ff. (EU-Praxis); *Richter/Steinworth,* § 20 Rdnr. 16 ff. (deutsche Praxis), *Wiedemann,* § 23 Rdnr. 9 ff. (Missbrauchsaufsicht).

[272] Zu den Grenzen und denkbaren Problemen dieses Ansatzes vgl. *Werden,* The Use and Misuse of Shipments Data in Defining Geographic Markets, Antitrust Bulletin, 26 (1981), 719 ff.

[273] Vgl. *Elzinga/Hogarty,* The Problem of Geographic Market Delineation in Antimerger Suits, Antitrust Bulletin, 18 (1973), 45 ff.; vgl. ferner *Davis/Garcés,* aaO 198 ff.

[274] Vgl. u. a. BKartA, E. v. 27. Mai 2013, B3-17/13, Rdnr. 22 ff. – *Kliniken Main-Taunus-Kreis/ Kliniken Hoechst* (mit Nachweisen auf die einschlägige Rechtsprechung deutscher Gerichte).

[275] Vgl. statt Vieler: Komm., E. v. 19. September 2007, COMP/M.4525, Rdnr. 24 ff. – *Kronospan/ Constantia.*

werbsbegriff aus Unternehmenssicht ist häufig sowohl in sachlicher als auch in geographischer Hinsicht weiter und berücksichtigt z.B. auch abstrakte Aspekte der Konkurrenz um das insgesamt begrenzte Ausgabenbudget der Marktgegenseite.[276] Stehen hingegen konkrete technische Spezifikationen einzelner Produkte im Vordergrund, kann die unternehmerische Einschätzung der für eine kartellrechtliche Beurteilung relevanten Wettbewerbskräfte wegen der Betonung rein technischer Unterschiede möglicherweise auch zu eng sein.

Für die Ermittlung der Art und des Ausmaßes bestehender sachlicher und räumlicher 81
Substitutionsbeziehungen wird ferner regelmäßig auf das Instrument der **Befragung von Marktteilnehmern** zurückgegriffen. Dabei ist jedoch zu berücksichtigen, dass sich tatsächlich bestehende Austausch- bzw. Substitutionsbeziehungen mit (begründeten) Meinungen über die funktionelle oder räumliche Austauschbarkeit von Produkten ggf. nicht eindeutig und trennscharf belegen lassen.[277] Aussagekräftigere Hinweise ergeben sich möglicherwiese aus Befragungen zu den Anpassungsreaktionen von Marktteilnehmern im Falle tatsächlicher oder hypothetischer Veränderungen der (relativen) Preise[278] der betroffenen Produkte (**Preiselastizität** der Nachfrage). Anknüpfend an der Grundkonzeption des SSNIP-Tests können Nachfrager dafür z.B. nach der möglichen Reaktion auf eine (relative) Preiserhöhung um 5–10% befragt werden.[279] Anbieter könnten analog befragt werden, ob – unter Berücksichtigung der erforderlichen Investitionen und Kosten der Produktumstellung – in diesem Fall die Aufnahme der Produktion und des Absatzes der fraglichen Produkte sinnvoll und wirtschaftlich attraktiv wäre. Aber auch mit diesem, in konkreten Einzelfällen standardmäßig angewendeten Ansatz werden empirische Belege für eine bestimmte Marktabgrenzung ausschließlich aus Äußerungen und Aussagen von Marktteilnehmern generiert. Bezogen auf den Konsumenten als Nachfrager werden (lediglich) die geäußerten Präferenzen ***(„stated preferences")*** abgebildet.[280] Hierbei ist bei der Auswahl der Befragten, bei der konkreten Formulierung der Fragestellung und der Interpretation der Ergebnisse in besonderem Maße darauf zu achten, dass die tatsächlichen Präferenzen und Ausweichreaktionen der Nachfrager möglichst unverzerrt abgebildet und erfasst werden.[281] Für die deutsche Praxis kann insoweit auf einen Fall im Bereich klassischer Konsumgüter (Käse) verwiesen werden, in dem das OLG Düsseldorf die Ergebnisse einer entsprechenden Studie der Zusammenschlussbeteiligten aufgrund methodischer Mängel nicht als aussagekräftigen Beleg für eine bestimmte Marktabgrenzung anerkannt hat.[282]

---

[276] Vgl. hierzu u.a. *Gore/Lewis/Lofaro/Dethmers,* aaO 44f.; für eine kritische Bewertung des Konzepts der unternehmenseigenen „Wirtschaftspläne" als Grundlage der Abgrenzung relevanter Märkte vgl. ferner: *Ewald,* Paradigmenwechsel bei der Abgrenzung relevanter Märkte?, ZWeR 2004, 512, 539ff.

[277] In diesem Zusammenhang ist nicht zuletzt zu berücksichtigen, dass Marktteilnehmer in bestimmten Konstellationen zu einem strategischen Antwortverhalten neigen, das die Ergebnisse solcher Befragungen verzerren kann; vgl. hierzu u.a. im Hinblick auf Konsumentenbefragungen: *Heyer,* Predicting the Competitive Effects of Merges by Listening to Consumers, U.S. Deparment of Justice, EAG-Working Papers 06–11, 2006.

[278] Relative Preisänderungen stehen hier erneut für sämtliche (relativen) Änderungen der maßgeblichen Wettbewerbsparameter eines Produktangebots, die z.B. Nachfrager zu einem Ausweichen auf alternative Produkte veranlassen, insbesondere auch (einseitige) Veränderungen der Produktqualität.

[279] Alternativ käme eine Fragestellung in Betracht, die auf die bestehenden Ausweichalternative(n) bei fehlender Verfügbarkeit eines Produkts und damit auf das relevante „nächstbeste Substitutionsprodukt" abstellt.

[280] Vgl. *Davis/Garcés,* aaO 193ff.; *Accent,* Review of Stated Preference and Willingness-to-Pay Methods, Studie im Auftrag der UK Competition Commission, 2010.

[281] Für eine gute Zusammenfassung der Anforderungen an eine aussagekräftige Konsumentenbefragung vgl. auch UK Competition and Markets Authority (CMA), Good Practice in the Design and Presentation of Consumer Survey Evidence in Merger Inquiries, 2011; vgl. ferner *Reynolds/Walter,* The Use of Customer Surveys for Market Definition and the Competitive Assessment of Horizontal Mergers, Journal of Competition Law and Economics, 4 (2008), 411ff.

[282] Vgl. OLG Düsseldorf, B.v. 27. Mai 2009, VI-Kart 10/08 (V), Rdnr. 32ff. (zitiert nach juris); zur ausführlichen Bewertung der Konsumentenbefragung vgl. BKartA, E.v. 2. Juli 2008, B2–359/07, S. 30ff. – *Loose/Poelmeyer.*

82 Aufgrund der besseren Verfügbarkeit entsprechender Daten können zunehmend datengestützte quantitative Ermittlungsmethoden eingesetzt werden, die auf der Erfassung der tatsächlich beobachtbaren Ausweich- und Anpassungsreaktionen beruhen ***(„revealed preferences“).***[283] Mit Hilfe entsprechender Transaktionsdaten können dabei verschiedene Kennziffern zur Messung der Ausweichreaktionen im Falle relativer Preisveränderungen zweier oder mehrerer Produkte ermittelt werden. Die einfachste Kennziffer ist dabei der in Mengeneinheiten *(unit diversion)* oder Werteinheiten *(sales diversion)* gemessene Zuwachs der Nachfrage nach einem bestimmten Produkt bei einem Preisanstieg eines anderen Produkts. Mengen- oder wertbezogene **Substitutions- oder Abwanderungsraten *(diversion ratios)*** beziffern hingegen den Nachfragezuwachs für ein mögliches Austausch- bzw. Substitutionsprodukt relativ zum Rückgang der Nachfrage nach einem anderen Produkt.[284] Für die Bestimmung der Rangfolge denkbarer Austausch- bzw. Substitutionsprodukte ist die **relative Abwanderungsrate** eine aussagekräftige Kennziffer. Denn diese bezieht das relative Volumen der Gesamtnachfrage der jeweils betrachteten Produkte in die Berechnung mit ein. Ist der relative Anstieg der Nachfrage eines Austausch- bzw. Substitutionsproduktes größer als dessen Anteil am Gesamtnachfragevolumen in der Ausgangssituation vor einer (relativen) Preisveränderung („Marktanteil“), weist dieses Produkt eine stärkere Substitutionsbeziehung zu dem fraglichen Produkt auf als diejenigen Substitutionsprodukte, für die der relative Nachfrageanstieg den Mengen- oder Wertrelationen der Gesamtnachfrage entspricht oder diese unterschreitet. Sofern die notwendigen Preis- und Mengendaten verfügbar sind, kann ferner die so genannte **Kreuzpreiselastizität** zwischen zwei Produkten gemessen bzw. empirisch geschätzt werden.[285] Die Kreuzpreiselastizität misst die relative Veränderung der nachgefragten Menge eines Produktes im Verhältnis zur relativen Änderung des Preises eines anderen Produktes. Eine positive und hohe Kreuzpreiselastizität kann als ein Beleg für eine enge Austausch- bzw. Substitutionsbeziehung gewertet werden.[286] Umgekehrt gilt, dass fehlende empirische Hinweise auf eine positive Kreuzpreiselastizität ein Indiz gegen die Zuordnung zweier Produkte zum gleichen relevanten Markt sind. In der deutschen Praxis war dieses Argument auf der Grundlage einer datengestützten Analyse u.a. im Zusammenhang mit der Abgrenzung relevanter Märkte für Mauersteine von Bedeutung.[287]

83 Aufbauend auf der Grundkonzeption des SSNIP-Tests können ferner unternehmensinterne Daten für die Generierung quantitativer Belege für oder gegen eine bestimmte Marktabgrenzung genutzt werden. Dieser Ansatz ist das zentrale Kennzeichen der so genannten **„Critical-Loss“-Analyse.**[288] Ziel ist dabei die Bestimmung der anbieterspezifischen Profitabilitätsgrenze hypothetischer Preiserhöhungen, d.h. desjenigen Absatzverlustes *(„critical loss“)*, ab dem eine Preiserhöhung trotz der damit verbundenen höheren Marge nicht zu einem Anstieg des Gesamtgewinns führen würde. Ein niedriger kritischer Absatzverlust kann dabei tendenziell für die Erweiterung des sachlich relevanten Marktes sprechen. Denn bereits ein geringer Rückgang des Absatzes wäre trotz der Preiserhöhung für die Anbieter des betrachteten Produkts nicht profitabel. Aufgrund der bestehenden Zusammenhänge zwischen Preis, Marge, Gewinn und Preiselastizität der Nachfrage ist der kritische Absatzverlust umso niedriger, je höher die Gewinnmarge in der Ausgangssituation

[283] Eine besonders wertvolle Datenquelle stellen dabei die Warenwirtschaftssysteme der Unternehmen dar. Diese enthalten umfassende Datenbestände, die – z.B. auf der Grundlage der durch die inzwischen flächendeckend verbreiteten Scanner-Kassen generierten Daten („Scanner-Daten“) – auch über längere Zeiträume die Entwicklung der Preise sowie der zu einem bestimmten Preis nachgefragten und abgesetzten Mengen eines Produkts beinhalten.

[284] Vgl. *Davis/Garcés,* aaO 191 ff.

[285] Vgl. zum Konzept der Kreuzpreiselastizität bereits oben Rdnr. 35.

[286] Um die konkrete Höhe der erforderlichen Werte der Kreuzpreiselastizität zu ermitteln, bietet sich die Ermittlung von Richtwerten *(„benchmark elasticity“)* an. Hierzu wird die Kreuzpreiselastizität für Produkte ermittelt, die unstreitig demselben Markt zuzurechnen sind.

[287] Vgl. BKartA, E. v. 8. März 2011, B1–30/11, Rdnr. 151 ff. – *Xella/H&H.*

[288] Vgl. *Davis/Garcés,* aaO 210 ff.; *Gore/Lewis/Lofaro/Dethmers,* aaO 51 ff.

ist.[289] Das Problem der *„cellophane fallacy"*[290] ist bei der Anwendung dieser Methode daher besonders virulent, denn eine hohe Gewinnmarge (und damit ein tendenziell niedrigerer *„critical loss"*) kann ebenso ein Indiz für bereits bestehende Marktmacht und damit fehlende wettbewerbliche Verhaltensrestriktionen sein. Bei der notwendigen Ermittlung der anzusetzenden Gewinnmarge stellen sich ferner zahlreiche technische Fragen und Probleme.[291] In der konkreten Anwendungspraxis[292] werden in der Regel aus Vereinfachungsgründen bei der Berechnung der in der Ausgangssituation anzusetzenden Gewinnmarge die variablen Durchschnittskosten der Herstellung des fraglichen Produkts in Ansatz gebracht. Je mehr Kostenbestandteile als fix eingestuft werden, umso höher ist daher die ermittelte Gewinnmarge und umso niedriger der ermittelte kritische Absatzverlust. Diese Herangehensweise beruht allerdings auf der keineswegs unangreifbaren Annahme, dass ein Anbieter bei der Entscheidung über eine Preiserhöhung ausschließlich in Rechnung stellt, wie eine Preiserhöhung den kurzfristigen operativen Gewinn beeinflusst. Auch ist die Abgrenzung fixer und variabler Kosten im Einzelfall möglicherweise umstritten und ihre genaue Ermittlung ist aufgrund der großen Bewertungsspielräume für die **unternehmensinterne Kostenrechnung** schwierig. Insbesondere die beteiligten Unternehmen dürften allerdings in konkreten Einzelfällen stets bestrebt sein, möglichst viele Kostenbestandteile als fix einzustufen, da dies im Ergebnis zu einem niedrigeren kritischen Absatzverlust und einer Erweiterung des relevanten Marktes führt. Die Treffgenauigkeit der Critical-Loss-Analyse hängt damit weniger von der Qualität der Erfassung tatsachlicher Austausch- bzw. Substitutionsbeziehungen als vielmehr von der Qualität der Berechnung der Marge und der Abgrenzung fixer und variabler Kosten ab.

Ferner bieten beobachtbare Preisbewegungen unterschiedlicher Produkte Ansatzpunkte, **84**
datengestützte Indizien für oder gegen eine bestimmte Marktabgrenzung zu generieren.[293] Die sogenannte **Preiskorrelationsanalyse** beruht dabei auf der Grundthese, dass aus dem Ausmaß der „Parallelität" von Preisbewegungen auf die wettbewerbliche Reaktionsverbundenheit verschiedener Produkte geschlossen werden kann. Relevante Kennziffer ist der so genannte Korrelationskoeffizient, der Werte zwischen -1 und +1 annehmen kann. Ein positiver und relativ hoher Wert des Koeffizienten ist Ausdruck einer starken Parallelität der Preisentwicklung und kann als Indiz gewertet werden, dass beide Produkte einem Markt zuzuordnen sein könnten. Jedoch stellt sich auch bei der Preiskorrelationsanalyse zum einen das Grundproblem einer jeden quantitativen Analyse, vorab den Schwellenwert festzulegen, ab dem eine bestimmte qualitative Schlussfolgerung gezogen werden kann.[294] Ferner stellen sich auch verschiedene technische Fragen der Durchführung und Interpretation der Ergebnisse: Zum einen vollziehen sich sowohl preisinduzierte Ausweichreaktionen der Marktgegenseite als auch mögliche Preisänderungen ggf. lediglich mit einer gewissen zeitlichen Verzögerung ***(„time-lag")***.[295] Stützt man die Korrelationsanalyse lediglich auf einen

---

289 Vgl. zu den relevanten Zusammenhängen bereits oben Rdnr. 78.

290 Vgl. hierzu oben Rdnr. 79.

291 Vgl. hierzu u. a. *Hüschelrath,* Critical Loss Analysis in Market Definition and Merger Control, ZEW-Discussion Paper 09–083, 2009, *Katz/Shapiro,* Critical Loss: Let's Tell the Whole Story, in: Antitrust Magazine, 2003, 49 ff.; *O'Brien/Wickelgren,* A Critical Analysis of Critical Loss Analysis, Federal Trade Commission Working Paper No. 354, 2003.

292 Die Methode hat bisher überwiegend in der US-amerikanischen Kartellrechtsanwendung praktische Bedeutung erlangt. Im EU-Kartellrecht und der deutschen Rechtsanwendung ist – auch aufgrund der zahlreichen konzeptionellen und praktischen Fallstricke – ihre praktische Relevanz hingegen bisher gering; eine gewisse Rolle spielte sie z. B. in folgenden EU-Fusionskontrollfällen: Komm., E. v. 30. Januar 2008, COMP/M.4734, Rdnr. 95 ff. – *Ineos/Kerling;* Komm., E. v. 22. Juni 2009, COMP/M. 5335, Rdnr. 85 ff. – *Lufthansa/SN Airholding.*

293 Vgl. statt Vieler: *Davis/Garcés,* aaO 169 ff.; *Gore/Lewis/Lofaro/Dethmers,* aaO 105 ff.; *Bishop/Walker,* aaO 492 ff.

294 Um die konkrete Höhe der erforderlichen Werte des Korrelationskoeffizienten zu ermitteln, bietet sich die Ermittlung von Richtwerten (*„benchmark correlation"*) an. Hierzu wird der Koeffizient für Produkte ermittelt, die unstreitig dem selben Markt zuzurechnen sind.

295 Vgl. *Gore/Lewis/Lofaro/Dethmers,* aaO 114 f.

zeitpunktgenauen Preisvergleich, kann daher selbst bei sehr engen Substitutionsprodukten ein niedriger Korrelationskoeffizient gemessen werden. Diesem Problem kann und muss ggf. durch die Anpassung der Periodizität der verwendeten Daten Rechnung getragen werden. Eine enge Substitutionsbeziehung ist ferner nicht die einzige denkbare Ursache für eine parallele Preisentwicklung zweier Produkte. Eine hohe Preiskorrelation kann auch die Folge eines hohen Anteils gemeinsamer Rohstoffe oder Vorprodukte sein (Problem der sogenannten **Scheinkorrelation;** ***„spurious correlation"***).[296] Energieintensive Produkte sowie petrochemische Erzeugnisse und ihre Folgeprodukte sind typische Beispiele für dieses Phänomen. Notwendig ist hier eine sachgerechte Bereinigung der Preisdaten um gemeinsame Kostenkomponenten. Ein Beispiel für die Anwendung dieser Methode in der deutschen Kartellrechtspraxis ist die räumliche Marktabgrenzung im Bereich der Kalbfleischproduktion.[297] Anwendungsbeispiele in der europäischen Praxis betrafen hingegen so unterschiedliche Produkte wie Starterbatterien für Fahrzeuge,[298] medizintechnische Erzeugnisse[299] oder Molkereiprodukte.[300]

85 Verwertbare Hinweise für die Marktabgrenzung kann ferner die sogenannte **Preisanpassungsanalyse** ***(„stationarity analysis")*** liefern.[301] Anknüpfungspunkt dieses Testverfahrens ist der relative Preis zweier Produkte. Ist dieser im Zeitablauf konstant bzw. konvergiert er nach einer kurzfristigen Änderung (singuläre Preiserhöhung eines Produktes) wieder zum Ausgangswert, kann dies ein Beleg für eine enge Substitutionsbeziehung beider Produkte sein. Der Einsatz dieser Methode bietet sich insbesondere im Rahmen so genannter **Schock- oder Event-Analysen** ***(natural experiments)*** an.[302] Diese nutzen singuläre Ereignisse wie z. B. eine unvorhersehbare, durch einen Ausfall einer Fabrikationsanlage verursachte Angebotsverknappung bei einem bestimmten Produkt, um aus den beobachtbaren Ausweichreaktionen der Nachfrager oder (relativen) Preisbewegungen Rückschlüsse auf den Grad der Substituierbarkeit von Produkten und die Grenzen eines Marktes zu ziehen. In der europäischen Praxis wurden diese Methoden u. a. zur Abgrenzung relevanter Märkte für bestimmte chemische Erzeugnisse (PVC; Benzolsäure) angewendet.[303]

86 Die dargestellten Instrumente und Methoden der Marktabgrenzung haben jeweils spezifische Vor- und Nachteile. Ihre Anwendbarkeit in konkreten Einzelfällen hängt zum einen stark davon ab, welche Informationen und Daten verfügbar sind bzw. mit einem vertretbaren Aufwand innerhalb z. T. sehr enger gesetzlicher Prüfungsfristen beschafft werden können. Zum anderen wird die Qualität und Aussagekraft der verschiedenen Methoden davon bestimmt, ob und inwieweit ihre systematischen Grenzen und Detailprobleme bei der Anwendung ausreichend berücksichtigt werden. Insgesamt erscheint es vor diesem Hintergrund in konkreten Einzelfällen, insbesondere jedoch in Fällen, in denen die konkrete Marktabgrenzung von entscheidender Bedeutung für die abschließende Bewertung ist, notwendig und sachgerecht, unter Berücksichtigung des mit den verschiedenen Methoden verbundenen Ermittlungsaufwandes mehrere Ermittlungs- und Analyseansätze zu nutzen.[304] Eine Gesamtschau der Ergebnisse ermöglicht eine treffgenauere Erfassung der in einem konkreten Einzelfall tatsächlich wirksamen nachfrage- und angebotsseitigen Wettbewerbskräfte. Dieses Vorgehen entspricht daher auch der etablierten Marktabgrenzungspraxis der Kartellbehörden.

---

[296] Vgl. *Davis/Garcés,* aaO 176 ff.

[297] Vgl. BKartA, E. v. 27. Dezember 2010, B2–71/10, Rdnr. 129 ff. – *Van Drie/Alpuro.*

[298] Vgl. Komm., E. v. 10. Mai 2007, COMP/M. 4381, Rdnr. 188 ff. – *JCI/VB/Fiamm.*

[299] Vgl. Komm., E. v. 25. August 2005, COMP/M.3687, Rdnr. 17 ff. – *Johnson & Johnson/Guidant.*

[300] Vgl. Komm., E. v. 17. Dezember 2008, COMP/M.5046, Rdnr. 515 ff. – *Friesland/Campina.*

[301] Vgl. *Gore/Lewis/Lofaro/Dethmers,* aaO 127 ff.

[302] Vgl. *Davis/Garcés,* aaO 185 ff.; *Gore/Lewis/Lofaro/Dethmers,* aaO 134 ff.

[303] Vgl. Komm., E. v. 30. Januar 2008, COMP/M. 4734, Rdnr. 55 ff. – *Ineos/Kerling;* Komm., E. v. 9. Januar 2009, COMP/M. 5153, Rdnr. 79 ff. – *Arsenal/DSP*

[304] Zum Grundproblem der Kartellrechtspraxis, stets einen Ausgleich zwischen der Treffgenauigkeit der Entscheidung und dem damit verbundenen Ermittlungsaufwand zu finden, vgl. bereits oben Rdnr. 15.

D. Horizontale vertragliche Wettbewerbsbeschränkungen und Kartellverbot

Ein Instrument, mit dessen Hilfe Unternehmen ihre Marktmacht steigern können, ist 87
eine Verhaltensabstimmung bzw. Verhaltenskoordinierung mit Wettbewerbern, die unmittelbar den Wettbewerb zwischen den Beteiligten beschränkt. Diese kann sich grundsätzlich auf sämtliche Parameter beziehen, die für das bestehende Wettbewerbsverhältnis von Bedeutung sind, neben den aus ökonomischer Sicht besonders bedeutsamen Parametern des Preises und der Angebotsmenge also z. B. auch auf die Produktqualität (inklusive Innovationstätigkeit) oder das geographische Betätigungsgebiet. Der in der ökonomischen Analyse für horizontale Wettbewerbsbeschränkungen verwendete Begriff der **Kollusion** ist dabei denkbar weit und knüpft mehr an dem Verhalten der Marktakteure als an der Frage einer formellen Übereinkunft oder Vereinbarung an.[305] Aus ökonomischer Sicht ausschlaggebend ist, ob das konkrete Marktergebnis das Resultat eines autonomen bzw. „unilateralen" kompetitiven Kalküls der Unternehmen oder eines auf eine **Maximierung des *gemeinsamen* Gewinns** der beteiligten Unternehmen abzielenden „koordinierten" bzw. kollusiven Verhaltens ist. Tragend ist der Gedanke, dass sich – obgleich mehrere Unternehmen in einem Markt aktiv sind – bei einem umfassenden und perfekt funktionierenden kollusiven Verhalten sämtlicher Anbieter das gleiche Marktergebnis wie in einem Monopol einstellen kann. Aus der ökonomischen Theorie der Kollusion lassen sich aufgrund dieser verhaltensorientierten Perspektive nur sehr bedingt Schlussfolgerungen für die Beantwortung der rechtlichen Frage ableiten, welche konkreten Formen der Verhaltensabstimmung bzw. -koordinierung zwischen Wettbewerbern zulässig oder – wie z. B. im Sinne einer Hardcore-Kartellabsprache – unzulässig sind. Grundlage für ein kollusives Verhalten kann zwar eine explizite Vereinbarung zwischen den beteiligten Unternehmen im Sinne einer schriftlichen oder mündlichen Kooperationsvereinbarung (eines „Kartellvertrages") in Verbindung mit einer entsprechenden bilateralen oder multilateralen Kommunikation sein **(explizite Kollusion; *explicit collusion*)**. Insbesondere in Märkten mit relativ wenigen Anbietern (Oligopolen) kann jedoch im Sinne eines bewussten, aber nicht explizit vereinbarten **Parallelverhaltens *(conscious parallelism)*** ein kollusives Marktergebnis auch ohne eine ausdrückliche Vereinbarung und entsprechende Kommunikation zwischen den Anbietern zustande kommen **(implizite Kollusion; *tacit collusion*)**.

I. Grundzüge der ökonomischen Theorie der Kollusion

Im Mittelpunkt der ökonomischen Theorie der Kollusion steht nicht die konkrete 88
Grenze zwischen rechtlich zulässigen und unzulässigen Formen von (vertraglichen) horizontalen Wettbewerbsbeschränkungen, sondern die Analyse der Voraussetzungen, unter denen ein kollusives Verhalten und Marktergebnis zustande kommen kann bzw. stabil und mithin marktwirksam ist Der ökonomische Analyserahmen für (in der Regel unzulässige) Formen der so genannten expliziten Kollusion (d. h. insbesondere Hard-core-Kartelle) und für Formen des Parallelverhaltens bzw. der impliziten Kollusion ist deckungsgleich.[306] Ausgangspunkt ist dabei zum einen die Feststellung, dass jede wirksame Verhaltenskoordinierung in einem Markt voraussetzt, dass sich die Beteiligten an das gemeinsame Ziel (z. B. Durchsetzung höherer Preise) gebunden fühlen und dieses durch ein entsprechendes Verhalten verwirklichen. Zum anderen geht die ökonomische Theorie aber von der realistischen Annahme aus, dass Unternehmen stets nur eine Maximierung des eigenen Gewinns

[305] Vgl. zu den nachfolgenden Ausführungen statt Vieler: *Porter/Zona,* Collusion, in: *Collins et al. (Hrsg.),* aaO 1069 ff.; *Snider/Scher,* Conscious Prallelism or Conspiracy?, in: *Collins et al. (Hrsg.),* aaO 1069, 1143 ff.; *Bishop/Walker,* aaO 163 ff., *Inderst/Thomas,* aaO 25 ff.

[306] Vgl. für einen wenig technischen Überblick: *Schulz,* aaO 56 ff.; *Porter/Zona,* aaO 1072 ff.; *Motta,* aaO 137 ff. *Bishop/Walker,* aaO 167 ff.; für eine eher technische Darstellung vgl. *Bühler/Jaeger,* aaO 107ff; *Bester,* aaO 139ff; *Belleflamme/Peitz,* aaO 335 ff.

und nicht des gemeinsamen Gewinns mit anderen Marktteilnehmern anstreben. Im Mittelpunkt der ökonomisch-theoretischen Analyse des Phänomens der Kollusion stehen daher – abstrakt formuliert – die bestehenden Konflikte zwischen der individuellen und der kollektiven Rationalität unternehmerischen Verhaltens. Durch ein kollusives Verhalten ließe sich zwar die Marktmacht der Beteiligten insgesamt im Sinne des gemeinsam realisierbaren Gewinns steigern (kollektive Rationalität). Damit ist jedoch das Problem der Verteilung dieses höheren Gewinns zwischen den beteiligten Unternehmen noch nicht gelöst. Für das einzelne Unternehmen kann es mit Blick auf den eigenen Gewinn unter Umständen vorteilhafter sein, im Wettbewerb zu agieren (individuelle Rationalität). Ein kollusives Marktverhalten konkurrierender, nur den eigenen Gewinn maximierender Unternehmen ist daher inhärent instabil. In der Sprache der Spieltheorie ausgedrückt befinden sich alle Beteiligten in einer als **„Gefangenen-Dilemma"** bezeichneten strategischen Entscheidungssituation.[307] Im Hinblick auf explizite Kartellabsprachen wird das relevante Problem pointiert durch den Grundsatz *„Es gibt keine Ehre unter Kartellbrüdern"* zusammengefasst, und es kann für lediglich zwei Anbieter wie folgt veranschaulicht werden (vgl. Abb. 10):

		Wettbewerber 1	
		Absprache einhalten	**Abweichen („*cheating*")**
Wettbewerber 2	**Absprache einhalten**	15, 15	20, -5
	Abweichen („*cheating*")	-5, 20	2, 2

Abbildung 10: Das „Gefangenen-Dilemma" eines explizit kollusiven Marktverhaltens

Bei einem kollusiven Marktverhalten (z. B. auf der Grundlage einer expliziten Absprache) würden beide Anbieter einen höheren gemeinsamen Gewinn (15 + 15 = 30) als bei funktionierendem Wettbewerb (2 + 2 = 4) erzielen. Allerdings wäre der jeweils individuelle Gewinn für jedes einzelne Unternehmen in einer anderen Konstellation noch höher. Würde sich Wettbewerber 1 kollusiv verhalten und z. B. an eine getroffene Preisabsprache halten und einen entsprechend höheren Preis von seinen Abnehmern verlangen, könnte Wettbewerber 2 durch einen nur geringfügig niedrigeren Preis zahlreiche Nachfrager auf sich umlenken und – da der Preis immer noch deutlich höher läge als der wettbewerbsanaloge Preis – einen noch höheren Gewinn erzielen (20 > 15). Für Wettbewerber 1 wäre das Einhalten der Absprache hingegen aufgrund des starken Absatzrückgangs mit einem Verlust verbunden. Da sich beide Wettbewerber dieses Anreizes des jeweils anderen bewusst sind, kommt ein stabiles kollusives Marktergebnis kurzfristig und bei einer sich nur einmal stellenden Entscheidungssituation *(one-shot game)* nicht zustande. Stellt sich die strategische Entscheidungssituation hingegen mehrfach **(„wiederholtes Spiel")**, kann die Kollusion erfolgreich und stabil sein. Voraussetzung hierfür ist jedoch, dass Mechanismen existieren, die den grundsätzlich bestehenden **Anreiz zum Abweichen** (den Verstoß gegen die „Kartelldisziplin"; ***„cheating"***) begrenzen.

89 Aus dieser Überlegung lässt sich die grundlegende Aussage ableiten, dass eine wirksame Kollusion voraussetzt, dass für die beteiligten Unternehmen ein Abweichen tendenziell unattraktiv ist. Ein kollusives Marktverhalten muss für jeden der Teilnehmer einen höheren individuellen Gewinn versprechen als ein (kurzfristiges) Abweichen. Da in diesem Fall die individuellen und kollektiven Anreize übereinstimmen, bezeichnet man diese Bedingung auch als **Anreizrestriktion** für eine erfolgreiche Kollusion.[308] Sie ist dann erfüllt, wenn für

[307] Vgl. hierzu bereits oben Rdnr. 42; vgl. ferner *Schwalbe/Zimmer,* aaO 37 f.; *Bühler/Jaeger,* aaO 73 ff.; *Motta,* aaO 544 ff.

[308] Vgl. grundlegend: *D'Aspremont/Jaquemin u. a.,* On the Stability of Collusive Price Leadership, Canadian Journal of Economics, 16 (1983), 17 f.; vgl. ferner *Motta,* aaO 160 ff.; *Bühler/Jaeger,* aaO 109 ff.; *Bester,* aaO 145 ff.

jeden Beteiligten die *zusätzlichen* individuellen Gewinne, die durch ein Abweichen (kurzfristig) erzielt werden könnten, zu jedem Zeitpunkt niedriger oder maximal genauso hoch sind wie die im Vergleich zum kollusiven Marktergebnis *geringeren* individuellen Gewinne, die zu erwarten sind, wenn das Abweichen entdeckt wird. In diesem Fall ist es denkbar, dass die Kollusion (ggf. auch nur vorübergehend) zusammenbricht; vorstellbar ist aber auch der Ausbruch verlustbringender „Preiskriege". Da die niedrigeren Gewinne im Falle der Entdeckung des abweichenden Verhaltens als **„Bestrafung"** oder „Sanktion" interpretiert werden können, ist ein kollusives Marktergebnis nur dann stabil, wenn für alle Beteiligten zu jedem Zeitpunkt t der zusätzliche Abweichungsgewinn $(\pi_t^d - \pi_t^c)$[309] niedriger oder maximal genauso hoch ist wie die Summe der Differenzen zwischen dem Kollusionsgewinn und dem niedrigeren „Bestrafungsgewinn" $(\pi^c - \pi^p)$[310] in den Folgeperioden (t+1, t+2, …). Da kurzfristig erzielbare Abweichungsgewinne für ein Unternehmen in der Regel wertvoller sind als zukünftige Gewinne, muss für die Gewinne in den „Bestrafungsperioden" dabei ein Diskontierungsfaktor (δ) berücksichtigt werden.[311]

$$\pi_t^d - \pi_t^c \leq \delta(V^c - V^p)$$

$$\textit{mit } V^c = (\pi_{t+1}^c, \pi_{t+2}^c, \ldots \pi_{t+n}^c);\ V^p = (\pi_{t+1}^p, \pi_{t+2}^p, \ldots \pi_{t+n}^p)$$

Mit Hilfe dieses in Form einer Ungleichung ausgedrückten analytischen Rahmens lassen sich zahlreiche Faktoren identifizieren und analysieren, die einen Einfluss darauf haben, ob und inwieweit ein kollusives Verhalten zustande kommt bzw. stabil und damit wirksam ist. Im Vordergrund stehen dabei die Auswirkungen einzelner **Markt-, Produkt- und Unternehmenscharakteristika** auf die wesentlichen Bestimmungsfaktoren der Stabilität eines kollusiven Verhaltens und Marktergebnisses, d. h. (1.) die Höhe des durch Kollusion erzielbaren zusätzlichen Gewinns, (2.) die Höhe des durch ein Abweichen (kurzfristig) erzielbaren individuellen Gewinns, (3.) die Wahrscheinlichkeit der Entdeckung eines abweichenden Verhaltens, und (4.) die Art und das Ausmaß der Konsequenzen („Bestrafung") eines Abweichens im Falle der Entdeckung.[312] Die Tatsache, dass die konkreten Bedingungen eines Marktes eine stabile Kollusion teilweise erschweren können, schließt allerdings ein kollusives Marktergebnis nicht grundsätzlich aus. Sie erhöht jedoch z. B. die Anforderungen an den **Organisationsgrad** expliziter Formen der Kollusion wie z. B. unzulässiger Kartellabsprachen. Durch entsprechende Kooperations-, Kommunikations-, Steuerungs- und Überwachungsmechanismen bis hin zu unternehmensähnlichen Organisationsstrukturen in Form von „Kartellgremien" oder einer „Kartellbuchhaltung" kann auch unter Marktbedingungen, die ein kollusives Verhalten tendenziell erschweren, eine stabile und marktmachtsteigernde Kollusion etabliert und aufrechterhalten werden. Die verschiedenen, im Folgenden näher betrachteten Marktcharakteristika stärken und schwächen daher lediglich *ceteris paribus* die Wahrscheinlichkeit des Auftretens und die Stabilität eines kollusiven Marktverhaltens. 90

Das zentrale Problem, den kurzfristigen Anreiz zum Abweichen wirksam zu begrenzen, bildet die Grundlage für die Erkenntnis, dass die **Häufigkeit der Marktinteraktion** zwischen den Beteiligten einen starken Einfluss auf die Wahrscheinlichkeit und Stabilität eines kollusiven Marktverhaltens hat. Treffen die Beteiligten im Markt- und Wettbewerbsprozess häufig und regelmäßig aufeinander, besteht zumindest eine ausreichende Möglichkeit für eine zeitnahe Bestrafung denkbarer Abweichungsversuche. Werden Aufträge hingegen nur selten und dann in einem großen Volumen vergeben (so genannte ***„lumpy orders"***), sind für jeden Beteiligten der mögliche zusätzliche individuelle Abweichungsgewinn hoch und 91

309 Das Kürzel c steht dabei für *collusion* und das Kürzel d für *defection*.

310 Das Kürzel c steht hierbei erneut für *collusion*, das Kürzel p hingegen für *punishment*.

311 Vgl. für diese formale Darstellung u. a. *Motta*, aaO 159 ff.; *Bühler/Jaeger*, aaO 115 ff.

312 Vgl. für einen Überblick: *Schulz*, aaO 60 ff.; *Porter/Zona*, aaO 1075 ff.; *Motta*, aaO 142 ff.; *Ivaldi/Jullien/Rey/Seabright/Tirole*, The Economics of Tacit Collusion, Final Report for DG Competition, 2003.

– auch weil zukünftige Gewinne weniger wertvoll sind – die negativen Folgen einer Bestrafung in der Zukunft entsprechend geringer.[313] Wegen der Möglichkeit, im Vergleich zu den möglichen Gewinneinbußen im Falle der Entdeckung und Bestrafung kurzfristig höhere Abweichungsgewinne zu erzielen, ist ein kollusives Verhalten ferner in schrumpfenden Märkten tendenziell instabiler als in wachsenden Märkten.[314] Für eine schnelle Identifikation und Bestrafung von Abweichungsversuchen und mithin die Begrenzung des Abweichungsanreizes ist ferner eine hohe **Markttransparenz** hilfreich.[315] Allerdings kann es im Einzelfall schwierig sein, ein abweichendes Verhalten zutreffend als solches zu identifizieren. Ist ein Markt z. B. durch starke Konjunktur- und Nachfrageschwankungen gekennzeichnet, ist es für die Beteiligten schwieriger, bei einem Rückgang des eigenen Absatzes die Ursache hierfür zu erkennen. Ist hingegen die **Stabilität des Absatzes und der Nachfrage** im Zeitablauf hoch, kann ein abweichendes Verhalten entsprechend einfacher und schneller identifiziert und sanktioniert werden.[316] Eine geringere **Anzahl der Marktteilnehmer** und ein zunehmender **Konzentrationsgrad** sind tendenziell kollusionsfördernd, weil zum einen mit einer sinkenden Anzahl von Unternehmen die Markttransparenz zunimmt. Ferner verstärkt sich mit zunehmender Wettbewerberzahl der Abweichungsanreiz, da die Folgen einer Bestrafung geringer ausfallen.[317] Je höher die **Marktzutrittsschranken** sind, umso stabiler ist ferner ein kollusives Marktverhalten; mögliche Störungen des kollusiven Gleichgewichts durch neue Anbieter unterbleiben, und ein „Nachjustieren" oder „Neuverhandeln" des Marktergebnisses bzw. der Verteilung des erhöhten gemeinsamen Gewinns wird nicht erforderlich.

92 Neben den allgemeinen Marktbedingungen haben auch die **Produkteigenschaften** einen starken Einfluss auf die Wirksamkeit und Stabilität eines kollusiven Verhaltens. Mit zunehmender Produktdifferenzierung steigen nicht nur die Möglichkeiten, durch „versteckte" Produkt- und Qualitätsanpassungen bei konstantem Preis denkbare Abweichungsversuche zu verschleiern. Mit zunehmender **Produktdifferenzierung** nimmt auch die Markttransparenz und mithin die Chance einer schnellen Identifikation von Abweichungsversuchen ab. Die Anbieter verfügen ferner bei differenzierten Produkten bereits über ein gewisses Maß an unilateraler Marktmacht.[318] Der durch ein kollusives Verhalten erzielbare zusätzliche Gewinn ist im Vergleich zu einer hohen **Produkthomogenität** entsprechend geringer. Analoge Erwägungen sprechen ferner dafür, dass für Produkte, die durch regelmäßige **Innovationen** gekennzeichnet sind, ein kollusives Marktergebnis schwerer zu verwirklichen ist als für technisch ausgereifte Produkte. Die Höhe der durch eine stabile Kollusion im Vergleich zu einem Abweichen von den Beteiligten jeweils erzielbaren Gewinne hängen zudem von zahlreichen **unternehmensspezifischen Faktoren** ab. Mit einer zunehmenden **Symmetrie** der beteiligten Unternehmen, insbesondere im Hinblick auf ihre **Kostenstrukturen,** ihr **Effizienz- und Kostenniveau** sowie ihre aktuelle **Kapazitätsauslastung** nimmt die Wahrscheinlichkeit einer stabilen und effektiven Kollusion zu.[319] Die konkreten Auswirkungen insgesamt bestehender **Kapazitätsbeschränkungen**

---

[313] Im Extremfall eines zeitlich befristeten oder kollabierenden Marktes kann eine stabile Kollusion aufgrund der starken Präferenz für kurzfristig erzielbare Abweichungsgewinne nur sehr schwer oder unter Umständen gar nicht etabliert werden.

[314] Für einen formalen Nachweis unter Zuhilfenahme der dargestellten Anreizrestriktion stabiler Kollusion vgl. z. B. *Ivaldi/Jullien/Rey/Seabright/Tirole,* aaO 26 f.

[315] Vgl. für eine umfassende theoretische Analyse: *Abreu/Pierce/Stachetti*, Optimal Cartel Equilibria with Imperfect Monitoring, Journal of Economic Theory, 39 (1985), 251 ff.

[316] Für eine eingehende theoretische Analyse vgl. *Haltiwanger/Harrington,* The Impact of Cyclical Demand Movement on Collusive Behavior, Rand Journal of Economics, 22 (1991), 89 ff.

[317] Für einen formalen Nachweis unter Zuhilfenahme der dargestellten Anreizrestriktion stabiler Kollusion vgl. z. B. *Bühler/Jaeger,* aaO 121 f.

[318] Vgl. hierzu bereits ausführlicher oben Rdnr. 39.

[319] Für eine detaillierte Darstellung unter Rückgriff auf die dargestellte Anreizrestriktion stabiler Kollusion vgl. z. B. *Ivaldi/Jullien/Rey/Seabright/Tirole,* aaO 35 ff.; vgl. ferner: *Verboven,* Collusive Behavior with Heterogeneous Firms, Journal of Economic Behavior and Organization, 33 (1997), 21 ff.

aller Akteure in einem Markt sind hingegen ambivalent.[320] Auf der einen Seite sinkt zwar mit fehlenden Produktionskapazitäten der Anreiz der Unternehmen, durch ein Abweichen zusätzlich Nachfrage auf sich zu ziehen. In gleicher Weise nehmen jedoch auch die Möglichkeiten ab, das Abweichen eines einzelnen Anbieters wirksam zu bestrafen. Tendenziell positiv auf die Stabilität der Kollusion kann sich hingegen die Tatsache auswirken, dass sich die beteiligten Unternehmen auf verschiedenen räumlich oder sachlich relevanten Märkten begegnen **(Multi-Marktkontakt; *multi-market contact*).**[321] Neben der Tatsache, dass dadurch die Interaktionshäufigkeit zwischen den Beteiligten zunimmt,[322] ist hierfür ausschlaggebend, dass durch die Begegnung auf zahlreichen anderen Märkten die destabilisierenden Effekte bestehender Asymmetrien auf einem konkreten Markt abgemildert werden können. Zugleich nehmen die Möglichkeiten zu, Abweichungsversuche zu sanktionieren.

II. Praktische Umsetzung im Kartellrecht

Die praktische Bedeutung der dargelegten Erkenntnisse der Kollusionstheorie ergibt sich 93
zum einen daraus, dass sie der Kartellbehörde Hinweise liefern, welche Märkte aufgrund ihrer spezifischen Charakteristika tendenziell eine höhere oder niedrigere **Anfälligkeit** für unerwünschte, ausschließlich die Marktmacht der Beteiligten steigernde Formen der expliziten Kollusion **(„Hard-core-Kartelle")** haben. Die theoretische Analyse der Voraussetzungen für und Anreize zu einem kollusiven Verhalten liefert zugleich auch die zentralen Ansatzpunkte für eine effektive Aufdeckung und Ahndung unzulässiger Kartellabsprachen (hierzu 1.). Sie stützt ferner die Erkenntnis, dass bestimmte Verhaltensweisen das Auftreten und die Effektivität eines kollusiven Verhaltens fördern (so genannte ***„facilitating practices"***; hierzu 2.). Allerdings sind auch zahlreiche „mildere" Formen der **Kooperation** zwischen Wettbewerbern denkbar (so genannte **„partielle Kollusion"**). Diese können entweder nur eine begrenzte Anzahl der in einem Markt tätigen Wettbewerber umfassen oder nur einen Teilausschnitt des wettbewerblichen Verhaltens und der relevanten Wettbewerbsparameter betreffen. Ihre Folgen können nicht nur eine größere Marktmacht der Beteiligten, sondern auch positive, den Wettbewerb belebende **Effizienzvorteile** sein.[323] Für die konkrete Anwendungspraxis ergibt sich hieraus die Frage, welche Formen der vertraglichen Zusammenarbeit zwischen Wettbewerbern unter welchen Voraussetzungen verboten und welche auf der Grundlage einer Abwägung ihrer Marktmacht- und Effizienzwirkungen erlaubt sein sollten (hierzu 3.).

1. Verfolgung von Hard-core Kartellen. Hard-core Kartelle sind eine Form der ex- 94
pliziten Kollusion, die ausschließlich darauf abzielt („bezweckt"), den Wettbewerb zu beschränken und dadurch die Marktmacht der beteiligten Unternehmen zu steigern. Aufgrund des hohen **Schadenpotentials** expliziter Kartellabsprachen sind diese in der Regel verboten.[324] Selbst ein partielles Kartell führt nicht nur dazu, dass lediglich die beteiligten Unternehmen über ein erhöhtes Maß an Marktmacht verfügen. Vielmehr kann auch den nicht an der Absprache unmittelbar beteiligten Unternehmen die Möglichkeit eröffnet

---

[320] Vgl. für eine modelltheoretische Analyse z. B. *Brock/Scheinkman,* Price-Seting Supergames with Capacity Constraints, Review of Economic Studies, 52 (1985), 371 ff.; *Davidson/Deneckere,* Excess Capacity and Collusion, International Economic Review, 31 (1990), 521 ff.

[321] Vgl. insbesondere *Bernheim/Whinston,* Multimarket Contact and Collusive Behavior, Rand Journal of Economics, 21 (1990), 1 ff.; vgl. ferner: *Spagnolo,* On Interdependent Supergames: Multimarket Contact, Concavity, and Collusion, Journal of Economic Theory, 89 (1999), 127 ff.; *Bühler/Jaeger,* aaO 123 f.

[322] Zur Bedeutung der Interaktionshäufigkeit für die Stabilität der Kollusion vgl. oben Rdnr. 91.

[323] Vgl. hierzu bereits ausführlich Rdnr. 62 ff.

[324] Vgl. zum Schadenspotential von Kartellen u. a. *Haucap/Stühmeier,* Wie hoch sind durch Kartelle verursachte Schäden: Antworten aus Sicht der Wirtschaftstheorie, WuW 2008, 413 ff.; für entsprechende empirische Analysen vgl. u. a. *Connor/Bolotova;* Cartel Overcharges: Survey and Meta-Analysis, International Journal of Industrial Organization, 24, (2006), 1109 ff.; zu den negativen Folgen von Marktmacht und im Extremfall eines Monopols vgl. ausführlich oben Rdnr. 29 f.

werden, ihre Produkte zu einem erhöhten Preis, in geringerer Menge oder zu einer schlechteren Qualität anzubieten (so genannter **„Preisschirmeffekt"** oder ***„umbrella effect"***).[325] Die Verfolgung von Hard-core-Kartellabsprachen ist daher eine zentrale Herausforderung und Aufgabe der Kartellrechtspraxis.[326] In ökonomischer Hinsicht wäre es vorteilhaft, wenn unzulässige Kartellabsprachen *ex ante* vermieden werden könnten. Eine effektive Kartellverfolgung verfolgt daher nicht nur das Ziel, Kartellabsprachen aufzudecken, sondern auch das Ziel einer wirksamen („optimalen") Abschreckung.

95 Im Hinblick auf die erfolgreiche **Aufdeckung und** den **Nachweis** von Kartellen kann aus ökonomischer Sicht zunächst festgehalten werden, dass die immanenten Schwächen eines Kartells zugleich die Stärken der Kartellverfolgung sind. Aufgrund des grundlegenden Anreizes zum Abweichen und der mehr oder weniger stark ausgeprägten Instabilität erfordert ein Kartell in der Regel entsprechende Kommunikations-, Steuerungs- und Überwachungsmechanismen bis hin zu unternehmensähnlichen Organisationsstrukturen. Diese bilden oft eine tragfähige Grundlage für den Nachweis unzulässiger Absprachen. Darüber hinaus nutzen Kartellbehörden vermehrt das Instrument von **Kronzeugenprogrammen *(leniency programs)*.**[327] Diese sichern Kartellbeteiligten, die eine unzulässige Absprache gegenüber einer Kartellbehörde offenbaren und mit ihr kooperieren, vollständige Straffreiheit oder zumindest einen Strafnachlass zu.[328] Hinsichtlich der Ausgestaltung solcher Programme steht zum einen die Frage im Vordergrund, wie der Anreiz, ein Kartell zu offenbaren, gesteigert werden kann. Kronzeugenprogramme entfalten darüber hinaus jedoch auch eine **präventive Wirkung.** Sofern durch die konkrete Ausgestaltung die erwarteten Gewinne eines kollusiven Verhaltens wirksam reduziert werden, wird der Anreiz zur Teilnahme an Kartellabsprachen abgeschwächt.[329] Als wichtiger Baustein eines optimalen Kronzeugenprogramms[330] lässt sich aus der ökonomischen Analyse unter anderem der Ansatz ableiten, dass der Vorteil eines Strafnachlasses auch nach der Aufdeckung eines Kartells und Einleitung eines Verfahrens gewährt werden sollte. Ferner sollte der Vorteil einer Kooperation mit der Kartellbehörde hinreichend groß sein, in erster Linie aber nur dem ersten auskunftswilligen Unternehmen zugutekommen („Windhund-Prinzip"). Die Effektivität von Kronzeugenprogrammen kann ferner durch Belohnungszahlungen für auskunftswillige Mitarbeiter von Kartellunternehmen gesteigert werden.[331] Neben der optimalen Ausgestaltung von Kronzeugenprogrammen wird zudem die Frage diskutiert, ob und wie aus der beobachtbaren Marktentwicklung Hinweise auf unzulässige Absprachen gewonnen werden können.[332] Soweit dies der Fall wäre, könnten Kartelle auch ohne entsprechende Hinweise von Kartellbeteiligten aufgegriffen und sanktioniert werden **(„Ex-officio"-Kartellver-**

---

[325] Vgl.: *Inderst/Maier-Rigaud/Schwalbe,* Umbrella Effects, Journal of Competition Law and Economics, 10 (2014), 739 ff.; *Beth/Pinter,* Preisschirmeffekte: Wettbewerbsökonomische Implikationen für kartellrechtliche Bußgeld- und Schadensersatzverfahren, WuW 2013, 228 ff.; zu dem insoweit einschlägigen Grundmodell eines dominierenden Anbieters mit einem „wettbewerblichen Rand", der sich ausschließlich als Preis- und Mengenanpasser verhält, vgl. ferner oben Rdnr. 33.

[326] Zum relevanten rechtlichen Rahmen in der EU und Deutschland vgl. ausführlich *Lübbig* § 8.

[327] Zu den rechtlichen Dealregelungen in der EU und Deutschland vgl. ausführlich unten *Hellmann* § 46 Rdnr. 64 ff. (EU) und *Klusmann* § 57 Rdnr. 111 ff. (Deutschland).

[328] Vgl. grundlegend: *Motta/Polo,* Leniency Programs and Cartel Prosecution, International Journal of Industrial Organization, 21 (2003), 347ff; für einen guten Überblick vgl. ferner: *Spagnolo,* Leniency and Whistleblowers in Antitrust, in: *Buccirossi* (Hrsg), aaO 259 ff.; *Schwalbe/Höft,* Kronzeugenprogramme und private Kartellrechtsdurchsetzung, in: *Fs.* Möschel, 2011, 597 ff.

[329] Vgl. für entsprechende empirische Befunde: *Klein,* Cartel Destabilization and Leniency Programs – Empirical Evidence, ZEW Discussion Paper No. 107, 2010.

[330] Vgl. für Überblick: *Spagnolo,* aaO 293 ff.; *Schwalbe/Höft,* aaO 606 ff.

[331] Vgl. *Aubert/Rey/Kovacic,* The Impact of Leniency and Whistle-Blowing Programs on Cartels, International Journal of Industrial Organization, 24 (2006), 1241 ff.; *Bigoni/Fridolfsson/Le Coq/Spagnolo,* Fines, Leniency and Rewards in Antitrust, Rand Journal of Economics, 43 (2012), 368 ff.

[332] Vgl. für einen Überblick über insoweit bestehende Ansatzpunkte: *Harrington,* Detecting Cartels, in: *Buccirossi (Hrsg.),* aaO 213 ff.

folgung).[333] So kann z. B. eine abnehmende Varianz der Preise oder anderer Angebotscharakteristika als Hinweis auf die Existenz einer unzulässigen Kartellabsprache gewertet werden.[334]

Die Ergebnisse der Kollusionstheorie zeigen ferner, dass die Verwirklichung des Ziels, 96
im Sinne einer wirksamen **Abschreckung** bereits das Zustandekommen unzulässiger Kartellabsprachen zu erschweren, eine Reduzierung des zusätzlichen Gewinns erfordert, mit dem die Beteiligten rechnen können. Effektive Kronzeugenprogramme tragen hierzu durch eine Steigerung der **Aufdeckungswahrscheinlichkeit** bei. Die zweite wichtige Säule einer wirksamen Abschreckung bildet die im Falle der Aufdeckung zu erwartende Sanktion.[335] Entspricht oder übersteigt das Produkt aus Aufdeckungswahrscheinlichkeit und zu erwartender **Bußgeldsanktion** den potentiellen zusätzlichen Gewinn eines kollusiven Verhaltens, ist eine Kartellabsprache nicht profitabel und es besteht in theoretischer Hinsicht für ein Unternehmen kein hinreichender Anreiz für eine Teilnahme.[336] Diese Sichtweise geht allerdings davon aus, dass ein Unternehmen wie eine in sich geschlossene rationale Einheit handelt. Sie abstrahiert damit von der Tatsache, dass Absprachen innerhalb eines Unternehmens von individuellen Akteuren initiiert und implementiert werden. Berücksichtigt man diese Tatsache, können auch individuelle Sanktionen bis hin zu Gefängnisstrafen für die Teilnahme an Karellabsprachen **(„Kriminalisierung")** die Abschreckungswirkung der Kartellverfolgung erhöhen.[337] Die Verwirklichung des Ziels, die möglichen Gewinne aus unzulässigen Kartellabsprachen wirksam zu reduzieren, kann ferner mit dem Instrument ziviler **Schadensersatzklagen** gefördert werden. In ökonomischer Hinsicht besteht die zentrale Herausforderung jedoch darin, den konkreten Schaden durch die Ermittlung des Marktergebnisses ohne die unzulässige Absprache **(kontrafaktisches Szenario)** zu isolieren.[338] Für den empirischen Nachweis des unmittelbaren Preiseffekts eines Kartells stehen eine ganze Reihe verschiedener Methoden zur Verfügung.[339] So können neben einem Vergleich der Marktsituation vor, während und nach einer Absprache die Markt- und Preisentwicklungen in (kartellfreien) sachlich vergleichbaren oder räumlich benachbarten Märkten für die Schätzung des Kartellschadens herangezogen werden **(Vergleichsmarktkonzept).** In Frage kommen ferner kostenbasierte Analysen oder komplexe Simulationsmodelle, die den tatsächlichen Marktpreis unter Kartellbedingungen einem **hypothetischen Wettbewerbspreis** gegenüberstellen. In mehrstufigen Wertschöpfungsketten ist für die Geltendmachung eines individuellen Schadens zudem die Prüfung erforderlich, ob und ggf. in welchem Ausmaß für den unmittelbaren Abnehmer die Möglichkeit

---

333 Vgl. *Hüschelrath,* How Are Cartels Detected? The Increasing Use of Proactive Methods to Establish Antitrust Infringements, Joumal of European Competition Law & Practice, 1 (2010), 522 ff.; *Friederiszick/Maier-Rigaud,* Triggering Inspections Ex Officio: Moving beyond a Passive EU Cartel Policy, Journal of Competition Law and Economics, 4 (2008), 89 ff.

334 Vgl. *Abrantes-Metz/Froeb/Geweke/Taylor,* A Variance Screen for Collusion, International Journal of Industrial Organization, 24 (2006), 467 ff.

335 Vgl. für die ökonomische Analyse des Ziels der optimaler Abschreckung grundlegend: *Becker,* Crime and Punishment: An Economic Approach, Journal of Political Economy, 76 (1968), 169 ff.; für die einschlägigen Sanktionen im EU-Recht und in Deutschland vgl. ausführlich unten *Hellmann* § 46 Rdnr. 23 ff. (EU) und *Klusmann* § 57 Rdnr. 71 ff. (Deutschland).

336 Vgl. *Wils,* Optimal Antitrust Fines: Theory and Practice, World Competition 29 (2006), 183 ff.; *Bongard,* Mehrerlös, Meneneffekte und volkswirtschaftliche Kartellschäden, WuW 2010, 762 ff.

337 Vgl. u. a. *Werden,* Sanctioning Cartel Activity: Let the Punishment Fit the Crime, European Competition Journal, 5 (2009), 19 ff.

338 Vgl. für einen Überblick: *Inderst/Schwalbe,* Das kontrafaktische Szenario bei der Berechnung von Kartellschäden, WuW 2012, 122 ff.

339 Vgl. für einen Überblick: *Oxera,* Quantifying Antitrust Damages: Towards Non-Binding Guidance for Courts, 2010, abrufbar unter: www.ec.europa.eu/competition/antitrust/actionsdamages; Van *Dijk/Verboven,* Quantification of Damages, in: *Collins et al. (Hrsg.),* aaO 2331 ff.; *Inderst/Thomas,* aaO 138ff; für einen Einblick anhand konkreter Einzelfälle in Deutschland vgl. *Friederiszick/Röller,* Quantification of Harm in Damages Actions for Antitrust Infringements – Insights from German Cartel Cases, Journal of Competition Law and Economics, 6 (2010), 595 ff.

bestand, Preiserhöhungen zumindest teilweise an nachgelagerte Marktstufen durchzureichen (**„Passing-on“**).[340] Für die Beantwortung der Frage, gegenüber welchen Kartellbeteiligten Schadensersatzforderungen geltend gemacht werden können, sind vor dem Hintergrund des Ziels der optimalen Abschreckung ferner mögliche **Rückwirkungen** auf die Effektivität von Kronzeugenprogrammen zu berücksichtigen.[341] Können Schadensersatzforderungen besonders effektiv gegenüber Unternehmen geltend gemacht werden, die das Kartell gegenüber der Kartellbehörde offenbart haben, wird der Anreiz für die Inanspruchnahme von Kronzeugenprogrammen geschwächt und die Aufdeckungswahrscheinlichkeit sinkt. Durch eine Beschränkung der Schadensersatzpflicht von Kronzeugen kann hingegen die Wirksamkeit der Kronzeugenprogramme gewahrt bzw. gesteigert werden.

97 **2. Kollusionsfördernde Praktiken („facilitating practices“).** Die Erkenntnisse der Kollusionstheorie lenken den Blick ferner auf bestimmte Verhaltensweisen von Unternehmen, die ein kollusives Verhalten oder Marktergebnis fördern können („facilitating practices“).[342] Die Wirkungen dieser Praktiken hängen allerdings von den konkreten Marktbedingungen ab; je mehr diese in Verbindung mit der Art des betroffenen Produkts und der Ausprägung unternehmensbezogener Faktoren für das Zustandekommen und die Stabilität einer impliziten oder expliziten Kollusion sprechen,[343] umso stärker ist tendenziell ihr kollusionsfördernder Effekt. Eine besondere Bedeutung kommt in diesem Zusammenhang der **Kommunikation** und dem **Informationsaustausch** zwischen Wettbewerbern zu.[344] Dabei ist zunächst zu berücksichtigen, dass jede Form eines koordinierten bzw. kollusiven Marktverhaltens eine gewisse Kommunikation zwischen den Beteiligten erfordert. Da für jedes Unternehmen jedoch stets ein Anreiz besteht, von einem kollusiven Verhalten abzuweichen, muss gewährleistet sein, dass die Unternehmen im Rahmen dieser Kommunikation die nur ihnen bekannten (d. h. „privaten“), für eine effektive Verhaltenskoordinierung aber unverzichtbaren Informationen unverfälscht mit den übrigen Marktteilnehmern teilen; andernfalls kann der Informationsaustausch und die Kommunikation auch als Baustein eines tatsächlichen oder versuchten Abweichens von dem Ziel einer Maximierung des gemeinsamen Gewinns („cheating“) interpretiert werden.[345] Für die Beantwortung der Frage, welche Form der Kommunikation und des Informationsaustauschs zwischen Wettbewerbern besonders kollusionsfördernd ist, steht die Art und der Inhalt des Austauschs von (privaten) Informationen im Mittelpunkt.[346] Besonders kritisch ist aus ökonomischer Sicht der verdeckte Austausch **zukunftsgerichteter Informationen** zu beurteilen. Unter bestimmten Voraussetzungen können aber auch einseitige und nicht-bindende öffentliche Ver-

---

340 Vgl. *Inderst/Thomas,* aaO 281 ff.; *Van Dijk/Verboven,* Cartel Damages and the Passing-on Defence, Journal of Industrial Economics, 57 (2009), 457 ff.; *Boone/Müller,* The Distribution of Harm in Price-Fixing Cases, International Journal of Industrial Organization, 30 (2012), 265 ff.; *Basso/Ross,* Measuring the True Harm from Price-Fixing to both Direct and Indirect Purchasers, Journal of Industrial Economics, 58 (2010), 895–927.

341 Vgl. ausführlich: *Schwalbe/Höft,* aaO , 619 ff.

342 Vgl. für einen Überblick: *Buccirossi,* Facilitating Practices, in: *Buccirossi (Hrsg.),* aaO 305 ff.

343 Vgl. zu den insoweit relevanten Einflussfaktoren ausführlich bereits oben Rdnr. 90 ff.

344 Vgl. zu den wesentlichen Aspekten *Motta,* aaO 152 ff.; *Overgaard/Møllgaard,* Information Exchange, Market Transparency and Dynamic Oligopoly, in: *Collins et al. (Hrsg.),* aaO 1241 ff.; für die rechtliche Einordnung und die Entscheidungspraxis in der EU und Deutschland vgl. ausführlich unten *Lübbig* § 9 Rdnr. 240 ff.

345 Für eine theoretische Analyse des Problems unter Bezugnahme auf die tatsächlich praktizierte Kommunikation zwischen den Beteiligten mehrerer aufgedeckter Hard-core Kartelle vgl. *Harrington/Skrzypacz,* Private Monitoring and Communication in Cartels: Explaining Recent Collusive Practices, American Economic Review, 101(2011): 2425 ff.; *Levenstein/Suslow,* Cartel Bargaining and Monitoring: The Role of Information Sharing, in: Swedish Competition Authority, The Pros and Cons of Information Sharing, 2006, 43 ff.

346 Vgl. hierzu und zu den nachfolgenden Ausführungen: *Kühn,* Fighting Collusion by Regulating Communication between Firms, Economic Policy, 2001, 169 ff.; *Buccirossi,* Facilitating Practices, in: *Buccirossi (Hrsg.),* aaO 318 ff.; *Vives,* Information Sharing: Economics and Antitrust, in: Swedish Competition Authority, The Pros and Cons of Information Sharing, 2006, 83 ff.

lautbarungen zu einem beabsichtigten Marktverhalten (so genannter **„cheap talk“**) ein kollusives Verhalten fördern.[347] Im Rahmen von Auktionen können ferner durch ein bestimmtes Bieterverhalten zwischen Wettbewerbern Informationen zu dem angestrebten Kollusionsergebnis übermittelt werden (so genanntes **„signalling“**).[348] Vergangenheitsbezogene Daten tragen insbesondere aufgrund einer besseren Überwachung **(„Monitoring“)** und einer effektiveren Identifikation von Abweichungsversuchen dazu bei, ein kollusives Marktergebnis zu stabilisieren. Die kollusionsfördernde Wirkung eines Informationsaustauschs nimmt dabei tendenziell mit dem Ausmaß zu, in dem die Daten **zeitnah** und individualisiert bzw. **disaggregiert** verfügbar sind, wobei der Austausch von **Preis- und Mengendaten** insgesamt problematischer als der Austausch von Kostendaten ist.[349] Der Austausch markt- und wettbewerbsrelevanter Informationen kann auf der anderen Seite aber unter Effizienzgesichtspunkten durchaus sinnvoll sein.[350] So können Kostendaten im Sinne eines **„Benchmarking“** bei Anbietern unter bestimmten Marktbedingungen Anreize für Effizienzsteigerungen setzen. In Märkten, die wie z. B. Versicherungs- und Kreditmärkte durch eine starke **Informationsasymmetrie** zwischen Anbietern und Nachfragern gekennzeichnet sind, kann diese durch einen Informationsaustausch zwischen Anbietern über kundenspezifische Daten abgebaut werden.[351] Ein Austausch zwischen Anbietern über die Nachfrage- und Absatzentwicklung kann zudem in **zyklischen Märkten** einer effizienzmindernden Abfolge von Phasen starken Unter- bzw. Überauslastung von Kapaztäten entgegenwirken.

Das Auftreten und die Stabilität eines kollusiven Verhaltens werden potentiell ferner durch strukturelle Verflechtungen in Form von **Minderheitsbeteiligungen** an oder zwischen Wettbewerbern gefördert.[352] Dies ist insbesondere der Fall, wenn sich mehr oder weniger flächendeckende **Netzwerke** wechselseitiger Beteiligungen herausbilden. Neben dem mit solchen Beteiligungen verbundenen wechselseitigen Zugang zu wettbewerbsrelevanten Informationen führen Minderheitsbeteiligungen zu einer partiellen „Internalisierung“ der Gewinneffekte des Marktverhaltens der beteiligten Unternehmen. Ferner entfalten bestimmte Preisgestaltungs- und Vertragsformen eine wettbewerbsdämpfende und kollusionsfördernde Wirkung.[353] Dies gilt nicht zuletzt für so genannte Bestpreis-Vereinbarungen. Diese können entweder als **Meistbegünstigungsklausel**[354] oder als **Bestpreis-Garantie** (*„price-matching guarantees“* oder *„meeting competition clauses“*)[355] ausgestaltet sein. Solche Klauseln verringern generell den Anreiz für wettbewerbliche (Preis-)Vorstöße und ermöglichen eine zeitnahe Bestrafung von Abweichungsversuchen.[356] Unter bestimmten 98

[347] Vgl. grundlegend: *Farrell,* Cheap Talk, Coordination and Entry, Rand Journal of Economcs, 18 (1987), 34 ff.; *Farrell/Rabin,* Cheap Talk, Journal of Economic Perspectives, 10 (1996), 103 ff.

[348] Vgl. *Motta,* aaO 154 ff. mit weiteren Nachweisen.

[349] Allerdings können auch Kostendaten, insbesondere wenn sie disaggregiert sind, eine starke kollusionsfördernde Wirkung entfalten; vgl. hierzu *Vives,* aaO 83 ff.

[350] Vgl. für einen Überblick: *Kühn,* aaO 189 ff.

[351] Dieses Argument bildet letztendlich auch die Begründung für die Tätigkeit entsprechender Auskunfteien wie z. B. der *Schufa;* vgl. *Kühn,* aaO 191 f.

[352] Vgl. grundlegend: *Reynolds/Snapp,* The Competitive Effects of Partial Equity Interests and Joint Ventures, International Journal of Industrial Organization, 4 (1986), 141 ff.; zum Stand der theoretischen Diskussion vgl. *Buccirossi,* aaO 329 ff.

[353] Vgl. *Motta,* aaO 156 ff.; *Buccirossi,* aaO 335 ff.

[354] Der Kunde erhält hier die Zusage, dass er stets den günstigsten Preis und die besten Lieferkonditionen erhält; sofern einem einzelnen Kunden vom Anbieter bessere Preise oder Konditionen gewährt werden, passen sich die individuellen Lieferbedingungen automatisch an.

[355] In diesem Fall wird dem Kunden, dem das Produkt von einem anderen Anbieter günstiger angeboten wird, auf dessen Initiative ein entsprechender (ggf. nachträglicher) Preisnachlass gewährt.

[356] Vgl. *Winter,* Price-Matching and Meeting Competition Guarantees, in: *Collins et al. (Hrsg.),* aaO 1269ff; für aktuelle theoretische Analysen vgl. *Lu/Wright,* Tacit Collusion with Price-Matching Punishments, International Journal of Industrial Organization, 28 (2010), 298 ff.; *Garrod,* Collusive Price Rigidity under Price-Matching Punishments, International Journal of Industrial Organization, 30 (2012), 471 ff.

Voraussetzungen können allerdings auch solche Klauseln eine effizienzsteigernde Wirkung entfalten. Im Rahmen langfristiger Lieferbeziehungen können sie z. B. ein geeignetes Mittel sein, um die Risiken exogener, d. h. von den Vertragspartnern jeweils nicht beeinflussbarer Marktentwicklungen effizient zu verteilen.[357]

99 **3. Unternehmenskooperationen.** Unterhalb der Schwelle umfassender Kartellabsprachen sind zahlreiche „mildere" Formen der **Kooperation** zwischen Wettbewerbern denkbar (sogenannte **„partielle Kollusion"**). Diese umfassen entweder nur eine begrenzte Anzahl der in einem Markt tätigen Wettbewerber oder sie betreffen nur einen Teilausschnitt des wettbewerblichen Verhaltens und der in einem Markt relevanten Wettbewerbsparameter. Einen zentralen ökonomischen Bezugspunkt für die Beurteilung solcher Formen horizontaler Wettbewerbsbeschränkungen bildet der sogenannte ***Williamson* Trade-off.**[358] Danach steigert eine Kooperation zwischen konkurrierenden Unternehmen potentiell nicht nur die Marktmacht der Beteiligten, sondern sie kann auch positive Effizienzvorteile generieren. Für Produkte, deren Herstellungsprozess durch **Größen- und Verbundvorteile** *(economies of scale and scope)* gekennzeichnet sind,[359] führt eine Kooperation in Form einer gemeinsamen Produktion beispielsweise zu einer Steigerung der **produktiven Effizienz** im Sinne sinkender Durchschnitts- und Grenzkosten. Da sich sinkende Grenzkosten unmittelbar auf die Preissetzungsanreize der Unternehmen auswirken,[360] kann der primäre Marktmachteffekt der Kooperation ausgeglichen oder überkompensiert werden.[361] Spielen Verbundvorteile im Vergleich zu Größenvorteilen eine geringe Rolle, können entsprechende Kostenvorteile auch durch Vereinbarungen zur **Spezialisierung** und damit Begrenzung der Angebotspalette der beteiligten Unternehmen generiert werden. Ein weiteres Beispiel für eine unmittelbar grenzkostenwirksame Zusammenarbeit zwischen Wettbewerbern sind **Einkaufskooperationen,** die zu einer Reduktion der (variablen) Beschaffungskosten für Vorprodukte führen.[362]

100 Im Hinblick auf das Ziel der **dynamischen Effizienz** sind hingegen die wettbewerbsbeschränkenden Effekte und die potentiellen Vorteile einer Kooperation im Bereich der **Forschung und Entwicklung** (F&E) abzuwägen.[363] Da es sich bei F&E-Investitionen um Fixkosten handelt, besteht für Unternehmen nur dann ein strategischer Anreiz, solche Investitionen zu tätigen, wenn diese profitabel im Sinne entsprechender (zusätzlicher) Gewinne sind. Technische Innovationen haben in der Regel ferner positive **Spillover-Effekte,** d. h. aktuelle oder potentielle Wettbewerber profitieren – selbst wenn dieser Effekt durch einen wirksamen Patentschutz beschränkt werden kann – ebenfalls von den Ergebnissen der Investitionen ihrer Wettbewerber. Auch diese Tatsache kann den Innovationsanreiz schwächen und zu einer zu niedrigen Investitionstätigkeit führen **(„Hold-up"-Problem).**[364] Durch F&E-Kooperationen (auch in Form von Gemeinschaftsunternehmen) können zum einen die Risiken eines unzureichenden *Return on Investment* aufgeteilt und zum anderen

---

357 Vgl. u. a. *Crocker/Lyon,* What do Facilitating Practices Facilitate? An Empirical Investigation on Most-Favored Nation Clauses in Natural Gas Contracts, Journal of Law and Economics, 37 (1994), 297 ff.

358 Vgl. hierzu bereits ausführlich oben Rdnr. 62.

359 Vgl. hierzu oben Rdnr. 63.

360 Vgl. zu den maßgeblichen Zusammenhängen, die sich unmittelbar aus dem Gewinnmximierungskalkül der Unternehmen und dem Zusammenspiel von (Grenz-)Kosten, Marge, abgesetzter Menge und Gewinn ergeben, bereits oben Rdnr. 62.

361 Zur rechtlichen Einordnung und Beurteilung der gemeinsamen Produktion sowie der einschlägigen Entscheidungspraxis in der EU und Deutschland vgl. ausführlich *Lübbig* § 9 Rdnr. 157 ff.

362 Zur rechtlichen Einordnung und Beurteilung von Einkaufskooperationen sowie der einschlägigen Entscheidungspraxis in der EU und Deutschland vgl. ausführlich *Lübbig* § 9 Rdnr. 85 ff.

363 Vgl. hierzu ausführlicher bereits oben Rdnr. 66.

364 Vgl. grundlegend für die theoretische Analyse von kostensenkenden Innovationen unter den Bedingungen des Mengen- oder *Cournot*-Wettbewerbs: *D'Aspremont/Jacquemin,* Cooperative and Non-Cooperative R&D in Duopoly with Spillovers, American Economic Review, 78 (1986), 1133 ff.

möglicherweise bestehende „Hold-up"-Probleme gemildert werden.[365] Positive Effizienzwirkungen können ferner – insbesondere, wenn es sich um jeweils komplementäre Innovationen handelt – von **Patent-Pools** und **Kreuzlizensierungsvereinbarungen** zwischen Wettbewerbern ausgehen. Im Falle substitutiver, d.h. unmittelbar miteinander konkurrierender Innovationen entfalten diese Formen der Kooperation hingegen potentiell eine stark kollusionsfördernde Wirkung.[366] Für unmittelbar miteinander konkurrierende Technologien können zudem **Standardisierungsvereinbarungen** eine effizienzsteigernde Wirkung entfalten.[367] Die möglichen Vorteile resultieren hier letztendlich aus der Tatsache, dass der Wettbewerb um die Verbreitung der jeweils konkurrierenden Technologien durch die Festlegung eines Standards beseitigt, der Wettbewerb zwischen verschiedenen Anbietern auf der Grundlage und unter Verwendung der Standard-Technologie aber verstärkt wird.

Die konkrete **Abwägung** der wettbewerbsbeschränkenden und effizienzsteigernden 101
Wirkungen von Unternehmenskooperationen kann aus ökonomischer Sicht letztendlich nur produkt- und marktbezogen erfolgen. Diese Notwendigkeit ergibt sich bereits aus der Tatsache, dass für die konkreten Marktmachteffekte einer horizontalen Wettbewerbsbeschränkung neben der Art des betroffenen Produkts eine Vielzahl weiterer Einflussfaktoren von Bedeutung ist.[368] Die Frage, welche Kosteneinsparungen durch welche Form der Kooperation realisierbar sind, wird ferner maßgeblich von den spezifischen Kostenstrukturen bei der Herstellung des betroffenen Produkts bestimmt.[369] Inwieweit solche Kosteneinsparungen dann im Ergebnis im Sinne einer Steigerung der allokativen Effizienz in Form niedrigerer Preise und einer größeren Angebotsmenge an die Marktgegenseite weitergegeben werden, hängt wiederum entscheidend von der Preiselastizität der Nachfrage nach dem betroffenen Produkt ab.[370] Sofern überhaupt allgemeine Aussagen im Zusammenhang mit der Abwägung potentiell wettbewerbsbeschränkender und effizienzsteigernder Wirkungen von Unternehmenskooperationen möglich sind, beziehen sich diese daher auf die bereits bestehende Marktmacht der an einer Kooperation beteiligten Unternehmen. Eine ausgeprägte Marktmacht hat potentiell negative Auswirkungen auf die produktive Effizienz.[371] Selbst wenn der genaue Zusammenhang zwischen Marktmacht und dynamischer Effizienz theoretisch und empirisch schwer zu bestimmen ist,[372] hat eine ausgeprägte Marktmacht ferner einen negativen Einfluss auf die Innovationsdynamik. Mit zunehmender Marktmacht sinkt tendenziell der Anreiz, objektiv bestehende Effizienzpotenziale zu heben. Es ist daher im Sinne einer **„sliding scale"** davon auszugehen, dass *ceteris paribus* die Wahrscheinlichkeit von Effizienzvorteilen, die den primären Marktmachteffekt einer Kooperation dauerhaft überwiegen, mit dem vorherrschenden Marktmachtniveau der Beteiligten sinkt. Diese Erkenntnis liegt z.B. auch der Norm- und Prüfungssystematik des Art. 101 AEUV und der §§ 1, 2 GWB zugrunde.[373] Sie finden dort ihren Niederschlag in der Freistellungsvoraussetzung, dass eine Wettbewerbsbeschränkung nicht zu einer „Ausschaltung des Wettbewerbs" führen darf. In den Leitlinien der Kommission zur Anwendung des Art. 101 Abs. 3 AEUV wird entsprechend klargestellt: *„Je stärker der Wettbewerb auf dem betreffenden Markt bereits geschwächt ist, umso geringer brauchen die Wettbewerbsbeschrän-*

---

365 Vgl. *Motta,* aaO 203ff.; für eine theoretische Analyse vgl. ferner *Belleflamme/Peitz,* aaO 492ff.; zur rechtlichen Einordnung und Beurteilung von F&E-Kooperationen sowie der einschlägigen Entscheidungspraxis in der EU und Deutschland vgl. ausführlich unten *Lübbig* § 9 Rdnr. 120ff.

366 Vgl. *Eswaran,* Cross-Licensing of Competing Patents as a Facilitating Device, Canadian Journal of Economics, 27 (1994), 689ff.

367 Vgl. *Motta,* aaO 207ff.

368 Vgl. für einen Überblick über diese Einflussfaktoren ausführlich bereits oben Rdnr. 90ff.

369 Vgl. für eine kurze Zusammenfassung relevanten Zusammenhänge bereits oben Rdnr. 24.

370 Vgl. hierzu bereits oben Rdnr. 23,

371 Vgl. beispielsweise zum Problem der „X-Ineffizienzen" bereits oben Rdnr. 32.

372 Vgl. hierzu bereits oben Rdnr. 66.

373 Vgl. hierzu ausführlich unten *Lübbig* § 8.

kungen zu sein, die bereits zu einer Ausschaltung des Wettbewerbs […] führen.“[374] Bei der Beantwortung der Frage, wie die **Beweislast** hinsichtlich der denkbaren wettbewerbsbeschränkenden und effizienzsteigernden Effekte zwischen der Kartellbehörde und den beteiligten Unternehmen verteilt werden sollte, spielen wettbewerbspolitische Wertungen letztendlich die entscheidende Rolle.[375] Die Tatsache, dass sowohl im europäischen wie im deutschen Recht der Nachweis überwiegender Effizienzvorteile in maßgeblichem Umfang den beteiligten Unternehmen obliegt,[376] belegt, dass in beiden Rechtsordnungen dem Schutz des Wettbewerbs (Vermeidung von Typ-II-Fehlern) ein sehr hohes Gewicht beigemessen wird.

E. Vertikale Beschränkungen

I. Formen und ökonomischer Analyserahmen

102 Wettbewerb ist ein horizontales Phänomen. Neben horizontalen Vereinbarungen zwischen unmittelbaren Wettbewerbern können allerdings auch vertikale Vereinbarungen zwischen Unternehmen, die auf jeweils vor- und nachgelagerten Wertschöpfungsstufen tätig sind, horizontal wettbewerbsbeschränkende Wirkungen entfalten und dadurch die Marktmacht der Beteiligten erhöhen. Vertikale Beschränkungen sind zwar grundsätzlich zwischen sämtlichen Stufen einer Wertschöpfungskette denkbar. In der Praxis spielen sie jedoch insbesondere in dem **Vertragsverhältnis** zwischen **Herstellern** und **Händlern** eine wichtige Rolle. Sie können sich grundsätzlich auf sämtliche Parameter beziehen, die für das bestehende (horizontale) Wettbewerbsverhältnis auf den jeweiligen Marktstufen von Bedeutung sind.[377] Wie bereits im Rahmen der ökonomischen Analyse horizontaler Wettbewerbsbeschränkungen[378] ist der Begriff der Vereinbarung aus ökonomischer Sicht dabei denkbar weit gefasst und knüpft mehr an dem Verhalten der Marktakteure als an der Frage einer formellen Übereinkunft an. Eine **vertikale Preisbindung** liegt danach z.B. vor, wenn der Hersteller oder eine vorgelagerte Marktstufe die Kontrolle über den Wiederverkaufspreis seiner Produkte auf der nachgelagerten Marktstufe erhält. Formale Grundlage hierfür kann auch eine nicht-bindende Form der Preiskommunikation, d.h. eine (unverbindliche) **Preisempfehlung** sein. Der Unterschied beider Bindungsformen liegt zunächst in der formalen Bindungswirkung für die nachgelagerte Marktstufe. Aus ökonomischer Sicht sind die Grenzen jedoch fließend. So können z.B. der von einem Hersteller ausgeübte Druck oder entsprechende finanzielle Anreize aus einer Preisempfehlung sukzessive eine Preisbindung werden lassen.[379] Vertikale Bindungen können sich aber nicht nur auf den Verkaufspreis, sondern auch auf die gelieferte bzw. bezogene Menge eines Produkts oder die Produktpalette beziehen. Zudem sind unterschiedliche Ausprägungen von **Ausschließlichkeits- und Exklusivitätsbindungen** denkbar. Durch diese können z.B. die räumlichen Betätigungsgebiete der Vertragspartner definiert oder die Aufnahme einer Liefer- und Bezugsbeziehung an die Einhaltung bestimmte qualitativer Kriterien gebunden werden **(selektiver Vertrieb).** Aufgrund des wirkungsorientierten Bindungsbegriffs werden in der ökonomischen Analyse darüber hinaus auch bestimmte **Formen der Preis- und Rabattgestaltung** zwischen

[374] Kommission, Leitlinien zur Anwendung von Art. 81 Abs. 3 EG-Vertrag, ABl. 2004 C 101/97, Rdnr. 107; ergänzend ist ferner auf die strikte Bindung der Vorteile einer Gruppenfreistellung an den (durch Marktanteile approximierten) Grad der Marktmacht hinzuweisen; vgl. hierzu ausführlich *Lübbig* § 8 Rdnr. 65ff.

[375] Vgl. hierzu bereits die allgemeinen Ausführungen oben Rdnr. 11ff.

[376] Vgl. hierzu ausführlich *Lübbig* § 8.

[377] Vgl. für eine Systematisierung: *Rey/Vergé,* Economics of Vertical Restraints, in: *Buccirossi (Hrsg.),* aaO 353, 354f.; *Rey/Tirole,* The Logic of Vertical Restraints, American Economic Review, 76 (1986), 921ff.; *Motta,* aaO 302ff.

[378] Vgl. hierzu oben Rdnr. 99.

[379] Vgl. u.a. *Bühler/Gärtner,* Making Sense of Non-Binding Retail-Price Recommendations, American Economic Review, 103 (2013), 335ff.

Lieferanten und Abnehmern, die darauf abzielen, über entsprechende Anreize das wettbewerbliche Verhalten der Beteiligten zu beeinflussen und zu steuern, erfasst.[380] Hierzu zählen insbesondere verschiedene Rabattformen, die im Ergebnis die gleichen Wirkungen entfalten können wie ausdrückliche (vertragliche) Bindungen. Für die ökonomische Diskussion von besonderer Bedeutung sind dabei u. a. so genannte **zweistufige Preissysteme *(two-part tariffs).*** Diese kombinieren eine fixe, von der Abnahmemenge unabhängige Preiskomponente („Grund- oder Listungsgebühr") mit einem Preis pro Produkteinheit.[381] Aufgrund des niedrigeren Preises pro Produkteinheit besteht ein Anreiz des Abnehmers, eine größere Menge abzunehmen. Umgekehrt trägt die vorgelagerte Marktstufe in größerem Maße das Risiko eines sinkenden Absatzes des Produkts auf der nachgelagerten Marktstufe; sinkt der Absatz, führt das Preissystem aus Sicht des Herstellers bzw. Lieferanten zu niedrigeren Abgabepreisen pro Stück und damit ggf. auch einem entsprechend niedrigeren Gewinn des Lieferanten auf der vorgelagerten Stufe.

Die wettbewerbsökonomische Analyse vertikaler Beschränkungen entspricht nur auf den ersten Blick derjenigen für horizontale Kooperationsformen.[382] Der Analyse ihrer wettbewerbsbeschränkenden Effekte werden denkbare effizienzsteigernde Wirkungen gegenübergestellt. Wettbewerb ist jedoch in ökonomischer Hinsicht ein Phänomen, das an der Stärke der horizontalen Substitutionsbeziehungen zwischen verschiedenen Produkten anknüpft. Vertikale Beschränkungen betreffen aber zunächst lediglich den Vertrieb eines ganz konkreten Produktes und damit den so genannten ***Intra*-Marken-Wettbewerb** *(„intra-brand competition").* Um die marktbezogenen wettbewerblichen Wirkungen vertikaler Bindungen zu erfassen, muss diese Betrachtung um eine Analyse der Wirkungen *über Wertschöpfungsketten hinweg* und mithin auf den sogenannten ***Inter*-Marken-Wettbewerb** *(„inter-brand competition")* ergänzt werden. Auch die Analyse der möglichen Effizienzvorteile vertikaler Beschränkungen richtet ihren Blick zunächst ausschließlich auf die Größe und die Verteilung der Wertschöpfung und des Gewinns innerhalb einer vertikalen Wertschöpfungskette für ein spezifisches Produkt. Im Vergleich zu einer Welt vertikal über mehrere Wertschöpfungsstufen integrierter Unternehmen ist nicht zuletzt aufgrund von Spezialisierungsvorteilen das Outsourcing einzelner Produktionsschritte und mithin der Austausch über den Markt oft die effizientere Lösung. Im Vergleich zu vertikal integrierten Strukturen können sich bei Transaktionen über den Markt jedoch **Koordinierungsprobleme** ergeben, die eine Quelle für Ineffizienzen sein können.[383] Gemessen an dem Fall der vertikalen Integration kann aufgrund des getrennten Gewinnmaximierungskalküls der Akteure auf beiden Wertschöpfungsebenen nicht per se davon ausgegangen werden, dass die Aktivitäten der vor- oder nachgelagerten Marktstufe mit den objektiven Voraussetzungen einer effizienten (Weiter-)Vermarktung eines Produkts im Einklang stehen. Vertikale Bindungen können – quasi als abgeschwächte Form der vertikalen Integration – solche Koordinierungsprobleme abmildern oder lösen und damit zu einer effizienteren Vermarktung eines Produkts und damit einer höheren Wertschöpfung beitragen. Damit ist jedoch noch nicht die Schlussfolgerung verbunden, dass auch die Gesamt- oder Konsumentenwohlfahrt steigt.[384] Diese Frage kann vielmehr nur beantwortet werden, wenn im Sinne einer marktbezogenen Betrachtung die vertikalen Wertschöpfungsketten konkurrierender Produkte und die Struktur der Nachfrage (Präferenzen) in die Analyse einbezogen werden. Die verschiedenen For- 103

---

[380] Vgl. hierzu und zum Folgenden: *Rey/Vergé,* aaO 354f.; *Motta,* aaO 303f.

[381] Vgl. hierzu bereits oben Rdnr. 37; im Bereich des Einzelhandels wird auch der treffende Begriff der „Regalmiete" verwendet. Ein Hersteller gewährt damit einem Händler einen fixen, von der tatsächlich bezogenen Menge des Produkts unabhängigen Rabatt.

[382] Vgl. für die nachfolgenden Ausführungen im Überblick: *Knieps,* aaO 151ff.; *Motta,* aaO 302ff.; *Rey/Vergé,* aaO 353ff.

[383] Vgl. hierzu bereits oben Rdnr. 64.

[384] In modelltheoretischen Analysen werden Effizienzsteigerungen innerhalb einer einzelnen Wertschöpfungskette als Steigerung des gemeinsamen Gewinns von Hersteller und Händler abgebildet. Dies zeigt, dass an dieser Stelle der Analyse Verbraucherpräferenzen und Auswirkungen auf die Konsumentenwohlfahrt noch nicht berücksichtigt werden.

men vertikaler Bindungen sind ferner in unterschiedlichem Maße geeignet, denkbare Koordinierungsprobleme zu lösen. Die ökonomische Analyse vertikaler Bindungen beschäftigt sich vor diesem Hintergrund insbesondere mit deren **relativen Effizienzwirkungen.** Da sich das Instrument der Rabattgestaltung im Vergleich zu anderen Formen vertikaler Bindungen wie z.B. einer Preisbindung oder Exklusivitätsklausel dadurch auszeichnet, das es die wettbewerblichen Verhaltensspielräume der Beteiligten in formaler Hinsicht vergleichsweise wenig einschränkt, bilden die Effizienzwirkungen zweistufiger Preissysteme *(two-part tariffs)* in der Regel den Referenz- und Bezugspunkt für die Bewertung der (zusätzlichen) Effizienzwirkungen vertikaler Bindungen. Als weiterer Referenzpunkt für die Beurteilung können die Folgen einer (vollständigen) vertikalen Integration der aufeinander folgenden Wertschöpfungsstufen dienen.

II. Denkbare Effizienzwirkungen

104 Die in der ökonomischen Literatur diskutierten Effizienzwirkungen vertikaler Bindungen basieren auf der Überlegung, dass durch eine Beschränkung des Intra-Marken-Wettbewerbs bestehende Koordinierungsprobleme zwischen den Wertschöpfungsstufen abgemildert und der Umfang (Angebotsmenge) bzw. die Qualität des Produktangebots erhöht werden kann.[385] Bei den zu lösenden Koordinierungsproblemen handelt es sich in ökonomischer Hinsicht insbesondere um so genannte **horizontale oder vertikale externe Effekte.**[386] Mit Hilfe einer vertikalen Bindung können diese internalisiert und ein Anreiz geschaffen werden, den Umfang bzw. die Qualität des Produktangebots zu verbessern. Wichtiger theoretischer Bezugspunkt ist dabei das Problem des sogenannten **doppelten Gewinnaufschlags („*double marginalization*");** dieses verdeutlicht die Vorteile einer vertikalen Integration im Vergleich zu einer Markttransaktion zwischen verschiedenen Wertschöpfungsstufen.[387] Die tatsächlich angebotene Menge eines Produkts kann im Vergleich zur effizienten Angebotsmenge zu niedrig ausfallen, weil die verschiedenen Wertschöpfungsstufen (z.B. Hersteller und Händler)[388] einem getrennten Gewinnmaximierungskalkül folgen.[389] Jeder Gewinnaufschlag *(„mark-up")* bei einem Vorprodukt bedeutet für den Produzenten des Endprodukts einen entsprechenden Anstieg seiner (Grenz-)Kosten. Dieser bewirkt, dass – für einen gegebenen Grad an Marktmacht – auch das Endprodukt zu einem höheren Preis und in geringerer Menge angeboten wird. Durch eine „Internalisierung" dieses Effekts wird aufgrund des größeren Angebots zu einem niedrigeren Preis die allokative Effizienz erhöht. Die in dieser Hinsicht wirksamste Form der vertikalen Bindung ist die sogenannte **Höchstpreisbindung;** der nachgelagerten Marktstufe/dem Handel wird die Vorgabe gemacht, eine maximale Höhe des Wiederverkaufspreises nicht zu überschreiten.

105 Durch vertikale Bindungen kann ferner das so genannte **Trittbrett- oder Freifahrerproblem („free-riding")** entschärft werden.[390] Ausgangspunkt ist die Überlegung, dass ein

---

[385] Vgl. für einen Überblick: *Rey/Vergé,* aaO 360ff.; für einen guten, wenig technischen Überblick zum Instrument der vertikalen Preisbindung vgl. ferner *Schwalbe,* Preisgestaltung in vertikalen Strukturen – Preisbindung und Preisempfehlung aus ökonomscher Sicht, WuW 2011, 1199ff.

[386] Das Wesen externer Effekte sind die (positiven oder negativen) „Nebenwirkungen" eines bestimmten Angebots auf einen Dritten, für die der Dritte weder bezahlen muss (positive Externalität) noch entschädigt wird (negative Externalität). Liegen positive Externalitäten vor, die nicht „internalisiert" werden, wird das maßgebliche Produkt ggf. in einer zu geringen Menge oder Qualität bereitgestellt.

[387] Vgl. grundlegend: *Spengler,* Vertical Integration and Antitrust Policy, Journal of Political Economy, 58 (1950), 347ff.; vgl. ferner bereits oben Rdnr. 64.

[388] Die Vertragsbeziehung zwischen Hersteller und Handel bildet häufig den Bezugspunkt für die ökonomische Analyse vertikaler Beschränkungen. Für dieses Vertragsverhältnis spielen vertikale Bindungen in der Praxis auch eine sehr große Rolle. Die nachfolgenden Ausführungen beziehen sich daher auf die Vertragsbeziehung zwischen Herstellern als vorgelagerte und Händlern als nachgelagerte Marktstufe.

[389] Vgl. statt Vieler: *Rey/Vergé,* aaO 361.

[390] Vgl. grundlegend: *Telser,* Why Should Manufacturers Want Fair Trade, Journal of Law and Economics, 3 (1960), 86ff.

ausgefeiltes Serviceangebot, das nicht separat bepreist bzw. entgolten werden kann (in der Regel so genannte **„Pre-sale Services"** wie z.B. Beratungsleistungen), nicht nur den Absatz des betreffenden Händlers, sondern im Sinne eines horizontalen externen Effekts auch den seiner Konkurrenten, die auf Serviceleistungen verzichten, positiv beeinflussen kann. Letztere verfügen aufgrund des geringeren Serviceangebots und entsprechend niedrigerer (Fix-)Kosten aber über einen größeren Spielraum, durch niedrigere Preise zusätzliche Kundennachfrage auf sich zu ziehen. Aufgrund der sinkenden Erlöse und fehlender Fixkosten-Deckungsbeiträge nimmt der Anreiz für das Angebot dieser (Service-)Leistungen ab. Durch eine Beschränkung des Intra-Marken-Wettbewerbs und eine entsprechend höhere und gesicherte Marge der nachgelagerten Marktstufe kann dieser Gefahr entgegengewirkt werden.[391] Neben Beratungsleistungen vor dem Verkauf beziehen sich dieses Überlegungen u.a. auf eine sorgfältige Produktauswahl **(„Qualitätszertifizierung")**[392] oder andere qualitative Angebotselemente wie die Dichte des Verkaufsstellennetzes[393] oder verkaufsfördernde Maßnahmen. Stets steht dabei das Argument im Vordergrund, dass durch die vertikale Bindung der Fokus der nachgelagerten Marktstufe auf einen aggressiven (Preis-)Wettbewerb um die so genannten infra-marginalen Kunden[394] abgeschwächt wird, dafür aber stärkere Anreize für den Absatz des jeweiligen Produkts an zusätzliche (marginale) Kunden generiert werden. Die Tatsache, dass mehr Serviceleistungen angeboten, ein dichteres Vertriebsnetz unterhalten oder produktspezifische Verkaufsanstrengungen erhöht werden, ist daher allerdings auch lediglich eine notwendige, aber keineswegs eine hinreichende Bedingung für eine insgesamt effizienzsteigernde Wirkung vertikaler Bindungen. Diese hängt vielmehr entscheidend von den Präferenzen der Marktgegenseite in Bezug auf die Höhe des Preises und dem angebotenen Serviceniveau ab.[395] Vertikale Bindungen können daher im Ergebnis auch unter Effizienzgesichtspunkten zu einem Überangebot an Serviceleistungen bei einem überhöhten Preisniveau führen.[396]

Eine weitere Gruppe von Effizienzwirkungen vertikaler Bindungen betrifft das Problem, dass bereits die Aufnahme des Vertriebs eines bestimmten Produkts für die nachgelagerte Stufe mit Kosten und teilweise schwer kalkulierbaren Risiken verbunden sein kann.[397] Neben dem Argument, dass Händler bei schwankender Nachfrage zu einer ausreichenden **Vorratshaltung** angeregt werden können, stehen dabei insbesondere Unsicherheiten im Zusammenhang mit der Neueinführung von Produkten (Marktzutritte) im Mittelpunkt. Durch die Beschränkung des Intra-Marken-Wettbewerbs für ein neues Produkt[398] und die damit einhergehende größere Margensicherheit können z.B. Handelsunternehmen dazu angeregt werden, trotz bestehender **Nachfrageunsicherheit** neue Produkte in das Sortiment aufzunehmen. Zweistufige Preissysteme (two-part tariffs) führen aufgrund der fixen 106

---

391 Vgl. für einen Überblick: *Winter,* Vertical Control and Price versus Non-Price Competition, Quarterly Journal of Economics, 108 (1993), 61ff.

392 Vgl. für das Instrument der Preisbidung vgl. *Marvel/McCafferty,* Resale Price Maintenance and Quality Certification, Rand Journal of Economics, 15 (1984), 364ff.

393 Vgl. *Gould/Preston,* Resale Price Maintenance and Retail Outlets, Economica, 32 (1965), 302ff.

394 Infra-marginale Kunden sind Kunden, die das Produkt auch bei dem ohne Preisbindung bereits etablierten Verkaufsstellennetz und den bereits angebotenen Serviceleistungen oder Verkaufsanstrengungen kaufen würden.

395 Vgl. hierzu insbesondere *Schulz,* Does the Service Argument Justify Resale Price Maintenance?, Journal of Institutional and Theoretical Economics, 163 (2007), 236ff.

396 Vgl. hierzu auch *Hunold/Muthers,* Resale Price Maintenance and Manufacturer Competition for Retail Services, ZEW-Discussion Papers 12–028, 2012.

397 Vgl. grundlegend: *Rey/Tirole,* The Logic of Vertical Restraints, American Economic Review, 76 (1986), 921ff.; vgl. ferner für das Instrument der Preisbindung: *Deneckere/Marvel/Peck,* Demand Uncertainty and Resale Price Maintenance, American Economic Review, 87 (1997), 619ff.

398 Gemeint sind hier in erster Linie tatsächlich neuartige Produkte eines nicht etablierten Herstellers. Für Sortimentserweiterungen bereits etablierter Hersteller oder Produkte (z.B. neue Geschmacksrichtung oder Ausstattungsvariante) kann das Argument nur sehr eingeschränkt Gültigkeit beanspruchen. Hier wirkt die bereits etablierte Reputation möglichen Unsicherheiten entgegen.

Rabattkomponente („Listungsgebühr“) zu einer Verlagerung des Risikos auf den Hersteller.[399] Andere Bindungsformen wie die Preisbindung oder Beschränkungen des Vertriebsgebiets garantieren hingegen aufgrund des fehlenden Intra-Marken-(Preis-)Wettbewerbs dem Abnehmer eine stabilere Marge beim (Weiter-)Vertrieb des Produkts.

107 Bestehende Unsicherheiten über die Gewinnerzielungsmöglichkeiten auf der nachgelagerten Marktstufe sind auch der Anknüpfungspunkt für einen vertikalen externen Effekt, der als **„Hersteller-Opportunismus“** bekannt ist.[400] Sind auf der nachgelagerten Marktstufe für den (Weiter-)Vertrieb eines Produkts **spezifische Investitionen** erforderlich,[401] werden diese nur vorgenommen, wenn eine hinreichende Aussicht darauf besteht, dass sich diese lohnen. Sobald die Investitionen getätigt sind, könnte der Hersteller des Vorprodukts aufgrund seines individuellen Gewinnkalküls jedoch ein zunehmendes Interesse daran haben, über einen niedrigeren Endverkaufspreis (und entsprechend niedrigere Abgabepreise an andere Händler) den eigenen Absatz zu steigern oder das Produkt verstärkt direkt zu vertreiben. Antizipiert die nachgelagerte Marktstufe/der Handel dieses opportunistische Verhalten des Herstellers, könnte das unter Effizienzgesichtspunkten wünschenswerte Investment unterbleiben **(„Hold-up“-Problem).** Wie bei der Lösung des Trittbrettfahrer-Problems ist aber auch hier zu berücksichtigen, dass allein die Vornahme entsprechender Investitionen noch keine hinreichende Bedingung für überwiegende Effizienzvorteile ist. Gemessen an den Präferenzen der Verbraucher kann z. B. der Handel durch vertikale Bindungen auch zum Aufbau eines hinsichtlich der Zusammensetzung und Gewichtung einzelner Produkte ineffizienten Sortiments angeregt werden.

108 Kontroverser wird diskutiert, ob und inwieweit ein bestimmtes **Markenimage** die Effizienz fördert und durch vertikale Bindungen geschützt werden sollte.[402] Grundlage für die Annahme von Effizienzen sind dabei die bei Erfahrungsgütern[403] oder Vertrauensgütern[404] bestehende Informationsasymmetrie zwischen Hersteller und Abnehmer. Aufgrund dieser ist der Endverbraucher unter Umständen nur bereit, für ein Produkt den Preis zu bezahlen, der für eine geringe Qualität anfällt und nicht den, der für die Erzeugung der – von ihm letztendlich gewünschten – höheren Qualität nötig ist.[405] Eine Marke übernimmt hier eine **Signalfunktion** hinsichtlich der Qualität eines Produktes. Die Höhe des Preises eines Produkts ist hingegen nur ein begrenzt aussagekräftiger Indikator für dessen Qualität.[406] Öffentlich verfügbare Produktvergleiche, die Verwendung von Qualitätszertifikaten und entsprechenden Standards sowie der Aufbau einer entsprechenden Markenreputation bewirken tendenziell einen nachhaltigeren Abbau bestehender Informationsasymmetrien. Ferner kann die These, dass durch höhere Preise die Angebotsmenge eines Produkts auf hohem Niveau gehalten oder sogar ausgeweitet werden könne, nur in ökonomischen Ausnahmefällen Geltung beanspruchen.[407] Ferner kann nicht argumentiert werden, dass verti-

---

[399] Vgl. hierzu bereits oben Rdnr. 102.

[400] Vgl. *Rey/Vergé,* aaO 367 ff.

[401] Im Bereich des Handels können dies z. B. Aufwendungen für die Beschäftigung und die Schulung von Mitarbeitern sein, im Bereich der Herstellung ggf. Anpassungen im Bereich des Produktionsprozesses.

[402] Vgl. zustimmend u. a. *Motta,* aaO 334; kritischer hingegen z. B. *Schwalbe,* WuW 2011, 1204.

[403] Hierbei handelt es sich um Produke, bei denen erst nach dem Kauf die konkrete Qualität genau eingeschätzt werden kann.

[404] Hierbei handelt es sich um Produkte, bei denen die Qualität (insb. von Laien) auch nach dem Kauf nicht zuverlässig eingeschätzt werden kann.

[405] Vgl. hierzu grundlegend: *Akerlof,* The Market for Lemmons, Quaterly Journal of Economcs, 84 (1070), 489 ff.; vgl. ferner: *Klein/Leffler,* The Role of Market-Forces in Assuring Contractual Performance, Journal of Political Economy, 89 (1981), 615 ff.

[406] Optimistischer in dieser Hinsicht: *Inderst,* Preise als Qualitätssignal: Implikationen für das Preisbindungsverbot und seine Durchsetzung, WuW 2014, 456 ff.

[407] Eine (partiell) inverse Nachfrage (d. h. steigende Nachfrage trotz steigenden Preises) wird in der Ökonomie als „Snob-Effekt“ bezeichnet. Ab einer bestimmten Preishöhe ist aber dieser Effekt nicht mehr wirksam. Der Effekt ist im Übrigen nicht eine Folge der objektiven Qualität des betroffenen Produkts. Er ist vielmehr eine Folge der Tatsache, dass für eine Kundengruppe der individuelle Nut-

kale Bindungen ausschließlich deshalb erforderlich seien, um ein bestimmtes, ggf. aber zu hohes Niveau von Werbeaufwendungen zu refinanzieren.

III. Wettbewerbsbeschränkende Potentiale

In theoretischer Hinsicht führen vertikale Bindungen lediglich im Grenzfall der voll- **109**
kommenen Konkurrenz zu keinem Marktmachtzuwachs im Sinne eines zusätzlichen Preiserhöhungsspielraums.[408] Die realen Wettbewerbsbedingungen in konkreten Märkten sind von dem theoretischen Grenzfall der vollkommenen Konkurrenz jedoch mehr oder weniger weit entfernt. Vertikale Bindungen können daher zusätzlich zu den unmittelbaren Beschränkungen des Intra-Marken-Wettbewerbs auch zu einer **Beschränkung des Inter-Marken-Wettbewerbs** und mithin einem weiteren Marktmachtzuwachs der beteiligten Unternehmen führen. So können vertikale Bindungen auf der Herstellerebene als Instrument genutzt werden, um ein kollusives Verhalten zu stabilisieren.[409] In vertikalen Vertriebsstrukturen sind z.B. die Herstellerabgabepreise in der Regel relativ intransparent und ein kollusives Verhalten auf dieser Ebene daher nur schwer zu überwachen. Werden in diesem Umfeld Händler z.B. mit Hilfe einer vertikalen Preisbindung auf einen bestimmten Endabnehmerpreis festgelegt, verringert sich damit auch für die Hersteller der Anreiz für Preissenkungen. Dies ermöglicht bzw. stabilisiert ein kollusives Verhalten auf der Herstellerebene. Vertikale Bindungen reduzieren ferner generell auf der nachgelagerten Marktstufe den Anreiz, in einem intensiven Wettbewerb möglichst vorteilhafte Bezugskonditionen mit den Herstellern auszuhandeln.[410]

Vertikale Beschränkungen können darüber hinaus auch von der nachgelagerten Markt- **110**
stufe/Handelsebene genutzt werden, um ein kollusives Marktergebnis effektiver durchzusetzen.[411] Exklusivgebiete können beispielsweise eine implizite oder explizite Marktaufteilung erleichtern bzw. festigen. Neben einer Preisbindung kann sogar bereits eine Preisempfehlung als Orientierungspunkt für eine Koordinierung auf ein kollusives Marktgleichgewicht dienen. Hersteller haben jedoch wegen der mit höheren Preisen auf der nachgelagerten Markstufe einhergehenden Mengeneffekte ein nur eingeschränktes Interesse an einer funktionsfähigen Kollusion auf der Handelsebene.[412] Dieser Wirkungsmechanismus setzt daher ein gewisses Maß an (relativer) Verhandlungsmacht der nachgelagerten Marktstufe voraus. Die Hersteller werden – bildlich gesprochen – von der nachgelagerten Marktstufe als „Nabe" genutzt, damit sie über die „Speiche" der vertikalen Bindung die Wettbewerbsbeschränkung auf der Handelsebene unterstützen **(„Hub-and-spoke"-Kollusion).** Diese potentiell wettbewerbsbeschränkenden Wirkungen sind in Marktkonstellationen besonders stark ausgeprägt, die durch ein relativ hohes Konzentrationsniveau auf der vor- und nachgelagerten Marktstufe und die Existenz so genannter **„interlocking relationships"** gekennzeichnet sind.[413] Hiermit ist die Tatsache gemeint, dass – wie z.B. im Bereich des Lebensmit-

---

zen eines Produkts (und mithin die marginale Zahlungsbereitschaft) umso größer ist, je weniger Konsumenten dieses Produkt erwerben.

[408] Der Grenzfall der vollkommenen Konkurrenz ist unter anderem durch eine Vielzahl von Anbietern gekennzeichnet („atomistische" Marktstruktur). Im Modell der vollkommenen Konkurrenz sind alle Anbieter im Ergebnis gezwungen, ihre Produkte zu Grenzkostenpreisen anzubieten; vgl. hierzu ausführlich bereits oben Rdnr. 26.

[409] Vgl. *Rey/Stiglitz,* Vertical Restraints and Producer Competition, European Economic Review, 81 (1988), 561 ff.; *Mathewson/Winter,* An Economic Theory of Vertical Restraints, Rand Journal of Economics, 15 (1984), 27 ff.; *Jullien/Rey,* Resale Price Maintenance and Collusion, Rand Journal of Economics, 38 (2007), 983 ff.

[410] Vgl. *Dobson/Waterson,* The Competition Effects of Industry-Wide Vertical Price Fixing in Bilateral Oligopoly, International Journal of Industrial Organization, 25 (2007), 935 ff.

[411] Vgl. für das Instrument der Preisbindung: *Shaffer,* Slotting Allowances and Resale Price Maintenance: A Comparison of Facilitating Practices, Rand Journal of Economics, 22 (1991), 120 ff.

[412] Zum Problem des „doppelten Gewinnaufschlags" vgl. bereits oben Rdnr. 104.

[413] Vgl. *Rey/Vergé,* Resale Price Maintenance and Interlocking Relationships, The Journal of Industrial Organization, 58 (2010), 928 ff.

teleinzelhandels beobachtbar – zumindest die maßgeblichen Hersteller in einem Produktbereich etablierte Lieferbeziehungen zu nahezu sämtlichen Abnehmern unterhalten.[414] Selbst ohne explizite Absprachen können in einem solchen Umfeld bestehende **Netzwerke vertikaler Bindungen** zu einer nachhaltigen Dämpfung der Wettbewerbsintensität über alle produktspezifischen Wertschöpfungsketten hinweg führen; im Extremfall kann sich sogar ein mit einer Monopolsituation vergleichbares Marktergebnis einstellen.

111 Eine weitere Gruppe wettbewerbsbeschränkender Wirkungen vertikaler Bindungen knüpft an der Tatsache an, dass einzelne Hersteller, die über Marktmacht verfügen, diese aufgrund des Erfordernisses, ihre Produkte über einen Dritten (z.B. Händler) abzusetzen, nicht voll ausschöpfen können. Vertikale Bindungen sind ein wirksames Mittel, um dieses als **„Commitment-Problem"** bekannte Phänomen zu überwinden und im Ergebnis höhere Preise durchzusetzen.[415] Der vollen Ausschöpfung eigener Marktmacht kann insbesondere die Tatsache im Wege stehen, dass Abnehmer aufgrund des Wettbewerbs auf dem nachgelagerten Markt stets bessere Bezugskonditionen einfordern. Ein Hersteller hat ferner aufgrund der damit verbundenen Mengeneffekte einen Anreiz, diesem Druck (zumindest partiell) nachzugeben. Mit vertikalen Bindungen, insbesondere einer vertikalen Preisbindung, könnte der Hersteller diesen Druck abbauen und sich selbst auf entsprechend höhere Preise wirksam verpflichten. Mit Hilfe vertikaler Bindungen könnte ein marktmächtiger Hersteller ferner seine Marktposition absichern, indem er vorstoßenden Wettbewerb durch andere Produkte oder potentielle Wettbewerber behindert **(Marktverschließung).**[416] Auch bestehende Marktmacht auf der Handelsstufe kann mit Hilfe vertikaler Beschränkungen wie z.B. der Preisbindung effektiver ausgeübt und abgesichert werden, da der Wettbewerbsdruck durch effizientere Anbieter und innovative Handelskonzepte abgeschwächt wird. Diesen wird dadurch entweder bereits der Zugang zu bestimmten Produkten erschwert oder die Möglichkeit genommen, die Produkte zu günstigeren Konditionen weiter zu vertreiben. Neben Preiseffekten haben vertikale Bindungen daher auch in dynamischer Hinsicht potentiell wettbewerbsschädliche Wirkungen.

IV. Praktische Umsetzung im Kartellrecht

112 Aufgrund des janusköpfigen Charakters vertikaler Bindungen ist die konkrete Ermittlung und Abwägung ihrer Wirkungen in Einzelfällen schwierig. Erschwerend kommt hinzu, dass die Anzahl empirischer Analysen zu den konkreten Wirkungen vertikaler Bindungen begrenzt ist.[417] Grundsätzlich kann jedoch bereits aus den dargestellten theoretischen Erwägungen abgeleitet werden, dass die inhärenten Interessengegensätze der vor- und nachgelagerten Marktstufe insbesondere auf wettbewerbsintensiven Märkten generell eine disziplinierende Wirkung entfalten und übermäßig restriktive, im Ergebnis ineffiziente Beschränkungen verhindern. Vertikale Bindungen sind daher im Ansatz mit weniger wettbe-

[414] Diese Konstellation, für die sich in der ökonomischen Literatur auch der Begriff der „common agency" etabliert hat, wurde hinsichtlich ihrer Bedeutung für quasi-kollusive Tendenzen in einem Markt erstmals von *Bernheim/Whinston* eingehend analysiert; vgl. *Bernheim/Whinston,* Common Marketing Agency as a Device for Facilitating Collusion, Rand Journal of Economics, 16 (1985), 269 ff.

[415] Vgl. grundlegend: *Hart/Tirole,* Vertical Integration and Market Foreclosure, Brooking Papers on Economic Activity, 1990, 205ff; vgl. ferner: *O'Brien/Shaffer,* Vertical Control with Bilateral Contracts, Rand Journal of Economics, 23 (1992), 299 ff.

[416] Vgl. u.a. *Paldor,* RPM as an Exclusionary Practice, Antitrust Bulletin, 55 (2010), 309 ff.

[417] Vgl. für einen Überblick: *Lafontaine/Slade,* Exclusive Contracts and Vertical Restraints: Empirical Evidence and Public Policy, in: *Buccirossi (Hrsg.),* aaO 391 ff.; die Autoren schlussfolgern zwar, dass die vorhandenen Untersuchungen überwiegend dafür sprechen, dass zumindest privat veranlasste Bindungen überwiegend eine effizienzsteigernde Wirkung haben. Allerdings ist zu konstatieren, dass sich lediglich vier der analysierten empirische Studien z.B. explizit mit den konkreten Wirkungen der vertikalen Preisbindung beschäftigen, wobei sich zudem noch zwei dieser Studien mit ein und derselben Branche befassen. Im Gegensatz hierzu hat eine jüngere Studie z.B. eine stark preissteigernde Wirkung der Preisbindung festgestellt; vgl. *Bonnet/Dubois,* Inference on Vertical Contracts between Manufacturers and Retailers: Allowing for Nonlinear Pricing and Resale Price Maintenance, Rand Journal of Economics, 41 (2010), 139 ff.

werblichen Nachteilen verbunden als horizontale Vereinbarungen, die den Inter-Marken-Wettbewerb unmittelbar beschränken. Unter den entsprechenden Bedingungen können sie allerdings gleichfalls eine sehr starke wettbewerbsbeschränkende Wirkung entfalten. Die theoretische Analyse erlaubt in dieser Hinsicht einige Schlussfolgerungen zu wichtigen **Einflussfaktoren** auf die relative Bedeutung der denkbaren wettbewerbsbeschränkenden und effizienzsteigernden Effekte vertikaler Bindungen in konkreten Einzelfällen.[418] Die wettbewerbsschädlichen Wirkungen vertikaler Bindungen dürften zweifelsohne mit der Stärke der **Bindungswirkung** zunehmen. Sie sind ferner umso wahrscheinlicher, je höher die **Marktmacht** der beteiligten Unternehmen ist und je stärker die betroffenen Marktstufen konzentriert sind. Von großer Bedeutung ist ferner der **Grad der Flächendeckung** im betroffenen Markt. Wird das Instrument vertikaler Bindungen flächendeckend genutzt und existiert zudem ein Geflecht engmaschiger und langfristiger Liefer- und Bezugsbeziehungen **(„inter-locking relationships“),** entfalten sich ihre kollusionsfördernden Wirkungen besonders stark. Die denkbaren effizienzsteigernden Wirkungen vertikaler Bindungen hängen hingegen sehr stark von der **Art des betroffenen Produkts** ab. Je beratungsintensiver (z. B. technisch anspruchsvoll) das Produkt, umso plausibler ist zumindest im Ansatz das servicebezogene Effizienzargument. Ähnliches gilt für den Aspekt der Produktneueinführungen. Neben der Frage, ob es sich um eine „echte“ Neueinführung handelt, kann die Dauer seit dem Markzutritt Hinweise darauf liefern, wie tragfähig entsprechende Effizienzargumente sind.

Hinsichtlich der Frage, wie der aktuelle ökonomische Erkenntnisstand in praktisches Kartellrecht übersetzt werden sollte, sind unterschiedliche Antworten möglich. Wettbewerbspolitische Wertungen spielen hierbei eine wichtige bzw. ausschlaggebende Rolle; diese schlagen sich nicht zuletzt in einer unterschiedlichen **Verteilung der Beweislast** zwischen Kartellbehörden und betroffenen Unternehmen nieder.[419] Die unterschiedlichen Ansätze verdeutlichen beispielsweise bestehende Unterschiede bei der rechtlichen Einordnung und Bewertung der vertikalen Preisbindung in den USA und Europa: Im Jahr 2007 hat der Oberste Gerichtshof der USA mit seinem *Leegin*-Urteil[420] das in den USA seit 1911 geltende **Per-se Verbot** für die vertikale Preisbindung[421] aufgehoben und durch die bereits für andere Formen der vertikalen Bindung geltende **Einzelfallbetrachtung *(rule of reason)*** ersetzt. Dieses Urteil trägt den dargelegten ökonomischen Erkenntnissen einerseits zwar deshalb Rechnung, weil sich aufgrund des januskӧpfigen Charakters vertikaler Bindungen Per-se-Regelungen aus ökonomischer Sicht nicht rechtfertigen lassen. Mit dem *Leegin*-Urteil haben die USA bei der Beurteilung der vertikalen Preisbindung aber andererseits gleichsam einen „großen Sprung“ vollzogen; für ein Verhalten, das zuvor jahrzehntelang als so wettbewerbsschädlich angesehen wurde, dass es per se verboten war, soll nunmehr eine detaillierte Einzelfallprüfung durchgeführt werden. Ein Kartellrechtsverstoß ist nur dann anzunehmen, wenn die Kartellbehörde oder der Kläger bei einer Gesamtschau der Wirkungen die Wettbewerbsschädlichkeit nachweisen kann. Im europäischen wie im deutschen Recht ist der Ansatz differenzierter.[422] Für zahlreiche Formen vertikaler Bindun- 113

418 Vgl. hierzu im Hinblick auf die Preisbindung: *Kretschmer,* How to Deal with Resale Price Maintenance: What Can we Learn from Empirical Results, MAGKS Joint Discussion Paper Series in Economics, 2011.

419 Vgl. hierzu die allgemeinen Ausführungen oben Rdnr. 15.

420 Leegin Creative Leather Products Inc. v. PSKS Inc., Supreme Court of the United States, 2007, No. 06–480, 551 U. S. 877, Volltext: http://www.supremecourt.gov/opinions/06pdf/06–480.pdf; auszugsweiser Abdruck: WuW Krint 185 ff. (im Folgenden: Leegin-Urteil).

421 Grundlage hier war erneut eine Einzelfallentscheidung des Supreme Court (Verfahren Dr. Miles Medical Co. v. John D. Parks & Son Co.); für einen Überblick mit entsprechenden Nachweisen vgl. u. a. den Länderbeitrag der USA zu einem OECD-Roundtable im Jahre 1997 zum Thema vertikale Preisbindung: OECD, Resale Price Maintenance, Policy Roundtable, 1997, 101 ff.; zur Einordnung des Leegin-Urteils vgl. ferner den Beitrag der USA zu einem OECD-Roundtable zum gleichen Thema im Jahre 2008: OECD, Resale Price Maintenance, Policy Roundtable, 2008, 213 ff.

422 Vgl. zu den rechtlichen Details *Kirchhoff* § 12.

gen gilt die Vertikale Gruppen-Freistellungsverordnung **(Vertikal-GVO),** die – allerdings nur unterhalb einer durch die Höhe der Marktanteile definierten Marktmachtschwelle – annimmt, dass die Effizienzwirkungen vertikaler Bindungen in der Regel überwiegen.[423] Hiervon ist die Preisbindung jedoch ausdrücklich ausgenommen. Durch die Einordnung als sogenannte Kernbeschränkung wird einerseits zwar klargestellt, dass die Preisbindung nicht von den Rechtsvorteilen der Vertikal-GVO profitiert. Da jedoch andererseits eine Freistellung im Einzelfall nach Art. 101 Abs. 3 AEUV grundsätzlich möglich bleibt, soweit die betroffenen Unternehmen das Vorliegen überwiegender Effizienzvorteile belegen, findet auf die Preisbindung im europäischen und deutschen Recht eine **widerlegbare Vermutung** der Unzulässigkeit *(rebuttable presumption of illegality)* Anwendung. Der US-amerikanische Ansatz steht in der Gefahr, im Ergebnis wettbewerbsschädliche Fälle der Preisbindung wegen zu hoher Nachweisanforderungen nur schwer aufgreifen und unterbinden zu können (Risiko des *under-enforcement*). Der europäische und deutsche Beurteilungsansatz bietet im Ansatz die Möglichkeit und den Spielraum für eine sachgerechte Abwägung wettbewerbsschädlicher und effizienzsteigernder Wirkungen.[424] Die öffentliche Kartellrechtsdurchsetzung kann sich im Rahmen ihres Aufgreifermessens ferner darauf beschränken, Fälle der Preisbindung aufzugreifen und zu ahnden, die aufgrund der Gesamtumstände für starke wettbewerbsbeschränkende Wirkungen sprechen.[425] Sie sollte dies auch tun, damit das Risiko einer zu starken Abschreckungswirkung verringert wird und in der Folge eine Preisbindung auch in Konstellationen unterbleibt, in denen die effizienzsteigernden Wirkungen überwiegen. Ferner müssen – auch um die Anreize für eine überschießende private Kartellrechtsdurchsetzung und entsprechende Schadensersatzklagen zu begrenzen – die Anforderungen an den Nachweis überwiegender Effizienzvorteile angemessen sein, damit sie im Ergebnis nicht prohibitiv und faktisch wie ein Per-se Verbot wirken.

F. Horizontale Zusammenschlüsse

I. Vorbemerkungen und Einordnung

114 Horizontale Zusammenschlüsse, d.h. Zusammenschlüsse zwischen Unternehmen, die auf dem gleichen Markt tätig sind, führen zu strukturellen Veränderungen in einem Markt, die einen Anstieg der Marktmacht zur Folge haben können. Ökonomischer Bezugspunkt für das Ausmaß der **Marktmacht** eines Unternehmens ist dabei das durch die Extremfälle der vollkommenen Konkurrenz und des (unangreifbaren) Monopols vorgegebene Modellspektrum.[426] Das Marktmachtkonzept ist seinem Wesen nach gradueller Natur und wird in der ökonomischen Analyse als bestehender Preiserhöhungsspielraum oberhalb der Grenzkosten erfasst.[427] Es bildet damit auch den entscheidenden Bezugspunkt für das kartellrechtliche Konzept der **Marktbeherrschung** im Sinne eines durch Wettbewerb nicht mehr hinreichend kontrollierten Verhaltens- und insbesondere Preiserhöhungsspielraums. Hinsichtlich der Marktmacht- bzw. Marktbeherrschungseffekte horizontaler Zusammenschlüsse müssen aus ökonomischer Sicht grundsätzlich zwei Wirkungsmechanismen unterschieden werden:[428] Das Konzept der **nicht-koordinierten** oder **unilateralen Effek-**

[423] Unter bestimmten Voraussetzungen können die Vorteile der Vertikal-GVO aber auch entzogen werden; vgl. hierzu ausführlich unten *Seeliger* § 11 Rdnr. 64 ff.

[424] Vgl. hierzu auch *Ewald,* The Economics of Resale Price Maintenance – Why Europe is right not to follow the USA on the 'slippery slope' of Leegin, Journal of European Competition Law & Practice, 3 (2012), 300 ff.

[425] Vgl. zu den relevanten Teilaspekten bereits oben Rdnr. 10.

[426] Vgl. hierzu ausführlich oben Rdnr. 26 ff.

[427] Vgl. hieru oben Rdnr. 27.

[428] Für einen umfassenden, wenig technischen Überblick vgl. insbesondere: *Schwalbe/Zimmer,* aaO 219 ff.; *Motta,* aaO 231 ff.; *Gore/Lewis/Lofaro/Dethmers,* aaO 148 ff.; *Bishop/Walker,* aaO 366 ff.; vgl. ferner ausführlich unten Rdnr. 116 ff.

te[429] erfasst die Tatsache, dass sich für das zusammengeschlossene Unternehmen aufgrund des unmittelbar wegfallenden Wettbewerbsdrucks erweiterte Verhaltensspielräume hinsichtlich des Einsatzes seiner Wettbewerbsparameter (Preis, Angebotsmenge etc.) ergeben können. Verfügt ein Unternehmen bereits vor einem Zusammenschluss über eine ausgeprägte Marktmacht, kann der Zusammenschluss diese im Sinne der Begründung oder Verstärkung von **(Einzel-)Marktbeherrschung** erhöhen. Darüber hinaus ist jedoch zu berücksichtigen, dass sich insbesondere in oligopolistisch strukturierten Märkten mit wenigen Anbietern nicht nur für das zusammengeschlossene Unternehmen die wirtschaftlichen Anreize hinsichtlich des Einsatzes seiner Wettbewerbsparameter ändern **(„Erstrundeneffekt").** Diese Veränderungen werden – und dies auch ohne eine marktbeherrschende Stellung des zusammengeschlossenen Unternehmens – vielmehr von allen anderen, nicht am Zusammenschluss beteiligten Anbietern wahrgenommen bzw. antizipiert. Hieraus leiten diese – jeder allerdings für sich getrennt (d. h. unilateral) – die optimale Antwort im Sinne einer eigenen Verhaltensanpassung ab **(„Zweitrundeneffekt").**[430] Beide Effekte zusammen ergeben ein neues Marktgleichgewicht.[431] Unterbleibt der „Primärimpuls" eines aufgrund des Zusammenschlusses veränderten Verhaltens- und insbesondere Preissetzungsanreizes des fusionierten Unternehmens, tritt ein unilateraler Effekt hingegen nicht auf. Ein Preiserhöhungsanreiz als Folge des Zusammenschlusses kann insbesondere unterbleiben, wenn mit dem Zusammenschluss grenzkostenwirksame Effizienzvorteile verbunden sind.[432] Theoretischer Bezugspunkt für das Konzept der **koordinierten Effekte**[433] sind hingegen die Erkenntnisse der ökonomischen Theorie der Kollusion.[434] Im Mittelpunkt steht die Frage, ob und inwieweit aufgrund des Zusammenschlusses ein kollusives Parallelverhalten zustande kommen bzw. stabil sein kann. Ein stabiles kollusives Parallelverhalten setzt voraus, dass für die Unternehmen ein abweichendes Verhalten unattraktiv ist. Sind die Bedingungen für ein stabiles kollusives Parallelverhalten erfüllt, spricht man von **kollektiver bzw. gemeinsamer Marktbeherrschung.** Ein Zusammenschluss hat dann koordinierte Effekte, wenn er die Marktbedingungen so beeinflusst, dass ein Abweichen von einem kollusiven Parallelverhalten (d. h. ein *„cheating"* i. S. e. wettbewerblichen Vorstoßes) weniger attraktiv ist. Dadurch können entweder erstmalig die Voraussetzungen für ein kollusives Marktergebnis geschaffen werden (Begründung kollektiver bzw. gemeinsamer Marktbeherrschung) oder es können sich diese weiter verbessern (Verstärkung kollektiver bzw. gemeinsamer Marktbeherrschung).

In rechtlicher Hinsicht stellt sich die Frage, durch welches materielle Prüfkriterium die möglichen Marktmachteffekte eines horizontalen Zusammenschlusses am besten erfasst werden.[435] Neben dem so genannten **Marktbeherrschungstest** ***(dominance test)*** und mithin dem Kriterium der Begründung oder Verstärkung einer marktbeherrschenden Stellung werden in der Praxis die Kriterien der **wesentlichen Wettbewerbsbeeinträchtigung (*substantial lessening of competition,* SLC)** oder der **erheblichen Behinderung wirk-** 115

[429] Für einen Überblick vgl. *Ivaldi/Jullien/Rey/Seabright,/Tirole,* The Economics of Unilateral Effects. Report for DG Competition, 2003; *Werden,* Unilateral Competitive Effects of Horizontal Mergers I: Basic Concepts and Models, in: *Collins et al. (Hrsg.),* aaO 1319 ff.; *Werden/Froeb,* Unilateral Competitive Effects of Horizontal Mergers, in: *Buccirossi (Hrsg.),* aaO 43 ff.; *Christiansen,* Der „More Economic Approach" in der EU-Fusionskontrolle, 2010, 180 ff.

[430] Vgl. zu den Begriffen „Erstrundeneffekt" und „Zweitrundeneffekt" auch die gute und wenig technische Darstellung von *Johnsen,* Das Näheverhältnis von Wettbewerbern in der Fusionskontrolle – Verlieren Marktanteile ihre Bedeutung?, WuW 2013, 1177, 1179 ff.

[431] In theoretischer Hinsicht werden diese Effekte als Verschiebung der „Reaktionsfunktionen" der Anbieter erfasst. Zum Konzept der Reaktionsfunktion und den maßgeblichen spieltheoretischen Grundlagen vgl. oben Rdnr. 41 ff.

[432] Vgl. hierzu ausführlich unten Rdnr. 147 ff.

[433] Vgl. für einen Überblick *Kühn,* The Coordinated Effects of Mergers, in: *Buccirossi (Hrsg.),* aaO 105 ff.

[434] Vgl. hierzu ausführlich oben Rdnr. 88 ff.

[435] Vgl. hierzu statt Vieler: *Schwalbe/Zimmer,* aaO 239 ff.; vgl. ferner *Ewald,* Der SIEC-Test im deutschen Recht: Grundansatz, materielle Detailfragen und praktische Auswirkungen aus ökonomischer Sicht, WuW 2014, 261 ff.; vgl. ferner *Wagemann* § 16 und *Richter/Steinworth* § 20.

samen Wettbewerbs (*significant impediment to effective competition,* SIEC) als Prüfungsmaßstab verwendet. Der SLC- und der SIEC-Test zielen darauf ab, den graduellen Charakter des ökonomischen Marktmachtkonzepts unmittelbar widerzuspiegeln. Dem Marktbeherrschungskriterium liegt hingegen der Gedanke einer bestimmten Schwelle zugrunde, ab der von einem als Marktbeherrschung zu qualifizierenden Marktmachtniveau auszugehen ist. Ist eine Veränderung der Marktmachtverhältnisse nicht prognostizierbar, ist allerdings auch unter diesem Test aufgrund der fehlenden Kausalität des Zusammenschlusses für eine Verschlechterung der Wettbewerbsverhältnisse eine kritische Bewertung bzw. Untersagung eines Zusammenschlusses ausgeschlossen. Seit der am 30. Juni 2013 in Kraft getretenen 8. GWB-Novelle ist sowohl im europäischen als auch im deutschen Recht der SIEC-Test das relevante materielle Beurteilungskriterium für Unternehmenszusammenschlüsse. Die Begründung oder Verstärkung einer marktbeherrschenden Stellung wird als Regelbeispiel einer erheblichen Wettbewerbsbehinderung behandelt. Aufgrund der stärkeren Orientierung an dem graduellen ökonomischen Konzept der Marktmacht können mit Hilfe dieses Tests insbesondere nicht-koordinierte Marktmachteffekte unterhalb der Schwelle der Marktbeherrschung besser erfasst werden.[436]

II. Marktbeherrschung und nicht-koordinierte („unilaterale") Effekte

116 **1. Theoretische und konzeptionelle Grundlagen.** In ökonomischer Hinsicht sehr kritisch aber auch relativ einfach zu beurteilen sind horizontale Zusammenschlüsse, die zu einem **Monopol**[437] oder zu einer vergleichbaren Marktsituation mit einem dominierenden Anbieter und einer Gruppe unbedeutender Konkurrenten führt, die auf wettbewerbliche Vorstöße verzichten und sich lediglich an das Verhalten des dominierenden Marktführers anpassen **(„dominierender Anbieter mit wettbewerblichem Rand").**[438] In diesen Fällen kommt der Wettbewerb entweder ganz zum Erliegen oder die verbliebenen Wettbewerber haben einen kaum spürbaren Einfluss auf das Marktergebnis. Allerdings sind dabei stets die Wechselwirkungen zwischen der Abgrenzung relevanter Märkte und der Beurteilung von Marktmacht zu berücksichtigen.[439] Insbesondere bei stärker differenzierten Produkten ist die konkrete **Marktabgrenzung** und damit auch die konkrete relative Marktposition der Anbieter selten eindeutig. Zudem vermittelt eine starke Marktposition (z.B. gemessen an der Höhe des Marktanteils) generell nur dann eine entsprechende Marktmacht, wenn aufgrund hoher **Marktzutrittsschranken** auch der potentielle Wettbewerb und mithin die Preiselastizität des Angebots gering ist. Die zentrale Bedeutung der konkreten **Produkt- und Marktbedingungen** für die Art und die Stärke unilateraler Marktmachteffekte verdeutlichen die verschiedenen Modelle der **Oligopoltheorie.** Diese bilden Märkte ab, die durch eine begrenzte bzw. (relativ) geringe Anzahl von Anbietern gekennzeichnet sind, die zum einen jeweils bereits über ein gewisses Maß an Marktmacht verfügen und zum anderen bei ihren Entscheidungen zum Einsatz ihrer Wettbewerbsparameter die Folgen für das Marktergebnis und die wettbewerblichen Reaktionen ihrer Wettbewerber antizipieren (nicht-koordinierte **Reaktionsverbundenheit**).[440] Eine der Haupterkenntnisse der Oligopoltheorie besteht darin, dass die Art und das Ausmaß der durch einen Zusammenschluss veränderten unilateralen Verhaltensanreize und -spielräume stark davon abhängen, ob in einem Markt die Produktionskapazität und **Angebotsmenge** oder

---

[436] Vgl. hierzu u.a. *Werden,* Unilateral Competitive Effects and the Test for Merger Control, European Competition Journal, 4 (2008), 95ff.; zur Diskussion einer potentiellen „Schutzlücke" des Marktbeherrschungstests vgl. ferner *Ewald,* WuW 2014, 268ff. mit weiteren Nachweisen.

[437] Vgl. zum entsprechenden theoretischen Modell oben Rdnr. 29.

[438] Für die insoweit einschlägigen modelltheoretischen Erwägungen vgl. ausführlich oben Rdnr. 33ff.

[439] Vgl. hierzu bereits ausführlich oben Rdnr. 73ff.

[440] Vgl oben Rdnr. 41f.

der geforderte **Preis** für die Anbieter die jeweils bedeutsamere strategische Entscheidungsvariable ist. Entscheidenden Einfluss hat ferner der Grad der **Produktdifferenzierung.**[441] Die Modelle lassen zum einen zwar den Schluss zu, dass in bestimmten Konstellationen das Konzentrationsniveau eines Marktes und die Marktanteile der Anbieter ein sehr aussagekräftiger Indikator für die Beurteilung unilateraler Marktmachteffekte sind. Sie belegen jedoch zum anderen, dass in vielen Konstellationen andere Aspekte der Marktrealität bedeutsamer sind, um das Risiko und Ausmaß nicht-koordinierter Marktmachteffekte sachgerecht beurteilen zu können.

Ein relativ enger Zusammenhang zwischen den Marktanteilen der Anbieter bzw. dem Konzentrationsgrad eines Marktes und der Art und dem Ausmaß nicht-koordinierter Effekte besteht in Märkten mit vergleichsweise **homogenen Produkten,** die in einem weitgehend anonymen Transaktionsprozess, ggf. sogar über eine Börse gehandelt werden. Für solche Produkte wie z.B. Bau- und Rohstoffe können die Anbieter ihre Produktionskapazitäten allenfalls längerfristig anpassen, während sich Preisänderungen sehr kurzfristig, auf börsenähnlichen Marktplätzen ggf. sogar im Sekundentakt ergeben. Die Festlegung der Produktionskapazität und Angebotsmenge ist in diesem Umfeld für einen Anbieter die ausschlaggebende (weil gewinnrelevante) strategische Entscheidungsvariable. Die Austauschbarkeit der Produkte aus Sicht der Nachfrager ist aufgrund der Produkthomogenität hoch. Bereits geringfügige Preisunterschiede können daher zu erheblichen Ausweichreaktionen führen, d.h. die Preiselastizität der Nachfrage ist hoch, und im Markt stellt sich tendenziell ein relativ einheitliches Preisniveau ein. Das Modell des **Mengen- oder *Cournot*-Wettbewerbs** bei homogenen Gütern[442] verdeutlicht, dass in einem solchen Umfeld die Marktmacht der Anbieter mit zunehmendem Marktanteil und Konzentrationsgrad des Marktes steigt. Die unilateralen Effekte eines horizontalen Zusammenschlusses beruhen dabei auf folgenden ökonomischen Zusammenhängen:[443] Vor einem Zusammenschluss haben die Zusammenschlussbeteiligten in der Regel keinen Anreiz für eine autonome, den Preis erhöhende Mengen- und Kapazitätsreduktion, da sie in der Regel für sie nicht profitabel wäre. Sie würde zwar – eine ausreichend Größe des Anbieters vorausgesetzt – den Marktpreis und damit auch die eigene Marge erhöhen. Hiervon profitieren die Zusammenschlussbeteiligten jedoch nur im Umfang ihres bisherigen Markanteils; die übrigen konkurrierenden Anbieter profitieren ebenfalls von dem erhöhen Preis, und sie haben aufgrund der positiven Gewinneffekte einen Anreiz, zumindest teilweise die Verringerung der im Markt angebotenen Menge durch eine eigene Angebotsausweitung auszugleichen.[444] Durch einen horizontalen Zusammenschluss erhöhen sich der Marktanteil der Zusammenschlussbeteiligten und das Konzentrationsniveau des Marktes, und dies führt zu einer partiellen Abschwächung („Internalisierung") dieses Effekts. Das übernommene Unternehmen wird auf eine Mengenreduktion des Erwerbers nicht mehr mit einer Mengenausweitung reagieren. Eine preiserhöhende Mengenverknappung ist nunmehr möglicherweise für das zusammengeschlossene Unternehmen profitabel. Der mit der Mengenreduktion verbundene Anstieg der Marge (Preiseffekt) betrifft eine größere Absatzmenge und ist bezogen auf den Gesamtgewinn entsprechend stärker als der gewinnreduzierende Mengeneffekt (Absatzverlust). Die im Verhältnis zu dem zusammengeschlossenen Unternehmen relativ „kleiner" gewordenen anderen Anbieter werden zudem auf der Grundlage ihrer individu- 117

---

[441] Vgl. zur Verdeutlichung des Zusammenhangs zwischen Produktdifferenzierung und Preiselastizität der Nachfrage und des Angebots bereits das grundlegende Modell der monopolistischen Konkurrenz oben Rdnr. 39.

[442] Vgl. hierzu oben Rdnr. 46f.

[443] Vgl. zum Folgenden: *Ivaldi/Jullien/Rey/Seabright,/Tirole,* aaO 42ff.; *Werden,* aaO 1325ff.; *Schwalbe/Zimmer,* aaO 232f.

[444] Aus spieltheoretischer Sicht handelt es sich daher bei der Angebotsmenge von Anbietern um so genannte „strategische Substitute"; eine Mengenreduktion des einen Anbieters wird – allerdings in Abhängigkeit von dem Marktanteil nicht in vollem Umfang – durch eine Mengenausweitung der anderen teilweise ausgeglichen; vgl. hierzu bereits oben Rdnr. 46, insbesondere Abb. 6.

ellen Anreize die im Markt eintretende Reduktion der Angebotsmenge nur in geringerem Ausmaß ausgleichen als zuvor. Neben der Höhe der Marktanteile und dem Konzentrationsniveau eines Marktes sind für die Bewertung des Risikos und der Stärke unilateraler Effekte in solchen Märkten vor diesem Hintergrund insbesondere die **Kapazitätsauslastung** von Wettbewerbern und mögliche **Schranken der Kapazitäts- und Mengenexpansion** bedeutsam. Können die Kapazitäten der verbleibenden Wettbewerber nur mit großem Aufwand ausgeweitet werden oder sind sie bereits stark ausgelastet oder durch langfristige Verträge gebunden, wirkt sich dies verstärkend auf den Anreiz der Zusammenschlussbeteiligten aus, die eigene Produktionskapazität und Angebotsmenge zu reduzieren.

118 Beim Angebot (relativ) homogener Produkte ist jedoch nicht immer die angebotene Menge aus Sicht der Unternehmen die wichtigere oder sogar entscheidende strategische Entscheidungsvariable. In bestimmten Marktkonstellationen ist dies vielmehr der Preis. Dies gilt insbesondere für so genannte **Bieter- oder Ausschreibungsmärkte.**[445] Diese sind dadurch gekennzeichnet, dass Abnehmer die (potentiellen) Anbieter eines Produkts oder einer Dienstleistung zur Abgabe eines Angebots auffordern und ggf. nach der Angebotsabgabe weiter über Angebotsdetails verhandeln. Sofern der Kunde im Rahmen der Ausschreibung sämtliche Spezifika des von ihm gewünschten Produkts bis in das kleinste Detail vorgibt, ist dieses Produkt aus Sicht der in Frage kommenden Anbieter vollkommen homogen. Ein über den Zuschlag und damit die Angebotsmenge eines Anbieters entscheidender Wettbewerbsvorsprung kann allein im Hinblick auf den Preis bestehen. Das theoretische Modell des Preis- oder ***Bertrand*-Wettbewerbs bei homogenen Gütern**[446] zeigt, dass in einem solchen Umfeld die Marktmacht der Anbieter nicht vom Marktanteil abhängt, sondern die **Anzahl konkurrierender (An-)Bieter** ausschlaggebend ist. Unter bestimmten, allerdings sehr strikten Voraussetzungen („idealtypischer" Bietermarkt) reichen nur zwei Anbieter aus, um jegliche Form von Marktmacht zu verhindern.[447] Horizontale Zusammenschlüsse hätten dann bis zum Fall eines Duopols keine negativen unilateralen Effekte zur Folge. Dieses Szenario stellt jedoch einen theoretischen Grenzfall dar. Er würde z. B. voraussetzen, dass die konkurrierenden Anbieter stets auch über ausreichende **Kapazitäten** verfügen, um sämtliche Aufträge annehmen und ausführen zu können. Sind ihre Kapazitäten hingegen beschränkt, gewinnt der Marktanteil (i. s. d. Anteils eines Anbieters an der im Markt verfügbaren Gesamtkapazität) für die Marktmachtbeurteilung wieder stark an Bedeutung.[448] Auch auf Bieter- und Ausschreibungsmärkten sind die angebotenen und nachgefragten Produkte zudem niemals wirklich vollkommen homogen. Zum einen können sich die verschiedenen (An-)Bieter hinsichtlich ihrer **technischen Kompetenzen** unterscheiden. Diese führen spiegelbildlich dazu, dass Nachfrager gewisse **Präferenzen** für das Produktangebot eines spezifischen Anbieters entwickeln. Bei besonders komplexen Produkten und so genannten Vertrauensgütern[449] können sich diese z. B. auch aus **Reputationseffekten** oder einer **langfristigen Vertragsbeziehung** ergeben. In Folge dessen ist weder für die Nachfrager bei jedem auch nur geringfügigen Preisunterschied ein Wechsel des Anbieters zu erwarten (subjektive und objektive **Wechselkosten**) noch kann jeder Anbieter das Produkt in jeder gewünschten Spezifikation und Qualität anbieten (**Schranken** und entsprechende Kosten **der Angebotsexpansion**).

119 Ein teilweise hohes Maß an **Produktdifferenzierung** und eine große strategische Bedeutung des Preises als Wettbewerbsparameter kennzeichnet zahlreiche Märkte wie z. B.

---

[445] Vgl. zum relevanten theoretischen Hintegrund ausführlich: *Werden/Froeb,* aaO 1343 ff.

[446] Vgl. hierzu oben Rdnr. 49.

[447] Zu den maßgeblichen, in der Realität allerdings selten erfüllten Voraussetzungen eines idealtypischen Bietermarktes vgl. oben Rdnr. 49.

[448] Theoretische Erwägungen zeigen, dass sich auch auf Bieter- und Ausschreibungsmärkten der gleiche Zusammenhang zwischen Marktanteil und Marktmacht ergeben kann, der durch das *Cournot*-Modell für homogene Güter beschrieben wird; vgl. oben Rdnr. 50.

[449] Hierbei handelt es sich um Produkte, bei denen die Qualität (insb. von Laien) auch nach dem Kauf nicht zuverlässig eingeschätzt werden kann.

klassische Konsumgütermärkte (Lebensmittel, PKW, Elektronik etc.), Märkte für industrielle Gebrauchsgüter (Werkzeuge, Maschinen etc.) oder Dienstleistungsmärkte (Handel, Telekommunikation etc.).[450] Die Differenzierung der angebotenen Produkte kann sich dabei zum einen auf die konkreten Produkteigenschaften in sachlicher, räumlicher oder zeitlicher Hinsicht beziehen (horizontale Differenzierung) oder zum anderen auf deren konkrete Qualität (vertikale Differenzierung).[451] Jeder Anbieter verfügt in ökonomischer Hinsicht bezüglich der Nachfrage nach seinem differenzierten Produkt über eine **begrenzte „Alleinstellung"** und mithin auch über eine gewisse (und keineswegs kritisch zu beurteilende) Marktmacht.[452] Ursache hierfür ist die im Vergleich zu homogenen Produkten geringere Preiselastizität der Unternehmens- und produktspezifischen Nachfrage. Der Anbieter eines differenzierten Produkts kann sich zunutze machen, dass es Nachfrager gibt, die eine relativ starke Präferenz (und mithin Zahlungsbereitschaft) für sein konkretes Produkt haben („Stammkunden"); Preiserhöhungen führen im Vergleich zu einem homogenen Produkt daher beim Anbieter zu einem geringeren Absatzverlust. Der bestehende Spielraum eines Anbieters für profitable Preiserhöhungen hängt dabei stark von dem Grad der Differenzierung des Produkts ab. Je mehr in einem Markt aus Sicht der Nachfrager **enge Substitute** im Sinne vergleichbarer und austauschbarer Produkte angeboten werden, umso höher ist die Preiselastizität der Nachfrage nach dem Produkt eines Anbieters. Aus Anbietersicht betrachtet ist mithin die relative **wettbewerbliche Nähe** der Produktangebote alternativer Anbieter ausschlaggebend dafür, über welche Verhaltens- und insbesondere Preissetzungsspielräume er verfügt. Sie ist daher auch die entscheidende Determinante für die Stärke unilateraler Marktmachteffekte horizontaler Zusammenschlüsse in differenzierten Produktmärkten.

Theoretischer Bezugspunkt für die Beurteilung unilateraler Effekte horizontaler Zusammenschlüsse in differenzierten Produktmärkten ist das theoretische Modell des so genannten **Preis- oder *Bertrand*-Wettbewerbs bei differenzierten Gütern.**[453] Es erfasst und verdeutlicht den folgenden Wirkungsmechanismus eines horizontalen Zusammenschlusses:[454] Vor einem Zusammenschluss ist eine Preiserhöhung für einen Anbieter nicht profitabel. Die Preiserhöhung führt zwar zu einer höheren Marge (Preiseffekt), wegen des induzierten Rückgangs der Nachfrage (Mengeneffekt) sinkt jedoch im Ergebnis der Gesamtgewinn. Der gewinnreduzierende Absatzverlust ist stärker bezüglich der im Markt verfügbaren engen Substitute alternativer Anbieter; der potentielle Absatzverlust an wettbewerblich weniger nahe Anbieter ist hingegen geringer. Durch die Übernahme eines Wettbewerbers wird der gewinnreduzierende Mengeneffekt einer Preiserhöhung partiell internalisiert, d.h. für das zusammengeschlossene Unternehmen ist der gewinnreduzierende Mengeneffekt einer Preiserhöhung schwächer als zuvor, während der positive Mareffekt einer Preiserhöhung wirksam bleibt. Der Spielraum und Anreiz für eine Preiseerhöhung steigt **(„Erstrundeneffekt"),** und zwar umso mehr, je größer die wettbewerbliche Nähe der Produkte der fusionierenden Unternehmen ist. Ein Preiserhöhungsanreiz als Folge des Zusammenschlusses kann jedoch unterbleiben, wenn mit dem Zusammenschluss hinreichend große grenzkostenwirksame Effizienzvorteile verbunden sind.[455] Die im Markt verbleibenden Anbieter antizipieren einen möglichen Preiserhöhungsanreiz, der aus dem unmittelbar wegfallenden Wettbewerbsdruck für die Zusammenschlussbeteiligten resultiert. In Abhängigkeit von der wettbewerblichen Nähe ihrer Produkte zu dem Angebot des zusammengeschlossenen Unternehmens werden daher auch für sie Preiserhöhungen profitabel, und der Anreiz diese vorzunehmen steigt **120**

[450] Vgl. hierzu auch die konkreten Einzelfall-Beispiele unten Rdnr. 124 ff.
[451] Vgl. hierzu oben Rdnr. 51.
[452] Zum insoweit einschlägigen Modell der „monopolistischen Konkurrenz" vgl. oben Rdnr. 39.
[453] Vgl. hierzu ausführlich oben Rdnr. 51.
[454] Vgl. *Werden,* aaO 1330 ff.; *Ivaldi/Jullien/Rey/Seabright,/Tirole,* aaO 28 ff.; *Schwalbe/Zimmer,* aaO 232 f.
[455] Vgl. hierzu ausführlich unten Rdnr. 147 ff.

(„Zweitrundeneffekt“).[456] Im Ergebnis ergibt sich im Markt insgesamt als Folge der (partiellen) Internalisierung eines entsprechenden Wettbewerbsdrucks eine größere Marktmacht und ein insgesamt höheres Preisniveau. Diese Betrachtung gilt jedoch nur bei einer statischen Perspektive. Zum einen geht sie von einem gegebenen Angebot differenzierter Produkte in einem Markt und damit gewissen **Schranken des Marktzutritts** aus. Bestehen solche Schranken nicht oder sind diese niedrig, kann eine marktmachtbedingte Preiserhöhung durch den Markzutritt neuer differenzierter Produkt abgemildert werden.[457] Zum anderen wird von einem gegebenen Differenzierungsmuster und mithin wettbewerblichen „Abstand“ der Produkte ausgegangen. Im Markt bereits aktive Anbieter können aber grundsätzlich eine **Umpositionierung** ihrer Produkte im Sinne einer Veränderung einzelner Produktcharakteristika oder von deren Qualität vornehmen. Diese Aspekte müssen bei der abschließenden Beurteilung unilateraler Effekte eines Zusammenschlusses zwischen Anbietern differenzierter Produkte ergänzend berücksichtigt werden.[458] Als Musterfall für die Wirkungsmechanismen nicht-koordinierter Effekte auf differenzierten Produktmärkten wird der US-amerikanische **Fusionsfall *Heinz/Beech-Nut*** betrachtet.[459] Der Fall betraf den Zusammenschluss zwischen dem zweit- und drittgrößten Anbieter von Babynahrung in den USA. Nach dem Zusammenschluss hätte das fusionierte Unternehmen – bei einem Marktanteil von ca. 65% des nicht am Zusammenschluss beteiligten Marktführers – über einen Marktanteil von ca. 30% verfügt. Zentral für die Feststellung unilateraler Marktmachteffekte war die Tatsache, dass der Lebensmitteleinzelhandel neben den Produkten des Marktführers lediglich die Produkte eines weiteren Wettbewerbers führt („listet“). Der resultierende starke (Preis-)Wettbewerb zwischen den Beteiligten des Zusammenschlusses (Kampf um „Platz 2“ im Regal) hat mittelbar auch den Marktführer hinsichtlich seines Verhaltens- und insbesondere Preissetzungsspielraums begrenzt. Dieser starke Wettbewerbsdruck wäre durch den Zusammenschluss internalisiert worden und hätte damit nicht nur den Verhaltensspielraum der Beteiligten, sondern auch denjenigen aller im Markt verbliebenen Anbieter erhöht.

121 **2. Ökonom(etr)ische Analysemethoden und praktische Umsetzung.** Für die Ermittlung und Analyse einer etwaigen Begründung und Verstärkung von Einzelmarktbeherrschung und von unilateralen Effekten horizontaler Zusammenschlüsse steht ein großer **„Werkzeugkasten“** mit einer Vielzahl empirischer Methoden zur Verfügung.[460] Alle grundsätzlich verfügbaren Methoden haben spezifische Vor- und Nachteile, die sich in einem konkreten Einzelfall unterschiedlich darauf auswirken, wie aufwändig ihre Anwendung und wie aussagekräftig ihre Ergebnisse sind. Der mit einer bestimmten Methode verbundene **Aufwand** hängt insbesondere von der Verfügbarkeit bzw. möglichen Problemen bei der Beschaffung der erforderlichen Daten in der notwendigen Qualität und in der zur Verfügung stehende Zeit ab. Für die **Aussagekraft** der verschiedenen Analysemethoden sind hingegen die für einen Einzelfall bedeutsamen Markt- und Wettbewerbsbedingungen von ausschlaggebender Bedeutung. Bildlich ausgedrückt geht es aus ökonomischer Sicht

---

456 Aus spieltheoretischer Sicht handelt es sich daher bei dem Preis der Produkte von Anbietern um so genannte „strategische Komplemente“; für eine Preiserhöhung (Preissenkung) des einen Anbieters ist ebenfalls eine Preiserhöhung (Preissenkung) die strategisch beste und gewinnmaximierende „Antwort“ eines Wettbewerbers; vgl. hierzu bereits ausführlicher oben Rdnr. 51, insbesondere auch Abb. 7.

457 Vgl. hierzu auch das Grundmodell der monopolistischen Konkurrenz oben Rdnr. 39.

458 Vgl. hierzu auch *Werden,* aaO 1338 ff.

459 FTC v. H. J. Heinz Company and Milnot Holding Corp.; Civil Action No. 1:00CVO1688; detaillierte Fallinformationen abrufbar unter: http://www.ftc.gov/os/caselist/ca100cv01688ddc.shtm; vgl. hierzu ferner: *Schwalbe/Zimmer,* aaO 240 f.

460 Für einen wenig technischen Überblick vgl. International Competition Network (ICN), Investigative Techniques Handbook for Merger Review, Chapter 4 (“The Role of Economists and Economic Evidence in Merger Analysis”); *Schwalbe/Zimmer,* aaO 250 ff.; vgl. ferner *Gore/Lewis/Lofaro/Dethmers,* aaO 176 ff.; für einen Überblick über die technischen Details und Anforderungen quantitativ-ökonometrischer Analysemethoden vgl. *Davis/Garcés,* aaO 230 ff. und 382 ff.

letztendlich darum, welches der verschiedenen Oligopolmodelle auf die konkreten Marktbedingungen besser „passt“ und damit die geeignete Grundlage für die Beurteilung des Risikos und Ausmaßes unilateraler Marktmachteffekte bietet.

Strukturanalyse: Für Zusammenschlüsse zwischen Anbietern (relativ) homogener Produkte sind **Marktanteile** und das z. B. in Form des *Herfindahl-Hirschman*-Indexes (HHI)[461] gemessene **Konzentrationsniveau** eines Marktes aussagekräftige Indizien für das Ausmaß negativer unilateraler Marktmachteffekte.[462] Je differenzierter die betroffenen Produkte sind, umso mehr verlieren Marktanteile jedoch ihre Aussagekraft. Schließen sich Unternehmen zusammen, deren Produkte aufgrund ihrer Differenzierungsmerkmale weniger enge Substitute sind, überzeichnen Marktanteile z. B. tendenziell den tatsächlichen unilateralen Marktmachteffekt eines Zusammenschlusses; im Fall einer ausgeprägten wettbewerblichen Nähe der Produkte werden die unilateralen Marktmachteffekte hingegen möglicherweise unterschätzt. Dementsprechend wird sowohl in den Leitlinien der Kommission für die Beurteilung horizontaler Zusammenschlüsse[463] als auch im Leitfaden des BKartA zur Marktbeherrschung in der Fusionskontrolle[464] darauf hingewiesen, dass hohe Marktanteile zwar in der Regel die Voraussetzungen für Marktmacht und Marktbeherrschung sind. Die Feststellung hoher Marktanteile bildet aber insbesondere bei differenzierten Produkten lediglich der **Ausgangspunkt** für die Beurteilung unilateraler Marktmachteffekte (einschließlich der Entstehung bzw. Verstärkung von Marktbeherrschung).[465] 122

Analyse von Kapazitäten: Da aus ökonomischer Sicht bei relativ homogenen Produkten den Entscheidungen der Anbieter über die angebotene Menge eine zentrale Bedeutung zukommt, muss in diesen Fällen die Strukturbetrachtung durch eine Analyse der im Markt vorhandenen Kapazitäten ergänzt werden. Neben der **Kapazitätsauslastung** und mithin der Möglichkeiten und des Anreizes von Wettbewerbern, auf Mengenreduzierungen des zusammengeschlossenen Unternehmens mit einer Ausweitung der eigenen Angebotsmenge zu reagieren, kann in Einzelfällen auch die **Qualität** der vorhandenen Kapazitäten bedeutsam sein. Dies ist insbesondere der Fall, wenn die vorhandenen Kapazitäten hinsichtlich ihrer Einsetzbarkeit und Wirtschaftlichkeit differenziert zu beurteilen sind. Ein besonders gutes Beispiel hierfür liefert die Stromerzeugung.[466] Da Strom nicht speicherbar ist, muss zur Aufrechterhaltung der Netzstabilität bei einer zudem stark schwankenden Nachfrage zu jedem Zeitpunkt eine konkret bestimmbare Menge Strom erzeugt und verteilt werden. Verschiedene Kraftwerkstypen sind jedoch in unterschiedlichem Maße geeignet, die konstant wirksame Nachfrage (sogenannte Grundlast; Atomenergie, Braunkohle), die Mittellast (u. a. Steinkohle) oder Nachfragespitzen (sogenannte Spitzenlast; u. a. Gas- und Pumpspeicherkraftwerke) zu decken. Neben der Größe hat damit im Strombereich auch die Struktur des Kraftwerksparks eines Anbieters einen Einfluss auf dessen Marktmacht. Diese Tatsache kann durch eine sogenannte **Pivotalanalyse** berücksichtigt werden.[467] Diese untersucht, 123

---

[461] Vgl. zur Berechnung dieses marktanteilsbasierten Konzentrationsindexes oben Rdnr. 48.

[462] Vgl. zum Hintergrund oben Rdnr. 46; bei homogenen Produkten erfasst der HHI den gewichteten durchschnittlichen Preisaufschlag, den die Anbieter marktmachtbedingt verlangen können. Durch die Erfassung des Konzentrationsniveaus und dessen Veränderung als Folge eines Zusammenschlusses wird in solchen Märkten daher durch den HHI auch das Risiko zusammenschlussbedingter Preissteigerungen gut abgebildet; vgl. *Schwalbe/Zimmer,* aaO 251 ff.; vgl. ferner oben Rdnr. 48.

[463] EU-Kommission, Leitlinien zur Bewertung horizontaler Zusammenschlüsse gemäß der Ratsverordnung über die Kontrolle von Unternehmenszusammenschlüssen, ABl. 2004 C 31, 5 ff., Rdnr. 14 ff.

[464] BKartA, Leitfaden zur Marktbeherrschung in der Fusionskontrolle, 2012, Rdnr. 25 ff.

[465] Vgl. EU-Kommission, Leitlinien zur Bewertung horizontaler Zusammenschlüsse gemäß der Ratsverordnung über die Kontrolle von Unternehmenszusammenschlüssen, ABl. 2004 C 31, 5 ff., Rdnr. 27 ff.; BKartA, Leitfaden zur Marktbeherrschung in der Fusionskontrolle, 2012, Rdnr. 32 ff., insbesondere Rdnr. 37.

[466] Vgl. zu den nachfolgenden Ausführungen: BKartA, Sektoruntersuchung Stromerzeugung und Stromgroßhandel, 2011.

[467] Vgl. BKartA, Sektoruntersuchung Stromerzeugung und Stromgroßhandel, 2011, S. 96 ff.

wie hoch die verfügbare Kapazität eines Anbieters im Verhältnis zu der jeweiligen stark schwankenden Gesamtnachfrage ist. Bei einer Betrachtung über die Zeit kann mit Hilfe des **Residual Supply Indexes (RSI)** bestimmt werden, wie häufig die konkreten Kapazitäten eines bestimmten Anbieters benötigt werden, um die Nachfrage im Markt befriedigen zu können. Diese Betrachtung kann auch in anderen Märkten eine reine Marktanteilsbetrachtung auf Kapazitätsbasis sinnvoll ergänzen. Denn auch bei zahlreichen Rohstoffen kann sich die Qualität des Produkts an verschiedenen Förderstätten unterscheiden. Da zudem die (Grenz-)Kosten der Förderung unterschiedlich hoch sein können, stehen einige Kapazitäten dem Markt nur ab einem bestimmten Niveau der Gesamtnachfrage und einer bestimmten Höhe des Marktpreises zur Verfügung.[468] In solchen Märkten ist auch eine Analyse der **Anreize zum Kapazitätsausbau** sinnvoll. In der europäischen Fusionskontrollpraxis haben diese Aspekte u. a. im Rahmen der Beurteilung eines Zusammenschlusses auf dem Markt für Nickel eine Rolle gespielt.[469]

124 **Beurteilung der „wettbewerblichen Nähe":** Um bei differenzierten Produkten das Risiko und die Stärke potentieller unilateraler Marktmachteffekte sachgerecht abschätzen zu können, muss die Stärke des Substitutionsverhältnisses (wettbewerbliche Nähe) zwischen Produkten analysiert und bewertet werden.[470] Hierfür stehen zunächst verschiedene qualitative Analysemethoden zu Verfügung, die z. B. auch im Rahmen der Abgrenzung relevanter Märkte in der Praxis der Kartellbehörden genutzt werden.[471] Neben einer Betrachtung der relevanten **Produkteigenschaften** und ihrer spezifischen Ausprägungen[472] können **unternehmensinterne Dokumente,** insbesondere aus dem Bereich des Vertriebs und des Marketings, aussagekräftige Belege zur relativen wettbewerblichen Nähe liefern.[473] Ferner kann auf das Instrument der **Befragung von Marktteilnehmern** zurückgegriffen werden. Neben Auskünften zu den für die Auswahl eines Anbieters oder bestimmten Produkts bedeutsamen Kriterien können u. a. Informationen zur **Rangfolge der (nächstbesten) Ausweichalternative(n)** erfragt werden.[474] Zudem kann das tatsächliche Wechselverhalten der Nachfrager analysiert und auf die bestehende wettbewerbliche Nähe verschiedener Anbieter geschlossen werden **(Kundenwechselanalysen; *switching analysis*).** Im Vergleich zur relativen Größe der Unternehmen stärker ausgeprägte Kundenwechsel zwischen Anbietern indizieren dabei eine entsprechend größere wettbewerbliche Nähe. In der europäischen Entscheidungspraxis fand diese Analysemethode z. B. im Rahmen der Beurteilung

---

[468] Solche Märkte sind in ökonomischer Hinsicht der klassische Beispielfall für eine mit dem Preis steigende Angebotsmenge (steigende Angebotsfunktion). Aufgrund der in bestimmten Kraftwerken oder Förderstätten höheren (Grenz-)Kosten der Produktion, steigt die im Markt angebotene Menge/Kapazität bei einem steigenden Preis, weil es für die Anbieter erst dann wirtschaftlich sinnvoll ist, bestimmte Produktionskapazitäten einzusetzen oder auszubeuten; vgl. hierzu auch bereits die allgemeinen Ausführungen oben Rdnr. 24.

[469] Vgl. Komm., E. v. 4. Juli 2006, COMP/M.4000, Rdnr. 482 ff. u. 510 ff. – *Inco/Falconbridge.*

[470] Vgl. zum relevanten ökonomisch-theoretischen Hintergrund oben Rdnr. 119 ff.

[471] Vgl. hierzu bereits oben Rdnr. 80; auch die Marktabgrenzung beschäftigt sich im Kern mit der Frage der „wettbewerblichen Nähe" von ggf. stark differenzierten Produkten. Durch die Marktabgrenzung sollen diejenigen Produkte und Anbieter erfasst und abgebildet werden, die aufeinander einen maßgeblichen Wettbewerbsdruck ausüben, sich also wettbewerblich relativ nahe stehen.

[472] Für eine anhand zahlreicher Kriterien vorgenommenen Analyse der wettbewerblichen Nähe der verschiedenen Vertriebsschienenkonzepte im Lebensmitteleinzelhandel vgl. z. B. BKartA, E. v. 30. Juni 2008, B2–333/07, S. 38 ff. – *Edeka/Tengelmann.*

[473] Insbesondere bei klassischen Konsumgütern treffen Anbieter sehr ausgefeilte Entscheidungen zur strategischen „Positionierung" eines Produkts oder einer Marke im Verhältnis zu Konkurrenzprodukten. Die in diesem Zusammenhang produzierten Unterlagen liefern – da sie zumeist auch auf einer entsprechenden Analyse des Nachfragerverhaltens und der Konsumentenpräferenzen basieren – besonders wertvolle Hinweise. Auch Unterlagen, die auf eine unterschiedlich intensive Beobachtung des Marktverhaltens von Konkurrenten schließen lassen, können Aussagen zur wettbewerblichen Nähe von Wettbewerbern stützen.

[474] Für die europäische Entscheidungspraxis vgl. z. B. Komm., E. v. 13. Juli 2005, COMP/M.3653, u. a. Rdnr. 44 ff. – *Siemens/VA Tech;* Komm., E. v. 21. Oktober 2008, COMP/M. 4919, Rdnr. 96 ff. – *StatoilHydro/ConocoPhillips.*

von Zusammenschlüssen zwischen Mobilfunkanbietern Verwendung.[475] In der deutschen Fusionskontrollpraxis lieferte sie z. B. Hinweise auf die wettbewerbliche Nähe von Anbietern spezieller Beschichtungsmaterialien für Konservendosen.[476]

Auf Märkten, die durch die Vergabe von Aufträgen in einem ausschreibungsähnlichen Verfahren gekennzeichnet sind, können so genannte **Bieteranalysen** ***(bidding analysis)*** eingesetzt werden.[477] Hinweise auf die wettbewerbliche Nähe von Produkten und Anbietern liefern hier zum einen Daten zur (relativen und ggf. volumen- oder umsatzgewichteten) Anzahl von Ausschreibungen oder Auftragsvergaben, bei denen sich die verschiedenen Anbieter in unterschiedlichen Konstellation im Wettbewerb begegnet sind **(Begegnungsquoten).** Zum anderen ergeben sich aus den Informationen, welcher Bieter jeweils erfolgreich war und in welcher **Rangfolge** jeweils die Angebote der übrigen Wettbewerber folgten, Schlussfolgerung zur Stärke des von den Bietern jeweils aufeinander ausgeübten Wettbewerbsdrucks. Je häufiger sich Bieter begegnen und je näher sie sich in der Rangfolge kommen, umso stärker und enger ist ihr Wettbewerbsverhältnis. Jüngere Beispiele für den Einsatz dieser Analysemethode sind in der deutschen Anwendungspraxis z. B. Zusammenschlüsse im Bereich der Automobil-Zulieferindustrie,[478] im Markt für Blutbeutel[479] oder hinsichtlich des Angebots von Handelsmarken-Speiseeis für den Lebensmitteleinzelhandel.[480] Auch in der europäischen Entscheidungspraxis wird diese Methode regelmäßig angewendet.[481] 125

Aussagekräftige Schlussfolgerungen können ferner aus Informationen zu den Anpassungsreaktionen von Abnehmern und Nachfragern im Falle tatsächlicher oder hypothetischer Veränderungen der (relativen) Preise verschiedener Produkte gezogen werden.[482] Entsprechende befragungsgestützte Analysen wurden beispielsweise von der Kommission für die Beurteilung der wettbewerblichen Nähe von Luftverkehrsanbietern auf einzelnen Streckenverbindungen[483] eingesetzt. In der deutschen Praxis spielten sie hingegen z. B. bei der Beurteilung von Zusammenschlüssen auf typischen Konsumgütermärkten wie Spirituosen eine Rolle.[484] Auf der Grundlage solcher Erhebungen können so genannte **Substitutions- oder Abwanderungsraten** ***(diversion ratios)*** oder **Umlenkungskennziffern** berechnet werden.[485] Aufgrund der Fortschritte in der IT-Technik kann hierzu vermehrt auch auf 126

---

[475] Vgl. u. a. Komm., E. v. 26. April 2006, COMP/M.3916, Rdnr. 49 ff. – *T-Mobile Austria/Tele.ring;* für weitere Anwendungsbeispiele der europäischen Praxis vgl. *Gore/Lewis/Lofaro/Dethmers,* aaO 189 ff.

[476] Vgl. BKartA, E. v. 24. April 2012, B3–187/11, Rdnr. 82 ff. – *Akzo/Medlac.*

[477] Vgl. ICN, Investigative Techniques Handbook for Merger Review, Chapter 4 ("The Role of Economists and Economic Evidence in Merger Analysis"), 26 ff.; *Gore/Lewis/Lofaro/Dethmers,* aaO 231 ff.

[478] BKartA, E. v. 22. Dezember 2009, B9–84/09, S. 65 ff. – *Webasto/Edscha;* BKartA, E. v. 11. September 2014, B9–74/14, Rdnr. 155 ff. – *Continental/Veyance.*

[479] BKartA, E. v. 11. Dezember 2012, B3–127/12, Rdnr. 80 ff. – *Fresenius/Fenwal.*

[480] BKartA, E. v. 30. November 2012, B2–113/12, Rdnr. 116 ff. – *DMK/Roseneis.*

[481] Vgl. z. B. Komm., E. v. 13. Juli 2005, COMP/M.3653, Rdnr. 51 ff. und 96 ff. – *Siemens/VA Tech;* Komm., E. v. 2. September 2003, COMP/M.3083, Rdnr. 131 ff. – *GE/Instrumentarium;* für weitere Fallbeispiele vgl. *Gore/Lewis/Lofaro/Dethmers,* aaO 241 ff.

[482] Alternativ käme z. B. eine Fragestellung in Betracht, die auf die (Rangfolge der) bestehenden Ausweichalternative(n) bei fehlender Verfügbarkeit eines fraglichen Produkts abstellt; für eine gute Zusammenfassung der Anforderungen an eine aussagekräftige Marktbefragung („*survey*") vgl. UK Competition and Markets Authority (CMA), Good Practice in the Design and Presentation of Consumer Survey Evidence in Merger Inquiries, 2011; *Diamond,* Reference Guide on Survey Research, in: Federal Judicial Center, Reference Manual on Scientific Evidence, 3. Aufl., 2011, 359 ff.

[483] Vgl. Komm., E. v. 27. Juni 2007, COMP/M.4439, Rdnr. 409 ff. sowie Anhänge 1 und 2 – *Ryanair/Aer Lingus;* Komm., E. v. 22. Juni 2009, COMP/M.5335, Rdnr. 180 ff. – *Lufthansa/SN Airholding.*

[484] Vgl. BKartA, E. v. 19. Dezember 2012, B2–64/12, Rdnr. 68 ff. und 175 ff. – *Ratos AB/Pernod Ricard Denmark.*

[485] Vgl. hierzu bereits oben Rdnr. 82; vgl. ferner *Davis/Garcés,* aaO 191 ff.; *Bishop/Walker,* aaO 564 ff.

umfangreiche Datenbestände zurückgegriffen werden, die im Rahmen des Geschäftsbetriebs generiert werden (so genannte Transaktionsdaten).[486] Die Kommission hat für die Berechnung von Abwanderungsraten im Rahmen der Beurteilung eines Zusammenschlusses zwischen Mobilfunkanbietern z. B. auf Daten zurückgegriffen, die aufgrund der Rufnummer-Portabilität der Kunden bei einem Anbieterwechsel generiert werden.[487] Für die Bestimmung der wettbewerblichen Nähe ist die **relative Abwanderungsrate** zwischen einzelnen Produkten die aussagekräftigste Kennziffer. Diese misst die Stärke der Ausweichreaktionen z. B. im Falle einer Preiserhöhung im Verhältnis zum (relativen) Anteil der Substitutionsprodukte an der Gesamtnachfrage (deren „Marktanteil"). Ist der relative Anstieg der Nachfrage eines Substitutionsproduktes größer als dessen Marktanteil, weist dieses Produkt eine stärkere Substitutionsbeziehung zu dem betrachten Produkt auf als zu denjenigen Produkten, für die der relative Nachfrageanstieg dem (Markt-)Anteil entspricht oder diesen unterschreitet.

127 **Datengestützte Schätzung von Preiseffekten:** Sofern hinreichend detaillierte Preis- und Transaktionsdaten verfügbar sind, können ferner durch datengestützte Analysen das Risiko bzw. die Stärke potentieller Preiseffekte von horizontalen Zusammenschlüssen geschätzt werden. Dies gilt insbesondere für Fälle, in denen sich die maßgeblichen Anbieter in verschiedenen Konstellationen entweder auf zahlreichen regional begrenzten Märkten oder regelmäßig bei Ausschreibungen begegnen. Grundidee der als **Preis-Konzentrations-Analyse *(price concentration analysis)*** bezeichneten Methode ist es, aus Unterschieden im **Markt- bzw. Ausschreibungsergebnis** (insbesondere der Preishöhe), die sich in konkreten (An-)Bieterkonstellationen ergibt, auf den relativen Wettbewerbsdruck zu schließen, den verschiedene Anbieter aufeinander ausüben.[488] Lässt sich für bestimmte **(An-)Bieterkonstellationen** belegen, dass die Preise systematisch niedriger sind, deutet dies – sofern andere Einflussfaktoren ausgeschlossen bzw. deren Wirkungen ausreichend berücksichtigt („kontrolliert") werden können – auf einen entsprechend höheren Wettbewerbsdruck hin, der von einzelnen Unternehmen ausgeht bzw. zwischen einzelnen Anbietern wirksam ist. Sind Daten für eine hinreichend große Anzahl von Vergleichsfällen verfügbar, können für solche Analyse auch **ökonometrische Auswertungstechniken** wie z. B. die (multiple) **Regressionsanalyse** eingesetzt werden.[489] In den USA wurde dieser Ermittlungsansatz z. B. für die Beurteilung des Zusammenschlusses *Staples/Office Depot* im Bereich des Einzelhandels genutzt.[490] Aus der Tatsache, dass die Preise in Regionalmärkten, in denen beide Anbieter präsent sind, systematisch niedriger waren als in Markträumen, in denen nur einer der Beteilig-

---

[486] Für typische Konsumgüter sind die an den flächendeckend verbreiteten Scanner-Kassen des Handels generierten Einzeldaten für Preise und abgenommene Mengen („Scannerdaten") die Basis für diese umfangreichen Datenbestände.

[487] Vgl. Komm., E. v. 12. Dezember 2012, COMP/M.6497, Rdnr. 180 ff. – *Hutchison 3G Austria/Orange Austria.*

[488] Vgl. zu dieser Analysemethode u. a. *Bishop/Walker,* aaO 605 ff.; *Gore/Lewis/Lofaro/Dethmers,* aaO 191 ff.

[489] Regressionsanalysen schätzen auf der Grundlage umfangreicher Daten zu verschiedenen Variablen, ob und wie stark der statistisch messbare Einfluss bestimmter Faktoren (sogenannte „erklärende" Variable(n)) auf eine andere Größe (so genannte „erklärte" Variable) ist. Bei Preis-Konzentrations-Analysen ist der gewählte Indikator für das Marktergebnis (z. B. die Preishöhe) die erklärte Variable. Diese wird auf die erklärenden Variablen der verschiedenen (An-)Bieterkonstallationen „regressiert", d. h. es wird analysiert, ob ein statistisch signifikanter und robuster („kausaler") Zusammenhang zwischen der Ausprägung und Entwicklung dieser Variablen und dem Marktergebnis/der Preishöhe besteht. Für einen untechnischen, ausdrücklich für Juristen (Richter) verfassten Überblick über diese Analysetechnik vgl. *Rubinfeld,* Reference Guide on Multiple Regression, in: Federal Judicial Center, Reference Manual on Scientific Evidence, 3. Aufl., 2011, 303 ff., insbesondere 333 ff. („The Basics of Multiple Regression"); vgl. ferner: *Bishop/Walker,* aaO 722 ff.; für eine technischere Darstellung vgl. *Davis/Garcés,* aaO 62 ff.

[490] Vgl. für eine ausführliche Darstellung: ABA Section of Antitrust Law, Econometrics: Legal, Pracitical and Technical Issues, 2005, 351 ff.; *Baker/Pitofsky,* A Turning Point in Merger Enforcement: FTC v. Staples, in: *Fox/Craig (Hrsg.),* Antitrust Stories, 2007, 257 ff.

ten Standorte unterhielt, wurde auf eine große wettbewerbliche Nähe der Beteiligten und ein hohes Risiko zusammenschlussbedingter Preissteigerungen geschlossen. In der europäischen Fusionskontrollpraxis wurden hingegen unter Verwendung umfangreicher Bieter- und Ausschreibungsdaten mit dieser Methode z. B. Schlussfolgerungen hinsichtlich der wettbewerblichen Nähe von Anbietern spezifischer Medizinprodukte[491] gezogen. Im Mineralölbereich wurde die Methode von der Kommission genutzt, um den von einem einzelnen Wettbewerber ausgehenden Wettbewerbsdruck zu bewerten.[492] Sie bildete ferner jüngst einen wichtigen Baustein für die Beurteilung und Untersagung eines Zusammenschlusses zwischen Anbietern internationaler Express-Dienstleistungen.[493]

Für einen längeren Zeitraum erhobene Umsatz- und Transaktionsdaten (sogenannte 128 „Zeitreihen") können ferner dazu genutzt werden, um aus der relativen Stärke wettbewerblicher Verhaltens- und insbesondere Preisanpassungen bei bestimmten Ereignissen, insbesondere bei einem (lokalen) Marktzutritt eines Wettbewerbers, auf die wettbewerbliche Nähe von Anbietern zu schließen **(Event- oder Markteintrittsanalysen; *event/entry analysis*).**[494] Je stärker bzw. je ähnlicher die wettbewerblichen Reaktionen von Anbietern auf ein wettbewerbsrelevanten Ereignis oder einen Markzutritt sind, umso enger sind das Substitutionsverhältnis zwischen den angebotenen Produkten und deren wettbewerbliche Nähe. Neben der Auswahl eines geeigneten Indikators zur Messung der **abgestuften wettbewerblichen Reaktion** (z. B. Umsatz oder Preishöhe) besteht die Herausforderung dieser Analysemethode insbesondere in der Auswahl geeigneter wettbewerbsrelevanter Ereignisse und einer hinreichenden Berücksichtigung und empirisch-ökonometrischen „Kontrolle" alternativer Begründungen für beobachtbare Verhaltensreaktionen der Marktakteure.[495] Zudem kann die wettbewerbliche Reaktion ggf. mit einer gewissen zeitlichen Verzögerung eintreten *(time lag);* diesem Problem muss unter anderem durch eine geeignete Periodizität der verwendeten Daten Rechnung getragen werden. In den USA wurde diese Analysemethode u. a. für die Beurteilung unilateraler Marktmachteffekte eines Zusammenschlusses im Lebensmitteleinzelhandel eingesetzt. Im Verfahren *Wholefoods/Wild Oats*[496] wurde aus der im Vergleich zu anderen führenden Einzelhändlern jeweils stärkeren wettbewerblichen Reaktion des einen Beteiligten auf (lokale) Markteintritte des jeweils anderen Beteiligten (Standort-Neueröffnungen) auf eine ausgeprägte wettbewerbliche Nähe und entsprechend starke unilaterale Effekte geschlossen.[497] In der jüngsten deutschen Fusionskontrollpraxis wurde die Methode ebenfalls genutzt, um eine große wettbewerbliche Nähe von Zusammenschlussbeteiligten im Lebensmitteleinzelhandel zu belegen und die Untersagung eines Zusammenschlusses zu begründen.[498] Auch in der europäischen Entscheidungspraxis wurde diese Methode für die Beurteilung der Auswirkungen eines Zusammenschlusses im Lebensmittel-

---

[491] Komm., E. v. 2. September 2003, COMP/M.3083, Rdnr. 166 ff. – *GE/Instrumentarium.*

[492] Komm., E. v. 21. Oktober 2008, COMP/M.4919, Rdnr. 102 ff. – *StatoilHydro/ConocoPhillips.*

[493] Komm., E. v. 30. Januar 2013, COMP/M.6570 – *UPS/TNT;* die Entscheidung ist bisher öffentlich nicht verfügbar; vgl. Fall-Memo 13/48, abrufbar unter: http://europa.eu/rapid/press-release_MEMO-13-48_en.htm; für weitere Beispiele aus der EU-Praxis vgl. *Gore/Lewis/Lofaro/Dethmers,* aaO 201 ff.

[494] Vgl. *Bishop/Walker,* aaO 592 ff.; *Johnson,* Entry and Exit Event Analysis, in: *Collins et al. (Hrsg.),* aaO 1385 ff.; *Gore/Lewis/Lofaro/Dethmers,* aaO 207 ff.

[495] Vgl. hierzu auch ausführlich *Johnson,* aaO 1385 ff.

[496] Vgl. für eine Falldarstellung sowie eine Darstellung der Debatten zwischen den beteiligten ökonomischen Experten („battle of experts"): *Johnson,* aaO 1389 ff.

[497] Im Ergebnis wurde die Analyse auch als wichtiger Beleg dafür erachtet, dass von einem separaten Markt für so genannte „Premium Natural Organic Supermarkets" (PNOS) ausgegangen werden müsse; die FTC hat jedoch die Auffassung vertreten, dass auch bei einer weiteren sachlichen Marktabgrenzung von schädlichen unilateralen Marktmachteffekten ausgegangen werden müsse. Die zuständigen Gerichte haben die Untersagung hingegen auf die Abgrenzung eines engeren sachlich relevanten Marktes für PNOS gestützt; vgl. hierzu insbesondere: Court of Appeals for the District of Columbia; Urteil vom 29. Juli 2008, Case-No. 07-527, abrufbar unter: http://www.ftc.gov/os/caselist/0710114/080729wholefoodsopinion.pdf).

[498] Vgl. BKartA E. v. 31. März 2015, B2-96/14, Rdnr. 312 ff. – *Edeka/Kaisers's Tengelmann.*

einzelhandel genutzt.[499] Einen weiteren Schwerpunkt der Anwendung auf europäischer Ebene bildete der Luftverkehrssektor.[500] Die Ergebnisse einer ökonometrisch komplexen und umfassenden Markteintrittsanalyse wurden von der Kommission unter anderem verwendet, um die Untersagungsentscheidung im Verfahren *Ryanair/Aer Lingus* zu stützen.[501] Als Anknüpfungspunkt für Event-Analysen dienten in EU-Fusionskontrollverfahren ferner bereits unvorhergesehene Störungen des Produktionsablaufs in einzelnen Fabrikationsanlagen der Zusammenschlussbeteiligten.[502] Aus der Absatzentwicklung verschiedener konkurrierender Anbieter konnten hier Schlussfolgerungen hinsichtlich der wettbewerblichen Nähe und der Gefahr unilateraler Marktmachteffekte gezogen werden.

129 **Einschätzung des Preissteigerungsdrucks:** Eine weitere datengestützte Ermittlungsmethode für die Einschätzung der Stärke unilateraler Effekte knüpft unmittelbar an dem sogenannten „Erstrundeneffekt" an.[503] Der „Test des Preissteigerungsanreizes" (*Upward-Pricing-Pressure-Test;* **UPP-Test**) zielt darauf ab, den größeren Spielraum und Anreiz des zusammengeschlossenen Unternehmens für Preissteigerungen abzuschätzen, der sich unmittelbar aus der mit der Internalisierung (und mithin Beseitigung) eines zuvor wirksamen Wettbewerbsdrucks ergibt.[504] Je höher der Preissteigerungsanreiz bzw. Preissteigerungsdruck ist, umso stärker ist der durch den Zusammenschluss beseitigte Wettbewerbsdruck in einem Markt und umso ausgeprägter daher auch das Risiko unilateraler Marktmachteffekte.[505] Da die Profitabilität einer Preiserhöhung zum einen von dem Absatzverlust (Mengeneffekt) abhängt, der sich bei einer Preiserhöhung einstellt, müssen für die Anwendung des Tests Daten zu den **Abwanderungsraten** zwischen den Produkten der Zusammenschlussbeteiligten zur Verfügung stehen.[506] Die Auswirkungen einer Preissteigerung auf den Gesamtgewinn eines Anbieters hängen zum anderen von der Höhe der Marge in der Ausgangssituation vor einer Preiserhöhung ab (Preis- und Margeneffekt). Für die Anwendung dieses Tests sind daher auch detaillierte **Kosten- und Margendaten** erforderlich. Je niedriger (höher) die angesetzte Marge, umso weniger (mehr) sinkt der absolute Gewinn eines Anbieters bei einem Rückgang des Absatzes, d. h. umso schwächer (stärker) ist der sogenannte Mengeneffekt. Für gegebene Abwanderungsraten nimmt daher der gemessene Preiserhöhungsanreiz mit steigender (sinkender) Marge ab (zu).[507]

---

[499] Vgl. Komm., E. v. 23. Juni 2008, COMP/M. 5047, Rdnr. 50 – *REWE/Adeg.*

[500] Vgl. Komm., E. v. 22. Juni 2009, COMP/M.5335, Rdnr. 110 ff. und 143 ff. – *Lufthansa/SN Airholding;* Komm., E. v. 22. August 2009, COMP/M.5440, Rdnr. 177 ff. und 258 ff. – *Lufthansa/Austrian Airlines.*

[501] Vgl. Komm., E. v. 27. Juni 2007, COMP/M.4439, Rdnr. 450 ff. sowie Anhang 4 – *Ryanair/Aer Lingus;* vgl. ferner: *de la Mano/Pesaresi/Stehmann,* Econometric and Survey Evidence in the Competitive Assessment of the Ryanair-Aer Lingus Merger, in: EU-Commission, Competition Policy Newsletter, 3/2007, 73 ff.

[502] Vgl. hierzu Komm., E. v. 4. Juli 2006, COMP/M.4000, Rdnr. 367 ff. – *Inco/Falconbridge;* Komm., E. v. 10. August 2008, COMP/M.4094, Rdnr. 91 ff. – *Ineos/BP Dormagen.*

[503] Vl. hierzu oben Rdnr. 120.

[504] Vgl. grundlegend: *Farrell/Shapiro,* Antitrust Evaluation of Horizontal Mergers: An Economic Alternative to Market Definition, B.E. Journal of Theoretical Economics, 10 (2010), Art. 9; vgl. ferner: *Schwalbe/Zimmer,* aaO 257ff; *Willig,* Unilateral Competitive Effects of Mergers: Upward Pricing Pressure, Product Quality, and Other Extensions, Review of Industrial Organization, 39 (2011), 19 ff.

[505] Bei der Interpretation der Ergebnisse des UPP-Tests ist zu beachten, dass lediglich die Stärke des Preiserhöhungsanreizes des zusammengeschlossenen Unternehmens gemessen wird; da die Möglichen Reaktionen der verbliebenen Wettbewerber im Markt („Zweitrundeneffekt") noch nicht berücksichtigt sind, sagt der UPP-Test noch nichts über die als Folge des Zusammenschlusses zu erwartenden Preissteigerungen in einem Markt aus. Die Logik des UPP-Tests kann jedoch den Ausgangspunkt und die Grundlage für eine umfassende Simulation der potentiellen Preiseffekte im gesamten Markt (*merger simulation*) bilden; vgl. hierzu ausführlicher unten Rdnr. 131 ff.

[506] Zum Konzept und Möglichkeiten der Ermittlung von Abwanderungsraten vgl. bereits oben Rdnr. 126.

[507] Vgl. zu diesen, auch für die Anwendung des so genannten SSNIP-Tests im Rahmen der Marktabgrenzung relevanten grundlegenden Zusammenhängen bereits oben Rdnr. 78.

Da der UPP-Test quantitative Indizien für die Stärke des potentiellen (unilateralen) Marktmachteffekts eines Zusammenschlusses liefert, ist seine **Aussagekraft** bei differenzierten Produkten höher als z. B. diejenige von Marktanteilen. Es wird daher diskutiert, ob der UPP-Test bei differenzierten Produkten die Marktanteilsbetrachtung als Grobfilter *(„screen")* für die Erfassung der Wirkungen eines Zusammenschlusses ersetzen sollte.[508] Auch wird die Frage gestellt, ob wegen der geringeren Aussagekraft der Marktanteile bei differenzierten Produkten deren Ermittlung und damit auch die Abgrenzung relevanter Märkte stark an Bedeutung verlieren oder sogar ganz entbehrlich seien.[509] Aus ökonomischer Sicht ist diese Frage zwar berechtigt. Praktische Erwägungen sprechen jedoch dagegen.[510] Hinsichtlich der Aussagekraft von Marktanteilen liegen die Ursachen für mögliche Unschärfen zwar in dem Schritt der sachlichen und räumlichen Marktabgrenzung. Die Grenzen und Unschärfen des UPP-Tests resultieren jedoch zum einen aus der möglicherweise nur eingeschränkten **Datenverfügbarkeit und -qualität.** Selbst wenn die erforderlichen Daten verfügbar sind, dürften zum anderen die Berechnung bzw. Schätzung der relevanten Inputgrößen (Abwanderungsraten, Kosten, Margen) selten eindeutig oder im konkreten Einzelfall unumstritten sein. Wird z. B. die Marge zu hoch (niedrig) angesetzt, wird der Preissteigerungsanreiz des zusammengeschlossenen Unternehmens und mithin auch der Marktmachteffekt des Zusammenschlusses unterschätzt (überschätzt).[511] Marktanteile und der UPP-Test sind daher zwar alternative, jeweils aber keineswegs perfekte Indikatoren für die (erste) Abschätzung unilateraler Marktmachteffekte eines Zusammenschlusses. Eine in Abhängigkeit von der Datenverfügbarkeit komplementäre Verwendung beider Ansätze in konkreten Einzelfällen erscheint daher vorzugswürdig. 130

Simulationsmodelle *(merger simulation):* Das Ziel einer möglichst genauen Schätzung („Messung") der Auswirkungen eines Zusammenschlusses auf das **Marktergebnis** verfolgen sogenannte ökonometrische Simulationsmodelle.[512] Der technisch sehr komplexe und datenintensive Simulationsprozess umfasst dabei mehrere Schritte und Bausteine:[513] Von zentraler Bedeutung ist die Modellierung des Nachfragerverhaltens bezüglich der betrachteten Produkte. Hierzu wurden inzwischen verschiedene ökonometrische Ansätze entwickelt, die teilweise auf abweichenden Annahmen zu den konkreten Nachfragereaktionen bei Preisveränderungen (technisch: den Steigungs- und Lageeigenschaften der Nachfragefunktion) beruhen.[514] Ziel der Modellierung ist es, im Sinne einer empirischen **Schätzung von „Nachfragesystemen"** (d. h. einem Bündel produktspezifischer Nachfragefunktionen) die zwischen den Produkten wirksamen (Kreuz-)Preiselastizitäten zu ermitteln, d. h. quantitativ abzuschätzen, in welche Richtung und wie stark sich die Nachfrage einzelner Produkte jeweils bei Veränderungen der (relativen) Preise verändert. Hierzu wird das jeweilige (ökonometrische) Modell mit Hilfe von vergangenheitsbezogenen Preis-Mengen-Daten „ka- 131

---

[508] Vgl. befürwortend u. a. *Schwalbe/Zimmer,* aaO 261.

[509] Vgl. tendenziell befürwortend: *Farrell/Shapiro,* aaO; eher zurückhaltend hingegen *Zimmer,* Differenzierte Produkte, nichtkoordinierte Effekte und das Upward Pricing Pressure-Konzept: Wird die Marktabgrenzung in der Fusionskontrolle entbehrlich?, WuW 2013, 928 ff.; für eine umfassende Diskussion vgl. *Schwalbe/Maier-Rigaud,* aaO 41 ff. und 62 ff.

[510] Vgl. zu den maßgeblichen Argumenten u. a. *Schwalbe/Maier-Rigaud,* aaO 62 ff.

[511] Vgl. zu diesem auch bei der empirischen Umsetzung des SSNIP-Tests im Rahmen der Marktabgrenzung zu berücksichtigenden Problem bereits ausführlich oben Rdnr. 83.

[512] Für einen wenig technischen Überblick vgl. *Schwalbe/Zimmer,* aaO 261 ff.; *Gore/Lewis/Lofaro/Dethmers,* aaO 214 ff.; für eine technisch-mathematische Kategorisierung und Darstellung der verschiedenen Simulationsansätze vgl. *Budzinski/Ruhmer,* Merger Simulation in Competition Policy: A Survey, Journal of Competition Law and Economics, 6 (2010). 277 ff.; *Werden/Froeb,* aaO 64 ff.; *Davis/Garcés,* aaO 382 ff.

[513] Vgl. zu den nachfolgenden Ausführungen insbesondere *Schwalbe/Zimmer,* aaO 261 ff.; *Budzinski/Ruhmer,* aaO 281 f.; für eine Darstellung anhand eines konkreten Einzelfalles vgl. *Slade,* Merger Simulation of Unilateral Effects: What can we learn from the UK brewing industry?, in: *Lyons (Hrsg.),* Cases in European Competition Policy: The Economic Analysis, 2009, 315 ff.

[514] Zum Konzept der Nachfragefunktion vgl. oben Rdnr. 22; für eine Typisierung der verschiedenen Ansätze vgl. *Budzinski/Ruhmer,* aaO 284 ff.; vgl. ferner *Davis/Garcés,* aaO 436 ff.

libriert"; d.h. es wird überprüft und sichergestellt, dass die modellhafte Darstellung des Nachfrageverhaltens bei einem Blick in die Vergangenheit die tatsächlich beobachtbaren Marktergebnisse (Preishöhe, Marktanteile etc.) vor einem Zusammenschluss abbildet („vorhersagt"). Ferner muss das **Anbieterverhalten** und insbesondere die **wettbewerbliche Interaktion** modelliert werden. Zentrale Bezugspunkte sind hier die verschiedenen Modelle der Oligopoltheorie, wobei das Modell des Preis- oder *Bertrand*-Wettbewerbs bei differenzierten Gütern am häufigsten genutzt wird.[515] Der letzte Schritt der Simulation besteht darin, das kalibrierte Gesamtmodell für die **Prognose** der Auswirkungen eines Zusammenschlusses zu nutzen. Hierzu werden die Modellergebnisse für ein getrenntes Gewinnmaximierungskalkül der fusionierenden Anbieter mit denjenigen verglichen, die sich bei einem gemeinsamen Gewinnmaximierungskalkül der Zusammenschlussbeteiligten ergeben.

132 Die Kommission hat Simulationsmodelle in den vergangenen Jahren verstärkt für die Beurteilung des Risikos und der Stärke nicht-koordinierter Effekte horizontaler Zusammenschlüsse eingesetzt. Erstmals angewendet, allerdings nicht als tragende Begründung genutzt wurde ein im Auftrag der Kommission von zwei Wissenschaftlern entwickeltes Simulationsmodell im Rahmen der Untersagung eines Zusammenschlusses von LKW-Herstellern.[516] Ein im Ansatz vergleichbares Modell, das ebenfalls von der Kommission in Auftrag gegeben wurde, wurde hingegen ausdrücklich als Begründung für einen nur unter Auflagen freigegebenen Zusammenschluss zwischen Verlagen genutzt.[517] Für die erforderlichen Preis- und Mengendaten wurde dabei auf die Datenbestände eines Marktforschungsinstituts zurückgegriffen. Selbst erhobene Ausschreibungs- und Bieterdaten bildeten hingegen die Datenbasis für die Beurteilung und Freigabe eines Zusammenschlusses im Softwarebereich.[518] In jüngerer Zeit führt die Kommission Simulationsrechnungen vermehrt selbst durch. Sie bildeten u.a. einen wichtigen Baustein für die Beurteilung von Zusammenschlüssen auf klassischen Konsumgütermärkten (Molkereiprodukte,[519] Körperpflegeprodukte).[520] In der deutschen Fusionskontrollpraxis spielt dieses ökonometrische Analyseinstrument hingegen bisher noch keine Rolle. Hierfür könnten nicht zuletzt auch **Kosten-Nutzen-Erwägungen** eine Rolle spielen.[521] Denn Simulationsmodelle können grundsätzlich zwar zu einer besseren, empirisch stärker abgestützten Bewertung der Auswirkungen horizontaler Zusammenschlüsse beitragen. Die Tatsache, dass für die modellhafte Abbildung eines konkreten Marktes eine ganze

---

515 Ausschlaggebend hierfür ist nicht zuletzt, dass dieses Modell auf einem für jeden Anbieter gültigen und empirisch relativ leicht schätz- bzw. messbaren Zusammenhang zwischen der Angebotsmenge, den Grenzkosten der Produktion und dem Preis („Grenzerlös") beruht. Sämtliche Anbieter maximieren ihren Gewinn dadurch, dass der Preis des Produkts („Grenzerlös") den Grenzkosten entspricht; vgl. zu dem insoweit ebenfalls einschlägigen Modell der monopolistischen Konkurrenz oben Rdnr. 39 ff.; vgl. ferner *Schwalbe/Zimmer,* aaO 263 f.

516 Vgl. Komm., E.v. 14. März 2000, COMP/M.1672, Rdnr. 72 ff. – *Volvo/Scania;* für eine Zusammenfassung der Analyse vgl. auch *Ivaldi/Verboven,* Quantifying the Effects from Horizontal Mergers in European Competition Policy, International Journal of Industrial Organization, 23 (2005), 669 ff.; *Davis/Garcés,* aaO 436 ff.

517 Vgl. Komm., E.v. 7. Januar 2004, COMP/M.2978, Rdnr. 700 ff. – *Lagardère/ Natexis/Vivendi Universal;* vgl. ferner *Davis/Garcés,* aaO 425 ff.

518 Vgl. Komm., E.v. 20. Oktober 2004, COMP/M.3216, Rdnr. 191 ff. – *Oracle/PeopleSoft;* Vgl. hierzu auch *Bengtsson,* Simulating the Effect of Oracle's Takeover of PeopleSoft, in: *van Bergeijk/ Kloosterhuis (Hrsg.):* Modelling European Mergers. Theory, Competition Policy and Case Studies, 2005, 133 ff.; für weitere Beispiele vgl. auch *Gore/Lewis/Lofaro/Dethmers,* aaO 226 ff.

519 Vgl. Komm., E.v. 17. Dezember 2008, COMP/M.5046, Anhang 1 – *Friesland/Campina.*

520 Vgl. . Komm., E.v. 17. November 2010, COMP/M.5658, Rdnr. 175 ff., und „technischer Anhang" – *Unillever/Sara Lee.*

521 Für eine Diskussion der nachfolgend skizzierten Vor- und Nachteile vgl. u.a. *Zimmer,* Vorzüge und Leistungsgrenzen quantitativ-ökonomischer Analysen in Fusionskontrollverfahren: Das Beispiel Oracle/PeopleSoft, in: Fs Bechtold, 2006, 677 ff.; *Schwalbe/Zimmer,* aaO 264 ff.; *Budzinski,* Competing Merger Simulation Models in Antitrust Cases: Can the Best be Identified?, ICFAI University Journal of Mergers & Acquisitions, 6 (2009), 24 ff.

Reihe von Annahmen getroffen werden müssen, ist dabei grundsätzlich auch kein Nachteil. Durch die Transparenz und ggf. Variation der notwendigen Modellannahmen können vielmehr die Ergebnisse der Modelle hinsichtlich ihrer Plausibilität und Robustheit im Detail diskutiert und bewertet werden. Diese Notwendigkeit und die damit einhergehende technische Komplexität ist jedoch gleichzeitig eine gewisse Schwäche dieser Analysemethode, da sie den (Zeit-)Aufwand und die Kosten ihrer Anwendung erhöht. Bereits die Auswahl der für einen bestimmten Markt „passenden" Modellannahmen ist selten unumstritten. Zudem ergeben sich bei einer komplexen Modellierung zahlreiche technische Stellschrauben, die einen teilweise starken Einfluss auf das Simulationsergebnis haben. Sie bieten damit auch Ansatzpunkte für Fehlinterpretationen.[522]

Das Instrument komplexer Simulationsmodelle veranschaulicht exemplarisch die Tatsache, dass hinsichtlich der in einem konkreten Einzelfall besonders geeigneten Ermittlungsmethoden kaum generalisierbare Aussagen möglich sind. Als Anknüpfungspunkt kommt allerdings die Tatsache in Betracht, dass für einen gegebenen Grad der Datenverfügbarkeit und Datenqualität ein genereller Zielkonflikt zwischen der Genauigkeit der Ermittlung und der Komplexität und damit auch dem Analyseaufwand besteht. Je komplexer eine empirische Methode ist, desto genauere Ermittlungsergebnisse kann sie zwar potentiell liefern. Dies allerdings nur zu dem Preis einer entsprechend hohen Komplexität. Mit einer zunehmenden Komplexität der Analyse wird stets auch die notwendige Bewertung der Aussagekraft ihrer Ergebnisse schwieriger und aufwändiger. Wie in anderen Rechtsbereichen muss daher letztendlich auf der Basis der geltenden **Nachweisstandards** geprüft und entschieden werden, welche der zur Verfügung stehenden Methoden in konkreten Einzelfällen jeweils genutzt werden müssen oder sollten.[523] Im Kontext der Analyse nicht-koordinierter Effekte weist die Kommission dementsprechend regelmäßig darauf hin, dass komplexe datengestützte Analysen komplementär zu qualitativen Marktuntersuchungen genutzt werden. Maßgeblich sei stets eine **Gesamtwürdigung** aller ermittelten Tatsachen und Belege.[524] Auch die Rechtsprechung der Unionsgerichte hat klargestellt, dass eine feste „Rangordnung" der Methoden nicht existiert und es insbesondere keinen generellen Vorrang für komplexe ökonometrische Analysen gibt.[525] 133

III. Kollektive Marktbeherrschung und koordinierte Effekte

1. Theoretische und konzeptionelle Grundlagen. Nicht-koordinierte Effekte eines horizontalen Zusammenschlusses führen zwar im Ergebnis zu einer Verschlechterung des Marktergebnisses, dies jedoch ausschließlich aufgrund einer einseitigen Verhaltensanpassung der Anbieter an die durch eine Fusion veränderten Wettbewerbsbedingungen.[526] Als Folge eines Zusammenschluss können sich für Anbieter allerdings auch verbesserte Möglichkeiten für ein kollusives Verhalten ergeben, ohne dass es hierzu einer rechtlich unzulässigen Form der Absprache oder Verhaltensabstimmung bedarf. Diese Wirkung eines (horizontalen) Zusammenschlusses wird durch die Konzepte der Begründung bzw. Verstärkung gemeinsamer (kollektiver) Marktbeherrschung und der koordinierten Effekte erfasst.[527] Mit dem Begriff der „Koordinierung" soll dabei die Tatsache abgebildet werden, dass eine explizite 134

[522] Für einen guten Überblick vgl. *Walker,* The Potential for Significant Inaccuracies in Merger Simulation Models, Journal of Competition Law and Economics, 1 (2005), 473 ff.

[523] Vgl. zu den hier maßgeblichen Erwägungen bereits oben Rdnr. 15.

[524] Vgl. u. a. vgl. *Italianer,* "Quantity" and "Quality" in Economic Assessments, Rede auf der CRA Annual Conference, 7. Dezember 2011, 3 f. (abrufbar unter: http://ec.europa.eu/competition/speeches); vgl. ferner u. a. Komm., E. v. 26. Januar 2011, COMP/M.5830, Rdnr. 28 ff. – *Olympic/Aegean Airlines I.*

[525] Vgl. hierzu insbesondere: EuG, U. v. 6. Juli 2010, Rs T-342/07, Slg. 2010 II-3457 ff., Rdnr. 136 ff. – *Ryanair Holding Plc./Europäische Kommission.*

[526] Vgl. hierzu ausführlich oben Rdnr. 116 ff.

[527] Vgl. für einen Überblick: *Schwalbe/Zimmer,* aaO 295 ff.; *Kühn,* The Coordinated Effects of Mergers, in: *Buccirossi (Hrsg.),* aaO 105 ff.; *Ivaldi/Jullien/Rey/Seabright/Tirole,* aaO; *Ordover,* Coordinated Effects, in: *Collins et al. (Hrsg.),* aaO 1359 ff.

Absprache oder Verhaltensabstimmung gerade nicht erforderlich ist. Maßgeblicher theoretischer Bezugspunkt sind die Erkenntnisse der ökonomischen **Theorie der Kollusion.**[528] Diese bauen auf der durch das sogenannte „Gefangenen-Dilemma" spieltheoretisch veranschaulichten Tatsache auf, dass ein kollusives Marktverhalten tendenziell instabil ist, weil für jeden Beteiligten ein Anreiz besteht, durch ein abweichendes Verhalten *(„cheating")* kurzfristig den individuellen Gewinn zu steigern. Die Gefahr eines kollusiven Verhaltens ist daher umso höher, je schwächer dieser Abweichungsanreiz ist, d.h. für die Unternehmen ein Abweichen nicht profitabel und damit unattraktiv ist.

135 Diesen grundlegenden Zusammenhang beschreibt die sogenannte **Anreizrestriktion** für ein (relativ) stabiles kollusives Verhalten in einem Markt.[529] Danach ist ein kollusives Verhalten und Marktergebnis möglich und stabil, wenn für die beteiligten Unternehmen jeweils der (erwartete) *zusätzliche* Gewinn, der durch ein **Abweichen** erzielt werden kann, maximal gleich oder niedriger ist als die (erwartete) *Gewinndifferenz* zwischen dem Kollusionsgewinn und dem Gewinn, der sich in den Folgeperioden als Konsequenz einer Entdeckung des Abweichens ergibt („Bestrafungsperioden"). Mit anderen Worten: Ein kollusives Verhalten und Marktergebnis ist möglich und umso stabiler, je mehr die Unternehmen erwarten müssen, dass der (kurzfristige) zusätzliche Gewinn bei einem abweichenden Verhalten aufgrund seiner **Entdeckung und Bestrafung** in der Zukunft wieder (mehr als) aufgezehrt würde. Die Bestrafung im Sinne zukünftig niedrigerer Gewinne kann zum einen das Resultat eines dauerhaften Auseinanderbrechens der Kollusion sein; ebenfalls denkbar sind jedoch gezielt auf den jeweiligen abweichenden Anbieter abzielende disziplinierende Maßnahmen wie z.B. zeitlich oder räumlich begrenzte „Preiskriege".[530]

136 Aufbauend auf dieser Grundüberlegung hat die ökonomische Kollusionstheorie eine Reihe von **Einflussfaktoren** der Stabilität eines kollusiven Verhaltens identifiziert und analysiert (vgl. Abb.11).[531]

Einflussfaktor	Wirkung + = stabilisierend - = destabilisierend
Höhere Anbieterzahl	-
Hohe Marktzutrittsschranken	+
Häufigkeit der Marktinteraktion	+
Markttransparenz	+
Nachfrageschwankungen	-
Innovationsdynamik	-
Produkthomogenität	+
Kostensymmetrie	+
Kapazitätsauslastung	+/-
Multi-Marktkontakt	+
Nachfragemacht	-

Abbildung 11: Einflussfaktoren der Stabilität kollusiven Verhaltens

Die konkrete Wirkungsrichtung der verschiedenen Faktoren ergibt sich aus ihrem Einfluss auf die in ökonomischer Hinsicht zentralen Bestimmungsfaktoren der (relativen) Stabilität eines kollusiven Verhaltens, d.h. (1.) die Höhe des durch Kollusion erzielbaren Gewinns, (2.) die Höhe des durch ein Abweichen (kurzfristig) erzielbaren zusätzlichen

528 Vgl. hierzu ausführlich oben Rdnr. 88ff.
529 Vgl. hierzu im Detail oben Rdnr. 89.
530 Vgl. hierzu *Schwalbe/Zimmer,* aaO 308f. mit Nachweisen auf die einschlägige theoretische Literatur.
531 Vgl. ausführlich oben Rdnr. 90ff. mit weiteren Nachweisen.

Gewinns, (3.) die Wahrscheinlichkeit der Entdeckung eines abweichenden Verhaltens, und (4.) die Art und das Ausmaß der Konsequenzen („Bestrafung") eines Abweichens im Falle der Entdeckung. Aufgrund der grundlegenden Anforderungen an ein Zustandekommen eines kollusiven Marktverhaltens und dessen Stabilität kommt einzelnen Faktoren dabei eine besonders große Bedeutung zu.[532] Da aus spieltheoretischer Sicht ein kollusives Marktergebnis überhaupt nur bei einem „wiederholten Spiel" denkbar ist, ist eine hinreichende **Häufigkeit der Marktinteraktion** zwischen den beteiligten Unternehmen erforderlich. Unternehmen, die aus dem Markt austreten wollen bzw. werden, eine nur in großen Abständen und mit jeweils hohen Volumina erfolgende Auftragsvergabe *(„lumpy orders")* oder stark schrumpfende oder zeitlich befristete Märkte behindern daher tendenziell das Zustandekommen und die Stabilität eines kollusiven Marktergebnisses. Da eine stabile Kollusion ferner nicht nur erfordert, dass ein abweichendes Verhalten einzelner Anbieter effektiv und zeitnah sanktioniert werden könnte **(effektiver „Bestrafungsmechanismus"),** sondern dass Abweichungsversuche überhaupt als solche entdeckt und zutreffend identifiziert werden, ist ferner ein hinreichendes Maß an **Markttransparenz** unabdingbar. Die meisten Einflussfaktoren beziehen ihre Relevanz daher in erster Linie aus ihren Wirkungen auf diese Grundvoraussetzungen eines stabilen kollusiven Marktergebnisses. So verringern z. B. starke **Nachfrageschwankungen** ebenso die Markttransparenz und erschweren damit die Identifizierbarkeit von Abweichungsversuchen wie eine starke **Innovationsdynamik** oder eine zunehmende **Produktdifferenzierung.** Eine geringere **Anzahl von Marktteilnehmern** und eine ausgeprägte **Kostensymmetrie** erhöht einerseits die Markttransparenz und ermöglicht andererseits den Marktteilnehmern eine bessere gegenseitige Einschätzung der jeweiligen Verhaltensanreize. Das Zusammentreffen der relevanten Akteure auf verschiedenen Märkten **(Multi-Marktkontakt)** erhöht hingegen u. a. die Interaktionshäufigkeit und kann damit eine effektivere Bestrafung von Abweichungsversuchen ermöglichen. Hohe **Marktzutrittsschranken** beschränken hingegen die Anzahl möglicher Marktteilnehmer und sie sichern dadurch das kollusive Verhalten ebenso ab wie das Fehlen einer **nachfragemächtigen Marktgegenseite,** die u. a. durch entsprechende Verhandlungsstrategien einem kollusiven Marktergebnis entgegenwirken könnte.[533]

2. Praktische Umsetzung im Kartellrecht. Für die Beantwortung der Frage, ob 137
ein (horizontaler) Zusammenschluss zu koordinierten Effekten im Sinne der Begründung oder Verstärkung kollektiver Marktbeherrschung führt, ist aus ökonomischer Sicht entscheidend, wie er die grundlegenden Voraussetzungen für eine erfolgreiche Verhaltenskoordinierung bzw. ein kollusives Marktergebnis beeinflusst. Vor dem dargelegten theoretischen Hintergrund ist hierfür eine umfassende Bewertung der Marktverhältnisse im Sinne einer **Gesamtbetrachtung** erforderlich. Dabei ist nicht zuletzt auch die Frage zu klären, worauf sich ein mögliches kollusives Verhalten beziehen könnte *(„focal point"),* d. h. ob in einem konkret betroffenen Markt z. B. eine Form der (impliziten) Preiskoordinierung oder der Kunden- oder Marktaufteilung zu erwarten ist. Unter Hinwies auf die ältere Entscheidungspraxis der Kartellbehörden und Gerichte werden von ökonomischer Seite in diesem Zusammenhang insbesondere die Risiken einer zu mechanischen Prüfung der verschiedenen Einflussfaktoren auf die Stabilität eines kollusiven Verhaltens betont **(„Checklisten-Ansatz").**[534] Eine summarische Beurteilung der einzelnen produkt-, markt- und unternehmensspezifischen Einflussfaktoren liefert insbesondere dann kein aus-

---

[532] Vgl. hierzu statt Vieler: *Schwalbe/Zimmer,* aaO 295 ff.

[533] Denkbar sind z. B. Strategien, die durch die Ausschreibung größerer und unregelmäßigerer Aufträge („lumpy orders") den Anreiz zum Abweichen erhöhen oder durch längerfristige Verträge den Marktzutritt neuer Anbieter zu fördern; vgl. hierzu auch *Schwalbe/Zimmer,* aaO 348 ff.; zum Aspekt der gegengewichtigen Nachfragemacht vgl. ferner unten Rdnr. 142.

[534] Für die europäische Entscheidungspraxis vgl. *Gore/Lewis/Lofaro/Dethmers,* aaO 335 f.; mit einem Blick auf die Entscheidungspraxis in den USA vgl. *Ordover,* aaO 1367 ff;

sagekräftiges Bild, wenn die konkrete Ausprägungen einzelner Faktoren tendenziell für, diejenige anderer hingegen gegen eine erfolgreiche Verhaltenskoordinierung sprechen. Die neuere Praxis sowohl auf der EU-Ebene als auch in Deutschland knüpft daher zutreffender Weise stärker an den grundlegenden ökonomischen Voraussetzungen und **Mechanismen kollusiven Verhaltens** an.[535]

138 Zentraler Bezugspunkt für die **europäische Entscheidungspraxis** ist die Rechtsprechung der Unionsgerichte in den Fusionskontrollverfahren *Airtours/First Choice*[536] und *Sony/BMG,*[537] die sich auch in den Leitlinien der Kommission für die Beurteilung horizontaler Zusammenschlüsse niedergeschlagen hat. Danach steht bei der Prüfung die Frage im Vordergrund, ob und wie ein Zusammenschluss ein koordiniertes Verhalten ermöglicht bzw. dessen Stabilität und Wirksamkeit verbessert. Als zentrale Voraussetzungen hierfür müssen die Unternehmen insbesondere in der Lage sein, ihr Verhalten gegenseitig hinreichend überwachen zu können (Marktransparenz). Ferner muss ein effektiver Mechanismus der Abschreckung gegen ein abweichendes Verhalten existieren und Reaktionen von aktuellen oder potentiellen Wettbewerbern dürfen die Stabilität der Verhaltenskoordinierung nicht in Frage stellen.[538] In seinem Urteil zu dem Zusammenschlussfall *Sony/BMG,* in dem insbesondere das Ausmaß der für eine effektive Überwachung des Marktverhaltens erforderliche Markttransparenz umstritten war, hat der EuGH ferner ausdrücklich jeder „mechanischen" Prüfung einzelner Kriterien eine Absage erteilt.[539] In ihren Leitlinien für die Beurteilung horizontaler Zusammenschlüsse benennt die Kommission aufbauend auf dieser Rechtsprechung vier Prüfungs- und Ermittlungsbereiche, denen die verschiedenen aus der Kollusionstheorie ableitbaren Einflussfaktoren zugeordnet werden:[540] (1.) Erzielen von Übereinstimmung über „Koordinierungsmodalitäten", (2.) Überwachung der Abweichungen, (3.) Abschreckungsmechanismen, und (4.) Reaktionen von Außenstehenden. In ihrer Entscheidung, mit der ein Zusammenschluss im Bereich der Herstellung von Hefe untersagt wurde, hat die Kommission dementsprechend eine umfassende Bewertung der Marktbedingungen vorgenommen und ein bereits vor dem Zusammenschluss bestehendes hohes Risiko für ein koordiniertes Verhalten konstatiert.[541] Für die Untersagung ausschlaggebend war ferner, dass nach Ansicht der Kommission im konkreten Einzelfall ein Marktakteur übernommen wurde, der über besonders starke Anreize verfügt habe, ein koordiniertes Marktverhalten zu unterminieren *(„maverick").*[542]

139 Grundlage für die **deutsche Entscheidungspraxis** ist die im Wortlaut des § 18 Abs. 5 und Abs. 7 GWB angelegte Unterscheidung zwischen Binnenwettbewerb und Außenwettbewerb.[543] Der Grundansatz der Prüfung entspricht jedoch sehr weitgehend demjenigen auf europäischer Ebene. Mit dem Konzept des **Binnenwettbewerbs** werden drei der zentralen

---

[535] Für einen umfassenden Überblick über die Entwicklung und den Stand der Entscheidungspraxis vgl. unten *Wagemann* § 16 Rdnr. 100ff. (EU) und *Richter/Steinvorth* § 20 Rdnr. 142ff. (Deutschland); vgl. ferner: *Schwalbe/Zimmer,* aaO 373ff.

[536] EuG, U. v. 6. Juni 2002, Rs T-342/99, Slg. 2002 II-2585ff. = WuW/E EU-R 559ff. – *Airtours/Kommission;* zur dem Urteil zugrunde liegenden Untersagungsentscheidung der Kommission vgl. Komm., E. v. 22. September 1999, COMP/M.1521 – *Airtours/First Choice.*

[537] EuGH, U. v. 10. Juli 2008, Rs T-413/06, WuW/E EU-R, 1498ff. – *Impala/Kommission;* zur dem Urteil zugrundeliegenden Kommissionsentscheidung vgl. Komm., E. v. 19. Juli 2004, COMP/M.3333 – *Sony/BMG.*

[538] Zu diesen als „Airtours-Kriterien" bekannten Voraussetzungen vgl. EuG, U. v. 6. Juni 2002, Rs T-342/99, WuW/E EU-R, 559, 2. Leitsatz – *Airtours/Kommission.*

[539] Vgl. EuGH, U. v. 10. Juli 2008, Rs C-413/06, WuW/E EU-R, 1498, 1505ff. – *Impala/Kommission.*

[540] Vgl. EU-Kommission, Leitlinien zur Bewertung horizontaler Zusammenschlüsse gemäß der Ratsverordnung über die Kontrolle von Unternehmenszusammenschlüssen, ABl. 2004 C 31, 5ff., Rdnr. 44ff.

[541] Vgl. Komm., E. v. 23. September 2008, COMP/M.4980, Rdnr. 274ff. – *ABF/GBI.*

[542] Vgl. Komm., E. v. 23. September 2008, COMP/M.4980, Rdnr. 290ff. – *ABF/GBI.*

[543] Vgl. hierzu und zu den nachfolgenden Ausführungen: BKartA, Leitfaden zur Marktbeherrschung in der Fusionskontrolle, 2012, Rdnr. 91ff.

Grundvoraussetzungen für ein kollusives Marktverhalten abgebildet: (1.) die Möglichkeit einer „Koordinationserzielung", (2.) eine für die effektive Überwachung des Marktverhaltens hinreichende Markttransparenz und (3.) die Existenz eines wirksamen Abschreckungs- und Sanktionsmechanismus. Durch die Analyse des Ausmaßes an **Außenwettbewerb** werden hingegen die Reaktionen von Außenstehenden (Wettbewerbern oder Nachfragern) erfasst, die potentiell eine Verhaltenskoordinierung destabilisieren bzw. verhindern können. Auch der deutsche Prüfungsrahmen ist nicht schematisch; vielmehr stehen bei der Prüfung ebenfalls die Verhaltensanreize der Anbieter im Mittelpunkt. Diesem Ansatz folgt auch die deutsche Rechtsprechung.[544] So hält der BGH grundsätzlich eine Gesamtbetrachtung aller relevanten Umstände für erforderlich. Insgesamt ist zu prüfen, ob aufgrund der Marktstruktur mit einem dauerhaft einheitlichen Verhalten zu rechnen ist. Es muss ein Anreiz bestehen, nicht von dem gemeinsamen Vorgehen abzuweichen. Als wichtige Prüfungspunkte werden die Markttransparenz und die Sanktionsmittel bei abweichendem Marktverhalten identifiziert. Der BGH weist ferner dem tatsächlichen **Wettbewerbsgeschehen** eine wichtige Rolle bei der Beurteilung des Risikos koordinierter Effekte zu. Letztendlich muss die konkrete Marktrealität mit der Struktur- und Anreizbetrachtung abgeglichen werden.

Bereits der Ansatz einer umfassenden, sämtliche Aspekte der Marktstruktur, der daraus 140
resultierenden Verhaltensanreize sowie das tatsächliche Marktgeschehen einschließenden Gesamtbetrachtung verdeutlicht, dass im Einzelfall stets eine auf die **konkreten Marktbedingungen** abstellende Bewertung der verschiedenen Einflussfaktoren und ihrer Auswirkungen auf die **Verhaltensanreize** der Marktteilnehmer erforderlich ist. Diese Anforderung wird auch daran deutlich, dass in der jüngeren deutschen Entscheidungspraxis die Schadenstheorie der kollektiven Marktbeherrschung mit einer im Einzelfall zwischen dem BKartA und den Gerichten abweichenden Bewertung für so unterschiedliche Produkte wie Industriezucker,[545] Kraftstoffe,[546] Hörgeräte,[547] Kabel-Fernsehen,[548] Zeitschriften[549] oder Cabrio-Dachsysteme[550] geprüft wurde.[551] Die Anzahl der Marktakteure, für die von einem kollusiven Verhalten ausgegangen wurde, schwankt dabei erheblich. Zwar kann aus der ökonomischen Theorie die Regel abgeleitet werden, dass mit zunehmender Marktkonzentration und sinkender Anbieterzahl das Risiko koordinierter Effekte steigt. [552] Eine definitive Grenze lässt sich jedoch aufgrund der u. U. sehr unterschiedlichen Marktbedingungen nicht verbindlich festlegen. Ein Beispiel aus der deutschen Entscheidungspraxis liefern hierfür die Märkte für Cabrio-Dachsysteme auf der einen und für Kraftstoffe auf der anderen Seite. Im Markt für Cabrio-Dachsysteme reduzierte sich aufgrund von zwei kurz aufeinander folgenden Zusammenschlüssen die Zahl der Anbieter von vier auf zwei. Während die Reduktion von vier auf drei Hersteller freigegeben werden konnte,[553] wurde der zweite Zusammenschluss wegen des Entstehens eines (symmetrischen) marktbeherrschenden Du-

---

[544] Vgl. insbesondere BGH, B. v. 11.11.2008, WuW/E DE-R 2451, 2457 – *E.ON/Stadtwerke Eschwege;* vgl. ferner: BGH, B. v. 14.6.2010, WuW/E DE-R, 2905, 2913 – *Phonak/GN Store.*

[545] Vgl. BKartA, E. v. 17. Februar 2009, B2–46/08 – *Nordzucker/Danisco.*

[546] Vgl. BKartA, E. v. 29. April 2009, B8–175/08 – *Total/OMV;* vgl. für die Bestätigung dieser Untersagungsentscheidung: BGH, B. v. 6. Dezember 2011, WuW/E DE-R 3591 ff. – *Total/OMV.*

[547] Vgl. BKartA, E. v. 11. April 2007 – *Phonak/GN ReSound;* vgl. zur Aufhebung der Untersagungsentscheidung: BGH, Beschluss v. 14. Juni 2010, WuW/E DE-R 295 ff. – *Phonak/GN Store.*

[548] Vgl. u. a. BKartA, E. v. 22. Februar 2013, B7–70/12 – *KDG/Telecolumbus.*

[549] Vgl. BKartA, E. v. 25. April 2014, B6–98/13 – *Funke Mediengruppe/Springer.*

[550] BKartA, E. v. 22. Dezember 2009, B9–84/09 – *Webasto/Edscha;* Entscheidung v. 21. Mai 2010, B9–13/10 – *Magna/Karmann.*

[551] Für eine eingehende Betrachtung der Entwicklung und des Standes der deutschen Entscheidungspraxis vgl. ferner *Richter/Steinvorth* § 20 Rdnr. 142 ff.

[552] Der relativ robuste Zusammenhang zwischen der Anzahl der Marktteilnehmer und dem Zustandekommen und der Stabilität einer Verhaltenskoordinierung und mithin der Wahrscheinlichkeit des Auftretens koordinierter Effekte wurde inzwischen auch mit Hilfe von Laborxperimenten (experimentelle Ökonomie) bestätigt; vgl. *Huck/Normann/Oechssler,* Two are Few and Four are Many: Number Effects in Experimental Oligopolies, Journal of Economic Behavior & Organization, 53 (2004), 435 ff.

[553] Vgl. BKartA, E. v. 22. Dezember 2009, B9–84/09 – *Webasto/Edscha.*

opols untersagt.[554] Aufgrund des Charakter des Marktes als Bietermarkt und der Präsenz der Automobilhersteller als starke Marktgegenseite konzentrierte sich die Prüfung insbesondere auf die Frage, ob und inwieweit die Nachfragemacht der Automobilhersteller ein (relativ) stabiles kollusives Verhalten verhindert.[555] Bei der Beurteilung und Untersagung eines Zusammenschlusses im Kraftstoffsektor stand bei insgesamt fünf führenden Anbietern hingegen die letztendlich vom BKartA und dem BGH verneinte Frage im Mittelpunkt, ob ein spezifisches im Markt beobachtbares Preissetzungsmuster (sogenannte „*Edgeworth-Zyklen*") einen funktionsfähigen Binnenwettbewerb zwischen den führenden Anbietern belege.[556]

IV. Nachfragemacht

141 In aufeinander folgenden Markt- und Wertschöpfungsstufen können Unternehmen nicht nur als Anbieter, sondern auch als Nachfrager auf den jeweils vorgelagerten Beschaffungsmärkten über Marktmacht verfügen. Als Nachfragemacht bezeichnet man dabei in sehr allgemeiner Form die Fähigkeit eines Abnehmers, einseitig die Bezugskonditionen für die von ihm eingesetzten Vorprodukte zu seinen Gunsten (d. h. gewinnsteigernd) zu beeinflussen. Theoretisch kann sie – spiegelbildlich zur Angebotsmacht – mit Hilfe der Modelle des Nachfrage-Monopols (**Monopson)** und des Nachfrage-Oligopols **(Oligopson)** analysiert werden.[557] Neuere theoretische Ansätze nutzen für die Analyse ferner die Erkenntnisse der Verhandlungstheorie. In diesem Rahmen wird Nachfragemacht als **(relative) Verhandlungsmacht** interpretiert.[558] In der Fusionskontrolle hat die Nachfragemacht **„zwei Gesichter"**. Sie kann auf der einen Seite im Sinne einer **gegengewichtigen Marktmacht** die mit einem Zusammenschluss möglicherweise verbundenen angebotsseitigen Marktmachteffekte abmildern *(countervailing buyer power)*. Ist die Marktmacht auf der Angebotsseite des vorgelagerten Marktes hingegen (relativ) schwächer ausgeprägt, können Zusammenschlüsse auf der anderen Seite die **Nachfragemacht** in einem die Lieferanten und ggf. die nachgelagerten Marktstufen und letztendlich den Endverbraucher schädigenden Ausmaß erhöhen.

142 **Gegengewichtige Nachfragemacht:** Angebotsseitige Marktmacht manifestiert sich insbesondere in der Fähigkeit eines oder mehrerer Unternehmen, den Produktpreis gewinnsteigernd zu erhöhen.[559] Unmittelbare Folge hiervon ist eine Rentenumverteilung von den Abnehmern in Richtung der Anbieter.[560] Verfügen die Abnehmer über eine hinreichende Nachfrage- und Verhandlungsmacht, kann diese unter bestimmten Voraussetzungen eine zusammenschlussbedingte Zunahme von Angebotsmacht und die entsprechenden Umverteilungseffekte verhindern:[561] Hierzu müssen den Nachfragern für den Bezug des betroffenen Produkts in ausreichendem Maße **(Ausweich-)Alternativen** zur Verfügung stehen, um im Falle einer Angebotsverschlechterung mit einer Einschränkung

---

[554] Vgl. BKartA, E. v. 21. Mai 2010, B9–13/10 – *Magna/Karmann.*

[555] Vgl. BKartA, E. v. 21. Mai 2010, B9–13/10, 84 ff. – *Magna/Karmann.*

[556] Vgl. BKartA, E. v. 29. April 2009, B8–175/08 – *Total/OMV;* vgl. für die Bestätigung dieser Untersagungsentscheidung: BGH, Beschluss v. 6. Dezember 2011, WuW/E DE-R 3591 ff. – *Total/OMV;* vgl. ferner: BKartA, Benzinpreise – Marktmacht, Preissetzung und Konsequenzen, Hintergrundpapier zur Tagung des Arbeitskreises Kartellrecht, 2011.

[557] Vgl. hierzu ausführlich oben Rdnr. 55 ff.

[558] Vgl. ausführlich oben Rdnr. 59 ff.

[559] Die Möglichkeit einer Preiserhöhung steht hierbei für jede einseitige, durch austauschbare und konkurrierende Produkte und Anbieter nicht hinreichend kontrollierte Verschlechterung des Produktangebots. Diese Sichtweise trägt der Tatsache Rechnung, dass z. B. eine Qualitäts- oder Serviceverschlechterung bei einem konstanten Preis stets als „versteckte" Preiserhöhung aufgefasst werden muss.

[560] Vgl. für den Fall des Monopols oben Rdnr. 30.

[561] Zu den nachfolgend dargestellten grundlegenden Bedingungen vgl. u. a. *Schwalbe/Zimmer,* aaO 201 ff.

oder sogar dem Abbruch einer Lieferbeziehung drohen zu können.[562] Neben der Verfügbarkeit alternativer Bezugsquellen kann die Alternative auch in dem Übergang zur Eigenerzeugung des fraglichen Produkts (vertikale Rückwärts-Integration) bestehen. Beide Alternativen müssen allerdings eine hinreichende **Glaubwürdigkeit** besitzen; kann die Anbieterseite davon ausgehen, dass die Möglichkeiten und der wirtschaftliche Anreiz der Nachfrager gering sind, diese Ausweichalternativen zu nutzen, bleibt die Drohung wirkungslos. Mögliche Gründe für eine nur eingeschränkte Glaubwürdigkeit können insbesondere beschränkte Kapazitäten oder die mit einem Anbieterwechsel oder dem Übergang zur Eigenerzeugung verbundenen Kosten sein. Schließlich muss der Nachfrager vor dem Hintergrund der eigenen Marktstellung auf der Absatzseite und der hier vorherrschenden Markt- und Wettbewerbsbedingungen auch über ausreichende **Anreize** verfügen, die Ausweichmöglichkeiten aktiv als Drohung einzusetzen. Dies ist beispielsweise nicht der Fall, wenn eine Weitergabe höherer Bezugspreise an die eigenen Abnehmer aufgrund einer geringen Preiselastizität der Nachfrage nach dem Endprodukt relativ leicht und ohne spürbare Gewinneinbußen möglich ist. Schließlich darf sich die Nachfragemacht nicht nur auf einige wenige bilaterale Vertragsverhältnisse beschränken; um eine hinreichende Wirkung zu entfalten, muss ihr **Umfang** vielmehr kennzeichnend für nahezu sämtliche Abnehmer und die gesamte Marktgegenseite sein.

In der deutschen und europäischen Entscheidungspraxis wird der Aspekt der gegengewichtigen Nachfragemacht regelmäßig geprüft und berücksichtigt.[563] In der jüngeren deutschen Praxis wurde insbesondere die Nachfragemacht des Lebensmitteleinzelhandels als Argument herangezogen, um die Gefahr eines kritischen Anstiegs von Angebotsmacht als Folge von Zusammenschlüssen zwischen Konsumgüterherstellern zu verneinen.[564] Auch auf industriellen Zuliefermärkten spielt die Frage, ob die Marktgegenseite über eine ausreichende Nachfragemacht verfügt, regelmäßig eine wichtige Rolle. Sie wurde jüngst u. a. im Bereich der Flugzeugherstellung bejaht.[565] Im Bereich der Automobil-Zulieferindustrie wurde hingegen die mögliche Drohung der Abnehmer, zur Eigenproduktion überzugehen, als nicht glaubwürdig bewertet und eine hinreichende gegengewichtige Nachfragemacht verneint.[566] 143

Negative Auswirkungen von Nachfragemacht: Hinsichtlich der schädlichen Wirkungen von Nachfragemacht stellt sich insbesondere die Frage der kritischen Schwelle, ab der die Verstärkung von Nachfragemacht als tragende Begründung für die Untersagung eines Zusammenschlusses herangezogen werden sollte. Die spiegelbildlich zur Angebotsmacht entwickelten Monopson- und Oligopson-Modelle konzentrieren sich dabei auf denkbare **Preis- und Mengeneffekte** und mithin auf den Aspekt der allokativen Effizienz.[567] Im Vordergrund stehen die negativen Folgen auf dem vorgelagerten Markt in Form eines Wohlfahrtsverlustes und von unter dem wettbewerbsanalogen Niveau liegenden Preisen und Erlösen für die Lieferanten. In der US-amerikanischen Entscheidungspraxis werden diese Wirkungen als wesentliche Begründung für die Untersagung von Zusammenschlüssen angeführt.[568] Auch in der europäischen und deutschen Entscheidungspraxis 144

---

[562] Zu dem insoweit einschlägigen verhandlungstheoretischen Konzept der sogenannten Abbruchoption (*outside option*) vgl. oben Rdnr. 59.

[563] Vgl. hierzu auch Kommission, Leitlinien zur Bewertung horizontaler Zusammenschlüsse gemäß der Ratsverordnung über die Kontrole von Unternehmenszusammenschlüssen, ABl. v. 5.2.2004, C 31, 5 ff., Rdnr. 64 ff.; BKartA, Leitfaden zur Marktbeherrschung in der Fusionskontrolle, 2012, Rdnr. 79 ff.; für einen Überblick über die europäische Entscheidungspraxis vgl. auch *Schwalbe/Zimmer,* aaO 201ff; *Gore/Lewis/Lofaro/Dethmers,* aaO 288 ff. vgl. ferner *Wagemann* § 16 Rdnr. 76; *Richter/Steinvorth* § 20 Rdnr. 167 ff.

[564] Vgl. u. a. BKartA, E. v. 19. Dezember 2012, B2–64/12, Rdnr. 197 ff. – *Ratos AB/Pernod Ricard Denmark;* BKartA, E. v. 6. Juli 2011, B2–23/11, Rdnr. 178 ff. – *HK Foods/Rügen Feinkost.*

[565] Vgl. BKartA, E. v. 23. Oktober 2013, B9–92/13, Rdnr. 101 f. – *PCC/Permaswage.*

[566] Vgl. BKartA., E. v. 21. Mai.2010, B9–13/10, 84 ff. – *Magna/Karmann.*

[567] Vgl. hierzu ausführlich oben Rdnr. 55.

[568] Vgl. U. S. Department of Justice/Federal Trade Commission, Horizontal Merger Guidelines, 2010, 32 f.

bilden sie eine potentielle Grundlage für die kritische Bewertung einer Fusion.[569] Allerdings ist in ökonomischer Hinsicht ebenso zu berücksichtigen, dass feststellbare Verbesserungen der Bezugskonditionen für einzelne Abnehmer ihre Ursache in der (partiellen) Weitergabe positiver Effizienzeffekte der Vertrags- und Lieferbeziehung für die vorgelagerte Marktstufe haben können.[570] Diese können u.a. die Folge der größeren Absatzmenge und damit einer besseren und gesicherten Kapazitätsauslastung oder Kosteneinsparungen beim Vertrieb des Produkts (Logistik- und allgemeine Transaktionskosten) sein. Nachfragemacht kann ferner bis zu einem gewissen Grad einen positiv zu bewertenden Anreiz für die Anbieter begründen, durch Prozessinnovationen die produktive Effizienz zu steigern.

145 Die auf das Monopson- und Oligopsonmodell gestützten Schadenstheorien der Nachfragmacht gehen allerdings in einer strikt statisch-komparativen Perspektive davon aus, dass das Produktangebot der Lieferanten trotz der potentiellen Umverteilungswirkungen der Nachfragemacht unverändert bleibt. Insbesondere anknüpfend an der verhandlungstheoretischen Analyse des Phänomens der Nachfragemacht werden ergänzend allerdings auch **dynamische Schadenstheorien** diskutiert.[571] Grundlage hierfür ist die Überlegung, dass die Höhe der mit der Herstellung und dem Vertrieb eines bestimmten Produkts erzielten Marge die Anreize der Hersteller beeinflusst, in neue Produkte und Produktionsprozesse zu investieren. Bei diesen Investitionen handelt es sich um Fixkosten, die durch über den Grenz- und variablen Durchschnittskosten liegende Preise und Erlöse refinanziert werden müssen. Eine nachfragemachtbedingte Rentenumverteilung zwischen Herstellern und Abnehmern kann daher zu **verzerrten Investitions- und Innovationsanreizen** führen und in dynamischer Perspektive negative Folgen für die angebotene Produktvielfalt haben (so genanntes „Hold-up"-Problem).[572]

146 Die in dynamischer Hinsicht negativen Auswirkungen von Nachfragmacht kennzeichnen auch den so genannten **„Wasserbett-Effekt".**[573] Der Begriff beschreibt die Gefahr, dass Hersteller, die gegenüber einem nachfragemächtigen Abnehmer Preiszugeständnisse akzeptieren und damit eine Rentenumverteilung in Kauf nehmen müssen, diese durch eine Verschlechterung der Konditionen gegenüber Abnehmern mit weniger Nachfragemacht ausgleichen. Dieser Effekt kann sich auch mittelbar über Veränderungen der Marktstruktur ergeben. Werden die relativ besseren Konditionen von nachfragemächtigen Anbietern (ggf. auch nur teilweise) an die Endkunden weitergegeben, erhöht sich ihr Marktanteil entsprechend und das Beschaffungsvolumen kleinerer Abnehmer sinkt, was wiederum eine Schwächung von deren Verhandlungsposition zur Folge hat. Unter dem Stichwort des **„Spiraleffekts"** werden schließlich längerfristige strukturelle Folgen der Nachfragemacht thematisiert.[574] Im Mittelpunkt stehen dabei die möglichen Rückkopplungseffekte zwischen zunehmender Nachfrage- und Angebotsmacht, die entsprechende Fusionsanreize auf der jeweiligen Marktgegenseite begründen und zu einer kontinuierlich zunehmenden Konzentration sowohl auf dem vor- als auch dem nachgelagerten Markt führen.

---

[569] Vgl. EU-Kommission, Leitlinien zur Bewertung horizontaler Zusammenschlüsse gemäß der Ratsverordnung über die Kontrolle von Unternehmenszusammenschlüssen, ABl. 2004 C 31, 5 ff., Rdnr. 61; BKartA, Leitfaden zur Marktbeherrschung in der Fusionskontrolle, 2012, Rdnr. 127.

[570] Vgl. hierzu bereits oben Rdnr. 59.

[571] Die nachfolgende Darstellung orientiert sich an der von der Monopolkommission gewählten Systematik; vgl. Monopolkommission, Stärkung des Wettbewerbs bei Handel und Dienstleistungen, 19. Hauptgutachten, 2012, 371 ff.

[572] Vgl. hierzu u.a. *Inderst/Shaffer,* Retail Mergers, Buyer Power and Product Variety, Economic Journal, 117 (2007), 45 ff.

[573] Vgl. *Dobson/Inderst,* Differential Buyer Power and the Waterbed Effect: Do Strong Buyers Benefit or Harm Consumers?, European Competition Law Review, 2007, 393 ff.; *Inderst/Valletti,* Buyer Power and the Waterbed Effect, Journal of Industrial Organization, 59 (2011), 1 ff.; vgl. ferner *Church,* aaO 31 ff.

[574] Vgl. hierzu auch Monopolkommission, Stärkung des Wettbewerbs bei Handel und Dienstleistungen, 19. Hauptgutachten, 2012, 373.

V. Effizienzanalyse

147 Horizontale Zusammenschlüsse können ebenso wie andere Formen horizontaler Wettbewerbsbeschränkungen positive Effizienzwirkungen entfalten. Zentraler ökonomischer Bezugspunkt für die Einbeziehung dieser Wirkungen in die kartellrechtliche Analyse ist der sogenannte ***Williamson* Trade-off.**[575] Danach führt eine Beschränkung oder Beseitigung des Wettbewerbs zwischen konkurrierenden Unternehmen dann nicht zu einem kritisch zu bewertenden Marktmachtzuwachs, wenn mit der Wettbewerbsbeschränkung oder dem Zusammenschluss zugleich hinreichend große Effizienzvorteile verbunden sind. Im Vordergrund stehen dabei Kosteneinsparungen. Für Produkte, deren Herstellungsprozess durch **Größen- und Verbundvorteile** *(economies of scale and scope)* gekennzeichnet sind,[576] kann ein Zusammenschluss zu sinkenden Durchschnitts- und Grenzkosten und mithin einer Steigerung der produktiven Effizienz führen. Diese können sich auch aus fusionsbedingten **Einkaufs- und Beschaffungsvorteilen** oder verbesserten Möglichkeiten der **Kapitalbeschaffung** ergeben. Da sich sinkende Grenzkosten in Abhängigkeit von der Preiselastizität der Nachfrage nach dem betreffenden Produkt in einem Anreiz der Unternehmen niederschlagen, die Angebotspreise zu senken,[577] kann der primäre Marktmachteffekt ausgeglichen werden.

148 Dieser Wirkungsmechanismus ist insbesondere für die Bewertung **nicht-koordinierter Effekte** horizontaler Zusammenschlüsse relevant.[578] Diese haben ihren Ausgangspunkt in den durch einen Zusammenschluss bewirkten Veränderungen der Verhaltens- und insbesondere Preiserhöhungsanreize des zusammengeschlossenen Unternehmens („Erstrundeneffekt"). Über die Antizipation dieser Veränderungen durch die übrigen Anbieter pflanzen sich diese – bildlich gesprochen – im Markt fort („Zweitrundeneffekt") und führen im Ergebnis insgesamt zu einem höheren Marktmacht- und Preisniveau im relevanten Markt. Verändern sich aufgrund hinreichend großer Effizienzvorteile die Verhaltens- und Preissetzungsanreize des fusionierten Unternehmens aber nicht oder ggf. sogar in Richtung niedrigerer Preise und höherer Qualität, fehlt es bereits an dem für nicht-koordinierte Marktmachteffekte erforderlichen Primärimpuls.

149 Über diese mit dem *Williamson* Trade-off erfassten statischen Effizienzwirkungen hinaus können sich horizontale Zusammenschlüsse zudem positiv auf die **dynamische Effizienz** auswirken.[579] Hintergrund hierfür ist die Tatsache, dass es sich bei den Investitionen in die Forschung und Entwicklung neuer Produkte und effizienterer Produktionsprozesse um Fixkosten handelt. Für Unternehmen besteht daher nur ein Anreiz, solche Investitionen zu tätigen, wenn eine hinreichende Aussicht auf entsprechende Gewinne besteht (im Sinne von Deckungsbeiträgen). Durch einen Zusammenschluss können die Risiken eines unzureichenden *Return on Investment* verringert und die Möglichkeiten und der Anreiz des Unternehmens für entsprechende Investitionen gesteigert werden.

150 Bei einer **Gesamtbetrachtung** und Abwägung der Marktmacht- und Effizienzeffekte eines Zusammenschlusses ist in ökonomischer Hinsicht stets zu berücksichtigen, dass Marktmacht selbst eine wesentliche Ursache von Ineffizienzen ist.[580] Mit einem hohen und steigenden Grad an Marktmacht nehmen tendenziell der Druck auf die und der Anreiz der Anbieter in einem Markt ab, vorhandene statische und dynamische Effizienzpotentiale zu heben. Hinsichtlich des Auftretens von Effizienzvorteilen, die die Marktmachteffekte eines Zusammenschlusses überwiegen könnten, ist daher eine **„sliding scale"** zu beachten: je

---

575 Vgl. hierzu bereits ausführlich oben Rdnr. 62; vgl. zu den nachfolgenden Ausführungen ferner *Schwalbe/Zimmer,* aaO 420 ff.; *Motta,* aaO 238 ff.; *Röller/Stennek/Verboven,* Efficiency Gains From Mergers, in: European Economy – Reports and Studies, 5 (2001), 31 ff.

576 Vgl. hierzu oben Rdnr. 63.

577 Vgl. zu den maßgeblichen Zusammenhängen, die sich unmittelbar aus dem Gewinnmaximierungskalkül der Unternehmen und dem Zusammenspiel von (Grenz-)Kosten, Marge, abgesetzter Menge und Gewinn ergeben, oben Rdnr. 62.

578 Vgl. hierzu ausführlich oben Rdnr. 116 ff.

579 Vgl. hierzu ausführlich oben Rdnr. 66 und Rdnr. 100; vgl. ferner: *Schwalbe/Zimmer,* aaO 421 ff.

580 Vgl. für den Exremfall des Monopols ausführlich oben Rdnr. 30 ff.

höher das Marktmachtniveau, umso geringer ist die Wahrscheinlichkeit überwiegender Effizienzvorteile. Diese Überlegungen bilden zum einen die zentrale ökonomische Begründung dafür, warum Zusammenschlüsse in der Regel erst ab einem bestimmten Marktmachtniveau überhaupt als potentiell wettbewerbsschädlich angesehen werden. Bei einem vergleichsweise geringen Marktmachtniveau ist trotz eines fusionsbedingten Marktmachtzuwachses aufgrund der anzunehmenden Effizienzvorteile eine insgesamt negative Zusammenschlusswirkung in der Regel auszuschließen. Bei einer bereits hohen und fusionsbedingt weiter zunehmenden Marktmacht ist auf der anderen Seite nur in Ausnahmefällen davon auszugehen, dass hinreichend starke Effizienzvorteile einen kritisch zu bewertenden Marktmachtzuwachs ausgleichen könnten.

151 Diesen grundlegenden ökonomischen Zusammenhängen kann in rechtlicher Hinsicht in unterschiedlicher Weise Rechnung getragen werden:[581] Zum einen können die Effizienzwirkungen eines Zusammenschlusses im Sinne einer expliziten **Effizienzeinrede** im konkreten Einzelfall analysiert und den Marktmachtwirkungen abwägend gegenübergestellt werden. Zum anderen können im Sinne eines pauschalierenden Ansatzes **(Vermutungs-) Regeln** formuliert werden, die z. B. konkrete Marktmachtschwellen festlegen, bei deren Unter- oder Überschreiten das Vorliegen überwiegender Effizienzvorteile unterstellt bzw. nicht angenommen wird. Die Frage, welchem Ansatz der Vorzug gegeben werden sollte, kann aus ökonomischer Sicht nicht abschließend beantwortet werden; politische Wertungen sind in diesem Zusammenhang unvermeidlich.[582] Kennzeichnend für den pauschalierenden Ansatz ist in ökonomischer Hinsicht die Gefahr, dass diejenigen Fälle nicht adäquat erfasst werden, in denen trotz eines relativ hohen Marktmachtniveaus die positiven Effizienzwirkungen ausnahmsweise überwiegen (Risiko des *over-enforcement*). Der Ansatz einer detaillierten Einzelfallprüfung ist hingegen mit einem erhöhten Prüfungsaufwand verbunden. Ob eine explizite Effizienzeinrede aber im Ergebnis auch die Treffgenauigkeit der Entscheidungspraxis erhöht und das Risiko objektiver Fehlentscheidungen verringert, hängt nicht zuletzt von den maßgeblichen **Nachweisanforderungen** ab.[583] Zu berücksichtigen ist dabei, dass eine fundierte **Prognose** der Effizienzwirkungen von Zusammenschlüssen selbst für die beteiligten Unternehmen ausgesprochen schwierig ist. Empirische Untersuchungen scheinen darauf hinzudeuten, dass die mit Fusionen verbundenen Effizienz- und Produktivitätsverbesserungen nicht selten von den Beteiligten überschätzt, die mit einem Zusammenschluss verbundenen effizienzmindernden Friktionen und Kosten hingegen unterschätzt werden.[584]

152 In der **europäischen Entscheidungspraxis** werden auf der Grundlage entsprechender wettbewerbspolitischer Wertungen die potentiellen Effizienzwirkungen eines Zusammenschlusses im Rahmen einer expliziten Effizienzeinrede bewertet.[585] Die **Beweislast** für überwiegende Effizienzvorteile obliegt dabei wie im Rahmen der Beurteilung horizontaler und vertikaler Wettbewerbsbeschränkungen den beteiligen Unternehmen. Für die Anerkennung überwiegender Effizienzvorteile müssen diese entsprechend dem Grundgedanken des *Williamson* Trade-off (1.) auf dem Markt eintreten, auf dem der Zusammenschluss zu einem Anstieg der Marktmacht führt, (2.) kausal auf den Zusammenschluss zurückzuführen d. h. fusionsspezifisch sein und (3.) an die nachfolgenden Marktstufen und letztendlich den

---

[581] Vgl. hierzu ausführlich: *Schwalbe/Zimmer,* aaO 456 ff.

[582] Zur Bedeutung wettbewerbspolitischer Wertungen bei der Abwägung des Risikos von Fehlentscheidungen in der Kartellrechtsanwendung vgl. bereits ausführlich oben Rdnr. 11.

[583] Vgl. hierzu bereits die allgemeinen Ausführungen oben Rdnr. 15.

[584] Vgl. u. a. *Tichy,* What Do We Know about Success and Failure of Mergers?, Journal of Industry, Competition and Trade, 4 (2001), 347 ff.; für einen Überblick über entsprechende empirische Untersuchungen vgl. auch *Röller/Stennek/Verboven,* aaO 58 ff.

[585] Vgl. EU-Kommission, Leitlinien zur Bewertung horizontaler Zusammenschlüsse gemäß der Ratsverordnung über die Kontrolle von Unternehmenszusammenschlüssen, ABl. 2004 C 31, 5 ff., Rdnr. 76 ff.; für einen Überblick über die hierfür maßgebliche wettbewerbspolitische Entwicklung vgl. *Schwalbe/Zimmer,* aaO 427 ff.; vgl. ferner: *Gore/Lewis/Lofaro/Dethmers,* aaO 304 ff. zu den rechtlichen Details vgl. ausführlich unten *Wagemann* § 16 Rdnr. 80 ff.

Endverbraucher weitergegeben werden. Das Ausmaß möglicher Effizienzvorteile muss ferner (4.) hinreichend verifizierbar und möglichst auch quantifizierbar sein. Zudem findet der Ansatz von mit zunehmender Marktmacht steigenden Nachweisanforderungen *(sliding scale)* Anwendung.[586] Auf dieser rechtlichen Grundlage analysiert und bewertet die Kommission zunehmend in konkreten Einzelfällen mögliche Effizienzwirkungen horizontaler Zusammenschlüsse.[587] Der Schwerpunkt liegt dabei auf den Auswirkungen grenzkostenwirksamer Kosteneinsparungen auf die Preissetzungsanreize des zusammengeschlossenen Unternehmens und mithin auf die Stärke möglicher nicht-koordinierter Marktmachteffekte. So wurde beispielsweise jüngst in mehreren, letztendlich aber nur unter Auflagen freigegebenen Zusammenschlussfällen zwischen Mobilfunk-Dienstleistern geprüft, ob und inwieweit die mit einer Zusammenlegung von Netzinfrastrukturen verbundenen Kosteneinsparungen als marktmachtkompensierende Effizienzvorteile anerkannt werden können.[588] Im Rahmen der Beurteilung eines Zusammenschlusses zwischen Anbietern internationaler Express-Dienstleistungen wurden ferner zwar einzelne der von der Parteien geltend gemachten Effizienzvorteile einer fusionsbedingt verbesserten Auslastung des betroffenen Transport- und Logistiknetzes anerkannt und im Rahmen der wettbewerblichen Würdigung berücksichtigt; der Zusammenschluss wurde dennoch wegen wettbewerbsschädlicher nicht-koordinierter Effekte untersagt.[589]

Der **deutsche Rechtsrahmen**[590] verzichtet derzeit auf eine explizite Effizienzeinrede. 153
Auch im Rahmen der am 30. Juni 2013 in Kraft getretenen 8. GWB-Novelle, mit der das materielle Beurteilungskriterium für Zusammenschlüsse durch die Übernahme des SIEC-Tests an das europäische Recht angeglichen wurde, wurde auf ihre Einführung verzichtet. Mit der Abwägungsklausel und der Ministererlaubnis existieren allerdings zwei im europäischen Recht nicht etablierte Instrumente, mit deren Hilfe positive wettbewerbliche Wirkungen von Zusammenschlüssen berücksichtigt werden können.[591] Die dadurch erfassten Sachverhalte entsprechen jedoch nur begrenzt den durch den *Williamson* Trade-off abgebildeten Wirkungen.[592] Insoweit ergeben sich in Deutschland im Hinblick auf die Berück-

---

[586] Vgl. EU-Kommission, Leitlinien zur Bewertung horizontaler Zusammenschlüsse gemäß der Ratsverordnung über die Kontrolle von Unternehmenszusammenschlüssen, ABl. 2004 C 31, 5 ff., Rdnr. 84: „*Es ist höchst unwahrscheinlich, dass ein Zusammenschluss, der zu einer Marktstellung führt, die einem Monopol nahe kommt oder ein ähnliches Maß an Marktmacht erbringt, mit der Begründung für mit dem Gemeinsamen Markt vereinbar erklärt werden könnte, dass Effizienzvorteile ausreichen würden, den möglichen wettbewerbswidrigen Wirkungen entgegenzuwirken.*"

[587] Vgl. hierzu ausführlich unten *Wagemann* § 16 Rdnr. 80 ff.; vgl. für einen knappen Überblick: *Röller,* Efficiencies in EU Merger Control: Do They Matter?, in: *Ramser/Stadler (Hrsg.),* Marktmacht, 2010, 185; für eine ausführlichere Darstellung konkreter Einzelfälle vgl. *Schwalbe/Zimmer,* aaO 447 ff.; *Gore/Lewis/Lofaro/Dethmers,* aaO 308 ff.

[588] Vgl. Komm., E. v. 28. Mai 2014, COMP/M.6992, Rdnr. 746 ff. – *Hutchison 3G UK/Telefónica Ireland;* Komm., E. v. 2. Juli 2014, COMP/M.7018 – *Telefónica Deutschland/E-Plus;* diese Entscheidung ist bisher öffentlich nicht verfügbar; vgl. jedoch Fall-Memo 14/460, abrufbar unter: http://europa.eu/rapid/press-release_MEMO-14–460_en.htm; vgl. ferner: *Walle/Wambach,* No Magic Number to Dial – The Commission's Review of Mobile Telecoms Mergers, in: EU-Kommission, Competition Merger Brief, 1/2014, 10 ff.

[589] Komm., E. v. 30. Januar 2013, COMP/M.6570 – *UPS/TNT;* die Entscheidung ist bisher öffentlich nicht verfügbar; vgl. jedoch Fall-Memo 13/48, abrufbar unter: http://europa.eu/rapid/press-release_MEMO-13–48_en.htm; für eine kritische Bewertung der hohen Nachweisanforderungen der EU-Kommission im Rahmen der Effizienzanalyse vgl. *Doyle,* Do efficiencies ever deliver? Lessons from the UPS/TNT case, European Competition Law Review. 7 (2013), 373 ff.

[590] Vgl. hierzu ausführlich unten *Richter/Steinvorth* § 20 Rdnr. 202 ff.

[591] Vgl. hierzu u. a. Monopolkommission, Die 8. GWB-Novelle aus wettbewerbspolitischer Sicht, Sondergutachten 63, 2012, Rz. 30 ff.

[592] Die Abwägungsklausel ist in ihrer bisherigen Auslegung auf marktmachtbezogene und strukturelle Verbesserungen auf Märkten beschränkt, auf denen der Zusammenschluss nicht zu einer Verschlechterung der Marktmachtverhältnisse führt; mit der Ministererlaubnis sollen gem. § 42 GWB ausdrücklich keine einzelmarktbezogenen, sondern ggf. überwiegende gesamtwirtschaftliche Vorteile eines Zusammenschlusses erfasst werden; vgl. ausführlich hierzu *Richter/Steinvorth* § 20, Rdnr. 203 ff.

sichtigung von Effizienzvorteilen einige offene Fragen, die vor dem Hintergrund der aktuellen Rechtslage nur von der zukünftigen Entscheidungspraxis und Rechtsprechung beantwortet werden können:[593] Die vom materiellen Anwendungsbereich des SIEC-Tests erfassten nicht-koordinierte Effekte unterhalb der Schwelle der (Einzel-)Marktbeherrschung basieren generell auf den durch einen Zusammenschluss veränderten Verhaltens- und insbesondere Preissetzungsanreizen des zusammengeschlossenen Unternehmens („Erstrundeneffekt").[594] Sowohl für ihr Auftreten als auch ihre Stärke sind neben der Preiselastizität der Nachfrage auch die produktspezifische Gewinnmarge und mithin die Kosten auschlaggebend.[595] Denkbare kostenwirksame und fusionsbedingte Effizienzen sind daher aus ökonomischer Sicht stets ein integraler Bestandteil der Prüfung, ob und in welchem Ausmaß ein Zusammenschluss nicht-koordinierte Effekte zur Folge hat. Dieser Tatsache kann grundsätzlich zwar auch im Rahmen einer integrativen Prüfung Rechnung getragen werden; mögliche Effizienzwirkungen könnten bei der Bewertung des Ausmaßes nicht-koordinierter Marktmachteffekte unmittelbar in die Analyse einbezogen werden. Das Instrument der expliziten Effizienzeinrede hätte jedoch in rechtlicher Hinsicht den Vorteil, dass die Frage der in diesem Zusammenhang geltenden Beweislast und Nachweisanforderungen eindeutig geregelt werden könnte. Ebenso wie im europäischen Recht könnte sie – analog zu der Regelung des Art. 101 Abs. 3 AEUV – ausdrücklich den Zusammenschlussbeteiligten auferlegt werden. Im Rahmen einer integrativen Prüfung bliebe hingegen zumindest unklar, ob und inwieweit die Bewertung möglicher Effizienzwirkungen von der Beweislast der Kartellbehörde umfasst sind, in einem konkreten Einzelfall eine wesentliche Behinderung wirksamen Wettbewerbs im Sinne unilateraler Effekte hinreichend nachzuweisen.

G. Nicht-horizontale Zusammenschlüsse

I. Formen und ökonomischer Analyserahmen

154 Nicht-horizontale Fusionen zeichnen sich dadurch aus, dass die fusionierenden Unternehmen nicht auf dem gleichen Markt tätig sind. Dabei können vertikale und konglomerate Zusammenschlüsse unterschieden werden. Von **vertikalen Fusionen** spricht man immer dann, wenn sich Unternehmen zusammenschließen, die auf unmittelbar vor- oder nachgelagerten Markt- und Wertschöpfungsstufen tätig sind. **Konglomerate Fusionen** können hingegen in drei verschiedenen, an dem Verhältnis der jeweils betroffenen Produkte bzw. Märkte anknüpfenden Formen auftreten:[596] Zum einen können die Unternehmen auf **benachbarten Märkten** tätig sein. Insbesondere bei differenzierten Produkten besteht zwischen den betroffenen Produkten dabei eine (begrenzte) Substitutionsbeziehung; diese ist jedoch zu schwach, um beide Produkte demselben Markt zuzuordnen. Zum anderen können Fusionen **komplementäre Produkte** betreffen, d.h. Produkte die in der Regel gemeinsam nachgefragt oder konsumiert werden.[597] Von einer konglomeraten Fusion spricht man schließlich auch dann, wenn zwischen den Produkten keinerlei Beziehung besteht. Da die Produkte in diesem Fall auch in wettbewerblicher Hinsicht völlig unabhän-

---

[593] Vgl. zu den nachfolgenden Ausführungen *Ewald,* WuW 2014, 274 ff.

[594] Vgl. hierzu bereits Rdnr. 148 sowie zum relevanten theoretschen Hintergrund Rdnr. 116 ff.

[595] Vgl. zu den maßgeblichen Zusammenhängen, die sich unmittelbar aus dem Gewinnmximierungskalkül der Unternehmen und dem Zusammenspiel von (Grenz-)Kosten, Marge, abgesetzter Menge und Gewinn ergeben, oben Rdnr. 62.

[596] Vgl. statt Vieler: *Schwalbe/Zimmer,* aaO 468 f.

[597] Kennzeichnend für komplementäre Produkte ist eine negative Kreuzpreislastizität, d.h. die Nachfrage nach einem Produkt A sinkt (steigt), wenn der Preis des komplementären Produkt B steigt (sinkt). Substitutive Produkte sind hingegen durch eine positive Kreuzpreiselastizität gekennzeichnet; vgl. hierzu bereits oben Rdnr. 35.

gig voneinander sind, sind für die wettbewerbsökonomische Analyse und Kartellrechtspraxis in der Regel nur die beiden anderen Formen konglomerater Fusionen von Bedeutung.

155 Prägend für den wettbewerbsökonomischen Analyserahmen nicht-horizontaler Fusionen ist die Tatsache, dass diese ausschließlich **mittelbare Auswirkungen** auf die Wettbewerbsintensität in einem Markt und mithin die Markmacht der beteiligten Anbieter haben (können). Hierfür ist es im Sinne nicht-koordinierter Effekte entweder erforderlich, dass durch den Zusammenschluss der von anderen Anbietern in den jeweiligen Märkten ausgehende Wettbewerbsdruck abnimmt. Für die Annahme koordinierter Effekte müssen sich hingegen mittelbar die Voraussetzungen für eine erfolgreiche und stabile Verhaltenskoordinierung der Anbieter verbessern.[598] Für die wettbewerbsökonomische Analyse des Risikos nicht-koordinierter Marktmachteffekte spielen insbesondere die Möglichkeiten und Anreize des zusammengeschlossenen Unternehmens für sogenannte **Marktverschließungs- oder Abschottungsstrategien *(foreclosure)*** eine große Rolle. Mit diesem Begriff werden sämtliche (einseitigen) Verhaltensstrategien erfasst, mit denen Anbieter aktiv Einfluss auf den von aktuellen oder potentiellen Wettbewerbern ausgehenden Wettbewerbsdruck nehmen können. In ökonomischer Hinsicht weist die Analyse und Bewertung nicht-horizontaler Zusammenschlüsse daher enge Bezüge zu den grundlegenden ökonomischen Mechanismen auf, die auch für die Beurteilung eines Missbrauchs einer marktbeherrschenden Stellung in Form des Behinderungsmissbrauchs relevant sind.[599] Allerdings ist die Feststellung eines solchen Missbrauchs keine Voraussetzung für die kritische Bewertung nicht-horizontaler Zusammenschlüsse. Ebenso wie bei der Beurteilung horizontaler Fusionen sind ferner etwaige **Effizienzwirkungen** zu berücksichtigen. Zu bewerten ist die Frage, ob und inwieweit das zusammengeschlossene Unternehmen im Sinne der Erreichung einer besseren oder sogar optimalen Betriebsgröße und Wertschöpfungstiefe Kosteneinsparungen oder sonstige Effizienzvorteile generieren kann und wird, die im Ergebnis auch den jeweiligen Abnehmern der Produkte zugutekommen.[600]

II. Vertikale Zusammenschlüsse

156 **1. Theoretische und konzeptionelle Grundlagen.** Durch einen vertikalen Zusammenschluss erhöht sich die Wertschöpfungstiefe eines Unternehmens. Konzeptionelle Grundlage für die Beurteilung von Zusammenschlüssen zwischen Anbietern, die auf unmittelbar vor- und nachgelagerten Markt- und Wertschöpfungsstufen tätig sind, sind daher die Erkenntnisse der Theorie der **vertikalen Integration.**[601] Von einer vertikalen Integration vor- oder nachgelagerter Wertschöpfungsstufen sind generell keine substitutiven und damit unmittelbar im Wettbewerb zueinander stehenden, sondern **komplementäre Produkte** betroffen, die zukünftig gemeinsam hergestellt und vertrieben werden.[602] Bietet ein Anbieter komplementäre Produkte an, besteht im Gegensatz zum gemeinsamen Angebot (begrenzt) substitutiver Produkte grundsätzlich ein Anreiz, durch Preissenkungen für das eine Produkt den Absatz des anderen und damit den Gesamtgewinn zu erhöhen.[603]

157 Aufgrund der Komplementarität der betroffenen Vor-, Folge- oder Endprodukte haben vertikale Zusammenschlüsse potentiell stärkere positive **Effizienzwirkungen** als horizon-

---

[598] Für die grundlegende Unterscheidung zwischen nicht-koordinierten und koordinierten Effekten einer Fusion vgl. oben Rdnr. 114.

[599] Vgl. hierzu ausführlich unten Rdnr. 175 ff.

[600] Vgl. hierzu und zu den verschiedenen Formen von Effizienzen bereits oben Rdnr. 61 ff.

[601] Vgl. für einen Überblick: *Riordian,* Competitive Effects of Vertical Integration, in: *Buccirossi (Hrsg.),* aaO 145 ff.; *Joskow,* Vertical Integration, in: *Collins et al. (Hrsg.),* aaO 273 ff.; *Motta,* aaO 302 ff.

[602] Kennzeichnend für komplementäre Produkte ist eine negative Kreuzpreislastizität, d.h. die Nachfrage nach einem Produkt A sinkt (steigt), wenn der Preis des komplementären Produkts B steigt (sinkt). Substitutive Produkte sind hingegen durch eine positive Kreuzpreiselastizität gekennzeichnet; vgl. hierzu bereits oben Rdnr. 35.

[603] Vgl. zum insoweit einschlägigen Modell des Mehrprodukt-Monopols bereits oben Rdnr. 35.

tale Fusionen. Maßgebliche theoretische Bezugspunkte sind dabei die gleichen Überlegungen, die auch bei der Beurteilung der verschiedenen Formen der vertikalen Bindung zu berücksichtigen sind.[604] Effizienzvorteile ergeben sich insbesondere aus der Vermeidung bzw. des Wegfalls eines **doppelten Gewinnaufschlages *(double marginalization).***[605] Bei einem getrennten Angebot eines Vor- und Endprodukts führt bereits das Vorliegen begrenzter Marktmacht auf dem vorgelagerten Inputmarkt dazu, dass das Vorprodukt – im Vergleich zum Fall der vollkommenen Konkurrenz[606] – in einer geringeren Menge und zu einem höheren Preis angeboten wird. Der entsprechende Gewinnaufschlag *(„mark-up")* bedeutet für den Anbieter des Endprodukts höhere (Grenz-)Kosten; diese bewirken, dass dieser – für einen gegebenen Grad an Marktmacht auf dem nachgelagerten Markt – das Endprodukt unter Berücksichtigung seines Gewinnkalküls zu einem höheren Preis und in geringerer Menge anbietet. Durch eine vertikale Integration beider Wertschöpfungsstufen wird dieser Effekt internalisiert und die betroffenen Produkte werden als Folge der vertikalen Integration in größerer Menge und zu einem niedrigeren Preis angeboten.

158 Im Vergleich zur getrennten Herstellung und Vermarktung eines Vor- und Endprodukts können sich durch eine Integration beider Wertschöpfungsstufen weitere Effizienzvorteile aus der **Vermeidung von Koordinierungsproblemen** in der Wertschöpfungskette ergeben.[607] Gründe für entsprechende Koordinierungsprobleme sind sogenannte externe Effekte des gewinnmaximierenden Verhaltens der Anbieter einer Marktstufe auf die Gewinnerzielungsmöglichkeiten der auf der anderen Marktstufe tätigen Unternehmen.[608] Aufgrund der resultierenden Anreizverzerrungen können ggf. sinnvolle Investitionen in die Angebotsqualität und die Effizienz der Produktion und des (Weiter-)Vertriebs der Produkte unterbleiben. Durch eine vertikale Integration werden aufgrund des gemeinsamen Gewinnmaximierungskalküls über mehrere Wertschöpfungsstufen hinweg diese externen Effekte internalisiert und der Umfang und die Qualität des Produktangebots ggf. verbessert. Effizienzwirkungen können zudem auf **Transaktionskostenersparnissen** beruhen.[609] Hintergrund hierfür ist die Tatsache, dass die Ausgestaltung, Überwachung und Durchsetzung ggf. komplexer, in der Regel aber unvollständiger Verträge im Rahmen von Markttransaktionen aufwändiger sein können als die Koordination unternehmensinterner Produktions- und Prozessabläufe.

159 Als Ausgangspunkt für die ökonomische Diskussion der **wettbewerbsschädlichen Wirkungen** vertikaler Zusammenschlüsse dient regelmäßig die insbesondere von der *Chicago School*[610] vertretene These, dass vertikale Fusionen in aller Regel effizienzsteigernd sind und keinen Anlass für kartellrechtliche Bedenken geben. Grundlage dieser Ansicht ist jedoch ein modelltheoretischer Grenzfall:[611] Verfügt ein Anbieter eines homogenen Vorprodukts bereits

---

[604] Vgl. hierzu oben Rdnr. 104 ff.; in ökonomischer Hinsicht handelt es sich bei der vertikalen Integration letztendlich um die stärkste Form der vertikalen Bindung. Das Angebots- und Preissetzungsverhalten des übernommenen Unternehmens wird allerdings nicht mehr nur durch (ggf. komplexe und dennoch unvollständige) vertragliche Vereinbarungen begrenzt und gesteuert. Vielmehr folgen aufgrund der eigentumsrechtlichen Verbindung beide Unternehmen zukünftig keinem getrennten, sondern vielmehr einem gemeinsamen Gewinnmaximierungskalkül.

[605] Vgl. hierzu bereits oben Rdnr. 64; vgl. ferner *Riordian,* aaO 153 f.; *Motta,* aaO 307 ff.; *Church,* aaO 1466 ff.; *Schwalbe/Zimmer,* aaO 470 ff.

[606] Vgl. zu diesem modelltheoretischen Bezugspunkt für die ökonomische Definition des Konzepts der Marktmacht ausführlich oben Rdnr. 26.

[607] Vgl. *Church,* aaO 1492 ff.; *Schwalbe/Zimmer,* aaO 468 ff.

[608] Ein typisches Beispiel externer Effekte ist das „Freifahrer-Problem" (free-riding). Es beschreibt das Problem, dass ein Anbieter von den spezifischen Investitionen und Angebotsleistungen (z. B. Service) eines anderen, ggf. auf einer anderen Marktstufe tätigen Anbieters in Form eines steigenden Absatzes und Gewinns profitiert, ohne jedoch gezwungen zu sein, diesen Anbieter hierfür zu entlohnen; vgl. hierzu im Zusammenhang mit der Beurteilung vertikaler Bindungen bereits oben Rdnr. 105 ff.

[609] Vgl. hierzu bereits oben Rdnr. 65; vgl. ferner *Church,* aaO 1494 f.; *Schwalbe/Zimmer,* aaO 473 ff.

[610] Vgl. hierzu bereits oben Rdnr. 13.

[611] Vgl. zu diesem Modell des „Single Monopoly Profit" statt Vieler: *Riordian,* aaO 148 ff.; *Church,* aaO 1468 ff.

über ein Monopol und herrscht auf dem nachgelagerten Markt intensiver („vollkommener") Wettbewerb, verfügt der Monopolanbieter über keinen Anreiz, durch die vertikale Integration seine Marktmacht auf den nachgelagerten Markt auszudehnen; er wäre in der Lage, bereits aufgrund seiner Alleinstellung bei dem Vorprodukt den gesamten Monopolgewinn der Wertschöpfungskette an sich zu ziehen. Diese Aussage lässt sich allerdings nur aufrechterhalten, wenn – zusätzlich zu den extremen Annahmen zur Marktstruktur auf dem vor- und nachgelagerten Markt – gleichzeitig relativ restriktive Annahmen zu den Kosten der Anbieter des Endprodukts erfüllt sind und unterstellt wird, dass die Abnehmer einen einheitlichen Preis zahlen, d.h. keine Preisdiskriminierung stattfindet.[612] Modernere theoretische Ansätze beruhen hingegen auf differenzierteren Modellannahmen und zeigen, dass vertikale Fusionen über verschiedene Wirkungsmechanismen durchaus zu einer Verringerung der Wettbewerbsintensität und einem Anstieg der Marktmacht des durch eine Fusion über mehrere Markstufen (stärker) vertikal integrierten Unternehmens führen können:

Inputabschottung *(input foreclosure)*: Eine mögliche Strategie eines vertikal integrierten 160
Unternehmens, seine Marktmacht auf dem nachgelagerten Markt zu steigern, besteht darin, seinen (nicht vertikal integrierten) Wettbewerbern den Zugang zu dem von ihm ebenfalls hergestellten Vorprodukt nach einem Zusammenschluss entweder vollständig zu verweigern oder durch schlechtere Konditionen und höhere Preise zumindest zu erschweren. Da das Ziel und der relevante Wirkungsmechanismus darauf beruhen, durch einen Anstieg der Kosten den von konkurrierenden Anbietern ausgehenden Wettbewerbsdruck zu verringern und dadurch die eigene Marktmacht zu erhöhen, wird diese wettbewerbliche Schadenstheorie vertikaler Fusionen auch als Strategie des ***„raising rivals' cost"*** bezeichnet. In der ökonomischen Theorie wurden zahlreiche Modelle entwickelt und diskutiert, die sich mit den Voraussetzungen für den Erfolg und mithin die Wahrscheinlichkeit des Auftretens einer solchen Strategie beschäftigen.[613] Im Mittelpunkt steht dabei insbesondere die Frage, unter welchen Umständen sie für das vertikal integrierte Unternehmen tatsächlich möglich und im Ergebnis auch profitabel ist. Die Modelle zeigen, dass – im Sinne einer notwendigen Bedingung und **Grundvoraussetzung** – das integrierte Unternehmen auf dem vorgelagerten Markt über (signifikante) **Marktmacht** verfügen muss. Bei einem relativ homogenen Produkt kann sich diese u.a. aus einem hohen Marktanteil bzw. einer hohen Konzentration der nach dem Zusammenschluss unabhängig am Markt existierenden Angebotskapazitäten ergeben.[614] Marktmacht kann sich allerdings auch aus einer für die Herstellung des Endprodukts und dessen Qualität und Markterfolg besonders relevanten Produktdifferenzierung ergeben.[615] Die Abnehmer haben dann ggf. entweder eine starke Präferenz für die Nutzung dieses Produkts oder sie sind aus technischen Gründen darauf angewiesen („Must-have"-Produkte). Um die Kosten von Wettbewerbern auf dem nachgelagerten Markt wirksam beeinflussen zu können, muss das Vorprodukt ferner einen hinreichend hohen Anteil der Herstellungskosten repräsentieren; dies gilt umso mehr, je weniger differenziert das Vorprodukt ist.

Selbst wenn das vertikal integrierte Unternehmen auf dem vorgelagerten Inputmarkt 161
über (signifikante) Marktmacht verfügt, ist damit jedoch nicht automatisch die Schlussfolgerung verbunden, dass diese durch eine Strategie der Inputabschottung auf den nachgelager-

---

612 Mit dieser Annahme wird letztendlich unterstellt, dass keiner der Abnehmer über Verhandlungsmacht verfügt und der Monopolanbieter des Vorprodukts daher auch bei der Abnahme größerer Mengen keinerlei Preiszugeständnisse in Form von (Mengen-)Rabatten gewährt bzw. gewähren muss.

613 Vgl. für einen Überblick mit ausführlichen Verweisen auf die entsprechenden modelltheoretischen Erwägungen *Church,* aaO 1472ff.; *Riordian,* aaO 155ff.; *Schwalbe/Zimmer,* aaO 477ff.

614 Die Modelle vertikaler Integration für relativ homogene Produkte analysieren in der Regel Marktsituationen, die entweder durch ein Monopol oder ein Duopol auf den jeweils vor- und nachgelagerten Märkten gekennzeichnet sind; vgl. hierzu grundlegend: *Salinger,* Vertical Mergers and Market Foreclosure, Quarterly Journal of Economics, 37 (1988), 345ff.

615 Vgl. zu dem Modell der monopolistischen Konkurrenz als Referenzpunkt für die Bedeutung der Produktdifferenzierung als Quelle von Marktmacht oben Rdnr. 39.

ten Markt übertragen wird.[616] Hierfür ist es vielmehr erforderlich, dass eine Abschottungsstrategie auch profitabel ist. Mit einer Inputabschottung sind für das vertikal integrierte Unternehmen auf dem vorgelagerten Markt in der Regel Gewinneinbußen verbunden; ursächlich hierfür sind die mit der Abschottungsstrategie verbundenen Absatzverluste beim Vorprodukt. Diese müssen durch einen marktmachtbedingt höheren Gewinn auf dem nachgelagerten Markt ausgeglichen bzw. überkompensiert werden. Aus ökonomischer Sicht muss eine solche Strategie mit anderen Worten eine hinreichende wirtschaftliche **Glaubwürdigkeit** besitzen.[617] Eine Übertragung von Marktmacht von dem vor- auf den nachgelagerten Markt ist nur denkbar, wenn sich der marktmächtige Anbieter glaubwürdig verpflichten kann, seine Wettbewerber im Extremfall überhaupt nicht mehr zu beliefern. Nur in diesem Fall könnte er auch die für eine Inputabschottung zumindest erforderliche Verschlechterung der Lieferkonditionen gegenüber den Wettbewerbern im nachgelagerten Markt durchsetzen. Die bisher entwickelten theoretischen Modelle zeigen auf, dass die Profitabilität und die Glaubwürdigkeit (und mithin die Wahrscheinlichkeit) einer Inputabschottung daher insbesondere dann gering ist, wenn den unabhängigen Wettbewerbern auf dem nachgelagerten Markt glaubwürdige Gegenstrategien zur Verfügung stehen. Diese können z. B. in einer eigenen vertikalen Integration oder einer mit vergleichsweise geringen Kosten verbundenen Anpassung des Produktionsprozesses bestehen.[618] Bei der Beurteilung der konkreten Gewinneffekte einer Strategie der Inputabschottung sind ferner zahlreiche produkt- und marktspezifische Einflussfaktoren von Bedeutung.[619] Je homogener die betroffenen Produkte sind, umso höher sind beispielsweise die Preiselastizität der Nachfrage und damit auch die mit einer Verschlechterung der Bezugskonditionen verbundenen potentiellen Absatzverluste. Da für die relativen Gewinneffekte neben den reinen Mengeneffekten ferner die Höhe der Marge ausschlaggebende Bedeutung hat, haben auch die maßgeblichen Kostenstrukturen auf der vor- und nachgelagerten Ebene einen starken Einfluss auf die Profitabilität einer Strategie der Inputabschottung.

162 **Kundenabschottung *(customer foreclosure)*:** Spiegelbildlich zum Fall der Input-Abschottung kann der Anbieter eines Vorprodukts seine Marktmacht auf dem vorgelagerten Markt dadurch steigern, dass er nach der Übernahme eines Abnehmers von seinen Wettbewerbern den maßgeblichen Input nicht mehr bezieht. Da dadurch deren Erlös- und Gewinnaussichten verschlechtert werden, wird diese Schadenstheorie vertikaler Fusionen auch als Strategie des ***„reducing rivals' revenues"*** bezeichnet. Zwischen der Kundenabschottung und den Mechanismen der Inputabschottung[620] besteht ein konzeptioneller Zusammenhang. Denn die Schadenstheorie der Kundenabschottung beruht auf der These, dass ein vertikal integriertes Unternehmen durch einen Zusammenschluss anstrebt, seine Marktposition auf dem vorgelagerten Markt zu stärken und damit seine Marktmacht beim Angebot eines Inputs für die nachfolgende Wertschöpfungsstufe zu erhöhen. Tritt dieser Effekt ein, verschlechtern sich insgesamt für die nicht integrierten Abnehmer auf dem nachgelagerten Markt die Liefer- und Bezugskonditionen. Eine Verschlechterung der Bezugskonditionen für die konkurrierenden Abnehmer ist jedoch auch der zentrale Hebel einer Strategie der Inputabschottung. Insoweit ist die Kundenabschottung in ökonomischer Hinsicht letztendlich eine indirekte Form der Inputabschottung. Die ökonomische Analyse beider Mechanismen weist daher weite Überschneidungsbereiche auf.

---

[616] Vgl. zu den insoweit relevanten, insbesondere von der Chicago-School betonten theoretischen Überlegungen bereits oben Rdnr. 159.

[617] In den theoretischen Analysen wird dieser Aspekt als „Committment-Problem" bezeichnet; vgl. hierzu bereits im Kontext der Analyse vertikaler Bindungen oben Rdnr. 111.

[618] Vgl. grundlegend: *Ordover/Saloner/Salop,* Equilibrium Vertical Foreclosure, American Economic Review, 80 (1990), 127 ff.; vgl. ferner *Choi/Yi,* Vertical Foreclosure with the Choice of Input Specification, Rand Journal of Economics, 31 (2000), 52 ff.

[619] Vgl. hierzu im Zusammenhang mit dem potentiellen Behinderungsmissbrauch durch eine Lieferverweigerung unten Rdnr. 185 ff.

[620] Vgl. oben Rdnr. 160 f.

Die diskutierten Modelle der Kundenabschottung[621] konzentrieren sich wie bei der Inputabschottung auf die Voraussetzungen und Bedingungen für den Erfolg einer solchen Strategie. Für die Beantwortung der Frage, ob eine hohe Wahrscheinlichkeit besteht, dass das integrierte Unternehmen als Folge des Zusammenschlusses eine Strategie der Kundenabschottung betreiben kann und wird, steht deren Glaubwürdigkeit und Profitabilität im Mittelpunkt. Neben der Existenz möglicher Gegenstrategien der Wettbewerber sind bei der erforderlichen Analyse der Gewinneffekte wie bei der Strategie der Inputabschottung sowohl die maßgeblichen Preiselastizitäten, Kostenstrukturen und Margen der Produkte als auch die qualitative und quantitative Bedeutung des übernommenen Abnehmers für die Erlös- und Gewinnerzielungsmöglichkeiten der Wettbewerber bedeutsam.[622] **163**

Verbesserte Koordinierung: In einem Marktumfeld, das ohnehin bereits sehr anfällig für ein (explizit oder implizit) kollusives Verhalten der Anbieter auf den verschiedenen Wertschöpfungsstufen ist,[623] können vertikale Zusammenschlüsse ferner zu einer weiteren Stabilisierung und damit erhöhten Wirksamkeit einer Verhaltenskoordinierung beitragen. Aus den entsprechenden theoretischen Erwägungen lassen sich dabei insbesondere folgende Wirkungsmechanismen ableiten:[624] Zum einen können sich durch den möglichen Wegfall einer Bezugs- oder Lieferalternative die **Abweichungsanreize,** d.h. der Anreiz für wettbewerbliche Vorstöße *(„cheating"),* verringern. Zum anderen gehen jedoch auch **Bestrafungsmöglichkeiten** verloren, Ist der erste Effekt stärker als der zweite, nimmt die Wahrscheinlichkeit einer stabilen Verhaltenskoordinierung entsprechend zu. Ferner nimmt zumindest im Fall einer nicht vollständigen Input- oder Kundenabschottung durch eine vertikale Fusion der **Informationsaustausch** zwischen Wettbewerbern zu. Die Unternehmen erhalten zudem bessere Informationen über die maßgeblichen Kostenstrukturen für die betroffenen Vor- bzw. Endprodukte. Beide Aspekte führen zu einer höheren **Markttransparenz.** Die Übernahme eines Abnehmers erhöht ferner dann die Stabilität einer Verhaltenskoordinierung, wenn dieser Abnehmer aufgrund seiner Nachfrage- oder Verhandlungsmacht das Zustandekommen und die Stabilität einer Verhaltenskoordinierung bisher erschwert hat ***(„disruptive buyer").*** **164**

2. Praktische Umsetzung im Kartellrecht. In der Entscheidungspraxis der Kartellbehörden finden die dargelegten ökonomischen Zusammenhänge ihren Niederschlag in dem Grundansatz der Bewertung des Risikos **nicht-koordinierter Effekte** und der Begründung oder Verstärkung einer (einzel-)marktbeherrschenden Stellung der Beteiligten an vertikalen Fusionen. Bewertet werden sowohl die **Fähigkeit** zu als auch die durch einen Zusammenschluss veränderten **Anreize** für wettbewerbsschädliche Abschottungsstrategien.[625] Die Gefahr nicht-koordinierter Effekte wird nur dann als gegeben angesehen, wenn solche Strategien im Ansatz erfolgversprechend und möglich sind. Im Mittelpunkt **165**

---

[621] Für einen Überblick mit ausführlichen Verweisen auf die entsprechenden modelltheoretischen Erwägungen vgl. *Church,* aaO 1482ff.; *Riordian,* aaO 151ff.; *Schwalbe/Zimmer,* aaO 486ff.

[622] Vgl. hierzu im Zusammenhang mit dem potentiellen Behinderungsmissbrauch durch eine vertikale Ausschließlichkeitsbindung ferner unten Rdnr. 183f.

[623] Vgl. zum ökonomischen Begriff der Kollusion sowie der Unterscheidung zwischen expliziter und impliziter Kollusion bereits oben Rdnr. 87ff.; zu den relevanten Einflussfaktoren auf die Wahrscheinlichkeit und Stabilität kollusiven Verhaltens vgl. ausführlich oben Rdnr. 90ff. und Rdnr. 136f.

[624] Vgl. Church, aaO 1489ff.; *Riordian,* aaO 159ff.; *Schwalbe/Zimmer,* aaO 490ff.; vgl. ferner: *Chen/Riordian,* Vertical Integration, Exclusive Dealing, and Ex-post Cartelization, Rand Journal of Economics, 35 (2004), 667ff.; *Nocke/White,* Do Vertical Mergers Facilitate Upstream Collusion?, American Economic Review, 97 (2007), 1321ff.

[625] Vgl. hierzu EU-Kommission, Leitlinien zur Bewertung nichthorizontaler Zusammenschlüsse gemäß der Ratsverordnung über die Kontrolle von Unternehmenszusammenschlüssen, ABl. v. 18.10.2008, C 265, 6ff., Rdnr. 29ff.; BKartA, Leitfaden zur Marktbeherrschung in der Fusionskontrolle, 2012, Rdnr. 138ff., jeweils mit Nachweisen auf die einschlägige Entscheidungspraxis und Rechtsprechung; für einen Überblick über die Entscheidungspraxis vgl. auch ausführlich unten *Wagemann* § 16 Rdnr. 129ff. (EU-Praxis) und *Richter/Steinvorth* § 20 Rdnr. 124ff. (deutsche Praxis).

dieser Bewertung stehen dabei (1.) die nach dem Zusammenschluss verbleibenden Ausweichmöglichkeiten der Wettbewerber auf dem vor- bzw. nachgelagerten Markt und (2.) die wirtschaftliche Bedeutung des jeweiligen Vorprodukts bzw. Abnehmers für die Erlös- und Gewinnerzielungsmöglichkeiten nicht-integrierter Wettbewerber in qualitativer und quantitativer Hinsicht.[626] Ferner werden die Spielräume der Wettbewerber für erfolgreiche Gegenstrategien beurteilt.[627] Für die Beantwortung der Frage, ob zudem auch hinreichende Anreize für eine Abschottungsstrategie bestehen bzw. durch die Fusion begründet oder verstärkt werden, werden die zentralen Faktoren analysiert, die über die Profitabilität einer solchen Strategie entscheiden, also insbesondere die Höhe der Margen der Produkte sowie die Preiselastizität der Nachfrage auf dem vor- und nachgelagerten Markt.[628] Bezüglich der Risiken der Begründung oder Verstärkung gemeinsamer Marktbeherrschung bzw. des Auftretens **koordinierter Effekte** erfolgt eine umfassende Bewertung der möglichen Auswirkungen einer vertikalen Fusion auf die Determinanten eines stabilen kollusiven Verhaltens, also insbesondere auf die Markttransparenz und die Anreize für ein abweichendes Verhalten.[629]

166 Die ökonomische Tatsache, dass vertikale Zusammenschlüsse im Gegensatz zu horizontalen Fusionen tendenziell stärkere Effizienzwirkungen entfalten,[630] manifestiert sich nicht zuletzt darin, dass die maßgeblichen wettbewerbsökonomischen Schadenstheorien in der Regel nur bei vergleichsweise hohen Marktanteilen der Beteiligten auf einem der betroffenen vor- oder nachgelagerten Märkte bzw. einem hohen **Konzentrationsniveau** vertieft geprüft werden.[631] Für die jüngere deutsche Entscheidungspraxis kann in dieser Hinsicht u. a. auf die Beurteilung eines Zusammenschlusses im Bereich der Herstellung von benzingetriebenen Motorsägen und anderen Gartengeräten verwiesen werden.[632] Die Gefahr einer wettbewerbsschädlichen Inputabschottung wurde zunächst deshalb bejaht, weil das erwerbende Unternehmen mit Marktanteilen von 50–75% mit weitem Abstand führender Anbieter auf den Endprodukt-Märkten war.[633] Übernommen werden sollte ferner ein Hersteller von Membranvergasern, eines für das einwandfreie Funktionieren der Endgeräte essentiellen Vorprodukts. Dieser Markt war mit einem gemeinsamen Marktanteil der beiden führenden Anbieter von ca. 80–90% und damit einer nahezu duopolistischen Struktur ebenfalls hoch konzentriert. Der Zusammenschluss wurde im Ergebnis nur unter Auflagen freigegebenen, die sicherstellten, dass die unabhängigen Wettbewerber auf dem nachgelagerten Markt weiterhin Zugang zu dem Vorprodukt und der entsprechenden Technologie

---

[626] Vgl. EU-Kommission, Leitlinien zur Bewertung nichthorizontaler Zusammenschlüsse gemäß der Ratsverordnung über die Kontrolle von Unternehmenszusammenschlüssen, ABl. 2008 C 265, 6 ff., Rdnr. 33 ff. (Inputabschottung) und Rdnr. 60 ff. (Kundenabschottung); BKartA, Leitfaden zur Marktbeherrschung in der Fusionskontrolle, 2012, Rdnr. 139 ff. (Inputabschottung) und Rdnr. 144 ff. (Kundenabschottung).

[627] Vgl. EU-Kommission, Leitlinien zur Bewertung nichthorizontaler Zusammenschlüsse gemäß der Ratsverordnung über die Kontrolle von Unternehmenszusammenschlüssen, ABl. 2008 C 265, 6 ff., Rdnr. 39 (Inputabschottung) und Rdnr. 67 (Kundenabschottung).

[628] Vgl. EU-Kommission, Leitlinien zur Bewertung nichthorizontaler Zusammenschlüsse gemäß der Ratsverordnung über die Kontrolle von Unternehmenszusammenschlüssen, ABl. 2008 C 265, 6 ff., Rdnr. 40 ff. (Inputabschottung) und Rdnr. 68 ff. (Kundenabschottung); BKartA, Leitfaden zur Marktbeherrschung in der Fusionskontrolle, 2012, Rdnr. 141 f. (Inputabschottung) und Rdnr. 147 f. (Kundenabschottung).

[629] Vgl. EU-Kommission, Leitlinien zur Bewertung nichthorizontaler Zusammenschlüsse gemäß der Ratsverordnung über die Kontrolle von Unternehmenszusammenschlüssen, ABl. 2008 C 265, 6 ff., Rdnr. 79 ff.; BKartA, Leitfaden zur Marktbeherrschung in der Fusionskontrolle, 2012, Rdnr. 153 ff.; für den allgemeinen Beurteilungsrahmen koordinierter Effekte und kollektiver Marktbeherrschung vgl. ferner bereits oben Rdnr. 137 ff.

[630] Vgl. hierzu ausführlich oben Rdnr. 156 f.

[631] Vgl. für tabellarische Übersicht zur europäischen Entscheidungspraxis: *Gore/Lewis/Lofaro/Dethmers,* aaO 400 ff. (mit Nachweisen auf die jeweiligen Einzelfallentscheidungen); vgl. ferner ausführlich unten *Wagemann* § 16 Rdnr. 129 ff.

[632] Vgl. BKartA, E. v. 18. Juli 2008, B5–84/08 – *Stihl/Zama.*

[633] Vgl. BKartA, E. v. 18. Juli 2008, B5–84/08, Rdnr. 46 ff. – *Stihl/Zama.*

des erworbenen Unternehmens haben, so dass bereits die Fähigkeit zu einer Strategie der Inputabschottung hinreichend ausgeschlossen werden konnte.[634] Trotz hoher Marktanteile und eines hohen Konzentrationsniveaus auf vorgelagerten Marktstufen wurden ferner in jüngster Zeit z. B. vertikale Zusammenschlüsse im Bereich der Energieversorgung freigegeben, da weder von der Möglichkeit noch von hinreichenden Anreizen für eine wettbewerbsschädliche Kundenabschottung ausgegangen werden musste.[635]

III. Konglomerate Zusammenschlüsse

1. Theoretische und konzeptionelle Grundlagen. Als konglomerate Zusammenschlüsse bezeichnet man Fusionen zwischen Anbietern, die nicht unmittelbar im Wettbewerb stehende, d. h. nicht austauschbare/substitutive Produkte anbieten, die zudem in keinem vertikalen Verhältnis im Sinne eines Vor- und Endprodukts zueinander stehen. Für die Beurteilung solcher Fusionen ist die Unterscheidung der denkbaren **Formen eines gemeinsamen Angebots** der betroffenen Produkte von zentraler Bedeutung. Denn eine kritische Bewertung eines konglomeraten Zusammenschlusses ist in der Regel ausgeschlossen, wenn das fusionierte Unternehmen nach dem Zusammenschluss die Produkte weiterhin unabhängig voneinander anbietet und insbesondere auch hinsichtlich der Preisgestaltung unabhängig voneinander vermarktet. Für das gemeinsame Angebot verschiedener Produkte hat sich in der ökonomischen Literatur auch der Begriff des **„bedingten Verkaufs"** ***(contingent sales)*** eingebürgert; der Bezug des einen Produkts und die hierbei für einen Nachfrager geltenden Preise und Konditionen werden unter Umständen mehr oder weniger stark von dem Bezug bzw. den Preisen und Konditionen des anderen Produkts abhängig gemacht.[636] Unter Berücksichtigung der zwischen den verschiedenen Produkten bestehenden technischen und wirtschaftlichen Verknüpfung sowie der typischen Form der gemeinsamen Nachfrage lassen sich die folgenden gemeinsamen Angebots- und Vermarktungsformen unterscheiden:[637] Von einem gemeinsamen Angebot in Form einer **Kopplung** ***(tying)*** spricht man in ökonomischer Hinsicht dann, wenn die verschiedenen, meist komplementären Produkte[638] zwar gemeinsam genutzt werden, dies aber in der Regel in variablen und schwankenden Mengenrelationen. Ein stets zeitgleicher Bezug der Produkte ist nicht erforderlich. Typische Beispiele für solche Produkte sind bestimmte technische Systeme und die für ihren Betrieb erforderlichen Betriebsmittel (z. B. Kopierer/Kopierpapier; Drucker/Druckerpatronen). Von einer **Bündelung** von Produkten spricht man hingegen dann, wenn die Produkte stets in festen Mengenrelationen verwendet und auch nachgefragt werden. Dabei ist es im Sinne einer **festen Bündelung** ***(pure bundling)*** vorstellbar, dass Produkte stets nur gemeinsam angeboten werden und separat nicht verfügbar sind. Sind die Produkte hingegen sowohl getrennt als auch als Bündel verfügbar, wird das Produktbündel aber günstiger angeboten als die Summe der Einzelkomponenten, spricht man von einer sogenannten **gemischten Bündelung (mixed bundling).** Die wirtschaftliche Bündelung von Produkten kann dadurch abgesichert und verstärkt werden, dass die technischen Spezifikationen der Einzelkomponenten aufeinander abgestimmt sind (fehlende/eingeschränkte **Interoperabilität**). Gegenstand sowohl einer Kopplung als auch einer Bündelung können grundsätzlich aber nicht nur komplementäre, sondern auch solche Produkte sein, die in wirtschaftlicher Hinsicht unabhängig voneinander sind. Ergebnis hiervon ist das Angebot von **Sortimenten** verschiedener, weder substitutiver noch strikt komplementärer Produkte. 167

---

[634] Vgl. BKartA, E. v. 18. Juli 2008, B5–84/08, Rdnr. 58 ff. – *Stihl/Zama.*

[635] Vgl. u. a. BKartA, E. v. 8. Dezember 2011, B8–94/11 – *RWE/Stadtwerke Unna;* für weitere Details der deutschen Entscheidungspraxis vgl. unten *Richter/Steinvorth* § 20 Rdnr. 124 ff.

[636] Vgl. u. a. *Neven,* The Analysis of Conglomerate Effects in EU Merger Control, in: *Buccirossi (Hrsg.),* aaO 189 ff.

[637] Vgl. hierzu statt Vieler: *Schwalbe/Zimmer,* aaO 498 f.

[638] In ökonomischer Hinsicht sind komplementäre Produkte stets dadurch gekennzeichnet, dass die Nachfrage nach einem Produkt A dann zunimmt, wenn der Preis des komplementären Produkts B sinkt (und vice versa), d. h. die Kreuzpreiselastizität der Produkte ist negativ; vgl. hierzu bereits oben Rdnr 35.

168 Ebenso wie vertikale Fusionen können auch konglomerate Zusammenschlüsse erhebliche **Effizienzvorteile** generieren.[639] Aufgrund der entsprechend erweiterten Produkt- und Angebotspalette eines Unternehmens können sich insbesondere Kostenersparnisse in Form sogenannter **Verbundvorteile** ergeben.[640] Ferner können – erneut analog zu vertikalen Fusionen – technische und wirtschaftliche **Koordinierungsprobleme** vermieden werden, die sich bei einer getrennten Herstellung und Vermarktung verschiedener, aber technisch und wirtschaftlich miteinander verknüpfter Produkte ergeben können. Dies gilt insbesondere für komplementäre Produkte, die sich in der Regel dadurch auszeichnen, dass sie gemeinsam nachgefragt und konsumiert werden. Analog zum Vorteil der Vermeidung des sogenannten doppelten Gewinnaufschlags bei vertikalen Fusionen[641] kann durch eine konglomerate Fusion insbesondere der als **doppelte Marginalisierung** bekannte externe Effekt internalisiert werden. Bei einer getrennten Produktion und Vermarktung berücksichtigen die Anbieter jeweils nicht die negativen Auswirkungen ihrer Angebots- und Preisentscheidungen auf den Absatz des jeweils anderen, zu ihrem Angebot komplementären Produkts. Bei einer gemeinsamen Herstellung und Vermarktung werden komplementäre Produkte daher in der Regel zu einem niedrigeren Preis und in größerer Menge angeboten.[642] Im Zusammenhang mit nicht vertikal miteinander verknüpften Produkten wird dieser Effizienzvorteil auch als ***Cournot*-Effekt** bezeichnet.[643]

169 Bei der Bewertung der möglichen Effizienzwirkungen konglomerater Fusionen ist ferner die Tatsache zu berücksichtigen, dass das gemeinsame Angebot mehrerer Produkte dem Anbieter Spielräume für eine sogenannte **Preisdiskriminierung** gibt.[644] Dadurch kann ein Anbieter zwar grundsätzlich auch seine **Marktmacht** steigern und einen entsprechend höheren Gewinn erzielen.[645] Die Tatsache, dass Abnehmer für ein Paket mehrerer Produkte und damit auch für die einzelnen Komponenten je nach Grad der Nutzung und mithin ihres individuellen Bedarfs unterschiedlich hohe Preise zahlen, hat jedoch potentiell auch **positive Effizienzwirkungen.** Diese Tatsache kann u.a. anhand des Beispiels eines gemeinsamen Bezugs eines dauerhaften Systemprodukts (z.B. Drucker) und der hierfür erforderlichen Betriebsmittel (Druckerpatronen) veranschaulicht werden:[646] Aufgrund des komplementären Charakters der beiden Produkte besteht für den Anbieter von Druckern bei einem gemeinsamen Angebot auch für die Druckerpatronen ein Anreiz, den Drucker im Paket zu einem niedrigeren Preis anzubieten, als er dies tun würde, wenn er ausschließlich Drucker herstellen und vertreiben würde. Denn dadurch kann er gegebenenfalls die Nachfrage nach den Druckerpatronen und damit seinen Gewinn steigern. In Abhängigkeit von dem beim Angebot der Druckerpatronen vorherrschenden Marktmachtniveau zahlen intensive Nutzer des Druckers insgesamt einen höheren (Gesamt-)Preis. Umgekehrt profitieren jedoch diejenigen Nachfrager, die aufgrund des niedrigeren Druckerpreises diesen überhaupt erst erwerben und aufgrund ihres Nutzungsverhaltens auch von den höheren Preisen für die Druckerpatronen weniger stark betroffen sind. Die konkreten Auswirkun-

---

639 Vgl. für einen umfassenden Überblick: *Bishop/Lafaro/Rosati/Young,* The Efficiency Enhancing Effects of Non-Horizontal Mergers, Report for DG Enterprise, 2005, 73ff.; vgl. ferner: *Church,* Conglomerate Mergers, in: *Collins et al. (Hrsg.),* aaO 1520ff.; *Schwalbe/Zimmer,* aaO 495ff.

640 Vgl. hierzu auch bereits oben Rdnr. 63.

641 Vgl. oben Rdnr. 156.

642 Vgl. zu dem insoweit einschlägigen Modell des Mehrprodukt-Monopols oben Rdnr. 35.

643 Vgl. statt Vieler: *Schwalbe/Zimmer,* aaO 496ff.

644 Vgl. zu den verschiedenen Formen der Preisdiskriminierung ausführlich oben Rdnr. 36ff.; vgl. für die nachfolgenden Ausführungen ferner: *Bishop/Walker,* aaO 278ff.; *Schwalbe/Zimmer,* aaO 499ff.; für eine teschnischere Darstellung vgl. *Church,* aaO 1520ff.

645 Vgl. zu den Wirkungen der Preisdiskriminierung oben Rdnr. 36ff.

646 Vgl. zu diesem Beispiel auch *Bishop/Walker,* aaO 278f.; ein weiteres Beispiel ist die bei vielen Mobilfunk-Verträgen übliche, nahezu kostenlose Abgabe von Mobiltelefonen beim Abschluss eines Nutzungsvertrages. Grundsätzlich die gleichen Überlegungen gelten auch für das gemeinsame Angebot von Produkten, die nicht in variablen bzw. schwankenden Mengenrelationen, sondern in einem festen Mengenverhältnis nachgefragt werden.

gen des gemeinsamen Angebots und der konkreten Preisgestaltung für das Produktpaket hängen daher nicht zuletzt entscheidend von der relativen Größe und Bedeutung der verschiedenen Kunden- und Nutzergruppen ab. Ferner ist das relative Gewicht (Preis- und Wertrelationen) der verschiedenen Komponenten des Pakets bedeutsam.

Wie vertikale Fusionen können auch konglomerate Zusammenschlüsse aus ökonomischer **170**
Sicht nur dann als wettbewerbsschädlich eingestuft werden, wenn es aufgrund des Zusammenschlusses dem integrierten Unternehmen gelingt, durch Strategien der Kopplung oder Bündelung die auf einem Markt bereits bestehende Marktmacht auf den jeweils anderen Markt zu übertragen ***(leverage).*** Die in der ökonomischen Theorie entwickelten und diskutierten Modelle, die sich mit den Voraussetzungen für den Erfolg und mithin der Wahrscheinlichkeit einer solchen Strategie beschäftigen,[647] zeigen, dass – im Sinne einer notwendigen Bedingung und **Grundvoraussetzung** – das integrierte Unternehmen auf jedenfalls einem der betroffenen Märkte über (signifikante) **Marktmacht** verfügen muss. Die Wahrscheinlichkeit profitabler marktmachtsteigernder Kopplungs- und Bündelungsstrategien nimmt ferner in dem Ausmaß zu, in dem auch auf dem zweiten betroffenen Markt keine hinreichenden Ausweichalternativen zur Verfügung stehen; Ursache hierfür können sowohl begrenzte Kapazitäten der Wettbewerber als auch eine für die Nachfrager besonders bedeutsame Produktdifferenzierung sein. Stehen hingegen in hinreichendem Umfang Ausweichalternativen zur Verfügung, kann sich ein ggf. intensiver **Systemwettbewerb** ergeben; dieser bewirkt, dass trotz einer Kopplung oder Bündelung keine wirksame Übertragung von Marktmacht von dem einen auf den jeweils anderen Produktmarkt möglich ist.

Für die **Profitabilität** einer wettbewerbsbeschränkenden Kopplungs- oder Bündelungs- **171**
strategie sind vor diesem Hintergrund insbesondere die **Präferenzen** der Abnehmer und mithin deren **Nachfrage- und Nutzungsverhalten** ausschlaggebend. Dieses entscheidet maßgeblich über die **Preiselastizität** der Nachfrage nach beiden Produkten sowie dem Produktbündel; es bestimmt, welche durch Preisnachlässe für das Paket erzielbaren Mengeneffekte ein Anbieter durch eine Kopplung oder Bündelung generieren kann bzw. in Kauf nehmen muss. Stehen ausreichende unabhängige Ausweichalternativen zur Verfügung und haben die Nachfrager eine starke Präferenz für eine freie Auswahl und Nutzung der einzelnen Produkte (Verhalten des *„mix and match"*), ist die Preiselastizität und das Risiko unprofitabler Mengeneffekte ceteris paribus höher. Da die Gewinneffekte einer Kopplungs- und Bündelungsstrategie zudem stark von den **relativen Margen** der Produkte bzw. Komponenten abhängen, sind zudem auch die jeweiligen **Kostenstrukturen** relevant. Eine Kopplungsstrategie kann insbesondere beim Vorliegen signifikanter Größenvorteile der Produktion *(economies of scale)* profitabel sein. Sofern es gelingt, durch diese Strategie die Nachfrage nach einem Produkt von unabhängigen Wettbewerbern zu reduzieren, steigen deren Durchschnittskosten und der von ihnen ausgehende Wettbewerbsdruck sinkt. Auch die Existenz direkter und indirekter Netzwerkeffekte[648] erhöht die Wirksamkeit einer Kopplungs- und Bündelungsstrategie. Da die Wettbewerber eine „kritische Masse" von Nachfragern bedienen müssen, um erfolgreich im Markt bestehen zu können, kann durch eine Umlenkung der Nachfrage der von unabhängigen Wettbewerbern ausgehende Wettbewerbsdruck entsprechend stark reduziert werden.

2. Praktische Umsetzung im Kartellrecht. In der Entscheidungspraxis der Kartell- **172**
behörden findet der dargelegte Stand der ökonomischen Analyse seinen Niederschlag in einem mit der Bewertung vertikaler Fusionen vergleichbaren Prüfungsansatz:[649] Im Hin-

---

[647] Vgl. für einen Überblick: *Church,* aaO 1524 ff.; *Neven,* aaO 194 ff.; *Schwalbe/Zimmer,* aaO 504 ff., jeweils mit entsprechenden Nachweisen auf die modelltheoretische Diskussion.

[648] Vgl. hierzu ausführlich oben Rdnr. 70 (direkte Netzwerkeffekte) und Rdnr. 71 (indirekte Netzwerkeffekte).

[649] Vgl. hierzu EU-Kommission, Leitlinien zur Bewertung nichthorizontaler Zusammenschlüsse gemäß der Ratsverordnung über die Kontrolle von Unternehmenszusammenschlüssen, ABl. v. 18.10.2008, C 265, 6 ff., Rdnr. 91 ff.; BKartA, Leitfaden zur Marktbeherrschung in der Fusionskontrolle, 2012, Rdnr. 160 ff., jeweils mit Nachweisen auf die einschlägige Entscheidungspraxis und

blick auf das Risiko **nicht-koordinierter Effekte** konglomerater Fusionen und der daraus möglicherweise resultierenden Entstehung oder Verstärkung einer (einzel-)marktbeherrschenden Stellung werden die **Fähigkeit** zu und die durch den Zusammenschluss veränderten **Anreize** für wettbewerbsschädliche Kopplungs- und Bündelungsstrategien bewertet.[650] Die Gefahr nicht-koordinierter Effekte wird nur dann als gegeben angesehen, wenn solche Strategien im Ansatz überhaupt erfolgversprechend sind. Hierzu werden die relevanten Produkteigenschaften betrachtet und insbesondere geprüft, welcher wirtschaftliche Zusammenhang zwischen den Produkten besteht. Die Existenz eines bereits großen **gemeinsamen Kundenstamms** der beteiligten Unternehmen wird dabei ebenso als Indiz für eine mögliche Kopplungs- oder Bündelungsstrategie angesehen wie die Tatsache, dass die Abnehmer z.B. aufgrund entsprechender Transaktionskostenersparnisse eine starke **Präferenz** für den Bezug der Produkte aus einer Hand haben könnten *(„one-stop-shopping")*. Neben der Existenz möglicher Gegenstrategien der Wettbewerber stehen bei der erforderlichen Analyse der Anreize und mithin der Gewinneffekte sowohl die maßgeblichen **Preiselastizitäten, Kostenstrukturen und Margen** der Produkte als auch die relative qualitative und quantitative Bedeutung der betroffenen Produkte im Mittelpunkt. Für eine Bewertung des Risikos **koordinierter Effekte** erfolgt hingegen eine Bewertung der möglichen Auswirkungen einer konglomeraten Fusion auf die zentralen Determinanten einer stabilen Verhaltenskoordinierung.[651] Eine stabilisierende Wirkung konglomerater Fusionen auf ein kollusives Verhalten bzw. eine Verhaltenskoordinierung wird insbesondere dann als möglich erachtet, wenn dadurch die Kontakte auf verschiedenen Märkten der beteiligten Unternehmen erhöht und damit die Möglichkeiten für eine wirksame Bestrafung von Abweichungsversuchen verbessert werden.[652]

173 Ein Blick auf die EU-Entscheidungspraxis zeigt, dass die maßgeblichen wettbewerbsökonomischen Schadenstheorien in der Regel nur bei vergleichsweise hohen Marktanteilen der Beteiligten auf den betroffenen Märkten vertieft geprüft werden.[653] Die gleiche Tendenz ist auch für die deutsche Entscheidungspraxis zu konstatieren.[654] So wurde die Schadenstheorie einer möglichen Kopplungsstrategie vom BKartA jüngst u.a. im Rahmen der Prüfung eines Zusammenschlusses im Bereich der Medizinprodukte (Fertigspritzen) geprüft.[655] Das Vorhaben betraf die Übernahme des führenden Herstellers von Nadelschutzsystemen (Marktanteil > 50%) durch einen marktbeherrschenden Anbieter von Glas-Fertigspritzen (Marktanteil > 75%). Die Fusion wurde aber dennoch mit dem Hinweis auf die nur sehr eingeschränkte Möglichkeit für eine erfolgversprechende Bündelungsstrategie freigegeben; maßgeblich hierfür war insbesondere die Bewertung des Nachfrage- und Nutzungsverhaltens der Abnehmer in der pharmazeutische Industrie.[656] Eine ähnlich hochkonzentrierte Marktstruktur auf zahlreichen Märkten bildete die Grundlage für die

---

Rechtsprechung; für einen Überblick über die Entscheidungspraxis vgl. auch ausführlich unten *Wagemann* § 16 Rdnr. 133ff. (EU-Praxis) und *Richter/Steinvorth* § 20 Rdnr. 131ff. (deutsche Praxis).

650 Vgl. EU-Kommission, Leitlinien zur Bewertung nichthorizontaler Zusammenschlüsse gemäß der Ratsverordnung über die Kontrolle von Unternehmenszusammenschlüssen, ABl. 2008 C 265, 6ff., Rdnr. 95ff.; BKartA, Leitfaden zur Marktbeherrschung in der Fusionskontrolle, 2012, Rdnr. 168ff.

651 Vgl. EU-Kommission, Leitlinien zur Bewertung nichthorizontaler Zusammenschlüsse gemäß der Ratsverordnung über die Kontrolle von Unternehmenszusammenschlüssen, ABl. 2008 C 265, 6ff., Rdnr. 119ff.; BKartA, Leitfaden zur Marktbeherrschung in der Fusionskontrolle, 2012, Rdnr. 178ff.

652 Vgl. zur Bedeutung des Kriterium der Multimarkt-Kontakte für die Stabilität eines kolusiven Parallelverhaltens ausführlich oben Rdnr. 92 und Rdnr. 136.

653 Vgl. für einen Überblick: *Bardong,* Europäische Fusionskontrolle bei konglomeraten Fusionen nach *Intel/McAffee* und *Cisco/Kommission,* ZWeR, 2014, 385ff.; *Gore/Lewis/Lofaro/Dethmers,* aaO 480ff.; vgl. ferner *Wagemann* § 16 Rdnr. 133ff.

654 Für eine ausführliche Darstellung vgl. unten *Richter/Steinvorth* § 20 Rdnr. 131ff.

655 Vgl. BKartA, E.v. 21. Dezember 2012, B3–113/12 – *Becton Dickinson/Safety Syringes.*

656 Vgl. BKartA, E.v. 21. Dezember 2012, B3–113/12, Rdnr. 129ff. – *Becton Dickinson/Safety Syringes.*

Prüfung marktabschottender Bündelungsstrategien im Bereich der Herstellung von Produktionsanlagen für die Halbleiter-Produktion.[657] Trotz teilweise monopolähnlicher Stellungen der Beteiligten auf einzelnen der zahlreich betroffenen Produktmärkte konnte aufgrund des ermittelten Nachfrageverhaltens der Halbleiter-Hersteller und der Existenz erfolgversprechender Gegenstrategien die Möglichkeit marktmachtverstärkender Abschottungsstrategien verneint und das Vorhaben freigegeben werden.[658]

H. Missbräuchliches Verhalten marktbeherrschender Unternehmen

Neben der Beurteilung vertraglicher Wettbewerbsbeschränkungen und der Fusionskontrolle bildet die Missbrauchsaufsicht über marktbeherrschende Unternehmen die dritte Säule der Kartellrechtsanwendung. In ökonomischer Hinsicht verfügen marktbeherrschende Unternehmen über eine stark ausgeprägte Marktmacht. Aufgrund des graduellen Charakters des Marktmachtkonzepts, der an dem Spielraum für Preiserhöhungen über den bei vollkommener Konkurrenz zu erwartenden Grenzkostenpreis anknüpft,[659] ist die Festlegung der konkreten **Marktbeherrschungsschwelle** letztendlich eine rechtliche (Wertungs-)Frage.[660] In einigen Rechtsordnungen wie z. B. in Deutschland werden auf der Grundlage politischer Wertungsentscheidungen ferner auch Unternehmen, die zwar nicht über eine marktbeherrschende Stellung verfügen, aber als **„marktstark"** eingestuft werden, einer gewissen Verhaltenskontrolle unterworfen.[661] In ökonomischer Hinsicht ist für die Bestimmung des Ausmaßes an Marktmacht, das als kritisch angesehen wird, das Spektrum zwischen den theoretischen Extrempunkten der vollkommenen Konkurrenz und des (unangreifbaren) Monopols der relevante Bezugspunkt.[662] Marktbeherrschung setzt aus diesem Blickwinkel einen wettbewerblich nicht hinreichend kontrollierten Verhaltensspielraum voraus, der dem eines Monopolanbieters zumindest vergleichsweise nahe kommt.[663] Hinsichtlich der konkreten Ausprägung eines möglicherweise missbräuchlichen Verhaltens sind zwei Fallgruppen zu unterscheiden: Ein dominierender Anbieter kann den ihm zur Verfügung stehenden unkontrollierten Verhaltensspielraum zum einen dazu nutzen, durch einseitige Verhaltensweisen den von verbliebenen aktuellen oder potentiellen Wettbewerbern ausgehenden Wettbewerbsdruck gezielt zu verringern, um dadurch die eigene dominierende Marktstellung abzusichern bzw. in Richtung einer (unangreifbaren) Monopolstellung weiter auszubauen **(Behinderungsmissbrauch).** Aufgrund des bereits stark reduzierten Wettbewerbsdrucks kann er zum anderen einseitig die wesentlichen Parameter des Produktangebots bestimmen und insbesondere den Preis zu Lasten der Marktgegenseite missbräuchlich erhöhen **(Ausbeutungsmissbrauch).** 174

I. Behinderungsmissbrauch

1. Ökonomischer Analyserahmen und rechtlicher Prüfungsansatz. Die ökonomische Analyse einseitiger Verhaltensstrategien marktbeherrschender Unternehmen, die als Behinderungsmissbrauch zu qualifizieren sind, beschäftigt sich mit verschiedenen **Me-** 175

[657] Vgl. BKartA, E. v. 12.1.2014, B5–138/13 – *Tokyo Electron/Applied Materials.*

[658] Vgl. BKartA, E. v. 12.1.2014, B5–138/13, Rdnr. 269 ff. – *Tokyo Electron/Applied Materials.*

[659] Vgl. hierzu ausführlich oben Rdnr. 26 ff.

[660] Vgl. statt Vieler: *Calvani/Fingleton,* Dominance: A Comparative Economic and Legal Analysis, in: *Collins et al. (Hrsg.),* aaO 819 ff.; für den europäischen und deutschen Rechtsrahmen vgl. ferner im Detail unten *de Bronett* § 22 Rdnr. 8 ff. (EU) und *Wiedemann* § 23 Rdnr. 8a ff. (Deutschland).

[661] Vgl. zu dieser spezifischen Erweiterung des Anwendungsbereichs der Missbrauchsaufsicht ausführlich *Lübbert/Schöner* § 24; die nachfolgenden Ausführungen beschränken sich auf die Darstellung der ökonomischen Grundlagen für die Bewertung des Missbrauchs einer marktbeherrschenden Stellung.

[662] Vgl. hierzu ausführlich oben Rdnr. 26 ff.

[663] Zu dem insoweit einschlägigen theoretischen Modell des dominierenden Anbieters mit einem „wettbewerblichen Rand" vgl. ausführlich oben Rdnr. 33.

chanismen, die ein bereits dominierender Anbieter nutzen kann, um seine Marktmacht weiter zu steigern. Hierfür ist es generell erforderlich, dass Wettbewerber entweder aus dem Markt vollständig verdrängt werden oder zumindest der Wettbewerbsdruck, der von ihnen ausgeht, reduziert wird. Teilweise wird daher für die verschiedenen Tatbestände des Behinderungsmissbrauchs auch der Sammelbegriff der **Verdrängungs- und Abschottungsstrategien** ***(„exclusionary practices")*** verwendet.[664] Grundsätzlich können in ökonomischer Hinsicht drei verschiedene Ansatzpunkte für möglicherweise missbräuchliche Behinderungsstrategien unterschieden werden: Das marktbeherrschende Unternehmen kann die Kosten seiner Wettbewerber gezielt steigern (Strategie des ***„raising rivals' cost"***) oder die von diesen im Markt erzielbaren und für die Kostendeckung und mithin ein Verbleiben im Markt erforderlichen Erlöse reduzieren ***(„reducing rivals' revenues").*** Da auch potentielle Wettbewerber einen wirksamen Wettbewerbsdruck entfalten können, ist ein weiterer strategischer Ansatzpunkt die Verringerung der Möglichkeiten und des Anreizes für einen Marktzutritt ***(„raising barriers to entry").*** Da der Anreiz zum Marktzutritt aber insbesondere von dem erwarteten Gewinn bzw. den prognostizierbaren Gewinnaussichten abhängt, bestehen hier weitgehende Überschneidungen mit den beiden anderen Mechanismen. Die genannten Mechanismen sind weitgehend deckungsgleich mit denjenigen ökonomischen Zusammenhängen, die auch die Grundlage für eine kritische Bewertung nicht-horizontaler Zusammenschlüsse bilden.[665] Die im Rahmen der ökonomischen Analyse in beiden Anwendungsbereichen des Kartellrechts zu berücksichtigenden Wirkungen und Einflussfaktoren sind weitgehend deckungsgleich, wobei die kritische Beurteilung nicht-horizontaler Fusionen allerdings nicht den konkreten Nachweis eines Behinderungsmissbrauchs voraussetzt.

176 Eine weitere Kategorisierung potentiell missbräuchlicher Behinderungsstrategien setzt an den ökonomischen Mitteln an, die von einem marktbeherrschenden Unternehmen hierfür eingesetzt werden können.[666] Zum einen können die Behinderungsstrategien durch gezielte, ggf. nur für einzelne Kunden oder Kundengruppen geltende Formen der Preis- und Rabattgestaltung umgesetzt werden **(preisbezogene Behinderungsstrategien).** Daneben stehen einem marktbeherrschenden Unternehmen jedoch z. B. mit einer Exklusivitäts- oder Ausschließlichkeitsbindung, der vollständigen Lieferverweigerung oder einer (technischen) Bündelung von Produkten unmittelbar wirksame Mittel zur Verfügung, um im Ergebnis die Kosten und/oder Erlösaussichten aktueller oder potentieller Wettbewerber negativ zu beeinflussen **(nicht-preisbezogene Behinderungsstrategien).**

177 Die in ökonomischer Hinsicht zentrale Herausforderung bei der Beurteilung etwaiger missbräuchlicher Behinderungsstrategien besteht in ihrer Abgrenzung von einem intensiven, im Ergebnis aber wünschenswerten Wettbewerbsverhalten ***(competition on the merits).*** Die Behinderung des Markterfolges und sogar die Verdrängung von Wettbewerbern sind ein Wesensmerkmal funktionsfähigen Wettbewerbs. Sie haben im Ergebnis positive Auswirkungen auf die allokative, produktive und dynamische Effizienz und die Konsumentenwohlfahrt.[667] Bei der ökonomischen Analyse und Bewertung von Behinderungsstrategien marktbeherrschender Unternehmen spielen daher ebenso wie im Rahmen der Beurteilung horizontaler und vertikaler Wettbewerbsbeschränkungen und Zusammenschlüsse **Effizienzerwägungen** eine wichtige Rolle. Die Existenz von Marktmacht oder Marktbeherrschung hat zwar negative Effizienzwirkungen und führt im Ergebnis zu einer Umverteilung zum Nachteil der Konsumenten.[668] Ziel der Missbrauchsaufsicht im Bereich des Behinderungsmissbrauchs ist es jedoch nicht, existierende Marktbeherrschung zu beseitigen; sie soll (lediglich) unzulässige Verhaltensweisen unterbinden, die diese in nicht ge-

---

[664] Vgl. statt Vieler: *Motta,* aaO 411.

[665] Vgl. hierzu ausführlich oben Rdnr. 154 ff.

[666] Vgl. zu der nachfolgenden Unterscheidung z. B. auch Kommission, Erläuterungen zu den Prioritäten der Kommission bei der Anwendung von Artikel 82 des EG-Vertrags auf Fälle von Behinderungsmissbrauch durch marktbeherrschende Unternehmen, ABl. 2009 C 45, 7 ff., Rdnr. 23.

[667] Vgl. hierzu oben Rdnr. 5 und Rdnr. 26 f.

[668] Vgl. im Zusammenhang mit dem Extremfall des Monopols hierzu oben Rdnr. 29 f.

rechtfertigter Weise verstärken oder absichern. Im Vordergrund steht demnach der Schutz des Wettbewerbsprozesses und nicht einzelner, ggf. ineffizienter Wettbewerber.

Auch einem marktbeherrschenden Unternehmen sollte es vor diesem Hintergrund aus ökonomischer Sicht gestattet sein, durch einen intensiven Wettbewerb bestehende Effizienzvorteile in Form niedrigerer Preise und eines besseren Angebots an die Abnehmer (und letztendlich den Konsumenten) weiterzugeben. In diesem Zusammenhang sind jedoch insbesondere bei preisbezogenen Behinderungsstrategien **produkt- und sektorspezifische Besonderheiten** zu berücksichtigen. Diese können sich im konkreten Einzelfall zum einen aus spezifischen Kostenstrukturen ergeben, die dazu führen, dass Konkurrenten des marktbeherrschenden Unternehmens insbesondere in der Markteintrittsphase trotz eines überlegenen Produkts und einer effizienteren Produktionstechnologie gegenüber dem marktbeherrschenden Unternehmen Kostennachteile haben.[669] Zudem können direkte oder indirekte Netzwerkeffekte[670] dazu führen, dass ein Anbieter nach einem Markteintritt zunächst eine „kritische Masse" von Nachfragern gewinnen muss, um trotz eines überlegenen Produkts dauerhaft in einem Markt Fuß zu fassen. Aus diesem Grund erscheint bei der Beurteilung der Frage, ob ein bestimmtes (Preissetzungs-)Verhalten eines marktbeherrschenden Unternehmens lediglich für ineffiziente Wettbewerber schädlich und damit in wettbewerblicher Hinsicht letztendlich positiv zu bewerten ist oder ob es als missbräuchliche Behinderungsstrategie zu qualifizieren ist, eine dynamische und keine ausschließlich statische Betrachtung angezeigt.[671] 178

In rechtlicher Hinsicht manifestiert sich dieser ökonomische Analyserahmen in einem **zweistufigen Prüfungsansatz.**[672] In einem ersten Schritt muss zunächst festgestellt werden, ob und inwieweit ein bestimmtes Markt- und insbesondere Preissetzungsverhalten eines marktbeherrschenden Unternehmens geeignet ist, Wettbewerber zu verdrängen bzw. von einem Marktzutritt abzuhalten. Auf der Grundlage der Ermittlung der **Verdrängungs- und Abschottungswirkungen** muss anschließend bewertet werden, ob es sich um eine zulässige Form der wettbewerblichen Behinderung oder um ein verbotenes missbräuchliches Verhalten handelt. Diese Bewertung erfolgt im Rahmen der Analyse und Abwägung möglicher **sachlicher Rechtfertigungsgründe** für das konkrete Markt- und Preissetzungsverhalten. Dieser zweite Prüfungsschritt ist in ökonomischer Hinsicht der entscheidende, da hierbei insbesondere die möglichen Effizienzwirkungen und damit die im Ergebnis positiven wettbewerblichen Wirkungen erfasst und berücksichtigt werden können. Wie auch für die anderen Anwendungsbereiche des Kartellrechts sind für die konkrete Anwendungspraxis die in diesem Kontext geltenden **Nachweisanforderungen** von zentraler Bedeutung. Diese spiegeln wiederum in erheblichem Maße wettbewerbspolitische Wertungsentscheidungen wider.[673] Insbesondere für die deutsche Anwendungspraxis lässt sich konstatieren, dass den wettbewerblichen Gefährdungspotentialen von Behinderungsstrategien marktbeherrschender Unternehmen ein großes Gewicht beigemessen wird. Die Nachweisanforderungen für die ein konkretes Verhalten möglicherweise objektiv rechtfertigenden Effizienzerwägungen sind entsprechend hoch. Marktbeherrschende Unternehmen müssen damit im Ergebnis im Sinne einer gesteigerten „Wettbewerbs- oder Marktstrukturverantwortung" stärkere Einschränkungen ihrer Handlungsfreiheit in Kauf nehmen als weniger marktmächtige Anbieter.[674] 179

---

[669] Vgl. zu dem in diesem Zusammenhang u. a. relevanten Phänomen der sogenannten irreversiblen oder versunkenen Kosten eines Marktzutritts oben Rdnr. 68.

[670] Vgl. hierzu ausführlich oben Rdnr. 70 (direkte) und Rdnr. 71 f. (indirekte Netzwerkeffekte).

[671] Vgl. in diesem Sinne u. a. auch Kommission, Erläuterungen zu den Prioritäten der Kommission bei der Anwendung von Artikel 82 des EG-Vertrags auf Fälle von Behinderungsmissbrauch durch marktbeherrschende Unternehmen, ABl. 2009 C 45, 7 ff., Rdnr. 24.

[672] Vgl. hierzu im Einzelnen ausführlich unten *de Bronett* § 22 (EU-Recht) und *Wiedemann* § 23 (deutsches Recht).

[673] Vgl. hierzu bereits ausführlich oben Rdnr. 11 ff., insbesondere Rdnr. 15 f.

[674] Zu den maßgeblichen wettbewerbspolitischen Hintergründen vgl. oben Rdnr. 12.

180 **2. Wichtige Formen des Behinderungsmissbrauchs. Kampfpreisstrategien (predatory pricing):** Ein marktbeherrschendes Unternehmen kann Konkurrenten im Sinne einer Strategie der Verhinderung kostendeckender Erlöse *(„reducing rival's revenues")* disziplinieren, d.h. den von ihnen ausgehenden Wettbewerbsdruck verringern oder sie sogar aus dem Markt verdrängen, indem es extrem niedrige, nicht kostendeckende Preise verlangt. Die ökonomische Auseinandersetzung mit diesem als Kampfpreisstrategie *(predatory pricing)* bezeichneten Marktverhalten setzt an der Frage seiner **Rationalität** vor dem Hintergrund des unternehmerischen Ziels der Gewinnmaximierung an.[675] Eine Kampfpreisstrategie ist aus Sicht des marktbeherrschenden Unternehmens zunächst eine „Investition" in Form der aufgrund nicht kostendeckender Preise in Kauf genommenen Verluste (bzw. entgangenen Gewinne). Vor dem Hintergrund des Ziels der Gewinnmaximierung müssen diese im Zeitablauf über die aufgrund einer gestiegenen Marktmacht zukünftig höheren Gewinne mindestens ausgeglichen werden ***(Recoupment).*** Insbesondere von der tendenziell interventionsskeptischen Chicago-School[676] wurde die These vertreten, dass eine Kampfpreisstrategie in der Regel nicht erfolgversprechend (d.h. profitabel) und daher wenig wahrscheinlich sei. Verwiesen wurde insbesondere auf die Tatsache, dass das marktbeherrschende Unternehmen den Marktzutritt neuer Wettbewerber nicht verhindern könne; der Zutrittsanreiz nehme aufgrund der Aussicht auf entsprechend höhere Gewinne gerade in der Phase stark zu, in der das marktbeherrschende Unternehmen die Kosten der Kampfpreisphase durch höhere Preise refinanzieren müsse.[677]

181 Neuere (spiel-)theoretische Überlegungen zeigen jedoch, dass eine Kampfpreisstrategie trotz der zunächst in Kauf genommenen Verluste wirtschaftlich rational sein kann. Dies gilt insbesondere, wenn man die Tatsache berücksichtigt, dass Marktteilnehmer in der Regel nur über **unvollständige Informationen** verfügen, die eine genaue Abschätzung des Marktverhaltens des marktbeherrschenden Unternehmens erschweren.[678] Unter diesen Voraussetzungen kann ein marktbeherrschendes Unternehmen durch besonders niedrige Preise (potentielle) Wettbewerber abschrecken und disziplinieren, indem es eine besonders preisaggresive Reputation aufbaut **(Reputationsmodelle).**[679] Auch kann es über entsprechend niedrige Preise (verzerrte) Signale an die konkurrierenden Marktteilnehmer über (vermeintlich) bestehende Kosten- und Effizienzvorteile übermitteln **(Signalling-Modelle).**[680] Berücksichtigt man zudem, dass auch Kapital- und Kreditgeber in der Regel keine vollständigen Informationen über die Kosten, Margen und im Ergebnis damit auch das für ein Verbleiben im Markt profitable Preisniveau haben, kann ein marktbeherrschendes Unternehmen ferner durch ein preisaggressives Verhalten und die damit verbundenen Signale die Beschaffung notwendiger finanzieller Mittel erschweren ***(financial market predation).***[681]

182 In ökonomischer Hinsicht stellt sich ferner die Frage, ab welcher Preishöhe von einer unzulässigen Kampfpreisstrategie ausgegangen werden kann. Ausgangpunkt ist dabei der auf *Areeda/Turner* zurückgehende **kostenorientierte Ansatz.**[682] Ihr Vorschlag basiert auf

---

675 Vgl. für einen Überblick: *Kate/Niels,* On the Rationality of Predatory Pricing: The Debate between Chicago and Post-Chicago, Antitrust Bulletin, 2002, 1 ff.; *Motta,* aaO 413 ff.

676 Vgl. hierzu bereits oben Rdnr. 13.

677 In spieltheoretischer Hinsicht wurde dieser Zusammenhang erstmals durch den deutschen Ökonomen und Nobelpreisträger *Reinhard Selten* analysiert; vgl. *Selten,* The Chain-Store Paradox, Theory and Decision, 9 (1978), 127 ff.

678 Vgl. zu den nachfolgenden Ausführungen: *Motta,* aaO 415 ff.; *Hemphill,* The Role of Recoupment in Predatory Pricing Analysis, Stanford Law Review, 53 (2001), 1593 ff.; *Bishop/Walker,* aaO 296 ff.

679 Vgl. grundlegend: *Kreps/Wilson,* Reputation and Imperfect Information, Journal of Economic Theory, 27 (1982), 253 ff.; *Milgrom/Roberts,* Predation, Reputation and Entry Deterrence, Journal of Economc Theoriy, 27 (1982), 280 ff.

680 Vgl. grundlegend: *Milgrom/Roberts,* Limit Pricing and Entry under Incomplete Information: An Equilibrium Analysis, Econometrica, 90 (1982), 443 ff.

681 Vgl. *Motta,* aaO 420 ff.

682 *Areeda/Turner,* Predatory Pricing and Related Practices under Section 2 of the Sherman Act, Harvard Law Review, 88 (1975), 697 ff.

der These, dass zumindest jeder Preis unterhalb der **Grenzkosten** den Verdacht begründet, auf die Verdrängung von Wettbewerbern abzuzielen. Theoretischer Bezugspunkt sind hier das Modell der vollkommenen Konkurrenz[683] und die Tatsache, dass der sogenannte Grenzkostenpreis die zumindest kurzfristig tragfähige Preisuntergrenze für ein im Wettbewerb stehendes Unternehmen darstellt. Weiterentwicklungen bzw. Verfeinerungen des *Areeda-Turner*-Tests setzen an verschiedenen Problemen des Grenzkostenkonzepts an.[684] Die Grenzkosten sind die für die Produktion einer zusätzlichen Einheit des Produkts anfallenden Kosten; sie entsprechen damit in vielen Fällen weitgehend den variablen Durchschnittskosten der Herstellung eines bestimmten Produkts. Eine Kampfpreisstrategie bezieht sich ggf. allerdings nicht auf die gesamte Angebotsmenge, sondern nur auf eine Teilmenge (z.B. Angebote an einzelne Kundengruppen). Zudem ist die genaue Abgrenzung zwischen variablen und fixen Kosten im Einzelfall schwierig. Bei Mehrproduktunternehmen fallen ferner sogenannte Gemeinkosten an, d.h. Kosten für Vermögenswerte, Produktionsfaktoren und Leistungen, die im Unternehmen für die Herstellung unterschiedlicher Produkte genutzt werden. Diese müssen den verschiedenen Produkten zugeschlüsselt werden. Als alternatives Kostenkonzept können daher zum einen die für das konkret betroffene Produktangebot anfallenden **durchschnittlichen Zusatzkosten** *(average incremental cost)* verwendet werden. Bestimmt werden diejenigen zusätzlichen Kosten, die das Unternehmen aufwenden muss, um das in Frage stehende Produktangebot, für das eine Kampfpreisstrategie vermutet wird, im Markt anzubieten. Die Unterscheidung von fixen und variablen Kostenkomponenten spiegelt sich hierbei im wesentlichen in der Unterscheidung zwischen kurz- und langfristigen Zusatzkosten wider. Zum anderen kann auf die **durchschnittlichen vermeidbaren Kosten** *(average avoidable cost)* abgestellt werden.[685] Dieses Konzept beurteilt die Frage, ob ein Unternehmen gezielt Verluste in Kauf nimmt, anhand der Kosten, die das Unternehmen objektiv nicht mehr tragen müsste, wenn es das in Frage stehende Produkt in der im konkreten Einzelfall betroffenen Menge nicht mehr herstellen und vertreiben würde. Vor dem aufgezeigten theoretischen Hintergrund und der Komplexität einer detaillierten Preis-Kosten-Betrachtung erscheint es aus ökonomischer Sicht insgesamt aber angebracht, in einem konkreten Einzelfall durch die Bewertung der maßgeblichen Marktstrukturen sowie der relevanten Kosten- und Nachfragebedingungen zunächst die Erfolgsaussichten einer missbräuchlichen Kampfpreisstrategie zu bewerten. Erst wenn diese als hinreichend hoch einzustufen sind, ist eine kostenorientierte Beurteilung der Preishöhe vorzunehmen.[686]

Ausschließlichkeitsbindung: Ein marktbeherrschendes Unternehmen kann kostendeckende Erlöse seiner Wettbewerber wirksam auch dadurch verhindern und sie damit aus dem Markt verdrängen bzw. den von ihnen ausgehenden Wettbewerbsdruck verringern bzw. Marktzutritte erschweren, dass es (bedeutsame) Abnehmer ausschließlich an sich bindet.[687] Neben ausdrücklichen **Exklusivitätsvereinbarungen** kann das Unternehmen hierfür spezifische Formen der Rabattgestaltung **(„Treuerabatte“)** nutzen, die aufgrund ihrer Anreizwirkungen für den Abnehmer faktisch die gleiche Wirkung entfalten. Dieser Effekt ist bei einem Rabattsystem, dass die Gewährung von Rabatten ausdrücklich an die Bedingung knüpft, dass ein Abnehmer den weit überwiegenden Teil oder sogar seinen gesamten 183

---

[683] Vgl. oben Rdnr. 26f.

[684] Vgl. für die im Folgenden dargestellten Zusammenhänge und Kostenkonzepte oben Rdnr. 24; vgl. ferner EU-Kommission, Erläuterungen zu den Prioritäten der Kommission bei der Anwendung von Artikel 82 des EG-Vertrags auf Fälle von Behinderungsmissbrauch durch marktbeherrschende Unternehmen, ABl. 2009 C 45, 7ff., Rdnr. 63ff.

[685] Vgl. für diesen Vorschlag grundlegend: *Baumol,* Predation and the Logic of the Average Variable Cost Test, Journal of Law and Economics, 39 (1996), 49ff.

[686] Vgl. zu diesem Vorschlag u.a. auch *Joskow/Klevorick,* A Framework for Analysing Predatory Pricing Policy, Yale Law Journal. 89 (1979), S. 213ff.; zur europäischen und deutschen Anwendungspraxis vgl. ausführlich unten *de Bronett* § 22 Rdnr. 60ff. (EU) und *Wiedemann* § 23 Rdnr. 200ff. (Deutschland).

[687] Vgl. für einen Überblick: *Bishop/Walker,* aaO 249ff.

Bedarf durch Bezüge bei dem marktbeherrschenden Unternehmen deckt **(explizite Treuerabatte),** vergleichsweise eindeutig. Ebenso setzt eine ausschließlich rückwirkende Gewährung von Rabatten **(retroaktive Rabatte)** starke Anreize für einen exklusiven Bezug. Schwieriger einzuschätzen sind unterschiedliche Formen von reinen **Mengenrabatten.** Die Analyse von deren Wirkungen erfordert – insbesondere, wenn es keine kundenspezifischen Rabattvereinbarungen, sondern nur ein einheitliches, für alle Abnehmer gültiges Rabattsystem gibt – eine marktbezogene Wirkungsanalyse. Zum einen müssen die konkreten **Sog- und Exklusivitätswirkungen** des Rabattsystems ermittelt werden, d. h. die konkrete Stärke des Anreizes der Abnehmer, ihren Bedarf ggf. ausschließlich bei dem beherrschenden Unternehmen zu decken.[688] Hierfür ist nicht allein die marginale Wirkung eines Rabattsystems, d. h. die Höhe des Preises für die letzte abgenommene Einheit ausschlaggebend. Vielmehr sind auch die durchschnittlichen Preiswirkungen für bestimmte Abnahmevolumina zu bewerten; dies gilt insbesondere dann, wenn die Abnehmer den eigenen Absatzerfolg auf dem nachgelagerten Markt nicht genau vorhersehen können. Die konkreten Verdrängungs- und Abschottungswirkungen eines Rabattsystems hängen zum anderen davon ab, welcher Anteil der Marktnachfrage aufgrund der Rabattwirkungen auf den (Durchschnitts-)Preis auf das marktbeherrschende Unternehmen gelenkt und welcher Anteil grundsätzlich auch von Wettbewerbern bedient werden könnte **(„bestreitbare Nachfrage").**[689] Nur wenn dieser Anteil hinreichend klein ist, kann das Rabattsystem die aus Sicht des marktbeherrschenden Unternehmens erwünschte und die Marktmacht absichernde bzw. steigernde Wirkung erzielen.

184 Die Wirksamkeit und Erfolgsaussichten einer Strategie der vollständigen oder partiellen **Kundenabschottung** werden ferner von weiteren Faktoren beeinflusst.[690] Die Preiselastizität der Nachfrage nach den betroffenen Produkten auf den verschiedenen Marktstufen ist entscheidend für die Mengeneffekte, die das vertikal integrierte Unternehmen durch eine Kundenabschottung erzielen kann (bzw. die Wettbewerber hinnehmen müssen). Die potentielle Behinderungswirkung ist ferner dann besonders stark, wenn die Herstellung und der Vertrieb des fraglichen Produkts durch erhebliche Größenvorteile der Produktion *(economies of scale)* gekennzeichnet ist; ein sinkender Absatz der Wettbewerber führt dann zu einem ggf. starken Anstieg der Durchschnittskosten, und die erzielbaren Erlöse reichen im Ergebnis nicht für eine (dauerhafte) Deckung der anfallenden Fixkosten. Ferner erhöhen direkte und indirekte Netzwerkeffekte[691] und das hieraus resultierende Erfordernis, eine bestimmte „kritische Masse" von Nachfragern zu bedienen, die Verdrängungswirkungen von expliziten oder durch Rabatte erzielten Ausschließlichkeitsbindungen. Bei der Beurteilung sind jedoch ferner die potentiellen **Effizienzwirkungen** einer exklusiven Bindung zu berücksichtigen.[692] Durch solche Bindungen kann sowohl der Absatz der fraglichen Produkte auf dem nachgelagerten Markt gesteigert als auch der Anreiz für die Vornahme spezifischer Investitionen in die Qualität der Produkte und deren (Weiter-)Vertrieb erhöht werden. Durch (Mengen-)Rabatte geben Hersteller ferner ggf. lediglich Effizienzvorteile an die nachgelagerte Marktstufe weiter, die sie aufgrund der engen oder sogar exklusiven Lieferbeziehung z. B. in Form einer höheren Sicherheit des Absatzes und der Kapazitätsauslastung oder von Transaktionskostenersparnissen realisieren.

---

[688] Vgl. hierzu anhand eines konkreten Fallbeispiels: *Motta,* Michelin II – The Treatment of Rebates, in: *Lyons (Hrsg.),* Cases in European Competition Policy: The Economic Analysis, 2009, 29 ff.; vgl. ferner: *Bishop/Walker,* aaO 256 ff.

[689] Vgl. hierzu auch: Kommission, Erläuterungen zu den Prioritäten der Kommission bei der Anwendung von Artikel 82 des EG-Vertrags auf Fälle von Behinderungsmissbrauch durch marktbeherrschende Unternehmen, ABl. 2009 C 45, 7 ff., Rdnr. 40.

[690] Vgl. hierzu im Rahmen der Beurteilung vertikaler Zusamenschlüsse bereits oben Rdnr. 162 f.

[691] Vgl. hierzu ausführlich oben Rdnr. 70. (direkte) und Rdnr. 71 f. (indirekte Netzwerkeffekte).

[692] Vgl. hierzu im Zusammenhang mit der Beurteilung vertikaler Bindungen und sogenannter zweistufiger Rabattsysteme bereits ausführlich oben Rdnr. 102 ff.; vgl. ferner im Zusammenhang mit der Beurteilung vertikaler Fusionen, die in ökonomischer Hinsicht eine spezifische Form und Möglichkeit der „Exklusivbindung" eines Abnehmers an einen Hersteller sind, oben Rdnr. 157 ff.

Lieferverweigerung: Ein marktbeherrschendes Unternehmen kann Wettbewerber ferner dadurch behindern und seine Marktmacht absichern bzw. weiter ausbauen, dass es Wettbewerbern den Zugang zu den von diesen grundsätzlich bzw. zur Minimierung ihrer Kosten und optimalen Gestaltung ihres Angebots benötigten Vorprodukten verweigert oder erschwert.[693] Grundvoraussetzung hierfür ist zum einen, dass das marktbeherrschende Unternehmen stärker vertikal integriert ist als ihre lediglich auf einem nachgelagerten Markt tätigen Wettbewerber.[694] Es muss zum anderen auf dem Markt für das Vorprodukt über signifikante Marktmacht verfügen. Diese kann entweder auf einem hohen Marktanteil (homogene Produkte) oder für die Abnehmer und die Produkte des nachgelagerten Marktes besonders bedeutsamen Qualitäts- und Differenzierungsmerkmalen (differenzierte Produkte) beruhen. Ein Sonderfall der Lieferverweigerung ist die Verweigerung des Zugangs zu sogenannten **„wesentlichen Einrichtungen"** ***(essential facilities),*** d. h. Vorleistungen, die im Sinne eines „natürlichen" Monopols unter Effizienzgesichtspunkten nur von einem Anbieter angeboten werden können.[695] Im Mittelpunkt der Prüfung steht hier dementsprechend zunächst die Frage, ob und inwieweit einem Wettbewerber die Duplizierbarkeit der entsprechenden Einrichtung technisch und wirtschaftlich möglich ist.[696] **185**

Bei Fortbestehen einer Lieferbeziehung bzw. grundsätzlicher Gewährung des Zugangs zu einem (essentiellen) Vorprodukt kann ein vertikal integriertes marktbeherrschendes Unternehmen ferner durch das Setzen der relativen Preise auf der vor- und nachgelagerten Marktstufe die Gewinnerzielungs- und Kostendeckungsmöglichkeiten und mithin auch den Wettbewerbsdruck seiner Konkurrenten verringern. Die Analyse dieser als **Preis-Kosten-Schere** ***(margin squeeze)*** bekannten Abschottungsstrategie[697] weist in ökonomischer Hinsicht enge Bezüge zur Logik einer missbräuchlichen Kampfpreisstrategie auf.[698] Liegen die Preise des marktbeherrschenden Unternehmens auf dem nachgelagerten Markt unter den Preisen, die das Unternehmen von ebenso effizienten Wettbewerbern für das Vorprodukt verlangt, liegt der Preis auf dem nachgelagerten Markt mehr oder weniger deutlich unter den eigenen (Grenz-)Kosten.[699] Sofern das marktbeherrschende Unternehmen von seinen Wettbewerbern wettbewerbskonforme und kostendeckende Preise für das Vorprodukt verlangt, setzt eine wirksame Abschottung von Anbietern auf dem nachgelagerten Marktes voraus, dass das marktbeherrschende Unternehmen im Hinblick auf die nachgelagerte Wertschöpfungsstufe durch niedrige Preise für das Endprodukt zunächst Verluste oder entgangene Gewinne in Kauf nimmt. Diese muss das Unternehmen in der Folge durch entsprechend überhöhte Preise ausgleichen können.[700] Bei der Forderung überhöhter Preise für das Vorprodukt muss das marktbeherrschende Unternehmen hingegen die möglicherweise auf der vorgelagerten Marktstufe mit dieser Strategie verbundenen Verluste durch marktmachtbedingt entsprechend höhere Preise und Gewinne auf der nachgelagerten Marktstufe ausgleichen. Letztendlich erfordert die Beurteilung einer Preis-Kosten-Schere daher ebenfalls eine umfassende Analyse und Bewertung der für das Gesamtprodukt und die einzelnen Teilleistungen anfallenden Kosten. **186**

---

[693] Vgl. für einen Überblick: *Bishop/Walker,* aaO 256 ff.

[694] Diese Strategie der Inputabschottung ist auch eine der zentralen Schadenstheorien im Rahmen der Beurteilung vertikaler Zusammenschlüsse; die relevanten ökonomischen Grundlagen für die Bewertung beider Sachverhalte sind daher weitgehend deckungsgleich; vgl. hierzu oben Rdnr. 160.

[695] Vgl. hierzu ausführlich oben Rdnr. 68 ff.

[696] Vgl. hierzu auch ausführlich unten *Wiedemann* § 23 Rdnr. 236 ff.

[697] Vgl. *Bishop/Walker,* aaO 337 ff.

[698] Vgl. hierzu oben Rdnr. 180 ff.

[699] Nach dem sogenannten *Areeda-Turner*-Test bilden die Grenzkosten eine in ökonomischer Hinsicht eine geeignete Schwelle, bei deren Unterschreiten in der Regel von einer unzulässigen Kampfpreisstrategie ausgegangen werden kann; vgl. hierzu bereits oben Rdnr. 182.

[700] Dieser Zusammenhang zwischen temporären Verlusten („Investition") und aufgrund der Abschottungs- und Verdrängungswirkungen zukünftig marktmachtbedingt höheren Gewinnen (*recoupment*) ist auch Voraussetzung für eine erfolgversprechende und profitable Kampfpreisstrategie; vgl. oben Rdnr. 180.

Diese komplexe und aufwändige Beurteilung wird geringfügig erleichtert, wenn – wie dies z.B. im Fall der natürlichen (Netz-)Monopole häufiger der Fall ist[701] – der Preis auf dem vorgelagerten Markt einer kostenbasierten staatlichen Preisregulierung unterliegt. Ein Preis auf der nachgelagerten Marktstufe, der diese regulierten Vorleistungspreise unterschreitet, ist dann ein klares Indiz für das Vorliegen einer unzulässigen Preis-Kosten-Schere. Bei einer positiven Differenz zwischen den Preisen auf der vor- und nachgelagerten Marktstufe ist hingegen ausschlaggebend, ob und inwieweit ein ebenso effizienter Wettbewerber die Kosten für die Erbringung der zusätzlichen Wertschöpfung zumindest decken könnte. Hinsichtlich der hierbei anzuwendenden Kostenkonzepte sind die gleichen Erwägungen maßgeblich, die auch bei der Beurteilung unzulässiger Kampfpreisstrategien zu berücksichtigen sind.[702]

187 **Kopplung und Bündelung:** Ein auf einem bestimmten Markt beherrschendes Unternehmen kann unter bestimmten Voraussetzungen ferner durch eine Koppelung oder Bündelung dieses Produkts mit anderen Produkten seine Marktmacht auf andere Märkte übertragen ***(leverage)***. Die ökonomischen Grundlagen für die Beurteilung dieser Form eines potentiellen Behinderungsmissbrauchs entsprechen denjenigen für die Beurteilung konglomerater Zusammenschlüsse.[703] Für die Stärke der potentiellen Behinderungswirkungen einer Kopplungs- oder Bündelungsstrategie ist – neben der Marktstellung des marktbeherrschenden Unternehmens – insbesondere die **Art der Verknüpfung** der betroffenen Produkte bedeutsam. Ferner haben die **Präferenzen** und das **Nutzungsverhalten** der Nachfrager einen entscheidenden Einfluss auf die Erfolgsaussichten und die Profitabilität einer solchen Behinderungsstrategie. Diese sind umso höher bzw. wahrscheinlicher, je mehr die Abnehmer eine starke Präferenz für eine gemeinsame Nachfrage der betrachteten Produkte haben. Andernfalls würde beispielsweises eine Begrenzung der Interoperabilität mit Wettbewerbsprodukten auf dem beherrschten Markt zu entsprechend hohen Absatzrückgängen und Verlusten führen, die durch zusätzliche marktmachtbedingte Gewinne auf dem anderen Markt ggf. nicht ausgeglichen werden können. Gleiches gilt für eine mittels einer Rabattierung des Produktbündels gegenüber der Summe der Einzelpreise der Komponenten bewirkte Kopplung oder Bündelung; sind die Präferenzen für einen gemeinsamen Bezug nur schwach ausgeprägt, müssen die gewinnreduzierenden Rabatte für das Bündel entsprechend höher ausfallen, um den erwünschten Marktmachteffekt auf dem ggf. nicht beherrschten Markt zu erzielen.

188 Ebenso wie bei der Beurteilung von anderen Formen des Behinderungsmissbrauchs sind ferner auch für Kopplungs- und Bündelungsstrategien potentiell positiv zu bewertende **Effizienzwirkungen** zu berücksichtigen.[704] Neben der Realisierung kostensenkender **Verbundvorteile** können durch eine Kopplung oder Bündelung von Produkten technische und wirtschaftliche **Koordinierungsprobleme** vermieden werden, die sich bei einer getrennten Herstellung und Vermarktung verschiedener, aber technisch und wirtschaftlich miteinander verknüpfter Produkte ergeben können. Die Vermeidung des Problems der **doppelten Marginalisierung** kann ferner ebenso wie die mit einer Rabattierung des Produktbündels einhergehende **Preisdiskriminierung** ferner dazu führen, dass als Folge der Kopplung und Bündelung eine größere Menge der maßgeblichen Produkte abgesetzt und nachfragt wird als bei einer getrennten Vermarktung.

II. Ausbeutungsmissbrauch

189 Im Gegensatz zum Behinderungsmissbrauch setzt der Tatbestand des Ausbeutungsmissbrauchs unmittelbar an den negativen Folgen signifikanter Markt- und Monopolmacht für

[701] Vgl. hierzu bereits oben Rdnr. 69.

[702] Vgl. oben Rdnr. 182.

[703] Vgl. hierzu ausführlich oben Rdnr. 167 ff.

[704] Vgl. hierzu bereits im Zusammenhang mit konglomeraten Zusammenschlüssen oben Rdnr. 168 f.

das Marktergebnis an. In ökonomischer Hinsicht sind die mit einer marktbeherrschenden Stellung verbundenen Umverteilungswirkungen zwischen Nachfragern und insbesondere Konsumenten und Anbietern der zentrale Anknüpfungspunkt.[705] Im Vordergrund steht die Tatsache, dass ein marktbeherrschendes oder sogar eine (unangreifbare) Monopolstellung besitzendes Unternehmen im Vergleich zu einer Situation funktionsfähigen Wettbewerbs von seinen Abnehmern überhöhte Preise verlangen kann **(Preishöhenmissbrauch).** In ökonomischer Hinsicht ist der Preis auch eines Monopolanbieters das Ergebnis seines Kalküls der Gewinnmaximierung unter Berücksichtigung der relevanten Kosten und Margen sowie der Preiselastizität der Nachfrage.[706] Ist die Preiselastizität der Nachfrage gering, ist für ein gegebenes Kostenniveau der Preisaufschlag eines marktbeherrschenden bzw. monopolistischen Anbieters ebenso höher wie der marktmachtbedingte Gewinnzuwachs. Aufgrund dieser Zusammenhänge handelt es sich bei der Verfolgung eines Ausbeutungsmissbrauchs auch stets um eine Begrenzung des (für zulässig erachteten) Gewinns eines marktbeherrschenden Anbieters **(Gewinnbegrenzungskonzept).**

Das Hauptproblem der ökonomischen Beurteilung und Feststellung eines Preishöhen- 190
missbrauchs besteht darin, den maßgeblichen **wettbewerbsanalogen Preis** zu ermitteln, der sowohl die Grundlage für das Ob als auch das Ausmaß einer als unzulässig erachteten Preisüberhöhung bildet. Hierfür können zum einen **kostenorientierte Ansätze** verwendet werden. Der für das Modell der vollständigen Konkurrenz einschlägige Maßstab des Grenzkostenpreises[707] ist allerdings deshalb ungeeignet, weil er lediglich eine kurzfristig für ein Unternehmen tragfähige Preisuntergrenze darstellt; eine dauerhafte Deckung der anfallenden Fixkosten und damit ein dauerhaftes Verbleiben im Markt sind hingegen nicht gewährleistet.[708] Selbst bei einer Berücksichtigung sämtlicher Kosten (Vollkostenansatz) stellt sich das Problem, dass für die Ermittlung des zulässigen Preisniveaus eine angemessene Verzinsung für das eingesetzte Eigenkapital, d. h. ein angemessener Unternehmensgewinn berücksichtigt werden muss.[709] Zudem müssten auch die möglichen produktiven Ineffizienzen, die potentiell mit Marktbeherrschung oder einer Monopolstellung einhergehen und sich kostensteigernd auswirken können, berücksichtigt werden. Die Komplexität dieser Analyse und der entsprechende Ermittlungsaufwand können verringert werden, wenn das sogenannte **Vergleichsmarktkonzept** angewendet wird. Hierzu werden die Preise des marktbeherrschenden Unternehmens den Preisen von Anbietern in sachlich vergleichbaren oder räumlich benachbarten Märkten gegenübergestellt.[710] Die zentralen praktischen Herausforderungen dieses Ansatzes in ökonomischer Hinsicht bestehen zum einen darin, hinreichend vergleichbare Produkte bzw. räumliche Märkte zu identifizieren. Grundsätzlich müssen zum anderen selbst bei einer grundsätzlich gegebenen Vergleichbarkeit mögliche Faktoren berücksichtigt und analysiert werden, die neben dem (ggf. unterschiedlichen) Grad an Marktmacht ebenfalls als Ursache für die jeweils festgestellten Preisunterschiede in Frage kommen können.

Für die **Entscheidungspraxis** auf europäischer Ebene ist der Tatbestand des Ausbeu- 191
tungsmissbrauchs nur von geringer Bedeutung; die Anzahl der untersuchten und entschiedenen Fälle ist gering.[711] In Deutschland gibt es im Bereich der Verfolgung des Preishö-

---

[705] Vgl. oben Rdnr. 29 ff.

[706] Vgl. zum grundlegenden Modell des Monopols oben Rdnr. 29.

[707] Vgl. zum Modell der vollkommenen Konkurrenz und dem Konzept des Grenzkostenpreises oben Rdnr. 26 f.

[708] Vgl. zu den relevanten Kostenkonzepten und Zusammenhängen oben Rdnr. 24.

[709] Ohne eine angemessene Eigenkapitalverzinsung würde auch ein Unternehmen im Wettbewerb nicht bestehen können; die Eigentümer hätten den Anreiz, das Kapital abzuziehen (Liquidation) und entweder am Kapitalmarkt zinsbringend anzulegen oder in andere unternehmerische Aktivitäten zu investieren.

[710] Vgl. hierzu statt Vieler: *Schmidt/Haucap,* aaO 190 ff., auch mit Verweisen auf die deutsche Entscheidungspraxis.

[711] Vgl. für einen Überblick: *Bishop/Walker,* aaO 239 ff.; vgl. ferner unten *de Bronett* § 22 Rdnr. 60 ff.

henmissbrauchs hingegen eine reichere Entscheidungspraxis. Der Schwerpunkt liegt dabei insbesondere in jüngerer Zeit auf den netzgebundenen Versorgungsindustrien.[712] So hat das BKartA in verschiedenen Verfahren die Preishöhe von (regionalen) Wasserversorgungsunternehmen überprüft und im Einzelfall Preissenkungen angeordnet.[713] Andere Verfahren wurden aufgrund entsprechender Preissenkungszusagen eingestellt.[714] Analytische Grundlage für die Feststellung eines Preishöhenmissbrauchs war dabei ein Vergleich der durchschnittlichen Erlöse des Versorgers mit denjenigen vergleichbarer (Monopol-)Anbieter. Mögliche Einzelaspekte, die sich wie z. B. strukturelle Unterschiede in den Versorgungsgebieten oder ein besonderer Investitionsbedarf in höheren Kosten niederschlagen, wurden im Sinne einer objektiven Rechtfertigung für bestehende Preisdifferenzen berücksichtigt.

192 Aus einer strikt ökonomischen Perspektive stellt sich grundsätzlich die Frage, ob – insbesondere, wenn ein Preishöhenmissbrauch mit einem vertretbaren Aufwand ausschließlich durch einen Vergleich der Preise „natürlicher Monopolisten" festgestellt werden kann[715] – die kartellbehördliche Missbrauchsaufsicht das geeignete Instrument für die Vermeidung überhöhter Preise ist.[716] Das Einschreiten gegen Ausbeutungsmissbrauch kommt der **Regulierung** eines Wirtschaftszweiges ohnehin bereits sehr nahe. Im Vordergrund steht nicht das Ziel, den Wettbewerbsprozess zu schützen, sondern dessen Ergebnisse im Sinne einer „Simulation" funktionsfähigen Wettbewerbs zu korrigieren **(„Als-ob-Wettbewerb").** Punktuelle Eingriffe einer Kartellbehörde können mit einem vergleichsweise geringen Aufwand möglicherweise eine gewisse Abschreckungswirkung erzeugen und den aufgrund der Marktbeherrschung oder Monopolstellung fehlenden Druck auf die Anbieter erhöhen, ihre Effizienz zu steigern. Die Alternative besteht in einer umfassenden Regulierung eines Wirtschaftszweiges. Welchem Ansatz letztendlich der Vorzug gegeben werden sollte, hängt aus ökonomischer Sicht von deren Wohlfahrtswirkungen ab, wobei auch die anfallenden Implementierungskosten und die Anreizwirkungen für die maßgeblichen Akteure (Unternehmen und regulierende/kontrollierende Behörde) zu berücksichtigen sind.[717] In der Praxis dürften hingegen gesellschafts- und auch industriepolitische Erwägungen eine wichtige und vermutlich ausschlaggebende Rolle spielen.[718]

I. Rahmenbedingungen ökonomischer Analyse in Einzelfällen

I. Behördenaufbau, Chefökonomen und ökonomische Gutachter

193 In den vergangenen Jahren hat die Bedeutung ökonomischer Argumente und Analysen in der europäischen und deutschen Kartellrechtspraxis stetig zugenommen. Dieser als Ökonomierung oder *„more economic approach"* des Kartellrechts bezeichnete Prozess[719] wirft die Frage auf, wie das Spezialwissen der Ökonomie als Fachdisziplin in den Prozess der Rechtsfindung eingebunden werden kann und sollte. Allerdings unterscheiden sich die institutionellen Rahmenbedingungen in verschiedenen Kartellrechtsordnungen teilweise erheblich. Trotz der bestehenden Unterschiede lassen sich jedoch einige Formen der Einbindung identifizie-

[712] Vgl. hierzu ausführlich unten *Wiedemann* § 23 Rdnr. 201 ff.

[713] Vgl. hierzu insbesondere: BKartA, B. v. 4. Juni 2012, B8–40/10 – *BWB Berlin;* die Entscheidung wurde vom OLG Düsseldorf vollumfänglich bestätigt; vgl. OLG Düsseldorf, B. v. 24.2.2014, VI-2 Kart 4/12 (V), WuW/E DE-R, 4189 ff. – *Berliner Wasserbetriebe.*

[714] Vgl. BKartA, Beschluss v. 8. Mai 2012, B8–159/11 – *Stadtwerke Mainz.*

[715] Vgl. zum Konzept und den maßgeblichen Ursachen eines natürlichen Monopols oben Rdnr. 68.

[716] Vgl. zu einer skeptischen Einschätzung, verbunden mit der ausdrücklichen Forderung einer Regulierung dieses Wirtschaftszweiges: Monopolkommission, 18. Hauptgutachten (2008/2009), Juli 2010, 49 ff.

[717] Vgl. zu der in diesem Zusammenhang relevanten positiven Theorie der Regulierung: *Schmidt/Haucap,* aaO 51 ff.; vgl. ferner *Knieps,* aaO 79 ff.

[718] Zur Rolle (wettbewerbs-)politischer Wertungen im Kartellrecht vgl. auch oben Rdnr. 11 ff.

[719] Vgl. hierzu ausführlich oben Rdnr. 17 ff.

ren, die – bei verbleibenden Unterschieden im Detail – nahezu sämtliche Kartellrechtsordnungen kennzeichnen. Diese beziehen sich zum einen auf die interne Organisationsstruktur von Kartellbehörden. Eine weitere wichtige Schnittstelle zwischen Ökonomie und Recht in der Kartellrechtspraxis ist die Tätigkeit ökonomischer Gutachter; neben ihrer Funktion als Berater der Parteien im Rahmen kartellbehördlicher Verfahren spielen sie im internationalen Vergleich eine unterschiedlich stark ausgeprägte Rolle vor Gericht.

In den meisten Kartellbehörden sind sowohl Juristen als auch Ökonomen in die Ermitt- **194**
lung und Bewertung von Einzelfällen eingebunden.[720] Die **Organisationsstruktur** der Kartellbehörden ist jedoch sehr unterschiedlich; daher gibt es auch verschiedene Ansätze für die konkrete Einbindung von Ökonomen. Als grundlegende Organisationsmodelle lassen sich die **funktionale Trennung** der ökonomischen und rechtlichen Analyse und ein **integrativer Ansatz** unterscheiden, bei dem die Bildung von Organisationseinheiten an anderen Kriterien wie z.B. kartellrechtlichen Anwendungsbereichen oder Wirtschaftszweigen anknüpft.[721] Die Kartellbehörden in den USA praktizieren das Modell der funktionalen Trennung.[722] Die Generaldirektion Wettbewerb der Kommission und das BKartA verfolgen hingegen grundsätzlich einen integrativen Ansatz; die Einzelfallanalyse in den überwiegend nach Wirtschaftszweigen gegliederten Organisationseinheiten erfolgt gemeinsam durch Juristen und Ökonomen. Beide Kartellbehörden haben vor dem Hintergrund der zunehmenden Ökonomisierung der Kartellrechtspraxis jedoch ferner auf ökonomische Fragen spezialisierte Organisationseinheiten eingerichtet.

Auf europäischer Ebene wurde im Jahr 2003 die Position des **Chefökonomen** bei der **195**
Generaldirektion Wettbewerb *(Chief Competition Economist,* CCE) und eine diesem zugeordnete Organisationseinheit (*Chief Economist Team,* CET) geschaffen.[723] Das BKartA hat hingegen Mitte 2007 unter dem Dach der Grundsatzabteilung ein Referat für ökonomische Grundsatzfragen eingerichtet.[724] Dieses wurde Anfang 2014 um ein auf ökonometrische Analysen und Fragen der Datenerhebung spezialisiertes Grundsatzreferat ergänzt; die Tätigkeit beider Referate wird von dem Chefökonomen des BKartA koordiniert.[725] Die Aufgaben dieser Organisationseinheiten sind weitgehend deckungsgleich.[726] Im Vordergrund steht die konzeptionelle und methodische Unterstützung und Beratung der Entscheidungsträger in konkreten Einzelfällen. Diese Aufgabe bezieht sich zum einen auf die Wahl der relevanten ökonomischen **Schadenstheorie** ***(„theory of harm")*** und die Analyse der Voraussetzungen für das Eintreten und die Stärke eines Wettbewerbsschadens. Bildlich gesprochen geht es darum, den Stand der wettbewerbsökonomischen Theorie in eine kar-

---

[720] Für einen umfassenden Überblick über die Personalausstattung und -struktur der wichtigsten Kartellbehörden weltweit vgl. die jährlich von der Zeitschrift *Global Competition Review* veröffentlichte Zusammenstellung: Global Competition Review, Rating Enforcement 2014, Mai 2014; vgl. ferner zur organisatorischen Einbindung ökonomischer Expertise folgende Übersicht: Global Competition Review (Hrsg.), The Handbook of Competition Economics 2014.

[721] Vgl. für diese Kategorisierung und eine Analyse der denkbaren Vor- und Nachteile: *Froeb/Pautler/Röller,* The Economics of Organizing Economists, Antitrust Law Journal, 76 (2009), 569ff.

[722] Vgl. *Froeb/Pautler/Röller,* aaO 575f.; in der Antitrust Division des Department of Justice ist die ökonomische Abteilung (Economic Analysis Group, EAG) organisatorisch getrennt von den rechtlich ausgerichteten Abteilungen (Civil Sections, Criminal Sections); beide Bereiche werden jeweils von einem stellvertretenden Assistant Attorney General geleitet; vgl. hierzu: http://www.justice.gov/atr/about/sections.html; in der Federal Trade Commission (FTC) steht das Bureau of Economics neben den nach Anwendungsbereichen gegliederten und rechtlich ausgerichteten Organisationseinheiten; vgl. hierzu: http://www.ftc.gov/about-ftc/bureaus-offices.

[723] Vgl. *Röller/Buigues,* The Office of the Chief Competition Economist, in: Global Competition Review (Hrsg.), The 2005 Handbook of Competition Economists, 2005, 3ff.; *Röller,* aaO 13ff.

[724] Vgl. BKartA, TB 2007/2008, 10ff.

[725] Vgl. BKartA, Jahresbericht 2013, 9.

[726] Vgl. *Röller,* aaO 16ff.; *Ewald,* Organizing Economics in Competition Law Enforcement: Varying Solutions, Constant Challenges, Rede auf der Jahreskonferenz der Association of Competition Economics (ACE) 2009 in Berlin; veröffentlicht in: Concurrences 2–2010; BKartA, TB 2007/2008, 10ff.

tellrechtliche Landkarte zu übersetzen, die als konzeptionelle Orientierung für die Einzelfallbewertung dienen kann.[727] Sie umfasst zum anderen die methodische Unterstützung und Beratung bei der Wahl und Anwendung geeigneter empirischer und ggf. auch komplexerer quantitativ-ökonometrischer **Analyse- und Ermittlungsinstrumente.**[728] Gewisse Unterschiede bei der konkreten Umsetzung dieser Aufgaben ergeben sich lediglich aus den abweichenden Grundstrukturen beider Behörden. Die Generaldirektion Wettbewerb ist durch einen hierarchischen Aufbau gekennzeichnet. Der europäische Chefökonom ist formal als unabhängiges Beratungsorgan für die Leitungsebene der Generaldirektion Wettbewerb konzipiert. Innerhalb der gerichtsähnlichen Entscheidungsstruktur des BKartA unterstützen die ökonomischen Grundsatzreferate hingegen die jeweils zuständigen Beschlussabteilungen als dezentrale Entscheidungsträger gem. § 51 Abs. 2 GWB. Darüber hinaus dienen die Einheiten als Brücke zur (wettbewerbs-)ökonomischen Wissenschaft.[729] Dadurch bieten sie auch eine behördeninterne Plattform, um z. B. durch die Organisation und Durchführung entsprechender Schulungen den Prozess der Übersetzung wettbewerbsökonomischer Erkenntnisse und Methoden in die Kartellrechtspraxis zu fördern ***(„capacity building“).***[730]

196 Die Frage, wie die teilweise komplexe Analyse wettbewerbsökonomischer Fragen in Gerichtsverfahren eingebunden werden sollte, wird im internationalen Rahmen intensiv diskutiert.[731] Im Mittelpunkt steht dabei häufig die Rolle, die **ökonomische Gutachter** vor Gericht haben sollten. Aufgrund der Unterschiede in den allgemeinen rechtlich-institutionellen Rahmenbedingungen variiert diese international erheblich. So ist im U. S.-amerikanischen Rechtssystem die Bedeutung ökonomischer Parteigutachter im Gerichtsverfahren erheblich größer als in europäischen Kartellrechtsordnungen.[732] Sowohl auf der EU-Ebene als auch in Deutschland konzentriert sich die detaillierte Diskussion ökonomischer (Partei-)Gutachten primär auf das kartellbehördliche Verfahren. Die Anzahl und Komplexität der eingereichten Gutachten hat dabei in den vergangenen Jahren kontinuierlich zugenommen.[733] Die inhaltliche Auseinandersetzung und Bewertung erfolgt in der Regel in den auf ökonomische Fragen spezialisierten Organisationseinheiten. Nur in Ausnahmefällen haben sich hingegen bisher Gerichte eines ökonomischen Sachverständigen bedient.[734]

---

[727] In der englischsprachigen Literatur findet sich für diese konzeptionelle Aufgabe auch der zutreffende Begriff der „Einrahmung“ oder der ökonomischen „Strukturierung“ eines Einzelfalles *(„framing the case“)*; vgl. u. a. *Röller,* aaO 18.

[728] Zu diesen beiden Dimensionen der „forensischen Ökonomie“ im Kartellrecht vgl. bereits oben Rdnr. 19.

[729] Gemeinsam mit der Funktion des Chefökonomen wurde auf europäischer Ebene ein mit akademischen Wettbewerbsökonomen besetztes Gremium (Economic Advisory Group on Competition Policy, EAGCP) etabliert; zu dessen Aufgaben und Rolle vgl. http://ec.europa.eu/dgs/competition/economist/eagcp.html. In Deutschland bieten hingegen der Arbeitskreis Kartellrecht und die Monopolkommission institutionelle Anknüpfungspunkte für regelmäßige Kontakte zur (ökonomischen) Wissenschaft.

[730] Vgl. *Röller,* aaO 17.

[731] Vgl. hierzu u. a. *Wood,* Square Pegs in Round Holes: The Interaction between Judges and Economic Evidence, Competition Policy International, 5 (2009), 50ff; OECD, Presenting Complex Economic Theories to Judges, Policy Roundtable, 2008, mit zahlreichen Beiträgen aus einzelnen OECD-Mitgliedstaaten; vgl. ferner *Kirchhoff,* Ökonomie und Kartellrecht aus der Sicht des deutschen Richters, in: Fs Tolksdorf, 2014, 521 ff.

[732] Vgl. hierzu *Gerber,* Competition Law and the Institutional Embeddedness of Economics, in: *Drexl/Idot/Monegér (Hrsg.),* Economic Theory and Competition Law, 2009, 20 ff.; *MacKie-Mason/Pfau,* Inducement to Advocacy: The Economist as Independent Expert, in: *Slottje (Hrsg.),* The Role of the Academic Economist in Litigation Support, 1999, 207 ff.; *Posner,* The Law and Economics of Economic Expert Witnesses, Journal of Economic Perspectives, 13 (1999), 91 ff.

[733] Für einen Überblick über die Entwicklung in Deutschland vgl. BKartA, TB 2009/20010, 50 ff.; BKartA, TB 2011/2012, 42 ff.

[734] Die Fälle in Deutschland betrafen durchweg Bußgeldverfahren, in denen aufgrund der damaligen Rechtslage die Bußgeldhöhe anhand des kartellbedingten Mehrerlöses bemessen wurde; vgl. hierzu u. a. *Friederiszick/Röller,* Quantification of Harm in Damages Actions for Antitrust Infringe-

Die Beantwortung der Frage, ob die zunehmende Ökonomisierung des Kartellrechts eine andere Praxis erforderlich macht, ist schwierig.[735] Sie hängt insbesondere von den Anforderungen ab, die von der Rechtsprechung an den Nachweis konkreter Wirkungen etwaiger Wettbewerbsbeschränkungen gestellt werden.[736] Ferner ist zu berücksichtigen, dass z.B. in Deutschland mit den Kartellsenaten des OLG Düsseldorf auf Kartellrechtsfragen spezialisierte Gerichte existieren. Ergebnis einer sachgerechten Einbindung ökonomischer Argumente und Analysen in die Kartellrechtspraxis kann es zwar einerseits nicht sein, dass die richterliche Überprüfungs- und Beurteilungsaufgabe faktisch vollständig auf ökonomische Gutachter übertragen wird. Die Einschätzung, dass die Komplexität der ökonomischen und ökonometrischen Materie vom Richter stets aufgrund eigener Sachkunde bewältigt werden kann, wäre andererseits aber ebenfalls zu pauschal.

II. Qualitätsstandards

Grundvoraussetzung für eine zielführende Einbindung auch komplexerer ökonomischer Argumente und Analysemethoden in die Kartellrechtspraxis ist die Einhaltung bestimmter qualitativer **Mindeststandards.** Zum einen sind sie erforderlich, um das Risiko objektiver Fehlentscheidungen zu verringern. Zum anderen beeinflusst die Qualität ökonomischer Analysen den mit der Rechtsanwendung verbundenen Aufwand (Implementierungskosten).[737] Qualitativ unzureichende ökonomische Analysen verursachen einen erhöhten Verfahrensaufwand ohne jedoch zur besseren Aufklärung und Bewertung eines Sachverhalts beizutragen.[738] Sowohl das BKartA als auch die Kommission haben daher ebenso wie andere Kartellbehörden inzwischen Qualitätsstandards für ökonomische Analysen veröffentlicht.[739] Mit diesen werden in rechtlicher Hinsicht letztendlich Anforderungen formuliert, die den **Beweiswert** ökonomischer Argumente und Analysen konkretisieren. Ökonomische Analysen, die diesen Standards nicht entsprechen, kann je nach dem Grad der Abweichung nur ein entsprechend geringer oder gar kein relevanter Beweiswert zugestanden werden. Die Standards gelten zwar ausdrücklich nur für eingereichte gutachterliche Stellungnahmen. Rein praktisch entfalten sie aber eine gewisse allgemeine Bindungswirkung. 197

Aufgrund der teilweise sehr unterschiedlichen rechtlich-institutionellen Rahmenbedingungen variieren zwar der Inhalt und Umfang der bisher veröffentlichten Standards. Allerdings besteht auch ein hohes Maß an Übereinstimmung.[740] In allen Dokumenten werden zum einen **formale Anforderungen** aufgestellt, wobei die Vollständigkeit der Dokumen- 198

ments: Insights from German Cartel Cases, Journal of Competition Law and Economics, 6 (2010), 598 ff.

[735] Vgl. für eine ablehnende Haltung u. a. *Nothdurft,* Ökonomie vor Gericht: Richterliche Überprüfung wirtschaftlicher Fragen im deutschen und europäischen Kartellverwaltungsprozess, in: Fs. Hirsch, 2008, 285 ff.

[736] Zur Bedeutung der Nachweisanforderungen im Rahmen der Ökonomisierung des Kartellrechts vgl. bereits oben Rdnr. 15.

[737] Zu den insoweit einschlägigen entscheidungstheoretischen Erwägungen zu den Bedingungen einer „optimalen" Kartellrechtspraxis vgl. oben Rdnr. 15.

[738] Das gleiche Problem stellt sich zwar grundsätzlich auch für juristische Schriftsätze; das rechtsstaatliche Gebot ausreichenden rechtlichen Gehörs steckt hier aber ggf. einen weiteren Rahmen ab als ihn die Wettbewerbsökonomie als relevante wisenschaftliche Fachdisziplin für sich in Anspruch nehmen sollte.

[739] Vgl. EU-Kommission, Best Practices for the submission of economic evidence and data collection in cases concerning the application of Article 101 and 102 TFEU and in merger cases, http://ec.europa.eu/competition/consultations/2010_best_practices/best_practice_submissions.pdf; BKartA, Standards für ökonomische Gutachten vom 20. Oktober 2010; abrufbar unter: http://www.bundeskartellamt.de/wDeutsch/download/pdf/Merkblaetter/Merkblaetter_deutsch/Bekanntmachung_Standards_final.pdf;

[740] Zu den nachfolgenden Ausführungen und für einen umfassenden Überblick und eine vergleichende Analyse der verfügbaren Dokumente vgl. *Christiansen/Ewald,* Best Practices for Expert Economic Opinions – Key Element of Forensic Economics in Competition Law, in: *Hüschelrath/Schweitzer (Hrsg.),* Public and Private Enforcement of Competition Law in Europe, 2014, 141 ff.

tation sowie die Transparenz und Nachvollziehbarkeit der Analysen durchweg im Vordergrund stehen. Ziel ist es, sowohl die theoretischen Analysen als auch die empirischen Untersuchungen zum Zwecke einer eingehenden Überprüfung vollständig nachvollziehen bzw. erneut durchführen zu können. Besondere Bedeutung hat in diesem Zusammenhang das Erfordernis der **Transparenz.** Theoretisch-konzeptionelle aber auch empirische ökonomische Analysen basieren auf Modellen, denen eine Reihe vereinfachender Annahmen zugrunde liegen. Diese Annahmen können mehr oder weniger kritisch, d.h. relevant oder sogar ausschlaggebend für die Ergebnisse einer Analyse sein. Solche Annahmen sollten daher stets explizit benannt und ausführlich begründet und diskutiert werden. Bei empirischen Analysen geht es zudem um eine Überprüfung der Qualität und Validität der verwendeten (Roh-)Daten sowie ihrer Bearbeitung und Aufbereitung. Weitere Eckpunkte betreffen die **Darstellung** der einzelnen Argumente und Analysen. Hierbei steht der Gedanke im Vordergrund, dass ökonomische Analysen im Ergebnis dazu dienen sollen, im Rahmen der rechtlichen Würdigung eines Einzelfalles zur Klärung strittiger Fragen effektiv beizutragen. Analog zu der in wissenschaftlichen Veröffentlichungen nahezu flächendeckend üblichen „executive summary" (Managementzusammenfassung) fordern daher sämtliche Dokumente z.B. eine nicht-technische Zusammenfassung, die es auch juristischen Lesern ermöglicht, sich einen Einblick in die Analysen des Gutachtens und deren Ergebnisse zu verschaffen. Hinsichtlich der **materiellen Anforderungen** steht der Aspekt der **Robustheit** und Verlässlichkeit der theoretischen und empirischen Analysen im Vordergrund. Daneben wird stets die transparente Darstellung und Diskussion ihrer kartellrechtlichen **Relevanz** eingefordert, d.h. des Bezuges der theoretischen Argumente oder empirischen Analysen zu den im konkreten Einzelfall relevanten Fragestellungen. Eine eindeutige Festlegung auf bestimmte Theorien oder Methoden erfolgt hingegen nicht. Allerdings ist in allen Dokumenten eine gewisse Präferenz für bereits etablierte und wissenschaftlich hinreichend abgesicherte Theorien und Methoden feststellbar.

199 Die von der Kommission und dem BKartA veröffentlichten Qualitätsstandards entsprechen weitgehend den allgemeinen Anforderungen, die von der US-amerikanischen Rechtsprechung u.a. durch die sogenannten ***„Daubert*-Kriterien"** für die Beurteilung von Stellungnahmen gerichtlicher Sachverständiger entwickelt wurden.[741] Diese nehmen ausdrücklich auf die in der Wissenschaft geltenden Qualitätsstandards Bezug. Der Beweiswert einer gutachterlichen Stellungnahme ist danach zu beurteilen, ob und inwieweit (1.) die von einem Sachverständigen verwendeten Theorien und Methoden hinreichend überprüfbar sind und (2.) ob diese bereits Gegenstand einer vertieften wissenschaftlichen Diskussion *(peer review)* waren. Ferner müssen (3.) die Faktoren bekannt sein und offengelegt werden, die Einfluss auf die Aussagekraft der angewendeten Theorien und Methoden haben und (4.) müssen diese in der Wissenschaft als allgemein anerkannt und akzeptiert gelten. Insgesamt besteht daher ein breiter internationaler Konsens über die qualitativen Mindestanforderungen ökonomischer Analysen in der Kartellrechtspraxis.

---

[741] Vgl. *Langenfeld/Alexander,* „Daubert" and other Gatekeeping Challenges of Antitrust Experts, Antitrust, 25 (2011), 21 ff.; vgl. ferner: *Christiansen/Ewald,* aaO 160 ff.

2. Kapitel. Wettbewerbsbeschränkende Vereinbarungen zwischen Konkurrenten (horizontale Vereinbarungen)

§ 8 Rechtsgrundlagen

Übersicht

Schrifttum: Zu Art. 101 AEUV und § 1 GWB: *Ahlborn/Seeliger,* Business to Business Exchanges: EG-kartellrechtliche Probleme bei Unternehmenskooperationen im Internet, EuZW 2001, 552 ff.; *Axster,* Gemeinschaftsunternehmen als Kooperations- oder Konzentrationstatbestand im EG-Recht, Festschrift Gaedertz, 1992, 1 ff.; *ders.,* Abgrenzung anti-kompetitiver von den zulässigen Wettbewerbsbeschränkungen im deutschen, im US-amerikanischen und im EG-Kartellrecht, Festschrift Lieberknecht, 1997, 225 ff.; *van Bael/Bellis,* Competition Law of the European Community, 4. Aufl. 2005; *Baron,* Die Rechtsnatur der Gruppenfreistellungsverordnungen im System der Legalausnahme – Ein Scheinproblem, WuW 2006, 358 ff.; *Bechtold,* GWB, 7. Aufl. 2013; *ders.,* Modernisierung des EG-Wettbewerbsrechts: Der Verordnungs-Entwurf der Kommission zur Umsetzung des Weißbuchs, BB 2000, 2425 ff.; *ders.,* Maßstäbe der Selbstveranlagung nach Art. 81 III EG, WUW 2003, 343; *ders.,* Kleine und mittlere Unternehmen im europäischen Kartellrecht, EWS 2007, 433 ff.; *ders.,* Der Referentenentwurf der 8. GWB-Novelle im Überblick, BB 2011, 3075; *Bellamy/Child,* European Community Law of Competition, 6. Aufl. 2008; *Bechtold/Bosch/Brinker,* EU-Kartellrecht, 3. Auflage 2014; *von Bernuth,* Umweltschutzfördernde Unternehmenskooperation und das Kartellverbot des Gemeinschaftsrechts, 1996; *Bloeße,* Die Behandlung von Strukturkrisen im Europäischen Wettbewerbsrecht, Diss. Bonn 1996; *von Bogdandy,* Rechtsgleichheit, Rechtssicherheit und Subsidiarität im transnationalen Wirtschaftsrecht – Zur unmittelbaren Anwendbarkeit von Art. 81 III EG und des WTO-Rechts, EuZW 2001, 357 ff.; *Bornkamm/Becker,* Die privatrechtliche Durchsetzung des Kartellverbots nach der Modernisierung des EG-Kartellrechts – Einflussmöglichkeiten der Kommission, ZWeR 2005, 213; *Bosch/Fritzsche,* Die 8. GWB-Novelle – Konvergenz und eigene wettbewerbspolitische Akzente, NJW 2013, 2225; *Bruhin,* Die Zwischenstaatlichkeitsklausel in der Rechtsprechung des Gerichtshofes, Diss. Freiburg 1994; *Buntscheck,* Der Gleichordnungskonzern – ein illegales Kartell?, WuW 2004, 374 ff.; *Burgi,* Die öffentlichen Unternehmen im Gefüge des primären Gemeinschaftsrechts, EuR 1997, 261 ff.; *Carle/Johnsson,* Benchmarking and E. C. Competition Law, E. C. L. R. 1998, 74 ff.; *Darás,* EG-Vertriebsrecht und assoziiertes nationales Kartellrecht, EuZW 2003, 138 ff.; *Dawes,* Neither Head nor Tail: The Confused Application of EC Competition Law to the Pharmaceutical Sector, ECLR 2006, 269 ff.; *Deringer,* Stellungnahme zum Weißbuch der Europäischen Kommission über die Modernisierung der Vorschriften zur Anwendung der Art. 85 und 86 EG-Vertrag (Art. 81 und 82 EG), EuZW 2000, 5 ff.; *Dethof,* Anforderungen des deutschen und europäischen Kartellrechts an Business-to-Business Internet-Marktplätze, Aachen 2004; *Díaz,* Some reflections on the Notion of Ancillary Restraints under EC Competition Law, Fordham Corporate Law Institute 1995, 325 ff.; *Dießars,* Das Negativattest nach europäischem Kartellrecht, 1996; *Dreher/Thomas,* Rechtsirrtümer unter der neuen VO 1/2003, WuW 2004, 8 ff.; *Dresel,* Die Verbraucherbeteiligung am Gewinn als Freistellungsvoraussetzung nach Art. 85 Abs. 3 EWGV, Diss. Hamburg 1994; *Duisberg,* Die Anwendung der Art. 85 und 86 EG-Vertrag in den Fällen der staatlichen Einflussnahme auf Unternehmensverhalten: zur Frage möglicher Rechtfertigungen und Entlastungen der Unternehmen, 1997; *Einsele,* Auswirkungen der europäischen Fusionskontrolle auf Gemeinschaftsunternehmen, RIW 1992, Beilage 2; *Emmerich,* Das Gesetz zur Regelung der Preisbindung bei Verlagserzeugnissen und die Verbraucher, WuW 2003, 225; *Ensthaler,* Die neue Gruppenfreistellungsverordnung für den Kfz-Vertrieb, WuW 2002, 1042 f.; *Faull/Nikpay,* The EU Law of Competition, 3. Aufl., 2014; *Feldkamp,* Statistische Marktinformationsverfahren und das europäische Kartellrecht, EuZW 1991, 617 ff.; Frankfurter Kommentar zum Kartellrecht, 79. Ergänzungslieferung, Stand, Dezember 2013; *Fritsche, „Notwendige"* Wettbewerbsbeschränkungen im Spannungsfeld von Verbot und Freistellung nach Art. 85 EGV, ZHR 1996, 31 ff.; *Fritzsche,* Die neuen Regeln über horizontale Kooperationen im europäischen Wettbewerbsrecht, EuZW 2011, 208; *Fuchs,* Die Gruppenfreistellungsverordnung als Instrument der europäischen Wettbewerbspolitik, ZWeR 2005, 1; *Gaedertz,* Die Teilnichtigkeit wettbewerbsbeschränkender Verträge, 1994; *Gayk,* Restriktionen des Tatbestandes des

Art. 85 Abs. 1 EWG-Vertrag. Anwendungsfälle einer Rule of Reason in der Entscheidungspraxis des Gerichtshofs der Europäischen Gemeinschaften?, Diss. Tübingen 1991; *Gieseke,* Parallelimporte und EU-Wettbewerbspolitik, WuW 1995, 284 ff.; *Gimeno/Verdejo,* Commentaire article par article des traités UE et CE, Art. 81; *Gleiss/Hirsch,* Kommentar zum EG-Kartellrecht, Band 1, Art. 85 und Gruppenfreistellungsverordnungen, 4. Auflage 1993; *Goyder,* EC Competition Law, 4. Aufl. 2003; *Griffith,* A Glorification of de minimis – The Regulation on Vertical Restraints, E. C. L. R. 2000, 241 ff.; *Grabitz/Hilf/Nettesheim,* Das Recht der Europäischen Union, 51. Ergänzungslieferung, September 2013; *Jaeger/Kokott/Pohlmann/Schroeder* (Hrsg.), Frankfurter Kommentar zum Kartellrecht, Loseblattsammlung, Bd. 6, EG-Kartellrecht; *Henty,* Agency Agreements – What are the Risks? The CFI's Judgement in DaimlerChrysler AG v Commission, ECLR 2006, 102 ff.; *Heutz,* Legalausnahme und Gruppenfreistellungsverordnungen im System der VO (EG) Nr. 1/2003, WuW 2004, 1255 ff.; *Hirsch,* Anwendung der Kartellverfahrensordnung (EG) Nr. 1/2003 durch nationale Gerichte, ZWeR 2003, 233; *Hohmann,* Die strafrechtliche Beurteilung von Submissionsabsprachen, NStZ 2001, 566; *Immenga/Mestmäcker,* Kommentar zum Europäischen Kartellrecht, 5. Aufl. 2012; *Jaeger,* Die Auswirkungen der neuen Durchführungsverordnung zu Art. 81 und 82 EG auf die Rechtsprechung der einzelstaatlichen Gerichte, in: Die Wende in der Europäischen Wettbewerbspolitik, FIW-Schriftenreihe Band 36, Köln 2004, 35; *Jephcott/Lübbig,* Law of Cartels, Bristol 2003; *Jestaedt/Bergau,* Die neue Bagatellbekanntmachung der Kommission, WuW 1998, 111 ff.; *Kallfass,* Vertikale Verträge in der Wettbewerbspolitik der EU, WuW 1999, 225 ff.; *Karl/Reichelt,* Die Änderungen des Gesetzes gegen Wettbewerbsbeschränkungen durch die 7. GWB-Novelle, DB 2005, 1436; *Keßler,* Einkaufskooperationen im Lichte des Deutschen und Europäischen Kartellrechts, WuW 2002, 1162 ff.; *Kirchner,* Internetmarktplätze, Markttransparenz und Marktinformationssysteme, WuW 2001, 1030 ff.; *Kirchhoff,* Sachverhaltsaufklärung und Beweislage bei der Anwendung des Art. 81 EG-Vertrag, WuW 2004, 745; *Klasse,* Gemeinschaftsrechtliche Grenzen für staatlich veranlasste Wettbewerbsbeschränkungen, 2006; *Köhler,* Zulässigkeit von Wettbewerbsbeschränkungen beim Energievertrieb, WuW 1999, 445 ff.; *Korah,* An Introductory Guide to EC Competition Law and Practice, 7. Aufl. 2000; *Korthals/Bangard,* Die neuen Leitlinien der Kommission zur Bußgeldbemessung in Kartellverfahren – eine Kritik, BB 1998, 1013 ff.; *Lampert/Niejahr/Kübler/Weidenbach,* EG-KartellVO: Praxiskommentar zur Verordnung (EG) Nr. 1/2003, 2004; *Lange,* Die Kartellrechtliche Kontrolle der Gewährung von Rabatten, WuW 2002, 220 ff.; *Langen/Bunte,* Kommentar zum deutschen und europäischen Kartellrecht, Band 2 Europäisches Kartellrecht, 12. Auf. 2014; *Langen/Bunte,* Kommentar zum deutschen und europäischen Kartellrecht, Band 1 Deutsches Kartellrecht, 11. Auflage 2010; *Liebscher/Flohr/Petsche,* Handbuch der EU-Gruppenfreistellungsverordnungen, 2. Aufl. 2012; *Loewenheim/Meessen/Riesenkampff,* Kommentar zum Europäsichen und Deutschen Kartellrecht, 2. Aufl. 2009; *Lorenz,* Die kartellrechtliche Beurteilung der vergleichsweisen Beilegung von Patentstreitigkeiten, PharmR 2007, 221 ff.; *Lübbig,* Einseitige Maßnahmen als Vereinbarungen im Sinne von Art. 85 Abs. 1 EWG-Vertrag, WuW 1991, 561 ff.; *Lübbig/Klasse,* Kartellrecht im Pharma- und Gesundheitssektor, 2007; *Mäger* (Hrsg.), Europäisches Kartellrecht, 2. Aufl. 2011; *Marenco,* La notion de Restriction de Concurrence dans le cadre de l'interdiction des ententes, Mélanges en Hommage à Michel Waelbroeck, 1999, 1218 ff.; *Markert,* Langfristige Bezugsbindungen für Strom und Gas nach deutschem und europäischem Kartellrecht, EuZW 2000, 427 ff.; *Martinek/Habermeier,* Das Chaos der EU-Gruppenfreistellungsverordnungen, ZHR 1994, 107 ff.; *Mestmäcker/Schweizer,* Europäisches Wettbewerbsrecht, 2. Aufl. 2004; *Müller-Graff,* Die Freistellung vom Kartellverbot, EuR 1992, 1 ff.; *Nolte,* Renaissance des Handelsvertretervertriebs?, WuW 2006, 252 ff.; *Pfeffer,* Die neue Gruppenfreistellungsverordnung (EG) Nr. 1400/2002 für die Automobilbranche, NJW 2002, 2910ff; *Pfeffer/Wegner,* Handelsvertreterprivileg: Vertrieb über Handelsvertreter – praktikable Ausnahme zum Kartellverbot des Art. 81 EG/§ 1 GWB, EWS 2006, 296 ff.; *Pischel,* Preisfestsetzungen nach Art. 81 EG und Novellierung des GWB, EuZW 2005, 459 ff.; *Podszun,* 8. GWB-Novelle: Neuerungen im deutschen Kartellrecht, GWR 2013, 329; *Pohlmann,* Der Unternehmensverbund im Europäischen Kartellrecht, 1999; *Ritter/Braun,* European Competition Law: A Practitioner's Guide, 3. Aufl. 2004; *Rittner,* Das EuG und das europäische Handelsvertreterkartellrecht, WuW 2007, 365 ff.; *Röhling,* Die Zukunft des Kartellverbots in Deutschland nach In-Kraft-Treten der neuen EU-Verfahrensrechtversordnung, GRUR 2003, 1019; *Scherf,* Kooperative Gemeinschaftsunternehmen im europäischen Wettbewerbsrecht, RIW 1993, 297 ff.; *Schmidt, K.,* Negativattest und comfort letter. Das Europakartellrecht als Lehrmeister des nationalen Rechts gegen Wettbewerbsbeschränkungen, in: Europarecht, Energierecht, Wirtschaftsrecht 1992, 789 ff.; *Schröter/Jakob/Klotz/Mederer,* Europäisches Wettbewerbsrecht, 2. Aufl. 2014 (zit.: *S/J/K/M-Bearbeiter*); *Schulte/Geiger,* Das Schicksal der Verbundgruppen unter der neuen Gruppenfreistellungsverordnung (EG) Nr. 2790/99 für Vertikalvereinbarungen, EuZW 2000, 396 ff.; *Sedemund,* Entwicklung der kartellrechtlichen Bewertung von Marktinformationsverfahren, Festschrift *Lieberknecht,* 1997, 571 ff.; *Seeliger,* EG-kartellrechtliche Probleme in Vertikalverhältnissen beim Vertrieb über das Internet, WuW 2000, 1174 ff.; *Stopper,* Leitlinien für Horizontalvereinbarungen: Ende des Regel-Ausnahme-Prinzips von Art. 81 EG?, EuZW 2001, 426 ff.; *Teichmann,* Die Verbesserung der Warenerzeugung oder -verteilung und die Förderung des technischen oder wirtschaftlichen Fortschritts nach Art. 85 Abs. 3 EWG-Vertrag, Diss. Hamburg 1994; *Vollmer,* Die kartellrechtliche Beurteilung von Marktinformationsverfahren nach dem neuen GWB, in Festschrift *Mailänder,* 2007, 215; *Wagemann,* Rechtfertigungs- und Entschuldigungsgründe im Bußgeldrecht der Europäischen Gemeinschaften, Diss. Freiburg/Br. 1992; *Wagner-von Papp,* Marktinformationsverfahren: Grenzen der Information im Wettbewerb, 2004; *ders.,* Wie „identifizierend“ dürfen Marktinformationsverfahren sein?, WuW 2005, 732 ff.; *Weitbrecht/Baudenbacher,* Bußgeld wegen Beihilfe zu einem Kartell? Zum Urteil des EuG vom 8. Juli 2008 (Rs. T-99/04 – AC Treuhand), EuZW 2010, 230; *Wiedemann,* Kommentar zu den Gruppenfreistellungsverordnungen des EWG-Kartellrechts, Bd. 1, 1989, Bd. 2, 1990; *Wils,* The undertaking as subject of E. C. competition law and the imputation of infringements to natural or legal persons, E. L. Rev. 2000, 99 ff.; *Wolter,* Zulässige Kartelle nach EWG-Vertrag und GWB, Diss. Göttingen 1992; *Zapfe,* Konditionskartelle nach der 7. GWB-Novelle, WuW 2007, 1230 ff.; *Ziegler,* Die Zulässigkeit der Forschungskooperation im Kartellrecht der EG und der USA, Diss. Hamburg 1991.

A. Horizontale Vereinbarungen im EU-Recht (Art. 101 AEUV)

I. Adressaten des Verbots gemäß Art. 101 Abs. 1 AEUV

1 **1. Unternehmen.** Abschnitt 1 des den Wettbewerbsregeln des AEUV gewidmeten Kapitels ist mit dem Titel „Vorschriften für Unternehmen“ überschrieben. Auf diese Weise grenzt der Vertrag die Regeln des EU-Kartellrechts zum einen von den primär staatsgerichteten Regeln der Artt. 107 ff. AEUV (staatliche Beihilfen) ab und zum anderen von den Vorschriften des Unionsrechts, die die privaten Belange der Unionsbürger regeln. Es entspricht allgemeiner Auffassung, dass der Unternehmensbegriff der Artt. 101 und 102 AEUV identisch ist, wobei sich Art. 101 Abs. 1 AEUV zusätzlich an Unternehmensvereinigungen richtet. Der Binnenmarktzielsetzung des Art. 3 Abs. 3, Art. 51 EUV und des Protokolls Nr. 27 über den Binnenmarkt und den Wettbewerb entsprechend wird der Unternehmensbegriff des EU-Kartellrechts autonom von den Unternehmensdefinitionen der mitgliedstaatlichen Rechtsordnungen definiert. Kommission und Gemeinschaftsgerichte vertreten seit langem eine **sehr weite Unternehmensdefinition,** der zufolge „der Begriff des Unternehmens jede eine wirtschaftliche Tätigkeit ausübende Einheit unabhängig von ihrer Rechtsform und der Art ihrer Finanzierung umfasst“.[1] Hierunter fällt jede natürliche und juristische Person sowie jede Personenmehrheit, die nach dem Gesetz wie eine Person behandelt wird,[2] soweit sie sich nicht nur gelegentlich oder nur vorübergehend selbständig wirtschaftlich betätigt. Zur wirtschaftlichen Betätigung in diesem Sinne gehört, dass die Person oder Personenmehrheit auf einem bestimmten Markt wirtschaftliche Leistungen (Güter oder Dienstleistungen) gegen Entgelt anbietet oder nachfragt. Der EuGH hat jedoch auch unentgeltliche (staatliche) Leistungen ausreichen lassen, wenn die angebotenen Leistungen auch gegen Entgelt erbringbar sind.[3] Die Kommission stellt darauf ab, ob die jeweilige Betätigung grundsätzlich auch von einem privaten Unternehmen zum Zweck der Gewinnerzielung ausgeübt werden könnte.[4] Die Absicht, einen Gewinn zu erzielen und die tatsächliche Erzielung von Gewinnen sind für den Unternehmensbegriff nicht wesent-

[1] EuGH U. v. 23.4.1991, Slg. 1991 I-1979, Rdnr. 21 – *Höfner und Elser;* EuGH U. v. 21.9.1999, Rs C-67/96, Slg. 1999 I-5751, Rdnr. 77 – *Albany International;* EuGH U. v. 22.1.2002, Slg. 2002 I-691, Rdnr. 22 – *Cisal;* EuGH U. v. 19.2.2002, Rs C-309/99, Slg. 2002 I-1577, Rdnr. 112, mit Anm. – *Wouters; Eichele* EuZW 2002, 182; EuGH U. v. 16.3.2004, Slg. 2004 I-2493, Rdnr. 45 – *AOK/Ichthyol;* EuGH U. v. 12.12.2013, Rs C-327/12, ECLI:EU:C:2013:837, Rdnr. 27 – *SOA Nazionale Costruttori;* Komm. E. v. 20.7.1999, ABl. 2000 L 5/55, Rdnr. 65 – *Fußball-Weltmeisterschaft 1998;* s. dazu auch Darstellung von *Wiedemann* in § 4 sowie z. B. *Pohlmann,* Der Unternehmensverbund im Europäischen Kartellrecht, 35 ff.

[2] Komm. E. v. 23.4.1986, ABl. 1986 L 230/1, Rdnr. 99 – *Polypropylen; S/J/K/M-Schröter,* Vorb. Art. 101–105 AEUV Rdnr. 43.

[3] EuGH U. v. 23.4.1991, Slg. 1991 I-1979, Rdnr. 22 – *Höfner und Elser.*

[4] Komm. E. v. 28.6.1995, ABl. 1995 L 216/8, Rdnr. 2 – *Régie des Voies Aériennes.*

lich.[5] Erfasst werden auch Unternehmen aus Drittstaaten, sofern sich ihr Verhalten auf den Märkten der EU auswirkt. Bagatellausnahmen für kleine und mittlere Unternehmen bestehen nicht.[6]

Ohne Bedeutung ist auch die Rechtsform. Entsprechend dem funktionalen Unternehmensbegriff behandeln die Kommission und der EuGH rechtlich selbständige, aber wirtschaftlich unselbständige, in einen Konzern integrierte Unternehmen als „wirtschaftliche Einheit",[7] wobei nach der Begründung nicht immer klar ist, ob damit die Unternehmenseigenschaft der rechtlich selbständigen und wirtschaftlich unselbständigen Konzernteile entfällt oder es nur an einem beschränkbaren Wettbewerbsverhältnis zwischen ihnen fehlt. Die zweite Alternative ist die einleuchtendere, da sie sich unmittelbar auf die praktisch wichtige Frage bezieht, ob und inwieweit zwischen Konzernunternehmen vereinbarte oder beschlossene Wettbewerbsbeschränkungen unter Art. 101 Abs. 1 AEUV fallen.[8] Dies wird auch von der Rechtsprechung zur Zurechnung kartellrechtswidrigen Verhaltens im Unternehmensverbund bestätigt. Danach kann das wettbewerbswidrige Verhalten eines Unternehmens, das sein Marktverhalten nicht selbständig bestimmt, sondern vor allem wegen der wirtschaftlichen und rechtlichen Bindungen zu einer Muttergesellschaft im Wesentlichen deren Weisungen befolgt hat, der Muttergesellschaft zugerechnet werden.[9] Diese Regel erlaubt jedoch eine eindeutige Zurechnung nur in Fällen klarer unternehmerischer Kontrolle im Sinne des Kartellrechts zwischen Mutter- und Tochtergesellschaft. So besteht eine widerlegliche Vermutung für die Annahme, dass eine Muttergesellschaft tatsächlich einen bestimmenden Einfluss auf die wettbewerbswidrig handelnde Tochtergesellschaft ausübt, wenn sie das gesamte oder nahezu das gesamte Kapital der Tochter hält.[10] Bei abweichender Fallgestaltung ist der Tatbestand der wirtschaftlichen Einheit in concreto zu prüfen. Nach der Rechtsprechung genügt z. B. die bloße Tatsache, dass das Gesellschaftskapital zweier eigenständiger Handelsgesellschaften derselben Person oder Familie gehört, noch nicht als Nachweis dafür, dass diese beiden Gesellschaften eine wirtschaftliche Einheit bilden.[11] 2

[5] EuGH U. v. 29.10.1980, Slg. 1980, 3125 (3250) – *van Landewyck u. a./Komm;* EuGH U. v. 16.11.1995, Slg. 1995 I-4013 – *Fédération française des sociétés d'assurance u. a.;* EuGH U. v. 16.3.2004, Slg. 2004 I-2493, Rdnr. 49 – *AOK/Ichthyol;* EuGH U. v. 1.7.2008, Slg. 2008 I-4863, Rdnr. 27 – *MOTOE;* Komm. E. v. 29.10.1981, ABl. 1981 L 370/49, Rdnr. 55 – *GVL;* Komm. E. v. 16.12.1985, ABl. 1985 L 376/2, Rdnr. 6 – *P&I Clubs.*

[6] Allenfalls kann bei KMU eine spürbare Beeinträchtigung des zwischenstaatlichen Handels durch das relevante Wettbewerbshandeln fehlen, s. die Kommissionsbekanntmachung über Vereinbarungen von geringer Bedeutung, die im Sinne des Art. 101 Abs. 1 AEUV den Wettbewerb nicht spürbar beschränken (De-minimis-Bekanntmachung), ABl. 2014 C 291/01, Rdnr. 4, Fn. 5; *Klotz/Zurkinden,* WuW 1999, 120, 126 f.

[7] EuGH U. v. 14.7.1972, Slg. 1972, 619, 655 – *ICI/Komm.;* EuGH U. v. 22.1.1974, Slg. 1974, 223, 256 – *Instituto Chemioterapico Italiano und Commercial Solvents/Komm.;* EuGH U. v. 31.10.1974, Slg. 1974, 1147, 1168 – *Centrafarm und De Peijper/Sterling Drug;* EuGH U. v. 31.10.1974, Slg. 1974, 1183, 1198 ff. – *Centrafarm und De Peijper/Winthrop;* EuGH U. v. 12.7.1984, Slg. 1984, 2999, 3016 – *Hydrotherm/Compact;* EuGH U. v. 4.5.1988, Slg. 1988, 2479, 2513 – *Bodson/Pompes funèbres;* EuGH U. v. 18.7.2013, Rs C-501/11, ECLI:EU:C:2013:522, Rdnr. 103 – *Schindler/Kommission;* ausführlich zur Konzernproblematik *Immenga/Mestmäcker-Emmerich,* EU-WbR Art. 101 Abs. 1 Rdnr. 43 ff.

[8] *S/J/K/M-Schröter/Voet van Vormizeele* Art. 101 AEUV Rdnrn. 99 ff. mwN, s. auch Wiedemann in § 4.

[9] EuG U. v. 13.12.2001, Slg. 2001 II-3757, Rdnr. 189 – *Krupp Thyssen Stainless/Kommission;* EuGH U. v. 2.10.2003, Slg. 2003 I-1105, Rdnr. 96 – *Aristrain/Kommission;* zuletzt EuGH U. v. 10.4.2014, Rs C-231/11, ECLI:EU:C:2014:256, Rdnr. 46 – *Siemens Österreich/Kommission.*

[10] St. Rspr., EuGH U. v. 10.9.2009, Slg. 2009 I-8237, Rdnrn. 60 ff. – *AKZO Nobel/Kommission* (hier noch 100 % gefordert); EuGH U. v. 11.7.2013, Rs C-440/11 P, ECLI:EU:C:2013:514, Rdnr. 40 mwN – *Kommission/Portielje;* EuGH U. v. 18.7.2013, Rs C-501/11, ECLI:EU:C:2013:522, Rdnr. 101 ff. – *Schindler/Kommission;* Alle denkbaren Gesichtspunkte zur wirtschaftlichen, organisatorischen und rechtlichen Bindung zwischen Mutter- und Tochtergesellschaft können zur Entkräftung der Vermutung vorgetragen und müssen von den Unionsorganen dann gewertet werden, s. a. EuGH U. v. 18.12.2013, Rs C-434/13 P, ECLI:EU:C:2013:2456, Rdnr. 58 – *Komm./Parker Hannifin.*

[11] EuGH U. v. 2.10.2003, Slg. 2003 I-1105, Rdnr. 99 – *Aristrain/Kommission.*

2a Dagegen steht die Ausübung gemeinsamer Kontrolle durch zwei voneinander unabhängige Muttergesellschaften über eine Tochtergesellschaft grundsätzlich nicht der Feststellung entgegen, dass zwischen einer dieser Muttergesellschaften und der betreffenden Tochtergesellschaft eine wirtschaftliche Einheit selbst dann besteht, wenn diese Muttergesellschaft über einen niedrigeren Anteil am Kapital der Tochtergesellschaft verfügt als die andere Muttergesellschaft.[12] Bei der Durchsetzung des Verbots im Bußgeldverfahren hält sich die Kommission, wenn es sich um eine Unternehmensgruppe in diesem Sinne handelt, zwar regelmäßig an die Konzernmutter, nach den Umständen des Einzelfalls aber auch an nicht aktiv beteiligte andere Konzernunternehmen, etwa wenn die Mutter ihren Sitz außerhalb des Binnenmarktes hat. Unter diesem Gesichtspunkt nimmt sie gelegentlich auch mehrere Konzernunternehmen gesamtschuldnerisch in Anspruch.[13] Die Kommission muss die Inanspruchnahme der betreffenden Konzernunternehmen allerdings korrekt begründen. In jüngerer Zeit sah sich die Kommission aus diesem Grunde unter dem Eindruck einer Nichtigkeitsklage zur Rücknahme einer Bußgeldentscheidung gezwungen, die sie in der falschen Annahme, es handle sich um die Muttergesellschaft des Kartellmitglieds, an dessen Konzernschwester adressiert hatte.[14] Nach den europäischen Gerichten können auch zwei unabhängige Muttergesellschaften, die an der Tochtergesellschaft zu Hälfte beteiligt sind, jeweils eine wirtschaftliche Einheit darstellen und daher mit der Tochtergesellschaft gesamtschuldnerisch in Anspruch genommen werden, wenn über den Gesellschaftsvertrag und die personelle Verflechtung tatsächlich deutlich wird, dass beide Muttergesellschaften gemeinsam das Verhalten der Tochtergesellschaft bestimmt haben.[15] Unselbständige Betriebe oder Betriebsteile sind keine Unternehmen. Ebenso reicht die gesellschaftsrechtliche Beteiligung an einem Unternehmen nicht aus, den Gesellschafter selbst zum Unternehmen zu machen, es sei denn, dass er über diese hinaus bei der Leitung des Unternehmens mitwirkt.[16] Auch Manager und Beschäftigte sind selbst keine Unternehmen im Sinne des Wettbewerbsrechts der Union.[17]

3 Neben natürlichen Personen und juristischen Personen des Privatrechts fallen auch die **öffentlichen Hände,** einschließlich der Mitgliedstaaten und dritter Staaten, grundsätzlich unter den Unternehmensbegriff, soweit sie sich als Anbieter oder Nachfrager am Wirtschaftsleben beteiligen.[18] Für das Beschaffungsverhalten der öffentlichen Hand gilt jedoch seit dem Urteil des EuG im *FENIN*-Fall aus dem Jahr 2003 eine Einschränkung: Kauft die öffentliche Hand bestimmte Dienstleistungen oder Erzeugnisse nicht zum Zwecke der Weiterverarbeitung oder des Handels ein, sondern um diese im Rahmen einer anderen, z.B. rein sozialen Tätigkeit zu verwenden, so gilt das Beschaffungsverhalten der öffentlichen Hand nicht als unternehmerische Teilnahme am Wirtschaftsleben im Sinne der Artt. 101 und 102 AEUV.[19] Vom Unternehmensbegriff des EU-Kartellrechts ausgenom-

---

[12] EuGH U. v. 16.12.2010, Slg. 2010 I-13355, Rdnr. 64 – *Acea Electrabel Produzione/Kommission.*

[13] Komm. E. v. 16.12.1985, ABl. 1985 L 376/21, 22, 26 – *Sperry New Holland;* Komm. E. v. 23.4.1986, ABl. 1986 L 230/1, 33 – *Polypropylen;* Komm. E. v. 21.12.1988 ABl. 1989 L 74/1, 15 – *PVC;* Komm. E. v. 21.12.1988, ABl. 1989 L 74/21, 37 – *LDPE;* Komm. E. v. 3.12.2003, ABl. 2004 Nr. L 125/45 – *Elektrotechnische und mechanische Kohlenstoff- und Graphitprodukte.*

[14] EuG B. v. 9.7.2002, Slg. 2002 II-3022 – *Jungbunzlauer/Kommission* betreffend Komm. E. v. 2.10.2001, COMP/E-1/36 756 – *Natriumglukonat.*

[15] EuG U. v. 27.9.2006, Slg. 2006 II-3085, Rdnrn. 137ff. – *Avebe/Kommission;* bestätigt in EuG U. v. 14.3.2013, Rs T-587/08, ECLI:EU:T:2013:129, Rdnr. 88 – *Del Monte/Kommission;* ebenso EuGH U. v. 26.9.2013, Rs C-179/12, ECLI:EU:C:2013:605, Rdnrn. 58ff. – *Dow Chemical/Kommission.*

[16] Komm. E. v. 26.7.1976, ABl. 1976 L 254/40, 45 – *Reuter/BASF;* Komm. E. v. 10.1.1979, ABl. 1979 L 19/32, 34 – *Vaessen/Morris; Langen/Bunte-Hengst,* Art. 101 AEUV Rdnr. 29.

[17] EuGH U. v. 16.9.1999, Slg. 1999 I-5665, Rdnr. 26 – *Becu u. a.*

[18] Komm. E. v. 19.12.1984, ABl. 1985 L 92/1, 37 – *Aluminiumeinfuhren aus Osteuropa; Deringer* Art. 85 Rdnr. 8; *Grabitz/Hilf/Nettesheim-Stockenhuber,* Art. 101 Rdnrn. 67ff.; *S/J/K/M-Schröter,* Vorbem. zu den Art. 101 bis 105 AEUV Rdnrn. 39, 84ff.; *Langen/Bunte-Hengst,* Art. 101 AEUV Rdnrn. 19ff. mwN; *Immenga/Mestmäcker-Emmerich,* EU-WbR Art. 101 Abs. 1, Rdnr. 30ff.

[19] EuG U. v. 4.3.2003, Slg. 2003 II-357, Rdnr. 36, 37 – *FENIN/Komm;* bestätigt durch EuGH U. v. 11.7.2006, Rs C-205/03 P, Slg. 2006 I-6295 – *FENIN/Komm.; Loewenheim/Meessen/Riesenkampff-Gippini-Fournier/Mojzesowicz,* Kartellrecht Art. 81 Abs. 1 Rdnr. 49.

men ist nach der Rechtsprechung nur die im klassischen Sinne hoheitlich regulierende Wirtschaftsverwaltungstätigkeit des Staates.[20] Tätigkeiten, die in Ausübung hoheitlicher Befugnisse erfolgen oder mit diesen untrennbar verbunden sind, haben keinen wirtschaftlichen Charakter, so dass die Anwendung der im AEU-Vertrag vorgesehenen Wettbewerbsregeln nicht stattfindet. So stellt nach der Rechtsprechung des EuGH etwa die Tätigkeit der italienischen Tabakmonopolverwaltung insoweit kein unternehmerisches Handeln im Sinne des EU-Kartellrechts dar, als diese Verwaltung dafür zuständig ist, im Interesse des Verbraucherschutzes die Zulassung von Einzelhandelsunternehmen im Tabaksektor zu regeln.[21] Ferner hat der EuGH entschieden, dass die Tätigkeit der zwischenstaatlichen Einrichtung, die für die Flugsicherung in Europa zuständig ist *(Eurocontrol),* nämlich die Kontrolle und Überwachung des Luftraums, typischerweise hoheitlichen Charakter habe und daher nicht als unternehmerisch zu betrachten sei.[22] Ebenso wurde die Errichtung einer registerartigen Unternehmensdatenbank, die aufgrund einer gesetzlichen Meldepflicht und entsprechender Durchsetzungsbefugnisse erstellt wurde, als hoheitliche Tätigkeit gewertet.[23] Die Tatsache, dass eine Gesellschaft für ihre Überwachungstätigkeit eine staatlich genehmigte Gebühr erhebt, ändert nichts an dieser Qualifikation.[24] Vergibt die öffentliche Hand für eine bestimmte wirtschaftliche Tätigkeit eine Konzession, so stellt die Vergabe der Konzession nach der Rechtsprechung selbst keine unternehmerische Tätigkeit der öffentlichen Hand dar, wohl aber unterliegt die Konzessionsvergabe der Wettbewerbsaufsicht nach Art. 106 Abs. 1 AEUV. Ebenso ist das Marktverhalten des konzessionierten Unternehmens an den Vorschriften des europäischen Kartellrechts zu messen.[25] Allerdings hat das LG Düsseldorf entschieden, dass die Bereitstellung des LKW-Mautsystems durch *Toll Collect* im Verhältnis zu den Nutzern des Systems, d. h. den mautpflichtigen Transpostunternehmen, eine nicht-wirtschaftliche Tätigkeit ist, die die Unternehmenseigenschaft ausschließt.[26] Die Abgrenzungspraxis der Rechtsprechung zur unternehmerischen im Gegensatz zur typischerweise hoheitlichen Tätigkeit der öffentlichen Hand bleibt notwendig einzelfallorientiert und unterliegt auch mit fortschreitendem Grade der Privatisierung öffentlicher Aufgaben in vielen Mitgliedstaaten einer gewissen Evolution.[27] Dies gilt insbesondere deshalb, weil die öffentliche Hand in einer Institution zugleich hoheitlich und wirtschaftlich tätig sein kann und dann bzgl. letzterer Tätigkeit den Unternehmensbegriff (sog. relativer Unternehmensbegriff) erfüllt.[28]

Von Bedeutung ist in diesem Zusammenhang auch die Rechtsprechung des Gerichtshofes zur Unternehmenseigenschaft von Einrichtungen der **Sozialversicherung.** In einer Reihe von Fällen entschied der EuGH, dass Einrichtungen, die obligatorische, auf dem Grundsatz der Solidarität beruhende Systeme der sozialen Sicherheit verwalten und staatlicher Aufsicht unterliegen, wegen des ausschließlich sozialen Charakters ihrer Aufgabe nicht unter den kartellrechtlichen Unternehmensbegriff fallen.[29] Den Gegenpol hierzu bildet die 4

---

[20] Komm. E. v. 15.6.2001, ABl. 2001 L 233/37, Rdnr. 70 – *Eco-Emballages.*

[21] EuGH U. v. 14.12.1995, Rs C-387/93, Slg. 1995 I-4663, Rdnr. 54 – *Banchero.*

[22] EuGH U. v. 19.1.1994, Rs C-364/92, Slg. 1994 I-43, Rdnr. 31, – *SAT/Eurocontrol;* gilt auch für die Normensetzung durch Eurocontrol, EuGH U. v. 26.3.2009, Slg. 2009 II-2207, Rdnrn. 91 f. – *SELEX/Kommission.*

[23] EuGH U. v. 12.7.2012, Rs C-138/11, ECLI:EU:C:2012:449, Rdnr. 40 – *Compass Datenbank,* dazu auch § 4 Rdnr. 1a.

[24] EuGH U. v. 18.3.1997, Rs C-343/95, Slg. 1997 I-1547, Rdnrn. 22 bis 24 – *Diego Calì;* EuGH U. v. 12.7.2012, Rs C-138/11, ECLI:EU:C:2012:449, Rdnrn. 39, 42 – *Compass Datenbank.*

[25] EuGH U. v. 4.5.1988, Rs 30/87, Slg. 1988 2479 Rdnr. 18 – *Bodson.*

[26] LG Düsseldorf U. v. 10.5.2006 WuW/E – DE-R 1908 – *Lkw-Maut.*

[27] *Loewenheim/Meessen/Riesenkampff-Lübbig,* Kartellrecht, Art. 82 Rdnr. 23.

[28] EuGH U. v. 12.7.2012, Rs C-138/11, ECLI:EU:C:2012:449, Rdnrn. 37 mwN – *Compass Datenbank.*

[29] EuGH U. v. 17.2.1993, Slg. 1993 I-637 Rdnr. 19 – *Poucet/Pistre;* EuGH U. v. 22.1.2002, Slg. 2002 I-691, Rdnr. 44 – *Cisal di Battistello/INAIL,* mit Anm. *Lübbig* EuZW 2002, 149; EuGH U. v. 16.3.2004, Slg. 2004 I-2493 – *AOK/Ichthyol* mit Anm. *Riedel,* EuZW 2004, 245; EuGH U. v. 5.3.2009, Slg. 2009 I-1513, Rdnrn. 43–68 – *Kattner Stahlbau:* EuGH U. v. 3.3.2011, Slg. 2011 I-1003, Rdnrn. 44–46 – *AG2R,* mit anschaulicher Prüfung der Voraussetzungen in den Rdnrn. 47 ff.

Rechtsprechung des Gerichtshofes zu Einrichtungen der Sozialversicherung, die nach dem Kapitalisierungsprinzip arbeiten und die als Unternehmen auch dann anzusehen sind, wenn sie ohne Gewinnerzielungsabsicht arbeiten.[30] Das gleiche gilt für Betriebsrentenfonds, die mit der Verwaltung eines Zusatzrentensystems betraut sind, das durch einen durch die Sozialpartner abgeschlossenen Tarifvertrag begründet worden ist, wiederum auch dann, wenn dieser Fonds selbst ohne Gewinnerzielungsabsicht arbeitet und die Mitgliedschaft in dem Fonds für alle Arbeitnehmer des betroffenen Wirtschaftszweiges verbindlich vorgeschrieben ist.[31] In dem Urteil *BKK Mobil* hat der EuGH die Eigenschaft einer deutschen gesetzlichen Krankenkasse als „Gewerbetreibende" iSd Richtlinie über unlautere Geschäftspraktiken bejaht, wobei der Gerichtshof im Rahmen der Richtlinie von einer Übereinstimmung mit dem Unternehmensbegriff ausgeht.[32] Da er in seiner Entscheidung mit keinem Wort auf sein früheres Urteil eingeht, in dem die Unternehmenseigenschaft der deutschen gesetzlichen Krankenkassen iSv Art. 101 AEUV verneint wurde,[33] und die Begründung besonders auf den Verbraucherschutz abstellt, ist zu erwarten, dass die Auslegung auf den Bereich Lauterkeitsrechts beschränkt bleibt. Keine wirtschaftliche Betätigung im Sinne des Unternehmensbegriffs liegt vor, wenn es um eine **nichtwirtschaftliche staatliche Tätigkeit** geht. Das gilt unabhängig davon, ob diese Tätigkeit von einer juristischen Person des öffentlichen Rechts oder einem Privaten ausgeübt wird, dem öffentlich-rechtliche Aufgaben übertragen worden sind.[34] Die Zuordnung nach dem Recht der Mitgliedstaaten ist dabei allerdings nicht entscheidend, sondern eigenständig nach europarechtlichen Gesichtspunkten, insbesondere unter Berücksichtigung der Ziele des AEUV vorzunehmen. Danach hat der EuGH beispielsweise die damalige Bundesanstalt für Arbeit als Unternehmen im Sinne von Art. 101 AEUV angesehen.[35]

5 Nach der ständigen Rechtsprechung des EuGH ist es den Mitgliedstaaten darüber hinaus nach Art. 10 Abs. 2, Art. 3 lit. g und Art. 81 EG (jetzt: Art. 4 Abs. 3 EUV, Art. 2 Abs. 1, Art. 3 Abs. 1 lit. b AEUV i. V. m. Protokoll Nr. 27 über den Binnenmarkt und Wettbewerb)[36] verboten, Maßnahmen, einschließlich solcher gesetzgeberischer Art, beizubehalten oder zu treffen, durch die die praktische Wirksamkeit des Kartellverbots beeinträchtigt werden könnte. Verboten ist den Mitgliedstaaten danach insbesondere, den Unternehmen Kartellabsprachen vorzuschreiben, solche Absprachen zu erleichtern oder die Auswirkungen solcher Absprachen zu verstärken.[37] Nach diesen Bestimmungen und der ständigen

---

[30] EuGH U. v. 16.11.1995, Slg. 1995 I-4013 – *FFSA*.

[31] So EuGH U. v. 12.9.2000 – *Pavlov*, Slg. 2000 I-6451; hierzu *Berg:* Neue Entscheidungen des EuGH zur Anwendung des EG-Kartellrechts im Bereich der sozialen Sicherheit, EuZW 2000, 170, 172.

[32] EuGH U. v. 3.10.2013, Rs C-59/12, ECLI:EU:C:2013:634, Rdnrn. 31, 38 – *BKK Mobil.*

[33] EuGH U. v. 16.3.2004, Slg. 2004 I-2493, Rdnr. 57 – *AOK/Ichthyol.*

[34] EuGH U. v. 17.2.1993, Slg. 1993 I-637, 669 f. – *Poucet/AGF u. a.* und *Pistre/Cancava;* EuGH U. v. 19.1.1994, Slg. 1994 I-43, 60 ff. – *SAT/Eurocontrol.*

[35] EuGH U. v. 23.4.1991, Slg. 1991 I-1979, Rdnr. 23 – *Hoefner und Elser.*

[36] Während nach Art. 3 Abs. 1 lit. g EG die Tätigkeit der Gemeinschaft ausdrücklich ein System umfassen sollte, das den Wettbewerb innerhalb des Binnenmarktes vor Verfälschungen schützt, wird heute (nur) im 27. Protokoll zum Vertrag von Lissabon (ABl. 2010 C 83/309) festgestellt, dass der Binnenmarkt i. S. v. Art. 3 EUV auch ein System umfasst, das den Wettbewerb vor Verfälschungen schützt. Im Hinblick auf die hier entscheidende Frage der Bindung der Mitgliedstaaten ist aber trotz dieser Akzentverschiebung nicht von einer Änderung der Rechtslage auszugehen. Der EuGH sieht dies ebenso, indem er die Rechtsprechung überträgt, vgl. folgende Fußnote. Mit Blick auf die Regelungskompetenz ergibt sich sogar aus Art. 2 Abs. 1 i. V. m. Art. 3 Abs. 1 lit. c AEUV, dass die Mitliedstaaten die Zuständigkeit für die im Binnenmarkt erforderlichen Wettbewerbsregeln abgegeben haben.

[37] EuGH U. v. 23.4.1991, Slg. 1991 I-1979, Rdnr. 27 bis 29 – *Hoefner und Elser;* EuGH U. v. 12.2.1998, Slg. 1998 I-533, Rdnr. 29 – *Silvano Raso;* EuGH U. v. 25.10.2001, Slg. 2001 I-8089, Rdnr. 39 – *Ambulanz Glöckner;* EuGH U. v. 12.2.2005, Slg. 2005 I-1167, Rdnr. 26 – *Viacom/Giotto;* EuGH U. v. 17.2.2005, Slg. 2005 I-1267, Rdnr. 29 – *Mauri;* EuGH U. v. 5.12.2006, Slg. 2006 I-11421, Rdnr. 47 – *Cipolla;* EuGH U. v. 12.12.2013, Rs C-327/12, ECLI:EU:C:2013:827, Rdnrn. 37 f. – *SOA Nazionale Costruttori.*

Rechtsprechung des Europäischen Gerichtshofs dürfen die Mitgliedstaaten diesen Verpflichtungen auch nicht dadurch ausweichen, dass sie ihren eigenen Regelungen durch die Übertragung des Eingriffs auf Private den staatlichen Charakter nehmen. Verletzen Mitgliedstaaten diese Verpflichtungen, so kann die Kommission mit der Vertragsverletzungsklage nach Art. 258 AEUV gegen sie vorgehen. Im Übrigen hängen die Rechtsfolgen vom Einzelfall ab.[38] Keinen Kartellverstoß sah der Gerichtshof z. B. in der gesetzlichen Festlegung von Mindestgebühren für Zertifizierungsdienste, die von Unternehmen für andere Unternehmen erbracht werden.[39]

An einer wirtschaftlichen Betätigung im Sinne des Unternehmensbegriffs fehlt es ferner, wenn nur der **persönliche Bedarf** gedeckt wird.[40] Dasselbe gilt für individuelle und kollektive (Tarifverträge) **Vereinbarungen arbeitsrechtlicher Art.**[41] Der EuGH hat hierzu in ständiger Rechtsprechung entschieden, dass die im Rahmen von Tarifverhandlungen zwischen den Sozialpartnern zur Verbesserung der Beschäftigungs- und Arbeitsbedingungen geschlossenen Verträge aufgrund ihrer Art und ihres Gegenstandes nicht unter Art. 101 Abs. 1 AEUV fallen.[42] Diese Rechtsprechung hat der EuGH in dem Wissen ausgebildet, dass mit dem Abschluss von Tarifverträgen zwischen Organisationen, die die Arbeitgeber und die Arbeitnehmer vertreten, zwangsläufig gewisse den Wettbewerb beschränkende Wirkungen verbunden sind. Die Erreichung der mit derartigen Verträgen angestrebten sozialpolitischen Ziele wäre jedoch – so ausdrücklich die Rechtsprechung des EuGH – ernsthaft gefährdet, wenn für die Sozialpartner bei der gemeinsamen Suche nach Maßnahmen zur Verbesserung der Beschäftigungs- und Arbeitsbedingungen Art. 101 Abs. 1 AEUV Geltung hätte.[43] So wurden aus Tarifverhandlungen hervorgegangene und für Unternehmen verpflichtende Mitgliedschaften in Rentenfonds[44] und Krankenversicherungen[45] im Ergebnis nicht an Art. 101 Abs. 1 AEUV gemessen. Überschreiten mit öffentlichrechtlichen Aufgaben betraute Unternehmen wirtschaftlich handelnd den vorgegebenen Rahmen[46] oder regeln solche kollektiven Vereinbarungen neben dem Arbeitsverhältnis auch unternehmerische Tätigkeiten beteiligter Unternehmen[47] oder übt ein Arbeitnehmer außerhalb seines Arbeitsverhältnisses eine selbständige unternehmerische Tätigkeit aus,[48] so gilt insoweit das Verbot des Art. 101 Abs. 1 AEUV. 6

---

[38] S. zu diesem Fragenkomplex *Klasse,* Gemeinschaftsrechtliche Grenzen für staatlich veranlasste Wettbewerbsbeschränkungen, 2006.

[39] EuGH U. v. 12.12.2013, Rs 327/12, ECLI:EU:C:2013:827, Rdnrn. 37–44 – *SOA Nazionale Costruttori.*

[40] *Grabitz/Hilf/Nettesheim-Stockenhuber,* Art. 101 Rdnr. 60; *S/J/K/M-Schröter,* Vorbem. zu den Art. 101 bis 105 AEUV Rdnr. 71.

[41] Antwort der Kommission v. 23.11.1989 auf die schriftliche Anfrage Nr. 777/89, ABl. 1990 C 328/3; *Grabitz/Hilf/Nettesheim-Stockenhuber,* Art. 101 Rdnr. 60; *S/J/K/M-Schröter,* Vorbem. zu den Art. 101 bis 105 AEUV Rdnr. 78; *Langen/Bunte-Hengst,* Art. 101 AEUV Rdnrn. 14 ff.; *Immenga/Mestmäcker-Emmerich,* EU-WbR Art. 101 Abs. 1 Rdnr. 24.

[42] EuGH U. v. 21.9.1999, Slg. 1999 I-5751 – *Albany;* EuGH U. v. 21.9.1999, Slg. 1999 I-6171 – *Drijvende Bokken;* U. v. 21.9.2000, Slg. 2000 I-7111, Rdnr. 19 – *van der Woude;* EuGH U. v. 3.3.2011, Slg. 2011 I-1003, Rdnr. 29 – *AG2R Prévoyance;* EuGH U. v. 4.12.2014, Rs C-413/13, ECLI:EU:C:2014:2411, Rdnrn. 23 ff. (auch anwendbar auf scheinselbstständige Arbeitnehmer) – *FNVKunsten Informatie en Media/Staat der Nederlanden.*

[43] EuGH U. v. 21.9.1999, Slg. 1999 I-5751, Rdnr. 59 – *Albany.*

[44] EuGH U. v. 21.9.1999, Slg. 1999 I-5751, Rdnrn. 60 ff. – *Albany.*

[45] EuGH U. v. 3.3.2011, Slg. 2011, I-1003, Rdnr. 30 ff. – *AG2R Prévoyance*

[46] EuGH U. v. 13.11.1975, Slg. 1975, 1367 (1379 ff.) – *General Motors Continental/Komm;* Komm. E. v. 19.12.1974, ABl. 1975 L 29/14 – *General Motors Continental;* Komm. E. v. 26.7.1976, ABl. 1976 L 231/24 – *Pabst & Richarz/BNIA; Grabitz/Hilf/Nettesheim-Stockenhuber,* Art. 101, Rdnrn. 70 f.; *Langen/Bunte-Hengst,* Art. 101 AEUV Rdnr. 20.

[47] Komm. E. v. 30.9.1986, ABl. 1986 L 295/28 – *Irish Banks' Standing Committee; Langen/Bunte-Hengst,* Art. 101 AEUV Rdnr. 14.

[48] EuGH U. v. 11.10.1983, Slg. 1983, 3045, 3061 ff. – *Demo-Studio Schmidt/Komm.; Langen/Bunte-Hengst,* Art. 101 AEUV Rdnr. 14; *Immenga/Mestmäcker-Emmerich,* EU-WbR Art. 101 Abs. 1 Rdnr. 20.

7 In der Entscheidungspraxis der Kommission und der Rechtsprechung des EuGH ist die Unternehmenseigenschaft **natürlicher Personen** u. a. für den Fall des Einzelkaufmanns,[49] des Handelsvertreters,[50] des Kommissionärs,[51] des Landwirts,[52] des Handwerkers, des seine Erfindung verwertenden Erfinders[53] und des seine Leistung verwertenden Künstlers[54] angenommen worden. Handelsvertreter und Kommissionäre sind allerdings nur dann Unternehmen im Sinne von Art. 101 AEUV, wenn sie die wirtschaftlichen Risiken ihres Tätigwerdens tragen und diese nicht ausschließlich den Prinzipal, für den die Tätigkeit erfolgt, treffen. Nach Auffassung der Kommission ist das bei „echten" Handelsvertreterverträgen regelmäßig nicht der Fall.[55] Diese sind dadurch gekennzeichnet, dass der Handelsvertreter keine wesentlichen Risiken hinsichtlich der abgeschlossenen Verträge und hinsichtlich der marktspezifischen Investitionen für seine Tätigkeit trägt.[56] Auch Berufssportler können unternehmerisch tätig werden.[57] Ob sie deshalb als Unternehmen im Sinne von Art. 101 AEUV anzusehen sind, wurde bisher allerdings noch nicht entschieden. Bezweifelt wird die Unternehmenseigenschaft von Sportlern insbesondere dann, wenn diese zugleich Arbeitnehmer im Sinne von Art. 45 AEUV sind.[58] Im Rahmen des Art. 101 AEUV kann es jedoch nicht entscheidend auf das Bestehen von Arbeitsverträgen und die den Sportler danach treffenden Pflichten ankommen. Maßgebend ist vielmehr stets die jeweilige wirtschaftliche Tätigkeit. Sofern diese von dem Sportler selbst und nicht von bzw. für dessen Arbeitgeber ausgeübt wird, sind Sportler auch beim Bestehen von Arbeitsverträgen Unternehmen im Sinne von Art. 101 AEUV. Unternehmerisch betätigen sich auch die **Sportverbände,** soweit sie Veranstalterrechte verwerten. Das betrifft etwa den Vertrieb von Eintrittskarten, den Abschluss von Werbeverträgen und das Abschließen von Fernsehübertragungsverträgen. Insbesondere Fußballverbände wurden von der Kommission wiederholt als Unternehmen im Sinne von Art. 101 AEUV behandelt.[59] Ein Unternehmen mit eigenen wirtschaftlichen Aktivitäten ist auch die *Fédération Internationale de l'Automobile*

---

[49] EuGH U. v. 12.12.1967, Slg. 1967, 543, 555 ff. – *Brasserie de Haecht/Wilkin und Janssen;* EuGH U. v. 9.7.1969, Slg. 1969, 295, 301 f. – *Völk/Vervaecke;* EuGH U. v. 18.3.1970, Slg. 1970, 127, 134 ff. – *Brauerei Bilger/Jehle und Jehle;* EuGH U. v. 1.1.1977, Slg. 1977, 65, 90 ff. – *De Norre und de Clercq/Brouwerij Concordia; Langen/Bunte-Hengst,* Art. 101 AEUV, Rdnr. 16.

[50] Komm. E. v. 2.12.1975, ABl. 1976 L 6/8, 12 – *AOIP/Beyrard; S/J/K/M-Schröter,* Vorbem. zu den Art. 101 bis 105 AEUV Rdnr. 45 mwN; *Langen/Bunte-Hengst,* Art. 101 AEUV Rdnr. 16; *Immenga/Mestmäcker-Emmerich,* EU-WbR Art. 101 Abs. 1 Rdnr. 22.

[51] Komm. E. v. 10.1.1979, ABl. 1979 L 19/32, 34 – *Vaessen/Morris; Langen/Bunte-Hengst,* Art. 101 AEUV, Rdnr. 17.

[52] Komm. E. v. 2.4.2003, ABl. 2003 L 209/12, Rdnr. 105 – *Viandes bovines francaises.*

[53] 9. WB (1979) Ziff. 107 – *ACC/Fabry; Langen/Bunte-Hengst,* Art. 101 AEUV, Rdnr. 17 mwN.

[54] EuGH U. v. 8.6.1971, Slg. 1971, 487, 497 ff. – *Deutsche Grammophon/Metro-SB-Großmärkte;* Komm. E. v. 26.5.1978, ABl. 1978 L 157/39 – *RAI/Unitel;* Komm. E. v. 29.10.1981, ABl. 1981 L 370/49, 55 – *GVL; Langen/Bunte-Hengst,* Art. 101 AEUV Rdnr. 17; *Immenga/Mestmäcker-Emmerich,* EU-WbR Art. 101 Abs. 1, Rdnr. 22.

[55] Mitteilung der Komm. ABl. 2010 C 130/01, Rdnrn. 12 ff., Leitlinien für vertikale Beschränkungen, ABl. 2010 C 130/1.

[56] EuG U. v. 15.9.2005, Slg. 2005 II-3319, Rdnr. 82 ff. – *DaimlerChrysler/Komm.;* dieses Urteil führt zu einer Erweiterung des Handelsvertreterprivilegs über die Leitlinien der Kommission zu vertikalen Wettbewerbsbeschränkungen hinaus, s. hierzu *Nolte,* WuW 2006, S. 252 ff.; *Henty,* ECLR 2006, S. 102 ff.; *Pfeffer/Wegner,* EWS 2006, S. 296 ff.; *Rittner,* Das EuG und das europäische Handelsvertreterkartellrecht, WuW 2007, S. 365 ff.

[57] EuGH U. v. 12.12.1974, Slg. 1974, 1405, 1418 ff. – *Walrave und Koch/Association Union Cycliste Internationale u. a.;* EuGH U. v. 10.5.2001, Slg. 2000 I-2549, Rdnrn. 49 ff. – *Deliège u. a./Ligue frankophone de judo u. a.; Langen/Bunte-Hengst,* Art. 101 Rdnr. 17.

[58] *Loewenheim/Meessen/Riesenkampff-Gippini-Fournier/Mojzesowicz,* Kartellrecht Art. 81 Abs. 1 Rdnr. 53.

[59] Komm. E. v. 27.10.1992, ABl. 1992 L 326/31 (italienischer Fußballverband und *FIFA*) – *Vertrieb der Pauschalarrangements anlässlich der Fußballweltmeisterschaft 1990;* Komm. E. v. 20.7.1999, ABl. 2000 L 5/55 (Organisationskomitee der Endrunde der Fußballweltmeisterschaft 1998 in Frankreich) – *Fußballweltmeisterschaft 1998;* Komm. E. v. 19.4.2001, ABl. 2001 L 171/12, Rdnr. 47 (UEFA) – *Übertragungsregelungen der UEFA.*

(FIA).[60] **Freiberufliche Tätigkeiten** sind mit Rücksicht auf den funktionalen Unternehmensbegriffs des Art. 101 Abs. 1 AEUV grundsätzlich als unternehmerisch im Sinne dieser Bestimmung anzusehen.[61] Erfasst werden beispielsweise selbständige Rechtsanwälte, wenn diese auf dem Markt für juristische Dienstleistungen ihre Dienste anbieten und dafür ein Entgelt verlangen.[62] Bejaht hat der EuGH auch die Unternehmenseigenschaft selbständiger Fachärzte, weil sie von ihren Patienten ein Entgelt für die von ihnen erbrachten ärztlichen Dienstleistungen erhielten und das mit der Ausübung ihrer Tätigkeit verbundene wirtschaftliche Risiko übernähmen.[63] Fälle, in denen die Kommission und der EuGH **juristische Personen des öffentlichen Rechts** als Unternehmen angesehen haben, betrafen u. a. öffentlich-rechtliche Körperschaften und Anstalten, Finanz- und Handelsmonopole,[64] staatliche Betreiber von Fernmeldeanlagen[65] und staatliche Außenhandelsorganisationen.[66]

2. Unternehmensvereinigungen. Der Begriff der Unternehmensvereinigung ist entsprechend dem Schutzzweck des Verbots in Art. 101 AEUV ebenso wie der Unternehmensbegriff weit auszulegen. Wie bei diesem ist die Rechtsform ohne Bedeutung.[67] Zu den Organisationsformen, bei denen die europäische Verwaltungspraxis und Rechtsprechung eine Unternehmensvereinigung angenommen haben, gehören Vereine,[68] Sportverbände,[69] offene Handelsgesellschaften und Genossenschaften,[70] die Berufsvereinigungen der freien Berufe,[71] aber auch weniger eng organisierte Interessengemeinschaften.[72] Voraussetzung ist dabei, dass Unternehmen Mitglieder der Vereinigung sind, an der im Übrigen auch andere Personen beteiligt sein können.[73] Darüber hinaus können auch Vereinigungen von Unternehmensvereinigungen Normenadressaten des Art. 101 AEUV sein.[74] Die wesentliche Funktion der Erfassung von Unternehmensvereinigungen liegt darin, wettbewerbsbeschränkende Formen des Zusammenwirkens zwischen Wettbewerbern zu erfassen, zu denen es nicht unmittelbar zwischen diesen kommt, sondern über eine Einrichtung, die selbst ein Unternehmen sein kann, aber nicht sein muss, etwa wenn sie nur die Verwaltung der vereinbarten oder beschlossenen Wettbewerbsbeschränkung durchführt.[75] In einem solchen Fall kommt es nicht auf den mitunter schwer zu erbringenden Nachweis eines abgestimmten Verhaltens zwischen den Mitgliedern der Vereinigung an. Unerheblich ist darüber hinaus, ob die Vereinigung 8

---

[60] Presse-Mitt. der Komm. (IP/99/434) v. 30.6.1999.

[61] EuGH U. v. 19.2.2002, Slg. 2002 I-1577, Rdnr. 58 – *Wouters;* Komm. E. v. 7.4.1999, ABl. 1999 L 106/14, Rdnr. 23 – *Richtlinien für die Berufsausübung des Instituts der beim Europäischen Patentamt zugelassenen Vertreter; Loewenheim/Meessen/Riesenkampff-Gippini-Fournier/Mojzesowicz,* Kartellrecht Art. 81 Rdnr. 51. S. auch die Mitteilung der Komm. v. 9.2.2004 – Bericht über den Wettbewerb bei freiberuflichen Dienstleistungen KOM (2004) 83 endg. Rdnr. 68.

[62] EuGH U. v. 19.2.2002, Slg. 2002 I-1577, Rdnrn. 48 f. – *Wouters.*

[63] EuGH U. v. 12.9.2000, Slg. 2000 I-6451, Rdnr. 77 – *Pavlov.*

[64] EuGH U. v. 16.6.1987, Slg. 1987, 2599, 2637 ff. – *Komm./Italien; S/J/K/M-Schröter,* Vorbem. zu den Art. 101 bis 105 AEUV Rdnr. 86 mwN; *Langen/Bunte-Hengst,* Art. 101 AEUV Rdnr. 19.

[65] EuGH U. v. 20.3.1985, Slg. 1985, 873, 885 ff. – *Italien/Komm.*

[66] Komm. E. v. 19.12.1984, ABl. 1985 L 92/1, 37 – *Aluminiumeinfuhren aus Osteuropa.*

[67] EuGH U. v. 30.1.1985, Slg. 1985, 391, 423 – *BNIC/Clair.*

[68] Komm. E. v. 2.6.1971, ABl. 1971 L 134/15 – *GEMA.*

[69] Komm. E. v. 19.4.2001, ABl. 2001 L 171/12, Rdnr. 47 – *Übertragungsregelungen der UEFA.*

[70] Komm. E. v. 5.12.1979, ABl. 1980 L 51/19, 23 – *Présure (Lab).*

[71] EuGH U. v. 19.2.2002, Slg. 2002 I-1577, Rdnrn. 56 ff. – *Wouters;* EuGH U. v. 12.9.2000, Slg. 2000 I-6451, Rdnrn. 67 ff. – *Pavlov/Stichting Pensionenfonds;* EuGH U. v. 28.2.2013, Rs C-1/12, ECLI:EU:C:2013:127, Rdnr. 59 – *OTOC.*

[72] Komm. E. v. 23.11.1977, ABl. 1977 L 327/26, 31 – *GEC/WEIR.*

[73] Komm. E. v. 7.4.1999, ABl. 1999 L 106/14, Rdnr. 24 – *Richtlinien für die Berufsausübung des Instituts der beim Europäischen Patentamt zugelassenen Vertreter;* Komm. E. v. 8.12.2010, COMP/39510, Rdnr. 591 – *ONP.*

[74] EuG U. v. 15.3.2000, Slg. 2000 II-491, Rdnrn. 1324 ff. – *SA Cimenteries CBR u. a./Komm.*

[75] EuGH U. v. 15.5.1975, Slg. 1975, 563, 583 f. – *Frubo/Komm;* EuGH U. v. 29.10.1980, Slg. 1980, 3125, 3250 – *van Landewyck u. a./Komm.;* EuGH U. v. 8.11.1983, Slg. 1983, 3369, 3410; 24. WB (1994) Ziff. 149 – *IAZ u. a./Komm. u. a./Komm.; S/J/K/M-Schröter,* Vorbem. zu den Art. 101 bis 105 AEUV Rdnr. 49.

selbst einen Gewinnzweck verfolgt[76] oder wirtschaftlich tätig wird. Ist die Unternehmensvereinigung zugleich Unternehmen, so ist sie in beiden Eigenschaften Normadressat.[77] Aus dem Zweck des Verbots folgt, dass, wie bei Unternehmen, auch dem öffentlichen Recht unterliegende Einrichtungen den Begriff der Unternehmensvereinigung erfüllen können.[78] Das gilt insbesondere für **Berufsverbände,** die in einigen Mitgliedstaaten als öffentlichrechtliche Einrichtungen ausgestaltet sind.[79] Der EuGH stellt insoweit maßgeblich darauf ab, dass die leitenden Organe des Berufsverbandes nicht von staatlichen Behörden bestimmt werden[80] und, soweit es um bestimmte Regelungen geht, diese allein dem Berufsverband zuzurechnen sind.[81] Aus dem Zweck des Art. 101 AEUV folgt ferner, dass Unternehmensvereinigungen auch insoweit Verbotsadressaten sind, als sie mit anderen Unternehmensvereinigungen oder mit Unternehmen wettbewerbsbeschränkende Vereinbarungen treffen oder sich an abgestimmten Verhaltensweisen beteiligten.[82]

8a **3. Kartellteilnehmer.** Der Unternehmensbegriff in Art. 101 Abs. 1 AEUV lässt nach seinem Wortlaut keine Abstufungen der Beteiligung nach Täter und Teilnehmer erkennen. Ebenso gilt im deutschen kartellrechtlichen Bußgeldverfahren nach § 81 GWB, § 14 GWB das Einheitstäterprinzip. Trotzdem ist umstritten, ob auch Kartellgehilfen unmittelbar an Art. 101 Abs. 1 AEUV gebunden sind, mit der Folge, dass auch ihnen eine Geldbuße bei Verstoß auferlegt werden kann. Kartellgehilfen sind Unternehmen, die grundsätzlich die Voraussetzungen des oben dargestellten weiten Unternehmensbegriffs erfüllen, weil sie wirtschaftliche Tätigkeiten ausüben.[83] Sie sind aber nicht auf dem gleichen Markt wie die Kartellparteien tätig, sondern bieten ihnen unterstützende Maßnahmen an. Denkbar ist auch, dass das Kartell erst auf Initiative eines branchenfremdenUnternehmens zusammenfindet. Abhängig von dem jeweiligen Beitrag kann also von Beihilfe oder Anstiftung zum Kartellverstoß gesprochen werden. Schwierigkeiten in der Subsumtion werfen diese Unternehmen in zweierlei Hinsicht auf. Einmal fehlt es im Verhältnis zwischen den kartellierten Wettbewerbern und dem Anstifter/Gehilfen, ähnlich wie im Konzernverbund, an einem beschränkbaren Wettbewerbsverhältnis.[84] Im Gegensatz zu einer Unternehmensvereinigung, die auch rein unterstützend tätig werden kann und ausdrücklich Adressat von

---

[76] Komm. E. v. 2.4.2003, ABl. 2003 L 209/12, Rdnr. 111 – *Viandes bovines francaises.*

[77] Komm. E. v. 19.4.2001, ABl. 2001 L 171/12, Rdnrn. 47 f. – *Übertragungsregelungen der UEFA; Immenga/Mestmäcker-Emmerich,* EU-WbR Art. 101 Abs. 1 Rdnr. 38; *Grabitz/Hilf/Nettesheim-Stockenhuber,* Art. 101 Rdnr. 82.

[78] EuGH U. v. 30.1.1985, Slg. 1985, 391, 423 – *BNIC/Clair;* Komm. E. v. 21.8.1976, ABl. 1976 L 231/24 – *BNIA;* Komm. E. v. 15.12.1982, ABl. 1982 L 379/1, 10 – *UGEL/BNIC; S/J/K/M-Schröter,* Vorbem. zu den Art. 101 bis 105 AEUV Rdnr. 49; *Immenga/Mestmäcker-Emmerich,* EU-WbR Art. 101 Abs. 1 Rdnr. 38.

[79] EuGH U. v. 18.6.1998, Slg. 1998, I-3851, Rdnrn. 39 ff. – *Komm./Italien;* EuGH U. v. 12.9.2000, Slg. 2000 I-6451, Rdnr. 85 – *Pavlov/Stichting Pensioenfonds;* EuGH U. v. 28.2.2013, Rs C-1/12, ECLI:EU:C:2013:127, Rdnr. 59 – *OTOC.* S. auch die Mitteilung der Komm. v. 9.2.2004 – Bericht über den Wettbewerb bei freiberuflichen Dienstleistungen KOM (2004) 83 endg. Rdnrn. 69 ff.

[80] EuGH U. v. 19.2.2002, Slg. 2002 I-1577, Rdnrn. 60 f. – *Wouters;* EuGH U. v. 18.6.1998, Slg. 1998 I-3851, Rdnr. 42 – *Komm./Italien;* EuGH U. v. 12.9.2000, Slg. 2000 I-6451, Rdnr. 88 – *Pavlov/Stichting Pensioenfonds;* EuGH U. v. 28.2.2013, Rs C-1/12, ECLI:EU:C:2013:127, Rdnr. 47 – *OTOC.*

[81] EuGH U. v. 19.2.2002, Slg. 2002 I-1577, Rdnrn. 67 ff. – *Wouters;* EuGH U. v. 28.2.2013, Rs C-1/12, ECLI:EU:C:2013:127, Rdnr. 49 ff. – *OTOC.*

[82] EuGH U. v. 15.5.1975, Slg. 1975, 563, 583 f. – *Frubo/Komm.;* EuG U. v. 23.2.1994, Slg. 1994 II-49 – *Groupement de cartes bancaires „CB" und Europay;* EuG U. v. 15.3.2000, Slg. 2000 II-491, Rdnrn. 1325 – *SA Cimenteries CBR u. a./Komm.;* Komm. E. v. 20.10.1972, ABl. 1972 L 264/22 – *Zentralheizung;* Komm. E. v. 25.7.1974, ABl. 1974 L 237/16 (18) – *Frubo;* Komm. E. v. 8.1.1975, ABl. 1975 L 29/26 – *Pilzkonserven;* Komm. E. v. 18.9.1987, ABl. 1987 L 293/58, 60 – *Internationale Dentalschau;* Komm. E. v. 30.7.1992, ABl. 1992 L 246/37, 44 – *Scottish Salmon Board;* 24. WB (1994) Ziff. 149; Komm. E. v. 26.10.1999, ABl. 2000 L 39/1, Rdnrn. 98 ff. – *Nederlandse Federatieve Vereniging voor de Groothandel op Elektrotechnisch Gebied und Technische Unie (FEG und TU).*

[83] Vgl. § 8 Rdnr. 1.

[84] Zum fehlenden Wettbewerbsverhältnis im Konzern s. § 8 Rdnr. 2, 17.

Art. 101 Abs. 1 AEUV ist, sind die Kartellanten bei den Anstiftern/Gehilfen keine Mitglieder; letztere sind unabhängige Dienstleister.[85] Die Kommission hatte allerdings schon in einer älteren Entscheidung darauf hingewiesen, dass sie derartiges Verhalten als von Art. 101 Abs. 1 AEUV erfasst versteht.[86]

In der Entscheidung *AC-Treuhand AG* hatte das EuG das Verhalten eines Wirtschaftsberatungsunternehmens zu beurteilen, das die dem Kartell zugrundeliegende Vereinbarung aufbewahrte, für die Abstimmung im Kartell erforderliche Marktanteile der Mitglieder berechnete und mitteilte, einige Treffen organisierte und die Abrechnung der Reisekosten übernahm, um die Durchführung des Kartells zu verbergen. Das EuG nahm auch bei diesen Dienstleistungsverträgen mit den Kartellanten an, dass Vereinbarungen zwischen Unternehmen i. S. d. Art. 101 Abs. 1 AEUV vorlägen.[87] Zur Begründung in grammatikalischer, systematischer und teleologischer Hinsicht weist das Gericht v. a. darauf hin, dass eine Vereinbarung i. S. d. Art. 101 Abs. 1 AEUV sich auch auf vertikale Absprachen beziehe und demnach die Beteiligten nicht unbedingt in einem Wettbewerbsverhältnis stehen müssten.[88] Da auch bezweckte Wettbewerbsbeschränkungen erfasst werden, wäre eine Tätigkeit auf dem relevanten Markt der Kartellanten ebenfalls nicht erforderlich.[89] Zwar schränke der Gehilfe sich mit seinen Dienstleistungen anders als der typische Kartellant nicht in seiner unternehmerischen Selbstständigkeit ein. Allerdings sei das Selbstständigkeitspostulat v. a. zur Abgrenzung von verbotenen abgestimmten Verhaltensweisen von erlaubtem Parallelverhalten[90] entwickelt worden. Demgegenüber verlangt eine Vereinbarung i. S. d. Art. 101 Abs. 1 AEUV wegen des Vertragsziels eines Binnenmarktes mit unverfälschtem Wettbewerbs nicht unbedingt eine Beschränkung der Handlungsfreiheit.[91] Dementsprechend verstoße jedes Unternehmen gegen Art. 101 AEUV, welches die Wettbewerbswidrigkeit der fraglichen Verhaltensweisen erkennen musste und die Begehung der Zuwiderhandlung in nicht zu vernachlässigender Weise unterstützt hat.[92] **8b**

Gegen die rechtskräftige Entscheidung des EuG wird in der Literatur eingewandt, dass sich die Sonderpflichten aus Art. 101 Abs. 1 AEUV nur für Unternehmen ergeben, die auf dem in Frage stehenden Markt als (potentielle) Wettbewerber auftreten.[93] Diese Auslegung ist aber weder durch den Wortlaut geboten noch vor dem Hintergrund des Zieles eines unverfälschten Wettbewerbs teleologisch sinnvoll. Es besteht keine Notwendigkeit, von einer Unterscheidung zwischen Täter und Teilnehmer im europäschen Recht auszugehen, wenn dies noch nicht einmal in den mitgliedstaatlichen Rechtsordnungen für das Kartellrecht vorgesehen ist.[94] Zudem ist auch schon ohne Blick auf das Ziel des unverfälschten Wettbewerbs eindeutig, dass nicht nur die Selbstständigkeit beschränkende Vereinbarungen von Art. 101 AEUV erfasst werden. Auch Vereinbarungen zum Informationsaustausch dienen nicht per se der Beschränkung der Handlungsfähigkeit, sondern erweitern vielmehr die Optionen der Kartellanten.[95] So ist auch in der Rechtsprechung anerkannt, dass nicht jeder **8c**

---

[85] So die Argumentation der Kläger in EuG U. v. 8.7.2008, Slg. 2008 II-1501, Rdnrn. 98 f. – *AC-Treuhand/Kommission.*

[86] Komm. E. v. 17.12.1980, ABl. 1980 L 383/19, 25. Sie verhängte damals wegen der Neuartigkeit der Einbeziehung keine Geldbuße (S. 26) – *Gusseisen Italien.*

[87] EuG U. v. 8.7.2008, Slg. 2008 II-1501, Rdnrn. 115 ff. – *AC-Treuhand/Kommission;* EuGH, U. v. 22.10.2015, Rs 194/14 P, ECLI:EU:C:2015:717 Rdnr. 39 – *AC-Treuhand/Kommission.*

[88] EuG U. v. 8.7.2008, Slg. 2008 II-1501, Rdnrn. 120 – *AC-Treuhand/Kommission.*

[89] EuG U. v. 8.7.2008, Slg. 2008 II-1501, Rdnrn. 122 – *AC-Treuhand/Kommission.*

[90] Dazu unten § 8 Rdnrn. 12 ff.

[91] EuG U. v. 8.7.2008, Slg. 2008 II-1501, Rdnrn. 125 ff. – *AC-Treuhand/Kommission.* Das Ziel eines Binnenmarktes mit unverfälschtem Wettbewerb findet sich heute Art. 3 Abs. 3, Art. 51 EUV i. V. m. 27. Protokoll zum Vertrag von Lissabon.

[92] EuG U. v. 8.7.2008, Slg. 2008 II-1501, Rdnrn. 136 – *AC-Treuhand/Kommission.*

[93] *Immenga/Mestmäcker-Dannecker/Biermann,* EU-WettbR, Vor Art. 23 VO 1/2003, Rdnr. 137 mwN.

[94] *Langen/Bunte-Hengst,* Art. 101 AEUV, Rdnr. 144 verweist auf das Einheitstäterprinzip im deutschen Recht.

[95] So *Weitbrecht/Baudenbacher,* EuZW 2010, 230, 233 Fn. 11.

Informationsaustausch zwischen Wettbewerbern „notwendigerweise" den Wettbewerb innerhalb des Binnenmarktes zu verhindern, einzuschränken oder zu verfälschen bezweckt".[96]

II. Mittel der Wettbewerbsbeschränkung

9 **1. Vereinbarungen.** Der Begriff der Vereinbarung ist entsprechend dem Zweck des Verbots weit auszulegen. Er umfasst jede förmliche oder formlose, ausdrückliche oder stillschweigende Willenseinigung zwischen zwei oder mehreren natürlichen oder juristischen Personen, durch die das Marktverhalten wenigstens eines der Partner geregelt wird.[97] Die Erfassung **konkludenten Verhaltens** bedeutet jedoch nicht, dass mit einer abgestimmten Verhaltensweise stets auch eine Vereinbarung im Sinne von Art. 101 Abs. 1 AEUV vorliegen würde, sondern lediglich, dass das tatsächliche Verhalten als Indiz für das Vorliegen einer Vereinbarung herangezogen werden kann.[98] Für die Annahme einer Vereinbarung genügt es, dass die Unternehmen ihren gemeinsamen Willen zum Ausdruck gebracht haben, sich auf dem Markt in einer bestimmten Weise zu verhalten.[99] In welcher Form sich diese Willenseinigung zeigt, ist nicht entscheidend. Der Abschluss von Prozessvergleichen kann ebenso wie der von Rahmenverträgen, die noch einer konkreten Ausgestaltung bedürfen, eine Vereinbarung im Sinne von Art. 101 Abs. 1 AEUV begründen.[100] Eine (stillschweigende) Vereinbarung kann auch dadurch zustande kommen, dass ein Unternehmen seine Geschäftspartner im Rahmen laufender vertraglicher Geschäftsbeziehungen zu einem bestimmten Verhalten auffordert.[101] Während eine rechtliche Verbindlichkeit schon wegen der Nichtigkeitsfolge des Art. 101 Abs. 2 AEUV nicht vorauszusetzen ist,[102] bedarf eine Vereinbarung einer **faktischen Bindungswirkung** wirtschaftlicher oder moralischer Art. Bei der Begründung faktischer Bindungswirkungen stellt die Kommission keine hohen Anforderungen. Haben die Beteiligten auch ohne ausdrückliche Regelung wirtschaftliche oder moralische Sanktionen für den Fall von Verstößen gegen die vereinbarte Verhaltensregelung vorgesehen, so reicht dies aus. Solche Sanktionen können in der Zufügung wirtschaftlicher Nachteile,[103] aber auch im Aussprechen einer Rüge und in einer Berichtspflicht vor den Partnern der Übereinkunft liegen.[104] ***Gentlemen's Agreements*** sind regelmäßig schon wegen ihrer moralischen Verbindlichkeit als Vereinbarungen im Sinne des Kartellverbots anzusehen.[105] Das EuG hat deshalb ausdrücklich entschieden, dass sobald der ge-

---

[96] Schlussanträge der Generalanwältin *Kokott* v. 11.12.2014, Rs C-286/13 P, ECLI:EU:C:2014:2437, Rdnrn. 106 ff. – *Dole Food Company/Dole Fresh Fruit Europe/Komm.*

[97] EuGH U. v. 15.7.1970, Slg. 1970, 769, 803 – *Boehringer/Komm.;* EuGH U. v. 25.10.1983, Slg. 1983, 3151, 3195 – *AEG-Telefunken/Komm.;* Komm. E. v. 11.12.1986, ABl. 1987 L 7/27, 31 – *Association Belge des Banques;* Komm. E. v. 21.12.1988, ABl. 1989 L 74/1 (11) – *PVC;* Komm. E. v. 21.12.1988, ABl. 1989 L 74/21, 32 – *LDPE;* Komm. E. v. 7.10.2013, AT.39748, Rdnr. 64 – *KfZ-Kabelbäume; S/J/K/M-Schröter/Voet van Vormizeele* Art. 101 AEUV Rdnrn. 39 ff.; *Immenga/Mestmäcker-Emmerich,* EU-WbR Art. 101 Abs. 1 Rdnr. 54 ff., 55.

[98] EuG U. v. 19.5.1999, Slg. 1999 II-1635, Rdnrn. 83 ff. – *Accinauto SA/Komm.; Loewenheim/Meessen/Riesenkampff-Gippini-Fournier/Mojzesowicz,* Kartellrecht Art. 81 Abs. 1 Rdnr. 79.

[99] EuG U. v. 20.4.1999, Slg. 1999 II-931, Rdnr. 715 – *Limburgse Vinyl Maatschappij NV u. a. (PVC II).*

[100] Komm. E. v. 21.10.1998, ABl. 1999 L 24/1, Rdnr. 134 – *Fernwärmetechnik-Kartell; S/J/K/M-Schröter/Voet van Vormizeele* Art. 101 AEUV Rdnr. 43 mwN; *Lorenz,* Die kartellrechtliche Beurteilung der vergleichsweisen Beilegung von Patentstreitigkeiten, PharmR 2007, S. 221 ff.

[101] EuG U. v. 6.7.2000, Slg. 2000 II-2707, Rdnr. 236 – *Volkswagen AG/Komm.*

[102] AA *S/J/K/M-Schröter/Voet van Vormizeele* Art. 101 AEUV Rdnr. 40.

[103] Komm. E. v. 21.12.1988, ABl. 1989 L 74/1, 11 – *PVC;* Komm. E. v. 21.12.1988, ABl. 1989 L 74/21, 32 – *LDPE.*

[104] Komm. E. v. 23.4.1986, ABl. 1986 L 230/1, 26 – *Polypropylen.*

[105] H. M., u. a. Komm. E. v. 26.10.1999, ABl. 2000 L 39/1, Rdnrn. 100 f. – *Nederlandse Federatieve Vereniging voor de Groothandel op Elektrotechnisch Gebied und Technische Unie (FEG und TU); Immenga/Mestmäcker-Emmerich,* EU-WbR Art. 101 Abs. 1 Rdnr. 60; *Grabitz/Hilf/Nettesheim-Stockenhuber,* Art. 101 Rdnr. 97; *GK-Mailänder,* Art. 85 Rdnr. 7; *S/J/K/M-Schröter/Voet van Vormizeele* Art. 101 AEUV Rdnr. 39.

meinsame Wille zur Wettbewerbsbeschränkung in der Marktrealität Ausdruck findet, nicht geprüft zu werden braucht, ob sich die Unternehmen für – rechtlich, tatsächlich oder moralisch – verpflichtet hielten, sich absprachegemäß zu verhalten.[106] Die Ausübung oder Androhung von Zwang gegenüber einem Beteiligten, die wirtschaftliche Abhängigkeit von anderen Partnern, der innere Vorbehalt, sich nicht an die übernommenen Verpflichtungen zu halten oder die nicht immer konsequente Durchführung des vorgesehenen Verhaltens schließt eine Vereinbarung nicht aus.[107] Für das Vorliegen einer Vereinbarung kommt es zudem nicht darauf an, ob die wettbewerbsbeschränkende Regelung deren Hauptgegenstand bildet oder nur ein untergeordneter Gesichtspunkt ist, neben dem im Übrigen legitime Ziele verfolgt werden.[108]

Nicht als Vereinbarungen anzusehen sind dagegen **einseitige Maßnahmen** eines Un- 10
ternehmens gegenüber einem Handelspartner im Rahmen dauerhafter wirtschaftlicher Beziehungen, wenn nicht feststellbar ist, dass sich die beiden Unternehmen auf den Inhalt oder Gegenstand der einseitigen Maßnahme – und sei es auch nur konkludent – geeinigt hätten.[109] Nach der Rechtsprechung hiervon zu unterscheiden sind Fälle nur scheinbarer Einseitigkeit, die dadurch gekennzeichnet sind, dass z.B. ein Hersteller gegenüber seinen Vertriebshändlern bestimmte Verhaltensweisen vorschreibt oder durchsetzt, die von den Vertriebshändlern im Rahmen der Fortsetzung der ständigen Vertragsbeziehung durch zumindest stillschweigende Zustimmung angenommen werden.[110] Nicht ausreichend ist ein wettbewerbsbeschränkendes Verhalten nur eines Unternehmens, sofern eine Willensübereinstimmung der anderen beteiligten Unternehmen nicht nachgewiesen werden kann.[111] Der von der Rechtsprechung abschließend entschiedene Musterfall für diese Konstellation besteht in der einseitig von einem Herstellerunternehmen (Arzneimittelhersteller) beschlossenen und durchgeführten Kontingentierung von Liefermengen an Handelsunternehmen, dies mit dem Ziel, das Auftreten von Reexporten (Parallelhandel) durch die unmittelbaren Abnehmer des Herstellerunternehmens zu begrenzen. So lange das Herstellerunternehmen bei seiner Kontingentierungspolitik autonom handelt und über die zuzuteilenden Kontingente mit den Händlern keine Absprachen trifft, die sich auch auf das Reexportverhalten der Händler beziehen, liegt eine Vereinbarung im Sinne von Art. 101 Abs. 1 AEUV nicht vor. Es ist daher nicht möglich, aus dem gleichzeitigen Vorliegen einer an sich neutralen Vereinbarung und einer einseitig auferlegten wettbewerbsbeschränkenden Maßnahme auf eine nach Art. 101 Abs. 1 AEUV verbotene Vereinbarung zu schließen.[112]

---

[106] EuG U. v. 8.7.2008, Slg. 2008 II-1333, Rdnr. 82 mwN. – *BPB/Komm.*

[107] EuGH U. v. 12.7.1979, Slg. 1979, 2435, 2478 – *BMW-Belgium/Komm.;* EuGH U. v. 29.10.1980, Slg. 1980, 3125, 3250 – *van Landewyck u. a./Komm.;* EuGH U. v. 24.1.1978, Slg. 1978, 25, 40 – *Staatsanwaltschaft Niederlande/van Tiggele;* EuGH U. v. 1.2.1978, Slg. 1978, 131, 148 – *Miller International/Komm.;* Komm. E. v. 10.7.1986, ABl. 1986 L 232/15 (27) – *Dach- und Dichtungsbahnen;* Komm. E. v. 21.12.1988, ABl. 1989 L 74/1, 11 – *PVC;* Komm. E. v. 21.12.1988, ABl. 1989 L 74/21, 32 – *LDPE.*

[108] EuGH U. v. 8.11.1983, Slg. 1983, 3369, Rdnr. 25 – *IAZ u. a./Komm.*

[109] EuG U. v. 3.12.2003, Slg. 2003 II-5141, Rdnr. 36 – *Volkswagen/Komm.;* bestätigt durch EuGH U. v. 13.7.2006, Slg. 2006 I-6585, Rdnrn. 36f. – *Komm./Volkswagen;* s. auch *Lübbig,* WuW 1991, 561.

[110] EuGH U. v. 11.1.1990, Slg. 1990 I-45 – *Sandoz Prodotti Farmaceutici/Komm.;* EuGH U. v. 8.2.1990, Rs C-279/87, Slg. 1990, I-261 – *Tipp-Ex/Komm.;* EuGH U. v. 24.10.1995, Slg. 1995 I-3439, Rdnrn. 16 und 17 – *Bayerische Motorenwerke;* EuG U. v. 27.9.2006, Slg. 2006 II-2969, Rdnr. 76 – *GlaxoSmithKline/Komm.*

[111] EuGH U. v. 6.1.2004, Slg. 2004 I-23, Rdnrn. 96ff. – *Bundesverband der Arzneimittel-Importeure;* EuG U. v. 26.10.2000, Slg. 2000 II-3383, Rdnr. 173ff. – *Bayer AG/Komm.; Mäger* in: *Mäger,* Europäisches Kartellrecht, Kap. 1, Rdnrn. 81ff.; krit. zur EuGH-Rspr. *Loewenheim/Meessen/Riesenkampff-Gippini-Fournier/Mojzesowicz,* Kartellrecht Art. 81 Abs. 1, Rdnrn. 90ff.; s. zum Verhältnis dieser Rechtsprechung zur Anwendung von Art. 102 AEUV auf die Kontingentierung von Arzneimittellieferungen *Dawes,* ECLR 2006, 269ff.; *Lübbig/Klasse,* Kartellrecht im Pharma- und Gesundheitssektor, S. 178ff.

[112] EuGH U. v. 6.1.2004, Slg. 2004 I-23, Rdnr. 141 – *Bundesverband der Arzneimittel-Importeure.*

Durch diese Rechtsprechung hat der Gerichtshof dem Bestreben der Kommission nach einer möglichst weiten Auslegung des Begriffes der Vereinbarung zur Erfassung auch einseitiger Maßnahmen eine Absage erteilt, dies ungeachtet der Tatsache, dass der EuGH den Parallelhandel für die Vertiefung des Binnenmarktes grundsätzlich als schutzwürdig erachtet.

11 **2. Beschlüsse.** Beschlüsse sind Regelungen über das Verhalten von Unternehmen, die von den (zuständigen) Organen einer **Unternehmensvereinigung** auf der Grundlage der jeweils maßgeblichen Gesellschaftsverträge, Satzungen oder Geschäftsordnungen getroffen werden.[113] Fehlt es an der Regelungsfunktion, so liegt kein Beschluss vor. Der Zweck des Verbots wettbewerbsbeschränkender Beschlüsse, die auch für diejenigen Mitglieder der Unternehmensvereinigung Geltung beanspruchen, die sich nicht an der Beschlussfassung beteiligt oder gegen diese gestimmt haben,[114] liegt darin, Umgehungen des Verbots wettbewerbsbeschränkender Vereinbarungen durch diese gleichermaßen wettbewerbsschädliche Form der Verständigung auszuschließen. Aus diesem Zweck ergibt sich, dass eine bestimmte Form oder die rechtliche Verbindlichkeit des Beschlusses ebenso wenig erforderlich ist wie bei einer Vereinbarung. Auch **bloße Empfehlungen** können Gegenstand eines verbotenen Beschlusses einer Unternehmensvereinigung sein, wenn die Empfehlung getreuer Ausdruck des Willens der Unternehmensvereinigung ist, das Wettbewerbsverhalten der Mitglieder der Vereinigung zu koordinieren.[115] Auf die Zuständigkeit des handelnden Organs und die Einhaltung der Vertretungsmacht kommt es deshalb nicht entscheidend an.[116] Ausreichend ist eine faktische Verbindlichkeit, die sich aus der im Gesellschaftsvertrag, der Satzung oder der Geschäftsordnung vorgesehenen Verbindlichkeit oder, wie bei wettbewerbsbeschränkenden Vereinbarungen, aus entsprechenden wirtschaftlichen oder moralischen Sanktionen für den Fall der Nichtbefolgung ergeben kann. Genügend ist auch eine mittelbare Verbindlichkeit.[117] Ein über eine unverbindliche Empfehlung hinausgehender Beschluss liegt bereits dann vor, wenn die Entschließung auf der Grundlage des Gesellschaftsvertrages, der Satzung oder Geschäftsordnung ordnungsgemäß zustande gekommen und den Mitgliedern der Vereinigung als Willensäußerung der Vereinigung bekannt gemacht ist.[118] Kommt in dieser Äußerung der Wille des Organs zum Ausdruck, das Verhalten der Mitglieder entsprechend zu gestalten, so nimmt die Bezeichnung der Äußerung als „unverbindlich" dieser nicht den Beschlusscharakter.[119] Eine Befolgung des Beschlusses durch die Mitglieder der Vereinigung ist für die Verletzung des Verbots und die Bußgeldsanktion nicht erforderlich. Fehlt der Willensäußerung der Unternehmensvereinigung die Verbindlichkeit, so fehlt es zwar an einem Beschluss im Sinne des Kartellverbots, doch kann die Willensäußerung bei entsprechendem Empfehlungscharakter Ausgangspunkt für ein ebenfalls verbotenes, der Vereinigung zuzurechnendes abgestimmtes Verhalten sein, wenn die Mitglieder sich entsprechend verhalten.[120] Demgegenüber hat der BGH in seiner *Lottoblock*-Entscheidung klargestellt, dass, soweit die Unternehmensvereinbarung den ernsthaften Willen zum Ausdruck bringt, das Verhalten ihrer Mitglieder auf einem be-

[113] Komm. E. v. 25.6.1969, ABl. 1969 L 168/22 – *VVVF; S/J/K/M-Schröter/Voet van Vormizeele* Art. 101 AEUV Rdnrn. 48ff.; *Immenga/Mestmäcker-Emmerich,* EU-WbR Art. 101 Abs. 1, Rdnrn. 76ff.

[114] EuGH U. v. 29.10.1980, Slg. 1980, 3125, 3250 – *van Landewyck u. a./Komm.; S/J/K/M-Schröter/Voet van Vormizeele* Art. 101 AEUV Rdnr. 50.

[115] Komm. E. v. 24.6.2004, ABl. 2005 L 4/10, Rdnr. 64 – *Belgische Architektenkammer;* Komm. E. v. 8.12.2010, COMP/39510, Rdnr. 597 – *ONP.*

[116] EuG U. v. 15.3.2000, Slg. 2000 II-491, Rdnrn. 927f. – *SA Cimenteries CBR u. a./Komm.*

[117] EuGH U. v. 15.5.1975, Slg. 1975, 563, 583f. – *Frubo/Komm.*

[118] Komm. E. v. 5.12.1984, ABl. 1985 L 35/20, 24 – *Feuerversicherung (D);* Zur Erfassung von Empfehlungen auch Komm. E. v. 24.6.2004, ABl. 2005 L 4/10 – *Belgische Architektenkammer.*

[119] EuGH U. v. 27.1.1987, Slg. 1987, 405, 455 – *Verband der Sachversicherer/Komm.*

[120] EuGH U. v. 8.11.1983, Slg. 1983, 3369, 3410 – *IAZ u. a./Komm.;* Komm. E. v. 15.7.1975, ABl. 1975 L 228/3, 11 – *IFTRA-Aluminium; S/J/K/M-Schröter/Voet van Vormizeele* Art. 101 AEUV Rdnr. 52.

stimmten Markt koordinieren zu wollen, eine faktische Verbindlichkeit für die Annahme eines Beschlusses nicht erforderlich ist.[121] Der BGH überträgt hier die von den europäischen Gerichten erzielte Auslegung bei den Vereinbarungen iSd Art. 101 AEUV.[122] Dem ist vor dem Hintergrund der austauschbaren Handlungsalternativen des Art. 101 Abs. 1 AEUV zuzustimmen.[123] Die Verbindlichkeit von Beschlüssen kann sich daher schon aus dem ernsthaften Koordinierungswillen der Beteiligten ergeben,[124] der jedenfalls dann absehbar ist, wenn auch eine faktische Verpflichtung der Beteiligten vorliegt.

3. Abgestimmte Verhaltensweisen. Das neben den Verboten wettbewerbsbeschrän- 12
kender Vereinbarungen und Beschlüsse in Art. 101 Abs. 1 AEUV enthaltene Verbot abgestimmter Verhaltensweisen soll verhindern, dass sich Unternehmen den Wettbewerbsregeln entziehen, indem sie ohne verbindliche Vereinbarungen oder Beschlüsse ihr Verhalten auf wettbewerbsbeschränkende Weise koordinieren.[125] Insofern handelt es sich um einen **Auffangtatbestand,** der nicht zur Anwendung kommt, wenn eine verbindliche Vereinbarung oder ein Beschluss vorliegt. Das schließt nicht aus, dass die Kommission im Einzelfall offen lässt, ob eine Vereinbarung oder ein Beschluss vorliegt, weil in jedem Fall die Voraussetzungen eines abgestimmten Verhaltens gegeben sind, insbesondere eine bei den beiden zuerst genannten Tatbestandsmerkmalen nicht erforderliche, tatsächliche wettbewerbsbeschränkende Zusammenarbeit.[126] Die gesonderte Feststellung einer Vereinbarung oder abgestimmten Verhaltensweise ist darüber hinaus entbehrlich, wenn sich die Zuwiderhandlung gegen Art. 101 Abs. 1 AEUV aus mehreren miteinander verbundenen Verhaltensweisen ergibt[127] Während die Abgrenzung des abgestimmten Verhaltens zur Vereinbarung und zum Beschluss daher nur gelegentlich praktisch eine Rolle spielt, kommt der Abgrenzung zum bewussten Parallelverhalten, das vom Verbot nicht erfasst wird, erhebliche Bedeutung zu.

Vom **bewussten Parallelverhalten** unterscheidet sich das abgestimmte Verhalten im 13
Sinne des Kartellverbots durch zwei Elemente, die kumulativ erfüllt sein müssen. Zum einen müssen sich die beteiligten Unternehmen auf irgend eine Weise über eine Koordinierung ihres wettbewerblichen Verhaltens verständigen, ohne dass diese Verständigung den Grad einer eine Vereinbarung begründenden Willensübereinstimmung erreicht, und zum anderen müssen sie sich auch tatsächlich der Verständigung entsprechend verhalten.[128] Zudem muss die Abstimmung für das spätere Wettbewerbsverhalten kausal sein.[129] Eine Koordinierung unter Wettbewerbern liegt dann vor, wenn sich die beteiligten Unternehmen unmittelbar oder mittelbar auf eine Weise in Verbindung setzen, die bezweckt oder bewirkt, dass ihr künftiges Marktverhalten nicht mehr autonom, sondern beeinflusst von dieser Fühlungnahme bestimmt wird. Der EuGH hat hierzu ausgeführt, dass das Verbot des abgestimmten Verhaltens nicht das Recht der Unternehmen berührt, sich dem festgestell-

[121] BGH U. v. 14.8.2008 WuW/E DE-R 2408 – *Lottoblock.*

[122] S. oben § 8 Rdnr. 10.

[123] Ebenso *Langen/Bunte-Hengst,* Art. 101 AEUV Rdnr. 105; *Immenga/Mestmäcker-Emmerich,* EU-WbR, Art. 101 Abs. 1 AEUV Rdnr. 80.

[124] Davon geht wohl auch die Kommission in E. v. 8.12.2010, COMP/39510, Rdnrn. 597 f. aus – *ONP.*

[125] EuGH U. v. 14.7.1972, Slg. 1972, 619, Rdnr. 64 – *ICI/Komm.; S/J/K/M-Schröter/Voet van Vormizeele* Art. 101 AEUV Rdnr. 53; *Immenga/Mestmäcker-Emmerich,* EU-WbR Art. 101 Abs. 1 Rdnr. 83 ff.

[126] Komm. E. v. 21.12.2000, ABl. 2002 L 69/1, Rdnr. 140 – *JCB;* Komm. E. v. 12.10.2011, COMP/39.482, Rdnr. 188 – *Exotische Früchte.*

[127] EuGH U. v. 8.7.1999, Slg. 1999 I-4125, Rdnr. 85 – *Enichem Anic;* EuG U. v. 6.7.2000, Slg. 2000 II-2707, Rdnr. 237 – *Volkswagen AG/Komm.*

[128] EuGH U. v. 8.7.1999, Slg. 1999 I-4125, Rdnr. 118 – *Enichem Anic;* EuGH u. v. 8.7.1999, Slg. 1999 I-4539 – *Montecatini;* EuGH u. v. 8.7.1999, Slg. 1999 I-4287, Rdnr. 161 – *Hüls;* EuG U. v. 14.3.2013, Rs T-587/08, ECLI:EU:T:2013:129, Rdnr. 298 – *Del Monte/Kommission;* krit. *Loewenheim/Meessen/Riesenkampff-Gippini-Fournier/Mojzesowicz,* Kartellrecht Art. 81 Abs. 1 Rdnr. 99.

[129] EuGH U. v. 4.6.2009, Slg. 2009 I-4529, Rdnr. 51 – *T-Mobile Netherlands;* EuG U. v. 14.3.2013, Rs T-587/08, ECLI:EU:T:2013:129, Rdnr. 298 – *Del Monte/Kommission.*

ten oder erwarteten Verhalten ihrer Mitbewerber mit wachem Sinn anzupassen, wohl aber strikt jeder unmittelbaren oder mittelbaren Fühlungnahme zwischen den Unternehmen entgegensteht, die bezweckt oder bewirkt, entweder das Marktverhalten eines gegenwärtigen oder potentiellen Wettbewerbers zu beeinflussen, oder einen solchen Mitbewerber über das Marktverhalten ins Bild zu setzen, das man selbst beschlossen hat oder in Erwägung zieht.[130] Wesentlich für diese Form der Koordinierung zwischen Unternehmen sei, dass diese bewusst praktisch zusammenarbeiten und so die mit dem Wettbewerb verbundenen Risiken ausschließen oder verringern.[131] Die Koordinierung kann auch über die Empfehlung einer Unternehmensvereinigung bewirkt werden, soweit dieser nicht in Wirklichkeit eine Vereinbarung oder ein Beschluss zugrunde liegt, die schon als solche und ohne Rücksicht auf ihre Durchsetzung unter das Kartellverbot fallen, sofern sie entsprechend der Erwartung der Beteiligten, dass sich auch die anderen Adressaten entsprechend verhalten werden, tatsächlich befolgt wird.[132] Für die Annahme eines abgestimmten Verhaltens bedarf es zwar stets eines bestimmten Marktverhaltens der beteiligten Unternehmen, nicht erforderlich ist jedoch, dass sich dieses in einer Wettbewerbsbeschränkung auswirkt.[133]

14 Während wettbewerbsbeschränkende Vereinbarungen und Beschlüsse als solche vom Kartellverbot erfasst werden, setzt ein abgestimmtes Verhalten den regelmäßig nur durch **Indizien zu führenden Nachweis** seiner beiden konstitutiven Komponenten voraus, also der Koordinierung und des auf dieser beruhenden Verhaltens. Die Kommission hat hierzu unter Berücksichtigung der Rechtsprechung des EuGH in ihrer Praxis eine Reihe von Grundsätzen entwickelt. Ausgangspunkt ist dabei meist ein feststellbares Parallelverhalten der Wettbewerber. Ein Parallelverhalten der Wettbewerber indiziert nach der Rechtsprechung des EuGH nur dann eine Verhaltensabstimmung, wenn es unter Berücksichtigung der Struktur und anderer Besonderheiten des betreffenden Marktes nicht mehr mit den normalen Marktbedingungen, etwa durch einen oligopolistischen Marktzwang, zu erklären ist.[134] Können die Beteiligten dartun, dass sich ihr Marktverhalten plausibel auch auf andere Gründe als eine Verhaltensabstimmung zurückführen lässt, so entfällt die Indizwirkung.[135] Auf ein abgestimmtes Verhalten wurde beispielsweise geschlossen, wenn sich die Beteiligten vorab über wesentliche Elemente einer Preiserhöhung, nämlich den Gegenstand, den Umfang und den Zeitpunkt verständigt hatten und ihre tatsächliche Preispolitik dem entsprach.[136] Ebenso wurde ein abgestimmtes Verhalten in Fällen angenommen, in denen sich Hersteller in mehreren Ländern gegenseitig den Vertrieb übertragen oder in einem anderen Land einen gemeinsamen Vertrieb eingerichtet hatten oder aber außerhalb ihres Absatzge-

---

[130] EuGH U. v. 16.12.1975, Slg. 1975, 1663, 1993, 2035 – *SuikerUnie u. a./Komm.;* EuGH U. v. 3.7.1985, Slg. 1985, 2015, 2035 ff. – *Binon/AMP;* EuGH U. v. 4.6.2009, Slg. 2009 I-4529, Rdnr. 33 – *T-Mobile Netherlands;* EuG U. v. 14.3.2013, Rs T-587/08, ECLI:EU:T:2013:129, Rdnr. 302 – *Del Monte/Kommission.*

[131] EuGH U. v. 14.7.1972, Slg. 1972, 619, Rdnr. 64 – *ICI/Komm.;* EuGH U. v. 16.12.1975, Slg. 1975, 1663, 1984 – *Suiker Unie u. a./Komm.;* EuGH U. v. 14.7.1981, Slg. 1981, 2021, 2031 – *Züchner/Bayerische Vereinsbank;* EuGH U. v. 4.6.2009, Slg. 2009 I-4529, Rdnr. 26 – *T-Mobile Netherlands;* st. Praxis der Kommission, z. B. Komm. E. v. 21.12.1988, ABl. 1989 L 74/21, 33 – *LDPE;* EuGH U. v. 8.7.1999, Slg. 1999 I-4125, Rdnr. 115 – *Enichem Anic; S/J/K/M-Schröter/Voet van Vormizeele,* Art. 101 AEUV Rdnr. 55; *Immenga/Mestmäcker-Emmerich,* EU-WbR Art. 101 Abs. 1, Rdnr. 89.

[132] EuGH U. v. 29.10.1980, Slg. 1980, 3125 – *van Landewyck u. a./Komm.;* EuGH U. v. 27.1.1987, Slg. 1987, 405, 455 – *Verband der Sachversicherer/Komm.;* EuG U. v. 12.4.2013, Rs T-442/08, ECLI:EU:T:2013:188, Rdnrn. 106 ff. – *CISAC; S/J/K/M-Schröter/Voet van Vormizeele,* Art. 101 AEUV Rdnr. 52, 55, 57; *Immenga/Mestmäcker-Emmerich,* EU-WbR Art. 85 Abs. 1 Rdnrn. 94, 96 ff.

[133] EuGH U. v. 8.7.1999, Slg. 1999 I-4125, Rdnr. 124 – *Enichem Anic; S/J/K/M-Schröter/Voet van Vormizeele,* Art. 101 AEUV Rdnr. 61, kritisiert an dieser Differenzierung, dass ein koordiniertes Marktverhalten von einer Wettbewerbsbeschränkung kaum abgrenzbar sei.

[134] EuGH U. v. 14.7.1972, Slg. 1972, 619, 658 – *ICI/Komm.;* EuGH U. v. 16.12.1975, Slg. 1975, 1663, 1993, 2035 – *SuikerUnie u. a./Komm.;* Komm. E. v. 15.7.1982, ABl. 1982 L 232/1, 30 – *S. S. I.; S/J/K/M-Schröter/Voet van Vormizeele* Art. 101 AEUV Rdnr. 63.

[135] EuGH U. v. 28.3.1984, Slg. 1984, 1679, 1702 – *CRAM und Rheinzink/Komm.*

[136] EuGH U. v. 14.7.1972, Slg. 1972, 619, 663 – *ICI/Komm.*

biets nicht an Händler oder Verbraucher, sondern nur an Hersteller lieferten.[137] Erhebliche indizielle Bedeutung kommt vor allem Informationsaustauschsystemen zwischen Wettbewerbern über marktnahe Daten zu.[138] Es gilt nach der Rechtsprechung die widerlegliche Vermutung, dass die an der Abstimmung beteiligten und weiterhin auf dem Markt tätigen Unternehmen die mit ihren Wettbewerbern ausgetauschten Informationen bei der Festlegung ihres Marktverhaltens berücksichtigen.[139] Ferner hat die Kommission auf abgestimmte Verhaltensweisen in Fällen geschlossen, in denen die Preislisten mehrerer Wettbewerber identisch[140] oder in denen beabsichtigte Preisänderungen vorab öffentlich angekündigt worden waren.[141] Die vorgenannten Fallkategorien sind abzugrenzen von einer Situation, in der ein Wettbewerber als Preisführer im Markt mit einer autonom beschlossenen Preiserhöhung vorangeht und sich die anderen Wettbewerber nach und nach dieser Preispolitik anschließen. Die Tatsache, dass die Preiserhöhung durch den Preisführer gegebenenfalls in einem Fachjournal zuvor öffentlich angekündigt worden sein mag, steht der Legalität des Folgeverhaltens der Wettbewerber nicht im Wege.[142] In vielen Branchen entspricht die öffentliche Vorankündigung von Preisänderungen durch den Marktführer einem Wunsch der Kunden und ist als solche nicht zu beanstanden.

In der neueren Praxis der Wettbewerbsbehörden, namentlich der Europäischen Kom- **14a** mission, spielt auch die Frage eine Rolle, ob die öffentliche Mitteilung geplanter Preisrhöhungen durch mehrere Unternehmen einer Branche als sog. **„Signalling"** mit Art. 101 EUV vereinbar ist. Es geht in diesen Fällen in der Regel um öffentlich bekanntgemachte Preiserhöhungen, die etwa Gegenstand von Pressemitteilungen, Online-Nachrichten oder Mitteilungen in der Fachpresse sind. Derartige Mitteilungen dienen traditionell dazu, die Kundschaft der jeweiligen Unternehmen über die Preispolitik des jeweiligen Anbieters unterreichtet zu halten. In einem kürzlich eröffneten Prüfverfahren betreffend Mitteilungen dieser Art durch europäische Containerlinienredereien prüft die Kommission jedoch, ob diese Art der Informationspraxis nicht vielmehr eine abgestimmte Verhaltensweise sei, die den Geheimwettbewerb beeinträchtige.[143]

III. Wettbewerb

1. Begriff. Art. 101 AEUV definiert den Begriff des von ihm geschützten Wettbewerbs **15** nicht. Auch die Verwaltungspraxis und die Rechtsprechung haben vernünftigerweise von einer umfassenden und allgemeingültigen Begriffsbestimmung abgesehen und sich darauf beschränkt, die im Einzelfall bedeutsamen Elemente zu konkretisieren. Der EuGH hat in diesem Zusammenhang wiederholt auf die Notwendigkeit hingewiesen, den Begriff im Sinne der allgemeinen Ziele des Binnenmarktes zu verstehen und dabei die **Selbständigkeit der wirtschaftlichen Betätigung** der Unternehmer als Grundvoraussetzung eines funk-

---

[137] Komm. E. v. 11.5.1973, ABl. 1973 L 217/3, 4 – *SCPA/Kali+Salz;* Komm. E. v. 28.11.1979, ABl. 1979 L 39/55 – *Floral;* Komm. E. v. 2.1.1973, ABl. 1973 L 140/17, 30 – *Europäische Zuckerindustrie;* Komm. E. v. 23.12.1977, ABl. 1977 L 70/54, 61 – *Pergamentpapier.*

[138] EuGH U. v. 16.12.1975, Slg. 1975, 1663, 1993, 2035 – *SuikerUnie u. a./Komm.;* Komm. E. v. 11.5.1973, ABl. 1973 L 217/3, 5 – *SCPA/Kali+Salz;* Komm. E. v. 15.7.1975, ABl. 1975 L 228/3, 11 – *IFTRA-Aluminium;* Komm. E. v. 23.12.1977, ABl. 1977 L 70/54, 61 ff. – *Pergamentpapier;* Komm. E. v. 26.11.1997, ABl. 1998 L 1/10 (zu Art. 65 EGKSV) – *Wirtschaftsvereinigung Stahl,* aus formalen Gründen aufgehoben durch EuG U. v. 5.4.2001, Rs T-16/98, Slg. 2001 II-1217 – *Wirtschaftsvereinigung Stahl/Kommission;* auch 7. WB (1977) Ziff. 5 ff.

[139] EuGH U. v. 4.6.2009, Slg. 2009 I-4529, Rdnr. 44 ff. – *T-Mobile Netherlands;* EuG U. v. 14.3.2013, Rs T-587/08, ECLI:EU:T:2013:129, Rdnr. 298 – *Del Monte/Kommission.* Nach dem Urteil in der Rechtssache *T-Mobile Netherlands,* Rdnr. 51 ist diese Vermutung auch von den nationalen Wettbewerbsbehörden und Gerichten anzuwenden.

[140] Komm. E. v. 21.12.1988, ABl. 1989 L 74/21, 27 – *LDPE.*

[141] Komm. E. v. 19.12.1984, ABl. 1984 L 85/1, 20 – *Zellstoff.*

[142] Eine abgestimmte Verhaltensweise soll nur vorliegen, wenn das ankündigende Unternehmen sicher sein kann, dass ihm die Wettbewerber folgen, EuGH U. v. 31.3.1993, Slg. 1993 I-1575, Rdnr. 64 – *Zellstoff.*

[143] Presse-Mitt. der Europäischen Kommission vom 22.11.2013, Nr. IP/13/1144.

tionsfähigen Wettbewerbes betont.[144] Daraus folgt letztlich, dass der geschützte Wettbewerb aus der Gesamtheit der unternehmerischen Freiheit besteht.[145] Das bedeutet, dass grundsätzlich alle den Unternehmern als Anbietern und Nachfragern zur Verfügung stehenden Wettbewerbsmittel den Wettbewerb bestimmen und im Rahmen des Art. 101 AEUV geschützt werden und nicht etwa nur die in dem Beispielskatalog des Abs. 1 lit. a bis e ausdrücklich genannten. In diesem Sinne hat der EuGH festgestellt, dass der Grundsatz der Wettbewerbsfreiheit nicht nur für alle Wirtschaftsstufen, sondern auch für alle Erscheinungsformen des Wettbewerbs auf der Angebots- und der Nachfrageseite gilt.[146] Ist auf einem Markt Wettbewerb nur noch begrenzt wirksam, so ist dieser Restwettbewerb nach der Rechtsprechung des EuGH und der Praxis der Kommission besonders schützenswert.[147]

16 **2. Potentieller Wettbewerb.** Aufgrund seines Zwecks, einer Gefährdung des Wettbewerbs und des zwischenstaatlichen Handels entgegenzuwirken, schützt Art. 101 AEUV nicht nur den aktuellen, sondern unstreitig[148] auch den potentiellen Wettbewerb. Potentieller Wettbewerb ist der von aktuell noch nicht oder nicht mehr auf dem betreffenden Markt tätigen Unternehmen ausgehende Wettbewerb, mit dem aufgrund einer alle rechtlich und tatsächlich relevanten Umstände in bezug auf den betreffenden Markt berücksichtigenden Prognose in absehbarer Zeit, aber mit **hinreichender Wahrscheinlichkeit** zu rechnen ist.[149] Ein nur theoretisch denkbarer, bei realistischer Betrachtung der Umstände aber nicht zu erwartender erstmaliger oder erneuter Marktzutritt reicht hierfür nicht aus.[150] Ist dagegen realistischerweise innerhalb eines übersehbaren Zeitraums mit dem Eintritt des Unternehmens in den sachlich und räumlich relevanten Markt zu rechnen, so ist es auf diesem potentieller Wettbewerber. Denn nur in diesem Fall kann auch der potentielle Wettbewerber das Verhalten der Marktteilnehmer beeinflussen.[151] Welche Kriterien bei der Prognose in Betracht kommen, hängt vom Einzelfall ab. Anhaltspunkte ergeben sich vor allem aus der Praxis der Kommission bei der Beurteilung von Gemeinschaftsunternehmen.[152] Entscheidend kann unter anderem sein, ob die betreffenden Unternehmen über die erforderlichen finanziellen Mittel[153] sowie über die erforderlichen Erfahrungen und gegebenenfalls das

---

[144] EuGH U. v. 29.10.1980, Slg. 1980, 3125, 3250 – *van Landewyck u. a./Komm.;* EuGH U. v. 16.12.1975, Slg. 1975, 1663, 1993, 2035 – *Suiker Unie u. a./Komm.;* EuGH U. v. 14.7.1981, Slg. 1981, 2021, 2031 – *Züchner/Bayerische Vereinsbank.*

[145] *S/J/K/M-Schröter/Voet van Vormizeele* Art. 101 AEUV Rdnrn. 73 ff.; *Langen/Bunte-Hengst,* Art. 101 AEUV Rdnr. 145.

[146] EuGH U. v. 13.7.1966, Slg. 1966, 322, 390 – *Grundig und Consten/Komm.*

[147] EuGH U. v. 16.12.1975, Slg. 1975 1663, 1942 – *Suiker Unie u. a./Komm.;* EuGH U. v. 29.10.1980, Slg. 1980 3125, 3261 – *van Landewyck u. a./Komm.;* Komm. E. v. 15.7.1982, ABl. 1982 L 232/1, 24 – *S. S. I.;* Komm. E. v. 16.12.1982, ABl. 1982 L 379/19, 26 – *Toltecs – Dorset.*

[148] Z. B. EuGH U. v. 21.2.1973, Slg. 1973 215, 244 – *Continental Can/Komm.;* Komm. E. v. 14.7.1986, ABl. 1986 L 236/30, 36 – *Lichtwellenleiter;* Komm. E. v. 22.12.1987, ABl. 1988 L 50/18, 23 – *Enichem/ICI;* zahlreiche Nachweise bei *Grabitz/Hilf/Nettesheim-Stockenhuber,* Art. 101 Rdnr. 134 f.; *S/J/K/M-Schröter/Voet van Vormizeele* Art. 101 AEUV Rdnrn. 80 ff.; *Langen/Bunte-Hengst,* Art. 101 AEUV Rdnr. 163 ff.

[149] Komm. E. v. 13.7.1990, ABl. 1990 L 209/15, 19 – *Elopak/Metal Box – Odin;* Komm. „Leitlinien zur Anwendbarkeit von Artikel 101 AEUV auf Vereinbarungen über horizontale Zusammenarbeit", ABl. 2011 C 11/1, Rdnr. 10; Komm. „Leitlinien zur Bewertung horizontaler Zusammenschlüsse gemäß der Ratsverordnung über die Kontrolle von Unternehmenszusammenschlüssen", ABl. 2004 C 31/5, Rdnr. 60; Komm. „Leitlinien für vertikale Beschränkungen", ABl. 2010 C 130/1, Rdnr. 27; *Immenga/Mestmäcker-Emmerich,* EU-WbR Art. 101 Abs. 1 Rdnrn. 122 ff.

[150] EuG U. v. 29.6.2012, Rs T-360/09, ECLI:EU:T:2012:332, Rdnr. 106 – *E.ON Ruhrgas/Kommission.*

[151] EuG U. v. 29.6.2012, Rs T-360/09, ECLI:EU:T:2012:332, Rdnr. 114 – *E.ON Ruhrgas/Kommission.*

[152] *S/J/K/M-Schröter/Voet van Vormizeele* Art. 101 AEUV Rdnr. 82; wegen der unterschiedlichen Schutzfunktionen der Art. 101 und 102 AEUV müssen Prognosen zum potentiellen Wettbewerb in Mißbrauchs- und Kartellfällen nicht unbedingt zum gleichen Ergebnis kommen.

[153] Komm. E. v. 25.7.1977, ABl. 1977 L 215/11, 15 – *De Laval-Stork;* Komm. E. v. 29.10.1982, ABl. 1982 L 314/34, 35 – *Amersham Buchler;* Komm. E. v. 8.12.1983, ABl. 1983 L 376/1,7 19 – *Car-*

technische Know-how, die Schutzrechte,[154] den Zugang zu Vorprodukten und den Vertriebswegen verfügen, und welche Rolle rechtliche und faktische Marktzutrittsschranken spielen.[155] Das EuG stellt zusammenfassend auf die konkrete Möglichkeit des Markteintritts ab, wobei die Markterschließungsabsicht eines Unternehmens zwar von Bedeutung sein kann, letztlich aber die tatsächliche Markteintrittsfähigkeit des Unternehmens dargelegt werden muss. Für diese muss das fragliche Unternehmen eine lebensfähige wirtschaftliche Strategie aufweisen.[156] Die Markteintrittsfähigkeit fehlt, wenn ein gesetzliches oder faktisches Monopol für einen Markt besteht; ein eingeschränkter Kundenkreis lässt die Markteintrittsfähigkeit dagegen nicht grundsätzlich entfallen.[157] Potentieller Wettbewerb wird auch nicht schon durch die beschränkende Absprache indiziert.[158]

Als Problematik der Bewertung potentellen Wettbewerbsverhalten stellt sich letztlich auch die kartellrechtliche Beurteilung von **Vergleichsverträgen** dar, wenn diese zur Beilegung eines Rechtsstreits geschlossen werden und Inhalt des Vergleiches auch wettbewerbsrelevante Verhaltensweisen sind. Dazu hatte es lange Zeit vergleichsweise wenig Rechtspraxis gegeben. Die wesentliche Linie der kartellrechtlichen Beurteilung bestand darin, dass ein gerichtlicher oder außergerichtlicher Vergleich zwischen zwei Unternehmen wettbewerbsbeschränkende Inhalte haben darf, wenn die beschränkende Partei begründeten Anlass zu der Annahme hatte, dass die beschränkte Verhaltensweise als Ergebnis des Gerichtsverfahrens durchsetzbar gewesen wäre.[159] In den letzten Jahren hat die Europäische Kommission diese Thematik allerdings sehr aktiv aufgegriffen und zwar als Ergebnis ihrer **Sektoruntersuchung der Pharmaindustrie.**[160] In der Folgezeit untersuchte die Europäische Kommission systematisch die Art und auch die Anzahl von Vergleichsverträgen zur Beilegung von Patentstreitigkeiten, insbesondere zwischen Originalherstellern und Generikaanbietern. In einer Reihe von Berichten klassifizierte sie diese Vereinbarungen in wahrscheinlich rechtmäßige und in wahrscheinlich wettbewerbsbeschränkende Vereinbarungstypen. Besondere Beanstandungen fanden sogenannten „Pay for Delay"-Vereinbarungen, in denen es zu einer Vermögensübertragung des Patentinhabers an den verklagten Patentverletzer kam, wenn dieser im Gegenzug das Unterlassen von Wettbewerb, unter Umständen auch über den Gegenstand der Patentrechtsstreitigkeit hinaus zusagte.[161] Ähnliche Ausführungen über den Pharmasektor hinaus finden sich auch in den neuen Leitlinien der Europäischen Kommission zur Anwendung des Kartellrechts auf Technologietransfervereinbarungen.[162]

---

bon Gas Technologie; Komm. E. v. 14.7.1986, ABl. 1986 L 236/30, 36 – *Lichtwellenleiter;* Komm. E. v. 17.12.1986, ABl. 1987 L 41/31, 35 – *Mitchell Cotts/Sofiltra;* Komm. E. v. 13.7.1990, ABl. 1990 L 209/15, 19 – *Elopak/Metal Box – Odin.*

[154] Komm. E. v. 4.12.1986, ABl. 1987 L 5/13, 17 – *ENI/Montedison;* Komm. E. v. 22.12.1987, ABl. 1988 L 50/18, 23 – *Enichem/ICI;* Komm. E. v. 12.1.1990, ABl. 1990 L 32/19, 23 – *ALCATEL/ESPACE/ANT Nachrichtentechnik;* Komm. E. v. 13.7.1990, ABl. 1990 L 209/15, 18f. – *Elopak/Metal Box – Odin.*

[155] Zahlreiche Nachweise bei *Langen/Bunte-Hengst,* Art. 101 AEUV Rdnr. 167f.

[156] EuG U. v. 14.4.2011, Slg. 2011 II-1729, Rdnrn. 165–169 (hier: „Markterschließungsfähigkeit") – *Visa Europe/Kommission;* EuG U. v. 29.6.2012, Rs T-360/09, ECLI:EU:T:2012:332, Rdnrn. 86f. mwN – *E.ON Ruhrgas/Kommission.*

[157] EuG U. v. 29.6.2012, Rs T-360/09, ECLI:EU:T:2012:332, Rdnrn. 89, 92, 102, 105 – *E.ON Ruhrgas/Kommission.*

[158] EuG U. v. 29.6.2012, Rs T-360/09, ECLI:EU:T:2012:332, Rdnr. 115 – *E.ON Ruhrgas/Kommission.*

[159] Vgl. z.B. BGHZ 65, 147, 151 – *Thermalquelle;* BGH U. v. 5.7.2005, WuW/E DE-R 1537, 1539 – *Abgasreinigungsvorrichtung; Schulte/Just/Lober, Kartellrecht,* § 1 GWB, Rdnr. 101.

[160] Mitteilung der Europäischen Kommission v. 8.7.2009, Zusammenfassung des Berichts über die Untersuchung des Arzneimittelsektors, 14f., s.a. Europäische Kommission, MEMO/09/321 v. 8.7.2009.

[161] Europäische Kommission, 4th Report on the Monitoring of Patent Settlements (Period: January – December 2012) v. 9.12.2013; 5th Report on the Monitoring of Patent Settlements (Period: January – December 2013) v. 5.12.2014.

[162] ABl. 2014 C 89/3, Rdnr. 234.

17 **3. Konzerninterner Wettbewerb.** Kein beschränkbarer Wettbewerb liegt vor, wo es den Unternehmen von vornherein an beschränkbaren Freiheiten fehlt. Solche Situationen finden sich insbesondere bei Konzernverbindungen, bei denen die Unternehmen der Leitung der Konzernspitze unterliegen.[163] Der Umstand, dass die in einem Konzern verbundenenUnternehmen infolge ihrer **Weisungsgebundenheit** gegenüber der Konzernleitung über keine für den Wettbewerbsbegriff selbständigen Freiheiten verfügen, spricht dafür, dass es zwischen ihnen grundsätzlich an einem im Sinne des Art. 101 AEUV beschränkbaren Wettbewerbsverhältnis fehlt.[164] Das gilt jedoch nur dann, wenn die betreffenden Unternehmen nicht wirklich autonom über ihr Marktverhalten bestimmen können. Der EuGH verlangte in seiner früheren Rechtsprechung darüber hinaus, dass die in Betracht kommende Absprache der konzerninternen Aufgabenverteilung dient.[165]

17a Nach Ansicht der Kommission kommt es beim ersten Punkt zudem nicht nur auf die Weisungsmöglichkeiten, sondern auf deren tatsächliche Ausübung an.[166] Diese Ansicht erscheint nicht unbedenklich, weil sie die Anwendbarkeit des Kartellverbots in bestimmten Umfang zur Disposition der Unternehmen stellt und von der dem Wechsel unterliegenden Unternehmenspolitik abhängig macht. Einer Weiterentwicklung in dieser Richtung und einer zu engen Interpretation der beiden die Anwendbarkeit von Art. 101 Abs. 1 AEUV ausschließenden Voraussetzungen hat das EuG widersprochen.[167] Nach seiner Ansicht ist Art. 101 AEUV auf Beziehungen innerhalb einer wirtschaftlichen Einheit (auch) dann nicht anwendbar, wenn die zur Gruppe gehörenden Unternehmen rechtlich selbständig und die wettbewerblichen Folgen solcher gruppeninternen Strategien unerwünscht sind, sofern sie intern über ihr Verhalten am Markt nicht frei entscheiden können. Der EuGH hat die Entscheidung der Vorinstanz bestätigt,[168] womit es nicht mehr darauf ankommen dürfte, ob die Absprache der konzerninternen Aufgabenverteilung dient.[169] Es besteht darüber hinaus eine widerlegbare Vermutung für einen bestimmenden Einfluss der Muttergesellschaft auf die Tochtergesellschaft, die dann nicht mehr über ihr Verhalten am Markt frei entscheiden kann, wenn die Tochtergesellschaft vollständig oder fast vollständig im Anteilseigentum der Muttergesellschaft steht.[170] Die Vermutung kann widerlegt werden,wenn ein autonomes Marktverhalten der Tochtergesellschaft belegt werden kann, wobei alle im Zusammenhang mit ihren wirtschaftlichen, organisatorischen und rechtlichen Bindungen an die Muttergesellschaft relevanten Gesichtspunkte zu berücksichtigen sind.[171] Die Einführung eines Compliance-Programmes durch die Muttergesellschaft zur Verhinderung von Wettbewerbsverstößen der Tochter spricht weder für die Eigenständigkeit der Tochter noch lässt es die Zurechnung des Verstoßes entfallen.[172] Bisher existiert nur ein Fall in der Entscheidungspraxis der Kommission, in dem die Vermutung erfolgreich widerlegt werden konnte: In *Edison* trug die Muttergesellschaft vor, dass sie wegen einer Finanzierungskrise und eines damit verbundenen Umstrukturierungsprozesses, an dessen Ende auch die Abspaltung der kartell-

---

[163] EuGH U. v. 31.10.1974, Slg. 1974, 1147, 1168 – *Centrafarm und De Peijper/Sterling Drug.*

[164] Komm. E. v. 18.6.1969, ABl. 1969 L 165/12, 14 – *Christiani & Nielsen;* Komm. E. v. 30.6.1970, ABl. 1970 L 147/24, 25 – *Kodak.*

[165] EuGH U. v. 31.10.1974, Slg. 1974, 1147, 1168 – *Centrafarm und De Peijper/Sterling Drug;* EuGH U. v. 31.10.1974, Slg. 1974, 1183, 1198 ff. – *Centrafarm und De Peijper/Winthrop;* EuGH U. v. 4.5.1988, Slg. 1988, 2479, 2513 – *Bodson/Pompes funèbres;* Komm. E. v. 18.6.1969 ABl. 1969 L 165/12 – *Christiani & Nielsen;* Komm. E. v. 30.6.1970, ABl. 1970 L 147/25 – *Kodak.*

[166] Komm. E. v. 30.6.1970, ABl. 1970 L 147/24, 25 – *Kodak.*

[167] EuG U v. 12.1.1995, Slg. 1994 II-17 – *Viho Europe/Komm.*

[168] EuGH U v. 24.10.1996, Slg. 1996, I-5457 Rdnrn. 54 ff. – *Viho Europe/Komm.*

[169] So auch *S/J/K/M-Schröter/Voet van Vormizeele* Art. 101 AEUV Rdnr. 103.

[170] EuGH U. v. 11.7.2013, Rs C-440/11 P, ECLI:EU:C:2013:514, Rdnr. 40 mwN – *Kommission/Portielje;* EuGH U. v. 18.7.2013, Rs C-501/11, ECLI:EU:C:2013:522, Rdnr. 108 f. mwN – *Schindler/Kommission.*

[171] EuGH U. v. 11.7.2013, Rs C-440/11 P, ECLI:EU:C:2013:514, Rdnr. 60 mwN – *Kommission/Portielje;* EuGH U. v. 18.7.2013, Rs C-501/11, ECLI:EU:C:2013:522, Rdnr. 112 – *Schindler/Kommission.*

[172] EuGH U. v. 18.7.2013, ECLI:EU:C:2013:522, Rdnr. 113 f. – *Schindler/Kommission.*

rechtswidrig handelnden Tochter stehen sollte, allen ihren Tochtergesellschaften weitgehende Handlungsfreiheit zugesichert hatte. Dies wurde anhand der Satzungen der Tochtergesellschaft und der Vollmachten für den Vorsitzenden auch belegt. Die Kommission kam nach Auffassung der Unionsgerichte ihrer Begründungspflicht nicht ausreichend nach, indem sie auf diese spezifischen Nachweise fehlender Kontrolle nicht einging.[173]

Wenn die o. g. Vermutung nicht eingreift und sich ein Einfluss der Konzermutter nicht **17b**
aufdrängt, sind u. a. umfassend die Eingriffsmöglichkeiten der Muttergesellschaft anhand der Gesellschafterverträge, personeller Übereinstimmungen, etwaiger Vertriebsvereinbarungen und sonstiger Informationspflichten zu prüfen.[174] Auch wenn gesellschaftsrechtlich nur geringe Einflussmöglichkeiten der Muttergesellschaft bestehen, kann sich der bestimmende Einfluss aus personellen Verflechtungen ergeben.[175] Hält die Muttergesellschaft aber nur 60% der Tochter und existieren keine Gesellschafterverträge, die den Einfluss bestimmter Personen, die in beiden Gesellschaften beschäftigt sind, festlegen, dann kann zumindest für eine Übergangsphase nicht allein aus personellen Verflechtungen auf einen bestimmenden Einfluss geschlossen werden.[176] Soweit die Zurechnung nach den genannten Maßstäben möglich ist, sind auch Einheiten in den Konzernverbund einzubeziehen, die mangels eigener wirtschaftlicher Tätigkeit selbst kein Unternehmen i. S. d. Art. 101 AEUV sind. So hat der Gerichtshof eine Entscheidung der Kommission bestätigt, in der sie eine wettbewerbswidrig handelnde Tochtergesellschaft und die ausschließlich deren Kapital haltende Muttergesellschaft gesamtschuldnerisch bebußte.[177]

4. Ungeschützter Wettbewerb. Art. 101 AEUV schützt nur den **rechtmäßigen,** **18**
lauteren Wettbewerb.[178] Daraus folgt, dass Vereinbarungen, Beschlüsse und abgestimmte Verhaltensweisen nicht vom Kartellverbot erfasst werden, wenn und soweit sie nur Formen des rechtswidrigen, insbesondere des unlauteren Wettbewerbs ausschließen oder beschränken.[179] Allerdings darf das nationale Recht, aus dem sich die Rechtswidrigkeit des ausgeschlossenen oder beschränkten Wettbewerbs ergibt, nicht selbst dem europäischen Recht widersprechen. Nach der Rechtsprechung des EuGH zu Art. 34 und 36 AEUV ist das dann nicht der Fall, wenn sich aus nationalen Vorschriften zwar Hemmnisse für den zwischenstaatlichen Handel ergeben, diese Vorschriften aber notwendig sind, um zwingenden Erfordernissen, etwa solchen des Verbraucherschutzes oder der Lauterkeit des Handelsverkehrs zu genügen und soweit diese Ziele nicht durch Maßnahmen erreicht werden können, die den zwischenstaatlichen Handel nicht oder weniger beschränken.[180] Dem Schutz

---

[173] EuG U. v. 16.6.2011, Rs T-196/06, Slg. 2011 II-3149, Rdnrn. 71 ff. – *Edison/Kommission;* bestätigt durch EuGH U. v. 5.12.2013, Rs C-446/11, ECLI:EU:C:2013:798, Rdnrn. 38 ff. – *Kommission/Edison.*

[174] EuG U. v. 14.3.2013, Rs T-587/08, ECLI:EU:T:2013:129, Rdnrn. 105 ff., 132 ff., 152 ff. – *Del Monte/Kommission,* zu einer dt. KG, bei der der Muttergesellschaft als Kommanditistin über den Gesellschaftervertrag umfassende Mitbestimmungsrechte eingeräumt wurden.

[175] EuGH U. v. 11.7.2013, Rs C-440/11 P, ECLI:EU:C:2013:514, Rdnrn. 66 ff., 84 ff. – *Kommission/Portielje.*

[176] EuG U. v. 6.3.2012, Rs T-64/06, ECLI:EU:T:2012:102, Rdnrn. 39ff. – *FLS Plast/Komm.;* nicht beanstandet in EuGH U. v. 19.6.2014, Rs C-243/12, ECLI:EU:C:2014:2006 – *FLS/Plast/Komm.*

[177] EuGH U. v. 11.7.2013, Rs C-440/11 P, ECLI:EU:C:2013:514, Rdnrn. 43 f. – *Kommission/Portielje.*

[178] *S/J/K/M-Schröter/Voet van Vormizeele* Art. 101 AEUV Rdnr. 73 mwN.

[179] EuGH U. v. 24.11.1994, Slg. 1991 I-107, 113, 118 – *Italienische Klage;* Komm. E. v. 30.6.1970 ABl. 1970 L 148/9, 11 – *ASPA;* Komm. E. v. 22.12.1972, ABl. 1972 L 303/32 – *CIMBEL;* Komm. E. v. 15.5.1974, ABl. 1974 L 160/1, 12 – *IFTRA – Verpackungsglas;* Komm. E. v. 15.7.1975, ABl. 1975 L 228/3, 10 – *IFTRA – Aluminium;* Komm. E. v. 2.12.1977, ABl. 1978 L 20/18, 24 – *Rijwiel – Handel;* Komm. E v. 13.12.1989, ABl. 1990 L 21/71, 76 – *Bayo – n – ox; Grabitz/Hilf/Nettesheim-Stockenhuber,* Art. 101 Rdnr. 137 ff. mwN; *S/J/K/M-Schröter/Voet van Vormizeele* Art. 101 AEUV Rdnr. 92 ff.; *Langen/Bunte-Hengst,* Art. 101 AEUV Rdnr. 150 ff. mwN.

[180] EuGH U. v. 20.2.1979, Slg. 1979, 649, 660 ff. – *Bundesmonopolverwaltung für Branntwein/Rewe;* EuGH U. v. 13.12.1990, Slg. 1990, I-4827, 4845 ff. – *Pall/Dahlhausen;* EuGH U. v. 24.11.1993, Slg. 1993 I-6097 – *Keck und Mithouard.*

des Wettbewerbs nach Art. 101 Abs. 1 AEUV kann allerdings nicht entgegengehalten werden, dass die Rechtmäßigkeit oder Lauterkeit einer Maßnahme zweifelhaft und noch nicht auf nationaler Ebene höchstrichterlich geklärt ist und die Unternehmen von deren Rechtmäßigkeit ausgehen.[181] Gehen Unternehmen von der Rechtswidrigkeit des Marktauftretens eines Wettbewerbers aus, dann dürfen sie gleichwohl nicht zu wettbewerbswidrigen Praktiken greifen, um dieses vermeintlich oder tatsächlich rechtswidrige Auftreten zu verhindern, sondern müssen die zuständigen Behörden einschalten.[182] In der Rechtssache *Slovenská sporitel'na* hatten drei slowakische Banken durch eine Absprache die Kontokorrentkonten eines tschechischen Anbieters für Dienstleistungen im Devisengeschäft gekündigt. Dabei erfüllte dieser alle Voraussetzungen für eine Geschäftstätigkeit in Tschechien, während unklar war, ob die von ihm nicht erfüllten, strengeren slowakischen Voraussetzungen überhaupt Anwendung finden konnten. Der Gerichtshof sah darin eine bezweckte Wettbewerbsbeschränkung, wobei die rechtliche Situation des tschechischen Anbieters unerheblich sei.[183]

19 Als zulässig angesehen wurden nach diesen Grundsätzen in der Praxis Vereinbarungen, die Verbote irreführender und unlauterer Werbung[184] oder Verpflichtungen zur Kennzeichnung von Qualitäts- und Herkunftsunterschieden zur Vermeidung von Verwechslungen[185] vorsahen. Als unzulässig angesehen wurden insbesondere Vereinbarungen über Verbote und Gebote, die sich auf angeblich unlautere Preis- und Einfuhrpraktiken bezogen.[186] Das gilt etwa für allgemeine Verbote der Preisunterbietung[187] und Absprachen über die Kampfpreisunterbietung zur Abwehr von angeblich wettbewerbswidrigen Importen,[188] für Verbote, von Listenpreisen abzuweichen oder bestimmte Rabatte zu gewähren, für allgemeine Preisdiskriminierungsverbote, für Gebote der Preisanpassung bei Exporten und der Verwendung eines gemeinsamen Kalkulationsschemas.[189] Grundsätzlich lässt sich sagen, dass Unternehmen nicht durch Vereinbarung, Beschluss oder abgestimmtes Verhalten die Verbote und Gebote des nationalen Rechts zulasten des Wettbewerbs erweitern können, sondern diese nur konkretisieren dürfen. Das gilt auch für den Bereich der gewerblichen Schutzrechte. So darf etwa die Einfuhr von Waren, die in einem Mitgliedstaat rechtmäßig in den Verkehr gebracht worden sind, nicht ohne weiteres aufgrund schutzrechtlicher Abwehransprüche verhindert werden, sondern nur dann, wenn besondere, die Unlauterkeit begründende Umstände hinzutreten.[190]

IV. Wettbewerbsbeschränkung

20 **1. Beschränkung der Handlungsfreiheit.** Nach Art. 101 Abs. 1 AEUV hat die Beschränkung des Wettbewerbs durch Verhinderung, Einschränkung und Verfälschung zu erfolgen. Die Abgrenzung dieser Formen ist zwar unklar und in der Praxis nicht immer widerspruchsfrei durchgeführt worden, was aber ohne nennenswerte praktische Bedeutung ist, da die Kommission Beschränkungen regelmäßig als Verhinderung oder Einschränkung ansieht. Unter Verhinderung wird allgemein der totale Ausschluss des Wettbewerbs und unter Ein-

---

181 AA *Gleiss/Hirsch* Art. 85 Abs. 1 Rdnr. 183.

182 EuGH U. v. 7.2.2013, Rs C-68/12, ECLI:EU:C:2013:71, Rdnr. 19f. – *Slovenská sporitel'na a. s.*

183 EuGH U. v. 7.2.2013, Rs C-68/12, ECLI:EU:C:2013:71, Rdnr. 19 – *Slovenská sporitel'na a. s.*

184 Komm. E. v. 15.5.1974, ABl. 1974 L 160/1, 11 – *IFTRA-Verpackungsglas.*

185 Komm. E. v. 25.6.1969, ABl. 1969 L 168/22 – *VVVF;* Komm. E. v. 26.7.1976, ABl. 1976 L 231/27 – *Pabst & Richarz/BNIA;* Komm. E. v. 23.12.1977, ABl. 1978 L 60/19 – *Penneys.*

186 Zahlreiche Nachweise bei *Langen/Bunte-Hengst,* Art. 101 AEUV Rdnr. 156.

187 Komm. E. v. 16.12.1971, ABl. 1972 L 13/34, 40 – *VCH;* Komm. E. v. 15.7.1975, ABl. 1975 L 228/3, 9 – *IFTRA – Aluminium;* Komm. E. v. 2.12.1977, ABl. 1978 L 20/24 – *Rijwiel – Handel.*

188 Komm. E. v. 26.11.1986, ABl. 1986 L 348/50, 62 – *MELDOC.*

189 Komm. E. v. 15.5.1974, ABl. 1974 L 160/1, 12 – *IFTRA – Verpackungsglas;* Komm. E. v. 15.7.1975, ABl. 1975 L 228/3, 10 – *IFTRA – Aluminium.*

190 EuGH U. v. 25.11.1971, Slg. 1971, 949, 969 – *Béguelin/S. A. G. L./S. A. G. L.;* EuGH U. v. 22.1.1981, Slg. 1981, 181, 195 – *Dansk Supermarked/Imerco.*

schränkung dessen spürbare Beschränkung verstanden.[191] Ob dem Begriff der Verfälschung daneben eine eigene Bedeutung zukommt, ist zweifelhaft. Meist wird er als auch die Verhinderung und Einschränkung umfassender Oberbegriff verstanden, der darüber hinaus nur die selteneren Fälle mittelbar auf das Marktverhalten bezogener Abreden erfasst.[192]

Zentral für den Begriff der Wettbewerbsbeschränkung ist das vom EuGH für einen funktionsfähigen Wettbewerb als ausschlaggebend betonte Element der **unternehmerischen Selbständigkeit** hinsichtlich des Verhaltens am Markt, also der unternehmerischen Handlungsfreiheit.[193] Eine Ausnahme hierzu bildet nur die inzwischen sehr weitgehende Rechtspraxis zum Informationsaustausch zwischen Wettbewerbern. Für diese Fallgruppe ist kennzeichnend, dass eine kartellrechtswidrige Verhaltensweise auch dann vorliegen kann, wenn den Teilnehmern völlig freigestellt ist, ob sie die im Rahmen des Informationsaustauschs gewonnen Informationen für eine Veränderung ihres wettbewerblichen Verhaltens nutzen wollen oder nicht.[194] Wird diese Handlungsfreiheit bei wenigstens einem der Beteiligten eingeschränkt und hat dies wenigstens spürbare Auswirkungen, so liegt eine Wettbewerbsbeschränkung vor. Das gilt unabhängig davon, ob diese Wirkungen die Beteiligten selbst oder Dritte treffen.[195] Darüber hinaus ist die europäische Rechtsprechung und Verwaltungspraxis nicht frei von Widersprüchen und Unklarheiten. Bis zu welchem Grade das EU-Kartellrecht eine der deutschen Lehre von der **Immanenztheorie**[196] vergleichbare Einschränkung des Tatbestandes von Art. 101 Abs. 1 AEUV kennt, ist nicht abschließend geklärt. In seinem Urteil *DLG* erkannte der Gerichtshof an, dass eine Beschränkung der Vereinigungsfreiheit, die sich „sogar positiv auf den Wettbewerb auswirken" könne, nicht notwendigerweise eine Beschränkung des Wettbewerbes im Sinne von Art. 101 Abs. 1 AEUV darstellen müsse.[197] Eine etwas allgemeinere Formel fand der Gerichtshof in seinem *Wouters*-Urteil,[198] in dem er klarstellte, dass nicht jede Vereinbarung zwischen Unternehmen oder jeder Beschluss einer Unternehmensvereinigung, durch die die Handlungsfreiheit der Parteien oder einer der Parteien beschränkt werde, automatisch dem Verbot des Art. 101 Abs. 1 AEUV unterfalle. Vielmehr seien bei der Anwendung des Kartellverbotes der Gesamtzusammenhang der Vereinbarung oder des Beschlusses sowie deren Wirkung und insbesondere deren Zielsetzungen zu würdigen.[199] Diese inzwischen gefestigte Rechtsprechung betrifft allerdings nur verhältnismäßige (erforderliche) Beschränkungen; für die klassischen Hardcore-Kartelle ist sie nicht relevant. Auszugehen ist jedenfalls davon, dass die Frage, ob eine Wettbewerbsbeschränkung vorliegt, nicht isoliert nach ihrer Grundlage in der Vereinbarung, dem Beschluss oder der abgestimmten Verhaltensweise zu beantworten ist, sondern auch unter Berücksichtigung der

---

[191] *Langen/Bunte-Hengst,* Art. 101 AEUV Rdnr. 172.

[192] EuGH U. v. 13.7.1966, Slg. 1966, 457, 483 – *Italien/Komm.;* EuGH U. v. 21.2.1973, Slg. 1973, 215, 244 – *Continental Can/Komm.;* EuGH U. v. 14.2.1978, Slg. 1978, 207, 286 – *United Brands/Komm.; Immenga/Mestmäcker-Emmerich,* EU-WbR Art. 85 Abs. 1 Rdnrn. 117 ff. mwN.

[193] EuGH U. v. 14.7.1981, Slg. 1981, 2021, 2031 – *Züchner/Bayerische Vereinsbank;* EuGH U. v. 28.5.1998, Slg. 1998, I-3111, 3163 – *John Deere.*

[194] Vgl. hierzu Schlussanträge der Generalanwältin *Kokott* v. 11.12.2014, Rs C-286/13 P, ECLI:EU:C:2014:2437, Rdnr. 113, – *Dole Food Company/Dole Fresh Fruit/Komms.* – s. dort auch Rdnr. 121, wonach ein „Klatsch über die allgemeinen Marktbedingungen" tatbestandsmäßig sein kann.

[195] Komm. E. v. 10.7.1985 EATE-Beitrag, ABl. 1985 L 219/35, 41 – *Frachtenregelung in der französischen Binnenschiffahrt.*

[196] *Loewenheim/Meessen/Riesenkampff-Nordemann,* Kartellrecht § 1 Rdnrn. 147 ff.

[197] EuGH U. v. 15.12.1994, Slg. 1994 I-5641, 5687, Rdnr. 34 – *DLG* – kürzlich bestätigt durch EuGH U. v. 11.9.2014, Rs 382/12 P, ECLI:EU:C:2014:2201, Rdnr. 89 – *Mastercard.*

[198] S. hierzu *Wiedemann* in § 2 Rdnr. 3a.

[199] EuGH U. v. 19.2.2002, Slg. 2002 I-1577, 1688, Rdnr. 97 – *Wouters;* ebenso EuGH U. v. 18.7.2006, Slg. 2006 I-6991, Rdnr. 42 – *Meca-Medina und Majcen/Komm.;* EuGH U. v. 18.7.2013, Rs C-136/12, ECLI:EU:C:2013:489, Rdnrn. 55–57 – *Consiglio Nazionale dei Geologi* (Berücksichtigung u. a. der „Würde des Berufs"); EuGH U. v. 4.9.2014, Rs C-184/13, ECLI:EU:C:2014:2147, Rdnrn. 47 ff. – *API* (Straßenverkehrssicherheit legitimiert nicht Vereinbarung über Mindestbetriebskosten im Frachtsektor).

gesamten Marktlage. Eine Rolle kann dabei insbesondere spielen, ob weitere gleichartige Beschränkungen mit Dritten bestehen, die der für sich gesehen unbedeutenden Einschränkung ein anderes Gewicht geben.[200] Ungeklärt sind in der Rechtspraxis die Grenzen der kartellrechtlichen Zulässigkeit sogenannter **Kollegenlieferungen,** d.h. von einseitigen oder gegenseitigen Lieferungen zwischen Wettbewerbern. Der maßgebliche Präzedenzfall aus der unionsrechtlichen Praxis hierzu ist weiterhin das *Rheinzink*-Urteil des EuGH aus dem Jahre 1984. Dieses Urteil lässt sich wohl so verstehen, dass Aushilfslieferungen im Verhältnis zwischen Wettbewerbern dann mit Art. 101 AEUV vereinbar sind, wenn sie sich auf ganz ungewöhnliche Fälle höherer Gewalt beziehen, in denen eine Partei etwa wegen einer brandbedingten Störung eine Produktionsstätte schließen muss und zur Aufrechterhaltung ihres Betriebes bzw. ihrer Marktpräsenz beim Wettbewerber spontan zukauft. Unzulässig nach diesem Urteil sind jedoch darüber hinausgehende Aushilfsverpflichtungen, die sich auf eine Situation der bloßen ernsten Betriebsstörung beziehen, weil die Parteien dadurch in der Eigenständigkeit ihres wettbewerblichen Verhaltens und vor allem auch der Nutzung von Produktionsengpässen des Konkurrenten zu eigenen wettbewerblichen Vorstößen beschränkt würden.[201] Diesen sehr strengen Maßstab, der zulässige Kollegenlieferungen im Prinzip auf sehr wenige Ausnahmefälle begrenzt, hielt die Europäische Kommission auch in ihrer *Flachglas*-Entscheidung aus dem Jahr 1988 aufrecht. Dort heißt es, durch die dort praktizierten „systematischen gegenseitigen Glaslieferungen" hätten die Wettbewerber darauf verzichtet, „durch Erhöhung [ihrer] Direktverkäufe an die Kundschaft die Lieferunfähigkeit der anderen Hersteller auszunutzen".[202] Beide Entscheidungen beruhen auf dem Postulat, dass ein Unternehmen normalerweise kein wirtschaftliches Interesse daran haben dürfte, einen Wettbewerber durch solche Aushilfslieferungen zu unterstützen, so dass lediglich bei absoluten Notfällen ein Lieferbeistand auf Gegenseitigkeit dem Gedanken wirtschaftlicher Vernunft entspricht, nicht aber darüber hinaus bei systematisch praktizierten Lieferungen. In der Folgezeit ist diese Praxis selten aufgegriffen worden; die Verfolgung von Kollegenlieferungen scheint jedenfalls keinen prominenten Platz auf der Liste der Rechtsdurchsetzungsprioritäten der europäischen Wettbewerbsbehörden einzunehmen. Eine gewisse Bedeutung erlangte das Thema allerdings im Zusammenhang mit dem Diamantenkartellverfahren, dessen Gegenstand ein langfristig und mit Bezug auf große Mengen praktizierter Liefervertrag zwischen den beiden größten Rohdiamantenherstellern der Welt war. In diesem Fall verlangte die Kommission eine zeitlich gestaffelte Verpflichtung der beteiligten Unternehmen, die gegenseitige Lieferbeziehung bis zu einem bestimmten Zeitraum vollständig einzustellen.[203] Auch im deutschen Kartellrecht spielt das Thema Kollegenlieferungen in der Rechtsdurchsetzungspraxis keine große Rolle. So berichtet etwa das OLG Düsseldorf in einem Urteil aus dem Jahre 2013, das den Vertrieb von Laborchemikalien betrifft, über „gelegentliche Kollegenlieferungen (etwa zur Abdeckung von Bedarfsspitzen oder zur Versorgung kleiner spezialisierter Händler)", ohne diesen Punkt im Weiteren kritisch zu würdigen.[204] Wegen der weiterhin einschlägigen Rechtsprechung des EuGH aus dem *Rheinzink*-Urteil sind jedenfalls systematische Kollegenlieferungen, die nicht auf absolute Notfallsituationen beschränkt sind, auch nach der Modernisierung der Kartellrechtspraxis als kritisch anzusehen.

22 **2. Beispielskatalog.** Der nicht abschließende Beispielskatalog des Art. 101 Abs. 1 AEUV nennt in lit. a bis e Fälle von Wettbewerbsbeschränkungen horizontaler (unter Wettbewerbern) und vertikaler (zwischen Unternehmen auf verschiedenen Wirtschaftsstu-

[200] EuGH U. v. 12.12.1967, Slg. 1967, 543, 555 ff. – *Brasserie de Haecht/Wilkin und Janssen;* EuGH U. v. 18.2.1971, Slg. 1971, 69, 80 ff. – *Sirena/Eda u. a.;* EuGH U. v. 28.2.1991, Slg. 1991 I-935, 978 ff. – *Delimitis/Henniger Bräu;* EuG U. v. 22.3.2011, Slg. 2011 II-975, Rdnr. 56 – *Altstoff Recycling Austria/Komm.*

[201] EuGH U. v. 28. 3. 1984, Slg. 1984, 1680, Rdnrn. 33, 35 – *Cram & Rheinzink/Kommission.*

[202] Komm. E. v. 7. 12. 1989, ABl. 1989 L 33/44, Rdnr. 70 – *Flachglas.*

[203] Komm. E. v. 22. 2. 2006, ABl. 2006 L 205/24 – *De Beers;* s. hierzu auch EuGH U. v. 29. 6. 2010, Rs C-441/07 P, ECLI:EU:C:2010:377 – *Alrosa.*

[204] OLG Düsseldorf U. v. 13. 11. 2013, VI-Kart 5/09 (V), open Jur 2015, 3740, Rdnr. 125.

fen) Natur. Während die Beispielsfälle der lit. d und e für den Bereich der horizontalen Beschränkungen von geringer praktischer Bedeutung sind, gehören die in den lit. a bis c genannten insoweit zu den besonders schwerwiegenden und wichtigen Wettbewerbsbeschränkungen.

a) Art. 101 Abs. 1 lit. a AEUV. An erster Stelle der verbotenen Regelungen steht die Beschränkung des Preiswettbewerbs. Der Preis einer angebotenen oder nachgefragten Leistung ist für den Wettbewerb von herausragender Bedeutung und kann als „Hauptwettbewerbsinstrument" bezeichnet werden.[205] Horizontale Beschränkungen des Preiswettbewerbs betreffen den regelmäßig wichtigsten unternehmerischen Aktionsparameter und sind daher ihrer Natur nach schwere Wettbewerbsbeschränkungen („hardcore") im Sinne von Art. 101 Abs. 1 AEUV.[206] Dementsprechend werden diese Kartelle regelmäßig mit den höchsten Geldbußen belegt.[207] Eine Rechtfertigung horizontaler Preisabsprachen ist nicht möglich, insbesondere können die beteiligten Unternehmen nicht stark angestiegene Rohstoffpreise,[208] einen ruinösen Wettbewerb[209] oder unlauteres Verhalten[210] anderer Unternehmen zur Legitimation der Preisabsprache geltend machen. Eine **Preisabsprache** liegt nicht nur vor, wenn die Preise selbst festgelegt werden,[211] sondern auch dann, wenn sich die Beschränkung der unternehmerischen Freiheit auf Preisbestandteile, Rabatte oder Anzahlungen[212] bezieht.[213] Erfasst werden darüber hinaus Vereinbarungen über Mindest- oder Höchstpreise[214] sowie über Ziel-[215] bzw. Richtpreise,[216] der Austausch vertraulicher Informationen über die

---

205 Komm. E. v. 21.10.1998, ABl. 1999 L 24/1, Rdnr. 146 – *Fernwärmetechnik-Kartell;* Komm. E. v. 11.12.2001, ABl. 2003 L 153/1, Rdnr. 213 – *Zinkphosphat;* Komm. E. v. 5.12.2001, ABl. 2003 L 200/1, Rdnr. 262 – *Interbrew und Alken-Maes.*

206 EuGH U. v. 25.10.1977, Slg. 1977, 1875 (1906) – *Metro SB-Großmärkte/Komm.;* EuGH U. v. 30.1.1985, Slg. 1966, 391 (423) – *BNIC/Clair;* EuG U. v. 29.4.2004, Slg. 2004 II-1181, Rdnr. 225 – *Tokai Carbon u. a./Komm.;* Komm. E. v. 5.2.1992, ABl. 1992 L 92/1 (19) – *SPO;* Komm. E. v. 22.11.2001, ABl. 2003 L 6/1, Rdnr. 589 – *Vitamine;* Komm. E. v. 18.7.2001, ABl. 2002 L 100/1, Rdnr. 109 – *Graphitelektroden;* Komm. E. v. 8.12.2010, COMP/39.309, Rdnrn. 405 f. – *LCD.*

207 Z. B. Komm. E. v. 5.12.2012, ABl. 2013 C 303/13 (€ 1,47 Milliarden) – *Bildröhren;* Komm. E. v. 28.5.2012, COMP/39.462 (€ 169 Millionen) – *Speditionsdienste;* Komm. E. v. 8.12.2010, COMP/39.309 (€ 648 Millionen) – *LCD.*

208 Komm. E. v. 27.7.1994, ABl. 1994 L 239/14, Rdnr. 36 – *PVC II.*

209 Komm. E. v. 5.2.1992, ABl. 1992 L 92/1, Rdnr. 73– *Niederländische Bauwirtschaft.*

210 EuGH U. v. 17.1.1984, Slg. 1984, 19, Rdnr. 37 – *VBVB und VBBB/Komm.*

211 Komm. E. v. 17.10.1983, ABl. 1983 L 317/1 (12) – *Gußeisen- und Gußstahlwalzen;* Komm. E. v. 2.8.1989, ABl. 1989 L 260/1 (34, 38) – *Betonstahlmatten;* Komm. E. v. 5.2.1992, ABl. 1992 L 92/1 (19) – *SPO;* Komm. E. v. 15.9.1999, ABl. 1999 L 275/17, Rdnrn. 63 ff. – *Reims I;* s. auch die Bekanntmachung „Reims II", ABl. 2003 C 94/3.

212 Komm. E. v. 10.10.2001, ABl. 2002 L 257/1, Rdnr. 173 – *Mercedes-Benz.*

213 EuGH U. v. 26.11.1975, Slg. 1975, 1491, 1513 – *Papiers Peints/Komm.;* Komm. E. v. 15.5.1975, ABl. 1974 L 160/1, 12 – *IFTRA – Verpackungsglas;* Komm. E. v. 15.7.1975, ABl. 1975 L 228/3, 9 – *IFTRA – Aluminium;* Komm. E. v. 16.5.2000, ABl. 2000 L 268/1, Rdnr. 133 – *FETTCSA;* Komm. E. v. 8.12.2010, COMP/39.309, Rdnrn. 262, 266, 297 ff. – *LCD;* Komm. E. v. 13.4.2011, COMP/39579, Rdnrn. 25, 45 (gegenseitier Verzicht auf Weitergabe von Einsparungen) – *Waschmittel.*

214 EuGH U. v. 29.10.1980, Slg. 1980, 3125 – *van Landewyck u. a./Komm.;* Komm. E. v. 13.12.1985, ABl. 1985 L 369/34 (35) – *London Rubber;* Komm. E. v. 22.11.2001, ABl. 2003 L 6/1, Rdnr. 590 – *Vitamine;* Komm. E. v. 2.7.2002, ABl. 2003 L 255/1, Rdnr. 214 – *Methionin;* Komm. E. v. 24.7.2002, ABl. 2003 L 84/1, Rdnrn. 189 ff. – *Industriegase und medizinische Gase;* Komm. E. v. 8.12.2010, COMP/39510, Rdnrn. 662 ff. – *ONP.*

215 EuG U. v. 14.10.2004, Rs T-56/02, Rdnr. 113, Slg. 2004 II-3495 – *Bayrische Hypo- und Vereinsbank/Komm.;* Komm. E. v. 16.12.2003, ABl. 2004 L 125/50, Rdnr. 11 (Zusammenfassung) – *Industrierohre;* Komm. E. v. 5.12.2001, ABl. 2002 L 239/18, Rdnrn. 82, 158 – *Zitronensäure;* Komm. E. v. 19.10.2011, COMP/39.605, Rdnrn. 21, 50 – *CRT-Glas;* Komm. E. v. 7.12.2011, COMP/39.600, Rdnrn. 26, 48 – *Kühlschrankkompressoren.*

216 EuGH U. v. 17.10.1972, Slg. 1972, 977 (990) – *Cementhandelaren/Komm.;* Komm. E. v. 6.8.1984, ABl. 1984 L 220/27 (37 f.) – *Zinc Producer Group.* Kein Verstoß gegen Art. 101 Abs. 1 AEUV liegt vor, wenn die Richtpreise nicht vereinbart, beschlossen oder abgestimmt, sondern nur empfohlen werden; EuGH U. v. 28.1.1986, Slg. 1986, 374 – *Pronuptia.*

Preisgestaltung,[217] die Einrichtung von Preismeldestellen[218] und die Vereinbarung gemeinsamer Kalkulationsschemata,[219] die zu einer Dämpfung des Preiswettbewerbs führen.[220] Sind die ausgetauschten Informationen öffentlich zugänglich oder beziehen sich diese auf frühere Preise und sind deshalb rein historischerNatur, kann in dem Informationsaustausch dennoch ein Verstoß gegen Art. 101 AEUV liegen, wenn damit ein anderes wettbewerbswidriges Verhalten unterstützt wird.[221] Auch in vertikalen Verhältnissen sind Preisvereinbarungen grundsätzlich unzulässig.[222] Um unzulässige vertikale Preisabsprachen handelt es sich beispielsweise, wenn Unternehmen auf verschiedenen Handelsstufen Vereinbarungen über Wiederverkaufspreise,[223] Einzelhandelspreise[224] (sog. Preisbindung) oder Rabatte[225] treffen. Ein Kreditkartenunternehmen darf mit den an einem Zahlkartensystem beteiligten Banken grundsätzlich nicht bestimmte Abwicklungsgebühren für den Geschäftsverkehr der Banken vereinbaren.[226] „Unverbindliche" Preisempfehlungen verstoßen regelmäßig gegen Art. 101 AEUV, wenn sie von Unternehmensvereinigungen für ihre Mitglieder beschlossen werden.[227] Für die Festlegung der in Art. 101 Abs. 1 lit. a AEUV ausdrücklich genannten **Konditionen** gelten die genannten Grundsätze für Preisabsprachen entsprechend. Beschränkungen des Konditionenwettbewerbs stehen zudem häufig in Zusammenhang mit Beschränkungen des Preiswettbewerbs.[228] Art. 101 Abs. 1 lit. a EG betrifft hingegen nicht die Frage der Angemessenheit von Preisen und Konditionen, die grundsätzlich nur im Rahmen des Art. 102 AEUV überprüft werden kann.

23 *b) Art. 101 Abs. 1 lit. b AEUV.* Die in Art. 101 Abs. 1 lit. b AEUV genannten Wettbewerbsbeschränkungen durch **Einschränkung oder Kontrolle der Erzeugung, des Absatzes, der technischen Entwicklung oder der Investitionen** betreffen ebenfalls häufig schwerwiegende Wettbewerbsbeschränkungen. Erfasst werden dabei sowohl Einschränkungen und Kontrollen hinsichtlich des Angebots bzw. Absatzes von Waren als auch von Dienstleistungen.[229] Um schwerwiegende Wettbewerbsbeschränkungen handelt es sich

---

[217] Komm. E. v. 11.6.2002, ABl. 2004 L 56/1, Rdnr. 423 – *Österreichische Banken;* Komm. E. v. 12.10.2011, COMP/39.482, Rdnrn. 187 ff. – *Exotische Früchte;* Komm. E. v. 19.10.2011, COMP/39.605, Rdnrn. 22, 50 – *CRT-Glas;* vgl. hierzu kürzlich die Zusammenfassung der Rechtsprechung in den Schlussanträgen der Generalanwältin *Kokott* v. 11.12.2014, Rs C-286/13 P, ECLI:EU:C:2014:2437, Rdnrn. 106 ff. – *Dole Food Company/Dole Fresh Fruit Europe/Komm.* Diese Rechtsprechung bildet insgesamt eine Ausnahme von dem allgemeinen Grundsatz, dass eine kartellrechtswidrige Vereinbarung auch auf eine Beschränkung der Handlungsfreiheit der beteiligten Unternehmen hinauslaufen muss.

[218] EuG U. v. 27.10.1994, Slg. 1994 II-905, 912 ff. – *Fiatagri und New Holland Ford/Komm.;* EuG U. v. 27.10.1994, Slg. 1994 II-957, 962 ff. – *John Deere/Komm.;* Komm. E. v. 15.7.1975, ABl. 1975 L 228/3, 12 f. – *IFTRA – Verpackungsglas;* 24. WB (1994) Ziff. 438 ff.

[219] Komm. E. v. 15.5.1975, ABl. 1974 L 160/1, 12 f. – *IFTRA – Verpackungsglas;* Komm. E. v. 15.7.1975, ABl. 1975 L 228/3 (9) – *IFTRA – Aluminium;* Komm. E. v. 8.2.1980, ABl. 1980 L 62/28 – *Stahllagerhändler.*

[220] Auch den gegenseitigen Verzicht auf Werbung versteht die Kommission als Wettbewerbsverstoß, Komm. E. v. 13.4.2011, COMP/39579, Rdnrn. 25, 45 – *Waschmittel.*

[221] EuGH U. v. 7.1.2004, Slg. 2004 I-123 Rdnr. 281 – *Aalborg Portland u. a.*

[222] *Loewenheim/Meessen/Riesenkampff-Wägenbaur,* Kartellrecht Art. 81 Abs. 1 Rdnrn. 204 ff. mwN.

[223] Komm. E. v. 5.7.2000, ABl. 2001 L 54/1, Rdnrn. 86 ff. – *Nathan Bricolux*

[224] EuGH U. v. 11.9.2008, Slg. 2008 I-6681, Rdnr. 42 – *CEPSA;* Komm. E. v. 21.12.2000 ABl. 2002 L 69/1, Rdnr. 140 – *JCB.*

[225] Komm. E. v. 21.12.2000, ABl. 2002 L 69/1, Rdnr. 140 – *JCB.*

[226] Komm. E. v. 24.7.2002, ABl. 2002 L 318/17, Rdnr. 67 – *Visa International.*

[227] Komm. E. v. 24.6.2004, ABl. 2005 L 4/10 – *Belgische Architektenkammer; Loewenheim/Meessen/Riesenkampff-Wägenbaur,* Kartellrecht Art. 81 Abs. 1 Rdnrn. 250 f. mwN.

[228] Komm. E. v. 15.7.1975, ABl. 1975 L 228/3, 9 – *IFTRA – Aluminium;* Komm. E. v. 10.7.1986, ABl. 1986 L 232/15, 23 f. – *Dach- und Dichtungsbahnen;* Komm. E. v. 12.12.1988, ABl. 1989 L 22/12, 18 ff. – *Publishers' Association;* Komm. E. v. 11.6.2002, ABl. 2004 L 56/1 Rdnr. 423 – *Österreichische Banken.*

[229] Komm. E. v. 23.12.1992, ABl. 1993 L 34/20 Rdnr. 38 – *CEMBAL; Loewenheim/Meessen/Riesenkampff-Wägenbaur,* Kartellrecht Art. 81 Abs. 1 Rdnr. 250.

regelmäßig bei der Vereinbarung von Produktions- und horizontalen Absatzverboten oder der Festlegung von Produktions-, Verkaufs- oder Lieferquoten.[230] Der Austausch von vertraulichen Informationen über die abgesetzten Mengen und Marktanteile kann ebenfalls einen Wettbewerbsverstoß begründen, da diese zu den am schwierigsten in Erfahrung zu bringenden Marktangaben gehören und eine Koordinierung des Marktverhaltens bzw. eine Kontrolle einer vereinbarten Marktaufteilung ermöglichen.[231] Art. 101 Abs. 1 lit. b AEUV betrifft daneben aber auch solche Wettbewerbsbeschränkungen, für die etwa im deutschen Kartellrecht früher ausdrückliche gesetzliche Freistellungsmöglichkeiten in Betracht kamen. Zu nennen sind einerseits Strukturkrisenkartelle, die meist durch auf Überkapazitäten und einem entsprechenden Preisverfall beruhenden Krisensituationen auf den betreffenden Märkten motiviert und auf eine Verringerung von Produktionskapazitäten gerichtet sind. Die Kommission geht davon aus, dass solche Krisen grundsätzlich ohne Wettbewerbsbeschränkungen mit marktwirtschaftlichen Mittel zu lösen sind.[232] Besonders kritisch sieht die Kommission **Quotenregelungen,** die die Krise nicht beheben, sondern die durch mangelnde Kapazitätsauslastung entstehenden Verluste auf Kosten der Verbraucher ausgleichen sollen.[233] Die mitunter schwierige wirtschaftliche Situation der betroffenen Unternehmen wird von der Kommission im Rahmen der Sanktionen berücksichtigt, was zur Verhängung geringerer Geldbußen führen kann.[234] Einschränkungen der Erzeugung im Sinne von Art. 101 Abs. 1 lit. b AEUV können aber auch im Zusammenhang mit Normen- und Typenregelungen[235] sowie Rationalisierungs- und Spezialisierungskartellen wettbewerblich positiv zu bewerten oder zumindest hinnehmbar sein. Derartige Kartelle betreffen Vereinbarungen zwischen (potentiellen) Wettbewerbern, wonach zumindest eine Vertragspartei arbeitsteilig auf einen Teil ihrer Produktion verzichtet oder die Vertragsparteien gemeinsam ein bestimmtes Produkt herstellen.[236] Solche Vereinbarungen können neben den damit verbundenen Beschränkungen des Angebots-, Nachfrage- oder Innovationswettbewerbs zu einer Verbesserung der Warenerzeugung und einer Förderung des technischen Fortschritts im Sinne von Art. 101 Abs. 3 AEUV führen. Die Kommission hat Spezialisierungskartelle daher unter bestimmten Voraussetzungen schon früh grundsätzlich positiv beurteilt.[237] Diese Grundeinschätzung findet auch Ausdruck in der Gruppenfreistellungsverordnung für Spezialisierungsabsprachen.[238]

---

[230] Komm. E. v. 20.12.2001, ABl. 2004 L 115/1 Rdnrn. 241 ff. – *Selbstdurchschreibepapier;* Komm. E. v. 7.6.2000, ABl. 2001 L 152/24, Rdnrn. 211 ff. – *Aminosäuren;* Komm. E. v. 5.12.2001, ABl. 2002 L 239/18, Rdnrn. 81 ff., 209 – *Zitronensäure;* Komm. E. v. 22.11.2001, ABl. 2003 L 6/1, Rdnr. 590 – *Vitamine;* Komm. E. v. 5.12.2012, ABl. 2013 C 303/13- *Bildröhren; Loewenheim/Meessen/Riesenkampff-Wägenbaur,* Kartellrecht Art. 81 Abs. 1 Rdnr. 253 ff., 265 mit Nachw. aus der Entscheidungspraxis der Kommission.

[231] Komm. E. v. 7.6.2000, ABl. 2001 L 152/24, Rdnrn. 224 ff. – *Aminosäuren.*

[232] Komm. E. v. 22.12.1972, ABl. 1972 L 303/24, 37 – *CIMBEL;* Komm. E. v. 6.8.1984, ABl. 1984 L 220/27, 39 – *Zinc Producer Group.*

[233] Komm. E. v. 22.12.1972, ABl. 1972 L 303/24, 37 – *CIMBEL;* Komm. E. v. 17.12.1980, ABl. 1980 L 333/19, 24 – *Gußglas Italien;* Komm. E. v. 2.8.1989, ABl. 1989 L 260/1 (34) – *Betonstahlmatten;* Komm. E. v. 21.12.1988, ABl. 1989 L 74/1, 4, 12 – *PVC;* Komm. E. v. 21.12.1988, ABl. 1989 L 74/21, 26, 33 – *LDPE.*

[234] Komm. E. v. 8.12.1999, ABl. 2003 L 140/1, Rdnrn. 168 f. – *Nahtlose Stahlrohre.*

[235] Komm. E. v. 20.12.1977, ABl. 1978 L 47/42, Rdnrn. 22 ff. – *Video Casetterecorders;* Komm. E. v. 24.1.1999, ABl. 2000 L 187/47, Rdnrn. 30 ff. – *CECED.*

[236] S. die Begriffsbestimmung in Art. 1 Abs. 1 der Verordnung (EU) Nr. 1218/2010 der Kommission vom 14. Dezember 2010 über die Anwendung von Artikel 101 Absatz 3 des Vertrags über die Arbeitsweise der Europäischen Union auf bestimmte Gruppen von Spezialisierungsvereinbarungen, ABl. 2010 L 335/43.

[237] *S/J/K/M-Haag,* Art. 101 AEUV, Rdnr. 538 mwN; *Langen/Bunte-Braun,* Nach Art. 101 AEUV, Rdnr. 184 mwN.

[238] Verordnung (EU) Nr. 1218/2010 der Kommission vom 14. Dezember 2010 über die Anwendung von Artikel 101 Absatz 3 des Vertrags über die Arbeitsweise der Europäischen Union auf bestimmte Gruppen von Spezialisierungsvereinbarungen, ABl. 2010 L 335/43.

24 *c) Art. 101 Abs. 1 lit. c AEUV.* Bei der von Art. 101 Abs. 1 lit. c AEUV erfassten Aufteilung der Märkte und Versorgungsquellen unter Wettbewerbern handelt es sich um schwerwiegende Eingriffe in das Marktgeschehen.[239] **Marktaufteilungen** sind auf vielfältige Weise zu erreichen und treten häufig in Verbindung mit weiteren wettbewerbsbeschränkenden Verhaltensweisen auf.[240] Von besonderer praktischer Bedeutung ist die Zuordnung von Gebieten unter Wettbewerbern, die es ausschließt, im Gebiet des anderen Partners zu produzieren oder dieses zu beliefern.[241] Dabei kommt es nicht darauf an, nach welchen Kriterien die jeweiligen Heimatmärkte voneinander abgegrenzt werden. Eine Marktaufteilung entsprechend den Gebieten einzelner Mitgliedstaaten[242] widerspricht den Zielen des AEUV allerdings in besonderem Maße. Die Kriterien können allgemeiner Natur sein oder sich auf spezielle geographische Gebiete beziehen.[243] Eine Marktaufteilung durch Gebietszuordnung liegt schon dann vor, wenn diese Möglichkeiten nicht ausgeschlossen, sondern nur eingeschränkt werden, etwa durch die Festlegung von Höchstmengen,[244] durch das Gebot, bei Verkäufen in dieses Gebiet bestimmte Preise zu beachten[245] und durch den Ausschluss der Belieferung bestimmter Abnehmergruppen.[246] Erfasst werden darüber hinaus Exportverbote bzw. -beschränkungen,[247] Alleinvertriebsvereinbarungen,[248] Vereinbarungen über Marktanteilsquoten[249] und Nichtangriffspakte zwischen Unternehmen, die gemeinsam auf einem bestimmten Markt auftreten.[250] Vereinbarungen über die Aufteilung der Märkte werden häufig durch zusätzliche Abreden gesichert, wie beispielsweise einen Verzicht auf Werbung und der Teilnahme an Verkaufsveranstaltungen.[251] Marktaufteilungen können schließlich auch auf der Grundlage sachlicher (produktbezogener) oder zeitlicher Abgrenzungen, durch die Zuweisung von Kunden[252] sowie mittels gewerblicher Schutz-

---

[239] Komm.E. v. 17.12.1980, ABl. 1980 L 383/19, 21, 23 – *Gußglas Italien;* Komm.E. v. 17.10.1983, ABl. 1983 L 317/1, 8, 12 – *Gußeisen- und Gußstahlwalzen;* Komm.E. v. 23.7.1984, ABl. 1984 L 212/13, 17, 19 – *Flachglas in den Benelux-Ländern;* Komm. E. v. 23.11.1984, ABl. 1985 L 35/1 – *Peroxyd-Produkte;* Komm. E. v. 26.11.1986, ABl. 1986 L 348/50, 54, 60 – *MELDOC;* Komm. E. v. 2.8.1989, ABl. 1989 L 260/1, 34 – *Betonstahlmatten;* Komm. E. v. 10.7.1986, ABl. 1986 L 232/15, 19, 24 – *Dach- und Dichtungsbahnen;* Komm. E. v. 18.7.2001, ABl. 2001 L 265/15, Rdnr. 88 – *SAS/Maersk Air.*

[240] Komm. E. v. 20.12.2001, ABl. 2004 L 115/1, Rdnrn. 333 ff. – *Selbstdurchschreibepapier.*

[241] Komm. E. v. 21.12.2000, ABl. 2002 L 69/1, Rdnr. 140 – *JCB.*

[242] Komm. E. v. 8.12.1999, ABl. 2003 L 140/1, Rdnrn. 101 f. – *Nahtlose Stahlrohre.*

[243] Komm. E. v. 18.7.2001, ABl. 2001 L 265/15, Rdnr. 81 – *SAS/Maersk Air.*

[244] Komm. E. v. 28.10.1970, ABl. 1970 L 242/18, (19) – *Julien/van Katwijk;* Komm. E. v. 8.1.1975, ABl. 1975 L 29/26, 28 – *Pilzkonserven;* Komm.E. v. 17.12.1980, ABl. 1980 L 383/19, 21 – *Gußglas Italien.*

[245] EuGH U. v. 15.5.1975, Slg. 1975, 563, 593 ff. – *Frubo/Komm.;* Komm. E. v. 3.1.1973, ABl. 1973 140/7, 34 – *Europäische Zuckerindustrie;* Komm. E. v. 15.5.1974, ABl. 1974 160/1, (11) – *IFTRA – Verpackungsglas.*

[246] EuGH U. v. 15.5.1975, Slg. 1975, 563, 593 ff. – *Frubo/Komm.;* Komm. E. v. 3.1.1973, ABl. 1973 140/7, 30 – *Europäische Zuckerindustrie;* Komm. E. v. 10.10.2001, ABl. 2002 L 257/1, Rdnr. 171 – *Mercedes-Benz.*

[247] Komm. E. v. 20.9.2000, ABl. 2001 L 59/1, Rdnrn. 119 ff. – *Opel;* Komm. E. v. 21.12.2000, ABl. 2002 L 69/1, Rdnr. 140 – *JCB;* Komm. E. v. 8.5.2001, ABl. 2001 L 302/1, Rdnrn. 116 ff. – *Glaxo Wellcome u. a.*

[248] Komm. E. v. 5.7.2000, ABl. 2001 L 54/1, Rdnrn. 86 ff. – *Nathan Bricolux;* Komm. E. v. 21.12.2000, ABl. 2002 L 69/1, Rdnr. 140 – *JCB.*

[249] Komm. E. v. 18.7.2001, ABl. 2002 L 100/1, Rdnr. 71 – *Graphitelektroden;* Komm. E. v. 3.12.2003, ABl. 2004 L 125/45, Rdnr. 2 (Zusammenfassung) – *Elektrotechnische und mechanische Kohlenstoff- und Graphitprodukte;* Komm. E. v. 16.12.2003, ABl. 2004 L 125/50, Rdnrn. 10 f. (Zusammenfassung) – *Industrierohre.*

[250] Komm. E. v. 5.12.2001, ABl. 2003 L 200/1, Rdnrn. 261 ff. – *Interbrew und Alken-Maes.*

[251] Komm. E. v. 3.12.2003, ABl. 2004 L 125/45, Rdnr. 2 (Zusammenfassung) – *Elektrotechnische und mechanische Kohlenstoff- und Graphitprodukte.*

[252] Komm. E. v. 5.12.2001, ABl. 2003 L 200/1, Rdnr. 265 – *Interbrew und Alken-Maes;* Komm. E. v. 11.12.2001, ABl. 2003 L 153/1, Rdnr. 214 – *Zinkphosphat;* Komm E. v. 27.11.2002, ABl. 2004 L 38/18, Rdnr. 184 – *Methylglukamin;* Komm. E. v. 17.12.2002, ABl. 2004 L 75/1, Rdnrn. 172, 182 –

rechte bewirkt werden, etwa durch die Vereinbarung, auf dem Gebiet des anderen Partners keine Lizenzen zu erteilen.[253] Die zweite Tatbestandvariante des Art. 101 Abs. 1 lit. c AEUV, die **Aufteilung der Versorgungsquellen,** ist gegenüber der Marktaufteilung von untergeordneter praktischer Bedeutung. Eine Marktaufteilung kann sowohl Angebotsmärkte als auch Nachfragemärkte betreffen, weshalb für die Aufteilung der Versorgungsquellen kaum eigenständige Gesichtspunkte verbleiben. Eine Beschränkung der Versorgungsfreiheit bzw. des Nachfragewettbewerbs wird in erster Linie durch Vereinbarung von Bezugspflichten, insbesondere Alleinbezugsverpflichtungen, begründet, wie sie häufig in Bierlieferungsverträgen vorkommen.[254]

d) Art. 101 Abs. 1 lit. d und lit. e AEUV. Beide Tatbestandsgruppen spielen in der Rechts- 25
praxis des Art. 101 AEUV so gut wie keine Rolle. Die von Art. 101 Abs. 1 lit. d erfasste konzertierte Anwendung unterschiedlicher Bedingungen bei gleichwertigen Leistungen würde einen Kartellbeschluss zur diskriminierenden Behandlung bestimmter Geschäftspartner voraussetzen. In der Praxis wird dies als isolierte Kartellabsprache kaum vorkommen. Allenfalls denkbar wäre die brancheneinheitliche Verwendung bestimmter allgemeiner Geschäftsbedingungen, die die diskriminierende Behandlung einer bestimmten Abnehmer- oder Lieferantengruppe vorsieht. Auch die von Art. 101 Abs. 1 lit. e AEUV betroffene Fallgruppe der Kopplung nicht zueinander gehörender Waren oder Dienstleistungen qua Kartellbeschluss dürfte in der Praxis allenfalls dann virulent werden, wenn eine derartige Kopplung Gegenstand brancheneinheitlicher Geschäftsbedingungen ist.

3. Bezwecken oder Bewirken. Der Verbotstatbestand setzt voraus, dass die Vereinba- 26
rung, der Beschluss oder die abgestimmte Verhaltensweise eine Wettbewerbsbeschränkung bezweckt oder bewirkt. Beide Tatbestandsmerkmale sind alternativ zu verstehen.[255] In der Praxis lässt die Kommission häufig offen, welche dieser Alternativen erfüllt ist. Der Begriff des **Zwecks** der Vereinbarung, des Beschlusses oder der abgestimmten Verhaltensweise ist objektiv zu verstehen, d.h. er muss sich aus diesen insgesamt oder aus einem ihrer Teile ergeben, wobei jedoch auch die Begleitumstände zu berücksichtigen sind.[256] Zu bewerten sind der Inhalt der Bestimmung, die mit ihr verfolgten Ziele, ihr wirtschaftlicher und rechtlicher Zusammenhang, sowie die Natur der betroffenen Wirtschaftsgüter und die Struktur der betroffenen Märkte.[257] Auf die subjektiven Beweggründe kommt es nach dem Sinn und Zweck des Verbotstatbestandes nicht an, auch wenn es den Wettbewerbsbehörden und Gerichten nicht verwehrt ist, die Absicht der Beteiligten zu berücksichtigen.[258]

Geschmacksverstärker; Komm. E. v. 16.12.2003, ABl. 2004 L 125/50, Rdnrn. 10f. (Zusammenfassung) – *Industrierohre;* Komm. E. v. 7.10.2013, AT.39748, Rdnr. 66. – *KfZ-Kabelbäume.*

[253] Komm. E. v. 12.6.1978, ABl. 1978 191/41 (44) – *SNPE/LEL;* auch EuGH U. v. 14.9.1982, Slg 1982, 2853 (2373) – *Kleurkop/Nancy Kean Gifts.*

[254] S. zu Bezugspflichten in Bierlieferungsverträgen EuG U. v. 5.7.2001, Slg. 2001 II-1881, Rdnrn. 104ff. – *Colin Arthur Roberts;* EuG U. v. 21.3.2002, Slg. 2002 II-2085, Rdnr. 48. – *Joyson/Komm.;* Komm. E. v. 29.6.2000, ABl. 2000 L 195/49, Rdnrn. 47ff. – *Inntrepreneur und Spring;* auch EuGH U. v. 7.12.2000, Slg. 2000 I-11121, Rdnrn. 20ff. – *Neste.*

[255] EuGH U. v. 30.6.1966, Slg. 1966, 281, 285ff., 303 – *Société Technique Minière/Maschinenbau Ulm;* EuGH U. v. 16.12.1975, Slg. 1975, 1663, 2025 – *Suiker Unie u. a./Komm;* EuGH U. v. 14.3.2013, Rs C-32/11, ECLI:EU:C:2013:160, Rdnr. 33 – *Allianz Hungária; S/J/K/M-Schröter/Voet van Vormizeele* Art. 101 AEUV Rdnr. 120; *Immenga/Mestmäcker-Emmerich,* EU-WbR Art. 101 Abs. 1 Rdnr. 172ff.

[256] EuGH U. v. 30.6.1966, Slg. 1966, 281, 303 – *Société Technique Minière/Maschinenbau Ulm;* EuGH U. v. 12.12.1967, Slg. 1967, 544, 555f. – *Brasserie de Haecht/Wilkin und Janssen;* EuGH U. v. 25.11.1971, Slg 1971, 949, 960 – *Béguelin/S. A. G. L.;* EuGH U. v. 8.11.1983, Slg. 1983, 3369 (3410) – *IAZ u. a./Komm.;* EuGH U. v. 28.2.1991, Slg. 1991 I-935, 981ff. – *Delimitis/Henninger Bräu;* Komm. E. v. 15.5.1974, ABl. 1974 160/1, 12 – *IFTRA – Verpackungsglas; S/J/K/M-Schröter/Voet van Vormizeele* Art. 101 AEUV Rdnr. 120.

[257] EuGH U. v. 13.12.2012, Rs C-226/11, ECLI:EU:C:2012:795, Rdnr. 21 – *Expedia Inc.*; EuGH U. v. 14.3.2013, Rs C-32/11, ECLI:EU:C:2013:160, Rdnr. 33 mwN – *Allianz Hungária.*

[258] EuGH U. v. 6.10.2009, Slg. 2009 I-9291, Rdnr. 58 – *GlaxoSmithKline;* EuGH U. v. 14.3.2013, Rs C-32/11, ECLI:EU:C:2013:160, Rdnr. 33 mwN – *Allianz Hungária.*

Allerdings ist zu beachten, dass der EuGH einer allzu schnellen Annahme einer bezweckten Wettbewerbsbeschränkung durch die Kommission deutlich entgegengetreten ist. Auch im Bereich der bezweckten Wettbewerbsbeschränkung muss eine umfassnde Prüfung der betroffenen Marktverhältnisse sowie des Inhalts und der Ziele der jeweiligen Vereinbarung durchgeführt werden. Entgegen der Auffassung der Kommission und des Gerichts ist der Begriff der bezweckten Wettbewerbsbeschränkung „eng" auszulegen, weil „anderenfalls die Kommission von der Verpflichtung entbunden würde, die konkreten Auswirkungen von Vereinbarungen auf dem Markt zu beweisen, bei denen überhaupt nicht feststeht, dass sie schon ihrer Natur nach schädlich für das gute funktionieren des normalen Wettbewerbs sind".[259] Bei bestimmten Inhalten geht die Rechtsprechung allerdings ohne weiteres von einem wettbewerbsbeschränkenden Zweck aus, so etwa bei der Vereinbarung von Mindestpreisen,[260] bei Vereinbarungen über den Abbau von Kapazitäten[261] und Vereinbarungen zu Marktaufteilung.[262] Dies gilt nach klarstellender Entscheidung des EuGH auch für Vereinbarungen zur Behinderung des Parallelhandels.[263] Ist ein wettbewerbsbeschränkender Zweck festzustellen, so ist es nach der ständigen Rechtsprechung des EuGH unerheblich, ob die Beteiligten zugleich andere, auch für sie wichtigere Zwecke verfolgten und ob der Zweck tatsächlich erreicht wurde, ob also wettbewerbsbeschränkende Wirkungen festgestellt oder feststellbar sind.[264] Bei besonders schwerwiegenden Wettbewerbsbeschränkungen wie Marktaufteilungen und Preisregelungen ist „ihrer Natur nach" ein wettbewerbsbeschränkender Zweck anzunehmen.[265]

27 Ist ein wettbewerbsbeschränkender Zweck der Vereinbarung, des Beschlusses oder der abgestimmten Verhaltensweise nicht festzustellen, so ist zu prüfen, ob **wettbewerbsbeschränkende Wirkungen** vorliegen. Der Begriff wird von der Kommission weit interpretiert. Er erfasst nicht nur die Folgen für die Beteiligten selbst, sondern auch die Auswirkungen auf Dritte,[266] nicht nur aktuelle, sondern auch potentielle Wirkungen.[267] Die wettbewerbsbeschränkenden Wirkungen müssen ursächlich auf das jeweilige wettbewerbsbeschränkende Mittel zurückzuführen sein.[268] Ob dies der Fall ist, wird von der Kommission wertend[269] und im Vergleich der tatsächlichen Situation mit derjenigen festgestellt, die ohne die Vereinbarung, den Beschluss oder die abgestimmte Verhaltensweise bestüne.[270] Der Nachweis aktueller Wirkung ist nicht erforderlich. Es genügt vielmehr, dass die Wirkung als wahrscheinliche oder natürliche Folge anzusehen ist.[271] Auch in diesem Zusammenhang ist das wettbewerbsbeschränkende Mittel nicht isoliert, sondern im Gesamtzusammenhang zu betrachten, insbesondere unter Berücksichtigung verbreiteter gleichartiger Bindungen, mit denen zusammen die konkrete Beschränkung insgesamt von erheblicher

[259] EuGH U. v. 11.9.2014, Rs C-67/13 P, ECLI:EU:C:2014:2204, Rdnr. 58 – *Cartes Bancaires/Komm.*

[260] EuGH U. v. 30.1.1985, Slg. 1985, 391, 423f. – *BNIC/Clair.*

[261] Komm. E. v. 4.12.1986, ABl. 1987 L 5/13, 17 – *ENI/Montedison;* EuGH U. v. 20.11.2008, Rs C-209/07, ECLI:EU:C:2008:643 – *Beef Industry Development Society.*

[262] Komm. E. v. 23.1.2013, COMP/39839, Rdnrn. 239, 357 – *Telefónica/Portugal Telecom.*

[263] EuGH U. v. 6.10.2009, Slg. 2009 I-9291, Rdnr. 59ff. mwN – *GlaxoSmithKline.*

[264] EuGH U. v. 30.1.1985, Slg. 1985, 391, 423 – *BNIC/Clair;* EuGH U. v. 27.1.1987, Slg. 1987, 405, 457 – *Verband der Sachversicherer/Komm.;* EuGH U. v. 11.1.1990, Slg. 1990, I-45, 46 – *Sandoz/Komm.;* Komm.E. v. 6.8.1984, ABl. 1984 L 220/27, 38 – *Zinc Producer Group;* Komm.E. v. 23.4.1986, ABl. 1986 L 230/1, 29 – *Polypropylen;* Komm.E. v. 10.7.1986, ABl. 1986 L 232/15, 26 – *Dach- und Dichtungsbahnen;* 24. WB (1994) Ziff. 145; *S/J/K/M-Schröter/Voet van Vormizeele* Art. 101 AEUV Rdnr. 120.

[265] EuGH U. v. 30.1.1985, Slg. 1985, 391, 423f. – *BNIC/Clair.*

[266] EuGH U. v. 8.6.1982, Slg. 1982, 2015, 2059 – *Nungesser und Eisele/Komm.*

[267] *S/J/K/M-Schröter/Voet van Vormizeele* Art. 101 AEUV Rdnr. 125.

[268] *S/J/K/M-Schröter/Voet van Vormizeele* Art. 101 AEUV Rdnr. 126.

[269] Hierzu kritisch *Gleiss/Hirsch* Art. 85 Abs. 1 Rdnr. 160ff.

[270] EuGH U. v. 10.7.1980, Slg. 1980, 2511, 2514ff. – *Lancôme/Etos.*

[271] EuGH U. v. 1.2.1978, Slg. 1978, 131, 151 – *Miller International/Komm.;* Komm.E. v. 15.7.1975, ABl. 1975 160/1, (8) – *IFTRA – Verpackungsglas.*

Bedeutung für den Wettbewerb sein kann (sog. **Bündeltheorie**).[272] Im Ergebnis besteht nach der neueren Rechtsprechung des Gerichtshofes **kein großer Unterschied** mehr zwischen **„bezweckten" und „bewirkten" Wettbewerbsbeschränkungen.** Während bei einer bezweckten Wettbewerbsbeschränkung zumindest die Eignung im hypothetischen Fall der Anwendung überprüft werden muss, soweit nicht ein eindeutiger Fall vorliegt, muss bei der bewirkten Wettbewerbsbeschränkung der hypothetische Fall eines unbeeinflussten Wettbewerbs untersucht werden. In der neuerlich entschiedenen Rechtssache *Allianz Hungária* hatte der EuGH über eine eine Absprache zwischen KfZ-Versicherern und KfZ-Vertragshändlern zu entscheiden, die letzteren einen höheren Stundensatz bei Reparaturen an versicherten Fahrzeugen zugestand, wenn die Vertragshändler in ihrer Eigenschaft als Versicherungsmakler mehr Versicherungspolicen der jeweiligen Versicherung vermittelt hatten. Zur Feststellung einer bezweckten Wettbewerbsbeschränkung gab der EuGH dem vorlegenden Gericht auf zu prüfen, ob durch die enttäuschte Verbrauchererwartung der Unabhängigkeit der Versicherungsmakler das gute Funktionieren des Marktes für KfZ-Versicherungen erheblich gestört werde, ob der Wettbewerb auf dem genannten Markt wahrscheinlich beseitigt oder erheblich geschwächt werde, und ob die Absprache zwischen Versicherern und Händlern gar auf einer Absprache zwischen den Händlern beruhe.[273]

Im europäischen Kartellrecht gibt es im Unterschied zum amerikanischen Recht keine **„*rule of reason*"**-Doktrin.[274] Nach dieser Doktrin liegt eine Wettbewerbsbeschränkung nur dann vor, wenn sich nach einer Abwägung der wettbewerbswidrigen und wettbewerbsfördernden Auswirkungen einer Vereinbarung ein Überwiegen der wettbewerbswidrigen Aspekte ergibt. Eine derartige Abwägung wird im Rahmen von Art. 101 Abs. 1 AEUV vom EuG vor allem wegen der Freistellungsmöglichkeit nach Art. 101 Abs. 3 AEUV abgelehnt. Art. 101 Abs. 3 AEUV sehe „ausdrücklich vor, dass wettbewerbsbeschränkende Vereinbarungen freigestellt werden können, wenn sie bestimmte Voraussetzungen erfüllen, insbesondere für die Verwirklichung bestimmter Ziele unerlässlich sind [...]. Nur im Rahmen dieser Bestimmung kann eine Abwägung der wettbewerbsfördernden und der wettbewerbsbeschränkenden Gesichtspunkte einer Beschränkung stattfinden".[275] Zudem verbiete die praktische Wirksamkeit des Art. 101 Abs. 3 AEUV diese Abwägung bereits im Rahmen von Art. 101 Abs. 1 AEUV vorzunehmen. Der EuGH hat bisher nicht eindeutig zur Frage der Existenz einer *„rule of reason"*-Doktrin Stellung genommen. Zum Teil wird allerdings vertreten, dass er diese Doktrin implizit in der *Wouters*-Entscheidung[276] angewendet habe.[277] Der Gerichtshof führte in dieser Entscheidung aus, dass bei der Anwendung von Art. 81 Abs. 1 EG (jetzt : Art. 101 Abs. 1 AEUV) der „Gesamtzusammenhang, in dem der fragliche Beschluss zustande gekommen ist oder seine Wirkungen entfaltet, und insbesondere dessen Zielsetzung" zu berücksichtigen sind. Wenn diese keine Wettbewerbsbe- 28

---

[272] EuGH U. v. 30.6.1966, Slg. 1966, 281, 306 – *Société Technique Minière/Maschinenbau Ulm;* EuGH U. v. 13.7.1966, Slg. 1966, 322, 391 – *Grundig und Consten/Komm.;* EuGH U. v. 12.12.1967, Slg. 1967, 543, 556 – *Brasserie de Haecht/Wilkin und Janssen;* EuGH U. v. 28.2.1991, Slg. 1991 I-935 – *Delimitis/Henninger Bräu;* EuG U. v. 22.3.2011, Slg. 2011 II-975, Rdnr. 56 – *Altstoff Recycling Austria/Kommission.* Kritisch differenzierend zur „Bündeltheorie" *Gleiss/Hirsch* Art. 85 Abs. 1 Rdnr. 161 ff. S. auch Bagatellbekanntmachung Rdnr. 10.

[273] EuGH U. v. 14.3.2013, Rs C-32/11, ECLI:EU:C:2013:160, Rdnrn. 45–50 – *Allianz Hungária.*

[274] EuG U. v. 18.9.2001, Slg. 2001 II-2459, Rdnrn. 72 ff. – *Métropole Télévision (M6) u. a./Komm.;* EuG U. v. 23.10.2003, Slg. 2003 II-4653, Rdnr. 106 f. – *Van den Bergh Foods/Komm.;* EuG U. v. 29.6.2012, Rs T-360/09, ECLI:EU:T:2012:332, Rdnr. 65 – *E.ON Ruhrgas/Kommission; S/J/K/M-Schröter/Voet van Vormizeele* Art. 101 AEUV Rdnr. 91.

[275] EuG U. v. 18.9.2001, Slg. 2001 II-2459, Rdnr. 74 – *Métropole Télévision (M6) u. a./Komm.;* ebenso EuG U. v. 29.6.2012, Rs T-360/09, ECLI:EU:T:2012:332, Rdnr. 66 – *E.ON Ruhrgas/Kommission.*

[276] EuGH U. v. 19.2.2002, Slg. 2002 I-1577 – *Wouters;* ebenso EuGH U. v. 18.7.2006 , Slg. 2006 I-6991, Rdnr. 42 – *Meca-Medina und Majcen/Komm.*

[277] *Loewenheim/Meessen/Riesenkampff-Gonzalez Diaz,* Kartellrecht Art. 81 Abs. 1 Rdnr. 139.

schränkungen darstellen, komme es darauf an, „ob die mit dem Beschluss verbundenen wettbewerbsbeschränkenden Wirkungen notwendig mit der Verfolgung der genannten Ziele zusammenhängen".[278] Diesen Ausführungen kann eine Anerkennung der *„rule of reason"*-Doktrin indes nicht entnommen werden. Vielmehr entsprechen sie sachlich denjenigen Kriterien, die in der Rechtsprechung und Kommissionspraxis hinsichtlich der Zulässigkeit sog. immanenter Wettbewerbsbeschränkungen in Nebenabreden einer im Übrigen kartellrechtsneutralen Vereinbarung herangezogen werden (vgl. hierzu Rdnrn. 20, 21 oben).

29 Wettbewerbsbeschränkungen in **Nebenabreden** oder aber in Hauptabreden bestimmter Vertragstypen (z.B. Lizenzverträgen) werden nicht von Art. 101 Abs. 1 AEUV erfasst, wenn diese für die Umsetzung von Hauptvereinbarungen notwendig sind, die selbst keine Beschränkung des Wettbewerbs bezwecken oder bewirken.[279] Die Voraussetzungen für die Zulässigkeit wettbewerbsbeschränkender Nebenabreden wurden vom EuG in der Rechtssache *Métropole Télévision/Komm.* konkretisiert.[280] Erforderlich ist danach, dass die Nebenabrede unmittelbar mit dem Hauptgegenstand der Vereinbarung verbunden ist und im Verhältnis zu diesem eine untergeordnete Bedeutung hat. Eine notwendige Beschränkung liege nur vor, wenn die fragliche Nebenabrede für die Durchführung der Hauptmaßnahme objektiv notwendig und verhältnismäßig ist. Eine objektiv notwendige Beschränkung wird dann angenommen, wenn die Hauptmaßnahme ohne diese nur schwer oder gar nicht zu verwirklichen wäre. In diesem Zusammenhang findet eine Abwägung der wettbewerbsfördernden und wettbewerbsbeschränkenden Auswirkungen nicht statt. Auch kommt es nicht auf eine Analyse der Wettbewerbssituation auf dem relevanten Markt an. Stattdessen wird verlangt, dass die Dauer und der sachliche und örtliche Anwendungsbereich einer wettbewerbsbeschränkenden Nebenabrede nicht über das erforderlich Maß hinausgehen. Unter diesen Voraussetzungen werden beispielsweise wettbewerbsbeschränkende Nebenabreden im Rahmen von Unternehmenszusammenschlüssen, Lizenzvereinbarungen,[281] Franchise-Vereinbarungen[282] und selektiven Vertriebsvereinbarungen[283] für zulässig gehalten. Im Rahmen von **Unternehmenszusammenschlüssen** ist zu berücksichtigen, dass die Entscheidung, mit der ein Zusammenschluss für mit dem Binnenmarkt vereinbar erklärt wird, sich nach Art. 6 Abs. 1 lit. b und Art. 8 Abs. 1, 2 FKVO[284] auch auf die mit seiner Durchführung unmittelbar verbundenen notwendigen Einschränkungen erstreckt. Die Kommission hat ihre Auffassung zu den hiervon erfassten Nebenabreden in der Bekanntmachung über Einschränkungen des Wettbewerbs, die mit der Durchführung von Unternehmenszusammenschlüssen unmittelbar verbunden und für diese notwendig sind, dargestellt.[285] Bei Unternehmenszusammenschlüssen und der Gründung von Gemeinschaftsunternehmen können danach insbesondere Nebenbestimmungen über **Wettbewerbsverbote** des Veräußerers vereinbart werden und Wettbewerbsbeschränkungen in Lizenzvereinbarungen oder der Vereinbarung von Bezugs- und Lieferpflichten enthalten

---

[278] EuGH U. v. 19.2.2002, Slg. 2002 I-1577, Rdnr. 97 – *Wouters;* bestätigt zuletzt in EuGH U. v. 4.9.2014, Rs C-184/13, ECLI:EU:C:2014:2147 – *API.*

[279] EuGH U. v. 11.7.1985, Slg. 1985, 2545, Rdnr. 18ff. – *Remia BV u. a./Komm.;* Komm. Leitlinien zur Anwendung von Art. 81 Abs. 3 EG-Vertrag, ABl. 2004 C 101/97, Rdnr. 29ff.

[280] EuG U. v. 18.9.2001, Slg. 2001 II-2459, Rdnrn. 103ff. – *Métropole Télévision (M6) u. a./Komm.;* vgl. zuletzt auch EuG U. v. 29.7.2012, Rs T-360/09, ECLI:EU:T:2012:332, Rdnr. 64f. – *E.ON Ruhrgas/Kommission.*

[281] EuGH U. v. 19.4.1988, Slg. 1988, 1919, Rdnrn. 10f. – *Euraw-Jacquery/La Hesbignonne;* EuGH U. v. 8.6.1982, Slg. 1982, 2015 – *Maissaatgut.*

[282] EuGH U. v. 28.1.1986, Slg. 1986, 353, Rdnrn. 13ff. – *Pronuptia.*

[283] EuGH U. v. 25.10.1977, Slg. 1977, 1875, Rdnrn. 20ff. – *Metro SB-Großmärkte/Komm.*

[284] Verordnung (EG) Nr. 139/2004 des Rates vom 20.1.2004 über die Kontrolle von Unternehmenszusammenschlüssen.

[285] Bekanntmachung der Komm. über Einschränkungen des Wettbewerbs, die mit der Durchführung von Unternehmenszusammenschlüssen unmittelbar verbunden und für diese notwendig sind, ABl. 2005 C 56/24.

sein. Die Frage der möglichen inhaltlichen und zeitlichen Reichweite von **Abwerbeverboten** ist auch unabhängig vom Kartellrecht Gegenstand der Rechtsprechung zum Handelsrecht (§ 75f. HGB). Hier kommen die Gerichte zu ähnlichen Ergebnissen wie im Bereich des Kartellrechts.[286] Insgesamt handelt es sich allerdings um eine Thematik, die in der deutschen Kartellrechtspraxis bisher keine große Aufmerksamkeit genießt, anders dagegen in den USA, wo auch unabhängig von der Wettbewerbereigenschaft der an einem Abwerbeverbot beteiligten Unternehmen das Thema „war for talents" die Kartellbehörden auch in Bußgeldverfahren auf den Plan gerufen hat.[287]

V. Beeinträchtigung des zwischenstaatlichen Handels

1. Überblick. Das Verbot des Art. 101 Abs. 1 AEUV setzt voraus, dass die wettbe- 30
werbsbeschränkende Vereinbarung, der Beschluss oder die abgestimmte Verhaltensweise geeignet ist, den Handel zwischen den Mitgliedstaaten zu beeinträchtigen. Der EuGH verwendet zur Konkretisierung dieses Tatbestandsmerkmals folgende Formel: Ein Beschluss, eine Vereinbarung oder eine Verhaltensweise kann den Handel zwischen Mitgliedstaaten nur beeinträchtigen, wenn sich anhand einer Gesamtheit objektiver rechtlicher und tatsächlicher Umstände mit hinreichender Wahrscheinlichkeit voraussehen lässt, dass sie unmittelbar oder mittelbar, tatsächlich oder potenziell den Handel zwischen Mitgliedstaaten in einer Weise beeinflussen können, die die Verwirklichung eines einheitlichen Marktes der Mitgliedstaaten hemmen könnte.[288] Dieses Merkmal grenzt die Anwendungsbereiche des europäischen und der nationalen Kartellrechte ab und ist insoweit als **Kollisionskriterium** anzusehen, stellt zugleich aber auch ein materielles Tatbestandsmerkmal des Kartellverbots dar.[289] Fehlt es bei einem Kartell an der Eignung zur Beeinträchtigung des zwischenstaatlichen Handels, so kommt nur die Anwendung nationalen Rechts in Betracht. Ist diese Eignung gegeben, so ist das europäische Kartellverbot anwendbar, daneben grundsätzlich aber auch das nationale Recht. Das Kriterium der Beeinträchtigung des zwischenstaatlichen Handels entscheidet nach der VO Nr. 1/2003 auch über die Anwendung des europäischen Kartellrechts durch die nationalen Kartellbehörden und Gerichte. Liegt eine Beeinträchtigung vor und wenden die Kartellbehörden oder Gerichte der Mitgliedstaaten in einem solchen Fall ihr nationales Kartellrecht an, sind sie nach Art. 3 Abs. 1 (EG) 1/2003 verpflichtet, auch Art. 101 AEUV auf die entsprechende Vereinbarung anzuwenden. Umgekehrt steht es ihnen hingegen frei, allein nach Art. 101 AEUV gegen beteiligte Unternehmen vorzugehen. Im Unterschied zur Rechtslage nach der alten Kartellverordnung dürfen sie jedoch nicht allein das nationale Recht anwenden, wenn auch das Gemeinschaftsrecht anwendbar ist. Bejaht eine nationale Kartellbehörde das Vorliegen dieses Merkmals und will sie in dem betreffenden Fall ein Verfahren einleiten, so ergeben sich hieraus Unterrichtungspflichten nach Art. 11 VO Nr. 1/2003 an die Kommission und das Netzwerk der Europäischen Wettbewerbsbehörden. Diese animieren gegebenenfalls Kartellbehörden anderer Mitgliedstaaten, in denen sich die Wettbewerbsbeschränkung auswirkt, zur Verfahrenseinleitung oder führen zum Aufgreifen eines Falles durch die Kommission. Die Auslegung von Inhalt und Reichweite der Zwischenstaatlichkeitsklausel hat vor diesem Hintergrund zentrale Bedeutung für die Frage, welche Behörde oder welche Behörden für die Durchsetzung des europäischen Kartellrechts zuständig sind.

---

[286] BGH U. v. 30.4.2014, BGHZ 2001, 205ff. = NJW 2014, 3442.

[287] Dazu *Brinker,* NZKart 2015, 209f.

[288] EuGH U. v. 13.7.2006, Slg. 2006 I-6619 = EuZW 2006, 529, Rdnr. 42 – *Manfredi/Lloyd Adriatico* – mit Anm. *Lübbig;* EuGH U. v. 11.7.2013, Rs C-440/11 P, ECLI:EU:C:2013:514, Rdnr. 99 – *Kommission/Portielje.*

[289] EuGH U. v. 13.7.1966, Slg. 1966, 322, 389 – *Grundig und Consten/Komm;* EuGH U. v. 31.5.1979, Slg. 1979, 1869, 1989 – *Hugin/Komm.;* EuGH U. v. 25.10.2001, Slg. 2001 I-8089, Rdnr. 47 – *Ambulanz Glöckner;* Komm.E. v. 19.12.1984, ABl. 1985 L 85/1 (24) – *Zellstoff; S/J/K/M-Schröter/Voet van Vormizeele* Art. 101 AEUV Rdnr. 190.

31 Dem Zweck des europäischen Kartellrechts entsprechend legt der EuGH den Begriff des **Handels** weit aus. Er erfasst nicht nur Waren, sondern auch Dienstleistungen[290] und darüber hinaus im Grunde den gesamten Wirtschaftsverkehr zwischen den Mitgliedstaaten.[291] In der vielfältigen Entscheidungspraxis wurden etwa freiberufliche Tätigkeiten,[292] der Geldverkehr,[293] die Wahrnehmung von gewerblichen Schutzrechten[294] und die Niederlassung in einem anderen Mitgliedstaat[295] unter den Begriff des Handels gefasst.

32 Nach der Rechtsprechung des EuGH und der Verwaltungspraxis der Kommission ist eine Wettbewerbsbeschränkung dann geeignet, den zwischenstaatlichen Handel zu beeinträchtigen, wenn sich voraussehen lässt, dass sie unmittelbar oder mittelbar, tatsächlich oder potentiell den Handel zwischen Mitgliedstaaten beeinflussen kann.[296] In einigen Urteilen hat der EuGH hinzugefügt, dass dies in einer Weise geschehen müsse, die der Verwirklichung der Ziele eines einheitlichen zwischenstaatlichen Marktes nachteilig sein kann.[297] Dies kann insbesondere der Fall sein, wenn nationale Märkte abgeschottet werden oder die Wettbewerbsstruktur im Binnenmarkt verändert wird.[298] Dabei kommt es nur darauf an, ob sich der Handel zwischen den Mitgliedstaaten aufgrund der Vereinbarung, des Beschlusses oder der abgestimmten Verhaltensweise in dem konkreten Bereich anders entwickelt hätte, als dies ohne das betreffende Verhalten anzunehmen wäre.[299] Der Begriff der Beeinträchtigung ist also wertneutral im Sinne der **Beeinflussung** zu interpretieren. Ob die Beschränkung im Ergebnis handelsfördernd oder -hemmend wirkt, ist folglich unerheblich und deshalb nicht zu prüfen.[300] Indem das Kriterium auch einen Anstieg des Handelsvolumens

---

290 EuGH U. v. 27.1.1987, Slg. 1987, 405, 458 – *Verband der Sachversicherer/Komm.;* EuGH U. v. 1.10.1987, Slg. 1987, 3801, 3821 ff. – *Flämische Reisebüros;* EuGH U. v. 4.5.1988, Slg. 1988, 2479, 2514 – *Bodson/Pompes funèbres.*

291 EuGH U. v. 14.7.1981, Slg. 1981, 2021, 2032 – *Züchner/Bayerische Vereinsbank;* EuGH U. v. 4.5.1988, Slg. 1988, 2479, 2514 – *Bodson/Pompes funèbres;* EuGH U. v. 21.1.1999, Slg. 1999 I-135, Rdnr. 51 – *Bagnasco;* EuGH U. v. 25.10.2001, Slg. 2001 I-8089, Rdnr. 45 – *Ambulanz Glöckner; Mestmäcker/Schweitzer,* Europäisches Wettbewerbsrecht, § 4 Rdnr. 14; s. auch die im Folgenden genannten Entscheidungen und für weitere Beispiele aus der Entscheidungspraxis *S/J/K/M-Schröter/Voet van Vormizeele,* Art. 101 AEUV Rdnr. 192.

292 EuGH U. v. 19.2.2002, Slg. 2002 I-1577, Rdnr. 95 – *Wouters;* Komm. E. v. 30.1.1995, ABl. 1995 L 122/37 – *COAPI.*

293 EuGH U. v. 14.7.1981, Slg. 1981, 2021, Rdnr. 18 – *Züchner.*

294 EuGH U. v. 27.3.1974, Slg. 1974, 313 – *BRT/SABAM;* EuGH v. 25.10.1979, Slg. 1979, 3275, Rdnr. 11 – *Greenwich Film Production/Sacem.*

295 EuGH U. v. 25.10.2001, Slg. 2001 I-8089, Rdnr. 49 – *Ambulanz Glöckner.*

296 EuGH U. v. 14.7.1981, Slg. 1981, 2021 (2032) – *Züchner/Bayerische Vereinsbank;* EuGH U. v. 11.7.1985, Slg. 1985, 2545, Rdnr. 22 – *Remia/Kommission;* in jüngerer Zeit z. B. EuGH U. v. 28.4.1998, Slg. 1998 I-1983, Rdnr. 16 – *Javico;* EuGH U. v. 25.10.2001, Slg. 2001 I-8089, Rdnr. 48 – *Ambulanz Glöckner;* EuGH U. v. 29.4.2004, Rs C-359/01, Slg. 2004 I-4933, Rdnr. 27 – *British Sugar/Komm.*

297 EuGH U. v. 28.4.1998, Slg. 1998 I-1983, Rdnr. 16 – *Javico;* EuGH U. v. 25.10.2001, Slg. 2001 I-8089, Rdnr. 48 – *Ambulanz Glöckner;* EuGH U. v. 29.4.2004, Slg. 2004 I-4933, Rdnr. 27 – *British Sugar/Komm.; Ritter/Braun,* European Competition Law, S. 52.

298 EuGH U. v. 31.3.1979, Slg. 1979, 1869, Rdnr. 17 – *Hugin/Komm.;* EuGH U. v. 25.10.2001, Slg. 2001 I-8089, Rdnr. 48 – *Ambulanz Glöckner;* Bekanntmachung der Komm. v. 27.4.2004, Leitlinien über den Begriff der Beeinträchtigung des zwischenstaatlichen Handels in den Art. 81 und 82 EG-Vertrag, ABl. 2004 C 101/81, Rdnr. 20. *S/J/K/M-Schröter/Voet van Vormizeele* Art. 101 AEUV Rdnr. 192.

299 EuGH U. v. 13.7.1966, Slg. 1966, 322, 389 – *Grundig und Consten/Komm.;* EuGH U. v. 15.5.1975, Slg. 1975, 563, Rdnr. 38 – *Frubo/Komm.;* EuGH U. v. 29.10.1980, Slg. 1980, 3125, Rdnr. 172 – *Van Landewyck;* EuG U. v. 2.7.1992, Slg. 1992 II-1931, Rdnr. 143 – *Dansk Pelsdyravler Forening;* EuG U. v. 1.4.1993, Slg. 1993 II-389, Rdnr. 135 – *BPB Industries und British Gypsum.*

300 EuGH U. v. 13.7.1966, Slg. 1966, 322, 389 f. – *Grundig und Consten/Komm.;* EuGH U. v. 12.12.1967, Slg. 1967, 343, 356 – *Brasserie de Haecht/Wilkin und Janssen;* EuGH U. v. 15.12.1994, Slg. 1994 I-5641, 5692 – *Gøttrup-Klim u. a./DLG;* auch EuG U. v. 6.4.1995, Slg. 1995 II-791 – *Tréfileurope;* EuG 21.2.1995, Slg. 1995 II-289 – *Vereniging van Samenwerkende Prijsregelende Organisaties in de Bouwnijverheid (SPO);* EuG U. v. 29.6.2012, Rs T-360/09, noch nicht in Slg., Rdnr. 152 –

erfasst, unterscheidet es sich von der Definition der Maßnahmen gleicher Wirkung wie mengenmäßige Beschränkungen nach Art. 34 AEUV.[301] Die Eignung zur Beeinträchtigung in diesem Sinne ist im konkreten Fall aufgrund einer Prognose unter Berücksichtigung aller bei objektiver Betrachtung rechtlich und tatsächlich bedeutsamen Umstände festzustellen. Maßstab für die Eignung ist dabei eine hinreichende Wahrscheinlichkeit der Beeinträchtigung, nicht deren Gewissheit.[302] Es kommt mit anderen Worten nicht darauf an, dass der Handel zu einem bestimmten Zeitpunkt tatsächlich beeinträchtigt wurde. Es muss jedoch eine gewisse Wahrscheinlichkeit für eine Beeinträchtigung des Handels bestehen, während rein theoretisch denkbare Wirkungen nicht ausreichen, eine Anwendbarkeit des gemeinschaftsrechtlichen Kartellverbotes zu begründen. Aus diesem Grund ist auch die Kommission im Verwaltungsverfahren nicht verpflichtet, darzulegen und gegebenenfalls zu beweisen, dass sich die Vereinbarung oder Verhaltensweise tatsächlich auf den Handel zwischen den Mitgliedstaaten ausgewirkt hat.[303] Allerdings darf die Beeinträchtigung nach ständiger Rechtsprechung nicht nur geringfügig sein.[304] Vielmehr entbindet die mögliche Beeinträchtigung des zwischenstaatlichen Handels nicht von dem Nachweis der Spürbarkeit, denn nur im Falle der Spürbarkeit ist eine kartellrechtlich relevante Beeinträchtigung des zwischenstaatlichen Handels gegeben.[305] Mit dem Kriterium der **Spürbarkeit der Handelsbeeinträchtigung** wird der Anwendungsbereich des Gemeinschaftsrechts auf solche Vereinbarungen beschränkt, die geeignet sind, ein Mindestmaß an Auswirkungen auf den innergemeinschaftlichen Handel zu verursachen. Das Spürbarkeitskriterium wird von der Rechtsprechung sehr weit ausgelegt, so dass damit im Ergebnis kaum eine Einschränkung des Anwendungsbereichs von Art. 101 AEUV verbunden ist. Die Kommission hat in ihren **Leitlinien**[306] über den Begriff der Beeinträchtigung des zwischenstaatlichen Handels eigene Kriterien aufgestellt, nach denen sie beurteilt, wann sie eine Vereinbarung normalerweise als nicht geeignet ansieht, den zwischenstaatlichen Handel zu beeinträchtigen.

2. Kriterien. Ob eine Vereinbarung den Handel zwischen den Mitgliedstaaten in diesem Sinne beeinträchtigt, hängt von der Art der Vereinbarung, der Art der erfassten Waren oder Dienstleistungen und der Stellung der beteiligten Unternehmen auf den relevanten Märkten ab. Die Rechtsprechung verlangt insoweit das Vorliegen einer Gesamtheit von Umständen, die jeder für sich genommen nicht unbedingt entscheidend sein müs- 33

E.ON Ruhrgas/Kommission; Komm.E. v. 29.6.2001, ABl. 2001 L 264/14 – *Volkswagen (II); S/J/K/M-Schröter/Voet van Vormizeele* Art. 101 AEUV Rdnr. 193.

[301] EuGH U. v. 11.7.1974, Slg. 1974, 837, Rdnr. 5 – *Dassonville;* anders offenbar *S/J/K/M-Schröter/Voet van Vormizeele* Art. 101 AEUV Rdnr. 193.

[302] EuGH U. v. 13.7.1966, Slg. 1966, 322, 389 f. – *Grundig und Consten/Komm.;* EuGH U. v. 17.10.1972, Slg. 1972, 977, 991 – *Cementhandelaren/Komm.;* EuGH U. v. 26.11.1975, Slg. 1975, 1491, 1514 – *Papiers peints/Komm.;* EuGH U. v. 1.2.1978, Slg. 1978, 131, 151 – *Miller International/Komm.;* EuGH U. v. 10.7.1980, Slg. 1980, 2511, 2536 – *Lancôme/Etos;* EuGH U. v. 11.12.1980, Slg. 1980, 3775, 3791 – *L'Oréal/De Nieuwe Amck;* EuGH U. v. 14.7.1981, Slg. 1981, 2021, 2032 – *Züchner/Bayerische Vereinsbank;* EuGH U. v. 11.7.1984, Slg. 1984, 2117, 2189 – *Belasco u. a./Komm.;* EuGH U. v. 27.4.1994, Slg. 1994 I-1477, 1519 – *Almelo/Energiebedrijf Ijsselmij;* EuGH U. v. 15.12.1994, Slg. 1994 I-5671, 5692 – *Gøttrup-Klim u. a./DLG;* EuGH U. v. 6.4.1995, Slg. 1995 I-743, 828 – *Radio Telefis Eireann/Komm.;* EuGH U. v. 25.10.2001, Slg. 2001 I-8089, Rdnr. 48 – *Ambulanz Glöckner;* EuGH U. v. 29.4.2004, Slg. 2004 I-4933, Rdnr. 27 – *British Sugar/Komm.;* Komm.E. v. 20.12.1989, ABl. 1990 L 10/47 (50) – *Eil-Kurierdienstleistungen Niederlande;* Bekanntmachung der Komm. v. 27.4.2004, Leitlinien über den Begriff der Beeinträchtigung des zwischenstaatlichen Handels in den Art. 81 und 82 EG-Vertrag, ABl. 2004 C 101/81, Rdnr. 34.

[303] EuGH U. v. 29.4.2004, Slg. 2004 I-4933, Rdnr. 31 – *British Sugar/Komm.;* EuG U. v. 29.6.2012, Rs T-360/09, ECLI:EU:T:2012:332, Rdnr. 153 – *E.ON Ruhrgas/Kommission.*

[304] EuGH U. v. 25.10.2001, Slg. 2001 I-8089, Rdnr. 48 – *Ambulanz Glöckner/Landkreis Südwestpfalz;* EuGH U. v. 28.4.1998, Slg. 1998 I-1983, Rdnr. 16 – *Javico;* EuG U. v. 29.6.2012, Rs T-360/09, ECLI:EU:T:2012:332, Rdnr. 153 – *E.ON Ruhrgas/Kommission.*

[305] OLG Düsseldorf U. v. 10.6.2005, WuW/E DE-R 1610, 1612 – *Filigranbetondecken.*

[306] Bekanntmachung der Komm. v. 27.4.2004, Leitlinien über den Begriff der Beeinträchtigung des zwischenstaatlichen Handels in den Art. 81 und 82 EG-Vertrag, ABl. 2004 C 101/81.

sen.[307] In diese Gesamtbetrachtung können weitere qualitative Kriterien wie Marktzutrittschranken[308] und der rechtliche und wirtschaftliche Kontext[309] der Vereinbarung einzubeziehen sein. Hinzu kommen die Stellung der beteiligten Unternehmen auf dem Markt, ihr Marktanteil und der Umsatz mit den betreffenden Waren oder Dienstleistungen. Die quantitativen Aspekte sind vor allen Dingen für die Frage der Spürbarkeit der Handelsbeeinträchtigung von Relevanz.

34 Bestimmte Vereinbarungen, Beschlüsse oder abgestimmte Verhaltensweisen sind nach der Rechtsprechung bereits **ihrem Wesen nach geeignet,** den innergemeinschaftlichen Handel zu beeinträchtigen. Hierzu gehören in erster Linie Vereinbarungen, die **zwischen Unternehmen in mehreren Mitgliedstaaten** abgeschlossen oder aber jedenfalls in mehreren Mitgliedstaaten durchgeführt werden.[310] Beziehen sich diese Vereinbarungen auf den Import oder Export von Waren, sind sie schon allein deshalb geeignet, den zwischenstaatlichen Handel zu beeinträchtigen.[311] Grenzüberschreitende Kartelle, wie etwa Absprachen über eine Festlegung der Preise auf den verschiedenen Märkten oder eine Kontingentierung der Einfuhren der betreffenden Hersteller, gehören nach der Judikatur ebenso zu den *per se* handelsbeeinträchtigenden Formen von Vereinbarungen, da sie die Handelsströme künstlich anders lenken und dadurch die gegenseitige wirtschaftliche Durchdringung behindern.[312] Dasselbe gilt für Vereinbarungen oder koordinierte Verhaltensweisen, mit denen sich Unternehmen bestimmte Absatzgebiete zuweisen oder ihre Händler verpflichten, die Vertragserzeugnisse nicht außerhalb des Vertragsgebiets zu verkaufen, um hierdurch Parallelimporte innerhalb der Gemeinschaft zu verhindern.[313] Netze gleichartiger selektiver Vertriebsvereinbarungen erfüllen die Zwischenstaatlichkeitsklausel, wenn sie dazu führen, dass Händler, die nicht Mitglieder des Netzes sind, vom Handel weitgehend ausgeschlossen werden und sich deshalb der Handel anders entwickelt, als er dies ohne das Netz von Vereinbarungen getan haben würde.[314]

35 Der EuGH und die Kommission legen den Begriff der Beeinträchtigung des zwischenstaatlichen Handels auch insofern weit aus, als diese selbst dann gegeben sein kann, wenn an der vereinbarten, beschlossenen oder abgestimmten Wettbewerbsbeschränkung nur Unternehmen aus einem Mitgliedstaat beteiligt sind und diese Beschränkungen sich unmittelbar nur auf das **Gebiet eines Mitgliedstaats** oder eines Teils desselben beziehen.[315] Die

---

[307] EuGH U. v. 15.12.1994, Slg. 1994 I-5641, Rdnr. 54 – *Gøttrup-Klim u.a./DLG;* s. auch Bekanntmachung der Komm. v. 27.4.2004; EuG U. v. 29.6.2012, Rs T-360/09, ECLI:EU:T:2012:332, Rdnr. 152 – *E.ON Ruhrgas/Kommission;* Leitlinien über den Begriff der Beeinträchtigung des zwischenstaatlichen Handels in den Art. 81 und 82 EG-Vertrag, ABl. 2004 C 101/81, Rdnr. 28.

[308] EuGH U. v. 28.2.1991, Slg. 1991 I-935, Rdnr. 20 ff. – *Delimitis/Henninger Bräu.*

[309] Bekanntmachung der Komm. v. 27.4.2004, Leitlinien über den Begriff der Beeinträchtigung des zwischenstaatlichen Handels in den Art. 81 und 82 EG-Vertrag, ABl. 2004 C 101/81, Rdnr. 32.

[310] Z.B. EuGH U v. 14.12.1983, Slg. 1983, 4173, Rdnr. 8 – *Kerpen und Kerpen;* EuGH U. v. 27.1.1987, Slg. 1987, 405, 459 – *Verband der Sachversicherer;* EuGH U. v. 28.4.1998, Slg. 1998 I-1983, Rdnr. 14 – *Javico;* EuG U. v. 6.4.1995, Slg. 1995 II-867, Rdnr. 102 – *Usines Gustave Boël;* s. auch Bekanntmachung der Komm. v. 27.4.2004, Leitlinien über den Begriff der Beeinträchtigung des zwischenstaatlichen Handels in den Art. 81 und 82 EG-Vertrag, ABl. 2004 C 101/81, Rdnr. 61 ff., *Ritter/Braun,* European Competition Law, S. 59; *S/J/K/M-Schröter/Voet van Vermizeele* Art. 101 AEUV Rdnr. 202.

[311] EuGH U v. 14.12.1983, Slg. 1983, 4173, Rdnr. 8 – *Kerpen und Kerpen;* EuGH U. v. 18.6.1998, Slg. 1998 I-3851, Rdnr. 49 – *Kommission/Italien.*

[312] EuG U. v. 6.4.1995, Slg. 1995 II-867, Rdnr. 102 – *Usines Gustave Boël.*

[313] EuGH U. v. 8.2.1990, Slg. 1990 I-261, Rdnr. 22 – *Tipp-Ex/Komm.;* EuGH U. v. 28.4.1998, Slg. 1998 I-1983, Rdnr. 12 ff. – *Javico.*

[314] EuGH U. v. 17.1.1984, Slg. 1984, 19, Rdnr. 9 – *VBVB und VBBB;* Bekanntmachung der Komm. v. 27.4.2004, Leitlinien über den Begriff der Beeinträchtigung des zwischenstaatlichen Handels in den Art. 81 und 82 EG-Vertrag, ABl. 2004 C 101/81, Rdnr. 70 ff.

[315] St. Rspr., z.B. EuGH U. v. 17.10.1972, Slg. 1972, 977, 991 – Vereeniging van *Cementhandelaren/Komm.;* EuGH U. v. 11.7.1984, Slg. 1984, 2117, 2194 – *Belasco u.a./Komm.;* EuG U. v. 9.7.1992, Slg. 1992 II-1995, 1998 ff. – *Publishers' Association/Komm.;* EuGH U. v. 29.4.2004, Slg. 2004 I-4933, Rdnr. 79 ff. – *British Sugar/Komm.; Ritter/Braun,* European Competition Law, S. 60 ff.

Zwischenstaatlichkeitsklausel setzt damit nicht voraus, dass Unternehmen aus verschiedenen Mitgliedstaaten an der Wettbewerbsbeschränkung beteiligt sind. Denn eine Veränderung im Warenverkehr zwischen den Mitgliedstaaten kann mittelbar auch durch rein nationale Wettbewerbsbeschränkungen verursacht oder bezweckt werden, wenn hierdurch die Ein- und Ausfuhren beeinflusst werden. Dies gilt nicht nur, wenn sich die Absprache auf Vorgänge der Warenein- und ausfuhr bezieht wie im Fall des Preiskartells der italienischen Zollspediteure,[316] sondern auch wenn die Vereinbarung zwischen Unternehmen geschlossen wird, die aus anderen Mitgliedstaaten importierte Waren weiterverkaufen.[317] Es genügt ferner der Abschottungseffekt, der entstehen kann, wenn die Absprache die Vertriebsstufe umfasst und infolgedessen der Absatz für Lieferanten aus anderen Mitgliedstaaten erschwert wird.[318] Im Einzelfall werden dann jedoch hohe Anforderungen an den Nachweis der Spürbarkeit gestellt. Ermittlungs- und Prognoseschwierigkeiten bei der Beurteilung des Einflusses einer Absprache auf die relevanten Handelsströme dürfen nicht zu Lasten der betroffenen Unternehmen gehen.[319] Auch in Bezug auf auslandsbezogene Feststellungen müssen von den Kartellbehörden stets alle Ermittlungsmöglichkeiten ausgeschöpft werden.[320]

Ein Kartell, das sich auf das gesamte Hoheitsgebiet eines Mitgliedstaates erstreckt, ist 36
nach der Rechtsprechung schon seinem Wesen nach geeignet, den zwischenstaatlichen Handel spürbar zu beeinträchtigen, da es die vom AEUV gewollte wirtschaftliche Verflechtung behindert.[321] Dahinter steht der Gedanke, dass hierdurch unterschiedliche Wettbewerbsbedingungen in den einzelnen Mitgliedstaaten entstehen oder aufrecht erhalten werden und so die Aufteilung der Märkte entlang der nationalen Grenzen verfestigt wird.[322] Kartellvereinbarungen, die einen ganzen Mitgliedstaat abdecken, begründen damit eine tatsächliche Vermutung dafür, dass die Zwischenstaatlichkeitsklausel erfüllt und damit Art. 101 AEUV einschlägig ist. Dies entbindet die Kartellbehörden nach der Rechtsprechung jedoch nicht von der Verpflichtung, im Einzelfall wenigstens kurz darzulegen, dass die Beeinträchtigung des zwischenstaatlichen Handels auch spürbar ist, wenn auch eine Abgrenzung der relevanten Märkte und eine Berechung der Marktanteile der Beteiligten im Einzelnen in diesen Fällen nicht erforderlich ist.[323]

Vertikale Absprachen, die sich auf das gesamte Gebiet eines Mitgliedstaates erstrecken, 37
können nach der Rechtsprechung geeignet sein, den zwischenstaatlichen Handel zu beeinträchtigen, wenn sie allein oder zusammen mit den kumulativen Wirkungen gleichartiger, paralleler Netze von Vereinbarungen zu einer Abschottung des Marktes führen (Bündeltheorie). Die Anwendung von Art. 101 Abs. 1 AEUV hängt dann vor allem davon ab, inwieweit ausländischen Anbietern der Marktzugang versperrt wird, etwa weil ihnen die Absatzwege aufgrund langfristiger Vertikalvereinbarungen verschlossen sind.[324] Eine Preisbindung der zweiten Hand kann nach Auffassung der Kommission dazu führen, dass die

---

316 EuGH U. v. 18.6.1998, Slg. 1998 I-3851, Rdnr. 49 – *Kommission/Italien.*

317 EuGH U. v. 10.12.1985, Slg. 1985, 3831, Rdnr. 49 f. – *Stichting Sigarettenindustrie.*

318 EuG U. v. 15.12.1999, Slg. 1999 II-3775, Rdnr. 109 – *Kesko.*

319 OLG Düsseldorf U. v. 10.6.2005, WuW/E DE-R 1610, 1614 – *Filigranbetondecken.*

320 OLG Düsseldorf aaO.

321 EuGH U. v. 17.10.1972, Slg. 1972, 977, Rdnr. 29 – *Vereeniging van Cementhandelaren/Kommission;* EuGH U. v. 11.7.1985, Slg. 1985, 2545, Rdnr. 22 – *Remia/Kommission;* EuGH U. v. 18.6.1998, Slg. 1998 I-3851, Rdnr. 48 – *Kommission/Italien;* EuGH U. v. 19.2.2002, Slg. 2002 I-1577, Rdnr. 95 – *Wouters u.a.;* EuGH U. v. 11.7.2013, Rs C-440/11 P, ECLI:EU:C:2013:514, Rdnr. 100 – *Kommission/Portielje;* Komm. E. v. 11.6.2002, ABl. 2004 L 56/1 – *Österreichische Banken („Lombard Club").*

322 S. auch Bekanntmachung der Komm. v. 27.4.2004, Leitlinien über den Begriff der Beeinträchtigung des zwischenstaatlichen Handels in den Art. 81 und 82 EG-Vertrag, ABl. 2004 C 101/81, Rdnr. 78 ff.; *S/J/K/M-Schröter/Voet van Vormizeele,* Art. 101 AEUV Rdnr. 203.

323 EuG U. v. 19.3.2003, Slg. 2003 II-913, Rdnr. 219 ff. – *CMA CGM/Komm.; Mestmäcker/Schweitzer,* Europäisches Wettbewerbsrecht, § 10 Rdnr. 83; *Ritter/Braun,* European Competition Law, S. 126; *S/J/K/M-Schröter/Voet van Vermizeele* Art. 101 AEUV Rdnr. 203.

324 EuGH U. v. 28.2.1991, Slg. 1991 I-935, Rdnr. 19 ff. – *Delimitis/Henninger Bräu.*

Importe in den betreffenden Mitgliedstaat ansteigen oder weniger der von der Vereinbarung betroffenen Produkte exportiert werden, und deshalb die Zwischenstaatlichkeitsklausel erfüllen.[325] Für horizontale oder vertikale Vereinbarungen, die nur einen **Teil eines Mitgliedstaates** erfassen, gelten keine Besonderheiten. Jedoch fehlt es regelmäßig an der Spürbarkeit der Handelsbeeinträchtigung, wenn es sich nicht um ein Grenzgebiet zu anderen Mitgliedstaaten oder um einen wesentlichen Teil des betreffenden Mitgliedstaates handelt. So hat der Gerichtshof in einem Verfahren, in dem sich eine Apothekerin in Rom gegen die von den Behörden verweigerte Gestattung erweiterter Öffnungszeiten wehrte, entschieden, dass die nationale Regelung der möglichen Gewährung einer Ausnahme in Bezug auf die Öffnungszeiten einer derartigen Apotheke nicht den Handel zwischen den Mitgliedstaaten beeinträchtigen kann und demnach kein Verstoß gegen Art. 101 AEUV, Art. 4 Abs. 3 EUV vorliegt.[326]

38 Vereinbarungen, Beschlüsse oder abgestimmte Verhaltensweisen, die den **Handel mit Drittstaaten** betreffen, sind nach der Rechtsprechung geeignet, den Handeln zwischen den Mitgliedstaaten zu beeinträchtigen, wenn sich aufgrund der Vereinbarung potentiell auch der Handel innerhalb der Gemeinschaft verändert.[327] Ist dagegen allein die Handelsbeziehung zwischen einem Mitgliedstaat und einem Drittstaat betroffen, ist die Zwischenstaatlichkeitsklausel nicht erfüllt. Eine Beeinträchtigung des zwischenstaatlichen Handels hat das EuG beispielsweise für den Fall einer Linienkonferenz für den Seeverkehr zwischen der Gemeinschaft und Westafrika angenommen, die ihren Mitgliedern verbot, als unabhängige Reeder mit Mitgliedern anderer Konferenzen in Wettbewerb zu treten. Die zugrundeliegenden Vereinbarungen wurde als geeignet angesehen, den Handel zwischen den Mitgliedstaaten zu beeinträchtigen, weil sie die Einzugsbereiche der von der Vereinbarung erfassten Häfen in der Gemeinschaft veränderten und die Tätigkeiten dritter Unternehmen in den Einzugsbereichen dieser Häfen beeinträchtigten.[328] Deutlich ist dies auch bei Vereinbarungen, die von vornherein eine Beschränkung des Handels in der Gemeinschaft bezwecken. Ein Beispiel hierfür bildet die wechselseitige Alleinvertriebsvereinbarung eines europäischen Herstellers mit dem entscheidenden Wettbewerber aus einem Drittland, durch die der europäische Markt vom Weltmarkt isoliert werden sollte.[329] Nicht ohne weiteres geeignet, den Handel spürbar zu beeinträchtigen, sind hingegen Vereinbarungen über Exporte, die sich auf ein Gebiet außerhalb der Gemeinschaft beziehen, selbst wenn hierdurch Parallelimporte in die Gemeinschaft ausgeschlossen werden sollen.[330] In seinem Urteil in der Rechtssache *Javico/Yves Saint Laurent* hat der Gerichtshof die Kriterien dargelegt, bei deren Vorliegen auch in einem solchen Fall gleichwohl von einer Beeinträchtigung des zwischenstaatlichen Handels auszugehen ist. Dies setzt zunächst voraus, dass der betreffende Markt entweder durch eine oligopolistische Struktur gekennzeichnet ist oder aber spürbare Preisdifferenzen innerhalb und außerhalb der Gemeinschaft bestehen. Hinzu kommen müssen jedoch quantitative Aspekte. So muss der europäische Vertragspartner insbesondere im Hinblick auf den Umfang seiner Produktion und seinen Marktanteil in den Mitgliedstaaten eine bedeutende Stellung einnehmen.[331]

---

[325] Bekanntmachung der Komm. v. 27.4.2004, Leitlinien über den Begriff der Beeinträchtigung des zwischenstaatlichen Handels in den Art. 81 und 82 EG-Vertrag, ABl. 2004 C 101/81, Rdnr. 88; Komm. E. v. 29.6.2001, ABl. 2001 L 262/14 – *Volkswagen (II),* die aus anderen Gründen vom EuG für nichtig erklärt wurde, U. v. 3.12.2003, Slg. 2003, II-5141– *Volkswagen/Komm.;* bestätigt durch EuGH U. v. 13.7.2006, Rs C-74/04 P, Slg. 2006 I-6585 – *Komm/Volkswagen.*

[326] EuGH U. v. 1.7.2010, Slg. 2010 I-6360, Rdnr. 32 – *Sbarigia.*

[327] S. hierzu die Nachweise in der Bekanntmachung der Komm. v. 27.4.2004, Leitlinien über den Begriff der Beeinträchtigung des zwischenstaatlichen Handels in den Art. 81 und 82 EG-Vertrag, ABl. 2004 C 101/81, Rdnr. 100 ff.

[328] EuG U. v. 8.10.1996, Slg. 1996 II-1201, Rdnr. 202 – *Compagnie Maritime Belge/Kommission.*

[329] Komm. E. v. 18.12.1985, ABl. 1985 L 376/29, Rdnr. 20 ff. – *Siemens/Fanuc.*

[330] EuGH U. v. 28.4.1998, Slg. 1998 I-1983, Rdnr. 20 – *Javico.*

[331] EuGH U. v. 28.4.1998, Slg. 1998 I-1983, Rdnr. 23 ff. – *Javico.*

3. Leitlinien der Kommission. Der gestiegenen Bedeutung der Zwischenstaatlichkeitsklausel für die Anwendung des europäischen Kartellrechts durch die nationalen Wettbewerbsbehörden nach der VO (EG) Nr. 1/2003 Rechnung tragend, hat die Kommission die Kriterien, nach denen sie das Vorliegen einer Handelsbeeinträchtigung beurteilt, erstmals in einer eigenen Bekanntmachung niedergelegt. Diese vergleichsweise umfangreichen sogenannten **Leitlinien über den Begriff der Beeinträchtigung des zwischenstaatlichen Handels** aus dem Jahr 2004[332] zeichnen vor allem die bisherige Judikatur der europäischen Gerichte nach. Systematisch kommentiert die Kommission dabei zunächst in allgemeiner Form die einzelnen Aspekte der Zwischenstaatlichkeitsklausel, bevor sie die Grundsätze auf „verbreitete Formen von Vereinbarungen und missbräuchlichen Verhaltensweisen" anwendet.[333] Entsprechend der bereits dargestellten Rechtsprechung unterscheidet sie dabei zwischen Vereinbarungen, die mehrere Mitgliedstaaten betreffen, solchen, die einen einzigen Mitgliedstaat oder nur einen Teil desselben betreffen, und Vereinbarungen über Einfuhren und Ausfuhren mit oder zwischen Unternehmen in Drittländern. Die wesentliche Bedeutung der Leitlinien liegt indes darin, dass die Kommission in ihnen erstmals einen quantitativen Test für die Spürbarkeit der Handelsbeeinträchtigung entwickelt und insoweit Marktanteils- und Umsatzschwellen festgelegt hat. Liegen die dort genannten Kriterien vor, geht die Kommission davon aus, dass die betreffenden Vereinbarungen nicht geeignet sind, den Handel spürbar zu beeinträchtigen.[334] Die Leitlinien sollen den nationalen Behörden und Gerichten eine Orientierung bei der Auslegung und Anwendung der Zwischenstaatlichkeitsklausel geben, sind allerdings für diese nicht verbindlich. Insbesondere was die in ihnen niedergelegten Schwellenwerte betreffend die Spürbarkeit der Handelsbeeinträchtigung betrifft, wird hierdurch jedoch das Aufgreifermessen der Kommission beschränkt. Allerdings hat sie es sich ausdrücklich vorbehalten, im Einzelfall auch dann einzuschreiten, wenn die dort genannten Kriterien nicht erfüllt sind. Eine Änderung der Beweislast oder eine Beweiserleichterung ist mit den Leitlinien nicht verbunden. Schon ihre Rechtsnatur bedingt, dass weder nationale Behörden noch die Kommission durch die Leitlinien von ihrer Pflicht entbunden sind, das Vorliegen einer spürbaren Handelsbeeinträchtigung im Einzelfall nachzuweisen. 39

VI. Spürbarkeit

1. Überblick. Um eine Anwendung des Verbots des Art. 101 Abs. 1 AEUV auf nicht ins Gewicht fallende Wettbewerbsbeschränkungen auszuschließen, hat die Praxis frühzeitig das ungeschriebene Erfordernis der Spürbarkeit in diese Bestimmung interpretiert. Auch wenn im Rahmen von Art. 101 Abs. 1 AEUV nicht nur die tatsächlichen, sondern auch potentielle Auswirkungen auf den Wettbewerb betrachtet werden, sind nach ständiger Rechtsprechung Vereinbarungen, Beschlüsse und aufeinander abgestimmte Verhaltensweisen, die den Markt nur geringfügig beeinträchtigen, nicht von der Norm erfasst.[335] Der EuGH hat das Spürbarkeitskriterium zunächst in quantitativer oder qualitativer Hinsicht nicht näher bestimmt.[336] Entscheidend war eher eine an den Zwecken des Kartellverbots 40

[332] Bekanntmachung der Komm. v. 27.4.2004, Leitlinien über den Begriff der Beeinträchtigung des zwischenstaatlichen Handels in den Art. 81 und 82 EG-Vertrag, ABl. 2004 C 101/81.

[333] Leitlinien über den Begriff der Beeinträchtigung des zwischenstaatlichen Handels in den Art. 81 und 82 EG-Vertrag, ABl. 2004 C 101/81, Rdnr. 58ff.

[334] Leitlinien über den Begriff der Beeinträchtigung des zwischenstaatlichen Handels in den Art. 81 und 82 EG-Vertrag, ABl. 2004 C 101/81, Rdnr. 50ff.

[335] EuGH U. v. 30.6.1966, Slg. 1966, 281, 306 – *Société Technique Minière/Maschinenbau Ulm;* EuGH U. v. 9.7.1969, Slg. 1969, 295, 302 – *Völk/Vervaecke;* EuGH U. v. 6.5.1971, Slg. 1971, 351, 355ff. – *Cadillon/Höss;* EuGH U. v. 10.7.1980, Slg. 1980, 2511, 2536f. – *Lancôme/Etos;* EuGH U. v. 11.12.1980, Slg. 1980, 3775, 3792 – *L'Oréal/De Nieuwe Amck;* EuGH U. v. 21.1.1999, Slg. 1999 I-135, Rdnr. 34 – *Bagnasco/Banca Popolare;* EuGH U. v. 13.12.2012, Rs C-226/11, ECLI:EU:C:2012:795, Rdnrn. 16f. – *Expedia Inc.* So auch *S/J/K/M-Schröter/Voet van Vormizeele,* Art. 101 AEUV Rdnr. 167ff.; *Ritter/Braun,* European Competition Law, S. 55ff.

[336] Vgl. die bereits zitierten Urteile aus der älteren Rechtsprechung.

orientierte, bewertende Gesamtbetrachtung, bei der der EuGH auf qualitative Kriterien kaum und auf quantitative ausdrücklich nur hinsichtlich der Art und Menge der von der Wettbewerbsbeschränkung betroffenen Erzeugnisse, der Struktur des betroffenen Marktes und der Position der Beteiligten auf diesem abgestellt hat.

41 Von der **Spürbarkeit der Wettbewerbsbeschränkung** zu unterscheiden ist das weitere Erfordernis der **Spürbarkeit der Handelsbeeinträchtigung.** Denn nach der Rechtsprechung setzt der Tatbestand des Art. 101 Abs. 1 AEUV nicht nur eine spürbare Beschränkung des Wettbewerbs voraus, sondern darüber hinaus auch, dass die Beeinträchtigung des zwischenstaatlichen Handels nicht nur geringfügig ist.[337] Das Kriterium der Spürbarkeit ist damit zweimal zu prüfen. Zum einen qualifiziert es das Tatbestandsmerkmal Wettbewerbsbeschränkung, zum anderen beschränkt es den Anwendungsbereich des gemeinschaftsrechtsrechtlichen Kartellverbotes auf solche Vereinbarungen, Beschlüsse und abgestimmte Verhaltensweisen, die geeignet sind, ein Mindestmaß an Auswirkungen auf den innergemeinschaftlichen Handel zu verursachen. Ob letzteres der Fall ist, hängt insesondere von Art und Umfang der Vereinbarung und der Marktstellung der beteiligten Unternehmen auf dem betreffenden Produktmarkt ab. Herangezogen werden damit im wesentlichen dieselben Kriterien, wie sie auch für die Spürbarkeit der Wettbewerbsbeschränkung entscheidend sind. In der Praxis läuft die Beurteilung beider Merkmale deshalb häufig parallel. Spürbare Wettbewerbsbeschränkungen haben in aller Regel eine spürbare Beeinträchtigung des Binnenmarktes zur Folge. Die Kommission hat in ihren seit dem Jahr 1970 wiederholt geänderten Bekanntmachungen über Vereinbarungen von geringer Bedeutung (Bagatellbekanntmachungen) deshalb bis Ende 2001 auch beide Merkmale zusammen behandelt.[338] Erst in ihrer Bekanntmachung über Vereinbarungen von geringer Bedeutung, die den Wettbewerb gemäß Art. 81 Abs. 1 EG (jetzt : Art. 101 Abs. 1 AEUV) nicht spürbar beschränken *(de minimis)* aus dem Jahr 2001 ist sie hiervon abgerückt und hat ausdrücklich klargestellt, dass diese keine Angaben dazu enthält, wann keine spürbaren Auswirkungen auf den Handel vorliegen.[339] Für die Beurteilung der Spürbarkeit der Handelsbeeinträchtigung hat die Kommission in den Leitlinien zur Beeinträchtigung des zwischenstaatlichen Handels[340] eigene Kriterien aufgestellt, die sich hinsichtlich der dort festgesetzten Spürbarkeitsschwellen deutlich von denen unterscheiden, die nach der Bagatellbekanntmachung für Wettbewerbsbeschränkungen maßgeblich sind. Die getrennte Behandlung beider Merkmale entspricht der Rechtsprechungspraxis der europäischen Gerichte, neben der Spürbarkeit der Wettbewerbsbeschränkung auch noch zu prüfen, ob die tatsächlichen oder potentiellen Auswirkungen auf den innergemeinschaftlichen Handeln nicht nur geringfügig sind.[341] Ungeachtet des bereits angesprochenen Umstands, dass für die Beurteilung beider Aspekte häufig die gleichen Erwägungen zum Tragen kommen, ist eineTendenz in Verwaltungs- und Rechtsprechungspraxis, sie zu einem einheitlichen Spürbarkeitsmerkmal zusammenzufassen, nicht erkennbar.[342] Vor dem Hintergrund, dass das Merkmal Beeinträchtigung des zwischenstaatlichen Handels

[337] Besonders deutlich wird dies etwa in EuGH U. v. 28.4.1998, Slg. 1998 I-1983, Rdnr. 12 und 16 – *Javico u. a./Yves Saint Laurent.*

[338] Bekanntmachung der Kommission über Vereinbarungen, Beschlüsse und aufeinander abgestimmte Verhaltensweisen von geringer Bedeutung, die nicht unter Art. 85 Abs. 1 EWG-Vertrag fallen, ABl. 1970 C 64/1, sowie die nachfolgenden Bekanntmachungen: ABl. 1977 C 313/3, ABl. 1986 C 231/2, ABl. 1994 C 368/26, ABl. 1997 C 372/13.

[339] ABl. 2001 C 368/13, Rdnr. 3. S. auch die Neufassung der Bekanntmachung von 2014, Abl. 2014 C 291/01, Rdnr. 4.

[340] Bekanntmachung der Kommission vom 27. April 2004, Leitlinien über den Begriff der Beeinträchtigung des zwischenstaatlichen Handels in den Art. 81 und 82 EG-Vertrag, ABl. 2004 C 101/81. S. hierzu im einzelnen Rdnrn. 30 ff.

[341] EuGH U v. 30.6.1966, Slg. 1966, 282, 306 – *Société Technique Minière/Maschinenbau;* EuGH U. v. 9.7.1969, Slg. 1969, 295, Rdnr. 7 – *Völk/Vervaecke;* EuGH U. v. 28.4.1998, Slg. 1998 I-1983, Rdnr. 12 ff. und 17 – *Javico;* EuGH U. v. 21.1.1999, Slg. 1999 I-135, Rdnr. 46 ff. – *Bagnasco;* EuG U. v. 19.3.2003, Slg. 2003 II-913, Rdnr. 207 ff. – *CMA CGM/Komm.*

[342] So aber *S/J/K/M-Schröter/Voet van Vormizeele,* Art. 101 AEUV Rdnr. 168 f.

nach der VO (EG) Nr. 1/2003 nunmehr entscheidende Bedeutung für die Anwendung des Gemeinschaftsrechts durch die nationalen Behörden und Gerichte hat, dürfte es durch den EuGH zukünftig eher mehr als zuvor eigenständig ausgelegt werden.

2. Spürbarkeit der Wettbewerbsbeschränkung. In der Rechtsprechung ist das Kriterium der Spürbarkeit der Wettbewerbsbeschränkung in erster Linie anhand quantitativer Aspekte präzisiert worden. Nur gelegentlich hat der EuGH daneben auch auf **qualitative** Aspekte abgestellt. Ohne die qualitativen Aspekte im Einzelnen darzulegen, hat der Gerichtshof in neueren Fällen entschieden, dass bezweckte Wettbewerbsbeschränkungen stets spürbar seien.[343] Insgesamt komme es aber, so der EuGH, auf den „konkreten Einzelfall unter Berücksichtigung des wirtschaftlichen Zusammenhangs, in dem die Unternehmen tätig sind, der von deren Entscheidungen erfassten Erzeugnisse und Dienstleistungen sowie der Struktur des betreffenden Marktes und der auf diesem bestehenden tatsächlichen Bedingungen" an.[344] Ob eine Wettbewerbsbeschränkung **quantitativ spürbar** ist, hängt dabei vor allem vom Marktanteil der an der wettbewerbsbeschränkenden Verhaltensweise beteiligten Unternehmen ab. Bei addierten Marktanteilen von unter 1% kann ohne weiteres davon ausgegangen werden, dass der Wettbewerb nur geringfügig beeinträchtigt wird und die betreffende Vereinbarung damit nicht unter das Verbot des Art. 101 Abs. 1 AEUV fällt, selbst wenn es sich um eine schwerwiegende Wettbewerbsbeschränkungen wie eine Vertriebsvereinbarung mit absolutem Gebietsschutz handelt.[345] Diese Entscheidungen stehen im Widerspruch zu der schon angesprochenen *Expedia Inc.*-Entscheidung, wonach bezweckte Wettbewerbsbeschränkungen stets spürbar seien.[346] Bei Alleinvertriebsvereinbarungen mit absolutem Gebietsschutz – wie in Fall *Völk/Vervaecke* – ist von einer bezweckten Wettbewerbsbeschränkung auszugehen. In der *Expedia Inc.*-Entscheidung wird die alte Rechtsprechung zum Gebietsschutz zitiert und nicht ausdrücklich aufgegeben.[347] Dieser Widerspruch wird in einem späteren Urteil derart gelöst, dass gerade eine spürbare Wettbewerbsbeschränkung bezweckt werden muss.[348] Ob mit dem Urteil die alte Rechtsprechung aufgegeben[349] oder eine widerlegliche Vermutung der Spürbarkeit geltensoll,[350] bleibt unklar. Halten die Unternehmen fast 40% des relevanten Marktes, so genügt das allein bereits als Beweis dafür, dass die Wettbewerbsbeschränkung spürbar ist.[351] In mehreren Urteilen hat der EuGH schon bei einem Marktanteil von um die 5% eine Spürbarkeit bejaht.[352] So reichte in der Rechtssache *Musique Diffusion* ein addierter Marktanteil von etwas über 6% für eine spürbare Beeinträchtigung des Marktes. Er begründete dies zusätzlich mit der relativen Größe der beteiligten Unternehmen gegenüber ihren Wettbewerbern, der absoluten Höhe ihres Umsatzes und der Struktur des betreffenden Marktes.[353] Der addierte Marktanteil der beteiligten Unternehmen kann jedoch im Einzelfall noch 42

---

[343] EuGH U. v. 13.12.2012, Rs C-226/11, ECLI:EU:C:2012:795, Rdnr. 37 – *Expedia Inc.;* EuGH U. v. 11.7.2013, Rs C-440/11 P, ECLI:EU:C:2013:514, Rdnr. 98 – *Kommission/Portielje.*

[344] So z.B. EuGH U. v. 12.9.2000, Slg. 2000 I-6451, Rdnr. 91 – *Pavlov/Stichting Pensioenfonds;* EuGH U. v. 12.12.1995, Slg. 1995 I-4515, Rdnr. 10 – *Oude Luttikhuis.*

[345] EuGH U. v. 9.7.1969, Slg. 1969, 295 (Marktanteil von 0,2%) – *Völk/Vervaecke;* vgl. auch EuGH U. v. 6.5.1971, Slg. 1971, 351, 355 ff. – *Cadillon/Höss;* EuGH U. v. 28.4.1998, Slg. 1998 I-1983, Ls. 2 – *Javico;* so auch OLG Düsseldorf U. v. 23.6.2004, WuW/E DE-R 1410 – *Tschechisches Bier;* ebenso *S/J/K/M-Schröter/Voet van Vormizeele,* Art. 101 AEUV Rdnr. 170.

[346] EuGH U. v. 13.12.2012, Rs C-226/11, ECLI:EU:C:2012:795, Rdnr. 37 – *Expedia Inc.*

[347] EuGH U. v. 13.12.2012, Rs C-226/11, ECLI:EU:C:2012:795, Rdnrn. 22, 37 – *Expedia Inc.*

[348] EuGH U. v. 11.7.2013, Rs C-440/11 P, ECLI:EU:C:2013:514, Rdnr. 98 – *Kommission/Portielje.*

[349] *Faull/Nikpay,* Rdnr. 3.217; zur Entwicklung der Rechtsprechung s. die Rdnrn. 3.210 ff.

[350] So der Vorschlag von *Grune,* EuZW 2013, 113, 117.

[351] EuG U. v. 28.2.2002, Slg. 2002 II-1011, Rdnr. 64 – *Compagnie générale maritime.*

[352] EuGH U. v. 7.6.1983, Slg. 1983, 1825, Rdnr. 86 – *Musique Diffusion/Komm.;* ähnlich EuGH U. v. 1.2.1978, Slg. 1978, 131, Rdnr. 9 ff. – *Miller/Komm.;* EuGH U. v. 25.10.1983, Slg. 1983, 3151, Rdnr. 56 ff. – *AEG Telefunken/Komm.;* so auch EuG U. v. 15.9.1998, Slg. 1998 II-3141, Rdnr. 90 ff., 103 – *European Night Services/Komm.*

[353] EuGH U. v. 7.6.1983, Slg. 1983, 1825, Rdnr. 86 – *Musique Diffusion/Komm.*

unterhalb von 5% liegen, wenn der Wettbewerb durch die kumulativen Auswirkungen gleichartiger, gleichzeitig bestehender Beschränkungen betroffen ist (sog. **Bündeltheorie**).[354] Insoweit steht der EuGH auf dem Standpunkt, dass das Bestehen gleichartiger Verträge zwar nicht ausschlaggebend sein muss, aber zu der Gesamtheit wirtschaftlicher und rechtlicher Umstände gehört, die in die Beurteilung der Vereinbarung einzubeziehen sind.[355] In diesem Fall muss die fragliche Vereinbarung in erheblichem Maße zur kumulativen Wirkung des Netzes gleichartiger Vereinbarungen beitragen. Maßgeblich hierfür sind wiederum vor allen Dingen der absolute Marktanteil der betreffenden Unternehmen sowie ihr relativer Beitrag zum kumulativen Abschottungseffekt.[356] Der in der Praxis häufigste Fall, in dem die Bündeltheorie zum Tragen kommt, sind Netze von Alleinbezugsvereinbarungen (z. B. bei Bierlieferungsverträgen). Eine Wettbewerbsbeschränkung kann schließlich auch qualitativ nicht spürbar sein. So hat der EuGH im Fall *Pavlov* entschieden, dass der Beschluss einer Unternehmensvereinigung, der lediglich die Vereinheitlichung eines Kostenfaktors von „geringer Bedeutung" bewirkt und einen nur „marginalen und mittelbaren Einfluss" auf die Endkosten der betreffenden Dienstleistung hat, den Wettbewerb nicht spürbar beeinträchtigt, wenn mit der Wettbewerbsbeschränkung zugleich skalenbedingte Kostenvorteile verbunden sind.[357]

43 Im Interesse einer transparenten Anwendungspraxis und zur Erhöhung der Rechtssicherheit hat die Kommission schon frühzeitig in der Folge wiederholt geänderte, ergänzte oder durch neuere Fassungen ersetzte Bagatellbekanntmachungen verabschiedet.[358] Stellten diese Bekanntmachungen ursprünglich auf zwei quantitative Kriterien ab, nämlich auf Marktanteile und Umsätze, ist seit 1997 allein der Marktanteil der beteiligten Unternehmen maßgeblich. Statt des vormaligen Umsatzkriteriums verweist die Kommission nunmehr darauf, dass Vereinbarungen zwischen kleinen und mittleren Unternehmen nur selten geeignet seien, den Handel zwischen den Mitgliedstaaten spürbar zu beeinträchtigen, und aus diesem Grund aus dem Anwendungsbereich von Art. 81 EG (jetzt: Art. 101 AEUV) herausfallen können.[359] In den neueren Fassungen der **Bagatellbekanntmachung** bzw. ***De-minimis*-Bekanntmachung** aus den Jahren 2001 und 2014 sind die **Marktanteilsschwellen** gegenüber der Vorgängerregelung noch einmal erhöht worden.[360] Bei *horizontalen* Wettbewerbsbeschränkungen zwischen tatsächlichen oder potentiellen Wettbewerbern liegt ein Bagatellfall seither dann vor, wenn die insgesamt gehaltenen Marktanteile der beteiligten Unternehmen auf keinem der betroffenen relevanten

---

354 EuGH U. v. 25.11.1971, Slg. 1971, 949, 960 – *Béguelin/S. A. G. L.;* EuGH U. v. 10.7.1980, Slg. 1980, 2511 (2536) – *Lancôme/Etos;* EuGH U. v. 11.12.1980, Slg. 1980, 3775, Rdnr. 19 – *L'Oréal/De Nieuwe Amck;* EuGH U. v. 28.2.1991, Slg. 1991 I-935, Rdnr. 19 – *Delimitis/Henninger Bräu;* EuG U. v. 22.3.2011, Slg. 2011 II-975, Rdnr. 56 – *Altstoff Recycling Austria/Komm.*

355 EuGH U. v. 11.12.1980, Slg. 1980, 3775, Rdnr. 19 – *L'Oréal/De Nieuwe Amck;* EuGH U. v. 28.2.1991, Slg. 1991 I-935, Rdnr. 20 – *Delimitis/Henninger Bräu;* EuG U. v. 22.3.2011, Slg. 2011 II-975, Rdnr. 56 – *Altstoff Recycling Austria/Komm.*

356 EuGH U. v. 28.2.1991, Slg. 1991 I-935, Rdnr. 25 – *Delimitis/Henninger Bräu.*

357 EuGH U. v. 12.9.2000, Slg. 2000 I-6451, Rdnr. 95 ff. – *Pavlov/Stichting Pensioenfonds;* zu qualitativ nicht spürbaren Wettbewerbsbeschränkungen auch *Ritter/Braun,* European Competition Law, S. 130, und *S/J/K/M-Schröter/Voet van Vormizeele,* Art. 101 AEUV Rdnr. 172.

358 Bekanntmachung der Kommission über Vereinbarungen, Beschlüsse und aufeinander abgestimmte Verhaltensweisen von geringer Bedeutung, die nicht unter Art. 85 Abs. 1 EWG-Vertrag fallen, ABl. 1970 C 64/1, sowie die nachfolgenden Bekanntmachungen: ABl. 1977 C 313/3, ABl. 1986 C 231/2, ABl. 1994 C 368/26, ABl. 1997 C 372/13.

359 Als KMU anzusehen sind Unternehmen, die weniger als 250 Mitarbeiter beschäftigen und deren Jahresumsatz 50 Mio. EUR nicht übersteigt, der Marktanteil spielt insoweit keine Rolle, s. Anhang zur Empfehlung der Kommission v. 6.5.2003 betreffend die Definition der Kleinstunternehmen sowie der kleinen und mittleren Unternehmen, ABl. 2003 L 124/36.

360 Bekanntmachung der Kommission vom 22. Dezember 2001 über Vereinbarungen von geringer Bedeutung, die den Wettbewerb gemäß Art. 81 Abs. 1 EG-Vertrag nicht spürbar beschränken (de-minimis), ABl. 2001 C 368/13, ABl. 2014 C 291/01 (Neufassung der Bekanntmachung aus dem Jahr 2014).

Märkte 10% überschreiten. Für *vertikale* Wettbewerbsbeschränkungen gilt eine Schwelle von 15%, die von keinem der beteiligten Unternehmen auf einem relevanten Markt überschritten werden darf. Bei Ungewissheiten, ob eine Vereinbarung von Wettbewerbern vorliegt oder nicht, gilt die strengere 10%-Schwelle.[361] Eine neue Marktanteilsschwelle wurde für Märkte eingeführt, in denen *Netze von Vereinbarungen* einen kumulativen Marktabschottungseffekt haben. In diesen Fällen werden die genannten Schwellen für horizontale und vertikale Vereinbarungen auf 5% herabgesetzt, wobei das Netz mindestens 30% des relevanten Marktes abdecken muss.[362] Mit der Klarstellung, dass in die Beurteilung der Spürbarkeit die kumulativen Auswirkungen gleichartiger, gleichzeitig bestehender Beschränkungen einbezogen sind, greift die Kommission die bereits angesprochene Entscheidungspraxis des EuGH auf und quantifiziert dieses Kriterium. Die Bekanntmachung soll schließlich auch dann anwendbar sein, wenn die Schwellenwerte während zweier aufeinanderfolgender Kalenderjahre um höchstens 2% überschritten werden. Für die zur Bestimmung des Marktanteils notwendigen Abgrenzung des sachlichen und räumlichen Marktes soll auf die Bekanntmachung der Kommission über die Definition des relevanten Marktes im Sinne des Wettbewerbsrechts der Gemeinschaft aus dem Jahr 1997 zurückgegriffen werden.[363] Maßgeblich für die Berechnung des Marktanteils auf dem so ermittelten Markt ist sodann der mit den betreffenden Waren oder Dienstleistungen erzielte Umsatz.[364]

Bestimmte, besonders schwerwiegende Beschränkungen sind von der Regelung ausgeschlossen. In Bezug auf horizontale Wettbewerbsbeschränkungen nennt die Bekanntmachung Preisfestsetzungen, die Einschränkung der Produktion und des Absatzes und die Markt- oder Kundenaufteilung. Vertikale Vereinbarungen kommen unter anderem dann nicht in den Genuss der Bagatellschwellen, wenn sie Preisbindungen der zweiten Hand oder bestimmte Beschränkungen des Gebiets oder Kundenkreises beinhalten.[365] Diese nach Ansicht der Kommission stets spürbaren **Kernbeschränkungen** entsprechen den in den Gruppenfreistellungsverordnung VO (EU) Nr. 1218/2010 zu Spezialisierungsvereinbarungen[366] beziehungsweise der Vertikal-Gruppenfreistellungsverordnung VO (EU) Nr. 330/2010[367] enthaltenen sogenannten Schwarzen Klauseln. Mit der Angleichung an die differenzierende Regelung der Vertikal-GVO ist auf den ersten Blick eine weitere Ausdehnung des Bagatellprivilegs verbunden, da nach der Vorgängerbekanntmachung noch jegliche Gebietsbeschränkung *per se* als spürbar galt. Bei näherer Betrachtung sind die in der Bagatellbekanntmachung genannten Kernbeschränkungen allerdings so weit gefasst, dass kaum noch im geschäftlichen Verkehr denkbare Wettbewerbsbeschränkungen übrigbleiben, die nicht von den Tatbestandsmerkmalen der in der Bekanntmachung genannten Kernbeschränkungen erfasst werden. Nahezu alle denkbaren kartellrechtsrelevanten Vereinbarungen zwischen Wettbewerbern werden in irgendeiner Weise die „Festsetzung der Preise beim Verkauf von Erzeugnissen an Dritte", die „Beschränkung der Produktion oder des Absatzes" oder die „Aufteilung von Märkten oder Kunden" im Sinne von Ziff. 11.1. der Bekanntmachung betreffen. Dasselbe gilt für die weitreichenden in Ziff. 11.2. genannten Kernbeschränkungen im Vertikalverhältnis. Eine denkbare Ausnahme von den Kernbeschränkungen wäre etwa die Vereinbarung eines Marktinformationssystems, das tatsächlich keine der in Ziff. 11.1. der Bekanntmachung genannten Kriterien erfüllt. Marktinformationssysteme zwischen Wettbewerbern sind jedoch praktisch ausgeschlossen, wenn die 44

---

361 Bagatellbekanntmachung, ABl. 2014 C 291/01, Rdnr. 8a.

362 Bagatellbekanntmachung, ABl. 2014 C 291/01, Rdnr. 10.

363 Bekanntmachung vom 19.12.1997, ABl. C 372/5.

364 Bagatellbekanntmachung, ABl. 20014 C 291/01, Rdnr. 12.

365 Bagatellbekanntmachung, ABl. 20014 C 291/01, Rdnr. 13.

366 Verordnung (EU) Nr. 1218/2010 der Kommission vom 14.12.2010 über die Anwendung von Artikel 101 Absatz 3 des Vertrags über die Arbeitsweise der Europäischen Union auf bestimmte Gruppen von Spezialisierungsvereinbarungen, ABl. 2010 L 335/43.

367 Verordnung (EU) Nr. 330/2010 der Kommission vom 20.4.2010 über die Anwendung von Artikel 101 Absatz 3 des Vertrags über die Arbeitsweise der Europäischen Union auf Gruppen von vertikalen Vereinbarungen und abgestimmten Verhaltensweisen, ABl. 2010 L 102/1.

Teilnahme an eine Gesamtmarktanteilsschwelle von 10% geknüpft ist. Bei näherer Betrachtung erweist sich der praktische Anwendungsbereich der Bagatellbekanntmachung somit als denkbar eng.

45 Die Bekanntmachung enthält ihrer Natur nach keine Rechtsnormen, insbesondere keine normativen Regelungen zur Spürbarkeitsgrenze, und bindet deshalb weder die nationalen oder europäischen Gerichte, noch die nationalen Kartellbehörden.[368] Allerdings soll sie den Gerichten und Behörden der Mitgliedstaaten bei der Anwendung des europäischen Kartellrechts als Leitfaden dienen.[369] Die fehlende Bindungswirkung hat zur Folge, dass eine Wettbewerbsbeschränkung also auch bei Unterschreitung der Bagatellkriterien materiell spürbar oder im Fall der Überschreitung nicht spürbar sein kann. Die Bekanntmachung begründet jedoch eine **Selbstbindung der Kommission,** die damit ihr Aufgreifermessen begrenzt. Die Kommission hat sich in der aktuellen Fassung der Bagatellbekanntmachung ausdrücklich verpflichtet, weder auf Antrag noch von Amts wegen ein Verfahren einzuleiten, wenn die dort genannten Voraussetzungen erfüllt sind. Zudem will sie keine Geldbußen verhängen, wenn Unternehmen gutgläubig davon ausgehen, dass eine Vereinbarung in den Anwendungsbereich der Bekanntmachung fällt.[370] In den älteren Vorgängerregelungen hatte es sich die Kommission es noch ausdrücklich vorbehalten, bei außergewöhnlichen Umständen auch in Fällen tätig zu werden, die die Bagatellkriterien erfüllen.[371] Wegen der fehlenden Bindungswirkung der Bekanntmachung für Gerichte und nationale Wettbewerbsbehörden darf dieses Mehr an Rechtssicherheit vor dem Hintergrund einer zunehmenden privaten Durchsetzung des Kartellrechts allerdings nicht überwertet werden. Die Rechtsprechung hat, abgesehen von den bereits angesprochenen einzelfallbezogenen Stellungnahmen, bislang keine eigenen, quantitativen Schwellenwerte aufgestellt.[372] Sie hat zwar die Werte der früheren Bagatellbekanntmachungen nicht ausdrücklich und umfassend bestätigt, ihnen aber auch nicht widersprochen. Soweit etwa das EuG in einigen Entscheidungen die Bagatellbekanntmachung in Bezug genommen hat, waren die Kriterien der Bekanntmachung nicht Maßstab der Kontrolle, sondern geschah dies im Rahmen der Überprüfung der betreffenden Kommissionsentscheidungen auf Begründungsmängel und Ermessensfehler.[373]

46 Die Bewertung der Bagatellbekanntmachung fällt daher aus der Sicht der Praxis insgesamt negativ aus. Die Feststellung respektive Selbsteinschätzung der betroffenen Unternehmen, ob eine Wettbewerbsbeschränkung unter die Bagatellbekanntmachung fällt, ist nicht immer einfach. Probleme ergeben sich insbesondere im Zusammenhang mit dem Marktanteilskriterium. Die entsprechende Bekanntmachung der Kommission enthält zwar generelle Hinweise zur Bestimmung des relevanten Marktes,[374] die jedoch wegen ihres notwendigerweise hohen Abstraktionsgrades im Einzelfall wenig hilfreich sind. Dieses Problem hat sich noch verschärft, seit das vergleichsweise einfach anzuwendende Umsatzkriterium entfallen ist. In Bezug auf Kernbeschränkungen, bei denen die Kommission ihre quantitativen Marktanteilsschwellen für einen Ausschluss der Spürbarkeit nicht anwenden will, ist die Vereinbarkeit der Bagatellbekanntmachung mit der traditionellen Rechtsprechung des EuGH fraglich. Der Gerichtshof hat im *Voelk*-Urteil ausdrücklich auch Kernbeschränkungen wie Gebietschutzregelungen in einem Alleinvertriebsvertrag als möglicher-

---

[368] So jetzt ausdrücklich EuGH U. v. 13.12.2012, Rs C-226/11, ECLI:EU:C:2012:795, Rdnrn. 22–31 – *Expedia Inc.*

[369] Bagatellbekanntmachung, ABl. 20014 C 291/01, Rdnr. 5.

[370] Bagatellbekanntmachung, ABl. 2014 C 291/01, Rdnr. 5.

[371] Bekanntmachung der Kommission v. 9. Dezember 1997 über Vereinbarungen von geringer Bedeutung die nicht unter Art. 85 Abs. 1 EWG-Vertrag fallen, ABl. 1997 C 372/13, Rdnr. 20.

[372] *Ritter/Braun,* European Competition Law, S. 58.

[373] EuG U. v. 15.9.1998, Slg. 1998 II-3141, Rdnr. 90ff., 103 – *European Night Services/Komm.;* EuG U. v. 14.5.1997, Slg. 1997 II-759, Rdnr. 133 – *VGB u. a./Komm.;* EuG U. v. 8.6.1995, Slg. 1995 II-1533, Rdnr. 98 – *Langnese-Iglo/Komm.*

[374] Bekanntmachung der Kommission vom 19.12.1997 über die Definition des relevanten Marktes im Sinne des Wettbewerbsrechts der Gemeinschaft, ABl. 1997 C 372/5.

weise nicht spürbar bezeichnet.[375] In *Expedia Inc.* hat der EuGH jetzt aber entschieden, dass Vereinbarungen mit einem wettbewerbswidrigen Zweck, unabhängig von ihren konkreten Auswirkungen, stets eine spürbare Wettbewerbsbeschränkung darstellen.[376]

3. Spürbarkeit der Handelsbeeinträchtigung. Vereinbarungen, Beschlüsse und abgestimmte Verhaltensweisen im Sinne des Art. 101 AEUV fallen nicht unter die Norm, wenn die Beeinträchtigung des Handels zwischen den Mitgliedstaaten nur geringfügig ist.[377] Mit dem Erfordernis der Spürbarkeit hat auch die Zwischenstaatlichkeitsklausel bereits frühzeitig eine quantitative Einschränkung erfahren. Der Anwendungsbereich des Gemeinschaftsrechts wird hierdurch auf solche Vereinbarungen und Verhaltensweisen beschränkt, die geeignet sind, ein Mindestmaß an Auswirkungen auf den innergemeinschaftlichen Handel zu verursachen. Ob dies der Fall ist, hängt nach der Rechtsprechung von der Art und dem Umfang der Vereinbarung sowie der Marktstellung und Bedeutung der beteiligten Unternehmen auf dem betreffenden Produktmarkt ab.[378] Wie bei der Beurteilung der Spürbarkeit der Wettbewerbsbeschränkung wendet die Rechtsprechung damit auch in Bezug auf die Spürbarkeit der Handelsbeeinträchtigung qualitative und quantitative Kriterien an. In quantitativer Hinsicht kann hier wie dort davon ausgegangen werden, dass bei addierten Marktanteilen von unter 1 % im Hinblick auf die schwache Marktstellung der beteiligten Unternehmen die tatsächlichen oder potentiellen Auswirkungen auf den Handel selbst dann nicht spürbar sind, wenn es sich um eine Vertriebsvereinbarung mit absolutem Gebietsschutz handelt.[379] In Abhängigkeit von der relativen Größe und Markstellung der beteiligten Unternehmen sowie des Umsatzes mit den betreffenden Waren kann nach der Rechtsprechung jedoch ab einem Marktanteil von 5 % eine spürbare Handelsbeeinträchtigung gegeben sein.[380] Die Zwischenstaatlichkeitsklausel kann ebenso wie die Wettbewerbsbeschränkung auch durch die gemeinsamen Auswirkungen gleichartiger, gleichzeitig bestehender Vereinbarungen betroffen sein (Bündeltheorie).[381] Voraussetzung ist wiederum, dass die einzelne Vereinbarung einen erheblichen Beitrag zur kumulativen Wirkung auf den Handel hat.[382] 47

Bei Vereinbarungen, die nach der Rechtsprechung schon **ihrem Wesen nach geeignet** sind, den Handel zwischen den Mitgliedstaaten zu beeinträchtigen, sind die Anforderungen, die von den Gerichten an den Nachweis der Spürbarkeit gestellt werden, geringer. Dies ist etwa der Fall, wenn die Vereinbarung in der Weise einen unmittelbar grenzüberschreitenden Bezug hat, dass sie den Import bzw. Export[383] oder mehrere Mitgliedstaaten betrifft.[384] Auch 48

[375] EuGH U. v. 9.7.1969, Slg. 1969, 295 – *Voelk/ETS J Verwaecke.*

[376] EuGH U. v. 13.12.2012, Rs C-226/11, ECLI:EU:C:2012:795, Rdnr. 37 – *Expedia Inc.* S. dazu auch § 8 Rdnr. 42.

[377] EuGH U. v. 25.10.2001, Slg. 2001 I-8089, Rdnr. 48 – *Ambulanz Glöckner;* EuGH U. v. 28.4.1998, Slg. 1998 I-1983, Rdnr. 16 – *Javico.*

[378] EuGH U. v. 28.4.1998, Slg. 1998 I-1983, Rdnr. 17 – *Javico;* EuGH U. v. 10.7.1980, Slg. 1980, 2511, Rdnr. 24 – *Lancôme und Cosparfrance Nederland;* EuG U. v. 1.4.1993, Slg. 1993 II-389, Rdnr. 138 – *BPB Industries und British Gypsum.*

[379] EuGH U. v. 9.7.1969, Slg. 1969, 295, Rdnr. 7 – *Völk/Vervaecke;* EuGH U. v. 28.4.1998, Slg. 1998 I-1983, Ls. 2 – *Javico.*

[380] EuGH U. v. 7.6.1983, Slg. 1983, 1825, Rdnr. 86 – *Musique Diffusion/Komm.;* ähnlich EuGH U. v. 1.2.1978, Slg. 1978, 131, Rdnr. 9 ff. – *Miller/Komm.;* EuGH U. v. 25.10.1983, Slg. 1983, 3151, Rdnr. 56 ff. – *AEG Telefunken/Komm.;* EuGH U. v. 11.7.2013, Rs C-440/11 P, ECLI:EU:C:2013:514, Rdnr. 105 f. – *Kommission/Portielje;* EuG U. v. 15.9.1998, Slg. 1998 II-3141, Rdnr. 90 ff., 103 – *European Night Services/Komm.*

[381] EuGH U. v. 25.11.1971, Slg. 1971, 949, 960 – *Béguelin/S. A. G. L.;* EuGH U. v. 10.7.1980, Slg. 1980, 2511, 2536 – *Lancôme/Etos;* EuGH U. v. 11.12.1980, Slg. 1980, 3775, Rdnr. 19 – *L'Oréal/De Nieuwe Amck;* EuGH U. v. 28.2.1991, Slg. 1991 I-935, Rdnr. 19 – *Delimitis/Henninger Bräu.*

[382] EuGH U. v. 28.2.1991, Slg. 1991 I-935, Rdnr. 19 – *Delimitis/Henninger Bräu;* EuG U. v. 14.5.1997, Slg. 1997 II-759, Rdnr. 140 – *Vereniging van Groothandelaren in Bloemkwekerijprodukten.*

[383] EuGH U. v. 18.6.1998, Slg. 1998 I-3851, Rdnr. 49 – *Kommission/Italien;* OLG Celle U. v. 6.5.2003, BeckRS 2003, 07959.

[384] EuGH U v. 14.12.1983, Slg. 1983, 4173, Rdnr. 8 – *Kerpen und Kerpen.*

ist ein Kartell, das sich auf das gesamte Hoheitsgebiet eines Mitgliedstaates erstreckt, nach der Rechtsprechung schon seinem Wesen nach geeignet, den zwischenstaatlichen Handel spürbar zu beeinträchtigen, da es die vom AEUV gewollte wirtschaftliche Verflechtung behindert.[385] Liegt eine wesensmäßige Beeinträchtigung des Handels vor, kann das zudem die Kommission von der Verpflichtung zur Abgrenzung der relevanten Märkte und der Berechung der Marktanteile der Beteiligten im Einzelnen befreien.[386] Für die Spürbarkeit der Handelsbeeinträchtigung kommt es bei alledem immer auf die Wirkung der gesamten Vereinbarung an. Ein an der Vereinbarung beteiligtes Unternehmen kann sich deshalb nicht darauf berufen, dass es nur einen untergeordneten Beitrag dazu geleistet hat, der für sich genommen nicht geeignet wäre, den Handel spürbar zu beeinträchtigen.[387]

49 In den **Leitlinien über den Begriff der Beeinträchtigung des zwischenstaatlichen Handels** hat die Kommission das Erfordernis der Spürbarkeit der Handelsbeeinträchtigung erstmals losgelöst von der Frage der Spürbarkeit der Wettbewerbsbeschränkung beurteilt und eigenständige Kriterien aufgestellt, nach denen die Spürbarkeit der Beeinträchtigung des zwischenstaatlichen Handels beurteilt werden soll.[388] Anders als die *De-minimis*-Bekanntmachung rekurrieren die Leitlinien dabei nicht nur auf eine **Marktanteils-,** sondern auch auf eine **Umsatzschwelle.** Die Kommission trennt insoweit zwischen einer negativen und einer positiven Regelvermutung und gibt damit Hinweise, wie sie ihr Ermessen auszuüben gedenkt. Eine Selbstbeschränkung in dem Sinne, dass die Kommission Vereinbarungen, die die Kriterien der Negativvermutung erfüllen, generell nicht mehr aufgreift, ist damit jedoch nicht verbunden. Die Vermutungen sind widerlegbar, wenn auch damit nicht im technischen Sinn eine Änderung der Beweislastverteilung gemeint ist. Beweisbelastet für das Vorliegen einer spürbaren Handelsbeeinträchtigung ist und bleibt im Verwaltungsverfahren die Kommission. Sie wird allerdings in Fällen, die der Negativvermutung unterfallen, „in der Regel" kein Verfahren einleiten und jedenfalls gegen gutgläubige Unternehmen keine Geldbußen verhängen.[389] Im Übrigen gilt auch hier, dass die von der Kommission genannten Kriterien und Schwellenwerte für Gerichte und nationale Wettbewerbsbehörden nicht verbindlich sind, auch wenn sie den Gerichten und Behörden der Mitgliedstaaten eine Orientierung bei der Auslegung und Anwendung des Merkmals geben sollen.[390] Damit wird der gestiegenen Bedeutung der Zwischenstaatlichkeitsklausel für das Verhältnis des Gemeinschaftsrecht zum nationalen Recht nach Art. 3 Abs. 2 VO (EG) Nr. 1/2003 Rechnung getragen.

50 Das Kriterium der Spürbarkeit wird in den Leitlinien zunächst im Rahmen einer widerlegbaren **Negativvermutung** (sogenannte **„no appreciable affectation of trade" oder NAAT-Regel**) quantifiziert.[391] Eine Vereinbarung ist danach regelmäßig nicht geeignet, den Handel spürbar zu beeinträchtigen, wenn bestimmte Marktanteils- und Umsatzschwellen nicht überschritten werden. Die in den Leitlinien genannten Voraussetzungen müssen dabei kumulativ erfüllt sein. Zunächst darf der addierte Marktanteil der beteiligten Unter-

---

[385] EuGH U. v. 17.10.1972, Slg. 1972, 977, Rdnr. 29 – *Vereeniging van Cementhandelaren/Kommission;* EuGH U. v. 11.7.1985, Slg. 1985, 2545, Rdnr. 22 – *Remia/Kommission;* EuGH U. v. 18.6.1998, Slg. 1998 I-3851 Rdnr. 48 – *Kommission/Italien;* EuGH U. v. 19.2.2002, Slg. 2002 I-1577 Rdnr. 95 – *Wouters u. a.;* EuGH U. v. 11.7.2013, Rs C-440/11 P, ECLI:EU:C:2013:514, Rdnr. 100 – *Komm./Portielje;* EuGH U. v. 18.7.2013, Rs C-136/12, ECLI:EU:C:2013:489, Rdnr. 50 – *Consiglio Nazionale dei geologi;* Komm.E. v. 11.6.2002, ABl. 2004 L 56/1 – *Österreichische Banken („Lombard Club").*

[386] EuG U. v. 19.3.2003, Slg. 2003 II-913 Rdnr. 219 ff. – *CMA CGM/Komm.; Mestmäcker/Schweitzer* Europäisches Wettbewerbsrecht, § 10 Rdnr. 83; *Ritter/Braun,* European Competition Law, S. 126.

[387] EuG U. v. 25.11.1991, Slg. 1991, II-1087, Rdnr. 226 – *Petrofina.*

[388] Leitlinien über den Begriff der Beeinträchtigung des zwischenstaatlichen Handels, ABl. 2004 C 101/81.

[389] Leitlinien aaO Rdnr. 50.

[390] Leitlinien aaO Rdnr. 3.

[391] Leitlinien aaO Rdnr. 52.

nehmen auf keinem von der Vereinbarung betroffenen Markt 5% überschreiten. Weiterhin darf im Falle horizontaler Vereinbarungen der gesamte Jahresumsatz der Beteiligten mit den von der Vereinbarung erfassten Waren 40 Mio. EUR nicht übersteigen. Betrifft die Vereinbarung den gemeinsamen Einkauf, ist für die Umsatzschwelle die Summe der gemeinsamen Käufe maßgeblich. Abweichend hiervon kommt es bei vertikalen Vereinbarungen für das Erreichen der Umsatzschwelle allein auf den Jahresumsatz des Lieferanten an. Weitere Varianten sind für Lizenzvereinbarungen und für Vereinbarungen zwischen einem Käufer und mehreren Lieferanten definiert: Während im ersten Fall als relevanter Umsatz der addierte Umsatz der Lizenznehmer und des Lizenzgebers mit den betreffenden Waren zugrunde gelegt wird, ist bei Vereinbarungen zwischen einem Käufer und mehreren Lieferanten die Gesamtheit der von der Vereinbarung erfassten Käufe des Abnehmers maßgeblich. Die Vermutung der NAAT-Regel bleibt auch dann anwendbar, wenn der Schwellenwert für den Markanteil um höchstens 2% und der Schwellenwert für den Jahresumsatz um höchstens 10% in zwei aufeinanderfolgenden Kalenderjahren überschritten werden.[392] Entsprechend der vorangegangen Entscheidungspraxis des EuGH sind bei parallelen Netzen vertikaler, gleichartiger Vereinbarungen die kumulativen Wirkungen zu berücksichtigen. Maßgeblich für die Umsatzberechnung sind deshalb in diesem Fall die Umsätze, die im gesamten Netz getätigt werden. Sind die Voraussetzungen der Negativvermutung nicht erfüllt, bedeutet dies den Leitlinien zufolge nicht automatisch, dass die betreffende Vereinbarung spürbare Auswirkungen auf den innergemeinschaftlichen Handel hat. Vielmehr ist in einem solchen Fall eine Einzelfallprüfung nach Maßgabe der eingangs genannten Kriterien erforderlich.[393]

Neben der Negativvermutung enthalten die Leitlinien auch eine widerlegbare **Positivvermutung** für Vereinbarungen, die bereits ihrem Wesen nach geeignet sind, den Handel zwischen den Mitgliedstaaten zu beeinträchtigen. Für diese wird schon bei Überschreiten allein des Umsatzschwellenwertes vermutet, dass die Beeinträchtigung des Handels spürbar ist.[394] Liegt der Umsatz hingegen unterhalb von 40 Mio. EUR, gilt die Positivvermutung in abgeschwächter Form auch dann, wenn der Marktanteil der Beteiligten die 5-%-Schwelle übersteigt. Im Übrigen soll aber auch für Vereinbarungen, die ihrem Wesen nach geeignet sind, den Handel zwischen den Mitgliedstaaten zu beeinträchtigen, die Negativvermutung gelten.[395] Sind also weder die Umsatz- noch die Marktanteilsschwelle erfüllt, spricht nach der Kommission in jedem Fall eine Vermutung dafür, dass die Handelsbeeinträchtigung nicht spürbar ist. Die Leitlinien definieren den Begriff der Vereinbarung, die den zwischenstaatlichen Handel „wesensgemäß" beeinträchtigt, nicht. Die Kommission gibt aber zahlreiche, der Rechtsprechung der europäischen Gerichte entnommene Beispiele dafür, wann Vereinbarungen nach ihrer Auffassung „fast immer" oder „in der Regel" ihrem Wesen nach geeignet sind, den Handel zwischen den Mitgliedstaaten zu beeinträchtigen. Zu diesen gehören Vereinbarungen, die Einfuhren bzw. Ausfuhren oder mehrere Mitgliedstaaten betreffen[396] oder Kartelle, wenn diese sich mindestens auf das gesamte Gebiet eines Mitgliedstaates erstrecken.[397] Die Kommission benennt zudem einige Formen von Vereinbarungen, die sie explizit nicht zu der Kategorie der wesensmäßig zur Beeinträchtigung des zwischenstaatlichen Handels geeigneten Vereinbarungen rechnet. Zu diesen zählen etwa Vereinbarungen über horizontale Zusammenarbeit und Nicht-Vollfunktions-Gemeinschaftsunternehmen, die auf einen einzigen Mitgliedstaat begrenzt sind[398] oder Vereinbarungen von rein lokaler Bedeutung.[399] 51

---

[392] Leitlinien aaO Rdnr. 52.
[393] Leitlinien aaO Rdnr. 51.
[394] Leitlinien aaO Rdnr. 53.
[395] Leitlinien aaO Rdnr. 58.
[396] Leitlinien aaO Rdnr. 61 ff.
[397] Leitlinien aaO Rdnr. 68.
[398] Leitlinien aaO Rdnr. 83.
[399] Leitlinien aaO Rdnr. 91.

52 In Fällen, die nicht schon ihrem Wesen nach geeignet sind, den zwischenstaatlichen Handel zu beeinträchtigen, werden hohe Anforderungen an den Nachweis der Spürbarkeit gestellt. Ermittlungs- und Prognoseschwierigkeiten bei der Beurteilung des Einflusses einer Absprache auf die relevanten Handelsströme dürfen nicht zu Lasten der betroffenen Unternehmen gehen.[400] Auch in Bezug auf auslandsbezogene Feststellungen müssen von den Kartellbehörden stets alle Ermittlungsmöglichkeiten ausgeschöpft werden. Soweit hierzu eine Zusammenarbeit mit ausländischen Kartellbehörden notwendig ist, müssen die nach der Bekanntmachung der Kommission über die Zusammenarbeit innerhalb des Netzes der Wettbewerbsbehörden in den Mitgliedstaaten[401] zur Verfügung stehenden Kooperationsinstrumente ausgeschöpft werden. Erst danach kann die Kartellbehörde ihre Feststellungen auf einer schwächeren Tatsachengrundlage treffen und notfalls auch Schätzungen vornehmen.[402]

VII. Leitlinien über horizontale Zusammenarbeit

53 In ihren im Jahr 2011 zuletzt überarbeiteten Leitlinien über horizontale Zusammenarbeit[403] beschreibt die Kommission (nicht erschöpfend) bestimmte Formen horizontaler Zusammenarbeit und legt die Kriterien dar, anhand derer sie entweder beurteilt, ob die jeweilige Zusammenarbeit keine tatbestandsmäßige Wettbewerbsbeeinträchtigung darstellt oder aber mit Art. 101 Abs. 3 AEUV vereinbar ist. Die Leitlinien ersetzen drei ältere Bekanntmachungen[404] und ergänzen die Gruppenfreistellungsverordnung für F&E-Vereinbarungen[405] und die Gruppenfreistellungsverordnung über Spezialisierungsvereinbarungen.[406] In Form der Mitteilung ergangen, ändern die Leitlinien ihrer Rechtsnatur nach weder das materielle Recht, noch binden sie die nationalen und europäischen Gerichte oder die nationalen Kartellbehörden. Gleichwohl dienen die Leitlinien infolge der Dezentralisierung der Durchsetzung des europäischen Kartellrechts verstärkt auch Behörden und Gerichten der Mitgliedstaaten als Orientierung bei der Anwendung von Art. 101 Abs. 1 und Abs. 3 AEUV.[407] Den betroffenen Unternehmen gewähren die Leitlinien im Hinblick auf die mit ihnen verbundene Selbstbindung der Kommission einen gewissen Grad an Rechtssicherheit und hinsichtlich denkbarer Bußgeldsanktionen aufgrund des durch sie geschaffenen Vertrauenstatbestandes einen vollständigen Schutz.

54 Anders als die Vorgängerfassung[408] unterscheiden die neueren Leitlinien nach ihrer Gliederung durchgehend zwischen bezweckten und bewirkten Wettbewerbsbeschränkun-

---

[400] OLG Düsseldorf U. v. 10.6.2005. WuW/E DE-R 1610 – *Filigranbetondecken.*

[401] ABl. 2004 C 101/3.

[402] OLG Düsseldorf aaO.

[403] Kommission, Leitlinien zur Anwendbarkeit von Artikel 101 des Vertrags über die Arbeitsweise der Europäischen Union auf Vereinbarungen über horizontale Zusammenarbeit, ABl. 2011 C 11/1.

[404] Bekanntmachung der Kommission vom 29.7.1968 über Vereinbarungen, Beschlüsse und aufeinander abgestimmte Verhaltensweisen, die eine zwischenbetriebliche Zusammenarbeit betreffen, ABl. 1968 C 75/3 (sog. Kooperationsbekanntmachung), Bekanntmachung der Kommission vom 16.2.1993 über die Beurteilung kooperativer Gemeinschaftsunternehmen, ABl. 1993 C 43/2 und zuletzt Bekanntmachung der Kommission vom 6.1.2001, Leitlinien der zur Anwendbarkeit von Art. 81 EG-Vertrag auf Vereinbarungen über horizontale Zusammenarbeit, ABl. 2001 C 3/2.

[405] Verordnung (EU) Nr. 1217/2010 der Kommission vom vom 14.12.2010 über die Anwendung von Artikel 101 Absatz 3 des Vertrags über die Arbeitsweise der Europäischen Union auf bestimmte Gruppen von Vereinbarungen über Forschung und Entwicklung, ABl. 2010 L 335/36.

[406] Verordnung (EU) Nr. 1218/2010 der Kommission vom 14.12.2010 über die Anwendung von Artikel 101 Absatz 3 des Vertrags über die Arbeitsweise der Europäischen Union auf bestimmte Gruppen von Spezialisierungsvereinbarungen, ABl. 2010 L 335/43.

[407] Eine Abweichung von den Leitlinien durch eine nationale Kartellbehörde ist jedoch kein hinreichender Anlass für die Kommission, das Verfahren nach Art. 11 Abs. 6 VO 1/2003 an sich zu ziehen, es sei denn damit wäre zugleich ein offensichtlicher Widerspruch zur gesicherten Rechtsprechung verbunden, Tz. 54 der Bekanntmachung der Kommission vom 27.4.2004 über die Zusammenarbeit innerhalb des Netzes der Wettbewerbsbehörden, ABl. 2004 C 101/43.

[408] S. erneut Bekanntmachung der Kommission vom 6.1.2001, Leitlinien der zur Anwendbarkeit von Art. 81 EG-Vertrag auf Vereinbarungen über horizontale Zusammenarbeit, ABl. 2001 C 3/2.

gen.[409] Außerdem formuliert die Kommission nun in einem besonderen Abschnitt ausführlich „Allgemeine Grundsätze für die wettbewerbsrechtliche Würdigung des Informationsaustauschs".[410] Darüber hinaus werden deutlich umfangreicher die aus Sicht der Kommission üblichsten Kooperationsformen und die Grundsätze ihrer kartellrechtlichen Würdigung erläutert. Behandelt werden – wie bisher – Forschungskooperationen,[411] Produktionsvereinbarungen,[412] Einkaufskooperationen,[413] Vermarktungsvereinbarungen[414] und Normenvereinbarungen.[415] Umweltschutzvereinbarungen sind dagegen nicht mehr gesondert aufgeführt, sondern wurden punktuell in das Kapitel zu Vereinbarungen über Normen integriert.[416]

Die Beurteilung horizontaler Kooperationsformen richtet die Kommission in einem ersten Schritt an der in Art. 101 Abs. 1 AEUV angelegten und in der Rechtsprechung[417] anerkannten Unterscheidung zwischen bezweckten und bewirkten Wettbewerbsbeschränkungen aus. Eine bezweckte Wettbewerbsbeschränkung liege vor, wenn die Beschränkung ihrem Wesen nach geeignet ist, den Wettbewerb im Sinne von Art. 101 Absatz 1 zu beschränken; sobald dieser – die frühere Bekanntmachung nennt beispielhaft Preisabsprachen[418] – festgestellt werde, müssten deren tatsächliche oder potenzielle Auswirkungen auf den Markt nicht mehr geprüft werden.[419] In Abwesenheit eines solchen Bezweckens sei dagegen zu prüfen, ob sie horizontale spürbare wettbewerbsbeschränkende Auswirkungen habe.[420] Dafür müsse die Vereinbarung eine tatsächliche oder wahrscheinliche spürbare negative Auswirkung auf mindestens einen Wettbewerbsparameter des Marktes haben,[421] was wiederum dann der Fall sei, wenn die Parteien aufgrund der Vereinbarung in der Lage wären, gewinnbringend den Preis zu erhöhen oder Produktionsmenge, Innovation, Produktqualität oder Produktvielfalt zu reduzieren. Dies hänge von mehreren Faktoren ab, etwa von der **Art und Inhalt der Vereinbarung,** inwieweit die Parteien einzeln oder gemeinsam **einen gewissen Grad an Marktmacht haben** oder erlangen und die Vereinbarung **zur Begründung, Erhaltung oder Stärkung dieser Marktmacht beitrage** oder es den Parteien **ermögliche, ihre Marktmacht auszunutzen.**[422] Machtmacht wird anschließend definiert, als die Fähigkeit, die Preise über einen gewissen Zeitraum hinweg gewinnbringend oberhalb des Wettbewerbsniveaus oder die Produktionsmenge, Produktqualität, Produktvielfalt bzw. Innovation für einen gewissen Zeitraum gewinnbringend unterhalb des Wettbewerbsniveaus zu halten.[423] 54a

Dieses, im Zuge eines verstärkt ökonomischen Ansatzes auf die Ermittlung eines **„Kollusionsergebnisses"** gerichtete Vorgehen beschreibt die Kommission in einem zweiten Schritt vertieft in dem Abschnitt zu allgemeinen Grundsätzen zum Informationsaustausch. Hier betont sie zunächst das in der Rechtsprechung entwickelte **„Selbständigkeitspostu-** 54b

---

[409] Kommission, Leitlinien zur Anwendbarkeit von Artikel 101 des Vertrags über die Arbeitsweise der Europäischen Union auf Vereinbarungen über horizontale Zusammenarbeit, ABl. 2011 C 11/1, Rdnrn. 20 ff., s. dann die Darstellung der einzelnen Kooperationsformen; s. hierzu auch das kürzlich ergangene Urteil des EuGH v. 11.9.2014, Rs C-67/13 P, ECLI:EU:C:2014:2204, Rdnr. 58 – *Cartes Bancaires/Komm.*

[410] Kommission, Leitlinien aaO Rdnrn. 55 ff.

[411] Kommission, Leitlinien aaO Rdnrn. 111 ff.

[412] Kommission, Leitlinien aaO Rdnrn. 150 ff.

[413] Kommission, Leitlinien aaO Rdnrn. 194 ff.

[414] Kommission, Leitlinien aaO Rdnrn. 225 ff.

[415] Kommission, Leitlinien aaO Rdnrn. 257 ff.

[416] Kommission, Leitlinien aaO Rdnr. 329.

[417] S. zuletzt etwa EuGH U. v. 6.10.2009, Slg. 2009 I-9291, Rdnr. 55 – *GlaxoSmithKline.*

[418] Bekanntmachung der Kommission vom 6.1.2001, Leitlinien der zur Anwendbarkeit von Art. 81 EG-Vertrag auf Vereinbarungen über horizontale Zusammenarbeit, ABl. 2001 C 3/2, Rdnr. 18.

[419] Kommission, Leitlinien aaO Rdnr. 24 f.

[420] Kommission, Leitlinien aaO Rdnr. 26.

[421] Kommission, Leitlinien aaO Rdnr. 27.

[422] Kommission, Leitlinien aaO Rdnr. 28.

[423] Kommission, Leitlinien aaO Rdnr. 28.

lat", wonach jeder Unternehmer selbständig zu bestimmen habe, welche Politik er auf dem Binnenmarkt betreiben und welche Konditionen er seiner Kundschaft anbieten will.[424] Dies entziehe – so die Kommission in Anlehnung an die Rechtsprechung weiter – den Unternehmen nicht das Recht, sich dem festgestellten oder erwarteten Verhalten ihrer Konkurrenten mit wachem Sinn anzupassen. Es schließe jedoch jede unmittelbare oder mittelbare Fühlungnahme zwischen Wettbewerbern aus, die bezwecke oder bewirke, dass Wettbewerbsbedingungen entstehen, die im Hinblick auf die Art der Waren oder erbrachten Dienstleistungen, die Bedeutung und Zahl der beteiligten Unternehmen sowie den Umfang des in Betracht kommenden Marktes *nicht den normalen Bedingungen* dieses Marktes entsprächen. Es schließe – so die Kommission weiter – auch „jede unmittelbare oder mittelbare Fühlungnahme zwischen Wettbewerbern aus, die bezweckt oder bewirkt, entweder das Marktverhalten eines gegenwärtigen oder potenziellen Wettbewerbers zu beeinflussen oder einen solchen Wettbewerber über das Marktverhalten ins Bild zu setzen, das man selbst an den Tag zu legen entschlossen ist oder in Erwägung zieht, wodurch leichter ein *Kollusionsergebnis* auf dem Markt herbeigeführt werden könnte."[425] Zu diesem „Kollusionsergebnis" äußert sich die Kommission dann in einem dritten Schritt: „Indem der Austausch strategischer Informationen die Transparenz auf dem Markt künstlich erhöht, kann er koordiniertes (d. h. abgestimmtes) Wettbewerbsverhalten der Unternehmen erleichtern und *letztlich wettbewerbsbeschränkende Auswirkungen* haben. Dies kann auf unterschiedliche Weise geschehen".[426]

54c Der in den Leitlinien anhand der vorgenannten Passagen zu Tage tretende Blick der Kommission auf ein über die bloße Verhaltenskoordinierung und damit über das Selbständigkeitspostulat hinausgehendes Kollusionsergebnis und gleichfalls die über das (ungeschriebene) Spürbarkeitskriterium hinausgehende Berücksichtigung von Marktmacht im Rahmen von Art. 101 Abs. 1 AEUV entfernen sich in bedenklicher Weise von der Rechtsprechung des EuGH und der unterschiedlichen Zielrichtung von Art. 101 AEUV und Art. 102 AEUV.[427]

54d Die Leitlinien sind ausgehend von dem beschriebenen Grundkonzept der Kommission nach den behandelten Arten von Vereinbarungen untergliedert; ihre kartellrechtliche Würdigung ist hier jeweils ähnlich aufgebaut. Sie enthalten Ausführungen zu grundlegenden kartellrechtlichen Bedenken, zu bezweckten Wettbewerbsbeschränkungen und verweisen im jeweiligen Abschnitt zu wettbewerbsbeschränkenden Auswirkungen wie bisher auf Marktanteilsschwellen, jenseits derer eine genaue Wirkungsanlayse entbehrlich ist **(sog. safe harbours).**[428] Für den reinen Informationsaustausch besteht eine solche Schwelle nicht.[429] Die nicht abschließenden Erläuterungen erlauben damit eine grobe Unterscheidung zwischen Vereinbarungen, die nicht von Art. 101 Abs. 1 AEUV erfasst werden, solchen, die fast immer erfasst werden, sowie Vereinbarungen, die unter das Verbot fallen können und einer weitergehenden Untersuchung bedürfen. Fast immer verboten sind nach den Leitlinien Vereinbarungen, die eine Preisfestsetzung, Produktionsbeschränkung oder Marktaufteilung bezwecken. In allen anderen Fällen ist eine Untersuchung des wirtschaftlichen Umfelds nach den oben beschriebenen Grundsätzen erforderlich, für die es in erster Linie auf Marktmacht und Marktstruktur ankommen soll. Kooperationsformen, die keine Koordinierung des Wettbewerbsverhaltens der Vertragspartner bedingen, werden dagegen schon ihrem Wesen nach nicht von Art. 101 Abs. 1 AEUV erfasst. Hierzu gehören – wenngleich in den neuen Leitlinien nicht mehr dokumentiert – etwa die Zusammenarbeit zwischen nicht einmal potenziellen Wettbewerbern und die Zusammenarbeit zwischen

---

[424] Kommission, Leitlinien aaO Rdnr. 60 a.E mit Verweis auf EuGH U. v. 28.5.1998, Slg. 1998 I-3111 Rdnr. 86 – *John Deere.* S. zuletzt etwa EuGH U. v. 4.6.2009, Slg. 2009 I-4529 Rdnr. 32f. – *T-Mobile Netherlands.*

[425] Kommission, Leitlinien aaO Rdnr. 61. Hervorhebungen durch den Verfasser.

[426] Kommission, Leitlinien aaO Rdnr. 65. Hervorhebungen durch den Verfasser.

[427] Zur Kritik an diesem Ansatz eingehend *Immenga/Mestmäcker,* EU-WbR Einleitung Rdnr. 15ff.

[428] S. im Einzelnen Kommission, Leitlinien aaO Rdnr. 134f., 169f., 208f. und 240f.

[429] Kritisch *Fritzsche,* EuZW 2011, 208, 213f.

Wettbewerbern, die die von der Zusammenarbeit erfasste Tätigkeit nicht eigenständig durchführen können (sog. **Arbeitsgemeinschaften**) sowie eine Kooperation in Bereichen, welche relevante Wettbewerbsparameter nicht beeinflusst.[430]

Des Weiteren enthalten die Leitlinien jeweils Grundsätze für die Bewertung nach Art. 101 Abs. 3 AEUV und geben dabei auch Hinweise für den Bewertungszeitpunkt und die zulässige Höchstdauer der Vereinbarung. Eine Orientierungshilfe für die anzustellenden Erwägungen bieten mehrere Beispiele am Ende eines jeden Abschnitts.

Im Einzelfall bereitet die Feststellung, ob eine Kooperation unter Art. 101 AEUV fällt, gleichwohl erhebliche Schwierigkeiten. Die größte Schwierigkeit für die Anwendung der Leitlinien in der Praxis liegt darin, dass viele Unternehmen nicht sicher ermitteln können, ob ihre eigene Marktposition und die ihres Kooperationspartners unter den von der Kommission genannten Marktanteilsschwellen liegt. Die Erfahrung zeigt, dass die Kartellbehörden die Möglichkeiten der Unternehmen, ihre eigenen Marktanteile sicher zu ermitteln, überschätzen. Wenn man einmal von den Unsicherheiten der sachlichen und räumlichen Marktabgrenzung absieht, so gibt es eine große Zahl von Fällen, in denen die Unternehmen weder die Marktgröße noch die Marktanteile ihrer wichtigsten Wettbewerber mit hinreichender Sicherheit schätzen können. Auch Marktanteilsstatistiken, die in verschiedenen Branchen verfügbar sind, weisen Lücken auf, etwa deshalb, weil nicht alle Marktteilnehmer erfasst sind oder weil eine statistische Erhebung mit anderen Produktkategorien arbeitet als die sachliche Marktabgrenzung im Sinne des Kartellrechts. Unsicherheiten bestehen auch hiernach insbesondere in Fällen, in denen mehrere der dort behandelten Kooperationsformen kombiniert werden oder die für bestimmte Formen die in den Leitlinien dargelegten Kriterien überschreiten. Wegen der vielfältigen Möglichkeiten und Formen horizontaler Zusammenarbeit vor dem Hintergrund unterschiedlichster Marktbedingungen bleiben die Leitlinien zudem ungeachtet des gegenüber der Vorgängerbekanntmachung noch einmal gestiegenen Umfangs notgedrungen auf einem hohen Abstraktionsniveau. Über die erwähnten Verweisungen auf die Gruppenfreistellungsverordnungen hinaus verzichtet die Kommission in den Leitlinien auch ausdrücklich auf die Festlegung von Marktanteilsschwellen, unterhalb derer eine ausreichende Marktmacht zur Verursachung beschränkender Wirkungen nicht mehr angenommen werden kann. 55

VIII. Rechtsfolgen

Nach Art. 101 Abs. 2 AEUV sind die in Art. 101 Abs. 1 AEUV verbotenen Vereinbarungen und Beschlüsse nichtig im Sinne des Fehlens jeglicher Rechtswirkungen gegenüber jedermann. Die **Nichtigkeit** wirkt absolut und erfasst alle vergangenen und zukünftigen Wirkungen, die von der getroffenen Vereinbarung oder dem Beschluss ausgehen können.[431] Diese Rechtsfolge wurde wegen der grundlegenden Bedeutung des Art. 101 Abs. 1 AEUV für einen funktionsfähigen Binnenwettbewerb nicht den Rechtsordnungen der Mitgliedstaaten überlassen, sondern ausdrücklich angeordnet.[432] Die Nichtigkeit tritt von Anfang an und kraft Gesetzes ein, ohne dass es einer entsprechenden kartellbehördlichen oder gerichtlichen Feststellung bedürfte.[433] Ein einzelner kann sich hierauf auch dann berufen, wenn er selbst Partei der wettbewerbsbeschränkenden Vereinbarung ist.[434] Bei teilbaren Verträgen und Be- 56

[430] S. die früheren Leitlinien über horizontale Zusammenarbeit, ABl. 2001 C 3/2, Rdnr. 24 – 1., 2. und 3. Spiegelstrich.

[431] EuGH U. v. 6.2.1973, Slg. 1973, 77, Rdnr. 26 – *Brasserie de Haecht/Wilkin und Janssen II;* EuGH U. v. 20.9.2001, Slg. 2001 I-6297, Rdnr. 22 – *Courage/Crehan.*

[432] EuGH U. v. 1.6.1999, Slg. 1999 I-3055, Rdnr. 36 – *Eco Swiss;* EuGH U. v. 20.9.2001, Slg. 2001 I-6297 Rdnr. 21 – *Courage/Crehan.*

[433] EuGH U. v. 6.2.1973, Slg. 1973, 77, 89 – *Brasserie de Haecht/Wilkin und Janssen II;* EuGH U. v. 10.7.1980, Slg. 1980, 2511, 2534 – *Lancôme/Etos.* S. hierzu und zum Folgenden auch § 2, Rdnrn. 30 ff.

[434] EuGH U. v. 20.9.2001, Slg. 2001 I-6297, Rdnr. 24 – *Courage/Crehan.*

schlüssen beschränkt sich die Nichtigkeitsfolge auf den mit dem Kartellverbot unvereinbaren Teil.[435] Bei Unteilbarkeit erfasst die Nichtigkeit den gesamten Vertrag oder Beschluss.[436] Die **Teilbarkeit** ist Frage des Einzelfalls, wobei nicht die Vorstellungen der am Vertrag oder Beschluss Beteiligten, sondern das objektiv zur Sicherung des Schutzzwecks des Kartellverbots Erforderliche maßgebend ist.[437] Von der Nichtigkeitsfolge werden daher nicht nur diejenigen Bestimmungen erfasst, die unmittelbar einen Verstoß gegen Art. 101 Abs. 1 AEUV enthalten, sondern auch solche, die den Wettbewerbsverstoß fördern oder verstärken und deshalb als mit diesem unteilbar verbunden anzusehen sind.[438] Die Wirksamkeit der nicht gegen Art. 101 Abs. 1 AEUV verstoßenden Bestimmungen, d.h. die Frage der zivilrechtlichen Gesamt- oder Teilunwirksamkeit, richtet sich nach nationalem Recht,[439] im Falle der Anwendbarkeit deutschen Rechts also grundsätzlich nach § 139 BGB.[440] Aus § 139 BGB kann sich bei kartellrechtlicher Teilnichtigkeit die zivilrechtliche Gesamtnichtigkeit ergeben, wenn die Anwendbarkeit dieser Bestimmung nicht vertraglich ausgeschlossen wurde oder der Vertrag nach dem hypothetischen Parteiwillen nicht ohne den nichtigen Teil geschlossen worden wäre. Die Aufnahme von **salvatorischen Klauseln** führt allerdings nicht stets zur Teilwirksamkeit.[441] Nach der neueren Rechtsprechung des BGH betreffen diese lediglich die Darlegungs- und Beweislast bei der im Rahmen des § 139 BGB vorzunehmenden Prüfung, ob die Parteien das teilnichtige Geschäft als Ganzes verworfen oder den Rest gelten lassen hätten, weil dieser eine sinnvolle und ausgewogene Regelung der beiderseitigen Interessen enthält.[442] Bei der Vereinbarung salvatorischer Klauseln ist die Partei, die sich auf die Gesamtnichtigkeit beruft, hierfür darlegungs- und beweispflichtig. **Folgeverträge** mit Dritten, die nicht selbst gegen Art. 101 Abs. 1 AEUV verstoßen, sind sowohl nach Gemeinschaftsrecht als auch nach nationalem Recht grundsätzlich wirksam.[443]

57 Art. 101 Abs. 1 und 2 AEUV sind nicht isoliert, sondern stets im Zusammenhang mit der Freistellungsmöglichkeit nach Art. 101 Abs. 3 AEUV zu beurteilen. Bis zum Inkrafttreten der VO Nr. 1/2003[444] am 1.5.2004 galt der Grundsatz, dass die Nichtigkeitsfolge insbesondere dann nicht ohne weiteres eintritt, wenn die Vereinbarung oder der Beschluss ordnungsgemäß zu Freistellung angemeldet worden waren und für eine Freistellung grund-

---

[435] EuGH U. v. 13.7.1966, Slg. 1966, 322, 392 – *Grundig und Consten/Komm.;* EuGH U. v. 25.11.1971, Slg. 1971, 949, 961 – *Béguelin/S. A. G. L.;* EuGH U. v. 14.12.1983, Slg. 1983, 4173, 4175 ff. – *Société de Vente de Ciments et Bétons/Kerpen&Kerpen;* EuGH U. v. 28.2.1991, Slg. 1991 I-935, 990 – *Delimitis/Henninger Bräu; Immenga/Mestmäcker-K. Schmidt,* EU-WbR Art. 102 Abs. 2, Rdnrn. 21 ff.

[436] EuGH U. v. 30.6.1966, Slg. 1966, 281, 304 – *Société Technique Minière/Maschinenbau Ulm;* EuGH U. v. 13.7.1966, Slg. 1966, 322, 392 – *Grundig und Consten/Komm.;* EuGH U. v. 28.2.1991, Slg. 1991 I-935, 990 – *Delimitis/Henninger Bräu.*

[437] *S/J/K/M-Schröter/van der Hout,* Art. 101 AEUV Rdnr. 217.

[438] *S/J/K/M-Schröter/van der Hout,* Art. 101 AEUV Rdnr. 217 mwN; *Loewenheim/Meessen/Riesenkampff-Jaeger,* Kartellrecht Art. 81 Abs. 2 Rdnrn. 20, 22 mwN.

[439] Die Anwendbarkeit des nationalen Rechts ergibt sich aus den jeweiligen Regelungen des Internationalen Privatrechts, vgl. Verordnung (EG) Nr. 593/2008 des Europäischen Parlaments und des Rates vom 17.6.2008 über das auf vertragliche Schuldverhältnisse anzuwendende Recht (Rom I), ABl. 2008 L 177/6, § 130 Abs. 2 GWB.

[440] *S/J/K/M-Schröter/van der Hout,* Art. 101 AEUV Rdnr. 221; *Immenga/Mestmäcker-K. Schmidt,* EU-WbR Art. 101 Abs. 2 Rdnrn. 23 ff.

[441] OLG Celle U. v. 6.5.2003, BeckRS 2003, 07959.

[442] BGH U. v. 24.9.2002, WuW/E DE-R 1031 – *Tennishallenpacht;* OLG Düsseldorf U. v. 16.3.2005, VI-U (Kart) 39/03 BeckRS 2005 04427.

[443] EuGH U. v. 14.12.1983 – *Société de Vente de Ciments et Bétons/Kerpen&Kerpen* Slg. 1983, 4173 Rdnr. 12; *S/J/K/M-Schröter/van der Hout,* Art. 101 AEUV Rdnr. 227. Dagegen halten es *Baur/Weyer* in: Frankfurter Kommentar zum Kartellrecht, Zivilrechtsfolgen Art. 81 EG-Vertrag Rdnr. 143, für möglich, dass sich aus den Vorgaben des Gemeinschaftsrechts die Unwirksamkeit von Folgeverträgen ergeben kann.

[444] Verordnung (EG) Nr. 1/2003 des Rates vom 16. Dezember 2002 zur Durchführung der in den Artikeln 81 und 82 des Vertrags niedergelegten Wettbewerbsregeln, ABl. 2003 L 1/1.

sätzlich auch in Betracht kamen.[445] Angemeldete Verträge und Beschlüsse, und zwar unabhängig davon, ob Anmeldebedürftigkeit besteht oder nicht, waren bis zur Entscheidung der Kommission über die Freistellung schwebend unwirksam, also nicht durchsetzbar.[446] Das Anmeldungs- und Genehmigungserfordernis ist mit der VO Nr. 1/2003 durch ein System der Legalausnahme ersetzt worden. Diese greift, wenn die Voraussetzungen des Art. 101 Abs. 3 AEUV erfüllt sind, ohne dass die Freistellung durch eine vorherige Entscheidung festgestellt werden müsste (vgl. Art. 1 Abs. 2 VO Nr. 1/2003). Vereinbarungen und Beschlüsse, die diesen Anforderungen genügen, sind von Anfang an wirksam, andere Vereinbarungen und Beschlüsse dagegen von Anfang an unwirksam. Für die Annahme einer schwebenden Unwirksamkeit besteht damit kein Raum mehr.

Neben der Nichtigkeitsfolge können sich aus einem Verstoß gegen das Kartellverbot weitere Rechtsfolgen verwaltungsrechtlicher[447] und ordnungswidrigkeitenrechtlicher[448] – **Geldbußen** – sowie zivilrechtlicher Art[449] ergeben. Bei Verstößen gegen Art. 101 Abs. 1 AEUV können Geldbußen bis zu 10% des im vorausgegangenen Geschäftsjahr erzielten Gesamtumsatzes des betreffenden Unternehmens verhängt werden (Art. 23 Abs. 2 VO Nr. 1/2003). Soweit das wettbewerbswidrige Verhalten einer Tochtergesellschaft der Muttergesellschaft zugerechnet werden kann, kann die Geldbuße beiden Gesellschaften gesamtschuldnerisch auferlegt werden und es ist auf den Gesamtumsatz der Muttergesellschaft abzustellen.[450] Soweit wegen des weiten Unternehmensbegriffs mehreren Gesellschaften als Gesamtschuldner haften, ist der Haftungsanteil im Innenverhältnis nicht durch die Kommission, sondern durch die nationalen Gerichte im Rahmen von Regressklagen festzulegen.[451] Für die Höhe der Geldbuße kommt es maßgeblich auf die Schwere und die Dauer der Zuwiderhandlung an (Art. 23 Abs. 3 VO Nr. 1/2003). Die Sanktionsdrohung richtet sich, anders als im deutschen Recht, nur gegen die Unternehmen selbst und nicht auch gegen die für diese handelnden natürlichen Personen. Die sich aus einem Verstoß gegen Art. 101 Abs. 1 AEUV ergebenden **zivilrechtlichen Ansprüche** richten sich nach dem jeweils anwendbaren nationalen Recht.[452] Dabei sind allerdings auch gemeinschaftsrechtliche Grundprinzipien zu beachten. Das nationale Recht muss die Wirksamkeit des Art. 101 AEUV sicherstellen und einen ausreichenden Rechtsschutz gewährleisten.[453] Bei Schadensersatzansprüchen darf der Kreis der Anspruchsberechtigten nicht zu eng gezogen werden. Auch denjenigen, die sich an einer wettbewerbsbeschränkenden Abrede beteiligt haben, 58

---

[445] EuGH U. v. 10.7.1980, Slg. 1980, 2511, 2514ff. – *Lancôme/Etos;* EuGH U. v. 28.2.1991, Slg. 1991 I-935, 993 – *Delimitis/Henninger Bräu* – und die Klage v. 22.8.1996, ABl. 1996 C 318/19 – *RWE/Komm.*

[446] EuGH U. v. 6.2.1973, Slg. 1973, 77, 87 – *Brasserie de Haecht/Wilkin und Janssen II;* kritisch hierzu *Gleiss/Hirsch* Art. 85 Abs. 2 Rdnr. 1761f.

[447] Art. 7 – 9 VO Nr. 1/2003.

[448] Vgl. Art. 23 VO Nr. 1/2003. Zu den Einzelheiten s. die zuletzt im Jahr 2006 überarbeiteten Leitlinien der Kommission für das Verfahren zur Festsetzung von Geldbußen gemäß Artikel 23 Absatz 2 Buchstabe a) der Verordnung (EG) Nr. 1/2003, ABl. 2006 C 2010/2.

[449] EuGH U. v. 30.4.1974, Slg. 1974, 409, 411ff. – *Sacchi;* BGH U v. 23.10.1979, WuW/E BGH 1643, 1645 – *BMW-Importe; Langen/Bunte-Hengst,* Art. 101 AEUV Rdnrn. 475ff.; zu den Voraussetzungen einzelner zivilrechtlicher Ansprüche, vor allem von Schadensersatzansprüchen, *Loewenheim/Meessen/Riesenkampff-Jaeger,* Kartellrecht Art. 81 Abs. 2 Rdnrn. 34ff.

[450] EuGH U. v. 26.11.2013, Rs C-58/12 P, ECLI:EU:C:2013:770, Rdnrn. 38, 55 – *Groupe Gascogne.* Eine Zurechnung ist möglich, wenn die Tochter ihr Marktverhalten nicht autonom bestimmt, s. o. § 8 Rdnr. 2. Nach *Groupe Gascogne,* Rdnr. 57 ist *kein* Nachweis erforderlich, dass die Muttergesellschaften auch die anderen für die Konzernbilanz zu beachtenden Tochtergesellschaften in gleicher Weise beherrscht. Zum Streit um die Zulässigkeit der Konzerhaftung *Langen/Bunte-Hengst,* Art. 101 AEUV, Rdnrn. 36ff.

[451] EuGH U. v. 10.4.2014, Rs C-231/11, ECLI:EU:C:2014:256, Rdnrn. 62ff. – *Kommission/Siemens Österreich.*

[452] EuGH U. v. 20.9.2001, Slg. 2001 I-6297, Rdnr. 29 – *Courage/Crehan;* EuGH U. v. 5.6.2014, Rs C-557/12, ECLI:EU:C:2014:1317, Rdnr. 23f. – *Kone/ÖBB Infrastruktur.*

[453] EuGH U. v. 20.9.2001, Slg. 2001 I-6297, Rdnr. 25 – *Courage/Crehan;* EuGH U. v. 5.6.2014, Rs C-557/12, ECLI:EU:C:2014:1317, Rdnr. 25f. – *Kone/ÖBB Infrastruktur.*

kann ein Schadensersatzanspruch zustehen, sofern sie den Wettbewerbsverstoß nicht überwiegend zu verantworten haben.[454] Zudem umfasst der Ersatzanspruch gegen die Kartellanten auch den Schaden, der dadurch entsteht, dass Nichtmitglieder des Kartells ihre Preise anheben (sog. „umbrella pricing").[455] Nach deutschem Schadensersatzrecht gehört zu den Anspruchsberechtigten nicht nur der unmittelbare Abnehmer der von der Kartellabsprache betroffenen Wirtschaftsleistung, sondern auch der in der Absatzkette folgende Abnehmer.[456]

IX. Sektorale Einschränkungen des Kartellverbots

59 Vorbehaltlich abweichender Regelungen im AEUV gilt das europäische Kartellrecht für alle Wirtschaftsbereiche. Vorbehalte dieser Art enthält der Vertrag nur für einen Sektor, nämlich für die Landwirtschaft.[457] Der früher bestehende Vorbehalt zugunsten des EAGV in Art. 305 Abs. 2 EG ist mit der Aufhebung der Vorschrift durch den Vertrag von Lissabon gegenstandslos geworden.[458]

60 Die Ausnahme der **Landwirtschaft** ergibt sich aus Art. 42 AEUV.[459] Nach dieser Bestimmung gilt das europäische Kartellrecht für die Produktion und den Handel in diesem Sektor nur insoweit, als dies durch Ratsverordnung ausdrücklich angeordnet ist. Nach Art. 1 der auf dieser Grundlage erlassenen Verordnung[460] ist Art. 101 AEUV zwar grundsätzlich auf die Produktion und den Handel der in Anhang I zum AEUVgenannten landwirtschaftlichen Erzeugnisse anwendbar, doch gilt dies gemäß Art. 2 Abs. 1 dieser Verordnung nicht für Vereinbarungen, Beschlüsse und abgestimmte Verhaltensweisen, die wesentlicher Bestandteil einer einzelstaatlichen Maßnahme oder zur Verwirklichung der Ziele des Art. 33 EG (jetzt: Art. 39 AEUV) notwendig sind. Das gilt insbesondere nicht für Vereinbarungen, Beschlüsse und Verhaltensweisen von landwirtschaftlichen Erzeugerbetrieben, Vereinigungen von landwirtschaftlichen Erzeugerbetrieben oder Vereinigungen von solchen Erzeugervereinigungen aus einem Mitgliedstaat, soweit sie ohne Preisbindung die Erzeugung oder den Absatz landwirtschaftlicher Erzeugnisse oder die Benutzung gemeinschaftlicher Einrichtungen für die Lagerung, Be- oder Verarbeitung landwirtschaftlicher Erzeugnisse betreffen, es sei denn, die Kommission stellte fest, dass dadurch der Wettbewerb ausgeschlossen wird oder die Ziele des Art. 33 EG (jetzt: Art. 39 AEUV) gefährdet werden. Das Vorliegen dieser Tatbestandsmerkmale ist von der Kommission in ihrer Entscheidung im Einzelnen zu begründen.[461] Zum Teil enthalten die Verordnungen über die Errichtung der Agrar-Marktordnungen eigene Vorschriften, die gegebenenfalls von der Verordnung Nr. 1184/2006 abweichen können.[462] Bei anderen als den in Anhang I aus-

---

[454] EuGH U. v. 20.9.2001, Slg. 2001 I-6297, Rdnrn. 24, 31 – *Courage/Crehan.*

[455] EuGH U. v. 5.6.2014, Rs C-557/12, ECLI:EU:C:2014:1317, Rdnrn. 32 ff. – *Kone/ÖBB Infrastruktur.*

[456] BGH U. v. 28.6.2011, WuW/E DE-R 3431, 3434 ff. – *Selbstdurchschreibepapier.* Dabei kann der Kartellant aber vortragen, dass kein Schaden entstanden ist, da der anspruchstellende Abnehmer die überhöhten Preise an seine Kunden weitergegeben hat, 3440 ff.; s. hierzu auch Richtlinie 2014/104/EU, ABl. 2014 L 349/1, sowie *Topel* in § 50 des Handbuches.

[457] *S/J/K/M-Schröter,* Vorbem. Art. 101 bis 105 AEUV Rdnrn. 97 f.

[458] Er spielte im Wettbewerbsbereich ohnehin keine Rolle, da der frühere EAGV keine eigenen Wettbewerbsregeln enthielt und es insoweit bei der Anwendbarkeit der Art. 81 ff. EG (nun: Art. 101 ff. AEUV) blieb und bleibt.

[459] S. dazu näher *de Bronett* in § 32.

[460] Verordnung (EG) Nr. 1184/2006 v. 24.7.2006 zur Anwendung bestimmter Wettbewerbsregeln auf die Produktion landwirtschaftlicher Erzeugnisse und den Handel mit diesen Erzeugnissen, ABl. 2006 L 214/7; Verordnung (EU) Nr. 13108/2013 v. 17.12.2013, ABl. 2013 L 347/671 (Art. 206 ff.); Europäische Kommission, MEMO/13/631 v. 26.6.2013.

[461] EuGH U. v. 30.3.2000, Slg. 2000 I-2061, Rdnr. 94 – *VBA/Florimex.*

[462] Verordnung (EG) Nr. 2200/96 über die gemeinsame Marktorganisation für Obst und Gemüse, ABl. 1996 L 297/1 (Art. 20).

drücklich genannten Erzeugnissen gilt das allgemeine europäische Kartellrecht dagegen unverkürzt.[463]

X. Legalisierungsmöglichkeiten gemäß Art. 101 Abs. 3 AEUV

1. Die Systemumstellung durch die VO Nr. 1/2003. Art. 101 Abs. 3 AEUV sieht vor, dass Art. 101 Abs. 1 AEUV auf verbotene Vereinbarungen, Beschlüsse und abgestimmten Verhaltensweisen unter bestimmten Voraussetzungen einzeln oder gruppenweise nicht angewandt wird. Nach dieser Bestimmung müssen kumulativ[464] **vier materiellrechtliche Voraussetzungen** erfüllt sein, damit eine Ausnahme vom Verbot des Abs. 1 in Betracht kommt. Erfüllt eine Vereinbarung, ein Beschluss oder eine aufeinander abgestimmte Verhaltensweise im Sinne von Art. 101 Abs. 1 AEUV die Voraussetzungen des Art. 101 Abs. 3 AEUV, so ist diese Form der Konzertierung nach Art. 1 Abs. 2 VO Nr. 1/2003 nicht verboten, ohne dass dies einer vorherigen Entscheidung bedarf (Prinzip der Legalausnahme).[465] Zwei der Voraussetzungen sind positiver und zwei negativer Natur in dem Sinne, dass die Elemente der positiven vorliegen müssen und die der negativen nicht vorliegen dürfen. Die erste positive Voraussetzung ist erfüllt, wenn die Vereinbarung, der Beschluss oder die abgestimmte Verhaltensweise zur Verbesserung der Warenerzeugung oder -verteilung oder zur Förderung des technischen oder wirtschaftlichen Fortschritts beiträgt. Die zweite positive Voraussetzung ist erfüllt, wenn die Verbraucher angemessen an den wirtschaftlichen Vorteilen beteiligt werden. Die erste negative Voraussetzung ist erfüllt, wenn die Wettbewerbsbeschränkung für die Erzielung der angestrebten Vorteile unerlässlich ist, und die zweite, wenn mit dieser nicht die Möglichkeit eröffnet wird, für einen wesentlichen Teil der betreffenden Waren oder Dienstleistungen den Wettbewerb auszuschalten. Dieser Formulierung folgt auch § 2 Abs. 1 GWB, der dem Wortlaut von Art. 101 Abs. 3 AEUV entspricht. 61

Soweit eine Wettbewerbsbeschränkung nicht unter eine Gruppenfreistellungsverordnung fiel, kam nach dem früheren System der VO Nr. 17/62 nur eine Einzelfreistellung nach entsprechender Anmeldung durch Entscheidung der Kommission in Frage oder aber eine Bescheidung durch sogenannten Comfort Letter, in dem die Kommission dem anmeldenden Unternehmen mitteilte, dass sie keinen Anlass zum Einschreiten gegen die mitgeteilte Wettbewerbsbeschränkung sah. Dieses System ist zum 1.5.2004 durch die VO Nr. 1/2003 fast ersatzlos abgeschafft worden. Das alte System der Anmeldungen nach Formblatt A/B ist entfallen. Gemäß Art. 34 Abs. 1 der VO Nr. 1/2003 sind vor dem 1.5.2004 noch nach altem Recht gestellte Anträge und Anmeldungen unwirksam geworden. An die Stelle des früheren Anmeldeverfahrens zur Freistellung tritt nach der VO Nr. 1/2003 die sogenannte **Freistellung durch Legalausnahme.** Das bedeutet, dass nach Art. 1 Abs. 2 der VO Nr. 1/2003 Vereinbarungen, Beschlüsse und aufeinander abgestimmte Verhaltensweise im Sinne von Art. 81 Abs. 1 EGV (jetzt: Art. 101 Abs. 1 AEUV) ex lege „nicht verboten", das heißt kartellrechtlich erlaubt sind, wenn diese die Voraussetzungen des Art. 81 Abs. 3 EGV (jetzt: Art. 101 Abs. 3 AEUV) erfüllen. Einer vorherigen Entscheidung der Kommission bedarf es für die Legalität der Vereinbarung, des Beschlusses oder der aufeinander abgestimmten Verhaltensweise dann nicht mehr. An 62

[463] EuGH U. v. 25.3.1981, Slg. 1981 851, (869) – *Coöperatieve Stremsel- en Kleurselfabriek/Komm.;* Komm. E. v. 26.11.1986, ABl. 1986 L 348/50 59 – *MELDOC;* Komm. E. v. 26.7.1988, ABl. 1988 L 262/27, 40 ff. – *Bloemenveilingen Aalsmeer;* Komm. E. v. 28.10.1988, ABl. 1988 L 316/43, 46 – *Hudson's Bay – Dansk Pelsdyravlerforening;* Komm. E. v. 30.7.1992, ABl. 1992 L 246/37, 44 – *Scottish Salmon Board.*

[464] EuGH U. v. 13.7.1966, Slg. 1966, 322, 399 – *Grundig und Consten/Komm.;* EuGH U. v. 17.1.1984, Slg. 1984, 19, 24 ff. – *VBVB und VBBB/Komm.;* EuGH U. v. 17.9.1985, Slg. 1985, 2725, 2749 – *Ford/Komm.;* EuG U. v. 9.7.1992, Slg. 1992 II-1995, Rdnrn. 1998 ff. – *Publishers' Association;* Komm. E. v. 12.12.1988, ABl. 1989 L 43/27, 45 – *Decca Navigator System;* Komm. E. v. 12.12.1988, ABl. 1989 L 22/12, 23 – *Publishers' Association.*

[465] BGH U. v. 13.7.2004, WuW/E DE-R 1335 – *Citroën.*

die Stelle des früheren Anmeldeverfahrens tritt daher die sogenannte **Selbsteinschätzung** der Legalität einer Vereinbarung durch die an ihr beteiligten Unternehmen. Die Kommission geht davon aus, Unternehmen seien in der Regel „gut in der Lage, die Rechtmäßigkeit ihres Verhaltens zu beurteilen und auf dieser Grundlage zu entscheiden, ob und in welcher Form sie eine Vereinbarung oder ein Verhalten aufnehmen oder fortsetzen wollen." Die Unternehmen könnten sich für diese Selbsteinschätzung der vorhandenen Gruppenfreistellungsverordnungen, der Rechtsprechung und Entscheidungspraxis der Kommission sowie der von der Kommission veröffentlichten Leitlinien und Bekanntmachungen bedienen.[466] Von besonderer Bedeutung sind in diesem Zusammenhang die von der Kommission veröffentlichten „Leitlinien zur Anwendung von Art. 81 Abs. 3 EG-Vertrag" (jetzt: Art. 101 Abs. 3 AEUV),[467] die eine Mischung aus lehrbuchhaften Ausführungen der Wettbewerbsökonomie und Musterkasuistik darstellen, die in der Praxis jedoch gerade bei komplexen Fällen häufig nicht weiterhelfen. Daneben enthalten die Leitlinien über horizontale[468] und vertikale[469] Beschränkugnen Ausführungen zur Vereinbarkeit von speziellen Praktiken mit Art. 101 Abs. 3 AEUV.

63 Allerdings verbleiben nach der VO Nr. 1/2003 einige wenige Möglichkeiten für die Kommission und die Wettbewerbsbehörden der Mitgliedstaaten, im Interesse der **Rechtssicherheit** durch Entscheidung oder auf anderem Wege festzustellen, dass aus Gründen des europäischen Kartellrechts gegen eine bestimmte Vereinbarung keine Einwände bestehen. So erlaubt Art. 10 der VO Nr. 1/2003 der Kommission, aus Gründen des öffentlichen Interesses der Gemeinschaft festzustellen, dass eine bestimmte Vereinbarung, ein Beschluss einer Unternehmensvereinigung oder eine abgestimmte Verhaltensweise nicht von Art. 101 AEUV erfasst wird, entweder weil die Voraussetzungen von Art. 101 Abs. 1 nicht vorliegen oder weil die Freistellungsvoraussetzungen des Art. 101 Abs. 3 AEUV erfüllt sind. Nach Erwägungsgrund Nr. 14 der VO Nr. 1/2003 handelt es sich hierbei um Entscheidungen deklaratorischer Art, die nur zur Verfügung stehen sollen, wenn dies erforderlich ist, um bei neuen Formen von Vereinbarungen, deren Beurteilung durch die bisherige Rechtsprechung und Verwaltungspraxis noch nicht geklärt ist, die Rechtslage zu klären und eine einheitliche Rechtsanwendung in der Union sicherzustellen. Nach dem Wortlaut von Art. 10 Abs. 1 entscheidet die Kommission von Amts wegen, es besteht somit kein Antragsrecht der betroffenen Unternehmen. Gleichwohl wird es sich so verhalten, dass die betroffenen Unternehmen in der Praxis diejenigen sind, die die Anregung zum Erlass einer solchen Entscheidung geben.[470] In den seit der Reform des EU-Kartellrechts zum 1.5.2004 vergangenen Jahren hat diese Vorschrift der VO Nr. 1/2003 keine rechtspraktische Bedeutung erlangt.

64 In Begründungserwägung Nr. 38 der VO Nr. 1/2003 erklärt der Rat als Gesetzgeber außerdem, dass die Kommission in Fällen, in denen ernsthafte Rechtsunsicherheit entstehe, weil neue oder ungelöste Fragen aufträten, weiterhin im Wege der **informellen Beratung** für die betroffenen Unternehmen zur Verfügung stehe. Das hierfür von der Kommission vorgeschlagene Verfahren ist in einer Bekanntmachung geregelt, die die engen Voraussetzungen festlegt, unter denen die Kommission für diese Form der informellen Beratung durch den Versand sogenannter **Beratungsschreiben** zur Verfügung steht.[471] Auch diese Rechtsfigur hat bisher keine praktische Bedeutung erlangt. Obwohl die VO Nr. 1/2003

[466] Komm., Bekanntmachung der Kommission über informelle Beratung bei neuartigen Fragen zu den Artt. 81 und 82 des Vertrages, die in Einzelfällen auftreten (Beratungsschreiben), ABl. 2004 C 101/78 Rdnr. 3.

[467] Komm., Leitlinien zur Anwendung von Art. 81 Abs. 3 EG-Vertrag, ABl. 2004 C 101/97.

[468] Komm., Leitlinien zur Anwendbarkeit von Artikel 101 des Vertrags über die Arbeitsweise der Europäischen Union auf Vereinbarungen über horizontale Zusammenarbeit, ABl. 2011 C 11/1.

[469] Komm., Leitlinien für vertikale Beschränkungen, ABl. 2010 C 130/1.

[470] *Loewenheim/Meessen/Riesenkampff-Anweiler,* Kartellrecht VO Nr. 1/2003/EG Art. 10 Rdnr. 5.

[471] Komm. „Bekanntmachung der Kommission über informelle Beratung bei neuartigen Fragen zu den Artt. 81 und 82 des Vertrages, die in Einzelfällen auftreten (Beratungsschreiben)", ABl. 2004 C 101/78.

das bisherige Anmeldeverfahren weitgehend abgeschafft hat, erlaubt schließlich Art. 5 Satz 3 der Verordnung den Wettbewerbsbehörden der Mitgliedstaaten weiterhin, durch Entscheidung festzustellen, dass für die Behörde kein Anlass bestehe, gegen eine Vereinbarung auf der Grundlage von Art. 101 AEUV vorzugehen. Das bedeutet, dass die Wettbewerbsbehörden der Mitgliedstaaten ermächtigt sind, Entscheidungen zu erlassen, die der bisherigen Kommissionspraxis der Comfort Letter weitgehend entsprechen. Durch § 32c hat der deutsche Gesetzgeber eine derartige Vorschrift in das GWB eingefügt und auch nach der 8. GWB-Novelle beibehalten. Danach kann die zuständige deutsche Kartellbehörde entscheiden, dass für sie kein Anlass besteht, tätig zu werden, weil die Voraussetzungen für ein Verbot einer unternehmerischen Maßnahme nach Art. 101 Abs. 1 AEUV nicht vorliegen. Nach § 3 Abs. 2 GWB a. F. bestand auf Entscheidungen nach § 32c GWB ein Anspruch, wenn ein erhebliches rechtliches oder wirtschaftliches Interesse an einer solchen Entscheidung dargelegt wird. Diese Regelung, die nach dem systematischen Zusammenhang (nicht aber Wortlaut) auf Mittelstandskooperationen begrenzt gewesen sein dürfte, galt bis zum 30.6.2009 und wurde nunmehr ersatzlos gestrichen.

2. Gruppenfreistellungsverordnungen. Gruppenfreistellungsverordnungen typisieren 65
bestimmte Sachverhalte, bei denen die Erfüllung der Voraussetzungen des Art. 101 Abs. 3 AEUV grundsätzlich angenommen werden kann, in abstrakt-genereller Art und erleichtern sowohl den Beteiligten als auch der Verwaltung selbst die Behandlung von Wettbewerbsbeschränkungen, die an sich unter das Verbot des Art. 101 Abs. 1 AEUV fallen, regelmäßig aber die Voraussetzungen der in Abs. 3 enthaltenden Legalausnahme erfüllen. Bei Regelungen, die unter eine Gruppenfreistellung fallen, bedarf es keiner Einzelprüfung des Abs. 3, die Nichtanwendbarkeit des Abs. 1 auf solche Konstellationen wird durch die Verordnung verbindlich geregelt. Gruppenfreistellungen konkretisieren für typologisierte Sachverhalte also den Anwendungsbereich des Art. 101 Abs. 3 AEUV und schaffen damit unmittelbar anwendbares Recht,[472] dessen Regelungen wie andere Rechtsnormen auszulegen sind. Als spezielles Sekundärrecht werden die Gruppenfreistellungsverordnungen vor einer allgemeinen Anwendung der Voraussetzungen des Art. 101 Abs. 3 AEUV geprüft. Eine Analogie zu solchen Regelungen ist nationalen Instanzen verwehrt, und zwar sowohl den Verwaltungsbehörden als auch den Gerichten. Dies wurde vor Inkrafttreten der VO Nr. 1/2003 damit begründet, dass eine Rechtsfortbildung auf eine Durchbrechung des Freistellungsprivilegs der europäischen Institutionen hinausliefe.[473] Nach der Systemumstellung besteht dieses Privileg nicht mehr, das Gebot einer einheitlichen Anwendung des Gemeinschaftsrechts steht der Analogie durch nationale Gerichte und Kartellbehörden aber weiterhin entgegen. Die nationalen Stellen können jedoch bei Nichtanwendbarkeit einer Gruppenfreistellung prüfen, ob die in Rede stehende Vereinbarung unter die allgemeinen Voraussetzungen des Art. 101 Abs. 3 AEUV fällt.[474] Die Gruppenfreistellungsverordnungen sind vor allem im Bereich der vertikalen Wettbewerbsbeschränkungen von erheblicher Bedeutung, in dem das umfassende Verbot auch solcher Beschränkungen in Art. 101 Abs. 1 AEUV wegen ihrer oft wettbewerbsfördernden Wirkung dringend der Relativierung bedarf.[475] Für horizontale

---

[472] Zum Streit um die Rechtsnatur von GVO nach neuem Recht *Bornkamm/Becker,* ZWeR 2005, 213, 222ff. mwN und *Baron,* WuW 2006, 358ff.; *Mäger* Europäisches Kartellrecht, Kap. 1 Rdnrn. 31 ff.

[473] Str., EuGH U. v. 28.2.1991, Slg. 1991 I-935 (992) – *Delimitis/Henniger Bräu;* differenzierend *Wiedemann* GVO Bd. 1 AT Rdnrn. 83ff.; *Bunte/Sauter,* GVO Einf. Rdnr. 105.

[474] BGH U. v. 13.7.2004, WuW/E DE-R 1335 – *Citroën.*

[475] S. die Verordnung (EU) 330/2010 der Kommission vom 20.4.2010 über die Anwendung von Artikel 101 Absatz 3 des Vertrags über die Arbeitsweise der Europäischen Union auf Gruppen von vertikalen Vereinbarungen und abgestimmten Verhaltensweisen, ABl. 2010 L 102/1 und die dazu veröffentlichten Leitlinien der Kommission für vertikale Beschränkungen, ABl. 2010 C 130/1. Sie lösen die Verordnung (EG) Nr. 2790/1999 der Kommission vom 22.12.1999 über die Anwendung von Art. 81 Abs. 3 des Vertrages auf Gruppen von vertikalen Vereinbarungen und aufeinander abgestimmten Verhaltensweisen, ABl. 1999 L 336/21 und die früheren Leitlinien der Kommission für vertikale Beschränkungen, ABl. 2000 C 291/1 ab.

Beschränkungen sind vor allem die Gruppenfreistellungsverordnungen für Spezialisierungen,[476] Technologietransfer[477] und für Forschungs- und Entwicklungsvorhaben von Bedeutung.[478] Ergänzt werden sie durch Leitlinien zur Bewertung horizontaler Kooperationen.[479] Wenn die Kommission in einem bestimmten Einzelfall feststellt, dass eine Vereinbarung, für die eine GVO gilt, Wirkungen hat, die mit Art. 101 Abs. 3 AEUV unvereinbar sind, so kann sie nach Art. 29 VO Nr. 1/2003 den Rechtsvorteil der Gruppenfreistellung entziehen. Praktische Bedeutung hat diese Befugnis allerdings nicht erlangt.

66 Keine verbindliche Konkretisierung von Art. 101 Abs. 3 AUEV ergibt sich aus den Bekanntmachungen der Kommission, in denen diese in abstrakt-genereller Form Sachverhalte beschreibt, die nach ihrer Ansicht nicht unter das Kartellverbot fallen. Diese Bekanntmachungen binden zwar die Kommission selbst in beschränktem Umfang, nicht aber die nationalen Kartellbehörden und Gerichte oder die europäischen Gerichte.[480]

67 **3. Die Legalausnahme nach Art. 101 Abs. 3 AEUV.** Art. 101 Abs. 3 AEUV sieht vor, dass wettbewerbsbeschränkende Vereinbarungen vom Verbot des Art. 101 Abs. 1 AEUV freigestellt sind (Legalausnahme), wenn sie unter angemessener Beteiligung der Verbraucher an dem entstehenden Gewinn zur Verbesserung der Warenerzeugung oder Warenverteilung oder aber zur Förderung des technischen oder wirtschaftlichen Fortschritts beitragen, für die Verwirklichung dieser Ziele unerlässlich sind und den Unternehmen nicht die Möglichkeit eröffnen, für einen wesentlichen Teil der betreffenden Waren oder Dienstleistungen den Wettbewerb auszuschalten. Das bedeutet, dass im Rahmen der Bewertung nach Art. 101 Abs. 3 eine Abwägung der wettbewerbsfördernden und der wettbewerbsbeschränkenden Gesichtspunkte der entsprechenden Konzertierung stattfindet.[481] Nach der Rechtsprechung kann die Abwägung der in Art. 101 Abs. 3 AEUV genannten wettbewerbsökonomischen und politischen Gesichtspunkte nicht bereits im Rahmen der Prüfung des gesetzlichen Tatbestandes nach Art. 101 Abs. 1 AEUV vorgenommen werden, die Annahme einer „rule of reason" scheidet somit aus.[482]

68 *a) Anforderungen an die Beweisführung.* Der Beweis für das Vorliegen der Voraussetzungen von Art. 101 Abs. 3 AEUV obliegt nach Art. 2 VO Nr. 1/2003 in allen Verfahren den

[476] Verordnung (EU) Nr. 1218/2010 der Kommission vom 14.12.2010 über die Anwendung von Artikel 101 Absatz 3 des Vertrags über die Arbeitsweise der Europäischen Union auf bestimmte Gruppen von Spezialisierungsvereinbarungen, ABl. 2010 L 335/43. Sie löst die Verordnung (EG) Nr. 2658/2000 über die Anwendung von Art. 81 Abs. 3 des Vertrages auf Gruppen von Spezialisierungsvereinbarungen, ABl. 2000 L 304/3 ab.

[477] Verordnung (EU) Nr. 316/2105 v. 21.3.2014 über die Anwendung von Art. 101 Abs. 3 AEUV auf Gruppen von Technologietransfer-Vereinbarungen, ABl. 2014 L 93/17.

[478] Verordnung (EU) Nr. 1217/2010 der Kommission vom vom 14.12.2010 über die Anwendung von Artikel 101 Absatz 3 des Vertrags über die Arbeitsweise der Europäischen Union auf bestimmte Gruppen von Vereinbarungen über Forschung und Entwicklung, ABl. 2010 L 335/36. Sie löst die Verordnung (EG) Nr. 2659/2000 über die Anwendung von Art. 81 Abs. 3 des Vertrages auf Gruppen von Vereinbarungen über Forschung und Entwicklung, ABl. 2000 L 304/7 ab.

[479] Kommission, Leitlinien zur Anwendbarkeit von Artikel 101 des Vertrags über die Arbeitsweise der Europäischen Union auf Vereinbarungen über horizontale Zusammenarbeit, ABl. 2011 C 11/1. Sie ersetzen die Bekanntmachung der Kommission vom 6.1.2001, Leitlinien zur Anwendbarkeit von Art. 81 EG-Vertrag auf Vereinbarungen über horizontale Zusammenarbeit, ABl. 2001 C 3/2. S. dazu im Einzelnen oben Rn. 53.

[480] EuGH U. v. 13.12.2012, Rs C-226/11, ECLI:EU:C:2012:795, Rdnr. 29 – *Expedia Inc;* BGH U. v. 15.3.1973, WuW/E BGH 1259 – *Bremsrollen;* BGH U. v. 23.9.1975, WuW/E BGH 1482 – *Eiskonfekt II.*

[481] Komm. „Leitlinien zur Anwendung von Art. 81 Abs. 3 EG-Vertrag" ABl. 2004 C 101/97 Rdnr. 39; EuG U. v. 15.7.1994, Slg. 1994 II-559, Rdnr. 48 – *Matra Hachette/Komm;* EuG U. v. 15.9.1998, Slg. 1998 II-3141, Rdnr. 136 – *European Night Services/Komm.*

[482] EuG U. v. 18.9.2001, Slg. 2001 II-2459, Rdnrn. 72 ff. – *Métropole télévision (M6) u. a./Komm;* EuG U. v. 23.10.2003, Slg. 2003 II-4653, Rdnr. 107 – *Van den Bergh Foods/Komm;* EuG U. v. 29.6.2012, Rs T-360/09, ECLI:EU:T:2012:332, Rdnr. 65 – *E.ON Ruhrgas/Kommission.* Ausführlich oben § 8 Rdnr. 24.

Unternehmen oder Unternehmensvereinigungen, die sich auf diese Bestimmung berufen. Im Verwaltungsverfahren vor der Europäischen Kommission begründet diese Beweislastregel für die betroffenen Unternehmen eine erhebliche Substantiierungslast, die die Kommission allerdings auch nicht von der Notwendigkeit eigener Ermittlungen freistellt.[483] Bei der Beurteilung der Voraussetzungen von Art. 101 Abs. 3 AEUV genießt die Kommission nach der Rechtsprechung einen gerichtlich nur eingeschränkt überprüfbaren **Beurteilungsspielraum** für die Bewertung der wirtschaftlichen und wettbewerbsökonomischen Tatbestandsmerkmale der Freistellungsnorm.[484] Hinsichtlich des Beurteilungsspielraums hat der EuGH aber klargestellt, dies bedeute nicht, dass der Unionsrichter eine Kontrolle der Auslegung von Wirtschaftsdaten durch die Kommission unterlassen muss. Vielmehr muss der (Unions-)Richter auch kontrollieren, ob die Beweise der Kommission alle relevanten Daten darstellen, die bei der Beurteilung einer komplexen Situation heranzuziehen waren, und ob sie die aus ihnen gezogenen Schlüsse zu stützen vermögen.[485] Hierbei ist allerdings zu berücksichtigen, dass es seit der Reform des europäischen Kartellrechts im Jahre 2003 keine ausdrücklichen Freistellungsentscheidungen der Europäischen Kommission mehr gibt, so dass sich diese Prüfungssituation eher in solchen Situationen ergibt, in denen sich die beteiligten Unternehmen auf die Freisstellungsfähigkeit einer Vereinbarung berufen, die Kommission aber nicht bereit ist, diese Argumente anzuerkennen. Im früheren Freistellungsverfahren nach der VO Nr. 17/1962 hatte die **Kommission** diesen ihr zur Verfügung stehenden wirtschaftlichen Beurteilungsspielraum vielfach in der Weise genutzt, dass sie bei ihr angemeldete Vereinbarungen auch dann freigestellt hat oder jedenfalls gegen diese nicht eingeschritten ist (Comfort Letter), wenn die Freistellungsvoraussetzungen nach Art. 101 Abs. 3 AEUV im Sinne einer Plausibilitätsprüfung zwar naheliegend waren, nicht aber bis zur letzten Gerichtsfestigkeit nachgewiesen waren.[486] Ungeklärt ist, welche Bedeutung dieser der Kommission zustehende, gerichtlich nur eingeschränkt überprüfbare Beurteilungsspielraum bei der seit dem 1.5.2004 nunmehr geltenden **Selbsteinschätzung** der betroffenen Unternehmen und bei der Anwendung von Art. 101 Abs. 1 und Abs. 3 AEUV durch die Zivilgerichte[487] haben soll. Ein etwaiger Beurteilungsspielraum könnte die Unternehmen ohnehin nicht von der Pflicht entbinden, umfassend die für die Beurteilung des Sachverhalts maßgeblichen Tatsachen zu ermitteln und darzulegen. Auch die Kommission betont, dass die betroffenen Unternehmen, die sich im Zivilprozess auf die Legalausnahme nach Art. 101 Abs. 3 AEUV berufen, die positiven Freistellungsvoraussetzungen durch selbst zu ermittelnde ökonomische Daten beweisen müssen.[488] Die besondere Komplexität der Bewertung ökonomischer Daten wirft jedoch die Frage auf, ob nicht bei der anschließenden Beurteilung eines vollständig dargelegten Sachverhalts den **Unternehmen** eine gewisse **Einschätzungsprärogative** zugebilligt werden muss.[489] Dabei muss berücksichtigt werden, dass die Zuerkennung des gerichtlich eingeschränkt kontrollierbaren Beurteilungsspielraums an die Kommission rechtsdogmatisch gesehen eine Folge der besonderen wettbewerbsökonomischen und wettbewerbspolitischen Sachkunde der Kommission in ihrer Eigenschaft als zentrale und subjektive Wettbewerbsbehörde der Europäischen Union ist.

---

[483] EuGH U. v. 13.7.1996, Slg. 1966, 321, 395 – *Grundig und Consten/Komm* verb. Rs 56 und 58/64.

[484] EuG U. v. 23.10.2003, aaO, Rdnr. 135 – *Van den Bergh Foods/Komm;* EuG U. v. 28.2.2002, Slg. 2002 II-1011, Rdnr. 126 – *Compagnie générale maritime/Komm;* EuG U. v. 27.9.2006, Slg. 2006 II-2969, Rdnr. 241 – *GlaxoSmithKline/Komm.*

[485] EuGH U. v. 8.12.2011, Slg. 2011 I-13085, Rdnr. 54 mwN – *Chalkor/Komm.;* für volle gerichtliche Überprüfbarkeit der Kommissionsentscheidungen seit der Deutung von Art. 101 Abs. 3 AEUV als Legalausnahme *Immenga/Mestmäcker-Ellger,* EU-WbR, Art. 101 Abs. 3 AEUV, Rdnrn. 56 ff.

[486] Als Beispiel aus der Freistellungspraxis der Kommission: EuG U. v. 8.10.2002, Slg. 2002 II-3805 – *M6/Komm* mit Anm. *Itzen* EuZW 2002, 735.

[487] BGH U. v. 13.7.2004, WuW/E DE-R 1335 – *Citroën.*

[488] Komm. „Leitlinien zur Anwendung von Art. 81 Abs. 3 EG-Vertrag" ABl. 2004 C 101/97 Rdnr. 56.

[489] In diesem Sinne *Dreher/Thomas,* WuW 2004, 8, 16; *Bechtold,* WuW 2003, 343.

Den betroffenen Unternehmen als eigentlichen Normadressaten kann eine vergleichbare Stellung nicht zugebilligt werden,[490] zumal trotz der Möglichkeit, die Selbsteinschätzung auf Beurteilungsfehler zu überprüfen, die Gefahr einer interessengesteuerten Sachverhaltsbewertung nicht ausgeschlossen wäre. Probleme würde ein Beurteilungsspielraum für die an der gegen Art. 101 Abs. 1 AEUV verstoßenden Vereinbarung Beteiligten zudem im Zivilprozess aufwerfen: Hier einseitig der sich auf Art. 101 Abs. 3 AEUV berufenden Seite (und zulasten der anderen Partei) eine Einschätzungsprärogative einzuräumen, erscheint problematisch.[491] Diese Überlegungen sprechen eher dagegen, den früher der Kommission zukommenden Beurteilungsspielraum auch den Unternehmen zuzuerkennen.

69 Die Ablehnung eines Beurteilungsspielraums bedeutet für die betroffenen Unternehmen in der Praxis allerdings eine kaum zu bewältigende **Verpflichtung zur umfassenden ökonomischen Abschätzung** und Bewertung der von ihnen jeweils abgeschlossenen Vereinbarungen, und zwar nicht nur zum Zeitpunkt des Vertragsschlusses, sondern darüber hinaus während der gesamten Laufzeit dieser Vereinbarungen, denn – so die Kommission – die Bewertung beschränkender Vereinbarungen gemäß Art. 101 Abs. 3 AEUV „erfolgt im Rahmen des jeweiligen tatsächlichen Umfelds der Verträge und auf der Grundlage der zum jeweiligen Zeitpunkt vorliegenden Fakten".[492] Jedenfalls bei komplexen Vereinbarungen wäre es einem Unternehmen, das sich auf die Freistellung einer Vereinbarung nach Art. 101 Abs. 3 AEUV beruft, im Zivilprozess[493] mit den dort eingeschränkten Möglichkeiten der umfassenden Sachverhaltsaufklärung kaum möglich, der in Art. 2 VO Nr. 1/2003 vorgesehenen Darlegungs- und Beweislast zu genügen. Dies gilt umso mehr, als die Unternehmen häufig Sachverständigengutachten heranziehen müssten, auch diese Gutachten aber oft einen sicheren Beweis nicht erbringen könnten. Schon der methodische Ansatz des Gutachtens eines Wirtschaftssachverständigen kann strittig sein, ebenso die gezogenen Schlüsse.[494] Wirkliche Gewissheit über die ökonomische Bewertung eines Sachverhalts ist also oft überhaupt nicht zu erzielen. Billigt man den darlegenden Unternehmen nun keinen Beurteilungsspielraum zu, so kann es angesichts der Beweislastverteilung und des allgemeinen Beweisstandards bereits genügen, nachhaltige Zweifel an der Sachverhaltsbeurteilung zu säen, um die erfolgreiche Berufung auf Art. 101 Abs. 3 AEUV zu verhindern. Dies würde letztlich zu einer Verschärfung des EU-Kartellrechts führen – ein Ergebnis, das nicht Ziel der Systemumstellung durch die VO Nr. 1/2003 war.[495] Die genannten Schwierigkeiten müssen daher von den Kartellbehörde im Verwaltungsverfahren berücksichtigt werden. Es wäre unangemessen, ein Unternehmen wegen eines nachträglich festgestellten Kartellrechtsverstoßes mit einer Geldbuße zu belegen, wenn dieses im Rahmen der Selbsteinschätzung dieihm zur Verfügung stehenden Erkenntnismittel ausgeschöpft hat und auf dieser Grundlage unverschuldet zu einer fehlerhaften Einschätzung der wirtschaftlichen Situation des betroffenen Marktes gelangt ist.[496]

70 Angesichts der enormen Beweisführungsprobleme, die auf die Unternehmen zukommen, ist es eine der zentralen Aufgaben der Kommission, zumindest durch weitere Konkretisierung der Tatbestandsvoraussetzungen der erheblichen Rechtsunsicherheit entgegenzuwirken. Anhaltspunkte für die Anwendung von Art. 101 Abs. 3 AEUV in der Praxis können sich dabei bereits aus der umfangreichen Rechtspraxis der Kommission zur Geltungszeit der VO Nr. 17/1962, aus den Gruppenfreistellungsverordnungen sowie aus den im Jahre 2004 veröffentlichten und bislang nicht überarbeiteten „Leitlinien zur Anwendung von Art. 81 Abs. 3 EG-Vertrag"[497] ergeben. Solche Konkretisierungen allein

---

[490] *Fuchs,* ZWeR 2005, 1, 22; *Röhling,* GRUR 2003, 1019, 1020.
[491] *Loewenheim/Meessen/Riesenkampf-Meessen,* Art. 81 Abs. 3 Rdnrn. 7 ff. und 10.
[492] Komm., Leitlinien aaO Rdnr. 44.
[493] Hierzu *Jaeger* in: *FIW* Die Wende in der Europäischen Wettbewerbspolitik, 35, 50 ff.
[494] *Kirchhoff,* WuW 2004, 745, 749.
[495] *Kirchhoff,* WuW 2004, 745, 749; *Bechtold,* WuW 2003, 343.
[496] *Mäger,* Europäisches Kartellrecht Kap. 1 Rdnr. 118.
[497] ABl. 2004 C 101/97.

werden das Beweislastdilemma aber nicht beseitigen können. Eine sachgerechte Lösung kann, wie von *Kirchhoff* vorgeschlagen, nur über die Sicherung eines angemessenen Beweisstandards erzielt werden: Im Sinne des Gebots der effizienten Anwendung des Unionsrechts (das sich auch auf die Anwendbarkeit des Art. 101 Abs. 3 AEUV erstreckt) dürfen die nationalen Gerichte im Zivilverfahren keine allzu hohen Anforderungen an die Substantiierungspflicht und die Beweisführung stellen.[498] Macht eine Partei das Vorliegen der Voraussetzungen des Art. 101 Abs. 3 AEUV geltend, so könnte bei der Prüfung durch das Gericht ein Wahrscheinlichkeitsstandard Anwendung finden, nach dem die einzelnen Voraussetzungen (Effizienzgewinne, Verbrauchervorteile etc.) schon dann als nachgewiesen gelten würden, wenn mit ausreichender Wahrscheinlichkeit davon ausgegangen werden kann, dass sie eintreten.[499] Einen ähnlichen Maßstab hat der EuGH in der Entscheidung *GlaxoSmithKline* unlängst ebenfalls angenommen. Er bestätigte das Urteil des EuG, das eine Kommissionsentscheidung mit der Begründung aufgehoben hatte, die Unternehmen hätten mit hinreichender Wahrscheinlichkeit einen Effizienzvorteil nachgewiesen und die Kommission habe das Überwiegen der Wahrscheinlichkeit nicht ausreichend geprüft.[500] Letztlich führt dies dazu, dass man den Gerichten eine ähnliche Beurteilungsprärogative zubilligt, wie sie den Kartellbehörden im Rahmen eines Verwaltungsverfahrens eröffnet ist. Diese Beurteilungsprärogative wird in der zivilprozessualen Praxis in der Weise ihren Niederschlag finden, dass das Gericht sich aus der Fülle des von beiden Seiten vorgetragenen Faktenmaterials und dem Ergebnis der Beweisaufnahme – wie in jedem anderen komplexen Zivilprozess auch – ein Urteil über den maßgeblichen Sachverhalt bilden muss, das von der tatrichterlichen Überzeugung getragen wird. Insgesamt bleibt aber fraglich, ob die vom Gesetzgeber gewollte Ausweitung des Private Enforcement, das heißt der zivilgerichtlichen Anwendung von Art. 101 Abs. 3 AEUV, angesichts der begrenzten Ermittlungsmöglichkeiten eines Gerichts tatsächlich zu befriedigenden Ergebnissen führen wird.

b) Materielle Voraussetzungen. Nach Art. 101 Abs. 3 AEUV müssen **kumulativ vier Voraussetzungen** erfüllt sein, damit eine Freistellung in Betracht kommt. Zwei dieser Voraussetzungen sind positiver und zwei negativer Natur in dem Sinne, dass die Elemente der positiven vorliegen müssen und die der negativen nicht vorliegen dürfen. Die erste positive Freistellungsvoraussetzung ist erfüllt, wenn die Vereinbarung, der Beschluss oder die abgestimmte Verhaltensweise zur Verbesserung der Warenerzeugung oder -verteilung oder zur Förderung des technischen oder wirtschaftlichen Fortschritts beiträgt. Die zweite positive Voraussetzung ist erfüllt, wenn sie die Verbraucher angemessen an den wirtschaftlichen Vorteilen teilhaben lässt. Die erste negative Voraussetzung ist erfüllt, wenn die Wettbewerbsbeschränkung für die Erzielung der angestrebten Vorteile unerlässlich ist, und die zweite, wenn mit dieser nicht die Möglichkeit eröffnet wird, für einen wesentlichen Teil der betreffenden Waren oder Dienstleistungen den Wettbewerb auszuschalten. Stellen die Wettbewerbsbehörden oder ein Gericht fest, dass jedenfalls eine dieser Voraussetzungen nicht erfüllt ist, brauchen sie die Erfüllung der übrigen nicht zu prüfen.[501] Verletzt der Vertrag oder Beschluss das Missbrauchsverbot des Art. 102 AEUV, so kommt eine Freistellung ebenfalls nicht in Betracht.[502] Die Erfüllung der Freistellungsvoraussetzungen darzutun, ist im Gerichtsverfahren Sache der jeweils beweisbelasteten Partei. In der Situation der Selbst- 71

---

[498] *Kirchhoff,* WuW 2004, 745, 749; *Hirsch,* ZWeR 2003, 233, 240.

[499] *Kirchhoff,* WuW 2004, 745, 750.

[500] EuGH U. v. 6.10.2009, Slg. 2009 I-9291, Rdnrn. 93 ff. – *GlaxoSmithKline/Komm.*

[501] EuGH U. v. 13.7.1966, Slg. 1966, 322, 399 – *Grundig und Consten/Komm.;* EuGH U. v. 17.1.1984, Slg. 1984, 19, 20 – *VBVB und VBBB/Komm.;* EuGH U. v. 17.9.1985, Slg. 1985, 2725, 2749 – *Ford/Komm.;* EuG U. v. 9.7.1992, Slg. 1992 II-1995, 1998 ff. – *Publishers' Association;* Komm. E. v. 12.12.1988, ABl. 1989 L 43/27, 45 – *Decca Navigator System;* Komm. E. v. 12.12.1988, ABl. 1989 L 22/12, 23 – *Publishers' Association.*

[502] EuGH U. v. 11.4.1989, Slg. 1989, 803, 848 – *Ahmed Saaed Flugreisen/Zentrale zur Bekämpfung unlauteren Wettbewerbs;* EuG. v. 10.7.1990, Slg. 1990 II-309, 353 – *Tetra Pak/Komm.*

einschätzung müssen sich die beteiligten Unternehmen und ihre Berater Aufschluss über diese Tatsachen verschaffen. In einem Verfahren vor der Kommission, in dem die Voraussetzung der Legalausnahme streitig ist, liegt die Beweislast in erster Linie bei den beteiligten Unternehmen, doch hat die Kommission „nach den Grundsätzen einer guten Verwaltung" zur Aufklärung des entscheidungserheblichen Sachverhalts die ihr zur Verfügung stehenden Mittel einzusetzen.[503] Bei der Prüfung, ob die Freistellungsvoraussetzungen erfüllt sind, ist ein objektiver Maßstab anzulegen und im Rahmen einer Prognose die Lagen zu vergleichen, die sich jeweils mit und ohne die beabsichtigte Beschränkung ergeben würden.[504] Der strenge Prüfungsmaßstab wird von der Rechtsprechung auf folgende Formel gebracht: Damit eine Vereinbarung nach Artikel 101 Absatz 3 AEUV freigestellt ist, muss sie zur Verbesserung der Warenerzeugung oder -verteilung oder zur Förderung des technischen oder wirtschaftlichen Fortschritts beitragen. Dieser Beitrag kann nicht schon in jedem Vorteil gesehen werden, der sich aus der Vereinbarung für die Tätigkeit der an ihr beteiligten Unternehmen ergibt, sondern nur in spürbaren objektiven Vorteilen, die geeignet sind, die mit der Vereinbarung verbundenen Nachteile für den Wettbewerb auszugleichen. Ein mit dieser Frage befasstes Gericht muss somit an erster Stelle prüfen, ob mit den bei ihm vorgelegten Sachargumenten und Beweisen überzeugend nachgewiesen wird, dass mit der fraglichen Vereinbarung spürbare objektive Vorteile erreicht werden können. Diese Frage stellt sich in gleicher Weise bei der Selbsteinschätzung. Diese Prüfung kann eine zukunftsorientierte Analyse implizieren, wobei dann zu untersuchen ist, was angesichts der vorgetragenen Sachargumente und vorgelegten Beweise wahrscheinlicher ist: dass die in Rede stehende Vereinbarung das Erreichen spürbarer objektiver Vorteile ermöglicht oder dass dies nicht der Fall ist.[505]

72 *aa) Verbesserung der Warenerzeugung oder -verteilung, Förderung des technischen oder wirtschaftlichen Fortschritts.* Die erste positive Freistellungsvoraussetzung ist in ihrer ersten Variante erfüllt, wenn die Vereinbarung, der Beschluss oder die abgestimmte Verhaltensweise zur Verbesserung der Warenerzeugung oder -verteilung, und in ihrer zweiten Variante, wenn sie zur Förderung des technischen oder wirtschaftlichen Fortschritts beiträgt. Eine scharfe Unterscheidung beider Varianten ist weder möglich noch erforderlich. Entgegen dem Wortlaut können sich die Verbesserungen auch auf den **Dienstleistungsbereich** beziehen, wie sich aus dem funktionellen Zusammenhang der Freistellungsmöglichkeit zum Kartellverbot ergibt, das sich auch auf Dienstleistungen bezieht.[506] Die Geltung dieses Freistellungstatbestandes auch für die Dienstleistungswirtschaft wird von der Kommission in ihren Leitlinien ausdrücklich betont.[507] Nach dem Wortlaut und Zweck der Bestimmung muss die Wettbewerbsbeschränkung für die Verbesserung ursächlich sein.[508] In der Regel bedeutet dies, dass sich die Effizienzgewinne aus der Wirtschaftstätigkeit ergeben müssen, die Gegenstand der Vereinbarung ist.[509]

73 Eine Verbesserung liegt im Ergebnis nur dann vor, wenn die erreichbaren Vorteile die mit der Wettbewerbsbeschränkung verbundenen Nachteile ausgleichen.[510] Bei der erforder-

[503] EuGH U. v. 13.7.1966, Slg. 1966, 322, 395 – *Grundig und Consten/Komm.;* EuGH U. v. 17.1.1984, Slg. 1984, 19, 68 – *VBVB und VBBB;* EuGH U. v. 11.7.1985, Slg. 1985, 2545, 2578 – *Remia u. a./Komm.*

[504] Komm. E. v. 18.12.1972, ABl. 1972 L 303/34, 36 – *CIMBEL;* Komm. E. v. 19.12.1974, ABl. 1975 L 29/11, 13 – *Duro-Dyne/Europair;* Komm. E. v. 22.12.1976, ABl. 1977 L 16/8, 11 – *Gerofabriek.*

[505] EuG U. v. 27.9.2006, Slg. 2006 II-2969, Rdnrn. 247 ff. – *GlaxoSmithKline/Komm.*

[506] Komm. E. v. 15.12.1975 – *Bayer/Gist-Brocades,* ABl. 1976 L 30/13, 19; *Gleiss/Hirsch* Art. 85 Abs. 3 Rdnr. 1869.

[507] Komm., Leitlinien zur Anwendung von Art. 81 Abs. 3 EG-Vertrag Rdnr. 48.

[508] Komm. E. v. 29.12.1970 – *Wand- und Bodenfliesen,* ABl. 1971 L 10/15, 21; Komm. E. v. 22.12.1972 – *CIMBEL* ABl. 1972 L 303/24, 36.

[509] Komm., Leitlinien aaO Rdnr. 53.

[510] EuGH U. v. 13.7.1966 – *Grundig und Consten/Komm.* Slg. 1966, 321, 397; EuGH U. v. 6.10.2009 – *GlaxoSmithKline/Komm.* Slg. 2009 I-9291, Rdnr. 92; Komm. E. v. 22.12.1972 – *CIM-*

lichen **Abwägung** im Rahmen der **Prognose** berücksichtigte die Kommission früher alle im Einzelfall maßgeblichen Umstände einschließlich des tatsächlichen Verhaltens der Beteiligten.[511] Nach ihren Leitlinien verlangt die Kommission von den betroffenen Unternehmen, dass sie die geltend gemachten Effizienzgewinne so substantiieren, dass nachgeprüft werden kann, welcher Art diese Effizienzgewinne sind, dass zwischen dem Abschluss der Vereinbarung und den Effizienzgewinnen ein hinreichender Kausalzusammenhang besteht, dass die Effizienzgewinne hinreichend wahrscheinlich sind und ihrem Ausmaß nach bestimmbar, und dass schließlich auch nachgewiesen wird, wie jeder geltend gemachte Effizienzgewinn erreicht werden soll.[512] Als Effizienzgewinne in Frage kommen zum einen quantitative Effizienzgewinne (Kosteneinsparungen) und zum anderen qualitative Effizienzgewinne, die sich aus dem technischen Fortschritt und der Produktverbesserung ergeben.

Zu begründen ist eine Verbesserung im Sinne der ersten Freistellungsvoraussetzung vor 74
allem durch **Kosteneinsparungen.** Solche Einsparungen können sich aus einer Senkung der Produktions- und Stückkosten, einer besseren Kapazitätsauslastung, einer Senkung der Forschungs- und Entwicklungskosten, aber auch aus einer Verringerung der Vertriebskosten, einer Verbreiterung des Angebots oder aus einer Verbesserung des Vertriebsnetzes oder des Vertriebsablaufs ergeben.[513] Die Kommission ließ in der Vergangenheit auch überschlägige Kostenberechnungen ausreichen.[514] Als Hauptquellen quantitativer Effizienzgewinne sieht die Kommission Rationalisierungseffekte bei der Produktion an, Skalenvorteile, die sich aus der Zusammenlegung bestehender Produktionsmittel und der damit möglicherweise verbundenen Senkung der Stückkosten ergeben, sowie Verbundvorteile (economies of scale), die entstehen, wenn Unternehmen mit den gleichen Einsatzfaktoren unterschiedliche Produkte herstellen.[515] In der **Verbreiterung des Angebots** kann auch dann eine Verbesserung liegen, wenn sie nicht mit einer Kostensenkung verbunden ist. Neben der Zahl der Produkte spielen in diesem Zusammenhang auch Verbesserungen der Produktqualität, der Dichte und Leistungsfähigkeit des Vertriebsnetzes und der Servicequalität eine Rolle.[516] Eine Erhöhung der Zahl der Vertriebsstellen allein ist noch nicht ohne weiteres eine Verbesserung.[517] Grundsätzlich stellen auch Gegenseitigkeitsabkommen zwischen nationalen Verwertungsgesellschaften, die diesen die Vergabe aller Musiklizenzen in einem Mitgliedstaat ermöglichen, eine Verbesserung der Warenverteilung dar. Dafür ist es aber nicht erforderlich, dass die Verwertungsgesellschaften auf das Anbieten von Lizenzierungsdienstleistungen in allen Staaten außerhalb ihres Sitzstaates verzichten.[518] Als besonders positiv wertet die Kommission die Erschließung neuer und die Ausweitung bestehender Märkte, die im Rahmen der Abwägung der Vor- und Nachteile entsprechend auch die

---

BEL ABl. 1972 L 303/24, 36; Komm. E. v. 8.9.1977 – *Cobelpa/VNP,* ABl. 1977 L 242/10 (17); Komm. E. v. 10.12.1984 – *Grohe-Vertriebssystem,* ABl. 1985 L 19/17, 22; Komm. E. v. 19.2.1991 – *Screensport/EBU-Mitglieder,* ABl. 1991 L 63/32; Komm. E. v. 16.7.2008 – *CISAC,* COMP/C2/ 38.698, Rdnr. 233; *von der Groeben/Schwarze-Schröter,* Art. 81 Rdnr. 307 mwN, *Immenga/Mestmäcker-Ellger,* EU-WbR Art. 101, Abs. 3 Rdnrn. 137 ff.

511 EuGH U. v. 17.9.1985 – *Ford/Komm.,* Slg. 1985, 2725, 2746.

512 Komm., Leitlinien aaO Rdnr. 51.

513 Komm., Leitlinien aaO Rdnrn. 69 ff.; Komm. E. v. 23.12.1977 – *Campari,* ABl. 1978 L 70/69; Komm. E. v. 19.7.1989 – *Niederländische Banken* ABl. 1989 L 253/1, 10; Komm. E. v. 20.12.1989 – *Concordato Incendio,* ABl. 1990 L 15/25, 28.

514 Komm. E. v. 8.10.1973 – *Prym-Beka,* ABl. 1973 L 296/24, 26; *Gleiss/Hirsch* Art. 85 Abs. 3 Rdnr. 1876 mwN.

515 Komm., Leitlinien aaO Rdnrn. 64 ff.

516 Komm. E. v. 13.7.1983 – *Rockwell/Iveco,* ABl. 1983 L 224/19, 25; Komm. E. v. 15.12.1986 – *Boussois/Interpane* ABl. 1987 L 50/30, 36; Komm. E. v. 11. 10 1988 – *Continental/Michelin* ABl. 1988 L 305/33, 40; Komm. E. v. 13.10.1988 – *Delta Chemie-DDD* ABl. 1988 L 309/34, 42; Komm. E. v. 8.10.2002 – *IFPI „Simulcasting"* ABl. 2003 L 107/58, 74; *Gleiss/Hirsch* Art. 85 Abs. 3 Rdnrn. 1881 ff. mwN.

517 EuGH U. v. 29.10.1980 – *van Landewyck u. a./Komm.* Slg. 1980, 3125 (3278).

518 Komm. E. v. 16.7.2008, COMP/C2/38.698, Rdnrn. 234 ff. – *CISAC.*

Freistellung schwerwiegenderer Wettbewerbsbeschränkungen gestattet.[519] Umgekehrt schließen Folgen, die zu einer Abschottung nationaler Märkte oder zum Ausschluss von Wettbewerbern[520] führen, eine Freistellung aus. Das gleiche gilt für reine Preiskartelle.[521]

75 *bb) Verbraucherbeteiligung.* Die zweite positive Voraussetzung ist erfüllt, wenn die vorgesehene Regelung die Verbraucher angemessen „an dem entstehenden Gewinn" teilhaben lässt. Der Begriff des Verbrauchers ist weit zu verstehen. Er umfasst nicht nur die Endverbraucher, sondern auch die unmittelbaren Geschäftspartner der Beteiligten und darüber hinaus die Abnehmer von etwaigen Zwischenerzeugnissen.[522] Der im Vertragstext verwandte Begriff des Gewinns ist weit im Sinne von **wirtschaftlichem Vorteil** zu verstehen.[523] Nicht erforderlich ist, dass die aufgrund der Wettbewerbsbeschränkung erzielten Vorteile insgesamt an die Verbraucher weitergeben werden. Der Begriff der angemessenen Beteiligung bedeutet, dass die Weitergabe der Vorteile die tatsächlichen oder voraussichtlichen negativen Auswirkungen der Wettbewerbsbeschränkung mindestens ausgleicht. Das bedeutet, dass die Nettowirkung der Vereinbarung aus Sicht der hiervon unmittelbar oder wahrscheinlich betroffenen Verbraucher *mindestens neutral* sein muss. Es ist nicht erforderlich, dass die Verbraucher an jedem einzelnen Effizienzgewinn beteiligt werden; jedoch müssen Vorteile in einem ausreichenden Umfang weitergegeben werden, so dass die Verbraucher insgesamt eine angemessene Beteiligung am Gesamtgewinn erhalten.[524] Die Vorteile können in Preissenkungen,[525] aber auch in der durch die Wettbewerbsbeschränkung ermöglichter Beibehaltung unveränderter Preise bestehen.[526] Sie können ferner in einem von der Qualität oder vom Umfang her verbesserten Angebot, einer besseren und sichereren Versorgung, etwa auch einem erleichterten Zugang zu dem Angebot, einem besseren Service und einer besseren Beratung bestehen.[527] Auch **gesamtgesellschaftliche Ergebnisse** für die Umwelt konnten nach einer älteren Kommissionsentscheidung als angemessene Beteiligung des Bürgers eingestuft werden, selbst wenn für den einzelnen Käufer keine Vorteile bestehen.[528] Die aktuellen Horizontalleitlinien der Kommission betonen dagegen das Erfordernis eines direkten wirtschaftlichen Vorteils.[529] Von Bedeutung ist in diesem

[519] Komm. E. v. 19.12.1974, ABl. 1975 L 229/11, 12 – *Duro-Dyne – Europair;* Komm. E. v. 25.7.1977, ABl. 1977 L 215/11, 17 – *De Laval/Storck; von der Groeben/Schwarze-Schröter,* Art. 81 Rdnr. 310 mwN; *Gleiss/Hirsch* Art. 85 Abs. 3 Rdnr. 1886 mwN.

[520] *von der Groeben/Schwarze-Schröter,* Art. 81 Rdnr. 310 mwN; *Gleiss/Hirsch* Art. 85 Abs. 3 Rdnr. 1889 f. mwN, *Immenga/Mestmäcker-Ellger,* EU-WbR Art. 101 Abs. 3 Rdnrn. 190 ff., 197.

[521] Komm. E. v. 23.12.1971 ABl. 1972 L 22/16, 26 – *NCH;* Komm. E. v. 8.9.1977 – *Cobelpa/VNP* ABl. 1977 L 242/10, 18; *Gleiss/Hirsch* Art. 85 Abs. 3 Rdnrn. 1901 ff. mwN.

[522] Komm. E. v. 9.7.1980 – *National Sulphuric Acid Association* ABl. 1980 L 260/24, 30; Komm. E. v. 13.7.1983, ABl. 1983 L 224/19, 25 – *Rockwell/Iveco;* Komm. E. v. 27.11.1985 – *Ivoclar* ABl. 1985 L 369/1, 5; Komm. E. v. 22.12.1987, ABl. 1988 L 212/62, 68 – *ARG/Unipart;* Leitlinien aaO Rdnr. 84.

[523] Komm. E. v. 23.9.1964 – *Grundig und Consten* ABl. 1964 L 2545, 2550; *von der Groeben/Schwarze-Schröter,* Art. 81 Rdnr. 311 mwN; *Immenga/Mestmäcker-Ellger,* EU-WbR Art. 101 Abs. 3 Rdnr. 227.

[524] Komm., Leitlinien aaO Rdnr. 85, 86.

[525] Komm. E. v. 23.9.1964, ABl. 1964 L 2545 – *Grundig und Consten;* Komm. E. v. 14.7.1986 ABl. 1986 L 236/30, 38 – *Lichtwellenleiter.*

[526] Komm. E. v. 28.5.1971, ABl. 1971 L 134/6, 11 – *FNCF.*

[527] Komm. E. v. 23.9.1964, ABl. 1964 L 2545 – *Grundig und Consten;* Komm. E. v. 11.10.1988, ABl. 1988 L 301/68, 71 – *BBC Brown Boveri;* Komm. E. v. 15.9.1989, ABl. 1989 L 284/36 – *Filmeinkauf deutscher Fernsehanstalten;* Komm. E. v. 23.9.1990, ABl. 1990 L 100/32 – *Moosehead/Whitbread;* Komm. E. v. 12.12.1990, ABl. 1991 L 19/25, 34 – *KSB/Goulds/Lowara/ITT; von der Groeben/Schwarze-Schröter,* Art. 81 Rdnr. 311 mwN; *Gleiss/Hirsch* Art. 85 Abs. 3 Rdnr. 1912 f. mwN.

[528] Komm. E. v. 24.1.1999, ABl. 2000 L 187/47, 52 – *CECED;* Komm. E. 17.9.2001, ABl. 2001 L 319/1, 19 – *Duales System Deutschland;* weitere bei *Immenga/Mestmäcker-Ellger,* EU-WbR, Art. 101 Abs. 3 AEUV, Rdnr. 245.

[529] Leitlinien der Kommission zur Anwendbarkeit von Artikel 101 des Vertrags über die Arbeitsweise der Europäischen Union auf Vereinbarungen über horizontale Zusammenarbeit, ABl. 2011 C 11/01, Rdnrn. 308 ff. S. unten § 9 Rdnrn. 253 f.

Zusammenhang, ob zu erwarten ist, dass der Wettbewerb die Beteiligten zu einer angemessenen Beteiligung zwingen wird, oder ob die Marktstruktur oder die vereinbarten Wettbewerbsbeschränkungen, die den Verbrauchern entsprechende Ausweichmöglichkeiten versperren, dies unwahrscheinlich machen.[530] Bei der Prüfung dieser Freistellungsvoraussetzung sind wiederum, wie bei der ersten Voraussetzung, die Vor- und Nachteile für den Verbraucher abzuwägen.[531] Bei schwerwiegenden Wettbewerbsbeschränkungen müssen die Vorteile bedeutender sein als bei weniger ins Gewicht fallenden Beschränkungen. Kernbeschränkungen, wie z. B. Preisabsprachen oder Marktaufteilungen, bewirken nach Auffassung der Kommission im Allgemeinen keine Vorteile für den Verbraucher.[532] Denkbar ist auch, dass bis zur Erreichung der Effizienzgewinne ein gewisser Zeitraum verstreicht. Die Verzögerung der Weitergabe von Vorteilen an den Verbraucher steht dabei der Bejahung der Voraussetzungen des Art. 101 Abs. 3 AEUV nicht grundsätzlich entgegen, die Effizienzgewinne müssen jedoch in einer solchen Konstellation entsprechend größer sein, um auch die Übergangsverluste des Verbrauchers ausgleichen zu können.[533]

Bei der Beurteilung der Frage, ob von der **Weitergabe der Kosteneinsparungen** an die Verbraucher ausgegangen werden kann, müssen verschiedene Faktoren berücksichtigt werden. Merkmale und Struktur des Marktes, Art und Ausmaß der Effizienzgewinne, Elastizität der Nachfrage und Ausmaß der Wettbewerbsbeschränkungen können die Wahrscheinlichkeit einer angemessenen Beteiligung beeinflussen. Insbesondere das Vorliegen eines effektiven Preiswettbewerbs kann dabei als Indiz für eine baldige Weitergabe gewertet werden; begünstigen die Marktstrukturen dagegen stillschweigende Kollusionen oder lassen sie, etwa auf oligopolistischen Märkten, Vergeltungsmaßnahmen anderer Unternehmen erwarten, so verringert dies die Wahrscheinlichkeit einer zügigen Beteiligung der Verbraucher.[534] 76

cc) Unerlässlichkeit. Die erste negative Voraussetzung ist erfüllt, wenn die Wettbewerbsbeschränkung für die Erzielung der angestrebten Vorteile unerlässlich ist. Unerlässlich in diesem Sinne ist eine Beschränkung nur dann, wenn sich die angestrebten Ziele im Rahmen einer Prognosebetrachtung zum Zeitpunkt der Entscheidung über die Freistellung nicht durch auf den Wettbewerb weniger beschränkende Weise erreichen lassen.[535] Der entscheidende Faktor der Prüfung ist, ob die Vereinbarung und ihre einzelnen Beschränkungen es ermöglichen, die fraglichen Tätigkeiten effizienter durchzuführen, als dies ansonsten wahrscheinlich der Fall wäre. Danach ist die entscheidende Frage nicht, ob die Vereinbarung ohne die Wettbewerbsbeschränkung nicht geschlossen worden wäre, sondern vielmehr, ob mehr Effizienzgewinne mit der Vereinbarung als ohne sie erzielt werden.[536] Je schwerwiegender eine Wettbewerbsbeschränkung zu bewerten ist und je marktstärker die beteiligten Unternehmen sind, desto wahrscheinlicher ist eine Verneinung der Unerlässlichkeit.[537] Es muss daher in aller Regel davon ausgegangen werden, 77

---

[530] EuGH U. v. 25.10.1977, Slg. 1977, 1875, 1916 – *Metro SB-Großmärkte/Komm.; Langen/Bunte-Hengst,* Art. 101 AEUV Rdnr. 288.

[531] Komm. E. v. 19.2.1991, ABl. 1991 L 63/32, 44 – *Screensport/EBU-Mitglieder; Gleiss/Hirsch* Art. 85 Abs. 3 Rdnr. 1910.

[532] Komm. E. v. 8.7.2009, COMP/39.401, Rdnr. 265 – *E.ON/GDF.*

[533] Komm., Leitlinien aaO Rdnrn. 87 ff.

[534] Komm., Leitlinien aaO Rdnrn. 95 ff.

[535] EuGH U. v. 25.3.1981, Slg. 1981, 851, 863 ff. – *Coöperatieve Stremsel- en Kleurselfabriek/Komm.;* Komm. E. v. 18.7.1975, ABl. 1975 L 222/34, 39 – *Kabelmetal-Luchaire;* Komm. E. v. 15.12.1975, ABl. 1976 L 30/13, 20 – *Bayer/Gist-Brocades;* Komm. E. v. 19.12.1990, ABl. 1991 L 152/54, 59 – *ANSAC;* Komm. E. v. 16.7.2008, COMP/C2/38.698, Rdnr. 238 – *CISAC: von der Groeben/Schwarze-Schröter,* Art. 81 Rdnr. 312; *Langen/Bunte-Hengst,* Art. 101 AEUV Rdnr. 389 f.; *Gleiss/Hirsch* Art. 85 Abs. 3 Rdnr. 1936, 1943.

[536] Komm., Leitlinien aaO Rdnr. 74.

[537] Komm. E. v. 16.12.1971, ABl. 1972 L 13/34, 43 – *VCH;* Komm. E. v. 11.10.1988, ABl. 1988 L 305/33, 40 – *Continental/Michelin; Langen/Bunte-Hengst,* Art. 101 AEUV Rdnr. 392 f.; *Gleiss/Hirsch* Art. 85 Abs. 3 Rdnr. 1935.

dass Beschränkungen, die auf der schwarzen Liste einer GVO stehenoder aber als Kernbeschränkungen in Leitlinien oder Bekanntmachungen der Kommission Erwähnung gefunden haben, nicht als unerlässlich eingestuft werden.[538] Der EuGH hat in seiner bisherigen Rechtsprechung insgesamt **eher strenge Anforderungen** an die Unerlässlichkeit gestellt,[539] und auch die Kommission hat die Verweigerung einer Freistellung oft mit der fehlenden Unerlässlichkeit begründet.[540] Höhere Gewalt, Notwehr oder Notstand sind nicht geeignet, die Unerlässlichkeit zu begründen.[541] Denkbar ist dagegen, dass eine Wettbewerbsbeschränkung zwar nicht grundsätzlich, aber doch für einen **befristeten Zeitraum** als unerlässlich angesehen wird. Die Ausnahme des Art. 101 Abs. 3 AEUV gilt dann nur für diesen befristeten Zeitraum, wobei bei der Bestimmung der Zeitspanne dem Zeitraum Rechnung zu tragen ist, den die Unternehmen zur Erzielung der Effizienzgewinne benötigen.[542] Im übrigen ist auch bei der Prüfung der Unerlässlichkeit ein objektiver Maßstab anzulegen.[543] Auch hier zeigen sich wieder erhebliche Unterschiede zwischen der kartellbehördlichen Anwendung von Art. 101 Abs. 3 AEUV und der zivilprozessualen Auseinandersetzung. Im kartellbehördlichen Verfahren hat das Kriterium der Unerlässlichkeit in der Vergangenheit häufig eine Rolle beim „fine tuning" gespielt, das heißt in Diskussionenzwischen den betroffenen Unternehmen und der Kommission über die Modifizierung bestimmter vertraglicher Klauseln. Konnten sich die Unternehmen mit der Kommission auf eine Abschwächung einer bestimmten beschränkenden Vertragsklausel einigen, so konnte die Kommission sodann auch das Tatbestandsmerkmal der Unerlässlichkeit bejahen. In einer zivilrechtlichen Auseinandersetzung fehlt diese Flexibilität, weil das Zivilgericht den Vertrag im Nachhinein so zu beurteilen hat, wie er abgeschlossen wurde.

78 *dd) Keine Ausschaltung wesentlichen Wettbewerbs.* Die zweite negative Voraussetzung ist erfüllt, wenn mit der Wettbewerbsbeschränkung nicht die Möglichkeit eröffnet wird, für einen wesentlichen Teil der betreffenden Waren oder Dienstleistungen den Wettbewerb auszuschalten. Hintergrund ist, dass Wettbewerb selbst Antriebskraft für langfristige Effizienzsteigerungen ist. Kommt der Wettbewerbsprozess aufgrund der Vereinbarung zum Erliegen oder wird zumindest deutlich eingeschränkt, so drohen langfristige Verluste die kurzfristigen Effizienzgewinne zu überlagern.[544] Ob dies der Fall ist, muss wiederum anhand einer am Maßstab hinreichender Wahrscheinlichkeit ausgerichteten Prognose ermittelt werden.[545] Die Voraussetzung bedeutet nicht, dass es zu einer marktbeherrschenden Stellung kommen müsste. Ist dies zu besorgen, so liegt in jedem Fall eine die Freistellung ausschließende Ausschaltung hinreichenden Wettbewerbs vor. Bei der Prüfung dieser Freistellungsvoraussetzung ist der sachlich und räumlich, gegebenenfalls auch der zeitlich relevante Markt nach den allgemeinen Grundsätzen zu ermitteln.[546] Maßgeblich für die Prüfung der Wettbewerbsverhältnisse auf diesem so ermittelten Markt sind alle in Betracht kommen-

---

538 Leitlinien aaO Rdnr. 79.

539 EuGH U. v. 15.5.1975, Slg. 1975, 585 – *Frubo/Komm.;* EuGH U. v. 25.3.1981,Slg. 1981, 851, 863 ff. – *Coöperatieve Stremselen Kleurselfabriek/Komm.;* Komm. E. v. 23.9.1964, ABl. 1964 L 2545, 2551 – *Grundig und Consten.*

540 Komm. E. v. 23.9.1964, ABl. 1964 L 2545 – *Grundig und Consten;* Komm. E. v. 23.12.1971, ABl. 1972 L 22/16, 26 – *NCH;* Komm. E. v. 22.12.1972, ABl. 1972 L 303/24, 39 – *CIMBEL;* Komm. E. v. 25.7.1974, ABl. 1974 L 337/16, 21 – *Frubo;* Komm. E. v. 24.6.2004, ABl. 2005 L 4/10, Rdnr. 110 – *Belgische Architektenkammer.*

541 EuGH U. v. 18.3.1980, Slg. 1980, 881, 899 ff. – *Coditel/Ciné Vog Films u. a.*

542 Komm., Leitlinien aaO Rdnr. 81.

543 Komm. E. v. 23.9.1964, ABl. 1964 L 2545, 2550 – *Grundig und Consten;* Komm. E. v. 9.6.1972, ABl. 1972 L 143/31, 36 – *Davidson Rubber;* Komm. E. v. 25.7.1975, ABl. 1975 L 215/11, 18 – *De Laval-Stork;* Komm. E. v. 12.12.1990, ABl. 1991 L 19/25 – *KSB/Goulds/Lowara/ITT.*

544 Komm., Leitlinien aaO Rdnr. 105.

545 Komm. E. v. 20.12.1974, ABl. 1975 L 29/20, 24 – *Rank/Sopelem; von der Groeben/Schwarze-Schröter,* Art. 81 Rdnr. 330 f.

546 Dazu *de Bronett,* § 22 Rdnr. 12 ff. und *Wiedemann,* § 23 Rdnr. 9 ff.

den Faktoren, wobei der Marktanteil der beteiligten Unternehmen eine besondere, wenn auch nicht allein entscheidende Rolle spielt. Nach der Praxis ist davon auszugehen, dass bei **geringen Marktanteilen** vom Fortbestehen hinreichenden Wettbewerbs auszugehen ist,[547] bei Marktanteilen über 50% dagegen regelmäßig nicht.[548] Von Bedeutung ist in diesem Zusammenhang auch die Marktstruktur, insbesondere welche an dem Vertrag oder Beschluss nicht beteiligten Wettbewerber mit welchen Marktanteilen noch auf dem Markt tätig sind,[549] wie die Marktgegenseite strukturiert ist und ob ihr Ausweichmöglichkeiten zur Verfügung stehen.[550] Nicht in allen Fällen ist es jedoch eine Voraussetzung der Wettbewerbsklausel, dass ein möglichst großer Teil des Marktes von der zu untersuchenden Vereinbarung nicht erfasst ist. Es gibt im Gegenteil eine ganze Reihe von Kooperationstypen, wie z. B. das Marktinformationssystem, das Konditionenkartell oder auch das Strukturkrisenkartell, dessen wirtschaftlicher Erfolg gerade voraussetzt, dass praktisch alle Anbieter der jeweiligen Branche an der Vereinbarung teilnehmen. Wenn im Übrigen wesentlicher Wettbewerb besteht, stellt die Wettbewerbsklausel des Art. 101 Abs. 3 AEUV dann kein Freistellungshindernis dar. Von Bedeutung sind in diesem Zusammenhang ferner Art und Umfang der freizustellenden Wettbewerbsbeschränkungen, etwa ob diese auch Preise oder Preisbestandteile betreffen oder nur andere, regelmäßig weniger wichtige Wettbewerbsmittel. Zwar kann wesentlicher Wettbewerb auch auf anderen Handlungsparametern als dem Preiswettbewerb beruhen, also etwa auf dem Wettbewerb mit Konditionen, Mengen und Qualitäten,[551] doch darf die Beschränkung den Preiswettbewerb nicht beseitigen.[552] Ähnliche Bedeutung misst die Kommission auch dem Wettbewerb bei Produktinnovationen zu. In ihren Leitlinien zur Anwendung von Art. 81 Abs. 3 EG (jetzt: Art. 101 Abs. 3 AEUV) bestätigt die Kommission ihre Forderung nach einer umfassenden **Wettbewerbsstrukturanalyse** anhand aller maßgeblichen Parameter des Wettbewerbsgeschehens und legt besonders Wert auch auf die Beurteilung des potentiellen Wettbewerbs, indem sie von den betroffenen Unternehmen sehr ins Detail gehende Angaben zu den Quellen des potentiellen Wettbewerbs verlangt.[553]

B. Horizontale Vereinbarungen im deutschen Recht (§§ 1 ff. GWB)

I. Einleitung

1. Überblick über die Regelung des Verbots wettbewerbsbeschränkender Vereinbarungen im deutschen Kartellrecht. Die Neufassung der §§ 1 ff. GWB in der Fassung der 7. GWB-Novelle aus dem Jahr 2005 ist von der weitgehenden Abschaffung 79

[547] Komm. E. v. 21.12.1973, ABl. 1974 L 19/10, 20 – *Transocean II;* Komm. E. v. 12.7.1984, ABl. 1984 L 207/26, 35 – *Carlsberg; von der Groeben/Schwarze-Schröter,* Art. 81 Rdnr. 331.

[548] EuGH U. v. 29.10.1980, Slg. 1980, 3125 – *van Landewyck u. a./Komm.;* Komm. E. v. 21.12. 1973, ABl. 1974 L 19/22, 25 – *Kali+Salz-Kalichemie;* Komm. E. v. 3.6.1975, ABl. 1975 L 159/22, 28 – *Kachelhandelaren;* Komm. E. v. 22.12.1976, ABl. 1977 L 16/8, 12 – *Gerofabriek;* Komm. E. v. 28.9.1981, ABl. 1981 L 326/32, 40 – *Flachglas in Italien;* Komm. E. v. 13.7.1983, ABl. 1983 L 200/44, 50 – *VIMPOLTU.*

[549] Komm. E. v. 28.5.1971, ABl. 1971 L 134/6, 12 – *FNCF;* Komm. E. v. 9.6.1972, ABl. 1972 L 143/31, 36 – *Davidson Rubber;* Komm. E. v. 26.7.1972, ABl. 1972 L 182/24, 27 – *Feinpapier;* Komm. E. v. 8.10.1973, ABl. 1973 L 296/24, 27 – *Prym-Beka;* Komm. E. v. 15.12.1975, ABl. 1976 L 30/13 – *Bayer/Gist-Brocades;* Komm. E. v. 22.12.1987, ABl. 1988 L 212/62, 68 – *ARG/Unipart.*

[550] Komm. E. v. 9.6.1972, ABl. 1972 L 143/31, 36 – *Davidson Rubber;* Komm. E. v. 26.7.1972, ABl. 1972 L 182/24, 27 – *Feinpapier;* Komm. E. v. 23.12.1975, ABl. 1976 L 51/7, 13 – *United Processors;* Komm. E. v. 23.12.1975, ABl. 1976 L 51/15, 19 – *KEWA.*

[551] EuGH U. v. 29.10.1980, Slg. 1980, 3125 – *van Landewyck u. a. /Komm.*

[552] EuGH U. v. 25.10.1977, Slg. 1977, 1875, 1905 – *Metro SB-Großmärkte/Komm.;* Komm. E. v. 23.10.2003, ABl. 2004 L 56/76, 92 – *REIMS II.*

[553] Leitlinien aaO Rdnr. 115.

vorher bestehender Besonderheiten und Abweichungen des deutschen Kartellrechts von Art. 81 EG (jetzt: Art. 101 AEUV) geprägt. § 1 GWB repetierte den Wortlaut des damals geltenden Art. 81 Abs. 1 EG. Die Regelung des § 2 Abs. 1 GWB übernahm den Wortlaut des früheren Art. 81 Abs. 3 EG in das deutsche Recht. Damit wurde der **Gleichklang der materiell-rechtlichen Beurteilung** horizontaler Kooperationen nach Art. 81 EG (jetzt: Art. 101 AEUV) und §§ 1 und 2 GWB auch in denjenigen Fällen gesichert, die vom nationalen Gesetzgeber hätten anders geregelt werden können als im Unionsrecht vorgesehen, nämlich in der Anwendung des Kartellverbotes auf Vereinbarungen, Beschlüsse von Unternehmensvereinigungen oder aufeinander abgestimmte Verhaltensweisen lokaler oder regionaler Natur, die nicht geeignet sind, den Handel zwischen den Mitgliedstaaten zu beeinträchtigen. § 2 Abs. 2 Satz 2 GWB bekräftigt dies nach wie vor. Nach dieser Bestimmung gilt der gesamte Korpus der von der Gemeinschaft erlassenen Gruppenfreistellungsverordnungen auch für all diejenigen Kooperationen, die nicht geeignet sind, den Handel zwischen den Mitgliedstaaten der Gemeinschaft zu beeinträchtigen. § 3 Abs. 1 GWB legalisierte bestimmte wettbewerbsbeschränkende Formen der Zusammenarbeit im Interesse der Stärkung des Mittelstandes und stellte damit eine Ausnahmevorschrift dar, die in dieser Form im geschriebenen Recht der Europäischen Gemeinschaft nicht vorgesehen war. Im Wortlaut knüpfte § 3 Abs. 1 GWB an die Vorgängerbestimmung in § 4 GWB a. F. an. Was das Verhältnis der Anwendung des deutschen und des europäischen Kartellrechts zueinander angeht, so werden die §§ 1 ff. GWB seit der 7. GWB-Novelle in § 22 GWB durch eine Vorschrift flankiert, die Art. 3 der VO Nr. 1/2003 in erläuternder Absicht abbildet.

80 Die wesentlichen Änderungen gegenüber dem bis zu diesem Zeitpunkt geltenden Bestand der §§ 1 ff. GWB bestanden zum einen in der Abschaffung der früher im deutschen Kartellrecht getroffenen begrifflichen **Unterscheidung zwischen horizontalen und vertikalen Vereinbarungen.** Dementsprechend ist in § 1 GWB seit der 7. GWB-Novelle das für die Beschränkung auf horizontale Vereinbarungen charakterisierende Merkmal der Vereinbarung zwischen Unternehmen, die „miteinander im Wettbewerb stehen" entfallen. In gleicher Weise entfallen sind zum 1.7.2005 die Vorschriften des bis dahin geltenden 2. Abschnitts über vertikale Vereinbarungen, nämlich die früheren §§ 14 bis 18 GWB. Was den früheren Normenbestand im Hinblick auf horizontale Vereinbarungen angeht, so sind die ausdrücklichen Vorschriften über Normen, Typen und Konditionenkartelle (früher § 2 GWB), über Spezialisierungskartelle (früher § 3 GWB), über Rationalisierungskartelle (früher § 5 GWB), über Strukturkrisenkartelle (früher § 6 GWB) und über sonstige Kartelle (früher § 7 GWB) fortgefallen. Das Gleiche gilt für die bis dahin bestehende materiell-rechtliche Vorschrift über die Ministererlaubnis (früher § 8 GWB). Auf der Ebene des Verfahrensrechts schuf die 7. GWB-Novelle die früheren Anmelde-, Widerspruchs- und Genehmigungsverfahren der §§ 9 ff. GWB ab. Das bedeutet nicht, dass die betroffenen Unternehmen gar keine Möglichkeit hatten, einen gewissen Grad an Rechtssicherheit für ihre Verträge und sonstigen Kooperationen zu erlangen. Nach dem neu eingeführten § 32c GWB bestand und besteht bis heute die Möglichkeit, dass die Kartellbehörde entscheidet und erklärt, dass für sie kein Anlass besteht, zur Durchsetzung eines Verbotes nach § 1 GWB oder nach Art. 81 Abs. 1 EG (jetzt: Art. 101 Abs. 1 AEUV) tätig zu werden.

81 **2. Inhalt und Entstehungsgeschichte der 7. GWB-Novelle zu den §§ 1 ff. GWB.** Die weitgehende **Angleichung des deutschen Kartellrechts an Art. 81 EG (jetzt: Art. 101 AEUV)** und die damit verbundene Abschaffung verschiedener Besonderheiten der bis dahin geltenden §§ 1 ff. GWB war von Anfang an die Absicht der Bundesregierung.[554] Der Referentenentwurf zur 7. GWB-Novelle enthielt noch in § 4 ein gesondertes Verbot von Preisbindungen in vertikalen Vereinbarungen sowie in § 23 eine Verpflichtung zur europafreundlichen Auslegung und Anwendung der §§ 1 bis 4 und 19

[554] S. den Referentenentwurf eines Siebten Gesetzes zur Änderung des GWB vom 17.12.2003, S. 1 ff. und 11 ff. der Begründung des Referentenentwurfs.

der damaligen Entwurfsfassung des GWB. In ihrem Sondergutachten zu dem Referentenentwurf vom 17.12.2003 äußerte sich die Monopolkommission grundsätzlich zustimmend zu der weitgehenden Anpassung der §§ 1 ff. GWB an die europäischen Kartellregeln.[555] Im Wesentlichen in dieser Form brachte die Bundesregierung am 18.5.2004 ihren Entwurf mit Begründung in das Gesetzgebungsverfahren ein.[556] Im weiteren Gesetzgebungsverfahren streitig waren nur bestimmte Aspekte der Formulierung von § 3 des Entwurfes (Regeln für Mittelstandskartelle). Ferner votierte der Bundesrat für die Streichung der in § 4 des Entwurfes vorgesehenen Spezialregelung über Preisbindungen in vertikalen Verträgen und der von der Bundesregierung vorgeschlagenen Einführung einer Vorschrift über die europafreundliche Anwendung des deutschen Kartellrechts in § 23 des Entwurfs.[557] Sämtliche Vorschläge des Bundesrates wurden in der Gegenäußerung der Bundesregierung zunächst abgelehnt.[558] Am 9.3.2005 schloss sich der Ausschuss für Wirtschaft und Arbeit des deutschen Bundestages der Forderung des Bundesrates nach der Abschaffung von § 4 an.[559] Am 15.6.2005 wurde im Vermittlungsausschuss zudem die Abschaffung der Sonderregel über die europafreundliche Anwendung in § 23 der ursprünglichen Entwurfsfassung beschlossen.[560]

3. Inhalt und Entstehungsgeschichte der 8. GWB-Novelle. Ende des Jahres 2011 81a
veröffentlichte das Bundesministerium für Wirtschaft und Technologie einen Entwurf für eine erneute Reform des GWB.[561] Der davon in einigen Punkten abweichende Regierungsentwurf[562] wurde nach Stellungnahme des Bundesrates und einer Expertenanhörung im Ausschuss für Wirtschaft und Technologie mit einigen Änderungen vom Bundestag im Oktober 2012 beschlossen. Nachdem der Bundesrat nach Meinungsverschiedenheiten u. a. über die geplante Anwendbarkeit des Kartellrechts auf die gesetzlichen Krankenkassen den Vermittlungsausschuss angerufen hatte,[563] trat die Neufassung des GWB zum 30.6.2013 in Kraft.[564] Während die 7. GWB-Novelle wegen der Angleichung an das europäische Recht vor allem als „Verfahrensnovelle“ im Gedächtnis geblieben ist und für die Anwendung des Kartellverbots von großer Bedeutung war, hat der Gesetzgeber mit der 8. GWB-Novelle andere Schwerpunkte gesetzt. So blieben die §§ 1–3 GWB – von formalen Anpassungen an den Vertrag von Lissabon und der ersatzlosen Streichung von § 3 Abs. 2 GWB abgesehen – unverändert. In materieller Hinsicht wurden vor allem die Regeln zur Missbrauchsaufsicht in den §§ 18 ff. GWB neu systematisiert und anwendungsfreundlicher gestaltet;[565] im Bereich der Fusionskontrolle wurde das Untersagungskriterium in § 36 Abs. 1 GWB dem Unionsrecht angeglichen.[566] In verfahrensrechtlicher Hinsicht wurde u. a. die Aktivlegitimation für Verbraucherverbände geschaffen und die private Rechtsdurchsetzung im Rahmen des § 33 GWB gestärkt.[567] Wenngleich damit zwar nicht unmittelbar die – etablierten – Regeln zum Kartellverbot verändert wurden, wurde gleichwohl und maßgeb-

[555] Monopolkommission, Sondergutachten gemäß § 44 Abs. 1 Satz 4 GWB „Das allgemeine Wettbewerbsrecht in der 7. GWB-Novelle“ vom März 2004, Rdnr. 12.

[556] BT-Drucks. 15/3640.

[557] BT-Drucks. 15/3640, S. 73 ff.

[558] BT-Drucks. 15/3640, S. 86 ff.

[559] BT-Drucks. 15/5049, S. 10 des Umdrucks.

[560] BT-Drucks. 15/5735.

[561] BMWi, Referentenentwurf zu einem Achten Gesetz zur Änderung des Gesetzes gegen Wettbewerbsbeschränkungen vom 4.11.2011. Dazu *Bechtold,* BB 2011, 3075 und allgemein zur 8. Novelle *Wiedemann,* § 1 Rdnr. 40b.

[562] BT-Drucks. 17/9852.

[563] BT-Drucks. 17/11636.

[564] BGBl. 2013 I, S. 1738 und 1735. S. zum Gesetzgebungsverfahren den Überblick bei *Bechtold,* GWB, Einführung, Rdnr. 32 und *Bosch/Fritzsche,* NJW 2013, 2225.

[565] *Bechtold,* GWB, Einführung, Rdnr. 33; *Podszun,* GWR 2013, 329, 331; s. auch *Wiedemann,* § 23 Rdnr. 7.

[566] *Bechtold,* GWB, Einführung, Rdnr. 36; *Bosch/Fritzsche,* NJW 2013, 2225, 2226.

[567] *Bechtold,* GWB, Einführung, Rdnr. 37.

lich das zu ihrer Durchsetzung geltende nationale Verfahrens- und Sanktionenrecht novelliert.

82 **4. Fortgeltung der bisherigen Rechtspraxis zu den §§ 1 ff. GWB.** Das bisherige Nebeneinander von europäischem und deutschem Kartellrecht war geprägt von der im Wesentlichen voneinander unabhängig ausgebildeten Rechtspraxis zur Auslegung aller maßgeblichen Tatbestandsmerkmale des beiderseitigen Normenbestandes. So hatte die deutsche Rechtspraxis zum Teil in Parallelität zur Rechtsentwicklung auf europäischer Ebene einen eigenen Fundus zum Teil sehr viel stärker nuancierter und differenzierter Begriffsbestimmungen zu allen denjenigen Haupttatbestandsmerkmalen entwickelt, die es sowohl bei Art. 81 EG (jetzt: Art. 101 AEUV) als auch bei den §§ 1 ff. GWB a. F. gab. Das beste Beispiel für dieses Nebeneinander europäischer und deutscher Rechtsgrundsätze ist die Struktur der 1. Auflage dieses Kapitels, die zum Unternehmensbegriff, zu den Konzertierungsformen und zu den maßgeblichen Wettbewerbsbeeinträchtigungen jeweils einen Abschnitt mit der europäischen und mit der deutschen Rechtspraxis enthielt. Bei wertender Betrachtung ergibt sich jedoch, dass mit Ausnahme der früheren Unterscheidung des GWB zwischen horizontalen und vertikalen Vereinbarungen die Beurteilung bestimmter Formen der legalen und illegalen Zusammenarbeit zwischen Unternehmen nicht sehr stark differierte; in Einzelfällen gab es jedoch durchaus Abweichungen. In Frage steht nun, ob der bisherige **acquis der deutschen Kartellrechtspraxis** auch nach der 7. und 8. GWB-Novelle weiter zur Anwendung kommen kann und wie in Fällen verfahren werden soll, in denen es – und sei es nur in Nuancen – Abweichungen gibt. Die Gesetzesbegründung zur 7. GWB-Novelle verhält sich zu dieser Frage nicht. Vielmehr heißt es dort, bereits im Rahmen der 6. GWB-Novelle sei der Wortlaut des Kartellverbots im damaligen § 1 GWB im Bereich der Horizontalvereinbarungen an Art. 81 Abs. 1 EG angeglichen worden. Bei der Auslegung der Tatbestandsmerkmale des § 1 GWB n. F., das heißt nach der 7. GWB-Novelle, seien weiterhin die Grundsätze des europäischen Wettbewerbsrechts zu berücksichtigen.[568] Die 8. GWB-Novelle hat die §§ 1 ff. GWB unberührt gelassen. Ausdrücklich führt die Gesetzesbegründung aus, dass die Unterschiede zwischen deutscher und europäischer Fusionskontrolle weiter verringert werden sollten und die Anwendung des GWB auf das wettbewerbliche Handeln der Krankenkassen sichergestellt werden sollte.[569] Das bedeutet, dass der deutsche Gesetzgeber offenbar nicht davon ausgeht, dass bisher vorhandene Abweichungen in der Interpretation der Kerntatbestandsmerkmale des § 1 GWB vom europäischen Kartellrecht nach der 7. GWB-Novelle noch fortbestehen können. Hieraus folgt zweierlei: In allen Bereichen, in denen materiell-rechtliche Unterschiede bestehen, wie etwa bei der Beurteilung des Beschaffungsverhaltens der öffentlichen Hand, das nach deutschem Recht ohne wesentliche Einschränkungen als unternehmerisches Verhalten im Sinne des Kartellrechts angesehen wird,[570] während im europäischen Kartellrecht hier Einschränkungen gelten,[571] setzt sich die europäische Rechtspraxis wegen des Vorrangs des Unionsrechts gegenüber der bisherigen deutschen Kartellrechtspraxis durch. In anderen Bereichen, in denen eine bestimmte Rechtsfrage auf europäischer Ebene noch nicht abschließend gelöst oder nicht in gleicher Weise differenziert behandelt wird wie im deutschen Kartellrecht, ist im Einzelfall zu überprüfen, ob die bisherigen Interpretationsgrundsätze des deutschen Kartellrechts europarechtskonform sind. Dies könnte etwa gelten für die im deutschen Recht sehr viel trennschärfer ausgebildeten Grundsätze bei der Beurtei-

---

568 BT-Drucks. 15/3640, S. 23.

569 BT-Drucks. 17/9852, S. 17.

570 BGH U. v. 11.12.2001 WuW/E DE-R 839,841 – *Privater Pflegedienst;* BGH U. v. 12.11.2002 WuW/E DE-R 1087, 1089 – *Kommunale Einkaufsgemeinschaften;* s. den Bericht des BKartA über seine Tätigkeit in den Jahren 2003/2004 sowie über die Lage und Entwicklung auf seinem Aufgabengebiet, BT-Drucks. 15/5790, 71.

571 EuG U. v. 4.3.2003, Rs T-319/99, Slg. 2003 II-357, Rdnr. 36, 37 – *FENIN/Komm.;* bestätigt durch EuGH U. v. 11.7.2006, Rs C-205/03 P, Slg. 2006 I-6295 – *FENIN/Komm.; Loewenheim/Meessen/Riesenkampff-Gippini-Fournier/Mojzesowicz,* Kartellrecht, Art. 81 Abs. 1 Rdnr. 49.

lung von Arbeits- und Bietergemeinschaften,[572] die mit den Grundsätzen des europäischen Kartellrechts durchaus in Einklang stehen. Ferner darf gemäß Art. 2 Abs. 2 VO (EG) Nr. 1/2003 bei einseitigem Verhalten nationales Kartellrecht strenger sein als europäisches Kartellrecht.

II. Die Bestimmungen des deutschen Verbots wettbewerbsbeschränkender Vereinbarungen (§§ 1ff. GWB)

1. Verbotstatbestand und Freistellung. §§ 1 und 2 Abs. 1 GWB in der Fassung seit der 7. GWB-Novelle (2005) entsprechen im Wortlaut Art. 101 Abs. 1 und Abs. 3 AEUV. Dem **System der Legalausnahme** nach Art. 1 der VO Nr. 1/2003 entsprechend sind alle Vereinbarungen zwischen Unternehmen, Beschlüsse von Unternehmensvereinigungen oder aufeinander abgestimmte Verhaltensweisen, die nach § 1 GWB verboten sind, automatisch, das heißt ohne das Erfordernis einer vorherigen Entscheidung eines Gerichts oder einer Behörde, nach § 2 Abs. 1 von diesem Verbot freigestellt, wenn sie die in § 2 Abs. 1 genannten Wettbewerbs- und gesamtwirtschaftlichen Bedingungen erfüllen. Damit gilt der Normbestand von Art. 101 Abs. 1 und Abs. 3 AEUV auch für diejenigen Formen unternehmerischer Zusammenarbeit im Sinne von § 1 GWB, die mangels Auswirkungen auf den zwischenstaatlichen Handel dem europäischen Kartellrecht nicht unterfallen. Der deutsche Gesetzgeber hätte die Möglichkeit gehabt, für diese in der Regel nur lokal oder regional bedeutsamen Vereinbarungen – weiterhin – eine abweichende Regelung zu schaffen.[573] Hat von dieser Möglichkeit jedoch nicht Gebrauch gemacht und sich auf diese Weise gegen eine nunmehr unerwünschte Zweiteilung des deutschen Wettbewerbsrechts in europäische Regelungen für Fälle mit Zwischenstaatlichkeitsbezug und abweichende nationale Regelungen für Fälle ohne Zwischenstaatlichkeitsbezug entschieden. Nach § 2 Abs. 2 GWB gelten nicht nur die Regeln des AEU-Vertrages selbst für in Deutschland abgeschlossene oder wirksame Vereinbarungen ohne Zwischenstaatlichkeitsbezug, sondern auch sämtliche Regeln des sekundären Gemeinschaftsrechts, soweit diese in den Gruppenfreistellungsverordnungen des EG-Kartellrechts niedergelegt sind. 83

Dem Grundsatz nach geht der deutsche Gesetzgeber davon aus, dass die bisher in den §§ 2ff. GWB vor der 7. GWB-Novelle enthaltenen Sonderregeln über einzelne **genehmigungsfähige Kartellarten** auch nach neuem Recht fortgelten (dazu im einzelnen in § 9). Befürwortende Regeln über Normen- und Typenkartelle enthalten auch die Leitlinien der Kommission zur Anwendbarkeit von Art. 101 AEUV auf Vereinbarungen über horizontale Zusammenarbeit.[574] Auch Konditionenkartelle sind vorbehaltlich einer Prüfung der Klauseln im Einzelfall nach Art. 81 Abs. 3 EG (jetzt: Art. 101 Abs. 3 AEUV) grundsätzlich zulässig.[575] Für die bisherigen Regeln über Spezialisierungskartelle verweist die Regierungsbegründung zur 7. GWB-Novelle auf die Gruppenfreistellungsverordnung Nr. 2658/2000 betreffend Spezialisierungsvereinbarungen, die die Freistellung von Spezialisierungsabreden an bestimmte Marktanteilsschwellen knüpft.[576] Die Regeln über Einkaufskooperationen sind im Gemeinschaftsrecht teilweise großzügiger ausgestaltet als im deutschen Recht. So gelten die Regeln der Horizontalleitlinien der Kommission[577] in Abweichung vom deutschen Recht bis zur 7. GWB-Novelle nicht nur für Mittelstandskoope- 84

---

[572] BGH U. v. 13.12.1983 WuW/E BGH 2050 – *Bauvorhaben Schramberg;* BGH U. v. 5.2.2002 WuW/E DE-R 876, 878 – *Jugend- und Frauennachtfahrten.*

[573] RegE BT-Drucks. 15/3640, S. 22.

[574] Komm. „Leitlinien zur Anwendbarkeit von Artikel 101 des Vertrags über die Arbeitsweise der Europäischen Union auf Vereinbarungen über horizontale Zusammenarbeit", Rdnrn. 257ff. Die Begründung des Regierungsentwurfs bezog sich noch auf die entsprechenden Rdnrn. der alten Horizontalleitlinien, BT-Drucks. 15/3640, S. 26.

[575] Begründung RegE, aaO.

[576] Begründung RegE, aaO. Seit dem 1.1.2011 gilt die neue Gruppenfreistellungsverordnung Nr. 1218/2010 für Spezialisierungsvereinbarungen, welche die gleichen Schwellen enthält.

[577] Komm., aaO, Rdnrn. 194ff.

rationen, sondern auch für die Zusammenarbeit von Großunternehmen. Die Leitlinien gehen davon aus, dass Einkaufskooperationen mit einem kumulierten Nachfragemarktanteil der Beteiligten von weniger als 15% jedenfalls regelmäßig die Freistellungsvoraussetzungen von Art. 101 Abs. 3 AEUV erfüllen.[578] Auch Rationalisierungskartelle sind nach Auffassung des deutschen Gesetzgebers in der Regel freistellungsfähig nach Art. 81 Abs. 3 EG (jetzt: Art. 101 Abs. 3 AEUV), wenn sie zu nachweisbaren Kosteneinsparungen führen, die das Bestehen wesentlichen Wettbewerbs durch die Weitergabe des Rationalisierungserfolges an den Verbraucher als gesichert erscheinen lässt.[579] Für eine Fortführung der bisherigen Regeln über Strukturkrisenkartelle bestand nach Auffassung des deutschen Gesetzgebers kein Bedürfnis, weil diese Vorschrift ohnehin nur selten zur Anwendung kam, ein Befund, der für die europäische Kartellrechtspraxis im Hinblick auf Strukturkrisenkartelle in gleicher Weise zutreffend ist. Insofern ist es nicht verwunderlich, dass der deutsche Gesetzgeber auf eine vergleichsweise alte Äußerung der Europäischen Kommission als letzten Stand des Gemeinschaftsrechts zur kartellrechtlichen Beurteilung von Strukturkrisenkartellen verweist.[580]

85 **2. Bagatellfälle.** Zur Ablösung der früheren Bagatellbekanntmachung des BKartAvom 28.7.1980[581] hat das BKartA am 13.3.2007 eine neue **Bagatellbekanntmachung** veröffentlicht.[582] In der Sache handelt es sich bei dieser Bekanntmachung um eine ermessensleitende Verwaltungsbekanntmachung. In Ziff. 6 und Ziff. 7 erklärt das BKartA, dass Vereinbarungen zwischen Unternehmen, Beschlüsse von Unternehmensvereinigungen und aufeinander abgestimmte Verhaltensweisen, die in den Anwendungsbereich der Bekanntmachung fallen, regelmäßig nur geringfügige Auswirkungen auf den Wettbewerb haben werden, so dass ein behördliches Einschreiten nicht erforderlich ist. Das BKartA werde daher regelmäßig von der Einleitung eines Verfahrens auf der Grundlage von § 1 GWB oder Art. 81 EG (jetzt: Art. 101 AEUV) absehen, wenn die Voraussetzungen der Bagatellbekanntmachung vorliegen. Diese Voraussetzungen sind in den Ziff. 8 und 9 der Bekanntmachung zunächst an bestimmte Marktanteilsschwellen geknüpft, nämlich für horizontale Vereinbarungen an einen insgesamt von allen beteiligten Unternehmen gehaltenen Marktanteil von bis zu 10% bzw. bei nicht horizontalen Vereinbarungen an die Voraussetzung, dass der von den beteiligten Unternehmen gehaltene Marktanteil auf keinem der betroffenen Märkte 15% überschreite. Ist zweifelhaft, ob eine Vereinbarung als horizontal oder nicht horizontal einzustufen ist, so gilt die 10-%-Schwelle.[583] Besteht der Verdacht, dass auf einem betroffenen Markt der Wettbewerb durch einen kumulativen Marktabschottungseffekt von Vereinbarungen beschränkt wird, so beträgt die Marktanteilsschwelle jeweils nur 5%. Ein kumulativer Abschottungseffekt wird regelmäßig dann angenommen, wenn 30% oder mehr des betroffenen Marktes von nebeneinander bestehenden Netzen von Vereinbarungen verschiedener Lieferanten oder Händler abgedeckt werden.[584] Nach Abschnitt D der Bekanntmachung fallen alle Vereinbarungen aus ihren Anwendungsbereich heraus, die **Kernbeschränkungen** enthalten, nämlich solche Beschränkungen, die die Festsetzung von Preisen oder Preisbestandteilen beim Einkauf oder Verkauf von Erzeugnissen bzw. beim Bezug oder bei der Erbringung von Dienstleistungen betreffen. Ebenso als Kernbeschränkungen ausgenommen von der Rechtswirkung der Bekanntmachung sind Klauseln, deren Inhalt die Beschränkung von Produktion, Bezug oder Absatz

---

578 Begründung RegE, BT-Drucks. 15/3640, S. 27, mit Verweis auf die entsprechenden Rdnrn. der alten Horizontalleitlinien; Komm., aaO, Rdnr. 208.

579 Begründung RegE, aaO, S. 27.

580 Komm. 12. Wettbewerbsbericht (1982), Rdnrn. 38ff.; Komm., 13. Wettbewerbsbericht (1983), Rdnrn. 56ff.; Begründung RegE BT-Drucks. 15/3640, S. 27.

581 BAnz. Nr. 133 vom 23.7.1980.

582 Bekanntmachung Nr. 18/2007 des BKartA über die Nichtverfolgung von Kooperationsabreden mit geringer wettbewerbsbeschränkender Bedeutung.

583 Ziff. 10 der Bekanntmachung.

584 Ziff. 11 der Bekanntmachung.

von Waren oder Dienstleistungen, insbesondere durch die Aufteilung von Versorgungsquellen, Märkten oder Abnehmern sind.[585] Angesichts dieses sehr breiten Kataloges von Kernbeschränkungen, die von der Unbedenklichkeitserklärungder Bagatellbekanntmachtung ausgeschlossen sind, ist der tatsächliche Anwendungsbereich dieses Regelwerkes gering.

3. Mittelstandskartelle. *a) Neufassung.* § 3 GWB übernimmt seit der 7. GWB-Novelle im Wesentlichen unverändert den gesetzlichen Tatbestand des früheren § 4 Abs. 1 GWB a. F. Fortgefallen ist der in § 4 Abs. 1 GWB a. F. enthaltene Vorbehalt betreffend Spezialisierungskartelle, der nunmehr mangels eigener Regelung der Spezialisierungskartelle im GWB keinen Gegenstand mehr hätte. Entsprechend dem durch die Reform des Unionskartellrechts und die 7. GWB-Novelle herbeigeführten Systemwechsel sind bestimmte **Mittelstandskartelle** nach neuem Recht ***ex lege* vom Verbotstatbestand des § 1 GWB freigestellt.** Der vor der 7. GWB-Novelle notwendigen Freistellung im Widerspruchsverfahren nach vorheriger Anmeldung bedarf es nun nicht mehr (§ 9 Abs. 3 a. F.). Fortgefallen ist auch die Sonderregelung in § 4 Abs. 2 GWB a. F. für den gemeinsamen Einkauf. Für den gemeinsamen Einkauf mehrerer Unternehmen gelten nun unabhängig von der Größe der beteiligten Unternehmen die Regeln des Unionskartellrechts, wie sie in den Leitlinien zur Anwendbarkeit von Art. 101 AEUV auf Vereinbarungen über horizontale Zusammenarbeit der Kommission niedergelegt sind.[586] Nach dem Willen des Gesetzgebers führt § 3 GWB in der Fassung seit der 7. GWB-Novelle die bisherige Rechtspraxis zu Mittelstandskartellen fort, so dass eine Neuinterpretation der einzelnen gesetzlichen Tatbestände nicht geboten sei.[587] Mit dieser Position hat sich die Bundesregierung im Gesetzgebungsverfahren durchsetzen können. Allerdings manifestierten sich im Gesetzgebungsverfahren erhebliche Meinungsverschiedenheiten zwischen Bundesregierung und Bundesrat über die Unionsrechtskonformität der Freistellungsvorschrift für Mittelstandskartelle. In der Begründung des Regierungsentwurfes zur 7. GWB-Novelle vertrat die Bundesregierung die Auffassung, dass europäisches Recht einer besonderen Regelung für Mittelstandskooperationen nicht entgegenstehe. Zum einen seien Vereinbarungen zwischen kleinen und mittleren Unternehmen nur selten geeignet, den Handel zwischen den Mitgliedstaaten spürbar zu beeinträchtigen, zum anderen sei zu erwarten, dass die Anwendung des § 3 GWB in der Fassung seit der 7. GWB-Novelle im Wesentlichen zu gleichen Ergebnissen führen werde wie die bisherige Entscheidungspraxis zu § 4 Abs. 1 GWB a. F.[588] Der Bundesrat verwies in seiner Stellungnahme jedoch darauf, dass die Formulierung des Gesetzesentwurfes notwendigerweise auch die Freistellung von Preis-, Mengen- oder Quotenabsprachen einschließe, die nach europäischem Kartellrecht als sogenannte schwarze Klauseln **(Kernbeschränkungen)** grundsätzlich nicht freistellungsfähig seien. Es bestehe somit die Gefahr, dass die Adressaten der Vorschrift, das heißt kleine und mittlere Unternehmen, Vereinbarungen im Sinne von § 3 in der Fassung seit der 7. GWB-Novelle schließen würden, die – soweit sie den zwischenstaatlichen Handel zu beeinträchtigen geeignet sind – unter Umständen nicht unionsrechtskonform seien, eben weil sich die zwischenbetriebliche Zusammenarbeit auch auf schwerwiegende Wettbewerbsbeeinträchtigungen erstrecke.[589] Auf dieser Grundlage forderte der Bundesrat in seiner Stellungnahme zur 7. GWB-Novelle eine gesetzliche Einschränkung der Freistellungsvoraussetzungen für Vereinbarungen, die mit Preisabreden oder der Bildung gemeinsamer Beschaffungs- und Vertriebseinrichtungen verbunden seien. In 86

---

585 Ziff. 14 und 15 der Bekanntmachung.

586 Der gemeinsame Einkauf wird in starker Anlehnung an die Horizontalleitlinien der Kommission auch behandelt in dem Merkblatt des BKartA über Kooperationsmöglichkeiten für kleinere und mittlere Unternehmen, Ziff. 38, allerdings mit einer Abweichung von der Meinung der Kommission betr. das Kriterium des Bezugszwanges, den das Bunderkartellamt kritischer beurteilt als die Kommission (vgl. Ziff. 38 a. E. der Bekanntmachung und Rdnr. 218 der Horizontalleitlinien).

587 Begründung RegE, BT-Drucks. 15/3640, 44.

588 Begründung RegE, BT-Drucks. 15/3640, 28.

589 Stellungnahme des Bundesrates zur d. RegE, BT-Drucks. 15/3640, 73.

ihrer Gegenäußerung wies die Bundesregierung die Einwände des Bundesrates jedoch zurück und verwies im Wesentlichen auf die Vorteile einer Fortführung der bisherigen Entscheidungspraxis zu § 4 Abs. 1 GWB a. F.[590] Der Vorschlag der Bundesregierung zur Gestaltung von § 3 fand unverändert Eingang in die Beschlussempfehlung des Ausschusses für Wirtschaft und Arbeit des Deutschen Bundestages vom 9.3.2005.[591] Bis zum 30.6.2009 enthielt § 3 GWB außerdem noch einen zweiten Absatz, nach dem die Unternehmen Anspruch auf behördliche Entscheidung nach § 32c GWB hatten. Dies sollte in einer Übergangszeit für Rechtssicherheit sorgen.

87 *b) Materielle Voraussetzungen.* Gemäß § 3 Abs. 1 GWB sind Vereinbarungen zwischen miteinander im Wettbewerb stehenden Unternehmen und Beschlüsse von Unternehmensvereinigungen, die die Rationalisierung wirtschaftlicher Vorgänge durch zwischenbetriebliche Zusammenarbeit zum Gegenstand haben, nach § 2 Abs. 1 GWB vom Kartellverbot freigestellt, wenn durch die Vereinbarung der Wettbewerb auf dem Markt nicht wesentlich beeinträchtigt wird und die Vereinbarung oder der Beschluss dazu dient, die Wettbewerbsfähigkeit kleiner oder mittlerer Unternehmen zu verbessern. Die Praxis des BKartA zur Beurteilung von Kooperationen kleiner und mittlerer Unternehmen ist in einem Merkblatt aus dem Jahr 2007[592] zusammengefasst, welches ein älteres Merkblatt aus dem Jahr 1998[593] ersetzt. Daneben gewinnen gemeinschaftsrechtliche Aspekte zunehmend an Gewicht. Insbesondere die VO Nr. 1/2003 hat bereits erhebliche Bedeutung für die deutsche Kartellrechtspraxis bei der Beurteilung von Mittelstandskartellen erlangt.[594]

88 *aa) Die Normadressaten.* Was die Adressaten der Vorschrift angeht, so ist nicht Voraussetzung einer Freistellung nach § 3 GWB, dass es sich bei den Beteiligten nur um **kleine oder mittlere Unternehmen** handelt. Vielmehr ist es in Übereinstimmung mit der bisherigen Praxis[595] durchaus mit § 3 GWB vereinbar, dass im **Einzelfall auch große Unternehmen** an einer Kooperationsvereinbarung mit kleinen oder mittleren Unternehmen beteiligt sind.[596] Entscheidend ist in diesen Fällen, ob die Wettbewerbsfähigkeit kleiner und mittlerer Unternehmen erst durch die Beteiligung auch großer Unternehmen an der Kooperation gefördert wird. Nach dem Merkblatt des BKartA kam dies insbesondere dann in Betracht, wenn der Zweck einer Kooperation von Klein- und Mittelbetrieben ohne die Beteiligung großer Unternehmen nicht oder nicht mit derselben Wirksamkeit erreicht werden konnte. Umgekehrt ist eine Kooperation allein zwischen Großunternehmen in keinem Fall nach § 3 GWB freigestellt. Nach dem Merkblatt ist ein besonderes Augenmerk auf die Prüfung der Frage zu richten, ob eine wesentliche Beeinträchtigung des Wettbewerb auf dem Markt vorliegt. Die Beteiligung von Großunternehmen ist insbesondere dann nicht möglich, wenn mit ihr darüber hinausgehende Wettbewerbsbeschränkungen verbunden sind, welche die Marktverhältnisse in nicht unerheblichem Umfang zugunsten des beteiligten Großunternehmens beeinflussen.[597]

89 Was die Definition des Begriffes **„kleines oder mittleres Unternehmen"** angeht, so hat sich die deutsche Kartellrechtspraxis bisher – im Gegensatz zum EG-Kartellrecht – einer klaren Definition enthalten. Vielmehr verweist das Merkblatt des BKartA auf die jeweils relative Größe der betroffenen Unternehmen im Verhältnis zu den großen Marktteil-

[590] BT-Drucks. 15/3640.

[591] BT-Drucks. 15/5049.

[592] Merkblatt des BKartA über Kooperationsmöglichkeiten für kleinere und mittlere Unternehmen (Stand: März 2007).

[593] Merkblatt des BKartA über die Kooperationsmöglichkeiten für kleinere und mittlere Unternehmen nach dem Kartellgesetz (Stand Dezember 1998), abgedruckt in *Langen/Bunte,* Bd. 1 (10. Auflage), S. 1629 ff.

[594] S. den Bericht des BKartA über seine Tätigkeit in den Jahren 2003/2004 sowie über die Lage und Entwicklung auf seinem Aufgabengebiet, BT-Drucks. 15/5790, 39.

[595] Merkblatt des BKartA (Stand: März 2007), aaO, Ziff. 37.

[596] *Langen/Bunte-Schneider,* § 3 GWB Rdnr. 47 ff.

[597] Merkblatt des BKartA aaO.

nehmern des jeweiligen Wirtschaftszweiges. Für den Begriff des KMU ist nach dem Merkblatt vor allem auf das Verhältnis zu den großen Unternehmen seiner Branche entscheidend, denen gegenüber die Wettbewerbsfähigkeit durch Kooperation von KMU verbessert werden soll. Bei dieser Gegenüberstellung sind die Wettbewerber der an der Kooperation beteiligten Unternehmen zu berücksichtigen. Ein Unternehmen mit 100 Mio. EUR Jahresumsatz kann z.B. in einem Markt, auf dem auch Umsatzmilliardäre tätig sind, unter Umständen als mittleres Unternehmen angesehen werden. Demgegenüber kann ein Unternehmen mit einem gleichhohen Umsatz in einem anderen Wirtschaftszweig, der eine andere Unternehmensstruktur aufweist, gegebenenfalls nicht mehr als KMU anzusehen sein.[598] Im Gesetzgebungsverfahren wurde die Definition des Begriffes „kleines oder mittleres Unternehmen" nicht erörtert, so dass sich die Frage stellt, wie die beiden KMU-Definitionen in der praktischen Handhabung des Nebeneinander von Unions- und deutschem Kartellrecht zu beurteilen ist. Die KMU-Definition des Unionskartellrechts hat die Kommission in ihrer Empfehlung vom 6.5.2003 betreffend die Definition der Kleinstunternehmen sowie der kleinen und mittleren Unternehmen dargestellt.[599] Ein Unternehmen wird danach nur dann als KMU angesehen, wenn es weniger als 250 Personen beschäftigt und der Jahresumsatz 50 Mio. EUR bzw. die Jahresbilanzsumme 43 Mio. EUR nicht überschreitet.[600] Bestehen Unternehmensbeteiligungen mit mehr als 25% der Anteils- oder Stimmrechte, so werden grundsätzlich die Mitarbeiterzahl und die Finanzkraft aller beteiligten Unternehmen berücksichtigt.[601] Angesichts der deutlichen Unterschiede im Definitionsansatz des deutschen und des Unionskartellrechts stellt sich die Frage, ob sich die Definitionen des Unionskartellrechts auch für die Beurteilung derjenigen Kooperationen durchsetzt, die nicht geeignet sind, den zwischenstaatlichen Handel zu beeinträchtigen. Für diese Lösung spricht zum einen die Harmonisierungsklausel des § 2 Abs. 2 GWB und zum anderen der Grundsatz der Rechtssicherheit.[602] Es kann im Einzelfall von Zufälligkeiten abhängen, ob eine Mittelstandskooperation geeignet ist, den zwischenstaatlichen Handel zu beeinträchtigen oder nicht. Umgekehrt ist jedoch auch festzustellen, dass es sich bei der KMU-Definition des Unionsrechts um eine zunächst für das Unionsbeihilferecht entwickelte Begrifflichkeit handelt, die der deutsche Gesetzgeber ausweislich des Gesetzgebungsverfahrens jedenfalls nicht ausdrücklich für das deutsche Recht anwendbar erklärt hat. Für die Annahme einer vom Unionsrecht unabhängigen KMU-Definition spricht auch die langjährige positive Erfahrung der deutschen Kartellbehörden mit der flexiblen Handhabung des KMU-Begriffes, die jeweils auf die individuellen Größenverhältnisse und die jeweilige Marktsituation abstellt. In der zu § 3 GWB vorliegenden Literatur wird daher auch die Auffassung vertreten, dass die KMU-Definition des EU-Rechts keine Bindungswirkung für das deutsche Recht entfaltet.[603] Dieser Auffassung hat sich auch das BKartA angeschlossen: Im Rahmen einer Vergabeentscheidung hielt es zu der Frage, was einen Mittelständler und seine Interessen i.S.d. § 3 und § 97 Abs. 3 GWB ausmache, ausdrücklich fest, dass eine Bestimmung derartiger Unternehmen anhand der statischen Grenzen der Kommissionsempfehlung dem im Kartell- und Kartellvergaberecht herrschenden Wettbewerbsgedanken nicht gerecht werde.[604]

---

598 Merkblatt des BKartA Ziff. 12.

599 Empfehlung der Kommission vom 6.5.2003 betreffend die Definition der Kleinstunternehmen sowie der kleinen und mittleren Unternehmen, ABl. 2003 L 124/36.

600 Art. 2 Abs. 1 des Anhangs zur Empfehlung der Kommission vom 6.5.2003 betreffend die Definition der Kleinstunternehmen sowie der kleinen und mittleren Unternehmen, ABl. 2003 L 124/36, 39.

601 S. Art. 3 Abs. 2 und 3, Art. 6 Abs. 2 und 3 des Anhangs zur Empfehlung der Kommission vom 6.5.2003 betreffend die Definition der Kleinstunternehmen sowie der kleinen und mittleren Unternehmen, ABl. 2003 L 124/36, 41.

602 In diesem Sinne für eine gemeinschaftsrechtskonforme Anwendung und Auslegung: *Bechtold,* Kleine und mittlere Unternehmen im europäischen Kartellrecht, EWS 2007, S. 433, 435.

603 *Langen/Bunte-Schneider,* § 3 GWB Rdnrn. 41 bis 43; *Karl/Reichelt,* DB 2005, 1436, 1438.

604 BKartA B. v. 18.10.2012, Az. VK 2 – 77/12, S. 15–17 *(Schlaftherapiegeräte).*

90 *bb) Rationalisierung.* Gegenstand der Vereinbarung muss es sein, durch zwischenbetriebliche Zusammenarbeit die Rationalisierung wirtschaftlicher Vorgänge zu erreichen. Das Erfordernis einer **zwischenbetrieblichen Zusammenarbeit** ist dabei weit auszulegen; es umfasst alle Formen unternehmerischer Kooperation unabhängig von deren Intensität und verlangt damit keine strukturelle Verbindung der beteiligten Unternehmen.[605] Die Absprache muss sich jedoch auf ein gemeinschaftliches Vorgehen beziehen, die Verpflichtung zu einseitigen Handlungen (wie etwa der einseitige Produktionsverzicht) stellen keine zwischenbetriebliche Zusammenarbeit dar. Auch Rationalisierungsabsprachen von Spezialisierungskartellen kommen für § 3 GWB in Betracht. Die Rationalisierungsmaßnahmen können sich beispielsweise auf die Übernahme von Unternehmensfunktionen, die Stillegung von Produktionsanlagen, die Koordinierung von Transportkapazitäten, den Einkauf von Rohstoffen oder den Abschluss von Factoring- und Inkassoverträgen beziehen.[606] Der Rationalisierung können auch begleitende Preisabreden dienen.[607] Reine Preisabreden erfüllen dagegen keine Rationalisierungsfunktion im Sinne des Freistellungszwecks. Soweit das Mittelstandskartell eine **Spezialisierungsabsprache** beinhaltet, ist zu beachten, dass gemäß § 2 Abs. 2 S. 2 GWB bei der Anwendung der Legalausnahme des § 2 Abs. 1 GWB Gruppenfreistellungsverordnungen auch dann Geltung beanspruchen, wenn die in Frage stehenden Vereinbarungen nicht geeignet sind, den Handel zwischen den Mitgliedstaaten der Europäischen Gemeinschaft zu beeinträchtigen. Vor diesem Hintergrund können Spezialisierungsvereinbarungen, die ansonsten die Voraussetzungen des § 3 GWB erfüllen, nur dann automatisch vom Kartellverbot freigestellt sein, wenn die Vereinbarung im Einklang mit den Bestimmungen der Gruppenfreistellungsverordnung über die Anwendung von Art. 101 Abs. 3 AEUV auf Gruppen von Spezialisierungsvereinbarungen steht, namentlich der dort geltenden Marktanteilsschwellen.[608] Ist dies nicht der Fall, so muss im Einzelfall geprüft werden, ob die Vereinbarung den Voraussetzungen des § 2 Abs. 1 GWB genügt, § 3 GWB kann dann keine Anwendung finden.

91 *cc) Verbesserung der Wettbewerbsfähigkeit.* Die Verbesserung der Wettbewerbsfähigkeit kleiner und mittlerer Unternehmen ist *ratio legis*. Durch die Zusammenarbeit soll es den Unternehmen ermöglicht werden, größenbedingte Nachteile auszugleichen, die ihre Wettbewerbsposition gegenüber größeren *Wettbewerbern* schwächen. Der Gesetzgeber geht davon aus, dass die Ausnahme vom Kartellverbot auf diese Weise zu der Erhöhung der Wettbewerbschancen mittelständischer Unternehmen und einer Intensivierung des Wettbewerbs führen kann.[609] Wird ihre Wettbewerbsfähigkeit verbessert, so kann dies die wettbewerbsbeschränkenden Wirkungen der Absprache aufheben. Die Verbesserung der Wettbewerbsfähigkeit muss sich bei allen an der Absprache beteiligten KMUs niederschlagen; es ist allerdings nicht erforderlich, dass die Vorteile gleichmäßig verteilt sind.[610] Der Vergleich zu § 5 GWB in der Fassung vor der 7. GWB-Novelle, der für sonstige Rationalisierungskartelle explizit eine wesentliche Verbesserung sowie ein angemessenes Verhältnis zwischen Wettbewerbsbeschränkung und Rationalisierung forderte, zeigt zudem, dass der Gesetzgeber bei Mittelstandskartellen an das Maß des Rationalisierungserfolges keine weiteren Anforderungen stellen wollte (etwa bezüglich des Verhältnisses zur Wettbewerbsbeschränkung).[611] Da

---

[605] *Immenga/Mestmäcker-Fuchs,* GWB § 3 Rdnr. 51.

[606] *Hossenfelder/Töllner/Ost* Kartellrechtspraxis und Kartellrechtsprechung 2003/2004 Rdnr. 110.

[607] Merkblatt des BKartA Ziff. 32.

[608] Verordnung (EU) Nr. 1218/2010 der Kommission vom 14. Dezember 2010 über die Anwendung von Artikel 101 Absatz 3 des Vertrags über die Arbeitsweise der Europäischen Union auf bestimmte Gruppen von Spezialisierungsvereinbarungen, ABl. 2010 L 335/43.

[609] Begründung RegE, BT-Drucks. 15/3640, 28.

[610] *FK-Bunte,* § 3 Rdnr. 83.

[611] AA *FK-Bunte,* § 3 Rdnr. 114 ff., der zwar keine Verhältnismäßigkeitsprüfung fordert, aber doch ein angemessenes Verhältnis zwischen Wettbewerbsbeschränkung und Rationalisierungserfolg für unabdingbar hält. Unklar *Immenga/Mestmäcker-Fuchs,* GWB, § 3 Rdnr. 62, der zunächst festhält, dass es auf ein angemessenes Verhältnis zwischen Wettbewerbsbeschränkung und Rationalisierungserfolg

auch größere Unternehmen an der Absprache teilhaben können, wird im Einzelfall nicht zu vermeiden sein, dass auch diese ihre Wettbewerbsposition aufgrund der Vereinbarung verbessern. Dies muss in Kauf genommen werden, wenn die Teilnahme des größeren Unternehmen Bedingung für die Verbesserung der Wettbewerbsfähigkeit der KMUs ist. Die Stärkung des größeren Unternehmens ist dann gleichsam der notwendige Reflex der beabsichtigten Wirkung und steht insofern, wird die Marktstellung des größeren Unternehmens nicht wesentlich verändert, auch nicht im Widerspruch zum Normzweck.[612]

dd) Keine wesentliche Beeinträchtigung des Wettbewerbs. Nach § 3 Nr. 1 GWB erfüllt ein 92
Mittelstandskartell nicht die Voraussetzungen des § 2 Abs. 1 GWB, wenn durch die Rationalisierungsvereinbarung der Wettbewerb auf dem Markt wesentlich beeinträchtig wird. Angesichts der geringen Beschränkungen, die die übrigen Voraussetzungen des § 3 GWB Mittelstandskartellen auferlegen – keine Beschränkung der möglichen Kooperationsformen etwa, zudem keine gesonderten Anforderungen an das Verhältnis von Wettbewerbsbeschränkung zu Rationalisierungsvorteil –, kommt diesem Merkmal die wichtige Aufgabe zu, als Korrektiv für übermäßig Auswirkungen auf den Wettbewerb zu wirken. Zwar liegt § 3 GWB die grundsätzliche Vermutung zugrunde, dass Mittelstandskartelle positive Auswirkungen auf den Wettbewerb haben können. Dies setzt allerdings voraus, dass die Stärkung der Parteien nicht selbst zu einer unausgewogenen Wettbewerbsstruktur beiträgt. Die mindernde Wirkung der Absprache auf den Wettbewerb insgesamt ist im Rahmen einer Gesamtschau zu ermitteln,[613] wobei die Prognose, wie sich der Wettbewerb nach Vollzug der Kooperation entwickeln wird, nicht immer klar zu treffen sein dürfte. Insbesondere muss bei der Abschätzung beachtet werden, dass durch die Stärkung der KMUs auch positive Auswirkungen auf den Wettbewerb zu verzeichnen sein können. Die Abwägung muss – auch im Hinblick auf die vom Wortlaut nicht ausgeschlossene Möglichkeit, auch Kernbeschränkungen wie Preisabsprachen in die Vereinbarung aufzunehmen – sowohl die **Marktanteile** der Parteien als auch die **Natur der Wettbewerbsbeschränkung** berücksichtigen und sie zueinander ins Verhältnis setzen. Bei schwerwiegenden Wettbewerbsbeschränkungen wie Preis- und Quotenabsprachen, vereinheitlichten Konditionen und Andienungszwängen müssen die Marktanteile für eine wesentliche Beschränkung des Wettbewerbs dementsprechend geringer sein. Konsequenterweise dürften umgekehrt auch etwas höhere Marktanteile der beteiligten Unternehmen nicht ins Gewicht fallen, wenn die Intensität der Wettbewerbsbeschränkung hinter den oben genannten Kernbeschränkungen deutlich zurück bleibt.[614] In der bisherigen Praxis hat sich allerdings eine einseitig an starren Marktanteilen ausgerichtete Bewertung der Auswirkungen auf den Wettbewerb entwickelt. In ständiger Verwaltungspraxis ging das BKartA dabei davon aus, dass die kritische Grenze für eine wesentliche Beschränkung bei einem kartellierten Marktanteil von 10–15% liegt. Diese Marktanteilsschwelle gilt in jedem Fall für Absprachen über wesentliche Wettbewerbsparameter, wie etwa die Festsetzung von Verkaufspreisen, Rabatten und sonstigen Preisbestandteilen. Betrifft die Kooperation dagegen Absprachen über qualitativ weniger bedeutsame Parameter, kann der Marktanteil der Beteiligten auch oberhalb einer Schwelle von 15% liegen.[615] In Zukunft wird allerdings zu berücksichtigen sein, dass nach

---

nicht ankommen soll und zugleich darauf besteht, dass das Gewicht der Wettbewerbsbeschränkung nicht außer Verhältnis zu dem erstrebten Rationalisierungserfolg und seiner Bedeutung für die gesteigerte Wettbewerbsfähigkeit sein soll.

612 *FK-Bunte,* § 3 Rdnr. 100ff., aA *Immenga/Mestmäcker-Fuchs,* GWB, § 3 Rdnrn. 42ff., 63, der aufgrund dieser Problematik die Beteiligung von Großunternehmen an Absprachen im Sinne des § 3 GWB ausschließt.

613 *Langen/Bunte-Schneider,* § 3 Rdnr. 59; *Immenga/Mestmäcker-Fuchs,* GWB, § 3 Rdnr. 65; *FK-Bunte,* § 3 Rdnr. 107.

614 So auch *Immenga/Mestmäcker-Fuchs,* GWB, § 3 Rn. 74; *FK-Bunte,* § 3 Rdnr. 107. S. auch KG B. v. 10.7.1985 WuW/E OLG 3663, 3670 – *Mischguthersteller.*

615 Merkblatt des BKartA Ziff. 35; s. auch OLG Stuttgart U. v. 17.12.1982 WuW/E OLG 2807, 2810 – *gebrochener Muschelkalkstein* sowie die Gesetzesmaterialien: Bericht 1973, BT-Drucks. 7/765, S. 3; kritisch auch in: *Immenga/Mestmäcker-Fuchs,* GWB, § 3 Rdnr. 73ff.; *FK-Bunte,* § 3 Rdnr. 108f.;

der De-minimis-Bekanntmachung der Kommission von 2014 Vereinbarungen zwischen Unternehmen auf derselben Wirtschaftsstufe (soweit sie keine Kernbeschränkungen enthalten) regelmäßig erst ab einem kumulierten Marktanteil von 10% überhaupt spürbar den Wettbewerb beschränken.[616] Da eine wesentliche Beschränkung des Wettbewerbs deutlich über das Maß der Spürbarkeit hinausgehen muss, ist denkbar, dass das BKartA in Zukunft die im Rahmen des § 3 GWB maßgebliche Grenze anheben wird.[617] In der ersten zum neuen Recht vorliegenden Verfügung nach § 32c GWB hat das BKartA eine wesentliche Beeinträchtigung des dort betroffenen regionalen Marktes für ein Mittelstandskartell trotz der Vereinbarung einer gemeinsamen Einkaufs- und Verkaufspreispolitik verneint, weil der Marktanteil mit knapp 10% deutlich unter der „wettbewerblich kritischen Grenze von 10 bis 15%" lag.[618] Generell ausgeschlossen von der Legalisierung sind Preisabreden, da diese nicht das Ergebnis der Verbesserung des innerbetrieblichen Verhältnisses zwischen Aufwand und Ertrag sind. Nur im unmittelbaren inneren Zusammenhang mit einer insgesamt auf Steigerung der Wettbewerbsfähigkeit ausgerichteten Zusammenarbeit können ausnahmsweise auch Absprachen über Preise oder Preisbestandteile zulässig sein, wenn diese der Rationalisierung dienen. Dies kann insbesondere – so das Merkblatt – bei einer Werbe- oder Vertriebsgemeinschaft mittelständischer Unternehmen der Fall sein.[619]

93 **4. Deklaratorisches Legalisierungsverfahren.** Ein **Legalisierungsverfahren** im Sinne des früheren Freistellungssystems nach Art. 81 Abs. 3 EG (jetzt: Art. 101 Abs. 3 AEUV) bzw. den §§ 9ff. GWB a.F. gibt es nach der Modernisierung des Unionskartellrechts durch die VO Nr. 1/2003 und durch die 7. GWB-Novelle **nicht mehr.** Allerdings eröffnet Art. 5 Satz 3 VO Nr. 1/2003 den nationalen Kartellbehörden die Möglichkeit des Erlasses einer Entscheidung, dass für die Behörde kein Anlass besteht, gegen eine bestimmte Wettbewerbsbeschränkung tätig zu werden. Diese Entscheidung bindet nur die betreffende nationale Behörde. Bei unveränderter Sachlage wird sie nicht tätig werden. Für nationale Gerichte oder für andere nationale Wettbewerbsbehörden, geschweige denn für die Europäische Kommission, ist diese Entscheidung jedoch nicht verbindlich.[620] Die inhaltliche Entsprechung von Art. 5 Satz 3 VO Nr. 1/2003 im GWB findet sich in § 32c. Inhalt einer solchen Entscheidung der Kartellbehörde ist, dass sie vorbehaltlich neuer Erkenntnisse von ihren Befugnissen nach den §§ 32 und 32a GWB (Erlass einer Verfügung oder einstweiligen Anordnung) keinen Gebrauch machen wird. Nach § 32c Satz 3 GWB hat eine Entscheidung nach dieser Vorschrift keine Freistellung von dem Verbot im Sinne von § 2 GWB zum Inhalt. Verwaltungsrechtlich besteht ein Vorbild für § 32c GWB in § 38 Abs. 1 Satz 1, 2. Alt. VwVfG, wonach eine Verwaltungsbehörde das Unterlassen eines Verwaltungsaktes zum Gegenstand einer Zusicherung machen kann.[621] In der Praxis des BKartA und der Landeskartellbehörden sind entsprechende Anträge mit anschließender Erteilung eines Comfort-Letter-Äquivalents eher selten geblieben. Aus den Tätigkeitsberichten des BKartA für den Zeitraum 2007/2008,[622] 2009/2010[623] und 2011/2012[624] ergibt sich, dass insgesamt das BKartA nur sieben und die Landeskartellbehörde nur neun Entscheidungen nach § 32c GWB gefällt haben.

---

in seiner schon zum neuen Recht ergangenen Verfügung nach § 32c GWB vom 25.10.2005 hält das BKartA an dieser Praxis fest: BKartA B. v. 25.10.2005, WuW/E DE-V 1142, 1146 – *Hintermauerziegelkartell.*

616 Bekanntmachung der Kommission über Vereinbarungen von geringer Bedeutung, die im Sinne des Artikels 101 Abs. 1 AEUV den Wettbewerb nicht spürbar beschränken (De-minimis-Bekanntmachung) ABl. 2014 C 291/01, Rdnr. 8.

617 Dies legt implizit auch die Begründung RegE nahe, BT-Drucks. 15/3640, 28.

618 BKartA B. v. 25.10.2005, WuW/E DE-V 1142, 1146 – *Hintermauerziegelkartell.*

619 Merkblatt des BKartA Ziff. 32.

620 *Lampert/Niejahr/Kübler/Weidenbach* EG-KartellVO Praxiskommentar Art. 5 Rdnr. 129.

621 Begr. der RegE zur 7. GWB-Novelle BT-Drucks. 15/3640, 52.

622 BT-Drucks. 16/13500, S. 184ff.

623 BT-Drucks. 17/6640, S. 164ff.

624 BT-Drucks. 17/13675, S. 132ff.

§ 9 Einzelfragen

Übersicht

Schrifttum: Vgl. die Nachweise bei § 8 sowie: *Ahrens,* Gemeinschaftsunternehmen als wirtschaftliche Einheit, EuZW 2013, 899; *Auf'mkolk,* Der reformierte Rechtsrahmen der EU-Kommission für Vereinbarungen über horizontale Zusammenarbeit, WuW 2011, 699; *Axster,* Gemeinschaftsunternehmen als Kooperations- oder Konzentrationstatbestand im EG-Recht, Fs. für Gaedertz, 1992, 1 ff.; *Bach,* Gemeinschaftsunternehmen nach dem „Ost-Fleisch"-Beschluss des BGH, ZWeR 2003, 187 ff.; *Bahr/Loest,* Die Beurteilung von Vereinbarungen über Forschung und Entwicklung nach europäischem Kartellrecht, EWS 2002, 263 ff.; *Bechtold,* Gemeinschaftsunternehmen nach der neuen Fusionskontroll-VO, Schwerpunkte des Kartellrechts 1998, 1999, 77 ff.; *Bien,* Kartellrechtskontrolle von Gemeinschaftsunternehmen ex ante und ex post, NZKart 2014, 214 und 247; *Bunte,* Die kartellrechtliche Beurteilung von Einkaufsgemeinschaften der öffentlichen Hand, WuW 1998, 1037 ff.; *Buntscheck,* Der Gleichordnungskonzern – ein illegales Kartell?, WuW 2004, 374 ff.; *Burrichter,* Kartellrechtlich zulässige Unternehmenskooperationen, Schwerpunkte des Kartellrechts 1999, 2000, 1 ff.; *Fleischer,* Konzerninterne Wettbewerbsbeschränkungen und Kartellverbot, AG 1997, 491 ff.; *Fritzsche,* Die neuen Regeln über horizontale Kooperation im europäischen Wettbewerbsrecht, EuZW 2011, 208 ff.; *Grandpierre,* Wettbewerbsbeschränkungen zwischen verbundenen Unternehmen nach dem Gesetz gegen Wettbewerbsbeschränkungen, Diss. Marburg 1972; *Hansen,* Die wettbewerbspolitische Beurteilung von Forschungs- und Entwicklungskooperationen zwischen konkurrierenden Unternehmen, WuW 1999, 468 ff.; *Gutermuth,* Der neue Kartellrechtsrahmen für Forschungs- und Entwicklungsvereinbarungen, WuW 2012, 237; *Harms,* Die Entwicklung des Wettbewerbsrechts der Konzerne und Gemeinschaftsunternehmen in der EWG, Fs. für Hartmann, 1976, 165 ff.; *Kling,* Wirtschaftliche Einheit und Gemeinschaftsunternehmen – Konzernprivileg und Haftungszurechnung, ZWeR 2011, 169; *Koppensteiner,* Kartellrecht im Unternehmensverbund, Fs. für Mailänder, 2006, 125 ff.; *Kuhn,* Kooperative Aspekte von Gemeinschaftsunternehmen im Europäischen Kartellrecht, 2006; *Leo,* Konzerninterne Marktregelungen im Lichte des EWG-Kartellrechts, KartRsch 1966, Heft 8, 11 ff.; *Lüder,* Konzentrative und kooperative Gemeinschaftsunternehmen: Jenseits der Dichotomie, Diss. 1997; *Meyer,* Forschungs- und Entwicklungskooperationen, WuW 1993, 193 ff.; *Pautke/Schultze,* Zugangserfordernis zu Forschungsergebnissen nach der VO Nr. 1217/10 – besteht die Gruppenfreistellung für Forschungs- und Entwicklungsvereinbarungen im Praxistest?, ZWeR 2014, 417; *Pohlmann,* Doppelkontrolle von Gemeinschaftsunternehmen im europäischen Kartellrecht, WuW 2003, 473 ff.; *Scherf,* Konzentrative und kooperative Gemeinschaftsunternehmen im europäischen Kartellrecht, AG 1992, 245 ff.; *Schroeder,* Die Anwendung des Kartellverbotes auf verbundene Unternehmen, WuW 1988, 274 ff.; *ders.,* Schnittstellen der Kooperations- und Oligopolanalyse im Fusionskontrollrecht, WuW 2004, 893 ff.; *Seitz,* One Step in the Right Direction – The New Horizontal Guidelines and the Restated Block Exemption Regulations, JECLAP 2011, 452; *Stockmann,* Verwaltungsgrundsätze und Gemeinschaftsunternehmen, WuW 1988, 269 ff.; *Thomas,* Konzernprivileg und Gemeinschaftsunternehmen, ZWeR 2005, 236 ff.; *Topping,* EC Competition Policy Overhaul for R&D Agreements – Finally Freeing Joint Innovation from its EU Antitrust Straitjacket?, IBL 2001, 122 ff.; *Ullrich,* Kooperative Forschung und Kartellrecht, 1988; *Wendland,* Zur kartellrechtlichen Beurteilung von Einkaufskartellen, WuW 1983, 357 ff.; *Westermann,* Einkaufskooperationen der öffentlichen Hand nach der Feuerlöschzüge-Entscheidung des BGH, ZWeR 2003, 481 ff.; *Wiedemann,* Die Beurteilung kooperativer Vollfunktionsgemeinschaftsunternehmen nach der EG-Fusionskontrollverordnung – Eine Zwischenbilanz zu Art. 2 Abs. 4 EG-FKVO, Festschrift Ulmer, 2003, 1031 ff.

A. Konzerninterne Wettbewerbsbeschränkungen

Bei der kartellrechtlichen Beurteilung konzerninterner Wettbewerbsbeschränkungen **1**
geht es darum, ob Unternehmensstrukturen kartellrechtsfreie Binnenräume beanspruchen können oder ob Vereinbarungen oder abgestimmte Verhaltensweisen zwischen miteinander verbundenen Unternehmen unter Art. 101 Abs. 1 AEUV oder § 1 GWB fallen. Davon ist

die auch im Rahmen der Kartellverbotsvorschriften zu beantwortende Frage zu unterscheiden, ob und inwieweit das Verhalten eines Konzernunternehmens der Konzernspitze oder einem anderen Unternehmen **zugerechnet** werden kann.[1] Die insoweit anzuwendenden Kriterien sind nicht notwendigerweise deckungsgleich, so dass die Entscheidungspraxis zur Zurechnung von Kartellverstößen für die Beurteilung des Konzernprivilegs grundsätzlich nicht einschlägig ist. Allenfalls wird man den Raum, innerhalb dessen zugerechnet werden kann, als Teilmenge des Raums verstehen können, innerhalb dessen das Verbot wettbewerbsbeschränkender Vereinbarungen nicht gilt. Anders ausgedrückt: dort wo eine Gesellschaft für das Verhalten einer anderen verantwortlich gemacht werden kann, gelten zwischen ihnen Art. 101 AEUV und § 1 GWB nicht. Umgekehrt bedeutet die Nichtgeltung von Art. 101 AEUV bzw. § 1 GWB aber noch nicht, dass zugerechnet werden kann. In ihren Leitlinien zur Anwendbarkeit von Art. 101 AEUV auf Vereinbarungen über horizontale Zusammenarbeit[2] scheint die Kommission jedoch davon auszugehen, dass die beiden Fragen einfach nur zwei Seiten derselben Medaille sind; jedenfalls zitiert sie dort unreflektiert Rechtsprechung zur Zurechnung für die Frage der Nichtgeltung des Art. 101 AEUV.[3] Dabei ist das von der Kommission an gleicher Stelle erwähnte Beispiel von zwei Schwestergesellschaften, über die dieselbe Muttergesellschaft bestimmenden Einfluss ausübt,[4] eine Illustration des Unterschieds: zwischen den Schwestergesellschaften gilt Art. 101 AEUV nicht; gleichwohl würde die Kommission nie die eine Schwestergesellschaft für einen von der anderen begangenen Kartellverstoß bebußen. Ein Kartellverstoß wird bußgeldrechtlich immer nur einer Gesellschaft zugerechnet, die auf die handelnde Gesellschaft bestimmenden Einfluss ausüben konnte und ausgeübt hat.[5]

1a Konzernverbundenheit kann weiter noch einen Rechtfertigungsgrund gegenüber Diskriminierungsvorwürfen nach Art. 102 AEUV oder § 19 Abs. 2 Nr. 1 GWB darstellen[6] bzw. die Gleichartigkeit iSv § 19 Abs. 2 Nr. 1 GWB ausräumen.[7] Schließlich spielt die Figur der wirtschaftlichen Einheit auf dem Gebiet der staatlichen Beihilfen bei der Bestimmung des Empfängers einer Beihilfe nach Art. 107 f. AEUV eine Rolle.[8] Die Rechtsfigur gibt es auch im Antidumpingrecht.[9] Im Vergaberecht gelten andere Grundsätze.[10]

I. Konzerninterne Wettbewerbsbeschränkungen im europäischen Recht

2 **1. Eingeschränkte Anwendung des Kartellverbots.** Auf **Vereinbarungen zwischen Konzerngesellschaften** ist das Kartellverbot des Art. 101 Abs. 1 AEUV nur begrenzt anwendbar. Art. 101 Abs. 1 AEUV greift nach der Rechtsprechung des EuGH nicht ein, wenn Unternehmen „eine **wirtschaftliche Einheit** bilden, in deren Rahmen die Tochtergesellschaften ihr Vorgehen auf dem Markt nicht wirklich autonom bestimmen können, sondern die Anweisungen der sie kontrollierenden Muttergesellschaft befolgen“.[11]

---

[1] Vgl. hierzu § 46.

[2] ABl. 2011 C 11/1, im Folgenden auch „Horizontalleitlinien“.

[3] Horizontalleitlinien, Fn. 5 Rdnr. 11.

[4] Horizontalleitlinien, Rdnr. 11.

[5] Vgl. EuGH U. v. 10.9.2009, Rs C-97/08 P, Slg. 2009, I-8237, Rdnr. 58 mwN – *Akzo/Komm.*

[6] Vgl. hierzu *Schroeder* WuW 1988, 274, 282 ff.

[7] Vgl. aus der jüngeren Rechtsprechung etwa BGH U. v. 31.1.2012 WuW/E DE-R 3549, 3551 Rdnr. 14 – *Werbeanzeigen;* OLG Frankfurt B. v. 10.10.2006 WuW/E DE-R 1901, 1904 – *Bahnstrom.*

[8] Vgl. hierzu etwa EuG U. v. 29.6.2000 Rs T-234/95 Slg. 2000, II-2603, Rdnr. 124 mwN. – *DSG Dradenauer Stahlgesellschaft/Komm.*

[9] Vgl. EuGH U. v. 16.2.2012 Rs C-191/09 P und C-200/09 P, ECLI:EU:C:2012:78 Rdnr. 50 ff. – *Rat/Interpipe.*

[10] Vgl. etwa EuGH U. v. 11.1.2005, Rs C-26/03, Slg. 2005, I-1, Rdnr. 49 – *Stadt Halle* und *RPL Recyclingpark Lochau/Arbeitsgemeinschaft Thermische Restabfall- und Energieverwertungsanlage TREA Leuna.*

[11] EuGH U. v. 24.10.1996, Rs C-73/95 Slg. 1996, I-5457, Rdnr. 16 – *Viho/Komm.;* vgl. auch EuGH U. v. 14.7.1972, Rs C-48/69, Slg. 1972, 619, Rdnr. 134 – *ICI/Komm.;* EuGH U. v. 31.10.1974, Rs C-15/74 Slg. 1974, 1147, Rdnr. 41 – *Centrapharm/Sterling Drug;* EuGH U. v.

3 Die bislang hM setzt zur Begründung dieser Privilegierung des Konzerninnenverhältnisses mit Recht beim **Tatbestandsmerkmal der Wettbewerbsbeschränkung** an.[12] Die Handlungsfreiheit eines Unternehmens kann dort nicht mehr beschränkt werden, wo es ohnehin keine Freiräume hat. Soweit ein Unternehmen von einem anderen Unternehmen abhängig ist und dessen Weisungen befolgen muss, wird es durch eine vertragliche Vereinbarung mit dem es beherrschenden Unternehmen oder mit Schwesterunternehmen nicht in seiner Handlungsfreiheit beschränkt. Da es an der Wettbewerbsbeschränkung fehlt, ist es in der Tat auch irreführend, von konzerninternen Wettbewerbsbeschränkungen zu sprechen.[13] Der Begriff hat sich jedoch eingebürgert und hat keine andere Funktion, als das Thema zu signalisieren. Um einen Rechtsbegriff handelt es sich nicht.

4 Da sich das zutreffende Ergebnis derart über das Tatbestandsmerkmal der Wettbewerbsbeschränkung gewinnen lässt, besteht kein Anlass, mit einem ungeschriebenen Tatbestandsmerkmal des Art. 101 AEUV, nämlich der wirtschaftlichen Autonomie der Beteiligten, zu arbeiten.[14]

5 Der EuGH nimmt jedoch wie schon zur Begründung des Handelsvertreterprivilegs[15] inzwischen auch bei der wirtschaftlichen Einheit im Konzern stärker auf den **Unternehmensbegriff** Bezug. Die Beziehungen zwischen einem Geschäftsherrn und seinem Absatzmittler können durch eine wirtschaftliche Einheit gekennzeichnet sein, wenn der Absatzmittler keines der Risiken aus den für den Geschäftsherrn vermittelten Geschäften trägt und als Hilfsorgan in das Unternehmen des Geschäftsherrn eingegliedert ist.[16] Da der EuGH im Rahmen des Konzernprivilegs auch schon die Figur der wirtschaftlichen Einheit verwendet und diese am Unternehmensbegriff festmacht,[17] ist davon auszugehen, dass dies dann auch hier der dogmatische Ansatz des Gerichtshofs ist. Dies entspricht ohnehin schon der Rechtsprechung des EuG[18] und inzwischen auch der Position der Kommission.[19] Damit kommt eine frühere Mindermeinung wieder zu Ehren, die das Konzernprivileg schon immer damit begründet hat, dass es innerhalb des Konzerns an einer Vereinbarung zwischen selbständigen Unternehmen fehlt.[20]

6 Unabhängig vom dogmatischen Ansatz spielt für die Sonderbehandlung konzerninterner Vereinbarungen der folgende Gesichtspunkt eine Rolle. Durch die Fusionskontrolle gibt es bereits ein hinreichendes Instrumentarium, mit dem die Strukturveränderungen überwacht

---

31.10.1974, Rs C-16/74, Slg. 1974, 1183, Rdnr. 32 – *Centrapharm/Winthrop;* EuGH U. v. 4.5.1988 Rs C-30/87 Slg. 1988, 2479, Rdnr. 19 – *Bodson/Pompes funèbres;* EuGH U. v. 11.4.1989, Rs C-66/86 Slg. 1989, 803, Rdnr. 35 – *Ahmed Saeed Flugreisen u. a./Zentrale zur Bekämpfung unlauteren Wettbewerbs;* EuG U. v. 16.12.1999, Rs T-198/98, Slg. 1999, II-3989, Rdnr. 38 – *Micro Leader Business/Komm.;* Komm. E. v. 26.5.2004 COMP/C-3/37 980, Rdnr. 82 – *Souris – Topps.*

[12] So schon Komm. E. v. 18.6.1969 IV/22 548 ABl. 1969 L 165/12 (14) – *Christiani & Nielsen;* EuGH U. v. 25.11.1971 Slg. 1971, 949, Rdnr. 7 f. – *Béguelin Import/G. L. Import Export; Schwarze-Brinker,* EU-Kommentar, 2. Aufl. 2012, Art. 101 Rdnr. 52; *Emmerich* in *Dauses,* EU-WrtR H.I § 1 Rdnr. 69; FK-*Roth/Ackermann,* Art. 81 Abs. 1 Grundfragen Rdnr. 128; *Schroeder* WuW 1988, 274, 277; *von der Groeben/Schwarze-Schröter,* EUV/EGV, Kommentar zum EU-/EG-Vertrag 6. Aufl. 2003, Art. 81 Rdnr. 108; *Langen/Bunte-Hengst* Art. 101 AEUV Rdnr. 341 und *Kling* ZWeR 2011, 169, 173, scheinen sowohl auf die mangelnde Wettbewerbsbeschränkung als auch auf den Unternehmensbegriff abzustellen.

[13] *Reymann,* Immanente Schranken des europäischen Kartellverbots, S. 113 f.

[14] So jedoch *Grabitz/Hilf-Stockenhuber* Art. 101 AEUV Rdnr. 166; vgl. auch *Calliess/Ruffert-Weiß,* EUV/AEUV, 4. Aufl. 2011, Art. 101 AEUV Rdnr. 80.

[15] EuGH U. v. 14.12.2006, Rs C-217/05, Slg. 2006, I-11987, Rdnr. 39 ff. – *Confederación Española de Empresarios de Estaciones de Servicio/Compañía Española de Petróleos (CEEES).*

[16] *CEEES*-Urteil aaO.

[17] EuGH U. v. 24.10.1996, Rs C-73/95, Slg. 1996, I-5457, Rdnr. 50 – *Viho/Komm.*

[18] EuG U. v. 10.3.1992, Rs T-68/89 u. a., Slg. 1992, II-1403, Rdnr. 357 – *SIV u. a./Komm.,* und v. 12.1.1995, Rs T-102/92, Slg. 1995, II-17, Rdnr. 50 – *Viho/Komm.*

[19] Horizontalleitlinien Rdnr. 11.

[20] Vgl. insb. *Harms,* Fs. Hartmann, 1976, 165, 177 ff.; aus jüngerer Zeit *Bellamy/Child* European Union Law of Competition, 7. Aufl. 2013, Rdnr. 2.025; *Thomas,* ZweR 2005, 236, 242 mwN in Fn. 36.

werden, die zur dauerhaften Einschränkung der Handlungsfreiheit von Unternehmen führen. Da die Fusionskontrolle unterstellt, dass sich die beteiligten Unternehmen nach Vollzug des Zusammenschlusses wie eine wirtschaftliche Einheit am Markt verhalten werden, wäre es sinnwidrig, nach der Genehmigung des Kontrollerwerbs Vereinbarungen zwischen den zusammengeschlossenen Unternehmen zu untersagen, die nur noch die Folge der nunmehr strukturell eingeschränkten Handlungsfreiheit sind. Durch den Zusammenschluss entsteht eine geschützte Konzerninnenorganisationssphäre. Entsprechend schutzwürdig ist das Verhältnis zwischen einem Unternehmen und der von ihm ausgegliederten oder gegründeten Tochtergesellschaft.

7 Die für das Eingreifen des Kartellverbots erforderliche Handlungsfreiheit der Tochtergesellschaft fehlt stets dann, wenn die beherrschende Gesellschaft die **Möglichkeit** hat, ihr **Weisungen zu erteilen.** Es kommt nicht darauf an, ob diese Weisungsmöglichkeit auch wahrgenommen wird.[21] Die Kommission scheint hingegen in den neuen Horizontalleitlinien in Anwendung der Rechtsprechung zur Zurechnung von Kartellverstößen darauf abzustellen, ob ein Unternehmen tatsächlich bestimmenden Einfluss auf ein anderes Unternehmen ausübt.[22] Einen schützenswerten Restwettbewerb zwischen Konzerngesellschaften kann es jedoch auch bei „an der langen Leine gelassenen" Tochtergesellschaften nicht geben, denn die beherrschende Gesellschaft hat es in der Hand, gewährte Handlungsspielräume jederzeit wieder abzuschaffen. Es wäre nicht opportun, die Konzernleitung zu bestrafen, die bislang gewährte Handlungsräume durch Abschluss eines Vertrages beengt, statt sich des kartellfreien Mittels der einseitigen Weisung zu bedienen. Der Abschluss eines Konzerninnenvertrages wird ohnehin regelmäßig mit konkludenten Weisungen an die beherrschte Gesellschaft verbunden sein, nämlich der Weisung, den Vertrag zu unterzeichnen, und der weiteren Weisung, sich an den Vertrag zu halten.

8 In älteren EuGH-Entscheidungen findet sich neben der Anforderung, dass die beteiligten Unternehmen eine wirtschaftliche Einheit bilden, in deren Rahmen die Tochtergesellschaften ihr Vorgehen auf dem Markt nicht wirklich autonom bestimmen können, sondern die Anweisungen der sie kontrollierenden Muttergesellschaft befolgen, noch der Hinweis, die dem Anwendungsbereich des Art. 101 Abs. 1 AEUV entzogenen Vereinbarungen oder Verhaltensweisen müssten auch dem **Zweck** dienen, **die interne Aufgabenverteilung** zwischen den Unternehmen **zu regeln.**[23] Dieser Hinweis fehlt aber in neueren Entscheidungen, insbesondere im grundlegenden *Viho*-Urteil.[24] Dem **Wegfall dieses Kriteriums** kann nur zugestimmt werden,[25] denn es war redundant. Da vertragliche Wettbewerbsbeschränkungen regeln, wer etwas tut oder tun soll bzw. wer etwas nicht tun soll, dient jede vertragliche Vereinbarung, die ihrem Wesen nach sonst unter Art. 101 Abs. 1 AEUV fallen könnte, der internen Aufgabenverteilung. Auf mögliche Auswirkungen einer konzerninternen Vereinbarung auf Dritte darf in diesem Zusammenhang nach der Klarstellung im *Viho*-Urteil des EuGH ohnehin nicht abgestellt werden. Solche Drittwirkungen können nur über das Missbrauchsverbot des Art. 102 AEUV erfasst werden, wenn dessen Tatbestandsmerkmale erfüllt sind.[26]

9 **2. Die wirtschaftliche Einheit.** Die Möglichkeit, Weisungen zu erteilen, und die entsprechende fehlende Autonomie der Tochtergesellschaft können rechtlich oder faktisch

---

[21] So richtig *Langen/Bunte-Hengst,* Art. 101 AEUV Rdnr. 60 und 342; *Gleiss/Hirsch,* Art. 85 Rdnr. 196f.; *Fleischer,* AG 1997, 491, 500f.; *Mestmäcker/Schweitzer,* § 8 Rdnr. 46, 50; *Grabitz/Hilf-Stockenhuber,* Art. 101 Rdnr. 168; aA *Groeben/Schwarze-Schröter,* Art. 81 Abs. 1 Rdnr. 109 mwN.

[22] Horizontalleitlinien Rdnr. 11.

[23] EuGH U. v. 31.10.1974, Rs C-15/74, Slg. 1974, 1147, Rdnr. 41 – *Centrapharm/Sterling Drug;* EuGH U. v. 31.10.1974, Rs C-16/74, Slg. 1974, 1183, Rdnr. 32 – *Centrapharm/Winthrop;* EuGH U. v. 4.5.1988, Rs C-30/87, Slg. 1988, 2479, Rdnr. 19 – *Bodson/Pompes funèbres.*

[24] EuGH U. v. 11.4.1989, Rs C-66/86, Slg. 1989, 803, Rdnr. 35 – *Ahmed Saeed Flugreisen u. a./Zentrale zur Bekämpfung unlauteren Wettbewerbs;* EuGH U. v. 24.10.1996, Rs C-73/95, Slg. 1996, I-5457, Rdnr. 16 – *Viho/Komm.*

[25] Gegen dieses Erfordernis sprechen sich auch *Gleiss/Hirsch,* Art. 85 Rdnr. 199ff. aus.

[26] EuGH U. v. 24.10.1996, Rs C-73/95, Slg. 1996, I-5457, Rdnr. 17 – *Viho/Komm.*

begründet sein. Es wäre zu eng zu fordern, dass die Konzernspitze der Geschäftsführung der Tochtergesellschaft unmittelbar rechtlich verbindliche Weisungen erteilen kann.[27] Dies wäre in Deutschland zwar bei der GmbH, aber wegen § 76 Abs. 1 AktG nicht bei einer beherrschten Aktiengesellschaft möglich. Aber auch wenn der Vorstand die Gesellschaft unter eigener Verantwortung zu leiten hat, kann sich der Mehrheitsaktionär – notfalls über den Austausch des Vorstands durch den Aufsichtsrat – durchsetzen. Es ist deshalb zweckmäßig, sich am funktionalen Beherrschungsbegriff der europäischen Fusionskontrolle zu orientieren.[28] Anhaltspunkte lassen sich nicht nur Art. 3 Abs. 2 FKVO,[29] sondern auch dem im Hinblick auf die Zuständigkeitsprüfung formalistischeren Art. 5 Abs. 4 FKVO entnehmen. Alleinige Beherrschung wird immer eine wirtschaftliche Einheit begründen, Mitbeherrschung nur unter bestimmten Umständen (dazu sogleich).

Der klarste Fall einer wirtschaftlichen Einheit ist der des Vertragskonzerns, wenn zwi- 10
schen den beteiligten Unternehmen ein Beherrschungsvertrag oder ein Betriebsführungsvertrag besteht. Dem steht die hundertprozentige Anteilseignerschaft gleich.[30] Mehrheitsbeteiligungen führen regelmäßig zur Beherrschung (siehe auch die Vermutung des § 17 Abs. 2 AktG).[31] Es ist aber – wie im Fusionskontrollrecht – nicht ausgeschlossen, dass Sonderrechte eines Minderheitsgesellschafters dem Mehrheitsgesellschafter die Möglichkeit nehmen, das Marktverhalten des Unternehmens allein zu bestimmen. Umgekehrt können solche Sonderrechte (die sich beispielsweise aus Mehrstimmrechten oder aus einer Vereinbarung mit anderen Gesellschaftern ergeben können) auch einem Minderheitsgesellschafter, im Extremfall sogar einem Nichtgesellschafter beherrschenden Einfluss gewähren, so dass eine wirtschaftliche Einheit entsteht. Ähnliches gilt für die Fälle, in denen mangelnde Hauptversammlungspräsenz einem Minderheitsaktionär die Stimmenmehrheit sichert. Eine wirtschaftliche Einheit liegt schließlich auch in dem Fall der Kontrolle eines einzelnen Gesellschafters auf der Grundlage von Vetorechten (sog. negative alleinige Kontrolle) vor.[32]

Wie oben (Rdnr. 7) schon erörtert, kommt es richtiger Ansicht nach nicht darauf an, ob 11
eine bestehende Weisungsmöglichkeit auch tatsächlich ausgeübt wird. Da EuGH, EuG und Kommission in der Begründung ihrer Entscheidungen neben der Gesellschafterstellung auch Umstände der effektiven Einflussnahme anführen,[33] dürfte es sich in der Praxis empfehlen, solche Umstände gleichfalls darzulegen, wenn sie denn gegeben sind.

Auch Verträge zwischen von ein und derselben Konzernspitze abhängigen Konzernge- 12
sellschaften, also beispielsweise Verträge zwischen zwei Tochtergesellschaften untereinander, sind dem Kartellverbot entzogen, wenn die Konzernspitze über eine entsprechende Leitungsmacht bei allen beteiligten Unternehmen verfügt.[34] Denkbar ist allerdings auch das Bestehen einer wirtschaftlichen Einheit im Gleichordnungskonzern, etwa wenn Personenidentität in den Leitungsorganen besteht und statt eines Vertrages unternehmensinterne Weisungen dasselbe Ergebnis erzielen können.[35] In der Fusionskontrolle werden solche Fälle als sog. wirtschaftliche Fusion von Art. 3 Abs. 1 lit. a FKVO erfasst.[36]

Bei **Gemeinschaftsunternehmen** (GU) bilden die Gesellschafter untereinander, wenn 13
sie nicht anderweitig miteinander verbunden sind, grundsätzlich keine wirtschaftliche Ein-

---

[27] *Koppensteiner* in Fs Mailänder, 125, 132f. scheint hiervon nur für die Einpersonen-AG eine Ausnahme machen zu wollen.

[28] So auch *Gleiss/Hirsch,* Art. 85 Rdnr. 197.

[29] So *Gleiss/Hirsch,* Art. 85 Rdnr. 197.

[30] Vgl. EuGH U. v. 24.10.1996, Rs C-73/95, Slg. 1996, I-5457, Rdnr. 15 – *Viho/Komm.;* auch schon Komm. E. v. 18.6.1969 IV/22 548 ABl. 1969 L 165/12 (14) – *Christiani & Nielsen.*

[31] Vgl. z.B. Komm. E. v. 15.10.1990 IV/32 681 ABl. 1990 L 299/64, Rdnr. 34 – *CEKACAN.*

[32] Vgl. zu dieser Fallgestaltung die Konsolidierte Mitteilung der Komm. v. 10.7.2007 zu Zuständigkeitsfragen, Rdnr. 54; dazu auch *Wiedemann* § 15 Rdnr. 40b.

[33] Vgl. hier nur EuGH U. v. 24.10.1996, Slg. 1996, I-5457, Rdnr. 15 – *Viho/Komm.*

[34] Vgl. die Horizontalleitlinien Rdnr. 11; so schon *v. Bar* BB 1980, 1185, 1191 zu § 1 GWB.

[35] Vgl. hierzu insb. *Buntscheck,* WuW 2004, 374ff. mwN.

[36] Die Konsolidierte Mitteilung der Komm. v. 10.7.2007 zu Zuständigkeitsfragen, Rdnr. 10, verwendet in diesem Zusammenhang sogar den Begriff der wirtschaftlichen Einheit.

heit.[37] Insbesondere dort, wo jedoch im EU-Fusionskontrollverfahren mögliche kooperative Effekte zwischen den Gesellschaftern nach Art. 2 Abs. 4 und 5 FKVO geprüft worden sind, kann nicht nachträglich mit Art. 101 AEUV wegen dann doch eintretender kooperativer Effekte zwischen den Gesellschaftern mit dem Ziel der Auflösung des GU interveniert werden. Die Freigabe nach Art. 2 Abs. 2 FKVO ist eine dauerhafte. Art. 101 AEUV gilt in solchen Fällen zwischen den Gesellschaftern nur noch in dem Maße, als die spätere Koordinierung nicht durch die Gründung des GU bezweckt oder bewirkt wird, was eine Frage der Kausalität ist.

14 Die 1. Auflage[38] vertrat die Ansicht, dass im Verhältnis eines der Gesellschafter zu dem GU eine wirtschaftliche Einheit in Fällen der sog. industriellen Führerschaft anzunehmen sei. Wenn sich einer der Gesellschafter der Führung der Geschäfte des GU annehme und der andere auf eine Mitwirkung nur bei ganz grundlegenden strategischen Entscheidungen beschränkt sei, könne der eine weitgehend das Verhalten des GU am Markt bestimmen. Zumindest soweit dem mit der industriellen Führung des GU betrauten Gesellschafter eine rechtliche oder faktische Weisungsmöglichkeit gegenüber dem GU gegeben sei, müsse auch das Kartellverbot zwischen ihm und dem GU entfallen. Diese Überlegung ist zutreffend,[39] geht jedoch nicht weit genug. Aus Art. 2 Abs. 4 FKVO ergibt sich nämlich, dass das GU einerseits und die Mütter andererseits im Verhältnis zueinander nicht voneinander unabhängig bleibende Unternehmen sind. Entsprechend beschränkt sich die Prüfung des Art. 101 AEUV im Rahmen von Art. 2 Abs. 4 und 5 FKVO auf das Verhältnis der Muttergesellschaften untereinander.[40] Mithin muss bei Vollfunktions-GU unionsweiter Bedeutung davon ausgegangen werden, dass die Mütter und das GU im Verhältnis zueinander eine wirtschaftliche Einheit bilden, also auch insoweit ein kartellrechtsfreier Binnenraum geschaffen wird. Dies gilt nicht nur für Vollfunktions-GU unionsweiter Bedeutung, sondern auch für solche GU ohne unionsweite Bedeutung, denn Art. 21 Abs. 1 FKVO eröffnet den Anwendungsbereich der VO Nr. 1/2003 für solche GU nur, soweit sie die Koordinierung des Wettbewerbsverhaltens unabhängig bleibender Unternehmen bezwecken oder bewirken. Man wende nicht ein, die FKVO könne als niederrangiges Recht den Anwendungsbereich von Art. 101 AEUV nicht einschränken.[41] Die FKVO ist – wie die Verordnung Nr. 1/2003 – eine Verordnung iSv Art. 103 AEUV, die in materieller Hinsicht insoweit konstitutiven Charakter hat, als sie erst in ihrem Anwendungsbereich die Voraussetzungen für eine Direktgeltung des Art. 101 Abs. 1 und 2 AEUV schafft.[42] Dies tut sie bei Zusammenschlüssen für Art. 101 AEUV im Rahmen ihres Art. 2 Abs. 4 und 5 und ihres Art. 21 Abs. 1 nur unter deren Voraussetzungen, im Übrigen nur im Rahmen von Art. 2 Abs. 1 bis 3, also nach den normalen Fusionskontrollmaßstäben.[43]

15 In der FKVO gab es keinen Anlass, das Gleiche für Teilfunktions-GU zu regeln, denn diese sind nach wie vor kein Zusammenschluss iSv Art. 3 Abs. 4 FKVO.[44] Hier gilt die Verordnung Nr. 1/2003, die keine ausdrückliche, das Verhältnis zwischen einem GU und seinen Gesellschaftern privilegierende Regelung enthält. Es besteht jedoch kein Grund, Teilfunktions-GU insoweit anders zu behandeln als Vollfunktions-GU, zumal erstere oft

---

[37] Vgl. Komm. E. v. 18.10.1991 IV/32 737 ABl. 1991 L 306/22, Rdnr. 9 – *Eirpage;* Komm. E. v. 16.1.1991 IV/32 732 ABl. 1991 L 28/32, Rdnr. 24 – *IJsselcentrale.*

[38] § 8 Rdnr. 11 der 1. Auflage.

[39] Ausführlich *Kuhn,* Kooperative Aspekte von Gemeinschaftsunternehmen im Europäischen Kartellrecht, 2006, 239 ff.

[40] Ganz seltene Ausnahmen wie Komm. E. v. 19.8.2005 COMP/M.3798 Rdnr. 43 – *NKY/Lauritzen Cool/Laucool JV* können nicht als Abkehr von diesem Prinzip gewertet werden.

[41] So aber *Pohlmann,* WuW 2003, 473, 475.

[42] Vgl. hierzu *Groeben/Schwarze-Schröter,* Art. 83 EG Rdnr. 4; aus der Rechtsprechung vgl. EuGH U. v. 30.4.1986 Rs 209/84 u. a., Slg. 1986, 1425 Rdnr. 61 ff. – *Asjes;* U. v. 11.4.1989, Rs C-66/86, Slg. 1989, 803 Rdnr. 20 – *Ahmed Saeed Flugreisen.*

[43] *Schroeder,* WuW 2004, 893, 896 f.

[44] Aber unter Umständen nach Art. 3 Abs. 1 FKVO, s. die Konsolidierte Mitteilung der Komm. v. 10.7.2007 zu Zuständigkeitsfragen, Rdnr. 91 a. E.; dazu auch *Wiedemann,* § 15 Rdnr. 60a.

auch nur marktferne Funktionen wahrnehmen. Es ergibt sich damit für sämtliche GU aus dem in Art. 2 Abs. 4 und Art. 21 Abs. 1 FKVO zum Ausdruck gebrachten Rechtsgedanken, dass im Verhältnis der Muttergesellschaften zu dem GU von einer wirtschaftlichen Einheit ausgegangen werden kann und dass Art. 101 AEUV in diesem Verhältnis nicht gilt.[45]

15a Hinsichtlich der insoweit nicht zwingend deckungsgleichen Frage der Zurechnung von Kartellverstößen (vgl. hierzu oben Rdnr. 1) hat der EuGH – ausdrücklich auch nur für diesen Gesichtspunkt[46] – nunmehr entschieden, dass zwei bestimmenden Einfluss über ein Gemeinschaftsunternehmen ausübende Gesellschafter zusammen mit diesem eine einzige wirtschaftliche Einheit bilden können.[47]

16 In **zeitlicher** Hinsicht ist die Wettbewerbsbeschränkung solange, aber auch nur solange ausgeschlossen, wie die wirtschaftliche Einheit besteht. Das bedeutet zum einen, dass ein Zusammenschluss zwischen vorher unabhängigen Unternehmen die zwischen ihnen bestehenden wettbewerbsbeschränkenden Vereinbarungen ab der Durchführung des Zusammenschlusses Art. 101 Abs. 1 AEUV entzieht. Zum anderen können fortbestehende konzerninterne Vereinbarungen mit Auflösung der wirtschaftlichen Einheit wieder unter Art. 101 Abs. 1 AEUV fallen,[48] allerdings erst ab diesem Zeitpunkt.

II. Konzerninterne Wettbewerbsbeschränkungen im deutschen Recht

17 **1. Eingeschränkte Anwendung des Kartellverbots.** Auch im deutschen Recht ist anerkannt, dass das Verbot des § 1 GWB auf Vereinbarungen zwischen Konzerngesellschaften grundsätzlich nicht anwendbar ist. Verglichen mit dem EU-Recht gab es noch einen weiteren Grund, dogmatisch nicht am Unternehmensbegriff,[49] sondern eher an dem Tatbestandsmerkmal der Wettbewerbsbeschränkung[50] anzuknüpfen. Die im Zuge der 7. GWB-Novelle weggefallenen §§ 17 f. GWB a. F. setzten nämlich nicht voraus, dass die an den Lizenzverträgen beteiligten Parteien Unternehmen waren.[51] Dagegen konnte man bei §§ 14, 16 und 17 f. GWB a. F., genau wie bei § 1 GWB, an der (fehlenden) Beschränkung der Freiheit eines Vertragsbeteiligten ansetzen.[52] Diese Überlegung hat heute allerdings nur noch historische Bedeutung. §§ 1 und 2 GWB sind inzwischen Art. 101 AEUV angeglichen; die Sondertatbestände sind entfallen. Überdies darf § 1 GWB wegen der Kon-

[45] Im Ergebnis ebenso *Bechtold,* GWB, 3. Aufl. 2002, § 1 Rdnr. 33 a. E. mit dem zutreffenden Hinweis darauf, dass es wenig Sinn macht, eine extensive Anwendung des Kartellverbots zu verfechten, wenn zugleich in der Fusionskontrolle mit der Erfahrungstatsache gearbeitet wird, dass Wettbewerbsmaßnahmen eines Unternehmens zu Lasten eines mit ihm gesellschaftsrechtlich verbundenen zumindest unwahrscheinlich sind; einschränkend *Thomas* ZWeR 2005, 236, 248 ff., der zwischen den Müttern eine Bündelung der Einflussrechte fordert, die über einen bloßen Einigungszwang hinausgeht. *Schwarze-Brinker* Art. 81 EG Rdnr. 53 weist zu Recht darauf hin, dass, wenn die Kommission die Zulässigkeit der Gründung eines Gemeinschaftsunternehmens mit Art. 81 EG (jetzt: Art. 101 AEUV) in einer Entscheidung bestätigt, kein Raum mehr für die Anwendbarkeit dieser Vorschrift auf Vereinbarungen ist, die nach der Gründung des GU zwischen den Muttergesellschaften und dem GU geschlossen werden.

[46] Kritisch hierzu: *Ahrens,* EuZW 2013, 899, 902.

[47] EuGH U. v. 29.9.2013, Rs C-179/12 P, ECLI:EU:C:2013:605 Rdnr. 58 – *Dow Chemical;* U. v. 29.9.2013, Rs C-172/12 P, ECLI:EU:C:2013:601 Rdnr. 47 – *EI du Pont de Nemours.*

[48] Vgl. hierzu etwa die Mitteilung der Komm. v. 12.12.1986 IV/31 914, ABl. 1986 C 319/3 – *ARG/Unipart;* zum Zeitpunkt der Freistellungsentscheidung war die wirtschaftliche Einheit dann schon aufgelöst, Komm. E. v. 22.12.1987 IV/31 914 ABl. 1988 L 212/62, Rdnr. 25 – *ARG/Unipart.*

[49] So aber *Harms,* Fs. Hartmann, 1976, 165, 177 ff.

[50] *Leo,* KartRsch 1966, Heft 8, 11, 15 ff.; *Schroeder,* WuW 1988, 274, 277 mwN; *Immenga/Mestmäcker-Immenga,* GWB, § 1 Rdnr. 150 mwN.

[51] Insoweit zutreffend GK-*Axster,* 3. Aufl., §§ 20, 21 Rdnr. 14; die Unternehmenseigenschaft wird in der Praxis allerdings auch beim Lizenzgeber regelmäßig vorliegen, vgl. dazu BGH U. v. 6.11.1972, WuW/E BGH 1253, 1257 – *Nahtverlegung.*

[52] Vgl. insoweit schon *Grandpierre,* Wettbewerbsbeschränkungen zwischen verbundenen Unternehmen nach dem Gesetz gegen Wettbewerbsbeschränkungen, Diss. Marburg 1972, S. 104.

vergenzregel des Art. 3 Abs. 2 Satz 1 der VO Nr. 1/2003 und des § 22 Abs. 2 Satz 1 GWB im Anwendungsbereich des Art. 101 AEUV nicht mehr zu abweichenden Ergebnissen führen. Selbst unterhalb der Schwelle des zwischenstaatlichen Handels müssen die Rechtsbegriffe der inhaltlich identischen Normen zwangsläufig gleich ausgelegt werden,[53] wenn man nicht oberhalb und unterhalb der Zwischenstaatlichkeitsschwelle mit gespaltenen Rechtsbegriffen operieren will, was der Intention des Gesetzgebers der 7. GWB-Novelle zuwiderlaufen würde. Dies lässt wenig Raum für eigenständige Überlegungen im deutschen Recht.

18 Im deutschen Recht gibt es auch ältere Stimmen, die dahin tendieren, die Frage zu bejahen, ob eine bestehende Weisungsmöglichkeit auch ausgeübt werden müsse, um das Kartellverbot zu verdrängen (vgl. oben Rdnr. 7).[54] Richtig ist jedoch auch hier, dass die bloße Leitungsmöglichkeit genügt,[55] was man auch mit dem Schlagwort der wirtschaftlichen Abhängigkeit[56] ausdrücken kann. Auch hier dürfte es sich in der Praxis empfehlen, Umstände der effektiven Einflussnahme darzulegen, wenn sie denn gegeben sind. Nach der entsprechenden Klarstellung im *Viho*-Urteil des EuGH[57] darf auch im deutschen Recht nicht mehr darauf abgestellt werden, ob von einer Vereinbarung wettbewerbsbeschränkende Wirkungen auf Dritte ausgehen.[58]

19 **2. Die Abhängigkeit.** Bezüglich der Frage, wann Unternehmen so unter einheitlicher Leitung stehen, dass Wettbewerbsbeschränkungen nur eine Folge der Konzernbindung sind, kann weitgehend auf die Ausführungen zur wirtschaftlichen Einheit im EU-Recht verwiesen werden (oben Rdnr. 9ff.). Es ist auch im deutschen Recht zweckmäßig, sich am funktionalen Kontrollbegriff zu orientieren, der von der europäischen Fusionskontrolle in § 37 Abs. 1 Nr. 2 GWB übernommen worden ist. Die übrigen Zusammenschlusstatbestände des § 37 Abs. 1 GWB passen nicht sämtlich. Insbesondere genügt eine Minderheitsbeteiligung von 25% als solche nicht,[59] um eine Abhängigkeit herzustellen. Im deutschen Recht kann seit der 6. GWB-Novelle auf die Verbundklausel des § 36 Abs. 2 Satz 1 GWB zurückgegriffen werden,[60] so dass nach §§ 17 und 18 AktG verbundene Unternehmen als wirtschaftliche Einheit angesehen werden, was nach § 17 Abs. 2 AktG insbesondere bei einer Mehrheitsbeteiligung vermutet wird.

20 Auch im deutschen Recht stellt sich die Frage, ob GU mit ihren Müttern eine wirtschaftliche Einheit bilden, so dass das Kartellverbot nach § 1 GWB nicht anwendbar ist. Da es im deutschen Recht nicht zu abweichenden Ergebnissen kommen darf, gilt auch hier das oben (Rdnr. 14ff.) Gesagte. Daneben kann im deutschen Recht auch die Mehrmütterklausel des § 36 Abs. 2 Satz 2 GWB herangezogen werden, nach der, wenn mehrere Unternehmen derart zusammenwirken, dass sie gemeinsam einen beherrschenden Einfluss auf ein anderes Unternehmen ausüben können, jedes von ihnen als herrschendes gilt.[61] Zusammen mit der Verbundklausel des § 36 Abs. 2 Satz 1 GWB führt dies dazu, dass eine mitbeherrschende Muttergesellschaft mit dem GU als einheitliches Unternehmen anzusehen ist.

---

[53] Vgl. *Bechtold,* Einführung GWB Rdnr. 73.

[54] So das BKartA, TB 1961, 61 zu Art. 85 EGV (jetzt: Art. 101 AEUV); wohl auch OLG Frankfurt U. v. 22.4.1985 WuW/E OLG 3600, 3601 – *Guy Laroche.* Entsprechendes fehlt allerdings in TB 1969, 57f. – *Schienenfahrzeuge* und in TB 1973, 82 – *Ackerschlepper.*

[55] *v. Bar,* BB 1980, 1185, 1191; *Schroeder,* WuW 1988, 274, 279.

[56] So das OLG Stuttgart U. v. 27.6.1980, WuW/E OLG 2352, 2355 – *Leitgroßhändler.*

[57] EuGH U. v. 24.10.1996, Rs C-73/95, Slg. 1996, I-5457, Rdnr. 16 – *Viho/Komm.*

[58] So aber noch OLG Frankfurt U. v. 22.4.1985 WuW/E OLG 3600, 3601 – *Guy Laroche.*

[59] Vgl. BKartA TB 1973, 82 – *Ackerschlepper* zu einer Beteiligung von 30%.

[60] Vgl. hierzu *Thomas,* ZWeR 2005, 236, 246; *Bechtold,* § 1 GWB Rdnr. 29 a. E.; aA *Immenga/Mestmäcker-Zimmer,* GWB, § 1 Rdnr. 149; zur Zurechnung der Tätigkeit anderer Konzerngesellschaften zu Zwecken der Anwendung des § 1 GWB vgl. OLG Düsseldorf B. v. 20.6.2007, WuW/E DE-R 2146, 2147f. Rdnr. 22 – *Nord-KS/Xella;* BGH B. v. 4.3.2008 WuW/E DE-R 2361 Rdnr. 12 – *Nord-KS/Xella.*

[61] *Thomas,* ZWeR 2005, 236, 255; vgl. auch *Bechtold,* § 1 GWB Rdnr. 29 a. E.

Auch im deutschen Recht gilt, dass die Wettbewerbsbeschränkung in zeitlicher Hinsicht solange, aber auch nur solange ausgeschlossen ist, wie die wirtschaftliche Einheit besteht. Mit Auflösung der Abhängigkeit können fortbestehende konzerninterne Vereinbarungen wieder unter § 1 GWB fallen.[62] 21

B. Kooperative Gemeinschaftsunternehmen

Gemeinschaftsunternehmen (GU) sind im EU-Recht Unternehmen, die von zwei oder mehr anderen Unternehmen gemeinsam beherrscht werden.[63] Im deutschen Recht sind solche GU Zusammenschlüsse iSv § 37 Abs. 1 Nr. 2 GWB. Im deutschen Recht genügt es allerdings auch nach § 37 Abs. 1 Nr. 3 S. 3 GWB, dass zwei oder mehr Unternehmen an einem anderen Unternehmen je mindestens 25% der Anteile halten oder erwerben, ohne dass es insoweit auf die Frage der Beherrschung ankäme.[64] 22

Traditionell wird im EU-Recht und im deutschen Recht zwischen **konzentrativen** und **kooperativen GU** unterschieden. Während der Grundansatz vergleichbar ist (die Gründung konzentrativer GU bewirkt eine Strukturveränderung im Markt, ist aber nicht mit darüber hinausgehender Koordination des Wettbewerbsverhaltens unabhängig bleibender Unternehmen verbunden), ist die praktische Behandlung unterschiedlich. Im deutschen Recht ist die Gründung eines GU stets ein Zusammenschluss, unabhängig davon, ob es als konzentrativ oder kooperativ eingestuft wird. Bei kooperativen GU wird aber neben den Fusionskontrollvorschriften noch § 1 GWB angewendet (sog. Doppelkontrolle). Im EU-Recht fielen bis zum 28.2.1998 nur konzentrative GU unter die Fusionskontrolle; kooperative GU wurden nach Art. 85 EGV (jetzt: Art. 101 AEUV) geprüft. Seit dem 1.3.1998 erstreckt sich die EU-Fusionskontrolle auch auf kooperative GU, sofern diese Vollfunktionsunternehmen sind. Die kooperativen Aspekte solcher GU werden – ähnlich wie im deutschen Recht – nun, wenn die Schwellenwerte erreicht sind, in der Fusionskontrolle, aber nach Art. 101 AEUV geprüft. Unterschiedlich ist, dass die Prüfung der kooperativen Aspekte im EU-Recht innerhalb der kurzen Fristen des Fusionskontrollverfahrens abgeschlossen werden muss, wohingegen das BKartA die Prüfung kooperativer GU nach § 1 GWB nicht innerhalb der Fristen des § 40 Abs. 1 und 2 GWB abschließen muss. Des Weiteren ist die Prüfung im EU-Recht durch die für das Fusionskontrollverfahren typische einmalige Vorab- und Prognoseentscheidung gekennzeichnet.[65] GU, die keine Vollfunktionsunternehmen sind, fallen nach wie vor nicht unter die EU-Fusionskontrolle.[66] Sie werden gegebenenfalls im Rahmen der VO Nr. 1/2003 nach Art. 101 AEUV geprüft. 23

I. Kooperative Gemeinschaftsunternehmen im europäischen Recht

1. Merkmale kooperativer Gemeinschaftsunternehmen. Die Unterscheidung zwischen konzentrativen und kooperativen GU ist im EU-Recht weiterhin von Bedeutung. Sie ist zwar in der Fusionskontrolle keine Zuständigkeitsfrage mehr.[67] Sie entscheidet aber nach wie vor darüber, ob in der materiellrechtlichen Prüfung Art. 101 AEUV zur Anwendung kommt. Nur kooperative GU werden von Art. 101 AEUV erfasst. Daneben ist die Unterscheidung nach wie vor für GU relevant, die keine unionsweite Bedeutung iSv Art. 1 Abs. 2 oder 3 FKVO haben. Die VO Nr. 1/2003 und die Verkehrsdurchführungs- 24

---

[62] OLG Düsseldorf U. v. 6.11.1981, WuW/E OLG 2631 – *Heilwasser.*

[63] So ausdrücklich die (inzwischen ersetzte) Mitteilung der Komm. v. 2.3.1998 über den Begriff des Vollfunktionsgemeinschaftsunternehmens, ABl. 1998 C 66/1, Rdnr. 3; weniger klar die Konsolidierte Mitteilung der Komm. v. 10.7.2007 zu Zuständigkeitsfragen, ABl. 2009 C 43/10, Rdnr. 63.

[64] In § 23 Abs. 2 Nr. 2 S. 3 GWB a. F. ausdrücklich als Gemeinschaftsunternehmen bezeichnet.

[65] Vgl. *Schroeder,* WuW 2004 893, 895.

[66] Jedenfalls nicht nach Art. 3 Abs. 4 FKVO, aber unter Umständen nach Art. 3 Abs. 1 FKVO, s. die Konsolidierte Mitteilung der Komm. v. 10.7.2007 zu Zuständigkeitsfragen, Rdnr. 91 a. E.; dazu auch *Wiedemann,* § 15 Rdnr. 60a.

[67] Sie war es nach Art. 3 Abs. 2 FKVO a. F.

verordnungen finden zwar nach Art. 21 Abs. 1 FKVO auf Zusammenschlüsse grundsätzlich keine Anwendung, gelten aber für alle GU, die keine unionsweite Bedeutung haben und die Koordinierung des Wettbewerbsverhaltens unabhängig bleibender Unternehmen bezwecken oder bewirken. Sämtliche Formen kooperativer GU ohne unionsweite Bedeutung müssen also weiterhin nach Art. 101 AEUV geprüft werden.

25 Schematisch lässt sich die Behandlung der verschiedenen Typen von GU im Hinblick auf die Geltung der FKVO, die Anwendung von Art. 101 AEUV im Rahmen der FKVO oder gemäß der VO Nr. 1/2003 und die grundsätzliche Anwendbarkeit nationalen Fusionskontrollrechts wie folgt darstellen:

	FKVO	Art. 101 in FKVO	Art. 101 gemäß VO Nr. 1/2003	nationale Fusions-kontrolle	nationales Kartell-verbot
Konzentrative (Vollfunktions-)GU mit unionsweiter Bedeutung	+	–	–	–	–
Konzentrative (Vollfunktions-)GU ohne unionsweite Bedeutung	–	–	–	+	–
Kooperative Vollfunktions-GU mit unionsweiter Bedeutung	+	+	–	–	–
Kooperative Vollfunktions-GU ohne unionsweite Bedeutung	–	–	+	+	+
Kooperative Teilfunktions-GU mit unionsweiter Bedeutung	–	–	+	+	+
Kooperative Teilfunktions-GU ohne unionsweite Bedeutung	–	–	+	+	+

26 Kooperative GU sind negativ definiert: kooperativ sind alle GU, die nicht konzentrativ sind. Konzentrativ sind GU, wenn sie zwei Voraussetzungen erfüllen. Zum einen müssen sie auf Dauer alle Funktionen einer selbständigen wirtschaftlichen Einheit erfüllen (sog. Vollfunktions-GU). Wenn dies der Fall ist, stellt ihre Gründung nach Art. 3 Abs. 4 FKVO einen Zusammenschluss iSv Art. 3 Abs. 1 lit. b FKVO dar.[68] Zum anderen bringt die Gründung eines konzentrativen GU keine Koordinierung des Wettbewerbsverhaltens der Gründerunternehmen im Verhältnis zueinander mit sich. Bewirkt die Gründung eines Vollfunktions-GU keine Koordinierung des Wettbewerbsverhaltens der Gründerunternehmen im Verhältnis zueinander, wird das GU nicht nach Art. 101 AEUV geprüft, sondern ausschließlich auf seine Vereinbarkeit mit dem Binnenmarkt nach Art. 2 Abs. 1 bis 3 FKVO. Entsprechend ist ein GU kooperativ, wenn es die eine oder die andere Voraussetzung nicht erfüllt, also wenn es ein sog. Teilfunktions-GU ist (also z. B. nur für den Vertrieb *oder* den Einkauf zuständig ist) oder wenn seine Gründung – trotz des Vollfunktionscharakters – zu einer Koordinierung des Wettbewerbsverhaltens der Gründerunternehmen im Verhältnis zueinander führt.

27 *a) Gemeinsame Beherrschung.* Wie erwähnt, werden GU im EU-rechtlichen Sinne von mindestens zwei anderen Unternehmen gemeinsam beherrscht. Davon lassen sich folgende andere Fälle abgrenzen. Beherrscht **nur ein Gesellschafter** das Unternehmen (über Alleinkontrolle, auch in der Form sog. negativer alleiniger Kontrolle auf der Basis von Vetorechten),[69] liegt kein GU, aber stets ein Zusammenschluss iSd FKVO vor, es sei denn, die Alleinkontrolle bestand schon vorher.[70] Art. 101 AEUV findet auf den Kontrollerwerb keine Anwendung. Beherrscht **kein Gesellschafter** das Unternehmen, liegt kein GU und

[68] Vgl. dazu unten § 15.
[69] Vgl. die Konsolidierte Mitteilung der Komm. v. 10.7.2007 zu Zuständigkeitsfragen, Rdnr. 54.
[70] Vgl. etwa Komm. E. v. 7.3.1994 IV/M.397 Rdnr. 5 ff. – *Ford/Hertz*.

auch kein Zusammenschluss vor.[71] Es ist nicht ausgeschlossen, dass dann Art. 101 AEUV nach den Grundsätzen des *Philip Morris*-Urteils des EuGH zur Anwendung kommt. Der Erwerb einer Minderheitsbeteiligung an einem Konkurrenzunternehmen stellt für sich genommen kein wettbewerbsbeschränkendes Verhalten dar; ein solcher Erwerb kann jedoch als Mittel dienen, das geschäftliche Verhalten der betreffenden Unternehmen so zu beeinflussen, dass der Wettbewerb auf dem Markt, auf dem sie ihre Geschäftstätigkeit entfalten, eingeschränkt oder verfälscht wird. Dies wäre z. B. der Fall, wenn die Erwerbsvereinbarung eine geschäftliche Zusammenarbeit zwischen den Unternehmen vorsieht oder Strukturen schafft, die einer solchen Zusammenarbeit förderlich sein können.[72]

Zu den Voraussetzungen **gemeinsamer Beherrschung** vgl. im Einzelnen § 15. Zumindest zwei Gesellschafter müssen jeweils einzeln in der Lage sein, Aktionen zu blockieren, die das strategische Wirtschaftsverhalten eines Unternehmens bestimmen.[73] Weil deshalb **Pattsituationen** entstehen können, sind die betroffenen Gesellschafter darauf angewiesen, die Geschäftspolitik des GU einvernehmlich festzulegen. Gemeinsame Beherrschung kann zunächst dadurch entstehen, dass zwei Unternehmen jeweils gleiche Stimmrechte in dem GU haben oder in der Lage sind, jeweils die Hälfte der Sitze in den Entscheidungsgremien des GU zu besetzen.[74] Gemeinsame Beherrschung kann aber auch daraus resultieren, dass zumindest ein Gesellschafter aus der Satzung oder einer Gesellschaftervereinbarung über Sonderrechte verfügt, die es ihm erlauben, für das strategische Wirtschaftsverhalten des Unternehmens wesentliche Entscheidungen zu verhindern. Solche Vetorechte müssen jedoch über das hinausgehen, was normalerweise Minderheitsgesellschaftern an Vetorechten eingeräumt wird, um deren finanzielle Interessen als Kapitalgeber des Unternehmens zu schützen. Die relevanten Vetorechte beziehen sich üblicherweise auf das Budget, den Geschäftsplan, größere Investitionen und/oder die Besetzung der Unternehmensleitung.[75] Schließlich kann gemeinsame Beherrschung noch in Fällen gegeben sein, in denen zwei oder mehr Unternehmen ihr Stimmrecht aus rechtlichen Gründen (die Beteiligung wird über eine gemeinsame Holdinggesellschaft gehalten; es gibt eine Poolvereinbarung) oder, was seltener ist, aus faktischen Gründen stets gemeinsam ausüben.[76] 28

b) Keine Vollfunktionsunternehmen. GU, die nicht auf Dauer alle Funktionen einer selbständigen wirtschaftlichen Einheit erfüllen, sind stets kooperative GU, unabhängig davon, ob sie daneben auch noch eine Koordinierung des Wettbewerbsverhaltens der Gründerunternehmen im Verhältnis zueinander mit sich bringen. Sie sind grundsätzlich[77] keine Zusammenschlüsse und können deshalb unter Art. 101 Abs. 1 AEUV fallen.[78] 29

Hierzu gehören zunächst einmal die GU, die **nicht hinreichend ausgestattet** sind. Es mangelt ihnen an Ressourcen wie finanziellen Mitteln,[79] Personal, materiellen oder imma- 30

---

[71] Vgl. Komm. E. v. 19.12.1991 IV/M.159 Rdnr. 7 ff. – *Mediobanca/Generali;* Komm. E. v. 6.2.1998 IV/M.1095 Rdnr. 5 – *NEC/Bull/PBN;* Komm. E. v. 9.12.1998 IV/M.1366 Rdnr. 8 ff. – *Paribas/CDC/Beaufour;* Komm. E. v. 22.12.1998 IV/JV.12 Rdnr. 8 ff. – *Ericsson/Nokia/Psion/Motorola (Symbian II);* vgl. auch die Mitteilung der Komm. v. 11.8.2000 nach Art. 19 Abs. 3 der VO Nr. 17 ABl. 2000 C 231/5 Abschn. A Abs. 4 – *Identrus.*

[72] EuGH U. v. 17.11.1987, Rs C-142 und 156/84, Slg. 1987, 4566, Rdnr. 37 ff. – *BAT und Reynolds/Komm.;* das Vorliegen dieser Voraussetzungen wurde in Komm. E. v. 11.11.1994 IV/34 410 Rdnr. 26 f. – *Olivetti/Digital* geprüft und verneint.

[73] Konsolidierte Mitteilung der Komm. v. 10.7.2007 zu Zuständigkeitsfragen, Rdnr. 62.

[74] Konsolidierte Mitteilung der Komm. v. 10.7.2007 zu Zuständigkeitsfragen, Rdnr. 64.

[75] Vgl. im Einzelnen die Konsolidierte Mitteilung der Komm. v. 10.7.2007 zu Zuständigkeitsfragen, Rdnr. 66–73.

[76] Vgl. im Einzelnen die Konsolidierte Mitteilung der Komm. v. 10.7.2007 zu Zuständigkeitsfragen, Rdnr. 74–80.

[77] Jedenfalls nicht nach Art. 3 Abs. 4 FKVO, aber unter Umständen nach Art. 3 Abs. 1 FKVO, s. die Konsolidierte Mitteilung der Komm. v. 10.7.2007 zu Zuständigkeitsfragen, Rdnr. 91 a. E.; dazu auch *Wiedemann,* § 15 Rdnr. 60a.

[78] Vgl. auch unten § 15.

[79] Vgl. z. B. Komm. E. v. 15.4.1996 IV/M.722 Rdnr. 14 – *Teneo/Merrill Lynch/Bankers Trust;* Komm. E. v. 15.10.1998 IV/M.1315 Rdnr. 7 – *ENW/Eastern.*

teriellen Vermögenswerten,[80] so dass sie allein nicht in der Lage sind, im Rahmen der ihnen jeweils zugrunde liegenden Vereinbarung langfristig ihre Tätigkeiten auszuüben.[81] In diesem Zusammenhang betont die Kommission auch die Notwendigkeit eines sich dem Tagesgeschäft widmenden Managements.[82] Den Gesellschaftern bleibt es unbenommen, die strategischen Entscheidungen zu treffen; das Tagesgeschäft soll aber im GU selbst angesiedelt sein. Zu Abgrenzungsschwierigkeiten wird es insbesondere in den Fällen kommen, in denen sich die Geschäftsführung des GU ausschließlich aus von den Gesellschaftern entsandten Vertretern rekrutiert, die weiterhin auch in diesen Unternehmen Funktionen wahrnehmen.

31 Kooperativ sind vor allem GU, die **nur Teil- oder Hilfsfunktionen** wahrnehmen, also nicht alle Funktionen auf einem Markt ausüben, die auch von den anderen Unternehmen in diesem Markt wahrgenommen werden. Hierzu gehören GU, die sich auf Forschung und Entwicklung oder die Produktion beschränken, selbst aber nicht am Markt auftreten.[83] Umgekehrt sind auch solche GU kooperativ, die sich als Verkaufsagenturen auf den Vertrieb von Erzeugnissen ihrer Muttergesellschaften beschränken und selbst keine Erzeugnisse herstellen.[84] Ein Vollfunktions-GU muss aber nicht über eine eigene Produktion verfügen, wenn es auf einem Handelsmarkt tätig ist, in dem sich auch seine Wettbewerber auf den Vertrieb von anderen hergestellter Waren beschränken.[85]

32 Der Vollfunktionscharakter eines GU ist auch dann zweifelhaft, wenn es im Einkauf[86] oder im Vertrieb[87] zu sehr **auf seine Gesellschafter angewiesen** ist.[88] Der Bezug von den Gesellschaftern ist insbesondere dann problematisch, wenn im GU nur eine geringe Wertschöpfung stattfindet oder, bei im Handel tätigen GU, wenn das GU nicht auch bei Dritten beziehen kann.[89] Im Fall *GEAE/P&W* war es dagegen unschädlich, dass die Mutterunternehmen für den Entwurf und die Herstellung der Einzelteile des Triebwerks zuständig blieben; es genügte für den Vollfunktionscharakter, dass das GU für den Endzusammenbau, den Verkauf und die Vermarktung des neuen Triebwerks zuständig war.[90] Bei Verkäufen des GU an seine Gesellschafter prüft die Kommission, ob das GU trotz solcher Verkäufe dazu bestimmt ist, eine aktive Rolle im Markt zu spielen. Letzteres ist insbesondere zweifelhaft, wenn die Verkäufe nicht zu „arm's length"-Bedingungen erfolgen.

33 Unschädlich ist es allerdings, wenn ein GU nur in der **Anlaufphase** von seinen Gesellschaftern im Einkauf oder Vertrieb abhängig ist.[91] In der Fusionskontrolle erwartet die

---

[80] Komm. E. v. 6.2.1991 IV/M.058 Rdnr. 8 – *Baxter/Nestlé/Salvia.*

[81] Komm. E. v. 13.4.1992 IV/M.168 Rdnr. 17 ff. – *Flachglas/VEGLA:* 75% des Budgets des GU waren für Subunternehmerkosten vorgesehen.

[82] Konsolidierte Mitteilung der Komm. v. 10.7.2007 zu Zuständigkeitsfragen, Rdnr. 94; vgl. z. B. Komm. E. v. 7.7.1995 IV/M.585 Rdnr. 8 – *Voest Alpine Anlagenbau/Davy International.*

[83] Konsolidierte Mitteilung der Komm. v. 10.7.2007 zu Zuständigkeitsfragen, Rdnr. 95.

[84] Vgl. z. B. Komm. E. v. 5.7.1993 IV/M.285 Rdnr. 13 – *Pasteur-Mérieux/Merck.*

[85] Konsolidierte Mitteilung der Komm. v. 10.7.2007 zu Zuständigkeitsfragen, Rdnr. 102; vgl. z. B. Komm. E. v. 10.2.1998 IV/M.1105, Rdnr. 6 – *Tengelmann/Gruppo PAM.*

[86] Vgl. z. B. Komm. E. v. 1.10.1997 IV.M979 Rdnr. 9 – *Preussag/Voest-Alpine.*

[87] Vgl. z. B. Komm. E. v. 13.9.1993 IV/M.353 Rdnr. 6 f. – *British Telecom/MCI.*

[88] Vgl. im Einzelnen die Konsolidierte Mitteilung der Komm. v. 10.7.2007 zu Zuständigkeitsfragen, Rdnr. 97 ff.; Komm. E. v. 6.11.1995 IV/M.544 Rdnr. 15 f. – *Unisource/Telefónica;* Komm. E. v. 25.3.1996 IV/M.711 Rdnr. 12 ff. – *Generali/Unicredito,* bestätigt durch EuG U. v. 4.3.1999 Rs T-87/96 Slg. 1999, II-203 Rdnr. 70 ff. – *Assicurazioni Generali und Unicredito/Komm.;* Komm. E. v. 2.4.1997 IV/M.904 Rdnr. 8 ff. – *RSB/TENEX/Fuel Logistic;* Mitteilung der Komm. v. 21.10.1998 nach Art. 19 Abs. 3 der VO Nr. 17 ABl. 1998 C 322/6 Abschn. 2.1 – *BiB;* Mitteilung der Komm. v. 25.9.1999 nach Art. 19 Abs. 3 der VO Nr. 17 ABl. 1999 C 272/14 Rdnr. 5 – *Solvay/Sisecam.*

[89] Zu Letzterem vgl. Komm. E. v. 3.9.1996 IV/M.788 Rdnr. 10 – *AgrEvo/Marubeni;* Komm. E. v. 3.10.2008 COMP/M.5241 Rdnr. 12 f. – *American Express/Fortis/Alpha Card.*

[90] Komm. E. v. 14.9.1999 ABl. 2000 L 58/16 Rdnr. 67 f. – *GEAP/P&W.*

[91] Konsolidierte Mitteilung der Komm. v. 10.7.2007 zu Zuständigkeitsfragen, Rdnr. 97; Komm. E. v. 11.5.1995 IV/M.560, Rdnr. 11 – *EDS/Lufthansa;* Komm. E. v. 5.2.1996 IV/M.686 Rdnr. 6 – *Nokia/Autoliv;* vgl. auch Komm. E. v. 2.4.1997 IV/M.904, Rdnr. 15 ff. – *RSB/TENEX/Fuel Logistic.*

Kommission eine glaubhafte Prognose dahin, dass das GU nach spätestens drei Jahren auf eigenen Füßen steht.[92] Es ist freilich unklar, was geschieht, wenn die Kommission ein GU als konzentrativ akzeptiert, die ursprüngliche Prognose sich dann jedoch als unzutreffend herausstellt. Soll ein in der Fusionskontrolle genehmigtes GU nach drei Jahren Art. 101 AEUV unterfallen, bloß weil es länger als geplant im Vertrieb von seinen Gesellschaftern abhängig ist? Umgekehrt ist auch nicht geklärt, wie ein GU zu behandeln ist, das nach der ursprünglichen Prognose zu sehr von seinen Gesellschaftern abhing, um sich als konzentrativ zu qualifizieren, dann aber doch am Markt Eigenständigkeit entwickelt. Dann noch ein Fusionskontrollverfahren durchzuführen, ist problematisch, wenn der Übergang fließend ist und nicht von einer identifizierbaren Entscheidung der Gesellschafter abhängt. Umgekehrt fällt ein derart entstandenes Vollfunktions-GU nicht mehr unter Art. 101 Abs. 1 AEUV.

Kooperativ sind schließlich auch GU, die **nicht auf Dauer** angelegt sind. Hierzu gehö- 34
ren GU, die von vornherein nur für einen kurzen, begrenzten Zeitraum gegründet werden[93] oder zur Erfüllung eines Zwecks, der sich zwangsläufig innerhalb eines kürzeren Zeitraums erledigt. Dies dürfte beispielsweise regelmäßig auf Arbeitsgemeinschaften für bestimmte Bauvorhaben zutreffen. Schlagwortmäßig werden auch diese GU der Gruppe der Teilfunktions-GU zugeordnet.

c) Koordinierung des Wettbewerbsverhaltens. Soweit die Gründung eines GU die Koordinie- 35
rung des Wettbewerbsverhaltens unabhängig bleibender Unternehmen bezweckt oder bewirkt, werden diese kooperativen Effekte nach Art. 101 Abs. 1 und 3 AEUV beurteilt. Diese Beurteilung erfolgt bei Vollfunktions-GU mit unionsweiter Bedeutung im Rahmen der FKVO über deren Art. 2 Abs. 4 und 5 (vgl. dazu auch unten § 16). Bei Vollfunktions-GU ohne unionsweite Bedeutung und bei GU, die keine Vollfunktionsunternehmen sind, erfolgt die Beurteilung über die Selbsteinschätzung der Unternehmen im Rahmen der VO Nr. 1/2003. Seit dem 1.3.1998 ist die Frage der Koordinierung des Wettbewerbsverhaltens der Gründerunternehmen keine Zuständigkeitsfrage mehr, sondern nur noch Teil der materiellrechtlichen Prüfung nach Art. 101 AEUV (dazu sogleich).

2. Die Anwendung von Art. 101 AEUV. Auch wenn die kooperativen Effekte von 36
GU in verschiedenen Verfahren geprüft werden, ist die materielle Rechtsgrundlage dieselbe. Zwischen der Anwendung von Art. 101 Abs. 1 und 3 AEUV im Fusionskontrollverfahren auf Vollfunktions-GU unionsweiter Bedeutung und der nach der VO Nr. 1/2003 auf Vollfunktions-GU ohne unionsweite Bedeutung darf es deshalb keinen Unterschied geben. Dieser Gleichklang wird übrigens auch durch Art. 21 Abs. 1 FKVO betont, der die Anwendung der Verordnung Nr. 1/2003 auf Vollfunktions-GU ohne unionsweite Bedeutung nur eröffnet, soweit diese die Koordinierung des Wettbewerbsverhaltens unabhängig bleibender Unternehmen bezwecken oder bewirken. Dies entspricht dem Wortlaut von Art. 2 Abs. 4 FKVO und inhaltlich dem ersten Spiegelstrich von Art. 2 Abs. 5 FKVO.

Zweifel könnten insofern nur aus Art. 2 Abs. 5 Spstr. 2 FKVO erwachsen, wonach die 37
Kommission dort insbesondere berücksichtigt, ob die unmittelbar aus der Gründung des GU erwachsende Koordinierung den beteiligten Unternehmen die Möglichkeit eröffnet, für einen wesentlichen Teil der betreffenden Waren und Dienstleistungen den Wettbewerb auszuschalten. Das Kriterium der Möglichkeit, für einen wesentlichen Teil der betreffenden Waren und Dienstleistungen den Wettbewerb auszuschalten, entstammt Art. 101 Abs. 3 lit. b AEUV und gilt damit ebenfalls für GU im Rahmen der VO Nr. 1/2003. Es ist aber nur eines der vier Freistellungskriterien des Art. 101 Abs. 3 AEUV und wird durch seine ausdrückliche Nennung in der FKVO gegenüber den drei anderen herausgestellt. Zudem ist es dasjenige der vier Kriterien, welches den materiellen Beurteilungskriterien des Art. 2 Abs. 1 FKVO am nächsten kommt. Schon die – inzwischen überholte – Bekanntmachung der Kommission von 1993 deutete Art. 85 Abs. 3 lit. b EGV (jetzt: Art. 101 Abs. 3 lit. b

[92] Längere Anlaufphasen sind – je nach Industrie – denkbar; vgl. Komm. E. v. 6.10.2004 COMP/M.3099 Rdnr. 15 – *Areva/Urenco/ETC JV*.

[93] Konsolidierte Mitteilung der Komm. v. 10.7.2007 zu Zuständigkeitsfragen, Rdnr. 104.

AEUV) als eine absolute Grenze. GU könnten nicht freigestellt werden, wenn sie durch Zusammenfassung der Tätigkeiten der Gründer eine beherrschende Stellung erlangten, absicherten oder verstärkten.[94] In der bisherigen Praxis der Kommission lässt sich eine Tendenz feststellen, die Anwendung von Art. 101 AEUV im Fusionskontrollverfahren der bisherigen materiellen Beurteilung von Zusammenschlüssen anzunähern, d.h. – wie auch in der deutschen Praxis – im Wesentlichen einen Dominanz- und Marktstrukturtest durchzuführen. Gegen eine solche Entwicklung ist wenig einzuwenden, solange die Anwendung des Art. 101 AEUV auf GU im Rahmen der Verordnung Nr. 1/2003 keine anderen Wege geht. Es gibt nämlich keinen hinreichenden Grund, Vollfunktions-GU mit unionsweiter Bedeutung mehr von einer marktstrukturorientierteren Prüfung profitieren zu lassen als die GU gleichen Typs ohne unionsweite Bedeutung.

38 *a) Art. 101 Abs. 1 AEUV allgemein. aa) Weitere Vereinbarung nicht erforderlich.* Das Vorliegen einer Vereinbarung iSv Art. 101 Abs. 1 AEUV muss nicht mehr geprüft werden, denn eine solche Vereinbarung liegt schon in den Verträgen zur Gründung des GU.[95] Auch wenn ein Gesellschafter des GU seinen Anteil von einem Dritten erwirbt, sind die Gesellschafter mindestens über den Gesellschaftsvertrag des GU vertraglich gebunden. Die Koordinierung des Wettbewerbsverhaltens, auf die Art. 2 Abs. 4 FKVO Bezug nimmt, liegt dagegen unter der Schwelle der Vereinbarung und auch unter der des abgestimmten Verhaltens. Systematisch entspricht sie dem Tatbestandsmerkmal der Wettbewerbsbeschränkung in Art. 101 Abs. 1 AEUV.[96]

39 *bb) Wettbewerbsneutrale GU.* In bestimmten Fällen ist die Anwendung von Art. 101 Abs. 1 AEUV von vornherein ausgeschlossen.[97] Dies gilt beispielsweise für GU, deren Gründer demselben Konzern angehören und für GU unterhalb der Spürbarkeitsschwelle von geringer wirtschaftlicher Bedeutung im Sinne der Bekanntmachung von 2014, also für GU, bei denen die beteiligten Unternehmen (einschließlich des GU) grundsätzlich zusammen nur einen Marktanteil von weniger als 10% (oder im Falle eines vertikalen GU von weniger als 15%) halten.[98]

40 Art. 101 Abs. 1 AEUV kommt ohnehin nicht in Betracht für GU mit wettbewerbsneutralen Aufgaben iSd – grundsätzlich überholten – **Kooperationsbekanntmachung** von 1968,[99] die den Wettbewerb nicht beschränken, weil die GU ausschließlich der Beschaffung von Informationen nicht vertraulicher Art und damit der Vorbereitung selbständiger unternehmerischer Entscheidungen dienen, weil die GU ausschließlich die Betriebsführung zum Gegenstand haben, weil die GU ausschließlich marktferne Tätigkeiten betreffen oder weil die GU ausschließlich technisch-organisatorischer Natur sind. In diese Kategorie ge-

[94] Bek. der Komm. v. 16.2.1993 über die Beurteilung kooperativer GU ABl. 1993 C 43/2, Rdnr. 58.

[95] *Wiedemann,* Fs. Ulmer, 1031, 1040; *Schroeder,* WuW 2004, 893, 895f.; aA *Lüder,* Konzentrative und kooperative Gemeinschaftsunternehmen: Jenseits der Dichotomie, 75f., 82f.; *Kuhn,* Kooperative Aspekte von Gemeinschaftsunternehmen im Europäischen Kartellrecht, 175ff., 205, der die Regelung in Art. 2 Abs. 4 FKVO für einen uneingeschränkten Rechtsgrundverweis auf Art. 81 Abs. 1 und 3 EG hält.

[96] Vgl. *Schroeder,* WuW 2004, 893, 896.

[97] Vgl. hierzu schon die – überholte – Bek. der Komm. v. 16.2.1993 über die Beurteilung kooperativer GU ABl. 1993 C 43/2, Rdnr. 15.

[98] Bek. der Komm. v. 30.8.2014 über Vereinbarungen von geringer Bedeutung, die im Sinne des Art. 101 Abs. 1 AEUV den Wettbewerb nicht spürbar beschränken (De-minimis-Bekanntmachung) ABl. 2014 C 291/1, Rdnr. 8ff.

[99] Bek. der Komm. v. 29.7.1968 über Vereinbarungen, Beschlüsse und aufeinander abgestimmte Verhaltensweisen, die eine zwischenbetriebliche Zusammenarbeit betreffen, ABl. 1968 C 75/3, berichtigt in ABl. 1968 C 93/14, Abschn. II Ziff. 1 bis 4; die Kooperationsvereinbarung von 1968 ist allerdings zunächst förmlich durch die Leitlinien zur Anwendbarkeit von Art. 81 EG auf Vereinbarungen über horizontale Zusammenarbeit ersetzt worden, vgl. ABl. 2001 C 3/2 Rdnr. 8, die ihrerseits wiederum durch die Leitlinien zur Anwendbarkeit von Art. 101 AEUV auf Vereinbarungen über horizontale Zusammenarbeit, ABl. 2011 C 11/1.

hören auch **Arbeitsgemeinschaften** zur Ausführung von Aufträgen, die die beteiligten Unternehmen für sich allein nicht durchführen können, auch soweit diese Unternehmen an sich miteinander im Wettbewerb stehen.[100]

b) Art. 101 Abs. 1 AEUV bei Vollfunktions-GU. aa) Nur künftiges Verhältnis der Gründer zueinander. Es kommt darauf an, ob die Gründung eines GU die Koordinierung des Wettbewerbsverhaltens unabhängig bleibender Unternehmen bezweckt oder bewirkt. Mit der Koordinierung des Wettbewerbsverhaltens unabhängig bleibender Unternehmen ist nur eine Koordinierung des Wettbewerbsverhaltens der **Gründerunternehmen im Verhältnis zueinander** gemeint, nicht dagegen im Verhältnis eines Gründerunternehmens zum GU.[101] Dies entsprach auch schon der Kommissionspraxis in der Zeit, in der die Unwahrscheinlichkeit der Koordinierung noch ein Zuständigkeitskriterium war.[102] 41

Ob die Gründer eines Vollfunktions-GU vor dessen Gründung in Bezug auf die in das GU eingebrachten Tätigkeiten aktuelle oder potentielle Wettbewerber waren, ist ohne Belang. Ist nach Gründung des GU aktuell nur noch höchstens einer der Gründer im Markt des GU (oder in verwandten Märkten) tätig, greift Art. 101 Abs. 1 AEUV nicht ein. Der mit der Gründung des GU verbundene Rückzug des oder der anderen Gründer vom Markt des GU und der konkludente oder ausdrückliche Verzicht darauf, vom potentiellen Wettbewerber zum aktuellen zu werden, sind Strukturänderungen, die nicht im Rahmen des Art. 101 Abs. 1 AEUV, sondern nur in der Fusionskontrolle geprüft werden. Bei Vollfunktions-GU ohne unionsweite Bedeutung findet diese Prüfung ausschließlich in der nationalen Fusionskontrolle statt. Gleiches gilt für die Auswirkungen des GU auf die Stellung Dritter. Die Auswirkungen auf Dritte werden ausschließlich als Strukturänderungen in der EU- oder nationalen Fusionskontrolle, nicht aber im Rahmen von Art. 101 Abs. 1 AEUV geprüft. 42

bb) Bezwecken oder Bewirken. Art. 101 AEUV setzt voraus, dass die Vereinbarung (hier die Gründung des GU) eine Wettbewerbsbeschränkung bezweckt oder bewirkt. Dass mit der Gründung eines GU eine Beschränkung des Wettbewerbs zwischen zwei weiterhin in einem Markt tätigen Muttergesellschaften bezweckt wird, ist eher unwahrscheinlich. Entsprechend hat die Kommission diesen Gesichtspunkt auch in fast allen bislang einschlägigen Fusionskontrollentscheidungen apodiktisch ausgeschlossen.[103] Wenn nicht besondere Um- 43

[100] Bek. der Komm. v. 29.7.1968 über Vereinbarungen, Beschlüsse und aufeinander abgestimmte Verhaltensweisen, die eine zwischenbetriebliche Zusammenarbeit betreffen, Abschn. II Ziff. 5.

[101] Dies geht u. a. aus dem 5. Erwägungsgrund der VO (EG) Nr. 1310/97 vom 30.6.1997, ABl. 1997 L 180/1, hervor, vgl. auch *Pohlmann* WuW 2003, 473, 477 ff.; vgl. weiter *Kuhn,* Kooperative Aspekte von Gemeinschaftsunternehmen im Europäischen Kartellrecht, 2006, 229 ff., 244, der dieses Ergebnis mit einer Konkretisierung des Art. 81 EG durch Art. 2 Abs. 4 und 5 FKVO begründet.

[102] Vgl. dazu die – grundsätzlich überholte – Bek. der Komm. v. 31.12.1994 über die Unterscheidung zwischen konzentrativen und kooperativen GU ABl. 1994 C 385/1, Rdnr. 17.

[103] Einzig in Komm. E. v. 3.2.2000 COMP/JV.30 Rdnr. 29 – *BVI Television (Europe) Inc/SPE Euromovies Investments Inc/Europe Movieco Partners* findet sich eine ausführlichere Analyse; vgl. im Übrigen Komm. E. v. 27.5.1998 IV/JV.1 Rdnr. 38 – *Telia/Telenor/Schibsted;* Komm. E. v. 22.6.1998 IV/JV.2 Rdnr. 35 – *ENEL/FT/DT;* Komm. E. v. 8.7.1998 IV/JV.3 Rdnr. 24 – *BT/AirTouch/Grupo Acciona/Airtel;* Komm. E. v. 4.8.1998 IV/JV.5 Rdnr. 34 – *Cegetel/Canal+/AOL/Bertelsmann;* Komm. E. v. 11.8.1998 IV/JV.4 Rdnr. 28 – *Orange/Viag;* Komm. E. v. 18.8.1998 IV/JV.9 Rdnr. 30 – *Telia/Sonera/Motorola/UAB Omnitel;* Komm. E. v. 15.9.1998 IV/JV.11 Rdnr. 35 – *@Home Benelux B.V.;* Komm. E. v. 28.9.1998 IV/JV.8 Rdnr. 29 – *WSI Webseek;* Komm. E. v. 26.11.1998 IV/JV.14 Rdnr. 31 – *PanAgora/DG Bank;* Komm. E. v. 3.12.1998 IV/M.1327 Rdnr. 22 – *NC/Canal+/CDPQ/BankAmerica;* Komm. E. v. 29.4.1999 IV/M.1449 Rdnr. 26 – *Sabena/SNECMA;* Komm. E. v. 5.5.1999 IV/JV.16 Rdnr. 25 – *Game Channel;* Komm. E. v. 10.5.1999 IV/M.1506 Rdnr. 23 – *Singapore Airlines/Rolls-Royce;* Komm. E. v. 11.8.1999 IV/JV.19 Rdnr. 60 – *KLM/Alitalia;* Komm. E. v. 30.9.1999 IV/JV.22 Rdnr. 51 – *Fujitsu/Siemens;* Komm. E. v. 3.12.1999 COMP/JV.24 Rdnr. 25 – *Bertelsmann/Planeta/BOL Spain;* Komm. E. v. 3.2.2000 COMP/JV.36 Rdnr. 45 – *TXU Europe/EDF London Investments;* Komm. E. v. 1.2.2000 COMP/JV.35 Rdnr. 25 – *Chemag/Beiselen/BayWa;* Komm. E. v. 21.3.2000 COMP/JV.42 Rdnr. 20 – *Asahi Glass/Mitsubishi/F2 Chemicals;* Komm. E. v. 3.5.2000 COMP/JV.44 Rdnr. 36 – *Hitachi/NEC – DRAM/JV;* Komm. verb. E. v. 22.6.2000

stände vorliegen, bedarf nur die Frage, ob die Gründung eines GU eine Koordinierung des Wettbewerbsverhaltens der Gründungsunternehmen *bewirkt,* einer genaueren Prüfung. Spillover-Effekte ergeben sich normalerweise aus der durch den Zusammenschluss geschaffenen Struktur und werden kaum auf vertraglichen Vereinbarungen beruhen.[104]

44 *cc) Wahrscheinlichkeit einer Koordinierung.* Die Kommission prüft die Wahrscheinlichkeit einer Koordinierung[105] zunächst am Maßstab des Art. 2 Abs. 5 Spstr. 1 FKVO und berücksichtigt, ob es auf dem Markt des GU oder auf einem diesem vor- oder nachgelagerten Markt oder auf einem benachbarten eng mit ihm verknüpften Markt[106] eine nennenswerte und gleichzeitige Präsenz von zwei oder mehr Gründerunternehmen gibt. Für eine Koordinierung kommen nur solche Märkte in Frage, auf denen das GU und mindestens zwei der Gründerunternehmen präsent sind, sowie vor- oder nachgelagerte oder benachbarte oder eng verknüpfte Märkte, auf denen mindestens zwei der Gründerunternehmen präsent bleiben.[107] Gibt es keine solchen Märkte, ist die Prüfung abgeschlossen; es besteht keine Wahrscheinlichkeit einer Koordinierung des Wettbewerbsverhaltens der Gründerunternehmen im Verhältnis zueinander.[108] Dies ist der Fall, wenn auf den in Betracht kommenden Märkten entweder kein oder nur ein Gründerunternehmen tätig ist.[109] Eine Präsenz als Handelsvertreter des GU ist unbeachtlich, denn sie ist diesem, nicht der Muttergesellschaft zuzurechnen.[110] Ein GU ist auf einem Produktmarkt nicht vertreten, wenn es das Produkt ausschließlich für einen der Gesellschafter produziert und der andere Gesellschafter insoweit weder an Entscheidungen beteiligt noch informationsberechtigt ist.[111]

COMP/HV. 40 – *Canal+/Lagardère* und COMP/JV.47 *Canal+/Lagardère/Liberty Media* Rdnr. 45, 48, 49; Komm. E. v. 6.10.2004 COMP/M.3099 Rdnr. 223 – *Areva/Urenco/ETC JV;* Komm. E. v. 3.5.2005 COMP/M.3178 Rdnr. 166 – *Bertelsmann/Springer/JV;* vgl. aber auch Komm. E. v. 5.7.2002 COMP/37 730 ABl. 2002 L 242/25 Rdnr. 42 – *Austrian Airlines/Lufthansa.*

[104] *Faull/Nikpay-Christensen/Owen/Sjöblom,* Rdnr. 4.70 a. E.

[105] Hierzu auch *Wiedemann,* § 16 Rdnr. 146 ff.

[106] In der deutschen Fassung heißt es zwar „auf einem benachbarten *oder* eng mit ihm verknüpften Markt". Aus anderen Sprachfassungen („in a neighbouring market closely related to this market", „sur un marché voisin étroitement lié à ce marché", „su un mercato contiguo strettamente legato a detto mercato") ergibt sich jedoch, dass das „oder" ein Redaktionsversehen ist; vgl. hierzu schon *Wiedemann,* Fs. Ulmer, 1031, 1033 Fn. 8.

[107] Vgl. Komm. E. v. 5.5.1999 IV/JV.16 Rdnr. 19 – *Game Channel;* Komm. E. v. 1.12.1999 COMP/JV.26 Rdnr. 27 – *FreeCom/Dangaard Holding;* Komm. E. v. 1.2.2000 COMP/JV.35 Rdnr. 21 – *Chemag/Beiselen/BayWa; Temple Lang,* Business Law International 1999, 1 (3); in Komm. E. v. 12.9.2007 COMP/M.4760 – *Amadeus/Sabre/JV* stellt die Komm. gleichwohl noch weitere Überlegungen an, obwohl der Markt, auf dem die Mütter konkurrierten weder der des GU war noch ein diesem vor- oder nachgelagerter noch ein eng verbundener (aaO Rdnr. 24, 26), vermutlich weil die Marktanteile der Mütter sehr hoch waren und Dritte Bedenken geäußert hatten.

[108] Vgl. Komm. E. v. 28.9.1998 IV/JV.8 Rdnr. 25 – *WSI Webseek;* Komm. E. v. 11.8.1999 IV/JV.19 Rdnr. 61 f. – *KLM/Alitalia;* Komm. E. v. 28.2.2000 COMP/JV.32 Rdnr. 68 – *Granaria/Ültje/Intersnack/May-Holding;* Komm. E. v. 12.5.2000 COMP/JV.45 Rdnr. 24 – *Bertelsmann/Kooperativa Förbundet (KF)/BOL Nordic;* Komm. E. v. 25.2.2010 COMP/M.5729 Rdnr. 17 – *Bank of America/Barclays Bank/DSI International.*

[109] Vgl. insoweit noch Komm. E. v. 27.5.1998 IV/JV.1 Rdnr. 31 f. – *Telia/Telenor/Schibsted;* Komm. E. v. 11.8.1998 IV/JV.6 Rdnr. 22 – *Ericsson/Nokia/Psion;* Komm. E. v. 15.9.1998 IV/JV.11 Rdnr. 28 – *@Home Benelux B. V.;* Komm. E. v. 5.5.1999 IV/JV.16 Rdnr. 21 f. – *Game Channel;* Komm. E. v. 30.9.1999 IV/JV.22 Rdnr. 37 – *Fujitsu/Siemens;* Komm. E. v. 1.12.1999 COMP/JV.26 Rdnr. 28 – *FreeCom/Dangaard Holding;* Komm. E. v. 20.12.1999 COMP/JV.29 Rdnr. 19 – *Lafarge/Readymix;* es ist unverständlich, warum die Komm. in E. v. 17.12.2008 COMP/M.5398 Rdnr. 24ff – *Hutchison/Evergreen* – und in E. v. 25.10.2010 COMP/M.5974 Rdnr. 30ff – *Finavias/Abertis/Autopista Trados M-45* – Spillover-Effekte zwischen den Gründern prüfte, obwohl sich diese nur in einem Vertikalverhältnis gegenüberstanden und keiner auf dem Markt des jeweils anderen tätig war; noch kurioser ist allerdings die E. der Komm. v. 31.3.2015 COMP/M.7476 Rdnr. 140 ff. – *Holtzbrinck Publishing Group/Springer Science + Business Media GP Acquisition SCA/JV,* in der die Kommission eine mögliche Koordinierung zwischen dem GU und einem seiner Gesellschafter prüfte (und verneinte).

[110] Vgl. aber Komm. E. v. 30.1.2001 COMP/JV.54 Rdnr. 86 – *Smith & Nephew + Beiersdorf/JV.*

[111] Vgl. Kom. E. v. 22.12.2000 COMP/M.2243 Rdnr. 36 ff. – *Stora Enso/Assidomän/JV.*

Märkten, auf denen nur eine Muttergesellschaft vertreten ist, sind Märkte gleichgestellt, **45**
auf denen zwar mehr als ein Gründerunternehmen vertreten ist, jedoch keines oder nur eines von ihnen[112] über eine nennenswerte Präsenz verfügt **(Bagatellpräsenz).** Auch in diesen Fällen besteht keine Wahrscheinlichkeit einer Koordinierung des Wettbewerbsverhaltens.[113] Dogmatisch kann man in solchen Fällen natürlich auch bei der Spürbarkeit ansetzen: unabhängig davon, ob eine Koordinierung wahrscheinlich ist, könnte sie sich ohnehin nicht in spürbarer Weise auswirken, wenn nur ein Gründerunternehmen auf dem betroffenen Markt über eine nennenswerte Präsenz verfügt.

Darauf, ob ein zweites Gründerunternehmen **potentiell** in einen Markt **eintreten** **46**
könnte, auf dem schon ein Gründerunternehmen tätig ist, kommt es nicht an, denn Art. 2 Abs. 5 Spstr. 1 FKVO stellt auf die **Präsenz** wenigstens zweier Muttergesellschaften auf einem Kandidatenmarkt ab, nicht auf potentielle Wettbewerbsverhältnisse.[114] Die Praxis der Kommission ist jedoch uneinheitlich. In einer Reihe von Entscheidungen, insbesondere frühen Telekom- und Internetfällen, stellt sie auf einen möglichen oder wahrscheinlichen Eintritt von Gründerunternehmen in Märkte des GU oder eng mit diesen verbundene Märkte ab.[115] In anderen Fällen kommt sie zum Ergebnis, dass ein Markteintritt nicht wahrscheinlich ist.[116] Im Fall *KLM/Alitalia*[117] wurde dagegen die Wartung von Flugzeugen des Typs *Boeing 737* richtiger Weise vernachlässigt, obwohl der Kommission bekannt war, dass beide Muttergesellschaften planten, dieses Geschäft aufzunehmen.

Werden dagegen ein oder mehrere solche Märkte identifiziert, auf denen wenigstens **47**
zwei Gründerunternehmen tätig sind und auch nach Gründung des GU tätig bleiben werden („candidate markets" – **Kandidatenmärkte**), in denen es also zu Gruppeneffekten[118] oder Spillover-Effekten[119] kommen könnte, heißt das noch nicht, dass eine Koordinierung des Wettbewerbsverhaltens der Gründerunternehmen wahrscheinlich ist. Dies muss dann für den betroffenen Markt weiter geprüft werden.

Die Märkte, auf denen das GU tätig ist oder tätig werden soll, und die vor- bzw. nachgela- **48**
gerten Märkte werden normalerweise leicht zu identifizieren sein. **Vorgelagerte Märkte** sind Märkte, auf denen Rohmaterialien, Vorprodukte oder Hilfsstoffe angeboten werden, die in der Herstellung von Produkten eines Marktes, auf dem das GU tätig ist, eingesetzt werden. Dabei ist nicht erforderlich, dass das GU selbst solche vorgelagerten Produkte einsetzt;[120] zu einer erheblichen Koordinierung der Gründerunternehmen im vorgelagerten Markt könnte es auch kommen, wenn nur Wettbewerber des GU auf die Vorprodukte angewiesen sind. Wenn das GU aber nur in geringem Umfang von den auf einem vorgelagerten Markt präsen-

---

[112] Vgl. Komm. E. v. 1.9.2000 COMP/JV.51 Rdnr. 25 f. – *Bertelsmann/Mondadori/BOL ITALIA.*

[113] Vgl. Komm. E. v. 21.12.1999 COMP/JV.25 Rdnr. 23 – *Time Warner, Sony/CDnow,* Komm. E. v. 31.3.2000 IV/M.1885 Rdnr. 12 – *Babcock Borsing/VA Technologie/Pipe-Tec* – in diesem Fall spielte auch eine Rolle, dass die bei den Müttern verbleibenden Aktivitäten weitgehend akzessorisch zu ihren anderen Tätigkeiten waren.

[114] AA wohl *Faull/Nikpay-Christensen/Owen/Sjöblom* Rdnr. 4.47, die meinen, dass spürbare Wirkungen auf den potentiellen Wettbewerb zwischen den Gründern auch unter Art. 2 Abs. 4 FKVO fallen könnten, und *Temple Lang,* Business Law International 1999, 1, 15 ff.

[115] Vgl. Komm. E. v. 22.6.1998 IV/JV.2 Rdnr. 32 – *ENEL/FT/DT;* Komm. E. v. 4.8.1998 IV/JV.5 Rdnr. 37 – *Cegetel/Canal+/AOL/Bertelsmann;* Komm. E. v. 14.8.1998 IV/JV.7 Rdnr. 28 – *Telia/Sonera/Lietuvos Telekomas;* Komm. E. v. 18.8.1998 IV/JV.9 Rdnr. 29 – *Telia/Sonera/Motorola/UAB Omnitel;* Komm. E. v. 15.9.1998 IV/JV.11 Rdnr. 29 ff. – *@Home Benelux B.V.*; Komm. E. v. 28.9.1998 IV/JV.8 Rdnr. 26 – *WSI Webseek;* Komm. E. v. 26.11.1998 IV/JV.14 Rdnr. 29 – *PanAgora/DG Bank;* Komm. E. v. 10.5.1999 IV/M.1506 Rdnr. 23 – *Singapore Airlines/Rolls-Royce.*

[116] Komm. E. v. 21.5.1999 IV/JV.17 Rndr. 20 – *Mannesmann/Bell Atlantic/Omnitel;* Komm. E. v. 1.6.1999 IV/JV.18 Rdnr. 35 – *Chronopost España.*

[117] Komm. E. v. 11.8.1999 IV/JV.19 Rdnr. 63, 65 – *KLM/Alitalia.*

[118] Vgl. grundlegend den 11. EGKS-Gesamtbericht der Hohen Behörde, 1963, Rdnr. 346/349 – *Sidmar.*

[119] Komm. E. v. 17.8.1999 IV/JV.21 Rdnr. 34 – *Skandia/Storebrand/Pohjola.*

[120] Dies war aber beispielsweise der Fall in Komm. E. v. 2.6.1999 IV/M.1484 Rdnr. 65 – *Alstom/ABB* und in Komm. E. v. 30.9.1999 IV/JV.22 Rdnr. 43 – *Fujitsu/Siemens.*

ten Gründern bezieht, reduziert sich die Wahrscheinlichkeit einer Koordinierung auf diesen Markt.[121] **Nachgelagerte Märkte** sind entsprechend Märkte, auf denen die Produkte aus einem Markt, auf dem das GU tätig ist, als Rohmaterial, Vorprodukt oder Hilfsstoff eingesetzt werden können. Während sich vor- und nachgelagerte Märkte in Produktionsindustrien normalerweise leicht identifizieren lassen, ist dies bei Dienstleistungen, insbesondere in der Telekommunikation, schwieriger. Im Zweifelsfall wird man hier auf den Begriff des eng verbundenen Marktes ausweichen müssen.

49 Obwohl der Wortlaut der deutschen Fassung von Art. 2 Abs. 5 FKVO davon auszugehen scheint, dass benachbarte und eng verbundene Märkte etwas Unterschiedliches sind („auf einem benachbarten *oder* eng mit ihm verknüpften Markt"), ist dies, wie die anderen Sprachfassungen der FKVO zeigen,[122] ein Redaktionsversehen.[123] Es geht also in Wirklichkeit um **benachbarte eng verknüpfte Märkte.** Benachbart kann sowohl räumlich benachbart[124] als auch sachlich benachbart[125] bedeuten. Entscheidend ist in beiden Fällen, dass die Märkte ähnliche Merkmale hinsichtlich Technik, Kunden, Lieferanten und Wettbewerbern aufweisen.[126] Die Ähnlichkeit allein genügt jedoch nicht, es muss zwischen den Märkten auch eine **Reaktionsverbundenheit** geben, so dass es bei einer Koordinierung des Wettbewerbsverhaltens von Anbietern in dem einen Markt zu nennenswerten Auswirkungen auf dem anderen Markt kommen kann. Das ist beispielsweise der Fall, wenn die Produktionstechnologien ähnlich sind und die Ergebnisse von Forschung und Entwicklung in dem einen Markt in dem anderen verwendet werden können.[127] Tendenziell verneint wurde es für das Verhältnis von Eilkurierzustellung und Finanzdienstleistungen.[128]

50 Auch bei nennenswerter Präsenz von zwei oder mehr Muttergesellschaften auf einem Kandidatenmarkt besteht keine Wahrscheinlichkeit einer Koordinierung ihres Wettbewerbsverhaltens, wenn es für eine solche Koordinierung **keinen wirtschaftlichen Anreiz** gibt.[129] Das Fehlen eines solchen Anreizes kann sich einerseits aus der **geringen wirtschaftlichen Bedeutung** der Aktivitäten der Muttergesellschaften **auf dem Kandidatenmarkt,** andererseits aber auch aus der **geringen Bedeutung des GU** im Vergleich zu den anderen Aktivitäten der Gründer[130] ergeben. Ersteres ist beispielsweise der Fall, wenn

---

[121] Vgl. Komm. E. v. 4.8.1998 IV/JV.5 Rdnr. 37 – *Cegetel/Canal+/AOL/Bertelsmann;* Komm. E. v. 15.9.1998 IV/JV.11 Rdnr. 38 – *@Home Benelux B. V.;* Komm. E. v. 2.6.1999 IV/M.1484 Rdnr. 65 – *Alstom/ABB.*

[122] Im Englischen: „in a neighbouring market closely related to this market"; im Französischen: „sur un marché voisin étroitement lié à ce marché"; im Italienischen: „su un mercato contiguo strettamente legato a detto mercato".

[123] So schon *Wiedemann,* Fs. Ulmer, 1031, 1033 Fn. 8.

[124] Ein anschauliches Beispiel findet sich in Komm. E. v. 21.5.1999 IV/M.1255 Rdnr. 19–24 – *Flughafen Berlin;* die Einzugsbereiche der Flughäfen Frankfurt, Düsseldorf und Berlin überschneiden sich nur marginal; weitere Beispiele sind Komm. E. v. 26.11.1998 IV/JV.14 Rdnr. 29 – *PanAgora/DG Bank;* Komm. E. v. 3.12.1998 IV/M.1327 Rdnr. 20 – *NC/Canal+/CDPQ/BankAmerica.*

[125] Vgl. etwa Komm. E. v. 30.3.1999 IV/JV.15 Rdnr. 172f. – *BT/AT&T;* Komm. E. v. 3.5.2000 COMP/JV.44 Rdnr. 33, 39 – *Hitachi/NEC – DRAM/JV.*

[126] Vgl. hierzu schon die – grundsätzlich überholte – Bekanntmachung der Komm. v. 31.12.1994 über die Unterscheidung zwischen konzentrativen und kooperativen Gemeinschaftsunternehmen, ABl. 1994 C 385/1 Rdnr. 18 Spstr. 7.

[127] Komm. E. v. 3.5.2000 COMP/JV.44 Rdnr. 33 – *Hitachi/NEC – DRAM/JV.*

[128] Komm. E. v. 1.6.1999 IV/JV.18 Rdnr. 37 – *Chronopost España.*

[129] Vgl. Komm. E. v. 3.5.2005 COMP/M.3178 Rdnr. 167 ff. – *Bertelsmann/Springer/JV.*

[130] Zu letzterem vgl. z. B. Komm. E. v. 11.8.1998 IV/JV.6 Rdnr. 38 – *Ericsson/Nokia/Psion;* Komm. E. v. 2.8.1999 IV/M.1504 Rdnr. 24 – *NSR/VSN/CMI/IGO Plus;* Komm. E. v. 3.12.1999 COMP/JV.24 Rdnr. 26 – *Bertelsmann/Planeta/BOL Spain;* Komm. E. v. 17.12.1999 COMP/JV.23 Rdnr. 29 – *Telefónica/Portugal Telecom/Médi Telecom;* Komm. E. v. 30.9.1999 COMP/M.2025 Rdnr. 9 – *GE Capital/BTPS/MEPC;* Komm. E. v. 14.5.2001 COMP/M.2315 Rdnr. 39 – *The Airline Group/NATS;* Komm. E. v. 15.11.2004 COMP/M.3464 Rdnr. 63 – *Kesko/ICA/JV;* Komm. E. v. 5.11.2004 COMP/M.3419 Rdnr. 32 – *Adecco/Manpower/Vediorbis/JV;* Komm. E. v. 3.5.2005 Rdnr. 168 – *Bertelsmann/Springer/JV;* Komm. E. v. 22.3.2005 COMP/M.3511 Rdnr. 54 – *Wiener Börse/Budapest Stock Exchange/Budapest Commodity Exchange/KELER/JV;* Komm. E. v. 19.7.2006 COMP/M.4170

der Teil der Aktivitäten der Muttergesellschaften auf dem vorgelagerten Kandidatenmarkt, der mit dem nachgelagerten Markt des GU in Beziehung steht, für die Muttergesellschaften nur von nachgeordneter Bedeutung ist.[131] Insoweit ist auch das **Größenverhältnis der betroffenen Märkte** von Bedeutung. Die Wahrscheinlichkeit einer Koordination des Wettbewerbsverhaltens der Gründer reduziert sich, wenn der Kandidatenmarkt größer und wirtschaftlich bedeutender und umgekehrt der Markt des GU weniger bedeutend ist.[132] Das Gleiche gilt, wenn das Geschäft auf dem Kandidatenmarkt **profitabler** ist als das Geschäft des GU[133] und wenn der Markt, auf dem das GU tätig ist, nur **geringe strategische Bedeutung** hat.[134] Es fehlt aber auch an einem wirtschaftlichen Anreiz zur Koordination, wenn die Gesellschafter **unterschiedliche wirtschaftliche Ziele** verfolgen[135] oder **unterschiedlich starke Positionen** auf dem Kandidatenmarkt haben.[136]

Rdnr. 55 – *LSG Lufthansa Service Holding/Gate Gourmet Switzerland;* Komm. E. v. 12.9.2007 COMP/M.4760 Rdnr. 23, 26 – *Amadeus/Sabre/JV;* Komm. E. v. 24.9.2007 COMP/M.4806 Rdnr. 29 – *DSB/First/Öresundståg;* Komm. E. v. 11.11.2008 COMP/M.4922 Rdnr. 23 – *EMCC;* Komm. E. v. 5.6.2008 COMP/M.5066 Rdnr. 41 – *Eurogate/APMM;* Komm. E. v. 14.8.2008 COMP/M.5154 Rdnr. 28 – *CASC JV;* Komm. E. v. 8.9.2009 COMP/M.5533 Rdnr. 78 – *Bertelsmann/KKR/JV;* Komm. E. v. 21.1.2010 COMP/M.5676 Rdnr. 58 – *SevenOne Media/G + J Electronic Media Sales/Tomorrow Focus Portal/IP Deutschland/JV;* Komm. E. v. 25.2.2010 COMP/M.5729 Rdnr. 17 – *Bank of America/Barclays Bank/DSI International;* Komm. E. v. 5.7.2010 COMP/M.5838 Rdnr. 75 – *Bertelsmann/Planeta/Circulo;* Komm. E. v. 17.6.2010 COMP/M.5841 Rdnr. 30 – *Cathay Pacific Airways/Air China/ACC;* Komm. E. v. 15.9.2010 COMP/M.5911 Rdnr. 89 – *TenneT/Elia/Gasunie/APX-Endex;* Komm. E. v. 25.10.2010 COMP/M.5974 Rdnr. 29 – *Finavias/Abertis/Autopista Trados M-45;* Komm. E. v. 11.4.2011 COMP/M.6068 Rdnr. 65 – *ENI/AcegasAps/JV;* Komm. E. v. 20.7.2011 COMP/M.6150 Rdnr. 63 – *Veolia Transport/Trenitalia/JV;* Komm. E. v. 30.8.2011 COMP/M.6315 Rdnr. 36 – *Hochtief/Geosea/Beluga Hochtief Offshore JV;* Komm. E. v. 3.10.2011 COMP/M.6141 Rdnr. 104 – *China National Agrochemical Corporation/Koor Industries/Makhteshim Agan Industries;* Komm. E. v. 2.4.2012 COMP/M.6305 Rdnr. 56 – *DFDS/C.RO Ports/Älvsborg;* Komm. E. v. 23.8.2012 COMP/M.6638 Rdnr. 19 – *ABN Amro/Rabobank/Landsbanki/Heiploeg;* Komm. E. v. 4 9. 2012 COMP/M.6314 Rdnr. 585 – *Telefónica UK/Vodafone UK/Everything Everywhere/JV;* Komm. E. v. 20.9.2012 COMP/M.6485 Rdnr. 23 – *Euler Hermes/Mapfre/ Mapfre CC;* Komm. E. v. 22.4.2013 COMP/M.6841 Rdnr. 29 – *Goldman Sachs/TPG Lundy/Tulloch Homes Group Limited;* Komm. E. v. 13.5.2013 COMP/M.6889 Rdnr. 28 – *Sogecap/Cardif/Ensemble Immobilier Clichy-La-Garenne;* Komm. E. v. 16.9.2014 COMP/M.7282 Rdnr. 76 – *Liberty Global/Discovery/All3Media;* Komm. E. v. 20.1.2015 COMP/M.7464 Rdnr. 63 – *Bladt Industries/EEW Special Pipe Constructions/TAG Energy Solutions Limited's Assets;* erstaunlich dagegen der Ansatz von *Faull/Nikpay-Christensen/Owen/Sjöblom* Rdnr. 4.76 a. E., die meinen, es sei wahrscheinlicher, dass Muttergesellschaften ein kleines GU zur Abstimmung größerer, bei ihnen verbliebener Aktivitäten benutzten, als umgekehrt.

[131] Vgl. Komm. E. v. 18.8.1998 IV/M.1135 Rdnr. 16 – *Elf/Texaco – Antifreeze JV;* Komm. E. v. 28.2.2000 COMP/JV.39 Rdnr. 27 – *Bertelsmann/Planeta/Nuevas Ediciones de Bolsillo (NEB).*

[132] Vgl. Komm. E. v. 27.5.1998 IV/JV.1 Rdnr. 45 – *Telia/Telenor/Schibsted;* Komm. E. v. 14.8.1998 IV/JV.7 Rdnr. 30 f. – *Telia/Sonera/Lietuvos Telekomas;* Komm. E. v. 18.8.1998 IV/JV.9 Rdnr. 31 – *Telia/Sonera/Motorola/UAB Omnitel;* Komm. E. v. 22.3.2005 COMP/M.3511 Rdnr. 54 – *Wiener Börse et al./Budapest Stock Exchange/Budapest Commodity Exchange/KELER/JV;* Komm. E. v. 30.11.2010 COMP/M. 6023 Rdnr. 19 f. – *Schweizerische Post/Österreichische Post/JV.* Die Bekanntmachung der Komm. v. 31.12.1994 über die Unterscheidung zwischen konzentrativen und kooperativen Gemeinschaftsunternehmen, ABl. 1994 C 385/1 Rdnr. 18 Spstr. 7 und Rdnr. 19 Spstr. 2, verwies umgekehrt darauf, dass die gleichzeitige Tätigkeit von Gründern in einem benachbarten eng verbundenen Produktmarkt im Sinne eines Spillover-Effekts eine Koordinierung über das GU wahrscheinlich werden lassen könne, wenn dieser benachbarte Markt gemessen an dem Markt des GU von erheblicher wirtschaftlicher Bedeutung sei und eine Wechselwirkung zwischen den beiden Märkten bestehe; vgl. auch Komm. E. v. 18.1.1993 IV/M.293 Rdnr. 19 – *Philips/Thomson/SAGEM.*

[133] Komm. E. v. 30.11.2010 COMP/M. 6023 Rdnr. 19 f. – *Schweizerische Post/Österreichische Post/JV.*

[134] Komm. E. v. 30.11.2010 COMP/M. 6023 Rdnr. 19 f. – *Schweizerische Post/Österreichische Post/JV.*

[135] Komm. E. v. 5.6.2008 COMP/M.5066 Rdnr. 42 – *Eurogate/APMM.*

[136] Komm. E. v. 28.11.2007 COMP/M.4823 Rdnr. 44 (46) – *Yara/Praxair/JV;* Komm. E. v. 21.5. 2010 COMP/M.5781 Rdnr. 79 – *Total Holdings Europe SAS/ERP SPA/HV;* Komm. E. v. 11.4.2011 COMP/M.6068 Rdnr. 65 – *ENI/AcegasAps/JV.*

51 Sind zwei oder mehr Gründer in einem dem GU **vorgelagerten Markt** tätig, ist eine Koordinierung ihres Wettbewerbsverhaltens weniger wahrscheinlich, wenn das GU nur in unbedeutendem Umfang von ihnen bezieht.[137] Sind zwei oder mehr Gründer in einem dem GU nachgelagerten Markt tätig, ist eine Koordinierung auch dann, wenn das GU ihr Hauptlieferant ist, wenig wahrscheinlich, wenn das Produkt des GU nur einen kleinen Teil der gesamten Produktionskosten bzw. des von den Gründern hinzugefügten Mehrwerts ausmacht.[138] Die Kommission akzeptiert schließlich auch, dass eine Koordinierung des Wettbewerbsverhaltens der Gründerunternehmen auf einem vorgelagerten Markt angesichts einer vereinbarten ausschließlichen Belieferung der GU ausgeschlossen ist, auch wenn diese Vereinbarung keine zulässige Nebenabrede ist.[139] Es kann auch eine Rolle spielen, dass die Geschäftsführung des GU autonom ist und sich nicht mit der der Muttergesellschaften überschneidet.[140] Insoweit helfen auch Maßnahmen, die die Neutralität des GU sicherstellen und den **Informationsfluss zwischen den Gründerunternehmen und dem GU beschränken.**[141]

52 Im Übrigen beurteilt die Kommission die Wahrscheinlichkeit einer Koordinierung auf der Grundlage einer **Marktstrukturanalyse.** Die Faktoren, auf die sich die Kommission dabei stützt, entstammen der klassischen Fusionskontrollprüfung, sei es dem Dominanztest, sei es der Oligopolprüfung: die Kommission bezieht sich beispielsweise auf die Marktanteile der Parteien, die Stärke der Wettbewerber,[142] Markteintritte,[143] potentiellen Wettbewerb,[144] niedrige Markteintrittsschranken,[145] die Nachfragemacht[146] und die rapide technologische Entwicklung des Marktes.[147] In regulierten Märkten ist die Wahrscheinlichkeit

---

[137] Vgl. Komm. E. v. 4.8.1998 IV/JV.5 Rdnr. 37 – *Cegetel/Canal+/AOL/Bertelsmann;* Komm. E. v. 15.9.1998 IV/JV.11 Rdnr. 38 –*@Home Benelux B. V.;* vgl. auch die Bekanntmachung der Komm. v. 31.12.1994 über die Unterscheidung zwischen konzentrativen und kooperativen Gemeinschaftsunternehmen, ABl. 1994 C 385/1 Rdnr. 18 Spstr. 6.

[138] Vgl. Komm. E. v. 11.8.1998 IV/JV.6 Rdnr. 31 – *Ericsson/Nokia/Psion;* Komm. E. v. 3.5.2005 COMP/M.3178 Rdnr. 167 – *Bertelsmann/Springer/JV;* vgl. insoweit auch die Bekanntmachung der Komm. v. 31.12.1994 über die Unterscheidung zwischen konzentrativen und kooperativen GU, ABl. 1994 C 385/1 Rdnr. 18 Spstr. 6.

[139] Komm. E. v. 3.2.2000 COMP/JV.30 Rdnr. 28, 30, 39 ff. – *BVI Television (Europe) Inc/SPE Euromovies Investement Inc/Europe Movieco Partners;* vgl. auch Komm. E. v. 20.9.1999 IV/M.1623 Rdnr. 32 – *Allied Signal/MTU:* die Muttergesellschaft *MTU* war durch ein „General Collaboration Agreement" mit *Pratt & Whitney* daran gehindert, mit der anderen Muttergesellschaft *(AlliedSignal)* zusammenzuarbeiten.

[140] Vgl. Komm. verb. E. v. 22.6.2000 COMP/J.40 – *Canal+/Lagadère* und COMP/JV.47 Rdnr. 48 – *Canal+/Lagadère/Liberty Media.*

[141] Vgl. Komm. E. v. 5.11.2004 COMP/M.3419 Rdnr. 32 – *Adecco/Manpower/Vediorbis/JV;* Komm. E. v. 19.7.2006 COMP/M.4170 Rdnr. 51, 53 – *LSG Lufthansa Service Holding/Gate Gourmet Switzerland;* Komm. E. v. 12.9.2007 COMP/M.4760 Rdnr. 25 f. – *Amadeus/Sabre/JV;* Komm. E. v. 22.8.2008 COMP/M. 4922 Rdnr. 20 – *EMCC;* Komm. E. v. 14.7.2008 COMP/M.5010 Rdnr. 61 – *Berkshire Hathaway/Munich Re/GAUM;* Komm. E. v. 14.8.2008 COMP/M.5154 Rdnr. 25 – *CASC JV;* Komm. E. v. 21.1.2010 COMP/M.5676 Rdnr. 57 – *SevenOne Media/G + J Electronic Media Sales/Tomorrow Focus Portal/IP Deutschland/JV.*

[142] Vgl. Komm. E. v. 21.3.2000 COMP/JV.42 Rdnr. 22 – *Asahi Glass/Mitsubishi/F2 Chemicals;* Komm. E. v. 3.5.2000 COMP/JV.44 Rdnr. 39 – *Hitachi/NEC – DRAM/JV;* Komm. E. v. 25.10.2010 COMP/M.5974 Rdnr. 29 – *Finavias/Abertis/Autopista Trados M-45.*

[143] Vgl. Komm. E. v. 21.12.1999 COMP/JV.25 Rdnr. 26 – *Time Warner, Sony/CDnow.*

[144] Vgl. Komm. E. v. 17.8.1999 IV/JV.21 Rdnr. 38 f. – *Skandia/Storebrand/Pohjola;* Komm. E. v. 3.2.2000 COMP/JV.36 Rdnr. 50 – *TXU Europe/EDF London Investments.*

[145] Vgl. Komm. E. v. 26.11.1998 IV/JV.14 Rdnr. 32 – *PanAgora/DG Bank;* Komm. E. v. 1.2.2000 COMP/JV.35 Rdnr. 29 – *Chemag/Beiselen/BayWa.*

[146] Vgl. Komm. E. v. 30.9.1999 IV/JV.22 Rdnr. 73 – *Fujitsu/Siemens;* Komm. E. v. 1.2.2000 COMP/JV.35 Rdnr. 30 – *Chemag/Beiselen/BayWa;* Komm. E. v. 21.3.2000 COMP/JV.42 Rdnr. 22 – *Asahi Glass/Mitsubishi/F2 Chemicals;* auch Versicherungsmakler können ein Regulativ darstellen und verhindern, dass sich aus einer Koordinierung resultierende übermäßige Preise durchsetzen lassen, vgl. Komm. E. v. 17.8.1999 IV/JV.21 Rdnr. 45 – *Skandia/Storebrand/Pohjola.*

[147] Vgl. Komm. E. v. 3.5.2000 COMP/JV.44 Rdnr. 39 – *Hitachi/NEC – DRAM/JV.*

einer Koordinierung des Wettbewerbsverhaltens nach Auffassung der Kommission geringer.[148] Soweit die Kommission auch noch auf die **strukturelle Veränderung** verweist, die durch die Gründung des GU bewirkt wird,[149] bedeutet dies nur, dass bei der Durchführung des Dominanztests oder der Oligopolprüfung der Zustand nach Gründung des GU zugrunde zu legen ist, nicht die Situation vor seiner Gründung.[150]

Vereinigen die Gründerunternehmen nur **geringe Marktanteile** auf sich, ist eine Ko- 53
ordinierung unwahrscheinlich, weil sie keinen Erfolg verspricht.[151] Jeder Versuch, Preise über das Wettbewerbsniveau anzuheben, wäre aussichtslos, weil eine erhebliche Zahl von Kunden zu anderen Anbietern wechseln würde.[152] Auf den Gesichtspunkt geringer Marktanteile hat sich die Kommission beispielsweise in Fällen gestützt, in denen jene unter 15%,[153] 20%[154] oder unter 25%[155] lagen. Im Fall *Wiener Börse et al./Budapest Stock Exchange/Budapest Commodity Exchange/KELER/JV* wurden aber auch deutlich höhere Marktanteile als unproblematisch angesehen.[156]

Dogmatisch kann man natürlich insoweit hier auch bei der Spürbarkeit ansetzen. Verfü- 54
gen die Parteien nur über geringe Marktanteile, wird eine Koordinierung nicht spürbar sein. Die Kommission verwendet beide Begründungsmuster und stellt entweder darauf ab, dass eine Koordinierung unwahrscheinlich ist, oder darauf, dass selbst wenn es zu einer Koordinierung käme, diese nicht spürbar wäre.[157] Hohe Marktanteile bedeuten nicht unbedingt, dass eine Koordination wahrscheinlich ist. Die Wahrscheinlichkeit einer Koordinierung des Wettbewerbsverhaltens der Gründer in einem Kandidatenmarkt kann auch in

---

[148] Vgl. Komm. E. v. 1.6.1999 IV/JV.18, Rdnr. 38 – *Chronopost España;* Komm. E. v. 2.8.1999 IV/M.1504 Rdnr. 24 – *NSR/VSN/CMI/IGO Plus;* Komm. E. v. 3.2.2000 COMP/JV.36 Rdnr. 50 – *TXU Europe/EDF London Investments;* Komm. E. v. 15.9.2010 COMP/M.5911 Rdnr. 90 – *TenneT/Elia Gasunie/APX-Endex.*

[149] Erwähnt in Komm. E. v. 30.9.1999 IV/JV.22 Rdnr. 52, 73 – *Fujitsu/Siemens;* Komm. E. v. 1.2.2000 COMP/JV.35 Rdnr. 26 – *Chemag/Beiselen/BayWa;* Komm. E. v. 21.3.2000 COMP/JV.42 Rdnr. 21 – *Asahi Glass/Mitsubishi/F2 Chemicals;* Komm. E. v. 3.5.2000 COMP/JV.44 Rdnr. 37 – *Hitachi/NEC – DRAM/JV.*

[150] Dies gilt auch schon für die Prüfung, ob es Kandidatenmärkte gibt; vgl. etwa Komm. E. v. 22.6.1998 IV/JV.2 Rdnr. 30 – *ENEL/FT/DT:* da *ENEL* sein Telekommunikationsnetz langfristig an das Gemeinschaftsunternehmen vermietet hatte, schied es von vornherein als Wettbewerber auf Kandidatenmärkten aus; vgl. auch Komm. E. v. 27.5.1998 IV/JV.1 Rdnr. 32 – *Telia/Telenor/Schibsted.*

[151] So grundlegend schon die Hohe Behörde im 11. EGKS-Gesamtbericht, 1963, Rdnr. 346 – *Sidmar.*

[152] Vgl. Komm. E. v. 5.5.1999 IV/JV.16 Rdnr. 26 – *Game Channel;* Komm. E. v. 3.2.2000 COMP/JV.36 Rdnr. 48 – *TXU Europe/EDF London Investments.*

[153] Vgl. Komm. E. v. 27.5.1998 IV/JV.1 Rdnr. 40 – *Telia/Telenor/Schibsted;* Komm. E. v. 22.6.1998 IV/JV.2 Rdnr. 40 – *ENEL/FT/DT;* Komm. E. v. 4.8.1998 IV/JV.5 Rdnr. 35 – *Cegetel/Canal+/AOL/Bertelsmann;* Komm. E. v. 22.6.1998 IV/JV.7 Rdnr. 31 – *Telia/Sonera/Lietuvos Telekomas;* Komm. E. v. 18.8.1998 IV/JV.9 Rdnr. 31 – *Telia/Sonera/Motorola/UAB Omnitel;* Komm. E. v. 18.8.1998 IV/M.1135 Rdnr. 16f. – *Elf/Texaco – Antifreeze JV;* Komm. E. v. 15.9.1998 IV/JV.11 Rdnr. 36 – *@Home Benelux B. V.;* Komm. E. v. 21.5.1999 IV/JV.17 Rdnr. 20 – *Mannesmann/Bell Atlantic/Omnitel;* Komm. E. v. 30.9.1999 IV/JV.22 Rdnr. 61, 74 – *Fujitsu/Siemens;* Komm. E. v. 1.2.2000 COMP/JV.35 Rdnr. 27 – *Chemag/Beiselen/BayWa;* Komm. E. v. 3.2.2000 COMP/JV.36 Rdnr. 46 – *TXU Europe/EDF London Investments;* Komm. E. v. 3.5.2000 COMP/JV.44 Rdnr. 38 – *Hitachi/NEC – DRAM/JV;* Komm. E. v. 17.12.2008 COMP/M.5222 Rdnr. 39 – *Sofinco/Banco Popolare/Ducato/Agos.*

[154] Komm. E. v. 28.9.1998 IV/JV.8 Rdnr. 30 – *WSI Webseek;* Komm. E. v. 4.12.2012 COMP/M.6775 Rdnr. 27 – *TCP Cable/International Cable Holdings/Kutxabank/Euskaltel.*

[155] Vgl. Komm. E. v. 29.4.1999 IV/M.1449 Rdnr. 28 – *Sabena/SNECMA;* Komm. E. v. 3.2.2000 COMP/JV.36 Rdnr. 47 – *TXU Europe/EDF London Investments.*

[156] Komm. E. v. 22.3.2005 COMP/M.3511 Rdnr. 52 (34% und 57%) und Rdnr. 53 (30%) – *Wiener Börse et al./Budapest Stock Exchange/Budapest Commodity Exchange/KELER/JV;* vgl. auch Komm. E. v. 28.11.2007 COMP/M.4823 Rdnr. 44, 46 – *Yara/Praxair/JV.*

[157] Vgl. z. B. Komm. E. v. 27.5.1998 IV/JV.1 Rdnr. 40f. – *Telia/Telenor/Schibsted;* Komm. E. v. 3.5.2000 COMP/JV.44 Rdnr. 38f. – *Hitachi/NEC – DRAM/JV;* Komm. E. v. 3.1.2001 COMP/M.2243 Rdnr. 34f. – *Stora Enso/Assidomän/JV.*

solchen Fällen durch andere Faktoren (wie z. B. starkes Marktwachstum, geringe Markteintrittsschranken und Preisempfindlichkeit des Marktes[158] oder auch einfach auch nur die historisch nachgewiesene Neigung zu Wettbewerb)[159] ausgeschlossen sein.

55 Auf der Basis einer klassischen **Oligopolprüfung** kam die Kommission im Fall *Fujitsu/Siemens* zu dem Ergebnis, dass ein Kandidatenmarkt aufgrund seiner Struktur eine Koordinierung des Marktverhaltens der Muttergesellschaften wahrscheinlich machte:[160] Der Markt war hoch konzentriert (*Fujitsu, Siemens* und ein Wettbewerber hatten zusammen 70% Marktanteil); die Marktanteile des Wettbewerbers einerseits und von *Fujitsu/Siemens* andererseits waren in etwa symmetrisch; die Anteile der übrigen Wettbewerber lagen jeweils unter 10%, und die Technologie war vergleichsweise ausgereift.[161] Die Parteien räumten die Bedenken der Kommission mit der Zusage aus, dass eine sich von diesem Markt zurückziehen würde, so dass dieser Markt dann kein Kandidatenmarkt mehr war.[162] Ob die Analyse der Kommission einer gerichtlichen Überprüfung standgehalten hätte, darf bezweifelt werden, denn soweit sich die Kommission auf die Symmetrie der Marktanteile stützte, prüfte sie in Wirklichkeit die Wahrscheinlichkeit der Koordinierung mit einem Dritten und nicht die der Muttergesellschaften untereinander. Nach der Feststellung, dass der Markt hinreichend oligopolistisch strukturiert ist, ist in einem zweiten Schritt zu prüfen, ob die Gründerunternehmen in einem solchen Markt miteinander kooperieren werden.[163] Diesen zweiten Schritt hat die Kommission in ihrer Entscheidung nicht dokumentiert.[164]

55a Der **Zusammenhang zwischen Koordinierungsprüfung und Oligopolprüfung** tritt in der Kommissionsentscheidung *Areva/Urenca/ETC JV* noch stärker hervor. Das GU sollte Zentrifugen zur Urananreicherung entwickeln, konstruieren und fertigen. Die Kommission sah Probleme auf dem nachgelagerten Markt für angereichertes Uran, auf dem es nach ihrer Auffassung sowohl zu der Entwicklung einer gemeinsamen marktbeherrschenden Stellung iSd Art. 2 Abs. 3 FKVO kommen würde als auch zu einer Koordinierung des Wettbewerbsverhaltens der Muttergesellschaften nach Art. 2 Abs. 4 FKVO. Die Begründung war identisch, nämlich dass die Gründung eines GU die Parteien in die Lage versetzen würde, die Entscheidungen der jeweils anderen Partei betreffend ihre Anreicherungskapazität zu kontrollieren, dass dies höhere Preise zur Folge haben würde und dass die stillschweigende Abstimmung von Lieferungen in die EU durch das GU begünstigt würde.[165] Der Fall ist ein Beispiel dafür, dass sich die Fusionskontrollprüfung und die Koordinierungsprüfung auf denselben Markt beziehen können, eine Erkenntnis, die für den Markt, auf dem ein GU tätig ist, nicht überraschen würde, die aber auch für vor- und nachgelagerte oder eng verbundene benachbarte Märkte gilt.[166]

56 In *Chemag/Beiselen/BayWa*[167] kam die Kommission zu dem Ergebnis, dass ein Wettbewerber mit einem Marktanteil von über 70% keinen Anreiz habe, sich mit einem anderen

---

158 Vgl. z. B. Komm. E. v. 27.5.1998 IV/JV.1 Rdnr. 42 ff. – *Telia/Telenor/Schibsted.*

159 Vgl. Komm. E. v. 14.5.2001 COMP/M.2315 Rdnr. 38 mit Fn. 10 – *The Airline Group/NATS.*

160 Die Parallele zwischen Art. 2 Abs. 4 FKVO und der Oligopoldominanzprüfung hat ersichtlich als Erster *Venit* vorhergesagt, Fordham Corporate Law Institute 1999, 465 (480 ff.); zur Oligopolanalyse in diesem Fall auch *Kuhn,* Kooperative Aspekte von Gemeinschaftsunternehmen im Europäischen Kartellrecht, 152 ff., 163 f., der darauf hinweist, dass die Kommissionspraxis den grundlegenden Vorgaben der Oligopoltheorie nicht gerecht wird.

161 Komm. E. v. 30.9.1999 IV/JV.22, Rdnr. 62 ff. – *Fujitsu/Siemens.*

162 AaO Rdnr. 69; im Fall *BT/AT&T* wurden die Bedenken der Kommission bei einem Kandidatenmarkt auf ähnliche Weise gelöst (Komm. E. v. 30.3.1999 IV/JV.15, Rdnr. 177 f.).

163 *Schroeder,* WuW 2004, 893, 902; so im Ergebnis auch *Lüder,* Konzentrative und kooperative Gemeinschaftsunternehmen: Jenseits der Dichotomie, S. 84.

164 *Schroeder,* WuW 2004, 893, 901 f.; auch *Pohlmann,* WuW 2003, 473, 484 stellt fest, dass die Kommission nicht geprüft hat, ob die Tätigkeit des GU mit der Tätigkeit auf dem Koordinationsmarkt zusammenhängt und ob dies zu Koordinationsrisiken führt.

165 Komm. E. v. 6.10.2004 COMP/M.3099 Rdnr. 221 ff. – *Areva/Urenco/ETC JV.*

166 Zu einer möglichen gleichzeitigen Anwendung des SIEC-Tests und von Art. 2 Abs. 4 und 5 FKVO *Schroeder,* WuW 2004, 893, 905 f.

167 Komm. E. v. 1.2.2000 COMP/JV.35 Rdnr. 28 – *Chemag/Beiselen/BayWa.*

Wettbewerber, der lediglich über einen Marktanteil von weniger als 10% verfüge, zu koordinieren, auch wenn beide ein GU auf einem vorgelagerten Markt hätten. Die Wahrscheinlichkeit einer Koordinierung des Wettbewerbsverhaltens sei bei Unternehmen mit einer derart unterschiedlichen Marktstellung nicht gegeben. Ähnlich wurde im Fall *NC/Canal+/CDPQ/BankAmerica*[168] die Wahrscheinlichkeit einer horizontalen Koordinierung (bei sehr unterschiedlichen Marktanteilen) als gering eingestuft, weil einer der Gründer gerade erst in den Kandidatenmarkt eingetreten und in dieser Phase darauf angewiesen war, neue Kunden zu gewinnen, was gegen Preisabsprachen sprach. In *IPIC/CEPSA* verneinte die Kommission die Wahrscheinlichkeit oligopolmäßiger koordinierter Effekte wegen mangelnder Markttransparenz, Asymmetrie der Marktanteile und starker Nachfragemacht.[169]

Im Fall *NC/Canal+/CDPQ/BankAmerica*[170] hielt die Kommission eine vertikale Koope- 57
ration der Gründer bei der Lizenzierung von Programmen im Kabelsegment des spanischen Pay-TV-Markts für wahrscheinlich. Die Bedenken wurden durch eine Verhaltenszusage des Inhalts ausgeräumt, dass die Parteien Dritte nicht diskriminieren würden. Hier stellt sich die grundsätzliche Frage, ob Art. 2 Abs. 4 und 5 FKVO auch Fälle der **vertikalen Koordinierung,** also der Tätigkeit jeweils einer Muttergesellschaft auf einem vor- und einem diesen nachgelagerten Markt, erfasst.[171] Dagegen spricht insbesondere, dass Wirtschaftswissenschaftler mit koordinierten Effekten horizontale Wirkungen beschreiben, nämlich eine Reaktionsverbundenheit zwischen Anbietern, die miteinander in einem Produktmarkt konkurrieren.[172] Dagegen spricht weiter, dass sich selbst im Bereich des abgestimmten Verhaltens iSv Art. 101 Abs. 1 AEUV die Fälle vertikaler Konstellationen in der Praxis auf Abstimmungen zwischen Hersteller und Händlern zur Verhinderung von Parallelimporten beschränkt haben[173] – eine Konstellation, die bei den Gesellschaftern von GU durchweg nicht gegeben ist.

dd) Spürbarkeit einer Koordinierung. Dieses Element hat in der bisherigen Kommissionspra- 58
xis noch keine klaren Konturen gewonnen. Es wird typischerweise als Hilfsbegründung in Fällen eingesetzt, in denen eine Koordinierung des Wettbewerbsverhaltens der Gründerunternehmen ohnehin unwahrscheinlich ist[174] oder in denen die Kommission diesen Punkt offen lassen will. Im Fall *Fujitsu/Siemens* bejahte die Kommission die Spürbarkeit einer Koordination des Wettbewerbsverhaltens der Muttergesellschaften in einem Kandidatenmarkt, weil diese zusammen mit einem Dritten einen wesentlichen Teil des Wettbewerbs hätten

---

[168] Komm. E. v. 3.12.1998 IV/M.1327 Rdnr. 32 – *NC/Canal+/CDPQ/BankAmerica.*

[169] Komm. E. v. 5. 7, 2011 COMP/M.6171 Rdnr. 41 f. – *IPIC/CEPSA.*

[170] Komm. E. v. 3.12.1998 IV/M.1327 Rdnr. 33 ff. – *NC/Canal+/CDPQ/BankAmerica.*

[171] Dagegen *Schroeder,* WuW 2004, 893, 904 f.; vgl. auch *Bechtold,* Schwerpunkte des Kartellrechts 1998, S. 77, 79; grundsätzlich ablehnend auch *Kuhn,* Kooperative Aspekte von Gemeinschaftsunternehmen im Europäischen Kartellrecht, 2006, 219 ff.; bejaht von *Pohlmann,* WuW 2003, 473, 483; *Ritter,* Fs. Ulmer S. 955, 965; auch im Fall *Ratos/Ferd/Aibel Group* (Komm. E. v. 4.4.2013 COMP/M.6819 Rdnr. 25) prüfte die Kommission vertikale Effekte, die sie dort allerdings verneinte.

[172] Vgl. etwa *Ivaldi, Jullien, Rey, Seabright* und *Tirole,* The Economics of Tacit Collusion, Toulouse, 2003, http://ec.europa.eu/comm/competition/mergers/studies_reports/the_economics_of_tacit_collusion_en.pdf.

[173] Vgl. Komm. E. v. 14.12.1979 IV/29 595 ABl. 1980 L 60/21 – *Pioneer Hi-Fi-Geräte;* dazu EuGH U. v. 7.6.1983 Slg. 1983, 1825 – *Musique Diffusion Française (Pioneer);* Komm. E. v. 2.12.1981 IV/25 757 ABl. 1982 L 161/18 – *Hasselblad;* dazu EuGH U. v. 21.2.1984 Rs 86/82 Slg. 1984, 883 – *Hasselblad.*

[174] Z. B. Komm. E. v. 27.5.1998 IV/JV.1 Rdnr. 40 f. – *Telia/Telenor/Schibsted;* Komm. E. v. 4.8. 1998 IV/JV.5 Rdnr. 38 – *Cegtel/Canal+/AOL/Bertelsmann;* Komm. E. v. 18.8.1998 IV/M.1135 Rdnr. 16 – *Elf/Texaco – Antifreeze JV;* Komm. E. v. 15.9.1998 IV/JV.11 Rdnr. 39 f. – *@Home Benelux B. V.;* Komm. E. v. 28.9.1998 IV/JV.8 Rdnr. 30f – *WSI Webseek.;* Komm. E. v. 10.5.1999 IV/M.1506 Rdnr. 24 – *Singapore Airlines/Rolls-Royce;* Komm. E. v. 11.8.1999 IV/JV.19 Rdnr. 65 f. – *KLM/Alitalia;* Komm. E. v. 30.9.1999 IV/JV.22 Rdnr. 74 – *Fujitsu/Siemens;* Komm. E. v. 20.12.1999 COMP/JV.29 Rdnr. 20 a. E. – *Lafarge/Readymix.*

ausschalten können.[175] Zusammen mit dem Dritten, mit dem die Kommission eine Reaktionsverbundenheit annahm, verfügten die Parteien über 70% Marktanteil.[176]

59 *ee) Beeinträchtigung des zwischenstaatlichen Handels.* Wie stets bei Art. 101 AEUV ist auch hier zwischen der Spürbarkeit einer möglichen Koordinierung und der aus ihr folgenden Beeinträchtigung des Handels zwischen Mitgliedstaaten zu unterscheiden.[177] Beide müssen kumulativ vorliegen, wenn die Voraussetzungen des Art. 101 Abs. 1 AEUV erfüllt sein sollen.[178]

60 *ff) Kausalität.* Die wahrscheinliche und spürbare Koordinierung zwischen den Gründerunternehmen muss schließlich auf die Gründung des GU zurückzuführen sein.[179] Fehlt es schon an der Wahrscheinlichkeit einer Koordinierung oder der Spürbarkeit, entfällt die Kausalitätsprüfung.[180] Die Kommission benutzt jedoch gelegentlich mangelnde Kausalität als eine Hilfsbegründung.[181] Im Fall *ENEL/FT/DT*[182] verneinte die Kommission die Kausalität, weil *Deutsche Telekom* und *France Télécom* auf Kandidatenmärkten schon bislang nicht ernsthaft miteinander konkurriert hatten, obwohl es ihnen möglich gewesen wäre.[183] Der mangelnde Wettbewerb schien auf eine bewusste Entscheidung der Unternehmen zurückzugehen bzw. auf die von der Kommission bereits genehmigte Gründung von *Atlas/Global One,*[184] nicht dagegen auf die Gründung des GU *Wind.* In *Deutsche Post/DHL*[185] wurde die Kausalität verneint, weil *Lufthansa* und *JAL* das GU schon seit Jahren beherrschten und gleichwohl miteinander konkurrierten. Wenn sich dies in Zukunft ändern sollte, würde es kaum auf die Beteiligung der *Deutschen Post* an *DHL* zurückzuführen sein. In *BSkyB/KirchPayTV*[186] kam die Kommission ohne weitere Begründung zu dem Ergebnis, dass die Parteien auch ohne das GU geneigt sein könnten, ihren Wettbewerb um pan-europäische Sportsenderechte durch gemeinsame Gebote und wechselseitige Lizenzierung auszuschalten. Der Zusammenschluss erleichtere eine solche Abstimmung auf dem Markt des GU vorgelagerten Markt nicht, weshalb es an der Kausalität fehle. In *Eurogate/APMM*[187] stellte die Kommission u. a. darauf ab, dass die Parteien schon ein GU hatten und es keine Anzeichen dafür gab, dass sie deswegen ihre Aktivitäten miteinander koordiniert hätten. In *Stora Enso Assidomän* verneinte die Kommission die Kausalität eines GU für eine mögliche Koordinierung auf einem nachgelagerten Markt, auf dem beide Gesellschafter tätig waren, über eine mögliche Kostenangleichung, weil beide, obwohl sie ihren jeweiligen Bedarf des vorgelagerten Produkts vollständig selbst hätten decken können, diesen zum Teil zu Wettbewerbspreisen bei Dritten deckten. Demgegenüber gab es keinen ökonomischen Anreiz, das Produkt bei dem GU zu beziehen.[188]

---

[175] Komm. E. v. 30.9.1999 IV/JV.22 Rdnr. 64 – *Fujitsu/Siemens.*

[176] AaO; auch im Fall *BT/AT&T* scheinen die Marktanteile entsprechend hoch gewesen zu sein (Komm. E. v. 30.3.1999 – IV/JV.15 Rdnr. 161, 175, 188ff.).

[177] Vgl. z. B. Komm. E. v. 30.3.1999 IV/JV.15 Rdnr. 176, 191 – *BT/AT&T;* Komm. E. v. 30.9. 1999 IV/JV.22, Rdnr. 64 und 65 – *Fujitsu/Siemens.*

[178] Zur Beeinträchtigung des zwischenstaatlichen Handels vgl. auch *Wiedemann* § 16 Rdnr. 157.

[179] Vgl. z. B. Komm. E. v. 1.2.2000 COMP/JV.35 Rdnr. 20, 30 – *Chemag/Beiselen/BayWa.*

[180] Komm. E. v. 27.5.1998 IV/JV.1 Rdnr. 41, 46 – *Telia/Telenor/Schibsted;* Komm. E. v. 3.5.2000 COMP/JV.44 Rdnr. 38f. – *Hitachi/NEC – DRAM/JV.*

[181] Komm. E. v. 17.12.1999 COMP/JV.23 Rdnr. 29 – *Telefónica/Portugal Telecom/Médi Telecom.*

[182] Komm. E. v. 22.6.1998 IV/JV.2 Rdnr. 37, 39 – *ENEL/FT/DT.*

[183] Auch im Fall *United Launch Alliance* prüfte die Kommission das Risiko eines abgestimmten Verhaltens vor und nach dem Zusammenschluss und kam zu dem Schluss, dass sich das Risiko nicht erhöhte, Pressemitteilung der Komm. v. 9.8.2005, IP/05/1049.

[184] Komm. E. v. 17.7.1996 IV/35 337 ABl. 1996 L 239/23 – *ATLAS* und Komm. E. v. 17.7.1996 IV/35 617 ABl. 1996 L 239/57 – *PHOENIX/Global One.*

[185] Komm. E. v. 26.6.1998 IV/M.1168 Rdnr. 13 – *Deutsche Post /DHL.*

[186] Komm. E. v. 21.3.2000 COMP/JV.37 Rdnr. 91 – *BSkyB/KirchPayTV;* die gegen diese Entscheidung von der ARD erhobene Klage wurde abgewiesen, EuG U. v. 30.9.2003 Rs T-158/00 Slg. 2003 II-3825 – *ARD.*

[187] Komm. E. v. 5.6.2008 COMP/M.5066 Rdnr. 43 – *Eurogate/APMM.*

[188] Komm. E. v. 22.12.2000 COMP/M.2243 Rdnr. 39ff. – *Stora Enso/Assidomän/JV.*

c) Art. 101 Abs. 1 AEUV bei Teilfunktions-GU. Auf **Teilfunktions-GU** lassen sich die für Vollfunktions-GU angestellten Überlegungen nicht ohne weiteres ausdehnen, denn solche GU sind nach wie vor grundsätzlich[189] von der EU-Fusionskontrolle ausgeschlossen.[190] Hier gilt wohl noch der alte Ansatz, dass der Wettbewerb zwischen den Gründern durch die Zusammenarbeit im GU nur insoweit verhindert, eingeschränkt oder verfälscht werden kann, als diese **aktuelle oder potentielle Wettbewerber** sind, wobei die Annahme eines potentiellen Wettbewerbsverhältnisses voraussetzt, dass jeder der Gründer allein in der Lage ist, die dem GU übertragenen Aufgaben zu erfüllen,[191] und dass er seine diesbezüglichen Fähigkeiten nicht mit der Errichtung des GU einbüßt.[192] **61**

Auch bei Teilfunktions-GU gehört das Verhältnis zwischen den Gründern einerseits und dem GU andererseits zum Konzerninnenverhältnis (vgl. oben Rdnr. 15). Die beabsichtigte Ausgestaltung dieses Verhältnisses könnte jedoch noch als ein Element in der umfassenden Würdigung der Beziehungen zwischen den Gesellschaftern eine Rolle spielen. Auch die Auswirkungen des GU auf die Stellung Dritter können bei einem Teilfunktions-GU in der Gesamtschau eine Rolle spielen. Soweit jedoch ein Teilfunktions-GU in den räumlichen Märkten, in denen es sich auswirkt, in nationaler Fusionskontrolle geprüft und genehmigt worden ist, sollte die Kommission aus Zweckmäßigkeitsgesichtspunkten all diese dort dann schon geprüften Gesichtspunkte vernachlässigen und sich auf die Bewertung der Auswirkung eines GU auf die Koordination in demselben Markt verbleibender Gründerunternehmen beschränken. **62**

Die wichtigsten Teilfunktions-GU zwischen im Markt des GU oder einem relevanten verwandten Markt verbleibenden Gründern betreffen die Bereiche Forschung und Entwicklung, Einkauf, Produktion, Verkauf oder eine Kombination dieser Funktionen. Diese Typen von GU werden im Folgenden noch im Einzelnen erörtert. Wegen der Vielfalt möglicher Gestaltungen und Umstände wird aber immer erst eine **Einzelfallanalyse** zeigen, ob die Gründung eines GU unter Art. 101 Abs. 1 AEUV fällt oder nicht. **63**

Ein mit zu berücksichtigender Umstand ist das Bestehen von **Netzen von GU.** Wenn zwei Unternehmen untereinander auf mehreren verschiedenen räumlichen Märkten oder verschiedene Produkte betreffende GU errichten oder ein Unternehmen mit mehreren anderen Unternehmen GU im selben Produktmarkt gründet, können sich aus den vorhandenen und entstehenden Strukturen wettbewerbsbeschränkende Effekte ergeben, die über die einer einzelnen GU-Gründung hinausgehen.[193] **64**

d) Freistellung nach Art. 101 Abs. 3 AEUV. Soweit GU unter Art. 101 Abs. 1 AEUV fallen, bedürfen sie der Freistellung nach Art. 101 Abs. 3 AEUV bzw. im Fusionskontrollverfahren einer positiven Beurteilung nach Art. 2 Abs. 4 FKVO iVm. Art. 101 Abs. 3 AEUV, damit sie dort für mit dem Gemeinsamen Markt vereinbar erklärt werden können. Ein Unterschied besteht insoweit, als im Rahmen der VO Nr. 1/2003 das **Legalausnahmeprinzip** besteht, die Kommission jedoch bei der Anwendung des Art. 2 Abs. 4 FKVO nach wie vor ein **Freistellungsmonopol** hat und ihre Entscheidungen konstitutiven Charakter haben.[194] Die **65**

---

[189] Jedenfalls nach Art. 3 Abs. 4 FKVO; sie fallen aber unter Umständen nach Art. 3 Abs. 1 FKVO unter die Fusionskontrolle, s. die Konsolidierte Mitteilung der Komm. v. 10.7.2007 zu Zuständigkeitsfragen, Rdnr. 91 a. E.; dazu auch *Wiedemann,* § 15 Rdnr. 60a.

[190] Dazu ausführlich *Kuhn,* Kooperative Aspekte von Gemeinschaftsunternehmen im Europäischen Kartellrecht, 2006, 335 ff.

[191] Vgl. Komm. E. v. 14.9.1999 IV/36 213 ABl. 2000 L 58/16, Rdnr. 70, 75 – *GEAE/P&W.*

[192] Bekanntmachung der Kommission vom 16.2.1993 über die Beurteilung kooperativer Gemeinschaftsunternehmen, ABl. 1993 C 43/2 Rdnr. 18; die Bekanntmachung von 1993 wurde allerdings förmlich durch die Leitlinien über horizontale Zusammenarbeit ersetzt ABl. 2001 C 3/2 Rdnr. 8, diese dann durch die neuen Leitlinien über horizontale Zusammenarbeit, ABl. 2011 C 11/1.

[193] Bek. der Komm. v. 16.2.1993 über die Beurteilung kooperativer GU ABl. 1993 C 43/2, Rdnr. 27 ff.; vgl. z. B. die Komm. E. v. 14.7.1986 IV/30 320 ABl. 1986 L 236/30, Rdnr. 45 ff. – *Lichtwellenleiter;* Komm. E. v. 27.7.1994 IV/34 518 ABl. 1994 L 224/28, Rdnr. 37 ff. – *ACI;* Komm. E. v. 21.9.1994 IV/34 600 ABl. 1994 L 259/20, Rdnr. 50 – *Night Services.*

[194] *Schroeder,* WuW 2004, 893, 897.

Entscheidung der Kommission nach Art. 8 Abs. 1 oder 2 FKVO ist insoweit eine Freistellungsentscheidung, die – anders als Entscheidungen der Kommission nach Art. 10 Abs. 1 der Verordnung Nr. 1/2003 – konstitutiven, und nicht nur deklaratorischen Charakter hat.[195]

66 *aa) Gruppenfreistellung.* In beiden Fällen ist es jedoch ausreichend, wenn das GU von einer **Gruppenfreistellungsverordnung** gedeckt ist.[196] In Betracht kommen insbesondere die GVOs für **Spezialisierungsvereinbarungen**[197] und für **Vereinbarungen über Forschung und Entwicklung**[198] (zu Letzterer vgl. näher Rdnr. 133 ff.). Die GVO für Technologietransfer-Vereinbarungen[199] kann dagegen nicht die Gründung eines GU als solche abdecken, sondern nur die dem GU von seinen Gründern eingeräumten Lizenzen.

67 *bb) Einzelfreistellung.* Die Einzelfreistellung eines GU bzw. die positive Beurteilung nach Art. 2 Abs. 4 FKVO im Fusionskontrollverfahren setzt nach Art. 101 Abs. 3 AEUV voraus, dass die Gründung des GU unter angemessener Beteiligung der Verbraucher an dem entstehenden Gewinn zur Verbesserung der Warenerzeugung oder -verteilung oder zur Förderung des technischen oder wirtschaftlichen Fortschritts beiträgt, ohne dass den beteiligten Unternehmen Beschränkungen auferlegt werden, die für die Verwirklichung dieser Ziele nicht unerlässlich sind, oder Möglichkeiten eröffnet werden, für einen wesentlichen Teil der betreffenden Waren den Wettbewerb auszuschalten.[200]

68 Die Verbesserung der Warenerzeugung oder -verteilung oder die Förderung des technischen oder wirtschaftlichen Fortschritts wird sich bei GU im Allgemeinen darlegen lassen. Das gleiche gilt für die Beteiligung der Verbraucher an den Rationalisierungsgewinnen. Schwieriger ist es mit dem Kriterium der **Unerlässlichkeit.** Dies bedeutet zunächst, dass die Zusammenarbeit als solche unerlässlich ist und auch nicht in weniger beschränkender Form möglich wäre.[201] Auch einzelne Gestaltungsmerkmale des GU, etwa die Ausgestaltung der Kontrolle über das GU,[202] die Dauer der Zusammenarbeit[203] oder die Erstreckung der Kooperation auf mehrere Teilfunktionen, wie dies bei der Kombination von Produktions- und Spezialisierungskooperationen mit gemeinsamem Vertrieb der Fall sein kann,[204] werden auf ihre Unerlässlichkeit hin geprüft. Insoweit fragt es sich beispielsweise, ob nicht eine Beschränkung auf eine Teilfunktion (z. B. die Produktion) ausreicht. Gründer, die beide im Markt eines Vollfunktions-GU erhebliche eigene Aktivitäten beibehalten, werden darlegen müssen, warum sie nur einen Teil ihrer Aktivitäten auf das GU übertragen und damit den Wettbewerb untereinander beschränken, ohne die Rationalisierungsgewinne zu erzielen, die bei einer völligen Konzentration der Aktivitäten auf das GU möglich wären.

---

[195] *Schroeder* aaO.

[196] Hierzu *Wiedemann,* § 16 Rdnr. 162.

[197] VO (EU) Nr. 1218/2010 der Komm. v. 14.12.2010 über die Anwendung von Art. 101 Abs. 3 des Vertrages auf Gruppen von Spezialisierungsvereinbarungen ABl. 2010 L 337/43.

[198] VO (EU) Nr. 1217/2010 der Komm. v. 14.12.2010 über die Anwendung von Art. 101 Abs. 3 des Vertrages auf Gruppen von Vereinbarungen über Forschung und Entwicklung ABl. 2010 L 335/36.

[199] VO (EU) Nr. 316/2014 der Komm. v. 21.3.2014 über die Anwendung von Art. 101 Abs. 3 AEUV auf Gruppen von Technologietransfer-Vereinbarungen ABl. 2014 L 93/17.

[200] Vgl. dazu oben § 8 sowie § 16 Rdnr. 160 ff.

[201] Vgl. z. B. Komm. E. v. 13.7.1983 IV/30 437 ABl. 1983 L 224/19, Abschn. II Rdnr. 10 – *Rockwell/Iveco;* Komm. E. v. 14.7.1986 IV/30 320 ABl. 1986 L 236/30, Rdnr. 61 ff. – *Lichtwellenleiter,* Komm. E. v. 23.12.1992 IV/33 814 ABl. 1993 L 20/14, Rdnr. 28 ff. – *Ford/Volkswagen,* Komm. E. v. 18.5.1994 IV/33 640 ABl. 1994 L 144/20, Rdnr. 72 ff. – *Exxon/Shell;* zur älteren Praxis siehe auch *Wiedemann,* BB 1979, 1565 ff.

[202] Komm. E. v. 18.5.1994 IV/33 640 ABl. 1994 L 144/20, Rdnr. 77 – *Exxon/Shell.*

[203] Komm. E. v. 12.12.1990 IV/32 363 ABl. 1991 L 19/25, Rdnr. 30 ff. – *KSB/Goulds/Lowara/ITT;* Komm. E. v. 16.12.1994 IV/33 863 ABl. 1994 L 354/87, Rdnr. 30 f. – *Asahi/Saint-Gobain.*

[204] Komm. E. v. 13.7.1983 IV/30 437 ABl. 1983 L 224/19, Abschn. II Rdnr. 10 lit. b – *Rockwell/Iveco;* Komm. E. v. 23.12.1992 IV/33 814 ABl. 1992 L 20/14, Rdnr. 34 – *Ford/Volkswagen.*

Diese Rechtfertigung wird bei heterogenen Gütern in der Regel leichter fallen als bei homogenen Gütern, wobei der Gruppen- oder Spillover-Effekt bei letzteren ohnehin stärker ist. Ohne entsprechende wirtschaftliche oder technische Rechtfertigung kann der Eindruck entstehen, dass ein GU als Kartellersatz fungiert.

Bei den Fällen, in denen der Tatbestand des Art. 101 Abs. 1 AEUV erfüllt ist, weil beide Mütter auf einem vor- oder nachgelagerten oder einem benachbarten Markt tätig sind und die Gründung des GU spürbare, nicht nur vorübergehende Spillover-Effekte auf einen solchen Markt hat, wird man möglicherweise zwischen den Vorteilen für Verbraucher auf dem Markt des GU und den Nachteilen für die Verbraucher auf dem Spillovermarkt abwägen müssen.[205] Da die Kommission in Fusionskontrollfällen, in denen sie nach Art. 2 Abs. 4 FKVO die Kriterien des Art. 101 Abs. 1 und 3 AEUV heranzieht, die Transaktion insgesamt für mit dem Binnenmarkt unvereinbar erklären muss, wenn die Voraussetzungen des Art. 101 Abs. 1 AEUV gegeben, die des Art. 101 Abs. 3 AEUV jedoch nicht erfüllt sind, kommt der Frage der Unerlässlichkeit solcher Spillover-Effekte zentrale Bedeutung zu. In ihrer bisherigen Praxis zu Art. 2 Abs. 4 FKVO hat sich die Kommission jedoch nicht mit den Freistellungskriterien des Art. 101 Abs. 3 AEUV beschäftigt, weil entweder keine Wahrscheinlichkeit einer Koordinierung des Wettbewerbsverhaltens der Gründer bestand oder weil die Parteien mit Zusagen entsprechende Bedenken der Kommission ausräumten.[206] Im Fall *BNP/Dresdner Bank – Austrian JV*[207] musste Art. 2 Abs. 4 FKVO nicht weiter geprüft werden, weil eine Kooperationsvereinbarung der Parteien von der Kommission nach Art. 101 Abs. 3 AEUV freigestellt war und das neue GU in den Rahmen dieser Kooperation fiel. 69

e) Nebenabreden. In der Fusionskontrolle umfasst die Freigabe eines Zusammenschlusses nach Art. 6 Abs. 1 lit. b UAbs. 2 und Art. 8 Abs. 2 UAbs. 2 S. 2 FKVO auch die sog. Nebenabreden, d. h. die mit der Durchführung des Zusammenschlusses unmittelbar verbundenen und für sie notwendigen Einschränkungen (vgl. im Einzelnen § 16, bei H.).[208] Das gilt auch für Zusammenschlüsse in der Form von Vollfunktions-GU. Soweit mit ihnen über den eigentlichen Zusammenschluss hinausgehende Einschränkungen unmittelbar verbunden und notwendig sind, werden diese mit der Fusionskontrollentscheidung freigegeben. 70

Nicht akzessorische Abreden, also Einschränkungen, die mit der Durchführung des Zusammenschlusses nicht unmittelbar verbunden oder für sie notwendig sind, werden als **trennbare kooperative Elemente** im Fusionskontrollverfahren nicht beschieden. Dies ging vor der VO Nr. 139/2004 auch nicht anders, denn die Kommission hatte nicht die Möglichkeit, im Rahmen der Fusionskontrolle Freistellungen nach Art. 101 Abs. 3 AEUV zu erteilen. Da die Kommission über Art. 2 Abs. 4 FKVO die Möglichkeit hat, Art. 101 Abs. 3 AEUV anzuwenden, könnte man daran denken, nicht akzessorische Abreden, die die Koordinierung des Wettbewerbsverhaltens der Gründer bezwecken oder bewirken, im Fusionskontrollverfahren mit zu bescheiden. Dazu ist es bislang jedoch nicht gekommen. Die Freigabe im Fusionskontrollverfahren ist in der Praxis weiterhin auf akzessorische Nebenabreden beschränkt.[209] Es könnte allerdings noch zu einer Erweiterung des Felds akzessorischer Nebenabreden im Hinblick darauf kommen, dass Muttergesellschaften zumindest dort, wo sie beide noch im Markt des GU tätig sind, gewisse Abgrenzungsregeln aufstellen müssen. 71

---

205 *Temple Lang,* B.L.I. 1999, 1, 10; kritisch hierzu *Faull/Nikpay-Christensen/Owen/Sjöblom,* Rdnr. 4.78.

206 So z. B. in Komm. E. v. 6.10.2004 COMP/M.3099 Rdnr. 224 f. – *Areva/Urenco/ETC JV.*

207 Komm. E. v. 21.12.1998 IV/M.1340 Rdnr. 12 – *BNP/Dresdner Bank – Austrian JV.*

208 Vgl. Bek. der Komm. v. 5.3.2005 über Einschränkungen des Wettbewerbs, die mit der Durchführung von Unternehmenszusammenschlüssen unmittelbar verbunden und für diese notwendig sind, ABl. 2005 C 56/24; ausführlich *Schroeder,* Nebenabreden in der Fusionskontrolle nach deutschem und europäischen Recht, Schwerpunkte des Kartellrechts 1999, 2000, 93 ff.; *Kuhn,* Kooperative Aspekte von Gemeinschaftsunternehmen im Europäischen Kartellrecht, 2006, 266 ff.

209 Vgl. auch schon *Bechtold,* Schwerpunkte des Kartellrechts 1998, 1999, 77, 81.

72 Die Kommission hat seit jeher anerkannt, dass es mit der Errichtung und Tätigkeit **kooperativer GU** unmittelbar verbundene und für diese **notwendige Nebenabreden** gibt.[210] Wie in der Fusionskontrolle teilen solche akzessorischen Nebenabreden das Schicksal des GU. Fällt das GU als solches nicht unter Art. 101 Abs. 1 AEUV, werden auch sie nicht vom Kartellverbot erfasst. Wird das GU freigestellt, so bedarf die Freistellung der Nebenabreden keiner besonderen Rechtfertigung.[211] Dies gilt nicht für trennbare Nebenabreden, die nur anlässlich der Errichtung des GU getroffen und deshalb gesondert auf ihre Vereinbarkeit mit Art. 101 Abs. 1 und 3 AEUV untersucht werden.

73 Zulässige Nebenabreden können bei einem kooperativen GU beispielsweise die Definition und Beschränkung seines Geschäftsfeldes betreffen.[212] Wettbewerbsverbote, die sich die Gründer zugunsten des GU auferlegen, sind zumindest in der Anfangsphase ebenfalls zulässig;[213] gelten sie länger, wogegen angesichts des von der Kommission bei Nebenabreden in der Fusionskontrolle wieder vollzogenen Umschwungs zugunsten von Wettbewerbsverboten für die Dauer des GU[214] ohnehin nichts spricht, würden sie sich zumindest bei einem Vollfunktions-GU ohnehin auf dessen kooperative Natur auswirken. Wettbewerbsverbote für die Gründer können sich bei einem GU auch aus der Ausschließlichkeit der dem GU übertragenen Technologie ergeben.[215]

74 **3. Verfahren.** *a) Kooperative Vollfunktions-GU mit unionsweiter Bedeutung.* Kooperative Vollfunktions-GU mit unionsweiter Bedeutung werden als **Zusammenschlüsse nach der FKVO** behandelt. Für sie gelten die Vorschriften des EU-Fusionskontrollrechts und des EU-Fusionskontrollverfahrens[216] in vollem Umfang. Insbesondere erfolgt die Beurteilung der kooperativen Aspekte eines GU nach Art. 2 Abs. 4 und 5 FKVO iVm. Art. 101 Abs. 1 und 3 AEUV abschließend **innerhalb der kurzen Fristen des EU-Fusionskontrollverfahrens** (Art. 10 FKVO). Hierin liegt ein Unterschied zum deutschen Recht, denn das BKartA ist bei der Prüfung kooperativer GU nach § 1 GWB im Rahmen der sog. Doppelkontrolle nicht an die Fristen des § 40 Abs. 1 und 2 GWB gebunden. Auf die möglichen kooperativen Wirkungen eines GU ist bei der Anmeldung in Abschnitt 10 des Formblatts CO[217] einzugehen.

75 Bedenken der Kommission dahin, dass es durch die Gründung eines GU zu einer spürbaren Koordinierung des Wettbewerbsverhaltens der Muttergesellschaften auf einem Kandidatenmarkt kommen kann, können die Parteien etwa mit der **Zusage** ausräumen, dass sich eine der Muttergesellschaften von diesem Markt zurückzieht.[218] Auch weniger weitrei-

---

[210] Bek. der Komm. v. 16.2.1993 über die Beurteilung kooperativer GU ABl. 1993 C 43/2, Rdnr. 65 ff.; die Bekanntmachung von 1993 wurde allerdings zunächst förmlich durch die Leitlinien über horizontale Zusammenarbeit ersetzt, ABl. 2001 C 3/2 Rdnr. 8, diese wiederum durch die Leitlinien über horizontale Zusammenarbeit ABl. 2011 C 11/1.

[211] Bek. der Komm, v. 16.2.1993 über die Beurteilung kooperativer GU ABl. 1993 C 43/2, Rdnr. 67; Komm. E. v. 18.5.1994 ABl. 1994 L 144/20, Rdnr. 78 – *Exxon/Shell.*

[212] Bek. der Komm. v. 16.2.1993 über die Beurteilung kooperativer GU ABl. 1993 C 43/2, Rdnr. 71.

[213] Bek. der Komm. v. 16.2.1993 über die Beurteilung kooperativer GU ABl. 1993 C 43/2, Rdnr. 75.

[214] Vgl. Bek. der Komm. v. 5.3.2005 über Einschränkungen des Wettbewerbs, die mit der Durchführung von Unternehmenszusammenschlüssen unmittelbar verbunden und für diese notwendig sind, ABl. 2005 C 56/24 Rdnr. 36.

[215] Komm. E. v. 13.7.1983 IV/30 437 ABl. 1983 L 224/19, Abschn. II Rdnr. 10 lit. c – *Rockwell/Iveco;* vgl. aber auch Komm. E. v. 17.12.1986 IV/31 340 ABl. 1987 L 41/31, Rdnr. 23 – *Mitchell Cotts/Sofiltra.*

[216] Vgl. insb. Art. 4 und 6 ff. FKVO sowie die VO (EG) Nr. 802/2004 der Komm. v. 7.4.2004 zur Durchführung der VO (EG) Nr. 139/2004 des Rates über die Kontrolle von Unternehmenszusammenschlüssen, ABl. 2004 L 133/1.

[217] Anhang I zur VO (EG) Nr. 802/2004 der Komm. v. 7.4.2004 in der Neufassung der VO (EU) Nr. 1269/2013 v. 5.12.2013, ABl. 2013 L 336/1.

[218] Vgl. Komm. E. v. 30.3.1999 IV/JV.15 Rdnr. 177 f. – *BT/AT&T;* Komm. E. v. 30.9.1999 IV/JV.22 Rdnr. 69 – *Fujitsu/Siemens.*

chende Verpflichtungen können – je nach den Umständen des konkreten Falls – genügen.[219] Eine solche Zusage wird dann nach Art. 6 Abs. 2 UAbs. 2 oder Art. 8 Abs. 2 UAbs. 2 FKVO als **Bedingung** (gegebenenfalls zusammen mit Auflagen) mit der Freigabeentscheidung verknüpft.[220]

Wie bei der Prüfung nach Art. 2 Abs. 3 FKVO stellt sich auch bei Art. 2 Abs. 4 FKVO die Frage, ob solche **Zusagen struktureller Natur** sein müssen oder ob auch **Verhaltenszusagen** geeignet sein können, Bedenken der Kommission auszuräumen. Nach der Rechtsprechung des Gerichts erster Instanz verdienen bei der Beurteilung nach Art. 2 Abs. 3 FKVO strukturorientierte Verpflichtungen, wie die Verkleinerung des Marktanteils der aufgrund des Zusammenschlusses entstehenden Einheit über den Verkauf einer Tochtergesellschaft, grundsätzlich dem Zweck der FKVO entsprechend den Vorzug, weil sie die Entstehung oder Verstärkung einer zuvor von der Kommission festgestellten beherrschenden Stellung endgültig oder zumindest auf längere Zeit verhindern, ohne dass mittel- oder langfristig Überwachungsmaßnahmen notwendig wären. Es lässt sich nach Auffassung des Gerichts jedoch nicht a priori ausschließen, dass auf den ersten Blick verhaltensbestimmende Verpflichtungen, wie etwa die Nichtverwendung einer Marke für eine bestimmte Zeit oder die Zurverfügungstellung eines Teils der Produktionskapazität der aufgrund des Zusammenschlusses entstehenden Einheit an Konkurrenten oder allgemein der Zugang zu einer wesentlichen Infrastruktur unter nichtdiskriminierenden Bedingungen ebenfalls geeignet sein können, die Entstehung oder Verstärkung einer beherrschenden Stellung zu verhindern.[221] Dieses Prinzip der Einzelfallprüfung lässt sich auch auf Zusagen zur Ausräumung von Bedenken nach Art. 2 Abs. 4 FKVO übertragen. Auch dort verdienen allerdings grundsätzlich strukturelle Zusagen den Vorzug, denn sie bedürfen keiner weiteren Überwachung. *Bechtold* ist zwar einzuräumen, dass Art. 101 Abs. 1 AEUV Verhaltensweisen verbietet und nicht bestimmte Strukturveränderungen.[222] Die Freigabe nach Art. 8 Abs. 1 und 2 FKVO ist aber nicht zeitlich beschränkt und bewirkt damit – auch im Hinblick auf Art. 2 Abs. 4 FKVO – selbst eine dauernde Strukturveränderung. Im Fall *Areva/Urenco/ETC JV* hat die Kommission allerdings Zusagen akzeptiert, die nur teilweise als strukturell eingestuft werden können.[223] 76

Die **Freigabe** kooperativer GU in der Fusionskontrolle ist **zeitlich nicht beschränkt.** Insoweit werden Vollfunktions-GU mit unionsweiter Bedeutung wohl besser behandelt als Teilfunktions-GU oder als kleinere Vollfunktions-GU, denn bei denen ist nicht sicher, dass eine Freistellung nach Art. 101 Abs. 3 AEUV zeitlich unbeschränkt ist. Beschließen die Gründer zu einem späteren Zeitpunkt, das **Tätigkeitsfeld ihres GU erheblich auszuweiten,** kann dies der Gründung eines neuen GU (auf dem neuen Tätigkeitsgebiet) gleichkommen und einer erneuten Anmeldung im Fusionskontrollverfahren bedürfen, wenn das GU bei dieser Gelegenheit ein Unternehmen oder einen Unternehmensteil von den Muttergesellschaften erwirbt oder wenn diese zusätzliche wesentliche Vermögenswerte, Verträge, Know-how oder andere Rechte auf das GU übertragen.[224] In einem solchen Verfahren kann jedoch allenfalls die Ausweitung auf die neuen Tätigkeitsfelder untersagt werden, nicht dagegen das schon bestehende und schon genehmigte GU. Ein Zusammenschluss liegt dagegen nicht vor, wenn der Tätigkeitsbereich des GU ausgeweitet wird, ohne dass zusätzliche Vermögenswerte auf es übertragen werden.[225] 77

Eine wohl eher theoretische Frage ist, was geschieht, wenn die Spillover-Effekte eines schon in der Fusionskontrolle genehmigten kooperativen GU über das erwartete Maß hin- 78

[219] Vgl. etwa Komm. E. v. 3.12.1998 IV/M.1327 Rdnr. 38 ff. – *NC/Canal+/CDPQ/BankAmerica;* Komm. E. v. 30.3.1999 IV/JV.15 Rdnr. 192 ff.; 196 ff.; 199 ff. – *BT/AT&T.*

[220] Vgl. Komm. E. v. 30.9.1999 IV/JV.22 Rdnr. 85 – *Fujitsu/Siemens;* zu Abhilfemaßnahmen in der Fusionskontrolle vgl. *Schroeder,* Schwerpunkte des Kartellrechts 2002, 2003, 83 ff.

[221] EuG U. v. 25.3.1999 Rs T-102/96 Slg. 1999 II-753 Rdnr. 319 – *Gencor/Komm.*

[222] *Bechtold,* Schwerpunkte des Kartellrechts 1998, 1999, 77, 82.

[223] COMP/M.3099 Rdnr. 228 ff.

[224] Konsolidierte Mitteilung der Kommission zu Zuständigkeitsfragen, Rdnr. 106 f.

[225] Konsolidierte Mitteilung der Kommission zu Zuständigkeitsfragen, Rdnr. 108.

aus zunehmen. Entgegen *Temple Lang*[226] ist in einem solchen Fall weder eine neue Fusionskontrollanmeldung erforderlich noch eine neue Beurteilung nach der Verordnung Nr. 1/2003 möglich. Sind die Spillover-Effekte größer als von der Kommission ursprünglich angenommen, liegt möglicherweise eine unzutreffende Beurteilung im ursprünglichen Fusionskontrollverfahren vor. Die Freigabe kann jedoch nur unter den Voraussetzungen der Art. 6 Abs. 3 und Art. 8 Abs. 6 FKVO widerrufen werden, also insbesondere wenn die Entscheidung auf unrichtigen Angaben, die von einem beteiligten Unternehmen zu vertreten sind, beruht oder arglistig herbeigeführt wurde. Denkbar ist auch der Fall, dass eine Koordination des Wettbewerbsverhaltens der Muttergesellschaften kein Gruppeneffekt des GU ist, sondern ein trennbares kooperatives Element – die Genehmigung eines kooperativen GU in der EU-Fusionskontrolle ist kein Freibrief für jegliche Koordination zwischen den Muttergesellschaften. Insoweit gilt dann die Verordnung Nr. 1/2003. Eine Ausweitung echter Spillover-Effekte erlaubt jedoch keine neue Beurteilung.

79 *b) Andere kooperative GU.* Für alle anderen Formen kooperativer GU, also Vollfunktions-GU ohne unionsweite Bedeutung und Teilfunktions-GU unabhängig von ihrer Größe, gilt, wenn sie unter Art. 101 Abs. 1 AEUV fallen und keine Gruppenfreistellungsverordnung eingreift, das Legalausnahmeprinzip gemäß Art. 1 Abs. 2 der Verordnung Nr. 1/2003. GU, die die Voraussetzungen einer Freistellung nach Art. 101 Abs. 3 AEUV erfüllen, sind damit automatisch freigestellt.

80 Die Kommission hat erklärt, dass sie normalerweise nicht beabsichtigt, Art. 81 EG (jetzt: Art. 101 AEUV) auf Zusammenschlüsse iSv Art. 3 FKVO anders als im Wege der FKVO anzuwenden. Sie hat sich insoweit nur vorbehalten, gegenüber Zusammenschlüssen, die keine unionsweite Bedeutung haben, in den nicht in Art. 22 FKVO vorgesehenen Fällen nach den Verfahren des Art. 81 EG (jetzt: Art. 101 AEUV) tätig zu werden. Ihren Erklärungen nach beabsichtigt sie jedenfalls, nicht gegenüber Zusammenschlüssen mit einem weltweiten Umsatz unter 2 Mrd. Euro oder einem unionsweiten Umsatz von weniger als 100 Mio. Euro oder gegenüber Zusammenschlüssen tätig zu werden, die nicht der Zweidrittelschwelle genügen, da solche Zusammenschlüsse normalerweise den Handel zwischen den Mitgliedstaaten nicht nennenswert beeinflussen würden.[227]

II. Kooperative Gemeinschaftsunternehmen im deutschen Recht

81 **1. Die Anwendung von § 1 GWB auf kooperative Gemeinschaftsunternehmen.** Auch im deutschen Recht wird zwischen konzentrativen und kooperativen GU unterschieden. Die Unterscheidung ist jedoch kein Zuständigkeitskriterium für die Fusionskontrolle. Nach § 37 Abs. 1 Nr. 3 S. 1 und 3 GWB ist der Erwerb von 25% oder mehr der Anteile an einem Unternehmen, an dem schon ein anderes Unternehmen mindestens 25% der Anteile hält, auch ein Zusammenschluss mit jenem Unternehmen (vgl. oben Rdnr. 22).[228] Das gilt auch für kooperative GU. Die Unterscheidung zwischen konzentrativen und kooperativen GU ist nur für die Frage von Bedeutung, ob *neben* den Fusionskontrollvorschriften auch § 1 GWB zur Anwendung gelangt (sog. Doppelkontrolle).

82 Der BGH hat in seiner *Mischwerke*-Entscheidung bestätigt, dass bei kooperativen GU die Sonderregelung der §§ 35ff. (= §§ 23ff. a.F.) GWB über die Fusionskontrolle nicht die Anwendbarkeit des § 1 GWB ausschließt.[229] Ob § 1 GWB eingreift, ist – so der BGH – eine Frage des Einzelfalls.[230] Dabei ist bei der Beurteilung nicht nur auf die Vertragsstruktur abzustellen, sondern auch auf die zugrundeliegenden Interessen der Gesellschafter.[231] Als

---

226 *Temple Lang,* Business Law International 1999, 1, 19f.

227 Erklärungen der Komm. zu Art. 22 FKVO BullEG Beil. 2/90.

228 In § 23 Abs. 2 Nr. 2 S. 3 GWB a.F. ausdrücklich als Gemeinschaftsunternehmen bezeichnet.

229 B. v. 1.10.1985 BGHZ 96, 69, 77 = WuW/E BGH 2169; bestätigt durch BGH B. v. 9.10.2001 BGHZ 147, 325, 331 = WuW/E DE-R 711 (713) – *Ost-Fleisch.*

230 BGHZ 96, 79 = WuW/E BGH 2170 – *Mischwerke;* BGHZ 147, 336 = WuW/E DE-R 715 – *Ost-Fleisch.*

231 BGHZ 96, 83 = WuW/E BGH 2172 – *Mischwerke.*

„Abgrenzungshilfe" zieht der BGH in einem ersten Schritt die Unterscheidung zwischen kooperativen und konzentrativen GU heran.[232] Ein GU stellt sich als konzentrativ dar, wenn es sämtliche Funktionen eines selbständigen Unternehmens wahrnimmt, marktbezogene Leistungen erbringt und nicht ausschließlich oder überwiegend auf einer vor- oder nachgelagerten Stufe für die Muttergesellschaft sowie nicht auf demselben Markt wie die Mütter tätig ist.[233] Die Einstufung eines GU als kooperativ bedeutet jedoch noch nicht, dass der Tatbestand des § 1 GWB erfüllt ist.[234] Zwar liegt eine Vereinbarung iSd § 1 GWB schon in den Verträgen zur Gründung des GU.[235] Diese ist jedoch nur dann wettbewerbsbeschränkend, wenn sie über den Fusionstatbestand hinaus zu einer Beschränkung des Wettbewerbs unter den Muttergesellschaften führt, was – so der BGH – regelmäßig zu erwarten ist, wenn die Muttergesellschaften weiterhin auf dem gleichen sachlichen und räumlichen Markt wie das GU tätig bleiben, weil sie dann im Allgemeinen versucht sein werden, durch Abstimmung ihrer Geschäftspolitik oder durch bewusste Zurückhaltung die Intensität des Wettbewerbs zu verringern.[236]

Die Unterscheidung zwischen konzentrativen und kooperativen GU beinhaltet zweierlei, zum einen den Vollfunktionscharakter des GU, zum anderen den Rückzug der Mütter 83
von den Märkten des GU. Die Bedeutung des Vollfunktionscharakters sollte insoweit nicht überbewertet werden,[237] zumal die Unterscheidung nur eine „Abgrenzungshilfe" darstellen soll. Der Rückzug der Mütter von den Märkten des GU[238] ist gewichtiger, zumal er das Spiegelbild der Frage darstellt, ob die Muttergesellschaften weiterhin auf dem gleichen sachlichen und räumlichen Markt wie das GU tätig bleiben. Dies entspricht der Identifikation von Kandidatenmärkten im Rahmen von Art. 2 Abs. 4 und 5 FKVO. An diesem Punkt endet allerdings auch schon die Parallele zwischen der Prüfung nach Art. 2 Abs. 4 und 5 FKVO bzw. bei Vollfunktions-GU ohne unionsweite Bedeutung nach Art. 101 AEUV einerseits und der nach § 1 GWB durch den BGH in der *Ost-Fleisch*-Entscheidung andererseits. Dem BGH genügt es nämlich schon, dass ein Kandidatenmarkt vorliegt, und er lässt sich von der hieraus abgeleiteten Erwartung koordinierten Verhaltens weder durch die Tatsache abbringen, dass das GU im Vergleich zu den übrigen Aktivitäten der Muttergesellschaften klein ist, noch durch den geringen Marktanteil der Mütter in dem betroffenen Markt. Letzteres hätte jedoch in der Prüfung nach Art. 2 Abs. 4 und 5 FKVO bzw. unmittelbar nach Art. 101 AEUV eine Rolle gespielt, denn geringe Marktanteile (hier von unter 15%) wirken sich auf die Wahrscheinlichkeit der Koordinierung aus, hilfsweise auch auf deren Spürbarkeit. Im Hinblick auf die Konvergenzregel des Art. 3 Abs. 2 Satz 1 der VO Nr. 1/2003 und des § 22 Abs. 2 Satz 1 GWB und auf die mit der 7. GWB-Novelle angestrebte volle Angleichung der §§ 1 und 2 GWB an das EU-Recht wird sich hier die deutsche Praxis der europäischen anpassen müssen. Dies gilt nicht nur oberhalb der Zwischenstaatlichkeitsschwelle, sondern im Hinblick auf die einheitlich auszulegenden Rechtsbegriffe auch unterhalb dieser.[239] Es kann deshalb im Übrigen vollumfänglich auf die obigen Ausführungen zum EU-Recht verwiesen werden (Rdnr. 24ff.).

2. Verfahren. In der Fusionskontrolle wird § 1 GWB vom BKartA bei kooperativen GU 84
regelmäßig mitgeprüft. Das Amt ist dabei jedoch nicht an die fusionskontrollrechtlichen Fristen gebunden. Ist § 1 GWB unproblematisch, wird in der Mitteilung, dass die Untersagungs-

---

[232] BGHZ 147, 336 = WuW/E DE-R 715 – *Ost-Fleisch.*

[233] BGHZ 147, 337 = WuW/E DE-R 716 – *Ost-Fleisch.*

[234] BGHZ 147, 336 = WuW/E DE-R 715f. – *Ost-Fleisch.*

[235] BGHZ 147, 338 = WuW/E DE-R 716 – *Ost-Fleisch.*

[236] BGHZ 147, 337f. = WuW/E DE-R 716f. – *Ost-Fleisch;* BGH, B. v. 4.3.2008 KVZ 55/07, WuW/E DE-R 2361 Rdnr. 14 – *NordKS/Xella.*

[237] So richtig *Bach,* ZWeR 2003, 187, 191.

[238] Mit dem der BGH im Übrigen das GU als wettbewerbsneutral einstuft, um dann Wettbewerbsverbote zugunsten des GU als Nebenabreden zu rechtfertigen, vgl. BGH, U. v. 23.6.2009 KZR 58/07 WuW/E DE-R 2742 Rdnr. 14ff. – *Gratiszeitung Hallo.*

[239] Vgl. *Bechtold,* Einführung GWB Rdnr. 73.

voraussetzungen des § 36 GWB nicht vorliegen, auch nicht weiter auf die Vorschrift Bezug genommen. Anderenfalls wird diese Mitteilung mit dem Hinweis verbunden, dass die Prüfung nach § 1 GWB noch nicht abgeschlossen ist, dass insoweit Bedenken bestehen oder dass das Amt gegen den Fall nicht nach § 1 GWB einschreiten wird. Kommt die Behörde zu dem Ergebnis, dass die Gründung eines GU sowohl nach § 36 als auch nach § 1 GWB zu untersagen ist, wird sie im Regelfall nur eine Untersagung aussprechen, die dann allerdings mit zwei verschiedenen Sachverhalten begründet wird.[240] Im Hinblick auf die Möglichkeit der Ministererlaubnis nach § 42 GWB wird den fusionskontrollrechtlichen Erwägungen in so einem Fall meist die Funktion einer Hilfsbegründung zukommen.[241]

C. Gemeinsamer Einkauf

85 Kooperieren Unternehmen im Einkauf, kann sich dies auf verschiedenen Märkten auswirken. Auf den Märkten, auf denen die kooperierenden Unternehmen *als Anbieter* tätig sind und auf denen sie die gemeinsam bezogene Ware absetzen, wird sich der gemeinsame Einkauf um so stärker auswirken, desto weniger Mehrwert die Unternehmen den von ihnen bezogenen Waren hinzufügen, am stärksten also bei reinen Handelsunternehmen. Daneben (und unmittelbarer) wirkt sich der gemeinsame Einkauf auf dem Markt aus, auf dem die kooperierenden Unternehmen *als Nachfrager* auftreten. Auf diesem Markt kann die Kooperation die Handlungsfreiheit der an ihr beteiligten Nachfrager beschränken und sich auf die Absatzchancen der Anbieter dieses Marktes auswirken. Gemeinsamer Einkauf kann jedoch einem wirksamen Wettbewerb förderlich sein, etwa wenn die teilnehmenden Unternehmen erst durch die Kooperation ein bedeutsames Gegengewicht zu der Vertragsgestaltungsmacht großer Anbieter bilden.[242]

86 Die geschilderten Wirkungen können unabhängig davon eintreten, ob der gemeinsame Einkauf auf der Grundlage einer **Vereinbarung** oder sogar nur abgestimmten Verhaltens erfolgt oder in verfestigter Form über ein **Gemeinschaftsunternehmen**[243] oder eine **Genossenschaft.** Ein nur dem gemeinsamen Einkauf dienendes GU ist EU-rechtlich ein Teilfunktions-GU, das keinen Zusammenschluss iSd FKVO darstellt, sondern nur nach Art. 101 AEUV geprüft wird. Im deutschen Recht wird ein solches GU dagegen als Zusammenschluss behandelt und daneben nach § 1 GWB geprüft.

86a Kein gemeinsamer Einkauf sondern ein verbotenes Nachfragekartell liegt vor, wenn die Vereinbarung lediglich die Höhe der Preise und Rabatte für zukünftige einzelne Einkäufe der Nachfrager betrifft, ohne dass tatsächlich gemeinsam eingekauft wird oder es auf die gemeinsam erzielte größere Nachfragemacht ankäme.[244] Auch die gleichzeitige Festlegung von schlechteren Bezugsbedingungen für Wettbewerber als Teil einer „Einkaufsvereinbarung" spricht für ein Nachfragekartell.[245]

I. Gemeinsamer Einkauf im europäischen Recht

87 **1. Wettbewerbsbeschränkung.** Nach der traditionellen Entscheidungspraxis der Kommission lagen Wettbewerbsbeschränkungen im gemeinsamen Einkauf vor allem dann vor, wenn ein **Bezugszwang** bestand,[246] wenn also die teilnehmenden Unternehmen ver-

[240] BGHZ 147, 334 = WuW/E DE-R 714 – *Ost-Fleisch.*

[241] BGHZ 147, 333 = WuW/E DE-R 714 – *Ost-Fleisch.*

[242] Vgl. z. B. EuGH U. v. 15.12.1994 Slg. 1994, I-5671, Rdnr. 32 – *Gøttrup-Klim u. a. Grovvareforeninger/Dansk Landsbrugs Grovvareselskab AmbA (DLG).*

[243] Vgl. insoweit auch die Leitlinien der Kommission zur Anwendbarkeit von Art. 101 AEUV auf Vereinbarungen über horizontale Zusammenarbeit, ABl. 2011 C 11/1 Rdnr. 194.

[244] Vgl. Komm. E. v. 13.9.2006 COMP/38.456 Rdnr. 166 – *Bitumen Nederland.*

[245] Vgl. Komm. E. COMP/38.456 Rdnr. 165 – *Bitumen Nederland.*

[246] Vgl. z. B. Komm. E. v. 5.12.1979 IV/29 011 ABl. 1980 L 51/19, Rdnr. 21 ff. – *Lab,* bestätigt durch EuGH U. v. 25.3.1981 Rs C-61/80 Slg. 1981, 851, Rdnr. 12 f. – *Coöperatieve Stremsel- en*

pflichtet waren, ihren Bedarf an den betroffenen Waren vollständig oder teilweise über den gemeinsamen Einkauf zu decken. Ein Bezugszwang hindert die Teilnehmer nämlich daran, bei anderen Lieferanten einzukaufen oder mit den Lieferanten des Einkaufskartells für sich andere Bezugsbedingungen auszuhandeln, als sie gemeinsam vereinbart wurden. Die Kommission subsumierte aber auch gelegentlich den gemeinsamen Einkauf ohne Bezugszwang unter Art. 101 Abs. 1 AEUV, weil er den Wettbewerb zwischen den Beteiligten als Nachfrager einschränkte.[247]

Daneben konnten auch andere Regelungen im Rahmen eines gemeinsamen Einkaufs wettbewerbsbeschränkend sein, beispielsweise die Festsetzung von Einkaufshöchstpreisen[248] und Verwendungsbeschränkungen für die bezogene Ware, insbesondere ein Verbot, die bezogene Ware frei an Dritte zu veräußern.[249] 88

Mit der Neubesinnung auf wirtschaftliche Kriterien und die Analyse von Marktmacht und Marktstruktur steht nach den **Leitlinien der Kommission zur horizontalen Kooperation** ein anderer Ansatz im Vordergrund. Wettbewerbsbeschränkende Auswirkungen können auf den Einkaufsmärkten und auf den nachgelagerten Verkaufsmärkten auftreten, so dass die **Nachfragemacht** der Beteiligten und sodann ihre **Marktmacht auf den nachgelagerten Absatzmärkten** untersucht werde muss. Kritische Nachfragemacht liegt erst dann vor, wenn auf die Einkaufsvereinbarung ein hinreichend großer Anteil des Gesamtumfangs eines Einkaufsmarkts entfällt, so dass die Preise unter das Wettbewerbsniveau gedrückt werden können[250] oder der Marktzugang konkurrierenden Abnehmern versperrt werden kann.[251] Eine Machtstellung auf den Absatzmärkten erlaubt es den konkurrierenden Unternehmen, die durch den gemeinsamen Einkauf erzielten Kosteneinsparungen nicht an ihre Kunden weiterzugeben, und bildet möglicherweise einen Anreiz, angesichts eines hohen Maßes an Kostenangleichung durch den gemeinsamen Einkauf auch das Verhalten als Verkäufer auf dem nachgelagerten Markt abzustimmen.[252] Die Kommission geht davon aus, dass solche Marktmacht nicht vorhanden ist und der gemeinsame Einkauf damit regelmäßig nicht unter Art. 101 Abs. 1 AEUV fällt, wenn der **gemeinsame Marktanteil** auf den Einkaufsmärkten und auf den Verkaufsmärkten **15 %** nicht übersteigt.[253] 89

Ein **Bezugszwang** ist im Rahmen dieses Neuansatzes nur noch in zweierlei Hinsicht von Bedeutung. Zum einen stellt er ein **vertikales Element** dar, das nach den Regeln über vertikale Vereinbarungen zu beurteilen ist. So deckt Art. 2 Abs. 2 der **Gruppenfreistellungsverordnung für vertikale Vereinbarungen**[254] die vertikalen Aspekte von Vereinbarungen zwischen einer Unternehmensvereinigung und ihren Mitgliedern oder zwischen einer solchen Vereinigung und ihren Lieferanten, soweit alle Mitglieder der Vereinigung Wareneinzelhändler sind und keines ihrer einzelnen Mitglieder zusammen mit seinen verbundenen Unternehmen einen jährlichen Gesamtumsatz von mehr als 50 Mio. 90

Kleurselfabriek/Komm.; Komm. E. v. 9.7.1980 IV/27 958 ABl. 1980 L 260/24, Rdnr. 31 ff. – *National Sulphuric Acid Association I;* Komm. E. v. 9.6.1989 IV/27 958 ABl. 1989 L 190/22, Rdnr. 6 – *National Sulphuric Acid Association II;* Komm. E. v. 16.1.1991 IV/32 732 ABl. 1991 L 28/32, Rdnr. 25 – *IJsselcentrale;* Komm. E. v. 30.4.1991 IV/33 473 ABl. 1991 L 178/31, Rdnr. 29 – *Scottish Nuclear, Kernenergievereinbarungen.*

[247] Komm. E. v. 11.6.1993 IV/32 150 ABl. 1993 L 179/23, Rdnr. 47 ff. – *EBU/Eurovisions-System,* aufgehoben durch EuG U. v. 11.7.1996 Rs T-528/93 Slg. 1996, II-649 – *Métropole télévision/Komm.*

[248] 5. WB 1975, Rdnr. 36 f. – *Union professionnelle des utilisateurs belges de bois d'industrie.*

[249] Komm. E. v. 9.7.1980 IV/27 958 ABl. 1980 L 260/24, Rdnr. 52 f. – *National Sulphuric Acid Association I.*

[250] Näher BKartA B. v. 31.5.2007, Rdnr. 162 ff. – *Altglas,* insoweit in WuW/E DE-V 1392 nicht abgedruckt.

[251] Horizontalleitlinien Rdnr. 210.

[252] Horizontalleitlinien Rdnr. 213.

[253] Horizontalleitlinien Rdnr. 208.

[254] Verordnung (EU) Nr. 330/2010 der Kommission vom 20.4.2010 über die Anwendung von Art. 101 Abs. 3 AEUV auf Gruppen von vertikalen Vereinbarungen und abgestimmten Verhaltensweisen, ABl. 2010 L 102/1; vgl. hierzu auch die Leitlinien der Kommission für vertikale Beschränkungen, ABl. 2010 C 130/1, Rdnr. 29 f.

Euro erzielt. Zum anderen wird der Bezugszwang, soweit der gemeinsame Einkauf Art. 101 Abs. 1 unterliegt, im Rahmen des Art. 101 Abs. 3 AEUV auf seine **Unerlässlichkeit** geprüft. Ein Bezugszwang begründet jedenfalls nicht mehr per se die Anwendbarkeit des Art. 101 Abs. 1 AEUV.[255]

91 Gemeinsamer Einkauf ist nach wie vor in Fällen nicht wettbewerbsbeschränkend, in denen die beteiligten Unternehmen durch ihre Zusammenarbeit überhaupt erst in die Lage versetzt werden, entsprechende Einkäufe zu tätigen, etwa weil die Anbieter Mindestabnahmemengen fordern, die die beteiligten Unternehmen einzeln nicht erreichen könnten. Ist der gemeinsame Einkauf, etwa über eine Bezugsgenossenschaft, wettbewerbsfördernd, können den Beteiligten sogar bestimmte, das ordnungsgemäße Funktionieren des gemeinsamen Einkaufs sicherstellende Beschränkungen auferlegt werden, die, sofern sie notwendig und verhältnismäßig sind, nicht unter Art. 101 Abs. 1 AEUV fallen. Dies hat der EuGH beispielsweise für das Verbot der Doppelmitgliedschaft und eine Mindestdauer der Mitgliedschaft von fünf Jahren bei einer landwirtschaftlichen Bezugsgenossenschaft anerkannt.[256]

92 Ein Sonderfall des gemeinsamen Einkaufs ist der **gemeinschaftliche Unternehmenserwerb.** Erwerben zwei oder mehrere Unternehmen zusammen ein anderes, handelt es sich, wenn die Erwerber beabsichtigen, das erworbene Unternehmen zusammen weiterzuführen, um einen Zusammenschluss iSd FKVO oder um die Gründung eines kooperativen Gemeinschaftsunternehmens. Schließen sich mehrere Unternehmen dagegen für den Erwerb eines anderen Unternehmens zusammen, um die erworbenen Vermögenswerte in Übereinstimmung mit einem vorher vereinbarten Plan untereinander aufzuteilen, wird diese Form des Erwerbs im Hinblick auf die sofortige Aufteilung der Vermögenswerte als mehrere getrennte Vorhaben angesehen, da jedes übernehmende Unternehmen einen Teil des zu übernehmenden Unternehmens erwirbt.[257] Die Bildung einer Bietergemeinschaft, um ein anderes Unternehmen zu erwerben und dann aufzuteilen, dürfte als solche nicht unter Art. 101 Abs. 1 AEUV fallen. Das gleiche gilt auch für die Bietergemeinschaft, die das Erworbene als GU fortführen will, jedenfalls wenn der Erwerb für die Beteiligten einzeln nicht in Betracht gekommen wäre. Aber auch wenn die Bieter einzeln in der Lage gewesen wären, das angebotene Unternehmen zu erwerben, liegt regelmäßig keine die Gründung des GU übersteigende Wettbewerbsbeschränkung vor. Etwas anderes könnte nur dann gelten, wenn sich die Bieter zusammentun, um den Nachfragewettbewerb um das angebotene Unternehmen zu einem möglichst günstigen Kaufpreis auszuschalten. Dies wäre dann ein Einkaufskartell.

93 **2. Spürbarkeit.** Der Ansatz der Kommission, bei dem wirtschaftliche Kriterien im Vordergrund stehen und Marktmacht und Marktstrukturen bewertet werden, führt im Ergebnis dazu, dass die Frage der Wettbewerbsbeschränkung und die der Spürbarkeit vermengt werden. Mit der Faustregel, dass bei einem **gemeinsamen Marktanteil von nicht mehr als 15 %** auf dem Einkaufs- und dem nachgelagerten Absatzmarkt keine Wettbewerbsbeschränkung im Sinne des Art. 101 Abs. 1 AEUV vorliegt,[258] könnte genauso gut mangelnde Spürbarkeit begründet werden.

94 In zwei älteren Entscheidungen hatte die Kommission schon Einkaufsgesellschaften wegen mangelnder Spürbarkeit ein Negativattest erteilt.[259] In beiden Fällen waren die ange-

[255] *Langen/Bunte-Braun,* 11. Aufl. 2010, Art. 81 EG Rdnr. 19; vgl. auch *Langen/Bunte-Braun,* 12. Aufl. 2014, Art. 101 AEUV Rdnr. 219; aA FK-*Bunte,* Art. 101 Abs. 1, 3 AEUV Fallgruppen II.5 Rdnr. 4.

[256] EuGH U. v. 15.12.1994, Rs C-250/92 u. a., Slg. 1994, I-5671, Rdnr. 32 ff. – *Gøttrup-Klim u. a. Grovvareforeninger/Dansk Landsbrugs Grovvareselskab AmbA (DLG).*

[257] Konsolidierte Mitteilung der Komm. v. 10.7.2007 zu Zuständigkeitsfragen, Rdnr. 30.

[258] Horizontalleitlinien Rdnr. 208.

[259] Komm. E. v. 14.7.1975 IV/28 838 ABl. 1975 L 212/23, Rdnr. 5 ff. – *INTERGROUP;* Komm. E. v. 17.7.1968 IV/129 ABl. 1968 L 201/4, Abschn. II, zum Marktanteil vgl. Abschn. I Rdnr. 4 – *SOCEMAS.*

schlossenen Unternehmen jedoch völlig frei, die Dienste der Einkaufsgesellschaft nicht in Anspruch zu nehmen und unmittelbar bei den Anbietern einzukaufen, weshalb fraglich ist, ob überhaupt eine Wettbewerbsbeschränkung vorlag. Mit der neuen 15%-Faustregel verliert die Bekanntmachung der Kommission über **Vereinbarungen von geringer Bedeutung**[260] und ihrer Marktanteilsschwelle von 10% für Vereinbarungen zwischen Wettbewerbern an Relevanz. In ihren Erläuterungen zur De-minimis-Bekanntmachung verzeichnet die Kommission, dass die gemeinsame Festlegung des Preises, zu dem eine Einkaufsgemeinschaft einkauft, keine bezweckte Wettbewerbsbeschränkung ist, die die Anwendung der De-minimis-Bekanntmachung ausschließen würde.[261] Das Gleiche dürfte für den Bezugszwang in einer Einkaufsgemeinschaft gelten.

3. Freistellung. Es gibt keine Gruppenfreistellungsverordnung für den gemeinsamen Einkauf. Die Ermächtigung, eine solche GVO zu erlassen, wurde nicht aus dem Kommissionsvorschlag[262] in die Ratsverordnung (EWG) Nr. 2821/71[263] übernommen. Damit bleibt spürbar den Wettbewerb beschränkenden Einkaufsgemeinschaften für ihre horizontalen Wirkungen (die vertikalen Elemente werden unter den Voraussetzungen von deren Art. 2 Abs. 2 von der Gruppenfreistellungsverordnung für vertikale Vereinbarungen[264] erfasst) nur die Möglichkeit der **Einzelfreistellung.** 95

Die Freistellung eines Einkaufs-GU oder einer Einkaufsvereinbarung setzt nach **Art. 101 Abs. 3 AEUV** voraus, dass das GU oder die Vereinbarung unter angemessener Beteiligung der Verbraucher an dem entstehenden Gewinn zur Verbesserung der Warenerzeugung oder -verteilung oder zur Förderung des technischen oder wirtschaftlichen Fortschritts beiträgt, ohne dass den beteiligten Unternehmen Beschränkungen auferlegt werden, die für die Verwirklichung dieser Ziele nicht unerlässlich sind, oder Möglichkeiten eröffnet werden, für einen wesentlichen Teil der betreffenden Waren den Wettbewerb auszuschalten. 96

Die **Verbesserung der Warenerzeugung** oder **-verteilung** oder die Förderung des technischen oder wirtschaftlichen Fortschritts ergibt sich bei Einkaufsgemeinschaften zunächst aus dem besseren Preis, den die Mitglieder erzielen können, aber auch aus den niedrigeren Transaktionskosten,[265] und ggf. geringeren Transport- und Lagerkosten (auch aus verbesserter Logistik), weiter aber auch ggf. aus höherer Belieferungssicherheit.[266] Dabei wird sich eine Einkaufsgruppe in Zeiten der Angebotsknappheit eher Gehör verschaffen können als ihre Mitglieder einzeln. Die Gemeinschaft kann auch verhindern, dass sich einzelne ihrer Mitglieder unvorhersehbaren Engpässen gegenübersehen.[267] Zur Rationalisierung durch gemeinsamen Einkauf gehört auch die Zusammenlegung von Einkaufsabteilungen. Einkaufsgemeinschaften können schließlich auch ihren Mitgliedern die Möglich- 97

[260] Bek. der Komm. v. 30.8.2014 über Vereinbarungen von geringer Bedeutung, die im Sinne des Art. 101 Abs. 1 AEUV den Wettbewerb nicht spürbar beschränken (De-minimis-Bekanntmachung) ABl. 2014 C 291/1, Rdnr. 8ff.

[261] Commission Staff Working Document SWD(2014) 198 final: Guidance on restrictions of competition „by object" for the purpose of defining which agreements may benefit from the De Minimis Notice, Abschn. 2.1.2.

[262] ABl. 1970 C 92/14.

[263] Verordnung (EWG) Nr. 2821/71 des Rates vom 20.12.1971 über die Anwendung von Art. 85 Abs. 3 des Vertrages auf Gruppen von Vereinbarungen, Beschlüssen und aufeinander abgestimmten Verhaltensweisen ABl. 1971 L 285/46, geändert durch VO (EWG) Nr. 2743/72 v. 19.12.1972 ABl. 1972 L 291/144.

[264] VO (EU) Nr. 330/2010 der Komm. v. 20.4.2010 über die Anwendung von Art. 101 Abs. 3 des Vertrages über die Arbeitsweise der Europäischen Union auf Gruppen von vertikalen Vereinbarungen und abgestimmten Verhaltensweisen, ABl. 2010 L 102/1.

[265] Komm. E. v. 10.5.2000 IV/32 150 ABl. 2000 L 151/18, Rdnr. 86 – *Eurovision;* aufgehoben durch EuG U. v. 8.10.2002, Rs T-185/00 u.a., Slg. 2002, II-3805 – *Métropole télévision SA (M6)/ Komm.*

[266] Horizontalleitlinien Rdnr. 217.

[267] Vgl. zu alledem insbes. Komm. E. v. 9.7.1980 ABl. 1980 IV/27 958 L 260/24, Rdnr. 39ff. – *National Sulphuric Acid Association I;* Komm. E. v. 9.6.1989 IV/27 958 ABl. 1989 L 190/22, Rdnr. 7f. – *National Sulphuric Acid Association II.*

keit eröffnen, eine breitere Produktpalette anzubieten,[268] oder ausländische Einkaufsquellen besser erschließen, also die Möglichkeit zu unionsweitem Einkauf verbessern.

98 Die angemessene **Beteiligung der Verbraucher** an dem entstehenden Gewinn ergibt sich aus den durch den günstigeren Einkauf ermöglichten niedrigeren Preisen und ggf. aus der erweiterten Produktpalette.[269] Wettbewerb zwischen den Mitgliedern der Einkaufsgemeinschaft und Außenwettbewerb sorgen regelmäßig dafür, dass die Preisvorteile weitergegeben werden.[270] Übertrieben erscheinen dagegen die Anforderungen, die (nach Abschaffung des Anmeldesystems für Freistellungen) die Leitlinien der Kommission zur Anwendung von Art. 101 Abs. 3 AEUV zur Feststellung der angemessenen Beteiligung der Verbraucher allgemein aufstellen.[271]

99 An dem Erfordernis der **Unerlässlichkeit** hat die Kommission in der Vergangenheit regelmäßig den hundertprozentigen Bezugszwang scheitern lassen.[272] Eine geringere Bezugsverpflichtung war aber durchaus freistellungsfähig. So akzeptierte die Kommission im Fall *National Sulphuric Acid Association* eine Verpflichtung der Mitglieder, mindestens 25% ihres Gesamtbedarfs in einem Kalenderjahr über die Vereinigung zu decken, weil ohne diese Verpflichtung die Glaubwürdigkeit und damit die starke Verhandlungsposition des Kartells gegenüber seinen Lieferanten zu sehr geschmälert gewesen wäre.[273] Die Leitlinien zur horizontalen Kooperation halten demgegenüber fest, dass die Verpflichtung ausschließlich über die Zusammenarbeit einzukaufen, in bestimmten Fällen unerlässlich sein könne, um den erforderlichen Umfang für die Erzielung von Größenvorteilen zu erlangen.[274]

100 Schließlich darf den beteiligten Unternehmen durch die Einkaufsvereinbarung nicht die Möglichkeit eröffnet werden, für einen wesentlichen Teil der betreffenden Waren den **Wettbewerb auszuschalten.** Die muss sowohl für die Einkaufs- als auch für die Verkaufsmärkte geprüft werden.[275]

101 Elektronischen Handelsplattformen im Internet, sogenannte „Business-to-Business" oder **„B2B"-Plattformen,** können u. a. als Einkaufsgemeinschaften fungieren. Es gelten insoweit die allgemeinen Grundsätze (vgl. unten bei N. zu elektronischen Marktplätzen). Dem Vorschlag *Jestaedts,* bei ad hoc-Bündelung der Nachfrage im Rahmen einer Plattform die Spürbarkeit der Wettbewerbsbeschränkung zu verneinen,[276] kann jedenfalls nicht pauschal gefolgt werden. Auch in diesen Fällen wird es darauf ankommen, wie viel Nachfragemacht die Teilnehmer, deren Nachfrage gebündelt wird, auf sich vereinen. In den Fällen, in denen die Kommission das Problem der Nachfragebündelung aufwarf, haben die beteiligten Unternehmen das Problem der Bündelung stets ausgeschlossen.[277]

II. Gemeinsamer Einkauf im deutschen Recht

102 **1. § 1 GWB.** Das BKartA hat Einkaufskooperationen selbständiger Handels- und (Industrie-)Unternehmen schon immer grundsätzlich positiv bewertet, weil die meisten an

[268] Komm. 20. WB 1990, Rdnr. 102 – *EWIV ORPHE;* Komm. E. v. 11.6.1993 IV/32 150 ABl. 1993 L 179/23, Rdnr. 62 – *EBU/Eurovisions-System.*

[269] Komm. 20. WB 1990, Rdnr. 102 – *EWIV ORPHE;* Komm. E. v. 10.5.2000 IV/32 150 ABl. 2000 L 151/18, Rdnr. 91 – *Eurovision.*

[270] Komm. E. v. 9.7.1980 IV/27 958 ABl. 1980 L 260/24, Rdnr. 47 – *National Sulphuric Acid Association I.*

[271] ABl. 2004 C 101/97, Rdnr. 83 ff.

[272] Komm. E. v. 5.12.1979 IV/29 011 ABl. 1980 L 51/19, Rdnr. 31 – *Lab;* Komm. E. v. 9.7.1980 IV/27 958 ABl. 1980 L 260/24, Rdnr. 51 – *National Sulphuric Acid Association I;* Komm. E. v. 16.1.1991 IV/32 732 ABl. 1991 L 28/32, Rdnr. 53 – *IJsselcentrale.*

[273] Komm. E. v. 9.7.1980 IV/27 958 ABl. 1980 L 260/24, Rdnr. 49 – *National Sulphuric Acid Association I.*

[274] Horizontalleitlinien Rdnr. 218.

[275] Horizontalleitlinien Rdnr. 220.

[276] *Jestaedt,* BB 2001, 581, 585; aA *Streinz-Eilmansberger,* Art. 101 Rdnr. 280; FK-*Bunte,* Art. 101 Abs. 1, 3 Fallgruppen II,5., Rdnr. 43; *Mäger-Gehring,* 3. Kapitel Rdnr. 62.

[277] Vgl. nur Komm. E. v. 31.7.2001 COMP/38 064 IP/01/1155 – *Covisint.*

ihnen beteiligten kleinen und mittleren Unternehmen ohne das breite Leistungsspektrum der jeweiligen Kooperationszentrale nicht wettbewerbsfähig gegenüber Großbetrieben und großbetrieblichen Unternehmensformen gewesen wären. Bedenken bestanden allerdings, wenn Einkaufszusammenschlüsse die rechtliche oder wirtschaftliche Bewegungsfreiheit der Mitglieder oder der Lieferanten beschränkten oder durch hohe Marktanteile entscheidende Machtpositionen gegenüber den Lieferanten erreichten.[278] Wie das Kammergericht insbesondere in den Entscheidungen *Selex-Tania* und *HFGE* klargestellt hatte, konnten Einkaufskooperationen dem Kartellverbot des § 1 GWB unterfallen.[279] Auch das GWB schützt den Nachfragewettbewerb.[280] Eine Wettbewerbsbeschränkung lag ebenso wie früher im EU-Recht bei der Vereinbarung eines vollständigen oder teilweisen, auch mittelbaren,[281] **Bezugszwangs** vor.[282] Nach den insoweit sehr weit gehenden Grundsätzen des *Selex-Tania*-Beschlusses des Kammergerichts wurde der Wettbewerb aber auch ohne rechtlichen oder faktischen Bezugszwang beeinträchtigt, wenn eine Einkaufskooperation eine Vereinheitlichung des Nachfrageverhaltens dahin bewirkte, dass der gemeinsam mit einem Lieferanten ausgehandelte Preis von den einzelnen Käufern nicht mehr überschritten wurde, so dass er die Bedeutung eines für alle Anschlussunternehmen verbindlichen Höchstpreises erlangte.[283] Auch im deutschen Recht galt jedoch, dass das Kartellverbot nach dem Arbeitsgemeinschaftsgedanken nicht tangiert war, wenn die Mitglieder einer Einkaufsgemeinschaft als mittelständische Einzelhändler allein außerstande waren, entsprechend zu agieren, etwa eine eigene Marke am Markt durchzusetzen.[284]

Im Hinblick auf die Konvergenzregel des Art. 3 Abs. 2 Satz 1 der VO Nr. 1/2003 und des § 22 Abs. 2 Satz 1 GWB und auf die mit der 7. GWB-Novelle angestrebte volle Angleichung der §§ 1 und 2 GWB an das EU-Recht sind **im deutschen Recht die gleichen Grundsätze anzuwenden wie im EU-Recht.** In aller Regel haben Einkaufskooperationen spürbare Auswirkungen auf den Handel zwischen Mitgliedstaaten.[285] Die Schwelle der Spürbarkeit möglicher Auswirkungen auf den zwischenstaatlichen Handel ist zudem deutlich geringer als die der Spürbarkeit einer Wettbewerbsbeschränkung.[286] Aber auch unterhalb der Zwischenstaatlichkeitsschwelle können die Auslegungsregeln für §§ 1 und 2 GWB nicht mehr autonom bestimmt werden, denn es ergibt sich hier mittelbar die Notwendigkeit, die EU-rechtlichen Auslegungsmaßstäbe zu berücksichtigen,[287] wenn man nicht innerhalb von §§ 1 und 2 GWB oberhalb und unterhalb der Zwischenstaatlichkeitsschwelle mit gespaltenen Rechtsbegriffen operieren will, was der Intention des Gesetzgebers der 7. GWB-Novelle ohnehin zuwiderliefe und auch kaum mit Art. 3 GG vereinbar wäre. Damit verbleibt dem deutschen Recht kein Spielraum, zu abweichenden Ergebnissen 103

[278] BKartA TB 1978, 8ff., vgl. auch TB 1979/80, 12ff., TB 1987/88, 23ff.

[279] KG B. v. 16.6.1982 WuW/E OLG 2745 – *HFGE;* KG B. v. 26.2.1986 WuW/E OLG 3737 – *Selex-Tania.*

[280] Vgl. etwa BGH U. v. 13.12.1983 WuW/E BGH 2049 (2050) – *Holzschutzmittel;* KG B. v. 26.2.1986 WuW/E OLG 3737, 3741 – *Selex-Tania.*

[281] Vgl. KG B. v. 16.6.1982 WuW/E OLG 2745, 2747 – *HFGE.*

[282] Vgl. BGH U. v. 13.12.1983, WuW/E BGH 2049f. – *Holzschutzmittel;* vgl. schon BKartA Briefe v. 8./9.2.1962 und v. 27./28. 1962 WuW/E BKartA 575, 576 – *Freiwillige Ketten;* OLG Stuttgart U. v. 7.11.1963 WuW/E OLG 650 – *E-Wolle.*

[283] KG B. v. 26.2.1986 WuW/E OLG 3737, 3742 – *Selex-Tania;* vgl. auch KG Beschluss vom 29.5.1996, WuW/E OLG 5677, 5692 – *CP-System [carpartner],* bestätigt durch BGH B. v. 13.1.1998, WuW/E DE-R 115, 120 – *Carpartner.*

[284] KG B. v. 21.11.1991, WuW/E OLG 4907, 4912 – *Offizieller Volleyball.*

[285] Vgl. die Begründung zum RegE der 7. GWB-Novelle, BT-Drucks. 15/3640, 26.

[286] Vgl. etwa einerseits die von der Kommission als Daumenregel benutzte 5%-Schwelle zur Zwischenstaatlichkeit (Leitlinien der Komm. über den Begriff der Beeinträchtigung des zwischenstaatlichen Handels in den Art. 81 und 82 EG, ABl. 2004 C 101/81 Rdnr. 52 lit. a) und andererseits die Schwellenwerte in der de-minimis-Bekanntmachung (Bek. der Komm. v. 30.8.2014 über Vereinbarungen von geringer Bedeutung, die im Sinne des Art. 101 Abs. 1 AEUV den Wettbewerb nicht spürbar beschränken (De-minimis-Bekanntmachung) ABl. 2014 C 291/1, Rdnr. 8).

[287] *Bechtold,* Einführung GWB Rdnr. 73.

zu kommen. Es kann deshalb grundsätzlich auf die obigen Ausführungen zum EU-Recht und insbesondere die Leitlinien der Kommission zur Anwendbarkeit von Art. 101 AEUV auf Vereinbarungen über horizontale Zusammenarbeit verwiesen werden.[288] Insbesondere gilt, dass bei Marktanteilen von weniger als 15% keine Wettbewerbsbeschränkung zu erwarten ist (vgl. oben Rdnr. 89 und 93).[289]

104 Tendenziell musste im deutschen Recht unterhalb der Zwischenstaatlichkeitsschwelle nach der bisherigen Entscheidungspraxis jedoch in zwei Punkten mit **Abweichungen** gerechnet werden, die (vor Anwendung des § 3 Abs. 1 GWB) zu einer negativen Diskriminierung kleinerer Unternehmen und rein inländischer Sachverhalte hätten führen können. Dogmatisch ist es in jedem Fall vorzuziehen, auch unterhalb der Spürbarkeitsschwelle insoweit der Versuchung zu widerstehen, einen deutschen Sonderweg zu gehen.

105 Erstens liegt im EU-Recht bei einem gemeinsamen Marktanteil miteinander konkurrierender Unternehmen von weniger als 10% normalerweise keine spürbare (bewirkte) Wettbewerbsbeschränkung vor[290] (wobei beim gemeinsamen Einkauf die Besonderheit besteht, dass unter 15% Marktanteil noch nicht einmal eine Wettbewerbsbeschränkung angenommen wird,[291] sich also die Frage nach deren Spürbarkeit regelmäßig gar nicht mehr stellt). In der deutschen Praxis wurde dagegen die **Spürbarkeit der Wettbewerbsbeschränkung** beim gemeinsamen Einkauf ohne Weiteres bejaht. Im noch vor Inkrafttreten der 7. GWB-Novelle vom BGH entschiedenen Fall *Ausrüstungsgegenstände für Feuerlöschzüge* wurde die Frage der Spürbarkeit der Wettbewerbsbeschränkung noch nicht einmal problematisiert.[292] In seiner Entscheidung *Hintermauerziegelkartell* vom 25.10.2005 nach § 32c GWB[293] setzte sich das BKartA ausführlich mit der Spürbarkeit der Beeinträchtigung des zwischenstaatlichen Handels auseinander, um diese zu verneinen, stellte zu § 1 GWB jedoch nur lapidar fest, dass es sich um eine Vereinbarung im Sinne des § 1 GWB handelte. Gelöst wurde der Fall dann über § 3 Abs. 1 GWB, wobei es im Rahmen der Mittelstandskartellfreistellung insoweit genügt, dass der Wettbewerb auf dem Markt nicht wesentlich beeinträchtigt wird. Mit der Bagatellbekanntmachung des BKartA vom März 2007[294] dürfte aber dann eine Angleichung erfolgt sein.

106 Ein zweiter Unterschied besteht noch bei der Beurteilung von **Einkaufskooperationen der öffentlichen Hand.** Nach der Rechtsprechung des EuGH sind beispielsweise die gesetzlichen Krankenkassen bei der gemeinschaftlichen Festsetzung von Festbeträgen, bis zu deren Erreichen sie die Erstattung von Arzneimitteln übernehmen, keine Unternehmen im Sinne des Art. 101 AEUV, weil diese Tätigkeit nicht von wirtschaftlicher Art ist.[295] Es ist zwar nicht auszuschließen, dass auch solche Einrichtungen außerhalb der rein sozialen Aufgaben auch Tätigkeiten nachgehen, die einen wirtschaftlichen Zweck verfolgen. Für die Beurteilung, ob der Einkauf einer Ware eine wirtschaftliche Tätigkeit ist, bei der die öf-

---

[288] ABl. 2001 C 3/2 Rdnr. 115ff.

[289] Leitlinien aaO Rdnr. 130; das BKartA teilt diese Einschätzung, vgl. das Merkblatt über Kooperationsmöglichkeiten für kleinere und mittlere Unternehmen, Rdnr. 38 Abs. 3.

[290] Bek. der Komm. v. 30.8.2014 über Vereinbarungen von geringer Bedeutung, die im Sinne des Art. 101 Abs. 1 AEUV den Wettbewerb nicht spürbar beschränken (De-minimis-Bekanntmachung) ABl. 2014 C 291/1, Rdnr. 8.

[291] Das BKartA geht nunmehr bei Unterschreiten der 15%-Schwelle davon aus, dass eine Freistellung wahrscheinlich ist, vgl. das Merkblatt des BKartA über Kooperationsmöglichkeiten für kleinere und mittlere Unternehmen (Stand März 2007), Rdnr. 38.

[292] BGH U. v. 12.11.2002, WuW/E DE-R 1087ff. – *Ausrüstungsgegenstände für Feuerlöschzüge;* die Vorinstanz hatte die Frage der Spürbarkeit wenigstens kurz angesprochen, dann jedoch den Verstoß gegen § 1 GWB im Hinblick auf die Freistellung nach § 5c GWB a.F. dahinstehen lassen, OLG Düsseldorf U. v. 12.5.1998, WuW/E DE-R 150, 151.

[293] BKartA B. v. 25.10.2005, WuW/E DE-V 1142 – *Hintermauerziegelkartell.*

[294] Bekanntmachung Nr. 18/2007 des BKartA über die Nichtverfolgung von Kooperationsabreden mit geringer wettbewerbsbeschränkender Bedeutung („Bagatellbekanntmachung") vom 13.3.2007, Rdnr. 8.

[295] EuGH U. v. 16.3.2004, verb. Rs C-264/01, C-306/01, C-354/01 und C-355/01, Slg. 2004, I-2493, Rdnr. 45ff. – *AOK Bundesverband u. a./Ichthyol u. a.*

fentliche Hand als Unternehmen handelt, kommt es freilich darauf an, wozu die Ware verwendet wird. Wie der EuGH in der Rechtssache *FENIN* bestätigt hat, ist bei der Beurteilung des Wesens der Einkaufstätigkeit der Kauf eines Erzeugnisses nicht von dessen späterer Verwendung zu trennen; der wirtschaftliche oder nichtwirtschaftliche Charakter der späteren Verwendung des erworbenen Erzeugnisses bestimmt zwangsläufig den Charakter der Einkaufstätigkeit.[296] Nach diesen Grundsätzen sind beispielsweise Gemeinden, die Ausrüstungsgegenstände für Feuerlöschzüge kaufen, insoweit keine Unternehmen; kaufen sie gemeinsam ein, kann darin kein Verstoß gegen Art. 101 AEUV liegen. Der BGH kam dagegen in genau diesem Fall (vor Inkrafttreten der 7. GWB-Novelle) zu dem Ergebnis, dass der gemeinsame Einkauf unter § 1 GWB fiel. Die Gemeinden standen als Nachfrager untereinander im Wettbewerb. Die Nachfrage nach den Ausrüstungsgegenständen wurde als wirtschaftliche Tätigkeit bewertet.[297] Dieser Fall wurde erst durch eine Freistellung nach § 4 Abs. 2 GWB a. F. gelöst. Nach der 7. GWB-Novelle sind jedoch die EU-rechtlichen Vorgaben schon beim Unternehmensbegriff zu berücksichtigen.[298]

Weiterhin mit dem Primat des EU-Rechts vereinbar ist die deutsche Praxis, dass es für **107**
die Frage, ob eine Einkaufskooperation unter § 1 GWB fällt, unerheblich ist, ob sie auf der Grundlage einer schlichten Vereinbarung erfolgt oder in Form eines GU[299] oder einer Genossenschaft.[300] Auch der Beitritt zu einer bestehenden Einkaufsorganisation kann eine Wettbewerbsbeschränkung sein.[301]

Gleiches gilt für den schon oben (Rdnr. 92) erwähnten Sonderfall des **gemeinschaftli- 108**
chen Unternehmenserwerbs. Der Erwerb eines anderen Unternehmens durch zwei oder mehrere Käufer unterliegt der Fusionskontrolle (Gründung eines GUs oder zwei oder mehrere getrennt zu beurteilende Zusammenschlussvorhaben, wenn das erworbene Unternehmen aufgeteilt werden soll). Außer in Fällen der Gründung eines kooperativen GUs, die der Doppelkontrolle (nach den Fusionskontrollvorschriften und § 1 GWB) unterliegt, greift § 1 GWB nur dann ein, wenn eine Bietergemeinschaft den Wettbewerb der Bieter untereinander um das zum Verkauf stehende Unternehmen einschränkt, denn auch ein Geschäftsbetrieb ist eine Ware iSd § 1 GWB.[302] Nach dem Arbeitsgemeinschaftsgedanken (s. dazu auch § 8, bei M.) ist das Kartellverbot aber zumindest dann nicht einschlägig, wenn die an der Bietergemeinschaft Beteiligten bei vernünftiger Betrachtungsweise einzeln für das erworbene Unternehmen nicht geboten hätten.[303]

2. Freistellung. Soweit eine Einkaufskooperation unter den genannten Voraussetzun- **109**
gen unter § 1 GWB fällt, gibt es für sie zwei Freistellungsmöglichkeiten, die allgemeine Freistellung nach § 2 GWB und die besondere Freistellung von Mittelstandskartellen nach § 3 Abs. 1 GWB.

a) Freistellung nach § 2 GWB. Für die Auslegung der Voraussetzungen des § 2 Abs. 1 **110**
GWB kann an die europäische Rechtsprechung und Praxis zu Art. 101 Abs. 3 AEUV angeknüpft werden.[304] Es kann deshalb vollumfänglich auf die Ausführungen zum EU-Recht verwiesen werden (oben Rdnr. 95 ff.). Da es für die horizontalen Aspekte gemeinsamen Einkaufs keine einschlägige Gruppenfreistellungsverordnung gibt, kommt nur die Einzelfreistellung in Betracht.

An dieser Stelle sei nur noch kurz der Vorstellung entgegengetreten, bei Einkaufskoope- **111**
rationen der öffentlichen Hand sei die angemessene **Beteiligung der Verbraucher** an

---

[296] EuGH U. v. 11.7.2006, Rs C-205/03 P, Slg. 2006, I-6295, Rdnr. 26 – *FENIN.*
[297] BGH U. v. 12.11.2002, WuW/E DE-R 1087, 1089 – *Ausrüstungsgegenstände für Feuerlöschzüge,* vgl. hierzu auch *Westermann,* ZWeR 2003, 481, 484.
[298] Vgl. insoweit auch *Bechtold,* § 130 GWB Rdnr. 7; *Bornkamm,* Fs. Hirsch, S. 231, 238.
[299] Vgl. KG B. v. 16.6.1982, WuW/E OLG 2745, 2746 – *HFGE.*
[300] Vgl. KG B. v. 26.1.1983, WuW/E OLG 2961, 2962 – *Rewe.*
[301] Vgl. KG B. v. 26.1.1983, WuW/E OLG 2961, 2962 – *Rewe.*
[302] KG U. v. 15.5.1973, WuW/E OLG 1377, 1380 – *Starkstromkabel.*
[303] KG aaO.
[304] Begründung zum RegE der 7. GWB-Novelle, BT-Drucks. 15/3640, 25.

dem entstehenden **Gewinn** (d. h. an den Vorteilen des gemeinsamen Einkaufs) problematisch, weil die öffentliche Hand keinen Vorteil an Verbraucher weitergebe.[305] Soweit die öffentliche Hand auf der nächsten Stufe als Unternehmen auftritt, steht sie regelmäßig im Wettbewerb und gibt auf der vorherigen Stufe entstandene Vorteile schon deshalb weiter. Soweit dagegen die Unternehmenseigenschaft nur für den Einkauf besteht, ist die öffentliche Hand selbst Verbraucher,[306] und die Freistellungsvoraussetzung ist schon dadurch erfüllt, dass sie im Hinblick auf den gemeinsamen Einkauf weniger bezahlt.

112 *b) Nach § 3 Abs. 1 GWB freigestellte Mittelstandskartelle.* Die 7. GWB-Novelle (2005) hat die **Freistellung von Einkaufskartellen** in § 4 Abs. 1 GWB a. F., der weitgehend § 5c GWB idF der 5. GWB-Novelle entsprach, **aufgehoben.** Danach galt § 1 GWB nicht für Verträge und Beschlüsse, die den gemeinsamen Einkauf von Waren oder die gemeinsame Beschaffung gewerblicher Leistungen zum Gegenstand hatten, ohne einen über den Einzelfall hinausgehenden Bezugszwang für die beteiligten Unternehmen zu begründen, wenn dadurch der Wettbewerb auf dem Markt nicht wesentlich beeinträchtigt wurde und der Vertrag oder Beschluss dazu diente, die Wettbewerbsfähigkeit kleiner oder mittlerer Unternehmen zu verbessern. Maßgeblich für die Streichung war der erweiterte Vorrang des europäischen Rechts, weil sich Einkaufskooperationen in aller Regel auf den Handel zwischen den Mitgliedstaaten auswirken. Die Begründung des Regierungsentwurfs äußerte die Erwartung, dass mit der Streichung eine sachliche Änderung in aller Regel nicht verbunden sei, da sich die Freistellungsvorausetzungen in Art. 101 Abs. 3 AEUV (und damit auch im neuen § 2 GWB) im Ergebnis weitgehend mit den speziellen gesetzlichen Regelungen in den bisherigen §§ 2 ff. deckten.[307]

113 Bestehen blieb dagegen die in § 4 Abs. 1 GWB a. F. vorgesehene **Freistellung von Mittelstandskartellen,** die sich nunmehr in § 3 Abs. 1 GWB idF der 7. GWB-Novelle findet. Unterhalb der Zwischenstaatlichkeitsschwelle hat der nationale Gesetzgeber hier in der Tat einen Spielraum, weil es nicht um die Auslegung von Begriffen in Normen geht, die wörtlich Art. 101 AEUV entsprechen und die oberhalb und unterhalb der Zwischenstaatlichkeitsschwelle gleich ausgelegt werden sollten, sondern vielmehr um die Schaffung eines eigenen Freistellungstatbestands zu § 1 GWB mit eigenen Voraussetzungen. Soweit sich Vereinbarungen auf den Handel zwischen Mitgliedstaaten auswirken können, geht die Freistellung nach § 3 Abs. 1 GWB jedoch ins Leere, denn sie kann wegen des Vorrangs des EU-Rechts bzw. des Konvergenzprinzips keine Wirkungen entfalten (Art. 3 Abs. 2 Satz 1 der VO Nr. 1/2003 und § 22 Abs. 2 Satz 1 GWB).[308] Wirkt sich dagegen eine Vereinbarung nicht auf den Handel zwischen Mitgliedstaaten aus und fällt sie gleichwohl unter § 1 GWB (letzteres ist bei Anwendung des EU-rechtlichen Prüfungsmaßstabs außer bei geographisch nicht sehr großen Märkten eher unwahrscheinlich, denn der Marktanteil der beteiligten Unternehmen müsste über 15% liegen, vgl. oben Rdnr. 103), kann sie von der Freistellung nach § 3 Abs. 1 GWB profitieren.

114 Die Freistellung nach § 3 Abs. 1 GWB und die nach § 2 GWB stehen nicht in einem Spezialitätsverhältnis zueinander, auch wenn § 3 Abs. 1 mit der Fiktion arbeitet, dass Vereinbarungen und Beschlüsse, die seine Voraussetzungen erfüllen, die Voraussetzungen des § 2 Abs. 1 GWB erfüllen. Wenn die Voraussetzungen der einen Freistellung vorliegen, müssen die der anderen nicht mehr geprüft werden. Aus der Sicht der beteiligten Unternehmen ist die Freistellung nach § 2 GWB jedoch im Zweifel vorzuziehen, denn sie gilt

---

[305] Vgl. *Loewenheim/Meessen/Riesenkampff-Nordemann,* 1. Aufl. 2006, § 2 Rdnr. 99; in der 2. Aufl. 2009 auf den Fall beschränkt, dass die öffentliche Hand auf dem Verkaufsmarkt nicht unternehmerisch tätig ist (ebenfalls § 2 GWB Rdnr. 99).

[306] Zum Verbraucherbegriff vgl. die Leitlinien der Kommission zur Anwendung von Art. 81 Abs. 3 EG ABl. 2004 C 101/97 Rdnr. 84.

[307] Begründung zum RegE der 7. GWB-Novelle, BT-Drucks. 15/3640, 26.

[308] Auch das Merkblatt des BKartA über Kooperationsmöglichkeiten für kleinere und mittlere Unternehmen (Stand März 2007), Rdnr. 4, erkennt an, dass die Freistellungsnorm des § 3 GWB nur anwendbar ist, wenn Art. 81 Abs. 1 EG (jetzt: Art. 101 Abs. 1 AEUV) nicht einschlägig ist.

ober- und unterhalb der Zwischenstaatlichkeitsschwelle. Allerdings sind die Voraussetzungen der Mittelstandskartellfreistellung etwas griffiger als die der allgemeinen Freistellung.

Der Wortlaut des § 3 Abs. 1 GWB bezieht sich auf **Vereinbarungen** zwischen miteinander im Wettbewerb stehenden Unternehmen und **Beschlüsse** von Unternehmensvereinbarungen. Nach richtiger Ansicht werden jedoch, wie schon bei § 4 Abs. 2 GWB a. F. (d. h. der weggefallenen Freistellung von Einkaufskartellen),[309] auch weniger formalisierte Kooperationsformen erfasst, also auch **abgestimmte Verhaltensweisen.** Die Beschränkung der Anwendbarkeit der verschiedenen Freistellungskategorien im deutschen Recht auf Vereinbarungen und Beschlüsse stammt noch aus einer Zeit, als sich auch das Kartellverbot des § 1 GWB auf diese Formen beschränkte und abgestimmtes Verhalten an anderer Stelle (§ 25 GWB in der Fassung bis zur 6. GWB-Novelle) geregelt war. Da die Freistellung stets eine förmliche Anmeldung voraussetzte,[310] machte es auch Sinn, die beteiligten Unternehmen dazu anzuhalten, das, was sie freigestellt haben wollten, in Form einer Vereinbarung festzuhalten. Die Freistellung nach § 2 GWB setzt nun aber keine Anmeldung mehr voraus und erfasst – wie § 1 GWB – auch abgestimmtes Verhalten. Vor diesem Hintergrund ist die Beschränkung in § 3 Abs. 1 GWB auf Verträge und Beschlüsse ein Relikt, das sich nur daraus erklären lässt, dass der Wortlaut des § 4 Abs. 1 GWB a. F. insoweit unreflektiert übernommen wurde. Erfasst wird auch die Kooperation in Form eines **Gemeinschaftsunternehmens** oder einer **Genossenschaft.** 115

Für die Anwendung des § 3 Abs. 1 GWB müssen drei Voraussetzungen erfüllt sein. Die erste ist, dass die Vereinbarung oder der Beschluss die **Rationalisierung wirtschaftlicher Vorgänge** durch **zwischenbetriebliche Zusammenarbeit** zum Gegenstand hat. Hierunter wird im Sinne der entsprechenden Voraussetzung in §§ 3, 4 Abs. 1 und 5 Abs. 1 GWB a. F. eine Erhöhung der wirtschaftlichen Effizienz durch Verbesserung des Kosten-/Nutzen-Verhältnisses verstanden.[311] Beim gemeinsamen Einkauf ist dieser Anforderung entsprochen, wenn die Bündelung der Nachfrage zu niedrigeren Einkaufspreisen oder geringeren Transaktionskosten führt. 116

Eine weitere, negative Freistellungsvoraussetzung ist nach § 3 Abs. 1 Nr. 1 GWB, dass der **Wettbewerb** auf dem Markt **nicht wesentlich beeinträchtigt** wird. Die Schwelle der wesentlichen Marktbeeinträchtigung liegt (weit) über der Spürbarkeitsgrenze, aber unterhalb der Schwelle der Marktbeherrschung.[312] Bei einem Marktanteil von unter 15% wird kaum eine wesentliche Beeinträchtigung vorliegen können.[313] Das BKartA sieht zwar bei 10–15% eine wettbewerblich kritische Grenze,[314] doch ist das mit der 15%-Schwelle der Kommission kaum vereinbar, unterhalb derer noch nicht einmal eine Wettbewerbsbeschränkung vorliegt (vgl. oben Rdnr. 89, 103). Warum sollte auf kleineren Märkten insoweit der Wettbewerb eher wesentlich beeinträchtigt sein als auf größeren? Entscheidend ist aber stets die Gesamtbetrachtung aller Umstände.[315] Bei Einkaufsgemeinschaften ist hierbei 117

[309] GK-*Krimphove,* 4. Aufl., § 5c Rdnr. 35 mwN.

[310] Hierauf verweist insbesondere *Immenga/Mestmäcker-Immenga,* GWB, 3. Aufl., Vor § 2 GWB Rdnr. 6 mwN.

[311] *Bechtold,* § 3 GWB Rdnr. 8; vgl. auch BKartA v. 9.7.1999, WuW/E DE-V 127 Rdnr. 19 – *Fleurop II:* „Verbesserung des Kosten-Leistungs-Verhältnisses" und BKartA B. v. 25.10.2005, WuW/E DE-V 1142, 1146 – *Hintermauerziegelkartell:* „Maßnahmen …, durch die bei jedem beteiligten kleinen und mittleren Unternehmen das Verhältnis des betrieblichen Aufwandes der wirtschaftlichen Vorgänge zum Ertrag – umgerechnet auf die Produktionseinheit – verbessert wird"; Merkblatt des BKartA über Kooperationsmöglichkeiten für kleinere und mittlere Unternehmen (Stand März 2007), Rdnr. 28.

[312] Zu letzterem im Rahmen des § 5c GWB a. F. vgl. den RegE eines Fünften Gesetzes zur Änderung des GWB, BR-Drucks. 123/89, S. 39; BGH U. v. 12.11.2002, WuW/E DE-R 1087, 1091 – *Ausrüstungsgegenstände für Feuerlöschzüge.*

[313] Zustimmend *Westermann,* ZWeR 2003, 481, 493; zur Bedeutung des Marktanteils im Rahmen des § 5c GWB a. F. vgl. auch den RegE eines Fünften Gesetzes zur Änderung des GWB, BR-Drucks. 123/89, S. 40f.

[314] B. v. 25.10.2005, WuW/E DE-V 1142, 1146 – *Hintermauerziegelkartell.*

[315] BGH U. v. 12.11.2002, WuW/E DE-R 1087, 1091 – *Ausrüstungsgegenstände für Feuerlöschzüge.*

in erster Linie der Nachfragemarkt relevant, der aus der Sicht der Anbieter abzugrenzen ist.[316] Auf den Markt, auf dem die gemeinsam einkaufenden Unternehmen ihrerseits als Anbieter tätig sind, kam es bei § 4 Abs. 2 GWB a. F. nach dem Schutzzweck der Vorschrift nicht an.[317] Im Rahmen einer allgemeinen Mittelstandskartellfreistellung nach § 3 Abs. 1 GWB ist diese Argumentation nicht mehr zwingend; es sind jedoch keine Fälle vorstellbar, in denen ausschließlich der Folgemarkt betroffen ist. Letzteres würde nämlich die ungewöhnliche Konstellation voraussetzen, dass Unternehmen als Nachfrager nur einen kleinen Marktanteil haben, als Anbieter desselben unveränderten Produkts dagegen hohe Anteile. Wird das Produkt dagegen verarbeitet, verhindert der hinzugefügte Mehrwert regelmäßig spürbare Auswirkungen des gemeinsamen Einkaufs auf den Folgemarkt.

118 Schließlich ist es die dritte Voraussetzung der Freistellung nach § 3 Abs. 1 Nr. 2 GWB, dass die Vereinbarung oder der Beschluss dazu dient, die Wettbewerbsfähigkeit **kleinerer und mittlerer Unternehmen** zu verbessern. Die Teilnahme von Großunternehmen an einer Einkaufsgemeinschaft schließt dabei die Freistellung nicht aus, setzt jedoch voraus, dass sie im jeweiligen Einzelfall dem Zweck dient, die Wettbewerbsfähigkeit kleinerer und mittlerer Unternehmen zu verbessern.[318] Die Verbesserung der Wettbewebsfähigkeit kleiner und mittlerer Unternehmen lässt sich allerdings beim gemeinsamen Einkauf „erst recht" erreichen, wenn sich große Nachfrager beteiligten, weil die kleinen und mittleren Unternehmen von deren Nachfragepotenzial regelmäßig profitieren werden.[319] Zum Begriff der kleinen und mittleren Unternehmen[320] vgl. im einzelnen oben § 7 Rdnr. 88f.

119 Bis zum 30.6.2009 hatten die beteiligten Unternehmen nach § 3 Abs. 2 GWB auf Antrag einen Anspruch auf Entscheidung nach § 32c GWB (kein Anlass zum Tätigwerden für die Kartellbehörde), soweit sie ein erhebliches rechtliches oder wirtschaftliches Interesse an einer solchen Entscheidung darlegen konnten und die Voraussetzungen des Art. 101 Abs. 1 AEUV nicht erfüllt waren. Unter diesen Voraussetzungen entfiel das ansonsten bestehende Ermessen der Kartellbehörde, ob sie eine Entscheidung nach § 32c erlässt.

D. Gemeinsame Forschung und Entwicklung

120 Forschung und Entwicklung (F&E) führen, wenn sie erfolgreich sind, zu neuen oder verbesserten Produkten und Technologien. Das F&E-Ergebnis erlaubt dem Unternehmen, das über es verfügen kann, mit verbesserter Leistung am Markt anzutreten, was sich positiv auf seine Wettbewerbsposition auswirkt. Soweit das F&E-Ergebnis durch gewerbliche Schutzrechte, etwa durch Patente, oder als geheimes Know-how gesichert ist, verschafft es eine Ausschließlichkeitsstellung. Andere können es entweder gar nicht oder nur über eine kostenträchtige Lizenz erwerben. Schließlich kann ein Unternehmen, das über geschützte F&E-Ergebnisse verfügt, als Technologieanbieter auftreten und damit als Wettbewerber auf einem Markt der Lizenzvergabe tätig werden. Deshalb stellen F&E Wettbewerbsparameter dar. Je nach den Umständen, unter denen sie stattfindet, und den Vereinbarungen, die die Beteiligten treffen, kann gemeinsame F&E wettbewerbsfördernd sein oder Wettbewerb beschränken.

121 Die Auswirkungen gemeinsamer F&E müssen auf bis zu drei verschiedenen Markttypen geprüft werden. Bezweckt gemeinsame F&E, bestehende Produkte zu verbessern oder zu

---

316 KG B. v. 24.4.1985, WuW/E OLG 3577, 3585 – *Hussel-Mara;* KG B. v. 5.11.1986, WuW/E OLG 3917, 3927 – *Coop-Wandmaker.*

317 BGH aaO 1091 f.; auch der RegE eines Fünften Gesetzes zur Änderung des GWB, BR-Drucks. 123/89, S. 41, stellte nur auf den Nachfragemarkt ab.

318 RegE eines Fünften Gesetzes zur Änderung des GWB, BR-Drucks. 123/89, S. 39.

319 BGH U. v. 12.11.2002, WuW/E DE-R 1087, 1090 – *Ausrüstungsgegenstände für Feuerlöschzüge* unter Hinweis auf *Bunte* WuW 1998, 1037, 1046.

320 Vgl. hierzu auch das Merkblatt des BKartA über Kooperationsmöglichkeiten für kleinere und mittlere Unternehmen (Stand März 2007), Rdnr. 12f.

verfeinern, kann sie sich auf den **bestehenden Produktmarkt** auswirken.[321] Geht es dagegen darum, völlig neue Produkte oder Technologien zu schaffen, wird die gemeinsame F&E möglicherweise zu einem anfangs noch gar nicht existierenden, neuen Produktmarkt führen, dem **Innovationsmarkt.**[322] Soweit geistige Eigentumsrechte getrennt von mit ihnen erzeugbaren Produkten vermarktet werden, gibt es schließlich noch einen **Technologiemarkt,** der seinerseits ein vorhandener (also schon bestehender) Markt[323] oder ein Innovationsmarkt sein kann. Je nach den Umständen können natürlich auch mehrere vorhandene Produktmärkte, mehrere Innovationsmärkte oder auch mehrere Technologiemärkte betroffen sein.

I. Gemeinsame Forschung und Entwicklung im europäischen Recht

1. Wettbewerbsbeschränkung. Bei der Frage, ob eine gemeinsame F&E unter Art. 101 Abs. 1 AEUV fällt oder nicht, ist die **Rechtsform,** in der sie durchgeführt wird, ohne Bedeutung.[324] Vereinbarung, abgestimmtes Verhalten und GU stehen sich insoweit gleichwertig gegenüber. Ein ausschließlich mit F&E befasstes GU ist ohnehin kein Vollfunktions-GU,[325] es sei denn, es wäre auf einem Markt tätig, auf dem sich auch andere Unternehmen darauf beschränken, zu forschen und zu entwickeln und die Ergebnisse als Technologieanbieter zu vermarkten, ohne selbst zu produzieren. 122

Die meisten F&E-Vereinbarungen werden nicht von Art. 101 Abs. 1 AEUV erfasst. Dies gilt vor allem für Vereinbarungen über Zusammenarbeit in F&E in einem noch theoretischen Stadium, das noch weit von der gewerblichen Nutzung möglicher Ergebnisse entfernt ist.[326] Weiter beschränkt die Zusammenarbeit zwischen Nichtwettbewerbern normalerweise nicht den Wettbewerb.[327] Gleiches gilt für eine Zusammenarbeit in F&E, die sich nicht auf die gemeinsame Nutzung der Ergebnisse erstreckt.[328] 123

Nach der Kooperationsbekanntmachung von 1968 konnte dagegen eine Wettbewerbsbeschränkung vorliegen, wenn die Unternehmen Bindungen eingingen, die ihre eigene F&E-Tätigkeit beschränkten, so dass sie außerhalb des gemeinschaftlichen Vorhabens in der eigenen F&E nicht frei blieben.[329] Der **Verzicht auf eigene F&E-Tätigkeit** fiel aber nur dann unter Art. 101 Abs. 1 AEUV, wenn die betroffenen Unternehmen individuell auch in der Lage gewesen wären, das Projekt durchzuführen, wenn sie sich auf dieser Ebene also als aktuelle oder potentielle Wettbewerber gegenüberstanden.[330] Der wettbewerbsbeschränkende Verzicht auf eigene F&E-Tätigkeit der beteiligten Unternehmen konnte sich sowohl aus einem ausdrücklichen Tätigkeits- oder Konkurrenzverbot ergeben als auch aus der ge- 124

[321] Vgl. die Leitlinien der Kommission zur Anwendbarkeit von Art. 101 AEUV auf Vereinbarungen über horizontale Zusammenarbeit, ABl. 2010 C 11/1 Rdnr. 113 ff.

[322] Horizontalleitlinien Rdnr. 119 ff.

[323] Horizontalleitlinien Rdnr. 116 ff.

[324] Vgl. die Horizontalleitlinien Rdnr. 11; so auch schon die Bek. der Komm. v. 29.7.1968 über Vereinbarungen, Beschlüsse und aufeinander abgestimmte Verhaltensweisen, die eine zwischenbetriebliche Zusammenarbeit betreffen ABl. 1968 C 75/3, berichtigt in ABl. 1968 C 93/14, Abschn. II Ziff. 3; vgl. auch Komm. E. v. 23.11.1977 IV/29 428 ABl. 1977 L 327/26, Abschn. II.2.A.I – *GEC – Weir Natriumumwälzpumpen*.

[325] Konsolidierte Mitteilung der Komm. v. 21.2.2009 zu Zuständigkeitsfragen, ABl. 2009 C 43/10 Rdnr. 95.

[326] Horizontalleitlinien Rdnr. 129.

[327] Horizontalleitlinien Rdnr. 130.

[328] Horizontalleitlinien Rdnr. 132.

[329] Bek. der Komm. v. 29.7.1968 über Vereinbarungen, Beschlüsse und aufeinander abgestimmte Verhaltensweisen, die eine zwischenbetriebliche Zusammenarbeit betreffen, ABl. 1968 C 75/3, berichtigt in ABl. 1968 C 93/14, Abschn. II Ziff. 3.

[330] Vgl. z. B. Komm. E. v. 20.1.1977 IV/27 442 ABl. 1977 L 48/32, Rdnr. 15 – *Vacuum Interrupters Ltd;* Komm. E. v. 27.7.1990 IV/32 688 ABl. 1990 L 228/31, Abschn. II 2a – *Konsortium ECR 900;* Komm. E. v. 16.12.1994 IV/33 863 ABl. 1994 L 354/87, Rdnr. 16 – *Asahi/Saint-Gobain;* Komm. E. v. 14.9.1999 IV/36 213 ABl. 2000 L 58/16, Rdnr. 70 – *GEAE/P & W.*

meinsamen Tätigkeit entspringender faktischer Unwahrscheinlichkeit weiteren F&E-Wettbewerbs zwischen ihnen.[331] Die **Leitlinien der Kommission zur horizontalen Zusammenarbeit** vernachlässigen diesen Gesichtspunkt jedoch weitgehend. Erwähnt wird aber der Fall, dass zwei oder mehr von wenigen an der Entwicklung eines neuen Produkts beteiligten Unternehmen ihre Zusammenarbeit in einem Stadium aufnehmen, in dem sie einzeln jeweils kurz vor der Einführung des neuen Produkts stehen.[332] Zudem könne die Innovation durch F&E-Vereinbarungen beschränkt werden, selbst wenn diese keine gemeinsame Verwertung vorsehen, falls es nur wenige konkurrierende Forschungspole gibt.[333] Damit erkennt die Kommission die Handlungsfreiheit in F&E zumindest in gewissem Umfang als Selbstzweck an, und betrachtet nicht lediglich ihre Auswirkungen auf die oben genannten Produkt- und Technologiemärkte. Beschränkungen der Handlungsfreiheit bei F&E spielen auch bei der Unerlässlichkeitsprüfung nach Art. 101 Abs. 3 AEUV und im Rahmen der GVO Nr. 1217/2010 (dazu Rdnr. 133) eine Rolle.

125 Nach der **traditionellen Entscheidungspraxis** der Kommission war eine Verpflichtung zur gegenseitigen Lizenzgewährung für alle das Gebiet der gemeinsamen F&E betreffenden bestehenden oder neu entwickelten Verfahren wettbewerbsbeschränkend, weil dadurch kein beteiligtes Unternehmen, solange die Verträge bestanden, einen Wettbewerbsvorsprung vor dem anderen auf dem Gebiet der Forschung und der individuellen, sich selbst vorbehaltenen Nutzung der Forschungsergebnisse erringen konnte.[334] Eine Wettbewerbsbeschränkung konnte weiter vorliegen, wenn die Möglichkeit der **Lizenzerteilung an Dritte** ausdrücklich oder stillschweigend ausgeschlossen war[335] oder beteiligte Unternehmen nach ihrem Ausscheiden aus der gemeinsamen F&E sogar daran gehindert waren, die von ihnen ursprünglich eingebrachten und die gemeinsam entwickelten Erkenntnisse selbst zu verwerten.[336] Wettbewerbsbeschränkend war es auch, wenn die Parteien ihre ursprünglich vorhandene, in das GU eingebrachte Technologie nicht mehr selbst an Dritte lizensieren konnten.[337] Die Kommission sah auch die **gemeinsame Verwertung von Patenten und Know-how** als Wettbewerbsbeschränkung an,[338] die jedoch, wenn sich die gemeinsam entwickelte Technik auf von den Parteien eingebrachte Technologie stützte, eine zulässige Nebenabrede sein konnte.[339]

126 Wettbewerbsbeschränkungen lagen weiter regelmäßig dann vor, wenn die Vereinbarung zwischen aktuellen oder potentiellen Wettbewerbern über die eigentliche F&E hinausging und sich auf die praktische Auswertung der Ergebnisse erstreckte, also auf die **Produktion**[340]

---

[331] Vgl. Komm. E. v. 23.12.1971 IV/26 917 ABl. 1972 L 14/14, Abschn. II Abs. 2 – *Henkel/Colgate;* Komm. E. v. 20.1.1977 IV/27 442 ABl. 1977 L 48/32, Rdnr. 16 – *Vacuum Interrupters Ltd;* Komm. E. v. 8.12.1983 IV/29 955 ABl. 1983 L 376/17, Abschn. II A 1 Abs. 2 – *Carbon Gas Technologie;* Komm. E. v. 11.10.1988 IV/32 173 ABl. 1988 L 305/33, Rdnr. 13 – *Continental/Michelin;* Komm. E. v. 13.7.1990 ABl. 1990 IV/32 009 L 209/15, Rdnr. 24ff. – *Elopak/Metal Box – Odin* (Negativattest, weil die Parteien keine potentiellen Wettbewerber waren); Komm. E. v. 23.12.1992 IV/33 814 ABl. 1993 L 20/14, Rdnr. 20 – *Ford/Volkswagen.*

[332] Horizontalleitlinien Rdnr. 138.

[333] Horizontalleitlinien Rdnr. 132, 138.

[334] Komm. E. v. 23.12.1971 IV/26 917 ABl. 1972 L 14/14, Abschn. II Abs. 2 – *Henkel/Colgate;* Komm. E. v. 15.12.1975 IV/27 073 ABl. 1976 L 30/13, Abschn. II 3a – *Bayer/Gist-Brocades.*

[335] Komm. E. v. 12.12.1990 IV/32 363 ABl. 1991 L 19/25, Rdnr. 16 – *KSB/Goulds/Lowara/ITT.*

[336] Vgl. Komm. E. v. 8.12.1983 IV/29 955 ABl. 1983 L 376/17, Abschn. II. A.1 Abs. 2 – *Carbon Gas Technologie.*

[337] Komm. E. v. 6.10.1994 IV/34 776 ABl. 1994 L 309/1, Rdnr. 70 – *Pasteur Mérieux/Merck.*

[338] Vgl. Komm. E. v. 11.10.1988 IV/32 173 ABl. 1988 L 305/33, Rdnr. 15 – *Continental/Michelin;* anders noch die Bek. der Komm. v. 29.7.1968 über Vereinbarungen, Beschlüsse und aufeinander abgestimmte Verhaltensweisen, die eine zwischenbetriebliche Zusammenarbeit betreffen ABl. 1968 C 75/3, berichtigt in ABl. 1968 C 93/14, Abschn. II Ziff. 3.

[339] Komm. E. v. 12.12.1994 IV/34 891 ABl. 1994 L 341/66, Rdnr. 36 – *Fujitsu AMD Semiconductor;* vgl. unten Rdnr. 152.

[340] Vgl. z. B. Komm. E. v. 20.12.1974 IV/26 603 ABl. 1975 L 29/20, Abschn. II 2a – *Rank/SOPELEM;* Komm. E. v. 23.11.1977 IV/29 428 ABl. 1977 L 327/26, Abschn. II 2a iii – *GEC –*

oder sogar auf den **Vertrieb.**[341] Daneben konnte ein umfangreicher Austausch von technischem Know-how im Rahmen gemeinsamer F&E im Wege eines Spillover das Wettbewerbsverhalten der Parteien in benachbarten Marktsegmenten beeinträchtigen.[342]

Die Kommission vertritt nunmehr – d.h. seit 2011 – jedoch den Standpunkt, dass eine F&E-Vereinbarung, die die gemeinsame Vermarktung zukünftiger Forschungsergebnisse umfasst, nicht notwendigerweise den Wettbewerb beschränkt.[343] Entscheidend nach dem **aktuellen Ansatz** der Kommission ist vielmehr eine Untersuchung des wirtschaftlichen Umfelds. Negative Marktwirkungen auf die Innovation oder in vorhandenen Märkten ergeben sich in der Regel nur, wenn die Beteiligten **erhebliche Macht** in den vorhandenen Märkten ausüben oder der Wettbewerb im Bereich der Innovation wesentlich reduziert wird. Ohne Marktmacht besteht kein Anreiz für ein abgestimmtes Verhalten in den vorhandenen Märkten oder einen Abbau bzw. ein Hinauszögern der Innovation. Probleme der Marktabschottung können sich nur im Fall einer Kooperation stellen, bei der in Bezug auf eine Schlüsseltechnologie wenigstens ein Unternehmen mit erheblicher Marktmacht beteiligt ist und die ausschließliche Nutzung der Ergebnisse vereinbart wurde.[344] 127

Anders als beim gemeinsamen Einkauf nennt die Kommission keinen gemeinsamen Marktanteilssatz, unterhalb dessen normalerweise kein Verstoß gegen Art. 101 Abs. 1 AEUV vorliegt. Sie verweist vielmehr unmittelbar auf den **gemeinsamen Marktanteil von 25 %,** bis zu dem in der GVO für F&E-Vereinbarungen[345] Vereinbarungen freigestellt sind.[346] Dies führt in der Praxis dazu, dass bei Vereinbarungen über gemeinsame F&E, die solche Kernbeschränkungen vermeiden, nicht mehr zwischen Wettbewerbsbeschränkung, Spürbarkeit und Freistellung unterschieden wird, solange der gemeinsame Marktanteil 25% nicht übersteigt. 128

Bei F&E zur Verbesserung existierender Produkte liegen Auswirkungen auf deren Märkte nur nahe, wenn die Vertragspartner gemeinsam eine starke Stellung einnehmen, ein Markteintritt schwierig ist und nur wenige andere innovative Tätigkeiten auszumachen sind.[347] F&E, die auf ein neues Produkt oder eine neue Technologie gerichtet ist, wirkt sich normalerweise ohnehin nicht auf die bestehenden Produktmärkte aus. Beschränkungen der Innovationsmärkte können in solchen Fällen vorliegen, wenn Unternehmen ihre Zusammenarbeit in einem Stadium aufnehmen, in dem sie einzeln jeweils kurz vor der Einführung eines neuen Produkts stehen.[348] 129

2. Spürbarkeit. Unabhängig von der nunmehr zu erwartenden Prädominanz der Marktanteilsschwelle von 25% aus der F&E-GVO (dazu Rdnr. 139) dürfte sich die **Spürbarkeit** in erster Linie an der Bekanntmachung über **Vereinbarungen von geringer Bedeutung** messen, also bei einem gemeinsamen Marktanteil von nicht mehr als 10% bei 130

Weir Natriumumwälzpumpen; Komm. E. v. 21.12.1977 IV/29 236 ABl. 1978 L 70/47, Abschn. II 2b – *SOPELEM/Vickers I;* Komm. E. v. 12.12.1994 IV/34 891 ABl. 1994 L 341/66, Rdnr. 29ff. – *Fujitsu AMD Semiconductor.*

[341] Vgl. z.B. Komm. E. v. 20.12.1974 IV/26 603 ABl. 1975 L 29/20, Abschn. II 2b – *Rank/SOPELEM;* Komm. E. v. 23.11.1977 IV/29 428 ABl. 1977 L 327/26, Abschn. II.2.a.iii – *GEC – Weir Natriumumwälzpumpen;* Komm. E. v. 21.12.1977 IV/29 236 ABl. 1978 L 70/47, Abschn. II.2.c – *SOPELEM/Vickers I;* Komm. E. v. 5.12.1983 IV/29 329 ABl. 1983 L 376/11, Rdnr. 20 – *VW-MAN;* Komm. E. v. 6.10.1994 IV/34 776 ABl. 1994 L 309/1, Rdnr. 56ff. – *Pasteur Mérieux/Merck;* Komm. E. v. 16.12.1994 IV/33 863 ABl. 1994 L 354/87, Rdnr. 22 – *Asahi/Saint-Gobain.*

[342] Komm. E. v. 23.12.1992 IV/33 814 ABl. 1993 L 20/14, Rdnr. 21 – *Ford/Volkswagen;* vgl. auch die Mitteilung der Komm. v. 7.11.1998 gemäß Art. 19 Abs. 3 der VO Nr. 17 in der Sache *General Electric Aircraft Engines/Pratt & Whitney* ABl. 1998 C 339/3.

[343] Horizontalleitlinien Rdnr. 128.

[344] Horizontalleitlinien Rdnr. 127.

[345] Art. 4 der Verordnung (EU) Nr. 1217/2010 der Komm. v. 14.12.2010 über die Anwendung von Art. 101 Abs. 3 des Vertrages auf Gruppen von Vereinbarungen über Forschung und Entwicklung ABl. 2010 L 335/36.

[346] Horizontalleitlinien Rdnr. 134.

[347] Horizontalleitlinien Rdnr. 136.

[348] Horizontalleitlinien Rdnr. 138.

horizontalen F&E-Vereinbarungen und bei Marktanteilen von jeweils nicht mehr als 15% bei vertikalen Vereinbarungen für bewirkte Wettbewerbsbeschränkungen nicht gegeben sein,[349] wobei aber auch bei Vereinbarungen oberhalb dieser Schwellen keineswegs gesagt ist, dass sie überhaupt wettbewerbsbeschränkend sind.[350]

131 **3. Beeinträchtigung des zwischenstaatlichen Handels.** Der **Handel zwischen Mitgliedstaaten** kann u.a. dann beeinträchtigt[351] werden, wenn die Teilnehmer an der gemeinsamen Forschung und Entwicklung aus verschiedenen Mitgliedstaaten kommen. Es genügt aber auch, wenn das Endprodukt zwischen Mitgliedstaaten gehandelt wird.[352]

132 **4. Freistellung.** Soweit der Tatbestand des Art. 101 Abs. 1 AEUV bei gemeinsamer Forschung und Entwicklung erfüllt ist, können die Beschränkungen durch die GVO freigestellt sein. Soweit die GVO nicht greift, etwa weil der Marktanteil der beteiligten Unternehmen bei Wettbewerbern 25% überschreitet, bleibt die Möglichkeit einer Einzelfreistellung.

133 *a) Gruppenfreistellung.* Die Verordnung (EU) Nr. 1217/2010 der Kommission vom 14.12.2010 über die Anwendung von Art. 101 Abs. 3 AEUV auf Gruppen von Vereinbarungen über Forschung und Entwicklung[353] (die **F&E-GVO**) stützt sich auf die Verordnung (EWG) Nr. 2821/71 des Rates vom 20.12.1971.[354] Die VO Nr. 1217/2010 gilt nach ihrem Art. 9, wenn sie nicht verlängert oder vorzeitig ersetzt wird, bis zum 31.12.2022.

134 Die F&E-GVO erfasst nach ihrem Art. 1 Abs. 1 lit. a Nr. i bis vi die gemeinsame Forschung und Entwicklung sowie – erstmals – die Auftragsforschung und -entwicklung von Erzeugnissen oder Verfahren mit oder ohne gemeinsame Verwertung der erzielten Ergebnisse, wobei die gemeinsame F&E auch im Rahmen einer vorher zwischen den beteiligten Unternehmen geschlossenen Vereinbarung durchgeführt worden sein kann. Die an einer gemeinsamen F&E Beteiligten können sich also auch in einem späteren Stadium noch für eine gemeinsame Verwertung der Erzeugnisse entscheiden. **Verwertung der Ergebnisse** ist nach Art. 1 Abs. 1 lit. g der GVO die Herstellung, der Verkauf, der Vertrieb oder die Förderung des Absatzes von Vertragserzeugnissen, die Anwendung der Vertragstechnologien, die Abtretung geistiger Eigentumsrechte oder die Erteilung diesbezüglicher Lizenzen oder die Weitergabe von Know-how, das für die Herstellung oder Anwendung erforderlich ist. Die **gemeinsame Verwertung** kann darin bestehen, dass Herstellung und/oder Vertrieb durch die Vertragspartner zusammen, durch einen von ihnen oder durch einen von ihnen bestimmten Dritten erfolgen.[355] Soweit die Vertragsparteien diese Tätigkeiten übernehmen, muss jede von ihnen einen Beitrag im Bereich der F&E oder[356] der Verwertung leisten. Im Vertrieb kann dabei den Beteiligten (auch Dritten, die insoweit für sie tätig sind) Gebietsschutz und/oder Kundenschutz gewährt werden, sofern die ausschließliche Zuweisung im Rahmen der Spezialisierung der Verwertung erfolgt.[357] Entgegen Art. 5 Abs. 1

---

[349] Bek. der Komm. v. 30.8.2014 über Vereinbarungen von geringer Bedeutung, die im Sinne des Art. 101 Abs. 1 AEUV den Wettbewerb nicht spürbar beschränken (De-minimis-Bekanntmachung) ABl. 2014 C 291/1, Rdnr. 8.

[350] De-minimis-Bek. der Komm. v. 30.8.2014, Rdnr. 3.

[351] Vgl. hierzu insb. die Bek. der Komm. v. 27.4.2004 Leitlinien über den Begriff der Beeinträchtigung des zwischenstaatlichen Handelns in den Art. 81 und 82 EG, ABl. 2004 C 101/81.

[352] Komm. E. v. 16.12.1994 IV/33 863 ABl. 1994 L 354/87, Rdnr. 23 – *Asahi/Saint-Gobain.*

[353] ABl. 2010 L 335/36.

[354] Verordnung (EWG) Nr. 2821/71 des Rates vom 20.12.1971 über die Anwendung von Art. 85 Abs. 3 EG-Vertrag auf Gruppen von Vereinbarungen, Beschlüssen und aufeinander abgestimmten Verhaltensweisen ABl. 1971 L 285/46, geändert u.a. durch die Verordnung (EWG) Nr. 2743/72 vom 19.12.1972 ABl. 1972 L 291/144.

[355] Vgl. Art. 1 Abs. 1 lit. m der GVO.

[356] So jetzt ausdrücklich Art. 1 Abs. 1 lit. m Nr. iii iVm lit. n und o der GVO.

[357] Arg. aus Art. 5 lit. e der GVO; gemäß Art. 1 Abs. 1 lit. o der GVO versteht man unter Spezialisierung im Rahmen der Verwertung auch die Aufteilung von Gebieten, Kunden oder Anwendungsbereichen unter den Parteien.

lit. e und g der alten Fassung der GVO stellt eine derartige Aufteilung von Kunden oder Gebieten gemäß der aktuellen Fassung auch nach Ablauf des freigestellten Siebenjahreszeitraums keine Kernbeschränkung mehr dar. Passive Verkäufe müssen allerdings immer möglich sein.[358]

Die F&E-GVO ordnet in allgemeiner Form an, dass die Freistellung auch für Bestimmungen gilt, die die Übertragung von Rechten des geistigen Eigentums oder die Erteilung von Lizenzen zur unmittelbaren Durchführung der gemeinsamen F&E betreffen, sofern diese hierfür erforderlich sind und nicht den Hauptgegenstand der Vereinbarung bilden.[359] Die GVO ist insoweit eine Konkretisierung des Prinzips der Nebenabreden.[360] 135

Während die alte Fassung der GVO lediglich vorsah, das sämtliche Ergebnisse allen Vertragspartnern „zugänglich" sein mussten, so muss gemäß der aktuellen Fassung (2010) „uneingeschränkter Zugang" gewährt werden. Es besteht nun aber die Möglichkeit, im Fall einer spezialisierten Verwertung den Zugang zu den Forschungsergebnissen in entsprechendem Umfang zu beschränken.[361] Forschungsinstitute, Hochschulen oder Unternehmen, die F&E-Dienstleistungen in Form gewerblicher Dienste erbringen und sich üblicherweise nicht als Verwerter von Ergebnissen betätigen, können sich jedoch verpflichten, die Ergebnisse ausschließlich zum Zweck der Durchführung weiterer Forschungsarbeiten zu verwenden.[362] Der Zugang zu den Forschungsergebnissen muss nicht unentgeltlich erfolgen, die Vergütung darf jedoch den Zugang aufgrund ihrer Höhe auch nicht tatsächlich verhindern.[363] Dem entspricht es, wenn die Kommission in den Horizontalleitlinien vermerkt, dass sich die Arbeiten der Vertragspartner bei einer Auslagerung von Forschung und Entwicklung in spezialisierte Unternehmen oder Forschungsinstitute oder andere akademische Einrichtungen ergänzen und Art. 101 Abs. 1 AEUV insoweit nicht zur Anwendung gelangt.[364] Beschränkungen des Zugangs von Vertragspartnern zu den F&E-Ergebnissen können auch einzelfreistellungsfähig sein, wenn sie angesichts des Marktes, der Risiken und des Umfangs der zur Nutzung der Ergebnisse erforderlichen Investitionen unerlässlich sind.[365] 136

Ist **keine gemeinsame Verwertung** der Ergebnisse vorgesehen, muss jede Vertragspartei Zugang zu vorher bestehendem Know-how der anderen Partei in dem Maß erhalten, wie dies für die Verwertung der Ergebnisse unerlässlich ist.[366] Nachdem die GVO nun auch F&E-Vereinbarungen umfasst, die eine Spezialisierung im Rahmen der Verwertung bis zur vollständigen Verwertung der Ergebnisse durch eine Partei allein vorsehen,[367] ist ein uneingeschränkter Zugang aller Beteiligten zu den Ergebnissen der gemeinsamen F&E (so aber die a. F.)[368] nicht mehr erforderlich. Die **gemeinsame Verwertung** setzt ihrerseits voraus, dass die F&E-Ergebnisse **geistige Eigentumsrechte** oder Know-how darstellen und für die Herstellung der Vertragserzeugnisse oder für die Anwendung der Vertragsverfahren unerlässlich sind.[369] Mit anderen Worten: die gemeinsame F&E muss zu greifbaren Ergebnissen geführt haben, um deren Verwertung es in der Folge geht. Nicht gedeckt ist also die gemeinsame Herstellung oder der gemeinsame Vertrieb von Produkten, die die Beteiligten auch so – ohne gemeinsame F&E – hätten herstellen können. Es ist nicht mehr erforder- 137

358 Art. 5 Abs. 1 lit. d, f und g der GVO.
359 Art. 2 Abs. 2 der GVO.
360 So ausdrücklich noch der 13. Erwägungsgrund des Entwurfs einer VO der Komm. über die Anwendung von Art. 81 Abs. 3 EG auf Gruppen von Vereinbarungen über Forschung und Entwicklung ABl. 2000 C 118/3.
361 Art. 3 Abs. 2 S. 2 der GVO.
362 Art. 3 Abs. 2 S. 3 der GVO.
363 Art. 3 Abs. 2 S. 4 der GVO.
364 Horizontalleitlinien Rdnr. 131.
365 Horizontalleitlinien Rdnr. 140.
366 Art. 3 Abs. 3 der GVO.
367 Art. 3 Abs. 2 iVm Art. 1 Abs. 1 lit. o der GVO.
368 Art. 3 Abs. 3 der GVO aF.
369 Art. 3 Abs. 4 der GVO.

lich, dass die Ergebnisse „wesentlich" zum technischen oder wirtschaftlichen Fortschritt beitragen. Schließlich setzt die Gruppenfreistellung voraus, dass die bei einer Aufgabenteilung mit der Herstellung betrauten Unternehmen Lieferaufträge aller Vertragspartner erfüllen müssen, es sei denn, dass die Vereinbarung auch den gemeinsamen Vertrieb vorsieht oder sich die Parteien darauf geeinigt haben, den Vertrieb der produzierenden Partei zu überlassen.[370]

138 Sind die Parteien **keine tatsächlichen oder potentiellen Wettbewerber,** ist die gemeinsame Verwertung der Ergebnisse für einen Zeitraum von sieben Jahren ab dem ersten Inverkehrbringen der Vertragserzeugnisse im Binnenmarkt freigestellt.[371] Während dieses Zeitraums gilt keine Marktanteilsschwelle, und ein Vertragspartner kann durchaus 100% Marktanteil halten.[372] Der Begriff des potentiellen Wettbewerbers wird in Art. 1 Abs. 1 lit. t der GVO relativ eng definiert. Potentielle Wettbewerber sind nur Unternehmen, die als Reaktion auf einen geringen, aber anhaltenden Anstieg der relativen Preise wahrscheinlich innerhalb von höchstens drei Jahren die zusätzlichen Investitionen tätigen oder sonstige Umstellungskosten auf sich nehmen würden, die für einen Markteintritt erforderlich wären.

139 Sind die Vertragspartner dagegen **Wettbewerber** auf einem betroffenen Produkt- oder Technologiemarkt, gilt die Freistellung für die Dauer der Durchführung der F&E-Arbeiten und die anschließende **siebenjährige gemeinsame Verwertung** der Ergebnisse nur, wenn ihr gemeinsamer **Anteil** an den relevanten Produkt- und Technologiemärkten zum Zeitpunkt des Vertragsabschlusses **25%** nicht übersteigt.[373] Dass die 25%-Marktanteilsschwelle für den Technologiemarkt nur dann gilt, wenn alle Parteien auch auf den Technologiemärkten (und nicht nur auf dem Produktmarkt) tatsächliche oder potentielle Wettbewerber sind,[374] lässt sich dem Verordnungstext so nicht entnehmen. Für den Technologiemarktanteil ist zu beachten, dass er sowohl anhand der Lizenzeinnahmen als auch auf Basis der Produktumsätze auf dem nachgelagerten Produktmarkt berechnet werden muss.[375] Im Fall einer Auftragsforschung und -entwicklung zählen dabei zu den Anteilen der finanzierenden Partei auch die Marktanteile von Parteien, mit denen die finanzierende Partei im Rahmen weiterer Forschungs- und Entwicklungsvereinbarungen über dieselben Vertragsprodukte oder -technologien zusammenarbeitet.[376] Die Marktanteilsschwelle gilt auch (unabhängig davon, ob die Beteiligten ursprünglich Wettbewerber waren oder nicht), wenn die gemeinsame Verwertung einen Zeitraum von sieben Jahren nach dem ersten Inverkehrbringen der Vertragserzeugnisse im Binnenmarkt überschreiten soll.[377] Konkurrierende Vertragspartner dürfen damit in den ersten sieben Jahren auch bei höheren Marktanteilen gemeinsam vertreiben, sofern ihr gemeinsamer Marktanteil nur bei Vertragsschluss unter der Schwelle lag. Angesichts der Schwierigkeit, den relevanten Markt abzugrenzen und das entsprechende Marktvolumen zu ermitteln, ergeben sich aus einer solchen Marktanteilsschwelle in der Praxis allerdings erhebliche Unsicherheitsmomente.[378]

140 Die Verordnung enthält einen **Übergangsmechanismus** für Fälle, in denen der Marktanteil zu Beginn unter 25% liegt, anschließend jedoch über diese Schwelle steigt. Steigt er auf bis zu 30%, gilt die Freistellung noch zwei weitere Kalenderjahre im Anschluss an den Siebenjahreszeitraum. Steigt er auf mehr als 30%, gilt sie noch für ein weiteres Kalenderjahr. Diese Übergangsfristen können nicht kumuliert werden.[379]

---

370 Art. 3 Abs. 5 der GVO.
371 Art. 4 Abs. 1 der GVO.
372 Vgl. auch *Wiedemann,* GVO-Komm., Band I, Art. 3 GVO 418/85 Rdnr. 10.
373 Art. 4 Abs. 2 der GVO.
374 So *Fritzsche,* EuZW 2011, 208, 209.
375 Horizontalleitlinien Rdnr. 125.
376 Art. 4 Abs. 2 lit. b der GVO.
377 Art. 4 Abs. 3 der GVO.
378 Zur Problematik von Marktanteilsschwellen in GVO *Schroeder,* ECLR 1997, 430, 431 ff.
379 Vgl. Art. 7 lit. d–f der GVO.

141 Die Freistellung gilt nicht für F&E-Vereinbarungen, die sog. **Kernbeschränkungen** enthalten, die in einer **schwarzen Liste** (Art. 5 GVO)enthalten sind. Liegt eine der Kernbeschränkungen vor, entfällt der durch die F&E-GVO gewährte Vorteil nach dem „Alles-oder-Nichts-Prinzip" in Gänze.[380] Hierzu gehören u. a. Beschränkungen der Freiheit, selbständig oder mit Dritten F&E in mit dem Programmbereich nicht verwandten Bereichen oder nach Abschluss der gemeinsamen F&E auch in demselben Bereich zu betreiben,[381] Mengenbeschränkungen[382] und Beschränkungen der Preisgestaltungsfreiheit.[383] Aus der Liste ergibt sich weiter, dass Kundenbeschränkungen und das Verbot, aktiv Vertragsprodukte oder -technologien in Gebiete zu verkaufen, die anderen Vertragspartnern vorbehalten sind, nur zulässig sind, wenn diese ausschließliche Zuweisung auf eine Spezialisierung im Rahmen der Verwertung zurückzuführen ist.[384] Der passive Verkauf oder die Erteilung von Lizenzen in solche Gebiete muss, mit Ausnahme der Verpflichtung, Lizenzen für die Ergebnisse ausschließlich an eine beteiligte Partei zu vergeben, von Anfang an möglich sein.[385]

141a Neben der schwarzen Liste des Art. 5 enthält die GVO in Art. 6 auch noch eine Liste zweier **nicht freigestellter Beschränkungen.** Enthält eine Vereinbarung eine solche Beschränkung, bleibt die GVO anwendbar; sie stellt jedoch nicht diese konkrete Beschränkung frei. Die eine nicht freigestellte Beschränkung betrifft **Nichtangriffsklauseln** für gewerbliche Schutzrechte[386] (ungeachtet der *Bayer/Süllhöfer*-Entscheidung),[387] die andere Verpflichtungen, Dritten keine Lizenzen zu erteilen, sofern nicht eine Verwertung durch mindestens eine Partei vorgesehen ist und im Binnenmarkt gegenüber Dritten erfolgt.[388] Beide Klauseltypen standen in der Vorgänger-GVO noch auf der schwarzen Liste.

142 Die Gruppenfreistellungsverordnung enthält schließlich noch Regelungen zur **Berechnung der Marktanteile.**[389] Die Regelungen zum **Entzug der Freistellung** finden sich in Art. 29 VO 1/2003.[390]

143 Die Gründung eines **Gemeinschaftsunternehmens,** das von der F&E bis zum Vertrieb alle Funktionen ausübt, kann einen **Zusammenschluss** iSd FKVO darstellen. Gleichzeitig kann die F&E-GVO anwendbar sein.[391] Diese Konstellation wird sich allerdings nur in Fällen des Art. 1 Abs. 1 lit. a Nr. ii und v der GVO ergeben (gemeinsame Verwertung der Ergebnisse früherer gemeinsamer F&E oder Auftragsforschung und -entwicklung), denn in allen anderen Fällen ist die Tätigkeit des GU in der Anfangsphase auf die reine F&E beschränkt und es ist (noch) kein Vollfunktions-GU. Sollten die FKVO und die GVO gleichwohl aufeinandertreffen, wird die Prüfung nach Art. 2 Abs. 1–3 FKVO im Hinblick auf die Marktanteilsschwelle der Gruppenfreistellungsverordnung einfach sein; eine Prüfung nach Art. 2 Abs. 4 und 5 FKVO erübrigt sich, weil bereits eine Freistellung nach Art. 101 Abs. 3 AEUV vorliegt.[392]

---

380 Vgl. *Polley/Seeliger,* WRP 2001, 494, 501.

381 Art. 5 lit. a der GVO.

382 Art. 5 lit. b der GVO mit den dort unter Nr. i–iv genannten Gegenausnahmen.

383 Art. 5 lit. c der GVO; sofern sich die Festsetzung auf direkte Abnehmer bezieht und die Parteien die gemeinsame Verwertung nicht im Wege der Spezialisierung vornehmen, gilt eine solche Beschränkung wiederum nicht als Kernbeschränkung.

384 Art. 5 lit. e der GVO.

385 Art. 5 lit. d und f der GVO.

386 Art. 6 lit. a der GVO.

387 EuGH U. v. 27.9.1988, Rs C-65/86, Slg. 1988, 5249 Rdnr. 17 – *Bayer/Süllhöfer.*

388 Art. 6 lit. b der GVO.

389 Art. 7 lit. a–c der GVO.

390 VO des Rates vom 16.12.2002 zur Durchführung der in den Artikeln 81 und 82 des Vertrags niedergelegten Wettbewerbsregeln, ABl. 2003 L 1/1.

391 AA FK-*Pohlmann,* Art. 81 Abs. 3 Rdnr. 393, wonach eine naturgemäß befristete Freistellung nach einer GVO nicht die Rechtsfolge einer unbefristeten Freigabe nach der FKVO auslösen könne; auch sei die der GVO zugrundeliegende ökonomische Bilanz nicht für Sachverhalte mit gleichzeitigen konzentrativen Wirkungen gezogen worden.

392 So auch *Wiedemann,* § 16 Rdnr. 162 und Fs. Ulmer, S. 1031, 1048.

144 *b) Einzelfreistellung.* Die Einzelfreistellung (seit 2004 Legalausnahme) ist nach wie vor in Fällen von Bedeutung, in denen die Marktanteilsschwelle der GVO überschritten wird.[393] Es ist allerdings nicht gesagt, dass in allen solchen Fällen ein Verstoß gegen Art. 101 Abs. 1 AEUV vorliegt. Vereinbarungen, die wegen einer stärkeren Marktstellung der Vertragspartner nicht gruppenweise freigestellt sind, müssen den Wettbewerb nicht notwendigerweise beschränken.[394] Wenn sie den Wettbewerb nicht beschränken, bedürfen sie auch keiner Freistellung. Die Einzelfreistellung (Legalausnahme) ist daneben noch in Fällen von Bedeutung, in denen die Gruppenfreistellung nicht greift, etwa weil der Zugang einzelner Mitglieder zu den F&E-Ergebnissen beschränkt ist, oder auch für Vereinbarungen, die über Nebenabreden hinausgehende Beschränkungen enthalten.[395] Theoretisch können auch noch Vereinbarungen freigestellt sein, die Kernbeschränkungen aus der schwarzen Liste der GVO enthalten. Solche Kernbeschränkungen müssen dann allerdings in der Unerlässlichkeitsprüfung rechtfertigt werden.[396]

145 Die Kommission ist grundsätzlich bereit, GU für F&E zu befürworten, die zwar nicht die Voraussetzungen der GVO erfüllen, deren wirtschaftliche Vorteile insgesamt aber die Nachteile für den Wettbewerb aufwiegen.[397]

146 Was nun die Freistellungskriterien des Art. 101 Abs. 3 AEUV im Einzelnen anbelangt, sind die **Verbesserung der Warenerzeugung** und die **Förderung des technischen Fortschritts** geradezu typisch für die gemeinsame F&E.[398] Gemeinsame F&E führen gemeinhin schneller, effizienter und wirtschaftlicher zu den angestrebten Ergebnissen.[399] Dieser Gesichtspunkt wird zum Teil aber auch systematisch unpräzise bei der Unerlässlichkeit geprüft.[400] Die **Verbraucher** werden an dem entstehenden Gewinn **angemessen beteiligt,** wenn die Senkung der F&E-Kosten sich auf den Preis für die Verbraucher auswirkt,[401] wovon bei hinreichendem Wettbewerb ausgegangen werden kann. Aber auch ohne Preissenkung kommen den Verbrauchern Vorteile zugute, wenn ihnen neue oder verbesserte Erzeugnisse oder Dienstleistungen angeboten werden.[402]

147 Im Rahmen der **Unerlässlichkeitsprüfung** wird neben der Notwendigkeit einer Ausdehnung gemeinsamer F&E auf Produktion und Vertrieb insbesondere die Dauer der gemeinsamen Produktions- und Vertriebstätigkeit zu prüfen sein. Gerade bei marktstarken Wettbewerbern hat sich diese Zusammenarbeit wegen der größeren Auswirkungen auf den Wettbewerb ganz besonders eng auf den für die Durchführung des Programms unerlässlichen Zeitraum zu beschränken.[403] Das mit kapitalintensiver gemeinsamer F&E verbundene finanzielle Risiko (auch für die neuen Produktionsanlagen) wird oft die Unerlässlichkeit der Wettbewerbsbeschränkungen begründen können.[404]

148 Die **Möglichkeit,** für einen wesentlichen Teil der betroffenen Waren den **Wettbewerb auszuschalten,** wird immer fehlen, wenn eine Vereinbarung eine Lizenzvergabe ohne Diskriminierung an alle Interessenten vorsieht.[405] Eine solche Öffnung ist aber normalerweise

---

393 Vgl. Komm. E. v. 12.12.1990 IV/32 363 ABl. 1991 L 19/25, Rdnr. 23f. – *KSB/Goulds/Lowara/ITT* zu den Marktanteilsschwellen der F&E-GVO Nr. 418/85.

394 Horizontalleitlinien Rdnr. 135.

395 Vgl. Komm. E. v. 2.12.1985 IV/30 971 ABl. 1985 L 369/6, Rdnr. 15 lit. b – *BP/Kellogg.*

396 Vgl. Horizontalleitlinien Rdnr. 142.

397 Komm. E. v. 16.12.1994 IV/33 863 ABl. 1994 L 354/87, Rdnr. 30 – *Asahi/Saint-Gobain.*

398 Vgl. nur Komm. E. v. 16.12.1994 IV/33 863 ABl. 1994 L 354/87, Rdnr. 25 – *Asahi/Saint-Gobain.*

399 Vgl. z. B. Komm. E. v. 12.1.1990 IV/32 006 ABl. 1990 L 32/19, Rdnr. 18 – *Alcatel/Espace/ANT Nachrichtentechnik.*

400 Vgl. etwa Komm. E. v. 23.12.1992 IV/33 814 ABl. 1993 L 20/14, Rdnr. 29 – *Ford/Volkswagen;* Komm. E. v. 16.12.1994 ABl. 1994 IV/33 863 L 354/87, Rdnr. 28 – *Asahi/Saint-Gobain;* Komm. E. v. 14.9.1999 IV/36 213 ABl. 2000 L 58/16 Rdnr. 83 – *GEAE/P & W.*

401 Vgl. Komm. E. v. 16.12.1994 IV/33 863 ABl. 1994 L 354/87, Rdnr. 26 – *Asahi/Saint-Gobain.*

402 Vgl. den 10. Erwägungsgrund der GVO.

403 Vgl. Komm. E. v. 11.10.1988 IV/32 173 ABl. 1988 L 305/33, Rdnr. 29 – *Continental/Michelin.*

404 Vgl. etwa Komm. E. v. 16.12.1994 IV/33 863 ABl. 1994 L 354/87, Rdnr. 28 – *Asahi/Saint-Gobain.*

405 Vgl. Komm. E. v. 16.12.1994 IV/33 863 ABl. 1994 L 354/87, Rdnr. 32 – *Asahi/Saint-Gobain.*

nicht notwendig. Der Verbesserung der eigenen Wettbewerbsstellung dienende gemeinsame F&E ist grundsätzlich auch zwischen marktstarken Partnern zulässig,[406] sofern nur in Gestalt anderer Anbieter hinreichender Technologiewettbewerb zu erwarten ist. Es besteht allerdings die Gefahr, dass der Innovationswettbewerb ausgeschaltet wird, wenn beispielsweise mit einer Vereinbarung die einzigen beiden bestehenden Forschungspole zusammengelegt werden.

5. Nebenabreden. Nebenabreden sind vertragliche Absprachen, die für sich genommen unter Art. 101 Abs. 1 AEUV fallen könnten, weil sie aber mit der Gründung eines GU oder der Durchführung einer (F&E-)Vereinbarung unmittelbar verbunden und für sie notwendig sind, deren Schicksal teilen. Das Konzept der Nebenabreden ist nicht nur bei freigestellten Vereinbarungen und GU von Bedeutung, sondern auch dann, wenn eine gemeinsame F&E als solche nicht unter Art. 101 Abs. 1 fällt.[407] Zu den bei gemeinsamer F&E akzeptierten Nebenabreden gehören Wettbewerbsverbote der Gründer gegenüber dem entwickelnden und produzierenden GU für dessen Dauer und für einen Zeitraum von zwei Jahren nach Ausscheiden eines Gesellschafters,[408] die Absprache, dass keine Partei Eigentum an Schutzrechten für Gemeinschaftsentwicklungen ohne Zustimmung der anderen Partei übertragen kann,[409] sowie Verpflichtungen zur Lizenzerteilung an das GU oder bei Kündigung oder Auflösung der Vereinbarung an die andere Partei.[410] 149

II. Gemeinsame Forschung und Entwicklung im deutschen Recht

Nachdem das BKartA ursprünglich davon ausging, dass zur Verbesserung technischer Erzeugungsmethoden gemeinschaftlich betriebene Forschung die Beteiligten nicht im Wettbewerb beschränkt, weil sie ihre unternehmerische Betätigungsfreiheit am Markt nicht einengt,[411] schwenkte es frühzeitig auf eine Linie um, die weitgehend dem EU-rechtlichen Ansatz vor der sog. Modernisierung des EU-Kartellrechts entsprach.[412] Gleichwohl unterschied die Kooperationsfibel des Bundesministers für Wirtschaft noch 1976 zwischen gemeinsamer F&E als kartellfreiem innerbetrieblichen Vorgang einerseits und Vorgängen mit Außenwirkung andererseits, welche vor allem in Betracht kamen, wenn sich Absprachen auf die Verwertung der Forschungs- und Entwicklungsergebnisse bezogen.[413] 150

Im Hinblick auf die Konvergenzregel des Art. 3 Abs. 2 Satz 1 der VO Nr. 1/2003 und des § 22 Abs. 2 Satz 1 GWB und auf die mit der 7. GWB-Novelle angestrebte volle Angleichung der §§ 1 und 2 GWB an das EU-Recht sind nun **im deutschen Recht die gleichen Grundsätze anzuwenden wie im EU-Recht.** Auch unterhalb der Zwischenstaatlichkeitsschwelle können die Auslegungsregeln für §§ 1 und 2 GWB nicht mehr autonom bestimmt werden, denn es ergibt sich hier mittelbar die Notwendigkeit, die EU-rechtlichen Auslegungsmaßstäbe zu berücksichtigen,[414] wenn man nicht innerhalb von §§ 1 und 2 GWB oberhalb und unterhalb der Zwischenstaatlichkeitsschwelle mit gespaltenen Rechtsbegriffen operieren will, was der Intention des Gesetzgebers der 7. GWB-Novelle ohnehin zuwiderliefe und auch kaum mit Art. 3 GG vereinbar wäre. Damit verbleibt dem 151

---

[406] Vgl. Komm. E. v. 11.10.1988 IV/32 173 ABl. 1988 L 305/33, Rdnr. 23 – *Continental/Michelin;* vgl. auch schon Komm. E. v. 23.12.1971 IV/26 917 ABl. 1972 L 14/14, Abschn. III – *Henkel/Colgate.*

[407] Vgl. Komm. E. v. 13.7.1990 IV/32 009 ABl. 1990 L 209/15, Rdnr. 29 ff. – *Elopak/Metal Box – Odin.*

[408] Komm. E. v. 12.12.1994 IV/34 891 ABl. 1994 L 341/66, Rdnr. 33 ff. – *Fujitsu AMD Semiconductor.*

[409] Komm. E. v. 12.12.1994 IV/34 891 ABl. 1994 L 341/66, Rdnr. 36 – *Fujitsu AMD Semiconductor;* die gemeinsam entwickelte Technik stützte sich allerdings auf von den Parteien eingebrachte Technologie; weitergehend wohl Komm. E. v. 11.10.1988 IV/32 173 ABl. 1988 L 305/33, Rdnr. 32 – *Continental/Michelin.*

[410] Komm. E. v. 13.7.1990 IV/32 009 ABl. 1990 L 209/15, Rdnr. 32 f. – *Elopak/Metal Box – Odin.*

[411] Vgl. BKartA B. v. 30.1.1962, WuW/E BKartA 434, 439 – *Superphosphat;* bemerkenswert auch noch TB 1969, 83 – *Textilveredelung.*

[412] Vgl. BKartA B. v. 14.5.1963, WuW/E BKartA 668, 671 – *Bleiweiß.*

[413] Zwischenbetriebliche Zusammenarbeit im Rahmen des GWB, Kooperationsfibel, 1976, S. 26; krit. hierzu die Monopolkommission im VIII. Hauptgutachten, Rdnr. 976.

[414] *Bechtold,* Einführung GWB Rdnr. 73.

deutschen Recht kein Spielraum, zu abweichenden Ergebnissen zu kommen. Es kann deshalb grundsätzlich auf die obigen Ausführungen zum EU-Recht und insbesondere die Leitlinien der Kommission zur Anwendbarkeit von Art. 101 AEUV auf Vereinbarungen über horizontale Zusammenarbeit verwiesen werden.

152 Das gilt auch für die Auslegung der Voraussetzungen des § 2 Abs. 1 GWB.[415] Über § 2 Abs. 2 GWB gilt die **F&E-GVO,** auch unterhalb der Zwischenstaatlichkeitsschwelle.

153 Theoretisch anwendbar ist auch die **Freistellung von Mittelstandskartellen** nach § 3 Abs. 1 GWB,[416] allerdings nur bei Unterschreiten der Zwischenstaatlichkeitsschwelle. F&E gehört zu den Bereichen, in denen wirtschaftliche Vorgänge im Sinne der Vorschrift rationalisiert werden können.[417] Nach Ansicht des BKartA vermag § 3 Abs. 1 GWB auch nach der F&E-GVO nicht zulässige Kernbeschränkungen freizustellen.[418]

154 Die Gründung eines GU zur gemeinsamen F&E unterliegt im deutschen Recht eher als im EU-Recht der **Fusionskontrolle,** weil es nicht darauf ankommt, dass das GU ein Vollfunktions-GU ist. Zudem genügt es auch, wenn ein Gesellschafter einen Anteil von 25% hält, auch wenn dieser keine Mitkontrolle vermittelt. Bei kooperativen GU bleiben neben den Fusionskontrollvorschriften §§ 1, 2 GWB anwendbar.[419]

155/156 (nicht belegt)

E. Gemeinsame Produktion

157 Angebotswettbewerb findet dort statt, wo Anbieter von Waren oder Dienstleistungen in ihrem Angebot unmittelbar aufeinandertreffen, also im Verkauf oder Vertrieb. Die Zusammenarbeit in der Produktion von Waren liegt, wenn sie sich nicht auf den Vertrieb erstreckt, auf einer vorgelagerten Ebene. Sie liegt aber in der Wertschöpfung näher an der eigentlichen Wettbewerbsebene als etwa die gemeinsame Forschung und Entwicklung. Gemeinsame Produktion wirkt sich insoweit auf das Marktverhalten der an ihr beteiligten Unternehmen aus, als sie die Produktionskosten und die Produktqualität bzw. -eigenschaften (ganz oder teilweise) vereinheitlicht. Denkbar sind auch Spillover-Effekte auf andere Märkte. Bei Dienstleistungen entspricht der gemeinsamen Produktion die **gemeinsame Erbringung einer Dienstleistung** (nicht dagegen deren Verkauf).

158 Zu den Vereinbarungen, die sich auf die Produktion auswirken, jedoch keine Vereinbarungen über gemeinsame Produktion umfassen, gehören u. a. **Normen- oder Typenkartelle** und **Strukturkrisenkartelle.** Erstere wirken sich auf die Produktionsbedigungen aus, insbesondere die Art und Qualität der Produkte, letztere auf die Produktionskapazität.

159 Auch **Zulieferverträge** stellen keine gemeinsame Produktion dar. Bei ihnen wird einem Unternehmen von einem anderen die Herstellung eines Erzeugnisses vollständig überlassen. Meist handelt es sich hierbei um **vertikale Vereinbarungen.** Die **Leitlinien der Kommission zur horizontalen Kooperation** finden dagegen Anwendung, wenn die Vereinbarung zwischen Wettberwerbern besteht. Einen weiteren Sonderfall bilden Zuliefervereinbarungen zwischen Nichtwettbewerbern, bei denen dem Zulieferer Know-how überlassen wird, was ihn ohne gleichzeitige Beschränkung ggf. in die Lage versetzen würde, die Produkte selbst herzustellen und als selbstständiger Anbieter aufzutreten. Hinweise für die Beurteilung dieser Form der Zuliefervereinbarungen und entsprechender Beschränkungsklauseln gibt weiterhin die **Bekanntmachung über die Beurteilung von Zulieferverträgen aus dem Jahre 1978.**[420]

---

[415] Begründung zum RegE der 7. GWB-Novelle, BT-Drucks. 15/3640, 25.

[416] Vgl. hierzu im Einzelnen oben Rdnr. 113 ff.

[417] Vgl. hierzu das Merkblatt des BKartA über Kooperationsmöglichkeiten für kleinere und mittlere Unternehmen (Stand März 2007), Rdnr. 29.

[418] Merkblatt aaO Rdnr. 39 Abs. 1.

[419] Vgl. oben Rdnr. 81 ff.

[420] Bekanntmachung über die Beurteilung von Zulieferverträgen nach Art. 85 Abs. 1 des Vertrages, ABl. 1979 C 1/2; vgl. Verweis in den Leitlinien der Kommission zur Anwendbarkeit von Artikel 101

Dagegen sind **Spezialisierungsvereinbarungen** der gemeinsamen Produktion sachverwandt. Die Verordnung (EU) Nr. 1218/2010 der Kommission vom 14. Dezember 2010 über die Anwendung von Artikel 101 Absatz 3 des Vertrags über die Arbeitsweise der Europäischen Union auf bestimmte Gruppen von Spezialisierungsvereinbarungen[421] (GVO Spezialisierung) erstreckt sich nach ihrem Art. 1 lit. c auch auf die gemeinsame Produktion, jedenfalls soweit sich die Vertragsparteien dazu verpflichten, die betroffenen Erzeugnisse gemeinsam zu produzieren. Die Gleichstellung ist auch folgerichtig, denn zum einen führen normale Spezialisierungsvereinbarungen, durch die jeder der Beteiligten zugunsten eines anderen auf die Herstellung bestimmter Erzeugnisse verzichtet, zu Wettbewerbsbeschränkungen, die denen der gemeinsamen Herstellung weitgehend vergleichbar sind **(einheitliche Produktqualität** – zumindest was den Produktionsvorgang angeht[422] – und **einheitliche Kosten** für alle Beteiligten). Zum anderen ergeben sich aus beiden Typen von Vereinbarungen vergleichbare Vorteile (Verbesserung der Warenerzeugung oder -Verteilung durch Rationalisierung, Beteiligung der Verbraucher am entstehenden Gewinn bei wirksamem Wettbewerb).[423] Im einen wie im anderen Fall wird die vorher getrennte Produktion konzentriert (auf einen der Beteiligten, auf ein gemeinsames Werk oder auf eine gemeinsame Gesellschaft). 160

I. Gemeinsame Produktion im europäischen Recht

1. Wettbewerbsbeschränkung. Schon nach der Rechtspraxis vor der Veröffentlichung der nachstehend geschilderten Leitlinien der Kommission wurde die gemeinsame Produktion als nach dem Regelbeispiel des Art. 85 Abs. 1 lit. b EGV (jetzt Art. 101 Abs. 1 lit. B AEUV) möglicherweise wettbewerbsbeschränkend betrachtet, wenn sie zu einer Einschränkung oder Kontrolle des entsprechenden Produktes führte. Die Entscheidungspraxis zog hierfür in erster Linie die Kriterien des Wettbewerbs zwischen den Vertragpartnern sowie der Marktnähe des gemeinsamen Produktionsabschnitts und dessen Anteil an den Tätigkeiten der Partner insgesamt heran.[424] 161

Ähnliche Parameter sehen die 2001[425] veröffentlichten und 2011[426] überarbeiteten **Leitlinien der Kommission zur Anwendbarkeit von Artikel 101 des Vertrags über die Arbeitsweise der Europäischen Union auf Vereinbarungen über horizontale Zusammenarbeit (Horizontalleitlinien)** vor. Unter der Bezeichnung Produktionsvereinbarungen behandeln diese sowohl die gemeinsame Produktion als auch Spezialisierungsvereinbarungen und Zuliefervereinbarungen zwischen Wettbewerbern. Bei Vollfunktionsgemeinschaftsunternehmen mit gemeinschaftsweiter Bedeutung dagegen sind die Horizontalleitlinien nicht anwendbar, denn sie unterfallen den Regeln der Fusionskontrolle.[427] Fehlt es bei einer einseitigen Spezialisierung oder einer Zuliefervereinbarung an der Stellung der **Partner als potentielle oder tatsächliche Wettbewerber,** so sind diese als vertikale Kooperationen ebenso wenig von den Horizontalleitlinien erfasst. Bei der gemeinsamen Produktion ist die Frage der **tatsächlichen oder potentiellen Wettbewer-** 162

---

des Vertrags über die Arbeitsweise der Europäischen Union auf Vereinbarungen über horizontale Zusammenarbeit, ABl. 2011 C 11/1, Rdnr. 154; hierzu *Liebscher/Flohr/Petsche-Seeliger/Laskey*, § 9 Rdnr. 30.

[421] ABl. 2010 L 335/43. Damit wurde die VO (EG) Nr. 2658/2000, ABl. 2000 L 304/3 ersetzt.

[422] Die völlige Vergleichbarkeit hängt davon ab, zu welchem Preis der ein Produkt nicht mehr herstellende Beteiligte es vom anderen erwerben kann.

[423] 6.–7. Erwägungsgrund der aktuellen und 8.–9. Erwägungsgrund der ehemaligen GVO Spezialisierung.

[424] Ausführlich zur früheren Kommissionspraxis nach der alten Rechtslage: 1. Auflage § 8 Rdnr. 118 ff.

[425] Leitlinien der Kommission zur Anwendbarkeit von Art. 81 EG-Vertrag auf Vereinbarungen über horizontale Zusammenarbeit, ABl. 2001 C 3/2

[426] Leitlinien zur Anwendbarkeit von Artikel 101 des Vertrags über die Arbeitsweise der Europäischen Union auf Vereinbarungen über horizontale Zusammenarbeit, ABl. 2011 C 11/1.

[427] Horizontalleitlinien 2011 aaO, Rdnr. 12, vgl. o. Rdnr. 26 ff.

berstellung dagegen ein Kriterium zur Beurteilung der Auswirkung der Kooperation auf den Wettbewerb im Rahmen der Anwendung der Leitlinien.

163 Die Positiv- und die Negativliste für Gruppen von Vereinbarungen in den Horizontalleitlinien 2001[428] hat die Kommission in den Horizontalleitlinien 2011 durch Anmerkungen zu einzelnen Vereinbarungen ersetzt, in denen sie deren wettbewerbsbeschränkende Wirkung bewertet. Danach können Produktionsvereinbarungen in dreifacher Hinsicht den Wettbewerb beschränken: Sie können – besonders in Produktions-Joint-Ventures – dazu verleiten, Produktionsmengen, Qualität und Preise direkt anzugleichen, sie können zur Koordinierung des Wettbewerbsverhaltens der Beteiligten führen und schließlich eine Marktabschottung bewirken; dabei steigt die Gefahr mit der Marktmacht der Beteiligten.[429]

Werden in den Vereinbarungen Preise festgesetzt, die Produktion beschränkt oder Märkte bzw. Kunden aufgeteilt, so ist die **Wettbewerbsbeschränkung i. d. R. bezweckt** und der Tatbestand von Art. 101 Abs. 1 AEUV verwirklicht.[430] Die wettbewerbsbeschränkenden Auswirkungen müssen dann nur noch in zwei Ausnahmefällen geprüft werden: Wenn ein unter die Produktionsvereinbarung fallender Output vereinbart wird und wenn die Produktionsvereinbarung den Vertrieb umfasst und dafür Verkaufspreise festgesetzt werden.[431]Für alle anderen Produktionsvereinbarungen müssen die **wettbewerbsbeschränkenden Auswirkungen** tatsächlich **geprüft** werden. Dabei kommmt es auf das Verhältnis zwischen den beteiligten Unternehmen, ihre Marktmacht, der Art der Produktionsvereinbarung und das betroffene Produkt an. Hinsichtlich des **Verhältnisses zwischen den Unternehmen** steigt die Wahrscheinlichkeit einer Kollusion, wenn die beteiligten Parteien einen hohen Anteil ihrer variablen Kosten teilen.[432] Entscheidend soll auch sein, ob die Parteien enge Wettbewerber sind.[433] Wettbewerbsbeschränkende Auswirkungen sind unwahrscheinlich, wenn die Parteien der Vereinbarung keine **Marktmacht** haben. Soweit nicht ohnehin die GVO Spezialisierung die betreffende Vereinbarung von Art. 101 Abs. 1 AEUV ausnimmt, geht die Kommission davon aus, dass Marktmacht unwahrscheinlich ist, wenn der Marktanteil der beteiligten Parteien auf den relevanten Märkten 20% nicht übersteigt; jedenfalls sei es wahrscheinlich, dass in diesem Fall die Voraussetzungen von Art. 101 Abs. 3 AEUV erfüllt sind (sog. „safe harbour“).[434] Allerdings kann die Marktmacht der beteiligten Parteien endgültig nur mit Blick auf die Konzentration des Marktes, seine Dynamik und etwaige andere Vereinbarungen bestimmt werden.[435] Hinsichtlich der **Art der Produktionsvereinbarung** steigt die Gefahr wettbewerbsbeschränkender Auswirkungen, wenn gemeinsamer Vertrieb und Marketing erfasst werden, v. a. wenn die Vereinbarung auch den gemeinsamen Vertrieb umfasst.[436] Ebenso steigt die Gefahr bei Spezialisierungsvereinbarungen, die keine gegenseitge Lieferpflicht enthalten, sondern effektiv eine Aufteilung der Märkte bedeuten.[437] Entsprechend dem neuen Fokus der Kommission auf den Informationsaustausch,[438] welchen die alten Leitlinien nicht behandelten, halten die neuen Leitlinien fest, dass der Austausch strategisch wichtiger Geschäftsinformationen in einer Produktionsvereinbarung wettbewerbsbeschränkende Wirkung haben kann, die aber im Zusammenhang mit der Vereinbarung gewürdigt wird.[439] Mit Blick schließlich auf das **be-**

---

[428] Horiziontalleitlinien 2001 aaO, Rdnrn. 86 ff.; s. dazu auch die Vorauflage, Rdnrn. 161 ff.

[429] Horizontalleitlinien 2011 aaO Rdnrn. 157 ff.

[430] Vgl. aber EuGH U. v. 11.9.2014, Rs C-67/13 P, ECLI:EU:C:2014:2204, Rdnrn. 52 ff. – *Cartes Bancaires/Komm.*, wonach die Wettbewerbsbehörde auch bei der Annahme einer bezweckten Wettbewerbsbeschränkung den wirtschaftlichen Kontext der Vereinbarung umfassend prüfen muss.

[431] Horizontalleitlinien 2011 aaO Rdnrn. 160 f.

[432] Horizontalleitlinien 2011 aaO Rdnrn. 177.

[433] Horizontalleitlinien 2011 aaO Rdnrn. 173.

[434] Horizontalleitlinien 2011 aaO Rdnrn. 168 ff.

[435] Horizontalleitlinien 2011 aaO Rdnrn. 170 ff.

[436] Horizontalleitlinien 2011 aaO Rdnrn. 167.

[437] Horizontalleitlinien 2011 aaO Rdnr. 190.

[438] Horizontalleitlinien 2011 aaO Rdnr. 55 ff.

[439] Horizontalleitlinien 2011 aaO Rdnr. 181.

troffene Produkt steigt die Gefahr einer Kollusion, wenn dessen Produktionskosten einen großen Teil der variablen Kosten eines Endproduktes darstellen, mit welchem die beteiligten Parteien konkurrieren.[440] Der Tatbestand des Art. 101 Abs. 1 AEUV ist dagegen nicht erfüllt, wenn infolge der Zusammenarbeit ein neuer Markt entsteht, d. h. eine neue Ware oder Dienstleistung eingeführt wird.[441]

2. Spürbarkeit. Anders als noch die alten Leitlinien betonen die Horizontalleitlinien 2011 in ihren allgemeinen Ausführungen, dass, soweit die Wettbewerbsbeschränkung in der Vereinbarung nicht schon bezweckt ist, sie spürbare wettbewerbsbeschränkende Auswirkungen haben muss, um den Tatbestand von Art. 101 Abs. 1 AEUV zu verwirklichen.[442] Anschließend unterscheiden die Leitlinien aber nicht zwischen den Kriterien der Wettbewerbsbeschränkung und der Spürbarkeit. Beide richten sich nach der Stellung der Parteien auf dem Produktmarkt und der Art der Vereinbarung.[443] Anzumerken ist allerdings, dass eine tatsächliche Prüfung derjenigen Vereinbarungen, deren Partner einen gemeinsamen Marktanteil von unter 20 % besitzen, sich wegen der Freistellung nach der GVO Spezialisierung – vorbehaltlich deren übriger Voraussetzungen – zumeist erübrigt.[444] 164

3. Beeinträchtigung des zwischenstaatlichen Handels. Der Handel zwischen Mitgliedsstaaten kann u. a. dann beeinträchtigt werden, wenn die Teilnehmer an der gemeinsamen Produktion aus verschiedenen Mitgliedsstaaten kommen. Es genügt aber auch, wenn das gemeinsam Produzierte zwischen Mitgliedsstaaten gehandelt wird.[445] Eine Eignung zur Beeinträchtigung des zwischenstaatlichen Handels fehlt dagegen bei rein lokaler Bedeutung einer Vereinbarung.[446] 165

4. Freistellung. *a) Gruppenfreistellung.* Wie oben bereits angesprochen, können Produktionsvereinbarungen nach der **GVO Spezialisierung**[447] freigestellt sein. 166

Art. 1 Abs. 1 lit. a) und b) regeln die Freistellung von Spezialisierungsvereinbarungen. Bei der **einseitigen Spezialisierung** verpflichtet sich ein Unternehmen, während der Dauer der Vereinbarung die Produktion bestimmter Erzeugnisse ganz oder teilweise einzustellen und diese vom anderen Partner zu beziehen, welcher sich seinerseits verpflichtet, die fraglichen Erzeugnisse zu produzieren und zu liefern.[448] Dabei ist nach Art. 2 Abs. 3 GVO Spezialisierung eine Freistellung für **einseitige und gegenseitige** Spezialisierungsvereinbarung nur möglich, wenn die Parteien eine Alleinbezugs- oder Alleinbelieferungsverpflichtung akzeptieren oder die Spezialisierungsprodukte gemeinsam vertreiben. Damit soll grds. verhindert werden, dass sich ein Partnerunternehmen aus dem der Produktion nach- 167

---

[440] Horizontalleitlinien 2011 aaO Rdnrn. 177, 179 und die Beispiele in Rdnrn. 187, 189.

[441] Horizontalleitlinien 2011 aaO Rdnrn. 163.

[442] Horizontalleitlinien 2011 aaO Rdnrn. 26.

[443] Horizontalleitlinien 2011 aaO Rdnrn. 44. Die Leitlininen verweisen hier auf die Bekanntmachung der Kommission über Vereinbarungen von geringer Bedeutung, die den Wettbewerb gemäß Artikel 81 Absatz 1 des Vertrags zur Gründung der Europäischen Gemeinschaft nicht spürbar beschränken (de minimis), ABl. 2001 C 368/13 (s. die Neufassung der Bekanntmachung ABl. 2014 C 291/01).

[444] Auch die Kommission sieht in den Freistellungsfällen von einer separaten Prüfung der Wettbewerbsbeschränkung ab, vgl. Horizontalleitlinien 2011 aaO, Rdnr. 169 f., auch wenn die Freistellung genau genommen nur im Falle eines Verstoßes gegen Art. 101 Abs. 1 erforderlich ist, vgl. Art. 2 Abs. 1 S. 2 der Verordnung (EU) Nr. 1218/2010 der Kommission vom 14. Dezember 2010 über die Anwendung von Artikel 101 Absatz 3 des Vertrags über die Arbeitsweise der Europäischen Union auf bestimmte Gruppen von Spezialisierungsvereinbarungen, ABl. 2010 L 335/43.

[445] Vgl. Leitlinien der Kommission über den Begriff der Beeinträchtigung des zwischenstaatlichen Handels in den Artikeln 81 und 82 des Vertrags, ABl. 2004 C 101/81; Rdnrn. 66 ff.; Komm. E. v. 16.12.1994, ABl. 1994 L 354/87, Rdnr. 23 – *Asahi/Saint-Gobain.*

[446] Zwischenstaatlichkeitsleitlinien aaO, Rdnr. 91.

[447] S. allgemein zur GVO Spezialisierung *Rittner/Dreher/Kulka,* § 8 C II 3, Rdnrn. 966 ff.

[448] Art. 1 Abs. 1 lit. b der Verordnung (EU) Nr. 1218/2010 der Kommission vom 14. Dezember 2010 über die Anwendung von Artikel 101 Absatz 3 des Vertrags über die Arbeitsweise der Europäischen Union auf bestimmte Gruppen von Spezialisierungsvereinbarungen, ABl. 2010 L 335/43.

gelagerten Markt zurückzieht.[449] Eine Änderung im Vergleich zur früheren Rechtslage besteht darin, dass nach Art. 2 Abs. 3 lit. b GVO Spezialisierung auch ein ausschließlicher gemeinsamer Vertrieb vereinbart werden kann. Um eine Gefährdung des Preiswettbewerbes zu vermeiden, ist darauf zu achten, dass eine beabsichtigte Preisabsprache nicht formal in eine Produktionsgemeinschaft gekleidet wird.[450] Im Falle der gegenseitigen Spezialisierung werden diese Verpflichtungen wechselseitig, aber bezogen auf jeweils verschiedene Produkte vereinbart.[451]

168 Die gemeinsame Produktion ist nach Art. 1 Abs. 1 lit. d) ebenfalls freigestellt. Auf die **Rechtsform** kommt es für die Freistellung nicht an. Ein **gemeinsames Produktionsunternehmen** kann, muss aber nicht gegründet werden. Es genügt auch ein schlichter schuldrechtlicher Kooperationsvertrag. Das gleiche gilt für Liefer- und Bezugsverpflichtungen. Voraussetzung einer Freistellung ist allerdings, dass die Partner die eigenständige Herstellung des jeweiligen Erzeugnisses **einstellen,** da der durch die Freistellung honorierte Rationalisierungseffekt sonst ausbliebe.[452]

169 Gemeinsame Voraussetzung einer Freistellung nach der GVO Spezialisierung ist für alle der erfassten Vereinbarungsarten, dass es sich bei den Beteiligten um aktuelle oder potentielle **Wettbewerber** handelt. Vereinbarungen zwischen Nichtwettbewerbern, die von Art. 101 Abs. 1 AEUV erfasst sind (s. o.), können dagegen nach der **Vertikal GVO**[453] freigestellt sein.

Gemäß Art. 3 GVO Spezialisierung darf die Summe der **Marktanteile** der beteiligten Unternehmen auf jedem relevanten Markt nicht mehr als **20 %** betragen. Wird die Marktanteilsschwelle nachträglich überschritten, gelten die Übergangsregelungen des Art. 5 lit. d) und e).

170 Die Freistellung ist nicht möglich bei einigen **Kernbeschränkungen,** die auch in der neuen GVO Spezialisierung enthalten sind. Soweit mit der Spezialisierungsvereinbarung die Zuweisung von Kunden oder Märkten bezweckt wird (Art. 4 lit. c)), oder Verkaufspreise gegenüber Dritten festgesetzt werden und der Vertrieb nicht gemeinsam organisiert wird (Art. 4 lit. a)) scheidet eine Freistellung aus. Auch beabsichtigte Produktions- und Absatzbeschränkungen können nicht freigestellt werden, es sei denn diese Vereinbarungen beträfen die Produktmengen in einer (einseitigen oder gegenseitigen) Spezialisierung, die Kapazitäten und Produktionsvolumen in einer gemeinsamen Produktion oder die Festlegung von Absatzzielen im Rahmen des gemeinsamen Vertriebs (Art. 4 lit. b)).[454] Besondere Beachtung muss an dieser Stelle allerdings der Abgrenzung zum Anwendungsbereich der Fusionskontrollvorschriften zukommen. Ein gemeinsames Produktionsunternehmen, dem außerdem der Vertrieb übertragen ist, wird zumeist bereits ein Vollfunktionsunternehmen darstellen, welches unter die Vorschriften der FKVO – und damit aus dem Bereich der GVO Spezialisierung heraus – fällt.[455]

171 Sind die Voraussetzungen der GVO Spezialisierung erfüllt, so sind von der Freistellung im Falle der Spezialisierung auch **Alleinbezugs- und/oder Alleinbelieferungspflichten** und im Falle der gemeinsamen Produktion der **gemeinsame Vertrieb** der von der Vereinbarung betroffenen Produkte erfasst (Art. 2 Abs. 3). Anstelle des gemeinsamen Vertriebs kann auch ein Dritter zum Vertriebshändler benannt werden, soweit es sich nicht um ein konkurrierendes Unternehmen handelt (Art. 2 Abs. 3 lit. b) i. V. m. Art. 1 Abs. 1 lit. q)). In

---

[449] 9. Erwägungsgrund GVO Spezialisierung.

[450] *Immenga/Mestmäcker-Fuchs,* EU-WbR, Art. 2 Spez-GVO, Rdnr. 15.

[451] Vgl. Art. 1 Abs. 1 lit. c aaO.

[452] *Liebscher/Flohr/Petsche-Seeliger/Laskey,* § 9 Rdnr. 78 ff.

[453] Verordnung (EU) Nr. 330/2010 der Kommission vom 20. April 2010 über die Anwendung von Artikel 101 Absatz 3 des Vertrags über die Arbeitsweise der Europäischen Union auf Gruppen von vertikalen Vereinbarungen und abgestimmten Verhaltensweisen, ABl. 2010 L 102/1.

[454] Die an mehreren Stellen in der alten GVO Spezialisierung enthaltene Voraussetzung des gemeinsamen Produktionsunternehmens wurde nicht übernommen, *Immenga/Mestmäcker-Fuchs,* EU-WbR, Verordnung 121/2010, Art. 4 Rdnr. 8, 10.

[455] Vgl. *Immenga/Mestmäcker-Fuchs,* EU-WbR, Art. 1 Spez-VO, Rdnr. 16.

der heutigen Fassung der des Art. 2 Abs. 3 GVO Spezialisierung ist die Vereinbarung einer Alleinbezugs- oder Alleinbelieferungsverpflichtung oder eines gemeinsamen Vertriebs für das Spezialisierungsprodukt sogar Voraussetzung für eine Freistellung.

b) Legalausnahme/Einzelfreistellung. Die Einzelanalyse nach Art. 101 Abs. 3 AEUV ist nach wie vor in Fällen von Bedeutung, in denen die Maktanteilsschwellen der GVO Spezialisierung überschritten werden, sowie für Produktionsvereinbarungen, welche aus anderen Gründen nicht in den Anwendungsbereich der GVO fallen. Dies sind nach neuer Fassung der GVO insbesondere Spezialisierungsvereinbarungen, die weder eine Vereinbarung zu einer Alleinbezugs- oder Alleinbelieferungsverpflichtung oder zu einem gemeinsamen Vertrieb enthalten. **172**

Was den in Art. 101 Abs. 3 AEUV geforderten **wirtschaftlichen Nutzen** anbelangt, führt gemeinsame Produktion bzw. Spezialisierung oft zu einer Rationalisierung und damit zu Einsparungen, was eine **Verbesserung der Warenerzeugung** darstellt[456] oder über die durch die Einsparungen finanzierbare Forschung und Entwicklung ermöglicht.[457] Spezialisierung erlaubt die Produktion in größeren Stückteilen, was die Produktivität erhöht und die Gestehungskosten verringert.[458] Gemeinsame Produktion kann aber auch zu neuen und verbesserten Produkten führen und damit sowohl der Verbesserung der Warenerzeugung[459] als auch der **Förderung des technischen Fortschritts**[460] dienen. Insoweit erlaubt auch die Spezialisierung die Entwicklung eines reichhaltigeren und technisch verbesserten Warensortiments.[461] Durch die Nutzung des jeweils verbesserten Vertriebsnetzes der Partner kann außerdem der Vertrieb der gemeinsam hergestellten Produkte auch zu einer **Verbesserung der Warenverteilung** führen.[462] **173**

Die **Verbraucher** werden an dem entstehenden Gewinn **angemessen beteiligt,** wenn die Vereinbarung zu niedrigeren Preisen, höherer Produktqualität oder größerer Produktvielfalt führt und diese Vorteile die wettbewerbsbeschränkenden Auswirkungen aufwiegen.[463] Je mehr Marktmacht den Parteien zukommt, desto weniger wahrscheinlich ist es, dass sie Effizienzgewinne in rechtfertigendem Umfang an die Verbraucher weitergeben.[464] **174**

Gemeinsame Produktion ist den Horizontalleitlinien zufolge **unerlässlich** im Sinne von Art. 101 Abs. 3 AEUV, wenn die Beschränkungen nicht über das zur Erzielung der genannten wirtschaftlichen Vorteile Erforderliche hinausgehen.[465] So sind z.B. Output-Beschränkungen in Produktionsvereinbarungen außerhalb der eigentlichen Zusammenarbeit in der Regel nicht unerlässlich.[466] Aus der früheren Entscheidungspraxis ergibt sich, **175**

---

[456] Komm. E. v. 28.5.1971, ABl. 1971 L 134/6, Rdnr. 6 lit. a – *F.N./C.F.;* Komm E. v. 23.12.1992, ABL. 1993 L 20/14, Rdnr. 25 – *Ford/Volkswagen;* Komm. E. v. 21.12.1994, ABl. L 378/37, Rdnr. 25 – *Philips/Osram.*

[457] Komm. E. v. 23.12.1977, ABl. 1978 L 61/17, Rdnr. 6 lit. a Abs. 3 – *Jaz/Peter II.*

[458] Komm. E. v. 28.5.1971, ABl. 1971 L 134/6, Rdnr. 6 lit. a – *F.N./C.F.;* Komm. E. v. 17.1.1972, ABl. 1972 L 31/29, Rdnr. 29 – *MAN/SAVIEM.*

[459] Komm. E v. 5.12.1983, ABl. 1983 L 376/11, Rdnr. 25 – *VW/MAN.*

[460] Komm. E. v. 23.12.1992, ABl. 1993 L 20/14, Rdnr. 26 – *Ford/Volkswagen;* Komm. E. v. 12.12. 1994, ABl. 1994 L 341/66, Rdnr. 41 – *Fujitsu AMD Semiconductor;* vgl. auch Komm. E. v. 15.10. 1990, ABl. 1990 L 299/64, Rdnr. 64 – *CEKACAN,* für die Vermietung neuartiger Verpackungsmaschinen (= Fall der gemeinsamen Dienstleistung).

[461] Komm. E. v. 20.7.19974, ABl. 1975 L 29/20, Abschn. II 2a – *Rank/SOPELEM;* Komm E. v. 21.12.1977, ABl. 1978 L 20/47 Abschn. III 1, 3 – *SOPELEM/Vickers.*

[462] Komm. E. v. 17.1.1972, ABl. 1972 L 31/29, Rdnr. 30 – *MAN/SAVIEM;* Komm. E v. 5.12.1983, ABl. 1983 L 376/11, Rdnr. 28 – *VW/MAN;* vgl. zum Ganzen auch die Leitlinien der Kommission zur Anwendbarkeit von Art. 101 des Vertrags über die Arbeitsweise der Europäischen Union auf Vereinbarungen über horizontale Zusammenarbeit, ABl. 2011 C 11/1, Rdnr. 183.

[463] Horizontalleitlinien 2011 aaO, Rdnr. 185.

[464] Horizontalleitlinien 2011 aaO, Rdnr. 185; ebenso mit Begründung hinsichtlich der Weitergabe in der Form von Preisnachlässen, Leitlinien zur Anwendung von Artikel 81 Absatz 3 EG-Vertrag, ABl. 2004 C 101/97, Rdnr. 97.

[465] Horizontalleitlinien 2011 aaO, Rdnr. 184.

[466] Horizontalleitlinien 2011 aaO.

dass eine gemeinsame Produktion beispielsweise dann unerlässlich sein kann, wenn sie die Belastung durch hohe und risikoreiche Investitionen reduziert,[467] schneller zu den angestrebten Verbesserung führt[468] oder Produkte schneller auf den Markt bringt.[469] Dies gilt auch für Gemeinschaftsunternehmen.[470] Die Errichtung eines Produktions-GUs ist insbesondere dann als unerlässlich angesehen worden, wenn eine langfristige Liefervereinbarung wegen der mit ihr verbundenen Abhängigkeit vom Lieferanten, bei der kein direkter Einfluss auf die Produktion genommen werden kann, ausscheidet.[471] An der Unerlässlichkeit fehlt es dagegen, wenn ein GU potentiellen Wettbewerb ausschaltet, indem es den wichtigsten potentiellen Wettbewerber einbindet, der in der Lage gewesen wäre, ein vergleichbares Projekt auch selbst durchzuführen.[472]

176 Der Möglichkeit, für einen wesentlichen Teil der betroffenen Waren den **Wettbewerb auszuschalten,** kann auch bei höheren Marktanteilen der Beteiligten beispielsweise dadurch vorgebeugt werden, dass die Parteien trotz der Zusammenarbeit in einem Produktions-GU im Vertrieb in größtmöglichem Umfang unabhängige Wettbewerber bleiben.[473]

II. Gemeinsame Produktion nach deutschem Recht

177 **1. Kartellverbot und Freistellung nach §§ 1, 2 GWB.** Wie bereits oben erläutert, ist § 1 GWB im deutschen Recht unabhängig davon zu prüfen, ob eine Zusammenarbeit daneben unter die Vorschriften der deutschen Fusionskontrolle fällt. Ist der Anwendungsbereich von § 1 GWB eröffnet, gelten gemäß § 2 Abs. 2 GWB die Gruppenfreistellungsverordnungen auch unterhalb der Schwelle der Zwischenstaatlichkeit. Erfüllt eine Produktionsvereinbarung also die sonstigen Voraussetzungen einer Gruppenfreistellung, kommt es auf eine Prüfung nach § 1 GWB nicht mehr an. Ist keine Gruppenfreistellung einschlägig, so gebietet der **Vorrang des Unionsrechts,** dass die Prüfung mit europäischem Recht übereinstimmt, soweit das Zwischenstaatlichkeitskriterium erfüllt ist. Hierbei sieht das BKartA laut seines Merkblatts über Kooperationsmöglichkeiten für kleinere und mittlere Unternehmen die Vorgaben der Kommission als Orientierungshilfe an – auch wenn die jeweiligen Texte für die Bewertung durch das BKartA formal nicht bindend sind.[474] Nur in den übrigen Fällen – d. h., wenn weder eine Gruppenfreistellung vorliegt, noch das Zwischenstaatlichkeitskriterium erfüllt ist – kommt eine europarechtsunabhängige Prüfung der §§ 1 und 2 GWB in Betracht. Auch hier wird sich aber, wie bereits zum gemeinsamen Einkauf erläutert,[475] die Beurteilung der Wettbewerbsbeschränkung oder der Freistellungsvoraussetzungen nach den EU-rechtlichen Auslegungsmaßstäben richten, um die Einheitlichkeit der Rechtsanwendung zu wahren. Damit kann insgesamt auf die obigen Ausführungen, insbesondere die Horizontalleitlinien, verwiesen werden.

178 **2. Freistellung für Mittelstandskartelle nach § 3 GWB.** Für Produktionsvereinbarungen zwischen **KMU,** die nach der Prüfung von §§ 1 und 2 GWB eine unzulässige Wettbewerbsbeschränkung darstellen würden, besteht unterhalb der Zwischenstaatlichkeitsschwelle – also soweit der Anwendungsbereich von Art. 101 Abs. 1 AEUV nicht betroffen

---

467 Komm. E. v. 21.12.1994, ABl. L 378/37, Rdnr. 28 – *Philips/Osram.*

468 Komm. E. v. 21.12.1994, ABl. L 378/37, Rdnr. 28 – *Philips/Osram.*

469 Komm. E. v. 23.12.1992, ABl. 1993 L 20/14, Rdnr. 29 – *Ford/Volkswagen;* Komm. E. v. 12.12. 1994, ABl. 1994 L 341/66, Rdnr. 42 – *Fujitsu AMD Semiconductor.*

470 Komm. E. v. 25.7.1977, ABl. 1977 L 215/11, Abschn. II 4 – *De Laval/Stork.*

471 Komm. E. v. 13.7.1983, ABl. 1983 L 224/19, Abschn. II 10a – *Rockwell/Iveco;* Komm. E. v. 21.12.1994, ABl. L 378/37, Rdnr. 28 – *Philips/Osram;* vgl. auch Komm. E. v. 18.5.1994, ABl. 1994 L 144/20, Rdnr. 75 – *Exxon/Shell.*

472 Vgl. Komm. E. v. 19.2.1991, ABl. 1991 L 63/32, Rdnr. 74 – *Screensport/EBU-Mitglieder.*

473 Komm. E. v. 25.7.1977, ABl. 1977 L 215/11, Rdnr. 13 Abs. 3 – *De Laval Stork;* Komm. E. v. 18.5.1994, ABl. 1994 L 14420, Rd. 80 – *Exxon/Shell.*

474 Merkblatt des BKartA über Kooperationsmöglichkeiten für kleinere und mittlere Unternehmen, Rdnr. 10.

475 S. oben, Rdnr. 91.

ist – nach deutschem Recht allerdings eine **zusätzliche Legalausnahme** als Mittelstandskartell nach § 3 GWB.[476] Dazu muss die Vereinbarung zwischen miteinander im Wettbewerb stehenden Unternehmen geschlossen werden, die Rationalisierung wirtschaftlicher Vorgänge durch zwischenbetriebliche Zusammenarbeit zum Gegenstand bewirken und der Verbesserung der Wettbewerbsfähigkeit kleinerer und mittlerer Unternehmen dienen, ohne den Wettbewerb wesentlich zu beeinträchtigen.[477]

Wichtig ist besonders im Hinblick auf Produktionsvereinbarungen, dass § 3 GWB dem Wortlaut nach nur Vereinbarungen zwischen Wettbewerbern umfasst. Vertikale Vereinbarungen werden hierdurch vom Anwendungsbereich der Freistellung ausgeschlossen.[478] Das BKartA hat in seinem Merkblatt die weiteren Voraussetzungen der Anwendbarkeit von § 3 GWB näher erläutert. Als kooperative Maßnahmen mit möglichem **Rationalisierungseffekt** werden solche im Bereich der Produktion ausdrücklich vom BKartA aufgeführt.[479] Zur Frage, wann eine **wesentliche Beeinträchtigung des Wettberwerbs** vorliegt, stellt das BKartA auf die Marktposition, vor allem auf die Marktanteile der an der Kooperation beteiligten Unternehmen, die Art der zwischenbetrieblichen Zusammenarbeit, insbesondere den Grad der mit ihr verbundenen Wettbewerbsbeschränkung, sowie etwaige auf dem Markt schon bestehende Kooperationen ab.[480] Je nach Bewertung der sonstigen Parameter sieht das BKartA ab einem kartelliertem **Marktanteil von 10–15 %** eine wesentliche Beschränkung als naheliegend an.[481] Die **Wettbewerbsfähigkeit der beteiligten KMU** wird z. B. durch Ausweitung oder Verbesserung der Produktion oder des Sortiments **verbessert.**[482] Gegebenenfalls kann sogar die Beteilung eines Großunternehmens umfasst sein, wenn sie zur Verbesserung der Wettbewerbsposition der KMU erforderlich ist.[483] 179

F. Gemeinsamer Vertrieb

Beim Verkauf oder Vertrieb von Waren findet Wettbewerb am unmittelbarsten statt, weil dort die Angebote der Wettbewerber direkt aufeinandertreffen und die Marktgegenseite aufgrund des Preises und anderer Wettbewerbsparameter (etwa der Qualität) ihre Entscheidung trifft. Entsprechend kritisch wird die Zusammenarbeit von Wettbewerbern auf dieser Marktstufe beurteilt. Aber auch hier gibt es Umstände, unter denen eine Kooperation akzeptabel, sogar wettbewerbsfördernd sein kann. Dabei spielt es auch keine Rolle, ob der gemeinsame Vertrieb nur Ergänzung einer Forschungs- und Entwicklungskooperation oder gemeinsamer Produktion ist, oder ob sich getrennt herstellende Wettbewerber entscheiden, ihre Verkaufsaktivitäten in einem Syndikat zusammenzulegen. Gemeinsamer Vertrieb kann über ein GU, über eine gemeinsame Vertriebsorganisation oder Verkaufsstellen, über eine Genossenschaft oder über unabhängige Dritte stattfinden. Es ist in der Wirkung vergleichbar, wenn Hersteller einen von ihnen mit dem Vertrieb getrennt oder gemeinsam hergestellter Produkte beauftragen. Schließlich können sich Hersteller auch wechselseitig beauftragen, was die Wirkung einer Marktaufteilung haben kann. 180

---

[476] Eingehend zum Verhältnis zum europäischen Recht s. o., Rdnr. 98.

[477] Ausführliche Erläuterung der einzelnen Tatbestandsmerkmale s. o., Rdnrn. 116 ff.

[478] Kritisch *Bechtold,* GWB § 3 Rdnr. 7; *Pfeffer/Wegner,* BB 2007, 1173, 1176. Zu bedenken hier ist hierbei aber, dass nach der traditionellen deutschen Rechtsprechung die Abgrenzung zwischen horizontalen und vertikalen Vereinbarungen durchaus sehr schwierig war. Hier mag es also im Einzelfall Abgrenzungsprobleme geben.

[479] Merkblatt aaO, Rdnr. 29; s. zu Beispielen aus der Fallpraxis des BKartA *FK-Bunte,* § 3 GWB, Rdnr. 51.

[480] Merkblatt aaO, Rdnr. 34.

[481] Merkblatt aaO, Rdnr. 35; zu Kritik an dieser Größenordnung s. o. Rdnr. 116.

[482] Merkblatt aaO, Rdnr. 36.

[483] Merkblatt aaO, Rdnr. 37 m. Verw. auf BGH WuW/E BGH 2321, 2325 – *Mischguthersteller* und BGH WuW/E DE-R 1087, 1090 – *Ausrüstungsgegenstände für Feuerlöschzüge.*

I. Gemeinsame Vermarktung im europäischen Recht

181 **1. Wettbewerbsbeschränkung.** Unter dem Begriff der **gemeinsamen Vermarktung** fasst die Kommission in den Horizontalleitlinien sowohl die Zusammenarbeit beim Verkauf als auch beim Vertrieb und der Verkaufsförderung zusammen.[484] Auch hier ist die Rechtsform der Kooperation für deren wettbewerbliche Bewertung unbeachtlich, so dass es nicht darauf ankommt, ob beispielsweise – im Falle des gemeinsamen Verkaufs – eine gemeinsame Verkaufsorganisation gebildet wird oder ein Partner auf seine Verkaufsorganisation verzichtet und diese auf einen anderen überträgt.[485]

182 Während die alten Horizintalleitlinien noch eine Positiv-/Negativliste einzelner Vereinbarungen enthielt, unterscheiden die neuen Leitlinien allgemein zwischen Vereinbarungen mit bezweckten Wettbewerbsbeschränkungen und solchen mit wettbewerbsbeschränkenden Auswirkungen; bei ersteren gilt der Tatbestand von Art. 101 Abs. 1AEUV hinsichtlich der Wettbewerbsbeschränkung als verwirklicht, ohne dass nachteilige Auswirkungen auf den Wettbewerb nachgewiesen werden müssen.[486] Soweit die Vermarktungsvereinbarungen zwischen Wettbewerbern die **Festsetzung von Preisen** beinhalten, besteht nach Ansicht der Kommission der **Zweck** einer solchen Vereinbarung eher in einer **Wettbewerbsbeschränkung;** dies gilt auch, wenn die Parteien ihre Produkte weiterhin allein verkaufen können, solange die Vereinbarung auch hier zu einer Abstimmung über Preise führen kann.[487] Ebenso wird wahrscheinlich eine Wettbewerbsbeschränkung bezweckt, wenn räumlich auf verschiedenen Märkten tätige Wettbewerber in Vertriebsvereinbarungen Märkte und Kunden zuteilen, wobei bei fehlender Gegenseitigkeit von Vertriebsvereinbarungen das Risiko der Marktaufteilung sinken soll.[488]

183 Hinsichtlich ihrer **wettbewerbsbeschränkenden Auswirkungen** sind solche Vereinbarungen unbedenklich, die objektiv erforderlich sind, um den **Markteintritt einer Partei** zu **ermöglichen.**[489] Ein besonderer Anwendungsfall sind Konsortialvereinbarungen, bei denen die Beteiligten einen konkreten Auftrag nicht allein bewältigen könnten. Die Kommission lehnt eine Wettbewerbsbeschränkung in diesen Fällen mit der Begründung ab, dass die beteiligten Parteien hinsichtlich der Projektdurchführung gerade keine potenziellen Wettbewerber sind..[490] Diese Formen der Kooperation wirken eher fördernd als einschränkend auf den Wettbewerb.[491] Bei allen anderen (gegenseitigen) Vertriebsvereinbarungen ist hinsichtlich der wettbewerbsbeschränkenden Auswirkungen auf die **Entscheidungsfreiheit** bzw. den **Anreiz** der Parteien **für** einen **Markteintritt** abzustellen.[492] Ein wettbewerbsbeschränkendes Kollusionsergebnis wird zudem wahrscheinlicher, wenn die Vermarktungskosten einen hohen Teil der variablen Kosten für ein betreffendes Produkt ausmachen oder die variablen Kosten bereits ohne die Vermarktungsvereinbarung zu einem hohen Teil den Parteien gemeinsam sind.[493] Zudem müssen die Wirkungen eines Informationsaustausches bei der Umsetzung der Vereinbarung besonders mit Blick auf die Preise geprüft werden, wobei der Austausch von Preisinformationen im Rahmen einer Werbevereinbarung nicht erforderlich sein wird.[494]

---

[484] Leitlinien der Kommission zur Anwendbarkeit von Artikel 101 des Vertrags über die Arbeitsweise der Europäischen Union auf Vereinbarungen über horizontale Zusammenarbeit, ABl. 2011 C 11/1, Rdnr. 225.

[485] Vgl. die Fallbeispiele der Kommission in ihren Horizontalleitlinien 2011 aaO, Rdnrn. 252 ff.

[486] Horiziontalleitlinien 2011 aaO, Rdnrn. 23 ff., insbes. Rdnr. 24; EuGH U. v. 11.9.2014, Rs C-67/13 P, ECLI:EU:C:2014:2204, Rdnr. 58 – *Cartes Bancaires/Komm.*

[487] Horiziontalleitlinien 2011 aaO, Rdnrn. 234 f.

[488] Horiziontalleitlinien 2011 aaO, Rdnrn. 236.

[489] Horiziontalleitlinien 2011 aaO, Rdnrn. 237.

[490] Horiziontalleitlinien 2011 aaO, Rdnrn. 237.

[491] *Lange-Simon,* Rdnr. 324, 329 f. m. Fallbeispielen.

[492] Horiziontalleitlinien 2011 aaO, Rdnrn. 238.

[493] Horiziontalleitlinien 2011 aaO, Rdnrn. 242 f.

[494] Horiziontalleitlinien 2011 aaO, Rdnrn. 244 f.

Allgemein bestehen außerhalb des Bereichs der Preisfestsetzung bereits aus quantitativer Sicht keine Bedenken, solange die **Marktmacht** der Partner **begrenzt** ist. Bei einem gemeinsamen Marktanteil von unter 15% gehen die Leitlinien von einer geringen Wahrscheinlichkeit aus, dass Marktmacht besteht, die ausreicht, um eine Wettbewerbsbeeinträchtigung zu begründen. Zudem soll die Wahrscheinlichkeit einer Freistellung nach Art. 101 Abs. 3 AEUV bei diesem gemeinsamen Marktanteil relativ hoch sein. Erst jenseits der Schwelle von 15% müssen die voraussichtlichen Auswirkungen auf den Wettbewerb geprüft werden.[495] 184

2. Spürbarkeit. Auch zum Bereich der Vermarktungsvereinbarung fehlt es in den Leitlinien an einer getrennten Erläuterung der Wettbewerbsbeschränkung einer solchen Absprache einerseits und deren Spürbarkeit andererseits. Wie bereits entsprechend zur gemeinsamen Produktion und zum gemeinsamen Einkauf erläutert geben die zur Beurteilung einer Vermarktungsvereinbarung unter Art. 101 Abs. 1 AEUV vorgegebenen Kriterien gleichzeitig Hinweise auf deren wettbewerbsbeschränkende Wirkung als auch deren Spürbarkeit,[496] so dass sich eine gesonderte Erläuterung hier erübrigt. 185

3. Beeinträchtigung des zwischenstaatlichen Handels. Der Handel zwischen den Mitgliedsstaaten ist u.a. beeinträchtigt, wenn Unternehmen gemeinsam in einem anderen Mitgliedsstaat verkaufen[497] oder sich in verschiedenen Mitgliedsstaaten gegenseitig als Vertriebshändler einsetzen.[498] Aber auch der auf das Gebiet eines Mitgliedsstaats beschränkte gemeinsame Vertrieb kann sich auf den zwischenstaatlichen Handel auswirken, entweder durch Rückwirkungen auf die Exporttätigkeit der beteiligten Unternehmen in andere Mitgliedsstaaten[499] oder weil er Einfuhren aus anderen Mitgleidsstaaten erschwert.[500] Selbst der gemeinsame Verkauf in Drittstaaten kann Rückwirkungen auf die Produktions- und Absatzpolitik der beteiligten Unternehmen in der Gemeinschaft haben.[501] Die Kommission hat allerdings in einer Reihe älterer Entscheidungen Rückwirkungen gemeinsamen Exports in Drittländer auf den Gemeinsamen Markt ausgeschlossen.[502] 186

4. Freistellung. *a) Gruppenfreistellungen.* Es gibt keine speziell auf den gemeinsamen Vertrieb zugeschnittene Gruppenfreistellungsverordnung. Vermarktungsvereinbarungen im Zusammenhang mit gemeinsamer Forschung und Entwicklung oder gemeinsamer Produktion können jedoch nach den einschlägigen GVO freigestellt sein. Nach Art. 2 Abs. 3 lit. b) der **GVO Spezialisierung** ist der gemeinsame Vertrieb der gemeinsam hergestellten Produkte von der Freistellung der gemeinsamen Produktion mitumfasst. Auch kann ein Dritter als Händler benannt werden, sofern dieser kein Wettbewerber bezüglich der betroffenen Produkte ist (Art. 2 Abs. 3 lit. b) i.V.m. Art. 1 Abs. 1 lit. q)). Die Verwertung der Ergebnisse einer gemeinsamen **Forschung und Entwicklung** kann nach Art. 1 Abs. 1 lit. g) der 187

---

[495] Horizontalleitlinien 2011 aaO, Rdnrn. 240 f. Während die alten Leitlinien hier noch explizite Vorgaben zur Prüfung, v.a. hinsichtlich der Marktkonzentration, machten (vgl. Vorauflage), enthalten die neuen Leitlinien an dieser Stelle keine besonderen Vorgaben; insoweit ist auf allgemeinen Ausführungen zur Marktmacht der Horizontalleitlinien in den Rdnrn. 39 ff. zurückzugreifen.

[496] Vgl. oben, Rdnr. 163.

[497] Komm. E. v. 23.12.1971, ABl. 1972 L 22/16, Rdnr. 8 – *Nederlandse Cement-Handelmaatschapij N.V.;* Komm. E. v. 28.11.1979, ABl. 1980 L 39/51, Abschn. II 3 – *FLORAL;* Komm. E. v. 5.5.1988, ABl. 1988 L 150/35, Rdnr. 25 – *Bayer/BP Chemicals.*

[498] Vgl. Komm. E. v. 21.12.1977, ABl. 1978 L 70/47, Abschn. II 4 – *SOPELEM/Vickers I.*

[499] Komm. E. v. 20.7.1978, ABl. 1978 L 242/15, Rdnr. 76 – *Centraal Stikstof Verkoopkantoor (C.S.V. II).*

[500] Komm. E. v. 28.10.1988, ABl. 1988 L 316/43, Rdnr. 11 – *Hudson's Bay/Dansk Pelsdyravlerforening.*

[501] Vgl. z.B. Komm. E. v. 12.12.1979, ABl. 1979 L 21/16, Rdnr. 30 – *Bleiweiß* (die Entscheidung betrifft allerdings Informationsaustausch und Quoten und nicht einen gemeinsamen Vertrieb).

[502] Komm. E. v. 6.11.1968, ABl. 1968 L 276/13, Rdnr. 6 – *Cobelaz-Synthesehersteller;* Komm. E. v. 6.11.1968, ABl. 1968 L 276/19, Rdnr. 6 – *Cobelaz-Kokereien;* Komm. E. v. 25.6.1969, ABl. 1969 L 168/22, Abschn. II – *V.V.V.E.;* Komm. E. v. 30.6.1969, ABl. 1969 L 173/8, Rdnr. 6 – *SEIFA* und Komm. E. v. 23.12.1970, ABl. 1971 L 10/12, Rdnr. 6 – *Supexie.*

GVO Forschung und Entwicklung[503] den Vertrieb der Vertragsprodukte mitumfassen. Ist das der Fall, so erfasst die Freistellung nach Art. 5 lit. b) ii), c) ggf. auch die Aufstellung von Verkaufszielen und die Festsetzung von Preisen gegenüber Direktabnehmern, wenn die Verwertung der der Ergebnisse deren gemeinsamen Vertrieb einschließt.

188 *b) Einzelfreistellung.* Für die Beurteilung **reiner Vermarktungsvereinbarungen** nach Art. 101 Abs. 3 AEUV hat die Kommission dagegen separate Bewertungsparameter in den Leitlinien erlassen. Vereinbarungen über die **Preisbestimmung** können hiernach **nur ausnahmsweise** freigestellt sein, wenn diese zu erheblichen Leistungsgewinnen unerlässlich sind.[504] Die für eine Freistellung im Sinne der Legalausnahme **relevanten Leistungsgewinne** müssen auf die Zusammenlegung der wirtschaftlichen Tätigkeiten, nicht auf die Verringerung des Wettbewerbs zurückzuführen sein, wie es z. B. bei der gegenseitigen Einbringung von Kapital und Know-how der Partner oder Einsparungen von Doppelaufwendungen der Fall wäre.[505] Dieser Unterscheidung kommt im Bereich der gemeinsamen Vermarktung besondere Bedeutung zu. Der Kommission zufolge wäre ein Beispiel für nicht anerkennungsfähige Leistungsgewinne, welche allein aus dem Wegfallen von Wettbewerb beruhen, die Kostenvorteile durch eine logistisch günstige Verteilung von Bestellungen zweier konkurrierender Unternehmen durch ein gemeinsames Vertriebsunternehmen, welches vor der Weitergabe von Bestellungen an die Mutterunternehmen die Produkte auf den Markt bringt und die Preise festsetzt.[506] In diesem Fall wären nach dem von der Kommission gebildeten Beispielsfall die Voraussetzungen von Art. 101 Abs. 3 AEUV nicht erfüllt.

II. Gemeinsamer Vertrieb im deutschen Recht

189 **1. Kartellverbot und Freistellung nach §§ 1, 2 GWB.** Sofern die entsprechenden Freistellungsverordnungen nicht über § 2 Abs. 2 GWB zur Anwendung kommen, ist eine Orientierung an der Vorgehensweise der Kommission, wie oben erläutert, auch unterhalb der Zwischenstaatlichkeitsschwelle zur einheitlichen Anwendung der Rechtsbegriffe angezeigt, sodass zu § 1 GWB sowie der Frage der Einzelfreistellung nach § 2 und auf obige Ausführungen verwiesen werden kann.[507]

190 **2. Freistellung für Mittelstandskartelle nach § 3 GWB.** Für Vereinbarungen zwischen mittelständischen Unternehmen ergibt sich auch für den gemeinsamen Vertrieb eine zusätzliche Freistellungsmöglichkeit nach § 3 GWB. Vertriebskooperationen werden im Merkblatt des BKartA über Kooperationsmöglichkeiten für kleinere und mittlere Unternehmen ausdrücklich Rationalisierungsvorteile zugesprochen.[508] Auch hiernach sind **Preisabreden** allerdings unzulässig, es sei denn sie bilden einen erforderlichen Bestandteil einer umfasserenden Zusammenarbeit zu Rationalisierungszwecken, etwa einer Werbe- und Vertriebsgemeinschaft.[509] Beschränkt sich eine Vertriebskooperation auf die Aufteilung von Aufträgen in Abhängigkeit von Transportkosten, soll hierin eine geeignete **Rationalisierung** liegen. Jegliche Art der **Quotenregelung** dagegen wäre unzulässig.[510]

---

[503] S. allgemein zur GVO Forschung und Entwicklung *Rittner/Dreher/Kulka,* § 8 C III 2, Rdnrn. 974 ff.

[504] Horizontalleitlinien 2011 aaO, Rdnrn. 246 ff., ein Beispiel hierfür geben die Leitlinien unter Rdnr. 252; zwei Beispiele aus der dem Erlass der Leitlinien voraus gehenden Entscheidungspraxis, die aber wohl beide nicht repräsentativ sind Komm. E. v. 12.7.1989, ABl. 1989 L 226/25 – *UIP* und Komm. E. v. 16.10.1980, ABl. L 318/32 – *Solnhofener Natursteinplatten.*

[505] Horizontalleitlinien 2011 aaO, Rdnr. 247 f.

[506] Horizontalleitlinien 2011 aaO, Rdnr. 255.

[507] S. o. Rdnr. 175. S. hierzu den Fallbericht des BKartA vom 16.4.2015 im Fall *gemeinsame Anzeigenvermarktung Springer/Funke.*

[508] Merkblatt des BKartA über Kooperationsmöglichkeiten für kleinere und mittlere Unternehmen, Rdnr. 29.

[509] Merkblatt aaO, Rdnr. 32.

[510] Merkblatt aaO, Rdnr. 33.

G. Normen- und Typenkartelle

I. Normen- und Typenkartelle im europäischen Recht

1. Grundsätze. Nach europäischem Recht sind unter Normen- und Typenkartellen solche Vereinbarungen, Beschlüsse und abgestimmte Verhaltensweisen zu verstehen, die die gemeinsame Festsetzung und einheitliche Anwendung technischer und qualitativer Anforderungen an bestehende und zukünftige Erzeugnisse, Herstellungsverfahren oder -methoden bezwecken.[511] An einer Wettbewerbsbeschränkung im Sinne des Art. 101 Abs. 1 AEUV fehlt es, wenn lediglich der Austausch technischer Daten zum Zweck der Aufstellung offener und transparenter Industrienormen vereinbart wird.[512] Allgemein bewirken Normenvereinbarungen nach Ansicht der Kommission keine Wettbewerbsbeschränkung, wenn sie vier Bedingungen erfüllen: Die (1) uneingeschränkte Möglichkeit der Mitwirkung am Normungsprozess ist gegeben und der (2) Prozess ist transparent. Zudem besteht (3) keine Verpflichtung zur Einhaltung der Norm und (4) Dritten wird Zugang zu den Normen zu fairen und diskriminierungsfreien Bedingungen gewährt.[513] Auch Normen, die von in der Richtlinie 98/34/EG anerkannten Organisationen erlassen werden,[514] fallen in den Anwendungsbereich des Art. 101 Abs. 1 AEUV, wenn sie als Unternehmen oder Unternehmensvereinigungen i. S. d. Art. 101 AEUV gelten.[515] Die genaue Abgrenzung von Normen und Typen spielt wegen ihrer kartellrechtlichen Gleichbehandlung, ebenso wie im deutschen Recht, praktisch keine Rolle. Beide Begriffe sind als – ausschließlich – technische Regelungen zu verstehen, die sich auf die Herstellung, die Beschaffenheit, die Bezeichnung, die Anwendung oder Verwendung von Waren und Dienstleistungen beziehen können. 191

2. Praxis. Die Kommission beurteilt Normen- und Typenkartelle wegen ihrer Eignung, zu einer verbesserten Markttransparenz und einer dem Verbraucher nutzenden, erhöhten Austauschbarkeit der geregelten Waren und Dienstleistungen beizutragen, grundsätzlich positiv.[516] Lediglich Absprachen, die sich einer Norm nur als Mittel weitergehender, umfassenderer Wettbewerbsbeschränkungen bedienen (etwa um aktuelle oder potentielle Wettbewerber auszuschließen), fallen nach Ansicht der Kommission grundsätzlich unter Art. 101 Abs. 1 AEUV.[517] Darüber hinaus prüft die Kommission Normen- und Typenkartelle im Hinblick darauf, ob durch die Übereinkunft die wettbewerbliche Freiheit der an der Absprache Beteiligten über Gebühr eingeschränkt wird. Dies kann insbesondere der Fall sein, wenn die Vereinbarung die Beteiligten in der Freiheit beschränkt, alternative Normen oder Produkte auf den Markt zu bringen.[518] Ein grundsätzlicher Verstoß gegen Art. 101 Abs. 1 AEUV kann aber auch dann vorliegen, wenn die vereinbarten Normen 192

---

[511] Leitlinien der Kommission zur Anwendbarkeit von Artikel 101 des Vertrags über die Arbeitsweise der Europäischen Union auf Vereinbarungen über horizontale Zusammenarbeit, ABl. 2011 C 11/1, Rdnr. 257.

[512] Komm. E v. 15.12.1986, ABl. 1987 L 35/36 – *X – Open Group.*

[513] Horizontalleitlinien 2011 aaO, Rdnr. 281. Die ersten drei Bedingungen wurden implizit von den Europäischen Gerichten bestätigt: EuG U. v. 12.5.2010, Slg. 2010 II-1629, Rdnrn. 61 ff.– *EMC Development/Komm.;* nicht beanstandet im Rechtsmittelverfahren in EuGH B. v. 31.3.2011, Slg. 2011 I-46.

[514] Anhang I und II der Richtlinie 98/34/EG des Europäischen Parlaments und des Rates vom 22. Juni 1998 über ein Informationsverfahren auf dem Gebiet der Normen und technischen Vorschriften, ABl. 1998 L 204/37.

[515] Horizontalleitlinien 2011 aaO, Rdnr. 258.

[516] 1. WB (1971) Ziff. 39; Komm. E. v. 15.12.1986 ABl. 1987 L 35/36 – *X-Open Group; von der Groeben/Schwarze-Haag,* nach Art. 81 EG – Fallgruppen Rdnr. 55; *Langen/Bunte-Braun,* Nach Art. 101 AEUV Rdnr. 250.

[517] Horizontalleitlinien 2011 aaO, Rdnr. 273.

[518] Horizontalleitlinien 2011 aaO, Rdnr. 293.

Dritten nicht zugänglich sind und dadurch (vor allem bei hohen Marktanteilen der an der Absprache Beteiligten) Marktzutrittsschranken entstehen.[519] So beanstandete die Kommission in einer Entscheidung, dass die Internationale Vereinigung der Schiffsklassifizierungsgesellschaften (IACS) kein transparentes Verfahren für Beitritt und Austritt ihrer Mitglieder geschaffen hatte und Nichtmitliedern weder die Mitarbeit an den technischen Standards ermöglicht wurde noch ihnen die technischen Hintergrundinformationen übermittelt wurden.[520]

193 Gehen mit der Absprache Wettbewerbsbeschränkungen einher, bleibt eine Vereinbarkeit mit dem Gemeinschaftsrecht auf der Grundlage der Legalausnahme des Art. 101 Abs. 3 AEUV möglich. Dies setzt allerdings voraus, dass die beteiligten Parteien nachweisen können, dass die mit der Normenfestlegung einhergehenden Beschränkungen für einen an die Verbraucher weiterzureichenden Effizienzgewinn unerlässlich sind. Die Kommission betont vor diesem Hintergrund das besondere Rechtfertigungsbedürfnis von für Wettbewerber nur eingeschränkt zugänglichen Normen.[521] Bei Normen- und Typenkartellen, die auch weitere Wettbewerbsbeschränkungen vorsehen, hat die Kommission in ihrer bisherigen (spärlichen) Entscheidungspraxis differenziert: Für (nach früherem Verständnis des Art. 101 Abs. 1 AEUV) freistellungsfähig hat die Kommission begleitende Abreden über eine Spezialisierung in der Produktion sowie, bei niedrigen Marktanteilen, über einen gemeinsamen Vertrieb gehalten.[522] Auch in Verbindung mit einer gemeinschaftlichen Produktion insbesondere neuer und komplexer Erzeugnisse können Normen- und Typenabreden den Voraussetzungen des Art. 101 Abs. 3 AEUV entsprechen.[523] Eine Ausnahme vom Kartellverbot kommt dagegen unter dem Gesichtspunkt mangelnder Erforderlichkeit nicht in Betracht, wenn es sich bei diesen Beschränkungen um Quoten-, Preis- oder Konditionenregelungen handelt oder um solche, die den Qualitätswettbewerb übermäßig beschränken.[524] Ebenso kritisch sieht die Kommission überschießende Wettbewerbsverbote und überhöhte technische Anforderungen, etwa für die Erteilung von Konformitätsbescheinigungen, die sich beschränkend auf den zwischenstaatlichen Handel auswirken können.[525]

II. Normen- und Typenkartelle im deutschen Recht

194 **1. Freistellungsvoraussetzungen.** Nach § 2 Abs. 1 GWB in der Fassung vor der 7. GWB-Novelle konnten Vereinbarungen und Beschlüsse, die lediglich die einheitliche Anwendung von Normen und Typen zum Gegenstand hatten, im Widerspruchsverfahren vom Verbot des § 1 GWB freigestellt werden. Ergänzt wurde diese Bestimmung durch die in § 22 Abs. 3 GWB a. F. enthaltene Ausnahme vom Empfehlungsverbot, nach der unverbindliche Empfehlungen, die lediglich die einheitliche Anwendung von Normen und Typen regelten und zu deren Durchsetzung kein wirtschaftlicher oder gesellschaftlicher Druck angewandt wurde, nicht vom Verbot des § 22 Abs. 1 GWB a. F. erfasst waren.

195 Auch im deutschen Recht war die genaue Abgrenzung zwischen Normen und Typen ungeachtet zahlreicher Definitionsversuche[526] wegen ihrer gesetzlichen Gleichbehandlung praktisch ohne Bedeutung. Normen und Typen konnten sich u. a. auf Abmessungen, Ei-

---

[519] Horizontalleitlinien 2011 aaO, Rdnrn. 294, 296, 331 f.

[520] Komm. E. v. 14.10.2009 COMP/39.416, Rdnr. 14 – *Schiffsklassifikation.*

[521] Horizontalleitlinien 2011 aaO, Rdnrn. 309, 316 ff.

[522] Komm. E. v. 21.12.1977, ABl. 1978 L 70/47 – *Sopelem/Vickers;* Komm. E. v. 26.11.1981, ABl. 1981 L 391/1 – *Sopelem/Vickers II.*

[523] Komm. E. v. 20.1.1977, ABl. 1977 L 48/32 – *Vacuum Interrupters;* Komm. E. v. 23.11.1977, ABl. 1977 L 327/26 – *GEC/Weir;* Komm. E. v. 11.12.1980, ABl. 1980 L 383/1 – *Vacuum Interrupters II.*

[524] 1. WB (1971) Ziff. 39; Komm. E. v. 20.12.1977, ABl. 1978 L 47/42 – *Video Kassetten.* Vgl. auch TB 1977, 100.

[525] Komm. E. v. 17.12.1981, ABl. 1982 L 167/39 – *NAVEWA ANSEAU.*

[526] Dazu z. B. vgl. *Immenga/Mestmäcker-Immenga,* GWB (3. Auflage), § 2 Rdnr. 11 ff. mwN; *Bechtold* GWB (3. Auflage) § 2 Rdnr. 1.

genschaften und Zusammensetzungen sowie auf die entsprechenden Prüfverfahren beziehen.[527] Nicht zu den Normen gehörten dagegen Gütezeichen als solche, doch konnten sie Grundlage einer Normen- und Typenvereinbarung sein.[528] Ob die Kartellmitglieder derselben Wirtschaftsstufe angehörten, war im Rahmen des § 2 Abs. 1 GWB a. F. ebenso wie bei Normen- und Typenempfehlungen, ohne Bedeutung.[529]

Im Zuge der 7. GWB-Novelle (2005) sind sowohl das Empfehlungsverbot als auch die ausdrückliche Freistellungsmöglichkeit für Normen- und Typenkartelle aufgehoben worden. Hintergrund dieser gesetzgeberischen Entscheidung ist die Übernahme des in Art. 101 Abs. 3 AEUV angelegten Prinzips einer weit gefassten Legalausnahme ins deutsche Recht (§ 2 GWB). Zudem ging der Gesetzgeber davon aus, dass Normen- und Typenkartelle regelmäßig über den regionalen Bereich hinaus Auswirkungen haben und somit geeignet sind, den zwischenstaatlichen Handel zu beeinträchtigen. Wegen des erweiterten Vorrangs des europäischen Wettbewerbsrecht war eine abweichende nationale Regelung solcher Kartelle nicht möglich. Eine eigenständige Regelung für Normen- und Typenkartelle ohne grenzüberschreitende Wirkung war nicht gewollt.[530] 196

Normen- und Typenkartelle werden nach neuer Rechtslage daher allein daran gemessen, ob sie gegen das allgemeine Verbot wettbewerbsbeschränkender Vereinbarungen verstoßen. Werden Normen und Typen nur aufgestellt, ohne dass eine einheitliche Anwendung vereinbart wird, so ist schon § 1 GWB nicht erfüllt. Das gleiche gilt, wenn sich die Beteiligten nur über den begrifflichen Inhalt von Normen und Typen verständigen, ohne deren gemeinsame Anwendung zu vereinbaren. Regelt die Absprache dagegen die gemeinsame Anwendung von Normen und Typen, so kann von dieser Vereinbarung eine wettbewerbsbeschränkende Wirkung im Sinne des § 1 GWB ausgehen. In diesem Fall wäre zu prüfen, ob die Absprache gemäß der allgemeinen Ausnahmebestimmung des § 2 GWB vom Verbot des § 1 GWB freigestellt ist. 197

2. Praxis. Nach der Aufhebung des § 2 GWB in der Fassung vor der 7. GWB-Novelle dient als Auslegungshilfe für die Beurteilung von Normen- oder Typenkartellen insbesondere die Praxis der Kommission.[531] Anhaltspunkte bietet hier insbesondere die entsprechende Passage in den Leitlinien der Kommission zur Anwendbarkeit von Art. 101 AEUV auf Vereinbarungen über horizontale Zusammenarbeit.[532] Inwieweit darüber hinaus auf die bisherige Praxis des BKartA zu § 2 Abs. 1 GWB a. F. zurückgegriffen werden kann, ist ungeklärt. Ohnehin haben Normen- und Typenabsprachen in der deutschen Kartellrechtspraxis nur eine untergeordnete Rolle gespielt, zumal viele Normungen, derer sich die deutsche Wirtschaft bediente, auf die – auch in Zukunft zulässigen – bloßen Empfehlungen von Verbänden oder Instituten zurückgingen.[533] Vor allem aber orientieren sich die Freistellungsvoraussetzungen nach neuer Rechtslage nun nach den allgemeinen Kriterien des § 2 Abs. 1 GWB, die deutlich weiter sind als die der bisherigen Regelung der Normenkartelle. Nach alter Rechtslage konnten nach dieser Vorschrift nur solche Kartelle freigestellt werden, die – ausschließlich – die einheitliche Anwendung von Normen oder Typen zum Gegenstand hatten. Sah der Kartellvertrag über Normen- und Typenregelungen hinaus weitere Wettbewerbsbeschränkungen vor, etwa hinsichtlich des Qualitäts-[534] oder Rabatt- 198

---

[527] *Immenga/Mestmäcker-Immenga,* (3. Auflage) GWB, § 2 Rdnr. 15 f. mwN; *Langen/Bunte-Braun,* (10. Auflage), nach § 2 Rdnr. 23 mwN.

[528] Vgl. BKartA TB 1971, 57 – *Stahl- und Leichtmetallkonstruktionen;* in: *Immenga/Mestmäcker-Immenga,* GWB (3. Auflage), § 2 Rdnr. 11; *Langen/Bunte-Braun* (10. Auflage), nach § 2 Rdnr. 23 mwN.

[529] Vgl. BKartA TB 1969, 61; TB 1970, 53; TB 1972, 58; TB 1974, 51 – *Oberbauschienenwege;* noch zur alten Rechtslage: *Langen/Bunte-Kiecker* (9. Auflage), § 2 Rdnr. 14.

[530] Begründung RegE BT-Drucks. 15/3640, S. 26.

[531] Begründung RegE BT-Drucks. 15/3640, S. 26.

[532] Horizontalleitlinien 2011 aaO, Rdnrn. 257 ff.

[533] Noch zur alten Rechtslage: *Langen/Bunte-Kiecker* (9. Auflage), § 2 Rdnr. 4, *Immenga/Mestmäcker-Immenga,* GWB (3. Auflage), § 2 Rdnr. 2.

[534] Vgl. BKartA TB 1969, 80 – *PVC-Tischbelag.*

wettbewerbs oder in Gestalt zusätzlicher Rationalisierungsabreden,[535] so kam eine Legalisierung allein nach § 2 Abs. 1 GWB a. F. nicht in Betracht. Die kartellbehördliche Praxis hat daher den Ausschluß von Regelungen, die sich auf Preise oder Preisbestandteile beziehen, auch äußerst streng praktiziert. Als nicht zulässig angesehen wurden etwa Nichtnormungszuschläge,[536] d. h. Preiszuschläge für die Herstellung oder den Handel mit nicht genormten Erzeugnissen. Solche umfassenderen „kombinierten" Regelungen bedurften zusätzlich der Freistellung als Rationalisierungskartell nach § 5 GWB in der Fassung vor der 7. GWB-Novelle Dasselbe galt für Vereinbarungen, die genormten oder vertypten Erzeugnisse vorrangig zu führen.[537] Nach heutiger Rechtslage wird man im Einzelfall prüfen müssen, ob eine Normen- oder Typenvereinbarung trotz ihrer wettbewerbsbeschränkenden Wirkung wegen ihrer Unerlässlichkeit für an Verbraucher weiterzugebende Effizienzgewinne von § 1 GWB freigestellt ist. Wie im europäischen Recht wird dabei zu berücksichtigen sein, ob die vereinbarten Normen transparent sind und Wettbewerbern offen stehen.

H. Konditionenkartelle

I. Konditionenkartelle im europäischen Recht

199 Spürbar wettbewerbsbeschränkende und zur Beeinflussung des zwischenstaatlichen Handels geeignete Vereinbarungen, Beschlüsse und abgestimmte Verhaltensweisen, die nur die einheitliche Anwendung allgemeiner Geschäfts-, Lieferungs- und Zahlungsbedingungen zum Gegenstand haben, können unter die Legalausnahme des Art. 101 Abs. 3 AEUV fallen. Fraglich ist ob es ein Freistellungshindernis darstellt, wenn sich an einem Konditionenkartell typischerweise alle oder ein Großteil der in dem betreffenden markttätigen Wettbewerber beteiligen. Häufig wird gerade eine hohe Marktabdeckung erst die Voraussetzung dafür sein, dass ein Konditionenkartell den Marktteilnehmern die wettbewerblich gewünschte Fokussierung auf Preis und Qualitätswettbewerb erlaubt und so auch den Verbrauchern zu Gute kommt. In ihrer früheren Verwaltungspraxis (d. h. vor der Systemumstellung 2003) hatte die Kommission bisher kaum mit reinen Konditionenkartellen zu befassen gehabt. Im Bereich der Banken[538] und Versicherungen[539] hat die Kommission bei solchen reinen Konditionenregelungen allerdings keine strengen Anforderungen gestellt. Regelmäßig waren mit den Konditionenregelungen aber auch von der Kommission kritisch gesehene Regelungen von Preisen und Preisbestandteilen verbunden, etwa mit dem Gebot der Verwendung eines einheitlichen Kalkulationssystems,[540] mit dem Gebot einheitlicher Frankobestimmungsortpreise,[541] mit dem Verbot des Verkaufs unter Selbstkosten oder zu diskriminierenden Bedingungen.[542] In ihrer Praxis beurteilte die Kommission solche mit anderen Beschränkungen kombinierten Konditionenkartellen nicht isoliert, sondern im Zusammenhang mit diesen.[543] Seit 2004 gibt es dazu (wie auch sonst) keine neuen Entscheidungen.

---

[535] Vgl. BKartA B. v. 5.5.1960 WuW/E BKartA 200, 202 – *Eiserne Fässer und Gefäße;* BKartA B. v. 6.4.1962 WuW/E BKartA 460, 462 – *Eiserne Fässer und Gefäße II.*

[536] BKartA B. v. 5.5.1960 WuW/E 200, 202 – *Eiserne Fässer und Gefäße;* BKartA B. v. 6.4.1962 WuW/E 460, 462 – *Eiserne Fässer und Gefäße II;* BKartA B. v. 16.12.1975 WuW/E 1605, 1608 – *Starkstromkabel;* vgl. auch TB 1974, 51 f. – *Kühlmöbel;* zustimmend *Immenga/Mestmäcker-Immenga,* GWB (3. Auflage), § 2 Rdnr. 20; für die Einbeziehung (noch zur alten Rechtslage): *Langen/Bunte-Kiecker* (9. Auflage), § 2 Rdnr. 17.

[537] *GK/Deringer/Benisch* (4. Auflage) § 5, Rdnr. 19; *Immenga/Mestmäcker-Immenga,* GWB (3. Auflage), § 2 Rdnr. 20.

[538] Komm. E. v. 30.8.1989, ABl. L 253/1 – *Niederländische Banken.*

[539] Komm. E. v. 20.12.1989, ABl. 1990 L 15/25 – *Concordato Incendio.*

[540] Komm. E. v. 15.5.1974, ABl. 1974 L 160/1 (13) – *IFTRA Verpackungsglas;* Komm. E. v. 8.2.1980, ABl. 1980 L 62/63 – *Stahllagerhändler.*

[541] Komm. E. v. 15.5.1974, ABl. 1974 L 160/1 (46) – *IFTRA Verpackungsglas.*

[542] Komm. E. v. 15.5.1974, ABl. 1974 L 160/1 (12) – *IFTRA Verpackungsglas;* Komm. E. v. 15.7.1975, ABl. 1975 L 228/3 (9) – *IFTRA Aluminium.*

[543] EuGH U. v. 17.10.1972, Slg. 1972, 977 (988 ff.) – *Cementhandelaren/Komm.*

Die in diesem Bereich bestehende Rechtsunsicherheit hat die Kommission mit der Aufnahme von Konditionenkartellen in ihre überarbeiteten Horizontalleitlinien von 2011[544] zu beseitigen versucht. Als neue **Unterkategorie** der Normenvereinbarung führen die Horizontalleitlinien den Begriff der **Standardbedingungen** ein. Darunter versteht die Kommission Standardverkaufsbedingungen, die entweder von einem Wirtschaftsverband oder direkt von Wettbewerbern ausgearbeitet worden sind und für den Kauf oder Verkauf von austauschbaren Waren und Dienstleistungen an Verbraucher angewendet werden.[545] Eine **wettbewerbsbeschränkende Wirkung soll fehlen,** wenn (1) eine uneingeschränkte Beteiligung der Wettbewerber an der Festlegung der Standardbedingungen gewährleistet ist, diese (2) unverbindlich bleiben und zudem (3) uneingeschränkt zugänglich sind. Dabei seit aber besonders die Gefahr zu beachten, dass über die Standardbedingungen tatsächlich eine Abstimmnug der Wettbewerber erreicht wird und das Produktangebot eingeschränkt wird. Letzteres soll besonders bei Produkten oder Dienstleistungen der Fall sein, die, wie Versicherungsverträge, im Wesentlichen durch rechtliche Bestimmungen determiniert werden.[546] Soweit Standardbedingungen allerdings Bestimmungen enthalten, die sich direkt auf Kundenpreise auswirken (z. B. Preisempfehlungen oder Rabatte), oder als Teil einer breiteren restriktiven Vereinbarung verwendet werden, mit der Wettbewerb ausgeschlossen werden soll, zielt ihr Zweck auf eine Wettbewerbsbeschränkung und verwirklicht so Art. 101 Abs. 1 AEUV.[547]

Hinsichtlich der **Freistellung nach Art. 101 Abs. 3 AEUV** ist zu beachten, dass eine verbindliche und obligatorische Anwendung von Standardbedingungen regelmäßig nicht unerlässlich sein wird, um die Effizienzgewinne zu realisieren.[548] Auch die Kommission geht davon aus, dass sowohl das Risiko wettbewerbsbeschränkender Auswirkungen als auch die Wahrscheinlichkeit der Effizienzgewinne mit wachsendem Marktanteil der Verwender zunehmen. Wegen dieses Zusammenhangs könne es keinen festen Marktanteil geben, bis zu dem regelmäßig von einem Überwiegen der Effizienzgewinne ausgegangen werden könne.[549] Soweit wie im Bereich der Banken ein nahezu einheitliches Gerüst von Standardbestimmungen existiert, ist den Stimmen in der Literatur nicht zuzustimmen, die in so einer Situation kaum mehr eine Verbraucherbeteiligung an den Effizienzgewinnen erkennen können.[550] Weder der Zuwachs von Rechtssicherheit noch die Reduktion von Transaktionskosten sind ausgeschlossen, im Einzelfall aber nachzuweisen.[551]

II. Konditionenkartelle im deutschen Recht

1. Freistellungsvoraussetzungen. Nach § 2 Abs. 2 GWB a. F. waren Verträge und Beschlüsse, die nur die einheitliche Anwendung allgemeiner Geschäfts-, Lieferungs- und Zahlungsbedingungen einschließlich der Skonti zum Gegenstand hatten, freistellungsfähig, soweit sich die Regelungen nicht auf Preise oder Preisbestandteile bezogen. Durch die 7. GWB-Novelle (2005) ist diese Vorschrift aufgehoben worden. Hintergrund dieser Gesetzesänderung war, dass aufgrund des erweiterten Vorrangs des europäischen Rechts nach 200

[544] Leitlinien der Kommission zur Anwendbarkeit von Artikel 101 des Vertrags über die Arbeitsweise der Europäischen Union auf Vereinbarungen über horizontale Zusammenarbeit, ABl. 2011 C 11/1.

[545] Horizontalleitlinien 2011 aaO, Rdnr. 259. Die Leitlinien verweisen an dieser Stelle vor allem auf den Banken- und Versicherungsbereich. Im Bereich der Direktversicherer bestand bis 2010 die Möglichkeit einer Freistellung für Muster allgemeiner Versicherungsbedingungen, vgl. *Grabitz/Hilf/Nettesheim-Schroeder* Art. 101 AEUV, Rn. 695.

[546] Horizontalleitlinien 2011 aaO, Rdnrn. 301 ff.

[547] Horizontalleitlinien 2011 aaO, Rdnrn. 275 f.

[548] Horizontalleitlinien 2011 aaO, Rdnr. 320.

[549] Horizontalleitlinien 2011 aaO, Rdnr. 322.

[550] So aber *Dauses-Hoffmann* H. I. § 2 Art. 101 AEUV, Rdnr. 109.

[551] Horizontalleitlinien 2011 aaO, Rdnr. 323.

Art. 3 Abs. 2 VO 1/2003 eine eigenständige Regelung von Sachverhalten mit gemeinschaftsweiter Bedeutung nicht möglich war[552] und auch darüber hinaus ein grundsätzlicher Gleichklang von nationalem und europäischem Wettbewerbsrecht erzielt werden sollte.[553] Auch nach heutiger Rechtslage können Konditionenkartelle allerdings vom Verbot des § 1 GWB freigestellt sein, wenn und soweit sie den Voraussetzungen des § 2 Abs. 1 GWB entsprechen.

201 Unter Konditionen versteht man gemeinhin Anforderungen in Bezug auf den Inhalt, aber auch auf das Zustandekommen und die Abwicklung von Verträgen, die die Kartellmitglieder mit Dritten schließen, zu denen allerdings auch sie selbst gehören können.[554] Keine Konditionenregelungen sind solche, die sich auf eine Hauptleistung (z. B. den Preis) beziehen.[555] Ebenso liegt keine Konditionenregelung vor, wenn sich die Beteiligten lediglich über einen bestimmten Sprachgebrauch verständigen, etwa über bestimmte Handelsklauseln, ohne zugleich die gemeinsame Anwendung der definierten Regelungen zu vereinbaren. Zu den Konditionenregelungen gehören u. a. Vereinbarungen über die Form annehmbarer Angebote, über den Gefahrenübergang, die Haftung und die Gewährleistung, über die Art der Verpackung und Versendung sowie die zeitlichen, örtlichen und formellen Zahlungsmodalitäten.

202 **2. Praxis.** Nach der durch die Aufhebung des § 2 Abs. 2 GWB a. F. 2005 erzielten Angleichung der Behandlung von Konditionenkartellen an das Gemeinschaftsrecht müssen vor allem die – bisher überschaubare – Freistellungs- und Entscheidungspraxis der Kommission sowie Urteile der europäischen Gerichte Anhaltspunkte für die Frage bieten, ob eine Konditionenabsprache im Einzelfall nach § 2 Abs. 1 GWB vom Kartellverbot ausgenommen werden kann.

203 Nur nachrangig dürfte dagegen auf die bisherige Praxis des BKartA abzustellen sein. Ohnehin hatte seit der Einführung einer Ausnahme für Konditionenempfehlungen durch die zweite Kartellgesetznovelle, § 38 Abs. 2 Nr. 3 GWB a. F., und dem Inkrafttreten des Gesetzes zur Regelung des Rechts der Allgemeinen Geschäftsbedingungen (damals: AGBG) die Ausnahmebestimmung für Konditionenkartelle an praktischer Bedeutung verloren. Zwar hatten die infolge der Schuldrechtsreform erforderlichen Angleichungen eine Reihe bestehender Konditionenabsprachen wieder in den Fokus der deutschen Wettbewerbsbehörden gerückt; zu Neuanmeldungen war es aber nur noch in sehr geringem Umfang gekommen.[556] Im Hinblick auf die in Deutschland zwingend anzuwendenden Wettbewerbsregeln des EG-Vertrags (jetzt: AEUV) und die GWB-Novellierung zum 1.5.2004 hat das BKartA dann ab diesem Zeitpunkt nicht mehr auf der noch fortgeltenden Anmeldepflicht für Konditionenempfehlungen und -kartelle bestanden.[557]

204 Seit der Gesetzesänderung von 2005 kommt den in der nationalen Praxis konkretisierten Tatbestandsmerkmalen des § 2 Abs. 2 GWB a. F. keine unmittelbare Bedeutung mehr zu. Dabei ist insbesondere die vor der 7. GWB-Novelle noch erforderliche strenge Unterscheidung zwischen Rabatten und Skonti hinfällig geworden. Als Skonti sind nach der Praxis, entsprechend dem allgemeinen Sprachgebrauch, Vergütungen für die Zahlung einer Schuld vor Fälligkeit zu verstehen.[558] Rabatte stellen demgegenüber einen Preisnachlass dar.[559] Da die Freistellung von Rabattkartellen zunächst eigenständig geregelt (§ 3 GWB a. F.) und durch die 6. GWB-Novelle sogar vollständig beseitigt wurde, war eine genaue

---

552 Begründung RegE, BT-Drucks. 15/3640 S. 26.

553 Begründung RegE, BT-Drucks. 15/3640 S. 22.

554 BKartA TB 1959, 20; TB 1977, 15, 66 ff.; *Postelt,* Die Kartellierung allgemeiner Geschäftsbedingungen nach § 2 GWB, Diss. Köln 1966, S. 79 ff.

555 BKartA B. v. 28.4.1982 WuW/E BKartA 1989, 1991 – *Druckerei-Konditionen; FK-Bunte,* GWB 1999 § 2 Rdnr. 67.

556 BKartA TB 2003/2004, S. 41 und 232.

557 BKartA TB 2003/2004, S. 41.

558 BKartA Brief v. 19.6.1968 WuW/E BKartA 1216, 1217.

559 BKartA B. v. 10.4.1968 WuW/E BKartA 1219, 1220 – *Anzeigenwesen.*

Trennung erforderlich gewesen.[560] Nach aktueller Rechtslage kommt es dagegen – unabhängig davon, ob der Gegenstand der Absprache nun als Skonto oder Rabatt eingestuft wird – nur darauf an, ob die Regelung den Anforderungen des § 2 Abs. 1 GWB genügt.[561]

Auch die vormals sehr strengen Anforderungen an die Einheitlichkeit der Anwendung 205
von Konditionen verliert damit unter Umständen an Bedeutung: Bisher fehlte es an der nach § 2 Abs. 2 GWB a. F. erforderlichen Vereinbarung der einheitlichen Anwendung, wenn es der Entscheidung der Kartellmitglieder überlassen war, ob und wann sie die Konditionen anwenden wollten. Aus diesem Grunde waren auch Abreden nicht freistellungsfähig, nach denen die Konditionen nur als Höchst- oder Mindestkonditionen verbindlich sein sollen.[562] Abweichungen von den festgelegten Konditionen konnten nur im Einzelfall sachlich gerechtfertigt und damit zulässig sein, etwa bei Zahlungsschwierigkeiten eines Vertragspartners.[563] Nach aktueller Rechtslage lassen sich auch flexiblere Vereinbarungen nicht mehr *a priori* von der Freistellung ausnehmen. Maßgeblich ist nun, ob auch diese Abreden in der Lage sein werden, entsprechende Verbrauchervorteile (etwa die bessere Vergleichbarkeit von Angeboten, die ein Grund für die Freistellungsmöglichkeit vor der 7. GWB-Novelle war)[564] zu generieren.

Trotz der veränderten Rechtslage ist es denkbar, die vom BKartA vollzogenen Bewertun- 206
gen auch für die Beantwortung der Frage fruchtbar zu machen, ob eine Beschränkung nach neuer Rechtslage freigestellt ist. So hat das BKartA Konditionenkartellen nach altem Recht die Freistellung verweigert, wenn nicht nur die Vereinheitlichung von Konditionen, sondern auch von Hauptleistungspflichten festgelegt wurde. Das BKartA hat dabei die Existenz von die Verbraucher benachteiligenden Klauseln im Sinne des früheren AGB-Gesetzes als Hinweis darauf gewertet, dass auch unter Art. 81 Abs. 3 EG (jetzt: Art. 101 Abs. 3 AEUV) eine Freistellung ausgeschlossen wäre: Bei einer Konditionenkartellvereinbarung, die einseitig und unausgewogen zu Lasten der Abnehmer ausgestaltet ist, fehle es jedenfalls an einer angemessenen Beteiligung der Verbraucher.[565] Nicht freistellungsfähig könnten dabei im Sinne der bisherigen Praxis des BKartA durchaus auch Konditionen sein, die nicht im Sinne von § 307 BGB (§ 9 AGBG a. F.) unangemessen sind. Wegen der Breitenwirkung von Konditionenkartellen neigte das BKartA in diesem Zusammenhang dazu, strengere Maßstäbe anzulegen als die AGB-Rechtsprechung bei der Beurteilung der Konditionen einzelner Unternehmen. So nahm es eine unzulässige Übersicherung schon bei einem Eigentumsvorbehalt an, bei dem der Wert des Sicherungsgegenstandes den gesicherten Anspruch um mehr als 10% überstieg.[566] Für unzulässig hat das BKartA auch den Haftungsausschluss für den Vorsatz und die grobe Fahrlässigkeit leitender Angestellter gehalten.[567] Das gleiche gilt für den vollständigen Ausschluß der Haftung für Verzug oder technisches Versagen.[568]

Indizwirkung dürfte der früheren Praxis zu § 2 Abs. 2 GWB in der Fassung vor der 207
7. GWB-Novelle auch bei der Bemessung des Grads der Wettbewerbsbeschränkung zu-

560 Die Bezeichnung als Skonto war dabei nicht entscheidend. Das BKartA hat einen Nachlaß von 4% noch, einen von 5,5% aber nicht mehr als Skonto in diesem Sinne angesehen, vgl. BKartA Brief v. 19.6.1968, WuW/E BKartA 1216, 2018; TB 1968, 68 – *Pelzbekleidungsindustrie.*

561 In den Horizontalleitlinien der Europäischen Kommission dagegen werden Rabattkartelle jedoch nicht ausführlich behandelt, allerdings werden Standardbedingungen mit Bestimmungen, die sich auf Rabatte auswirken, als bezweckte Wettbewerbsbeschränkungen betrachtet, vgl. dort Rdnrn. 276 u. 307.

562 BKartA B v. 10.4.1968, WuW/E BKartA 1219, 1221 – *Anzeigenwesen;* TB 1966, 52; TB 1968, 66f.; TB 1973, 42.

563 BKartA TB 1983/84, 82f.; *Immenga/Mestmäcker-Immenga,* (3. Auflage) GWB, § 2 Rdnr. 44 mwN.

564 *FK-Heyers,* § 2 Rdnr. 60ff.; *Immenga/Mestmäcker-Fuchs,* GWB, § 2 Rdnr. 5.

565 BKartA TB 2003/2004, S. 41.

566 Bekanntmachung des BKartA Nr. 114/79, BAnz. Nr. 239 v. 21.12.1979; TB 1978, 40; *Hennig,* Zur Praxis des BKartA bei Konditionenkartellen und -empfehlungen, DB 1984, 1511ff.

567 BKartA TB 1965, 47 – *Textillohnveredelung;* TB 1978, 40.

568 BKartA TB 1965, 47 – *Textillohnveredelung;* TB 1976, 74.

kommen, die für Abwägungen im Rahmen des § 2 Abs. 1 GWB (Angemessenheit der Verbraucherbeteiligung, Unerlässlichkeit der Beschränkung) von Bedeutung ist. Insbesondere die Entscheidungspraxis zur Frage, ob es sich bei einer Abrede um eine preisbezogene Vereinbarung handelt, kann hier von Interesse sein: Als preisbezogen (und damit nach alter Rechtslage grundsätzlich unzulässig) sind vom BKartA etwa solche Regelungen eingestuft worden, die die Kartellmitglieder in der freien Kalkulation hinsichtlich der Höhe und der Art und Weise beschränkten.[569] Für regelbar befunden wurde dagegen, wer die Frachtkosten trägt,[570] nicht aber deren Höhe.[571] Unzulässig war unter § 2 Abs. 2 GWB a. F., außer in Sonderfällen, auch die Tarifierung fiktiver Transportkosten bei Frachtausgleichssystemen.[572] Regelungen darüber, wer die Kosten von Nebenleistungen wie Verpackung und Montage trägt, waren demgegenüber zulässig, nicht dagegen solche über die Höhe dieser Kosten.[573] Für unzulässig erklärt wurde auch ein Ausschluß von Preisnachlässen beim Verzicht auf Verpackung,[574] ebenso Preisanpassungsklauseln auch ohne die Vorgabe bestimmter Berechnungsfaktoren,[575] da sie den Wettbewerb mit Festpreisen beschränken.

208 Über die Frage der Preisbezogenheit hinaus wird man auch andere Erwägungen aus der früheren Entscheidungspraxis des BKartA durchaus in eine Prüfung nach § 2 Abs. 1 GWB einbeziehen können. Dies gilt beispielsweise für die Zulässigkeit diskriminierungsfreier Konditionenstaffeln.[576] Auch die frühere Haltung der Behörde, dass ein Ausschluß der Skontierung dann unzulässig ist, wenn der Skontowettbewerb auf dem betreffenden Markt besondere Bedeutung hat (etwa weil er die letzte Form wirksamen Wettbewerbs darstellt),[577] dürfte auch bei einer Prüfung nach § 2 Abs. 1 GWB in der aktuellen Fassung Geltung beanspruchen. Darüber hinaus dürfte die alte Praxis des BKartA oft auch dort von Interesse bleiben, wo dieses sich nicht auf eine reine Überprüfung der Voraussetzungen des § 2 Abs. 2 GWB a. F. beschränkt hat, sondern im Wege der antizipierten Mißbrauchsaufsicht (§ 12 Abs. 1 GWB a. F.) eine umfassende Bewertung der Absprache vorgenommen hat. So wurde ein Konditionenkartell auch dann nicht freigestellt, wenn das Konditionenwerk insgesamt mißbräuchlich erschien, etwa weil es die Interessen der Marktgegenseite nicht ausgewogen und angemessen berücksichtigte.[578]

J. Strukturkrisenkartelle

I. Strukturkrisenkartelle im europäischen Recht

209 **1. Grundsätze.** Unter Strukturkrisenkartellen versteht man Absprachen, die die mit einer Strukturkrise für den betreffenden Wirtschaftszweig und die in diesem tätigen Unternehmen verbundenen Probleme lösen sollen. Regelmäßig enthalten sie Vereinbarungen zum **Abbau struktureller Überkapazitäten.**[579] Trotz der besonderen Problemlage und des volkswirtschaftlichen Interesses an der Lösung von Strukturkrisen sind auch solche Krisensi-

---

569 BKartA TB 1978, 89; *Immenga/Mestmäcker-Fuchs,* GWB, § 2 Rdnrn. 142 ff. mwN.

570 BKartA TB 1967, 68.

571 BKartA TB 1969, 55.

572 Str., vgl. *Immenga/Mestmäcker-Immenga* (3. Auflage), GWB, § 2 Rdnrn. 67 ff. mwN.

573 BKartA TB 1958, 40 – *Krawattenstoffwebereien;* BKartA TB 1964, 34 – *Schulmöbel; Immenga/Mestmäcker-Immenga* (3. Auflage), GWB, § 2 Rdnr. 71 mwN.

574 BKartA TB 1973, 82 f. – *Schwerarmaturen.*

575 BKartA TB 1958, 40 – *Krawattenstoffwebereien;* TB 1961, 18 f. – *Stahlflanschen;* BKartA TB 1961, 29 – *Öfen;* BKartA TB 1978, 39 – *VDMA-Konditionenempfehlung.*

576 BKartA Brief v. 19.6.1968 WuW/E BKartA 1216, 1217; BKartA TB 1968, 68 – *Pelzbekleidungsindustrie.*

577 BKartA TB 1961, 39; BKartA TB 1963, 32.

578 BKartA TB 1976, 91; BKartA TB 1977, 15; BKartA TB 1978, 39 – *VDMA-Konditionenempfehlung;* BKartA TB 1979/1980, 36.

579 Komm., 12. WB (1982) Ziff. 38, Wettbewerbsregeln und Maßnahmen zum Abbau struktureller Überkapazitäten; *Loewenheim/Meessen/Riesenkampff-Wägenbaur,* Art. 81 Abs. 1 Rdnr. 259; *Mäger-Gehring,* Europäisches Kartellrecht, Kap. 3, Rdnrn. 90 ff.

tuationen grundsätzlich marktkonform und ohne Wettbewerbsbeschränkungen zu lösen.[580] Treffen die Unternehmen wettbewerbsbeschränkende Abreden, die den innergemeinschaftlichen Wettbewerb zumindest spürbar beeinflussen und den zwischenstaatlichen Handel innerhalb der Gemeinschaft entsprechend zu beeinträchtigen geeignet sind, so kann die schwierige Lage des Wirtschaftszweigs grundsätzlich nur bei der Bemessung von Geldbußen berücksichtigt werden.[581] Allerdings können im Einzelfall, auch wenn die Voraussetzungen des Art. 101 Abs. 1 AEUV vorliegen, solche Absprachen doch vom Anwendungsbereich des Kartellverbotes ausgenommen sein, wenn sie die Voraussetzungen des Art. 101 Abs. 3 AEUV erfüllen. Wegen der möglichem volkswirtschaftlichen Bedeutung von Strukturkrisenkartellen hat die Kommission die Voraussetzungen einer Freistellung in einer eingehenden und zusammenfassenden Darstellung der Kommissionspolitik gegenüber Strukturkrisenkartellen im Wettbewerbsbericht für das Jahr 1982 konkretisiert.[582] Im Zuge der Finanzkrise 2009 sah sich die Kommission zunehmend Versuchen der Banken gegenüber, den wirtschaftlichen Schwierigkeiten mit Strukturkrisenkartellen zu begegnen. Zwar hat sie bisher keine Leitlinien erlassen. Im Rahmen des OECD Global Forum on Competition von 2011 hat sie aber in einer ausführlichen Stellungnahme ihre Ansichten zu Strukturkrisenkartellen dargelegt.[583]

2. Praxis. Geklärt ist spätestens mit der Entscheidung des EuGH zum *irischen Rindfleischkartell,* dass **Strukturkrisenkartelle** trotz ihres langfristigen Zieles, sektorielle Krisen zu beseitigen, eine **Wettbewerbsbeschränkung bezwecken** und damit gegen Art. 101 Abs. 1 AEUV verstoßen, da die Vereinbarungen darauf zielten, einzelne Wettbewerber auf dem Markt der Rindfleischverarbeitung zum Ausscheiden aus dem Markt zu bewegen.[584] In dem Vorlageverfahren hatten die 10 größten irischen Rindfleischverarbeiter mit einem Marktanteil von über 90% eine Gesellschaft gegründet, welche die Restrukturierug des Marktes übernehmen sollte. Dabei sollte die Gesellschaft an die ausscheidenden Wettbewerber eine Entschädigung zahlen, welche sich im Gegenzug dazu verpflichteten, ihre Anlagen unbrauchbar zu machen und für einen gewissen Zeitraum nicht in der Rinderverarbeitung zu arbeiten. Die verbleibenden Wettbewerber sollten die Gesellschaft finanzieren, indem sie zwei Euro pro Schlachttier zahlen, soweit sie ihren herkömmlichen Verarbeitungsanteil nicht überschreiten; bei Überschreitung sollten 11 Euro gezahlt werden. Dadurch sollte eine Verringerung der Verarbeitungskapitäten um 25% in einem Jahr erreicht werden. In der Entscheidung weist der EuGH ausdrücklich darauf hin, dass die angestrebtenEffizienzgewinne ausschließlich im Rahmen einer **Freistellung nach Art. 101 Abs. 3 AEUV** geltend gemacht werden können,[585] über welche aber nicht zu entscheiden war. 210

Die Kommission geht vom Vorliegen einer Strukturkrise dann aus, wenn die in dem betreffenden Wirtschaftszweig tätigen Unternehmen ihre Produktionskapazitäten über einen längeren Zeitraum nur erheblich vermindert nutzen konnten und wesentliche Verluste hinnehmen mussten und die Marktlage auch mittelfristig nicht mit einer dauerhaften Verbesserung zu rechnen erlaubt.[586] Diese Strukturkrise will die Kommission im Rahmen von

---

[580] Komm. E. v. 22.12.1972, ABl. 1972 L 303/24 – *CIMBEL;* Komm. E. v. 6.8.1984, ABl. 1984 L 220/27 – *Zinc Producer Group;* Komm. E. v. 29.4.1994, ABl. 1994 L 131/15 – *Stichting Baksteen;* Stellungnahme der Kommission zum Global Forum on Competition der OECD vom 27.1.2011, DAF/COMP/GF/WD(2011)20, Rdnr. 5.

[581] *von der Groeben/Schwarze-Winterstein,* nach Art. 81 EG – Fallgruppen Rdnr. 27 mwN.

[582] Komm., 12. WB (1982) Ziff. 38ff., Wettbewerbsregeln und Maßnahmen zum Abbau struktureller Überkapazitäten; vgl. auch schon 8. WB (1978) Ziff. 42 und 11. WB (1981) Ziff. 46ff.

[583] Stellungnahme der Kommission zum Global Forum on Competition vom 27.1.2011, DAF/COMP/GF/WD(2011)20.

[584] EuGH U. v. 20.11.2008, Slg. 2008 I-8637, Rdnrn. 32ff. – *Competition Authority/Beef Industry Development Society.*

[585] EuGH U. v. 20.11.2008, Slg. 2008 I-8637, Rdnrn. 39 – *Competition Authority/Beef Industry Development Society.*

[586] Komm., 12. WB (1982) Ziff. 38; Stellungnahme der Kommission aaO, Rdnr. 7. Vgl. auch *von der Groeben/Schwarze-Winterstein,* nach Art. 81 EG – Fallgruppen Rdnr. 29; *Loewenheim/Meessen/Riesenkampff-Wägenbaur,* Art. 81 Abs. 1 Rdnr. 259f.

Art. 101 Abs. 3 AEUV eindeutig von **normalen Konjunkturabschwüngen abgegrenzt** wissen.[587] Strukturelle Überkapazitäten sollen nur dann nicht von den gewöhnlichen Marktkräften beseitgt werden können, wenn die Wettbewerber hohe Fixkosten oder irreversible Kosten haben und ein stabiler und transparenter Markt vorliegt. Erst dann entsteht nach Auffassung der Kommission eine Situation, in der es zu einem „war of attrition" kommt, bei dem die Wettbeweber keine Kapazitäten reduzieren, weil sie auf das Ausscheiden anderer Wettbewerber warten.[588]

Hat sich die Kommission vom Bestehen einer strukturellen und nicht nur konjunkturellen Krise im Sinne einer langfristigen Auseinanderentwicklung von Kapazitäten und Nachfrage überzeugt, dann hat sie sich in der bisherigen Praxis im allgemeinen eher großzügig gezeigt.[589] Freistellungsfähig sind aber nur solche Strukturkrisenkartelle, deren Hauptziel der planmäßige und – gegebenenfalls durch Vertragsstrafen – durchsetzbare Kapazitätsabbau ist.[590] Die Durchsetzbarkeit ist, wovon auch die deutsche Praxis ausgeht, nur gewährleistet, wenn sich alle oder zumindest die meisten der in der betreffenden Branche tätigen Unternehmen an dem Kartell beteiligten.[591] Im Lichte des Art. 101 Abs. 3 AEUV ist dies trotz des hohen Marktanteils unbedenklich, weil der Wettbewerb im übrigen nicht beeinträchtigt wird.

211 **Begleitende Beschränkungen** werden von der Kommission nur hingenommen, wenn und soweit sie zur Absicherung des Hauptziels erforderlich sind. Bei Preisabreden ist dies nur ausnahmsweise dann der Fall, wenn sie mit anderen vertriebsfördernden Maßnahmen wie etwa dem gemeinsamen Verkauf zur Verbesserung der Wettbewerbsposition kleiner und mittlerer Unternehmen[592] oder mit einem zeitlich begrenzten, gemeinsamen Produktionsunternehmen[593] verbunden sind und dadurch zu einem effektiven und dauerhaften Abbau von Überkapazitäten beitragen.[594] Ebenso wie Preisabsprachen sieht die Kommission auch Quotenabreden grundsätzlich als nicht erforderlich an.[595]

212 Ein gutes Beispiel für die Erwägungen der Kommission bei Strukturkrisenkartellen bietet der *Stichting Baksteen* – Fall,[596] der zweiten ein Strukturkrisenkartell betreffenden Freistellung nach Art. 81 Abs. 3 EG (jetzt: Art. 101 Abs. 3 AEUV). Gegenstand der Entscheidung war ein Kartell der niederländischen Ziegelsteinhersteller, in dem vor allem ein Kapazitätsabbau durch die Schließung einer Reihe von Anlagen sowie die Reduzierung der ständig wachsenden Vorräte vereinbart war. Die Verpflichtungen zur Durchführung der hierzu erforderlichen Maßnahmen waren durch entsprechende Vertragsstrafenregelungen abgesichert. Der Absicherung diente ferner ein von den Beteiligten eingerichteter Ausgleichsfond. In ihrer Entscheidung, das Kartell für fünf Jahre nach Art. 81 Abs. 3 EG (jetzt: Art. 101 Abs. 3 AEUV) freizustellen, stellte die Kommission unter anderem fest, dass es zwar grundsätzlich Sache des einzelnen Unternehmens selbst sei, eventuelle Überkapazitäten der Nachfrage anzupassen und diese dabei gegebenenfalls durch eine flexible Preispolitik zu beeinflussen. Hier sei jedoch zu berücksichtigen, dass die – abgeleitete – Nachfrage kurz- oder mittelfristig wenig oder überhaupt nicht preiselastisch sei und dass die Herstel-

---

[587] Stellungnahme der Kommission aaO, Rdnrn. 5 ff., 40.

[588] Stellungnahme der Kommission aaO, Rdnrn. 40 ff.

[589] *Langen/Bunte-Braun,* Nach Art. 101 AEUV Rdnr. 203 ff.

[590] Komm. E. v. 22.12.1972, ABl. 1972 L 303/37 – *CIMBEL;* Komm. E. v. 4.7.1984, ABl. 1984 L 207/17 – *Kunstfasern;* Komm. E. v. 6.8.1984, ABl. 1984 L 220/27 – *Zinc Producer Group;* Komm. E. v. 19.12.1984, ABl. 1985 L 92/1 – *Aluminiumeinfuhren aus Osteuropa;* Komm. E. v. 29.4.1994, ABl. 1994 L 131/15 – *Stichting Baksteen.*

[591] Komm. E. v. 4.7.1984 ABl. 1984 L 207/18; vgl. Rdnr. 22 f. – *Kunstfasern.*

[592] Komm. E. (zu Art. 65 EGKSV) v. 28.7.1978, ABl. 1978 L 238/29 – *UCRO.*

[593] Komm. E. v. 23.12.1975, ABl. 1976 L 51/11 – *United Reprocessors;* Komm. E. v. 23.12.1975, ABl. 1976 L 51/19 – *KEWA.*

[594] Komm. E. v. 22.12.1987, ABl. 1988 L 50/18 – *Enichem/ICI;* Komm. E. v. 5.5.1988, ABl. 1988 L 150/35 – *Bayer/BP Chemicals.*

[595] Komm., 2. WB (1972) Ziff. 31 – *Polyester;* 8. WB (1978) Ziff. 42 – *Kunstfaser.*

[596] Komm. E. v. 29.4.1994, ABl. 1994 L 131/15 – *Stichting Baksteen.*

lung hinsichtlich der Kapazitätsauslastung wenig Spielraum lasse. Da die Hälfte der Kartellmitglieder jeweils nur über einen einzigen Ofen produziere, seien diese Mitglieder schon technisch nicht zu einer Verringerung der Kapazitäten in der Lage. Der vorgesehene Kapazitätsabbau erlaube die Schließung einer Reihe weniger leistungsfähiger Anlagen, erhöhe die Auslastung der verbleibenden Betriebe und lasse langfristig eine erhöhte Rentabilität der niederländischen Ziegelsteinindustrie und folglich eine Rückkehr zur normalen Wettbewerbsfähigkeit erwarten. Das Kartell diene deshalb der verbesserten Erzeugung und fördere den technischen und wirtschaftlichen Fortschritt.

Es bleibt abzuwarten, ob die bisherige Praxis fortgesetzt wird, was aus Mangel an Entscheidungen nach der Systemumstellung durch die VO (EG) Nr. 1/2003 bisher schwer abzuschätzen ist. In ihrer Stellungnahme zum OECD Global Forum on Competition mit dem Schwerpunkt der Strukturkrisenkartelle äußerte sich die Kommission sehr kritisch mit dem Blick auf eine Freistellung nach Art. 101 Abs. 3 AEUV. In ihrer ausführlichen Prüfung der Tatbestandsvoraussetzungen fordert hinsichtlich der Effizienzgewinne, dass die jeweilige Vereinbarung sicherstellen muss, dass nur ineffiziente Produktionskapazitäten den Markt verlassen, indem z.B. entweder festgelegt wird, welche Firmen ausscheiden oder zumindest die Kriterien zur Bestimmung der ausscheidenden Produktionskapazitäten aufgestellt werden.[597] Eine angemessene Beteiligung der Verbraucher bezweifelt sie, da eine solche v.a. dann eintrete, wenn die Produzenten ihre variablen Kosten reduzieren, was durch Strukturkrisenkartelle regelmäßig nicht erreicht werde. Hinsichtlich der Unerlässlichkeit der Wettbewerbsbeschränkung betont sie erneut die weniger einschränkende Wirkung von Fusionen und Spezialisierungsvereinbarungen.[598]

II. Strukturkrisenkartelle im deutschen Recht

1. Grundsätze. Nach § 6 GWB a.F. konnten im Falle eines auf nachhaltiger Änderung der Nachfrage beruhenden Absatzrückgangs Vereinbarungen vom Verbot des § 1 freigestellt werden, wenn die Vereinbarung oder der Beschluss notwendig waren, um eine planmäßige Anpassung der Kapazität an den Bedarf herbeizuführen, und die Regelung unter Berücksichtigung der Wettbewerbsbedingungen in den betroffenen Wirtschaftszweigen erfolgte. Mit der 7. GWB-Novelle (2005) ist diese Vorschrift aufgehoben worden. Soweit Strukturkrisenkartelle den zwischenstaatlichen Handel berühren, hätte hier ohnehin keine von Art. 101 AEUV abweichende Regelung getroffen werden können. Zudem war die tatsächliche Bedeutung der Freistellungsmöglichkeit gering geblieben.[599] Zukünftig wird sich auch nach deutschem Recht die Zulässigkeit eines nicht den zwischenstaatlichen Handel berührenden Strukturkrisenkartells allein nach § 2 Abs. 1 GWB richten. 213

2. Praxis. Die nach früherem Recht bis 2005 bestehende Ausnahmeregelung für Strukturkrisenkartelle hat wegen ihrer strengen Voraussetzungen überhaupt nur in zwei Fällen zur Erteilung einer Erlaubnis geführt;[600] häufig scheiterten die Absprachen an der fehlenden brancheninternen Einigung.[601] Keines der erlaubten Strukturkrisenkartelle war zum Zeitpunkt der Aufhebung von § 6 GWB noch in Kraft. Nach der Aufhebung des § 6 GWB wird nun in erster Linie die Gemeinschaftspraxis zu Art. 101 Abs. 3 AEUV Anhaltspunkte liefern können, inwieweit ein Strukturkrisenkartell nach § 2 Abs. 1 GWB vom Kartellverbot freigestellt ist. Die Gesetzesbegründung[602] verweist insofern explizit auch auf 214

[597] Stellungnahme aaO, Rdnrn. 25ff.

[598] Stellungnahme aaO, Rdnrn. 43ff.; Spezialisierungsvereinbarungen werden schon in 12. WB (1982) Ziff. 40 erwähnt.

[599] Begründung RegE, BT-Drucks. 15/3640 S. 27.

[600] BKartA B. v. 31.5.1983 WuW/E BKartA 2049 – *Betonstahlmatten;* BKartA B. v. 22.7.1987 WuW/E BKartA 2271 – *Leichtbauplatten.* Im Fall BKartA B. v. 14.12.1959, WuW/E BKartA 114 – *Schuhbeschlag* wurde der Antrag zurückgewiesen.

[601] Begründung RegE, BT-Drucks. 15/3640 S. 27.

[602] Begründung RegE, BT-Drucks. 15/3640 S. 27.

die erwähnte Darstellung der Freistellungsvoraussetzungen im 12. Wettbewerbsbericht der Kommission.[603] In einer Entscheidung zu dem Versuch der beiden großen deutschen privaten Rundfunkunternehmen, ihre bisher unentgeltlich und unverschlüsselt empfangbaren Free-TV-Programme für ihr gesamtes Geschäft und alle Übertragungswege künftig nur noch verschlüsselt und gegen ein zusätzliches Entgelt zu verbreiten, lehnte das BKartA eine Freistellung nach Art. 101 Abs. 3 AEUV, § 2 Abs. 1 GWB ab. Die Voraussetzungen eines Strukturkrisenkartells – Auftreten wesentlicher Verluste über einen längeren Zeitraum hinweg – lägen nicht vor.[604]

215 Darüber hinaus wird man auch die frühere Praxis des BKartA zumindest teilweise bei der Prüfung von Strukturkrisenkartellen weiterhin als Indiz berücksichtigen können. Zwar ist die den Entscheidungen zugrunde liegende Norm aufgehoben; einige Erwägungen, etwa zur Frage der Unerlässlichkeit des Kartells, entsprechen jedoch durchaus den Überlegungen der Kommission zu Art. 101 Abs. 3 AEUV und dürften so auch bei der Auslegung des deutschen Pendants § 2 Abs. 1 GWB Aussagekraft haben. So entspricht beispielsweise die Ansicht des BKartA, der in der planmäßigen Anpassung an den Bedarf liegende Freistellungszweck eines Strukturkrisenkartells sei nur erreichbar, wenn ihm alle oder zumindest die meisten der in dem betroffenen Bereich tätigen Unternehmen angehörten,[605] auch den von der Kommission an die Eignung der Absprache zur Verbesserung der Warenerzeugung gestellten Anforderungen. In diesem Sinne hatte das BKartA entschieden, dass es an der erforderlichen Eignung fehlen könne, wenn Kartellaußenseiter im Markt tätig bleiben.[606] Die Beurteilung der Notwendigkeit eines Strukturkrisenkartells unter § 6 GWB a. F. wird bei der Frage nach der Unerlässlichkeit der Wettbewerbsbeschränkung Beachtung finden können. Zulässig sind unter diesem Gesichtspunkt nur die jeweils den Wettbewerb geringstmöglich beschränkenden und zugleich den Freistellungszweck erfüllenden Regelungen. Als in diesem Sinne geeignet sind in erster Linie solche Maßnahmen anzusehen, die zu einer Kapazitätsvernichtung und nicht zu einer bloßen Kapazitätsstillegung führen und mit Regelungen verbunden werden, die eine erneute Kapazitätserweiterung ausschließen.[607] Regelungen, die den Beteiligten nur Quoten einräumen, ohne gleichzeitig die Vernichtung von Kapazitäten vorzusehen, sind ungeeignet.[608] Quotenregelungen können jedoch ausnahmsweise als Nebenabreden zur Kapazitätsvernichtung dem Anpassungsziel durch Sicherung der Kartellstabilität und im Zusammenhang mit Stillegungsfonds dienlich und zulässig sein, sofern die Kosten dieser Regelungen nicht der Marktgegenseite auferlegt werden.[609]

K. Wettbewerbsregeln

I. Wettbewerbsregeln im europäischen Recht

216 **1. Grundsätze.** Im Gegensatz zum deutschen Recht kennt das europäische Kartellrecht, wie die meisten anderen Rechtsordnungen, keine besonderen Bestimmungen für

[603] Komm., 12. WB (1982) Ziff. 38.

[604] BKartA B. v. 31.12.2012, Az. B7 – 22/07 – *RTL und ProSieben,* S. 38 f.

[605] BKartA B. v. 14.12.1959, WuW/E BKartA 114, 115 – *Schuhbeschlag;* BKartA B. v. 31.5.1983, WuW/E BKartA 2049, 2058 – *Betonstahlmatten;* h. M., vgl. noch zur alten Rechtslage: *Langen/Bunte-Kiecker* (9. Auflage), § 6 GWB, Rdnr. 15; *Immenga/Mestmäcker-Immenga* (3. Auflage), GWB, § 6 Rdnr. 36 mwN.

[606] BKartA B. v. 14.12.1959, WuW/E BKartA 114, 116 – *Schuhbeschlag;* BKartA B. v. 31.5.1983, WuW/E BKartA 2049, 2058 – *Betonstahlmatten; Immenga/Mestmäcker-Immenga* (3. Auflage), GWB, § 6 Rdnr. 44 mwN.

[607] BKartA B. v. 31.5.1983, WuW/E BKartA 2049, 2057 – *Betonstahlmatten;* TB 1958, 45.

[608] BKartA B. v. 14.12.1959, WuW/E BKartA 114, 116 f. – *Schuhbeschlag;* anders das frühere EG-Recht im Montanbereich, Art. 58 § 1 Abs. 1 EGKSV.

[609] BKartA B. v. 31.5.1983, WuW/E BKartA 2049, 2059 – *Betonstahlmatten;* BKartA B. v. 22.7.1987, WuW/E BKartA 2271 – *Leichtbauplatten.*

Wettbewerbsregeln. Da auch Art. 101 AEUV nur den lauteren, unverfälschten und leistungsgerechten Wettbewerb schützt, verstoßen durch Vereinbarung, Beschluss oder in abgestimmten Verhaltensweisen aufgestellte und angewandte Wettbewerbsregeln, die nur dem Ausschluß solcher unlauteren Verhaltensweisen dienen, nicht gegen dieses Verbot.[610] Ein Problem ergibt sich aus dem Umstand, dass das europäische Recht die Regelung des unlauteren Wettbewerbs vorbehaltlich der inzwischen vorliegenden Richtlinien in diesem Gebiet den Mitgliedstaaten überläßt und sich hieraus unterschiedliche Bewertungen konkreter Verhaltensweisen ergeben können. Auf die Bewertung aus einzelstaatlicher Sicht kann es aber nicht ankommen, da dies zu einer jeweils unterschiedlichen Auslegung und Anwendung des Art. 101 AEUV führen würde und dies mit dem Grundsatz der einheitlichen Auslegung und Anwendung dieser Bestimmung als Unionsrecht unvereinbar wäre.[611] Ausschlaggebend sein kann auch nicht der Bewertungsdurchschnitt der einzelstaatlichen Regelungen oder deren kleinster gemeinsamer Nenner,[612] sondern nur eine an den Zielen des Gemeinschaftsrechts orientierte Bewertung, bei der die einzelstaatlichen Wertungen nur als Erkenntnisgrundlage Eingang finden können.[613] Allgemeiner lässt sich sagen, dass auf nationales Recht gestützte Regeln zur Bekämpfung nach diesem Recht unlauteren Verhaltens dann unzulässig sind, wenn sie nach dieser Interpretation mit Art. 101 Abs. 1 AEUV dann zulässig sind.[614] Wettbewerbsregeln dürfen nicht über das hinausgehen, was zum Ausschluß und zur Bekämpfung unlauteren Wettbewerbs erforderlich ist. Insbesondere dürfen sie nicht dazu benutzt werden, unter dem Vorwand solcher Regelungsziele tatsächlich Zwecken zu dienen, die sich auf eine Beschränkung des in Art. 101 AEUV geschützten Wettbewerbs richten.[615] Überschießende Regelungen dieser Art entgehen der Anwendbarkeit des Kartellverbots auch nicht dadurch, dass ihnen ausdrücklich die Funktion zugeschrieben wird, den unlauteren Wettbewerb zu bekämpfen oder dass sie als unverbindliche Ratschläge bezeichnet werden.[616]

2. Praxis. Für mit Art. 101 Abs. 1 AEUV vereinbar und zulässig gehalten hat die Kommission Gebote der Hervorhebung von Qualitäts- und Herkunftsunterschieden, die dazu dienen, die Verbraucher vor Irrtümern zu schützen.[617] Gleiches gilt für die demselben Zweck dienenden Verbote der Nachahmung von Handelsnamen, der unlauteren und irreführenden Werbung und der Verwendung unzulässiger Angaben[618] sowie für Regelungen zur Abgrenzung von Warenzeichen.[619] Gleiches gilt für ein an die Mitglieder einer Verwertungsgesellschaft gerichtetes Verbot, sich durch Sonderabreden mit Rundfunkveranstaltern ungerechtfertigte Vorteile zu verschaffen.[620] Als zulässig angesehen wurde ferner ein Verbot der Belieferung privater Endverbraucher durch Großhändler.[621] 217

Für unzulässig gehalten hat die Kommission dagegen ein Verbot von Preisunterbietungen, die nach der Kommissionspraxis auch unter dem Gestehungspreis nicht ohne weiteres 218

[610] *Rittner/Dreher/Kulka,* § 12 Rdnr. 1305.

[611] EuGH U. v. 13.2.1969, Slg. 1969, 1 (14) – *Walt Wilhelm/BKartA;* aA *Gleiss/Hirsch,* Art. 85 Abs. 1 Rdnr. 53.

[612] EuGH U. v. 15.7.1970, Schlußanträge Generalanwalt *Gand* v. 10.6.1970, Slg. 1970, 661 Rdnrn. 727 ff. – *ACF Chemiefarma/Komm.*

[613] *Langen/Bunte-Hengst,* Art. 101 AEUV Rdnr. 150.

[614] EuGH U. v. 3.7.1974, Slg. 1974, 731 (743 ff., 747 ff.) – *van Zuylen/Hag;* EuGH U. v. 22.6.1976,Slg. 1976, 1039 (1061) – *Terrapin/Terranova; Langen/Bunte-Hengst,* Art. 101 AEUV Rdnr. 151 mwN.

[615] Komm. E. v. 2.12.1977, ABl. 1978 L 20/18 – *Rijwiel – Handel.*

[616] Komm. E. v. 15.7.1975, ABl. 1975 L 228/3 – *IFTRA Aluminium.*

[617] Komm. Negativattest v. 25.6.1969, ABl. 1969 L 168/22 – *VVVF;* Komm. E. v. 26.7.1976, ABl. 1976 L 231/27 – *Pabst & Richarz/BNIA.*

[618] Komm. E. v. 15.5.1974, ABl. 1974 L 160/1 (46) – *IFTRA Verpackungsglas.*

[619] Komm. E. v. 23.12.1977, ABl. 1978 L 60/19 – *Penneys.*

[620] Komm. E. v. 4.12.1981, ABl. 1982 L 94/12 – *GEMA-Satzung.*

[621] EuGH U. v. 25.10.1977, Slg. 1977, 1875 – *Metro SB-Großmärkte/Komm.;* Komm. E. v. 15.12. 1975, ABl. 1976 L 28/19 (26) – *SABA.*

als unlauter angesehen werden können.[622] Das gleiche gilt für Verbote, von Listenpreisen abzuweichen oder bestimmte Rabatte zu gewähren sowie für Gebote, Exportpreise anzupassen und bestimmte Kalkulationsschemata zu verwenden oder Preisinformationen auszutauschen.[623] Ebenso unzulässig ist ein allgemeines Preisdiskriminierungs- und Dumpingverbot.[624] Auch ein Verbot der vergleichenden Werbung verstößt gegen Art. 101 Abs. 1 AEUV.[625] Unzulässig kann selbst ein Gebot sein, die gesetzlichen Wettbewerbsregeln einzuhalten, sofern für Verstöße schwerwiegende Sanktionen angedroht werden.[626] Im Übrigen können auch Regelungen, die diesen Anforderungen entsprechen, infolge ihrer praktischen Durchführung wettbewerbsbeschränkend wirken und deshalb zu beanstanden sein. Ausfuhrverbote, Preisabreden und künstliche Marktabgrenzungen lassen sich generell nicht mit dem Zweck rechtfertigen, den Verbraucher vor Irrtümern zu schützen.[627]

II. Wettbewerbsregeln im deutschen Recht

219 **1. Anerkennungsvoraussetzungen.** Die Bestimmungen über Wettbewerbsregeln sind im Zuge der 7. GWB-Novelle (2005) nur punktuell verändert worden. Im Vordergrund der Neuerungen stand die Eingliederung des Abschnitts in das neue System der Wettbewerbskontrolle, d. h. des Systems der Legalausnahme,[628] die die Bedeutung dieser Vorschriften allerdings weiter geschwächt hat. In der 8. GWB-Novelle (2013) wurde die Vorschriften nicht geändert. Nach § 24 Abs. 1 GWB[629] können Wirtschafts- und Berufsvereinigungen für ihren Bereich Wettbewerbsregeln aufstellen. § 24 Abs. 2 GWB definiert Wettbewerbsregeln als Bestimmungen, die das Verhalten von Unternehmen im Wettbewerb zu dem Zweck regeln, einem den Grundsätzen des lauteren oder der Wirksamkeit eines leistungsgerechten Wettbewerbs zuwiderlaufenden Verhalten im Wettbewerb entgegenzuwirken und ein diesen Grundsätzen entsprechendes Verhalten anzuregen. Diese Regeln sind vom Recht der „trade practices rules“ der Vereinigten Staaten inspiriert und erlauben es der Wirtschaft, über die gesetzlichen Regelungen hinaus das in ihrem Bereich unter den Gesichtspunkten der Lauterkeit und Leistungsgerechtigkeit Zulässige weiter zu konkretisieren.[630]

220 Nach § 24 Abs. 3 GWB können Wirtschafts- und Berufsvereinigungen bei der Kartellbehörde die Anerkennung von Wettbewerbsregeln beantragen. Sind bestimmte inhaltliche Anforderungen erfüllt, so kann die Kartellbehörde nach § 26 Abs. 1 GWB auf den **Antrag** hin erklären, dass sie von ihren Befugnissen nicht Gebrauch machen wird. Der Antrag hat

---

622 Komm. E. v. 16.12.1971, ABl. 1972 L 13/40 – *VCH;* Komm. E. v. 15.7.1975, ABl. 1975 L 228/3 (99) – *IFTRA Aluminium;* Komm. E. v. 2.12.1977 – ABl. 1978 L 20/24 – *Rijwiel Handel; Langen/Bunte-Hengst,* Art. 101 AEUV Rdnr. 156.

623 Komm. E. v. 15.4.1974, ABl. 1974 L 160/1 (46) – *IFTRA Verpackungsglas;* Komm. E. v. 15.7.1975, ABl. 1975 L 228/3 (9) – *IFTRA Aluminium; Langen/Bunte-Hengst,* Art. 101 AEUV Rdnr. 156.

624 Komm. E. v. 15.7.1975, ABl. 1975 L 228/3 (9) – *IFTRA Aluminium; Langen/Bunte-Hengst,* Art. 101 AEUV Rdnr. 156.

625 Komm. E. v. 7.4.1999, ABl. 1999 L 106/14 (24) – *IMA;* bestätigt durch EuG U. v. 28.3.2001, Slg. 2001 II-1087 – *IMA.*

626 Komm. E. v. 19.12.1984, ABl. 1985 L 92/1 – *Aluminiumeinfuhren aus Osteuropa;* Komm. E. v. 21.12.1988, ABl. 1989 L 74/21 – *LDPE.*

627 EuGH U. v. 3.7.1974, Slg. 1974, 731 (743 ff., 747 ff.) – *van Zuylen/Hag;* EuGH U. v. 31.10. 1974, Slg. 1974, 1197 – *Centrafarm/Winthrop;* EuGH U. v. 22.6.1976, Slg. 1976, 1039 (1061) – *Terrapin/Terranova;* EuGH U. v. 3.2.1977, Slg. 1977, 197 (205) – *Procureur de la République/Bonhelier u. a.;* EuGH U. v. 23.5.1978, Slg. 1978, 1139 (1166) – *Hoffmann-La Roche/Centrafarm;* EuGH U. v. 26.2.1980, Slg. 1980, 339 – *Pieter Vriend;* Komm. E. v. 24.7.1963, WuW/E EV 60 – *Convention Faience;* Komm. Negativattest v. 25.6.1969, ABl. 1969 L 168/22 – *VVVF;* Komm. E. v. 5.3.1975, ABl. 1975 L 125/27 – *Sirdar/Phildar I;* Komm.E v. 26.7.1976, ABl. 1976 L 231/27 – *Pabst & Richarz/BNIA; Langen/Bunte-Hengst,* Art. 156 AEUV Rdnr. 156.

628 Gesetzesbegründung BT-Drucks. 15/3640 S. 32.

629 Zur der das geltende Recht im wesentlichen übernehmenden Neuregelung durch die 6. GWB-Novelle vgl. Rdnr. 229 ff. der 1. Auflage.

630 Vgl. *Immenga/Mestmäcker-Immenga,* GWB, § 24 Rdnr. 20, Fn. 31.

dabei gemäß § 24 Abs. 4 GWB den Namen, die Rechtsform und die Anschrift der betreffenden Wirtschafts- oder Berufsvereinigung, den Namen und die Anschrift ihres Vertreters, sowie den sachlichen und örtlichen Anwendungsbereich der Wettbewerbsregeln sowie diese selbst im Wortlaut anzugeben. Beizufügen ist dem Antrag die Satzung der Wirtschafts- und Berufsvereinigung, der Nachweis, dass die Wettbewerbsregeln satzungsmäßig aufgestellt wurden und eine Aufstellung der außenstehenden Wirtschafts- und Berufsvereinigungen und Unternehmen der gleichen Wirtschaftsstufe sowie der Lieferanten- und Abnehmervereinigungen und der Bundesorganisation der beteiligten Wirtschaftsstufen des betreffenden Wirtschaftszweiges. Änderungen und Ergänzungen anerkannter Wettbewerbsregeln sind der zuständigen Kartellbehörde mitzuteilen. Bei Änderungen und Ergänzungen, die den Wesensgehalt angemeldeter Regeln ändern, ist ein erneuter Antrag erforderlich.

Die für die Anmeldung **zuständige Kartellbehörde** bestimmt sich nach § 48 Abs. 2 221
GWB. Entscheidend ist danach, ob die Auswirkungen der Wettbewerbsregeln über das Gebiet eines Landes hinausgehen. Ist dies, was praktisch kaum vorkommt, nicht der Fall, so ist die Kartellbehörde des betreffenden Landes zuständig, ansonsten das BKartA. Die sich nach diesen Bestimmungen ergebenden Zuständigkeiten sind weder durch die Kartellmitglieder noch durch die Kartellbehörden abänderbar. Wird ein Antrag auf Anerkennung nach § 24 Abs. 3 GWB gestellt, so leitet die Kartellbehörde das Verfahren ein und gibt den nichtbeteiligten Unternehmen der gleichen Wirtschaftsstufe sowie den Wirtschafts- und Berufsvereinigungen der durch die Wettbewerbsregeln betroffenen Lieferanten und Abnehmer und den Bundesorganisationen der beteiligten Wirtschaftsstufen nach § 25 GWB Gelegenheit zur Stellungnahme. Dabei kann die Kartellbehörde gegebenenfalls über den Antrag auch eine öffentliche mündliche Verhandlung durchführen. Seit der 7. GWB-Novelle können zudem auch Verbraucherzentralen und andere Verbraucherverbände, die mit öffentlichen Mitteln gefördert werden, zu der Anmeldung Stellung nehmen, wenn die Interessen der Verbraucher erheblich berührt sind. Diese Ergänzung soll der oftmals erheblichen verbraucherpolitischen Bedeutung von Wettbewerbsregeln Rechnung tragen. Nach der Gesetzesbegründung soll es dabei in erster Linie darauf ankommen, ob eine Vielzahl von Verbrauchern betroffen wäre, nicht aber dass die wirtschaftlichen Auswirkungen auf den Einzelnen erheblich sind.[631]

Gemäß § 26 GWB kann die Kartellbehörde die Wettbewerbsregeln anerkennen. Nach 222
neuer Rechtslage ist Voraussetzung für diese **Anerkennung,** dass die Regeln nicht gegen § 1 GWB verstoßen oder aber – sollte ein solcher Verstoß gegeben sein – nach § 2 oder § 3 GWB freigestellt sind. Die Anerkennung muss zudem verweigert werden, wenn die Wettbewerbsregeln sonstige Normen des GWB oder die Bestimmungen andere Gesetze verletzen. Dabei wird insbesondere die Frage nach der Übereinstimmung mit den Vorschriften des UWG im Vordergrund stehen. Eine etwaige Anerkennung von Wettbewerbsregeln stellt also anders als nach der Rechtslage vor der 7. GWB-Novelle **keine konstitutive Freistellung** der Wettbewerbsregeln dar: Konnte nach altem Recht die Behörde ihr Ermessen auch dahingehend ausüben, die Wettbewerbsregeln auch dann freizustellen, wenn sie unter die §§ 1 oder 22 GWB a.F. fielen, so ist nach der Umstellung auf ein System der Legalausnahme für einen solchen administrativen Freistellungsakt kein Raum mehr. Wettbewerbsregeln werden, soweit sie die Beschränkung des Wettbewerbs bezwecken oder bewirken, immer von den Regeln der §§ 1–3 GWB erfaßt. In der von der Kartellbehörde erlassenen Verfügung liegt daher lediglich eine Erklärung im Sinne des § 32c GWB, bezüglich der Wettbewerbsregeln vorbehaltlich neuer Erkenntnisse nicht von ihren Befugnissen Gebrauch zu machen. Insbesondere eine bindende Wirkung gegenüber Dritten entsteht auf der Grundlage dieser Verfügung nicht.[632]

Anerkannte Wettbewerbsregeln sind gemäß § 27 GWB im Bundesanzeiger oder elektronischen Bundesanzeiger zu veröffentlichen. Setzen die Wirtschafts- oder Berufsvereini-

---

[631] Begründung RegE BT-Drucks. 15/3640 S. 47.
[632] Begründung RegE BT-Drucks. 15/3640 S. 47.

gungen die von ihnen aufgestellten, von einer Kartellbehörde anerkannten Wettbewerbsregeln außer Kraft, so haben sie dies der Behörde anzuzeigen. Sollte die Behörde dagegen die Wettbewerbsregeln bereits nicht anerkennen, so kann diese Entscheidung mit einer Beschwerde nach §§ 63ff. GWB angefochten werden.

223 **2. Praxis.** Aus der älteren Praxis sind vor allem die Wettbewerbsregeln des *Markenverbandes*[633] zu erwähnen, die von anderen Verbänden übernommen worden sind, und die des *Bundesverbandes der Pharmazeutischen Industrie.*[634] Zuletzt wurden etwa Wettbewerbsregeln des *Börsenvereins des Deutschen Buchhandels* vom BKartA anerkannt.[635] Im Verfahren um die letztlich ebenfalls anerkannten Wettbewerbsregeln des *Bundesverbands Deutscher Zeitungsverleger,*[636] die allgemeine Grundsätze für Werbung, Probeabonnements, Werbegeschenke sowie Vermittlungs- und Abschlussprämien zum Gegenstand hatten, hat der *Bundesverband Pressegrosso* seine Beiladung zum Verfahren erst im Wege der Beschwerde zum OLG Düsseldorf durchsetzen können.[637] An die Antragsberechtigung von Wirtschafts- und Berufsvereinigungen stellt die Praxis keine hohen Anforderungen. So hat das BKartA die *Arbeitsgemeinschaft Abonnentenwerbung* als Vereinigung in diesem Sinne anerkannt, obwohl diese nur begrenzte und keine allgemeinen verbandspolitischen Ziele verfolgt.[638] Bei mehrstufigen Wirtschafts- und Berufsvereinigungen können sich die Regeln an mehrere Stufen richten und sich auch auf das Verhältnis der Stufen zueinander beziehen.[639] Ebenso können mehrere Verbände für ihre Bereiche gemeinsame Wettbewerbsregeln aufstellen.[640]

224 Bereits nach Rechtslage vor der 7. GWB-Novelle, die noch die Möglichkeit einer Freistellung vom Verbot des § 1 GWB vorsah, hat das BKartA, ähnlich wie die Kommission bei der Prüfung nach Art. 101 Abs. 1 AEUV, alle Regelungen sehr kritisch gesehen, die sich auf den Preiswettbewerb auswirken können. So hat das BKartA sowohl Bedenken gegen eine die wettbewerbliche Preisbildung vorschreibende Regelung geltend gemacht, weil die Unternehmen nicht zum Preiswettbewerb verpflichtet werden können, als auch gegen eine Regelung, die eine Preisbildung nach wirtschaftlichen Grundsätzen vorsah.[641] Gegen Verpflichtungen zur Vorkalkulation bestehen dagegen regelmäßig keine Bedenken.[642] Allgemeine Verbote des Verkaufs unter Selbstkosten sind, ebenso wie nach der europäischen Praxis, nicht anerkennungsfähig,[643] wohl aber solche, die sich auf sittenwidrige Verkäufe beschränken.[644] Die gleichen Grundsätze gelten für Verbote der Preisunterbietung.[645] Anerkennungsfähig sind der Preisklarheit und -wahrheit dienende

[633] BKartA B. v. 10.5.1976 WuW/E BKartA 1633 – *Markenverband;* Bekanntmachung BAnz. Nr. 113 v. 22.6.1976.

[634] Bekanntmachungen BAnz. 1986, S. 8653; BAnz. 1993, S. 1675; BAnz. 1995, S. 11637; BAnz. 1996, S. 9925.

[635] Bekanntmachung BAnz. Nr. 95/2011.

[636] Bekanntmachung BAnz Nr. 128/2003, mit Änderungen: Bekanntmachung BAnz. Nr. 40/2004.

[637] BKartA TB 2003/2004, 99.

[638] BKartA TB 1981/1982, 74.

[639] BGH B. v. 8.7.1970, WuW/E BGH 1121 – *Automaten – Aufstellvergütung III.*

[640] LKartB Baden-Württemberg B. v. 15.1.1968, WuW/E LKartB 137, 139 – *Brauerei-Regeln Baden-Württemberg.*

[641] BKartA B. v. 29.3.1963, WuW/E BKartA 586, 587 – *Bauindustrie.*

[642] BKartA B. v. 30.12.1960, WuW/E BKartA 301, 312 – *Ziehereien und Kaltwalzwerke;* BKartA B. v. 18.3.1963, WuW/E BKartA 609, 610 – *Kraftfahrzeughandel;* BKartA B. v. 29.12.1964, WuW/E BKartA 902, 903 – *Schälmühlen;* BKartA B. v. 21.7.1966, WuW/E BKartA 1091ff. – *Büromaschinen;* BKartA B. v. 16.4.1968, WuW/E BKartA 1213 – *Baustoffhändler;* BKartA B. v. 16.2.1971, WuW/E BKartA 1327, 1328 – *Tapetenhandel.*

[643] BGH B. v. 15.7.1966, WuW/E BGH 767, 782 – *Bauindustrie;* KG B. v. 29.6.1965, WuW/E OLG 755, 760 – *Bauindustrie.*

[644] *Immenga/Mestmäcker-Immenga,* GWB, § 24 Rdnr. 111.

[645] BKartA B. v. 9.12.1959, WuW/E BKartA 96, 100 – *Kohleneinzelhandel;* BKartA B. v. 27.11.1964, WuW/E BKartA 874, 876 – *Flüssiggas-Großvertriebe;* BKartA B. v. 29.12.1964, WuW/E BKartA 902, 903 – *Schälmühlen; Immenga/Mestmäcker-Immenga,* GWB, § 24 Rdnr. 115.

Regeln.[646] Regeln, die Pflichten zur Führung von Preislisten vorsehen, sind grundsätzlich nicht anerkennungsfähig, ausgenommen waren nur für die dem alten europäischen Montanrecht unterliegenden Bereiche, in denen früher praktisch eine solche Pflicht bestand.[647] Bei Abweichungen von der Preisliste muß diese entsprechend dem Grundsatz der Preisklarheit und -wahrheit geändert werden.[648]

Das Tatbestandselement „Lauterkeit des Wettbewerbs" bezieht sich nach der Verwal- 225
tungspraxis des BKartA auf den „anerkannten Wertbegriff des allgemeinen Wettbewerbsrechts, der seinen Sinn und Inhalt aus dem Gebot der guten Sitten und der Beachtung der besonderen wettbewerblichen Vorschriften erhält".[649] Zulässig sind danach Regeln, die unlauteres oder sonst gegen gesetzliche Verbote verstoßendes Handeln ausschließen, auch wenn noch keine einschlägige Rechtsprechung vorliegt. Zulässig sind darüber hinaus auch Regeln, die Verhaltensweisen erfassen, die für sich gesehen nicht unlauter sind, die aber dem Vorfeld unlauteren Verhaltens zugerechnet werden müssen und deshalb der Erhaltung, Förderung und Sicherung des lauteren Wettbewerbs dienen.[650] Das alternative Tatbestandsmerkmal „leistungsgerechter Wettbewerb" knüpft an den zum UWG von der Rechtsprechung und der Lehre entwickelten Begriff des Leistungswettbewerbs an.[651] Der Inhalt des Begriffs bei § 24 GWB ist streitig,[652] zumal hierzu kaum Verwaltungs- oder Gerichtsentscheidungen ergangen sind.

L. Kooperation in der Werbung

I. Kooperation in der Werbung im europäischen Recht

Da der Begriff des in Art. 101 Abs. 1 AEUV geschützten Wettbewerbs nach der Verwal- 226
tungspraxis und Rechtsprechung im Sinne der allgemeinen Ziele des Verbots zu interpretieren und dabei die Selbständigkeit der wirtschaftlichen Betätigung der Unternehmer als Grundvoraussetzung eines funktionsfähigen Wettbewerbes zu beachten ist,[653] erfasst dieser die Gesamtheit der unternehmerischen Betätigungen, zu denen auch die Werbung gehört. Im Einzelfall kann die Werbung für den Wettbewerb von zentraler Bedeutung sein, zumal dann, wenn der Preiswettbewerb aufgrund der Besonderheiten des Marktes keine oder

[646] BGH B. v. 15.7.1966, WuW/E BGH 767, 779 – *Bauindustrie;* BKartA B. v. 9.12.1959, WuW/E BKartA 96, 97 – *Kohleneinzelhandel;* BKartA B. v. 30.12.1960, WuW/E BKartA 301, 303 – *Ziehereien und Kaltwalzwerke;* BKartA B. v. 29.3.1963, WuW/E BKartA 586, 587 – *Bauindustrie;* BKartA B. v. 18.3.1963, WuW/E BKartA 609, 611 – *Kraftfahrzeughandel;* BKartA B. v. 29.12.1964, WuW/E BKartA 902, 903 – *Schälmühlen;* BKartA B. v. 21.7.1966, WuW/E BKartA 1091 – *Büromaschinen;* BKartA B. v. 16.2.1971, WuW/E BKartA 1327, 1344 – *Tapetenhandel; Immenga/Mestmäcker-Immenga,* GWB, § 24 Rdnr. 116.

[647] BKartA B. v. 9.12.1959, WuW/E BKartA 96, 99 – *Kohleneinzelhandel;* BKartA B. v. 30.12.1960, WuW/E BKartA 301, 312 – *Ziehereien und Kaltwalzwerke;* BKartA B. v. 29.12.1964 WuW/E BKartA 902, 906 – *Schälmühlen.*

[648] BKartA B. v. 30.12.1960, WuW/E BKartA 301, 303, 309 – *Ziehereien und Kaltwalzwerke;* BKartA B. v. 29.12.1964, WuW/E BKartA 902, 903, 906 – *Schälmühlen.*

[649] BKartA B. v. 29.3.1963, WuW/E BKartA 586, 591 – *Bauindustrie;* BKartA B. v. 19.8.1963, WuW/E BKartA 719 ff., 721 – *Immobilienmakler;* BKartA B. v. 18.3.1963, WuW/E BKartA 609 ff. – *Kraftfahrzeughandel;* BKartA B. v. 14.5.1964, WuW/E BKartA 813, 815 – *Bauindustrie II;* BKartA B. v. 29.12.1964, WuW/E BKartA 902, 905 – *Schälmühlen;* BKartA B. v. 16.2.1971, WuW/E BKartA 1327 – *Tapetenhandel.*

[650] BKartA B. v. 9.12.1959, WuW/E BKartA 96, 98 – *Kohleneinzelhandel;* BKartA B. v. 30.12.1960, WuW/E BKartA 301, 303, 304 – *Ziehereien und Kaltwalzwerke;* BKartA B. v. 19.8.1963, WuW/E BKartA 609, 612 – *Kraftfahrzeughandel;* TB 1959, 50; TB 1960, 56; *Immenga/Mestmäcker-Immenga,* GWB, § 24 RdNr. 68 ff. mwN.

[651] BKartA B. v. 10.5.1976, WuW/E BKartA 1633, 1636 – *Markenverband; Immenga/Mestmäcker-Immenga,* GWB, § 24 Rdnrn. 72 ff. mwN.

[652] *Immenga/Mestmäcker-Immenga,* GWB, § 24 Rdnrn. 72 ff. mwN.

[653] Vgl. § 8 Rdnr. 21.

keine entscheidende Rolle spielt.[654] Der Begriff der Werbung ist dabei, wie in der deutschen Praxis, weit zu verstehen. Die Beschränkungen können sich unter anderem auf das zu bewerbende Gebiet sowie die Art und Weise der Werbung beziehen und in Werbeverboten bestehen oder die Zulassung zu Messen und Ausstellungen betreffen.

227 An einer Wettbewerbsbeschränkung im Sinne von Art. 101 Abs. 1 AEUV fehlt es dann, wenn die Beteiligten vereinbaren gemeinsam nur bestimmte Waren der betreffenden Branche oder eine gemeinsame Marke bewerben. Jede darüber hinaus gehende Regelung stellt bei Vorliegen der übrigen Verbotsvoraussetzungen, insbesondere der Spürbarkeit, einen Verstoß gegen das Kartellverbot dar.[655] Eine gezielt gegen Konkurrenzprodukte gerichtete Gemeinschaftswerbung verstößt gegen Art. 101 Abs. 1 AEUV und ist nicht freistellungsfähig.[656] Offene Gütezeichengemeinschaften, also solche, die jedem Wettbewerber zu den gleichen Konditionen zugänglich sind, der mit seinen Erzeugnissen die Qualitätsanforderungen erfüllt,[657] fallen nicht unter das Kartellverbot.[658] Das gilt nicht, wenn mit ihnen weitergehende Wettbewerbsbeschränkungen verbunden sind, die den einzelnen Beteiligten in seinen wettbewerblichen Handlungsfreiheiten beschränken.[659] Besonders kritisch sehen die Kommission und der Gerichtshof auch in diesem Zusammenhang Beschränkungen, die zu Marktaufteilungen führen.[660] Bei in den Zulassungsbedingungen zu Messen und Ausstellungen enthaltenen Verboten, sich an vergleichbaren Veranstaltungen zu beteiligen, wägt die Kommission die zu erwartenden, in einer hinreichenden Konzentration des Ausstellungs- und Messewesens liegenden Rationalisierungsvorteile gegen die Beschränkungen ab. Nur soweit sich diese im Rahmen des Erforderlichen halten, sind sie freistellungsfähig.[661] Nicht freistellungsfähig sind Regelungen, die die Zulassung zu einer Ausstellung oder Messe von der Zugehörigkeit zum Veranstalterverband abhängig machen.[662]

Während die alten Horizontalleitlinien nur spärliche Verweise auf den Bereich der gemeinsamen Werbemaßnahmen enthielten, verstehen die Horizontalleitlinien von 2011 gemeinsame Werbemaßnahmen als Teil von bzw. als selbständige Vermarktungsvereinba-

---

[654] Vgl. BGH U. v. 26.10.1961, WuW/E BGH 451, 455 – *Export ohne WBS;* BGH U. v. 21.10.1986 WuW/E BGH 2326, 2328 – *Guten Tag-Apotheke II;* KG U. v. 2.2.1976, WuW/E OLG 1687, 1698 – *Laboruntersuchungen.*

[655] EuGH U. v. 26.11.1975, Slg. 1975, 1491 – *Papiers Peints/Komm.;* EuGH U. v. 11.7.1989, Slg. 1989, 2117 – *Belasco u. a./Komm.;* Komm.E. v. 29.6.1970, ABl. L 1970 153/14 – *Tubes d'acier;* Komm. E. v. 23.2.1972, ABl. L 1972 61/27 – *Wild/Leitz;* Komm. E. v. 23.7.1974, ABl. L 1974 237/3 – *Papiers peints;* Komm. E. v. 10.7.1986, ABl. 1986 L 332/15 (27) – *Dach- und Dichtungsbahnen;* Komm. E. v. 13.4.2011 COMP/39579, Rdnrn. 25, 45 – *Waschmittel.*

[656] EuGH U. v. 13.12.1983, Slg. 1983, 4083 (4087 ff.) – *Apple and Pear/Lewis u. a.;* Komm. E. v. 7.12.1984, ABl. L 1985 35/35 – *Milchförderungsfonds.*

[657] EuGH U. v. 8.11.1983, Slg. 1983, 3369 – *IAZ u. a./Komm.;* Komm. E. v. 29.6.1970, ABl. L 1970 153/14 – *Tubes d'acier;* Komm. E. v. 16.10.1980, ABl. L 1980 318/32 – *Solnhofener Natursteinplatten;* Komm. E. v. 17.12.1981, ABl. L 1982 167/39 – *NAVEWA ANSEAU;* Komm. E. v. 15.12.1986, ABl. L 1987 35/36 – *X – Open Group.*

[658] Komm. E. v. 29.6.1970, ABl. 1970 L 153/14, 15 – *ASBL; Langen/Bunte-Braun,* Nach Art. 101 AEUV Rdnr. 255 mwN.

[659] Komm. E. v. 27.6.1967, ABl. L 1967 163/10 – *Transocean;* Komm. E. v. 25.6.1969, ABl. L 1969 168/22 – *VVVF;* Komm. E. v. 29.6.1970, ABl. L 1970 153/14 – *Tubes d'acier;* Komm. E. v. 21.12.1973, ABl. L 1974 19/18 – *Transocean II;* Komm. E. v. 12.12.1979, ABl. L 1980 29/73 – *Transocean III;* Komm.E. v. 10.7.1986, ABl. 1986 L 332/15 – *Dach- und Dichtungsbahnen;* Komm. E. v. 2.12.1988, ABl. L 1988 351/40 – *Transocean IV;* Komm. E. v. 14.12.1989, ABl. L 1990 18/35 – *APB.*

[660] Vgl. EuGH U. v. 8.11.1983, Slg. 1983, 3369 – *IAZ u. a./Komm.;* Komm. E. v. 2.12.1988, ABl. L 1988 351/40 – *Transocean IV;* Komm.E. v. 10.11.1992, ABl. L 1993 116/21 – *Warner-Lambert/Gillette u. a.* und *BIC/Gillette u. a.*

[661] Vgl. z. B. Komm. E. v. 30.9.1986, ABl. L 1986 291/46 – *VIFKA;* Komm. E. v. 18.9.1987, ABl. L 1987 293/58 – *Internationale Dentalschau; von der Groeben/Schwarze-Haag,* Art. 81 Fallgruppen Rdnr. 54 mwN.

[662] Vgl. Komm. E. v. 11.7.1988, ABl. L 1988 233/15 – *British Dental Trade Association.*

rungen.[663] Gemeinsame Werbevereinbarungen können demnach wettbewerbsbeschränkende Wirkung haben, wenn die Kosten dafür einen wichtigen Kostenfaktor darstellen und den Parteien zusätzlich Marktmacht zukommt, weil dann die Kostenstruktur vorhersehbarer und ein Kollusionsergebnis wahrscheinlich wird.[664] Während der Austausch von sensiblen Geschäftsdaten im Rahmen einer Werbungsvereinbarung schon im Allgemeinen kritisch gesehen wird, stellt jedenfalls der Austausch von Preisinformationen eine Wettbewerbsbeschränkung dar, die auch meist nicht nach Art. 101 Abs. 3 AEUV zu rechtfertigen sein wird, weil sie nicht unerlässlich ist.[665] Im Übrigen wird auf die Ausführungen zum gemeinsamen Vertrieb verwiesen.[666]

II. Kooperation in der Werbung im deutschen Recht

228 Wie im europäischen Recht fällt die Werbung auch nach deutschem Kartellrecht in den vom Kartellverbot geschützten Bereich unternehmerischer Betätigung.[667] Die Rechtsprechung hat dementsprechend die Beschränkung des Werbungswettbewerbs als Verstoß gegen § 1 GWB bewertet.[668] Die Verwaltungspraxis des BKartA liegt auf der Linie der Rechtsprechung.[669] Im Einzelfall kann allerdings fraglich sein, ob die Beschränkung die Marktverhältnisse beeinflußt.[670] Soweit Werbegemeinschaften die Eigenwerbung der beteiligten Unternehmen nicht beschränken, sind sie regelmäßig als zulässig anzusehen,[671] es sei denn, die beteiligten Unternehmen empfehlen sich eine bestimmte Werbung zu bestimmten Preisen und werben entsprechend.[672] Beschränkungen der Werbung können, vor allem bei den freien Berufen, durch berufsrechtliche Vorschriften, die ihrerseits verfassungskonform sein müssen, vorgegeben sein. Werden die durch diese Vorgaben gezogenen Grenzen durch vereinbarte oder beschlossene Werbebeschränkungen überschritten, so ist nach der Rechtsprechung des BGH § 1 GWB anwendbar.[673] Das BVerwG hat bei der Bestimmung des Berufsbildes des Apothekers allerdings die Grenze zwischen Berufsrecht und Kartellrecht sehr viel weiter zugunsten des Berufsrechts gezogen.[674] Diese unterschiedliche Sichtweise zweier Bundesgerichte könnte zu einer unterschiedlichen Fallpraxis führen, die wohl nur durch eine klarstellende Entscheidung des Gemeinsamen Senats der Obersten Gerichtshöfe des Bundes oder durch das Bundesverfassungsgericht abzuwenden wäre. Zu berücksichtigen ist, dass bei Sachverhalten mit Unionsbedeutung die Vorgaben nationalen Standesrecht

---

[663] Leitlinien der Kommission zur Anwendbarkeit von Artikel 101 des Vertrags über die Arbeitsweise der Europäischen Union auf Vereinbarungen über horizontale Zusammenarbeit, ABl. 2011 C 11/1, Rdnr. 225.

[664] Horizontalleitlinien 2011 aaO, Rdnr. 243.

[665] Horizontalleitlinien 2011 aaO, Rdnr. 244 f.

[666] Vgl. § 9 Rdnrn. 180 ff.

[667] Vgl. § 8 Rdnr. 79.

[668] BGH U. v. 26.10.1961, WuW/E BGH 451, 455 – *Export ohne WBS;* BGH U. v. 21.10.1986, WuW/E BGH 2326, 2328 – *Guten Tag – Apotheke II;* KG U. v. 2.2.1976, WuW/E OLG 1687, 1698 – *Laboruntersuchungen;* KG B. v. 3.3.1987, WuW/E OLG 4008, 4009 – *Apothekerkammer Bremen;* KG B. v. 1.12.1988, WuW/E OLG 4351, 1352 – *Bettenpreise* m. w. N. aus der Rechtsprechung in: *Immenga/Mestmäcker-Zimmer,* GWB, § 1 Rdnr. 311 ff.

[669] TB 1976, 83; TB 1977, 82.

[670] KG U. v. 2.2.1976, WuW/E OLG 1687, 1698 – *Laboruntersuchungen.*

[671] *Benisch,* Kooperationsfibel, S. 356; *Langen/Bunte-Krauß,* § 1 GWB Rdnr. 226; *Immenga/Mestmäcker-Zimmer,* GWB, § 1 Rdnr. 312 mwN.

[672] KG B. v. 1.12.1988 WuW/E OLG 4351, 4352 – *Bettenpreise.*

[673] BGH U. v. 16.12.1976 WuW/E BGH 1474, 1477 – *Architektenkammer;* BGH U. v. 15.1.1985, WuW/E BGH 2141, 2144 – *Apotheken-Werbung;* BGH U. v. 21.10.1986, WuW/E BGH 2326, 2328 – *Guten Tag Apotheke II;* BGH B. v. 19.3.1991, WuW/E BGH 2688, 2694 – *Warenproben in Apotheken;* OLG Celle B. v. 15.5.1985, WuW/E OLG 3535 – *Apothekenwerbung für Randsortiment;* KG U. v. 3.3.1987, WuW/E OLG 4008 – *Apothekerkammer Bremen;* OLG Bremen U. v. 6.4.1989, WuW/E OLG 4367 – *Proben apothekenüblicher Waren;* BKartA B. v. 12.3.1986, WuW/E BKartA 2232 – *Apothekerkammer Bremen.*

[674] Vgl. BVerwG B. v. 5.9.1991, DVBl 1992, 303 ff. – *Apotheken-Außenwerbung.*

im Lichte des Grundsatzes einheitlicher Auslegung des Unionsrechts für die Bestimmung des nach Art. 101 Abs. 1 AEUV noch zulässigen Verhaltens keine Rolle spielen können. Dies spricht – vor dem Hintergrund des erwünschten Gleichklangs von nationalem und europäischem Wettbewerbsrecht[675] – dagegen, den Anwendungsbereich des § 1 GWB in rein nationalen Konstellationen durch das Standesrecht zu weit zurückdrängen zu lassen. Im übrigen können Beschränkungen des Werbungswettbewerbs nach § 3 Abs. 1 GWB eventuell als Mittelstandskartelle unter die Legalausnahme des § 2 Abs. 1 GWB fallen.

M. Arbeitsgemeinschaften

I. Arbeitsgemeinschaften im europäischen Recht

229 **1. Grundsätze.** Von einer Arbeitsgemeinschaft wird, wie im deutschen Recht, dann gesprochen, wenn zwei oder mehr Unternehmen mit dem Ziel zusammenarbeiten, gemeinsam eine Leistung auf dem Markt anzubieten und zu erbringen, die keines von ihnen allein, sondern die Beteiligten nur im gemeinsamen Zusammenwirken erstellen und anbieten können.[676] Die Horizontalleitlinien 2001 bestimmten noch eindeutig, dass von Art. 81 Abs. 1 EG (jetzt: Art. 101 Abs. 1 AEUV) keine Vereinbarungen erfasst werden, die zwischen Nichtwettbewerbern geschlossen werden oder die die Zusammenarbeit von (potentiellen) Wettbewerbern regeln, wenn sie das von der Zusammenarbeit erfasste Projekt nicht eigenständig durchführen können.[677] Wenn aber Unternehmen ein bestimmtes Projekt allein nicht durchführen können, sind sie diesbezüglich natürlich auch keine (potenziellen) Wettbewerber. Diesen logischen Schwachpunkt hat die Kommission in ihren Horizontalleitlinien von 2011 derart aufgelöst, dass die Leitlinien auch Nichtwettbewerber generell einbeziehen.[678] Allerdings sollen projektbezogene Vereinbarungen zwischen Wettbewerbern, die das Projekt nach objektiven Kriterien nicht unabhängig voneinenander durchführen könnten, normalerweise keine Wettbewerbsbeschränkung darstellen, es sei denn, das Projekt hätte mit weniger spürbaren Beschränkungen durchgeführt werden können.[679] Diese allgemeine Wertung wiederholt die Kommission im Bereich der FuE-Vereinbarungen und der Vertriebsvereinbarungen. Soweit die Parteien aufgrund objektiver Faktoren allein nicht in der Lage wären, die notwenige Forschung durchzuführen oder ein spezifisches Vorhaben zu bewältigen, sind diesbezügliche (Konsortial-)Vereinbarungen nicht wettbewerbsbeschränkend.[680] Nach europäischem Recht ist die hierbei zu ziehende Grenze nicht immer klar und im einzelnen auch umstritten. Unstreitig ist allerdings, dass bei einer sich objektiv aus Kapazitätsgründen oder dem Fehlen technischer Einrichtungen oder der entsprechenden technischen Kompetenz ergebenden Unmöglichkeit, das betreffende Angebot allein zu erstellen, die Voraussetzungen einer nicht gegen Art. 101 Abs. 1 AEUV verstoßenden Arbeitsgemeinschaft gegeben sind.[681] Schwieriger zu beurteilen sind – wie im deutschen Recht – Fälle, in denen das einzelne beteiligte Unternehmen das Angebot an

[675] Begründung RegE BT-Drucks. 15/3640 S. 22.

[676] Bekanntmachung über Vereinbarungen, Beschlüsse und aufeinander abgestimmte Verhaltensweisen, die eine zwischenbetriebliche Zusammenarbeit betreffen vom 29.7.1969 (Kooperationsbekanntmachung), ABl. 1968 C 75/3, berichtigt in ABl. 1968 C 93/3, Ziff. II.5., ersetzt durch die Leitlinien der Kommission zur Anwendbarkeit von Art. 81 EG-Vertrag auf Vereinbarungen über horizontale Zusammenarbeit, ABl. 2001 C 3/2, Rdnr. 8; ABl. 2011 C 11/1, Rdnr. 18, dort mit Bezugnahme auf die Vorgängerfassung der Horizontalen Leitlinien von 2001, nach deren Rdnr. 8 die Kooperationsbekanntmachung von 1968 außer Kraft getreten ist.

[677] Horitontalleitlinien 2001 aaO, Rdnr. 24.

[678] Leitlinien der Kommission zur Anwendbarkeit von Artikel 101 des Vertrags über die Arbeitsweise der Europäischen Union auf Vereinbarungen über horizontale Zusammenarbeit, ABl. 2011 C 11/1, Rdnr. 1.

[679] Horizontalleitlinien 2011 aaO, Rdnr. 30.

[680] Horizontalleitlinien 2011 aaO, Rdnrn. 130, 237.

[681] Komm. Negativattest v. 24.10.1988, ABl. 1988 L 311/36 – *Eurotunnel.*

sich zwar selbständig erstellen könnte, dieses aber aus wirtschaftlichen Gründen nicht in Erwägung zieht, etwa weil dies die Ressourcen zu einseitig oder zu langfristig binden würde oder weil das Risiko zu hoch einzuschätzen wäre. Grundsätzlich ist allerdings erforderlich, dass die Unternehmen die Leistung nicht nur nicht allein erbringen wollen, sondern es alleine auch nicht können.[682]

2. Praxis. In der Praxis prüft die Kommission nach von ihr selbst als streng bezeichneten Maßstäben,[683] ob die Zusammenarbeit zwischen aktuellen oder potentiellen Wettbewerbern nach den konkreten Umständen des Einzelfalls deshalb im Lichte dieser Grundsätze zulässig ist, weil die Beteiligten nicht innerhalb absehbarer Zeit zur Abgabe selbständiger Angebote in der Lage sind. Dies ist nicht schon dann der Fall, wenn die gemeinsame Durchführung effizienter wäre. Die beteiligten Unternehmen dürfen zu einer unabhängigen Erbringung der in Frage stehenden Leistung nicht in der Lage sein.[684] Ist dies nicht der Fall, so kommt nur eine Ausnahme vom Kartellverbot nach Art. 101 Abs. 3 AEUV in Betracht.[685] Ein Verstoß gegen Art. 101 Abs. 1 AEUV liegt mangels Wettbewerbsbeschränkung auch dann nicht vor, wenn die beteiligten Unternehmen nur gemeinsam Produktions-, Lager- oder Transporteinrichtungen nutzen und diese Kooperation nicht von weitergehenden Wettbewerbsbeschränkungen begleitet ist. Eine solche kann schon in einer Vergemeinschaftung der Kosten dieser Einrichtungen liegen.[686] Bei einem gemeinsamen Vertrieb und einem gemeinsamen Reparatur- und Serviceangebot liegt, sofern im übrigen die Voraussetzungen dieser Bestimmung erfüllt sind, insbesondere die Spürbarkeitsgrenze überschritten wird, ein Verstoß gegen Art. 101 Abs. 1 AEUV nur dann nicht vor, wenn die Beteiligten nicht aktuelle oder potentielle Wettbewerber sind.[687] Ist dies der Fall, so kommt wiederum nur eine Ausnahme nach Art. 101 Abs. 3 AEUV in Betracht.[688] Im Bereich der FuE-Vereinbarungen ergibt sich aus den Horizontalleitlinien von 2011, dass die Kommission von einer marktverschließenden Wirkung ausgehen will, wenn die FuE-Zusammenarbeit die ausschließliche Verwertung von Ergebnissen betrifft und eines der beteiligten Unternehmen bei einer Schlüsseltechnologie über einen erheblichen Grad an Marktmacht verfügt.[689] In der Regel nicht als kritisch zu beurteilen sind im Übrigen Bietergemeinschaften oder Konsortien für den Erwerb von Unternehmen. Häufig wird es hier schon an einer die Spürbarkeitsschwelle überschreitenden Wettbewerbsbeeinträchtigung fehlen, wenn man den sachlich relevanten Markt, auf dem die Konsortienbildung stattfindet, als den allgemeinen M&A-Markt beschreibt, auf den neben strategischen Investoren auch eine Vielzahl von Finanzinvestoren tätig ist. Die Konsortienbildung dient in der Regel der Erleichterung der Finanzierung des Anteilserwerbs, so dass die Konsortienbildung in vielen Fällen eine Beteiligung der Konsorten an dem Bietungswettbewerb überhaupt erst möglich macht. Den Kartellbehörden und vor allem der Europäischen Kommission ist aufgrund ihrer Tätigkeit in der Fusionskontrolle bekannt, dass in sehr viele Fällen Akquisitionskonsortien gebildet werden, ohne dass dies in der Praxis Anlass zu Beanstandungen gibt. 230

---

[682] Komm. E. v. 14.9.1999, ABl. 2000 L 58/16, Rdnr. 75 – *GEAE/P&W.*

[683] Komm. E. v. 2.1.1973, ABl. 1973 L 140/17 – *Europäische Zuckerindustrie.*

[684] Komm. E. v. 14.9.1999, ABl. 2000 L 58/16, Rdnr. 75 – *GEAE/P&W.*

[685] Komm. Negativattest v. 24.10.1988, ABl. 1988 L 311/36 – *Eurotunnel;* Komm. Negativattest v. 27.7.1990, ABl. 1990 L 228/31 – *Konsortium ECR 900.*

[686] Kooperationsbekanntmachung Ziff. II.4; vgl. auch 13. WB (1983) Ziff. 130 und Komm. E. v. 15.12.1975, ABl. 1976 L 30/13 – *Bayer/Gist-Brocades;* Komm. E. v. 5.12.1969, ABl. 1969 L 323/21 – *Dunlop/Pirelli.*

[687] Kooperationsbekanntmachung Ziff. II.6, inzwischen ersetzt durch die Leitlinien der Kommision zur Anwendung von Art. 81 (Vereinbarungen über die horizontale Zusammenarbeit), ABl. 2011 C 11/1, die sich aber nicht ausdrücklich mit dem Arbeitsgemeinschaftsgedanken befassen; vgl. auch 13. WB (1983) Ziff. 130 und Komm. E. v. 23.2.1972, ABl. 1972 L 61/27 – *Wild/Leitz.*

[688] Komm. E. v. 21.12.1977, ABl. 1978 L 70/47 – *Sopelem/Vickers;* Komm. E. v. 26.11.1981, ABl. 1981 L 391/1 – *Sopelem/Vickers II.*

[689] Horizontalleitlinien 2011 aaO, Rdnr. 130 Fn. 1.

II. Arbeitsgemeinschaften im deutschen Recht

231 Das beim europäischen Recht zum Begriff der Arbeitsgemeinschaft Gesagte gilt auch für das deutsche Kartellrecht. Anerkannt ist, dass Kooperationen, bei denen die Beteiligten schon aus technischen Gründen kein selbständiges Angebot abgeben könnten, wettbewerblich positiv zu sehen sind, weil sie nicht zu einer Beschränkung, sondern zu einer Verstärkung des Wettbewerb führen.[690] Nach der Rechtsprechung des BGH ist es generell aus kartellrechtlicher Sicht nicht zu beanstanden, dass es „Situationen im Wirtschaftsleben gibt, in denen es einem einzelnen Unternehmen aus tatsächlichen oder wirtschaftlichen Gründen unmöglich oder kaufmännisch unvernünftig ist, sich als selbständiger Anbieter dem Wettbewerb zu stellen, während bei einem gemeinsamen Auftreten am Markt diese Hinderungsgründe entfallen."[691] Den Arbeitsgemeinschaftsgedanken hatte der BGH bereits vor Jahren für die Bildung von Bietergemeinschaften verschiedener Bauunternehmen anerkannt.[692] Auf diese Weise würdigte die Rechtsprechung die prokompetitive Natur der Bildung von Arbeitsgemeinschaften, weil erst die Kooperation mehrerer selbständiger Unternehmen und die Bündelung ihrer Leistungskraft bei gleichzeitiger Koordinierung ihres Auftretens die Möglichkeit geschafft, eine bestimmte am Markt nachgefragte Leistung zu erbringen. Wie eben zitiert, stellt der BGH zum einen auf das rein objektive Kriterium der tatsächlichen oder wirtschaftlichen Unmöglichkeit der Einzelleistungserbringung oder des Einzelgebotes der jeweiligen Konsorten ab, aber auch auf das einer stärker subjektiven Wertung unterliegende Merkmal der kaufmännischen Unvernunft eines Einzelangebotes ohne Bündelung der Leistungskraft mehrerer Unternehmen in einem Konsortium.[693] Diese „Vernünftigkeitskomponente" bedeutet nicht, wie das BKartA zunächst besorgte,[694] dass den beteiligten Großunternehmen wettbewerblich bedenkliche Spielräume eröffnet wären. In einer späteren Entscheidung hat der BGH klargestellt, dass insoweit objektive Maßstäbe anzulegen sind und dass die rein subjektive Entscheidung eines Unternehmens, nicht auf einem bestimmten Markt tätig zu werden, hierzu nicht ausreicht.[695] Das OLG Düsseldorf hat dies noch einmal so zusammengefasst, dass in der gerichtlichen Beurteilung der kaufmännischen Zweckmäßigkeit und Vernunft eine subjektive Unternehmerentscheidung nachvollzogen werden soll, was jedoch auf der Grundlage objektiver Faktoren, u. a. der finanziellen Ressourcen der Beteiligten, zu geschehen hat.[696] Die Entscheidung der Unternehmen ist gerichtlich wie im Fall eines Beurteilungsspielraumes nur auf ihre Vertretbarkeit zu überprüfen d. h. den Unternehmen steht eine Entscheidungsprärogative zu.[697] Der Zusammenschluss in einer Bieter- und Arbeitsgemeinschaft stellt mithin dann eine wettbewerbsbeschränkende Vereinbarung dar, wenn nicht anhand von Fakten belegbar ist (objektive Komponente), dass die Zusammenarbeit eine im Rahmen wirtschaftlich zweckmäßigen und kaufmännisch vernünftigen Handelns liegende Unternehmerentscheidung darstellt (subjektive Komponente), und erst durch die Kooperation ein zusätzliches Angebot auf dem Markt erbracht werden kann.[698]

Hinsichtlich der Zulässigkeit von Arbeitsgemeinschaften aufgrund ihrer kaufmännischen Vernunft besteht auf den ersten Blick ein Unterschied zum europäischen Kartellrecht. Nach den oben dargestellten Leitlinien der Kommission ist eine fehlende Wettbewerbsbeschränkung nur dann anzunehmen, wenn den Beteiligten die Durchführung des jeweiligen Projekts unmöglich ist. In einer jüngeren Entscheidung hatte das OLG Düsseldorf dement-

[690] OLG Stuttgart U. v. 8.9.1983, WuW/E OLG 3110, 3111 – *Pulverbeschichtungsanlage.*

[691] BGH U. v. 5.2.2002, WuW/E DE-R 876, 878 – *Jugend- und Nachtfahrten.*

[692] BGH U. v. 13.12.1983, WuW/E BGH 2050, 2051 – *Bauvorhaben Schramberg.*

[693] BGH U. v. 13.12.1983, WuW/E BGH 2050, 2051 – *Bauvorhaben Schramberg;* vgl. auch BGH U. v. 5.2.2002, WuW/E DE-R 876, 878 – *Jugend- und Nachtfahrten.*

[694] Vgl. TB 1983/1984, 32 f.

[695] BGH U. v. 7.7.1992, WuW/E BGH 2777, 2779 – *Freistellungsende bei Wegenutzungsrecht.*

[696] OLG Düsseldorf B. v. 2.11.2005, WuW/E DE-R 1625, 1630 f. – *Rethmann/GfA Köthen.*

[697] OLG Düsseldorf B. v. 9.11.2011, Verg 35/11, ZfBR 2012, 305, 306 f. – *HMV-Rohrschlacke.*

[698] BKartA B. v. 16.11.2004, WuW/E DE-V 995 – *Rethmann/GfA Köthen.*

sprechend die objektive Leistungsfähigkeit der Beteiligten und die kaufmännische Vernunft nicht als alternative, sondern als kumulative Voraussetzungen für eine wettbewerbliche Unbedenklichkeit geprüft.[699] Das OLG Brandenburg ist demgegenüber der bisherigen Auffassung gefolgt.[700] Ob die Entscheidungen wirklich eine Abweichung von der bisherigen Praxis bewirken sollen bleibt abzuwarten. Alternativ ließe sich die Differenz zum europäischen Kartellrecht durch den Einbezug der kaufmännischen Vernunft bei der Frage auflösen, ob überhaupt potentielle Wettbewerbsbeziehungen bestehen.[701]

Weitere Einzelfälle, in denen sich die Rechtsprechung mit Fragen der Arbeitsgemein- **232**
schaft befasst hat, betrafen Marketing- und Warenzeichenkooperationen ohne begleitende Wettbewerbsbeschränkungen,[702] die Zusammenarbeit von Fahrschullehrern beim theoretischen Unterricht in einem gemeinsamen Institut,[703] Einkaufskooperationen,[704] die Durchführung gemeinsamer Rundfunkprogramme im Sportbereich[705] und gemeinsame Angebote bei Bauvorhaben.[706] Auf der Linie der Rechtsprechung haben die Kartellbehörden Arbeits- und Bietergemeinschaften dann als zulässig behandelt, wenn die Beteiligten entweder nicht über die Kapazitäten, technischen Einrichtungen und Kompetenzen verfügen, um das den Gegenstand der Gemeinschaft bildende Angebot und die entsprechende Leistung selbständig zu erstellen, oder wenn diese Voraussetzungen zwar erfüllt waren, aber erst die Zusammenarbeit ein wirtschaftlich erfolgversprechendes Auftreten am Markt erlaubte.[707] Mit Blick auf Arbeitgemeinschaften, die ein neues Produkt anbieten sollen, kann aber nicht allein auf die technische Umsetzungsform abgestellt werden. Planen zwei Fernsehsender, ihre bisherigen Free-TV-Programme in einem gemeinsamen digitalen Basis-TV-Angebot zu bündeln, entsteht zwar technisch ein neues Produkt. Soweit sich aber an der eigentlichen Programmgestaltung nichts ändern soll, dient die Kooperation aber nicht der Einführung eines neuen Produkts, sondern schlicht der Einführung einer Zahlungspflicht für ein bisher kostenfreies Angebot.[708] Ist die Arbeits- oder Bietergemeinschaft selbst kartellrechtlich unbedenklich, so sind es auch die zu dieser führenden Sondierungen der Beteiligten.[709] Beschränkungen des Wettbewerbs, die nicht unmittelbar mit der Kooperation verbunden, aber zu deren Sicherung als Zusatzabreden erforderlich sind und gegenüber der Hauptfunktion der Zusammenarbeit nur dienende Bedeutung haben, werden von der Praxis ebenfalls für zulässig gehalten.[710] Keinen Sonderfall stellt es dar, wenn zwar eines der an der Arbeitsgemeinschaft beteiligten Unternehmen die betreffende Leistung auch alleine erbringen könnte, die anderen Konsorten jedoch nicht. Auch hier liegt eine Vereinbarung zwischen Nichtwettbewerbern vor, weil die weniger leistungsfähigen Konsorten im Hinblick auf den Gegenstand der jeweiligen Arbeitsgemeinschaft weder als tatsächliche noch als potenzielle Wettbewerber anzusehen sind. Dies hat das BKartA in einem die Ausschreibung von Schienenpersonennahverkehrsleistungen betreffenden Fall anders beurteilt, wohl aus der Sorge heraus, die weniger leistungsfähigen Mitbieter der damaligen Bietergemeinschaft

---

[699] OLG Düsseldorf B. v. 9.11.2011, Verg 35/11, ZfBR 2012, 305, 306 f. – *HMV-Rohrschlacke;* in einem zweiten (vorläufigen) Beschluss hat das OLG Düsseldorf die Alternative der kaufmännischen Vernunft gar nicht erwähnt, OLG Düsseldorf B. v. 11.11.2011, Verg 92/11, NZBau 2012, 255, 256 – *Abschleppvertrag.*

[700] OLG Brandenburg B. 16.2.2012, Verg W 1/12.

[701] So wohl *Schulte/Voll,* ZfBR 2013, 223, 227.

[702] BGH B. v. 12.3.1991, WuW/E BGH 2697, 2704 – *Golden Toast.*

[703] OLG Stuttgart U. v. 20.2.1970, WuW/E OLG 1083, 1089 – *Fahrschulverkauf.*

[704] KG B. v. 16.6.1982, WuW/E OLG 2745, 2751 – *HFGE;* KG B. v. 26.2.1986, WuW/E OLG 3737 (3745 f.) – *Selex-Tania.* Zu den Einzelheiten bei Einkaufskooperationen vgl. Rdnrn. 102 ff.

[705] KG B. v. 21.11.1991, WuW/E OLG 4907, 4912 – *Offizieller Volleyball.*

[706] OLG Frankfurt B. v. 13.12.1991 WuW/E OLG 3110, 3111 – *Grundkonsens.*

[707] Vgl. BKartA TB 1989/1990, 102; TB 1991/1992, 109.

[708] BKartA B. v. 31.12.2012, Az. B7 – 22/07, S. 36 – *RTL und ProSieben.*

[709] OLG Frankfurt B. v. 13.12.1991 WuW/E OLG 3110, 3111 – *Grundkonsens.*

[710] Vgl. BKartA TB 1967, 52; TB 1968, 41; TB 1976, 45; *Benisch,* Kooperationsfibel, S. 263; *GK-Müller-Henneberg,* § 1 Anm. 121.

hätten für die Bildung von konkurrierenden Konsortien nicht mehr zur Verfügung gestanden.[711] Die Entscheidung ist jedoch vereinzelt geblieben.

N. Elektronische Marktplätze

I. Elektronische Marktplätze im europäischen Recht

233 Unter elektronischen Marktplätzen versteht man Softwaresysteme, die es den Anbietern und Nachfragern einer Ware oder Dienstleistung erlauben, Beschaffung oder Verkauf mittels eines Computersystems im Internet abzuwickeln.[712] Grundsätzlich sind dabei verschiedenartige Formen der Interaktion denkbar, die abhängig von den Teilnehmern als Business-to-Business- (B2B), oder Business-to-Consumer- (B2C) Plattformen beschrieben werden. Kartellrechtliche Bedenken wegen wettbewerbsbeschränkender Vereinbarungen können nach europäischem Recht in erster Linie im Bereich der B2B-Marktplätze bestehen, die dem Onlinehandel zwischen Unternehmen dienen und seit Ende der 90er Jahre rasch große Bedeutung im Wirtschaftsleben gewonnen haben.[713] Die Kommission, die sich vor allem in Fusionskontrollverfahren mit solchen B2B-Marktplätzen auseinandersetzen musste,[714] hat zu erkennen gegeben, dass sie die konzentrierte Abwicklung von Beschaffungsvorgängen über elektronische Plattformen grundsätzlich positiv bewertet, nicht zuletzt weil sie zu wünschenswerten Effizienzgewinnen führen, die Markttransparenz erhöhen und zur weiteren Integration getrennter geographischer Märkte beitragen können.[715] Die zur Bildung elektronischer Marktplätze vorhandene Fallpraxis der Kommission ist zu unterscheiden nach Fällen, die als konzentrative Vollfunktionsunternehmen der Europäischen Fusionskontrolle unterliegen, und als Kooperation der beteiligten Muttergesellschaften ausgelegte Teilfunktionsgemeinschaften, die nach Artikel 101 AEUV zu beurteilen sind. In der Regel wird nur die Schaffung einer von den Muttergesellschaften unabhängigen und am Markt selbständig tätigen Internetplattform als Vollfunktionsunternehmen im Sinne der Europäischen Fusionskontrolle anzusehen sein, während die Schaffung einer Plattform für den gemeinsamen Verkauf oder den gemeinsamen Einkauf der an der Plattform beteiligten Gesellschaften einen klassischen Anwendungsfall von Art. 101 AEUV darstellt.

234 Die Abwicklung von Verkaufs- oder Einkaufsaktivitäten von Wettbewerbern über ein gemeinsames System kann auch negative Auswirkungen auf den Wettbewerb haben. So kann es durch die Nutzung eines gemeinsamen elektronischen Marktplatzes insbesondere zu einem Austausch von sensiblen Marktinformationen (etwa über Preise und Mengen) kommen, der den Geheimwettbewerb beeinträchtigen würde und insofern kartellrechtlichen Bedenken ausgesetzt wäre.[716] Diese Gefahr besteht sowohl auf der Nutzer- als auch auf der Betreiberebene. Die diesbezügliche Bewertung solcher Marktplätze nach dem europäischen Wettbewerbsrecht muss sich an der europäischen Praxis zur Behandlung von

---

711 TB 2001/2002, 187 f.

712 Kommission, XXX. Bericht über die Wettbewerbspolitik 2000, S. 71.

713 *Tröller,* Anwendbarkeit des deutschen, britischen und europäischen Kartellrechts bei elektronischen B2B-Marktplätzen, RIW 2005, 8, 9.

714 Ausschließlich nach Art. 81 Abs. 1 EG (jetzt: Art. 101 Abs. 1 AEUV) wurden B2B-Marktplätze im Bereich der Automobilindustrie (Komm. E. v. 31.7.2001 COMP/38 064 – *Covisint,* vgl. XXXI. Bericht über die Wettbewerbspolitik 2001 S. 65 ff.), für Rückversicherer (Komm. E. COMP/38 031 – *Inreon,* vgl. XXXI. Bericht über die Wettbewerbspolitik 2002 S. 188), für Stromversorger und Maschinenbauer (Presse-Mitt. der Kommission v. 10.12.2001, IP/01/1775) und im Bankenwesen (Komm. E. v. 31.7.2000 COMP/37 866 – *Volbroker*) geprüft.

715 Kommission, XXX. Bericht über die Wettbewerbspolitik 2000 S. 72.; XXXI. Bericht über die Wettbewerbspolitik 2001 S. 65, 66.

716 Kommission, XXX. Bericht über die Wettbewerbspolitik 2000 S. 72.; XXXI. Bericht über die Wettbewerbspolitik 2001 S. 66; *Gounalakis/Lochen,* Elektronische Marktplätze und Kartellrecht, ZHR 167 (2003) 632, 649 ff.

Marktinformationssystemen (dazu Rdnrn. 241 ff.) orientieren. Nicht jeder Austausch von Marktinformationen ist geeignet, die Ungewissheit über das Marktverhalten von Wettbewerbern zu beseitigen. Wettbewerbsrechtlich problematisch sind elektronische Marktplätze daher nur dann, wenn sie Rückschlüsse auf das Verhalten einzelner Nutzer zulassen. Wie auch bei Marktinformationssystemen wird sich die Beurteilung dabei an den Umständen des Einzelfalls orientieren müssen.[717] Die Betreiber einer B2B-Plattform können kartellrechtlichen Bedenken allerdings dadurch begegnen, dass sie durch technische Vorrichtungen (etwa durch Firewalls oder die Anonymisierung und Verschlüsselung von Daten),[718] sicherstellen, dass die Nutzer keinen Zugang zu sensiblen Marktdaten ihrer Wettbewerber erhalten. Darüber hinaus sollte durch die Betriebsstruktur gewährleistet sein, dass auch die Mutterunternehmen des Betreibers nicht ungehindert Zugang zu den individualisierenden Daten der Marktplatznutzer haben.[719] Auch die räumliche Trennung von Plattformmanagement und Mutterunternehmen[720] sowie die gesellschaftsrechtliche Beschränkung des Einflusses der Mutterunternehmen[721] wurden von der Kommission als Indizien für eine Absicherung gegen unzulässigen Informationsaustausch gewertet.

Neben der Gefahr des Informationsaustauschs kann ein Verstoß gegen Art. 101 Abs. 1 **235**
AEUV auch in einer unzulässigen Bündelung von Einkaufs- bzw. Verkaufsvolumen liegen. Zwar werden elektronische Marktplätze oft für individuelle Transaktionen genutzt, auch gezielte oder aber ad hoc gebildete Kooperationen sind jedoch denkbar. Die Beurteilung einer solchen **gemeinsamer Einkaufs**- oder **Verkaufstätigkeit** über elektronische Marktplätze muss dabei der Bewertung herkömmlicher Ein- und Verkaufskooperationen entsprechen. Danach kann etwa der gemeinsame Einkauf durch marktstarke Wettbewerber wegen der damit verbundenen Angleichung von Grundkosten und der Möglichkeit, Nachfragemacht auszuüben, gegen das Kartellverbot verstoßen. Für größere Unternehmen muss daher gegebenenfalls gewährleistet sein, dass sie ihre Transaktionen individuell abwickeln und Nachfragebündelungen unterbleiben.[722] Bündeln dagegen kleinere und mittlere Unternehmen mit bescheidenen gemeinsamen Marktanteilen über B2B-Plattformen ihre Einkaufsvolumina, so kann die Stärkung ihrer Verhandlungsposition durchaus wettbewerbsfördernd sein.[723] Auch bei dem Einkauf über elektronische Marktplätze gilt daher, dass bei gemeinsamen Marktanteilen der Beteiligten auf den Einkaufs- und Verkaufsmärkten von weniger als 15% ein Verstoß gegen Art. 101 Abs. 1 AEUV eher unwahrscheinlich ist. Wird eine entsprechende Marktmacht dagegen bejaht, so muss im Einzelfall geprüft werden, ob die Kooperation die Voraussetzungen des Art. 101 Abs. 3 AEUV erfüllt.[724] Ähnliche Maßstäbe gelten auch bei **Vertriebsgemein-**

---

[717] Dazu beispielsweise EuG U. v. 27.10.1994, Slg. 1994 II-957 – *John Deere;* bestätigt in EuGH U. v. 28.5.1998, Slg. 1998 I-3138 – *John Deere.*

[718] Komm. E. v. 31.7.2001 COMP/38 064 – *Covisint,* vgl. XXXI. Bericht über die Wettbewerbspolitik 2001 S. 65 ff.; Komm. E. COMP/38 031 – *Inreon,* vgl. XXXI. Bericht über die Wettbewerbspolitik 2002 S. 188.

[719] *Gounalakis/Lochen,* Elektronische Marktplätze und Kartellrecht, ZHR 167 (2003) 632, 651 f.; *Ahlborn/Seeliger,* Business to Business Exchanges: EG-kartellrechtliche Probleme bei Unternehmenskooperationen im Internet, EuZW 2001, 552, 557.

[720] Komm. E. v. 31.7.2000 COMP/37 866 – *Volbroker.*

[721] Komm. E. v. 31.7.2001 COMP/38 064 – *Covisint,* vgl. XXXI. Bericht über die Wettbewerbspolitik 2001 S. 65 ff.; *Ahlborn/Seeliger,* Business to Business Exchanges: EG-kartellrechtliche Probleme bei Unternehmenskooperationen im Internet, EuZW 2001, 552, 557.

[722] Komm. E. v. 31.7.2001 COMP/38 064 – *Covisint,* vgl. XXXI. Bericht über die Wettbewerbspolitik 2001 S. 65 ff.

[723] Vgl. Leitlinien zur Anwendbarkeit von Artikel 101 des Vertrags über die Arbeitsweise der Europäischen Union auf Vereinbarungen über horizontale Zusammenarbeit, ABl. 2011 C 11/1, Rdnrn. 217, 219, 221.

[724] Horizontalleitlinien 2011, aaO, Rdnrn. 208 ff. Dabei ist zu beachten, dass die Kommission bei dem Überschreiten der genannten Marktanteilsschwellen ausdrücklich nicht automatisch von einer wettbewerbsbeschränkenden Wirkung ausgehen will, Horizontalleitlinien 2011, aaO, Rdnr. 209 (insbes. Bsp. in Rdnr. 221).

schaften, die über B2B-Marktplätze agieren, allerdings nur dann, wenn mit der gemeinsamen Nutzung der Plattform für den Verkauf keine Abstimmung des Preisverhaltens einhergeht. Ist dies dagegen der Fall, so kommt allenfalls eine Ausnahme vom Kartellverbot nach Art. 101 Abs. 3 AEUV in Betracht, denn die Beseitigung des Preiswettbewerbs erfüllt immer den Tatbestand des Art. 101 Abs. 1 AEUV.[725]

236 Schließlich können mit der Errichtung von B2B-Plattformen auch Wettbewerbsverbote und der Zwang zur Nutzung des Marktplatzes vereinbart werden. Während solche Einschränkungen im Verhältnis zum einfachen Nutzer unzulässig sind, werden entsprechende Regelungen zwischen den Betreibern bei angemessener zeitlicher Begrenzung in aller Regel zulässige Nebenabreden der Gründungsvereinbarung darstellen.[726]

II. Elektronische Marktplätze im deutschen Recht

237 Die Behandlung von kooperativen elektronischen Marktplätzen nach dem deutschen Kartellrecht entspricht weitgehend ihrer Bewertung nach Art. 101 AEUV. Wie die Kommission hat das BKartA beizeiten zu erkennen gegeben, dass es B2B-Plattformen, vor allem wenn sie diskriminierungsfrei zugänglich sind, grundsätzlich positiv bewertet. Die Möglichkeit, ihre Angebote oder Nachfrage über das Internet weltweit zeit- und kostensparend bekannt zu machen, Auktionen durchzuführen, um so günstigere Preise zu erzielen, ihre Beschaffung zu zentralisieren und die Bestell- und Zahlungsvorgänge elektronisch abzuwickeln, könne für Anbieter und Nachfrager eine deutlich höhere Markttransparenz, eine beschleunigte Prozessabwicklung und eine verbesserte Kapazitätsauslastung bedeuten und so insgesamt mehr Effizienz und zusätzliches Wettbewerbspotenzial schaffen.[727]

238 Auch das BKartA betont jedoch die Gefahr, dass elektronische Marktplätze für Kartellabsprachen genutzt werden. Im Zentrum der bisherigen kartellrechtlichen Untersuchungen von kooperativen B2B-Plattformen stand dabei die Frage, inwieweit aufgrund der konzentrierten Abwicklung von Transaktionen über eine gemeinsame Plattform das Risiko des Informationsaustauschs bestünde.[728] Dieses Risiko sei, so das BKartA, grundsätzlich allen elektronischen Handelsplätzen immanent, da dort alle sensiblen Wettbewerbsparameter wie Preise, Konditionen, die angebotenen und nachgefragten Mengen und technischen Spezifikationen elektronisch zugänglich sein können.[729] Die Beurteilung des Informationsaustauschs nach § 1 GWB orientiert sich insoweit an der im Zusammenhang mit Marktinformationssystemen von BKartA und Rechtsprechung etablierten Praxis (dazu § 9 Rdnr. 239 ff.). Während es kartellrechtlich unbedenklich ist, wenn über eine B2B-Plattform anonymisierte Marktdaten und Durchschnittswerte zugänglich sind, verstößt der Betrieb eines elektronischen Marktplatzes gegen § 1 GWB, wenn er es Nutzern oder Betreibern ermöglicht, konkrete Rückschlüsse über das Marktverhalten ihrer Wettbewerber zu ziehen.[730] Insofern hat sich auch das BKartA von den Gründern von B2B-Plattformen zusichern lassen, dass durch technische Vorkehrungen, vertragliche Festlegungen und organisatorische Maßnahmen der Zugang zu den Daten anderer Nutzer beschränkt wird.[731]

---

[725] Vgl. Horizontalleitlinien, aaO, Rdnrn. 225 ff. (insbes. Rdnrn. 234, 246).

[726] Komm. E. v. 2.10.2000 M.2138, Rdnr. 23 f. – *SAP/Siemens;* Komm. E. v. 4.8.2000 M.1969, Rdnrn. 22 ff. – *Honywell;* Komm. E. v. 13.7.2000 M.2027, Rdnr. 23 – *emaro.*

[727] BKartA TB 1999/2000 S. 47.

[728] Vgl. etwa BKartA B. v. 26.1.2001, WuW/E DE-V 423, 426 – *Rubbernetwork.com;* BKartA B. v. 23.10.2000, WuW/E DE-V 355, 357, 360 – *CC-markets;* BKartA TB 2001/2002 S. 127 *(GetPort);* S. 146 – *Transportbeton;* BKartA B. v. 25.9.2000, WuW/E DE-V 321, 322 – *Covisint.*

[729] BKartA TB 1999/2000 S. 48.

[730] Vgl. BKartA TB 1995/1996 S. 126.

[731] Vgl. etwa BKartA B. v. 26.1.2001, WuW/E DE-V 423, 426 – *Rubbernetwork.com;* BKartA B. v. 23.10.2000, WuW/E DE-V 355, 357, 360 – *CC-markets;* TB 2001/2002 S. 127 *(GetPort);* S. 146 – *Transportbeton;* BKartA B. v. 25.9.2000, WuW DE-V 321, 322 – *Covisint.*

Dienen die elektronischen Marktplätze zur Bündelung von Nachfrage- oder Absatzaktivitäten, so erfahren sie die gleiche Behandlung wie herkömmliche Einkaufs- oder Verkaufskooperationen.[732] Dabei sollen nach der Abschaffung der Sondervorschrift des § 4 Abs. 2 GWB a. F. durch die 7. GWB-Novelle der Gesetzesbegründung zufolge die in den Leitlinien der Kommission zur Anwendbarkeit von Art. 81 EG (jetzt: Art. 101 AEUV)auf Vereinbarungen über horizontale Zusammenarbeit entwickelten Auslegungsgrundsätze[733] zur kartellrechtlichen Beurteilung herangezogen werden.[734] Ein wesentliches Kriterium für die Beurteilung von gemeinsamen Einkäufen über B2B-Plattformen ist danach auch im Rahmen des § 1 GWB die durch die Bündelung entstehende Marktmacht. Vereinen die beteiligten Unternehmen eine größere Nachfragemacht, so kann im Einzelfall eine Ausnahme vom Kartellverbot nach § 2 Abs. 1 GWB denkbar sein. Anders als unter § 4 Abs. 2 GWB in der Fassung vor der 7. GWB-Novelle kann dabei nach den Horizontalleitlinien im Einzelfall sogar ein Bezugszwang zulässig sein, wenn dies für die Erzielung von Größenvorteilen unerlässlich ist.[735] Auch die Behandlung von über elektronische Marktplätze agierenden Verkaufsgemeinschaften wird sich im Rahmen des § 1 GWB weitgehend an den in den Horizontalleitlinien niedergelegten Auslegungsgründsätzen[736] orientieren. Vertreiben Unternehmen ihre Produkte über eine B2B-Plattform, so wird für die kartellrechtliche Behandlung also maßgeblich sein, ob diese Kooperation zur Abstimmung des Preisverhaltens führt. In den bisher dem BKartA vorgelegten Vorhaben hatten die Unternehmen allerdings regelmäßig angekündigt, auf jegliche Art der Ein- und Verkaufskoordinierung ebenso zu verzichten[737] wie auf einen Benutzungszwang.[738] Sollten Produkte oder Dienstleistungen gebündelt werden, so beschränkte sich diese Kooperation auf Märkte, auf denen die betroffenen Unternehmen verschwindend geringe Marktanteile hielten.[739] 239

O. Marktinformationsverfahren

I. Marktinformationsverfahren im europäischen Recht

1. Grundsätze. Die vereinbarte, beschlossene oder abgestimmte gemeinsame Beschaffung, Auswertung und Weitergabe marktrelevanter Information unter Wettbewerbern ist – je nach Marktstruktur und Ausmaß des Informationsaustauschs – wettbewerblich ambivalent. Während auf einem von intensivem Wettbewerb geprägten Markt zusätzliche Transparenz eher wettbewerbsfördernd wirken wird, ist der Austausch von Marktinformationen auf einem hochgradig konzentrierten oligopolistischen Markt geeignet, den noch bestehenden Wettbewerb zwischen den Wirtschaftsteilnehmern weiter zu beeinträchti- 240

[732] BKartA TB 1999/2000 S. 48. Gegen eine grundsätzliche Gleichstellung von klassischen Einkaufsgemeinschaften und elektronischer Nachfragebündelung *Jestaedt,* Funktionalität, Effizienz und Wettbewerb: B2B-Marktplätze und das Kartellrecht, BB 2001, 581, 585. Insbesondere Ad-hoc-Einkaufsgemeinschaften seien wegen der schwächeren Zielrichtung und Planmäßigkeit in der Regel weniger wettbewerbsschädlich (*Gounalakis/Lochen,* Elektronische Marktplätze und Kartellrecht, ZHR 167 (2003) 632, 654).

[733] Leitlinien zur Anwendbarkeit von Artikel 81 EG-Vertrag auf Vereinbarungen über horizontale Zusammenarbeit, ABl. 2001 C 3/2, Rdnrn. 115–138; heute Horizontalleitlinien 2011 aaO, Rdnrn. 194–224.

[734] Begründung RegE BT-Drucks. 15/3640, S. 26 f.

[735] Horizontalleitlinien 2011, aaO, Rdnr. 218.

[736] Horizontalleitlinien 2011, aaO, Rdnrn. 225 ff.

[737] BKartA B. v. 23.10.2000, WuW/E DE-V 355, 357, 360 – *CC-markets;* BKartA B. v. 25.9.2000, WuW/E DE-V 321, 322 – *Covisint;* TB 2001/2002 S. 127 *(GetPort);* S. 160 *(Supply-On).*

[738] Vgl. etwa BKartA B. v. 29.6.2001, WuW/E DE-V 479 – *Buyformetals;* TB 2001/2002 S. 160 *(Supply-On).*

[739] Vgl. etwa BKartA B. v. 26.1.2001, WuW/E DE-V 423, 426 – *Rubbernetwork.com.*

gen.[740] Sind Marktteilnehmer detailliert über das Marktverhalten ihre Wettbewerber informiert, so wird ihre Entscheidungsunabhängigkeit spürbar verringert.[741] Der Wegfall des Geheimwettbewerbs reduziert die Initiative zu Wettbewerbsvorstößen, befördert eine zunehmende Angleichung aller ausgetauschten Leistungsparameter und kann so zunehmend zu nicht kollusivem Parallelverhalten im Markt führen. Darüber hinaus ist eine gesteigerte Markttransparenz jedoch auch geeignet, in bereits kartellierten Märkten die Überwachung und effektive Durchführung von Kartellabsprachen zu befördern.[742]

241 Üblicherweise werden Marktinformationsverfahren von Wettbewerbern vertraglich begründet und über eine Meldestelle betrieben, bei der die entsprechenden Daten gesammelt, ausgewertet und den Beteiligten automatisch oder auf Nachfrage zur Verfügung gestellt werden.[743] Vielfach handelt es sich hierbei auch um einen legitimen Gegenstand der Verbandsarbeit, wenn die nachstehenden Rechtsgrundsätze eingehalten werden. Wie die deutschen Kartellbehörden und Gerichte hat auch die Kommissionspraxis der Ambivalenz solcher Systeme Rechnung tragende, den deutschen weitgehend entsprechende Kriterien entwickelt und diese ursprünglich in ihre (inzwischen ersetzte) Kooperationsbekanntmachung aus dem Jahr 1968 aufgenommen.[744] Nachdem die 2001 veröffentlichten Horizontalleitlinien Marktinformationsverfahren ausdrücklich ausklammerten,[745] enthalten die neuen Horizontalleitlinien von 2011 umfangreiche Ausführungen zur wettbewerbsrechtlichen Würdigung des Informationsaustauschs.[746] Danach ist grundsätzlich nicht zu unterscheiden zwischen einem direkten Austausch unter Wettbewerbern und der Einschaltung von Dritten; soweit der Informationsaustausch nur Teil einer übergeordneten horizontalen Vereinbarung ist, muss er in diesem Rahmen und nicht selbstständig bewertet werden.[747] Eine **abgestimmte Verhaltensweise** liegt vor, wenn durch den Informationsaustausch die strategische Ungewissheit auf dem Markt verringert und somit die Unabhängigkeit der Unternehmen gemindert wird.[748] Dafür reicht schon die **einseitige Offenlegung** strategischer Informationen durch einen Wettbewerber und die Akzeptanz durch einen anderen,[749] z.B. während einer einzigen gemeinsamen Sitzung.[750] Hinsichtlich der **Wettbewerbsbe-**

---

[740] EuG U. v. 27.10.1994, Slg. 1994 II-957, Rdnr. 51 – *John Deere;* bestätigt durch EuGH U. v. 28.5.1998, Slg. 1998 I-3111, Rdnr. 88ff. – *John Deere* und EuGH U. v. 4.6.2009, Slg. 2009 I-4529, Rdnr. 34 – *T-Mobile Netherlands;* Schlussanträge der Generalanwältin *Kokott* v. 11.12.2014, Rs C-286/13 P, ECLI:EU:C:2014:2437, Rdnrn. 106ff. – *Dole Food/Komm.*

[741] Komm. E. v. 7.6.2000, ABl. 2001 L 152/24 Rdnr. 229 – *Aminosäuren.*

[742] Ausführlich dazu *Jephcott/Lübbig,* Law of Cartels, S. 109f.

[743] *Grauel,* Marktinformationsverfahren nach deutschem und EG-Recht, Fs. *Sölter,* 1982, S. 177ff.

[744] Bekanntmachung der Kommission über Vereinbarungen, Beschlüsse und aufeinander abgestimmte Verhaltensweisen, die eine zwischenbetriebliche Zusammenarbeit betreffen vom 29. Juli 1968 (Kooperationsbekanntmachung), ABl. 1968 C 75/3, Ziff. II. 1; *Langen/Bunte-Braun,* Nach Art. 101 AEUV Rdnr. 72; *von der Groeben/Schwarze-Haag,* Art. 81 Fallgruppen Rdnr. 65.

[745] Leitlinien der Kommission zur Anwendbarkeit von Artikel 81 EG-Vertrag auf Vereinbarungen über horizontale Zusammenarbeit, ABl. 2001 C 3/2, Rdnr. 10

[746] Leitlinien der Kommission zur Anwendbarkeit von Artikel 101 des Vertrags über die Arbeitsweise der Europäischen Union auf Vereinbarungen über horizontale Zusammenarbeit, ABl. 2011 C 11/1, Rdnrn. 55ff.

[747] Horizontalleitlinien 2011 aaO, Rdnr. 55f.

[748] Horizontalleitlinien 2011 aaO, Rdnr. 61; i.E. ebenso EuGH U. 16.12.1975, Slg. 1975, S. 1663, Rdnrn. 173ff. – *Suiker Unie;* U. v. 28.5.1998, Slg. 1998 I-3111, Rdnr. 86f. – *John Deere.* Aus der Kommissionspraxis Komm. E v. 8.9.1977, ABl. 1977 L 242/10 – *Cobelpa/VNP;* Komm. E. v. 23.11.1984, ABl. 1985 L 35/1 – *Peroxyd-Produkte;* Komm. E. v. 23.4.1986, ABl. 1986 L 230/1 – *Polypropylen;* Komm. E. v. 26.11.1986, ABl. 1986 L 348/50 – *MELDOC;* Komm. E. v. 17.2.1992, ABl. 1992 L 68/19 – *UK Agricultural Tractor Registration Exchange;*ebenso zu Art. 65 § 1 EGKSV Komm. E. v. 26.11.1997, ABl. 1998 L 1/10 – *Wirtschaftsvereinigung Stahl.*

[749] Horizontalleitlinien 2011 aaO, Rdnr. 62; EuG U. v. 15.3.2000, Slg. 2000 II-508, Rdnr. 1849 – *Zementkartell;* nicht beanstandet in EuGH U. v. 7.1.2004, Slg 2004 I-123 – *Zementkartell.*

[750] Horizontalleitlinien 2011 aaO, Rdnr. 62; EuGH U. v. 4.6.2009, Slg. 2009 I-4529, Rdnr. 59ff. – *T-Mobile Netherlands.* Dies soll nicht gelten, wenn der Wettbewerber ausdrücklich erklärt, die Daten nicht bekommen zu wollen, Horizontalleitlinien 2011 aaO, Rdnr. 62.

schränkung will die Kommission bei einem Austausch über individuelle Absichten in Bezug auf ein *künftiges* Preis- und Mengenverhalten von einer *bezweckten* Wettbewerbsbeschränkung ausgehen.[751] In allen anderen Fällen ist zu prüfen, ob der Informationsaustausch wettbewerbsbeschränkende *Auswirkungen* zeitigt. Dies ist abhängig von den wirtschaftlichen Bedingungen auf den relevanten Märkten und den Eigenschaften des Informationsaustauschs. So steigt auf hinreichend transparenten, konzentrierten, nicht komplexen und symmetrischen Märkten die Wahrscheinlichkeit einer Kollusion der Unternehmen und mithin einer Wettbewerbsbeschränkung.[752] Soweit die relevanten Märkte nicht über die genannten Eigenschaften verfügen, z.B. intransparent sind, ist darauf zu achten, inwieweit die Form des Informationsaustausches die Eigenschaften des Marktes kollusionsbegünstigend verändert.[753] Hinsichtlich der Eigenschaften des Informationsaustausches hängt die Wahrscheinlichkeit einer Wettbewerbsbeschränkung allgemein von dem strategischen Wert der Information (v.a. Preise, Mengen, Kapazitäten) ab, der sich auch aus der Marktabdeckung, dem Aggregationsgrad der Daten, deren Alter und der Häufigkeit des Austausches ergibt.[754] Soweit Informationen ausgetauscht werden, zu denen alle Wettbewerber und Kunden in Bezug auf die Kosten gleichen Zugang haben (sog. echte öffentliche Informationen) oder der Zugang bereitgestellt wird, soll regelmäßig keine Wettbewerbsbeschränkung vorliegen.[755] Die Bedingungen des Marktes und die Eigenschaften des Informationsaustausches sind dabei zusammenhängend zu bewerten. So kann ein einziger Austausch genügen, wenn er strategisch besonders relevante Informationen wie Preisbestandteile betrifft und eine Abstimmung der Marktbeteiligten sofort ermöglicht.[756] Während der Austausch von Marktdaten, die nur mit hinreichender Schwierigkeit Rückschlüsse auf unternehmensspezifische Informationen zulassen (aggregierte Daten), v.a. durch Berufsverbände, generell eher keine wettewerbsbeschränkende Wirkung haben soll, kann die Bewertung in oligopolistischen Märkten anders aussehen.[757] Dies hängt freilich von der Zahl der Teilnehmer ab und auch deren Größe. Die Praxis hierzu ist schwankend (Mindestgrenze mal 3 mal 5 Teilnehmer, je nach Marktbedingungen). Für eine **Ausnahme** vom Kartellverbot **nach Art. 101 Abs. 3 AEUV** sind Effizienzgewinne durch den Informationsaustausch v.a. zu erwarten, wenn bisher unzureichende Markttransparenz hinsichtlich des Verbraucherverhaltens besteht und die Verbraucher beteiligt werden.[758] Im Rahmen der Unerlässlichkeitsprüfung ist im Einzelnen darauf zu achten, ob der jeweilige Aggregationsgrad, die Häufigkeit des Austauschs und das Alter der Informationen erforderlich sind für den Informationsaustausch.

Diese Grundsätze gelten auch für das sogenannte **„benchmarking“**, d.h. die Zusammenstellung leistungsrelevanter Daten anderer Unternehmen durch ein oder mehrere Unternehmen zum Zwecke des systematischen Vergleichs mit den eigenen Daten.[759] Bench-

---

[751] Horizontalleitlinien 2011 aaO, Rdnr. 73 und Beispielsfall in Rdnr. 105; bestätigt durch EuG U. v. 14.3.2013, Rs T-587/08, ECLI:EU:T:2013:129, Rdnr. 317ff., 546ff. – *Del Monte/Kommission;* Rs C-67/13 P, ECLI:EU:C:2014:2204, Rdnr. 58 – *Cartes Bancaires/Komm.*

[752] Horizontalleitlinien 2011 aaO, Rdnrn. 75ff. insbes. 77ff. Damit werden die Ausführungen des Gerichtshofs in EuGH U. v. 28.5.1998, Slg. 1998 I-3111, Rdnr. 88 – *John Deere* nachvollzogen.

[753] Horizontalleitlinien 2011 aaO, Rdnrn. 76, 78.

[754] Horizontalleitlinien 2011 aaO, Rdnrn. 75f., 86ff. Im Wesentlichen ebenso auch schon EuGH U. v. 28.5.1998, Slg. 1998 I-3111, Rdnrn. 89ff. – *John Deere.*

[755] Horizontalleitlinien 2011 aaO, Rdnrn. 92ff.; auch der Gerichtshof betont die Nützlichkeit von Preisankündigungen direkt gegenüber Abnehmern im Ggs. zu solchen unter Wettbewerbern, EuGH U. v. 28.5.1998, Slg. 1998 I-3111, Rdnr. 91 – *John Deere.*

[756] Horizontalleitlinien 2011 aaO, Rdnr. 91; EuGH U. v. 4.6.2009, Slg. 2009 I-4529, Rdnr. 59ff., – *T-Mobile Netherlands* dort für einen Rabatt.

[757] Horizontalleitlinien 2011 aaO, Rdnr. 89 und Beispiele in Rdnrn. 107ff.; kritisch zum Erfordernis der Identifizierbarkeit für eine Wettbewerbsbeeinträchtigung *Wagner-von Papp,* WuW 2005, S. 732ff.

[758] Horizontalleitlinien 2011 aaO, Rdnr. 95ff. und Beispiel in Rdnrn. 106, 110.

[759] Vgl. hierzu z.B. *Carle/Johnsson,* Benchmarking and E.C. Competition Law, ECLR 1998, S. 74ff.

marking-Studien betreffen häufig den Einsatz bestimmter Produktionstechniken, die Funktionsweise von Vertrieb und Logistik oder aber die unternehmensinterne Organisation. Es ist stets zu prüfen, ob die Durchführung des Benchmarkings den beteiligten Unternehmen Rückschlüsse auf das Wettbewerbsverhalten ihrer Konkurrenten erlaubt (falls das Benchmarking zwischen Wettbewerbern durchgeführt werden wird) und ob eine Wettbewerbsdämpfung zu besorgen ist. Typischerweise ist Benchmarking darauf ausgerichtet, die eigene Unternehmensorganisation zu verbessern, auf diese Weise Ineffizienzen zu vermeiden und so die eigene Wettbewerbsposition zu verbessern.[760] Die Preisbildung ist dagegen normalerweise nicht Gegenstand des Benchmarkings, so dass die Lehre vom Geheimwettbewerb hier keine Anwendung finden wird. Als kartellrechtlich kritisch anzusehen wäre allerdings die gegenseitige Mitteilung aktueller Produktionskosten, da die Unkenntnis der genauen Kosten des Wettbewerbers (und damit dessen „Schmerzgrenze" im Preiswettbewerb) einen wesentlichen Faktor des Geheimwettbewerbs darstellt. Wettbewerbliche Bedenken gegen die Durchführung des Benchmarkings lassen sich unter Umständen dadurch ausräumen, dass unabhängige Dritte mit der Sammlung der Informationen betraut werden, die die Ergebnisse der Effizienzstudie in nicht identifizierbarer Form, d.h. aggregiert an die Teilnehmer des Benchmarking weiter geben.[761] Nach Ansicht der Kommission ist normalerweise der Austausch unternehmensspezifischer Daten für Benchmarking-Zwecke nicht unerlässlich i.S.v. Art. 101 Abs. 3 AEUV, da aggregierte Informationen in Form eines durch einen Dritten erstellten Unternehmensrankings die Effizienzgewinne ebenso gut bewirken könnten.[762]

242 **2. Praxis.** Wie auch das BKartA hat sich die Kommission mit Nachdruck vor allem gegen solche Marktinformationsabreden gewandt, die den auf Märkten homogener Massengüter und oligopolistischer Struktur besonders wichtigen Geheimwettbewerb ausschalten. Unterrichten sich die Beteiligten jeweils über ihre aktuellen Konditionen und ihre Kalkulationen,[763] ihre Umsätze,[764] ihre Produktionsmengen[765] und Produktionsvorausschätzungen,[766] den Umfang ihrer Ausfuhren,[767] ihre Kapazitäten,[768] ihre Investitionen[769] und/oder ihre Preise[770] in einer unter Berücksichtigung ihrer jeweiligen Marktkenntnisse die

[760] Auf die Effizienzvorteile weist jetzt auch die Kommission in ihren Horizontalleitlinien 2011 aaO, Rdnrn. 57, 95 hin.

[761] *Mäger-Gehring,* Europäisches Kartellrecht, 3. Kapitel, Rdnr. 26f. allgemein zum Thema Benchmarking.

[762] Horizontalleitlinien 2011 aaO, Rdnrn. 101, 108.

[763] Komm. E. v. 5.9.1979, ABl. 1979 L 286/32 – *BP-Kemi-DDSF.*

[764] Komm. E. v. 8.9.1977, ABl. 1977 L 242/10 – *Cobelpa/VNP;* Komm. E. v. 17.12.1980, ABl. 1980 L 383/19 – *Gußglas;* Komm. E. v. 23.7.1984, ABl. 1984 L 212/13 – *Flachglassektor in den Benelux-Ländern;* Komm. E. v. 23.4.1986, ABl. 1986 L 230/1 – *Polypropylen;* Komm. E. v. 2.12.1986, ABl. 1987 L 3/17 – *Fettsäuren;* Komm. E. v. 21.12.1988, ABl. 1989 L 74/1 – *PVC;* Komm. E. v. 17.2.1992, ABl. 1992 L 68/19 – *UK Agricultural Tractor Registration Exchange.* Vgl. zu Art. 65 § 1 EGKSV Komm. E. v. 26.11.1997, ABl. 1998 L 1/10 – *Wirtschaftsvereinigung Stahl.*

[765] EuG U. v. 14.3.2013, Rs T-587/08, ECLI:EU:T:2013:129, Rdnrn. 320ff. – *Del Monte/Kommission;* Komm. E. v. 22.12.1972, ABl. 1972 L 303/24 – *CIMBEL;* Komm. E. v. 6.8.1984, ABl. 1984 L 220/27 – *Zinc Producer Group;* Komm. E. v. 7.6.2000, ABl. 2001 L 152/24 – *Aminosäuren;* Komm. E. v. 2.7.2002, ABl. 2003 L 255/1 – *Methionin.*

[766] Komm. E. v. 11.5.1973, ABl. 1973 L 217/3 – *SCPA/Kali+Salz.*

[767] Komm. E. v. 23.12.1977, ABl. 1978 L 70/54 – *Pergamentpapier.*

[768] EuG U. v. 14.3.2013, Rs T-587/08, ECLI:EU:T:2013:129, Rdnrn. 320ff. – *Del Monte/Kommission;* Komm. E. v. 22.12.1972, ABl. 1972 L 303/24 – *CIMBEL;* Komm. E. v. 6.8.1984, ABl. 1984 L 220/27 – *Zinc Producer Group.*

[769] Komm. E. v. 22.12.1972, ABl. 1972 L 303/24 – *CIMBEL;* Komm. E. v. 6.8.1984, ABl. 1984 L 220/27 – *Zinc Producer Group.*

[770] EuGH U. v. 17.10.1972, Slg. 1972, 977 (988ff.) – *Cementhandelaren/Komm.;* EuGH U. v. 16.12.1975, Slg. 1975, 1663 – *Suiker Unie u. a./Komm.;* Komm. E. v. 15.7.1975, ABl. 1975 L 228/3 – *IFTRA-Aluminium;* Komm. E. v. 23.12.1977, ABl. 1978 L 70/54 – *Pergamentpapier;* Komm. E. v. 15.7.1982, ABl. 1982 L 232/1 – *S. S. I.;* Komm. E. v. 13.7.1983, ABl. 1983 L 200/44 – *VIMPOLTU;* Komm. E. v. 2.12.1986, ABl. 1987 L 3/17 – *Fettsäuren;* Komm. E. v. 17.2.1992, ABl. 1992 L

Identifizierung erlaubenden Weise, so liegt ein Verstoß gegen Art. 101 Abs. 1 AEUV vor. Der Austausch über künftiges Preis- oder Mengenverhalten stellt sogar eine bezweckte Wettbewerbsbeschränkung dar, bei der wettbewerbsbeschränkende Auswirkungen von der Behörde nicht nachgewiesen werden müssen.[771]

Die Rechtsprechung des EuG hat die Reichweite derArt von **Informationen,** die als sensibel und damit wettbewerbsrelevante Geschäftsgeheimnisse angesehen werden, zum Teil erstaunlich weit definiert. Bei der Beurteilung des Badezimmerausstattungs-Kartells meinte das EuG, dass bereits die einseitige Mitteilung der Entwicklung des allgemeinen Unternehmensumsatzes einer Partei in Deutschland, der Entwicklung der Ausfuhren und der Wachstumsprognosen, also keiner Preisinformation und auch keiner produkt- oder kundenbezogene Information, bereits geeignet sei, die „Ungewissheit hinsichtlich des zukünftigen Verhaltens der Wettbewerber auf dem Markt zu senken".[772] Da es sich bei den in diesem Fall beurteilten Informationen um solche handelt, die typischerweise auch etwa in einem Geschäftsbericht veröffentlicht werden, überdehnt das Urteil die Funktionsmechanismen des Geheimwettbewerbes. Die Kenntnis derart allgemeiner Informationen (Umsatzsteigerung um 5%) dürfte normalerweise auf das Verhalten eines Konkurrenten im vorstoßenden Wettbewerb keinerlei Einfluss haben.[773]

Von der **Aktualität** der Informationen geht die Kommission nicht nur bei täglichen, wöchentlichen und monatlichen, sondern im Einzelfall auch noch bei vierteljährlichen Meldungen aus.[774] Dabei ist nicht das absolute Alter der Informationen entscheidend, sondern deren Relevanz für unternehmerische Entscheidungen, die u.a. von der Häufigkeit von neuen Vertragsschlüssen abhängt.[775] Liegen diese Voraussetzungen vor, so hält die Kommission das Kartellverbot auch dann für anwendbar, wenn das Informationssystem zugleich der Bekämpfung unlauterer Verhaltensweisen dienen[776] und die Markttransparenz erhöhen[777] könnte oder wenn sich die Beteiligten die in Betracht kommenden Informationen letztlich auch selbst, etwa durch entsprechende Marktforschung, beschaffen könnten.[778] Gemeinsam entwickelte und genutzte Kalkulationssysteme, die bestimmte Kalkulationssätze vorsehen, werden wegen ihrer empfehlenden und ein gleichförmiges Wettbewerbsverhalten fördernden Wirkung gleichfalls als Verstoß gegen Art. 101 Abs. 1 AEUV behandelt.[779] Tauschen dagegen Banken diskriminierungsfrei Informationen zur Kreditwürdigkeit von Kunden aus, welche keine Rückschlüsse auf die Gläubigerbanken ermöglichen, dann soll bei nicht konzentrierten Märkten normalerweise keine Wettbewerbsbeschränkung vorliegen oder zumindest eine Ausnahme nach Art. 101 Abs. 3 AEUV möglich sein.[780]

68/19 – *UK Agricultural Tractor Registration Exchange.* Vgl. zu Art. 65 § 1 EGKSV Komm. E. v. 26.11.1997, ABl. 1998 L 1/10 – *Wirtschaftsvereinigung Stahl.*

[771] Horizontalleitlinien aaO, Rdnr. 74; bestätigt durch EuG U. v. 14.3.2013, Rs T-587/08, ECLI:EU:T:2013:129, Rdnrn. 317ff., 546ff. – *Del Monte/Kommission;* s. aber jetzt zu bezweckten Wettbewerbsbeschränkungen EuGH U. v. 11.9.2014, Rs C-67/13 P, ECLI:EU:C:2014:2204, Rdnrn. 55ff. – *Cartes Bancaires/Komm.*

[772] EuG U. v. 16.9.2013, verb. Rs T-373/10 u.a., ECLI:EU:T:2013:455, Rdnr. 121, 148 – *Villeroy & Boch/Kommission.*

[773] Kritisch dazu auch *Wiedemann,* § 2 Rdnr. 3a.

[774] Komm. E. v. 17.2.1992, ABl. 1992 L 68/19 – *UK Agricultural Tractor Registration Exchange.*

[775] Horizontalleitlinien aaO, Rdnr. 90f.; EuG U. v. 14.3.2013, Rs T-587/08, ECLI:EU:T:2013:129, Rdnrn. 358ff. – *Del Monte/Kommission.*

[776] Komm. E. v. 15.5.1974, ABl. 1974 L 160/1 – *IFTRA-Verpackungsglas.*

[777] Komm. E. v. 15.7.1975, ABl. 1975 L 228/3 – *IFTRA-Aluminium.*

[778] Komm. E. v. 8.9.1977, ABl. 1977 L 242/10 – *Cobelpa/VNP;* Komm. E. v. 23.12.1977, ABl. 1978 L 70/54 – *Pergamentpapier;* Komm. E. v. 2.12.1981, ABl. 1982 L 161/18 – *Hasselblad.*

[779] EuGH U. v. 17.10.1972, Slg. 1972, 977 – Vereeniging van *Cementhandelaren/Komm.;* Komm. E. v. 16.12.1971, ABl. 1972 L 13/34 – *VCH;* Komm. E. v. 22.12.1972, ABl. 1972 L 303/24 – *CIMBEL;* Komm. E. v. 15.5.1974, ABl. 1974 L 160/1 – *IFTRA-Verpackungsglas;* Komm. E. v. 15.7.1975, ABl. 1975 L 228/3 – *IFTRA-Aluminium;* Komm. E. v. 16.10.1980, ABl. 1980 L 318/32 – *Solnhofener Natursteinplatten;* Komm. E. v. 13.7.1983, ABl. 1983 L 200/44 – *VIMPOLTU.*

[780] EuGH U. v. 23.11.2006, Slg. 2006 I-11125, Rdnrn. 57ff. – *Asnef-Equifax.*

243 Insbesondere auf hochkonzentrierten Märkten weitgehend homogener Produkte wirken Meldesysteme notwendigerweise wettbewerbsdämpfend und erschweren den Marktzutritt für Außenseiter. Sie können also unter Art. 101 Abs. 1 AEUV fallen, selbst wenn sie sich unmittelbar weder auf die Preise noch auf eine Abstimmung anderer Wettbewerbsparameter beziehen.[781] In der Praxis waren Marktinformationsverfahren jedoch meist auch mit anderen, ebenfalls mit Art. 101 Abs. 1 AEUV nicht zu vereinbarenden Wettbewerbsbeschränkungen verbunden, die den Verstoß insgesamt schwerwiegender erscheinen ließen. Zu nennen sind insbesondere Preis- und Konditionenabsprachen,[782] Marktaufteilungs- und Quotenabreden[783] und Absprachen über die Produktion und Investitionen.[784] Der kontinuierliche Austausch von Informationen dient hier auch der Überwachung der Einhaltung von Kartellabsprachen.[785]

244 Eine Ausnahme vom Kartellverbot nach der Legalausnahme des Art. 101 Abs. 3 AEUV kommt für grundsätzlich gegen Art. 101 Abs. 1 AEUV verstoßende Marktinformationsverfahren dann in Betracht, wenn der Informationsaustausch für die Durchführung anderer freistellungsfähiger Beschränkungen unerlässlich ist.[786] Gegenüber kleinen und mittleren Unternehmen war (vor Verordnung (EG) 1/2003) die Kommissionspraxis in diesem Punkt weniger streng.[787] Transparenzerhöhende und stabilisierende Marktinformationsverfahren ohne Provisionsabsprachen in Bezug auf Terminmärkte sind ebenfalls freistellungsfähig.[788] Dasselbe gilt auch für den Austausch aktueller, aggregierter Informationen über die Verbrauchernachfrage hinsichtlich eines bestimmten, leicht verderblichen Konsumgutes.[789]

II. Marktinformationsverfahren im deutschen Recht

245 **1. Grundsätze.** Der Ambivalenz des Austauschs marktrelevanter Informationen unter Wettbewerbern im Rahmen sogenannter Marktinformationsverfahren trägt die inzwischen gefestigte deutsche Verwaltungspraxis und Rechtsprechung dadurch Rechnung, dass sie zwischen identifizierenden und nichtidentifizierenden Verfahren unterscheidet. Identifizierende Verfahren sind solche, bei denen Einzelgeschäfte durch Angebots- und Abschlussmeldungen unter Nennung der Lieferanten oder Abnehmer offengelegt werden. Verfahren dieser Art verstoßen gegen § 1 GWB, da sie geeignet sind, den generell und in einzelnen

[781] EuG U. v. 27.10.1994, Slg. 1994 II-957 – *John Deere;* bestätigt durch EuG U. v. 28.5.1998, Slg. 1998 I-3111, Rdnr. 88 ff. – *John Deere.*

[782] Komm. E. v. 25.6.1969, ABl. 1969 L 168/22 – *VVVF;* Komm. E. v. 28.5.1971, ABl. 1971 L 134/6 – *FN/CF;* Komm. E. v. 15.5.1974, ABl. 1974 L 160/1 – *IFTRA-Verpackungsglas;* Komm. E. v. 15.7.1975, ABl. 1975 L 228/3 – *IFTRA-Aluminium;* Komm. E. v. 5.9.1979, ABl. 1979 L 286/32 – *BP-Kemi-DDSF;* Komm. E. v. 2.7.2002, ABl. 2003 L 255/1 – *Methionin.*

[783] Komm. E. v. 11.5.1973, ABl. 1973 L 217/3 – *SCPA/Kali+Salz;* Komm. E. v. 8.9.1977, ABl. 1977 L 242/10 – *Cobelpa/VNP;* Komm. E. v. 23.12.1977, ABl. 1978 L 70/54 – *Pergamentpapier;* Komm. E. v. 12.12.1978, ABl. 1979 L 21/16 – *Bleiweiß;* Komm. E. v. 17.12.1980, ABl. 1980 L 383/19 – *Gußglas;* Komm. E. v. 6.8.1984, ABl. 1984 L 220/27 – *Zinc Producer Group;* Komm. E. v. 23.11.1984, ABl. 1985 L 35/1 – *Peroxyd-Produkte;* Komm. E. v. 26.11.1986, ABl. 1986 L 348/50 – *MELDOC;* Komm. E. v. 2.8.1989, ABl. 1989 L 260/1 – *Betonstahlmatten.*

[784] Komm. E. v. 22.12.1972, ABl. 1972 L 303/24 – *CIMBEL;* Komm. E. v. 23.12.1975, ABl. 1976 L 51/15 – *KEWA;* Komm. E. v. 7.6.2000, ABl. 2001 L 152/24 – *Aminosäuren.*

[785] Vgl. etwa Komm. E. v. 7.6.2000, ABl. 2001 L 152/24, Rdnr. 229 – *Aminosäuren.*

[786] EuGH U. v. 25.10.1977, Slg. 1977, 1875 – *Metro SB-Großmärkte/Komm.;* Komm. E. v. 18.9.1980, ABl. 1980 L 318/1 – *IMA Statut.*

[787] Komm. E. v. 2.12.1986, ABl. 1987 L 3/17 – *Fettsäuren.*

[788] Nachweise bei *Langen/Bunte-Braun,* Nach Art. 101 AEUV Rdnrn. 125 ff. Vgl. zu einem von der Kommission noch durch Comfort Letter positiv beurteilten Marktinformationsverfahren den Fall *CEPI-Print,* ABl. 1996 C 310/3.

[789] Horizontalleitlinien aaO, Rdnr. 110 (Beispiel mit schnell verderblichem Karottensaft). In der Entscheidung Komm. E. v. 15.10.2008 – *Bananen* ABl. 2009 C 189/12 (Rdnr. 342 der ausführlichen Begründung) meint die Kommission , dass dadurch keinesfalls der Austausch von Listenpreisen freigestellt werden kann, da er nicht unerlässlich ist und Verbraucher nicht an den Gewinnen der Kooperation beteiligt werden.

Wirtschaftszweigen besonders wichtigen Geheimwettbewerb zu beschränken, auch wenn mit ihnen regelmäßig unmittelbar wettbewerbsbeschränkende Abreden nicht verbunden sind. Andere Verfahren, bei denen preisbezogene Daten ermittelt, ausgewertet und weitergegeben werden, ohne dass ein Rückschluss auf Einzelgeschäfte möglich wäre, sind kartellrechtlich grundsätzlich unbedenklich. Die entscheidende wettbewerbsbeschränkende Wirkung identifizierender Preismeldeverfahren sah der BGH darin, dass mit diesen Verfahren die Ungewissheit der Beteiligten über die Wettbewerbslage beseitigt werde und damit der Einsatz des Preises als Wettbewerbsmittel im Geheimwettbewerb nicht mehr zu nachhaltigen Wettbewerbsvorsprüngen führen würde- mit der Folge, dass der Preiswettbewerb auf höherem als wettbewerblichem Niveau an Intensität verliert.[790] Die für Preismeldeverfahren entwickelten Grundsätze gelten aus denselben, auf die Schutzbedürftigkeit des Geheimwettbewerbs abstellenden Überlegungen auch, soweit es sich um Daten über Konditionen handelt[791] und für Angebotsmeldeverfahren.[792]

2. Praxis. Diese Kriterien haben ihren Niederschlag auch in den vom BKartA veröffentlichten **Verwaltungsgrundsätzen** zu Marktinformationsverfahren[793] und in der **Kooperationsfibel** des Bundeswirtschaftsministeriums von 1976[794] gefunden. Nach seinen Verwaltungsgrundsätzen sieht das BKartA einen Anlass zur Überprüfung insbesondere dann, wenn nach dem Verfahren Schwerpunktpreise zwischen den Höchst- und Mindestpreisen mitgeteilt werden, wenn Höchst- und Mindestpreise nach Regionen differenziert werden, wenn die Gliederungstiefe einer Statistik nach Erzeugnisgruppen zu hoch ist, wenn die Zahl der je Erzeugnisgruppe lieferfähigen Unternehmen oder Geschäftsvorfälle gering ist,[795] wenn den gemeldeten Höchst-, Mindest- oder Durchschnittspreisen Geschäftsvorfälle weniger Unternehmen zugrunde liegen, eine kurze Meldeperiode besteht oder wenn Höchst-, Mindest- oder Durchschnittspreise mit anderen Daten kombiniert werden.[796] Nach den gleichen Grundsätzen beurteilen sich **Betriebs- und Branchenvergleiche,** einschließlich des sogenannten „benchmarking", die im einzelnen in der Kooperationsfibel des Bundeswirtschaftsministeriums erläutert werden.[797] 246

Auf dieser Grundlage hat das BKartA z. B. 2001 ein statistisches Informationssystem für Transportbeton für unzulässig erklärt.[798] Die beteiligten Transportbetonhersteller hatten vereinbart, monatlich die von ihnen für das Meldegebiet produzierten Mengen, die dadurch erzielten Erlöse einschließlich der Transportkosten sowie den Durchschnittserlös pro Kubikmeter einem Treuhänder zu melden, der daraufhin Gesamtmengen und Durch- 247

[790] Grundlegend BGH B. v. 29.1.1975 WuW/E BGH 1337, 1341 f. – *Aluminium-Halbzeug;* s. ferner KG B. v. 8.5.1970 WuW/E OLG 1117, 1119 – *Fernmeldekabel-Gemeinschaft;* KG B. v. 24.3.1972 WuW/E OLG 1253, 1256 ff. – *Tubenhersteller II;* KG U. v. 3.11.1972, WuW/E OLG 1327, 1328 ff. – *Aluminium-Halbzeug;* BayOblG B. v. 4.6.1965, WuW/E OLG 745, 747 – *Baumarktstatistik;* st. Praxis des BKartA seit BKartA Brief v. 18.4.1969, WuW/E BKartA 1293 ff.; vgl. BKartA B. v. 14.5.1971, WuW/E BKartA 1351, 1356 – *Tubenhersteller;* BKartA B. v. 9.8.2006, B 1 – 116/04, Rdnr. 120 – *Kalksandstein;* w. N. zur Diskussion in: *Immenga/Mestmäcker-Zimmer,* GWB, § 1 Rdnrn. 276 ff.

[791] Kartellrechtliche Behandlung von Marktinformationsverfahren, Presseinformation des BKartA Nr. 8/77 v. 24.1.1977, Ziff. 2.

[792] BGH B. v. 18.11.1986, WuW/E BGH 2313, 2314 ff. – *Baumarktstatistik;* vgl. auch KG B. v. 16.10.1985 WuW/E OLG 3675, 3677 ff. – *Baumarktstatistik* und BayOblG U. v. 4.6.1965, WuW/E OLG 745, 747 – *Baumarktstatistik;* ebenso mwN *Immenga/Mestmäcker-Zimmer,* GWB § 1 Rdnr. 276 f.

[793] Kartellrechtliche Behandlung von Marktinformationsverfahren, Presseinformation des BKartA Nr. 8/77 v. 24.1.1977.

[794] Kooperationsfibel S. 18 f.

[795] Vgl. hierzu OLG Düsseldorf B. v. 26.7.2002, WuW/E DE-R 949 – *Transportbeton Sachsen* (dort mindestens fünf Teilnehmer).

[796] Kartellrechtliche Behandlung von Marktinformationsverfahren, Presseinformation des BKartA Nr. 8/77 v. 24.1.1977, Ziff. 4. Ebenso BKartA B. v. 9.8.2006, B 1 – 116/04, Rdnr. 121 – *Kalksandstein,* wonach identifizierende Verfahren besonders bei homogenen Gütern bedenklich sind.

[797] Kooperationsfibel S. 20 f.

[798] BKartA B. v. 9.8.2001, B1 – 63/00 – *Statistisches Informationssystem Transportbeton;* vgl. dazu auch TB 2001/2002, 45 f.

schnittswerte zurückmeldete. Das BKartA sah in diesem Informationsaustausch eine unzulässige Ausschaltung des Geheimwettbewerbs. Das OLG Düsseldorf hat dieser Entscheidung zwar widersprochen und die aufschiebende Wirkung der gegen die Entscheidung gerichteten Beschwerde wieder hergestellt. Letztlich hat das OLG die bisherigen Kriterien zur Beurteilung von Marktinformationssystemen jedoch nicht in Frage gestellt. Allerdings hat es noch einmal deutlich gemacht, dass solche Systeme nicht per se gegen § 1 GWB verstoßen. Die Übermittlung von Gesamtmengen und Durchschnittspreisen sei grundsätzlich nicht zu beanstanden, insoweit würden nur allgemeine Marktbewegungen ausgewiesen. Unzulässig sei das System erst dann, wenn konkretere Rückschlüsse auf die einzelnen Unternehmen möglich würden. Solang dies dadurch verhindert würde, dass immer eine ausreichend große Zahl von Wettbewerbern pro Meldegebiet ihre Daten übermittelten, sei das Marktinformationssystem nicht zu beanstanden.[799] In letzten Jahren lässt sich eine aktivere Verfolgungspraxis des BKartA erkennen.[800] Dabei wurden u. a. der Informationsaustausch über zukünftiges Preisverhalten,[801] Umsatzzahlen, Werbeausgaben und Retourenprozentsätze,[802] Rabatte und sonstige Konditionen,[803] Verhandlungen und Forderungen der Marktgegenseite,[804] unternehmensinterne preisbezogene Kalkulationsformeln und Betriebskennzahlen[805] in Bußgeldverfahren beanstandet. Häufig stand der Informationsaustausch dabei aber im Zusammenhang mit Preisabsprachen.[806]

Das BKartA hat in seinem Abschlussbericht zur Sektorenuntersuchung Milch aus dem Jahr 2012 ausdrücklich darauf hingewiesen, dass es sich in seinem Vorgehen hinsichtlich von Marktinformationssystemen an den oben ausgeführten Passagen der Horizontalleitlinien der Kommission orientieren will.[807] Darin hielt das BKartA außerdem fest, dass Marktdaten (z. B. über Milchanliefermengen, Milchpreis und Molkereiprodukte), die in größeren zeitlichen Abständen veröffentlicht werden und keinem bestimmten Unternehmen oder Geschäftsvorgang zugeordnet werden können, d. h. ausreichend aggregiert sind, kartellrechtlich unbedenklich sind. Wöchentlich veröffentlichte Milchpreise auf Spotmärkten für den „Süden" bzw. „Norden/Westen" ohne Nennung einzelner Molkereien wurden nicht beanstandet.[808] Kartellrechtlich kritisch sind aber die Ausweisung von Auszahlungspreisen für genau kategorisierte Standardwerte, die im Verbund mit anderen Daten Rückschlüsse auf einzelne Geschäftsvorgänge ermöglichen.[809] Soweit die Molkereien sich über ihr zukünftiges Preisverhalten austauschen und erst dadurch ein Referenzpreis entwickelt wird, geht das BKartA, wie die Horizontalleitlinien, von einer bezweckten Wettbewerbsbeschränkung aus.[810] In einer Einstellungsentscheidung zu einem von einer Marktforschungsgesellschaft angebotenen Informationsdienst gestattete das BKartA die Veröffentli-

---

799 OLG Düsseldorf B. v. 26.7.2002, WuW/E DE-R 949 – *Transportbeton Sachsen* (dort mindestens fünf Teilnehmer).

800 *Langen/Bunte-Krauß,* § 1 GWB Rdnr. 231 mwN.

801 BKartA B. v. 9.8.2006, B 1 – 116/04, Rdnrn. 123 ff. – *Kalksandstein* (Beteiligung von Wettbewerbern in einem Gemeinschaftsunternehmen); TB 2007/2008, S. 75 – *Luxuskosmetikartikel;* B. v. 18.3.2013, B 11 – 17/06, S. 2 – *Drogerieartikel.*

802 BKartA TB 2007/2008, S. 75 – *Luxuskosmetikartikel;* beanstandet wurden auf dem hochkonzentrierten Zementmarkt auch werkspezifische Versandstatistiken, TB 2009/2010, S. 78 – *Versandstatistik.*

803 BKartA TB 2007/2008, S. 75 f. – *Drogerieartikel;* B. v. 28.5.2010, B12 – 11/08, S. 2– *Brillengläser.*

804 BKartA TB 2009/2010, S. 67 – *Markenkonsumgüter;* B. v. 31.1.2013, B11 – 11/08, S. 3 f. – *Süßwaren;* B. v. 18.3.2013, B 11 – 17/06, S. 2 – *Drogerieartikel.*

805 BKartA B. v. 28.5.2010, B12 – 11/08, S. 2 f. – *Brillengläser;* B. v. 18.3.2013, B 11 – 17/06, S. 2 – *Drogerieartikel.*

806 BKartA TB 2007/2008, S. 75 f. – *Drogerieartikel;* B. v. 28.5.2010, B12 – 11/08, S. 2 f. – Brillengläser; B. v. 31.1.2013, B11 – 11/08, S. 3 f. – *Süßwaren.*

807 BKartA B2 – 19/08, Endbericht, Rdnrn. 140 ff., 395 – *Sektorenuntersuchung Milch.*

808 BKartA B2 – 19/08, Endbericht, Rdnrn. 135 ff. – *Sektorenuntersuchung Milch,* allgemein dazu auch 153 ff.

809 BKartA B2 – 19/08, Abschlussbericht, Rdnrn. 138, 142 – *Sektorenuntersuchung Milch.*

810 BKartA B2 – 19/08, Abschlussbericht, Rdnrn. 143 – *Sektorenuntersuchung Milch;* zu den Leitlinien s. o. Rdnr. 240.

chung des Ankaufpreises für Rohmilch für jede Molkerei bzw. Molkereibetriebsstätte, wenn die Daten, d.h. die Verkaufspreise, älter als sechs Monate waren. Die Veröffentlichung von aktuellen Rohmilchpreisen wurde gestattet, soweit mindestens fünf Molkereien gemeinsam ausgewiesen werden, von denen die größte nicht mehr als 33% und die beiden größten nicht mehr als 60% der Gesamtliefermenge abnehmen dürfen.[811]

P. Submissionsabsprachen

I. Submissionsabsprachen im europäischen Recht

Unter Submissionsabsprachen versteht man geheime Vereinbarungen, die Wettbewerber hinsichtlich ihres Bieterverhaltens bei öffentlichen Ausschreibungen treffen, um so ein Konkurrieren ihrer Angebote auszuschließen und durch die Reduzierung des Wettbewerbs einen Zuschlag zu für sie günstigeren Preisen herbeizuführen. Sie sind insofern von Bietergemeinschaften zu unterscheiden, bei denen mehrere Unternehmen offen ein gemeinsames Angebot abgeben, etwa weil sie zur alleinige Bewältigung des Auftrags nicht in der Lage wären.[812] Während solche Absprachen unter bestimmten Voraussetzungen nicht gegen Art. 101 Abs. 1 AEUV verstoßen, stellen Submissionsabsprachen als Unterform der Preisabsprache und Kundenaufteilung[813] grundsätzlich eine Verletzung des Kartellverbots dar. 248

Die wettbewerbsbeschränkende Absprache kann dabei unterschiedlichen Inhalts sein: Die Unternehmen können sich etwa von vornherein einigen, nicht innerhalb ein- und derselben Ausschreibung als Bieter anzutreten. Denkbar ist aber auch, dass sie festlegen, welches Unternehmen den Auftrag erhalten soll, um im Bieterverfahren dann absprachegemäß ungünstigere Gebote abzugeben und so den vom Kartell vorgesehenen Anbieter zu „schützen".[814] Entgegen dem Anschein kommt der Zuschlagspreis in solchen Fällen nicht im Wettbewerb zustande und wird regelmäßig über dem eigentlichen Wettbewerbspreis liegen. Als Ausgleich für die Abgabe des Scheinangebots erfolgen entwederAusgleichszahlungen oder die Unternehmen vereinbaren, in zukünftigen Ausschreibungen ein anderes Kartellmitglied zu bevorzugen oder aber als Subunternehmer an dem erteilten Auftrag zu beteiligen. 249

Leidtragender von Submissionsabsprachen ist vielfach die öffentliche Hand, die infolge der von der Kommission zu Beginn der 90er Jahre in Gang gesetzten Regulierung des Vergabewesens heute eine Großzahl der von ihr zu vergebenden Aufträge auszuschreiben hat. Die vergaberechtlichen Verfahrens-[815] und Rechtsschutzvorschriften[816] sollen dabei gerade 250

---

[811] BKartA B. v. 12.5.2011, B2 – 118/10, S. 3ff. – *Marktinformationssystem Rohmilch,* vgl. auch B. v. 26.7.2002, WuW/E DE-R 949 – *Transportbeton Sachsen* (dort mindestens fünf Teilnehmer).

[812] Zur kartellrechtlichen Behandlung von Bietergemeinschaften s. oben Rdnr. 228.

[813] *S/J/K/M-Winterstein/Ceyssens/Wessely,* Art. 101 AEUV Rdnr. 361.

[814] Komm. E. v. 21.10.1998, ABl. 1999 L 24/1 Rdnr. 33, 75 – *Fernwärmetechnik Kartell:* Wurde entgegen der Absprache von einem Kartellmitgliedern ein günstigeres Angebot abgegeben, so übten die anderen Mitglieder Druck aus, um die Rücknahme des Angebots zu erreichen.

[815] Richtlinie 2004/18/EG v. 31.3.2004 über die Koordinierung der Verfahren zur Vergabe amtlicher Bauaufträge, Lieferaufträge und Dienstleistungsaufträge, ABl. 2004 L 134/114, wird zum 18.4.2016 aufgehoben und ersetzt durch die Richtlinie 2014/24/EU v. 26.2.2014 über die amtliche Auftragsvergabe und zur Aufhebung der Richtlinie 2004/18/EG, ABl. 2014 L 94/65; Richtlinie 2004/17/EG vom 31.3.2004 zur Koordinierung der Zuschlagserteilung durch Auftraggeber im Bereich der Wasser-, Energie- und Verkehrsversorgung sowie der Postdienste, ABl. 2004 L 134/1, wird zum 18.4.2016 aufgehoben und ersetzt durch Richtlinie 2014/25/EU vom 26.2.2014 über die Vergabe von Aufträgen durch Auftraggeber im Bereich der Wasser-, Energie- und Verkehrsversorgung sowie der Postdienste und zur Aufhebung der Richtlinie 2004/17/EG, ABl. 2014 L 94/243.

[816] Richtlinie 89/665/EWG v. 21.12.1989 zur Koordinierung der Rechts- und Verwaltungsvorschriften für die Anwendung der Nachprüfungsverfahren im Rahmen der Vergabe amtlicher Liefer- und Bauaufträge, ABl. 1989 L 395/33; Richtlinie 92/13/EWG v. 25.2.1992 zur Koordinierung der Rechts- und Verwaltungsvorschriften für die Anwendung der Gemeinschaftsvorschriften über die Auftragsvergabe durch Auftraggeber im Bereich der Wasser-, Energie- und Verkehrsversorgung so-

die Öffnung des öffentlichen Beschaffungswesens für den Wettbewerb und die wirtschaftliche Vergabe öffentlicher Aufträge garantieren.[817] Treffen die beteiligten Unternehmen nun Absprachen, um ihr Verhalten in einzelnen oder mehreren aufeinanderfolgenden Vergabeverfahren zu koordinieren, Preise über dem Marktniveau zu erreichen und Kunden untereinander aufzuteilen, so beschränkt dies den Wettbewerb auf dem in Frage stehenden Markt und frustriert damit vielfach auch die hinter dem Vergaberecht stehenden Zielsetzungen. In der europäischen Entscheidungspraxis haben Submissionsabsprachen allerdings wegen ihres bisher zumeist regionalen Zuschnitts bisher nur eine untergeordnete Rolle gespielt.[818] In die Zukunft weisende Fälle von Submissionsabsprachen stellen insoweit die Entscheidungen der Kommission hinsichtlich des über vier Mitgliedstaaten operierenden Aufzugs-Kartells[819] und hinsichtlich des weltweit operierenden Kartells für *gasisolierte Schaltanlagen*[820] dar.

II. Submissionsabsprachen im deutschen Recht

251 Die materiell-rechtliche Bewertung von Submissionsabsprachen im deutschen Kartellrecht entspricht ihrer Einordnung unter dem Gemeinschaftsrecht. Als Preisabsprache oder Maßnahme der Marktaufteilung verstoßen sie gegen § 1 GWB. Anders als in der europäischen Praxis hat die Verfolgung von Submissionsabsprachen von Beginn an eine große Rolle in der Tätigkeit des BKartA gespielt.[821] Werden sie aufgedeckt, so ist, wie bei Preiskartellen generell, mit empfindlichen Geldbußen zu rechnen.[822] Die Durchführung einer gegen § 1 GWB verstoßenden Submissionsabsprache stellt eine Ordnungswidrigkeit dar, die, sofern nicht strafrechtliche Sanktionen dies ausschließen, nach § 81 Abs. 2 Nr. 1, Abs. 4 S. 1 GWB mit Geldbußen bis zu 1 Million Euro geahndet werden kann. Seit der 7. GWB-Novelle (2005) kann die Geldbuße alternativ auch bis zu 10% des vom jeweiligen Unternehmen bzw. einer Unternehmensvereinigung im vorausgegangenen Geschäftsjahr erzielten Gesamtumsatzes betragen. Dabei begründet bereits die Vereinbarung oder Abstimmung einer Marktaufteilung diese Sanktionsmöglichkeiten.

Lange Zeit wurden Submissionsabsprachen von der Verwaltungspraxis und der Rechtsprechung nur als Ordnungswidrigkeiten verfolgt, weil man davon ausging, dass eine strafrechtliche Verfolgung unter dem Gesichtspunkt des Betrugs (§ 263 StGB) regelmäßig am Nachweis eines Vermögensschadens scheitern würde. Zu Beginn der 90er Jahre hat sich die

---

wie im Telekommunikationssektor, ABl. 1992 L 76/14; beide zuletzt geändert durch die Richtlinie 2007/66/EG vom 11.12.2007 zur Änderung der Richtlinien 89/665/EWG und 92/13/EWG des Rates im Hinblick auf die Verbesserung der Wirksamkeit der Nachprüfungsverfahren bezüglich der Vergabe amtlicher Aufträge, ABl. 2007 L 335/31.

[817] Vgl. etwa Erwägungsgrund 2 der Rl 2004/18/EG und Erwägungsgründe 1f. der Rl 2014/24/EU, aber auch § 97 Abs. 1, 5 GWB.

[818] Komm. E. v. 21.10.1998, ABl. 1999 L 24/1 – *Fernwärmetechnik Kartell;* Komm. E. v. 5.2.1992, ABl. 1992 L 92/1 – Niederländische *Bauwirtschaft,* bestätigt durch EuG U. v. 21.2.1995, Slg. 1995 II-289 – *SPO.*

[819] Komm. E. v. 21.2.2007, ABl. 2008 C 75/19 – *Aufzugskartell,* bestätigt hinsichtlich des Kartellverstoßes u. a. in EuG U. v. 13.7.2011, Slg. 2011 II-5313 – *Kone,* EuGH U. v. 24.10.2013, Rs C-510/11 P, ECLI:EU:C:2013:696. S. auch Komm. E. v. 11.3.2008, ABl. 2009 C 188/16 – *Umzugsdienste in Belgien,* bestätigt in EuG U. v. 16.6.2011, Slg. II-3729 – *Putters International.*

[820] Komm. E. v. 24.1.2007, ABl. 2008 C 5/7 – *Gasisolierte Schalanlagen,* bestätigt hinsichtlich des Kartellverstoßes durch EuG U. v. 3.3.2011, Slg. 2011 II-793 – *Siemens Österreich u. a.* bzw. durch EuGH U. v. 10.4.2014, Rs C-231/11 P, ECLI:EU:C:2014:256.

[821] Vgl. schon BGH U. v. 15.2.1962, WuW/E BGH 495, 497 – *Ausschreibung für Putzarbeiten II;* Zahlreiche weitere Beispiele finden sich in den Tätigkeitsberichten des BKartA, vgl. z. B. TB 1976, 39, 79; TB 1977, 54, 71; TB 1978, 53, 59, 72; TB 1979/1980, 55, 89 ff.; TB 1981/1982, 11 f., 33, 64, 71; TB 1983/1984, 31, 95; TB 1985/1986, 51; TB 1987/1988, 27 f., 88; TB 1991/1992, 37, 47 ff.; TB 1993/1994, 102; TB 1995/1996, 29 ff.; TB 1997/1998, 35 ff.; TB 1999/2000, 42; TB 2001/2002, 141, 143; TB 2003/2004, 36ff; TB 2009/2010, 85, 105 f., TB 2011/2012, 73.

[822] Vgl. z. B. BKartA B. v. 7.5.1997, WuW/E BKartA 2892 – *Stromkabel;* B. v. 19.9.2012, B10 – 101/11 – *Leistungstransformatoren;* B. v. 20.10.2012, B11 – 26/05 – *Großdampferzeuger.*

dies infolge einer Grundsatzentscheidung des BGH geändert, nach der ein Auftraggeber, der mit einem Anbieter einen Preis vereinbart, der aufgrund einer Submissionsabsprache höher als der erzielbare Wettbewerbspreis ist, einen Schaden im Sinne des Betrugstatbestandes erleidet.[823] Für die Feststellung des Betrugsschadens ist ausreichend, wenn Indizien mit hoher Wahrscheinlichkeit dafür sprechen, dass der Auftraggeber ohne die Absprache und seine Täuschung ein geringeres Entgelt versprochen und gezahlt hätte.[824]

Weil trotz dieser neuen Rechtsprechung der Nachweis eines Vermögensschadens oft **252**
schwer zu führen war,[825] sind **Submissionsabsprachen** 1997 durch das Gesetz zur Bekämpfung der Korruption in § 298 StGB zu einem besonderen Straftatbestand hochgestuft worden, der neben § 263 tritt.[826] Danach wird mit Geldstrafe oder Freiheitsstrafe von bis fünf Jahren bestraft, wer bei einer Ausschreibung über Waren oder gewerblichen Leistungen ein Angebot abgibt, das auf einer rechtswidrigen Absprache beruht, die darauf abzielt, den Veranstalter zur Annahme eines bestimmten Angebots zu veranlassen.[827] Die Absprache ist dabei rechtswidrig, wenn sie gegen § 1 GWB verstößt. Wegen der Beschränkung des § 1 GWB in der Fassung vor der 7. GWB-Novelle (bis 30.6.2005) auf wettbewerbswidrige Praktiken „zwischen miteinander im Wettbewerb stehenden" Unternehmen erfasste § 298 StGB nur horizontale Absprachen zwischen Wettbewerbern – nicht in den Anwendungsbereich dieses Tatbestandes fielen also vertikale (kollusive) Absprachen eines Bieters mit Verantwortlichen der ausschreibenden Stelle.[828] Da seit der 7. GWB-Novelle (2005) auch vertikale Absprachen von § 1 GWB erfasst werden, hat der BGH nun auch die Strafbarkeit von Absprachen zwischen Ausschreibungsveranstaltern und Anbietern bejaht.[829] Anders als § 263 StGB handelt es sich bei § 298 StGB um ein abstraktes Gefährdungsdelikt;[830] die Kartellmitglieder können also auch dann strafbar handeln, wenn die Vergabe des Auftrags letztlich zu einem angemessenen Preis zustande kommt. Bei der Verfolgung von Submissionsabsprachen sind die Kartellbehörden gemäß § 82 GWB, § 30 OWiG zuständig, Geldbußen gegen *Unternehmen* zu verhängen. Wie bei jedem Kartellverstoß, der zugleich einen Straftatbestand verwirklicht, liegt die Kompetenz zur Verhängung von Geldstrafen gegen *natürliche Personen* dagegen bei der Staatsanwaltschaft. Im Sinne einer optimalen Koordination der unterschiedlichen Ermittlungen und Entscheidungen sieht Nr. 242 der Richtlinien für das Straf- und Bußgeldverfahren (RiStBV) eine enge Zusammenarbeit zwischen Staatsanwaltschaft und Kartellbehörden vor, die von Seiten des BKartA positiv bewertet wird[831] und inzwischen in einem „Netzwerk Submissionsabsprachen" forciert wird.[832]

---

[823] BGH U. v. 8.1.1992, WuW/E BGH 2849 – *Arbeitsgemeinschaft Rheinausbau.* Dazu noch *Klusmann* in § 56 Rdnr. 24ff.

[824] Für Einzelheiten, wann solche Indizien vorliegen s. BGH B. v. 31.8.1994, WuW/E BGH 2945 – *Arbeitsgemeinschaft Rheinausbau II.*

[825] BT-Drucks. 13/5584, S. 13. Ohnehin scheint es angesichts der enormen Schwierigkeiten bei der Ermittlung des „Wettbewerbspreises" problematisch, auf einen solchen Wert eine strafrechtliche Ahndung zu stützen, s. *Schönke/Schröder-Perron,* StGB, § 263 Rdnr. 137a.

[826] Dazu *Klusmann,* § 56 Rdnr. 12ff.; s. ferner *Fischer,* StGB, § 298 Rdnr. 3, 9; *Hohmann,* Die strafrechtliche Beurteilung von Submissionsabsprachen, NStZ 2001, 566.

[827] Der Ausschreibung ist die freihändige Vergabe eines Auftrages nach vorausgegangenem Teilnahmewettbewerb gleichgestellt (§ 298 Abs. 2 StGB). Abs. 3 regelt zudem einen Fall Tätiger Reue: Nicht bestraft wird, wer freiwillig verhindert, dass der Veranstalter das Angebot annimmt oder seine Leistung erbringt. Wird ohne Zutun des Täters das Angebot nicht angenommen oder die Leistung des Veranstalters nicht erbracht, so wird er straflos, wenn er sich freiwillig und ernsthaft bemüht, die Annahme des Angebots oder das Erbringen der Leistung zu verhindern.

[828] BGH B. v. 22.6.2004, WuW/E DE-R 1287 – *Planungsbüro.*

[829] BGH, NJW 2012, 3318; dazu *Stoffers/Möckel,* Reichweite der Strafbarkeit von Submissionsabsprachen, NJW 2012, 3270.

[830] *Hohmann,* Die strafrechtliche Beurteilung von Submissionsabsprachen, NStZ 2001, 566, 571; *Fischer,* StGB, § 298 Rdnr. 3a mwN.

[831] TB 2003/2004, 36.

[832] S. Presse-Mitt. des BKartA v. 15.4.2013.

Q. Umweltschutzvereinbarungen

I. Umweltschutzvereinbarungen im europäischen Recht

253 **1. Grundsätze.** Umweltschutz und freier Wettbewerb sind unter Umständen divergierende Ziele der Union. Seit in der Umweltpolitik bei der Verfolgung von Umweltschutzzielen immer weniger auf staatlichen Zwang als auf freiwillige Selbstregulierungen bzw. Umweltschutzvereinbarungen der Wirtschaft gesetzt wird, stellt sich häufig die Frage nach der Vereinbarkeit solcher Regelungen mit Art. 101 AEUV. Dies gilt insbesondere seit Politik und Verbraucher nicht nur auf die Umweltverträglichkeit der Produkte dringen, sondern in einem allgemeineren Sinne nachhaltiges Wirtschaften in allen Bereichen fordern.[833] In der Praxis bisher weitgehend ignoriert wurde die Querschnittsklausel in Art. 11 AEUV mit der die Mitgliedstaaten ausdrücklich bekunden, dass bei der Anwendung der Wettbewerspolitik die Erfordernisse des Umweltschutzes mit einbezogen werden müssen. Eine einheitliche und pauschale Bewertung ist dabei aus kartellrechtlicher Sicht nicht möglich. Die Kommission steht Umweltschutzvereinbarungen grundsätzlich wohlwollend gegenüber. Seit Mitte der neunziger Jahre hat sie in ihren Wettbewerbsberichten wiederholt klargestellt, dass sie Umweltschutzgesichtpunkte zwar nicht generell als Rechtfertigungsgrund für wettbewerbsbeschränkende Verhaltensweisen akzeptiert, jedoch bei der Verhältnismäßigkeitsbeurteilung nach Art. 101 Abs. 3 AEUV positiv berücksichtigt.[834] Die Kriterien, nach denen die Kommission dabei vorzugehen gedenkt, hatte sie in ihren **Leitlinien von 2001** zur Anwendbarkeit von Art. 81 EG auf Vereinbarungen über horizontale Zusammenarbeit niedergelegt.[835] Der Begriff der Umweltschutzvereinbarung umfasst nach diesen Leitlinien Vereinbarungen, die den Abbau von Umweltverunreinigungen zum Hauptziel haben. Es genügt hingegen nicht, wenn die Entlastung der Umwelt eine bloße Nebenfolge der Vereinbarung ist. Gegenstand der Vereinbarung können dabei sowohl Umweltstandards sein, die das Produkt selbst betreffen, als auch solche, die sich auf Produktionsabläufe beziehen.[836]

In den neuen **Horizontalleitlinien von 2011** hat die Kommission von einem eigenen Abschnitt für derartige Umweltschutzvereinbarungen abgesehen.[837] Ausführungen zu horizontalen Praktiken, die den Umweltschutz betreffen, finden sich v. a. in dem Abschnitt zu Vereinbarungen über Normen. Darüber hinaus sind Umweltschutzvereinbarungen immer im Zusammenhang mit den jeweils einschlägigen Praktiken, mit denen sie verbunden sind – z. B. FuE-Vereinbarungen oder Produktionsvereinbarungen – zu prüfen.[838] Die Leitlinien treffen keinerlei Aussagen dazu, unter welchen Voraussetzungen die Mitgliedstaaten selbst gegen den AEUV verstoßen.[839] Angesprochen ist damit insbesondere die in ständiger Rechtsprechung aus Art. 4 Abs. 3 EUV in Verbindung mit Art. 101 AEUV entwickelte Verpflichtung der Mitgliedstaaten, keine Maßnahmen zu treffen oder beizubehalten, die die praktische Wirksamkeit der für die Unternehmen geltenden Wettbewerbsregeln aufheben können, etwa indem sie den Unternehmen wettbewerbswidrige Verhaltensweisen vorschreiben oder erleichtern.[840]

---

833 Zum Aspekt der Nachhaltigkeit im Kartellrecht ausführlich *Lübbig,* WuW 2012, 1142.

834 XXV. Wettbewerbsbericht 1995, Rdnrn. 83 ff.; XXVIII. Wettbewerbsbericht 1998, Rdnr. 129.

835 ABl. 2001 C 3/2, Rdnrn. 179 ff.; s. dazu auch *S/J/K/M-Haag,* Art. 101 AEUV Rdnrn. 583 ff.; *Bechtold/Brinker/Bosch/Hirsbrunner,* EG-Kartellrecht (2. Aufl.), Art. 101 AEUV, Rdnr. 198.

836 Leitlinien, aaO, Rdnr. 179 ff.

837 Leitlinien der Kommission zur Anwendbarkeit von Artikel 101 des Vertrags über die Arbeitsweise der Europäischen Union auf Vereinbarungen über horizontale Zusammenarbeit, ABl. 2011 C 11/01, Rdnr. 20 Fn. 1.

838 Horizontalleitlinien 2011 aaO, Rdnrn. 20 Fn. 1, 149, 257 ff.

839 Dies ergibt sich ausdrücklich nur aus den Horizontalleitlinien 2001, aaO Rdnrn. 183. Allerdings ist nirgends in den Horizontalleitlinien 2011 eine Änderung angedeutet.

840 Dazu nur EuGH U. v. 9.9.2003, Slg. 2003 I-8055 Rdnr. 45 – *CIF;* U. v. 16.11.1977, Slg. 1977, 2115, Rdnr. 31 – *Inno/ATAB;* U. v. 19.2.2002, Slg. 2002 I-1529, Rdnr. 34 – *Arduino.*

Materiell-rechtlich enthalten die Leitlinien 2011 Kriterien zur Beurteilung der Frage, wann Umweltvereinbarung von Art. 101 Abs. 1 AEUV erfaßt werden. Eine von Herstellern vereinbarte Norm, die die Umweltleistung von Produkten oder Herstellungsverfahren festlegt und als Teil einer umfassenderen restriktiven Vereinbarung verwandt wird, soll eine **bezweckte Wettbewerbsbeschränkung** darstellen. Eine solche Situation will die Kommission annehmen, wenn ein nationaler Herstellerverband eine Norm setzt und die Vermarktung abweichender Produkte verhindert oder die Hersteller neue (noch umweltfreundlichere) Technologien durch die Norm ausschließen.[841] Lässt sich keine bezweckte Wettbewerbsbeschränkung feststellen, dann haben Umweltschutzvereinbarungen **keine wettbewerbsbeschränkende Auswirkungen,** wenn a) die Mitwirkung der (potentiellen) Wettbewerber am Normungsprozess uneingeschränkt möglich und b) das Verfahren für die Annahme transparent war, c) keine Verpflichtung zur Einhaltung der Norm besteht und d) der Zugang zur Norm zu fairen und diskriminierungsfreien Bedingungen gewährleistet ist.[842] Sind nur einige der genannten Voraussetzungen gewährleistet, können fehlende wettbewerbsbeschränkende Auswirkungen – und damit kein Verstoß gegen Art. 101 Abs. 1 AEUV – vor allem durch die mangelnde Marktmacht der die Norm entwickelnden und anwendenden Unternehmen nachgewiesen werden.[843] Umgekehrt scheint die Kommission von einer Wettbewerbsbeschränkung i. S. d. Art. 101 Abs. 1 AEUV auszugehen, wenn zwar alle Voraussetzungen erfüllt sind, aber die Umweltschutzvereinbarung von einem hohen Anteil der Marktteilnehmer eingehalten wird.[844] Liegen dagegen die o. g. Voraussetzungen nicht alle vor und besteht hinsichtlich der an der Vereinbarung Beteiligten außerdem Marktmacht, dann liegt ein Verstoß gegen Art. 101 Abs. 1 AEUV vor und eine Freistellung nach Abs. 3 ist unwahrscheinlich.[845] Über die Leitlinien hinaus ergibt sich aus der Entscheidungspraxis, dass die Kommission keine spürbare Wettbewerbsbeschränkung annimmt, wenn die Vereinbarung lediglich der Information der Verbraucher dient[846] oder die Beteiligten nur allgemein zur Erreichung von Umweltschutzzielen verpflichtet,[847] da insoweit nicht die Handlungsfreiheit der beteiligten Unternehmen nicht beschränkt wird. Im Fall von Produktions-oder Vermarktungsvereinbarungen rekurriert die Kommission auf den Arbeitsgemeinschaftsgedanken und verneint wettbewerbsbeschränkende Auswirkungen, wenn die Beteiligten allein nicht in der Lage gewesen wären, die betreffenden Tätigkeiten durchzuführen.[848] Soweit die Umweltschutzvereinbarung sich nicht auf das Produkt bezieht, sondern nur die Angleichung eines unwesentlichen Teils der Herstellungskosten bewirkt, etwa durch die Abrede aller relevanten Hersteller, Dienstreisen nur noch mit Bahn statt Flugzeug vorzunehmen, kann schon die Spürbarkeit der Wettbewerbsbeschränkung fehlen.[849] 254

Die Leitlinien enthalten ferner Anhaltspunkte für die Beurteilung der Frage, wann eine nach Art. 101 Abs. 1 AEUV verbotene **Vereinbarung** unter Abs. 3 fällt und damit *ex lege* **freigestellt** ist. Erforderlich ist hiernach, dass durch den Abbau der Umweltbelastung wirtschaftliche Vorteile entstehen, die die Kosten der Wettbewerbsbeschränkung übersteigen.[850]

---

841 Horizontalleitlinien 2011 aaO, Rdnrn. 257, 273.

842 Horizontalleitlinien 2011 aaO, Rdnrn. 280 ff. Die alten Leitlinien gingen in diesen Fällen von der fehlenden Spürbarkeit der Wettbewerbsbeschränkung aus, Horizontalleitlinien aaO, Rdnr. 185.

843 Horizontalleitlinien 2011 aaO, Rdnrn. 277, 296.

844 Vgl. die Beispiele in Horizontalleitlinien 2011 aaO, Rdnr. 329: 90% aller Waschmaschinenhersteller vereinbaren, nur noch bestimmte, umweltfreundliche aber teurere Maschinen herzustellen; freiwillige Vereinbarung für eine einheitliche Verpackung durch Hersteller und Importeure, die 85% des Absatzes erzielen,, Rdnr. 331 – in beiden Beispielen wären die Voraussetzungen von Art 101 Art. 3 AEUV wahrscheinlich erfüllt.

845 Horizontalleitlinien 2011 aaO, Rdnrn. 332.

846 Komm. E. v. 24.1.1999, ABl. 2000 L 187/47, Rdnr. 40 f. – *CECED.*

847 Fall *ACEA,* XXVIII. Wettbewerbsbericht 1998, S. 167.

848 Horizontalleitlinien 2011 aaO, Rdnrn. 20 Fn. 1, 163, 237.

849 *Lübbig,* WuW 2012, 1142, 1151.

850 Horizontalleitlinien 2011 aaO, Rdnrn. 308, 329 (niedrigere Betriebskosten durch mehr Betriebseffizienz), 331 (Weitergabe geringerer Transport- und Verpackungskosten).

Die weiterreichende Formulierung im XXV. Wettbewerbsbericht aus dem Jahr 1995, wonach Verbesserungen für die Umwelt als ein Element eingestuft werden, das zur Stärkung der Produktion oder der Verteilung und zur Förderung des wirtschaftlichen und technischen Fortschritts im Sinne des Art. 81 Abs. 3 EG (jetzt: Art. 101 Abs. 3 AEUV) beiträgt,[851] findet sich hier jedoch nicht mehr. Entsprechend den allgemeinen Grundsätzen darf die Vereinbarung schließlich nicht zu einer Ausschaltung des Wettbewerbs führen. Trotz dieser allgemeinen Leitlinien ist nur eingeschränkt vorhersehbar, wann eine Umweltschutzvereinbarung nicht dem Kartellverbot unterliegt.[852] Dies gilt vor allem für Fälle, in denen eine Umweltschutzvereinbarung nicht unmittelbar messbar eine angemessene Beteiligung der Verbraucher am Gewinn, z. B. durch geringere Betriebskosten, bewirkt. Vereinbaren Hersteller ein bestimmtes, preisrelevantes Produktionsverfahren nicht mehr zu verwenden und wird dadurch das Produkt teurer, aber nur die Boden- oder Gewässerbelastung verringert, ist fraglich, ob sich hier eine angemessene Verbraucherbeteiligung errechnen lässt. Fraglich bleibt auch, inwieweit nationale oder gar europäische Vorgaben zugunsten der beteiligten Unternehmen jenseits politischer Opportunitätserwägungen der Kartellbehörden berücksichtig werden oder Vorrang zukommt.

255 **2. Praxis.** In der Praxis hat die Kommission mehrfach Umweltschutzvereinbarungen als vereinbar mit dem Gemeinsamen Markt beurteilt und unter der alten Kartellverordnung freigestellt. So stellte die Kommission eine Vereinbarung zwischen den Mitgliedern einer Vereinigung von „namhaften" Herstellern von Fernseh- und Videogeräten frei, die sich verpflichtet hatten, den Stromverbrauch ihrer Erzeugnisse im Standby-Betrieb zu reduzieren. Die Kommission argumentierte insoweit, dass sich durch die Maßnahme erhebliche Mengen Strom sparen lassen würden, was eine Schonung der Energieressourcen sowie eine Senkung des Kohlenstoffdioxidausstoßes zu Folge habe und damit den Treibhauseffekt vermindere, während der Wettbewerb auf den betroffenen Märkten nicht ausgeschaltet werde.[853] Eine ebenso positive Bilanz attestierte die Kommission einer zwischen Herstellern und Importeuren geschlossenen Vereinbarung zur Senkung des Stromverbrauchs von Waschmaschinen. Die Mehrkosten für den Verbraucher beim Kauf würden durch die Energieeinsparungen beim Betrieb Maschine mehr als ausgeglichen.[854] In dieser Entscheidung hielt die Kommission auch fest, dass, wenn kein individueller Nutzen festgestellt werden kann, bereits die Erzielung eines positiven gesamtgesellschaftlichen Umweltergebnisses ausreicht, um eine angemessene Beteiligung der Verbraucher anzunehmen.[855] Diese Ausführungen lassen sich so eindeutig nicht wieder in den oben dargestellten Horizontalleitlinien finden.[856] Es ist somit fraglich, ob die bisherige Entscheidungspraxis weiter Gültigkeit hat. Die Selbstverpflichtung des Dachverbandes der Europäischen Automobilhersteller zur Reduktion des CO_2-Ausstoßes von Personenkraftwagen verstieß nach Auffassung der Kommission schon nicht gegen Art. 101 Abs. 1 AEUV, denn die Verpflichtung beschrieb nur einen durchschnittlichen Grenzwert, der von einzelnen Mitgliedern über- oder unterschritten werden konnte. Insbesondere blieb es ihnen überlassen, wie, insbesondere durch welche Technologie und welche Modellpolitik, sie dieses Ziel erreichen.[857] Eine andere Beurteilung war hier auch schwerlich möglich, denn Mitgliedstaaten und Kommission hatten auf den Abschluss der Verpflichtung gedrungen. Eine entsprechende Vereinbarung der jeweiligen Verbände japanischer und koreanischer Importeure wurde ebenfalls als mit Art. 101 Abs. 1 AEUV vereinbar angese-

[851] XXV. Wettbewerbsbericht 1995, Rdnr. 85.

[852] Ebenso das BKartA in seinem Diskussionspapier „Ausnahmebereiche des Kartellrechts – Stand und Perspektiven der 7. GWB-Novelle", 2003, S. 6.

[853] Fall *EACEM,* XXVIII. Wettbewerbsbericht 1998, Rdnr. 130.

[854] Komm. E. v. 24.1.1999, ABl. 2000 L 187/47, Rdnr. 52 – *CECED.*

[855] Komm. E. v. 24.1.1999, ABl. 2000 L 187/47, Rdnr. 56 – *CECED.*

[856] Vgl. § 9 Rdnr. 253. In der Literatur ist die Beachtung nichtwettbewerblicher Vorteile umstritten, s. die Nachweise bei *Langen/Bunte-Braun,* Nach § 2 GWB Rdnr. 197.

[857] Fall *ACEA,* XXVIII. Wettbewerbsbericht 1998, S. 167.

hen.[858] Im Ergebnis positiv beurteilt wurden ferner eine Kooperationsvereinbarung zur Förderung der Forschung auf dem Gebiet des Umweltschutzes in der Kraftfahrzeugindustrie und die Vereinbarungen der britischen Industrie im Zusammenhang mit der Erfüllung der gesetzlichen Verpflichtungen zur Abfallverwertung.[859]

II. Umweltschutzvereinbarungen im deutschen Recht

256 Anders als im europäischen Recht hat sich im deutschen Recht weder eine etablierte Fallpraxis zu Umweltschutzvereinbarungen entwickelt noch hat das BKartA in seinen Bekanntmachungen Kriterien zur Beurteilung von Umweltschutzvereinbarungen dargelegt. Diskutiert wurde die kartellrechtliche Problematik von Umweltschutzaspekten jedoch insbesondere im Zusammenhang mit der Tätigkeit der *Duales System Deutschland GmbH (DSD)* und in der Auseinandersetzung um die Organisation des Rücknahmesystems nach Einführung des Pflichtpfandes auf Einwegverpackungen. Das BKartA löste das Dilemma bislang unter Verweis auf das Opportunitätsprinzip. Trotz einer weitgehenden Ausschaltung des Wettbewerbs auf dem Markt für Sammlung und Verwertung von Einwegverpackungen entschied sich das BKartA, das *DSD* im Rahmen pflichtgemäßer Ausübung seines Ermessens zu dulden. Es hat jedoch auch betont, dass es eine Ausdehnung des Systems auf weitere Bereiche nicht tolerieren werde.[860] Im praktischen Ergebnis verfolgte das BKartA damit einen ähnlich flexiblen Ansatz wie die Kommission im Rahmen von Art. 101 AEUV. Die kartellbehördliche Tolerierung löst den Konflikt indes nur vordergründig. Sie ändert nichts an der zivilrechtlichen Sanktionierung des Verbotes in § 1 GWB.[861] Mit Blick auf die Umsetzung von Sammel- und Rücknahmeverpflichtungen hatte der Gesetzgeber deshalb mit § 7 GWB a.F. eine Freistellungsmöglichkeit im Einzelfall für Kooperationen geschaffen, die zur Verbesserung von Rücknahme und Entsorgung von Waren dienen.[862] Die Vorschrift war insgesamt an Art. 101 Abs. 3 AEUV angelehnt und erweiterte lediglich die dort genannten Effizienzziele. Diese Erweiterung, von der soweit ersichtlich kein Gebrauch gemacht wurde, ist mit der 7. GWB-Novelle weggefallen. Allerdings eröffnet die Legalausnahme des § 2 Abs. 1 GWB die Möglichkeit einer flexiblen Berücksichtigung von Umweltschutzaspekten.

Das BKartA hatte 2007 über ein Einkaufskartell von Behälterglasherstellern zu entscheiden. Diese hatten gemeinsam die *Gesellschaft für Glasrecycling und Abfallvermeidung mbH (GGA)* gegründet und durch den gemeinsamen Einkauf von Altglas zu identischen Preisen, die Steuerung der Altglasmengen zu Aufbereitungsanlegen und den Ausgleich unterschiedlicher Transportkosten den Wettbewerb zwischen ihnen auf dem Einkaufsmarkt für Altglas beschränkt.[863] In Bezug auf eine Freistellung nahm das BKartA an, dass, entsprechend den Horizontalleitlinien der Kommission, die Schonung natürlicher Ressourcen durch einen erhöhten Einsatz von Altglas bei der Glasherstellung grundsätzlich ein im Rahmen von Art. 81 Abs. 3 EG (jetzt:Art. 101 Abs. 3 AEUV), § 2 GWB beachtenswerten Effizienzgewinn darstellen kann.[864] Im konkreten Fall konnten durch den Gebrauch von Sekundär-

---

[858] Fälle *JAMA* und *KAMA,* XXIX. Wettbewerbsbericht 1999, S. 180f.

[859] XXVIII. Wettbewerbsbericht 1998, Rdnr. 132 bzw. Rdnrn. 133f. S. dazu auch Komm. E. v. 4.12.2001, ABl. 2001 L 319/1 – *DSD;* Komm. E. v. 16.10.2003, ABl. 2004 L 75/59 – *ARA, ARGEV, ARO.* Zur Kommissionspraxis im Bereich der Entsorgungsleistungen s. auch die Nachweise bei *S/J/K/M-Haag,* Art. 101 AEUV Rdnr. 586 und Fn. 2426.

[860] Vgl. das Diskussionspapier des BKartA „Ausnahmebereiche des Kartellrechts – Stand und Perspektiven der 7. GWB-Novelle", 2003, S. 4ff.

[861] Ebenso *Immenga/Mestmäcker-Zimmer,* GWB, § 1 Rdnr. 176.

[862] Vgl. das Diskussionspapier des BKartA „Ausnahmebereiche des Kartellrechts – Stand und Perspektiven der 7. GWB-Novelle", 2003, S. 5f.

[863] BKartA B. v. 31.5.2007, B4 – 1006/06, Rdnrn. 107ff. – *Altglas.* Die Entscheidung wurde im Verfahren des einsweiligen Rechtsschutzes durch OLG Düsseldorf B. v. 14.6.2007, VI-Kart 9/07 (V) bestätigt. Das Rechtsmittel wurde daraufhin zurückgenommen und die Entscheidung rechtskräftig.

[864] BKartA B. v. 31.5.2007, B4 –1006/06, Rdnr. 187 – *Altglas.*

rohstoffen nicht nur der Verbrauch von Primärrohstoffen, sondern auch der Energieaufwand und der CO2-Austoß in der Herstellung verringert werden. Allerdings war die konkrete Gestaltung des Einkaufskartells nicht unerlässlich, um diesen Effizienzvorteil zu erreichen. Weil das Einkaufskartell die Kosten für die Altglastransporte nicht minimierte und der Einsatz von Altglas in der Glasherstellung auch ohne das Kartell in gleichem Maße stattgefunden hätte, fehlte es an einem kausalen Beitrag des Kartells.[865] Wegen der fehlenden Unerlässlichkeit ließ das BKartA ausdrücklich die Frage dahinstehen, inwieweit Vorteile als individueller Nutzen dem Verbraucher zufließen müssen oder ob ein Nutzen für die Allgemeinheit ausreicht[866] Im Interesse einer einheitlichen Anwendung der Legalausnahmen auf nationale Sachverhalte und solche mit gemeinschaftsweiter Bedeutung, kann daher davon ausgegangen werden, dass sich das BKartA an den Kriterien der bisherigen Entscheidungspraxis und den Leitlinien der Kommission orientiert. Mit der Entscheidung ist für die beteiligten Unternehmen in Bezug auf Umweltvereinbarungen ein ausreichendes Maß an Rechtssicherheit gewonnen. Wie im europäischen Recht bleibt aber eine Freistellung fraglich, wenn sich nicht zeigen lässt, dass der Effizienzgewinn durch die Schonung von Umweltressourcen auch einen individuellen Nutzen für den Verbraucher bedeutet.

[865] BKartA B. v. 31.5.2007, B4 – 1006/06, Rdnrn. 193 ff. – *Altglas.*

[866] BKartA B. v. 31.5.2007, B4 – 1006/06 – *Altglas,* Rdnrn. 188 mit Verweis auf die entsprechenden Ausführungen der Kommission in den Horizontalleitlinien 2001.

3. Kapitel. Wettbewerbsbeschränkungen in Vertriebsverträgen und andere vertikale Wettbewerbsbeschränkungen

§ 10 Einleitung und Rechtsgrundlagen

Übersicht

Schrifttum: *Ackermann,* EuZW 1997, 271; *Beier,* Die kartellrechtliche Beurteilung von Alleinvertriebsverträgen im Gemeinsamen Markt und den USA, GRUR 1964, 84; *Caspari,* Die Entwicklung des europäischen Wettbewerbsrechts, Anwaltsblatt 1988, 497; *Eilmansberger,* wbl 1997, 357; *de Keyser,* Territorial Restrictions and Export Prohibitions under the United States and the Common Market Antitrust Law, CML Rev. 1964, 271; *Kirchhoff,* Die kartellrechtliche Beurteilung vertikaler Vertriebsverträge, 1990; *Ulmer,* Zur Problematik vertikaler Wettbewerbsbeschränkungen und zum Schutz des intrabrand-Wettbewerbs im GWB, ZHR 130 (1968), 164.

A. Begriff der Vertikalvereinbarung; interbrand- und intrabrand-Wettbewerb

Vertikale Vertriebsvereinbarungen regeln den Absatz von Waren oder Dienstleistungen. 1
Sie werden zwischen Unternehmen auf verschiedenen Wirtschaftsstufen, etwa Herstellern und Händlern oder Franchisegebern und Franchisenehmern, abgeschlossen. Derartige Verträge können unterschiedlichste Arten von Wettbewerbsbeschränkungen enthalten, die Bezug oder Absatz mehr oder weniger stark reglementieren. Bezugsbindungen an einen Lieferanten führen zu einer Beschränkung des Wettbewerbs zwischen Herstellern konkurrierender Produkte (***interbrand-Wettbewerb,*** von der Kommission als ***Markenwettbewerb*** bezeichnet). Andere, typische Wettbewerbsbeschränkungen in Vertikalverträgen bewirken, dass der Wettbewerb zwischen den verschiedenen Anbietern der vertragsgegenständlichen

Produkte eines bestimmten Herstellers (***intrabrand-Wettbewerb,*** von der Kommission als ***markeninterner Wettbewerb*** bezeichnet) gedämpft oder sogar ausgeschlossen wird.[1]

2 Während es im Grundsatz unbestritten ist, dass das Kartellrecht die Freiheit des interbrand-Wettbewerbs zu schützen hat, wurde die Schutzbedürftigkeit des intrabrand-Wettbewerbs immer wieder in Zweifel gezogen, zuletzt insbesondere in den USA durch die Wettbewerbstheorie der Chicago School. Demgegenüber hielten sowohl das deutsche wie das EU-Kartellrecht grundsätzlich übereinstimmend, wenn auch in unterschiedlichem Maße an der Schutzbedürftigkeit auch des intrabrand-Wettbewerbs fest.[2] Die Vertikal-GVO Nr. 2790/1999,[3] die gemäß § 2 Abs. 2 GWB seit Juli 2005 auch im Anwendungsbereich des deutschen Kartellrechts entsprechend galt, schützte den intrabrand-Wettbewerb gegenüber den meisten vertikalen Beschränkungen jedoch nur noch im Fall unzureichenden interbrand-Wettbewerbs.[4] Daran hat sich unter der geltenden Vertikal-GVO Nr. 330/2010[5] nichts geändert.

B. Das Spannungsverhältnis von Freiheit der Vertriebsgestaltung und freiem Wettbewerb – die Interessenlagen von Herstellern, Absatzmittlern und Endabnehmern

I. Hersteller

3 Hersteller können aus unterschiedlichen Motiven daran interessiert sein, mit ihren Händlern Wettbewerbsbeschränkungen zu vereinbaren. Vereinbarungen über Bezugspflichten, Mindestabnahmen und -umsätze dienen unmittelbar der Absatzsicherung, die zuletzt genannten beiden Bindungsarten darüber hinaus der Absatzrationalisierung durch Ausschluss von Kleinabnehmern. Will der Hersteller sicherstellen, dass seine Produkte mit bestimmten warenbezogenen Dienstleistungen, z. B. Kundendienst und Beratung, oder in ansprechenden Verkaufsräumen dem Endkunden angeboten werden, wird er seine Vertriebsverträge so ausgestalten, dass Händler, die diesen Anforderungen nicht gerecht werden, vom Vertrieb ausgeschlossen sind. Motiv für eine solche Vertriebsstrategie kann die Aufrechterhaltung eines guten Markenimages oder das Verständnis des eigenen Produkts als **„Leistungsbündel"** sein, das außer durch die eigentliche Ware entscheidend durch die Marke, das Vertriebssystem, die Marketingmethode und die warenbezogenen Dienstleistungen in ihrer Gesamtheit geprägt wird. Ziel des Herstellers kann es sein, den Vertriebspartner als „seinen" Händler äußerlich sichtbar und möglichst ausschließlich zum Glied seiner Vertriebsorganisation zu machen. Händler sind zu einer solchen Konzentration ihrer Bemühungen auf einen Hersteller regelmäßig aber nur bereit, wenn ihre Absatzaussichten für dessen Produkte gut sind und ihnen ein mehr oder minder weitgehender Schutz vor intrabrand-Wettbewerb oder jedenfalls vor dessen besonders aggressiven Formen gewährt wird. Ferner wollen Hersteller häufig durch Verleihung von Exklusivität Händler dafür gewinnen, marktpflegerische oder markterschließende Leistungen zu erbringen, etwa die

[1] Als frühe Beispiele für die Verwendung des Begriffspaars interbrand- und intrabrand-Wettbewerb im deutschen und europäischen Kartellrecht vgl. etwa *Ulmer,* ZHR 130, 164, insbesondere 178, und *de Keyser,* CML Rev. 1964, 271, 273 Fn. 11.

[2] Vgl. *Kirchhoff,* Vertikale Vertriebsverträge, S. 230 f., S. 307 f. sowie zur Chicago School S. 79 ff. und S. 333 ff.

[3] Verordnung (EG) Nr. 2790/1999 der Kommission vom 22.12.1999 über die Anwendung von Artikel 81 Absatz 3 des Vertrages auf Gruppen von vertikalen Vereinbarungen und aufeinander abgestimmten Verhaltensweisen, ABl. 1999 L 336/21.

[4] Vgl. Kommission, Leitlinien für vertikale Beschränkungen, ABl. 2000 C 291/1, Rdnr. 6, 119. In den aktuellen Leitlinien für vertikale Beschränkungen (ABl. 2010 C 130/1) finden sich diese Passagen so allerdings nicht wieder.

[5] Verordnung (EU) Nr. 330/2010 der Kommission vom 20.4.2010 über die Anwendung von Artikel 101 Absatz 3 des Vertrags über die Arbeitsweise der Europäischen Union auf Gruppen von vertikalen Vereinbarungen und aufeinander abgestimmten Verhaltensweisen, ABl. 2010 L 102/1.

fortlaufende Bearbeitung eines bestimmten Gebiets zugunsten der Herstellermarke oder die regelmäßige Mitarbeit im Rahmen der Werbestrategien des Herstellers. Schließlich kann es für Hersteller auch preispolitische Motive geben, den Wettbewerb unter ihren Händlern zu beschränken. Grundsätzlich senkt intensiver intrabrand-Wettbewerb die Handelsspannen und veranlasst die Händler, Druck auf die Abgabepreise des Herstellers auszuüben oder auf Konkurrenzprodukte auszuweichen. Das kann Hersteller dazu veranlassen, den intraband-Preiswettbewerb über Vertriebsverträge einzudämmen. Bildet das Absatzgebiet eines Unternehmens keinen einheitlichen Wirtschaftsraum, sondern weist es unterschiedliche Marktbedingungen auf, so können Hersteller außerdem versuchen, ihre Gewinne durch Anwendung geographisch differenzierter Preise zu optimieren. Zur Absicherung dieser Strategie kann versucht werden, intrabrand-Wettbewerb in Form grenzüberschreitender Lieferungen von den Niedrigpreis- in die Hochpreisgebiete mittels entsprechender Gestaltung der Vertriebsverträge auszuschließen. Bei aller Unterschiedlichkeit der Motive im Einzelnen richten sich die Interessen der Hersteller allgemein jedenfalls auf eine maximale, durch das Kartellrecht möglichst wenig beschränkte Vertragsfreiheit beim Abschluss von Vertriebsverträgen, so dass sie ihre Marketingstrategien unbedenklich umsetzen können.

II. Händler

Händler- und Herstellerinteressen stimmen bei der Vertriebsgestaltung nicht notwendig überein. Für den Geschäftserfolg des Händlers ist entscheidend, was er seinen Kunden wie anbieten kann. Der Händler vergrößert grundsätzlich seine Absatzchancen durch eine verbrauchergerechte Sortimentsgestaltung, die dem Kunden eine Auswahl unter den Erzeugnissen konkurrierender Hersteller bietet. Demgegenüber erfüllt der Händler aus Produzentensicht seine Aufgabe regelmäßig ideal, wenn er sich ausschließlich auf die Waren des Herstellers konzentriert.[6] Auch die Preispolitik der Händler kann in Konflikt mit den Vorstellungen der Industrie geraten. Händler werden allerdings in Vertriebsverträgen Beschränkungen ihrer Wettbewerbsfreiheit akzeptieren und sich zu vom Hersteller gewünschten Leistungen verpflichten, wenn dies ihr Risiko mindert oder ihre Gewinnchancen erhöht. So werden Händler etwa besondere Leistungen im Hinblick auf Beratung oder Präsentation auch bei attraktiven Produkten nur erbringen, wenn sie begründete Aussicht haben, dass ihnen diese Leistungen über entsprechende Umsätze und Gewinne auch vergütet werden. Dies ist nicht der Fall, wenn ein Kunde zwar durch sie zum Kauf eines bestimmten Produkts motiviert wird, das Geschäft letztlich aber intrabrand-Konkurrenten machen, die mit schlechterem Leistungsniveau bei Beratung und Kundendienst die Ware preisgünstiger anbieten (Problem des ***„free riding"***). Auch Investitionen für eine markenspezifische Ausstattung seines Geschäfts wird ein Händler nur bei Aussicht auf eine Amortisation dieses Aufwands vornehmen. Der Händler wird also auf Exklusivität oder jedenfalls eine Beschränkung der Zahl der Verkaufsstellen des Herstellers drängen. Will ein Hersteller seine Produkte über eine bestimmte Einkaufsstätte mit gehobenem Image vertrieben wissen, so wird ihn der betreffende Händler ggf. darauf hinweisen, dass dieses Image gerade auch davon abhängt, dass die fraglichen Waren nicht überall erhältlich sind. Differenziert ein Hersteller seine Händlerabgabepreise geographisch, so ist es für die Händler in den Hochpreisgebieten existentiell, dass Importe aus den Niedrigpreiszonen unterbleiben. 4

Allerdings sind die Interessen auch innerhalb des Handels vielschichtig. Fachhändlern stehen etwa herkömmliche Warenhäuser, SB-Märkte, Internethändler und klassische Versandhandelsunternehmen gegenüber. Diejenigen Betriebsformen des Handels, die typischerweise eine Strategie der großen Umsätze bei kleinen Spannen verfolgen, werden durch vertriebsvertragliche Anforderungen der Hersteller häufig entgegen ihren Interessen dazu gezwungen, entweder an sich ihrer Betriebsform fremde Elemente (z. B. Beratung, Kundendienst) in ihr Leistungsangebot aufzunehmen oder auf eine begehrte Ware zu ver- 5

[6] Eine Ausnahme sind etwa die Hersteller von Luxusparfums, die auf ein „repräsentatives Mitbewerberumfeld" Wert legen.

zichten. Verlangen Hersteller vertriebsvertragliche Bindungen, die sich auf die Kostenstruktur und den Geschäftscharakter von Handelsunternehmen auswirken, so wird die Entwicklung neuer Vertriebsformen durch den Handel und die Freiheit zum selbständigen, herstellerunabhängigen Handelsmarketing beeinträchtigt.

6 Auch innerhalb derselben Betriebsform gibt es im Handel erhebliche Leistungsunterschiede. Händler, die z. B. infolge von Größenvorteilen (economies of scale) oder durch effiziente Organisation (etwa Konzentration auf Internetvertrieb) besonders leistungsfähig sind, werden diese Vorteile im intrabrand-Wettbewerb unter Beweis stellen wollen, selbst wenn sie eine vom Hersteller gewünschte Strategie der Markenpflege oder des Angebots von Leistungsbündeln grundsätzlich unterstützen. Ihre Interessen stehen damit im Widerspruch zum evtl. Interesse des Herstellers, sein Vertriebssystem zu stabilisieren und darum andere Händler vor intrabrand-Wettbewerb zu schützen.

III. Verbraucher

7 Die Verbraucherinteressen, insbesondere diejenigen der privaten Verbraucher, sind außerordentlich vielfältig. Insgesamt ist ihnen am besten gedient, wenn der Kunde maximale Wahlmöglichkeiten in preislicher und leistungsmäßiger Hinsicht hat, etwa möglichst für jeden Bedarf frei entscheiden kann, ob er ein Produkt zu einem hohen Preis mit umfassenden Serviceleistungen oder günstiger ohne derartige begleitende Angebote erwerben möchte. Aus Verbrauchersicht erwünscht sind Wettbewerbsbeschränkungen in Vertriebsverträgen deshalb jedenfalls dann, wenn sie durch das Angebot besonderer Leistungsbündel zusätzliche Wahlfreiheiten schaffen oder durch Rationalisierung preissenkend wirken. Aus Verbrauchersicht zumindest problematisch ist es dagegen, wenn als Folge von Beschränkungen des intrabrand-Wettbewerbs gewisse Produktarten über bestimmte Betriebsformen des Handels generell nicht erhältlich sind. Die Verbraucher wünschen sich einen Wettbewerb der Händler nicht nur mit den Angeboten konkurrierender Hersteller (interbrand-Wettbewerb), sondern auch beim Absatz der Produkte desselben Herstellers (intrabrand-Wettbewerb).

IV. Konsequenzen

8 Die hier nur in Umrissen darstellbare, sehr differenzierte Interessenlage von Herstellern, Absatzmittlern und Endabnehmern/Verbrauchern im Hinblick auf vertikale Wettbewerbsbeschränkungen hat dazu geführt, dass die wettbewerbspolitische Beurteilung dieser Bindungen traditionell äußerst kontrovers war. Die einzelnen Kartellrechtsordnungen haben sie deshalb höchst unterschiedlich behandelt. Weitgehender Konsens bestand zwar lange Zeit über die grundsätzliche Unzulässigkeit der Preisbindung.[7] Im Übrigen herrschte aber große Unsicherheit. So hat etwa die Beurteilung von Gebiets- und Kundenbindungen in den USA innerhalb von rund 50 Jahren mehrfach geschwankt zwischen unbeschränkter Zulässigkeit, Anwendung einer differenzierten Betrachtung *(„rule of reason")* und genereller Unzulässigkeit.[8] Im deutschen und im EU-Kartellrecht verlief die Entwicklung kontinuierlicher. Dabei wurden jedoch längere Zeit sehr unterschiedliche Konzeptionen für die Behandlung vertikaler Wettbewerbsbeschränkungen verfolgt. Während im europäischen

[7] Diesen Konsens hat der US Supreme Court 1997 verlassen, indem er entschied, vertikale Höchstpreisbindungen unterfielen nicht der per se-Illegalität, sondern könnten nach der rule of reason gerechtfertigt sein (*State Oil Co. v. Khan,* 522 U. S. 3 (1997), dazu ausführlich *Kasten,* Höchstpreisbindungen, 2005, S. 608 ff., 648 ff.), vgl. auch *Kirchhoff,* Fs. für Günter Hirsch, S. 249. Seit 2007 hält der US Supreme Court auch für sonstige Arten vertikaler Preisbindungen nicht mehr an der seit 1911 geltenden per-se-Illegalität fest und wendet allgemein die rule-of-reason an (*Leegin Creative Leather Products, Inc. v. PSKS, Inc.,* WuW/E KRInt 185).

[8] Vergleiche F. T. C. 16,537 (1932) – *General Cigar. Co; United States vs. White Motor Co,* 372 U. S. 253 (1963), deutsche Übersetzung in GRUR Int. 1964, 97; *United States. vs. Arnold, Schwinn & Co,* 388 U. S. 365 (1967); *Continental T. V. vs. GTE Sylvania,* 433 U. S. 36 (1977), deutsche Übersetzung in GRUR Int. 1978, 300; Vertical Restraint Guidelines des US-Justizministeriums vom 23.1.1985, deutsche Übersetzung in GRUR Int. 1985, 566; aufgehoben unter Ankündigung einer Rückkehr zur rule of reason am 10.8.1993; *Kirchhoff,* Vertikale Vertriebsverträge, S. 71 ff.

Recht alle vertikalen Beschränkungen in Art. 85 EGV (jetzt: Art. 101 AEUV) einem Verbot mit Erlaubnisvorbehalt unterstellt wurden, gab es für sie im deutschen Kartellrecht nur eine nach ihren Voraussetzungen großzügige Missbrauchsaufsicht. Nachdem mit der 2. GWB-Novelle 1973 die Preisbindung auch für Markenartikel verboten wurde, waren in Deutschland lediglich Preis- und Konditionenbindungen per se unzulässig. Mit der Vertikal-GVO und ihrer Übernahme in das GWB durch die 7. Novelle (2005) sind die historisch unterschiedlichen Ansätze für die Beurteilung vertikaler Beschränkungen im deutschen und europäischen Kartellrecht zugunsten einer einheitlichen Behandlung überholt.

C. Die Entwicklung der Beurteilung von Vertikalvereinbarungen im europäischen und deutschen Kartellrecht

I. Das Verbot wettbewerbsbeschränkender Vereinbarungen im EU-Kartellrecht (Art. 101 AEUV)

1. Vom generellen Verbot mit Erlaubnisvorbehalt zur Legalausnahme. Das Verbot wettbewerbsbeschränkender Vereinbarungen in Art. 101 Abs. 1 AEUV differenziert nicht zwischen horizontalen und vertikalen Wettbewerbsbeschränkungen, sondern sieht für beide Arten von Bindungen ein Verbot mit Erlaubnisvorbehalt (Freistellung nach Art. 101 Abs. 3 AEUV) vor. Dies hat der EuGH in ständiger Rechtsprechung bestätigt.[9] Die Kommission erkannte jedoch schon bald, dass bestimmte Arten von vertikalen Vereinbarungen einerseits typischerweise wegen überwiegender positiver Wirkungen die Freistellungsvoraussetzungen erfüllen und andererseits wegen ihrer großen Zahl nicht individuell behandelt werden konnten. So wurden nach Inkrafttreten der AusführungsVO Nr. 17/62[10] allein ca. 30 000 Alleinvertriebsverträge bei der Kommission angemeldet.[11] Um dieses Massenproblem zu lösen, ermächtigte der Rat die Kommission in der VO Nr. 19/65 vom 2.3.1965 dazu, Gruppenfreistellungsverordnungen für Alleinvertriebs- und Alleinbezugsvereinbarungen zu erlassen. Die Kommission machte von dieser Möglichkeit mit der GVO Nr. 67/67[12] Gebrauch, der ersten und lange Zeit einzigen GVO. Später kamen mit der GVO Nr. 4087/88 für Franchise-Vereinbarungen[13] und der GVO Nr. 1475/95 für Kfz-Vertriebs- und – Kundendienstvereinbarungen[14] weitere vertriebsbezogene GVO hinzu. 9

Am 1.6.2000 ist an die Stelle der vertriebsformenspezifischen GVOs für Alleinvertrieb, Alleinbezug und Franchising die umfassendere Vertikal-GVO getreten.[15] Seit dem 1.6.2013 gilt sie auch für den Vertrieb neuer Kraftfahrzeuge,[16] auf den seit 1985 besondere Regeln anwendbar waren.[17] Strengere Regeln gibt es noch für Vereinbarungen über den Kraftfahrzeugersatzteilvertrieb und über Reparatur- sowie Wartungsdienstleistungen für Kraftfahrzeuge.[18] 10

Mit Inkrafttreten der neuen Ausführungs-VO Nr. 1/2003[19] wurde ab 1.5.2004 auch für Vertikalvereinbarungen der als Verbot mit Erlaubnisvorbehalt formulierte Art. 101 AEUV 11

[9] Grundlegend EuGH U. v. 13.7.1966 Slg. 1966, 322 – *Grundig/Consten.*

[10] Dazu s. o. *Wiedemann,* § 1 Rdnr. 10.

[11] *Caspari,* Anwaltsblatt 1988, 497, 498.

[12] ABl. 1967, 849; später abgelöst durch die GVO 1983/83 für Alleinvertriebsvereinbarungen (ABl. 1983 L 173, S. 1) und die GVO 1984/83 für Alleinbezugsvereinbarungen (ABl. 1983 L 173, S. 5).

[13] ABl. 1988 L 359, S. 46; mit Anwendbarkeit der Vertikal-GVO am 1.6.2000 gemäß deren Art. 12 außer Kraft getreten.

[14] ABl. 1995 L 145, S. 25. Zur Regelungstechnik der Gruppenfreistellungsverordnungen siehe allgemein o. *Wiedemann,* § 1 Rdnr. 22.

[15] Dazu näher § 11 Rdnr. 54 ff.

[16] Art. 3 GVO Nr. 461/2010.

[17] Zuletzt die GVO Nr. 1400/2002 vom 31.7.2002, ABl. 2002 L 203/30 iVm. Art. 2 der GVO Nr. 461/2010 vom 27.5.2010, ABl. 2010 L 129/52.

[18] Vgl. Art. 5 GVO Nr. 461/2010, dazu s. § 11 C. IV. Rdnr. 475.

[19] S. dazu ausführlich *Dieckmann,* § 41.

in eine Legalausnahme umgestaltet. Danach sind nunmehr auch alle Vertikalvereinbarungen, die materiell die Freistellungsvoraussetzungen des Art. 101 Abs. 3 AEUV erfüllen, automatisch freigestellt, ohne dass es einer Entscheidung der Kommission bedarf (vgl. Art. 1 Abs. 2 VO Nr. 1/2003). Nach Auffassung der Kommission berührt die VO Nr. 1/2003 zwar ebensowenig die Wirksamkeit und Rechtsnatur der Vertikal-GVO wie der übrigen GVO.[20] Soweit die Legalausnahme des Art. 1 Abs. 2 VO Nr. 1/2003 greift, kann der Vertikal-GVO aber nur noch deklaratorische und nicht mehr wie zuvor konstitutive Bedeutung für die Freistellung zukommen. Nationale Behörden und Gerichte müssen jedoch auch dann von einer wirksamen Freistellung ausgehen, wenn sie im Einzelfall eine bestimmte vertikale Bindung als nicht von der Legalausnahme der GVO erfasst behandeln möchten. Denn die Gruppenfreistellungen der Kommission nehmen am Vorrang des Europarechts teil.[21] Insoweit kommt ihnen auch unter der VO Nr. 1/2003 noch materielle Bedeutung zu. Dem nationalen Gericht bleibt immerhin die Möglichkeit, den EuGH im Vorabentscheidungsverfahren des Art. 267 AEUV anzurufen.

12 **2. Vertikalvereinbarungen als Gefährdung der integrationspolitischen Zielsetzung der EU.** Für Auslegung und Anwendung des unionsrechtlichen Verbots wettbewerbsbeschränkender Vereinbarungen ist seine Funktion im Rahmen des EU-Vertrags von ausschlaggebender Bedeutung. Nach Art. 3 Abs. 3 und 4 EUV ist Aufgabe der Union die Errichtung eines Binnenmarkts und einer Wirtschafts- und Währungsunion. Die Tätigkeiten der Union und damit insbesondere auch ihre Wettbewerbspolitik dienen dazu, dieses Ziel zu erreichen. An die Stelle unterschiedlicher Marktverhältnisse in den einzelnen Mitgliedstaaten sollen einheitliche Versorgungsbedingungen für alle Verbraucher innerhalb der Union treten. Art. 101 AEUV dient dabei in erster Linie dazu, dass der durch den Abbau der öffentlich-rechtlichen Ein- und Ausfuhrbeschränkungen gewährleistete freie Waren- und Güteraustausch zwischen den Mitgliedstaaten nicht durch privatrechtliche Beschränkungen behindert wird. Einem funktionsfähigen, unverfälschten Wettbewerb kommt deshalb für die Integration der Volkswirtschaften der Mitgliedstaaten eine maßgebliche Rolle zu.[22]

13 Zentrales Ziel der Kartellrechtspraxis der Unionsorgane ist es daher, die Wahlfreiheit der europäischen Verbraucher unter allen Angeboten im Binnenmarkt durchzusetzen. Dabei hat insbesondere der intrabrand-Warenverkehr innerhalb der EU große Bedeutung. Infolgedessen sind alle Formen territorialer Marktaufteilungen innerhalb des Gebiets der Union, insbesondere in Form eines Händlern gegen Einfuhren aus anderen Mitgliedstaaten eingeräumten absoluten Gebietsschutzes, mit der integrationspolitischen Zielsetzung des EU-Vertrages unvereinbar und grundsätzlich nicht freigestellt.[23] Denn sie verhindern die Entstehung eines gemeinsamen Marktes, indem sie einzelne räumliche Märkte innerhalb der EU von einander abschotten.

14 Das europäische Kartellrecht schützt somit den intrabrand-Wettbewerb schon im Hinblick auf seine marktintegrierende Wirkung. Er wird in den Dienst genommen für die übergeordneten Ziele europäischer Integration. Er ist, in den Worten der Kommission, ein „nützliches Korrektiv für die Preisdifferenzen zwischen den verschiedenen Ländern".[24]

[20] Vgl. Leitlinien zur Anwendung von Art. 81 Abs. 3 EG-Vertrag, Rdnr. 2.

[21] Vgl. *Wiedemann,* § 6.

[22] Vgl. etwa *Grünbuch der Kommission über vertikale Wettbewerbsbeschränkungen* vom 22.1.1997, Rdnr. 1, 118 und statt vieler schon *Beier,* GRUR Int. 1964, 84, 86.

[23] Eine Ausnahme könnte die Sache *Glaxo Smith Kline* darstellen (EuG U. v. 27.9.2006, Slg. 2006, II-2969; im Ergebnis bestätigt durch EuGH U. v. 6.10.2009 Slg. 2009, I-9291). Das EuG hat dort eine Entscheidung der Kommission insoweit aufgehoben, als ein – damals noch erforderlicher – Antrag auf Freistellung für Großhändlerverträge, die zu einer Einschränkung des Parallelhandels bei Arzneimitteln führten, abgelehnt worden war. Zu einer erneuten Entscheidung der Kommission ist es dann aber nicht mehr gekommen.

[24] Komm. E. v. 23.9.1964 ABl. 1964, 2545, 2551 – *Grundig/Consten.*

Die Kommission erkennt aber auch an, dass vertikale Wettbewerbsbeschränkungen, etwa die Gewährung eines relativen Gebietsschutzes für Händler, eine integrationsfördernde Wirkung haben können, indem sie Unternehmen die Erschließung von Absatzmärkten in anderen Mitgliedstaaten erst ermöglichen.[25] 15

3. Handelsbeeinträchtigung, Spürbarkeit, Bündeltheorie. Die Anwendung von Art. 101 Abs. 1 AEUV auf Vertikalvereinbarungen setzt voraus, dass es sich um spürbare Wettbewerbsbeschränkungen handelt, die geeignet sind, den zwischenstaatlichen Handel innerhalb der Union spürbar zu beeinträchtigen. Insoweit bestehen keine Unterschiede gegenüber der Behandlung horizontaler Wettbewerbsbeschränkungen. Wegen der Anwendungsvoraussetzungen der Handelsbeeinträchtigung und der Spürbarkeit sowie der dazu von der Kommission veröffentlichten Bagatellbekanntmachung wird deshalb auf die dortigen Ausführungen verwiesen.[26] Nach ihren Rdnr. 3 und 13 ist die Anwendbarkeit der Bagatellbekanntmachung von 2014 auf bezweckte Wettbewerbsbeschränkungen ausgeschlossen, zu denen insbesondere Preisbindungen, Beschränkungen von Erzeugung und Absatz oder die Aufteilung von Märkten oder Kunden zählen. 16

Mangels Spürbarkeit werden auch Vereinbarungen zwischen kleinen und mittleren Unternehmen (KMU)[27] grundsätzlich nicht von Art. 101 Abs. 1 AEUV erfasst. Soweit sie bezweckte Wettbewerbsbeschränkungen vereinbaren, wird es im Allgemeinen an einer Eignung zur Handelsbeeinträchtigung fehlen.[28] Anders kann es liegen, wenn kumulative Wirkungen[29] und Kernbeschränkungen[30] vorliegen. Selbst dann will die Kommission jedoch regelmäßig nicht einschreiten, solange die betreffenden Unternehmen in keinem wesentlichen Teil des Binnenmarkts kollektiv oder individuell eine marktbeherrschende Stellung haben.[31] 17

Nicht selten vereinbaren Lieferanten von Markenartikeln mit Händlern in Drittstaaten zum Schutz ihres (insbesondere selektiven) Vertriebssystems in der EU **Verbote der Wiedereinfuhr in die Union.** In derartigen Fällen ist besonders sorgfältig zu prüfen, ob eine spürbare Handelsbeeinträchtigung vorliegt. Der EuGH hat dazu entschieden, dass Ausfuhrverbote, die eine **Marktdurchdringung in Drittstaaten** bezwecken, nicht schon per se unter dem Aspekt der Behinderung von Paralleleinfuhren vom Verbot des Art. 101 Abs. 1 AEUV erfasst werden. Vielmehr ist im Einzelfall anhand des rechtlichen und tatsächlichen Zusammenhangs der Vereinbarung (insbesondere dem Bestand eines selektiven Vertriebssystems für die Vertragswaren in der Union) sowie von Marktstruktur und nach Neutralisierung der Einfuhrkosten verbleibender Preisunterschiede zu prüfen, ob eine spürbare Handelsbeeinträchtigung gegeben ist.[32] Reimportverbote im Zusammenhang mit Lieferungen zur Markterschließung in Drittstaaten können also je nach den konkreten Umständen unionsrechtlich durchaus zulässig sein. 18

Bei Vertikalvereinbarungen wird die Spürbarkeitsprüfung durch die **Bündeltheorie** des EuGH überlagert. Vertikale Wettbewerbsbeschränkungen werden von Herstellern und sonstigen Lieferanten typischerweise nicht nur im Einzelfall, sondern als Mittel zur Strukturierung ihres Vertriebssystems in einer Vielzahl von Absatzverträgen vereinbart. Es kommt hinzu, dass oft Bindungssysteme mit gleichen oder ähnlichen vertikalen Wettbewerbsbeschränkungen von zahlreichen Lieferanten gegenüber ihren Abnehmern gebraucht werden. Vertikale Wettbewerbsbeschränkungen treten daher häufig „gebündelt" auf. Der 19

---

[25] Zu den integrationshindernden und integrationsfördernden Wirkungen vertikaler Wettbewerbsbeschränkungen vgl. *Grünbuch,* Rdnr. 81 ff.

[26] Vgl. oben *Lübbig,* § 8.

[27] Definition der KMU gem. Anhang zur Kommissionsempfehlung 2003/361/EG, ABl. 2003 L 124/36.

[28] Vgl. Bagatellbekanntmachung der Kommission vom 25.6.2014, Fn. 5

[29] Vgl. dazu die Bündeltheorie, u. Rdnr. 19.

[30] Im Sinne von Art. 4 der Vertikal-GVO, s. dazu u. *Seeliger,* § 11 Rdnr. 140 ff.

[31] Vertikalleitlinien, Rdnr. 11

[32] S. EuGH U. v. 28.4.1998, Slg. 1998 I-1997, 2005, Rdnr. 22 ff. – *Javico/Yves Saint Laurent* – betr. Wiedereinfuhrverbote bei Lieferungen in Staaten der früheren Sowjetunion.

EuGH hat deshalb schon 1967 im Zusammenhang mit Bierbezugsverträgen entschieden, dass die kumulative Wirkung mehrerer gleichartiger Vereinbarungen bei der Entscheidung zu berücksichtigen ist, ob eine spürbare Wettbewerbsbeschränkung im Sinne des Art. 101 Abs. 1 AEUV vorliegt.[33] Hat ein Lieferant eine Mehrzahl von Vertikalverträgen mit identischen Wettbewerbsbeschränkungen abgeschlossen, so kommt es für die Spürbarkeitsprüfung also auf die Wirkungen dieses Vertragsnetzes insgesamt an. Die Spürbarkeitsschwelle kann aber auch aufgrund der kumulativen Wirkung paralleler Vertriebsnetze verschiedener Lieferanten überschritten werden. Auch vertikale Wettbewerbsbeschränkungen, die für sich allein nicht spürbar sind, können aufgrund ihrer kumulativen Wirkung mit gleichartigen Vereinbarungen desselben Lieferanten oder mit parallelen Netzen anderer Lieferanten in den Anwendungsbereich des Art. 101 Abs. 1 AEUV fallen.

20 Die vom EuGH formulierten Grundsätze zur Bündeltheorie sind zwar in Entscheidungen über Bierlieferungsverträge entwickelt worden. Sie gelten jedoch allgemein für Bezugsverträge und sonstige Formen vertikaler Wettbewerbsbeschränkungen. So stellt der EuGH auch bei der Beurteilung selektiver Vertriebssysteme auf die kumulative Wirkung der Vertriebsnetze verschiedener Lieferanten ab. Die Bündeltheorie ist also nicht nur bei einer kumulativen Marktabschlusswirkung anwendbar, sondern auch bei jeder anderen Wettbewerbsbeschränkung, die sich aus einer kumulativen Wirkung von Vertikalvereinbarungen ergibt. Dem hat die Kommission in Art. 6 der Vertikal-GVO und den Vertikalleitlinien[34] Rechnung getragen. Die Bündeltheorie kann zu Rechtsunsicherheiten für die Unternehmen führen, da die Beurteilung der von ihnen verwendeten Klauseln von Veränderungen im Markt abhängt, die sie nicht beeinflussen und von denen sie auch keineswegs immer Kenntnis haben oder auch nur haben können.

21 Bei Bezugsverträgen liegt eine spürbare Wettbewerbsbeschränkung vor, wenn durch sie der Markt für außerhalb der Bezugsabsprachen stehende Mitbewerber schwer zugänglich wird. Ob dies der Fall ist, muss anhand einer Gesamtbetrachtung festgestellt werden, die Bindungsgrad und Bindungsintensität der Abnehmer auf dem relevanten Markt berücksichtigt. Aussagen des EuGH zum für die kumulative Wirkung erforderlichen Bindungsgrad und zu seiner Bedeutung im Rahmen der notwendigen Gesamtbetrachtung liegen noch nicht vor. Beim Erlass der Sonderregelungen für Bierlieferungsverträge in der GVO Nr. 84/83[35] ist die Kommission davon ausgegangen, dass ein Bindungsgrad von 60% zur Feststellung einer kumulativen Abschottungswirkung ausreicht.[36] Das EuG hat eine solche Abschottung bei einem in ganz Deutschland angewendeten Netz von Alleinbezugsbindungen für Speiseeis bejaht, das mehr als 30% des relevanten Marktes erfasste.[37] In diesem Fall wurde der Marktzutritt allerdings durch zusätzliche Faktoren erschwert (leihweise Überlassung von Kühltruhen an den Handel unter der Bedingung, sie ausschließlich für die Erzeugnisse des Eislieferanten zu verwenden; Zersplitterung des Absatzes auf eine Vielzahl von Einzelhändlern mit relativ geringem Durchschnittsumsatz). In der gegenwärtig gültigen Bagatellbekanntmachung von 2014 hält die Kommission im Anschluss an diese Entscheidung des EuG einen Abschottungseffekt für unwahrscheinlich, wenn weniger als 30% des relevanten Marktes von nebeneinander bestehenden (Netzen von) Vereinbarungen ähnlicher Marktwirkung abgedeckt werden. Art. 6 der Vertikal-GVO räumt der Kommission die Befugnis ein, die Gruppenfreistellung bei einem Bindungsgrad von mehr als 50% auf einem relevanten Markt im Hinblick auf bestimmte Beschränkungen durch Verordnung, d. h. mit allgemeiner Wirkung, für unanwendbar zu erklären.[38]

---

[33] Vgl. EuGH U. v. 12.12.1967 Slg. 1967, 555 – *De Haecht I.*

[34] Vertikalleitlinien, ABl. 2010 C 130/1 ff., Rdnr. 79 ff.

[35] Vgl. unten § 11 Rdnr. 282.

[36] 17. WB 1988, Rdnr. 29

[37] Vgl. etwa EuG U. v. 8.6.1995, Slg. 1995 II-1533, 1574 – *Langnese-Iglo/Komm.*; die nachfolgende Entscheidung des EuGH in dieser Sache nimmt dazu inhaltlich nicht Stellung, vgl. EuGH U. v. 1.10.1998, Slg. 1998 I-5609, Rdnr. 39–41 – *Langnese-Iglo/Komm.*

[38] S. dazu u. *Seeliger,* § 11 Rdnr. 238 ff.

Unabhängig von Bindungsgrad und Bindungsintensität hält die Kommission eine kumulative wettbewerbsbeschränkende Wirkung auf Märkten für unwahrscheinlich, auf denen der Marktanteil des größten Lieferanten weniger als 30% und derjenige der fünf größten Lieferanten zusammen weniger als 50% beträgt.[39] Dem kann nicht gefolgt werden. Sollten etwa 11 Brauereigruppen mit einem Marktanteil von jeweils gut 9% den gesamten deutschen Biermarkt durch Alleinbezugsverträge kontrollieren, würde dies zweifellos zu einer massiven Marktzutrittsschranke für neue Marktteilnehmer auf Seiten der Brauereien führen. Bei der produkttypischen geschmacklichen Vielfalt von Bier würden dann auch die Wahlmöglichkeiten der Verbraucher erheblich eingeschränkt. 22

Den Kreis der Bindungen, die für die Feststellung einer kumulativen Wirkung als gleichartig einzubeziehen sind, will die Kommission weit ziehen. Als gleichartig betrachtet sie alle Beschränkungen, die im Markt ähnliche Wirkungen entfalten. Für die Anwendung der Bündeltheorie will sie auf dieser Grundlage insbesondere den qualitativen und quantitativen Selektivvertrieb auf einem Markt zusammenrechnen.[40] 23

Zu einer wichtigen Klarstellung von Zweifelsfragen zur Bündeltheorie hat die *Delimitis*-Entscheidung des EuGH geführt: Selbst dann, wenn die kumulative Wirkung paralleler Bezugsverträge den Marktzugang in relevanter Weise erschwert, werden nicht automatisch die Bezugsverträge aller beteiligter Lieferanten vom Verbot des Art. 101 Abs. 1 AEUV erfasst. Die Marktabschlusswirkung ist vielmehr nur denjenigen Lieferanten zuzurechnen, die mit ihren Bezugsverträgen dazu in erheblichem Maße beitragen.[41] Dabei bemisst sich die Bedeutung des Beitrags des einzelnen Vertrags zur kumulativen Wirkung nach zwei Kriterien. Das erste ist die Stellung der Vertragspartner auf dem relevanten Markt, die sich aus dem Marktanteil des Lieferanten und dem Anteil der von ihm gebundenen Abnehmer am Absatzmarkt ergibt. Das zweite Kriterium ist die vereinbarte Dauer der Bezugsbindungen. Danach können auch Bezugsverträge von Lieferanten mit relativ schwacher Marktstellung einen erheblichen Beitrag zur kumulativen Marktabschließung leisten, wenn sie im Vergleich zu den sonst marktüblichen Bezugsverträgen für eine offensichtlich unverhältnismäßig lange Dauer abgeschlossen werden. Der EuGH geht dabei davon aus, dass langlaufende Verträge vergleichsweise schwacher Marktteilnehmer dieselbe Marktabschlusswirkung haben können wie kürzer laufende Verträge marktstarker Unternehmen.[42] Dieser Rechtsprechung des EuGH wird der Ansatz der Kommission, wie er in den Vertikalleitlinien Ausdruck gefunden hat, nur teilweise gerecht. Die Kommission geht dort auf das Kriterium Vertragsdauer nicht ein und behandelt bei der Feststellung eines erheblichen Abschottungsbeitrags allein die Marktstellung des Lieferanten. Ein spürbarer Beitrag zu einer kumulativen Abschottungswirkung soll im Fall von Bezugsbindungen i. S. v. Art. 1 lit. d) Vertikal-GVO gem. Rdnr. 134 der Vertikalleitlinien fehlen, wenn ein Lieferant mit solchen Vereinbarungen weniger als 5% des Marktes an sich bindet. Anders als in Rdnr. 179 a. E. der Vertikalleitlinien beim Selektivvertrieb und in der Bagatellbekanntmachung[43] hält die Kommission hier also nicht schon den Marktanteil eines Lieferanten als solchen, sondern erst den für ihn gebundenen Marktanteil für relevant. Das entspricht den Vorgaben des Urteils *Delimitis* für das Kriterium der Markstellung. Das EuG hat bei einem gebundenen Marktanteil von weit unter 1% bei Bier eine erhebliche Abschottungswirkung für offensichtlich ausgeschlossen gehalten.[44] 24

4. Der „neue Ansatz" seit der Vertikal-GVO 1999. Die weitgehende Verwirklichung des Binnenmarktes sowie Veränderungen wie technologischer Wandel (etwa der Fortschritt der Informationstechnologie), geändertes Nachfrageverhalten der Kunden, 25

39 Vertikalleitlinien, aaO Rdnr. 135, 179.

40 Vertikalleitlinien, Rdnr. 75.

41 Vgl. EuGH U. v. 28.2.1991, Slg. 1991, 977, 986f. – *Delimitis;* U. v. 7.12.2000, Slg. 2000 I-11121 – *Neste Markkinointi,* Rdnr. 27; Vertikalleitlinien, Rdnr. 74.

42 Ebenso EuG U. v. 5.7.2001, Slg. 2001 II-1881 – *Roberts/Komm.*

43 Bagatell-Bekanntmachung, Rdnr. 8.

44 EuG U. v. 5.7.2001, Slg. 2001 II-1881, Rdnr. 85 – *Roberts/Komm.*

Umwälzungen in etablierten Vertriebsstrukturen (z. B. steigender Druck auf den Zwischenhandel, Internetvertrieb) und die Globalisierung der Märkte haben der Kommission Anlass gegeben, ihre Politik gegenüber vertikalen Wettbewerbsbeschränkungen zu überdenken. Auch die ökonomische Bewertung vertikaler Bindungen hat sich fortentwickelt. Zudem liefen die GVOs für Alleinvertrieb (GVO Nr. 1983/83), Alleinbezug (GVO Nr. 1984/83) und Franchising (GVO Nr. 4087/88) Ende 1999 aus. Schließlich war die Kommission bestrebt, die Flut der Anmeldungen zu vermindern und ihre personellen Kapazitäten auf bedeutende Fälle zu konzentrieren. Anfang 1997 wurde von der Kommission deshalb ein **Grünbuch über vertikale Wettbewerbsbeschränkungen** vorgelegt.[45] Es umfasste eine Darstellung von Vertriebsstrukturen und eine ökonomische Analyse vertikaler Beschränkungen allgemein und im Binnenmarkt. Daran schloss sich eine Bestandsaufnahme des EU-Rechts und der Kommissionspraxis zu vertikalen Bindungen sowie ein Vergleich des Unionsrechts mit dem Recht der Mitgliedstaaten und bestimmter Drittstaaten an. Im Schlusskapitel stellte die Kommission Entwicklungsmöglichkeiten für ihre Politik gegenüber vertikalen Wettbewerbsbeschränkungen vor.

26 Die Kommission hat nach Veröffentlichung des Grünbuchs die ihr dazu zugegangenen Bemerkungen ausgewertet und ihre ökonomische Analyse vertikaler Beschränkungen fortgesetzt. Sie gelangte zu der Schlussfolgerung, dass mit Ausnahme einiger schwerwiegender Beschränkungen wie Mindestpreisbindungen, absolutem Gebietsschutz und sonstigen Beschränkungen von Paralleleinfuhren, vertikale Vereinbarungen bei fehlender Marktmacht der beteiligten Unternehmen kartellrechtlich zugelassen werden können. In der Nichtberücksichtigung von Marktmacht sah die Kommission einen der drei großen Nachteile der bisherigen Behandlung vertikaler Wettbewerbsbeschränkungen im EU-Kartellrecht. Weitere Nachteile erkannte sie in einem zu starren, formaljuristischen Regelungsansatz sowie in einem zu engen Anwendungsbereich der Gruppenfreistellungen.[46]

27 Das Ergebnis dieser umfangreichen und langwierigen Überlegungen der Kommission war die als **Schirm-GVO** sehr weit gefasste Vertikal-GVO 1999. Sie umfasste im Gegensatz zu den früheren GVOen insbesondere auch Dienstleistungen, Zwischenerzeugnisse, Erzeugnisse zum Wiederverkauf in be- oder verarbeiteter Form sowie den Selektivvertrieb. Die Vertikal-GVO 1999 hat die bisherigen GVOs für Alleinvertrieb, Alleinbezug und Franchising abgelöst. Auf sektorspezifische Regelungen für Bier und Tankstellenverträge ist verzichtet worden. Inzwischen gibt es im Vertikalbereich eine besondere GVO nur noch für den Kfz-Anschlussmarkt (Ersatzteile sowie Reparatur- und Wartungsdienstleistungen).

28 Wie schon die Vertikal-GVO 1999 enthält die derzeit geltende Vertikal-GVO Nr. 330/2010 **keine Positivliste** zugelassener, sondern **nur** eine **schwarze Liste** nicht freigestellter Wettbewerbsbeschränkungen **(„Kernbeschränkungen“).** Die Vertikal-GVO ist anwendbar, solange weder der Marktanteil des Anbieters noch derjenige des Abnehmers auf dem jeweils relevanten Absatz- und Bezugsmarkt für die Vertragswaren 30% überschreitet.[47] Alle nicht als Kernbeschränkungen qualifizierten Vereinbarungen, die unterhalb dieses Schwellenwertes liegen, fallen unter die Vertikal-GVO. Die Vertikal-GVO hat damit zu einer Liberalisierung der Beurteilung vertikaler Wettbewerbsbeschränkungen im Kartellrecht der Union geführt. Unternehmen mit einer gewissen Marktmacht unterliegen jedoch stärkeren Kontrollen und Beschränkungen in ihrer Vertriebspolitik als nach früherem Recht. Es erscheint zweifelhaft, die Benutzung wettbewerbspolitisch positiv beurteilter Vertriebsinstrumente wie Alleinvertrieb und Alleinbezug[48] für Unternehmen nur deshalb in Frage zu stel-

---

[45] KOM (96) 721 endg; allgemein dazu vgl. *Ackermann,* EuZW 1997, 271; *Eilmansberger,* wbl 1997, 357.

[46] Mitteilung über die Anwendung der EG-Wettbewerbsregeln auf vertikale Beschränkungen, Konkrete Vorschläge im Anschluss an das Grünbuch, vom 30.9.1998, COM (1998) 544 endg., S. 31.

[47] Art. 3 Abs. 1 Vertikal-GVO.

[48] Im Sinne der GVO 1984/83, d. h. mit der Möglichkeit, die Vertragswaren von allen autorisierten Bezugsquellen des Herstellers zu beziehen (sog. „Markenzwang“ nach der Terminologie der Kommission, vgl. Vertikalleitlinien, Rdnr. 129).

len, weil sie einen hohen, jedoch unterhalb der Schwelle der Marktbeherrschung bleibenden Marktanteil erringen konnten.

II. Entwicklung im deutschen Recht (GWB)

Anders als das EU-Kartellrecht mit der Generalklausel des Art. 101 Abs. 1 AEUV unterstellte das GWB vertikale Wettbewerbsbeschränkungen traditionell zwei grundlegend unterschiedlichen Regelungsregimen. § 14 GWB 1998 (bis zur 6. GWB-Novelle § 15 GWB) untersagte generell und ohne Freistellungsmöglichkeit die vertikale Bindung von Preisen und Konditionen, und zwar unabhängig davon, ob sich aus ihr im Einzelfall eine spürbare Wettbewerbsbeschränkung ergab oder nicht. Einzige Ausnahme war die durch § 15 GWB 1998 (bis zur 6. GWB-Novelle § 16 GWB) zugelassene Preisbindung für Verlagserzeugnisse. Demgegenüber ließ § 16 GWB 1998 (bis zur 6. GWB-Novelle § 18 GWB) Verwendungs-, Bezugs-, Abgabe- und Kopplungsbindungen grundsätzlich zu und unterstellte sie lediglich einer in der Praxis schon wegen ihrer engen Voraussetzungen selten angewendeten Missbrauchsaufsicht der Kartellbehörde. Als Faustformel galt, dass § 14 GWB 1998 Inhaltsbindungen für die beim Weiterverkauf gelieferter Waren abzuschließenden Verträge per se verbot, während § 16 GWB 1998 Abschlussbindungen, also Beschränkungen der Freiheit, von beliebigen Lieferanten zu beziehen oder an beliebige Abnehmer zu verkaufen, zuließ.[49] 29

Die zum 1.7.2005 in Kraft getretene 7. GWB-Novelle hat die überkommene Differenzierung zwischen Abschluss- und Inhaltsbindungen aufgegeben. Die Behandlung vertikaler Wettbewerbsbeschränkungen im deutschen Kartellrecht wurde vollständig[50] dem EU-Kartellrecht angeglichen. § 1 GWB übernimmt seitdem (ohne das im nationalen Recht sinnlose Merkmal der Handelsbeeinträchtigung) Art. 101 Abs. 1 AEUV. § 2 Abs. 2 GWB bestimmt, dass die GVOs des Rates oder der Kommission der EU und damit insbesondere auch die Vertikal-GVO im deutschen Kartellrecht entsprechend gelten. Materiell vom Unionsrecht abweichende Regelungen des deutschen Rechts sind infolgedessen in diesem Handbuch nicht mehr zu berücksichtigen. Die nachfolgenden Ausführungen zum Unionsrecht der vertikalen Wettbewerbsbeschränkungen gelten daher, soweit sie nicht das ausschließlich europarechtliche Merkmal der Handelsbeeinträchtigung betreffen oder ausdrücklich anderes vermerkt ist, auch bei Anwendung des GWB. 30

Die einzige **Ausnahme** von dieser Parallelität des europäischen und des deutschen Rechts betrifft die **Preisbindung für Verlagserzeugnisse,**[51] die für Bücher spezialgesetzlich[52] und für Zeitungen und Zeitschriften in § 30 GWB geregelt ist. 31

III. Die Bedeutung des Verbots missbräuchlicher Verhaltensweisen für marktbeherrschende Unternehmen (Art. 102 AEUV sowie §§ 18, 19 GWB) für die Beurteilung vertikaler Wettbewerbsbeschränkungen

Auch marktbeherrschende Unternehmen sind grundsätzlich in der Gestaltung ihres Vertriebssystems frei. Allerdings kann gerade die Verwendung von Ausschließlichkeitsbindungen durch Marktbeherrscher Marktzutrittsschranken für ihre Konkurrenten und für Händler begründen. Über die allgemeinen Vorschriften hinaus werden marktbeherrschenden Unternehmen deshalb auch beim Abschluss von Vertikalvereinbarungen durch Art. 102 32

[49] Diese Faustformel führte im Allgemeinen zu zuverlässigen Ergebnissen. Es gab allerdings Sonderfälle, die sich mit ihr nicht befriedigend lösen ließen und eine wertende Betrachtung unter Berücksichtigung der freiheits- und wettbewerbsschützenden Zielsetzung des GWB erforderten. Dies war etwa der Fall bei bestimmten Formen von Garantie- und Kundendienstzusagen, die Händlern durch Hersteller auferlegt wurden.

[50] Zur einzigen Ausnahme s. sogleich Rdnr. 31.

[51] S. dazu unten *Kirchhoff,* § 12 Rdnr. 11 ff.

[52] Gesetz über die Preisbindung für Bücher, BGBl. I 2002, 3448, zuletzt geändert durch Gesetz vom 14.7.2006, BGBl. I 2006, 1530.

AEUV und den seit der 6. GWB-Novelle von 1998 ebenfalls als Verbotstatbestand ausgestalteten § 19 GWB besondere Bindungen auferlegt.[53] Das nicht zuletzt die Gestaltungsfreiheit im Vertrieb einschränkende Diskriminierungs- und Behinderungsverbot des § 19 Abs. 2 Nr. 1 GWB gilt gem. § 20 Abs. 1 GWB schließlich außer für marktbeherrschende auch für sog. marktstarke Unternehmen.[54] Diese Vorschriften werden in anderen Kapiteln dieses Handbuchs behandelt.[55]

33 Die in der Praxis wesentliche Norm für die Kontrolle vertraglicher Vertriebssysteme im deutschen Kartellrecht war eindeutig § 26 Abs. 2 GWB in der bis zum 31.12.1998 geltenden Fassung. Dabei ging es insbesondere um den Ausschluss bestimmter Betriebsformen des Handels vom Vertrieb einer Ware.[56] Durch die 5. GWB Novelle wurde der Kreis der Unternehmen, die durch das Behinderungs- und Diskriminierungsverbot für marktstarke Unternehmen geschützt werden, allerdings auf kleine und mittlere Unternehmen beschränkt. Damit ist der bis dahin eindeutig dominierenden Fallgruppe erfolgreicher Außenseiterklagen gegen Zugangsbeschränkungen zum intrabrand-Wettbewerb im deutschen Kartellrecht weitgehend die Grundlage entzogen worden.[57]

§ 11 Die Beurteilung der verschiedenen Arten von Vertriebsverträgen unter besonderer Berücksichtigung der Vertikal-GVO Nr. 330/2010 und der dazu erlassenen Leitlinien

Übersicht

[53] Als Beispiel für die Praxis des Europarechts aus jüngerer Zeit vgl. etwa EuG U. v. 23.10.2003, Slg. 2003 II-4653 – *Van den Bergh Foods/Komm.*

[54] Die Geltung des Diskriminierungs- und Behinderungsverbots für preisbindende Zeitungs- und Zeitschriftenverlage (und andere Fälle durch das GWB ausnahmsweise erlaubter Preisbindung) folgt jetzt aus § 19 Abs. 3 GWB.

[55] Zum Verbot des Missbrauchs marktbeherrschender Stellungen in § 19 GWB s. *Wiedemann* § 23 Rdnr. 1 ff.; zum Diskriminierungs- und Behinderungsverbot für marktstarke Unternehmen gem. § 20 GWB s. *Lübbert/Schöner* §§ 24 ff.

[56] Vgl. etwa OLG Karlsruhe, WuW/E OLG 2217, 2220 – *Allkauf/Saba;* KG, WuW/E 3501, 3507 – *Märklin.*

[57] *Dazu Lübbert/Schöner* § 24 Rdnr. 2.

Schrifttum: *Ackermann,* Die neuen EG-Wettbewerbsregeln für vertikale Beschränkungen, EuZW 1999, 741 ff.; *Baier,* Die Anwendung der neuen EU-Gruppenfreistellungsverordnung (EG) Nr. 330/2010 für vertikale Vereinbarungen und abgestimmte Verhaltensweisen im Gesundheitsbereich, MedR 2010, 832; *Baron* in *Loewenheim/Meessen/Riesenkampff,* Kartellrecht, 2. Aufl. 2009, Gruppenfreistellungsverordnungen, B. Vertikalvereinbarungen; *Bauer/de Bronett,* Die EU-Gruppenfreistellungsverordnung für vertikale Wettbewerbsbeschränkungen, 2001; *Bayreuther,* Die Reform der EG-Wettbewerbspolitik gegenüber vertikalen Wettbewerbsbeschränkungen, EWS 2000, 106ff.; *Bechtold,* EG-Gruppenfreistellungsverordnungen – eine Zwischenbilanz, EWS 2001, 49ff.; *ders.,* GWB, 7. Aufl. 2013; *Bechtold/Bosch/Brinker,* Kommentar zum EU-Kartellrecht, 3. Aufl. 2014; *Becker/Pfeiffer,* Die Entscheidung „Depotkosmetik im Internet" des Bundesgerichtshofs – Drei Variationen über das Thema Anwendungsbreite des Europarechts, ZWeR 2004, 268; *Beeser-Wiesmann,* Selektivvertrieb, sachlich gerechtfertigte Ungleichbehandlung/„Depotkosmetik im Internet", BGH EWiR § 20 GWB 2/04, 917; *Bergmann, A.,* Selektive vertikale Vertriebsbindungssysteme im Lichte der kartell- und lauterkeitsrechtlichen Rechtsprechung des Bundesgerichtshofs und des Gerichtshofs der Europäischen Gemeinschaften, ZWeR 2004, 28ff.; *Besen/Miege,* Neuer europäischer Rechtsrahmen für das Vertriebsrecht – Werden bestehende Verträge unwirksam?, MPR 2010, 73; *Besen/Slobodenjuk,* Die neue Gruppenfreistellungsverordnung für Vertikalvereinbarungen – Auswirkungen auf die Pharmaindustrie, PharmR 2010, 221; *Beutelmann,* „Die guten ins Töpfchen ..." – Zur Auswahl der zugelassenen Händler in selektiven Vertriebssystemen, ZWeR 2013, 346; *Bien/Rummel,* Ende des More Economic Approach bei der Beurteilung von Rabattsystemen, EuZW 2012, 737; *Birk,* Belieferungsansprüche bei Verstoß gegen Art. 101 AEUV?, EWS 2000, 485; *Böhner,* Cross Channel-Internethandel in Dualen Vertriebssystemen, DSRITB 2013, 829; *Böni,* Kartellrechtliche Aspekte des Automobilvertriebs, WuW 2013, 479, *Creutzig,* Der Automobilvertrieb ab Oktober 2002, WRP 2002, 1124; *ders.,* Vertrieb und Betreuung neuer Kraftfahrzeuge im 21. Jahrhundert, BB 2002, 2133; *Brinker,* Die neue Gruppenfreistellungsverordnung für vertikale Wettbewerbsbeschränkungen, in *Schwarze* (Hrsg.), Europäisches Wettbewerbsrecht im Wandel, 2001, 131ff.; *de Bronett,* Der Entzug des Vorteils der Anwendung einer Gruppenfreistellung durch nationale Behörden, WuW 1999, 825ff.; *Brunn,* Die EG-Kartellverfahrensordnung 1/2003 und ihre Auswirkungen auf die Gruppenfreistellungsverordnungen und die Entzugsverfahren der Vertikal-GVO, 2004; *Dallmann,* Englische Klauseln nach der 7. GWB-Novelle, WRP 2006, 347; *de Crozals/Heinen,* Der Entwurf der neuen Gruppenfreistellungsverordnung für Vertikalvereinbarungen und der neuen Leitlinien für vertikale Beschränkungen – die wesentlichen Änderungen, EWS 2009, 503; *Dethof,* Die Beschränkung des Internetvertriebs der Händler nach Pierre Fabre, ZWeR 2012, 503; *Dreyer/Lemberg,* Möglichkeiten und Grenzen der Beschränkung des Internetvertriebs, BB 2012, 2004; *Ebenroth,* Absatzmittlungsverhältnisse im Spannungsverhältnis von Kartell- und Zivilrecht, 1980; *Eilmansberger,* Neues zum Handelsvertreterprivileg: Das DaimlerChrysler-Urteil, ZWeR 2006, 64ff.; *Emde,* Das Handelsvertreter-Kartellrecht nach den Leitlinien zur GVO 2790/99, BB 2002, 949; *ders.,* BB-Rechtsprechungs- und Literaturübersicht zum Vertriebsrecht des Jahres 2011 – Teil 2, BB 2012, 3087; *ders.,* BB-Rechtsprechungs- und Literaturübersicht zum Vertriebsrecht des Jahres 2010, VersR 2012, 536 VersR 2012, 536 VersR 2012, 536; *Ensthaler/Gesmann-Nuissl,* Die rechtliche Stellung des Handelsvertreters innerhalb der Kfz-Vertriebssysteme, EuZW 2006, 167; *Fleischer,* Konzerninterne Wettbewerbsbeschränkungen und Kartellverbot, AG 1997, 491; *Flohr,* Die konkreten Auswirkungen der neuen europäischen Gruppenfreistellungsverordnung auf Vertragsgestaltung und Vertragspraxis beim Franchising, in *Ahlert* (Hrsg.), Handbuch Franchising and Cooperation: das Management kooperativer Unternehmensnetzwerke 2001; *Franck,* Zum Schutz des Produktimages im selektiven Vertrieb, WuW 2010, 772; *Fritzemeyer,* Auswirkungen der EU-Gruppenfreistellungsverordnung auf die Gestaltung von Franchiseverträgen, BB 2002, 1658ff.; *Fuchs,* Die Gruppenfreistellungsverordnung als Instrument der europäischen Wettbewerbspolitik im System der Legalausnahme, ZWeR 2005, 1ff.; *Funke/Just,* Neue Wettbewerbsregeln für den Vertrieb: Die Verordnung (EU) Nr. 330/2010 für Vertikalverträge, DB 2010, 1389; *Gehring,* Die Field of Use-Klausel – Verwertungsbeschränkung im europäischen Kartellrecht, EWS 2007, 160; *Genzow,* Entwicklungen im Vertragshändlerrecht, ZVertriebsR 2013, 81; *Gleiss/Hirsch,* Kommentar zum EG- Kartellrecht, 4. Aufl. 1993; *Gruber,* Zur Anwendung der Vertikal-GVO, Anmerkung zu OLG Naumburg, Urt. v. 18.7.2013, 2 U 76/13 (Kart) – Hubarbeitsmaschinen (WuW/E DE-R 3999), WuW 2014, 596; *Haager,* Die Entwicklung des Franchiserechts in den Jahren 1999, 2000 und 2001, NJW 2002, 1463ff.; *Harte-Bavendamm/Kreutzmann,* Neue Entwicklungen in der Beurteilung selektiver Vertriebssysteme, WRP 2003, 682; *Hartog/Noack,* Die 7. GWB-Novelle, WRP 2005, 1396ff.; *Haslinger,* Zum Belieferungsanspruch aufgrund Art. 85 EG iVm. §§ 823 II, 249ff. BGB, WuW 1998, 456; *dies.,* Belieferungsanspruch des Außenseiters eines selektiven Vertriebssystems, das gegen Art. 85 I EG verstößt?, WRP 1999, 161; *Heutz,* Legalausnahme und Gruppenfreistellungsverordnungen im System der VO (EG) Nr. 1/2003, WuW 2004, 1255; *von Hülsen,* Ausgewählte praktische Probleme des selektiven Vertriebs aus kartellrechtlicher Sicht, ZVertriebsR 2012, 299, *Immenga/Mestmäcker,* EU-Wettbewerbsrecht, 5. Aufl., 2012; *Innerhofer,* E-Commerce im Fokus des Wettbewerbsrecht, ZVertriebsR 2013, 266; *Kapp,* EG-kartellrechtliche Fehlentwicklung bei Handelsvertreterverträgen?, WuW 1990, 814; *ders.,* Das Wettbewerbsverbot des Handelsvertreters: Korrekturbedarf bei den Vertikal-Leitlinien der Kommission?, WuW 2007, 1218ff.; *ders.,* Der Handelsvertreter im Strudel des Kartellrechts, BB 2006, 2253; *ders.,* Reform der Vertikal-GVO: Der Wind weht schärfer, WuW 2009, 1003; *Kapp./Schumacher,* Die kartellrechtliche Zulässigkeit des Provisionsweitergabeverbots in Handelsvertreterverhältnissen, WuW 2007, 29; *dies.*, Die Delkredere-Haftung des Handelsvertreters im Kartellrecht, EuZW 2008, 167; *Kirchhoff,* Die kartellrechtliche Beurteilung vertikaler Vertriebsverträge, 1990; *ders.*, Die Beurteilung von Bezugsverträgen nach europäischem Kartellrecht, WuW 1995, 361 ff.; *Köhler/Bornkamm,* Kommentar zum UWG, 33. Aufl. 2015; *Kurth,* Meistbegünstigungsklauseln im Lichte der Vertikal-GVO, WuW 2003, 28; *Lange,* Handelsvertretervertrieb nach den neuen Leitlinien der Kommission, EWS 2001, 18; *Langen/Bunte,* Kommentar zum deutschen und europäischen Kartellrecht, 12. Aufl. 2014; *Liebscher/Petsche,* Franchising nach der neuen Gruppenfreistellungsverordnung (EG) Nr. 2790/99 für Vertikalvereinbarungen, EuZW 2000, 400; *Liebscher/Flohr/Petsche,* Handbuch der EU-Gruppenfreistellungsverordnungen, 2. Aufl. 2012; *Lohse,* (Titel?), WuW 2014, 120 ff.; *Mackenrodt,* Europäische Union – Der neue Rechtsrahmen für vertikale Vereinbarungen, GRUR Int 2010, 1013; *Malec/von Bodungen,* Die neue Vertikal-GVO und ihre Auswirkungen auf die Gestaltung von Liefer- und Vertriebsverträgen, BB 2010, 2383; *Martinek,* Franchising – Grundlagen der zivil- und wettbewerbsrechtlichen Behandlung der vertikalen Gruppenkooperation beim Absatz von Waren und Dienstleistungen, 1987; *Metzlaff,* Franchisesysteme und Kartellrecht – neueste Entwicklungen, BB 2000, 1201 ff.; *Meyer,* Salto rückwärts im Kartellrecht? Meistbegünstigungsklausel nach der siebten GWB-Novelle, WRP 2004, 1456 ff.; *Müller,* Neue Leitlinien zur Anwendung des Art. 81 III EG im Legalausnahmesystem der Kartellverordnung 1/2003, WRP 2004, 1472; *Niebling,* Die aktuelle Entwicklung im Vertriebsrecht, WRP 2012, 1361; *Nolte,* Renaissance des Handelsvertretervertriebs?, WuW 2006, 252 ff.; *Pautke/Schultze,* Internet und Vertriebskartellrecht – Hausaufgaben für die Europäische Kommission, BB 2001, 317 ff.; *Peeperkorn/Heimann, Keine Neuigkeiten für Drittplattformverbote,* GRUR 2014, 1175; *Petsche* in *Liebscher/Flohr/Petsche,* Handbuch der EU-Gruppenfreistellungsverordnungen (2003), 2. Teil Die einzelnen Gruppenfreistellungsverordnungen, § 7 Vertikale Vereinbarungen (Verordnung Nr. 2790/1999), 165 ff.; *Pfeffer/Wegner,* Handelsvertreterprivileg: Vertrieb über Handelsvertreter – praktikable Ausnahme zum Kartellverbot des Art. 101 AEUV/ § 1 GWB?, EWS 2006, 296; *Pischel,* Der Internetvertrieb nach der neuen Schirm-Gruppenfreistellungsverordnung für den Vertikalvertrieb und deren Leitlinien, GRUR 2010, 972; *Pohlmann* in Jaeger/Pohlmann/Schroeder (Hrsg.), Frankfurter Kommentar zum Kartellrecht, Teil 1. Art. 101 AEUV (ex-Art. 81 EG-Vertrag) Verbot wettbewerbsbeschränkender Vereinbarungen und Verhaltensweisen, Grundfragen des Art. 81 Abs. 3 EG, Stand: 65. Lieferung 4/2008; *Polley,* Softwareverträge und ihre kartellrechtliche Wirksamkeit – Zur Anwendbarkeit von Gruppenfreistellungsverordnungen der Europäischen Kommission auf Softwareverträge unter besonderer Berücksichtigung der neuen Technologietransfer-GVO, CR 2004, 641 ff.; *dies.,* Die neue Vertikal-GVO – Inhaltliche Neuerungen und verpasste Chancen, CR 2010, 625; *Polley/Seeliger,* Die neue Gruppenfreistellungsverordnung für Vertikalverträge Nr. 2790/1999 – Ihre praktische Anwendung, WRP 2000, 1203 ff.; *dies.* Die Anwendung der neuen Gruppenfreistellungsverordnung für Vertikalverträge Nr. 2790/1999 auf Softwareverträge, CR 2001, 1 ff.; *Pukall,* Neue EU-Gruppenfreistellungsverordnung für Vertriebsbindungen, NJW 2000, 1375 ff.; *Rahlmeyer* in Martinek/Semler/Habermeier/Flohr (Hrsg.), Handbuch des Vertriebsrechts, 3. Aufl. 2010, 8. Kapitel. Europäisches Kartellrecht, § 37. Die Gruppenfreistellungsverordnung für vertikale Wettbewerbsbeschränkungen; *Reckmann,* Die neuen Gruppenfreistellungsverordnungen für vertikale Vereinbarungen – Vertragsanpassung und Ausgleichsansprüche, WuW 2003, 752; *Riley,* Vertical Restraints: A Revolution?, ECLR 1998, 483 ff.; *Ritter,* Die EG-kartellrechtliche Beurteilung ausschließlicher Bezugsbindungen in Lieferverträgen mit Weiterverarbeitern, in Fs. für Lieberknecht, 1997, 495; *Rittner,* Die Handelsvertreterpraxis nach dem neuen EG-Kartellrecht für Vertriebsvereinbarungen, DB 2000, 1211; *Rösner,* Aktuelle Probleme der Zulässigkeit von Selektivvertriebssystemen vor dem Hintergrund der Reform der Vertikal-GVO, WRP 2010, 1114; *Rohardt,* Vertikale Beschränkungen des Wettbewerbs in Europa – Follow-up zum Grünbuch 1996, WuW 1998, 1050 ff.; *ders.,* Grünbuch über vertikale Beschränkungen des Wettbewerbs – Diskussion frei?, WuW 1997, 473 ff.; *Roniger,* Das neue Vertriebskartellrecht: Kurzkommentar zur vertikalen EU-Gruppenfreistellungsverordnung, 2000; *ders./Hemetsberger,* Kfz-Vertrieb neu: Praxishandbuch zur Gruppenfreistellungsverordnung für den Kfz-Sektor, 2003; *Säcker/Jaecks,* Langfristige Energielieferverträge und Wettbewerbsrecht, Zur Leitbildfunktion der Schirm-GFVO für das deutsche Kartellverbot (Schriften zum Wirtschaftsrecht Bd. 149), 2002; *Schaub/Dohms,* Das Weißbuch der Europäischen Kommission über die Modernisierung der Vorschriften zur Anwendung der Artikel 81 und 82 EG-Vertrag. Die Reform der Verordnung Nr. 17, WuW 1999, 1055 ff., § 8; *Schmitt,* Kartellrechtliche Beurteilung von Kundenschutzklauseln in Austauschverträgen, WuW 2007, 1096; *Schröter/Jakob/Klotz/Mederer,* Kommentar zum Europäischen Wettbewerbsrecht 2. Aufl. 2014; *Schulte/Geiger,* Das Schicksal der Verbundgruppen unter der neuen Gruppenfreistellungsverordnung (EG) Nr. 2790/99 für Vertikalvereinbarungen, EuZW 2000, 396 ff.; *Schultze/Pautke/Wagener,* Die Gruppenfreistellungsverordnung für vertikale Vereinbarungen, 3. Aufl. 2011; *Schwalbe,* Preisgestaltung in vertikalen Strukturen – Preisbindung und Preisempfehlung aus ökonomischer Sicht, WuW 2011, 1197; *Seeliger,* EG-kartellrechtliche Probleme in Vertikalverhältnissen beim Vertrieb über das Internet, WuW 2000, 1174 ff.; *Semler/Bauer,* Die neue EU-Gruppenfreistellungsverordnung für vertikale Wettbewerbsbeschränkungen, DB 2000, 193 ff.; *Simon,* Die neue Kartellrechtsverordnung (EU) Nr. 330/2010 für Vertriebs- und Lieferverträge, EWS 2010, 497; *Slopek,* LG Berlin: Ausschluss des Vertriebs über eBay, CR 2009, 542; *Stancke,* Versicherungsvertrieb und Kartellrecht, VersR 2009, 1168; *Thomas,* Grundsätze zur Beurteilung vertikaler Wettbewerbsverbote, WuW 2010, 177; *Veelken,* Kombination von Alleinvertrieb und selektivem Vertrieb in den „vertikalen" EG-Gruppenfreistellungsverordnungen, in *Engel/Möschel,* Recht und spontane Ordnung, Fs. für Mestmäcker zum achtzigsten Geburtstag, 2006; *Velez,* Recent developments in selective distribution, ECLR 2012, 242; *Wagner, A.,* Der Systemwechsel im EG-Kartellrecht – Gruppenfreistellungen und Übergangsproblematik, WRP 2003, 1369; *Wagner, D./Aleksandrova,* Der Selektivvertrieb in der Schuhbranche im Licht der neuen BGH-Rechtsprechung, ZVertriebsR 2012, 235; *Wegner/Pfeffer,* Kartellverbot bei Alleinvertriebsvertrag zwischen Lieferanten und Tankstellenbetreiber, EuZW 2007, 150; *Weyer,* Belieferungsansprüche bei Verstoß gegen Art. 101 AEUV?, GRUR 2000, 848; *Wiedemann,* Kommentar zu den Gruppenfreistellungsverordnungen des EWG-Kartellrechts, Bd. 1, 1989/Bd. 2, 1990; *Wiring,* Kartellrecht und eCommerce – Neue Leitlinien der Kommission konkretisieren kartellrechtliche Vorgaben für den Onlinehandel, MMR 2010, 659; *Wirtz,* Anwendbarkeit von § 20 GWB auf selektive Vertriebssysteme nach Inkrafttreten der VO 1/2003, WuW 2003, 1039 ff.; *Wissel/Eickhoff,* Die neue Gruppenfreistellungsverordnung für Technologietransfer-Vereinbarungen. Neue Freistellungsvoraussetzungen für Lizenzvereinbarungen, WuW 2004, 1244 ff.; *Wolter* in Jaeger/Pohlmann/Schroeder (Hrsg.), Frankfurter Kommentar zum Kartellrecht, Teil 1. Art. 101 AEUV (ex-Art. 81 EG-Vertrag) Verbot wettbewerbsbeschränkender Vereinbarungen und Verhaltensweisen, Fallgruppen des Art. 101 Abs. 1 und 3 AEUV (ex-Art. 81 Abs. 1 und 3 EG-Vertrag), III. Vertikale Vereinbarungen, Beschlüsse und abgestimmte Verhaltensweisen außerhalb des Bereichs der Schutzrechte, 78. Lieferung 8/2013.

A. Vereinbarungen mit Tochtergesellschaften

Hersteller müssen für den Vertrieb ihrer Produkte nicht notwendig von ihnen unabhängige Absatzmittler (Händler oder Vertreter) einschalten. Sie können auch den Direktabsatz über eigene, unselbständige Verkaufsfilialen oder Vertriebstochtergesellschaften wählen. Unabhängig von ihrer Rechtsform bilden derartige Verkaufseinrichtungen mit dem Hersteller eine wirtschaftliche Einheit. Da das deutsche und das EU-Kartellrecht auf Vereinbarungen zwischen den Gliedern einer wirtschaftlichen Einheit von vornherein keine Anwendung finden,[1] kann der Hersteller die Tätigkeit seiner eigenen Vertriebsinstrumente **im Innenverhältnis** grundsätzlich beliebig reglementieren, etwa im Hinblick auf eine sinnvolle Arbeitsteilung unter ihnen. Er kann ihnen insbesondere vorschreiben, wo, an wen und wie sie seine Produkte abzusetzen haben. Sonst problematische vertikale Bindungen innerhalb einer Vertriebsorganisation wie Gebiets- oder Kundenschutz und Preisvorgaben sind beim Direktabsatz uneingeschränkt zulässig. 1

Durch Aufnahme von herstellerfremden Minderheitsgesellschaftern in eine Vertriebstochtergesellschaft, etwa lokaler Vertriebspartner oder qualifizierter Mitarbeiter aus dem Management der Tochter, wird die wirtschaftliche Einheit nicht in Frage gestellt, solange der Hersteller die fragliche Gesellschaft noch allein kontrolliert.[2] Erhalten die außenstehenden Gesellschafter jedoch (mit-)beherrschenden Einfluss, so erlangt die Vertriebsgesellschaft gegenüber dem Hersteller eine eigene wirtschaftliche Qualität. Infolgedessen gelten dann uneingeschränkt die nachfolgend in diesem Kapitel dargelegten Grundsätze. 2

Auch beim Direktabsatz unterliegt der Hersteller mit seinen Tochtergesellschaften allerdings **im Außenverhältnis** in vollem Umfang dem Kartellrecht, insbesondere ggf. dem 3

[1] Siehe *Wiedemann* § 2 Rdnr. 7 und § 3 Rdnr. 5 sowie für horizontale Wettbewerbsbeschränkungen *Lübbig/Schroeder* § 9 Rdnr. 1 ff.

[2] Zur Problematik der sog. „konzerninternen Wettbewerbsbeschränkungen" siehe unten *Lübbig/Schroeder* § 9 Rdnr. 1 ff.; *Fleischer,* AG 1997, 491; zur Zulässigkeit von absolutem Gebietsschutz zwischen den nationalen Verkaufsniederlassungen eines Konzerns vgl. EuG U. v. 12.1.1995, Slg. 1995 II – 17, 29 ff. – *Viho/Komm.*

Diskriminierungsverbot der § 19 Abs. 1, Abs. 2 Nr., 1, § 20 Abs. 1 GWB gegenüber seinen Abnehmern.[3]

B. Vereinbarungen mit Handelsvertretern, Kommissionären und Kommissionsagenten

I. EU-Kartellrecht

4 **1. Begriff und grundsätzliche Behandlung von Handelsvertretern im Unionskartellrecht.** Nach deutschem Recht ist Handelsvertreter, wer als selbständiger Gewerbetreibender ständig damit betraut ist, für einen anderen Unternehmer Geschäfte zu vermitteln oder in dessen Namen abzuschließen (§ 84 Abs. 1 HGB). Handelsvertreter üben beim Warenabsatz lediglich eine Hilfsfunktion aus; sie sind durch das zu ihrem Prinzipal bestehende Auftragsverhältnis in dessen Vertriebsorganisation eingegliedert und per se von seinen Weisungen abhängig. Da er selbst keine Handelsware zum Weiterverkauf erwirbt, trägt der Handelsvertreter nicht das Risiko mangelnder oder schlechter Verkäuflichkeit (Absatzrisiko). Vielmehr erschöpft sich die Tätigkeit des Handelsvertreters grundsätzlich darin, Kunden für den Hersteller zu gewinnen. Weil der Handelsvertreter nicht in eigenem Namen tätig wird, kann er auch die Preise und Konditionen der von ihm vermittelten Verkaufsgeschäfte nicht autonom bestimmen. Die klassischen Handelsfunktionen, wie insbesondere die an den Kaufwünschen der Endabnehmer orientierte, unabhängige Zusammenstellung eines Angebots aus den Waren unterschiedlicher Hersteller (Sortimentsfunktion) oder die Finanzierung der Warenumsätze (Kreditfunktion), nimmt er nicht wahr.

5 Nach der „Bekanntmachung der Kommission über Alleinvertriebsverträge mit Handelsvertretern“ vom 24.12.1962[4] wurden typische Handelsvertreterverträge nicht vom Verbot des Art. 101 Abs. 1 AEUV erfasst. Der EuGH hat die Bekanntmachung der Kommission grundsätzlich bestätigt.[5] An die Stelle der Bekanntmachung sind inzwischen die Rdnr. 12–21 der Vertikalleitlinien 2010 getreten. Obwohl der Handelsvertreter typischerweise im Warenvertrieb für den Auftraggeber tätig wird, stellen diese in Rdnr. 12 klar, dass sich seine Tätigkeit auch auf den Absatz von Dienstleistungen und den Erwerb von Waren oder Dienstleistungen durch den Auftraggeber beziehen kann.

6 Maßgeblich für den EU-kartellrechtlichen Handelsvertreterbegriff ist eine funktionale Abgrenzung. Es kommt weder auf die in einem Vertrag gewählte Bezeichnung noch auf den Begriff des Handelsvertreters im Zivilrecht der Mitgliedstaaten an.[6] Vielmehr ist entscheidend, dass der Vertreter keines der Risiken aus den für den Geschäftsherrn vermittelten Geschäften trägt und als Hilfsorgan in sein Unternehmen eingegliedert ist.[7]

7 Vertreter, die nach Unionskartellrecht als Handelsvertreter anzusehen sind, hat die Kommission bisher als **echte Handelsvertreter** bezeichnet, solche, bei denen das nicht der Fall war, dagegen als **unechte Handelsvertreter.**[8] Auch Generalanwältin *Kokott* hat diese Termini noch in der Sache *„CEPSA“* verwendet.[9] In den aktuellen Vertikalleitlinien von 2010 benutzt die Kommission diese Begriffe indes nicht mehr, ohne dass sich dafür ein sachlicher Grund erschließt. Es ist zwar zuzugeben, dass die Bezeichnungen „echte“ und

[3] Vgl. unten *Lübbert/Schöner,* § 23.
[4] ABl. 1962 Nr. 139, 2921.
[5] EuGH U. v. 13.7.1966, Slg. 1966, 458 – *Italien/Komm.;* U. v. 16.12.1975, Slg. 1975, 1663, 2016 – *Suiker Unie/Komm.*
[6] Vgl. EuGH U. v. 14.12.2006, Slg. 2006 I-11987, Rdnr. 46 – *CEPSA.*
[7] EuGH U. v. 14.12.2006, Slg. 2006 I-11987, Rdnr. 43 – *CEPSA.*
[8] Vgl. Vertikalleitlinien 2000, Rdnr. 13.
[9] Schlussantrag der Generalanwältin *Kokott* in der Rechtssache C-217/06, Slg. 2006 I-11992, Rdnr. 48 f. – *CEPSA.*

„unechte" Handelsvertreterverträge sprachlich nicht sehr gelungen erscheinen. Allerdings haben sie sich als prägnanter Ausdruck für die kartellrechtliche Einordnung bewährt. Sie werden deshalb in diesem Handbuch – wie auch in weiten Teilen jedenfalls des deutschsprachigen Schrifttums – als kartellrechtlicher Terminus technicus weiter verwendet.

Auf in echten Handelsvertreterverträgen vereinbarte Verpflichtungen, die dem Vertreter 8
hinsichtlich der für den Auftraggeber ausgehandelten oder geschlossenen Verträge auferlegt werden, ist Art. 101 AEUV nicht anwendbar.[10] Als von Art. 101 Abs. 1 AEUV nicht erfasste, typische Ausprägungen des Weisungsrechts des Auftraggebers nennt die Kommission in diesem Zusammenhang dem Handelsvertreter auferlegte Gebiets- und Kundenbeschränkungen sowie die Festlegung der Preise[11] und Geschäftsbedingungen für den Verkauf oder Erwerb der Vertragswaren- oder -dienstleistungen.[12] Sonstige Vereinbarungen in echten Handelsvertreterverträgen sind kartellrechtlich unbedenklich, soweit sie sich immanent aus der wechselseitigen Pflicht zur Interessenwahrung zwischen Handelsvertreter und Geschäftsherrn ergeben. Ob dies der Fall ist, ist für jede Klausel einzeln zu prüfen. Für ein vertragliches Verbot der Provisionsweitergabe an Kunden wird sich dies schwerlich begründen lassen.[13] Zu Alleinvertretungsklausel und Wettbewerbsverbot in Vertreterverträgen s. u. bei 3. (Rdnr. 23).

Verkaufsvermittler, die von der Definition des Handelsvertreters nach Unionskartellrecht 9
nicht erfasst werden („unechte Handelsvertreter"), stehen bei der kartellrechtlichen Beurteilung Vertragshändlern gleich. Auf sie kann grundsätzlich die Vertikal-GVO Anwendung finden. Das verdeutlicht deren Art. 1 lit. h, der „auf der Grundlage einer unter Art. 101 Abs. 1 AEUV fallenden Vereinbarung" tätige Verkaufsvermittler ausdrücklich in den Abnehmerbegriff der Vertikal-GVO einbezieht.[14] Bei unter Art. 1 lit. h fallenden Vertreterverträgen muss sorgfältig darauf geachtet werden, dass sie keine Kernbeschränkungen iSv Art. 4 Vertikal-GVO enthalten. Auch gegenüber unechten Handelsvertretern unproblematisch sind allerdings Vereinbarungen, mit denen die Konditionen für den Verkauf der Vertragswaren (einschließlich Preis) gegenüber den Kunden festgelegt werden.[15] Das folgt daraus, dass auch beim unechten Handelsvertretervertrag allein der Geschäftsherr Eigentümer und Verkäufer der Vertragswaren ist. Eine Kernbeschränkung nach Art. 4 lit. a Vertikal-GVO gegenüber unechten Handelsvertretern stellt aber das Provisionsweitergabeverbot dar.[16]

2. Die Abgrenzung „echter" und „unechter" Handelsvertreterverträge. *a) Das* 10
Kriterium der Eingliederung. Für die Unanwendbarkeit von Art. 101 Abs. 1 AEUV auf Handelsvertreterverträge war bislang neben der Befreiung des Handelsvertreters vom Absatzrisiko nach der Praxis von EuGH und Kommission auch seine **Eingliederung in die Absatzorganisation des Herstellers** erforderlich. Der EuGH sah es für die Unanwendbarkeit des Art. 101 Abs. 1 AEUV insoweit zunächst als entscheidend an, dass der Hersteller durch den Einsatz von Handelsvertretern den Vertrieb seiner Erzeugnisse in sein eigenes Unternehmen eingegliedert hat.[17] Demgegenüber erklärte die Kommission nicht die Eingliederung des Vertriebs der Erzeugnisse, sondern diejenige des Handelsvertreters in das Unternehmen des Geschäftsherrn für maßgeblich und legte die frühere Handelsvertreterbekanntmachung, in der eine derartige Formulierung nicht enthalten war, in diesem Sinne

---

[10] Vgl. EuGH U. v. 14.12.2006, Slg. 2006 I-11987, Rdnr. 62 – *CEPSA.*

[11] Dies darf allerdings – soweit gesetzlich zulässig – den Handelsvertreter nicht an einer Provisionsteilung mit den Kunden hindern, was für die Kunden im Ergebnis wie ein Rabatt wirkt, s. u. 5. (Rdnr. 35).

[12] Vertikalleitlinien, Rdnr. 18.

[13] Siehe dazu u. Rdnr. 35 ff.

[14] Zur entsprechenden Bestimmung in Art. 1 lit. g der Vertikal-GVO von 1999 etwa *Pukall,* NJW 2000, 1375, 1377; *Roniger,* Art. 1, Rdnr. 22; *Emde,* BB 2002, 949; aA etwa *Lange,* EWS 2001, 18, 22.

[15] Ebenso *Loewenheim/Meessen/Riesenkampff-Baron,* VO 2790/1999/EG, Rdnr. 46.

[16] Vertikalleitlinien, Rdnr. 49, zum Provisionsweitergabeverbot ausführlich u. Rdnr. 35 ff.

[17] EuGH U. v. 13.7.1966, Slg. 1966, 457, 485 f. – *Italien/Komm.*

aus.[18] Auch der EuGH hielt später Art. 101 Abs. 1 AEUV nur dann bei einem Handelsvertretervertrag für unanwendbar, wenn der Handelsvertreter als in das Unternehmen des Prinzipals integriertes Hilfsorgan angesehen werden konnte.[19] EuGH und EuG stellen in ihrer jüngeren Rechtsprechung weiterhin auf dieses Eingliederungskriterium ab.[20] Es dient der Feststellung, ob der Geschäftsherr und der Handelsvertreter beim Vertrieb der Vertragswaren eine **wirtschaftliche Einheit** bilden. Denn dann können die im Handelsvertretervertrag insoweit getroffenen Regelungen nicht als *Vereinbarung von Unternehmen* qualifiziert werden, so dass sie außerhalb des Anwendungsbereichs von Art. 101 Abs. 1 AEUV bleiben. Für die Annahme einer wirtschaftlichen Einheit zwischen Handelsvertreter und Prinzipal hält es das EuG primär für maßgeblich, dass der Handelsvertreter den Verkauf der Vertragswaren nach den Weisungen des Prinzipals durchzuführen hat und der Prinzipal die aus der Vermittlungstätigkeit des Handelsvertreters für die Vertragswaren folgenden Hauptrisiken, insbesondere das Lagerrisiko, trägt.[21] Nach Ansicht des Gerichts ist es allerdings nicht ausgeschlossen, dass auch die Übernahme anderer erheblicher Kosten oder Risiken im Vertretervertrag der Eingliederung entgegenstehen kann.

11 Die Kommission stellt demgegenüber in den Vertikalleitlinien zur Abgrenzung zwischen Handelsvertretern und Eigenhändlern allein auf die Risikoverteilung ab. Sie verlangt von einem echten Handelsvertreter, dass er

– in Bezug auf die für den Prinzipal vermittelten oder abgeschlossenen Geschäfte,
– die für diese Tätigkeit erforderlichen Investitionen
– und bezüglich anderer, vom Prinzipal auf demselben Produktmarkt für erforderlich gehaltener Tätigkeiten

keine oder nur unbedeutende Risiken trägt.[22] Im Merkmal der Eingliederung will die Kommission neben der Risikoverteilung kein eigenständiges Abgrenzungskriterium mehr erkennen.[23]

12 Nicht geklärt ist danach, welche Bedeutung heute noch dem Eingliederungskriterium zukommt. Offenbar meint die Kommission im Anschluss an Generalanwältin *Kokott* in der Rechtssache CEPSA,[24] dass die Eingliederung des Vertreters in das Unternehmen des Geschäftsherrn und die Übernahme der Geschäftsrisiken durch den Geschäftsherrn zwei Seiten derselben Medaille seien, und dass sich deswegen eine gesonderte Prüfung der Eingliederung neben der Risikoverteilung jedenfalls dann erübrigt, wenn sich eine Vertragsklausel nur auf den Markt der Vertragswaren bezieht.[25] Dabei wird aber übersehen, dass das für die Feststellung einer wirtschaftlichen Einheit zwischen Vertreter und Auftraggeber entwickelte Eingliederungskriterium – wie beim Verhältnis zwischen Mutter- und Tochtergesellschaften in einem Konzern – primär die Weisungsabhängigkeit in den Blick nimmt.[26] Zwischen Risikotragung und Weisungsrecht besteht aber kein notwendiger Zusammenhang. Es entspricht zwar ökonomischer Logik, dass derjenige, der das Risiko einer Handlung trägt, auch über ihre Ausführung bestimmen sollte. Das ist aber weder zwingend vorgeschrieben

---

[18] Komm. E. v. 2.1.1973, ABl. 1973, L 140/17, 41 – *Europäische Zuckerindustrie.*

[19] EuGH U. v. 1.10.1987, Slg. 1987, 3801, 3828 – *Vlaamse Reisbureaus/VZW.*

[20] EuGH U. v. 14.12.2006, Slg. 2006 I-11987, Rdnr. 43 – *CEPSA;* EuG U. v. 15.9.2005, Slg. 2005 II-3319, Rdnr. 86 – *DaimlerChrysler/Komm.*

[21] EuG U. v. 15.9.2005, Slg. 2005 II-3319, Rdnr. 102 ff. – *DaimlerChrysler/Komm.*

[22] Vertikalleitlinien 2010, Rdnr. 14 f.; EuGH U. v. 14.12.2006, Slg. 2006 I-11987 –, Rdnr. 50 bis 61 – *CEPSA,* dazu ausführlich u. Rdnr. 14 ff.

[23] So ausdrücklich Komm. E. v. 10.10.2001, ABl. 2002 L 257/1, 34, Rdnr. 163, 165 – *Mercedes-Benz,* wo sich die Kommission dafür jedoch unzutreffend auf EuGH U. v. 24.10.1995, Slg. 1995 I-3477, Rdnr. 4 und 19 – *Volkswagen und VAG Leasing* bezieht.

[24] Schlussanträge der Generalanwältin *Kokott* in der Rechtssache C-217/06, Slg. 2006 I-11992, Rdnr. 48 mit Fn. 52 – *CEPSA.*

[25] Ebenso *Schultze/Pautke/Wagener,* Rdnr. 274 mit Fn. 9 unter Hinweis auf EuGH U. v. 14.12. 2006, Slg. 2006 I-11987, Rdnr. 44 f. – *CEPSA.*

[26] Deutlich etwa EuG U. v. 15.9.2005, Slg. 2005 II-3319, Rdnr. 86 – *DaimlerChrysler/Komm.,* vgl. *Langen/Bunte-Nolte,* Bd. 2, nach Art. 101 AEUV, Rdnr. 650.

noch stets die Realität. Im Rahmen der Vertragsfreiheit sind ohne weiteres abweichende Gestaltungen denkbar, etwa kreative „franchiseähnliche“ Konzepte, in denen der Absatzmittler kein Absatzrisiko trägt, gleichwohl aber völlige oder weitgehende Freiheit beim Vertrieb hat, und bei denen also insbesondere kein Weisungsrecht des Lieferanten besteht. In solchen Fällen wäre es sicher nicht sachgerecht, allein aufgrund der Risikoverteilung Kartellrecht nicht anzuwenden. Denn der Absatzmittler nimmt durchaus unabhängig am Wettbewerb teil. Damit hat das Eingliederungskriterium grundsätzlich weiterhin auch bei der Beurteilung von Vertragsklauseln seine Berechtigung, die sich allein auf den Absatz der Vertragswaren beziehen.[27] Für Bestimmungen, die Regelungen auf dem Markt für Vermittlungsdienste des Handelsvertreters treffen, ist die Bedeutung des Eingliederungskriteriums ohnehin anerkannt.[28]

Soweit es um Regelungen über den Absatz der Vertragswaren geht, ist allerdings immer dann keine gesonderte Prüfung des Eingliederungskriteriums erforderlich, wenn die Weisungsabhängigkeit des Vertreters außer Frage steht. Das ist etwa bei klassischen Handelsvertretern im Sinne der Handelsvertreter-Richtlinie der EU der Fall.[29] 13

b) Das Kriterium der Risikoverteilung. Die Kommission geht in Rdnr. 16 der Vertikalleitlinien davon aus, dass im Allgemeinen ein echter Handelsvertretervertrag vorliegt, wenn der Vertreter kein Eigentum an den Vertragswaren erwirbt bzw. die Vertragsdienstleistungen nicht selbst erbringt und 14

a) selbst keine Kosten im Zusammenhang mit der Lieferung und dem Erwerb von Vertragswaren oder der Erbringung von Vertragsdienstleistungen trägt, insbesondere keine Transportkosten,
b) kein Lagerrisiko trägt; insbesondere darf der Vertreter nicht die Finanzierung der Lagerbestände für Vertragswaren oder die Kosten ihres vom Vertreter unverschuldeten Verlustes übernehmen,
c) keine Produkthaftung für die Vertragswaren übernimmt, es sei denn den Handelsvertreter trifft ein Verschulden,
d) mit Ausnahme des Risikos eines Provisionsverlustes keine Haftung für die Erfüllung der Vertragspflichten durch die Kunden übernimmt, es sei denn, den Vertreter trifft insoweit ein Verschulden, weil er etwa Fürsorgepflichten für die Vertragswaren oder Informationspflichten gegenüber seinem Auftraggeber verletzt hat,[30]
e) weder unmittelbar noch mittelbar verpflichtet ist, in Absatzförderungsmaßnahmen zu investieren, z. B. sich an Werbeaufwendungen des Auftraggebers zu beteiligen,
f) nicht in marktspezifische Ausrüstungen, Räumlichkeiten oder Mitarbeiterschulungen investiert, wie z. B. in einen Kraftstofftank im Kraftstoffeinzelhandel oder spezielle Software für den Verkauf von Policen bei Versicherungsvermittlern,
g) keine anderen Tätigkeiten auf Verlangen des Auftraggebers auf demselben sachlich relevanten Markt wahrnehmen muss, sofern er dafür nicht vollständig vom Auftraggeber vergütet wird.

Diese umfangreiche Liste von Anforderungen an einen echten Handelsvertreter hält die Kommission allerdings nicht für erschöpfend.[31] Andererseits handelt es sich aber auch nicht um eine „schwarze Liste“ im eigentlichen Sinne mit der Folge, dass ein echter Handelsvertreter nicht mehr angenommen werden kann, sobald den Vertreter nur eines der in der Liste 15

---

[27] So auch *BKartA* B. v. 20.12.2013 – B 9–66/10 – *HRS,* abrufbar unter www.bundes-kartellamt.de, Rdnr. 147, insoweit nicht abgedruckt in WuW/E DE-V 1953.

[28] Vgl. Schlussanträge der Generalanwältin *Kokott* in der Rechtssache C-217/06, Slg. 2006 I-11992, Rdnr. 48 mit Fn. 52 – *CEPSA; Schultze/Pautke/Wagener,* Rdnr. 274.

[29] Vgl. Art. 3 Buchst. c der Richtlinie 86/653/EG, ABl. 1986 L 382, 17.

[30] Die Kommission nennt in diesem Zusammenhang u. a. unterlassene Diebstahlsicherungen und die fehlende Weitergabe dem Vertreter bekannter Informationen über die Zahlungsverlässlichkeit der Kunden an den Auftraggeber.

[31] Vertikalleitlinien, Rdnr. 17; grundsätzlich kritisch zum Kriterienkatalog der Kommission *Kapp,* WuW 2009, 1003.

aufgeführten Risiken in irgendeiner Weise trifft.[32] Die Übernahme unbedeutender Risiken ist nach Auffassung der Kommission unschädlich.[33] Der EuGH hat angenommen, dass es nicht zur Anwendbarkeit von Art. 101 AEUV führt, wenn der Absatzmittler nur einen geringen Teil der Gefahren trägt.[34] Es ist davon auszugehen, dass die Kommission mit der von ihr gewählten Formulierung nichts anderes als der EuGH zum Ausdruck bringen wollte. Ihr kann also weder unterstellt werden, schon nicht spürbare Risiken als schädlich anzusehen, noch zeigt sich ein tiefgreifender Unterschied zwischen den Positionen von Kommission und EuGH.[35] Die Summe mehrerer unbedeutender Risiken kann aber zu einer spürbaren Risikoverlagerung auf den Vertreter führen und dann seiner Qualifikation als echter Handelsvertreter entgegenstehen. Erforderlich ist stets eine Gesamtbetrachtung. Unternehmen, die kartellrechtliche Risiken vermeiden wollen, sollten indes vollständig darauf verzichten, in der Liste der Kommission genannte Risiken ihren Handelsvertretern aufzuerlegen.

16 Eine für die Qualifikation als echter Handelsvertretervertrag schädliche Risikoübernahme im Sinne des Kriteriums a) in Rdnr. 16 der Leitlinien liegt nach Ansicht des EuG nicht vor, wenn der Vertreter **Transportleistungen** auf Rechnung des Kunden erbringt.[36] Es kommt also nicht darauf an, ob der Auftraggeber die Kosten etwaiger Transportleistungen des Handelsvertreters vergütet. Entscheidend ist, dass sie nicht der Handelsvertreter trägt.[37]

17 Grundsätzlich bestätigt hat der EuGH die Abgrenzungskriterien b) – **Lagerrisiko** – und c) – **Produkthaftung** – der Kommission.[38] Damit kann einem echten Handelsvertreter auch nicht auferlegt werden, für Lager- oder Transportschäden auf seine Kosten eine Versicherung abzuschließen.[39]

18 Nach der Bekanntmachung von 1962 war es für die kartellrechtliche Qualifikation als Handelsvertreter unschädlich, wenn der Handelsvertreter die Haftung für die Erfüllung der Forderungen des Prinzipals aus dem von ihm abgeschlossenen oder vermittelten Geschäft dem Prinzipal gegenüber übernahm (**Delkrederehaftung,** vgl. § 86b HGB). Nach Kriterium d) in Rdnr. 16 der Vertikalleitlinien ist das jetzt anders, sofern die Haftung des Vertreters nicht auf den Verlust seiner Provision begrenzt ist. EuGH und EuG haben sich dazu noch nicht geäußert. Übernimmt der Handelsvertreter eine über den Verlust der Provision hinausgehende Delkrederehaftung, so muss also grundsätzlich mit der Anwendung von Art. 101 Abs. 1 AEUV auf das Vertreterverhältnis gerechnet werden.[40] Das erscheint sachgerecht, soweit der Vertreter generell zur Übernahme der Delkrederehaftung verpflichtet wird und dafür keine angemessene Vergütung erhält. So liegt der gesetzliche und auch praktische Regelfall nach deutschem Recht aber nicht. Nach § 86b HGB kann die Delkrederehaftung nur gegen besondere Vergütung und für bestimmte Geschäfte oder bestimmte Dritte übernommen werden. Es handelt sich also um ein vom Vermittlungsauftrag grundsätzlich unabhängiges Rechtsgeschäft, bei dem der Vertreter seine Risikolage durch Übernahme „guter" und Ablehnung „schlechter" Risiken optimieren kann.[41] Eine angemessene Lösung ist deshalb, dass die Delkrederehaftung nur dann einer Qualifikation als echter Handelsvertreter entgegenstehen kann, wenn der Auftraggeber weniger als den „Marktpreis" einer entsprechenden Risikoübernahme an den Vertreter zahlt.

19 Nach Kriterium 16e) der Kommission darf ein echter Handelsvertreter nicht dazu verpflichtet werden, sich finanziell an verkaufsfördernden Maßnahmen wie Werbung zu beteili-

---

[32] AA *Schultze/Pautke/Wagener,* Rdnr. 292; missverständlich Vertikalleitlinien, Rdnr. 17.
[33] Vertikalleitlinien, Rdnr. 15
[34] EuGH U. v. 14.12.2006, Slg. 2006 I-11987, Rdnr. 61 – *CEPSA;* vgl. auch EuG U. v. 15.9.2005, Slg. 2005 II-3319, Rdnr. 103ff. – *DaimlerChrysler/Komm.*
[35] Anders aber *Langen/Bunte-Nolte,* Bd. 2, nach Art. 101 AEUV, Rdnr. 647, 667.
[36] EuG U. v. 15.9.2005, Slg. 2005 II-3319, Rdnr. 104ff. – *DaimlerChrysler/Komm.*
[37] EuGH U. v. 14.12.2006, Slg. 2006 I-11987, Rdnr. 53 – *CEPSA.*
[38] EuGH U. v. 14.12.2006, Slg. 2006 I-11987, Rdnr. 54f. – *CEPSA.*
[39] *Malec/von Bodungen,* BB 2010, 2383, 2384.
[40] *Schultze/Pautke/Wagener,* Rdnr. 306, halten offenbar in bestimmten Branchen eine Delkrederehaftung als dem Vertreterverhältnis immanent für möglich.
[41] Vgl. *Kapp/Schumacher,* EuZW 2008, 167, 169f.

gen. Der Qualifikation als echter Handelsvertreter steht nach Auffassung des EuG aber nicht entgegen, wenn er auf seine Kosten einen erheblichen **Vorführwagen**park beschaffen und dessen Fahrzeuge später auf eigenes Risiko auf dem Gebrauchtwagenmarkt veräußern muss.[42] Das EuG hält insoweit für maßgeblich, dass es sich wegen günstiger Einkaufskonditionen für die Vorführwagen um ein überschaubares Absatzrisiko handele. Solange die finanziellen Risiken des Handelsvertreters unbedeutend sind, kann er also durchaus auch zu erheblichen Investitionen für die Absatzförderung verpflichtet werden. Das steht nicht in Widerspruch zur Auffassung des EuGH, wonach echten Handelsvertretern nicht auferlegt werden darf, in Werbeaktionen zu investieren.[43] Denn der EuGH hat sich dort nicht mit dem Fall beschäftigt, dass der Handelsvertreter eine zu Werbezwecken beschaffte Ware ohne oder mit nur geringem Verlustrisiko weiterveräußern kann. Im Übrigen trifft den Handelsvertreter bereits kraft Gesetzes eine Pflicht zur Absatzförderung für die Vertragswaren (vgl. Art. 3 Abs. 1 Handelsvertreterrichtlinie und § 86 Abs. 1 HGB). Kann er diese Pflicht selbständig konkretisieren und wird er also vertraglich nur allgemein zur Interessenwahrnehmung für den Prinzipal, nicht aber zu Werbemaßnahmen verpflichtet, ist Kriterium e) als erfüllt anzusehen.[44]

Das Abgrenzungskriterium f) in Rdnr. 16 der Leitlinien (marktspezifische Ausstattung) 20
steht im Einklang mit der Rechtsprechung des EuGH.[45] Wie sich aus Rdnr. 15 der Leitlinien ergibt, geht es hier um solche Investitionen, die nach Aufgabe des entsprechenden Geschäftsfelds nicht für andere Geschäfte genutzt oder nur mit erheblichem Verlust veräußert werden können. Das sind jedenfalls solche Ausrüstungen und Ausstattungen, die speziell nur für die Vertragswaren und nicht für Wettbewerbsprodukte zu nutzen sind. Anders sollte es aber zu bewerten sein, wenn etwa ein Versicherungsvertreter auf Wunsch der Versicherung eine bestimmte Software erwirbt, die er nach einer Vertragsbeendigung ohne weiteres auch für eine andere Versicherung nutzen kann. In diesem Fall besteht kein Grund dafür, dass die Versicherung dem Vertreter die Anschaffungskosten erstattet. Vielmehr handelt es sich um eine allgemeine Geschäftsausstattung des Vertreters, die dieser grundsätzlich auf eigene Kosten zu beschaffen hat und für die er seine Provision erhält.[46] Klar dürfte außerdem sein, dass nicht jede nach Kriterium 16f) relevante Investition zum Ausschluss des Handelsvertreterprivilegs führt. Sie muss vielmehr für den Handelsvertreter erhebliche Bedeutung haben.[47] Entscheidend ist die Prüfung im Einzelfall.[48]

Nach Kriterium 16g) darf ein echter Handelsvertreter nicht dazu verpflichtet werden, auf 21
Verlangen des Auftraggebers andere Tätigkeiten auf demselben sachlich relevanten Markt wahrzunehmen, sofern er dafür nicht vollständig vom Auftraggeber vergütet wird. Der Sinn dieses Kriteriums erschließt sich nicht ohne weiteres. Vordergründig tritt es an die Stelle des vierten Spiegelstrichs in Rdnr. 16 der Vertikalleitlinien 2000, wonach dem echten Handelsvertreter keine Verpflichtung auferlegt werden durfte, einen Kunden-, Reparatur- oder Gewährleistungsdienstleistungsbetrieb einzurichten oder die entsprechenden Dienstleistungen zu erbringen, sofern er dafür nicht vollständig vom Auftraggeber vergütet wurde. Dieses Kriterium hatte das EuG jedoch zu Recht zurückgewiesen, weil Eigengeschäft auf anderen Märkten nicht die Qualifikation als echter Handelsvertreter hindert.[49] Gegenüber dem Produktmarkt sind die nachgelagerten After-Sales-Märkte eigenständige sachlich relevante Märkte. Dazu gehört auch die gemäß § 87 Abs. 4 HGB gesondert zu vergütende Inkassotä-

---

[42] EuG U. v. 15.9.2005, Slg. 2005 II-3319, Rdnr. 108f. – *DaimlerChrysler/Komm.*, anders zuvor Komm.E. v. 10.10.2001, ABl. 2002 L 257/1, 34 (Rdnr. 154, 158) – *Mercedes-Benz*.

[43] EuGH U. v. 14.12.2006, Slg. 2006 I-11987, Rdnr. 59 – *CEPSA*.

[44] Ebenso *Schultze/Pautke/Wagener*, Rdnr. 313f.

[45] EuGH U. v. 14.12.2006, Slg. 2006 I-11987, Rdnr. 59 – *CEPSA*.

[46] Ebenso *Schultze/Pautke/Wagener*, Rdnr. 308.

[47] Vgl. EuGH aaO, Rdnr. 61 – *CEPSA*.

[48] Vgl. *Rittner*, DB 2000, 1211, 1214f.

[49] EuG U. v. 15.9.2005, Slg. 2005 II-3319, Rdnr. 113 – *DaimlerChrysler/Komm.* Anders als *Ellger* (in *Immenga/Mestmäcker*, EU-Wettbewerbsrecht, VO (EU) 330/2010, Art. 2 Rdnr. 30 a.E.) offenbar meint, kommt es nicht darauf an, ob den Handelsvertreter aufgrund des Eigengeschäfts als Dienstleister auf anderen Märkten bestimmte Risiken treffen.

tigkeit des Handelsvertreters.[50] Kriterium g) in Rdnr. 16 der Leitlinien stellt deshalb nicht mehr auf eine Tätigkeit des Handelsvertreters auf diesen anderen Märkten ab, sondern nur noch auf eine solche auf demselben Produktmarkt. Dadurch soll klargestellt werden, dass Handelsvertreter mit „Doppelprägung", also solche, die gleichzeitig auch als Eigenhändler die Vertragswaren oder -dienstleistungen absetzen, keine echten Handelsvertreter sind.[51] Nach der Rechtsprechung des EuGH gilt das allerdings nur, wenn das Eigengeschäft auf demselben Produktmarkt einen beträchtlichen Umfang hat.[52]

22 Unschädlich für die Qualifikation als echter Handelsvertreter ist die Übernahme der für jeden Handelsvertreter typischen Risiken, wie Erfolgsabhängigkeit des Einkommens oder Kosten des allgemeinen Geschäftsbetriebs als Vertreter.[53] Die Möglichkeit des Handelsvertreters, zugunsten der Käufer der Vertragswaren auf einen Teil seiner Provision zu verzichten, um einen Geschäftsabschluss zu ermöglichen, stellt insoweit ebenfalls kein relevantes Preisrisiko dar.[54]

23 **3. Beschränkungen auf dem Markt für Handelsvertreterleistungen (Alleinvertretung und Wettbewerbsverbot).** Handelsvertreter sind nicht nur als Absatzmittler auf dem Markt tätig, auf dem ihr Geschäftsherr seine Waren oder Dienstleistungen verkauft. Sie bieten ihre Leistungen möglichen Geschäftsherren auch auf dem Markt für Vermittlerdienste an. Auf diesem Markt sind sie nicht in das Unternehmen des Geschäftsherrn eingegliedert, sondern stehen ihm als selbständige Wirtschaftsteilnehmer gegenüber.[55] Soweit Handelsvertreterverträge Regelungen enthalten, die sich auf den Vermittlungsmarkt beziehen, ist Art. 101 AEUV grundsätzlich anwendbar. Das betrifft in erster Linie die Gewährung von territorialer Exklusivität für den Handelsvertreter **(Alleinvertreterklausel)** und umgekehrt seine exklusive Bindung an den Geschäftsherrn **(Wettbewerbsverbot).**

24 Nach der in der Bekanntmachung von 1962 zum Ausdruck gekommenen Auffassung der Kommission erfasste der Verbotstatbestand des Art. 85 Abs. 1 EGV (jetzt: Art. 101 Abs. 1 AEUV) in (echten) Handelsvertreterverträgen aber weder Alleinvertreterklauseln noch für eine gewisse Zeit vereinbarte Wettbewerbsverbote. Da der Handelsvertreter lediglich eine Hilfsfunktion für den Auftraggeber beim Absatz (oder Erwerb) von Waren oder Dienstleistungen ausübe, sei er auf den Märkten des Auftraggebers nicht selbst Anbieter oder Nachfrager. Deshalb sei die Alleinvertreterklausel nicht wettbewerbsbeschränkend.[56] Durch das Wettbewerbsverbot des Handelsvertreters trete zwar eine Beschränkung des Angebots für Handelsvertreterleistungen ein. Diese sei jedoch Ausfluss der besonderen Pflicht zur gegenseitigen Interessenwahrung zwischen Handelsvertreter und Geschäftsherrn. In impliziter Anwendung der Immanenztheorie verneinte die Kommission deshalb auch für das Wettbewerbsverbot des Handelsvertreters eine Wettbewerbsbeschränkung.

25 Ihre in der Bekanntmachung von 1962 niedergelegte Auffassung, dass Alleinvertreterklausel und Wettbewerbsverbot in (echten) Handelsvertreterverträgen nicht von Art. 101 Abs. 1 AEUV erfasst werden können, hat die Kommission seit den Vertikalleitlinien 2000 ohne Angabe von Gründen deutlich relativiert.[57] Es heißt zwar noch, Alleinvertreterklau-

---

[50] In diesem Sinne auch *Schultze/Pautke/Wagener,* Rdnr. 322.

[51] Ebenso *Schultze/Pautke/Wagener,* Rdnr. 321; *Nolte* in *Langen/Bunte,* Bd. 2, nach Art. 101 AEUV, Rdnr. 684. *Polley,* CR 2010, 625, 627, unterliegt in diesem Zusammenhang wohl einem Missverständnis.

[52] EuGH U. v. 15.12.1975, Slg. 1975, 1663, 2024 ff. – *Suiker Unie/Komm;* dazu näher unten Rdnr. 39 ff.

[53] Vertikalleitlinien, Rdnr. 15.

[54] EuG U. v. 15.9.2005, Slg. 2005 II-3319, Rdnr. 99 – *DaimlerChrysler/Komm.,* anders zuvor Komm. E. v. 10.10.2001, ABl. 2002 L 257/1, 34 (Rdnr. 155) – *Mercedes-Benz.*

[55] Vgl. Schlussanträge der Generalanwältin *Kokott* in der Rechtssache C-217/06, Slg. 2006 I-11992, Rdnr. 43 f. – *CEPSA.*

[56] Auf die Wettbewerbsbeschränkung auf dem Vermittlungsmarkt zulasten des Geschäftsherrn, der die entsprechende Vertreterleistung nicht mehr von anderen Vertretern beziehen kann, ging die Kommission nicht ein.

[57] AA *Emde,* BB 2002, 949, 954, der Rdnr. 19 der Vertikalleitlinien 2000 unzutreffend nur auf unechte Handelsvertreterverträge anwenden wollte.

seln dürften in der Regel keine wettbewerbsschädigenden Wirkungen entfalten. Wettbewerbsverbote – die Kommission verwendet daneben jetzt den sperrigen, aber synonymen Begriff Markenzwangklauseln – während und nach der Vertragslaufzeit beträfen dagegen den interbrand-Wettbewerb und könnten unter Art. 101 Abs. 1 AEUV fallen, wenn sie zur (kumulativen) Abschottung des relevanten Marktes der Vertragswaren führten.[58]

Diese neuere Auffassung der Kommission zur Behandlung der Wettbewerbsverbote, der sich inzwischen wohl auch der EuGH angeschlossen hat,[59] erscheint zweifelhaft. Auch in dem ohnehin wohl seltenen Fall, dass Hersteller durch Wettbewerbsverbote ihrer Handelsvertreter Konkurrenten spürbar von einem Markt abschotten, dürfte entgegen der Kommission die Anwendung des Art. 101 Abs. 1 AEUV generell ausscheiden.[60] Denn das Wettbewerbsverbot ist, wie in der Bekanntmachung von 1962 zutreffend erkannt[61] und jedenfalls zunächst auch vom EuGH bestätigt,[62] als Ausprägung der Pflicht des Vertreters zur Wahrung der Interessen des Prinzipals dem echten Vertreterverhältnis immanent.[63] Daher wird in Deutschland auch ohne besondere Vereinbarung ein Wettbewerbsverbot des typischen Handelsvertreters während der Vertragslaufzeit aus seiner Interessenwahrungspflicht (§ 86 Abs. 1 Satz 2 HGB) abgeleitet. Daran ändert auch nichts, dass es in bestimmten Branchen, insbesondere etwa im Versicherungs- und Finanzdienstleistungsbereich wie auch regelmäßig bei Reisebüros, Vertreter gibt, die Produkte konkurrierender Anbieter absetzen. Das wirft nur die Frage auf, ob solche Vielfirmenvertreter kartellrechtlich noch als echte Handelsvertreter behandelt werden dürfen.[64] Allerdings sollen Wettbewerbsverbote in Handelsvertreterverträgen nach Auffassung der Kommission jedenfalls freigestellt sein, wenn sie die Voraussetzungen des Art. 5 Abs. 1 lit. a Vertikal-GVO oder – bei Darlegung von Effizienzgewinnen im Einzelfall – des Art. 101 Abs. 3 AEUV erfüllen.[65] Sollen die Risiken der Selbstveranlagung vermieden werden, können daher im Ergebnis auch für Handelsvertreter Wettbewerbsverbote nur noch im Rahmen des Art. 5 Abs. 1 lit. a Vertikal-GVO vereinbart werden, also weder für unbestimmte Zeit noch für eine Dauer von mehr als fünf Jahren. 26

Die Anwendbarkeit der Vertikal-GVO auf einzelne Klauseln in echten Handelsvertreterverträgen versteht sich allerdings nicht von selbst. Sie bedarf der Begründung. Der Definition des „Abnehmers" in Art. 1 Abs. 1 lit. h Vertikal-GVO lässt sich nicht entnehmen, ob dadurch nur unechte oder auch echte Handelsvertreter in den Anwendungsbereich der Gruppenfreistellungsverordnung einbezogen werden. Die Vertikal-GVO erfasst zwar anders als die Vorgänger-GVOs für Alleinvertrieb 1983/83 und Alleinbezug 1984/83 auch Dienstleistungen. Der Handelsvertreter erbringt für den Prinzipal als Dienstleistung die Vermittlung von Geschäftsabschlüssen. Alleinvertreterklausel und Wettbewerbsverbot betreffen auch die Bedingungen, unter denen die Parteien des Handelsvertretervertrages Handelsvertreterleistungen beziehen oder verkaufen können. Die Alleinvertreterklausel hindert den 27

---

58 Vertikalleitlinien 2010, Rdnr. 19; zur Behandlung der Abschottung durch Wettbewerbsverbot seitens der Kommission vgl. Mitteilung der Kommission gem. Art. 27 Abs. 4 der VO 1/2003, ABl. 2004 C 258/7, 9 – *Repsol;* ausführlich *Kapp,* WuW 2007, 1218.

59 Vgl. EuGH U. v. 14.12.2006, Slg. 2006 I-11987, Rdnr. 62 – *CEPSA;* kritisch dazu etwa *Goyder,* S. 204.

60 Für eine grundsätzlich Zulässigkeit des Wettbewerbsverbots für echte Handelsvertreter etwa auch *Kapp,* WuW 2009, 1003.

61 *Nolte,* WuW 2006, 252, 262.

62 EuGH U. v. 16.12.1975, Slg. 1975, 1663, 2017 – *Suiker Unie/Komm.;* aus dem Urteil *VAG Leasing* von 1995 ergibt sich dazu noch keine andere Sichtweise (aA offenbar *Schultze/Pautke/Wagener,* Fn. 23 zu Rdnr. 281). Gegenstand jener Entscheidung war kein echter Handelsvertretervertrag, weil die *VW*-Händler aufgrund ihrer Agenturverträge mit *VAG Leasing* erhebliche finanzielle Risiken im Leasinggeschäft trugen (vgl. EuGH U. v. 24.10.1995, Slg. 1995 I-3477 – *Volkswagen/VAG Leasing*).

63 So etwa auch *Emde,* BB 2002, 949, 954 f.; *Kapp,* WuW 2007, 1224; *Langen/Bunte-Nolte,* Bd. 2, nach Art. 101 AEUV, Rdnr. 730, 743.

64 Dazu u. Rdnr. 30 ff.

65 Vertikalleitlinien, Rdnr. 19 a. E.

Prinzipal daran, die vertragsgegenständlichen Vertreterleistungen bei anderen Handelsvertretern zu beziehen. Das Wettbewerbsverbot schließt aus, dass der Handelsvertreter seine Leistungen auch Konkurrenten des Prinzipals auf Provisionsbasis verkauft. Damit ist der Handelsvertretervertrag eine vertikale Vereinbarung iSd Art. 2 der Vertikal-GVO. Allerdings treten die wettbewerbsbeschränkenden Wirkungen, welche die Kommission bei Alleinvertreterklausel und Wettbewerbsverbot u. U. für möglich hält, auch beim Absatz der Produkte des Prinzipals ein. Sie beschränken auf deren Markt die Zahl der im interbrand- oder potentiellen intrabrand-Wettbewerb verfügbaren Absatzmittler. Auf diesem Markt steht der Handelsvertreter als Hilfsperson des Prinzipals auf der gleichen Vertriebsstufe wie dieser. Insoweit fehlt es an einer vertikalen Beziehung. Die Vertikal-GVO macht ihre Anwendbarkeit jedoch nicht davon abhängig, dass die wettbewerbsbeschränkenden Wirkungen einer grundsätzlich von ihr erfassten Vereinbarung ausschließlich auf dem Markt eintreten, auf dem sich die Parteien im Vertikalverhältnis gegenüberstehen. Das ist im Hinblick auf den Wunsch nach Schaffung von Rechtssicherheit[66] gewollt. Einer beschränkten Geltung der Vertikal-GVO für echte Handelsvertreterverträge steht auch nicht entgegen, dass der Vertreter Geschäfte über Vertragswaren nur zu den Preisen des Prinzipals abschließen darf. Zwar ist eine Mindestpreisbindung eine unzulässige Kernbeschränkung, die gem. Art. 4 lit. a Vertikal-GVO die Freistellung ausschließt. Weisungen des Prinzipals zur Preisgestaltung an einen echten Handelsvertreter sind jedoch keine vertikale Preisbindung, weil der Handelsvertreter insoweit mit dem Prinzipal eine wirtschaftliche Einheit bildet.

28 Die ausschließliche Bindung von Vertretern an ein marktbeherrschendes Unternehmen kann unter Umständen missbräuchlich iSv Art. 102 AEUV sein.[67]

29 **Nachvertragliche Wettbewerbsverbote** zu Lasten des Handelsvertreters fallen grundsätzlich unter Art. 101 Abs. 1 AEUV. Sofern sie im handelsrechtlich zulässigen Rahmen von maximal zwei Jahren bleiben (§ 90a HGB), wird das nach hier vertretener Ansicht jedoch häufig nicht anzunehmen sein. Dafür spricht insbesondere auch, dass § 90a HGB die unionsrechtlichen Vorgaben des Art. 20 der Richtlinie 86/653/EWG (Handelsvertreterrichtlinie) in das deutsche Recht umsetzt. Das nachvertragliche Wettbewerbsverbot dürfte in diesem Umfang oft durch das Interesse des Prinzipals am Schutz seines Know-how und der von ihm dem Handelsvertreter überlassenen Kundeninformationen gerechtfertigt sein.[68] Im Hinblick auf die inzwischen strengere Beurteilung der Handelsvertretern auferlegten Wettbewerbsverbote durch die Kommission ist allerdings zu empfehlen, nachvertragliche Wettbewerbsverbote möglichst nur in dem nach Art. 5 Abs. 3 Vertikal-GVO zulässigen Umfang zu vereinbaren, d. h. u. a. nur für ein Jahr nach Beendigung der Vereinbarung (Art. 5 Abs. 3 lit. c). Probleme bereitet dabei vor allem die gemäß Art. 5 Abs. 3 lit. b erforderliche Beschränkung des nachvertraglichen Wettbewerbsverbots auf die Räumlichkeiten und Grundstücke, von denen aus der Abnehmer während der Vertragslaufzeit seine Geschäfte betrieben hat. Sie ist in dieser Form unverständlich, weil sie dem Abnehmer erlaubt, im Nachbarhaus ein Konkurrenzgeschäft zu eröffnen und die Kunden an sich zu binden,[69] wodurch die einem legitimen Bedürfnis der Anbieter entsprechende Freistellungsmöglichkeit völlig entwertet wird.[70] Sinnvoller Bezugspunkt einer räumlichen Beschränkung kann deshalb allein der vom Absatzmittler während der Vertragslaufzeit bediente, örtlich relevante Markt sein. Das ist beim Handelsvertreter der von ihm betreute Bezirk (vgl. § 90a Abs. 1 Satz 2 HGB). Es spricht viel dafür, im Hinblick auf den Zweck der Freistellung Art. 5 Abs. 3 lit. b Vertikal-GVO jedenfalls bei Handelsvertreterverträgen dahingehend auszulegen, dass er einer am Bezirk des Handelsvertreters orientierten Beschränkung des Wettbewerbsverbots nicht entgegensteht. Auch wenn man diese Frage anders beurteilen sollte, wäre dafür aber jedenfalls – bei Erfüllung der übrigen Voraussetzungen – eine Einzelfreistellung möglich.

---

[66] Vertikalleitlinien, Rdnr. 23.
[67] EuGH U. v. 16.12.1975, Slg. 1975, 1663, 2017 – *Suiker Unie/Komm.*
[68] Ähnlich, jedoch im Ergebnis etwas enger, *Lange,* EWS 2001, 18, 22.
[69] *Metzlaff,* DB 2000, 1201, 1209.
[70] In diesem Sinn auch *Schultze/Pautke/Wagener,* Rdnr. 889.

4. Mehrfirmenvertreter. Fraglich kann die Eingliederung eines Handelsvertreters sein, wenn er für mehrere im Wettbewerb miteinander stehende Unternehmen tätig ist.[71] Die Kommission wollte zunächst offenbar die Beziehungen zwischen Handelsvertreter und Geschäftsherrn schon dann Art. 101 Abs. 1 AEUV unterwerfen, wenn der Vertreter zugleich für mindestens zwei Konkurrenten tätig ist.[72] Inzwischen hält sie es aber grundsätzlich für unwesentlich, ob der Vertreter für einen oder mehrere Auftraggeber handelt.[73] Die Vereinbarkeit dieser Auffassung mit der Rechtsprechung des EuGH liegt allerdings nicht auf der Hand. 30

EuGH und EuG haben sich zur Fallgruppe des gleichzeitig für mehrere Konkurrenten tätigen Handelsvertreters zwar noch nicht geäußert. Nach der Rechtsprechung des EuGH ist Art. 101 Abs. 1 AEUV aber jedenfalls auf die Beziehungen zwischen Reiseveranstaltern und Reisevermittlern (Reisebüros) anwendbar, wenn die Reisebüros **für sehr viele** Reiseveranstalter tätig sind und sich auch die Reiseveranstalter einer Vielzahl von Reisebüros als Absatzmittler bedienen.[74] Der EuGH sieht den Reisevermittler in diesem Fall nicht als in das Unternehmen dieses oder jenes Reiseveranstalters integriertes Hilfsorgan an. Er ist in seiner Formulierung allerdings nicht so weit gegangen wie Generalanwalt *Lenz,* der in seinen Schlussanträgen die mangelnde Eingliederung nicht wie der Gerichtshof aus der Tätigkeit der Reisebüros für sehr viele, sondern bereits lediglich aus derjenigen **für mehrere** Reiseveranstalter ableiten wollte.[75] Weil die Reisebüros in dem von ihm zu entscheidenden Fall für sehr viele Reiseveranstalter tätig wurden, hatte der EuGH allerdings auch keinen Anlass, die weitergehende Formulierung von Generalanwalt *Lenz* zu verwenden. Hinsichtlich der Behandlung von Handelsvertretern, die nicht für eine Vielzahl, aber doch für zwei oder mehrere konkurrierende Unternehmen tätig sind, besteht damit weiterhin zivilrechtlich erhebliche Rechtsunsicherheit, die durch die Vertikalleitlinien der Kommission auch nicht beseitigt worden ist. Die gleichzeitige Tätigkeit eines Handelsvertreters für mehrere konkurrierende Hersteller kann jedoch jedenfalls dann gegen Art. 101 Abs. 1 AEUV verstoßen, wenn sie auf einer (horizontalen) Vereinbarung oder abgestimmten Verhaltensweise der Hersteller beruht.[76] Wettbewerbsbeschränkend ist es auch, wenn die Auftraggeber ihre Mehrfirmenvertreter gemeinsam davon abhalten, für weitere Auftraggeber tätig zu werden, oder wenn sie diese zur Kollusion oder zum Austausch vertraulicher Marktdaten benutzen (z. B. über die Preisgestaltung der Wettbewerber).[77] 31

Ob das Eingliederungskriterium künftig dazu herangezogen wird, bisher in der Praxis weitestgehend als kartellrechtlich unbedenklich betrachtete Handelsvertreterverträge einer Kontrolle nach Art. 101 Abs. 1 AEUV zu unterwerfen, bleibt abzuwarten. So wird die Anwendbarkeit dieser Norm für Fälle erwogen, in denen der Vertreter aufgrund gleichzeitiger Tätigkeit für mehrere Anbieter nicht konkurrierender Produkte über eine solche Autonomie verfügt, dass die Verflechtung seiner Interessen mit denen des einzelnen Geschäftsherrn in den Hintergrund tritt, oder in denen ein Großunternehmen als Handelsvertreter für einen unbedeutenden Lieferanten tätig ist.[78] Dies wird damit begründet, dass in solchen Fällen eine Integration des Vertreters in die Absatzorganisation des Prinzipals verneint werden müsse. Demgegenüber sollte daran festgehalten werden, der kartellrechtlichen Beurteilung von Handelsvertreterverträgen eine **funktionale Betrachtung** zugrunde zu legen. Entscheidend ist, welche Funktion ein Handelsvertreter als Absatzmittler auf einem 32

[71] Zum Eigengeschäft des Handelsvertreters auf anderen Produktmärkten s. u. 6.
[72] Komm. E. v. 2.1.1973, ABl. 1973, L 140/17, 41 – *Europäische Zuckerindustrie.*
[73] Vertikalleitlinien, Rdnr. 13.
[74] EuGH U. v. 1.10.1987, Slg. 1987, 3801, 3828 – *Vlaamse Reisbureaus/VZW.*
[75] GA *Lenz,* aaO, 3817 Rdnr. 46; zurückhaltend in diesem Sinne wohl auch *Schröter/Jacob/Mederer-Schröter,* 1. Aufl., Art. 81 – Fallgruppen, Liefer- und Bezugsvereinbarungen, Rdnr. 56.
[76] Komm. E. v. 11.5.1973, ABl. 1973 L 217/3, 4 – *Kali und Salz I.*
[77] Vertikalleitlinien, Rdnr. 20.
[78] *Klotz* aaO; für grundsätzliche Anwendbarkeit von Art. 101 Abs. 1 AEUV auf Mehrfirmenvertreter nach dem Urteil *Vlaamse Reisbureaus* auch im Fall nicht konkurrierender Produkte anscheinend ferner *Kapp,* WuW 1990, 814 (817).

konkreten Markt erfüllt. Ist der Handelsvertreter für eine Vielzahl konkurrierender Unternehmen tätig, übernimmt er gegenüber den Endkunden die Sortimentsfunktion und damit eine typische Händlertätigkeit; zudem lässt sich argumentieren, dass die parallele Wahrnehmung der Handelsvertreterfunktion für mehrere Konkurrenten mit gegensätzlichen Absatzinteressen der Annahme einer Eingliederung entgegensteht. Dagegen nimmt der für mehrere, nicht konkurrierende Unternehmen tätige Handelsvertreter weder die Sortimentsfunktion wahr noch stellt sich für ihn die Problematik der parallelen Wahrnehmung widerstreitender Wettbewerbsinteressen. Ein solcher Handelsvertreter ist funktional auf den einzelnen Märkten, auf denen er tätig ist, jeweils in die Absatzorganisation verschiedener Unternehmen eingegliedert. Auf jedem dieser Märkte ist es wettbewerblich unerheblich, dass der Handelsvertreter auf anderen Märkten für weitere, nicht konkurrierende Unternehmen tätig ist. Im Übrigen ist nicht zu erkennen, warum gerade das Kartellrecht einen Handelsvertreter daran hindern sollte, durch Übernahme weiterer Vertretungen für nicht konkurrierende Unternehmen die wirtschaftliche Abhängigkeit von seinem Geschäftsherrn zu reduzieren, indem es einen bisher kartellrechtlich unbedenklichen Handelsvertretervertrag nach Übernahme einer weiteren Vertretung durch den Handelsvertreter auf einem anderen Produktmarkt dem Verbot des Art. 101 Abs. 1 AEUV unterwirft. Auch die wirtschaftliche Stärke des Handelsvertreters im Verhältnis zu seinem Prinzipal ist für die Frage, ob er funktional in dessen Absatzorganisation eingegliedert ist, irrelevant. Es ist deshalb sachgerecht, eine Anwendung von Art. 101 Abs. 1 AEUV bei nach ihrer Risikoverteilung typischen Handelsvertreterverträgen allenfalls dann in Erwägung zu ziehen, wenn der Handelsvertreter gleichzeitig für mehrere konkurrierende Unternehmen tätig wird.[79]

33 Praktisch bedeutsam ist die Frage der Anwendbarkeit von Art. 101 Abs. 1 AEUV auf Verträge mit Mehrfirmenvertretern vor allem für die zivilrechtliche Wirksamkeit von Gebiets- und Kundenbindungen, insbesondere mit wechselseitigen Exklusivitäten. Derartige Klauseln werden bei Erfüllung der übrigen Tatbestandsmerkmale (Handelsbeeinträchtigung, Spürbarkeit) ggf. von Art. 101 Abs. 1 AEUV erfasst. Fraglich ist, inwieweit sie unter die Legalausnahme des Art. 101 Abs. 3 fallen können. Eine für Handelsvertreterverträge einschlägige frühere Freistellungspraxis als Orientierungshilfe gibt es nicht. Es spricht allerdings viel dafür, Exklusivrechte für Mehrfirmenvertreter entsprechend den für Alleinvertriebsverträge mit Wiederverkäufern nach der Vertikal-GVO geltenden Regeln zu beurteilen.[80] Insbesondere muss mit einer strikten Unzulässigkeit absoluten Gebietsschutzes gerechnet werden.[81]

34 Auch Mehrfirmenvertreter vermitteln lediglich einen Vertrag zwischen Kunden und Prinzipal. Den Inhalt des vermittelten Vertrags legen ausschließlich dessen Vertragspartner fest. Die Preise und Konditionen des Vertragsabschlusses mit den Kunden kann deshalb der Prinzipal auch dann ohne kartellrechtliche Bedenken bestimmen, wenn der Handelsvertretervertrag einer Kontrolle nach Art. 101 Abs. 1 AEUV unterliegt. Deshalb ist ein **Agenturvertrieb,** bei dem Fachhändler, die in erheblichem Maße Konkurrenzwaren als Eigenhändler verkaufen, für Rechnung eines Herstellers als Handelsvertreter bzw. Kommissionsagenten zu dessen Preisen und Konditionen Verkäufe abschließen, grundsätzlich mit Art. 101 Abs. 1 AEUV vereinbar, sofern keine sonstigen Wettbewerbsbeschränkungen (etwa Kundenschutz, Gebietsschutz) vereinbart werden.[82]

35 **5. Verbot der Provisionsweitergabe.** Die Zulässigkeit der Gestaltung von Preisen und Konditionen des vermittelten Handelsgeschäfts durch den Geschäftsherrn sagt nichts darüber aus, ob der Handelsvertreter durch den Vertretervertrag daran gehindert werden darf, seine Leistung dadurch attraktiver zu machen, dass er seine Provision teilweise an die Kunden weitergibt.

---

[79] Ebenso *Pfeffer/Wegner,* EWS 2006, 296, 301.
[80] S. *Seeliger,* § 11 Rdnr. 288 ff.
[81] S. unter § 11 Rdnr. 164.
[82] Zum Agenturvertrieb siehe näher unten Rdnr. 50.

Im Fall *Flämische Reisebüros* hat der EuGH das Verbot der Provisionsteilung als nach Art. 101 Abs. 1 AEUV unzulässige Wettbewerbsbeschränkung angesehen.[83] Das Verbot beruhte in jenem Fall auf einem Netz von Vereinbarungen sowohl zwischen den Reisevermittlern untereinander als auch zwischen den Reisevermittlern und den Reiseveranstaltern; zusätzlich war das ursprünglich rein vertragliche Teilungsverbot später in eine belgische Rechtsverordnung übernommen worden. Der Gerichtshof unterschied in seinem Urteil nicht danach, ob das Verbot Inhalt horizontaler Vereinbarungen zwischen den Reisevermittlern oder vertikaler Verträge zwischen diesen und den Reiseveranstaltern ist. Allerdings wies er den Einwand der belgischen Regierung, Art. 101 Abs. 1 AEUV sei wegen der Handelsvertreterstellung der Reisevermittler unanwendbar, nicht als von vornherein irrelevant zurück, sondern begründete die Geltung des Kartellverbots im Rahmen der Handelsvertreterbeziehung damit, dass die Reisevermittler für sehr viele Reiseveranstalter tätig waren, die ihrerseits ihre Reisen über sehr viele Reisevermittler verkauften. 36

Der EuGH hat sich damit in der Entscheidung *Flämische Reisebüros* nicht dazu geäußert, wie das vertikale Verbot der Provisionsteilung in Fällen zu beurteilen ist, in denen das Eingliederungskriterium[84] erfüllt ist. Auch die Kommission behandelt in den Leitlinien nur das Provisionsweitergabeverbot für den unechten Handelsvertreter. Es stellt dort eine unzulässige Kernbeschränkung nach Art. 4 lit. a Vertikal-GVO dar.[85] 37

Aus dem Umstand, dass sich die Kommission in den Leitlinien nicht mit dem Provisionsweitergabeverbot zulasten echter Handelsvertreter befasst, kann indes nicht auf dessen Unbedenklichkeit geschlossen werden.[86] Denn das EuG hat eine Vereinbarung als echten Handelsvertretervertrag qualifiziert, die es dem Vertreter ausdrücklich gestattete, den Kunden Preisnachlässe zulasten seiner Provision zu gewähren.[87] Vor diesem Hintergrund kann ein Verbot der Provisionsabgabe wohl kaum notwendig aus der Interessenwahrungspflicht des Handelsvertreters folgen, also dem Vertretervertrag immanent sein.[88] Vertraglich vereinbarte Provisionsteilungsverbote sind dann als Wettbewerbsbeschränkung zulasten der Handelsvertreter zu qualifizieren und können von Art. 101 Abs. 1 AEUV erfasst sein.[89]

Davon unberührt bleibt die Möglichkeit, in Handelsvertreterverträgen auf geltende gesetzliche Bestimmungen hinzuweisen. Der EuGH hat 1993 entschieden, dass die dem Schutz der Wettbewerbsordnung dienenden Vorschriften des EG-Vertrags (damals Art. 3 lit. g), 10 Abs. 2 und 81 EG) einem staatlich geregelten Provisionsteilungsverbot nicht entgegenstehen, wenn kein Zusammenhang zwischen dieser staatlichen Regelung und einem von Art. 101 Abs. 1 AEUV erfassten Verhalten von Unternehmen besteht. Die Entscheidung erging auf einen Vorlagebeschluss des Kammergerichts und bezog sich auf das in Deutschland geltende Verbot der Provisionsabgabe für die Krankenversicherung, die Schaden- und Unfallversicherung, die Kredit- und Kautionsversicherung sowie die Rechtsschutzversicherung.[90] Soweit und solange in den Mitgliedstaaten in unionsrechtlich zulässi- 38

[83] EuGH U. v. 1.10.1987, Slg. 1987, 3801, 3828 – *Vlaamse Reisbureaus/VZW.*

[84] Siehe oben Rdnr. 13.

[85] Vertikalleitlinien, Rdnr. 49. Entgegen *Schultze/Pautke/Wagener,* Rdnr. 326, kann dieser Textstelle keine Empfehlung der Kommission entnommen werden, auch in echten Handelsvertreterverträgen auf ein Provisionsweitergabeverbot zu verzichten. Die von der Kommission hier in Bezug genommene eigene Entscheidung „*Eirpage*" (Kom. E. v. 18.10.1991, ABl. 1991 L 306/22, Rdnr. 6) lässt nicht erkennen, ob es sich dort um echte oder unechte Handelsvertreter handelte, näher liegt Letzteres.

[86] AA *Langen/Bunte-Nolte,* Bd. 2, nach Art. 101 AEUV, Rdnr. 737.

[87] EuG U. v. 15.9.2005, Slg. 2005 II-3319, Rdnr. 99 – *DaimlerChrysler/Komm.*

[88] Für eine Rechtfertigung des Verbots der Provisionsweitergabe nach der Immanenztheorie im Einzelfall aber *Kapp/Schumacher,* WuW 2007, 26, 30f.

[89] So auch *Eilmansberger,* ZWeR 2006,64, 72; *Lange,* EWS 1997, 325, 331; *Schroeter/Jakob/Klotz/Mederer-Klotz,* Art. 101, V. Fallgruppen, Liefer- und Bezugsvereinbarungen, Rdnr. 749; aA *Emde,* BB 2002, 949, 954; *Bauer/de Bronett,* Rdnr. 51.

[90] EuGH U. v. 17.11.1993, Slg. 1993, I-5751 – *Meng.* Die deutschen Provisionsabgabeverbote, über die entschieden wurde, waren die Anordnung des Reichsaufsichtsamts für Privatversicherung über das Verbot der Gewährung von Sondervergütungen und des Abschlusses von Begünstigungsver-

ger Weise gesetzliche Provisionsweitergabeverbote bestehen, kann dies im Handelsvertretervertrag wiederholt werden.

39 **6. Auch als Eigenhändler oder Dienstleister tätige Handelsvertreter („Handelsvertreter mit Doppelprägung").** Ein Absatzmittler kann neben einer Tätigkeit als Handelsvertreter gleichzeitig Eigenhändler sein, also Waren oder Dienstleistungen in eigenem Namen und auf eigenes Risiko kaufen oder verkaufen (sog. „Handelsvertreter mit Doppelprägung" . Die Eigenhändlertätigkeit kann sich auf konkurrierende Waren anderer Hersteller, auf Waren dritter Unternehmen, die mit den Vertragswaren in keiner Wettbewerbsbeziehung stehen, oder sogar auf die Vertragswaren des Handelsvertretervertrages beziehen. Für letzteres kann ein praktisches Bedürfnis etwa dann bestehen, wenn ein Geschäftsherr einen Abschluss gegenüber seinem Handelsvertreter aus Zweifeln an der Solvenz des Kunden ablehnt, der Handelsvertreter aber bereit ist, das Geschäft auf eigenes Risiko abzuwickeln. Umgekehrt kann auch einem Alleinvertriebshändler das Risiko eines Geschäfts zu groß sein, während es der Geschäftsherr unter Gewährung einer Handelsvertreterprovision evtl. zu übernehmen bereit ist.[91]

40 Handelsvertreter können ferner in eigenem Namen und auf eigene Rechnung beim Kundendienst für die Vertragswaren tätig werden. So lag es im Fall *DaimlerChrysler* .[92]

41 In diesen Fällen findet auf die Eigengeschäfte des Handelsvertreters in vollem Umfang das Verbot des Art. 101 Abs. 1 AEUV Anwendung. Fraglich ist dagegen, wie sich die gleichzeitige Tätigkeit als Eigenhändler auf die kartellrechtliche Beurteilung des Handelsvertretervertrages auswirkt. Der EuGH greift auch hier auf das Eingliederungskriterium zurück.[93]

42 Im *Zucker*-Fall, bei dem es sich allerdings um ein Herstellerkartell handelte und der deshalb besonders gelagert war, hat sich der EuGH der Auffassung der Kommission angeschlossen, dass bedeutende Handelshäuser, die neben ihrer Handelsvertretertätigkeit **auf demselben Produktmarkt in beträchtlichem Umfang** als Eigenhändler tätig sind, keine integrierten Hilfsorgane des Prinzipals seien. Sie unterlägen deshalb auch für ihre Handelsvertretertätigkeit der Kontrolle durch Art. 101 Abs. 1 AEUV.[94] Der Frage, ob sich die gleichzeitige Eigenhändlertätigkeit auf Vertragswaren des Vertretervertrages oder auf Konkurrenzprodukte anderer Hersteller bezieht, maß der EuGH offenbar keine Bedeutung bei. Rechtsprechung und Kommissionspraxis sind bislang keine Anhaltspunkte dafür zu entnehmen, wann eine Eigenhändlertätigkeit „in beträchtlichem Umfang" anzunehmen ist. Überhaupt war die Thematik, soweit erkennbar, nicht wieder Gegenstand eines Verfahrens. Jedenfalls wird ein beträchtlicher Umfang vorliegen, wenn das Auftreten als Eigenhändler die Tätigkeit des Absatzmittlers auf dem fraglichen Markt prägt. Für die zivilrechtliche Praxis muss aber vorsorglich weitergehend davon ausgegangen werden, dass Wettbewerbsbeschränkungen in Handelsvertreterverträgen schon dann Art. 101 Abs. 1 AEUV unterfallen können, wenn der Handelsvertreter gleichzeitig in nicht nur unerheblichem Umfang auf demselben Markt als Eigenhändler tätig ist, sei es für die Vertragswaren, sei es für Konkurrenzwaren. Das entspricht auch der Auffassung der Kommission in Rdnr. 16 lit. g) der Vertikalleitlinien.

43 Fraglich ist, ob eine für den Vertreter bedeutende Eigentätigkeit **auf einem anderen Produktmarkt** zur Anwendbarkeit des Art. 101 Abs. 1 AEUV auf den Handelsvertreter-

---

trägen in der Krankenversicherung vom 5.6.1934, veröffentlicht im deutschen Reichsanzeiger und preussischen Staatsanzeiger Nr. 129 vom 6.6.1934, S. 3, sowie die Verordnung des Bundesaufsichtsamts für das Versicherungswesen über das Verbot von Sondervergütungen und Begünstigungsverträgen in der Schadenversicherung vom 17.8.1982, BGBl. I, S. 1243; das LG Heidelberg – BB 1989, 1845 mit ablehnender Anmerkung *Hootz* – hatte zuvor einen Verstoß gegen Unionsrecht angenommen.

[91] Vgl. *Wiedemann,* GVO-Kommentar, Bd. II, GVO Nr. 1983/83, Art. 1 Rdnr. 11.

[92] EuG U. v. 15.9.2005, Slg. 2005 II-3319, Rdnr. 77 – *DaimlerChrysler/Komm.*

[93] Siehe unter Rdnr. 10.

[94] EuGH U. v. 15.12.1975, Slg. 1975, 1663, 2024ff. – *Suiker Unie/Komm.*

vertrag führen kann. Bei der gebotenen funktionalen Auslegung des Eingliederungskriteriums ist dies zu verneinen. Die Qualität als Handelsvertreter ist für jede Vertriebstätigkeit anhand der Funktion des Absatzmittlers einzeln zu prüfen. Die als Handelsvertreter beim Kraftstoffverkauf tätigen Tankstellenpächter sind bei dieser Tätigkeit also echte Handelsvertreter, auch wenn sie mittlerweile den Löwenanteil ihrer Einnahmen im Eigengeschäft auf anderen Produktmärkten erzielen, insbesondere mit Nahrungs- und Genussmitteln.[95] Dasselbe gilt für die Vertriebspartner der Kraftfahrzeugindustrie, die als Handelsvertreter Neuwagen verkaufen, Servicecenter und Reparaturwerkstatt jedoch auf eigenes Risiko betreiben. So hat im Ergebnis das EuG im Fall *DaimlerChrysler* entschieden.[96] Allerdings hat es dafür aber auch ein wenig überzeugendes Argument benutzt. Das EuG hielt für maßgeblich, dass spürbare wirtschaftliche Risiken der Vertreter aus der Einrichtung einer Werkstatt und dem Anbieten eines Kundendienstes nicht bewiesen seien. Grundsätzlich können die mit dem Aufbau einer Werkstatt und eines Kundendienstes verbundenen Risiken aber durchaus bedeutend sein. Diese Investitionen erfolgen indes auf dem Neuwagenverkauf nachgelagerten Anschlussmärkten. Es handelt sich nicht um mit dem Neuwagenvertrieb als Handelsvertreter verbundene Risiken. Darauf stellt das EuG zu Recht in einer zweiten, schon allein tragenden Begründung ab.[97]

Der EuGH hat die Anwendung des Handelsvertreterprivilegs auf die Vermittlungstätig- 44
keit von Kfz-Vertragshändlern für die konzerneigene Leasinggesellschaft des Kfz-Herstellers u. a. mit der Erwägung verneint, dass diese Händler hauptsächlich einer unabhängigen Verkaufs- und Kundendiensttätigkeit im eigenen Namen und für eigene Rechnung nachgingen.[98] In jenem Fall stand einer Anwendung der Handelsvertretergrundsätze auf die Vermittlungstätigkeit der Händler im Leasingbereich aber zusätzlich noch entgegen, dass die Händler insoweit finanzielle Risiken aus den Leasinggeschäften trugen, als sie Fahrzeuge nach Ablauf der Leasingverträge zurückkaufen mussten. Diese Entscheidung steht der hier vertretenen Auffassung zur Beurteilung des Eigengeschäfts bei echten Handelsvertretern deshalb nicht entgegen.

7. Kommissionäre, Kommissionsagenten. Als Handelsvertreter werden im EU- 45
Kartellrecht auch Vertreter angesehen, die in eigenem Namen für Rechnung eines anderen Unternehmens Geschäfte abschließen **(Kommissionäre,** vgl. § 383 HGB).[99] Die Erfüllung des Eingliederungskriteriums[100] wird durch das Handeln im eigenen Namen also nicht in Frage gestellt. Wer im Gegensatz zum gesetzestypischen Kommissionär des HGB **ständig** damit **betraut** ist, im eigenen Namen für Rechnung eines anderen Unternehmens Kaufgeschäfte abzuschließen, wird als **Kommissionsagent** bezeichnet. Der Sache nach handelt es sich um eine Mischform aus Handelsvertreter- und Kommissionärstellung.[101] Daher entspricht auch die kartellrechtliche Beurteilung von Kommissionsagenturverträgen derjenigen von Handelsvertreterverträgen. Die vorstehend zum Handelsvertretervertrag getroffenen Aussagen gelten daher auch für Kommissionär- und Kommissionsagenturverträge.

II. Deutsches Kartellrecht

Auch im deutschen Kartellrecht werden Verträge mit Handelsvertretern, Kommissionä- 46
ren und Kommissionsagenten wie im europäischen Kartellrecht nach einheitlichen Grundsätzen beurteilt. Die nachfolgend für Handelsvertreterverträge getroffenen Aussagen gelten also auch für Kommissionäre und Kommissionsagenten.

---

[95] OLG Hamburg, WuW/E DE-R 506, 510f.
[96] EuG U. v. 15.9.2005, Slg. 2005 II-3319, Rdnr. 110ff. – *DaimlerChrysler/Komm.*
[97] EuG U. v. 15.9.2005, Slg. 2005 II-3319, Rdnr. 113 – *DaimlerChrysler/Komm.*
[98] EuGH U. v. 24.10.1995, Slg. 1995 I-3477, 3516 – *Volkswagen und VAG Leasing.*
[99] Vertikalleitlinien, Rdnr. 12.
[100] Siehe oben Rdnr. 10.
[101] Vgl. *Ebenroth,* Absatzmittlungsverhältnisse im Spannungsverhältnis von Kartell- und Zivilrecht, S. 29ff.

47 Seit der 7. GWB-Novelle (2005) bestimmt sich die kartellrechtliche Bewertung von Handelsvertreterverträgen im deutschen Recht nach den §§ 1, 2 GWB, die Art. 101 Abs. 1, 3 AEUV wörtlich nachgebildet sind. Auch die Vertikal-GVO gilt gem. § 2 Abs. 2 GWB im deutschen Recht entsprechend. Keine Bindung besteht hier dagegen an die Leitlinien der Kommission.[102] Die Rechtsprechung von EuGH und EuG werden die deutschen Gerichte und Kartellbehörden zwar sicherlich bei ihrer Entscheidungsfindung im jetzt materiell übereinstimmenden deutschen Recht in Erwägung ziehen. Sie sind rechtlich jedoch nicht gehindert, davon abzuweichen. Insoweit könnten die Entscheidungen des BGH und anderer Gerichte sowie des BKartA zur kartellrechtlichen Beurteilung von Handelsvertreterverträgen nach früherem deutschen Kartellrecht Bedeutung behalten.

48 Für die Qualifikation als Handelsvertreter hielt der BGH schon bisher in erster Linie die vereinbarte **Risikoverteilung** für wesentlich. Nach der grundlegenden Entscheidung *EH-Partner* kommt es darauf an, dass Gewinne und Verluste aus den vom Handelsvertreter vermittelten oder getätigten Abschlüssen grundsätzlich den Geschäftsherrn treffen. Das gilt insbesondere für das Vordispositions-, Lager- und Kreditrisiko.[103]

49 Im Fall *EH-Partner* hatte der BGH über die Änderung des Vertriebssystems der *Telefunken Fernseh- und Rundfunk GmbH* zu entscheiden. *Telefunken* hatte beschlossen, ihren Warenabsatz vom üblichen Fachhandelsvertrieb, bei dem die Einzelhändler die bezogenen Waren im eigenen Namen und auf eigene Rechnung weiterverkaufen, auf ein Kommissionsagentur-System umzustellen, bei dem die Waren von den Händlern zwar in eigenem Namen, aber auf Rechnung von *Telefunken* verkauft werden sollten. Die von der Umstellung betroffenen Fachhändler setzten offenbar im Hinblick auf den damaligen Marktanteil von *Telefunken,* der bei lediglich rund 8% lag, überwiegend Konkurrenzprodukte ab. Diesem Umstand hat der BGH aber für die kartellrechtliche Beurteilung nach deutschem Recht keine Bedeutung beigemessen. Er machte keinen Unterschied zwischen Einfirmen- und Mehrfirmenvertretern. Ob daran nach der zwischenzeitlichen Rechtsprechung des EuGH[104] und der vom Gesetzgeber beabsichtigten Angleichung des deutschen Kartellrechts an das Wettbewerbsrecht der Union festgehalten werden kann, ist fraglich.[105]

50 Der BGH hat im *EH-Partner*-Beschluss allerdings ausdrücklich ausgeführt, dass die Umstellung vom traditionellen Vertragshändler- auf Agenturvertrieb unter Umständen einen Verstoß gegen das Behinderungs- und Diskriminierungsverbot des § 26 Abs. 2 Satz 1 a. F. (jetzt § 20 Abs. 1, § 19 Abs. 1, Abs. 2 Nr. 1) GWB darstellen kann. Er hat dabei darauf hingewiesen, dass die Möglichkeit zur Umstellung eine gewisse Marktstärke des Herstellers voraussetze.[106]

51 Nach Ansicht des BGH schließt die zwingende Pflicht des Handelsvertreters zur Interessenwahrung gemäß § 86 Abs. 1 HGB ein Verbot des Vertriebs von Konkurrenzprodukten nicht notwendig ein; das Wettbewerbsverbot des Handelsvertreters sei für den Handelsvertretervertrag zwar typisch, nicht aber wesensbestimmend.[107] Ein Reisebüros auferlegtes Wettbewerbsverbot gehe über die Erfordernisse einer üblichen, sachgerechten Wahrnehmung der Interessen des Geschäftsherrn hinaus, weil es branchenüblich sei, dass Reisebüros zwischen 50 und 100 Pauschalreiseveranstalter vertreten.[108] Damit kommt die seinerzeitige Lösung des BGH im Ergebnis der heutigen Beurteilung von Wettbewerbsverboten durch die Kommission nahe.[109] Im vom BGH entschiedenen Fall blieb die Intervention des

---

[102] Für eine entsprechend Anwendung der Vertikalleitlinien im deutschen Recht *Langen/Bunte-Bahr,* Bd. 1, nach § 2 GWB, Rdnr. 335.

[103] BGH WuW/E BGH 2238, 2242 f. – *EH-Partner-Vertrag.*

[104] EuGH U. v. 1.10.1987, Slg. 1987, 3801, 3828 – *Vlaamse Reisbureaus/VZW.*

[105] Siehe unter Rdnr. 30 ff.

[106] BGH aaO, 2246.

[107] BGH WuW/E 2668, 2670 – *Pauschalreiseveranstalter;* ebenso schon BGH WuW/E 2238, 2244 – *EH-Partner-Vertrag.*

[108] BGH WuW/E BGH 2668, 2671 – *Pauschalreiseveranstalter.*

[109] Vgl. dazu oben Rdnr. 25 f.

BKartA gegen die Ausschließlichkeitsbindungen der Reisebüros allerdings im Ergebnis erfolglos. Denn die wesentliche Beeinträchtigung des Wettbewerbs infolge der Wettbewerbsverbote als Eingriffsvoraussetzung der seinerzeitigen Missbrauchsaufsicht nach § 18 Abs. 1 lit. c) GWB 1989 konnte auf dem Markt für Pauschalreisen nicht nachgewiesen werden.[110]

Das BKartA hat nach § 14 GWB 1998 Bindungen von Preisen und Geschäftsbedingungen in Vertriebssystemen beanstandet, bei denen die als Handelsvertreter agierenden Händler ihren Lagerbestand vorfinanzieren mussten oder – im Falle der Vermittlung von Leasingverträgen – am Ausfallrisiko bei vorzeitiger Vertragsauflösung beteiligt waren.[111] Mit § 14 GWB 1998 für vereinbar gehalten wurde dagegen eine Bindung der insoweit als Handelsvertreter tätig werdenden Tankstellenpächter, keine Kreditkartengebühren beim Verkauf von Kraft- und Schmierstoffen zu verlangen.[112] Diese Entscheidungen entsprechen auch dem geltenden Recht. 52

In einer jüngeren Entscheidung hat der BGH klargestellt, dass kartellrechtliche Vorschriften einen Geschäftsherrn nicht daran hindern, sich gegenüber einem Handelsvertreter einen bestimmten Vertriebsweg (dort Internetvertrieb) selbst vorzubehalten.[113] 53

C. Vereinbarungen mit Eigenhändlern

I. Der einheitliche Ansatz in der Vertikal-GVO Nr. 330/2010

1. Vertriebskonzepte der Hersteller. Abhängig von ihrer Vertriebsstrategie können Hersteller mit ihren Händlern unterschiedliche Arten von Vertriebsverträgen vereinbaren. Verbreitet und Gegenstand umfangreicher kartellrechtlicher Praxis sind insbesondere selektiver Vertrieb, Alleinvertrieb und Franchising. 54

a) Selektiver Vertrieb. Beim selektiven Vertrieb begrenzt ein Hersteller den Absatz seiner Erzeugnisse auf nach bestimmten Kriterien ausgewählte Händler. Die Auswahlkriterien können qualitativ und/oder quantitativ sein. Qualitative Kriterien sind etwa Anforderungen an Geschäftsausstattung, Kundendienst, Beratungspotential oder Sortimentsbreite eines Handelsbetriebs. Solche Kriterien kann bei entsprechenden Dispositionen prinzipiell jeder am Vertrieb interessierte Händler erfüllen. Bei der quantitativen Selektion wird von den die qualitativen Kriterien erfüllenden Händlern lediglich eine begrenzte Anzahl beliefert, wobei etwa eine Quote pro Region festgelegt oder auf die vorhandene bzw. potentielle Nachfrage nach den Vertragswaren in einem Gebiet abgestellt wird. Hier hängt es nicht mehr allein vom Händler ab, ob er den Selektionskriterien gerecht wird. 55

Kennzeichnend für den selektiven Vertrieb ist, dass Händler außerhalb des Vertriebsnetzes die Vertragswaren grundsätzlich nicht beziehen können und dass die in das Vertriebssystem einbezogenen Händler die Vertragswaren in einem Mitbewerberumfeld von Konkurrenzprodukten anbieten. Hersteller werden einen selektiven Vertrieb insbesondere dann wählen, wenn sie Serviceleistungen der Händler für ihre Produkte vor und nach dem Verkauf oder eine ihr Markenimage fördernde Präsentation der Vertragswaren sicherstellen wollen. Außerdem besteht häufig der Wunsch nach einer sinnvollen Konzentration der Vertriebsstellen unter Ausschluss von Kleinabnehmern im Handel. 56

b) Alleinvertrieb. Beim Allein- oder Exklusivvertrieb teilt der Hersteller sein Absatzgebiet auf und beliefert in jedem Teil ausschließlich einen Händler. Durch diese Konzentration seiner Verkaufstätigkeit erreicht der Hersteller eine Rationalisierung seines Vertriebs. Mit der Gewährung eines Alleinvertriebsrechts sichert sich der Hersteller besondere Absatzför- 57

---

[110] KG WuW/E OLG 4919 – *Pauschalreiseveranstalter II;* Nichtzulassungsbeschwerde vom BGH zurückgewiesen, BGH WuW/E BGH 2869 – *Pauschalreisen-Vermittlung II.*

[111] TB 1987/88, S. 32.

[112] OLG Düsseldorf WuW/E OLG 4730 – *Kreditkartengebühr.*

[113] BGH WuW/E DE-R 2363, Rdnr. 40 – *Post-Wettannahmestelle.*

derungsleistungen seiner Händler und damit die intensive Bearbeitung ihres jeweiligen Vertragsgebiets sowie die kontinuierliche Versorgung der dort vorhandenen Kunden. Damit verbunden ist eine Stärkung des interbrand-Wettbewerbs gegenüber den Produkten anderer Hersteller. Im grenzüberschreitenden Verkehr lassen sich mit Alleinvertriebsvereinbarungen Absatzschwierigkeiten, die sich aus sprachlichen, rechtlichen und sonstigen Unterschieden ergeben, leichter überwinden. Diese mit Alleinvertriebsverträgen typischerweise verbundenen Vorteile waren für die Kommission maßgeblich, schon früh eine GVO für Alleinvertriebsvereinbarungen zu erlassen.[114]

58 *c) Franchising.* Beim Franchising sind Produktionsfranchising, Vertriebsfranchising und Dienstleistungsfranchising zu unterscheiden. Beim **Produktionsfranchising** stellt der Franchisenehmer nach Vorgaben des Franchisegebers Waren her, die er unter der Marke des Franchisegebers verkauft. Dazu werden ihm vom Franchisegeber Patent- und/oder Markenlizenzen erteilt oder Know-how übermittelt. Produktionsfranchising ist zumeist eine horizontale Kooperation zwischen Herstellern und deshalb hier nicht zu behandeln. Beim **Vertriebsfranchising** setzt der Franchisenehmer vom Franchisegeber bezogene Waren ohne Verarbeitung ab, wobei es sich ausschließlich oder schwerpunktmäßig um vom Franchisegeber hergestellte Waren (Herstellerfranchising)[115] oder um Produkte fremder Hersteller handeln kann[116] (Händlerfranchising). Gegenstand des **Dienstleistungsfranchising** ist die Erbringung standardisierter Dienstleistungen.

59 Charakteristisch für Franchising ist die einheitliche Benutzung der Geschäftsbezeichnung und/oder der Marke sowie der Geschäftsmethoden des Franchisegebers durch die Franchisenehmer gegen Zahlung eines Entgelts.[117] Im Vergleich zum selektiven Vertrieb ist das Franchising eine wesentlich intensivere Kooperationsform, bei der die Bedeutung des bloßen Waren- oder Dienstleistungsabsatzes gegenüber der geschlossenen Übernahme einer umfassenden Absatzkonzeption („Franchise-Paket") deutlich zurücktritt.[118] Die Gesamtheit der Franchisenehmer bildet eine Imageeinheit. Durch einheitliche Geschäftsausstattung (Standardisierung als Prinzip) und vor allem einheitliches Auftreten gegenüber den Konsumenten ausschließlich unter der Marke des Franchisegebers erscheinen die Franchise-Partner auf dem Markt als einheitliche Unternehmung (quasi-Filialität).[119] Der Franchisenehmer ist aber Eigenhändler, d. h. er wird in eigenem Namen und auf eigene Rechnung tätig. Ihm wird ermöglicht, eine erfolgversprechende Systemidee ohne Einsatz eigenen Kapitals durch ein einheitliches Vertriebsnetz zu nutzen. Die Franchisenehmer profitieren von der zentralen Werbung und vom Ansehen der Systemmarke sowie der Anwendung des Systemkonzepts.[120]

60 Typischerweise enthalten Franchiseverträge Regelungen, die den intrabrand-Wettbewerb beschränken und auch beim selektiven oder exklusiven Vertrieb vorkommen. Dennoch unterscheiden sich die Wettbewerbswirkungen von Franchiseverträgen wegen der Vereinheitlichung der Geschäftsmethoden und des Erscheinungsbilds der Absatzstätten gravierend von denjenigen jener traditionellen vertikalen Absatzkooperationen. Die Kommission sah es daher früher als gerechtfertigt an, Franchising in der GVO Nr. 4087/88[121] kartellrechtlich gesondert zu behandeln.

61 Prägende Elemente von Franchiseverträgen sind Regelungen zum Schutz des Know-How des Franchisegebers sowie der zumeist durch die Nutzung einer gemeinsamen Marke

[114] Ursprünglich galt die VO Nr. 67/67, ABl. 1967, 849. Sie wurde ersetzt durch die VO Nr. 1983/83, ABl. 1983 L 173/1; vgl. dort Begründungserwägungen 5–7. Mit der VO Nr. 1582/97, ABl. 1997 L 214/27, war die VO Nr. 1983/83 letztmals bis zum 31.12.1999 verlängert worden.

[115] Z. B. Komm. E. v. 17.12.1986, ABl. 1987 L 8/49 – *Yves Rocher.*

[116] Vgl. etwa Komm. E. v 13.7.1987, ABl. 1987 L 222/12 ff. – *Computerland.*

[117] Vgl. EuGH U. v. 28.1.1986, Slg. 1986, 353, 386 – *Pronuptia.*

[118] Zum Franchise-Paket vgl. *Martinek,* Franchising, S. 263 f.

[119] Vgl. *Martinek,* S. 130 ff., 433.

[120] Vgl. EuGH U. v. 28.1.1986, Slg. 1986, 353, 381 – *Pronuptia.*

[121] ABl. 1988 L 359/46.

vermittelten Systemidentität, ferner Vertriebsförderungspflichten und die Vereinbarung eines Gebietsschutzes für die Franchisenehmer. Aus Verbrauchersicht sind Franchisesysteme grundsätzlich vorteilhaft, weil sie durch die ständige Zusammenarbeit zwischen dem Franchisegeber und dem Franchisenehmer die gleichbleibende Qualität der Waren und Dienstleistungen gewährleisten und den interbrand-Wettbewerb beleben. Zudem sichert das Franchisenetz die Möglichkeit der Verbraucher, die Waren und Dienstleistungen, die Gegenstand der Franchise sind, nach einer einheitlichen Absatzkonzeption ortsunabhängig beziehen zu können.[122]

2. Einheitlicher Beurteilungsrahmen durch die Vertikal-GVO Nr. 330/2010. 62
Mit der Vertikal-GVO Nr. 330/2010 verfolgt die Kommission den Ansatz, alle Arten von Vertriebsverträgen mit einem einheitlichen kartellrechtlichen Regelungsrahmen zu erfassen. Die besonderen Gruppenfreistellungsverordnungen für Alleinvertrieb, Alleinbezug und Franchising sind deshalb außer Kraft getreten. Auch für den Vertrieb neuer Kraftfahrzeuge gibt es seit 1.6.2013 keine besondere Gruppenfreistellung mehr. Allerdings gilt für die Kraftfahrzeugbranche weiterhin eine spezielle Gruppenfreistellung beim Ersatzteilvertrieb sowie für Vereinbarungen über Instandsetzungs- und Wartungsdienstleistungen.[123] In die Vertikal-GVO Nr. 2790/1999 wurden erstmals Regelungen zum selektiven Vertrieb aufgenommen, mit denen die umfangreiche Entscheidungspraxis von europäischen Gerichten und Kommission kodifiziert wurde.

Als Auslegungshilfe für die Unternehmen bei der Anwendung der Vertikal-GVO hat die 63
Kommission die „Leitlinien für vertikale Beschränkungen“ als Mitteilung veröffentlicht.[124] Obwohl die Leitlinien der Beurteilung durch EuG und EuGH nicht vorgreifen können und auch für die Gerichte der Mitgliedstaaten nicht bindend sind, haben sie erhebliche praktische Bedeutung. So werden die Gerichte der Mitgliedstaaten in jedem Einzelfall sorgfältig prüfen müssen, ob sie von den Leitlinien abweichen können, ohne eine Vorabentscheidung des EuGH einzuholen.

II. Die Vertikal-GVO Nr. 330/2010

1. Einleitung. *a) Die VO Nr. 330/2010.* Die derzeit geltende Gruppenfreistellungs- 64
verordnung für Vertikalvereinbarungen (VO (EU) Nr. 330/2010)[125] („Vertikal-GVO“) ist am 1. Juni 2010 in Kraft getreten. Sie hat ihre Vorgänger-Regelung (VO Nr. 2790/1999) ersetzt, die bis Ende Mai 2010 gültig war.[126] Die Kommission hat im Jahr 2010 ebenso neue Leitlinien für vertikale Beschränkungen erlassen („Vertikalleitlinien“).[127] Grundsätzlich ging die Kommission davon aus, dass sich die ehemalige **Vertikal-GVO in der Praxis bewährt** hatte und nicht wesentlich geändert werden sollte.[128] Die neue Vertikal-GVO sollte jedoch wichtige Marktentwicklungen der vorangegangenen Jahre berücksichtigen. Dazu zählte insbesondere die gewachsene Nachfragemacht großer Einzelhandelsunternehmen und der Vertrieb über das Internet.[129] Zudem wollte die Kommission ökonomisch-fundierte Modelle und Betrachtungsweisen („more economic approach“) auch im Rah-

---

[122] Vgl. Begründungserwägung 8 der GVO Nr. 4087/88.

[123] Vgl. Art. 2 bis 4 VO Nr. 461/2010, dazu näher u. IV. (Rdnr. 475 ff.).

[124] ABl. 2010 C 130/1.

[125] Verordnung (EU) Nr. 330/2010 der Kommission vom 20.4.2010 über die Anwendung von Artikel 101 Absatz 3 des Vertrages über die Arbeitsweise der Europäischen Union auf Gruppen von vertikalen Vereinbarungen und abgestimmten Verhaltensweisen, ABl. 2010 L 102/1 v. 23.4.2010.

[126] Verordnung (EG) Nr. 2790/1999 der Kommission vom 22. Dezember 1999 über die Anwendung von Artikel 81 Absatz 3 EG auf Gruppen von vertikalen Vereinbarungen und aufeinander abgestimmte Verhaltensweisen, ABl. 1999 L 336/21 v. 29.12.1999.

[127] Leitlinien für vertikale Beschränkungen („Vertikalleitlinien“), ABl. C 130/1 v. 19.5.2010.

[128] Pressemitteilung der Kommission vom 28.7.2009, IP/09/1197. So auch *Baron*, Fs. für Loewenheim, S. 423, 427.

[129] Pressemitteilung der Kommission vom 28.7.2009, IP/09/1197.

men der Beurteilung von vertikalen Vereinbarungen stärker zur Anwendung kommen lassen.[130]

65 Die wichtigste Änderung der Vertikal-GVO ist die Einführung der sog. **doppelten Marktanteilsschwelle** in Art. 3 GVO. Nach der alten Regelung war allein auf den Marktanteil einer Partei der Vereinbarung (in der Regel des Lieferanten) abzustellen; nunmehr sind die Markanteile beider bzw. aller Vertragspartner zu berücksichtigen.[131] Eine weitere Änderung betrifft Liefervereinbarungen zwischen Wettbewerbern. Die Ausnahmeregelung, nach der eine vertikale Vereinbarung zwischen Wettbewerbern bis zu einem Umsatz des Käufers von 100 Mio. EUR freigestellt war,[132] ist weggefallen. Schließlich wurde die Definition des Wettbewerbers an die allgemeine kartellrechtliche Terminologie angepasst. Die Wettbewerbereigenschaft wird nunmehr daran festgemacht, ob die Parteien auf demselben Produktmarkt und geografischem Markt tätig sind.[133] Entgegen einem vielfach geäußerten Wunsch ist der **Internetvertrieb** nicht speziell in der Vertikal-GVO geregelt worden; er wird aber ausführlich in den Vertikalleitlinien behandelt.[134] Ebenso nahm die Kommission die Überarbeitung zum Anlass, einige technische und redaktionelle Änderungen vorzunehmen. Zum Beispiel wurden in der deutschen Version die Begriffe „Lieferant" und „Käufer" durch die Begriffe „Anbieter" und „Abnehmer" ersetzt. Die Legaldefinitionen von vertikaler Vereinbarung und vertikaler Beschränkung in Art. 2 GVO a. F. wurden systemgerecht den Begriffsbestimmungen in Art. 1 GVO zugeordnet.

66 Die Vertikal-GVO ist nach § 2 Abs. 2 GWB auch auf **rein deutsche Sachverhalte** anwendbar.[135] Im deutschen Recht gibt es nach Inkrafttreten der 7. GWB-Novelle im Jahr 2005 für vertikale Vereinbarungen keine Besonderheiten mehr. Nach § 2 Abs. 2 Satz 2 GWB gelten die Gruppenfreistellungsverordnungen entsprechend (dynamische Verweisung), selbst wenn die Vereinbarungen nicht geeignet sind, den Handel zwischen den Mitgliedstaaten der Europäischen Union zu beeinträchtigen. Die teilweise abweichenden Regeln der §§ 4 bis 17 GWB a. F. sind im Zuge der damaligen Reform weggefallen.

67 Auch die neue Vertikal-GVO ist zeitlich befristet und gilt bis zum 31.5.2022.

68 *b) Überblick über die Regelung.* Die Vertikal-GVO hält an der Struktur und dem Grundsystem der Vorgänger-Regelung fest. Sie erfüllt weiterhin eine **„Schirmfunktion"**. Das bedeutet, dass sie grundsätzlich alle Wettbewerbsbeschränkungen in vertikalen Vereinbarungen, gleich welcher Art, vom Verbot des Art. 101 Abs. 1 AEUV freistellt. Somit gibt es – wie auch schon in der VO Nr. 2790/1999 – keine Auflistung von Klauseln mehr, die ausdrücklich für eine Freistellung vorgeschrieben waren (sog. weiße Klauseln). Die generelle Freistellung von Vertikalvereinbarungen trägt der ökonomischen Bewertung Rechnung, dass vertikale Beschränkungen grundsätzlich **weniger wettbewerbsschädlich** sind als horizontale Beschränkungen, durch die der Wettbewerbsdruck zwischen den beteiligten Unternehmen vermindert wird (s. dazu unten Rdnr. 109 f., 126).

69 Vertikale Vereinbarungen bestehen entweder zwischen den Mitgliedern der **Vertriebskette** Hersteller – Großhändler – Einzelhändler („downstream") oder Unternehmen im **Zulieferverhältnis** Zulieferer – Endhersteller („upstream").[136] In der Praxis überwiegen

[130] Dies gilt insbes. für die in den Vertikalleitlinien behandelte Frage, ob außerhalb der Vertikal-GVO im Einzelfall die Freistellungsmöglichkeit einer Vereinbarung nach Art. 101 Abs. 3 AEUV aufgrund nachzuweisender wirtschaftlicher Vorteile gegeben sein kann.

[131] Damit soll die bedeutende Nachfragemacht großer Handelskonzerne und Verbundgruppen, die durch die Sektoruntersuchungen der Kommission bestätigt worden ist, Berücksichtigung finden.

[132] Art. 2 Abs. 4 lit. a VO Nr. 2790/1999.

[133] Nach Art. 1 lit. a GVO a. F. reichte für die Wettbewerbereigenschaft eine aktuelle oder potentielle Tätigkeit der Vertragspartner auf demselben Produktmarkt aus.

[134] Vertikalleitlinien, Rdnr. 52 f.

[135] Gesetz gegen Wettbewerbsbeschränkungen v. 26.6.2013, BGBl. 2013, Teil I Nr. 32 v. 29.6.2013.

[136] Vgl. dazu die Bekanntmachung der Kommission über die Beurteilung von Zulieferverträgen nach Artikel 85 Absatz 1 des Vertrags zur Gründung der Europäischen Wirtschaftsgemeinschaft, ABl. 1979 C 1/2 v. 3.1.1979.

bei weitem die Fälle des Vertriebs. Die Bestimmungen in der Vertikal-GVO sind somit deutlich auf den Vertrieb ausgerichtet.

2. Die Freistellung nach Art. 2 GVO. In der **Systematik des Art. 2 GVO** regeln die der Generalklausel des Abs. 1 nachfolgenden Absätze 2 bis 5 das Eingreifen der Vertikal-GVO für spezielle Konstellationen. So bestimmt Abs. 2 die Voraussetzungen für die Freistellung vertikaler Vereinbarungen von Unternehmensvereinigungen (dazu unten Rdnr. 85 ff.); Abs. 3 regelt die Anwendung auf vertikale Vereinbarungen im Zusammenhang mit der Übertragung geistiger Eigentumsrechte (dazu unten Rdnr. 95 ff.) und Abs. 4 enthält Ausnahmeregelungen für vertikale Vereinbarungen zwischen Wettbewerbern (dazu unten Rdnr. 109 ff.). In Abs. 5 wird schließlich das Verhältnis der Vertikal-GVO zu anderen Gruppenfreistellungsverordnungen geklärt (dazu unten Rdnr. 124). 70

a) Anwendungsvoraussetzungen (Art. 2 Abs. 1 GVO). Nach der Generalklausel des Art. 2 Abs. 1 Unterabsatz 1 GVO ist die Vertikal-GVO auf **„vertikale Vereinbarungen"** anwendbar. Die vertikale Vereinbarung wird in Art. 1 Abs. 1 lit. a GVO definiert als „Vereinbarung oder aufeinander abgestimmte Verhaltensweise, die zwischen zwei oder mehr Unternehmen, von denen jedes für die Zwecke der Vereinbarung oder der abgestimmten Verhaltensweise auf einer anderen Ebene der Produktions- oder Vertriebskette tätig ist, geschlossen wird und die die Bedingungen betrifft, zu denen die beteiligten Unternehmen Waren oder Dienstleistungen beziehen, verkaufen oder weiterverkaufen dürfen". Soweit solche Vereinbarungen vertikale Beschränkungen enthalten, die Art. 101 Abs. 1 AEUV unterfallen, sind diese grundsätzlich freigestellt (vgl. Art. 2 Abs. 1 Unterabsatz 2 i. V. m. Art. 1 Abs. 1 lit. b GVO). 71

Selbstverständlich bedürfen nach der Systematik des Art. 101 AEUV Beschränkungen der Parteien, die schon **keine Wettbewerbsbeschränkung i. S. d. Art. 101 Abs. 1 AEUV** sind, keiner Freistellung über Art. 101 Abs. 3 AEUV i. V. m. Art. 2 Abs. 1 GVO. Insoweit ist systematisch an sich zunächst zu klären, ob die Voraussetzungen des Art. 101 Abs. 1 AEUV überhaupt vorliegen, insbesondere ob die Spürbarkeit der Wettbewerbsbeschränkung[137] und die Beeinträchtigung zwischenstaatlichen Handels[138] zu bejahen sind (vgl. oben § 8). Von der Vertikal-GVO nicht betroffen sind deshalb bestimmte Vertriebstypen, die zwar vertikale Beschränkungen enthalten, den Wettbewerb aber gemäß Art. 101 Abs. 1 AEUV nicht beeinträchtigen. Das bekannteste Beispiel ist im Rahmen des **selektiven Vertriebs** die reine Fachhandelsbindung (qualitativer selektiver Vertrieb; siehe dazu unten Rdnr. 205). Auch **Franchisevereinbarungen** gehören unter bestimmten Voraussetzungen dazu (siehe dazu unten Rdnr. 455 ff.). Zu beachten ist in diesem Zusammenhang ferner die weiterhin gültige **Zuliefererbekanntmachung** der Kommission, nach der bestimmte Beschränkungen nicht unter Art. 101 Abs. 1 AEUV fallen.[139] In der Praxis kann es aber im Einzelfall leichter sein, die Frage, ob Art. 101 Abs. 1 AEUV greift, dahinstehen zu lassen, wenn jedenfalls die Voraussetzungen für eine Freistellung nach der Vertikal-GVO vorliegen. Das ist beispielsweise der Fall, wenn sich eindeutig bestimmen lässt, dass der jeweilige Marktanteil der Vertragsparteien, die keine Wettbewerber sind, unter 30% liegt, es aber nicht klar ist, ob er auch unter der 15%-Marktanteilsschwelle der Bagatell-Bekanntmachung der Kommission bleibt. 72

aa) Begriff der Vereinbarung und der aufeinander abgestimmten Verhaltensweisen von Unternehmen. Art. 2 Abs. 1 Unterabsatz 1 i. V. m. Art. 1 Abs. 1 lit. a GVO greift mit den Begriffen 73

[137] Vgl. dazu insbesondere die sog. Bagatellbekanntmachung der Kommission (Bekanntmachung über Vereinbarungen von geringer Bedeutung, die den Wettbewerb gemäß Artikel 101 Absatz 1 des Vertrags über die Arbeitsweise der Europäischen Union nicht spürbar beschränken *(de minimis)* v. 25.6.2014, ABl. 2014 C 291/1 ff.

[138] Vgl. dazu Bekanntmachung der Kommission, Leitlinien über den Begriff der Beeinträchtigung des zwischenstaatlichen Handels in den Artikeln 81 und 82 des Vertrags, ABl. 2004 C 101/82 v. 27.4.2004.

[139] Vgl. dazu oben Fn. 136.

der Vereinbarung und der aufeinander abgestimmten Verhaltensweise Tatbestandsmerkmale des Art. 101 Abs. 1 AEUV auf. Insofern ist davon auszugehen, dass diese mit Art. 101 Abs. 1 AEUV deckungsgleich sind.[140] Es kann daher auf die entsprechenden Erläuterungen zu Art. 101 Abs. 1 AEUV verwiesen werden (dazu oben § 8). Gleiches gilt für den Unternehmensbegriff (dazu § 4 sowie § 8 Rdnr. 1 ff.). Beispielsweise sind Vereinbarungen mit Endverbrauchern, die nicht als Unternehmen tätig sind, schon nicht von Art. 101 Abs. 1 AEUV erfasst und fallen deshalb auch nicht in den Anwendungsbereich der Vertikal-GVO.[141] Wenn nachfolgend der Übersichtlichkeit halber nur von Vereinbarungen die Rede ist, so sind immer auch aufeinander abgestimmte Verhaltensweisen gemeint.

74 Ausdrücklich klargestellt wird in der Definition der vertikalen Vereinbarung in Art. 1 Abs. 1 lit. a GVO, dass es sich auch um Verträge zwischen **mehr als zwei Unternehmen** handeln kann. Diese Regelung kommt in der Praxis mehrstufigen Verträgen zugute (z. B. einem einheitlichen Vertrag zwischen Hersteller, Großhändler und Einzelhändler oder in Zulieferfällen in Bezug auf Systemkomponenten und Einzelteile). Da nach Art. 1 Abs. 1 lit. a GVO jedes Unternehmen auf einer **anderen Ebene der Produktions- oder Vertriebskette** tätig sein muss (dazu gleich unten Rdnr. 76), sind Vereinbarungen zwischen Unternehmen, die im Rahmen der zu prüfenden vertraglichen Beziehung auf derselben Produktions- oder Vertriebsstufe stehen, nicht erfasst. Eine solche Vereinbarung ist als horizontal einzuordnen und unterfällt dem Regime für horizontale Vereinbarungen. Dazu zählen insbesondere die horizontalen Leitlinien der Kommission sowie die Gruppenfreistellungsverordnungen für Spezialisierungsvereinbarungen und für Vereinbarungen über Forschung und Entwicklung.[142]

75 Eine Besonderheit gilt für die Freistellung der von Art. 101 Abs. 1 AEUV ebenfalls erfassten **Beschlüsse von Unternehmensvereinigungen.** Diese werden in Art. 1 Abs. 1 lit. a GVO nicht erwähnt und sind folglich nicht durch die Generalklausel des Art. 2 Abs. 1 GVO freigestellt. Schon die Ermächtigungsverordnung Nr. 19/65 erfasste nur Vereinbarungen und abgestimmte Verhaltensweisen zwischen zwei Unternehmen selbst (Art. 1 Abs. 1, 3 GVO).[143] Dahinter steht die Erwägung, dass Beschlüsse von Unternehmensvereinigungen regelmäßig zumindest mittelbar die Beziehungen ihrer Mitglieder als Wettbewerber zueinander regeln und nur selten als vertikale Vereinbarungen qualifiziert werden können.[144] Echte vertikale Vereinbarungen zwischen einer Unternehmensvereinigung und ihren Mitgliedern sind dagegen in Art. 2 Abs. 2 GVO geregelt und ebenso wie vertikale Vereinbarungen zwischen einer Unternehmensvereinigung und ihren Anbietern durch die Vertikal-GVO grundsätzlich freigestellt (vgl. dazu unten Rdnr. 85 ff.). Beschlüsse der Unternehmensvereinigung, die horizontaler Natur sind, werden dagegen ebenso wenig wie horizontale Vereinbarungen zwischen ihren Mitgliedern von der Vertikal-GVO erfasst (Art. 2 Abs. 1 GVO).

76 *bb) Definition der vertikalen Vereinbarung.* Der Begriff der vertikalen Vereinbarung ist in Art. 1 Abs. 1 lit. a GVO näher definiert. Die Definition wurde im Vergleich zur Vorgängerregelung lediglich aus der Generalklausel des Art. 2 GVO in den Bereich der allgemei-

[140] Vgl. auch *Immenga/Mestmäcker-Ellger,* Wettbewerbsrecht, Band 1: EU/Teil 1, Art. 2 Vertikal-GVO, Rdnr. 5.

[141] Vertikalleitlinien, Rdnr. 25 lit. b.

[142] Leitlinien zur Anwendbarkeit von Art. 101 des Vertrages über die Arbeitsweise der Europäischen Union auf Vereinbarungen über horizontale Zusammenarbeit, ABl. 2011 Nr. C 11/1 v. 14.1.2011; Verordnung (EU) Nr. 1218/2010 v. 14.12.2010 über die Anwendung von Art. 101 Abs. 3 des Vertrages über die Arbeitsweise der Europäischen Union auf bestimmte Gruppen von Spezialisierungsvereinbarungen, ABl. 2010 Nr. L 335/43 v. 18.12.2010 sowie Verordnung (EU) Nr. 1217/2010 v. 14.12.2010 über die Anwendung von Art. 101 Abs. 3 des Vertrages über die Arbeitsweise der Europäischen Union auf bestimmte Gruppen von Vereinbarungen über Forschung und Entwicklung („F&E-GVO"), ABl. 2010 Nr. L 335/36 v. 18.12.2010.

[143] ABl. 1965 Nr. 36, 533/65 v. 6.3.1965.

[144] Dazu *Immenga/Mestmäcker-Ellger,* Wettbewerbsrecht, Band 1: EU/Teil 1, Art. 2 Vertikal-GVO, Rdnr. 9; *Schultze/Pautke/Wagener,* Rdnr. 114 ff.

nen Begriffsbestimmungen der Vertikal-GVO verschoben. Die Unternehmen müssen im Rahmen der Vertragsbeziehung auf verschiedenen Wirtschaftsstufen, d. h. **„auf einer anderen Ebene der Produktions- oder Vertriebskette"** tätig sein. Nach den Leitlinien ist dies beispielsweise der Fall, wenn ein Unternehmen einen Rohstoff herstellt, den das andere Unternehmen zur Herstellung seiner Produkte verwendet, oder wenn ein Unternehmen ein Hersteller, das zweite ein Großhändler und das dritte ein Einzelhändler ist.[145] Erfasst ist jede einzelne Stufe des Produktionsprozesses bzw. der Vertriebskette sowie jede mögliche Kombination der Stufen untereinander.[146] Es spielt dabei keine Rolle, ob Gegenstand der Produktions- oder Vertriebskette Waren oder Dienstleistungen sind oder eine Kombination aus beiden.

Die vertikalen Vereinbarungen sind begrifflich abzugrenzen von den sog. **horizontalen** **77**
Vereinbarungen zwischen Unternehmen, die im Rahmen der vertraglichen Vereinbarung auf derselben Produktions- oder Vertriebsstufe stehen und die im Normalfall dem Regime für horizontale Zusammenarbeit, d. h. insbesondere den horizontalen Leitlinien der Kommission sowie den Gruppenfreistellungsverordnungen für Spezialisierungsvereinbarungen und für Vereinbarungen über Forschung und Entwicklung[147] unterfallen.[148] Soweit in diesen Gruppenfreistellungsverordnungen vertikale Beziehungen geregelt sind, wie insbesondere in Bezug auf die Verwertung der gemeinsam entwickelten bzw. hergestellten Produkte, haben diese Bestimmungen Vorrang vor der Vertikal-GVO.

Nicht ausgeschlossen ist, dass ein Unternehmen auf **mehreren Ebenen der Produk-** **78**
tions- oder Vertriebskette agiert.[149] Dazu zählen zum Beispiel Handelsunternehmen, die eigene Handelsmarken vertreiben und diese Produkte selbst herstellen. Erfasst werden insoweit auch sogenannte Kollegenlieferungen. Dazu zählen Vereinbarungen eines vertikal integrierten Unternehmens, das einen im Endmarkt konkurrierenden Hersteller – möglicherweise aufgrund bestehender Engpässe – mit Rohstoffen beliefert. Auch auf **OEM** („Original Equipment Manufacturer")**-Verträge** kann die Vertikal-GVO anwendbar sein. Bei OEM-Verträgen handelt es sich um Verträge, bei denen ein an sich als Hersteller tätiges Unternehmen von einem anderen Unternehmen Produkte bezieht, um sie dann unter seiner Marke wie eigene Produkte zu verkaufen oder sie bei der Herstellung anderer Produkte als Teile zu verwenden.

Nach dem Wortlaut des Art. 1 Abs. 1 lit. a GVO müssen die Unternehmen **„für die** **79**
Zwecke der Vereinbarung" auf einer unterschiedlichen Produktions- oder Vertriebsstufe stehen. Abzustellen ist somit jeweils auf die konkrete Vereinbarung zwischen den Unternehmen und nicht abstrakt auf die Gesamtheit ihrer jeweils ausgeübten Tätigkeiten.[150] Auch Unternehmen, die miteinander auf der gleichen Ebene im Wettbewerb stehen, können in einem konkreten Vertragsverhältnis durchaus eine vertikale (Vertriebs- oder Zulieferer-)Vereinbarung treffen. Noch klarer ist insoweit der dem Art. 1 Abs. 1 lit. a GVO zugrunde liegende Wortlaut der Ermächtigungs-VO Nr. 1215/99, wonach das Stufenverhältnis „im Rahmen der Vereinbarung" bestehen muss.[151] Auf die Wettbewerbereigenschaft der Unternehmen kommt es im Rahmen der Prüfung des Art. 2 Abs. 1 i. V. m. Art. 1 Abs. 1 lit. a GVO noch nicht an. Dies ergibt sich im Umkehrschluss aus Art. 2 Abs. 4

---

[145] Vertikalleitlinien, Rdnr. 25 lit. c.

[146] So auch *Schultze/Pautke/Wagener,* Rdnr. 125.

[147] Siehe oben Fn. 142. Zu Forschungs- und Entwicklungsvereinbarungen z. B. *Slobodenjuk/Besen,* GRUR 2011, 300 ff.; *Rosenberger,* GRURInt 2012, 721 ff.; zu Spezialisierungsvereinbarungen z. B. *Seeliger/Laskey,* EWS 2011, 119; zur Abgrenzung siehe auch *Schultze/Pautke/Wagener,* Rdnr. 477 f.

[148] Ausnahmsweise und unter bestimmten Voraussetzungen können jedoch auch Vereinbarungen zwischen Wettbewerbern in den Anwendungsbereich der Vertikal-GVO fallen, wenn sie das vertikale Verhältnis der Parteien betreffen (Art. 2 Abs. 4 GVO).

[149] Vertikalleitlinien, Rdnr. 25 lit. c.

[150] So auch *Bechtold/Bosch/Brinker,* Art. 1 VO Nr. 330/2010, Rdnr. 10; *Liebscher/Flohr/Petsche-Petsche/Lager,* § 7, Rdnr. 32; *Schultze/Pautke/Wagener,* Rdnr. 126.

[151] ABl. EG 1999 Nr. L 148/1 v. 15.6.1999; dazu *Loewenheim/Meessen/Riesenkampff-Baron,* Vertikal-GVO, Rdnr. 60.

GVO. Danach kann es in bestimmten Konstellationen freistellungsfähige vertikale Vereinbarungen zwischen aktuellen oder potentiellen Wettbewerbern geben.

80 Jede Partei der vertikalen Vereinbarung muss – wie beschrieben – auf einer unterschiedlichen Ebene der Produktions- und Vertriebskette stehen. Dies schließt nicht aus, dass ein Unternehmen auf einer Ebene der Produktions- und Vertriebskette beliebig viele Verträge nebeneinander mit anderen Unternehmen schließen kann. So kann beispielsweise ein Hersteller mit jedem seiner Eigenhändler eine Vereinbarung treffen, ohne dass dies der Anwendung der Vertikal-GVO auf den jeweiligen Vertrag zwischen Hersteller und Eigenhändler im Wege steht.[152]

81 *cc) Gegenstand der Vereinbarung.* Die Vereinbarung muss die Bedingungen betreffen, zu denen **Waren oder Dienstleistungen bezogen, verkauft oder weiterverkauft werden.** Mit der Erfassung von Bezug, Verkauf oder Weiterverkauf ist der Tatbestand denkbar weit gefasst. So kommt es insbesondere nicht auf den Abschluss eines Rechtsgeschäfts im zivilrechtlichen Sinne an. Das Kartellrecht soll gerade auch dort greifen, wo der Vertrag ggf. nicht rechtswirksam geschlossen wurde.[153] Zudem ist der Abschluss eines Rechtsgeschäfts in den verschiedenen Mitgliedstaaten zum Teil unterschiedlich geregelt. Ein Entgelt ist schon nach dem Wortlaut von Art. 1 Abs. 1 lit. a GVO nicht zwingend erforderlich.[154] Allerdings spielt dies in der Praxis keine Rolle, da es faktisch keine Eigenhändler-Vertriebsverträge ohne Entgelt (Kaufpreis oder Provision) gibt.

82 Ein Weiterverkauf der Vertragswaren ist in Art. 2 Abs. 1 GVO nicht vorausgesetzt. Lieferungen an Unternehmen, die die gelieferte Ware konsumieren **(Eigenverbrauch)** oder für ihre eigene Produktion einsetzen **(Weiterverarbeitung),** sind ebenfalls freigestellt.[155] Gegenstand des Vertrags können also sowohl **Zwischen- als auch Endprodukte** sein.[156] Eine Wertschöpfungskette wird dabei zwar regelmäßig vorliegen, ist aber nicht Voraussetzung für die Anwendbarkeit von Art. 2 Abs. 1 i. V. m. Art. 1 Abs. 1 lit. a GVO.[157] Auch der Erwerb von Waren zum Zweck der **Vermietung an Dritte** (im Zweitverhältnis) ist erfasst.[158] Miet- und Leasingvereinbarungen als solche (im Erstverhältnis) fallen nach den Vertikalleitlinien jedoch nicht unter die Vertikal-GVO, da der Anbieter keine Waren oder Dienstleistungen an den Abnehmer verkauft.[159] Die Vermietung bzw. das Leasing von Produkten kann somit nicht als Bezug einer Dienstleistung im Sinne der Vertikal-GVO gewertet werden.[160]

83 Enthält ein Vertrag über die Bedingungen hinaus, die den Bezug, Verkauf oder Weiterverkauf von Waren oder Dienstleistungen regeln, auch damit nicht in Sachzusammenhang

---

[152] Anders wäre es, wenn der Hersteller mit denselben Einzelhändlern eine einzige Vertriebsvereinbarung treffen würde. Diese wäre im Verhältnis der Einzelhändler untereinander horizontaler Natur und damit nicht nach der Vertikal-GVO freigestellt, sondern müsste insoweit nach den Horizontalleitlinien beurteilt werden. Vgl. auch *Loewenheim/Meessen/Riesenkampff-Baron,* Vertikal-GVO, Rdnr. 59.

[153] Ggf. kann im Einzelfall dann ein abgestimmtes Verhalten vorliegen.

[154] So auch *Bechtold/Bosch/Brinker,* Art. 1 VO Nr. 330/2010 Rdnr. 14.

[155] Dies entspricht allgemeiner Ansicht, s. beispielsweise *Schultze/Pautke/Wagener,* Rdnr. 234; *Brinker* in *Schwarze,* Europäisches Wettbewerbsrecht im Wandel, 131, 138. Bereits die Ermächtigungsverordnung Nr. 19/65 war entsprechend gefasst; vgl. Art. 1 Abs. 1 lit. a. (ABl. 1965 Nr. 36, 533/65 v. 6.3.1965).

[156] Vertikalleitlinien, Rdnr. 25 lit. d. Vgl. auch die Definition von Produkt in Art. 2 F&E-GVO.

[157] Vgl. *Loewenheim/Meessen/Riesenkampff-Baron,* Vertikal-GVO, Rdnr. 64 m. w. N.; aA wohl *Immenga/Mestmäcker-Ellger,* Wettbewerbsrecht, Band 1: EU/Teil 1, Art. 2 Vertikal-GVO, Rdnr. 13.

[158] Vertikalleitlinien, Rdnr. 26.

[159] Dazu Vertikalleitlinien, Rdnr. 26; gegen eine Anwendung der Vertikal-GVO auch *Loewenheim/Meessen/Riesenkampff-Baron,* Vertikal-GVO, Rdnr. 62 und *Schultze/Pautke/Wagener,* Rdnr. 137 (jeweils mit Ausnahme von Leasing-Verträgen mit kaufvertraglichem Schwerpunkt); *Liebscher/Flohr/Petsche-Petsche/Lager,* § 7 Rdnr. 35; aA *Bechtold/Bosch/Brinker,* Art. 1 VO Nr. 330/2010 Rdnr. 14; *Immenga/Mestmäcker-Veelken,* Wettbewerbsrecht, Band 1: EG/Teil 1, 4. Aufl. 2007, Vertikal-GVO Rdnr. 63 (dagegen nunmehr *Immenga/Mestmäcker-Ellger,* Wettbewerbsrecht, Band 1: EU/Teil 1, 5. Aufl. 2012, Art. 2 Vertikal-GVO, Rdnr. 18).

[160] *Liebscher/Flohr/Petsche-Petsche/Lager,* § 7 Rdnr. 35.

stehende Bestimmungen, so sind darin enthaltene Wettbewerbsbeschränkungen von der Vertikal-GVO nicht erfasst.[161] Allerdings wird wegen der „Schirm-Funktion" der Vertikal-GVO sehr weit definiert werden können, was noch als Bedingungen zur Regelung des Bezugs, Verkaufs oder Weiterverkaufs anzusehen ist. In jedem Fall sind nicht nur die Bedingungen einbezogen, die den Bezug, Kauf oder Weiterverkauf unmittelbar betreffen, sondern auch alle weiteren Bestimmungen, die sich auf die Durchführung des Vertrags beziehen **(Nebenabreden).**[162] Im Einzelfall bleibt jeweils zu prüfen, ob Wettbewerbsbeschränkungen in Vereinbarungen, die nicht im Sachzusammenhang stehen, ggf. einer anderen GVO unterfallen oder einzelfreistellungsfähig sind. So wäre bei dem von der Kommission in ihren Leitlinien für einen fehlenden Sachzusammenhang genannten Beispiel des Verbots von Forschungs- und Entwicklungsarbeiten in einem Liefervertrag[163] zu prüfen, ob ggf. die F&E-GVO zum Tragen kommt.[164]

Die Definition in Art. 1 Abs. 1 lit. a GVO umfasst sowohl **Waren als auch Dienstleistungen.** Ebenso wenig wie der Begriff der Waren wird der Begriff der Dienstleistungen in der Vertikal-GVO oder den Vertikalleitlinien erläutert. Vor dem Hintergrund der Schirm-Funktion der Vertikal-GVO ist aber davon auszugehen, dass diese Begriffe weit auszulegen sind.[165] Umfasst sind grundsätzlich alle Handlungen, die Gegenstand des Wirtschaftsverkehrs sein können. Dazu zählen z. B. Telekommunikationsdienstleistungen oder die Reisevermittlung[166] und gegebenenfalls auch Energielieferverträge.[167] 84

b) Vertikalvereinbarungen von Unternehmensvereinigungen (Art. 2 Abs. 2 GVO). Eine spezielle Regelung trifft Art. 2 Abs. 2 GVO für vertikale Vereinbarungen zwischen einer Unternehmensvereinigung und ihren Mitgliedern oder ihren Anbietern. Diese Vereinbarungen unterfallen nur dann der Vertikal-GVO, wenn alle Mitglieder der Unternehmensvereinigung Wareneinzelhändler sind und kein Mitglied der Vereinigung zusammen mit seinen verbundenen Unternehmen einen jährlichen Gesamtumsatz von mehr als 50 Mio. EUR erzielt. 85

Klarstellend verweist Art. 2 Abs. 2 GVO am Ende darauf, dass die Anwendbarkeit von Art. 101 Abs. 1 AEUV auf horizontale Vereinbarungen zwischen den Mitgliedern der Vereinigung sowie auf Beschlüsse der Vereinigung unberührt bleibt. Dies ist an sich eine Selbstverständlichkeit.[168] Die Sonderregelung des Art. 2 Abs. 2 GVO wird in der Literatur insbesondere wegen der geringen Umsatzschwelle als zu eng kritisiert und ist als **Benachteiligung von Unternehmenskooperationen** gegenüber Konzernunternehmen gewertet worden.[169] In der Praxis hat die Freistellung jedenfalls keine große Bedeutung erlangt. 86

Unternehmensvereinigungen sind Gruppen, deren Mitglieder einen gemeinsamen (wirtschaftlichen) Zweck verfolgen und ihre Interessen über die Vereinigung vertreten.[170] 87

---

[161] Vertikalleitlinien, Rdnr. 26; so auch *Loewenheim/Meessen/Riesenkampff-Baron,* Vertikal-GVO, Rdnr. 68; *Bechtold/Bosch/Brinker,* Art. 1 VO Nr. 330/2010, Rdnr. 12; *Schultze/Pautke/Wagener,* Rdnr. 230.

[162] *Loewenheim/Meessen/Riesenkampff-Baron,* Vertikal-GVO, Rdnr. 67 f.

[163] Vertikalleitlinien, Rdnr. 26; vgl. auch *Bauer/de Bronett,* Rdnr. 88.

[164] Vgl. *Brinker* in *Schwarze,* Europäisches Wettbewerbsrecht im Wandel, S. 131, 147.

[165] So die ganz überwiegende Meinung, z. B. *Loewenheim/Meessen/Riesenkampff-Baron,* Vertikal-GVO, Rdnr. 62; *Immenga/Mestmäcker-Ellger,* Wettbewerbsrecht, Band 1: EU/Teil 1, Art. 2 Vertikal-GVO, Rdnr. 16. Vgl. auch *Bechtold/Bosch/Brinker,* Einf. VO Nr. 330/2010, Rdnr. 12.

[166] *Schultze/Pautke/Wagener,* Rdnr. 141.

[167] *Loewenheim/Meessen/Riesenkampff-Baron,* Vertikal-GVO, Rdnr. 62, *Säcker/Jaecks,* Langfristige Energielieferverträge und Wettbewerbsrecht, S. 30 ff.

[168] Zur Anwendbarkeit der horizontalen Regelungen vgl. unten Rdnr. 92 ff.

[169] Siehe insbesondere *Schulte/Geiger,* EuZW 2000, 396, 399 m. w. N.; *Schultze/Pautke/Wagener,* Rdnr. 369 ff.; *Bauer/de Bronett,* Rdnr. 212.

[170] *Immenga/Mestmäcker-Emmerich,* Wettbewerbsrecht, Band 1: EU/Teil 1, Art. 101 1 AEUV, Rdnr. 38. Die Unternehmensvereinigung selbst muss keine wirtschaftliche Tätigkeit ausüben (*Mestmäcker/Schweitzer,* § 8 Rdnr. 26 m. w. N.). Verfolgt sie dennoch eigene wirtschaftliche Zwecke, ist sie gleichzeitig als solche Unternehmen i. S. d. Wettbewerbsregeln (*Immenga/Mestmäcker-Emmerich,* Wettbewerbsrecht, Band 1: EU/Teil 1, Art. 101 1 AEUV, Rdnr. 38; *Mestmäcker/Schweitzer,* § 8 Rdnr. 30).

Beispiele für eine Unternehmensvereinigung sind insbesondere sog. **Verbundgruppen**. In ihnen kooperieren selbständige Unternehmen dauerhaft bei den unterschiedlichsten unternehmerischen Tätigkeiten (z. B. im Einkauf, Verkauf oder Marketing).[171]

88 Ein **Wareneinzelhändler** ist ein Händler, der „Waren an Endverbraucher weiterverkauft".[172] Demnach muss es sich bei den bezogenen und wiederverkauften Produkten zwar grundsätzlich um identische Waren handeln. Ein Um- oder Abpacken bzw. Um- oder Abfüllen der Produkte steht dem aber nicht entgegen.[173] Eine Beteiligung von Großhändlern ist nach Art. 2 Abs. 2 GVO nicht zugelassen. Die Beteiligung eines einzelnen Großhändlers führt somit dazu, dass eine Freistellung nach der Vertikal-GVO ausgeschlossen ist. Gleiches gilt für Dienstleistungen, die ebenfalls schon dem Wortlaut nach nicht von Art. 2 Abs. 2 GVO erfasst sind.[174] Die Kommission schließt dementsprechend in den Leitlinien (Rdnr. 29) die Dienstleistungen ausdrücklich aus. In Betracht kommt aber in beiden Fällen eine Einzelfreistellung nach Art. 101 Abs. 3 AEUV.

89 Für die Ermittlung der **Umsatzschwelle von 50 Mio. EUR** je Mitglied gilt Art. 8 Abs. 1 GVO. Danach sind die Umsätze des einzelnen Mitglieds einschließlich der verbundenen Unternehmen jeweils für das vergangene Geschäftsjahr mit allen Waren und/oder Dienstleistungen abzüglich der Steuern und Abgaben zu ermitteln. Es wird also nicht auf das Kalenderjahr abgestellt. Zudem werden sog. Captive Sales, d. h. Verkäufe innerhalb des Konzerns, nicht erfasst (vgl. Art. 8 Abs. 1 Satz 2 GVO). Die **verbundenen Unternehmen** sind nach den Regelungen in Art. 1 Abs. 2 GVO zu bestimmen. Die Umsatzschwelle von 50 Mio. EUR je Mitglied orientiert sich an der Empfehlung der Kommission für Klein- und Mittelbetriebe.[175] Sie ist verhältnismäßig niedrig und sieht – anders als beispielsweise die frühere Praxis des BKartA zu Mittelstandskartellen[176] – keine Ausnahmen für die Beteiligung einzelner Unternehmen vor, deren Umsatz deutlich größer ist. Die Freistellung nach Art. 2 Abs. 1 GVO gilt nach Art. 8 Abs. 2 GVO weiter, wenn der jährliche Gesamtumsatz jedes Mitglieds einschließlich seiner verbundenen Unternehmen in zwei jeweils aufeinander folgenden Geschäftsjahren die 50 Mio. Euro-Schwelle um nicht mehr als ein Zehntel überschreitet.

90 Zudem kann die Umsatzschwelle im Einzelfall von vornherein überschritten sein, ohne dass die Kommission hierin ein unüberwindbares Problem sieht. Voraussetzung ist, dass auf die Mitglieder, die die Umsatzschwelle überschreiten, insgesamt weniger als 15% des Gesamtumsatzes aller Mitglieder der Vereinigung entfallen.[177] In diesem Fall kommt allerdings nur eine Einzelfreistellung nach Art. 101 Abs. 3 AEUV in Betracht, weil der klare Wortlaut des Art. 2 Abs. 2 GVO die Grenze bei einem jährlichen Gesamtumsatz von 50 Mio. EUR im Zeitpunkt der Freistellung zieht.[178] Dies wird auch in Rdnr. 29 der Vertikalleitlinien mit dem Hinweis auf die Würdigung nach Art. 101 AEUV klargestellt.

---

[171] *Immenga/Mestmäcker-Ellger,* Wettbewerbsrecht, Band 1: EU/Teil 1, Art. 2 Vertikal-GVO, Rdnr. 55; *Schulte/Geiger,* EuZW 2000, 396, 396. Da es sich um selbständige Unternehmen handelt, ist formal eine andere Behandlung als bei einem einheitlichen Konzernunternehmen veranlasst, denn die Gefahr horizontaler Absprachen ist hier – anders als im Konzern, wo Art. 101 AEUV nicht gilt – gegeben.

[172] So die Definition in den Vertikalleitlinien, Rdnr. 29.

[173] Vgl. Bekanntmachung zu den Verordnungen (EWG) Nr. 1983/83 und Nr. 1984/83 der Kommission vom 22. Juni 1983 über die Anwendung von Artikel 85 Absatz 3 des Vertrages auf Gruppen von Alleinvertriebsvereinbarungen beziehungsweise Alleinbezugsvereinbarungen, ABl. EG 1984 C 101/2 v. 13.4.1984, Rdnr. 9, deren Grundsätze auch zur Auslegung der jetzt geltenden GVO herangezogen werden können.

[174] *Bauer/de Bronett,* Rdnr. 213; *Liebscher/Flohr/Petsche-Petsche/Lager,* § 7 Rdnr. 48.

[175] Empfehlung der Kommission betreffend die Definition der Kleinstunternehmen sowie der kleinen und mittleren Unternehmen, ABl. 2003 Nr. L 124/36 v. 20.5.2003.

[176] *FK-Bunte,* 46. Lieferung 2000, § 4 GWB Rdnr. 60; zum Verhältnis der Regelungen zu Mittelstandskartellen unter dem GWB nach der Modernisierung des Verfahrensrecht durch die VO Nr. 1/2003 vgl. beispielsweise *Hartog/Noack,* WRP 2005, 1396, 1398.

[177] Vertikalleitlinien, Rdnr. 29.

[178] *Bechtold/Bosch/Brinker,* Art. 2 VO Nr. 330/2010, Rdnr. 6; *Schultze/Pautke/Wagener,* Rdnr. 368.

Insgesamt kommen wohl nur wenige Unternehmensvereinigungen und ihre Mitglieder in den Genuss der Regelung des Art. 2 Abs. 2 GVO.[179] Es ist schon häufig für das einzelne Mitglied nicht ersichtlich, welchen Umsatz alle Mitglieder der Vereinigung (mit verbundenen Unternehmen) haben oder ob diejenigen, die den Umsatz von 50 Mio. EUR überschreiten, mehr als 15% des Gesamtumsatzes aller Mitglieder erzielen; deshalb ist es für das einzelne Unternehmen mit einem Risiko verbunden, auf eine Freistellung gemäß Art. 2 Abs. 2 GVO zu vertrauen.[180] Es sollte daher in der Praxis in jedem Fall geprüft werden, inwieweit für vereinbarte „vertikale" Wettbewerbsbeschränkungen eine Einzelfreistellung nach Art. 101 Abs. 3 AEUV in Betracht käme. 91

Für die Zusammenarbeit der Mitglieder untereinander und für die Beschlüsse der Unternehmensvereinigung gilt in der Regel das Regime für **horizontale Vereinbarungen,** das z. T. über die Vertikalregelung hinausgeht oder von ihm abweicht. So führt die Kommission in ihren Horizontalleitlinien aus, dass bei einem niedrigen Marktanteil der Beteiligten nachteilige Marktwirkungen regelmäßig nicht zu erwarten sind.[181] Für die hier interessierenden Formen der Zusammenarbeit in der Verbundgruppe geht sie davon aus, dass ein **gemeinsamer Einkauf** bei einem gemeinsamen Marktanteil der Beteiligten auf dem Einkaufs- und dem Verkaufsmarkt von weniger als 15% unschädlich ist.[182] Dabei kann in bestimmten Fällen sogar ein Bezugszwang freistellungsfähig sein.[183] Der gemeinsame Einkauf von Erzeugnissen kann alle Formen der Zusammenarbeit umfassen. Diese reichen von lockeren Formen der Zusammenarbeit über vertragliche Regelungen bis hin zu Gemeinschaftsunternehmen. Sie können sowohl horizontale als auch vertikale Vereinbarungen enthalten. In letzterem Fall müssen sowohl die Voraussetzungen der horizontalen Regelungen als auch der vertikalen Vorschriften erfüllt sein, damit der gemeinsame Einkauf insgesamt freigestellt ist. 92

Für **Vermarktungsvereinbarungen**, d.h. die Zusammenarbeit beim Verkauf zwischen Wettbewerbern, angefangen beim umfassend geregelten gemeinsamen Verkauf bis hin zu Vereinbarungen, die nur eine bestimmte Absatzfunktion (Vertrieb, Wartung, Werbung) betreffen,[184] gelten ähnliche Regelungen. Zwar kann eine Vereinbarung mit der Unternehmensvereinigung eine Vereinbarung zwischen den Mitgliedern darstellen. Diese Gefahr war gerade der Ausgangspunkt für die enge Fassung des Art. 2 Abs. 2 GVO.[185] Vermarktungsvereinbarungen sind aber nach den Horizontalleitlinien in der Regel ebenfalls unbedenklich, wenn die Unternehmen einen gemeinsamen Marktanteil von unter 15% haben.[186] Insbesondere bei gemeinsamen Vertriebsformen können sowohl die Vertikal-GVO als auch die Horizontalleitlinien einschlägig sein.[187] 93

Damit wird – unabhängig von den Voraussetzungen des Art. 2 Abs. 2 GVO (d.h. gleich, ob sie Wareneinzelhändler, Dienstleister oder Großhändler sind, und unabhängig von den Umsätzen der einzelnen Mitglieder) – regelmäßig eine Freistellung über das horizontale Regime möglich sein, wenn die beteiligten Mitglieder der Verbundgruppe zusammen einen **Marktanteil unter 15 %** haben. 94

c) Vereinbarungen über geistige Eigentumsrechte (Art. 2 Abs. 3 GVO). Lizenzverträge können nach Art. 2 Abs. 3 GVO in den Genuss der Freistellung nach der Vertikal-GVO kommen, 95

---

179 *Loewenheim/Meessen/Riesenkampff-Baron,* Vertikal-GVO, Rdnr. 69; *Bauer/de Bronett,* Rdnr. 211 ff.; *Schulte/Geiger,* EuZW 2000, 396, 399 m. w. N.; *Schultze/Pautke/Wagener,* Rdnr. 369 ff.

180 Kritisch sehen dies insbesondere auch *Loewenheim/Meessen/Riesenkampff-Baron,* Vertikal-GVO, Rdnr. 71, *Schulte/Geiger,* EuZW 2000, 396, 399 und *Schultze/Pautke/Wagener,* Rdnr. 369 ff.

181 Horizontalleitlinien, Rdnr. 44.

182 Horizontalleitlinien, Rdnr. 208.

183 Horizontalleitlinien, Rdnr. 218; dazu im Einzelnen Komm. E. v. 5.12.1979, ABl. 1980 L 51/19 v. 25.2.1980, Rdnr. 31 – *Lab;* E. v. 9.7.1980, ABl. 1980 L 260/24 v. 3.10.1980, Rdnr. 51 – *National Sulphuric Acid Association I;* E. v. 16.1.1991, ABl. 1991 L 28/32 v. 2.2.1991, Rdnr. 53 – *Ijsselcentrale.*

184 Horizontalleitlinien, Rdnr. 225.

185 Siehe oben Rdnr. 86.

186 Horizontalleitlinien, Rdnr. 240.

187 Horizontalleitlinien, Rdnr. 227.

wenn die Übertragung oder Nutzung der **Rechte am geistigen Eigentum** nicht Hauptgegenstand der vertikalen Vereinbarung ist, sondern sich als **Teil einer Lieferbeziehung** unmittelbar auf die Nutzung, den Verkauf oder den Weiterverkauf der Waren oder Dienstleistungen durch den Abnehmer oder seine Kunden bezieht. Im Umkehrschluss folgt daraus, dass echte Lizenzverträge regelmäßig nicht von der Vertikal-GVO erfasst werden, weil sie normalerweise die Lizenzierung von Rechten zum Hauptgegenstand haben. Beim Technologietransfer, d.h. insbesondere bei Patentlizenzvereinbarungen, Know-how-Vereinbarungen und gemischten Patentlizenz- und Know-how-Vereinbarungen, findet in der Regel die Technologietransfer-GVO Anwendung.[188] Für die Abgrenzung der Anwendungsbereiche dieser beiden Verordnungen kommt es im Wesentlichen darauf an, ob die Übertragung von geistigen Eigentumsrechten den Vertragspartner in die Lage versetzt, selbst Waren *herzustellen,* und er an der Herstellung nicht durch Beschränkung seiner Nutzungsrechte gehindert wird; in diesem Fall findet grundsätzlich statt der Vertikal-GVO die Technologietransfer-GVO Anwendung.[189] Entsprechendes gilt für die Überlassung von Know-how.

96 **Rechte des geistigen Eigentums** sind in Art. 1 lit. f GVO umschrieben als gewerbliche Schutzrechte, Know-how, Urheberrechte und verwandte Schutzrechte. Der Begriff des Know-hows wird in Art. 1 lit. g GVO näher definiert und erfasst danach die Gesamtheit nicht patentgeschützter praktischer Erkenntnisse, die der Anbieter durch Erfahrung und Erprobung gewonnen hat und die geheim, wesentlich und identifiziert sind.

97 Für die Freistellung von Vereinbarungen über geistige Eigentumsrechte nach der Vertikal-GVO nennen die Leitlinien in Rdnr. 31 fünf Kriterien, die sich auch im Wortlaut des Art. 2 Abs. 3 GVO finden. Diese fünf Voraussetzungen müssen kumulativ geprüft werden.

98 *aa) Bestandteil einer vertikalen Vereinbarung.* Über die an sich selbstverständliche Voraussetzung einer Vertikalvereinbarung i.S.d. Art. 2 Abs. 1 GVO hinaus wird dadurch klargestellt, dass es sich um eine Vereinbarung über den Bezug oder den Vertrieb von Waren handeln muss. Daran fehlt es z.B., wenn nur ein Rezept, eine Schablone oder Masterkopie überlassen wird, die der Abnehmer für die Herstellung des Produkts benötigt.[190] Ebenso ausgenommen sind Sponsorenverträge und bestimmte Urheberlizenzvereinbarungen im Rundfunkbereich.[191] Diese Verträge können aber einzelfreistellungsfähig sein. Dabei gilt der allgemeine Grundsatz, dass im Rahmen der Prüfung der Einzelfreistellung nach Art. 101 Abs. 3 AEUV die Maßstäbe der Vertikal-GVO als Orientierungshilfe herangezogen werden können.[192]

99 *bb) Übertragung auf oder Lizenzerteilung an den Abnehmer.* Nach Art. 2 Abs. 3 GVO muss das geistige Eigentumsrecht auf den Abnehmer übertragen oder ihm eine Lizenz zur eigenen Nutzung erteilt werden.[193] Damit soll insbesondere sichergestellt werden, dass die Fälle, in denen ein Zulieferer für einen Hersteller nach dessen Anweisungen und auf der Grundlage seiner geistigen Eigentumsrechte als „verlängerter Arm" des Herstellers arbeitet,

---

[188] Verordnung (EU) Nr. 316/2014 der Kommission v. 21.3.2014 über die Anwendung von Artikel 101 Absatz 3 des Vertrags über die Arbeitsweise der Europäischen Union auf Gruppen von Technologietransfer-Vereinbarungen, ABl. 2014 Nr. L 93/17 v. 28.3.2014; dazu näher *Klawitter* in § 14.

[189] *Schultze/Pautke/Wagener,* Rdnr. 381.

[190] Vertikalleitlinien, Rdnr. 33.

[191] Vertikalleitlinien, Rdnr. 33 lit. d und e.

[192] So z.B. *Immenga/Mestmäcker-Fuchs,* Wettbewerbsrecht, Band 1: EU/Teil 1, Einl. TT-GVO, Rdnr. 77; *Kreutzmann,* WRP 2006, 453, 454ff.; *Schultze/Pautke/Wagener,* Rdnr. 385f., die sich letztlich sogar ausdrücklich für eine entsprechende Anwendung der Vertikal-GVO auf reine Markenlizenzen aussprechen. Zur ergänzenden Heranziehung von Gruppenfreistellungsverordnungen zur Auslegung des Art. 101 Abs. 3 AEUV: *Loewenheim/Meessen/Riesenkampff-Meessen,* Art. 81 Abs. 3 EG, Rdnr. 19.

[193] Vertikalleitlinien, Rdnr. 34, vgl. dazu auch die Zulieferbekanntmachung, ABl. 1979 C 1/2 v. 3.1.1979; *Immenga/Mestmäcker-Ellger,* Wettbewerbsrecht, Band 1: EU/Teil 1, Art. 2 Vertikal-GVO, Rdnr. 81f.

nicht erfasst werden (sog. **reine Herstellerlizenzen**). Dies gilt auch für das reine Hersteller-Franchising.[194]

cc) Nicht Hauptgegenstand der Vereinbarung. Häufige Fälle, in denen die Vereinbarungen über geistige Eigentumsrechte einen Bestandteil oder einen Annex der Hauptvereinbarung gemäß Art. 2 Abs. 3 GVO bilden, sind in der Praxis Schutzrechtsvereinbarungen über Marken, Urheberrechte und die Weitergabe von Know-how in Franchisevertriebssystemen. Hauptgegenstand der Vereinbarung sind in diesem Fall der Bezug, Kauf oder Weiterverkauf von Waren oder Dienstleistungen durch den Franchisenehmer. 100

dd) Unmittelbar zur Nutzung, Verkauf oder Weiterverkauf von Waren oder Dienstleistungen. Die Lizenz muss unmittelbar die Nutzung, den Verkauf oder Weiterverkauf der Waren oder Dienstleistungen durch den Abnehmer oder seine Kunden betreffen. Insoweit wird auch die zur Weiterverarbeitung erforderliche Lizenz erfasst. Denn Art. 1 Abs. 1 lit a GVO bezieht sich auch auf den Erwerb von Waren zur bloßen Nutzung oder Weiterverarbeitung.[195] Dies wird durch die Vertikalleitlinien in Rdnr. 25 lit. d bestätigt. 101

ee) Keine schwarzen oder grauen Klauseln i. S. v. Art. 4 und 5 GVO. Die Bestimmungen zum Schutz der geistigen Eigentumsrechte und des Know-hows dürfen nach Art. 2 Abs. 3 GVO keine Wettbewerbsbeschränkungen enthalten, die denselben Zweck oder die Wirkung wie die Beschränkungen gem. Artt. 4 und 5 GVO haben. In diesem Fall unterliegt die Vereinbarung zwar der Vertikal-GVO, eine Freistellung nach Art. 2 Abs. 1 GVO ist aber ausgeschlossen. Die Vorschrift dient nur der Klarstellung, weil in jedem Fall eine Überprüfung anhand der Artt. 4 und 5 (ebenso wie des Art. 3) GVO zu erfolgen hat.[196] Der Grund dafür ist, dass sich z. B. über die beschränkte Verwertung von urheberrechtlich geschützten Produkten Gebietsbeschränkungen konstruieren lassen, die im Widerspruch zu Art. 4 lit. b GVO stehen können. 102

Nach den Leitlinien der Kommission (Rdnr. 38) greift die Vertikal-GVO gemäß Art. 2 Abs. 3 GVO vor allem in drei Fällen ein: bei **Markenzeichen, Urheberrechten und Know-how.** Für diese geistigen Eigentumsrechte gilt im Einzelnen: 103

(1) Marken. Die Erteilung einer **einfachen Markenlizenz** im Rahmen einer Vertriebsvereinbarung fällt grundsätzlich nach Art. 2 Abs. 3 GVO unter die Vertikal-GVO. Sie ermöglicht es dem Abnehmer, die Waren oder Dienstleistungen unter Verwendung der Marke des Herstellers anbieten zu können.[197] Ist der Abnehmer im Vertragsgebiet als einziger Händler eingesetzt, handelt es sich um eine **ausschließliche Markenlizenz,** die ebenfalls nach Art. 2 Abs. 3 GVO der Vertikal-GVO unterfällt. Die Frage nach der Wirksamkeit einer dann vorliegenden Alleinvertriebsvereinbarung beurteilt sich ihrerseits nach der Höhe der Marktanteile des Anbieters und des Abnehmers nach Art. 3 Abs. 1 GVO. Für **reine Markenlizenzverträge,** die zum Zweck der Herstellung von Produkten erteilt werden und bei denen die Einräumung von Rechten an der Marke der Hauptgegenstand des Vertrags ist, gilt die Vertikal-GVO nicht.[198] Gleiches gilt nach Rdnr. 33 lit. c der Leitlinien bei reinen Lizenzverträgen für die Nutzung eines Marken- oder sonstigen Zeichens zu Merchandising-Zwecken. 104

---

[194] Vertikalleitlinien, Rdnr. 43; *Loewenheim/Meessen/Riesenkampff-Baron,* Vertikal-GVO, Rdnr. 81; *Schultze/Pautke/Wagener,* Rdnr. 411.

[195] *Loewenheim/Meessen/Riesenkampff-Baron,* Vertikal-GVO, Rdnr. 82; *Schultze/Pautke/Wagener,* Rdnr. 136, 380; *Immenga/Mestmäcker-Ellger,* Band 1: EU/Teil 1, Art. 2 Vertikal-GVO, Rdnr. 82 m. w. N.

[196] *Loewenheim/Meessen/Riesenkampff-Baron,* Vertikal-GVO, Rdnr. 85; *Immenga/Mestmäcker-Ellger,* Wettbewerbsrecht, Band 1: EU/Teil 1, Art. 2 Vertikal-GVO, Rdnr. 95.

[197] Vertikalleitlinien, Rdnr. 31. Gemeint ist der Fall, dass der Abnehmer die bezogenen Produkte z. B. zur Absatzförderung mit dem Markenzeichen des Anbieters vertreibt. Hat der Anbieter dagegen die Produkte bereits zuvor mit seinem Markenzeichen versehen und ist deshalb mit dem Vertrieb das Recht am Markenzeichen erschöpft, gilt für diesen Vertriebsvertrag Art. 2 Abs. 1 GVO unmittelbar.

[198] Auf Markenlizenzvereinbarungen ist auch die Technologietransfer-GVO nicht anwendbar; für sie ist deshalb stets eine Einzelfallprüfung nach Art. 101 Abs. 3 AEUV erforderlich. Dabei kommt eine entsprechende Anwendung der Vertikal-GVO, insbes. des Art. 4 GVO, in Betracht, um der Gefahr der Marktaufteilung durch Markenlizenzverträge zu begegnen (vgl. *Schultze/Pautke/Wagener,* Rdnr. 385 f.).

105 *(2) Urheberrechte.* Im Hinblick auf die Freistellung von Urheberrechten, die nicht Hauptgegenstand einer vertikalen Vereinbarung sind, liegt in der Praxis das Schwergewicht bei **Softwareverträgen.**[199] Auf diese findet die Vertikal-GVO nach Ansicht der Kommission über Art. 2 Abs. 3 GVO Anwendung, wenn die Software auf Datenträgern, d. h. wie eine Sache, verkauft wird (sog. „Shrink Wrap"-Lizenzen oder „Schutzhüllenverträge"). Sie geht davon aus, dass es dann lediglich zu einer Rechtseinräumung zwischen dem Rechtsinhaber/Hersteller und dem Endkunden kommt.[200] Selbst bei einfacher Standardsoftware werden aber dem Händler regelmäßig einfache Nutzungsrechte, d. h. Lizenzen, eingeräumt. Vorzugswürdig ist deshalb der Ansatz, auf Standardsoftware unabhängig von der Frage der Rechtseinräumung regelmäßig die Vertikal-GVO anzuwenden, dagegen Individualsoftware, die nach den Spezifikationen des Kunden entwickelt wird bzw. an spezifische Kundenbedürfnisse angepasst wird (Customizing), von der Anwendung der Vertikal-GVO auszunehmen.[201] Geht es um die Lizenzierung zur Produktion von Software, ist in jedem Fall die Technologietransfer-GVO einschlägig, weil dann regelmäßig Hauptgegenstand des Vertrags die Übertragung geistiger Eigentumsrechte ist.[202] Damit scheiden auch die Fälle aus, in denen der Anbieter dem Abnehmer eine Masterkopie zur Herstellung und zum Verkauf von Kopien der Software zur Verfügung stellt. Dies entspricht dem Ansatz der Kommission in den Vertikalleitlinien,[203] führt jedoch zu einer unterschiedlichen Bewertung von identischen Vertriebsarten, die sich nur durch die Art des Bezugs der Ware (materieller Träger oder Lizenzierung über Masterkopie) unterscheiden.[204]

106 *(3) Know-how-Überlassung, insbesondere bei Franchiseverträgen.* Als Beispiel für eine mit einer vertikalen Vereinbarung unmittelbar verbundene Know-how-Überlassung führt die Kommission in Rdnr. 43 f. der Leitlinien die Überlassung von Know-how im Rahmen von Franchiseverträgen an. Danach sollen nicht nur die Know-how-Überlassung als solche von der Vertikal-GVO gedeckt sein, sondern auch bestimmte Beschränkungen zum Schutz dieses Know-hows, wie etwa Konkurrenzverbote, Beteiligungsverbote an Konkurrenzunternehmen, Weitergabeverbote und die Verpflichtung, das Know-how nicht für andere Zwecke zu nutzen oder Rechte und Pflichten aus dem Franchisevertrag nur mit Erlaubnis des Franchisegebers auf Dritte zu übertragen.[205]

107 Eine **reine Know-how-Überlassung,** d. h. eine Know-how-Weitergabe ohne eine begleitende Lizenzierung von Schutzrechten, ist nach Art. 2 Abs. 3 GVO zu beurteilen. Anders als in der Vorgänger-GVO wird Know-how ausdrücklich in Art. 1 Abs. 1 lit. f GVO als Recht des geistigen Eigentums genannt. Damit ist nunmehr die Frage, ob die reine Überlassung von Know-how als Hauptgegenstand der Vereinbarung von der Vertikal-GVO erfasst wird, eindeutig zu verneinen.

108 *(4) Gemischte Verträge.* Für gemischte Verträge führt die Subsumtion unter Art. 2 Abs. 3 GVO zum Ergebnis, dass nur der Vertragsteil, der sich auf Bezug, Verkauf und Weiterverkauf bezieht, durch die Vertikal-GVO freigestellt sein kann; denn der andere Vertragsteil wird in aller Regel nicht in engem Sachzusammenhang zum Bezug, Verkauf und Weiterverkauf von Waren oder Dienstleistungen stehen.[206] Für Vertragsteile mit anderem Gegen-

[199] Vgl. dazu im Einzelnen *Polley/Seeliger,* CR 2000, 1 ff. m. w. N.; *Polley,* CR 2004, 641 ff. und CR 2010, 625 ff.; *Schultze/Pautke/Wagener,* Rdnr. 421 ff., 317 ff.; siehe auch *Seeliger,* WuW 2000, 1174 ff.

[200] Vertikalleitlinien, Rdnr. 41.

[201] Vgl. dazu im Einzelnen *Polley/Seeliger,* CR 2000, 1 ff. m. w. N.; *Schultze/Pautke/Wagener,* Rdnr. 428, 317 ff.

[202] Art. 2 Abs. 1 i. V. m. Art. 1 Abs. 1 lit. b (vii), lit. c (i) Technologietransfer-GVO; *Polley,* CR 2004, 641 ff.; *Schultze/Pautke/Wagener,* Rdnr. 379.

[203] Vertikalleitlinien, Rdnr. 33b). Vgl. auch oben Rdnr. 98.

[204] So insbesondere *Schultze/Pautke/Wagener,* Rdnr. 426.

[205] Vertikalleitlinien, Rdnr. 45. Im Einzelnen zu Franchisevertriebssystemen s. unten Rdnr. 459 ff.

[206] So auch *Polley/Seeliger,* WRP 2000, 1203, 1205. Insoweit besteht keine Abweichung von *Loewenheim/Meessen/Riesenkampff-Baron,* Vertikal-GVO, Rdnr. 68; *Liebscher/Flohr/Petsche-Petsche/Lager,*

stand kommt nur eine Freistellung auf der Basis anderer Gruppenfreistellungsverordnungen oder eine Einzelfreistellung nach Art. 101 Abs. 3 AEUV in Betracht.

d) Vertikalvereinbarungen zwischen Wettbewerbern (Art. 2 Abs. 4 GVO). aa) Grundsatz. Der Anwendungsbereich von Art. 2 Abs. 1 i. V. m. Art. 1 Abs. 1 lit. a GVO ist wie beschrieben für vertikale Vereinbarungen zwischen Unternehmen eröffnet, die im konkreten Fall auf unterschiedlichen Produktions- und Vertriebsstufen stehen. Durch das Abstellen auf das konkrete Verhältnis erfasst Art. 2 Abs. 1 GVO zunächst auch vertikale Vereinbarungen zwischen aktuellen oder potentiellen Wettbewerbern. Solche vertikalen Vereinbarungen zwischen Wettbewerbern hinsichtlich des Vertragsgegenstands werden über Art. 2 Abs. 4 S. 1 GVO grundsätzlich wieder aus dem Anwendungsbereich der Vertikal-GVO herausgenommen, wobei Art. 2 Abs. 4 Satz 2 GVO Rückausnahmen von diesem Grundsatz enthält. Diese Regelung beruht auf der ökonomischen Einschätzung, dass das **Gefährdungspotential für den Wettbewerb höher** ist, wenn aktuelle oder potentielle Wettbewerber Wettbewerbsbeschränkungen vereinbaren, als wenn Nichtwettbewerber dies tun. 109

Deshalb gilt bei vertikalen Vereinbarungen zwischen Unternehmen, die auf derselben Wirtschaftsstufe stehen und Wettbewerber sind, grundsätzlich das strengere Regime für die **horizontale Zusammenarbeit**, d. h. insbesondere die Horizontalleitlinien der Kommission. Hier gibt es nicht, wie bei vertikalen Beschränkungen, eine generelle Gruppenfreistellung („Schirm-GVO"), sondern nur die beiden begrenzten GVOs für Spezialisierungsvereinbarungen und für Vereinbarungen über Forschung und Entwicklung.[207] Ausnahmsweise werden aber einzelne vertikale Vereinbarungen zwischen Wettbewerbern der Vertikal-GVO unterstellt, weil die Kommission in bestimmten Konstellationen eine ähnliche Gefahrenlage wie bei vertikalen Vereinbarungen zwischen Nichtwettbewerbern sieht, auf die mit der Vertikal-GVO adäquat reagiert werden kann.[208] Außerhalb dieser Fälle können zwar die Regelungen über vertikale Beschränkungen zur Beurteilung von vertikalen Wettbewerbsbeschränkungen in Vereinbarungen zwischen Wettbewerbern ergänzend eingreifen.[209] Allerdings scheidet eine Anwendbarkeit der Vertikal-GVO auf die vertikalen Elemente einer Vereinbarung aus, die aufgrund ihres insgesamt horizontalen Charakters nach Maßgabe der Horizontalleitlinien oder nach den Grundsätzen der Spezialisierungs-GVO (VO Nr. 1218/2010) oder der F&E-GVO (VO Nr. 1217/2010) auf ihre Freistellungsfähigkeit zu überprüfen ist.[210] 110

Nach der Definition in Art. 1 Abs. 1 lit. c GVO sind **Wettbewerber** tatsächliche oder potentielle Anbieter auf demselben relevanten Markt. Ausschlaggebend für die Bestimmung des Wettbewerbsverhältnisses ist somit nicht mehr wie in der Vorgänger-GVO allein der Produktmarkt, sondern insgesamt der relevante Markt, der somit sowohl in sachlicher als auch in geografischer Hinsicht (und gegebenenfalls auch zeitlich) bestimmt werden muss.[211] Dies ist konsequent. Bereits in der Bekanntmachung der Kommission zum relevanten Markt[212] wird eine Abgrenzung des Markts in sowohl sachlicher als auch räumlicher Dimension vorgenommen, um den Wettbewerbsdruck seitens konkurrierender Unternehmen zu ermitteln. Dies ist von der Gefahrenlage her die adäquate Lösung; denn es ist nicht ersichtlich, warum selbst in einem Fall, in dem es um regionale Märkte geht und ein Unternehmen in einem Produktmarkt (beispielsweise Beton, der nach 200 km Transport ein- 111

---

§ 7, Rdnr. 51; *Immenga/Mestmäcker-Ellger,* Wettbewerbsrecht, Band 1: EU/Teil 1, Art. 2 Vertikal-GVO, Rdnr. 73; *Schultze/Pautke/Wagener,* Rdnr. 132.

[207] Vgl. die Nachweise in Fn. 142. Näher dazu *Lübbig/Schroeder* in § 9 Rdnr. 120 ff. und 166 ff. Zur Abgrenzung siehe auch *Schultze/Pautke/Wagener,* Rdnr. 477, 478.

[208] Vertikalleitlinien, Rdnr. 27 f.

[209] Horizontalleitlinien, Rdnr. 12.

[210] Horizontalleitlinien, Rdnr. 12; Vertikalleitlinien, Rdnr. 27 und 46.

[211] Art. 1 Abs. 1 lit. a der VO Nr. 2790/1999 stellte allein auf das (tatsächliche oder potentielle) Wettbewerbsverhältnis auf dem Produktmarkt ab.

[212] Bekanntmachung der Kommission über die Definition des relevanten Marktes im Sinne des Wettbewerbsrechts der Gemeinschaft, ABl. 1997 Nr. C 372/5 vom 9.12.1997.

trocknen würde) nur in Deutschland aktiv ist, ein anderes dagegen nur in Schweden, von einer Wettbewerbereigenschaft auszugehen sein sollte.[213] Auch die Horizontalleilinien, die nach Inkrafttreten der Vertikal-GVO erlassen wurden, definieren in Rdnr. 10 Wettbewerber als Anbieter auf demselben relevanten Markt.

112 Auf Grundlage der Bekanntmachung der Kommission zum relevanten Markt umfasst der **sachlich relevante Markt** sämtliche Erzeugnisse und/oder Dienstleistungen, die von den Verbrauchern hinsichtlich ihrer Eigenschaften, Preise und ihres vorgesehenen Verwendungszwecks als austauschbar oder substituierbar angesehen werden. Ein weiteres Element neben der Nachfragesubstituierbarkeit ist die Umstellungsflexibilität des Herstellers (von der Kommission als „Angebotssubstituierbarkeit" bezeichnet), d.h. dessen Fähigkeit, die eigene Produktion in Reaktion auf kleine, dauerhafte Änderungen der relativen Preise ohne spürbare Zusatzkosten oder Risiken auf die relevanten Erzeugnisse umzustellen und diese kurzfristig auf den Markt zu bringen.[214] Der **räumlich relevante Markt** umfasst das Gebiet, in dem die beteiligten Unternehmen die nach dem sachlichen Markt abgegrenzten Produkte oder Dienstleistungen anbieten, in dem die Wettbewerbsbedingungen hinreichend homogen sind und das sich von benachbarten Gebieten durch spürbar unterschiedliche Wettbewerbsbedingungen unterscheidet.[215]

113 Nach den ökonomischen Grundsätzen gehört auch der **potentielle Wettbewerb** zu den Abgrenzungskriterien des relevanten Markts. Ob potentieller Wettbewerb besteht, wird jedoch aus Praktikabilitätsgründen in der Regel erst im Rahmen der Prüfung der Auswirkungen der Wettbewerbsbeschränkung nach Art. 101 AEUV berücksichtigt.[216] Für die Zwecke der Marktabgrenzung kommt es somit nur auf die tatsächlichen Wettbewerber an, also die Austauschbarkeit der von ihnen hergestellten Produkte und das Gebiet, in das diese Produkte tatsächlich geliefert werden.

114 Die Vertikal-GVO definiert in Art. 1 Abs. 1 lit. c den tatsächlichen und den potentiellen Wettbewerber. **Tatsächlicher Wettbewerber** ist danach ein Unternehmen, das auf demselben relevanten Markt tatsächlich tätig ist. Ein **potentieller Wettbewerber** ist ein Unternehmen, das realistischer Weise und nicht nur hypothetisch ohne die vertikale Vereinbarung als Reaktion auf einen geringen, aber anhaltenden Anstieg der relativen Preise wahrscheinlich die zusätzlichen Investitionen tätigen oder sonstigen Umstellungskosten auf sich nehmen würde, die erforderlich wären, um in den relevanten Markt einzutreten. Der Markteintritt muss nach Art. 1 Abs. 1 lit. c) der GVO „innerhalb kurzer Zeit" erfolgen. Grundsätzlich ist dabei von einem Zeitraum von einem Jahr auszugehen, der Zeitraum kann aber kürzer, in Ausnahmefällen auch länger sein.[217]

115 Abzustellen ist darauf, dass die Unternehmen gerade auf dem relevanten Markt, der von der Vereinbarung bzw. abgestimmten Verhaltensweise betroffen ist, (tatsächliche oder potentielle) Wettbewerber sind. Ob sie sich in anderen Produktmärkten als Wettbewerber gegenüberstehen, ist unerheblich.[218]

116 Der Hersteller und seine Eigenhändler sind nach diesen Definitionen, wenn der sachliche Markt sowohl Herstellung als auch Vertrieb umfasst, grundsätzlich tatsächliche Wettbewerber, wenn der Eigenhändler selbst auch Hersteller ist (z.B. bei Handelsmarken, wobei erforderlich ist, dass der Händler diese dann auch selbst herstellt)[219] bzw. der Hersteller

---

[213] Ähnlich *Immenga/Mestmäcker-Ellger,* Wettbewerbsrecht, Band 1: EU/Teil 1, Art. 2 Vertikal-GVO, Rdnr. 104 m.w.N.; *Bechtold/Bosch/Brinker,* Art. 2 VO Nr. 330/2010, Rdnr. 13.

[214] Bekanntmachung über die Definition des relevanten Marktes (s. Fn. 212), Rdnr. 20.

[215] Bekanntmachung über die Definition des relevanten Marktes (s. Fn. 212), Rdnr. 8.

[216] Bekanntmachung über die Definition des relevanten Marktes (s. Fn. 212), Rdnr. 24. Näher zum relevanten Markt im EU-Recht *Wagemann* in § 16 Rdnr. 23ff.

[217] Nach dem Wortlaut der Vertikalleitlinien in Rdnr. 27 sollte der Markteintritt „innerhalb kurzer Zeit und *in der Regel* binnen höchstens eines Jahres" möglich sein [Hervorh. d. Verf.].

[218] *Bechtold/Bosch/Brinker,* Art. 2 VO Nr. 330/2010 Rdnr. 11.

[219] Nach Rdnr. 27 der Vertikalleitlinien ist nämlich ein Händler, der einem Hersteller Spezifikationen erteilt, damit dieser bestimmte Waren unter dem Markennamen des Händlers herstellt, nicht als Hersteller dieser Eigenmarken anzusehen.

im Vertrieb mit seinem Eigenhändler konkurriert. Die zuletzt aufgeführte Konstellation ist der in der Praxis wichtigste und häufigste Fall (sog. **Dualdistribution oder dualer Vertrieb**). Potentielle Wettbewerber sind Hersteller und Eigenhändler, wenn sie realistischer Weise jeweils innerhalb kurzer Zeit in Herstellung bzw. Vertrieb gehen können.[220] Zwar mag es Fälle geben, in denen der Hersteller den Eigenvertrieb nicht ohne weiteres innerhalb kurzer Frist aufnehmen kann, so beispielsweise bei sehr komplexen oder historisch gewachsenen Vertriebsstrukturen (z. B. im Krankenhaussektor). Sehr viel häufiger ist aber die Konstellation, dass der Anbieter tatsächlich einen Eigenvertrieb kurzfristig (ganz oder teilweise) einrichten kann. Die Regelungstechnik der Vertikal-GVO ist auch in diesem Fall übermäßig und unnötig kompliziert, da die Regel des Art. 2 Abs. 4 Satz 1 GVO, die bereits eine Ausnahme von der Ausnahme darstellt, erst durch die Gegenausnahme in Satz 2 des Art. 2 Abs. 4 GVO korrigiert und auf ein sinnvolles Maß begrenzt wird.[221]

Da aktuelle und potentielle Wettbewerber gleichgestellt sind, spielt diese Unterscheidung im Ergebnis an sich keine große Rolle. Allerdings kann man sich in der Praxis des Eindrucks nicht erwehren, dass der potentielle Wettbewerber „freundlicher" behandelt wird. Das eigentliche Problem ist, dass schwer zu ermitteln ist, wie im Einzelfall potentieller Wettbewerb von **rein theoretischem Wettbewerb** abzugrenzen ist. Kriterien für die Abgrenzung zu einem rein theoretischen Wettbewerb können u. a. finanzielle Mittel, Know-how, Schutzrechte und insbesondere der Zugang zu Vorproduktion oder Vertriebswegen sein.[222] Der Händler wird eher selten Hersteller einer Ware oder Dienstleistung und somit eher nur theoretisch ein Wettbewerber sein können. Hersteller bzw. Anbieter können dagegen häufig auch als Händler auftreten und deshalb potentielle Wettbewerber sein, es sei denn, das Vertriebsnetz lässt sich aus besonderen Gründen nicht duplizieren. Zur Abgrenzung von tatsächlichem, potentiellem und theoretischem Wettbewerb im Einzelnen wird auf die Erläuterungen von *Lübbig* zu Art. 101 AEUV in § 8 verwiesen. **117**

bb) Ausnahmen. Von dem Grundsatz, dass die Freistellung nicht für vertikale Vereinbarungen zwischen Wettbewerbern gilt, sind in Art. 2 Abs. 4 Satz 2 lit. a und b GVO zwei Ausnahmen aufgeführt. Art. 2 Abs. 4 Satz 2 lit. a GVO gilt für Waren, Art. 2 Abs. 4 Satz 2 lit. b GVO enthält eine entsprechende Ausnahmeregelung für Dienstleistungen. Die Ausnahmen betreffen die Konstellation der (aktuellen oder potentiellen) Dualdistribution. Das bedeutet, dass sich die Parteien der Vereinbarung auf der Vertriebsstufe als Wettbewerber gegenüberstehen, nicht aber auf der Herstellerebene bzw. auf der Stufe, auf der die Dienstleistung bezogen wird. Die weitere Ausnahme der Vorgänger-GVO, die auf den Umsatz des Abnehmers abstellte,[223] ist weggefallen. Ausschlaggebend war danach, dass der jährliche Gesamtumsatz des Abnehmers – einschließlich des Umsatzes aller Konzernunternehmen – 100 Mio. EUR nicht überstieg. Diese Vorschrift war weder systemgerecht noch hatte sie in der Praxis eine nennenswerte Bedeutung erlangt.[224] Denn nach dem System der Vertikal-GVO ist grundsätzlich die Marktstellung des Herstellers, und nicht des Händlers, ausschlaggebend, und für den Verkäufer war diese Regelung nur hilfreich, wenn alle Käufer unter der Umsatzschwelle von 100 Mio. Euro blieben.[225] **118**

Gemeinsame Voraussetzung für eine Freistellung von vertikalen Vereinbarungen zwischen Wettbewerbern ist nach der aktuellen Regelung in Art. 2 Abs. 2 Satz 2 GVO, dass es sich um eine **nicht gegenseitige vertikale Vereinbarung** zwischen Wettbewerbern han- **119**

[220] S. o. Rdnr. 114.

[221] So auch *Baron,* Fs. für Loewenheim, S. 423, 431.

[222] Zum theoretischen Wettbewerb siehe u. a. oben § 8.

[223] Art. 2 Abs. 4 lit. a VO Nr. 2970/1999.

[224] Vgl. *Immenga/Mestmäcker-Ellger,* Wettbewerbsrecht, Band 1: EU/Teil 1, Einl. Vertikal-GVO, Rdnr. 27, Fn. 53, wonach der reine Wert des Jahresumsatzes keine verlässliche Aussagekraft über die Marktstellung eines Unternehmens besitzt. Dazu auch *Polley,* CR 2010, 625, 626.

[225] Vgl. die Kritik an der Vorschrift bei *Loewenheim/Meessen/Riesenkampff-Baron,* Vertikal-GVO, Rdnr. 91 und *Schultze/Pautke/Wagener,* Rdnr. 445.

delt. Die Vertikal-GVO selbst enthält hierzu keine Definition. Die Leitlinien (Rdnr. 28) sprechen von „nichtwechselseitigen" Vereinbarungen. Voraussetzung hierfür ist, dass sich beide Parteien sowohl als Anbieter als auch als Abnehmer gegenüberstehen. Die Freistellung nach Art. 2 Abs. 1 GVO greift somit nur dann ein, wenn die beteiligten Unternehmen nur durch eine einzige Vertikalvereinbarung miteinander verbunden sind.[226] Es können mehrere nichtwechselseitige Vereinbarungen geschlossen werden, ohne dass dies der Anwendbarkeit der Vertikal-GVO im Wege steht.[227] Insoweit enthält der Wortlaut des Art. 2 Abs. 4 Satz 2 GVO keine Einschränkung.

120 Zudem muss einer der beiden in Art. 2 Abs. 4 Satz 2 lit. a und b GVO genannten Ausnahmetatbestände erfüllt sein.

121 Freigestellt ist nach Art. 2 Abs. 4 Satz 2 lit. a GVO zunächst der Fall, dass der Anbieter Hersteller und (aktueller oder potentieller) Händler, der Abnehmer seinerseits aber nur Händler ist, der keine mit den Vertragswaren im Wettbewerb stehenden Waren herstellt. Die Ausnahme betrifft das Wettbewerbsverhältnis im Vertrieb zwischen Hersteller und Eigenhändler, die **Dualdistribution.**[228] Die Kommission spricht insofern auch vom „zweigleisigen" Vertrieb.[229] Von der Vertikal-GVO erfasst sind auch Vereinbarungen mit einem Hersteller, der die Waren selbst noch nicht vertreibt, dies aber innerhalb kurzer Frist tun könnte und damit potentieller Wettbewerber des Händlers nach Art. 1 Abs. 1 lit. c GVO ist. Kommt ein Markteintritt des Anbieters in den Handel innerhalb kurzer Zeit nicht in Betracht, greift Art. 2 Abs. 4 Satz 1 GVO nicht, weil die Unternehmen dann keine Wettbewerber im Handel sind; die Vereinbarung ist dann also gemäß Art. 2 Abs. 1 GVO grundsätzlich freigestellt.

122 Art. 2 Abs. 4 Satz 2 lit. a GVO setzt voraus, dass es sich bei einer der Vertragsparteien um einen (auf verschiedenen Wirtschaftsstufen integrierten oder integrationsfähigen) *Hersteller* handelt. Er findet daher keine Anwendung auf Verträge zwischen Großhändler und Einzelhändler (reine Handelsunternehmen). Möglicherweise erfasst die Ausnahmeregelung aber **Zulieferverträge,** sofern diese nicht schon nach der Zulieferbekanntmachung der Kommission aus dem Anwendungsbereich des Art. 101 Abs. 1 AEUV herausfallen.[230] Denn Art. 2 Abs. 4 Satz 2 lit. a GVO gilt auch für Vereinbarungen, bei denen der Abnehmer nicht nur Händler, sondern zugleich Hersteller ist (z. B. Endhersteller), solange der Abnehmer nicht Wettbewerber zu dem Anbieter (Zulieferer) auf der Herstellerebene ist.[231]

123 Die entsprechende Ausnahme für **Dienstleistungsunternehmen** ist in Art. 2 Abs. 4 Satz 2 lit. b GVO geregelt. Hier kommt es darauf an, dass der Anbieter ein auf mehreren Handelsstufen tätiger Dienstleister ist, der Abnehmer dagegen Waren oder Dienstleistungen (nur) auf der Einzelhandelsstufe anbietet; außerdem darf der Abnehmer auf der Handelsstufe, auf der er die Vertragsdienstleistungen bezieht, kein Wettbewerber zu dem Anbieter sein. Um die Fälle des dualen Vertriebs von Dienstleistungen besser zu erfassen, wurde in Art. 2 Abs. 4 Satz 2 lit. b GVO der Hinweis auf die Einzelhandelsstufe mit aufgenommen. Damit ist klar, dass es sich um ein mehrstufiges Verhältnis handeln muss, das grundsätzlich bei Dienstleistungen nicht so eindeutig ist wie bei der Produktion und dem Vertrieb von Waren. Der Anwendung von Art. 2 Abs. 4 Satz 2 lit. b GVO steht somit nicht entgegen,

[226] Vgl. dazu die Legaldefinition der „Nichtwechselseitigkeit" in Art. 1 Abs. 1 lit. e Technologietransfer-GVO (VO Nr. 316/2014). Danach ist die nichtwechselseitige Vereinbarung dadurch gekennzeichnet, dass sich zwei Unternehmen nicht für konkurrierende Waren oder Dienstleistungen in jeweils unterschiedlicher Funktion gegenüberstehen.

[227] *Bechtold/Bosch/Brinker,* Art. 2 VO Nr. 330/2010, Rdnr. 13.

[228] Dazu oben Rdnr. 116.

[229] Vertikalleitlinien, Rdnr. 28.

[230] *Bechtold/Bosch/Brinker,* Art. 2 VO Nr. 330/2010, Rdnr. 14; *Schultze/Pautke/Wagener,* Rdnr. 450; aA bzgl. der Zulieferverträge *Immenga/Mestmäcker-Ellger,* Wettbewerbsrecht, Band 1: EU/Teil 1, Art. 2 Vertikal-GVO, Rdnr. 122.

[231] Dies ist jedoch streitig. AA insbesondere *Immenga/Mestmäcker-Ellger,* Band 1: EU/Teil 1, Art. 2 Vertikal-GVO, Rdnr. 112.

dass der Organisator eines Franchisesystems auf dem gleichen Markt selbst als Dienstleistungserbringer tätig ist wie sein Franchisenehmer, sofern der Franchisenehmer kein Wettbewerber des Franchisegebers z. B. beim Bezug der Waren ist.[232] Die Ausnahmen nach Art. 2 Abs. 4 Satz 2 lit. a und b GVO können auch parallel greifen, wenn beispielsweise Waren und Dienstleistungen Vertragsgegenstand sind.

e) Das Verhältnis zu anderen Gruppenfreistellungsverordnungen (Art. 2 Abs. 5 Vertikal-GVO). Art. 2 Abs. 5 GVO bestimmt, dass die Vertikal-GVO nicht für vertikale Vereinbarungen gilt, deren Gegenstand in den Anwendungsbereich einer anderen Gruppenfreistellungsverordnung fällt. Die GVO Nr. 316/2014 für Technologietransfer-Vereinbarungen hat Patentlizenz- und Know-how-Vereinbarungen zum Gegenstand, die auch unter Art. 2 Abs. 1 GVO fallen können. Im Einzelfall hat die Abgrenzung nach Art. 2 Abs. 3 GVO zu erfolgen (s. oben Rdnr. 95 ff.). Die F&E-GVO (VO Nr. 1217/2010) und die Spezialisierungs-GVO (VO Nr. 1218/2010) betreffen grundsätzlich Vereinbarungen horizontalen Charakters, können aber auch vertikale Elemente enthalten, z. B. in Form von Vertriebsregelungen im Rahmen einer Spezialisierungs- oder F&E-Vereinbarung. Auch derartige vertikale Regelungen sind dann zunächst anhand der einschlägigen horizontalen GVO zu beurteilen.[233] Für den Fall, dass diese die konkreten Vertriebsregelungen nicht abdeckt, sehen die Vertikal- und die Horizontalleitlinien eine ergänzende Beurteilung nach der Vertikal-GVO und den Vertikalleitlinien vor.[234] Im Kfz-Bereich ist eine Abgrenzung für den Bezug, Verkauf oder Weiterverkauf neuer Kraftfahrzeuge nicht mehr nötig, da diese Vereinbarungen bereits seit dem 1.6.2013 in den Anwendungsbereich der Vertikal-GVO fallen.[235] Die **Kfz-GVO Nr. 461/2010** gilt seit dem 1.6.2013 nur noch für den Bezug und Verkauf von Kraftfahrzeugersatzteilen sowie für Reparatur- und Wartungsdienstleistungen. 124

3. Die Marktanteilsschwellen nach Art. 3 GVO. Die Freistellung des Art. 2 GVO kommt nach Art. 3 GVO nur dann zum Tragen, wenn die Vertragsparteien die Marktanteilsschwelle von 30% nicht überschreiten. Mit der Vertikal-GVO Nr. 330/2010 wurde Art. 3 GVO inhaltlich geändert. Stellte die Vorgängerregelung noch allein auf den Anteil des Anbieters bzw. ausnahmsweise des Abnehmers auf dem Markt ab, auf dem die Waren oder Dienstleistungen angeboten bzw. nachgefragt werden, so sind nunmehr die Marktanteile beider Vertragsparteien zu berücksichtigen **(doppelte Marktanteilsschwelle).** 125

Dem Kriterium der Marktanteilsschwelle liegt der Gedanke zugrunde, dass die meisten vertikalen Beschränkungen wettbewerbsrechtlich unbedenklich sind. Nur dann, wenn die Unternehmen ein gewisses Maß an **Marktmacht** besitzen und somit keinem ausreichenden Wettbewerb ausgesetzt sind, kommt die Anwendung des Art. 101 Abs. 1 AEUV in Betracht.[236] Die Berücksichtigung von Marktmacht ist ein wesentliches Element, mit dem die Kommission ihr Konzept einer **wirtschaftlichen Betrachtungsweise** der Wirkungen von Wettbewerbsbeschränkungen (den sog. *more economic approach*) umgesetzt hat. Bei einem Marktanteil unter 30% führen vertikale Vereinbarungen regelmäßig zur Verbesserung der Produktions- und Vertriebsbedingungen, weil die an einer vertikalen Vereinbarung beteiligten Unternehmen – anders als bei horizontalen Vereinbarungen – einander bei der Vermarktung eines Produkts ergänzen und vertikale Vereinbarungen dadurch erhebliche Effizienzgewinne ermöglichen. Dies kommt grundsätzlich den Verbrauchern zugute. Bei Marktanteilen über der 30%-Schwelle besteht dagegen die Gefahr, dass das Unternehmen 126

---

232 Vgl. *Bechtold/Bosch/Brinker,* Art. 2 VO Nr. 330/2010, Rdnr. 15; *Schultze/Pautke/Wagener,* Rdnr. 454.

233 Art. 2 Abs. 5 Vertikal-GVO; Vertikalleitlinien, Rdnr. 46; vgl. Art. 5 lit. d, e und f F&E-GVO; Art. 2 Abs. 3 lit. a Spezialisierungs-GVO.

234 Vertikalleitlinien, Rdnr. 27; Horizontalleitlinien, Rdnr. 12.

235 Art. 3 der Verordnung (EU) Nr. 461/2010 der Kommission vom 27. Mai 2010 über die Anwendung von Artikel 101 Absatz 3 des Vertrages über die Arbeitsweise der Europäischen Union auf Gruppen von vertikalen Vereinbarungen und abgestimmten Verhaltensweisen im Kraftfahrzeugsektor, ABl. 2010 Nr. L 129/52 v. 28.5.2010.

236 Vertikalleitlinien, Rdnr. 23.

seine Marktmacht dazu ausnutzt, sich einen zusätzlichen Gewinn zu verschaffen und dadurch zu Lasten der Abnehmer und letztlich der Verbraucher die Kosten erhöht.[237] Im Text der Vertikal-GVO wird nicht auf „Marktmacht" abgestellt, weil dieser Begriff nur schwierig zu handhaben wäre; stattdessen wird als Annäherungswert eine Marktanteilsschwelle in Höhe von 30% verwandt.[238]

127 Festhalten lässt sich somit, dass sich die Unternehmen bei einem Marktanteil beider Vertragsparteien von jeweils höchstens 30% grundsätzlich im „safe harbour" befinden. Diese Wirkung beruht auf zwei unterschiedlichen Regelungen: Im unteren Bereich – nämlich dann, wenn alle Unternehmen jeweils einen Marktanteil von höchstens 15% aufweisen – fehlt es nach der **Bagatellbekanntmachung der Kommission**[239] bei Vertikalvereinbarungen regelmäßig an einer spürbaren Wettbewerbsbeschränkung i. S. d. Art. 101 Abs. 1 AEUV. Bei Marktanteilen, die darüber hinausgehen, aber für beide Vertragspartner jeweils 30% nicht überschreiten, sind die Vereinbarungen nach Art. 2 Abs. 1 GVO freigestellt. Allerdings ist in allen Fällen Voraussetzung, dass in der Vereinbarung keine Kernbeschränkungen enthalten sind (insbesondere Preisbindungen und Gebietsschutzklauseln).[240] Ab einem Marktanteil von jeweils 30% oder bei Vorliegen von Kernbeschränkungen entfällt entsprechend dem *more economic approach* die **Gruppenfreistellung** nach der Vertikal-GVO; in Betracht kommt dann nur eine von den Unternehmen bzw. ihren Rechtsberatern selbst zu beurteilende Einzelfreistellung nach Art. 101 Abs. 3 AEUV.[241] Nach inoffiziellen Schätzungen der Kommission werden rund 80% aller vertikalen Vereinbarungen von Unternehmen getroffen, deren Marktanteil unter 30% liegt.[242] Hiervon liegt wiederum ein Großteil bei einem Marktanteil unterhalb der Bagatell-Schwelle für Vereinbarungen von Nicht-Wettbewerbern in Höhe von jeweils 15%.

128 *a) Abgrenzung des relevanten Markts.* Die Ermittlung der Marktanteile setzt die Abgrenzung des im konkreten Fall relevanten Markts voraus. Dies erfolgt in der Regel nach der **Bekanntmachung der Kommission über die Definition des relevanten Marktes**[243] und im deutschen Recht vornehmlich nach dem **Bedarfsmarktkonzept,** das im Wesentlichen identisch ist. Für die Bestimmung sowohl des sachlichen als auch des regionalen Markts im Rahmen der Vertikal-GVO gelten grundsätzlich keine Besonderheiten.[244]

129 Der sachliche Produktmarkt kann größer sein als der Kreis der Vertragswaren. Umgekehrt können mehrere Produktmärkte von einer vertikalen Vereinbarung betroffen sein.[245] Die Freistellung nach Art. 2 Abs. 1 GVO greift dann nur bei den Produkten, bei denen der Marktanteil beider Parteien unter 30% liegt. Dass bei einem **Korb von Vertragswaren** nicht der Querschnitt aller Produktmarktanteile genommen wird, ist folgerichtig. Andernfalls wären der Manipulation durch Kombination verschiedener Vertragsprodukte Tür und Tor geöffnet.[246] Eine Besonderheit gilt für mehrere Produkte, die zu einem einheitlichen

---

237 Vgl. Vertikalleitlinien, Rdnr. 99.

238 Zur Kritik an der Marktanteilsschwelle s. unten Rdnr. 131.

239 Vgl. dazu oben Rdnr. 72.

240 In Bezug auf die Anwendung der (alten) Bagatellbekanntmachung von 2001 hat der EuGH im Fall *Expedia* (U. v. 13.12.2012, Rs C-226/11, ECLI:EU:C:795) entschieden, dass nicht nur Kernbeschränkungen, sondern generell alle bezweckten Wettbewerbsbeschränkungen nicht *de minimis* im Sinne der Bagatellbekanntmachung sein können. Bei bezweckten Wettbewerbsbeschränkungen einschließlich Kernbeschränkungen liegt somit automatisch eine spürbare Beeinträchtigung des Wettbewerbs vor. Dies ist in der neuen Bagatellbekanntmachung vom 25.6.2014 (ABl. 2014 C 291/1 ff.) berücksichtigt.

241 Vertikalleitlinien, Rdnr. 96; dazu unten Rdnr. 241 ff.

242 So *Schaub/Dohms,* WuW 1999, 1055, 1070. An dieser Einschätzung dürfte sich bis heute nichts geändert haben, auch wenn aktuelle Angaben – soweit ersichtlich – nicht verfügbar sind.

243 Vgl. Fn. 212.

244 Zur Marktabgrenzung vgl. *Richter/Steinvorth* in § 20, Rdnr. 10 ff. und *Wagemann* in § 16 Rdnr. 23 ff.

245 Vertikalleitlinien, Rdnr. 72 f.

246 Dazu *Schroeder,* Global Competition Review, December 1998/January 1999, 31 f.

Produkt zusammengefasst sind. Wird eine **Produktpalette** regelmäßig nur gemeinsam ge- oder verkauft, so gehört sie zu einem einheitlichen Markt; entsprechend ist hinsichtlich der Marktanteile auf den Markt für die gesamte Palette abzustellen.

b) Doppelte Marktanteilsschwelle (Art. 3 Abs. 1 GVO). Die Einführung der zweiten Markt- 130
anteilsschwelle durch die neue GVO Nr. 330/2010 war von heftigen Diskussionen begleitet.[247] Die Kommission nimmt weder in den Erwägungsgründen der Vertikal-GVO noch in den Vertikalleitlinien zu den Gründen der Einführung einer zweiten Marktanteilsschwelle auf Seiten des Abnehmers Stellung. Grundsätzlich ging sie davon aus, dass sich die Vorgänger-Regelung in der Praxis bewährt hatte. Allerdings sollte die Änderung der Vertikal-GVO wichtige Marktentwicklungen der vergangenen Jahre berücksichtigen. Dazu zählte aus Sicht der Kommission die gewachsene Nachfragemacht großer Einzelhandelsunternehmen.[248] Insbesondere kleinere und mittlere (Hersteller-)Unternehmen sollten so vor zu starken Beschränkungen durch die Abnehmer geschützt werden. Fraglich bleibt, ob dieses Ziel über die Einführung einer zweiten Marktanteilsschwelle tatsächlich erreicht wird.

In der Praxis stellen sich vor allem die allgemein bekannten Probleme der **genauen** 131
Ermittlung der Marktanteile, die schon gegen die Einführung der Marktanteilsschwelle durch die Vorgänger-GVO Nr. 2790/1999 eingewandt worden waren. Es ist für die Unternehmen und ihre Berater vielfach schwierig, die Marktanteile zu ermitteln. Die Praxis der europäischen und deutschen Gerichte und Kartellbehörden bietet für die Abgrenzung des sachlich und geografisch relevanten Marktes nur in beschränktem Umfang Anschauungsmaterial, denn in den meisten Fällen wird – wenn möglich – die genaue Marktabgrenzung offen gelassen. Zudem kann es schlicht an Informationen bzw. geeigneten Nachweisen über die Marktsituation fehlen. Kunden- und Wettbewerberbefragungen, Marketingstudien oder Schätzungen sind nützliche, aber nicht immer verlässliche Hilfsmittel. Sie stehen zudem in der Regel nur der Wettbewerbsbehörde, nicht aber den Unternehmen zur Verfügung. Auch wenn die Unternehmen bei einer Fehleinschätzung grundsätzlich kein Bußgeld zu befürchten haben, bleibt das rechtliche Risiko der zivilrechtlichen Unwirksamkeit der Vereinbarung.

Entscheidend für das Über- oder Unterschreiten der Marktanteilsschwellen von 30% ist 132
nach Art. 3 Abs. 1 GVO zunächst der **Anteil des Anbieters** auf dem relevanten Markt, auf dem er seine Waren oder Dienstleistungen verkauft. Hier hat sich im Vergleich zur alten Regelung nichts geändert. Außerdem darf der **Anteil des Abnehmers** auf dem relevanten Markt, auf dem er die Waren oder Dienstleistungen bezieht, nicht mehr als 30% betragen. Zusätzlich ist somit auf den **Bezugsmarkt des Abnehmers** abzustellen, der in der Regel mit dem Absatzmarkt des Anbieters weitestgehend identisch ist. Absatz- und Bezugsmarkt werden lediglich aus unterschiedlichen Blickwinkeln betrachtet.[249]

c) Dreifache Marktanteilsschwelle (Art. 3 Abs. 2 GVO). Darüber hinaus gilt ausnahmsweise 133
eine dreifache Marktanteilsschwelle, wenn in einer einzelnen Vereinbarung Rechtsbeziehungen zwischen drei Unternehmen auf unterschiedlichen Ebenen der Produktions- oder Vertriebskette (z. B. Hersteller, Großhändler und Einzelhändler) geregelt sind. Vertikale

---

[247] Dies lag hauptsächlich daran, dass die Kommission in ihrem ersten Entwurf darauf abgestellt hatte, dass der Marktanteil des Abnehmers auf seinem Absatzmarkt (und nicht auf dem Bezugsmarkt) 30% nicht überschreitet. Eine solche Regelung wäre der Rechtssicherheit in hohem Maße abträglich gewesen und hätte zu einer Verschärfung der Anforderungen an die Selbsteinschätzung der Unternehmen geführt. Weitere Schwierigkeiten hätten sich bei der Ermittlung des relevanten Markts im Fall der Weiterverarbeitung ergeben. In jedem Fall wäre die Zuverlässigkeit der Angaben des Abnehmers im Rahmen der Verhandlungen einer Vereinbarung zweifelhaft gewesen. Vgl. *de Crozals/Heinen,* EWS 2009, 504.

[248] Kommission, Pressemitteilung vom 28.7.2009, IP/09/1197.

[249] Siehe zur Abgrenzung des Bezugsmarkts z. B. *Bechtold/Bosch/Brinker* Art. 3 VO Nr. 330/2010, Rdnr. 7 f.

Vereinbarungen können auf Grundlage der Definition in Art. 1 Abs. 1 lit. a GVO von „zwei oder mehreren" Parteien geschlossen werden. Art. 3 Abs. 2 GVO bestimmt, dass die Parteien einer sog. **Mehrparteienvereinbarung** weder als Abnehmer noch als Anbieter die Marktanteilsschwelle von 30% überschreiten dürfen. Letztlich muss bei der Beurteilung einer Mehrparteienvereinbarung immer das jeweilige Zweierverhältnis betrachtet werden. In Bezug auf das Verhältnis zwischen Hersteller und Erstabnehmer (Großhändler) ist der Anteil auf dem Absatzmarkt des Herstellers und auf dem Bezugsmarkt des Erstabnehmers entscheidend. Dagegen ist für das Verhältnis des ersten Abnehmers (Großhändler) zum zweiten Abnehmer (Einzelhändler) auf den Marktanteil des ersten Abnehmers auf seinem Absatzmarkt und für den Einzelhändler auf seinen Bezugsmarkt abzustellen. Für das mittlere Glied der Kette (hier der Großhändler) sind also sowohl der Absatzmarkt als auch der Bezugsmarkt zu berücksichtigen.[250]

134 *d) Ermittlung der Marktanteile.* Nach Art. 7 lit. a GVO ist für die Ermittlung des Marktanteils des Anbieters und des Abnehmers im Sinne des Art. 3 Abs. 1 GVO der **Absatzwert** der verkauften Vertragswaren oder -dienstleistungen sowie der sonstigen von dem Anbieter verkauften Waren oder Dienstleistungen, die vom Abnehmer aufgrund ihrer Eigenschaften, ihrer Preislage und ihres Verwendungszwecks als austauschbar oder substituierbar angesehen werden, zugrunde zu legen. In dieser Definition spiegelt sich das in der Praxis der Kommission[251] und vor allem des BKartA maßgebliche **Bedarfsmarktkonzept** wider. Danach ist für die Marktabgrenzung auf Angebotsmärkten entscheidend, inwieweit Waren und Dienstleistungen aus Sicht des Nachfragers im Hinblick auf ihren Verwendungszweck austauschbar sind. Für Nachfragemärkte ist auf die Sicht der Anbieter abzustellen. Lässt sich der Absatzwert nicht genau feststellen, so können nach Art. 7 lit. a GVO Schätzungen auf der Grundlage möglichst verlässlicher Marktdaten unter Einschluss der **Absatz- und Bezugsmengen** vorgenommen werden.

135 Für die Ermittlung des Marktanteils wird nach Art. 7 lit. b GVO auf die Zahlen des **vorhergehenden Kalenderjahres** zurückgegriffen. Es kommt hier also – anders als bei der Berechnung der Umsätze im Rahmen des Art. 8 Abs. 1 GVO – nicht auf das jeweilige Geschäftsjahr des Unternehmens an. Gegebenenfalls sind also die Absatz- und Bezugswerte oder Mengen eines Geschäftsjahres entsprechend auf das Kalenderjahr umzurechnen. Es wird auch kein Marktanteilsmittelwert über drei bis fünf Jahre ermittelt, wie beispielsweise in Fusionskontrollverfahren bei sog. Bidding-Märkten üblich, wo Marktanteile über die Jahre stark schwanken können. Solchen Schwankungen wird im Rahmen der Marktanteils-Toleranzschwellen des Art. 7 lit. d und e GVO Rechnung getragen. Sie können auch bei der Prüfung einer Einzelfreistellung nach Art. 101 Abs. 3 AEUV eine Rolle spielen.

136 Bei der Ermittlung der Marktanteile sind nach Art. 7 lit. c GVO Waren oder Dienstleistungen mit zu berücksichtigen, die zum Zwecke des Verkaufs an **„integrierte Händler"** geliefert werden. Herkömmlich wird zwischen Vereinbarungen mit Tochtergesellschaften, Handelsvertretern, Kommissionären und Kommissionsagenten (konzerninterner Umsatz) und dem Verkauf an Eigenhändler bzw. andere Dritte unterschieden (konzernfremder Umsatz). Wie sich der „integrierte Händler" in diese Kategorien einordnet, erschließt sich erst bei einem Blick in die Vertikalleitlinien der Kommission (Rdnr. 95). Gemeint sind damit verbundene Unternehmen im Sinne des Art. 1 Abs. 2 GVO. Verkäufe an diese sollen einbezogen werden, wenn die verbundenen Unternehmen eine Marktstufe weiter selbst als Anbieter auftreten. Dabei werden die Marktanteile eines Gemeinschaftsunternehmens gem. Art. 1 Abs. 2 lit. e i. V. m. Art. 7 lit. g GVO den Müttern zu gleichen Teilen zugerechnet.

137 Übersteigt der im maßgeblichen Kalenderjahr unter 30% liegende Marktanteil später die 30%-Schwelle, bleibt aber noch unter 35%, so gilt die Freistellung nach Art. 2 GVO im

[250] *Schultze/Pautke/Wagener,* Rdnr. 515.
[251] Vgl. Bekanntmachung über die Definition des relevanten Marktes (s. Fn. 212).

Anschluss an das Jahr, in welchem die 30%-Schwelle erstmals überschritten wurde, gemäß Art. 7 lit. d GVO noch für zwei weitere Kalenderjahre. Überschreitet der Marktanteil die 35%-Schwelle, so gilt die Freistellung im Anschluss an das Jahr, in welchem die Schwelle von 35% erstmals überschritten wurde, noch für ein weiteres Kalenderjahr (Art. 7 lit. e GVO). Diese Vorteile können jedoch nicht miteinander verbunden werden (Art. 7 lit. f GVO). Es empfiehlt sich daher, bei wichtigen langfristigen Verträgen die Entwicklung der Marktanteile genau zu verfolgen, um rechtzeitig reagieren zu können. In der Praxis bedeutet dies aber auch, dass regelmäßig der „Schirm" der Vertikal-GVO die Unternehmen noch länger schützt.

e) Vorsorge bei Vertragsschluss. Wie oben beschrieben, ist die Bestimmung des Marktanteils, mit der die Anwendbarkeit der Vertikal-GVO steht und fällt, in der Praxis häufig problematisch. Deshalb kann es im Einzelfall wichtig sein, bei Vertragsschluss durch eine genaue **Dokumentation der Ermittlung der Marktanteile** Vorsorge zu treffen. Klassisches Beispiel ist ein Streit im Zivilprozess, bei dem sich nach dem Scheitern der Zusammenarbeit eine der Parteien auf die Unwirksamkeit der gesamten Vereinbarung oder einzelner Bestimmungen beruft, weil die Marktanteilsschwelle von 30% überschritten sei, die andere Partei hingegen einen Marktanteil von unter 30% behauptet. Mehrere Jahre nach dem Vertragsschluss nachzuvollziehen, wie hoch der Marktanteil zum Zeitpunkt des Vertragsschlusses war und wie er sich im Laufe der Jahre verändert hat, kann sich als schwierig herausstellen. Hinzu kommt, dass beispielsweise in Märkten, die einer Partei vertrauter sind als der anderen, die Angaben der Gegenseite nicht immer überprüft werden können oder auch als Geschäftsgeheimnis vertraulich sein mögen.[252] Ratsam ist es deshalb, in die Vertragspräambel oder eventuell in ein gesondertes Dokument die gemeinsame Erklärung aufzunehmen, dass der Marktanteil nach sorgfältiger Prüfung durch beide Parteien unter 30% liegt. Zwar bietet eine solche Erklärung keinerlei Gewähr dafür, dass die Marktanteile tatsächlich unter dem Grenzwert liegen. Ein Festhalten des Einverständnisses kann aber insofern von Bedeutung sein, als es in diesem Fall in einem späteren Zivilprozess oder im Rahmen einer Einzelfreistellung schwerer fiele, die Position zu vertreten, dass von jeher ein zu hoher Marktanteil gegeben war. 138

Üblich ist es – zumeist ohne tiefere Reflektion – in Vereinbarungen eine **salvatorische Klausel** aufzunehmen. Dort wird festgehalten, dass auch bei Unwirksamkeit oder Nichtigkeit einzelner oder mehrerer Bestimmungen die Vereinbarung insgesamt wirksam bleiben soll und nichtige oder unwirksame Bestimmungen durch wirksame Bestimmungen ersetzt werden. Eine salvatorische Klausel führt nach deutscher Rechtsprechung nicht dazu, dass die Vereinbarung auch ohne die nichtigen Bestimmungen wirksam bleibt. Sie bewirkt lediglich eine Umkehr der Beweislast; diese trifft aufgrund der salvatorischen Klausel denjenigen, der die Vereinbarung als Ganzes für unwirksam hält.[253] In jedem Fall sollte bei vertikalen Vereinbarungen im Einzelfall genau überlegt werden, welche Wettbewerbsbeschränkungen unwirksam sein könnten und ob dann tatsächlich ein Festhalten am Vertrag gewollt ist. Entsprechend ist die salvatorische Klausel auszugestalten. Andernfalls kann sie sich als kontraproduktiv erweisen. 139

4. Kernbeschränkungen nach Art. 4 GVO. Art. 4 GVO listet bestimmte, besonders schwerwiegende Wettbewerbsbeschränkungen (sog. Kernbeschränkungen oder *„hardcore restrictions"*) auf. Diese „Schwarze Liste" der verbotenen Kernbeschränkungen ist abschließend. Findet sich eine solche Kernbeschränkung in einer vertikalen Vereinbarung, so ist die Vertikal-GVO auf die Vereinbarung **insgesamt unanwendbar („Alles-oder-Nichts-Prinzip").** Nicht nur die Kernbeschränkung, sondern auch alle anderen Wettbewerbsbe- 140

[252] *Schultze/Pautke/Wagener,* Rdnr. 488 ff. sehen dagegen „für die meisten Unternehmen kein Problem" und gehen für diese Unternehmen von „höchster Rechtssicherheit" aus.

[253] Seit BGH U. v. 24.9.2002 – KZR 10/01, WuW/E DE-R 1031 ständige Rechtsprechung. Im Fall von AGB ist eine salvatorische Klausel nach § 307 Abs. 1 S. 1 BGB unwirksam, soweit sie von der ohnehin geltenden Rechtslage (§ 307 Abs. 3 S. 1 BGB) abweicht.

schränkungen, die in der Vereinbarung enthalten sind, werden dann nicht von der Vertikal-GVO freigestellt. Ob die Vereinbarung insgesamt nichtig ist, richtet sich im deutschen Recht nach den Grundsätzen des § 139 BGB. Entscheidend ist danach, ob die Parteien den Vertrag auch ohne die im Einzelfall nichtigen Wettbewerbsbeschränkungen abgeschlossen hätten. Das Alles-oder-Nichts-Prinzip in der Vertikal-GVO ist zum Teil kritisiert worden.[254] Für dieses Prinzip spricht aus Sicht der Kommission vor allem, dass so der Vereinbarung von Kernbeschränkungen abschreckend entgegengewirkt wird.[255] Diesem strengen Wertungsmaßstab entspricht die Bagatellbekanntmachung, wonach den Unternehmen bei Vorliegen einer bezweckten Wettbewerbsbeschränkung auch bei geringen Marktanteilen der „safe harbour" genommen ist.[256] Dazu zählen generell alle in den GVOs aufgelisteten Kernbeschränkungen, somit auch die Kernbeschränkungen nach Art. 4 GVO.[257] In der Praxis ist deshalb die Frage, ob eine Kernbeschränkung in einer Vereinbarung enthalten ist oder nicht, häufig von zentraler Bedeutung.

141 Die in Art. 4 GVO aufgeführten Ausnahmen von der Gruppenfreistellung greifen ein, sobald und zumindest solange eine Kernbeschränkung vorliegt. Eine beispielsweise erst nachträglich aufgenommene Kernbeschränkung wirkt sich deshalb auf den früher geschlossenen Vertrag in Gänze aus, wenn auch erst *ex nunc* von dem Zeitpunkt der Aufnahme in den Vertrag an. Ob mit dem endgültigen Wegfall der Kernbeschränkung die Freistellung für den Rest des Vertrages nachträglich auflebt, ist umstritten.[258]

142 Eine **Einzelfreistellung** war bei Vorliegen einer Kernbeschränkung nach der früheren Fassung der Leitlinien „unwahrscheinlich".[259] Diese Aussage hat die Kommission in den neuen Leitlinien (Rdnr. 47) deutlich abgeschwächt. Danach wird nun „vermutet", dass eine Kernbeschränkung „unter Art. 101 Abs. 1 AEUV fällt" (was eigentlich selbstverständlich ist) und dass „die Vereinbarung die Voraussetzungen des Art. 101 Abs. 3 AEUV wahrscheinlich nicht erfüllt". Kernbeschränkungen können also ausnahmsweise bei Vorliegen besonderer Gründe einzelfreistellungsfähig sein.[260] Die Unternehmen können im Einzelfall nach Art. 101 Abs. 3 AEUV wettbewerbsfördernde Wirkungen nachweisen, indem sie die zu erwartenden Effizienzgewinne darlegen.[261] Die Kommission muss dann insgesamt die negativen Auswirkungen nach Art. 101 Abs. 1 AEUV gegen die positiven Auswirkungen nach Art. 101 Abs. 3 AEUV abwägen.[262] In den Leitlinien (Rdnr. 60 ff.) hat die Kommission eine Reihe von Beispielen aufgelistet, in denen eine Freistellung nach Art. 101 Abs. 3 AEUV trotz Vorliegens einer Kernbeschränkung denkbar ist.

143 Fraglich ist, ob bei Vorliegen einer nicht einzelfreistellungsfähigen Kernbeschränkung die sonstigen in einer Vereinbarung enthaltenen Wettbewerbsbeschränkungen noch einzelfreistellungsfähig sind. Relevant ist dies im Fall, dass der Vertrag insgesamt insbes. aufgrund einer salvatorischen Klausel trotz der nichtigen Kernbeschränkung nach § 139 BGB rechtsgültig ist. Auf den ersten Blick scheint die Einzelfreistellung der übrigen Wettbe-

---

[254] Zum „Alles-oder-Nichts-Prinzip" *Axster,* WuW 1994, 615; krit. *Rohardt,* WuW 1998, 1050, 1059.

[255] So auch *Bayreuther,* EWS 2000, 106, 114 m. w. N.

[256] Bagatellbekanntmachung in der Fassung vom 25.6.2014 (Fn. 137), Rdnr. 11. Dies trägt der Rechtsprechung des EuGH U. v. 13.12.2012, Rs C-226/11, ECLI:EU:C:795 – *Expedia* Rechnung. Zur Definition der bezweckten Wettbewerbsbeschränkung hat die Kommission am 25.6.2014 ein besonderes Arbeitspapier als Annex zur neuen Bagatellbekanntmachung veröffentlicht.

[257] Kommission, Bagatellbekanntmachung vom 25.6.2014 (Fn. 137), Rdnr. 13. In der vorherigen Fassung der Bekanntmachung waren ausschließlich die Kernbeschränkungen von der Freistellung ausgenommen.

[258] Bejahend *Schultze/Pautke/Wagener,* Rdnr. 517; aA *Loewenheim/Meessen/Riesenkampff-Baron,* Vertikal-GVO, Rdnr. 239; *Immenga/Mestmäcker-Ellger,* Wettbewerbsrecht, Band 1: EU/Teil 1, Art. 4 Vertikal-GVO, Rdnr. 11.

[259] Vertikalleitlinien a. F., ABl. EG 2000 C 291/1 v. 13.10.2000, Rdnr. 46.

[260] St. Rspr.; so z. B. EuGH U. v. 6.10.2009, verb. Rs C-501/06 P u. a., Slg. 2009, I-9291 – *Glaxo Smith Kline Services/Kommission.*

[261] Vertikalleitlinien, Rdnr. 47.

[262] Zu den positiven Auswirkungen vertikaler Beschränkungen siehe Vertikalleitlinien, Rdnr. 106 ff.

werbsbeschränkungen der für die Vertikal-GVO geltenden Logik des „Alles-oder-Nichts-Prinzips" zuwider zu laufen. Dafür spricht aber, dass die Beurteilung der Einzelfreistellungsfähigkeit jeweils gesondert anhand der speziellen Kriterien des Einzelfalls vorgenommen werden muss. Daher entfällt bei Vorliegen einer Kernbeschränkung für die übrigen Beschränkungen lediglich der Vorzug der sicheren, automatischen Freistellung über die Vertikal-GVO. Da selbst für die Kernbeschränkung eine Einzelfreistellung nach Art. 101 Abs. 3 AEUV möglich ist, muss dies erst recht für die übrigen Wettbewerbsbeschränkungen gelten.

Art. 4 GVO schließt eine Freistellung nach Art. 2 Abs. 1 GVO für vertikale Vereinbarungen aus, die unmittelbar oder mittelbar, für sich allein oder in Verbindung mit anderen Umständen unter der Kontrolle der Vertragsparteien bestimmte Kernbeschränkungen **„bezwecken".** Bezweckt ist nach der EuGH-Rechtsprechung eine Wettbewerbsbeschränkung, wenn eine Vereinbarung dieser Art „schon ihrer Natur nach" schädlich für das gute Funktionieren des Wettbewerbs ist.[263] Es kommt dabei nicht auf die Auswirkungen im konkreten Fall an; das wesentliche Kriterium ist vielmehr, ob eine Verhaltensweise dieser Art „in sich selbst eine hinreichende Beeinträchtigung des Wettbewerbs erkennen lässt". Es ist also festzustellen, ob die Vereinbarung eine abstrakt-generelle Gefährdungslage für den Wettbewerb hervorruft, wohingegen für eine bewirkte Wettbewerbsbeschränkung die konkreten Auswirkungen im speziellen Fall untersucht werden müssen. Nach dem Wortlaut des Art. 4 GVO und im Unterschied zur Formulierung in Art. 101 Abs. 1 AEUV entfällt die Freistellung lediglich dann, wenn die Kernbeschränkung bezweckt ist, nicht aber, wenn diese nur bewirkt wird.[264] In der Praxis verschwimmen die Grenzen zwischen „bezwecken" und „bewirken" jedoch, so dass es auf die Unterscheidung regelmäßig nicht ankommen wird.[265] Allerdings ist jede Kernbeschränkung (z.B. eine vertikale Preisbindung) ein gravierender Wettbewerbsverstoß. Nach der Rechtsprechung der europäischen Gerichte ist anzunehmen, dass dies den Unternehmen bei der Vereinbarung bewusst (gewesen) sein muss.[266] Bei Vorliegen einer Kernbeschränkung ist also grundsätzlich davon auszugehen sein, dass sie bezweckt war.[267] **144**

a) Fest- oder Mindestpreisbindungen (Art. 4 lit. a GVO). Nach der „Schwarzen Liste" des Art. 4 GVO kommt eine Freistellung nicht in Betracht, wenn die Möglichkeiten des Abnehmers, seinen Verkaufspreis selbst festzusetzen, beschränkt werden (Art. 4 lit. a 1. Halbsatz GVO). Dies betrifft im Umkehrschluss aus Art. 4 lit. a 2. Halbsatz GVO a.E. den Fall, dass der Anbieter dem Abnehmer **Fest- oder Mindestpreise** für den Weiterverkauf seiner Waren oder Dienstleistungen unmittelbar oder mittelbar vorgibt. **145**

aa) Unmittelbare Festsetzung von Fest- oder Mindestverkaufspreisen. Von einer verbotenen Bindung durch Fest- oder Mindestverkaufspreise ist ohne weiteres auszugehen, wenn der (Mindest-)Verkaufspreis durch Absprachen oder abgestimmte Verhaltensweisen unmittelbar bestimmt wird.[268] Umfasst sind dabei nicht nur Endpreise, sondern auch sämtliche **Preisbestandteile** und sonstige **preisbildende Faktoren**. Auch die Vereinbarung von Preisspannen zählt dazu, wenn die Spanne den Preissetzungsspielraum des Abnehmers tatsächlich einengt. Derartige Vereinbarungen sind in der Praxis aber eher selten. Zumeist geht es vielmehr darum, ob Regelungen getroffen werden, die mittelbar den Preissetzungsspielraum des Abnehmers einengen oder seine Preisgestaltung beim Wiederverkauf **146**

---

[263] Zuletzt EuGH U.v. 11.9.2014, Rs. C-67/13 P, ECLI:EU:C:2014:2204 Rdnr. 50ff., 53, 54, 57, 78 und 82 – *Cartes Bancaires;* U.v. 14.3.2013, Rs. C-32/11, ECLI:EU:C:2013:160 – *Allianz Hungária.*

[264] *Bauer/de Bronett,* Rdnr. 57, 92; *Immenga/Mestmäcker-Ellger,* Wettbewerbsrecht, Band 1: EU/Teil 1, Art. 4 Vertikal-GVO, Rdnr. 8; *Pukall,* NJW 2000, 1375, 1378.

[265] So im Ergebnis auch *Schultze/Pautke/Wagener,* Rdnr. 518 m.w.N.

[266] EuGH U. v. 18.6.2013, Rs. C-681/11, ECLI:EU:C:2014:404 Rdnr. 39 – *Schenker & Co.*

[267] So speziell zu Preisabsprachen EuGH U. v. 18.6.2013 Rs. C-681/11, ECLI:EU:C:2014:404 – *Schenker & Co;* dazu auch *Polley/Seeliger,* WRP 2000, 1203.

[268] Vertikalleitlinien, Rdnr. 48.

beeinflussen. Dies kann sich auch aus den Begleitumständen ergeben, selbst wenn sich beispielsweise im Vertrag keinerlei Preisregelungen finden, aber der Anbieter dem Kunden auf andere Weise deutlich gemacht hat, dass bei Unterschreiten eines bestimmten Preisniveaus keine Lieferungen mehr erfolgen werden (s. dazu Rdnr. 150 ff.). Im Einzelfall können auch zulässige Höchstpreise oder Preisempfehlungen in Wahrheit Fest- oder Mindestpreise darstellen (Art. 4 lit. a 2. Halbsatz GVO a. E.; vgl. dazu unten Rdnr. 156, 159).

147 Streitig ist, ob der Begriff **„Verkaufspreis"** nur die Produkte des Anbieters umfasst (also den „Wiederverkauf") oder ob auch der Verkaufspreis anderer Waren oder Dienstleistungen nicht eingeschränkt werden darf. Dieses Problem stellt sich u. a. beim Kettenfranchising, bei dem die Produkte nicht vom Anbieter, sondern der vorgelagerten Vertriebsstufe bezogen werden; aber auch bei der Verarbeitung der gelieferten Bestandteile in ein neues Endprodukt (z. B. Einbau von Schrauben in eine Maschine, die der Abnehmer verkauft). Nach einer Ansicht liegt eine Kernbeschränkung nur vor, wenn der Anbieter den Weiterverkaufspreis für die von ihm gelieferten Produkte bindet.[269] Der Wortlaut des Art. 4 lit. a 1. Halbsatz GVO stellt jedoch nicht auf den Wiederverkaufspreis des Anbieters ab, sondern allgemein auf den „Verkaufspreis",[270] was auch den Verkauf anderer Produkte einschließen würde. Eine abschließende Klärung durch die Kommission oder die Gerichte ist zu dieser Frage noch nicht erfolgt. Zumindest ist vorläufig bis zu einer rechtskräftigen Entscheidung Vorsicht auch bei Preisvorgaben des Anbieters für den Verkauf anderer Produkte des Abnehmers oder von Produkten Dritter geboten.

148 Das BKartA hat sich mit dem Problem erstmals in seiner *HRS*-Entscheidung[271] befasst. Der Hotelportalbetreiber *HRS* hat Hotelunternehmen durch Allgemeine Geschäftsbedingungen oder entsprechende individualvertragliche Klauseln gebunden, anderen Nachfragern keine günstigeren Preise als ihm (*HRS*) zu gewähren (**Bestpreisklausel** bzw. Meistbegünstigungsklausel); dies wirkte sich auf die Verträge der Hotelunternehmen mit anderen Portalen aus. Nach Ansicht des BKartA war die wettbewerbliche Wirkung der Bestpreisklausel mit derjenigen einer Kernbeschränkung nach Art. 4 lit. a GVO vergleichbar; denn der Zweck der Vorschrift, die Freiheit des Abnehmers zu schützen, durch selbst und unabhängig festgesetzte Preise in den Wettbewerb um Kunden zu treten, sei durch die Bestpreisklausel in ähnlicher Weise verletzt. Im konkreten Fall wirkten sich die Bestpreisklauseln zumindest aufgrund der Marktbedeutung von *HRS* wie Mindestpreise bei der Gestaltung der Vereinbarungen mit anderen Hotelportalen aus.[272] Letztlich kam es für das BKartA nicht darauf an, ob die Bestpreisklausel eine Kernbeschränkung nach Art. 4 lit a GVO darstellt, da eine Freistellung jedenfalls wegen Überschreitens der Marktanteilsschwelle nicht in Betracht kam.[273] Die Beschwerde der *HRS* gegen die Entscheidung des BKartA wurde vom OLG Düsseldorf zurückgewiesen.[274]

---

[269] *Loewenheim/Meessen/Riesenkampff-Baron,* Vertikal-GVO, Rdnr. 161 m. w. N.; ähnlich *Immenga/Mestmäcker-Ellger,* Wettbewerbsrecht, Band 1: EU/Teil 1, Art. 4 Vertikal-GVO, Rdnr. 14; aA *Schröter/Jakob/Klotz/Mederer-Klotz,* Art. 101 AEUV, Rdnr. 770; *Schultze/Pautke/Wagener,* Rdnr. 521.

[270] Während die Vertikalleitlinien im Rahmen der Ausführungen zu Art. 4 lit. a GVO ausdrücklich nur auf den Weiterverkaufspreis Bezug nehmen (Rdnr. 48, 223 ff.), erfolgt eine solche Festlegung auf den Weiterverkauf in anderen Zusammenhängen gerade nicht (so z. B. in Rdnr. 52, 60, 125), so dass eine klare oder jedenfalls begründete Linie letztlich nicht erkennbar ist. Weitere Hinweise bei *Schultze/Pautke/Wagener,* Rdnr. 521.

[271] B. v. 20.12.2013, B 9–66/10, WuW/E DE-V 1953.

[272] BKartA B. v. 20.12.2013, B 9–66/10, WuW/E DE-V 1953, Rdnr. 184 f. Vgl. *Grave/Klauß,* Urteilsanmerkung zu OLG Düsseldorf B. v. 15.2.2012, VI-W (Kart) 1/12, GWR 2012, 470 (zum einstweiligen Rechtsschutzverfahren).

[273] BKartA B. v. 20.12.2013, B 9–66/10, WuW/E DE-V 1953, Rdnr. 187 f. – *HRS.*

[274] OLG Düsseldorf B. v. 9.1.2015, VI-Kart. 1/14 (V), WuW/E DE-R 4572 sowie Pressemitteilung v. 9.1.2015, Nr. 2/2015. Die Rechtsbeschwerde zum BGH wurde zugelassen, *HRS* verzichtete jedoch auf weitere Rechtsmittel.

Vorgaben des Anbieters hinsichtlich des **Bezugspreises** für Waren von Dritten sind hingegen unschädlich, weil sich Art. 4 lit. a GVO nur auf Preisvorgaben für Verkäufe bezieht.[275] **149**

bb) Mittelbare Festsetzung von Fest- oder Mindestverkaufspreisen. Grundsätzlich darf die „Möglichkeit des Abnehmers, seinen Verkaufspreis selbst festzusetzen", auch nicht „mittelbar" beschränkt werden (Art. 4 lit. a 1. Halbsatz GVO). Die Vertikal-GVO erwähnt – im Zusammenhang mit Höchstpreisen und Preisempfehlungen – im 2. Halbsatz von Art. 4 lit. a GVO zwei Mittel, die in dieser Hinsicht vor allem in Betracht kommen: die Ausübung von Druck und die Gewährung von Anreizen („Zuckerbrot und Peitsche"). **150**

Als **„Ausübung von Druck"** zur mittelbaren Festsetzung von Fest- oder Mindestpreisen sind alle Maßnahmen des Anbieters (insbes. des Herstellers) anzusehen, mit denen er dem Abnehmer (Händler) ausdrücklich oder konkludent Nachteile für den Fall androht, dass er ein bestimmtes Preisniveau nicht einhalten sollte. Die Kommission nennt beispielsweise Drohungen, Einschüchterungen, Warnungen, Strafen, Lieferverzögerungen, Aussetzung von Lieferungen oder Vertragskündigung bei Nichteinhaltung der festgelegten Preise, die Einrichtung eines Preisüberwachungssystems oder die Verpflichtung des Abnehmers zur Meldung abweichender Mitglieder des Vertriebsnetzes.[276] Entscheidend ist, dass der Händler aufgrund des Verhaltens des Anbieters vernünftigerweise mit wirtschaftlichen Einbußen rechnen muss, wenn er die Wünsche des Anbieters nicht berücksichtigt.[277] Im Einzelfall kann dies in der Praxis schwierig festzustellen sein. **151**

Eine (unzulässige) **„Gewährung von Anreizen"** zur Festsetzung von Fest- oder Mindestpreisen sind alle Maßnahmen, durch die der Anbieter seinem Händler Vorteile in Aussicht stellt, falls er sich an das vom Anbieter ausdrücklich oder konkludent gewünschte Preisniveau hält. Auch hier kann die Abgrenzung im Einzelnen in der Praxis schwierig sein. Die Kommission verweist in den Leitlinien (Rdnr. 48) beispielsweise auf die Gewährung von Rabatten oder die Erstattung von Werbungskosten, die von der Einhaltung einer bestimmten Preishöhe abhängig sind. **152**

Aufgrund vorangegangener Entscheidungen in diesem Bereich, insbesondere im Fall *CIBA Vision,*[278] hat das BKartA im Schreiben vom 13.4.2010 (sog. **Handreichung**) die aus seiner Sicht wesentlichen Punkte für die Beurteilung von Preisbindungen und Preisempfehlungen im Bereich des Lebensmitteleinzelhandels zusammengefasst.[279] Darin hat es typische Fälle aufgelistet, die entweder eine – mittelbare – Preisbindung darstellen oder zumindest „Risikofaktoren" enthalten, die unter bestimmten Voraussetzungen eine Preisbindungswirkung begründen. Auch wenn sich die Maßstäbe des BKartA im Ergebnis nicht sehr von der Haltung der Kommission[280] unterscheiden, hat die darin zum Ausdruck kommende enge Betrachtungsweise bei den betroffenen Unternehmen zu einer erheblichen Verunsicherung insbesondere über die Reichweite einer noch zulässigen **Preispolitik bei Markenprodukten** geführt. In neuerer Zeit greift das BKartA zwar nicht mehr auf die Handreichung zurück. In seiner Entscheidungspraxis ist es aber gegenüber Preisbindungen und Preisempfehlungen weiterhin deutlich restriktiver als die Kommission oder andere nationale Wettbewerbsbehörden.[281] Bei verbotenen Preisbindungen besteht zudem **153**

---

[275] So auch *Schultze/Pautke/Wagener,* Rdnr. 523.

[276] Vertikalleitlinien, Rdnr. 48.

[277] *Loewenheim/Meessen/Riesenkampff-Baron,* Vertikal-GVO, Rdnr. 158; *Schultze/Pautke/Wagener,* Rdnr. 529.

[278] BKartA B. v. 25.9.2009, B 3–123/08, WuW/E DE-V 1813 – *Kontaktlinsen.* Dazu s. auch *Lettl,* WRP 2011, 710, 721.

[279] Handreichung zur vorläufigen Bewertung von Verhaltensweisen in Verhandlungen von Markenartikeln, Großhändlern und Einzelhandelsunternehmen zum Zwecke der Konkretisierung der Kooperationspflichten, WuW 2010, 786 ff.

[280] Vertikalleitlinien, Rdnr. 48.

[281] Siehe z.B. BKartA E.v. 8.4.2009, B7–190/08, TB 2009/2010 – *Microsoft* (€ 9 Mio.); E.v. 25.9.2009, B3–123/08, TB 2009/2010 – *Ciba Vision* (€ 11,5 Mio.); E.v. 20.8.2012, B5–20/10, TB 2011/2012 – *Elektrowerkzeuge* (€ 8,2 Mio.).

ein hohes **Bußgeldrisiko.** Mehrfach hat das BKartA in diesen Fällen bereits z. T. empfindliche Geldbußen verhängt.[282]

154 *cc) Festsetzung von Höchstverkaufspreisen.* Höchstverkaufspreise dürfen, anders als Fest- oder Mindestverkaufspreise, seitens des Anbieters grundsätzlich vereinbart werden (Art. 4 lit. a 2. Halbsatz GVO). Der Abnehmer (Eigenhändler) darf dann also die Ware oder Dienstleistung nicht zu einem höheren als dem vom Anbieter (Hersteller) vorgegebenen Maximalpreis verkaufen. Die Kommission ordnet Höchstpreise als unschädlich ein, weil der *intra-brand*-Wettbewerb bestehen bleibt.[283] Zudem kommen niedrigere Preise – aus wettbewerbspolitischer Sicht in begrüßenswerter Weise – letztlich dem Verbraucher zugute. Die strengere Behandlung von Höchstpreisen im früheren deutschen Recht (§ 14 GWB a. F.) ist aufgehoben und an die europäische Regelung angeglichen worden (§ 2 Abs. 2 GWB).

155 Bei der Festsetzung von – echten – Höchstverkaufspreisen kann häufig bereits die Frage zu verneinen sein, ob überhaupt eine **Wettbewerbsbeschränkung** i. S. d. Art. 101 Abs. 1 AEUV vorliegt.[284] Die Kommission hat sich zwischenzeitlich eindeutig in diesem Sinne ausgesprochen,[285] jedoch ist dies nicht unumstritten.[286] Dabei kann die Entscheidung in der Praxis dahinstehen, wenn in jedem Fall zumindest eine Freistellung über die Vertikal-GVO erfolgt. Die zum Teil sehr ausführliche Diskussion im Schrifttum ist – insbesondere nach der Anpassung des deutschen an das europäische Recht – insoweit eher theoretischer Natur.[287]

156 Die Freistellung nach der Vertikal-GVO setzt voraus, dass es sich tatsächlich um die Vorgabe eines Höchstverkaufspreises und nicht um die **„verschleierte" Festsetzung eines Mindest- oder Festpreises** handelt. Ist der Höchstpreis beispielsweise so niedrig angesetzt, dass es wirtschaftlich nicht möglich oder nicht sinnvoll ist, ihn zu unterschreiten, so handelt es sich in Wahrheit nicht um einen Höchst-, sondern um einen Mindest- oder Festpreis; dies gilt selbst dann, wenn der Anbieter keinen Druck ausgeübt oder Anreize gewährt hat.[288] Ein Höchstpreis kann sich auch bei Vorgabe einzelner Preisbestandteile ergeben, wenn die vorgegebene Systematik des Zusammenfügens der Preisbestandteile tatsächlich zu einem Höchstpreis und nicht zu einem Fest- oder Mindestpreis führt.

157 Nach Art. 4 lit. a 2. Halbsatz GVO sind die Fälle von einer Freistellung ausdrücklich ausgenommen, in denen sich der Höchstpreis infolge der **Ausübung von Druck** oder der **Gewährung von Anreizen** tatsächlich wie ein Fest- oder Mindestpreis auswirkt. Im Ergebnis unterscheidet sich dies nicht wesentlich von der mittelbaren Festsetzung eines Fest- oder Mindestpreises (s. oben Rdnr. 150 ff.). Daher gelten insoweit die gleichen Grundsätze.

158 *dd) Preisempfehlungen.* Zulässig sind nach Art. 4 lit. a 2. Halbsatz GVO auch Preisempfehlungen. Ebenso wie bei der Festsetzung von Höchstverkaufspreisen stellt sich bei Preisempfehlungen zunächst die Frage, ob sie überhaupt in den Anwendungsbereich des Art. 101 Abs. 1 AEUV fallen.[289] Dies scheitert ggf. daran, dass die Preisempfehlung eine **einseitige**

---

[282] Ausführlich zur Entscheidungspraxis *Heinen/dos Santos Gonçalvez,* Compliance-Berater 2013, 359.

[283] Vertikalleitlinien, Rdnr. 48.

[284] *Loewenheim/Meessen/Riesenkampff-Baron,* Vertikal-GVO, Rdnr. 166; *Schultze/Pautke/Wagener,* Rdnr. 544; aA *Immenga/Mestmäcker-Ellger,* Wettbewerbsrecht, Band 1: EU/Teil 1, Art. 4 Vertikal-GVO, Rdnr. 19; *Kirchhoff,* Fs. für Günter Hirsch, S. 249, 255 sowie unten in § 12. Zu Höchstverkaufspreisen im Rahmen des selektiven Vertriebs s. auch *Kirchhoff* unten Rdnr. 424.

[285] Mitteilung der Kommission über die Anwendung der EG-Wettbewerbsregeln auf vertikale Beschränkungen, ABl. 1998 C 365/3 v. 26.11.1998, S. 10, 14 und 21 sowie E. v. 5.7.2000, COMP.F.1.36.516, ABl. 2001 L 54/1 v. 23.2.2001, Rdnr. 87 – *Nathan Bricolux.*

[286] Vgl. *Immenga/Mestmäcker-Ellger,* Wettbewerbsrecht, Band 1: EU/Teil 1, Art. 4 Vertikal-GVO, Rdnr. 19 und *Kirchhoff,* Fs. für Günter Hirsch, S. 249, 255.

[287] *Schultze/Pautke/Wagener,* Rdnr. 544 m. w. N.

[288] So *Schultze/Pautke/Wagener,* Rdnr. 553, *Bayreuther,* EWS 2000, 106, 112; *Nolte,* BB 1998, 2429, 2434; aA *Immenga/Mestmäcker-Ellger,* Wettbewerbsrecht, Band 1: EU/Teil 1, Art. 4 Vertikal-GVO, Rdnr. 23.

[289] Zu Preisempfehlungen im Rahmen des selektiven Vertriebs s. *Kirchhoff* unten Rdnr. 427.

Handlung des Herstellers sein kann und damit das Merkmal einer Vereinbarung oder eines abgestimmten Verhaltens nicht vorliegt.[290] Außerdem kann wie bei Höchstpreisen fraglich sein, ob eine Preisempfehlung im konkreten Fall eine spürbare **Wettbewerbsbeschränkung** darstellt. Auch hier kann allerdings die Entscheidung in der Praxis regelmäßig offen bleiben, da jedenfalls die Vertikal-GVO Preisempfehlungen grundsätzlich gestattet. Die teilweise abweichende Regelung im früheren deutschen Recht, wonach z. B. ein Hinweis auf die Unverbindlichkeit der Preisempfehlung zwingend vorgeschrieben war (§ 23 GWB a. F.), ist inzwischen an die europäischen Vorgaben angepasst worden (§ 2 Abs. 2 GWB).

Durch eine Preisempfehlung gibt der Anbieter den Abnehmern eine Orientierungshilfe für den Weiterverkauf seiner Waren oder Dienstleistungen. Zwar unterscheidet die Vertikal-GVO dem Wortlaut nach nicht zwischen verbindlichen und unverbindlichen Preisempfehlungen.[291] Wie bei der Festsetzung des Höchstpreises darf es sich aber auch bei Preisempfehlungen in Wahrheit nicht um **„verschleierte" Preisvorgaben** handeln, die den Abnehmer beim Weiterverkauf in seiner Preissetzungsfreiheit beeinflussen oder sogar binden. Denn dann handelt es sich gerade nicht um eine bloße Empfehlung. Dies ist jeweils im Einzelfall zu prüfen. Die Herausgabe einer Liste von empfohlenen Preisen oder Preisobergrenzen allein wird dabei regelmäßig nicht als Preisbindung angesehen.[292] Dies gilt auch dann, wenn die Preisempfehlung vom Anbieter auf das Produkt aufgedruckt wird. Denn dann kann der Abnehmer das Produkt sogar besonders werbewirksam zu einem Preis unter der Preisempfehlung anbieten. Die Kommission sieht darin allerdings eine Verringerung des Anreizes für die Händler, ihren Kunden in Abweichung vom empfohlenen Preis eine Preisermäßigung zu gewähren.[293] 159

Nach Art. 4 lit. a 2. Halbsatz GVO sind solche Preisempfehlungen von der Freistellung ausdrücklich ausgenommen, die sich infolge der **Ausübung von Druck** oder der **Gewährung von Anreizen** tatsächlich wie Fest- oder Mindestpreise auswirken. Dies entspricht der Regelung für Höchstpreise (s. oben Rdnr. 154 ff.). Auch für Preisempfehlungen gelten im Grundsatz die gleichen Maßstäbe wie für die mittelbare Festsetzung von Fest- oder Mindestpreisen. Für die Unternehmen ist dabei vor allem die Entscheidungspraxis des **BKartA** bedeutsam, das in dieser Hinsicht besonders strenge Anforderungen stellt.[294] Es sieht es zwar als erlaubt an, dass der Hersteller die Motive und die wirtschaftlichen Vorteile seiner Preisempfehlung dem Händler ausführlich erläutert, ohne dabei auch nur den geringsten Druck auszuüben. Auch darf er den Händler ein einziges Mal auf seine Preisgestaltung ansprechen, um sich z. B. ein Bild von der Wirksamkeit seiner Preisempfehlung zu verschaffen. Jede weitere Thematisierung der Weiterverkaufspreise kann aber bereits eine unzulässige (psychische) Druckausübung darstellen. Darüber hinaus betrachtet das BKartA eine Vielzahl anderer Verhaltensweisen als „Risikofaktoren", die allein (z. B. wenn sie in gehäufter Form vorkommen) oder zusammen mit anderen Risikofaktoren als eine nicht mehr zulässige tatsächliche Preisbindung gewertet werden können.[295] Auch in diesen Fällen besteht ein erhebliches **Bußgeldrisiko** (vgl. oben Rdnr. 153). 160

ee) Meistbegünstigungsklauseln. Im Zusammenhang mit dem grundsätzlichen Verbot des Art. 4 lit. a GVO, den Abnehmer in der Festsetzung seines Verkaufspreises zu beschränken, ergibt sich die Frage, wie sog. Meistbegünstigungsklauseln zu beurteilen sind.[296] Hierdurch verpflichtet sich einer der Vertragspartner, keinem Dritten bessere Preise oder Konditionen einzuräumen als dem anderen Vertragspartner (sog. echte Meistbegünstigungsklausel) 161

---

[290] Dazu Vertikalleitlinien, Rdnr. 48; EuGH U. v. 6.1.2004, verb. Rs. C-2/01 P u. C-3/01 P, Slg. 2004, I-23, 96 ff. – *Adalat;* U. v. 13.7.2006, Rs. C-74/04 P, Slg. 2006, I-6585, 6612 – *Volkswagen II.*

[291] Anders als das frühere deutsche Recht in § 23 GWB bis zur 7. GWB-Novelle.

[292] Vertikalleitlinien, Rdnr. 48.

[293] Vertikalleitlinien, Rdnr. 48.

[294] Vgl. BKartA, Handreichung (Fn. 279).

[295] Vgl. BKartA, Handreichung (Fn. 279).

[296] Vgl. dazu die Erläuterungen von *Kirchhoff* unten Rdnr. 273 f.

oder dem Vertragspartner genauso günstige Preise oder Konditionen einzuräumen wie einem Dritten (sog. unechte Meistbegünstigungsklausel). Diese Klauseln gibt es in den unterschiedlichsten Ausprägungen, regelmäßig zu Lasten des Anbieters und in bestimmten Einzelfällen auch zu Lasten des Abnehmers. Soweit Meistbegünstigungsklauseln die Preissetzungsfreiheit der betroffenen Vertragspartei einschränken, was im Regelfall zutreffen wird, stellen sie eine Wettbewerbsbeschränkung im Sinne des Art. 101 Abs. 1 AEUV dar.[297]

162 Nach Art. 4 lit. a GVO sind nur Verkaufspreisbeschränkungen zu Lasten des Abnehmers eine Kernbeschränkung. Im Umkehrschluss und vor dem Hintergrund des Prinzips, dass alle Wettbewerbsbeschränkungen freigestellt sind, die nicht ausdrücklich in der Vertikal-GVO ausgenommen sind, ist jede Form der Preisbindung *zu Lasten des Anbieters* nach Art. 2 Abs. 1 GVO freigestellt. Aufgrund des eindeutigen Wortlauts des Art. 4 lit. a GVO können Meistbegünstigungsklauseln zu Lasten des Anbieters also unter kartellrechtlichen Gesichtspunkten wirksam vereinbart werden.[298] Beschränkungen des Anbieters sind – mit Ausnahme von Art. 4 lit. c und e GVO – in der Vertikal-GVO überhaupt nicht angesprochen. Im deutschen Recht ist die frühere Sondervorschrift für vertikale Bindungen (§ 14 GWB a. F.), die auch Meistbegünstigungsklauseln erfasste, zugunsten der europäischen Regelung durch § 2 Abs. 2 GWB entfallen.

163 Meistbegünstigungsklauseln zu Lasten des Abnehmers (also solche, die dem Abnehmer für den Verkauf an seine Kunden auferlegt werden) finden sich in der Praxis eher selten. Die Kommission sieht hierin ein Beispiel für die effektivere Gestaltung einer unmittelbaren oder mittelbaren Preisbindung.[299] Somit geht sie jedenfalls davon aus, dass der Abnehmer durch solche Klauseln in seiner Freiheit, den Verkaufspreis gegenüber Dritten frei zu bestimmen, spürbar eingeschränkt wird. Dadurch wird zwar nicht deutlich, ob sie Meistbegünstigungsklauseln zu Lasten des Abnehmers schon als solche als Kernbeschränkung i. S. d. Art. 4 lit. a GVO einstuft. Dafür spricht aber, dass der Abnehmer aufgrund der Meistbegünstigungsklausel nicht mehr frei in der Preisgestaltung gegenüber seinen Kunden ist und somit seinen Verkaufspreis letztlich nicht selbst festsetzen kann.[300]

164 *b) Gebiets- und Kundengruppenbeschränkungen (Art. 4 lit. b GVO). aa) Grundsatz: Verbot von Absatzbeschränkungen.* Die zweite Art von Kernbeschränkungen stellen nach Art. 4 lit. b GVO die Gebiets- und Kundengruppenbeschränkungen dar. Haben die Vertragsparteien derartige Beschränkungen bezweckt, ist die Vereinbarung insgesamt nicht freigestellt. Das bedeutet, dass der Abnehmer (Eigenhändler) grundsätzlich frei sein muss, an alle Kunden und in alle Gebiete innerhalb der Europäischen Union zu verkaufen. In der Praxis kommt es häufig vor, dass die Vertragsparteien dem Abnehmer – u. U. als Gegenleistung für besondere Investitionen in den Vertrieb der Vertragsprodukte – eine Garantie verschaffen wollen, dass Käufer in seinem Absatzgebiet nur durch ihn allein und nicht durch andere Händler beliefert werden dürfen. Ein solcher **absoluter Gebietsschutz** ist eine Kernbeschränkung und in aller Regel unzulässig.[301]

165 Im Unterschied zum „Ob" des Weiterverkaufs kann das „Wie" im Einzelnen ausgestaltet werden. Dem Anbieter ist es nach Art. 4 lit. b GVO grundsätzlich gestattet, dem Ab-

[297] Siehe *Schultze/Pautke/Wagener,* Rdnr. 578 m. w. N.; anders z. B. bei Lizenzverträgen, s. dazu die früheren GVOs, nämlich Art. 2 Abs. 1 Nr. 11 VO Nr. 2349/84 und Art. 2 Abs. 1 Nr. 10 VO Nr. 556/89.

[298] *Ackermann,* EuZW 1999, 741, 743; *Semler/Bauer,* DB 2000, 193, 197; *Schultze/Pautke/Wagener,* Rdnr. 573 ff.

[299] Vertikalleitlinien, Rdnr. 48.

[300] Zur Meistbegünstigungsklausel (Bestpreisklausel) im Fall *HRS* s. oben Rdnr. 148. Zu Meistbegünstigungs- und Preisparitätsklauseln im Internetvertrieb s. auch *Fiebig,* NZKart 2014, 122.

[301] Die Kommission führt in den Vertikalleitlinien in Rdnr. 60 ff. nur sehr wenige Beispiele an, in denen eine Gebiets- oder Kundengruppenbeschränkung ausnahmsweise keine Kernbeschränkung sein kann. Dazu zählen Sicherheits- und Gesundheitsgründe, ein „echter" Eintritt in den relevanten Markt für die Dauer von zwei Jahren oder „echte" Markteinführungstests. Siehe dazu auch unten Rdnr. 296.

nehmer Beschränkungen in Bezug auf den Ort der Niederlassung **(Standortklausel)**, die Vertragswaren oder -dienstleistungen aufzuerlegen. Nicht unter Art. 4 lit. b GVO fallen somit alle Vereinbarungen, die – ohne den Kreis der Kunden oder des Absatzgebiets einzuschränken – Modalitäten des Verkaufs oder Bezugs der Produkte regeln, von der Art und Menge der betroffenen Produkte bis zur Ausstattung des Ladenlokals. Allerdings kann das „Wie" nur vereinbart werden, solange und soweit es das „Ob" nicht unterbindet. Diese Abgrenzungsfrage wird insbesondere im Rahmen des **Internetvertriebs** relevant (dazu ausführlich Rdnr. 190ff.). Einzelne, eng zugeschnittene **Ausnahmen** von dem grundsätzlichen Verbot der Gebiets- oder Kundengruppenbeschränkung enthalten die Ziffern (i) bis (iv) des Art. 4 lit. b GVO für den Alleinvertrieb, den Vertrieb von Großhändlern, den selektiven Vertrieb und den Ersatzteilverkauf. So ist die Einräumung eines Exklusivgebiets **(Alleinvertrieb)** als Ausnahme unter bestimmten Voraussetzungen zulässig, aber nur in Form eines eingeschränkten Gebietsschutzes für aktive Verkäufe (s. unten Rdnr. 188f.).

Nach den Leitlinien dürfen Gebietsbeschränkungen oder Beschränkungen der Kundengruppe, die als ausdrücklich vereinbarte Verbote kartellrechtlich unzulässig wären, auch **nicht „indirekt"** durchgesetzt werden. Wie bei Art. 4 lit. a GVO sind daher nicht nur die unmittelbaren und leicht zu erkennenden Gebiets- und Kundengruppenbeschränkungen grundsätzlich von der Freistellung ausgeschlossen, sondern auch die mittelbaren. Als Beispiele nennt die Kommission u. a. die Verweigerung oder Reduzierung von Prämien, Nachlässen und Gewinnausgleichsverpflichtungen in Abhängigkeit vom Sitz des Kunden.[302] In ihrer Entscheidungspraxis, insbesondere im Bereich des Vertriebs von Kraftfahrzeugen, hat sie eine Vielzahl solcher Vertragsgestaltungen untersagt und mit Bußgeldern belegt.[303] Bei jeglicher Differenzierung von Verkaufspreisen oder von Rabatten und anderen Vergünstigungen durch den Hersteller nach dem Sitz des Kunden des Abnehmers ist daher Vorsicht geboten, und es sollte eine genaue Prüfung der wirtschaftlichen Wirkungen der Vereinbarungen und der Anreize für den Abnehmer am Maßstab der Entscheidungspraxis von Kommission und Gerichten erfolgen. **166**

Die Vereinbarung einer Kernbeschränkung zieht schwerwiegende **Rechtsfolgen** nach sich. Ist eine Kernbeschränkung nach Art. 4 lit b GVO, insbesondere eine Beschränkung oder ein Verbot passiver Verkäufe, in einer Vereinbarung enthalten, ist die Vertikal-GVO insgesamt unanwendbar, so dass nicht nur das Verbot der passiven Verkäufe, sondern auch jede andere unter Art. 101 Abs. 1 AEUV fallende Wettbewerbsbeschränkung nicht in den Genuss der Gruppenfreistellung kommt. Ob alle Wettbewerbsbeschränkungen über Art. 101 Abs. 2 AEUV i. V. m. § 134 BGB nichtig sind, bedarf jeweils der Überprüfung der Trennbarkeit zwischen wettbewerbsrechtlich zulässigen und unzulässigen Vertragsteilen im Einzelfall. Letztlich kann die Nichtigkeit einer einzelnen Bestimmung gemäß § 139 BGB (evtl. i. V. m. einer salvatorischen Klausel, s. oben Rdnr. 139) Folgen für die Wirksamkeit des gesamten Vertrags haben. Außerdem besteht ein hohes **Bußgeldrisiko** vor allem dann, wenn eine Vereinbarung auf Export- oder Re-Importbeschränkungen oder eine Abschottung nationaler Märkte gerichtet ist, z. B. durch unterschiedliche Konditionen für die Abnehmer in den einzelnen Mitgliedstaaten. Die Kommission sieht darin einen Verstoß gegen das Prinzip der Warenverkehrsfreiheit im Binnenmarkt, den sie für besonders schwerwiegend erachtet. **167**

Weil Art. 4 lit. b GVO als Kernbeschränkung nur Gebiets- und Kundenbeschränkungen zu Lasten des Abnehmers erfasst, sind Gebiets- und Kundenbeschränkungen zu Lasten **168**

[302] Vertikalleitlinien, Rdnr. 50, S. 4.

[303] Zu Vertragsgestaltungen, welche als Gebiets- oder Kundenkreisbeschränkungen angesehen wurden, siehe u. a.: EuG U. v. 13.1.2004, Rs T-67/01, Slg. 2004, II-49 – *JCB Service/Kommission;* U. v. 21.10.2003, Rs T-368/00, Slg. 2003, II-4491 – *General Motors Nederland und Opel Nederland/Kommission;* U. v. 6.7.2000, Rs T-62/98, Slg. 2000, II-2707 – *Volkswagen/Kommission;* Komm. E. v. 8.5.2001, IV/36.957/F3 u. a., ABl. 2001 Nr. L 302/1 – *Glaxo Wellcome;* E. v. 21.12.2000, COMP/F1/35.918, ABl. 2000 Nr. L 69/1 – *JCB;* E. v. 20.9.2000, COMP/36.653, ABl. 2000 Nr. L 59/1 – *Opel;* E. v. 28.1.1998, IV/35.733, ABl. 1998 Nr. L 124/60 – *Volkswagen.*

des Anbieters keine Kernbeschränkung und damit in den allgemeinen Grenzen der Vertikal-GVO freigestellt. Dies trifft insbesondere auf **Alleinbelieferungsverpflichtungen** zu, d.h. die Vereinbarung, dass der Anbieter nur an einen einzigen Abnehmer in der Europäischen Union liefern darf. Auch hier lässt sich also eine Parallele zu Art. 4 lit. a GVO ziehen. Der Anbieter kann sich damit in beliebigem Umfang verpflichten, im Vertragsgebiet des Abnehmers bzw. bezogen auf bestimmte Kundengruppen nicht tätig zu werden. Er kann z.B. davon Abstand nehmen, im Vertragsgebiet eine Niederlassung zu errichten, oder sich verpflichten, nur an bestimmte Kunden zu liefern. Er kann sogar zusagen, keine passiven Verkäufe in das Vertragsgebiet oder an Kunden des Eigenhändlers zu tätigen, also gar nicht auf Anfragen von Kunden des Eigenhändlers zu reagieren. Gegenüber dem Anbieter kann dem Abnehmer also im Ergebnis ein absoluter Gebietsschutz gewährt werden.

169 Auch die spiegelbildliche Verpflichtung des Abnehmers, die Waren und Dienstleistungen nur bei dem einen Anbieter zu beziehen **(Alleinbezugsverpflichtung),** ist keine Kernbeschränkung. Denn Art. 4 lit b GVO bezieht sich nur auf Beschränkungen des Weiterverkaufs, nicht des Bezugs der Vertragsprodukte. Desgleichen fallen Beschränkungen in Bezug auf die **Verwendung der Produkte** durch den Abnehmer (z.B. das Verbot der Herstellung von Konkurrenzprodukten) nicht unter die Kernbeschränkung nach Art. 4 lit. b GVO.

170 *bb) 1. Ausnahme: Zulassung der exklusiven Gebiets- und Kundenzuweisung für aktive Verkäufe.* In der Praxis ist die Zuweisung eines Gebiets oder einer Kundengruppe an einen Eigenhändler (sog. **Alleinvertrieb**) die am häufigsten genutzte Möglichkeit, den Vertrieb von Produkten durch Eigenhändler zu strukturieren. Dabei verpflichtet sich der Anbieter, die Vertragswaren zum Zwecke des Weiterverkaufs in einem bestimmten Gebiet oder für bestimmte Kunden nur an diesen Eigenhändler zu liefern (Alleinbelieferung). Außerdem verpflichtet er sich, allen anderen Abnehmern zu untersagen, in dieses Gebiet oder an diese Kunden(gruppen) zu liefern. Auf diese Weise erhält der Eigenhändler einen Anreiz, sich besonders auf das ihm zugewiesene Gebiet bzw. auf die ihm zugewiesenen Kunden zu konzentrieren. Dies hat in der Gesamtsicht Vorteile für den Wettbewerb, weil es dem Eigenhändler erlaubt, sich auf den *inter-brand*-Wettbewerb zu fokussieren und er sich in dem ihm zugewiesenen Gebiet bzw. hinsichtlich der ihm zugewiesenen Kunden grundsätzlich nicht zugleich einem *intra-brand*-Wettbewerb ausgesetzt sieht.

171 Diese Vorteile erkennt auch die Kommission an und geht davon aus, dass der Alleinvertrieb grundsätzlich unter der Vertikal-GVO freistellungsfähig ist, allerdings unter Einräumung eines nur relativen Gebiets- oder Kundenschutzes im Hinblick auf den aktiven Verkauf durch andere Alleinvertriebshändler.[304]

172 Ausgenommen vom generellen Verbot der Gebiets- oder Kundenbeschränkungen ist nach Art. 4 lit. b (i) GVO allein „die Beschränkung des *aktiven Verkaufs* in Gebiete oder an Kundengruppen, die der Anbieter sich selbst vorbehalten oder ausschließlich einem anderen Abnehmer zugewiesen hat." Außerdem darf „der Verkauf durch die Kunden des Abnehmers nicht beschränkt werden". Freistellungsfähig sind damit grundsätzlich nur Beschränkungen zu Lasten des Abnehmers als direktem Vertragspartner des Anbieters. Der Vertrieb auf der nachgelagerten Stufe durch die Kunden des Abnehmers darf hingegen nicht beeinträchtigt werden. Des Weiteren müssen *passive Verkäufe* der Händler an Kunden in anderen Gebieten stets möglich sein[305] ebenso wie umgekehrt passive Verkäufe anderer Händler an Kunden im Gebiet des Abnehmers. Damit ist ein **„absoluter" Gebiets- oder Kundenschutz** nach der Vertikal-GVO nicht möglich. In Betracht kommt nur ein „relativer" Schutz. Der absolute Gebiets- und Kundenschutz wird darüber hinaus von der Kommission in ihrer de minimis-Bekanntmachung unabhängig von den Marktanteilen stets als

---

[304] Vertikalleitlinien, Rdnr. 151f.
[305] Vertikalleitlinien, Rdnr. 51.

spürbare Wettbewerbsbeschränkung angesehen.[306] Daher ist die Unterscheidung in der Praxis von hoher Relevanz, weil es im Ergebnis auch für Bagatellfälle keinen „safe harbour" gibt.

Die Zuweisung eines Gebiets bzw. bestimmter Kunden(gruppen) ist zunächst **keine Wettbewerbsbeschränkung** i. S. d. Art. 101 Abs. 1 AEUV, sofern sie den Eigenhändler nur zu bestimmten Aktivitäten innerhalb des Vertragsgebiets oder bezogen auf die Kunden anhält, ihn beispielsweise verpflichtet, in jeder Stadt mit mindestens 200 000 Einwohnern ein Auslieferungslager zu unterhalten. Eine Wettbewerbsbeschränkung zu Lasten des Eigenhändlers liegt aber dann vor, wenn dem Eigenhändler bestimmte Aktivitäten außerhalb des Vertragsgebiets bzw. für bestimmte Kundengruppen untersagt oder erheblich erschwert werden.[307] Damit einher geht die Frage, welche Aktivitäten anderer Eigenhändler in dem Vertragsgebiet des Eigenhändlers durch den Anbieter verboten werden dürfen. Eine Wettbewerbsbeschränkung zu Lasten des Anbieters liegt beispielsweise dann vor, wenn dieser sich verpflichtet, im zugewiesenen Gebiet keinen zweiten Vertriebsweg bzw. keinen zusätzlichen Kundenkanal aufzubauen.[308] **173**

Der Anbieter kann – wie schon unter den Vorgängerregelungen – dem Abnehmer (Eigenhändler) ein oder auch mehrere **bestimmte Gebiete** zuweisen, für das bzw. die dieser Abnehmer zuständig ist. Das Gebiet kann jede beliebige Größe haben, muss also nicht mit einem Land oder einer Region der Europäischen Union deckungsgleich sein,[309] muss aber zumindest einen Teil des Binnenmarkts umfassen. **174**

Nach Art. 4 lit. b (i) GVO kann der Anbieter dem Abnehmer (Eigenhändler) auch **bestimmte Kundengruppen** zuweisen. Gebiets- und Kundengruppenzuweisungen werden in Art. 4 lit. b GVO grundsätzlich gleich behandelt, denn Gebietsschutzklauseln sind im Ergebnis eine Untergruppe von Kundenschutzklauseln, d. h. Klauseln zum Schutz aller Kunden in einem bestimmten Gebiet. Entsprechend ist auch die Kombination von Gebiets- und Kundenzuweisung möglich. Besondere Abgrenzungsfragen stellen sich jedoch im Bereich des Internets (vgl. dazu Rdnr. 185 ff.). **175**

Unklar ist, ob der Begriff „Kundengruppen" nur die Zuweisung abstrakter Kategorien gestattet (z. B. alle Supermärkte mit einem Jahresumsatz von mehr als 1 Mrd. EUR) oder auch individuelle, eventuell **namentlich benannte Kunden** erfasst. Für Letzteres spricht, dass die Regelung des Art. 4 lit. b (i) GVO dem Anbieter und seinen Abnehmern (Eigenhändlern) ein flexibles Instrumentarium an die Hand gibt und in jedem Fall passive Verkäufe anderer Eigenhändler an den Kunden möglich sind, die Kunden sich also mit ihrer Nachfrage erfolgreich an andere Händler wenden können.[310] **176**

Untersagt werden können lediglich **aktive Verkäufe** in Gebiete oder an Kunden, die der Anbieter sich selbst vorbehalten oder einem anderen Abnehmer (Eigenhändler) zugewiesen hat. Nach der Definition der Leitlinien der Kommission meint aktive Verkäufe an Kunden in einem bestimmten Gebiet „die aktive Ansprache einzelner Kunden, z. B. mittels Direktwerbung einschließlich Massen-E-Mails oder persönlichen Besuchs, oder die aktive Ansprache einer bestimmten Kundengruppe oder von Kunden in einem bestimmten Gebiet mittels Werbung in den Medien, über das Internet oder mittels anderer verkaufsför- **177**

---

[306] Kommission, Bagatellbekanntmachung v. 25.6.2014 (Fn. 138), Rdnr. 13. Dies entspricht der neueren EuGH-Rechtsprechung, s. EuGH U. v. 13.12.2012, Rs C-226/11, ECLI:EU:C:795 – *Expedia;* anders noch EuGH U. v. 9.7.1969, Slg. 1969, 295 – *Völk/Verwaecke:* fehlende Spürbarkeit auch bei absolutem Gebietsschutz (vom EuGH im *Expedia*-Urteil zitiert).

[307] Vgl. *Schultze/Pautke/Wagener,* Rdnr. 599 ff. mit ausführlichen Beispielen zu Gebiets- und Kundenbeschränkungen.

[308] Diese Klausel unterliegt nicht Art. 4 lit. b GVO (s. oben Rdnr. 168) und ist deshalb nach den allgemeinen Grundsätzen in Art. 2 und 3 GVO freigestellt.

[309] So auch *Schultze/Pautke/Wagener,* Rdnr. 594; Überlegungen zu Anforderungen an die betroffenen Gebiete finden sich bei *Immenga/Mestmäcker-Ellger,* Wettbewerbsrecht, Band 1: EU/Teil 1, Art. 4 Vertikal-GVO, Rdnr. 41, wobei er zum gleichen Ergebnis gelangt.

[310] Für die Zulässigkeit einer namentlichen Zuweisung *Schultze/Pautke/Wagener,* Rdnr. 639; *Langen/Bunte-Nolte,* Bd. 2, Nach Art. 101 AEUV, Rdnr. 494; *Semler/Bauer,* DB 2000, 193, 198.

dernder Maßnahmen, die sich gezielt an die betreffende Kundengruppe oder gezielt an die Kunden in dem betreffenden Gebiet richten".[311]

178 Im Unterschied dazu sind **passive Verkäufe,** die nicht untersagt werden dürfen, Verkäufe auf Anfrage aus anderen Gebieten als dem Vertragsgebiet oder von Kundengruppen, die dem Vertriebshändler nicht ausschließlich zugewiesen wurden. Die Kommission sieht beispielsweise die Erfüllung unaufgeforderter Bestellungen von Kunden außerhalb des zugewiesenen Vertragsgebietes oder allgemeine Werbe- und Verkaufsmaßnahmen, die ein vernünftiges Mittel zur Ansprache von eigenen Kunden darstellen, aber auch fremde Kunden erreichen, ohne dass sich dies vernünftigerweise verhindern lässt, als passive Verkäufe an.[312] Diese müssen stets möglich sein.

179 Bei der **Vertragsgestaltung** sollte zur Klarstellung, was mit der Untersagung von Aktivverkauf gemeint ist, auf die Vertikal-GVO und/oder die Leitlinien verwiesen werden. Dabei sollten deren Formulierungen wörtlich übernommen werden, um keine Zweifel aufkommen zu lassen, dass sich die Parteien im Rahmen des nach der Vertikal-GVO Zulässigen bewegen. Denn wegen des grundsätzlichen Verbots des absoluten Gebiets- und Kundenschutzes ist hier besondere Vorsicht geboten. Dies gilt insbesondere für Formulierungen bei Gebiets- oder Kundenbeschränkungen, die nicht zwischen aktiven und passiven Verkäufen unterscheiden. Typischerweise unzulässig – schon weil sie nicht zwischen aktiven und passiven Verkäufen unterscheiden – sind beispielsweise die folgenden Klauseln: „Der Abnehmer verpflichtet sich, die gelieferten Nähmaschinen ausschließlich an Endkunden zu liefern." (Querlieferungsverbot, das dem Abnehmer die Belieferung anderer Händler untersagen soll); „Der Abnehmer verpflichtet sich, die gelieferten Nähmaschinen nicht an gewerbliche Wiederverkäufer zu liefern."; „Verkauft der Abnehmer pro Jahr mehr als 120 Nähmaschinen, so erhält er eine Rückerstattung von 2% des Einkaufsvolumens. Hierbei werden jedoch Verkäufe an andere Händler nicht berücksichtigt."

180 Der aktive Verkauf kann dem Eigenhändler außerhalb des ihm zugewiesenen Gebiets oder bezogen auf ihm nicht zugewiesene Kunden nur im Hinblick auf die Gebiete bzw. Kunden untersagt werden, die der Anbieter **„sich selbst oder einem anderen Abnehmer zugewiesen"** hat. Die „verbotenen" Gebiete oder Kunden müssen also bereits durch den Anbieter oder andere Eigenhändler besetzt sein. Dabei stellt sich insbesondere die Frage, ob es ausreicht, in die Vertriebsverträge eine Klausel aufzunehmen, wonach die Gebiete bzw. Kunden außerhalb des Vertragsgebiets bzw. der zugewiesenen Kunden generell dem Anbieter selbst bzw. anderen Abnehmern (Eigenhändlern) vorbehalten sind, oder ob die einzelnen Gebiete/Kunden und ihre Besetzungsform jeweils konkret aufzuzählen sind. Letzteres ist insofern schwierig, als bei einer Änderung der Gebiets- oder Kundenbelegung stets die Vertriebsverträge anzupassen wären. Eigenhändler werden ausgetauscht und Gebiete/Kunden, die der Anbieter zunächst für sich selbst vorgesehen haben mag, können an andere Eigenhändler übertragen werden. Umgekehrt kann ein zunächst einem Eigenhändler zugewiesenes Gebiet/zugewiesener Kunde auf den Anbieter übergehen. Vor dem Hintergrund der Zielsetzung, dass das Verbot aktiver Verkäufe nur dort möglich sein soll, wo bereits ein anderer aktiv tätig ist, mag allerdings gefordert werden, dass die übrigen Territorien bereits tatsächlich aktiv erschlossen sind bzw. die übrigen Kunden tatsächlich aktiv beworben werden. Zumindest sollte (spätestens in absehbarer Zukunft) eine ausreichende Erschließung seitens des Anbieters oder eines anderen Vertriebshändlers gesichert sein.[313] Andernfalls liefe die Regelung des Art. 4 lit. b GVO leer. Zudem könnten bestimmte Gebiete/Kunden von angemessener Versorgung ausgeschlossen sein.

181 Nicht freistellungsfähig sind daher grundsätzlich vertragliche Klauseln, die dem Abnehmer ein bestimmtes Vertragsgebiet zuweisen (z. B. Deutschland, Großbritannien und Frankreich) und es ihm pauschal untersagen, Vertragswaren außerhalb dieses Gebietes aktiv zu vermark-

---

[311] Vertikalleitlinien, Rdnr. 51.
[312] Vertikalleitlinien, Rdnr. 51.
[313] So auch *Semler/Bauer,* DB 2000, 193, 198.

ten, mit dem Hinweis, dass der Anbieter sich alle anderen Gebiete selbst oder anderen Abnehmern vorbehalte, ohne dass dies tatsächlich der Fall ist. Vorsicht ist auch dann geboten, wenn ein bisher einem Eigenhändler zugewiesenes Gebiet oder ein ihm zugewiesener Kunde von dem Eigenhändler aufgegeben wird. Im Prinzip müssen den anderen Eigenhändlern dann – mindestens bis zur Neubesetzung – aktive Verkäufe in dieses Gebiet bzw. an diese Kunden gestattet werden, wenn nicht für diesen Fall der Anbieter selbst einspringt.

Bei jeder **Änderung des Gebiets bzw. der Kundenzuordnung** stellt sich die Frage, 182 ob es ausreicht, wenn der Vertrag eine dynamische Verweisung enthält oder wenn der Anbieter eine einseitige Erklärung des Inhalts abgibt, dass und welche Gebiete bzw. welche Kunden außerhalb des Vertragsgebiets ihm selbst oder einem anderen Händler zugewiesen sind. Dann müssten die vertraglichen Bestimmungen nicht neu verhandelt werden. Für die Möglichkeit der einseitigen Erklärung des Anbieters sprechen Praktikabilitätserwägungen. Sie trägt auch Sinn und Zweck von Art. 4 lit. b GVO ausreichend Rechnung.

Als Gegenleistung für die Zuweisung eines Vertragsgebiets an den Eigenhändler und den 183 damit einhergehenden (relativen) Gebietsschutz verlangt der Anbieter vom Eigenhändler häufig den **Alleinbezug der Vertragsprodukte,** d. h. der Eigenhändler darf die Vertragsprodukte nur von diesem Anbieter beziehen. In der Regel wird diese Alleinbezugsverpflichtung dadurch vor Umgehungen geschützt, dass dem Abnehmer der Bezug solcher Produkte untersagt wird, die mit den Vertragsprodukten in Wettbewerb stehen. So verpflichtet sich beispielsweise der Abnehmer zum einen, seinen gesamten Bedarf an Vertragswaren beim Anbieter zu decken. Zum anderen verpflichtet er sich, keine mit den Vertragswaren in Wettbewerb stehenden Waren zu kaufen, zu verkaufen oder sonst zu vertreiben. Solche Alleinbezugsverpflichtungen sind keine Kernbeschränkung (s. oben Rdnr. 169), sondern **„Wettbewerbsverbote"** im Sinne von Art. 1 Abs. 1 lit. d GVO. Sie dürfen nach Art. 5 Abs. 1 lit. a GVO nur für eine Laufzeit von bis zu fünf Jahren vereinbart werden. Da Gebietszuweisungen/Gebietsschutz und Alleinbezug oft in einem Gegenseitigkeitsverhältnis stehen, wird in der Praxis nicht nur die Alleinbezugsverpflichtung auf fünf Jahre beschränkt (was kartellrechtlich ausreichend wäre), sondern der gesamte Vertriebsvertrag (vgl. auch Rdnr. 249 ff.).

In Betracht kommt zudem die **Kombination mit einer Alleinbelieferungsverpflichtung des Anbieters.** Allerdings wird eine solche Verpflichtung (vgl. dazu oben 184 Rdnr. 168) zunehmend seltener anzutreffen sein, weil in der Praxis regelmäßig mehrere Eigenhändler im Binnenmarkt tätig sind und nicht nur ein einziger. Die Kombination von Alleinvertrieb und Alleinbelieferung ist zulässig (s. oben Rdnr. 170) und bedeutet in der Praxis den besten Schutz eines Eigenhändlers innerhalb des Binnenmarkts vor *intra-brand*-Wettbewerb. Denn nur an ihn dürfen im Bereich der Europäischen Union die Waren bzw. Dienstleistungen zum Zwecke einer spezifischen Verwendung oder des Weiterverkaufs geliefert werden. Passivverkäufe des Anbieters selbst können ebenfalls vertraglich ausgeschlossen werden, weil der Anbieter nicht in Art. 4 lit. b GVO geschützt wird (s. oben Rdnr. 168). Ein Ausschluss von Passivverkäufen von Eigenhändlern *außerhalb der Union* kommt ebenfalls in Betracht, denn hier greift schon Art. 101 Abs. 1 AEUV nicht notwendigerweise ein. Dabei wird im Fall von Alleinbelieferungsverpflichtungen ausreichender *inter-brand*-Wettbewerb dadurch gewährleistet, dass der Marktanteil des Anbieters und der des Abnehmers 30% nicht überschreiten dürfen (vgl. Art. 3 Abs. 1 GVO).[314]

cc) Sonderfall Internetverkäufe. Wegen der zunehmenden Bedeutung des Vertriebs über das 185 Internet war die Behandlung von Internetverkäufen einer der Schwerpunkte bei der Überarbeitung der Vorgänger-GVO Nr. 2790/1999. In diesem Bereich gibt es viele **unterschiedliche Interessen.** Die Hersteller streben zwar einen möglichst hohen Absatz an (der über das Internet als – zusätzlichem – Vertriebskanal gut zu realisieren ist); andererseits sind für sie der

---

[314] Im Rahmen der Vorgänger-GVO Nr. 2790/1999 war dagegen nach überwiegender Auffassung für die Freistellung von Alleinbelieferungsvereinbarungen nach Art. 2 und 3 GVO allein auf den Marktanteil des Abnehmers abzustellen; s. dazu oben Rdnr. 65, 125.

Schutz ihrer Marke und der Kundenservice oft von erheblicher Bedeutung. Beides sehen die Hersteller von Markenprodukten insbesondere beim Vertrieb über Auktionsplattformen als gefährdet an. Internethändler wollen dagegen im Wettbewerb von ihrer günstigen Kostenstruktur profitieren. Für stationäre Händler steht die Gefahr des „Trittbrettfahrer-Effekts" im Vordergrund.[315] Der Internethandel wird in der Vertikal-GVO allerdings weiterhin nicht ausdrücklich erwähnt. Dafür gibt die Kommission erneut Auslegungshilfen in den Leitlinien.[316] Diese sind gegenüber den früheren Leitlinien in Bezug auf Internetverkäufe erheblich ausführlicher und weisen teilweise markante inhaltliche Unterschiede auf.

186 Im Zusammenhang mit Internetverkäufen sind in der behördlichen und gerichtlichen Entscheidungspraxis seit einigen Jahren vermehrt **kartellrechtliche Probleme** relevant geworden. Sie betreffen vor allem die folgenden Fragen:

– (1) Stellen vertragliche Einschränkungen von Internetverkäufen eine Wettbewerbsbeschränkung i. S. d. Art. 101 Abs. 1 AEUV dar?
– (2) Handelt es sich beim Internetvertrieb um Aktiv- oder Passivverkäufe?
– (3) Sind vertragliche Verbote oder Beschränkungen von Internetverkäufen eine Kernbeschränkung gemäß Art. 4 lit. b GVO?
– (4) Können einzelne Modalitäten des Internetverkaufs, insbesondere die Nutzung bestimmter Plattformen, verboten oder beschränkt werden?
– (5) Liegen ggf. die Voraussetzungen von Art. 101 Abs. 3 AEUV vor?

187 *(1) Wettbewerbsbeschränkung i. S. d. Art. 101 Abs. 1 AEUV.* Die Frage, ob Regelungen des Internetverkaufs als **Wettbewerbsbeschränkung** anzusehen sind, stellt sich insbesondere beim selektiven Vertrieb. Nach der gefestigten Rechtsprechung des EuGH wird der Wettbewerb i. S. d. Art. 101 Abs. 1 AEUV dann nicht beschränkt, wenn es sich bei den festgelegten Modalitäten um objektive Kriterien handelt, die im Hinblick auf die Natur der Produkte erforderlich sind, einheitlich und diskriminierungsfrei angewandt werden und nicht über das notwendige Maß hinausgehen (s. unten Rdnr. 205, 352 ff.). In der Literatur und in der Entscheidungspraxis der Gerichte wird dies auch für Regelungen von Internetverkäufen teilweise bejaht, während vor allem das BKartA Internetbeschränkungen grundsätzlich kritisch bewertet. Da es sich insoweit um ein Sonderproblem des selektiven Vertriebs handelt, wird auf die dortigen Erläuterungen (*Kirchhoff*, Rdnr. 342 ff.) verwiesen.

188 *(2) Einordnung als Aktiv- oder Passivverkäufe.* Beim selektiven Vertrieb sind Beschränkungen des Verkaufs an Endverbraucher, soweit es sich um Wettbewerbsbeschränkungen i. S. d. Art. 101 Abs. 1 AEUV handelt, in jeder Form – also auch im Fall von Internetverkäufen – unzulässig (Art. 4 lit. c GVO; dazu Rdnr. 211 ff.). Dagegen hängt bei allen anderen Vertriebsformen die Frage, ob und in welchem Umfang vertragliche Beschränkungen von Internetverkäufen möglich sind, entscheidend von der Einordnung des Vertriebs über das Internet als passivem oder aktivem Verkauf ab. Die Kommission vertritt die Auffassung, dass der Vertrieb über das Internet **grundsätzlich als Passivverkauf** einzuordnen ist.[317] Sie stellt darauf ab, dass Internetseiten dem Kunden lediglich die Möglichkeit geben, mit dem Händler in Kontakt zu treten; es ist somit eine Initiative des Kunden notwendig. Grundsätzlich muss es jedem Händler erlaubt sein, Produkte über das Internet zu vertreiben (Vertikalleitlinien, Rdnr. 52). Daraus folgt, dass ein Internethändler auch an Kunden in einem Gebiet verkaufen darf, das exklusiv einem anderen Händler oder dem Hersteller selbst vorbehalten ist. Dieses Recht darf als passiver Verkauf vertraglich nicht beschränkt werden.

189 Die „unbegrenzte Reichweite" einer Internetseite ist aus Sicht der Kommission Folge der technischen Entwicklung. Die **Wahl der Sprache auf der Internetseite** soll nichts an der Einordnung der Internetverkäufe als passive Verkäufe ändern.[318] Nach Meinung der Kommission darf der Abnehmer seine Internetseite in jeder Sprache führen, ohne dass dies

---

315 Siehe dazu ausführlich *Seeliger/Klauß,* GWR 2010, 233.
316 Vertikalleitlinien, Rdnr. 52 bis 54 und 56.
317 Vertikalleitlinien, Rdnr. 52.
318 Vertikalleitlinien, Rdnr. 52.

schon als aktive Verkaufsmaßnahme gewertet wird. Das mag zutreffen, soweit es um weit verbreitete Sprachen wie Englisch, Französisch oder Spanisch geht. Jedoch kann man kaum bezweifeln, dass sich ein in Bayern ansässiger Anbieter mit einer Homepage in tschechischer Sprache aktiv an Kunden in der Tschechischen Republik wendet. Als **aktiver Verkauf** gilt es nach den Leitlinien, wenn die Online-Werbung gezielt bestimmte Kunden erreichen will. Beispiele dafür sind gebietsspezifische Banner auf Internetseiten Dritter oder allgemein solche Bemühungen, die sich gezielt an bestimmte Kunden innerhalb des Gebiets oder bestimmte Kundengruppen richten (Rdnr. 53). Solche aktiven Verkäufe können im Rahmen eines Alleinvertriebssystems ggf. untersagt werden.

(3) Beschränkung des Internetvertriebs als Kernbeschränkung i. S. d. Art. 4 lit. b GVO. Soweit es sich beim Internetvertrieb um einen passiven Verkauf handelt, sind Einschränkungen in Vereinbarungen zwischen Hersteller und Händler grundsätzlich eine **Kernbeschränkung** nach Art. 4 lit. b GVO und damit unzulässig. Eine Kernbeschränkung stellt insbesondere das vollständige **Verbot von Internetverkäufen** dar. Den Einwand, dies sei zum Schutz des besonderen Image von Markenprodukten und anderen hochpreisigen Konsumgütern notwendig, hat der EuGH zurückgewiesen.[319] Als Kernbeschränkung im Rahmen von Alleinvertriebssystemen wertet die Kommission in den Leitlinien auch das Blockieren der Webseite, wenn sie von Kunden außerhalb des zugewiesenen Vertragsgebiets aufgerufen wird bzw. das automatische Umleiten auf die Webseite des „zuständigen Händlers" (Rdnr. 52 lit. a) und die Verpflichtung des Händlers, bei einer Bestellung per Kreditkarte mit einer Adresse außerhalb des Vertragsgebiets die Transaktion abzubrechen (Rdnr. 52 lit. b). Ausnahmsweise können aber etwa Beschränkungen aus Gründen des Gesundheitsschutzes objektiv gerechtfertigt sein.[320] Jedoch haben sowohl der EuGH als auch das BKartA dieses Argument beim Verkauf von Kontaktlinsen nicht gelten lassen.[321] Ebenso wurde die „Trittbrettfahrerproblematik" beim Verkauf durch den Fachhandel in diesem Fall nicht als Rechtfertigung für Beschränkungen beim Internetverkauf angesehen. 190

Bloße **Beschränkungen** von Internetverkäufen sind im Grundsatz unzulässig, wenn dadurch die Menge **(Quantität)** der online-Verkäufe begrenzt wird (Vertikalleitlinien, Rdnr. 52 lit. c). Das betrifft auch die Vereinbarung, dass der Abnehmer für Produkte, die er online verkauft, dem Hersteller einen höheren Preis zahlen muss (**„dual pricing"**; Rdnr. 52 lit. d) oder einen geringeren Rabatt erhält.[322] Dagegen sind Vorgaben für die Art und Weise des Internetverkaufs **(Qualitätsanforderungen)** im Prinzip zulässig, wenn sie in Art und Umfang möglichen Beschränkungen beim stationären Verkauf entsprechen.[323] Zulässig sind zum Beispiel die Verpflichtung des Abnehmers, neben dem Online-Vertrieb zusätzlich einen nach Wert oder Umfang bestimmten stationären Vertrieb zu betreiben oder das Online-Geschäft dem Vertriebsmodell des Anbieters anzupassen.[324] Diese Be- 191

---

[319] EuGH U. v. 13.10.2011, Rs. C-439/09, Slg. 2011, I-9419, Rdnr. 46 – *Pierre Fabre.* Der EuGH hat dort allerdings offengelassen, ob im Einzelfall die Voraussetzungen einer Einzelfreistellung erfüllt sein könnten (aaO Rdnr. 48–50); dazu *Peeperkorn/Heimann,* GRUR 2014, 1175, 1176 f. und unten Rdnr. 194, 198.

[320] Vgl. Vertikalleitlinien, Rdnr. 60.

[321] EuGH U. v. 13.10.2011, Rs. C-439/09, Slg. 2011, I-9419, Rdnr. 44 – *Pierre Fabre* mit Verweis auf das *Ker-Optika*-Urteil (U. v. 2.12.2010, Rs. C-108/09, Slg. 2010, I-12213, Rdnr. 76), in welchem eine entsprechende Rechtfertigung im Kontext der Verkehrsfreiheiten ebenfalls abgelehnt wurde; BKartA, B. v. 25.9.2009, B 3–123/08, WuW/E DE-V 1814, Rdnr. 20 ff. – *Kontaktlinsen.*

[322] In der Praxis hat dazu vor allem das BKartA mehrere Verfahren eingeleitet; vgl. z. B. Pressemitteilung vom 28.11.2013 zum Fall *GARDENA* und vom 23.12.2013 zum Fall *Bosch Siemens Hausgeräte GmbH.* Vgl. auch das Diskussionspapier „Vertikale Beschränkungen der Internetökonomie" des BKartA für den Arbeitskreis Kartellrecht vom 10.10.2013, S. 21 f. (abrufbar auf der Internetseite des BKartA). Vgl. ferner *Kirchhoff* unten Rdnr. 428 ff.

[323] Vertikalleitlinien, Rdnr. 54. Kritisch zum Erfordernis der Gleichwertigkeit *Seeliger/Klauß,* GWR 2010, 233, 235, da es sich bei Online- und Offline-Vertrieb um verschiedene, nicht vergleichbare Vertriebskanäle handelt.

[324] Vertikalleitlinien, Rdnr. 52 lit. c. Es darf zwar eine Mindestmenge in absoluten Zahlen für den stationären Verkauf festgesetzt werden, um bloße Scheingeschäfte zu verhindern. Eine prozentuale

schränkungen betreffen in erster Linie selektive Vertriebsmodelle und sind dort zu erörtern (vgl. dazu Rdnr. 198, 211 und *Kirchhoff,* unten Rdnr. 403 ff.).

192 *(4) Modalitäten des Internetverkaufs, insbesondere Nutzung bestimmter Plattformen.* Eine in der Praxis wichtige und kontrovers diskutierte Beschränkung des Internetvertriebs sind **Drittplattformverbote,** d.h. Klauseln, nach welchen ein Anbieter einem Händler seines Vertriebssystems untersagt, unabhängige Drittplattformen, insbesondere Auktionsplattformen wie z.B. *Ebay,* zu nutzen. Auch dies betrifft vor allem Fälle des selektiven Vertriebs.[325] Bei anderen Vertriebssystemen kann in ähnlicher Weise ein Verbot des Verkaufs über Internet-Plattformen relevant sein.[326]

193 Hier ist bereits umstritten, ob ein solches Verbot eine **Kundengruppenbeschränkung gem. Art. 4 lit. b GVO** darstellt. Die **Kommission** führt dazu in den Leitlinien aus, der Anbieter müsse vom Händler verlangen können, Drittplattformen nur „im Einklang" mit den Normen und Voraussetzungen zu nutzen, welche zwischen dem Anbieter und seinen Händlern für die Nutzung des Internets zu Vertriebszwecken vereinbart wurden (Rdnr. 54). In diesem Rahmen sei auch eine Klausel des Anbieters im Falle der Nutzung einer Drittplattform zulässig, nach welcher Kunden die Webseite des Händlers nicht über eine Webseite aufrufen sollen, die den Namen oder das Logo dieser Plattform trägt (sog. Logo-Klausel). Die Kommission bewertet also das Verbot von Drittplattformen als eine im Regelfall zulässige Qualitätsanforderung.[327] Im Umkehrschluss kann aber das „Hosting" der Webseite an eine Drittplattform übertragen werden, wenn diese Drittplattform als solche für den Kunden nicht erkennbar ist.[328] Der Händler darf also nicht verpflichtet werden, seine Internetpräsenz technisch selbst zu betreiben.

194 Diese tendenziell großzügige Handhabung von Drittplattformverboten durch die Kommission wird von den nationalen Gerichten zum Teil abgelehnt.[329] Auch das **BKartA** hat diese Einordnung in einem Hintergrundpapier mit Verweis auf die *Pierre Fabre*-Entscheidung des EuGH angezweifelt und jedenfalls die Möglichkeit eines Entzugs des Vorteils der Gruppenfreistellung in den Raum gestellt.[330] Entsprechend energisch geht es gegen Drittplattformverbote vor.[331]

Begrenzung (z.B. „mindestens 50% stationärer Umsatz") darf aber nicht vorgeschrieben werden. Die gegenteilige Entscheidung des BGH im Fall *„Depotkosmetik im Internet"* (U. v. 4.11.2003, KZR 2/02, WuW/E DE-R 1203, 1204) ist durch die neuen Leitlinien überholt.

[325] Vgl. dazu ausführlich *Kirchhoff* unten Rdnr. 399 ff. (Einzelfragen „Internet-Auktionsplattformen/ Internet-Marktplätze"). Entscheidungen der Wettbewerbsbehörden liegen zu Internetplattform-Verboten noch nicht vor. Alle bisher ergangenen gerichtlichen Entscheidungen betreffen zivilrechtliche Streitigkeiten zwischen Hersteller und Händlern.

[326] So z.B. im Fall OLG München U.v. 2.7.2009, WuW DE-R 2698 – *Internet-Auktionsplattform;* OLG Schleswig U.v. 5.6.2014, WuW DE-R 4293 – *Beschränkung des Internetvertriebs.*

[327] Ebenso *Peeperkorn/Heimann,* GRUR 2014, 1175, 1178, die Plattformverbote nicht als Kundenbeschränkung („An wen?"), sondern als Modalität („Wie?") des (Internet-)Vertriebs betrachten.

[328] *Lohse,* WuW 2014, 120, 127; *Schultze/Pautke/Wagener,* Rdnr. 773.

[329] Zur Rechtsprechung in Deutschland s. LG Frankfurt U. v. 18.6.2014, WuW DE-R 4409 – *Funktionsrucksäcke;* OLG Schleswig U.v. 5.6.2014 – 16 U (Kart) 154/13, WuW DE-R 4293 – *Beschränkung des Internetvertriebs;* LG Kiel U.v. 8.11.2013, WuW DE-R 4075 – *Digitalkameras;* KG U.v. 19.9.2013, WuW DE-R 4019 – *Schulranzen und -rucksäcke* (m. Anm. *Kuntze-Kaufhold,* WuW 2014, 476); OLG Karlsruhe U. v. 25.11.2009, WuW DE-R 2789 – *Schulranzen;* OLG München U.v. 2.7.2009, GRUR-RR 2009, 394 (m. Anm. *Spieker*); LG Berlin U. v. 21.4.2009, BB 2009, 1381 (m. Anm. *Schultze/Pautke*); LG München U. v. 24.6.2008 – 33 O 22 144/07, CR 2008, 806; LG Mannheim U.v. 14.3.2008, WuW DE-R 2322 – *Schulranzen.*

[330] BKartA Hintergrundpapier v. 10.10.2013, Vertikale Beschränkungen in der Internetökonomie, S. 24 mit Verweis auf EuGH U.v. 13.10.2011, Rs. C-439/09, Slg. 2011, I-9419, Rdnr. 46 – *Pierre Fabre,* wonach der Schutz des Prestigecharakters der betroffenen Produkte kein legitimes Ziel zur Beschränkung des Wettbewerbs sei. Kontext der Entscheidung war aber ein Totalverbot des Internetvertriebs.

[331] Vgl. Pressemitteilung des BKartA v. 2.7.2014, „*Adidas* gibt Verkaufsverbot über Online-Marktplätze auf"; Pressemitteilung des BKartA v. 28.4.2014, „Bundeskartellamt sieht Beschränkungen des

Das Verbot der Nutzung bestimmter Internet-Plattformen stellt nur dann eine Kernbeschränkung i. S. d. Art. 4 lit. b GVO dar, wenn es eine Beschränkung der **Kundengruppe** bezweckt.[332] Ausgangspunkt muss der Zweck der Vorschrift sein, eine Aufteilung von Märkten nach Gebieten oder Kundengruppen zu verhindern.[333] Daraus ergibt sich, dass im Streitfall nicht offen bleiben kann, ob die Vereinbarung eine abgegrenzte Kundengruppe betrifft.[334] Vielmehr muss eine Entscheidung auf der Grundlage objektiver Kriterien erfolgen.[335] Schwerpunkt der Diskussion bildet hierbei die Frage, ob es eine Gruppe von Drittplattformkunden gibt, welche sich von den übrigen Interneteinkäufern abgrenzen ließe.[336] Für eine Abgrenzung zwischen Drittplattformkunden und sonstigen Internetkunden sind aber keine verlässlichen Kriterien ersichtlich. Es ist auch nicht anzunehmen, dass es eine hinreichend große Gruppe von Käufern gibt, die sich auf Käufe über Drittplattformen beschränken.[337] In der Regel dürfte der Kunde nämlich seine Kaufentscheidung nicht nach den einzelnen Plattformen ausrichten, sondern nach dem favorisierten Angebot. Somit sprechen gute Gründe dafür, die Nutzer von Drittplattformen nicht als abgrenzbare Kundengruppe i. S. v. Art. 4 lit. b GVO anzusehen.[338] Ob wenigstens die Gesamtheit aller Internetkäufer eine Kundengruppe darstellt, wird unterschiedlich beurteilt.[339] 195

Eine Kernbeschränkung i. S. v. Art. 4 lit. b GVO könnte allerdings dann vorliegen, wenn statt eines vollständigen Ausschlusses des Verkaufs bereits die **Beschränkung der Möglichkeiten** ausreichen würde, **Waren an eine Kundengruppe abzusetzen.**[340] Zu berücksichtigen ist jedoch wiederum der Zweck des Art. 4 lit. b GVO, einer Marktaufteilung nach Gebieten oder Kundengruppen entgegenzuwirken. Diesem Zweck entsprechend bezieht sich die „Beschränkung" grammatikalisch auf die Kundengruppe, nicht etwa auf die allgemeinen Vertriebsmöglichkeiten des Abnehmers.[341] Drittplattformverbote führen nämlich notwendigerweise zu einer Beschränkung dieser Vertriebsmöglichkeiten, wie das bei Qualitätsanforderungen, die zu ihrer Rechtfertigung herangezogen werden, allgemein der Fall ist.[342] Solche Qualitätsvorgaben sind aber andererseits nicht schrankenlos zulässig.[343] 196

Online-Vertriebs bei *ASICS* kritisch" und Pressemitteilung des BKartA v. 27.12.2013, „Bundeskartellamt – Jahresrückblick 2013".

332 Die Ubiquität des Internets schließt eine Einstufung als Gebietsbeschränkung grundsätzlich aus.

333 Vertikalleitlinien, Rdnr. 50. Auch in der englischen Fassung heißt es an dieser Stelle: „market partitioning (...) by customer group".

334 So aber LG Kiel U. v. 8.11.2013, WuW DE-R 4075 – *Digitalkameras,* best. durch OLG Schleswig U. v. 5.6.2014, WuW DE-R 4293 – *Beschränkung des Internetvertriebs;* krit. dazu *Barth/dos Santos Gonçalvez,* GWR 2013, 523 und *Grave/dos Santos Gonçalvez,* DB 2014, 1668, 1669.

335 Vgl. Vertikalleitlinien, Rdnr. 168.

336 Dafür KG U. v. 19.9.2013, WuW DE-R 4019 – *Schulranzen und -rucksäcke* (m. Anm. *Kuntze-Kaufhold,* WuW 2014, 476).

337 *Pichler/Hertfelder,* NZKart 2014, 47.

338 So auch OLG München U. v. 2.7.2009, WuW DE-R 2698 – *Internet-Auktionsplattform; Immenga,* BB 2009, 2561, 2562; *Lohse,* WuW 2014, 120, 127; *Nolte,* BB 2014, 1155, 1160.

339 Dafür OLG München U. v. 2.7.2009 2009, WuW DE-R 2698 – *Internet-Auktionsplattform;* LG München U. v. 24.6.2008 – 33 O 22144/07, CR 2008, 806; aA *Kuntze-Kaufhold,* WuW 2014, 476, 478; *Rahlmeyer,* ZVertriebsR 2012, 56, 57; *Schultze/Pautke/Wagener,* Rdnr. 721.

340 So LG Kiel U. v. 8.11.2013, WuW DE-R 4075 – *Digitalkameras;* KG U. v. 19.9.2013, WuW DE-R 4019 – *Schulranzen und -rucksäcke* (m. Anm. *Kuntze-Kaufhold,* WuW 2014, 476); *Diesehorst/Luhn,* WRP 2008, 1306, 1310; *Immenga/Mestmäcker-Ellger,* Wettbewerbsrecht, Band 1: EU/Teil 1, Art. 4 Vertikal-GVO, Rdnr. 58; *Rudowicz,* NZKart 2014, 253, 259; *Schweda/Rudowicz,* WRP 2013, 590, 598; aA *Pichler/Hertfelder,* NZKart 2014, 47, 50; *Herrlinger,* NZKart 2014, 92, 94.

341 Gleicher Auffassung *Herrlinger,* NZKart 2014, 92, 94 f. Darüber können auch die Gegenausnahmen des Art. 4 lit. b (i) bis (iv) nicht hinwegtäuschen, die sich zwar auf bestimmte „Beschränkungen des Verkaufs" beziehen, materiell aber Kundengruppenbeschränkungen enthalten.

342 Vgl. *Pichler/Hertfelder,* NZKart 2014, 47, 50.

343 KG U. v. 19.9.2013, WuW DE-R 4019 – *Schulranzen und -rucksäcke* (m. Anm. *Kuntze-Kaufhold,* WuW 2014, 476); *Rudowicz,* NZKart 2014, 253, 260; *Spieker,* GRUR-RR 2009, 396, 397; eine ausführliche Darstellung der Argumente gegen Drittplattformverbote findet sich bei *Schweda/Rudowicz,* WRP 2013, 590.

Im Hinblick auf den selektiven Vertrieb führt die Kommission in den Leitlinien (Rdnr. 56) aus, dass eine Verpflichtung als Kernbeschränkung anzusehen ist, welche den Vertragshändler davon abhält, das Internet zu benutzen, um „mehr und andere Kunden" zu erreichen, indem ihm Kriterien für den Online-Vertrieb oktroyiert werden, welche insgesamt den Kriterien für Offline-Verkäufe nicht gleichwertig sind.[344] Dabei komme es indes nicht auf eine Identität der jeweiligen Kriterien an, sondern darauf, dass mit ihnen dieselben Ziele verfolgt und vergleichbare Ergebnisse erreicht werden sollten und dass die Unterschiede systemisch bedingt seien. Diese Feststellung dürfte für andere Vertriebsformen als den selektiven Vertrieb in gleicher Weise zutreffen. Aus dem herzustellenden Gleichgewicht ergibt sich somit die entscheidende Frage, ob **Qualitätsvorgaben** im Einzelfall eine derartige Intensität erreichen, dass sie im Ergebnis einer Kundengruppenbeschränkung gleichkommen, indem nicht mehr die Art und Weise des Vertriebs (also das „Wie") geregelt, sondern bereits der Zugang zu den Internetkunden (also das „Ob") beschränkt wird.[345] Als Maßstab dürfte der zusätzliche Such-, Informations- und Transaktionsaufwand auf der Nachfrageseite gelten.[346] Dies wurde jedoch bislang nicht höchstrichterlich entschieden.

197 Eine weitere Streitfrage ist es, ob ein grundsätzlich zulässiges Verbot des Verkaufs über Internetplattformen durch den Hersteller jedenfalls **einheitlich und nicht diskriminierend** gehandhabt werden muss. Auch diese Problematik stellt sich sowohl bei selektiven Vertriebssystemen als auch in sonstigen Fällen. So hat das Kammergericht in einer *Ebay*-Klausel im Rahmen eines selektiven Vertriebssystems zwar eine zulässige Qualitätsanforderung gesehen, jedoch aus der nicht diskriminierungsfreien Handhabung der Klausel auf eine unzulässige Kernbeschränkung nach Art. 4 lit. b GVO geschlossen.[347] Der Anbieter hatte nämlich selbst „Restposten" seiner Schulranzen über einen Vertriebsweg abgesetzt, den das Gericht mit dem Prestigecharakter von Markenprodukten für ebenso unvereinbar hielt wie den Internetverkauf über *Ebay*. Das OLG Karlsruhe hat in einem ähnlichen Fall des Restposten-Verkaufs durch den Anbieter ebenfalls die Notwendigkeit einer nachvollziehbaren und willkürfreien Vertriebspolitik betont, einen Widerspruch zwischen dem selektiven Vertriebssystem und dem Restposten-Verkauf aber nicht gesehen.[348] Zuletzt hat das OLG Schleswig die Kartellrechtswidrigkeit eines Drittplattformverbots in einem nichtselektiven Vertriebssystem mangels einer begründeten und konsequenten Vertriebslinie bestätigt, weil der Anbieter seine Ware an Großkunden sowie an den Großhandel veräußert hatte, der sie wiederum ohne weitere Qualitätsanforderungen weitergeben durfte.[349] Dabei deutet das OLG Schleswig an, dass die betreffenden Einschränkungen im Rahmen einer selektiv-strategischen Gleichausrichtung von stationärem Verkauf und Internetvertrieb möglicherweise zulässig gewesen wären.

198 Inwiefern die pauschale Forderung nach einer diskriminierungsfreien Anwendung der Qualitätskriterien mit der Rechtsprechung des EuGH im Fall *Auto 24/Jaguar*[350] vereinbar ist, ist offen. Zwar betrifft diese Entscheidung den Fall des selektiven Vertriebs im Rahmen der früheren Kfz-GVO.[351] Wenn aber schon im Rahmen des selektiven Vertriebs, der stär-

---

[344] Zur Fragwürdigkeit des Gleichwertigkeitskriteriums vgl. *Seeliger/Klauß,* GWR 2010, 233, 235.

[345] *Barth/dos Santos Gonçalvez,* GWR 2013, 523; *Herrlinger,* NZKart 2014, 92, 94; *Lohse,* WuW 2014, 120, 127. Nach *Peeperkorn/Heimann,* GRUR 2014, 1175, 1178 sind Drittplattformverbote dagegen immer nur eine Qualitätsanforderung und keine Kundenbeschränkung.

[346] LG Kiel U. v. 8.11.2013, WuW DE-R 4075 – *Digitalkameras; Barth/dos Santos Gonçalvez,* GWR 2013, 523.

[347] KG U. v. 19.9.2013, WuW DE-R 4019 – *Schulranzen und -rucksäcke* (m. Anm. *Kuntze-Kaufhold,* WuW 2014, 476). Überraschenderweise geht das KG nicht auf das Vorliegen einer Kernbeschränkung nach Art. 4 lit. c GVO ein.

[348] OLG Karlsruhe U. v. 25.11.2009, WuW DE-R 2789 – *Schulranzen.*

[349] LG Kiel U. v. 8.11.2013, WuW DE-R 4075 – *Digitalkameras,* best. durch OLG Schleswig U. v. 5.6.2014, WuW DE-R 4293 – *Beschränkung des Internetvertriebs.*

[350] EuGH U. v. 14.6.2012, Rs. C-158/11, ECLI:EU:C:2012:351 – *Auto 24 SARL/Jaguar Land Rover France SAS.*

[351] Dazu unten Rdnr. 475 ff.

ker durch den Grundsatz der Gleichbehandlung der Händler geprägt ist,[352] eine einheitliche und diskriminierungsfreie Handhabung der Kriterien **keine Voraussetzung für die Freistellung nach Art. 2 Abs. 1 GVO** ist,[353] erscheint es naheliegend, dass dies erst recht für andere Vertriebssysteme anzunehmen ist. Allerdings liegt eine höchstrichterliche Entscheidung zu dieser Frage noch nicht vor. Deshalb sollte ein Anbieter vorerst zumindest sicherstellen, dass er weder anderen Händlern seines Vertriebssystems noch sich selbst eine abweichende Vertriebspraxis gestattet, wenn er einem Abnehmer ein Drittplattformverbot auferlegen möchte.

(5) Möglichkeit einer Einzelfreistellung nach Art. 101 Abs. 3 AEUV. Außerhalb des Anwendungsbereichs der Vertikal-GVO ist eine Einzelfreistellung immer dann zu prüfen, wenn eine Kernbeschränkung (z.B. Internetverbot) vorliegt oder eine der Parteien die Marktanteilsschwelle nach Art. 3 GVO überschritten hat. In Rdnr. 64 der Vertikalleitlinien erwähnt die Kommission den speziellen Fall des „Doppelpreissystems" (unterschiedliche Preise für offline- und online-Verkäufe). Dies ist eine Kernbeschränkung, trotzdem kann eine Einzelfreistellung in Betracht kommen, wenn der Preisunterschied z.B. durch höhere Kosten gerechtfertigt ist; dabei berücksichtigt die Kommission auch, in welchem Ausmaß der Internetverkauf durch die Preisgestaltung eingeschränkt ist. Grundsätzlich wird eine Einzelfreistellung umso schwieriger zu begründen sein, je mehr die Händler gehindert sein könnten, über das Internet mehr und andere Kunden zu erreichen. Bei einem vollständigen Internetverbot ist eine Einzelfreistellung somit eher unwahrscheinlich.[354] **198a**

In der deutschen Praxis ist die Frage einer Einzelfreistellung nach Art. 101 Abs. 3 AEUV mehrfach relevant geworden. Das BKartA hat in seiner *HRS*-Entscheidung[355] mögliche Effizienzen eingehend geprüft; im Ergebnis überwogen jedoch in allen Fällen die wettbewerblichen Bedenken. Im Fall des Verbots von Drittplattformen mussten sich die Gerichte, soweit sie das Verbot als unzulässig bewertet haben, jeweils mit der Frage einer Einzelfreistellung befassen. Aus unterschiedlichen Gründen wurden die Voraussetzungen des Art. 101 Abs. 3 AEUV, soweit ersichtlich, stets verneint. Das bedeutet aber nicht, dass eine Einzelfreistellung generell ausgeschlossen ist. Im Rahmen des selektiven Vertriebs können z.B. die strengen Anforderungen an den Ausschluss einer Wettbewerbsbeschränkung (s. unten Rdnr. 205, 352ff.) nicht auf eine Einzelfreistellung übertragen werden.[356] Zweifelhaft ist allerdings, ob der Gesichtspunkt des Image- und Markenschutzes, der nach dem *Pierre-Fabre*-Urteil des EuGH (s. oben Rdnr. 190, Fn. 323) keine Gruppenfreistellung begründet, eine Einzelfreistellung rechtfertigen kann. Für sich allein dürfte dies wohl als Effizienz nicht ausreichend sein.[357] **198b**

dd) 2. Ausnahme: Beschränkung der Sprungverkäufe von Großhändlern. Als weitere Ausnahme ist nach Art. 4 lit. b (ii) GVO vorgesehen, dass der Anbieter (Hersteller) Großhändlern vertraglich verbieten kann, die Einzelhandelsstufe zu überspringen und unmittelbar an Endverbraucher zu liefern. Dies gilt sowohl für den aktiven als auch den passiven Verkauf. Dabei dient Art. 4 lit. b (ii) GVO an sich nur der Klarstellung, denn nach der Rechtsprechung und der Kommissionspraxis stellt ein Sprunglieferungsverbot schon keine Wettbewerbsbeschränkung i. S. d. Art. 101 Abs. 1 AEUV dar.[358] Der EuGH hält den Großhändler, **199**

---

[352] Vgl. BGH U. v. 12.5.1998 – KZR 23/96, BB 1998, 2332, 2333.

[353] So EuGH U. v. 14.6.2012, Rs. C-158/11, ECLI:EU:C:2012:351 – *Auto 24 SARL/Jaguar Land Rover France SAS,* Rdnr. 32ff.

[354] So auch *Peeperkorn/Heimann* U. v. GRUR 2014, 1175, 1177.

[355] Dazu oben Rdnr. 148.

[356] So *Peeperkorn/Heimann* U. v. GRUR 2014, 1175, 1176f.

[357] Anders *Peeperkorn/Heimann* U. v. GRUR 2014, 1175, 1177 jedenfalls für den selektiven Vertrieb. Für ihre Auffassung bietet der Wortlaut des EuGH-Urteils in Sachen *Pierre Fabre* aber keine Anhaltspunkte.

[358] Siehe EuGH U.v. 25.10.1977, Rs. C-26/76, Slg. 1977, 1875ff. – *Metro I;* EuGH U. v. 22.10.1986, Rs. C-75/84, Slg. 1986, 3021ff. – *Metro II;* Komm. E. v. 15.12.1975, IV/847, ABl. 1976 Nr. L 28/19 – *SABA*.

der die Ware bzw. Dienstleistung günstiger vom Anbieter erwirbt als der Einzelhändler, nicht für schützenswert, wenn er nicht als Großhändler, sondern als Einzelhändler auftreten will.

200 **Großhändler** ist jeder Abnehmer auf der Großhandelsstufe. Dies umfasst auch den Haupt- oder Masterfranchisenehmer, also den Franchisenehmer, dem der Franchisegeber ein Geschäftskonzept lizenziert, welches er seinerseits an weitere Franchisenehmer unterlizenziert. Hingegen ist ein auf anderen Vertriebsstufen als nur der Großhandelsstufe tätiger Eigenhändler nicht Großhändler, so beispielsweise der Generalimporteur.

201 **Endverbraucher** („end users" in der englischen Fassung) werden als gewerbliche oder sonstige Endverbraucher („professional end users or final customers") definiert.[359] Es sind, wie auch sonst, alle Unternehmen und privaten Verbraucher gemeint, die die Waren oder Dienstleistungen verbrauchen, sie also weder verkaufen noch verarbeiten. Dies erfasst auch den Einkaufsmittler, der für die Rechnung von Endnutzern tätig ist.[360]

202 *ee) 3. Ausnahme: Beschränkung des Verkaufs an nicht zugelassene Händler im selektiven Vertrieb.* Die Vertikal-GVO enthält eine Reihe von Regelungen zu selektiven Vertriebssystemen.[361] Art. 1 Abs. 1 lit. e GVO definiert selektive Vertriebssysteme als „Vertriebssysteme, in denen sich der Anbieter verpflichtet, die Vertragswaren oder -dienstleistungen unmittelbar oder mittelbar nur an Händler zu verkaufen, die anhand festgelegter Merkmale ausgewählt werden, und in denen sich diese Händler verpflichten, die betreffenden Waren oder Dienstleistungen nicht an Händler zu verkaufen, die innerhalb des vom Anbieter für den Betrieb dieses Systems festgelegten Gebiets nicht zum Vertrieb zugelassen sind". Ein selektiver Vertrieb i. S. d. Vertikal-GVO liegt somit nur dann vor, wenn das Vertriebssystem händler- und herstellerseitig geschlossen ist (sog. **beidseitig geschlossenes selektives Vertriebssystem**). Die Unterscheidung in „händlerseitig" und „herstellerseitig" geschlossene selektive Vertriebssysteme betrifft die Frage, wem die Beschränkung auferlegt ist. Bei herstellerseitig geschlossenen selektiven Vertriebssystemen verpflichtet sich der Anbieter, die Waren nur an zugelassene Abnehmer zu liefern. Bei händlerseitig geschlossenen selektiven Vertriebssystemen werden die Abnehmer verpflichtet, die Waren nur an (andere) zugelassene Abnehmer – oder an Endverbraucher – weiterzuverkaufen.

203 Unterschieden wird herkömmlich zwischen dem sog. qualitativen und dem quantitativen selektiven Vertrieb. Diese beiden Begriffe sind in den Vertikalleitlinien definiert.[362] Bisher war umstritten, wie der Begriff des selektiven Vertriebs im Rahmen der Vertikal-GVO auszulegen ist. Erst durch das Urteil des EuGH vom 14.6.2012 im Fall *Auto24/Jaguar* ist eine Klärung herbeigeführt worden (s. unten Rdnr. 208).

204 Beim **qualitativen selektiven Vertrieb** werden die Händler ausschließlich nach objektiven qualitativen Kriterien ausgewählt, die sich nach den Anforderungen des betreffenden Produkts richten. Beispiele für Selektionskriterien, welche die Zahl der zugelassenen Eigenhändler nicht unmittelbar begrenzen, sind Anforderungen an die sachliche Ausstattung und die fachliche Eignung des Abnehmers bzw. seines Personals, die auch als „einfache Fachhandelsbindung" bezeichnet werden. Beispiel: „Um zum Vertriebssystem zugelassen zu werden, muss der Abnehmer nachweisen, dass er (a) über Geschäftsräume verfügt, in denen die Nähmaschinen ausgestellt und ggf. auch vorgeführt werden können, und (b) über hinreichend qualifiziertes Fachpersonal verfügt, von dem ständig zwei Mitarbeiter für die Beratung von Kunden zur Verfügung stehen." Beim **quantitativen Selektivvertrieb** kommen noch Kriterien hinzu, die die Anzahl der in Frage kommenden Händler unmittelbar beschränken, insbesondere dadurch, dass die Händlerzahl ausdrücklich begrenzt wird. Ein Beispiel dafür ist: „Der Anbieter lässt nur einen Eigenhändler pro Landkreis zu."

---

[359] Vertikalleitlinien, Rdnr. 56.

[360] Vertikalleitlinien, Rdnr. 56 (in der englischen Fassung: „purchasing agents acting on behalf of (end) users").

[361] Zur kartellrechtlichen Beurteilung des selektiven Vertriebs ausführlich *Kirchhoff* unten Rdnr. 342 ff.

[362] Vertikalleitlinien, Rdnr. 175.

Es gibt aber auch faktische Beschränkungen der Zahl der Abnehmer, z. B. durch eine Mindestabnahmepflicht: „Der Eigenhändler verliert seine Zulassung zum Vertriebssystem, wenn er pro Jahr weniger als 50 Nähmaschinen abnimmt."

Rein qualitative Selektivvertriebssysteme enthalten nach Ansicht der Kommission und der Rechtsprechung **keine Wettbewerbsbeschränkung** nach Art. 101 Abs. 1 AEUV, wenn sie drei Voraussetzungen erfüllen: (1) die Beschaffenheit der Vertragswaren macht den selektiven Vertrieb erforderlich, (2) die Händler müssen aufgrund objektiver qualitativer Kriterien ausgewählt werden, die einheitlich festgelegt sind, allen potentiellen Wiederverkäufern zur Verfügung stehen sowie unterschiedslos (diskriminierungsfrei) angewandt werden, und (3) die Kriterien dürfen nicht über das erforderliche Maß hinausgehen.[363] Als weiteres Kriterium wird angeführt, dass die Wettbewerbsstruktur durch das qualitative selektive Vertriebssystem nicht eingeschränkt oder verfälscht werden darf.[364] Dieses Merkmal ist bislang jedoch nicht relevant geworden und hat daher in der Praxis keine besondere Bedeutung.[365]. 205

Einer Freistellung nach der Vertikal-GVO bedarf es dann nicht. Für Anbieter, deren Vertriebssysteme nicht von einer Freistellung nach der Vertikal-GVO profitieren können, weil ihr Marktanteil 30% übersteigt, ist der (einfache) qualitative selektive Vertrieb also eine Möglichkeit (und ggf. sogar die einzig zulässige), den Vertrieb zu strukturieren. Auf qualitative selektive Vertriebssysteme mit zusätzlichen Wettbewerbsbeschränkungen **(qualifizierte selektive Vertriebssysteme)** findet Art. 101 Abs. 1 AEUV hingegen Anwendung.[366] Im Einzelnen wird hierzu auf die Erläuterungen von *Kirchhoff* (Rdnr. 342 ff.) verwiesen. 206

Quantitative selektive Vertriebssysteme, bei denen die Selektionskriterien die Zahl der Händler unmittelbar begrenzen, sind wegen der Kundengruppenbeschränkungen, die den Händlern auferlegt werden, wettbewerbsbeschränkend im Sinne von Art. 101 Abs. 1 AEUV und bedürfen daher einer Freistellung. Dasselbe gilt, wenn ein selektives Vertriebssystem aus anderen Gründen als einer Beschränkung der Zahl der Abnehmer durch die Selektionskriterien nicht als (einfaches) qualitatives selektives Vertriebssystem gilt. Das kann beispielsweise der Fall sein, wenn die Eigenschaften des Produkts die Selektionskriterien nicht im strengen Sinne erforderlich machen, z. B. weil der Anbieter von den Eigenhändlern verlangt, dass sie fachkundiges Personal vorhalten, obwohl das Produkt technisch anspruchslos ist, oder weil weitere Wettbewerbsbeschränkungen, etwa in Form von Mindestabnahmepflichten, hinzutreten. 207

Streitig war zunächst, ob die oben (Rdnr. 205) angeführten Kriterien auch im Rahmen der Freistellung gemäß Art. 2 Abs. 1 GVO eingehalten werden müssen. Das wäre der Fall, wenn diese Kriterien die Voraussetzungen eines selektiven Vertriebs als solchen definiert hätten.[367] In der Literatur wurde dies überwiegend für alle oder bestimmte Kriterien angenommen. Nach der Entscheidung des EuGH im Fall *Auto 24/Jaguar* dürfte dies nun zu verneinen sein. Danach genügt für die Feststellung eines selektiven Vertriebs, dass der Her- 208

---

363 So die Definition der Kommission in den Vertikalleitlinien, Rdnr. 175. Vgl. auch EuGH U. v. 11.12.1980, Rs. C-31/80, Slg. 1980, 3775, Rdnr. 15 f – *L'Oréal/PVBA;* U. v. 25.10.1977, Rs. C-26/76, Slg. 1977, 1875, Rdnr. 21 f. – *Metro I;* U. v. 25.10.1983, Rs. C-107/82, Slg. 1983, 3151, Rdnr. 35 – *AEG/Kommission.*

364 Dazu *Kirchhoff,* Rdnr. 368 ff. Die Kommission verlangt in den Vertikalleitlinien, Rdnr. 175 dagegen nur drei Voraussetzungen (wie hier).

365 So auch *Kirchhoff* unten Rdnr. 372.

366 Z. B. EuGH U. v. 25.10.1977, Rs. C-26/76, Slg. 1977, 1875 – *Metro I.*

367 Bejaht wurde dies in der Voraufl., § 10 Rdnr. 179 sowie von *Immenga/Mestmäcker-Veelken,* Wettbewerbsrecht, Band 1: EU/Teil 1, 4. Aufl. 2007, Vertikal-GVO, Rdnr. 225; im Ergebnis auch von *Bechtold,* NJW 2003, 3731 sowie *Bechtold/Bosch/Brinker,* Art. 1 VO Nr. 330/2010, Rdnr. 38 und 41, wonach die Kriterien zwar nicht objektiv erforderlich seien, wohl aber diskriminierungsfrei angewandt werden müssten; ebenso jetzt *Immenga/Mestmäcker-Ellger,* Wettbewerbsrecht, Band 1: EU/Teil 1, Art. 4 Vertikal-GVO, Rdnr. 75 f. und 73. Dagegen aA – entsprechend der Entscheidung des EuGH – *Loewenheim/Meessen/Riesenkampff-Baron,* Vertikal-GVO, Rdnr. 205; *Schultze/Pautke/Wagener,* Rdnr. 240 ff.

steller für sein Vertriebssystem **nachprüfbare objektive Kriterien festgelegt** hat.[368] Für die Freistellung nach Art. 2 Abs. 1 GVO ist weder erforderlich, dass die Kriterien objektiv notwendig sind noch müssen sie diskriminierungsfrei angewandt werden. Auch ist der Hersteller nicht verpflichtet, die Auswahlkriterien bekannt zu geben oder einseitig von ihm festgelegte Kriterien (die nicht vertraglich vereinbart sind) für die Dauer des Vertriebssystems beizubehalten.[369] Er kann vielmehr die Kriterien jederzeit ohne Ankündigung einseitig ändern und dadurch die Auswahl der Händler nach Belieben steuern.[370]

209 Nach Art. 4 lit. b (iii) GVO ist es grundsätzlich zulässig, im selektiven Vertrieb Beschränkungen des **Verkaufs an nicht zugelassene Händler** zu vereinbaren. Dabei dient dies bezogen auf den qualitativen selektiven Vertrieb, der schon nicht unter Art. 101 Abs. 1 AEUV fällt, nur der Klarstellung. Bedeutung kommt der Freistellung allenfalls für das quantitative selektive Vertriebssystem zu, wobei sich die Zulässigkeit des Verbots des Verkaufs an nicht zugelassene Händler letztlich als konstitutives Element des Begriffs des selektiven Vertriebssystems schon aus der Definition in Art. 1 Abs. 1 lit. e GVO ergibt.

210 *ff) 4. Ausnahme: Beschränkung des Weiterverkaufs von Bestandteilen.* Art. 4 lit. b (iv) GVO enthält eine Sonderregelung, die ausnahmsweise gewisse vertragliche Kundenbeschränkungen zu Lasten des OEM-Abnehmers („original-equipment manufacturer") freistellt. So kann der Anbieter (Hersteller) dem OEM-Abnehmer (Eigenhändler) nach Art. 4 lit. b (iv) GVO verbieten, dass er **Bestandteile, die zwecks Einfügung in andere Erzeugnisse geliefert werden,** an solche Kunden verkauft, die damit Geräte oder Produkte herstellen würden, die mit denen des Anbieters in Wettbewerb stehen. Dagegen kann die Weiterveräußerung der Bestandteile durch den Abnehmer nicht untersagt werden. Kritisiert wurde der enge Anwendungsbereich der Vorschrift auch deshalb, weil nur die Herstellung derselben Art von Erzeugnissen ein Verbot der Bestand- und Ersatzteillieferung rechtfertigt.[371]

211 *c) Beschränkung des Verkaufs an Endverbraucher im selektiven Vertrieb (Art. 4 lit. c GVO).*[372] Soll für ein selektives Vertriebssystem die Freistellung nach der Vertikal-GVO in Anspruch genommen werden, so gelten nicht nur die Erleichterungen für Gebiets- und Kundenbeschränkungen im Rahmen des Art. 4 lit. b GVO (s. oben Rdnr. 170 ff.). Darüber hinaus sind auch die Kernbeschränkungen nach Art. 4 lit. c und d GVO zu beachten. Nach Art. 4 lit. c GVO dürfen die Eigenhändler eines selektiven Vertriebssystems, die auf der Einzelhandelsstufe tätig sind (also an private oder gewerbliche Endverbraucher verkaufen), nicht darin beschränkt werden, **aktiv oder passiv an Endverbraucher zu verkaufen.** Die in einem selektiven Vertriebsnetz auf der Einzelhandelsstufe tätigen Händler müssen demnach frei sein, an Endverbraucher ihrer Wahl verkaufen zu können. Dies bedeutet in der Praxis, dass auf der Stufe der Einzelhändler im selektiven Vertrieb keine zusätzlichen vertikalen Beschränkungen existieren dürfen, mit denen die Werbungs- und Verkaufstätigkeit eingeschränkt wird. Auf dieser Handelsstufe ist kein Raum für Gebiets- oder Kundenbeschränkungen. Dies gilt auch für eine Selbstbeschränkung des Anbieters, wenn er selbst auch auf der Einzelhandelsstufe tätig ist. Denn anders als Art. 4 lit. d GVO spricht Art. 4 lit. c GVO von den Mitgliedern ei-

---

368 Nach der Entscheidung des EuGH erfordert ein selektives Vertriebssystem als solches nicht, dass die Auswahlkriterien im Rahmen von quantitativen Systemen objektiv gerechtfertigt sind sowie einheitlich und unterschiedslos auf alle Bewerber um die Zulassung angewandt werden; nur ein qualitatives selektives Vertriebssystem müsse diesen Anforderungen entsprechen (EuGH U. v. 14.6.2012, Rs. C-158/11, ECLI:EU:C:2012:351 – *Auto 24 SARL/Jaguar Land Rover France SAS.* Die Entscheidung bezog sich zwar auf die Kfz-GVO 1400/2002 (die inzwischen nicht mehr gilt), dürfte aber nach dem Wortlaut allgemein für den selektiven Vertrieb gelten (so auch *Pautke,* EuZW 2012, 631; *Beutelmann,* ZWeR 2013, 346, 352 f.; zweifelnd dagegen *Kirchhoff* unten Rdnr. 363, 366).

369 Vgl. dazu *Beutelmann,* ZWeR 2013, 346, 355 f., wonach der Hersteller im Streitfall den genauen Inhalt der Kriterien darlegen und beweisen muss. Noch weitergehend *Kirchhoff* unten Rdnr. 358 ff.

370 Zu den Rechtsschutzmöglichkeiten der Händler insbesondere nach § 20 GWB s. *Kirchhoff* unten Rdnr. 444 ff.

371 *Bayreuther,* EWS 2000, 106, 114 m. w. N.

372 Zur kartellrechtlichen Beurteilung des selektiven Vertriebs ausführlich *Kirchhoff,* Rdnr. 342 ff.

nes selektiven Vertriebssystems, was den Anbieter einschließt.[373] Demgegenüber sind derartige Beschränkungen auf vorgelagerten Vertriebsstufen möglich.[374]

Den selektiven Vertriebshändlern dürfen aber nach Art. 4 lit. c 2. Halbsatz GVO Geschäfte aus **nicht zugelassenen Niederlassungen** untersagt werden. Dies wiederholt und präzisiert die bereits im Einleitungsteil von Art. 4 lit. b GVO enthaltene Einschränkung („vorbehaltlich einer etwaigen Beschränkung in Bezug auf den Ort seiner Niederlassung"). Den selektiven Vertriebshändlern können somit Beschränkungen hinsichtlich des Standorts ihres Geschäftslokals auferlegt werden. Der Anbieter kann z.B. die Tätigkeit des Abnehmers auf die von ihm abgenommene Niederlassung begrenzen und die Ausweitung der Tätigkeit des Abnehmers auf weitere Niederlassungen einem Zustimmungsvorbehalt unterwerfen. Dabei kann der selektive Eigenhändler nach Auffassung der Kommission in der Wahl des Standorts für sein Geschäftslokal im Einzelnen, ggf. sogar bis hin zur Wahl der Straße (z.B. die Königsallee in Düsseldorf), eingeschränkt werden.[375] Faktisch lässt sich so der Verkaufsradius des selektiven Vertriebseinzelhändlers bis zu einem gewissen Grad dirigieren. Nach den Leitlinien (Rdnr. 57) darf bei einer **mobilen Verkaufsstelle** („Laden auf Rädern") darüber hinaus ein Gebiet festgelegt werden, außerhalb dessen die mobile Verkaufsstelle nicht betrieben werden darf. Darauf, dass dies auch für passive Verkäufe der mobilen Verkaufsstelle gelten soll,[376] deutet die Formulierung in den Leitlinien zwar hin. Sie ist aber nicht eindeutig, so dass in jedem Fall Vorsicht geboten ist. Wegen des seltenen Einsatzes mobiler Verkaufsstellen wäre diese Durchbrechung des Grundsatzes, dass passive Verkäufe immer zulässig sein müssen, in der Praxis allerdings kaum von Relevanz.[377] **212**

d) Beschränkung von Querlieferungen im selektiven Vertrieb (Art. 4 lit. d GVO).[378] Nicht freigestellt sind nach Art. 4 lit. d GVO Beschränkungen von Querlieferungen zwischen den Händlern innerhalb eines (qualitativen oder quantitativen) selektiven Vertriebssystems. Dies gilt selbst für den Fall, dass die Händler auf unterschiedlichen Handelsstufen tätig sind. Der Handel mit Vertragswaren bzw. -dienstleistungen zwischen den Händlern eines selektiven Vertriebssystems darf also nicht durch Vereinbarungen der Mitglieder unterbunden oder eingeschränkt werden. Hier soll es also beim *intra-brand*-Wettbewerb bleiben. Das Verbot gilt nach dem Wortlaut des Art. 4 lit. d GVO nur „zwischen Händlern" und nicht bezogen auf den Anbieter. Dieser kann beispielsweise auch im selektiven Vertrieb eine **Alleinbelieferungsverpflichtung** gegenüber einem einzigen Händler in der Europäischen Union akzeptieren. In der Praxis bedeutet dies gleichwohl, dass ein selektiver Vertriebsvertrag keine Beschränkung dahingehend enthalten darf, dass der selektive Vertriebshändler gezwungen wird, wie beim Alleinbezug ausschließlich bei einer einzigen Lieferquelle zu beziehen. Die zugelassenen Eigenhändler dürfen daher nicht durch eine **„Alleinbezugsverpflichtung"** an den Anbieter gebunden werden. Sie müssen vielmehr frei sein, ihren Bedarf an Vertragswaren auch bei anderen zugelassenen Händlern zu decken.[379] Dies gilt ebenso für den Fall der Verknüpfung von selektivem Vertrieb mit einer Alleinbelieferungsverpflichtung auf Großhändler- oder auch Einzelhändlerebene. Auch dies ist eine Kernbeschränkung i.S.d. Art. 4 lit. b GVO; denn dann könnte der Groß- oder Einzelhändler keine Querlieferungen an andere zugelassene Groß- oder Einzelhändler vornehmen. Es ist allerdings möglich, den zugelassenen Eigenhändlern einen **„Markenzwang"** aufzuerlegen, **213**

---

[373] Wohl allg. Meinung, s.z.B. *Schultze/Pautke/Wagener,* Rdnr. 783.

[374] So auch *Schultze/Pautke/Wagener,* Rdnr. 784; *Immenga/Mestmäcker-Ellger,* Wettbewerbsrecht, Band 1: EU/Teil 1, Art. 4 Vertikal-GVO, Rdnr. 89; *Polley/Seeliger* WRP 2000, 1203, 1213; vgl. auch *Bayreuther,* EWS 2000, 106,113 zum Entwurf der Vertikalleitlinien v. 24.9.1999, Rdnr. 43. Insoweit immer noch unklar Vertikalleitlinien, Rdnr. 56.

[375] Vertikalleitlinien, Rdnr. 57.

[376] So *Schultze/Pautke/Wagener,* Rdnr. 802.

[377] So auch *Metzlaff,* BB 2000, 1201, 1207, Fn. 94.

[378] Zur kartellrechtlichen Beurteilung des selektiven Vertriebs ausführlich *Kirchhoff,* Rdnr. 342 ff.

[379] Vertikalleitlinien, Rdnr. 58. Ob das wirtschaftlich überhaupt in Betracht kommt, ist eine andere Frage.

ihnen also den Vertrieb konkurrierender Produkte zu untersagen (vorbehaltlich der Beschränkungen gemäß Art. 5 Abs. 1 GVO, dazu Rdnr. 221 ff.).

214 Gegenüber den zum Vertriebssystem zugelassenen Eigenhändlern kann der Anbieter die **Geschlossenheit des Vertriebssystems** auf Grundlage der mit den Eigenhändlern geschlossenen Vertriebsverträge und der dort enthaltenen Vertriebsbindungen rechtlich vorgeben. Eine Lückenlosigkeit des Schutzes, wie er in der deutschen Rechtsprechung ursprünglich verlangt worden war,[380] ist im europäischen Recht für den selektiven Vertrieb nicht vorgeschrieben. Oft wird der Anbieter aber in der Praxis vor einer Situation stehen, in der er Vertragswaren bei einem (nicht-zugelassenen) „Grauhändler" ausfindig macht, aber nicht weiß, welcher der zugelassenen Eigenhändler an den Grauhändler verkauft hat. In selektiven Vertriebssystemen kann der Anbieter dann unter Umständen auf der Grundlage des Gesetzes gegen den unlauteren Wettbewerb gegen den Grauhändler vorgehen (ohne mit diesem vertraglich verbunden zu sein), wenn dieser einen zugelassenen Eigenhändler aktiv zum Bruch seines Vertriebsvertrages verleitet hat.[381]

215 Eine **Kombination von selektivem Vertrieb und Alleinvertrieb** ist grundsätzlich möglich, sofern sich die beiden Vertriebssysteme räumlich nicht überschneiden.[382] Wird dem selektiven Vertriebshändler ein Gebiet oder eine Kundengruppe zugewiesen, so gehen die spezielleren Regelungen des Art. 4 lit. c und d GVO den allgemeinen Regelungen des Art. 4 lit. b (i) GVO vor. Daher müssen beispielsweise die Mitglieder des selektiven Vertriebssystems, die auf der Einzelhandelsstufe tätig sind, in jedem Fall frei sein, aktiv und passiv an Endverbraucher zu verkaufen, selbst wenn diese in einem an sich einem anderen selektiven Vertriebshändler oder dem Anbieter zugewiesenen Gebiet ansässig sind bzw. zu deren Kundenkreis gehören (obwohl nach Art. 4 lit. b (i) GVO der aktive Verkauf eigentlich beschränkt werden könnte). Das gilt nicht für die Mitglieder des selektiven Vertriebssystems, die auf der Großhandelsstufe tätig sind, da in diesem Fall Art. 4 lit. c GVO nicht greift (s. Rdnr. 211), so dass Art. 4 lit. b (i) GVO wieder anwendbar ist. Die Beschränkungen des Art. 4 lit. b GVO in Bezug auf freigestellte Standortklauseln gelten auch im Rahmen des selektiven Vertriebssystems nach Art. 4 lit b (iii) GVO. Schließlich kann sich beispielsweise der Anbieter im selektiven Vertrieb nicht die selektiven Vertriebshändler als Kundengruppe i. S. v. Art. 4 lit. b (i) GVO vorbehalten und jedem selektiven Vertriebshändler aktive Verkäufe an andere selektive Vertriebshändler verbieten. Denn abgesehen davon, dass die selektiven Vertriebshändler wohl keine Kunden im Sinne dieser Vorschrift wären, liefe dies auch dem Art. 4 lit. d GVO zuwider.

216 Denkbar wäre zudem die **Kombination von selektivem Vertrieb mit einer Alleinbelieferungsverpflichtung** des Anbieters.[383] Diese verpflichtet den Anbieter, die Produkte nur an einen einzigen Abnehmer zu liefern; sie ist somit ein Wettbewerbsverbot, das aber nach der Definition des Art. 1 Abs. 1 lit. d GVO (dazu Rdnr. 224) nicht den Beschränkungen des Art. 5 GVO unterfällt. Die Verbindung mit einem selektiven Vertriebssystem wird allerdings in der Praxis kaum in Betracht kommen, weil regelmäßig mehrere selektive Vertriebshändler im Binnenmarkt tätig sind und nicht nur ein einziger.[384]

217 Selbst wenn der Franchisegeber die Franchisenehmer typischerweise nach bestimmten Kriterien auswählt, so ist doch nicht jedes **Franchisesystem**[385] ein selektives Vertriebssys-

---

380 Diese Rechtsprechung hat der BGH inzwischen aufgegeben; s. BGHZ 142, 192, 202 f. Dazu s. auch *Kirchhoff* unten Rdnr. 351.

381 *Köhler/Bornkamm-Köhler,* Gesetz gegen den unlauteren Wettbewerb, 32. Aufl. 2014, § 4 Nr. 10 UWG, Rdnr. 10.63; *Plaß* in Heidelberger Kommentar zum Wettbewerbsrecht, 2. Aufl. 2005, § 1 UWG, Rdnr. 450 f.; *Harte-Bavendamm/Henning-Bodewig-Omsels,* Gesetz gegen den unlauteren Wettbewerb (UWG), Kommentar, 3. Aufl. 2013, § 4 Nr. 10 UWG, Rdnr. 124.

382 Vertikalleitlinien, Rdnr. 56, 176. Innerhalb desselben räumlichen Gebiets ist eine Kombination mit Alleinvertrieb dagegen nicht möglich, weil dann der Verkauf an Endverbraucher im selektiven Vertrieb entgegen Art. 4 lit. c GVO eingeschränkt wäre (Vertikalleitlinien, Rdnr. 57).

383 Zur Alleinbelieferung s. Vertikalleitlinien, Rdnr. 192 ff. sowie unten Rdnr. 332 ff.; zum Unterschied zwischen Alleinvertrieb und Alleinbelieferung s. Rdnr. 170 und 290.

384 Vgl. dazu Vertikalleitlinien, Rdnr. 56.

385 Zu Franchisevereinbarungen vgl. auch unten Rdnr. 455 ff.

tem. Es kann nämlich an der Bindung der Franchisenehmer (und des Franchisegebers) fehlen, Vertragswaren nur an andere zugelassene Franchisenehmer oder Endverbraucher zu verkaufen. Gibt es aber eine solche beidseitige Vertriebsbindung, so kann auch ein Franchisesystem ein selektives Vertriebssystem sein, für welches dann die Besonderheiten der kartellrechtlichen Beurteilung des selektiven Vertriebs gelten.

e) Beschränkungen bei Bestandteilen und Ersatzteilen (Art. 4 lit. e GVO). Ähnlich wie beim selektiven Vertrieb (s. oben Rdnr. 211) enthält die Vertikal-GVO für Bestandteile und Ersatzteile zwei unterschiedliche Regelungen: Einerseits eine Ausnahme von der allgemeinen Kernbeschränkung in Art. 4 lit. b (iv) GVO für Gebiets- und Kundengruppenbeschränkungen, zum andern eine spezielle Kernbeschränkung in Art. 4 lit. e GVO. **218**

Nach lit. e darf der Anbieter seitens des OEM-Abnehmers grundsätzlich nicht darin beschränkt werden, die Bestandteile, die er an den OEM-Abnehmer verkauft und die dieser für die Herstellung seiner eigenen Produkte verwendet, als Ersatzteile an Endverbraucher, Reparaturwerkstätten oder andere Dienstleistungserbringer zu verkaufen. Diese Regelung impliziert im Umkehrschluss, dass OEM-Abnehmer ihrem Anbieter den Verkauf an Händler, die die Teile weiterveräußern – und somit nicht als Ersatzteile verwenden würden –, untersagen können. Art. 4 lit. e GVO ist nach seinem Wortlaut dann nicht anwendbar – und somit eine Beschränkung des Anbieters zulässig –, wenn die Reparaturwerkstätten oder anderen Dienstleistungserbringer Kundenwerkstätten des Abnehmers sind.[386] Der Abnehmer darf also dem Teilehersteller untersagen, die Teile direkt an seine Vertragswerkstätten zu liefern. Werden dagegen die Reparaturwerkstätten oder anderen Dienstleistungserbringer vom Anbieter daran gehindert, die von ihm bezogenen Teile weiterzuverkaufen, stellt dies eine Kernbeschränkung nach Art. 4 lit. b GVO (Kundengruppenbeschränkung) dar. **219**

Ausgenommen von dem Verbot in Art. 4 lit. e GVO ist allerdings der Fall, dass der Anbieter die Teile nur mit dem Know-how oder den Betriebsmitteln des OEM-Abnehmers herstellen kann. Dies folgt aus der dann einschlägigen **Zulieferbekanntmachung.**[387] **220**

5. Nicht freigestellte Beschränkungen nach Art. 5 GVO. Die in Art. 5 GVO aufgelisteten drei Wettbewerbsbeschränkungen sind nicht freigestellt. Dies sind zum einen **Wettbewerbsverbote,** die für einen längeren Zeitraum als fünf Jahre vereinbart wurden (Art. 5 Abs. 1 lit. a GVO), zum anderen nachvertragliche Wettbewerbsverbote, die für einen längeren Zeitraum als ein Jahr nach Beendigung des Vertrages geschlossen werden (Art. 5 Abs. 1 lit. b GVO). Schließlich fallen hierunter auch Verpflichtungen, die Händler in selektiven Vertriebssystemen veranlassen können, Marken eines anderen Anbieters nicht zu führen (Art. 5 Abs. 1 lit. c GVO). **221**

Rechtsfolge eines Verstoßes gegen die Vorschrift ist lediglich die Unanwendbarkeit der Vertikal-GVO auf die in Art. 5 Abs. 1 GVO negativ gelisteten Wettbewerbsbeschränkungen. Die Vertikal-GVO bleibt aber, anders als beim Vorliegen von Kernbeschränkungen i.S.d. Art. 4 GVO, auf den Rest der Vereinbarung anwendbar. Sonstige in der Vereinbarung enthaltene Wettbewerbsbeschränkungen können daher nach wie vor in den Genuss der Freistellungswirkung der Vertikal-GVO kommen, sofern sie eine Wettbewerbsbeschränkung gemäß Art. 101 Abs. 1 AEUV enthalten. Außerdem kommt eine **Einzelfreistellung** nach Art. 101 Abs. 3 AEUV in Betracht, wenn die besonderen Umstände des Einzelfalls dies rechtfertigen. Auch hier sollte wieder geprüft werden, ob eine **salvatorische Klausel** im Vertrag nicht kontraproduktiv ist, weil sie zum Festhalten an einem Vertrag führt, der ohne die Klausel, deren Unwirksamkeit mangels Freistellung nach Art. 2 **222**

---

[386] Die Reparaturbetriebe, die der Abnehmer „mit der Reparatur oder Wartung seiner Waren betraut hat", sind die Vertragswerkstätten des Abnehmers (*Immenga/Mestmäcker-Ellger,* Wettbewerbsrecht, Band 1: EU/Teil 1, Art. 4 Vertikal-GVO, Rdnr. 109; *Langen/Bunte-Nolte,* Nach Art. 101 AEUV Rdnr. 551) bzw. die Mitglieder des eigenen Reparatur- und Kundendienstnetzes (Vertikalleitlinien, Rdnr. 59).

[387] Vgl. Bekanntmachung der Kommission v. 18.12.1978 über die Beurteilung von Zuliefererverträgen nach Art. 85 Abs. 1 EWGV (jetzt: Art. 101 Abs. 1 AEUV), ABl. 1979 Nr. C 1/2 v. 3.1.1979. Vgl. dazu oben Rdnr. 72.

GVO oder Art. 101 Abs. 3 AEUV sich später herausstellt, tatsächlich gar nicht gewollt war (vgl. oben Rdnr. 139).

223 *a) Wettbewerbsverbote für die Dauer der Vertragszeit.* Art. 5 Abs. 1 lit. a GVO regelt die Nichtanwendbarkeit der Vertikal-GVO auf vertragliche Wettbewerbsverbote, die eine Konkurrenztätigkeit des Abnehmers (Händlers) für die Dauer der Vertragszeit verhindern und eine bestimmte Laufzeit überschreiten. Die Vorschrift gilt nur für Vereinbarungen **zu Lasten des Abnehmers.** Wettbewerbsverbote, die den Anbieter (Hersteller) beschränken, fallen nicht unter Art. 5 Abs. 1 GVO und sind deshalb nach Art. 2 Abs. 1 GVO bei einem Marktanteil beider Parteien bis zu 30% freigestellt.

224 *aa) Definition von Wettbewerbsverboten.* Art. 1 Abs. 1 lit. d GVO definiert Wettbewerbsverbote in doppelter Weise: zum einen als unmittelbare oder mittelbare Verpflichtung des Abnehmers, keine konkurrierenden Produkte oder Dienstleistungen herzustellen, zu beziehen oder (weiter-) zu verkaufen; zum andern als Verpflichtung, mehr als 80% seines Gesamtbezugs des letzten Kalenderjahres vom Anbieter oder von einem anderen vom Anbieter bezeichneten Unternehmen zu beziehen. Dabei erklärt sich die Aufnahme der (abgeschwächten) **Alleinbezugsverpflichtung** des Abnehmers in die Kategorie der Wettbewerbsverbote darin, dass sie einem Verbot, Waren oder Dienstleistungen von anderen Anbietern zu beziehen, gleich- bzw. nahekommt. In der Terminologie der Leitlinien (Rdnr. 129ff.) handelt es sich in beiden Fällen um **„Markenzwang".** Die Kommission rechnet dazu im Grundsatz auch die sog. **„englische Klausel"**, wonach der Abnehmer, wenn er ein günstigeres Angebot erhält, dieses zunächst dem Anbieter melden und abwarten muss, ob der Anbieter in das günstigere Angebot einsteigt. Dies soll jedenfalls dann als Markenzwang gelten, wenn der Abnehmer den Namen des günstigeren Anbieters offenlegen muss.[388]

225 Der Anteil von 80% am Gesamtbezug berechnete sich gemäß der Vorgänger-GVO Nr. 2790/1999 nach dem Einkaufswert. Nunmehr ist entweder der Einkaufswert oder, falls branchenüblich, das Einkaufsvolumen maßgeblich. Kritisiert wird der Begriff „vorangehendes Kalenderjahr" (in der GVO Nr. 2790/1999 „vorheriges Kalenderjahr"), weil unklar sei, ob die Feststellung einmal bei Vertragsschluss für die Dauer der Vertragszeit oder jedes Jahr anhand der aktuellen Daten neu erfolgen müsse.[389] Dabei ist, wie auch sonst im Rahmen der Vertikal-GVO, beispielsweise für den Fall des Überschreitens der Marktanteilsschwellen, davon auszugehen, dass diese Berechnung jährlich zu erfolgen hat. Andernfalls würde den Entwicklungen der Geschäftstätigkeit des Abnehmers nicht angemessen Rechnung getragen.

226 **Alleinbezug und Markenzwang** unterscheiden sich, wie folgendes Beispiel zeigt: Beim Alleinbezug ist ein Großhändler für Sportartikel verpflichtet, seinen gesamten Bedarf an Schuhen der Marke „*Speed*" direkt vom Hersteller, der *Speed AG*, zu decken. Es ist ihm untersagt, *Speed*-Schuhe von Dritten zu beziehen. Diese Alleinbezugsverpflichtung hindert den Eigenhändler allerdings nicht daran, Sportschuhe der Marke „*Fast*" zu vertreiben. Beim Markenzwang wird es dem Großhändler dagegen untersagt, Sportschuhe eines anderen Herstellers als der *Speed AG* zu beziehen und weiter zu verkaufen. Der Eigenhändler ist aber nicht verpflichtet, seinen gesamten Bedarf an *Speed*-Sportschuhen von der *Speed AG* zu decken. Vielmehr kann er *Speed*-Sportschuhe bei jedem beliebigen Anbieter einkaufen. Unter den Begriff des Wettbewerbsverbots in Art. 1 Abs. 1 lit. d GVO fallen sowohl der Markenzwang als auch der Alleinbezug. Für beide gilt damit die Beschränkung auf maximal fünf Jahre gemäß Art. 5 Abs. 1 lit. a GVO. Letztere gilt erst recht, wenn – wie in der Praxis üblich – Alleinbezug und Markenzwang kombiniert werden.

227 *bb) Zeitliche Beschränkung.* Nicht freigestellt sind nach Art. 5 Abs. 1 lit. a GVO alle Wettbewerbsverbote, die für eine **unbestimmte Zeit oder** für eine **Dauer von mehr als fünf Jahren** vereinbart werden. Hintergrund dieser Regelung ist zum einen, dass die Kommission der Marktabschottung entgegenwirken will, die entstehen kann, wenn andere Anbieter auf lange Zeit bei bestimmten Händlern nicht zum Zuge kommen. Diese Gefahr

---

388 Ausführlich dazu *Kirchhoff,* unten Rdnr. 268ff.
389 *Semler/Bauer,* DB 2000, 193, 199.

verstärkt sich durch die kumulative Wirkung einer Vielzahl solcher langjährigen Wettbewerbsverbote. Zum anderen kommt es zu einer Verhinderung von schützenswertem *interbrand*-Wettbewerb in den Verkaufsstätten.

Wettbewerbsverbote, deren Dauer sich über den Zeitraum von fünf Jahren hinaus **stillschweigend verlängert** (sog. Evergreen-Klausel),[390] gelten nach Art. 5 Abs. 1 Satz 2 GVO als auf unbeschränkte Zeit geschlossen. Klassisches Beispiel für eine solche stillschweigende Verlängerung ist die Klausel: „Die Vertragslaufzeit verlängert sich jeweils automatisch um ein Jahr, wenn nicht eine der Parteien sechs Monate vor Jahresende den Vertrag kündigt". In solchen Klauseln ist besondere Vorsicht geboten, weil nicht davon auszugehen ist, dass eine **geltungserhaltende Reduktion** längerer Wettbewerbsverbote in Frage kommt. Andernfalls könnten die Parteien immer ein längeres Wettbewerbsverbot vorsehen und sich dann im Wege der geltungserhaltenden Reduktion auf das zulässige Maß von fünf Jahren zurückziehen.[391] Um sicherzugehen, dass das Wettbewerbsverbot für eine Dauer von fünf Jahren Bestand hat, sollte der Vertrag nur für fünf Jahre abgeschlossen bzw. das Wettbewerbsverbot ausdrücklich nur für fünf Jahre (oder ggf. einen kürzeren Zeitraum) vereinbart werden. **228**

Eine **Option,** nach der eine Partei einseitig über eine Verlängerung des Wettbewerbsverbots entscheiden konnte, war ursprünglich – selbst wenn die Option zu Gunsten des Abnehmers eingeräumt wurde – nicht möglich. Die alten Leitlinien bestimmten nämlich in Rdnr. 58, dass eine Verlängerung des Wettbewerbsverbots nur in Betracht kam, wenn vereinbart wurde, dass die Parteien beide ausdrücklich zustimmen mussten und der Abnehmer nicht gehindert war, das Wettbewerbsverbot nach fünf Jahren tatsächlich zu beenden. Die Kommission hat das Erfordernis der beiderseitigen Zustimmung nunmehr gestrichen (Rdnr. 66). Der Abnehmer muss nur noch rechtlich wie auch tatsächlich frei sein, über ein erneutes Wettbewerbsverbot zu entscheiden. Ihm dürfen für diesen Fall weder Nachteile angedroht noch Vorteile in Aussicht gestellt werden. Ein maximal fünfjähriges Wettbewerbsverbot dürfte also bei einer Option zugunsten des Abnehmers ohne faktischen Zwang nicht mehr von Art. 5 Abs. 1 lit. a GVO erfasst sein. **229**

Damit kann die Vereinbarung auch die vertragliche Pflicht enthalten, nach Ablauf des Wettbewerbsverbots über ein weiteres Wettbewerbsverbot zu verhandeln, solange damit kein Abschlusszwang verbunden ist. Eine **Erneuerung des Wettbewerbsverbots** ist auch dann zulässig, wenn die Bindung der Parteien letztlich insgesamt zehn Jahre oder mehr beträgt. Voraussetzung dafür ist, dass die Dauer der *jeweils geltenden Bindung* fünf Jahre nicht überschreitet und dass der Abnehmer sich bei der erneuten Bindung frei entscheidet. Insoweit besteht lediglich, wie grundsätzlich bei den in den Leitlinien beantworteten Auslegungsfragen, ein Restrisiko, dass Gerichte einmal anders entscheiden und die in Rede stehenden Vereinbarungen als unwirksam betrachten. Mangels Präjudizien besteht aber kein Bußgeldrisiko. **230**

In den Leitlinien nicht behandelt ist der Fall, dass die Parteien schon vor Ablauf der ursprünglich vereinbarten fünf Jahre einen neuen Vertrag mit einer Laufzeit von höchstens fünf Jahren abschließen wollen, der Vertrag also vorzeitig verlängert werden soll (sog. **Kettenverträge**). Dies muss im Erst-Recht-Schluss zulässig sein, wenn beide Parteien die Möglichkeit haben, sich aus dem Vertrag zu lösen und sich bewusst erneut für maximal fünf Jahre binden. Um sich jedoch nicht dem Vorwurf einer missbräuchlichen Umgehung auszusetzen, sollten die Parteien einen inhaltsgleichen Vertrag erst zu einem Zeitpunkt schließen, zu dem das Ende des laufenden Vertrags naht.[392] Dieser Zeitpunkt dürfte bei einer fünfjährigen Vertragslaufzeit maximal ein Jahr, idealerweise sechs Monate vor Ablauf der Vertragslaufzeit anzusetzen sein. **231**

Art. 5 Abs. 2 GVO enthält vom Wettbewerbsverbot in Art. 5 Abs. 1 lit. a GVO eine **Ausnahme.** Danach können längere Wettbewerbsverbote als fünf Jahre vereinbart werden, wenn **232**

---

[390] Dazu auch *Kirchhoff,* unten Rdnr. 277 ff.

[391] Für eine geltungserhaltende Reduktion jedoch OLG Naumburg U. v. 18.7.2013, WuW DE-R 3999 – *Hubarbeitsmaschinen;* wie hier dagegen die Urteilsanmerkung von *Rahlmeyer,* ZVertriebsR 2014, 111, 112 m. w. N.

[392] *Schultze/Pautke/Wagener,* Rdnr. 861, 863.

der Abnehmer die Produkte aus **Räumlichkeiten und von Grundstücken des Anbieters** aus verkauft und die Dauer des Wettbewerbsverbots die Zeit der Nutzung der Räumlichkeiten und Grundstücke nicht überschreitet. Dabei ist es unerheblich, ob die Räumlichkeiten bzw. die Grundstücke dem Anbieter selbst gehören oder durch diesen von dritten, nicht mit dem Abnehmer verbundenen Unternehmen gepachtet worden sind. Insoweit dürften z.B. bei Gaststätten und Tankstellen in der Praxis häufig längere Wettbewerbsverbote möglich sein.

233 *b) Nachvertragliche Wettbewerbsverbote.* Nicht freigestellt sind nach Art. 5 Abs. 1 lit. b GVO nachvertragliche Wettbewerbsverbote. Nach Ablauf der Vertragszeit soll der Abnehmer wieder frei über seine geschäftliche Tätigkeit entscheiden können. Die Vorschrift gilt unabhängig davon, ob dem Abnehmer für die Dauer des nachvertraglichen Wettbewerbsverbots eine Entschädigung („Karenzentschädigung") geleistet wird.

234 Ausgenommen von dem Verbot sind nach Art. 5 Abs. 3 Satz 1 GVO allerdings solche nachvertraglichen Wettbewerbsverbote, die (a) sich auf konkurrierende Waren oder Dienstleistungen beziehen, (b) sich auf Räumlichkeiten und Grundstücke beschränken, von denen aus der Abnehmer während der Vertragsdauer seine Geschäfte betrieben hat, (c) unerlässlich sind zum Schutz des auf den Abnehmer übertragenen Know-hows und (d) auf höchstens ein Jahr beschränkt sind. Diese Voraussetzungen müssen kumulativ erfüllt sein. Dafür sprechen der Wortlaut des Art. 5 Abs. 3 GVO („wenn die folgenden Bedingungen erfüllt sind") und Rdnr. 68 der Leitlinien.

235 Die Offenlegung und Nutzung von geheimem, d.h. nicht allgemein bekannt gewordenem Know-how darf nach Art. 5 Abs. 3 Satz 2 GVO zeitlich unbegrenzt beschränkt werden.

236 *c) Ausschluss bestimmter Anbieter beim selektiven Vertrieb.* Schließlich verbietet Art. 5 Abs. 1 lit. c GVO unmittelbare oder mittelbare Verpflichtungen der Mitglieder eines selektiven Vertriebssystems, „Marken bestimmter konkurrierender Anbieter nicht zu verkaufen." Diese Vorschrift dient ebenfalls dem Schutz des *inter-brand*-Wettbewerbs. Sie ist eine spezielle Ausformung des Boykottverbots und ergänzt das allgemeine Wettbewerbsverbot in Art. 5 Abs. 1 lit. a GVO. Während dort alle Konkurrenzprodukte ausgeschlossen sind, bezieht sich Art. 5 Abs. 1 lit. c GVO auf den Vertrieb einzelner oder mehrerer bestimmter Konkurrenzprodukte. Wegen der Boykottwirkung gibt es von dieser Vorschrift keine Ausnahme.

237 **6. Entziehung der Freistellung (Art. 29 VO Nr. 1/2003) und Erklärung der Nichtanwendbarkeit (Art. 6 GVO).** *a) Entziehung der Freistellung nach Art. 29 VO Nr. 1/2003.* Mit der Umsetzung des Legalausnahmesystems durch die VO Nr. 1/2003 wurde der **Entzug des Rechtsvorteils einer Gruppenfreistellungsverordnung** generell in Art. 29 VO Nr. 1/2003 geregelt. Die weitgehend identischen Vorschriften in den einzelnen Gruppenfreistellungsverordnungen – im vorliegenden Fall Art. 6 und 7 der Vorgänger-GVO – sind damit hinfällig geworden und für die Vertikal-GVO nunmehr auch formell aus der Gruppenfreistellungsverordnung herausgenommen worden. Nach Art. 29 Abs. 1 i.V.m. dem Erwägungsgrund 10 der VO Nr. 1/2003 kann die **Kommission** von Amts wegen oder auf eine Beschwerde hin den Rechtsvorteil der GVO entziehen, wenn sie in einem bestimmten Fall feststellt, dass eine Vereinbarung, ein Beschluss[393] oder eine abgestimmte Verhaltensweise, für die die GVO gilt, Wirkungen hat, die mit Art. 101 Abs. 3 AEUV unvereinbar sind.[394] Treten diese Wirkungen im (Teil-)Gebiet eines Mitgliedstaats auf, das alle Merkmale eines gesonderten räumlichen Marktes aufweist, so kann nach Art. 29 Abs. 2 VO Nr. 1/2003 die **Wettbewerbsbehörde des Mitgliedsstaats** den Rechtsvorteil der Freistellung in diesem Gebiet entziehen. Die praktische Bedeutung dieser Regelungen war bisher sehr gering.[395] Wenn überhaupt, ist dieses Instrument allenfalls als mögliche „Drohgebärde" der Wettbewerbsbe-

[393] Dies bezieht sich für den Bereich der Vertikal-GVO allein auf Beschlüsse einer Unternehmensvereinigung nach Art. 2 Abs. 2 GVO.

[394] Siehe auch Vertikalleitlinien, Rdnr. 74ff.

[395] *Loewenheim/Meessen/Riesenkampff-Baron,* Vertikal-GVO, Rdnr. 308; *Fuchs,* ZWeR 2005, 1, 27; *Schultze/Pautke/Wagener,* Rdnr. 825 und 924.

hörden relevant geworden.[396] Es bleibt abzuwarten, ob die Kartellbehörden beispielsweise im Hinblick auf das zunehmende Problem der kumulativen Wirkungen paralleler Selektivvertriebssysteme von ihrer Befugnis zum Entzug der Gruppenfreistellung jemals Gebrauch machen werden. Eine Anwendung dieser Ausnahmeregelungen wirft freilich die Frage auf, ob der Zuschnitt der Vertikal-GVO geglückt ist.[397]

b) Erklärung der Nichtanwendbarkeit nach Art. 6 GVO. Gemäß Art. 6 GVO hat die Kommission die Möglichkeit, durch Verordnung zu erklären, dass in Fällen, in denen mehr als 50% des betroffenen Marktes von nebeneinander bestehenden **Netzen gleichartiger vertikaler Beschränkungen** abgedeckt werden, die Vertikal-GVO *für diesen Markt* keine Anwendung findet. Eine vergleichbare Verordnungsermächtigung findet sich in Art. 7 VO Nr. 316/2014 (Technologietransfer) und in Art. 6 VO Nr. 461/2010 (Kfz-Vertrieb).[398] Die Kommission hat von der Vorschrift bisher keinen Gebrauch gemacht. Ein Anwendungsfall für diese sektorenspezifische Entzugsregelung könnten Bierlieferungsverträge sein, die grundsätzlich in den Anwendungsbereich der Vertikal-GVO fallen; dort liegt traditionell ein hohes Ausmaß an Ausschließlichkeitsbindungen vor.[399] 238

Parallele Netze vertikaler Vereinbarungen sind als „gleichartig" anzusehen, wenn sie Beschränkungen enthalten, die ähnliche Auswirkungen auf den Markt haben.[400] Die **Marktabdeckungsquote von 50%** wird durch Addition der Marktanteile der parallelen Netze zu errechnen sein.[401] Die Kommission muss den Anwendungsbereich einer Verordnung nach Art. 6 GVO in Bezug auf den sachlich und räumlich relevanten Markt, insbesondere mit Blick auf die Art der von den Vorteilen der Vertikal-GVO ausgenommenen vertikalen Beschränkung, genau definieren. Aus dem Verhältnismäßigkeitsprinzip folgt zudem, dass der Anwendungsbereich der Suspensionsverordnung nicht notwendig alle gleichartigen vertikalen Vereinbarungen erfassen muss, die zur Berechnung der Marktabschottungsquote heranzuziehen sind. Zur Wiederherstellung eines funktionierenden Wettbewerbs kann es vielmehr ausreichen, den Anwendungsbereich der Verordnung in gegenständlicher oder zeitlicher Hinsicht insoweit enger zu fassen.[402] Nicht in der Verordnung definierte Beschränkungen, die grundsätzlich unter die Vertikal-GVO fallen, bleiben auf dem betroffenen Markt zulässig, vorausgesetzt, dass sie auch ohne die von der Verordnung erfassten Beschränkungen Sinn machen. 239

Durch eine Verordnung nach Art. 6 GVO wird der Rechtsvorteil der Vertikal-GVO für die von ihr erfassten vertikalen Beschränkungen in den entsprechenden Märkten aufgehoben und die volle Anwendbarkeit von Art. 101 Abs. 1 und 3 AEUV wiederhergestellt.[403] Über die Zulässigkeit jeder einzelnen vertikalen Vereinbarung ist durch die Suspensionsverordnung gerade noch nicht entschieden worden; dies bleibt der Selbsteinschätzung der Vertragsparteien überlassen. Hierin unterscheidet sich die **Wirkung** der Verordnung nach Art. 6 GVO von 240

[396] So hat das BKartA im Zusammenhang mit den Bestpreisklauseln (s. Rdnr. 148) auf einen möglichen Entzug der Freistellung hingewiesen. Auch in den Vertikalleitlinien wird an mehreren Stellen der Entzug einer Freistellung erörtert.

[397] So *Loewenheim/Meessen/Riesenkampff-Baron,* Vertikal-GVO, Rdnr. 308.

[398] S. oben Fn. 189 und 236. Dagegen enthalten die horizontalen Gruppenfreistellungsverordnungen für Forschung und Entwicklung und für Spezialisierung (VO Nr. 1217/2010 und VO Nr. 1218/2010; Fundstelle s. Fn. 143) keine entsprechende Regelung.

[399] EuGH U. v. 28.3.1991, Rs. C-234/89, Slg. 1991, I-935 – *Delimitis/Henninger Bräu;* die geringe praktische Bedeutung von Art. 8 VO Nr. 2790/1999 wird auch von *Loewenheim/Meessen/Riesenkampff-Baron,* Vertikal-GVO, Rdnr. 336 hervorgehoben.

[400] Vertikalleitlinien, Rdnr. 75.

[401] Hierauf deutet Rdnr. 81 der Vertikalleitlinien hin; vgl. auch *Immenga/Mestmäcker-Ellger,* Wettbewerbsrecht, Band 1: EU/Teil 1, Art. 101 Abs. 3 AEUV, Rdnr. 409; *Bechtold/Bosch/Brinker,* Art. 6 VO Nr. 330/2010, Rdnr. 5; *Semler/Bauer,* DB 2000, 193, 199 sehen diese Frage als nicht geklärt an.

[402] Vertikalleitlinien, Rdnr. 83; *Fuchs,* ZWeR 2005, 1, 28; *Immenga/Mestmäcker-Ellger,* Wettbewerbsrecht, Band 1: EU/Teil 1, Art. 101 Abs. 3 AEUV, Rdnr. 414; *Bechtold/Bosch/Brinker,* Art. 6 VO Nr. 330/2010, Rdnr. 6, 8.

[403] Vertikalleitlinien, Rdnr. 80.

der einer Entzugsentscheidung nach Art. 29 VO Nr. 1/2003, die konkret das Fehlen der Voraussetzungen des Art. 101 Abs. 3 AEUV erfordert. Die Verordnung nach Art. 6 GVO gilt erst nach einer Übergangsfrist von sechs Monaten und wirkt nur für die Zukunft.[404]

III. Bewertung von Vertikalvereinbarungen außerhalb der GVO unter Berücksichtigung bestimmter Vertriebstypen

241 Wenn Art. 101 Abs. 1 AEUV eingreift und die vertikale Beschränkung nicht von der Vertikal-GVO gedeckt ist, bleibt die Frage nach ihrer Einzelfreistellungsfähigkeit gemäß Art. 101 Abs. 3 AEUV. Dies ist seit der Modernisierung des Kartellverfahrensrechts durch die VO Nr. 1/2003 heute regelmäßig von den Parteien bzw. ihren Rechtsberatern selbst zu beantworten (vgl. dazu im Einzelnen *Lübbig* in § 8). Die früher bestehende grundsätzliche Anmelde- und Genehmigungspflicht für wettbewerbsbeschränkende Vereinbarungen bei der Kommission wurde durch diese Reform 2004 abgeschafft und durch das **System der Legalausnahme** ersetzt. Nur in Ausnahmefällen (Art. 9 und 10 VO Nr. 1/2003) kann die Kommission die Nichtanwendbarkeit des Kartellverbots (Art. 101 Abs. 1 AEUV) bestätigen. Auf nationaler Ebene kann das BKartA den Unternehmen zusagen („entscheiden"), dass es keinen Anlass zum Tätigwerden sieht (§ 32c GWB). Die Aussagen der nationalen Kartellbehörden sind allerdings für die Gerichte nicht bindend. Im Falle eines Zivilrechtsstreits kann die vertikale Beschränkung bzw. nach § 139 BGB der gesamte Vertrag vom nationalen Gericht für unwirksam erklärt werden, wenn nach Auffassung des Gerichts eine Freistellung nach Art. 101 Abs. 3 AEUV nicht in Betracht kommt. Das Gericht prüft also selber – ggf. mit Hilfe von Sachverständigengutachten – das Vorliegen der Voraussetzungen von Art. 101 Abs. 3 AEUV.

242 Hauptanwendungsfall für die Prüfung einer **Einzelfreistellung** ist in der Praxis das Überschreiten der Marktanteilsschwelle in Art. 3 GVO. Durch die Einführung der doppelten Marktanteilsschwelle tritt diese Situation inzwischen noch häufiger als bisher auf. Bei Vorliegen einer schwarz gelisteten Wettbewerbsbeschränkung (Art. 4 GVO) wird eine Einzelfreistellung regelmäßig nicht in Betracht kommen. Ausnahmsweise kann aber auch in diesem Fall Anlass bestehen, die Möglichkeit einer Einzelfreistellung in Erwägung zu ziehen (s. oben Rdnr. 142). Dagegen ist für ein Wettbewerbsverbot nach Art. 5 Abs. 1 GVO im Einzelfall leichter zu rechtfertigen, dass die Voraussetzungen des Art. 101 Abs. 3 AEUV für eine Einzelfreistellung gegeben sind.[405]

243 **Voraussetzung** für eine Freistellung nach Art. 101 Abs. 3 AEUV ist, dass die Vereinbarung (i) Effizienzgewinne generiert, d. h. zur Verbesserung der Erzeugung oder Verteilung von Produkten oder zur Förderung des technischen oder wirtschaftlichen Fortschritts beiträgt, (ii) den Verbraucher angemessen an dem entstehenden Gewinn beteiligt, (iii) unerlässlich ist und (iv) keine Ausschaltung des Wettbewerbs ermöglicht (vgl. dazu im Einzelnen *Lübbig* in § 8). Auch wenn die Vertikal-GVO – als Sekundärrecht – keinen unmittelbaren Einfluss auf die Kriterien des Art. 101 Abs. 3 AEUV hat,[406] kann sie gleichwohl in begrenztem Umfang, insbesondere dann, wenn die Abweichung von der Vertikal-GVO nur unbedeutend ist, als Maßstab bei der Auslegung der Kriterien des Art. 101 Abs. 3 AEUV mit herangezogen werden.[407] Gleiches gilt in entsprechender Weise für die Leitlinien der Kommission.

244 **1. Allgemeine Bewertungsgrundlagen nach den Leitlinien der Kommission.** Die Vertikalleitlinien geben ausführliche Hinweise mit Beispielsfällen zur Einzelfreistellungsfähigkeit vertikaler Beschränkungen, die nicht durch die GVO freigestellt sind. Diese

---

404 Vertikalleitlinien, Rdnr. 84.

405 Siehe dazu insbes. Vertikalleitlinien, Rdnr. 144 und 107. Bei einem nicht freigestellten Wettbewerbsverbot bleiben die übrigen Vereinbarungen unberührt (s. oben Rdnr. 222). Deshalb ist eine mögliche Einzelfreistellung für andere, nicht durch die GVO freigestellte Wettbewerbsbeschränkungen gesondert zu prüfen.

406 *Bechtold,* EWS 2001, 49, 54.

407 Vgl. oben Rdnr. 98.

sollen den Unternehmen die Einschätzung erleichtern, ob bestimmte Vereinbarungen vom Verbot des Art. 101 Abs. 1 AEUV erfasst sind und wenn ja, ob sie nach Art. 101 Abs. 3 AEUV freistellungsfähig sind.

Dabei sei daran erinnert, dass die Leitlinien der Kommission nicht den Charakter sekundären europäischen Rechts haben.[408] Sie können deshalb die Anwendung des höherrangigen Primärrechts der Art. 101 und 102 AEUV oder des Sekundärrechts beispielsweise in Form von Gruppenfreistellungsverordnungen nicht binden. Hinzu kommt, dass die Leitlinien lediglich für die Kommission selbst verbindlich sind. Hingegen sind Gerichte und nationale Behörden in der Auslegung und Anwendung des Primär- und Sekundärrechts frei.[409] In der Praxis setzen sich allerdings nationale Behörden und Gerichte nicht ohne weiteres über die Orientierungshilfen der Kommission hinweg, so dass die Leitlinien häufig eine **faktische Bindungswirkung** entfalten.[410] **245**

Die Leitlinien der Kommission sind sehr detailliert und enthalten zahlreiche Beispielsfälle. Sie geben insbesondere eine Darstellung der möglichen positiven und negativen Wirkungen vertikaler Beschränkungen (Rdnr. 100 ff.). Zu den negativen Auswirkungen zählen z. B. die Marktabschottung, die „Aufweichung des Wettbewerbs" und die Kollusion auf Hersteller- oder auf Händlerebene, die Verringerung des markeninternen Wettbewerbs oder Ausschließlichkeitsvereinbarungen.[411] In Rdnr. 111 findet sich eine Liste allgemeiner Kriterien, die für die Beurteilung vertikaler Beschränkungen im Einzelfall herangezogen werden können. Hierbei geht die Kommission auch näher auf die Frage ein, wann eine Vereinbarung unter Art. 101 Abs. 1 AEUV fällt und wann die Voraussetzungen für eine Freistellung nach Art. 101 Abs. 3 AEUV erfüllt sind. Dazu nennt sie eine Reihe von Faktoren, welche den Inhalt dieser Bestimmungen präzisieren und die wettbewerbliche Beurteilung im Einzelfall erleichtern sollen. Eine wettbewerbliche Analyse erfolgt exemplarisch anhand der vorgenannten Untersuchungsmethode für bestimmte, in der Praxis besonders häufig vorkommende Vertikalvereinbarungen, wie etwa **Markenzwang, Alleinvertrieb** und **Franchising** (Rdnr. 129 ff.). **246**

In der Praxis sollte ein Unternehmen in jedem Fall eingehend prüfen lassen, ob die Voraussetzungen des Art. 101 Abs. 3 AEUV gegeben sind, um im Streitfall darauf verweisen zu können, dass diese Frage anhand des konkreten Einzelfalls geprüft und bejaht wurde. In diesem Zusammenhang ist jedoch zu beachten, dass sich ein Unternehmen nach der Rechtsprechung des EuGH nicht einfach auf die rechtliche Einschätzung seiner Berater berufen kann, um sein Verschulden bei einem etwaigen Verstoß gegen Art. 101 Abs. 1 AEUV auszuschließen und ggf. einem Bußgeld zu entgehen.[412] **247**

Gerichts- und Kommissionspraxis zur Möglichkeit einer Einzelfreistellung in Fällen des Alleinvertriebs bzw. der Alleinbezugsverpflichtung ist – soweit ersichtlich – seit Inkrafttreten der Vertikal-GVO und der Leitlinien nur in sehr geringem Umfang vorhanden.[413] Dagegen haben sich Behörden und Gerichte in jüngster Zeit mehrfach mit Wettbewerbsbeschränkungen im Internet-Vertrieb und ihrer Freistellungsfähigkeit befasst.[414] **248**

---

408 Siehe oben Rdnr. 63. Vgl. dazu *Immenga/Mestmäcker-Ellger,* Wettbewerbsrecht, Band 1: EU/Teil 1, Art. 101 Abs. 3 AEUV, Rdnr. 72.

409 Dies hat der EuGH im Urteil *Expedia* (U. v. 13.12.2012, Rs C-226/11, ECLI:EU:C:2014:404, Rdnr. 29 ff.) ausdrücklich bestätigt. Dazu s. auch Rdnr. 63.

410 So im Ergebnis das BKartA, Diskussionspapier für die Sitzung des Arbeitskreises Kartellrecht am 9. und 10. Oktober 2000: Kooperation zwischen Wettbewerbern – Ist eine Neuregelung erforderlich?, S. 27; *Bechtold,* EWS 2001, 49, 53 f.; vgl. dazu auch *Geiger,* EuZW 2000, 325 m. w. N.

411 Vertikalleitlinien, Rdnr. 101 ff.

412 EuGH U. v. 18.6.2013, Rs C-681/11, ECLI:EU:C:2014:404 – *Schenker & Co.*

413 Z. B. EuGH U. v. 14.12.2006, Rs C-217/05, Slg. 2006, I-11987 – *Confederación Española de Empresarios de Estaciones de Servicio/Compañía Española de Petróleos, SA;* EuG U. v. 27.9.2006, Rs T-168/01, Slg. 2006, II-2969 – *GlaxoSmithKline Services/Kommission;* Komm. E. v. 7.4.2006, COMP/A. 38284/D2, ABl. 2004 Nr. L 362/17 – *Société Air France/Alitalia Linee Aeree Italiane S. p. A.*; E. v. 25.6.2004, COMP/C-3/37.980, ABl. 2006 Nr. L 353/5 – *Souris-Topps.*

414 Z. B. BKartA B. v. 20.12.2013, B 9–66/10, WuW/E DE-V 1953 – *HRS;* LG Frankfurt U. v. 18.6.2014, Rs 2–03 O 158/13, MMR 2014, 777 (m. Anm. *Klauß/Scheidtmann,* GWR 2014, 331).

249 **2. Alleinbezugsverträge („Markenzwang") und sonstige Bezugsbindungen.** Alleinbezugsverträge zum Zwecke des Weiterverkaufs waren seit 1967 unabhängig von der Marktstellung der Vertragspartner gruppenfreigestellt.[415] Die Freistellung erfasste sowohl Verpflichtungen, nach denen der Wiederverkäufer seinen gesamten Bedarf direkt von seinem Vertragspartner beziehen musste, als auch solche, bei denen er sich auch oder nur von verbundenen Unternehmen oder zugelassenen Händlern des Lieferanten beliefern lassen durfte.[416] Die grundsätzlich positive Beurteilung von Alleinbezugsverträgen im EG-Kartellrecht beruhte darauf, dass mit ihnen im Allgemeinen sowohl für den Lieferanten als auch für den Abnehmer erhebliche Vorteile verbunden sind. Für den Lieferanten liegt dies auf der Hand. Er erhält für die Laufzeit des Vertrages einen gesicherten Abnehmer und kann deshalb seinen Absatz genauer planen. Dem Wiederverkäufer wird andererseits unabhängig von Marktschwankungen eine Bezugsquelle gesichert.[417]

250 Alleinbezugsverträge iSd GVO Nr. 1984/83 werden von der Kommission jetzt als „Wettbewerbsverbot" bezeichnet und unter dem Oberbegriff „Markenzwang" behandelt. Der Begriff „Wettbewerbsverbot" umfasst sowohl Bindungen, die den Abnehmer verpflichten, Vertragswaren zu mehr als 80% seines Bedarfs nur direkt bei seinem Vertragspartner zu beziehen, wie auch solche, die ihm den Bezug der Vertragswaren auch aus anderen Quellen, beispielsweise bei Großhändlern, gestatten (vgl. Art. 1 lit. b der Vertikal-GVO Nr. 330/2010). Der Begriff „Markenzwang" erstreckt sich weiter auch auf alle Mengenvorgaben, die den Abnehmer durch Anreize oder Verpflichtungen dazu veranlassen, seinen Bedarf an einem bestimmten Produkt weitgehend nur bei einem Anbieter zu decken, wie etwa Mindestbezugsmengen, Auflagen für die Lagerhaltung und als Bezugsbindung wirkende Rabattstaffeln.[418] Die „englische Klausel" wird ebenfalls dem Markenzwang zugeordnet.[419]

251 Der für deutsche Kartellrechtler immer noch gewöhnungsbedürftige Terminus „Markenzwang" bringt die den interbrand-Wettbewerb beschränkende Wirkung von Bezugsbindungen zum Ausdruck, die in der Konzentration der Abnehmer auf die Produkte einer Marke liegt. Sie kann zu einer Abschottung des Marktes für andere Lieferanten führen und beschränkt den interbrand-Wettbewerb in den Sortimenten gebundener Händler. Außerdem meint die Kommission, parallele Netze von Bezugsbindungen erleichterten Lieferantenkartelle.[420] Allerdings müssen Gegenstand von Bezugsbindungen keineswegs allein Markenprodukte sein, wie etwa das Beispiel der Energielieferungsverträge zeigt.

252 Zur in der Praxis äußerst wichtigen Beurteilung von Bezugsbindungen in Energielieferverträgen wird auf die Erläuterungen von *Scholz* in § 34, Rdnr. 128 und 144, verwiesen.

253 *a) Anwendbarkeit von Art. 101 Abs. 1 AEUV auf Bezugsverträge.* Im Geltungsbereich der Vertikal-GVO kommt der Frage, ob ein Bezugsvertrag überhaupt als Wettbewerbsbeschränkung im Sinne des Art. 101 Abs. 1 AEUV zu qualifizieren ist, keine praktische Bedeutung zu. Zu beachten ist dabei allerdings, dass die Gruppenfreistellung für Bezugsbindungen über mehr als 80% des Bedarfs eines Abnehmers nur gilt, wenn die Laufzeit weder unbestimmt ist noch mehr als fünf Jahre beträgt (Art. 5 lit. a Vertikal-GVO).

254 Bei der Prüfung der Frage, inwieweit ein nicht unter die Gruppenfreistellung fallender Bezugsvertrag eine Wettbewerbsbeschränkung im Sinne von Art. 101 Abs. 1 AEUV ist, muss zunächst bedacht werden, dass jeder Liefervertrag über eine bestimmte Menge eines Erzeugnisses konkurrierende Hersteller insoweit von der Belieferung des Käufers ausschließt. Dieser immanente Effekt kann als solcher kartellrechtlich noch nicht relevant sein.

[415] Zunächst durch die GVO Nr. 67/67 für Alleinvertriebs- und Alleinbezugsvereinbarungen, ABl. 1967 Nr. 57, S. 849/67, später durch die GVO Nr. 1984/83, ABl. 1983 L 173/5, die durch die VO Nr. 1582/97, ABl. 1997 L 214/27, letztmals bis zum 31.12.1999 verlängert wurde.

[416] Vgl. Art. 1 der GVO Nr. 1984/83.

[417] Zu den positiven wettbewerblichen Wirkungen von Alleinbezugsverträgen vgl. Erwägungsgründe 5 bis 7 der GVO Nr. 1984/83.

[418] Vgl. Vertikalleitlinien, Rdnr. 129, 138.

[419] S. u. Rdnr. 268.

[420] Vertikalleitlinien, Rdnr. 130, 134.

Solange konkurrierende Hersteller in der Lage sind, mit eigenen Angeboten zum Zuge zu kommen, ist deshalb die Annahme einer Wettbewerbsbeschränkung ausgeschlossen. Bei Bezugsbindungen von längerer Dauer ist diese Möglichkeit jedoch stark eingeschränkt. Werden dadurch die Marktbedingungen spürbar beeinflusst, kann eine nach Art. 101 Abs. 1 AEUV tatbestandsmäßige Wettbewerbsbeschränkung vorliegen.

Wann ein Bezugsvertrag von Art. 101 Abs. 1 AEUV erfasst wird, bestimmt sich auf- 255
grund einer Einzelfallbetrachtung. Unter Berücksichtigung ihrer bisherigen Praxis hat die Kommission dafür in den Vertikalleitlinien Kriterien genannt. Danach liegt umso eher ein Verstoß gegen Art. 101 Abs. 1 AEUV vor,

- je stärker die Marktstellung des Lieferanten und je schwächer diejenige seiner Wettbewerber ist,
- je länger die Laufzeit der Vereinbarung ist,
- je stärker der Abnehmer gebunden wurde (ausschließliche Bezugspflicht oder Bezugsbindung für Teilbedarf?),
- und je höher die Bindungsquote (Quote des auf dem relevanten Markt durch einen Markenzwang gebundenen Absatzes) ist.[421]

Marktbeherrschende Unternehmen müssen jede Form ihren Abnehmern auferlegten Mar- 256
kenzwangs nach Art. 102 AEUV sachlich rechtfertigen können. Ist der Lieferant dagegen nicht marktbeherrschend, erlangt die Dauer der Bezugsbindung maßgebliche Bedeutung. Alleinbezugsverträge mit einer Dauer von weniger als einem Jahr fallen dann in aller Regel nicht unter Art. 101 Abs. 1 AEUV, während solche mit einer Laufzeit zwischen einem und fünf Jahren sorgfältiger Einzelfallanalyse bedürfen. Vom Verbot des Art. 101 Abs. 1 erfasst werden regelmäßig jedenfalls Ausschließlichkeitsbindungen mit einer Laufzeit von fünf Jahren und mehr, sofern sie allein oder gemeinsam mit den vom Lieferanten mit anderen Abnehmern abgeschlossenen Verträgen oder aufgrund ihrer kumulativen Wirkung (Bündeltheorie) spürbar sind.[422] Führen Einzelhändler im relevanten Markt typischerweise nur eine Marke, so kommen strengere Anforderungen an die Vertragslaufzeit in Betracht.[423]

Im Rahmen der Einzelfallanalyse legt die Kommission besonderes Gewicht auf die 257
Marktstellung des Anbieters.[424] Sie hängt insbesondere von der Marktstellung der Wettbewerber ab, die für die potentielle Ausschlusswirkung einer Bezugsbindung entscheidend ist. Ist der Lieferant hinreichend starker und zahlreicher Konkurrenz ausgesetzt, so ist eine Wettbewerbsbeschränkung von ihm vereinbarter Wettbewerbsverbote unwahrscheinlich, solange sie nicht aus der kumulativen Wirkung paralleler Netze folgt. Einen spürbaren Beitrag zu einer kumulativen Wirkung will die Kommission im Allgemeinen ausschließen, wenn weniger als 5% des Marktes durch die betreffende Vereinbarung gebunden sind. Dazu ist zunächst klarzustellen, dass damit nur der vom Anbieter durch Vereinbarungen der entsprechenden Art insgesamt gebundene Marktanteil gemeint sein kann.[425] Außerdem kann nach der Rechtsprechung von EuGH und EuG ein Lieferant mit geringem Marktanteil, der seine Verkaufsstellen für viele Jahre an sich bindet, ebenso zu einer erheblichen Marktabschottung beitragen wie ein Lieferant mit starker Marktstellung, der seine Verkaufsstellen in kürzeren Zeitabständen aus der Bindung entlässt.[426]

Für die Marktposition des Lieferanten können gegebenenfalls auch Marktzutrittsschranken 258
und Marktmacht auf der Abnehmerseite Bedeutung gewinnen.[427] Wird ein Markenzwang von nicht marktbeherrschenden Unternehmen mit Großhändlern vereinbart, so bestehen

---

[421] Vertikalleitlinien, Rdnr. 132ff.

[422] Vertikalleitlinien, Rdnr. 133; vgl. auch Komm. E. v. 6.12.1983, ABl. 1983 L 351/20, 22 – *Schlegel/CPIO*.

[423] Vgl. Vertikalleitlinien, Rdnr. 143.

[424] Vertikalleitlinien, Rdnr. 132, 134f.

[425] Vgl. EuGH U. v. 28.2.1991, Slg. 1991, I-977, 986f. – *Delimitis*.

[426] EuGH U. v. 28.2.1991, Slg 1991 I-935, Rdnr. 25f. – *Delimitis;* U. v. 7.12.2000, Slg. 2000, I-11121, Rdnr. 27 – *Neste Markkinointi;* EuG U. v. 5.7.2001, Slg. 2001 II-1881, Rdnr. 76 – *Roberts*.

[427] Vertikalleitlinien, Rdnr. 136f.

keine beachtlichen Marktzutrittsschranken, sofern konkurrierende Hersteller problemlos einen eigenen Großhandelsvertrieb aufbauen können.[428] Das ist nicht der Fall, wenn Hersteller, die nur ein Produkt (etwa Speiseeis) anbieten, Großhändler benötigen, die aus wirtschaftlichen Gründen eine größere Produktpalette (z. B. Tiefkühlprodukte generell) führen.[429]

259 Erfolgt der Absatz über den Einzelhandel, können Hersteller regelmäßig nur mit erheblichem Aufwand eine eigene Absatzorganisation für ihre Produkte aufbauen. Außerdem wird durch Markenzwang im Einzelhandel der interbrand-Wettbewerb in den Verkaufsstätten verringert. Derartige Vereinbarungen eines nicht marktbeherrschenden Lieferanten können deshalb ab einem Bindungsgrad von 30% des relevanten Marktes von Art. 101 Abs. 1 AEUV erfasst werden, solche marktbeherrschender Unternehmen schon bei einer deutlich niedrigeren Bindungsquote. Stets ist die kumulative Wirkung gleichartiger Vereinbarungen zu berücksichtigen.[430]

260 Die Kommission geht davon aus, dass – vorbehaltlich einer eventuellen kumulativen Wirkung gleichartiger Bindungen – das wettbewerbsbeschränkende Potential von Wettbewerbsverboten bei Zwischenprodukten geringer ist als bei über Einzelhändler abgesetzten Endprodukten.[431] Das überzeugt, soweit die Zwischenprodukte von den Herstellern direkt an die verarbeitenden Unternehmen geliefert werden. Ist der Hersteller nicht marktbeherrschend, können seine Wettbewerber dann im Allgemeinen relativ leicht andere Abnehmer finden. Erfolgt der Absatz der Zwischenprodukte allerdings über Großhändler mit breiterer Produktpalette, wirken sich ihnen auferlegte Wettbewerbsverbote jedenfalls nicht weniger stark aus als auf Einzelhandelsebene. Wegen der typischerweise geringeren Händlerzahl auf Großhandelsebene ist auch eine stärkere wettbewerbsbeschränkende Wirkung als bei Einzelhändlern nicht unwahrscheinlich.

261 Die Vertikalleitlinien 2010 stellen jetzt ausdrücklich klar, dass auch Bezugsbindungen, Mengenvorgaben oder entsprechend wirkende Rabattsysteme, die zu einer Bindung von weniger als 80% des Bedarfs der Abnehmer führen, unter Art. 101 Abs. 1 AEUV fallen können, obwohl sie nicht von der Definition des Wettbewerbsverbots in Art. 1 lit. b Vertikal-GVO erfasst werden.[432] Für sie sollen grundsätzlich dieselben Beurteilungsmaßstäbe gelten.[433] Nach der früheren Entscheidungspraxis der Kommission konnte das Verbot des Art. 101 Abs. 1 AEUV schon für Verträge gelten, in denen sich ein Abnehmer lediglich für einen **wesentlichen Teil seines Bedarfs** gebunden hatte. Als wettbewerbsbeschränkend hat die Kommission insbesondere Regelungen angesehen, nach denen der Bedarf eines Abnehmers zu einem bestimmten, hohen Prozentsatz bei einem Lieferanten gedeckt werden muss. Günstiger hat sie dagegen Verträge über feste Mindestmengen beurteilt.

262 Die Kommission hat Art. 101 Abs. 1 AEUV regelmäßig[434] nicht auf mengenbezogene Lieferverträge angewandt, deren Laufzeit maximal zwei Jahre beträgt und die dem Abnehmer in erheblichem Maße die Möglichkeit zum Bezug bei anderen Lieferanten offenlassen.[435] Solche mengenbezogenen Lieferverträge dürfen nicht prozentual oder anderweitig an den Gesamtbedarf eines Abnehmers anknüpfen. Die Kommission hat insoweit das Interesse des Käufers an einer gesicherten, regelmäßigen Versorgung und das Interesse des Lieferanten an einem dauernden und gleichmäßigen Absatz seiner Produktion anerkannt. Unklar ist jedoch,

---

[428] Vgl. EuG U. v. 5.7.2001, Slg. 2001 II-1881, Rdnr. 113 – *Roberts,* wo eine Bezugsbindung für 20% des Bedarfs eines Biergroßhändlers auch bei Berücksichtigung einer kumulativen Wirkung als unbedenklich angesehen wurde.

[429] Vertikalleitlinien, Rdnr. 139.

[430] Vertikalleitlinien, Rdnr. 140 f.

[431] Vertikalleitlinien, Rdnr. 138.

[432] Vertikalleitlinien, Rdnr. 129.

[433] Aus dem Beispiel in Rdnr. 150 der Vertikalleitlinien folgt, dass eine Mengenvorgabe über 75% des Bedarfs durch einen Hersteller mit 40% Marktanteil, die er auf 80% seines Absatzes anwendet, von Art. 101 Abs. 1 AEUV erfasst wird, aber freistellungsfähig sein kann.

[434] Anders u. U. bei marktbeherrschenden Unternehmen.

[435] Vgl. Komm. E. v. 11.11.1994, ABl. 1994 L 309/24, 28 – *Olivetti-Digital;* 18. WB 1989, Rdnr. 53 – *NutraSweet;* 11. WB 1982, Rdnr. 73, 75 – *Solvay.*

in welchem Maße ein bis zu zweijähriger, mengenbezogener Liefervertrag hinter dem Gesamtbedarf des Abnehmers zurückbleiben muss, um eindeutig außerhalb des Anwendungsbereichs des Art. 101 Abs. 1 AEUV zu bleiben. Die Kommission hat hierzu offenbar keine klaren Maßstäbe entwickelt. Sie hat allerdings, soweit ersichtlich, bislang noch nie gegen Bezugsbindungen für weniger als 50% des Bedarfs eines Abnehmers Bedenken geäußert. Die als wettbewerbsbeschränkend eingestuften 50%-Bindungen wurden für längere Laufzeiten (z.B. fünf Jahre) vereinbart.[436] Diese frühere Kommissionspraxis legt die Annahme nahe, dass die Kommission – jedenfalls vorbehaltlich wettbewerbsschädlicher kumulativer Wirkungen – mengenbezogene Lieferverträge nicht marktbeherrschender Lieferanten von maximal zweijähriger Dauer auch dann noch für nicht von Art. 101 Abs. 1 AEUV erfasst halten wird, wenn sie de facto zu einer Bezugsbindung zwischen 50% und 80% des Bedarfs führen.

Auf dieser Linie liegt auch die Beanstandung langfristiger Gaslieferverträge von *E.ON Ruhrgas* durch das BKartA.[437] Der Marktanteil dieses Lieferanten lag über 30%, so dass die Vertikal-GVO nicht anwendbar war. Das Amt hat dem Unternehmen aufgegeben, bei Verträgen, die mehr als 80% des tatsächlichen Bedarfs des Kunden decken, Laufzeiten von höchstens zwei Jahren zu vereinbaren. Soweit die Bedarfsdeckung zwischen 50% und 80% lag, musste die Laufzeit auf vier Jahre begrenzt werden. Außerdem hat das BKartA verboten, nach Menge und Laufzeit an sich zulässige Verträge miteinander zu kombinieren. Bestand also etwa schon ein Vierjahresvertrag über 80% des Bedarfs, durfte E.ON Ruhrgas kein Angebot über die freie Teilmenge von 20% mehr abgeben. Hintergrund dafür war, dass der Lieferant, der schon einen großen Teil des Bedarfs deckt, erhebliche Kostenvorteile hat, wenn er auch die Restmenge liefert. Das Ziel der Marktöffnung für andere Lieferanten würde also verfehlt, wenn er auch um die Restmenge mitbieten könnte. Der BGH hat diese Entscheidung des BKartA in vollem Umfang bestätigt.[438] In diesem Fall hatte das Unternehmen eine Vielzahl von Lieferverträgen abgeschlossen, deren Laufzeit über die vom BKartA gesteckten Grenzen hinausging. Ihre Bündelung führte zu einer starken Abschottung des Gasmarktes für andere Lieferanten. **263**

Im Verfahren *Technische Gase* hat die Kommission bei On-site bzw. Pipeline-Versorgung Laufzeiten mengenbezogener, de facto aber den Gesamtbedarf der Abnehmer erreichender Bezugsverträge von fünfzehn Jahren ohne Prüfung der Freistellungsvoraussetzungen akzeptiert. Entscheidend dafür waren die erheblichen Anlageninvestitionen, die für eine derartige Versorgung erforderlich sind.[439] Nach den Vertikalleitlinien wird dasselbe Ergebnis unter dem Aspekt vertragsspezifischer Investitionen im Rahmen von Art. 101 Abs. 3 AEUV erreicht.[440] **264**

b) Freistellung gemäß Art. 101 Abs. 3 AEUV. Hinweise zur Freistellungsfähigkeit von Wettbewerbsverboten und anderen Bezugsbindungen enthalten Rdnr. 144ff. der Vertikalleitlinien. Für die Freistellung relevante **Effizienzgewinne** können sich danach insbesondere ergeben aus:[441] **265**

- Verkaufsförderungsmaßnahmen des Anbieters für den Einzelhändler, die auch Wettbewerbern des Anbieters zugute kommen (Trittbrettfahrerproblem auf Anbieterebene)
- vertragsspezifischen, d.h. nicht sinnvoll für Produkte anderer Anbieter nutzbaren und auch nicht ohne hohen Verlust verkaufbaren, langfristigen Investitionen des Anbieters beim Abnehmer (etwa in Anlagen, Ausrüstungen, Schulungen), jedoch nur für den Abschreibungszeitraum,[442] vorausgesetzt, die vertragsspezifischen Investitionen des Abnehmers sind geringer („Hold-up-Problem")

---

436 Vgl. etwa Komm. E. v. 11.11.1994, ABl. 1994 L 309/24, 27f. – *Olivetti-Digital.*

437 BKartA WuW/E DE-V 1147 – *E.ON Ruhrgas.*

438 BGHZ 180, 323 = WuW/E DE-R 2679 – *Gaslieferverträge.*

439 Vgl. Pressemitteilung der Kommission vom 7.6.1989, IP (89) 426 sowie etwa *Kirchhoff,* WuW 1995, 361 (365).

440 Vertikalleitlinien, Rdnr. 146.

441 Vgl. Vertikalleitlinien, Rdnr. 144 iVm. Rdnr. 107 Buchst. a, d, e und h; Rdnr. 146.

442 U.U. kommt dann auch ein Wettbewerbsverbot mit einer Laufzeit von mehr als fünf Jahren in Betracht, Vertikalleitlinien, Rdnr. 146.

– der Übertragung von wesentlichem, geheimen und für die Vertragsdurchführung unerlässlichen Know-how; hier nimmt die Kommission allerdings für den Regelfall an, dass schon der Tatbestand des Art. 101 Abs. 1 AEUV nicht erfüllt ist
– Darlehen des Anbieters an den Abnehmer, wenn sich der Abnehmer sonst nicht oder nur ungünstiger finanzieren kann, und er bei Tilgung des Darlehens jederzeit das Wettbewerbsverbot aufheben kann.[443]

266 Werden als Effizienzgewinn Verkaufsförderungsmaßnahmen, vertragsspezifische Investitionen oder die Gewährung von Darlehen geltend gemacht, können Mengenvorgaben ausreichen, so dass die Vereinbarung eines Wettbewerbsverbots nicht unerlässlich ist. Dagegen kann ein Wettbewerbsverbot zum Schutz von Know-how für die gesamte Dauer einer Liefervereinbarung unverzichtbar sein, etwa beim Franchising.[444] Der in den Vertikalleitlinien 2000 enthaltene Hinweis, dass ein Wettbewerbsverbot für die gesamte Vertragslaufzeit auch bei Alleinvertriebsverträgen gerechtfertigt sein kann, um dem Alleinvertriebsrecht des Händlers entsprechende Vertriebsanstrengungen für die Vertragswaren zu gewährleisten,[445] ist zwar im Abschnitt zum Markenzwang gestrichen worden. Etwas zurückhaltender formuliert findet er sich aber – zu Recht – weiterhin in Rdnr. 161 der Vertikalleitlinien 2010.

267 Für Bezugsverträge hat die Kommission auch vor Inkrafttreten der ersten Vertikal-GVO Nr. 2790/1999 kaum Einzelfreistellungen erteilt. Allerdings hat sie Grundsätze zur Freistellungsfähigkeit von Bezugsverträgen bereits im 7. WB (1977) formuliert.[446] Dabei handelte es sich um dieselben Überlegungen, die für den Erlass der GVO Nr. 1984/83 für Alleinbezugsvereinbarungen maßgebend waren: Verbesserung der Warenerzeugung und -verteilung durch bessere Planung von Produktion und Absatz, Kostensenkung für Erzeugung, Lagerhaltung und Vermarktung sowie Marktzutrittserleichterung für kleine und mittlere Unternehmen. Die Kommission betonte jedoch, dass die Freistellungsvoraussetzungen der angemessenen Verbraucherbeteiligung und des Überwiegens der wettbewerblichen Vorgegenüber den Nachteilen nicht mehr erfüllt sind, wenn Bezugsbindungen dazu führen, dass die Absatzmöglichkeiten dritter Unternehmen wesentlich erschwert werden. Mit dieser Begründung hat die Kommission in zwei Fällen bei einem gebundenen Marktanteil von 35% bzw. 17% Einzelfreistellungen abgelehnt.[447]

268 *c) Einzelfragen. aa) Englische Klauseln.* In Bezugsverträgen werden oft sog. **englische Klauseln** vereinbart. Sie gestatten es dem Abnehmer, die Vertragswaren trotz grundsätzlich ausschließlicher Bezugsbindung doch von dritten Lieferanten zu beziehen, wenn diese sie günstiger als sein Vertragspartner anbieten und wenn letzterer nicht in das günstigere Angebot seiner Konkurrenz eintritt. Für den Abnehmer ist dadurch jederzeit eine Belieferung zu marktgerechten Preisen und Konditionen gewährleistet. Zugleich erhalten andere Lieferanten die Chance, ihn trotz seiner grundsätzlichen Bezugsbindung zu beliefern.

269 Der EuGH hat in einem Fall zu Art. 102 AEUV entschieden, dass englische Klauseln, die die Identifizierung des günstigeren Konkurrenten erlauben, nicht geeignet sind, den Vorwurf des Missbrauchs einer marktbeherrschenden Stellung durch Bezugsbindungen zu beseitigen, sondern ihn im Gegenteil verstärken.[448] Die Kommission hat gegenüber englischen Klauseln noch zu keiner eindeutigen Beurteilung gefunden. Sie hat sie zunächst als Beschränkung des Geheimwettbewerbs negativ beurteilt, da die Markttransparenz künstlich erhöht werde. Denn der Lieferant werde über die Einzelheiten günstigerer Angebote von Wettbewerbern unterrichtet. Zudem meinte die Kommission, dass die Kenntnis von der englischen Klausel konkurrierende Lieferanten davon abhalten könnte, ihren Preis herabzusetzen. Anders als unter unverfälschten Wettbewerbsbedingungen könnten sie dies nämlich wegen der Eintrittsmöglichkeit des die Klausel verwendenden Konkurrenten für sinnlos

[443] Vertikalleitlinien, Rdnr. 147.
[444] Vertikalleitlinien, Rdnr. 145, 148.
[445] Vertikalleitlinien 2000, Rdnr. 158; so auch früher Art. 2 Abs. 2 GVO Nr. 1983/83.
[446] 7. WB 1977, Rdnr. 9 ff.
[447] 7. WB 1977, Rdnr. 15 – *Billiton/M&T* sowie *Liebig*.
[448] EuGH U. v. 13.2.1979, Slg. 1979, 461, 539, 544 f. – *Hoffmann-La Roche*.

halten.[449] Das trifft jedoch nicht zu, weil die Wettbewerber damit den Lieferanten zum Preiseintritt zwingen und seine Erlöse unter Umständen erheblich reduzieren könnten, ohne selbst leisten zu müssen. Außerdem hatte die Kommission in dem im April 1982 vorgelegten Entwurf für die GVO zu Alleinbezugsvereinbarungen die Aufnahme einer englischen Klausel sogar zur Freistellungsbedingung gemacht.[450] In der endgültigen GVO Nr. 1984/83 war dies allerdings nur noch für bestimmte Fälle von Bierlieferungsverträgen gemäß Art. 8 Abs. 2 lit. b) der GVO vorgesehen. Die Kommission hatte jedoch klargestellt, dass englische Klauseln der Anwendbarkeit der GVO Alleinvertrieb und Alleinbezug nicht entgegenstanden.[451] Ferner hatte sie in der GVO über Spezialisierungsvereinbarungen Alleinbezugsbindungen nur bei gleichzeitiger Aufnahme einer englischen Klausel akzeptiert.[452]

Schließlich hat die Kommission englische Klauseln in Lieferverträgen für *Industriegase* zugelassen, wenn sie auf ausdrücklichen Wunsch der Abnehmer vereinbart wurden. Sie hat damit anerkannt, dass englische Klauseln aus Abnehmersicht als Auflockerung der Bezugspflicht vorteilhaft sind.[453] Die Kommission bestand allerdings darauf, dass der Lieferant den Konkurrenten mit dem günstigeren Angebot nicht identifizieren kann. Die Kommission hat diese Linie fortgesetzt und im Anwendungsbereich von Art. 101 englische Klauseln nicht mehr beanstandet, wenn die Anonymität des günstigeren Wettbewerbers gewahrt war. Dies kann durch Einschaltung eines zur Verschwiegenheit verpflichteten Wirtschaftsprüfers geschehen, der die Identität des günstigeren Konkurrenten dem Lieferanten nicht offenbaren darf. **270**

In den Vertikalleitlinien 2000 betonte die Kommission wieder stärker die Gefahren englischer Klauseln und stellte ihre Wirkung Wettbewerbsverboten insbesondere dann gleich, wenn der Käufer den Namen des anderen Anbieters offenbaren muss.[454] Diese erhöhte Markttransparenz erleichtere die Kollusion unter den Lieferanten. Andererseits meinte die Kommission, englische Klauseln könnten auch Mengenvorgaben entsprechen, deren Abschottungswirkung hinter Wettbewerbsverboten zurückbleibt. **271**

In den geltenden Vertikalleitlinien beschränkt sich die Kommission auf eine Definition der englischen Klausel und die Aussage, sie „dürfte die gleiche Wirkung wie ein Markenzwang haben, und zwar vor allem dann, wenn der Abnehmer den Namen des günstigeren Anbieters preisgeben muss".[455] Zur Freistellungsfähigkeit englischer Klauseln äußert sie sich nicht mehr. Das erstaunt im Hinblick auf die erhebliche praktische Bedeutung dieser Bindungsform. Offenbar hat die Kommission bei der Beurteilung englischer Klauseln nach wie vor nicht zu einer klaren Linie gefunden. Damit hängt die Beurteilung englischer Klauseln von einer Einzelfallprüfung ab, für die weiterhin auf die Kommissionspraxis vor Inkrafttreten der Vertikal-GVO zurückgegriffen werden sollte. Eine Freistellung dürfte jedenfalls ausscheiden, wenn englische Klauseln eine durch langfristige Bezugsverträge bestehende Marktabschottung absichern; Vorsicht ist auch auf oligopolistischen Märkten geboten.[456] **272**

bb) Meistbegünstigungsklauseln. **Meistbegünstigungsklauseln** sollen gewährleisten, dass der Lieferant dem Abnehmer die jeweils günstigsten von ihm verwendeten Preise und Konditionen gewährt. Für sie besteht in Bezugsverträgen als Gegengewicht zur Bezugsbindung häufig ein Bedürfnis. Die Beurteilung der Meistbegünstigung nach Art. 101 AEUV ist unklar. EuGH und EuG haben sich noch nicht zu ihr geäußert. Auch die Kommission **273**

---

[449] Komm. E. v. 5.9.1979, ABl. 1979 L 286/32, 42 – *BP Kemi-DDSF.*

[450] Vgl. Dok. Nr. IV/128/82-DE; *Wiedemann,* GVO-Kommentar, Bd. II, GVO Nr. 1984/83, Art. 1 Rdnr. 16.

[451] Bekanntmachung, Nr. 35.

[452] GVO Nr. 417/85, ABl. 1985 L 53/1, Art. 2 Abs. 1 lit. b).

[453] Pressemitteilung der Komm. vom 7.6.1989, IP (89) 426.

[454] Vertikalleitlinien 2000, Rdnr. 152.

[455] Vertikalleitlinien, Rdnr. 129.

[456] Vgl. *Schultze/Pautke*/Wagener, Rdnr. 208 unter Hinweis auf ein – allerdings auf der Homepage des Amtes nicht mehr abrufbares – Diskussionspapier des BKartA „Kartellrechtliche Beurteilungsgrundsätze zu langfristigen Gasverträgen" vom 25.1.2005, B 8 – 113/03, S. 15.

hat bislang keine eindeutigen Stellungnahmen abgegeben. Zwar waren Meistbegünstigungsklauseln nach Art. 2 Abs. 1 Nr. 10 der früheren Technologie-Transfer-GVO[457] unbedenkliche Regelungen der „Weißen Liste". Da die neueren Gruppenfreistellungen auf die Regelungstechnik der „Weißen Liste" verzichten, enthielt aber weder die Nachfolgeregelung der Technologie-Transfer-GVO Nr. 772/2004[458] eine entsprechende Regelung, noch ist sie der aktuellen Technologie-Transfer-GVO 316/2014[459] zu entnehmen. Soweit die Kommission in einem Entsorgungsvertrag eine Meistbegünstigungsklausel mangels Spürbarkeit für unbedenklich gehalten hat,[460] ergibt sich daraus nichts für den vorliegenden Zusammenhang. In jenem Fall war dem Dienstleister ohnehin eine Tätigkeit für andere Auftragnehmer untersagt, so dass seine dem Auftraggeber gegenüber eingegangene Verpflichtung zur Meistbegünstigung schlicht leerlief. Wird hingegen in einem Bezugsvertrag zugunsten des Abnehmers eine Meistbegünstigung vereinbart, wirkt sich diese typischerweise auf eine Vielzahl von Verträgen des Lieferanten mit anderen Abnehmern aus, so dass ihr keineswegs per se die Spürbarkeit fehlt.[461]

274 Der Kommission nahestehende Autoren befürworten eine Anwendung des Art. 101 Abs. 1 AEUV auf Meistbegünstigungsklauseln,[462] weil sie den Spielraum des Lieferanten für eine individuelle Preisgestaltung erheblich beschränkten und einem vertraglichen Diskriminierungsverbot nahekämen. Tatsächlich wirken Meistbegünstigungsklauseln wie eine mittelbare Festsetzung der Verkaufspreise. Sie erfüllen damit ein Regelbeispiel des Art. 101 Abs. 1 AEUV.[463] Damit ist allerdings noch nichts über ihre Freistellungsfähigkeit gesagt. Nach dem Wortlaut der Vertikal-GVO sind Meistbegünstigungsklauseln, die den Lieferanten binden, freigestellt. Art. 4 lit. a Vertikal-GVO qualifiziert lediglich Preisbindungen zulasten des Käufers als Kernbeschränkungen.[464] Ob dann auch Bindungen des Lieferanten, die in ihrer wettbewerblichen Wirkung mit einer Kernbeschränkung nach Art. 4 lit. a Vertikal-GVO vergleichbar sind, der Freistellung entgegenstehen, erscheint fraglich.[465] Dagegen könnte etwa der Zweck der Vertikal-GVO sprechen, Rechtssicherheit für die Unternehmen zu schaffen.[466] Die Kommission ist, soweit ersichtlich, bislang gegen Meistbegünstigungsklauseln in Bezugsverträgen noch nicht eingeschritten. Die Entscheidung des BKartA zu Bestpreisklauseln des Hotelvermittlungsportals *HRS,* in der eine Einzelfreistellung verneint wurde, betrifft keinen Bezugsvertrag,[467] so dass die Bindung nicht als Ausgleich für eine Abnahmeverpflichtung angesehen werden konnte. Sie wird deshalb im Zusammenhang mit Preisbindungen in § 12 Rdnr. 7 behandelt.

275 *cc) Treuerabatte.* **Treuerabatte** werden gewährt, wenn sich ein Abnehmer freiwillig, d. h. ohne rechtliche Bindung, vollständig oder jedenfalls weitgehend auf den Bezug bei einem bestimmten Lieferanten beschränkt. Sie können sich wie ausschließliche Bezugsbindungen

---

457 ABl. 1996 L 31/2. So auch schon Art. 2 Abs. 1 Nr. 11 der (ersten) GVO Nr. 2349/84 für Patentlizenzverträge, ABl. 1984 L 219/15 ff.

458 ABl. 2004 L 123/11.

459 ABl. 2014 L 93/17.

460 Komm. E. v. 16.10.2003, ABl. 2004 L 75/59, Rdnr. 210 – *ARA, ARGEV, ARO.*

461 Diese notwendige Differenzierung übersieht *Meyer,* WRP 2004, 1456, 1461, 1463.

462 *Schröter/Jakob/Mederer-Schröter,* 1. Aufl., Art. 81 Abs. 1, Rdnr. 166; für Anwendung von Art. 101 Abs. 1 AEUV, aber Freistellungsfähigkeit auch Schröter/Jakob/Klotz/Mederer-Klotz, Art. 101, V. Fallgruppen, Liefer- und Bezugsvereinbarungen, Rdnr. 773.

463 Vgl. etwa *Immenga/Mestmäcker-Zimmer,* Wettbewerbsrecht EG Teil/I, Art. 101 AEUV Rdnr. 348.

464 Vgl. etwa *Schröter/Jakob/Mederer-Klotz,* Art. 101 – Fallgruppen, Liefer- und Bezugsvereinbarungen, Rdnr. 773; *Immenga/Mestmäcker-Ellger,* EU-WettbR, VO (EU) 330/2010, Art. 4, Rdnr. 13; *Schultze/Pautke/Wagener,* Art. 4 lit. a, Rdnr. 434 ff.; *Bauer/de Bronett,* Rdnr. 99.

465 Vgl. dies für Bestpreisklauseln eines Hotelvermittlungsportals erörternd, letztlich aber dahinstehen lassend BKartA WuW/E DE-V 1953, Rdnr. 183 ff. – *HRS.*

466 Vgl. nur die Überschrift vor Rdnr. 23 der Vertikalleitlinien.

467 *HRS* kaufte keine Zimmerkontingente ein, vgl. BKartA B. v. 20.12.2013 – B 9–66/10 – *HRS,* abrufbar unter www.bundeskartellamt.de, Rdnr. 2 – *HRS,* insoweit nicht in WuW/E DE-V 1953 abgedruckt.

auswirken. So entfällt ein Treuerabatt, der für die Deckung des gesamten Bedarfs bei einem Lieferanten vereinbart wird, bereits dann vollständig, wenn der Abnehmer auch nur einen kleineren Auftrag einem Konkurrenten erteilt. Infolgedessen verteuert sich für den Abnehmer der Preis der gesamten bei dem Lieferanten bezogenen Menge um den Satz des Treuerabatts. Ist dieser Rabattverlust so groß, dass der Abnehmer vernünftigerweise von einem Bezug bei anderen Lieferanten absehen wird, so entspricht der wirtschaftliche Effekt des Treuerabatts dem einer Alleinbezugsvereinbarung. In diesem Fall gelten für seine kartellrechtliche Zulässigkeit auch dieselben Maßstäbe. Häufig werden Treuerabatte allerdings wie Mengenvorgaben und damit schwächer als Wettbewerbsverbote wirken. Marktbeherrschende Unternehmen sind durch Art. 102 AEUV daran gehindert, Treuerabatte anzuwenden.[468]

Anders als Treuerabatte sind **echte Mengenrabatte** kartellrechtlich grundsätzlich unbe- 276
denklich. Sie werden ausschließlich in Abhängigkeit von der Höhe der Bezüge bei einem bestimmten Lieferanten gewährt. Echte Mengenrabatte sind im Hinblick auf die Kosteneinsparungen gerechtfertigt, die der Lieferant aufgrund des Umfangs der von ihm gelieferten Mengen erzielt. Allerdings wird eine nähere Quantifizierung der entsprechenden Vorteile oft schwierig sein.

dd) Verlängerungsklauseln. In der Praxis häufig sind Bezugsverträge, die nach Ablauf einer 277
festen Laufzeit bei Ausbleiben einer Kündigung eine automatische Verlängerung vorsehen. Anders als nach Art. 3 lit. d der GVO Nr. 1984/83 gelten solche Verträge gemäß Art. 5 lit. a Vertikal-GVO nicht mehr als von der Gruppenfreistellung ausgeschlossene Vereinbarungen für einen unbestimmten Zeitraum, wenn die *Laufzeit einschließlich der Verlängerungen* nicht mehr als fünf Jahre beträgt.

Auch soweit infolge automatischer Verlängerungen eine Gesamtlaufzeit von fünf Jahren 278
überschritten oder auf die Bestimmung einer Gesamtlaufzeit vollständig verzichtet wird **(„Evergreen-Klausel")**, erscheint eine Freistellung jedenfalls bei kurzen Verlängerungszeiträumen von nicht mehr als einem Jahr nicht ausgeschlossen. Bei einer festen Laufzeit von fünf Jahren oder weniger gewährleistet grundsätzlich schon die Kündigungsmöglichkeit, den Wettbewerb der Lieferanten um den Wiederverkäufer entsprechend den Vorgaben der Vertikal-GVO nach spätestens fünf Jahren Bindungsdauer wieder in Gang zu setzen.[469] Evergreen-Klauseln, die zu einer Verlängerung der Bezugsbindung von jeweils nicht mehr als einem Jahr führen, sollten zumindest dann eine großzügige Beurteilung erfahren, wenn die Grundlaufzeit unter fünf Jahren (also etwa bei drei Jahren) liegt und gewisse Fremdbezüge während der gesamten Vertragsdauer zugelassen sind.[470] Mangels Entscheidungspraxis der Kommission besteht insofern allerdings keine Rechtssicherheit.

ee) Jederzeit leicht kündbare Alleinbezugspflichten. Alleinbezugsverträge, die keine Mindest- 279
laufzeit vorsehen, sondern jederzeit mit kurzer Frist kündbar sind, sind als unbefristete Wettbewerbsverbote nach Art. 5 lit. a Vertikal-GVO nicht gruppenfreigestellt. Gleichwohl ist fraglich, ob solche Verträge überhaupt als Wettbewerbsbeschränkung anzusehen sind.[471] Das ist jedenfalls zu verneinen, wenn aufgrund von Besonderheiten dieser Verträge keine erhebliche marktabschottende Wirkung mit ihnen verbunden ist.[472] So hat der EuGH im Fall „*Neste*" für Tankstellenbezugsverträge entschieden, dass die jährliche Kündigungsmöglichkeit einen angemessenen Schutz der wirtschaftlichen und rechtlichen Belange beider Vertragsparteien bot; sie setzte der durch die Bezugsbindung allenfalls hervorgerufenen Beschränkung des Wettbewerbs enge Grenzen.[473] Dasselbe kann für ihrer Natur nach langfristig angelegte Dauerschuldverhältnisse gelten, etwa Gruppenversicherungen im Bereich

[468] Vgl. Vertikalleitlinien 2000, Rdnr. 152, und unten § 22 Rdnr. 76. [check]

[469] *Gleiss/Hirsch,* Art. 85 (1) Rdnr. 1485; *Wiedemann,* GVO-Kommentar, Band II, GVO 1984/83, Art. 3 Rdnr. 14 f.

[470] *Ritter,* Fs. Lieberknecht, S. 514.

[471] Verneinend *OLG Düsseldorf* WuW/E DE-R 2950, 2951; *Bechtold,* GWB, § 1 Rdnr. 73.

[472] Vgl. *Immenga/Mestmäcker-Zimmer,* GWB, § 1 Rdnr. 376 a. E.

[473] EuGH U. v. 7.12.2000 – C-214/99, Slg. 1999 I-11140, Rdnr. 35 f. = WuW/E EU-R 381 – *Neste.*

der betrieblichen Altersversorgung.[474] Bei derartigen Rentenversicherungssystemen liegt – unabhängig von der Art ihrer Finanzierung – aus der Natur der Sache eine unbefristete Laufzeit zumindest nahe. Im Fall der Kapitaldeckung folgt regelmäßig auf eine längere Anspar- eine kürzere Auszahlungsphase. Bei einer Umlagefinanzierung erwirbt der versicherte Beschäftigte ebenfalls den Anspruch auf die Rente durch langfristige Zahlungen während des Arbeitslebens („Generationenvertrag"). Bei solchen Gruppenversicherungsverträgen im Bereich der Rentenversicherung liegt es eher fern, eine bestimmte, kürzere feste Laufzeit – etwa ein Jahr – mit jeweiliger Verlängerung um ein weiteres Jahr im Fall der Nichtkündigung vorzusehen (vgl. § 11 Abs. 1 VVG). In einem solchen Fall steht auch eine marktbeherrschende Stellung des Anbieters der Vereinbarung einer – jederzeit kurzfristig kündbaren – Gesamtbedarfsdeckungsklausel nicht entgegen.

280 *ff) Zeitlich überschießende Bezugsbindungen.* Eine an sich zulässige Bezugsbindung kann aufgrund zu langer Dauer unter das Verbot des Art. 101 AEUV fallen. Fraglich ist dann, ob die in Art. 101 Abs. 2 AEUV angeordnete Nichtigkeit zur Gesamtunwirksamkeit der Bindung führt oder nur für den „überschießenden" Zeitraum gilt. Die Kommission hat z.B. im Fall *Nutricia* eine **geltungserhaltende Reduktion** für ein Wettbewerbsverbot zu Lasten des Veräußerers bei einem Unternehmensverkauf angenommen.[475] In zwei Verträgen waren einmal ein zehnjähriges und einmal ein fünfjähriges Wettbewerbsverbot vereinbart worden. Die Kommission erklärte im ersten Fall nur ein vierjähriges Verbot für zulässig und im zweiten Fall ein zweijähriges. Demgegenüber hat die Kommission im Fall *BP Kemi* entschieden, dass der gesamte Bezugsvertrag gegen Art. 101 Abs. 1 verstieß.[476] Ob dies auf die Besonderheiten jenes Falles zurückzuführen war (Marktanteil des Lieferanten *BP* bei ca. 90% und damit an sich Beurteilung nach Art. 102 AEUV) oder Ausdruck der allgemeinen Einstellung der Kommission ist, ist unklar. Trotz kritischer Stimmen in der Literatur[477] erscheint es nicht ausgeschlossen, eine geltungserhaltende Reduktion auf eine zulässige Laufzeit durch Aufnahme einer salvatorischen Klausel zu erreichen, die sich auch auf unzulässige Regelungen über Zeit und Maß der Leistung erstreckt.[478] Nach der jüngeren Rechtsprechung des BGH bewirken solche salvatorischen Klauseln eine von § 139 BGB abweichende Zuweisung der Darlegungs- und Beweislast. Derjenige, der entgegen der salvatorischen Klausel den Vertrag als Ganzes für unwirksam hält, hat dies darzulegen und zu beweisen.[479] Der BGH hat in der Vergangenheit wiederholt zeitliche Beschränkungen, die unter § 1 GWB fielen, auf das zulässige Maß zurückgeführt.[480] Zuletzt hat er aber offengelassen, ob daran weiter festzuhalten ist.[481] Wegen der hier bestehenden Rechtsunsicherheit sollten Unternehmen sich nicht auf eine geltungserhaltende Reduktion kartellrechtlich unzulässig langer Bezugsbindungen verlassen. Im Übrigen ist zu beachten, dass bei Vereinbarung einer Bezugsbindung in Allgemeinen Geschäftsbedingungen eine geltungserhaltende Reduktion nach ständiger Rechtsprechung des BGH ausgeschlossen ist.[482]

281 *gg) Bezugsbindung durch Überlassung von Verkaufseinrichtungen.* Zur Förderung des Absatzes ihrer Produkte können Hersteller Händlern Verkaufseinrichtungen unter der Bedingung zur

---

474 Vgl. BGH WuW/E DE-R 4261, Rdnr. 41 – *VBL-Versicherungspflicht.*

475 ABl. 1983 L 376/22.

476 Komm. E. v. 5.9.1979, ABl. 1979 L 286/32 – *BP Kemi.*

477 Etwa *Loewenheim/Meessen/Riesenkampff-Baron,* Bd. 1, VO 2790/1999/EG, Rdnr. 299; *Immenga/Mestmäcker-Ellger,* VO (EU) 330/2010, Art. 5, Rdnr. 52; *Schultze/Pautke/Wagener,* Rdnr. 868.

478 Im Ergebnis ebenso *Bauer/de Bronett,* Rdnr. 13.

479 Vgl. BGH WuW/E DE-R 1031, 1032 – *Tennishallenpacht,* unter Aufgabe von BGH WuW/E BGH 2909, 2913 – *Pronuptia. II.*

480 BGH WuW/E BGH 1898, 1900 – *Holzpaneele;* 2090, 2095 – *Stadler-Kessel;* 3115, 3120 – *Druckgußteile;* in dem Ende 2008 entschiedenen Fall BGH WuW/E DE-R 2554 Rdnr. 25 – *Subunternehmervertrag II* – ging es um die Beurteilung eines Wettbewerbsverbots nach § 138 BGB, die trotz grundsätzlichem Wertungsgleichklangs mit dem Kartellrecht nicht notwendig zum selben Ergebnis führen muss.

481 BGH WuW/E DE-R 1305, 1306.

482 Vgl. zuletzt ausdrücklich BGH NZBau 2014, 218.

Verfügung stellen, dass diese ausschließlich für die Aufbewahrung und den Verkauf ihrer Produkte eingesetzt werden. Praktische Bedeutung hat dies auf dem Markt für Speiseeis erlangt. Die Kommission hatte über die Zulässigkeit der von *Van den Bergh Foods* in Irland verfolgten Vertriebspolitik zu entscheiden, Einzelhändlern Kühltruhen für die Vorratshaltung von Speiseeiserzeugnissen unter der Bedingung zur Verfügung zu stellen, dass sie ausschließlich für *Van den Bergh*-Erzeugnisse genutzt wurden **(Kühltruhenausschließlichkeit).**[483] Die Kommission kam zu dem Ergebnis, dass die Ausschließlichkeitsklausel in Verkaufsstellen, die außer über *Van den Bergh*-Kühltruhen nicht auch über mindestens eine selbst angeschaffte oder von anderen Speiseeisherstellern bereitgestellte Kühltruhe verfügten, gegen Art. 101 Abs. 1 AEUV verstieß. Dafür war ausschlaggebend, dass 40% der Einzelhändler in Irland nur über *Van den Bergh*-Kühltruhen verfügten und dieses Unternehmen im relevanten Marktsegment Kleineis einen Marktanteil von ca. 85% hatte. Zudem war sowohl die Anschaffung zusätzlicher Kühltruhen wie auch der Austausch vorhandener Kühltruhen in diesen Verkaufsstellen nach den Ermittlungen der Kommission unwahrscheinlich. Die Kühltruhenausschließlichkeit wirkte sich damit als erhebliches Hindernis für den Marktzugang der Wettbewerber von *Van den Bergh* aus. Sie war nach Auffassung der Kommission auch nicht freistellungsfähig.[484]

hh) Bierlieferungs- und Tankstellenverträge. Die Vertikal-GVO Nr. 330/2010 enthält anders als die GVO Nr. 1984/83 keine Sonderregeln für **Bierlieferungs- und Tankstellenverträge.** Für sie gelten damit die allgemeinen Beurteilungskriterien. Es dürfte aber regelmäßig davon auszugehen sein, dass – entsprechend der in Art. 5 Abs. 2 Vertikal-GVO getroffenen Regelung – bei der Überlassung von Gaststätten oder Tankstellen durch den Lieferanten auch außerhalb des Anwendungsbereichs der Vertikal-GVO weiterhin Alleinbezugsbindungen für bestimmte Biersorten oder Kraft- und Brennstoffe über die gesamte Vertragslaufzeit vereinbart werden können, solange der Lieferant nicht marktbeherrschend ist.[485] Ein Beispiel für die Einzelfreistellung eines Bierlieferungsvertrages ist die Entscheidung der Kommission *Whitbread.*[486] 282

In Tankstellen können regelmäßig rein faktisch nur Kraftstoffe einer einzigen Marke vertrieben werden. Dieser Unterschied beim Vertrieb von Kraftstoffen gegenüber etwa dem Absatz von Bier oder Eis ist bei der kartellrechtlichen Beurteilung von Tankstellenverträgen zu beachten. Deshalb ist für die Marktabschottungswirkung eines Alleinbezugsvertrags über Kraftstoffe nicht die Ausschließlichkeit als solche, sondern die Laufzeit entscheidend. Der EuGH hat vor diesem Hintergrund Alleinbezugsverträgen über Kraftstoffe, die jederzeit mit einer Frist von einem Jahr gekündigt werden konnten, nur einen unerheblichen Beitrag zur kumulativen Marktabschottungswirkung beigemessen. In jenem Fall stellten diese Verträge lediglich einen geringen Teil aller Alleinbezugsverträge des Lieferanten dar. Seine übrigen Alleinbezugsverträge wurden in die kumulative Wirkung einbezogen.[487] 283

d) Deutsches Kartellrecht. Seit der 7. GWB-Novelle von 2005 entspricht die Beurteilung von Bezugsbindungen im deutschen Recht über die §§ 1, 2 GWB und die entsprechende Geltung der Vertikal-GVO grundsätzlich derjenigen im europäischen Kartellrecht. Allerdings gilt für marktstarke Unternehmen und andere Normadressaten des § 20 Abs. 1, 2 GWB außerdem das Verbot unbilliger Behinderung und Diskriminierung (dazu *Lübbert/Schöner* in §§ 23f.). 284

Damit sind Meistbegünstigungsklauseln in Bezugsverträgen zulasten des Lieferanten grundsätzlich freigestellt, sofern weder der Marktanteil des Lieferanten noch derjenige des Abnehmers an dem relevanten Markt 30% überschreitet (§ 2 Abs. 2 GWB i. V. m. Art. 2, 3 Abs. 1 Vertikal-GVO).[488] Nach Aufhebung des Verbots vertikaler Inhaltsbindungen in § 14 285

483 Komm. E. v. 11.3.1998, ABl. 1998 L 246/1 – *Van den Bergh Foods Limited.*
484 AaO, Rdnr. 28, 156, 185, 221 ff.
485 Vgl. Vertikalleitlinien, Rdnr. 142 und früher Art. 6 Abs. 1 und 8 Abs. 2 lit. a der GVO 1984/83.
486 Komm. E. v. 24.2.1999, ABl 1999 L 88/26 – *Whitbread.*
487 EuGH U. v. 7.12.2000, Slg. 2000, I-11121, Rdnr. 31 ff. – *Neste.*
488 Vgl. o. § 11 Rdnr. 125 ff.

GWB a. F. gibt es auch oberhalb dieser Marktanteilsschwelle kein per se Verbot von Meistbegünstigungsklauseln mehr; die frühere Rechtsprechung des BGH zur Unzulässigkeit von Meistbegünstigungsklauseln[489] ist überholt.

286 In der Vergangenheit haben Alleinbezugsverträge für technische Gase die Aufmerksamkeit des BKartA gefunden. Das BKartA hat hier für verschiedene Fallgruppen eine **Beschränkung der Laufzeit** auf maximal drei Jahre oder sogar nur ein Jahr auf der Grundlage des § 16 GWB a. F. durchgesetzt.[490] Das besondere Interesse des BKartA an dem Markt für technische Gase beruhte darauf, dass es hier von einem oligopolistischen Markt ausging, der durch parallele Netze von Bezugsverträgen der einzelnen Hersteller geprägt wurde, die insgesamt geeignet waren, den Marktzutritt von Wettbewerbern erheblich zu beeinträchtigen. Es liegt nicht fern, dass sich das BKartA auch bei der Beurteilung von Bezugsverträgen nach den §§ 1, 2 GWB weiterhin an dieser früheren Praxis orientieren wird.

287 Beim Thema Alleinbezugsverträge zu erwähnen sind ferner die Entscheidungen des BKartA und des BGH zu den Kfz-Vertragshändlern für Ersatzteile auferlegten Bezugsbindungen, die zu den ersten beiden Absätzen des § 26 a. F. (jetzt: § 19 Abs. 1 und 2) GWB ergangen sind. Der BGH hat sowohl die Bezugsbindung für sog. Nachbauteile als auch für sog. Identteile nicht als unbillig betrachtet und damit zugelassen.[491] Die Entscheidungen des BGH sind durch die inzwischen ergangenen Gruppenfreistellungsverordnungen für den Kraftfahrzeugvertrieb überholt. Nach der für den Ersatzteilvertrieb bis zum 31.5.2010 geltenden GVO Nr. 1400/2002 (wie auch schon den Vorgänger-GVOen Nr. 1475/95 und Nr. 123/85) durften Händler nicht darin beschränkt werden, Originalersatzteile oder qualitativ gleichwertige Ersatzteile von dritten Unternehmen ihrer Wahl zu beziehen (Art. 4 Abs. 1 lit. k der GVO Nr. 1400/2002). Lediglich bei Gewährleistungsarbeiten, unentgeltlichem Kundendienst und Rückrufaktionen war die Verpflichtung zur Verwendung vom Kfz-Hersteller bezogener Originalersatzteile zulässig. Im praktischen Ergebnis hat sich daran durch die den Ersatzteilvertrieb seit 1.6.2010 regelnde GVO Nr. 461/2010 nichts geändert. Zwar enthält die schwarze Liste in Art. 5 der neuen Kfz-GVO keine dem bisherigen Art. 4 Abs. 1 lit. k GVO entsprechende Bestimmung mehr. Zugelassenen Händlern auferlegte Bezugsbindungen für Ersatzteile werden aber gleichwohl auch in den Grenzen des Art. 5 lit. a Vertikal-GVO kaum jemals unter die Gruppenfreistellung des Art. 4 Kfz-GVO fallen, weil der Kraftfahrzeughersteller oder sein Importeur bei den Ersatzteilen für Fahrzeuge der eigenen Marke in aller Regel einen höheren Marktanteil als 30% halten wird.[492] Auch die Voraussetzungen einer Einzelfreistellung werden für eine Bezugsbindung, die die Verwendung vom Originalhersteller stammender Ersatzteile und/oder ihnen qualitativ gleichwertiger Teile ausschließt oder wesentlich einschränkt, meist nicht vorliegen. Davon unberührt bleibt das Recht des Herstellers, bei Gewährleistungsarbeiten, unentgeltlichem Kundendienst und Rückrufaktionen die Verwendung von ihm gelieferter Originalersatzteile vorzuschreiben.[493]

---

489 Vgl. BGH WuW/E BGH 1787 – *Garant.*

490 Vgl. TB 1977, 62 (Alleinbezugsbindung bei verflüssigten Gasen für Tankanlagen maximal drei Jahre, für verdichtete Gase in Flaschen maximal ein Jahr in Lieferverträgen zwischen Herstellern und ihren Abnehmern); TB 1978, 46 f. (Laufzeit maximal drei Jahre für Alleinbezugsvereinbarungen über Flüssiggas in Flaschen zwischen Flüssiggas-Großhändlern und ihren Abnehmern); TB 1983/84, 83 (Alleinbezugsvertrag für Kohlensäure in Stapelbehältern zwischen Herstellern und ihren Abnehmern nur maximal für drei Jahre oder bis zur Abnahme des 25-fachen des Tankinhalts des Abnehmers).

491 BGH WuW/E BGH 509, 514 ff. – *Original-Ersatzteile* (zu Nachbauteilen); WuW/E BGH 1829, 1840 – *Original-VW-Ersatzteile II* (zu Identteilen); anders BKartA WuW/E BKartA 1781 – *Identteile* und KG WuW/E OLG 2247 – *Parallellieferteile;* kritisch zur Entscheidung des BGH *Kirchhoff,* Vertikale Vertriebsverträge, S. 175, 183.

492 Vgl. Ergänzende Leitlinien der Kommission für vertikale Beschränkungen in Vereinbarungen über den Verkauf und die Instandsetzung von Kraftfahrzeugen und den Vertrieb von Kraftfahrzeugersatzteilen (Vertikalleitlinien Kfz), ABl. 2010 C 138/16, Rdnr. 39.

493 Vgl. Vertikalleitlinien Kfz, Rdnr. 39.

3. Alleinvertrieb und Alleinbelieferung. *a) Alleinvertrieb.* Der Alleinvertrieb ist ein weitverbreitetes und häufig anzutreffendes Vertriebssystem. Es findet sich sowohl auf der Einzel- als auch der Großhandelsstufe und ist vor allem für den Im- und Exporthandel kennzeichnend. Alleinvertriebssysteme können sehr unterschiedlichen Zwecken dienen, von der Verteidigung angestammter Marktgebiete bis zur Eroberung neuer Märkte, und in den vielfältigsten Abwandlungen auftreten. Üblich sind auch Kombinationen mit anderen Formen der Wettbewerbsbeschränkung wie z. B. Wettbewerbsverbote und Alleinbezug. **288**

In der Vertragspraxis werden Alleinvertriebsbindungen häufig mit dem Wort **Exklusivität** umschrieben. Diese Bezeichnung ist aber ungenau und kann zu Missverständnissen führen, da sie weder die Art der Exklusivbindung noch die gebundene Vertragspartei (oder beide) erkennen lässt. Man sollte deshalb den Begriff Exklusivität bzw. Exklusivbindung, Exklusivgebiete oder Exklusivkunden meiden und stattdessen die gemeinte Bindung genau beschreiben. **289**

Die Kommission hat in den Vertikalleitlinien (Rdnr. 51) eine **Definition** gegeben, was sie unter einer Alleinvertriebsbindung versteht. Diese enthält danach zwei Elemente: einerseits die Verpflichtung des Anbieters (Herstellers), das Produkt nur an einen einzigen Abnehmer (Händler) zum Verkauf in einem bestimmten Gebiet oder an eine bestimmte Kundengruppe[494] abzugeben; zum andern die Zusicherung des Anbieters, dass der Abnehmer in dem ihm zugewiesenen Gebiet oder bei der ihm zugewiesenen Kundengruppe vor aktiven Verkäufen[495] der anderen Abnehmer des Anbieters geschützt ist. Eine Kombination der Zuweisung eines Gebiets und einer Kundengruppe („Kundengruppe X im Gebiet Y") ist unbedenklich. Nicht möglich ist dagegen ein Schutz gegen passive Verkäufe anderer Abnehmer in das geschützte Gebiet oder an die geschützte Kundengruppe.[496] Außerdem ist der Abnehmer nach dem Leitbild der Kommission nicht gegen aktive Verkäufe des Herstellers geschützt. Vertraglich können Hersteller und Abnehmer eine solche Regelung aber vereinbaren. Dies ist keine Kernbeschränkung nach Art. 4 lit. b GVO, da Bindungen zu Lasten des Verkäufers hiervon nicht erfasst sind, und deshalb nach Art. 2 Abs. 1 GVO freigestellt.[497] **290**

In der Vertikal-GVO ist der Alleinvertrieb **nicht mehr als eigenständige Vertriebsform geregelt,** so wie dies ursprünglich in der Alleinvertriebs-GVO der Fall gewesen war. Seine gesetzliche Basis beruht vielmehr auf Art. 2 Abs. 1 i. V. m. der Ausnahmeregelung von dem umfassenden Verbot der Gebiets- oder Kundengruppenbeschränkungen in Art. 4 lit. b (i) GVO.[498] Deshalb beruht die Zulässigkeit von Alleinvertriebsvereinbarungen, abgesehen von den üblichen Freistellungsvoraussetzungen (Art. 2 und 3 GVO), nicht darauf, dass bestimmte Kriterien (positiv) erfüllt sind. Vielmehr kommt es im Rahmen des Art. 4 lit. b GVO darauf an, dass die Alleinvertriebsvereinbarung nicht eine Kernbeschränkung darstellt, die von dem allgemeinen Verbot der Gebiets- oder Kundengruppenbeschränkung umfasst ist. **291**

aa) Wettbewerbsbeschränkung gemäß Art. 101 Abs. 1 AEUV. Wie im System der Gruppenfreistellungen üblich, ist zunächst festzustellen, ob eine Alleinvertriebsvereinbarung eine **Wettbewerbsbeschränkung** i. S. d. Art. 101 Abs. 1 AEUV darstellt, da sich nur in diesem Fall die Frage einer Freistellung stellen kann. In der Regel dürften keine Zweifel bestehen, dass in jedem Alleinvertrieb wegen der doppelten Bindung des Herstellers wettbewerbsbeschränkende Elemente enthalten sind. Außerdem gehört zu einem Alleinvertriebssystem die vertragliche Regelung, dass die anderen Händler die geschützten Gebiete oder Kundengruppen nicht durch aktive Verkäufe „angreifen" dürfen. Bei einer hinreichenden Marktabdeckung dürften Alleinvertriebsvereinbarungen daher spürbare Auswirkungen sowohl auf den Wettbewerb als auch auf den innergemeinschaftlichen Handel haben. Für den Fall einer Vielzahl von kleinen Alleinvertriebssystemen, die für sich allein keine spürbaren **292**

---

[494] Zu Beschränkungen von Kundengruppen s. unten Rdnr. 328 ff.

[495] Zu den Begriffen aktiver und passiver Verkauf s. oben Rdnr. 177 ff.

[496] Vgl. dazu unten Rdnr. 298 f. sowie oben zur Vertikal-GVO Rdnr. 172.

[497] Ein vertragliches Verbot von passiven Verkäufen des Herstellers ist nur im Fall des selektiven Vertriebs auf der Einzelhandelsstufe eine Kernbeschränkung.

[498] S. dazu oben Rdnr. 170 ff.

Auswirkungen haben, kann sich die Spürbarkeit der Wettbewerbsbeschränkung aus der sog. Bündeltheorie des EuGH ergeben.[499]

293 Für die rechtliche Bewertung macht es keinen Unterschied, ob die Alleinvertriebsklausel ausdrücklich und unmittelbar in der Vereinbarung der Vertragsparteien enthalten ist oder ob die näheren Umstände und der wirtschaftliche Zusammenhang **mittelbar** eine Bindung ergeben, die einer Alleinvertriebsvereinbarung gleichkommt. Denkbar sind z. B. Alleinbezugsvereinbarungen, u. U. verbunden mit Wettbewerbsverboten, die im Ergebnis dazu führen, dass faktisch ein Gebiet oder eine Kundengruppe nur durch einen Händler beliefert wird.[500]

294 Zweifel, ob derartige Alleinvertriebsbindungen von Abnehmern eine Wettbewerbsbeschränkung i. S. d. Art. 101 Abs. 1 AEUV darstellen, ergeben sich vielfach aus der Unsicherheit, ob **scheinbar einseitige Maßnahmen** des Herstellers als Vereinbarung anzusehen sind. Ein Hersteller kann auf mannigfache Weise Anordnungen treffen, die durch Diskriminierung unter den Händlern oder den Kunden zu einer faktischen Exklusivbindung führen. Beispiele hierfür sind in erster Linie Preis- oder Mengendifferenzierungen, aber auch unterschiedliche Boni an die Händler, je nachdem in welches Gebiet oder an welche Kundengruppe sie verkauft haben, oder unterschiedliche Garantieleistungen an Kunden, je nachdem in welchem Gebiet sie ansässig sind oder zu welcher Kundengruppe sie gehören. In diesen Fällen kommt eine Wettbewerbsbeschränkung gemäß Art. 101 Abs. 1 AEUV nur in Betracht, wenn eine Willensübereinstimmung der beiden Vertragspartner nachgewiesen ist. Hierzu wird im Einzelnen auf die Erläuterungen von *Lübbig* in § 8 Rdnr. 10 verwiesen.

295 Darüber hinaus kann eine Wettbewerbsbeschränkung nach dem **Immanenzgedanken** ausgeschlossen sein, wenn objektive Gründe eine Beschränkung des Verkaufs in ein bestimmtes Gebiet oder an eine bestimmte Kundengruppe zwingend rechtfertigen. Eine Gebietsbeschränkung kann z. B. durch unterschiedliche nationale Sicherheitsstandards oder technische Spezifikationen erforderlich sein, während eine Kundengruppenbeschränkung z. B. durch Gründe des Gesundheitsschutzes oder im Hinblick auf besondere technische Anforderungen geboten sein kann. Der Hersteller kann sich auf eine derartige Ausnahme allerdings nur dann berufen, wenn er sie in seinem Vertriebssystem konsequent einhält.[501] Er muss also alle Händler in genau gleicher Weise binden und darf auch für sich selbst keine Ausnahme machen.

296 Die Kommission hat in den Vertikalleitlinien (Rdnr. 61 und 62) weitere **Ausnahmen,** in denen keine Wettbewerbsbeschränkung nach Art. 101 Abs. 1 AEUV vorliegt, für den Fall der **Markteinführung** neuer Produkte oder Markteinführungstests sowie gestaffelte Markteinführungen genannt. Hier ist es häufig sinnvoll, den Vertrieb einem einzigen Händler zu überlassen, um die Erfahrungen zu bündeln und einheitliche Kriterien anzuwenden. So sinnvoll diese beiden Ausnahmen in den Vertikalleitlinien sind, so sehr ist die teilweise unklare und nicht konsistente Formulierung zu bedauern, die den praktischen Nutzen dieser Ausnahmen mindert.[502] Während die Kommission bei der Markteinführung nach Rdnr. 61 der Vertikalleitlinien auch einen Schutz vor passiven Verkäufen anderer Händler zulässt, kann für die in Rdnr. 62 genannten echten Markteinführungstests und die gestaffelte Einführung neuer Produkte nur der aktive Verkauf anderer Händler ausgeschlossen werden. Auch der Zeitraum der beiden Ausnahmeregelungen ist unterschiedlich.

297 *bb) Freistellung nach Art. 2 Abs. 1 GVO.* Die Gruppenfreistellung für den Alleinvertrieb ist bereits durch die Vorgänger-VO Nr. 2790/1999 auf ein neues System umgestellt worden. Nach der früher geltenden Alleinvertriebs-GVO konnte der Abnehmer (Händler) auf ein

---

[499] Ausführlich dazu oben *Kirchhoff* in § 10 Rdnr. 19 ff.

[500] Weitere Beispiele in Bezug auf den Alleinvertrieb s. z. B. *Schultze/Pautke/Wagener,* Rdnr. 601 ff., 610 ff. und *Langen/Bunte-Nolte,* Nach Art. 101 AEUV, Rdnr. 470 ff., 477 ff.

[501] Vgl. *Langen/Bunte-Nolte,* Nach Art. 101 AEUV, Rdnr. 465; *Schultze/Pautke/Wagener,* Rdnr. 619.

[502] Vgl. dazu *Seeliger/Klauß,* GWR 2010, 233, 234. Kritik äußern gleichfalls *Schultze/Pautke/Wagener,* Rdnr. 620, die aber auch auf gewisse Verbesserungen der neuen Fassung der Vertikal-GVO hinweisen.

Vertragsgebiet beschränkt werden, das ihm zwar allein zustand, über das hinaus er aber keine aktiven Verkäufe tätigen durfte. Nach der Regelung seit der GVO Nr. 2790/1999 (also auch in der GVO Nr. 330/2010)[503] besteht der Alleinvertrieb darin, dass dem Händler lediglich ein **geschütztes Vertragsgebiet** eingeräumt wird; seine aktiven Verkäufe sind dagegen generell nicht beschränkt. Der Unterschied der beiden Systeme zeigt sich bei den freien Gebieten,[504] die der Hersteller weder einem anderen Händler zugewiesen noch sich selbst vorbehalten hat. Nach der geltenden Vertikal-GVO Nr. 330/2010 ist der Händler nicht gehindert, in solchen Gebieten aktiv tätig zu werden.[505] Jede vertragliche Vereinbarung, die ihm dies untersagen würde, wäre eine Kernbeschränkung nach Art. 4 lit. b GVO.[506] In den praktischen Auswirkungen dürfte der Unterschied in den Systemen eher gering sein.[507] Zur Vermeidung unnötiger Missverständnisse und Schwierigkeiten empfiehlt es sich aber sehr, sich bei der Vertragsabfassung möglichst eng an den Wortlaut der Definition in den Vertikalleitlinien, Rdnr. 51 (s. oben Rdnr. 179) anzulehnen.

Freigestellt sind nur **Verbote aktiver Verkäufe** von Händlern in geschützte Gebiete **298**
oder an geschützte Kundengruppen. Im Rahmen des Alleinvertriebs darf den Exklusivhändlern nach dem neuen System kein allgemeines Verbot aktiver Verkäufe außerhalb ihres eigenen Vertragsgebiets auferlegt werden. Außerdem ist ein Alleinvertriebshändler nicht gegen passive Verkäufe anderer Händler in seinem zugewiesenen Gebiet oder an seine zugewiesene Kundengruppe geschützt.[508] In den Vertikalleitlinien (Rdnr. 51) hat die Kommission eingehend erläutert, was sie unter aktiven und passiven Verkäufen versteht.[509] Da passive Verkäufe im Gegensatz zu aktiven Verkäufen grundsätzlich nicht beschränkt werden dürfen, hängt die Freistellungsmöglichkeit häufig entscheidend von der Feststellung ab, ob es sich um einen aktiven oder passiven Verkauf handelt.[510]

Die **Kernbeschränkung bei passiven Verkäufen** gilt aber nur für vertragliche Ver- **299**
einbarungen, die dem Abnehmer eine Beschränkung seiner Möglichkeiten beim Weiterverkauf auferlegen. Der Abnehmer kann frei entscheiden, ob und an wen er selbst das erworbene Produkt weiterverkaufen will. Auf seine Motive kommt es dabei grundsätzlich nicht an. Er ist deshalb nicht gehindert, sich nach der Verkaufsstrategie des Herstellers zu richten, sofern er nur diese Entscheidung aus eigener Veranlassung und ohne Einwirkung des Herstellers trifft.[511] Von dieser Möglichkeit sollte ein Exklusivhändler aber nur äußerst zurückhaltend und sehr vorsichtig Gebrauch machen, da damit zu rechnen ist, dass die Wettbewerbsbehörden ein solches Verhalten als kollusives Zusammenwirken und stillschweigende Vereinbarung bewerten werden.

Der „Allein"-Vertrieb wird durch die exklusive **Zuweisung von Vertragsgebieten** **300**
oder -kundengruppen an einen Händler begründet. Die darin enthaltene doppelte Zusicherung des Herstellers (s. o. Rdnr. 290) begründet geschützte Gebiete oder Kundengruppen, die von anderen Händlern nicht durch aktive Verkäufe beeinträchtigt werden dürfen. Wie bereits betont, ist ein Verbot weitergehender aktiver Verkäufe der Händler damit weder automatisch verbunden noch darf es vereinbart werden. Der Hersteller hat bei der

---

503 Siehe dazu oben Rdnr. 180 ff.

504 Beim selektiven Vertrieb werden diese Gebiete als unberührte Gebiete bzw. *virgin territories* bezeichnet; vgl. *Schultze/Pautke/Wagener,* Rdnr. 661.

505 Passivverkäufe dürfen ohnehin nicht eingeschränkt werden.

506 So auch *Langen/Bunte-Nolte,* Nach Art. 101 AEUV, Rdnr. 500.

507 In dieser Hinsicht aA *Schultze/Pautke/Wagener,* Rdnr. 628, die den Wechsel als „dramatisch" bezeichnen.

508 Einzige Ausnahme sind die in Art. 4 lit. b (ii) bis (iv) GVO aufgeführten Verbote von Sprungverkäufen durch Großhändler, des Verkaufs an nicht zugelassene Händler im selektiven Vertrieb und des Weiterverkaufs von Ersatzteilen, die auch Beschränkungen des passiven Verkaufs zulassen.

509 Vgl. dazu oben Rdnr. 177 f.

510 Vgl. die praktischen Hinweise für die Vertragsabfassung im Hinblick auf die Vertikal-GVO oben Rdnr. 179.

511 Es gelten die gleichen Grundsätze wie bei der Feststellung einer Vereinbarung nach Art. 101 Abs. 1 AEUV. Vgl. dazu *Lübbig* in § 8.

Auswahl der exklusiven Gebiete oder Kundengruppen ein freies Ermessen, was auch – dies ist allerdings umstritten – die exklusive Zuweisung individueller Kunden einschließt.[512]

301 Das in der Praxis größte Problem ist die Sicherstellung eines **lückenlosen Schutzes** beim schrittweisen Aufbau eines Alleinvertriebssystems und vor allem beim Ausscheiden bzw. Wechsel von Exklusivhändlern. Wenn hier keine hinreichende vertragliche Vorsorge getroffen wird, sind alle aktuell nicht besetzten Gebiete oder Kundengruppen „frei", d. h. alle Händler können hier aktiv (und natürlich auch passiv) nach Belieben tätig werden. Eine Lösung in der Form, dass sich der Hersteller *pauschal* alle freien Gebiete selbst vorbehält, ist nach ganz überwiegender Auffassung nicht möglich; vielmehr müssen die *einzelnen Exklusivgebiete* oder -kundengruppen präzise einem Händler zugewiesen oder dem Hersteller vorbehalten bleiben.[513] In den Verträgen mit den Händlern müssen deshalb sämtliche „verbotenen" Gebiete oder Kundengruppen im Einzelnen aufgelistet und genau definiert werden.[514] Außerdem ist es ratsam, dass sich der Hersteller das Recht vorbehält, die Zuweisung von Gebieten oder Kunden einseitig zu ändern. Von dieser Möglichkeit kann er sowohl beim Aufbau des Alleinvertriebssystems als auch beim Ausscheiden oder Wechsel eines Händlers Gebrauch machen. Er muss dann aber die Exklusivgebiete oder -kundengruppen zügig zuweisen oder rasch für eine Nachfolge bei der Exklusivzuweisung sorgen. Ferner ist er verpflichtet, sämtliche Händler unverzüglich von jeder Änderung zu unterrichten.[515]

302 Der Hersteller darf im Alleinvertriebssystem nicht nur die Gebiete an seine Händler und sich selbst zuweisen; er darf auch die **Art und Weise des Weiterverkaufs** durch die Händler im Einzelnen festlegen. Dazu gehören, ähnlich wie beim selektiven Vertrieb, Anforderungen an die Ausstattung der Verkaufsräume und die fachliche Qualifikation des Verkaufs- oder Servicepersonals. Da die Einräumung des Alleinvertriebs in der Praxis häufig die Kompensation für besondere Anstrengungen des Händlers in die Verkaufsförderung ist, finden sich meist auch eingehende Bedingungen zu den **vorgeschriebenen Investitionen des Händlers.** Nach dem Wortlaut des Eingangssatzes von Art. 4 lit. b GVO darf der Hersteller zudem Beschränkungen hinsichtlich des **Standorts der Verkaufsstätten** festlegen. Da solche Standortklauseln nur die Verkaufsmodalitäten betreffen, hat diese Bestimmung für den Alleinvertrieb allein klarstellenden Charakter.

303 Kernbeschränkungen stellen in einem Alleinvertriebssystem nur Beschränkungen dar, die sich auf den Weiterverkauf durch den Abnehmer beziehen. Für alle anderen Verwendungszwecke gibt es keine Einschränkungen. So kann insbesondere bei Zwischenprodukten die Art und Weise der **Weiterverarbeitung** vertraglich geregelt oder sogar ausgeschlossen werden. Ebenso ist es möglich, die Verwendungszwecke näher zu bestimmen **(„field of use"-Klauseln).** Allerdings muss immer darauf geachtet werden, dass dadurch der Weiterverkauf durch den Abnehmer nicht beeinträchtigt werden darf.[516]

304 Die Beschränkungen dürfen beim Alleinvertrieb allein dem Abnehmer selbst auferlegt werden. Nach dem letzten Halbsatz von Art. 4 lit. b (i) GVO sind **Beschränkungen der Kunden des Abnehmers** durch Vereinbarung zwischen Hersteller und Abnehmer nicht zulässig. Der Hersteller kann also nicht sicherstellen, dass der Abnehmer die Beschränkungen von aktiven Verkäufen in Gebiete oder an Kundengruppen entsprechend an seine Kunden „weiterreicht". Dies hat Bedeutung vor allem für den Großhandel; der Hersteller kann nicht den Einzelhandel über die Großhändler in sein Vertriebssystem mit einbeziehen. Allerdings ist dieses Verbot in zweifacher Weise relativiert. Der Großhändler ist frei, aus eigener Entscheidung seinen Kunden (den Einzelhändlern) zulässige Beschränkungen

---

[512] Dazu s. oben Rdnr. 176 m. w. N. In der Praxis kommen solche Vertragsgestaltungen im Rahmen des Alleinvertriebs allerdings eher selten vor.

[513] Vgl. z. B. *Bechtold/Bosch/Brinker,* Art. 4 VO Nr. 330/2010 Rdnr. 16.

[514] Dies wird zweckmäßigerweise in einem Anhang zum Vertrag erfolgen.

[515] Zum Ganzen vgl. auch *Schultze/Pautke/Wagener,* Rdnr. 651.

[516] Der Ausschluss der Weiterverarbeitung oder bestimmter Verwendungen ist daher unproblematisch. Dagegen wird es kaum möglich sein, eine bestimmte Art der Weiterverarbeitung oder der Verwendung positiv vorzuschreiben.

aufzuerlegen, sofern dies nicht durch das Alleinvertriebssystem des Herstellers („dadurch") veranlasst ist. Außerdem kann der Hersteller das Verbot umgehen, indem er einen einheitlichen Vertrag mit Großhändlern und Einzelhändlern abschließt und dadurch die Einzelhändler direkt in das Vertriebssystem einbindet. Dies mag wenig praktikabel sein, ist aber rechtlich nicht zu beanstanden.[517]

cc) Einzelfreistellung gemäß Art. 101 Abs. 3 AEUV. Wird eine Alleinvertriebsvereinbarung nicht von der Vertikal-GVO erfasst, stellt sich die Frage nach ihrer **Einzelfreistellungsfähigkeit** gemäß Art. 101 Abs. 3 AEUV. Dabei sind die wettbewerblichen Vor- und Nachteile der Wettbewerbsbeschränkungen im Rahmen der vier Kriterien des Art. 101 Abs. 3 AEUV im Einzelnen gegeneinander abzuwägen. **305**

(1) Effizienzvorteile. Alleinbezugsvereinbarungen können unter bestimmten Voraussetzungen zu einer Verbesserung der Warenverteilung führen. In den Leitlinien (Rdnr. 164) erwartet die Kommission **Effizienzgewinne,** wenn den Händlern Investitionen zum Schutz oder Aufbau des Markenimages abverlangt werden. Mit solchen Effizienzvorteilen sei insbesondere bei neuen und komplexen Produkten sowie bei solchen Produkten zu rechnen, deren Qualitätseigenschaften vor dem Verbrauch (sog. Erfahrungsgüter) oder sogar nach dem Verbrauch (sog. Vertrauensgüter) schwierig zu beurteilen sind. **306**

Durch den Alleinvertrieb wird dem Anbieter eine intensivere Vermarktung der Erzeugnisse und eine Rationalisierung der Verteilung ermöglicht, da er nicht eine Vielzahl von Geschäftsverbindungen mit einer größeren Anzahl von Händlern unterhalten muss.[518] Dies wird gerade im Rahmen **komplexer Erzeugnisse** relevant, bei denen der Anbieter seine Schulungs-, Fortbildungs- und Beratungstätigkeit auf eine überschaubare Anzahl von Vertriebsstellen konzentrieren kann.[519] Zudem kann der Anbieter von der guten Vertriebsorganisation, der Marktkenntnis und den Kundenkontakten des Vertriebshändlers profitieren, ohne selbst entsprechende Investitionen tätigen zu müssen.[520] Dies führt letztlich zu einer kontinuierlichen, bedarfsgerechten Versorgung der Verbraucher in hinreichender Auswahl.[521] **307**

Effizienzgewinne sind beim Alleinvertrieb insbesondere im **grenzüberschreitenden Verkehr** naheliegend.[522] Schwierigkeiten aufgrund von sprachlichen, rechtlichen oder technischen Unterschieden können auf diese Weise leichter überwunden werden.[523] Insbesondere ist bei Einfuhren aus Drittländern mit einer Rationalisierung der mit diesen Einfuhren verbundenen Formalitäten und somit auch mit einer Verringerung der Transportkosten bezogen auf den Stückpreis zu rechnen.[524] **308**

(2) Beteiligung der Verbraucher am Gewinn. Die Verbraucher profitieren im Regelfall von den Vorteilen des Alleinvertriebs, da sie sich die Vertragserzeugnisse über ein ihren Erfordernissen **309**

[517] So auch *Schultze/Pautke/Wagener,* Rdnr. 653.

[518] Komm. E. v. 13.12.1985, IV/30.570, ABl. 1985 Nr. L 369/19 v. 31.12.1985, S. 24 – *Whisky und Gin;* E. v. 6.10.1994, IV/34.776, ABl. 1994 Nr. L 309/1 v. 2.12.1994, S. 21 – *Pasteur Mérieux-Merck.*

[519] Komm. E. v. 27.11.1985, IV/30.846, ABl. 1985 Nr. L 369/1 v. 31.12.1985, S. 4 – *Ivoclar.*

[520] Komm. E. v. 29.10.1982, IV/30.517, ABl. 1982 Nr. L 314/34 v. 10.11.1982, S. 36 – *Amersham Buchler.*

[521] Komm. E. v. 28.10.1970, IV/10.498 u. a., ABl. 1970 Nr. L 242/22 v. 5.11.1970, S. 26 – *Omega;* E. v. 28.5.1971, IV/26.624, ABl. 1971 Nr. L 134/6 v. 20.6.1971, S. 10 – *F. N. – C. F;* E. v. 19.12.1974, IV/560, ABl. 1975 Nr. L 29/11 v. 3.2.1975, S. 12 – *Duro-Dyne/Europair;* E. v. 17.11.1981, IV/29.972, ABl. 1982 Nr. L 39/25 v. 11.2.1982, S. 30 – *Langenscheidt/Hachette;* E. v. 27.11.1985, IV/30.846, ABl. 1985 Nr. L 369/1 v. 31.12.1985, S. 4 f. – *Ivoclar.*

[522] Komm. E. v. 28.10.1970, IV/10.498 u. a., ABl. 1970 Nr. L 242/22 v. 5.11.1970, S. 26 – *Omega.*

[523] Komm. E. v. 19.12.1974, IV/560, ABl. 1975 Nr. L 29/11 v. 3.2.1975, S. 12 – *Duro-Dyne/Europair;* E. v. 29.10.1982, IV/30.517, ABl. 1982 Nr. L 314/34 v. 10.11.1982, S. 36 – *Amersham Buchler;* E. v. 6.10.1994, IV/34.776, ABl. 1994 Nr. L 309/1 v. 2.12.1994, S. 21 – *Pasteur Mérieux-Merck.*

[524] Komm. E. v. 19.12.1974, IV/560, ABl. 1975 Nr. L 29/11 v. 3.2.1975, S. 13 – *Duro-Dyne/Europair.*

entsprechendes Vertriebsnetz beschaffen können.[525] Dieses Vertriebsnetz gewährleistet ihnen eine einfachere und bequemere Einkaufs- sowie eine größere Wahlmöglichkeit.[526] Darüber hinaus kann als angemessene **Verbraucherbeteiligung** auch die Einführung eines neuen Produkts angesehen werden, das als eine bedeutende technologische Neuerung gilt, welche infolge ihrer weit verbreiteten Vermarktung positive Auswirkungen auf die Preise im jeweiligen Produktmarkt erwarten lässt.[527]

310 *(3) Unerlässlichkeit der Wettbewerbsbeschränkung.* Die Einräumung eines **Gebietsschutzes** und die damit einhergehende Beschränkung der aktiven Verkaufstätigkeit hat die Kommission als **unerlässlich** angesehen, weil sich Abnehmer sonst kaum bereit erklären würden, die zum Teil erheblichen Aufwendungen für den Vertrieb auf sich zu nehmen und sich intensiv und aktiv für den Vertrieb der Vertragserzeugnisse in ihrem Verkaufsgebiet einzusetzen.[528] Konsequenterweise sei auch eine Abgeltung dieser Verkaufsförderungsmaßnahmen in der Form einer **Ausgleichszahlung** zulasten neuer Anbieter, welche einen bereits bearbeiteten Markt vorfinden, unter besonderen Umständen notwendig, soweit deren Höhe in Ansehung der Vorleistungen des bisherigen Anbieters als angemessen gewertet werden kann und sie keine Zutrittsschranke für potentielle Wettbewerber darstellt.[529]

311 In diesem Kontext hat die Kommission (qualitative) Beschränkungen der Anbieter auf der Großhandelsstufe in der **Auswahl ihrer Abnehmer** gleichfalls als unerlässlich eingestuft, um einen sachgerechten Vertrieb der entsprechenden Erzeugnisse in gebotenem Sortimentsumfang zu gewährleisten, weil die Vertragserzeugnisse eine entsprechende Lagerhaltung und eine eingehende Beratung und Instruktion erforderten.[530] Selbst eine (quantitative) Beschränkung der **Zahl der Abnehmer** auf der Einzelhandelsstufe kann erforderlich sein, wenn die Vertragserzeugnisse in geringer Zahl hergestellt werden und aufgrund ihrer Preislage einen exklusiven Kundenkreis ansprechen sollen, weil ein Einzelhändler aufgrund des geringen Umsatzes mit solcher Ware kaum daran interessiert sein wird, sich intensiv für die Förderung des Absatzes und des Kundendienstes einzusetzen, und wegen des geringen Lagerumschlags wohl auch nicht in der Lage wäre, ständig die den örtlichen Bedürfnissen entsprechenden neuesten Modelle in hinreichender Auswahl anzubieten.[531] Somit kann die Beschränkung der Abnehmerzahl eine hinreichende Absatzmöglichkeit gewährleisten, welche die Erzielung von Effizienzgewinnen sicherstellt. Diese kann mit einer Verpflichtung einhergehen, ein **vollständiges Warensortiment** zu führen oder **Mindestmengen** abzunehmen.[532]

312 Im Einzelfall hat die Kommission schließlich ein Verbot des **Vertriebs konkurrierender Produkte** sowie die Verpflichtung, die Vertragsprodukte **ausschließlich beim Anbieter zu beziehen,** als unerlässlich angesehen.[533] Auch **gegenseitige Alleinvertriebsverpflich-**

[525] Komm. E. v. 17.11.1981, IV/29.972, ABl. 1982 Nr. L 39/25 v. 11.2.1982, S. 30 – *Langenscheidt/Hachette.*

[526] Komm. E. v. 17.11.1981, IV/29.972, ABl. 1982 Nr. L 39/25 v. 11.2.1982, S. 30 – *Langenscheidt/Hachette;* E. v. 27.11.1985, IV/30.846, ABl. 1985 Nr. L 369/1 v. 31.12.1985, S. 5 – *Ivoclar;* E. v. 13.12.1985, IV/30.570, ABl. 1985 Nr. L 369/19 v. 31.12.1985, S. 24 – *Whisky und Gin.*

[527] Vertikalleitlinien, Rdnr. 61; Komm. E. v. 15.10.1990, IV/32.681, ABl. 1990 Nr. L 299/64 v. 30.10.1990, S. 69 – *CEKACAN.* Der Begriff des „Verpackungsmaterials" in der Entscheidung ist insofern irreführend. Damit ist nicht etwa benötigtes Produktionsmaterial für *(CEKACAN-)* Verpackungen gemeint, sondern fertige Verpackungen (vgl. S. 70, Rdnr. 47 der Entscheidung).

[528] Komm. E. v. 21.12.1976, IV/5715, ABl. 1977 Nr. L 30/10 v. 2.2.1977, S. 16 – *Junghans;* E. v. 27.11.1985, IV/30.846, ABl. 1985 Nr. L 369/1 v. 31.12.1985, S. 4 – *Ivoclar;* E. v. 13.12.1985, IV/30.570, ABl. 1985 Nr. L 369/19 v. 31.12.1985, S. 24 – *Whisky und Gin.*

[529] Komm. E. v. 27.11.1985, IV/30.846, ABl. 1985 Nr. L 369/1 v. 31.12.1985, S. 4 – *Ivoclar.*

[530] Komm. E. v. 27.11.1985, IV/30.846, ABl. 1985 Nr. L 369/1 v. 31.12.1985, S. 4 – *Ivoclar.*

[531] Komm. E. v. 28.10.1970, IV/10.498 u. a., ABl. 1970 Nr. L 242/22 v. 5.11.1970, S. 27 – *Omega.*

[532] Vgl. Komm. E. v. 28.10.1970, IV/10.498 u. a., ABl. 1970 Nr. L 242/22 v. 5.11.1970, S. 5 – *Omega.* Hierin sah die Kommission in diesem Fall aber schon keine spürbare Wettbewerbsbeschränkung.

[533] Komm. E. v. 13.12.1985, IV/30.570, ABl. 1985 Nr. L 369/19 v. 31.12.1985, S. 20, 24 – *Whisky und Gin.*

tungen können gerechtfertigt sein (dazu unten Rdnr. 323 f.). Weil eine Aufrechterhaltung des Preiswettbewerbs notwendig ist, damit Effizienzvorteile gegebenenfalls an die Verbraucher weitergegeben werden können, sind **Preisbindungen** dagegen nicht zulässig.[534]

(4) Keine Ausschaltung des Wettbewerbs. Die Gefahren von Alleinvertriebsvereinbarungen bestehen hauptsächlich in einer Verringerung des *intra-brand*-Wettbewerbs sowie einer Marktaufteilung, die es den Unternehmen vor allem ermöglicht, unterschiedliche Preise im Binnenmarkt durchzusetzen oder zu verstärken. Betreiben die meisten oder alle Anbieter Alleinvertriebssysteme, kann dies eine Aufweichung des Wettbewerbs und kollusives Verhalten sowohl von Anbietern als auch von Händlern verursachen (dazu unten Rdnr. 325 ff.). Außerdem kann der Alleinvertrieb andere Händler ausschließen und somit auch auf dieser Ebene zu einem Wettbewerbsverlust führen (Vertikalleitlinien, Rdnr. 151). 313

Wichtig ist, dass ein hinreichender **Preiswettbewerb** zur Aufrechterhaltung eines Minimums an markeninternem Wettbewerb gewährleistet bleibt. Dies kann etwa durch die Möglichkeit von Parallellieferungen erreicht werden. Es liegt dann im Interesse der Vertragshändler, die vorteilhaftesten Bedingungen zu bieten, so dass Wettbewerbsdruck besteht (Vertikalleitlinien, Rdnr. 153). 314

Sodann ist die **Marktstellung** des Anbieters und seiner Wettbewerber für die Beurteilung bestehenden Wettbewerbs von Bedeutung (Vertikalleitlinien, Rdnr. 153). Je stärker der Anbieter auf dem Markt ist, desto gravierender wiegt der Verlust an *intra-brand*-Wettbewerb durch Alleinvertriebsvereinbarungen. Umgekehrt kann eine starke Konkurrenz eine solche Einschränkung des markeninternen Wettbewerbs grundsätzlich kompensieren.[535] Sind am Markt jedoch nur wenige Anbieter tätig, welche bezogen auf Marktanteil, Kapazität und Vertriebsnetz vergleichbar sind, besteht die Gefahr der Kollusion und/oder der Aufweichung des Wettbewerbs fort, so dass der Verlust an markeninternem Wettbewerb umso schwerer wiegt. Dies gilt gerade, wenn mehrere Anbieter gleichartige Vertriebssysteme betreiben (dazu unten Rdnr. 325 ff.). 315

Auf Abnehmerseite kann **Nachfragemacht** die Kollusionsgefahr erhöhen, wenn wichtige Abnehmer einem oder mehreren Anbietern Alleinvertriebsklauseln oktroyieren (Vertikalleitlinien, Rdnr. 157). Dies kann z. B. problematisch werden, wenn dadurch ein Ausschluss anderer Händler bewirkt wird, etwa weil der Alleinvertriebshändler der einzige Abnehmer auf einem sehr großen geographischen Markt ist. Dagegen ist ein **Marktausschluss anderer Händler** grundsätzlich unproblematisch, wenn in demselben Markt eine Vielzahl von Alleinvertriebshändlern tätig ist und diesen keine Beschränkungen hinsichtlich des Verkaufs an andere, nicht gebundene Händler auferlegt werden (Vertikalleitlinien, Rdnr. 156). 316

Marktzutrittsschranken, welche Anbieter daran hindern können, neue Vertriebseinheiten zu gründen oder alternative Händler einzuschalten, sind nicht von Belang, solange der Alleinvertrieb nicht mit einem Markenzwang verbunden wird (Vertikalleitlinien, Rdnr. 155; dazu unten Rdnr. 320). Die Kommission schätzt die Relevanz der **Produktbeschaffenheit** auf dieser Prüfungsebene ebenfalls als gering ein; ihre Bedeutung erschöpfe sich im Rahmen der Beurteilung möglicher Effizienzgewinne (Vertikalleitlinien, Rdnr. 163). 317

Bei den möglichen negativen Auswirkungen auf den Wettbewerb kann es ferner Unterschiede hinsichtlich der betroffenen **Handelsstufe** geben. Ein Verlust an markeninternem Wettbewerb ist auf der Einzelhandelsstufe besonders wahrscheinlich, wenn es um große Gebiete geht, weil die Wahlmöglichkeiten des Endverbrauchers in diesem Fall sehr beschränkt sind (Vertikalleitlinien, Rdnr. 159). Auf der Großhandelsstufe wird es sich bei dem Vertriebsgebiet jedoch gerade regelmäßig um ein größeres Gebiet handeln, etwa um einen gesamten Mitgliedstaat. Hier sind Verluste im *intra-brand*-Wettbewerb leicht durch 318

---

[534] Komm. E. v. 21.12.1976, IV/5715, ABl. 1977 Nr. L 30/10 v. 2.2.1977, S. 16 – *Junghans.*

[535] Vertikalleitlinien, Rdnr. 154; Komm. E. v. 29.10.1982, IV/30.517, ABl. 1982 Nr. L 314/34 v. 10.11.1982, S. 37 – *Amersham Buchler;* E. v. 27.11.1985, IV/30.846, ABl. 1985 Nr. L 369/1 v. 31.12.1985, S. 5 – *Ivoclar.*

Effizienzgewinne aufzuwiegen, und zwar insbesondere im grenzüberschreitenden Verkehr (Vertikalleitlinien, Rdnr. 160).[536]

319 Schließlich ist die **Reife des Markts** relevant, weil ein Verlust an markeninternem Wettbewerb sowie Preisdiskriminierungen auf einem Markt mit wachsender Nachfrage, fortwährenden Neuentwicklungen und schwankenden Marktanteilen der Unternehmen weniger stark wiegen als auf einem stabilen Markt (Vertikalleitlinien, Rdnr. 158).

320 *(5) Kombination mit anderen Vereinbarungen.* Die **Kombination von Alleinvertrieb und Markenzwang** kann sich ambivalent auf den Wettbewerb auswirken. Einerseits könnte ein Ausschluss anderer Anbieter auftreten, wenn der Markenzwang für ein dichtes Netz von Alleinvertriebshändlern gilt, die jeweils nur ein kleines Gebiet abdecken, oder eine kumulative Wirkung besteht. Hat die Kombination aber keine nennenswerte Abschottungswirkung, kann sie andererseits sogar den Wettbewerb fördern, weil der Anreiz zu Absatzbemühungen für den Alleinvertriebshändler gesteigert wird (Vertikalleitlinien, Rdnr. 161). Demzufolge kann sie nach Einschätzung der Kommission für die gesamte Laufzeit des Wettbewerbsverbots die Voraussetzungen des Art. 101 Abs. 3 AEUV erfüllen.

321 Eine **Verknüpfung von Alleinvertrieb und Alleinbezug** trägt die oben beschriebenen Gefahren besonders in sich (Verlust markeninternen Wettbewerbs, Marktaufteilung, Preisdiskriminierung). Alleinvertrieb engt nämlich regelmäßig bereits als solcher die Möglichkeit der Kunden ein, Preisunterschiede auszunutzen. Eine Alleinbezugsverpflichtung nimmt den Alleinvertriebshändlern wiederum etwaige Möglichkeiten, Preisunterschiede auszunutzen, da sie am Bezug der Produkte bei anderen (dem System angeschlossenen) Händlern gehindert sind. Diese Kombination kann aber andererseits auch Effizienzgewinne ermöglichen, welche sich in niedrigeren Preisen für die Endverbraucher auswirken (Vertikalleitlinien, Rdnr. 162). Das kann etwa der Fall sein, wenn der Anbieter starkem Wettbewerb bei vergleichsweise schwacher Position ausgesetzt ist.[537]

322 Schließlich kann die **Kombination von Alleinvertrieb und selektivem Vertrieb** im Einzelfall die Voraussetzungen des Art. 101 Abs. 3 AEUV erfüllen, wenn der Anbieter in verschiedenen Gebieten angesiedelte Vertragsgroßhändler verpflichtet, verkaufsfördernde Investitionen auf ihrem jeweiligen Vertriebsgebiet zur Förderung des Verkaufs von Vertragseinzelhändlern zu tätigen, und die Trittbrettfahrer-Problematik durch Beschränkungen von aktiven Verkäufen an Vertragseinzelhändler in Gebieten anderer Großhändler behoben werden soll (Vertikalleitlinien, Rdnr. 63). Dies gilt auch im mehrstufigen Selektivvertriebssystem.[538]

323 *(6) Gegenseitige Alleinvertriebsvereinbarungen zwischen Wettbewerbern.* Zwei konkurrierende Anbieter können sich gegenseitig den Alleinvertrieb ihrer Waren übertragen. Solche **gegenseitigen Alleinvertriebsvereinbarungen** werden häufig in Verbindung mit Spezialisierungs- und/oder Forschungs- und Entwicklungsvereinbarungen getroffen. Eine Verbindung von Alleinvertriebs- und Spezialisierungsvereinbarung zwischen Wettbewerbern kann gewährleisten, dass jede der Vertragsparteien im Spezialisierungsbereich größere Mengen herstellen und Material-, Werkzeug-, Lohn- sowie Vertriebskosten einsparen kann, ohne darauf zu verzichten, ein komplettes Sortiment anzubieten.[539] In Verbindung mit Forschungs- und Entwicklungsvereinbarungen kann darüber hinaus jeder Anbieter in den Genuss der Erfahrungen und des Fortschritts des anderen Anbieters kommen. Dies kann einer Kräftezersplitterung zur Erzielung eines besseren Ergebnisses entgegenwirken, so dass auch eine Förderung des technischen Fortschritts möglich wird.[540]

324 Bei gegenseitigen Alleinvertriebsvereinbarungen kann aus den genannten Gründen auch die **Unerlässlichkeit** der Abreden anzunehmen sein. So kann vernünftigerweise von kei-

[536] Solange dem Großhändler keine Einschränkungen hinsichtlich des Verkaufs an Einzelhändler auf dem nachgelagerten Markt auferlegt werden, erwartet die Kommission bereits keine spürbaren wettbewerbswidrigen Auswirkungen.

[537] Komm. E. v. 21.12.1976, IV/5715, ABl. 1977 Nr. L 30/10 v. 2.2.1977, S. 16 – *Junghans.*

[538] Dazu Rdnr. 74; vgl. auch *Schultze/Pautke/Wagener,* Rdnr. 796.

[539] Komm. E. v. 28.5.1971, IV/26.624, ABl. 1971 Nr. L 134/6 v. 20.6.1971, S. 10 – *F. N. – C. F.*

[540] Komm. E. v. 28.5.1971, IV/26.624, ABl. 1971 Nr. L 134/6 v. 20.6.1971, S. 10 f. – *F. N. – C. F.*

nem Partner verlangt werden, Neuinvestitionen vorzunehmen und gemeinsam mit dem anderen Anbieter neue Produkte zu entwickeln, wenn dieser den Vertrieb gemeinsam entwickelter Erzeugnisse einem Dritten überlassen könnte.[541] Bestimmte Nebenabreden hat die Kommission zum Teil kritisch gesehen und geprüft, ob diese mit dem wechselseitigen Alleinvertrieb eng verbunden und als akzessorische Klauseln anzusehen waren.[542] So hat sie etwa wechselseitige Alleinvertriebsvereinbarungen in Verbindung mit sonstigen Absprachen in einer Konstellation als nicht unerlässlich angesehen, in welcher Paralleleinfuhren keine attraktive Alternative zu Direktlieferungen waren und die Vereinbarungen letztlich zu einer Marktaufteilung zwischen den beteiligten Parteien führten.[543]

(7) Gleichartige Alleinvertriebssysteme konkurrierender Anbieter und Alleinvertrieb mehrerer Marken. Davon zu unterscheiden ist der Fall, dass konkurrierende Anbieter unabhängig voneinander Alleinvertriebssysteme betreiben. Diese Konstellation birgt die Gefahr der Kollusion oder der Aufweichung des Wettbewerbs in sich. Sie wird zusätzlich erhöht, wenn verschiedene Anbieter demselben Händler den Alleinvertrieb ihrer Produkte in einem bestimmten Gebiet überlassen (sog. **Alleinvertrieb mehrerer Marken**), weil hierdurch der Markenwettbewerb erheblich eingeschränkt werden kann (Vertikalleitlinien, Rdnr. 154). Diese Einschränkung wiegt umso schwerer, je größer der kumulative Marktanteil der von dem Alleinvertriebshändler vertriebenen Marken ist. **325**

Beim Alleinvertrieb mehrerer Marken besteht die spezifische Gefahr, dass der Alleinvertriebshändler **Preissenkungen** eines Herstellers bei seinem Markenprodukt nicht an den Endverbraucher durchreicht, da dies seine Absatz- und Gewinnchancen hinsichtlich der übrigen Markenprodukte beeinträchtigen würde. Somit könnte letztlich auch dem Anbieter der Anreiz zu einem Preiswettbewerb genommen werden (Vertikalleitlinien, Rdnr. 154). **326**

Schließlich wird durch den Alleinvertrieb mehrerer Marken die Gefahr des **Marktausschlusses** auf der Einzelhandelsstufe verschärft (Vertikalleitlinien, Rdnr. 156). Auf Großhandelsebene ist ein solcher Marktausschluss aber ebenfalls möglich, wenn ein Einzelhändler Alleinvertriebshändler für eine große Zahl von Anbietern wird (Vertikalleitlinien, Rdnr. 160). **327**

b) Kundenbeschränkung. Die Vertikalleitlinien enthalten in Rdnr. 168 ff. einen eigenen Abschnitt zur „Kundenbeschränkung". Hierbei handelt es sich aber nicht um eine eigene Vertriebsform neben dem Alleinvertrieb. Die Kommission behandelt in den Vertikalleitlinien – entgegen dem allgemein üblichen Sprachgebrauch – als Alleinvertrieb (Kapitel 2.2, Rdnr. 151 ff.) ausschließlich Gebietsbeschränkungen.[544] Im Kapitel 2.3, Rdnr. 168 ff. befasst sie sich dann mit den in Art. 4 lit. b (i) GVO gleichgestellten Beschränkungen von Kundengruppen.[545] **328**

Die deutsche Fassung der Leitlinien ist dabei in doppelter Hinsicht ungenau. Zum einen bezieht sich dieser Abschnitt, ebenso wie im englischen Text, auf Kunden und nicht, wie es in der GVO selbst formuliert ist, auf „Kundengruppen". Zum andern heißt es, abweichend vom englischen Text, „Kundenbeschränkung" und nicht, wie die Übersetzung korrekt lauten müsste, „exklusive Kundenzuweisung" (exclusive customer allocation). In der Sache haben diese Ungenauigkeiten aber keine Bedeutung. **329**

Die Kommission listet in den Vertikalleitlinien insgesamt drei Fälle auf, in denen die Bewertung von Kundengruppenbeschränkungen von der für Gebietsbeschränkungen dar- **330**

---

541 Komm. E. v. 28.5.1971, IV/26.624, ABl. 1971 Nr. L 134/6 v. 20.6.1971, S. 11 – *F. N. – C. F.*

542 Komm. E. v. 22.7.1969, IV/26 625, ABl. 1969 Nr. L 195/1 v. 7.8.1969, S. 4 – *Clima Chappé-Buderus.*

543 Komm. E. v. 18.12.1985, IV/30.739, ABl. 1985 Nr. L 376/29 v. 31.12.1985, S. 36 – *Siemens/Fanuc.*

544 Das ergibt sich eindeutig aus dem Wortlaut von Rdnr. 151: „... seine Produkte zum Zweck des Weiterverkaufs in einem bestimmten Gebiet nur an einen Händler zu verkaufen". Nähere Erläuterungen für diese Aufteilung gibt die Kommission nicht. Das ist schon deshalb erstaunlich, weil allgemein angenommen wird, dass Gebiets- und Kundengruppenbeschränkungen letztlich austauschbar sind.

545 Zu Kundenbeschränkungen im Rahmen des selektiven Vertriebs s. *Kirchhoff,* unten Rdnr. 411.

gestellten Beurteilung abweicht.[546] Während Gebietsbeschränkungen hauptsächlich beim Absatz von Endprodukten angewandt werden (Rdnr. 159), werden Kundenbeschränkungen nach Rdnr. 170 vorwiegend bei Zwischenprodukten und im Fall von Endprodukten nur auf der Großhandelsstufe praktiziert. Sowohl bei Gebiets- als auch bei Kundengruppenbeschränkungen können Effizienzgewinne vor allem durch besondere Investitionen der Händler in die Absatzförderung erzielt werden. Bei Gebietsbeschränkungen sind dies hauptsächlich Maßnahmen zum Schutz oder Aufbau des Markenimages (Rdnr. 164). Dagegen sollen die Investitionen der Händler bei Kundengruppenbeschränkungen nach Rdnr. 172 insbesondere dazu dienen, „den Anforderungen des Kundenstamms gerecht zu werden".[547] Der einzige praktisch bedeutsame Unterschied dürfte in der nur für Kundengruppenbeschränkungen geltenden Feststellung der Kommission liegen, dass bei Bindung an eine bestimmte Gruppe von Endverbrauchern Effizienzgewinne unwahrscheinlich sind (Vertikalleitlinien, Rdnr. 174 a. E.).

331 Abgesehen von diesen geringfügigen Abweichungen gelten die Regeln für den Alleinvertrieb (s. oben Rdnr. 288 ff.) in gleicher Weise auch für Beschränkungen von Kundengruppen.

332 *c) Alleinbelieferung. aa) Inhalt und Auswirkungen.* Im Rahmen einer Alleinbelieferungsvereinbarung verpflichtet sich der Anbieter, ein bestimmtes Produkt nur an einen Abnehmer in der Europäischen Union abzugeben.[548] Die Kommission **definiert** in ihren Leitlinien (Rdnr. 192) die Alleinbelieferung als „Beschränkung , deren zentrales Element darin besteht, dass der Anbieter verpflichtet ist oder dazu angehalten wird, die Vertragsprodukte ausschließlich oder hauptsächlich an einen Abnehmer oder für einen bestimmten Verwendungszweck zu verkaufen." Folglich sind nicht nur reine exklusive Lieferverpflichtungen erfasst, sondern auch z. B. **Mengenvorgaben,** die dem Anbieter Anreize geben, seine Verkäufe im Wesentlichen auf einen Abnehmer zu konzentrieren.[549] Alleinbelieferungsverpflichtungen betreffen oftmals Vor- oder Zwischenprodukte (sog. industrial supply).[550] Sie können dem Abnehmer z. B. eine Liefergarantie von wichtigen Rohstoffen bieten, die er für die Herstellung seiner Produkte benötigt, und sicherstellen, dass sich eventuelle vertragsspezifische Investitionen ihrerseits rentieren. Dennoch stellen Alleinbelieferungsverpflichtungen in der Regel Wettbewerbsbeschränkungen nach Art. 101 Abs. 1 AEUV dar, da sie zu einer Abschottung des Marktes der betroffenen Produkte für andere Abnehmer führen können.[551]

333 Die Alleinbelieferung ist das Spiegelbild zum Alleinvertrieb. Beim Alleinvertrieb erfolgt die Beschränkung der Vertriebskanäle auf der Händlerebene, bei der Alleinbelieferung dagegen auf der Herstellerebene. Die Vorgänger-GVO hatte dies dadurch berücksichtigt, dass im Rahmen von Alleinbelieferungsverpflichtungen auf den Marktanteil des Käufers und nicht wie bei sonstigen Wettbewerbsbeschränkungen auf den Marktanteil des Lieferanten abzustellen war.[552] Dies ist durch die Einführung der doppelten Marktanteilsschwelle in der VO Nr. 330/2010 hinfällig geworden.[553]

334 Für die **wettbewerbliche Beurteilung** ist vor allem die Stellung des Abnehmers auf dem Absatzmarkt wesentlich. In den ersten Entwürfen zur VO Nr. 330/2010 hatte die Kommission dementsprechend eine Marktanteilsschwelle von 30% für den Absatzmarkt des Käufers vorgeschlagen. Nur weil dies zu unlösbaren Schwierigkeiten in der praktischen

---

[546] Nach Rdnr. 169 gelten die Ausführungen zu Gebietsbeschränkungen entsprechend, vorbehaltlich der Bemerkungen in den Rdnr. 170, 171 und 172 der Vertikalleitlinien.

[547] Dabei ist der Begriff „Kundenstamm" wiederum eine ungenaue Übersetzung der englischen Fassung „group of customers".

[548] *Immenga/Mestmäcker-Ellger,* Wettbewerbsrecht, Band 1: EU/Teil 1, 5. Aufl.; Art. 101 Abs. 3 AEUV, Rdnr. 539; *Liebscher/Flohr/Petsche-Petsche/Lager,* § 7 Rdnr. 169.

[549] Vertikalleitlinien, Rdnr. 192, S. 2.

[550] Vertikalleitlinien, Rdnr. 192, S. 3.

[551] *Liebscher/Flohr/Petsche-Petsche/Lager,* § 7 Rdnr. 170.

[552] Art. 3 Abs. 2 VO Nr. 2790/1999.

[553] Vgl. dazu oben Rdnr. 125, 130.

Handhabung geführt hätte,[554] hat sie schließlich – lediglich aus Gründen der Praktikabilität und entgegen ihrer Überzeugung – in Art. 3 GVO den Bezugsmarkt des Käufers für maßgeblich erklärt. Andererseits können dadurch, wenn der Marktanteil des Abnehmers auf dem Einkaufsmarkt unter 30% beträgt und die Vereinbarung deshalb freigestellt ist, erhebliche wettbewerbliche Probleme auftreten, wenn auf dem Absatzmarkt des Käufers der Marktanteil über 30% beträgt.[555]

bb) Freistellungsvoraussetzungen. Alleinbelieferungsverpflichtungen sind **nach der Vertikal-GVO freigestellt,** wenn die Marktanteile der Parteien der Vereinbarung jeweils 30% nicht überschreiten (Art. 2 Abs. 1 i. V. m. Art. 3 GVO) und keine Kernbeschränkungen in der Vereinbarung enthalten sind (Art. 4 GVO). Die Kommission gibt in ihren Leitlinien Anhaltspunkte, wie Alleinbelieferungsverpflichtungen bei Überschreiten der Marktanteile – und damit außerhalb der Vertikal-GVO – zu beurteilen sind. Dabei stehen die negativen Wirkungen eindeutig im Vordergrund. Die größte Gefahr liegt in der möglichen **Marktabschottung** durch die Alleinbelieferung. Verstärkt wird diese durch eine Kombination mit einer entsprechenden Alleinvertriebsverpflichtung, vor allem wenn der Markt hierdurch vollständig abgedeckt ist (Vertikalleitlinien, Rdnr. 194). 335

Entscheidende Kriterien für eine mögliche Marktabschottung sind die Marktstellung des Abnehmers und der Umfang bzw. die Dauer der Alleinbelieferungsklausel (Vertikalleitlinien, Rdnr. 195). Die **Marktstellung des Abnehmers** wird durch seine Marktanteile auf dem vorgelagerten Beschaffungsmarkt und dem nachgelagerten Absatzmarkt bestimmt. Hat der Abnehmer keine Marktmacht auf dem Beschaffungsmarkt, wird davon ausgegangen, dass er nicht in der Lage ist, den Zugang anderer Abnehmer zu der Lieferquelle zu versperren. Nach Ansicht der Kommission ist jedoch noch stärker die Position des Abnehmers auf dem nachgelagerten Absatzmarkt zu berücksichtigen. Liegt der Marktanteil des Abnehmers hier bei mehr als 30% und bezieht sich die Alleinvertriebsvereinbarung auf einen bestimmten Verwendungszweck für die Vertragsprodukte, so können erhebliche Abschottungswirkungen auftreten.[556] Die Alleinbelieferung eines Käufers, der im nachgelagerten Markt eine beherrschende Stellung hat, kann somit nur schwer gerechtfertigt werden. 336

Je länger die Vertragsparteien eine Alleinbelieferung vereinbaren, desto stärker sind potentielle Abschottungswirkungen. Die Kommission zieht die Grenze bei einer **Dauer** von fünf Jahren. Unterhalb dieses Zeitraums sind die Vor- und Nachteile für den Wettbewerb gleichermaßen zu berücksichtigen und gegeneinander abzuwägen. Bei Alleinbelieferungsverpflichtungen von mehr als fünf Jahren geht die Kommission davon aus, dass die negativen Abschottungseffekte nicht mehr kompensiert werden können (Vertikalleitlinien, Rdnr. 195). 337

Weitere Anhaltspunkte bei der Bewertung von Alleinbelieferungsverpflichtungen sind die Stellung der Wettbewerber des Abnehmers im vorgelagerten Markt des Anbieters, Marktzutrittsschranken, die Gegenmacht von Anbietern sowie die Beschaffenheit des Produkts. Haben die **Wettbewerber des Abnehmers auf dem Beschaffungsmarkt** eine vergleichbare Marktstellung, ist es eher unwahrscheinlich, dass diese vom Abnehmer verdrängt werden. Eine Marktabschottung ist auch dann zu verneinen, wenn konkurrierende Abnehmer sich das Produkt über die eigene vertikale Integration eines verbundenen Unternehmens im vorgelagerten Markt selbst beschaffen können.[557] 338

Die **Wettbewerbssituation auf der Anbieterseite** ist in gleicher Weise bedeutsam. Je geringer der Wettbewerbsdruck, auch aufgrund hoher Marktzutrittsschranken, desto eher ist eine Marktabschottung zu befürchten. Die Kommission geht davon aus, dass ein marktstarker Anbieter den grundsätzlichen Zugang zu alternativen Absatzkanälen nicht so schnell verlieren wird (Vertikalleitlinien, Rdnr. 198). In diesem Fall kann bei beiderseitigen ver- 339

---

[554] Weitere Hinweise dazu in Rdnr. 131 f.

[555] Darauf weist auch die Kommission in den Vertikalleitlinien, Rdnr. 194 a. E. hin.

[556] Vertikalleitlinien, Rdnr. 194.

[557] Vertikalleitlinien, Rdnr. 197.

tragsspezifischen Investitionen auch die Kombination von Alleinbelieferungspflicht und Wettbewerbsverbot gerechtfertigt sein, solange keine Marktbeherrschung vorliegt.

340 Ferner spielen die **Produkteigenschaften** bei der Bewertung eine Rolle. Maßstab ist dabei, ob alternative Lieferquellen für andere Abnehmer zur Verfügung stehen. Die Alleinbelieferung mit Zwischenprodukten oder homogenen Produkten führt in der Regel nicht zu einer wettbewerbswidrigen Marktabschottung. Diese Gefahr ist bei heterogenen Produkten mit unterschiedlichen Merkmalen und Qualitätseigenschaften deutlich größer (Vertikalleitlinien, Rdnr. 199). Schließlich kann der **Absatzkanal** von Bedeutung sein. Während Endverbraucher gegebenenfalls mehr Wert auf bestimmte Marken etc. legen, was seitens des Handels zu berücksichtigen ist, wird es für einen vom Markt ausgeschlossenen Hersteller, der ein bestimmtes Zwischenprodukt benötigt, leichter sein, flexibler auf Kundennachfragen zu reagieren und seine Produktion anzupassen.[558]

341 Die **möglichen Effizienzen** der Alleinbelieferung werden von der Kommission nur knapp behandelt (Vertikalleitlinien, Rdnr. 200f.). Sie hält Effizienzen generell für unwahrscheinlich, außer im Fall des „Hold up"-Problems, d.h. bei marktspezifischen Investitionen *(sunk costs)* einer Vertragspartei in den Aufbau oder die Weiterentwicklung des Vertriebssystems. Dies betrifft Zwischenprodukte eher als Endprodukte. Außerdem betrachtet die Kommission Alleinbelieferungsvereinbarungen grundsätzlich als nicht unerlässlich i.S.d. Art. 101 Abs. 3 AEUV, da z.B. mit Mengenvorgaben das angestrebte Ziel auf weniger wettbewerblich nachteilige Weise erreicht werden kann.

342 **4. Selektiver Vertrieb im EU-Kartellrecht.** Für die Beurteilung selektiver Vertriebsverträge bleibt auch außerhalb der Vertikal-GVO ein erheblicher Anwendungsbereich. Denn nach gefestigter Rechtsprechung des EuGH wird der selektive Vertrieb nicht vom Verbot des Art. 101 Abs. 1 AEUV erfasst, wenn er bestimmte Voraussetzungen erfüllt. Soweit bereits eine Anwendung von Art. 101 Abs. 1 AEUV ausscheidet, kommt es auf die Anwendbarkeit der Vertikal-GVO nicht an. Eine den Vertragshändlern auferlegte Bindung, die nicht freigestellt ist, ist gleichwohl wirksam, wenn sie im Einzelfall nicht wettbewerbsbeschränkend sein sollte.[559] Zudem ist der in der Praxis wohl nicht seltene, lediglich händlerseitig geschlossene Selektivvertrieb ausdrücklich von der Vertikal-GVO ausgenommen.[560] In diesen Fällen sowie darüber hinaus bei Überschreiten der Marktanteilsschwellen der Vertikal-GVO bleibt grundsätzlich die langjährige Praxis der Unionsgerichte und der Kommission vor der ersten Vertikal-GVO maßgeblich. Sie wird deshalb nachfolgend ausführlich dargestellt. Soweit diese Praxis durch die neuere Rechtsentwicklung in Frage gestellt wird, wird darauf hingewiesen.

343 *a) Selektion durch den Hersteller ohne vertragliche Bindungen.* Auch ohne vertragliche Bindungen können Hersteller ihre Erzeugnisse nach von ihnen festgelegten Maßstäben selektiv nur an bestimmte Abnehmer vertreiben. Die Händler können dann Absatzmodalitäten und Abnehmerkreis für die von ihnen bezogenen Waren frei bestimmen und auch der Hersteller bleibt (vorbehaltlich eines ihn eventuell treffenden Diskriminierungsverbots) bei der Auswahl weiterer Händler frei. Der Hersteller verpflichtet sich also gegenüber seinen Händlern nicht dazu, ausschließlich solche anderen Händler zu beliefern, die bestimmte Belieferungskriterien erfüllen. Die Händler sind nicht gehindert, vom Hersteller nicht belieferte andere Händler ihrerseits zu beliefern. Derartige Vertriebssysteme beschränken weder den Hersteller noch die Händler beim Absatz der Vertragswaren. Sie enthalten daher keine wettbewerbsbeschränkenden Vertriebsbindungen und sind insofern auch dann kartellrechtlich unbedenklich, wenn die Marktanteilsschwellen der Vertikal-GVO überschritten werden. Im Rahmen solcher Systeme mit den Händlern vereinbarte sonstige Wettbewerbsbeschränkungen, insbesondere Bezugs- und Kopplungsbindungen,[561] sind nach den

---

[558] Vertikalleitlinien, Rdnr. 199.

[559] Vgl. *A. Bergmann,* ZWeR 2004, 28, 39.

[560] Vgl. u. c) (Rdnr. 347).

[561] Siehe dazu oben Rdnr. 250ff. sowie § 13 C.

allgemein geltenden Grundsätzen zu beurteilen. Regelmäßig werden selektive Vertriebssysteme aber durch Vertriebsverträge abgesichert.

b) Vertragliche Absatzförderungspflicht in „offenen" Systemen (ohne Abnehmerbindung). In **„offenen" Vertriebssystemen** unterliegen weder der Hersteller noch die von ihm belieferten Händler vertraglichen Beschränkungen hinsichtlich des Abnehmerkreises beim Absatz der Vertragswaren. Der Hersteller verpflichtet aber alle oder bestimmte Händler – etwa diejenigen, die seinem „Händlerkreis" angehören wollen – zur Einhaltung qualitativer Anforderungen und zu bestimmten Absatzförderungsmaßnahmen. Der gebundene Händler darf die Vertragswaren also nur noch entsprechend den Anforderungen des Herstellers mit bestimmten absatzfördernden Leistungen wie Kundendienst, Beratung etc. anbieten. Der Wettbewerb beim Absatz der Vertragswaren ist für den Händler dann nicht mehr mit beliebigen Mitteln möglich, so dass er in seiner Wettbewerbsfreiheit eingeschränkt wird. Derartige Vertriebsverträge führen an sich zu einer Beschränkung des intrabrand-Wettbewerbs. 344

Dementsprechend hat die Kommission zu einem Muster-Vertriebsvertrag entschieden, dass den Händlern auferlegte Verpflichtungen zum Halten eines ausreichenden Lagerbestands an Vertragserzeugnissen sowie zur qualifizierten Beratung und Bedienung der Kunden auch dann grundsätzlich eine Wettbewerbsbeschränkung sind, wenn weder der Hersteller noch die Vertragshändler beim Verkauf der Vertragswaren irgendwelchen Beschränkungen unterliegen und außerhalb des Vertriebsverbunds stehende Händler beim Hersteller beziehen können.[562] Allerdings hat die Kommission in jenem Fall trotz beachtlicher Marktanteile des Herstellers[563] die qualitative Spürbarkeit dieser Wettbewerbsbeschränkungen verneint und ein Negativattest erteilt. Ausschlaggebend war, dass es sich um verhältnismäßig billige Kleingeräte handelte, deren Lagerung weder so erhebliche finanzielle Mittel noch so große Lagerkapazitäten band, dass den Einzelhändlern die Möglichkeit genommen worden wäre, auch noch konkurrierende Erzeugnisse in ausreichender Zahl vorrätig zu halten und zu vertreiben. Auf die Pflicht zur Beratung und Bedienung der Kunden ging die Kommission nicht näher ein, verneinte aber auch insoweit eine spürbare Wettbewerbsbeschränkung. 345

Vertragliche Absatzförderungspflichten in offenen Systemen sind also nach Art. 101 Abs. 1 AEUV unbedenklich, sofern die durch sie auferlegten Bindungen den Händler nicht in relevanter Weise beim Bezug von konkurrierenden Herstellern einengen und sich deshalb nicht als Marktzutrittsschranke für Konkurrenten auswirken. Diese Voraussetzung ist insbesondere bei den typischen qualitativen Fachhandelskriterien[564] erfüllt. Anders als bei den nachfolgend behandelten „geschlossenen" selektiven Vertriebssystemen mit Abnehmerbindung hängt die Einstufung der Bindung als Wettbewerbsbeschränkung hier weder vom Produktcharakter noch – in den Grenzen etwa anwendbarer Diskriminierungsverbote – von der Belieferungspraxis des Herstellers ab. 346

c) Überblick zu „geschlossenen" selektiven Vertriebsverträgen (mit Abnehmerbindung): Hersteller- und händlerseitig geschlossene Systeme, einfache und qualifizierte Fachhandelsbindung. In einem selektiven Vertriebsvertrag mit Abnehmerbeschränkung verpflichten sich die belieferten Händler, die Vertragswaren – außer an beliebige Endkunden – nur an solche Händler weiterzuverkaufen, die bestimmte Kriterien erfüllen **(Vertriebsbindung).** Traditionell wird dies als **„einfache Fachhandelsbindung"** bezeichnet, obwohl es sich bei den zugelassenen Händlern je nach Produkt und angewendeten Selektionskriterien keineswegs zwangsläufig um Fachhändler im herkömmlichen Sinne handeln muss. Demgegenüber wird von **„qualifizierter Fachhandelsbindung"** gesprochen, wenn mit den Händlern über eine solche Vertriebsbindung hinaus weitergehende Wettbewerbsbeschränkungen, insbesondere Absatzförderungspflichten, vereinbart werden.[565] Werden nur den Händlern Vertriebsbin- 347

---

[562] Komm. E. v. 17.4.1980, ABl. 1980 L 120/26, 28 – *Krups.*

[563] Sie lagen z. B. in der Bundesrepublik je nach Gerät zwischen 10 und 55 %.

[564] S. u. Rdnr. 359.

[565] Vgl. etwa *Schultze/Pautke/Wagener,* Art. 1 Abs. 1 lit. e, Rdnr. 212 ff.; *Langen/Bunte-Bahr,* Bd. 1, nach § 2 GWB, Rdnr. 217 f.

dungen auferlegt, so liegt ein **händlerseitig** geschlossener Selektivvertrieb vor. Oft wird sich auch der Hersteller den Händlern gegenüber dazu verpflichten, die Belieferung weiterer Händler an die Einhaltung der festgelegten Selektionskriterien zu knüpfen. Dadurch entsteht ein **hersteller- und händlerseitig** geschlossenes selektives Vertriebssystem, das einen Bezug der Vertragswaren durch außenstehende Händler bei vertragstreuem Verhalten von Hersteller und Vertragshändlern ausschließt. Die von der Kommission in Art. 1 lit. e) der Vertikal-GVO Nr. 330/2010 aufgenommene Definition für selektive Vertriebssysteme ist auf solche hersteller- und händlerseitig geschlossenen Systeme beschränkt. In der praktischen Vertragsgestaltung kommen aber oft auch nur händlerseitig geschlossene Vertriebssysteme vor.[566] Die in diesen Systemen allein den Händlern auferlegte Vertriebsbindung führt nach dem Wortlaut der Art. 1 lit. d), 4b) iii) Vertikal-GVO zur Unanwendbarkeit der Gruppenfreistellung.[567] Dieses Ergebnis lässt sich wegen des eindeutigen Wortlauts nicht als schlichtes Redaktionsversehen korrigieren. Für alle nach der Vertragsgestaltung nur händlerseitig geschlossenen Vertriebssysteme bleiben daher die nachfolgend dargestellten Grundsätze zur Behandlung des selektiven Vertriebs außerhalb der Vertikal-GVO maßgeblich. Danach wird der Lieferant in solchen Systemen auch ohne vertragliche Bindung häufig faktisch gezwungen sein, innerhalb eines einheitlichen Marktes nur Händler mit Vertriebsbindung zu beliefern. Denn andernfalls diskriminiert er die gebundenen Händler, was sein Vertriebssystem nach der Rechtsprechung des EuGH in den Anwendungsbereich des Art. 101 Abs. 1 AEUV führen kann.[568] Im Übrigen kann der Hersteller, der Systemaußenseiter beliefert, auch nach Treu und Glauben (§ 242 BGB) an der Durchsetzung der den gebundenen Händlern auferlegten Anforderungen gehindert sein.[569]

348 Grundsätzlich denkbar ist es auch, dass sich zwar der Hersteller auf Wunsch von Händlern, etwa seines „Händlerbeirats“ oder von Fachhandelsorganisationen, dazu bereit findet, nur Händler zu beliefern, die bestimmte Selektionskriterien erfüllen, die belieferten Händler aber ihrerseits in der Wahl ihrer Abnehmer frei bleiben (**nur herstellerseitig** geschlossenes System). Das Vertriebssystem weist dann einen geringeren Grad von Geschlossenheit auf als die übliche Fachhandelsbindung, weil außerhalb des Vertriebssystems des Herstellers stehende Händler die Vertragswaren grundsätzlich bei den Handelspartnern des Herstellers beziehen können. Nur herstellerseitig geschlossene selektive Vertriebssysteme könnten deshalb möglicherweise unter dem Aspekt der Spürbarkeit kartellrechtlich eine günstigere Behandlung erfahren als auch händlerseitig geschlossene Systeme, sofern ihnen kein Händlerkartell zugrundeliegt. Soweit ersichtlich, haben solche Vertriebssysteme in der Praxis allerdings bislang keine Rolle gespielt. Regelmäßig werden sich Hersteller nur bei korrespondierenden Pflichten ihrer Händler in der Freiheit ihrer Abnehmerwahl beschränken lassen. Die nur herstellerseitig geschlossenen Systeme werden daher hier nicht weiter erörtert.

349 Fordern Fachhändlervereinigungen Hersteller oder Großhändler dazu auf, die Belieferung von Nicht-Fachhändlern zu unterlassen, kann ein Verstoß gegen das **Boykottverbot** (§ 21 Abs. 1 GWB) vorliegen. Mangels Unbilligkeit der Aufforderung zur Liefersperre ist dies jedoch nicht der Fall, soweit gebundene Händler den Hersteller lediglich zur Einhaltung der von ihm angewendeten Vertriebsbindung veranlassen wollen.[570] Dagegen liegt ein Verstoß gegen das Verbot vor, wenn Händler einen Hersteller zu einer Liefersperre auffordern, um preisaggressive Konkurrenten zur Einhaltung unverbindlicher Preisempfehlungen des Herstellers zu zwingen. Für Einzelheiten zum Boykottverbot ist auf die einschlägigen Kommentierungen zu verweisen.[571] Drängt eine mächtige Händlerorganisation dem Lieferanten Zulassungskriterien

566 Vgl. *Bauer/de Bronett,* Rdnr. 121.
567 Vgl. *Bauer/de Bronett,* aaO; *Schultze/Pautke/Wagener,* Art. 1 lit. e, Rdnr. 212.
568 Vgl. u. Rdnr. 374.
569 *Bauer/de Bronett,* Rdnr. 121.
570 BGH WuW/E BGH 2562, 2563 – *marktintern – Dienst.*
571 Etwa in *Langen/Bunte-Nothdurft,* § 21 Abs. 1; *Loewenheim/Meessen/Riesenkampff-Loewenheim,* GWB, § 21 Abs. 1.

auf, um zum Vorteil ihrer Mitglieder den Vertrieb der Vertragswaren zu beschränken,[572] so wird auch die Anwendung des Art. 101 Abs. 3 AEUV ausscheiden.

Geschlossene selektive Vertriebssysteme einschließlich der typischen einfachen Fachhandelsbindung sind nach europäischem Kartellrecht keine Wettbewerbsbeschränkung, wenn es sich um einen rein qualitativen Selektivvertrieb handelt.[573] Demgegenüber ist für selektive Vertriebssysteme mit weitergehenden Wettbewerbsbeschränkungen wie etwa einer qualifizierten Fachhandelsbindung oder einer Beschränkung der Händlerzahl zu prüfen, ob sie die Voraussetzungen des jetzt als Legalausnahme verstandenen Art. 101 Abs. 3 AEUV erfüllen. Dabei kommt es im Rahmen der Unerlässlichkeitsprüfung darauf an, ob sich die angestrebten Effizienzgewinne in weniger wettbewerbsbeschränkender Weise erreichen lassen, etwa durch Serviceanforderungen anstelle einer Beschränkung der Händlerzahl.[574] Soweit die Vertikal-GVO keine Anwendung findet, bedarf es einer Einzelfallbetrachtung unter Beachtung der Entscheidungspraxis von EuGH und EuG. Ferner kann dabei auch weiterhin die frühere, umfangreiche Entscheidungspraxis der Kommission zum selektiven Vertrieb berücksichtigt werden. Die Kommission hat in den Leitlinien Auslegungshilfen für die Einzelprüfung selektiver Vertriebssysteme gegeben.[575] 350

Zum Schutz zulässiger geschlossener selektiver Vertriebssysteme gegenüber einem unerwünschten Eindringen außenstehender Händler ist auf das wettbewerbsrechtliche Schrifttum zu verweisen.[576] Früher wurden in Deutschland Lieferanten wettbewerbsrechtliche Ansprüche gegen vertragsbrüchige Systemhändler und außerhalb des Systems stehende Außenseiter, die sich die Vertragswaren verschaffen konnten, nur bei praktischer und theoretischer Lückenlosigkeit des Vertriebsbindungssystems gewährt. Heute ist die praktische Lückenlosigkeit nicht mehr Voraussetzung für den wettbewerbsrechtlichen Schutz selektiver Vertriebssysteme. Als Schutzvoraussetzung wird jetzt die einheitliche Bindung der Abnehmer verlangt. Danach muss der Hersteller grundsätzlich alle Händler denselben Bindungen unterwerfen und dafür Sorge tragen, dass innerhalb eines einheitlichen Wirtschaftsraums nur systemgebundene Händler als Anbieter auftreten.[577] Für die Beurteilung nach EU-Kartellrecht war es schon immer unerheblich, ob ein selektives Vertriebssystem lückenlos ist.[578] 351

d) Nicht wettbewerbsbeschränkende qualitativ selektive Vertriebssysteme. Geschlossene selektive Vertriebssysteme in Form eines rein qualitativen Selektivvertriebs stellen trotz Vertriebsbindung keine Wettbewerbsbeschränkung im Sinne von Art. 101 Abs. 1 AEUV dar. Voraussetzung dafür ist, dass sie durch den Produktcharakter der Vertragswaren gerechtfertigt sind,[579] auf rein qualitativen Kriterien beruhen, die jeweils nicht über die für den angemessenen Vertrieb dieser Waren erforderlichen Anforderungen hinausgehen,[580] und der Selektivvertrieb im Hinblick auf die Wettbewerbsstruktur des betroffenen Marktes hingenommen werden kann;[581] ferner muss das System diskriminierungsfrei angewendet werden.[582] Die Nichtanwendbarkeit von Art. 101 Abs. 1 AEUV auf derartige Vertriebsverträge hat der EuGH in den grundlegenden *Metro*-Entscheidungen anerkannt[583] und auch jüngst bestätigt.[584] Sie können ohne weiteres auch von Lieferanten praktiziert werden, deren Marktanteil 30% übersteigt und deren Vertriebsvereinbarungen daher nicht unter die Vertikal-GVO fallen. 352

572 Vgl. Vertikalleitlinien, Rdnr. 181.
573 S. sogleich bei d), Rdnr. 352.
574 Vgl. Vertikalleitlinien, Rdnr. 186.
575 Vertikalleitlinien, Rdnr. 174 ff.
576 Überblick bei *Köhler/Bornkamm,* UWG, § 4 Rdnr. 10.63 ff. mit umfangreichen Nachweisen.
577 Grundlegend BGHZ 142, 192, 202 f. – *Entfernung der Herstellungsnummer I.*
578 EuGH U. v. 13.1.1994, Slg. 1994, I-15 – *Metro/Cartier.*
579 S. unten Rdnr. 353.
580 S. unten Rdnr. 358.
581 S. unten Rdnr. 368.
582 S. unten Rdnr. 374.
583 EuGH U. v. 25.10.1977, Slg. 1977, 1875 – *Metro I;* U. v. 22.10.1986, Slg. 1986, 3021 – *Metro II.*
584 EuGH U. v. 13.10.2011, Slg. 2011 I-9419, Rdnr. 41 – *Pierre Fabre.*

353 *aa) Produktcharakter muss Bindung rechtfertigen.* Grundlage für die Unbedenklichkeit qualitativer Selektion nach Art. 101 Abs. 1 AEUV ist eine einschränkende Interpretation des Tatbestandsmerkmals „Wettbewerbsbeschränkung", indem einer Beschränkung des Preiswettbewerbs eine Förderung des Wettbewerbs im Bereich der Kundendienstleistungen gegenübergestellt wird. Die Preise derjenigen Vertrags- bzw. Fachhändler, die die qualitativen Selektionskriterien erfüllen, bewegen sich notwendigerweise innerhalb einer engeren Spanne als es bei einem uneingeschränkten Wettbewerb zwischen unterschiedlichen Betriebsformen des Handels, wie Fachhändlern und Nichtfachhändlern unter Einbeziehung etwa von SB-Großmärkten und reinen Internethändlern, der Fall wäre. Diese Beschränkung des Preiswettbewerbs kann nur dann ausnahmsweise aus dem Tatbestand des Art. 101 Abs. 1 AEUV ausgegrenzt werden, wenn es sich um Produkte handelt, bei deren Absatz außer dem Preis auch andere Faktoren, insbesondere absatzbegleitende Leistungen des Handels, relevant sind.[585]

354 Um ein qualitativ selektierendes Vertriebssystem von vornherein aus dem Anwendungsbereich des Art. 101 Abs. 1 AEUV herauszuhalten, muss ein Hersteller also plausibel darlegen, dass es zu wesentlichen produktbezogenen Händlerleistungen führt, die im Hinblick auf konkrete Verbraucherbedürfnisse sinnvoll erscheinen. Diese Verbraucherbedürfnisse sind nicht statisch, sondern können sich im Laufe der Zeit etwa in Abhängigkeit von den Kenntnissen der Konsumenten und der erreichten Produkt- oder Marktreife ändern. Ist eine qualitative Selektion zu einem bestimmten Zeitpunkt aufgrund des Produktcharakters gerechtfertigt, so ist deshalb nicht ausgeschlossen, dass sich dies später ändert.[586]

355 Ein aus der Natur des Produktes folgendes Bedürfnis für eine qualitative Selektion ist bisher insbesondere anerkannt worden für hochwertige, technisch anspruchsvolle Erzeugnisse (etwa Unterhaltungselektronik, Personalcomputer, technisch komplizierte Artikel der Uhrenindustrie),[587] andere qualitativ hochwertige Waren (Schmuck aus Edelmetall, Feinkeramik, Luxusparfum)[588] sowie für Presseerzeugnisse.[589] In einem kürzlich entschiedenen Fall hat es der EuGH allerdings abgelehnt, die Nichtanwendung von Art. 101 Abs. 1 AEUV auf ein selektives Vertriebssystem mit dem Prestigecharakter von Kosmetik- und Körperpflegeprodukten zu begründen.[590] Es erscheint daher fraglich, ob ein qualitativer Selektivvertrieb für Luxusparfums, aber auch für Schmuck oder Feinkeramik weiterhin als nicht wettbewerbsbeschränkend angesehen werden kann. Die Lieferanten derartiger Produkte sollten deshalb vorsorglich darauf achten, dass sie im Fall eines Selektivvertriebs nur Kriterien anwenden, die die Freistellungsvoraussetzungen des Art. 101 AEUV erfüllen.

356 Jedenfalls dann, wenn der Absatz eines Produktes unproblematisch ist und insbesondere keine besonderen Leistungen des Handels verlangt, ist eine qualitative Selektion wettbewerbsbeschränkend iSd Art. 101 Abs. 1 AEUV. Dies ist etwa bei Tabak oder anspruchslosen Uhren aus Massenfabrikation der Fall; nach Auffassung der Kommission wohl auch bei Sanitärarmaturen, soweit der Großhandelsstufe eine Beschränkung des Abnehmerkreises

---

[585] EuGH U. v. 25.10.1983, Slg. 1983, 3151, 3194 – *AEG/Komm.;* U. v. 22.10.1986, Slg. 1986, 3121, 3086 – *Metro II;* U. v. 11.12.1980, Slg. 1980, 3775, 3791 – *L'Oréal/De Nieuwe Amck;* vgl. Vertikalleitlinien, Rdnr. 175.

[586] Vgl. Vertikalleitlinien, Rdnr. 184; Komm. E. v. 18.4.1984. ABl. 1984 L 118/24, 27 – *IBM;* Komm. E. v. 21.12.1983, ABl. 1983 L 376/41, 45 f. – *Saba II* sowie EuGH U. v. 22.10.1986, Slg. 1986, 3021, 3088 – *Metro II.*

[587] Etwa EuGH U. v. 25.10.1977, Slg. 1977, 1877, 1905 – *Metro I;* Komm. E. v. 18.4.1984, ABl. 1984 L 118/24, 26 f. – *IBM;* Komm. E. v. 21.12.1976; ABl. 1977 L 30/10, 14 – *Junghans.*

[588] Vgl. Komm. E. v. 5.12.1983, ABl. 1983 L 348/20, 22 – *Murat;* Komm. E. v. 16.12.1985, ABl. 1985 L 376/15, 17 f. – *Villeroy & Boch;* Komm. E. v. 24.7.1992, ABl. 1992 L 236/11 – *Givenchy;* EuG v. 12.12.1996, Slg. 1996, II-1851 Rdnr. 112 ff. – *Leclerc.*

[589] EuGH U. v. 3.7.1985, Slg. 1985, 2015, 2043 f. – *Binon;* die produktspezifischen Besonderheiten wurden hier gesehen in der sehr kurzen zeitlichen Verkaufsspanne, der Kundenerwartung, in jeder Verkaufsstelle eine repräsentative Auswahl zu finden sowie im Remissionsrecht der Abnehmer.

[590] EuGH U. v. 13.10.2011, Slg. 2011 I-9419, Rdnr. 46 – *Pierre Fabre.*

(keine Belieferung von Baumärkten) auferlegt wird.[591] Gerade letzteres Beispiel zeigt, dass das Kriterium der Produktnatur von der Kommission bisweilen überraschend eingesetzt wurde, um zu wettbewerbspolitisch erwünschten Ergebnissen zu gelangen. Denn es drängt sich nicht unbedingt auf, dass bei Sanitärarmaturen ein Beratungsbedürfnis fehlt.

Das selektive Vertriebssystem muss weder sämtliche Produkte eines Lieferanten erfassen, 357
noch auch nur alle seine Produkte, die demselben Produktmarkt zugerechnet werden. Vielmehr ist dem Lieferanten überlassen, welche konkreten Produkte er als Vertragswaren eines Vertriebsvertrags bestimmt. Allerdings muss diese Bestimmung eindeutig sein.[592]

bb) Selektionskriterien – Grundsätze. **Qualitative Selektionskriterien.** Qualitative Selek- 358
tionskriterien sind bei Produkten, deren Charakter einen selektiven Vertrieb rechtfertigt, grundsätzlich mit Art. 101 Abs. 1 AEUV vereinbar. Sie knüpfen an die fachliche Eignung des Händlers, die Ausstattung seiner Verkaufsräume, von ihm erwartete Serviceleistungen oder ähnliche objektive Merkmale an.[593] Unbedenkliche qualitative Selektionskriterien sind nicht nur solche, die im Hinblick auf Eigenschaften der Vertragswaren für den Vertrieb unverzichtbar sind, wie etwa adäquate Lagermöglichkeiten bei verderblichen Produkten.[594] So ist etwa eine Verpflichtung, vom Hersteller bereitgestelltes Werbematerial zu verwenden[595] oder die Vertragswaren in bestimmter Weise zu präsentieren,[596] kaum jemals für den Vertrieb erforderlich, aber in vielen Fällen als dem konkreten Produkt angemessen und deshalb nicht wettbewerbsbeschränkend angesehen worden. Allerdings bezeichnen inzwischen die Kommission[597] – und deren Sprachgebrauch offenbar aufnehmend auch der EuGH[598] – die **Erforderlichkeit** eines Kriteriums als eigenständige Voraussetzung seiner kartellrechtlichen Unbedenklichkeit.[599] Danach ist davon auszugehen, dass qualitative Auswahlkriterien nur noch dann nicht unter Art. 101 Abs. 1 AEUV fallen, wenn eine individuelle und konkrete Prüfung von Inhalt und Zweck sowie rechtlichem und wirtschaftlichen Zusammenhangs des jeweiligen Kriteriums ergibt, dass es durch die Eigenschaften der Vertragswaren objektiv gerechtfertigt ist.[600] Ist ein bestimmtes Selektionskriterium bei einem Produkt unbedenklich, so kann es doch bei einem anderen Produkt eine verbotene Wettbewerbsbeschränkung sein. So sind Anforderungen des Herstellers an die Lage des Geschäfts, die Geschäftseinrichtung und die Schaufensterdekoration zwar im Hinblick auf den Produktcharakter bei Luxusparfums als gerechtfertigt angesehen worden,[601] sie sind es aber sicher nicht bei Presseerzeugnissen, die jedoch einen selektiven Vertrieb gestatten, der

---

[591] EuGH U. v. 21.10.1980, Slg. 1980, 3125, 3265 – *FEDETAB* (Tabak); U. v. 10.12.1985 – Slg. 1985, 3933, 3944 *ETA/DK Investment* (Swatch-Uhren); Komm. E. v. 10.12.1984, ABl. 1985 L 20/38, 41 – *Ideal-Standard* (Sanitärarmaturen).

[592] Vgl. *von Hülsen,* ZVertriebsR 2012, 299, 300; zu eng *Schultze/Pautke/Wagener,* Rdnr. 222, die einen Vertrieb außerhalb des selektiven Systems ohne Verlust der Vorteile der (Gruppen-)Freistellung nur zulassen wollen, wenn die davon betroffenen Waren eindeutig einem anderen Produktmarkt angehören als die Vertragswaren.

[593] Vgl. grundlegend EuGH U. v. 25.10.1977, Slg. 1977, 1875, 1905 – *Metro I.*

[594] EuGH U. v. 25.10.1977, Slg. 1977, 1875, 1906 – *Metro I.*

[595] Komm. E. v. 5.12.1983 – *Murat.*

[596] Vgl. u. Rdnr. 419 ff.

[597] Vertikalleitlinien, Rdnr. 185 vom EuGH un der -Sache *Pierre Fabre.*

[598] EuGH U. v. 13.10.2011, Slg. 2011 I-9419, Rdnr. 41 – *Pierre Fabre.*

[599] Von den in diesem Zusammenhang zitierten Entscheidungen von EuGH und EuG kann wohl allein die Entscheidung des EuGH in der Sache *L'Oréal* in diesem Sinn verstanden werden (EuGH U. v. 11.12.1980, Slg. 1980, 3775, Rdnr. 16 – *L'Oréal*). Aus dem Zusammenhang jener Entscheidung folgt aber, dass der EuGH dort nur an seine Ausführungen in *Metro I* anknüpfen wollte, wonach bestimmte Verpflichtungen der Händler wie Mindestumsätze und -abnahmen über die Notwendigkeiten eines qualitativen Selektivvertriebs hinausgingen und deshalb als quantitative Kriterien zu bewerten waren; es ging dort also nicht um einen Erforderlichkeitstest für qualitative Kriterien.

[600] EuGH U. v. 13.10.2011, Slg. 2011 I-9419, Rdnr. 47 – *Pierre Fabre.*

[601] Vgl. Komm. E. v. 19.8.1992, ABl. 1992 L 236/11, 16 – *Givenchy;* zur inzwischen zweifelhaft gewordenen Rechtfertigung des qualitativ selektiven Vertriebs mit dem Prestigecharakter eines Produkts vgl. aber oben Rdnr. 355.

auf den Selektionskriterien ständiges Mindestsortiment und Auslage der ständig vorrätigen Titel beruht.[602]

359 Zu den prima facie unbedenklichen qualitativen Selektionskriterien zählen insbesondere alle Vertragsklauseln, die bezwecken, dass die Händler die typischen Leistungen des Fachhandels erbringen.[603] Die Grundstruktur nach Art. 101 Abs. 1 AEUV unbedenklicher Fachhandelsbindungen umfasst die **Kundenberatung** durch qualifiziertes Personal, **Geschäftsräume,** die eine angemessene Lagerung, Ausstellung und Vorführung des Vertragswaren ermöglichen sowie die Fähigkeit zu **Garantieleistungen** und **Kundendienst.** Ist das Handelsgeschäft nicht spezialisiert (z. B. Warenhäuser), darf die Einrichtung einer **Fachabteilung** verlangt werden.[604] Auch die Verpflichtung zur Einhaltung der üblichen **Ladenöffnungszeiten** ist als Selektionskriterium zulässig.[605]

360 Zur gerechtfertigten angemessenen **Präsentation** kann gehören, die Vertragswaren in einem branchenspezifischen, repräsentativen Warenangebot auszustellen **(Mitbewerberumfeld),**[606] sie getrennt von verwechslungsfähigen Erzeugnissen anzubieten[607] oder das vom Hersteller bereitgestellte **Werbematerial** an der Verkaufsstelle zu verwenden.[608] Die Verpflichtung zum Kundendienst deckt die Forderung ab, einen an den Bedürfnissen der Abnehmer orientierten **Fuhrpark** zur Warenauslieferung zu unterhalten.[609] Werden Händler zulässigerweise zu Beratungs- und Kundendienstleistungen verpflichtet, so ist ihnen eine Geschäftspolitik verwehrt, die diese Leistungen ausschließt. Verbote, mit **Abhol-, Selbstbedienungs- oder Mitnahmepreisen** zu werben, sind deshalb nach Ansicht der Kommission in solchen Fällen gerechtfertigt, weil den Kunden durch derartige Vertriebsmethoden ein Verzicht auf Service nahegelegt wird.

361 Jedenfalls nach früherer Praxis der Kommission konnte die Verpflichtung zu Kundendienst und Beratung es ferner zulassen, den **Versandhandel** mit Vertragswaren zu untersagen.[610] Allerdings durfte der Händler nicht daran gehindert werden, für seine ersparten Aufwendungen einem Kunden einen Preisnachlass zu gewähren, wenn er auf dessen ausdrücklichen Wunsch im Einzelfall bestimmte Kundendienstleistungen nicht erbringt. Obwohl der **Internethandel** auf den ersten Blick strukturell dem Versandhandel gleicht,[611] ist

---

[602] EuGH U. v. 3.7.1985, Slg. 1985, 2015, 2018, 2043 f. – *Binon.*

[603] EuGH U. v. 25.10.1983, Slg. 1983, 3151, 3197 – *AEG/Komm.*

[604] Vgl. etwa Komm. E. v. 15.12.75, ABl. 1976 L 28/19, 25 – *Saba I;* E. v. 5.12.1983, ABl. 1983, L 348/20, 22 – *Murat;* E. v. 18.4.1984, ABl. 1984 L 118/24, 26 – *IBM;* E. v. 10.7.1985, ABl. 1985 L 233/1, 4 – *Grundig.*

[605] EuGH U. v. 11.10.1983, Slg. 1983, 3045, 3065 – *Demo-Studio Schmidt.*

[606] Komm. E. v. 21.12.1976, ABl. 1977, L 30/10, 11 – *Junghans.*

[607] Komm. E. v. 5.12.1983, ABl. 1983, L 348/20, 22 – *Murat;* v. 16.12.1985, ABl. 1985 L 376/15, 18 – *Villeroy & Boch.*

[608] Komm. E. v. 5.12.1983 – *Murat.*

[609] Komm. E. v. 10.12.1984, ABl. 1985, L 20/38, 41 – *Ideal-Standard;* E. v. 10.12.1984, ABl. 1985 L 19/17, 21 – *Grohe.* Allerdings hat die Kommission in diesen Fällen bezweifelt, ob im Hinblick auf den Produktcharakter (Sanitärarmaturen) ein selektives Vertriebssystem überhaupt erforderlich war.

[610] Vgl. Komm. E. v. 10.7.1985, ABl. 1985 L 233/1, 4 f. – *Grundig.* In ihrer zweiten Entscheidung zum *Grundig*-Vertriebssystem (Komm. E. v. 25.1.1994, ABl. 1994 L 20/15, 17, 19 – *Grundig-EG-Vertriebsbindung*) hat die Kommission zu dieser Frage keinen engeren Standpunkt eingenommen. Vielmehr hatte sich *Grundig* 1992 von sich aus dafür entschieden, künftig auch Versandhäuser zum Vertrieb zuzulassen, sofern diese über Räumlichkeiten verfügten, die spezialisierten Facheinzelhandelsgeschäften vergleichbar waren und daher ihren Kunden auf Wunsch die entsprechenden Vorführ-, Beratungs- und Kundendienstleistungen erbringen konnten. Daraus, dass die Kommission diese Regelung für die Zulassung von Versandhäusern zum Vertrieb gebilligt hat, kann jedoch nicht geschlossen werden, dass sie nunmehr im Gegensatz zur ersten *Grundig*-Entscheidung einen pauschalen Ausschluss von Versandunternehmen in selektiven Vertriebsverträgen dem Kartellverbot des Art. 81 Abs. 1 EG (jetzt: Art. 101 Abs. 1 AEUV) unterwerfen will. Unter dem Aspekt mangelnder Spürbarkeit hat die Kommission auch ein Verbot, Versandhandel mit Luxusparfums zu treiben, zugelassen (Komm. E. v. 16.12.1991, ABl. 1992 L 12/24, 30 – *Yves Saint Laurent Parfum;* im Ergebnis ebenso OLG München WuW/E OLG 5760, 5763 – *Graumarkt-Parfümerie*).

[611] In diesem Sinne BGH WuW/E DE-R 1203, 1205 – *Depotkosmetik im Internet.*

es jedenfalls in aller Regel als Wettbewerbsbeschränkung iSv Art. 101 Abs. 1 AEUV anzusehen, wenn er faktisch durch Selektionskriterien ausgeschlossen wird, die eine persönliche Vorführung und Beratung im Geschäft fordern.[612]

Soweit ein qualitatives Selektionskriterium nicht durch die Eigenschaften der Vertragswaren objektiv gerechtfertigt und daher wettbewerbsbeschränkend ist, bleibt die Frage einer Gruppen- oder Einzelfreistellung nach Art. 101 Abs. 3 AEUV zu prüfen. 362

Quantitative Selektionskriterien. Aufgrund quantitativer Selektionskriterien wird unmittelbar (absolute Höchstzahlen) oder mittelbar (z.B. Mindestumsätze) nur eine begrenzte Anzahl der qualitativ an sich geeigneten Händler zum Vertrieb zugelassen. Selektive Vertriebssysteme, die sich auf quantitative Kriterien stützen, werden – Spürbarkeit und Eignung zur Handelsbeeinträchtigung vorausgesetzt – vom Kartellverbot des Art. 101 Abs. 1 AEUV erfasst.[613] Sie können jedoch nach Art. 101 Abs. 3 AEUV freigestellt sein, wenn sie keine Kernbeschränkungen iSd Art. 4 der Vertikal-GVO vorsehen, also insbesondere Querlieferungen innerhalb des Systems zulassen, die Freiheit der Händler bei der Preisgestaltung nicht durch Mindestverkaufspreise beschränken sowie aktive und passive Verkäufe der zugelassenen Händler an Endverbraucher nicht behindern (vgl. Art. 4 lit. a), c) und d) der Vertikal-GVO). Im Rahmen der Unerlässlichkeitsprüfung kommt es dabei nicht darauf an, ob die fraglichen Erzeugnisse ohne ein bestimmtes Selektionskriterium überhaupt nicht vertrieben werden könnten. Entscheidend ist vielmehr, ob ein im Rahmen des Art. 101 Abs. 3 AEUV grundsätzlich positiv zu bewertendes Vertriebskonzept des Herstellers die Klausel erfordert.[614] Nur in diesem Sinn ist relevant, ob ein quantitatives Kriterium notwendig ist, um den wirksamen Vertrieb der Vertragswaren zu gewährleisten.[615] 363

Ein typisches quantitatives Selektionskriterium ist die Festsetzung von **Mindestabnahmemengen** oder **Mindestumsätzen** für die Vertragswaren. Solche Bindungen hindern kleine Händler von vornherein am Bezug der Vertragswaren und beschränken infolge der teilweisen Bindung ihrer Nachfrage mittelbar alle übrigen Händler beim Bezug und Absatz von Konkurrenzwaren. Andererseits gestatten sie dem Hersteller eine bessere Produktions- und Absatzplanung sowie eine Rationalisierung des Vertriebs, indem unrationelle Kleinlieferungen vermieden werden. Ein Mindesteinkauf gewährleistet zudem die kontinuierliche Versorgung der Händler und damit auch der Verbraucher.[616] Schließlich stellen Mindestabnahme- und -umsatzbindungen sicher, dass die Händler über eine hinreichende Erfahrung mit den fraglichen Artikeln verfügen, und so bei beratungsintensiven Produkten eine sachgerechte Information der Verbraucher und einen fachgerechten Service gewährleisten.[617] Mit diesen Erwägungen hat die Kommission Bindungen freigestellt, die die Händler dazu verpflichteten, mindestens 40% der durchschnittlichen Vorjahresbezüge der Vertragshändler ihres Landes zu erreichen.[618] Eine Differenzierung des Mindestumsatzkriteriums nach Geschäften innerhalb und außerhalb von Großstädten ist im Hinblick auf deren unterschiedliches Absatzpotential sachgerecht und kann daher ebenfalls freigestellt sein. Der Freistellung sollte es nach früherer Praxis der Kommission wohl auch nicht entgegenstehen, wenn le- 364

[612] Vgl. zu Kosmetika und Körperpflegeprodukten EuGH U. v. 13.10.2011, Slg. 2011 I-9419, Rdnr. 44, 47 – *Pierre Fabre.*

[613] Grundlegend EuGH U. v. 25.10.1977, Slg. 1977, 1877, 1913f. – *Metro I;* U. v. 11.12.1980, Slg. 1980, 3775, 3791 – *L'Oréal.*

[614] Komm. E. v. 10.7.1985, ABl.1985 L 233/1,6 – *Grundig I.*

[615] Missverständlich Vertikalleitlinien, Rdnr. 177. Die zu einem Vertriebssystem für Kraftfahrzeuge getroffene Aussage des EuGH, beim quantitativ selektiven Vertrieb komme es nicht darauf an, ob die verwendeten Auswahlmerkmale wegen der Beschaffenheit der Vertragswaren oder -dienstleistungen erforderlich seien (EuGH U. v. 14.6.2012, WuW/E EU-R 2394, Rdnr. 32 – *Auto 24*), war auf die Definition in Art. 1 Abs. 1 lit. g Kfz-GVO 1400/2002 gestützt und hat nach Außerkrafttreten dieser Gruppenfreistellungsverordnung keine Bedeutung mehr.

[616] Grundlegend EuGH U. v. 25.10.1977, Slg. 1977, 1877, 1914 – *Metro I.*

[617] Komm. E. v. 28.10.1970, ABl. 1970 L 242/22 – *Omega.*

[618] Komm. E. v. 16.12.1991, ABl. 1992 L 12/24, 32 – *Yves Saint Laurent;* Komm. E. v. 24.7.1992, ABl. 1992 L 236/11, 19 – *Givenchy.*

diglich Bezüge beim Hersteller oder bei dessen Alleinimporteur auf den Mindestumsatz angerechnet werden, nicht aber Querlieferungen von anderen Händlern.[619] Trotz des berechtigten Rationalisierungsinteresses des Herstellers ist das jedenfalls dann abzulehnen, wenn der Mindestumsatz so hoch festgelegt wird, dass er sich als Beschränkung wirtschaftlich interessanter Querlieferungen auswirkt.

365 Die Kommission hat früher die Festsetzung einer **absoluten Höchstzahl** von Händlern in einem bestimmten Gebiet auf der Grundlage der dort bestehenden, mutmaßlichen Absatzerwartungen nur in besonders gelagerten Ausnahmefällen gebilligt. Dies war etwa der Fall bei in verhältnismäßig kleiner Stückzahl hergestellten, langlebigen und hochpreisigen Luxusuhren.[620] Hier hätte die Zulassung aller qualifizierten Händler dazu geführt, dass pro Geschäft jährlich nur sehr wenige Einheiten verkauft worden wären. Unter diesen Umständen war es nach Auffassung der Kommission unerlässlich, den zugelassenen Händlern eine hinreichende Absatzmöglichkeit zu gewährleisten, damit sie sich für die Vertragswaren einsetzten. Die Kommission hat die Festsetzung einer Höchstzahl von Händlern im Ergebnis auch beim Absatz qualitativ hochwertiger dentaltechnischer Erzeugnisse akzeptiert.[621] Da die intensive herstellerseitige Betreuung der Kunden (Dentallabors) durch Schulung, Beratung und Kontrolle unerlässlich war, um die richtige Benutzung der dentaltechnischen Produkte zu gewährleisten, an der wiederum die zahnmedizinischen Patienten ein akutes Interesse hatten, wurde eine Freistellung erteilt. Die Kommission ging davon aus, dass unter diesen Umständen die Belieferung einer größeren Anzahl von Vertriebsstellen einen sachgerechten Absatz beeinträchtigen und zu unwirtschaftlichem Mehraufwand führen würde. Häufig wird eine Freistellung von absoluten Höchstzahlregelungen für Händler aber an der Unerlässlichkeitsprüfung gemäß Art. 101 Abs. 3 lit. a) AEUV scheitern, da schon Mindestabnahme- und Sortimentspflichten ausreichen, um die mit einer Höchstzahl verfolgten Ziele zu verwirklichen, soweit sie kartellrechtlich legitim sind. Inzwischen will die Kommission bei Höchstzahlbindungen offenbar einen sehr großzügigen Maßstab anlegen. Die Freistellungsvoraussetzung der Unerlässlichkeit lässt sie in ihrem dazu in den Leitlinien dargestellten Beispiel allerdings zugunsten einer deutlich vom Tatbestand des Art. 101 Abs. 3 AEUV gelösten rule of reason-Abwägung außer Acht.[622] Das verdient keine Zustimmung. Die frühere Auffassung der Kommission, dass der Luxuscharakter eines Produkts für sich allein eine Begrenzung des Händlerkreises auf bestimmte Höchstzahlen keinesfalls rechtfertigen könne,[623] war jedoch zu eng und ist überholt.

366 Jedenfalls außerhalb des Anwendungsbereichs der Vertikal-GVO setzt die Freistellung eines quantitativ selektiven Vertriebs voraus, dass die festgelegten Auswahlkriterien objektiv gerechtfertigt sind, da es andernfalls an der für eine Einzelfreistellung nach Art. 101 Abs. 3 AEUV notwendigen Erforderlichkeit der Wettbewerbsbeschränkung fehlt. Die Kriterien sind darüber hinaus einheitlich und unterschiedslos auf alle Bewerber anzuwenden. Die Pflicht zur **diskriminierungsfreien Anwendung der Kriterien** folgt schon daraus, dass uneinheitlich angewandte Kriterien für ein Vertriebssystem nicht erforderlich sein können. Denn der Lieferant zeigt dadurch selbst, dass er auf die Einhaltung der Kriterien verzichten kann. Die *Auto 24*-Entscheidung des EuGH hat in diesem Zusammenhang keine Bedeutung.[624] Allerdings wird im Anschluss an dieses Urteil die Auffassung vertreten, die Vertikal-GVO erfasse quantitativ selektive Vertriebssysteme auch dann, wenn die Auswahlkriterien weder objektiv gerechtfertigt seien noch einheitlich und unterschiedslos angewandt

---

[619] Vgl. Komm. E. v. 24.7.1992, ABl. 1992 L 236/11, 19 – *Givenchy*.

[620] Komm. E. v. 28.10.1970, ABl. 1970 L 242/22 – *Omega;* vgl. auch 1. WB (1971), S. 70 ff.

[621] Komm. E. v. 27.11.1985, ABl. 1985 L 369/1, 4 – *Ivoclar*.

[622] Vertikalleitlinien, Rdnr. 187. Schleierhaft ist, wieso die Kommission die Reduzierung des markeninternen Wettbewerbs bei Festlegung einer Händlerhöchstzahl nur für möglich halten will; tatsächlich ist sie notwendige Folge einer solchen Beschränkung.

[623] Vgl. Vortrag der Kommission in EuGH U. v. 10.7.1980, Slg. 1980, 2327, 2352 – *Giry & Guerlain*.

[624] Vgl. EuGH U. v. 14.6.2012, WuW/E EU-R 2394, Rdnr. 32 ff. – *Auto 24*.

würden.[625] Ob dem zu folgen ist, kann hier dahinstehen. Jedenfalls kann die Freistellung in einem solchen Fall von der Kommission oder dem BKartA entzogen werden, weil die Freistellungsvoraussetzung der Erforderlichkeit fehlt und von einer auf willkürlichen Kriterien beruhenden, diskriminiert angewandten Vertriebsbindung mit Art. 101 Abs. 3 unvereinbare Wirkungen ausgehen (vgl. Art. 29 VO 1/2003, § 32d GWB).[626]

Sonstige Selektionskriterien. An Händler können auch Anforderungen gestellt werden, die über die Notwendigkeiten eines auf Qualitätsanforderungen basierenden selektiven Vertriebssystems hinausgehen, jedoch nicht den quantitativen Selektionskriterien zugeordnet werden können. Beispiele dafür sind nicht quantitativ selektierend wirkende, besondere Vertriebsförderungspflichten. Hierher gehört z. B. die Pflicht, für die Vertragswaren ständig einen erheblichen Teil der Ausstellungsfläche eines Geschäfts zu reservieren oder die Verpflichtung der autorisierten Großhändler, zum Aufbau und zur Verstärkung des Vertriebsnetzes des Herstellers beizutragen.[627] Im Schrifttum werden derartige Bindungen bisweilen unter dem Stichwort **„Qualifizierte Fachhandelsbindung“** abgehandelt.[628] Bei derartigen Regelungen müssen außerhalb des Anwendungsbereichs der Vertikal-GVO die Voraussetzungen einer **Einzelfreistellung** geprüft werden, die häufig vorliegen werden. Insbesondere kommt es auch hier bei der Unerlässlichkeitsprüfung lediglich darauf an, ob ein im Rahmen des Art. 101 Abs. 3 AEUV grundsätzlich positiv zu bewertendes Vertriebskonzept des Herstellers die fragliche Klausel erfordert.[629] **367**

cc) Wettbewerbsstruktur muss Bindung zulassen. Bei der Beurteilung selektiver Vertriebssysteme kann die Marktstellung des Lieferanten und seiner Konkurrenten unter zwei Aspekten Bedeutung gewinnen. **368**

Die mit dem Selektivvertrieb verbundene Beschränkung des intrabrand-Wettbewerbs führt zunächst regelmäßig zu einer Intensivierung des interbrand-Wettbewerbs. Dieser positive Effekt fällt aber umso weniger ins Gewicht, je stärker die Marktstellung des Lieferanten ist. Die Beschränkung des markeninternen Wettbewerbs ist ferner um so eher bedenklich, je schwächer die Marktposition der Wettbewerber ist.[630] **369**

Auch wenn ein selektives Vertriebssystem auf qualitativen Selektionskriterien beruht, die durch den Produktcharakter gerechtfertigt sind, ist nach der Rechtsprechung des EuGH nicht ausgeschlossen, dass es mit Art. 101 Abs. 1 AEUV unvereinbar sein kann, wenn auf dem betroffenen Markt die Zahl derartiger selektiver Vertriebssysteme „… keinen Raum mehr für Vertriebsformen lässt, denen eine andere Wettbewerbspolitik zugrundeliegt“.[631] Führt also eine Kumulation qualitativ selektiver Vertriebssysteme dazu, dass es im relevanten Markt keinen funktionsfähigen **Wettbewerb der Vertriebsformen** (sog. intertype-Konkurrenz) mehr gibt, so kann selbst diese regelmäßig unbedenkliche Absatzform vom Tatbestand des Art. 101 Abs. 1 AEUV erfasst und ggf. der Entzug der Freistellung oder die Erklärung der Nichtanwendung der Vertikal-GVO erwogen werden.[632] Ein Wettbewerb der Vertriebsformen spielt sich etwa ab zwischen Fachhandel, Warenhäusern, Internet- und Versandhandel sowie SB-Verbrauchermärkten. Entsprechendes gilt, wenn eine Kumulation selektiver Vertriebssysteme zu einer Starrheit der Preisstruktur führt, die nicht durch andere Faktoren des intrabrand-Wettbewerbs (insbesondere verbesserte Kundendienstleistungen) und durch einen funktionsfähigen interbrand-Wettbewerb aufgewogen wird. **370**

Andererseits lässt der Verbreitungsgrad qualitativ selektiver Vertriebssysteme für sich allein noch nicht den Schluss zu, dass der Wettbewerb eingeschränkt oder verfälscht ist. Zu **371**

625 *Beutelmann,* ZWeR 2013, 346, 352 ff.
626 Vgl. Vertikalleitlinien, Rdnr. 176.
627 Dazu EuGH U. v. 25.10.1977, Slg. 1977, 1875, 1913 – *Metro I.*
628 Etwa *Gleiss/Hirsch,* Art. 85 (I) Rdnr. 1693.
629 Vgl. Komm. E. v. 10.7.1985, ABl. 1985 L 233/1, 6 – *Grundig I.*
630 Vertikalleitlinien, Rdnr. 177 f.
631 EuGH U. v. 22.10.1986, Slg. 1986, 3021, 3085 – *Metro II.*
632 Vgl. Vertikalleitlinien, Rdnr. 179.

prüfen sind vielmehr stets die tatsächlichen Auswirkungen derartiger Systeme auf die Wettbewerbslage.[633]

372 Diese, aus der Wettbewerbsstruktur abgeleitete Zulässigkeitsschranke auch für qualitativ selektive Vertriebssysteme ist, soweit ersichtlich, in der langjährigen Praxis bisher noch nicht relevant geworden. Sie dürfte daher hier nur in Ausnahmefällen Bedeutung gewinnen. Dementsprechend hatte das EuG auch keine Bedenken, eine qualitative Selektion beim Vertrieb von Parfüm der Marke *Yves Saint Laurent* für mit Art. 101 Abs. 1 AEUV vereinbar zu halten, obwohl fast alle Hersteller von Luxuskosmetika ähnliche selektive Vertriebssysteme praktizierten.[634]

373 In den Leitlinien behandelt die Kommission kumulative Wirkungen selektiver Vertriebssysteme ausführlich im Zusammenhang mit dem Entzug der Freistellung oder der Erklärung der Nichtanwendbarkeit der Gruppenfreistellung gem. Art. 8 Vertikal-GVO und Art. 29 VO 1/2003.[635] Diese Ausführungen sind aber auch für die Frage relevant, wann kumulative Wirkungen der Annahme einer Einzelfreistellung für quantitativ selektive Vertriebssysteme entgegenstehen. Im Ergebnis wird dies eher selten der Fall sein. Wie sich bereits aus Art. 6 der Vertikal-GVO ergibt, scheidet eine bedenkliche Kumulation aus, wenn nicht mehr als 50% des Marktes von parallelen Netzen gleichartiger vertikaler Beschränkungen erfasst werden, wobei insoweit quantitativer und qualitativer selektiver Vertrieb als gleichartig angesehen werden.[636] Auch ein Überschreiten dieser Schwelle hält die Kommission für unproblematisch, solange die Summe der Marktanteile der fünf größten Lieferanten unter 50% liegt. Wird der zweite Schwellenwert ebenfalls überschritten, hält die Kommission für maßgeblich, ob alle fünf größten Lieferanten selektiven Vertrieb nutzen. Ist das der Fall, seien quantitative Zulassungskriterien insbesondere dann nicht freigestellt, wenn sie zum Vertrieb qualifizierte Discounter oder reine Internethändler von einem Markt ausschlössen. Das ist beispielsweise bei Vorgabe einer angemessenen Mindestabnahme des Händlers kaum zu befürchten.

374 *dd) Diskriminierungsfreie Zulassung und Handhabung.* Nach ständiger Rechtsprechung des EuGH ist weitere Voraussetzung für die Nichtanwendung von Art. 101 Abs. 1 AEUV auf qualitativ selektierende, geschlossene Vertriebssysteme ihre diskriminierungsfreie Handhabung.[637] Dies bedeutet, dass die zum Vertrieb zugelassenen Händler nicht ohne sachlichen Grund unterschiedlich behandelt und außenstehende Händler bei der Zulassung zum Vertrieb nicht diskriminiert werden dürfen. Außerdem sind die Auswahlkriterien allen potentiellen Händlern bekanntzugeben.[638] Zwar hat der EuGH in der Sache *Auto 24* überraschend ausgeführt, für die Überprüfung des genauen Inhalts der Auswahlkriterien eines selektiven Vertriebssystems sei es nicht notwendig, dass diese veröffentlicht würden.[639] Das kann aber kaum dahingehend zu verstehen sein, dass keine Pflicht besteht, die Kriterien konkreten Bewerbern auf Nachfrage mitzuteilen. Die vom EuGH bei einer Veröffentlichung der Kriterien befürchteten, indes nicht näher begründeten Gefahren einer Verletzung von Geschäftsgeheimnissen oder einer Erleichterung unzulässigen kollusiven Verhaltens werden jedenfalls bei einer Mitteilung der Kriterien an konkrete Bewerber im Einzelfall entweder schon nicht bestehen oder könnten zumindest durch geeignete Verpflichtungen zu vertraulicher Behandlung ausgeräumt werden. Würde der Bewerber keine Kenntnis der Zulassungskriterien erhalten, wäre eine effektive Nachprüfung der Zulassungspraxis ausgeschlossen und einer diskriminierenden Anwendung eines selektiven Vertriebssystems Tür

---

633 Kommission, 16. WB 1987, Rdnr. 99.

634 EuG U. v. 12.12.1996, Slg. II – 1851, 1918, 1921 – *Leclerc.*

635 Vertikalleitlinien, Rdnr. 179.

636 Vgl. Vertikalleitlinien, Rdnr. 75.

637 EuGH U. v. 25.10.1977, Slg. 1977, 1875 – *Metro I;* U. v. 13.10.2011, Slg. 2011 I-9419, Rdnr. 41 – *Pierre Fabre.*

638 Vertikalleitlinien, Rdnr. 175.

639 EuGH U. v. 14.6.2012, Rs C-158/1, ECLI:EU:C:2012:351, WuW/E EU-R 2394, Rdnr. 31 – *Auto 24.*

und Tor geöffnet. Das wäre mit der effizienten Durchsetzung des Kartellrechts der Union unvereinbar. Unabhängig davon muss auch nach dem *Auto 24*-Urteil eine Überprüfung der Kriterien möglich sein, was jedenfalls voraussetzt, dass der Lieferant sie schriftlich fixiert.[640]

Zu beachten ist, dass eine nach Art. 101 AEUV unzulässige Diskriminierung nach Ansicht des BGH einem außenstehenden Händler keinen Belieferungsanspruch gewährt; im Hinblick auf den Grundsatz der Vertragsfreiheit stehe es dem Hersteller frei, den Verstoß gegen Art. 101 AEUV durch eine diskriminierungsfreie Belieferung zu beseitigen oder aber durch eine Änderung seines Vertriebssystems.[641] Auch nach Unionsrecht zwingt die Nichtbeachtung einer Freistellungsvoraussetzung als solche einen Lieferanten nicht bereits dazu, einen Händler in sein Vertriebsnetz aufzunehmen.[642] **375**

Innerhalb des Kreises der zugelassenen Händler müssen die Belieferungskriterien grundsätzlich einheitlich festgesetzt werden. Abweichungen sind nur aufgrund unterschiedlicher absatzwirtschaftlicher Gegebenheiten zulässig, und zwar nur generell und nicht individuell. Ein Hersteller, der seinen Großhändlern generell die Verpflichtung auferlegt, einen qualifizierten Außendienst zu unterhalten, kann darauf also in solchen Mitgliedstaaten der EU verzichten, in denen der Großhandel traditionell auf eine reine Verteilerfunktion beschränkt ist.[643] **376**

Wird ein Händler, der alle qualitativen Selektionskriterien erfüllt, nicht zum Vertrieb zugelassen, so wird er gegenüber den zugelassenen Händlern diskriminiert. Dies stellt einen Verstoß gegen Art. 101 Abs. 1 AEUV dar.[644] Vereinzelte, isolierte Fälle unzulässiger Weigerungen sind allerdings unschädlich, sofern sie nicht Ausdruck eines planmäßigen Verhaltens sind, das etwa darauf abzielt, ein hohes Preisniveau aufrechtzuerhalten oder bestimmte moderne Vertriebsformen auszuschließen.[645] Um insoweit Bedenken auszuräumen, muss der Hersteller alle geeigneten Händler in sein Vertriebssystem aufnehmen.[646] Wie soeben dargelegt, besteht nach der Rechtsprechung des BGH gleichwohl kein Belieferungsanspruch jener Händler. Der Hersteller kann den Verstoß gegen Art. 101 Abs. 1 AEUV außer durch Belieferung auch durch diskriminierungsfreie Umgestaltung seines Vertriebssystems beseitigen, also etwa durch zusätzliche, (zulässige) Selektionskriterien, die eine Nichtbelieferung bestimmter Händler rechtfertigen. **377**

Eine Diskriminierung liegt vor, wenn Selektionskriterien so formuliert werden, dass bestimmte Vertriebsformen, die die vom Hersteller gewünschten absatzbegleitenden Leistungen durchaus ebenso wie der Facheinzelhandel erbringen können, vom Vertrieb ausgeschlossen werden. Die Zulassung zum Vertriebssystem darf deshalb nicht auf Händler beschränkt werden, die auf den Vertrieb der fraglichen Erzeugnisse spezialisiert sind, also z. B. mit ihnen mindestens 50% ihres Umsatzes erzielen. Auch Warenhäuser und Verbrauchermärkte müssen zum Vertrieb zugelassen werden, wenn sie Fachabteilungen speziell für den Verkauf der fraglichen Erzeugnisse einrichten, die den qualitativen Anforderungen des Herstellers (etwa Beratung beim Verkauf) genügen.[647] **378**

---

[640] Vgl. *Beutelmann,* ZWeR 2013, 346, 354.

[641] BGH WuW/E DE-R 206, 208 – *Depotkosmetik;* dagegen für einen Belieferungsanspruch *Haslinger,* WuW 1998, 456 und WRP 1999, 161; kritisch auch *Birk,* EWS 2000, 485; vgl. ferner *Weyer,* GRUR 2000, 848. Laut BGH kann sich eine Lieferverpflichtung allerdings im Einzelfall aus § 20 Abs. 1, 2 GWB oder Art. 102 AEUV ergeben.

[642] EuGH U. v. 14.6.2012, Rs C-158/11, ECLI:EU:C:2012:351, WuW/E EU-R 2394, Rdnr. 22 – *Auto 24,* m. w. Nachw.

[643] Komm. E. v. 21.12.1993, ABl. 1994 L 20/15, 19 – *Grundig-EG-Vertriebsbindung.*

[644] EuGH U. v. 25.10.1983, Slg. 1983, 3151, 3195, Rdnr. 37 – *AEG/Komm.;* U. v. 22.10.1986, Slg. 1986, 3021, 3091, Rdnr. 72 – *Metro II;* vgl. auch U. v. 11.10.1983, Slg. 1983, 3045, 3065, Rdnr. 20 – *Demo-Studio Schmidt/Komm.*

[645] Als Beispiel einer diskriminierenden Anwendung des Selektivvertriebs durch Ungleichbehandlung von klassischen Discountern und Internet-Auktionsplattformen vgl. KG, WuW/E DE-R 4019, 4026 ff.

[646] Vgl. Komm. E. v. 21.12.1983 ABl. 1983 L 376/41, 48 – *Saba II;* E. v. 10.7.1985 ABl. 1985 L 233/1, 3 – *Grundig I.*

[647] Vgl. Komm. E. v. 16.12.1991, ABl. 1992 L 12/24, 29 – *Yves Saint Laurent Parfum;* EuG U. v. 12.12.1996, Slg. 1996 II – 1851, 1909, Rdnr. 148 ff. – *Leclerc.*

379 Ausfluss des den Hersteller treffenden Diskriminierungsverbots ist auch eine weitgehende Beschränkung seines Rechts zur ordentlichen Kündigung des Vertriebsvertrags mit einzelnen Händlern. Das Erfordernis der Gleichbehandlung aller die Selektionskriterien erfüllenden Händler, das zwingende Voraussetzung der Unbedenklichkeit qualitativer Selektion nach Art. 101 Abs. 1 AEUV ist, lässt für eine voraussetzungslose **ordentliche Kündigung** des Vertriebsvertrags mit einzelnen Händlern konsequenterweise keinen Raum.[648] Denn ist der Händler aufgrund der Verpflichtung zur diskriminierungsfreien Behandlung im Ergebnis zum Vertrieb zuzulassen, weil er alle qualitativen Kriterien erfüllt, so kann es auch keine Möglichkeit zur ordentlichen Kündigung der Vertriebsbeziehung geben, die ohnehin gleich wieder aufzunehmen wäre. Ist ein ordentliches Kündigungsrecht für den einzelnen Vertriebsvertrag vorgesehen, so behält sich der Hersteller im Ergebnis eine diskriminierende Zulassungspraxis vor. Das kann das Vertriebssystem in den Anwendungsbereich des Art. 101 Abs. 1 AEUV führen. Andererseits muss es dem Hersteller jedoch möglich bleiben, sein Vertriebssystem fortzuentwickeln. Er kann deshalb alle seine Vertriebsverträge einheitlich zum gleichen Zeitpunkt kündigen und sodann im Rahmen des kartellrechtlich Zulässigen eine Neuorganisation seines Vertriebs vornehmen.

380 Die **Kündigung** des Vertriebsvertrags eines Händlers **aus wichtigem Grund** führt nicht zu einer Diskriminierung und ist daher kartellrechtlich unschädlich. Sie ist insbesondere dann möglich, wenn ein Händler die Selektionskriterien nicht oder nicht mehr erfüllt oder wenn er gegen die Vertriebsbindung in einer Weise verstößt, die sie in ihrem Bestand gefährdet. Der wichtige Grund ist dem Händler mitzuteilen, so dass er gegen die Kündigung gerichtlich vorgehen kann und der Hersteller den Kündigungsgrund beweisen muss.[649] In diesem Fall ist ein endgültiger Ausschluss des Händlers erst nach gerichtlicher Klärung möglich. Einen vorläufigen Ausschluss wird man jedoch jedenfalls dann für zulässig halten können, wenn der Hersteller die Interessen des Händlers im Rahmen seiner Entscheidung angemessen berücksichtigt. Der Händler kann seine vorläufige Weiterbelieferung ggf. im Wege einstweiligen Rechtsschutzes durchzusetzen versuchen.[650]

381 Besondere Missbrauchsgefahren sieht die Kommission, wenn eine Kündigung aus wichtigem Grund oder eine Liefersperre mit einem Verstoß des Händlers gegen **Regeln des lauteren Wettbewerbs** begründet werden soll, etwa unlauteren Lockvogelangeboten. Für den Hersteller kann der Hinweis auf häufig nicht eindeutig fassbare Verstöße gegen derartige Wettbewerbsregeln ein wirkungsvolles Druckmittel sein, um den Händler etwa von einer unerwünschten Preispolitik abzuhalten. Die Kommission verlangt deshalb, dass nur Verstöße gegen Wettbewerbsrecht, die vom Vertragshändler nicht bestritten oder gerichtlich festgestellt worden sind, zu einer Kündigung des Vertriebsvertrags oder zur Verhängung einer Liefersperre berechtigen dürfen.[651]

382 Schwierigkeiten können sich auch bei der Zulassung **neuer Händler** ergeben. Nach gefestigter Praxis der Kommission dürfen gemäß Art. 101 Abs. 1 AEUV unbedenkliche, vom Hersteller angewendete Verfahren, durch die Händler als für eine Belieferung qualitativ geeignet anerkannt werden, nicht über das hinausgehen, was zur Sicherstellung des Vorliegens der Zulassungskriterien und zur Gewährleistung der Geschlossenheit des Vertriebssystems unerlässlich ist.[652] Die Kommission hielt insbesondere eine vom EuGH missbilligte diskriminierende Anwendung der Zulassungskriterien für möglich, wenn allein der Hersteller auf

---

[648] Komm. E. v. 21.12.1983, ABl. 1983 L 376/41, 48 – *Saba II;* E. v. 21.12.1993, ABl. 1994 L 20/15, 20 – *Grundig II.*

[649] Komm. E. v. 21.12.1983, ABl. 1983 L 376/41, 48 – *Saba II.*

[650] Zur Zulässigkeitsproblematik einer solchen Leistungsverfügung vgl. aber *Topel,* § 50.

[651] Komm. E. v. 21.12.1983, ABl. 1983 L 376/41, 49 – *Saba II;* E. v. 21.12.1993, ABl. 1994 L 20/15, 20 – *Grundig II.* Die dort enthaltene Beschränkung des Kündigungsrechts auf Verstöße gegen das Wettbewerbsrecht des Staates, in dem der Händler ansässig ist, dürfte nach der Harmonisierung des Lauterkeitsrechts der Union durch die Richtlinie 2005/29/EG (ABl. 2009 L 253/18) und der Ausbreitung des grenzüberschreitenden Internethandels wohl nicht mehr gelten.

[652] Grundlegend Komm. E. v. 21.12.1983, ABl. 1983, L 376/41, 47 – *Saba II.*

allen Handelsstufen über die Zulassung entscheidet. Die Zulassung fachlich geeigneter, aber wegen ihrer Preis- oder Vertriebspolitik unerwünschter Händler könnte dann durch den Hersteller unter dem Vorwand, einzelne Klauseln der Vertriebsbindung seien nicht erfüllt, verweigert oder zumindest verzögert werden. Daher hat die Kommission verlangt, dass außer dem Hersteller auch die ggf. von ihm belieferten Großhändler das Recht erhalten mussten, Einzelhändler in das Vertriebssystem aufzunehmen. Wegen der überschaubaren Zahl der Großhändler ließ es die Kommission allerdings zu, dass auf der Großhandelsstufe nur der Hersteller über das Vorliegen der Belieferungsvoraussetzungen entschied.[653]

Nach Art. 101 Abs. 1 AEUV unbedenklich ist das **Anerkennungsverfahren** ferner nur 383
dann, wenn Zulassungsanträge von Händlern innerhalb einer angemessen kurzen **Frist** bearbeitet werden. Die Kommission akzeptiert vier Wochen;[654] in einem Ausnahmefall hat sie auch schon eine Zulassungsfrist von zwei Monaten für unbedenklich gehalten.[655] Die Zulassung von Einzelhändlern hat als erteilt zu gelten, wenn über sie nicht innerhalb der angemessenen Frist entschieden wird. Führt die Dauer des Zulassungsverfahrens zur Anwendbarkeit von Art. 101 Abs. 1 AEUV auf ein selektives Vertriebssystem, so ist bei Vorliegen plausibler, objektiver Gründe die Annahme einer Einzelfreistellung nicht ausgeschlossen.[656]

ee) Einzelfragen (in alphabetischer Reihenfolge)

– Änderung von Selektionskriterien

Ein selektives Vertriebssystem ist nur dann freigestellt, wenn die Selektion auf Kriterien 384
beruht, die der Lieferant festgelegt hat (vgl. die Begriffsdefinition in Art. 1 lit. e Vertikal-GVO). Das schließt selbstverständlich nicht aus, dass er die Kriterien veränderten Marktverhältnissen oder einer neuen Absatzpolitik anpassen kann. Sind die Kriterien Inhalt der Vertriebsverträge, muss das für Vertragsänderungen vereinbarte Verfahren eingehalten werden. Auch wenn – insbesondere bei quantitativer Selektion – nur intern beim Hersteller dokumentierte Kriterien angewandt werden, können sie nicht beliebig kurzfristig geändert werden. Aus der Anforderung, dass es sich um „festgelegte" Kriterien handeln muss, ist vielmehr zu schließen, dass sie nicht ohne weiteres ad hoc geändert werden dürfen, sondern jedenfalls für einen bestimmten Zeitraum gelten müssen.[657] Was das konkret bedeutet, wird sich nur im Einzelfall unter Berücksichtigung der Marktverhältnisse entscheiden lassen.

– Akquisitionsverbot außerhalb des Vertragsgebiets

Vertragsklauseln, die Händler daran hindern, außerhalb eines bestimmten Vertragsgebie- 385
tes Kunden für die Vertragswaren zu werben oder Niederlassungen und Auslieferungslager für sie einzurichten, stellen Wettbewerbsbeschränkungen im Sinne des Art. 101 Abs. 1 dar, die jedenfalls dann, wenn Lieferungen des Händlers in andere Mitgliedstaaten der EU ernsthaft in Betracht kommen, auch geeignet sind, den zwischenstaatlichen Handel zu beeinträchtigen. Art. 4 lit. c Vertikal-GVO nimmt ein auf der Einzelhandelsstufe tätigen Vertragshändlern auferlegtes Verbot des aktiven oder passiven Verkaufs an Endverbraucher außerhalb ihres Vertragsgebiets als Kernbeschränkung von der Gruppenfreistellung aus, lässt es jedoch zu, den Händlern zu untersagen, Geschäfte von nicht zugelassenen Niederlassungen aus zu betreiben. Akquisitionsverbote im Rahmen selektiver Vertriebssysteme können im Einzelfall unter die Freistellung des Art. 101 Abs. 3 AEUV fallen, sofern den Händlern die Belieferung auswärtiger Kunden, die sich aus eigener Initiative an sie wenden (passiver Verkauf), möglich bleibt. Das Verbot absatzfördernder Maßnahmen außerhalb des Vertragsgebiets führt zu einer Konzentration der Absatzbemühungen im Vertragsgebiet, zur Rationalisierung des Vertriebs und zu einer besseren Versorgung der Verbraucher. Es kann zudem

---

[653] Komm. E. v. 21.12.1983, ABl. 1983 L 376/41, 47 f. – *Saba II;* E. v. 10.7.1985, ABl. 1985 L 233/1, 5 – *Grundig I;* E. v. 21.12.1993, ABl. 1994 L 20/15, 17, 20 – *Grundig II.*

[654] Siehe die vorstehende Fußnote.

[655] Komm. E. v. 18.4.1984, ABl. 1984 L 118/24, 26 – *IBM.* Entscheidend war dabei, dass ein Zeitraum von zwei Monaten für die Schulung des für den Vertrieb der Personalcomputer vorgesehenen Personals des Händlers durch *IBM* erforderlich war.

[656] Vgl. Komm. E. v. 16.12.1991, ABl. 1992 L 12/24, 26, 32 – *Yves Saint Laurent Parfum.*

[657] Vgl. *Beutelmann,* ZWeR 2013, 346, 355.

die ungestörte Markterschließung durch den Hersteller in Gebieten, in denen er bisher nicht oder nur schwach vertreten ist, gewährleisten. Sollen z. B. neue Gebiete mit Hilfe von Alleinvertriebshändlern erschlossen werden, so wirkt es nachteilig, wenn diese, bevor ihre Marktstellung gefestigt ist, mit aktiver intrabrand-Konkurrenz etablierter Vertragshändler aus angrenzenden Gebieten konfrontiert werden.[658]

386 Nicht freigestellt dürften dagegen Regelungen sein, die Händler daran hindern, sich mit Werbung an Nachfrager in ihrem Vertragsgebiet zu wenden, die zugleich auch überregional wirkt. Denn durch eine derartige Werbung wird die Legitimation eines Akquisitionsverbots, nämlich die gesteigerte Absatzförderung im Vertragsgebiet, nicht berührt.[659] Dies gilt jedenfalls für alle Print- und elektronischen Medien (insbesondere Internet), die vernünftigerweise als (auch) zur Werbung von Kunden im Vertragsgebiet geeignet anzusehen sind. Der Vertragshändler kann allerdings – jedenfalls bei Printmedien – verpflichtet werden, ggf. bestehende regionale Teilbelegungsmöglichkeiten wahrzunehmen.[660] Unter dem Aspekt der gewünschten Konzentration des Händlers auf sein Vertragsgebiet dürfte es mit einer Freistellung vereinbar sein, wenn der Händler solche Werbemedien nicht benutzen darf, die einerseits objektiv ungeeignet sind, ihm in seinem Vertragsgebiet im Vergleich zu anderen, dort verfügbaren und nicht kostspieligeren Werbemitteln neue Kunden zu verschaffen und andererseits ganz überwiegend potentielle Kunden außerhalb des Vertragsgebiets ansprechen, etwa Rundfunkwerbung in einem Stadtsender außerhalb des Vertragsgebiets des Händlers. Sofern die Beschränkung aktiver Werbung außerhalb des Vertragsgebiets freigestellt werden kann, darf insbesondere auch die Versendung von Emails an auswärtige Kunden untersagt werden.

– Aktionsangebote bei Außenseitern

387 Aus der Sicht des Herstellers mag es bisweilen betriebswirtschaftlich sinnvoll erscheinen, für bestimmte Verkaufsaktionen Vertragswaren auch außerhalb des selektiven Vertriebssystems an Außenseiter zu liefern.[661] Damit werden aber nicht zugelassene Händler beliefert, so dass die Voraussetzungen für die kartellrechtliche Unbedenklichkeit der im Vertriebssystem geltenden Vertriebsbindung nicht mehr erfüllt sind.[662] Es erscheint auch zweifelhaft, ob selektive Vertriebssysteme, die dem Hersteller einen Aktionsvertrieb an Außenseiter auf der Handelsstufe gestatten, die Voraussetzungen einer Einzelfreistellung erfüllen. Für eine extensive Auslegung der Freistellungsvoraussetzungen durch restriktive Auslegung des Händlerbegriffs, wie sie *von Hülsen* erwägt,[663] dürfte keine Grundlage bestehen.

– Alleinvertrieb

388 Bei einer Kombination von Selektivvertrieb und Alleinvertrieb unterwirft der Lieferant seine Alleinvertriebshändler einer Vertriebsbindung.[664] Sie dürfen außer an Endkunden nur an andere Alleinvertriebshändler verkaufen oder an sonstige zugelassene Händler, sofern der Lieferant auf anderen Märkten Selektivvertrieb praktiziert. Dadurch wird der intrabrand-Wettbewerb stark beschränkt. Unabhängig davon, ob den Alleinvertriebshändlern aktive Verkäufe an Endverbraucher in andere Gebiete erlaubt oder verboten sind, sieht die Kommission darin einen Verstoß gegen Art. 101 Abs. 1 AEUV, wenn der Marktanteil des Lieferanten mehr als 30% beträgt oder wenn kumulative Wirkungen[665] vorliegen. Eine Erfül-

---

[658] Komm. E. v. 21.12.1976, ABl. 1977 L 30/10, 15 f. – *Junghans.*

[659] Vgl. Erwägungsgrund 9 der früher geltenden GVO Nr. 123/85 für Kfz-Vertriebsvereinbarungen, ABl. 1985 L 15/16.

[660] Vgl. *Wiedemann,* GVO-Kommentar, Bd. II, GVO Nr. 1983/83, Art. 2 Rdnr. 18.

[661] Vgl. *von Hülsen,* ZVertriebsR 2012, 299, 302, der das Beispiel der Belieferung von Fahrradhändlern mit selektiv vertriebenen Smartphones bildet, die mit besonderen Apps für Fahrradfahrer ausgestattet sind.

[662] So im Fall KG WuW/E 4019 ff. – *Schulranzen,* wo der Hersteller bestimmte Produkte aktionsweise auch über *Aldi* vertrieb

[663] *von Hülsen,* aaO.

[664] Zur Kombination von Allein- und Selektivvertrieb in den vertikalen Gruppenfreistellungsverordnungen vgl. *Engel/Möschel-Veelken,* S. 487 ff.

[665] Vgl. Vertikalleitlinien, Rdnr. 179.

lung der Freistellungsvoraussetzungen wird nur ausnahmsweise angenommen werden können, wenn die Kombination von Allein- und Selektivvertrieb zum Schutz umfangreicher vertragsspezifischer Investitionen der Vertragshändler erforderlich ist.[666]

– Beschränkung der Bezugsquellen/Querlieferungen

Bewirken vertriebsvertragliche Regelungen, dass Händler in der Möglichkeit zum Bezug **389**
von Erzeugnissen, die mit den Vertragswaren konkurrieren, eingeschränkt werden, so liegt eine Wettbewerbsbeschränkung im Sinne von Art. 101 Abs. 1 AEUV vor. Dies gilt für **Mindestumsatzbindungen**[667] und erst recht für – in selektiven Vertriebsverträgen untypische – **Alleinbezugsbindungen,**[668] ferner u. U. etwa auch für **Lagerbestands- und Sortimentsbindungen.**[669] Solche Bindungen sind (einzel)freigestellt, wenn die mit ihnen verbundenen Vorteile ihre Nachteile überwiegen. Dies kann etwa der Fall sein, wenn zu erwarten ist, dass durch die Konzentration eines Händlers auf die Produkte eines Herstellers der Wettbewerb zwischen den verschiedenen Herstellern (interbrand-Wettbewerb) im Verbraucherinteresse verstärkt oder eine kontinuierliche Versorgung der Verbraucher gewährleistet wird. Es gelten die allgemeinen Grundsätze für die Beurteilung von Bezugsbindungen („Markenzwang").[670] Die Kommission hält Bezugsbeschränkungen in selektiven Vertriebsverträgen erst für problematisch, wenn mindestens 50% des Marktes durch selektive Vertriebssysteme abgedeckt sind und die Summe der Marktanteile der fünf größten Lieferanten mindestens 50% beträgt.[671]

Das **Verbot von Querbezügen** innerhalb des Vertriebssystems fällt unter Art. 101 **390**
Abs. 1 AEUV und ist generell nicht freigestellt.[672] Insbesondere muss der Bezug von Vertragswaren in anderen Mitgliedstaaten **(Parallelhandel)** zugelassen werden. **Importverbote** für die Einfuhr von Vertragswaren aus anderen Mitgliedstaaten verstoßen nur dann nicht gegen Art. 101 Abs. 1 AEUV, wenn eine spürbare Beeinträchtigung des zwischenstaatlichen Handels ausgeschlossen werden kann. Dies ist der Fall, wenn aufgrund bestimmter Umstände (etwa zu hoher Transportkosten) ein zwischenstaatlicher Handel mit den Vertragswaren nicht in Betracht kommt. Verbote, die Vertragswaren aus Drittstaaten zu importieren, können gegen Art. 101 Abs. 1 AEUV verstoßen, insbesondere wenn sie dazu führen, dass Unternehmen in der EU von preiswerten Bezugsquellen abgeschnitten werden, sich dadurch ihre Produktionskosten und Preise erhöhen und infolgedessen eine Veränderung der sonst gegebenen Wettbewerbsbedingungen in der EU eintritt.[673]

– Differenzierender Selektivvertrieb

Ein Hersteller kann daran interessiert sein, innerhalb seines selektiven Vertriebssystems **391**
eine bestimmte Gruppe von **„Premium-Partnern"** oder „Flagship-Stores" besonders herauszuheben. Diese Händler müssen dann besondere Anforderungen etwa an Lagerbestand oder Geschäftsausstattung erfüllen. Dafür bleibt ihnen aber der Vertrieb bestimmter, herausgehobener Produkte vorbehalten, die auch bei anderen zugelassenen Händlern nicht erhältlich sind. Diese besonderen Produkte dürfen die „Premium-Partner" dann nur an Endabnehmer und innerhalb ihres exklusiven Zirkels verkaufen, nicht aber an die sonstigen zugelassenen Händler.

Da die Differenzierung der Kreise zugelassener Händler ohne weiteres anhand „festgelegter Merkmale" i. S. v. Art. 4 lit. g Vertikal-GVO erfolgen kann, ist ein differenzierender Selektivvertrieb im Anwendungsbereich der Gruppenfreistellung grundsätzlich möglich.[674] Oberhalb der Schwellenwerte der Vertikal-GVO kommt es aber darauf an, ob die unter-

---

666 Vertikalleitlinien, Rdnr. 185.
667 S. unter diesem Stichwort.
668 S. o. Rdnr. 249 ff.
669 S. unter diesem Stichwort.
670 Vertikalleitlinien, Rdnr. 183, vgl. o. Rdnr. 249 ff.
671 Vertikalleitlinien, aaO.
672 Vgl. Art. 4d der Vertikal-GVO.
673 Komm. E. v. 18.12.1985, ABl. 1985 L 376/29, 35 – *Siemens/Fanuc; Gleiss/Hirsch,* Art. 85 (I) Rdnr. 251 mit weiteren Nachweisen; zu Reimportverboten aus Drittstaaten vgl. bereits oben § 10 Rdnr. 18.
674 Vgl. *von Hülsen,* ZVertriebsR 2012, 299, 303.

schiedlichen qualitativen Anforderungen für die verschiedenen Vertragswaren im Hinblick auf konkrete Verbraucherbedürfnisse sachlich begründet werden können. Das wird häufig nicht leicht darzulegen sein. Fehlt es daran, kann ein differenzierender Selektivvertrieb eine nicht freigestellte Wettbewerbsbeschränkung sein.

– Dualer Vertrieb

392 Auch außerhalb des Anwendungsbereichs der Vertikal-GVO[675] steht es dem Anbieter nach Unionskartellrecht grundsätzlich frei, die Vertragswaren nicht nur über zugelassene Händler, sondern auch direkt an (bestimmte) Endkunden abzusetzen. Er wird dabei allerdings selbst diejenigen qualitativen Kriterien einhalten müssen, die er seinen Händlern auferlegt. Denn sonst fehlt es an der für die kartellrechtliche Unbedenklichkeit qualitativer Selektion erforderlichen einheitlichen Anwendung der Kriterien und auch an ihrer für eine Einzelfreistellung notwendigen Erforderlichkeit. Endkunden, die direkt (und durch zugelassene Händler) beliefert werden dürfen, sind auch **Kundenbindungssysteme,** die die Vertragswaren unentgeltlich als Prämien an Verbraucher abgeben.[676] Weniger eindeutig ist dies allerdings, soweit eine Zuzahlung des Kunden für den Erhalt der Prämie erfolgt. Solange die Zuzahlung aber zu keinem Gewinn des Kundenbindungssystems führt, sondern nur dessen Erwerbskosten ausgleicht, ist es sachgerecht, das Kundenbindungssystem als gewerblichen Endkunden und nicht als Händler anzusehen.

– Fachliche Qualifikation/Beratung

393 Um eine qualifizierte Kundenberatung sicherzustellen, kann den Händlern aufgegeben werden, dass sie oder das bei ihnen beschäftigte Personal über eine relevante Berufsausbildung und/oder (angemessene) Erfahrung verfügen sowie an allgemeinen oder vom Hersteller durchgeführten Lehrgängen teilnehmen.[677] Unbedenklich ist auch die Verpflichtung, während der Ladenöffnungszeiten jederzeit die sachgerechte Vorführung der Vertragswaren durch geeignetes Personal zu gewährleisten. Davon zu unterscheiden ist allerdings die Frage, ob mit der Behauptung, das Produkt erfordere eine individuelle Beratung bei physischer Anwesenheit des Kunden im Geschäft, der Internetvertrieb ausgeschlossen werden kann. Der EuGH sieht eine solche Beschränkung bei Kosmetika, Körperpflegeprodukten, Kontaktlinsen und nicht verschreibungspflichtigen Arzneimitteln als wettbewerbsbeschränkend und nicht durch die Vertikal-GVO freigestellt an.[678] Das bei den genannten Produkten nicht zweifelhafte Beratungsbedürfnis muss beim Internetvertrieb durch Informationstexte zu den Produkten und die Möglichkeit individueller telefonischer Beratung erfüllt werden.

394 Muss eine Vertragsware zum bestimmungsgemäßen Gebrauch beim Kunden eingebaut werden, so ist auch die Fähigkeit eines Händlers zum fachgerechten Einbau grundsätzlich ein zulässiges Kriterium fachlicher Qualifikation. Dies gilt jedoch nicht, wenn Verkauf und Einbau in der Branche seit langem als zwei getrennte Leistungen angeboten und erbracht werden und dies auch weiterhin möglich ist. In einem solchen Fall liegt der Schluss zumindest nahe, dass die Koppelung des Vertriebs an die Fähigkeit zum Einbau in Wirklichkeit auf den unzulässigen Ausschluss bestimmter preisaktiver Vertriebsformen, etwa Baumärkten, zielt. Dann ist die Beschränkung des Vertriebs auf Betriebe, die den fachgerechten Einbau gewährleisten können, auch nicht freigestellt, da es an der erforderlichen Unerlässlichkeit fehlt. Beratungsleistungen beim Verkauf können ggf. durch entsprechend geschultes Verkaufspersonal erbracht werden, ohne dass es auf die Fähigkeit des Händlers zum Einbau der Vertragswaren ankäme.[679]

395 Vor dem Hintergrund, dass sich die Absatzgebiete von Händlern durch das Internet erheblich erweitert haben, wird wohl nicht verlangt werden können, dass der Händler eine

---

[675] Vgl. Art. 2 Abs. 4 lit. a Vertikal-GVO.

[676] Vgl. *von Hülsen,* ZVertriebsR 2012, 299, 301.

[677] Komm. E. v. 24.7.1992, ABl. 1992 L 236/11, 12, 16 – *Givenchy;* E. v. 16.12.1991, ABl. 1992 L 12/24, 25, 29 – *Yves Saint Laurent;* E. v. 5.12.1993, ABl. 1983 L 348/20, 21 f. – *Murat.*

[678] EuGH U. v. 13.10.2011, Slg. 2011 I-9419, Rdnr. 44, 47 – *Pierre Fabre,* unter Hinweis auf seine Rechtsprechung zu den Verkehrsfreiheiten.

[679] Komm. E. v. 10.12.1984, ABl. 1985 L 19/17, 22 – *Grohe-Vertriebssystem;* E. v. 10.12.1984, ABl. 1985 L 20/38, 43 – *Ideal-Standard.*

an sich berechtigte Fähigkeit zum fachgerechten Einbau beim Kunden ausschließlich im eigenen Betrieb bereitzustellen hat. Es dürfte vielmehr ausreichen, wenn er dazu nachweislich qualifizierte Servicepartner vertraglich verpflichtet.

– Firmenschild/Internetauftritt

Bei hochwertigen Produkten kann es als Selektionskriterium mit Art. 101 Abs. 1 AEUV **396**
vereinbar sein, wenn verlangt wird, dass das Firmenschild oder der Internetauftritt des Einzelhändlers dem Image der Vertragswaren nicht schadet. Allerdings dürfen auch durch ein solches Kriterium weder der Internetvertrieb noch andere moderne Betriebsformen des Handels ausgeschlossen werden, die durch entsprechende Investitionen alle sonstigen materiellen Verkaufsbedingungen des Herstellers erfüllen. Insbesondere dürfen Anforderungen an das Firmenschild nicht dazu verwandt werden, Geschäfte auszuschließen, die Produkte zu niedrigen Preisen, aber in anspruchsvoller Weise anbieten.[680]

– Garantie

Erfüllt ein selektives Vertriebssystem die Kriterien für eine Unbedenklichkeit nach **397**
Art. 101 Abs. 1 AEUV, so ist eine Beschränkung der Herstellergarantie auf bei autorisierten Händlern erworbene Vertragserzeugnisse kartellrechtlich zulässig. Eine solche Garantiebeschränkung ist für den Hersteller ein Mittel, um zu verhindern, dass systemfremde Händler vertriebsgebundene Ware in den Handel bringen. Es handelt sich somit um eine legitime Maßnahme zur Absicherung der Vertriebsbindung.[681]

Händler dürfen verpflichtet werden, Garantieleistungen gegenüber Verbrauchern zu er- **398**
bringen, und zwar auch für solche Vertragswaren, die nicht bei ihnen gekauft wurden.[682] Jedenfalls die fachhandelsspezifischen Serviceleistungen kann der Hersteller den Händlern unentgeltlich auferlegen.[683] Wird ein Produkt mit einer vertraglichen Herstellergarantie im Rahmen eines selektiven Vertriebssystems verkauft, so hat der Hersteller sicherzustellen, dass Verbraucher Garantieleistungen im Mitgliedstaat ihres Wohnsitzes auch dann in Anspruch nehmen können, wenn sie das betreffende Gerät in einem anderen EU-Mitgliedstaat erworben haben.[684]

– Internet-Auktionsplattformen/Internet-Marktplätze

Markenartikelhersteller wollen häufig den Vertrieb ihrer Produkte über Internet- **399**
Auktionsplattformen ausschließen. Außerhalb des Anwendungsbereichs der Vertikal-GVO stellt sich die Frage, ob solche „*ebay*-Verbote" als qualitatives Merkmal für die Auswahl der Wiederverkäufer angesehen werden können. Das LG Berlin hat das verneint, weil das Verbot des Verkaufs über Internet-Auktionsplattformen keine Verbindung zu bestimmten Produkteigenschaften aufweise.[685] Demgegenüber hat das OLG Karlsruhe die auf den generellen Ausschluss des Vertriebs über Internet-Auktionsplattformen gestützte Nichtbelieferung eines Händlers jedenfalls dann für zulässig gehalten, wenn dem Markenhersteller die konkret vom Händler gewählte Vertriebsform auf *ebay* nicht zuzumuten ist.[686] Der Fall betraf Schulranzen und Schulrucksäcke, die im Einzelverkauf auf *ebay* ohne übergeordnete Präsentationsstruktur angeboten wurden. Das OLG Karlsruhe stellte darauf ab, dass die Auswahl der Wiederverkäufer in einem selektiven Vertriebssystem an deren fachliche Qualifikation und sachliche Ausstattung anknüpfen dürfe. Entsprechende Anforderungen könnten

---

680 EuG U. v. 12.12.1996, Slg. 1996 II – 1851, 1911 ff. – *Leclerc,* zu Luxuskosmetika.

681 EuGH U. v. 13.1.1994, Slg. 1994, I-15, 39 f. – *Metro/Cartier.*

682 Komm. E. v. 21.12.1983, ABl. 1983 L 376/41, 44, 47 – *Saba II.*

683 Vgl. Komm. E. v. 21.12.1993, ABl. 1994 L 20/15, 20 – *Grundig II;* E. v. 21.12.1983, ABl. 1983 L 376, 41, 46 – *Saba II.*

684 Komm. E. v. 21.12.1983, ABl. 1994 L 20/15, 18 – *Grundig II.*

685 LG Berlin, BB 2009, 1381. Auch das BKartA will in einem allgemeinen Verbot des Vertriebs auf Internet-Marktplätzen oder Auktionsplattformen regelmäßig kein zulässiges qualitatives Kriterium erkennen (s. Fallbericht B3-137/12 Adidas vom 19.8.2014, abrufbar unter www.bundeskartellamt.de).

686 OLG Karlsruhe WuW/E DE-R 2789: qualitatives Kriterium, das an die Ausgestaltung des Internetvertriebs anknüpft (Art der Präsentation der Markenprodukte); vgl. auch KG WuW/E DE-R 4019, 4025 f. (*ebay*-Vertriebsverbot für Qualitäts-Schulranzen aufgrund der konkreten Ausgestaltung der Auktionsplattform grundsätzlich zulässig).

auch an den Internetvertrieb gestellt werden. Die Beklagte habe sich entschieden, ihre Schulrucksäcke nicht als billige Massenware zu positionieren, sondern im Segment der eher hochwertigen Produkte mit besonderem Kundennutzen, entsprechendem Beratungsbedarf und damit höherem Preis. Das Erfordernis fachkundiger Beratung des Kunden beim Kauf sei plausibel, weil Schulrucksäcke vielfachen, teilweise gegenläufigen Anforderungen unterlägen. Hinzuweisen sei auf Strapazierfähigkeit, Wasserundurchlässigkeit und Umweltfreundlichkeit, Sicherheitserfordernisse (Sichtbarkeit), möglichst geringes Eigengewicht, Tragekomfort und praktische Bedürfnisse wie Geräumigkeit und sachgerechte Raumaufteilung. Zwar sei der generelle Ausschluss des Vertriebs über Auktionsplattformen nicht erforderlich, soweit er auch Anbieter bei *ebay* erfasse, die den Kriterien der beklagten Lieferantin für den Internetvertrieb entsprächen. Dies sei indes bei der Klägerin nicht der Fall, weil ihre *ebay*-Verkäufe sich nur dadurch von den bekannten *ebay*-Auktionen unterschieden, dass sie zu einem festen Preis erfolgten. Das stehe in Gegensatz zum Bestreben der Beklagten, ihren Kunden eine informierte Auswahl aus einem breiten Segment zu ermöglichen. Die Präsentation der Marke der Klägerin sei unzureichend. Die Angebote der Klägerin richteten sich an „Schnäppchenjäger", während die Beklagte sich gerade von einem „Flohmarkt"-Image abgrenzen wolle.

400 Folgt man dem OLG Karlsruhe in seiner – allerdings nicht zweifelsfreien – Beurteilung, dass der Produktcharakter von Schulrucksäcken einen selektiven Vertrieb rechtfertigen kann, so ist es konsequent, den Ausschluss eines Vertriebs über Internet-Auktionsplattformen dann zuzulassen, wenn seine konkrete Ausgestaltung den im Rahmen des selektiven Vertriebssystems in zulässiger Weise an den Internetvertrieb gestellten qualitativen Anforderungen nicht genügt. Das ist auch die Auffassung der Kommission.[687] Soweit etwa im stationären Vertrieb ein repräsentatives Mitbewerberumfeld als qualitatives Selektionskriterium anerkannt wird, bedeutet dessen entsprechende Anwendung auf den Onlinevertrieb, dass eine einzelproduktbezogene Präsentation auf einer Auktionsplattform unterbunden werden kann.[688]

401 Im Einzelfall könnte der Ausschluss bestimmter Auktionsplattformen im qualitativ-selektiven Vertrieb von Markenartikeln auch mit deren zweifelhaftem Ruf oder damit begründet werden, dass dort immer wieder Plagiate verkauft werden. Soweit der Einkauf bei Auktionsplattformen aber von weiten Verbraucherkreisen als akzeptable Alternative zur Produktbeschaffung angesehen wird und Verkäufe von Plagiaten eher den jeweiligen Anbietern als der Vertriebsform als solcher zugerechnet werden, erscheint es schwierig, mit diesen Erwägungen ein generelles Vertriebsverbot auf Auktionsplattformen zu begründen.[689]

402 Berechtigte Anforderungen an Markenumfeld und Sortimentsvielfalt im Selektivvertrieb können unter Umständen auch einem Vertrieb zugelassener Händler über **Internet-Marktplätze** wie *amazon marketplace* entgegenstehen.[690] Ob das tatsächlich der Fall ist, bedarf allerdings sorgfältiger Prüfung im Einzelfall. Nach den Vertikalleitlinien soll der Lieferant, wenn sich die Website des Händlers auf der Plattform eines Dritten befindet, als qualitatives Kriterium zwar verlangen können, „dass Kunden die Website des Händlers nicht über eine Website aufrufen, die den Namen oder das Logo dieser Plattform tragen".[691] Diese sperrige Formulierung wird aber kaum als Argument für weitgehende Plattformverbote verstanden werden können. Vielmehr dürfte lediglich gemeint sein, dass der Händler verpflichtet werden darf, für Kunden einen direkten Zugang zu seiner Website – ohne zwangsweisen Zutritt über die Website des Plattformbetreibers – bereitzuhalten. Dafür spricht auch die englische Fassung der Leitlinien, die bei diesem Beispiel darauf abstellt, dass der Plattformbetreiber Host für die Website des Händlers ist. Eine Verlinkung von

---

[687] Vertikalleitlinien, Rdnr. 54.
[688] Vgl. *Rösner,* WRP 2010, 1114, 1121.
[689] So aber *Rösner,* WRP 2010, 1134, 1122; *Slopek,* CR 2009, 542, 543.
[690] Vgl. KG WuW/E DE-R 4019, 4025 f.; *Rösner,* WRP 2010, 1134, 1122.
[691] Vertikalleitlinien Rdnr. 54.

einem elektronischen Marktplatz auf die ohne weiteres auch direkt zugängliche Website eines Händlers wird dann in den Leitlinien nicht angesprochen. Sofern der Marktplatzbetreiber rechtlich als Verkäufer anzusehen ist, steht Verkäufen über die Plattform allerdings schon eine Vertriebsbindung des Händlers entgegen.

– Internetvertrieb

Nach der Rechtsprechung des EuGH stellt ein Händlern auferlegtes Internetverkaufs- **403**
verbot grundsätzlich eine bezweckte Wettbewerbsbeschränkung i. S. v. Art. 101 Abs. 1 AEUV dar. Allerdings hat der Gerichtshof nicht von vornherein ausgeschlossen, dass ein Internetverkaufsverbot im Rahmen selektiver Vertriebssysteme objektiv gerechtfertigt sein kann und dann nicht wettbewerbsbeschränkend ist. Die Frage der objektiven Rechtfertigung ist aufgrund einer Einzelfallprüfung zu beurteilen. Dafür sind Inhalt und Zweck der Vertriebsklausel, ihr rechtlicher und wirtschaftlicher Zusammenhang sowie die Eigenschaften des Produkts heranzuziehen.[692] In der Praxis dürfte ein dauerhaftes, vollständiges Verbot des Internetvertriebs nur in seltenen Fällen freigestellt sein, etwa bei Waffen oder giftigen Substanzen, soweit die Verkehrssicherheit nicht schon durch regulatorische Vorgaben gewährleistet ist.[693] Die Freistellung einer Vertragsklausel, durch die sich der Lieferant den Internetvertrieb selbst vorbehält, wird sich kaum jemals begründen lassen,[694] zeigt sie doch, dass ein Ausschluss dieser Vertriebsform nicht erforderlich ist. Sind für die Markteinführung eines neuen Produkts erhebliche Investitionen notwendig, sind zum Schutz dieser Investitionen befristete Verbote des Internetverkaufs in dieses Gebiet im erforderlichen Umfang – nach Ansicht der Kommission bis zu zwei Jahre – nicht wettbewerbsbeschränkend.[695]

Händler können dazu verpflichtet werden, ein stationäres Geschäft und Ausstellungs- **404**
räume einzurichten.[696] Um die Trittbrettfahrerproblematik zu begrenzen, kann also ein Vertrieb durch reine Internethändler ausgeschlossen werden.[697]

Andere qualitative Anforderungen können grundsätzlich in gleicher Weise an den Inter- **405**
netvertrieb gestellt werden wie an den stationären Vertrieb. Solange mit ihnen dasselbe Ziel verfolgt wird, können sie unterschiedlich ausgestaltet sein, sofern die Besonderheiten des Internets das erfordern. Anstelle einer mündlichen Beratung beim Kauf kann etwa eine ausführliche schriftliche Information des Kunden und die Einrichtung eines Service-Telefons verlangt werden.[698]

Allerdings unterscheiden sich stationärer Vertrieb und Internetvertrieb deutlich. Daher **406**
wird nicht stets klar sein, wie ein qualitatives Selektionskriterium „entsprechend" auf den E-Commerce übertragen werden kann. Mangels ausreichender behördlicher und gerichtlicher Praxis besteht hier derzeit noch erhebliche Rechtsunsicherheit. Sie birgt für Lieferanten ernste Risiken. Sie müssen nach der VO Nr. 1/2003 die Frage der Freistellung selbst beurteilen. Nehmen Lieferanten zu großzügig an, dass sich die Kriterien für online- und stationären Handel entsprechen, kann ihr ganzes Vertriebssystem den Vorteil der (Gruppen-)Freistellung verlieren (vgl. Art. 4 lit. c Vertikal-GVO).[699]

Den Händlern darf nicht auferlegt werden, höchstens einen bestimmten Teil ihrer Ge- **407**
samtverkäufe online zu erzielen. Beispielsweise ist eine Vorgabe unzulässig, mindestens 50 % des Umsatzes offline zu tätigen.[700] Händler können jedoch verpflichtet werden, be-

---

[692] EuGH, Slg. 2011 I-9419, Rdnr. 47 – *Pierre Fabre*

[693] Vgl. *Schultze/Pautke/Wagener,* Rdnr. 732.

[694] Vgl. Vertikalleitlinien 2000, Rdnr. 51 a. E.; *Schultze/Pautke/Wagener,* Rdnr. 733.

[695] Vertikalleitlinien, Rdnr. 61.

[696] Vertikalleitlinien, Rdnr. 54; vgl. aber Rdnr. 176: „wahrscheinlich" Entzug der Freistellung, wenn Produktcharakter die Pflicht zur Einrichtung eines Verkaufslokals nicht rechtfertigt, dazu etwa *Schultze/Pautke/Wagener,* Rdnr. 772; *Dethof,* ZWeR 2012, 503, 516.

[697] So auch schon BGH WuW/E DE-R 1203 – *Depotkosmetik im Internet.*

[698] Vertikalleitlinien, Rdnr. 56; als Überblick über qualitative Kriterien an den Internetvertrieb vgl. ausführlich *Rösner,* WRP 2010, 1114, 1120 f.; *Hülsen.* ZVertriebsR 2012, 299, 304 ff. mit umfangreichen w. Nachw.

[699] Vgl. *Velez,* ECLR 2011, 242, 245.

[700] Insoweit ist BGH WuW/E DE-R 1203 – *Depotkosmetik im Internet* – überholt.

stimmte, nach Wert oder Menge berechnete Mindestverkaufsziele offline zu erreichen. Dadurch soll ein effizienter Betrieb der physischen Verkaufsstelle gewährleistet werden.

408 Der absolute Umfang der geforderten Offline-Verkäufe muss nicht für alle Abnehmer identisch sein. Er kann auch nach objektiven Kriterien unterschiedlich festgelegt werden. Als Beispiele solcher Kriterien nennt die Kommission außer der Lage des Ladenlokals auch die Größe des Abnehmers im Vertriebsnetz. Wächst die Bedeutung eines Händlers im Vertriebsnetz durch online-Verkäufe erheblich, so könnten ihm danach auch deutlich höhere Vorgaben für offline-Verkäufe gemacht werden.

409 Soweit in der Literatur Überlegungen dazu angestellt werden, ob ein Lieferant in einem quantitativ selektiven Vertriebssystem im Anschluss an das *Auto 24*-Urteil des EuGH[701] Händler ausschließen kann, die – aus seiner Sicht – zuviel Umsatz im Internet erzielen,[702] hat das jedenfalls außerhalb des Anwendungsbereichs der Vertikal-GVO keine Bedeutung. Die dem Lieferanten sehr weitgehende Freiheit bei der Festlegung seiner quantitativen Selektionskriterien einräumende Entscheidung des EuGH erging zu der inzwischen außer Kraft getretenen Kfz-GVO 2002 und beansprucht keine Geltung für selektive Vertriebssysteme, auf die keine Gruppenfreistellung anwendbar ist.

410 Zu **Doppelpreissystemen** s. u. unter „Preise".

– Kunden- und Gebietsschutz

411 Klauseln, durch die eine Belieferung bestimmter Abnehmergruppen gewissen Händlern vorbehalten wird und umgekehrt andere Händler von diesen Kunden ausgeschlossen werden **(Kundenbeschränkung),** werden grundsätzlich von Art. 101 Abs. 1 AEUV erfasst. Eine Ausnahme hat die Kommission allerdings in einem Fall angenommen, in dem traditionell eine bestimmte gewerbliche Abnehmergruppe über einen besonderen Vertriebsweg mit Vertragswaren beliefert wurde, die sich wesentlich von den an private Haushalte abgesetzten Erzeugnissen unterschieden.[703] Abgesehen von seltenen Ausnahmefällen dieser Art sind solche Kundenschutzklauseln aber wettbewerbsbeschränkend. Sollen für Einzelhändler bestimmte Endverbrauchergruppen geschützt werden, werden im Rahmen selektiver Vertriebssysteme in aller Regel die Freistellungsvoraussetzungen nicht erfüllt sein, was auch in der Qualifikation derartiger Bindungen als Kernbeschränkung nach Art. 4 lit. c der Vertikal-GVO zum Ausdruck kommt. Sonstige Kundenbeschränkungen, die auf Abnehmerebene allein den aktiven Verkauf einschränken, sind bis zu einem Marktanteil des Lieferanten von 30% durch die Vertikal-GVO freigestellt. Oberhalb dieser Schwelle oder bei einer Erstreckung auch auf passive Verkäufe können für die Beurteilung der Freistellungsfähigkeit die für Alleinvertriebsverträge geltenden Grundsätze herangezogen werden.[704]

412 Zu territorialen Beschränkungen des Absatzes im Zusammenhang mit der Einführung neuer Produkte s. unten beim Stichwort „Produkteinführung". Vertragsklauseln, die Händlern eines selektiven Vertriebssystems vor ihren Händlerkollegen **Gebietsschutz** gewähren, sind wettbewerbsbeschränkend und nach Art. 4 lit. c der Vertikal-GVO nicht freigestellt.[705] Sie sind auch ausdrücklich vom Anwendungsbereich der Bagatellbekanntmachung der Kommission ausgeschlossen.[706] Für Akquisitionsverbote außerhalb des Vertragsgebiets kommt eine Einzelfreistellung in Betracht (s. o. bei diesem Stichwort), während ein absolut ausgestalteter Gebietsschutz, der Händler daran hindert, auch nur passiv auf Verkaufsanfragen von Kunden aus anderen Gebieten einzugehen, keinesfalls freigestellt ist.

---

[701] EuGH U. v. 14.6.2012, WuW/E EU-R 2394, Rdnr. 32 ff. – *Auto 24.*

[702] *Beutelmann,* ZWeR 2013, 346, 357 f.

[703] Komm. E. v. 16.12.1985, ABl. 1985 L 376/15, 19 – *Villeroy & Boch.* Hier wurden Lieferanten des Hotel- und Gaststättengewerbes darauf beschränkt, die Vertragswaren (Hotelgeschirr) ausschließlich an Hotels und Gaststätten weiterzuverkaufen. Sie konnten sie daher weder an Einzelhändler noch an Endverbraucher abgeben.

[704] Vgl. Vertikalleitlinien, Rdnr. 169 mit Beispiel in Rdnr. 173.

[705] Freigestellt ist dort allerdings ein an die Händler gerichtetes Verbot, Geschäfte von nicht zugelassenen Niederlassungen aus zu betreiben.

[706] Bekanntmachung der Kommission über Vereinbarungen von geringer Bedeutung, ABl. 2014 C 291/1 ff., Rdnr. 13.

– Lagerbestand/Sortiment

Hersteller sind häufig daran interessiert, ihren Händlern einen bestimmten Lagerbestand oder die Pflicht zur Führung des Gesamtsortiments, jedenfalls aber einer repräsentativen Auswahl der Vertragswaren vorzuschreiben. Während die Vorgabe konkreter Mindestumsätze eindeutig nicht mehr dem Kreis unbedenklicher qualitativer Selektionskriterien zuzuordnen ist, besteht in der Praxis Unsicherheit darüber, inwieweit Lagerbestands- und Sortimentsbindungen Wettbewerbsbeschränkungen im Sinne von Art. 101 Abs. 1 AEUV sein können. **413**

Der EuGH hat die Pflicht, ein dem Umsatz des Geschäfts entsprechendes **Lager** zu unterhalten, als nicht mehr qualitative Zulassungsvoraussetzung betrachtet und deshalb grundsätzlich Art. 101 Abs. 1 AEUV unterworfen.[707] Die Kommission hat demgegenüber in der Vergangenheit mehrmals unter Betonung der Besonderheiten des einzelnen Falles Lager- und Sortimentsbindungen mangels (qualitativer) Spürbarkeit nicht als Wettbewerbsbeschränkung im Sinne von Art. 101 Abs. 1 AEUV angesehen. So hat sie es bei einem selektiven Vertriebssystem für Schmuck aus Edelmetall für unbedenklich gehalten, dass die Einzelhändler verpflichtet wurden, einen Mindestvorrat an Vertragswaren für drei Monate vorzuhalten. Die Kommission stellte dabei darauf ab, dass eine solche Bevorratung im Schmuckfachhandel üblich war.[708] In den Vertriebsverträgen eines Herstellers von Feinkeramik wurde die Pflicht der Einzelhändler, ein hinreichend breites und tiefes Sortiment an Vertragswaren bereitzuhalten und durch eine angemessene Lagerhaltung sicherzustellen, dass im normalen Rahmen auftretende Kundenwünsche erfüllt werden können, ebenfalls mangels Spürbarkeit nicht als wettbewerbsbeschränkend angesehen. Umfang und Tiefe des Sortiments hingen in jenem Fall von den örtlichen Verhältnissen und der Größe des Geschäfts ab. Maßgebend für die positive Beurteilung dieser Bindung durch die Kommission war, dass die Facheinzelhändler in keiner Weise daran gehindert wurden, Konkurrenzprodukte zu vertreiben. Der Hersteller strebte keine Exklusivität an, sondern schrieb im Gegenteil das Angebot der Vertragswaren in einem gehobenen Mitbewerberumfeld vor. Die Kommission hob ferner hervor, dass sich der Hersteller mit Marktanteilen von weniger als 10% in jedem Mitgliedstaat der EU in keiner starken Position befand und selektive Vertriebssysteme auf dem fraglichen Markt nicht häufig waren, so dass keine Erstarrung der Vertriebsstrukturen befürchtet werden musste.[709] Schließlich hat die Kommission Art. 101 Abs. 1 AEUV nicht angewendet auf die Verpflichtung der Händler zum Halten eines ausreichenden Lagerbestands aller gängigen Vertragserzeugnisse in den Vertriebsverträgen eines Herstellers verhältnismäßig billiger elektrischer Kleingeräte (Küchengeräte). Soweit diese Bindung Großhändlern auferlegt wurde, nahm die Kommission an, ein ausreichender Lagerbestand und eine entsprechende Sortimentsbreite gehörten zu den normalen Aufgaben des Großhandels. Soweit Einzelhändler gebunden wurden, erklärte die Kommission für maßgeblich, dass durch die Klausel weder so erhebliche finanzielle Mittel noch so große Lagerkapazitäten gebunden wurden, dass die Einzelhändler gehindert waren, konkurrierende Erzeugnisse in ausreichender Zahl vorrätig zu halten und zu vertreiben.[710] Dieser Fall wies allerdings die Besonderheit auf, dass der Hersteller kein geschlossenes Vertriebssystem aufgebaut hatte und die Händler daher beim Verkauf an Wiederverkäufer keinerlei Beschränkungen unterlagen. Auch im Bereich der Unterhaltungselektronik hat die Kommission früher eine Verpflichtung der Großhändler, das volle Sortiment des Herstellers zu führen, als mit Art. 101 Abs. 1 AEUV vereinbar betrachtet.[711] Der Hersteller hatte in Deutschland beim wichtigsten Umsatzträger (Farbfernsehgeräte) einen Marktanteil von 8,3% und in Italien einen solchen von 7,4%. **414**

Demgegenüber hat die Kommission später bei einem anderen Hersteller von Unterhaltungselektronik zweimal Art. 101 Abs. 1 AEUV auf die Sortimentsverpflichtungen der Fachgroßhändler und Facheinzelhändler bei Marktanteilen von 19,5% bzw. 14,3% in **415**

[707] EuGH U. v. 25.10.1977, Slg. 1977, 1875 (1913f.) – *Metro I.*
[708] Komm. E. v. 5.12.1983, ABl. 1983 L 348/20, 22 – *Murat.*
[709] Komm. E. v. 16.12.1985, ABl. 1985 L 376/15, 18f. – *Villeroy & Boch.*
[710] Komm. E. v. 17.4.1980, ABl. 1980 L 120/26, 28 – *Krups.*
[711] Komm. E. v. 21.12.1983, ABl. 1983 L 376/41, 45 – *Saba II.*

Deutschland und 12,4% bzw. 10,9% in Italien angewendet. Der Hersteller hatte die Großhändler verpflichtet, grundsätzlich das gesamte Sortiment der Vertragswaren auf Lager zu nehmen. Die Einzelhändler mussten einen repräsentativen Querschnitt aus seinem Verkaufsprogramm vorrätig halten.[712] Bei Luxusparfums hat die Kommission eine Pflicht der Einzelhändler, zwei Drittel der Referenzen jeder Sortimentsreihe und für jede Referenz mindestens einen Artikel zu führen, ebenfalls als wettbewerbsbeschränkend bewertet. Der Marktanteil des Unternehmens betrug gemeinschaftsweit 8,7% bei Luxusparfums und knapp 5% bei Körper- und Schönheitspflegemitteln der Luxusklasse, war in einzelnen Mitgliedstaaten jedoch höher.[713]

416 Im Hinblick auf diese uneinheitliche frühere Kommissionspraxis besteht nach wie vor erhebliche Rechtsunsicherheit, ob Lager- und Sortimentsbindungen im Rahmen selektiver Vertriebsverträge von Art. 101 Abs. 1 AEUV erfasst werden oder nicht. Sachgerecht erscheint es, branchenübliche Sortimentsbindungen, die die Bezugsmöglichkeiten für Konkurrenzwaren nicht wesentlich einengen, generell als unbedenkliche qualitative Selektionskriterien anzuerkennen und nur für weitergehende Anforderungen die Freistellungsvoraussetzungen zu prüfen.

417 Lagerbestands- und Sortimentsbindungen sind, sofern sie überhaupt von Art. 101 Abs. 1 AEUV erfasst werden, grundsätzlich gemäß Art. 101 Abs. 3 AEUV freistellungsfähig. Eine Konzentration des Vertriebs auf Händler, die dem Verbraucher das Verkaufsprogramm in angemessener Breite präsentieren, führt zu einer rationelleren Absatzgestaltung, die auch dem Verbraucher unmittelbar zugute kommt. Er kann sich bei den Vertragshändlern einen umfassenden Überblick über das Herstellersortiment verschaffen. Zudem wird die kurzfristige Lieferfähigkeit der Händler gewährleistet.[714] Für die im Rahmen des Art. 101 Abs. 3 AEUV erforderliche Unerlässlichkeitsprüfung kommt es nicht darauf an, ob die betreffenden Erzeugnisse auch anders vertrieben werden können, sondern nur darauf, ob das im Rahmen von Art. 101 Abs. 3 AEUV positiv bewertete Vertriebskonzept des Herstellers die fraglichen Wettbewerbsbeschränkungen erfordert. Deshalb reicht es insoweit aus, dass die Investitionen des Herstellers in sein Vertriebssystem nur gerechtfertigt sind, wenn sich seine Händler nicht auf den Verkauf einiger weniger Produkte beschränken, sondern sich für den Absatz des gesamten Verkaufsprogramms einsetzen. Allerdings muss der Umfang der Lagerhaltung so festgelegt werden, dass insbesondere kleinen Betrieben keine unzumutbaren Pflichten auferlegt werden.

– **Mindestumsatz**

418 Mindestabnahme- bzw. Mindestumsatzbindungen sind ein typisches quantitatives Selektionskriterium, für das die Freistellungsvoraussetzungen vorliegen müssen (siehe hierzu oben Rn. 364).

– **Präsentation der Vertragswaren**

419 Beim Vertrieb hochwertiger Waren wie Parfum, (Luxus-)Uhren und Schmuck sieht die Kommission in der Verpflichtung der Händler, den Vertragswaren in der Schaufensterauslage bzw. der Innendekoration ihrer Verkaufsräume einen exklusiven Platz einzuräumen, grundsätzlich keine Wettbewerbsbeschränkung. Sie nimmt an, dass eine solche Bindung nur das Ziel hat, die Vertragswaren richtig zur Geltung zu bringen. Hiervon ausgehend wird ferner die Verpflichtung des Händlers unbedenklich sein, auch den Namen oder die Marke des Herstellers neben Hinweisen auf andere Hersteller anzubringen, die sich bereits an seinem Geschäft befinden.

---

[712] Komm. E. v. 10.7.1985, ABl. 1985 L 233/1, 5 – *Grundig I* und v. 21.12.1993, ABl. 1994 L 20/15, 21 – *Grundig II.*

[713] Komm. E. v. 16.12.1991, ABl. 1992 L 12/24, 26, 30 – *Yves Saint Laurent;* Komm. E. v. 24.7.1992, ABl. 1992 L 236/11, 17 – *Givenchy.*

[714] Komm. E. v. 10.7.1985, ABl. 1985 L 233/1, 5f. – *Grundig/EG-Vertriebsbindung I;* ebenso Komm. E. v. 21.12.1993, ABl. 1994 L 20/15, 16, 21 – *Grundig/EG-Vertriebsbindung II;* zur Freistellungsfähigkeit von Sortimentsbindungen vgl. etwa auch Komm. E. v. 16.12.1991, ABl. 1992 L 12/24, 32 – *Yves Saint Laurent.*

Allerdings dürfen Selektionskriterien, die sich auf die Präsentation der Vertragswaren und insbesondere das äußere Erscheinungsbild der Verkaufsstelle und deren Schaufenster beziehen, nicht in einer bestimmte Betriebsformen des Handels diskriminierenden Weise angewendet werden. So muss etwa bei Geschäften, die zwar keine Fassade mit Schaufenstern haben, die aber eine Abteilung oder eine Fläche innerhalb ihrer Verkaufsräume in einer für den Verkauf hochwertiger Waren geeigneten Weise einrichten, die Möglichkeit eröffnet werden, schaufensterbezogene Kriterien auch durch Schaukästen im Innern der Verkaufsstelle zu erfüllen.[715] Für den Online-Vertrieb müssen die beim Verkauf im Ladengeschäft geltenden Präsentationsanforderungen entsprechend den Gegebenheiten des Internets angepasst werden.[716] 420

Bisher wurde davon ausgegangen, dass die Verpflichtung der Händler, in den Verkaufsstellen keine Erzeugnisse zu verkaufen, die durch ihre räumliche Nähe dem Image des Herstellers schädlich sein könnten, beim Vertrieb von Luxuskosmetika ein mit Art. 101 Abs. 1 AEUV zu vereinbarendes Selektionskriterium sein kann.[717] Allerdings hat der EuGH vor kurzem ausgeführt, das Ziel, den Prestigecharakter eines Erzeugnisses zu schützen, könne wettbewerbsbeschränkende Vertragsklauseln nicht aus dem Anwendungsbereich des Art. 101 Abs. 1 AEUV herausführen.[718] Es ist zwar fraglich, ob diese im Zusammenhang mit einem faktischen Verbot des Internetvertriebs allgemein formulierte Aussage des EuGH tatsächlich auch für den Ausschluss imageschädlicher Präsentation im Handel Geltung beansprucht. Jedenfalls sollten derartige Vertragsklauseln im Ergebnis zulässig sein, wenn sie so genau und klar gefasst sind, dass eine subjektive und ggf. diskriminierende Anwendung ausgeschlossen ist. Will man nicht bereits eine (spürbare) Wettbewerbsbeschränkung verneinen, werden die Voraussetzungen für eine Freistellung nach Art. 101 Abs. 3 AEUV bejaht werden können. Nicht zu beanstanden ist es danach, wenn der Verkauf von Produkten wie Nahrungs- oder Reinigungsmitteln in der Nähe von Luxuskosmetika ausgeschlossen und dem Händler darüber hinaus die Verpflichtung auferlegt wird, den Verkauf von Luxuskosmetika und den Verkauf anderer Produkte geringerer Qualität in geeigneter Weise zu trennen. 421

Eine von Art. 101 Abs. 1 AEUV erfasste Wettbewerbsbeschränkung liegt vor, wenn dem Händler im Einzelnen vorgeschrieben wird, welchen Anteil seiner Verkaufsfläche oder Schaufensterdekoration er für die Vertragswaren zu reservieren hat.[719] Demnach könnten auch Verpflichtungen, eine Mindestzahl von Vertragswaren in einer Vitrine in den Verkaufsräumen auszustellen, von Art. 101 Abs. 1 AEUV erfasst werden. Ob sie unter die Freistellung gemäß Art. 101 Abs. 3 AEUV fallen können, ist im Einzelfall zu prüfen. Solche Klauseln können sicherstellen, dass der Verbraucher in angemessener Form über die Produkte des Herstellers informiert wird. Sie können andererseits die Aktionsmöglichkeiten der Händler beim Vertrieb konkurrierender Marken und ihre Freiheit bei der Gestaltung ihrer Auslagen unverhältnismäßig stark einschränken, ohne dass dem Vorteile für die Verbraucher gegenüberstehen. 422

– Preise

Jede Beschränkung der Händler in der freien Gestaltung ihrer Abgabepreise ist eine Wettbewerbsbeschränkung im Sinne des Art. 101 Abs. 1 AEUV, die als Kernbeschränkung nach Art. 4 lit. a Vertikal-GVO grundsätzlich nicht freigestellt sein kann.[720] Auch subtilere Methoden, das Preisverhalten der Händler zu beeinflussen, verstoßen gegen Art. 101 Abs. 1 423

---

715 Vgl. EuG U. v. 12.12.1996, Slg. 1996 II – 1851, 1907, Rdnr. 139 – *Leclerc.*

716 Vgl. o. Rdnr. 405 f.

717 Vgl. EuG aaO, II – 1909, Rdnr. 146.

718 EuGH U. v. 13.10.2011, Slg. 2011 I-9419, Rdnr. 46 – *Pierre Fabre;* im Hinblick auf den Zusammenhang der Urteilsgründe nicht in diesem Sinn verstanden wissen wollen den EuGH *Peeperkorn/Heimann,* GRUR 2014, 1175, 1177.

719 Vgl. Komm. E. v. 16.12.1991, ABl. 1992 L 12/30 – *Yves Saint Laurent.*

720 Vgl. etwa Kommission, 15. WB, Ziff. 61 – *Interlübke;* die Kommission hat ferner in ihrer Entscheidung vom 15.12.1975, ABl. 1976 L 28/19, 27 – *Saba I,* darauf hingewiesen, dass bei selektiven Vertriebssystemen der Wettbewerb dadurch gesichert bleiben muss, dass es den zugelassenen Händlern freisteht, ihre Verkaufspreise nach eigenem Ermessen festzusetzen.

AEUV und sind nicht freigestellt. Dies gilt etwa, wenn ein Hersteller im Rahmen eines selektiven Vertriebssystems einen Wohlverhaltensbonus auf den Jahresumsatz seiner Händler mit den Vertragswaren gewährt, sofern diese sich an seine Preispolitik halten, oder wenn Händlern sonstige Vorteile für das Unterlassen oder die Beschränkung von Preiswettbewerb gewährt werden. Nicht anders zu beurteilen ist es, wenn im Rahmen eines Vertriebssystems Händler durch den Hersteller zu Preisabsprachen untereinander aufgefordert werden oder der Hersteller Händlern mit dem Abbruch der Zusammenarbeit droht, wenn sie weiterhin Preiswettbewerb betreiben sollten.[721] Zwar handelt es sich bei den genannten Verhaltensweisen an sich um einseitige Maßnahmen des Herstellers. Sie haben aber nach Auffassung der Kommission zur Folge, dass das Vertriebssystem des Herstellers in seiner tatsächlich praktizierten Form zu einer Wettbewerbsbeschränkung innerhalb der EU führt.[722]

424 Allerdings hat die Kommission in Art. 4 lit. a der Vertikal-GVO vom Lieferanten für die Händler festgesetzte **Höchstverkaufspreise** ausdrücklich in die Gruppenfreistellung einbezogen.[723] Außerhalb des Anwendungsbereichs der Vertikal-GVO wird man für diese Bindung jedoch wohl nicht ohne weiteres eine Freistellung annehmen können. Die Wettbewerbsbeschränkung durch einen Höchstverkaufspreis liegt jedenfalls darin, dass den Händlern im intrabrand-Wettbewerb die Möglichkeit genommen wird, durch einen höheren Verkaufspreis besondere Leistungen beim Absatz zu finanzieren, wie etwa einen exklusiven Kundenservice oder ein besonderes Einkaufsambiente. Es kann nicht einfach unterstellt werden, dass ein Ausschluss derartiger Preis-/Leistungskombinationen zur Realisierung von Verbrauchervorteilen im Sinne von Art. 101 Abs. 3 AEUV unerlässlich ist.[724]

425 Auch preisaktive Händler sind diskriminierungsfrei zu einem selektiven Vertriebssystem zuzulassen und nach ihrer Zulassung mit den übrigen Händlern – etwa im Hinblick auf Bonusregelungen – gleich zu behandeln.[725] Ein Einfluss des Herstellers auf die Preisgestaltung der Händler kann nicht mit der Gefahr von Rufschädigungen etwa durch **„Lockvogelangebote"** gerechtfertigt werden.[726] Gegen irreführende Lockvogelangebote können Hersteller nur im Rahmen der jeweiligen nationalen Wettbewerbsgesetze vorgehen und ggf. den Vertriebsvertrag kündigen sowie die Belieferung einstellen, wenn der Wettbewerbsverstoß unstrittig oder rechtskräftig festgestellt ist.[727]

426 Noch nicht geklärt ist, inwieweit Händler im Rahmen selektiver Vertriebssysteme verpflichtet werden können, Herstellern **Auskunft** über die von ihnen angewandten Verkaufspreise und -konditionen (insbesondere Rabatte) sowie ihre Kalkulation (z. B. Bruttoverdienstspanne, Kosten) zu geben. Informationen, die der Hersteller über die Preispolitik seiner Händler erhält, können (einerseits) von ihm prinzipiell dazu missbraucht werden, disziplinierend auf die Händler einzuwirken. Andererseits stellen sie für den Hersteller ein wichtiges Element für die Kalkulation seiner Abgabepreise dar. Im Hinblick auf die besondere Vertriebsförderpflicht des Exklusivhändlers und die Abhängigkeit des Herstellers von ihm werden solche Berichts- bzw. Auskunftspflichten bei Alleinvertriebsverträgen für zulässig gehalten, solange keine konkreten Anhaltspunkte für eine missbräuchliche Verwendung der erlangten Informationen in wettbewerbsbeschränkender Absicht bestehen und diese nicht vom Hersteller an andere Händler weitergegeben werden, was zu einer Abschwächung des Preiswettbewerbs zwischen den Händlern führen kann.[728] Diese zu Alleinvertriebsverträgen entwickelten Grundsätze können aber nicht ohne weiteres auf selektive

---

[721] Grundlegend Komm. E. v. 6.1.1982, ABl. 1982 L 117/15, S. 22, 25 ff. – *AEG-Telefunken.*

[722] AaO.

[723] Vgl. o. *Seeliger,* Rdnr. 154 ff.

[724] Dazu *Kirchhoff* in Fs. Günter Hirsch, S. 249, 259.

[725] Komm. E. v. 15.7.1982, ABl. 1982 L 232/1, 22 – *SSI;* E. v. 6.1.1982, ABl. 1982 L 117/15, 23 – *AEG-Telefunken.*

[726] Komm. E. v. 10.12.1984, ABl. 1985 L 20/38, 44 – *Ideal-Standard; Gleiss/Hirsch,* Art. 85 (I) Rdnr. 1691.

[727] S. o. ee), Rdnr. 381.

[728] Vgl. Komm. E. v. 15.12.1975, ABl. 1976 L 28/19, 22, 26 – Saba I; E. v. 2.12.1981, ABl. 1982 L 161/18, 27 – *Hasselblad; Wiedemann,* GVO-Kommentar, Bd. II, GVO Nr. 1983/83, Art. 2 Rdnr. 49.

Vertriebssysteme übertragen werden, da die Vertriebsförderungspflicht des Alleinvertriebshändlers gegenüber seinem Lieferanten typischerweise deutlich über die entsprechenden Verpflichtungen der Händler im selektiven Vertrieb hinausgeht und auch die Abhängigkeit des Herstellers von dem einzelnen Händler – wenn überhaupt – nur in wesentlich geringerem Maße besteht. Die Beweislast für die Freistellungsvoraussetzungen hat der Lieferant. Unter diesen Umständen ist bei der Statuierung auf Preise und Kalkulation bezogener Auskunftspflichten für Händler in selektiven Vertriebssystemen sicher Vorsicht geboten.

Unverbindliche **Preisempfehlungen** (UVP) des Herstellers sind im Rahmen selektiver **427** Vertriebsverträge auch außerhalb des Anwendungsbereichs der Vertikal-GVO[729] grundsätzlich unbedenklich.[730] Allerdings hat die Kommission 1987 in der *ARG-Unipart*-Entscheidung die vertragliche Verpflichtung eines Großhändlers, den bei ihm beziehenden autorisierten Händlern vom Hersteller festgesetzte, unverbindliche Endverbraucherpreise zu empfehlen, als Wettbewerbsbeschränkung im Sinne des Art. 101 Abs. 1 AEUV angesehen.[731] Das überzeugt nicht. Es ist nicht ersichtlich, wieso eine nicht wettbewerbsbeschränkende, unverbindliche Preisempfehlung des Herstellers dadurch zur Wettbewerbsbeschränkung werden soll, dass sie gegenüber den Händlern nicht vom Hersteller, sondern von einem Großhändler ausgesprochen wird.[732] Unzulässig sind jedoch alle Maßnahmen eines Herstellers, seine unverbindlichen Preisempfehlungen gegenüber Händlern unmittelbar oder durch Initiierung von Absprachen der Händler untereinander durchzusetzen.

Markenartikelhersteller können versuchen, die Preise ihrer Produkte im Internet zu stabilisieren, indem sie gespaltene Herstellerabgabepreise für offline- und online-Vertrieb anwenden (sog. **„Doppelpreissystem"**). Dabei ist die UVP für beide Vertriebskanäle gleich. Für den Internetvertrieb muss aber ein höherer Einkaufspreis gezahlt werden als beim Verkauf im stationären Geschäft. Die Kommission sieht darin eine Wettbewerbsbeschränkung, die aber in besonderen Fällen die Voraussetzungen für eine Einzelfreistellung erfüllen kann.[733] Als Beispiel nennt die Kommission den Fall, dass die Installation durch den Händler beim offline-Verkauf im Preis eingeschlossen ist. Bei online-Verkäufen kann es dann zu Kundenbeschwerden und Haftungsansprüchen gegen den Hersteller kommen, wenn die Installation nicht fachgerecht erfolgt.[734] In einem solchen Fall dürfte es aber auch zulässig sein, dass der Hersteller den online-Vertrieb nur unter der Bedingung zulässt, dass der Händler die fachgerechte Installation gewährleistet. Außerdem darf der Hersteller dem Händler für seinen zusätzlichen Aufwand infolge der Einrichtung eines stationären Ladenlokals einen festen Betrag zahlen. **428**

Das BKartA hat im Jahr 2010 bei einem Hersteller von Navigationsgeräten ein Doppelpreissystem zunächst noch nicht als solches beanstandet, wohl aber das damit verbundene **„Kickback-Programm".**[735] Es betraf sog. Misch-Stores, d.h. Fachhändler mit eigenem Internethandel. Diese konnten alle Produkte grundsätzlich zum günstigeren offline-Preis beziehen. Wenn Misch-Stores mit Verkaufsschwerpunkt im Internet aber durch niedrige Preise auffielen, berechnete der Hersteller den höheren online-Preis. Hoben solche Misch-Stores dann ihre Internetpreise mindestens auf das Niveau der UVP minus 10% an, gewährte der Hersteller ihnen einen Bonus, das sog. Kickback. Dadurch wurde für diese Händler der höhere Einkaufspreis für das vorherige Quartal ausgeglichen. Das BKartA hat einen Verstoß gegen § 1 GWB jedenfalls insoweit angenommen, als Händler auf die Vorgaben des Herstel- **429**

729 Dort zulässig gem. Art. 4 lit. a).

730 Vgl. etwa Komm. E. v. 16.12.1985, ABl. 1985 L 376/15, 16, 20 – *Villeroy & Boch;* E. v. 5.12.1983, ABl. 1983 L 348/20, 21, 23 – *Murat.*

731 Komm. E. v. 22.12.1987, ABl. 1988 L 45/34, 35, 38 – *ARG/Unipart.* Es wurde allerdings eine Einzelfreistellung erteilt.

732 Ablehnend zur *ARG-Unipart*-Entscheidung der Kommission auch *Wiedemann,* GVO-Kommentar, Bd. II, GVO Nr. 1983/83, Art. 2 Rdnr. 34.

733 Kernbeschränkung nach Art. 4 lit. b) Vertikal-GVO, vgl. Vertikalleitlinien, Rdnr. 52d), 64.

734 Vertikalleitlinien, Rdnr. 64.

735 Fallbericht vom 28.6.2010, abrufbar unter www.bundeskartellamt.de.

lers hinsichtlich der Mindestpreise reagierten und versicherten, künftig die Mindestpreise nicht zu unterschreiten. Würde man dies anders bewerten, würde das Kickback-Programm aber jedenfalls gegen § 21 Abs. 2 GWB verstoßen. Den Händlern wird ein vorteilhafter Einkaufspreis versprochen, wenn sie mit ihren Verkaufspreisen ein bestimmtes Niveau nicht unterschreiten. Inzwischen hat das BKartA Doppelpreissysteme, in denen im Onlinehandel nicht die im stationären Vertrieb möglichen Rabatte erzielt werden können, in mehreren Fällen als nicht freigestellte Wettbewerbsbeschränkung angesehen.[736]

– Produkteinführung

430 Hersteller können daran interessiert sein, ein neues Produkt zunächst nur in einem abgegrenzten geographischen Markt zu testen. Wird in diesem Zusammenhang Händlern in anderen Gebieten auferlegt, den Artikel während einer bestimmten Einführungsphase nicht zu verkaufen, so liegt eine Wettbewerbsbeschränkung im Sinne von Art. 101 Abs. 1 AEUV vor. Die Kommission hat jedoch eine Einzelfreistellung in einem Fall erteilt, in dem nur eine aktive Verkaufstätigkeit des Händlers für das neue Produkt untersagt wurde und es sich um einen Artikel handelte, dessen Einführung hohe Anforderungen an Herstellungsbetrieb, Absatzorganisation und insbesondere auch Werbung stellte.[737]

– Schutz des Vertriebssystems, Kontrollmaßnahmen

431 Vertriebsvertragliche Regelungen, die erforderlich sind, um die Geschlossenheit eines auf zulässigen qualitativen Kriterien beruhenden selektiven Vertriebssystems abzusichern, verstoßen nach ständiger Praxis des EuGH und der Kommission nicht gegen Art. 101 Abs. 1 AEUV.[738] Hierzu zählen:

- Die Verpflichtung des Herstellers, die Vertragswaren nur an Groß- oder Einzelhändler abzugeben, die einen Vertriebsbindungsrevers unterzeichnet haben;
- die Verpflichtung von Großhändlern, die Vertragswaren nur vom Hersteller oder von durch diesen autorisierten anderen Großhändlern zu beziehen und ausschließlich an Facheinzelhändler zu liefern, die zum Vertriebssystem des Herstellers zugelassen sind;
- die Verpflichtung der zugelassenen Einzelhändler, die Vertragswaren nur vom Hersteller oder von zu dessen Vertriebssystem zugelassenen Groß- oder Einzelhändlern zu beziehen und nur an private Endverbraucher oder zugelassene Einzelhändler zu liefern.

432 Im Rahmen selektiver Vertriebssysteme schon nicht wettbewerbsbeschränkend[739] sind auch Bindungen, die Wiederverkäufer auf diejenigen Abnehmer beschränken, die ihrer üblichen Funktion im Absatzgefüge entsprechen. Großhändlern darf deshalb untersagt werden, an Endverbraucher für den privaten Bedarf zu liefern **(Sprunglieferungsverbot).** Begründet wird die Zulässigkeit des Sprunglieferungsverbots mit der Sicherung der Aufgabenverteilung zwischen Groß- und Einzelhandel sowie der Verhinderung von Wettbewerbsverfälschungen zu Lasten des Einzelhandels. Von den Großhändlern kann auch verlangt werden, sich bei Lieferungen an gewerbliche Endverbraucher die gewerbliche Verwendung schriftlich bestätigen zu lassen, und zwar unabhängig davon, ob es sich um für den Gewerbebetrieb des Kunden betriebsfremde oder betriebsbezogene Waren handelt. Denn auch bei betriebsbezogenen Waren kann die Gefahr eines Bezugs für den Privatbedarf, z.B. für Angehörige oder Freunde des Gewerbetreibenden, bestehen.[740]

433 Den Händlern müssen aber Bezüge bei zum Vertriebssystem zugelassenen Kollegen derselben oder unterschiedlicher Handelsstufe (sog. **Querlieferungen,** vgl. Art. 4 lit. d Vertikal-GVO)[741] gestattet sein, und zwar insbesondere auch in allen Mitgliedstaaten der EU

---

[736] Vgl. Fallberichte vom 5.12.2013 – *Gardena* und vom 23.12.2013 – *Bosch Siemens Hausgeräte,* abrufbar unter www.bundeskartellamt.de.

[737] Komm. E. v. 24.7.1992, ABl. 1992 L 236/11, 19 – *Givenchy.*

[738] EuGH U. v. 25.10.1977, Slg. 1977, 1875, 1908 – *Metro I;* Komm. E. v. 16.12.1985, ABl. 1985 L 376/15, 19 – *Villeroy & Boch;* vgl. auch Mitteilung der Kommission gemäß Art. 19 Abs. 3 der VO Nr. 17 in der Sache *Schott-Zwiesel-Glaswerke,* ABl. 1993 C 111/4.

[739] Art. 4 lit. b ii) Vertikal-GVO hat insofern nur klarstellende Bedeutung.

[740] Komm. E. v. 21.12.1993, ABl. 1994 L 20/15, 20 – *Grundig II.*

[741] Vgl. nur Komm. E. v. 15.12.1975, ABl. 1976 L 28/19, 24 – *Saba I.*

(Parallelhandel). Ebenso müssen Endverbraucher aus anderen Mitgliedstaaten bei allen Einzelhändlern eines Herstellers innerhalb der EU frei beziehen können. Den Händlern auferlegte Querlieferungsverbote sowie Export- und Importverbote, die sich innerhalb der EU auswirken können, sind generell nicht freigestellt. Querlieferungen müssen auch innerhalb des EWR sowie im Verhältnis zu allen Gebieten zulässig sein, mit denen die EU ein Freihandelsabkommen geschlossen hat.[742] Einzelhändlern und Verbrauchern müssen in jedem Fall alternative Bezugsquellen für Vertragswaren offenbleiben.[743]

Den Händlern darf auferlegt werden, vor einer Belieferung von Wiederverkäufern deren **434** Zulassung zum Vertriebssystem in geeigneter Weise zu überprüfen, etwa durch Einsicht in das vom Hersteller aufgelegte Händlerverzeichnis, durch Bitte um Vorlage einer Kopie des Vertriebsbindungsvertrages oder durch unmittelbare Rückfrage beim Hersteller.[744]

Vertragsklauseln, die dem Hersteller **Kontrollmaßnahmen** ermöglichen, um zulässige **435** Vertriebsbindungen der Händler zu überwachen, sind solange nicht wettbewerbsbeschränkend, wie sie nicht über das erforderliche Maß hinausgehen. Es handelt sich insoweit lediglich um Nebenpflichten, die eine rechtlich unbedenkliche Hauptpflicht (die Vertriebsbindung) ergänzen (ancillary restraints). Produzenten dürfen deshalb ihr kartellrechtlich zulässiges selektives Vertriebssystem durch **Verwendung von Herstellungs- oder Kontrollnummern** überwachen[745] und die Händler verpflichten, bei einem Verkauf **an Wiederverkäufer** den Käufer, das Kaufdatum und ggf. die Produktnummern der gelieferten Waren zu registrieren sowie dem Hersteller auf Verlangen hierüber Auskunft zu erteilen. Das Auskunftsrecht muss allerdings auf Fälle beschränkt sein, in denen die Kontrolle des Vertriebs aus technischen Gründen oder wegen des begründeten Verdachts einer Verletzung der Vertriebsbindung erforderlich erscheint.[746] Dieselben Registrierungs- und Auskunftspflichten können den Händlern dann ohne Verstoß gegen Art. 101 Abs. 1 AEUV auferlegt werden, wenn ein als Endverbraucher auftretender Kunde bei ihnen eine ungewöhnlich große Menge der Vertragswaren bestellt und dadurch ein begründeter Verdacht besteht, dass es sich bei dem Kunden tatsächlich um einen Wiederverkäufer handelt.[747] Die Kommission hat sich in vor dem Systemwechsel durch die VO Nr. 1/2003 erlassenen Entscheidungen vorbehalten, Hersteller zu verpflichten, sie regelmäßig über die Wahrnehmung des Auskunftsrechts zu unterrichten. Weitergehende, insbesondere generelle Registrierungs- und Auskunftsverpflichtungen der Händler über ihre Verkäufe bergen nach Ansicht der Kommission die Gefahr in sich, dass Hersteller ihnen unerwünschten Parallelhandel unterbinden. Sie sind daher wettbewerbsbeschränkend und allenfalls dann freigestellt, wenn sie aufgrund von Eigenschaften der fraglichen Produkte zwingend erforderlich sind, etwa im Hinblick auf Produktsicherheit, Qualitätssicherung oder Gewährleistung.

Ein Verbot des Vertriebs von **Graumarktware,** also von Produkten, die außerhalb der **436** durch den Lieferanten autorisierten Vertriebswege erworben wurden, kann zum Schutz des Vertriebssystems mit Art. 101 Abs. 1 AEUV vereinbar oder jedenfalls freigestellt sein. Denn jeder Graumarktbezug stellt unabhängig von seiner Rechtmäßigkeit eine empfindliche Störung des Vertriebskonzepts des Herstellers dar.[748]

Zur Herstellergarantie als Instrument zum Schutz des Vertriebssystems s. o. bei Garantie. **437**

---

[742] Komm., Mitteilung nach Art. 19 Abs. 3 der VO Nr. 17, ABl. 1994 C 334/11 – *Chanel.*

[743] Komm. E. v. 2.12.1981, ABl. 1982 L 161/18, 30 f. – *Hasselblad.*

[744] Vgl. Komm. E. v. 15.12.1975, ABl. 1976 L 28/19, 22 – *Saba I.*

[745] BGHZ 143, 232, 243 – *Außenseiteranspruch II;* BGH GRUR 1999, 1109, 1112 f. – *Entfernung der Herstellungsnummer I.*

[746] Komm. E. v. 21.12.1993, ABl. 1994 L 20/15, 20 – *Grundig II.*

[747] Die Kommission legt offenbar Wert darauf, dass es grundsätzlich dem Händler überlassen bleibt, in welcher Form er sich darüber vergewissert, ob ein bei ihm als Kunde auftretender Wiederverkäufer zum Vertriebssystem zugelassen ist, vgl. Komm. E. v. 16.12.1991, ABl. 1992 L 12/24, 31 – *Yves Saint Laurent.*

[748] Vgl. BGH WRP 1999, 203, 204 – *Hochwertige Kosmetikartikel;* zu markenrechtlichen Ansprüchen gegen Grauimporte vgl. BGH WRP 2012, 1104, Rdnr. 13 ff. – *Honda-Grauimport.*

– Selektive Exklusivität

438 Unmittelbare oder mittelbare Verpflichtungen des Händlers, Marken bestimmter konkurrierender Lieferanten nicht zu verkaufen, sind nach Art. 5 lit. c Vertikal-GVO nicht freigestellt. Dadurch soll insbesondere eine Kollusion führender Lieferanten vermieden werden, die darauf zielt, durch „Schaffung eines exklusiven Clubs" bestimmte Konkurrenten vom Markt auszuschließen. Gehört der Verwender einer solchen Bindung zu den fünf größten Lieferanten auf dem Markt und beträgt deren Marktanteil insgesamt mindestens 50%, so dürfte nach überzeugender Auffassung der Kommission die Ausschlusswirkung der Klausel auch einer Einzelfreistellung entgegenstehen.[749]

– Umgebung der Verkaufsstelle

439 Das EuG hat es beim Vertrieb von Luxusparfüms als mit Art. 101 Abs. 1 AEUV vereinbares Selektionskriterium angesehen, dass Stadtviertel, Straßen und Läden in der Nähe der Verkaufsstelle jederzeit dem Ansehen und der Bekanntheit der Herstellermarke angemessen sein müssen. Es hat dabei darauf hingewiesen, dass die nationalen Gerichte und Behörden darüber wachen müssten, dass dieses Kriterium nicht diskriminierend oder ohne Beachtung der Verhältnismäßigkeit angewendet wird.[750] Allerdings kann nach aktueller Rechtsprechung des EuGH das Ziel, den Prestigecharakter eines Erzeugnisses zu schützen, wettbewerbsbeschränkende Vertragsklauseln nicht aus dem Anwendungsbereich des Art. 101 Abs. 1 AEUV herausführen.[751] Unabhängig davon, ob diese zu einem faktischen Verbot des Internetvertriebs allgemein getroffene Aussage des EuGH auch für Anforderungen an eine angemessene Umgebung der Verkaufsstelle Geltung beansprucht, sollten derartige Vertragsklauseln jedenfalls im Ergebnis zulässig sein, wenn sie so genau und klar gefasst sind, dass eine subjektive und ggf. diskriminierende Anwendung ausgeschlossen ist. Sofern man hier nicht bereits eine (spürbare) Wettbewerbsbeschränkung verneinen will, werden die Voraussetzungen für eine Freistellung nach Art. 101 Abs. 3 AEUV bejaht werden können.

– Werbung

440 Die Verpflichtung der Händler, vom Hersteller bereitgestellte Werbematerialien zu verwenden, verstößt nicht gegen Art. 101 Abs. 1 AEUV.[752] In einer älteren Entscheidung zum Kraftfahrzeugvertrieb hat es die Kommission auch nicht als spürbare Wettbewerbsbeschränkung angesehen, wenn der Händler verpflichtet wurde, bei seiner Werbung für die Vertragswaren die Weisungen des Herstellers zu beachten, sofern sich diese nur auf die Art der Werbung bezogen, nicht jedoch auf die Ankündigung von Preisen oder Geschäftsbedingungen.[753] Demgegenüber hat die Kommission später bei selektiven Vertriebsverträgen eine Pflicht der Händler zur Mitwirkung an Werbeveranstaltungen des Herstellers als wettbewerbsbeschränkend betrachtet.[754] Sachgerecht erscheint es, Werberichtlinien des Herstellers gegenüber dem Händler so lange nicht unter Art. 101 Abs. 1 AEUV zu subsumieren, wie sie in objektiv nachvollziehbarer Weise durch das Interesse des Herstellers am Schutz des Ansehens seines Produkts gerechtfertigt sind. Bei Luxuserzeugnissen wäre es danach auch nach der Entscheidung des EuGH in der Sache *Pierre Fabre*[755] z. B. zulässig, den Händler

---

[749] Vertikalleitlinien, Rdnr. 182, vgl. als Beispiel BGH WuW/E DE-R 89 – *Selektive Exklusivität.* Unverständlich ist, wieso die Kommission in ihrem in Rdnr. 188 der Leitlinien behandelten Beispiel eine Beschränkung des Markenwettbewerbs darin erkennen will, dass derselbe Händler mehrere Marken vertreibt. Das kann allenfalls bei einer Kollusion von Händlern oder Lieferanten angenommen werden, aber nicht schon allein aus strukturellen Gründen.

[750] EuG U. v. 12.12.1996, Slg. 1996 II-1961, Rdnr. 135 ff. – *Leclerc;* für die grundsätzliche Zulässigkeit der Forderung, die Lage der Geschäftsräume müsse dem Image der Marke entsprechen, auch OLG München WuW/E OLG 5760, 5764 – *Graumarkt-Parfümerie.*

[751] EuGH U. v. 13.10.2011, Slg. 2011 I-9419, Rdnr. 46 – *Pierre Fabre.*

[752] Komm. E. v. 5.12.1983, ABl. 1983 L 348/20, 22 – *Murat;* E. v. 16.12.1985, ABl. 1985 L 376/15, 19 – *Villeroy & Boch.*

[753] Komm. E. v. 13.12.1974, ABl. 1975 L 29/1, 6 – *BMW.*

[754] Komm. E. v. 16.12.1991, ABl. 1992 L 12/24, 30 – *Yves Saint Laurent.*

[755] EuGH U. v. 13.10.2011, Slg. 2011 I-9419, Rdnr. 46 – *Pierre Fabre.* Sieht man das anders, sollten jedenfalls die Freistellungsvoraussetzungen bejaht werden.

daran zu hindern, sie gemeinsam mit billiger Massenware anzubieten oder für sie eine reißerische „Ramschwerbung" durchzuführen.

Problematisch ist auch, inwieweit der Händler ohne Konflikt mit Art. 101 Abs. 1 AEUV verpflichtet werden kann, für die Vertragswaren in eigenen Katalogen oder Inseraten zu werben. Da die Kommission Verpflichtungen des Händlers, den Vertragswaren in seinem Geschäft einen angemessenen Platz einzuräumen, nicht für wettbewerbsbeschränkend hält,[756] dürfte auch eine allgemeine Pflicht des Händlers, die Vertragswaren bei seinen Werbeaktionen angemessen zu berücksichtigen, unbedenklich sein. Wird dem Händler dagegen im Einzelnen vorgegeben, wie und in welchem Umfang er für die Vertragswaren Werbung zu betreiben hat, liegt eine Wettbewerbsbeschränkung vor. Insbesondere ist der Tatbestand des Art. 101 Abs. 1 AEUV erfüllt, wenn Händler gehindert werden, Sonderaktionen nur für Konkurrenzerzeugnisse durchzuführen oder ihnen aufgegeben wird, die Vertragswaren in ihren Prospekten ständig in genau bestimmtem Umfang zu berücksichtigen. **441**

Werden Verpflichtungen der Händler zur Werbung für die Vertragswaren von Art. 101 Abs. 1 AEUV erfasst, so können sie im Einzelfall freigestellt sein. Eine Einzelfreistellung wurde etwa für die Pflicht der Händler zur Mitwirkung an Werbeveranstaltungen des Herstellers im Rahmen eines selektiven Vertriebssystems für Luxusparfums erteilt. Hier konnte die Beteiligung der Händler als notwendige Gegenleistung für die Werbung des Herstellers und als wünschenswertes Instrument zur Koordinierung von dessen Werbung mit derjenigen der Händler angesehen werden. Die Händler wurden nicht daran gehindert, sich auch für Konkurrenzwaren einzusetzen.[757] **442**

5. Selektiver Vertrieb im deutschen Kartellrecht. *a) Einleitung.* Seit der 7. GWB-Novelle (2005) entspricht die Beurteilung selektiver Vertriebssysteme im deutschen Recht über die §§ 1, 2 GWB und die entsprechende Geltung der Vertikal-GVO grundsätzlich derjenigen im europäischen Kartellrecht. Allerdings gilt für die Normadressaten der § 19 Abs. 1, § 20 Abs. 1 GWB[758] außerdem das Verbot unbilliger Behinderung und Diskriminierung. Ob das deutsche Diskriminierungs- und Behinderungsverbot vertriebsvertraglichen Regelungen entgegenstehen kann, die der Beurteilung nach Unionskartellrecht unterliegen, ist indes fraglich. Dagegen spricht, dass die in Art. 3 Abs. 2 VO Nr. 1/2003 vorgesehene Anwendung strengeren nationalen Rechts (sog. „deutsche Klausel") ausdrücklich auf Vorschriften beschränkt ist, die sich gegen einseitige Handlungen von Unternehmen richten.[759] Raum für eine Anwendung der § 19 Abs. 1 und 2 Nr. 1, § 20 Abs. 1 GWB ist dann nur, soweit Händler durch Maßnahmen des Lieferanten diskriminiert oder behindert werden, die über die Vereinbarung und Durchsetzung vertriebsvertraglicher Regelungen hinausgehen. Demgegenüber wird allerdings auch die Ansicht vertreten, das deutsche Behinderungs- und Diskriminierungsverbot gelte weiterhin uneingeschränkt, weil Vereinbarungen i. S. d. Art. 101 Abs. 1 AEUV zugleich einseitige Handlungen sein könnten.[760] Der BGH hat die Frage der parallelen Anwendung der Vertikal-GVO und der §§ 19, 20 GWB bislang offenlassen können, jedoch betont, dass die Wertung des Gemeinschaftsrechts in die bei Prüfung der Unbilligkeit erforderliche Abwägung einzubeziehen ist.[761] **443**

b) Unbilligkeit. Die Rechtsprechung des BGH zur Beurteilung selektiver Vertriebssysteme nach § 19 Abs. 1 und 2 Nr. 1, 20 Abs. 1 GWB hat sich in langjähriger Praxis zunehmend **444**

---

[756] Vgl. oben Stichwort Präsentation der Vertragswaren.

[757] Komm. E. v. 16.12.1991, ABl. 1992 L 12/24, 32 – *Yves Saint Laurent.*

[758] Vgl. *Lübbert/Schöner* in § 23.

[759] So etwa *Immenga/Mestmäcker-Rehbinder,* EU WettbR, Art. 3 VO 1/2003 Rdnr. 37; *Wirtz,* WuW 2003, 1039, 1044; *Harte-Bavendamm/Kreutzmann,* WRP 2003, 682, 688; *Beutelmann,* ZWeR 2013, 346, 360.

[760] *Langen/Bunte-Nothdurft,* § 19 GWB, Rdnr. 240

[761] BGH WuW/E DE-R 2514 Rdnr. 14 – *Bau und Hobby.*

den vom EuGH zu Art. 101 Abs. 1 AEUV entwickelten Anforderungen angenähert.[762] Selektionskriterien, die im Hinblick auf die Besonderheiten der Ware sachgemäß und den Händlern zumutbar sind, sind nicht unbillig, wenn sie innerhalb des Systems diskriminierungsfrei angewendet werden.[763] Von Normadressaten der § 19 Abs. 1 und § 20 Abs. 1 GWB wird jedoch verlangt, dass sie sich auch bei der Durchsetzung legitimer Vertriebskonzepte auf die Mittel beschränken, die die wettbewerblichen Betätigungsmöglichkeiten Dritter am wenigsten beeinträchtigen.[764] Diese Verpflichtung geht indes nicht so weit, dass ein Hersteller auf geeignete und einfache Maßnahmen zugunsten spürbar umständlicherer Praktiken verzichten muss.[765]

445 Nicht zu beanstanden sind alle Selektionskriterien, die sicherstellen, dass die Ware den Verbraucher in einwandfreiem, unbeschädigtem und unverdorbenem Zustand erreicht.[766] Ebenfalls von vornherein unbedenklich sind Regelungen, die gewährleisten, dass Vertragswaren nicht ohne die nach ihrer Beschaffenheit erforderliche **Beratung** an Endverbraucher abgesetzt werden.[767] Bei besonders beratungsbedürftigen Produkten ist es dem Hersteller auch nicht verwehrt, eine Vertriebskonzeption zu wählen, die über das notwendige Maß an Information hinaus eine höchstmögliche Verbraucheraufklärung sichert. Deshalb wurde der Ausschluss des **Versandhandels** vom Absatz technisch komplizierter, erklärungsbedürftiger und bei unsachgemäßer Handhabung gefährlicher Flug- und Schiffsmodelle gebilligt.[768] Auch hat der BGH bei Markenparfums in einem Verbot des reinen **Internethandels** keine sachlich ungerechtfertigte Ungleichbehandlung erkannt, wenn die Herstellerin ihren Depositären, die alle auch stationäre Fachgeschäfte betrieben, gestattet hatte, bis maximal die Hälfte ihrer Umsätze im Internetvertrieb zu erzielen, weil sie annahm, sich nur so die Anwendbarkeit der Vertikal-GVO sichern zu können.[769] Dagegen wurde bei Modelleisenbahnen eine besondere Beratungsbedürftigkeit verneint und die Nichtbelieferung des Versandhandels für unbillig gehalten.[770]

446 Hersteller können von ihren Abnehmern auch sachgemäße, produktbezogene **Kundendienstleistungen** im Anschluss an den Verkauf der Ware verlangen, wie etwa Reparaturleistungen, Gewährleistung fachgerechten Einbaus oder Unterhaltung eines Ersatzteillagers.[771] Für die Grenzen der Billigkeit sind auch hier die Verbrauchererwartungen maßgebend. Da die Verbraucher z. B. keine laufende Wartung ihrer Sanitärarmaturen wünschen, wurde die Beschränkung des Vertriebs dieser Erzeugnisse auf Firmen mit handwerklichem Wartungsdienst als unbillig angesehen.[772]

447 Nicht unbillig sind qualitative Selektionskriterien, die sich auf eine dem Produktcharakter angemessene **Ausstattung der Verkaufsräume** und Präsentation der Vertragswaren beim Händler beziehen,[773] wobei das Interesse der Hersteller, ein gehobenes Image für ihre Pro-

---

[762] Vgl. *A. Bergmann,* ZWeR 2004, 28, 43; *Harte-Bavendamm/Kreutzmann,* WRP 2003, 682, 686.

[763] BGH WuW/E BGH 1995, 1998 – *Modellbauartikel III;* 2351, 2357 – *Belieferungsunwürdige Verkaufsstätten II;* vgl. auch BKartA WuW/E BKartA 2010, 2019 – *Armaturen.*

[764] BGH WuW/E BGH 1429, 1432 – *Asbach-Fachgroßhändlervertrag;* KG WuW/E OLG 1828, 1832 – *Englisch-Wörterbuch.*

[765] BGHZ 81, 322, 342 – *Original-Ersatzteile II.*

[766] BGH WuW/E BGH 205, 214 – *Waldbaur;* 1530, 1532 – *Faßbier-Pflegekette.*

[767] BGH WuW/E BGH 2351, 2357 – *Belieferungsunwürdige Verkaufsstätten II* (Erzeugnisse der Unterhaltungselektronik); 1995, 1997 – *Modellbauartikel III* (anspruchsvolle Schiffs- und Flugzeugmodelle).

[768] BGH WuW/E BGH 1995, 1998 – *Modellbauartikel III.*

[769] BGH WuW/E DE-R 1203, 1205 – *Depotkosmetik im Internet;* vgl. Vertikalleitlinien 2000, Rdnr. 51. Die Entscheidung ist vor dem Inkrafttreten der VO Nr. 1/2003 ergangen und erlaubt deshalb keine Rückschlüsse dazu, wie der BGH jetzt das Verhältnis der Vertikal-GVO zu den §§ 19, 20 GWB beurteilt.

[770] KG WuW/E OLG 3501, 3503 ff. – *Märklin;* OLG Hamburg WRP 1988, 465 – *Märklin.*

[771] BGH WuW/E BGH 2351, 2357 – *Belieferungsunwürdige Verkaufsstätten II;* OLG Düsseldorf WuW/E OLG 2167, 2170 – *Nordmende,* jeweils zu Erzeugnissen der Unterhaltungselektronik.

[772] BKartA WuW/E BKartA 2010, 2019 – *Sanitärarmaturen.*

[773] BGH WuW/E BGH 2351 f., 2357 – *Belieferungsunwürdige Verkaufsstätten II;* 1793, 1798 – *SB-Verbrauchermarkt;* OLG Düsseldorf, WuW/E OLG 2167, 2170 – *Nordmende.*

dukte aufzubauen und zu pflegen, bisher als sachlicher Grund anerkannt worden ist.[774] Allerdings ist vor einem Ausschluss des Versandhandels von der Belieferung zu prüfen, ob die Präsentationsinteressen des Herstellers dadurch gewahrt werden können, dass seine Produkte angemessen in den Versandkatalogen berücksichtigt werden.[775] Diese Rechtsprechung wird entsprechend auf den Internethandel übertragen werden können. Ebenso wie im EU-Kartellrecht wurde es auch nach dem GWB für zulässig gehalten, die Belieferung einer Verkaufsstätte mit Kosmetika der Luxusklasse davon abhängig zu machen, dass dort ein passendes Mitbewerberumfeld anderer Marken der Spitzenklasse geführt wird.[776] In anderen Fällen wurden allgemeine Anforderungen an die Sortimentsbreite der Händler ebenfalls gebilligt.[777] Im Grundsatz erkennt die deutsche Praxis auch das Interesse der Hersteller an, dass ihre Händler das gesamte Sortiment der Vertragswaren oder jedenfalls wesentliche Teile davon führen. Entscheidend sind insoweit allerdings die Verhältnisse des Einzelfalls.[778]

Nach bisheriger deutscher Rechtsprechung konnte es unbillig sein, wenn ein Hersteller produktbezogene **Werbemaßnahmen** seiner Händler zur Voraussetzung einer Belieferung machte.[779] Soweit eine entsprechende Bindung in direkter oder analoger Anwendung der Vertikal-GVO freigestellt ist, dürfte dies jetzt aber nicht mehr in Betracht kommen. **448**

Eine Selektion, die nicht an Leistungen, sondern an die Betriebsform von Handelsunternehmen anknüpft, ist grundsätzlich unbillig. Dies wurde etwa für die Beschränkung des Vertriebs von Sanitärarmaturen auf Sanitär-Handwerker angenommen, die beim nach dem Vertriebsvertrag zulässigen Verkauf von Armaturen an Endverbraucher über den Tresen keine Leistungen erbrachten, die nicht auch dem ausgeschlossenen Einzelhandel, wie etwa Warenhäusern und Baumärkten, möglich waren.[780] Wegen der Einschränkung des Schutzbereichs des § 20 Abs. 1 GWB auf kleine und mittlere Unternehmen seit der 5. Kartellgesetznovelle[781] sind von derartigen Maßnahmen betroffene Handelsunternehmen allerdings kaum mehr in der Lage, auf der Grundlage dieser Norm[782] gegen solche Vertriebssysteme vorzugehen. **449**

Die Befürchtung, ein Händler könnte für Vertragswaren mit „Lockvogelangeboten" auftreten, wird von § 19 Abs. 2 Nr. 1 GWB ebensowenig wie vom EU-Kartellrecht[783] als legitim für einen Belieferungsausschluss anerkannt. Der Hersteller ist darauf beschränkt, sich der nach dem UWG bestehenden Möglichkeiten etwa zur Bekämpfung von irreführender Werbung zu bedienen.[784] Allerdings hat der BGH die Nichtbelieferung eines einzelnen Abnehmers als Reaktion auf geschäftsschädigende Maßnahmen zugelassen.[785] **450**

Das Verdikt der Unbilligkeit erfasst vertriebsvertragliche Regelungen, die eine Umgehung des Preisbindungsverbots bezwecken.[786] **451**

---

[774] BGH WuW/E DE-R 1203, 1204 – *Depotkosmetik im Internet;* OLG Düsseldorf WuW/E OLG 2294 – *Plaza;* offen ist, ob daran nach der Entscheidung des EuGH in der Sache *Pierre Fabre* (EuGH U. v. 13.10.2011, Slg. 2011 I-9419, Rdnr. 46) noch festgehalten werden kann.

[775] BGH WuW/E BGH 1793, 1798 – *SB-Verbrauchermarkt;* OLG Hamburg WRP 1988, 465, 471 – *Märklin.*

[776] OLG Düsseldorf WuW/E OLG 2500, 2503 – *Stendhal Cosmetic;* vgl. oben Rdnr. 360.

[777] Vgl. OLG Stuttgart WuW/E OLG 2728, 2731 – *Keramik-Masse.* Hier war Voraussetzung der Belieferung mit zahnärztlichen Werkstoffen, dass Zahnärzte im gleichen Geschäft ihren gesamten beruflichen Bedarf decken konnten.

[778] Vgl. BKartA, Grundsätze für die Anwendung des erweiterten Diskriminierungsverbots (§ 6 Abs. 2 GWB) auf den Vertrieb von Markenartikeln vom Januar 1977, Ziff. 4, in WuW 1977, 166 und TB 76, S. 30f.; vgl. ferner etwa BGH WuW/E 1793, 1794 – *SB-Verbrauchermarkt;* 1814, 1819 – *Allkauf-Saba.*

[779] KG WuW/E OLG 1828, 1832 – *Englisch-Wörterbuch.* Das Gericht verwies den Hersteller darauf, die Werbung ggf. besonders zu honorieren.

[780] BKartA WuW/E BKartA 2010, 2018 – *Armaturen.*

[781] S. unter § 10 Rdnr. 33.

[782] Wohl aber nach § 1 GWB.

[783] S. oben 4. d) ee), Rdnr. 425 unter „Preise".

[784] Vgl. BKartA WuW/E BKartA 2010, 2015 – *Armaturen.*

[785] BGH WuW/E BGH 1391, 1396 – *Rossignol.*

[786] BGH WuW/E BGH 2351, 2359 – *Belieferungsunwürdige Verkaufsstätten II;* OLG Düsseldorf WuW/E OLG 2732, 2734f. – *Elektrowerkzeuge.*

452 *c) Quantitative Selektion.* Die Vereinbarung von Mindestumsätzen und -abnahmen in der jeweiligen Branche in angemessener Höhe wurde schon bisher für nach § 19 Abs. 2 Nr. 1 GWB kartellrechtlich unbedenklich gehalten.[787] Demgegenüber ist eine quantitative Selektion mit dem Argument, weitere Verkaufsstätten würden nicht zu einer Absatzausweitung, sondern lediglich zu einer Umverteilung von Umsätzen führen, verschiedentlich als unbillig angesehen worden,[788] so dass das Diskriminierungsverbot des § 19 Abs. 2 Nr. 1 GWB (früher: § 20 Abs. 1 GWB a. F.) greifen konnte. Nicht grundsätzlich geklärt war auch, ob eine mit der Hochwertigkeit oder Exklusivität eines Produktes begründete quantitative Selektion gegen § 19 Abs. 2 Nr. 1 GWB verstoßen kann. Überwiegend wurde dies wohl verneint.[789]

453 Nunmehr dürften aufgrund direkter oder entsprechender Anwendung der Vertikal-GVO oder nach Art. 101 Abs. 1 AEUV bzw. § 2 Abs. 1 GWB einzelfreigestellte Vertriebsverträge generell nicht als unbillig gem. § 19 Abs. 2 Nr. 1 GWB anzusehen sein.[790] Eine ergänzende Kontrolle über § 20 Abs. 1, 2 GWB kommt aber in Betracht, wenn der Hersteller über die Anwendung zulässiger Bindungen in einem selektiven Vertriebssystem hinaus Händler bei dessen Durchführung diskriminiert oder behindert.[791]

454 *d) Umstellungsfrist.* Obwohl auch Normadressaten des § 19 Abs. 2 Nr. 1 GWB ihr Absatzsystem grundsätzlich so gestalten dürfen, wie sie es für zweckmäßig halten, wurden verschiedentlich gravierende Änderungen als unbillig angesehen, wenn unabhängigen Absatzmittlern keine angemessenen Umstellungsfristen gewährt wurden. Das kann etwa beim Übergang zu einem ausschließlichen Direktvertrieb[792] oder bei einer Umstellung von direkter Belieferung auf einen Bezug beim Großhandel der Fall sein.[793]

455 **6. Franchising.** *a) Begriffsbestimmungen.*[794] Franchisevereinbarungen sind Vereinbarungen über die einheitliche Nutzung von Geschäftsbezeichnungen und/oder Marken sowie der Geschäftsmethoden des Franchisegebers durch den Franchisenehmer, der dafür ein Entgelt an den Franchisegeber entrichtet.[795] Sie fallen in den Anwendungsbereich der Vertikal-GVO, wenn es sich um vertikale Vereinbarungen handelt und entsprechende Wettbewerbsbeschränkungen im Sinne von Art. 101 Abs. 1 AEUV vorliegen. Man unterscheidet grundsätzlich zwischen dem **Herstellungs- oder Produktionsfranchising** und dem Vertriebsfranchising (Waren- oder Dienstleistungsfranchising). Im Rahmen des Herstellungs- oder Produktionsfranchising sind die Parteien auf derselben Marktstufe tätig, es handelt sich somit um horizontale Vereinbarungen. In der Regel sind dies Fälle, in denen der Franchisenehmer Produkte unter Verwendung von Know-how oder Technologie des Franchisegebers herstellt und diese dann unter dem Markenzeichen des Franchisegebers vertreibt.[796] Das wohl bekannteste Beispiel aus der Praxis ist Coca Cola; hier stellt der Franchisegeber nicht nur die

---

787 BGH WuW/E BGH 1200, 1203 und 1646 – *Vermittlungsprovision für Flugpassagen I und II;* OLG Hamburg WuW/E OLG 3163, 3166 – *Seekartenvertrieb;* BKartA TB 66, S. 40 – *Optische Erzeugnisse.*

788 OLG Hamburg WuW/E OLG 3163, 3167 – *Seekartenvertrieb;* BKartA TB 1976, S. 81 – *Reiseveranstalter,* TB 1967, S. 54; für zulässig gehalten dagegen durch OLG Karlsruhe WuW/E OLG 1948, 1949 – *Sport-Toto* sowie vom BKartA in TB 1960, S. 53.

789 OLG Düsseldorf WuW/E OLG 2500, 2503 – *Stendhal Cosmetic;* BKartA TB 61, 35, TB 64, 27; anders jedoch in TB 73, S. 91.

790 In diesem Sinne auch *A. Bergmann,* ZWeR 2004, 28, 45; *Harte-Bavendamm/Kreutzmann,* WRP 2003, 682, 688; *Wirtz,* WuW 2003, 1039, 1042. Soweit Europarecht anwendbar ist, dürfte das bereits aus Art. 3 VO Nr. 1/2003 folgen, da selektive Vertriebsverträge keine einseitigen Handlungen des Herstellers sind und infolgedessen eine Anwendung der Ausnahmevorschrift des Art. 3 Abs. 2 S. 2 VO Nr. 1/2003 kaum in Betracht kommen sollte.

791 *Harte-Bavendamm/Kreutzmann,* aaO; *Wirtz,* WuW 2003, aaO.

792 Vgl. BGH WuW/E BGH 2360, 2366 – *Freundschaftswerbung;* WuW/E BGH 2983, 2988 – *Kfz-Vertragshändler;* WuW/E DE-R 3549 Rdnr. 22 – Werbeanzeigen.

793 BGH WuW/E DE-R 134, 138 – *Bahnhofsbuchhandel.*

794 Zum Folgenden vgl. auch die Erläuterungen von *Kirchhoff,* oben Rdnr. 58 ff.

795 EuGH U. v. 28.1.1986, Rs. C-161/84, Slg. 1986, 374, 387 – *Pronuptia;* vgl. auch Vertikalleitlinien, Rdnr. 189.

796 *Schultze/Pautke/Wagener,* Rdnr. 406.

Grundstoffe für die Herstellung bereit, sondern gibt auch das Knowhow weiter, wie die Getränke abgefüllt werden müssen. Auf Herstellung- oder Produktionsfranchising ist die Vertikal-GVO nicht anwendbar (s. oben Rdnr. 99).

Beim **Vertriebsfranchising** handelt es sich hingegen um ein besonderes Vertriebssystem, bei dem der Franchisegeber dem Franchisenehmer Lizenzen für Rechte des geistigen Eigentums überträgt und ihm zusätzlich kommerzielle und technische Unterstützung beim Vertrieb der Produkte gewährt. Im Gegenzug verpflichtet sich der Franchisenehmer grundsätzlich zum Alleinbezug der Waren des Franchisegebers und leistet eine Franchisegebühr. Die Lizenzierung geistigen Eigentums darf jedoch nicht Hauptgegenstand der Vereinbarung sein, da die Anwendbarkeit der Vertikal-GVO dann nach Art. 2 Abs. 3 GVO ausgeschlossen ist. Das Franchisesystem ermöglicht dem Franchisegeber in der Regel den schnellen und einfachen Aufbau eines Vertriebsnetzes mit relativ geringem Investitionsaufwand. Es wird in der Praxis z. B. bei Restaurantketten verwendet. 456

Gemäß dem allgemeinen Schema für die kartellrechtliche Prüfung ist bei Franchiseverträgen zunächst festzustellen, ob der Vertrag bzw. eine in ihm enthaltene Verpflichtung als **Wettbewerbsbeschränkung** von dem Verbot des Art. 101 Abs. 1 AEUV (bzw. § 1 GWB) erfasst ist. Hier gibt es allerdings bei Franchisesystemen Besonderheiten (dazu Rdnr. 459 ff.). Im Anschluss daran ist zu prüfen, ob eine Freistellung nach der Vertikal-GVO möglich ist. Ist Letzteres einfach festzustellen (und zu bejahen), so wird der oft schwierigere erste Schritt übersprungen (s. Rdnr. 72). Sicherlich am aufwändigsten zu ermitteln ist, ob eine Franchisevereinbarung unmittelbar nach Art. 101 Abs. 3 AEUV freigestellt ist. 457

Typischerweise ist eine Franchisevereinbarung eine **„vertikale Vereinbarung"** im Sinne des Art. 2 Abs. 1 GVO. In der Regel wird nämlich der Franchisegeber dem Franchisenehmer nicht nur ein Vermarktungskonzept für bestimmte Waren oder Dienstleistungen zur Verfügung stellen, sondern ihm auch Waren liefern (z. B. Zutaten) oder Dienstleistungen erbringen (z. B. Beratung). Umgekehrt ist der Franchisenehmer kein Hersteller gleichartiger Waren oder erbringt Dritten nicht die Dienstleistungen, die er vom Franchisegeber bezieht. Damit fällt eine Franchisevereinbarung unter Art. 2 Abs. 1 GVO, selbst wenn der Franchisegeber einige Geschäftslokale selbst betreibt („dualer Vertrieb" nach Art. 2 Abs. 4 lit. b GVO). Franchisesysteme allerdings, die sich auf die reine Lizenzierung von Schutzrechten und/oder Know-how beziehen, fallen nicht unter die Vertikal-GVO. Sie sind ggf. nach der Technologietransfer-GVO zu beurteilen.[797] 458

b) Systemimmanente Wettbewerbsbeschränkungen. In Franchisesystemen sind bestimmte Verpflichtungen systemimmanent und gelten somit schon nicht als wettbewerbsbeschränkend im Sinne von Art. 101 Abs. 1 AEUV (oder § 1 GWB); sie bedürfen daher keiner Freistellung.[798] In dem grundlegenden ***Pronuptia*-Urteil**[799] entschied der EuGH, dass sich die Vereinbarkeit von (Vertriebs-)Franchiseverträgen mit Art. 81 EG (jetzt: Art. 101 AEUV) nicht abstrakt bestimmen lasse, sondern von den einzelnen Abreden innerhalb dieser Verträge sowie dem wirtschaftlichen Zusammenhang abhänge, in dem sie stehen. Davon ausgehend bejahte der EuGH die grundsätzliche Zulässigkeit von typischen Klauseln einer (Vertriebsfranchise-)Vereinbarung, die für das Funktionieren des Franchisesystems **„unerlässlich"** sind. Diese könne man nicht von vornherein als wettbewerbsbeschränkend ansehen, da die Franchisegeber den Franchisenehmern ein Gebiet wettbewerblicher Betätigung eröffnen, welches letzteren zuvor weitgehend verschlossen war. Dabei müssten die Franchisegeber davor geschützt werden, dass die von ihnen gegebene Unterstützung sowie das von ihnen vermittelte Know-how (mittelbar) Konkurrenten zugutekomme.[800] 459

---

[797] Siehe oben Fn. 189.

[798] Zu den Konsequenzen für die Praxis: *Schultze/Pautke/Wagener,* Rdnr. 676 ff.

[799] EuGH U. v. 28.1.1986, Rs. C-161/84, Slg. 1986, 374, 387 – *Pronuptia.* Vgl. die Erläuterungen in den Vertikalleitlinien, Rdnr. 31, 43 ff., 189 ff., die sich an der Entscheidung des EuGH ausrichten.

[800] Komm. E. v. 17.12.1986, ABl. EG Nr. L 13/39, Rdnr. 24–27 – *Pronuptia;* bestätigt durch das o. g. Urteil, EuGH U. v. 28.1.1986, Rs. 1616/84, Slg. 1986, 353, Rdnr. 16–22 – *Pronuptia;* s. auch Komm. E. v. 17.12.1986, ABl. EG 1987 Nr. L 8/49, Rdnr. 39–53 – *Yves Rocher;* Komm. E. v.

460 Wettbewerbsrechtlich **unbedenklich** ist mithin jedenfalls das dem Franchisenehmer auferlegte Verbot, während der Vertragsdauer oder während eines angemessenen Zeitraums nach Vertragsbeendigung ein Geschäft mit gleichem oder ähnlichem Zweck in einem Gebiet zu eröffnen, in dem er zu einem der Mitglieder der Vertriebsorganisation in Wettbewerb treten könnte (Wettbewerbsverbot).[801] Zwingend geschützt werden müssen laut EuGH auch die Identität, das Geschäftskonzept sowie der Name der durch die Geschäftsbezeichnung symbolisierten Vertriebsorganisation.[802] Dies schließt z. B. Geheimhaltungsverpflichtungen, Vorgaben zur Gestaltung der Geschäftsräume sowie Sortimentsbeschränkungen ein. Insoweit wird das Tatbestandsmerkmal der Wettbewerbsbeschränkung in Art. 101 Abs. 1 AEUV nach dem **Immanenzgedanken** teleologisch reduziert.

461 Aus den Grundsätzen des EuGH ergeben sich gewisse Abweichungen zu den Vorschriften der Vertikal-GVO. So sind **Wettbewerbsverbote und Mindestabnahmeverpflichtungen** nicht auf maximal fünf Jahre beschränkt (wie unter Art. 5 Abs. 1 lit. a GVO), sondern für die gesamte Laufzeit des Franchisevertrags zulässig, wenn sie notwendig sind, um die Einheitlichkeit und den Ruf des Franchisesystems zu erhalten, und die Gefahr besteht, dass der Franchisenehmer zu anderen Franchisenehmern in Wettbewerb treten könnte. So kann z. B. vereinbart werden, dass sich der Franchisenehmer eines Schnell-Restaurants verpflichtet, während der gesamten Laufzeit des Vertrags kein weiteres Lokal dieser Art zu eröffnen. Auch nachvertragliche Wettbewerbsverbote sind in Abweichung von Art. 5 Abs. 1 lit. b GVO für eine angemessene Zeit zulässig, ohne Art. 101 Abs. 1 AEUV (oder § 1 GWB) zu verletzen, wenn sie zum Schutz des Know-hows des Franchisegebers erforderlich sind.

462 Wird der Franchisenehmer verpflichtet, nur Waren des Franchisegebers (oder der von diesem bestimmten Anbieter) zu verkaufen, so ist auch diese **Bezugsbindung** (in der neueren Terminologie der Kommission handelt es sich um „Markenzwang") schon nicht wettbewerbsbeschränkend, wenn sie zum Schutz der Identität und des Namens der Vertriebsorganisation erforderlich ist. Das wird insbesondere dann angenommen, wenn objektive Qualitätsnormen für die Produkte nicht aufgestellt werden können. Dem Franchisenehmer darf nach der *Pronuptia*-Entscheidung des EuGH allerdings nicht untersagt werden, diese Produkte im Wege des Querbezugs bei anderen Franchisenehmern zu beschaffen, die ihrerseits vom Franchisegeber bezogen haben.[803] Die Verpflichtung des Franchisenehmers, die sortimentstypische Ware allein vom Franchisegeber zu beziehen, ist im Regelfall auch keine unbillige Behinderung i. S. d. der §§ 19 Abs. 1, Abs. 2 Nr. 1, 20 Abs. 1 GWB.[804] Die Kombination einer solchen Bezugsbindung mit einer nur unvollständigen Weitergabe von Einkaufsvorteilen, die der Franchisegeber bei seinen Lieferanten erzielt, an die Franchisenehmer behindert letztere ebenfalls grundsätzlich nicht unbillig.[805] Weiterhin darf der Franchisegeber den Franchisenehmer vertraglich auf den Betrieb seines Geschäfts in **Räumlichkeiten** beschränken, für deren Lage und Ausstattung der Franchisegeber bestimmte Anforderungen aufgestellt hat.

463 *c) Nach Art. 2 Abs. 1 GVO freigestellte Wettbewerbsbeschränkungen.* Für alle weiteren Beschränkungen gelten die allgemeinen Regeln. Deshalb sind alle Bestimmungen, die keinen

---

13.7.1987, ABl. EG 1987 Nr. L 222/12, Rdnr. 22–24 – *Computerland;* Komm. E. v. 14.11.1988, ABl. EG 1988 Nr. L 332/38, Rdnr. 7–21 – *Service Master;* Komm. E. v. 2.12.1988, ABl. EG 1989 Nr. L 35/31, Rdnr. 26–30 – *Charles Jourdan.*

[801] EuGH U. v. 28.1.1986, Rs. 161/84, Slg. 1986, 353, Rdnr. 16 f. – *Pronuptia;* Komm. E. v. 14.11.1988, ABl. EG 1988 Nr. L 332/38, Rdnr. 26 – *Service Master.* Unzulässig ist dagegen ein absoluter Gebietsschutz, vgl. Komm. E. v. 17.12.1986, ABl. EG 1987 Nr. L 13/39, Rdnr. 36 – *Pronuptia.*

[802] EuGH U. v. 28.1.1986, Rs. 161/84, Slg. 1986, 353 Rdnr. 16 f. – *Pronuptia;* Komm. E. v. 13.7.1987, ABl. EG 1987 Nr. L 222/12, Rdnr. 20–21 – *Computerland.*

[803] EuGH U. v. 28.1.1986, Rs. 161/84, Slg. 1986, 353, Rdnr. 21 – *Pronuptia.*

[804] BGH B. v. 11.11.2008, KVR 17/08, WuW/E DE-R 2514, Rdnr. 15 – *Bau und Hobby.*

[805] BGH B. v. 11.11.2008, KVR 17/08, WuW/E DE-R 2514, Rdnr. 26 – *Bau und Hobby*; zur Verneinung der Pflicht des Franchisegebers zur Weitergabe von Einkaufsvorteilen allgemein vgl. BGH U. v. 2.2.1999, KZR 11/97, NJW 1999, 2671, 2675 f. – *Preisbindung durch Franchisenehmer.*

berechtigten Interessen der Parteien dienen, als **wettbewerbsbeschränkend** i. S. d. Art. 101 Abs. 1 AEUV anzusehen. Dies trifft z. B. für die dem Franchisenehmer auferlegte Verpflichtung zu, ohne anderweitige Ermächtigung nur an Endverbraucher oder andere Franchisenehmer zu liefern.[806] Gleiches gilt für eine Vereinbarung, die die Bestimmung des Geschäftslokals dem Franchisegeber überlässt und eine Niederlassung weiterer Franchisenehmer in einem bestimmten Umkreis ausschließt (sog. Bannmeilenregelung).[807] Wettbewerbsbeschränkende Wirkung hat zudem ein Verbot für den Franchisenehmer, außerhalb eines ihm zugewiesenen Gebiets tätig zu werden.[808] Auch können Abreden zur Aufteilung der Märkte zwischen Franchisenehmern und Franchisegeber bzw. zwischen den Franchisenehmern als Wettbewerbsbeschränkung i. S. d. Art. 101 Abs. 1 AEUV zu qualifizieren sein.[809]

Alle danach wettbewerbsbeschränkenden Vereinbarungen sind aber nicht automatisch nach Art. 101 Abs. 1 AEUV unzulässig und verboten. Vielmehr ist zunächst zu prüfen, inwieweit für diese Vereinbarungen eine Gruppenfreistellung nach der Vertikal-GVO in Betracht kommt. Nach Auffassung der Kommission sind folgende **Beschränkungen des Franchisenehmers** nach Art. 2 Abs. 1 GVO freigestellt, sofern die sonstigen Voraussetzungen der Vertikal-GVO erfüllt sind (vgl. Vertikalleitlinien, Rdnr. 43 ff.): **464**

– die Verpflichtung des Franchisenehmers, nicht anderweitig im gleichen oder in einem ähnlichen Geschäft tätig zu werden. Dazu gehört das Verbot zu Lasten des Franchisenehmers, Anteile an einem konkurrierenden Unternehmen zu erwerben, sofern dies dem Franchisenehmer die Einflussnahme auf das geschäftliche Verhalten dieses anderen Unternehmens ermöglicht. Unbedeutende Minderheitsbeteiligungen an konkurrierenden Unternehmen müssen dem Franchisenehmer also möglich bleiben;
– die Verpflichtung des Franchisenehmers, vom Franchisegeber übertragenes Know-how nur für die Nutzung der Franchise zu verwenden und nicht an Dritte weiterzugeben, solange dieses Know-how geheim ist;
– die Verpflichtung des Franchisenehmers, dem Franchisegeber neue Erfahrungen mitzuteilen und ihm, sowie den anderen Franchisenehmern, die Nutzung neuen Know-hows zu gestatten;
– die Verpflichtung des Franchisenehmers, Rechte und Pflichten aus der Franchise-Vereinbarung nur mit Zustimmung des Franchisegebers auf Dritte zu übertragen.

Es wird allgemein davon ausgegangen, dass auch **Beschränkungen des Franchisegebers** im üblichen, durch die Vertikal-GVO vorgezeichneten Umfang, zulässig sind. Der Franchisegeber kann sich also gegenüber einem Franchisenehmer verpflichten, selbst in einem bestimmten Gebiet nicht tätig zu werden und dort auch keinen anderen Franchisenehmer einzusetzen. Dem Franchisenehmer wird dadurch ein bestimmtes Gebiet zugewiesen. Die Möglichkeit, die Tätigkeiten des Franchisenehmers außerhalb des zugewiesenen Gebiets und die Tätigkeiten anderer Franchisenehmer innerhalb des zugewiesenen Gebiets zu beschränken, besteht nur noch eingeschränkt. Nach Art. 4 lit. b (i) GVO ist eine Beschränkung aktiver Verkäufe nur für Gebiete freigestellt, die anderen Abnehmern (Franchisenehmern) ausschließlich zugewiesen oder dem Franchisegeber selbst vorbehalten sind (s. oben Rdnr. 173 ff.). **465**

Ist ein **Wettbewerbsverbot** für die Laufzeit des Franchisevertrags nicht zur Wahrung der Einheitlichkeit und des Rufs des Franchisesystems erforderlich, so kann es gemäß Art. 5 Abs. 1 lit. a GVO freigestellt sein. Es darf dann aber nur für maximal fünf Jahre gelten. Auch nachvertragliche Wettbewerbsverbote können nach Art. 5 Abs. 1 lit. b GVO freigestellt sein. Sie müssen dann aber die dort genannten engen Voraussetzungen erfüllen **466**

---

[806] Komm. E. v. 13.7.1987, ABl. EG 1987 Nr. L 222/12, Rdnr. 26–28 – *Computerland.*

[807] Komm. E. v. 13.7.1987, ABl. EG 1987 Nr. L 222/12, Rdnr. 7 – *Computerland.*

[808] Komm. E. v. 17.12.1986, ABl. EG 1987 Nr. L 13/39, Rdnr. 28 – *Pronuptia;* Komm. E. v. 17.12.1986, ABl. EG 1987 Nr. L 8/49, Rdnr. 54 – *Yves Rocher;* Komm. E. v. 2.12.1988, ABl. EG 1989 Nr. L 35/31, Rdnr. 32 – *Charles Jourdan.*

[809] EuGH U. v. 28.1.1986, Rs. 161/84, Slg. 1986, 353 – *Pronuptia.*

(s. Erläuterungen zu Art. 5 GVO, Rdnr. 233ff.). In der Praxis haben sich bislang in diesem Bereich keine besonderen Rechtsprobleme gezeigt.

467 *d) Einzelfreistellung von Wettbewerbsbeschränkungen.* Fallen wettbewerbsbeschränkende Franchisevereinbarungen nicht in den Anwendungsbereich der Vertikal-GVO, so können sie möglicherweise nach Art. 101 Abs. 3 AEUV freigestellt sein. Die Vertikalleitlinien (Rdnr. 190, lit. a) halten hierzu lediglich fest, dass Beschränkungen im Rahmen von Franchisevereinbarungen die Voraussetzungen des Art. 101 Abs. 3 AEUV umso eher erfüllen werden, je weitreichender der Transfer von Know-how ist, weil dann die Schaffung von Effizienzgewinnen und/oder die Unerlässlichkeit der Beschränkungen für den Schutz des Know-hows wahrscheinlicher ist.

468 Als generelle Regel kann im Rahmen der Einzelbeurteilung nach Art. 101 Abs. 3 AEUV angenommen werden, dass Franchisevereinbarungen meist zur **Verbesserung der Warenerzeugung und -verteilung** beitragen, indem es dem Franchisegeber ermöglicht wird, sein Vertriebsnetz rasch auf andere Märkte auszuweiten, ohne selbst (oder allenfalls nur begrenzt) in die Einrichtung neuer Geschäfte investieren zu müssen.[810] Den Franchisenehmern wird auf der anderen Seite nachhaltig geholfen, Einzelhandelsläden mit einer breiten Produktpalette zu errichten und mit besseren Erfolgsaussichten zu betreiben.[811] Des Weiteren werden durch die Vereinheitlichung der Geschäftsmethoden Rationalisierungseffekte erzielt, welche auf der Nutzung der Erfahrungen, des Know-hows sowie der Verkaufsförderungstechniken des Franchisegebers beruhen und zur Kostenminimierung beitragen können·[812] Schließlich erleichtert der direkte Kontakt zwischen Franchisegeber und Franchisenehmer unter Verzicht auf eine Großhandelsstufe den Informationsfluss vom Verbraucher zum Anbieter und damit einhergehend die Anpassung des Angebots an die ständigen Veränderungen der Nachfrage.[813]

469 Die notwendige Einheitlichkeit des Systems sowie der Produktqualität, die Vereinheitlichung der Geschäftsmethoden und die engen Beziehungen zwischen Franchisegeber und Franchisenehmern gewährleisten regelmäßig, dass das übertragene Know-how dem **Verbraucher unmittelbar zugutekommen** kann.[814] In diesem Rahmen kann der Verbraucher auch direkt von den Vorteilen einer beständigen Versorgung mit einem kompletten Sortiment profitieren, welches besser an die Marktanforderungen angepasst ist.[815] Außerdem sieht sich der Verbraucher einem Franchisenehmer gegenüber, der als selbständiger Unternehmer ein persönliches, unmittelbares Interesse am Erfolg seines Geschäfts hat und deshalb eine intensivere, sorgfältigere Kundenbetreuung im Rahmen einer gesunden kommerziellen Dynamik anbieten wird.[816] Dies wird durch die Freiheit der Verbraucher bestärkt, die Waren bzw. Dienstleistungen an irgendeiner Stelle des Vertriebsnetzes in Anspruch zu nehmen, was den Wettbewerbsdruck auf die Franchisenehmer erhöht.[817] Zur Wahrung des Konsumenteninteresses wurden weiterhin das Bestehen von Wettbewerbs-

---

810 Komm. E. v. 17.12.1986, IV/31.432, ABl. 1987 Nr. L 8/49 v. 10.1.1987, Rdnr. 58– *Yves Rocher;* E. v. 17.12.1986, IV/30.937, ABl. 1987 v. 15.1.1987, Rdnr. 34 – *Pronuptia.*

811 Komm. E. v. 13.7.1987, IV/32.034, ABl. 1987 Nr. L 222/12 v. 10.8.1987, Rdnr. 30 – *Computerland;* E. v. 14.11.1988, IV/32.358, ABl. 1988 Nr. L 332/38 v. 3.12.1988, Rdnr. 24 – *Service-Master.*

812 Komm. E. v. 17.12.1986, IV/31.432, ABl. 1987 Nr. L 8/49 v. 10.1.1987, Rdnr. 59 – *Yves Rocher;* E. v. 17.12.1986, IV/30.937, ABl. 1987 v. 15.1.1987, Rdnr. 34 – *Pronuptia;* E. v. 2.12.1988, IV/31.697, ABl. 1989 Nr. L 35/31 v. 7.2.1989, Rdnr. 37 – *Charles Jourdan.*

813 Komm. E. v. 17.12.1986, IV/31.432, ABl. 1987 Nr. L 8/49 v. 10.1.1987, Rdnr. 59 – *Yves Rocher;* E. v. 2.12.1988, IV/31.697, ABl. 1989 Nr. L 35/31 v. 7.2.1989, Rdnr. 37 – *Charles Jourdan.*

814 Komm. E. v. 17.12.1986, IV/31.432, ABl. 1987 Nr. L 8/49 v. 10.1.1987, Rdnr. 61 – *Yves Rocher;* E. v. 17.12.1986, IV/30.937, ABl. 1987 v. 15.1.1987, Rdnr. 35 – *Pronuptia.*

815 Komm. E. v. 17.12.1986, IV/30.937, ABl. 1987 v. 15.1.1987, Rdnr. 35 – *Pronuptia.*

816 Komm. E. v. 14.11.1988, IV/32.358, ABl. 1988 Nr. L 332/38 v. 3.12.1988, Rdnr. 24f. – *Service-Master;* E. v. 2.12.1988, IV/31.697, ABl. 1989 Nr. L 35/31 v. 7.2.1989, Rdnr. 38 – *Charles Jourdan.*

817 Komm. E. v. 17.12.1986, IV/30.937, ABl. 1987 v. 15.1.1987, Rdnr. 35 – *Pronuptia;* E. v. 14.11.1988, IV/32.358, ABl. 1988 Nr. L 332/38 v. 3.12.1988, Rdnr. 25 – *ServiceMaster.*

druck,[818] die zivilrechtliche Verantwortlichkeit des Franchisenehmers[819] sowie der Abschluss von Haftpflichtverträgen[820] als förderlich angesehen. Schließlich spielen bei professionellen Endabnehmern auch ein speziell ausgebildetes Beratungspersonal, der Wartungs- und Kundendienst sowie weitere Ausbildungsmöglichkeiten eine Rolle.[821]

Im Rahmen der **Unerlässlichkeit** wird vor allem die Frage nach den Auswirkungen eines vereinbarten **Gebietsschutzes** auf die Einzelfreistellungsfähigkeit von Franchisevereinbarungen diskutiert. Dabei wird ein begrenzter Gebietsschutz als grundsätzlich zulässig erachtet, weil kein Franchisebewerber bereit wäre, die notwendigen Investitionen vorzunehmen, um in einem Franchisesystem aufgenommen zu werden, wenn er in seinem Gebiet keinen Schutz vor anderen Franchisenehmern oder dem Franchisegeber selbst genösse.[822] Zudem stellt ein begrenzter Gebietsschutz umgekehrt sicher, dass der Franchisenehmer seine Tätigkeit auf sein eigenes Gebiet konzentriert.[823] Dagegen muss die Möglichkeit gewährleistet sein, jeden Kunden unabhängig von dessen Wohnsitz im eigenen Ladengeschäft zu bedienen[824] oder sogar außerhalb des zugewiesenen Gebiets zu beliefern,[825] sofern dieser nicht Adressat einer Werbeaktion war. **470**

Weiterhin ist die Verpflichtung des Franchisenehmers, nur an **Endabnehmer** zu verkaufen, und damit einhergehend das Verbot, als Großhändler aufzutreten, grundsätzlich zulässig, weil Grundgedanke des vom Franchisegeber entwickelten Geschäftskonzepts gerade der Betrieb eines Einzelhandelsnetzes ist.[826] Wenn Franchisenehmer sich auf andere Tätigkeiten als den Einzelhandelsverkauf oder den Kundendienst konzentrierten, könnten die mit einem rationalisierten Vertrieb zu erreichenden Vorteile nicht an die Verbraucher weitergereicht werden.[827] Dieser Grundsatz erfährt aber eine wichtige Einschränkung darin, dass Querlieferungen innerhalb des Vertriebsnetzes zulässig sein müssen.[828] **471**

Als nicht unerlässlich wurden dagegen **Preisbindungen** angesehen.[829] Ein markeninterner Preiswettbewerb ist von der Kommission vielmehr als Grundlage eines „gesunden Wettstreit(s) zwischen den Einzelhändlern" systematisch herangezogen worden, um die Freistellungsfähigkeit von Franchisevereinbarungen zu begründen.[830] **472**

---

[818] Komm. E. v. 17.12.1986, IV/31.432, ABl. 1987 Nr. L 8/49 v. 10.1.1987, Rdnr. 62 – *Yves Rocher;* E. v. 2.12.1988, IV/31.697, ABl. 1989 Nr. L 35/31 v. 7.2.1989, Rdnr. 38 – *Charles Jourdan.*

[819] Komm. E. v. 17.12.1986, IV/31.432, ABl. 1987 Nr. L 8/49 v. 10.1.1987, Rdnr. 62 – *Yves Rocher;* E. v. 17.12.1986, IV/30.937, ABl. 1987 v. 15.1.1987, Rdnr. 35 – *Pronuptia.*

[820] Komm. E. v. 17.12.1986, IV/31.432, ABl. 1987 Nr. L 8/49 v. 10.1.1987, Rdnr. 62 – *Yves Rocher.*

[821] Vgl. Komm. E. v. 13.7.1987, IV/32.034, ABl. 1987 Nr. L 222/12 v. 10.8.1987, Rdnr. 32 – *Computerland.*

[822] Komm. E. v. 17.12.1986, IV/30.937, ABl. 1987 v. 15.1.1987 – *Pronuptia,* Rdnr. 36; E. v. 13.7.1987, IV/32.034, ABl. 1987 Nr. L 222/12 v. 10.8.1987, Rdnr. 33 – *Computerland.*

[823] Komm. E. v. 14.11.1988, IV/32.358, ABl. 1988 Nr. L 332/38 v. 3.12.1988, Rdnr. 25 – *ServiceMaster.*

[824] Komm. E. v. 17.12.1986, IV/31.432, ABl. 1987 Nr. L 8/49 v. 10.1.1987, Rdnr. 64 – *Yves Rocher;* E. v. 14.11.1988, IV/32.358, ABl. 1988 Nr. L 332/38 v. 3.12.1988, Rdnr. 27 – *ServiceMaster.*

[825] Vgl. Komm. E. v. 14.11.1988, IV/32.358, ABl. 1988 Nr. L 332/38 v. 3.12.1988, Rdnr. 26 – *ServiceMaster.*

[826] Komm. E. v. 13.7.1987, IV/32.034, ABl. 1987 Nr. L 222/12 v. 10.8.1987, Rdnr. 34 – *Computerland.*

[827] Komm. E. v. 13.7.1987, IV/32.034, ABl. 1987 Nr. L 222/12 v. 10.8.1987, Rdnr. 34 – *Computerland.*

[828] Komm. E. v. 17.12.1986, IV/31.432, ABl. 1987 Nr. L 8/49 v. 10.1.1987, Rdnr. 63 – *Yves Rocher;* E. v. 13.7.1987, IV/32.034, ABl. 1987 Nr. L 222/12 v. 10.8.1987, Rdnr. 34 – *Computerland;* E. v. 2.12.1988, IV/31.697, ABl. 1989 Nr. L 35/31 v. 7.2.1989, Rdnr. 39 – *Charles Jourdan.*

[829] Komm. E. v. 17.12.1986, IV/31.432, ABl. 1987 Nr. L 8/49 v. 10.1.1987, Rdnr. 63 – *Yves Rocher;* E. v. 14.11.1988, IV/32.358, ABl. 1988 Nr. L 332/38 v. 3.12.1988, Rdnr. 26 – *ServiceMaster.*

[830] Komm. E. v. 17.12.1986, IV/31.432, ABl. 1987 Nr. L 8/49 v. 10.1.1987, Rdnr. 64 – *Yves Rocher;* E. v. 17.12.1986, IV/30.937, ABl. 1987 v. 15.1.1987, Rdnr. 37 – *Pronuptia;* E. v. 13.7.1987, IV/32.034, ABl. 1987 Nr. L 222/12 v. 10.8.1987, Rdnr. 35 – *Computerland;* E. v. 14.11.1988, IV/32.358, ABl. 1988 Nr. L 332/38 v. 3.12.1988, Rdnr. 27 – *ServiceMaster;* E. v. 2.12.1988, IV/31.697, ABl. 1989 Nr. L 35/31 v. 7.2.1989, Rdnr. 42 – *Charles Jourdan.*

473 Zuletzt dürfen Franchisevereinbarungen nicht die Möglichkeit eröffnen, für einen wesentlichen Teil der betreffenden Waren den **Wettbewerb auszuschalten.** Dabei wird hinsichtlich des *Inter-brand*-Wettbewerbs nicht nur auf die Wettbewerbsintensität auf der Einzelhandelsebene geachtet, sondern auch auf weitere Vertriebsorganisationen auf dem Markt Rücksicht genommen.[831] Schließlich wird der *Intra-brand*-Wettbewerb nicht gefährdet, wenn nicht sogar im Sinne eines Preiswettbewerbs gefördert, wenn Franchisenehmer ihre Waren nach Maßgabe des oben Gesagten an sämtliche Verbraucher innerhalb oder außerhalb des eingeräumten Gebiets sowie an sämtliche weitere Franchisenehmer veräußern dürfen und dabei in ihrer Preissetzung frei sind.[832]

474 Während reine Franchisevereinbarungen somit auch bei einer Einzelbeurteilung nach Art. 101 Abs. 3 AEUV weithin wettbewerblich unproblematisch sind, können sich wettbewerbsrechtliche Probleme aus einer **Kombination mit anderen Wettbewerbsbeschränkungen** ergeben.[833] Auch hier verbleiben aber nur wenige Anwendungsfälle. Vereinbarungen über Gebietsschutz und selektiven Vertrieb betrachtet die Kommission im Rahmen von Franchisesystemen grundsätzlich als unbedenklich, selbst wenn sie nicht unbedingt erforderlich sind, aber wenigstens dazu beitragen, die Einheitlichkeit des Netzes zu wahren.[834] Ähnliches gilt für Wettbewerbsverbote (Vertikalleitlinien, Rdnr. 190 lit. b), jedenfalls solange der Franchisegeber nicht über die Marktmacht verfügt, andere Anbieter vom Marktzugang auszuschließen.[835] Kritisch sind daher, abgesehen von der Preisbindung (s. o. Rdnr. 472), vor allem Alleinvertriebsklauseln.[836] Hier setzt eine Einzelfreistellung grundsätzlich voraus, dass der Wettbewerb zwischen den Marken (*inter-brand*-Wettbewerb) nicht nachhaltig eingeschränkt wird.

IV. Kfz-Vertrieb

475 Seit dem 1.6.2013 gilt für Vertikalvereinbarungen über den Bezug, Verkauf und Weiterverkauf neuer Kraftfahrzeuge allein die Vertikal-GVO. Eine besondere GVO für den Vertrieb neuer Fahrzeuge gibt es seitdem nicht mehr.[837] Jedoch hat die Kommission weiterhin besondere Regelungen für den **Kfz-Anschlussmarkt** für erforderlich gehalten, also den Vertrieb von Kraftfahrzeugersatzteilen und die Erbringung von Instandsetzungs- und Wartungsdienstleistungen. Sie hat dazu die **GVO Nr. 461/2010** erlassen,[838] die nach ihrem Art. 8 bis zum 31.5.2023 gilt. Außerdem hat die Kommission ergänzende **Leitlinien für Vertikalvereinbarungen im Kraftfahrzeugsektor (Kfz-Leitlinien)** veröffentlicht,[839] die durch einen Katalog häufig gestellter Fragen (FAQ) vertieft werden.[840] Leitlinien und FAQ behandeln weiterhin auch den Vertrieb neuer Kraftfahrzeuge.

[831] Vgl. Komm. E. v. 13.7.1987, IV/32.034, ABl. 1987 Nr. L 222/12 v. 10.8.1987, Rdnr. 35 – *Computerland.*

[832] Komm. E. v. 17.12.1986, IV/30.937, ABl. 1987 v. 15.1.1987, Rdnr. 37 – *Pronuptia.*

[833] Vgl. dazu Vertikalleitlinien, Rdnr. 189 f.

[834] Vertikalleitlinien, Rdnr. 191 Abs. 3; vgl. auch oben Rdnr. 470.

[835] Darauf stellt auch die Kommission in den Vertikalleitlinien, Rdnr. 191 Abs. 3 maßgeblich ab.

[836] Hierfür gelten die allgemeinen Regeln; vgl. dazu oben Rdnr. 288 ff.

[837] Art. 2 und 3 der VO Nr. 461/2010, ABl. 2010 L 129/52; vgl. zuvor die GVO Nr. 1400/2002, ABl. 2002 L 203/30, die GVO Nr. 1475/95, ABl. 1995 L 145/25, und die VO Nr. 123/85, ABl. 1985 L 15/1, für Kfz-Vertriebs- und Kundendienstvereinbarungen.

[838] VO Nr. 461/2010 der Kommission vom 27.5.2010 über die Anwendung von Art. 101 Abs. 3 AEUV auf Gruppen von vertikalen Vereinbarungen und abgestimmten Verhaltensweisen im Kraftfahrzeugsektor, ABl. 2010 L 129/52.

[839] Ergänzende Leitlinien für vertikale Beschränkungen in Vereinbarungen über den Verkauf und die Instandsetzung von Kraftfahrzeugen und den Vertrieb von Kraftfahrzeugersatzteilen, ABl. 2010 C 138/16.

[840] Häufig gestellte Fragen zur Anwendung des EU-Kartellrechts im Kraftfahrzeugsektor, 27.8. 2012, abrufbar unter http://ec.europa.eu/competition/sectors/motor_vehicles/legis-lation/ legislation.html. (nachfolgend: FAQ).

Da die GVO Nr. 461/2010 für den Kfz-Anschlussmarkt nach ihrem Art. 4 nur für Vereinbarungen gilt, die die Marktanteilsschwelle von 30% gemäß Art. 3 Abs. 1 der Vertikal-GVO nicht überschreiten, dürfte ihre Bedeutung in der Praxis sehr beschränkt sein.[841] Denn die Kraftfahrzeughersteller erreichen in den Anschlussmärkten für Ersatzteile und Kundendienst bei Fahrzeugen ihrer Marke in aller Regel mehr als 30%.[842] 476

1. Regelungstechnik der GVO Nr. 461/2010 für den Kfz-Anschlussmarkt. Nach Art. 4 GVO Nr. 461/2010 sind vertikale Wettbewerbsbeschränkungen in Vereinbarungen über den Vertrieb von Kraftfahrzeugersatzteilen oder über die Erbringung von Kundendienstleistungen für Kraftfahrzeuge freigestellt, wenn sie sowohl die Freistellungsvoraussetzungen der Vertikal-GVO erfüllen als auch keine der in Art. 5 GVO Nr. 461/2010 aufgeführten besonderen Kernbeschränkungen enthalten. Damit ist die Gruppenfreistellung für den Kfz-Anschlussmarkt enger als die Vertikal-GVO. Vereinbarungen in diesem Bereich sind also stets einer *zweistufigen Prüfung* nach beiden Gruppenfreistellungsverordnungen zu unterziehen. 477

Art. 6 der GVO Nr. 461/2010 eröffnet der Kommission unter denselben Bedingungen wie Art. 6 der Vertikal-GVO, die Gruppenfreistellung auf Vertikalvereinbarungen im Kfz-Anschlussmarkt, die bestimmte Wettbewerbsbeschränkungen enthalten, durch Verordnung **insgesamt für unanwendbar** zu **erklären.** 478

Voraussetzung für die Erklärung der Unanwendbarkeit ist nach dem Wortlaut der Bestimmung lediglich, dass 50% eines relevanten Marktes von parallelen Netzen gleichartiger vertikaler Beschränkungen erfasst werden. Da nahezu alle Kraftfahrzeuge mittels selektiver Vertriebssysteme abgesetzt werden, dürfte die Voraussetzung für die Erklärung der Unanwendbarkeit anders als im Geltungsbereich der Vertikal-GVO hier praktisch permanent gegeben sein.[843] Selbst wenn man jedenfalls im Kfz-Bereich quantitative und qualitative Selektivsysteme nicht als gleichartig betrachten würde, änderte sich das Bild kaum. Denn bei weitem die meisten Kfz-Hersteller werden in ihren Vertriebssystemen nicht ohne quantitativ selektierende Kriterien auskommen können oder wollen. Die Kommission verfügt damit im Kraftfahrzeugsektor über einen erheblichen wettbewerbspolitischen Handlungsspielraum, der zwar nicht ganz außerhalb gerichtlicher Kontrolle liegen, jedoch trotz der selbstverständlichen Bindung der Kommission an den Verhältnismäßigkeitsgrundsatz nur beschränkt justiziabel sein dürfte. 479

Die Erklärung der Unanwendbarkeit erfasst alle Vereinbarungen, die bestimmte von der Kommission als schädlich betrachtete Beschränkungen enthalten, also etwa gewisse quantitative Selektionskriterien. Sie wirkt anders als der Entzug der Freistellung für eine einzelne Vereinbarung nach Art. 29 Abs. 1 VO Nr. 1/2003 für alle auf dem betroffenen Markt tätigen Marktteilnehmer unabhängig von deren Verantwortung für etwaige Marktdefizite. Allerdings muss sich die Nichtanwendbarkeit nach Auffassung der Kommission nicht auf die gesamte vertikale Vereinbarung beziehen, sondern kann sich auch nur auf bestimmte Wettbewerbsbeschränkungen wie etwa Wettbewerbsverbote bestimmter Dauer beschränken.[844] Dieses Verständnis findet zwar im Wortlaut des Art. 7 Abs. 1 nur schwer eine Grundlage, es ist aber als Anwendung des unionsrechtlichen Verhältnismäßigkeitsgrundsatzes geboten. 480

2. Wesentliche Begriffsbestimmungen in Art. 1 GVO Nr. 461/2010. Entsprechend der inzwischen üblichen Regelungstechnik der Kommission sind der Freistellung in Art. 1 diverse Begriffsbestimmungen vorausgeschickt. 481

Nach Art. 1 lit. h) sind **Ersatzteile** sämtliche Waren, die in ein Kraftfahrzeug eingebaut oder an ihm angebracht werden und ein Bauteil dieses Fahrzeugs ersetzen. Dazu zählen ausdrücklich auch flüssige Waren wie Schmieröle, die für die Nutzung des Kraftfahrzeugs erforderlich sind, also auch Brems- oder Kühlflüssigkeit. Ausgenommen sind Kraftstoffe. 482

---

841 So auch *Böni,* WuW 2013, 479, 486.

842 Vgl. u. Rdnr. 492ff.

843 *Roniger/Hemetsberger,* S. 188, Rdnr. 12; *Creutzig,* WRP 2002, 1124, 1130 und *ders.* Praxiskommentar, Art. 5, Rdnr. 1408, spricht vom „Damoklesschwert der Nichtanwendung".

844 Kfz-Leitlinien, Rdnr. 83.

Der Wortlaut der Definition erfasst auch Waren wie Schmierstoffe, Lacke oder generische Produkte wie Schrauben oder Muttern, die nicht nur für Kraftfahrzeuge im Sinne der GVO[845] verwendet werden, sondern beispielsweise auch für andere Fahrzeuge, etwa Traktoren oder Motorräder, oder in ganz anderen Bereichen. Um auf der sicheren Seite zu sein, müsste der Verkäufer mehrfach verwendbarer Ersatzteile den Kunden dann je nach dessen Verwendungszweck auf der Grundlage unterschiedlicher Verträge beliefern. Da die GVO Nr. 461/2010 im Hinblick auf die zusätzlichen Kernbeschränkungen in Art. 5 indes strenger als die Vertikal-GVO ist, wird man es aber gestatten müssen, dass der Lieferant sich in einem solchen Fall für alle Lieferungen an die Anforderungen der GVO Nr. 461/2010 hält. Es wäre widersinnig und unverhältnismäßig, wenn ihm der Schutz der Freistellung für die dieser GVO unterfallenden Lieferungen entzogen würde, nur weil sich seine Vereinbarung auch auf nicht zumutbar abtrennbare Waren bezieht, die nicht in den Geltungsbereich der GVO fallen, sondern an sich dem liberaleren Regime der Vertikal-GVO unterliegen.

483 Ersatzteile sind von **Zubehör** abzugrenzen, auf das die GVO nicht anwendbar ist. Die Kommission hat Zubehör in der Vergangenheit im Ausgangspunkt weit als alle Teile definiert, die in ein Auto eingebaut werden, aber nicht zwingend notwendig für dessen Betrieb sind.[846] Das den Ersatzteilbegriff einengende Kriterium der Notwendigkeit wollte sie offenbar der Formulierung „die für die Nutzung des Kraftfahrzeugs erforderlich sind" entnehmen (vgl. Art. 1 Abs. 1 lit. h) GVO Nr. 461/2010). Diese bezieht sich sprachlich aber – auch etwa in der englischen und französischen Fassung – eher auf den vorhergehenden, den Ersatzteilbegriff erweiternden Satzteil „wozu auch Waren wie Schmieröle zählen" und nicht auf die diesem Satzteil vorangestellte allgemeine Definition des Ersatzteilbegriffs. Ihre im Ansatz extensive Definition des Zubehörbegriffs zulasten des Ersatzteilbegriffs dämmte die Kommission allerdings dadurch ein, dass sie bereits ab Werk in das Fahrzeug eingebaute Zubehörteile (z. B. Radio, CD-Player oder Alarmanlage) als Ersatzteile einstufte, weil sie in diesem Fall als „Bauteile" anzusehen seien.[847] Sie stellte dabei auf den tatsächlichen Einbau ab, da sie nicht von „ab Werk lieferbar" bzw. „einbaubar" sprach. Werden solche Ausstattungen Händlern auch als Nachrüstoption geliefert, dürfte danach sowohl für Erst- wie Ersatzlieferung an den Händler keine Freistellung nach der GVO Nr. 461/2010 beansprucht werden. Mitunter ist ein Ausstattungsgegenstand beim Hersteller auch nur für ein bestimmtes Modell ab Werk lieferbar, für ein anderes jedoch nicht. Die von der Kommission bisher vertretene Abgrenzung von Ersatzteilen und Zubehör erscheint daher schwer handhabbar und verbesserungsbedürftig. Inzwischen geht die Kommission weder in den Kfz-Leitlinien noch in den FAQ auf die Abgrenzung von Ersatzteilen und Zubehör ein. Eine Lösung könnte es sein, die Zuordnung anhand der objektivierten Verkehrsanschauung vorzunehmen, wie es Art. 10 Nr. 6 Satz 2 GVO Nr. 1475/95[848] vorsah. Vertriebsregelungen für Zubehör fallen aber jedenfalls in den Geltungsbereich der Vertikal-GVO.

484 Art. 1 lit e) ii) definiert als **„unabhängige Werkstatt"** auch eine Vertragswerkstatt, soweit sie Kundendienst für Kraftfahrzeuge anderer Vertriebssysteme erbringt. Entsprechend sind nach Art. 1 lit. f) ii) unabhängige Händler auch Vertragshändler, soweit sie Ersatzteile für Marken anderer Vertriebssysteme vertreiben.

3. Die besonderen Kernbeschränkungen des Art. 5 GVO Nr. 461/2010 – Vertriebsbindung zulasten unabhängiger Werkstätten (lit. a)

485 Die erste der Gruppenfreistellung entgegenstehende, besondere Kernbeschränkung ist die Mitgliedern eines selektiven Vertriebssystems durch Kraftfahrzeuganbieter auferlegte Einschränkung des Ersatzteilverkaufs an unabhängige Werkstätten, die keinen Ersatzteil-

---

[845] Vgl. Art. 1 Abs. 1 lit. g) GVO Nr. 461/2010.

[846] Kommission, Leitfaden „Kraftfahrzeugvertrieb und -Kundendienst" vom 30. 9 2002, noch abrufbar unter http://ec.europa.eu/competition/index_en.html – Antitrust – Legislation – Motor Vehicles – Legislation Archive – Block Exemption Reg. 1400/2002 – Explanatory brochure (nachfolgend in diesem Abschnitt zitiert als „Leitfaden 2002"), Frage 95 (zur Kfz-GVO Nr. 1400/2002).

[847] AaO; ebenso *Creutzig*, BB 2002, 2133, 2137.

[848] ABl. 1995 L 145/25.

handel betreiben. Damit soll die Voraussetzung dafür geschaffen werden, dass unabhängige Werkstätten bei Instandsetzungs- und Wartungsdienstleistungen wirksam in Wettbewerb zu zugelassenen Werkstätten treten können.[849] Die Vertragswerkstätten dürfen jedoch von sich aus frei darüber entscheiden, ob sie unabhängige Werkstätten tatsächlich beliefern wollen. Die Kommission geht davon aus, dass die Vertragswerkstätten mit dem Vertrieb der Ersatzteile Gewinn erzielen, so dass die unabhängigen Werkstätten die Teile gegebenenfalls bei einem anderen Vertragshändler erwerben können.[850] Ist das nicht der Fall, liegt eine gegen Art. 101 Abs. 1 AEUV (oder § 1 GWB) verstoßende Vereinbarung der Vertragshändler nahe, unabhängige Händler nicht zu beliefern.

– Vertriebsbeschränkung zulasten der Lieferanten von Ersatzteilen und Werkstattausrüstungen (lit. b)

Nach Art. 5 lit. b) führt jede mit einem Kraftfahrzeughersteller vereinbarte Beschrän- 486
kung der Teile- oder Ausrüstungshersteller, Ersatzteile und Werkstattausrüstungen (Instandsetzungs- und Diagnosegeräte, Ausrüstungsgegenstände) an beliebige Werkstätten oder Endverbraucher zu liefern, zum Wegfall der Freistellung. Diese Regelung geht über Art. 4 lit. e) Vertikal-GVO hinaus. Zwar sind auch danach schon Endverbraucher als Tüftler geschützt, die ihre Fahrzeuge nicht nur selbst pflegen, sondern auch reparieren wollen. Als „Endverbraucher" gelten auch Verbraucher, die ihr Kraftfahrzeug über einen von ihnen beauftragten, unabhängigen Vermittler beziehen.[851] Art. 5 lit. b) gewährleistet anders als Art. 4 lit. e) Vertikal-GVO aber die Freiheit der Teilehersteller zum direkten Verkauf nicht nur an unabhängige Werkstätten und Händler, sondern auch an Vertragshändler und zugelassene Händler eines Kraftfahrzeugherstellers. Eine Verpflichtung der zugelassenen Werkstätten, für Gewährleistungsarbeiten, unentgeltlichen Kundendienst und Rückrufaktionen ausschließlich vom Hersteller der Neufahrzeuge bezogene Originalersatzteile zu verwenden, steht der Gruppenfreistellung jedoch nicht entgegen.[852] Die Kernbeschränkung greift auch dann nicht, wenn die Ersatzteile auf der Grundlage eines kartellrechtlich privilegierten Zuliefervertrags für den Kraftfahrzeughersteller produziert werden.[853]

– Kennzeichnung von Ersatzteilen durch Teilehersteller (lit. c)

Die Gruppenfreistellung gilt schließlich nicht für Vereinbarungen, durch die Kraftfahr- 487
zeughersteller die Anbieter von Bauteilen oder Originalersatzteilen daran hindern, ihr Waren- oder Firmenzeichen auf diesen Teilen effektiv und gut sichtbar anzubringen. Die Kommission will dadurch alle Werkstätten und auch die Endverbraucher in die Lage versetzen, die Anbieter der Teile zu identifizieren und zwischen alternativ angebotenen Ersatzteilen wählen zu können.[854]

**4. Selektive Vertriebssysteme im Kraftfahrzeugsektor, die nicht unter die Grup- 488
penfreistellungen fallen.** *a) Vertrieb neuer Kraftfahrzeuge.* Wegen der Besonderheiten des Vertriebs neuer Kraftfahrzeuge geht die Kommission davon aus, dass für diese Waren ein quantitativer Selektivvertrieb in der Regel – über den Schwellenwert des Art. 3 Abs. 1 Vertikal-GVO von 30% hinaus – nach Art. 101 Abs. 3 AEUV freigestellt ist, wenn die Marktanteile der beteiligten Unternehmen 40% nicht überschreiten.[855] Das wird für den qualitativen Selektivvertrieb erst recht zu gelten haben, soweit mit ihm im Einzelfall überhaupt Wettbewerbsbeschränkungen verbunden sind. Die Kommission weist aber darauf hin, dass bei sehr hohen Marktanteilen die Verwendung von Standortklauseln, die Vertragshändler an der Eröffnung nicht zugelassener Geschäfte hindern, zum Ausschluss der Freistellung führen kann. Die Marktanteilsschwellen von 30% und 40% haben beim Neuwagenvertrieb indes in der

---

[849] Erwägungsgrund 16 der GVO Nr. 461/2010.
[850] Komm., FAQ, Nr. 10.
[851] KfZ-Leitlinien, Rdnr. 52.
[852] Vgl. Erwägungsgrund 17 der GVO Nr. 461/2010.
[853] Kfz-Leitlinien, Rdnr. 23, unter Hinweis auf die Zulieferbekanntmachung der Kommission, ABl- 1979 C 1/2.
[854] Erwägungsgrund 18 der GVO Nr. 461/2010.
[855] Kfz-Leitlinien, Rdnr. 56.

Praxis noch keine Rolle gespielt. Deshalb ist dort eine Begrenzung der Verkaufsstellen durch qualitative oder quantitative Selektion grundsätzlich unbedenklich.

489 Der Bereich des von Art. 101 Abs. 1 AEUV nicht erfassten, unbedenklichen qualitativen Selektivvertriebs wird aber verlassen, wenn Reparaturen mittelbar oder unmittelbar zugelassenen Werkstätten vorbehalten werden. Das ist etwa der Fall, wenn **gesetzliche oder freiwillige Gewährleistungspflichten** davon abhängig gemacht werden, dass der Fahrzeugkäufer auch nicht unter die Gewährleistung fallende Instandsetzungs- und Wartungsdienste nur in zugelassenen Werkstätten ausführen lässt oder dass dabei nur Ersatzteile mit der Marke des Herstellers verwendet werden dürfen. Solche Beschränkungen werden auch kaum die Freistellungsvoraussetzungen erfüllen.[856] Sie sind daher bei quantitativem Selektivvertrieb ebenfalls unzulässig. Unerheblich ist, ob diese Beschränkungen freiwillige Gewährleistungen betreffen, die vom Hersteller oder kollektiv von seinen zugelassenen Werkstätten gewährt werden.[857]

490 Hingegen können Kundendienst- und Ersatzteilbeschränkungen in einer erweiterten Gewährleistung, die der Kunde erst mehrere Jahre nach dem Kraftfahrzeugkauf erworben hat, nach der Vertikal-GVO freigestellt sein.[858] In **Leasingverträgen** über neue Kraftfahrzeuge sind sie wegen des berechtigten Interesses des Leasinggebers an einem hohen Restwert unbedenklich, solange nicht sicher ist, dass der Leasingnehmer das Fahrzeug erwirbt.[859]

491 *b) Zugelassene Werkstätten.* Die Märkte für Kundendienstleistungen bei Kraftfahrzeugen sind in aller Regel markenspezifisch abzugrenzen.[860] Die von der Kommission hier als denkbarer, seltener Ausnahmefall diskutierte Möglichkeit, einen einheitlichen Systemmarkt für Ware, Ersatzteile und Kundendienst anzunehmen, dürfte bei den Verhältnissen im Kraftfahrzeugsektor kaum je praktisch werden. Zu Recht weist die Kommission darauf hin, dass die maßgeblichen Käufergruppen der Privatpersonen sowie kleinen und mittleren Unternehmen Neufahrzeuge und Kundendienst regelmäßig separat einkaufen und auch nicht vorab wissen, welche Gesamtkosten der Fahrzeughaltung auf sie zukommen. Damit fehlt aber die wesentliche Grundlage für die Annahme eines Systemmarkts.

492 Auf dem Markt für Kundendienst der eigenen Marke beträgt der Marktanteil der Kraftfahrzeughersteller daher in aller Regel mehr als 30%.[861] Damit bedürfen auf den Kfz-Anschlussmärkten auch qualitativ selektive Vertriebssysteme, soweit sie den Wettbewerb i.S.d. Art. 101 Abs. AEUV beschränken, einer Einzelfreistellung nach Art. 101 Abs. 3 AEUV. Für eine Wettbewerbsbeschränkung durch qualitativ selektive Vertriebssysteme im Kfz-Bereich gibt die Kommission drei Beispiele:

493 Erstens können die Hersteller unabhängige Marktteilnehmer von den Anschlussmärkten ausschließen oder auf diesen Märkten erheblich behindern, indem sie ihnen keinen angemessenen Zugang zu den für die entsprechende Tätigkeit erforderlichen, markenspezifischen technischen Informationen, Werkzeugen oder Schulungen gewähren.[862] Angemessen ist der Zugang grundsätzlich nur dann, wenn den zugelassenen Werkstätten überlassene technische Informationen und Werkzeuge sowie die ihnen angebotenen Schulungen auch den unabhängigen Marktteilnehmern in nicht diskriminierender Weise zur Verfügung gestellt werden.[863] Wird kein angemessener Zugang zu technischen Informationen gewährt, dürfte eine Einzelfreistellung des Vertriebssystems ausscheiden.[864]

---

[856] Vgl. Kfz-Leitlinien, Rdnr. 69; zur Verpflichtung, Ersatzteile oder Verbrauchsmaterialien bestimmter anderer Anbieter zu verwenden, vgl. FAQ, Frage 6.

[857] FAQ, Frage 2.

[858] FAQ, Frage 4.

[859] FAQ, Frage 7.

[860] Kfz-Leitlinien, Rdnr. 56 mit Fn. 1.

[861] Vgl. *Kommission,* Erläuterungen zum Entwurf der GVO Nr. 1400/2002 vom 16.3.2002, ABl. 2002 C 67/2 Rdnr. 41.

[862] Kfz-Leitlinien, Rdnr. 62 bis 68.

[863] Kfz-Leitlinien, Rdnr. 65 bei c), Rdnr. 68.

[864] Vgl. Kfz-Leitlinien, Rdnr. 64.

Zweitens kann der qualitativ selektive Vertrieb im Kfz-Anschlussmarkt wettbewerbsbeschränkend sein, wenn der Kraftfahrzeughersteller seine Gewährleistung – mittelbar oder unmittelbar – davon abhängig macht, dass der Kunde auch Instandsetzungs- und Wartungsdienstleistungen, die nicht unter die Gewährleistung fallen, nur bei zugelassenen Werkstätten ausführen lässt.[865] Eine Einzelfreistellung für eine solche Wettbewerbsbeschränkung dürfte hier ebenfalls ausscheiden. Allerdings ist es eine grundsätzlich unbedenkliche qualitative Anforderung, wenn der Hersteller seine Vertragswerkstätten dazu verpflichtet, bestimmte Diagnosegeräte, Werkzeuge und Ausrüstungen zu verwenden, auch wenn insoweit gleichwertige Alternativen anderer Anbieter verfügbar sind.[866] **494**

Drittens betont die Kommission, dass eine quantitative Beschränkung der Zahl zugelassener Werkstätten von Art. 101 Abs. 1 AEUV erfasst wird.[867] Angesichts der generell starken Marktposition von Netzen zugelassener Werkstätten, ihrer besonderen Bedeutung für Neuwagenkäufer und der fehlenden Bereitschaft der Verbraucher, für Kundendienst lange Wege in Kauf zu nehmen, hält es die Kommission für wichtig, dass der Zugang zum Netz zugelassener Werkstätten im Allgemeinen allen Unternehmen offen steht, die bestimmte Qualitätskriterien erfüllen. Das sollte allerdings einer Beschränkung der Zahl zugelassener Werkstätten nicht generell entgegenstehen. So sind die Voraussetzungen einer Einzelfreistellung nach Art. 101 Abs. 3 AEUV jedenfalls wohl dann erfüllt, wenn ohne zahlenmäßige Beschränkung eine Übersättigung des Marktes mit zugelassenen Werkstätten droht, bei der die einzelnen Werkstätten für eine erfolgversprechende Tätigkeit auf den Anschlussmärkten weder die nötige Erfahrung erwerben noch den erforderlichen Umsatz erzielen können. **495**

Im Übrigen ist zu beachten, dass sich zivilrechtlich weder aus der GVO Nr. 461/2010 noch mittelbar über § 20 GWB ein Zulassungsanspruch zum Netz der Vertragswerkstätten eines Herstellers ergeben kann.[868] Nur dann, wenn der Hersteller für seine Werkstattverträge die Freistellung nutzen will, muss er sich auf ausschließlich qualitative Kriterien für die Zulassung seiner Werkstätten beschränken. Erfüllt eine Werkstatt alle qualitativen Kriterien, so muss sie also zugelassen werden, falls der Lieferant nicht die Freistellung für seine Werkstattorganisation verlieren will.[869] Insbesondere kann ehemaligen Vertragshändlern in diesem Fall die Zulassung als Werkstatt nicht verwehrt werden, es sei denn, ihnen sind Vertragsverletzungen vorzuwerfen, die objektiv berechtigte Zweifel an ihrer Eignung auch als Werkstatt begründen.[870] Solange den Vertragswerkstätten aber keine Wettbewerbsbeschränkungen, insbes. keine Vertriebsbindung für Ersatzteile auferlegt wird, kann der Lieferant die Anzahl seiner Werkstätten begrenzen.[871] Dann scheidet auch ein Anspruch auf Zulassung als Vertragswerkstatt aus § 19 Abs. 1, Abs. 2 Nr. 1, § 20 Abs. 1 GWB aus. Nach der Rechtsprechung des BGH[872] betrifft die Zulassung einer freien Werkstatt zum Vertragswerkstattnetz eines Herstellers einen dem Endkundenmarkt zur Erbringung von Instandsetzungs- und Wartungsdienstleistungen für Nutzfahrzeuge *vorgelagerten Markt,* der alle Produkte, Dienstleistungen und Rechte umfasst, die den Zutritt auf dem nachgelagerten Markt erleichtern, wie etwa das Angebot von Ersatzteilen, Diagnosegeräten und Spezialwerkzeugen, die Vermittlung der erforderlichen jeweiligen markenspezifischen Fachkennt- **496**

---

865 Kfz-Leitlinien, Rdnr. 69.

866 Vgl. FAQ, Frage 13.

867 Kfz-Leitlinien, Rdnr. 70.

868 Vgl. BGHZ 189, 94, Rdnr. 24 – MAN-Vertragswerkstatt.

869 So auch etwa *Reimann,* S. 108 f.; vgl. Leitfaden 2002, Frage 72.

870 Leitfaden 2002, Frage 72; *Vogel,* GRP 1/03–04, 40, 43.

871 Diese quantitative Begrenzung ist kein qualitatives Kriterium. Das berücksichtigt die Kommission wohl nicht ausreichend, wenn sie die Auffassung vertritt, der Hersteller dürfe den Zugang zu seinem Werkstättennetz in der Regel nicht mit der Begründung verweigern, die interessierte Werkstatt sei bereits als Reparaturbetrieb für eine konkurrierende Marke zugelassen, vgl. FAQ, Frage 18.

872 BGHZ 189, 94 = WuW/E DE-R 3303, Rdnr. 13–15 – *MAN-Vertragswerkstatt;* für die Zulassung als Vertragswerkstatt für PKW OLG Düsseldorf U. v. 21.12.2011, VI-1 U (Kart) 19/11, BeckRS 2012, 09274, S. 5.

nisse und die Zulassungen als Vertragswerkstatt für bestimmte Fahrzeugmarken. Dieser vorgelagerte Markt ist markenübergreifend abzugrenzen,[873] so dass der über die Werkstattzulassung entscheidende Hersteller insoweit in der Regel nicht marktbeherrschend sein wird.

497 Wettbewerbsbeschränkend und nicht freistellungsfähig ist es, wenn sich zugelassene Werkstätten auch zum Vertrieb von Neuwagen verpflichten müssen.[874] Denn darin liegt eine starke Beschränkung des Zugangs zum Werkstättennetz, dem keine ausreichenden Vorteile für die Verbraucher gegenüberstehen. Allerdings kann die Koppelung von Neuwagengeschäft und Service für die Erschließung neuer Märkte vorübergehend schon nicht wettbewerbsbeschränkend und damit zulässig sein. Der Zugang zum Neuwagenvertrieb wird zudem generell von einer Verpflichtung zum Werkstattbetrieb abhängig gemacht werden dürfen.

498 **5. Mehrmarkenvertrieb.** Auch Kraftfahrzeughersteller können ihre Vertragshändler nach Art. 5 Abs. 1 lit. a) Vertikal-GVO grundsätzlich für die Dauer von bis zu fünf Jahren exklusiv an ihre Marke(n) binden. Die Kommission weist jedoch ausdrücklich darauf hin, dass im Fall kumulativer wettbewerbswidriger Effekte ein Entzug des Rechtsvorteils der GVO (Art. 29 Abs. 1 VO Nr. 1/2003) auch dann gerechtfertigt sein kann, wenn der Hersteller dem Händler eine Mindestbezugsverpflichtung auferlegt, die bei nicht mehr als 80% seines Gesamtbezugs von Neufahrzeugen liegt. Solche unterhalb der Definition des Wettbewerbsverbots in Art. 1 lit. d) Vertikal-GVO liegende Bezugsbindungen für einen bestimmten Prozentsatz des Bedarfs können nämlich dazu führen, dass ein Vertragshändler daran gehindert wird, den Vertrieb auch einer konkurrierenden Marke zu übernehmen, weil er aufgrund der Bezugsbindung schon dazu gezwungen wird, soviele Fahrzeuge seiner bisherigen Marke(n) abzunehmen, dass sich das Angebot einer weiteren Marke für ihn nicht rentiert.[875] Möglich ist auch, dass Konkurrenten durch solche Bezugsbindungen zu einer unwirtschaftlichen Aufteilung ihrer Absatzbemühungen auf viele Händler gezwungen werden.[876]

499 Sofern sie überhaupt als Wettbewerbsbeschränkung zu qualifizieren sind,[877] werden außerhalb des Anwendungsbereichs der Vertikal-GVO, also insbesondere im Ersatzteilgeschäft, Beschränkungen des Direktbezugs zugelassener Werkstätten beim Teilehersteller oder Dritten durch Mindestbezugspflichten beim Fahrzeughersteller kaum freistellungsfähig sein.

500 Um beim Mehrmarkenvertrieb Verwechslungen zwischen den Marken zu vermeiden, kann der Händler dazu verpflichtet werden, für jede Marke einen *eigenen Ausstellungsbereich* zu schaffen. Allerdings darf er wohl – wie nach früherem Recht[878] – nicht dazu angehalten werden, die Marken in getrennten Räumen auszustellen. Noch nicht geklärt ist, ob es noch als nicht wettbewerbsbeschränkendes qualitatives Kriterium anzusehen ist, wenn der Kraftfahrzeughersteller eine weitergehende Trennung der Marken verlangt, wie zum Beispiel Errichtung einer Wand, Anbringen eines Vorhangs oder Einhalten eines Abstands zwischen ausgestellten Fahrzeugen unterschiedlicher Marken. Jedenfalls darf dem Händler durch solche Herstellerforderungen das Ausstellen anderer Marken weder unmöglich gemacht noch unverhältnismäßig erschwert werden.[879] Einfach auf- und wieder abbaubare optische Trennungssysteme wie Vorhänge und Raumtrenner sind auch im Fachhandel, beispielsweise in Küchen- oder Fliesenstudios, verbreitet und führen regelmäßig nicht zu einer spürbaren Verhinderung des Mehrmarkenvertriebs.

501 Sofern keine nach Art. 5 Abs. 1 lit. a) Vertikal-GVO zulässige Markenbindung vorliegt, dürfen Hersteller für die Bewertung der Leistung ihrer Händler keine Kriterien anwenden,

---

[873] Vgl. in diesem Sinne schon *Bechtold,* NJW 2003, 3729, 3733.
[874] Kfz-Leitlinien, Rdnr. 71.
[875] Kfz-Leitlinien, Rdnr. 37.
[876] Kfz-Leitlinien, aaO.
[877] Vgl. o. Rdnr. 486; vgl. auch Kfz-Leitlinien, Rdnr. 41.
[878] Art. 1 Abs. 1 lit. b) GVO Nr. 1400/2002.
[879] Vgl. Leitfaden 2002, Frage 51.

welche die Händler faktisch davon abhalten, für andere Marken tätig zu werden. So hat es die Kommission in den Händlerverträgen von *General Motors (GM)* beanstandet, dass die Leistung der Händler anhand eines Vergleichs des von ihnen vor Ort mit *GM*-Neuzulassungen erreichten Marktanteils („registration effectiveness") mit dem Marktanteil von *GM* im gesamten Land bewertet wurde. *GM* musste sich verpflichten, in Zukunft Verkaufsziele nur noch mit Zustimmung des Händlers und unter Berücksichtigung des örtlichen Geschäftsumfelds, einschließlich einer eventuellen Entscheidung des Händlers für einen Mehrmarkenvertrieb, festzusetzen.[860] Ein freistellungsbedürftiges mittelbares Wettbewerbsverbot kann es auch darstellen, wenn der Hersteller den Händler dazu verpflichtet, **markenspezifisches Personal** zu beschäftigen. Dasselbe gilt für die Gewährung höherer Rabatte oder Handelsspannen an Einmarkenhändler.

Fraglich ist, ob der Hersteller den Händler vertraglich verpflichten kann, ihn vor oder **502** nach Aufnahme einer Zweitmarke hiervon zu informieren. Dem Hersteller muss es aber möglich sein, zu überprüfen, ob der Händler seine zulässigen Verpflichtungen zur Markentrennung einhält. Dies setzt jedenfalls voraus, dass er nachträglich über die Aufnahme einer zweiten Marke informiert wird. Schwieriger zu beurteilen ist die Verpflichtung des Händlers, vor Aufnahme der zweiten Marke die Zustimmung des Herstellers einzuholen. Wenn in dem Vertrag ausdrücklich klargestellt wird, dass die Zustimmung in angemessen kurzer Frist stets zu erteilen ist, sofern die zulässigen Voraussetzungen an die Markentrennung erfüllt werden, dürfte aber auch ein solcher Zustimmungsvorbehalt kaum wettbewerbsbeschränkend sein.

6. Beurteilung im deutschen Kartellrecht. Gemäß § 2 Abs. 2 GWB gelten die **503** GVO Nr. 461/2010 und die Vertikal-GVO im Anwendungsbereich des deutschen Kartellrechts entsprechend. Das wird im Kraftfahrzeugsektor allerdings kaum jemals Bedeutung erlangen. Denn die Vertriebssysteme der Kfz-Hersteller im Neuwagenvertrieb und in den Anschlussmärkten werden wohl ausnahmslos in der gesamten Union oder zumindest im Gebiet eines ganzen Mitgliedstaates in gleicher oder ähnlicher Form angewendet. Ihre Beurteilung erfolgt deshalb stets nach europäischem Kartellrecht.[861]

Zur Anwendung von § 19 Abs. 1, Abs. 2 Nr. 1, § 20 Abs. 1 GWB bei Anträgen auf Zu- **504** lassung als Vertragswerkstatt vgl. o. Rdnr. 496. Beim Neuwagenvertrieb wird ein auf das deutsche Behinderungs- und Diskriminierungsverbot gestützter Anspruch auf Aufnahme in das Vertragshändlernetz in der Regel ausscheiden, wenn der Hersteller eine zulässige quantitative Selektion anwendet.

§ 12 Einflussnahme auf Preise und Geschäftsbedingungen

Übersicht

860 Vgl. Pressemitteilung IP/06/303 und MEMO/06/120 vom 13.3.2006.

861 Näher zur Behandlung von Kfz-Vertragshändlerverträgen im früheren deutschen Kartellrecht etwa *Kirchhoff,* Vertikale Vertriebsverträge, S. 159 ff. und 213 f.

Schrifttum: *Bayreuther,* Die Reform der EG-Wettbewerbspolitik gegenüber vertikalen Wettbewerbsbeschränkungen, EWS 2000, 106; *Bechtold,* GWB, 1. Aufl. 1993; *Eufinger,* Bestpreisklauseln im Internethandel aus Sicht des Wettbewerbsrechts, K&R 2014, 307; *Fiebig,* Internet-Vergleichsportale und Kartellrecht, WuW 2013, 812; *Galle/Nauck,* Bestpreisklauseln von Hotelportalen und Kartellrecht, WuW 2014, 587, 589; *Heyers,* Wettbewerbsrechtliche Bewertung sog. Preisparitätsklauseln – ein juristisch-ökonomischer Ansatz, GRUR Int 2013, 409 *Immenga/Mestmäcker,* EG-Wettbewerbsrecht, 5. Aufl., 2012; *Kirchhoff,* Vertikale Höchstpreisbindungen, Festschrift für Günter Hirsch, 2008, 249; *ders.,* Kartellrechtliche Fragen des Internetvertriebs, Festschrift für Joachim Bornkamm, 2014, 199; *Kröner,* Probeabonnements im Pressevertrieb: Ein Preisbindungsmissbrauch?, WRP 2003, 1149; *Langen/Bunte,* Kommentar zum deutschen und europäischen Kartellrecht, 12. Aufl. 2014; *Lettl,* Informationsaustausch über die Preisgestaltung als vertikale Wettbewerbsbeschränkung, WRP 2013, 1272; *Loewenheim/Meessen/Riesenkampff,* Kartellrecht, 2. Aufl. 2009; *Schröter/Jakob/Klotz/Mederer,* Kommentar zum Europäischen Wettbewerbsrecht, 2. Aufl. 2014; *Soyez,* Die kartellrechtliche Beurteilung von Meistbegünstigungsklauseln im Lichte der HRS-Entscheidung des BKartA, NZKart 2014, 447; *Wallenfels/Russ,* Buchpreisbindungsgesetz, 6. Aufl. 2012; *Wey,* Beste Preise im Internet: Die HRS-Entscheidung des Bundeskartellamts vom 20.12.2013, WuW 2014, 119.

A. Grundsatz

1 Sowohl Art. 101 Abs. 1 AEUV als auch § 1 GWB verbieten Absprachen von Unternehmen über die Festsetzung von Preisen oder Geschäftsbedingungen gegenüber dritten Lieferanten oder Kunden. Dies gilt nicht nur für Absprachen zwischen Herstellern (Beschränkung des interbrand-Wettbewerbs), sondern insbesondere auch für Bindungen der Preise und Geschäftsbedingungen des Weiterverkaufs, die ein Lieferant seinen Abnehmern – regelmäßig Händlern – auferlegt (Beschränkung des intrabrand-Wettbewerbs). Art. 101 Abs. 1 lit. a) AEUV nennt als Regelbeispiel einer verbotenen Wettbewerbsbeschränkung u. a. alle Vereinbarungen zwischen Unternehmen, durch die An- oder Verkaufspreise oder sonstige Geschäftsbedingungen unmittelbar oder mittelbar festgesetzt werden. Dieses Verbot erfasst gleichermaßen horizontale wie vertikale Preis- und Konditionenbindungen.

B. Preise

I. Preisbindungsverbot

2 **1. Europäisches Kartellrecht.** Mit Ausnahme der Festsetzung von Höchstverkaufspreisen ist nach europäischem Kartellrecht grundsätzlich jede vertikale Preisbindung als Verstoß gegen Art. 101 Abs. 1 lit. a) AEUV verboten und nach Abs. 2 dieser Norm nichtig.[1] Auf verbotene Preisbindungen findet die Bagatellbekanntmachung der Kommission schon deshalb keine Anwendung finden, weil es sich um bezweckte Wettbewerbsbeschränkungen handelt.[2] Der EuGH hatte zwar früher angenommen, dass nicht zwingend jede Preisbindung eine spürbare Wettbewerbsbeschränkung bezwecken muss.[3] Im Urteil *Expedia* hat er Ende 2012 aber klargestellt, dass Vereinbarungen, die geeignet sind, den Handel zwischen Mitgliedstaaten zu beeinträchtigen, und eine Wettbewerbsbeschränkung bezwecken, ihrer Natur nach und unabhängig von ihren konkreten Auswirkungen eine spürbare Wettbewerbsbeschränkung darstellen.[4] Fehlt es an einer spürbaren Handelsbeeinträchtigung durch eine Preisbindung, bleibt es aber bei der Unanwendbarkeit von Art. 101 Abs. 1 lit a) AEUV, so dass die nationalen Preisbindungsverbote zu prüfen sind.

---

[1] Vgl. EuGH U. v. 3.7.1985, Slg. 1985, 2015, 2046 – *Binon;* Komm. E. v. 22.12.1976, ABl. 1977 L 16/8, 11 – *Gerofabriek;* s. auch Art. 4 lit. a Vertikal-GVO.

[2] Bekanntmachung der Kommission über Vereinbarungen von geringer Bedeutung, ABl. 2014 C 291/1 ff., Rdnr. 13; Commission Staff Working Document, Guidance on restrictions „by object" for the purpose of defining which agreements may benefit from the De Minimis Notice, vom 25.6.2014 – SWD(2014) 198 final –, unter 3.4., abrufbar unter http://ec.europa.eu/competition/antitrust/legislation/de_minimis_notice_annex.pdf.

[3] EuGH U. v. 2.4.2009, Slg. 2009, I-2437, Rdnr. 82 – *Pedro IV Servicios.*

[4] EuGH U. v. 13.12.2012, Rs C-226/11, ECLI:EU:C:2012:795, WuW/E DE-R 2638, Rdnr. 37 – *Expedia.*

Das Preisbindungsverbot erfasst auch die Bindung von Preisbestandteilen, wie insbesondere Rabatten aller Art, sowie die Festsetzung von Mindestpreisen. Unerheblich ist, in welcher Form die Preisbindung erfolgt. Außer der Festsetzung eines konkreten Verkaufspreises kommt etwa auch die Vorgabe einer bestimmten Handelsspanne in Betracht.[5] 3

Absprachen in Vertriebsverträgen, die Wiederverkäufern unmittelbar Verpflichtungen bezüglich ihrer Verkaufspreise auferlegen oder mittelbar auf eine Preisbeeinflussung zielen (z. B. „Wohlverhaltensbonus" für preisliche Zurückhaltung), kommen auch für eine Freistellung nach Art. 101 Abs. 3 AEUV regelmäßig nicht in Frage.[6] Eine Ausnahme hat die Kommission für den Zeitungsvertrieb anerkannt. Sie hat die Verpflichtung des Verlegers, unverkaufte Zeitungen vom Händler zurückzunehmen, für unerlässlich gehalten, um den Verbrauchern ein großes Zeitungssortiment anzubieten. Diese Rücknahmepflicht sei dem Verleger wirtschaftlich nur zuzumuten, wenn er auch den Verkaufspreis des Händlers festlegen könne.[7] 4

In den Vertikal-Leitlinien von 2010 erörtert die Kommission zudem erstmals Möglichkeiten einer Freistellung für Preisbindungen der zweiten Hand.[8] Als Fallgruppen dafür nennt sie die Einführung neuer Produkte, kurzfristige Sonderangebotskampagnen in Franchisesystemen oder ähnlichen Vertriebssystemen sowie die Vermeidung von Free-Riding (Trittbrettfahren). Vor allem zur Bekämpfung des Free-Riding wird eine Preisbindung aber in der Regel nicht erforderlich sein, weil die an Beratungsleistungen der Händler interessierten Hersteller stattdessen einen – weniger wettbewerbsbeschränkenden – qualitativen Selektivvertrieb anwenden können. Entsprechende Bedenken bestehen gegen die Zulassung einer Preisbindung für die Produkteinführung, weil hier häufig alternativ Alleinvertrieb in Betracht kommt.[9] Schon eher erwägenswert könnte es sein, eine Freistellung für zeitlich regelmäßig auf nicht mehr als zwei bis vier Wochen begrenzte Sonderverkaufsaktionen in Franchisesystemen und vergleichbaren Vertriebskonzepten anzunehmen, die auf einem einheitlichen Auftreten der Händler aufbauen.[10] Überzeugender erscheint dazu aber die Lösung des deutschen Rechts, wonach für solche Verkaufsförderungsmaßnahmen bereits allgemein die Spürbarkeit verneint wird.[11] 5

Meistbegünstigungsklauseln beschränken den gebundenen Lieferanten, seine Waren anderen Abnehmern günstiger anzubieten. Sie stellen eine Wettbewerbsbeschränkung gem. Art. 101 Abs. 1 AEUV dar, sind jedoch keine Kernbeschränkung nach Art. 4a) Vertikal-GVO.[12] Meistbegünstigungsklauseln können daher auch außerhalb des Anwendungsbereichs der Gruppenfreistellung insbesondere in Bezugsverträgen freigestellt sein.[13] 6

Das BKartA hat die vom Hotelvermittlungsportal *HRS* vereinbarte **Bestpreisklausel** unter anderem als Einschränkung der Preissetzungsfreiheit der Hotelpartner angesehen und wegen Verstoßes gegen Art. 101 AEUV/§ 1 GWB untersagt.[14] Die Bestpreisklausel sei ge- 7

---

[5] Vgl. EuGH U. v. 2.4.2009, Slg. 2009, I-2437, Rdnr. 78 – *Pedro IV Servicios;* U. v. 11.9.2008, Slg. 2008, I-6681, Rdnr. 42 – *CEPSA*

[6] EuGH U. v. 3.7.1985, Slg. 1985, 2015, 2046 – *Binon* hält eine Freistellung allerdings nicht grundsätzlich für ausgeschlossen; das Urteil betraf Presseerzeugnisse.

[7] XIX. Wettbewerbsbericht 1999, S. 181 ff. Die Zuständigkeit der Kommission ergab sich in diesem Fall offenbar daraus, dass in erheblichem Umfang auch Zeitschriften aus anderen Mitgliedstaaten in das Vertriebssystem einbezogen waren.

[8] Vertikalleitlinien, Rdnr. 225.

[9] Ähnlich *Immenga/Mestmäcker-Ellger,* EU-WettbR, Art. 101 Abs. 3 AEUV, Rdnr. 193.

[10] Auch dazu kritisch allerdings *Immenga/Mestmäcker-Ellger,* EU-WettbR, Art. 101 Abs. 3 AEUV, Rdnr. 193.

[11] Vgl. u. Rdnr. 15.

[12] Vgl. – allerdings etwas kryptisch – Vertikalleitlinien, Rdnr. 48: unterstützende Maßnahme, die für sich genommen nicht den Tatbestand einer vertikalen Preisbindung erfüllt.

[13] Vgl. § 11 Rdnr. 273.

[14] BKartA WuW/E DE-V 1953, Rdnr. 153, 185 – *HRS;* dazu ausführlich *Soyez, NZKart 2014, 447.* Das OLG Düsseldorf hatte bereits am 15.2.2012 eine auf § 1 GWB gestützte einstweilige Verfügung wegen der Bestpreisklausel gegen *HRS* erlassen, dabei die Möglichkeit einer Freistellung aber nicht erörtert (VI-W (Kart) 1/12, juris.

eignet und darauf ausgerichtet, den Wettbewerb zwischen Hotelportalen zu beschränken und Markteintritte zu erschweren. Wettbewerbern von *HRS* werde der Anreiz genommen, mit Hotels niedrigere Provisionen zu vereinbaren, um diese zu bewegen, Zimmer über die Wettbewerber günstiger anzubieten.[15] Weil die gebundenen Hotels gehindert würden, ihre Zimmer auf anderen Vertriebskanälen günstiger anzubieten, werde auch der Wettbewerb zwischen den Hotels beschränkt. Diese wettbewerbsbeschränkenden Wirkungen würden dadurch verstärkt, dass die Hauptwettbewerber von *HRS* ebenfalls Bestpreisklauseln anwendeten.[16] Das BKartA hat dahinstehen lassen, ob die Bestpreisklausel eine Kernbeschränkung im Sinne von Art. 4a) Vertikal-GVO ist.[17] Die Frage dürfte zu verneinen sein, da nicht der Abnehmer, sondern allein der Anbieter (Hotelier) gebunden wird.[18] Allerdings wirkt die Bestpreisklausel wie eine Kernbeschränkung. Weil der Marktanteil von HRS über 30% betrug, kam ohnehin nur eine Einzelfreistellung in Betracht. Deren Voraussetzungen hielt das BKartA nicht für erfüllt.[19] Das OLG Düsseldorf hat den Beschluss des BKartA bestätigt.[19a] Die zugelassene Rechtsbeschwerde zum BGH ist nicht eingelegt worden.

8 Mit knapper Begründung bejaht hat das BKartA die Frage, ob die Bestpreisklausel eine vertikale Vereinbarung ist, die unterhalb der Schwellenwerte des Art. 3 in den Anwendungsbereich der Vertikal-GVO fällt.[20] Das versteht sich nicht von selbst.[21] Der Vermittlervertrag ist zwar eine vertikale Vereinbarung, die den Absatz der Vermittlerdienstleistung regelt (vgl. Art. 1 lit. a) Vertikal-GVO). Zweifelhaft ist aber, ob die Bestpreisklausel eine (freigestellte) Bedingung betrifft, die sich darauf bezieht, wie die Parteien des Vermittlungsportals Dienstleistungen beziehen, verkaufen oder weiterverkaufen dürfen.[22] Ihre wettbewerbsbeschränkende Wirkung tritt zulasten der Hoteliers beim Absatz von deren Hotelzimmern ein. Die als Vermittler tätige Hotelplattform steht auf diesem Absatzmarkt in keiner vertikalen Beziehung zu den Hoteliers. Ob der vertikale Charakter des Handelsvertretervertrags als Dienstleistungsvertrag dazu führen kann, dass darin vereinbarte wettbewerbsbeschränkende Klauseln auch dann von der Vertikal-GVO erfasst werden, wenn sie auf Märkten eintreten, in denen keine Vertikalbeziehung der Vertragsparteien besteht, ist fraglich.[23] Hält man allerdings Exklusivrechte von Mehrfirmenvertretern für freigestellt,[24] könnte dies dafür sprechen, dasselbe auch für die den Hotelier weniger stark bindende Bestpreisklausel anzunehmen. Andererseits wird dem Exklusivrecht des Vertreters regelmäßig seine ausschließliche Bindung an den Lieferanten gegenüberstehen, die ihn daran hindert, für dessen Wettbewerber tätig zu werden. Eine solche exklusive Bindung ist mit dem Geschäftsmodell der Buchungsplattformen aber kaum vereinbar.

9 Wegen der **Preisparitätsklausel,** die *Amazon* gegenüber seinen „Marketplace-Händlern" – also unabhängigen Händlern, die ihre Ware (auch) über *Amazon* als Handelsplattform anbieten – anwendete, hatte das BKartA ein Verwaltungsverfahren eingeleitet.[25] Diese Händler wurden durch die Preisparitätsklausel daran gehindert, ihre Waren anderswo im Internet günstiger zu verkaufen. Das Verbot erfasste nicht nur eigene online-Shops dieser

---

[15] AaO, Rdnr. 155ff.
[16] AaO, Rdnr. 163, 174.
[17] AaO, Rdnr. 184ff.
[18] So etwa auch *Eufinger,* K&R 2014, 307, 310; *Soyez,* NZKart 2014, 447, 449.
[19] AaO, Rdnr. 198ff.; aA etwa *Wey,* WuW 2014, S. 119.
[19a] OLG Düsseldorf, WuW/E DE-R 4572.
[20] AaO, Rdnr. 179f.; zustimmend *Eufinger,* K&R 2014, 307, 310.
[21] Vgl. *Kirchhoff,* Fs. Bornkamm, S. 199, 209.
[22] Ebenso *Fiebig,* WuW 2013, 812, 825; diese Zweifel dagegen nicht teilend *Galle/Nauck,* WuW 2014, 587, 589.
[23] Zu dieser Problematik vgl. *Kirchhoff,* § 11 Rdnr. 27.
[24] Vgl. *Kirchhoff* § 11 Rdnr. 33.
[25] Vgl. Pressemitteilung des BKartA vom 20.2.2013 – Bundeskartellamt befragt Amazon-Marketplace-Händler, abrufbar unter www.bundeskartellamt.de; dazu – auch aus ökonomischer Perspektive, allerdings unter nicht zweifelsfreier Annahme einer Kernbeschränkung i. S. v. Art. 4a) Vertikal-GVO – *Heyers,* GRUR Int 2013, 409.

Händler, sondern auch andere Handelsplattformen wie z.B. *Ebay.* Wenn andere Plattformen den Händlern günstigere Konditionen boten als *Amazon,* also etwa niedrigere Verkaufsprovisionen berechneten, waren die Händler durch die Preisparitätsklausel daran gehindert, diesen Vorteil in Form günstigerer Preise an ihre Kunden weiterzugeben. Das kann den Wettbewerb zwischen den Internet-Handelsplattformen beschränken, weil die mit *Amazon* konkurrierenden Plattformen auch im Fall einer für die Händler günstigeren Preisstruktur nicht durch niedrigere Verkaufspreise der Händler an Attraktivität für die Verbraucher gewinnen können. Infolgedessen können sie im Wettbewerb mit *Amazon* behindert werden. Für die kartellrechtliche Bewertung solcher Preisparitätsklauseln stellen sich entsprechende Fragen wie bei der Beurteilung von Bestpreisklauseln der Hotelbuchungsportale. Ob es dabei entscheidend darauf ankommen kann, dass die Preisparitätsklausel anders als jene auf den Internetvertrieb beschränkt ist, erscheint fraglich. *Amazon* hat dem BKartA inzwischen mitgeteilt, die Klausel künftig nicht mehr anzuwenden.[26]

Nach Art. 4 lit. a Vertikal-GVO sind ***Höchstpreisbindungen*** (von der Kommission auch **10**
als **„Preisobergrenzen"** bezeichnet)[27] durch Lieferanten zulässig, solange deren Marktanteil 30% nicht überschreitet. Das gilt allerdings ausdrücklich nur, sofern die Höchstpreise nicht infolge der Ausübung von Druck oder der Gewährung von Anreizen wie Fest- oder Mindestpreise wirken. Die Ausschlussgründe der Druckausübung und Anreizgewährung wird man nicht eng verstehen können. Druckausübung dürfte schon dann vorliegen, wenn die Höchstpreise schlicht so niedrig angesetzt werden, dass sie der Händler nicht mehr unterschreiten kann.[28]

Außerhalb des Anwendungsbereichs der Vertikal-GVO ist die Behandlung von Höchst- **11**
preisbindungen unklar.[29] Die Kommission hat in ihrer jüngeren Praxis zunächst den Standpunkt eingenommen, echte Höchstpreisbindungen würden nicht von Art. 101 Abs. 1 AEUV erfasst.[30] In den Vertikal-Leitlinien geht die Kommission davon aus, Höchstpreisbindungen außerhalb des Anwendungsbereichs der Vertikal-GVO könnten in zwei Fallgruppen von Art. 101 Abs. 1 AEUV erfasst werden. Sie könnten zum einen ein einheitliches Preisniveau bewirken, wenn sie den Wiederverkäufern aufgrund der Marktstellung des Lieferanten als Orientierungspreis dienten. Zum anderen könnten sie die Kollusion unter Lieferanten erleichtern.[31] Soweit Höchstpreisbindungen wettbewerbsbeschränkend sind, kann nach Ansicht der Kommission eine Freistellung in Betracht kommen. Mögliche Effizienzgewinne, die als Verbesserung der Warenverteilung gelten könnten, seien die „Vermeidung doppelter Gewinnmaximierung", d.h. aus Sicht des Herstellers zu hoher Händlerpreise, und die Verbesserung der Position der Markenprodukte des Herstellers im interbrand-Wettbewerb. Zweifelhaft dürfte allerdings häufig insbesondere die Unerlässlichkeit von Höchstpreisbindungen sein, da oft als weniger wettbewerbsbeschränkende Alternative eine Preisempfehlung in Betracht kommen könnte.

Maßgebliches Schutzgut des Art. 101 Abs. 1 AEUV ist die Handlungsfreiheit im Wett- **12**
bewerb. Es gibt deshalb keinen Grund, Höchstpreisbindungen nicht als Wettbewerbsbeschränkung anzusehen.[32] Sie begrenzen insbesondere die Möglichkeit der Händler, zusätzliche Leistungen wie besonderen Service oder besonders attraktive Einkaufsumgebungen anzubieten und in den Wiederverkaufspreis einzurechnen. Dadurch wird zum Schaden der

---

[26] Pressemitteilung des BKartA vom 27.8.2013 – Amazon verzichtet auf Preisvorgabe für Händler, abrufbar unter www.bundeskartellamt.de.

[27] Vertikalleitlinien, Rdnr. 227.

[28] Vgl. *Bayreuther,* EWS 2000, 106, 112; *Langen/Bunte-Nolte,* Bd. 2, nach Art. 101 AEUV, Rdnr. 451.

[29] Vgl. ausführlich *Kirchhoff* in Fs. für Günter Hirsch, 249 ff.

[30] Mitteilung der Kommission über die Anwendung der EG-Wettbewerbsregeln auf vertikale Beschränkungen (Konkrete Vorschläge im Anschluss an das Grünbuch), ABl. 1998 C 365/3, 14, 21; Komm. E. v. 5.7.2000, ABl. 2001 L 54/1, Rdnr. 87 – *Nathan-Bricolux.*

[31] Vertikalleitlinien, Rdnr. 227 ff.; auch in Rdnr. 111 f. werden wettbewerbsbeschränkende Wirkungen von Höchstpreisbindungen für möglich gehalten.

[32] *Kirchhoff,* aaO (Fn. 29), S. 255; vgl. *Immenga/Mestmäcker-Ellger,* WettbR, EU/Teil I, VO (EU) 330/2010, Art. 4 Rdnr. 19.

Verbraucher das Angebot zusätzlicher Preis-/Leistungskombinationen beim Vertrieb eines Produktes (oder einer Dienstleistung) verhindert. Damit können Höchstpreisbindungen auch schon unterhalb der Schwelle eines faktischen Mindestpreises die Möglichkeiten der Händler zum durch Art. 101 AEUV geschützten intrabrand-Wettbewerb erheblich beeinträchtigen. Die Bedeutung des intrabrand-Wettbewerbs nimmt mit der Marktstärke des Lieferanten zu. Es erscheint deshalb zweifelhaft, ob Höchstpreisbindungen unabhängig von der Marktstärke des Lieferanten keine spürbaren Wettbewerbsbeschränkungen sind.[33] Ob der EuGH die großzügige Beurteilung der Höchstpreisbindungen durch die Kommission teilen wird, ist durchaus fraglich. Es bleibt abzuwarten, ob ihm etwa durch ein Vorlageverfahren Gelegenheit gegeben wird, sich hierzu zu äußern. So leuchtet etwa nicht unbedingt ein, warum Höchstpreisbindungen anders als Fest- und Mindestpreisbindungen keine bezweckten Wettbewerbsbeschränkungen sein sollen.[34]

13 Mangels Eignung zur Handelsbeeinträchtigung zwischen Mitgliedstaaten fallen rein **nationale Preisbindungssysteme** nicht unter das Verbot des Art. 101 Abs. 1 AEUV.[35] Ein rein nationales Preisbindungssystem liegt allerdings nicht mehr vor, wenn die Preisbindung für mehrere Mitgliedstaaten gelten soll oder zwischen Unternehmen aus verschiedenen Mitgliedstaaten vereinbart wird.[36] Art. 101 Abs. 1 AEUV wird auf eine nationale Preisbindung grundsätzlich auch dann anwendbar, wenn sie Reimporte, also die Wiedereinfuhr von aus dem Bindungsstaat ausgeführten Waren in diesen, erfasst. Dies gilt allerdings nicht, sofern Waren ausschließlich in gegen die Preisbindung gerichteter Umgehungsabsicht zum Zwecke ihrer Wiedereinfuhr ausgeführt worden sind.[37]

14 **2. Deutsches Kartellrecht.** Seit der 7. GWB-Novelle (2005) besteht auch bei der Beurteilung von Preisbindungen ein Gleichlauf von deutschem und europäischem Kartellrecht. Allerdings ist in Deutschland eine nationale Preisbindung gem. § 30 GWB für Zeitungen und Zeitschriften zulässig und nach dem Buchpreisbindungsgesetz[38] für Bücher und bestimmte andere buchhandelstypische Produkte vorgeschrieben.

15 Gegen das Verbot der Preisbindung verstößt grundsätzlich die faktische Bindung eines Händlers, eine gegenüber der Normalpackung einer Ware erweiterte Werbepackung zum Preis der Normalpackung zu verkaufen.[39] Dasselbe gilt für Preiswerbung eines Franchisegebers, welche die Franchisenehmer, die selbst das wirtschaftliche Risiko ihres Unternehmens tragen, im Hinblick auf dadurch geweckte Kundenerwartungen für ihre Unternehmen übernehmen müssen.[40] Im Anwendungsbereich der nach § 2 Abs. 2 GWB im deutschen Recht jetzt entsprechend geltenden Vertikal-GVO könnten solche Bindungen allerdings möglicherweise als zulässige Höchstpreisbindungen angesehen werden. Im Übrigen verstößt die faktische Festlegung der Wiederverkaufspreise des Handels durch Verkaufsförderaktionen des Herstellers dann nicht gegen das Preisbindungsverbot, wenn die Preisgestaltungsfreiheit der Händler nur für eine kurze Zeitspanne und praktisch nicht spürbar eingeschränkt wird. In dem entschiedenen Fall warb der Hersteller während eines Zeitraums von sechs Wochen für eine Aktionsbox mit einem um 10% vergrößerten Inhalt, die zum gleichen Preis wie die

[33] Grundsätzlich von mangelnder Spürbarkeit geht wohl *Loewenheim/Meessen/Riesenkampff-Baron,* Kartellrecht, Vertikalvereinbarungen, Rdnr. 166 aus.

[34] So aber Commission Staff Working Document, Guidance on restrictions „by object" for the purpose of defining which agreements may benefit from the De Minimis Notice, vom 25.6.2014 – SWD(2014) 198 final –, unter 3.4, aaO.

[35] Vgl. schon 1. WB, Rdnr. 55, sowie die Ausklammerung der nationalen Preisbindungssysteme in Belgien und den Niederlanden in Komm. E. v. 25.2.1982, ABl. 1982 L 54/36 – *VBBB/VBVB;* ferner – allerdings vor dem Hintergrund einer in Frankreich gesetzlich vorgeschriebenen vertikalen Preisbindung – EuGH U. v. 10.1.1985, Slg. 1985, 1, 33 – *Leclerc/Au Blé Vert.*

[36] Vgl. Komm. E. v. 12.12.1988, ABl. 1989 L 22/12, 20 – *Publishers Association.*

[37] Vgl. EuGH U. v. 10.1.1985, Slg. 1985, 1, 35 – *Leclerc/Au Blé Vert.*

[38] BGBl. I 2002, 3448; zur Kommentierung s. etwa *Wallenfels/Russ,* Buchpreisbindungsgesetz.

[39] BGH WuW/E BGH 1519 – *4 zum Preis von 3.*

[40] BGHZ 140, 342, 347 – *Preisbindung durch Franchisegeber I;* BGH WuW/E DE-R 1170, 1174 – *Preisbindung durch Franchisegeber II.*

Normalpackungen an die Endverbraucher verkauft wurde.[41] Da solche befristeten Verkaufsförderungsaktionen gerade auf eine Belebung des Wettbewerbs zielen, sollten sie nicht als bezweckte Wettbewerbsbeschränkungen angesehen werden.

Meistbegünstigungsklauseln, die einem Lieferanten die künftige Besserstellung anderer Abnehmer gegenüber dem Vertragspartner rechtlich oder wirtschaftlich verbieten, waren nach deutscher Praxis gem. § 14 GWB in der bis 30.6.2005 geltenden Fassung verboten und unwirksam.[42] Solange der Marktanteil des Lieferanten 30% nicht überschreitet, sind sie nunmehr nach § 2 Abs. 2 GWB iVm. Art. 2 Abs. 1 Vertikal-GVO freigestellt. Auch bei höheren Marktanteilen ist eine (Einzel-)Freistellung nicht ausgeschlossen.[43] **16**

3. Ausnahme für Zeitungen und Zeitschriften. *a) Grundzüge.* § 30 GWB lässt als Ausnahme vom Verbot des § 1 GWB eine vertikale Preisbindung für Zeitungen und Zeitschriften zu.[44] Die Vorschrift dient dem Schutz der Pressefreiheit. Geschützt werden soll das historisch gewachsene, zeitungs- und zeitschriftentypische Vertriebssystem, wonach die Presseerzeugnisse überall zu gleichen Preisen erhältlich sind, damit sich die Bürger in allen Teilen des Landes unter gleichen Voraussetzungen eine eigene Meinung bilden können.[45] Wesentliches Merkmal des historisch gewachsenen Zeitungs- und Zeitschriftenvertriebs ist das Rückgaberecht der Händler für unverkaufte Exemplare. Aufgrund dieses Remissionsrechts ist es der Verleger, der das Absatzrisiko im Handel trägt. Das spricht dafür, ihm auch die Preisbindungsmöglichkeit zu gewähren.[46] **17**

Zu Zeitungen und Zeitschriften zählen auch Produkte, die Zeitungen und Zeitschriften reproduzieren oder substituieren und bei Würdigung der Gesamtumstände als überwiegend verlagstypisch anzusehen sind, sowie kombinierte Produkte, bei denen eine Zeitung oder Zeitschrift im Vordergrund steht. Mit den Kriterien der Reproduktion und Substitution orientiert sich das Gesetz an der Entscheidung *„NJW auf CD-ROM"* des BGH zum Begriff des Verlagserzeugnisses in § 15 GWB 1999.[47] Der BGH hat dort betont, dass der Begriff des **Verlagserzeugnisse**s für neue technische Entwicklungen offen ist, die der Gesetzgeber noch nicht berücksichtigen konnte. Entscheidend sei, ob es sich aus der Sicht der Benutzer um ein Substitutionsprodukt des Buches handele, das geeignet sei, eine auf Bücher gerichtete Nachfrage zu befriedigen. Zusätzliche elektronische Recherchemöglichkeiten, die als Hilfsfunktion dem Benutzer die gespeicherte Information zum Zwecke des Lesens zugänglich machen, stehen der Eigenschaft als Verlagserzeugnis lt. BGH nicht entgegen. Der BGH hat also zu Recht einer materiellen, auf den Leseinhalt abstellenden Betrachtung den Vorzug gegeben vor einer an Äußerlichkeiten wie Papier und Druckerschwärze orientierten Auslegung des Begriffs „Verlagserzeugnisse". Daran ist auch die Auslegung des Begriffs „Zeitungen und Zeitschriften" in § 30 GWB auszurichten. Dementsprechend können auch **E-Paper** und **E-Journals** im Preis gebunden werden,[48] wobei für diese Produkte allerdings ein Direktvertrieb durch die Verlage die Regel sein dürfte. Multimediale Inhalte schließen die Preisbindungsfähigkeit aus, wenn sie im Verhältnis zum Text nicht mehr eine nur untergeordnete, veranschaulichende oder in sonstiger Weise dienende Funktion haben.[49] **18**

Die Preisbindung bedarf der Schriftform, § 30 Abs. 2 GWB, wobei der Vertragstext abweichend von § 126 Abs. 2 BGB auf verschiedenen Urkunden niedergelegt sein kann. Im Hinblick auf Art. 3 Abs. 2 der VO Nr. 1/2003 führt ein Mangel der Schriftform bei einer **19**

---

[41] BGH WuW/E DE-R 1101,1104 f. – *1 Riegel extra,* vgl. dazu *Lettl,* WRP 2013, 1272, 1278.

[42] Grundlegend BGH WuW/E BGH 1787 – *Garant.*

[43] Vgl. o. § 11 Rdnr. 273 f.

[44] Zur positiven Beurteilung der Preisbindung für Zeitungen im EG-Kartellrecht vgl. o. Rdnr. 4.

[45] BGH WuW/E DE-R 1604, 1607 – *Zeitschrift mit Sonnenbrille;* Begründung zum Regierungsentwurf eines Gesetzes zur Regelung der Preisbindung bei Verlagserzeugnissen, BT-Drucks. 14/9196, S. 14.

[46] Ausführlich zu Sinn und Zweck des § 30 GWB etwa *Loewenheim/Meessen/Riesenkampff-Nordemann,* Kartellrecht, § 30, Rdnr. 2 ff.

[47] BGH WuW/E BGH 3128 ff. – *NJW auf CD-ROM.*

[48] Ebenso etwa *Wallenfels/Russ,* aaO § 30 GWB, Rdnr. 5.

[49] *Wallenfels/Russ,* aaO § 30 GWB, Rdnr. 5.

Preisbindung, die spürbare zwischenstaatliche Wirkungen hat, nicht zur Unwirksamkeit, weil beim Vertrieb von Zeitungen und Zeitschriften die Voraussetzungen für eine Freistellung nach Art. 101 Abs. 3 AEUV vorliegen.[50]

20 Bindungsberechtigt sind nur Hersteller, nicht Importeure oder Händler von Zeitungen oder Zeitschriften. Mit Hersteller ist hier allein der Verleger gemeint, der funktional zu bestimmen ist. Die Auslagerung von Herstellungstätigkeiten in andere Unternehmen schließt die Verlegereigenschaft nicht aus.[51] Die Preise ausländischer Presseerzeugnisse muss der ausländische Verleger binden, der dazu aber in seinem Namen einen Importeur ermächtigen kann.[52]

21 Inhalt der Preisbindung ist die Verpflichtung der Abnehmer, „bei der Weiterveräußerung bestimmte Preise zu vereinbaren oder ihren Abnehmern die gleiche Bindung bis zur Weiterveräußerung an den letzten Verbraucher aufzuerlegen". Dieser durchaus nicht klare Wortlaut ist dahin zu verstehen, dass der Verleger sowohl die Abgabepreise des Pressegrosso an die Zeitungsverkaufsstellen wie auch deren Verkaufspreise an die Leser binden darf.[53] Das „oder" bedeutet also lediglich, dass der Verleger sich auch auf die eine oder andere Bindung beschränken kann. Wäre statt des „oder" ein „und" in den Gesetzeswortlaut eingefügt worden, wäre diese Wahlmöglichkeit nicht mehr zum Ausdruck gekommen.

22 *b) Missbrauchsaufsicht gem. § 30 Abs. 3 GWB.* Die Preisbindung für Presseerzeugnisse untersteht einer speziellen Missbrauchsaufsicht gem. § 30 Abs. 3 GWB. Danach kann das BKartA eine missbräuchliche Preisbindung für unwirksam erklären und die Anwendung einer neuen, gleichartigen Preisbindung verbieten. Missbrauchsverfahren sind jedoch selten. Eine Missbrauchsverfügung kommt nicht für Preisbindungen von Presseerzeugnissen in Betracht, die eine Eignung zur Beeinflussung des zwischenstaatlichen Handels haben, deshalb in den Anwendungsbereich des Art. 101 Abs. 1 AEUV fallen und aufgrund des Art. 101 Abs. 3 freigestellt sind.

23 Die Handhabung der Preisbindung ist zunächst missbräuchlich, wenn ein Verleger an einer lückenhaften Preisbindung festhält.[54] Eine lückenhafte Preisbindung beeinträchtigt unangemessen die Interessen der gebundenen Händler, die sich dem Wettbewerb ungebundener Konkurrenten ausgesetzt sehen. Gerade im Zeitungs- und Zeitschriftenvertrieb hat der Wettbewerbsparameter Preis zentrale Bedeutung. Außerdem werden die Verbraucher darüber getäuscht, dass die Zeitung oder Zeitschrift in allen Verkaufsstellen nur zum gebundenen Preis erhältlich ist. Nicht missbräuchlich ist daher nur eine gedanklich (theoretisch) und tatsächlich (praktisch) lückenlose Preisbindung. Gedanklich lückenlos ist die Preisbindung, wenn der Verleger ausschließlich Abnehmer beliefert, die sich schriftlich (§ 30 Abs. 2 GWB) zur Einhaltung der gebundenen Preise verpflichtet haben und ihrerseits die Verpflichtung übernehmen, nur solche Wiederverkäufer zu beliefern, die ebenfalls zur Einhaltung der Preisbindung verpflichtet sind. Tatsächlich lückenlos ist die Preisbindung, wenn sie auch praktisch lückenlos durchgeführt wird.

24 Die ***gedankliche Lückenlosigkeit*** setzt voraus, dass keine Vertriebswege ohne Preisbindung bestehen. Nach europäischem Kartellrecht nicht beschränkbare Möglichkeiten für preisbindungsfreie Reimporte aus anderen Mitgliedstaaten schließen die gedankliche Lückenlosigkeit aber nicht aus. Um dies klarzustellen, hatte der Gesetzgeber mit dem Gesetz zur Sicherung der nationalen Buchpreisbindung vom 30.11.2000 an § 15 Abs. 1 GWB a. F., der die Preisbindung für Verlagserzeugnisse regelte, folgenden Satz 4 angefügt:

„Die Beachtung der Pflichten, die sich aus den Vorschriften des Vertrages zur Gründung der Europäischen Union ergeben, steht der Wirksamkeit und Durchsetzbarkeit der Preisbindung im Übrigen nicht entgegen."

---

[50] Vgl. o. Rdnr. 4.

[51] Vgl. *Loewenheim/Meessen/Riesenkampff-Nordemann,* Kartellrecht, § 30, Rdnr. 10.

[52] BKartA TB 1962, S. 58.

[53] BGH WuW/E BGH 502, 505 – *Treuhandbüro,* zu dem insoweit gleichlautenden früheren § 16 GWB.

[54] Vgl. etwa BKartA WuW/E BKartA 1303.

Dieser Satz ist zwar mit Inkrafttreten des Buchpreisbindungsgesetzes wieder fortgefallen. Einziger Grund dafür war aber, dass der Gesetzgeber davon ausging, die Problematik von Reimporten bestünde nur bei Büchern.[55] Zeitungen und Zeitschriften sind wegen kurzer Verkaufsfristen sowie relativ niedriger Preise und Handelsspannen für einen Reimport weniger attraktiv als Bücher. Etwa bei höherpreisigen Zeitschriften könnte es gleichwohl zu Reimporten kommen. Im Hinblick auf die Freistellung der Preisbindung für Presseerzeugnisse nach Art. 101 Abs. 3 AEUV[56] dürften Händler deutscher Presseerzeugnisse in anderen Mitgliedstaaten zwar wohl daran gehindert werden, diese preisbindungsfrei nach Deutschland zu reimportieren. Sollten aber dennoch solche Reimporte europarechtlich nicht unterbunden werden können, würde die Aufrechterhaltung der Preisbindung gegenüber Händlern in Deutschland keinen Missbrauch begründen. Dafür spricht auch die Rechtsprechung des BGH, nach der sich das Erfordernis der Lückenlosigkeit nicht als unüberwindliches Hindernis für die Errichtung eines Preisbindungssystems auswirken darf.[57]

Jedenfalls reicht es zur gedanklichen Lückenlosigkeit aus, wenn den ausländischen Wie- **25**
derverkäufern vertraglich wirksam die Belieferung von Außenseitern untersagt wird; auf die Möglichkeit, im Ausland rechtlich gegen die Verletzung dieser Verpflichtung vorzugehen, kommt es nicht an.[58]

Die ***praktische Lückenlosigkeit*** erfordert, dass der Verlag die Einhaltung seines Preisbin- **26**
dungssystems wirksam überwacht sowie bekanntgewordene Verstöße zügig verfolgt und für die Zukunft unterbindet.[59] Vereinzelte oder vorübergehende Lücken stehen der Lückenlosigkeit nicht entgegen, wenn sie alsbald nach ihrer Aufdeckung geschlossen werden.

Die Lückenlosigkeit muss nur für das einzelne preisgebundene Presseerzeugnis bestehen. **27**
Ein Verlag ist nicht gehindert, nur einzelne der von ihm herausgegebenen Titel im Preis zu binden oder umgekehrt einzelne Titel aus der Preisbindung herauszunehmen. Solange die Preisbindung für einen Titel besteht, ist der Verlag aber an sie gebunden. Geschieht dies nicht, wird die Lückenlosigkeit der Preisbindung gefährdet. Der Verlag ist indes nicht daran gehindert, allgemein oder für bestimmte Lesergruppen (z. B. Studenten, Schüler) vorteilhafte Abonnementpreise anzubieten oder mit besonders günstigen Probeabonnements mit oder ohne attraktive Gratiszugaben zu werben. Aus der wettbewerbsrechtlichen Rechtsprechung des BGH folgt, dass der Verleger mit derartigen Angeboten zur Steigerung der Abonnentenzahl berechtigte wirtschaftliche Interessen verfolgt.[60] Das ist auch im Rahmen der kartellbehördlichen Missbrauchsaufsicht zu beachten. Zweifelhaft ist, ob den Wettbewerbsregeln der Zeitschriften- und Zeitungsverleger Anhaltspunkte dafür entnommen werden können, ab wann eine Preisspreizung zwischen Abonnement- und Einzelverkaufspreisen missbräuchlich ist. Für die lauterkeitsrechtliche Beurteilung hat der BGH der Einhaltung der Wettbewerbsregeln keine erhebliche Bedeutung beigemessen.[61] Voraussetzung für die Annahme eines Missbrauchs durch Abonnementangebote ist jedenfalls, dass sie bei dem betreffenden Titel zu gewichtigen Nachfrageverschiebungen zu Lasten des Handels führen.[62]

Als missbräuchlich ist es angesehen worden, wenn ein Verlag eine Preisbindung ohne **28**
formwirksame Preisbindungsverträge (§ 30 Abs. 2 GWB) durchführt. In diesem Fall wurden einerseits die Verbraucher durch Aufdruck des Preises auf Zeitschriften oder Buchumschlägen über das Vorliegen einer Verpflichtung des Händlers, nur zum gebundenen Preis zu verkaufen, getäuscht. Andererseits war die Preisbindung auch lückenhaft.[63] Weitere Fälle einer missbräuchlichen Preisbindung für Verlagserzeugnisse sind etwa der Vertrieb desselben

---

[55] *Wallenfels/Russ,* BuchpreisbindungsG, § 30 GWB Rdnr. 2.
[56] Vgl. o. Rdnr. 4.
[57] Vgl. BGH GRUR 2000, 724, 726 – *Außenseiteranspruch II.*
[58] BGH WuW/E BGH 551, 555 – *Trockenrasierer II;* GRUR 1989, 832, 834 – *Schweizer Außenseiter.*
[59] BGH aaO, S. 555.
[60] BGH GRUR 2006, 773, 775 – *Probeabonnement.*
[61] BGH GRUR 2006, 773, 774 f. – *Probeabonnement.*
[62] BKartA TB 1987/88, S. 94; vgl. *Kröner,* WRP 2003, 1149, 1151 ff.
[63] BKartA WuW/E BKartA 1295; WuW/E BKartA 1303.

Verlagserzeugnisses durch den Verleger zu unterschiedlichen Preisen oder die Diskriminierung von Abnehmern durch preisbindende Verlage (z.B. sachlich nicht gerechtfertigter Ausschluss bestimmter Abnehmer vom Vertrieb).[64]

29 Während § 30 Abs. 3 Nr. 1 GWB eine tatsächlich missbräuchliche Handhabung der Preisbindung voraussetzt, genügt für eine Missbrauchsverfügung gem. § 30 Abs. 3 Nr. 2 GWB bereits, dass „die Preisbindung oder ihre Verbindung mit anderen Wettbewerbsbeschränkungen *geeignet* ist, die gebundenen Waren zu verteuern oder ein Sinken ihrer Preise zu verhindern oder ihre Erzeugung oder ihren Absatz zu beschränken." Der Missbrauchstatbestand der Erzeugungs- oder Absatzbeschränkung hat bisher noch keine praktische Bedeutung erlangt. Die Feststellung, ob eine Preisbindung geeignet ist, die gebundenen Verlagserzeugnisse zu verteuern oder ein Sinken ihrer Preise zu verhindern, erfordert den Vergleich mit einem hypothetischen, sich ohne Preisbindung einstellenden Marktpreis. Grundlage dafür kann etwa ein Handelsspannenvergleich sein. Die Verteuerung bzw. Verhinderung der Preissenkung kann auch durch häufige und erhebliche Unterschreitungen der gebundenen Preise belegt werden.

30 Nach dem bis zum 31.12.1998 geltenden § 17 GWB lag eine missbräuchliche Preisbindung nach Nr. 2 nur vor, wenn die Verteuerung bzw. Verhinderung der Preissenkung oder die Beschränkung von Absatz oder Erzeugung nicht „durch die gesamtwirtschaftlichen Verhältnisse" gerechtfertigt war. Gesamtwirtschaftlich gerechtfertigt waren danach insbesondere Verteuerungen, die sich zwangsläufig aus der Durchführung der Preisbindung ergaben, etwa aus der Notwendigkeit, jeden Abnehmer auch in kleineren Stückzahlen zu beliefern.[65] Seit der 6. GWB-Novelle (dort § 15 Abs. 3 Nr. 2 GWB) fehlt zwar das einschränkende Tatbestandsmerkmal der mangelnden Rechtfertigung durch die gesamtwirtschaftlichen Verhältnisse. Ausweislich der Gesetzesbegründung zur 6. GWB-Novelle war damit jedoch keine materielle Änderung beabsichtigt. Vielmehr hielt der Gesetzgeber dieses Tatbestandsmerkmal für verzichtbar, da das BKartA ohnehin im Rahmen seines Ermessens die besonderen Umstände des Einzelfalles in ihrem gesamten wirtschaftlichen Zusammenhang zu prüfen habe, um festzustellen, ob sich negative Wirkungen einer Preisbindung im Rahmen des mit ihrer Zulassung verfolgten Gesetzeszwecks halten oder darüber hinausgehen.[66]

II. Preisempfehlung

31 **1. EU-Kartellrecht.** Unverbindliche, vertikale Preisempfehlungen sind nach EU-Recht grundsätzlich zulässig. Art. 101 Abs. 1 AEUV enthält kein allgemeines Empfehlungsverbot.[67] Die Kommission hatte dies schon früher für Preisempfehlungen in selektiven Vertriebssystemen sowie im Rahmen von Franchisesystemen anerkannt.[68] Grundsätzlich unerheblich ist, wie der empfohlene Verkaufspreis berechnet wird.[69]

Die einem Großhändler von seinem Lieferanten auferlegte Verpflichtung, den Einzelhändlern unverbindliche Endverkaufspreise zu empfehlen, soll jedenfalls nach früherer – durchaus diskussionswürdiger – Ansicht der Kommission einen Verstoß gegen Art. 101 Abs. 1 AEUV darstellen.[70] Auch eine derartige Bindung ist jetzt aber durch die Vertikal-GVO freigestellt.

---

[64] Vgl. BKartA TB 1970, 82, 83; *Langen/Bunte-Bahr,* Bd. 1, § 30, Rdnr. 149.

[65] *Bechtold,* GWB, 1. Aufl. 1993, § 17 Rdnr. 4.

[66] Vgl. Begründung des Gesetzentwurfs der Bundesregierung, BT-Drucks. 13/9720, S. 50 zu § 15 Abs. 3.

[67] Vgl. EuG U. v. 3.12.2003, Slg. 2003 II, 5141, Rdnr. 33ff. – *Volkswagen;* EuGH U. v. 13.7.2006, Slg. 2006 I, 6585, Rdnr. 35f. – *Volkswagen.*

[68] Zum selektiven Vertrieb vgl. etwa Komm. E. v. 16.12.1985, ABl. 1985 L 376/15, 16, 20 – *Villeroy und Boch;* E. v. 5.12.1983, ABl. 1983 L 348/20, 21, 23 – *Murat;* zu Franchiseverträgen Art. 5 lit. e) der GVO Nr. 4087/88.

[69] So ausdrücklich EuGH U. v. 2.4.2009, Slg. 2009, I-2437, Rdnr. 78 – *Pedro IV Servicios.*

[70] Komm. E. v. 22.12.1987, ABl. 1988 L 45/34, 38) – *ARG/Unipart,* kritisch dazu schon oben § 11 Rdnr. 427, Stichwort „Preisempfehlung".

In Art. 4 lit. a Vertikal-GVO und den Vertikal-Leitlinien, Rdnr. 226 ff., werden Preisempfehlungen von der Kommission Höchstpreisbindungen gleichgestellt. Preisempfehlungen können zwar ähnlich wie Höchstpreisbindungen wirken. Anders als letztere sind sie aber gerade nicht bindend, so dass schon das Tatbestandsmerkmal der Vereinbarung problematisch ist.[71] Es bedarf daher sorgfältiger Prüfung im Einzelfall, ob die Preisempfehlung auf einer – etwa im Zusammenhang mit einem Vertriebsvertrag getroffenen – Vereinbarung oder abgestimmten Verhaltensweise zwischen Hersteller und Händler beruht oder nur ein von Art. 101 Abs. 1 AEUV nicht erfasstes einseitiges Verhalten vorliegt.[72] Preisempfehlungen haben zudem eine nützliche Orientierungsfunktion für den Verbraucher und können dem Handel die Kalkulation erleichtern. Sofern weder Druck noch Anreize zu ihrer Durchsetzung angewandt werden und sie auch nicht wie eine Preisbindung wirken, sollten deshalb auch vereinbarte oder auf abgestimmtem Verhalten beruhende Preisempfehlungen regelmäßig die Freistellungsvoraussetzungen erfüllen können. Von einer unbedenklichen Preisempfehlung kann allerdings nicht mehr gesprochen werden, wenn der Lieferant den Abnehmer zur Einhaltung des empfohlenen Preises auffordert.[73] Stets ist anhand aller Umstände des Einzelfalls zu prüfen, ob der vom Lieferanten empfohlene Preis nicht in Wirklichkeit – etwa durch Drohungen, Einschüchterungen, Warnungen, Sanktionen oder Anreize – auf einen Festpreis oder Mindestpreis hinausläuft.[74] 32

Aufgedruckte Preisempfehlungen können nach Ansicht der Kommission als Mittel zur Durchsetzung einer Preisbindung dienen und sind dann als Kernbeschränkung nach Art. 4 lit. a Vertikal-GVO zu qualifizieren.[75] Bei einer derartigen Instrumentalisierung der Preisempfehlung scheidet auch eine Einzelfreistellung aus. 33

2. Deutsches Kartellrecht. Anders als im europäischen Recht waren nach deutschem Kartellrecht vertikale Preisempfehlungen früher grundsätzlich verbotene Ordnungswidrigkeiten (§ 38 Abs. 1 Nr. 12 GWB a. F.). Ausgenommen waren nur Preisempfehlungen durch Hersteller von Markenwaren. Seit der 7. GWB-Novelle 2005 bestehen aber auch bei der Beurteilung von Preisempfehlungen grundsätzlich keine Unterschiede mehr zwischen deutschem und europäischem Kartellrecht. Trotz der Bedenken der Kommission gegenüber aufgedruckten Preisempfehlungen[76] wird der in Deutschland weit verbreitete Aufdruck ausdrücklich als unverbindlich bezeichneter Preisempfehlungen für sich allein aufgrund langjähriger Praxis und Gewöhnung der Verbraucher als unbedenklich gelten können, weil er nicht als mittelbare Preisbindung wirkt.[77] 34

Soweit Händlerverträge Preisempfehlungen vorsehen, behält die frühere deutsche Praxis zur unzulässigen Druckausübung zur Einhaltung einer Preisempfehlung Bedeutung. Wie im europäischen Recht kann die Druckausübung in Verbindung mit einem Händlervertrag als Grundlage der Preisempfehlung dazu führen, dass die Preisempfehlung als unzulässige Preisbindung zu behandeln ist. 35

Häufig ist unzulässige Druckausübung durch parallel laufende Werbemaßnahmen des Herstellers („Preissenkung – jetzt nur noch … €").[78] Die Händler werden dadurch faktisch gezwungen, ihre Preise auf die neue Preisempfehlung zu senken. Ein klarer Fall unzulässiger Druckausübung ist es, wenn bei Nichteinhaltung einer Preisempfehlung „unpopuläre 36

---

[71] Vgl. *Schultze/Pautke/Wagener,* Vertikal-GVO, Art. 4 lit. a, Rdnr. 556, 559; *Lettl,* WRP 2013, 1272, 1275.

[72] Ausführlich zu dieser Abgrenzung im Zusammenhang mit Preisempfehlungen *Langen/Bunte-Nolte,* Bd. 2, nach Art. 101 AEUV Fallgruppen, Rdnr. 444 ff. und 308 ff.

[73] Vgl. *Lettl,* WRP 2013, 1272, 1277.

[74] EuGH U. v. 2.4.2009, Slg. 2009, I-2437, Rdnr. 79 – *Pedro IV Servicios;* U. v. 11.9.2008, Slg. 2008, I-6681, Rdnr. 70 f. – *CEPSA.*

[75] Vertikalleitlinien, Rdnr. 48.

[76] Vertikalleitlinien, Rdnr. 48.

[77] So auch *Langen/Bunte-Bahr,* GWB, nach § 2, Rdnr. 323.

[78] BGH WuW/E BGH 2256 – *Herstellerpreiswerbung.*

Maßnahmen" angekündigt werden.[79] Eine besonders scharfe Form der Druckausübung ist schließlich die Ankündigung konkreter Nachteile bei Nichteinhaltung der Preisempfehlung, die etwa von verzögerter Belieferung über Rabattkürzung bis zu Liefersperren reichen können. Das BKartA hat relativ häufig Bußgelder wegen unzulässiger Druckausübung zur Einhaltung von Preisempfehlungen verhängt.[80]

37 Auch außerhalb von Händlerverträgen werden Druckausübung und Anreize zur Einhaltung von Preisempfehlungen vom Verbot einseitigen wettbewerbsbeschränkenden Verhaltens in § 21 Abs. 2 GWB erfasst. Nach Ansicht des BKartA genügt es für die Ausübung unzulässigen Drucks i. S. v. § 21 Abs. 2 GWB, wenn der Lieferant sich nicht auf die bloße Mitteilung seiner unverbindlichen Preisempfehlung beschränkt, sondern darüber hinaus mit seinen Abnehmern Kontakt aufnimmt und das Gespräch über deren Preisgestaltung sucht.[81] Ob das bereits für eine „Androhung von Nachteilen" zur Durchsetzung einer Preisempfehlung ausreicht, ist allerdings nicht zweifelsfrei. Der BGH konnte diese Frage bisher offenlassen.[82]

38 Unterschreitet ein Händler beim Vertrieb bestimmter Produkte die Preisempfehlung deutlich, und erklärt ihm daraufhin ein Außendienstmitarbeiter des Herstellers, er könne die Preiskalkulation des Händlers betriebswirtschaftlich nicht nachvollziehen, liegt eine nach § 21 Abs. 2 GWB unzulässige Druckausübung jedenfalls dann vor, wenn der Händler annehmen muss, der Außendienstmitarbeiter habe angerufen, um ihn durch Androhung des Abbruchs der Lieferbeziehung zu einer Preisanhebung zu bewegen.[83]

39 Der Internetvertrieb veranlasst Hersteller häufiger dazu, Maßnahmen der „Preispflege" zu ergreifen, durch die sie in unzulässiger Weise Händler zur Einhaltung unverbindlicher Preisempfehlungen bewegen wollen.[84]

C. Geschäftsbedingungen

40 Lieferanten können ihre Händler dazu verpflichten, mit ihren Kunden bestimmte Geschäftsbedingungen zu vereinbaren. Geschäftsbedingungen sind alle Vertragsbedingungen, insbesondere alle Lieferungs- und Zahlungsbedingungen, z. B. Abreden über Gefahrtragung, Haftung oder Gewährleistung. Der Begriff der Geschäftsbedingungen erfasst somit grundsätzlich den gesamten Inhalt der Verträge, die mit dritten Unternehmen abgeschlossen werden sollen. Häufig wird in Vertriebsverträgen den Händlern etwa ein bestimmtes Kundendienst-Leistungsprogramm für die Verträge mit ihren Kunden vorgeschrieben. Typisches Beispiel hierfür ist die Vorgabe der bei Inspektionen an Kraftfahrzeugen durchzuführenden Kontrollarbeiten. Eine Bindung von Geschäftsbedingungen liegt auch vor, wenn ein Lieferant seine Produkte einer durchlaufenden Vertriebsbindung unterwirft. Sie ist

---

[79] BKartA TB 1983/84, 86.

[80] So z. B. 60 000 DM gegen ein konzernzugehöriges Vertriebsunternehmen der Depotkosmetik und dessen Geschäftsführer wegen wiederholter Vorgabe von Endverbraucherpreisen in Preislisten ohne jeden Hinweis auf Unverbindlichkeit oder 54 000 DM gegen ein Unternehmen der Lederwarenindustrie und dessen Geschäftsführer wegen Androhung von Liefersperren bei Nichteinhaltung von Preisempfehlungen, BKartA TB 1993/94, S. 97, 102, sowie in neuerer Zeit 11,5 Mio. € wegen Beschränkung des Internethandels und Druckausübung zur Durchsetzung unverbindlicher Preisempfehlungen bei Kontaktlinsen, BKartA Pressemitteilung v. 25.9.2009 – Bundeskartellamt verhängt Bußgeld gegen CIBA Vision, sowie 6,5 Mio. € wegen Erzwingung der Beachtung von Preisempfehlungen bei Naturkosmetikprodukten, Pressemitteilung vom 31.7.2013 – Bußgeld gegen die WALA Heilmittel GmbH.

[81] Vgl. Vorsitzendenschreiben des BKartA v. 13.4.2010 – B 11 – 13,16 u. 19/09, 12/10, WuW 2010, 786 (sog. „Handreichung").

[82] BGH B. v. 6.11.2012 – KZR 13/12, Rdnr. 6, juris; die Frage verneint *Lettl,* WRP 2013, 1272, 1274.

[83] Vgl. BGH B. v. 6.11.2012 – KZR 13/12, Rdnr. 5 f., juris.

[84] Vgl. Pressemitteilungen des BKartA vom 25.9.2009 – *CIBA Vision* – und vom 15.10.2009, abrufbar unter www.bundeskartellamt.de.

notwendige Voraussetzung für die Lückenlosigkeit selektiver Vertriebssysteme. Den Zwischenhändlern wird hier auferlegt, die Vertriebsbindung zur Geschäftsbedingung beim Weiterverkauf zu machen.

Im **deutschen Kartellrecht** war es bisher äußerst problematisch, den Händlern in Vertriebsverträgen inhaltliche Vorgaben für die Gestaltung der Verträge mit ihren Kunden (sog. „Zweitverträge") zu machen. § 14 GWB a. F. enthielt ein striktes Verbot der Bindung von Geschäftsbedingungen. Nur mit großer Mühe ist es der Praxis gelungen, unter Einsatz der teleologischen und historischen Auslegung dennoch in den meisten Fällen sachgerechte Lösungen zu finden.[85] Es war aber etwa einem Lieferanten durch § 14 GWB a. F. verboten, seine Händler zu verpflichten, ihren Abnehmern selbst in bestimmter Weise Garantie zu leisten und diese Pflicht in die Verträge mit ihren Kunden aufzunehmen.[86] **41**

Mit der ersatzlosen Streichung des § 14 GWB a. F. brachte die 7. GWB-Novelle ab 2005 eine wesentliche Erleichterung für die Beurteilung der vertriebsvertraglichen Vereinbarung von Geschäftsbedingungen für Zweitverträge. Das deutsche Recht entspricht jetzt auch in diesem Bereich vollständig dem europäischen Kartellrecht, das keine besonderen Regeln für die Behandlung von Bindungen in Zweitverträgen kennt. Nach Art. 101 Abs. 1 AEUV gilt für Inhalts- wie Abschlussbindungen ein einheitlicher Beurteilungsstandard. Die Schwierigkeiten, die sich im deutschen Kartellrecht aus der Diskrepanz zwischen der bloßen Missbrauchsaufsicht nach § 16 GWB a. F. und dem Verbot des § 14 GWB a. F. ergaben, gibt es hier also nicht. Insbesondere kann jede gegenüber einem ersten Abnehmer zulässige Vertriebsbindung auch durchlaufend gestaltet werden.[87] **42**

Unter der Voraussetzung der Spürbarkeit und Eignung zur Handelsbeeinträchtigung kann die unmittelbare oder mittelbare vertikale Bindung von Geschäftsbedingungen von Art. 101 Abs. 1 lit. a) AEUV erfasst werden, so dass sie nur bei Erfüllung der Freistellungsvoraussetzungen des Art. 101 Abs. 3 AEUV zulässig ist. Soweit ersichtlich, gibt es dazu noch keine Praxis der Kommission oder der europäischen Gerichte. In horizontalem Zusammenhang hat die Kommission als unzulässige Bindung von Geschäftsbedingungen qualifiziert etwa den Ausschluss von Qualitätsgarantien, die weitergehen als die der Hersteller, oder das Verbot, Material und Werkzeuge für Installationen zur Verfügung zu stellen.[88] Ein nach europäischem Kartellrecht schon nicht wettbewerbsbeschränkendes oder freigestelltes Selektionskriterium kann unbedenklich in den Verträgen zwischen den gebundenen Händlern und ihren Kunden Ausdruck finden, etwa durch Gewährung eines entsprechenden Leistungsanspruchs auf Kundendienst oder sonstige warenbegleitende Nebenleistungen für den Kunden. Entsprechendes gilt für sonstige vertriebsvertragliche Bindungen. **43**

§ 13 Sonstige vertikale Beschränkungen

Übersicht

[85] Vgl. in der 1. Aufl. *Kirchhoff,* § 11 Rdnr. 36 ff.

[86] Vgl. OLG Frankfurt WuW/E OLG 1483, 1485 – *Stromversorgungsbausteine.*

[87] Vgl. etwa Komm. E. v. 13.12.1974, ABl. 1975 L 29/1 – *BMW;* E. v. 21.12.1976, ABl. 1977 L 30/10, 12 – *Junghans.*

[88] Vgl. Komm. E. v. 16.12.1971, ABl. 1972 L 13/34, 38 – *VCH;* weitere Beispiele aus dem horizontalen Bereich in den Entscheidungen v. 22.12.1972, ABl. 1972 L 303/24 – *Cimbel* oder v. 22.12.1972, ABl. 1972 L 303/45 – *G. I. S. A.*

Schrifttum: *Besen/Jorias,* Kartellrechtliche Grenzen des Category Managements unter Berücksichtigung der neuen EU-Leitlinien für vertikale Beschränkungen, BB 2010, 1099; *Gleiss/Hirsch,* Kommentar zum EG-Kartellrecht, 1993; *Grabitz/Hilf/Nettesheim,* Das Recht der Europäischen Union, Stand 57. EL 2015; *Grave/Laskey,* Neues aus Brüssel, Category Management – Neue Kartellrechtliche Vorgaben von der Europäischen Kommission, BIORecht 2010, 164; *Immenga/Mestmäcker,* EU-Wettbewerbsrecht, 5. Aufl. 2012; *Langen/Bunte,* Kommentar zum deutschen und europäischen Kartellrecht, 12. Aufl. 2014; *Metzlaff,* Category Management und Kartellrecht, ZVertriebsR 2013, 138; *Möschel,* Recht der Wettbewerbsbeschränkungen, 1983; *Schröter/Jakob/Klotz/Mederer,* Kommentar zum Europäischen Wettbewerbsrecht, 2. Aufl. 2014; *von Graevenitz,* Category Management und Kartellrecht, WRP 2012, 782.

A. Zugangsvorauszahlungen von Anbietern/ Herstellern an Händler

1 Die Vertikalleitlinien machen erstmals Ausführungen zu **Zugangsvorauszahlungen *(upfront access payments).*** Hierbei handelt es sich um Zahlungen des Anbieters an einen Händler im Rahmen einer vertikalen Beziehung für den Zugang zu seinem Vertriebsnetz und für Service-Leistungen des Händlers. Dazu zählen z. B. Listungsgebühren (um einen Regalplatz zu bekommen), sogenannte „Pay-to-Stay-Gebühren" (um einen Regalplatz zu sichern) oder Werbekostenzuschüsse.[1] Diese sind grundsätzlich nach der Vertikal-GVO freigestellt, wenn die Marktanteilsschwellen nach Art. 3 GVO nicht überschritten sind. Negative Auswirkungen der Zugangsvorauszahlungen sind insbesondere bei Überschreiten der Marktanteilsschwellen und somit außerhalb des Anwendungsbereichs der Vertikal-GVO zu berücksichtigen. Dies können nach Ansicht der Kommission der Marktausschluss bzw. die Marktabschottung anderer Händler oder auch anderer Anbieter sein. Eine hohe Gebühr kann dazu führen, dass der Anbieter den Großteil seiner Verkäufe über einen Händler abwickelt. Kleinere potentielle Anbieter können aufgrund der Gebühren vor einem Markteintritt zurückschrecken (Vertikalleitlinien, Rdnr. 205). Die Kommission verweist in diesen Fällen auf die Grundsätze zur Beurteilung von Alleinbelieferungsverpflichtungen bzw. Markenzwang.[2] Zudem kann die Kollusion zwischen Händlern begünstigt werden, wenn die Anbieter ihre Preise aufgrund der Gebühren erhöhen (Vertikalleitlinien, Rdnr. 206).

2 Die geschilderten Praktiken sind aufgrund der gesteigerten Marktmacht der großen Handelskonzerne und -verbundgruppen inzwischen weit verbreitet. In der kartellrechtlichen Entscheidungspraxis des BKartA spielen vor allem die sog. „Hochzeitsrabatte" nach einer Fusion auf der Handelsseite in Missbrauchsverfahren nach Art. 102 AEUV oder §§ 18 ff. GWB eine Rolle.[3]

B. Produktgruppenmanagement-Vereinbarungen

3 Grundsätzlich von der Vertikal-GVO erfasst und freigestellt sind auch Produktgruppenmanagement-Vereinbarungen zwischen Hersteller und Händler (sog. **Category Management**). Die Kommission hatte das Category Management bereits in ihrer Entscheidung *Procter&Gamble/Gillette* größtenteils positiv bewertet.[4] Produktgruppenmanagement-Vereinbarungen werden zwar nicht in der Vertikal-GVO, nun aber erstmals in den Vertikalleitlinien behandelt.[5] Nach der Definition in den Vertikalleitlinien handelt es sich dabei um „Vereinbarungen, mit denen ein Händler in Verbindung mit einer Vertriebsvereinbarung

[1] Vertikalleitlinien, Rdnr. 203.

[2] Vertikalleitlinien, Rdnr. 204, 205 f. mit Verweis auf Rdnr. 194 f. und 132 f. Vgl. dazu Erläuterungen in § 11 Rdnr. 170 ff., 288 ff. und *Kirchhoff* in § 11 Rdnr. 249 ff.

[3] Vgl. aus neuester Zeit BKartA B. v. 3.7.2014, B 2–58/09 – *EDEKA.*

[4] Komm. E. v. 15.7.2005, COMP/M.3732, Rdnr. 134 ff. – *Procter & Gamble/Gillette.*

[5] Vertikalleitlinien, Rdnr. 209 ff. Danach fallen Produktgruppenmanagement-Vereinbarungen unter die Vertikal-GVO, wenn sowohl der Anbieter als auch der Abnehmer auf seinem Markt nicht mehr als 30 % Marktanteil hat.

dem Anbieter als „Category Captain" die Federführung über das Marketing einer bestimmten Gruppe von Produkten, zu denen im Allgemeinen nicht nur die Produkte des Anbieters, sondern auch die Produkte seiner Wettbewerber zählen, überträgt". Letztlich geht es somit um Vereinbarungen zwischen Hersteller und Händler anlässlich eines Liefervertrags über die (strategische) Beratung bei der Vermarktung bestimmter Waren.

Category Management ist insbesondere in der Konsumgüter- und Lebensmittelindustrie verbreitet.[6] Denn dort spielt der Absatz von Produkten über Einzelhandelsunternehmen mit umfassendem Sortiment eine wesentliche Rolle.[7] Der Händler hat so die Möglichkeit, die Marketingkenntnisse der Anbieter in Bezug auf eine bestimmte Produktgruppe zu nutzen und Größenvorteile zu erzielen. Gleichzeitig soll dadurch sichergestellt sein, dass eine optimale Auswahl an Produkten zum gewünschten Zeitpunkt und direkt in den Regalen steht, um eine hohe Kundenzufriedenheit zu erreichen.[8] Der Category Captain unterstützt den Händler in der Regel bei der Sortimentsauswahl, der Platzierung von Produkten, der Vergabe und Gestaltung von Regalflächen, der Werbung und ggfs. auch bei der Preisgestaltung.[9] 4

Die Kommission zählt die verschiedenen Verhaltensweisen im Bereich Category Management in den Vertikalleitlinien nicht auf. Im Einzelfall kann es somit schwierig sein, zu beurteilen, ob es sich bei einer Vereinbarung überhaupt um eine freistellungsbedürftige **Wettbewerbsbeschränkung** handelt.[10] Letztlich kann diese Frage aber dahinstehen, solange die Anwendungsvoraussetzungen der Vertikal-GVO, insbesondere die Marktanteilsschwellen, erfüllt sind.[11] 5

Problematisch sind diese Vereinbarungen, wenn sie **Kernbeschränkungen** nach Art. 4 GVO darstellen, da dann die Vertikal-GVO insgesamt nicht anwendbar ist. Dies wäre zum Beispiel der Fall, wenn der Hersteller Einfluss auf die Preisgestaltung des Händlers nimmt und diese Einflussnahme über eine einfache Preisempfehlung hinausgeht. Weitere kartellrechtliche Probleme im Vertikalverhältnis können sich aus Beschränkungen bei der Produktauswahl und der Exklusivität als Category Captain ergeben.[12] Darüber hinaus birgt das Category Management über den Informationsaustausch auch die Gefahr der **Verhaltenskoordinierung** auf horizontaler Ebene. Die Anbieter haben grundsätzlich die Möglichkeit, über Einzelhändler sensible Marktinformationen auszutauschen. Eine Kollusion zwischen Händlern kann begünstigt werden, wenn derselbe Anbieter als Category Captain für alle oder fast alle konkurrierenden Händler eines Marktes fungiert und diesen Händlern einen einheitlichen Bezugsrahmen für ihre Marketingentscheidung geben würde.[13] 6

C. Kopplungsbindungen

I. Begriff

Durch Kopplungsbindungen verpflichten Lieferanten ihre Abnehmer, neben der eigentlichen Vertragsware (Kopplungsprodukt) ein anderes Produkt (gekoppeltes Produkt) zu erwerben. Der Lieferant gibt die vom Kunden begehrte Ware nur ab, wenn der Kunde auch gleichzeitig die Kopplungsware bei ihm (oder einem von ihm benannten Unterneh- 7

[6] *Besen/Jorias,* BB 2010, 1099.

[7] *Grave/Laskey,* BIORecht 2010, 164, 165.

[8] Diese Effizienzgewinne des Category Management sind nach Ansicht der Kommission insbesondere dann zu berücksichtigen, wenn die Vertikal-GVO aufgrund des Überschreitens der Marktanteilsschwellen keine Anwendung findet (Vertikalleitlinien Rdnr. 213).

[9] *Grave/Laskey,* BIORecht 2010, 164, 166. Zu den Vorteilen des Category Management siehe insbesondere *Metzlaff,* ZVertriebsR 2012, 138, 139.

[10] *Besen/Jorias,* BB 2010, 1099

[11] Da oftmals gerade marktstarke Hersteller die Funktion des Category Captain wahrnehmen, kann die Anwendbarkeit der Vertikal-GVO durchaus zweifelhaft sein; vgl. dazu *von Graevenitz,* WRP 2012, 782, 784.

[12] *von Graevenitz,* WRP 2012, 782, 785.

[13] Vertikalleitlinien Rdnr. 211 f. Vgl. zum Informationsaustausch die Erläuterungen von *Lübbig* in § 8.

men) bezieht. Hierin kann man eine besondere Form der Bezugsbindung sehen, da im Umfang der Kopplung andere Hersteller vom Absatz ausgeschlossen werden, also der interbrand-Wettbewerb für das gekoppelte Produkt beschränkt wird. Außerdem wird dem Abnehmer u. U. etwas aufgezwungen, was er nicht erwerben möchte. Kopplungsbindungen können zu erheblichen Marktzutrittsschranken für Wettbewerber führen.

8 Eher atypisch sind Fälle, in denen die Kopplung durch einen Abnehmer erfolgt. So haben beispielsweise Versicherungsgesellschaften die Höhe der von ihnen für Reparaturdienstleistungen gezahlten Vergütung von der Zahl oder dem Prozentsatz der von der Werkstatt für sie vermittelten Versicherungsverträge abhängig gemacht.[14]

9 Kopplungsbindungen sind primär ein Problem der Kontrolle marktbeherrschender Unternehmen, da sie regelmäßig ohne erhebliche Marktmacht nicht durchsetzbar sind.[15] Man kann sogar die Durchsetzung von Kopplungsbindungen durch ein Unternehmen als Indiz einer marktbeherrschenden Stellung ansehen.[16] Instruktive Beispielsfälle einer Kopplung durch ein marktbeherrschendes Unternehmen sind die Bündelung des Betriebssystems *Windows* mit dem Internet-Browser *Explorer*[17] bzw. dem *Windows Media Player (WMP)*[18] durch *Microsoft*. *Microsoft* hatte Computerhersteller dazu gezwungen, mit *Windows* gleichzeitig *Explorer* bzw. *WMP* zu erwerben. Mit dieser Strategie versuchte *Microsoft,* seine marktbeherrschende Stellung bei Betriebssystemen auf weitere Märkte auszudehnen. Hierher gehört auch der von der Kommission erörterte Fall, dass ein Kraftfahrzeughersteller die Gewährung von Prämien oder Rabatten für den Bezug von Originalersatzteilen an die Bedingung knüpft, dass die Werkstätten von ihm auch Ersatzteile für Fahrzeuge anderer Hersteller beziehen.[19]

10 Obwohl Kopplungsbindungen außerhalb der Missbrauchsaufsicht über marktbeherrschende Unternehmen in der Kartellrechtspraxis bisher nur eine sehr untergeordnete Rolle gespielt haben, sollen sie nachfolgend als in Art. 101 AEUV und den Vertikalleitlinien[20] ausdrücklich erwähnte vertikale Wettbewerbsbeschränkungen kurz behandelt werden.

II. EU-Kartellrecht

11 Der Beispielskatalog unzulässiger Wettbewerbsbeschränkungen des Art. 101 Abs. 1 AEUV nennt in lit. e) ausdrücklich „die an den Abschluss von Verträgen geknüpfte Bedingung, dass die Vertragspartner zusätzliche Leistungen annehmen, die weder sachlich noch nach Handelsbrauch in Beziehung zum Vertragsgegenstand stehen". Eine **sachliche Beziehung** zwischen den gekoppelten Leistungen besteht dann, wenn der gemeinsame Absatz etwa aus Gründen der Produktsicherheit oder Qualitätssicherung objektiv erforderlich ist; je nach den Umständen des Einzelfalls kann auch die Verpflichtung zur Abnahme vollständiger Sortimente sachlich gerechtfertigt sein. Auch wenn zwei Produkte aus der Sicht der Verbraucher zu verschiedenen Märkten gehören, kann ihr gemeinsamer Verkauf dem Handelsbrauch entsprechen (Beispiel der Kommission: Schuhe und Schnürsenkel).[21] Eine Wettbewerbsbeschränkung scheidet dann aus. Handelsbrauch kann die Kopplung aber nicht mehr legitimieren, wenn die fraglichen Waren oder Dienstleistungen in nennens-

---

[14] EuGH U. v. 14.3.2013, WuW/E EU-R 2696 – *Allianz Hungaria* u. a. (noch nicht in Slg. veröff.).

[15] Siehe dazu *de Bronett,* § 22 Rdnr. 98 ff. und *Lübbert/Schöner,* § 23 Rdnr. 79 ff.

[16] So *Möschel,* Rdnr. 424, 554.

[17] Vgl. US Court of Appeals for the District of Columbia Circuit, U. v. 28.6.2001 – *United States/Microsoft Corp.,* WuW/E KRInt 21.

[18] Komm. E. v. 24.3.2004 – *Microsoft,* nicht im ABl. veröffentlicht, abrufbar auf der Website der GD Wettbewerb, dazu Pressemitteilung vom 24.3.2004 IP/04/382 und EuG U. v. 17.9.2007, Slg. 2007 II-3601 ff. = WuW/E EU-R 1307.

[19] Komm., Häufig gestellte Fragen zur Anwendung des EU-Kartellrechts im Kraftfahrzeugsektor (FAQ), 27.8.2012, abrufbar unter http://ec.europa.eu/competition/sectors/motor_vehicles/legislation/legislation.html., unter 8.

[20] Vertikalleitlinien, Rdnr. 214 ff.

[21] Vertikalleitlinien, Rdnr. 215.

wertem Umfang auch ohne Kopplung angeboten werden. Im Beispiel der Kommission werden Schuhe zwar kaum ohne Schnürsenkel verkauft, Schnürsenkel aber natürlich auch ohne Schuhe. Würden – lebensfremd – Schnürsenkel nur mit Schuhen verkauft, wäre das eine grundsätzlich wettbewerbsbeschränkende Kopplungsbindung. Außerdem ist ein Handelsbrauch zur Rechtfertigung der Kopplung ungeeignet, wenn er allein auf die wirtschaftliche Macht bestimmter Anbieter zurückzuführen ist.[22] Wegen des vollständig übereinstimmenden Wortlauts kann im Übrigen, insbesondere für die Frage, wann sachlich oder nach Handelsbrauch in Beziehung zum Vertragsgegenstand stehende zusätzliche Leistungen anzunehmen sind, auf die Erläuterungen zu Art. 102 lit. d) AEUV verwiesen werden.[23]

Streitig war, ob von Art. 101 Abs. 1 AEUV schon die Kopplungsgeschäfte zwischen An- **12**
bieter und Abnehmer erfasst werden oder lediglich Absprachen zwischen mehreren Unternehmen (idR Wettbewerbern), künftig *mit ihren Abnehmern* Kopplungsgeschäfte einzugehen. Teilweise wurde argumentiert, das wortgleiche Verbot von Kopplungsgeschäften für marktbeherrschende Unternehmen gemäß Art. 102 lit. d) AEUV mache nur Sinn, wenn Kopplungsgeschäfte nicht schon nach Art. 101 Abs. 1 AEUV generell verboten wären. Denn es würde sonst leerlaufen.[24] Individuelle, vom Anbieter autonom angebotene Kopplungsgeschäfte sollten danach nicht gegen Art. 101 Abs. 1 AEUV verstoßen. Die Kommission geht aber von einer Anwendbarkeit des Art. 101 Abs. 1 AEUV auf das (vertikale) Kopplungsgeschäft aus.[25] Die wohl einzige veröffentlichte Entscheidung der Kommission zu vertikalen Kopplungsgeschäften nach Art. 101 AEUV betraf die in einem Lizenzvertrag zur Benutzung eines patentierten Verfahrens und des hierfür notwendigen Geräts vereinbarte Verpflichtung, auch ein bestimmtes Zulieferteil (Därme zur Wurstherstellung) ausschließlich vom Lizenzgeber zu beziehen. Hingegen gibt es etliche Entscheidungen zu Kopplungsgeschäften nach Art. 102 AEUV.[26]

Die Kommission nimmt eine vertikale Wettbewerbsbeschränkung gemäß Art. 101 **13**
Abs. 1 AEUV an, wenn die Kopplungsbindung in Bezug auf das gekoppelte Produkt wie ein Markenzwang wirkt.[27] Ebenso wie Wettbewerbsverbote oder Alleinbezugsbindungen können Kopplungsbindungen zu einer Marktabschottung oder Marktzutrittsschranken bei dem gekoppelten Produkt und u. U. auch bei dem Kopplungsprodukt führen. Die Marktabschottung ist stärker, wenn die Kopplungsbindung mit einem Wettbewerbsverbot kombiniert wird. Im Übrigen wirken Kopplungsbindungen zumindest ähnlich einer Mengenvorgabe für das gekoppelte Produkt. Außerdem muss der Käufer u. U. für das gekoppelte Produkt mehr als den Marktpreis zahlen.[28]

Sofern ein Lieferant lediglich Anreize zum gleichzeitigen Bezug zweier Produkte setzt, **14**
ohne die Abnehmer dazu rechtlich oder faktisch zu verpflichten, ist der Beispielstatbestand des Art. 101 Abs. 1e) AEUV zwar nicht erfüllt.[29] Gleichwohl können solche Praktiken wettbewerbsbeschränkend nach Art. 101 Abs. 1 1. HS sein. Das ist anhand der Marktstruktur, der Existenz alternativer Vertriebswege und deren Bedeutung sowie – vor allem – der Marktmacht der die Kopplung anwendenden Unternehmen zu prüfen.[30]

---

[22] *Immenga/Mestmäcker-Möschel,* 4. Aufl., EG-WbR I, Art. 82 Rdnr. 210.

[23] Dazu *de Bronett* § 22 Rdnr. 98 ff.

[24] *Gleiss/Hirsch,* Art. 85 (I) Rdnr. 400. So im Ergebnis auch *Bechtold/Bosch/Brinker,* EG-Kartellrecht, 3. Aufl., Art. 101 Rdnr. 102.

[25] Vertikalleitlinien, Rdnr. 214; zuvor Komm. E. v. 10.1.1979, ABl. 1979 L 19/32, 35 – *Vaessen/Moris;* zustimmend; *Langen/Bunte-Hengst,* Bd. 2, Art. 101 AEUV, Rdnr. 286.

[26] Vgl. etwa die Übersicht bei *Immenga/Mestmäcker-Fuchs/Möschel,* EU/Teil I, Art. 102, Rdnr. 296 ff.

[27] Vertikalleitlinien, Rdnr. 214, 216.

[28] Vertikalleitlinien, Rdnr. 216 f.

[29] *Immenga/Mestmäcker-Zimmer,* EU-WettbR, Art. 101 Rdnr. 252; *Grabitz/Hilf/Nettesheim-Stockenhuber,* AEUV Art. 101 Rdnr. 205.

[30] Vgl. EuGH U. v. 14.3.2013, Rs C-32/11, ECLI:EU:C:2013:160, WuW/E EU-R 2696 – *Allianz Hungaria u. a.* zu einer Kopplung durch Abnehmer von Leistungen; das Gericht hat hier auch eine bezweckte Wettbewerbsbeschränkung für möglich gehalten.

15 Nach der Vertikal-GVO sind Kopplungsbindungen freigestellt, sofern der Marktanteil des Lieferanten weder bei dem Kopplungsprodukt noch bei dem gekoppelten Produkt 30% übersteigt. Oberhalb dieser Marktanteilsschwelle geht die Kommission nicht ohne weiteres davon aus, dass eine Kopplungsbindung zu einer spürbaren Wettbewerbsbeschränkung führt. Sie prüft dies vielmehr nach den für die Beurteilung des Markenzwangs entwickelten Kriterien. In erster Linie kommt es auf die Marktstärke des Lieferanten beim Kopplungsprodukt an, die insbesondere auch von der Marktstellung seiner Konkurrenten und eventuellen Marktzutrittsschranken bei dem Kopplungsprodukt abhängt. Kumulative Wirkungen ähnlicher Bindungen sind zu beachten. Außerdem berücksichtigt die Kommission gegebenenfalls Nachfragemacht auf Käuferseite.[31] Soweit sie in diesem Zusammenhang allerdings Effizienzvorteile erwähnt, die starken Nachfragern voraussichtlich durch die Kopplungsbindung zukommen, ist das ein Aspekt, der erst bei der Prüfung einer Freistellung nach Art. 101 Abs. 3 AEUV berücksichtigt werden kann.

16 Im Fall spürbarer wettbewerbsbeschränkender Wirkungen der Kopplungsbindung setzt eine Einzelfreistellung eindeutige Effizienzvorteile voraus, die zumindest teilweise an die Verbraucher weitergeleitet werden müssen. Effizienzgewinne können sich aus gemeinsamer Herstellung, gemeinsamen Vertrieb oder Mengenvorteilen beim Einkauf durch den Lieferanten ergeben.[32] Wird die Kopplungsbindung mit einem Wettbewerbsverbot für das Kopplungsprodukt oder das gekoppelte Produkt verbunden, dürfte eine Freistellung sehr unwahrscheinlich sein.[33] Bestehen für den gebundenen Abnehmer anderweitig günstigere Bezugsmöglichkeiten als sie ihm der Lieferant für das gekoppelte Produkt bietet, ist eine Freistellung ebenfalls in der Regel ausgeschlossen. Soll mit der Kopplungsbindung eine bestimmte Einheitlichkeit oder Qualität des Produkts gewährleistet werden, ist sie nicht unerlässlich, wenn stattdessen Mindestqualitätsanforderungen vereinbart werden könnten, die regelmäßig nicht wettbewerbsbeschränkend sind. Können allerdings keine Mindestqualitätsanforderungen formuliert werden, fällt eine Kopplungsbindung zur Qualitätssicherung u. U. nicht unter Art. 101 Abs. 1 AEUV, und zwar insbesondere dann nicht, wenn der Lieferant des Kopplungsprodukts aus der Benennung des Lieferanten für den Bezug des gekoppelten Produkts keinen direkten finanziellen Vorteil zieht.[34]

17 Das KG hat sich in einem urheberrechtlichen Verfahren am Rande mit der Anwendbarkeit von Art. 101 Abs. 1 AEUV auf Kopplungsauflagen befasst. Es sah keinen Verstoß gegen Art. 101 Abs. 1 AEUV (oder Art. 102 AEUV) darin, dass *Microsoft* den Weiterverkauf der kostengünstigen OEM-Version des Softwareprogramms *„Word for Windows"* nur in Verbindung mit dem Verkauf eines neuen PCs zuließ. Das Programm war, wenn auch teurer, auch als Einzelhandelsprodukt separat erhältlich. Unter diesen Umständen hielt das KG die Kopplungsauflage unter Hinweis auf die Regelungen des Urheberrechts für auch kartellrechtlich sachlich gerechtfertigt.[35] Unter den Beispielstatbestand des Art. 101 Abs. 1 lit. e) AEUV ist dieser Fall ohnehin nicht zu subsumieren, da nicht der Abnehmer zum Bezug einer weiteren Ware gezwungen, sondern nur der Weitervertrieb der Vertragsware an eine Kopplung mit einem anderen Produkt, das von einem beliebigen anderen Hersteller produziert worden sein konnte, geknüpft wurde. Systematisch handelt es sich also eher um eine Verwendungsbeschränkung.

---

[31] Vertikalleitlinien, Rdnr. 219 ff.

[32] Vertikalleitlinien, Rdnr. 222.

[33] So noch ausdrücklich Vertikalleitlinien 2000, Rdnr. 223.

[34] Vertikalleitlinien, Rdnr. 222.

[35] KG GRUR 1996, 974 (einstweiliges Rechtsschutzverfahren) und CR 1998, 137 (Hauptsache, durch BGHZ 145, 7 aus urheberrechtlichen Gründen aufgehoben). Das EuG hat die Koppelung des *Windows*-Betriebssystems mit dem *Windows*-Media-Player durch *Microsoft* nach Art. 102 AEUV für unzulässig gehalten, EuG U. v. 17.9.2007, Slg. 2007 II-3601 = WuW/E EU-R 1307, Rdnr. 814 ff.

III. Deutsches Kartellrecht

Nach der 7. GWB-Novelle (2005) gibt es im deutschen Kartellrecht keine besonderen Vorschriften für Kopplungsbindungen mehr. Kopplungsbindungen marktbeherrschender Unternehmen werden nach § 19 Abs. 2 Nr. 1 GWB beurteilt.[36] 18

---

[36] Dazu *Lübbert/Schöner,* § 23 Rdnr. 79 ff.

4. Kapitel. Lizenzverträge

§ 14 EU- und deutsches Kartellrecht

Übersicht

Schrifttum: *Baron,* Die Rechtsnatur der Gruppenfreistellungsverordnungen im System der Legalausnahme – ein Scheinproblem, WuW 2006, 358; *Bartenbach,* Patentlizenz- und Know-How-Vertrag, 7. Aufl. 2013; *Bartenbach/Jung/Fock,* Aktuelle Rechtsprechung und Entwicklung im Wettbewerbsrecht – Das neue Gesetz gegen Wettbewerbsbeschränkungen (GWB), Mitt. 2006, 165; *Bartosch,* Das Urteil des Europäischen Gerichts erster Instanz in der Rechtssache Microsoft, RIW 2007, 908; *Baudenbacher,* The ECJ's Judgement in the IMS Health Case, European Law Reporter 2004, 193; *Bartenbach/Söder,* Lizenzvertragsrecht nach neuem GWB: Lizenzgebührenpflicht über den Inhalt des Schutzrechts hinaus und nach Schutzrechtsende, Mitt. 2007, 353; *Bechtold/Bosch/Brinker,* EU-Kartellrecht, Kommentar, 3. Aufl. 2014; *Bechtold,* Leitlinien der Kommission und Rechtssicherheit – am Beispiel der neuen Horizontal-Leitlinien, GRUR 2012, 107; *Berger,* Zur Anwendbarkeit der neuen Technologie-Gruppenfreistellungsverordnung auf Software, K&R 2005, 15; *Besen/Slobodenjuk,* Die neue TT-GVO – Überblick über wesentliche praxisrelevante Änderungen, GRUR 2014, 740; *Bornkamm/Becker,* Die privatrechtliche Durchsetzung des Kartellverbots nach der Modernisierung des EG-Kartellrechts, ZWeR 2005, 213; *Brandi-Dohrn,* Die Ausschließlichkeit von Lizenzen, in Festschrift für Kurt Bartenbach, 2004, 439; *Bretthauer,* Die Beurteilung von Markenlizenzverträgen nach deutschem und europäischem Kartellrecht, 2003; *Conrad/Lejeune/Stögmüller/Brandi-Dohrn,* Stellungnahme der DGRi v. 17.5.2013 zum (zweiten) europäischen Entwurf einer Technologie-GVO, CR 2013, 412; *de Bronett,* Gemeinschaftsrechtliche Anmerkungen zum „Orange-Book-Standard"-Urteil des BGH, WuW 2009, 899; *Deichfuß,* Die Rechtsprechung der Instanzengerichte zum kartellrechtlichen Zwangslizenzeinwand nach „Orange-Book-Standard", WuW 2012, 1156; *Drexl,* Die neue Gruppenfreistellungsverordnung über Technologietransfer-Vereinbarungen im Spannungsfeld von Ökonomisierung und Rechtssicherheit, GRUR Int. 2004, 716; *Eilmansberger,* Abschlusszwang und Essential Facility Doktrin nach Art. 82 EG, EWS 2003, 12; *Elmenhorst/Schopp* Die Beendigung markenrechtlicher Abgrenzungsvereinbarungen, WRP 2012, 1356; *Ensthaler/Bock,* Verhältnis zwischen Kartellrecht und Immaterialgüterrecht am Beispiel der Essential-facility-Rechtsprechung von EuGH und EuG, GRUR 2009, 1; *Fammler,* Der Markenlizenzvertrag, 2. Aufl. 2007; *Feldkamp,* Die neue Gruppenfreistellungsverordnung für Technologietransfer, VPP-Rundbrief 2005, 11; *Fezer,* Markenrecht, 3. Aufl. 2001; *Fezer* (Hrsg.),Handbuch der Markenpraxis, Band II. Markenvertragsrecht, 2. Aufl. 2012; *Fischmann,* Die Pflicht zur Lizenzerteilung in Patent-Ambush-Fällen nach deutschem und europäischem Kartellrecht, GRUR Int. 2010, 185; *Friedl/Ann,* Entgeltberechnung für FRAND-Lizenzen an standardessenziellen Patenten, GRUR 2014, 948; *Gürkayank/Güner/Filson,* The Global Reach of FTC v. Actavis – Will Europe differ from the US Approach to Pay-for-Delay Agreements, IIC 2014, 128; *Groß,* Der Lizenzvertrag, 11. Aufl. 2015; *Groß,* Handbuch Technologietransfer, 2010; *Grützmacher,* Software-Verträge und die 7. GWB-Novelle, Auf dem Weg zu einer europaweit einheitlichen Praxis, ITRB 2005, 205; *Frenz,* Abschied vom more economic approach, WRP 2013, 428; *Hauck,* Die wettbewerbsrechtliche Beurteilung von Lizenzverträgen in der EU und den USA, 2008; *Heinemann,* Die Relevanz des „more economic approach" für das

Recht des geistigen Eigentums, GRUR 2008, 949; *ders.*, Standardessenzielle Patente in Normenorganisationen – Kartellrechtliche Vorgaben für die Einlösung von Lizenzierungsversprechen, GRUR 2015, 855; *Hilty/Slowinski,* Standardessentielle Patente – Perspektiven außerhalb des Kartellrechts, GRUR Int. 2015, 781; *Heusch,* Missbrauch marktbeherrschender Stellungen (Art. 102 AEUV) durch Patentinhaber – „Orange-Book-Standard" und was die Instanzgerichte daraus gemacht haben, GRUR 2014, 545; *Heyers,* Effiziente Patentpoolkonstitutionen – zugleich ein Beitrag zum sog. More Economic Approach, GRUR Int 2011, 213; *Hirsbrunner/Schädle,* Sicherer Hafen oder Bermudadreieck?, EuZW 2006, 583; *Höppner,* Die Pflicht, interne Produktionsmittel zu vermarkten, EuZW 2004, 748; *Hufnagel,* Die neue Gruppenfreistellungsverordnung Technologietransfer – Kein Lizenzvertrag ohne Kartellrecht?, Mitt. 2004, 297; *Immenga,* Der „more economic approach" als Wettbewerbspolitik, WuW 2006, 463; *Immenga/Mestmäcker,* Wettbewerbsrecht, Kommentar zum Europäischen Kartellrecht, Band 1 (Teil 1/Teil 2), 5. Aufl. 2012; *Jansen/Johannsen,* Die Bewertung von Vergleichsvereinbarungen in Patentstreitigkeiten nach dem europäischen Kartellverbot, EuZW 2012, 893; *Jestaedt,* Der Lizenzerteilungsanspruch nach der BGH-Entscheidung „Orange-Book-Standard", GRUR 2009, 801; *Kasten,* Die Leegin-Entscheidung des U. Supreme Court: Aufgabe des Per-se-Verbots für Mindestpreisbindungen im U.-Bundeskartellrecht, RIW 2007, 649; *Kirchhoff,* Sachverhaltsaufklärung und Beweislage bei der Anwendung des Art. 81 EG-Vertrag, WuW 2004, 745; *Klawitter,* Safe Harbour und Legalausnahme: Die neue Gruppenfreistellungsverordnung Technologietransfer im Spannungsfeld zwischen Rechtssicherheit und Gestaltungsrisiko, in Festschrift 50 Jahre VPP, 2005, 487; *Kleinmann,* Die neue EG-Gruppenfreistellungsverordnung für Technologietransfer-Vereinbarungen, EWS 1996, 149; Königs, Technologietransfer nach dem Patentpoolkonzept, GRUR 2014, 1155; *Körber,* Kartellrechtlicher Zwangslizenzeinwand und standardessentielle Patente, NZKart 2013, 87; *Korah,* Intellectual Property Rights and the EC Competition Rules, 2006; *Kreutzmann,* Neues Kartellrecht und geistiges Eigentum, WRP 2006, 453; *Lampert/Niejahr/Kibler/Weidenbach,* EG-KartellVO, Praxiskommentar zur Verordnung (EG) Nr. 1/2003, 2004; *Lange,* Handbuch zum deutschen und europäischen Kartellrecht, 2001; *Langen/Bunte,* Kartellrecht Kommentar, Band 2, Europäisches Kartellrecht, 12. Aufl. 2014; *Langfinger,* Die neue EU-Gruppenfreistellungsverordnung Technologietransfer (VO 772/2004), in Festschrift für Kurt Bartenbach, 2004, 427; *Liebscher/Flohr/Petsche,* Handbuch der EU-Gruppenfreistellungsverordnungen, 2. Aufl. 2012; *Lind/Kleymenova/Mianton/Muysert,* CRA Charles River Associates, Report on Multiparty Licensing, 2003; *Lober,* Die IMS-Health-Entscheidung der Europäischen Kommission: Copyright K. O.?, GRUR Int. 2002, 7; *Loewenheim/Meessen/Riesenkampff,* Kartellrecht, Europäisches und Deutsches Recht, 2. Aufl. 2009; *Lorenz,* Die Beurteilung von Patentlizenzvereinbarungen anhand der Innovationstheorie, WRP 2006, 1008; *Lübbig,* „… et dona ferentes": Anmerkungen zur neuen EG-Gruppenfreistellungsverordnung im Bereich des Technologietransfers, GRUR 2004, 483; *Lubitz,* Die neue Technologietransfer-Gruppenfreistellung, EuZW 2004, 652; *Maume/Tapia,* Der Zwangslizenzeinwand ein Jahr nach *Orange Book Standard* – mehr Fragen als Antworten, GRUR Int. 2010, 923; Meier-*Beck,* Die unberechtigte Schutzrechtsverwarnung als Eingriff in das Recht am Gewerbebetrieb, WRP 2006, 790; *Merveldt von,* Ausschluss kartellrechtlicher Einwendungen im Patentverletzungsverfahren, WuW 2004, 19; *Meyer, Andreas,* Die EG-Gruppenfreistellungsverordnung zum Technologietransfer, GRUR Int. 1997, 498; *Meyer, Michael,* Salto rückwärts im Kartellrecht?, WRP 2004, 1456; *Müller, Felix,* Neue Leitlinien zur Anwendung des Art. 81 III EG im Legalausnahmesystem der Kartellverordnung 1/2003, WRP 2004, 1472; *Müller,* Der kartellrechtliche Zwangslizenzeinwand im Patentverletzungsverfahren drei Jahre nach der BGH-Entscheidung „Orange-Book-Standard", GRUR 2012, 686; *Nestler/Ordosch,* Angemessene Lizenzierung nach FRAND, GRUR-Prax 2012, 372; *Niebel,* Das Kartellrecht der Markenlizenz unter besonderer Berücksichtung des Europäischen Gemeinschaftsrechts, WRP 2003, 482; *Nordemann, Jan Bernd,* Urhebervertragsrecht und neues Kartellrecht gemäß Art. 81 EG und § 1 GWB, GRUR 2007, 203; *Pampel,* Europäisches Wettbewerbsrecht – Rechtsnatur und Rechtswirkungen von Mitteilungen der Kommission im europäischen Wettbewerbsrecht, EuZW 2005, 11; *Pfaff/Osterrieth,* Lizenzverträge, Formularkommentar, 3. Aufl. 2010; *Picht,* Standardsetzung und Patentmissbrauch – Schlagkraft und Entwicklungsbedarf des europäischen Kartellrechts, GRUR Int. 2014, 1; *Pischel,* Preisfestsetzung nach Art. 81 EG und Novellierung des GWB, EuZW 2005, 459; *Pohlmann,* Keine Bindungswirkung von Bekanntmachungen und Mitteilungen der Europäischen Kommission, WuW 2005, 1005; *Polley,* Softwareverträge und ihre kartellrechtliche Wirksamkeit, CR 2004, 641; *Sack,* Zur Vereinbarkeit wettbewerbsbeschränkender Abreden in Lizenz- und Know-how-Verträgen mit europäischem und deutschem Kartellrecht, WRP 1999, 592; *Schmidt, Christian,* Lizenzverweigerung als Missbrauch einer marktbeherrschenden Stellung, 2005; *Schmidt/Voigt,* Der „more economic approach" in der Missbrauchsaufsicht, WuW, 2006, 1097; *Schmidtchen,* Der „more economic approach" in der Wettbewerbspolitik, WuW 2006, 6; *Schnelle,* Missbrauch einer marktbeherrschenden Stellung durch Patentanmeldungs- und -verwaltungsstrategien, GRUR Prax 2010, 169; *Scholz/Wagner,* Kartellrechtliche Bewertung hardwarebezogener Verwendungsbeschränkungen in Software-Überlassungsverträgen, CR 2003, 880; *Schröter/Jakob/Klotz/Mederer,* Europäisches Wettbewerbsrecht, 2. Aufl. 2014; *Schultze/Pautke/Wagener,* Die neue Technologietransfer-Gruppenfreistellungsverordnung der Europäischen Kommission – Mission Completed, EWS 2004, 437; *dies.*, Die Gruppenfreistellungsverordnung für Technologietransfer-Vereinbarungen, Praxiskommentar, 2005; *Schulze/Zuleeg/Kadelbach,* Europarecht, Handbuch für die deutsche Rechtspraxis, 2. Aufl. 2010; *Schumacher/Schmid,* Die neue Gruppenfreistellungsverordnung für Technologietransfer-Vereinbarungen, GRUR 2006, 1; *Schweda,* Die Bindungswirkung von Bekanntmachungen und Leitlinien der Europäischen Kommission, WuW 2004, 1133; *Seitz/Kock,* Wettbewerbsrechtliche Aspekte von Sortenschutz- und Patentlizenzen im Saatgutbereich – Ausgestaltung, Beschränkung und rechtliche Vorgaben für Schutzrechtslizenzen im Bereich des Patent- und Sortenschutzes, GRUR Int 2012, 868; *Spindler/Apel,* Urheber- versus Kartellrecht – Auf dem Weg zur Zwangslizenz?, JZ 2005, 133; *Thyri,* Immaterialgüterrechte und Zugang zur wesentlichen Einrichtung, WuW 2005, 388; *Ullrich,* Technologietransfer und Kartellrecht: Der Bedeutungsverlust der EU-Gruppenfreistellungsverordnung, VPP-Rundbrief 2007, 51; *Verhauwen,* „Goldener Orange-Book-Standard" am Ende?, GRUR 2013, 558; *Vieregge,* Aktuelle Berichte, GRUR 2004, 489; *Walz,* Patentverletzungsklagen im Lichte des Kartellrechts – In Sachen Europäische Kommission gegen Orange-Book, GRUR Int 2013, 718; *Weck,* Schutzrecht und Standards aus Sicht des Kartellrechts, NJOZ 2009, 1177; *Wiedemann,* Kommentar zu den Gruppenfreistellungsverordnungen des EWG-Kartellrechts, Band 1, 1989; *ders.,* Auf der Suche nach der verlorenen Rechtssicherheit – Eine Zwischenbilanz zwei Jahre nach Inkrafttreten der EG-Kartellverfahrens-Verordnung Nr. 1/2003, in Festschrift für *Bechtold,* 2006, 627; *Winkler/Jugel,* Die neue EG-Gruppenfreistellungsverordnung für Technologietransfer-Vereinbarungen, EuZW 1996, 364; *Wirtz,* Der kartellrechtliche Zwangslizenzeinwand nach der Orange-Book-Standard Entscheidung des BGH, WRP 2011, 1392; *Wissel/Eickhoff,* Die neue EG-Gruppenfreistellungsverordnung für Technologietransfer-Vereinbarungen, WuW 2004, 1244; *Worm/Lorenz,* „Reverse Payments" und „Pay-For-Delay" im Lichte aktueller Entscheidungen, Mitt. 2013, 390; *Wündisch,* Patent-Cross-Lizenzverträge – Terra incognita?, GRUR Int 2010, 641; *Zöttl,* Das neue EG-Kartellrecht für Technologietransferverträge, WRP 2005, 33.

A. Gewerblicher Rechtsschutz und Kartellrecht

1 Das Verhältnis zwischen geistigem Eigentum, dessen einzelne Schutzrechte ihren Inhabern nach verbreiteter Ansicht Monopolstellungen gewähren, und dem Recht gegen Wettbewerbsbeschränkungen, das auf den freien Wettbewerb zielt und jede Art von Monopolbildung zu verhindern oder aufzulösen sucht, ist naturgemäß konfliktbehaftet. Den jahrzehntelangen Streit darüber nachzuzeichnen, ist hier nicht der Ort.[1]

2 Allerdings sind es gerade die nachfolgend bevorzugt zu behandelnden Technologietransfer-Vereinbarungen, die in bestimmten Regelungszusammenhängen, insbesondere bei Ausschließlichkeits- und Gebietsabreden, die Frage nach dem Zusammenspiel von gewerblichen Schutzrechten und scheinbar entgegenstehenden Wettbewerbsregeln immer wieder aufs Neue aufwerfen, zuletzt mit der grundlegenden Neuausrichtung der Gruppenfreistellungsverordnung Technologietransfer im Jahr 2004.[2] Zum besseren Verständnis ist es deshalb notwendig, das Zusammenspiel beider Rechtskreise kurz zu beleuchten:

3 Das Verhältnis zwischen geistigem Eigentum und Wettbewerb ist mit der gesetzlichen Festschreibung des Gegenstands, Inhalts und Umfangs gewerblicher Schutzrechte einerseits und den Grenzen andererseits, die die kartellrechtlichen Aufsichtsbefugnisse ebenso wie die Gewährleistung des freien Waren- und Dienstleistungsverkehrs innerhalb des Binnenmarktes jedem geschäftlichen Handeln, also auch der Ausübung gewerblicher Schutzrechte u. a. im Wege der Lizenzvergabe, ziehen, bereits hinreichend beschrieben. Es ist deshalb unergiebig, die Frage nach dem Verhältnis von gewerblichen Schutzrechten und Wettbewerbsregeln begrifflich, d. h. losgelöst vom Einzelfall beantworten zu wollen, worauf in der jüngeren Literatur zu Recht hingewiesen worden ist.[3] Gewerbliche Schutzrechte *als solche* sind

---

[1] Siehe dazu nur *Immenga/Mestmäcker – Ullrich/Heinemann,* Wettbewerbsrecht, EU/Teil 2, GRUR, Abschnitt B, Rdnr. 9 ff. sowie *Röhling,* in: Münchener Kommentar zum Europäischen und Deutschen Wettbewerbsrecht (Kartellrecht), Bd. 1 Europäisches Wettbewerbsrecht, Einl. GVO Nr. 772/2004, Rdnr. 1 ff. (im Folgenden *„MüKo – Röhling"; ferner Christian Schmidt,* Lizenzverweigerung als Missbrauch einer marktbeherrschenden Stellung, 11 ff., 60 ff., 75 ff. und passim.

[2] Siehe in der langen Reihe der Stellungnahmen nur *Lübbig,* GRUR 2004, 483 ff. mzN zum Diskussionsverlauf.

[3] Siehe statt aller nur *Ullrich/Heinemann,* aaO, Rdnr. 9.

weder wettbewerbsbeschränkend im Sinne des Kartellverbots in Art. 101 AEUV noch begründen sie nach Art. 102 AEUV einen Missbrauchstatbestand.[4] Die allein schutzrechtsbedingte „Wettbewerbsbeschränkung" ist vielmehr Teil der Wettbewerbsordnung, die gleichermaßen wie das Kartellrecht auf die Sicherstellung und Förderung von Wettbewerb, technischer Innovation und Verbrauchernutzen gerichtet ist. Dabei ist der Schutz technischer und sonstiger Innovationen für die auf die Freiheit des Wettbewerbs gerichtete Wirtschaftsordnung ebenso wesentlich wie umgekehrt die Freiheit des Wettbewerbs außerhalb der objektiven Grenzen, die dem betreffenden Schutzrecht durch die Festlegung des für schutzwürdig erachteten Gegenstands und dessen Schutzbereich gesetzt sind.[5]

Zwischen beiden Teilmengen der Rechtsordnung besteht also kein Zielkonflikt, mag es auch ein Spannungsverhältnis geben.[6] Insbesondere ist es fehlerhaft, gewerbliche Schutzrechte als gesetzlich normierte Wettbewerbsbeschränkungen zu begreifen, die wettbewerbsrechtlich zurückzudrängen oder gar außer Kraft zu setzen wären. Die Ausschließlichkeit gewerblicher Schutzrechte, d.h. die Befugnis ihrer Inhaber, Dritte von der Benutzung ihres Gegenstands auszuschließen, ist nicht Ausnahme vom Wettbewerb, sondern Teil und Mittel der Wettbewerbsordnung, das die Mitbewerber des Schutzrechtsinhabers auf substitutiven statt auf imitierenden Wettbewerb verweist.[7] Aus diesem Grund vermittelt die Ausschließlichkeit in aller Regel auch keine wettbewerbsrechtlich relevante „Monopolstellung", was bereits die alltägliche Beobachtung belegt, dass patent-, marken- oder urheberrechtlich geschützte Güter und Leistungen regelmäßig mit anderen geschützten oder ungeschützten Gegenständen und Leistungen im Wettbewerb stehen.[8] Deshalb stellt auch der bloße Erwerb oder die Ausübung eines gewerblichen Schutzrechts nach der Rechtsprechung des Europäischen Gerichtshofes grundsätzlich keinen Marktmachtmissbrauch im Sinne des Art. 102 AEUV dar.[9] 4

Die Frage nach dem Verhältnis von gewerblichen Schutzrechten und dem Wettbewerbsrecht kann deshalb nicht auf die wettbewerbsrechtlich begründete Negation gewerblicher Schutzrechte zielen, sondern nur darauf gerichtet sein, ob und unter welchen Voraussetzungen im Einzelfall gewerbliche Schutzrechte jenseits des ihnen gesetzlich zugewiesenen Schutzinhalts zum Vehikel wettbewerbsbeschränkender Abreden gemacht oder anderweitig 5

---

[4] EuGH U. v. 5.10.1998, Slg. 1988, 6039 = GRUR Int. 1990, 140, 141 – *CICRA/Renault;* EuGH U. v. 5.10.1998, Slg. 1988, 6211 = GRUR Int. 1990, 141, 142 – *Volvo/Veng* sowie zuletzt EuGH U. v. 16.7.2015, Rs C-170/13, ECLI:EU:C:2015:477 = GRUR 2015, 764, 766, dort Rdnr. 46 und 57 ff. – *Huawei Technologies/ZTE;* siehe ferner *Ullrich/Heinemann,* ebenda.

[5] *Meier-Beck,* WRP 2006, 790, 793, der in dem Zusammenhang zu Recht darauf hinweist, dass insbesondere das Patentrecht seine wettbewerbssteuernde Funktion dann (und nur dann, Anm. des Verf.) bestmöglich erfüllen kann, wenn es gelingt, die allein schutzwürdige besondere Leistung vom nicht monopolisierbaren Gemeingut zu unterscheiden. Wird diese Grenzziehung verwischt oder verfehlt, wie dies bei sog. Trivialpatenten nicht selten der Fall ist, liegt es gefährlich nahe, die geistige Rechtfertigung des gewerblichen Rechtsschutzes in Frage zu stellen und das Kartellrecht als vermeintlich notwendiges Korrektiv zu instrumentalisieren. Indessen ist es nicht Aufgabe des Kartellrechts, Inhalt und Reichweite gewerblicher Schutzrechte zu begrenzen, sondern allein Sache des gewerblichen Rechtsschutzes, geistige Eigentumsrechte nach Maßgabe ihrer gesetzlichen Tatbestandsmerkmalen zutreffend zu verorten und die Wettbewerbsfreiheit Dritter „überdehnende" Schutzrechtszuweisungen zu vermeiden.

[6] *Bauer,* in *Liebscher/Flohr/Petsche,* Handbuch der EU-Gruppenfreistellungsverordnungen, § 12 Rdnr. 4.

[7] BGH GRUR 2004, 966, 968 – *Standard-Spundfass;* EuGH Rs C-170/13, ECLI:EU:C:2015:477 = GRUR 2015, 764, 766, Rdnr. 46 und 57 ff. – *Huawei Technologies/ZTE; Immenga/Mestmäcker – Ullrich/Heinemann,* Wettbewerbsrecht, EU/Teil 2, GRUR, Abschnitt B, Rdnr. 42; *Weck,* NJOZ 2009, 1177 mwN.

[8] *Ullrich/Heinemann,* aaO; siehe auch *Korah,* Intellectual Property Rights and the EC Competition Rules (im folgenden „Intellectual Property Rights"), 133 f. mwN; dazu auch BGH GRUR 2004, 966, 968 – Standard-Spundfass

[9] EuGH U. v. 5.10.1988, Rs 53/87, Slg. 1988, 6039, Rdnr. 23 – *CICRA /Renault;* EuGH U. v. 5.10.1988, Rs 238/87, Slg 1988, 6211 – *Volvo/Veng;* EuG U. v. 10.7.1991, Rs T-76/89, Slg. II-575, Rdnr. 55 – *IPT/Kommission.* Zur kartellrechtlich begründeten „Zwangslizenz" siehe unten Rdnr. 387 ff. und 391 ff.

rechtsmissbräuchlich instrumentalisiert werden. Anknüpfungspunkte für die wettbewerbsrechtliche Beurteilung von Technologietransfer- und anderen Lizenzvereinbarungen sind deshalb nicht die den gewerblichen Schutzrechten innewohnenden Befugnisse, sondern die „kartellarischen" Beschränkungen der konkreten Schutzrechtsüberlassung,[10] die die Parteien der Lizenzvereinbarung über die dem Schutzrechtsinhaber gesetzlich eingeräumten Befugnisse hinaus verabreden und damit ggf. den Wettbewerb ausschalten.[11] Daneben kommen Maßnahmen der Missbrauchsaufsicht nach Art. 102 AEUV in Betracht, beispielsweise dann, wenn marktbeherrschende Unternehmen als Lizenznehmer neue konkurrierende Technologien ausschließlich an sich binden und damit aufkommenden Wettbewerb im Keim ersticken.[12] Es gibt deshalb auch keine „Abwägung" zwischen den „Anwendungsbereichen beider Rechtsgebiete" im Sinne einer (dynamischen) Wechselwirkung.[13] Die Eigentumsrechte des Schutzrechtsinhabers sind vielmehr statisch, auch wenn dies nichts daran ändert, dass Verabredungen „neben" den Schutzrechten der Kartellkontrolle sowie die Ausübung der Schutzrechte der Missbrauchsaufsicht unterliegt.

6 Jedenfalls im Grundsatz entspricht dies auch der Einschätzung der Kommission, wie sie in der Gruppenfreistellungsverordnung Technologietransfer und den dazu erlassenen Leitlinien und dem vorangegangenen Evaluierungsbericht zum Ausdruck kommt. Zwar betont die Kommission in den Leitlinien, dass die Tatsache, dass die Rechtsvorschriften über geistiges Eigentum den Inhabern einzelner Schutzrechte ausschließliche Verwertungsrechte einräumen, nicht zur Folge hätte, dass diese Rechte nicht dem Wettbewerbsrecht unterworfen wären. Dies bedeute jedoch nicht, dass es einen „immanenten Konflikt" zwischen den Rechten des geistigen Eigentums und den Wettbewerbsregeln der Gemeinschaft gebe.[14] Im Evaluierungsbericht stellt die Kommission dazu zutreffend fest, dass wettbewerbsrechtliche Schranken erst dann zum Einsatz kommen, wenn die Schutzrechte „über ihre reguläre Nutzung hinaus dazu dienen, wettbewerbswidrige Wirkungen" zu erzeugen.[15]

7 Auch nach Auffassung der Kommission tragen die Rechte des geistigen Eigentums zu einem dynamischen Wettbewerb bei, indem sie Unternehmen dazu motivieren, in die Entwicklung neuer und verbesserter Erzeugnisse und Verfahren zu investieren. Nichts anderes gilt für den freien Wettbewerb, der Unternehmen ebenfalls zu Innovation und Fortschritt treibt. Daher sind sowohl gewerbliche Schutzrechte als auch Wettbewerb notwendig, um Innovationen zu fördern und deren wettbewerbsfähige Verwertung sicherzustellen.[16] Einen Gegensatz zwischen geistigen Eigentumsrechten und wettbewerbsrechtlichen Schranken gibt es vor diesem Hintergrund nicht.

B. Die GVO TT im System des EU-Kartellrechts

8 Mit Wirkung zum 1.5.2014 ist die Verordnung Nr. 316/2014 der Kommission über die Anwendung von Art. 101 Abs. 3 des Vertrages über die Arbeitsweise der Europäischen Uni-

[10] *Ullrich/Heinemann,* aaO, Rdnr. 10 und 12; ebenso *MüKo-Röhling,* Einl. GVO Nr. 772/2004, Rdnr. 11 und 12 (am Ende) mwN.

[11] Eine eingehende Analyse dazu findet sich bereits bei *Sack,* WRP 1999, 592ff.; dagegen kritisch aus dem Blickwinkel der „Innovationstheorie" *Lorenz,* WRP 2006, 1008ff.

[12] Grundlegend Kommission, E. v. 26.7.1988, ABl. 1988 L 272/27 = GRUR Int. 1989, 131 – *Tetra Pak I; Wiedemann,* Kommentar zu den Gruppenfreistellungsverordnungen des EWG-Kartellrechts, Bd 1, AT, Rdnr. 372; *Brandi-Dohrn,* Fs. Bartenbach, 439, 455f.

[13] In diese Richtung *Ensthaler/Bock,* GRUR 2009, 1, 6.

[14] Leitlinien zur Anwendung von Art. 101 des Vertrages über die Arbeitsweise der Europäischen Union auf Technologietransfer-Vereinbarungen, Mitteilung der Kommission, ABl. 2014 C 89/03 (im folgenden „Leitlinien"), Rdnr. 7.

[15] Evaluierungsbericht der Kommission über die Gruppenfreistellungs-Verordnung (EG) Nr. 240/96 für Technologietransfer-Vereinbarungen (GFTT) vom 20.12.2001, KOM (2001) 786 (im folgenden „Evaluierungsbericht"), Tz 34.

[16] Leitlinien, Rdnr. 7. Siehe dazu auch *MüKo-Röhling,* Einl. GVO Nr. 772/2004, Rdnr. 13f. sowie *Ensthaler/Bock,* GRUR 2009, 1, 6.

on auf Gruppen von Technologietransfer-Vereinbarungen, kurz GruppenfreistellungsVO Technologietransfer (GVO TT), in Kraft getreten. Sie löst die alte GVO TT Nr. 772/2004 vom 27.4.2004 ab, die mit dem „more economic approach"[17] neue rechtliche Rahmenbedingungen für die Beurteilung von Technologietransfer-Vereinbarungen geschaffen hatte und nach zehnjähriger Geltungsdauer und einem von der Kommission durchgeführten öffentlichen Konsultationsverfahren überprüft und teilweise überarbeitet wurde.

Die Neuregelung erweitert den Anwendungsbereich der GVO TT dahingehend, dass sie Lizenzvereinbarungen, die mit dem Ziel der Produktion von Vertragserzeugnissen geschlossen werden, auch dann erfasst, wenn der *Technologietransfer nicht den Hauptgegenstand der Vereinbarung* bildet.[18] Danach fallen auch Vereinbarungen, bei denen der Technologietransfer lediglich eine untergeordnete Rolle spielt, unter die GVO TT. Bei den Kernbeschränkungen wurde die Freistellung von ohnehin nur zeitlich befristeten Beschränkungen des passiven Verkaufs in ein Exklusivgebiet oder an eine Exklusivkundengruppe in Vereinbarungen zwischen Nicht-Wettbewerbern aufgegeben, was eine einschneidende Änderung bedeutet. Im Gegensatz zur bisherigen Rechtslage stellt nach der Neuregelung der GVO TT die Beschränkung von Passivverkäufen in das exklusive Gebiet oder an eine bestimmte Kundengruppe, die für die ersten zwei Jahre einem anderen Lizenznehmer zugewiesen wurden, in der Regel eine Kernbeschränkung dar. Bei den nicht freigestellten Klauseln wurde die Ausnahme für exklusive Rücklizensierungspflichten des Lizenznehmers für eigene nicht abtrennbare Verbesserungen aufgehoben, d. h. dass künftig Rücklizenzierungspflichten ausnahmslos nicht freigestellt sind, gleich ob es sich um abtrennbare oder nicht abtrennbare Verbesserungserfindungen handelt. Ferner ist die Freistellung des Kündigungsrechts des Lizenzgebers im Fall eines Angriffs des Lizenznehmers auf die Gültigkeit der lizenzierten Technologierechte entfallen. Nach der Neuregelung steht dieses Kündigungsrecht nur noch dem exklusiven Lizenzgeber zu. In den Leitlininen hat die Kommission darüber hinaus einen „safe harbour" für Technologiepools geschaffen. Überdies werden jetzt auch Softwareurheberrechtslizenzen vom Anwendungsbereich der GVO TT erfasst. 9

Wie schon die Vorgänger-VO basiert auch die neue GVO TT auf einem Verbund von Marktanteilsschwellen mit dem Konzept des „sicheren Hafens" („Safe Harbour"). Danach gilt die gruppenweise Freistellung von wettbewerbsbeschränkenden Technologietransfer-Vereinbarungen vom Kartellverbot solange, wie bestimmte Marktanteilsschwellen nicht überschritten und keine der im einzelnen bezeichneten Kernbeschränkungen („Hardcore-Restrictions") vereinbart worden sind. 10

Einher mit dem Prinzip des „Safe harbour" geht das durch die Verordnung (EG) Nr. 1/2003 des Rates vom 16.12.2002 zur Durchführung der in den Art. 101 und 102 AEUV niedergelegten Wettbewerbsregeln, kurz KartellVO, eingeläutete Prinzip der Legalausnahme.[19] Das Prinzip der Legalausnahme ersetzte das früher im europäischen Kartellrecht geltende Prinzip des Kartellverbots mit Erlaubnisvorbehalt.[20] 11

I. Das Prinzip der Legalausnahme

Nach Art. 101 Abs. 1 AEUV sind alle Vereinbarungen zwischen Unternehmen, Beschlüsse von Unternehmensvereinigungen und aufeinander abgestimmte Verhaltensweisen verboten, die den Handel zwischen Mitgliedsstaaten zu beeinträchtigen geeignet sind und eine Verhinderung, Einschränkung oder Verfälschung des Wettbewerbs innerhalb des Bin- 12

[17] Zur Ökonomisierung des europäischen Kartellrechts *Drexl* GRUR Int. 2004, 716, 717 ff. und passim. Zu den Grenzen wirtschaftlicher Betrachtungsweisen zutreffend *Heinemann,* GRUR 2008, 949, 954. Eine Abkehr der europäischen Gerichte vom „more economic approach" nachzeichnend *Frenz,* WRP 2013, 428 ff.

[18] Siehe Art. 1 Abs. 1 lit. c) GVO TT.

[19] Abgedruckt in ABl. 2003 L 1/1.

[20] Siehe hierzu nur *Lampert/Niejahr/Kibler/Weidenbach,* EG-KartellVO, Praxiskommentar zur Verordnung (EG) Nr. 1/2003, Art. 1 Rdnr. 1 ff.; ferner *Felix Müller,* WRP 2004, 1472 ff. sowie *Schweda,* WuW 2004, 1133 ff.

nenmarkts bezwecken oder bewirken. Unter dieses Verbot können auch Technologietransfer-Vereinbarungen in ihren vielfältigen Ausprägungen fallen, insbesondere Patentlizenzen und Know-how-Vereinbarungen.

13 Nach Art. 101 Abs. 3 AEUV können die Bestimmungen des Absatzes 1 auf die dort genannten Vereinbarungen, Beschlüsse oder abgestimmte Verhaltensweisen für nicht anwendbar erklärt werden, wenn sie unter angemessener Beteiligung der Verbraucher an dem entstehenden Gewinn einen Beitrag zur Verbesserung der Warenerzeugung oder -verteilung oder zur Förderung des technischen oder wirtschaftlichen Fortschritts leisten, ohne dass gleichzeitig den beteiligten Unternehmen Beschränkungen auferlegt werden, die für die Verwirklichung dieser Ziele nicht unerlässlich sind oder Möglichkeiten eröffnet werden, für einen wesentlichen Teil der betreffenden Waren oder Dienstleistungen den Wettbewerb gänzlich auszuschalten.

14 Die Freistellung erfolgt nach dem Prinzip der Legalsausnahme ipso iure, wenn die Freistellungsvoraussetzungen nach Art. 101 Abs 3 AEUV vorliegen, ohne dass es einer vorherigen behördlichen Entscheidung bedarf (siehe Art. 1 Abs. 2 KartellVO). Dies gilt nach dem Wortlaut des Art. 101 Abs. 3 AEUV auch für Fälle, in denen die Kommission aufgrund einer Ermächtigung des Rates nach Art. 103 AEUV entsprechende Gruppenfreistellungs-Verordnungen erlassen hat.

15 Ob es sich bei der von den beteiligten Unternehmen getroffenen Abrede um eine wettbewerbsbeschränkende Vereinbarung im Sinne von Art. 101 Abs. 1 AEUV handelt und die Vereinbarung ggf. nach Art. 101 Abs. 3 AEUV bzw. nach einer GruppenfreistellungsVO freigestellt ist, müssen die Unternehmen im Rahmen einer **Selbsteinschätzung** beurteilen. Die Freistellung wird nicht – wie noch vor Inkrafttreten der KartellVO – durch behördliche Entscheidung festgestellt. Die Unternehmen sind also darauf verwiesen, die wettbewerbsrechtliche Beurteilung ihrer Vereinbarung auf der Grundlage der Fallpraxis von Gerichten und Kommission sowie verschiedener Leitlinien, Bekanntmachungen und sonstiger Stellungnahmen der Kommission selbst vorzunehmen.[21] Zur Erleichterung der erforderlichen Selbsteinschätzung der beteiligten Unternehmen im Hinblick auf eine gruppenweise Freistellung oder die Einzelfreistellungsfähigkeit hat die Kommission Leitlinien zur Anwendung von Art. 101 AEUV auf Technologietransfervereinbarungen veröffentlicht.[22]

16 Das Prinzip der Legalausnahme führt also zu erheblich mehr unternehmerischer Eigenverantwortung und damit zum Abbau bürokratischen Aufwands. Beides wird allerdings mit einem Verlust an Rechtssicherheit bezahlt.[23]

II. Gruppenfreistellung und Safe Harbour

17 Für eine Reihe von häufig und in typischer Erscheinungsform auftretenden Wettbewerbsbeschränkungen beispielsweise in Vertriebsvereinbarungen, Spezialisierungsabkommen oder Forschungs- und Entwicklungskooperationen hat die Kommission die Freistellungsvoraussetzungen in Gruppenfreistellungsverordnungen zusammengefasst. Bestimmte typische Wettbewerbsbeschränkungen sind danach gruppenweise vom Verbot des Art. 101 Abs. 1 AEUV freigestellt.

18 Die gruppenweise Freistellung solcher Vereinbarungen gründet auf der Annahme, dass diese, sofern sie unter Art. 101 Abs. 1 AEUV fallen, jedenfalls die vier in Art. 101 Abs. 3 AEUV genannten Freistellungsvoraussetzungen erfüllen.

19 Es wird also davon ausgegangen, dass die betreffenden wettbewerbsbeschränkenden Vereinbarungen zu wirtschaftlichen Effizienzgewinnen führen, dass die darin enthaltenen Be-

[21] Siehe in diesem Zusammenhang auch die Bekanntmachung der Kommission zur Anwendung von Art. 81 Ab 3 EG-Vertrag, ABl. Nr. C 101/97 v. 27.4.2004.

[22] Leitlinien zur Anwendung von Art. 101 des Vertrages über die Arbeitsweise der Europäischen Union auf Technologietransfer-Vereinbarungen, Mitteilung der Kommission, ABl. 2014 C 98/03 v. 28.3.2014.

[23] *Klawitter,* Fs. 50 Jahre VPP, 487, 489; eingehend dazu *Wiedemann,* Fs. Bechtold, 627 ff.

schränkungen unerlässlich sind, um die angestrebten Effizienzgewinne zu erreichen, dass die Verbraucher jeweils angemessen am Gewinn beteiligt werden und dass die Vereinbarungen den beteiligten Unternehmen nicht die Möglichkeit eröffnen, den Wettbewerb auf dem betreffenden Markt gänzlich auszuschalten.[24]

Demgemäß entfällt im Geltungsbereich der Gruppenfreistellungsverordnung die nach dem Prinzip der Legalausnahme erforderliche eigene Beurteilung seitens der beteiligten Unternehmen, ob die Freistellungskriterien nach Art. 101 Abs. 3 AEUV in ihrem Fall vorliegen. Stattdessen müssen die Unternehmen prüfen, ob die Tatbestandsvoraussetzungen der GVO erfüllt sind. **20**

Für Technologietransfer-Vereinbarungen gilt nach der GVO TT das Konzept des sicheren Hafens. Die Grenzen des sicheren Hafens werden gleichermaßen durch formale wie materielle Kriterien gezogen, nämlich **Marktanteilsschwellen** einerseits und **Klauselverbote** andererseits: **21**

Sind die Parteien einer Technologietransfer-Vereinbarung *Wettbewerber,* ist die Vereinbarung bis zum Erreichen der gemeinsamen Marktanteilsschwelle von 20% freigestellt. Handelt es sich um *Nicht-Wettbewerber,* liegt die individuelle Schwelle bei 30%. Die Freistellung für Wettbewerber wie Nicht-Wettbewerber ist allerdings an die Bedingung geknüpft, dass keine der in Art. 4 GVO TT im Einzelnen bezeichneten Kernbeschränkungen verabredet werden. Solange sich die an einer Technologietransfer-Vereinbarung beteiligten Unternehmen an diese Vorgaben halten, befinden sie sich im „sicheren Hafen". **22**

Demgemäß erklärt Art. 2 GVO TT das Kartellverbot in Art. 101 Abs. 1 AEUV gemäß Art. 101 Abs. 3 AEUV auf Technologietransfer-Vereinbarungen, soweit diese Wettbewerbsbeschränkungen enthalten, die unter Art. 101 Abs. 1 AEUV fallen, unter den in der Verordnung genannten Voraussetzungen für nicht anwendbar. **23**

Die Freistellung gilt nach Art. 2 Abs. 2 GVO TT, soweit die Vereinbarungen Wettbewerbsbeschränkungen enthalten, die unter Art. 101 Abs. 1 AEUV fallen und solange die Rechte an der lizenzierten Technologie nicht abgelaufen, erloschen oder für ungültig erklärt worden sind oder – im Fall lizenzierten Know-hows – solange das Know-how geheim bleibt, es sei denn, das Know-how wird infolge des Verhaltens des Lizenznehmers offenkundig. In dem Fall gilt die Freistellung für die Dauer der Vereinbarung. Nach der ersten GVO TT Nr. 240/96 aus dem Jahr 1996 war die Verpflichtung zur Fortzahlung von Lizenzgebühren bei Offenkundigwerden des Know-hows „ohne Mitwirkung des Lizenzgebers", also durch das Verhalten Dritter, insbesondere anderer Lizenznehmer, ausdrücklich freigestellt. Zwar enthielt bereits die GVO TT 2004 keine ausdrückliche Freistellung mehr, dennoch dürfte nach dem Vorbild der alten Rechtslage nach wie vor eine Einzelfreistellung in Betracht kommen.[25] Dafür spricht auch die Einschätzung des EuGH, wonach es grundsätzlich nicht unzulässig sein soll, Lizenzzahlungspflichten über den Ablauf der Schutzdauer des lizenzierten Schutzrechts hinaus zu vereinbaren, sofern dessen Dispositionsfreiheit nicht über Gebühr beschränkt wird.[26] **24**

Nach der GVO TT freigestellte Vereinbarungen sind zivilrechtlich wirksam und durchsetzbar. Sie können lediglich *für die Zukunft* verboten werden und dies nur im Wege des Entzugs der Gruppenfreistellung durch die Kommission oder die Wettbewerbsbehörde eines Mitgliedsstaats der Europäischen Union nach Maßgabe enger Kriterien (Art. 6 GVO TT). Einzelstaatliche Gerichte sind bei zivilrechtlichen Streitigkeiten an die Freistellung gebunden.[27] **25**

Darüber hinaus gilt folgendes: **26**

Allein der Umstand, dass die betreffende Technologietransfer-Vereinbarung nicht in den Anwendungsbereich der GVO TT fällt, führt nicht zwangsläufig dazu, dass sie auch gegen **27**

---

[24] Leitlinien, Rdnr. 35.

[25] Ebenso *Bartenbach,* Patentlizenz- und Know-how-Vertrag, Rdnr. 2802 ff.

[26] EuGH U. v. 12.5.1989, GRUR Int. 1990, 458, 459 – *Ottung;* Leitlinien, Rdnr. 187; dazu auch *Bartenbach,* Patentlizenz- und Know-how-Vertrag, Rdnr. 1870 ff. und für das deutsche Recht Rdnr. 1878 sowie *Bartenbach/Söder,* Mitt. 2007, 353, 361f, die davor warnen, in diesem Punkt auf die Leitlinien zu vertrauen. Zu den Grenzen BGH GRUR 2005, 845, 846 f. – *Abgasreinigungsvorrichtung.*

[27] Leitlinien, Rdnr. 34.

Art. 101 AEUV verstößt.[28] Im Gegenteil betont die Kommission in den Leitlinien für Technologietransfer-Vereinbarungen, dass die meisten Lizenzvereinbarungen mit Art. 101 AEUV vereinbar sein werden.[29] Die Lizenzvergabe fördere schon an sich den Wettbewerb, da sie eine Verbreitung der Technologie bewirke und zur Innovation anrege. Dies gelte auch dann, wenn Lizenzvereinbarungen Wettbewerbsbeschränkungen enthielten. Diese müssten nach Maßgabe der Freistellungsvoraussetzungen in Art. 101 Abs. 3 AEUV mit Effizienzgewinnen abgewogen werden, die typischerweise mit der Vergabe von Lizenzen verbunden seien.

28 Auch diejenigen Technologietransfer-Vereinbarungen, die nicht „gruppenfreigestellt" sind, sind demnach daraufhin zu überprüfen, ob sie wettbewerbsbeschränkende Vereinbarungen im Sinne von Art. 101 Abs. 1 AEUV enthalten und, wenn dies der Fall ist, ob die Vereinbarung nach Maßgabe der Vorschrift in Art. 101 Abs. 3 AEUV freigestellt ist.

29 Dies gilt insbesondere, wenn die in der GVO TT festgelegten Marktanteilsschwellen überschritten werden. Zwar entfällt in dem Fall der Rechtsvorteil der Gruppenfreistellung. Dies heißt jedoch nicht, dass damit die Vereinbarung kartellrechtswidrig ist oder dies auch nur zu vermuten wäre. In den Leitlinien betont die Kommission ausdrücklich, dass „bei Vereinbarungen, die nicht unter die Gruppenfreistellungsverordnung fallen, keine Rechtswidrigkeit angenommen" und eine wettbewerbsbeschränkende Wirkung nicht bereits deshalb unterstellt werden könne, „weil die Markanteilsschwellen überschritten" würden. Stattdessen seien die betreffenden Fälle einer „Einzelprüfung auf der Grundlage der in diesen Leitlinien aufgestellten Grundsätze" zu unterziehen.[30] Folglich ist auch dann in jedem Einzelfall zu prüfen, ob die Vereinbarung wettbewerbsbeschränkende Abreden im Sinne von Art. 101 Abs. 1 AEUV enthält und ggf. die Freistellungskriterien nach Art. 101 Abs. 3 AEUV erfüllt sind.[31]

30 Die GVO TT entscheidet also nicht allein und abschließend darüber, ob eine Technologietransfer-Vereinbarung freigestellt ist oder nicht. Auch außerhalb des Anwendungsbereichs der GVO TT gilt das Prinzip der Legalausnahme und damit das Postulat der Selbsteinschätzung. Die GVO TT legt folglich nur fest, unter welchen Voraussetzungen Technologietransfer-Vereinbarungen *jedenfalls* freigestellt sind („Safe Harbour"),[32] was nicht bedeutet, dass nicht auch Vereinbarungen freigestellt sein können, die von der GVO TT nicht erfasst werden.[33]

31 Ebenso wenig folgt aus der Freistellung einzelner Abreden, dass diese zwingend wettbewerbsbeschränkend sind. Nach wie vor[34] stellt die Kommission Abreden frei, die keineswegs stets und ausnahmslos wettbewerbsbeschränkende Vereinbarungen sein müssen, mag die Freistellung dafür auch ein Indiz sein.[35] Die Auslegungshoheit darüber, welche Abreden wettbewerbsbeschränkend im Sinne von Art. 101 Abs. 1 AEUV sind, liegt nicht bei der Kommission, sondern allein beim Europäischen Gerichtshof.[36]

---

[28] So auch *Korah,* Intellectual Property Rights, 46, 51. Zur Bedeutung der Klarstellung in Art. 2 Abs. 2 Satz 1 GVO TT *MüKo-Röhling,* Art. 2 GVO Nr. 772/2004, Rdnr. 21 f.

[29] Siehe dort insbesondere Rdnr. 9, 17 und 42.

[30] Leitlinien, Rdnr. 156.

[31] Leitlinien Rdnr. 43; ebenso BGH GRUR Int. 2005, 152, 154 f. – *Citroën;* siehe auch *Baron,* WuW 2006, 358, 363.

[32] Das europäische Konzept des „Safe Harbour" bietet Unternehmen somit weit mehr Rechtssicherheit als das US-amerikanische Vorbild, das gerade keine Freistellung vom Kartellverbot, sondern nur eine Begrenzung des Kartellverfolgungsermessens beschreibt, worauf *Ullrich,* VPP-Rundbrief 2007, 51, 53, dort Fn. 23, hinweist.

[33] Welche Bedeutung Gruppenfreistellungsverordnungen im System der Legalausnahme danach noch haben, ist streitig, dazu *Ullrich,* VPP-Rundbrief 2007, 51 sowie vorstehend Wiedemann, § 1 Rdnr. 22.

[34] Zur Vorgänger-VO siehe *Schultze/Pautke/Wagener,* Die Gruppenfreistellungsverordnung für Technologietransfer-Vereinbarungen, Praxiskommentar (im Folgenden „GVO TT-Komm."), Rdnr. 287.

[35] Dafür sind Verkaufsbeschränkungen ein gutes Beispiel, worauf *Schultze/Pautke/Wagener,* aaO, Rdnr. 29, zu Recht hinweisen; siehe dazu auch Leitlinien, Rdnr. 201 und 158.

[36] Leitlinien, Rdnr. 4; siehe auch *Brandi-Dohrn,* Fs. Bartenbach, 439, 457; ferner *MüKo-Röhling,* Art. 2 GVO Nr. 772/2004, Rdnr. 21 f.

III. Die Bedeutung der Leitlinien

32 Mit Blick auf die erforderliche Selbsteinschätzung durch die Unternehmen sowie vor dem Hintergrund, dass die GVO TT für Technologietransfer-Vereinbarungen, die nicht „gruppenfreigestellt" sind, keine abschließenden Antworten auf die Frage gibt, welche Abreden nach Art. 101 AEUV erlaubt sind,[37] hat die Kommission der Verordnung Leitlinien zur Anwendung von Art. 101 AEUV auf Technologietransfer-Vereinbarungen an die Seite gestellt, die im Zuge der Neuregelung nach Maßgabe der VO Nr. 316/2014 ebenfalls überarbeitet worden sind.

33 Mit den Leitlinien sollen den Vertragsparteien **Orientierungshilfen** und Beurteilungsmaßstäbe zur Auslegung und Reichweite der GVO TT sowie zur Anwendung des Art. 101 AEUV auf Vereinbarungen an die Hand gegeben werden, die nicht in den Anwendungsbereich der GVO TT fallen. Nach der Vorstellung der Kommission sollen die Parteien die von ihnen angestrebte Technologietransfer-Vereinbarung einer individuellen Prüfung auf der Grundlage der in den Leitlinien aufgestellten Grundsätze unterziehen.[38]

34 Allgemein wird angenommen, dass Leitlinien und anderen Bekanntmachungen[39] der Kommission keine Rechtsverbindlichkeit zukommt, diese aber auch nicht gänzlich unverbindlich sind.[40] Stattdessen wird davon ausgegangen, dass sich die Kommission durch die Veröffentlichung von Leitlinien selbst bindet, was auf Seiten der Rechtsunterworfenen in der Regel **Vertrauensschutz** begründet.[41] Den Leitlinien kommt deshalb einige praktische Bedeutung bei der Bestimmung von Inhalt und Reichweite der GVO TT zu,[42] die indessen nicht überschätzt werden sollte. Weder nationale Kartellbehörden noch Gerichte sind daran gebunden.[43]

35 Demgemäß verbietet sich jede „mechanische Anwendung", worauf die Kommission in den Leitlinien selbst hinweist: jede Vereinbarung müsse auf der Grundlage der jeweiligen Umstände des Einzelfalls beurteilt und die Leitlinien dabei „flexibel" gehandhabt werden.[44]

36 Die Verlässlichkeit der Leitlinien ist also begrenzt.[45] Allerdings wird auch das Aufgreifermessen der Kommission durch die Leitlinien begrenzt. Es dürften nur besondere Umstände sein, die es der Kommission in Einzelfällen erlauben, gegen ihre eigenen Leitlinien zu entscheiden. Zudem wird es der Kommission weitgehend verwehrt sein, Geldbußen zu verhängen, wenn Unternehmen Vereinbarungen im berechtigten Vertrauen auf die Leitlinien konform gestaltet haben.

37 Das damit verbleibende Einschätzungsrisiko eröffnet jedoch auch Freiräume, nämlich immer dann, wenn die Leitlinien allgemein oder im konkreten Einzelfall zu enge Grenzen setzen. Der Vorbehalt der flexiblen Handhabung gibt nicht nur der Kommission ein zusätzliches Steuerungsinstrument in die Hand, sondern bietet auch den Vertragsparteien Gestal-

---

[37] Das Konzept der „weißen Klauseln" wurde mit Blick auf den damit verbundenen und weitgehend kritisierten „Zwangsjackeneffekt" mit der GVO „neuen Typs" abgeschafft; siehe dazu unten Rdnr. 307ff.

[38] Vgl. Leitlinien, Rdnr. 156ff; die aufgrund der komplizierten Struktur und zahlreicher Ungereimtheiten der Leitlinien schwierige Handhabbarkeit bemängelt zu Recht *Groß,* Der Lizenzvertrag, Rdnr. 589.

[39] Zur Begrifflichkeit siehe nur *Pampel,* EuZW 2005, 11, Fn. 14 mwN.

[40] Zur grundsätzlichen Bedeutung von Leitlinien *Bechtold,* GRUR 2012, 107, 108.

[41] *Felix Müller,* WRP 2004, 1472, 1477; eingehend zur Bindungswirkung von Bekanntmachungen und Leitlinien der Europäischen Kommission *Schweda,* WuW 2004, 1133ff.; dagegen *Pohlmann,* WuW 2005, 1005ff.

[42] Siehe nur *Pfaff/Osterrieth-Axster/Osterrieth,* Lizenzverträge, A. III., Rdnr. 244; *Immenga/Mestmäcker-Fuchs,* Wettbewerbsrecht, EU/Teil 1, Einleitung TT-VO, Rdnr. 16, 38.

[43] *Schultze/Pautke/Wagener,* GVO TT-Komm., Rdnr. 23; *Bechtold/Bosch/Brinker,* EU-Kartellrecht (Komm.), VO Nr. 1/2003, Art. 1 Rdnr. 34f. Dies gilt insbesondere für den EuGH, worauf *Schumacher/Schmid,* GRUR 2006, 1, 2f. zu Recht hinweisen.

[44] Leitlinien, Rdnr. 2, 3.

[45] *Felix Müller,* WRP 2004, 1472, 1477. Zum „faktisch-politischen Vorrang" der Leitlinien gegenüber der Verordnung siehe aber *Ullrich,* VPP-Rundbrief 2007, 51, 61.

tungsmöglichkeiten jenseits der Leitlinien. Auch für die Vertragsparteien sind die Leitlinien also keineswegs verbindlich.[46]

C. Anwendungsbereich und Inhalt der GVO TT

I. Anwendungsbereich

38 Nach Art. 2 Abs. 1 GVO TT sind Technologietransfer-Vereinbarungen unter den Voraussetzungen der GVO TT gemäß Art. 101 Abs. 3 AEUV vom Kartellverbot des Art. 101 Abs. 1 AEUV freigestellt.

39 Ziel einer Technologietransfer-Vereinbarung ist es, den Lizenznehmer und/oder seinen Zulieferer in die Lage zu versetzen, mittels der lizenzierten Technologie ein bestimmtes Erzeugnis (in der GVO TT „Vertragsprodukt" genannt) herzustellen, ggf. unter Zuhilfenahme weiterer Mittel.[47] Von der Gruppenfreistellungsverordnung werden also nur diejenigen Vereinbarungen erfasst, die eine Produktion von Vertragsprodukten durch den Lizenznehmer und/oder Zulieferer bezwecken. Die GVO TT gilt folglich nicht für (diejenigen Teile von) Technologietransfer-Vereinbarungen, die die Vergabe von Unterlizenzen vorsehen. Sog. Masterlizenz-Vereinbarungen, d. h. Vereinbarungen, mit denen der Lizenzgeber dem Lizenznehmer gestattet, Unterlizenzen zu vergeben, wird die Kommission jedoch nach den Grundsätzen der GVO TT sowie der diesbezüglichen Leitlinien beurteilen. Vereinbarungen zwischen dem Lizenznehmer und dessen Unterlizenznehmer mit dem Ziel der Herstellung von Vertragsprodukten fallen unmittelbar unter die GVO TT.[48]

40 **Vertragsprodukte** im Sinne von Art. 1 Abs. 1 lit g) GVO TT sind sämtliche unmittelbar oder mittelbar auf der Grundlage der lizenzierten Technologierechte hergestellten Waren und Dienstleistungen, sei es in Form eines Zwischen- oder Endprodukts. Dabei kommt es nicht darauf an, ob sich die lizenzierte Technologie gleichsam im Erzeugnis abbildet oder lediglich im Herstellungsprozess verwendet wird. Sofern in den Leitlinien vom „Produkt, das die lizenzierte Technologie enthält", die Rede ist, sind beide Fälle gemeint.[49]

41 **1. Technologietransfer-Vereinbarungen.** Nach der Legaldefinition in Art. 1 Abs. 1 lit.c) GVO TT sind Technologietransfer-Vereinbarungen von zwei Unternehmen über die Lizenzierung von Technologierechten eingegangene Vereinbarungen, mit dem Ziel der Produktion von Vertragsprodukten durch den Lizenznehmer und/oder seinen Zulieferer. Der Begriff Technologierechte umfasst gemäß Art. 1 lit. b) GVO TT neben Know-How auch Patente, Gebrauchsmuster, Geschmacksmuster, Topographien von Halbleiterprodukten, ergänzende Schutzzertifikate für Arzneimittel oder andere Produkte für die ergänzende Schutzzertifikate vergeben werden können, Sortenschutzrechte, Software-Urheberrechte sowie die Kombination aus Know-How und diesen Rechten. Damit wurde die Aufzählung aus Art. 1 lit. h) der GVO TT Nr. 772/2004 weitgehend übernommen, ergänzt um Software-Urheberrechte. Anders als noch in der Vorgänger-GVO TT, bei der lediglich auch Gebrauchsmusteranmeldungen von der Freistellung profitieren sollten, sind nunmehr Anträge auf Gewährung bzw. Registrierung aller aufgezählten Schutzrechte von der GVO TT erfasst.

42 Die GVO TT gilt nur für solche Vereinbarungen, die sich auf die **Produktion der Vertragsprodukte** beziehen (Art. 1 Abs. 1 lit c)). Dabei ist nicht mehr erforderlich, dass der Technologietransfer Hauptgegenstand der Vereinbarung ist. Vielmehr genügt es, dass die Vereinbarung neben anderen Vereinbarungen, etwa einer Marken- oder Urheberrechtslizenz, auch einen Technologietransfer zum Gegenstand hat. Vereinbarungen mit Bestimmungen, die den Erwerb oder Verkauf von Erzeugnissen durch den Lizenznehmer zum Gegenstand haben oder die sich auf die Lizenzierung oder die Übertragung von Marken-Urheberrechten oder Know-How beziehen, sind allerdings nur dann eingeschlossen, wenn

---

[46] *Schultze/Pautke/Wagener,* GVO TT-Komm., Rdnr. 23.
[47] Leitlinien, Rdnr. 44.
[48] Leitlinien., Rdnr. 60.
[49] Leitlinien, Rdnr. 61.

die betreffenden Bestimmungen unmittelbar mit der Produktion oder dem Verkauf von Vertragsprodukten verbunden sind.[50] Dies ist z. B. dann der Fall, wenn die Lizenzvergabe mit der Erlaubnis oder sogar der Verpflichtung gekoppelt ist, die Vertragsprodukte mit der Marke des Lizenzgebers zu kennzeichnen, was zur vermehrten Verbreitung der Technologie beitragen kann.[51] Auch wenn die Nutzung der Rechte des geistigen Eigentums und nicht der Technologie im Vordergrund steht, erfasst die GVO TT die Technologietransfer-Vereinbarung, wenn die Rechte des geistigen Eigentums dem Lizenznehmer eine bessere Nutzung der lizenzierten Technologie ermöglichen.[52] Ist dagegen der Wert der lizenzierten Technologie für den Lizenznehmer begrenzt und steht die Nutzung insbesondere einer Marke im Vordergrund der Vereinbarung, gilt die GVO TT nicht.[53]

Vom Begriff „Technologietransfer-Vereinbarung" erfasst ist auch die **Übertragung** von Patentrechten, Know-how oder einer Kombination dieser Rechte, wenn das mit der Verwertung der Technologie verbundene Risiko zum Teil beim Veräußerer verbleibt (Art. 1 Abs. 1 lit. c) ii) GVO TT). Damit sind z. B. Fälle gemeint, in denen der als Gegenleistung für die Übertragung zu zahlende Betrag vom Umsatz abhängt, den der Erwerber mit Erzeugnissen erzielt, die mit Hilfe der übertragenen Technologie produziert worden sind, oder von der Menge dieser Erzeugnisse oder der Anzahl mit der Technologie durchgeführter Arbeitsvorgänge. Demgemäß können Unternehmenskauf-verträge, die eine sog. **„Earn-out"-Klausel** enthalten, wonach sich der Kaufpreis ganz oder teilweise nach dem Umsatz richtet, den der Käufer mit dem erworbenen Unternehmen erzielt, unter die GVO TT fallen.[54] 43

Sofern sie überhaupt den Wettbewerb beschränken, fallen schließlich auch **Zulieferverträge** unter die GVO TT. Damit sind Vereinbarungen angesprochen, mit denen der Lizenzgeber seine Technologie an einen Lizenznehmer lizenziert, der sich im Gegenzug verpflichtet, nach Maßgabe der vereinbarten Bestimmungen bestimmte Erzeugnisse *ausschließlich für den Lizenzgeber* herzustellen.[55] Als Zuliefervertrag kann auch die Lieferung von Ausrüstungsgegenständen durch den Lizenzgeber gelten, die für die Produktion der unter die Vereinbarung fallenden Waren oder Dienstleistungen verwendet werden. Die GVO TT gilt in diesem Fall allerdings nur dann, wenn die gelieferte Ausrüstung unmittelbar mit der Produktion der Vertragsgegenstände verknüpft ist. Daneben bleibt weiterhin die Bekanntmachung der Kommission vom 18. Dezember 1978 über die Beurteilung von Zulieferverträgen nach Artikel 85 Absatz 1 des Vertrages zur Gründung der Europäischen Wirtschaftsgemeinschaft (jetzt Art. 101 Abs. 1 AEUV) anwendbar. Die dortige kartellrechtliche Beurteilung bestimmter typischer Klauseln in Zulieferverträgen ist für die Vertragsparteien in der Regel günstig, weil sie anders als in der GVO TT nicht an Marktanteilsschwellen geknüpft ist. Insofern erfahren Zulieferverträge nach dieser Bekanntmachung in vielen Fällen eine großzügigere kartellrechtliche Beurteilung als vergleichbare Verträge nach der GVO TT. 44

Soweit Know-how überlassen werden soll, gilt folgendes: 45

Know-how wird in Art. 1 Abs. 1 lit. i) GVO TT als eine „Gesamtheit praktischer Kenntnisse"[56] definiert, „die durch Erfahrungen und Versuche gewonnen werden" und die geheim, wesentlich und identifiziert sind.[57] 46

---

[50] Leitlinien, Rdnr. 46.

[51] *Groß,* Der Lizenzvertrag, Rdnr. 597.

[52] Leitlinien, Rdnr. 47.

[53] Vgl. Kommission, E. v. 23.3.1990, ABl. 1990 L 100/32 = GRUR Int. 1990, 626, 629 – *Moosehead/Whitbread.* Im Einzelfall kann es schwer sein zu bestimmen, welche Nutzung im Vordergrund steht, insbesondere wenn eine Markenlizenz (wie oft) mit der Lizenzierung von Herstellungs-Know-how einhergeht, so zutreffend *Schultze/Pautke/Wagener,* GVO TT-Komm., Rdnr. 342 f.

[54] Leitlinien, Rdnr. 52; *Schumacher/Schmid,* GRUR 2006, 1, 4 dort Fn. 26.

[55] Leitlinien, Rdnr. 64. Die Kommission verweist hierzu auf die Bekanntmachung über Zulieferverträge (ABl. 1979 C 1/2), die entgegen früheren Verlautbarungen weiterhin anwendbar bleibt.

[56] Ob damit auch „kommerzielles" Know-how erfasst ist, so mit Nachdruck *Schultze/Pautke/Wagner,* GVO TT-Komm., Rdnr. 157ff sowie *Enders,* GRUR 2012, 25, 26 mwN, erscheint eher zweifelhaft. Mit guten Gründen dagegen *Bartenbach,* Patentlizenz- und Know-how-Vertrag, Rdnr. 2557.

[57] S. dazu auch Leitlinien, Rdnr. 45.

47 *Geheim* ist Know-how, wenn es nicht allgemein bekannt und nicht leicht zugänglich ist. Daran fehlt es insbesondere, wenn das Vertragsprodukt ohne weiteres mit frei erhältlicher Technologie hergestellt werden kann.[58] *Wesentlich* bedeutet, dass das Know-how Kenntnisse umfasst, die für die Produktion der unter die Lizenzvereinbarung fallenden Produkte oder des betreffenden Verfahrens „von Bedeutung und nützlich" sind.[59] Die Kenntnisse müssen also wesentlich zur Produktion der Vertragsprodukte beitragen bzw. die Produktion erleichtern.

48 *Identifiziert* muss das lizenzierte Know-how sein, damit im Streitfall überprüft werden kann, ob es die Merkmale „geheim" und „wesentlich" erfüllt (Art. 1 Abs. 1 lit. i), iii) GVO TT). Diese Voraussetzung ist dann gegeben, wenn das Know-how etwa in Handbüchern oder sonstiger schriftlicher Form beschrieben ist. Ist die Identifizierung schwierig, beispielsweise weil das Know-how in erster Linie in praktischen Kenntnissen einzelner Mitarbeiter des Lizenzgebers besteht, reicht es aus, wenn das Know-how allgemein beschrieben wird, ggf. unter Nennung der betreffenden Know-how-Träger.[60]

49 In den Leitlinien unterscheidet die Kommission zwischen **Produkt- und Verfahrens-Know-how.** Bezieht sich das lizenzierte Know-how auf ein Produkt, muss es für die Herstellung desselben „notwendig" sein, bezieht es sich auf ein Verfahren, soll es ausreichen, dass das Know-how „nützlich" in dem Sinn ist, dass es die Wettbewerbsposition des Lizenznehmers beispielsweise durch Kosteneinsparungen erheblich verbessert.[61] Der Verordnungstext (siehe Art. 1 Abs. 1 lit. i)) macht diese Unterscheidung nicht. Danach reicht es aus, dass das Know-how für die Produktion „von Bedeutung und nützlich", also weniger als „notwendig", ist.[62] Es empfiehlt sich gleichwohl, das Know-how so zu beschreiben, dass deutlich wird, worin der Vorteil der Know-how-Lizenz für den Lizenznehmer liegt, da die Freistellung andernfalls am fehlenden Technologietransfer scheitern kann.[63]

50 **2. Sonderfall Software-Urheberrechtslizenzen.** Gemäß Art. 2 i. V. m. Art. 1 Abs. 1 lit. b vii) GVO TT fallen auch Software-Urheberrechtslizenzen unter den Technologiebegriff der GVO TT, sofern sie dem Ziel der Herstellung von Vertragsprodukten dienen. In der Praxis ist Software indessen Gegenstand verschiedenster Vertragsgestaltungen,[64] bei denen zweifelhaft ist, ob sie auf die Herstellung von Erzeugnissen zielen. Keineswegs werden also sämtliche Software-Urheberrechtslizenz-Vereinbarungen von der Gruppenfreistellung erfasst, vielmehr entscheidet der konkrete Vertragszweck über die Anwendbarkeit der GVO TT.[65]

51 Abgrenzungsfragen ergeben sich insbesondere mit Blick auf die Vergabe von Software-Urheberrechtslizenzen für die reine Vervielfältigung und den reinen Vertrieb. Die reine Erstellung von Kopien für den Weiterverkauf stellt keine Produktion von Vertragserzeugnissen im Sinne der GVO TT dar.[66] Auf derartige Vereinbarungen findet allein die Vertikal-GVO Anwendung.[67]

52 *Softwareüberlassungsverträge* können in den Anwendungsbereich der GVO TT fallen, wenn die lizenzierte Software in das Vertragsprodukt integriert wird, da es sich insoweit um eine

---

[58] Leitlinien, Rdnr. 45.

[59] Kritisch dazu *Langfinger,* Fs. Bartenbach, 427, 436.

[60] Leitlinien, Rdnr. 45.

[61] Leitlinien, Rdnr. 45; nach dem Sinn der Unterscheidung fragt zu Recht *Langfinger,* Fs. Bartenbach, 427, 436 f.

[62] Skeptisch demgegenüber *Schultze/Pautke/Wagener,* GVO TT-Komm., Rdnr. 163 unter Hinweis auf die „faktische Bindungswirkung" der Leitlinien, die indessen überschätzt werden dürfte.

[63] *Schultze/Pautke/Wagener,* GVO TT-Komm., Rdnr. 165.

[64] *Polley,* CR 2004, 641, 645. Einen Überblick zu typischen Klauseln in Softwareverträgen bietet *Grützmacher,* ITRB 2005, 205 ff.

[65] Zum Begriff der Software-Urheberrechte siehe auch *Conrad/Lejeune/Stögmüller/Brandi-Dohrn,* CR 2013, 412 f.

[66] Leitlinien, Rdnr. 62.

[67] Zum Anwendungsbereich der Vertikal GVO siehe *Polley,* CR 2004, 641, 644 f. Zur Möglichkeit, durch Vertragsgestaltung „GVO-Shopping" zu betreiben bzw. die Anwendbarkeit jeglicher GVO auszuschließen, *Berger,* K&R 2005, 15, 17.

Produktion im Sinne der Verordnung handelt.[68] So liegt es, wenn der Lizenznehmer das Recht erwirbt, die Software durch Integration in ein Erzeugnis zu vervielfältigen, mit dem die Software interagiert.[69] Eine Produktion im Sinne der GVO TT wird häufig auch bei der Überlassung von **Individualsoftware** vorliegen, wenn diese unmittelbar zur Produktion (z. B. Maschinensteuerung) oder zur Dienstleistungserbringung beiträgt.[70] **Standardsoftware** dient im Gegensatz dazu meist der Steuerung betriebsinterner Abläufe wie Textverarbeitung oder Rechnungswesen. Diese Abläufe sind zwar zur Aufrechterhaltung des Betriebs nötig, tragen aber allenfalls mittelbar zur Herstellung von Erzeugnissen bei. Die Überlassung bzw. „Lizenzierung" von Standardsoftware fällt deshalb in der Regel nicht unter die GVO TT.[71]

Schwieriger ist die Einordnung von *Softwarevertriebslizenzen.* Sofern Vertragsgegenstand der Vertrieb von Software in manifester Form ist, etwa auf CD oder DVD, liegt schon keine Nutzungsüberlassung, sondern einzig ein Kaufgeschäft verbunden mit Abreden zum weiteren Vertrieb des Kaufgegenstands, also eine Vertriebsvereinbarung vor; die GVO TT findet keine Anwendung.[72] Nichts anderes gilt, wenn dem Vertragspartner die Software online überlassen oder nur *eine* verkörperte Version der Software zusammen mit dem Recht überlassen wird, seinen Abnehmern („Enduser") das Recht zur Nutzung und Vervielfältigung nach Maßgabe bestimmter Nutzungsbefugnisse einzuräumen. Auch dies ist keine auf die Produktion von Vertragsprodukten gerichtete Lizenz, sondern eine Vertriebsabrede, worauf möglicherweise die Vertikal-GVO, nicht aber die GVO TT anwendbar ist.[73] 53

Erhält der Vertragspartner eine Masterkopie der Software mit dem Recht, diese zu vervielfältigen und die Vervielfältigungsstücke zu vertreiben, gilt die GVO TT ebenfalls nicht, da dieser Vorgang nicht als Produktion im Sinne der GVO TT angesehen wird.[74] Vielmehr fällt die Vervielfältigung zum Vertrieb analog unter die Vertikal-GVO und die Leitlinien für vertikale Beschränkungen.[75] Auch der Vertrieb von Software über sogenannte Schutzhüllenlizenzen, bei denen davon ausgegangen wird, dass der Endkunde mit dem Öffnen der Verpackung eine Reihe von Bedingungen, die in der Verpackung des körperlichen Datenträgers enthalten sind, automatisch akzeptiert, fällt nicht unter die GVO TT.[76] 54

3. Nicht erfasste Vertragstypen. Technologietransfer-Vereinbarungen zwischen **mehr als zwei Unternehmen** werden von der Gruppenfreistellung nicht erfasst.[77] Soweit der Gegenstand mehrseitiger Vereinbarungen Technologietransfer-Vereinbarungen zwischen zwei Unternehmen im Wesentlichen entspricht, sollen die Regeln der GVO TT jedoch entsprechend gelten.[78] 55

Mit Ausnahme von Software-Urheberrechten werden reine **Urheberrechtslizenzen** sowie **Markenlizenzvereinbarungen** nur soweit von der GVO TT erfasst, wie sie sich 56

---

[68] Leitlinien, Rdnr. 63.

[69] Leitlinien, Rdnr. 63.

[70] *Schumacher/Schmid,* GRUR 2006, 1, 4; *Berger,* K&R 2005, 15, 17; *Zöttl,* WRP 2005, 33, 35; *Polley,* CR 2004, 641, 645.

[71] Ebenso *MüKo-Röhling,* Art. 1 GVO Nr. 772/2004, Rdnr. 10, dort letzter Absatz; anders *Loewenheim/Meessen/Riesenkampff-von Falck/Schmaltz,* Kartellrecht,, GVO-Technologie, Rdnr. 25, die ebenso wie *Bartenbach,* Patentlizenz- und Know-how-Vertrag, Rdnr. 788 Softwareüberlassungsverträge stets Herstellungslizenzen gleichstellen wollen und die GVO TT deshalb ohne Differenzierung für anwendbar halten. Zu Softwareentwicklungsverträgen siehe *Polley,* CR 2004, 641, 645.

[72] *MüKo-Röhling,* ebenda. Eine Lizenzvereinbarung kommt hier, wenn überhaupt, zumeist erst mit dem Endkunden zustande, siehe dazu nur *Berger,* K&R 2005, 15, 17.

[73] *Schumacher/Schmid,* GRUR 2006, 1, 5; *Berger,* K&R 2005, 15, 17; aA wohl *Polley,* CR 2004, 641, 645 f.

[74] Leitlinien, Rdnr. 62; die entgegengesetzte Auffassung von *Scholz/Wagener,* CR 2003, 880, 885 dürfte überholt sein.

[75] Leitlinien, ebenda.

[76] Leitlinien, ebenda.

[77] Siehe Rdnr. 54 der Leitlinien sowie dort Fn. 39.

[78] Siehe Leitlinien, Rdnr. 57: „… wendet die Kommission die in der TT-Gruppenfreistellungsverordnung dargelegten Grundsätze analog an."

unmittelbar auf die Produktion oder den Verkauf der Vertragsprodukte beziehen.[79] Im Übrigen werden sie nach allgemeinem Kartellrecht beurteilt.[80] Aufgrund der speziellen Fragestellung bei der Lizenzierung von Verleihrechten und Rechten zur öffentlichen Wiedergabe im Zusammenhang mit Urheberrechten, insbesondere bei Filmen und Musik, ist eine analoge Anwendung der GVO TT sowie der Leitlinien ausgeschlossen.[81] Auf Vereinbarungen zur Gründung von **Technologiepools** und die Lizenzvergabe durch Technologiepools ist die Verordnung in keinem Fall anwendbar.[82]

57 Abgrenzungsfragen wirft die Verordnung (EG) Nr. 330/2010 der Kommission über vertikale Vereinbarungen (Vertikal-GVO) auf. Diese Verordnung gilt für Vereinbarungen zwischen zwei oder mehr Unternehmen, von denen jedes zwecks Durchführung der Vereinbarung auf einer unterschiedlichen Produktions- oder Vertriebsstufe tätig ist, und in denen die Bedingungen geregelt sind, zu denen die Parteien bestimmte Waren oder Dienstleistungen beziehen, verkaufen oder weiterverkaufen können. Die Vertikal-GVO gilt indessen nur für typische **Liefer- und Vertriebsverträge,** einschließlich Franchise-Verträge und selektive Vertriebssysteme.

58 Sobald ein Vertrag in den Anwendungsbereich einer anderen GruppenfreistellungsVO fällt (in dem hier angesprochenen Zusammenhang also insbesondere der GVO TT), geht diese GVO der Vertikal-GVO vor.[83] In Bezug auf Technologietransfer-Vereinbarungen ist der Grund dafür, dass diese zumeist Vertriebsabreden enthalten, für die die GVO TT eigenständige Regeln aufstellt.[84] Demgemäß stellt die GVO TT Vereinbarungen zwischen dem Lizenzgeber und dem Lizenznehmer auch dann frei, wenn diese Verpflichtungen für den Lizenznehmer im Hinblick auf die Art und Weise vorsehen, in der die lizenzierten Erzeugnisse verkauft werden sollen. Insbesondere kann der Lizenznehmer verpflichtet werden, ein bestimmtes Vertriebssystem – wie Alleinvertrieb oder selektiven Vertrieb – einzurichten. Insoweit gilt die GVO TT. Vertriebsvereinbarungen, die zur Umsetzung solcher Verpflichtungen vom Lizenznehmer mit Dritten geschlossen werden, unterliegen jedoch der Vertikal-GVO.[85]

59 Art. 9 stellt klar, dass die GVO TT für Lizenzvereinbarungen, die Gegenstand der GVO Forschung und Entwicklung oder der GVO Spezialisierung sind, keine Anwendung findet. Sie tritt folglich hinter diese beiden Gruppenfreistellungsverordnungen zurück.

60 **4. 4-Plus-Test.** Fallen Vereinbarungen nicht unter die GVO TT, insbesondere weil die Marktanteilsschwellen überschritten sind, unterliegen sie einer Einzelfallprüfung nach den Maßstäben des Art. 101 Abs. 1 und 3 AEUV. Um eine eingehende Prüfung auf diejenigen Fälle zu beschränken, bei denen anzunehmen ist, dass sie tatsächlich Wettbewerbsprobleme aufwerfen, geht die Kommission davon aus, dass eine Wettbewerbsbeeinträchtigung außerhalb der Kernbeschränkungen[86] unwahrscheinlich ist, wenn es neben den von den Vertragsparteien kontrollierten Technologien **vier oder mehr von Dritten kontrollierte Technologien** gibt, die zu für den Nutzer vergleichbaren Konditionen anstelle der lizenzierten Technologie eingesetzt werden können (sog. „4-Plus-Test").[87] Die Kommission vermutet also, dass in diesem Fall der Wettbewerbsdruck auf die lizenzierte Technologie so groß ist, dass der Lizenzvertrag zu keiner signifikanten Wettbewerbsbeeinträchtigung führt.[88] Der 4-Plus-Test relativiert damit die **Bedeutung der Marktanteilsschwellen,** was mit Blick auf die

---

[79] Leitlinien, Rdnr. 47.

[80] *Zöttl,* WRP 2005, 33, 37. Welche Regeln im einzelnen Anwendung finden, ist umstritten, dazu näher *Bechtold/Bosch/Brinker,* EU-Kartellrecht (Komm.), Art. 101 AEUV, Rdnr. 224 ff.

[81] Leilinien Rdnr. 49.

[82] Leitlinien, Rdnr. 56; Einzelheiten dazu unter Rdnr. 325.

[83] Siehe Art. 2 Ab 5 Vertikal-GVO.

[84] *Schultze/Pautke/Wagener,* GVO TT-Komm., Rdnr. 331.

[85] Leitlinien, Rdnr. 77; *Liebscher/Flohr/Petsche-Bauer,* Handbuch der EU-Gruppenfreistellungsverordnungen, § 12 Rdnr. 51.

[86] Siehe unten Rdnr. 135 ff.

[87] Leitlinien, Rdnr. 157; im Einzelfall kann die Anzahl der Substitutionstechnologien auch kleiner sein, worauf *Ullrich,* VPP-Rundbrief 2007, 51, 59 zu Recht hinweist.

[88] *Zöttl,* WRP 2005, 33, 43.

Schwierigkeit der Marktabgrenzung und die Berechnung von Marktanteilen von großem praktischem Vorteil sein kann.[89]

II. Marktanteilsschwellen

Die Freistellung vom Kartellverbot gemäß Art. 2 GVO TT ist nach Art. 3 an Marktanteilsschwellen gebunden.[90] Ausgehend vom „more economic approach" hat sich die Kommission dabei von der Vorstellung leiten lassen, dass Technologietransfer-Vereinbarungen grundsätzlich nicht wettbewerbsschädlich sind, solange die Marktmacht der daran beteiligten Parteien ein bestimmtes Maß nicht überschreitet.[91] Der Marktanteil soll gewöhnlich ein „guter Indikator für Marktmacht" sein, wenngleich in den Leitlinien eingeräumt wird, dass dies keineswegs stets der Fall ist.[92] **61**

Für Wettbewerber und Nicht-Wettbewerber gelten unterschiedliche Marktanteilsschwellen, die sich an dem Modell der Vertikal-GVO orientieren:[93] **62**

Sind die Vertragsparteien im Zeitpunkt des Vertragsschlusses konkurrierende Unternehmen, also Wettbewerber, gilt die Freistellung vom Kartellverbot nur dann, wenn der gemeinsame Marktanteil der Parteien auf den betroffenen relevanten Technologie- und Produktmärkten 20% nicht überschreitet (Art. 3 Abs. 1 GVO TT). **63**

Handelt es sich bei den Parteien dagegen nicht um Wettbewerber, gilt die Freistellung bis zu einem individuellen Marktanteil der Parteien auf den relevanten Technologie- und Produktmärkten von jeweils 30% (Art. 3 Abs. 2 GVO TT). Ob zwei Unternehmen als konkurrierende Unternehmen anzusehen sind, richtet sich nach der Legaldefinition in Art. 1 Abs. 1 lit. n) GVO TT, die nicht nur den tatsächlichen, sondern auch den potenziellen Wettbewerb erfasst.[94] **64**

Voraussetzung für die Berechnung des Marktanteils ist die Abgrenzung des relevanten Marktes.[95] Die GVO unterscheidet zwischen dem relevanten Produktmarkt und dem relevanten Technologiemarkt. Zum relevanten Technologiemarkt gehören nach Art. 1 Abs. 1 lit. k) GVO TT die lizenzierte Technologie und ihre Substitute, also alle Produkte, die von den Lizenznehmern aufgrund ihrer Eigenschaften, der für sie zu entrichtenden Lizenzgebühren und ihres Verwendungszwecks als austauschbar oder substituierbar angesehen werden. Der relevante Produktmarkt umfasst nach Art. 1 Abs. 1 lit. j) die Vertragsprodukte und ihre Substitute. Zur Bestimmung des relevanten Marktes finden sich in der GVO TT im Übrigen keine besonderen Regeln.[96] In den Leitlinien zur GVO TT verweist die Kommission auf ihre Bekanntmachung zur Definition des relevanten Marktes[97] und die darin enthaltenen weiteren Leitlinien.[98] Daneben behandeln die Leitlinien zur GVO TT einige Besonderheiten zur Bestimmung der Marktanteile auf Technologiemärkten. **65**

1. Unterscheidung zwischen Produkt- und Technologiemärkten. Die Definition des relevanten Marktes dient dazu, diejenigen Produkte und Dienstleistungen zu bestimmen, zwischen denen ein wirksamer Wettbewerb möglich ist. Der Hauptzweck besteht in der Ermittlung der Wettbewerbskräfte, denen sich die beteiligten Unterneh- **66**

---

[89] *Ullrich,* VPP-Rundbrief 2007, 51, 59; siehe auch *Schultze/Pautke/Wagener,* GVO TT-Komm., Rdnr. 442; dagegen *Hauck,* Die wettbewerbsrechtliche Beurteilung von Lizenzverträgen in der EU und den USA, 115ff.

[90] Hierzu *Wissel/Eickhoff,* WuW 2004, 1244, 1248f.

[91] GVO TT, Erwägungsgründe 5.

[92] Leitlinien, Rdnr. 162.

[93] VO (EG) Nr. 330/2010, ABl. 2010, L 102/1.

[94] Siehe hierzu ausführlich unten Rdnr. 116ff.

[95] *Schultze/Pautke/Wagener,* GVO TT-Komm., Rdnr. 170.

[96] Zur Anwendung der Marktanteilsschwellen siehe aber Art. 8 GVO TT.

[97] Kommission, Bekanntmachung über die Definition des relevanten Marktes im Sinne des Wettbewerbsrechts der Gemeinschaft, ABl. 1997 Nr. C 372/5.

[98] Siehe Leitlinien, Rdnr. 19.

men zu stellen haben.[99] Die Abgrenzung des relevanten Marktes erfolgt nach Rechtsprechung und Kommission nach sachlichen, räumlichen und ausnahmsweise auch zeitlichen Kriterien. Der sachlich relevante Markt bezieht sich auf die Produkte, die Gegenstand der Vereinbarung sind. Seiner Abgrenzung kommt in der Entscheidungspraxis der Kommission und der Gerichte eine zentrale Bedeutung zu. Der räumlich relevante Markt umfasst das geographische Gebiet, innerhalb dessen das betreffende Unternehmen im Wettbewerb mit anderen Unternehmen seine Produkte anbietet und Verbraucher auf alternative Erzeugnisse zugreifen können. Der zeitlichen Marktabgrenzung kommt nur sehr selten eine eigenständige Bedeutung zu, z. B. wenn die Marktposition eines Unternehmens gleichsam zeitabhängig ist, sich also insbesondere aufgrund vorübergehender Umstände oder Einflüsse verändert.

67 Die Verwaltungspraxis der Kommission tendiert wie die Rechtsprechung des Gerichtshofs erkennbar zu einer eher engen Marktabgrenzung. Je enger der relevante Markt abgegrenzt wird, umso höher wird im Zweifel der Marktanteil der auf diesem Markt tätigen Unternehmen und umso größer ist die Kontrolldichte. Die Definition des relevanten Marktes kann je nach anwendbarer Vorschrift des EU-Kartellrechts (Art. 101, 102 AEUV einerseits und gemeinschaftsrechtliche Fusionskontrolle andererseits) zu unterschiedlichen Ergebnissen führen. Dies liegt an den unterschiedlichen Zielsetzungen der Wettbewerbsregeln und der dabei jeweils zu prüfenden Wettbewerbsfragen. Während etwa bei der Fusionskontrolle die Analyse der zukünftigen Marktstruktur im Vordergrund steht, beziehen sich Art. 101 und 102 AEUV auf vergangene oder gegenwärtige Sachverhalte und dienen dabei in erster Linie der rückwirkenden Verhaltenskontrolle der Marktteilnehmer.[100] Aufgrund dieser unterschiedlichen Zeithorizonte kann sich für ein und dasselbe Produkt ein unterschiedlicher räumlicher Markt ergeben, je nachdem, ob eine Betrachtung des Ist-Zustandes oder eine Prognose der zukünftigen Marktverhältnisse im Vordergrund steht. Die in fusionskontrollrechtlichen Entscheidungen definierten Märkte können also nicht ohne weiteres der Beurteilung der Marktstellung nach Art. 101 AEUV zugrunde gelegt werden.

68 *a) Sachlich relevanter Markt. (1) Produktmärkte.* Der sachlich relevante Markt umfasst sämtliche Erzeugnisse oder Dienstleistungen, die von den Verbrauchern hinsichtlich ihrer Eigenschaften, Preise und ihres vorgesehenen Verwendungszwecks als austauschbar beziehungsweise substituierbar angesehen werden.[101] Zentrales Kriterium, dem die Kommission wie auch die Gerichte folgen, ist demnach die Austauschbarkeit der Produkte aus Sicht der Marktgegenseite (sog. Bedarfsmarktkonzept).[102] Für die Feststellung der konkreten Austauschbarkeit kommt es dabei insbesondere auf die spezifischen Eigenschaften eines Produktes und den Verwendungszweck an.[103] Als objektive Produkteigenschaften kommen insbesondere technische, physikalische oder chemische Eigenschaften in Betracht. Zu berücksichtigen sind nach der Rechtsprechung aber auch die Wettbewerbsbedingungen sowie die Struktur der Nachfrage und des Angebots in dem betreffenden Bereich.[104] Auch die Kommission berücksichtigt weitere Kriterien wie den Preis, die Standorte von Kunden und Wettbewerbern, die Verfügbarkeit eines Produktes am Markt, Verbraucherpräferenzen oder die Struktur von Angebot und Nachfrage.

---

[99] Kommission, Bekanntmachung über die Definition des relevanten Marktes im Sinne des Wettbewerbsrechts der Gemeinschaft, ABl. 1997 Nr. C 372/5, Rdnr. 2.

[100] *Loewenheim/Meessen/Riesenkampff-Bergmann,* Kartellrecht, Art. 82, Rdnr. 27; *Immenga/Mestmäcker-Fuchs/Möschel,* Wettbewerbsrecht, EU/Teil 1, Art. 102 AEUV, Rdnr. 45; Kommission, Bekanntmachung über die Definition des relevanten Marktes, aaO, Rdnr. 12.

[101] Kommission, Bekanntmachung über die Definition des relevanten Marktes, aaO, Rdnr. 36.

[102] EuGH U. v. 14. Februar 1978, Rs 27/76, Slg. 1978, 207, Rdnr. 320/33 – *United Brands;* EuG U. v. 12. Dezember 1991, Rs T-30/89, Slg. 1991, II-1439, Rdnr. 40 ff. – *Hilti;* EuG U. v. 8.6.1995, Rs T-7/93, Slg. 1995, II-1533, Rdnr. 61 – *Langnese/Kommission.*

[103] Vgl. Kommission, Bekanntmachung über die Definition des relevanten Marktes, aaO, Rdnr. 36.

[104] EuGH U. v. 9.11.1983, Rs 322/81, Slg. 1983, Rdnr. 37 – *Michelin;* EuG U. v. 8.6.1995, Rs T-7/93, Slg. 1999, II-1533, Rdnr. 61 – *Langnese.*

Produkte sind nicht substituierbar, wenn sie aus der Sicht der Abnehmer unterschiedliche Verwendungen finden. Wegen der unterschiedlichen Nachfragestrukturen wurden z. B. jeweils getrennte Märkte für *neue* Ersatzreifen für schwere Fahrzeuge (LKW und Busse), für leichte Fahrzeuge (PKW und Kleinbusse) sowie für *runderneuerte* Reifen angenommen.[105] Im *Tetra Pak II*-Verfahren haben die Kommission und das EuG aufgrund der Marktstruktur aseptische und nicht-aseptische Verpackungen und Abfüllanlagen für Getränke und flüssige Nahrungsmittel als jeweils getrennte Märkte mit eigenen Angebots- und Nachfragebedingungen betrachtet.[106] Die gleichsam vollkommene Austauschbarkeit der Produkte ist nicht erforderlich, um einen einheitlichen Produktmarkt annehmen zu können.[107] Abgelehnt wurde der erforderliche hinreichende Grad an Austauschbarkeit beispielsweise im Fall von Neureifen und runderneuerten Reifen, da runderneuerte Reifen aus Verbrauchersicht wegen der geringeren Zuverlässigkeit und begrenzten Verwendbarkeit nicht denselben Verwendungszweck wie Neureifen erfüllten.[108] Auch Preisunterschiede können die Austauschbarkeit ausschließen, selbst wenn die Waren für den gleichen Verwendungszweck eingesetzt werden.[109] Bei Ersatzteilen für bestimmte technische Geräte ist zwischen dem Markt für neue Originalgeräte und für zu reparierende Geräte zu unterscheiden. 69

Zur Beurteilung der Frage, ob zwei Erzeugnisse einem einzigen oder verschiedenen Märkten zuzuordnen sind, hilft das Kriterium der Kreuz-Preis-Elastizität.[110] Entscheidend ist danach, ob Kunden als Reaktion auf eine geringe aber signifikante Preiserhöhung (im Bereich zwischen 5% und 10%) für die betreffenden Produkte auf leicht verfügbare Substitute ausweichen würden (sog. SSNIP-Test).[111] Ist dies nicht der Fall, soll von verschiedenen Märkten auszugehen sein. Die Kreuz-Preis-Elastizität ist allerdings immer dann ein untauglicher Maßstab für die Marktabgrenzung, wenn der Preis eines Produktes nur einer unter vielen die Kaufentscheidung beeinflussenden Faktoren ist, mit der Folge, dass selbst signifikante Preisänderungen nicht notwendig zu einer Verlagerung der Nachfrage auf alternative Produkte führen. 70

Bei der Abgrenzung des sachlich relevanten Marktes aus Sicht der Nachfrager werden insbesondere bei Produkten, die einer spezifischen technischen Verwendung und der Befriedigung eines individuellen Bedarfs dienen, auch die Möglichkeiten einer Angebotssubstitution berücksichtigt.[112] Entscheidend soll sein, ob Hersteller von technisch verwandten Produkten, die jedoch mit dem betreffenden Produkt nicht austauschbar sind, durch eine einfache Umstellung ihrer Produktionsanlagen oder des Herstellungsprozesses in der Lage wären, Austauschprodukte herzustellen und sie kurzfristig auf den Markt zu bringen. Ist dies der Fall, sind die betreffenden Anbieter als potentielle Konkurrenten in die Abgrenzung des relevanten Marktes mit einzubeziehen.[113] 71

---

105 EuGH U. v. 9.11.1983, Rs 322/81, Slg. 1983, 3461, Rdnr. 38 bis 40 – *Michelin.*

106 Kommission E. vom 24.7.1991, IV/31.043, ABl. 1992 Nr. L 72/1, Rdnr. 93 – *Tetrapak II;* EuG U. vom 6.10.1994, Rs T-83/91, Slg. 1994, II-755, Rdnr. 77 – *Tetrapak II.*

107 EuGH U. v. 13.2.1979, Rs 85/76, Slg. 1979, 461, Rdnr. 28 – *Hoffmann-La Roche/Kommission;* EuGH U. v. 9.11.1983, Rs 322/81, Slg. 1983, 3461, Rdnr. 48 – *Michelin;* EuG U. v. 9.9.2009, Rs T-301/04, Slg. 2009, II-03155, Rdnr. 64 – *Clearstream/Kommission.*

108 EuGH U. v. 9.11.1983, Rs 322/81, Slg. 1983, 3461, Rdnr. 49 – *Michelin.*

109 Kommission, Bekanntmachung über die Definition des relevanten Marktes, aaO, Rdnr. 39f.

110 EuGH U. v. 14. Februar 1978, Rs 27/76, Slg. 1978, 207, Rdnr. 320/33 – *United Brands;* EuG U. v. 12. Dezember 1991, Rs T-30/89, Slg. 1991, II-1439, Rdnr. 40ff. – *Hilti;* Kommission E. v. 26.7.1988, ABl. 1988 L 272/27, Rdnr. 44 – *Tetra Pak;* Kommission, Bekanntmachung über die Definition des relevanten Marktes, aaO, Rdnr. 17.

111 Die Abkürzung SSNIP steht für „small but significant non-transitory increase in price" (auch sog. hypothetischer Monopoltest).

112 Vgl. Kommission, Bekanntmachung über die Definition des relevanten Marktes, aaO, Rdnr. 20.

113 EuGH U. v. 9.11.1983, Rs 322/81, Slg. 1983, 3461, Rdnr. 41 ff. – *Michelin;* EuGH U. v. 31.5.1979, R 22/78, Slg. 1979, 1869, Rdnr. 9 – *Hugin;* Kommission E. v. 26.7.1988, ABl. 1988 L 272/27, = GRUR Int. 1989, 131 – *Tetra Pak I;* Kommission E. v.15.3.2000, ABl. 2001 L 143/74 – *Volvo/Scania,* Rdnr. 29; *Loewenheim/Meessen/Riesenkampff-Bergmann,* Kartellrecht, Art. 82, Rdnr. 34; *Schröter/Jakob/Klotz/Mederer-Schröter/Bartl,* Europäisches Wettbewerbsrecht, Art. 102 AEUV, Rdnr. 146.

72 *(2) Technologiemärkte.* Technologiemärkte werden nach denselben Grundsätzen bestimmt wie Produktmärkte. Demgemäß bestehen Technologiemärkte aus der lizenzierten Technologie und ihren Substituten, die von den Lizenznehmern im Hinblick auf ihre Eigenschaften, die Höhe der Lizenzgebühren und ihren Verwendungszweck als mit den lizenzierten Technologierechten austauschbar angesehen werden. Das sind ggf. solche Technologien, auf die potentielle Lizenznehmer als Reaktion auf eine geringfügige, aber dauerhafte Erhöhung der Lizenzgebühr sinnvoll ausweichen könnten.[114]

73 Die Unterscheidung zwischen Technologie- und Produktmärkten findet sich nicht in Art. 3 GVO TT, wo allein vom „relevanten Markt" die Rede ist. Sie findet sich jedoch in den Begriffsbestimmungen in Art. 1 Ab 1 lit j) und k) sowie an zahlreichen Stellen in den Leitlinien.

74 *(3) Innovationsmärkte.* In den Leitlinien zur Abgrenzung des relevanten Marktes weist die Kommission zudem darauf hin, dass sich Lizenzvereinbarungen auch auf Innovationsmärkte auswirken können.[115] In Abgrenzung zu Produkt- und Technologiemärkten ist damit der diesen Märkten vorgelagerte Bereich der Forschung und Entwicklung gemeint. Für die wettbewerblichen Wirkungen einer Absprache im Bereich der Entwicklung neuer Produkte/Technologien genügt in der Regel die Analyse des tatsächlichen oder potentiellen Wettbewerbs bei vorhandenen Produkt- und Technologiemärkten.[116] Die Auswirkungen von Lizenzvereinbarungen auf Innovationsmärkte werden jedoch dann gesondert geprüft, wenn, wie beispielsweise in der pharmazeutischen Industrie, der Innovationsprozess so strukturiert ist, dass in einem frühen Stadium Forschungs- und Entwicklungspole ausgemacht werden können. In diesem Fall kann es für die wettbewerbliche Beurteilung von Vereinbarungen wichtig sein zu untersuchen, ob nach Abschluss der Vereinbarung eine ausreichende Anzahl von Forschungs- und Entwicklungspolen übrigbleibt, um einen wirksamen Innovationswettbewerb zu gewährleisten.[117]

75 Bei der Marktanalyse der Forschungs- und Entwicklungsarbeiten der Beteiligten im Verhältnis zu konkurrierenden Forschungs- und Entwicklungspolen stellt die Kommission insbesondere auf den Zugang zu Finanz- und Humanressourcen, Know-how, Patente, den Entwicklungszeitplan sowie die Fähigkeit ab, die entsprechenden Ergebnisse auch zu nutzen. Ob andere Forschungs- und Entwicklungspole als Wettbewerber anzusehen sind, hängt davon ab, ob sie im Hinblick auf den Zugang zu Ressourcen oder den Zeitplan als mit der Forschungs- und Entwicklungsarbeit der Beteiligten als austausch- und substituierbar angesehen werden können.

76 *b) Geographisch relevanter Markt.* Neben der sachlichen Marktabgrenzung bedarf es zur Bestimmung des relevanten Marktes stets einer räumlichen Abgrenzung. Der räumlich relevante Markt wird dabei definiert als das Territorium, in dem die beteiligten Unternehmen ihre Produkte oder Dienstleistungen anbieten, in dem die Wettbewerbsbedingungen hinreichend homogen sind und das sich von benachbarten Gebieten durch spürbar unterschiedliche Wettbewerbsbedingungen unterscheidet.[118] Ausgehend vom tatsächlichen Vermarktungsgebiet ist dies dasjenige Gebiet, in dem die Marktteilnehmer ihre Produkte und Dienstleistungen zu vergleichbaren Bedingungen ohne wirtschaftlich erhebliche Marktschranken vertreiben können. Die Ermittlung des räumlichen Marktes erfolgt wiederum

---

114 Leitlinien, Rdnr. 22; kritisch zum sog. Monopoltest *Schultze/Pautke/Wagener,* GVO TT-Komm., Rdnr. 175.

115 Kommission, Bekanntmachung über die Definition des relevanten Marktes, aaO, Rdnr. 26.

116 Vgl. Kommission, Leitlinien zur Anwendbarkeit von Art. 101 des Vertrages über die Arbeitsweise der Europäischen Union auf Vereinbarungen über horizontale Zusammenarbeit, ABl. 2011, Nr. C 11/01, Rdnr. 119.

117 Leitlinien, Rdnr. 26.

118 EuGH U. v. 14. Februar 1978, Rs 27/76, Slg. 1978, 207, Rdnr. 10/11 – *United Brands;* EuGH U. v. 31.3.1998, verb. Rs C-68/94 und C-30/95, Slg. 1998, I-1375, Rdnr. 143 – *Frankreich u. a./Kommission;* Kommission, Bekanntmachung über die Definition des relevanten Marktes, aaO, Rdnr. 8.

aus Sicht der Marktgegenseite. Einbezogen in die Abgrenzung werden die Zugangsbedingungen zu den Vertriebswegen, das Vorhandensein von Marktzutrittsschranken, von Verbrauchergewohnheiten sowie insbesondere das Bestehen erheblicher Unterschiede bei den Marktanteilen der Unternehmen oder nennenswerter Preisunterschiede zwischen dem Gebiet und den benachbarten Gebieten. Daneben spielen regulatorische Schranken, wie Preisvorschriften, den Handel oder die Produktion einschränkende Kontingente oder Zölle, technische Normen, Monopole, erforderliche behördliche Genehmigungen sowie Verpackungsvorschriften eine wichtige Rolle.[119]

Die Kommission neigt wegen der fortschreitenden Durchdringung der mitgliedstaatlichen Volkswirtschaften und der Vollendung des Binnenmarktes vielfach dazu, den Gemeinsamen Markt insgesamt als räumlich relevanten Markt zugrunde zu legen. Voraussetzung dafür ist, dass die betreffenden Produkte oder Dienstleistungen gleichmäßig in allen Mitgliedstaaten der Gemeinschaft angeboten und nachgefragt werden. Der relevante Markt kann aber auch ein nationaler Markt sein oder über den Gemeinsamen Markt hinausgehen und den Weltmarkt erfassen. Im Rahmen von Art. 101 AEUV, zumal bei Lizenzverträgen, wird der räumlich relevante Markt häufig durch die Vereinbarung selbst bestimmt und entspricht dem Vertragsgebiet.[120] Lassen sich der Vereinbarung selbst keine Hinweise auf eine Begrenzung des Vertragsgebietes entnehmen, so muss ausgehend von dem geographischen Raum, in welchem die beteiligten Unternehmen bisher tätig waren, ermittelt werden, in welchem Gebiet sie sich auswirkt. Auch bei der räumlichen Marktabgrenzung greift die Kommission in diesem Zusammenhang auf den SSNIP-Test zurück und fragt danach, ob die Abnehmer ihre Nachfrage kurzfristig und zu geringen Kosten auf Unternehmen mit einem anderen Standort umlenken würden.[121] 77

c) Zeitlich relevanter Markt. Die Abgrenzung des zeitlich relevanten Marktes ist nur von geringer praktischer Bedeutung.[122] Die Bedeutung des zeitlich relevanten Marktes folgt daraus, dass Märkte einer dynamischen Entwicklung ausgesetzt sind und sich die Marktverhältnisse während der Laufzeit einer Absprache ändern können. In ihrer Bekanntmachung über die Definition des relevanten Marktes bleibt die zeitliche Marktabgrenzung als eigenständiges Abgrenzungskriterium unerwähnt. In der Praxis wird die zeitliche Komponente regelmäßig bereits im Rahmen der Abgrenzung des sachlich relevanten Marktes berücksichtigt, da zu diesem nur solche Produkte gehören, die zur Befriedigung eines gleichbleibenden Bedarfs dienen, was eine gewisse Konstanz voraussetzt.[123] 78

2. Berechnung der Marktanteile. Der Marktanteil wird anhand der Verkäufe der betreffenden Produkte auf dem relevanten geographischen Markt nach Maßgabe des jeweils abgelaufenen Kalenderjahres berechnet. Dabei wird auf den Absatzwert abgestellt. Liegen keine Angaben über den Absatzwert vor, können zur Ermittlung des Marktanteils Schätzungen vorgenommen werden, die ggf. auf anderen verlässlichen Marktdaten unter Einschluss der Absatzmengen beruhen (Art. 8 Abs. 1a) GVO TT). 79

Die Marktanteilsschwellen gelten für **Technologie- und Produktmärkte** gleichermaßen. Die Kommission hat allerdings erkannt, dass die Berechnung des Marktanteils des Lizenzgebers auf dem Technologiemarkt anhand der – noch in der Vorgängerregelung vorgesehenen – Lizenzeinnahmen praktische Schwierigkeiten mit sich bringt. Zwar könnten die Marktanteile auf der Grundlage des Anteils jeder einzelnen Technologie an der Ge- 80

---

[119] Vgl. Kommission, Bekanntmachung über die Definition des relevanten Marktes, aaO, Rdnr. 28 ff.; *Loewenheim/Meessen/Riesenkampff-Bergmann,* Kartellrecht, Art. 82, Rdnr. 84.

[120] *Langen/Bunte-Hengst,* Kartellrecht Kommentar, Bd. 2, Art. 101 AEUV, Rdnr. 259; *Schröter/Jakob/Klotz/Mederer Schröter/Voet van Vormizeele,* Europäisches Wettbewerbsrecht, Art. 101 AEUV, Rdnr. 118.

[121] Kommission, Bekanntmachung über die Definition des relevanten Marktes, aaO, Rdnr. 29.

[122] *Langen/Bunte-Hengst,* Kartellrecht Kommentar, Bd. 2, Art. 101 AEUV, Rdnr. 262; *Loewenheim/Meessen/Riesenkampff-Bergmann,* Kartellrecht, Art. 82, Rdnr. 88 ff.

[123] Kommission E. vom 24.7.1991, IV/31.043, ABl. 1992 Nr. L 72/1, 18 – *Tetrapak II;* EuGH U. v. 14. Februar 1978, Rs 27/76, Slg. 1978, 207, Rdnr. 33 – *United Brands.*

samtheit aller auf dem betreffenden Markt erzielten Lizenzeinnahmen ermittelt werden, womit der Anteil der Technologie auf dem Markt dargestellt würde, auf dem konkurrierende Technologien lizenziert werden.[124] Dies wird häufig jedoch nur theoretisch möglich sein, weil Angaben über Lizenzeinnahmen in aller Regel fehlen.[125] Zudem kann die Marktstellung einer Technologie aufgrund von durch Cross-Licensing oder die Lieferung gekoppelter Produkte reduzierte Lizenzeinnahmen deutlich unterschätzt werden.

81 Dem hat die Kommission in der GVO TT Nr. 316/2014 Rechnung getragen, indem nunmehr der Anteil des Lizenzgebers an dem relevanten Technologiemarkt anhand der Präsenz der die überlassene Technologie enthaltenden Produkte festgestellt wird, Art. 8 lit d) GVO TT. Die Marktanteile des Lizenzgebers werden auf der Grundlage der vom Lizenzgeber und allen seinen Lizenznehmern abgesetzten Produkte ermittelt, die die lizenzierte Technologie enthalten (sog. „Fußabdruck").[126] Dabei geht die Kommission davon aus, dass der Fußabdruck auf der Produktebene die Marktstellung der Technologie in der Regel angemessen widerspiegelt.[127] Für die Berechnung wird der mit den Vertragsprodukten erzielte Gesamtabsatz des Lizenzgebers und seiner Lizenznehmer als Anteil am Gesamtabsatz mit konkurrierenden Produkten herangezogen, unabhängig davon, ob diese konkurrierenden Produkte mit der lizenzierten Software hergestellt werden.[128] Sofern möglich, sollten bei dieser Berechnung Produkte ausgenommen sein, die anhand nur firmenintern genutzter Technologie hergestellt werden, für die keine Lizenz vergeben wurde, weil diese nur eine indirekte Beschränkung für die lizenzierte Technologie darstellen.[129]

82 Bei Produktmärkten wird der Marktanteil des Lizenznehmers auf der Grundlage der Vertragsprodukte und der Wettbewerbserzeugnisse, die der Lizenznehmer ebenso anbietet, berechnet, d.h. anhand der Gesamtverkäufe des Lizenznehmers auf dem betreffenden Produktmarkt. Bietet der Lizenzgeber ebenfalls Erzeugnisse auf dem relevanten Produktmarkt an, sind auch dessen Verkäufe zu berücksichtigen. Bei der Berechnung der Marktanteile des Lizenznehmers und/oder des Lizenzgebers auf den Produktmärkten werden die Verkäufe weiterer Lizenznehmer nicht berücksichtigt.[130] Maßgeblich für die Berechnung der Marktanteile des Lizenznehmers soll der Umsatz der Gesamtverkäufe auf dem betreffenden Produktmarkt aus dem Vorjahr sein. Liegen keine Angaben über die Umsätze vor, können auch Schätzungen vorgenommen werden, die auf anderen verlässlichen Marktdaten unter Einschluss der Absatzmengen beruhen.[131]

83 Wird die betreffende Marktanteilsschwelle nur auf einem der relevanten Märkte überschritten, gilt die Freistellung für die Vereinbarung nicht in Bezug auf diesen Markt, sondern nur für denjenigen Markt, auf dem die betreffende Marktanteilsschwelle nicht erreicht wird. Dies gilt auch, wenn sich die Lizenzvereinbarung auf zwei Produktmärkte bezieht.[132]

84 Werden die genannten Marktanteilsschwellen erst während der Vertragslaufzeit überschritten, gilt die Freistellung im Anschluss an das Jahr, in dem die Schwelle von 20% bzw. 30% erstmalig überschritten wird, noch für zwei aufeinanderfolgende Kalenderjahre weiter (Art. 8 lit. e) GVO TT).[133] Dies gilt auch in den Fällen, in denen die Marktanteilsschwel-

---

[124] Leitlinien, Rdnr. 25.

[125] Ebenso *Bartenbach,* Patentlizenz- und Know-how-Vertrag, Rdnr. 839.

[126] S. dazu auch *Groß,* Der Lizenzvertrag, Rdnr. 672.

[127] Leitlinien, Rdnr. 87.

[128] Leitlinien, Rdnr. 86.

[129] Leitlinien, Rdnr. 88.

[130] Leitlinien, Rdnr. 91.

[131] Leitlinien, Rdnr. 92.

[132] Leitlinien, Rdnr. 81; siehe dazu auch *Bartenbach,* Patentlizenz- und Know-how-Vertrag, Rdnr. 874, der unter Hinweis auf *Feldkamp,* VPP-Rundbrief 2005, 11, 13 die ungünstigere Marktabgrenzung für entscheidend halten will, wenn sowohl der Anteil am Technologiemarkt als auch der Anteil am Produktmarkt „auf ein und denselben Sachverhalt anwendbar" ist.

[133] *Schulze/Zuleeg/Kadelbach-Mäger,* Europarecht, § 16, Rdnr. 177, weist darauf hin, dass dieser Zeitraum eher kurz ist und deshalb insbesondere bei hohen Investitionserfordernissen einer Lizenz-

len dadurch überschritten werden, dass sich das Wettbewerbsverhältnis ändert.[134] Bei der Berechnung ist auf dasjenige Kalenderjahr abzustellen, in dem die Marktanteilsschwelle tatsächlich überschritten worden ist und nicht auf das (laufende) Jahr, in dem das Überschreiten der Schwelle (im Vorjahr) erst festgestellt wird. Der Umstand, dass nach Artikel 8 lit. b) GVO TT der Marktanteil anhand der Angabe für das jeweils vorhergehende Kalenderjahr ermittelt wird, ändert daran nichts.[135] Sofern Marktdaten zur Berechnung der Marktanteile aus den jeweiligen Zeiträumen nicht zur Verfügung stehen, sollen der Berechnung im Einzelfall andere Zeitperioden zugrunde gelegt werden können,[136] was indessen eher zweifelhaft erscheint.

3. Die Relevanz des Marktanteils für die Beurteilung nach Art. 101 Abs. 1 AEUV. Um eine Anwendung des Verbots des Art. 101 Abs. 1 AEUV auf nicht ins Gewicht fallende Wettbewerbsbeschränkungen auszuschließen, werden nach ständiger Rechtsprechung Vereinbarungen, die den Markt nur geringfügig bzw. nicht spürbar beeinträchtigen, nicht von der Norm erfasst.[137] Ist dieses sog. **Spürbarkeitskriterium** nicht erfüllt, fällt die betreffende Vereinbarung von vornherein nicht unter das Verbot des Art. 101 Abs. 1 AEUV, sodass es – systematisch – auf eine Freistellung nach der GVO TT nicht ankommt. Von der Spürbarkeit der Wettbewerbsbeschränkung zu unterscheiden ist das Erfordernis der Spürbarkeit der Handelsbeeinträchtigung. Denn nach der Rechtsprechung setzt der Tatbestand des Art. 101 Abs. 1 AEUV nicht nur eine spürbare Beschränkung des Wettbewerbs voraus, sondern darüber hinaus auch, dass die Beeinträchtigung des zwischenstaatlichen Handels nicht nur geringfügig ist.[138] 85

Die Kommission hat die Kriterien, nach denen sie beurteilt, ob eine Vereinbarung den Wettbewerb spürbar beeinträchtigt, in ihrer sog. Bagatell- bzw. *De-minimis*-Bekanntmachung festgelegt.[139] Danach gelten horizontale Wettbewerbsbeschränkungen zwischen tatsächlichen oder potentiellen *Wettbewerbern* als nicht spürbar, wenn die insgesamt gehaltenen Marktanteile der beteiligten Unternehmen auf keinem der betroffenen relevanten Märkte 10% überschreiten. Für Wettbewerbsbeschränkungen zwischen *Nichtwettbewerbern* gilt eine Schwelle von 15%, die von keinem der beteiligten Unternehmen auf einem relevanten Markt überschritten werden darf. Ist ungewiss, ob eine Vereinbarung von Wettbewerbern vorliegt oder nicht, gilt die strengere 10%-Schwelle.[140] Diese Schwellen sind jedoch nicht abschließend verbindlich, auch wenn es der Kommission nur in begründeten Ausnahmefällen erlaubt ist, von ihren Kriterien abzuweichen.[141] Im Übrigen bedeutet die „Negativabgrenzung", wann *keine* spürbare Wettbewerbsbeschränkung im Sinne von Art. 101 AEUV vorliegt, nicht, dass bei Vereinbarungen zwischen Unternehmen, die diese Schwellen über- 86

---

nahme entgegenstehen kann, was vor allem dann der Fall sein wird, wenn die künftige Überschreitung der betreffenden Marktanteilsschwellen als wahrscheinlich angesehen werden muss.

[134] *Bartenbach,* Patentlizenz- und Know-how-Vertrag, Rdnr. 849.

[135] AA *Schultze/Pautke/Wagener,* GVO TT-Komm., Rdnr. 916ff. (923).

[136] Vgl. *Bartenbach,* Patentlizenz- und Know-how-Vertrag, Rdnr. 858; *Bechtold/Bosch/Brinker,* EU-Kartellrecht (Komm.), VO 316/2014, Art. 8, Rdnr. 4.

[137] EuGH U. v. 30.6.1966, Slg. 1966, 281 (306) – *Société Technique Minière/Maschinenbau Ulm;* EuGH U. v. 9.7.1969, Slg. 1969, 295 (302) – *Völk/Vervaecke;* EuGH U. v. 6.5.1971, Slg. 1971, 351 (355ff.) – *Cadillon/Höss;* EuGH U. v. 10.7.1980, Slg. 1980, 2511 (2536f.) – *Lancôme/Etos;* EuGH U. v. 11.12.1980, Slg. 1980, 3775 (3792) – *L'Oréal/De Nieuwe Amck;* EuGH U. v. 21.1.1999, Slg. 1999, I-135 Rdnr. 34 – *Bagnasco/Banca Popolare.* So auch *Schröter/Jakob/Klotz/Mederer-Schröter/Voet van Vormizeele,* Europäisches Wettbewerbsrecht, Art. 101 AEUV Rdnr. 199ff.; *Ritter/Braun,* European Competition Law, 55ff.

[138] Besonders deutlich wird dies etwa in EuGH U. v. 28.4.1998, Slg. 1998, I-1983 Rdnr. 12 und 16 – *Javico u. a./Yves Saint Laurent.*

[139] Bekanntmachung der Kommission vom 30.8.2014 über Vereinbarungen von geringer Bedeutung, die den Wettbewerb gemäß Art. 101 Abs. 1 AEUV nicht spürbar beschränken, ABl. 2014/C 291/01.

[140] Bagatellbekanntmachung, ABl. 2014/C 291/01, Tz. 9.

[141] EuGH U. v. 13.12.2012 – Rs C-226/11, ECLI:EU:C:2012:795 = EuZW 2013, 113, 115 – *Expedia* m. Anm. Grune.

schreiten, zwingend eine spürbare Beeinträchtigung anzunehmen ist.[142] Für die zur Bestimmung des Marktanteils notwendige Abgrenzung des Marktes und die Berechnung der Marktanteile gelten die oben angegebenen Grundsätze.

87 Bei Marktanteilen unterhalb der genannten Schwellen sind Technologietransfervereinbarungen folglich auch dann unbedenklich, wenn die Voraussetzungen der GVO TT nicht erfüllt sind. Allerdings stellt die Kommission jetzt im Anschluss an die Rechtsprechung des EuGH klar, dass eine Vereinbarung, die die Verhinderung, Einschränkung oder Verfälschung des Wettbewerbs im Binnenmarkt **bezweckt,** ausnahmslos, d. h. unabhängig von ihren konkreten Auswirkungen, eine spürbare Beschränkung des Wettbewerbs darstellt.[143] Darüber hinaus hat die Bagatellbekanntmachung für Technologietransfervereinbarungen wegen der in ihr enthaltenen Rückausnahmen kaum praktische Bedeutung. Kernbeschränkungen sind von der Regelung nämlich von vornherein ausgeschlossen. In Bezug auf horizontale Wettbewerbsbeschränkungen nennt die Bekanntmachung Preisfestsetzungen, die Beschränkung der Produktion und des Absatzes und die Markt- oder Kundenaufteilung. Vertikale Vereinbarungen kommen unter anderem dann nicht in den Genuss der Bagatellschwellen, wenn sie Preisbindungen der zweiten Hand oder bestimmte Beschränkungen des Gebiets oder Kundenkreises beinhalten.[144] Die Liste dieser auch nach Ansicht der Kommission stets spürbaren sog. hard-core restrictions entspricht, soweit es Vereinbarungen zwischen Nichtwettbewerbern betrifft, dem in Art. 4 GVO TT enthaltenen Katalog der Kernbeschränkungen, für die die Freistellung von vornherein nicht gilt. Für Vereinbarungen zwischen Wettbewerbern sieht die Bagatellbekanntmachung demgegenüber strengere Ausschlusskriterien vor. So kommen Marktaufteilungsvereinbarungen zwischen Wettbewerbern nach der Bagatellbekanntmachung auch dann nicht in den Genuss der Bagatellschwellen, wenn sich die Marktzuweisung in der vertraglichen Vereinbarung erschöpft, das die lizenzierte Technologie nur in einem bestimmten Produktmarkt oder Exklusivgebiet verwendet werden darf (vgl. aber Art. 4 Abs. 1 Buchst. c (i) GVO TT). Für Technologietransferver-einbarungen erlangt die Bagatellbekanntmachung vor diesem Hintergrund überhaupt nur dann Bedeutung, wenn diese keine derartigen Beschränkungen enthalten, was in der Praxis eher die Ausnahme sein wird.

88 Hiervon zu unterscheiden ist die Frage, ob die Vereinbarung geeignet ist, den Handel zwischen den Mitgliedstaaten spürbar zu beeinträchtigen. In ihren Leitlinien über den Begriff der Beeinträchtigung des zwischenstaatlichen Handels hat die Kommission hierfür eigenständige Kriterien aufgestellt.[145] Das Spürbarkeitskriterium wird in den Leitlinien zunächst im Rahmen einer widerlegbaren Negativvermutung (sogenannte „no appreciable affectation of trade“ oder NAAT-Regel) quantifiziert.[146] Eine Vereinbarung ist den Leitlinien zufolge regelmäßig nicht geeignet, den Handel spürbar zu beeinträchtigen, wenn bestimmte Marktanteils- und Umsatzschwellen nicht überschritten werden.

89 An der Eignung zur Beeinträchtigung des zwischenstaatlichen Handels fehlt es danach, wenn der addierte Marktanteil der beteiligten Unternehmen auf keinem von der Vereinbarung betroffenen Markt 5% überschreitet. Weiterhin darf im Falle horizontaler Vereinbarungen der gesamte Jahresumsatz der Beteiligten mit den von der Vereinbarung erfassten Waren 40 Mio. EUR nicht übersteigen. Abweichend hiervon kommt es bei vertikalen Vereinbarungen für das Erreichen der Umsatzschwelle allein auf den Jahresumsatz des Lieferanten an. Bei Lizenzvereinbarungen wird als relevanter Umsatz der addierte Umsatz der Lizenznehmer und des Lizenzgebers mit den betreffenden Waren zugrunde gelegt. Die Vermutung der NAAT-Regel bleibt auch dann anwendbar, wenn der Schwellenwert für

142 Bagatellbekanntmachung, aaO, Tz. 3.
143 Bagatellbekanntmachung, ABl. 2014/C 291/01, Tz. 2.
144 Bagatellbekanntmachung, ABl. 2014/C 291/01, Tz. 13.
145 Leitlinien über den Begriff der Beeinträchtigung des zwischenstaatlichen Handels, ABl. 2004 C 101/81.
146 Leitlinien, aaO, Rdnr. 52.

den Markanteil um höchstens 2% und der Schwellenwert für den Jahresumsatz um höchstens 10% in zwei aufeinanderfolgenden Kalenderjahren überschritten werden.[147]

90 Neben der Negativvermutung enthalten die Leitlinien eine widerlegbare Positivvermutung für Vereinbarungen, die bereits ihrem Wesen nach geeignet sind, den Handel zwischen den Mitgliedstaaten zu beeinträchtigen. Für diese wird schon bei Überschreiten allein des Umsatzschwellenwertes vermutet, dass die Beeinträchtigung des Handels spürbar ist.[148] Die Leitlinien definieren den Begriff der Vereinbarung, die den zwischenstaatlichen Handel „wesensgemäß" beeinträchtigt, nicht. Die Kommission gibt aber zahlreiche, der Rechtsprechung der europäischen Gerichte entnommene Beispiele dafür, wann Vereinbarungen nach ihrer Auffassung „fast immer" oder „in der Regel" ihrem Wesen nach geeignet sind, den Handel zwischen den Mitgliedstaaten zu beeinträchtigen. Zu diesen gehören Vereinbarungen, die Einfuhren bzw. Ausfuhren oder mehrere Mitgliedstaaten betreffen[149] oder Kartelle, wenn diese sich mindestens auf das gesamte Gebiet eines Mitgliedstaates erstrecken.[150]

91 Muss eine spürbare Beeinträchtigung des zwischenstaatlichen Handels danach verneint werden, bedeutet dies nicht, dass die Vereinbarung auch unabhängig von den Vorgaben der GVO TT kartellrechtlich unbedenklich ist. Fällt eine Vereinbarung allein mangels spürbarer Auswirkungen auf den zwischenstaatlichen Handel aus dem Anwendungsbereich von Art. 101 AEUV heraus, ist in Deutschland gleichwohl das entsprechende Verbot wettbewerbsbeschränkender Vereinbarungen nach § 1 GWB anwendbar. Durch die dynamischen Verweisung des § 2 Abs. 2 GWB finden auch für allein nach nationalem Recht zu beurteilende Sachverhalte die europäischen Gruppenfreistellungsverordnungen und damit auch die GVO TT Anwendung. Auch wenn die Zwischenstaatlichkeitsklausel mangels Spürbarkeit nicht erfüllt ist, sind Wettbewerbsbeschränkungen in Technologietransfervereinbarungen folglich nur dann gestattet, wenn sie den in der GVO TT freigestellten Rahmen nicht überschreiten.

92 Die Einführung der Marktanteilsschwellen in die Vorgänger-GVO TT Nr. 772/2004 war einer der Hauptkritikpunkte. Richtig ist, dass die Bestimmung des relevanten Marktes und darauf aufbauend die Berechnung der Marktanteile zu den schwierigsten Problemfeldern des Kartellrechts zählt und deshalb erhebliche Unsicherheiten birgt.[151] Bewegen sich die Vertragsparteien in den Grenzbereichen der Marktanteilsschwellen, sind sie obendrein zur kontinuierlichen Beobachtung der Marktgegebenheiten gezwungen.[152]

93 Andererseits erscheint es fraglich, ob die Marktanteilsschwellen wirklich die entscheidende Grenze markieren, jenseits derer der sichere Hafen der Gruppenfreistellung verlassen wird und die raue See des Kartellverbots beginnt.[153]

94 Zu Recht ist darauf hingewiesen worden, dass wettbewerbsbeschränkende Wirkungen von Vertikalvereinbarungen nicht am **Marktanteil** der beteiligten Unternehmen festgemacht werden können, der Marktanteil für die Frage, ob eine bestimmte Technologietransfer-Vereinbarung wettbewerbsbeschränkend sei oder nicht, also **keine Bedeutung** habe.[154] Auch der von der Kommission am 21.12.2004 vorgelegte Evaluierungsbericht zur Reformbedürftigkeit der ersten GVO TT Nr. 240/96 enthielt keine anderslautenden Erkenntnisse.[155]

---

147 Leitlinien, aaO, Rdnr. 52.

148 Leitlinien, aaO, Rdnr. 53.

149 Leitlinien, aaO, Rdnr. 61 ff.

150 Leitlinien, aaO, Rdnr. 68

151 *Hufnagel,* Mitt. 2004, 297, 303; *Vieregge,* GRUR 2004, 489; *Schultze/Pautke/Wagener,* EWS 2004, 437, 444; *Schumacher/Schmid,* GRUR 2006, 1, 6; *Wissel/Eickhoff,* WuW 2004, 1244, 1255 sowie *Hauck,* Die wettbewerbsrechtliche Beurteilung von Lizenzverträgen in der EU und den USA, 108.

152 *Schultze/Pautke/Wagener,* EWS 2004, 437, 444; *Zöttl,* WRP 2005, 33, 45 spricht von „dynamischen Risiken im zeitlichen Verlauf".

153 *Klawitter,* Fs. 50 Jahre VPP, 487, 506.

154 *Winkler/Jugel,* EuZW 1996, 364, 368 unter Hinweis auf *Wiedemann,* Kommentar zu den Gruppenfreistellungsverordnungen des EWG-Kartellrechts, Bd 1, Rdnr. 372, der zutreffend hervorhebt, dass auch der marktbeherrschende Lizenzgeber mit der Lizenzvergabe zusätzlichen Wettbewerb erst eröffnet; zur Kritik siehe auch *Schumacher/Schmid,* GRUR 2006, 1, 5 Fn. 44 mwN.

155 *Lübbig,* GRUR 2004, 483, 488.

95 Es überrascht deshalb nicht, dass die Kommission selber darauf hinweist, dass ein hoher Marktanteil zumindest in Märkten mit niedrigen Marktzutrittsschranken nicht unbedingt auf Marktmacht hindeutet. Es sei deshalb nicht möglich, feste Regeln für das Gewicht einzelner Faktoren aufzustellen. Stattdessen müsse bei der Anwendung von Art. 101 AEUV auf Technologietransfer-Vereinbarungen jeweils genau geprüft werden, wie der Wettbewerb auf dem betreffenden Markt funktioniere.[156]

96 In den Leitlinien stellt die Kommission denn auch mit auffallender Deutlichkeit heraus, dass bei Vereinbarungen, die nicht von der Gruppenfreistellung erfasst werden, stets zu prüfen sei, ob sie unter Art. 101 Abs. 1 AEUV fielen und ggf. die Freistellungsvoraussetzungen gemäß Art. 101 Abs. 3 AEUV vorliegen würden. Weder sei davon auszugehen, dass nicht „gruppenfreigestellte" Technologietransfer-Vereinbarungen gleichsam zwangsläufig von Art. 101 Abs. 1 AEUV erfasst wären, noch dass sie die Voraussetzungen des Art. 101 Abs. 3 AEUV nicht erfüllten.[157]

97 Insbesondere reiche der Umstand, dass die Marktanteile der Vertragsparteien die Marktanteilsschwellen in Art. 3 der GVO TT überschreiten, keineswegs für die Feststellung aus, dass mit der Vereinbarung ein Kartellverstoß i. S. v. Art. 101 Abs. 1 AEUV einhergehe. Vielmehr müssten im Einzelfall die wettbewerblichen Wirkungen der Vereinbarung geprüft werden. Nur wenn Vereinbarungen Kernbeschränkungen enthielten, könne in der Regel angenommen werden, dass sie unter das Verbot des Art. 101 Abs. 1 AEUV fallen.[158]

98 In der Tat ist kein Grund dafür ersichtlich, warum eine Technologietransfer-Vereinbarung allein deshalb kartellrechtswidrig sein sollte, weil die beteiligten Vertragsparteien die definierten Marktanteilsgrenzen von 20% bzw. 30% überschreiten.[159] Die wettbewerbliche Beurteilung von Beschränkungen in Technologietransfer-Vereinbarungen ändert sich nicht danach, ob die beteiligten Unternehmen wenig unter oder über den jeweils einschlägigen Marktanteilsschwellen liegen.[160]

99 Mit dem „more economic approach" wird deshalb entscheidend auf die tatsächlichen Marktwirkungen von Technologietransfer-Vereinbarungen abzustellen sein, anstatt auf formale Marktanteilsschwellen **(effects-based v form-based approach).**[161] Dabei wird die Notwendigkeit einer gezielten Kartellaufsicht umso augenfälliger wie die Marktstruktur enger und damit das Risiko größer wird, dass die Funktion des Wettbewerbs durch Marktmacht beeinträchtigt ist.[162] Jenseits der „schwarzen Klauseln" tendiert die Kommission erkennbar eher zu einer Marktmissbrauchsaufsicht denn zur Kartellaufsicht im Sinne einer (Vertrags)Inhaltskontrolle,[163] was die starren **Marktanteilsschwellen** in der praktischen Anwendung der GVO TT eher **relativiert** und verschiebt.[164]

100 Vor diesem Hintergrund sind die Marktanteilsschwellen von 20% bzw. 30% gleichsam **Aufgreifkriterien,** die der Kommission und den nationalen Wettbewerbsbehörden die Möglichkeit geben, in die Einzelfallprüfung einzusteigen, ohne an die „Zusicherung" des sicheren Hafens gebunden zu sein. Die Marktanteilsschwellen wirken insoweit zugunsten, aber nicht zu Lasten der Unternehmen.[165] Bei der Einzelfallprüfung besagen selbst hohe

---

[156] Leitlinien, Rdnr. 159.

[157] Leitlinien, Rdnr. 158; vgl. BGH, GRUR Int. 2005, 152, 154f. – *Citroën;* dazu auch *Ullrich,* VPP-Rundbrief 2007, 51, 57.

[158] Leitlinien, Rdnr. 43, 156f.

[159] *Klawitter,* Fs. 50 Jahre VPP, 487, 507; ähnlich *Drexl,* GRUR Int. 2004, 716, 725; vgl. auch *Schuhmacher/Schmid,* GRUR 2006, 1, 5.

[160] Ebenso *Schultze/Pautke/Wagener,* GVO TT-Komm., Rdnr. 449; *Lubitz,* EuZW 2004, 652, 656.

[161] *Hirsbrunner/Schädle,* EuZW 2006, 583, 584; *Schumacher/Schmid,* GRUR 2006, 1, 3f.; *Heinemann,* GRUR 2008, 949.

[162] *Ullrich,* VPP-Rundbrief 2007, 51, 59.

[163] So auch *Ullrich,* VPP-Rundbrief 2007, 51, 59, 64.

[164] Zu Recht spricht *Ullrich,* VPP-Rundbrief 2007, 51ff in dem Zusammenhang vom „Bedeutungsverlust" der Verordnung. Zur Kritik ökonomisch bestimmter Einzelfallentscheidungen anstelle normbezogener Rechtsanwendung siehe *Immenga,* WuW 2006, 463.

[165] *Schultze/Pautke/Wagener,* GVO TT-Komm., Rdnr. 450.

Marktanteile für sich genommen nichts darüber, ob mit einer Technologietransfer-Vereinbarung ein Kartellverstoß einhergeht.[166] Die Prüfung im Einzelfall ist vielmehr grundsätzlich „ergebnisoffen".[167]

Ein Verstoß wird deshalb nur dann in Betracht kommen, wenn anhand der jeweiligen Einzelfallumstände tatsächlich wettbewerbsschädliche Marktwirkungen zu erwarten sind, die nicht durch Effizienzgewinne im Sinne von Art. 101 Abs. 3 AEUV ausgeglichen werden. Demgemäß darf erwartet werden, dass diejenigen Vertragsparteien, die die Klippen der Kernbeschränkungen meiden und sich „grauen Klauseln" mit Vorsicht nähern, im Zweifel nicht Gefahr laufen, gegen das Kartellverbot in Art. 101 AEUV zu verstoßen, und zwar auch dann nicht, wenn sie die Marktanteilsschwellen von 20% bzw. 30% deutlich überschreiten.[168] **101**

III. Klauselkataloge

1. Vorbemerkung. Die GVO TT enthält in Art. 4 einen Katalog von wettbewerbsbeschränkenden Abreden (sog. **Kernbeschränkungen**), die nicht vereinbart werden dürfen, wenn die Vertragsparteien in den Genuss der Gruppenfreistellung kommen, also im „sicheren Hafen" bleiben wollen.[169] **102**

Die Vereinbarung der betreffenden Klauseln führt mit anderen Worten dazu, dass die gesamte Technologietransfer-Vereinbarung den Rechtsvorteil der Gruppenfreistellung verliert, es sei denn im konkreten Fall würden die Voraussetzungen einer Einzelfreistellung gemäß Art. 101 Abs. 3 AEUV erfüllt sein.[170] In den Leitlinien betont die Kommission, dass letzteres in der Regel nicht in Betracht kommen wird, schließt dies aber nicht aus.[171] Die Benennung einer Klausel als Kernbeschränkung führt also nicht zwangsläufig zur Annahme einer verbotenen Wettbewerbsbeschränkung,[172] wenn dies auch, jedenfalls nach Auffassung der Kommission, „fast immer"[173] der Fall sein wird. Ob diese Einschätzung vor dem Hintergrund jüngerer Rechtsprechung Bestand haben wird, bleibt allerdings abzuwarten.[174] **103**

In Art. 5 GVO TT werden weitere Verpflichtungen in Technologietransfer-Vereinbarungen von der Freistellung in Art. 2 GVO TT ausgenommen. Dabei handelt es sich um weniger schwerwiegende Wettbewerbsbeschränkungen, bei denen im Einzelfall im Wege der Selbsteinschätzung ermittelt werden muss, ob sie einen Kartellverstoß im Sinne von Art. 101 Abs. 1 AEUV begründen und ob ggf. die Freistellungsvoraussetzungen nach Art. 101 Abs. 3 AEUV vorliegen. Liegt ein Kartellverstoß vor und sind die Freistellungsvoraussetzungen nicht erfüllt, ist (nur) die fragliche Klausel der Vereinbarung betroffen, während es im Übrigen bei der Freistellung nach Maßgabe der GVO TT bleibt.[175] **104**

---

[166] Ebenso *Zöttl,* WRP 2005, 33, 34, 38, 43. Dies gilt im übrigen auch dann, wenn man mit der Kommission annehmen wollte, dass ein hoher Marktanteil in der Regel den Schluss auf Marktmacht zuließe, siehe Leitlinien, Rdnr. 160, weil Marktmacht ihrerseits keineswegs ein Indikator für die Kartellrechtswidrigkeit einer Technologietransfer-Vereinbarung ist (s. schon Rdnr. 61).

[167] So zutreffend *Zöttl,* WRP 2005, 33, 43.

[168] Klawitter, Fs. 50 Jahre VPP, 487, 508; ähnlich *Zöttl,* WRP 2005, 33, 34; wohl auch *Ullrich,* VPP-Rundbrief 2007, 51, 53, 59. Skeptisch dagegen *Lübbig,* GRUR 2004, 483, 484.

[169] Leitlinien, Rdnr. 97f, 128; siehe auch *Hufnagel,* Mitt. 2004, 297, 298f.

[170] *Hufnagel,* Mitt. 2004, 297, 302.

[171] Leitlinien, Rdnr. 18 und 95.

[172] So zu Recht *Zöttl,* WRP 2005, 33, 38.

[173] So wörtlich die Kommission in Leitlinien, Rdnr. 94.

[174] Zweifelnd *Ullrich,* VPP-Rundbrief 2007, 51, 63 unter Hinweis auf EuG U. v. 27.9.2006, Slg. 2006-II, 2969 – *GlaxoSmithKline Services/Kommission.*

[175] Grundsatz der Abtrennbarkeit, Leitlinien, Rdnr. 117 (85). Welche Auswirkungen dies ggf. auf die zivilrechtliche Wirksamkeit der *gesamten* Technologietransfer-Vereinbarung hat, richtet sich nach dem jeweils anwendbaren nationalen Recht, in Deutschland nach § 139 BGB. Einzelheiten dazu bei *Zöttl,* WRP 2005, 33, 38, 46f. Zur Bedeutung salvatorischer Klauseln in dem Zusammenhang siehe *Feldkamp,* VPP-Rundbrief 2005, 11, 15f. Zur geltungserhaltenden Reduktion *MüKo-Röhling,* Art. 2 GVO Nr. 772/2004, Rdnr. 76f.

105 Inhalt und Reichweite der Klauselkataloge unterscheiden sich je nachdem, ob die betreffende Technologietransfer-Vereinbarung zwischen Wettbewerbern oder Nicht-Wettbewerbern geschlossen wird. Bei Vereinbarungen zwischen Wettbewerbern ist zusätzlich danach zu unterscheiden, ob es sich um wechselseitige oder nicht wechselseitige Vereinbarungen handelt.[176]

106 Handelt es sich bei den Vertragsparteien um konkurrierende Unternehmen, gelten strengere Maßstäbe. Stehen die Vertragsparteien in keiner Wettbewerbsbeziehung zueinander, sind die Maßstäbe milder. Demgemäß enthält Art. 4 GVO TT **zwei** getrennte **„schwarze Listen“,**[177] eine für konkurrierende (Art. 4 Abs. 1) und eine für nicht konkurrierende Unternehmen (Art. 4 Abs. 2).

107 Zusätzlich unterscheidet die schwarze Liste für konkurrierende Unternehmen danach, ob es sich bei der Vereinbarung um eine wechselseitige Vereinbarung handelt oder nicht. Mit Blick darauf, dass wechselseitige Vereinbarungen zwischen Wettbewerbern den Wettbewerb tendenziell stärker gefährden können als nicht wechselseitige Vereinbarungen, werden die Maßstäbe insoweit weiter verschärft.[178]

108 Allerdings gibt es auch Abreden, die **in allen Fällen gleich behandelt** werden, d. h. ungeachtet des zwischen den Parteien bestehenden Wettbewerbsverhältnisses und ohne dass es darauf ankäme, ob die Technologietransfer-Vereinbarung wechselseitig ist oder nicht.[179] Dazu gehören:

– Die **Preisfestsetzung** gemäß Art. 4 Abs. 1 lit. a) und Art. 4 Abs. 2 lit. a), 1. Halbsatz GVO TT mit der Maßgabe, dass es Nicht-Wettbewerbern erlaubt ist, Höchstpreise zu bestimmen oder Preisempfehlungen auszusprechen, sofern dies nicht in Folge von Druckausübung oder Gewährung von Anreizen zu Fest- oder Mindestverkaufspreisen führt;

109 – die Verpflichtung des Lizenznehmers zur Einräumung einer **exklusiven Rücklizenz** oder Gewährung vom Gesamt- bzw. Teilrechten für eigene Verbesserungen an der lizenzierten Technologie zu verpflichten(Art. 5 Abs. 1 lit. a) GVO TT);

110 – die Vereinbarung von **Nichtangriffsklauseln** (Art. 5 Abs. 1 lit. b) GVO TT);

111 – ferner die Verpflichtung des Lizenznehmers, auf der Grundlage der lizenzierten Technologie nur in einem oder mehreren Anwendungsbereichen **(„Field of use“)** zu produzieren und/oder in das Exklusivgebiet oder an der anderen Partei vorbehaltene Exklusivkunden nicht aktiv und/oder passiv zu verkaufen (Art. 4 Abs. 1 lit. c) Ziffer i) i. V. m. Art. 2 GVO TT) sowie

112 – die Verpflichtung des Lizenznehmers, die Vertragsprodukte nur für den **Eigenbedarf** herzustellen (Art. 4 Ab 1 lit. c) Ziffer iii) und Art. 4 Abs. 2 lit. b) Ziffer ii) GVO TT).

113 Zum Zwecke der Feststellung, ob nach Maßgabe der anwendbaren Marktanteilsschwellen eine Freistellung nach der GVO TT in Frage kommt, und welche Klauselverbote im Einzelfall gelten, bedarf es also – abgesehen von den vorstehend genannten Ausnahmen – der Klärung, ob die Parteien der Technologietransfer-Vereinbarung auf dem relevanten Markt konkurrierende Unternehmen sind (nachfolgend 1.) und ob es sich bei der Vereinbarung um eine wechselseitige oder nicht wechselseitige handelt (2.).

114 **2. Vereinbarungen zwischen Wettbewerbern/Nicht-Wettbewerbern.** Wettbewerber, im Sprachgebrauch der GVO TT **„konkurrierende Unternehmen“,** sind solche, die auf dem relevanten Markt miteinander im Wettbewerb stehen (Art. 1 Abs. 1 lit. n) GVO TT). Dabei wird zwischen aktuellen und potentiellen Wettbewerbern unterschieden. Sind Lizenzgeber und Lizenznehmer auf demselben relevanten Markt tätig, ohne die

---

[176] Bei Nicht-Wettbewerbern ist die Unterscheidung zwischen wechselseitigen und nicht wechselseitigen Vereinbarungen nicht erforderlich, da der „Lizenzaustausch“ zwischen Nicht-Wettbewerbern per definitionem der Vergabe zweier voneinander unabhängiger Lizenzen gleichkommt, Leitlinien, Rdnr. 182; siehe dazu auch *Schultze/Pautke/Wagener,* GVO TT-Komm., Rdnr. 489 ff.

[177] *Hufnagel,* Mitt. 2004, 297, 300.

[178] Leitlinien, Rdnr. 98.

[179] *Schultze/Pautke/Wagener,* GVO TT-Komm., Rdnr. 169.

Rechte des jeweils anderen an dessen geistigem Eigentum zu verletzen, sind sie Wettbewerber auf dem betreffenden Markt.[180]

Auf dem relevanten **Produktmarkt**[181] stehen diejenigen Unternehmen im Wettbewerb, die ohne die Technologietransfer-Vereinbarung[182] auf dem relevanten Markt bzw. den relevanten Märkten tätig sind, auf denen die Vertragsprodukte angeboten werden (tatsächliche Wettbewerber) oder bei wirklichkeitsnaher Betrachtung auf diesem Markt tätig werden könnten (potentielle Wettbewerber auf dem Produktmarkt). 115

Als potentielle Wettbewerber auf dem Produktmarkt definiert Art. 1 Abs. 1n) ii) GVO TT diejenigen Unternehmen, die unter realistischen Annahmen und nicht nur rein theoretisch die zusätzlichen Investitionen oder sonstigen Umstellungskosten wahrscheinlich umgehend auf sich nehmen würden, die nötig sind, um auf eine geringfügige aber dauerhafte Erhöhung der relevanten Preise auch ohne die Technologietransfer-Vereinbarung in den relevanten Mark bzw. die relevanten Märkte eintreten zu können. 116

Dies betrifft wohl nur in seltenen Fällen die Situation, dass sich ein Unternehmen, das beim gegenwärtigen Preisniveau den Aufbau oder den Erwerb einer konkurrierenden Technologie als unwirtschaftlich betrachtet, durch die Aussicht einer 10%igen Preiserhöhung zu einer entsprechenden Investition ermutigen lässt. Gemeint ist in erster Linie der Fall einer Ausdehnung des geographischen Liefergebietes auf bislang nicht belieferte räumliche Märkte. 117

Keine potentiellen Wettbewerber sind Unternehmen, die erst nach dem Erwerb einer Lizenz von dem Lizenzinhaber zu diesem in Konkurrenz treten könnten. Aus Art. 4 Abs. 3 GVO TT ergibt sich, dass die Existenz einer Sperrposition, die einen rechtmäßigen Markteintritt des eintrittswilligen Unternehmens verhindert, es ausschließt, die betreffenden Unternehmen als potentielle Wettbewerber anzusehen.[183] 118

Potentielle Wettbewerber sind also all diejenigen, die unter realistischen Annahmen und ungeachtet der Möglichkeit einer Lizenznahme die zusätzlichen Investitionen oder sonstigen Umstellungskosten tätigen würden, die nötig wären, um ohne Verletzung fremder Schutzrechte in vertretbarer Zeit in den relevanten Markt eintreten zu können. 119

Was unter „realistischen Annahmen" für den potenziellen Marktzutritt zu verstehen ist, erläutern die Leitlinien nicht. Zumindest müssen konkrete wirtschaftliche Daten zur Beurteilung jedes Einzelfalls herangezogen werden, die die Annahme der Wahrscheinlichkeit eines Marktzutritts substantiiert rechtfertigt.[184] Dabei sind insbesondere von der Kommission anderweitig als maßgeblich beurteilte Faktoren wie ausreichende finanzielle Mittel, wirtschaftliche Qualifikation, Zugang zu Vorprodukten, Kenntnis der Herstellungstechnik, Tätigkeit auf vor- oder nachgelagerten Produktionsstufen, Zugang zu den erforderlichen Produktionsanlagen, ausreichende aktuelle oder potenzielle Nachfrage nach den Produkten, Zugang zu den Vertriebswegen u. a. m. zu berücksichtigen.[185] 120

In welchem Zeitraum der Markteintritt zu erwarten sein muss, ist unklar. Die Kommission hält eine Spanne von ein bis zwei Jahren für angemessen, wobei im Einzelfall auch ein längerer Zeitraum in Betracht kommen soll.[186] 121

Letzteres ist indessen abzulehnen. Die Kommission sagt selbst, dass der ggf. in Aussicht stehende Marktzutritt „in absehbarer Zeit" möglich sein muss, wenn von ihm ein „realer 122

---

[180] Leitlinien, Rdnr. 28 ff. Welche Bedeutung dem sog. Innovationsmarkt zukommt, ist eher unklar, siehe hierzu Leitlinien, Rdnr. 26 sowie *Schultze/Pautke/Wagener,* GVO TT-Komm., Rdnr. 459.

[181] Art. 1 Abs. 1j) GVO TT; Einzelheiten dazu in den Leitlinien, Rdnr. 27 ff., 81 ff.

[182] Dazu *Schultze/Pautke/Wagener,* GVO TT-Komm., Rdnr. 187 ff.

[183] So auch *Langen/Bunte-Jestaedt,* Kartellrecht Kommentar, Nach Art. 101 AEUV, Rdnr. 1306.

[184] *Immenga/Mestmäcker-Emmerich,* EU/Teil 1, Art. 101 Abs. 1 AEUV, Rdnr. 122.

[185] Vgl. *Immenga/Mestmäcker-Emmerich,* EU/Teil 1, Art. 101 Abs. 1 AEUV, Rdnr. 122; *Langen/Bunte-Hengst,* Kartellrecht Kommentar Bd 2, Art. 101 AEUV, Rdnr. 167 ff.; *Schultze/Pautke/Wagener,* GVO-TT Komm., Rdnr. 209.

[186] Leitlinien, Rdnr. 34.

Wettbewerbsdruck“ ausgehen soll.[187] Die erforderliche Bereitschaft zur „umgehenden“ Investition unterstreicht dies. Die von der Kommission darüber hinaus genannte Zeitspanne, die bereits im Markt tätige Unternehmen benötigen, um sich auf veränderte Marktbedingungen einzustellen und ihre Produktion anzupassen, ist eher kurz, jedenfalls kürzer als die für einen Neueintritt erforderliche Frist, weshalb die Schlussfolgerung nahe liegt, dass die Kommission potentiellen Wettbewerb wohl nur in seltenen Ausnahmefällen annehmen will.[188] Unangebracht scheint vor diesem Hintergrund die Besorgnis, gegenüber einem Lizenznehmer, der zur Aufnahme der Produktion des Lizenzerzeugnisses bereit und in der Lage ist, könne ein potentielles Wettbewerbsverhältnis kaum jemals ausgeschlossen werden. Im Gegenteil ist anzunehmen, dass derjenige, der sich zur Lizenznahme entschließt, im Zweifel der Erkenntnis folgt, den eigenständigen Marktzutritt nicht in angemessener Zeit und mit angemessenem Aufwand bewerkstelligen zu können.

123 Auf dem **Technologiemarkt** besteht die Schwierigkeit, potentiellen Wettbewerb zu erkennen, nicht. Dort gelten nur diejenigen Unternehmen als Wettbewerber, die Lizenzen für konkurrierende Technologie vergeben, also tatsächlich Wettbewerber sind. Als potentielle Wettbewerber werden all jene Vertragsparteien angesehen, die substituierbare Technologien besitzen und der Lizenznehmer keine Lizenzen für seine eigene Technologie vergibt, vorausgesetzt, dass er dies bei einer geringfügigen, aber dauerhaften Technologiepreiserhöhung voraussichtlich tun würde.[189] Allerdings wird potentieller Wettbewerb auf dem Technologiemarkt weder bei den Marktanteilsschwellen noch bei der Anwendung der Liste der Kernbeschränkungen berücksichtigt.[190] Auf dem Technologiemarkt bleibt potentieller Wettbewerb vielmehr außer Betracht und die Parteien werden als Nicht-Wettbewerber angesehen.[191]

124 Darauf, welche weiteren Technologien zum relevanten Technologiemarkt gehören, kommt es bei der Frage, ob die Parteien einer Technologietransfer-Vereinbarung Wettbewerber sind, nicht an.[192] Dies gilt auch bei der Bestimmung des Wettbewerbsverhältnisses auf dem Produktmarkt.[193] Ob die Vertragsparteien Wettbewerber sind, richtet sich ausschließlich nach deren Aktivitäten auf dem jeweils relevanten Markt. Ist der Lizenzgeber allein auf dem Technologiemarkt tätig, der Lizenznehmer dagegen nur auf dem Produktmarkt, sind die Parteien Nicht-Wettbewerber.[194]

125 In bestimmten Fällen werden die Parteien erst nach Abschluss der Lizenzvereinbarung zu Wettbewerbern. Dies geschieht dann, wenn der Lizenznehmer eine konkurrierende Technologie entwickelt oder erwirbt und mit deren Verwertung beginnt.[195] Gleiches geschieht, wenn der Lizenznehmer bereits vor der Lizenzvergabe auf dem relevanten Markt, auf dem die Vertragsprodukte verkauft werden, tätig war und der Lizenzgeber danach mit den lizenzierten Technologierechten oder mit einer neuen Technologie in den relevanten Markt eintritt.[196] In diesen Fällen gilt der Katalog der Kernbeschränkungen, der für Vereinbarungen zwischen Wettbewerbern anwendbar ist, solange nicht, bis die Vereinbarung später „wesentlich geändert“ wird.[197] Damit wird berücksichtigt, dass die Parteien bei Abschluss der Vereinbarung keine Wettbewerber waren und dass die Vereinbarung vor eben diesem Hintergrund ge-

---

[187] Leitlinien, ebenda.

[188] *Schultze/Pautke/Wagener,* GVO-TT Komm., Rdnr. 210.

[189] Leitlinien, Rdnr. 36.

[190] Leitlinien, Rdnr. 83, 36; *Schultze/Pautke/Wagener,* GVO TT-Komm., Rdnr. 190, 205. Zur Möglichkeit, Produktionstechnologien als Produktmärkte anzusehen, siehe Kommission E. v. 29.9. 2003, ABl. 2003 C 299/19 = WuW/E EU-V 915 ff. – *Alcan/Pechiney II.*

[191] Leitlinien, Rdnr. 36; *Loewenheim/Meessen/Riesenkampff-von Falck/Schmaltz,* Kartellrecht, GVO-Technologie, Rdnr. 20; *Schultze/Pautke/Wagener,* GVO TT-Komm., Rdnr. 190.

[192] *Schultze/Pautke/Wagener,* GVO TT-Komm., Rdnr. 178.

[193] *Schultze/Pautke/Wagener,* GVO TT-Komm., Rdnr. 182.

[194] *Schultze/Pautke/Wagener,* GVO TT-Komm., Rdnr. 186.

[195] Leitlinien, Rdnr. 38.

[196] Leitlinien, Rdnr. 39.

[197] Art. 4 Abs. 3 GVO TT; Leitlinien, Rdnr. 31, 68.

schlossen wurde, womit eine Art **Vertrauensschutz** begründet wird. Wesentlich sind solche Änderungen, die Abreden betreffen, die in der GVO TT für Wettbewerber strenger beurteilt werden als für Nicht-Wettbewerber, denn nur insoweit kann die „Umqualifizierung" zu einer abweichenden Beurteilung führen.[198] Eine wesentliche Änderung liegt bespielweise vor, wenn die Parteien eine neue Technologietransfer-Vereinbarung konkurrierende Technologierechte betreffend schließen, die für die Herstellung von Produkten genutzt werden können, die mit den Vertragsprodukten in Wettbewerb stehen.[199]

Wettbewerber gelten als Nicht-Wettbewerber, wenn die Vertragsparteien über Technologien verfügen, die eine einseitige oder sogar gegenseitige Sperrposition begründen.[200] Wettbewerb im Sinne der Verordnung ist demnach nur der *rechtmäßige* Wettbewerb.[201] Eine einseitige Sperrposition besteht, wenn eine Technologie nicht genutzt werden kann, ohne Rechte an der anderen Technologie zu verletzen. Eine gegenseitige Sperrposition besteht, wenn keine der jeweiligen Technologien genutzt werden kann, ohne Rechte an der jeweils anderen Technologie zu verletzen, so dass sich die Inhaber wechselseitig eine Lizenz gewähren müssten, wenn nicht eine Partei gegenüber der anderen auf ihre Rechte verzichtet.[202] **126**

Ist anzunehmen, dass die Parteien ein gemeinsames Interesse daran haben, sich auf eine Sperrposition zu berufen, um als Nicht-Wettbewerber zu gelten, werden an die Behauptung einer Sperrposition allerdings hohe Beweisanforderungen gestellt.[203] Wie bei markenrechtlichen Abgrenzungs-vereinbarungen ist eine objektivierte Betrachtung anzustellen, bei der den Parteien hinsichtlich der Sperrposition ein eigenständiger Beurteilungs-spielraum bleiben muss.[204] **127**

Wenn Lizenzgeber und Lizenznehmer zwar konkurrierende Erzeugnisse herstellen, bei objektiver Betrachtung aber keine Wettbewerber (mehr) sind, weil die lizenzierte Technologie eine derartige Neuerung darstellt, dass die auf Seiten des Lizenznehmers vorhandene Technologie demgegenüber veraltet oder nicht mehr wettbewerbsfähig erscheint, werden die Vertragsparteien ebenfalls wie Nicht-Wettbewerber behandelt. Als Beispiel nennt die Kommission das Aufkommen der CD-Technik, mit der Schallplatte und Plattenspieler abgelöst wurden. Da insoweit jedoch (zum Zeitpunkt der Selbsteinschätzung bei Abschluss der Vereinbarung) eine Prognoseentscheidung zu treffen ist, werden die Parteien solange (noch) als Wettbewerber betrachtet, bis festgestellt werden kann, dass die lizenzierte Innovation tatsächlich das vormalige Wettbewerbserzeugnis nachhaltig verdrängt.[205] **128**

3. Wechselseitige/nicht wechselseitige Vereinbarungen. In Vereinbarungen zwischen Wettbewerbern wird weiter nach wechselseitigen und nicht wechselseitigen Vereinbarungen unterschieden.[206] Dies ist in Bezug auf den Ausnahmekatalog zu den in Art. 4 Abs. 1 GVO TT genannten schwarzen Klauseln in Vereinbarungen zwischen Wettbewerbern von Bedeutung. Beispielsweise gelten die Ausnahmen für Mengenbeschränkungen in Art. 4 Abs. 1 lit. b), bestimmte Field-of-use-Beschränkungen in Art. 4 Abs. 1 lit. c) Ziffer ii) sowie Kundenbeschränkungen in Art. 4 Abs. 1 lit. c) Ziffer iv) GVO TT nur für nicht wechselseitige Vereinbarungen, während inhaltsgleiche Beschränkungen in wechselseitigen Vereinbarungen ausnahmslos Kernbeschränkungen sind. Für die Beurteilung von Vereinbarungen zwischen Nicht-Wettbewerbern in Art. 4 Abs. 2 GVO TT hat die Unterscheidung dagegen keine Bedeutung.[207] **129**

---

198 *Schultze/Pautke/Wagener,* GVO TT-Komm., Rdnr. 814; siehe dazu auch Leitlinien Rdnr. 38.
199 Leitlinien, Rdnr. 39.
200 Leitlinien, Rdnr. 32 f.
201 *MüKo-Röhling,* Art. 1 GVO Nr. 772/2004, Rdnr. 68, 72.
202 Leitlinien, Rdnr. 29.
203 Leitlinien, Rdnr. 33; zu Einzelheiten s. *Schultze/Pautke/Wagener,* GVO TT-Komm., Rdnr. 195 ff.
204 Einzelheiten siehe unten Rdnr. 293 ff.
205 Leitlinien, Rdnr. 37.
206 Siehe insbesondere zu Inhalten und der rechtlichen Einordnung von wechselseitigen und nicht wechselseitigen Vereinbarungen *Wündisch,* GRUR Int 2010, 641 ff.
207 *Schultze/Pautke/ Wagener,* GVO TT-Komm., Rdnr. 85 f.

130 Wechselseitig ist eine Vereinbarung nicht schon, wenn zwei Parteien einander Lizenzen erteilen, und zwar auch dann nicht, wenn diese in einem gegenseitigen, synallagmatischen Austauschverhältnis stehen. Insofern ist die Begriffswahl missverständlich.

131 Eine wechselseitige Vereinbarung liegt nach Art. 1 Abs. 1 lit. d) GVO TT vielmehr nur dann vor, wenn sich konkurrierende Unternehmen gegenseitig entweder für konkurrierende Technologien oder für die Produktion konkurrierender Erzeugnisse Technologierechtslizenzen einräumen. Dabei kommt es nicht darauf an, ob dies in demselben oder in getrennten Verträgen geschieht.[208] Entscheidend ist also, dass der Lizenzaustausch („Cross-Licensing") auf dem Feld konkurrierender Technologien oder bezüglich im Wettbewerb stehender Erzeugnisse stattfindet.[209] Dagegen reicht es nicht aus, wenn die Lizenzerteilung (bloß) zweiseitig ist, also beide Vertragspartner sowohl Lizenzgeber als auch Lizenznehmer sind. Ausschlaggebend ist nicht das Bestehen eines Austauschverhältnisses an sich, sondern dessen Gegenstand. Erteilen also zwei Unternehmen einander Lizenzen, die nicht jeweils konkurrierende Technologien oder Erzeugnisse zum Gegenstand haben, handelt es sich nicht um eine wechselseitige Lizenz, sondern um zwei voneinander getrennt zu behandelnde, jeweils eigenständige Lizenzen.[210]

132 Eine nicht wechselseitige Vereinbarung ist folglich eine Vereinbarung, bei der ein Unternehmen einem anderen Unternehmen eine Technologie-Lizenz erteilt, die keine konkurrierenden Technologien zum Gegenstand hat und auch nicht zur Herstellung konkurrierender Erzeugnisse genutzt werden kann (Art. 1 Abs. 1 lit. e) GVO TT). Damit ist die herkömmliche Lizenzsituation gemeint, in der der Lizenzgeber den Lizenznehmer mit der Lizenzvergabe in die Lage versetzt, ein Erzeugnis herzustellen, das der Lizenznehmer im Zweifel nicht ohne Verletzung des lizenzierten Schutzrechts herstellen könnte.

133 Die bloße Verpflichtung zur Erteilung von Rücklizenzen **(„Grant back license")** für Verbesserungserfindungen macht die Vereinbarung nicht wechselseitig.[211]

134 Wird eine nicht wechselseitige Verpflichtung später durch die Erteilung einer weiteren Lizenz zu einer wechselseitigen Vereinbarung, besteht Anpassungsbedarf immer dort, wo an wechselseitige Vereinbarungen strengere Anforderungen an die Zulässigkeit von Kernbeschränkungen gestellt werden.[212] Die Regelung in Art. 4 Abs. 3 GVO TT, wonach die Liste der Kernbeschränkungen, die für Vereinbarungen zwischen Wettbewerbern anwendbar ist, so lange nicht gilt, bis die Vereinbarung später wesentlich geändert wird, steht dem Anpassungsbedarf nicht entgegen. Zwar lässt der Abschluss der nachfolgenden Lizenz die erste Lizenzvergabe formal unberührt. Materiell ändert sich aber der Charakter der Erstlizenz grundlegend, nämlich von der nicht wechselseitigen zur wechselseitigen Lizenz, was einer wesentlichen Änderung im Sinne von Art. 4 Abs. 3 GVO TT gleichkommt.[213]

IV. Die Kernbeschränkungen

135 Mit den Kernbeschränkungen in Art. 4 GVO TT sind sog. **„schwarze Klauseln"** angesprochen, für die die gruppenweise Freistellung vom Kartellverbot nicht gilt und die in der Regel auch nicht die Freistellungskriterien des Art. 101 Abs. 3 AEUV erfüllen werden.[214] Auch die Anwendung der Bagatellbekanntmachung ist im Fall der Vereinbarung von Kernbeschränkungen ausgeschlossen.[215]

136 Die Vorschrift unterscheidet danach, ob die Vereinbarung zwischen Wettbewerbern oder Nicht-Wettbewerbern geschlossen wird und, bei Vereinbarungen zwischen Wettbewer-

---

[208] *Schultze/Pautke/Wagener,* GVO TT-Komm., Rdnr. 88.

[209] Leitlinien, Rdnr. 98; *Hufnagel,* Mitt. 2004, 297, 301; siehe zur praktischen Anwendbarkeit von Cross-Licensing Vereinbarungen auch *Groß,* Handbuch Technologietransfer, Rdnr. 316 ff.

[210] Leitlinien, Rdnr. 88. Ausführlich *MüKo-Röhling,* Art. 1 GVO Nr. 772/2004, Rdnr. 15 ff.

[211] Leitlinien, Rdnr. 98.

[212] Leitlinien, Rdnr. 98.

[213] AA *Schultze/Pautke/Wagener,* GVO TT-Komm., Rdnr. 96 f.

[214] Leitlinien, Rdnr. 94f, 18; siehe aber oben Rdnr. 85.

[215] ABl. 2014/C 291/01, Tz. 13.

bern, ob die Lizenzvergabe wechselseitig oder nicht wechselseitig ist. Darüber hinaus unterscheiden sich einzelne Regelungen je nach dem, ob Lizenzgeber oder Lizenznehmer Adressaten der Beschränkung sind. Der Regelungszusammenhang von Art. 4 GVO TT erschließt sich demnach wie folgt: Abs. 1 enthält Bestimmungen für konkurrierende Unternehmen, also Wettbewerber. Abs. 2 hingegen beschäftigt sich ausschließlich mit nichtkonkurrierenden Unternehmen (Nicht-Wettbewerbern). Der dritte Absatz enthält eine Zuordnungsregelung für den Fall, dass (im Zeitpunkt des Vertragsschlusses) Nicht-Wettbewerber später zu Wettbewerbern werden.

Mit der Unterscheidung zwischen Wettbewerbern und Nicht-Wettbewerbern ist eine **137** zentrale Weichenstellung innerhalb der GVO TT angesprochen. Sie hat Bedeutung nicht nur für die insoweit unterschiedlichen Marktanteilsschwellen, sondern auch und gerade für die an diese Unterscheidung anknüpfenden verschiedenen Klauselverbote.[216]

Grundsätzlich stellen Vereinbarungen zwischen Wettbewerbern eine größere Gefahr für **138** den Wettbewerb dar als Vereinbarungen zwischen Nicht-Wettbewerbern.[217] Demgemäß ist die für konkurrierende Unternehmen geltende schwarze Liste in Art. 4 Abs. 1 erheblich restriktiver (horizontale Kernbeschränkungen) als der Verbotskatalog in Art. 4 Abs. 2 GVO TT, der für nicht konkurrierende Unternehmen gilt (vertikale Kernbeschränkungen). Für die Prüfung einer Technologietransfer-Vereinbarung auf mögliche kartellrechtliche Bedenken gilt also folgendes **Schema:** Handelt es sich bei den Vertragspartnern um konkurrierende Unternehmen (dann Abs. 1) oder nicht-konkurrierende Unternehmen (dann Abs. 2) oder wurde ein Konkurrenzverhältnis erst nach Vertragsschluss begründet (dann gelten unter den weiteren Voraussetzungen des Abs. 3 die Regelungen des Abs. 2)? Wenn es sich um konkurrierende Unternehmen (Abs. 1) handelt, liegt eine wechselseitige oder nichtwechselseitige Beschränkung vor?

1. Vereinbarungen zwischen Wettbewerbern. In Art. 4 Abs. 1 GVO TT sind Kern- **139** beschränkungen bei der Lizenzvergabe zwischen Wettbewerbern aufgeführt. Danach gilt die Gruppenfreistellung nicht für Vereinbarungen, die unmittelbar oder mittelbar, für sich allein oder in Verbindung mit anderen Umständen unter Kontrolle der Vertragsparteien Folgendes bezwecken:

Die Beschränkung der Möglichkeit einer Partei, den Preis, zu dem sie ihre Produkte an **140** Dritte verkauft, selbst festzusetzen **(Preisbindung beim Weiterverkauf),** Art. 4 Abs. 1 lit. a).

Die Beschränkung des Outputs mit Ausnahme von Output-Beschränkungen, die dem **141** Lizenznehmer in einer nicht wechselseitigen Vereinbarung oder nur einem der Lizenznehmer in einer wechselseitigen Vereinbarung in Bezug auf die Vertragsprodukte auferlegt werden **(Beschränkung von Produktion und Absatz),** Art. 4 Abs. 1 lit. b).

Die **Zuweisung von Märkten oder Kunden,** Art. 4 Abs. 1 lit. c). **142**

Die Beschränkung der Möglichkeit des Lizenznehmers, seine eigene Technologie zu **143** verwerten, oder die Beschränkung der Möglichkeit der Vertragsparteien, Forschungs- und Entwicklungsarbeiten durchzuführen, es sei denn, letztere Beschränkungen sind unerlässlich, um die Preisgabe des lizenzierten Know-hows an Dritte zu verhindern **(Nutzung eigener Technologie des Lizenznehmers),** Art. 4 Abs. 1 lit. d).

Für die Zuweisung von Märkten und Kunden (lit. c) gilt ein umfangreicher ***Ausnahme-*** **144** ***katalog.*** Dieser betrifft:

i) Die dem Lizenzgeber oder dem Lizenznehmer auferlegte Verpflichtung, mit den lizen- **145** zierten Technologierechten in dem Exklusivgebiet, das der anderen Partei vorbehalten ist, nicht zu produzieren und/oder in das Exklusivgebiet oder an die der anderen Partei vorbehaltenen Exklusivkundengruppen nicht aktiv und/oder passiv zu verkaufen *(Exklusivabrede/Alleinlizenz und aktive/passive Verkaufsbeschränkung);*

---

[216] *Schultze/Pautke/Wagener,* GVO TT-Komm., Rdnr. 168f.

[217] Leitlinien, Rdnr. 27.

146 ii) die dem Lizenznehmer in einer nicht wechselseitigen Vereinbarung auferlegte Beschränkung des aktiven Verkaufs in das Exklusivgebiet oder an die Exklusivkundengruppe, das bzw. die vom Lizenzgeber einem anderen Lizenznehmer zugewiesen worden ist, sofern es sich bei letzterem nicht um ein Unternehmen handelt, das zum Zeitpunkt seiner eigenen Lizenzerteilung in Konkurrenz zum Lizenzgeber stand *(aktive Verkaufsbeschränkung des Lizenznehmers);*

147 iii) die dem Lizenznehmer auferlegte Verpflichtung, die Vertragsprodukte nur für den Eigenbedarf zu produzieren, sofern er keiner Beschränkung in Bezug auf den aktiven und passiven Verkauf der Vertragsprodukte als Ersatzteile für seine eigenen Produkte unterliegt *(Beschränkung auf den Eigenbedarf);*

148 iv) die dem Lizenznehmer in einer nicht wechselseitigen Vereinbarung auferlegte Verpflichtung, die Vertragsprodukte nur für einen bestimmten Kunden zu produzieren, wenn die Lizenz erteilt worden ist, um diesem Kunden eine alternative Bezugsquelle zu verschaffen *(Second-Source-Beschränkung).*

149 Danach sind folgende Klauseln „schwarz gelistet“:

150 *a) Preisbindungen beim Weiterverkauf (Art. 4 Abs. 1 lit. a)).* Die Bindung der Preise für an Dritte verkaufte Produkte stellt stets eine Beschränkung des Wettbewerbs dar und wird deshalb ausnahmslos als Kernbeschränkung bewertet. Es reicht aus, dass die „Möglichkeit“ der freien Preisfestsetzung beschränkt wird, gleich ob damit die **Preisgestaltungsfreiheit** des Lizenznehmers oder des Lizenzgebers gefährdet ist. Überdies sind sämtliche an Dritte verkaufte Produkte „einschließlich“ derjenigen Produkte erfasst, „die die lizenzierte Technologie enthalten“,[218] also nicht nur „Vertragsprodukte“, sondern auch alle sonstigen Produkte des Lizenzgebers oder Lizenznehmers, die dieser an Dritte verkauft. Damit soll verhindert werden, dass Wettbewerber „bei Gelegenheit“ einer Technologietransfer-Vereinbarung anderweitig Preise absprechen.[219]

151 Die Preisbindung kann in Form einer unmittelbar geltenden Vereinbarung über den Preis erfolgen, den der Lizenznehmer seinem Abnehmer in Rechnung zu stellen hat, aber beispielsweise auch in Form einer Preisliste mit bestimmten Höchstrabatten. Dabei ist unerheblich, ob die Vereinbarung Festpreise, Mindestpreise, Höchstpreise oder Preisempfehlungen zum Gegenstand hat.[220]

152 Mittelbar erfolgt die Preisfestsetzung, indem abschreckende Maßnahmen oder Anreize vereinbart oder ergriffen werden für den Fall, dass von einem festgelegten Preisniveau abgewichen wird. So kann beispielsweise bestimmt werden, dass die Lizenzgebühren steigen, wenn die Produktpreise unter ein bestimmtes Niveau fallen. Auch Informationspflichten und andere Kontrollmechanismen können die Preisfreiheit wirksam einschränken.[221]

153 Grundsätzlich steht es den Parteien einer Technologietransfer-Vereinbarung frei, die vom Lizenznehmer zu zahlenden Lizenzgebühren sowie die Zahlungsmodalitäten festzulegen. Lizenzgebühren können in Form von Pauschalzahlungen („Lump sum“), als Prozentsatz vom Verkaufspreis (umsatzabhängige Lizenz) oder als fester Betrag für jedes hergestellte und verkaufte Erzeugnis (Stücklizenz) erhoben werden.[222] Werden Lizenzgebühren nach Maßgabe einer **Stücklizenz** berechnet, wirkt sich die Höhe der Lizenz unmittelbar auf die Grenzkosten des Erzeugnisses und damit auf den Abgabepreis aus. Wettbewerber können insoweit u. a. mit Hilfe wechselseitiger Vereinbarungen die Preise auf nachgelagerten Produktmärkten abstimmen. Ist ansonsten „kein triftiger wirtschaftlicher Grund“ für die wechselseitige Lizenzvergabe ersichtlich, läuft die Vereinbarung im Zweifel auf ein unzulässiges Preiskartell hin-

---

[218] Leitlinien, Rdnr. 99.

[219] Kritisch *Schultze/Pautke/Wagener,* GVO TT-Komm., Rdnr. 502.

[220] Leitlinien, Rdnr. 99. Einzelheiten bei *MüKo-Röhling,* Art. 4 GVO Nr. 772/2004, Rdnr. 8. Zur Aufgabe des Per-se-Verbots für Mindestpreisbindungen im US-Bundeskartellrecht sowie zu entsprechenden Auslegungsmöglichkeiten nach Art. 81 Abs. 1 bzw. 3 EG siehe *Kasten,* RIW 2007, 649 ff. (658).

[221] *Schultze/Pautke/Wagener,* GVO TT-Komm., Rdnr. 505.

[222] Leitlinien, Rdnr. 184.

aus.[223] Die Verpflichtung des Lizenznehmers, eine **Mindestlizenzgebühr** zu zahlen, ist als solche allerdings nicht als Preisfestsetzung zu werten.[224]

Eine Kernbeschränkung im Sinne des Art. 4 Abs. 1 lit. a) GVO TT liegt auch bei Vereinbarungen vor, in denen Lizenzgebühren auf der Grundlage aller Produktverkäufe berechnet werden, unabhängig davon, ob die lizenzierte Technologie genutzt wird.[225] Dies will die Kommission nur dann dulden, wenn die Berechnung für eine wettbewerbsfördernde Lizenzvergabe unerlässlich ist, z. B. wenn es ohne diese Abrede unmöglich oder unzumutbar schwierig sein würde, die vom Lizenznehmer zu zahlenden Lizenzgebühren zu berechnen und zu überwachen. Andernfalls würde der Lizenznehmer durch die Abrede in seiner Möglichkeit beschränkt, seine eigene Technologie zu nutzen, was obendrein gegen Art. 4 Abs. 1 lit. d) GVO TT verstieße.[226] 154

b) Beschränkungen von Produktion und Absatz (Art. 4 Abs. 1 lit. b)). Die Vereinbarung von **Mengenbeschränkungen** betrifft nur wechselseitige Produktions- und Absatzbeschränkungen zwischen Wettbewerbern auf dem Feld konkurrierender Technologien. Mit einer solchen Beschränkung legen Wettbewerber fest, wie viel sie jeweils produzieren und verkaufen dürfen, was in der Tat den Kern des Kartellverbots trifft. 155

Die Vorschrift erfasst nicht nur die Vereinbarung absoluter Höchstgrenzen, sondern auch mittelbare Beschränkungen, die den Anreiz verringern, die Produktion oder den Absatz auszuweiten, z. B. indem einer Partei Zahlungen an die andere Partei auferlegt werden, wenn ein bestimmtes Produktions- oder Absatzvolumen überschritten wird.[227] 156

Nach Ansicht der Kommission werden auch **gestaffelte Lizenzgebühren,** die sich mit Erreichen bestimmter Absatzmengen schrittweise erhöhen, als Kernbeschränkung von Art. 4 Abs. 1 lit. b) GVO TT erfasst.[228] Sofern die Lizenzstaffel im Einzelfall auf vernünftigen kaufmännischen Erwägungen beruht und die erhöhte Lizenzgebühr kein „Strafgeld" für eine von den Parteien nicht gewünschte Mengenproduktion darstellt, sollte eine Einzelfreistellung nach Art. 101 Abs. 3 AEUV allerdings nicht von vornherein ausgeschlossen sein.[229] 157

Keine Kernbeschränkungen sind dagegen Mengenbeschränkungen, die dem Lizenznehmer in einer *nicht* wechselseitigen Vereinbarung oder in einer wechselseitigen Vereinbarung (nur) einer der beiden Vertragsparteien in der Funktion als Lizenznehmer[230] auferlegt werden, sofern die Beschränkungen allein für die jeweiligen Vertragsprodukte gelten. Beziehen sich die Beschränkungen über die Vertragsprodukte hinaus auch auf andere Produkte, handelt es sich um verbotene Kernbeschränkungen, einerlei ob diese zu Lasten des Lizenzgebers oder zu Lasten des Lizenznehmers gehen. Mengenbeschränkungen des Lizenzgebers sind in keinem Fall freigestellt, sondern stellen im Gegenteil eine Kernbeschränkung dar.[231] 158

Mengenbeschränkungen, die dem Lizenznehmer in einer nicht wechselseitigen Vereinbarung oder einem der Lizenznehmer in einer wechselseitigen Vereinbarung auferlegt werden, sind bis zur Grenze von 20% Marktanteil freigestellt.[232] Oberhalb der Marktanteils- 159

[223] Leitlinien, Rdnr. 100, 184; Einzelheiten dazu bei *Schultze/Pautke/Wagener,* GVO TT-Komm., Rdnr. 516 ff.

[224] Leitlinien, Rdnr. 99.

[225] Leitlinien, Rdnr. 101; darauf, ob die betreffenden Produkte nur teilweise mit der lizenzierten Technologie hergestellt werden, kommt es entgegen *Schultze/Pautke/Wagener,* GVO TT-Komm., Rdnr. 514, nicht an.

[226] Leitlinien, Rdnr. 101, 102 unter Hinweis auf EuGH U. v. 25.2.1986, Slg. 1986, 611 = GRUR Int. 1986, 635, 639 f. – *Windsurfing International.*

[227] Leitlinien, Rdnr. 103.

[228] Leitlinien, Rdnr. 103.

[229] Ebenso *Schultze/Pautke/Wagener,* GVO TT-Komm., Rdnr. 528.

[230] Denn beide Vertragsparteien sind hier zugleich Lizenzgeber und Lizenznehmer, was *Schultze/Pautke/Wagener,* GVO TT-Komm., Rdnr. 530, zu Recht klarstellen.

[231] *Schultze/Pautke/Wagener,* GVO TT-Komm., Rdnr. 525 f.; *MüKo-Röhling,* Art. 4 GVO Nr. 772/2004, Rdnr. 9.

[232] Leitlinien, Rdnr. 204. Zu Historie und Motiven siehe *Schultze/Pautke/Wagener,* GVO TT-Komm., Rdnr. 541, 548.

schwelle von 20% können solche Beschränkungen für Lizenznehmer nach Auffassung der Kommission den Wettbewerb beschränken, wenn die Parteien über **erhebliche Marktmacht** verfügen.[233]

160 Schwarz gelistet sind demnach nur solche Mengenbeschränkungen, die sich Wettbewerber wechselseitig auferlegen, sowie Mengenbeschränkungen des Lizenzgebers in Bezug auf seine eigene Technologie.[234] Mengenbeschränkungen zwischen Nicht-Wettbewerbern sind dagegen bis zur Marktanteilsgrenze von 30% uneingeschränkt freigestellt.

161 Ob Mengenbeschränkungen in einer nicht wechselseitigen Vereinbarung bzw. einseitige Beschränkungen des Lizenznehmers in einer wechselseitigen Vereinbarung tatsächlich eine Wettbewerbsbeschränkung darstellen und damit freistellungsbedürftig sind, erscheint indessen zweifelhaft. Bei nicht wechselseitigen Vereinbarungen zwischen Wettbewerbern bzw. insoweit einseitigen Beschränkungen besteht zwischen den Parteien der Technologietransfer-Vereinbarung insofern keine Wettbewerbsbeziehung, als die betreffenden Lizenzen keine konkurrierenden Technologien zum Gegenstand haben und auch nicht zur Produktion konkurrierender Erzeugnisse benutzt werden können. Eine Wettbewerbsbeschränkung findet auf diesem Feld also nicht statt, wenn auch die Parteien im übrigen Wettbewerber sein mögen.

162 Dem will offenbar auch die Kommission Rechnung tragen, wenn es in den Leitlinien heißt, „generell (sollte der Lizenzgeber) die Möglichkeit haben zu bestimmen, welche Mengen der Lizenznehmer mit der lizenzierten Technologie produziert".[235] Indessen ist dies nicht Teil einer kartellrechtlichen Prärogativen. Der Schutzrechtsinhaber „sollte" nicht, sondern *hat* die alleinige Verfügungsmacht festzulegen, bis zu welcher Produktions- bzw. Absatzmenge er seine Technologie lizenzieren will. Das im Zusammenhang mit Technologietransfer-Vereinbarungen vorrangig angesprochene Patent hat die Wirkung, dass allein der Patentinhaber befugt ist, die patentierte Erfindung zu nutzen. Jedem Dritten ist es verboten, ohne die Zustimmung des Patentinhabers ein Erzeugnis, das Gegenstand des Patents ist, herzustellen, anzubieten oder in Verkehr zu bringen. Nur die Zustimmung des Patentinhabers schließt die Rechtswidrigkeit dieser und anderer Benutzungshandlungen aus.

163 Die Zustimmung kann unbeschränkt, aber auch beschränkt erteilt werden (§ 15 Abs. 2 PatG). Demgemäß stehen nicht wechselseitige Mengenbeschränkungen im völligen Einklang mit der zugrundeliegenden Schutzrechtslage, solange sie nicht über den Inhalt des lizenzierten Schutzrechts hinausgehen.[236] Es überrascht deshalb nicht, wenn die Kommission darauf hinweist, dass Mengenbeschränkungen vernünftige Überlegungen zugrunde lie-

---

[233] Leitlinien, Rdnr. 204. Was unter „erheblicher Marktmacht" zu verstehen ist, erläutern weder die Leitlinien noch der Verordnungstext. In Betracht kommt jedoch ein Marktanteil von 40%. Im Rahmen der Vorgänger-VO 240/96 wurde dies als Grenze angenommen, nach der die Gruppenfreistellung im Einzelfall entzogen werden konnte (Art. 7 Nr. 1). Nach Erwägungsgrund 27 sollten Unternehmen auch beim Vorliegen der sonstigen Freistellungsvoraussetzungen gleichsam „zur Sicherheit" eine Einzelfreistellung beantragen können, wenn sie einen Marktanteil von 40% oder mehr hatten. Daraus ergibt sich, dass die Kommission im Rahmen der alten GVO dieser Marktanteilsschwelle erhebliche Bedeutung zugemessen hat.

[234] Leitlinien, Rdnr. 103f; 204; *MüKo-Röhling,* Art. 4 GVO Nr. 772/2004, Rdnr. 9.

[235] Leitlinien, Rdnr. 207.

[236] Dem kann nicht entgegengehalten werden, die Anerkennung der dem Schutzrecht immanenten Untersagungsbefugnisse mache die Schutzrechtsausübung gleichsam „kartellrechtsimmun", siehe nur *Immenga/Mestmäcker-Ullrich/Heinemann,* Wettbewerbsrecht, EU/Teil 2, GRUR, Abschnitt B, Rdnr. 15 mwN Inhalt und Reichweite gewerblicher Schutzrechte immunisieren, wie gezeigt (vorstehend Rdnr. 1ff.), nicht gegen kartellrechtliche Handlungsbeschränkungen. Die Schutzrechtsausübung als solche bleibt aber solange kartellrechtsneutral wie sie nicht missbräuchlich im Sinne von Art. 102 AEUV ist, oder zum Gegenstand kartellarischer Absprachen gemacht wird, die über den Inhalt des betreffenden Schutzrechts hinausgehen; zu Recht stellt *Ullrich,* VPP-Rundbrief 2007, 51, 55 in dem Zusammenhang fest, dass die Immanenz- oder Schutzumfangs- sowie die Wettbewerbseröffnungslehre keineswegs aufgegeben worden sind, sondern in der Praxis der Kommission und der Rechtsprechung der Gerichte zumindest als Argumentationsmuster immer wieder zurückkehren, siehe zuletzt BGH GRUR 2005, 845, 846f. – *Abgasreinigungsvorrichtung.* Von einer „Renaissance" des Wettbewerbseröffnungsgedankens spricht auch *Feldkamp,* VPP-Rundbrief 2005, 11, 13f.

gen können, weshalb die Gefahr, dass es sich nicht um „Bona-fide"-Lizenzabreden handele, bei nicht wechselseitigen Beschränkungen gering sei.[237] Dem ist nur hinzuzufügen, dass es obendrein kaum vorstellbar ist, dass ein Technologieinhaber bereit sein könnte, insbesondere Mitbewerbern Lizenzen zu erteilen, wenn er diese nicht beispielsweise im Wege einer Standort- bzw. **Betriebsstättenlizenz** auf eine bestimmte Produktionsmenge beschränken dürfte.[238] Die Mengenbeschränkung fördert also die Verbreitung der betreffenden Technologie, ein Verbot wirkt dagegen hinderlich, weshalb nicht wechselseitige Mengenbeschränkungen auch über die hier angesprochene Marktanteilsschwelle von 20% hinaus zulässig sein müssen. Dieser Befund wird nur dann verdrängt, wenn konkurrierende Unternehmen Mengenbeschränkungen zum Vehikel für wettbewerbsbeschränkende Abreden machen, was insbesondere im Zusammenwirken mit anderen, die Parteien der Technologietransfer-Vereinbarung beschränkenden Abreden der Fall sein kann, beispielsweise wenn Mengenbeschränkungen mit Exklusivabreden verbunden werden.[239]

c) Zuweisung von Märkten oder Kunden (Art. 4 Abs. 1 lit. c)). Die in Art. 4 Abs. 1 lit. c) GVO TT aufgeführte Kernbeschränkung betrifft die Zuweisung von Märkten und Kunden. Vereinbarungen, mit denen Wettbewerber Märkte und Kunden aufteilen, haben eine Beschränkung des Wettbewerbs zum Gegenstand. Um eine Kernbeschränkung handelt es sich, wenn sich Wettbewerber in einer wechselseitigen Vereinbarung darauf verständigen, nicht in bestimmten Gebieten zu produzieren oder in bestimmten Gebieten oder an bestimmte Kunden, die der anderen Partei vorbehalten sind, keine aktiven und/oder passiven Verkäufe zu tätigen.[240] Verboten sind danach insbesondere wechselseitige *Exklusivlizenzen.*[241] 164

Unbeschadet dessen enthält das Verbot der Zuweisung von Märkten und Kunden jedoch eine Reihe von Ausnahmen: 165

(1) Exklusivabrede und Alleinlizenz (Art. 4 Abs. 1 lit. c) Ziffer i)). Keine Kernbeschränkung liegt gemäß Art. 4 Abs. 1 lit. c) Ziffer i) GVO TT vor, wenn der Lizenzgeber einer nicht wechselseitigen Vereinbarung dem Lizenznehmer eine ausschließliche Lizenz **(„Exclusive license")** für die Produktion von Erzeugnissen auf der Grundlage der lizenzierten Technologien in einem bestimmten Gebiet erteilt und sich damit verpflichtet, die Vertragsprodukte in diesem Gebiet weder selbst zu produzieren noch aus diesem Gebiet zu liefern.[242] Gleiches gilt für die Beschränkung des Lizenznehmers, in einem dem Lizenzgeber vorbehaltenen Exklusivgebiet nicht zu produzieren oder aus diesem Gebiet zu liefern.[243] 166

Solche Exklusivlizenzen fallen unabhängig von der Größe des Gebiets unter die Gruppenfreistellung und sind jedenfalls bis zur Marktanteilsschwelle von 20% freigestellt. Gilt die Lizenz weltweit, bedeutet dies, dass der Lizenzgeber darauf verzichtet, überhaupt in den betreffenden Markt einzutreten bzw. auf dem Markt zu verbleiben. Der Zweck solcher Vereinbarungen kann darin bestehen, dem Lizenzgeber oder dem Lizenznehmer einen Anreiz zu bieten, in die lizenzierte Technologie zu investieren, nicht jedoch, Märkte aufzuteilen.[244] Die Freistellung wird auch nicht dadurch in Frage gestellt, dass die Lizenz auf einen oder mehrere technische Anwendungsgebiete oder Produktmärkte beschränkt ist.[245] 167

Nichts anderes gilt für die Alleinlizenz **(„Sole license"),** mit der der Lizenzgeber den Lizenznehmer in einem bestimmten Gebiet zu seinem einzigen Lizenznehmer erklärt, womit die Verpflichtung einhergeht, in dem betreffenden Gebiet keine weiteren Lizenzen 168

---

[237] Leitlinien, Rdnr. 104; auf welchen kartellrechtlichen Anknüpfungspunkt der Begriff „Bona fide" treffen soll, ist allerdings nicht erkennbar.

[238] Vgl. Leitlinien, Rdnr. 204.

[239] Leitlinien, Rdnr. 206; ebenso *Schultze/Pautke/Wagener,* GVO TT-Komm., Rdnr. 538.

[240] Leitlinien, Rdnr. 105 f.; *MüKo-Röhling,* Art. 4 GVO Nr. 772/2004, Rdnr. 10.

[241] Leitlinien, Rdnr. 105, 192; *Schumacher/Schmid,* GRUR 2006, 1, 7; *Schultze/Pautke/Wagener,* GVO TT-Komm., Rdnr. 582.

[242] Leitlinien, Rdnr. 107.

[243] Leitlinien, Rdnr. 107.

[244] Leitlinien, Rdnr. 107.

[245] Leitlinien, Rdnr. 113; *MüKo-Röhling,* Art. 4 GVO Nr. 772/2004, Rdnr. 14.

zu erteilen, der Lizenzgeber sich aber vorbehält, selbst in dem Gebiet aktiv zu werden. Mit Blick auf diesen Vorbehalt gilt die Gruppenfreistellung unabhängig davon, ob die Vereinbarung wechselseitig ist oder nicht, da die Vereinbarung die Möglichkeit der Parteien, ihre eigenen Technologierechte in den betreffenden Gebieten in vollem Umfang zu nutzen, nicht in Frage stellt.[246]

169 Die Exklusivlizenz befördert den Lizenznehmer zum einzigen Anbieter, während der Lizenznehmer bei der Alleinlizenz mit Wettbewerb seitens des Lizenzgebers rechnen muss, wenn auch nicht durch weitere Lizenznehmer. Ist letzteres der Fall, handelt es sich um eine sog. **einfache Lizenz.**

170 Aus dem Regelungszusammenhang der Kernbeschränkungen nach Art. 4 GVO TT sowie den diesbezüglichen Leitlinien erschließt sich, dass die Kommission wechselseitige, im Gegensatz zu nicht wechselseitigen, Exklusivlizenzen ungeachtet der inzwischen deutlich wohlwollenderen Betrachtung[247] grundsätzlich als Wettbewerbsbeschränkung nach Art. 101 Abs. 1 AEUV ansehen will.

171 Im Einzelnen soll folgendes gelten:

172 (1) Die wechselseitige Einräumung von Exklusivlizenzen zwischen Wettbewerbern stellt eine Kernbeschränkung nach Art. 4 Abs. 1 lit. c) dar.[248]

173 (2) Keine Kernbeschränkung liegt vor, wenn der Lizenzgeber dem Lizenznehmer in einer nicht wechselseitigen Vereinbarung eine *ausschließliche Lizenz* erteilt. Auch die nicht wechselseitige Exklusivlizenz zwischen Wettbewerbern soll aber eine Wettbewerbsbeschränkung sein, die indessen bis zur Marktanteilsschwelle von 20% freigestellt ist.[249] Oberhalb dieser Schwelle sei zu prüfen, „welche wettbewerbsschädigenden Wirkungen" von solchen Exklusivlizenzen ausgingen. Dabei will die Kommission offenbar insbesondere die Marktstellung des Lizenzgebers berücksichtigen: ist diese eher schwach oder der Lizenzgeber aus anderen Gründen nicht in der Lage, seine Technologie ohne Lizenzvergabe wirkungsvoll zu nutzen, soll ein Verstoß gegen Art. 101 Abs. 1 AEUV unwahrscheinlich sein.[250]

174 (3) Die wechselseitige Erteilung von *Alleinlizenzen* zwischen Wettbewerbern stellt nach Auffassung der Kommission ebenfalls eine Wettbewerbsbeschränkung dar, die wiederum bis zur Marktanteilsschwelle von 20% freigestellt ist.[251] Für die nicht wechselseitige Vereinbarung gilt nichts anderes, was sich aus Art. 4 Abs. 1 lit. c) Ziffer i) erschließt. Verfügen die Parteien indessen über beträchtliche Marktmacht, können jedenfalls wechselseitige Alleinlizenzen „Absprachen erleichtern", da sie, so die Kommission, gewährleisten, dass die Parteien die einzigen sind und bleiben, die mit der lizenzierten Technologie produzieren.[252]

175 In wechselseitigen Vereinbarungen zwischen Wettbewerbern sind Exklusivlizenzen also stets „schwarz gelistet", während sie in nicht wechselseitigen Vereinbarungen bis zur Marktanteilsschwelle von 20% freigestellt sind. Alleinlizenzen zwischen Wettbewerbern sind ebenso bis zur Marktanteilsschwelle von 20% freigestellt, und zwar unabhängig davon, ob es sich um wechselseitige oder nicht wechselseitige Vereinbarungen handelt. Zwischen Nicht-Wettbewerbern sind Exklusiv- und Alleinlizenzen gleichermaßen bis zur Marktanteilsschwelle von 30% freigestellt.

176 Richtig ist, dass die wechselseitige Erteilung von Exklusivlizenzen zwischen Wettbewerbern zu einer Aufteilung von Märkten führt. Wo sich Wettbewerber auf dem Feld konkurrierender Technologien zugunsten des jeweils anderen vollständig zurückziehen, wird der Wettbewerb ausgeschaltet, was wohl nur in seltenen Ausnahmefällen mit Effizienzsteigerungen gerechtfertigt werden kann. Denkbar ist dies beispielsweise dann, wenn der Lizenz-

---

[246] Leitlinien, Rdnr. 109; *MüKo-Röhling,* Art. 4 GVO Nr. 772/2004, Rdnr. 16.

[247] Im Entwurf der Leitlinien zur TT-GVO 2004 hatte die Kommission noch die wettbewerbsbeschränkenden Wirkungen der Exklusiv-Lizenz betont. Kritisch hierzu: *Lübbig,* GRUR 2004, 483, 486.

[248] Leitlinien, Rdnr. 192.

[249] Leitlinien, Rdnr. 193.

[250] Leitlinien, Rdnr. 193.

[251] Leitlinien, Rdnr. 192.

[252] Leitlinien, Rdnr. 192.

nehmer nicht erwarten kann, sich mit seiner eigenen Technologie gegen den Lizenzgeber durchzusetzen, er mit der Lizenznahme aber einen technologischen Vorteil erhält, demgegenüber der Nachteil der eigenen exklusiven Lizenzvergabe nicht entscheidend ins Gewicht fällt.

In allen anderen Fällen begegnen die Festlegungen und Einschätzungen der Kommission dagegen erheblichen Bedenken: **177**

Nach Auffassung der Kommission muss die Bewertung, ob eine Lizenzvereinbarung den Wettbewerb beschränkt, nach Maßgabe der konkreten Bedingungen erfolgen, unter denen Wettbewerb stattfinden würde, wenn die Vereinbarung mit ihren vermeintlichen Beschränkungen nicht bestünde. Hierzu müssten die Auswirkungen der Vereinbarung auf den Technologienwettbewerb (d.h. den Wettbewerb zwischen Unternehmen, die konkurrierende Technologien verwenden) sowie auf den technologieinternen Wettbewerb (d.h. den Wettbewerb zwischen Unternehmen, die dieselbe Technologie verwenden, also den „Wettbewerb" zwischen Lizenzgeber und einem oder mehreren Lizenznehmern) untersucht werden. Art. 101 Abs. 1 AEUV verbiete die Beschränkung des Wettbewerbs sowohl zwischen verschiedenen Technologien als auch innerhalb derselben Technologie.[253] **178**

Letzteres ist jedenfalls in der postulierten Allgemeinheit nicht richtig. Gerade der vergleichbar so zu bezeichnende **Intra-Technologiewettbewerb** würde nämlich ohne die Lizenzvergabe des Schutzrechtsinhabers gar nicht stattfinden.[254] Stattdessen bliebe es bei der durch das Schutzrecht vermittelten Alleinstellung. Zu Recht heißt es deshalb in den Leitlinien, dass der Wettbewerb zwischen Unternehmen, die aufgrund ihrer jeweils erteilten Lizenzen dieselbe Technologie verwenden, eine wichtige Ergänzung zum Wettbewerb zwischen Unternehmen darstellt, die konkurrierende Technologien verwenden.[255] **179**

Es ist deshalb nicht gerechtfertigt, die Lizenzvergabe gleichsam dem Generalverdacht der verbotenen Kartellbildung zu unterstellen. Die Lizenzvergabe als solche ist nicht wettbewerbsbeschränkend, sondern, wie die Kommission an anderer Stelle einräumt,[256] im Gegenteil wettbewerbsfördernd. **180**

Dass dieser Befund in Einzelfällen einer weitergehenden Betrachtung zu unterwerfen ist, ändert am Grundsatz nichts, dass jede Lizenzvergabe die Ausschließlichkeit des zugrundeliegenden Schutzrechts aufbricht. Dies kann für sich allein nicht wettbewerbswidrig sein, sondern nur im Zusammenwirken mit anderen Abreden, die in ihrer Gesamtheit zu einer wettbewerbsbeschränkenden Wirkung der betreffenden Technologietransfer-Vereinbarung führen können.[257] **181**

Der EuGH hat daher in seiner **„Maissaatgut"-Entscheidung**[258] entschieden, dass eine ausschließliche Lizenz, bei der sich die Ausschließlichkeit lediglich auf das Vertragsverhältnis zwischen dem Schutzrechtsinhaber und dem Lizenznehmer bezieht, indem sich der Lizenzgeber verpflichtet, keine weiteren Lizenzen für das selbe Gebiet zu erteilen und in diesem Gebiet nicht selbst Konkurrenz zu machen, nicht unter das Kartellverbot in Art. 101 Abs. 1 AEUV fällt. **182**

Die Kommission will offenbar hinter dieser höchstrichterlichen Vorgabe zurückbleiben, indem sie die nicht wechselseitige Erteilung einer Exklusivlizenz zwischen Wettbewerbern vom Kartellverbot freistellt und oberhalb der Marktanteilsschwelle von 20% prüfen will, welche wettbewerbsschädlichen Wirkungen „von solchen Exklusivlizenzen" ausgehen.[259] Richtig ist demgegenüber, dass es in diesem Fall keiner Freistellung bedarf, weil nach der Rechtsprechung des EuGH die Exklusivlizenz „als solche" keine Wettbewerbsbeschrän- **183**

[253] Leitlinien, Rdnr. 11.
[254] Siehe dazu statt aller *Heinemann,* GRUR 2008, 949, 951.
[255] Leitlinien, Rdnr. 28. Zum Wettbewerbseröffnungsgedanken siehe auch vorstehend Fn. 188; kritisch *MüKo-Röhling,* Einl. GVO Nr. 772/2004, Rdnr. 10.
[256] Leitlinien, Rdnr. 9, 17, 43.
[257] Dazu Leitlinien, Rdnr. 12.
[258] EuGH U. v. 8.2.1982, Slg. 1982, 2015 = GRUR Int. 1982, 530ff. – *Maissaatgut.*
[259] Kritisch *Langfinger,* Fs. Bartenbach, 427, 436; *Ullrich,* VPP-Rundbrief 2007, 51, 54 mwN.

kung im Sinne von Art. 101 Abs. 1 AEUV darstellt, wenn die Handlungsfreiheit auf der Stufe der Abnehmer der Lizenzerzeugnisse nicht beeinträchtigt wird.[260]

184 Wörtlich heißt es dazu in den Entscheidungsgründen:[261]

„In Anbetracht der Besonderheit der fraglichen Erzeugnisse gelangt der Gerichtshof zu der Auffassung, dass in einem Fall wie dem vorliegenden die Vergabe einer offenen ausschließlichen Lizenz, also einer Lizenz, welche die Stellung Dritter, die der Parallelimporteure und Lizenznehmer für andere Gebiete nicht betrifft, als solche nicht unvereinbar mit Art. 85 Abs. 1 EWG-Vertrag (jetzt Art. 101 Abs. 1 AEUV) ist."

185 Als Besonderheit der lizenzierten Erzeugnisse stellt der EuGH[262] den erheblichen Forschungs- und Entwicklungsaufwand heraus, der jedoch für sich allein kein Kriterium sein kann, die Ausschließlichkeit der Lizenzvergabe zu rechtfertigen. Richtig ist indessen, dass in der Regel kein Lizenznehmer bereit sein wird, das lizenzierte Erzeugnis mit den ggf. erforderlichen Markterschließungskosten auf den Markt zu bringen, wenn er nicht sicher sein kann, dass ihm nicht gleichzeitig Wettbewerb seitens des Lizenzgebers oder anderer Lizenznehmer droht.[263] Es gibt also keinen (potentiellen) Wettbewerb, der beschränkt werden könnte, wenn sich ein Lizenznehmer ohne Einräumung eines ausschließlichen Nutzungsrechts nicht finden lässt.[264] Dies gilt gleichermaßen für Vereinbarungen zwischen Wettbewerbern wie Nicht-Wettbewerbern.[265]

186 Vor diesem Hintergrund hat die Freistellung in Art. 4 Abs. 1 lit. c) Ziffer i) GVO TT keine konstitutive Bedeutung mit der Folge, dass auch die Marktanteilsbegrenzung unbeachtlich ist.[266] Nicht wechselseitige Exklusivlizenzen zwischen Wettbewerbern sind vielmehr auch oberhalb der Grenze von 20% Marktanteil zulässig.[267] Nur zusammen mit weitergehenden Beschränkungen können sie im Einzelfall von Art. 101 Abs. 1 AEUV erfasst werden und sind dann, aber auch nur dann, freistellungsbedürftig.[268]

187 Für die wechselseitige Erteilung von *Alleinlizenzen* zwischen Wettbewerbern gilt nichts anderes. Auch insoweit will die Kommission demgegenüber eine Wettbewerbsbeschränkung annehmen, die sie bis zur Marktanteilsschwelle von 20% freistellt. Zur Begründung führt sie an, auch solche Alleinlizenzen könnten „Absprachen erleichtern", jedenfalls dann, wenn die Vertragsparteien über „erhebliche Marktmacht" verfügten.[269]

188 Ergänzend weist die Kommission darauf hin, Alleinlizenzen würden gewährleisten, dass die Parteien die einzigen Anbieter blieben, die mit der lizenzierten Technologie produzieren.[270] Damit begründet die Kommission aber nicht die behauptete Wettbewerbsbeschränkung, sondern belegt nur ihr offenbar anhaltendes Misstrauen gegen die (vermeintliche) Monopolwirkung gewerblicher Schutzrechte. Tatsächlich beschreibt dieser Hinweis nämlich nur die bestehende Schutzrechtslage, wonach es dem Lizenzgeber freisteht, seine geschützte Technologie unter Ausschluss Dritter zu lizenzieren.

189 Auch im Fall der wechselseitigen Erteilung von Alleinlizenzen geben Wettbewerber ihr Ausschließlichkeitsrecht auf und gewähren einander Zugang zur jeweils konkurrierenden Technologie. Anders als bei der wechselseitigen Einräumung von Exklusivlizenzen verzichten sie jedoch nicht gegenseitig auf ihre eigene Wettbewerbsposition, sondern behalten diese gerade bei. Sie eröffnen damit beidseitig zusätzlichen Wettbewerb, was sich wettbewerbsfördernd und nicht, jedenfalls nicht für sich allein, wettbewerbsbeschränkend aus-

---

[260] EuGH, ebenda, Tz 58, 53; richtig dazu *MüKo-Röhling,* Art. 2 GVO Nr. 772/2004, Rdnr. 22; siehe auch *Lübbig,* GRUR 2004, 483, 486. Einzelheiten dazu siehe nachfolgend Rdnr. 206 ff.

[261] Tz 58.

[262] Tz 56.

[263] Entscheidungsgründe, Tz 57; ebenso OLG Düsseldorf WuW/E DE-R 1573, 1574 f.

[264] So zutreffend *Pietzke,* GRUR Int. 1982, 537, 538; ihm folgend *Sack,* WRP 1999, 592, 603.

[265] Ebenso *Brandi-Dohrn,* Fs. Bartenbach, 439, 444; *Langfinger,* Fs. Bartenbach, 427, 436.

[266] *Lübbig,* GRUR 2004, 483, 486.

[267] Ebenso *Langfinger,* Fs. Bartenbach, 436.

[268] Ähnlich *Lübbig,* GRUR 2004, 483, 486; vgl. auch *Brandi-Dohrn,* Fs. Bartenbach, 439, 455 f.

[269] Leitlinien, Rdnr. 192.

[270] Leitlinien, ebenda.

wirkt. Auch insoweit wirkt die Freistellung in Art. 4 Abs. 1 lit. c) Ziffer i) GVO TT im Hinblick auf Art. 101 Abs. 1 AEUV also nur deklaratorisch mit der Folge, dass auch hier die Marktanteilsbegrenzung unbeachtlich ist. Die wechselseitige Erteilung von Alleinlizenzen zwischen Wettbewerbern ist deshalb auch oberhalb der Grenze von 20% Marktanteil zulässig, da es sich auch insoweit nicht um eine Wettbewerbsbeschränkung im Sinne von Art. 101 Abs. 1 AEUV handelt.

(2) Aktive und passive Verkaufsbeschränkung (Art. 4 Abs. 1 lit. c) Ziffer i)). Freigestellt sind **190** auch nicht wechselseitige Vereinbarungen, in denen die Parteien übereinkommen, von aktiven oder passiven Verkäufen in das Exklusivgebiet oder an die Exklusivkundengruppe Abstand zu nehmen, das bzw. die der jeweils anderen Partei vorbehalten ist.[271]

Verkaufsbeschränkungen, die die Parteien darin beschränken, wo sie die mit der lizen- **191** zierten Technologie hergestellten Erzeugnisse verkaufen dürfen, sind regelmäßiger Bestandteil sowohl der Exklusiv- als auch der Alleinlizenz. Ohne ein solches Verbot würde der Lizenznehmer nicht vor Wettbewerb aus anderen Gebieten sicher sein, womit die ihm versprochene Alleinstellung ins Leere ginge. Allerdings ist zwischen dem Verbot aktiver und dem Verbot passiver Verkäufe zu unterscheiden:

Vom **Verbot aktiver Verkäufe** wird gesprochen, wenn es dem Lizenznehmer untersagt **192** ist, außerhalb des ihm zugewiesenen Gebiets aktiv um Kunden zu werben oder dort ein Lager oder eine Vertriebsstätte zu unterhalten. Das **Verbot passiver Verkäufe** meint, dass es dem Lizenznehmer darüber hinaus auch untersagt ist, auf die nicht aktiv geworbene Nachfrage aus fremden Gebieten zu liefern.[272]

Weiter geht die Unterbindung oder Behinderung des **Parallelhandels.** Dabei geht es **193** darum, insbesondere Wiederverkäufer daran zu hindern, Erzeugnisse, die in einem Gebiet innerhalb der Gemeinschaft bzw. des Europäischen Wirtschaftsraums (EWR) vom Lizenzgeber oder einem Lizenznehmer mit Zustimmung des Lizenzgebers rechtmäßig in Verkehr gebracht worden sind, zu beziehen und in einem oder mehreren anderen Gebieten innerhalb des Binnenmarktes weiter zu veräußern.

Maßgebend für die Zulässigkeit und Reichweite solcher Verkaufsbeschränkungen ist **194** auch hier die *„Maissaatgut"*-Entscheidung des EuGH.[273] Mit der Entscheidung markiert das Gericht die Zulässigkeitsgrenze von Verkaufsbeschränkungen zwischen der sog. offenen ausschließlichen Lizenz und der ausschließlichen Lizenz mit absolutem Gebietsschutz.

Die **offene ausschließliche Lizenz** erschöpft sich in der Abrede zwischen dem **195** Schutzrechtsinhaber und dem Lizenznehmer, indem sich der Lizenzgeber lediglich verpflichtet, keine weiteren Lizenzen für das selbe Gebiet zu erteilen und dem Lizenznehmer in dessen Gebiet nicht selbst Konkurrenz zu machen. **Absoluter Gebietsschutz** meint hingegen vertragliche Verpflichtungen und tatsächliche Maßnahmen, die darauf abzielen, den Parallelhandel Dritter zu unterbinden oder zu behindern.

Unscharf ist das Urteil allerdings in Bezug auf die hier angesprochenen Verkaufsbe- **196** schränkungen, also vorrangig das an den Lizenznehmer gerichtete Verbot, die in Lizenz hergestellten Erzeugnisse in das Gebiet des Lizenzgebers oder eines anderen Lizenznehmers zu liefern.

Einerseits spricht der EuGH vom absoluten Gebietsschutz, wenn die Vertragsparteien die **197** Absicht verfolgen, für die betreffenden Erzeugnisse und das fragliche Gebiet jeden Wettbewerb Dritter, etwa von Parallelimporteuren „oder Lizenznehmern für andere Gebiete" auszuschalten.[274] Danach würde entgegen der vom EuGH an anderer Stelle[275] selbst angeführten ständigen Rechtsprechung auch ein Verkaufsverbot insbesondere in fremde Lizenzgebiete wettbewerbsbeschränkend im Sinne von Art. 101 Abs. 1 AEUV sein.

---

[271] Leitlinien, Rdnr. 119.

[272] Zu Einzelheiten s. *MüKo-Röhling,* Art. 4 GVO Nr. 772/2004, Rdnr. 18f.

[273] EuGH U. v. 8.2.1982, Slg. 1982, 2015 = GRUR Int. 1982, 530ff – *Maissaatgut.*

[274] EuGH U. v. 8.2.1982, Slg. 1982, 2015 = GRUR Int. 1982, 530, 535 (Tz 53) – *Maissaatgut.*

[275] Ebenda, Tz 61.

198 An anderer Stelle moniert der EuGH dagegen (nur) den „absoluten Gebietsschutz", der die Überwachung und Verhinderung „von Paralleleinfuhren" ermöglichen soll, als mit dem Verbot wettbewerbsbeschränkender Abreden unvereinbar,[276] weist aber zutreffend darauf hin, dass wohl kein Lizenznehmer bereit wäre, das unternehmerische Risiko der Herstellung und des Vertriebs von Lizenzerzeugnissen einzugehen, wenn er nicht sicher sein könnte, „dass ihm nicht andere Lizenznehmer für das ihm zugeteilte Gebiet oder der Rechtsinhaber selbst Konkurrenz machen".[277] Es ist deshalb anzunehmen, dass der EuGH auch das dem Lizenznehmer auferlegte Verbot aktiver Verkäufe außerhalb des ihm ausschließlich zugewiesenen Gebiets nicht als Wettbewerbsbeschränkung im Sinne von Art. 101 Abs. 1 AEUV ansehen will.[278]

199 Die GVO TT sowie die diesbezüglichen Leitlinien verhalten sich dazu wie folgt:

200 Nach Art. 4 Abs. 1 lit. c) GVO TT sind Beschränkungen für aktive und passive Verkäufe, die einer oder beiden Parteien in einer *wechselseitigen Vereinbarung* zwischen Wettbewerbern auferlegt werden, verbotene Kernbeschränkungen. In der Tat führen solche Beschränkungen in der Regel zur **Marktaufteilung,** da sie die Vertragsbeteiligten an jedweder Verkaufsaktivität hindern, die sie vor Abschluss der Vereinbarung entfaltet haben oder entfaltet haben könnten. Zu Recht betont deshalb die Kommission in den Leitlinien, dass vor dem Hintergrund dieser Wettbewerbsbeschränkung auch die Freistellungsvoraussetzungen nach Art. 101 Abs. 3 AEUV in der Regel nicht erfüllt sein dürften.[279]

201 Dagegen sind in einer *nicht wechselseitigen Vereinbarung* zwischen Wettbewerbern Beschränkungen des aktiven und passiven Verkaufs in das Exklusivgebiet oder an die Kundengruppe, das bzw. die der anderen Vertragspartei vorbehalten ist, bis zur Marktanteilsschwelle von 20% freigestellt. Oberhalb der Grenze sollen Verkaufsbeschränkungen zwischen Lizenzgeber und Lizenznehmer unter Art. 101 Abs. 1 AEUV fallen, wenn eine oder beide Parteien über „erhebliche Marktmacht" verfügen. Die Beschränkungen können allerdings für die Verbreitung „wertvoller Technologien" unerlässlich sein und würden dann die Voraussetzungen des Art. 101 Abs. 3 AEUV erfüllen.[280]

202 Ebenfalls freigestellt sind Beschränkungen des aktiven Verkaufs in das Gebiet oder an die Kundengruppe, das bzw. die einem anderen Lizenznehmer vorbehalten ist, sofern es sich bei dem geschützten Lizenznehmer nicht um ein Unternehmen handelt, das im Zeitpunkt der Lizenzvergabe im Wettbewerb zum Lizenzgeber stand.[281]

203 Auch diese Einschätzungen der Kommission unterliegen erheblichen Zweifeln. Wie dargelegt, folgt aus der Natur der **ausschließlichen Gebietslizenz,** dass der Lizenznehmer die Sicherheit haben muss, dass ihm andere Lizenznehmer oder der Lizenzgeber selbst in dem ihm überlassenen Gebiet nicht Konkurrenz machen.[282] Die darauf gerichtete Zusicherung des Lizenzgebers ist Ausfluss der bestehenden Schutzrechtslage.[283] Aufgrund seines Schutzrechts kann der Lizenzgeber sowohl im eigenen als auch im Lizenzgebiet jeden Wettbewerb einseitig unterbinden oder zulassen.

204 Beschränkungen des aktiven oder passiven Wettbewerbs sind deshalb durch das Schutzrecht bewirkt, nicht durch die Lizenzvereinbarung, die die Wirkung des Schutzrechts nur widerspiegelt.[284] Wenn aber der Schutzrechtsinhaber hier wie dort aktiven ebenso wie passiven Wettbewerb untersagen kann, kann die darauf deckungsgleich gerichtete Lizenzver-

---

[276] Ebenda.

[277] Ebenda, Tz 57.

[278] Ebenso *Pietzke,* GRUR Int. 1982, 537, 539 sowie *Brandi-Dohrn,* Fs. Bartenbach, 439, 444.

[279] Leitlinien, Rdnr. 198.

[280] Leitlinien, Rdnr. 199; was eine wertvolle Technologie ist, muss von den betroffenen Unternehmen selbst beurteilt werden, so dass sie insoweit die Last der Selbsteinschätzung tragen, *Hauck,* Die wettbewerbsrechtliche Beurteilung von Lizenzverträgen in der EU und den USA, 197 f.

[281] Letzteres ist wenig nachvollziehbar, siehe wiederum *Brandi-Dohrn,* Fs. Bartenbach, 439, 452.

[282] EuGH U. v. 8.2.1982, Slg. 1982, 2015 = GRUR Int. 1982, 530, 535 (Tz 57) – *Maissaatgut.*

[283] *Sack,* WRP 1999, 582, 593, 596, 601 mwN.

[284] *Brandi-Dohrn,* aaO, 439, 440, 456; *Sack,* WRP 1999, 592, 593.

einbarung keine Wettbewerbsbeschränkung sein, es sei denn, man wollte bereits mit der Lizenzvergabe das Schutzrecht als „verbraucht" ansehen.[285]

Trotz der Regelung in Art. 4 Abs. 1 lit. c) Ziffer iv) GVO TT sieht die Kommission dies offenbar nicht anders, wenn sie in den Leitlinien kommentiert, oberhalb der Marktanteilsschwelle von 20% fielen Verkaufsbeschränkungen zwischen Lizenzgeber und Lizenznehmer (nur dann) unter Art. 101 Abs. 1 AEUV, wenn eine oder beide Parteien über erhebliche Marktmacht verfügen würden.[286] 205

Auch hier ist die Anknüpfung an Marktmacht indessen nicht gerechtfertigt. Auch der marktmächtige Schutzrechtsinhaber kann sein Schutzrecht unbeschränkt ausüben, solange er nicht missbräuchlich im Sinne von Art. 102 AEUV handelt oder außerhalb der Rechtsmacht, die ihm das Schutzrecht verleiht, wettbewerbsbeschränkende Abreden trifft. 206

Entgegen der Auffassung der Kommission sind aktive oder passive Verkaufsbeschränkungen deshalb keine freistellungsbedürftigen Wettbewerbsbeschränkungen. Denn auch die Abwehr von Patentverletzungen im territorialen Geltungsbereich des Patents, also „Gebietsverletzungen", gehört zu dem mit dem Patent verbundenen Ausschließlichkeitsrecht des ersten Inverkehrbringens und damit zum Bestand und Wesensgehalt des Schutzrechts.[287] 207

Dies gilt nicht nur in Bezug auf Verkaufsbeschränkungen zwischen Lizenzgeber und Lizenznehmer, sondern auch für Beschränkungen von Verkaufsaktivitäten unter mehreren Lizenznehmern. Nach der GVO TT soll das Verbot aktiven Wettbewerbs nur unterhalb der Marktanteilsschwelle freigestellt sein, während passiver Wettbewerb auf keinen Fall beschränkt werden darf. Der Lizenzgeber kann mit seinem Schutzrecht aber nicht nur aktiven, sondern auch passiven Wettbewerb unterbinden und ein entsprechendes Verbot folglich auch seinem Lizenznehmer auferlegen.[288] 208

Die entgegengesetzte Einschätzung der Kommission beruht auf der Annahme, Art. 101 Abs. 1 AEUV verbiete die Beschränkung des Wettbewerbs sowohl zwischen konkurrierenden Technologien als auch innerhalb derselben Technologie. Insoweit überträgt die Kommission die vertriebsrechtlichen Kategorien des Interbrand- und Intrabrand-Wettbewerbs auf den Bereich des Technologietransfers.[289] Sie übersieht dabei den Kategorienunterschied, der entscheidend im **Erschöpfungstatbestand** gründet: Der Schutzrechtsinhaber, der sein patentgeschütztes Erzeugnis selbst oder durch Dritte in Verkehr bringt, kann und darf den weiteren Vertrieb eben dieses Erzeugnisses nicht (mehr) kontrollieren. Mit dem erstmaligen Inverkehrbringen ist sein Schutzrecht verbraucht. 209

Wer dagegen die Herstellung eines patentgeschützten Erzeugnisses lizenziert, eröffnet Wettbewerb, den er ohne die Lizenzvergabe untersagen könnte. Mit dem Verkauf endet das 210

[285] So *Pietzke*, GRUR Int. 1982, 537, 539; dagegen *Sack*, WRP 1999, 592, 604 mit zahlreichen Nachweisen aus Rechtsprechung und Literatur sowie jüngst das OLG Frankfurt WuW/E DE-R 2013, 2021 – *Harry Potter*, das zutreffend darlegt, dass nur das körperliche Inverkehrbringen der Ware die Erschöpfung des betreffenden Schutzrechts auszulösen vermag und nicht schon der Abschluss eines diesbezüglichen Lizenzvertrags. Unrichtig insoweit auch *MüKo – Röhling*, Einl. GVO Nr. 772/2004, Rdnr. 11, der meint, mit dem „Inverkehrbringen des Schutzrechts" würde ein „Markt eröffnet", weshalb die Lizenzvereinbarung „auf diesem neuen Markt" wettbewerbsbeschränkende Wirkungen entfalten könnte. Tatsächlich eröffnet der Schutzrechtsinhaber mit der Lizenzvergabe keinen neuen Markt, sondern gestattet lediglich den Zutritt eines oder mehrerer neuer Marktteilnehmer auf „seinen" Markt, indem er auf die (Marktzutritts) Sperrwirkung seines Schutzrechts verzichtet; zum Erschöpfungsgrundsatz beim Vertrieb sog. gebrauchter Software siehe jüngst EuGH U. v. 3.7.2012 – C-128/11, NJW 2012, 2565 ff. sowie BGH U. v. 17.7.2013 – I ZR 129/08, GRUR 2014, 264 ff.

[286] Leitlinien, Rdnr. 199.

[287] Ebenso *Brandi-Dohrn*, Fs. Bartenbach, 439, 456. Vgl. auch Art. 2 Nr. 14 VO 240/96, wonach sich der Lizenzgeber vorbehalten konnte, gegen die Nutzung der lizenzierten Technologie außerhalb des Vertragsgebiets seitens des Lizenznehmers seine Vertragsschutzrechte geltend zu machen. Dies bedeutete zwar kein vertragliches Verbot von Benutzungshandlungen in fremden Gebieten. Allein die „Drohkulisse" führte indessen zum selben Ergebnis. Siehe dazu auch *Andreas Meyer*, GRUR Int. 1997, 498, 501 sowie *Kleinmann*, EWS 1996, 149, 152.

[288] *Brandi-Dohrn*, ebenda. Ebenso schon *Sack*, WRP 1999, 592, 604.

[289] Dies wird deutlich im Evaluierungsbericht, Tz 55.

Kontrollrecht des Schutzrechtsinhabers, mit der Lizenzvergabe des Erzeugnisses nicht.[290] Insofern verzichtet der Lizenzgeber nur auf die Geltendmachung seines Schutzrechts. Wie weit der Verzicht reichen soll, bestimmt der Lizenzgeber nach Maßgabe der Reichweite seines Schutzrecht Weil er selber die Rechtsmacht hat, passiven Wettbewerb gegen sein Schutzrecht zu untersagen, kann er dies auch seinem Lizenznehmer untersagen und weitere Lizenznehmer damit vor passivem Wettbewerb schützen, wie er selbst davor geschützt wäre, würde er anstelle seines Lizenznehmers im Lizenzgebiet das betreffende Erzeugnis herstellen und vertreiben.[291]

211 Verkaufsbeschränkungen (aktive wie passive) stellen daher keine Wettbewerbsbeschränkung im Sinne von Art. 101 Abs. 1 AEUV dar und sind deshalb auch dann zulässig, wenn die Parteien über erhebliche Marktmacht verfügen.

212 *(3) Aktive Verkaufsbeschränkung des Lizenznehmers (Art. 4 Abs. 1 lit. c) Ziffer ii)).* Freigestellt ist auch die in einer *nicht wechselseitigen Vereinbarung* dem Lizenznehmer auferlegte Beschränkung des *aktiven Verkaufs* in ein Gebiet oder an eine Kundengruppe, das bzw. die seitens des Lizenzgebers einem anderen, dritten Lizenznehmer zugewiesen worden ist, sofern der geschützte Lizenznehmer zum Zeitpunkt des Abschlusses der Lizenzvereinbarung kein Wettbewerber des Lizenzgebers war.[292]

213 Eine derartige Beschränkung stellt keine Kernbeschränkung dar. Sie hindert zwar den Lizenznehmer daran, gegenüber bestimmten Kundengruppen als Anbieter aufzutreten, fördert jedoch zugleich auch den Wettbewerb, wie die Kommission zutreffend feststellt.[293] Sie veranlasst den Lizenznehmer dazu, die lizenzierte Technologie effizienter zu nutzen, indem sie es dem Lizenzgeber erlaubt, einen Lizenznehmer, der auf dem Markt noch nicht vertreten war, vor aktiven Verkäufen von Lizenznehmern zu schützen, die als Wettbewerber des Lizenzgebers bereits auf dem Markt etabliert waren.[294]

214 Oberhalb der Marktanteilsschwelle von 20% fällt die Beschränkung des aktiven Verkaufs grundsätzlich unter Art. 101 Abs. 1 AEUV, wenn die Parteien über erhebliche Marktmacht verfügen. Sie wird jedoch so lange eine Freistellung über Art. 101 Abs. 3 AEUV erfahren, wie der geschützte Lizenznehmer braucht, um einen neuen Markt zu erschließen und in dem ihm zugewiesenen Vertragsgebiet Fuß zu fassen bzw. seine Marktposition bei der ihm zugewiesenen Kundengruppe zu festigen.[295]

215 Nicht freigestellt sind von Lizenznehmern untereinander getroffene Abreden, aktive oder passive Verkäufe in bestimmte Gebiete oder an bestimmte Kundengruppen zu unterlassen. Derartige Vereinbarungen laufen für gewöhnlich auf ein verbotenes Kartell hinaus.[296]

216 *(4) Beschränkung auf Eigenbedarf (Art. 4 Abs. 1 lit. c) Ziffer iii)).* Aus dem Katalog der Kernbeschränkungen ist ferner die Verpflichtung des Lizenznehmers ausgenommen, die Vertragsprodukte nur für den Eigenbedarf herzustellen, was grundsätzlich Ausfluss der Schutzrechtslage ist. Mit der Beschränkung auf den Eigenbedarf verpflichtet der Lizenzgeber den Lizenznehmer, die lizenzierte Technologie lediglich als Input für die Herstellung, Wartung und Reparatur seiner eigenen Erzeugnisse zu benutzen. Die Ausnahme bezieht sich in erster Linie auf Bauteile.[297] Ist das Vertragsprodukt ein Bauteil, kann der Lizenznehmer verpflichtet werden, das Bauteil nur für den Einbau in sein eigenes Erzeugnis herzustellen und nicht an andere Hersteller zu liefern. Dem Lizenznehmer muss jedoch das Recht bleiben,

---

290 *MüKo – Röhling,* Einl. GVO Nr. 772/2004, Rdnr. 11 verstellt den Blick auf diese Konsequenz, wenn er vom „Inverkehrbringen des Schutzrechts" spricht. Mit der Lizenzvergabe wird das Schutzrecht nicht in Verkehr gebracht, es bleibt vielmehr beim Lizenzgeber, der dem Lizenznehmer lediglich ein Nutzungsrecht an seinem Recht einräumt.

291 Im Ergebnis ebenso *Sack,* WRP 1999, 592, 604 mwN.

292 Leitlinien, Rdnr. 110.

293 Leitlinien, Rdnr. 110.

294 Leitlinien, Rdnr. 110.

295 Leitlinien, Rdnr. 200.

296 Leitlinien, Rdnr. 110.

297 Leitlinien, Rdnr. 111.

die Bauteile als *Ersatzteile* für seine eigenen Erzeugnisse zu verkaufen, insbesondere Dritte zu beliefern, die Kunden- und Reparaturdienste dafür anbieten. Damit wird der Lizenznehmer auf solche Mengen beschränkt, die für die Herstellung, Wartung und Reparatur seiner Erzeugnisse erforderlich sind.[298]

Ob es sich bei der Beschränkung auf den Eigenbedarf um eine freistellungsbedürftige Wettbewerbsbeschränkung jenseits der Schutzrechtslage handelt, hängt von den tatsächlichen wettbewerblichen Gegebenheiten ab. **217**

Die Beschränkung der Herstellung von Vertragsprodukten auf den Eigenbedarf hindert den Lizenznehmer insbesondere daran, als **Zulieferer** für Dritte aufzutreten. Dies ist solange wettbewerbsneutral, wie der Lizenznehmer vor Ablauf der Vereinbarung kein tatsächlicher oder potentieller Anbieter von Zulieferteilen war, die in Konkurrenz zu den Vertragsprodukten standen oder hätten stehen können. War dies hingegen der Fall und gibt der Lizenznehmer seine aktuelle oder potentielle Wettbewerbsposition zugunsten der Technologie des Lizenzgebers auf, handelt es sich um eine Wettbewerbsbeschränkung, die nur nach Maßgabe der Freistellungskriterien nach Art. 101 Abs. 3 AEUV gerechtfertigt sein kann.[299] Eine solche Rechtfertigung kommt insbesondere dann in Betracht, wenn die Technologie des Lizenznehmers derjenigen des Lizenzgebers ersichtlich unterlegen ist, so dass die Wettbewerbslage jedenfalls auf Dauer keinen Bestand haben würde. Sind die Parteien dagegen von Anfang an keine Wettbewerber, ist die einseitige Beschränkung des Lizenznehmers auf den Eigenbedarf keine Wettbewerbsbeschränkung.[300] Im Gegenteil kann die Beschränkung dann sogar wettbewerbsfördernd sein, worauf die Kommission im Zusammenhang mit den Voraussetzungen einer Einzelfreistellung nach Art. 103 Abs. 3 AEUV hinweist.[301] **218**

(5) Second-Source-Beschränkung (Art. 4 Abs. 1 lit. c) Ziffer iv)). Freigestellt ist schließlich auch die Verpflichtung des Lizenznehmers in einer *nicht wechselseitigen Vereinbarung,* die Vertragsprodukte nur für einen bestimmten Kunden herzustellen, wenn und soweit die Lizenz erteilt worden ist, um diesem Kunden eine alternative Bezugsquelle zu verschaffen.[302] Solche „Second-Source-Beschränkungen" können auch mehreren Lizenznehmern auferlegt werden, und es ist nach ihrem Sinn und Zweck auch zulässig, sie mit Mengenbeschränkungen zu verbinden.[303] **219**

(6) Field-of-use Klausel (Art. 4 Abs. 1 lit. c) i) a. F.). Die in der Vorgänger GVO TT enthaltene Ausnahmevorschrift betreffend Nutzungsbeschränkungen (Art. 4 Abs. 1 lit. c) i) a. F.) ist in der Verordnung Nr. 316/2014 nicht mehr enthalten, wird aber in den Leitlinien nach wie vor behandelt. Die Beschränkung in Vereinbarungen zwischen Wettbewerbern, die die Lizenz auf einen oder mehrere technische Anwendungsbereiche[304] begrenzen bzw. dem Lizenznehmer aufgeben, die lizenzierte Technologie nur in einem oder mehreren Produktmärkten zu nutzen **(„Field-of-use"-Klausel),** stellt keine Kernbeschränkung i. S. d. Art. 4 Abs. 1 GVO TT dar. Unabhängig davon, ob es sich um eine wechselseitige Vereinbarung handelt oder nicht, sollen darauf gerichtete Vereinbarungen jedenfalls bis zur Marktanteilsschwelle von 20% freigestellt sein.[305] **220**

---

[298] Leitlinien, Rdnr. 216.

[299] Leitlinien, Rdnr. 217.

[300] Siehe dazu Art. 4 Abs. 2 lit. b ii), nachfolgend Rdnr. 246 ff.

[301] Leitlinien, Rdnr. 219 f.

[302] Leitlinien, Rdnr. 112; zu Einzelheiten *MüKo-Röhling,* Art. 4 GVO Nr. 772/2004, Rdnr. 22.

[303] *Schultze/Pautke/Wagener,* GVO TT-Komm., Rdnr. 663.

[304] Weiterführend zum Begriff der „technischen Anwendungsbereiche" siehe u. a. *Groß,* Der Lizenzvertrag, Rdnr. 725.

[305] Leitlinien, Rdnr. 113; Die Gruppenfreistellung gilt unabhängig davon, ob die Nutzungsbeschränkung symmetrisch oder asymmetrisch ist. Eine Nutzungsbeschränkung in einer wechselseitigen Lizenzvereinbarung ist asymmetrisch, wenn die beiden Parteien die ihnen lizenzierten Technologien nicht in demselben Anwendungsbereich nutzen dürfen; Leitlinien, Rdnr. 114; unklar ist, warum überhaupt zwischen symmetrischen und asymmetrischen Vereinbarungen unterschieden wird, gilt die Freistellung doch für beide, *Groß,* Der Lizenzvertrag, Rdnr. 723.

221 Ob nicht wechselseitige Nutzungsbeschränkungen überhaupt freistellungsbedürftige Wettbewerbsbeschränkungen darstellen, ist indessen zweifelhaft.[306] Inhalt und Reichweite gewerblicher Schutzrechte sprechen dagegen. Danach kann insbesondere das Patent ganz oder teilweise Gegenstand von ausschließlichen oder nicht ausschließlichen Lizenzen sein. Soweit der Lizenznehmer gegen die Beschränkung seiner Lizenz verstößt, kann er u. a. auf Unterlassung in Anspruch genommen werden.[307] Demgemäß ist es dem Schutzrechtsinhaber vorbehaltlich der missbräuchlichen Ausübung seiner Rechtsmacht uneingeschränkt erlaubt, seinem Lizenznehmer das lizenzierte Schutzrecht beschränkt auf ein oder mehrere Nutzungsfelder zu überlassen und die Nutzung des Schutzrechts im Übrigen zu verbieten.

222 Richtig ist allerdings, dass Nutzungsbeschränkungen insbesondere dann wettbewerbsbeschränkende Wirkungen haben können, wenn sie zur Kundenaufteilung führen oder nicht allein der Lizenznehmer, sondern auch der Lizenzgeber in der Nutzung der lizenzierten Technologie beschränkt wird.[308]

223 Der Umstand, dass Nutzungsbeschränkungen bestimmten Kundengruppen in einem Produktmarkt entsprechen können, besagt nicht, dass sie als Kundenkreisbeschränkung einzustufen wären. Die Beschränkung des Kundenkreises setzt voraus, dass die Kunden bestimmt werden, die von den Parteien nicht beliefert werden dürfen. Allerdings muss die Nutzungsbeschränkung objektiv nach im Einzelnen bezeichneten, relevanten technischen Merkmalen des Lizenzerzeugnisses gekennzeichnet sein, so dass der Kundenkreis insoweit variabel ist.[309]

224 Es versteht sich, dass Nutzungsbeschränkungen nicht über die Reichweite des lizenzierten Schutzrechts hinausgehen dürfen und der Lizenznehmer nicht in der Nutzung seiner eigenen konkurrierenden Technologie eingeschränkt werden darf. Werden mehrere Lizenznehmer in der Nutzung ihrer eigenen Technologie eingeschränkt, läuft dies auf eine Marktaufteilung hinaus.[310]

225 *d) Nutzung eigener Technologien des Lizenznehmers (Art. 4 Abs. 1 lit. d)).* Eine Kernbeschränkung ist ferner die Beschränkung der Möglichkeit des Lizenznehmers, seine eigene Technologie zu verwerten oder die Beschränkung der Möglichkeit beider Vertragsparteien, Forschungs- und Entwicklungsarbeiten durchzuführen, es sei denn, letztere Beschränkungen sind unerlässlich, um die Preisgabe des lizenzierten Know-hows an Dritte zu verhindern. Unerheblich ist dabei, ob sich die Beschränkung auf einen Bereich bezieht, der von der Vereinbarung erfasst wird oder auf einen anderen Bereich.[311]

226 In Bezug auf seine eigene Technologie darf dem Lizenznehmer keine Freiheit genommen werden. Insbesondere darf er nicht im Hinblick darauf beschränkt werden, wo er herstellt oder verkauft, wie viel er herstellt oder verkauft und zu welchem Preis er verkauft.[312]

227 Eine Kernbeschränkung liegt auch dann vor, wenn der Lizenznehmer verpflichtet wird, Lizenzgebühren für Erzeugnisse zu zahlen, die er auf der Grundlage seiner eigenen Technologie herstellt.[313] Dies gilt jedoch nur, wenn die Herstellung des betreffenden Erzeugnisses *ausschließlich* mit eigener Technologie erfolgt oder der Anteil der lizenzierten Technologie so unerheblich ist, dass es sich als Gestaltungsmissbrauch aufdrängt, daran eine Lizenzzahlungspflicht zu knüpfen.

---

[306] In der ersten GVO für Patentlizenzverträge wurden solche Beschränkungen noch in der „weißen Liste" unbedenklicher Klauseln genannt, s. VO Nr. 2349/84, Art. 2 Abs. 1 Nr. 3. Zweifelnd auch *MüKo-Röhling,* Art. 4 GVO 772/2004, Rdnr. 12.

[307] § 15 Abs. 2 PatG.

[308] *Schultze/Pautke/Wagener,* GVO TT-Komm., Rdnr. 562, 565; Leitlinien, Rdnr. 113, 209 f.

[309] Leitlinien, Rdnr. 209. Ist eine Kundenkreisbeschränkung dagegen gerade beabsichtigt, empfiehlt es sich, in Abgrenzung zur Field-of-Use-Klausel den Verweis auf die Technologie zu vermeiden, *Gehring/Fort,* EWS 2007, 160, 167 unter Hinweis auf *Korah,* Intellectual Property Rights, 107.

[310] Leitlinien, Rdnr. 113, ferner *Schultze/Pautke/Wagener,* GVO TT-Komm., Rdnr. 567.

[311] *Langen/Bunte – Jestaedt,* Kartellrecht Kommentar, Bd. 2, Nach Art. 101 AEUV, Rdnr. 1333.

[312] Leitlinien, Rdnr. 116; *MüKo-Röhling,* Art. 4 GVO Nr. 772/2004, Rdnr. 23 ff.

[313] Leitlinien, Rdnr. 116, 185.

Abweichend ist möglicherweise der Fall zu beurteilen, in dem Teile des Vertragsprodukts „patentfrei" sind. Nach der Entscheidung des EuGH *„Windsurfing International"* ist es unzulässig, die Lizenzgebühr an den mit dem gesamten Produkt erzielten Umsatz zu knüpfen, wenn Teile des Erzeugnisses vom lizenzierten Schutzrecht nicht erfasst sind.[314] Eine einheitliche Berechnung der Lizenzgebühr soll nur dann erlaubt sein, wenn sich die hergestellten oder verbrauchten Stückzahlen bzw. ihr Wert im Rahmen eines komplexen Herstellungsprozesses nur schwer fassen lassen oder wenn für das nicht patentgeschützte Teil kein Angebot besteht, an dessen Nachfrage der Lizenznehmer durch eine solche Berechnungsmethode gehindert würde. **228**

Die Kommission will in diesem Punkt offenbar großzügiger verfahren, verweist aber gleichzeitig auf Abschottungseffekte, die sie außerhalb des Anwendungsbereichs der GVO TT nicht hinnehmen will.[315] Ob und unter welchen Voraussetzungen in die Berechnung der Lizenzgebühr auch Erzeugnisse bzw. Teile davon einbezogen werden dürfen, die mit gemeinfreier fremder Technologie hergestellt worden sind, ist daher unsicher. Von einer generellen Freistellung dieser Berechnungsweise unterhalb der einschlägigen Marktanteilsschwellen[316] ist nicht auszugehen. **229**

2. Vereinbarungen zwischen Nicht-Wettbewerbern. In Art. 4 Abs. 2 GVO TT sind die Wettbewerbsbeschränkungen aufgeführt, die bei der Lizenzvergabe zwischen Nicht-Wettbewerbern als Kernbeschränkungen angesehen werden. Danach gilt die Gruppenfreistellung nicht für Vereinbarungen, die unmittelbar oder mittelbar, für sich allein oder in Verbindung mit anderen Umständen, die der Kontrolle der Vertragsparteien unterliegen, Folgendes bezwecken: **230**

i) Die Beschränkung der Möglichkeit einer Partei, den Preis, zu dem sie ihre Produkte an Dritte verkauft, selbst festzusetzen; dies gilt unbeschadet der Möglichkeit, Höchstverkaufspreise festzusetzen oder Preisempfehlungen auszusprechen, sofern sich diese nicht infolge der Ausübung von Druck oder der Gewährung von Anreizen durch eine der Vertragsparteien tatsächlich wie Fest- oder Mindestverkaufspreise auswirken **(Preisbindung beim Weiterverkauf),** Art. 4 Abs. 2 lit. a); **231**

ii) die Beschränkung des Gebiets oder des Kundenkreises, in das bzw. an den der Lizenznehmer Vertragsprodukte passiv verkaufen darf **(Gebiets- und Kundenbeschränkungen),** Art. 4 Abs. 2 lit. b); **232**

iii) die Beschränkung des aktiven oder passiven Verkaufs an Endverbraucher, soweit diese Beschränkungen Lizenznehmern auferlegt werden, die einem selektiven Vertriebssystem angehören und auf der Einzelhandelsstufe tätig sind; dies gilt unbeschadet der Möglichkeit, Mitgliedern des Systems zu verbieten, Geschäfte von nicht zugelassenen Niederlassungen aus zu betreiben **(Verkaufsbeschränkung im selektiven Vertriebssystem),** Art. 4 Abs. 2 lit. c). **233**

Auch im Verhältnis zwischen Nicht-Wettbewerbern ist das Verbot von Gebiets- und Kundenbeschränkungen (lit. b) mit zahlreichen ***Ausnahmen*** versehen. Erlaubt ist **234**

i) die Beschränkung des passiven Verkaufs in ein Exklusivgebiet oder an eine Exklusivkundengruppe, das bzw. die dem Lizenzgeber vorbehalten ist *(Beschränkung passiver Verkäufe);* **235**

ii) die dem Lizenznehmer auferlegte Verpflichtung, die Vertragsprodukte nur für den Eigenbedarf zu produzieren, sofern er keiner Beschränkung in Bezug auf den aktiven und passiven Verkauf der Vertragsprodukte als Ersatzteile für seine eigenen Produkte unterliegt *(Beschränkung auf Eigenbedarf);* **236**

iii) die Verpflichtung, die Vertragsprodukte nur für einen bestimmten Kunden zu produzieren, wenn die Lizenz erteilt worden ist, um diesem Kunden eine alternative Bezugsquelle zu verschaffen *(Second-Source-Beschränkung);* **237**

---

[314] EuGH U. v. 25.2.1986, Slg. 1986, 611 = GRUR Int. 1986, 635 ff.

[315] Leitlinien, Rdnr. 188.

[316] So *Bartenbach/Söder,* Mitt. 2007, 353, 357, 358.

238 iv) die Beschränkung des Verkaufs an Endverbraucher durch Lizenznehmer, die auf der Großhandelsstufe tätig sind *(Beschränkung des Verkaufs an Endverbraucher);*

239 v) die Beschränkung des Verkaufs an nicht zugelassene Händler, die Mitgliedern eines selektiven Vertriebssystems auferlegt wird *(Verkauf an nicht zugelassene Händler);*

240 Danach sind folgende Klauseln „schwarz gelistet":

241 *a) Preisbindungen beim Weiterverkauf (Art. 4 Abs. 2 lit. a)).* Auch zwischen Nicht-Wettbewerbern stellt die Beschränkung der Möglichkeit einer Partei, den Preis festzusetzen, zu dem sie ihre Erzeugnisse an Dritte veräußert, eine Kernbeschränkung dar. Anders als bei Vereinbarungen zwischen Wettbewerbern steht es den Parteien aber frei, Höchstverkaufspreise[317] festzusetzen oder Preisempfehlungen auszusprechen, sofern sich diese nicht in Folge der Ausübung von Druck oder der Gewährung von besonderen Anreizen tatsächlich wie Fest- oder Mindestverkaufspreise auswirken.[318]

242 Wichtig ist, dass das Preisfestsetzungsverbot nicht nur für Produkte gilt, die mit der lizenzierten Technologie hergestellt werden, sondern für jedwede Produkte, also auch für sonstige Erzeugnisse des Lizenzgebers oder Lizenznehmers, die diese an Dritte verkaufen.[319]

243 Die Festsetzung von Preisen kann unmittelbar erfolgen, aber auch mittelbar, beispielsweise durch die Festlegung von Preisspannen, die Kopplung von Abgabepreisen an die Verkaufspreise von Wettbewerbern oder durch Drohungen, Warnungen oder Sanktionen, die auch in Vertragskündigungen liegen können, wenn diese mit der Einhaltung des vorgegebenen Preises unmittelbar in Verbindung stehen, d. h. insbesondere vorher unter Hinweis auf „falsche" Preise angedroht worden sind. In demselben Kontext können auch **Preisüberwachungssysteme** in Verbindung mit Berichtspflichten das Preisbindungsverbot verletzen, wenn damit Druck auf den Lizenznehmer ausgeübt wird, um seine Preisgestaltungsfreiheit zu beschränken. Die Übergabe einer Liste mit Preisempfehlungen reicht dagegen für sich allein nicht aus, um eine verbotene Druckausübung anzunehmen.[320]

244 Bei **Meistbegünstigungsklauseln** ist zu unterscheiden:

245 Verpflichtet sich der Lizenzgeber gegenüber dem Lizenznehmer, weiteren Lizenznehmern keine günstigeren Lizenzgebühren als dem (Erst)Lizenznehmer einzuräumen bzw. diesem die im Vergleich jeweils günstigsten von ihm vereinbarten Lizenzgebühren zu gewähren, liegt in der Regel schon keine Wettbewerbsbeschränkung im Sinne von Art. 101 Abs. 1 AEUV vor.[321] Werden Meistbegünstigungsklauseln dagegen dem Lizenznehmer auferlegt, und bezieht sich die Verpflichtung des Lizenznehmers auf die Verkaufspreise für die Vertragsprodukte oder auf die Festsetzung von Unterlizenzgebühren, handelt es sich um Preisbindungsklauseln, die den Lizenznehmer in seiner Preisgestaltungsfreiheit beschränken, also um eine Kernbeschränkung im Sinne von Art. 4 Abs. 2 lit. a) GVO TT.[322]

246 *b) Verkaufsbeschränkungen (Art. 4 Abs. 2 lit. b)).* Nach Auffassung der Kommission sind Verkaufsbeschränkungen auch dann wettbewerbsbeschränkend im Sinne von Art. 101 Abs. 1 AEUV, wenn Lizenzgeber und Lizenznehmer keine Wettbewerber sind. Verkaufsbeschränkungen zwischen Nicht-Wettbewerbern sind deshalb nur bis zur Marktanteilsgrenze von 30% freigestellt. Oberhalb dieser Schwelle sind Verkaufsbeschränkungen unter den

[317] Ob die Festsetzung von Höchstpreisen überhaupt eine freistellungsbedürftige Wettbewerbsbeschränkung darstellt, ist umstritten; sie kann insbesondere dann wie eine Preisfestsetzung wirken, wenn der Höchstpreis so niedrig festgelegt ist, dass eine Unterschreitung praktisch nicht in Betracht kommt, so dass der Höchstpreis wie ein Mindestpreis wirkt, siehe nur *Schultze/Pautke/Wagener,* GVO TT-Komm., Rdnr. 707 mwN; kritisch dazu *MüKo-Röhling,* Art. 4 GVO Nr. 772/2004, Rdnr. 27 f.

[318] Erläuterungen dazu gibt die Kommission in den Leitlinien, Rdnr. 118.

[319] *Schultze/Pautke/Wagener,* GVO TT-Komm., Rdnr. 698.

[320] Leitlinien, Rdnr. 118.

[321] Richtig *Schultze/Pautke/Wagener,* GVO TT-Komm., Rdnr. 734f, 741 so auch *Langen/Bunte-Jestaedt,* Kartellrecht Kommentar, nach Art. 101 AEUV, Rdnr. 1336. S. dazu auch Art. 2 Abs. 1 Nr. 11 der ersten Patentlizenz-GVO Nr. 2349/84.

[322] *Schultze/Pautke/Wagener,* GVO TT-Komm., Rdnr. 736, 740; ausführlich zur Rechtslage nach der 7. GWB-Novelle *Michael Meyer,* WRP 2004, 1456; ferner *Pischel,* EuZW 2005, 459.

Voraussetzungen von Art. 101 Abs. 3 AEUV (einzel)freigestellt, wenn sie im konkreten Fall für die Verbreitung wertvoller Technologien unerlässlich sind.[323] Insoweit trägt die Kommission dem Umstand Rechnung, dass sich Technologieinhaber, insbesondere wenn sie eine schwache Marktstellung innehaben, ohne die Beschränkung nicht dem Risiko aktiven Wettbewerbs in ihrem Haupttätigkeitsfeld durch eine Lizenzvergabe aussetzen würden.[324]

In anderen Fällen können für den Lizenznehmer geltende Verkaufsbeschränkungen unter Art. 101 Abs. 1 AEUV fallen, wenn, so die Kommission, der Lizenzgeber allein oder im Zusammenwirken mit weiteren Lizenznehmern über beträchtliche Marktmacht verfügt.[325] 247

Sofern sie überhaupt unter Art. 101 Abs. 1 AEUV fallen, dürften Verkaufsbeschränkungen für den *Lizenzgeber* regelmäßig die Freistellungsvoraussetzungen nach Art. 101 Abs. 3 AEUV erfüllen. Damit erkennt die Kommission an, dass insbesondere Beschränkungen des aktiven Verkaufs unerlässlich sind, um einen Lizenznehmer zu veranlassen, in Herstellung und Vertrieb der die lizenzierte Technologie enthaltenden Produkte zu investieren.[326] 248

Im Verhältnis zwischen Lizenznehmern sind Vereinbarungen zwischen Nicht-Wettbewerbern freigestellt, die den aktiven Verkauf in fremde Gebiete oder an fremde Kundengruppen beschränken. Oberhalb der Marktanteilsschwelle von 30% sieht die Kommission eine Wettbewerbsbeschränkung im Sinne von Art. 101 Abs. 1 AEUV , „wenn der einzelne Lizenznehmer erhebliche Marktmacht besitzt".[327] Die betreffenden Beschränkungen können aber nach Art. 101 Ans. 3 AEUV freigestellt sein, wenn sie erforderlich sind, um Trittbrettfahrer auszuschließen und den Lizenznehmer zu bewegen, in seinem Vertragsgebiet die für eine effiziente Nutzung der lizenzierten Technologie notwendigen Investitionen und entsprechende Verkaufsanstrengungen vorzunehmen.[328] 249

(1) Beschränkungen passiver Verkäufe (Art. 4 Abs. 2 lit. b) i)). Die Beschränkung des passiven Verkaufs stellt jedoch nach Art. 4 Abs. 2 lit. b) GVO TT eine Kernbeschränkung dar, gleich ob damit Gebietsbeschränkungen angesprochen sind oder Beschränkungen des Kundenkreises. 250

Dem Lizenznehmer auferlegte Beschränkungen des passiven Verkaufs können das Ergebnis direkter Verpflichtungen sein, wie die Verpflichtung, nicht an einen bestimmten Kunden oder nicht an Kunden in bestimmten Gebieten zu verkaufen, oder die Verpflichtung, Bestellungen dieser Kunden an andere Lizenznehmer weiterzuleiten. Sie können aber auch das Ergebnis indirekt wirkender Maßnahmen sein. Insbesondere finanzielle Anreize bzw. Einbußen können passive Verkäufe ebenso wirkungsvoll unterbinden wie die Einrichtung eines Überwachungssystems zur Überprüfung des tatsächlichen Bestimmungsortes der lizenzierten Erzeugnisse.[329] Rein quantitative Beschränkungen werden „als solche" hingegen zumeist nicht unter das Verbot fallen, es sei denn, sie dienen der Umsetzung einer zugrundeliegenden Marktaufteilungsvereinbarung.[330] 251

Vom Verbot passiver Verkaufsbeschränkungen macht Art. 4 Abs. 2 lit. b) Ziffer i) GVO TT jedoch eine für die Praxis wichtige Ausnahme: 252

Erlaubt ist die Beschränkung passiver Verkäufe in das Exklusivgebiet oder an eine Exklusivkundengruppe, das bzw. die dem Lizenzgeber vorbehalten ist (Ziffer i). 253

Zwar könnten solche Beschränkungen den Wettbewerb einschränken, allerdings unterstützten sie auch die Verbreitung und Integration der Technologie zugunsten des Lizenznehmers.[331] Auch insoweit wird also dem Umstand Rechnung getragen, dass wohl kaum ein Lizenzgeber bereit sein dürfte, seine Technologie zu lizenzieren, wenn er damit rech- 254

---

[323] Leitlinien, Rdnr. 201.
[324] Leitlinien, Rdnr. 201.
[325] Leitlinien, Rdnr. 201.
[326] Leitlinien, Rdnr. 202.
[327] Leitlinien, Rdnr. 203.
[328] Leitlinien, Rdnr. 203.
[329] Art. 4 Abs. 2b) GVO TT; Leitlinien, Rdnr. 119.
[330] Leitlinien, Rdnr. 119.
[331] Leitlinien, Rdnr. 121.

nen müsste, von seinem eigenen Lizenznehmer im eigenen Gebiet oder bei vorbehaltenen Kunden Konkurrenz zu erhalten.

255 Aufgegeben hat die Kommission die noch in der Vorgängerregelung unter Art. 4 Abs. 2 lit. b) Ziff. ii) a. F. enthaltene Freistellung von zeitlich befristeten Beschränkungen des passiven Verkaufs in ein Exklusivgebiet oder an eine Exklusivkundengruppe, das bzw. die vom Lizenzgeber einem anderen Lizenznehmer zugewiesen worden ist.

256 Allerdings, so stellt die Kommission in den Leitlinien klar, können derartige Vereinbarungen weiterhin „für eine gewisse Zeit" von Art. 101 Abs. 1 AEUV ausgenommen sein, sofern die Beschränkung „objektiv notwendig" ist, damit der Lizenznehmer einen neuen Markt erschließen kann.[332] Trägt der Lizenznehmer erhebliche (finanzielle) Risiken um einen neuen Markt zu entwickeln oder zu erschließen, etwa durch Ausgaben für Werbung oder Investitionen in Anlagen, die er, sollte er wieder aus dem Tätigkeitsbereich ausscheiden, nicht für andere Tätigkeiten nutzen oder ohne bedeutende Verluste verkaufen kann (sog. *„sunk costs"*), fallen die Beschränkungen des passiven Verkaufs so lange nicht unter Art. 101 Abs. 1 AEUV, bis sich die Investitionen des Lizenznehmers amortisiert haben.[333] Dieser Zeitraum soll üblicherweise bis zu zwei Jahre (in Einzelfällen auch länger) betragen, gerechnet ab dem Zeitpunkt, zu dem das Vertragsprodukt von dem betreffenden Lizenznehmer im Exklusivgebiet zum ersten Mal in Verkehr gebracht bzw. an seine Exklusivkundengruppe verkauft wurde. Hintergrund dieser Ausnahme ist, dass ohne einen befristeten Schutz vor passiven Verkäufen anderer Lizenznehmer, eine Lizenzvereinbarung in vielen Fällen von Lizenznehmern nicht geschlossen werden würde.[334] Warum dieser zweifelsfrei zutreffenden Erkenntnis nicht (mehr) im Wege der Gruppenfreistellung Rechnung getragen und der Anwender stattdessen auf Art. 101 AEUV verwiesen wird, ist nicht nachvollziehbar.

257 Ein Verbot für alle Lizenznehmer, bestimmte *Endverbraucher* zu beliefern, ist dann nicht als Wettbewerbsbeschränkung anzusehen, wenn die Beschränkung aufgrund der Gefährlichkeit des Produktes aus Sicherheits- oder Gesundheitsgründen objektiv notwendig ist.[335]

258 In den Leitlinien stellt die Kommission ferner klar, dass das Verbot in Art. 4 Abs. 2 lit. b) GVO TT nicht für Verkaufsbeschränkungen gilt, die *dem Lizenzgeber* auferlegt werden. Gleiches gilt für Beschränkungen des aktiven Verkaufs von *Lizenznehmern* in Gebiete oder an Kundengruppen, die anderen Lizenznehmern zugewiesen sind, wobei es nicht darauf ankommt, ob dem geschützten Lizenznehmer das betreffende Gebiet oder die Kundengruppe ausschließlich überlassen worden ist.[336]

259 Schließlich gilt die Freistellung auch für Beschränkungen des aktiven Verkaufs, wenn ein Gebiet oder eine Kundengruppe mehr als einem Lizenznehmer zugewiesen wurde. Effizienzsteigernde Investitionen sowie die Verbesserung des Qualitätswettbewerbs sind nach Auffassung der Kommission nämlich auch dann zu erwarten, wenn der Lizenznehmer zwar nicht der einzige Lizenznehmer ist, aber wenigstens sicher sein kann, dass er Wettbewerb nur von einer begrenzten Anzahl von (weiteren) Lizenznehmern innerhalb des Gebiets zu erwarten hat, was seine Investition einem erheblich geringeren Kalkulationsrisiko aussetzt.[337]

260 In Technologietransfer-Vereinbarungen zwischen Nicht-Wettbewerbern sind danach nur noch bestimmte *passive Verkaufsbeschränkungen* des Lizenznehmers unter den Voraussetzungen des Art. 4 Abs. 2 lit. b) GVO TT als Kernbeschränkungen gelistet. Dagegen sind sämtliche gebiets- oder kundenbezogene Beschränkungen *aktiver Verkäufe* des Lizenznehmers sowie Beschränkungen aktiver und passiver Verkäufe des Lizenzgebers bis zur Marktanteilsschwelle von 30 % freigestellt.[338]

---

[332] Leitlinien, Rdnr. 126.
[333] Leitlinien, Rdnr. 126.
[334] Leitlinien, Rdnr. 126.
[335] Leitlinien, Rdnr, 127.
[336] Leitlinien, Rdnr. 120.
[337] Leitlinien, Rdnr. 120.
[338] *Schultze/Pautke/Wagener,* GVO TT-Komm., Rdnr. 747.

Im Bereich der GVO TT sind Beschränkungen aktiver und passiver Verkäufe damit sehr viel weitergehender zulässig als in anderen Gruppenfreistellungsverordnungen, insbesondere der Vertikal-GVO, was erhebliche Freiräume und Gestaltungsmöglichkeiten besonders für Technologietransfer-Vereinbarungen zwischen Nicht-Wettbewerbern eröffnet.[339] **261**

An den vorstehend dargestellten Bedenken[340] gegen die Annahme einer Wettbewerbsbeschränkung und das damit einhergehende Erfordernis der Gruppen- bzw. Einzelfreistellung von Beschränkungen aktiver und passiver Verkäufe in nicht wechselseitigen Vereinbarungen ändert dies nichts. Richtig ist allerdings, dass das Ausloten oder sogar Überschreiten der von der Kommission aufgezeigten Freistellungsgrenzen gerade in Bezug auf Beschränkungen passiver Verkäufe mit erheblichen Risiken behaftet sein dürfte.[341] **262**

Darüber hinaus sind folgende weitere Verkaufsbeschränkungen freigestellt: **263**

(2) Beschränkung auf Eigenbedarf (Art. 4 Abs. 2 lit. b) ii)). Freigestellt ist die dem Lizenznehmer auferlegte Verpflichtung, die Vertragsprodukte nur für den Eigenbedarf zu produzieren (Art. 4 Abs. 2 lit. b) Ziffer ii)). **264**

Die Verpflichtung des Lizenznehmers zur Produktion nur für den Eigenbedarf sieht die Kommission insbesondere dann als gerechtfertigt an, wenn der Lizenzgeber in Bezug auf die lizenzierten Erzeugnisse Zulieferer ist. In der Tat trifft die Annahme zu, dass in dem Fall ohne die Beschränkung auf den Eigenbedarf wohl gar keine Lizenz vergeben würde, weil sich der Lizenzgeber andernfalls einen Konkurrenten auf dem Zuliefermarkt schaffen würde, was im Regelfall nicht seinem Interesse entsprechen wird. Insofern liegt also schon keine Wettbewerbsbeschränkung vor, oder es sind die Freistellungskriterien des Art. 101 Abs. 3 AEUV erfüllt.[342] **265**

Voraussetzung dafür ist allerdings, dass der Lizenznehmer nicht daran gehindert wird, die Vertragsprodukte als **Ersatzteile** für seine eigenen Erzeugnisse zu verkaufen. Dem Lizenznehmer muss es gestattet sein, die Nachfrage nach Ersatzteilen für seine eigenen Erzeugnisse zu befriedigen, insbesondere sich auch unabhängiger Dienstleister zu bedienen, um die Erzeugnisse des Lizenznehmers zu warten und zu reparieren.[343] **266**

Ist der Lizenzgeber dagegen kein Anbieter auf dem **Zuliefermarkt,** soll die Beschränkung des Lizenznehmers auf den Eigenbedarf nicht möglich sein. Stattdessen wird der Lizenzgeber auf die weniger einschränkende Auflage für den Lizenznehmer verwiesen, nicht an bestimmte Kundengruppen zu verkaufen, die dem Lizenzgeber vorbehalten sind. Die Beschränkung auf den Eigenbedarf sei in solchen Fällen „normalerweise nicht erforderlich“.[344] **267**

(3) Second-Source-Beschränkung (Art. 4 Abs. 2 lit. b) iii)). Hier ist die Verpflichtung freigestellt, die Vertragsprodukte nur für einen bestimmten Kunden zu produzieren, wenn die Lizenz erteilt worden ist, um diesem Kunden eine alternative Bezugsquelle („Second Source“) zu verschaffen (Art. 4 Abs. 2 lit. b) Ziffer iii)). **268**

Die Kommission stellt zu Recht fest, dass es unwahrscheinlich ist, dass eine solche Vereinbarung zwischen Nicht-Wettbewerbern von Art. 101 Abs. 1 AEUV überhaupt erfasst wird.[345] **269**

Beschränkung des Verkaufs an Endverbraucher (Art. 4 Abs. 2 lit. b) iv))

Die Beschränkung des Verkaufs an Endverbraucher durch Lizenznehmer, die auf der Großhandelsstufe tätig sind, ist ebenfalls freigestellt (Art. 4 Abs. 2 lit. b) Ziffer iv)). **270**

Diese Regelung erlaubt Beschränkungen des (aktiven und passiven) Verkaufs der mit der lizenzierten Technologie hergestellten Erzeugnisse an Endverbraucher durch Lizenznehmer, die auf der Großhandelsstufe tätig sind. Tatsächlich liegt insoweit gar keine Wettbe- **271**

---

339 *Schultze/Pautke/Wagener,* GVO TT-Komm., Rdnr. 750 f. und 757.

340 Siehe oben Rdnr. 177 ff. und 203 ff.

341 *Schultze/Pautke/Wagener,* GVO TT-Komm., Rdnr. 749.

342 Leitlinien, Rdnr. 219.

343 Leitlinien, Rdnr. 219.

344 Leitlinien, Rdnr. 220. Zur Parallelvorschrift in Art. 4 lit. b), vierter Spiegelstrich Vertikal-GVO siehe *Loewenheim/Meessen/Riesenkampff-Baron,* Kartellrecht, GVO-Vertikal, Rdnr. 206.

345 Leitlinien, Rdnr. 123.

werbsbeschränkung im Sinne von Art. 101 Abs. 1 AEUV vor.[346] Immer dann, wenn die Funktionen mehrstufiger Vertriebssysteme klar voneinander getrennt sind,[347] kann nicht derjenige, der sich als Großhändler geriert und vom Hersteller insbesondere bei der Preis- und Konditionengestaltung als solcher behandelt wird, hinterher als Einzelhändler auftreten und an Endverbraucher verkaufen. Wer Einkaufsvorteile deshalb erhält, weil er behauptet, auf der Großhandelsstufe tätig zu sein, verschafft sich im Wettbewerb um Endkunden einen ungerechtfertigten Wettbewerbsvorsprung gegenüber „regulären" Einzelhändlern, was von Art. 101 Abs. 1 AEUV nicht geschützt ist.[348] Dabei kommt es nicht darauf an, wie der betreffende Händler bezeichnet ist. Auch dem Generalimporteur, der über Großhändler vertreibt, kann es untersagt werden, Einzelhändler oder Endverbraucher zu beliefern. Abzustellen ist allein auf die tatsächliche Funktion innerhalb des mehrstufigen Vertriebssystems.[349] Gleiches gilt für den Begriff des Endverbrauchers, der auch sog. „institutionelle" Endverbraucher bzw. Abnehmer umfasst, beispielsweise Schulen, Krankenhäuser und andere Einrichtungen, die die Vertragsprodukte „verbrauchen", d.h. weder weiterverkaufen noch weiterverarbeiten.[350]

272 *(4) Verkauf an nicht zugelassene Händler (Art. 4 Abs. 2 lit. b) v)).* Freigestellt ist auch die Beschränkung des Verkaufs an nicht zugelassene Händler, die Mitgliedern eines selektiven Vertriebssystems auferlegt wird (Art. 4 Abs. 2 lit. b) v)).

273 Diese Ausnahme betrifft die Abgabe von Vertragsprodukten im **selektiven Vertriebssystem.** Nach der Definition in Art. 1 Abs. 1 lit. o) GVO TT ist der selektive Vertrieb dadurch gekennzeichnet, dass sich der Lizenzgeber verpflichtet, Lizenzen für die Herstellung der Vertragserzeugnisse unmittelbar oder mittelbar nur Lizenznehmern zu erteilen, die anhand festgelegter Kriterien ausgewählt werden, und bei denen sich diese Lizenznehmer verpflichten, die Vertragsprodukte nicht an Händler zu verkaufen, die nicht zum Vertrieb zugelassen sind. Die Ausnahmeregelung in Art. 4 Abs. 2 lit. b) Ziffer v) ist dem selektiven Vertriebssystem also wesenseigen, sie stellt lediglich klar, dass der selektive Vertrieb der Vertragserzeugnisse einer Technologietransfer-Vereinbarung zwischen Nicht-Wettbewerbern der Gruppenfreistellung unterfällt und die diesbezügliche Beschränkung des Kundenkreises (begriffs)notwendig freigestellt ist. Auch in diesem Zusammenhang gilt dies für Wettbewerber nicht.[351] Insoweit ist der selektive Vertrieb nicht freigestellt, sondern stellt grundsätzlich eine unzulässige Kundenaufteilung dar.[352]

274 *c) Verkaufsbeschränkungen im selektiven Vertriebssystem (Art. 4 Abs. 2 lit. c)).* Wiederum eine Kernbeschränkung ist indessen die dem Lizenznehmer auferlegte Beschränkung, aktiv oder passiv an Endverbraucher zu verkaufen, sofern diese Beschränkung solchen Lizenznehmern auferlegt wird, die einem selektiven Vertriebssystem angehören und auf der Einzelhandelsstufe tätig sind, und zwar unbeschadet der Möglichkeit, Mitgliedern des selektiven Vertriebssystems zu verbieten, Geschäfte von nicht zugelassenen Niederlassungen aus zu betreiben. Die Vorschrift entspricht der Regelung in Art. 4 lit. c) Vertikal-GVO, weshalb auf die dortige Kommentierung verwiesen werden kann.

275 **3. Änderungen im Wettbewerbsverhältnis (Art. 4 Abs. 3).** Werden die Vertragsparteien, die zum Zeitpunkt des Abschlusses der Vereinbarung nicht im Wettbewerb zueinander standen, zu einem späteren Zeitpunkt Wettbewerber, gelten nach Art. 4 Abs. 3 GVO TT die weniger strengen Kernbeschränkungen für Nicht-Wettbewerber gleichwohl fort, es sei denn,

---

[346] EuGH U. v. 25.10.1977, Slg. 1986, 3074 = GRUR Int. 1978, 254, 257f. – *SABA II;* Leitlinien, Rdnr. 104; *Schultze/Pautke/Wagener,* GVO TT-Komm., Rdnr. 781; *MüKo-Röhling,* Art. 4 GVO Nr. 772/2004, Rdnr. 35.

[347] Gegen diese Voraussetzung *Schultze/Pautke/Wagener,* GVO TT-Komm., Rdnr. 782.

[348] *Schultze/Pautke/Wagener,* GVO TT-Komm., Rdnr. 781.

[349] Anders wohl *Schultze/Pautke/Wagener,* GVO TT-Komm., Rdnr. 782f.

[350] *Schultze/Pautke/Wagener,* GVO TT-Komm., Rdnr. 784.

[351] *Immenga/Mestmäcker-Fuchs,* Wettbewerbsrecht, EU/Teil 1, Art. 4 TT-VO, Rdnr. 90.

[352] Siehe nur *Schultze/Pautke/Wagener,* GVO TT-Komm., Rdnr. 788.

die Vereinbarung wird danach „wesentlich geändert".[353] Dies gilt für die gesamte Laufzeit der Technologietransfer-Vereinbarung, also auch dann, wenn sich die Laufzeit der Vereinbarung ohne Kündigung nach Maßgabe einer entsprechenden Laufzeitklausel automatisch oder auch nur optional verlängert.[354] Art. 4 Abs. 3 zielt nicht auf das Aufkommen potentiellen Wettbewerbs, was sich aus dem Wortlaut („sondern treten sie erst später miteinander in Wettbewerb") ergibt, mit dem ersichtlich auf den tatsächlichen Markteintritt abgestellt werden soll.

Eine *wesentliche Änderung* liegt nach Art. 4 Abs. 3 GVO TT unter anderem dann vor, **276** wenn die Parteien eine neue Technologietransfer-Vereinbarung über konkurrierende Technologien abschließen, die für die Produktion von mit den Vertragsprodukten konkurrierenden Produkten verwendet werden können.[355]

Indessen begünstigt die Vorschrift die Parteien nur in Bezug auf die für Nicht-Wettbe- **277** werber großzügigeren Kernbeschränkungen. Dagegen gilt sie nicht für die Marktanteilsschwellen. Das bedeutet, dass ab dem Zeitpunkt, in dem die Vertragsparteien, die bei Vertragsschluss noch Nicht-Wettbewerber waren, zu Wettbewerbern werden, die Marktanteilsschwelle von 20% gilt.[356] Diesen in der Tat drastischen Einschnitt[357] mildert allerdings Art. 8 lit. e) GVO TT, wonach die Freistellung im Anschluss an das Jahr, in dem die anwendbare Schwelle erstmalig überschritten wird, noch für zwei weitere Jahre fort gilt.[358]

V. Nicht freigestellte Beschränkungen

Gleichsam **„graue Klauseln"** stellen die in Art. 5 Abs. 1 und 2 GVO TT gelisteten **278** Beschränkungen dar, die, wie erläutert, von der Kommission als weniger wettbewerbsgefährdend eingeschätzt werden. Die Klauseln sind nicht „gruppenfreigestellt", sondern unterliegen der Einzelfallprüfung gemäß Art. 101 AEUV, die durch die Vertragsparteien im Wege der Selbsteinschätzung vorzunehmen ist. Verstoßen die betreffenden Klauseln gegen Art. 101 Abs. 1 AEUV, wovon im Regelfall auszugehen sein wird, und erfüllen sie die Voraussetzungen des Art. 101 Abs. 3 AEUV nicht, sind sie verboten und zivilrechtlich unwirksam. Anders als Kernbeschränkungen „infizieren" diese nicht freigestellten Beschränkungen jedoch nicht die *gesamte* Technologietransfer-Vereinbarung. Die Aufnahme einer grauen Klausel führt stattdessen nur zum „Wegfall" dieser *konkreten* Klausel, während die Gruppenfreistellung in Bezug auf die restliche Vereinbarung unberührt bleibt.[359]

Die Leitlinien der Kommission enthalten für die Selbsteinschätzung zwar einige Prü- **279** fungshilfen, bleiben am Ende aber vage.[360] Das Risiko, dass nicht freigestellte Beschränkungen wettbewerbswidrig und nicht durchsetzbar sind, ist mit anderen Worten groß.[361] Parteien, die dieses Risiko scheuen, sollten deshalb von der Vereinbarung grauer Klauseln Abstand nehmen,[362] jedenfalls aber regeln, was im Fall der Unwirksamkeit der betreffenden Abreden stattdessen gelten soll.

---

[353] Siehe schon oben Rdnr. 125. Umgekehrt gelten ab sofort die Klauselverbote nach Art. 4 Abs. 2 GVO TT, wenn Wettbewerber zu Nicht-Wettbewerbern werden, *Schulze/Pautke/Wagener,* GVO TT-Komm., Rdnr. 819 ff. Zu zivilrechtlichen Folgen siehe *Bechtold/Bosch/Brinker,* EU-Kartellrecht (Komm.), VO 316/2014, Art. 4, Rdnr. 6.

[354] Richtig *Schultze/Pautke/Wagener,* GVO TT-Komm., Rdnr. 810 f.

[355] Siehe auch Leitlinien, Rdnr. 39.

[356] *Schultze/Pautke/Wagener,* GVO TT-Komm., Rdnr. 816. Auch insoweit ist potentieller Wettbewerb aber nicht zu berücksichtigen, siehe oben.

[357] *Schultze/Pautke/Wagener,* GVO TT-Komm., Rdnr. 817; *MüKo-Röhling,* Art. 4 GVO Nr. 772/2004, Rdnr. 41 hält die Vorschrift für missglückt, eigentlich sei für die Dauer der Vereinbarung eine Anwendung der Regeln für Nicht-Wettbewerber gewollt gewesen. Ob die unter Hinweis darauf vorgeschlagene analoge Anwendung des Abs. 3 auf Art. 3 tragfähig ist, erscheint indessen eher zweifelhaft.

[358] Einzelheiten bei *Schultze/Pautke/Wagener,* GVO TT-Komm., Rdnr. 817f; ferner vorstehend Rdnr. 71.

[359] Leitlinien, Rdnr. 128; *Hufnagel,* Mitt. 2004, 297, 302.

[360] *Schultze/Pautke/Wagener,* GVO TT-Komm., Rdnr. 823.

[361] So auch *Korah,* Intellectual Property Rights, 69.

[362] *Schultze/Pautke/Wagener,* GVO TT-Komm., Rdnr. 824.

280 **1. Rücklizenz- und Übertragungspflichten (Art. 5 Abs. 1 lit. a)).** Nach Art. 5 Abs. 1 lit. a) GVO TT ist die Verpflichtung des Lizenznehmers zur ausschließlichen Rücklizenz von **Verbesserungserfindungen** von der Gruppenfreistellung ausgenommen. Demgemäß gilt die Freistellung nach Art. 2 GVO TT nicht für die Verpflichtung des Lizenznehmers, dem Lizenzgeber oder einem von diesem benannten Dritten eine ausschließliche Lizenz für seine eigenen Verbesserungen der lizenzierten Technologie oder für eigene neue Anwendungen dieser Technologie zu erteilen.[363] Eine ausschließliche Rücklizenz hindert den Lizenznehmer daran, die Verbesserung (in seiner eigenen Produktion oder durch Lizenzvergabe an Dritte) zu verwerten.[364] Erst recht ist die weitergehende Verpflichtung des Lizenznehmers, dem Lizenzgeber Verbesserungen der lizenzierten Technologie zu übertragen, von der Freistellung ausgenommen.[365]

281 Das noch in der Vorgängerreglung enthaltene Erfordernis der „Abtrennbarkeit" der Verbesserung wurde von der Kommission aufgegeben. Nunmehr wird somit nicht mehr zwischen abtrennbaren und nicht abtrennbaren Verbesserungen unterschieden.

282 Hintergrund dieser Regelungen ist die Überlegung der Kommission, dass sowohl die exklusive Rücklizenz und mehr noch die Übertragungspflicht dem Lizenznehmer jeden Anreiz nimmt, sich um Verbesserungen der lizenzierten Technologie zu bemühen, da er aufgrund der Beschränkungen gehindert ist, eigene Ergebnisse selbst oder im Wege der Lizenzvergabe an Dritte zu verwerten.[366] An dieser Einschätzung ändert sich nichts (allein) dadurch, dass der Lizenzgeber verpflichtet ist, für die Rücklizenz zu bezahlen. Nach Auffassung der Kommission ist es aber „weniger wahrscheinlich", dass Rücklizenz- und Übertragungspflichten Innovationsanreize verhindern, wenn diese (angemessen) vergütet werden.[367]

283 Vom Kartellverbot freigestellt ist dagegen die *nicht* ausschließliche Rücklizenz-Verpflichtung, also auch die alleinige Rücklizenz im Sinne der „sole license", da diese den Wettbewerb des Lizenznehmers ausdrücklich zulässt. Die Freistellung gilt auch dann, wenn die Verpflichtung nicht gegenseitig ist, also nur den Lizenznehmer trifft. Es ist Sache des Lizenzgebers, darüber zu entscheiden, ob und in welchem Umfang er seine eigenen Verbesserungen seinen Lizenznehmern überlassen will.[368]

284 Auch **„Feed-on"-Klauseln** fallen unter die Gruppenfreistellung. Damit wird der Lizenznehmer zur Rücklizenzierung seiner Verbesserungen an den Lizenzgeber mit der Maßgabe verpflichtet, die Verbesserungen an alle anderen Lizenznehmer weiterzugeben, womit die Verbreitung der Technologie gefördert wird, da der Lizenznehmer zum Zeitpunkt des Vertragsschlusses weiß, dass er dem anderen Lizenznehmern hinsichtlich der Technologie, auf deren Grundlage er produziert, gleichgestellt sein wird.[369]

285 Bei der Beurteilung, ob ausschließliche Rücklizenzen bzw. Übertragungspflichten im Einzelfall nach Art. 101 Abs. 3 AEUV freigestellt sein können, ist (neben der Entgeltlichkeit) insbesondere zu berücksichtigen, welche Marktstellung der Lizenzgeber auf dem betreffenden Markt einnimmt. Je stärker die Marktstellung, desto wichtiger ist der Lizenznehmer als potentielle Quelle für nachstoßenden (Innovations)Wettbewerb und umso mehr wirken ausschließliche Rücklizenz-Verpflichtungen wettbewerbsbeschränkend.[370]

286 Beim **Cross-Licensing** zwischen Wettbewerbern, bei denen die nicht ausschließliche Rücklizenz-Verpflichtung für beide Parteien mit der Auflage verknüpft ist, Verbesserungen ihrer Technologie mit der jeweils anderen Partei zu teilen, ist die Gefahr für den Wettbewerb

---

[363] Leitlinien, Rdnr. 129f; *MüKo-Röhling,* Art. 5 GVO Nr. 772/2004, Rdnr. 2f.

[364] Leitlinien, Rdnr. 129.

[365] Leitlinien, Rdnr. 129.

[366] Leitlinien, Rdnr. 129; *MüKo-Röhling,* Art. 5 GVO Nr. 772/2004, Rdnr. 3; *Wündisch,* GRUR Int 2010, 641, 646.

[367] Leitlinien, Rdnr. 130; *Schultze/Pautke/Wagener,* GVO TT-Komm., Rdnr. 842 weisen darauf hin, dass eine solche Vergütung jedoch nicht nur symbolisch sein darf, sondern marktangemessen sein muss.

[368] Leitlinien, Rdnr. 131.

[369] Leitlinien, Rdnr. 131.

[370] Leitlinien, Rdnr. 130; s. dazu *MüKo-Röhling,* Art. 5 GVO Nr. 772/2004, Rdnr. 3.

sogar noch größer. Das Teilen aller Verbesserungen kann beide Wettbewerber daran hindern, sich gegenüber dem jeweils anderen einen Wettbewerbsvorsprung zu erarbeiten.[371] Dies gilt gleichermaßen im Fall paralleler Netze von Lizenzvereinbarungen, die solche Rücklizenz- oder Übertragungspflichten enthalten.[372] Demgegenüber ist nicht zu erwarten, dass die Parteien von einem Wettbewerbsvorsprung abgehalten werden, wenn die Lizenz darauf abzielt, ihnen die Entwicklung ihrer Technologie zu ermöglichen, und wenn sie die Parteien nicht dazu veranlasst, ihre Produkte auf derselben technischen Grundlage zu entwerfen.[373]

2. Nichtangriffsverpflichtung (Art. 5 Abs. 1 lit. b)). Um eine nicht freigestellte Beschränkung handelt es sich auch bei der Verpflichtung des Lizenznehmers, die Gültigkeit der lizenzierten gewerblichen Schutzrechte nicht anzugreifen. Nur im Fall der **Exklusivlizenz** bleibt die Nichtangriffsverpflichtung freigestellt. **287**

Noch in der Vorgängerregelung war die Zulässigkeit eines Kündigungsvorbehalts im Fall des Angriffs auf die Vertragsschutzrechte seitens des Lizenznehmers uneingeschränkt von der Freistellung erfasst. Inzwischen hat die Kommission jedoch erkannt, dass der Kündigungsvorbehalt dieselbe Wirkung wie eine Nichtangriffsverpflichtung hat, insbesondere dann, wenn die Abkehr von der lizenzierten Technologie des Lizenzgebers für den Lizenznehmer mit einem erheblichen Verlust verbunden wäre oder die Technologie ein unentbehrlicher Bestandteil der Produktion des Lizenznehmers ist.[374] Folgerichtig hat die Kommission jetzt auch die Ausnahmeregelung für Kündigungsvorbehalte gestrichen, womit der Angriff des Lizenznehmers auf das lizensierte Vertragsschutzrecht vom Lizenzgeber folgenlos hingenommen werden muss. **288**

Innerhalb der Marktanteilsschwellen freigestellt bleiben jedoch Kündigungsklauseln in *Exklusiv-Vereinbarungen*. Auch nach Auffassung der Kommission ist es jedenfalls dem exklusiven Lizenzgeber nicht zuzumuten, an der Vereinbarung, die auch ihn selbst von der Nutzung der lizenzierten Technologie ausschließt, festgehalten zu werden, während der Lizenznehmer ggf. keine Anstrengungen mehr unternimmt, das mit den lizenzierten Technologierechten hergestellte Produkt weiterzuentwickeln oder zu vermarkten, oder sogar jegliche Lizenzzahlungen einstellt.[375] **289**

Ferner sollen Nichtangriffsabreden in Bezug auf lizenziertes Know-how innerhalb der Marktanteilsgrenzen von 20% bzw. 30% zulässig sein.[376] Die Kommission begründet dies mit dem Hinweis, dass das einmal preisgegebene Know-how kaum jemals wieder rückholbar wäre. Ob diese unterschiedliche Behandlung wirklich gerechtfertigt ist, erscheint indessen zweifelhaft.[377] Dies gilt insbesondere für den (Regel)Fall, in dem gewerbliche Schutzrechte „im Paket" mit begleitendem Know how lizensiert werden, ohne das die Schutzrechte (allein) für den Lizenznehmer gar nicht nutzbar wären. Den Angriff auf das eine zuzulassen und auf das andere zu unterbinden, ist unter wettbewerblichen Gesichtspunkten kaum nachvollziehbar. **290**

Bezieht sich die Nichtangriffsabrede auf Schutzrechte, soll eine Einzelfreistellung in der Regel dann nicht in Betracht kommen, wenn damit „wertvolle" Technologie einem Angriff entzogen wird.[378] Dies erklärt sich vor dem Hintergrund der Rechtsprechung des **291**

---

[371] Leitlinien, Rdnr. 132.

[372] Leitlinien, Rdnr. 120; Einzelheiten dazu bei *Schultze/Pautke/Wagener,* GVO TT-Komm., Rdnr. 839 ff.

[373] Leitlinien, Rdnr. 132.

[374] Leitlinien, Rdnr. 136; ebenso *Conrad/Lejeune/Stögmüller/Brandi-Dohrn,* CR 2013, 412, 416.

[375] Leitlinien, Rdnr. 139.

[376] Leitlinien, Rdnr. 140.

[377] Ebenso *Schulze/Pautke/Wagener,* GVO TT-Komm., Rdnr. 851. Zustimmend *MüKo-Röhling,* Art. 5 GVO Nr. 772/2004, Rdnr. 5, der schon die Wettbewerbswidrigkeit der Nichtangriffsverpflichtung in Frage stellt; aA; *Seitz/Kock,* GRUR Int. 2012, 868, 879, die davon ausgehen, dass die Verpflichtung, das lizenzierte Know-How nicht anzufechten die Verbreitung neuer Technologien insbesondere deshalb fördere, weil schwächere Lizenzgeber auf diese Weise stärkeren Lizenznehmern eine Lizenz erteilen können, ohne befürchten zu müssen, dass ihr Know-How angefochten wird, sobald es sich der Lizenznehmer zu eigen gemacht hat.

[378] Leitlinien, Rdnr. 134.

EuGH, wonach eine Nichtangriffsabrede keine Wettbewerbsbeschränkung im Sinne von Art. 101 Abs. 1 AEUV darstellt, wenn die derart vor Angriffen geschützte Technologie kostenlos überlassen wurde oder wenn die Lizenz zwar kostenpflichtig erteilt worden ist, sich jedoch auf ein technisch überholtes Verfahren bezieht.[379] Mit Blick darauf, dass sich kaum abschätzen lässt, welche Technologie nicht als wertvoll angesehen werden kann (im Zweifel wird jede Technologie wertvoll sein, für die ein Lizenznehmer im Zeitpunkt des Vertragsschlusses bereit war, eine entgeltliche Lizenz zu erwerben), dürfte es jedoch ratsam sein, Nichtangriffsverpflichtungen in jedem Fall zu vermeiden.

292 Die den Lizenznehmer verpflichtende Bestimmung, das Eigentum des Lizenzgebers an der lizenzierten Technologie nicht anzufechten, stellt grundsätzlich keine Wettbewerbsbeschränkung dar.[380] Die Nutzung der Technologie durch den Lizenznehmer und andere Parteien ist an die Gewährung einer Lizenz gebunden, nicht an die Eigentumsstellung des Lizenzgebers an den Technologierechten. Der Wettbewerb wird durch eine derartige Bestimmung folglich in der Regel nicht berührt.[381]

293 *Exkurs: Anspruchsregelungs- und Anspruchsverzichtsvereinbarungen.* Auseinandersetzungen über die tatsächliche oder vermeintliche Verletzung von gewerblichen Schutzrechten führen häufig dazu, dass sich die Streitparteien vergleichen und im Zuge des Vergleichs zu einer Anspruchsregelungs- oder Verzichtsvereinbarung kommen.[382] Solche **„Abgrenzungsvereinbarungen"** dienen dazu, gerichtliche Streitigkeiten beizulegen oder zu vermeiden.[383] Werden dazu Lizenzen vergeben, ggf. auch im Wege des Cross-Licensing, wird damit nicht per se der Wettbewerb beschränkt, wenn es die Vereinbarung den Parteien erlaubt, ihre Technologien weiter zu nutzen.[384] Wäre der Lizenznehmer ohne die Lizenz wahrscheinlich vom Wettbewerb ausgeschlossen, fällt die Streitbeilegungsvereinbarung grundsätzlich nicht unter Art. 101 Abs. 1 AEUV, allerdings können einzelne Bedingungen der Streitbeilegungsvereinbarung von Art. 101 Abs. 1 erfasst sein. Dabei ist zu berücksichtigen, ob die Parteien tatsächliche oder potentielle Wettbewerber sind.[385] Sofern die betreffenden Technologien eine ein- oder zweiseitigen Sperrposition begründen, ist im Zweifel davon auszugehen, dass die Parteien keine Wettbewerber sind.[386]

294 Umfasst eine Streitbeilegungsvereinbarung auch zukünftige Entwicklungen und werden mit ihr Innovationsanreize beschränkt, fällt die Vereinbarung nach Ansicht der Kommission in der Regel unter Art. 101 Abs. 1 AEUV, insbesondere dann, wenn die Parteien über erhebliche Marktmacht verfügen und sie durch die Vereinbarung daran gehindert werden, einen Wettbewerbsvorsprung gegenüber der anderen Partei zu erlangen.[387]

295 Vergleichsvereinbarungen zwischen Wettbewerbern dürfen nicht zum Vorwand für Kartellabsprachen gemacht werden, mit denen ggf. Märkte aufgeteilt, Preise abgestimmt oder anderweitig Wettbewerb beschränkt wird.[388] Wird eine Lizenzgebühr für Handlungen versprochen, die nicht kraft Gesetzes dem Schutzrechtsinhaber vorbehalten sind, geht diese Handlungsbeschränkung über den Inhalt des Schutzrechts hinaus. Wird die Verpflichtung

---

[379] Für einseitige Lizenzverträge EuGH U. v. 27.9.1988, Slg. 1988, 5249 = GRUR Int. 1989, 56, 57 (Tz 21) – *Bayer/Süllhofer;* siehe auch BGH GRUR 2007, 963 – *Polymer-Lithium-Batterie;* dementsprechend wird man auch bei Cross-Lizenzverträgen von einer Zulässigkeit der Nichtangriffsabrede ausgehen dürfen, *Wündisch* GRUR Int. 2010641, 643.

[380] Siehe zur Anfechtung der Inhaberrechte an einem Markenzeichen Kommission E. v. 20.4.1990, ABl. L 100/32 – *Moosehead/Whitbread.*

[381] Leitlinien, Rdnr. 135.

[382] Allgemein zu Vergleichsvereinbarungen bei Patentstreitigkeiten siehe *Jansen/Johannsen,* EuZW 2012, 893 ff.

[383] Zur Beendigung markenrechtlicher Abgrenzungsvereinbarungen siehe *Elmenhorst/Schopp,* WRP 2012, 1356 ff.

[384] Leitlinien, Rdnr. 236; *Seitz/Kock,* GRUR Int 2012, 868, 879.

[385] Leitlinien, Rdnr. 237.

[386] Kritisch *Ullrich,* VPP-Rundbrief 2007, 51, 62.

[387] Leitlinien, Rdnr. 241; dazu auch *Besen/Slobodenjuk,* GRUR 2014, 740, 743.

[388] BGH GRUR 2011,641, 643 – *Jette Joop* mit Anm. *Fammler/Niebel.*

im Zuge eines Vergleichs übernommen, ist dies nur dann gerechtfertigt, wenn über den Bestand oder den Schutzumfang des betreffenden Schutzrechts begründete Zweifel bestehen.[389] Wettbewerbswidrig ist es, wenn die Parteien über erhebliche Marktmacht verfügen und die Vereinbarung Beschränkungen enthält, die „eindeutig" über das hinausgehen, was zur Auflösung der streitigen Sperrposition erforderlich ist.[390]

Bei der Prüfung, ob eine solche Sperrposition besteht, kommt es nicht allein auf objektive Faktoren an.[391] Vielmehr ist eine objektivierte Betrachtung anzustellen, bei der den Parteien einer Vergleichsvereinbarung ein eigenständiger Beurteilungsspielraum bleiben muss. 296

Danach sind Anspruchsregelungs- und Verzichtsvereinbarungen wettbewerbsrechtlich dann nicht zu beanstanden, wenn ernsthafte Gründe für die Annahme sprechen, dass der Schutzsrechtsinhaber das betreffende Schutzrecht in einem Verletzungsstreit mit Erfolg geltend machen und die Benutzungshandlung des Verletzers abstellen könnte. Wird daraufhin dem Schutzrecht im Wege des Vergleichs ein größerer Schutzumfang zugebilligt als ihm bei rein objektiver Beurteilung zukäme, ist dies so lange zulässig, wie sich der anerkannte Schutzumfang aus der Sicht eines verständigen Dritten innerhalb desjenigen Spielraums hält, über dessen Grenzen zwischen den Parteien ernsthaft und mit guten Gründen gestritten werden kann.[392] 297

Es muss sich also um einen „echten" Konflikt handeln, und die Konfliktlösung muss dem Konfliktumfang angemessen Rechnung tragen, d. h. sie darf nicht missbräuchlich darüber hinausgehen, ggf. in der Absicht, zu weitergehenden wettbewerbsbeschränkenden Absprachen zu kommen.[393] 298

Ist streitig, ob die Grenzen des Beurteilungsspielraums der Parteien eingehalten worden sind, kann der Nachweis durch Gerichtsentscheidungen erbracht werden, etwa durch Vorlage der erstinstanzlichen Entscheidung bei einem in der Berufungsinstanz erzielten Vergleich, aber auch unter Hinweis auf gerichtliche Anordnungen, Hinweisbeschlüsse, gerichtlich bestellte Gutachten, Parteigutachten und „andere überzeugende Belege", aus denen hervorgeht, dass die Parteien den Vergleich nicht missbräuchlich abseits des ihnen zustehenden Beurteilungsspielraums geschlossen haben.[394] 299

Nichtangriffsklauseln gehören zwar nach Art. 5 Abs. 1 lit. b) GVO TT zum Katalog der nicht freigestellten Klauseln. Nach Auffassung der Kommission gilt dies indessen nicht für Nichtangriffsklauseln in Anspruchsregelungs- und Verzichtsvereinbarungen, die schon nicht unter Art. 101 Abs. 1 AEUV fallen sollen. Es sei „gerade der Sinn" solcher Vereinbarungen, dass sich die Parteien darauf verständigen, die betreffenden Rechte des geistigen Eigentums „nicht im Nachhinein anzufechten" und damit aufgekommene Konflikte lösen bzw. künftige Konflikte vermeiden.[395] 300

Dieser großzügige Maßstab überrascht, denn nach der Rechtsprechung des EuGH ist bei der Anwendung des Art. 101 Abs. 1 AEUV nicht zwischen „normalen" Lizenzabreden und solchen Vereinbarungen zu unterscheiden, die zur Beendigung einer streitigen Ausei- 301

---

389 BGH GRUR 2005, 845, 847 – *Abgasreinigungsvorrichtung*.

390 Leitlinien, Rdnr. 240.

391 So aber die Kommission, wenn auch in anderem Zusammenhang, in Leitlinien, Rdnr. 29.

392 So die Stellungnahme der Bundesregierung Deutschland im *Toltecs/Dorcet*-Verfahren und ihr folgend der Generalanwalt, s. Schlussanträge in der Rechtssache 35/83, abgedruckt in GRUR Int. 1985, 399, 405 f. Überholt ist demgegenüber die Entscheidung BGH WuW/E BGH 988, 989f – *Metallrahmen,* wonach eine Nichtangriffsabrede auch dann zulässig sein sollte, wenn das in Rede stehende Schutzrecht mehr oder weniger „klar und zweifelsfrei" vernichtbar ist; zu den Grenzen von Vergleichsvereinbarungen über den Inhalt eines Schutzrechts hinaus siehe auch BGH, GRUR 2005, 845, 846 f. – *Abgasreinigungsvorrichtung*.

393 EuGH U. v. 30.1.1985, Slg. 1985, 363 = GRUR Int. 1985, 399, 402, 406 – *Toltecs/Dorcet II*.

394 Leitlinien (alt), Rdnr. 32; siehe auch *Schultze/Pautke/Wagener,* GVO TT-Komm., Rdnr. 197, 198 ff.

395 Leitlinie, Rdnr. 242.

nandersetzung geschlossen werden.[396] Insofern hat der EuGH lediglich entschieden, dass eine Wettbewerbs-beschränkung im Sinne von Art. 101 Abs. 1 AEUV dann nicht vorliegt, wenn mit dem Vertrag, der die Nichtangriffsabrede enthält, eine kostenlose Lizenz erteilt wird, so dass der Lizenznehmer keine mit der Gebührenzahlung zusammenhängenden Wettbewerbsnachteile zu tragen hat, oder wenn die Lizenz zwar kostenpflichtig ist, sich aber auf eine überholte Technologie bezieht, von der das Unternehmen, das die Verpflichtung, das Patent nicht anzugreifen, eingegangen ist, keinen Gebrauch gemacht hat.[397] Die Kommentierung der Kommission in den Leitlinien geht zu Recht darüber hinaus.

302 Gleichwohl können auch nach Ansicht der Kommission Nichtangriffsvereinbarungen den Wettbewerb im Sinne des Art. 101 AEUV beschränken. Dies ist etwa dann der Fall, wenn ein Recht des geistigen Eigentums auf der Grundlage unrichtiger oder irreführender Auskünfte gewährt wurde.[398] Kritisch sind Nichtangriffsklauseln außerdem, wenn der Lizenzgeber dem Lizenznehmer einen finanziellen Anreiz für sein Einverständnis, die Gültigkeit der Technologierechte nicht anzufechten, bietet oder wenn die Technologierechte ein notwendiger Input für die Produktion des Lizenznehmers sind.[399]

303 Wettbewerbsbeschränkend können auch vergütete Beschränkungen in Streitbeilegungsverfahren wirken, bei denen neben der Gewährung eines Nutzungsrechts ein Vermögenstransfer vom Lizenzgeber an den Lizenznehmer vollzogen wird, um eine Verzögerung oder sonstige Beschränkung der Möglichkeiten des Lizenznehmers, das Produkt auf dem betroffenen Markt einzuführen, zu bewirken.[400] Insbesondere sind sog. **„pay for delay"**-Vereinbarungen wettbewerbsbeschränkend, wenn sie z. B. darauf abzielen, einen Generikahersteller zugunsten des Originalpräparateherstellers zu veranlassen, auf eine sofortige Markteinführung des betreffenden Generikums gegen Geldzahlung oder Gewährung anderer Vorteile zu verzichten.[401]

304 **3. Nutzung eigener Technologien des Lizenznehmers (Art. 5 Abs. 2).** Schließlich sind nach Art. 5 Abs. 2 GVO TT Verpflichtungen nicht freigestellt, die die Möglichkeit des Lizenznehmers einschränken, seine eigene Technologie zu verwerten oder die Möglichkeit der Vertragsparteien beschneiden, Forschungs- und Entwicklungsarbeiten durchzuführen, es sei denn, letzteres ist unerlässlich, um die Preisgabe des lizenzierten Know-hows an Dritte zu verhindern.

305 Diese Regelung ist inhaltlich deckungsgleich mit der Kernbeschränkung in Art. 4 Abs. 1 lit. d) GVO TT, unterscheidet sich aber darin, dass sie sich an Nicht-Wettbewerber richtet, bei denen nicht angenommen werden kann, dass sich solche Beschränkungen in jedem Fall schädlich auf den Wettbewerb auswirken oder dass die Voraussetzungen des Art. 101 Abs. 3 AEUV in der Regel nicht erfüllt sind. Hier bedarf es einer individuellen Prüfung.[402]

306 Aus dem Hinweis der Kommission, bei Vereinbarungen zwischen Nicht-Wettbewerbern verfüge der Lizenznehmer normalerweise nicht über eine konkurrierende Technologie, ist zu schließen, dass mit der „eigenen" Technologie des Lizenznehmers in erster Linie eine „konkurrierende Technologie" gemeint ist.[403] In der Tat kann es vorkommen, dass die Par-

---

[396] EuGH, U. v. 27.9.1988, Slg. 1988, 5249 = GRUR Int. 1989, 56, 57 (Tz 15) – *Bayer/Süllhofer;* nicht nötig ist es, dass es sich dabei um einen gerichtlichen Vergleich handelt, siehe dazu *Schultze/Pautke/Wagener,* GVO TT-Komm., Rdnr. 200f.

[397] EuGH, ebenda (Tz 17 und 18).

[398] EuGH U. v. 6.12.2012, Rs C-457/10, ECLI:EU:C:2012:770 Rdnr. 74ff. – *AstraZeneca/Kommission.*

[399] Leitlinien, Rdnr. 243.

[400] Leitlinien, Rdnr. 238f.

[401] Siehe dazu die Pressemitteilungen der Europäischen Kommission vom 19.7.2013, IP/13/563 sowie vom 10.12.2013, IP/13/1233 zum Verfahren *Fentanyl,* in dem die niederländischen Tochtergesellschaften von *Johnson & Johnson* und *Novartis* miteinander vereinbarten, die Markteinführung des generischen Schmerzmittels *Fentanyl* zu verzögern; allgemein zu „pay for delay"-Vereinbarungen *Worm/Lorenz,* Mitt. 2013, 390ff; sowie rechtsvergleichend zum US-amerikanischen Kartellrecht *Gürkayank/Güner/Filson,* ICC 2014, 128ff.

[402] Leitlinien, Rdnr. 141; *MüKo-Röhling,* Art. 5 GVO Nr. 772/2004, Rdnr. 6f.

[403] Leitlinien, Rdnr. 142; *Schultze/Pautke/Wagener,* GVO TT-Komm., Rdnr. 860.

teien einer Technologietransfer-Vereinbarung im Sinne der GVO TT keine Wettbewerber sind, obwohl der Lizenznehmer über eine im Verhältnis zur lizenzierten Technologie konkurrierende Technologie verfügt. Dies ist dann der Fall, wenn der Lizenznehmer seine Technologie nicht in Lizenz vergibt und der Lizenzgeber kein tatsächlicher oder potentieller Wettbewerber auf dem Produktmarkt ist. In dem Fall muss sichergestellt werden, dass dem Lizenznehmer nicht die Möglichkeit genommen wird, seine eigene Technologie, von der ggf. Wettbewerbsdruck ausgeht, weiterzuentwickeln und zu verwerten. Unter diesen Umständen werden Nutzungsbeschränkungen in Bezug auf die eigene Technologie des Lizenznehmers oder Beschränkungen von Forschungs- und Entwicklungsarbeiten in der Regel als Wettbewerbsbeschränkungen anzusehen sein, die auch nicht die Freistellungskriterien des Art. 101 Abs. 3 AEUV erfüllen.[404]

Aber auch wenn der Lizenznehmer über keine konkurrierende Technologie verfügt, **307** kann ein Verbot oder die Einschränkung, unabhängige Forschungs- und Entwicklungs-Arbeiten durchzuführen, wettbewerbsbeschränkend sein. Der Lizenznehmer kann nämlich eine wichtige (potentielle) Innovationsquelle sein, vor allem, wenn er über die dafür notwendigen Einrichtungen und Fertigkeiten verfügt. Dem Lizenzgeber soll es nach der Vorschrift in Art. 5 Abs. 2 GVO TT nicht erlaubt sein, diese Innovationsquelle von vornherein zu verstopfen. Wieso dies, wie die Kommission meint,[405] nur dann der Fall sein soll, wenn nur wenige Technologien am Markt vorhanden sind, ist nicht ersichtlich.[406]

VI. „Freigestellte" Vereinbarungen

Nach der „Schirmtechnik" sind alle wettbewerbsbeschränkenden Vereinbarungen im An- **308** wendungsbereich der GVO TT freigestellt, die nicht als Kernbeschränkung qualifiziert („schwarze Klauseln") bzw. als nicht freigestellt („graue Klauseln") aufgeführt sind („was nicht verboten ist, ist erlaubt").[407] Für „weiße Klauseln" ist in dieser Systematik kein Raum.[408]

Dennoch hat die Kommission in den Leitlinien sechs häufig in Lizenzverträgen aufge- **309** nommene Vereinbarungen genannt, die „im allgemeinen *keine* Wettbewerbsbeschränkung im Sinne von Art. 101 Abs. 1 AEUV darstellen".[409] Diese Auflistung ist weder erschöpfend[410] noch hat sie irgendeine konstitutive Bedeutung, dient aber immerhin der Klarstellung.

Danach sind **grundsätzlich unbedenklich** Vereinbarungen über die Wahrung der Ver- **310** traulichkeit, das Verbot der Unterlizenzierung, ein Nutzungsverbot nach Ablauf der Vereinbarung, sofern die lizenzierten Technologierechte noch gültig und rechtswirksam ist, die Verpflichtung zur Unterstützung des Lizenzgebers bei der Durchsetzung der lizenzierten Rechte des geistigen Eigentums, die Zahlung von Mindestlizenzgebühren oder Produktion einer Mindestmenge an Produkten, die die lizenzierte Technologie enthalten, sowie die Verpflichtung zur Verwendung des Markenzeichens des Lizenzgebers oder die Angabe des Namens des Lizenzgebers auf dem Produkt.[411]

Mangels ausdrücklicher Benennung als Kernbeschränkung sind auch **Mengenbe- 311 schränkungen, Field-of-use-Klauseln** sowie Exklusiv- und Alleinlizenzen in Vereinbarungen zwischen Nicht-Wettbewerbern freigestellt,[412] soweit es sich dabei überhaupt um Wettbewerbsbeschränkungen im Sinne von Art. 101 Abs. 1 AEUV handelt. Aus den dar-

---

[404] Leitlinien, Rdnr. 142.

[405] Leitlinien, Rdnr. 143.

[406] Zu Wettbewerbsbeschränkungen „bei Gelegenheit" von Technologietransfer-Vereinbarungen siehe *Schultze/Pautke/Wagener,* GVO TT-Komm., Rdnr. 860 und 670.

[407] *Schumacher/Schmid,* GRUR 2006, 1, 4.

[408] Der Hinweis von *Zöttl,* WRP 2005, 33, 44, wonach sich „weiße Klauseln" gleichsam im Gewand von Ausnahmen bzw. Rückausnahmen innerhalb der Kernbeschränkungen wiederfinden, ändert daran nichts.

[409] Leitlinien, Rdnr. 183.

[410] Siehe *Groß,* Der Lizenzvertrag, Rdnr. 687.

[411] Leitlinien, Rdnr. 183 lit. a) bis f).

[412] *Schultze/Pautke/Wagener,* GVO TT-Komm., Rdnr. 689 ff.

gestellten Gründen ist letzteres insbesondere bei Exklusiv- und Alleinlizenzen nicht der Fall.[413] Die Kommission sieht dies im Ergebnis wohl nicht anders, hält sich aber in den Leitlinien eine Hintertür offen: Bei Exklusivlizenzen zwischen Nicht-Wettbewerbern sei anzunehmen, dass sie jedenfalls die Freistellungsvoraussetzungen des Art. 101 Abs. 3 AEUV erfüllen würden. Die Kommission werde deshalb unabhängig vom räumlichen Geltungsbereich der Lizenz „nur in Ausnahmefällen" gegen Exklusivvereinbarungen zwischen Nicht-Wettbewerbern vorgehen.[414]

312 Dass auch die zwischen Nicht-Wettbewerbern vereinbarte Exklusivlizenz als solche in Wahrheit keine Wettbewerbsbeschränkung ist, bedarf kaum der Erläuterung. Der Vorstellung der Kommission, dass bereits die in der Exklusivabrede enthaltene Selbstbeschränkung des Lizenzgebers wettbewerbsbeschränkend sei, weil damit Dritten der Zugang zur lizenzierten Technologie verwehrt würde, ist der EuGH im *„Maissaatgut"*-Urteil nicht gefolgt. Der Vorbehalt der Kommission, gegen Exklusivlizenzvereinbarungen zwischen Nicht-Wettbewerbern „nur in Ausnahmefällen" vorzugehen, kann sich deshalb nicht gegen die Exklusivlizenz als solche richten, sondern nur gegen Begleitumstände, die die Vereinbarung einer exklusiven Lizenz ausnahmsweise wettbewerbswidrig machen können.[415] Daneben kommen Maßnahmen der Missbrauchsaufsicht nach Art. 102 AEUV in Betracht, insbesondere dann, wenn marktbeherrschende Unternehmen als Lizenznehmer neue konkurrierende Technologien ausschließlich an sich binden und damit aufkommenden Wettbewerb im Keim ersticken.[416]

313 Freigestellt sind schließlich **Längstlaufklauseln.** Danach kann vereinbart werden, dass sich die Lizenzdauer durch den Einbezug von Verbesserungen an der lizenzierten Technologie oder neuen, die Technologie ergänzenden Schutzrechten um die Schutzdauer des ergänzten Schutzrechts verlängert.[417]

VII. Sonstige (Lizenz-)Vereinbarungen

314 **1. Kopplungs- und Paketvereinbarungen.** Mit Kopplungs- und Paketvereinbarungen verpflichten Lieferanten ihre Abnehmer, neben der Vertragsware (Hauptprodukt) eines oder mehrere weitere Produkte (Neben- oder Begleitprodukte) abzunehmen, andernfalls die Vertragsware nicht geliefert wird. Dass es sich dabei um eine Wettbewerbsbeschränkung handeln kann, erschließt sich aus dem Beispielskatalog in Art. 101 Abs. 1 lit. e) AEUV, wo „die an den Abschluss von Verträgen geknüpfte Bedingung, dass die Vertragsparteien zusätzliche Leistungen annehmen, die weder sachlich noch nach Handelsbrauch in Beziehung zum Vertragsgegenstand stehen", ausdrücklich genannt ist.

315 Im Zusammenhang mit Technologietransfer-Vereinbarungen liegen Kopplungsvereinbarungen dann vor, wenn der Lizenzgeber dem Lizenznehmer bei der Vergabe einer Technologielizenz (dem Kopplungsprodukt) zur Bedingung macht, auch die Lizenz für eine andere Technologie oder ein Produkt des Lizenzgebers oder ein anderes von ihm bezeichnetes Produkt (das gekoppelte Produkt) zu erwerben. In einer Paketvereinbarung werden demgegenüber zwei Technologien oder eine Technologie und ein Produkt zusammen „als Paket" angeboten.[418]

316 Voraussetzung für die Annahme einer den Wettbewerb beschränkenden **Kopplungs- oder Paketvereinbarung** ist, dass die betreffenden Produkte und Technologien unterschiedlich in dem Sinn sind, dass für jedes Produkt bzw. jede Technologie eine getrennte Nachfrage besteht. Ist das gekoppelte Produkt dagegen notwendig, um eine technisch befriedigende Anwendung der lizenzierten Technologie zu erzielen oder um zu gewährleis-

---

[413] Siehe oben, Rdnr. 166 ff.

[414] Leitlinien, Rdnr. 194.

[415] Ebenso *Brandi-Dohrn,* Fs. Bartenbach, 439, 455 f.

[416] *Wiedemann,* Kommentar zu den Gruppenfreistellungsverordnungen des EWG-Kartellrechts, Bd 1, AT, Rdnr. 372; *Brandi-Dohrn,* Fs. Bartenbach, 439, 455 f.; *Bartenbach,* Patentlizenz-und Know-how-Vertrag, Rdnr. 734 ff.

[417] Vgl. *Bartenbach,* Patentlizenz- und Know-how-Vertrag, Rdnr. 821.

[418] Leitlinien, Rdnr. 221.

ten, dass die Produktion auf der Grundlage der Lizenz dem Qualitätsstandard entspricht, der vom Lizenzgeber festgelegt ist, liegt eine Wettbewerbsbeschränkung in der Regel nicht vor. Dies ist insbesondere dann so, wenn der Lizenzgeber ein gesteigertes Interesse daran hat, ein bestimmtes Qualitätsniveau einzuhalten, beispielsweise wenn der Lizenznehmer das Lizenzerzeugnis mit der Marke des Lizenzgebers versieht.[419]

In der Regel werden Kopplungs- und Paketabreden in Technologietransfer-Vereinba- 317
rungen also keine Wettbewerbsbeschränkungen sein, da diese zumeist sachlich unmittelbar in Beziehung zur Technologielizenz stehen. Ist dies nicht der Fall, sind Kopplungs- und Paketvereinbarungen bis zu den Marktanteilsschwellen von 20% (bei Vereinbarungen zwischen Wettbewerbern) bzw. 30% (im Fall von Vereinbarungen zwischen Nicht-Wettbewerbern) freigestellt,[420] weil sie weder in Art. 4 noch in Art. 5 GVO TT erwähnt werden.

Oberhalb dieser Marktanteilsschwellen müssen wettbewerbsschädliche mit wettbewerbs- 318
fördernden Wirkungen der Kopplung gemäß Art. 101 Abs. 3 AEUV gegeneinander abgewogen werden.[421] Zu Recht weist die Kommission in dem Zusammenhang darauf hin, dass Kopplungs- und Paketvereinbarungen grundsätzlich nur dann wettbewerbsschädliche Wirkungen entfalten, wenn der Lizenzgeber auf dem Markt für das Kopplungsprodukt über eine starke Marktstellung verfügt, da sonst der Wettbewerb in Bezug auf das gekoppelte Produkt nicht wirksam beschränkt werden kann. Darüber hinaus muss die Kopplung wie im Fall eines Wettbewerbsverbots einen bestimmten Anteil auf dem Markt des gekoppelten Produkts abdecken, um spürbare **Abschottungseffekte** zu bewirken. Eine Vermutung, dass der Lizenzgeber die notwendige Marktmacht schon allein deshalb hat, weil das Kopplungsprodukt durch ein Patent oder anderes gewerbliches Schutzrecht geschützt ist, besteht nicht. [422]

2. Wettbewerbsverbote. Nach Art. 4 Abs. 1 lit. d) bzw. Art. 5 Abs. 2 GVO TT darf es 319
dem Lizenznehmer nicht verboten werden, seine eigene, ggf. konkurrierende, Technologie zu verwenden. Anders stellt es sich jedoch dar, wenn dem Lizenznehmer verboten wird, mit der lizenzierten Technologie konkurrierende Technologien *Dritter* zu beziehen und einzusetzen. Solche „klassischen" Wettbewerbsverbote werden von Art. 4 Abs. 1 lit. d) bzw. Art. 5 Abs. 2 GVO TT nicht erfasst, sondern sind in den Grenzen der Marktanteilsschwellen von 20% bei Vereinbarungen zwischen Wettbewerbern bzw. 30% zwischen Nicht-Wettbewerbern freigestellt.[423]

Überschreiten die an einer Technologietransfer-Vereinbarung beteiligten Unternehmen 320
die jeweils geltenden Marktanteilsschwellen, kommt es für die Beurteilung von Wettbewerbsverboten entscheidend auf die von ihnen ausgehenden Abschottungseffekte an, wobei auch hohe Marktzutrittsschranken zu berücksichtigen sind. Dadurch, dass konkurrierende Technologien mit Wettbewerbsverboten vom Markt ferngehalten werden, verringert sich der Wettbewerbsdruck auf den Lizenzgeber, weil die Möglichkeit der Lizenznehmer eingeschränkt wird, auf solche Technologien auszuweichen.[424]

Abschottungseffekte können sich dann ergeben, wenn ein erheblicher Teil der potentiel- 321
len Lizenznehmer bereits an einen oder – im Fall kumulativer Marktwirkungen – an mehrere Technologieanbieter gebunden ist und daran gehindert wird, konkurrierende Technologien zu nutzen. Diese Wirkung tritt in der Regel dann nicht ein, wenn der einzelne Lizenzgeber keine starke Marktstellung hat bzw. mehrere Technologieanbieter weniger als 50% Marktanteil auf sich vereinen.[425] Gleiches gilt, wenn die Marktzutrittsschranken niedrig sind, neue Lizenznehmer also ohne weiteres wirtschaftlich attraktive (Alternativ)Technologien nutzen können, die sich in Händen Dritter befinden. Ggf. ist zu berücksichtigen,

---

[419] Leitlinien, Rdnr. 221, 224.
[420] Leitlinien, Rdnr. 222.
[421] Leitlinien, Rdnr. 222.
[422] So der US Supreme Court in seinem Urteil vom 1.3.2006 – *Druckkopf,* abgedruckt in GRUR Int. 2006, 531 ff. (anders noch der Court of Appeals for the Federal Circuit, GRUR Int. 2005, 754 ff.).
[423] Leitlinien, Rdnr. 227.
[424] Leitlinien, Rdnr. 228.
[425] Leitlinien, Rdnr. 229.

in welchem Umfang Vertriebshändler durch Wettbewerbsverbote an Lizenznehmer gebunden sind, weil neue Technologien nur dann eine Chance haben, auf dem betreffenden Markt Fuß zu fassen, wenn ihnen nicht der Zugang zu den notwendigen Produktions- bzw. Vertriebseinrichtungen versperrt ist. Für die gesonderte Beurteilung von Abschottungseffekten auf der Vertriebsebene verweist die Kommission auf die Leitlinien über vertikale Beschränkungen.[426]

322 Verfügt ein Lizenzgeber über eine starke Marktstellung, kann die Auflage für Lizenznehmer, die betreffende Technologie ausschließlich vom Lizenzgeber zu beziehen, zu spürbaren Abschottungseffekten führen. Je stärker die Marktstellung des Lizenzgebers, desto größer die Gefahr, dass konkurrierende Technologien vom Markt ausgeschlossen werden.[427] Dabei ist die Gefahr der Abschottung besonders hoch, wenn es nur eine begrenzte Anzahl potentieller Lizenznehmer gibt und ein (neuer) Markt erst in Entstehung begriffen ist.

323 Allerdings kann gerade in dieser Lage ein Wettbewerbsverbot notwendig und zulässig sein, um dem Lizenznehmer einen Anreiz zu bieten, in die lizenzierte Technologie zu investieren und sie effektiv zu nutzen.[428] Treten konkurrierende Technologien hinzu, auf die der gebundene Lizenznehmer aufgrund des Wettbewerbsverbots nicht ausweichen kann, kann es erforderlich sein, anstelle des Wettbewerbsverbots eine weniger restriktive Beschränkung zu vereinbaren und beispielsweise Mindestproduktionsvorgaben oder Mindestlizenzgebühren festzulegen, was die Ausschlusswirkung zu Lasten konkurrierender Technologien zumindest begrenzt.[429] Zulässig ist in jedem Fall eine **„Best-Efforts"-Klausel,** und zwar auch im Zusammenwirken mit einer Mindestlizenzabrede, es sei denn, mit der Mindestlizenz würde jeder Versuch, auf eine konkurrierende Technologie auszuweichen, von vornherein abgeschnitten sein.[430]

324 Die Kommission erkennt an, dass Wettbewerbsverbote das Risiko einer unrechtmäßigen Nutzung insbesondere des überlassenen Know-hows senken und so die Verbreitung der lizenzierten Technologie begünstigen können.[431] Gleiches könne gelten, wenn der *Lizenzgeber* im Zuge der Lizenzierung seiner Technologie erhebliche Aufwendungen zugunsten des Lizenznehmers tätige, die ohne die Vereinbarung eines Wettbewerbsverbots nicht hinreichend gesichert wären.[432] Fällt die Vereinbarung eines Wettbewerbsverbots unter Art. 101 Abs. 1 AEUV, weil sie spürbare Abschottungseffekte bewirkt, können diese Gesichtspunkte zur Einzelfreistellung nach Art. 101 Abs. 3 AEUV führen, ggf. unter Berücksichtigung weniger wettbewerbsbeschränkender Alternativen bzw. ergänzender Abreden.[433]

325 **3. Schutzrechtsgemeinschaften (Technologiepools).** Von einer Schutzrechtsgemeinschaft bzw. Technologiepool spricht man, wenn zwei oder mehrere Parteien die ihnen jeweils gehörenden Schutzrechte sowie dazugehöriges Know-how zu einem Paket vereinen, das nicht nur an die Mitglieder der Gemeinschaft, sondern auch an Dritte lizenziert wird.[434] Die Struktur solcher Technologiepools kann sehr komplex sein, insbesondere dann, wenn sie darauf gerichtet sind, einen ggf. mit einem oder mehreren weiteren Standards konkurrierenden Industriestandard zu schaffen oder einen de facto oder de jure schon bestehenden **Industriestandard** zu unterstützen.[435]

---

[426] Leitlinien, Rdnr. 229.
[427] Leitlinien, Rdnr. 230.
[428] Leitlinien, Rdnr. 232.
[429] Leitlinien, Rdnr. 232.
[430] *Bartenbach.* Patentlizenz- und Know-how-Vertrag, Rdnr. 2812.
[431] Leitlinien, Rdnr. 231.
[432] Leitlinien, Rdnr. 233.
[433] Siehe auch *Schultze/Pautke/Wagener,* GVO TT-Komm., Rdnr. 878 f.
[434] Leitlinien, Rdnr. 244, diese Definition als ungenau kritisierend *Groß,* Der Lizenzvertrag, 381f, Rdnr. 625.
[435] Leitlinien, Rdnr. 244f; ausführlich zu Patent Pools *Lind/Kleymenova/Mianton/Muysert,* CRA Charles River Associates, Report on Multiparty Licensing, 2003, zur praktischen Anwendbarkeit von Technologiepools siehe auch *Groß,* Technologietransfer, Rdnr. 397 ff.

Vereinbarungen zur Gründung von Technologiepools und zur Festlegung ihrer Funktionsweise fallen – unabhängig von der Anzahl der Parteien – *nicht* unter die GVO TT, da die Vereinbarung zur Gründung des Pools nicht einem bestimmten Lizenznehmer die Produktion der Vertragsprodukte erlaubt.[436] Auch die Lizenzvergabe zwischen einem Technologiepool als Lizenzgeber und Dritten als Lizenznehmer fällt nicht unter die Gruppenfreistellung, da es sich insoweit um eine von der GVO nicht erfasste Mehrparteien-Vereinbarung handelt.[437] Wegen der Sachnähe zu Technologietransfer-Vereinbarungen finden sich in den Leitlinien gleichwohl Hinweise dazu, wie Technologiepools wettbewerbsrechtlich einzuordnen und zu behandeln sind.[438] **326**

Die Kommission erkennt in ihren Leitlinien an, dass Technologiepools eine wettbewerbsfördernde Wirkung zukommt, wenn verschiedene Technologiepools konkurrierende Standards unterstützen. Durch die Senkung von Transaktionskosten und die Begrenzung von kumulierten Lizenzgebühren könne eine doppelte Gewinnmaximierung vermieden sowie eine zentrale Lizenzvergabe für die vom Pool gehaltenen Technologien ermöglicht werden. Auch bei der Umsetzung wettbewerbsfördernder Standards könnten Technologiepools eine positive Rolle spielen.[439] **327**

Die kartellrechtliche Problematik von Technologiepools liegt darin, dass ihre Zielsetzung über die Bündelung der betreffenden Technologien hinaus zumeist mit dem gemeinsamen Absatz der verbundenen Technologien einhergeht. Insbesondere Pools, die ausschließlich oder überwiegend aus substituierbaren Technologien bestehen, begründen deshalb nach Ansicht der Kommission die Sorge, dass diese nicht bevorzugt der Erzielung von Effizienzvorteilen durch Senkung der Transaktionskosten infolge gemeinsamer Vermarktung dienen, sondern zur Bildung von Preiskartellen führen.[440] **328**

Darüber hinaus besteht nach Auffassung der Kommission die Gefahr, dass nicht nur der Innovationswettbewerb zwischen den Vertragsparteien beeinträchtigt wird, sondern ein Technologiepool auch den Marktzugang für neue, konkurrierende Technologien erschwert oder ganz verhindert.[441] **329**

Dementsprechend hängt die Beurteilung, welche Gefahr für den Wettbewerb von einem Technologiepool ausgeht, maßgeblich von der sachlichen Beziehung der zusammengeführten Technologien untereinander und dem Verhältnis des Pools zu außerhalb stehenden Technologien ab. Die Kommission unterscheidet zwischen technologischen *Ergänzungen* und technologischen *Substituten*. Sie geht davon aus, dass ein Technologiepool, der in „erheblichem Umfang"[442] substituierbare Technologien umfasst, grundsätzlich nach Art. 101 Abs. 1 AEUV wettbewerbsbeschränkend und nicht nach Abs. 3 freistellungsfähig ist.[443] Ergänzen sich hingegen die in einem Pool zusammengefassten Technologien, führt dies tendenziell zu niedrigeren Transaktionskosten und demgemäß zu niedrigeren Lizenzgebühren für das gesamte Technologiepaket, was nach Auffassung der Kommission den Wettbewerb eher befördert denn beschränkt.[444] **330**

---

[436] Leitlinien, Rdnr. 247.

[437] Leitlinien, Rdnr. 247.

[438] Leitlinien, Rdnr. 244 ff.; zu Einzelheiten siehe *Schultze/Pautke/Wagener,* GVO TT-Komm., 356 ff. sowie die Verfahren *„DVD Patentlizenzprogramm"* (ABl. 1999 Nr. C 242/4), *„MPEG"* (ABl. 1998 Nr. C 229/6), *„Canon/Kodak"* (ABl. 1997 Nr. C 330/3).

[439] Leitlinien, Rdnr. 245.

[440] Leitlinien, Rdnr. 246.

[441] Leitlinien, Rdnr. 246

[442] Leitlinien, Rdnr. 255. Wann dieser erhebliche Umfang erreicht ist, wird offen gelassen. Maßgeblich für die Erheblichkeit kann jedoch nicht eine rein quantitative Betrachtung sein. Vielmehr kann der erhebliche Umfang auch gegeben sein, wenn die den Pool prägenden bzw. den größten Wert verkörpernden Technologien Substitute sind.

[443] Leitlinien, Rdnr. 255; die negativen Wettbewerbswirkungen von „Substitutpools" anzweifelnd *Heyers,* GRUR Int. 2011, 213, 220.

[444] Leitlinien, Rdnr. 253; die Unterscheidung zwischen substituierbaren und ergänzenden sowie die Praxisrelevanz der Unterscheidung anzweifelnd *Groß,* Der Lizenzvertrag, Rdnr. 921 ff.

331 Ferner unterscheidet die Kommission zwischen wesentlichen, sog. essenziellen, und nichtessenziellen Technologien.[445] Nach Maßgabe der Leitlinien der Kommission sind *essenzielle Technologien* per definitionem einander ergänzende Technologien.[446] Essenziell ist eine Technologie, wenn es innerhalb und außerhalb des Pools kein Substitut zu ihr gibt und die betreffende Technologie notwendiger Bestandteil der „gepoolten" Technologien ist, die für die Herstellung der Produkte oder die Anwendung der Verfahren, auf die sich der Pool bezieht, unerlässlich sind.[447] In dem Fall nimmt die Kommission offenbar an, dass die diesbezügliche Vereinbarung – unabhängig von der Marktstellung der Parteien – in der Regel nicht unter Art. 101 Abs. 1 AEUV fällt.[448]

332 *Nichtessenzielle* sich ergänzende *Technologien* umfassende Pools fallen hingegen unter Art. 101 Abs. 1 AEUV, sofern der Pool auf einem relevanten Markt eine bedeutende Stellung einnimmt. Der Frage, ob eine Technologie essenziell ist oder nicht, kommt also ein ggf. entscheidender Stellenwert für die kartellrechtliche Unbedenklichkeit eines Technologiepools zu, die entsprechend zuverlässig, in aller Regel durch unabhängige Sachverständige, festzustellen und periodisch zu kontrollieren ist.[449] Werden wichtige ergänzende, aber nichtessenzielle Technologien in den Pool aufgenommen, besteht die Gefahr des Ausschlusses von Technologien Dritter, denn sobald eine Technologie Bestandteil eines Pools ist und als Teil eines Pakets in Lizenz vergeben wird, dürfte es für die Lizenznehmer wenig Anreize geben, Lizenzen für konkurrierende Technologien zu erwerben. Die Einbeziehung ergänzender Technologien kann so zu einer kollektiven Kopplung führen.[450] Die Kommission erkennt allerdings an, dass auch nichtessenzielle Technologien umfassende Technologiepoolvereinbarungen mit im Rahmen von Art. 101 Abs. 3 AEUV zu prüfenden Effizienzvorteilen verbunden sein können.[451]

333 Die Beurteilung von Technologiepools, in denen nichtessenzielle Technologien verbunden werden, richtet sich folglich nach den Umständen des Einzelfalls. Die Wettbewerbsbeschränkung wird als weniger einschneidend gesehen, wenn die Vertragspartner des Technologiepools berechtigt bleiben, Einzellizenzen zu vergeben. Damit wird die Möglichkeit potentieller Lizenznehmer erhalten, sich ihr eigenes Technologie- bzw. Lizenzpaket zusammenzustellen. Ist darüber hinaus vereinbart, dass Lizenznehmer nicht nur Lizenzen am Gesamtpaket des Technologiepools, sondern auch Pakete für spezifische Anwendungen oder Einzellizenzen erwerben können, spricht dies für die wettbewerbsrechtliche Unbedenklichkeit des Technologiepools. Als positiv gilt auch, wenn die verschiedenen Technologien des Pools derart zusammengestellt sind, dass die Kopplung von essenziellen und nichtessenziellen Technologien vermieden wird.[452]

334 Ferner erwähnt die Kommission standartessenzielle Technologien.[453] Eine Technologie ist standardessenziell. wenn sie notwendiger Bestandteil der zusammengeführten Technologien und für die Erfüllung des vom Pool unterstützten Standards unerlässlich ist. Auch standardessenzielle Technologien sind per definitionem einander ergänzende Technologien.[454]

335 Ungeachtet der vorstehend genannten Abgrenzungskriterien und unabhängig von der Marktstellung der Parteien hat die Kommission einen **„safe harbour" für Technologiepools** umrissen. Danach fallen Technologiepools „im Allgemeinen" nicht unter Art. 101 Abs. 1 AEUV, wenn folgende Voraussetzungen erfüllt sind:

---

[445] Nicht ausreichend ist es, wenn ein Lizenzgeber die Technologie bloß als „essenziell" bezeichnet; entscheidend ist, dass sie es auch objektiv ist: Leitlinien, Rdnr. 252.

[446] Leitlinien, Rdnr. 252.

[447] Leitlinien, Rdnr. 252.

[448] Leitlinien, Rdnr. 252, 261 lit b).

[449] Leitlinien, Rdnr. 256 ff.; *Königs,* GRUR 2014, 1155, 1158 f.

[450] Leitlinien, Rdnr. 262; s. auch *Königs,* GRUR 2014, 1155, 1159.

[451] Leitlinien, Rdnr. 265; ferner *Königs,* GRUR 2014, 1155, 1160.

[452] Vgl. Rdnr. 264 lit. b), c) und d).

[453] Leitlinien, Rdnr. 252.

[454] Leitlinien, ebenda; Einzelheiten dazu *Königs,* GRUR 2014, 1155, 1158.

a) die Beteiligung an der Gründung eines Pools steht allen interessierten Eigentümern von Technologierechten offen; 336

b) es werden ausreichend Vorkehrungen geschaffen, um sicherzustellen, dass nur essenzielle Technologien zusammengeführt werden; 337

c) es werden ausreichende Vorkehrungen getroffen, um sicherzustellen, dass der Austausch sensibler Informationen auf das für die Gründung und Verwaltung des Pools erforderliche Maß beschränkt wird; 338

d) Lizenzen für die zusammengeführten Technologien werden nicht exklusiv an den Pool vergeben; 339

e) Lizenzen für die im Pool zusammengeführten Technologien werden in fairer, angemessener und diskriminierungsfreier Weise (FRAND-Grundsatz) allen potentiellen Lizenznehmern erteilt;[455] 340

f) den Parteien, die Technologien in den Pool einbringen, und den Lizenznehmern steht es frei, die Gültigkeit und den essenziellen Charakter der zusammengeführten Technologien anzufechten und 341

g) den Parteien, die Technologie in den Pool einbringen, und den Lizenznehmern steht es frei, konkurrierende Produkte und Technologien zu entwickeln.[456]

Die Gefahr wettbewerbsschädigender Wirkungen eines Technologiepools ist im Allgemeinen umso größer, je stärker die Marktstellung dieses Pools ist. Pools mit starker Marktstellung müssen deshalb offen sein und bei der Lizenzvergabe gewährleisten, dass alle Lizenznehmer gleich behandelt werden. Ferner dürfen sie Technologien Dritter nicht ungerechtfertigt ausschließen oder die Einrichtung alternativer Pools einschränken.[457] 342

Für die Ausgestaltung der Poolvereinbarung gilt außerdem, dass die Möglichkeit der einzelnen Poolpartner, konkurrierende Produkte und Standards zu entwickeln, nicht behindert werden darf. Ansonsten würde die Bildung des Technologiepools die Entwicklung neuer, verbesserter Technologien und Standards verhindern, was eine unmittelbare Wettbewerbsbeschränkung im Sinne des Art. 101 Abs. 1 AEUV darstellte.[458] Die Verpflichtung der Vertragsparteien, dem Pool Rücklizenzen für Verbesserungen bzw. neue, konkurrierende Produkte oder Standards einzuräumen, ist unbedenklich, sofern kein Anspruch auf Exklusivität erhoben wird und sich die Verpflichtung auf solche Entwicklungen beschränkt, die für die Verwendung der zusammengefassten Technologien essenziell oder wichtig sind. Dies gestattet es dem Pool, Vorteile aus den Verbesserungen der zusammengefassten Technologien zu ziehen und weiterzugeben.[459] Für die Vertragsparteien ist es überdies legitim sicherzustellen, dass die Nutzung „gepoolter" Technologien nicht von Lizenznehmern blockiert wird, die essenzielle Patente halten oder erwerben.[460] Umgekehrt kann es sogar missbräuchlich sein, bei der gemeinsamen Standardsetzung das Vorhandensein eigener Patente zu verschweigen und die daraus ggf. entstehende Abhängigkeit der Poolpartner für überhöhte Lizenzforderungen zu nutzen.[461] 343

4. Urheberrechtslizenzen. Die Einräumung urheberrechtlicher Nutzungsrechte fällt mit Ausnahme von Softwareurheber-Lizenzen nur insoweit unter die GVO TT, wie sich die entsprechenden Rechte unmittelbar und ausschließlich auf die Produktion der Vertragsprodukte beziehen. Damit werden nur solche Vereinbarungen freigestellt, die den Li- 344

[455] Zum FRAND-Grundsatz (FRAND steht für fair, reasonable and non-discriminatory) siehe u. a. *Friedl/Ann,* GRUR 2014, 948ff.; *Nestler/Ordosch,* GRUR-Prax 2012, 372ff; *Fischmann,* GRUR Int. 2010, 185, 190f.

[456] Leitlinien, Rdnr. 261.

[457] Leitlinien, Rdnr. 267.

[458] Leitlinien, Rdnr. 270.

[459] Leitlinien, Rdnr. 271; kritisch dazu *Königs,* GRUR 2014, 1155, 1161.

[460] Leitlinien, Rdnr. 271.

[461] Kommission E. v. 9.12.2009, ABl. 2010 Nr. C 30/17 = WuW/E DE-V 1513 sowie Pressemitteilung vom 9.12.2009, IP/09/1897 – *Rambus.*

zenznehmer in die Lage versetzen, die lizenzierte Technologie besser zu nutzen.[462] Darüber hinaus wendet die Kommission auch auf sonstige Urheberrechte die in der GVO TT und den Leitlinien aufgestellten Grundsätze an.[463]

345 Die wettbewerbsrechtliche Relevanz der Lizenzierung von Teilrechten des Urheberrechts wie dem Wiedergabe- und anderen typisch urheberrechtlich ausgestalteten Verwertungsrechten unterliegt hingegen einer Einzelfallbeurteilung. Eine analoge Anwendung der GVO TT auf solche Vereinbarungen erfolgt nicht.[464] Es bleibt vielmehr bei der Beurteilung nach Art. 101 Abs. 1, 3 AEUV.[465] Diese kann je nach Werkgattung variieren und hängt von der Funktionsweise des jeweiligen Verwertungsmarktes und den dortigen Absatzbedingungen ab.[466] Ein Kartellverstoß kommt insbesondere dann in Betracht, wenn Handlungsfreiheiten über den Inhalt und die Reichweite des Urheberrechts hinaus beschränkt werden.[467] Dies wurde nach Maßgabe der Besonderheiten des Einzelfalls z. B. bei der überlangen Laufzeit einer Exklusivlizenz angenommen.[468]

346 **5. Markenlizenzverträge.** Da Marken nicht die Herstellung von Waren und Dienstleistungen ermöglichen, sondern lediglich zur Kennzeichnung derselben benutzt werden können, ist die GVO TT jedenfalls auf reine Markenlizenzvereinbarungen[469] weder unmittelbar[470] noch entsprechend[471] anwendbar.[472] Auch andere Gruppenfreistellungsverordnungen sind nicht einschlägig.[473]

347 Dies gilt insbesondere für die Vertikal-GVO. Zwar weisen Vereinbarungen über die Nutzung von Marken durchaus Ähnlichkeiten und Überschneidungen mit Vertriebsvereinbarungen auf, so dass die Wertungen der Kommission, wie sie in der Vertikal-GVO und den dazu erlassenen Leitlinien geäußert worden sind, für die wettbewerbsrechtliche Beurteilung von Markenlizenzen durchaus nutzbar gemacht werden können.[474] Die Kommission will Markenlizenzen jedoch nicht in jedem Fall der Vertikal-GVO unterstellen, sondern nur dann, wenn sie mit der Nutzung, dem Verkauf oder dem Weiterverkauf von Waren und Dienstleistungen verbunden sind und nicht den Hauptgegenstand der Vereinbarung bilden.[475]

---

[462] Kritisch zum Begriff „unmittelbar und ausschließlich mit der Produktion der Vertragsprodukte verbunden" *Conrad/Lejeune/Stögmüller/Brandi-Dohrn,* CR 2013, 412, 413.

[463] Leitlinien, Rdnr. 48.

[464] Leitlinien, Rdnr. 49.

[465] Vgl. Kommission E. v. 25.5.1978, ABl. 1978 L 157/39 – *RAI/Unitel; Immenga/Mestmäcker-Ullrich/Heinemann,* Wettbewerbsrecht, EU/Teil 2, GRUR, Abschnitt B, Rdnr. 3.

[466] *Immenga/Mestmäcker-Ullrich/Heinemann,* Wettbewerbsrecht, EG/Teil 2, GRUR, Abschnitt B, Rdnr. 28.

[467] *Kreutzmann,* WRP 2006, 453, 458.

[468] EuGH, U. v. 6.10.1982, Slg. 1982, 3381 = GRUR Int. 1983, 175 (Tz 19) – *Le Boucher II;* Kommission, E. v. 15.9.1989, ABl. 1989 L 284/36 = GRUR Int. 1991, 216, 220 – *Degeto Filmeinkauf.*

[469] Ausführlich zu Markenlizenzverträgen *Fammler,* Der Markenlizenzvertrag, 3. Aufl. 2014.

[470] Vgl. die Definition von „Technologierechte" in Art. 1 Abs. 1 lit. b), die Markenlizenzen nicht umfasst.

[471] Leitlinien, Rdnr. 50.

[472] Bemerkenswert ist der Hinweis von *Kreutzmann,* WRP 2006, 453, 454, wonach im Fall von dreidimensionalen Marken etwas anderes gelten könnte. Zutreffend erscheint dies allerdings nur dann, wenn die dreidimensionale Form, ähnlich wie beim Geschmacksmuster, nach Art eines Musters als Vorlage zur Produktion eines Erzeugnisses dient und nicht vorrangig als Hinweis auf die Herkunft des Erzeugnisses aus einem bestimmten Unternehmen. Eine solche „Vorlageproduktion" wird jedoch in der Regel auf einer Know-how-Überlassung fußen. Es handelt sich dann nicht um eine „reine" Markenlizenz, sondern um eine Technologietransfer-Vereinbarung, in der die Markenlizenz nur eine Nebenabrede darstellt und die GVO-TT deshalb ohne weiteres Anwendung findet.

[473] *Immenga/Mestmäcker-Fuchs,* Wettbewerbsrecht, EU/Teil 1, Einleitung TT-VO, Rdnr. 77.

[474] Eingehend dazu *Fezer – Niebel,* Handbuch der Markenpraxis, Bd. II Markenvertragsrecht (im folgenden „Handbuch Markenpraxis, Bd. II), Rdnr. 227 ff.; s. auch *Loewenheim/Meessen/Riesenkampff – von Falck/Schmaltz,* Kartellrecht, GVO-Technologie, Rdnr. 14; *Kreutzmann,* WRP 2006, 453, 455 sowie *Niebel,* WRP 2003, 482, 489.

[475] Leitlinien, Rdnr. 50.

Reine Markenlizenzen sind demnach gemäß Art. 101 Abs. 1 und 3 AEUV zu beurteilen.[476] Auch hier gilt: je enger die lizenzvertragliche Regelung mit dem Inhalt des Schutzrechts verbunden ist, desto weniger Rechtfertigungsaufwand bedarf es, um sie als zulässig einzustufen.[477] Kartellrechtsneutral sind daher Klauseln, die die Nutzung der Marke zeitlich begrenzen oder auf bestimmte Erzeugnisse festlegen. Ebenso ist der Ausschluss der Vergabe von Unterlizenzen durch den Lizenznehmer oder dessen Verpflichtung, Lizenzvermerke auf den Produkten anzubringen, kartellrechtlich nicht zu beanstanden.[478] Die Herkunfts- und Qualitätssicherungsfunktion einer Marke deckt Qualitätsvorgaben und diesbezügliche Kontrollklauseln, ggf. auch die Bindung an den Bezug eines Vorprodukts.[479] Auch Geheimhaltungspflichten, Pflichten des Lizenznehmers, das Markenimage nicht zu beschädigen und zu fördern, „Best-Efforts"-Klauseln sowie Absicherungs- und Benutzungspflichten zur Wahrung des markenrechtlichen Benutzungszwangs sind in der Regel wettbewerbskonform.[480] 348

Als wettbewerbsbeschränkend werden von der Kommission Exklusivitätsabreden sowie die Zuweisung von Kunden oder Kundengruppen angesehen, die indessen nach Maßgabe der Kriterien in Art. 101 Abs. 3 AEUV freistellungsfähig sind.[481] Ob dies auch für Wettbewerbsverbote gilt, ist eher zweifelhaft.[482] Nichtangriffsabreden sind wettbewerbswidrig, wenn sie der Marktabschottung dienen.[483] Preisbindungen sowie Ausübungsverbote und Höchstmengenbeschränkungen sind ausnahmslos verboten.[484] 349

Markenrechtliche **Abgrenzungsvereinbarungen** werden von der Kommission und dem EuGH grundsätzlich als zweckmäßig und wettbewerbskonform betrachtet, sofern die Vereinbarung lediglich Rechte gewährt, die das Schutzrecht seinem Inhaber ohnehin vermittelt.[485] Vor allem Abreden, die sich auf die Aufmachung der Marke selbst beziehen, z. B. Farbgestaltung, Schriftart und -größe oder Zusätze betreffen, sind im Zweifel unkritisch.[486] 350

---

[476] *Fezer,* MarkenG, § 30, Rdnr. 92; *Bretthauer,* Die Beurteilung von Markenlizenzverträgen, 80; *Niebel,* WRP 2003, 482, 488. *Fezer-Niebel,* Handbuch der Markenpraxis, Bd. II Markenvertragsrecht, Rdnr. 226 ff.

[477] *J. B. Nordemann,* GRUR 2007, 203, 205; *Fezer-Niebel,* Handbuch der Markenpraxis, Bd. II Markenvertragsrecht, Rdnr. 197 ff.; als zulässig wurden in diesem Zusammenhang Lizenzvertragsklauseln angesehen, die den Lizenznehmer zur Benutzung der Marke für vertragsgegenständliche Waren verpflichten, OLG Frankfurt U. v. 2.7.2013 – 11 U 4/12, GWR 2013, 46 ff.

[478] Vgl. *Kreutzmann,* WRP 2006, 452, 454; *Fezer-Niebel,* Handbuch der Markenpraxis, Bd. II Markenvertragsrecht, Rdnr. 200.

[479] Vgl. dazu Kommission E. v. 23.3.1990, ABl. 1990 L 100/32, 36 = GRUR Int. 1990, 626, 628 – *Moosehead/Whitbread; Immenga/Mestmäcker-Fuchs,* Wettbewerbsrecht, EU/Teil 1, Einleitung TT-VO, Rdnr. 78; *Kreutzmann,* WRP 2006, 452, 454; *Bretthauer,* Die Beurteilung von Markenlizenzverträgen, 178.

[480] *Kreutzmann,* WRP 2006, 452, 454 f.; kritisch zu „Best-Efforts"-Klauseln *Bretthauer,* Die Beurteilung von Markenlizenzverträgen, 203.

[481] Vgl. *Kreutzmann,* WRP 2006, 452, 455; *Bretthauer,* Die Beurteilung von Markenlizenzverträgen, 207. Kritisch *Fezer-Niebel,* Handbuch der Markenpraxis, Bd. II Markenvertragsrecht, Rdnr. 202, der die einfache ebenso wie die erweiterte Exklusivität zu Recht zum Bestand des Markenrechts zählt, was die Annahme einer Wettbewerbsbeschränkung schon auf der Tatbestandsebene ausschließt.

[482] *Immenga/Mestmäcker-Fuchs,* Wettbewerbsrecht, EU/Teil 1, Einleitung TT-VO, Rdnr. 78; *Fezer-Niebel,* Handbuch der Markenpraxis, Bd. II Markenvertragsrecht, Rdnr. 202, sieht die Möglichkeit einer Freistellung nach Maßgabe der Campari-Entscheidung der Kommission vom 13.3.1978, ABl. EG Nr. L 70/69 = GRUR.

[483] Vgl. Kommission E. v. 23.3.1990, ABl. 1990 L 100/32, 36 = GRUR Int. 1990, 626, 628 – *Moosehead/Whitbread;* großzügiger *Fezer-Niebel,* Handbuch der Markenpraxis, Bd. II Markenvertragsrecht, Rdnr. 202.

[484] *Langen/Bunte-Jestaedt,* Kartellrecht Kommentar, Bd. 2, nach Art. 101 AEUV, Rdnr. 1255; Ob die Lockerung des Per-se-Verbots von Mindestpreisbindungen im US-amerikanischen Kartellrecht auch im europäischen Wettbewerbsrecht zu größeren Freiräumen führt, dies anregend *Kasten,* RIW 2007, 649, 658, bleibt abzuwarten.

[485] Vgl. EuGH U. v. 30.1.1985, Slg. 1985, 363 = GRUR Int. 1985, 399, 402 – *Toltecs/Dorcet II; Langen/Bunte-Jestaedt,* Kartellrecht Kommentar, Bd 2, nach Art. 101 AEUV, Fallgruppen, Rdnr. 1257 ff.

[486] *Kreutzmann,* WRP 2006, 452, 456.

Allerdings dürfen Abgrenzungsvereinbarungen nicht zur Verschleierung von Gebietsaufteilungen oder anderen wettbewerbsbeschränkenden Abreden benutzt werden.[487]

351 Überträgt der Rechteinhaber seine Marke einem Dritten nur für einen Teil des Schutzgebiets, kann dies eine kartellrechtswidrige Marktaufspaltung bewirken. In der Entscheidung *„Ideal Standard"* stellt der EuGH jedoch klar, dass die markenrechtlichen Abwehrrechte auch dann durchsetzbar sind, wenn die Aufspaltung der Marken auf einer vertraglichen Vereinbarung beruht.[488]

352 **6. Masterlizenzen.** Die GVO TT gilt nur für Lizenzvereinbarungen mit dem Ziel der Produktion von Vertragsprodukten durch den Lizenznehmer bzw. seine Zulieferer und folglich nicht für Masterlizenzen, also Technologietransfer-Vereinbarungen, die den Lizenznehmer zur Vergabe von Unterlizenzen ermächtigen.[489] Allerdings sollen die Grundsätze der GVO TT sowie der Leitlinien entsprechend anwendbar sein.[490] Lizenzvereinbarungen zwischen dem Lizenznehmer und Unterlizenznehmern mit dem Ziel der Produktion von Vertragsprodukten durch den Lizenznehmer und/oder seine Zulieferer fallen hingegen unter die GVO TT.[491]

353 **7. Joint-Venture-Verträge.** Auf Lizenzen, die zum Zweck einer gemeinsamen Produktion vergeben werden, findet die GVO TT keine Anwendung. Wenn Unternehmen im Zuge einer Joint-Venture-Vereinbarung ein gemeinsames Produktionsunternehmen gründen und diesem Gemeinschaftsunternehmen eine oder mehrere Lizenzen zur Nutzung ihrer Technologie erteilen, die für die Erstellung der vom Gemeinschaftsunternehmen erzeugten Güter benötigt wird, wird die Lizenzvereinbarung in der Regel nach Maßgabe der Vorschriften der Gruppenfreistellungsverordnung (EG) Nr. 1218/2010 über Spezialisierungsvereinbarungen zu prüfen sein.[492]

354 **8. F & E-Vereinbarungen.** Auch auf Forschungs- und Entwicklungs-Vereinbarungen findet die GVO TT keine Anwendung. Allein anwendbar ist insoweit die GruppenfreistellungsVO für Vereinbarungen über F&E (EG) Nr. 1217/2010. Diese Verordnung gilt für Vereinbarungen, die zwei oder mehr Unternehmen treffen, um gemeinsam Forschungs- und Entwicklungsarbeiten durchzuführen und deren Ergebnisse gemeinsam zu nutzen.[493] Entscheidendes Abgrenzungsmerkmal ist dabei, dass die Parteien einer F&E-Vereinbarung „einander" oder einer „gemeinsamen Einrichtung" Lizenzen erteilen. In diesem Rahmen können die Parteien auch die Bedingungen für die Lizenzerteilung gegenüber Dritten festlegen. Die Lizenzvereinbarung mit einem Dritten, der nicht Partei der F&E-Vereinbarung ist, unterfällt allerdings der GVO TT, sofern die Vereinbarung die Voraussetzungen dafür erfüllt.[494]

VIII. Entzug der Freistellung

355 Gemäß Art. 6 GVO TT i.V.m. Art. 29 Abs. 1 der VO 1/2003 kann die Kommission den Vorteil der Gruppenfreistellung entziehen, wenn die freigestellte Technologietransfer-Vereinbarung im Einzelfall Wirkungen hat, die mit den Freistellungskriterien nach Art. 101 Abs. 3 AEUV nicht vereinbar sind.[495] Diese Befugnis der Kommission ergibt sich bereits

---

[487] EuGH U. v. 13.7.1966, Slg. 1966, 322 = GRUR Ausl. 1966, 580 – *Grundig/Consten;* vgl. auch *Kreutzmann,* WRP 2006, 452, 456; ferner *Langen/Bunte-Jestaedt,* Kartellrecht Kommentar, Bd 2, nach Art. 101 AEUV, Fallgruppen, Rdnr. 1259 sowie BGH U. v. 7.12.2010, KZR 71/08 = GRUR 2011, 641, 642 – *Jette Joop*

[488] Vgl. EuGH U. v. 22.6.1994, Slg.1994, 2789 = GRUR Int. 1994, 614, Tz 60 – *Ideal Standard II.*

[489] Leitlinien, Rdnr. 60; *Immenga/Mestmäcker-Fuchs,* Wettbewerbsrecht, EU/Teil 1, Einleitung TT-VO, Rdnr. 72.

[490] Leitlinien, Rdnr. 60; Einzelheiten dazu bei *Schultze/Pautke/Wagner,* GVO TT-Kommentar, Rdnr. 413 ff.

[491] Leitlinien, Rdnr. 60.

[492] Leitlinien, Rdnr. 72; *MüKo-Röhling,* Einl. GVO Nr. 772/2004, Rdnr. 55 f.

[493] Leitlinien, Rdnr. 73; *MüKo-Röhling,* Einl. GVO Nr. 772/2004, Rdnr. 57.

[494] Leitlinien, Rdnr. 74.

[495] Dabei liegt abweichend von der Regelung in Art. 2 KartellVO die Beweislast bei der entziehenden Behörde, und zwar auch hinsichtlich der Freistellungsvoraussetzungen nach Art. 101 Abs. 3

aus Art. 29 Abs. 1 der VO 1/2003. Art. 6 GVO TT präzisiert dies im Hinblick auf die GVO TT in Form eines Katalogs von nicht abschließenden Regelbeispielen, bei deren Vorliegen sie „insbesondere" den Vorteil der Gruppenfreistellung entziehen kann.

Nach Art. 6 Abs. 1 GVO TT ist ein solcher Fall gegeben, wenn (a) der Zugang von Technologien Dritter zu dem betreffenden Markt beschränkt wird, beispielsweise durch die kumulative Wirkung paralleler Netze gleichartiger beschränkender Vereinbarungen, die den Lizenznehmern die Nutzung fremder Technologien untersagen oder (b) der Zugang potentieller Lizenznehmer zum Markt beschränkt wird, beispielsweise durch die kumulative Wirkung paralleler Netze gleichartiger beschränkender Vereinbarungen, die den Lizenzgebern die Erteilung von Lizenzen an andere Lizenznehmer untersagen, oder weil der einzige Eigentümer einer Technologie, der für relevante Technologierechte eine Lizenz vergibt, einem Lizenznehmer eine Exklusivlizenz erteilt, der bereits mit substituierbaren Technologierechten auf dem betreffenden Produktmarkt tätig ist. 356

Mit dem Abstellen auf die kumulative Wirkung bestehender Netze gleichartiger Beschränkungen (Art. 6 Abs. 1 lit. a) und b)) wird der vom EuGH entwickelten **„Bündeltheorie"** Rechnung getragen, wonach bei der kartellrechtlichen Beurteilung von Vertikalvereinbarungen das Bestehen eines Bündels gleichartiger Vereinbarungen zu berücksichtigen ist.[496] Für die daraus ggf. folgenden Marktabschottungswirkungen können indessen nur diejenigen Unternehmen verantwortlich gemacht werden, die dazu einen wesentlichen Beitrag geleistet haben.[497] Wird mit der Technologietransfer-Vereinbarung ein solcher Beitrag nicht geleistet, fällt sie nicht unter Art. 101 Abs. 1 AEUV mit der Folge, dass keine Wettbewerbsbeschränkung vorliegt, deren Freistellung durch die GVO TT entzogen werden könnte.[498] Bei einem Marktanteil von nicht mehr als 5% ist in der Regel nicht davon auszugehen, dass ein Unternehmen wesentlich zum kumulativen Abschottungseffekt beiträgt.[499] 357

Wird die lizenzierte Technologie weder vom Lizenzgeber noch vom Lizenznehmer verwertet, oder zielt die Vereinbarung womöglich nur darauf ab, die Entwicklung einer konkurrierenden Technologie zu verhindern, führt die Vereinbarung zu keiner effizienzsteigernden Wirtschaftstätigkeit, womit der Grund für die Gruppenfreistellung entfällt.[500] Bei Technologietransfer-Vereinbarungen zwischen Wettbewerbern kann die Nichtverwertung obendrein ein Hinweis auf ein verschleiertes Kartell sein. Die Kommission wird Fälle, in denen Technologierechte nicht verwertet werden, daher sehr genau prüfen.[501] 358

Die Verwertung der lizenzierten Technologie muss allerdings nicht mit einer Zusammenführung von Vermögenswerten einhergehen. Eine Verwertung liegt vielmehr auch dann vor, wenn die Lizenz dem Lizenznehmer Gestaltungsfreiheit **(„freedom to operate")** verschafft, ihm insbesondere erlaubt, seine eigene Technologie zu verwerten, ohne Verletzungsklagen seitens des Lizenzgebers fürchten zu müssen.[502] 359

Anstelle der Kommission können auch nationale Kartellbehörden den Rechtsvorteil der Gruppenfreistellung entziehen, wenn die Technologietransfer-Vereinbarung in dem Gebiet eines Mitgliedstaates oder einem Teil desselben, der alle Merkmale eines gesonderten räumlichen Marktes aufweist, Wirkungen entfaltet, die mit Art. 101 Abs. 3 AEUV nicht vereinbart sind (Art. 6 Abs. 2 GVO TT i. V. m. Art. 29 Abs. 2 VO 1/2003). Insoweit gelten 360

AEUV; siehe Leitlinien, Rdnr. 146. Allgemein zur Sachverhaltsaufklärung und Beweislage bei der Anwendung von Art. 81 EG (jetzt: Art. 101 AEUV) *Kirchhoff,* WuW 2004, 745 ff.

[496] EuGH U. v. 28.2.1991, Slg. 1991, 935 – *Delimitis;* U. v. 19.4.1988, Slg. 1988, 1919 = GRUR Int 1989, 663 – *La Hesbignonne,* siehe auch *Schultze/Pautke/Wagener,* GVO TT-Komm., Rdnr. 887 und 890 mwN in Fn. 222.

[497] *Immenga/Mestmäcker-Fuchs,* Wettbewerbsrecht, EU/Teil 1, Art. 6 TT-VO, Rdnr. 6.

[498] *Schultze/Pautke/Wagener,* GVO TT-Komm., Rdnr. 889 mwN in Fn. 227; ebenso *Immenga/Mestmäcker-Fuchs,* Wettbewerbsrecht, EU/Teil 1, Art. TT-VO, Rdnr. 6.

[499] *Schultze/Pautke/Wagener,* GVO TT-Komm., Rdnr. 889, dort Fn. 229.

[500] Leitlinien, Rdnr. 59.

[501] Leitlinien, Rdnr. 59.

[502] Leitlinien, Rdnr. 59.

die vorstehend dargestellten Kriterien entsprechend. Die Wirkung des Entzugs ist auf das „betroffene Gebiet" beschränkt.

361 In Deutschland wurde diese sich bereits unmittelbar aus den europäischen Verordnungen ergebende Befugnis durch § 32d GWB klarstellend auch in das nationale Recht aufgenommen. § 32d GWB findet darüber hinausgehend aber auch dann Anwendung, wenn die betreffende Vereinbarung mangels Auswirkungen auf den zwischenstaatlichen Handel allein nach nationalem Recht zu beurteilen ist. Auch in diesem Fall findet die GVO wegen der dynamischen Verweisung des § 2 Abs. 2 GWB Anwendung, solange das BKartA nicht unter den Voraussetzungen des § 32d GWB den Rechtsvorteil der Freistellung entzieht.

IX. Nichtanwendbarkeit der GVO TT

362 Nach Art. 7 GVO TT kann die Kommission durch Verordnung erklären, dass in Fällen, in denen mehr als 50% eines relevanten Marktes von parallelen Netzen gleichartiger Technologietransfer-Vereinbarung erfasst werden, die GVO TT auf Technologietransfer-Vereinbarungen, die bestimmte Beschränkungen des Wettbewerbs auf diesem Markt vorsehen, keine Anwendung findet. Bei der Berechnung der Marktabdeckungsquote von 50% zählt die Gesamtheit der Marktanteile der jeweiligen parallelen Netze.[503]

363 Die Maßnahme richtet sich nicht an einzelne Unternehmen, sondern betrifft sämtliche Unternehmen, deren Vereinbarungen in der Verordnung zur Nichtanwendung der GVO TT bezeichnet sind. Letzteres bedeutet, dass die Kommission den sachlich und räumlich relevanten Markt definieren und genau angeben muss, auf welche Art von Beschränkungen bei der Lizenzvergabe die GVO TT keine Anwendung mehr finden soll.[504]

364 Die Vorschrift entspricht Art. 6 der Vertikal-GVO (VO 330/2010). Wie sich aus dem Wortlaut „kann" ergibt, ist die Kommission berechtigt, aber nicht verpflichtet einzugreifen, wenn die 50%-Schwelle überschritten wird. Bisher hat die Kommission von dieser Befugnis noch keinen Gebrauch gemacht. Alternativ kann die Kommission auch im Einzelfall einen Entzug nach Art. 6 GVO TT aussprechen. Denkbar ist dies vor allem dann, wenn auf dem betreffenden Markt nur wenige Unternehmen tätig sind, die ggf. zur kumulativen Abschottungswirkung des Netzes paralleler Vereinbarungen entscheidend beitragen.

365 Mit Inkrafttreten der NichtanwendbarkeitsVO (Art. 7 Abs. 2 GVO TT), das frühestens sechs Monate nach ihrem Erlass erfolgt, wird der Rechtsvorteil der Gruppenfreistellung in Bezug auf die betreffenden Beschränkungen und Märkte aufgehoben und die volle Anwendbarkeit von Art. 101 Abs. 1 und 3 AEUV wiederhergestellt. Für die Anwendung von Art. 101 AEUV auf Technologietransfer-Vereinbarungen gelten dann die durch die einschlägige Rechtsprechung der Gemeinschaftsgerichte sowie die Entscheidungspraxis der Kommission entwickelten Kriterien. Ggf. wird die Kommission eine Einzelfallentscheidung erlassen, die allen Unternehmen auf dem betreffenden Markt als Orientierung dienen kann.[505]

X. Übergangsfrist zur Anpassung von Altverträgen

366 Die alte GVO TT Nr. 772/2004 ist am 30.4.2014 außer Kraft getreten. Für Technologietransfer-Vereinbarungen, die am 30.4.2014 bereits in Kraft waren und die Voraussetzungen für eine Freistellung zwar nach der Vorgängerregelung, nicht aber nach der neuen GVO TT erfüllen, gilt eine Übergangs- und Anpassungsfrist bis zum 30.4.2015.

D. Deutsches Kartellrecht (GWB) und GVO TT

367 Bereits mit der 7. Novelle des Gesetzes gegen Wettbewerbsbeschränkungen (GWB)[506] wurde das deutsche Kartellrecht vor allem im Hinblick auf § 1 ff. GWB dem europäischen

503 Leitlinien, Rdnr. 151.
504 Leitlinien, Rdnr. 153.
505 Leitlinien, Rdnr. 150.
506 BGBl. Teil I Nr. 42/1954, verkündet am 12.7.2005; 8. GWB Novelle, verkündet am 29.6.2013, BGBl. 2013, Teil I Nr. 32, 1738.

Wettbewerbsrecht angeglichen. § 1 GWB wiederholt seitdem den Wortlaut von Art. 101 Abs. 1 AEUV. § 2 Abs. 1 GWB gibt weitgehend den Wortlaut von Art. 101 Abs. 3 wieder. Ergebnis ist ein Gleichklang der materiell-rechtlichen Beurteilung wettbewerbsbeschränkender Vereinbarungen nach Art. 101 AEUV und §§ 1 und 2 GWB. Dies gilt auch für die Fälle, die vom nationalen Gesetzgeber anders als im Gemeinschaftsrecht hätten geregelt werden können, nämlich bei Vereinbarungen, Beschlüssen von Unternehmensvereinigungen oder aufeinander abgestimmten Verhaltensweisen mit begrenzter lokaler oder regionaler Wirkung, d.h. solche, die nicht geeignet sind, den Handel zwischen den Mitgliedstaaten zu beeinträchtigen. § 2 Abs. 2 Satz 2 GWB bekräftigt dies. Nach dieser Bestimmung findet die Gesamtheit der von der Gemeinschaft erlassenen Gruppenfreistellungsverordnungen und damit auch die GVO TT Anwendung, und zwar auch dann, wenn die betreffende Vereinbarung den zwischenstaatlichen Handel nicht berührt und Art. 101 AEUV damit keine Anwendung findet.

Nach Art. 3 der VO Nr. 1/2003 sind die nationalen Wettbewerbsbehörden verpflichtet, 368 Art. 101 AEUV anzuwenden, wenn sie ihr nationales Recht auf wettbewerbsbeschränkende Vereinbarungen anwenden. Ist Art. 101 AEUV anwendbar, sind die Mitgliedstaaten wegen Art. 3 Abs. 2 VO Nr. 1/2003 gehindert, strengere Regelungen nach ihrem nationalen Recht durchzusetzen. Nach nationalem Recht sind alle Sachverhalte gleich zu behandeln, unabhängig davon, ob nur nationales Recht oder auch Art. 101 AEUV Anwendung findet. Infolgedessen gelten die Ausführungen zur GVO TT auch für die Beurteilung rein nationaler Technologietransfervereinbarungen nach § 1 und § 2 GWB.

Nach § 32d GWB kann das BKartA auch bei rein nationalen Sachverhalten den Rechts- 369 vorteil der Freistellung entziehen, wenn es meint, dass eine Freistellung im konkreten Fall mit § 2 Abs. 1 GWB unvereinbar ist. Auch hier gilt wegen der Verweisung des § 2 Abs. 2 GWB auf den gesamten Normenbestand der Gruppenfreistellungsverordnungen der (nicht abschließende) Beispielkatalog des Art. 6 GVO TT.

E. Gewerbliche Schutzrechte und Art. 102 AEUV

Grundsätzlich begründen weder der Erwerb noch die Ausübung gewerblicher Schutz- 370 rechte als solche den Vorwurf missbräuchlichen Verhaltens nach Art. 102 AEUV. Dies gilt auch dann, wenn der Rechteinhaber auf den betreffenden Technologie- oder Produktmärkten weitgehend konkurrenzlos ist und infolgedessen über eine beherrschende Stellung auf diesen Märkten verfügt.[507] Denn es ist gerade das Ziel der Ausschließlichkeit gewerblicher Schutzrechte, dass der Inhaber des Schutzrechts dessen Nutzung durch Herstellung und/oder Vertrieb von Erzeugnissen von seiner Zustimmung abhängig machen kann.

Nach der Rechtsprechung des Europäischen Gerichtshofes müssen deshalb „besondere 371 Umstände" vorliegen, die den Erwerb oder das Gebrauchmachen von gewerblichen Schutzrechten missbräuchlich machen.[508]

XI. Grundprinzipien von Art. 102 AEUV

Art. 102 AEUV verbietet die missbräuchliche Ausnutzung einer marktbeherrschenden 372 Stellung auf dem Gemeinsamen Markt oder eines wesentlichen Teils desselben, soweit die betreffende Verhaltensweise geeignet ist, den Handel zwischen den Mitgliedstaaten zu beeinträchtigen. Während Art. 101 AEUV das wettbewerbskoordinierende Verhalten von mindestens zwei Unternehmen sanktioniert, liegt der Schwerpunkt der Missbrauchsauf-

---

[507] So auch Kommission, DG Competition Discussion Paper on the Application of Article 82 of the Treaty to Exclusionary Abuses, Dezember 2005, 67.

[508] EuGH U. v. 5.10.1988, Rs 238/87, Slg. 1988, 6211, Rdnr. 8–9 – *Volvo/Veng;* EuGH U. v. 6.4.1995, verbundene Rs C-241 und C-242/91 P, Slg. 1995, I-743, Rdnr. 49 – *RTE/Kommission;* EuGH Urt. v. 29.4.2004, Rs C-418/01, Slg. 2004, Rdnr. 34 – *IMS/NDC.*

sicht nach Art. 102 AEUV in der Kontrolle von autonomem unternehmerischem Verhalten einzelner marktbeherrschender Unternehmen. Art. 102 AEUV verbietet dabei nicht den Erwerb oder die Aufrechterhaltung einer marktbeherrschenden Stellung als solche, sondern allein deren missbräuchliche Ausnutzung.

373 **Marktbeherrschung** wird in ständiger Rechtsprechung des EuGH definiert als „die wirtschaftliche Machtstellung eines Unternehmens, die dieses in die Lage versetzt, die Aufrechterhaltung eines wirksamen Wettbewerbs auf dem relevanten Markt zu verhindern, indem sie ihm die Möglichkeit verschafft, sich gegenüber seinen Wettbewerbern, seinen Abnehmern und letztlich den Verbrauchern gegenüber in einem nennenswerten Umfang unabhängig zu verhalten."[509] Der Marktanteil ist nach wie vor der wichtigste Indikator für die Beurteilung der Frage, ob ein Unternehmen marktbeherrschend ist. Nach der *AKZO*-Entscheidung des EuGH spricht bei hohen Marktanteilen ab 50% eine Vermutung dafür, dass das betreffende Unternehmen marktbeherrschend ist.[510] Je geringer der Marktanteil eines Unternehmens demgegenüber ist, desto geringer ist die Wahrscheinlichkeit, dass dem Unternehmen eine marktbeherrschende Stellung unterstellt wird, wenngleich auch Unternehmen mit einem Marktanteil von unter 40% marktbeherrschend sein können,[511] während unterhalb von 25% nur in wenigen Ausnahmefällen von der Marktbeherrschung eines einzelnen Unternehmens auszugehen sein wird.

374 Eine marktbeherrschende Stellung begründet nach der Rechtsprechung des EuGH eine „besondere Verantwortung"[512] des betreffenden Unternehmens für den Restwettbewerb auf dem beherrschten Markt. Infolgedessen sind dem Marktbeherrscher Geschäftspraktiken verboten, die in Abwesenheit von Marktmacht als rechtlich nicht zu beanstandendes Wettbewerbsverhalten beurteilt würden.

375 Der Begriff der **missbräuchlichen Ausnutzung** einer marktbeherrschenden Stellung ist objektiv auszulegen. Absichten oder Beweggründe des marktbeherrschenden Unternehmens sind für die Beurteilung des Verhaltens unerheblich.[513] Subjektive Elemente sind allein insoweit von Bedeutung, als Geldbußen gemäß Art. 23 Abs. 2 der Verordnung Nr. 1/2003 nur bei vorsätzlichem oder fahrlässigem Verhalten verhängt werden können. Art. 102 AEUV ist als Generalklausel zu verstehen, die durch die dort genannten Katalogtatbestände in nicht erschöpfender Weise beispielhaft erläutert wird. In der Praxis ist eine Aufteilung in Ausbeutungsmissbrauch, Behinderungsmissbrauch und diskriminierendes Verhalten erfolgt.[514] Im Zusammenhang mit gewerblichen Schutzrechten ist insbesondere die Fallgruppe des Behinderungsmissbrauchs praktisch geworden, wenn infolge des Erwerbs oder der Ausübung von gewerblichen Schutzrechten Konkurrenten vom Markt verdrängt werden oder ihnen der Zutritt zum relevanten Markt verwehrt wird.

---

[509] EuGH U. v. 13.2.1979, Rs 85/76, Slg. 1979, 461, Rdnr. 38, 91 – *Hoffmann-La Roche/Kommission;* EuGH U. v. 15.12.1994 Rs C-250/92, Slg., I-5641, Rdnr. 47 – *Gøttrup-Klim;* EuG U. v. 17.12.2003, Rs T-219/99, EuG U.v.17,12,2003, Rs T-219/99, Slg. 2003, II-5917, Rdnr. 189 – *British Airways/Kommission.*

[510] EuGH U. v. 3.7.1991, Rs C-62/86, Slg. 1991, I-3359, Rdnr. 60 – *AKZO Chemie/Kommission* sowie EuG U. v. 30.9.2003, Rs T-191/98, Slg. 2003, II-3275, Rdnr. 907 – *Atlantic Container Line/Kommission;* EuG U. v. 1.7.2010, Rs T-321/05, Slg. 2010, II-2805, Rdnr. 243 bzw. 288 – *Astra Zeneca.*

[511] So angedeutet bei EuGH U. v. 15.12.1994, Rs C-250/92, Slg., I-5641, Rdnr. 48 – *Gøttrup-Klim;* Kommission E. v. 14.7.1999, ABl. 2000 L 30/1, Rdnr. 88f – *Virgin/British Airways.*

[512] EuGH U. v. 14.1.1996, Rs C-333/94 P, Slg. 1996, I-5951, Rdnr. 24 – *Tetra Pak/Kommission* sowie in ständiger Rechtsprechung EuG U. v. 6.10.1994, Rs T-83/91, Slg. 1994, II-755, Rdnr. 114 – *Tetra Pak* II; EuG U. v. 7.10.1999, Rs C-497/99, Slg. 1999, II-2969, Rdnr. 112 – *Irish Sugar;* EuG U. v. 17.12.2003,Rs T-219/99, Slg. 2003, II-5917, Rdnr. 242 – *British Airways/Kommission;* EuGH U. v. 15.3.2007, Rs C-95/04, Slg. 2007, I-2331. Rdnr. 23 – *British Airways/Kommission;* zuletzt EuG 9.9.2010, Rs T-155/06, Slg. 2010 II-4361, Rdnr. 207 – *Tomra/Kommission.*

[513] *Schröter/Jakob/Klotz/Mederer-Schröter/Bartl,* Europäisches Wettbewerbsrecht, Art. 102 AEUV, Rdnr. 164.

[514] Siehe hierzu in einzelnen: *Loewenheim/Meessen/Riesenkampff-Lübbig,* Kartellrecht, Art. 82 EG, Rdnr. 144ff.

XII. Rechtspraxis zur Anwendung von Art. 102 AEUV auf gewerbliche Schutzrechte

1. Erwerb gewerblicher Schutzrechte. Für den Erwerb gewerblicher Schutzrechte gilt die Grundregel, dass der bloße Erwerb eines von der Rechtsordnung gewährten ausschließlichen Rechts, dessen Substanz in der Befugnis besteht, die Herstellung und den Verkauf der geschützten Erzeugnisse durch Dritte zu untersagen, nicht als missbräuchliche Ausnutzung einer marktbeherrschenden Stellung i. S. v. Art. 102 AEUV angesehen werden kann.[515] Dies gilt auch für den Erwerb einer ausschließlichen Lizenz, die gegenüber dem Vollrechtserwerb ein „Minus" darstellt. Seine Grenze findet dieser Grundsatz nach der Rechtsprechung dort, wo der Erwerb einer ausschließlichen Lizenz auf eine Schlüsseltechnologie durch ein marktbeherrschendes Unternehmen dazu dient, die eigene überragende Marktstellung gegen aufkommenden Wettbewerb unangreifbar zu machen.[516] **376**

Leitentscheidung dazu ist das Urteil *„Tetrapak I"* des EuG, in dem allerdings die besonderen Umstände des Falls von entscheidender Bedeutung waren: *Tetrapak* hatte auf dem europäischen Markt für aseptische Abfüllmaschinen ebenso wie auf dem Markt für die dazugehörigen Verpackungskartons einen Anteil von jeweils rund 90%. Nach den Feststellungen des Gerichts verschaffte sich das Unternehmen durch den Erwerb einer ausschließlichen Lizenz zur Nutzung eines Patents über die einzige Konkurrenztechnologie die Möglichkeit, den Zutritt neuer Wettbewerber zu diesem Markt zu behindern und damit den verbliebenen Restwettbewerb weiter einzuschränken oder sogar auszuschalten. Das Gericht sah dies als wettbewerbswidriges Verhalten an. **377**

2. Die Ausübung gewerblicher Schutzrechte. Ebenso wie der Erwerb kann auch die zivilrechtlich zulässige *Ausübung* eines gewerblichen Schutzrechts in der Regel nicht als Missbrauch gewertet werden. In den Urteilen *„CICRA/Renault"* und *„Volvo/Veng"* entschied der EuGH in Bezug auf die als missbräuchlich angegriffene Geltendmachung von Geschmacksmusterrechten, „dass die Befugnis des Inhabers eines geschützten Musters, Dritte an der Herstellung und dem Verkauf oder der Einfuhr der das Muster verkörpernden Erzeugnisse ohne seine Zustimmung zu hindern, gerade die Substanz seines ausschließlichen Rechts darstellt." Daraus folge, „dass eine dem Inhaber des geschützten Musters auferlegte Verpflichtung, Dritten eine Lizenz für die Lieferung von Erzeugnissen, die das Muster verkörpern, zu erteilen, diesem Inhaber selbst dann, wenn dies gegen angemessene Vergütung erfolgen würde, die Substanz seines ausschließlichen Rechts nehmen würde, und dass die Weigerung, eine solche Lizenz zu erteilen, als solche keinen Missbrauch einer beherrschenden Stellung darstellen kann."[517] **378**

Auch im Fall der Ausübung gewerblicher Schutzrechte müssen also besondere Umstände vorliegen, damit diese als Missbrauch gewertet werden kann. Solche besonderen Umstände können nach Auffassung des EuGH insbesondere dann zu bejahen sein, wenn sich der Schutzrechtsinhaber willkürlich weigert, geschmacksmusterrechtlich geschützte Ersatzteile (Karosserieteile) an unabhängige Reparaturwerkstätten zu liefern, wenn er für die Ersatzteile unangemessen hohe Preise festsetzt oder sich entscheidet, für ein bestimmtes Kraftfahrzeugmodell keine Ersatzteile mehr herzustellen, obwohl noch viele Fahrzeuge dieses Modells in Gebrauch sind und deshalb nach wie vor Nachfrage nach den betreffenden Ersatzteilen besteht.[518] **379**

---

[515] EuGH U. v. 5.10.1988, Rs 53/87, Slg. 1988, 6039, Rdnr. 15 – *CICRA/Renault.*

[516] EuG U. v. 10.7.1990, Rs T-51/89, Slg. 1990, II-309, Rdnr. 23 – *Tetrapak/Kommission;* so auch *Immenga/Mestmäcker-Fuchs/Möschel,* Wettbewerbsrecht, EU/Teil 1, Art. 102 AEUV, Rdnr. 368, die zwischen einem originären und einem derivativen Erwerb des Schutzrechts unterscheiden, wobei sie dem derivativen Erwerb unter Bezugnahme auf die *Tetrapak I* Entscheidung negative Auswirkungen auf die Wettbewerbsstruktur des relevanten Marktes beimessen.

[517] EuGH U. v. 5.10.1988, Rs 238/87, Slg. 1988, 6211, Rdnr. 8 – *Volvo/Veng.*

[518] EuGH U. v. 5.10.1988, Rs 238/87, Slg. 1988, 6211, Rdnr. 9 – *Volvo/Veng.*

380 Die Frage inwiefern die Inanspruchnahme bestimmter *verfahrensbezogener* Rechte gegen Art. 102 AEUV verstoßen kann, war Gegenstand des Verfahrens *„AstraZeneca"*.[519] Das EuG entschied, dass die Beantragung einer zeitlichen Verlängerung des Schutzes mit irreführenden Angaben einen Verstoß gegen Art. 102 AEUV darstellen kann. Das Pharmaunternehmen *AstraZeneca* war Inhaberin eines Patents für einen bestimmten Wirkstoff. Aufgrund der auslaufenden Schutzfrist drohte dem Unternehmen Wettbewerb durch verschiedene Generikahersteller. Daraufhin beantrage *AstraZeneca* in verschiedenen Mitgliedstaaten *ergänzende Schutzzertifikate* und machte dazu, für die Gewährung der Schutzzertifikate maßgebliche, irreführende Angaben. Außerdem ließ es in einzelnen Mitgliedstaaten die bestehende Zulassung für den Wirkstoff in Kapselform zurücknehmen, um diesen im Anschluss in Tablettenform zu vermarkten. Darin lag nach Auffassung des EuG ein Verstoß gegen Art. 102 AEUV, da die Ausübung dieser Rechte zu einer Verzögerung des möglichen Markteintritts von Generikaherstellern führte.

381 Eine Durchbrechung des Grundsatzes, dass die zivilrechtlich zulässige Ausübung eines gewerblichen Schutzrechts und damit auch die Weigerung, daran Lizenzen zu erteilen, per se keinen Missbrauch darstellt, markieren indessen die Urteile des EuG und des EuGH in der Rechtssache *„Magill"*.[520] Danach missbrauchten die beklagten Fernsehsender ihre Marktmacht, indem sie sich weigerten, einem Verlag, der eine (sender)unabhängige wöchentliche Fernsehprogrammzeitschrift herausgeben wollte, die erforderlichen Informationen über ihre wöchentlichen Programme zur Verfügung zu stellen. Hintergrund war, dass in Irland TV-Anbieter Programmführer nur für ihre eigenen Programme herausgegeben hatten. Nach irischem Recht waren die vom Verlag begehrten Programminformationen urheberrechtlich geschützt. Nach Auffassung des Gerichtshofs lagen in diesem Fall „außergewöhnliche Umstände" vor, die die Ausübung der betreffenden Urheberrechte und die Verweigerung einer entsprechenden Lizenz missbräuchlich machten.

382 Ausschlaggebend dafür war, dass die Fernsehanstalten selbst keinen über das jeweils eigene Programmangebot hinausgehenden Programmführer anboten, so dass der Fernsehzuschauer, der sich über die Programmangebote informieren wollte, keine andere Möglichkeit hatte, als sich die wöchentlichen Programmführer für jeden Sender zu kaufen. Die Weigerung, die urheberrechtlich geschützten Informationen zur Verfügung zu stellen, führte deshalb nach Auffassung des EuGH zu einer wettbewerbswidrigen Einschränkung des Angebots zu Lasten der Verbraucher, die mit einer Zwangslizenz zu beseitigen war.[521]

383 Im Fall *„IMS"* hatte der EuGH erneut Gelegenheit, sich mit der Frage auseinanderzusetzen, wann besondere Umstände vorliegen, die eine *Zwangslizenz* rechtfertigen.[522] Dem Urteil lag die Weigerung des Schutzrechtsinhabers zugrunde, ihren Wettbewerbern Lizenzen für die Anwendung einer urheberrechtlich geschützten Informationsstruktur zu gewähren, die von ihm zur Sammlung von bestimmten Marktdaten eingesetzt wurde. Der Anbieter hatte argumentiert, dass sein Mitbewerber, anders als im Fall *„Magill"*, kein neues Erzeugnis auf einem abgeleiteten Markt anbieten, sondern die von ihm entwickelte Informationsstruktur allein dazu nutzen wolle, auf demselben Markt ein nahezu identisches Produkt zu vertreiben. Nach Auffassung des EuGH kann die Verweigerung einer Lizenz aber auch ohne das Vorhandensein zweier getrennter Märkte als missbräuchlich angesehen werden. Es genüge, „dass ein potentieller oder auch nur hypothetischer Markt bestimmt werden kann."[523] Hierfür soll es ausreichen, dass die vom Schutzrecht erfassten Erzeugnisse oder Dienstleistungen für eine bestimmte Tätigkeit unerlässlich sind und nach ihnen eine

---

[519] EuG U. v. 1.7.2010, Rs T-321/05, Rdnr. 352–382 und 474–590 – *AstraZeneca/Kommission*.

[520] EuG U. v. 10.7.1991, Rs T-69/89 – *RTE/Kommission,* Slg. 1991, II-485; EuGH, U. v. 6.4. 1995, verbundene Rs C-241 und C-242/91 P, Slg. 1995, I-743 – *RTE/Kommission;* siehe dazu auch *Schnelle.* GRUR Prax 2010, 169 ff.

[521] EuGH, aaO, Rdnr. 54.

[522] EuGH U. v. 29.4.2004, Rs C-418/01, Slg. 2004, Rdnr. 44 – *IMS/NDC; Bartosch,* European Law Reporter 2004, 193 ff.

[523] EuGH U. v. 29.4.2004, Rs C-418/01, Slg. 2004, Rdnr. 44 – *IMS/NDC.*

tatsächliche Nachfrage seitens der Unternehmen besteht, für deren Tätigkeit sie unerlässlich sind. Entscheidend ist folglich, dass zwei verschiedene Produktionsstufen unterschieden werden können, die derart miteinander verbunden sind, dass das vorgelagerte Erzeugnis ein für die Lieferung des nachgelagerten Erzeugnisses unerlässliches Element ist.[524]

Danach müssen drei Bedingungen kumulativ erfüllt sein, damit eine **Lizenzverweigerung** missbräuchlich im Sinne von Art. 102 AEUV ist: Die Weigerung muss (1.) das Auftreten eines neuen Erzeugnisses oder Dienstleistungsangebots verhindern, das der Schutzrechtsinhaber nicht anbietet und für das eine potentielle Nachfrage der Verbraucher besteht, (2.) sie darf nicht aus sachlichen Gründen gerechtfertigt sein, und sie muss (3.) geeignet sein, jeglichen Wettbewerb auf dem betreffenden Markt auszuschließen.[525] Die Kommission will sogar noch weitergehen. Nach ihrer Auffassung muss das Ausschließlichkeitsrecht schon dann zurücktreten, wenn die Lizenzverweigerung zur Behinderung von Innovationen führen würde. Demgemäß geht die Kommission davon aus, dass schon die Lizenzverweigerung für eine geschützte Technologie, die die notwendige Voraussetzung für nachfolgende Innovationen darstellt, missbräuchlich ist, selbst wenn die geschützte Technologie nicht Bestandteil des neuen Produkts oder der neuen Leistung werden soll.[526] 384

Diese Auffassung der Kommission ist abzulehnen.[527] Sie entspricht nicht dem Stand der Rechtsprechung des EuGH und wird der Funktion der gewerblichen Schutzrechte nicht gerecht, die gerade in dem zeitlich befristeten Schutz innovativer Leistungen vor der Übernahme und Verwendung durch nachstoßenden Immitationswettbewerb liegt. Mit der Pflicht zur Lizenzierung wird die Innovationsleistung des Schutzrechtsinhabers entwertet und der Anreiz zur Entwicklung neuer Technologien gemindert, womit sich die wettbewerbsrechtliche Missbrauchsaufsicht in einen Gegensatz zum wettbewerbsfördernden gewerblichen Rechtsschutz setzen und die Systemgrenze zwischen dem Kartellrecht und dem Recht des geistigen Eigentums unzulässig verschieben würde. 385

Im *Microsoft*-Urteil vom 17. September 2007[528] hat das EuG die bisherige Rechtsprechung in der Weise zusammengefasst, dass die Weigerung eines marktbeherrschenden Unternehmens, Dritten eine Lizenz für die Nutzung bestimmter geistiger Eigentumsrechte zu erteilen, als solche nicht missbräuchlich i. S. v. Art. 82 EG (jetzt Art. 102 AEUV) ist, hierfür vielmehr besondere Umstände vorliegen müssen, die es im Einzelfall im Interesse der Aufrechterhaltung eines wirksamen Wettbewerbs rechtfertigen, in diese Rechte zugunsten eines Dritten einzugreifen. Solche Umstände sind insbesondere dann anzunehmen, wenn: 386

erstens, die Weigerung einer Lizenzvergabe Erzeugnisse oder Dienstleistungen betrifft, die für die Ausübung einer bestimmten Tätigkeit auf einem benachbarten Markt unerlässlich sind; 387

zweitens, die Weigerung geeignet ist, jeglichen wirksamen Wettbewerb auf diesem benachbarten Markt auszuschließen und 388

drittens, die Weigerung das Auftreten eines neuen Produkts verhindert, nach dem eine potenzielle Nachfrage der Verbraucher besteht. 389

Hinzutreten muss, dass die Lizenzverweigerung durch das marktbeherrschende Unternehmen nicht objektiv gerechtfertigt ist.[529] Das Gericht weitet die Anwendungsvoraussetzungen dieser Anspruchsgrundlage jedoch über die genannten Schranken hinaus auf Situationen geringerer Marktstörung aus. Es sei nicht erforderlich, dass die Lizenzverweigerung zum Ausschluss *jeglichen* Wettbewerbs führt; stattdessen soll es genügen, dass die Lizenzver- 390

---

524 EuGH U. v. 29.4.2004, Rs C-418/01, Slg. 2004, Rdnr. 45 – *IMS/NDC.*

525 EuGH U. v. 6.4.1995, verbundene Rs C-241 und C-242/91 P, Slg. 1995, I-743, Rdnr. 52 – *RTE/Kommission.*

526 EuGH U. v. 29.4.2004, Rs C-418/01, Slg. 2004, Rdnr. 42. – *IMS/NDC;* ebenso *Europäische Kommission,* DG Competition Discussion Paper on the Application of Article 82 of the Treaty to Exclusionary Abuses, Rdnr. 237 ff.

527 Zum Streitstand siehe nur *Eilmansberger,* EWS 2003, 12; *Lober,* GRUR Int. 2002, 7; *Höppner,* EuZW 2004, 748; *Baudenbacher,* European Law Reporter 2004, 193; *Merveldt von,* WuW 2004, 19; *Thyri,* WuW 2005, 388; *Spindler/Apel,* JZ 2005, 133 sowie *Ensthaler/Bock,* GRUR 2009, 1.

528 EuG U. v. 17.9.2007, Rs T-201/04, Slg. 2007 II-3601 – *Microsoft/Kommission.*

529 EuG U. v. 17.9.2007, aaO, Rdnr. 332 f.

weigerung die Wettbewerber an den Rand drängt oder deren Tätigkeit unrentabel werden lässt.[530] Auch den Gesichtspunkt der Verhinderung des Auftretens neuer Produkte relativiert das Gericht.[531] Es genüge, dass jedenfalls eine gewisse Wahrscheinlichkeit dafür besteht, dass Wettbewerber nach Wegfall der inkriminierten Lizenzverweigerung einen starken Anreiz hätten, ein Betriebssystem für Workgroup-Server anzubieten, dessen Qualitäten denen des *Microsoft*-Konkurrenzproduktes überlegen sind und das daher aus Sicht der Nachfrager als besser eingestuft würde.[532]

391 **3. Standardessenzielle Patente (SEP) und Zwangslizenz.** Mit seiner Entscheidung *Orange-Book-Standard* hat auch der BGH zur Frage missbräuchlicher Lizenzverweigerung Stellung bezogen.[533] Danach kann einem Unterlassungsanspruch aus einem standardessenziellen Patent (SEP) ein Zwangslizenzeinwand entgegen gehalten werden.[534] Das Urteil betrifft die Frage, was genau der Lizenzsucher tun muss, damit das im Streit über eine Zwangslizenz von ihm zu unterbreitende Lizenzangebot vom Inhaber des SEP nicht abgelehnt werden darf, will er sich nicht dem Vorwurf aussetzen, er diskriminiere den Lizenzsucher ungerechtfertigt und missbrauche damit seine marktbeherrschende Stellung.

392 Dazu stellt der BGH in den Entscheidungsgründen (Tz. 27) fest:

„Diskriminiert ein marktbeherrschendes Unternehmen mit der Weigerung, einen ihm angebotenen Patentlizenzvertrag abzuschließen, das um die Lizenz nachsuchende Unternehmen in einem gleichartigen Unternehmen üblicherweise zugänglichen Geschäftsverkehr oder behindert es den Lizenzsucher damit unbillig, stellt auch die Durchsetzung des patentrechtlichen Unterlassungsanspruchs einen Missbrauch der marktbeherrschenden Stellung dar. Denn das marktbeherrschende Unternehmen hindert damit das andere Unternehmen an dem Marktzutritt, den es durch den Abschluss des Lizenzvertrags zu eröffnen verpflichtet ist. Die Durchsetzung des Unterlassungsanspruchs ist damit ebenso verboten wie die Weigerung, den Lizenzvertrag abzuschließen, der den Unterlassungsanspruch erlöschen ließe. Ein kartellrechtlich verbotenen Verhalten darf jedoch nicht von den staatlichen Gerichten angeordnet werden."

393 Allerdings ist ein Missbrauch der marktbeherrschenden Stellung des Patentinhabers nach Auffassung des BGH nur dann anzunehmen, wenn zwei Voraussetzungen erfüllt sind (Tz. 29):

394 *„Zum einen muss der Lizenzsucher ihm [dem Patentinhaber] ein unbedingtes Angebot auf Abschluss eines Lizenzvertrages gemacht haben, das der Patentinhaber nicht ablehnen darf, ohne den Lizenzsucher unbillig zu behindern oder gegen das Diskriminierungsverbot zu verstoßen, und sich an dieses Angebot gebunden halten.*

395 *Zum anderen muss der Lizenzsucher, wenn er den Gegenstand des Patents bereits benutzt, bevor der Patentinhaber sein Angebot angenommen hat, diejenigen Verpflichtungen einhalten, die der abzuschließende Lizenzvertrag an die Benutzung des lizenzierten Gegenstands knüpft."*[535]

396 Letzteres bedeutet insbesondere, dass der Lizenzsucher die sich aus dem Vertrag ergebenden Lizenzgebühren zahlen oder die Zahlung sicherstellen muss. Hält der Lizenzsucher die Lizenzforderung des Patentinhabers für missbräuchlich überhöht oder weigert sich der

---

530 EuG U. v. 17.9.2007, aaO, Rdnr. 593.

531 So in Rdnr. 647 des Urteils: „Das Auftreten eines neuen Produkts, auf das somit in den oben in Rdnr. 107 angeführten Urteilen *Magill* und *IMS Health* Bezug genommen wird, kann nicht der einzige Parameter sein, anhand dessen geklärt werden kann, ob eine Weigerung, für ein Recht des geistigen Eigentums eine Lizenz zu erteilen, den Verbrauchern im Sinne von Art. 82 Abs. 2 Buchst. b EG (jetzt: Art. 102 AEUV) schaden kann. Nach dem Wortlaut dieser Vorschrift kann ein solcher Schaden nicht nur bei einer Einschränkung der Erzeugung oder des Absatzes eintreten, sondern auch dann, wenn die technische Entwicklung eingeschränkt wird." Dazu auch *Heinemann,* GRUR 2008, 949, 952.

532 EuG U. v. 17.9.2007, Rdnr. 656 ff.

533 BGH U. v. 6.5.2009, KZR 39/06, GRUR 2009, 694 ff – *Orange-Book-Standard.*

534 Siehe ausführlich zur *Orange-Book-Standard* Entscheidung u. a. *de Bronett,* WuW 2009, 899 ff.; *Wirtz,* WRP 2011, 1392 ff. sowie *Müller,* GRUR 2012, 686.

535 BGH U. v. 6.5.2009, KZR 39/06, GRUR 2009, 694, 696 – *Orange-Book-Standard;* siehe zur Konkretisierung der aufgestellten Kriterien u. a. *Körber,* NZKart 2013, 87 ff; *Maume/Tapia,* GRUR Int. 2010, 923 ff. sowie *Jestaedt,* GRUR 2009, 801 ff.

Patentinhaber, die Lizenzgebühr zu beziffern, genügt dem Erfordernis eines unbedingten Angebots ein Angebot auf Abschluss eines Lizenzvertrages, bei dem der Lizenzgeber die Höhe der Lizenzgebühr nach billigem Ermessen bestimmt.

Unbedingt ist das Angebot nur, wenn es nicht allein für den Fall der Feststellung der (Patent)Verletzung erklärt wird.[536] Der (vermeintliche) Verletzer und Lizenzsucher muss sich also entscheiden, ob er eine Lizenz nehmen oder sich gegen den Verletzungsvorwurf verteidigen will. Demgemäß muss er seinen lizenzvertraglichen Verpflichtungen vorgreifen, in dem er regelmäßig abrechnet und die fällige Lizenzgebühr bezahlt oder hinterlegt. Der BGH verlangt, dass sich der Lizenzsucher so verhält, als ob der Patentinhaber sein Angebot zum Abschluss eines Lizenzvertrages angenommen hätte.[537] **397**

Die Instanzgerichte[538] verschärften die hohen Anforderungen an den Zwangslizenzeinwand sogar noch, in dem sie etwa verlangten, dass der Lizenzsucher mit dem Lizenzangebot auch seine Schadensersatzpflicht für die *vor* Abgabe des Angebots erfolgten Nutzungshandlungen jedenfalls dem Grunde nach anerkennt.[539] Diese hohen Hürden führten dazu, dass bislang nur in wenigen Patentverletzungsverfahren der Zwangslizenzeinwand erfolgreich war.[540] **398**

Mit ihren Entscheidungen *„Motorola"* und *„Samsung"* hat die *Kommission* allerdings deutlich gemacht, dass sie, anders als der BGH, eher *geringere Anforderungen* an die Begründetheit des Zwangslizenzeinwands nach Art. 102 AEUV stellt.[541] Nach Ansicht der Kommission soll es ausreichen, dass sich der Lizenzsucher gegenüber dem Inhaber des SEP nach einer ggf. ergebnislosen Verhandlungsphase bereit erklärt, eine Lizenz zu FRAND-Bedingungen zu akzeptieren, die von einem Gericht bzw. Schiedsgericht festzulegen sind. Dabei soll der Lizenzsucher nicht gehindert sein, den Rechtsbestand oder die Verletzung der betreffenden Patente in Abrede zu stellen. **399**

Dies würde im Vergleich zur deutschen Rechtsanwendung zu einer deutlich lizenzsucherfreundlicheren Entscheidungsfindung führen, da es die Kommission letztlich ausreichen lässt, dass das beklagte Unternehmen ernsthaft bereit ist, über eine FRAND-Lizenz zu verhandeln. Wann eine (ernsthafte) Verhandlungsbereitschaft zu bejahen ist, lässt die Kommission im Dunklen. Die diesbezüglich vom BGH aufgestellten Kriterien werden von der Kommission nicht erwähnt. **400**

Die verschiedenen Anforderungen an den Zwangslizenzeinwand seitens des BGH einerseits und der Kommission andererseits hat das LG Düsseldorf veranlasst, die *Orange-Book-Standard*-Kriterien auf den Prüfstand zu stellen und die Frage der Vereinbarkeit der vom Bundesgerichtshof aufgestellten, strengen Voraussetzungen der Zwangslizenz mit dem Europäischen Recht dem EuGH vorzulegen.[542] Das Gericht ist der Auffassung, dass die bloße *Verhandlungsbereitschaft* des Patentverletzers und Lizenzsuchers über eine FRAND-Lizenz nicht ausreicht, die Durchsetzung des Unterlassungsanspruchs seitens des Inhabers eines SEP als Missbrauch einer marktbeherrschenden Stellung i. S. v. Art. 102 AEUV anzusehen. Erforderlich sei vielmehr, dass dem Patentinhaber vom Lizenzsucher ein konkret ausformuliertes, annahmefähiges Lizenzvertragsangebot vorgelegt wird, dass sämtliche Regelungen enthält, die branchenüblich in Lizenzverträgen enthalten sind. Dem „Vorgriff" auf das von ihm beanspruchte Nutzungsrecht entspreche der „Vorgriff" auf die lizenzvertraglichen Verpflichtungen, weshalb es angemessen sei, vom Patentverletzer und Lizenzsucher insbesondere eine ordnungsgemäße Rechnungslegung sowie die Zahlung von Lizenzgebühren zu verlangen. **401**

---

536 BGH GRUR 2009, 694, Rdnr. 32.

537 BGH, ebenda, Rdnr. 33, 36; kritisch dazu *Heusch,* GRUR 2014, 745, 748.

538 Ausführlich zur Rechtsprechung der Instanzgerichte *Heusch,* GRUR 2014, 745 mzwN; siehe auch *Verhauwen,* GRUR 2013, 558; *Walz,* GRUR Int 2013, 718.

539 LG Mannheim BeckRS 2011, 29013.

540 *Deichfuß,* WuW 2012, 1156 ff.

541 Kommission, IP/13/406 v. 6.5.2013 – *Motorola Mobility* sowie bereits zuvor Kommission, MEMO/12/1021 v. 21.12.2012 – *Samsung.*

542 LG Düsseldorf GRUR-RR 2013, 196 m. Anm. *Hoppe-Jänisch* „LTE-Standard"; dazu *Picht,* GRUR Int. 2014, 1, 15 f.; ferner *Hilty/Slowinski,* GRUR Int. 2015, 781 ff.

402 Danach wollte das LG Düsseldorf u. a. vom EuGH wissen, ob der Inhaber eines standardessenziellen Patents, der gegenüber einer Standardisierungsorganisation seine Bereitschaft erklärt hat, jedem Dritten eine Lizenz zu fairen, angemessen und nicht-diskriminierenden Bedingungen zu erteilen, seine marktbeherrschende Stellung missbraucht, wenn er gegenüber einem Patentverletzer einen Unterlassungsanspruch gerichtlich geltend macht, obwohl dieser seine Bereitschaft zu Verhandlungen über eine solche Lizenz erklärt hat, oder ob ein Missbrauch der marktbeherrschenden Stellung *erst dann* anzunehmen ist, wenn der Patentverletzer dem Inhaber des standardessenziellen Patents ein annahmefähiges unbedingtes Angebot auf Abschluss eines Lizenzvertrages unterbreitet hat, dass der Patentinhaber nicht ablehnen darf, ohne den Patentverletzer unbillig zu behindern oder gegen das Diskriminierungsverbot zu verstoßen, und der Patentverletzer im Vorgriff auf die zu erteilende Lizenz für bereits begangene Benutzungshandlungen die ihn treffenden Vertragspflichten erfüllt.

403 Nach Maßgabe der Schlussanträge des Generalanwalts sind die Fragen des LG Düsseldorf wie folgt zu beantworten:[543]

„Hat sich der Inhaber eines SEP einer Standardisierungsorganisation gegenüber zur Erteilung einer Lizenz an Dritte zu FRAND-Bedingungen verpflichtet und stellt er anschließend einen Antrag auf Anordnung von Abhilfemaßnahmen gegenüber einem Patentverletzer und macht er ihm gegenüber einen Unterlassungsanspruch gerichtlich geltend, dann stellt dies einen Missbrauch einer beherrschenden Stellung dar, wenn feststeht, dass er seine Verpflichtungszusage nicht eingehalten hat, obwohl der Patentverletzer objektiv bereit, willens und fähig ist, einen Vertrag über eine solche Lizenz zu schließen.

Die Einhaltung der Verpflichtungszusage setzt voraus, dass der Inhaber eines SEP, wenn ein Missbrauch einer beherrschenden Stellung nicht vorliegen soll, vor der Einreichung eines Antrags auf Anordnung von Abhilfemaßnahmen bzw. vor der gerichtlichen Geltendmachung eines Unterlassungsanspruchs den angeblichen Patentverletzer, sofern nicht feststeht, dass dieser umfassend informiert ist, durch ein mit Gründen versehenes Schreiben von der in Frage stehenden Verletzung unterrichtet, wobei anzugeben ist, welches das relevante SEP ist und worin die Verletzung durch den Patentverletzer besteht. Der Inhaber eines SEP muss dem angeblichen Patentverletzer unter allen Umständen ein schriftliches Lizenzvertragsangebot zu FRAND-Bedingungen unterbreiten, das alle üblicherweise in einem Lizenzvertrag der betreffenden Branche aufgeführten Bedingungen zu enthalten hat, insbesondere die genaue Höhe der Lizenzgebühr und die Art der Berechnung.

Der Patentverletzer hat auf dieses Angebot sorgfältig und ernsthaft zu reagieren. Nimmt er das Angebot des Inhabers eines SEP nicht an, hat er diesem kurzfristig ein angemessenes schriftliches Gegenangebot zu den Klauseln zu unterbreiten, mit denen er nicht einverstanden ist. In der Einreichung eines Antrags auf Anordnung von Abhilfemaßnahmen oder der gerichtlichen Geltendmachung eines Unterlassungsanspruchs liegt kein Missbrauch einer beherrschenden Stellung, wenn das Verhalten des Patentverletzers ein rein taktisches und/oder zögerliches und/oder nicht ernst gemeintes Verhalten ist.

Sind keine Verhandlungen aufgenommen worden oder sind diese ergebnislos geblieben, kann das Verhalten des angeblichen Patentverletzers nicht als zögerlich oder als nicht ernst gemeint angesehen werden, wenn dieser die Festsetzung von FRAND-Bedingungen durch ein Gericht oder ein Schiedsgericht verlangt. In diesem Fall darf der Inhaber eines SEP vom Patentverletzer die Stellung einer Bankbürgschaft für die Zahlung der Lizenzgebühren oder die Hinterlegung eines vorläufigen Betrages bei dem Gericht oder Schiedsgericht für die bisherige oder zukünftige Nutzung seines Patents verlangen.

Das Verhalten des angeblichen Patentverletzers kann auch dann nicht als zögerlich oder als nicht ernst gemeint angesehen werden, wenn er sich bei den Verhandlungen über eine Lizenz zu FRAND-Bedingungen das Recht vorbehält, nach Abschluss des Lizenzvertrags vor einem Gericht

[543] Schlussanträge vom 20.11.2014 in der Rs C-170/13, ECLI:EU:C:2014:2391, BeckRS 2014, 82403.

oder Schiedsgericht die Rechtsbeständigkeit des Patents anzugreifen sowie geltend zu machen, dass er die Lehre des Patents nicht genutzt hat oder das Patent nicht essenziell ist.“[544]

Diesen Vorgaben ist der EuGH mit seinem Urteil vom 16.7.2015[545] weitestgehend gefolgt. Allerdings setzt der Gerichtshof einen anderen, wettbewerblich begründeten Ausgangspunkt: Die Geltendmachung eines Anspruchs auf Rechnungslegung und Schadensersatz für vergangene, ggf. rechtsverletzende Benutzungshandlungen wird unter dem Gesichtspunkt des kartellrechtlichen Missbrauchsverbots *nicht* beanstandet, da diese keine unmittelbare Auswirkung darauf habe, ob standardkonforme Wettbewerbserzeugnisse auf den Markt gelangen bzw. dort bleiben.[546] **404**

Der Missbrauchsaufsicht unterliegen folglich nur Klagen auf Unterlassung der Herstellung und des Vertriebs standardessenzieller Erzeugnisse bzw. die Geltendmachung des Rückrufs derselben aus dem Handel.[547] **405**

Dazu stellt der Gerichtshof vorab klar, dass der Schutz geistiger Eigentumsrechte notwendig voraussetzt, dass ihrem Inhaber nicht die Möglichkeit genommen wird, seine Rechte gerichtlich durchzusetzen, und die Benutzungsaufnahme der Erlaubnis (Lizenz) des Rechtsinhabers bedarf.[548] Folglich könne „die Ausübung eines mit einem Recht des geistigen Eigentums verbundenen ausschließlichen Rechts“ (nur) „unter besonderen Umständen ein missbräuchliches Verhalten i.S.v. Art. 102 AEUV darstellen“.[549] Standardessentielle Patente können einen solchen besonderen Umstand begründen, da mit dem Standard kompatible Erzeugnisse nur unter Benutzung der betreffenden Schutzrechte hergestellt werden könnten, ohne die der Marktzutritt von Wettbewerbern nicht möglich wäre. **406**

Art. 102 AEUV sei deshalb dahin auszulegen, dass der Inhaber eines für einen von einer Standardisierungsorganisation normierten standardessentiellen Patents, der sich gegenüber dieser Organisation verbindlich und unwiderruflich verpflichtet hat, jedem Dritten eine Lizenz zu fairen, zumutbaren und diskriminierungsfreien Bedingungen (sog. FRAND-Bedingungen) zu erteilen, seine ggf. marktbeherrschende Stellung nicht dadurch missbraucht, dass er eine Patentverletzungsklage auf Unterlassung der Beeinträchtigung seines Patents oder auf Rückruf der Erzeugnisse, für deren Hersteller dieses Patent benutzt wurde, erhebt, wenn **407**

– er zum einen den vermeintlichen Verletzer vor Erhebung der Klage auf die Patentverletzung, die ihm vorgeworfen wird, hingewiesen, dabei das betreffende Patent bezeichnet und angegeben hat, auf welche Weise es verletzt worden sein soll, und zum anderen, nachdem der vermeintliche Patentverletzer seine Bereitschaft zum Abschluss eines Lizenzvertrages zu FRAND-Bedingungen erklärt hat, diesem ein konkretes schriftliches Lizenzangebot zu diesen Bedingungen unterbreitet, wobei insbesondere die Lizenzgebühr sowie die Art und Weise ihrer Berechnung anzugeben ist, und
– der Patentverletzer, während er das betreffende Patent weiter benutzt, auf dieses Angebot nicht mit Sorgfalt, gemäß den in dem betreffenden Wirtschaftszweig anerkannten geschäftlichen Gepflogenheiten und nach Treu und Glauben, reagiert, was auf der Grundlage objektiver Gesichtspunkt zu bestimmen ist und unter anderem voraussetzt, das keine Verzögerungstaktik verfolgt wird.[550]

Anders als der Generalanwalt nimmt der EuGH nicht an, dass der Lizenzsucher nach Maßgabe dieser Kriterien ernsthaft verhandelt, wenn er im Fall ergebnisloser Verhandlungen kurzerhand das Gericht um die Festsetzung von FRAND-Bedingungen für die Nutzung des betreffenden SEP ersucht. Stattdessen stellt der EuGH lediglich fest, dass in diesem Fall die Parteien die „Möglichkeit“ haben, „im gegenseitigen Einvernehmen“ zu **408**

---

544 EuGH, ebenda, 767, Rdnr. 69.
545 EuGH U. v. 16.7.2015, Rs C-170/13, ECLI:EU:C:2015:477 = GRUR 2015, 764 ff. – *Huawei Technologies/ZTE* = GRUR-Prax 2015, 323 [*Hauck*].
546 EuGH GRUR 2015, 764, 767 f., dort Rdnr. 74.
547 EuGH, ebenda, 767, Rdnr. 73.
548 EuGH, ebenda, 766, Rdnr. 57 ff.
549 EuGH, ebenda, 766, Rdnr. 47.
550 EuGH, ebenda, 767, Rdnr. 61 ff.

beantragen, dass die Lizenzgebühren „durch einen unabhängigen Dritten", der „innerhalb einer kurzen Frist entscheidet", festgelegt werden.[551] Die (einseitige) „Flucht" in die Arme des Gerichts steht dem Lizenzsucher danach nicht zu.[552]

409 Darüber hinaus hat der vermeintliche Verletzer, wenn er das SEP benutzt, bevor ein Lizenzvertrag zustande gekommen ist, ab dem Zeitpunkt, zu dem sein Gegenangebot abgelehnt wurde, eine angemessene Sicherheit gemäß den in dem betreffenden Wirtschaftszweig anerkannten geschäftlichen Gepflogenheiten zu leisten, zum Beispiel indem er eine Bankgarantie beibringt oder die erforderlichen Beträge hinterlegt. Dabei muss die Berechnung dieser Sicherheit unter anderem die Zahl der vorausgegangenen Benutzungshandlungen in Bezug auf das SEP umfassen, für die der Benutzer eine Abrechnung vorlegen muss.[553]

410 Mit diesen Vorgaben verschiebt sich das Kräfteverhältnis zwischen dem Inhaber eines SEP und dem vermeintlichen Verletzer und Lizenzsucher erheblich: Nicht der Lizenzsucher muss dem Rechtsinhaber ein Lizenzangebot unterbreiten, sondern umgekehrt der marktbeherrschende Patentinhaber dem Lizenzsucher. Dies beruht auf dem Umstand, dass sich der Inhaber des betreffenden SEP selbst verpflichtet hat, Dritten eine Lizenz zu FRAND-Bedingungen zu erteilen. Auf das Ersuchen des vermeintlichen Patentverletzers nach Lizenzerteilung muss folglich der Patentinhaber ein Vertragsangebot vorlegen. Auf dieses Angebot hat der Patentverletzer sorgfältig und ernsthaft zu reagieren. Tut er dies nicht, verhält er sich insbesondere taktisch und nicht zielführend, ist die Unterlassungsklage des marktbeherrschenden Patentinhabers nicht missbräuchlich i. S. v. Art. 102 AEUV.

411 Ein Entweder/Oder gibt es nach dem Urteil des Gerichtshofs nicht. Anders als nach der *„Orange Book Standard"*-Entscheidung des BGH kann der vermeintliche Verletzer also beides: eine Lizenz verlangen *und* den Rechtsbestand des SEP angreifen sowie bestreiten, dass er von der Lehre des Patents Gebrauch macht bzw. das Patent „essenziell" ist.

412 Die vorstehend wiedergegebene „Mechanik" gilt nur für standardessenzielle Patente und nur dann, wenn und soweit sich der Inhaber des SEP einer Standardisierungsorganisation gegenüber zur Erteilung einer Lizenz an Dritte zu FRAND-Bedingungen verpflichtet hat; Maßstab für die Lizenzerteilung ist also die eigene Verpflichtungserklärung des Patentinhabers. Auf Fälle der ggf. missbräuchlichen Lizenzverweigerung solcher Schutzrechtsinhaber, die ihre Schutzrechte selber nutzen und keine Lizenzbereitschaft erklärt haben (s. oben Rdnr. 378 ff.), ist sie nicht anwendbar. Der Grund für die beschränkte Durchsetzbarkeit insbesondere des Unterlassungsanspruchs ist die seitens des Patentinhabers erklärte Bereitschaft und Verpflichtung zur Lizenzvergabe zu FRAND-Bedingungen. Verweigert der Inhaber des SEP die Einlösung dieser Verpflichtung, handelt er nach Maßgabe vorstehend wiedergegebener Kriterien missbräuchlich, vorausgesetzt er ist in Bezug auf den konkret angesprochenen Markt marktbeherrschend. Ob dies der Fall ist, ist zu prüfen, wobei das standardessentielle Patent die Annahme einer (widerleglichen) Vermutung für das Vorliegen einer marktbeherrschenden Stellung erlaubt.[554] Ob vor diesem Hintergrund Inhaber von SEP künftig in gleichem Maße bereit sein werden, ihre Schutzrechte in Standardorganisationen einzubringen, bleibt abzuwarten.

---

[551] EuGH, ebenda, 767, Rdnr. 68.

[552] Dazu *Heinemann,* GRUR 2015, 855, 859 sowie dort Fn. 43.

[553] EuGH, ebenda, 767, Rdnr. 67.

[554] *Heinemann,* GRUR 2015, 855, 859.

5. Kapitel. Fusionskontrolle

1. Abschnitt. Die EG-Fusionskontroll-Verordnung

§ 15 Anwendungsbereich und Zusammenschlusstatbestand

Übersicht

Schrifttum: *Ablasser,* Medienmarkt und Fusionskontrolle. Die Anwendbarkeit der Europäischen Fusionskontrollverordnung auf den Mediensektor, Dissertation Salzburg 1997; *Ahlborn/Turner,* Expanding Success? Reform of the E. C. Merger Regulation, ECLR 1998, 249 ff.; *Axster,* Die europäische Fusionskontrolle, in Fs. Karlheinz Quack, 1991, 569 ff.; *Bacchiega/Dionnet/Macewen/Todino,* Johnson & Johnson/Guidant: potential competition and unilateral effects in innovative markets, Competition Policy Newsletter 3/2005, 87 ff.; *Bär-Bouyssière,* „Tetra Laval" und der wettbewerbspolitische Paradigmenwechsel: die gerichtliche Kontrolle wettbewerbstheoretischer Ansätze am Beispiel der Fusionskontrolle, in: Schwarze, Jürgen (Hrsg.), Recht und Ökonomie im Europäischen Wettbewerbsrecht, 2006, 85 ff.; *Baker/Wu,* Applying the Market Definition Guidelines of the European Commission, ECLR 1998, 273 ff.; *Banks,* Non-Competition Factors and their Future Relevance under European Merger Law, ECLR 1997, 182 ff.; *ders.,* The Development of the Concept of Extraterritoriality under European Merger Law and its Effectiveness under the Merger Regulation following the Boeing/McDonnell Douglas Decision 1997, ECLR 1998, 306 ff.; *Bardong,* Europäische Fusionskontrolle bei konglomeraten Fusionen nach Intel/MacAfee und Cisco/Kommission, ZWeR 2014, 385 ff.; *Baron,* Die neuen Bestimmungen der Europäischen Fusionskontrolle, WuW 1997, 579 ff.; *ders.,* Das neue Kriterium „erhebliche Behinderung wirksamen Wettbewerbs" (SIEC) in der europäischen Fusionskontrolle: Anmerkungen zum Verhältnis von deutscher und europäischer Fusionskontrolle, in Fs. Rainer Bechtold zum 65. Geburtstag, 2006, 9 ff.; *Bartosch,* Gehorsam oder Widerstand. Reformvorschlag der Kommission zur FKVO und die Rechtsprechung des EuG im Fall Airtours ./. Kommission, WuW 2003, 574 ff.; *ders.,* Neues zur Beweislastverteilung in der Europäischen Fusionskontrolle, EuZW 2006, 619 ff.; *Baxter/Dethmers,* Collective dominance under EC merger control – after Airtours and the introduction of unilateral effects is there still a future for collective dominance?, in: ECLR 2006, 148 ff.; *Baxter/Dethmers/Dodoo,* The GE/Honeywell judgment and the assessment of conglomerate effects: What's new in EC practice?, ECJ 2006, 141 ff.; *Bechtold,* Kartellgesetz. Gesetz gegen Wettbewerbsbeschränkungen. Kommentar, 7. Aufl., 2013; *ders.,* Zwischenbilanz zum EG-Fusionskontrollrecht, EuZW 1994, 653 ff.; *ders.,* Fusionskontrolle im EG-Binnenmarkt, in Fs. Alfred Gaedertz zum 70. Geburtstag, 1992, 45 ff.; *ders.,* Die Grundzüge der neuen EG-Fusionskontrolle, RIW 1990, 251 ff.; *ders.,* Die Entwicklung des Kartellrechts 1995–1997, NJW 1997, 1959 ff.; *ders.,* Anmerkung zum EuGH-Urteil v. 31.3.1998, verb. Rs. C-68/94 Französische Republik/Kommission und C-30/95 SCPA u. EMC/Kommission EuZW 1998, 313 ff.; *ders.,* EG-Fusionskontrolle bei grenzüberschreitenden Fusionen, The European Legal Forum 2000, 19 ff.; *ders.,* Economic Approach und Rechtssicherheit, in: Schwarze, Jürgen (Hrsg.), Recht und Ökonomie im Europäischen Wettbewerbsrecht, 2006, 103 ff.; *Bechtold/Bosch/Brinker,* EU-Kartellrecht, Kommentar, 3. Aufl. 2014; *Bellamy/Child,* Common Market Law of Competition, 7. Aufl., 2013; *Bericht der Kommission an den Rat,* Gemeinschaftliches Fusionskontrollrecht, KOM (93) 385 endg. v. 28.7.1993, abgedr. in: EEC Merger Control Reporter, Kap. D 3, 31 ff.; *Beeser,* Kollektive marktbeherrschende Stellungen im Anwendungsbereich der FusionskontrollVO (Anmerkung zu EuGH U. v. 31.3.1998, verb. Rs. C-68/94 Französische Republik/Kommission und C-30/95 SCPA u. EMC/Kommission), European Law Reporter 1998, 144 ff.; *Bergau,* Die Sanierungsfusion im europäischen Kartellrecht, FIW-Schriftenreihe, Heft 193, 2003; *Bien,* Kartellrechtskontrolle von Gemeinschaftsunternehmen ex ante und ex post – Teil 1: Das Verfahren der Doppelkontrolle de lege lata und de lege ferenda, NZKart 2014, 214 ff. und Teil 2: Die Anforderungen an den Nachweis von Spill-over-Effekten, NZKart 2014, 247 ff.; *Böge,* Reform der Europäischen Fusionskontrolle, WuW 2004, 138 ff.; *ders.,* Der „more economic approach" und die deutsche Wettbewerbspolitik, WuW 2004, 726 ff.; *Böge/*

Jakobi, Die Berücksichtigung von Effizienzen in der Fusionskontrolle, BB 2005, 113ff.; *Boeshertz/Lahabi/Moonen,* Inco/Falconbridge: A nickel mine of applications in efficiencies and remedies, Competition Policy Newsletter 3/2006, 41ff.; *Bornkamm/Montag/Säcker (Hrsg.),* Münchener Kommentar, Europäisches und Deutsches Wettbewerbsrecht (Kartellrecht), Band 1, Europäisches Wettbewerbsrecht, 2. Aufl. 2015 (zit.: *MüKo-Bearbeiter); Bos/Stuyck/Wytinck,* Concentration Control in the European Community, 1992; *Brei,* Begräbnis erster Klasse für die Fusionskontrolle konglomerater Zusammenschlüsse. Kritische Anmerkungen zum Urteil des EuG im Fall Tetra ./. Kommission, WuW 2003, 585ff.; *Brinker,* Praktische Probleme der Marktabgrenzung aus rechtlicher Sicht – Von der Bedeutung ökonometrischer Modelle für die Fusionskontrolle, in: Jürgen Schwarze (Hrsg.), Recht und Ökonomie im Europäischen Wettbewerbsrecht, 2006, 41ff.; *Broberg,* The Commission's Jurisdiction over Mergers in the Financial Sector, in: Legal Issues of European Integration (Law Review of the Europa Instituut. University of Amsterdam) 1996/2, 35ff.; *ders.,* Commitments in Phase One Merger Proceedings: The Commission's Power to Accept And Enforce Phase One Commitments, CMLR 1997, 849ff.; *Brown,* Judicial Review of Commission Decisions under the Merger Regulation: The First Cases, ECLR 1994, 296ff.; *Bundeskartellamt,* Arbeitsunterlage „Wettbewerbsschutz und Verbraucherinteressen im Lichte neuer ökonomischer Methoden" für den Arbeitskreis Kartellrecht 2004 (www.bundeskartellamt.de); *Bundeskartellamt,* Arbeitsunterlage „Konglomerate Zusammenschlüsse in der Fusionskontrolle. Bestandsaufnahme und Ausblick" für den Arbeitskreis Kartellrecht 2006 (www.bundeskartellamt.de); *Buntscheck,* Der Gleichordnungskonzern – ein illegales Kartell? WuW 2004, 374ff.; *Camesasca,* The Explicit Efficiency Defence in Merger Control: Does it make the Difference?, ECLR 1999, 14ff.; *Canenbley,* Die Abgrenzung des geographisch relevanten Marktes in der EWG-Fusionskontrolle, in: Europarecht, Kartellrecht, Wirtschaftsrecht. Fs. Arved Deringer, 1993, 226ff.; *Cook/Kerse,* EC Merger Control, 5. Aufl. 2009; *de Bronett,* Akteneinsicht in Wettbewerbsverfahren der Europäischen Kommission, WuW 1997, 383ff.; *Deimel,* Rechtsgrundlagen einer europäischen Zusammenschlusskontrolle, 1992 (zugl. Diss. Göttingen); *Dittert,* Die Reform des Verfahrens in der neuen EG-Fusionskontrollverordnung, WuW 2004, 148ff.; *Downes/MacDougall,* Significantly Impeding Effective Competition: Substantive Appraisal under the Merger Regulation, ECLR 1994, 286ff.; *Drauz,* Remedies under the Merger Regulation, in: Annual Proceedings of the Fordham Corporate Law Institute, North American and Common Market Antitrust and Trade Laws 1996, 1997; *ders.,* Conglomerate and vertical mergers in the light of the Tetra Judgement. Competition Policy Newsletter 2/2005, 35ff.; *Drauz/McGeown/Record,* Recents Developments in EU Merger Control, JECL&P 2014, 314ff.; *Drauz/Schroeder,* Praxis der europäischen Fusionskontrolle, 3. Aufl. 1995; *Ebenroth/Lange,* EG-Fusionskontrolle nach Abschluß der Uruguay-Runde im Rahmen des GATT, WuW 1994, 601ff.; *Ehlermann,* Die europäische Fusionskontrolle – erste Erfahrungen, WuW 1991, 535ff.; *ders.,* Zukünftige Entwicklungen des Europäischen Wettbewerbsrechts, EuZW 1994, 647ff.; *Emmerich,* Fusionskontrolle 1996/97, Die AG 1997, 529ff.; *Enchelmaier,* Europäische Wettbewerbspolitik im Oligopol. Eine Untersuchung der Behandlung von Oligopolfällen durch die Kommission und den Gerichtshof der Europäischen Gemeinschaften, 1997 (zugl. Diss. Bonn 1995); *Esser/Höft,* Die Einführung des SIEC-Tests durch die 8. GWB-Novelle – Folgen für die Praxis, NZKart 2013, 447ff.; *Ezrachi/Ionnidou,* Buyer Power in European Merger Control, ECJ 2014, 69ff.; *Fiebig,* International Law Limits on the Extraterritorial Application of the European Merger Control Regulation and Suggestions for Reform, ECLR 1998, 323ff.; *Fine,* Mergers and Joint Ventures in Europe. The Law and Policy of the EEC, 2nd edition, 1994; *Fountoukakos/Tyan,* A New Substantive Test for EU Merger Control, ECLR 2005, 277ff.; *Frenz,* Die Kontrolle von Fusionsgenehmigungen als Spiegelbild von Untersagungen, WuW 2007, 138ff.; *Fuchs,* Zusagen, Auflagen und Bedingungen in der europäischen Fusionskontrolle, WuW 1996, 269ff.; *ders.,* Widerruf der Genehmigung und nachträgliche Untersagungsmöglichkeit nach der Fusionskontroll-Verordnung, EuZW 1996, 263ff.; *Gonzalez-Dias/Jones,* EEC merger regulation. Jurisdiction and Substance by Christopher Jones. Procedure by Enrique Gonzalez-Dias, 1992; *Goyder,* EC Competition Law, 4th edition, 2003; *Grabitz/Hilf/Nettesheim,* Das Recht der Europäischen Union. Kommentar, Bd. II, Stand: September 2014; *Griffin,* Antitrust Aspects of Cross-Border Mergers and Acquisitions, ECLR 1998, 12ff.; *Groger/Janicki,* Weiterentwicklung des europäischen Wettbewerbsrechts, WuW 1992, 991ff.; *Gugerbauer,* Handbuch der Fusionskontrolle/Kommentar zur Verordnung Nr. 4064/89 des Rates über die Kontrolle von Unternehmenszusammenschlüssen und zu den §§ 41ff. KartG, 1995; *Happe,* Die Fristen im EG-Fusionskontrollverfahren, EuZW 1995, 303ff.; *Heidenhain,* Zur Klagebefugnis Dritter in der europäischen Fusionskontrolle, EuZW 1991, 590ff.; *ders.,* Zusagenpraxis in der EG-Fusionskontrolle, EuZW 1994, 135ff.; *Heistermann,* Praxis der EG-Kommission und des Bundeskartellamtes zur Fusionskontrolle, in: Schwerpunkte des Kartellrechts 1993/94, FIW-Schriftenreihe, Heft 163, 1995, 51ff.; *Hirsbrunner,* Fusionskontrolle der Kommission im Jahr 1994, EuZW 1995, 295ff.; *ders.,* Fusionskontrolle der Kommission im Jahr 1995, EuZW 1996, 517ff.; *ders.,* Fusionskontrolle der Kommission im Jahr 1996, EuZW 1997, 748ff.; *ders.,* Die revidierte EG-Fusionskontroll-Verordnung, EuZW 1997, 69ff.; *ders.,* Verweisung von Unternehmenszusammenschlüssen nach Artikel 9 der EG-FusionskontrollVO, EWS 1998, 233 ff.; *ders.*, Referral of Mergers in E. C. Merger Control, ECLR 1999, 372 ff.; *ders.*, Neue Entwicklungen der Europäischen Fusionskontrolle in den Jahren 1999 und 2000, EuZW 2001, 197 ff.; *ders.*, Neue Entwicklungen der EG-Fusionskontrolle im Jahr 2001, EuZW 2002, 453 ff.; *ders.*, Neue Entwicklungen der Europäischen Fusionskontrolle in den Jahren 2003/2004, EuZW 2005, 519 ff.; *ders.*, Neue Entwicklungen der Europäischen Fusionskontrolle im Jahr 2005, EuZW 2006, 711 ff.; *ders.*, Neue Entwicklungen der Europäischen Fusionskontrolle, EuZW 2009, 239 ff.; *ders.*, Die Entwicklung der europäischen Fusionskontrolle im Jahr 2009, EuZW 2010, 727 ff.; *ders.*, Die Entwicklung der europäischen Fusionskontrolle im Jahr 2010, EuZW 2011, 549 ff.; *ders.*, Die Entwicklung der europäischen Fusionskontrolle im Jahr 2011, EuZW 2012, 646 ff.; *ders.;* Die Entwicklung der europäischen Fusionskontrolle im Jahr 2012, EuZW 2013, 657 ff., *ders.*, Die Entwicklung der europäischen Fusionskontrolle im Jahr 2013, EuZW 2014, 658 ff.; *Horspool/Korah,* Competition, The Antitrust Bulletin 1992, 337 ff.; *Hossenfelder/Töllner/Ost,* Kartellrechtspraxis und Kartellrechtsprechung 2003/2004, RWS-Skript 19. Aufl. 2004; *dies.*, Kartellrechtspraxis und Kartellrechtsprechung 2004/2005, RWS-Skript 20. Aufl. 2005; *dies.*, Kartellrechtspraxis und Kartellrechtsprechung 2005/2006, RWS-Skript 21. Aufl. 2006; *Howarth,* The Court of First Instance in GE/Honeywell, ECLR 2006, 485 ff.; *Immenga,* Die Sicherung unverfälschten Wettbewerbs durch die Europäische Fusionskontrolle, WuW 1990, 371 ff.; *ders.*, Zur Umsatzberechnung öffentlicher Unternehmen im Rahmen der europäischen Fusionskontrolle, in Fs. Ulrich Everling, Band I, 1995, 541 ff.; *ders.*, Der SIEC-Test der europäischen Fusionskontrolle als Kompetenzfrage, in Fs. Ernst-Joachim Mestmäcker zum 80. Geburtstag, 2006, 269 ff.; *Immenga/Mestmäcker,* Wettbewerbsrecht, Band 1, EU/Teil 2 Kommentar zum Europäischen Kartellrecht, 5. Aufl. 2012 (zit.: *Immenga/Mestmäcker-Körber,* EU-WbR); *Immenga/Mestmäcker,* Wettbewerbsrecht Band 2. GWB/Teil 1 – Kommentar zum Deutschen Kartellrecht, 5. Aufl. 2014; *Jaeger/Kokott/Pohlmann/Schroeder (Hrsg.),* Frankfurter Kommentar zum Kartellrecht, Stand: 83. Ergänzungslieferung April 2015 (zit.: *FK-Bearbeiter*); *Janicki,* EG-Fusionskontrolle auf dem Weg zur praktischen Umsetzung, WuW 1990, 195 ff.; *ders.*, Inhalt und Praxis der Rückverweisungsvorschriften in Art. 9 der EG-Fusionskontrollverordnung, in: Schwerpunkte des Kartellrechts 1992/93. Referate des Einundzwanzigsten FIW-Seminars 1992/93, 1994, 63 ff.; *Johnson,* The EEC merger control regulation. Referral to member states under article 9, World Competition 2.1993, 105 ff.; *Käseberg,* Die Analyse unilateraler Effekte im Rahmen der Fusionskontrolle (zugleich Entscheidungsbesprechung Oracle/People Soft), WuW 2005, 998 ff.; *Kalintiri,* The Standard of Proof in Phase I Merger Decisions: The Lesson from the Microsoft/Skype Appeal, ECLR 2014, 279 ff.; *Karl,* Die Rechtsstellung privater Dritter in der Europäischen Fusionskontrolle, in: Veelken/Karl/Richter, Die europäische Fusionskontrolle. Grundzüge und Einzelfragen zur Verordnung (EWG) Nr. 4064/89, 1992, 37 ff.; *ders.*, Der Zusammenschlussbegriff in der Europäischen Fusionskontrollverordnung, 1996; *ders.*, Inkrafttreten der Änderungen zur Europäischen Fusionskontrolle vom 1.3.1998, EuR 1998, 219 ff.; *ders.*, Prognoseentscheidungen in der Europäischen Fusionskontrolle: Beweisanforderungen an die Europäische Kommission für die Untersagung von Zusammenschlussvorhaben, in Fs. Rainer Bechtold zum 65. Geburtstag, 2006, 209 ff.; *Kerber,* Die europäische Fusionskontrollpraxis und die Wettbewerbskonzeption der EG. Zwei Analysen zur Entwicklung des europäischen Wettbewerbsrechts, 1994; *Killick,* The GE Honeywell Judgement – in Reality Another Merger Defeat for the Commission, ECLR 2007, 52 ff.; *Kirchhoff,* Europäische Fusionskontrolle, Beilage 14 zu Heft 11/1990, 1 ff.; *Kleemann,* Enthält Art. 2 der EG-Fusionskontrollverordnung eine wettbewerbliche Abwägungsklausel?, in Fs. Otfried Lieberknecht zum 70. Geburtstag, 1997, 379 ff.; *Kleinmann,* Die Umsatzschwellen für Zusammenschlüsse von gemeinschaftsweiter Bedeutung in der Europäischen Fusionskontrolle und ihre Revision, in Fs. Ingo Schmidt zum 65. Geburtstag, 1997, 131 ff.; *Kloc-Evison/Demataki/Sepulveda Garcia/Alves/Bengtsson,* Ineos/BP Dormagen: Illustrating the forward-looking nature of merger control analysis, Competition Policy Newsletter 3/2006, 56 ff.; *Kloc-Evison/Larsson Haug/Siebert,* Procter & Gamble/Gillette: the role of economic analysis in Phase I cases, Competition Policy Newsletter 3/2005, 43 ff.; *Klumpp,* Die „Efficiency Defence" in der Fusionskontrolle: eine rechtsvergleichende Untersuchung über die Berücksichtigung von Effizienzgewinnen bei der Zusammenschlusskontrolle nach deutschem, europäischem und US-amerikanischem Recht, 2006; *Koch,* Die neuen Befugnisse der EG zur Kontrolle von Unternehmenszusammenschlüssen, EWS 1990, 65 ff.; *Kocmut,* Efficiency Considerations and Merger Control – Quo Vadis, Commission? ECLR 2006, 19 ff.; *Kögel,* Die Angleichung der deutschen an die europäische Fusionskontrolle. Eine rechtsvergleichende Untersuchung zu Alternativen, Möglichkeiten und Grenzen einer 6. GWB-Novelle, Diss. Tübingen 1996; *Körber,* Konkurrentenklagen in der europäischen Fusionskontrolle, EuZW 1996, 267 ff.; *Kogel,* Zuständigkeitsabgrenzung in der Fusionskontrolle zwischen EU und Mitgliedstaaten: Eine Untersuchung der gegenwärtigen Rechtslage und der Möglichkeiten ihrer Verbesserungen, 2006; *Kopke,* Merger Remedies Study, Competition Policy Newsletter 3/2005, 3 ff.; *Kokkoris,* The Reform of the European Control Merger Regulation in the Aftermath of the Air Tours Case, ECLR 2005, 37 ff.; *ders.*, Do merger simulation and critical loss analysis differ under the SLC and dominance test?, in: ECLR 2006, 249 ff.; *ders.*, Failing Firm Defence in the European Union: Apanacea for Mergers, ECLR 2006, 494ff.; *Krause,* Article 6(1)b EC Merger Regulation: Improving the Reliability of Commitments, ECLR 1994, 209ff.; *Krimphove,* Europäische Fusionskontrolle, 1992 (zugl. Diss. Münster 1991); *Kuhn,* Kooperative Aspekte von Gemeinschaftsunternehmen im Europäischen Kartellrecht, 2007; *Lampert,* Die Anwendbarkeit der EG-Fusionskontrollverordnung im Verhältnis zum Fusionskontrollrecht der Mitgliedstaaten rechtsvergleichend zum Verhältnis zwischen dem US-Antitrustrecht des Bundes und der Einzelstaaten. FIW-Schriftenreihe Heft 261, 1995; *Landzettel,* Unterschiede und Gemeinsamkeiten des deutschen und europäischen Fusionskontrollrechts – ein problemorientierter Vergleich, 1995 (zugl. Diss. Frankfurt a.M. 1995); *Lange,* Beteiligungsrechte Dritter im europäischen Fusionskontrollverfahren, in: Verantwortung und Gestaltung. Fs. Karlheinz Boujong zum 65. Geburtstag 1996, 885ff.; *ders.,* Handbuch zum deutschen und europäischen Kartellrecht, 2. Aufl. 2006; *Langeheine/von Koppenfels,* Aktuelle Probleme der EU-Fusionskontrolle, ZWeR 2013, 299ff.; *Langen/Bunte,* Kartellrecht, Bd. 2 Europäisches Kartellrecht, 12. Aufl. 2014; *Lenz/Borchardt,* EU-Verträge, Kommentar, 6. Aufl. 2012; *Lenz/Grill,* Zum Recht der Akteneinsicht im EG-Kartellverfahrensrecht, in: Europarecht, Kartellrecht, Wirtschaftsrecht. Fs. Arved Deringer, 1993, 310ff.; *Levitt,* Commission Notice on Internal Rules of Procedure for Access to the file, ECLR 1997, 187ff.; *Levy,* Kimberly-Clark/Scott and the Power of Brands, ECLR 1996, 403–410; *Linsmeier,* Zusagen im EG-Kartellrecht: Viel Aufwand, wenig Nutzen?, in Fs. Rainer Bechtold zum 65. Geburtstag, 2006, 269ff.; *Löffler,* Kommentar zur europäischen Fusionskontrollverordnung, 2001; *Loest,* Zum Stand der EG-rechtlichen Kontrollpraxis von konglomeraten Zusammenschlüssen, in Fs. Rainer Bechtold zum 65. Geburtstag, 2006, 287ff.; *Loewenheim/Meessen/Riesenkampff* (Hrsg.), Kartellrecht – Europäisches und Deutsches Recht, Kommentar, 2. Aufl. 2009; *Loughran/Gatti,* Merger Control: Main Developments between 1st May and 31st August 2006, Competition Policy Newsletter 3/2005, 81ff.; 3/2006, 37ff.; *Lübking,* Commission adopts Jurisdictional Notice under the Merger Regulation, Comp. Policy Newsletter 3/2007, 1ff.; *ders.,* Die europäische Fusionskontrolle im Jahr 2012: Komplexe Fälle, Entwicklungen in den Politikprojekten und eine tragende Rolle der ökonomischen Analyse, in: Herausforderungen für die Wettbewerbsordnung. FIW-Symposium, 2013, 37ff.; *Mäkelä,* The Court of Justice rules for the first time on Article 21 (3) of the Merger Regulation in Case C-42/01 Portugese Republic versus Commission, Competition Policy Newsletter 1/2005, 19ff.; *Maudhuit/Soames,* Changes in EU merger control ders: Part 1, ECLR 2005, 57ff.; Part 2, aaO, 75ff.; Part 3, aaO, 144ff.; *Mestmäcker/Schweitzer,* Europäisches Wettbewerbsrecht, 3. Aufl. 2014; *Metaxas/Armengod,* EC Merger Regulation and the Status of Ancillary Restrictions: Evolution of the European Commission's Policy, ECLR 2005, 500ff.; *Meyer,* Die extraterritoriale Anwendung der EG-Fusionskontrollverordnung, Diss. Frankfurt a.M. 2004; *Meyring/Hermes,* Fusionskontrolle zwischen zwei Stühlen? Anmerkungen zum Urteil des EuG vom 13.7.2006 in der Rechtssache T-464/04 – IMPALA v. Kommission, ZWeR 2007, 108ff.; *Miersch,* Kommentar zur EG-Verordnung Nr. 4064/89 über die Kontrolle von Unternehmenszusammenschlüssen, 1991; *Monopolkommission,* Konzeption einer europäischen Fusionskontrolle. Sondergutachten gemäß § 24b Abs. 5 Satz 4 GWB, 1989; *dies.,* XVIII. Hauptgutachten (2008/2009) Mehr Wettbewerb, wenig Ausnahmen, 2010; *dies.,* XIX. Hauptgutachten (2010/2011) Stärkung des Wettbewerbs bei Handel und Dienstleistungen, 2012; *dies.,* XX. Hauptgutachten (2012/2013) Eine Wettbewerbsordnung für die Finanzmärkte, 2014; *Montag,* Effizienz und Wettbewerb in der rechtlichen Praxis am Beispiel der europäischen Fusionskontrolle, in: Peter Oberender (Hrsg.), Effizienz und Wettbewerb, 2005, 95ff.; *ders.,* The future of „dominance" under the Merger Control Regulation and Art. 82 EC, in: Carl Baudenbacher (Hrsg.), Neueste Entwicklungen im europäischen und internationalen Kartellrecht, 2005, 275ff.; *ders.,* Das GE/Honeywell-Urteil des EuG: Absage an konglomerate und vertikale Effekte in der europäischen Fusionskontrolle?, in Fs. Rainer Bechtold zum 65. Geburtstag, 2006, 339ff.; *ders.,* Die Anwendung des Zusammenschlussbegriffes der FKVO bei mehreren miteinander verknüpften Transaktionen, in Fs. Carl Baudenbacher, 2007, 503ff.; *Montag/Kaessner,* Neuere Entwicklungen in der Fallpraxis der europäischen Fusionskontrolle, WuW 1997, 781ff.; *Montag/Leibenath,* Aktuelle Probleme in der Europäischen Fusionskontrolle, WuW 2000, 852ff.; *Moosecker,* Praktische Erfahrungen mit der EG-Fusionskontrolle, in: Schwerpunkte des Kartellrechts 1991/92. Verwaltungs- und Rechtsprechungspraxis. Referate des Zwanzigsten FIW-Seminars 1992 und der Elften Brüsseler Informationstagung 1992, 1993, 37ff.; *Morgan,* The Treatment Of Oligopoly Under The European Merger Control Regulation, The Antitrust Bulletin Spring 1996, 203ff.; *Gemeinschaftskommentar* Gesetz gegen Wettbewerbsbeschränkungen und Europäisches Kartellrecht: Gemeinschaftskommentar/begr. von Hans Müller-Henneberg und Gustav Schwartz, 5. Aufl. 1999ff. §§ 35ff. GWB (2000), EU-Fusionskontrolle Einführung und Art. 1–3 VO 4064/89 (2001); *Niewiarra,* Rechtsfragen der sog. Holländischen Klausel, in Fs. Otfried Lieberknecht zum 70. Geburtstag, 1997, 431ff.; *Noel,* Efficiency Considerations in the Assessment of Horizontal Mergers under European and U.S. Antitrust Law, ECLR 1997, 498ff.; *Nothdurft,* Die Entscheidung des EuGH im Fall Tetra Laval, ZWeR 2006, 306ff.; *O'Keefe,* Merger Regulation Thresholds: An Analysis of the Community-dimension thresholds in Regulation 4064/89, ECLR 1994, 21ff.; *Overbury,*

Politics or Policy? The Demystification of EC Merger Control, in: Annual Proceedings of the Fordham Corporate Law Institute. International Antitrust Law & Policy 1992, 557 ff.; *Paas,* Non-structural remedies in EU merger control, ECLR 2006, 209 ff.; *Papandropoulos/Tajana,* The Merger Remedies Study – In Divestiture We Trust?, ECLR 2006, 443 ff.; *Pape/Hossenfelder/Töllner,* Kartellrechtspraxis und Kartellrechtsprechung 2002/2003, 2003; *Pflanz,* Oracle/PeopleSoft: the economics of EC review, ECLR 2005, 123 ff.; *Picat/Zachmann,* Community Monitoring of Concentration Operations, ECLR 1993, 240 ff.; *Plaß,* Die Zusammenschlusskontrolle von Versicherungen und Kreditinstituten nach der Europäischen Fusionskontrollverordnung, 1997 (zugl. Diss. Gießen 1997); *Pohlmann,* Die Vorschläge der Europäischen Kommission zu einer Änderung der Fusionskontrollverordnung, EWS 1997, 181 ff.; *dies.,* Doppelkontrolle von Gemeinschaftsunternehmen im europäischen Kartellrecht, WuW 2003, 473 ff.; *Polley,* Die neue Praxis der Europäischen Kommission zu Nebenabreden in der Fusionskontrolle, WRP 2002, 304 ff.; *Polley/Grave,* Die Erweiterung eines bestehenden Gemeinschaftsunternehmens als Zusammenschluss, WuW 2003, 1010 ff.; *Prete/Nucara,* Standard of proof and scope of judicial review in EC merger cases: everything dear after Tetra Laval?, ECLR 2005, 692 ff.; *Quack,* Zur Anwendbarkeit der Fusionskontrollverordnung auf Oligopolsachverhalte, GRUR 1998, 295 ff.; *Ritter,* Gemeinschaftsunternehmen – Die ewige Suche nach dem Schwerpunkt, in Fs. Peter Ulmer zum 70. Geburtstag, 2003, 955 ff.; *Röller/Stennek/Verboven,* Efficiency gains from mergers, 2004 (http://ec.europa.eu/comm/competition/index_de.html); *Röller/de la Mano,* The impact of the new substantive test in European merger control, European Competition Journal 2006, 9 ff.; *Rohardt,* Die europäische Fusionskontrolle beginnt Gestalt anzunehmen, WuW 1991, 365 ff.; *Rosenthal,* Neuordnung der Zuständigkeiten und des Verfahrens in der Europäischen Fusionskontrolle, EuZW 2004, 327 ff.; *Rosenthal/Thomas,* European Merger Control, 2010; *Rudolf/Leupold,* Joint Ventures – The relevance of the full functionality criterion under EU merger regulation, JECL&P 2012, 439 ff.; *Sauter,* Zwei Jahre Praxis der europäischen Fusionskontrolle – Eine kritische Bewertung. Zentrum für Europäisches Wirtschaftsrecht. Vorträge und Berichte, Nr. 23 1992; *ders.,* Zusammenarbeit zwischen nationalen Wettbewerbsbehörden und der Kommission, in Fs. Ingo Schmidt zum 65. Geburtstag, 1997, 97 ff.; *Scheffler,* Zur Rechtsprechung: Das Tetra-Laval-Urteil des EuGH, EuZW 2005, 751 f.; *Schlecht,* 40 Jahre im Dienst für die Soziale Marktwirtschaft: Das „Gesetz gegen Wettbewerbsbeschränkungen", WuW 1997, 565 ff.; *Schmidt,* More economic approach: Ein wettbewerbspolitischer Fortschritt?, in Fs. Rainer Bechtold zum 65. Geburtstag, 2006, 409 ff.; *Schmidt, Ingo/Schmidt, André,* Europäische Wettbewerbspolitik. Eine Einführung, 1997; *Schroeder,* Schnittstelle der Kooperations- und Oligopolanalyse im Fusionskontrollrecht, WuW 2004, 893 ff.; *Schröter/Jakob/Klotz/Mederer,* Europäisches Wettbewerbsrecht, 2. Aufl. 2014 (zit.: *S/J/K/M-Bearbeiter*); *Schütz,* Der räumlich relevante Markt in der Fusionskontrolle. Zum „Backofenmarkt"-Beschluss des BGH, WuW 1996, 286 ff.; *Schulte* (Hrsg.), Handbuch Fusionskontrolle, 2. Aufl. 2010; *Schwalbe,* Nichtkoordinierte Effekte horizontaler Zusammenschlüsse. Wirtschaftstheoretische Grundlagen und Prognose durch Simulationsmodelle, in Fs. Rainer Bechtold zum 65. Geburtstag, 2006, 465 ff.; *Sedemund,* Vortrag „Rechte Dritter nach der VO 17/62 und der VO 4064/89" bei einem Seminar der Generaldirektion IV der EG-Kommission am 27./28.9.1993 (unveröffentlicht); *Simon/Stelzer,* Die Sanierungsfusion – letzter Ausweg für andernfalls zu untersagende Fusionen? Lehren aus Aegan/Olympic II und Nynas/Shell, NZKart 2014, 497 ff.; *Soames,* The „Community Dimension" in the EEC Merger Regulation: The Calculation of the Turnover Criteria, ECLR 1990, 213 ff.; *Soames/Mandhuit,* Changes in EU Merger Control: Part 1, ECLR 2005, 57 ff.; Part 2, ECLR 2005, 75 ff.; *Staudenmeyer,* Der Zusammenschlussbegriff in Art. 3 der EG-FusionskontrollVO, FIW-Schriftenreihe, Heft 189, 2002; *Soyez,* Die Verweisung an die Kommission nach Art. 4 Abs. 5 FKVO – eine sinnvolle Option?, ZWeR 2005, 416 ff.; *Staebe,* „Unzulässige Verhaltensauflagen" zu fusionskontrollrechtlichen Freigabeentscheidungen, WRP 2004, 66 ff.; *Steenbergen,* Schneider/Legrand – early conclusions for merger control and its review by the European Court of First Instance, in: Peter Behrens (Hrsg.), Europäisches Wettbewerbsrecht im Umbruch, 2004, 271 ff.; *Stockmann,* Anwendbarkeit der Oligopolvermutungen in der deutschen und europäischen Fusionskontrolle, in: Schwerpunkte des Kartellrechts 1991/92. Verwaltungs- und Rechtsprechungspraxis. Referate des Zwanzigsten FIW-Seminars 1992 und der Elften Brüsseler Informationstagung 1992, 1993, 101 ff.; *Stockmann/Schultz,* Kartellrechtspraxis und Kartellrechtsprechung 1997/98, 13. Aufl. 1998; *Strohm,* BASF/Pantochim/Eurodiol: Richtungswechsel in der Europäischen Fusionskontrolle?, WuW 2001, 1203 ff.; *ders.,* The Application of Economic Theory in Practice: Efficiency Defence of Mergers on the Back of Welfare Economics? in: Esser/Stierle, Current Issues in Competition Theory and Policy. INFER Research Edition Vol. 8, 2002, 9 ff.; *Todino,* First Experience with the new merger regulation: Piaggio/Aprilia, Competition Policy Newsletter 1/2005, 79 ff.; *Todorov/Valcke,* Judicial review of merger control decisions in the European Union, The antitrust bulletin 2006, 339 ff.; *Uhlig,* Zusagen, Auflagen und Bedingungen im Fusionskontrollverfahren. Eine Untersuchung zum deutschen und europäischen Recht, 1996 (zugl. Diss. Göttingen 1996); *Van Bael/Bellis,* Competition Law of the European Community, 5. Aufl. 2010; *Veelken,* Aspekte der europäischen Fusionskontrolle, in: Veelken/Karl/Richter, Die europäische Fusionskontrolle. Grundzüge und Einzelfragen zur Verordnung (EWG) Nr. 4064/89, 1992, 1 ff.; *Venit,* European Merger Control. The first Twelve Months, in: Antitrust Law Journal, vol. 60 (1992), 981 ff.; *Völcker,* Mind the Gap: Unilateral Effects Analysis Arrives in EC Merger Control, ECLR 2004, 395 ff.; *Völcker/O'Daly,* The Court of First Instance's Impala judgment: a judicial counter-reformation in EU merger control?, ECLR 2006, 589 ff.; *Vogelaar,* Die neue Fusionskontrolle in den Niederlanden, WuW 1997, 964 ff.; *Voigt/Schmidt,* The Commission's guidelines on horizontal mergers: improvement or deterioration?, CMLR 2004, 1583 ff.; *von Bonin,* Vertikale und konglomerate Zusammenschlüsse nach dem Urteil GE/Kommission, WuW 2006, 466 ff.; *ders.,* Switching to Substantial Impediment of Competition (SIC) can have Substantial Costs-SIC!, ECLR 2004, 584 ff.; *von der Groeben/Schwarze,* Kommentar zum Vertrag über die Europäische Union und zur Gründung der Europäischen Gemeinschaft, Band 2: Art. 81 ff. EGV, 6. Aufl. 2003; *von Dietze,* Verfahrensbeteiligung und Klagebefugnis im EG-Recht. Zur Dogmatik der Klagebefugnis verfahrensbeteiligter Dritter im Kartell-, Beihilfenaufsichts-, Fusionskontroll- und Außenhandelsrecht, 1995 (zugl. Diss. München 1994); *von Meibom/Zinsmeister,* Verbesserung der europäischen Wettbewerbsverfahren, in: Schwerpunkte des Kartellrechts 1991/92. Verwaltungs- und Rechtsprechungspraxis. Referate des Zwanzigsten FIW-Seminars 1992 und der Elften Brüsseler Informationstagung 1992, 1993, 53 ff.; *Vonnemann,* Die neue europäische Fusionskontrolle, DB 1990, 569 ff.; *Vorster,* Oligopole in der EU-Fusionskontrolle: Die Anwendung des SIEC-Tests auf Imitation und Kollusion im Oligopol, 2013; *Wagemann,* Rechtfertigungs- und Entschuldigungsgründe im Bußgeldrecht der Europäischen Gemeinschaften, 1992 (zugl. Diss Freiburg 1991); *ders.,* Erfahrungen mit der EG-Fusionskontrolle – Der Fall Alcatel/AEG Kabel, WuW 1992, 730 ff.; *Weitbrecht,* A well-watered plateau: EU Merger Control 2011–2013, ECLR 2014, 279 ff.; *Weitbrecht/Willems,* Auf dem Weg nach Europa: Fusionskontrolle nach der 8. GWB-Novelle, ZWeR 2013, 365 ff.; *Went,* The Acceptability of Remedies Under the EC Merger Regulation: Structural Versus Behavioural, ECLR 2006, 455 ff.; *Werner,* Internationaler Wettbewerb und Marktabgrenzung bei der Fusionskontrolle, in Fs. Otfried Lieberknecht zum 70. Geburtstag, 1997, 607 ff.; *Westermann,* Die Einwirkungen der europäischen auf die deutsche Fusionskontrolle, 1996 (zugl. Diss. Göttingen 1995); *Whish/Bailey,* EU Competition Law, 7. Aufl., 2012; *Wiedemann,* Kommentar zu den Gruppenfreistellungsverordnungen des EWG-Kartellrechts, Band I Allgemeiner Teil, 1989; *ders.,* Judicial Review, in: EC Merger Control Monitor. Case Summaries, Comments and Legal Texts. Von Cornelis Canenbley, Heinrich Hölzler, Gerhard Wiedemann, 1995 (Losebl.), A22 – A24; *ders.,* Drittstaaten-Zusammenschlüsse und EG-Fusionskontrollverordnung, in Fs. Otfried Lieberknecht zum 70. Geburtstag, 1997, 625 ff.; *ders.,* Die Beurteilung kooperativer Vollfunktionsgemeinschaftsunternehmen nach der EG-Fusionskontrollverordnung, in Fs. Peter Ulmer zum 70. Geburtstag, 2003, 1031 ff.; *ders.,* Auf der Suche nach der verlorenen Rechtssicherheit. Eine Zwischenbilanz zwei Jahre nach Inkrafttreten der EG-Kartellverfahrens-Verordnung Nr. 1/2003, in Fs. Rainer Bechtold zum 65. Geburtstag, 2006, 627 ff.; *ders.,* Die Umgehungsklausel des Art. 5 Abs. 2 UA. 2 EG-FKVO – Ausdruck gesunden Mißtrauens oder verfehlte Regulierung?, in Fs. Möschel, 2011, 721 ff.; *Wolf,* Zum Verhältnis von europäischem und deutschem Wettbewerbsrecht, EuZW 1994, 233 ff.; *ders.,* Zusammenwirken von EG-Kommission und Bundeskartellamt, in: Schwerpunkte des Kartellrechts 1991/92. Verwaltungs- und Rechtsprechungspraxis. Referate des Zwanzigsten FIW-Seminars 1992 und der Elften Brüsseler Informationstagung 1992, 1993, 1 ff.; *Ysewyn/Caffaar,* Two's Company, Three's a Crowd: The Future of Collective Dominance After the Kali & Salz Judgement, ECLR 1998, 468 ff.; *Zilles,* Die Anfechtungslegitimation von Dritten im europäischen Recht, 1997 (zugl. Diss. Münster 1996); *Zimmer,* Significant Impediment to Effective Competition: das neue Untersagungskriterium der EU-Fusionskontrollverordnung, ZWeR 2004, 250 ff.; *ders.,* Vorzüge und Leistungsgrenzen quantitativ-ökonomischer Analysen in Fusionskontrollverfahren: Das Beispiel Oracle/PeopleSoft, in Fs. Rainer Bechtold zum 65. Geburtstag, 2006, 677 ff.; *ders.,* Differenzierte Produkte, nichtkoordinierte Effekte und das Upward Pricing Pressure-Konzept: Wird die Marktabgrenzung in Fusionskontrollverfahren entbehrlich? WuW 2013, 929 ff.; *Zonnekeyn,* The Treatment of Joint Ventures under the Amended E. C. Merger Regulation, ECLK 1998, 414 ff.

A. Der Anwendungsbereich der FKVO (Art. 1, 21)

Die Verordnung Nr. 139/2004 des Rates vom 20.1.2004 über die Kontrolle von Unternehmenszusammenschlüssen[1] (nachfolgend FKVO) gilt für alle **Zusammenschlüsse von gemeinschaftsweiter Bedeutung** (Art. 1 Abs. 1 FKVO). Die gemeinschaftsweite Bedeu- 1

[1] ABl. 2004 L 24/1, mit Wirkung zum 1.5.2004. Vormals Verordnung (EWG) Nr. 4064/89 v. 21.12.1989, ABl. 1990 L 257/13, geändert durch VO Nr. 1310/97 v. 30.6.1997, ABl. 1997 L 180/1 und ABl. 1998 L 40/17.

tung bestimmt sich anhand quantitativer Umsatzkriterien der beteiligten Unternehmen (Art. 1 Abs. 2 und 3 FKVO), die Zusammenschlusstatbestände – Fusion und Kontrollerwerb – sind in Art. 3 definiert. Für den so festgelegten Anwendungsbereich der FKVO gilt der Grundsatz der ausschließlichen Zuständigkeit: Entscheidungen über Zusammenschlüsse von gemeinschaftsweiter Bedeutung werden grundsätzlich von der Kommission getroffen. Die Mitgliedstaaten haben sich mit der Verabschiedung der FKVO durch den Rat verpflichtet, ihr nationales Wettbewerbsrecht auf diese Fälle nicht mehr anzuwenden.[2] Diese Abgrenzung ausschließlicher Zuständigkeiten ist in Art. 21 Abs. 2 und 3 FKVO ausdrücklich festgehalten. Vom Grundsatz der Ausschließlichkeit gibt es bestimmte Ausnahmen: Nach Art. 9 FKVO kann die Kommission einen bei ihr angemeldeten Zusammenschluss von gemeinschaftsweiter Bedeutung auf Antrag ganz oder teilweise an die Wettbewerbsbehörde eines Mitgliedstaates verweisen. Eine solche Verweisung können die beteiligten Unternehmen mittlerweile auch schon vor Anmeldung des Zusammenschlusses erreichen (Art. 4 Abs. 4 FKVO). Nach Art. 21 Abs. 4 FKVO können Mitgliedstaaten ungeachtet einer Vereinbarkeitserklärung der Kommission hinsichtlich eines Zusammenschlusses von gemeinschaftsweiter Bedeutung geeignete Maßnahmen zum Schutze „anderer berechtigter Interessen", z. B. öffentliche Sicherheit oder Medienvielfalt, treffen. Zusammenschlüsse, die keine gemeinschaftsweite Bedeutung im Sinne von Art. 1 Abs. 2 und 3 FKVO besitzen, fallen grundsätzlich in die ausschließliche Zuständigkeit der Mitgliedstaaten. Hier kann die Kommission nur ausnahmsweise und auf Antrag eines Mitgliedstaates (Art. 22 Abs. 1 FKVO) tätig werden. Eine Verweisung an die Kommission ist jetzt nach Art. 4 Abs. 5 FKVO ebenfalls schon vor Anmeldung möglich.

2 Der **sachliche Geltungsbereich** der FKVO umfasst sämtliche Waren- und Dienstleistungssektoren. Dazu zählen auch Zusammenschlüsse, die Kohle- und Stahlerzeugnisse betreffen, nachdem der EGKS-Vertrag mit seiner Sonderregelung des Art. 66 für Zusammenschlüsse am 23.7.2002 ausgelaufen ist.[3] Die FKVO selbst kennt keine Ausnahmebereiche und gilt insbes. auch für Zusammenschlüsse von öffentlichen Unternehmen,[4] von Unternehmen auf Märkten für landwirtschaftliche Erzeugnisse[5] sowie uneingeschränkt für Presse- und Handelszusammenschlüsse. Eine Sonderreglung für Kreditinstitute und Versicherungen (Art. 5 Abs. 3 FKVO) bezieht sich nur auf die Umsatzberechnung, nicht aber auf die Anwendbarkeit der FKVO. Allerdings können Mitgliedstaaten Zusammenschlüsse, die die Erzeugung von Waffen, Munition und Kriegsmaterial sowie den Handel mit diesen Erzeugnissen betreffen, unter Berufung auf **Art. 346 (vormals Art. 223 bzw. 296) Abs. 1 Buchst. b AEUV** der EU-Fusionskontrolle entziehen. Solche Fälle werden von der Kommission nur hinsichtlich ihres nichtmilitärischen Teils geprüft.[6] Allein Frankreich, das Vereinigte Königreich und Italien haben bislang von dieser Möglichkeit Gebrauch gemacht.[7] Zum **räumlichen Geltungsbereich** s. unten Rdnr. 22ff. Die **zeitliche Geltung** der FKVO seit ihrem Inkrafttreten am 21.9.1990 (Art. 26 Abs. 1 FKVO) ist unbefristet. Bis zur Revision der FKVO zum 1.3.1998[8] unterlagen einige Bestimmungen, insbes. die in

[2] Komm. 19. WB 1989, Ziff. 16, unter 7a; zur Entstehungsgeschichte s. *S/J/K/M-Hirsbrunner,* Art. 1 Rdnr. 16ff.

[3] Zur zwischenzeitlichen Übergangsregelung (ABl. 2002 C 152/6) s. *Thomas* in § 36 sowie *von der Groeben/Schwarze-Adt,* Band 2, Fusionskontrollverordnung, Rdnr. 387ff.

[4] Vgl. Erwägungsgrund 22 und z. B. den Fall Komm. E. v. 2.6.1998, IV/M.931 – *Neste/IVO,* Rdnr. 7; zur Umsatzberechnung bei öffentlichen Unternehmen s. § 15 Rdnr. 107.

[5] Erwägungsgrund 7 der FKVO.

[6] Vgl. Erwägungsgrund 19 der FKVO; Komm., 26. WB 1996, Ziff. 157; *Hirsbrunner* EuZW 1995, 299.

[7] Komm., 23. WB 1993, Ziff. 324ff.; Komm. E. v. 24.11.1994, IV/M.528 – *British Aerospace/VSEL;* s. dazu 24. WB 1994, Ziff. 336; Komm. E. v. 7.12.1994, IV/M.529 – *GEC/VSEL;* Komm. E. v. 23.9.1996, IV/M.820 – *British Aerospace/Lagardère;* Freigabe fingiert gem. Art. 10 Abs. 6 am 4.12.1996, IV/M.841 – *Lagardère/Thomson-CSF (II);* Komm. E. v. 28.8.1998, IV/M.1258 – *GEC Marconi/Alenia;* Komm. E. v. 28.4.1999, IV/M. 1309 – *Matra/Aérospatiale;* Komm. E. v. 1.10.2001, COMP/M. 2546 – *EADS/Nortel.* Zu deutschen Fällen s. Rdnr. 84.

[8] VO Nr. 1310/97 v. 30.6.1997, ABl. 1997 L 180/1.

Art. 1 Abs. 2 FKVO festgelegten Umsatzschwellen, einer Revisionsklausel („vor Ablauf des vierten Jahres nach dem Erlass der Verordnung"),[9] die jedoch – nach der Erweiterung durch Art. 1 Abs. 3 – gestrichen und in den nachfolgenden Revisionen der FKVO (1997 und 2004) durch Berichtspflichten zu bestimmten Zeitpunkten – zuletzt zum 1.7.2009[10] – ersetzt wurden.

I. Die Zuständigkeitsverteilung zwischen Kommission und Mitgliedstaaten (Art. 21)

Nach **Art. 21 Abs. 2 FKVO** ist die Kommission ausschließlich zuständig, die in der FKVO vorgesehenen Entscheidungen[11] zu erlassen. Diese Zuständigkeit, die nur durch den Vorbehalt der Nachprüfung durch den Gerichtshof (bzw. zunächst des EuG) eingeschränkt wird, bezieht sich auf alle Zusammenschlüsse von gemeinschaftsweiter Bedeutung. **3**

Insoweit wenden die Mitgliedstaaten ihr innerstaatliches Wettbewerbsrecht nicht an, **Art. 21 Abs. 3 FKVO.** Nach ganz herrschender Meinung bezieht sich Art. 21 Abs. 3 auf Zusammenschlüsse im Sinne von Art. 3 FKVO, auch wenn hier – anders als in Art. 22 Abs. 1 – Art. 3 FKVO nicht zitiert wird.[12] Dafür spricht auch Erwägungsgrund 8 ltzt. Satz der FKVO Nr. 4064/89, demzufolge „Unternehmenszusammenschlüsse, die nicht unter diese Verordnung fallen, … grundsätzlich in den Zuständigkeitsbereich der Mitgliedstaaten (fallen)". Nationale Fusionskontrolle bleibt demnach anwendbar, wenn entweder der Zusammenschlussbegriff des Art. 3 FKVO nicht erfüllt ist[13] oder die beteiligten Unternehmen die Umsatzschwellen des Art. 1 Abs. 2 oder Abs. 3 FKVO nicht erreichen. Die Nichtanwendbarkeit nationalen Rechts in Fällen gemeinschaftsweiter Bedeutung bezieht sich im Übrigen nicht nur auf die nationale Fusionskontrolle, sondern auf das gesamte nationale Wettbewerbsrecht; diese folgt nicht nur aus dem Wortlaut der Norm, sondern aus der vom Rat beschlossenen Reichweite gemeinschaftsrechtlicher Strukturkontrolle gegenüber nationaler Verhaltenskontrolle.[14] Die ausschließliche Zuständigkeit der Kommission erstreckt sich schließlich auf **Nebenabreden,** die gemäß Art. 8 Abs. 2 Unterabs. 3 FKVO von der Vereinbarkeitserklärung umfasst sind. **4**

Die Kommission wendet auf Zusammenschlüsse im Sinne von Art. 3 ausschließlich die FKVO an (**Art. 21 Abs. 1,** vormals Art. 22 Abs. 1 FKVO). Nur für sog. kooperative Gemeinschaftsunternehmen[15] unterhalb der Schwelle der gemeinschaftsweiten Bedeutung (Art. 1) gilt die Verordnung Nr. 1/2003 (vormals VO Nr. 17/62) zur Anwendung von Art. 101 AEUV (Art. 21 Abs. 1 ltzt. Hs. FKVO). Dies bedeutet im Umkehrschluss, dass die Verordnung Nr. 1/2003 auf solche kooperativen Gemeinschaftsunternehmen, die gemeinschaftsweite Bedeutung besitzen (und Vollfunktionscharakter im Sinne von Art. 3 Abs. 2 FKVO haben), nicht angewendet wird. Für sie gilt ausschließlich Art. 2 FKVO, insbes. Art. 2 Abs. 4 FKVO (Prüfung von Koordinierungseffekten neben dem SIEC-Test). Diese Doppelprüfung kooperativer Gemeinschaftsunternehmen mit Vollfunktion inner- **5**

---

[9] Art. 1 Abs. 3, Art. 9 Abs. 10, Art. 22 Abs. 6, jeweils a. F.

[10] Abrufbar unter http://eur-lex.europa.eu/legal-content/DE/TXT/PDF/?uri=CELEX:32004R0139&from=EN.

[11] Nach Art. 6, 7 Abs. 4, 8 Abs. 2–5, 9 Abs. 3, 11 Abs. 5, 13 Abs. 3, 14 und 15.

[12] Nachw. bei *Lampert,* Die Anwendbarkeit der EG-Fusionskontroll-Verordnung, S. 86 f.

[13] So z. B. für das deutsche Recht beim Erwerb einer Minderheitsbeteiligung oder eines wettbewerblich erheblichen Einflusses (§ 37 Abs. 1 Nr. 3b bzw. Nr. 4 GWB) oder in bestimmten Fällen eines Vermögenserwerbs, vgl. *Drauz/Schroeder,* S. 31; ausführlich zum Zusammenschlussbegriff der FKVO: § 15 Rdnr. 29 ff.; kritisch zur Zuständigkeitsabgrenzung anhand der Auslegung des Kontrollbegriffs *Stockmann/Schultz,* Rdnr. 718.

[14] Str.; ebenso *Immenga/Mestmäcker-Körber,* Art. 21 FKVO Rdnr. 17; *Drauz/Schroeder,* S. 30 f.; aA *Koch* EWS 1990, 71; *Lampert,* aaO, S. 107 ff.

[15] S. Art. 2 Abs. 4 und Art. 3 Abs. 4 FKVO sowie Erwägungsgrund 23 der FKVO idF der VO Nr. 4064/89 v. 30.6.1997.

halb der FKVO geht auf die vorletzte Revision der Verordnung zurück.[16] Die grundsätzliche Nichtanwendbarkeit der VO Nr. 1/2003 gilt über Art. 21 Abs. 1 FKVO auch für die Prüfung von **Nebenabreden,** die eigentlich nach Art. 101 AEUV zu beurteilen wären, jedoch gemäß Art. 6 Abs. 1 Buchst. b Unterabs. 2 bzw. Art. 8 Abs. 2 Unterabs. 2 FKVO als mit dem Zusammenschluss genehmigt gelten, soweit sie mit der Durchführung des Zusammenschlusses unmittelbar verbunden und für diese notwendig sind.[17]

6 Die Vorschrift des Art. 21 Abs. 1 FKVO erklärt sich daraus, dass die FKVO – auf der Grundlage von Art. 103 und 352 AEUV – neue Befugnisse der Gemeinschaft für Zusammenschlüsse schafft und insoweit ausschließlich anwendbar sein soll (vgl. auch Erwägungsgrund 7). Vor Inkrafttreten der FKVO waren jedoch nach der Rechtsprechung des EuGH Art. 101 und 102 AEUV – zumindest in bestimmten Fallkonstellationen – auf Zusammenschlüsse anwendbar.[18] Da dieses Primärrecht der Gemeinschaft nicht durch eine Ratsverordnung, die FKVO, ausgeschlossen werden konnte, blieb nur die Möglichkeit, die Durchführungsverordnungen, insbes. die VO Nr. 1/2003, für unanwendbar zu erklären und so die unmittelbare Anwendung von Art. 101 AEUV verfahrensrechtlich unmöglich zu machen. Art. 102 AEUV ließ sich allerdings auch nicht auf diesem Wege ausschließen.[19] Ebenso wenig kann der Vorrang der primärrechtlichen Norm des Art. 106 Abs. 2 AEUV durch die FKVO beseitigt werden.[20]

7 Art. 21 Abs. 1 FKVO statuiert die ausschließliche Geltung der FKVO für Zusammenschlüsse im Sinne des Art. 3 FKVO, d. h. unabhängig davon, ob ein Zusammenschluss gemeinschaftsweite Bedeutung im Sinne von Art. 1 hat oder nicht.[21] Mit der Neufassung erledigt sich der im Schrifttum bislang geführte Streit über die Anwendbarkeit der VO Nr. 1/2003 auf Zusammenschlüsse unterhalb der Umsatzschwellen.[22] Unterhalb der Umsatzschwellen des Art. 1 Abs. 2 und 3 FKVO findet jedoch auch die FKVO keine Anwendung. Zur Vermeidung einer Regelungslücke im Gemeinschaftsrecht hat die Kommission deshalb in ihrer Protokollerklärung bei Erlass der FKVO zum Ausdruck gebracht, dass sie sich vorbehält, gegenüber Zusammenschlüssen im Sinne von Art. 3 FKVO, die **keine gemeinschaftsweite Bedeutung** haben, „nach den Verfahren des **Art. 89 EGV (jetzt: Art. 105 AEUV)** tätig zu werden". Dies gelte jedenfalls für Zusammenschlüsse mit einem weltweiten Gesamtumsatz von mehr als 2 Mrd. Ecu (heute €) und einem gemeinschaftsweiten Umsatz von mehr als 100 Mio. Ecu (heute €), die auch der Zwei-Drittel-Klausel genügen; unterhalb dieser Schwellen sei normalerweise der Handel zwischen Mitgliedstaaten nicht beeinträchtigt.[23] Art. 105 AEUV ist allerdings nur im Zusammenspiel mit den hier eigentlich gemäß **Art. 104 AEUV** für die Anwendung von Art. 101 AEUV zuständigen Mitgliedstaaten von Bedeutung und stellt von daher nur ein schwaches Instrument dar.

---

[16] VO Nr. 1310/97 v. 30.6.1997, ABl. 1997 L 180/1, berichtigt in ABl. 1998 L 3/16 und 40/17; dazu näher § 16 Rdnr. 136 ff.

[17] Vgl. Bekanntmachung der Kommission über Einschränkungen des Wettbewerbs, die mit der Durchführung von Unternehmenszusammenschlüssen unmittelbar verbunden und für diese notwendig sind, ABl. 2005 C 56/24, unter I.1; ausführlich dazu unter § 16 Rdnr. 203 ff.

[18] Ausführlich dazu *Langen/Bunte-Bardong/Käseberg/Maass,* Einl. FKVO, Rdnr. 62; *Langen/Bunte-Käseberg,* Art. 21 Rdnr. 2.

[19] *Grabitz/Hilf/Nettesheim-Jung,* Art. 102 AEUV, Rdnr. 4 mwN; vgl. auch *Kirchhoff* BB-Beilage 14 zu Heft 11/1990, S. 13, sowie die Presseerklärung von Sir *Leon Brittan* v. 15.12.1992, IP/92/1048, im Fall *British Airways/Dan Air* zur Anwendung von Art. 102 AEUV im Verfahren nach Art. 105 AEUV, die allenfalls in einem sehr klaren Fall von Marktbeherrschung, der von nationalen Wettbewerbsbehörden nicht erledigt werden kann, in Frage komme (zit. bei *Drauz/Schroeder,* S. 34).

[20] S. dazu Rdnr. 21.

[21] So schon bisher *Bechtold* in Fs. Gaedertz, S. 45, 47; *Gugerbauer,* Art. 22 Rdnr. 1; *Langen/Bunte-Käseberg,* Art. 21 FKVO Rdnr. 1; *Miersch,* Art. 1 Rdnr. 187.

[22] *Pohlmann* EWS 1997, 181, 184 mwN in Fn. 26.

[23] Anmerkung zu Art. 22, 1. Gedankenstrich, abgedr. in WuW 1990, 240 ff.; kritisch dazu *Vonnemann* DB 1990, 569, 571.

In der **Fallpraxis** der Kommission ist es unterhalb der Umsatzschwellen der FKVO noch nie zu einem Tätigwerden der Kommission gekommen, und ein solches ist für die Mehrzahl von Zusammenschlüssen auch kaum zu erwarten.[24] 8

Ansonsten wird bei Zusammenschlüssen ohne gemeinschaftsweite Bedeutung die Fusionskontrolle in der Union ausschließlich von den Mitgliedstaaten wahrgenommen. Eine Anwendung des Art. 101 AEUV durch die Kommission auf Vorhaben, die Zusammenschlüsse im Sinne von Art. 3 FKVO darstellen, findet nicht statt. Erfüllt die Gründung eines Gemeinschaftsunternehmens keinen Zusammenschlusstatbestand im Sinne von Art. 3 FKVO und wird dies durch Entscheidung nach Art. 6 Abs. 1 Buchst. a FKVO festgestellt, übernimmt ggf. die zuständige Direktion innerhalb der Generaldirektion Wettbewerb die Prüfung nach Art. 101 AEUV.[25] 9

Die Kompetenzregel des Art. 21 verkörpert das der EG-Fusionskontrolle zugrundeliegende **„one stop shop"-Prinzip.** Zusammenschlüsse, die die Umsatzkriterien des Art. 1 Abs. 2 oder 3 FKVO erfüllen, werden nicht mehr durch mehrere zuvor zuständige Wettbewerbsbehörden der Mitgliedstaaten, sondern grundsätzlich allein und abschließend durch die Kommission nach der FKVO geprüft. Indem diese Zusammenschlüsse einer einheitlichen Rechtsordnung und den Anwendungsmaßstäben einer einzigen Behörde unterworfen werden, schafft die FKVO zugleich ein **„level playing field"** für die beteiligten Unternehmen; dies ist das zweite tragende Prinzip der EG-Fusionskontrolle.[26] 10

Eine Ergänzung des „one stop shop"-Prinzips – im Sinne einer „Feinsteuerung bzw. zum Zwecke der Vermeidung von Mehrfachanmeldungen[27] – stellen, wie einleitend bereits dargestellt, die Verweisungsklauseln der Art. 4 Abs. 4 FKVO und Art. 9 FKVO sowie Art. 4 Abs. 5 FKVO und Art. 22 Abs. 1 FKVO[28] dar. Außerdem ist die Befugnis der Mitgliedstaaten zu nennen, geeignete Maßnahmen zum Schutz anderer berechtigter Interessen zu treffen (Art. 21 Abs. 4 FKVO). Hinsichtlich der Art. 4 Abs. 4 FKVO und Art. 9 FKVO statuiert **Art. 21 Abs. 3 Unterabs. 2 FKVO** ausdrücklich eine Befugnis der Mitgliedstaaten zu eigenen Ermittlungen zum Zwecke der Vorbereitung einer Mitteilung nach Art. 9 Abs. 2 FKVO sowie zur Vornahme der nach erfolgter Verweisung erforderlichen Maßnahmen. 11

II. Gemeinschaftsweite Bedeutung und die Umsatzschwellen des Art. 1 Abs. 2 und 3 FKVO

1. Der Begriff der gemeinschaftsweiten Bedeutung. Die auf den Schutz wirksamen Wettbewerbs im Gemeinsamen Markt ausgerichtete FKVO[29] erfasst nur Zusammenschlüsse von gemeinschaftsweiter Bedeutung. Darin findet das Subsidiaritätsprinzip Ausdruck.[30] Gemeinschaftsweite Bedeutung ist nach Auffassung der Kommission bereits zu bejahen, wenn ein Zusammenschluss erhebliche grenzüberschreitende Auswirkungen hat[31] in dem Sinne, dass er sich auf die Wettbewerbsverhältnisse eines Gebiets auswirkt, das über die Grenzen eines einzelnen Mitgliedstaats hinausgeht.[32] „Rein inländische Transaktionen" sollen von der Gemeinschaftszuständigkeit ausgeschlossen bleiben.[33] Allerdings kam die 12

[24] So auch *Cook/Kerse,* S. 141.

[25] Zur Umdeutung der Anmeldung vgl. Abschnitt 9.6 des Formblattes CO.

[26] Komm., Grünbuch über die Revision der FKVO v. 31.1.1996, KOM(96)19 endg., Rdnr. 29.

[27] Komm., WB 2004, Rdnr. 169, Box 6.

[28] S. dazu im Einzelnen § 17 E.

[29] Vgl. Erwägungsgrund 2.

[30] *Schmidt/Schmidt,* S. 132; *Kogel,* Zuständigkeitsabgrenzung in der Fusionskontrolle zwischen EU und Mitgliedstaaten, 2006.

[31] Komm., Grünbuch, aaO, Rdnr. 23.

[32] Komm., Grünbuch, aaO, Rdnr. 25.

[33] Früher Bekanntmachung der Kommission über die Berechnung des Umsatzes, ABl. 1998 C 66/25, 3. Erwägungsgrund; jetzt Konsolidierte Mitteilung der Kommission zu Zuständigkeitsfragen gemäß der Verordnung (EU) Nr. 139/2004 des Rates über die Kontrolle von Unternehmenszusammenschlüssen, ABl. 2009 C 43/10.

Kommission in einer Untersuchung von deutschen Fällen **unterhalb** der geltenden Umsatzschwellen zu der Feststellung, auch 50% dieser Fälle hätten erhebliche grenzüberschreitende Bedeutung.[34]

13 Der Verordnungsgeber hat allerdings in der FKVO – entgegen ersten Entwürfen[35] – das Kriterium der gemeinschaftsweiten Bedeutung aus Gründen der Praktikabilität und Rechtssicherheit ausschließlich anhand **quantitativer Umsatzschwellen** definiert. Auf Marktanteilsschwellen, wie sie mehrere Mitgliedstaaten kennen, wurde ebenso verzichtet wie auf qualitative Kriterien (Beeinträchtigung des Handels zwischen Mitgliedstaaten o.ä.).[36] Ebenso wenig ist maßgebend, wo die am Zusammenschluss beteiligten Unternehmen ihren Sitz oder ihren Tätigkeitsschwerpunkt haben.[37] Vielmehr sollte gerade mit dem Erfordernis eines bestimmten gemeinschaftsweiten Umsatzes die nach Art. 101, 102 AEUV erforderliche „Eignung zur Beeinträchtigung des Handels zwischen Mitgliedstaaten" ersetzt werden. Das Primärrecht des EU-Vertrages wird insoweit durch ein quantitatives Tatbestandsmerkmal interpretiert.[38] Daraus ergibt sich zugleich, dass der Kommission in Fällen ohne gemeinschaftsweite Bedeutung keine Befugnisse nach Art. 101 AEUV zustehen.[39]

14 Sehr kontrovers wurde im Laufe der Entstehungsgeschichte der FKVO die **Höhe** der Umsatzschwellen diskutiert. Sie reichte von 200 Mio. RE (1973) bis 10 Mrd. Ecu (1988) für den Gesamtumsatz der beteiligten Unternehmen[40] und mündete 1989 in einen Kompromiss (s. nachfolgend Rdnr. 15), der mit einer Revisionsklausel zum 21.12.1993 versehen wurde; die Revision wurde jedoch zunächst bis 1996/97 vertagt[41] und führte weder zu diesem Zeitpunkt noch in der Revision 2004 zu der von der Kommission Mitte der 90er Jahre angestrebten allgemeinen Schwellenabsenkung,[42] sondern nur zu einer begrenzten Erweiterung ihrer Zuständigkeit im Bereich eines Gesamtumsatzes zwischen 2,5 Mrd. und 5 Mrd. Ecu (dazu Rdnr. 12). Ende 2005 startete die GD Wettbewerb eine Initiative zur Streichung der Zwei-Drittel-Regel; Hintergrund waren Zusammenschlüsse von Energieerzeugungsunternehmen, insbes. in Spanien, die aufgrund der Zwei-Drittel-Regel der nationalen Fusionskontrolle unterfielen.[43] Die deutsche Bundesregierung lehnte dieses Vorhaben ab.[44] Es kam dann weder zu diesem Zeitpunkt noch bis Mitte 2015 zu einer Veränderung der Zwei-Drittel-Regel, sondern stattdessen nur Ende 2013 zu einer verfahrensmäßigen Vereinfachung für wettbewerblich offenkundig unproblematische Zusammenschlussvorhaben (s. § 17 Rdnr. 11 und 23 zum vereinfachten Verfahren).

15 **2. Die Umsatzschwellen des Art. 1 Abs. 2 FKVO.** Ein Zusammenschluss hat gemäß **Art. 1 Abs. 2 FKVO** gemeinschaftsweite Bedeutung, wenn **folgende Umsätze** erzielt werden:

---

[34] Komm., Grünbuch, aaO, Rdnr. 50.

[35] S. dazu *Kleinmann* in Fs. I. Schmidt, S. 131, 132; *Langen/Bunte-Käseberg,* Art. 1 FKVO Rdnr. 2. Ausführlich zur Entstehungsgeschichte *Immenga/Körber,* Einl FKVO Rdnr. 15ff. und 34ff.

[36] *Kleinmann,* aaO, S. 133; *Langen/Bunte-Käseberg,* aaO.

[37] Zu „Auslandszusammenschlüssen" und der „extraterritorialen" Anwendung der FKVO s. Rdnr. 17ff. und *Wiedemann* in § 5 Rdnr. 15f.

[38] *Vonnemann* DB 1990, 571; *Koch* EWS 1990, 65, 68.

[39] Vgl. Bericht über die Unterbreitung von Vorschlägen zur geplanten Fusionskontrollverordnung durch den zuständigen EG-Kommissar *Leon Brittan,* abgedr. in WuW 1989, 488, 489.

[40] Ausführlich dazu *Langen/Bunte-Käseberg,* Art. 1 FKVO, Rdnr. 3.

[41] Ausführlich dazu *Langen/Bunte-Bardong/Käseberg/Maass* Einl. FKVO, Rdnr. 3, 4; Komm., Grünbuch, aaO, Rdnr. 64ff.; Mitteilung der Kommission an den Rat und an das Europäische Parlament betreffend die Änderung der FKVO vom 12.9.1996, KOM(96)313 endg. („Weißbuch"); die zwei Verordnungsentwürfe sind veröffentlicht in ABl. 1996 C 350/8ff.

[42] Mitteilung der Kommission an den Rat, aaO; Komm., 26. WB 1996, Ziff. 139; vgl. auch bereits die Protokollerklärung zu Art. 1, abgedr. in WuW 1990, 240.

[43] Handelsblatt v. 16.11.2005, S. 11; s. auch Bericht der Kommission über die Wettbewerbspolitik 2005, Rdnr. 730 (www.ec.europa.eu/comm/competition/annual_reports/2005/de.pdf).

[44] Handelsblatt, aaO.

a) ein weltweiter Gesamtumsatz aller beteiligten Unternehmen[45] zusammen von mehr als 5 Milliarden Euro und
b) ein gemeinschaftsweiter Gesamtumsatz von mindestens zwei beteiligten Unternehmen von jeweils mehr als 250 Millionen Euro;

dies gilt nicht, wenn die am Zusammenschluss beteiligten Unternehmen jeweils mehr als zwei Drittel ihres gemeinschaftsweiten Gesamtumsatzes in einem und demselben Mitgliedstaat erzielen.

Maßgeblich sind die Umsätze im letzten Geschäftsjahr (Art. 5 Abs. 1 S. 1 FKVO). 16
Die Umsatzberechnung richtet sich im Einzelnen nach Art. 5 FKVO.[46] Die Umrechnung der Jahresumsätze in Ecu bzw. seit 1.1.1999 in Euro hat zum Durchschnittskurs der betroffenen zwölf Monate zu erfolgen; dieser Kurs lässt sich bei der Kommission erfragen.[47] Den gemeinschaftsweiten Umsatz von jeweils mindestens 250 Mio. Euro müssen zwei **beteiligte** Unternehmen erzielen, d.h. bei der Gründung eines Gemeinschaftsunternehmens solche Unternehmen, die einen mitkontrollierenden Einfluss im Sinne von Art. 3 Abs. 3 FKVO ausüben können, und/oder das GU selbst.[48] Andere Mutterunternehmen mit Minderheitsbeteiligungen, die keine Mitkontrolle vermitteln, bleiben außer Betracht. Soweit dieses Erfordernis eine Anmeldepflicht für materiell unbedeutende GU-Gründungen zur Folge hat, haben die Beteiligten die Möglichkeit einer Anmeldung in Kurzform (Einl., Abschnitt 6 des Formblattes CO).[49] Die sog. **Zwei-Drittel-Klausel** ist anhand des **gemeinschaftsweiten Umsatzes** der beteiligten Unternehmen zu prüfen;[50] sonstige Exportumsätze oder auch die absolute Größenordnung des EU-weit erzielten Umsatzes sind irrelevant.[51] Sie ist nur dann erfüllt, wenn **alle** beteiligten Unternehmen mehr als ²/₃ dieses Umsatzes in **einem und demselben** Mitgliedstaat erzielen.[52] Daran fehlt es regelmäßig, wenn die Beteiligten verschiedene – häufig heimische – nationale Schwerpunkte haben.[53] Von Zusammenschlüssen zwischen großen deutschen Unternehmen fielen nur wenige, z.B. die Fälle *Krupp/Hoesch*[54] und *RWE/VEW,*[55] aufgrund der ²/₃-Klausel in nationale Zuständigkeit. Im Fall *Allianz/Vereinte*[56] entfielen ²/₃ des EU-Umsatzes der *Allianz AG* wie auch der *Vereinte Holding AG* auf Deutschland. Die *Allianz AG* veräußerte jedoch zeitgleich mit diesem Zusammenschluss ihre Mehrheit an der *DKV Deutsche Versicherungs AG* an die *Münchener Rück* und hatte somit – ohne die Umsätze der *DKV* – im letzten Geschäftsjahr weniger als zwei Drittel ihres EU-Umsatzes in Deutschland.[57] Entgegen der Auffassung der Zielgesellschaft, die insoweit bei der Kommission vorstellig geworden war, ging die Kommission im Fall *Gas Natural/Endesa* im Jahr 2005 von einer Erfüllung der Zwei-Drittel-Klausel und damit von einer nationalen Zuständigkeit für die Prüfung des Zusammenschlus-

[45] Zum Begriff des beteiligten Unternehmens s. § 15 Rdnr. 70ff.; *Karl,* in: *Veelkens/Karl/Richter,* S. 37ff.

[46] S. dazu § 15 Rdnr. 85ff.

[47] Konsolidierte Mitteilung (Fn. 33), Rdnr. 205f.

[48] Vgl. Konsolidierte Mitteilung (Fn. 33), Rdnr. 136f. Streitig zwischen Kommission und BKartA war im Fall *McCormick/CPC/Rabobank/Ostmann* die für die Zuständigkeit entscheidende Frage, ob *Rabobank* als rechtlich und tatsächlich mitkontrollierendes Unternehmen anzusehen sei (Komm. E. (Art. 9 Abs. 3 Buchst. b) v. 29.10.1993, IV/M.330, WuW/E EV 2157; kritisch auch *Monopolkommission,* Hauptgutachten 1992/93, Ziff. 592ff.).

[49] S. dazu § 17 Rdnr. 22f.; *Langen/Bunte-Käseberg,* Art. 1 FKVO Rdnr. 32.

[50] Vgl. Formblatt CO, Leitfaden IV.

[51] Kritisch dazu *Bechtold* in Fs. Gaedertz, S. 45, 48f.

[52] So z.B. in Komm. E. v. 27.8.1996, IV/M.777, Rdnr. 6 – *AGF/Camat.*

[53] So z.B. in Komm. E. v. 20.12.1990, IV/M.026, WuW/E EV 1609 – *Cargill/Unilever.*

[54] BKartA B. v. 25.2.1994, WuW/E BKartA 2625; zur Auswirkung der deutschen Wiedervereinigung s. *Bechtold* in Fs. Gaedertz, S. 45, 49; *Stockmann/Schultz,* Rdnr. 691.

[55] BKartA B. v. 3.7.2000, WuW/E DE-V 301.

[56] Komm. E. v. 11.11.1996, IV/M.812, Rdnr. 6f.

[57] Vgl. Ziff. 27 der Bekanntmachung der Kommission über die Berechnung des Umsatzes, ABl. 1998 C 66/25.

ses aus.[58] Insgesamt spielt die Zwei-Drittel-Klausel mit rund 20 Fällen im Jahr keine sehr große Rolle.[59] In ihrem Bericht vom 18.6.2009 über das Funktionieren der VO Nr. 139/2004[60] (vgl. Art. 1 Abs. 4 FKVO) teilte die Kommission mit, dass im untersuchten Zeitraum von 2001 bis 2008 mindestens 126 Zusammenschlüsse aufgrund der Zwei-Drittel-Klausel in die Zuständigkeit der einzelstaatlichen Wettbewerbsbehörden gefallen seien; dies sei angesichts der Gesamtzahl der von den Mitgliedstaaten zu prüfenden Fälle eine äußerst geringe Zahl. Sie sprach sich zwar grundsätzlich für eine Überprüfung der Klausel aus, machte aber keine konkreten Vorschläge für eine etwaige Änderung.[61]

17 **3. „Mehrfachanmeldungen" (Art. 1 Abs. 3 FKVO).** Seit 1.3.1998 hat gemäß Art. 1 Abs. 3 FKVO ein Zusammenschluss, der die in Abs. 2 vorgesehenen Schwellen nicht erreicht, im Sinne dieser Verordnung gemeinschaftsweite Bedeutung, wenn folgende Umsätze erzielt werden:[62]

a) der weltweite Gesamtumsatz aller beteiligten Unternehmen beträgt zusammen mehr als 2,5 Milliarden Euro,
b) der Gesamtumsatz aller beteiligten Unternehmen übersteigt in mindestens drei Mitgliedstaaten jeweils 100 Millionen Euro,
c) in jedem von mindestens drei von Buchst. b) erfassten Mitgliedstaaten beträgt der Gesamtumsatz von mindestens zwei beteiligten Unternehmen jeweils mehr als 25 Millionen Euro und
d) der gemeinschaftsweite Gesamtumsatz von mindestens zwei beteiligten Unternehmen übersteigt jeweils 100 Millionen Euro;

dies gilt nicht, wenn die beteiligten Unternehmen jeweils mehr als zwei Drittel ihres gemeinschaftsweiten Gesamtumsatzes in einem und demselben Mitgliedstaat erzielen.

18 Die durch Art. 1 Abs. 3 FKVO erfolgte Erweiterung der Zuständigkeit der Kommission beruhte auf einem politischen Kompromiss, nachdem mehrere Mitgliedstaaten (D, F, UK, E, S) eine allgemeine Schwellenabsenkung abgelehnt hatten[63] und sich Kommission und Mitgliedstaaten erst nach längerer Diskussion auf einen Modus zur Begrenzung des Problems von sog. **Mehrfachanmeldungen** verständigen konnten. Ursprünglich sollten Zusammenschlüsse, die keine gemeinschaftsweite Bedeutung im Sinne des Art. 1 Abs. 2 FKVO besitzen, jedoch erhebliche grenzüberschreitende Wirkungen **(„significant cross-border effects")** haben und aufgrund dessen – in Umsätzen oder Marktanteilen gemessen – die Anmeldevoraussetzungen in mehr als drei Mitgliedstaaten erfüllen, dem „one stop shop"-Prinzip der FKVO unterworfen werden.[64] Aufgrund des mit dieser Prüfung zu erwartenden bürokratischen Aufwandes stellte der Rat jedoch schlussendlich nicht auf die Zahl der möglichen nationalen Fusionskontrollverfahren, sondern auf bestimmte **quantitative Umsatzerfordernisse** in **drei oder mehr Mitgliedstaaten** ab (Art. 1 Abs. 3 FKVO). Zusammenschlüsse, die diese Umsatzschwellen erreichen,

---

[58] Komm. E. v. 15.11.2005, COMP/M.3986; bestätigt durch EuG U. v. 14.7.2006, Slg. 2006, II-2533 – *Endesa/Kommission;* s. dazu *Hirsbrunner* EuZW 2006, 711, 716.

[59] *Immenga/Mestmäcker-Körber,* Art. 1 FKVO Rdnr. 17.

[60] Abrufbar unter http://eur-lex.europa.eu/resource.html?uri=cellar:84c5ee10-ad57–441a-818e-424d77f2e134.0002.03/DOC_1&format=PDF.

[61] Ebenso im Commission Staff Working Paper (Begleitdokument zum Bericht v. 19.6.2009), abgedr. unter http://eur-lex.europa.eu/legal-content/EN/TXT/PDF/?uri=CELEX:52009SC0808R%2801%29&from=EN, Rdnr. 67 ff.; kritisch insoweit *Monopolkommission,* Hauptgutachten 2008/2009, Rdnr. 870.

[62] VO Nr. 1310/97 v. 30.6.1997, ABl. 1997 L 180/1 (auch abgedr. in WuW 1997, 714 ff.).

[63] S. dazu *Kleinmann* in Fs. I. Schmidt, S. 131, 136; *Hirsbrunner* EuZW 1998, 69; ablehnend auch *Schlecht* WuW 1997, 565, 568.

[64] Vgl. Komm., Grünbuch, aaO, Rdnr. 51 ff. und 72 ff.; 26. WB 1996, Ziff. 139; 27. WB 1997 (Kurzfassung), Ziff. 149 ff., 153; *Baron* WuW 1997, 579.

dürften regelmäßig auch Fälle von Mehrfachanmeldungen sein.[65] Damit gelang es der Kommission immerhin teilweise, weitere Fälle unter die FKVO zu ziehen. Der Kompromiss geriet allerdings derart kompliziert, dass erwartet wurde, dass er in der praktischen Anwendung Schwierigkeiten bereiten und zudem nur wenige zusätzliche Fälle der Zuständigkeit der Kommission unterwerfen würde.[66] Dies hat sich im Wesentlichen bestätigt. In den ersten Jahren nach 1999 fielen jährlich zwischen 11 und 22 Fälle unter Art. 1 Abs. 3 FKVO. Dabei lag meistens das zweite am Zusammenschluss beteiligte Unternehmen knapp unter der Schwelle von 250 Mio. Euro, erfüllte aber das Erfordernis von jeweils mindestens 25 Mio. Euro in drei Mitgliedstaaten (Art. 1 Abs. 3 Buchst. c FKVO); in vielen Fällen waren die drei großen Mitgliedstaaten Frankreich, Vereinigtes Königreich und Deutschland betroffen.[67] Mittlerweile bewegt sich die jährliche Zahl von Fällen nach Art. 1 Abs. 3 FKVO zwischen 20 und 30.[68] Nach 15jähriger Erfahrung mit der Regelung des Art. 1 Abs. 3 FKVO lässt sich aufgrund der in mindestens drei Mitgliedstaaten geforderten Umsatzschwellen sagen, dass sie sich als geeignet erwiesen hat, ein „forum shopping" durch beteiligte Unternehmen in der Frage der zuständigen Wettbewerbsbehörde auszuschließen, und insgesamt eine angemessene Regelung darstellen.[69]

Am 1.7.2000 hatte die Kommission dem Rat Bericht über die Anwendung der in den Ab- 19
sätzen 2 und 3 vorgesehenen Schwellen und Kriterien erstattet (Art. 1 Abs. 4 FKVO idF d. VO Nr. 4064/89), schlug aber anschließend keine Schwellenabsenkung vor.[70] Der Rat änderte daraufhin weder mit qualifizierter Mehrheit die in Art. 1 Abs. 3 FKVO aufgeführten Schwellen und Kriterien (Art. 1 Abs. 5 FKVO idF d. VO Nr. 4064/89) noch die dem Einstimmigkeitserfordernis unterliegenden Umsatzschwellen des Art. 1 Abs. 2 FKVO, so dass die FKVO Nr. 139/2004 weiterhin – und bis heute unverändert – von den oben beschriebenen Umsatzschwellen ausgeht. Allerdings hat sich die Zahl potentieller Mehrfachanmeldungen, bei denen Art. 1 Abs. 3 zu prüfen wäre, seit 2004 dadurch vermindert, dass die Unternehmen über den neuen **Art. 4 Abs. 5 FKVO** ein Initiativrecht erhalten haben, ein Zusammenschlussvorhaben unterhalb der Schwellenwerte – bei Zustimmung der Mitgliedstaaten – der Kommission „anzudienen".[71] Die Kommission legte erneut zum 1.7.2009 einen Bericht über die Anwendung der Schwellen vor (Art. 1 Abs. 4 FKVO) und hielt seinerzeit weiterhin die geltenden Umsatzschwellen für angemessen.[72] Jüngst – im Juli 2014 – wurde von der Kommission ein Weißbuch („Towards more effective merger control") veröffentlicht, in dem sie mehrere Erleichterungen der Verweisungsvorschriften in Art. 4 und

---

[65] Zur Erleichterung tatsächlicher Fälle von Mehrfachanmeldungen hatten die Wettbewerbsbehörden in Frankreich, Großbritannien und Deutschland ein Gemeinsames Formblatt für Anmeldungen entwickelt (abgedruckt in WuW 1997, 886).

[66] Die Schätzungen bewegen sich zwischen 8 und 63 Fällen, s. *Baron,* aaO, S. 584; Wettbewerbskommissar *Karel Van Miert:* „10 zusätzliche Fälle", Frankfurter Allgemeine Zeitung v. 26.4.1997.

[67] Missverständlich in Komm. E. v. 28.5.1998, IV/M.1161, Rdnr. 7 – *Alcoa/Alumax,* da nur ein Umsatz von 170 Mio. Ecu, nicht aber die Norm des Art. 1 Abs. 3 bzw. die drei einschlägigen Mitgliedstaaten genannt werden.

[68] Vgl. auch für den Stand Mitte 2009 das Commission Staff Working Paper (Begleitdokument zum Bericht nach Art. 1 Abs. 4 FKVO v. 19.6.2009), abgedruckt unter http://eur-lex.europa.eu/legal-content/EN/TXT/PDF/?uri=CELEX:52009SC0808R%2801 %29&from=EN, Rdnr. 37 („zwischen 20 und 50").

[69] So auch *Langen/Bunte-Käseberg,* Art. 1 FKVO Abs. 3 Rdnr. 33, aA *Immenga/Mestmäcker-Körber,* Art. 1 FKVO Rdnr. 22, mwN und unter Verweis auf die Energieversorgerfälle *RWE/VEW* (BKartA E. v. 3.7.2000, WuW/E DE-V 301) und *VEBA/VIAG* (Komm E. v. 13.6.2000, COMP/M.1673), die allerdings weniger unter Art. 1 Abs. 3 FKVO, sondern wegen der Zwei-Drittel-Klausel und nicht erfolgter Verweisung nach Art. 9 FKVO in unterschiedliche Zuständigkeiten fielen.

[70] Vorschlag v. 11.12.2002, KOM (2002) 711 endg., Rdnr. 8 ff.; s. dazu *Meyer,* Die extraterritoriale Anwendung der EG-FKVO, Diss. 2004, S. 200 ff.

[71] S. dazu § 17 Rdnr. 179 ff. und *Rosenthal* EuZW 2004, 327 f.

[72] Bericht v. 18.6.2009 über das Funktionieren der Verordnung Nr. 139/2004 des Rates, Rdnr. 23 (abrufbar unter http://eur-lex.europa.eu/resource.html?uri=cellar:84c5ee10-ad57-441a-818e-424d77f2e134.0002.03/DOC_1&format=PDF).

Art. 22 FKVO vorschlug. Die grundsätzliche Zuständigkeitsverteilung hielt sie weiterhin für angemessen, sprach sich aber „langfristig" für einen „echten Europäischen Raum der Fusionskontrolle" aus, in dem Kommission und nationale Wettbewerbsbehörden – entsprechend der Anwendung von Art. 101, 102 AEUV – dieselben Vorschriften anwenden.[73]

20 **4. Entscheidung der Kommission bei fehlender gemeinschaftsweiter Bedeutung.** Werden die Umsatzschwellen des Art. 1 FKVO bei einem angemeldeten Zusammenschluss nicht erreicht, stellt die Kommission – innerhalb eines Monats – durch Entscheidung nach **Art. 6 Abs. 1 Buchst. a FKVO** die Nichtanwendbarkeit der FKVO fest. Dies ist in der Fallpraxis der Kommission anfangs häufiger, später nur noch in wenigen Fällen, seit 2003 gar nicht mehr vorgekommen,[74] da die beteiligten Unternehmen die formalen Fragen der Umsatzschwellen und des Zusammenschlusstatbestandes regelmäßig mit der Generaldirektion Wettbewerb vorab besprechen („prenotification" oder „informal guidance").[75] In manchen Fällen melden Unternehmen trotz Zweifel am Vorliegen von gemeinschaftsweiter Bedeutung ihres Zusammenschlusses das Vorhaben an, um Rechtssicherheit zu erlangen.[76]

21 Wird durch Entscheidung festgestellt, dass ein Vorhaben keine gemeinschaftsweite Bedeutung hat, „fällt" es automatisch in die fusionskontrollrechtliche Zuständigkeit der nationalen Wettbewerbsbehörden zurück, soweit deren Anmeldevoraussetzungen erfüllt sind.

III. Räumlicher Geltungsbereich und „extraterritoriale Anwendung"

22 Anders als das deutsche Recht (§ 130 Abs. 2 GWB)[77] enthält die FKVO keine Regelung über den räumlichen Geltungsbereich der EU-Fusionskontrolle. Der Verordnungsgeber hat weder das in mehreren Mitgliedstaaten maßgebliche Auswirkungsprinzip normiert noch das Kriterium der „Beeinträchtigung des Handels zwischen Mitgliedstaaten" aus Art. 101 und 102 AEUV übernommen. Demnach sind alle Zusammenschlüsse anmeldepflichtig und können ggf. von der Kommission untersagt werden, soweit sie gemeinschaftsweite Bedeutung im Sinne der Umsatzkriterien des Art. 1 Abs. 2 oder 3 FKVO besitzen. Den unmittelbaren räumlichen Bezug zur EU stellen allein das Kriterium der **„2 × 250 Mio. Euro EU-Umsatz"** – und neuerdings die Umsatzkriterien des Art. 1 Abs. 3 FKVO in mindestens drei Mitgliedstaaten – her. Die Zwei Drittel-Klausel stellt daneben nur sicher, dass mindestens zwei am Zusammenschluss beteiligte Unternehmen ihren ausschließlichen oder wesentlichen Tätigkeitsbereich jeweils in einem anderen Mitgliedstaat haben (Erwägungsgrund 11 S. 1). Seit 1.1.1994 gilt die FKVO im Übrigen auch in den Ländern des Europäischen Wirtschaftsraums, d.h. in Norwegen, Island und Liechtenstein (Art. 57 des Abkommens über den EWR).[78]

23 Irrelevant ist es danach, wenn die beteiligten Unternehmen ihren Sitz außerhalb der EU haben, der Zusammenschluss außerhalb der EU stattfindet oder zwar innerhalb der EU stattfindet, seine Auswirkungen jedoch ganz oder überwiegend außerhalb der EU hat. Solange die am Zusammenschluss beteiligten Unternehmen die Umsatzschwellen des Art. 1 FKVO überschreiten und damit „in erheblichem Umfang in der Gemeinschaft tätig sind" (Erwägungsgrund 11 a.E.), werden hinreichende **Auswirkungen in der EU ver-**

[73] Komm., Weißbuch v. 9.7.2014, http://eur-lex.europa.eu/legal-content/DE/TXT/PDF/?uri=CELEX:52014DC0449&from=EN, Rdnr. 22, 23.

[74] Von den insgesamt 53 Entscheidungen nach Art. 6 Abs. 1 Buchst. a bis September 2014 entfielen weniger als ein Viertel auf die Nichterreichung der Umsatzschwellen; s. z.B. Komm. E. v. 27.8.1996, IV/M.777, Rdnr. 6 – *AGF/Camat* (2/3 der EU-Umsätze in Frankreich); Komm. E. v. 9.7.1997, IV/M.940, WuW 1997, 805 – *UBS/Mister Minit* (nur ein Unternehmen mit 250 Mio. Euro EU-Umsatz); weit. Nachw. bei *Langen/Bunte-Käseberg,* Art. 6 FKVO Rdnr. 17f.

[75] S. dazu § 17 Rdnr. 11.

[76] So im Fall *Merill Lynch/Mercury* aufgrund von anfänglichen Unklarheiten bei der Berechnung von Bankumsätzen; letztlich wurde jedoch die gemeinschaftsweite Bedeutung bejaht (Komm. E. v. 22.12.1997, IV/M.1067, Rdnr. 6).

[77] BGBl. I S. 2546.

[78] Vgl. auch Abschnitt 1.1 und Fn. 3 des Formblattes CO.

mutet.[79] Über die mittlerweile 28 Mitgliedstaaten der Union selbst hinaus übt die Kommission ihre Entscheidungskompetenzen nach der FKVO gemäß dem **EWR-Abkommen** auch in den **EFTA-Staaten Island, Liechtenstein und Norwegen** aus.[80]

In der **Entscheidungspraxis der Kommission** findet sich eine nicht unerhebliche Zahl von Fällen, die zwar gemeinschaftsweite Bedeutung im Sinne von Art. 1 FKVO besaßen, jedoch in materieller Hinsicht Zweifel an der Zuständigkeit der Kommission begründeten. So wurde die FKVO angewendet auf **reine Auslandszusammenschlüsse**[81] wie auch auf in der Union stattfindende Zusammenschlüsse, die sich aber **ausschließlich in Drittstaaten auswirkten.**[82] In einem Grünbuch über die Revision der FKVO vom 31.1.1996 sprach sich die Kommission dagegen aus, solche de minimis-Zusammenschlüsse von der Anmeldepflicht nach der FKVO auszunehmen.[83] Andernfalls verlören sie den Vorteil der einmaligen Prüfung für die gesamte Union („one stop shop"). Die Kommission verwies darauf, dass die Anmeldung hier erleichtert sei, indem für nicht im Sinne des Formblattes CO, Abschnitt 6 und 7, betroffene Märkte keine detaillierten Angaben erforderlich sind und im Falle der Gründung eines Gemeinschaftsunternehmens mit weniger als 100 Mio. Euro an Umsatz oder an eingebrachten Vermögenswerten eine Anmeldung in Kurzform möglich ist (Vereinfachtes Formblatt CO).[84] 24

Anlässlich mehrerer großer, teilweise aufsehenerregender Fälle wie *Gencor/Lonrho, Ciba-Geigy/Sandoz, Anglo-American/Lonrho* und *Boeing/McDonnell-Douglas*[85] wurde in der Literatur die Ansicht vertreten, dass für die EU-Fusionskontrolle – ebenso wie für Art. 101, 102 AEUV – aus völkerrechtlichen Gründen ein **zusätzliches** – ungeschriebenes – **Tatbestandsmerkmal** der wesentlichen oder **spürbaren Auswirkung** in der Gemeinschaft in Art. 1 FKVO „hineinzulesen" ist, um den territorialen Anwendungsbereich zu begrenzen.[86] Die Kommission hat tatsächlich in den vorgenannten Entscheidungen, soweit sie Weltmärkte betrafen, im Zusammenhang mit der Feststellung der quantitativen gemein- 25

---

[79] *Montag* WuW 1997, 781, 785. Ausführlich zur extraterritorialen Anwendbarkeit der FKVO und zu einer möglichen Völkerrechtsverletzung der Umsatzschwellen *Ingrid Meyer,* Die extraterritoriale Anwendbarkeit der EG-Fusionskontrollverordnung, S. 87 ff. AA *Wiedemann* in § 5 Rdnr. 15 ff. mwN.

[80] Art. 57 Abs. 2 Buchst. a EWR-Abkommen (ABl. 1994 L 1/3); *Immenga/Mestmäcker-Körber,* Art. 1 FKVO Rdnr. 63 mwN in Fn. 111.

[81] Komm. E. v. 18.1.1991, IV/M.050 – *AT&T/NCR* (PCs und Software, USA); Komm. E. v. 7.3.1991, IV/M.069, WuW/E EV 1591 – *Kyowa/Saitama Banks* (japanische Banken); Komm. E. v. 13.9.1991, IV/M.130 – *Delta Air/PanAm* (US-Amerikanische Fluggesellschaften); Komm. E. v. 30.6.1993, IV/M.346, WuW 1993, 918 – *JCSAT/SAJAC* (japanische Satelliten); Komm. E. v. 19.12.1991, IV/M.167 – *Gambogi/Cogei* m. Anm. *Van Gerven,* MCR B 66 (Bauunternehmen in Ungarn).

[82] Komm. E. v. 4.2.1991, IV/M.021 – *Dresdner Bank/BNP;* Komm. E. v. 26.8.1991, IV/M.124, WuW/E EV 1671 – *BNP/Dresdner Bank;* Komm. E. v. 17.2.1990, IV/M.090, WuW 1992, 497 – *BSN-Nestlé/Cokoladovny;* Komm. E. v. 22.10.1991, IV/M.137, WuW/E EV 1772 – *Bank Austria/Security Pacific;* Komm. E. v. 14.2.1997, IV/M.878 – *RTL* 7.

[83] KOM(96)19 endg., Rdnr. 131.

[84] Komm., Grünbuch, aaO, Rdnr. 133; Vereinfachtes Formblatt CO zur Anmeldung eines Zusammenschlusses, Anhang II zur DVO Nr. 1269/13 v. 5.12.2013, ABl. 2013 L 336/18. Zur beschleunigten Behandlung von Auslandszusammenschlüssen im deutschen Recht vgl. die Allgemeine Weisung des Bundesministers für Wirtschaft über die Prüfung von Auslandszusammenschlüssen, BAnz. Nr. 103 v. 7.6.1980, auch abgedr. in *Langen/Bunte,* Textanhang.

[85] *Gencor/Lonrho,* IV/M.619, Komm. E. v. 24.4.1996, ABl. 1997 L 11/30; *Ciba-Geigy/Sandoz,* IV/M.737, Komm. E. v. 17.7.1996, ABl. 1997 L 201/1; *Anglo American Corp./Lonrho,* IV/M.754, Komm. E. v. 23.4.1997, ABl. 1998 L 149/21; *Boeing/McDonnell-Douglas,* IV/M.877, Komm. E. v. 30.7.1997, ABl. 1997 L 336/16; s. zuvor bereits *Aérospatiale-Alenia/de Havilland,* IV/M.053, Komm. E. v. 2.10.1991, ABl. 1991 L 334/42; *Kimberly-Clark/Scott Paper,* IV/M.623, Komm. E. v. 16.1.1996, ABl. 1996 L 183/1.

[86] So *Bechtold* EuZW 1994, 653, 658; *Montag/Kaessner* WuW 1997, S. 785 f.; *Wiedemann* in Fs. Lieberknecht, S. 625, 635 f.; ähnlich *Venit* Antitrust Journal 1992, 981, 984, der eine „Rule of Reason"-Betrachtung bei der Bestimmung der Zuständigkeit fordert; vgl. auch *Banks* ECLR 1998, 306 ff. und – zu den Kooperationsmöglichkeiten parallel tätiger Wettbewerbsbehörden – *Griffin* ECLR 1998, 12 ff.; gegen weitere Kriterien *Meyer,* Die extraterritoriale Anwendung, S. 175.

schaftsweiten Bedeutung Ausführungen zu den konkreten Auswirkungen der Zusammenschlüsse in der EU gemacht.[87] Dies geschah jedoch, um die Bedeutung der Fälle für den Gemeinsamen Markt zu belegen und war nicht als Formulierung zusätzlicher Kriterien misszuverstehen. Im Fall der Untersagungsentscheidung *Gencor/Lonrho* hat das EuG die Anwendbarkeit der FKVO auf Drittstaatenzusammenschlüsse, die sich in der EU auswirken, vollumfänglich bejaht.[88] Die völkerrechtliche Zulässigkeit ergab sich für das Gericht aus der nachgewiesenen unmittelbaren, erheblichen und vorhersehbaren Wirkung in der Union.[89] Offen blieb, ob eine Anmeldepflicht nach der FKVO auch dann besteht, wenn neben dem Überschreiten der Umsatzschwellen keine weiteren Auswirkungen im Gemeinsamen Markt festzustellen sind. In der 2004 reformierten FKVO wurde unverändert darauf hingewiesen, dass sich die Anwendbarkeit ausschließlich an den Umsatzschwellen des Art. 1 FKVO orientiere – „unabhängig davon, ob sich der Sitz der beteiligten Unternehmen in der Gemeinschaft befindet oder diese dort ihr Hauptgeschäft ausüben" (10. Erwägungsgrund). Dies erschien angesichts der Klarheit der objektiv anzuwendenden Umsatzgrenzen und des – gerade im sog. vereinfachten Verfahren – begrenzten bürokratischen Aufwand der Anmeldung und Prüfung **angemessen;** eine weitergehende Ausformung des Auswirkungsprinzips im Wege einer Bekanntmachung oder einer GVO, wie teilweise in der Literatur gefordert, würde zwar einige „nichteuropäische" Zusammenschlüsse aus der Anwendbarkeit der FKVO ausnehmen, jedoch neue und dann umstrittene Grenzfälle hervorrufen, die bei quantitativen Umsatzschwellen klar geregelt sind. In jüngster Zeit warf die Kommission das Thema von Zusammenschlüssen ohne Auswirkungen in der EU erneut auf: In ihrem *Weißbuch* „Towards more effective EU merger control" vom 9.7.2014 schlug sie vor, dass die Gründung eines Vollfunktions-GU, das zwar die Schwellenwerte des Art. 1 FKVO überschreitet, aber außerhalb des EWR seinen Sitz und seine Aktivitäten hat und keinerlei Marktauswirkung im EWR mit sich bringt, von der Anmeldepflicht ausgenommen werden könnte. Es bleibt abzuwarten, ob es insoweit zu einer – einstimmig zu beschließenden – Änderung der FKVO kommt.[90] Zu den Einzelfragen der extraterritorialen Anwendung der EU-Wettbewerbsregeln – auch der EU-Fusionskontrolle – wird auf § 5 Rdnr. 9ff. verwiesen.

IV. Die Berücksichtigung sonstiger berechtigter Interessen der Mitgliedstaaten (Art. 21 Abs. 4 FKVO)

26 Während die Kommission für die wettbewerbliche Prüfung von Zusammenschlüssen mit gemeinschaftsweiter Bedeutung ausschließlich zuständig ist (Art. 21 Abs. 2 und 3 FKVO), können die Mitgliedstaaten ungeachtet einer Freigabeentscheidung der Kommission eigene „geeignete Maßnahmen" zum Schutz **„anderer berechtigter Interessen"** treffen (Art. 21 Abs. 4 Unterabs. 1 FKVO, vormals Art. 21 Abs. 3 FKVO). Solche sonstigen öffentlichen Interessen müssen mit den allgemeinen Grundsätzen und den übrigen Bestimmungen des Unionsrechts vereinbar sein (Art. 21 Abs. 4 Unterabs. 1 ltzt. Hs. FKVO und 19. Erwägungsgrund). Ausdrücklich genannt werden in Abs. 4 Unterabs. 2 FKVO die **öffentliche Sicherheit,**[91] die **Medienvielfalt**[92] und die **Aufsichtregeln** (im

---

[87] *Gencor/Lonrho,* aaO, Rdnr. 14ff.; *Boeing/McDonnell-Douglas,* aaO, Rdnr. 8–10; Komm., 27. WB 1997, Ziff. 167ff.

[88] U. v. 25.3.1999, Slg. 1999, II-759 – *Gencor ./. Kommission.*

[89] AaO, Rdnr. 90ff.; s. dazu *Schultz/Wagemann,* Kartellrechtspraxis und Kartellrechtsprechung 1999/2000, Rdnr. 699.

[90] http://ec.europa.eu/competition/consultations/2014_merger_control/mergers_white_paper_en.pdf.

[91] ISv Art. 347 (früher Art. 224 bzw. 297), unbeschadet des Art. 346 (früher Art. 223 bzw. 296) AEUV für nationale Verteidigungsinteressen (s. dazu oben unter A.), Protokollerklärung der Kommission zu Art. 21 Abs. 3, abgedruckt in WuW 1990, 240ff.; *Cook/Kerse,* S. 132.

[92] Für *Stockmann/Schultz,* Rdnr. 719, ergibt sich daraus die Vereinbarkeit der Konzentrationsbestimmungen der Landesrundfunkgesetze und des Rundfunkstaatsvertrags mit der FKVO.

Finanzsektor).[93] Jedes **andere öffentliche Interesse** muss der betreffende Mitgliedstaat gemäß Art. 21 Abs. 4 Unterabs. 3 FKVO der Kommission mitteilen. Dies gilt allerdings nicht für öffentliche Interessen, die sich bereits aufgrund primärrechtlicher Regelungen des **Art. 106 Abs. 2 AEUV** oder **Art. 346 Abs. 1 Buchst. b AEUV** gegenüber der FKVO durchsetzen. So besteht bei rein den Rüstungsgüterbereich betreffenden Fällen keine Anmeldepflicht nach der FKVO.[94] Die Anerkennung und Vereinbarkeit sonstiger öffentlicher Interessen mit den allgemeinen Grundsätzen und den sonstigen Bestimmungen des Gemeinschaftsrechts stellt die Kommission binnen 25 Arbeitstagen durch Entscheidung fest (Unterabs. 3 S. 2).[95] Im Sinne einer Erläuterung stellte die Kommission in den bei Erlass der FKVO veröffentlichten Anmerkungen („Protokollerklärung")[96] fest, dass die Maßnahmen, die ein Mitgliedstaat anschließend zum Schutz des berechtigten Interesses treffen kann, eine **Untersagung** des Zusammenschlusses oder eine Genehmigung unter **zusätzlichen Bedingungen** oder **Auflagen** sein können. Besondere Beachtung verdiene der Grundsatz der Verhältnismäßigkeit.[97] Umgekehrt könne der Mitgliedstaat aber nicht einen von der Kommission untersagten Zusammenschluss auf dieser Grundlage genehmigen.[98]

27 Die Bestimmung des Art. 21 Abs. 4 FKVO hat grundsätzlich nur **deklaratorischen Charakter,** da sich der Ausschließlichkeit beanspruchende Geltungsbereich der FKVO ohnehin nur auf die Vereinbarkeit von Zusammenschlüssen mit dem Gemeinsamen Markt in wettbewerblicher Hinsicht erstreckt. Die Anwendung nationalen Medienrechts, Börsenaufsichtsrechts u. ä. bleibt den Mitgliedstaaten unbenommen. In diesem Sinne stellt auch die Kommission in der vorgenannten Protokollerklärung fest, Art. 21 Abs. 4 FKVO „beschränke sich darauf, im Gemeinschaftsrecht die Anerkennung der ihnen (den Mitgliedstaaten) derzeit zuerkannten Befugnisse zu verankern". Allerdings macht eine Entscheidung der Kommission nach Art. 21 Abs. 4 FKVO deutlich, ob ein bestimmtes vom Mitgliedstaat geltend gemachtes Interesse „berechtigt" im Sinne der Norm ist oder nicht.

28 Bis Ende der 90er Jahre spielte Art. 21 Abs. 4 FKVO in der Entscheidungspraxis der EG-Fusionskontrolle nur eine geringe Rolle. Die ausdrücklich genannten öffentlichen Interessen wurden in jeweils einem Fall von Mitgliedstaaten geltend gemacht, so die **öffentliche Sicherheit** von Frankreich in *IBM France/CGI,*[99] die **Medienvielfalt** von Großbritannien in *Newspaper Publishing*[100] und die britischen **Aufsichtsregeln des Versicherungsrechts** in *Sun Alliance/Royal Insurance.*[101] Zu einem sonstigen öffentlichen Interesse erging eine Entscheidung: Vor dem Hintergrund des geplanten Zusammenschlusses *Lyonnaise des Eaux/Northumbrian Water* erkannte die Kommission auf eine entsprechende Mitteilung Großbritanniens hin die Regelungen des Water Industry Act 1991 für die nationale **Wasserversorgung** als ein berechtigtes Interesse im Sinne des Art. 21 Abs. 3 FKVO an.[102] Nachdem die zuständige britische Behörde den Fall unter wasserrechtlichen Auflagen freigegeben hatte, wurde er bei der Kommission angemeldet und nach Art. 6 Abs. 1 Buchst. b FKVO genehmigt.[103]

28a Bedeutung erlangte die Vorschrift des Art. 21 Abs. 4 FKVO (seinerzeit noch Art. 21 Abs. 3 FKVO) zunächst in zwei aufsehenerregenden portugiesischen Fusionsfällen in 1999/2000. Der beabsichtigte Erwerb der portugiesischen Versicherungs- und Banken-

---

[93] S. im Einzelnen Protokollerklärung, aaO, unter 2., ltzt. Gedankenstrich.
[94] S. o. Rdnr. 2; *Immenga/Mestmäcker-Körber,* Art. 21 FKVO Rdnr. 28.
[95] S. dazu *Cook/Kerse,* S. 134.
[96] AaO, unter 1., 1. Gedankenstrich.
[97] Protokollerklärung, aaO, unter 1, ltzt. Gedankenstrich.
[98] Komm., 19. WB 1989, Ziff. 16, unter 7b, 2. Gedankenstrich; *Picat/Zachmann* ECLR 1993, 240, 253.
[99] Komm. E. v. 19.3.1993, IV/M.336; s. dazu 23. WB 1993, Ziff. 321.
[100] Komm. E. v. 14.3.1994, IV/M.423; s. dazu 24. WB 1994, Ziff. 335.
[101] Komm. E. v. 18.6.1996, IV/M.759, WuW 1996, 904; s. dazu 26. WB 1996, Ziff. 156.
[102] Komm. E. v. 29.3.1995, WuW/E EV 2309 – *UK legislatory regulation;* zu den Einzelheiten s. *Monopolkommission,* Hauptgutachten 1994/95, Ziff. 676.
[103] Komm. E. v. 21.12.1995, IV/M.567.

gruppe *Champalimaud* durch die spanische *Banco Santander Central Hispano (BSCH)* war vom portugiesischen Finanzminister im Juni 1999 nach nationalen Regeln der **Bankenaufsicht** untersagt worden, während die Kommission den Fall nach Art. 6 Abs. 1 Buchst. b FKVO freigegeben hatte.[104] Durch vorläufige Entscheidung vom 20.7.1999 und endgültige Entscheidung vom 20.10.1999 erklärte die Kommission die Untersagung durch die portugiesische Regierung nach Art. 21 Abs. 4 FKVO für nichtig.[105] Die geltend gemachten Regeln der Bankenaufsicht wurden dabei nicht als „berechtigte Interessen" im Sinne von Art. 21 Abs. 4 FKVO anerkannt. Auch hatte die portugiesische Regierung ihre Interessen nicht vorab der Kommission mitgeteilt. Da der Vollzug des Zusammenschluss weiterhin blockiert wurde, beantragte die Kommission im November 1999 einstweilige Maßnahmen im Rahmen eines Vertragsverletzungsverfahrens nach Art. 258 AEUV (vormals Art. 226 EGV). Mitte November 1999 – sechs Wochen vor Beginn einer portugiesischen Ratspräsidentschaft in der EU – gab die portugiesische Regierung ihren Widerstand gegen den Zusammenschluss auf, nachdem weitere Verhandlungen mit den beteiligen Unternehmen zu einer Herausnahme der *Champalimaud*-Versicherung *Mundial* und von drei Banken der *Champalimaud*-Gruppe geführt hatten.[106] Im zweiten Fall war eine Beteiligung der schweizerischen *Holderbank* an dem portugiesischen Zementhersteller *Cimpor* im Juli 2000 bei der Kommission angemeldet und unmittelbar danach von der portugiesischen Regierung nach nationalem Privatisierungsrecht untersagt worden. Die Kommission erließ nach erfolgloser informeller Beschwerde eine Entscheidung nach Art. 21 Abs. 4 FKVO gegen die portugiesische Regierung, in der „berechtigte Interessen" des Mitgliedstaates im Sinne von Art. 21 Abs. 4 FKVO verneint wurden.[107] Der EuGH bestätigte – ungeachtet der zwischenzeitlich erfolgten Aufgabe des Zusammenschlussvorhabens durch die Unternehmen – diese Entscheidung.[108] Das von Portugal geltend gemachte Interesse eines **Schutzes der Anteilseignerstruktur nach der Privatisierung** von *Cimpor* sowie einer **Erhaltung nationaler Produktion** wurde von Kommission und EuGH im Rahmen von Art. 21 Abs. 4 FKVO **nicht anerkannt.** Die Entscheidung nach Art. 21 Abs. 4 FKVO wurde auch als das – gegenüber einem längeren Vertragsverletzungsverfahren – angemessenere Instrument angesehen.

28b In jüngerer Zeit erlangte die Vorschrift wieder Bedeutung in den Fällen *Unicredito/HVB,*[109] *Abertis/Autostrada* und *E.ON/Endesa.* Die Übertragung einer Autobahnkonzession zwischen den italienischen Unternehmen *Abertis* und *Autostrada* war von der Kommission im September 2006 freigegeben,[110] jedoch von italienischen Behörden unter Berufung auf die Wahrung der Wirtschaftskraft des Konzessionsinhabers untersagt worden. Begründet wurde dies mit einer kritisch beurteilten außerordentlichen Dividendenausschüttung von 2 Mrd. Euro durch *Autostrada* als Bedingung des Zusammenschlusses. Nach Auffassung der Kommission hatten die italienischen Behörden es unterlassen, die Kriterien für den Schutz des angeblichen öffentlichen Interesses im Voraus eindeutig festzulegen. Das Verfahren der Kommission gegen Italien nach Art. 21 FKVO und auch ein Vertragsverletzungsverfahren wurden nach einer Änderung der italienischen Vorschrift zur diskriminierungsfreien Vergabe von Autobahnkonzessionen 2007 eingestellt.[111]

---

[104] Komm. E. v. 3.8.1999, WuW 1999, 1094.

[105] WuW/E EU-V 382; WuW 1999, 1094.

[106] Komm. E. (Art. 6 Abs. 1 Buchst. b FKVO) v. 11.1.2000, WuW 2000, 149.

[107] Komm. E. v. 22.11.2000 COMP/M.2054.

[108] U. v. 22.6.2004, Slg. 2004, I-6102; s. dazu *Mäkelä,* Competition Policy Newsletter 1/2005, S. 19 ff.

[109] Komm. E. v. 18.10.2005, COMP/M.3894 (Der Widerstand der polnischen Regierung gegen den Zusammenschluss wegen eines bestehenden Wettbewerbsverbotes zwischen *Unicredito* und der Regierung betreffend eine privatisierte polnische Bank wurde im Verhandlungsweg und ohne weitere Schritte der Kommission nach Art. 21 ausgeräumt).

[110] Komm. E. v. 22.9.2006, COMP/M.4249; s. auch Global Antitrust Weekly, Issue 425, S. 1.

[111] S. Presseerklärung der Kommission IP/07/1119 v. 18.7.2007; *Hirsbrunner* EuZW 2011, 549, 550. *Schemaventotto,* die Holdinggesellschaft der *Autostrade,* klagte erfolglos gegen den Einstellungsbe-

Der geplante, aber schließlich nicht zustande gekommene Erwerb des spanischen Energieversorgungsunternehmens *Endesa* durch *E.ON* war Gegenstand einer längeren Auseinandersetzung zwischen der Kommission und Spanien. Die Kommission hatte den Erwerb der alleinigen Kontrolle über *Endesa* im April 2006 in der Ersten Phase freigegeben.[112] Nachfolgend gaben die spanische Energieregulierungsbehörde CNE sowie das spanische Ministerium für Industrie, Tourismus und Handel *E.ON* eine Vielzahl von Bedingungen für den Erwerb von *Endesa* auf, z.B. die Ausklammerung bestimmter Kraftwerke aus dem Zusammenschluss, die nach Auffassung der Kommission nicht als Belange der öffentlichen Sicherheit oder nationaler Aufsichtsregeln anerkennungswürdig waren.[113] Nach entsprechenden Entscheidungen der Kommission gemäß Art. 21 FKVO leitete die Kommission ein Vertragsverletzungsverfahren nach Art. 258 AEUV gegen Spanien ein und erhob im März 2007 eine entsprechende Klage zum EuGH, der durch Urteil vom 6.3.2008 eine Vertragsverletzung Spaniens feststellte. Diese habe darin bestanden, dass die spanischen Behörden – ungeachtet der Aufgabe des Vorhabens durch *E.ON* – die den Kommissionsentscheidungen widersprechenden nationalen Regelungen nicht aufgehoben hätten.[114] 28c

B. Zusammenschlusstatbestand und beteiligte Unternehmen

I. Überblick

Gemäß Art. 1 fallen nur „Zusammenschlüsse von gemeinschaftsweiter Bedeutung" im Sinne dieser Vorschrift in den Anwendungsbereich der FKVO. Die gemeinschaftsweite Bedeutung wird in Art. 1 Abs. 2 und 3 FKVO definiert,[115] und die Legaldefinition für den **Zusammenschlusstatbestand** findet sich in Art. 3. Der Zusammenschlussbegriff ist von der Novelle 2004 (VO Nr. 139/2004) weitgehend unberührt geblieben. Art. 3 Abs. 1 stellt seitdem ausdrücklich klar, dass ein Zusammenschluss eine „dauerhafte Veränderung der Kontrolle" voraussetzt. Dieses Kriterium war bereits zuvor als ungeschriebenes Tatbestandsmerkmal bei der Prüfung eines Zusammenschlusstatbestandes herangezogen worden.[116] Geringfügig geändert wurde außerdem der Wortlaut des Art. 3 Abs. 5.[117] Schließlich wurde 2004 die Nummerierung der Abs. 2–4 geändert. Art. 3 Abs. 2 (idF der VO Nr. 139/2004) entspricht Art. 3 Abs. 3 Satz 3 (idF der VO Nr. 4064/89), der neue Art. 3 Abs. 3 dem alten Art. 3 Abs. 4 und der jetzige Art. 3 Abs. 4 dem früheren Art. 3 Abs. 2. Inhaltliche Änderungen waren damit nicht verbunden. Art. 3 unterfallen **Fusionen oder der Erwerb der Kontrolle** über ein anderes **Unternehmen** durch den Erwerb von Anteils- oder Vermögensrechten, durch Vertrag oder in sonstiger Weise. Für den Begriff Unternehmen ergeben sich nach der FKVO keine Besonderheiten, so dass insoweit auf die 29

schluss der Kommission, EuG U. v. 2.9.2010, Slg. 2010, II-03863 – *Schemaventotto/Kommission,* s. dazu *Hirsbrunner* aaO.

[112] Komm. E. v. 25.4.2006, COMP/M.4110.

[113] Presseerklärungen der Kommission v. 25.8.2006 (IP/06/312), 26.9.2006 (IP/06/1265) und 29.11.2006 (IP/06/1649); zu den unzulässigen spanischen Auflagen s. im einzelnen Presseerklärung der Kommission v. 20.12.2006 (IP/06/1853).

[114] Presseerklärungen der Kommission v. 31.1.2007 (IP/07/116); Handelsblatt v. 3.4.2007, S. 1; zur anschließenden Genehmigung des Erwerbs gemeinsamer Kontrolle über *Endesa* durch *ENEL* und *Acciona* nach Veräußerung bestimmter Geschäftsbereiche an *E.ON* s. Komm. E. v. 5.7.2007, COMP/M.4685 und EuGH U. v. 6.3.2008, Slg. 2008, I-00041.

[115] Dazu oben Rdnr. 12ff.

[116] S. FKVO BE 20; Vorschlag für eine Verordnung des Rates über die Kontrolle von Unternehmenszusammenschlüssen ABl. 2003 C 20/6, Rdnr. 35ff.

[117] In Abs. 5 Bst. b ist *der Konkurs* und bei Bst. c der Hinweis auf die Vierte Richtlinie 78/660/EWG, *zuletzt geändert durch die Richtlinie 84/569/EWG,* gestrichen worden. Der letzte Teil des Satzes bei Bst. c lautet jetzt: „…, insbesondere wenn sie zur Ernennung der Mitglieder der geschäftsführenden oder aufsichtsführenden Organe der Unternehmen ausgeübt werden, *an denen die Beteiligungsgesellschaften Anteile halten,* nur zur Erhaltung des vollen Wertes der Investitionen und nicht dazu benutzt werden, unmittelbar oder mittelbar das Wettbewerbsverhalten *dieser Unternehmen zu bestimmen"* (Änderungen kursiv).

allgemeinen Grundsätze des EU-Kartellrechts verwiesen werden kann.[118] Der Kontrollerwerb kann durch ein einzelnes Unternehmen (alleinige Kontrolle/sole control) oder durch mehrere Unternehmen in Gestalt einer gemeinsamen Kontrolle (joint control) erfolgen. Im Falle einer gemeinsamen Kontrolle über ein anderes Unternehmen muss zusätzlich geprüft werden, ob es sich um ein **Gemeinschaftsunternehmen** (im folg.: GU) handelt, das von der FKVO erfasst wird. Dies ist der Fall bei sog. Vollfunktions-GU (s. Art. 3 Abs. 4 FKVO). Ist dies zu bejahen, so muss in einem zweiten Schritt untersucht werden, ob es sich um ein konzentratives oder um ein kooperatives GU iSd Art. 2 Abs. 4, 5 FKVO handelt; im letztgenannten Fall findet neben Art. 2 Abs. 1 bis 3 gemäß Art. 2 Abs. 4, 5 FKVO auch eine Prüfung nach Art. 81 Abs. 1 und 3 EG (jetzt: Art. 101 AEUV) statt, also eine **Doppelkontrolle** (dazu § 16 Rdnr. 136 ff.). Die Gründung von Teilfunktions-GU, also GU mit nur einzelnen Funktionen (z. B. gemeinsamer Einkauf oder gemeinsame Produktion), unterfällt nicht der FKVO, sondern ist allein nach Art. 101 AEUV zu beurteilen. Die FKVO beruht damit auf einem Ansatz, der sich von dem der deutschen Fusionskontrolle grundlegend unterscheidet. Gemäß § 37 Abs. 1 Nr. 2 GWB stellt zwar auch dort der Kontrollerwerb einen Zusammenschlusstatbestand dar, unabhängig davon aber bereits der schlichte Erwerb einer Beteiligung von 25% oder mehr an einem anderen Unternehmen (§ 37 Abs. 1 Nr. 3); § 37 Abs. 1 Nr. 4 GWB ermöglicht sogar die Erfassung eines Anteilserwerbs unter 25%,[119] und GU werden (bis auf atypische Ausnahmen) auch in kooperativen Fällen (mit Teilfunktionen) der Fusionskontrolle unterworfen.

29a Wie im Ausblick zum EU-Kartellrecht[120] schon erwähnt, hat die Kommission nach einem ersten Konsultationsprozess im Jahre 2013 in ihrem **Weißbuch** „Eine wirksamere EU-Fusionskontrolle" vom 9.7.2014 verschiedene Änderungen der FKVO vorgeschlagen, die neben Vereinfachungen bzw. Straffungen bei den Verweisungen insbes. eine **Erweiterung des Zusammenschlusstatbestandes** durch Erfassung auch des **Erwerbs nichtkontrollierender Minderheitsbeteiligungen** vorsehen. Die Kommission will dabei auf „wettbewerbsrelevante Verbindungen" abstellen, die sie als Fälle mit horizontalen oder vertikalen Wettbewerbsbeziehungen definiert;[121] wettbewerbsrelevant sollen diese Verbindungen sein, wenn die erworbene Beteiligung „rund 20% beträgt oder (…) zwischen 5% und 20% beträgt, aber weitere Faktoren hinzukommen, z. B. Rechte, durch die der Erwerber de facto über eine Sperrminorität verfügt, einen Sitz in der Unternehmensleitung oder Zugang zu sensiblen Geschäftsinformationen des Zielunternehmens.[122] Für derartige Transaktionen wird ein „nichtinvasives System der gezielten Transparenz"[123] erwogen, das statt einer Anmeldung auf Formblatt CO (nur) eine **Informationsmitteilung** erfordert, die eine Selbsteinschätzung[124] voraussetzt. Die Kommission kann dann im Anschluss an den Eingang der Informationsmitteilung entscheiden, ob sie ein Verfahren gegen die Transaktion eröffnet. Wenn dies geschieht, gelten die normalen formellen und materiellen Kriterien der FKVO,[125] also auch die Verpflichtung zu einer Anmeldung auf Formblatt CO.[126] Das Verfahren bliebe damit zwar unter dem Regime der strikten und aufwändigen präventiven Kontrolle, soll aber voraussichtlich mit einer kurzen Wartezeit, d. h. mit einem Vollzugsverbot kombiniert werden.[127] Die Wartezeit soll insbes. die Mitgliedstaaten in die Lage

---

[118] S. oben § 4 Rdnr. 1 ff. sowie § 8 Rdnr. 1 ff.

[119] S. dazu näher *Richter/Steinvorth,* § 19; aus der Zeit vor Inkrafttreten der 6. GWB-Novelle *Canenbley,* Der Zusammenschlussbegriff in der deutschen und europäischen Fusionskontrolle, am Beispiel des Anteilserwerbs, in Fs. Lieberknecht, 1997, S. 277 ff.

[120] S. oben § 1 Rdnr. 35.

[121] Weißbuch, Rdnr. 46/47.

[122] Weißbuch, Rdnr. 47.

[123] Weißbuch, S. 22.

[124] Weißbuch, Rdnr. 48.

[125] Weißbuch, Rdnr. 42 Fn. 36 und Commission Staff Working Document v. 9.7.2014, SWD (2014) 221 final, Rdnr. 65, 114.

[126] Weißbuch, Rdnr. 49.

[127] Weißbuch, Rdnr. 50.

versetzen, eventuelle Verweisungsanträge zu stellen; ferner soll das Verfahren unabhängig von einem Vollzug des Erwerbs auch als nachträgliche Kontrolle ausgestaltet werden, damit andere Unternehmen noch innerhalb eines Zeitraumes von z.B. vier bis sechs Monaten Beschwerden bei der Kommission einreichen können. Für die Vorschläge wurde wiederum ein Konsultationsverfahren durchgeführt, dessen Ergebnisse auf der Homepage der Kommission veröffentlicht worden sind.[128] Eine Umsetzung der Vorschläge in Gestalt einer Novellierung der FKVO setzt eine entsprechende Initiative der neuen Kommission voraus, die bisher (Stand: Oktober 2015) noch nicht erfolgt ist.

Obwohl die Kriterien des **Kontrollerwerbs** in Art. 3 Abs. 1 und Abs. 2 und 3 FKVO im Einzelnen definiert werden, wirft die Vorschrift einige **Auslegungsprobleme** auf. Die Kommission war daher aufgerufen, Lösungen für die Praxis zu entwickeln. Dies betrifft den Zusammenschlussbegriff ebenso wie die Abgrenzung konzentrativer von kooperativen GU. Die Kommission hatte zu diesen Fragen ursprünglich mehrere Bekanntmachungen veröffentlicht. Seit dem 10.7.2007 gilt für alle diese Themen die sog. **Konsolidierte Mitteilung** der Kommission zu Zuständigkeitsfragen.[129] Diese Bekanntmachung ersetzte die alten Bekanntmachungen über den Zusammenschlussbegriff, über Vollfunktions-Gemeinschaftsunternehmen, über beteiligte Unternehmen sowie über die Umsatzberechnung. Außerdem sind in ihr die zuvor geltenden Grundsätze im Lichte der Rechtsprechung der Unionsgerichte und der Verwaltungspraxis der Kommission überarbeitet und aktualisiert worden. Die Bekanntmachung soll es den Unternehmen ermöglichen, schneller festzustellen, ob und inwieweit ein Vorhaben unter die FKVO fällt.[130] Die Unionsgerichte mussten sich mit diesen Aspekten der FKVO bisher nur selten befassen.[131] 30

II. Die Zusammenschlusstatbestände

1. Die Fusion. *a) Rechtliche Fusion.* Art. 3 Abs. 1 erfasst unter a) zunächst Sachverhalte, bei denen zwei oder mehr bisher voneinander unabhängige Unternehmen „fusionieren". Dabei ist unter Fusion im Rechtssinne die Verschmelzung durch Aufnahme oder durch Neugründung (einer juristischen Person) zu verstehen.[132] Wie im deutschen Kartellrecht kommt diesen förmlichen Verschmelzungen auch unter der EG-FKVO nur eine geringe praktische Bedeutung zu. Aus der Entscheidungspraxis der Kommission kann hierzu auf die Fälle *Kyowa/Saitama Banks, KNP/Bührmann Tetterode/VRG, Repola/Kymmene, Sandoz/Ciba Geigy, Danish Crown/Steff-Houlberg, Group 4 Falck/Securicor, Friesland Foods/Campina* und *Renesas Technology/NEC Electronics*[133] verwiesen werden. Um eine Fusion ging es auch 31

---

[128] Weißbuch, S. 22.

[129] ABl. 2008 C 95/1.

[130] Komm., Konsolidierte Mitteilung, Rdnr. 1.

[131] S. dazu insbes. das *Cementbouw*-Urteil des EuG U. v. 23.2.2006, Slg. 2006 II-319ff. Rechtsfragen des Art. 2 Abs. 4 a.F. waren Gegenstand einer Klage der *Wirtschaftskammer Kärnten* und der *best connect Ampere Strompool GmbH* gegen die Kommission wegen der Freigabe im Fall *Verbund/Energie Allianz* (Rs. T-350/03); s. dazu auch BKartA, TB 2003/2004, S. 65. Die Klage wurde mit Beschluss des EuG v. 18.9.2006 als unzulässig zurückgewiesen (ABl. 2006 C 294/47).

[132] S. dazu Konsolidierte Mitteilung, Rdnr. 9. Die dort (auch) getroffene Aussage, dass zwei oder mehr bisher voneinander unabhängige Unternehmen so verschmelzen müssen, dass sie (alle?) „ihre Rechtspersönlichkeit verlieren", geht zu weit und wird im nächst Satz korrigiert. S. ferner die Fusions-Richtlinie des Rates v. 9.10.1978, ABl. 1978 L 295/36 sowie §§ 2ff. UmwandlungsG.

[133] Komm. E. v. 7.3.1991, M.012, WuW/E EV 1591 – *Kyowa/Saitama Banks;* Komm. E. v. 4.5.1993, M.291, ABl. 1993 L 217/35 – *KNP etc.;* Komm. E. v. 30.10.1995, M.646, WuW 1996, 112 – *Repola/Kymmene;* Komm. E. v. 17.7.1996, M.737, ABl. 1997 L 201/1 – *Sandoz/Ciba Geigy;* Komm. E. v. 14.2.2002; M.2662, Rdnr. 7f. – *Danish Crown/Steff-Houlberg;* Komm. E. v. 28.5.2004, M.3396 – *Group 4 Falck/Securicor;* Komm. E. v. 17.12.2008, M.5046 – *Friesland Foods/Campina* (Fusion von zwei Genossenschaften); Komm. E. v. 2.12.2009, M.5535 – *Renesas Technology/NEC Electronics;* s. ferner E. v. 22.9.2006, M.4249, Rdnr. 8ff. – *Abertis/Autostrade* sowie Komm. E. v. 24.7.2006, M.4214, Rdnr. 6f. – *Alcatel/Lucent Technologies,* wo die Partien von einer Fusion i.S. des Art. 3 Abs. 1a ausgingen, die Komm. hingegen zur alleinigen Kontrolle tendierte.

im Fall *Price Waterhouse/Coopers & Lybrand.*[134] Dieser Zusammenschluss war aber durch mehrere Besonderheiten gekennzeichnet, darunter die Bewertung einer Group of partnerships *(PW Group)* als *ein* Unternehmen iSd FKVO[135] und den „dezentralen" und nach Staaten getrennten Vollzug der Fusion („local mergers"); dabei wird man die Struktur der *PW-Group* („Combination") nach deutschem Verständnis wohl als Gleichordnungskonzern[136] ansehen können (dazu sogleich Rdnr. 32).

32 *b) Wirtschaftliche Fusion.* Art. 3 Abs. 1a erfasst auch Fälle, in denen vorher unabhängige Unternehmen ihre Aktivitäten so zusammenlegen, dass eine wirtschaftliche Einheit entsteht, ohne dass rechtlich von einer Fusion gesprochen werden kann. Dies kann insbes. der Fall sein, wenn zwei oder mehr Unternehmen vertraglich vereinbaren, sich einer gemeinsamen wirtschaftlichen Leitung zu unterstellen, ohne ihre Rechtspersönlichkeit aufzugeben; dazu zählt auch die Errichtung eines **Gleichordnungskonzerns** iSd § 18 Abs. 2 AktG. Die Kommission hat dies bereits in ihrer ersten Bekanntmachung über die Abgrenzung von Konzentrations- und Kooperationstatbeständen nach der FKVO[137] klargestellt und in der Bekanntmachung zum Zusammenschlussbegriff[138] und nunmehr in der Konsolidierten Mitteilung[139] bestätigt. Eine solche wirtschaftliche Einheit setze eine dauerhafte gemeinsame wirtschaftliche Leitung voraus. Weitere Kriterien könnten ein interner Gewinn- und Verlustausgleich oder eine Gewinnabführungsvereinbarung zwischen einzelnen Konzernunternehmen und ihre gesamtschuldnerische Haftung oder die Verteilung externer Risiken sein. Die faktische Verschmelzung könne lediglich vertraglich vereinbart sein;[140] sie könne aber auch durch eine Überkreuzbeteiligung der beteiligten Unternehmen untermauert werden.[141]

33 Praktisch geworden ist die Anerkennung einer wirtschaftlichen Fusion bereits im ersten von der Kommission entschiedenen Fall, der Sache *Renault/Volvo.*[142] Als relevante Strukturelemente sah die Kommission dabei wechselseitige Kapitalbeteiligungen von 45%, die Schaffung eines einheitlichen Leitungsorgans und die Vereinigung der wesentlichen unternehmerischen Aktivitäten im Bereich der Bus- und Lastkraftwagensparten der beiden Unternehmen an. Dagegen verneinte die Kommission die Schaffung einer wirtschaftlichen Einheit für die Pkw-Sparte, u.a. wegen des fehlenden Gewinn- und Verlustausgleichs sowie des Fehlens eines echten gemeinsamen Leitungsorgans. Die Kommission akzeptierte einen Zusammenschluss aufgrund wirtschaftlicher Fusion auch im informellen Vorverfahren zum Fall *Austrian Airlines/KLM/SAS/SwissAir,* der jedoch aus anderen Gründen nicht förmlich bei der Kommission angemeldet wurde.[143] Zu erwähnen ist ferner der Fall *RTZ/CRA.*[144] Er betraf die Errichtung einer sog. Dual Listed Company Structure (DLC); dabei handelt es sich um Unternehmenseinheiten, deren Anteile (weiterhin) getrennt gehandelt werden. Die Transaktion führte auch nicht zu einer Änderung der Eigentumsverhältnisse an Vermögenswerten der Gesellschaften. Sie wurde vielmehr durch schuldrechtliche Vereinbarungen durchgeführt, die dazu führten, dass *RTZ* und *CRA* als wirtschaftliche

---

134 Komm. E. v. 20.5.1998, ABl. 1999 L 50/27, Rdnr. 5ff., 7ff.

135 S. dazu auch Komm. E. v. 1.7.2002, M.2810 – *Deloitte & Touche/Andersen.*

136 Diesen Begriff verwendet die Komm. auch in ihrer Konsolidierten Mitteilung, aaO Rdnr. 10 Fn. 10, allerdings bei der wirtschaftlichen Fusion.

137 ABl. 1990 C 203/10, Rdnr. 41.

138 AaO, Rdnr. 7. Zustimmend *Staudenmeyer,* Der Zusammenschlussbegriff, S. 54f.; *GK-Schütz,* aaO, Art. 3 Rdnr. 8. Kritisch dazu *Karl,* Der Zusammenschlussbegriff, S. 116f., freilich unter Verkennung der Besonderheiten des Gleichordnungskonzerns. *Immenga/Mestmäcker-Körber,* EU-WbR, FKVO Art. 3 Rdnr. 21 und 53 lehnt beim Gleichordnungskonzern die Annahme einer wirtschaftlichen Fusion ab.

139 Komm. aaO Rdnr. 10.

140 So im Fall *Price Waterhouse/Coopers & Lybrand,* aaO Fn. 126.

141 Komm., Konsolidierte Mitteilung, Rdnr. 10.

142 Komm. E. v. 6.11.1990, M.004, WuW/E EV 1542.

143 S. dazu Handelsblatt v. 22.11.1993, S. 1 und FAZ v. 22.11.1993, S. 23.

144 Komm. E. v. 7.12.1996, M.660, WuW 1996, 381. Dazu auch Konsolidierte Mitteilung, Rdnr. 10.

Einheit handelten (u. a. durch die Schaffung gemeinsamer Gremien und einer vereinheitlichten Führungsstruktur). Aus jüngerer Zeit ist auf den Fall *Conoco/Philipps Petroleum*[145] hinzuweisen. Dort schlossen sich *Conoco* und *Philipps* jeweils mit einer neu gegründeten Gesellschaft zusammen. Eigentümerin dieser beiden Gesellschaften war eine ebenfalls neu gegründete Gesellschaft, die ihrerseits von *Conoco* und *Philipps* gemeinsam kontrolliert wurde. Außerdem ging die Kommission i. S. *Carnival Corporation/P&O Princess (II)* von einem Gleichordnungskonzern aus, weil *Carnival* und *P&O* nach den vertraglichen Vereinbarungen und den Änderungen der jeweiligen Gesellschaftsstatuten als ein Unternehmen geführt wurden und am Markt agierten. Der Vorstand und das zentrale Management beider Unternehmen waren identisch.[146]

2. Alleinige Kontrolle (sole control). *a) Die Ausübung eines bestimmenden Einflusses.* Als zweiten Zusammenschlusstatbestand definiert die FKVO in Art. 3 Abs. 1b den Erwerb der unmittelbaren oder mittelbaren Kontrolle über die Gesamtheit oder über Teile eines oder mehrerer anderer Unternehmen. Dabei wird unterschieden zwischen dem Kontrollerwerb durch ein Unternehmen (sole control) und dem Erwerb der Kontrolle durch mehrere Unternehmen (joint control). Die zweite Alternative wird bei 3. (Rdnr. 47 ff.) in Zusammenhang mit der Errichtung von Gemeinschaftsunternehmen iSd Art. 3 Abs. 4 FKVO behandelt. Für das Tatbestandsmerkmal **Kontrolle** enthält Art. 3 Abs. 2 FKVO eine **Legaldefinition.** Sie wird danach „durch Rechte, Verträge oder andere Mittel begründet, die einzeln[147] oder zusammen unter Berücksichtigung aller tatsächlichen oder rechtlichen Umstände die Möglichkeit gewähren, einen **bestimmenden Einfluss** auf die Tätigkeit eines Unternehmens auszuüben". Die Verordnung erläutert dies im Rahmen einer Insbesondere-Aufzählung in lit. a) durch einen Hinweis auf Eigentums- oder Nutzungsrechte an der Gesamtheit oder an Teilen des Vermögens des Unternehmens sowie in lit. b) auf Rechte oder Verträge, die einen bestimmenden Einfluss auf die Zusammensetzung, die Beratungen oder Beschlüsse der Organe des Unternehmens gewähren. Bei der Formulierung dieser Legaldefinition hat sich der Gemeinschaftsgesetzgeber von Art. 66 § 1 EGKSV und Art. 1 der Entscheidung Nr. 24/54/EGKS der Hohen Behörde vom 6.5.1954[148] leiten lassen. Dementsprechend wird bewusst an die Verwaltungspraxis der Hohen Behörde und (später) der EG-Kommission im EGKS-Sektor angeknüpft.[149] Der Kontrollbegriff des Art. 3 Abs. 1 lit. b) FKVO entspricht zugleich weitgehend dem beherrschenden Einfluss des § 17 AktG. Ebenso wie dort ist es nicht erforderlich, dass die Kontrolle tatsächlich ausgeübt wird; der Wortlaut des Art. 3 Abs. 2 und die Konsolidierte Mitteilung (Rdnr. 16) stellen insoweit nur auf die Möglichkeit ab. Ein Zusammenschluss iSd FKVO liegt nur vor, wenn die Kontrolle „in andere Hände übergeht"; eine **interne Reorganisation** in einer Unternehmensgruppe ist daher kein Zusammenschluss.[150] 34

Typischerweise wird die Kontrolle durch ein **Unternehmen** erworben. Die Verordnung stellt aber klar, dass auch das Handeln von „Personen" relevant sein kann, wenn sie bereits mindestens ein Unternehmen kontrollieren. Hierfür kommen nicht nur Personen des privaten und öffentlichen Rechts in Betracht, darunter der **Staat,**[151] sondern auch **natürliche Personen.**[152] Besonders schwierige Probleme können dabei Fälle aufwerfen, 35

[145] S. Komm. E. v. 6.3.2002, M.2681.

[146] Komm. E. v. 24.7.2002 und v. 10.2.2003, M.3071, Rdnr. 5.

[147] Der VO-Text lautete früher, d. h. bis zur zweiten Novellierung im Mai 2004, infolge eines auch durch die (erste) Änderungs-VO Nr. 1310/97 nicht beseitigten Redaktionsversehens: „einzelne"; s. aber den Text der englischen Fassung („separately") und den von Art. 1 der Entscheidung Nr. 24/54/EGKS der Hohen Behörde, ABl. 1954 Nr. 9/345 („einzeln oder zusammen").

[148] ABl. 1954 Nr. 9/345.

[149] Monopolkommission, Sondergutachten Nr. 17, 1989, Rdnr. 72; *Karl,* aaO, S. 120 ff.

[150] Komm., Konsolidierte Mitteilung, Rdnr. 51; s. dazu noch unten Rdnr. 69 f.

[151] S. dazu unten Rdnr. 79/80.

[152] S. dazu Komm., Konsolidierte Mitteilung, Rdnr. 12. Praktisch geworden ist diese Variante z. B. im Fall *Asko/Jacobs/Adia,* Komm. E. v. 16.5.1991, M.082, in der *Asko* und Herr *Jacobs* die gemeinsa-

in denen mehrere natürliche Personen gemeinsam ein anderes Unternehmen kontrollieren. Die Kommission erwähnt dieses Thema in der Konsolidierten Mitteilung nur,[153] ohne dazu Beispiele zu nennen. In Zusammenhang mit den Ausführungen zum Begriff der Kontrolle geht die Kommission auf Einzelfragen zum Tatbestandsmerkmal des **Erwerbs** ein. Sie befasst sich dabei zunächst mit Fällen, in denen ein Unternehmen eine andere Person oder ein anderes Unternehmen „vorschiebt", um eine Kontrollbeteiligung zu erwerben (dazu unten Rdnr. 46, zum mittelbaren Kontrollerwerb). Weiter geht sie auf die Frage ein, wie sich der Erwerb der Kontrolle durch **Investmentfonds** darstellt.[154] Zutreffend wird dabei hervorgehoben, dass es jeweils auf die Umstände des Einzelfalles ankommt und insbes. danach differenziert werden muss, ob die Kontrolle z.B. über den als Kommanditgesellschaft organisierten Investmentfonds stattfindet oder durch eine Investmentgesellschaft, die den Fonds betreibt. Bei **Management buy-outs** treten zwar per definitionem Angehörige des Managements (natürliche Personen) als neue Gesellschafter auf; vielfach erfolgt der Kontrollerwerb freilich auch durch Investmentbanken oder Finanzierungsgesellschaften.[155]

36 In aller Regel wird die Kontrolle durch den Erwerb von **Anteilsrechten** (share deal) oder **Vermögenswerten** (asset deal) erworben.[156] In Betracht kommen aber nach dem Wortlaut des Art. 3 Abs. 2 auch **Verträge oder andere Mittel;** dazu zählen auch Beherrschungsverträge und Betriebsüberlassungsverträge.[157] In ihrer Konsolidierten Mitteilung erläutert die Kommission auch diese Fallgruppen. Eine Kontrolle auf rein vertraglicher Grundlage liegt nach Ansicht der Kommission nur dann vor, wenn der Vertrag eine ähnliche Kontrolle über Unternehmensleitung und Ressourcen des anderen Unternehmens bewirkt wie der Erwerb von Anteilsrechten oder Vermögenswerten. Der Vertrag müsse nicht nur die Kontrolle in diesem Sinne begründen, sondern auch „sehr langfristig angelegt" sein; nur solche Verträge könnten eine strukturelle Veränderung auf dem Markt bewirken. Als Beispiel nennt die Kommission die Beherrschungsverträge nach deutschem Gesellschaftsrecht und Betriebspachtverträge (die dem Erwerber die Kontrolle über Unternehmensleitung und Ressourcen übertragen, obwohl keine Eigentumsrechte oder Anteile übertragen werden).[158] Bei der Erläuterung der „anderen Mittel der Kontrolle" stellt die Kommission zunächst klar, dass Franchise-Verträge dem Franchise-Geber normalerweise keine Kontrolle über das Unternehmen des Franchise-Nehmers verleihen. Auch rein finanzielle Vereinbarungen wie der Verkauf mit gleichzeitiger Rückvermietung in Verbindung mit Vereinbarungen über den Rückkauf der Vermögenswerte nach Vertragsablauf erfüllten normalerweise nicht die Voraussetzungen eines Zusammenschlusses, da sie keine Änderung der Kontrolle über Unternehmensleitung und Ressourcen nach sich zögen.[159] Im Fall *Ford/Mazda*[160] wurde die Kontrolle durch einen Management-Vertrag bewirkt, im Fall *Volkswagen AG/VAG (UK) Ltd.*[161] ohne gesellschaftsrechtliche Beteiligung an *VAG (UK)*

---

me Kontrolle über *Adia* erwarben. Herr *Jacobs* wurde wegen seiner wirtschaftlichen Interessen in anderen Sektoren als beteiligtes Unternehmen angesehen (Komm. aaO Rdnr. 52). Die Frage, ob eine Gruppe natürlicher Personen (Familiengesellschafter) als ein Unternehmen anzusehen ist, wurde im Fall *EDFI/Graninge* offengelassen (Komm. E. v. 25.5.1998, M.1169, Rdnr. 12ff.). Zum deutschen Recht s. § 36 Abs. 3 GWB.

[153] AaO Rdnr. 12.

[154] Komm., Konsolidierte Mitteilung, Rdnr. 14/15.

[155] Aus der Praxis der Kommission s. E. v. 21.2.1994, M.395 – *CWB/Goldman Sachs/Tarkett* und Komm. E. v. 11.12.1997, M.1054 – *LGV/BTR*.

[156] S. dazu noch unten Rdnr. 40.

[157] Zu Beherrschungsverträgen und Betriebsüberlassungsverträgen Komm. E. v. 12.1.2001, M.2060 – *Bosch/Rexroth; Immenga/Mestmäcker-Körber,* aaO, FKVO Art. 3 Rdnr. 51, *Karl,* aaO (Fn. 138), S. 207ff. und *Staudenmayer,* aaO S. 93ff.

[158] Komm. aaO Rdnr. 18.

[159] Komm. aaO Rdnr. 19.

[160] Komm. E. v. 24.5.1996, M.741.

[161] Komm. E. v. 24.2.1993, M.304, Rdnr. 4.

durch die Mitwirkung von *VW AG* in einem Koordinierungsausschuss, der für die Festlegung der Geschäftspolitik der Gesellschaft zuständig war (gemeinsame Kontrolle). Im Fall *EDF/South Western Electricity*[162] genügte der Abschluss eines Agency Agreements zusammen mit einem Vertrag über den Kauf des Firmenwerts und verschiedener Vermögensgegenstände, da der Abschluss des Agency Agreements wirtschaftlich dem – formalrechtlich unzulässigen – Verkauf des „supply business" (Vertrieb und Lieferung von Elektrizität) gleich kam.

In ihrer Konsolidierten Mitteilung vertritt die Kommission die Ansicht, dass sogar „rein **36a** wirtschaftliche Beziehungen" ausreichend sein können. Unter bestimmten Umständen könne auch eine **wirtschaftliche Abhängigkeit** faktisch zur Erlangung der Kontrolle führen, wenn z.B. „langfristige große Lieferverträge oder Kredite von Lieferanten oder Kunden zusammen mit strukturellen Verflechtungen einen bestimmenden Einfluss gewähren".[163] Die Kommission hat im Fall *GE/Agfa/NDT*[164] einen Zusammenschluss durch Abschluss eines exklusiven Herstellungs- und Servicevertrages (Manufacturing and Service Agreement) bejaht, der *GE* einen dauerhaften und starken Einfluss auf den *NDT*-Teil des *Agfa X-ray*-Filmgeschäfts verlieh und den Eintritt in die Marktposition von *Agfa* ermöglichte. Die insgesamt zurückhaltende Position der Kommission zu dieser Thematik ist zu begrüßen. Während sie früher über die Leitlinien der BGH-Rechtsprechung zum Aktienrecht hinausging, erfolgte durch den jetzt erfolgten Hinweis auf die (erforderlichen?) „strukturellen Verflechtungen" eine Einschränkung. Der BGH hat in seinem *BuM*-Urteil entschieden, dass schuldrechtliche Vereinbarungen alleine (ohne Kombination mit gesellschaftsinternem Einfluss) für eine Beherrschung nach § 17 Abs. 1 AktG irrelevant sind.[165]

Nach ständiger Praxis der Kommission liegt ein Zusammenschlusstatbestand auch bei ei- **37** nem **Wechsel** von gemeinsamer Kontrolle **zu alleiniger Kontrolle** vor (dazu noch unten Rdnr. 56ff.). Begründet wird dies damit, dass ein wesentlicher Unterschied darin liege, ob ein bestimmender Einfluss allein oder gemeinsam ausgeübt werde.[166] Im Fall *RTL/M 6* hat die Kommission sogar den passiven Erwerb der alleinigen Kontrolle durch einen Gesellschafter aufgrund des Deinvestments eines anderen Anteilseigners und dadurch verursachter faktischer Hauptversammlungsmehrheit dieses Gesellschafters als Zusammenschluss angesehen.[167] Die beiden Anteilseigner hatten zuvor gemeinsame Kontrolle. Relevant ist umgekehrt auch der **Übergang von alleiniger zu gemeinsamer Kontrolle.**[168]

Wenn ein Unternehmen bereits die Kontrolle über die Zielgesellschaft ausübt, führt der **38** Erwerb zusätzlicher Anteilsrechte durch dieses Unternehmen nicht zu einem neuen Zusammenschlusstatbestand. Dies betrifft z.B. Fälle, in denen eine alleinige Kontrolle aufgrund besonderer Umstände bereits mit einer Minderheitsbeteiligung ausgeübt werden

---

162 Komm. E. v. 19.7.1999, M.1606.

163 Komm. aaO Rdnr. 20 unter Hinweis auf Komm. E. v. 25.9.1992, M.258, Rdnr. 6ff., 12 – *CCIE/GTE,* dort verneint im Hinblick auf vertragliche Beziehungen der Zielgesellschaft mit *Osram/Siemens,* und Komm. E. v. 27.3.1996, M.697, Rdnr. 6ff. – *Lockheed Martin Corporation/Loral Corporation,* dort Kontrolle verneint. S. ferner Komm. E. v. 3.6.1991, M.092, Rdnr. 4 – *RVI/VBC/Heuliez Bus,* dort Umsatzzurechnung bejaht wegen eines langfristigen „exclusive procurement agreements" in Verbindung mit einer Minderheitsbeteiligung. Verneint im Fall Komm. E. v. 9.7.1997, M.940 – *UBS/Mr. Minit;* bejaht in Komm. E. v. 20.7.2005, M.3858 – *Lehman Brothers/SCG/Starwood/Le Meridien* und in Komm. E. v. 11.2.2002, M.2632 Rdnr. 8 – *Deutsche Bahn/ECT International/United Depots/JV* (bejaht wegen Pachtvertrag).

164 Komm. E. v. 5.12.2003, M.3136.

165 BGHZ 90, 381, 395ff. – *Beton und Monierbau.*

166 Komm., Konsolidierte Mitteilung, Rdnr. 85/86; s. dazu die Fälle Komm. E. v. 28.11.1990, M.023, WuW/E EV 1551 – *ICI/Tioxide;* Komm. E. v. 21.8.1995, M.627 – *UAP/Sun Life;* Komm. E. v. 29.11.1995, M.665 – *CEP/Groupe de la Cité,* Komm. E. v. 30.6.1993, M.350 – *WestLB/Thomas Cook;* Komm. E. v. 22.1.1997, M.794, Rdnr. 15f. – *Coca-Cola Enterprise/Amalgamated Beverages Great Britain;* Komm. E. v. 26.4.2005, M.3733 – *Dow/DDE.*

167 Komm. E. v. 12.3.2004, M.3330.

168 Komm., Konsolidierte Mitteilung, Rdnr. 85ff.

kann. So verneinte die Kommission im Fall *Ford/Hertz*[169] einen Zusammenschluss iSd FKVO, obwohl eine Erhöhung der Beteiligung von 49% auf 54% vorgesehen war, weil *Ford* aufgrund besonderer Rechte (Aktienumwandlungsoption etc.) schon vorher über die alleinige Kontrolle verfügte. Auch bei 50 : 50-Beteiligungen kann die Kontrolle auf Grund vertraglicher Vereinbarungen bei einem der Gesellschafter liegen.[170]

39 An einem Zusammenschlusstatbestand fehlt es bei der Vereinbarung einer **Option,** die zum Kauf oder zur Umwandlung von Aktien berechtigt, solange die Option nicht in naher Zukunft aufgrund einer rechtlich verbindlichen Absprache ausgeübt wird; unter besonderen Umständen kann jedoch nach Ansicht der Kommission eine Option zusammen mit anderen Elementen zu dem Schluss führen, dass faktisch eine alleinige Kontrolle vorliegt.[171] So hat die Kommission im Fall *Rhodia/Donau Chemie/Albright & Wilson*[172] die alleinige Kontrolle von *Rhodia* über *Albright & Wilson* bejaht, obwohl zunächst *Donau Chemie* die Anteile erwarb. *Donau Chemie* verfolgte mit der Beteiligung aber rein finanzielle Interessen, und *Rhodia* erhielt eine rechtlich bindende Option, den gesamten Anteil von *Donau Chemie* zu erwerben. Die Option wurde bis zu ihrer möglichen Ausübung durch Vetorechte bei einer Reihe von wichtigen Beschlussfassungsgegenständen abgesichert. Dagegen hat die Kommission im Fall *Baywa/Wilhelm Bohnhorst/Bohnhorst Agrarhandel JV* im Sinne des o.g. Grundsatzes trotz Bestehens verschiedener Optionen zugunsten von *Baywa* eine alleinige Kontrolle verneint, da sie bei ihrer Entscheidung nur tatsächliche und rechtliche Umstände zugrunden legen dürfe, die im Zeitpunkt der Anmeldung gegeben seien, und keine hypothetischen Gesichtspunkte, die zum Zeitpunkt des Erlasses der Entscheidung nicht absehbar seien (d.h. die etwaige Ausübung der Optionen durch *Baywa*).[173]

40 *b) Einzelfragen.* Den für die Praxis wichtigsten und einfachsten Fall des Erwerbs der alleinigen Kontrolle bildet der Erwerb einer **Stimmrechtsmehrheit** an der Zielgesellschaft. Dazu gehört auch der Erwerb aller Anteile. Umgekehrt liegt in der Regel im Erwerb einer Beteiligung ohne Stimmrechtsmehrheit keine (alleinige) Kontrolle, selbst wenn die Kapital- oder Aktienmehrheit erworben wird.[174] Eine Minderheitsbeteiligung kann aber z.B. dann alleinige Kontrolle begründen, wenn die Beteiligung mit besonderen Rechten ausgestattet ist, die es dem Minderheitsgesellschafter erlauben, die Geschäftsstrategie des Zielunternehmens zu bestimmen (z.B. mehr als die Hälfte der Aufsichtsrats- bzw. Vorstandsmitglieder zu bestimmen).[175] Die zweite praktisch wichtige Variante des Kontrollerwerbs bildet der **Vermögenserwerb** (asset deal). Solche Transaktionen können sich auf das gesamte Unternehmensvermögen oder einen Teil desselben beziehen.[176] Die Erlangung der Kontrolle über Vermögenswerte kann nach Ansicht der Kommission nur dann als Zusammenschluss angesehen werden, wenn die Ziel-assets einen **Geschäftsbereich mit** eigener Marktprä-

---

[169] Komm. E. v. 7.3.1994, M.397, Rdnr. 5ff., WuW 1994, 646.

[170] Komm. E. v. 20.12.1995, M.650, WuW 1996, 214 – *SGB/Rentenanstalt.*

[171] Komm., Konsolidierte Mitteilung, Rdnr. 60. S. auch EuG Urt. v. 19.5.1994, Rs. T-2/93, Slg. 1994 II-326, 348ff. – *Air France/Kommission* (zum Fall Komm. E. v. 27.11.1992, M.259 – *British Airways/TAT I*). Die geplante Ausübung der Option in 1996 war Gegenstand eines weiteren Verfahrens (Komm. E. v. 26.8.1996, M.806 – *British Airways/TAT II*). Entsprechendes gilt für Wandelschuldverschreibungen (s. dazu *Karl,* aaO, Fn. 138, S. 179ff.). Zur Praxis der Komm. s. ferner E. v. 10.1.2002, M.2176, Rdnr. 8 – *K+S/Solvay/JV* und E. v. 13.2.2003, M.3068 – *Ascott Group/Goldman Sachs/Oriville.*

[172] Komm. E. v. 13.7.1999, M.1517.

[173] Komm. E. v. 6.2.2013, M.6751, Rdnr. 14ff. unter Bezugnahme auf EuG U. v. 19.5.1994, Rs. T-2/93, Slg. 1994 II-323 – *Air France/Kommission.*

[174] Komm., Konsolidierte Mitteilung, Rdnr. 56.

[175] Komm., Konsolidierte Mitteilung, Rdnr. 57; E. v. 19.12.2013, M.7107, Rdnr. 8ff. – *Cordes & Graefe/Pompac Comafranc.*

[176] Nachweise aus der Praxis der Komm. bei *Immenga/Mestmäcker-Körber,* EU-WbR, FKVO, Art. 3 Rdnr. 49ff., *Staudenmeyer,* S. 90f. und *Karl,* S. 203. Zum deutschen Recht s. § 37 Abs. 1 Nr. 1 GWB.

senz bilden, dem eindeutig ein **Marktumsatz** zugeordnet werden kann.[177] Die Übertragung des Kundenstammes eines Geschäftsbereichs könne diese Kriterien erfüllen, wenn dadurch ein Geschäftsbereich mit Marktumsatz übertragen werde.[178] Eine Transaktion, die nur immaterielles Vermögen wie Marken, Patente oder Urheberrechte betrifft, könne ebenfalls als Zusammenschluss eingestuft werden, wenn dieses Vermögen einen Geschäftsbereich mit Marktumsatz bildet. Die Kommission hat das z.B. beim Erwerb von Handelsmarken, Domain-Namen und Kundendaten bejaht, da diese assets der wesentliche Teil des Homeshopping-Business und daher die Basis für die Akquisition von Kunden und Umsatz waren.[179] Eine Übertragung von Lizenzen für Marken, Patente oder Urheberrechte ohne zusätzliche Vermögenswerte könne diese Kriterien allerdings nur erfüllen, wenn es sich um Exklusivlizenzen zumindest für ein bestimmtes Gebiet handele und mit der Übertragung der Lizenzen dauerhaft eine Übertragung Umsatz generierender Tätigkeiten einhergehe.[180] Bei anderen Lizenzen sei auszuschließen, dass sie für sich genommenen einen Geschäftsbereich bilden, dem ein Marktumsatz zugerechnet werden kann.[181] Offen gelassen hat die Kommission, ob der Erwerb von Ziehungsrechten für Strom aus einem Kraftwerk („drawing rights") für sich genommen einen Vermögenserwerb im Sinne der Fusionskontrolle darstellt.[182]

In Zusammenhang mit dem Gegenstand der Kontrolle erörtert die Kommission in der Konsolidierten Mitteilung auch **Outsourcing**-Sachverhalte.[183] Es geht dabei um Fälle, in denen ein Unternehmen interne Tätigkeiten wie bestimmte Dienstleistungen oder Fertigungstätigkeiten an einen Dienstleister auslagert. Ein typischer Fall ist dabei das Outsourcing von IT-Dienstleistungen an spezialisierte IT-Gesellschaften. Die Kommission legt im Einzelnen dar, dass die Bejahung eines Zusammenschlusstatbestandes entscheidend von der rechtlichen Ausgestaltung der Transaktion abhängt und erläutert dies anhand mehrerer Beispiele, bei denen zwischen einfachem Outsourcing und Outsourcing-Verträgen unterschieden wird, in denen der Erwerber auch die damit verbundenen Vermögenswerte und/oder das Personal des outsourcenden Unternehmens übernimmt. In der letztgenannten Fallgruppe liege nur dann ein Zusammenschluss vor, wenn die übertragenen Vermögenswerte ein Unternehmen oder einen Teil eines Unternehmens, d.h. einen Geschäftsbereich mit eigener Marktpräsenz, bildeten. Dies setze voraus, dass die zuvor für die interne Tätigkeit des veräußernden Unternehmens verwendeten Vermögenswerte es dem Outsourcing-Dienstleister ermöglichten, Dienstleistungen entweder sofort oder innerhalb kurzer Zeit nach dem Transfer nicht nur an den Outsourcing-Kunden zu erbringen, sondern auch an Dritte. Wenn die übertragenen Vermögenswerte es dem Käufer nicht ermöglichten, eine Marktpräsenz zu entwickeln, würden sie wahrscheinlich nur dazu verwendet werden, für den Outsourcing-Kunden die gewünschten Dienstleistungen zu erbringen. Der Vorgang bewirke dann keine dauerhafte Änderung der Marktstruktur, und der Outsourcing-Vertrag sei in diesem Fall einem Dienstleistungsvertrag gleichzusetzen.[184] **40a**

In der Konsolidierten Mitteilung übernimmt die Kommission den in ihrer Praxis entwickelten Begriff der **negativen alleinigen Kontrolle** in ihre Auslegungsgrundsätze. Damit sind Fälle gemeint, in denen ein Gesellschafter allein strategische Entscheidungen in einem **40b**

---

[177] Komm., Konsolidierte Mitteilung, Rdnr. 24, unter Hinweis auf Sache M.3867, E. v. 22.12. 2005 – *Vattenfall/Elsam* und *E 2 Assets;* s. ferner E. v. 18.2.2010, M.5727, Rdnr. 14ff. – *Microsoft/Yahoo! Search Business;* E. v. 8.3.2013, M.6853, Rdnr. 10ff. – *Flextronics International/Certain Assets belonging to Motorola Mobility.*

[178] Komm. E. v. 23.12.2002, M.2857 – *ECS/IEH.*

[179] Komm. E. v. 16.2.2010, M.5721, Rdnr. 8ff. – *Otto/Primondo Assets.*

[180] Komm., Konsolidierte Mitteilung, Rdnr. 24.

[181] S. dazu Komm. aaO Rdnr. 24; zum Ganzen auch Komm. E. v. 5.12.2003, M.3136 – *GE/Agfa/NDT.* Zum Erwerb von Marken in der deutschen Fusionskontrolle s. BGH WuW/E BGH 2783 – Warenzeichenerwerb *(Melitta/Frappan),* zu einem Titel-Lizenzvertrag BGH WuW/E DE-R 1979ff. – *Gruner + Jahr/National Geographic.*

[182] Komm. E. v. 16.10.2009, M.5512, Rdnr. 10 – *Electrabel/E.ON.*

[183] AaO, Rdnr. 25ff.

[184] Komm. aaO Rdnr. 27.

Unternehmen durch Veto verhindern, nicht aber derartige Entscheidungen allein durchsetzen kann.[185] Unter diesen Umständen besitze ein einzelner Gesellschafter genauso viel Einfluss wie normalerweise ein Gesellschafter, der gemeinsam mit anderen ein Unternehmen kontrolliert, d.h. er könne die Annahme strategischer Entscheidungen blockieren. Da der fragliche Gesellschafter als einziger einen beherrschenden Einfluss erwerbe, sei nur er zur Anmeldung des Zusammenschlusses verpflichtet. Einige Beispielsfälle führt die Kommission in Fn. 61 ihrer Mitteilung an. In der Zeit danach wurde ferner im Fall *Fiat/Chrysler*[186] trotz Fehlens einer Mehrheit der Anteils- oder Stimmrechte eine negative alleinige Kontrolle von *Fiat* bejaht, da dieser Erwerber umfangreiche Steuerungsrechte bei *Chrysler* hatte, die keinem anderen Aktionär zustanden. Zu diesen Rechten gehörte die Zustimmung zur Ernennung des CEO, Veto-Rechte bei „Major Decisions" wie z.B. die Öffnung bzw. Wiedereröffnung von großen Produktionsanlagen, Kapitalinvestitionen und Entscheidungen über die langfristige Produktionsstrategie sowie Veto-Rechte betreffend das jährliche Budget und den Businessplan.[187]

41 Die Kommission musste verschiedentlich Vorhaben prüfen, bei denen eine **gemeinsame Kontrolle** nur für eine **Anlaufzeit** bestand, die aber aufgrund einer bindenden Vereinbarung später so umgewandelt werden sollte, dass ein Aktionär die Kontrolle übernimmt. Nach Ansicht der Kommission gilt in solchen Fällen das ganze Vorhaben regelmäßig als Erwerb der alleinigen Kontrolle durch das entsprechend berechtigte Unternehmen.[188] Relevant war dieser Aspekt z.B. im Fall *British Telecom/Banco Santander.*[189] Die Anlaufzeit betrug dort drei Jahre. Ähnlich verhielt es sich in den Fällen *Albacom,*[190] wo *BT* ab dem vierten Jahr die alleinige Kontrolle ausübte, und *Degussa/RAG,*[191] wo nach drei Jahren einer der Anteilseigner nach den rechtlich verbindlichen Verträgen alleinige Kontrolle erwerben sollte. In der Konsolidierten Mitteilung[192] sieht die Kommission den Zeitraum von drei Jahren nunmehr als zu lang an und will grundsätzlich nur bei einer Übergangsphase von einem Jahr eine gemeinsame Kontrolle verneinen.

42 Alleinige Kontrolle kann auch mit einer **qualifizierten Minderheit** erworben werden. Dies kann aufgrund rechtlicher oder tatsächlicher Umstände der Fall sein. So können z.B. Vorzugsaktien zu einer Stimmrechtsmehrheit führen oder andere Rechte können es Minderheitsaktionären möglich machen, die Wirtschaftsstrategie des Zielunternehmens zu bestimmen. Die Kommission nennt als Beispiel dafür das Recht, über die Hälfte der Aufsichtsrats- oder Vorstandsmitglieder zu ernennen.[193] Die alleinige Kontrolle kann auch ein Minderheitsgesellschafter haben, der aufgrund der Organisationsstruktur (z.B. als Komplementär einer KG, der oft nicht an der Gesellschaft beteiligt ist) befugt ist, die Tätigkeit des Unternehmens zu leiten und die Geschäftspolitik zu bestimmen.[194] Der Fall einer faktischen Kontrolle liegt vor, wenn der Minderheitsgesellschafter damit rechnen kann, in der Hauptversammlung die Mehrheit zu halten, weil sich die restlichen Aktien in Streubesitz befinden (sog. **faktische Hauptversammlungsmehrheit**).[195] Die Kommission prüft dann

---

[185] Komm. aaO Rdnr. 54 ff.

[186] Komm. E. v. 24.7.2009, M.5518, Rdnr. 7 ff. – *Fiat/Chrysler.*

[187] S. außerdem Komm. E. v. 10.2.2012, M.6438, Rdnr. 20 – *Saria/Teeuwissen/Jagero II/Quintet/Bioberica* und E. v. 16.5.2012, M.6286, Rdnr. 4 – *Südzucker/ED&F Man.*

[188] Komm., Bekanntmachung Zusammenschlussbegriff, Rdnr. 38 sowie dortige Fn. 25, wonach die Auslaufzeit nicht länger als drei Jahre dauern durfte. Verneint z.B. in Komm. E. v. 25.7.1996, M.734 – *Melitta/Dow-Newco* (wo *Dow* nach dem dritten Jahr eine put-Option zustand). S. dazu auch unten Rdnr. 69d.

[189] Komm. E. v. 28.3.1994, M.425, WuW/E EV 2136.

[190] Komm. E. v. 15.9.1995, M.604, WuW 1996, 213.

[191] E. v. 18.11.2002, M.2854.

[192] AaO Rdnr. 34.

[193] Komm., Konsolidierte Mitteilung, Rdnr. 57.

[194] Komm. aaO Rdnr. 57.

[195] Komm. aaO Rdnr. 59. Aus der Verwaltungspraxis dazu s. Komm. E. v. 10.2.1990, M.025, WuW/E EV 1554 – *Arjomari/Wiggins Teape;* Komm. E. v. 23.4.1997, M.754 – *Anglo American/*

im Einzelfall anhand des früheren Abstimmungsverhaltens, welche Änderungen bei der Präsenz der Gesellschafter nach der Transaktion zu erwarten sind.[196] Ausschlaggebend bei einer solchen Bewertung ist insbes., ob die verbleibenden Anteile weit gestreut sind, ob andere wichtige Gesellschafter strukturelle, wirtschaftliche oder familiäre Beziehungen zu dem großen Minderheitsgesellschafter haben und ob andere Gesellschafter ein strategisches oder rein finanzielles Interesse an dem Zielunternehmen haben.[197] Die Kommission stellt bei ihrer Prüfung regelmäßig auf die Hauptversammlungspräsenz in den letzten drei bis vier Jahren vor dem Zusammenschluss ab.[198] Sie nimmt dabei auch eine in die Zukunft gerichtete Analyse der Frage vor, ob mögliche Änderungen des Teilnahmeverhaltens der Aktionäre nach dem Zusammenschluss die de-facto Kontrolle in Frage stellen können.[199] Ein Zusammenschluss wurde auf dieser Grundlage schon bei Beteiligungen bzw. Stimmrechten in Höhe von 21%, 24,9%, 25,96%, 26,51% und 29,04% angenommen.[200] Von einer de facto-Alleinkontrolle ist die Kommission ferner im Fall *Renault/Nissan*[201] ausgegangen. Sie wurde wegen der Minderheitsbeteiligung von *Renault* (36,8%) insbes. auf den Einfluss auf das day-to-day-Management und das Geschäftsgebaren sowie auf den Umstand gestützt, dass *Renault* der einzige „industrial shareholder" war. Auch eine gemeinsame

---

Lonrho; Komm. E. v. 3.6.1997, M.906 – *Mannesmann/Vallourec;* Komm. E. v. 3.12.1997, M.942 – *Veba/Degussa* (für Beteiligung von 36,4%); Komm. E. v. 22.7.1999, M.1534 – *Pinault-Printemps-Redoute/Gucci* (42,94%-Beteiligung); Komm. E. v. 10.12.2003, M.3329, Rdnr. 6 – *Tchibo/Beiersdorf* (49,69%-Beteiligung); M.3998, Rdnr. 5 – *Axalto/Gemplus* (43,7 %-Beteiligung); M.4155, Rdnr. 5 – *BNP Paribas/BNL* (48%-Beteiligung); Komm. E. v. 23.9.2013, M.6957, Rdnr. 6ff. – *IF P&C/Topdanmark* (26,51% der Stimmrechte); Komm. E. v. 19.12.2013, M.6962, Rdnr. 6 – *Renova Industries/Schmolz & Bickenbach* (Beteiligung von 40,68%). S. ferner *Karl,* aaO (Fn. 138) S. 173ff. m. Nachw. aus dem Schrifttum.

196 Instruktiv zur Prüfung des Abstimmungsverhaltens im Einzelfall Komm. E. v. 10.6.2009, M.4994, Rdnr. 41ff. – *Electrabel/Compagnie Nationale du Rhone,* bestätigt durch EuG U. v. 12.12.2012, T-332/09, ECLI:EU:T:2012:672, Rdnr. 50ff. – *Electrabel/Kommission.*

197 Komm. aaO Rdnr. 59.

198 Komm. E. v. 10.6.2009, M.4994, Rdnr. 45ff. – *Electrabel/Compagnie Nationale du Rhone* (drei Jahre), bestätigt durch EuG U. v. 12.12.2012, T-332/09, ECLI:EU:T:2012:672, Rdnr. 46 – *Electrabel/Kommission;* Komm. E. v. 26.10.2009, M.5632, Rdnr. 6 – *Pepsico/Pepsi Americas;* Komm. E. v. 13.11.2012, M.6718, Rdnr. 7 – *Toyota Tsusho Corporation/CFAO;* Komm. E. v. 27.11.2012, M.6682, Rdnr. 7 – *Kinnevik/Billerud/Korsnäs;* Komm. E. v. 14.6.2013, M.6866, Rdnr. 6 – *Time Warner/CME;* Komm. E. v. 23.9.2013, M.6957, Rdnr. 8 – *IF P&C/Topdanmark* (dort wurden sogar die Hauptversammlungsmehrheiten der letzten sieben Jahre ausgewertet).

199 Komm. E. v. 23.7.2008, M.5250, Rdnr. 9 – *Porsche/Volkswagen.*

200 S. dazu Komm. E. v. 3.6.1997, M.906, Rdnr. 11ff. – *Mannesmann/Vallourec:* 21%-Beteiligung an börsennotierter AG; Komm. E. v. 14.4.1992, M.192, WuW 1992, 500 – *Banesto/Totta:* Sichere Hauptversammlungsmehrheit bejaht bei 46,5% und etwa 40000 Kleinaktionären; Komm. E. v. 10.2.1990, M.025, Rdnr. 4 – *Arjomari/Wiggins Teape:* 39% der Beteiligung ausreichend bei Streuung unter 107 000 Aktionären. Ferner sichere Hauptversammlungsmehrheit bei Erhöhung einer Kapitalbeteiligung von 20,94% auf 25,96% bei breitem Streubesitz mit konstant geringer Präsenz auf den Hauptversammlungen: Komm. E. v. 3.8.1993, M.343, WuW 1993, 164 – *SBG/Generale de Banque;* Komm. E. v. 31.7.1995, M.613, WuW 1995, 1008 – *Jefferson Smurfit Group plc/Munksjo AB* (für Anteilserwerb von 29,04%); Komm. E. v. 5.12.1997, M.1046 – *Ameritech/Tele Danmark* (alleinige de-facto Kontrolle bei Beteiligung von 42%); Komm. E. v. 25.6.2008, M.5121, Rdnr. 5ff. – *News Corp/Premiere* (24,9%-Beteiligung); Komm E. v. 23.9.2013, M.6957, Rdnr. 9 – *IF P&C/Topdanmark* (Stimmrechte in Höhe von 26,51%). Verneint wurde eine sichere Hauptversammlungsmehrheit im Fall *Medio Banca/Generali,* Komm. E. v. 19.12.1991, M.159, WuW 1992, 225, dort für Erhöhung der Beteiligung von 5,98% auf 12,84%; die Hauptversammlungspräsenz lag zwischen 33 und 41%; ferner im Fall *Ryanair/Air Lingus,* E. v. 27.6.2007, M.4439, Rdnr. 10/11. Dort waren vorab ca. 25 % erworben worden; Gegenstand des Verfahrens – und der Untersagungsentscheidung – war jedoch der Erwerb der Kontrolle mittels Mehrheitsbeteiligung durch ein öffentliches Übernahmeangebot. Der vorab erfolgte (vollzogene) Erwerb der Minderheitsbeteiligung unter 30% wurde als Teil eines „einzigen" Zusammenschlusses angesehen und musste (daher) nach der rechtskräftigen Untersagung nicht entflochten werden; s. dazu auch EuG U. v. 6.7.2010, Slg. 2010 II-3691ff., Rdnr. 64, 83ff. – *Air Lingus ./. Komm.*

201 Komm. E. v. 12.5.1990, M.1519.

Kontrolle (dazu Rdnr. 47 ff.) kann aufgrund einer Minderheitsbeteiligung erlangt werden.[202] Selbst wenn in einem Jahr die Beteiligung an der Hauptversammlung höher ist, so dass es in diesem Jahr keine Stimmenmehrheit des betroffenen Gesellschafters auf der Hauptversammlung gibt, ist von einer *de-facto* Kontrolle durch ihn auszugehen, wenn zu erwarten ist, dass bei künftigen Hauptversammlungen die Beteiligung wieder abnehmen wird und er außerdem die Mehrheit der Mitglieder des „boards" stellt, das die strategischen Entscheidungen fällen kann.[203] Eine de-facto Kontrolle ist auch nicht deswegen ausgeschlossen, weil durch ein nationales Gesetz der Erwerb von mehr als 50% des Kapitals oder der Stimmrechte an einer Gesellschaft untersagt ist.[204] Im Fall *SDNV/Germanischer Lloyd* hat die Kommission eine alleinige faktische Kontrolle von *SDNV* über den *Germanischen Lloyd* u. a. deswegen bejaht, weil die mit stimmberechtigten Vertreter der Arbeitnehmer in den vergangenen Jahren immer wie die Anteilseigner von *SDNV* gestimmt hatten und zu erwarten sei, dass dieser Konsens fortbestehen werde.[205]

43 Der Erwerb einer Minderheitsbeteiligung, der nicht zur alleinigen oder zur gemeinsamen Kontrolle (dazu Rdnr. 47 ff.) führt, unterfällt bisher nicht der EG-FKVO (zur geplanten Erweiterung des Zusammenschlusstatbestandes s. oben Rdnr. 29a). Dies gilt vor allem dann, wenn ein anderer Mehrheitsgesellschafter vorhanden ist, der das Unternehmen alleine kontrolliert. In solchen Fällen kommt daher die Anwendung der **deutschen Fusionskontrolle** in Betracht, wenn eine Beteiligung von 25% oder mehr erworben wird. Ferner muss der Auffangtatbestand der deutschen Fusionskontrolle (§ 37 Abs. 1 Nr. 4 GWB) beachtet werden, der auch schon bei Beteiligungen von unter 20% eingreifen kann. Wenn an einem Unternehmen mehrere Minderheitsgesellschafter beteiligt sind, die zwar zusammen die Mehrheit halten, aber mit wechselnden Mehrheiten abstimmen können, liegt regelmäßig weder eine alleinige noch eine gemeinsame Kontrolle vor.[206]

44 Gelegentlich bestehen wirtschaftlich einheitliche Transaktionen aus **mehreren Erwerbsvorgängen**[207] **(zusammenhängende Transaktionen).**[208] Vorgaben dazu enthält zunächst die BE 20 der FKVO Nr. 139/2004. Danach sind Erwerbsvorgänge, die eng miteinander verknüpft sind, weil sie durch eine Bedingung miteinander verbunden sind oder in Form einer Reihe von innerhalb eines gebührend kurzen Zeitraums getätigten Rechtsgeschäften mit Wertpapieren stattfinden, als ein einziger Zusammenschluss zu behandeln.[209] Die Regelung entspricht der ständigen Praxis der Kommission, von *einem* Zusammenschluss auszugehen, wenn zwei oder mehrere Transaktionen rechtlich über die Bedingung des Erwerbs beider Firmen miteinander verbunden sind und wirtschaftlich voneinander abhängen.[210] Das EuG ist i. S. *Cementbouw ./. Kommission* davon ausgegangen, dass *ein* „Zu-

---

[202] Z. B. Komm. E. v. 25.5.1998, M.1169, Rdnr. 8 – *EDFI/Graninge* (30,1 % plus 15,8%).

[203] Komm. E. v. 17.6.2009, Rdnr. 4 f. – *Renova Industries/Sulzer;* Komm. E. v. 25.6.2008, M.5121, Rdnr. 8 – *News Corp/Premiere.*

[204] Komm. E. v. 10.6.2009, M.4994, Rdnr. 89, 92 – *Electrabel/Compagnie Nationale du Rhone,* bestätigt von EuG U. v. 12.12.2012, T-332/09, ECLI:EU:T:2012:672, Rdnr. 118 ff. – *Electrabel ./. Komm.*

[205] Komm. E. v. 15.7.2013, M.6885, Rdnr. 5.

[206] Komm., Konsolidierte Mitteilung, Rdnr. 80; dazu noch Rdnr. 55.

[207] Dazu auch *Staudenmeyer,* S. 171 ff.

[208] Dazu Komm. aaO Rdnr. 36 ff. sowie aus der Literatur *Montag* in Fs. Carl Baudenbacher, 2007, 503 ff.

[209] Die Kommission wollte eine entsprechende Regelung ursprünglich in Art. 3 aufnehmen, s. Komm., Vorschlag für eine Verordnung des Rates über die Kontrolle von Unternehmenszusammenschlüssen, ABl. 2003 C 20/06, Rdnr. 42 ff.

[210] Komm. E. v. 16.9.2002, M.2926, Rdnr. 7 ff. – *EQT/HRR/Dragaco;* Komm. E. v. 14.10.2002, M.2897 – *Sita Sverige AB/Sydkraft Ecoplus;* so auch Komm. E. v. 4.5.2006, M.4146, Rdnr. 8 – *GE/Bayer/OSI Europe Business* und Komm. E. v. 28.7.2006, M.4257, Rdnr. 11 ff. – *Smithfield/Oaktree/Sara Lee Foods Europe;* Komm. E. v. 6.9.2006, M.4338, Rdnr. 5 ff. – *Cinven/Warburg Pincus/Casema/Multikabel;* Komm. E. v. 23.9.2008, M.4980, Rdnr. 9 – *ABF/GBI Business;* Komm. E. v. 8.1.2009, M.5424, Rdnr. 6 – *Dow/Rohm and Haas;* Komm. E. v. 23.4.2013, M.6871, Rdnr. 4 – *Mohawk Industries/Spano Invest;* Komm. E. v. 2.10.2013, M.7032, Rdnr. 8 – *Koninklijke Reesink/Pon*

sammenschluss bei einer Mehrzahl formal getrennter Rechtsgeschäfte bewirkt wird, wenn diese Geschäfte voneinander abhängig sind, so dass die einen ohne die anderen nicht durchgeführt würden, und wenn ihr Ergebnis darin besteht, dass einem oder mehreren Unternehmen die unmittelbare oder mittelbare wirtschaftliche Kontrolle über die Tätigkeit eines oder mehrerer anderer Unternehmen übertragen wird."[211] Indizien für einen Zusammenschluss sind nach dieser Rechtsprechung die gegenseitige wirtschaftliche Abhängigkeit der Transaktionen, die Gleichzeitigkeit des Abschlusses der Geschäfte vor derselben Amtsperson sowie die Bestätigung der Abhängigkeit durch einen der Zusammenschlussbeteiligten.[212] Im Anschluss an das *Cementbouw*-Urteil widmete die Kommission der Thematik zusammenhängender Transaktionen in ihrer Konsolidierten Mitteilung breiten Raum. Dabei differenziert sie zutreffend zwischen Transaktionen, die nach den allgemeinen Grundsätzen des Art. 3 bzw. der BE Nr. 20 voneinander abhängig sind[213] und der Sonderregelung (Fiktion) in Art. 5 Abs. 2 UA 2 FKVO, wonach eine Abfolge von Transaktionen innerhalb von zwei Jahren zwischen denselben Personen oder Unternehmen *für Zwecke der Ermittlung des Umsatzes der beteiligten Unternehmen* als ein Zusammenschluss behandelt wird.[214] Was zunächst die Fälle nach Art. 3 angeht, so sieht die Kommission zwei oder mehr Transaktionen als einen einzigen Zusammenschluss iSd Art. 3 an, wenn sie **„einheitlichen Charakter"** haben. Für die Würdigung sei die den Vorgängen zugrundeliegende wirtschaftliche Realität zu ermitteln und infolgedessen der von den Beteiligten verfolgte wirtschaftliche Zweck festzustellen. Es müsse in jedem Einzelfall geprüft werden, ob die Transaktionen so voneinander abhängig seien, dass die eine nicht ohne die andere durchgeführt worden wäre.[215] Für die Frage der Abhängigkeit stellt die Kommission nicht nur auf eine rechtliche Verbindung der Transaktionen ab, sondern sie lässt auch den Nachweis einer faktischen Abhängigkeit zu, wobei wiederum eine wirtschaftliche Würdigung vorgenommen wird. In diesem Zusammenhang können auch entsprechende Erklärungen der Beteiligten selbst oder die (schlichte) Gleichzeitigkeit des Abschlusses der Vereinbarungen als Anhaltspunkt herangezogen werden.[216] So kann z. B. der Erwerb eines Geschäftsbereichs eines anderen Unternehmens mittels mehrerer Transaktionen erfolgen, die demnach einen einzigen Zusammenschluss darstellen.[217] Weiter geht die Kommission in ihrer Mitteilung auf den besonders komplexen *Kingfisher*-Fall[218] ein. Die in der BE Nr. 20 der FKVO erwähnte Fallgruppe eines Kontrollerwerbs durch mehrere „innerhalb eines gebührend kurzen Zeitraums" getätigte Wertpapiergeschäfte, bei der ein einziger Zusammenschluss vorliegen soll, wird in der Mitteilung zwar erwähnt.[219] Es bleibt aber offen, wie kurz dieser Zeitraum bemessen sein muss.[220] Erläutert wird in der Mitteilung auch die Fiktion für lediglich zeitlich zusammenhängende Transaktionen gemäß **Art. 5 Abs. 2 UA 2.**[221] Es handelt sich dabei um eine **Umgehungsregelung.** Sie soll sicherstellen, dass dieselben Perso-

---

European Material Handling Business; verneint hingegen in Komm. E. v. 25.11.2008, M.5096, Rdnr. 7 – *RCA/MAV Cargo;* Komm. E. v. 18.12.2013, M.7097, Rdnr. 6 – *Bridgepoint/Orlando/La Gardenia Beauty.*

[211] U. v. 22.2.2006, Slg. 2006 II-319, Rdnr. 109.

[212] EuG aaO Rdnr. 127.

[213] Konsolidierte Mitteilung, Rdnr. 38 ff.

[214] Konsolidierte Mitteilung, Rdnr. 49/50.

[215] Komm. aaO Rdnr. 38; s. z. B. aus jüngerer Zeit Komm. E. v. 13.5.2011, M.6151, Rdnr. 17 – *Petrochina/Ineos/JV;* E. v. 19.12.2011, M.6403, Rdnr. 12 – *Volkswagen/KPI Polska/Skoda Auto Polska/VW Bank Polska/VW Leasing Polska;* verneint in Komm. E. v. 18.12.2013, M.7097, Rdnr. 6 – *Bridgepoint/Orlando/La Gardenia Beauty.*

[216] AaO Rdnr. 43.

[217] Konsolidierte Mitteilung, Rdnr. 45.

[218] Sache IV/M.1188, E. v. 18.6.1987 – *Kingfisher/Wegert/ProMarkt.*

[219] AaO, Rdnr. 48.

[220] S. dazu Komm. E. v. 8.3.2013, M.6801, Rdnr. 5 – *Rosneft/TNK-BP* (nur Hinweis auf „a reasonably short period", ohne Zeitangabe).

[221] Zur Entscheidungspraxis der Kommission zu dieser Vorschrift s. *Wiedemann* in Fs. Möschel, 2011, S. 721 ff. S. ferner unten Rdnr. 93.

nen oder Unternehmen eine Transaktion nicht in eine Reihe von Vermögensveräußerungen über einen gewissen Zeitraum aufteilen, um die Zuständigkeit der Kommission nach der FKVO zu vermeiden.[222] In der Konsolidierten Mitteilung wird aber auch hervorgehoben, dass die Vorschrift nur eingreift, wenn jeweils dieselben Personen/Unternehmen handeln. Dagegen kommt es bei der Umgehungsregelung nicht darauf an, ob die Zusammenschlüsse voneinander abhängig sind.[223]

44a Negativ abzugrenzen von den zusammenhängenden Transaktionen sind Fälle, bei denen die Kontrolle letztlich nicht von dem- bzw. denselben Unternehmen übernommen wird. Die Kommission nennt dafür vor allem zwei Fallgruppen. Die erste ist die **Aufspaltung von Gemeinschaftsunternehmen,** bei denen die einzelnen Teile eines Unternehmens zwischen den bisherigen Muttergesellschaften aufgeteilt werden. Diese Vorgänge behandelt die Kommission als separate Zusammenschlüsse.[224] Dieselbe Bewertung nimmt die Kommission vor, wenn zwei oder mehr Unternehmen bei Transaktionen zur Spaltung von Gemeinschaftsunternehmen oder zur Übertragung von Vermögenswerten durch **Swap-Geschäfte** Vermögenswerte austauschen. Obwohl die Beteiligten in der Regel diese Transaktionen als voneinander abhängig ansähen, erfordere die FKVO eine separate Bewertung der Ergebnisse jeder einzelnen Transaktion.[225]

44b In der Praxis der Kommission ist außerdem der zweistufige Erwerb von *Shell* an *DEA*[226] als *ein* Zusammenschluss angesehen worden, obwohl zwischen dem ersten und dem zweiten Erwerbsvorgang ein Zeitraum von bis zu drei Jahren liegen sollte; maßgebend dafür war, dass die Verträge rechtlich bindend waren. Die Kommission geht auch dann von *einem* Zusammenschluss aus, wenn das Zielunternehmen aus mehreren Gesellschaften besteht. So wurde mehrfach der gleichzeitige Kontrollerwerb über mehrere Schwestergesellschaften (in einem Staat oder in verschiedenen Staaten) als *ein* Zusammenschluss behandelt.[227] Ebenso behandelt wurde die parallele Gründung von drei GU.[228] *Ein* Zusammenschluss liegt nach Ansicht der Kommission auch dann vor, wenn dasselbe Unternehmen bei einer Transaktion alleinige und bei anderen Transaktionen gemeinsame Kontrolle erwirbt, die Transaktionen aber untereinander voneinander abhängig sind.[229] Bei anderen wechselseitigen oder komplexeren Transaktionen ist die Kommission von zwei oder mehreren Zusammenschlusstatbeständen ausgegangen. Sie hat z. B. in einem Vorhaben zwei Zusammenschlüsse gesehen, bei dem ein einheitliches Geschäft in zwei unterschiedliche Teile aufgespaltet bzw. durch die früheren GU-Gesellschafter direkt erworben wurde.[230] Die Kommission prüft dann für jede einzelne Maßnahme, ob ein Zusammenschluss mit gemeinschaftsweiter Be-

[222] Komm., Konsolidierte Mitteilung, Rdnr. 49/50 mit Beispielen in Fn. 55 (insbes. den Fall M.3173, E. v. 13.6.2003 – *E.ON/Fortum Burghausen/Smaland/Endenderry*). Weitere Beispiele bei *Wiedemann* in Fs. Möschel, 2011, S. 721 ff.

[223] Komm. aaO Rdnr. 50 unter Hinweis auf den Fall M.1283, E. v. 24.8.1998 – *Volkswagen/RollsRoyce/Cosworth.*

[224] Konsolidierte Mitteilung, Rdnr. 41, unter Bezugnahme auf die Fälle *Shell/BEB* und *ExxonMobil/BEB,* Sachen M.3293 und 3294, parallele E. v. 20.11.2003; aus jüngerer Zeit Komm. E. v. 12.12.2012, M.6497, Rdnr. 5 ff. – *Hutchison 3G Austria/Orange Austria* (dort waren zwar mehrere Transaktionen voneinander abhängig, aber es gab unterschiedliche Erwerber).

[225] Komm. aaO Rdnr. 41.

[226] Komm. E. v. 20.12.2001, M.2389.

[227] Z. B. Komm. E. v. 18.12.1996, M.861 – *Textron/Kautex;* Komm. E. v. 19.5.1998, M.1110 – *VAW/Reynolds Metals;* Komm. E. v. 29.4.1998, M.1167, Rdnr. 3, 5 – *ICI/Williams* (17 Gesellschaften in 13 EG- und Nicht-EG-Staaten). Im Fall *L'Oreal/Procasa/Cosmétique Iberica/Albesa* (Komm. E. v. 19.9.1997, M.957, Rdnr. 4) sah die Kommission den Erwerb der Kontrolle an vier spanischen Vertriebsgesellschaften als *einen* Zusammenschluss an. S. ferner Komm. E. v. 12.5.1999, M.1519 – *Renault/Nissan;* Komm. E. v. 29.7.2003, M.3198 – *VW-Audi/VW-Audi-Vertriebszentren* (sieben Vertriebszentren); Komm. E. v. 16.2.2004, M.3352 – *VW/Hahn+Lang.*

[228] Komm. E. v. 26.1.2001, M.2478 – *IBM Italia/Business Solutions.*

[229] Komm. E. v. 10.2.2012, M.6438 – *Saria/Teeuwissen/Jagero II/Quintet/Bioberica.*

[230] Komm. E. v. 20.11.2003, M.3294 – *Exxon Mobil/BEB* und Komm. E. v. 20.11.2003, M.3293 – *Shell/BEB.* Dazu auch Konsolidierte Mitteilung, Rdnr. 41.

deutung vorliegt. Dabei kann sich ergeben, dass die FKVO auf einen Teil der Transaktion Anwendung findet, auf einen anderen aber nicht. Als Beispiele dafür können die Fälle *ABB/Renault Automation,*[231] *British Telecom/MCI*[232] und *Mannesmann Demag/Delaval Stork*[233] genannt werden. Für den „abgetrennten" Teil kann dann die nationale Fusionskontrolle gelten, so z.B. im Fall *Hoechst/Clariant* für den Erwerb einer 45%-Beteiligung mit einer Stimmrechtsbeschränkung auf 10% (Zusammenschluss nach § 23 Abs. 2 Nr. 2 Satz 1a GWB a.F.).[234] Sind mehrere Zusammenschlusstatbestände mit gemeinschaftsweiter Bedeutung erfüllt, werden diese regelmäßig in einer gemeinsamen Entscheidung behandelt.[235] Eine besonders komplexe Sachverhaltsgestaltung lag im Fall *Kingfisher/Wegert/ProMarkt*[236] vor, wo einige parallele Erwerbsvorgänge, darunter ein gestufter Erwerb durch die Zielgesellschaft *Wegert* an einem dritten Unternehmen *(ProMarkt),* aufgrund der wirtschaftlichen Verbindung als *ein* Zusammenschluss bewertet wurden, während bei einem anderen Element der Transaktion der Grad der „economic interdependence" als geringer eingestuft und daher als separater Zusammenschluss ohne gemeinschaftsweite Bedeutung angesehen wurde. Die Zuständigkeit der Kommission für die gesamte Transaktion ist dann gegeben, wenn ein Unternehmen eine Tochtergesellschaft in ein anderes Unternehmen einbringt (bei Kontrolle des Erwerbers) und dafür im Gegenzug eine nicht-kontrollierende Beteiligung an dem Erwerber-Unternehmen (oder der aufnehmenden Tochtergesellschaft) erhält.[237] Wenn in einer solchen Konstellation eines dieser Elemente einen Zusammenschluss von gemeinschaftsweiter Bedeutung darstellt, muss die Kommission nach richtiger Auffassung für die gesamte Transaktion zuständig sein.[238] Entsprechend ist die Kommission im Fall *RZB/RBSPK/RWBB* von einem Zusammenschluss im Sinne der EG-FKVO ausgegangen, im dem von den zwei wirtschaftlich miteinander verbundenen Transaktionen lediglich eine die Umsatzschwellenwerte der EG-FKVO erfüllte.[239] Dies gilt auch dann, wenn Einzelelemente formal Zusammenschlusstatbestände nach einem nationalen Fusionskontrollrechtsregime darstellen (namentlich der Erwerb einer Minderheitsbeteiligung). Anderenfalls käme es trotz des einheitlichen Charakters der Transaktion zu einer gespaltenen Zuständigkeit und dem Risiko widersprüchlicher Entscheidungen.[240] Allerdings liest sich Rdnr. 44 der Konsolidierten Mitteilung so, als ob die Kommission diese frühere Bewertung aufgegeben hat.

Eine alleinige Kontrolle kann auch vorliegen, wenn mehrere Unternehmen sich für den 45
Erwerb eines anderen Unternehmens – z.B. in einem **Bieterkonsortium** – zusammenschließen, um die erworbenen Vermögenswerte unmittelbar nach Vollzug der ersten Transaktion nach einem vorher vereinbarten Plan untereinander aufzuteilen. Die Kommission sieht diese Form des Erwerbs **mit sofortiger Aufteilung der Vermögenswerte** unter bestimmten Bedingungen als mehrere getrennte Vorhaben an, da jedes übernehmende Unternehmen einen Teil des zu übernehmenden Unternehmens erwirbt, nicht aber als Kontrollerwerb durch das Bieterkonsortium.[241] Zu den Bedingungen gehört, dass eine spätere

---

[231] Komm. E. v. 9.3.1994, M.409, WuW 1994, 648.
[232] Komm. E. v. 13.9.1993, M.353, WuW 1994, 39.
[233] Komm. E. v. 21.12.1994, M.535, WuW 1995, 485. S. ferner die Aufteilung eines GU im Fall *Mc Dermott/ETPM,* Komm. E. v. 4.6.1998, M.1154, Rdnr. 9ff.
[234] Komm. E. v. 10.6.1997, M.911.
[235] Komm. E. v. 11.12.1996, M.853 – *Bell Cable Media/Cable & Wireless/Videotron* und M.865 – *Cable & Wireless/Nynex/Bell Canada.* Weitere Nachweise bei *Immenga/Mestmäcker-Körber,* EU-WbR, FKVO Art. 3 Rdnr. 70ff.
[236] Komm. E. v. 18.6.1998, M.1188, Rdnr. 7/8; dazu auch Konsolidierte Mitteilung, Rdnr. 46/47.
[237] So im Fall Komm. E. v. 8.4.2005, M.3648, Rdnr. 7 – *Gruner + Jahr/MPS.*
[238] So auch die Entscheidung der Kommission im Fall *ThyssenKrupp/HDW* v. 10.12.2004, M.3596.
[239] Komm. E. v. 4.11.2013, M.7007, Rdnr. 9.
[240] S. dazu EuG U. v. 23.2.2006, Slg. 2006 II-319, Rdnr. 120 – *Cementbouw ./. Kommission.*
[241] S. dazu Komm., Konsolidierte Mitteilung, Rdnr. 30ff. Dazu auch unten Rdnr. 69d.

Aufteilung rechtsverbindlich vereinbart sein muss und dass kein Zweifel daran besteht, dass die Aufteilung des erworbenen Vermögens (als zweiter Schritt) „innerhalb kurzer Zeit nach dem ersten Erwerbsvorgang erfolgen wird". Damit ist eine Aufteilung „normalerweise spätestens nach einem Jahr" gemeint.[242] Beteiligte Unternehmen sind dann jeweils das übernehmende Unternehmen und der von ihm zu erwerbende Teil des zu übernehmenden Unternehmens (als handele es sich um den Erwerb der alleinigen Kontrolle über einen Teil eines Unternehmens).[243] Dagegen liegt eine gemeinsame Kontrolle vor, wenn die Aufteilung erst nach längerer Zeit erfolgt, z. B. weil die Erwerber sich erst noch über die Aufteilung der Vermögenswerte verständigen oder für Teile einen dritten Käufer suchen müssen.[244] Die 24. BE zur FKVO in der Fassung der VO Nr. 4064/89 zeigte, dass solche Bieterkonsortien und die dafür erforderlichen Vereinbarungen grundsätzlich nicht gegen Art. 81 Abs. 1 EG (jetzt: Art. 101 Abs. 1 AEUV) verstoßen. Dazu zählt insbes. die Verpflichtung, gemeinsam für die Zielgesellschaft zu bieten und kein individuelles Angebot abzugeben. Hierbei handelt es sich regelmäßig um zulässige Nebenabreden zu dem gemeinsamen Erwerb der Unternehmen.[245] Auch wenn sich in der FKVO von 2004 eine solche Regelung nicht mehr findet, dürften diese Grundsätze fortgelten.

46 Art. 3 erfasst den Erwerb der Kontrolle unabhängig davon, ob sie unmittelbar oder mittelbar ausgeübt wird (s. Art. 3 Abs. 1b).[246] Eine **mittelbare (indirekte) Kontrolle** liegt namentlich dann vor, wenn der **Erwerb** alleiniger Kontrolle über eine Tochtergesellschaft oder der Erwerb gemeinsamer Kontrolle **über ein Gemeinschaftsunternehmen** (dazu noch Rdnr. 76 ff.) erfolgt. Die wettbewerbsrechtliche Relevanz dieser Vorgänge wird im Allgemeinen über die Zurechnung der Umsatzerlöse verbundener Unternehmen gemäß Art. 5 erfasst.[247] Darüber hinaus wird gemäß Art. 3 Abs. 3b die Kontrolle für die Person oder für die Unternehmen begründet, die, obwohl sie aus Rechten oder Verträgen nicht selbst berechtigt sind, die Befugnis haben, die sich daraus ergebenden Rechte auszuüben. Die Kommission behandelt entsprechende Ausgestaltungen in ihrer Konsolidierten Mitteilung.[248] Sie spricht dort von Fällen, in denen ein Unternehmen eine Person oder ein anderes Unternehmen „vorschiebt", um eine Kontrollbeteiligung zu erwerben und dann die Kontrolle über diese vorgeschobene Person bzw. das vorgeschobene Unternehmen ausübt, auch wenn formal diese Person der Rechtsinhaber ist. Hier liege die Kontrolle über das Zielunternehmen in Wirklichkeit bei dem Unternehmen „im Hintergrund". Dass eine solche indirekte Kontrolle gegeben sei, könne anhand von Faktoren wie Beteiligungen, Vertragsbeziehungen, Finanzierungsquellen oder Verwandtschaftsbeziehungen berücksichtigt bzw. bewertet werden. Auf diesem Wege können insbes. **Treuhand-Verhältnisse** erfasst werden.[249] Soweit ersichtlich, musste sich die Kommission aber bislang noch nicht mit Treuhandkonstruktionen auseinandersetzen.[250]

---

[242] Komm. aaO Rdnr. 31; so später Komm. E. v. 3.4.2008, M.4999, Rdnr. 10 – *Heineken/Scottish & Newcastle Assets;* s. auch E. v. 20.12.2011, M.6382 – *Unipal/Spicers.*

[243] Komm., Konsolidierte Mitteilung, Rdnr. 32; s. dazu auch BE Nr. 24 zur FKVO (VO Nr. 4064/89).

[244] Als Beispiel für eine von der Kommission nicht akzeptierte Aufteilung wird von *Cook/Kerse,* aaO 4. Aufl., S. 69, der Fall *Mid Kent* genannt. Ferner hat die Kommission in E. v. 30.3.2012, M.6447, Rdnr. 5 – *IAG/BMI* die Fusionskontrolle auf alle drei erworbenen Geschäftsbereiche (units) angewendet, obwohl die Veräußerin *Lufthansa* zwei der Geschäftsbereiche alternativ an Dritte veräußern konnte, da solche Transaktionen nicht erfolgt waren.

[245] S. dazu die Bekanntmachung der Kommission über Einschränkungen des Wettbewerbs (Nebenabreden zu Zusammenschlüssen) ABl. 2005 C 56/24, Rdnr. 14 a. E.

[246] EuG U. v. 23.2.2006, Slg. 2006 II-319, Rdnr. 72 – *Cementbouw ./. Kommission.*

[247] Dazu unten Rdnr. 85 ff.

[248] AaO, Rdnr. 13.

[249] So auch *Immenga/Mestmäcker-Körber,* EU-WbR, Art. 3 Rdnr. 40; *Karl,* aaO S. 186 ff., *Staudenmeyer,* S. 141. Zum deutschen Recht s. § 37 Abs. 1 Nr. 3 Satz 2 GWB.

[250] Zum deutschen Recht und dem dort verwendeten Kriterium der Tragung des wirtschaftlichen Risikos durch den Treugeber s. OLG Düsseldorf B. v. 27.10.2004, WuW/E DE-R 1361 ff. – *Tagesspiegel/Berliner Zeitung II;* KG B. v. 20.10.1999, WuW/E DE-R 451, 453 – *Herlitz/Landré.*

Während der Finanzkrise musste sich die Kommission mehrfach mit der **Rekapitalisierung von Banken** durch den Staat auseinandersetzen.[251] Ob bei solchen Transaktionen ein Zusammenschlusstatbestand erfüllt ist, richtet sich danach, ob der erwerbende Staat oder die staatliche Gesellschaft einen bestimmenden Einfluss auf die Bank ausüben kann oder die Bank eine wirtschaftliche Einheit mit autonomer Entscheidungsbefugnis bleibt. Wenn letzteres nicht eindeutig bejaht werden kann, ist von einem Kontrollerwerb des Staates auszugehen. Im Fall *SFPI/Dexia* war es mangels anderweitiger Regelungen dazu nach Ansicht der Kommission für den Erwerb einer Kontrolle des staatlichen Unternehmens ausreichend, dass nicht ausgeschlossen werden konnte, dass das kommerzielle Verhalten der Bank mit anderen Unternehmen des belgischen Staats abgestimmt würde.[252] In einem zweiten Schritt ist für die Feststellung der Zuständigkeit der Kommission zu prüfen, wer letztlich die erwerbende Einheit ist und welche anderen Unternehmen unter der Kontrolle der letztlich erwerbenden Einheit bei der Berechnung der relevanten Umsätze zu berücksichtigen sind.[253] **46a**

3. Gemeinsame Kontrolle (Gemeinschaftsunternehmen). *a) Übersicht.* Art. 3 Abs. 1b erfasst auch Sachverhalte, in denen mehrere Unternehmen gemeinsam die Kontrolle über ein anderes Unternehmen erwerben. In solchen Fällen ist oder wird die Zielgesellschaft ein **Gemeinschaftsunternehmen** (im folg.: GU). Die gemeinsame Kontrolle (dazu Rdnr. 49 ff.) genügt freilich nicht, um den Vorgang der FKVO zu unterwerfen. Gemäß Art. 3 Abs. 4 (früher, d. h. in der Fassung der am 1.3.1998 in Kraft getretenen Änderungs-VO Nr. 1310/97: Art. 3 Abs. 2) stellt die Gründung eines GU (nur dann) einen Zusammenschlusstatbestand dar, wenn es „auf Dauer alle Funktionen einer selbständigen wirtschaftlichen Einheit erfüllt" (dazu Rdnr. 60 ff.). Der erste Satz des Art. 3 Abs. 2 a. F. zum Koordinierungsrisiko und Satz 2, 2. Halbsatz a. F. wurden schon durch die Änderungs-VO Nr. 1310/97 gestrichen. Seit dieser Neufassung des Art. 3 Abs. 2 a. F. (jetzt: Art. 3 Abs. 4) werden somit **GU mit Vollfunktionscharakter** von der FKVO erfasst, auch wenn sie der Koordinierung des Verhaltens der Gesellschafter dienen (früher schloss dies die Anwendung der FKVO aus). Es ist somit zwischen GU, die der FKVO unterfallen, und solchen (kooperativen) GU, die nur nach Art. 101 AEUV zu prüfen sind, zu unterscheiden. Bei den GU, die nach Art. 3 Abs. 4 der FKVO unterfallen, ist ferner zu unterscheiden zwischen solchen (rein konzentrativen) GU, die nur nach dem materiellen Maßstab des Art. 2 Abs. 1–3 geprüft werden und solchen, die – obwohl sie die Voraussetzungen des Art. 3 Abs. 4 erfüllen – die „Koordinierung des Wettbewerbsverhaltens unabhängig bleibender Unternehmen" bezwecken oder bewirken. Soweit dies der Fall ist, prüft die Kommission diese (kooperativen) GU nicht nur nach Art. 2 Abs. 1–3, sondern mittels einer **Doppelkontrolle** auch nach den Kriterien des Art. 101 Abs. 1 und Abs. 3 AEUV (Art. 2 Abs. 4 FKVO).[254] Die Beurteilung (rein) kooperativer GU – sog. Teilfunktionsgemeinschaften – nach Art. 101 AEUV wird in § 9 dieses Handbuches (Rdnr. 24 ff.) behandelt. **47**

In der Praxis der EG-Fusionskontrolle kommt den GU eine große Bedeutung zu. Auf sie entfällt fast die Hälfte aller Anmeldungen.[255] Der größte Teil davon ist von der Kommission (aufgrund der engen Fassung von Art. 3 Abs. 2 a. F.) als konzentrativ anerkannt wor- **48**

[251] Komm. E. v. 14.5.2009, M.5508, Rdnr. 5 ff. – *Soffin/Hypo Real Estate;* Komm. E. v. 4.8.2010, M.5861, Rdnr. 4 ff. – *Republic of Austria/Hypo Group Alpe Adria;* Komm. E. v. 21.2.2013, M.6812, Rdnr. 10 ff. – *SFPI/Dexia.*

[252] Komm. E. v. 21.2.2013, M.6812, Rdnr. 14 – *SFPI/Dexia.*

[253] S. dazu auch noch unten Rdnr. 79.

[254] S. auch die 27. BE zur FKVO, dort noch zu Art. 81 EG (jetzt: Art. 101 AEUV).

[255] Nach dem 33. Wettbewerbsbericht 2003, S. 104, waren im Zeitraum 1994–2004 45 % der angemeldeten Vorhaben Fälle von GU/gemeinsamer Kontrolle. Mehrheitsbeteiligungen sollten in 59 % der Fälle erworben werden (was freilich mehr als 100 % ergibt). Im Wettbewerbsbericht 2005 (S. 127 der auf der Homepage veröff. Fassung) wurden für GU in den Jahren 1996–2005 40 % genannt, für Mehrheitsbeteiligungen 47 %. Die neueren Wettbewerbsberichte enthalten keine entsprechende Statistik mehr.

den; es verblieben freilich auch einige Fälle, die als kooperativ eingestuft wurden, so dass die Verfahren mit einer Nichtanwendbarkeitsentscheidung nach Art. 6 Abs. 1a FKVO abgeschlossen wurden. Der zunächst nicht unerhebliche Prozentsatz solcher kooperativer GU, die gemäß Formblatt CO angemeldet worden waren, zeigte die Unzulänglichkeiten der informal guidance, da es solche Fälle bei einer sorgfältigen Prüfung im Vorverfahren eigentlich nicht geben sollte.[256] Nach der Neufassung des Art. 3 Abs. 2 a. F. (jetzt: Art. 3 Abs. 4) durch die Änderungs-VO Nr. 1310/97 kommt diesen Fällen aber so gut wie keine Bedeutung mehr zu.

49 *b) Gemeinsame Kontrolle.* Eine gemeinsame Kontrolle liegt vor, wenn die Anteilsinhaber (d. h. die Muttergesellschaften) bei „allen wichtigen Entscheidungen", die das beherrschte Unternehmen (GU) betreffen, Übereinstimmung erzielen müssen.[257] Entsprechend der Regelung in Art. 3 Abs. 2 ist dafür erforderlich, dass zwei oder mehr Unternehmen die Möglichkeit haben, einen bestimmenden Einfluss auf ein anderes Unternehmen auszuüben. Bestimmender Einfluss bedeutet nach Ansicht der Kommission hier in der Regel die Macht, **Aktionen** blockieren zu können, **die das strategische Wirtschaftsverhalten** eines Unternehmens **bestimmen.** Dazu könne es auch bei Pattsituationen kommen. Die Anteilsinhaber müssten dann die Geschäftspolitik des GU einvernehmlich festlegen und zusammenarbeiten.[258] Am deutlichsten ist eine gemeinsame Kontrolle nach Ansicht der Kommission, wenn es nur zwei Muttergesellschaften mit gleichen Stimmrechten (50 : 50) in dem GU gibt.[259] Entsprechendes gelte, wenn beide beherrschende Unternehmen das Recht erhalten, die gleiche Zahl von Mitgliedern in die Entscheidungsgremien des GU zu entsenden.[260] Für bestimmenden Einfluss genügen aber auch bestimmte **Vetorechte;** nicht erforderlich ist die Fähigkeit, aktiv das Tagesgeschäft des anderen Unternehmens steuern zu können.[261]

50 Aus dem Ansatz der Kommission ergibt sich, dass eine gemeinsame Kontrolle auch aus **Vetorechten** von Minderheitsaktionären resultieren kann, sofern mit diesen Rechten strategische Entscheidungen blockiert werden können.[262] In solchen Fällen kommt es nicht darauf an, wie hoch die Stimmrechte der beherrschenden Unternehmen sind, wie stark sie in den Entscheidungsgremien vertreten sind oder ob es sogar mehr als zwei beherrschende Unternehmen gibt. Die Vetorechte können in der Satzung des GU verankert sein; sie können aber auch auf einer (Konsortial-)Vereinbarung der Muttergesellschaften beruhen.[263]

51 Zu einer gemeinsamen Kontrolle führen die Vetorechte nur dann, wenn sie sich auf **strategische geschäftspolitische Entscheidungen** in dem GU beziehen. Nach der Entscheidungspraxis der Kommission und ihrer Konsolidierten Mitteilung betreffen diese Rechte in der Regel Entscheidungen über Budget, Geschäftsplan, größere Investitionen und die Besetzung der Unternehmensleitung (Vorstand, Geschäftsführung).[264] Das EuG hat

---

[256] S. dazu die Auflistung kooperativer GU per 31.12.1993 bei *Langen/Bunte-Löffler,* 8. Aufl. 1998, FKVO Art. 3 Rdnr. 32.

[257] Komm., Konsolidierte Mitteilung, Rdnr. 63.

[258] Komm. aaO Rdnr. 62.

[259] Komm., Konsolidierte Mitteilung, Rdnr. 64; s. auch Komm. E. v. 26.6.2002, M.2650 – *Haniel/Cementbouw,* bestätigt durch EuG U. v. 23.2.2006, Slg. 2006 II-319 ff., Rdnr. 67 – *Cementbouw ./. Kommission.*

[260] Komm. aaO Rdnr. 64.

[261] Komm. aaO Rdnr. 67.

[262] Komm. aaO Rdnr. 65. S. ferner Komm. E. v. 11.6.2002, M.2769 – *Siemens/Aerolas* (die gemeinsame Kontrolle wurde bejaht bei Erwerb einer 10%-Beteiligung und Vetorechten bei strategischen Geschäftsentscheidungen); Komm. E. v. 18.2.2012, Rdnr. 8 ff. – *Cintra/Abertis/Itinere/Bip & Drive JV;* verneint wurde eine gemeinsame Kontrolle in Komm. E. v. 9.10.2008, Rdnr. 11 – *Haniel/Schmidt-Ruthenbeck/Metro.*

[263] Komm., Konsolidierte Mitteilung, Rdnr. 65. S. dazu z. B. Komm. E. v. 23.8.1995, M.625, WuW 1995, 1009 – *Nordic Capital/Transpool;* Komm. E. v. 18.12.2001, M.2627 – *Sampo/Varma Sampo/IF Holding.*

[264] Konsolidierte Mitteilung, Rdnr. 67. S. dazu auch Komm. E. v. 18.1.1993, M.293, Rdnr. 11, WuW 1993, 286 – *Philips/Thomson/SAGEM;* Komm. E. v. 21.2.1994, M.395, Rdnr. 7, WuW 1994, 437 – *CWB/Goldman Sachs/Tarkett;* Komm. E. v. 11.3.1994, M.406, Rdnr. 4, WuW 1994, 648 –

im Fall *Cementbouw* die Entscheidungsbefugnis über die Besetzung der Entscheidungsorgane (Vorstand/Aufsichtsrat) eines Unternehmens als wesentliche strategische Entscheidung angesehen.[265] Nicht erforderlich ist es dagegen, dass der Erwerber die Möglichkeit hat, einen bestimmenden Einfluss auf das Tagesgeschäft des GU auszuüben.[266] Entscheidend ist, dass die Vetorechte ausreichen, um den beherrschenden Unternehmen die Möglichkeit zu geben, das strategische Wirtschaftsverhalten des GU zu beeinflussen. Einzelheiten erläutert die Kommission in ihrer Bekanntmachung.[267] Sie weist außerdem darauf hin, dass es eine Reihe anderer Vetorechte gibt, die mit bestimmten Entscheidungen zu tun haben, die für den Markt des GU wichtig sind. Als Beispiel nennt sie die Entscheidung über die Technologie, mit der das GU arbeiten soll, oder Sperrechte über die Entwicklung neuer Produkte durch ein GU.[268] Maßgebend sei eine **Gesamtschau** der einzelnen Vetorechte.[269] Nach Ansicht der Kommission kann es genügen, dass ein Minderheitsaktionär nur einige oder sogar nur ein einziges der vorstehend genannten Sperrechte besitzt. Die Grenzziehung hänge vom Inhalt des Vetorechts und von dessen Bedeutung für die geschäftlichen Aktivitäten der Zielgesellschaft ab.[270] Vetorechte, die die Besetzung der Unternehmensleitung, die Finanzplanung und den Geschäftsplan betreffen, komme besonders große Bedeutung zu; letzteres könne u. U. schon alleine die gemeinsame Kontrolle begründen.[271] Auch einzelne Sperrechte in Verbindung mit einer Erwerbsoption für die GU-Beteiligung des Mitgesellschafters im Streitfall („dispute call"-Mechanismus) können relevant sein.[272] Die Kommission ging z. B. im Fall *Fortis/BCP*[273] von einer gemeinsamen Kontrolle zweier Unternehmen aus, obwohl *Fortis* allein den Businessplan und das Budget festsetzen konnte und die Kontrolle über das Tagesgeschäft ausübte. Der Mitgesellschafter *BCP* hatte allerdings Vetorechte (z. B. bei der Gründung von Tochterunternehmen, bei der Durchführung, Beendigung und Abänderung von Rückversicherungen, die mit der *Fortis*-Gruppe oder Unternehmen der *BCP*-Gruppe bestehen, sowie beim Vertrieb und der Einführung von Produkten), die nach Ansicht der Kommission in diesem speziellen Fall einen bestim-

---

Philips/Hoechst: „decisions on the essentials of the business policy"; Komm. E. v. 5.3.1996, M.683, WuW 1997, 40 – *GTS-Hermes Inc;* Komm. E. v. 27.5.2010, M.5811, Rdnr. 8 ff. – *Erste Bank/ASK;* Komm. E. v. 4.4.2012, M.6439, Rdnr. 14 ff. – *Agrana/RWA/JV;* Komm. E. v. 19.4.2012, M.6459, Rdnr. 14 – *Sony/Mubadala Development/EMI Music Publishing;* Komm. E. v. 29.6.2012, M.6285, Rdnr. 6 ff. – *Saria/Danish Crown/Daka JV;* Komm. E. v. 30.11.2012, M.6704, Rdnr. 8 – *REWE Touristik GmbH/Ferid Nasr/Exim Holding SA;* Komm. E. v. 29.1.2014, M.7078, Rdnr. 6 ff. – *Santander Consumer Finance/El Corte Ingles/Financiera el Corte Ingles;* Komm. E. v. 18.2.2014, M.7075, Rdnr. 8 ff. – *Cintra/Albertis/Itinere/Bip & Drive JV;* Komm. E. v. 24.4.2014, M.7083, Rdnr. 7 – *John Wood Group/Siemens/JV.*

[265] Slg. 2006 II-319, Rdnr. 43.

[266] Komm., Konsolidierte Mitteilung, Rdnr. 67. Dementsprechend hat die Komm. im Fall *Dow/Buna* die gemeinsame Kontrolle auch bei einer disparitätischen Verteilung der Stimmrechtsanteile im Verhältnis 80%/20% bejaht, s. Komm. E. v. 4.7.1995, M.591, WuW 1996, 29 f.; kritisch dazu BKartA, TB 1995/96, S. 70/71 (Gefahr eines „forum shopping").

[267] AaO Rdnr. 69 ff.

[268] Komm. aaO Rdnr. 72.

[269] Komm. aaO Rdnr. 73; s. dazu ferner Komm. E. v. 20.6.2013, M.6828, Rdnr. 9 ff. – *Delta Air Lines/Virgin Group/Virgin Atlantic Limited.*

[270] Komm. aaO Rdnr. 68.

[271] Komm. aaO Rdnr. 69, 70. S. auch Komm. E. v. 15.9.1995, M.604, Rdnr. 13 – *ALBACOM.* In der Sache *China National Agrochemical Corporation/Koor Industries/Makhteshim Agan Industries,* Komm. E. v. 3.10.2011, M.6141, Rdnr. 11, sah die Kommission ein Veto-Recht des Minderheitsgesellschafters betreffend die Ernennung und Absetzung des CEO, CFO, COO, General Counsel und des Head of Research&Developement als ausreichend für die Bejahung einer gemeinsamen Kontrolle an; abgelehnt wurde hingegen eine gemeinsame Kontrolle in dem Fall *EPH/Stredoslovenska Energetika,* Komm. E. v. 19.11.2013, M.6984, Rdnr. 4 ff., obwohl Investitionsentscheidungen in einer bestimmten Größenordnung die Zustimmung beider Gesellschafter erforderten, da es solche Investitionsentscheidungen in den letzten fünf Jahren nicht gegeben habe.

[272] Komm. E. v. 31.5.1996, M.700, Rdnr. 9/10 – *Emerson/Caterpillar.* Ohne Einfluss auf gemeinsame Kontrolle: Call-Option im Fall *Ingersoll-Rand/MAN,* Komm. E. v. 28.7.1994, M.479, Rdnr. 10.

[273] Komm. E. v. 19.1.2005, M.3556.

menden Einfluss auf das GU sicherstellten. Unschädlich für gemeinsame Kontrolle kann u. U. eine Zusatzstimme für eine der Muttergesellschaften bei Stimmengleichheit sein, wenn vor Abgabe dieser Stimme ein Schlichtungsverfahren und Einigungsversuche stattfinden müssen.[274] Umgekehrt hat die Kommission im Fall *BASF/Hoechst* für das 50:50-GU *TARGOR* eine alleinige Beherrschung durch *BASF* angenommen, weil *Hoechst* aufgrund der Möglichkeit zur jederzeitigen Ausübung einer Put-Option (nach dem zugunsten *BASF* vereinbarten Konfliktlösungsmechanismus) nicht über ein Veto-Recht bei strategischen Entscheidungen verfügte.[275] Abzugrenzen von den Vetorechten bei der Besetzung der Unternehmensleitung sind „positive" Rechte der Gesellschafter, einzelne Positionen in der Unternehmensleitung zu besetzen. Derartige Besetzungsrechte stellen für sich genommen keine strategischen Vetorechte des Gesellschafters dar, weil dadurch keine Blockade erfolgt. Im Fall *Bertelsmann/KKR*[276] sah die Kommission allein ein Veto-Recht von *Bertelsmann* betreffend Änderungen des Geschäftsplans nicht als ausreichend für eine gemeinsame Kontrolle an, da nach der Ausgestaltung des Geschäftsplans damit vorrangig die finanziellen Interessen von *Bertelsmann* geschützt werden sollten. Im Ergebnis bejahte die Kommission allerdings trotz einer Mehrheitsbeteiligung von *KKR* und einem Besetzungsrecht für die Mehrheit der Board-Mitglieder für *KKR* die gemeinsame Kontrolle von *Bertelsmann* und *KKR* an dem Joint Venture, weil es sich bei *Bertelsmann* um den industriellen Anteilseigner und bei *KKR* um einen bloßen Finanzinvestor handelte und *Bertelsmann* außerdem die ersten CEO, CFO und CIO benennen durfte.[277] Im Fall *Mahle/Behr/Behr Industry*[278] ging die Kommission von gemeinsamer Kontrolle aus, obwohl *Mahle* die entscheidende Stimme bei einer Reihe von strategischen Entscheidungen hatte, da vor ihrer Ausübung ein langwieriges Deadlock-Verfahren vorauszugehen hatte, viele strategische Entscheidungen aber in relativ kurzer Zeit getroffen werden müssten.

52 Diejenigen Sperrrechte, die die nationalen Regelungen des Gesellschaftsrechts einem Minderheitsgesellschafter zum Erhalt des Wertes seiner Investition zur Verfügung stellen, reichen nicht aus, um eine gemeinsame Kontrolle zu begründen.[279] Die Kommission hat diese Verwaltungspraxis in ihrer Konsolidierten Mitteilung zusammengefasst. Irrelevant sind danach Vetorechte, die Minderheitsaktionären eingeräumt werden, um deren finanzielle Interessen als Kapitalgeber des GU zu schützen. „Dieser **übliche Rechtsschutz für Minderheitsgesellschafter** gilt für Entscheidungen, die das Wesen des Gemeinschaftsunternehmens berühren, wie Satzungsänderungen, Kapitalerhöhungen, Kapitalherabsetzungen oder Liquidation. Ein Vetorecht beispielsweise, mit dem ein Verkauf oder eine Abwicklung des Gemeinschaftsunternehmens verhindert werden kann, gibt dem Minderheitsaktionär noch keine gemeinsame Kontrolle".[280] Die EG-FKVO unterscheidet sich in diesem Punkt

---

[274] Konsolidierte Mitteilung, Rdnr. 82; Komm. E. v. 11.8.1997, M.925, Rdnr. 8f. – *Krupp/Thyssen.*

[275] Komm. E. v. 17.6.1997, M.845, Rdnr. 7/8 – *BASF/Hoechst.*

[276] Komm. E. v. 8.9.2009, M.5533, Rdnr. 20ff.

[277] S. auch Komm. E. v. 5.4.2013, M.6789, Rdnr. 13 – *Bertelsmann/Pearson/Penguin Random House,* wo die Kommission eine gemeinsame Kontrolle u. a. auch deswegen bejahte, weil *Bertelsmann* und *Pearson* beide industrielle Anteilseigner seien.

[278] Komm. E. v. 28.6.2010, M.5862, Rdnr. 7f.

[279] S. dazu Komm. aaO Rdnr. 66 sowie Komm. E. v. 5.8.1992, M.232, Rdnr. 7, WuW/E EV 2006 – *PepsiCo/General* Mills; Komm. E. v. 13.9.1993, M.353, Rdnr. 15, WuW 1994, 39 – *British Telecom/MCI;* Komm. E. v. 11.8.1997, M.897, Rdnr. 12f. – *Stinnes/Haniel Reederei;* Komm. E. v. 30.9.1999, M.1649 – *Gefco/KN Elan* (Vetorechte nur bei Investitionen und den annual accounts); Komm. E. v. 29.11.2013, M.7044, Rdnr. 7f. – *Blackstone/Cambourne/Goldman Sachs/Rothesay* (*Cambourne* hatte nur entsprechende Rechte für Minderheitsgesellschafter). S. auch Komm. E. v. 10.12.2001, M.2638 – *3i/Consors/100 World;* dort wurde eine gemeinsame Kontrolle der beiden Venture Capital Investoren u. a. deswegen abgelehnt, weil ihre Mitwirkungsrechte nur dem Schutz des Investments dienten.

[280] Komm. aaO Rdnr. 66. Fälle mit einfachen Sperrechten sind Komm. E. v. 13.9.1993, M.353 – *British Telecom/MCI* (bezüglich des Erwerbs einer Minderheitsbeteiligung von *BTI* an *MCI* stellte die Kommission fest, dass *BTI* insoweit nur den normalen Schutz eines Minderheitsgesellschafters erhielt,

von der deutschen Fusionskontrolle, die die Einräumung derartiger Sperrechte gemäß § 37 Abs. 1 Nr. 4 GWB als Zusammenschlusstatbestand ansieht und daher Anwendung finden kann, wenn keine zur Kontrolle führenden Vetorechte iSd Art. 3 FKVO eingeräumt werden.

Auch ohne besondere Vetorechte können zwei oder mehr Unternehmen, die jeweils eine Minderheitsbeteiligung an einem anderen Unternehmen erwerben oder halten, eine gemeinsame Kontrolle erlangen. Dies ist der Fall, wenn die Minderheitsbeteiligungen zusammen die Grundlage für eine Kontrolle über das Zielunternehmen bilden. Voraussetzung dafür ist, dass die Minderheitsgesellschafter zusammen eine Stimmrechtsmehrheit haben und bei der Ausübung der Stimmrechte gemeinsam handeln. In der Praxis handelt es sich dabei in der Regel um **Stimmbindungsverträge** oder einen **Stimmpool** zwischen mehreren Minderheitsgesellschaftern.[281] Als Beispiel kann der Fall *Costa Crociere/Chargeurs/Accor*[282] genannt werden, in dem drei Minderheitsgesellschafter mit zusammen 53,3% der Gesellschaftsanteile einen Stimmpool bildeten, der ihnen gemeinsam die Möglichkeit gab, die Unternehmenspolitik des GU zu bestimmen. Ebenso wurde die Bildung eines Stimmpools zwischen *Deutsche Bank* und *Hochtief* im Fall *Hochtief/Deutsche Bank/Holzmann* als ein Zusammenschluss in Form der gemeinsamen Kontrolle angesehen.[283] Die Kommission ließ es im Fall *Thomson/Banco Zaragozano/Caja Madrid/Indra* für eine gemeinsame Kontrolle ausreichen, dass die drei genannten Gesellschafter des GU *Indra* zusammen über 25% der Stimmrechte verfügten, miteinander ein Shareholders Agreement zur Koordinierung ihres Verhaltens bei wichtigen Entscheidungen abgeschlossen hatten, allein *Thomson* als wichtiger Gesellschafter Erfahrung in der Branche hatte und die übrigen Stimmrechte von 355 000 anderen Aktionären gehalten wurden.[284] Das Shareholders' Agreement bezog sich auf die Koordination von wichtigen Entscheidungen der Aktionärsversammlung sowie der Geschäftsleitung, wie z. B. die Ernennung des Board of Directors, die Geschäftsstrategie sowie die Zustimmung zum Business Plan und dem jährlichen Budget. Abgelehnt hat die Kommission dagegen eine gemeinsame Kontrolle aufgrund eines Stimmbindungsvertrages bzw. eines Stimmpools im Fall *Haniel/Schmidt-Ruthenbeck/METRO,*[285] da damit keine echten Vetorechte verbunden waren (so dass *Haniel* die *Metro* allein kontrollierte). 53

Nach Ansicht der Kommission ist darüber hinaus – wenn auch nur „ganz selten" – die Möglichkeit eines gemeinsamen Handelns **de facto** dort gegeben, wo **starke gemeinsame Interessen** der Minderheitsgesellschafter bewirken, dass sie bei der Ausübung ihrer Stimmrechte in dem GU nicht gegeneinander handeln.[286] Als Anhaltspunkt für das Vorliegen solcher gemeinsamer Interessen sieht die Kommission es z. B. an, wenn jede einzelne Muttergesellschaft einen „lebenswichtigen Beitrag" zu dem GU leistet (z. B. Technologie, Kenntnis der örtlichen Marktverhältnisse oder Lieferverträge). Die Muttergesellschaften könnten dann „zur Zusammenarbeit gezwungen sein".[287] Die Wahrscheinlichkeit, dass es zu einer uneingeschränkten Zusammenarbeit und gemeinsamer Verabschiedung strategischer Entscheidungen komme, werde jedoch umso geringer, je größer die Zahl der Gründer sei.[288] In der Verwaltungspraxis hat die Annahme einer gemeinsamen Kontrolle aufgrund (faktischer) gemeinsamer Interessen der Gesellschafter keine große Bedeutung erlangt. Die Kommission hat sich aber anhand besonders gelagerter Fälle mehrmals mit 54

---

nicht dagegen Vetorechte über das wettbewerbliche Verhalten oder „commercial strategies" von *MCI*); Komm. E. v. 14.3.1995, M.548, WuW 1995, 816 – *Nokia Corp./SP Tyres UK Ltd.* (die Rechte, die *SP Tyres* in dem Shareholder's Agreement eingeräumt wurden, waren solche, die nicht über den normalen Schutz eines Minderheitsgesellschafters hinausgingen).

281 Komm. aaO Rdnr. 74/75.

282 Komm. E. v. 19.7.1993, M.334, Rdnr. 6 = WuW 1993, 918.

283 M.892; Anmeldung zurückgenommen.

284 Komm. E. v. 5.5.1999, M.1479; s. auch E. v. 19.5.2006, M.4202 – *Charterhouse/Elior.*

285 Komm. E. v. 9.10.2008, M.4920.

286 Komm., Konsolidierte Mitteilung, Rdnr. 76 ff.

287 Komm. aaO Rdnr. 77.

288 Komm. aaO Rdnr. 76.

dieser Thematik beschäftigt.[289] Sie bejahte z.B. im Fall *IBM Italia/Business Solutions* bei der Gründung von drei GU eine faktische Kontrolle der Gesellschafter über alle drei GU, obwohl nicht jeder Gesellschafter die Möglichkeit hatte, in jedem der drei GU die wesentlichen Entscheidungen zu blockieren. Die Gesellschafter waren aber so miteinander verflochten und voneinander abhängig, dass ein gemeinsames Interesse bestand, miteinander vollständig zu kooperieren, um das Funktionieren der drei GU sicherzustellen.[290] Im Fall *TPS* sah die Kommission zwei 25%-Gesellschafter, die schon vor dem Zusammenschluss an der Zielgesellschaft beteiligt waren, aufgrund identischen Abstimmungsverhaltens in der Vergangenheit faktisch als einen Gesellschafter an, der mit dem weiteren 50%-Gesellschafter gemeinsame Kontrolle ausüben werde.[291] Verneint wurde hingegen eine *de-facto*-Kontrolle von *Sodium* und *ThyssenKrupp* an *Outokumpu* in der Entscheidung *Outokumpu/Inoxum.*[292] Dort stellte die Kommission klar, dass ein gemeinsames Interesse am Finanzergebnis für die Annahme einer *de-facto*-Kontrolle nicht ausreichend sei. Außerdem leisteten *Sodium* und *ThyssenKrupp* keine wesentlichen Beiträge an *Outokumpu* und waren nicht voneinander abhängig. *Sodium* und *ThyssenKrupp* seien zwar beide über Tochterunternehmen im Edelstahlgeschäft tätig; trotzdem wurde das gemeinsame Interesse an einer Abstimmung verneint, da die Umsätze beider Unternehmen mit diesen Produkten relativ gering im Vergleich zum Gesamtumsatz beider Unternehmen waren.

55 Wenn weder eine Stimmrechtsbindung noch eine starke (faktische) Interessengemeinschaft vorliegt, wird nach Ansicht der Kommission in der Regel die **Möglichkeit wech-**

---

[289] S. z.B. Komm.E. v. 3.12.1993 (bei IV.A.), M.382 = WuW/E EV 2113ff. – *Philips/Grundig.* Dort ging die Kommission davon aus, dass die drei Banken, die die 60%, die sie an *Grundig* hielten, an *Philips* veräußerten, vor der Veräußerung alle drei zusammen als Einheit mit *Philips* gemeinsam eine Kontrolle über Grundig hatten. Mangels einer entsprechenden Vereinbarung stellte die Kommission darauf ab, dass die Banken gleichgelagerte Interessen hatten und dem Rat des von ihnen gemeinsam bestellten Mitgeschäftsführers folgen würden. Im Fall *RTL/Veronica/Endemol,* Komm.E. v. 20.9.1995, M.553, ABl. 1996 L 134/32ff. bejahte die Komm. eine starke Interessengemeinschaft, weil alle Gründerunternehmen „lebenswichtige Beiträge" für das GU leisteten. S. ferner Komm.E. v. 3.7.2001, JV. 55 – *Hutchinson/RCPM/ECT,* in der die gemeinsame de facto-Kontrolle bei gemeinsamen Interessen von zwei Investmentgesellschaften bejaht wurde. Die gemeinsamen Interessen wurden u.a. mit der Kenntnis über das Ziel des jeweils anderen Gesellschafters, der Aktionärsstruktur, den erforderlichen Mehrheiten und der wechselseitigen Abhängigkeit der Investmentgesellschaften voneinander für den Erfolg der Investition begründet. Im Fall *Nordic Capital/Apax Industry,* Komm.E. v. 6.11.1997, M.1026 ließ die Kommission für die Bejahung gemeinsamer Interessen die Zugehörigkeit zu einem Konzern – der eine Gesellschafter war an ihm nur über eine Minderheitsbeteiligung beteiligt – ausreichen. S. auch Komm.E. v. 29.5.2001, M.2401 – *Industrie Kapital/Telia Enterprise,* wo die gemeinsame de facto-Kontrolle ebenfalls bejaht wurde; für *Telia* wurde sie aus der Expertise und den sektorspezifischen Kenntnissen hergeleitet, die als wesentlicher Beitrag für das optimale Funktionieren und das Erreichen des wirtschaftlichen Ziels des GU angesehen wurden. Gemeinsame faktische Kontrolle wurde ferner bejaht in *Banca Intesa Capilelia/IMI Investmenti/Unicredito Italiano/Fidis Retail Italia,* Komm.E. v. 25.4.2004, M.3067 und in *Arcelor/Oyak/Erdemir,* Komm.E. v. 13.2.2006, M.4085, Rdnr. 7ff. Im Fall *Anglo-American Corporation/Lonrho,* Komm.E. v. 23.4.1997, M.754, Rdnr. 27 wurde letztlich offengelassen, ob faktische alleinige oder gemeinsame Kontrolle erworben wurde. S. auch Komm.E. v. 22.1.1997, M.794, Rdnr. 15 und 198 – *Coca-Cola Ent./Amalgamated Beverages* (faktische gemeinsame Kontrolle vor dem Zusammenschluss). Im Fall *USS/BA/Easyjet/Monarch/Crown Shareholder/NATS* bejahte die Kommission eine gemeinsame Kontrolle wegen starker gemeinsamer Interessen von *USS, BA, Easyjet* und *Monarch* an *TAG; USS* – ein privater Pensionsfond im UK – stand aufgrund seiner Beteiligung zwar ein Vetorecht betreffend die Unternehmensführung zu, die beteiligten Airlines *BA, Easyjet* und *Monarch* verfügten aber über Branchenkenntnisse, hatten in der Vergangenheit ein starkes gemeinsames Interesse gezeigt und allein das Recht, jeweils ein stimmberechtigtes Vorstandsmitglied von *TAG* zu ernennen (E. v. 18.3.2014, M.7056, Rdnr. 12f., s. auch Komm.E. v. 14.5.2001, M.2315, Rdnr. 7 – *The Airline Group/NATS*). Zum Ganzen auch *Immenga/Mestmäcker-Körber,* EU-WbR, FKVO Art. 3 Rdnr. 104ff.; *Langen/Bunte-Käseberg,* FKVO Art. 3 Rdnr. 76ff.; *Schulte/Henschen,* Handbuch Fusionskontrolle, Rdnr. 1000.

[290] Komm.E. v. 29.6.2001, M.2478; ähnlich in E. v. 30.5.2011, M.6151 – *Petrochina/Ineos/JV.*

[291] Komm.E. v. 30.4.2002, JV. 57, Rdnr. 8, 10 – *TPS.*

[292] Komm.E. v. 7.11.2012, M.6471, Rdnr. 21ff.

selnder Koalitionen unter den Minderheitsaktionären die Entstehung einer gemeinsamen Kontrolle verhindern. Ohne feste Mehrheit kann m. a. W. die Mehrheit von Fall zu Fall unter den Minderheitsaktionären verschieden zusammengesetzt sein. Es ist dann nicht anzunehmen, dass die Minderheitsaktionäre das Unternehmen gemeinsam kontrollieren.[293]

Nach der ständigen Praxis der Kommission liegt ein Zusammenschluss auch dann vor, wenn eine **Änderung der Art der Kontrolle** bewirkt wird.[294] Dazu gehören einerseits Fälle, bei denen ein Wechsel zwischen alleiniger und gemeinsamer Kontrolle stattfindet,[295] andererseits solche, bei denen sich die Anzahl der kontrollierenden Gesellschafter erhöht oder sich ihre Identität ändert.[296] In der Konsolidierten Mitteilung erläutert die Kommission ausführlich die Fallgruppen, bei denen es zu einer Änderung in der Art der Kontrolle über ein bestehendes GU kommt. Weiter stellt sie klar, dass ein Wechsel von negativer (dazu Rdnr. 40b) zu positiver alleiniger Kontrolle keine Änderung der Art der Kontrolle ist.[297] **56**

Bei einer **Verringerung der Anzahl der Gesellschafter** kann an die Stelle gemeinsamer Kontrolle alleinige Kontrolle treten.[298] Darin liegt nach Ansicht der Kommission ein wesentlicher Unterschied. Wenn dagegen die Reduzierung des Gesellschafterkreises nicht zu alleiniger Kontrolle führt, verneint die Kommission normalerweise eine relevante Veränderung. Als Beispiel für eine relevante Änderung kann der – extrem atypisch gelagerte – Fall *Avesta II*[299] genannt werden. Dort führte das Ausscheiden des Gesellschafters *Axel Johnson* dazu, dass einer der verbleibenden Gesellschafter *(AGA)* infolge der weiterhin gültigen Regelungen der Konsortialvereinbarungen der Anteilseigner Vetorechte erwarb, über die er früher nicht verfügte. *AGA* gehörte somit nach der Transaktion zum Kreis der gemeinsam kontrollierenden Gesellschafter.[300] **57**

Komplexer ist die andere Fallgruppe des **Eintritts zusätzlicher kontrollierender Gesellschafter;** es kommt dann entweder zum Wechsel von alleiniger zu gemeinsamer Kontrolle oder es kommt in einem bereits gemeinsam kontrollierten Unternehmen ein neuer Gesellschafter hinzu oder er ersetzt einen früheren Gesellschafter.[301] Im Falle des Wechsels von alleiniger zu gemeinsamer Kontrolle liegt eine anmeldepflichtige Transaktion vor, da sich die Art der Kontrolle ändert; insbes. wird die Gesellschaft dadurch erst zum GU.[302] Ferner ist die Kommission der Ansicht, dass auch der **Eintritt eines neuen Gesellschafters** in ein gemeinsam kontrolliertes Unternehmen ein anmeldepflichtiger Zusammenschluss ist, auch wenn das GU schon vor und auch nach der Transaktion gemeinsam kontrolliert wird; dabei sei zu unterscheiden zwischen Fällen, in denen der neue Gesellschafter zu den bereits kontrollierenden Gesellschaftern hinzukommt, und solchen, bei denen er einen von ihnen ersetzt.[303] Wenn der eintretende neue Gesellschafter keine Mitkontrolle ausübt oder wenn der Eintritt sogar (erstmals) wechselnde Mehrheiten ermöglicht, liegt kein Zusammenschluss vor.[304] **58**

---

[293] S. dazu Komm., Konsolidierte Mitteilung, Rdnr. 80. Aus der Entscheidungspraxis s. Komm. E. v. 27.4.1992, M.207, Rdnr. 6ff., WuW/E EV 1844 – *Eureko;* Komm. E. v. 28.7.1992, M.117, Rdnr. 6ff., WuW 1992, 834 – *KOIPE-Tabacalera/ELOSUA* sowie Komm. E. v. 22.12.1995, M.673, WuW 1996, 214 – *Channel Five* (Verneinung einer gemeinsamen Kontrolle bei vier Minderheitsgesellschaftern mit Beteiligungen in Höhe von 20%, 20%, 28% und 32% und einem Zwei-Drittel-Mehrheitsquorum).

[294] S. Komm., Konsolidierte Mitteilung, Rdnr. 83ff., wo sie sich ausführlicher als in der (alten) Bekanntmachung über beteiligte Unternehmen zu diesem Themenkreis äußert.

[295] Komm. Konsolidierte Mitteilung, Rdnr. 83; s. dazu z. B. Komm. E. v. 1.7.2004, M.3375 – *Statoil/SDS;* Komm. E. v. 26.10.2009, M.5584, Rdnr. 11 – *Belgacom/BICS/MTN.*

[296] AaO Rdnr. 85 und 87.

[297] AaO Rdnr. 83.

[298] S. Konsolidierte Mitteilung, Rdnr. 89/90.

[299] Komm. E. v. 9.6.1994, M.452, WuW 1994, 845.

[300] S. dazu auch Komm. aaO Rdnr. 39.

[301] Komm. aaO Rdnr. 85.

[302] Komm. aaO Rdnr. 86.

[303] Komm. aaO Rdnr. 87.

[304] Komm. aaO Rdnr. 88.

59 Für die Annahme einer gemeinsamen Kontrolle ist es zugleich erforderlich und ausreichend, dass das GU von mindestens zwei Müttern gemeinsam kontrolliert wird. Wie die gemeinsame Kontrolle begründet wird, ist unerheblich. In Betracht kommt eine gemeinsame Neugründung,[305] die Einbringung neuer Aktivitäten in eine schon gegründete Gesellschaft,[306] der gemeinsame Erwerb einer Zielgesellschaft durch zwei oder mehr Unternehmen[307] oder der nachträgliche Erwerb von Anteilen an einem bestehenden Unternehmen, durch den die gemeinsame Kontrolle über die Zielgesellschaft begründet wird.[308]

60 *c) Das Gemeinschaftsunternehmen als Zusammenschluss. aa) Gemeinschaftsunternehmen mit Vollfunktionscharakter (Art. 3 Abs. 4).* Die **Gründung eines GU** unterfällt grundsätzlich nur dann der EG-FKVO, wenn sie einen Zusammenschluss iSd **Art. 3 Abs. 4** iVm Art. 3 Abs. 1b darstellt (zu zusätzlichen Fällen nach Art. 3 Abs. 1 s. Rdnr. 60a). Dafür ist erforderlich, dass das GU „auf Dauer alle Funktionen einer selbständigen wirtschaftlichen Einheit erfüllt" (sog. GU mit Vollfunktionscharakter). Art. 3 Abs. 4 entspricht insoweit Art. 3 Abs. 2 Satz 2, 1. Halbsatz a. F. vor der Änderungs-VO Nr. 1310/97. Die für die Abgrenzung maßgebenden Kriterien erläutert die Kommission in ihrer Konsolidierten Mitteilung;[309] früher war die Mitteilung über den Begriff des Vollfunktions-Gemeinschaftsunternehmens[310] einschlägig; sie war wiederum weitgehend mit der Vorläuferregelung aus 1994 identisch, umfasste aber – wegen der Neufassung des Art. 3 Abs. 2 a. F. (jetzt: Art. 3 Abs. 4) – nicht mehr den Abschnitt über das Koordinierungsrisiko, das jetzt im Rahmen des Art. 2 Abs. 4 zu prüfen ist.[311] Maßgebend für die Anwendbarkeit der FKVO ist heute, ob das GU **auf Dauer alle Vollfunktionen einer selbständigen wirtschaftlichen Einheit** erfüllt (Art. 3 Abs. 4). Diese Tatbestandsvoraussetzungen des Art. 3 Abs. 4 werden zusammenfassend als „Vollfunktions-GU" bezeichnet.[312]

60a Allerdings vertritt die Kommission in ihrer Konsolidierten Mitteilung die Ansicht, dass die FKVO bzw. der dort geregelte Zusammenschlusstatbestand **nicht nur GU mit Vollfunktionen** erfasst, sondern u. U. nach **Art. 3 Abs. 1** auch andere Arten des Erwerbs einer gemeinsamen Kontrolle. So heißt in Rdnr. 91 Satz 3 der Konsolidierten Mitteilung zunächst, dass der Erwerb eines anderen Unternehmens durch mehrere Unternehmen, die gemeinsam die Kontrolle ausüben, die „Marktstruktur" verändere, „selbst wenn nach den Plänen der erwerbenden Unternehmen das übernommene Unternehmen nach dem Vorgang nicht mehr als Vollfunktions-Unternehmen anzusehen wäre (z. B. weil es künftig nur noch an die Muttergesellschaften verkaufen wird)". Dies bedeutet z. B., dass ein GU für den gemeinsamen Einkauf (nur für seine Gesellschafter) als Zusammenschlusstatbestand angesehen wird, obwohl es ein klassisches Teilfunktions-GU ist, das sonst nur Art. 101 AEUV unterfällt. Mit Art. 3 Abs. 4, der ganz allgemein auf die „Gründung"[313] eines GU mit Vollfunktionen abstellt, ist das nicht zu vereinbaren. Die Kommission geht aber davon aus, dass sich auch über Art. 3 Abs. 1 bestimmte GU (mit strukturellen Wirkungen) erfassen lassen (Erwerb der Kontrolle durch „mehrere Unternehmen"). Zwingend ist dies nicht,

---

[305] Z. B. Komm. E. v. 26.11.1992, M.266, WuW 1993, 36 – *Rhône Poulenc Chemie/SITA;* Komm. E. v. 30.6.1993, M.346, WuW 1993, 918 – *JCFAT/SAJAC.*

[306] Z. B. Komm. E. v. 6.1.1994, M.392, WuW/E EV 2122 ff. – *Hoechst/Schering;* Komm. E. v. 27.3.2013, M.6763, Rdnr. 6 ff., 12 – *VWFS/Pon Holdings B. V./Pon Equipment Rental & Lease.*

[307] Z. B. Komm. E. v. 14.7.1992, M.229, WuW/E EV 1979 – *Thomas Cook/LTU/WestLB.*

[308] So z. B. Komm. E. v. 4.1.1991, M.024, WuW/E EV 1557 – *Mitsubishi/UCAR;* Komm. E. v. 29.11.1993, M.363, WuW/E EV 2129 ff. – *Continental/Kaliko/DG Bank/Benecke.*

[309] AaO Rdnr. 91 ff.

[310] ABl. 1998 C 66/1 ff.

[311] So ausdrücklich Komm. aaO, ABl. 1998 C 66/1 ff., Rdnr. 1 Fn. 3.

[312] So insbes. Komm., Konsolidierte Mitteilung, Rdnr. 92.

[313] „Gründung" ist hier ersichtlich nicht im gesellschaftsrechtlichen Sinne gemeint, sondern als eher typologische Beschreibung des Vorgangs, s. dazu die Gleichsetzung mit dem Begriff „Bildung" eines GU in Rdnr. 92 der Konsolidierten Mitteilung; das gleiche folgt aus einem Vergleich mit der englischen Fassung, wo von der „creation" eines GU die Rede ist.

wenn man Art. 3 Abs. 4 als abschließende Sonderregelung ansieht. Zweifel an der Position der Kommission bestehen auch deshalb, weil sie noch eine weitere Einschränkung vornimmt. Nach Rdnr. 91 Satz 4 der Konsolidierten Mitteilung soll nämlich (auch) eine Transaktion, „bei der mehrere beteiligte Unternehmen gemeinsam von Dritten die Kontrolle über ein anderes Unternehmen oder Teile eines anderen Unternehmens erwerben und die die unter Nummer 24 aufgeführten Kriterien erfüllt (*lies:* der insbes. ein eigener Umsatz zugerechnet werden kann), einen Zusammenschluss iSd Art. 3 Abs. 1" darstellen, „ohne dass das Vollfunktions-Kriterium geprüft werden müsste". Beispiele nennt die Kommission nicht. Sie ist so aber später u. a. im Fall *ENI/Acegasaps/JV* verfahren.[314] Diese Auslegung der Kommission überzeugt nicht, zumal die Entscheidungspraxis uneinheitlich ist;[315] so hat die Kommission z. B. im Fall *E.ON/MOL*[316] den im Zusammenhang mit einer umfassenderen Transaktion vorgesehenen Erwerb einer 50%-Beteiligung durch *E.ON* am 50:50-GU *Panrusgas* (Mitgesellschafter: *Gazprom*) als Nicht-Vollfunktions-GU und daher nicht als Teil des Zusammenschlusses angesehen, also auch nicht als anmeldepflichtig. Die Entstehungsgeschichte des Art. 3 und das Konzept der FKVO seit der Novelle 1997 deuten darauf hin, dass GU mit Teilfunktionen generell nicht als Zusammenschluss erfasst sein sollen. Möglicherweise steht hinter den zitierten Passagen in Rdnr. 91 der Konsolidierten Mitteilung das Petitum, etwaige (strukturelle) Schutzlücken zu schließen. Dagegen spricht allerdings neben dem Wortlaut des Art. 3 Abs. 4,[317] dass solche Fälle nur selten auftreten und die fraglichen GU in den Fällen ohne derartige Prüfung vermutlich ohnehin das Vollfunktionskriterium erfüllt hätten[318] sowie der Umstand, dass Teilfunktions-GU bei Vorliegen einer Wettbewerbsbeschränkung und Handelsbeeinträchtigung dem Anwendungsbereich des Art. 101 AEUV unterfallen. Die von der Kommission vorgenommene Auslegung des Art. 3 Abs. 1 führt aber dazu, dass auch bestimmte GU mit Teilfunktionen gemäß Art. 2 Abs. 4 und Abs. 5 FKVO im Fusionskontrollverfahren nach Art. 101 Abs. 1 AEUV geprüft und ggf. untersagt oder nach Art. 101 Abs. 3 AEUV freigestellt werden können (zu diesem Prüfungsschritt noch näher § 16 Rdnr. 136 ff.). Dies mag man als begrüßenswerte Verbesserung der Rechtssicherheit (anstelle der sonst bei kooperativen GU bzw. Art. 101 AEUV geltenden Selbsteinschätzung) ansehen. Freilich hat es solche Entscheidungen noch nicht gegeben. Die Beratungspraxis muss jedenfalls in Sachverhalten dieser Art die Anwendbarkeit der FKVO auch über den Bereich der Vollfunktions-GU hinaus in Betracht ziehen und in diesem Zusammenhang auch eine etwaige Doppelkontrolle nach Art. 2 Abs. 4 FKVO iVm Art. 101 AEUV im informellen Vorverfahren thematisieren.

Vollfunktion bedeutet nach der Mitteilung der Kommission im Wesentlichen, dass das GU auf einem Markt tätig sein und die Funktionen ausüben muss, die auch von den anderen Unternehmen in diesem Markt wahrgenommen werden.[319] Die Tatsache, dass das GU als Vollfunktions-Unternehmen **in operativer Hinsicht** wirtschaftliche völlig selbständig ist, bedeute nicht, dass es auch seine strategischen Entscheidungen selbständig treffen kann; anderenfalls könnte ein gemeinsam kontrolliertes Unternehmen niemals als Vollfunktions-GU angesehen werden.[320] Das GU muss auch keine eigene Rechtspersönlichkeit ha- 61

[314] Komm. E. v. 11.4.2011, M.6068, Rdnr. 9. Weitere rechtstatsächliche Angaben dazu bei *Rudolf/Leupold,* JECL&P 2012, 439, 443, 448 ff.

[315] So schon *von Brevern,* WuW 2012, 225 ff.; *Rudolf/Leupold,* JECL&P 2012, 439 ff., 445; s. auch *Langen/Bunte-Käseberg,* aaO FKVO Art. 3 Rdnr. 96/99; zustimmend offenbar *Rosenthal/Thomas,* European Merger Control, Rdnr. 69 und *Immenga/Mestmäcker-Körber,* EU-WbR, FKVO Art. 3 Rdnr. 126.

[316] Komm. E. v. 21.12.2005, M.3696, Rdnr. 7 sowie 10/11. Dort erwarb allerdings nur *E.ON* eine Beteiligung, so dass nicht mehrere beteiligte Unternehmen als Erwerber auftraten.

[317] So auch *von Brevern,* WuW 2012, 225, 233.

[318] Auch insoweit zutr. *von Brevern,* aaO 234.

[319] Komm. aaO Rdnr. 94; so auch schon EuG U. v. 4.3.1999, T-87/96, Slg. 1999 II-206 ff. = WuW/E EU-R 261, 264 – *Generali/Unicredito;* s. ferner Komm. E. v. 6.11.2012, M.6564, Rdnr. 10 – *Arm/Giesecke & Devrient/Gemalto/JV.*

[320] Komm., Konsolidierte Mitteilung, Rdnr. 93.

ben.[321] Im Fall *KLM/Alitalia* genügte eine vertragliche Vereinbarung zwischen den beiden Unternehmen (contractual joint venture). Um seine Tätigkeit langfristig ausüben zu können, muss das GU aber über ein sich dem Tagesgeschäft widmendes Management und ausreichende Ressourcen wie finanzielle Mittel, Personal sowie materielle und immaterielle Vermögenswerte verfügen,[322] um im Rahmen der dem GU zugrundeliegenden Vereinbarung langfristig seine Tätigkeiten ausüben zu können. Dabei ist es unerheblich, ob die Ressourcen Eigentum der Gesellschaft oder nur geleast sind.[323] Für eine Übergangsphase darf im Hinblick auf „transitional services" auch eine Abhängigkeit von einer Muttergesellschaft bestehen.[324] In Bezug auf geistige Eigentumsrechte genügt es, dass dem GU für seine Bestandsdauer eine Lizenz für die Rechte erteilt wird.[325] Das Personal muss nicht von dem GU selbst beschäftigt werden. Wenn dies in dem Wirtschaftszweig üblich ist, kann es ausreichen, wenn Dritte das Personal bereitstellen oder wenn es von einer Zeitarbeitsagentur vermittelt wird. Es kann auch ausreichen, wenn die Muttergesellschaften Personal abstellen, solange dies nur während der Anlaufphase geschieht oder das GU zu den Muttergesellschaften ohnehin Beziehungen unterhält wie zu Dritten.[326] Im Fall *American Express/Fortis/Alpha Card*[327] bejahte die Kommission die Vollfunktion von *Alpha Card,* nachdem das Unternehmen die Möglichkeit erhielt, als Prozessdienstleister („processing service provider") einen unabhängigen Anbieter auszuwählen, anstatt die Leistung von *American Express* zu beziehen.

62 GU, die die eben genannten Voraussetzungen erfüllen, werden im Allgemeinen (und in der Mitteilung) als **Vollfunktions-GU** bezeichnet. Sie sind nicht nur bei Industrieunternehmen anzutreffen, sondern auch im Dienstleistungssektor und im Handel. Aus dem Bereich der Industrie-GU können als Beispiele die Fälle *Elf/Atochem/Rohm – Haas*[328] und *TWD/Akzo Nobel-Kuagtextil*[329] genannt werden. Ein Vollfunktions-GU in einem Handelsmarkt muss nach Ansicht der Kommission über „die nötigen Einrichtungen verfügen und einen wesentlichen Teil seiner Lieferungen nicht nur bei den Muttergesellschaften, sondern auch bei anderen Wettbewerbern beziehen können".[330] So verhielt es sich im Fall *Spar/Dansk Supermarked.*[331] Als weiteres Beispiel für ein konzentratives Handels-GU kann

---

[321] Komm. E. v. 11.8.1999, JV 19 – *KLM/Alitalia.*

[322] Komm., Konsolidierte Mitteilung, Rdnr. 94. Diese Voraussetzung wurde z. B. verneint in Komm. E. v. 15.4.1996, M.722, WuW 1996, 994 – *Téneo/Merill Lynch/Bankers Trust* und in Komm. E. v. 2.4.1997, M.904 – *RSB/TENEX/Fuel Logistic;* bejaht z. B. in Komm. E. v. 28.7.2004, M.3467 – *Dow Chemicals/PIC/White Sands JV,* in Komm. E. v. 16.9.2004, M.3554 – *Serco/NedRailways/Northern Rail* und in Komm. E. v. 12.4.2005, M.3722 – *Nutreco/Stolt-Nielsen/Marine Harvest.* S. ferner die Angaben in Rdnr. 34.

[323] Komm. E. v. 21.6.2002, M.2694, Rdnr. 18 – *Metronet/Infranco;* s. ferner die Beispiele in Komm., Konsolidierte Mittelung, Fn. 86.

[324] In der Entscheidung v. 8.9.2009, M.5533, Rdnr. 26 – *Bertelsmann/KKR/JV* akzeptierte die Kommission eine Übergangsphase von voraussichtlich zwei Jahren.

[325] Komm., alte Mitteilung zum Begriff des Vollfunktions-GU, aaO Rdnr. 12, Fn. 6 unter Hinweis auf Komm. E. v. 11.1.1994, M.527, Rdnr. 10 – *Thomson CSF/Deutsche Aerospace;* s. auch Komm. E. v. 8.7.1992, M.236, WuW/E EV 1995 – *Ericsson/Ascom* sowie *Immenga/Mestmäcker-Körber,* EU-WbR, FKVO Art. 3 Rdnr. 140. In der Konsolidierten Mitteilung wird in Fn. 86 auf die erstgenannte Entscheidung verwiesen.

[326] Komm. aaO Rdnr. 94; s. dazu z. B. Komm. E. v. 29.11.2013, M.7044, Rdnr. 10 – *Blackstone/Cambourne/Goldman Sachs/Rothesay.*

[327] Komm. E. v. 3.10.2008, M.5241, Rdnr. 13 ff.

[328] Komm. E. v. 28.7.1992, M.160, WuW/E EV 2001 (50 : 50-GU *Atohaas,* das sämtliche Aktivitäten der Mütter im Acrylglassektor übernahm).

[329] Komm. E. v. 10.2.1995, M.533, WuW 1995, 584 (GU im Bereich textile Polyesterfilamentgarne). Weitere Nachweise bei *Langen/Bunte-Käseberg,* FKVO Art. 3, Rdnr. 100 ff.; *Immenga/Mestmäcker-Körber,* EU-WbR, FKVO Art. 3 Rdnr. 141 ff.; *Scherf* AG 1992, 245 ff.; *Cook/Kerse,* EC Merger Control, 5. Aufl., S. 58 ff.; *Jones/Gonzàlez-Dìaz,* ECC Merger Regulation, S. 55 ff.

[330] Komm., Konsolidierte Mitteilung, Rdnr. 102, unter Hinweis auf Komm. E. v. 3.9.1996, M.788, Rdnr. 9/10 – *AgrEVO/Marubeni.*

[331] Komm. E. v. 3.2.1992, M.179, WuW/E EV 1810 – *SPAR/Dansk Supermarked* (Lebensmitteleinzelhandel).

der Fall *Texaco/Norsk Hydro*[332] genannt werden. Ein konzentratives GU im Transportsektor (Containertransport) war im Fall *P&O/Nedlloyd*[333] gegeben. Einen Grenzfall aus dem Bereich konzentrativer Dienstleistungs-GU bildet der Fall *MSG Media Service,*[334] bei dem es um bestimmte technische und kommerzielle Dienstleistungen für den Betrieb von PayTV ging. Konzentrative Dienstleistungs-GU betrafen ferner die Fälle *GTS-Hermes Inc.*[335] (Telecom-Sektor) und *Belgacom/Tele Danmark/Tulip;*[336] um ein GU im Entsorgungsgeschäft ging es im Fall *GKN/Brambles/SKP.*[337] Wegen fehlender unternehmerischer Ressourcen betrachtet die Kommission die GU, die **Bieterkonsortien für Mobiltelefon-Lizenzen** in einzelnen Mitgliedstaaten der Gemeinschaft im Rahmen der Ausschreibungsverfahren errichtet haben, (noch) nicht als Zusammenschlüsse (s. dazu noch unten bei Rdnr. 67a). Verneint wurde die Voraussetzung mangels eigener Ressourcen des GU im Versicherungsgeschäft im Fall *Generali/Unicredito.*[338]

Ein Vollfunktions-GU liegt nicht vor, wenn ein GU nur *eine* bestimmte Funktion innerhalb der Geschäftstätigkeiten der Muttergesellschaften wahrnimmt und dabei keinen eigenen Marktzugang hat.[339] Solche GU nehmen **nur Hilfsfunktionen** in den Geschäftstätigkeiten ihrer Muttergesellschaften wahr. Dies ist z.B. bei GU der Fall, die auf Forschung und Entwicklung oder die Produktion beschränkt sind.[340] Gleiches gilt für GU, die nur für den gemeinsamen Einkauf oder den gemeinsamen Vertrieb der Muttergesellschaften tätig sind. Ebenso wurden projektbezogene GU, die nur als Forum für eine „appropriate cooperation" seiner Eigentümer (bei einzelnen Objekten) dienten, nicht als Vollfunktions-GU angesehen.[341] Ein GU, das sich der Vertriebs- und Verteilungseinrichtungen einer oder mehrerer seiner Muttergesellschaften bedient, verliert jedoch nicht seinen Charakter als Vollfunktions-GU, solange die Muttergesellschaften nur als Verkaufsvertreter des GU tätig sind.[342] 63

Als (kooperatives) GU mit Teilfunktion im Vertrieb hat die Kommission den Fall *ATR/BAe*[343] angesehen, wo das GU in einer ersten Phase – und nach Ansicht der Kommission auf Dauer – nur als Vertriebsagentur der Gründergesellschaften tätig werden sollte. Als GU mit einer Teilfunktion bewertete die Kommission auch den Fall *Flachglas/VEGLA*[344] (dort für eine Recycling-Tätigkeit des GU für die Muttergesellschaften) und den Fall *VTG/BPTL,*[345] in dem die Kommission das GU als bloße Auftragssammelstelle zur Erzielung höherer Mengenrabatte bei der Bundesbahn ansah und daher die erforderliche Selbständigkeit des GU verneinte. Den Vollfunktionscharakter verneinte die Kommission ferner im 64

---

332 Komm. E. v. 9.1.1995, M.511, WuW 1995, 486.

333 Komm. E. v. 19.12.1996, M.831, Rdnr. 10 ff. (trotz der Inanspruchnahme verschiedener Dienstleistungen der Gründer).

334 Komm E. v. 9.11.1994, M.469, ABl. 1994 L 364/1 ff. = WuW/E EV 2231 ff.

335 Komm. E. v. 5.3.1996, M.683, WuW 1996, 40, dort für Telecom-Dienstleistungen (Carrier's Carrier).

336 Komm. E. v. 19.5.1998, M.1177, Rdnr. 11.

337 Komm. E. v. 26.5.1998, M.1160, Rdnr. 5, 7.

338 Komm. E. v. 25.3.1996, M.711; bestätigt durch EuG U. v. 4.3.1999, T-87/96, Slg. 1999 II-203, 228 ff.; s. ferner den *RSB/TENEX/Fuel Logistics*-Fall, Komm. E. v. 2.4.1997, M.904.

339 Komm., Konsolidierte Mitteilung, Rdnr. 95. Zu Rechtstatsachen s. z.B. die Darstellung von *Wiedemann,* Gemeinschaftsunternehmen im deutschen Kartellrecht, 1981, S. 51 ff. Als Beispiel dazu Komm. E. v. 3.12.2013, M.6910, Rdnr. 10 – *Gazprom/Wintershall/Target Companies* (zum Erwerb einer Minderheitsbeteiligung von *Wingas* an zwei Gasfeldern, die noch nicht produzierten und daher keinen Zugang zum Markt hatten. Auch eine „strukturelle Änderung" iSd Rdnr. 91 a.E. der Konsolidierten Mitteilung sei daher nicht gegeben (dazu auch oben Rdnr. 60a).

340 Komm. aaO Rdnr. 95. Zur Fallgruppe der GU mit Immobilienbeteiligungen s. ebendort Rdnr. 96.

341 Komm. E. v. 31.8.2006, M.4288, Rdnr. 10 – *Saab/EMW.*

342 Komm. Konsolidierte Mitteilung, Rdnr. 95.

343 Komm. E. v. 25.7.1995, M.551, WuW 1996, 215.

344 Komm. E. v. 13.4.1992, M.168, Rdnr. 12 ff., WuW/E EV 1832.

345 Komm. E. v. 12.10.1992, M.265, Rdnr. 4 ff., WuW 1992, 1014.

Fall *Pasteur-Mérieux/Merck;*[346] dort sollte das GU im Rahmen der weltweiten Impfstoffaktivitäten der Mütter den westeuropäischen Markt bedienen. Maßgebend für die Qualifizierung als kooperatives GU war vor allem der Umstand, dass die F&E-Aktivitäten, die auf diesem Markt von zentraler Bedeutung sind, ebenso wie die Herstellung der entwickelten Impfstoffe auch in Zukunft von den Muttergesellschaften wahrgenommen werden sollten. Entsprechendes galt für die existierenden und künftigen gewerblichen Schutzrechte. Verneint wurde der konzentrative Charakter ferner im Fall *Baxter/Nestlé/Salvia,*[347] weil keine echte Marktteilnahme des GU vorlag; maßgebend dafür war u. a. der Umstand, dass Produktion und F&E durch die Mütter erfolgte, dass wesentliche Patente und Know-how nicht auf das GU übertragen wurden, sondern lediglich eine jederzeit beendbare Lizenz gewährt wurde, und dass die Produkte des GU nur unter dem Warenzeichen der Mütter vertrieben werden durften.

65 Zweifelsfragen im Hinblick auf das Vorliegen einer selbständigen Wirtschaftseinheit ergeben sich u. a., wenn eine starke **Präsenz der Muttergesellschaften in vorgelagerten oder nachgeordneten Märkten** zu verzeichnen ist und dies zu umfangreichen Käufen bzw. Verkäufen zwischen den Muttergesellschaften und dem GU führt. Nach Ansicht der Kommission wird dieser Umstand den Charakter als Vollfunktions-GU in der Regel nicht beeinträchtigen, wenn das GU nur in der **Anlaufphase** fast vollständig von den Verkäufen an die bzw. den Käufen von den Muttergesellschaften abhängt. Diese Anlaufphase dürfe aber je nach den Bedingungen des konkreten Marktes einen Zeitraum von drei Jahren nicht überschreiten.[348] Beispiele für die geplante Steigerung des Lieferanteils an Dritte sind danach die Fälle *EDS/Lufthansa*[349] (Ausweitung als realistisch akzeptiert, weil die Märkte sich in der Entstehungsphase befanden) und *Nokia/Autoliv*[350] (wegen noch fehlender Ausreifung der betroffenen Produkte). Wenn die Verkäufe des GU an die Muttergesellschaften **auf einer dauerhaften Grundlage** erfolgen sollen, so ist nach Ansicht der Kommission die entscheidende Frage, ob das GU trotz dieser Verkäufe dazu bestimmt ist, eine aktive Rolle im Markt zu spielen, und in operativer Hinsicht als wirtschaftlich selbständig angesehen werden kann. Ein wichtiger Faktor sei hierbei, *welchen Anteil* die Verkäufe an die Muttergesellschaften an der Gesamtproduktion des GU ausmachen. Dabei komme es auf die Umstände des Einzelfalles an, so dass sich spezifische Kennzahlen nicht festlegen ließen. Erziele das GU aber mehr als die Hälfte seines Umsatzes mit Dritten, sei dies typischerweise ein Indiz für Vollfunktion.[351] Unterhalb dieser Schwelle komme es auf den Einzelfall an. Dafür sei nachzuweisen, dass das GU seine Waren demjenigen verkauft, der sie am höchsten bewertet und am meisten dafür zahlt, und dass es auch mit seinen Muttergesellschaften marktübliche Beziehungen auf der Grundlage der üblichen Geschäftsbedingungen unterhält. Unter diesen Umständen könne es ausreichen, wenn nur ein Anteil von 20% des voraussichtlichen Umsatzes des GU mit Dritten erzielt wird.[352] Für die Prognose stützt sich die Kommission u. a. auf den Geschäftsplan des GU. In diesem Zusammenhang erläutert die Kommission auch **Outsourcing**-Fälle, in denen ein Unternehmen ein GU mit einem Dienstleister betreibt, der Funktionen übernehmen wird, die bis dahin von dem Unternehmen selbst wahrgenommen wurden.[353] Was

---

346 Komm. E. v. 5.7.1993, M.285, Rdnr. 13 ff., WuW 1994, 83.

347 Komm. E. v. 6.2.1991, M.058, WuW/E EV 1579.

348 Komm., Konsolidierte Mitteilung, Rdnr. 97. Keine Bedenken z. B. in Komm. E. v. 23.10.1996, M.827, Rdnr. 10 – *DB Kom.*

349 Komm. E. v. 11.5.1995, M.560, WuW 1995, 820 (für Informationstechnologie-Dienstleistungen im Luftfrachtverkehr).

350 Komm. E. v. 5.2.1996, M.686, WuW 1996, 584 (für Halbleiter auf Gallium Arsenide-Basis).

351 Komm. aaO Rdnr. 98.

352 Komm. aaO Rdnr. 98, unter Hinweis auf Komm. E. v. 9.4.1996, M.556, Rdnr. 8 – *Zeneca/Vanderhave* u. a.; s. auch Komm. E. v. 14.8.2008, M.5154, Rdnr. 13 – *CASC JV* (dort bestand außerdem die Erwartung, dass die Umsätze mit Dritten langfristig wegen Ausweitung der Geschäftstätigkeit des GU weiter steigen werden); verneint im Fall *Flachglas/VEGLA,* Komm. E. v. 13.4.1992, M.168, WuW/E EV 1832 (fehlende finanzielle Unabhängigkeit).

353 Komm. aaO Rdnr. 100.

Käufe bei den Muttergesellschaften angeht, so ist es umso unwahrscheinlicher, dass es sich um ein Vollfunktions-GU handelt, je geringer die Wertschöpfung der von ihm hergestellten Waren oder erbrachten Dienstleistungen ist. Bei einer nur geringen Wertschöpfung wird das GU eher als eine gemeinsame Verkaufsagentur anzusehen sein.[354] Ist das GU in einem **Handelsmarkt** tätig und nimmt es die üblichen Funktionen eines Handelsunternehmens in diesem Markt wahr, dürfte es sich in der Regel nicht um eine Verkaufsagentur, sondern um ein Vollfunktions-GU handeln.[355] Soll das GU dauerhaft einen nicht unwesentlichen Teil der einzukaufenden Dienstleistungen bei den Müttern beziehen, stellt dies die Vollfunktionseigenschaft zumindest dann nicht in Frage, wenn dies zu den üblichen Geschäftskonditionen auf einer nicht exklusiven Basis ohne Einkaufsverpflichtung geschieht.[356]

Insgesamt lässt sich die Entscheidungspraxis der Kommission zu diesem Aspekt als großzügig (im Sinne einer Bejahung eines konzentrativen Sachverhalts) bezeichnen. Dies zeigt namentlich der Fall *Hoogovens/Klöckner & Co.*,[357] wo nach Ansicht der Kommission eine Zulieferung von mehr als 60% des vom GU auf dem Handelsmarkt abgesetzten Aluminiums von einer Mutter unerheblich war, da diese Menge nur 5% des Gesamtumsatzes des GU ausmachte. Ferner wurde ein GU im Verpackungsbereich als Zusammenschluss angesehen, obwohl es von einer Gründergesellschaft mehr als 40% des benötigten Sackpapiers sowie 10% sonstiger Roh-, Hilfs- und Betriebsstoffe beziehen sollte; maßgebend dafür war der Umstand, dass die eigene Wertschöpfung bei der Weiterverarbeitung zu flexiblen Verpackungsmaterialien vergleichsweise bedeutend war.[358] Im Fall *ThyssenKrupp/HSP Hoesch/JV*[359] wurde ein Vollfunktions-GU bejaht, da zumindest ein Drittel des Umsatzes mit Geschäftsbereichen erzielt werden sollte, die nicht dem Einfluss der Mutterunternehmen unterlagen. Die Marktrelevanz hat die Kommission im Fall *ECT/PONL/Euromax*[360] auch nicht deswegen abgelehnt, weil alle Kapazitäten des GU für die Mutter PONL bzw. ihre Allianzpartner reserviert waren, da das GU mit letzteren selbständig verhandeln musste und seine Leistungen zu marktüblichen Konditionen anbot. Die Kommission bewertete im Fall *Mannesmann/Hoesch* das GU für die Zusammenlegung der Aktivitäten im Geschäft mit Präzis- und Nichtpräzisstahlrohren als konzentrativ, obwohl die Versorgung des GU mit Stahlvorprodukten nahezu vollständig von den Müttern übernommen wurde und die Vorprodukte ca. 80% der Materialkosten ausmachten und obwohl umgekehrt ca. 40% der Verkäufe des GU über die Handelshäuser der Mütter abgewickelt wurden.[361] Im Fall *Electrabel/Energia Italiana/Interpower*[362] wurde die Vollfunktionseigenschaft des GU *Interpower* hingegen abgelehnt, da lediglich ca. 5–15% der Elektrizität auf dem Poolmarkt und der Rest an die Mütter verkauft werden sollte; das GU hatte zudem keine eigene wirtschaftliche Strategie oder eigene Kunden. Die Gründung des GU *PremiumGas* wurde im Jahr 2008 zunächst nicht als Vollfunktions-GU angesehen, da *PremiumGas* nur von einer Muttergesellschaft das Gas kaufen und an die andere Muttergesellschaft verkaufen sollte. Nach 65a

---

[354] AaO, Rdnr. 101 sowie Komm. E. v. 25.7.1995, M.551, WuW 1996, 215 – *ATR/BAe:* GU nur als Verkaufsagentin der Muttergesellschaften.

[355] Komm., Konsolidierte Mitteilung, Rdnr. 102, mit weiteren Erläuterungen.

[356] Komm. E. v. 4.7.2012, M.6503, Rdnr. 11 – *La Poste/Swiss Post/JV;* s. auch Komm. E. v. 29.4. 2013, M.6848, Rdnr. 14 – *Aegon/Santander/Santander Vida/Santander Generales;* Komm. E. v. 29.11. 2013, M.7044, Rdnr. 10 – *Blackstone/Cambourne/Goldman Sachs/Rothesay.*

[357] Komm. E. v. 11.4.1995, M.578, WuW/E EV 1995, 817 (das GU war wegen des Koordinierungsrisikos im Stahlgeschäft gleichwohl nicht konzentrativ).

[358] Komm. E. v. 28.8.1995, M.581, WuW 1995, 1009 – *Frantschach/Bischof und Klein;* s. auch E. v. 31.3.2006, M.4139 – *Sony/NEC/JV* (dort lieferten die Mütter im ersten Jahr 20–30% bestimmter Produkte, lediglich 5–10% des Umsatzes sollte mit den Mutterunternehmen erzielt werden) und E. v. 28.6.2006, Rdnr. 7 ff. – *Scottish & Newcastle/Kuehne + Nagel/JV.*

[359] Komm. E. v. 3.7.2003, M.3192.

[360] Komm. E. v. 22.12.2004, M.3576.

[361] Komm. E. v. 12.11.1992, M.222, ABl. L 114/34 ff., Rdnr. 10; kritisch dazu *Karl,* aaO S. 281.

[362] Komm. E. v. 23.12.2002, M.3003.

Aufstellung eines neuen Business Plans im Oktober 2009, der u. a. eine Steigerung der Umsätze mit Dritten vorsah, bejahte die Kommission dann den Vollfunktionscharakter des GU.[363]

66 Nach der Bekanntmachung der Kommission[364] verliert ein GU, das sich der Vertriebs- und Verteilungseinrichtungen eines oder mehrerer seiner Muttergesellschaften bedient, nicht seinen Charakter als Vollfunktions-GU, solange die Muttergesellschaften nur als Verkaufsvertreter des GU tätig sind. So verhielt es sich z. B. in den Fällen *Lucas/EATON,*[365] *CLT/Disney/Super RTL,*[366] *Akzo Nobel-Kuagtextil/TWD*[367] und *KGHM/Tauron/Wytwarzanie/JV.*[368] Auch im Fall *Nordic Satellite Distribution* bejahte die Kommission die Vollfunktionsfähigkeit des GU, weil der Vertrieb aller *NSD*-Fernsehprogramme zwar über die Mütter oder deren Tochtergesellschaften abgewickelt werden sollte, diese Verträge jedoch alle auf das GU übergehen sollten.[369] Im Fall *SKF/INA/WPB*[370] wurde das GU als konzentrativ angesehen, obwohl es die Verkaufsorganisationen der Mütter benutzen durfte. Im Fall *Generali/Unicredito*[371] wurde die Vollfunktionsfähigkeit verneint; maßgebend dafür war neben der Nutzung des Vertriebssystems einer Muttergesellschaft der Umstand, dass das GU nur mit Unterstützung von *Generali* in der Lage sein würde, eine adäquate Handhabung von Lebensversicherungs-Policen zu gewährleisten. Im Fall *RSB/TENEX/Fuel Logistic*[372] scheiterte das Vorliegen eines Zusammenschlusses bereits an fehlenden sachlichen und personellen Ressourcen des GU (für den Transport von Nukleargütern). Ähnlich verhielt es sich im Fall *Lagardere Service/SNCF Participations/JV,*[373] wo die Kommission wegen der Abhängigkeit eines GU für den Betrieb von Kiosken auf Bahnhöfen von finanziellen und personellen Ressourcen der Mütter sowie beim Einkauf und Verkauf der Produkte den Vollfunktionscharakter in einer Art. 6 Abs. 1a-Entscheidung verneinte.

67 Für die Annahme eines Vollfunktions-GU iSd Art. 3 Abs. 4 ist es schließlich erforderlich, dass der **Bestand** des GU **auf Dauer angelegt** ist. In ihrer Mitteilung[374] erklärt die Kommission die Tatsache, dass die Muttergesellschaften die vorgenannten Ressourcen (s. Rdnr. 61) dem GU übertragen, regelmäßig als entsprechenden Nachweis für diese Voraussetzung. Unschädlich sei die Aufnahme von Regelungen in die GU-Vereinbarungen für unvorhergesehene Entwicklungen, z. B. den Konkurs des GU oder grundlegende Meinungsverschiedenheiten zwischen den Muttergesellschaften.[375] Dabei geht es um Bestimmungen für die mögliche Auflösung des GU oder den möglichen Rückzug der Muttergesellschaften aus dem GU. Die Kommission verlangt für dieses Tatbestandsmerkmal auch

---

[363] Komm. E. v. 16.6.2010, M.5740, Rdnr. 6 ff. – *Gazprom/A2A/JV.*

[364] Komm., Konsolidierte Mitteilung, Rdnr. 95, unter Hinweis auf Komm. E. v. 2.12.1991, M.102, Rdnr. 14 – *TNT/Canada Post* etc.

[365] Komm. E. v. 9.12.1991, M.149, WuW/E EV 1783, wo die Muttergesellschaft *Lucas* den Vertrieb der GU-Produkte auf dem „independent aftermarket" sicherstellte.

[366] Komm. E. v. 17.5.1995, M.566, WuW 1996, 27 (dort im Hinblick auf den Vertrieb von Fernsehwerbezeiten durch ein dafür von den Muttergesellschaften gegründetes GU).

[367] Komm. E. v. 10.2.1995, M.533, WuW 1995, 584 (Vertrieb bestimmter Produkte über die Muttergesellschaft *Akzo Nobel Faser*).

[368] Komm. E. v. 23.7.2012, M.5979, Rdnr. 7 (Tätigkeit einer Muttergesellschaft als „intermediary" (iSv Vertriebsagent) bei einem GU für die Errichtung und den Betrieb eines Gas-Kraftwerkes).

[369] Komm. E. v. 19.7.1995, M.490, ABl. 1996 L 53/20 ff. Kritisch dazu BKartA, TB 1995/96, S. 72.

[370] Komm. E. v. 19.2.1996, M.694, WuW 1997, 38.

[371] Komm. E. v. 25.3.1996, M.711, WuW 1996, 993; EuG U. v. 4.3.1999, T-87/96, Slg. 1999 II-203 ff.

[372] Komm. E. v. 2.4.1997, M.904.

[373] Komm. E. v. 25.7.2014, M.7253 (bisher dazu nur Presse-Mitt. v. 25.7.2014).

[374] Komm., Konsolidierte Mitteilung aaO Rdnr. 103; dazu früher Bekanntmachung Vollfunktions-GU, Rdnr. 15.

[375] Komm. aaO Rdnr. 103 unter Hinweis auf Komm. E. v. 23.4.1997, M.891, Rdnr. 7 – *Deutsche Bank/Commerzbank/I. M. Voith.* S. ferner Komm. E. v. 28.2.1994, M.408, Rdnr. 6, WuW/E EV 2177 – *RWE/Mannesmann.*

keine konkrete Mindestdauer für die Laufzeit des GU. Wenn in einer Vereinbarung eine Frist für die Dauer des GU festgelegt sei, so sei das Tatbestandsmerkmal erfüllt, sofern diese Frist ausreichend lang sei, um eine dauerhafte Veränderung in der Struktur des betroffenen Unternehmens herbeizuführen oder wenn die Vereinbarung vorsehe, dass das GU auch nach diesem Zeitraum fortbestehen könne. In diesem Zusammenhang hat die Kommission Fristen von sechseinhalb oder sieben Jahren als ausreichend angesehen.[376] Die Dauerhaftigkeit eines GU hat sie auch nicht deswegen verneint, weil die dem Geschäft zugrundeliegende Franchisevereinbarung eine begrenzte Laufzeit von acht Jahren und neun Monaten hatte.[377] Im Fall *Volvo/Atlas* akzeptierte die Kommission eine zunächst auf fünf Jahre befristete Vereinbarung, die sich automatisch um weitere drei Jahre verlängern sollte, wenn keiner der Partner sie kündigt.[378] GU, die lediglich für einen „kurzen, begrenzten Zeitraum" gegründet werden, seien hingegen nicht als auf Dauer anzusehen; als Beispiel dafür nennt die Kommission in ihrer Mitteilung eine Projektgemeinschaft, die lediglich für den Bau eines Kraftwerks gegründet, nach Abschluss des Baues jedoch nicht mehr am Betrieb des Kraftwerks beteiligt sein wird.[379] Im Fall *Teneo/Merrill Lynch/Bankers Trust* wurde das Tatbestandsmerkmal verneint, weil die assets des GU innerhalb von drei Jahren an Dritte veräußert werden sollten.[380]

In ihrer Konsolidierten Mitteilung[381] geht die Kommission auch auf Konstellationen ein, **67a** in denen die Aufnahme einer Geschäftstätigkeit durch das GU wesentlich von noch ausstehenden **Entscheidungen Dritter** abhängt. In solchen Fällen habe das GU keine ausreichend dauerhafte operative Tätigkeit. Relevant seien in einem solchen Szenario allerdings nur Entscheidungen, die über Formalitäten hinausgingen und deren Ausgang normalerweise unsicher sei. (Mit den „Formalitäten" meint die Kommission anscheinend sog. Gremienvorbehalte; diese Bezeichnung ist unglücklich, weil es sich dabei keineswegs generell um „Formalitäten" handelt, ist aber insoweit kartellrechtlich verständlich, als die Qualität solcher interner Hürden regelmäßig niedriger ist als in den behandelten „externen" Konstellationen.) Die relevanten Entscheidungen beträfen die Auftragsvergabe (z. B. bei öffentlichen Ausschreibungen), die Lizenzerteilung (z. B. im Telekomsektor) oder die Gewährung des Zugangs zu Grundstücken (z. B. Rechte für die Exploration von Erdöl- und Erdgasvorkommen). Solange diese Entscheidungen noch nicht vorlägen, sei unklar, ob das GU seine Tätigkeit überhaupt aufnehmen können werde. Bei einer solchen Sachlage kann nach Ansicht der Kommission nicht davon ausgegangen werden, dass das GU auf Dauer eine wirtschaftliche Funktion übernimmt, und es könne folglich auch nicht als Vollfunktions-GU angesehen werden. Sobald jedoch eine Entscheidung zu Gunsten des GU gefallen sei, sei dieses Kriterium erfüllt und es liege ein Zusammenschluss vor. Hinter dieser Haltung der Kommission steht wohl auch die Zielsetzung, in den behandelten Fallgruppen eine parallele Prüfung mehrerer Vorhaben und daher eine entsprechend hohe Arbeitsbelastung zu vermeiden, weil letztlich doch nur ein GU den „Zuschlag" erhalten wird.

bb) Koordinierungsrisiko (Art. 2 Abs. 4). Die Anerkennung als konzentratives GU, d. h. als **68** Zusammenschluss, setzte bis zum 28.2.1998 zusätzlich die Erfüllung einer negativen Bedingung voraus, nämlich eine fehlende Koordinierung des Wettbewerbsverhaltens (s. Art. 3

---

[376] Komm. E. v. 27.11.1992, M.259, WuW 1993, 37 – *British Airways/TAT* (6½ Jahre) und Komm. E. v. 17.2.1992, M.090, WuW 1992, 497 – *BSN-Nestlé/Chocoladovny* (sieben Jahre); Komm. E. v. 22.12.2008, M.5389 – *Aeroports de Paris/The Nuance Group* (10 Jahre).

[377] Komm. E. v. 16.9.2004, M.3554 – *Serco/NedRailways/Northern Rail.*

[378] Komm. E. v. 14.1.1992, M.152, WuW/E EV 1775; maßgebend war der Gesichtspunkt, dass sich zwar jeder Partner nach fünf Jahren zurückziehen konnte, dann aber seine Beteiligung an den anderen Gesellschafter oder auf ein drittes Unternehmen übertragen musste.

[379] Konsolidierte Mitteilung, Rdnr. 104. Weitere Nachw. bei *Langen/Bunte-Käseberg,* FKVO Art. 3 Rdnr. 118 ff.; *Immenga/Mestmäcker-Körber,* EU-WbR, FKVO Art. 3 Rdnr. 159 ff.; *Drauz/Schroeder,* aaO, S. 55/56.

[380] Komm. E. v. 15.4.1996, M.722.

[381] AaO Rdnr. 105.

Abs. 2 Satz 2, 2. Halbsatz FKVO a. F.). Dieses Tatbestandsmerkmal wurde im Rahmen der am 1.3.1998 in Kraft getretenen Revision (VO Nr. 1310/97) gestrichen, um auch kooperative Vollfunktions-GU nach dem Verfahren der FKVO prüfen zu können (dazu Rdnr. 69). Nach altem Recht und der dazu ergangenen (inzwischen aufgehobenen) Bekanntmachung der Kommission[382] stellte die Gründung eines Vollfunktions-GU normalerweise einen Zusammenschluss iSv Art. 3 FKVO dar, es sei denn, mit dieser Gründung wurde eine Koordinierung des Wettbewerbsverhaltens von unabhängigen Unternehmen bezweckt oder bewirkt, die geeignet war, zu einer Beschränkung des Wettbewerbs von Art. 85 Abs. 1 EGV (jetzt: Art. 101 Abs. 1 AEUV) zu führen. Um dies beurteilen zu können, musste ermittelt werden, ob eine Koordinierung zwischen den Gründern in Bezug auf Preise, Märkte, Produktion oder Innovation vorlag. Der Wortlaut des Art. 3 Abs. 2 Satz 2 FKVO a. F. hob dabei auch auf eine Koordinierung des Verhaltens zwischen einem der Gründerunternehmen und dem GU ab. Gleichwohl hatte sich die Kommission entschieden, diesen Gesichtspunkt nicht zu berücksichtigen, sondern bei der Auslegung der Regelung allein auf ein Koordinierungsrisiko zwischen den Gründerunternehmen abzustellen.[383] Die von der Kommission in den ersten Jahren nach Inkrafttreten der FKVO verfolgte Politik, das Koordinierungsrisiko im Verhältnis eines Gründerunternehmens zum GU dann als irrelevant anzusehen, wenn dieser Gesellschafter die „industrielle Führung" (industrial leadership) ausübte,[384] war daher mit der Bekanntmachung von 1994 über die Unterscheidung der Gemeinschaftsunternehmen gegenstandslos geworden. Die Kommission stützte sich dabei auf den Wortlaut des Art. 3 Abs. 2 Satz 1 a. F. und der BE Nr. 23 der FKVO (VO Nr. 4064/89); dort wurde jeweils (nur) auf die Koordinierung des Wettbewerbsverhaltens „unabhängig bleibender Unternehmen" abgestellt. Dementsprechend sah die Kommission vor der Revision der FKVO generell kein Koordinierungsrisiko iSd Art. 3 Abs. 2 Satz 2 FKVO a. F. mehr, wenn nur eines der Gründerunternehmen auf dem Markt des GU tätig blieb. Die Einzelheiten hinsichtlich der Prüfung der kooperativen Aspekte erläuterte die Kommission in Rdnr. 18 ff. ihrer Bekanntmachung von 1994. Dabei wurden mehrere *Beispiele für typische Situationen* behandelt, in denen eine Koordinierung des Wettbewerbsverhaltens der Muttergesellschaften vorliegen kann oder nicht zu erwarten ist. Diese Ausführungen sind seit dem 1.3.1998 im Rahmen des Art. 3 gegenstandslos, weil der Zusammenschlussbegriff erweitert wurde; relevant geblieben sind sie aber im Rahmen des neuen Art. 2 Abs. 4, weil das Tatbestandsmerkmal des Koordinierungsrisikos dort über die zusätzliche Anwendbarkeit des Art. 101 AEUV entscheidet (dazu § 16 Rdnr. 136 ff.).

69 Seit Inkrafttreten der **Änderungs-VO Nr. 1310/97 zur FKVO**[385] am 1.3.1998 – an der die Neufassung durch die VO Nr. 139/2004 nichts geändert hat – gelten auch **kooperative GU mit Vollfunktionscharakter** als Zusammenschluss iSd Art. 3. Dies ergab bzw. ergibt sich aus der Streichung der Worte „und keine Koordinierung des Wettbewerbsverhaltens der Gründerunternehmen im Verhältnis zueinander oder im Verhältnis zu den Gemeinschaftsunternehmen mit sich bringt" aus Art. 3 Abs. 2 Satz 2 FKVO a. F. (jetzt: Art. 3 Abs. 4). Aber auch Art. 3 Abs. 2 Satz 1 a. F. wurde im Rahmen der Revision der FKVO gestrichen. Konsequenz dieser Änderung ist es, dass die sog. kooperativen GU mit Vollfunktionscharakter nach dem Verfahren der FKVO geprüft werden. Die VO Nr. 1/2003 des Rates ist daneben insoweit nicht mehr anwendbar.[386] Damit ist eine (zeitlich unbefriste-

[382] Komm., (alte) Bekanntmachung Gemeinschaftsunternehmen, ABl. 1994 C 385/1 ff., Rdnr. 17 ff.

[383] Bekanntmachung, aaO, Fn. 222 Rdnr. 17.

[384] S. dazu z. B. Komm. E. v. 23.10.1991, M.086, Rdnr. 12, WuW/E EV 1724 – *Thomson/Pilkington;* s. ferner zu dieser früheren Entscheidungspraxis der Kommission *Drauz/Schroeder,* aaO, S. 61 f. sowie *Cook/Kerse,* EC Merger Control, 3. Aufl., S. 51, Fn. 79.

[385] Dazu *Baron,* WuW 1997, 579 ff., 585 ff.

[386] So bereits Komm., Mitteilung über die Beurteilung von Vollfunktions-GU, ABl. 1998 C 66/38, zur VO Nr. 17.

te) *deklaratorische* Freistellung – und zwar grundsätzlich ohne Widerruf[387] – gemäß Art. 101 Abs. 3 AEUV und somit die Herstellung von Rechtssicherheit für die Unternehmen in Bezug auf das Verbot des Art. 101 Abs. 1 AEUV möglich. Die Verfahrensordnung Nr. 1/ 2003 sieht nach Abschaffung des Anmeldesystems eine *konstitutive* Freistellung nicht mehr vor. Dass die hiervon betroffenen kooperativen GU materiellrechtlich weiterhin auch nach Art. 101 AEUV zu beurteilen sind, ergibt sich aus **Art. 2 Abs. 4 FKVO** (dort noch: Art. 81 EG). Außerdem hat die Kommission in ihrer GU-Bekanntmachung klargestellt, dass die alten Grundsätze über das **Koordinierungsrisiko** bis zur Annahme neuer Leitlinien im Rahmen des Art. 2 Abs. 4 weiter gelten.[388] Art. 8 Abs. 2 und 3 sind im Hinblick auf den Verfahrensabschluss durch förmliche Entscheidungen entsprechend ergänzt worden (Hinweis auf „die Kriterien des Art. 81 Abs. 3", jetzt: Art. 101 Abs. 3 AEUV). Als Ergebnis dieser Änderung ist damit die **Abgrenzungsproblematik** wegen des unterschiedlichen materiellrechtlichen Prüfungsmaßstabes (Art. 2 Abs. 1–3 allein oder gemäß Art. 2 Abs. 4 FKVO iVm Art. 81 EG, jetzt: Art. 101 AEUV) **weiterhin relevant.** Da die Wettbewerbsklausel des Art. 101 Abs. 3b AEUV in etwa der Schwelle der Marktbeherrschung in Art. 2 Abs. 2 und 3 FKVO entspricht, dürfte es sich dabei nur um Nuancierungen handeln. Die Abgrenzungsproblematik entschärft sich damit, ist aber nicht gegenstandslos.[389] Diese Lösung kann nicht völlig befriedigen; sie war aber unvermeidbar, weil die Reichweite des Art. 81 EG (jetzt: Art. 101 AEUV) im Hinblick auf (kooperative) GU nicht durch sekundäres Gemeinschaftsrecht geändert werden konnte bzw. kann. Wegen der Einzelheiten sei auf die Darstellung in § 16 Rdnr. 136 ff. verwiesen.

4. Änderung der Tätigkeit von Gemeinschaftsunternehmen. Die Frage, ob (spätere) Erweiterungen der Tätigkeiten eines GU erneut als Zusammenschlusstatbestand kontrolliert werden können, ist schon früh erörtert worden, hat aber in der Praxis – auch in der EG-Fusionskontrolle – soweit ersichtlich keine nennenswerte Bedeutung erlangt.[390] Das Thema wurde in der Konsolidierten Mitteilung (2008) erstmals behandelt.[391] Danach sieht die Kommission nunmehr einen **Beschluss über die Ausweitung des Tätigkeitsbereichs** eines bereits bestehenden GU als **weiteren Zusammenschlusstatbestand** an, der der Anmeldepflicht unterliegen kann, „sofern diese Ausweitung den Erwerb der Gesamtheit oder eines Teils eines anderen Unternehmens von den Muttergesellschaften nach sich zieht, was für sich genommen als Zusammenschluss im Sinne von Nummer 24 dieser Mitteilung gelten würde".[392] Ein Zusammenschluss könne aber auch dann vorliegen, wenn die Muttergesellschaften zusätzliche wesentliche Vermögenswerte, Verträge, zusätzliches Know-how oder andere Rechte auf das GU übertragen und wenn diese Vermögenswerte und Rechte die Grundlage oder die Keimzelle für eine **Ausdehnung** der Geschäftstätigkeit **auf andere sachliche oder räumliche Märkt**e darstellen, die nicht Ziel des ursprünglichen GUs waren, und wenn das GU solche Tätigkeiten als Vollfunktionsunter- 69a

[387] S. aber die Erklärung der Kommission in den Explanations to the Council Minutes anlässlich der Verabschiedung der VO Nr. 1310/97, wonach sie sich für „exceptional cases" den Widerruf der Freistellung nach Art. 85 Abs. 3 EGV (jetzt: Art. 101 Abs. 3 AEUV) im Rahmen des Art. 2 Abs. 4 FKVO vorbehält. Für einen solchen Widerruf fehlt aber eine Rechtsgrundlage; weder Art. 101 Abs. 3 noch Art. 107 AEUV schließen eine unwiderrufliche Freistellung aus (so auch *Ahlborn/Turner,* ECLR 1998, S. 249, 258).

[388] Komm., Mitteilung über den Begriff des Vollfunktions-GU, ABl. 1998 C 66/1, Rdnr. 1 Fn. 3.

[389] So auch *Langen/Bunte-Käseberg,* aaO FKVO Art. 3 Rdnr. 93; *GK-Schödermeier/Wagner,* 20. Lieferung 1997, EG-GVOs, Gemeinsame Einführung Rdnr. 70; *Ahlborn/Turner,* ECLR 1998, S. 249, 261.

[390] S. dazu zum deutschen Recht bereits *Wiedemann,* Gemeinschaftsunternehmen im deutschen Kartellrecht, 1981, S. 224 ff. mwN sowie aus jüngerer Zeit (2006) OLG Düsseldorf WuW/E DE-R 1805 ff. – *MSV.*

[391] Komm., Konsolidierte Mitteilung, Rdnr. 106 ff. Ausführlich dazu *Huerkamp,* WuW 2010, 1118 ff.

[392] Die Komm. verweist in diesem Zusammenhang auf ihre Entscheidung im Fall *Soprol/Céréol/ Lesieur,* M.3039, E. v. 30.1.2003.

nehmen durchführt. Da die Übertragung der Vermögenswerte oder Rechte zeige, dass die Muttergesellschaften die eigentlichen Akteure bei der Ausweitung der Tätigkeiten des GU seien, könne diese Ausweitung behandelt werden wie ein neues GU im Sinne von Art. 3 Abs. 4.[393] Die Einführung dieser neuen Fallgruppe in die Fusionskontrolle ist nicht unproblematisch, weil sie in einem weiteren Bereich zu schwierigen Abgrenzungsfragen führt.[394] Immerhin kann man der Mitteilung entnehmen, dass die Erweiterung der Tätigkeit eines bestehenden GU durch zusätzliche Produktionsanlagen etc. im Rahmen des bisher schon bearbeiteten sachlichen und räumlichen Marktes keinen Zusammenschluss darstellt, also z. B. die Errichtung eines zweiten Kraftwerksblocks durch ein Energieversorgungs-GU oder die Errichtung einer weiteren Fabrik durch ein GU zum Zwecke der Produktion und der Vermarktung von Kraftfahrzeugen. Mit den zu übertragenen „wesentlichen Vermögenswerten" dürfte nur unternehmerisch genutzte Assets gemeint sein, nicht aber die Bereitstellung zusätzlicher Finanzmittel. Nach diesseitigem Verständnis stellt die Ausweitung der Tätigkeit eines GU in einen anderen *räumlich* relevanten Markt (z. B. Mitgliedstaat der EU) keinen kontrollpflichtigen Sachverhalt dar, wenn die operative Umsetzung durch die Errichtung neuer Produktionsanlagen etc. erfolgt, selbst wenn die finanziellen Mittel dafür (teilweise auch) von den Gesellschaftern bereit gestellt werden.[395] Die Brisanz der Problematik zeigt der Fall *VG Media,* bei dem das LG Köln 2009 unter Verweis auf Rdnr. 107 der Konsolidierten Mitteilung einen Verstoß gegen das Vollzugsverbot des Art. 7 FKVO und eine daraus resultierende schwebende Unwirksamkeit der einschlägigen Übertragungsverträge (als Grundlage für bestimmte neue Tätigkeiten des GU) bejahte.[396] Ohnehin achtet das BKartA im Rahmen seiner Prüfung von FKVO-Anmeldungen mit einem Bezug zu deutschen Märkten im Hinblick auf einen eventuellen Verweisungsantrag auf die hinreichend genaue Festlegung des Tätigkeitsbereiches von GU.

69b Ein Zusammenschluss liegt nach Ansicht der Kommission auch dann vor, wenn sich die Tätigkeit eines bestehenden *Teilfunktions-GU* so ändert, dass es zu einem *Vollfunktions-GU* im Sinne von Art. 3 Abs. 4 wird.[397] Für diese – nach diesseitigem Verständnis schon immer erfasste Fallgruppe – nennt die Kommission mehrere Beispiele: die Änderung der organisatorischen Struktur eines GU, so dass es das Vollfunktionskriterium erfüllt;[398] ein GU, das bisher nur die Muttergesellschaften belieferte, dann aber eine signifikante Tätigkeit auf dem Markt entwickelt; oder Fälle, in denen ein GU seine Tätigkeit auf dem Markt erst dann aufnehmen kann, wenn ein wichtiger Input (z. B. die Lizenz für ein GU im Telekomsektor) vorliegt. Anknüpfungspunkt für die Anwendbarkeit der FKVO sei in solchen Fällen meistens ein entsprechender Beschluss seiner Gesellschafter oder der Unternehmensleitung. Sobald dieser Beschluss gefasst sei, der dazu führe, dass das GU das Vollfunktionskriterium erfülle, liege ein Zusammenschluss vor. Wegen des Vollzugsverbotes muss in solchen Fällen also die entsprechende gesellschaftsrechtliche Maßnahme unter den fusionskontrollrechtlichen Freigabevorbehalt gestellt werden. Praktisch geworden ist diese neue Position der Kommission aber nur selten.[399]

---

[393] Komm. aaO Rdnr. 107.

[394] Kritisch auch *Bechtold/Bosch/Brinker/Hirsbrunner,* EG-Kartellrecht, 2. Aufl., FKVO Art. 3 Rdnr. 30 und *Huerkamp,* WuW 2010, 1118 ff., 1127.

[395] AA *Huerkamp,* WuW 2010, 1123.

[396] LG Köln, WuW/E DE-R 2868 – *EPG.* Das Urteil wurde in der Berufungsinstanz vom OLG Düsseldorf (WuW/E DE-R 3114 ff. – *EPG*) wegen Unzulässigkeit der Klage aufgehoben; die Kommission hatte außerdem in einem Schreiben an die Parteien die Ansicht vertreten, dass die Verträge keinen Zusammenschlusstatbestand erfüllen (eig. Angabe). Der BGH bestätigte das OLG-Urteil (dazu Presse-Mitt. der *VG Media* v. 27.10.2011).

[397] Komm., Konsolidierte Mitteilung, Rdnr. 109.

[398] AaO Rdnr. 109, unter Verweis auf den Fall M.2276, Komm. E. v. 27.9.2001 – *The Coca-Cola Company/Nestlé/JV.* Kritisch dazu *Polley/Grave,* WuW 2003, 1010, 1015 f.

[399] S. dazu Komm., E. v. 16.5.2012, M.6477, Rdnr. 8/9 – *BP/Chevron/Eni/Sonangol/Total/JV;* dort hatten die Gesellschafter den Beschluss gefasst, dass das GU zukünftig auch Dritten das GU-Produkt LNG am Markt anbieten soll.

5. Dauerhafte Veränderung der Kontrolle. Das früher ungeschriebene und heute ausdrücklich im Wortlaut des Art. 3 Abs. 1 verankerte Kriterium der „dauerhaften" Veränderung der Kontrolle kann im Einzelfall zu schwierigen Abgrenzungsfragen führen. Die Kommission erläutert diese Thematik in ihrer Konsolidierten Mitteilung anhand mehrerer Beispielsfälle.[400] Dabei weist sie zunächst auf den Grundsatz hin, dass die FKVO nicht für Transaktionen gilt, die lediglich eine vorübergehende Veränderung der Kontrolle bewirken. Allerdings bedeute der Umstand, dass die Vereinbarungen nur für einen begrenzten Zeitraum gelten, nicht automatisch, dass keine dauerhafte Veränderung der Kontrolle stattfindet, wenn die Vereinbarungen verlängert werden können. Ein Zusammenschluss könne außerdem selbst dann vorliegen, wenn die Geltungsdauer der Vereinbarungen ausdrücklich begrenzt sei, sofern diese ausreiche, um zu einer dauerhaften Veränderung der Kontrolle der beteiligten Unternehmen zu führen. Generell gilt, dass zeitliche Begrenzungen dann irrelevant sind, wenn die Vertragslaufzeit ohnehin acht oder gar zwölf Jahre beträgt.[401] Für den Kontrollerwerb durch den Kauf von Aktien oder Vermögenswerten ist normalerweise kein bestimmter Zeitraum festgelegt, so dass die Kommission in diesen Fällen von einer dauerhaften Änderung der Kontrolle ausgeht.[402] Im Fall *Deutsche Bank/Commerzbank/J. M. Voith*[403] wurde ein **Zwischenerwerb** von einer Dauer von drei bis vier Wochen durch ein 100%iges Tochterunternehmen der *Commerzbank,* also einem der beiden letztendlich die gemeinsame Kontrolle übernehmenden Unternehmen, als Zwischenschritt und daher nicht als Zusammenschlusstatbestand angesehen; maßgebend war das Gesamtvorhaben, das auf eine gemeinsame Kontrolle durch die Deutsche Bank und die *Commerzbank* abzielte. Im Fall *Total Produce/Halunco/JV*[404] wurde eine „gemeinsame Kontrolle" für einen Zeitraum von unter einem Jahr nicht als ausreichend für die Bejahung des Zusammenschlusstatbestands angesehen, wohl aber eine Dauer von über zwei Jahren. **69c**

In der Konsolidierten Mitteilung behandelt die Kommission sodann mehrere Beispiele, in denen es zu einer *Abfolge von Transaktionen* kommt, deren erste nur Übergangscharakter hat. Dazu gehört zunächst die Fallgruppe, bei der sich mehrere Unternehmen nur zusammentun, um ein anderes Unternehmen zu erwerben und die erworbenen Vermögenswerte unmittelbar nach Vollzug dieser ersten Transaktion nach einem im Voraus vereinbarten Plan untereinander aufzuteilen. In solchen Fällen stellt nach Ansicht der Kommission die erste Transaktion keinen Zusammenschlusstatbestand dar; sie prüft den Erwerb der Kontrolle durch den endgültigen Erwerber, wenn bestimmte Bedingungen erfüllt sind.[405] Als zweites Szenario wird eine Fallgruppe erwähnt, bei der während einer Anlaufzeit gemeinsame Kontrolle vorliegt, wobei aber später auf der Grundlage rechtsverbindlicher Vereinbarungen ein Anteilseigner alleine die Kontrolle übernimmt. Da der Erwerb der gemeinsamen Kontrolle hier unter Umständen keine dauerhafte Veränderung der Kontrolle darstellt, könne der gesamte Vorgang als Erwerb der alleinigen Kontrolle angesehen werden. Früher hatte die Kommission solche Anlaufzeiten von bis zu drei Jahren akzeptiert. Dies wird jedoch in der Konsolidierten Mitteilung als zu lang bewertet, um zuverlässig ausschließen zu können, dass die gemeinsame Kontrolle Auswirkungen auf die Marktstruktur hat. Der Zeitraum soll daher jetzt *höchstens ein Jahr* betragen, **69d**

---

[400] AaO, Rdnr. 28 ff.

[401] S. dazu die in Rdnr. 28 Fn. 34 der Konsolidierten Mitteilung der Kommission genannten Fälle M.2903, *DaimlerChrysler/Deutsche Telekom/JV,* E. v. 30.4.2003 (12 Jahre) sowie M.2632, *Deutsche Bahn/ECT International/United Depots/JV,* E. v. 11.2.2002 (8 Jahre). Ein Zeitraum von drei Jahren reicht dagegen nicht aus (M.3858 – *Lehman Brothers/Starwood/Le Meridien,* E. v. 20.7. 2005).

[402] Komm. aaO Rdnr. 28 Fn. 34

[403] Komm. E. v. 23.4.1997, M.891, Rdnr. 5.

[404] Komm. E. v. 11.8.2008, M.5201; s. auch E. v. 8.2.2008, M.4949, Rdnr. 4 ff. – *Sonepar/Hagemeyer* (dort alleinige Kontrolle trotz eines übergangsweisen Erwerbs durch einen Dritten, bei dem der weitere Erwerb durch *Sonepar* bereits vereinbart war).

[405] Dazu im Einzelnen Konsolidierte Mitteilung, Rdnr. 31.

und die gemeinsame Kontrolle sollte nur von vorübergehender Natur sein.[406] In einem dritten Szenario behandelt die Kommission die Fallgruppe, bei der ein (Ziel-)Unternehmen auf der Grundlage einer Vereinbarung über den künftigen Weiterverkauf an den endgültigen Erwerber vorübergehend bei einem Käufer, häufig einer Bank, „geparkt“ werde (auch **Warehousing** genannt, s. dazu den Rechtsstreit im *Lagardere*-Fall).[407] Der zwischengeschaltete Käufer erwerbe im Allgemeinen Aktien „im Namen“ des endgültigen Erwerbers, der häufig den größten Teil des wirtschaftlichen Risikos trage und auch spezifische Rechte erhalten könne. Unter solchen Umständen dient die erste Transaktion nach Ansicht der Kommission nur dazu, die zweite zu erleichtern, und der erste Käufer stehe in einer direkten Beziehung zum endgültigen Erwerber. Im Gegensatz zu den zuvor in der Mitteilung behandelten Fällen sei hier kein (*lies: kein anderer,* so die englische Fassung) endgültiger Erwerber beteiligt; das Zielunternehmen bleibe unverändert, und die Abfolge der Transaktionen werde allein von dem einzigen und endgültigen Erwerber eingeleitet. Die Kommission erklärt dazu, sie werde daher die Transaktion, durch die der zwischengeschaltete Käufer unter solchen Umständen die Kontrolle erwirbt, als ersten Schritt „eines einzigen Zusammenschlusses“ ansehen, zu dem auch der dauerhafte Erwerb der Kontrolle durch den endgültigen Käufer gehört.[408] Dies bedeutet, dass der Erwerb durch den endgültigen Erwerber, nicht der durch den Zwischenerwerber, anzumelden ist und dass der Erwerb durch den Zwischenerwerber bereits dem Vollzugsverbot unterliegt. Im Fall *Lagardere* (2004) hatte die Kommission das Warehousing-Konzept zunächst noch akzeptiert, später ihre Meinung jedoch geändert.[409] Die gegen die Freigabe erhobene Klage des Wettbewerbers *Edition Odile Jacob SAS* führte nicht zu einer Klärung der mit dem Warehousing verbundenen Rechtsfragen. Die Urteile des Gerichts und des EuGH konnten die Frage nach der Zulässigkeit des Konzeptes offenlassen, weil die Klägerin lediglich die Freigabe des Erwerbs durch *Lagardere* in der Entscheidung der Kommission angegriffen hatte. Selbst wenn ein Verstoß gegen das Vollzugsverbot vorgelegen hätte, wäre dieser durch die Freigabeentscheidung erledigt.[410] Obwohl deshalb bisher keine negative Entscheidung der Unionsgerichte vorliegt, hat die Kommission seitdem an der in der Konsolidierten Mitteilung dargelegten neuen (ablehnenden) Haltung gegenüber Warehousing-Konzepten festgehalten, wonach das Vollzugsverbot auch schon für den Zwischenerwerb durch die Bank gilt.[411] Die sog. Bankenklausel des Art. 3 Abs. 5a (dazu noch Rdnr. 81) passt zumeist nicht, weil die Banken die Stimmrechte ausüben (müssen) und weil die Jahresfrist regelmäßig zu kurz ist. In der Konsolidierten Mitteilung wird die Formulierung „ersten Schritt eines einzigen Zusammenschlusses“[412] verwendet, wenn bzw. weil der endgültige Erwerber zunächst noch keine Kontrolle erwirbt; umgekehrt fehlt es bei dem Zwischenerwerb an einer „dauerhaften“ Veränderung der Kontrolle. Mit dem insoweit offenen Ausgang des *Lagardere*-Rechtsstreits ist die hinter dem Warehousing-Konzept stehende Zielsetzung, den Erwerb durch den vorläufigen Erwerber isoliert prüfen zu lassen und damit (auch aus Zeitgründen) eine etwaige vertiefte Prüfung der endgültigen Zuordnung zunächst zu vermeiden, zunächst gescheitert, denn in der Praxis werden sich voraussichtlich keine Unternehmen darauf einlassen, mit einem hohen Bußgeldrisiko die Rechtsauffassung der Kommission in Frage zu stel-

---

[406] Konsolidierte Mitteilung, Rdnr. 34.

[407] Komm. E. v. 7.1.2004, ABl. 2004 L 125/54. S. dazu EuG U. v. 13.9.2010, Rs T-279/04, Slg. 2010 II-185 ff. – *Editions Odile Jacob SAS ./. Komm.* und EuGH U. v. 6.11.2012, Rs C-551/10 P, ECLI:EU:C:2013:809 – *Editions Odile Jacob SAS ./. Komm.* Beide Urteile bestätigten die Entscheidung der Kommission.

[408] AaO Rdnr. 35.

[409] Konsolidierte Mitteilung, Rdnr. 35.

[410] EuGH aaO Rdnr. 39.

[411] In ihrem Commission Staff Working Document v. 9.7.2014 (SWD) (2014) 221 final, Rdnr. 198 zum Weißbuch 2014 (dazu Rdnr. 29a) kündigt die Kommission an, diese Rechtsfrage in der geplanten Novellierung der FKVO iS ihrer Position klarzustellen („clarify“).

[412] Komm. aaO Rdnr. 35.

len.[413] Die Frage würde sich außerdem mit der erwogenen Klarstellung in der FKVO[414] erledigen.

Das Kriterium einer dauerhaften Veränderung der Kontrolle kann außerdem für die Errichtung von Arbeitsgemeinschaften relevant sein, z.B. für die Erledigung eines Bauvorhabens durch mehrere Bauunternehmen.[415] 69e

6. Konzerninterne Umstrukturierungen. Bereits in der (alten) Mitteilung über den Zusammenschlussbegriff[416] hatte die Kommission klargestellt, dass ein Zusammenschluss im Sinne der FKVO nur dann vorliegt, wenn die Kontrolle „in andere Hände übergeht". Eine **interne Reorganisation** in einer Unternehmensgruppe ist daher kein Zusammenschluss. Die Kommission nennt in der Konsolidierten Mitteilung als Beispiele den Ausbau einer Beteiligung, der nicht zu einer Änderung der Kontrollverhältnisse führt, Reorganisationsmaßnahmen wie die Fusion einer doppelt börsennotierten Gesellschaft zu einer einzigen juristischen Person oder die Fusion von Tochtergesellschaften. Ein Zusammenschluss soll danach nur dann vorliegen, wenn die Transaktion zu einer Änderung der Art der Kontrolle in einem Unternehmen führt und infolgedessen nicht länger als intern anzusehen ist.[417] Damit sind ersichtlich Fälle eine Übergangs von einer alleinigen zur gemeinsamen Kontrolle (oder umgekehrt) gemeint.[418] Nicht ausdrücklich erwähnt wird in der Mitteilung die Gründung einer 100%igen Tochtergesellschaft durch ein Unternehmen. Auch dieser Fall stellt keinen Zusammenschlusstatbestand dar.[419] 69f

III. Beteiligte Unternehmen

1. Begriff und Funktion. An einem Zusammenschluss iSd Art. 3 Abs. 1 FKVO sind per definitionem zumindest zwei Unternehmen beteiligt. Art. 1 Abs. 2 und 3 verwenden daher bei der Bestimmung des Anwendungsbereichs der FKVO mehrfach den Begriff der „beteiligten Unternehmen". Weder Art. 1 noch eine andere Vorschrift der FKVO enthalten jedoch eine Legaldefinition dieses Tatbestandsmerkmals. Gemeint sind die Unternehmen, die die wirtschaftliche Struktur der neuen wirtschaftlichen Einheit verkörpern. Anhand der Umsatzerlöse der beteiligten Unternehmen soll festgestellt werden, ob die Schwellenwerte des Art. 1 Abs. 2 und 3 FKVO erreicht werden und somit die Zuständigkeit der Kommission begründet wird.[420] Die Kommission hat mehrere Rechtsfragen, die sich mit dem Tatbestandsmerkmal der beteiligten Unternehmen verbinden, in ihrer **Konsolidierten Mitteilung zu Zuständigkeitsfragen** erläutert.[421] Die FKVO stellt freilich für die Berechnung der Umsatz-Schwellenwerte iSd Art. 1 Abs. 2 und 3 nicht nur auf die an dem Zusammenschluss (unmittelbar) beteiligten Unternehmen ab, sondern auch auf die mit diesen Unternehmen **verbundenen Unternehmen** (s. dazu die Verbundklausel des Art. 5 Abs. 4). Den daraus resultierenden Rechtsfragen hat die Kommission einen eigenen Abschnitt in der Konsolidierten Mitteilung gewidmet.[422] Die folgende Darstellung behan- 70

[413] Optimistischer in dieser Hinsicht *Bueren/Weck,* BB 2014, 67, 73 ff., die alternative Ansätze erörtern, aber einräumen, dass zur „Risikominimierung" eine Abklärung mit den Kartellbehörden erforderlich sei.

[414] Dazu soeben Fn. 411.

[415] S. dazu *Schulte/Henschen,* Handbuch Fusionskontrolle, Rdnr. 985; ferner Kommission, Konsolidierte Mitteilung, Rdnr. 104 (für GU mit Vollfunktionen).

[416] Komm. aaO Rdnr. 8.

[417] Komm. aaO Rdnr. 51.

[418] Dazu bereits Rdnr. 56 ff.

[419] So auch *Bechtold/Bosch/Brinker/Hirsbrunner,* aaO, 2. Aufl., FKVO Art. 3 Rdnr. 11.

[420] Komm., Konsolidierte Mitteilung, Rdnr. 127.

[421] ABl. 2008 C 95/1; s. dazu auch die Vorgänger-Bekanntmachung über den Begriff der beteiligten Unternehmen, ABl. 1998 C 66/14 ff.

[422] AaO Rdnr. 157 ff. S. dazu früher die Bekanntmachung der Komm. über die Berechnung des Umsatzes iSd Verordnung (EWG) Nr. 4064/89 des Rates, ABl. 1998 C 66/25 ff. (unter Aufhebung der alten Regelung in ABl. 1994 C 385/21 ff.); s. hierzu die Erläuterungen von *Wagemann* in Rdnr. 85 ff.

delt zunächst die für die Praxis **wichtigsten Tatbestandsvarianten** beim Begriff der beteiligten Unternehmen.

71 **2. Fusion.** Im Falle einer Fusion – sei es durch Verschmelzung oder durch Aufnahme – sind die beteiligten Unternehmen die einzelnen **fusionierenden Unternehmen.**[423] Dies gilt auch für die Fallgruppe der wirtschaftlichen Fusion,[424] bei der weiterhin getrennte Rechtspersonen gemeinsam eine neue Wirtschaftseinheit gründen.[425]

72 **3. Kontrollerwerb.** *a) Alleinige Kontrolle.* Komplexer ist die Fragestellung bei der Tatbestandsalternative des Kontrollerwerbs. Hier ist – ebenso wie beim Zusammenschlusstatbestand selbst – zwischen dem Erwerb der alleinigen und dem Erwerb der gemeinsamen Kontrolle zu unterscheiden. Die zu übernehmende Seite (sog. Ziel/target) kann aus einem oder mehreren Unternehmen in ihrer Gesamtheit oder aus Teilen von Unternehmen bestehen. Nach Ansicht der Kommission wird „grundsätzlich jedes dieser Unternehmen" als beteiligtes Unternehmen iSd FKVO angesehen.[426] Im Einzelnen gilt Folgendes:

73 Beim Erwerb der alleinigen Kontrolle über das gesamte (Ziel-)Unternehmen sind beteiligte Unternehmen das **übernehmende Unternehmen** und das **Zielunternehmen.**[427] Der **Veräußerer** (der Aktien, Geschäftsanteile oder der Vermögenswerte) ist dagegen kein beteiligtes Unternehmen.[428] Der Veräußerer ist ferner gemäß Art. 4 Abs. 2 FKVO nicht zur Anmeldung des Zusammenschlusses verpflichtet (und nach der Praxis der Kommission auch nicht berechtigt).[429] Wenn ein Unternehmen die alleinige Kontrolle nur über einen Teil des (Ziel-)Unternehmens erlangt, z. B. durch Erwerb einer bestimmten Geschäftssparte eines anderen Unternehmens,[430] sind die beteiligten Unternehmen wiederum das übernehmende Unternehmen und die **übernommenen Teile des Zielunternehmens.**[431] Der Veräußerer ist auch hier bezüglich der Aktivitäten, die bei ihm verbleiben, kein beteiligtes Unternehmen. Die FKVO regelt diesen Punkt in Art. 5 Abs. 2 Unterabs. 1; die Vorschrift entspricht § 38 Abs. 5 GWB. Danach ist auf Seiten des Veräußerers nur der Anteil der Umsätze zu berücksichtigen, der auf die veräußerten Teile entfällt. Wenn ausnahmsweise die Veräußerung von Marken oder Lizenzen erfasst werden soll, setzt das voraus, dass diesem Geschäft „ein Umsatz auf dem Markt" zugeordnet werden kann;[432] anderenfalls können die Umsatzschwellenwerte nicht ermittelt werden. Eine Besonderheit der EG-FKVO stellt die in **Art. 5 Abs. 2 Unterabs. 2** vorgesehene **Umgehungsklausel** für mehrere aufeinander folgende Erwerbsvorgänge dar, die unter bestimmten Voraussetzungen als ein einziger Zusammenschluss angesehen werden.[433]

73a Wird die Zielgesellschaft durch eine Gesellschaft übernommen, die die Tochtergesellschaft eines anderen Unternehmens ist, so ist (unmittelbar) beteiligtes Unternehmen diese Tochtergesellschaft. (Es sei denn, die Tochter wurde gerade zum Zwecke des Erwerbs der Zielgesellschaft gegründet, sog. „Vehikel".[434]) Für die Umsatzberechnung sind jedoch we-

---

[423] Komm., Konsolidierte Mitteilung, Rdnr. 132.

[424] S. dazu oben Rdnr. 32.

[425] Komm., (alte) Bekanntmachung beteiligte Unternehmen, Rdnr. 12.

[426] Komm., Konsolidierte Mitteilung, Rdnr. 133.

[427] Komm. aaO Rdnr. 134.

[428] Konsolidierte Mitteilung, Rdnr. 138.

[429] S. dazu auch § 17 Rdnr. 16. Die Kommission hält an dieser Bewertung auch nach der Neufassung der FKVO durch die VO Nr. 139/2004 fest (eigene Angabe). Dieses Ergebnis ist keineswegs zwingend. In der deutschen Fusionskontrolle hat es sich als sachgerecht erwiesen, die Anmeldung als eine Art Gesamtschuld von Erwerber und Veräußerer anzusehen. Praktische Probleme sind hierbei nicht entstanden. Evtl. fehlende Daten können im Wege eines Auskunftsersuchens beschafft werden, wie die Komm. dies auch bei sog. hostile takeovers akzeptiert.

[430] Beispiel für Erwerb einer Sparte: Komm. E. v. 9.4.1996, M.726, WuW 1997, 126 – *Bosch/Allied Signal* (dort betreffend die Geschäftssparte hydraulische Bremsen der *Allied Signal Inc.*).

[431] Komm. aaO Rdnr. 136.

[432] S. dazu Komm. aaO Rdnr. 24

[433] Komm. aaO Rdnr. 137; dazu schon oben Rdnr. 44 sowie unten Rdnr. 93.

[434] Dazu noch Rdnr. 78.

gen der Wirtschaftseinheit zwischen der Erwerberin und der hinter ihr stehenden Unternehmen die Umsatzerlöse der genannten Erwerbergruppe einzubeziehen.[435]

Erfolgt der Erwerb der Kontrolle durch einen Übergang von der gemeinsamen zur alleinigen Kontrolle, erwirbt in der Regel ein Anteilseigner den Anteil des oder der anderen Anteilseigner. Die beteiligten Unternehmen sind in dieser Konstellation der übernehmende Anteilseigner und das (kontrollierte) Gemeinschaftsunternehmen, nicht jedoch der oder die „ausscheidenden Anteilseigner" als Veräußerer.[436] **74**

b) Erwerb der gemeinsamen Kontrolle. Der Erwerb der gemeinsamen Kontrolle kann sich auf unterschiedliche Weise vollziehen.[437] Bei der Neugründung eines GU kann insoweit als beteiligte Unternehmen nur auf die Unternehmen abgestellt werden, die die gemeinsame Kontrolle über das neu zu gründende Unternehmen erwerben wollen (weil das neue Unternehmen noch nicht besteht und noch keinen Umsatz erzielt).[438] Beim Erwerb der gemeinsamen Kontrolle über ein bereits bestehendes Unternehmen oder zu erwerbende bestehende geschäftliche Aktivitäten eines dritten Unternehmens sind die beteiligten Unternehmen einerseits jedes der Unternehmen, die die gemeinsame Kontrolle erwerben, und andererseits das zu übernehmende, bereits bestehende Unternehmen bzw. seine Geschäftsbereiche.[439] Der Erwerb eines Unternehmens im Hinblick auf die sofortige Aufteilung der Vermögenswerte wird, wie oben erörtert, meistens nicht als Übernahme der gemeinsamen Kontrolle über das gesamte Zielunternehmen betrachtet, sondern als Übernahme der alleinigen Kontrolle durch diejenigen Unternehmen, die letztlich die jeweiligen Teile des Zielunternehmens übernehmen.[440] **75**

Die vorstehend behandelten Grundsätze gelten entsprechend für die Vorhaben, die zu einer **Änderung der Art der Kontrolle** über ein GU führen und deshalb einen anmeldepflichtigen Zusammenschluss darstellen.[441] In Fällen, in denen es zu einer Veränderung in der Beteiligung kommt, sind nach Ansicht der Kommission die beteiligten Unternehmen die (bereits vorhandenen und neuen) Anteilseigner, die die gemeinsame Kontrolle ausüben, und das GU. In solchen Fällen müssen nach Ansicht der Kommission die vorhandenen und die neuen Anteilseigner Zusammenschlüsse, die sich aus derartigen Änderungen von Fällen der gemeinsamen Kontrolle ergeben, grundsätzlich gemeinsam anmelden.[442] Als Beispiel kann zunächst der Fall *Synthomer/Yule Catto* genannt werden, in dem eine der beiden Muttergesellschaften mit gemeinsamer Kontrolle über das bereits bestehende GU durch eine neue Muttergesellschaft ersetzt wurde.[443] Ein weiteres Beispiel ist der Fall *RWE/Thyssengas,* wo der ursprüngliche Gesellschafter *Bayernwerk* durch den neuen (gemeinsame Kontrolle ausübenden) Gesellschafter *RWE Energie* ersetzt werden sollte.[444] **Anteilseigner ohne Kontrollfunktion sind keine beteiligten Unternehmen.**[445] So war im Fall des 50:50-Polypropylen-GU *Targor* zwischen *BASF* und *Hoechst* neben *BASF* nicht *Hoechst,* sondern nur der von *Hoechst* eingebrachte PP-Geschäftsbereich das zweite beteiligte Unternehmen, da *Hoechst* trotz seiner 50%-Beteiligung als nicht mitkontrollierend angesehen wurde.[446] Bei bestehender alleiniger Kontrolle, die durch die Aufnahme weiterer Gesellschafter in eine gemeinsame Kontrolle überführt wird, ist nach Ansicht der Kommission jeder (kontrollierende) Anteilseigner beteiligtes Unternehmen, nicht aber das zu über- **75a**

[435] S. dazu Rdnr. 85 ff. sowie Komm. aaO Rdnr. 135.
[436] Komm. aaO Rdnr. 138.
[437] S. dazu oben Rdnr. 49 ff.
[438] Komm. aaO Rdnr. 139.
[439] Komm. aaO Rdnr. 140.
[440] Komm. aaO Rdnr. 141; dazu bereits oben Rdnr. 45.
[441] S. dazu bereits oben Rdnr. 28 ff.
[442] Komm. aaO Rdnr. 144.
[443] Komm. E. v. 22.10.1993, M.376, WuW 1994, 41.
[444] Komm. E. v. 26.11.1996, M.713, WuW 1997, 34 f.
[445] Komm., alte Bekanntmachung zu beteiligten Unternehmen, aaO Rdnr. 40 ff., 44.
[446] Komm. E. v. 17.6.1997, M.845, Rdnr. 10.

nehmende Unternehmen; sein Umsatz sei Bestandteil des Umsatzes der ursprünglichen Muttergesellschaft.[447]

76 *c) Erwerb der Kontrolle durch ein Gemeinschaftsunternehmen.* Ein für die Praxis interessantes Rechtsproblem bei der Ermittlung der beteiligten Unternehmen und damit der Zuständigkeit der Kommission betrifft Vorhaben, bei denen ein GU die Kontrolle über ein anderes Unternehmen erwirbt. Die Bedeutung der Fragestellung resultiert aus den in Art. 1 Abs. 2b und Abs. 3d FKVO genannten Voraussetzungen, wonach ein Zusammenschluss mit gemeinschaftsweiter Bedeutung nur vorliegt, wenn mindestens zwei der beteiligten Unternehmen einen gemeinschaftsweiten Umsatz von jeweils mehr als 250 Mio. ECU bzw. mehr als 100 Mio. ECU erzielen. Wenn ein GU die Kontrolle über ein anderes Unternehmen erwirbt, ergibt sich daher die Frage, ob das GU als übernehmendes Unternehmen als ein einziges beteiligtes Unternehmen (dessen Umsatz dann freilich nach Art. 5 Abs. 4 den Umsatz seiner Muttergesellschaften umfassen würde) oder ob jede einzelne seiner Muttergesellschaften als beteiligtes Unternehmen betrachtet werden muss. Wenn die Zielgesellschaft oder das als Erwerber auftretende GU (als das unmittelbar beteiligte Unternehmen) Umsatzerlöse von weniger als 250 Mio. bzw. 100 Mio. ECU in der Gemeinschaft erzielen, würde der Zusammenschluss von der FKVO nicht erfasst. Ein anderes Ergebnis würde sich einstellen, wenn hinter dem erwerbenden GU umsatzstarke Muttergesellschaften stehen, so dass bei einem Abstellen auf diese Unternehmen als beteiligte Unternehmen die Voraussetzungen des Art. 1 Abs. 2b oder des Abs. 3d erfüllt wären. Die Thematik hat die Kommission in ihrer Entscheidungspraxis zur FKVO von Anfang an beschäftigt.[448] Bei der Frage, ob der „Schleier des zwischengeschalteten Unternehmens gelüftet" werden soll, verfolgte die Kommission nicht immer einen gradlinigen Kurs.[449] In ihrer Konsolidierten Mitteilung[450] wird die Frage ausführlich behandelt. Maßgebend sind danach die folgenden Grundsätze.

77 Die Kommission wird „normalerweise das Gemeinschaftsunternehmen selbst und das Zielunternehmen" (und nicht die Muttergesellschaften des GU) als die beteiligten Unternehmen ansehen, wenn der Erwerb von einem Vollfunktions-GU vorgenommen wird, von einem GU also, das über ausreichende finanzielle und andere Mittel verfügt, um dauerhaft einer Geschäftstätigkeit nachzugehen, und das bereits auf einem Markt tätig ist.[451] Die **Fallpraxis** zu diesem Grundsatz ist spärlich, weil die Rechtsfolge vielfach darin besteht, dass die Transaktionen mangels Erreichung der Umsatzschwelle keine gemeinschaftsweite Bedeutung aufweisen.[452] Ein Beispiel bildet der Fall *Matra Marconi Space/Satcomms,*[453] wo die Kommission – neben der Zielgesellschaft – nur das erwerbende GU *Matra Marconi Space NV* als beteiligtes Unternehmen ansah.

78 Wenn dagegen das **GU** lediglich **als reines Instrument („Vehikel")** für einen Erwerb durch die Muttergesellschaften anzusehen ist, sieht die Kommission statt des GU jede der

[447] Komm. aaO Rdnr. 139.

[448] S. dazu z. B. die Fälle *ABC/Générale des Eaux/Canal +/W. H. Smith TV,* Komm. E. v. 10.9.1991, M.110, WuW 1991, 891; *UAP/Transatlantic/Sun Life,* Komm. E. v. 11.11.1991, M.141, WuW 1992, 35; *BSN-Nestlé/Chokoladovny,* Komm. E. v. 17.2.1992, M.090, WuW 1992, 497 sowie *Eucom/Digital,* Komm. E. v. 18.5.1992, M.218, WuW/E EV 1860; w. Nachw. bei *Drauz/Schroeder,* aaO, S. 3/4; *Langen/Bunte-Löffler,* 8. Aufl., aaO, FKVO Art. 1 Anwendungsbereich Rdnr. 18 ff.

[449] S. dazu z. B. Komm. E. v. 19.4.1993, M.320, Rdnr. 11, WuW 1993, 490 – *Ahold/ Jeronimo Martins/Inovâço;* dort behandelte die Komm. die Gesellschafter des erwerbenden GU *Jeronimo Martins Retail* als beteiligtes Unternehmen, obwohl es sich um ein bestehendes konzentratives GU handelte (ohne Begründung).

[450] AaO, Rdnr. 145 ff.

[451] Komm. aaO Rdnr. 146.

[452] S. aber den Fall *Fortis/CGER,* Komm. E. v. 15.11.1993, M.342, Rdnr. 5, WuW 1994, 42, wo das *GU Fortis* (und nicht die Muttergesellschaften *AG* und *AMEV*) als das beteiligte Unternehmen behandelt wurde; ein Durchgriff war aber verzichtbar, weil drei andere Unternehmen existierten, deren gemeinschaftsweiter Umsatz je 250 Mio. ECU überschritt.

[453] Komm. E. v. 14.10.1994, M.497, WuW 1995, 209; auch dort wurden die Umsatzschwellen ohne Durchgriff auf die Mütter erreicht.

Muttergesellschaften und das Zielunternehmen als die beteiligten Unternehmen an. Dies ist insbes. der Fall, wenn das GU speziell für den Erwerb des zu übernehmenden Unternehmens gegründet wird oder seine Geschäftstätigkeit noch nicht aufgenommen hat, wenn ein bestehendes GU kein wie oben beschriebenes Vollfunktions-GU ist oder wenn das GU eine Vereinigung von Unternehmen darstellt.[454] Dasselbe gilt, wenn anhand bestimmter Elemente nachgewiesen werden kann, dass die Muttergesellschaften die eigentlichen Akteure bei dem Vorhaben sind. Solche Elemente wären eine erhebliche Beteiligung der Muttergesellschaften an der Einleitung, Organisation und Finanzierung des Vorhabens. In diesen Fällen werden die Muttergesellschaften als die beteiligten Unternehmen angesehen.[455] Auf die Anteilseigner und nicht das GU hat die Kommission auch in zwei *Blackstone*-Fällen abgestellt.[456] Als beteiligte Unternehmen wurden nur die Anteilseigner angesehen, die auf der Grundlage einer vertraglichen Regelung Einfluss auf das GU hatten.

d) Entflechtung von Gemeinschaftsunternehmen und Tausch von Vermögenswerten (Swaps). 78a
Wenn zwei (oder mehr) Unternehmen ein GU entflechten und die Vermögenswerte (die Geschäftsbereiche darstellen) unter sich aufteilen, so wird dies in der Regel als mehr als ein Kontrollerwerb betrachtet. Die Kommission erläutert dies anhand der Aufspaltung des deutschen Ferngasunternehmens *BEB.* Wenn in einem solchen Fall die beiden Gesellschafter das GU aufteilen und es dabei zu einer Neuverteilung der Vermögenswerte kommt, so umfasst die Entflechtung des GU einen Übergang von der gemeinsamen Kontrolle über die gesamten Vermögenswerte des GU zur alleinigen Kontrolle über die aufgeteilten Vermögenswerte durch jedes der (Gesellschafter-)Unternehmen (im Fall *BEB* durch *Shell* und *ExxonMobil*).[457] Bei jedem Entflechtungsvorgang sind die beteiligten Unternehmen einerseits das übernehmende Unternehmen und andererseits die von diesem übernommenen Vermögenswerte. Vergleichbar mit dem Entflechtungsfall ist nach Ansicht der Kommission die Situation, in der zwei (oder mehr) Unternehmen Vermögenswerte tauschen, die auf beiden Seiten einen Geschäftsbereich darstellen **(Swap).** In diesem Fall werde jeder Kontrollerwerb als unabhängiger Erwerb der alleinigen Kontrolle betrachtet. Die beteiligten Unternehmen seien daher bei jeder Transaktion die übernehmenden Unternehmen und das übernommene Unternehmen bzw. die übernommenen Vermögenswerte.[458] Ein Beispiel dafür bildet der 2009 erfolgte Swap zwischen *E.ON* und *Electrabel* betreffend verschiedene Energie-Assets,[459] der in separaten Entscheidungen geprüft wurde.

e) Kontrollerwerb durch natürliche Personen. Die Kontrolle kann auch von natürlichen Personen iSv Art. 3 Abs. 1b FKVO übernommen werden, wenn diese Personen selbst weitere wirtschaftliche Tätigkeiten ausüben oder wenn sie ein oder mehrere andere Wirtschaftsunternehmen kontrollieren (dazu oben Rdnr. 35). In einem solchen Fall sind die beteiligten Unternehmen das Zielunternehmen und der einzelne Erwerber, wobei der Umsatz der von dieser natürlichen Person kontrollierten Unternehmen in die Berechnung des Umsatzes der natürlichen Person einbezogen wird (sofern die Bedingungen nach Art. 5 Abs. 4 erfüllt sind).[460] Im Fall *Advent/Maxam* wurde eine Gruppe von natürlichen Personen, von denen keine eine unternehmerische Tätigkeit ausübte oder Kontrolle über *andere* Unter- 78b

[454] Komm., Konsolidierte Mitteilung, Rdnr. 147.

[455] Komm. aaO Rdnr. 147. S. dazu den *TNT*-Fall (Komm. E. v. 2.12.1998, M.102 – *TNT/Canada Post, DBP Postdienst* u. a.).

[456] S. Komm. E. v. 19.6.2000, JV 46 – *Blackstone/CDPQ/Kabel NRW;* Komm. E. v. 1.8.2000, JV. 50 – *Blackstone/CPDQ/Kabel Baden-Württemberg;* s. ferner Komm. E. v. 14.5.2001, M.2315, Rdnr. 7 – *The Airline Group/NATS.*

[457] Komm. aaO Rdnr. 148 unter Bezugnahme auf die E. v. 20.11.2003, Sachen M.3293 und 3294, *Shell/BEB* und *ExxonMobil/BEB.* S. ferner M.197, E. v. 30.4.1992 – *Solvay/Laporte.*

[458] Komm. aaO Rdnr. 150.

[459] Komm. E. v. 13.10.2009, M.5519, Rdnr. 4/5 – *E.ON/Electrabel Acquired Assets* sowie Komm. E. v. 16.10.2009, M.5512, Rdnr. 4 ff., 6 – *Electrabel/E.ON.*

[460] Komm., Konsolidierte Mitteilung, Rdnr. 151 unter Bezugnahme auf den Fall *Asco/Jacobs/Adia,* E. v. 16.5.1991, M.082.

nehmen hatte, und die bereits mit 50,01% an *Maxam* beteiligt war, nicht als beteiligtes *Unternehmen* an dem Erwerb einer 49,99%-Beteiligung von *Advent* an *Maxam* angesehen, obwohl die gemeinsame Kontrolle dieser Gruppe von Personen mit *Advent* über *Maxam* bejaht wurde.[461] Schließlich kann es zu einem Erwerb durch natürliche Personen in Fällen eines Management Buy-Outs kommen.[462]

79 **4. Kontrollerwerb durch staatliche Unternehmen.** Die Kommission ist verschiedentlich mit Fällen befasst worden, an denen (mittelbar oder unmittelbar) staatliche Unternehmen beteiligt waren. Dabei ergibt sich zunächst die Frage, inwieweit dem unmittelbar beteiligten Unternehmen (als von einem Staat oder einer öffentlich-rechtlichen Körperschaft etc. kontrollierten Unternehmen) **Umsatzerlöse** anderer Unternehmen **zugerechnet** werden können, die ebenfalls diesem Staat bzw. dieser öffentlich-rechtlichen Körperschaft gehören. Dieses Thema behandelt der Rat in der 22. BE zur FKVO. Er führt dort aus, dass unbeschadet Art. 86 Abs. 2 EG (jetzt: Art. 106 Abs. 2 AEUV) der Grundsatz der Nichtdiskriminierung zwischen dem öffentlichen und dem privaten Sektor zu beachten sei. Daher seien im öffentlichen Sektor bei der Berechnung des Umsatzes eines am Zusammenschluss beteiligten Unternehmens unabhängig von den Eigentumsverhältnissen oder von den für sie geltenden Regeln der verwaltungsmäßigen Zuordnung „die Unternehmen zu berücksichtigen, die eine mit einer autonomen Entscheidungsbefugnis ausgestattete wirtschaftliche Einheit bilden". Der Wortsinn dieser Passage ist dunkel; gemeint ist, dass bei der Zurechnung von Umsatzerlösen staatlicher Unternehmen dort Halt gemacht werden soll, wo staatliche Unternehmen einer anderen wirtschaftlichen Einheit (des Staates) angehören, weil und soweit zwischen diesen Einheiten keine strategische Koordination stattfindet.[463] Auf dieser Grundlage ist z. B. das *Kuwait Investment Office (KIO)* als eigenständiges Unternehmen bewertet worden.[464] Im Fall *Kali + Salz/MdK/Treuhandanstalt*[465] ließ die Kommission offen, welche Umsatzerlöse dem mitteldeutschen Kalihersteller *MdK* zugerechnet werden mussten (alle der *Treuhandanstalt* gehörenden Unternehmen oder nur die des betroffenen Direktorates „Bergbau, Steine, Erden"). Es kam auf diese Frage nicht an, weil die *Treuhandanstalt* selbst unmittelbar alleinige Aktionärin der *MdK* war und auch das betroffene Direktorat mehr als 250 Mio. ECU Umsatz erzielte. Weitere Beispiele für das Zuordnungsproblem bieten die Fälle, in denen staatliche italienische Unternehmen an Zusammenschlüssen beteiligt waren.[466] In den Fällen *Air France/Sabena* und *Swissair/Sabena*[467] wurde der belgische Staat jeweils als Beteiligter angesehen, bei der Umsatzberechnung aber nicht berücksichtigt, weil die Umsatzschwellen des Art. 1 Abs. 2 FKVO bereits durch die anderen Beteiligten erreicht wurden. Die Thematik ergibt sich auch bei der Rekapitalisierung von Banken während der Finanzkrise durch den Staat.[468]

80 Die zweite Frage betrifft die Bewertung von Zusammenschlüssen zwischen Unternehmen, die von demselben Staat (oder derselben öffentlich-rechtlichen Körperschaft) kontrol-

---

461 Komm. E. v. 6.2.2012, M.6411, Rdnr. 6f.

462 Komm. aaO Rdnr. 152.

463 S. dazu Komm., (alte) Bekanntmachung beteiligte Unternehmen, Rdnr. 56 unter Hinweis auf die *SGS-Thomson*-Entscheidung v. 22.2.1993, M.216, WuW/E EV 2044 sowie nunmehr Konsolidierte Mitteilung, Rdnr. 153.

464 Komm. E. v. 24.2.1992, M.166, Rdnr. 4, WuW/E EV 1817 – *Torras Sarrio.*

465 Komm. E. v. 14.12.1993, M.308, Rdnr. 9, ABl. 1994 L 186/38, 39, Rdnr. 9.

466 S. dazu die Fälle *Marconi/Finmeccanica,* Komm. E. v. 5.9.1994, M.496, WuW 1995, 119 und *Thomson CSF/Finmeccanica/Elettronica,* Komm. E. v. 29.7.1996, M.767, WuW 1997, 132f., Rdnr. 4 (dort: Bewertung der *Finmeccanica* als Einheit iSd BE Nr. 12). Unklar dagegen Komm. E. v. 20.12.1995, M.670, WuW 1996, 381f., Rdnr. 3/6 – *Elsag Bailey/Hartmann & Braun AG,* wo auch auf die *IRI* (Muttergesellschaft der *Finmeccanica*) abgestellt wurde.

467 Komm. E. v. 5.10.1992, M.157, WuW/E EV 1948 und E. v. 20.7.1995, M.616, WuW 1996, 107.

468 Komm. E. v. 14.5.2009, M.5508, Rdnr. 5ff. – *Soffin/Hypo Real Estate;* Komm. E. v. 4.8.2010, M.5861, Rdnr. 4ff. – *Republic of Austria/Hypo Group Alpe Adria;* Komm. E. v. 21.2.2013, M.6812 – *SFPI/Dexia.*

liert werden. Es ist dann zu prüfen, ob diese Vorhaben Zusammenschlüsse iSd Art. 3 FKVO oder lediglich interne Umstrukturierungsvorhaben des „öffentlichen Unternehmenssektors" darstellen.[469] Unter Bezugnahme auf die BE Nr. 22 (BE Nr. 12 a. F.) meint die Kommission, dass auch eine Fusion oder ein Kontrollerwerb zwischen zwei Unternehmen, die demselben Staat gehören, einen Zusammenschluss darstellen können, wenn die Unternehmen zuvor verschiedenen wirtschaftlichen Einheiten angehörten, die eine autonome Entscheidungsbefugnis besaßen. Dann gälten beide als beteiligte Unternehmen, auch wenn sie demselben Staat gehören. Wenn jedoch die einzelnen wirtschaftlichen Einheiten auch nach dem Vorgang weiterhin eine autonome Entscheidungsbefugnis besitzen, wird der Vorgang lediglich als interne Reorganisation angesehen, selbst wenn sich die Anteile der Unternehmen, die unterschiedliche wirtschaftliche Einheiten bilden, im Besitz eines einzigen Unternehmens wie z. B. einer reinen Holding-Gesellschaft befinden.[470] Nach Ansicht der Kommission fehlt bereits ein Kontrollerwerb im Sinne der FKVO, wenn der Staat seine hoheitsrechtlichen Befugnisse zum Schutz des Gemeininteresses wahrnimmt, d. h. nicht als Gesellschafter auftritt, sowie mit diesen Befugnissen weder bezweckt noch bewirkt wird, dass der Staat einen bestimmenden Einfluss auf die Tätigkeit des Unternehmens ausübt.[471] In der *SGS-Thomson*-Entscheidung[472] wurde die Ersetzung des Gesellschafters *Thomson CSF* als mitkontrollierendes Unternehmen durch *CEA Industrie* und *France Telecom* (alles staatliche Unternehmen) nicht als interne Umstrukturierung angesehen. Zu dieser Fallgruppe gehörten auch die Sachen *Pechiney/Usinor* und *Neste/IVO,* bei denen ein Zusammenschluss bejaht wurde, weil vorher noch eine autonome Entscheidungsbefugnis der Beteiligten (innerhalb des staatlichen Sektors) gegeben war.[473] Die Zurechnung des Umsatzes im Falle staatlicher Unternehmen wird unten in Rdnr. 107 behandelt.

IV. Ausnahmen für bestimmte Transaktionen

1. Die Bankenklausel (Art. 3 Abs. 5a). Art. 3 Abs. 5 stellt klar, dass drei Arten von 81
Transaktionen nicht als Zusammenschluss iSd Verordnung gelten. Dazu zählt erstens die sog. Bankenklausel in Art. 3 Abs. 5a. Danach wird ein Zusammenschluss nicht bewirkt, wenn Kreditinstitute, sonstige Finanzinstitute oder Versicherungsgesellschaften, deren normale Tätigkeit Geschäfte und den Handel mit Wertpapieren für eigene oder fremde Rechnung einschließt, **vorübergehend Anteile** an Unternehmen **zum Zwecke der Veräußerung erwerben.** Die Ausnahme ist an die Bedingung geknüpft, dass die Erwerber die mit den Anteilen verbundenen Stimmrechte nicht ausüben, um das Wettbewerbsverhalten des Unternehmens zu bestimmen; in ihrer Konsolidierten Mitteilung erläutert die Kommission, dass die Ausnahmen daher nicht für „typische Investmentfondstrukturen" gelten.[474] Es genügt aber alternativ, wenn die Erwerber die Stimmrechte nur ausüben, um die Veräußerung der Gesamtheit oder von Teilen des Unternehmens oder seiner Vermögenswerte oder die Veräußerung der Anteile vorzubereiten.[475] Außerdem muss die Veräußerung **innerhalb eines Jahres** nach dem Zeitpunkt des Erwerbs erfolgen; diese Frist kann auf Antrag **verlängert** werden, wenn die genannten Institute nachweisen, dass ihre Einhaltung unzumutbar war. Es genügt freilich, wenn das erwerbende Unternehmen seine Beteiligung innerhalb der Jahresfrist mindestens soweit verringert, dass keine Kontrolle mehr gegeben ist.[476] Ebenso

---

[469] S. dazu Komm., Konsolidierte Mitteilung, Rdnr. 153.

[470] Komm. Konsolidierte Mitteilung, Rdnr. 52.

[471] Komm. aaO Rdnr. 53 unter Bezugnahme auf den Fall M.493, E. v. 1.9.1994 – *Tractebel/Distrigaz II.*

[472] Komm. E. v. 22.2.1993, M.216, WuW/E EV 2044 – *CEA Industrie/France Telecom/Finmeccanica/SGS-Thomson.*

[473] Komm. E. v. 24.6.1991, M.097, WuW 1991, 603 – *Pechiney/Usinor;* Komm. E. v. 2.6.1998, M.931 – *Neste/IVO.*

[474] Komm., Konsolidierte Mitteilung, Rdnr. 115.

[475] Komm. aaO Rdnr. 111.

[476] Komm. aaO Rdnr. 111.

wie in der deutschen Fusionskontrolle (§ 37 Abs. 3 GWB[477]) hat die Bankenklausel der EG-FKVO in der Praxis keine Bedeutung erlangt. Abgrenzungsfragen haben sich insbes. bei „Rettungsaktionen" gestellt. Die Ausnahmeregelung des Art. 3 Abs. 5a kommt dann normalerweise nicht zum Zuge, weil die die Kontrolle ausübenden Banken regelmäßig das strategische Marktverhalten des geretteten Unternehmens bestimmen und weil es in der Regel nicht zu erwarten ist, dass sich ein Unternehmen innerhalb der zulässigen Jahresfrist sanieren und verkaufen lässt.[478]

82 **2. Die Insolvenzklausel (Art. 3 Abs. 5b).** Zweitens findet die FKVO gemäß Art. 3 Abs. 5b FKVO keine Anwendung, wenn ein Träger eines öffentlichen Mandats aufgrund der Gesetzgebung eines Mitgliedstaats über die Auflösung von Unternehmen, die Insolvenz, die Zahlungseinstellung, den Vergleich oder ähnliche Verfahren die Kontrolle erwirbt. Die Regelung betrifft nur den Kontrollerwerb durch den Mandatsträger, nicht dagegen durch einen Dritten, der ein Unternehmen oder Unternehmensteile im Insolvenzverfahren durch Handlungen des Mandatsträgers erwirbt.[479] Als Beispiel kann auf den Fall *ING/Barings*[480] verwiesen werden, bei dem nach Anwendung der Insolvenzklausel bezüglich des Erwerbs von *Barings* durch *ING* die FKVO Anwendung fand, wegen der Eilbedürftigkeit der Sache allerdings unter Befreiung vom Vollzugsverbot des Art. 7 Abs. 1 FKVO. Ähnlich verhielt es sich im Fall *Matra Marconi Space/Satcomms.*[481]

83 **3. Die Luxemburgische Klausel (Art. 3 Abs. 5c).** Drittens wird gemäß Art. 3 Abs. 5c kein Zusammenschluss iSd FKVO bewirkt, wenn eine **Beteiligungsgesellschaft** iSd Art. 5 Abs. 3 der Vierten Richtlinie 78/660/EWG des Rates aufgrund von Art. 54 Abs. 3g des Vertrages (jetzt: Art. 50 Abs. 2g AEUV) über den Jahresabschluss von Gesellschaften bestimmter Rechtsformen[482] die Kontrolle erwirbt, solange sie ihre Stimmrechte nur zur Erhaltung des vollen Werts der Investitionen ausübt und sie nicht dazu benutzt, das Wettbewerbsverhalten der betroffenen Unternehmen zu bestimmen. Als Beteiligungsgesellschaften definiert die Richtlinie „Gesellschaften, deren einziger Zweck darin besteht, Beteiligungen an anderen Unternehmen zu erwerben sowie die Verwaltung und Verwertung dieser Beteiligungen wahrzunehmen, ohne dass diese Gesellschaften unmittelbar oder mittelbar in die Verwaltung dieser Unternehmen eingreifen, unbeschadet der Rechte, die den Beteiligungsgesellschaften in ihrer Eigenschaft als Aktionärin oder Gesellschafterin zustehen". Die Voraussetzungen der Klausel wurden im Fall *Charterhouse/Porterbrook*[483] geprüft und verneint. In der Konsolidierten Mitteilung[484] stellt die Kommission klar, dass auch diese Regelung nur einen begrenzten Anwendungsbereich hat und insbes. nicht für typische Investmentfondstrukturen gilt.

84 **4. Militärische Produkte (Art. 346 Abs. 1 AEUV).** Der Vollständigkeit halber ist an dieser Stelle auf die für das gesamte Unionsrecht geltende Sonderregelung für Militärprodukte in Art. 346 Abs. 1 AEUV (früher: Art. 296 Abs. 1 EG) zu verweisen. Diese Regelung führt auch zu einer Einschränkung des Anwendungsbereichs der FKVO. Gemäß Art. 346 Abs. 1b AEUV kann jeder Mitgliedstaat die Maßnahmen ergreifen, die seines Erachtens für die Wahrung seiner wesentlichen Sicherheitsinteressen erforderlich sind, soweit sie die Erzeugung von Waffen, Munition und Kriegsmaterial oder den Handel damit betreffen. Aus der Entscheidungspraxis der Kommission kann hierzu auf die Fälle *British Aerospace/VSEL,*

---

[477] Dazu *Richter/Steinvorth,* § 19 Rdnr. 117 ff.

[478] Komm., Konsolidierte Mitteilung, Rdnr. 116 und Komm. E. v. 28.8.1991, M.116, WuW/E EV 1719 – *Kelt/American Express.*

[479] *Bechtold/Bosch/Brinker/Hirsbrunner,* aaO, 2. Auf. Art. 3 Rdnr. 36; *Langen/Bunte-Löffler,* 8. Aufl. aaO, Art. 3 FKVO Rdnr. 40.

[480] Komm. E. v. 11.4.1995, M.573, WuW/E EV 2322.

[481] Komm. E. v. 14.10.1994, M.497, WuW 1995, 209.

[482] ABl. 1978 L 222/11, geändert durch die Richtlinie 2003/51/EG des EP und des Rates (ABl. L 178 v. 17.7.2003, S. 16).

[483] Komm. E. v. 11.12.1995, M.669, WuW 1996, 381.

[484] AaO Rdnr. 113, 115.

GEC/VSEL, Matra/Aerospatiale und *British Aerospace/GEC Marconi*[485] verwiesen werden. Dort wurden die von dem Zusammenschluss betroffenen militärischen Aktivitäten auf Wunsch der britischen Regierung nicht zum Gegenstand der Anmeldung gemacht. Die Kommission bestand aber darauf, dass die Sachen wegen der betroffenen zivilen Aktivitäten angemeldet wurden, obwohl sie nur einen sehr geringen Teil des Umsatzes der Zielgesellschaft betrafen.[486] In den Fällen *GEC/Thomson-CSF (II)*[487] und *British Aerospace/Lagardère SCA*[488] wurden die Unternehmen sowohl von der britischen als auch von der französischen Regierung angewiesen, nur den nicht-militärischen Teil der Zusammenschlüsse anzumelden. Dagegen ermächtigte die Bundesregierung im Fall *ThyssenKrupp/HDW* die beteiligten Unternehmen, Angaben zum militärischen Teil zu machen, nachdem sie dies zunächst untersagt hatte. Das Vorhaben wurde trotz hoher Marktanteile freigegeben.[489]

V. Aufgabe von Zusammenschlüssen

Wenn Unternehmen einen zunächst geplanten oder vereinbarten Zusammenschluss aufgeben, liegt kein Zusammenschluss mehr vor, und die FKVO ist nicht mehr anwendbar.[490] **84a** Einschlägig ist dafür die durch die VO Nr. 139/2004 zum 1.5.2004 eingeführte Bestimmung des Art. 6 Abs. 1 lit. c) Satz 2, wonach Fusionskontrollverfahren (II. Phase) ohne Entscheidung eingestellt werden können. Dies gilt allerdings nur, wenn die beteiligten Unternehmen gegenüber der Kommission glaubhaft gemacht haben, dass sie den Zusammenschluss aufgegeben haben; andernfalls ist förmlich nach Art. 8 Abs. 1–4 zu entscheiden. Die Kommission erläutert in den Rdnr. 119 bis 121 der Konsolidierten Mitteilung, welche Anforderungen an den Nachweis, dass der Zusammenschluss aufgegeben wurde, zu stellen sind. Dabei geht sie vom Erfordernis eines *actus contrarius* aus, d. h. der Nachweis muss formal und inhaltlich dem ursprünglichen Akt entsprechen, der als hinreichend angesehen wurde, um die Anmeldungspflicht des Zusammenschlusses zu begründen. Falls also ursprünglich bereits eine verbindliche Vereinbarung getroffen worden war, muss auch die Aufgabe des Vorhabens durch eine verbindliche Vereinbarung erfolgen. Wenn lediglich ein Zusammenschlussvorhaben ohne Vertrag bestand, muss der Nachweis für die Aufgabe des Zusammenschlusses von seiner Art her diesem Konzept entsprechen. Falls der Zusammenschluss bereits vollzogen wurde, muss ferner nachgewiesen werden, dass die Situation vor dem Zusammenschluss wieder hergestellt wurde.

VI. Änderungen von Zusammenschlüssen nach deren Genehmigung durch die Kommission

Gelegentlich treten Fälle auf, in denen die Unternehmen den Zusammenschluss nicht in **84b** der von der Kommission genehmigten Form vollziehen wollen. Dies führt zu der Frage, ob die Genehmigung der Kommission auch die veränderte Transaktionsstruktur abdeckt. Die Kommission legt die insoweit einschlägigen Grundsätze in Rdnr. 123 der Konsolidierten Mitteilung dar. Danach gilt generell, dass eine Veränderung der Struktur von einem Kontrollerwerb zu einer Fusion (oder umgekehrt) einen neuen Zusammenschluss im Sinne der FKVO bewirkt und folglich eine neue Anmeldung erforderlich macht.[491] Wenn die Partei-

[485] Komm. E. v. 24.11.1994, M.528, WuW 1995, 391 – *British Aerospace/VSEL;* Komm. E. v. 7.12. 1994, M.529 – *GEC/VSEL;* Komm. E. v. 28.4.1999, M.1309 – *Matra/Aerospatiale* und Komm. E. v. 25. 5 1999, M.1438 – *British Aerospace/GEC Marconi.*

[486] S. dazu auch Komm. 24. WB (1994), Rdnr. 336.

[487] Komm. E. v. 15.5.1996, M.724, Rdnr. 10 ff., WuW 1997, 129.

[488] Komm. E. v. 23.9.1996, M.820, WuW 1996, 908.

[489] Komm. E. v. 10.12.2004, M.3596. Ähnlich wurde im Fall *TKT/EADS-D/Atlas Electronic,* E. v. 10.5.2006, M.4106 vorgegangen.

[490] Konsolidierte Mitteilung, Rdnr. 117.

[491] Komm. aaO Rdnr. 123 unter Bezugnahme auf die Fälle M.2706, E. v. 11.4.2006 – *Carnival Corporation/P&O Princess* und E. v. 10.2.2003, M.3071 – *Carnival Corporation/P&O Princess.*

en dagegen zunächst die Kontrolle über eine Zielgesellschaft erwerben und erst *später* beschließen, mit der neu erworbenen Tochtergesellschaft zu fusionieren, ist dies nach Ansicht der Kommission eine interne Umstrukturierung, die keine Änderung der Kontrolle herbeiführt und infolgedessen nicht unter Art. 3 FKVO fällt.[492] Weniger einschneidende Änderungen der Transaktion, z.B. geringfügige Änderungen des Umfangs der Beteiligungen ohne Auswirkungen auf die Kontrolle oder die Art der Kontrolle, Änderungen des angebotenen Preises bei Übernahmeangeboten oder Änderungen der Gesellschaftsstruktur, die dazu führen, dass der Vollzug der Transaktion keine Änderung der Kontrolle im Sinne der FKVO bewirkt, gelten als durch die Kommissionsentscheidung zur Genehmigung des Zusammenschlusses abgedeckt.[493] Im Fall *Enel/Acciona/Endesa* hielt die Kommission allerdings wegen (substantieller) Änderungen im Umfang der betroffenen Assets (dort: Kraftwerke) eine neue Anmeldung für erforderlich.[494]

C. Die Berechnung des Umsatzes (Art. 5 FKVO)

85 Ob ein Zusammenschluss gemeinschaftsweite Bedeutung hat und damit in die Zuständigkeit der Kommission fällt, bestimmt sich nach quantitativen, umsatzbezogenen Schwellenwerten (Art. 1 Abs. 2 und 3 FKVO).[495] Die insoweit relevanten – weltweiten, gemeinschaftsweiten und nationalen – Umsätze der am Zusammenschluss beteiligten Unternehmen belegen nach Auffassung der Kommission den „Umfang der bei einem Zusammenschluss **zusammengeführten wirtschaftlichen Ressourcen und Wirtschaftstätigkeiten**" und messen die „Wirtschaftskraft" der beteiligten Unternehmen.[496] Dabei wird jeweils auf den **Gesamtumsatz** und nicht auf Umsätze in den Märkten, die vom Zusammenschluss betroffen sind, abgestellt. Denn die Heranziehung dient nur der Feststellung der Zuständigkeit und noch nicht der Prüfung der Auswirkungen des Zusammenschlusses auf die betroffenen Märkte.[497] Die Berechnung der Umsätze erfolgt nach **Art. 5 FKVO,** die Einzelheiten der Berechnung waren **zunächst** in der **Bekanntmachung** der Kommission über die Berechnung des Umsatzes im Sinne der Verordnung (EWG) Nr. 4064/89[498] geregelt. Im Rahmen der Revision der FKVO im Jahr 1997 wurde die Berechnung der Umsätze für Kreditinstitute auf eine neue Grundlage gestellt (s. dazu Rdnr. 100ff.). Die nachfolgende Revision der FKVO zur VO Nr. 139/2004 hat keine Änderungen an Art. 5 FKVO mit sich gebracht. Im Jahr 2006 leitete die Kommission eine Initiative ein, um die bisherigen Bekanntmachungen zum Begriff des Zusammenschlusses, des VollfunktionsGU, der beteiligten Unternehmen und der Umsatzberechnung in einer **Konsolidierten Mitteilung zu Zuständigkeitsfragen** („Consolidated Jurisdictional Notice") zusammenzufassen.[499] Diese Mitteilung wurde am Juli 2007 veröffentlicht und 2009 in einigen Punkten modifiziert.[500]

I. Gesamtumsatz und gemeinschaftsweiter Umsatz (Art. 5 Abs. 1)

86 **1. Gesamtumsatz.** Für die Berechnung des Gesamtumsatzes im Sinne des Art. 1 Abs. 2 FKVO sind gemäß **Art. 5 Abs. 1 Unterabs. 1 S. 1 FKVO** die Umsätze zusam-

[492] Komm. aaO Rdnr. 123 Fn. 104.
[493] Komm. aaO Rdnr. 123.
[494] Komm. E. v. 13.6.2008, M.5171, Rdnr. 9 – *Enel/Acciona/Endesa.*
[495] S. dazu oben Rdnr. 12ff.
[496] Bekanntmachung der Kommission über die Berechnung des Umsatzes im Sinne der Verordnung (EWG) Nr. 4064/89, ABl. 1998 C 66/25, vormals ABl. 1994 C 385/4, Erwägungsgrund 4 und 6; s. jetzt Konsolidierte Mitteilung, Rdnr. 124.
[497] AaO, Erwägungsgrund 6; Konsolidierte Mitteilung, Rdnr. 127.
[498] S. Fn. 422.
[499] S. Presseerklärung der Kommission v. 28.9.2006 (IP/06/1273).
[500] S. Fn. 33 u. *Lübking,* Comp. Policy Newsletter 3/2007, S. 1ff.

menzuzählen, „welche die beteiligten Unternehmen im letzten Geschäftsjahr mit Waren und Dienstleistungen erzielt haben und die dem normalen geschäftlichen Tätigkeitsbereich der Unternehmen zuzuordnen sind". Abzuziehen sind „Erlösschmälerungen, Mehrwertsteuer und andere unmittelbar auf den Umsatz bezogene Steuern".

Maßgeblich sind die Umsätze der an der Fusion oder dem Kontrollerwerb **beteiligten** 87 **Unternehmen.**[501] Dabei kommt es auf der **Erwerberseite** auf den Gesamtumsatz des erwerbenden Unternehmens (einschließlich verbundener Unternehmen),[502] beim erworbenen Unternehmen nur auf den Umsatz des unmittelbar erworbenen (Tochter-)Unternehmens oder Vermögensteils an; die Umsätze des Veräußerers bleiben außer Betracht, da dieser nicht beteiligtes Unternehmen ist.[503] Ebenso wie im deutschen Recht (§ 35 Abs. 1 GWB) wird auf die Umsätze **im letzten Geschäftsjahr** vor dem Zusammenschluss, d. h. nach dem letzten geprüften Jahresabschluss, abgestellt.[504] Maßgeblich sind die für dieses Geschäftsjahr geltenden nationalen Bilanzierungsregeln, so z. B. in Spanien für das Jahr 2004 noch die GAAP und nicht die erst im Folgejahr in Kraft getretenen IFRS-Standards.[505] Ist bei Anmeldung des Zusammenschlusses die Prüfung des vorangegangenen Geschäftsjahres noch nicht abgeschlossen, wird das vorhergehende Jahr genommen. Die Kommission begnügt sich ggf. auch mit einer Schätzung.[506] Unklar war zeitweise, auf welchen Zeitpunkt bei der Umsatzbetrachtung abzustellen ist. Die Kommission vertrat anfangs die Auffassung, dass nach Anmeldung eingetretene wesentliche Änderungen, z. B. durch Zu- oder Verkäufe von Unternehmensteilen, noch zu berücksichtigen sind.[507] In der Konsolidierten Mitteilung zu Zuständigkeitsfragen wird nun klargestellt, dass als Stichtag der Tag der Anmeldung des Vorhabens oder des Abschlusses des Kaufvertrages, der Bekanntgabe des Übernahmeangebots oder des anderweitigen Kontrollerwerbs gilt, d. h. Erwerbs- oder Veräußerungsvorgänge während des nachfolgenden Fusionskontrollverfahrens haben keinen Einfluss mehr auf die Zuständigkeit.[508] Konsequenterweise sind strukturelle Änderungen (z. B. Zu- oder Verkäufe von Unternehmen), die vor dem Stichtag erfolgten, aber im letzten Jahresabschluss noch nicht erfasst sind, bei der Umsatzberechnung zu berücksichtigen.[509] Strukturelle Änderungen nach dem Stichtag beeinflussen die Zuständigkeitsverteilung hingegen nicht.[510] Die Umrechnung der Umsatzzahlen in **Euro** soll zum Durchschnittskurs der betroffenen zwölf Monate – und nicht zu bestimmten Quartals-, Monats- oder Wochenkomponenten – erfolgen; der Durchschnittskurs lässt sich bei der Kommission erfragen.[511] Fallen beim Unternehmen Umsätze in verschiedenen Währungen

---

[501] Zum Begriff der beteiligten Unternehmen s. o. § 15 Rdnr. 70 ff.

[502] S. nachfolgend Rdnr. 94 ff.

[503] S. früher Bekanntmachung der Kommission über den Begriff der beteiligten Unternehmen, ABl. 1994 C 385/3, Rdnr. 8; Bekanntmachung zur Umsatzberechnung, Rdnr. 31; jetzt Konsolidierte Mitteilung, Rdnr. 138; *Langen/Bunte-Käseberg,* Art. 5 FKVO Rdnr. 41; kritisch zu der nicht immer konsistenten Kommissionspraxis *O'Keefe* ECLR 1994, 21, 22 f.

[504] Konsolidierte Mitteilung, Rdnr. 169; Komm. E. v. 14.3.1996, IV/M.714, Rdnr. 7 – *Preussag/ ELCO Looser.*

[505] EuG U. v. 14.7.2006, Slg. 2005, II-2533 (Zurückweisung der Klage von *Endesa,* nachdem die Kommission ihre Zuständigkeit für den Zusammenschluss *Gas NaturalEndesa* wegen fehlender gemeinschaftsweiter Bedeutung des Zusammenschlusses verneint hatte); s. auch Konsolidierte Mitteilung, Rdnr. 172 ff.

[506] *Drauz/Schroeder,* S. 16.

[507] Bekanntmachung zur Umsatzberechnung (Fn. 503), Rdnr. 27; Komm. E. v. 19.12.1991, IV/ M.139, Rdnr. 6 – *VIAG/EB Brühl;* EuG U. v. 24.3.1994, Slg. 1994, II-121, 170 Rdnr. 102 f. – *Air France/Kommission; Langen/Bunte-Käseberg,* Art. 1 FKVO Rdnr. 41, 42.

[508] Konsolidierte Mitteilung, Rdnr. 154–156; EuGH U. v. 18.12.2007, Slg. 2007, I-12129, Rdnr. 40 f. – *Cementbouw/Kommission.*

[509] Fallbeispiele bei *Immenga/Mestmäcker-Körber,* Art. 5 FKVO Rdnr. 27, 28.

[510] EuGH U. v. 18.12.2007, Slg. 2007, I-12129 Rdnr. 40 f.

[511] Konsolidierte Mitteilung, Rdnr. 205; vor der Revision der FKVO und der Bekanntmachung zum 1.3.1998 auch für Kredit- und sonstige Finanzinstitute, s. Bekanntmachung zur Umsatzberechnung idF von 1994, Rdnr. 68.

an, so kommt es auf den Gesamtumsatz an, der im geprüften konsolidierten Abschluss in der Währung des Abschlusses des Unternehmens angegeben ist. Die Umsätze in den einzelnen Währungen sollten nicht direkt in Euro umgerechnet werden, da diese Zahlen nicht aus den geprüften konsolidierten Abschlüssen des Unternehmens stammen.[512] Liegen die Umsatzzahlen deutlich über den Schwellenwerten des Art. 1 FKVO, beanstandet die Kommission aber auch eine Umrechnung zum Jahresultimo-Kurs nicht.[513]

88 Art. 5 FKVO stellt stets auf den Umsatz mit **Waren und Dienstleistungen** ab, d.h. auf die im Jahresabschluss ausgewiesenen Umsatzerlöse aus Verkäufen von Waren und Dienstleistungen.[514] Bei Dienstleistungen könne sich in einzelnen Branchen Besonderheiten ergeben, z.B. bei Kreditinstituten, Versicherungen oder Fluggesellschaften.[515] Anders als im deutschen Recht (§ 38 Abs. 2 und 3 GWB) werden Handelsumsätze vollumfänglich und Presseumsätze ohne einen Multiplikator berücksichtigt. Die Umsätze müssen dem **normalen geschäftlichen Tätigkeitsbereich** der betreffenden Unternehmen zuzuordnen sein. Ob bestimmte Umsätze sich im Rahmen der eigentlichen geschäftlichen Zielsetzung des Unternehmens bewegen, kann im Einzelfall zweifelhaft sein. So hat die Kommission in *ACCOR/Waggons Lits* Erlöse aus Verkäufen von Gebrauchtwagen von *Europcar* und aus Hersteller-Mengenrabatten beim Kauf von Fahrzeugen durch *Europcar* einbezogen.[516] In **räumlicher** Hinsicht ist für die Umsatzberechnung der Standort des Abnehmers bzw. der Leistungserbringung, also der Ort des Kunden, maßgeblich.[517] Unterschiedlich kann die Beurteilung bei **Beihilfen** ausfallen, die dem beteiligten Unternehmen staatlicherseits gewährt wurden. Sie sind berücksichtigungsfähig, wenn das Unternehmen die Beihilfe selbst empfängt, die Beihilfe an den Verkauf von Waren oder die Erbringung von Dienstleistungen geknüpft ist, die das Unternehmen vornimmt, und die Beihilfe sich daher auf den Preis auswirkt.[518]

89 Vom Bruttoumsatz **abzuziehen** sind Erlösschmälerungen, Mehrwertsteuer und andere unmittelbar auf den Umsatz bezogene Steuern (Abs. 1 Unterabs. 1 S. 1 a.E. FKVO).[519] Zu letzteren gehören insbes. indirekte Steuern, z.B. auf alkoholische Getränke, Tabak und Mineralöl.[520] „Erlösschmälerungen" sind alle Abschläge, Rabatte und Vergütungen, die die Unternehmen bei den Verkaufsverhandlungen ihren Kunden zugestehen und die den Verkaufserlös direkt beeinflussen.[521]

90 **2. Konzerninterner Umsatz.** Bei der Berechnung des Gesamtumsatzes eines beteiligten Unternehmens werden Umsätze zwischen den in Abs. 4 genannten Unternehmen, d.h. zwischen beteiligtem Unternehmen und verbundenen Unternehmen nicht berücksichtigt **(Abs. 1 Unterabs. 1 S. 2 FKVO).** Zur Erfassung des „realen wirtschaftlichen Gewichts" soll nur der Außenumsatz der beteiligten Unternehmen – erfasst werden.[522]

---

512 Konsolidierte Mitteilung, Rdnr. 205 Satz 2.

513 *Lange,* Handbuch zum deutschen und europäischen Kartellrecht, Rdnr. 1147.

514 Konsolidierte Mitteilung, Rdnr. 161.

515 S. dazu Rdnr. 101 ff.

516 Komm.E. v. 28.4.1992, IV/M.126, ABl. 1992 L 204/1, Rdnr. 7; nach Auffassung der Kommission entsprechen diese Bestandteile des Postens „Sonstige Betriebsergebnisse" dem Verkauf von Waren und der Erbringung von Dienstleistungen im Rahmen der üblichen Geschäftstätigkeiten von *Wagons-Lits;* kritisch *Drauz/Schroeder,* S. 8. S. auch Konsolidierte Mitteilung, Rdnr. 163.

517 Konsolidierte Mitteilung, Rdnr. 196.

518 Konsolidierte Mitteilung, Rdnr. 162; nicht anerkannt in Komm.E. v. 27.11.1991, IV/M.156 – *Cereol/Continentale Italiana,* da die Beihilfe nicht der Stützung des Verkaufs von Waren durch ein am Zusammenschluss beteiligtes Unternehmen diente, sondern für die Erzeuger der Grundstoffe (Getreide) bestimmt war, die dieses auf das Schroten von Getreide spezialisierte Unternehmen benutzte (21. WB 1991, S. 395; s. auch *Langen/Bunte-Käseberg,* Art. 5 FKVO Rdnr. 17).

519 Ebenso wie im deutschen Recht, vgl. § 38 Abs. 1 GWB iVm § 277 HGB.

520 Konsolidierte Mitteilung, Rdnr. 166.

521 Konsolidierte Mitteilung, Rdnr. 165; *Langen/Bunte-Käseberg* Art. 5 FKVO Rdnr. 18; *Immenga/Mestmäcker-Körber,* Art. 5 FKVO Rdnr. 16.

522 Konsolidierte Mitteilung, Rdnr. 167.

91 **3. Gemeinschaftsweiter und nationaler Umsatz.** Der in der Gemeinschaft oder in einem Mitgliedstaat erzielte Umsatz umfasst gemäß **Abs. 1 Unterabs. 2 FKVO** den Umsatz, der mit Waren und Dienstleistungen für Unternehmen oder Verbraucher in der Gemeinschaft oder in diesem Mitgliedstaat erzielt wird. Dies erfordert eine gebietsmäßige Zurechnung des Umsatzes der beteiligten Unternehmen. Die FKVO stellt insoweit auf den Ort ab, an dem sich der Abnehmer befindet und an dem der Wettbewerb mit anderen Anbietern erfolgt; nicht maßgeblich ist der Ort der Herstellung oder des Verbrauchs des Gutes oder der Nutzung der Dienstleistung.[523] Werden z. B. in der Türkei hergestellte Produkte an Kunden in Italien verkauft, so handelt es sich demnach um gemeinschaftsweiten Umsatz. Die Kommission verweist als weiteres Beispiel auf den Wettbewerb zwischen Reisebüros am Ort des Kunden, wenn es um Pauschalreisen in andere Länder geht.[524] Anderes gilt jetzt für Kreditinstitute (s. dazu Rdnr. 101 ff.).

92 Auch hinsichtlich des gemeinschaftsweiten bzw. nationalen Umsatzes ist auf das letzte vor dem Zusammenschluss endende Geschäftsjahr abzustellen. Steht im Einzelfall – als Voraussetzung für die Berechnung der relevanten Umsätze – die **Abgrenzung des territorialen Gebietes** der Gemeinschaft oder des Mitgliedstaates in Frage, ist nicht Art. 5 Abs. 1 FKVO, sondern sind die allgemeinen Regeln über die beteiligten Unternehmen (z. B. Konzernangehörigkeit, Art. 5 Abs. 4 FKVO) heranzuziehen, und es kommt auf den **Zeitpunkt der Anmeldung** des Zusammenschlusses an. Denn maßgeblich ist es hier, das Gewicht der gemeinschaftsbezogenen Aktivitäten eines beteiligten Unternehmens zu bestimmen. So wurden im Fall *Paribas/MTH/MBH* die zu Beginn des Jahres 1990 in der DDR erzielten Umsätze des von der *Treuhandanstalt* zu privatisierenden Gemeinschaftsunternehmens *MBH Maschinenbau- und Technikhandel AG* von der Kommission mitberücksichtigt; die Umsätze von *MBH* erreichten so die 250 Mio. Euro-Schwelle.[525]

II. Berechnung des Umsatzes bei Erwerb von Unternehmensteilen (Art. 5 Abs. 2)

93 Wird der Zusammenschluss durch den Erwerb von Teilen eines oder mehrerer Unternehmen bewirkt, so ist unabhängig davon, ob diese Teile eigene Rechtspersönlichkeit besitzen, abweichend von Abs. 1 auf Seiten des Veräußerers **nur der Umsatz** zu berücksichtigen, der auf die **veräußerten Teile** entfällt **(Unterabs. 1).** Dies entspricht der Regelung des § 38 Abs. 5 GWB. Der Teil kann sich auch auf eine Tochtergesellschaft des Veräußerers beziehen.[526] Um jedoch einen „Zusammenschluss auf Raten" und damit eine Umgehung der EG-Fusionskontrolle zu verhindern, sieht Abs. 2 **Unterabs. 2** vor, dass **zwei oder mehrere Erwerbsvorgänge** im Sinne des Unterabs. 1, die **innerhalb von zwei Jahren** zwischen **denselben** Personen oder Unternehmen getätigt werden, als ein einziger Zusammenschluss anzusehen sind, der zum Zeitpunkt des letzten Geschäfts stattfindet.[527] Transaktionen der letzten zwei Jahre sind mit der letzten Transaktion anzumelden, wenn insgesamt die Schwellenwerte überschritten sind.[528] Dabei ist nicht ausgeschlossen, dass der

---

[523] Konsolidierte Mitteilung, Rdnr. 196; Komm. E. v. 21.5.1992, IV/M.213, Rdnr. 8 – *Hong Kong and Shanghai Bank/Midland.*

[524] Konsolidierte Mitteilung, Rdnr. 200.

[525] Komm. E. v. 17.10.1991, IV/M.122, Rdnr. 9; s. dazu *Drauz/Schroeder,* S. 10.

[526] Konsolidierte Mitteilung, Rdnr. 136. Beispiele für Vermögenserwerb: Komm. E. v. 2.10.1991, IV/M.053, ABl. 1991 L 334/42 – *Aérospatiale-Alenia/de Havilland;* Komm. E. v. 13.9.1991, IV/M.130 – *Delta Airlines/Pan Am;* Komm. E. v. 17.8.1992, IV/M.253 – *BTR/Pirelli;* unklar in Komm. E. v. 20.8.1991, IV/M.116 – *Kelt/American Express.*

[527] Konsolidierte Mitteilung, Rdnr. 137; Komm. E. v. 21.12.1992, IV/M.289, Rdnr. 3.2, WuW 1993, 109 – *PepsiCo/KAS.* Dazu näher – auch mit rechtstatsächlichen Angaben – *Wiedemann* in Fs. Möschel, 2011, 721 ff.

[528] Konsolidierte Mitteilung, aaO; so z. B. in Komm. E. v. 21.5.1992, IV/M.224 – *Volvo/Lex;* Komm. E. v. 3.9.1992, IV/M.261 – *Volvo/Lex (II)* mit Case Note *Van Gerven,* MCR B 108; *Zeise,* in: Handbuch Fusionskontrolle, Rdnr. 1095.

erste Teilerwerb nach nationalen Fusionskontrollvorschriften bei Wettbewerbsbehörden der Mitgliedstaaten und der Gesamterwerb später bei der Kommission anzumelden ist.[529] Dies gilt nach dem Verständnis des BKartA, sofern nicht der oder die weiteren Teilerwerbe schon zu Beginn fest vereinbart sind. Erfolgt nach Anmeldung, aber vor der Entscheidung der Kommission über eine Transaktion ein weiterer Teilerwerb, so beginnt die Verfahrensfrist neu zu laufen.[530]

Selbst wenn der erste Teilerwerb schon von der Komm. geprüft und freigegeben worden war, erstreckt sich mit der Anmeldung des zweiten Teilerwerbs die Verfahrensfrist auf den *Gesamt*erwerb.[531]

III. Umsatz der beteiligten Unternehmen und Konzernumsatz (Art. 5 Abs. 4)

94 Der Umsatz eines beteiligten Unternehmens im Sinne des Art. 1 Abs. 2 und 3 FKVO setzt sich unbeschadet des Art. 5 Abs. 2 aus den Umsätzen des beteiligten Unternehmens selbst (Abs. 4 Buchst. a) und der mit ihm **verbundenen Unternehmen** (Abs. 4 Buchst. b–e) zusammen. Im Vergleich zum deutschen Recht wird dabei ein eher weiter Konzernbegriff verwendet, wie nachfolgend dargestellt wird.[532] Im Einzelnen erfasst Abs. 4 Buchst. b die Tochtergesellschaften, Buchst. c die Muttergesellschaften und Buchst. d die Schwestergesellschaften des beteiligten Unternehmens. Abs. 4 Buchst. e bezieht schließlich sonstige, gemeinsam von zwei oder mehr Konzernunternehmen (d. h. nicht gemeinsam mit Dritten) kontrollierte Unternehmen in den Konzernumsatz ein.[533]

95 Für jedes der vorgenannten Vertikalverhältnisse stellt Art. 5 Abs. 4 FKVO **nicht** auf den Begriff der **Kontrolle** im Sinne von Art. 3 Abs. 3 ab, sondern formuliert in Abs. 4 Buchst. b **eigene Zurechnungskriterien,** die aus der Definition verbundener Unternehmen in den Gruppenfreistellungs-Verordnungen übernommen worden sind.[534] Die Bekanntmachung spricht ähnlich wie Art. 3 Abs. 3 FKVO von „beherrschendem Einfluss", betont aber andererseits den Unterschied zum Kontrollbegriff des Art. 3 FKVO.[535] Nach Art. 5 Abs. 4 FKVO wird der Umsatz des Unternehmens A einbezogen, wenn das Unternehmen A im Unternehmen B entweder

– „mehr als die Hälfte des Kapitals oder des Betriebsvermögens besitzt oder
– über mehr als die Hälfte der Stimmrechte verfügt oder
– mehr als die Hälfte der Mitglieder des Aufsichtsrates oder der zur gesetzlichen Vertretung berufenen Organe bestellen kann oder
– das Recht hat, die Geschäfte des Unternehmens zu führen".

96 Art. 5 Abs. 4 Buchst. b **1. Spiegelstrich** FKVO stellt den Regelfall verbundener Unternehmen bei der Berechnung des Konzernumsatzes dar.[536] Nicht ausreichend bei Art. 5 Abs. 4 FKVO ist im Normalfall eine **Minderheitsbeteiligung,** auch wenn sie – über bestimmte Vetorechte – geeignet sein kann, einen bestimmenden Einfluss, d. h. Kontrolle im

[529] So im Fall Komm. E. v. 13.12.2002, COMP/M. 3004 – *Bravida/Semco/Prenad/Totalintallatören/Backlunds.*

[530] Komm. E. v. 13.9.1993, IV/M.366 – *Alcatel/SEC.*

[531] Das GWB hat mit der 8. GWB-Novelle die Regelung für zwei oder mehr Erwerbsvorgänge in § 38 Abs. 5 S. 3 grundsätzlich übernommen, schließt aber das letztgenannte Szenario aus („erstmals").

[532] So auch *Kirchhoff,* BB-Beilage 14 zu Heft 11/1990, S. 1, 3.

[533] Vgl. auch das Schema mit Erläuterungen in der Konsolidierten Mitteilung, Rdnr. 178.

[534] Vgl. z. B. Art. 1 Abs. 2 VO Nr. 772/04 der Kommission v. 7.4.2004 über die Anwendung von Art. 81 Abs. 3 des Vertrages (jetzt: Art. 101 Abs. 3 AEUV) auf Gruppen von Technologietransfer-Vereinbarungen, ABl. 2004 L 123/11, berichtigt in ABl. 2004 L 127/158; *Wiedemann,* Kommentar zu den Gruppenfreistellungsverordnungen, Bd. I AT, Rdnr. 114 ff.; *Bos/Stuyck/Wytinck,* 4–020.

[535] Konsolidierte Mitteilung, Rdnr. 180 und 184.

[536] So z. B. in Komm. E. v. 24.2.1992, IV/M.166, Rdnr. 4 – *Torras/Sario;* abgelehnt für Umsätze aus einem Franchiseverhältnis, wenn die Betriebsausstattung nur zur Miete überlassen ist und das wesentliche Risiko beim Franchisegeber verbleibt, Komm. E. v. 9.7.1997, IV/M.940, Rdnr. 14, WuW 1997, 805 – *UBS/Mister Minit.*

Sinne von Art. 3 Abs. 3 FKVO, zu vermitteln.[537] Die Kommission hat allerdings in einzelnen Fällen einer Minderheitsbeteiligung eine Zurechnung nach Art. 5 Abs. 4 Buchst. b **2. Spiegelstrich** FKVO vorgenommen, wenn sich die übrigen Anteile im Streubesitz befanden[538] oder bei Finanzinstituten und der öffentlichen Hand lagen und die Hauptversammlungspräsenz deutlich unter 100% blieb.[539] Die Minderheitsbeteiligung ermöglichte faktisch die Beherrschung. Besteht über eine Minderheitsbeteiligung zugleich die Möglichkeit, mehr als die Hälfte der Aufsichtsratmitglieder zu bestellen, ist eine Zurechnung gemäß Art. 5 Abs. 4 Buchst. b **3. Spiegelstrich** FKVO möglich.[540] Art. 5 Abs. 4 Buchst. b **4. Spiegelstrich** FKVO wurde erstmals in im Fall *ACCOR/Waggons Lits*[541] herangezogen: Hier übernahm *ACCOR* über Geschäftsführungsverträge für 10 Jahre die unternehmerische Führung bei verschiedenen Hotelbetrieben, an denen *ACCOR* nur Minderheitsbeteiligungen hielt, und betrieb diese Hotels unter eigener Firma. Die übrigen Anteilseigner hielten deshalb nach Meinung der Kommission nur Finanzbeteiligungen.

Schwierig ist die Anwendung des Art. 5 Abs. 4 FKVO bei der **gemeinsamen Beherrschung eines beteiligten Unternehmens.** Tritt ein Gemeinschaftsunternehmen als Erwerber auf, so ist zunächst zu fragen, ob es ein bloßes „Akquisitionsvehikel" oder ein seit längerem aktives Vollfunktions-Gemeinschaftsunternehmen ist.[542] Im ersteren Fall wird es als unbeachtlich angesehen und sind die herrschenden Mutterunternehmen die beteiligten Unternehmen, deren jeweiligen Umsätze zu berücksichtigen sind.[543] In letzterem Fall ist das Gemeinschaftsunternehmen beteiligtes Unternehmen, und es stellt sich die Frage der Zurechnung der Umsätze der Muttergesellschaften. Jedenfalls bei paritätischer Beteiligung ist Art. 5 Abs. 4 Buchst. b FKVO eigentlich nicht erfüllt, denn die Mutterunternehmen haben nur gemeinsam das „Recht, die Geschäfte zu führen" (4. Spiegelstrich). Die Kommission wendet aber Art. 5 Abs. 4 Buchst. c FKVO iVm. Abs. 4 Buchst. b 4. Spiegelstrich FKVO unter Hinweis auf den Plural („der Unternehmen …") in Buchst. c an.[544] Die Umsätze der herrschenden Mütter werden demnach vollumfänglich dem Gemeinschaftsunternehmen zugerechnet.[545] 97

Schwestergesellschaften und sonstige Konzerngesellschaften eines beteiligten Unternehmens werden über Art. 5 Abs. 4 **Buchst. d** FKVO umsatzmäßig berücksichtigt.[546] 98

[537] *Gugerbauer,* Art. 5 Rdnr. 9 (Art. 5 Abs. 4 ist „deutlich weniger flexibel"); kritisch zur Kommissionspraxis *O'Keefe,* ECLR 1994, 21, 24f. mwN.

[538] Komm. E. v. 30.7.1991, IV/M.062, Rdnr. 6, WuW 1991, 799 – *Eridania/ISI* (Anteilshöhe von 43,69 %).

[539] Komm. E. v. 18.12.1991, IV/M.147, Rdnr. 5, WuW 1992, 411 – *Eurocom/RSCG* (Anteilshöhe von 44,25 %) mit Case Note *Van de Walle de Ghelcke,* MCR B 60; *Gugerbauer,* Art. 5, Rdnr. 10.

[540] Komm. E. v. 30.7.1991, IV/M.062, WuW 1991, 799, Rdnr. 6 – *Eridania/ISI;* Komm. E. v. 19.12.1991, IV/M.113, WuW/E EV 1763, Rdnr. 2 und 4 – *Courtaulds/Snia;* Komm. E. v. 2.3.1992, IV/M.187, Rdnr. 8 – *IFINT/EXOR;* nicht erfüllt in Komm. E. v. 10.12.1990, IV/M.025, Rdnr. 7 – *Arjomari-Prioux SA/Wiggins Teape Appleton.*

[541] Komm. E. v. 28.4.1992, IV/M.126, ABl. 1992 L 204/1, Rdnr. 6; s. auch Komm. E. v. 25.9.1992, IV/M.258, Rdnr. 7 – *CCIE/GTE.* Unzutreffend *Vonnemann* DB 1990, 569, 570, der das „Recht, die Geschäfte zu führen" mit Abhängigkeit iSv § 17 AktG gleichsetzt.

[542] S. dazu oben Rdnr. 50 sowie *Moosecker,* in: Schwerpunkte des Kartellrechts 1991/92, S. 37, 39; *Immenga/Mestmäcker-Körber,* Art. 5 FKVO Rdnr. 60; Konsolidierte Mitteilung, Rdnr. 147; Komm. E. v. 16.5.1991, IV/M.082, Rdnr. 3 – *Asko/Jacobs/ADIA.*

[543] Ebenso *Zeise,* in: Handbuch Fusionskontrolle, Rdnr. 1078. Gleiches galt seit der Neufassung der Bekanntmachung über den Begriff des beteiligten Unternehmens zum 1.3.1998 (ABl. 1998 C 66/14 Rdnr. 23 ltzt. Satz) beim Erwerb der gemeinsamen Kontrolle über ein bereits bestehendes Unternehmen, das bislang der alleinigen Kontrolle eines der Mutterunternehmen unterstand. Hier ist der Umsatz des GU nur ein Bestandteil des Umsatzes der ursprünglich alleinigen Muttergesellschaft. S. jetzt Konsolidierte Mitteilung, Rdnr. 139f.

[544] Konsolidierte Mitteilung, Rdnr. 182.

[545] Komm. E. v. 21.2.1994, IV/M.395, Rdnr. 9 – *CWB/Goldmann Sachs/Tarkett; Moosecker,* aaO, S. 38; kritisch *Drauz/Schroeder,* S. 21.

[546] Komm. E. v. 2.3.1992, IV/M.187, Rdnr. 8 – *IFINT/EXOR;* Komm. E. v. 12.5.1992, IV/M.210, Rdnr. 9 – *Mondi/Frantschach.*

Gleiches gilt für Gemeinschaftsunternehmen zwischen mehreren bereits durch Buchst. a–d berücksichtigten Unternehmen **(Buchst. e).** Nicht erfasst werden von Buchst. e Gemeinschaftsunternehmen zwischen einem Konzernunternehmen und einem **Dritten;** so sind die Umsatzerlöse eines Gemeinschaftsunternehmens der Gesellschafter A und X nicht einzubeziehen, wenn A die Tochtergesellschaft C von B erwirbt. In der Praxis kommen die von Buchst. e gemeinten Gemeinschaftsunternehmen nur selten vor.

IV. Umsatzberechnung bei Gemeinschaftsunternehmen (Art. 5 Abs. 5)

99 Haben an dem Zusammenschluss beteiligte Unternehmen gemeinsam die in Art. 5 Abs. 4 Buchst. b) bezeichneten Rechte oder Einflussmöglichkeiten,[547] so sind – ebenso wie nach § 38 Abs. 1 S. 2 GWB – bei der Berechnung des Umsatzes der beteiligten Unternehmen die **Innenumsätze,** d.h. die Umsätze zwischen dem Gemeinschaftsunternehmen (oder dessen verbundenen Unternehmen) und jedem der beteiligten Unternehmen **nicht** zu berücksichtigen (Abs. 5 **Buchst. a**).[548] Umsätze zwischen dem Gemeinschaftsunternehmen und einem **dritten** Unternehmen sind den beteiligten Unternehmen zu gleichen Teilen zuzurechnen (Abs. 5 **Buchst. b**); die paritätische Zurechnung erfolgt auch bei nicht paritätisch gehaltenen Gemeinschaftsunternehmen.[549]

100 Im Wege der **Analogie zu Abs. 5 Buchst. b** verfährt die Kommission bei **Gemeinschaftsunternehmen zwischen beteiligten Unternehmen und Dritten:** Auch hier wird der Umsatz des Gemeinschaftsunternehmens anteilig, und zwar wiederum **hälftig** unabhängig von den Anteilsverhältnissen, in den Umsatz des an dem Zusammenschluss beteiligten Mutterunternehmens einbezogen.[550] Eine ausdrückliche Aufnahme dieser in der Praxis häufig auftretenden Fallkonstellation in Art. 5 Abs. 5 FKVO wurde im Zuge der Revision der FKVO zum 1.3.1998[551] versäumt und auch später nicht nachgeholt. Allerdings betont die Kommission in der Neufassung der Umsatz-Bekanntmachung, dass in allen Fallkonstellationen die Grundsätze der **Vermeidung der Doppelzählung** und der **möglichst genauen Widerspiegelung der wirtschaftlichen Stärke** der an dem Vorhaben beteiligten Unternehmen maßgeblich seien.[552] Erneut hat sie die Einbeziehung der Umsatzberechnung bei Gemeinschaftsunternehmen im Rahmen der Überprüfung der FKVO im Jahr 2013 thematisiert.[553]

V. Sonderregeln für bestimmte Sektoren

101 **1. Kreditinstitute (Art. 5 Abs. 3 Buchst. a).** Bis zum 1.3.1998 galt für Kredit- und sonstige Finanzinstitute, dass – ebenso wie bis zum 1.1.1999 im deutschen Recht (§ 23

---

547 Die Konsolidierte Mitteilung, Rdnr. 167 f., und das Formblatt CO zur Anmeldung eines Zusammenschlusses nach der VO Nr. 4064/89, Leitfaden II, B. II. a, ABl. 1998 C 66/26 (von einer Fortgeltung der Leitfäden I–III im Rahmen der aktuellen FKVO und des aktuellen Formblatts CO ist auszugehen), Leitfaden II, B. II. a, sprechen von „gemeinsamer Kontrolle" (Art. 3 Abs. 3 und 4).

548 Konsolidierte Mitteilung, Rdnr. 167 f.; Komm. E. v. 26.8.1996, IV/M.806 – *British Airways/TAT (II);* Komm. E. v. 22.4.1997, IV/M.986, Rdnr. 7 – *MRW/MHP.*

549 Konsolidierte Mitteilung, Rdnr. 186. S. auch Formblatt CO zur VO Nr. 4064/89, Leitfaden II, B II d und III, ABl. 1998 C 66/26 (s. o. Fn. 136); Komm. E. v. 27.11.1995, IV/M.648, Rdnr. 18 – *McDermott/ETPM.*

550 Konsolidierte Mitteilung, Rdnr. 187; *Immenga/Mestmäcker-Körber,* Art. 5 FKVO Rdnr. 73; eine volle Zurechnung war noch in Komm. E. v. 2.3.1992, IV/M.187, Rdnr. 10 – *IFINT/EXOR* erfolgt. Zur Behandlung von Umsätzen zwischen einem solchen GU und dessen Tochtergesellschaften s. *Drauz/Schroeder,* S. 26.

551 VO Nr. 1310/97 v. 30.6.1997, ABl. 1997 L 180/1.

552 Konsolidierte Mitteilung, Rdnr. 167.

553 Commission Staff Working Document „Towards more effective EU merger control" v. 25.6.2013, http://ec.europa.eu/competition/consultations/2013_merger_control/merger_control_en. pdf. Diese Idee wurde aber in dem Mitte 2014 veröffentlichten Weißbuch nicht aufgegriffen (s. http://ec.europa.eu/competition/consultations/2014_merger_control/mergers_white_paper_en.pdf).

Abs. 1 S. 4 und 5 GWB a. F.)[554] – an die Stelle des Umsatzes ein Zehntel der Bilanzsumme tritt. Die Bilanzsumme war zu diesem Zweck mit dem Verhältnis zwischen Forderungen aufgrund von Geschäften mit in der Gemeinschaft ansässigen Kreditinstituten und Kunden und dem Gesamtbetrag der Forderungen gegenüber Kreditinstituten und Kunden zu multiplizieren (Art. 5 Abs. 3 Buchst. a S. 2 und 3 a. F.).[555] Eingeschlossen waren auch Umsätze aus Finanzierungsleasinggeschäften.[556]

Diese Umsatzberechnungsregel für Kredit- und sonstige Finanzinstitute wurde, wie bereits 1989 bei Verabschiedung der FKVO anvisiert,[557] im Zuge der Revision der FKVO zum 1.3.1998 geändert und der Richtlinie 86/635/EWG des Rates vom 8.12.1986 über den Jahresabschluss und den konsolidierten Abschluss von Banken und anderen Finanzinstituten[558] angepasst: An die Stelle der 10%igen Bilanzsumme traten bei Kredit- und sonstigen Finanzinstituten für die Anwendung des Artikels 1 Absätze 2 und 3 die **Bruttoerträge.** Diese setzen sich gemäß der Richtlinie aus folgenden Ertragsposten – gegebenenfalls nach Abzug der Mehrwertsteuer und sonstiger direkt auf diese Erträge erhobener Steuern – zusammen: 102

i) Zinserträge und ähnliche Erträge,
ii) Erträge aus Wertpapieren (Erträge aus Aktien, anderen Anteilsrechten und nicht festverzinslichen Wertpapieren, aus Beteiligungen und aus Anteilen an verbundenen Unternehmen);
iii) Provisionserträge;
iv) Nettoerträge aus Finanzgeschäften;
v) sonstige betriebliche Erträge.

Mit dieser Änderung sollen bestimmte, bislang bilanziell nicht erfasste Erträge von Kreditinstituten Berücksichtigung finden, z. B. Einnahmen aus Derivatgeschäften.[559] Problematisch könnte es sein, dass Zinserträge als der wichtigste Ertragsposten bei Kreditinstituten je nach Zinsphase erheblichen Schwankungen unterliegen. Abgelehnt wurde von der Kommission und der Mehrheit des Rates eine Umsatzberechnung nach Nettoerträgen, die rein gewinnbezogen wäre und dem für andere Branchen maßgeblichen Umsatzkriterium widerspräche.[560] 103

Als **Kreditinstitute** definiert die Konsolidierte Mitteilung Unternehmen, deren „Tätigkeit darin besteht, Einlagen oder andere rückzahlbare Gelder des Publikums entgegenzunehmen und Kredite für eigene Rechnung zu gewähren".[561] **Sonstige Finanzinstitute** sind Unternehmen, die keine Kreditinstitute sind und deren Haupttätigkeit darin besteht, Beteiligungen zu erwerben oder bestimmte Kredit- oder Wertpapiergeschäfte zu betreiben.[562] Einbezogen in Art. 5 Abs. 3 FKVO sind auch Finanzholdings, die Beteiligungen an 104

---

554 S. aber jetzt § 38 Abs. 4 GWB.

555 Beispiele aus der Entscheidungspraxis finden sich bei *Drauz/Schroeder,* S. 27. Ausführlich zur Umsatzberechnung bei Kreditinstituten *Plaß,* S. 87 ff. u. 119 ff.

556 Konsolidierte Mitteilung, Rdnr. 212 f.; Komm. E. v. 15.7.1992, IV/M.234, Rdnr. 6 ff. – *GECC/Avis Lease.*

557 Protokollerklärung von Rat und Kommission, zu Art. 5 Abs. 3 Buchst. a, abgedr. in WuW 1990, 240.

558 ABl. 1986 L 372/1, zuletzt geändert durch die Richtlinie 2003/51/EG des Europäischen Parlaments und des Rates.

559 Grünbuch der Kommission über die Revision der FKVO, KOM (96)19 endg., Rdnr. 138–140; *Baron* WuW 1998, 588. Das GWB ist im Zuge der 6. GWB-Novelle – ab 1.1.1999 – entsprechend angepasst worden, vgl. § 38 Abs. 4 S. 1 GWB.

560 Komm., Grünbuch, aaO, Rdnr. 140.

561 Konsolidierte Mitteilung, Rdnr. 208 unter Bezugnahme auf die Erste Richtlinie des Rates vom 12.12.1977 zur Koordinierung der Rechts- und Verwaltungsvorschriften über die Aufnahme und Ausübung der Tätigkeit der Kreditinstitute (77/780/EWG), Artikel 1 (ABl. 1977 L 322/30).

562 Konsolidierte Mitteilung, Rdnr. 208 f., unter Bezugnahme auf die Zweite Richtlinie des Rates vom 15.12.1989 zur Koordinierung der Rechts- und Verwaltungsvorschriften über die Aufnahme und Ausübung der Tätigkeit der Kreditinstitute und zur Änderung der Richtlinie 77/780/EWG (89/646/EWG), Artikel 1 Nr. 6 (ABl. 1989 L 386/1).

anderen Unternehmen erwerben und halten, wobei ggf. Mehrheitsbeteiligungen nach Art. 5 Abs. 4 FKVO zu berücksichtigen sind.[563] In der Konsolidierten Mitteilung werden Investmentfonds bzw. Investmentgesellschaften als kontrollierend über die jeweiligen Portfoliogesellschaften angesehen; es erfolgt somit eine Umsatzzurechnung.[564] Wie bisher sind Umsätze von Kredit- und sonstigen Finanzinstituten aus Nichtbankgeschäften nach den allgemeinen Regeln zu berechnen und ggf. mit den Bruttoerträgen zu addieren.[565]

105 Eine Änderung ergab die Revision der FKVO auch hinsichtlich der **geographischen Zuordnung** der Umsätze eines Kredit- oder Finanzinstitutes: Solche Umsätze in der Gemeinschaft oder in einem Mitgliedstaat bestehen zukünftig aus den vorerwähnten Ertragsposten, die die in der Gemeinschaft oder in dem betreffenden Mitgliedstaat errichtete **Zweig- oder Geschäftsstelle des Instituts** verbucht **(Abs. 3 S. 2).**[566] Nicht mehr maßgeblich ist der für sonstige Branchen geltende Sitz des Abnehmers, hier z. B. des Kreditnehmers.[567]

106 **2. Versicherungen (Art. 5 Abs. 3 Buchst. b).** An die Stelle des Umsatzes tritt bei Versicherungen – entsprechend § 38 Abs. 4 S. 2 GWB und unverändert durch die Revisionen der FKVO – die Summe der **Bruttoprämien.** Diese Summe umfasst alle vereinnahmten sowie alle für das Geschäftsjahr noch zu vereinnahmenden Prämien aufgrund von Versicherungsverträgen, die von diesen Unternehmen oder für ihre Rechnung abgeschlossen worden sind, einschließlich etwaiger Rückversicherungsprämien und abzüglich der aufgrund des Betrages der Prämie oder des gesamten Prämienvolumens berechneten Steuern und sonstigen Abgaben (Art. 5 Abs. 3 Buchst. b S. 1 FKVO).[568] Für die 250 Mio. Euro-Schwelle des Art. 1 Abs. 2 Buchst. b FKVO und für die übrigen Umsatzschwellen des Art. 1 FKVO ist auf die Bruttoprämien abzustellen, die von in der Gemeinschaft bzw. in einem Mitgliedstaat ansässigen Personen gezahlt werden (Art. 5 Abs. 3 Buchst. b S. 2 FKVO). Erträge aus Nichtversicherungsgeschäften, insbes. aus dem Portfoliogeschäft, das Versicherungen als institutionelle Anleger betreiben, z. B. im Immobilienbereich, sind nach den allgemeinen Umsatzberechnungsregeln zu erfassen.[569] Dies gilt auch – wie bei Finanzholdings – für Mehrheitsbeteiligungen von Versicherungen an anderen Unternehmen, die einen kontrollierenden Einfluss eröffnen.[570] Nicht von Abs. 3 Buchst. b FKVO umfasst sind auch Rückstellungen für Rückerstattungen in der Lebensversicherung, da es sich hierbei um jährliche Gutschriften an den Versicherungsnehmer und damit um Leistungen aus dem Versicherungsvertrag handelt, nicht aber um vereinnahmte Bruttoprämien.[571]

107 **3. Öffentliche Unternehmen.** Für die Umsatzberechnung bei Unternehmen, die sich im Besitz einer öffentlich-rechtlichen Körperschaft befinden, kennt die FKVO und insbes. Art. 5 FKVO keine Sondervorschrift. Der Staat kann eine Kontrolle erwerbende Person im Sinne von Art. 3 Abs. 1 Buchst. b FKVO sein, eine Umsatzzurechnung nach Art. 5 FKVO findet aber nicht statt, da der Staat als solcher kein Unternehmen ist.[572] Befinden sich mehrere Unternehmen im Staatsbesitz, sind nach Erwägungsgrund 12 der FKVO idF der VO

[563] Konsolidierte Mitteilung, Rdnr. 217 ff.

[564] Konsolidierte Mitteilung, Rdnr. 189 ff.; zur Umsatzberechnung s. *S/J/K/M-Thiele,* Art. 5 Rdnr. 43.

[565] Komm. E. v. 21.5.1992, IV/M.213, Rdnr. 7 ff. – *Hong Kong and Shanghai Bank/Midland.*

[566] Konsolidierte Mitteilung, Rdnr. 210, 2. Abs.

[567] So noch Bekanntmachung idF von 1994 (ABl. 1994 C 385/21), Rdnr. 65 u. 67.

[568] S. auch Formblatt CO zur VO Nr. 4064/89, Leitfaden I, ABl. 1998 L 61/25 (s. dazu oben Fn. 519); Konsolidierte Mitteilung, Rdnr. 215. Beispiele aus der Entscheidungspraxis finden sich bei *Drauz/Schroeder,* S. 29. Ausführlich zur Umsatzberechnung bei Versicherungen *Plaß,* S. 106 ff. u. 127 ff.; *S/J/K/M-Thiele,* Art. 5 Rdnr. 45 ff.

[569] Konsolidierte Mitteilung, Rdnr. 217; Komm. E. v. 21.11.1990, IV/M.018, Rdnr. 3–6 – *AG/AMEV.*

[570] Konsolidierte Mitteilung, Rdnr. 217.

[571] So in Komm. E. v. 10.9.1992, IV/M.251, Rdnr. 5 – *Allianz/DKV.*

[572] *Drauz/Schroeder,* S. 6; *Immenga/Mestmäcker-Körber,* Art. 5 FKVO Rdnr. 78.

Nr. 4064/89 bei der Umsatzberechnung „unabhängig von den Eigentumsverhältnissen oder von den für sie geltenden Regeln der verwaltungsmäßigen Zuordnung die Unternehmen zu berücksichtigen, die eine **mit einer autonomen Entscheidungsbefugnis ausgestattete wirtschaftliche Einheit** bilden". Mehrere Staatsunternehmen können demnach als voneinander unabhängige Konzerne zu behandeln sein.[573] Im Fall *Kali + Salz/MdK/Treuhandanstalt* wurde dieses Merkmal für das Direktorat Bergbau der *Treuhandanstalt* geprüft, jedoch im Ergebnis offen gelassen.[574] In der Entscheidung *Koipe/Tabacalera/Elosua* hatte die Kommission zuvor die „wirtschaftliche Einheit" auf den Wirtschaftsbereich Öle innerhalb der spanischen Verwaltung begrenzt.[575] Im Fall *SoFFin/Hypo Real Estate*[576] wurde die Frage, ob das Bundesministerium der Finanzen oder der Bund insgesamt die autonome Einheit darstellt, offen gelassen. In jüngerer Zeit hatte die Kommission mehrfach Zusammenschlüsse unter Beteiligung chinesischer Staatsunternehmen zu beurteilen. Die Frage der genauen Umsatzzurechnung ließ sie hier meist offen.[577] Der Begriff der wirtschaftlichen Einheit in Bezug auf öffentliche Unternehmen ist damit enger als im deutschen Recht – nach dem GWB wird der gesamte Umsatz des öffentlich-rechtlichen Rechtsträgers einbezogen –, bleibt jedoch in der praktischen Anwendung unscharf und bedarf eigentlich weiterer Ausformung.[578]

4. Weitere Sonderfälle. Schwierig kann die Zuordnung von Umsätzen bei orts- oder grenzüberschreitenden Dienstleistungen sein. Bei **Telefongesellschaften** ist grundsätzlich auf den Ort abzustellen, an dem die Verbindung angewählt wurde,[579] bei internationalen **Express- und Kurierunternehmen** auf das Land des Absenders, der regelmäßig den Transport bezahlt.[580] 108

In ihrer Praxis in den 90er Jahren nannte die Kommission in Entscheidungen, die Märkte des internationalen **Luftverkehrs** betrafen, drei mögliche Arten der Zurechnung der Flugumsätze, ohne sich jedoch entscheiden zu müssen: a) nach dem Bestimmungsland der Flugverbindung; b) nach dem Land, in dem das Flugticket verkauft wurde („point-of-sale"-Methode); c) Aufteilung im Verhältnis 50 : 50 zwischen Herkunfts- und Bestimmungsland der Flugverbindung.[581] Eine gewisse Präferenz ließ die Kommission zunächst für die zweite Variante erkennen.[582] Im Fall *Ryanair/Aer Lingus*[583] rechnete die Kommission die Umsätze nach dem Abflugort zu, konnte die Frage aber wiederum letztlich offen lassen; bei nicht eindeutiger Bestimmbarkeit seien der Abflugort und die 50 : 50-Methode die besten Methoden. Im Rahmen der materiellen Prüfung der Auswirkungen eines Zusammen- 109

---

573 S. oben § 15 Rdnr. 79; Konsolidierte Mitteilung, Rdnr. 194; kritisch dazu *Bos/Stuyck/Wytinck,* 4–018.

574 Komm. E. v. 14.12.1993, IV/M.308, ABl. 1994 L 136/38. Vgl. auch Komm. E. v. 24.2.1992, IV/M.166, Rdnr. 4 – *Torras/Sarrio* (*Kuwait Investment Office* als Unternehmen).

575 Komm. E. v. 28.7.1992, IV/M.117, WuW 1992, 834.

576 Komm. E. v. 14.5.2009, COMP/M.5508; s. dazu *Hirsbrunner* EuZW 2010, 727 f.

577 Komm. E. v. 31.3.2011, COMP/M.6082, Rdnr. 6 – *China National Bluestar/Elkem;* Komm. E. v. 19.5.2011, COMP/M.6113, Rdnr. 16 – *DSN/Sinochem/JV;* Komm. E. v. 13.5.2011, COMP/M.6151, Rdnr. 4 – *Petrochina/Ineos/JV.*

578 S. dazu *Immenga* in Fs. Everling, Bd. I, S. 541, 544 ff.; *Zeise,* in: Handbuch Fusionskontrolle, Rdnr. 1110 ff.; für das deutsche Recht s. *Bechtold,* GWB, § 130 Rdnr. 11.

579 Komm. E. v. 17.11.1997, IV/M.1037, Rdnr. 15 – *Nomura/Blueslate;* vgl. auch für Unterwasserkabel Komm. E. v. 13.9.1993, IV/M.366, Rdnr. 10 ff. – *Alcatel/STC.*

580 Komm. E. v. 2.12.1991, IV/M.102, WuW/E EV 1754 – *TNT/GD Net.*

581 Komm. E. v. 13.9.1991, IV/M.130, WuW 1991, 892 – *Delta Airlines/Pan Am;* Komm. E. v. 5.10.1992, IV/M.157, WuW/E EV 1948 – *Air France/Sabena;* Komm. E. v. 27.11.1992, IV/M.259, WuW 1993, 37 – *British Airways/TAT;* s. dazu *Immenga/Mestmäcker-Körber,* Art. 5 FKVO Rdnr. 39 ff.

582 Komm. E. v. 21.12.1998, Rdnr. 11 – *SAir/LTU.* Ausdrücklich für den Ort des Ticketverkaufs, da dort Angebot und Nachfrage aufeinandertreffen, waren *Drauz/Schroeder,* S. 17; *Gonzalez-Dias,* Case Note zu *Air France/Sabena,* MCR, B 116, Rdnr. 8; differenzierend *Immenga/Mestmäcker-Körber,* Art. 5 FKVO Rdnr. 39.

583 Komm. E. v. 27.6.2007, M.4439, Rdnr. 21 ff., 30 f.; ebenfalls offen gelassen in Komm. E. v. 26.1.2011, M.5830, Rdnr. 22 – *Olympic/Aegean Airlines.*

schlusses von Fluggesellschaften errechnet die Kommission seit Einführung des materiellen Prüfungskriteriums der „erheblichen Behinderung wirksamen Wettbewerbs" in Art. 2 FKVO im Übrigen nicht mehr umsatzbezogene Marktanteile, sondern unterzieht die einzelnen vom Zusammenschluss betroffenen Flugstrecken einer qualitativen Gesamtbewertung. Dabei werden allenfalls die Passagierzahlen auf den Strecken ermittelt.[584]

§ 16 Die materielle Beurteilung von Zusammenschlüssen

Übersicht

Rdnr.

[584] So in Komm. E. v. 4.7.2005, COMP/M.3770 – *Lufthansa/Swiss*.

Schrifttum: S. § 15, vor A.

A. Art. 2 FKVO als materielle Grundnorm der europäischen Fusionskontrolle

I. Die Vereinbarkeit mit dem Gemeinsamen Markt

1 Die Verabschiedung der EU-Fusionskontroll-Verordnung im Jahr 1989 wurde von der Vorstellung getragen, im Zuge der Verwirklichung des einheitlichen Binnenmarktes bis zum Jahre 1992 und für seinen späteren Ausbau zu gewährleisten, dass „der Umstrukturierungsprozess nicht eine dauerhafte Schädigung des Wettbewerbs verursacht".[1] Hierzu erforderlich war die Schaffung von Vorschriften gegen Zusammenschlüsse, die geeignet sind, wirksamen Wettbewerb im Gemeinsamen Markt oder in einem wesentlichen Teil desselben erheblich zu beeinträchtigen. Art. 101 und 102 AEUV reichten nach allgemeiner Auffassung nicht aus, um solche Zusammenschlüsse vollständig zu erfassen.[2]

2 Nach der Vorstellung des Verordnungsgebers sollten Zusammenschlüsse, die gemeinschaftsweite Bedeutung besitzen, nach dem „Grundkonzept der ‚beherrschenden Stellung'„ auf ihre **Vereinbarkeit** bzw. **Unvereinbarkeit mit dem Gemeinsamen Markt** beurteilt werden.[3] Das Kriterium der beherrschenden Stellung knüpfte ursprünglich an **Art. 102 AEUV** an und wurde entsprechend der Rechtsprechung des EuGH zu Art. 102 AEUV ausgelegt.[4] Mit der **Revision 2004** wurde als Maßstab der (Un-)Vereinbarkeit mit dem Gemeinsamen Markt der **SIEC-Test** eingeführt („significant impediment of effective competition"); Marktbeherrschung stellt seitdem nur noch ein Regelbeispiel dar (Art. 2 Abs. 3 FKVO Nr. 139/2004).[5] **Art. 2 Abs. 3 FKVO** als die eigentliche Grundnorm der europäischen Fusionskontrolle lautet nun: „Zusammenschlüsse, **durch die wirksamer Wettbewerb im Gemeinsamen Markt oder in einem wesentlichen Teil desselben erheblich behindert würde,** insbesondere durch Begründung oder Verstärkung einer beherrschenden Stellung, sind für unvereinbar mit dem Gemeinsamen Markt zu erklären". **Art. 2 Abs. 2 FKVO** sieht die Vereinbarkeitserklärung für wettbewerblich unbedenkliche Zusammenschlüsse vor.[6] Die bei der Vereinbarkeitsprüfung anzulegenden Maßstäbe und Kriterien enthält **Art. 2 Abs. 1 FKVO.** Indem der Wortlaut des Art. 2 Abs. 3 FKVO umgekehrt und die „wesentliche Behinderung wirksamen Wettbewerbs", die zuvor keine eigenständige Bedeutung in der Entscheidungspraxis der Kommission besessen hatte, zum maßgeblichen materiellem Prüfungskriterium wurde, fielen im materiellen Eingriffskriterium vorübergehend – bis 2013 – die europäische und die deutsche Fusionskontrolle auseinander. Mit dieser Änderung näherte sich die FKVO in materieller Hinsicht dem US-amerikanischen Prüfungsmaßstab des „substantial lessening of competition" **(SLC),** ohne sich diesem aber genau anzupassen.[7] Die Herstellung internationaler Konvergenz war offenkundig einer der Gründe für die Kommission, vor dem Hintergrund großer – in USA und EU unterschiedlich entschiedener – Zusammenschlüsse *(GE/Honeywell)*[8] das materielle Prüfungskriterium zu ändern.[9] Das SLC-Kriterium kennen die Rechtsordnungen in USA,

---

[1] 5. Erwägungsgrund der FKVO Nr. 4064/89.

[2] Komm., 19. WB 1990, Rdnr. 14; 6. Erwägungsgrund der FKVO; *Grabitz/Hilf/Nettesheim-Jung,* Art. 102 AEUV Rdnr. 8 und 326ff. 339.

[3] Komm., 19. WB 1990, Rdnr. 16, unter 4.

[4] *Immenga/Mestmäcker-Körber,* Art. 2 FKVO Rdnr. 5 und 403; s. im Einzelnen unter D.

[5] ABl. 2004 L 24/1ff.; s. dazu *Montag,* in: *Baudenbacher,* Neueste Entwicklungen, S. 275ff.; *Fountoukakos* ECLR 2005, 277ff.; *Baron,* in Fs. Bechtold, 2006, S. 9ff.; *Immenga,* in: Recht und spontane Ordnung, S. 269ff.

[6] Als bloße Umkehrung von Art. 2 Abs. 3 eigentlich materiell-rechtlich überflüssig und nur aus der Entstehungsgeschichte zu erklären, s. dazu *Janicki* WuW 1990, 195, 199.

[7] *Langen/Bunte-Bardong,* Art. 2 FKVO, Rdnr. 3; *Zimmer* ZWeR 2004, 250, 252; *Voigt/Schmidt* ECLR 2004, 584ff.

[8] Komm. E. v. 3.7.2001, IV/M.2220, WuW/E EU-V 631.

[9] *Zeise,* in: Handbuch der Fusionskontrolle, Rdnr. 1214; zur Entstehungsgeschichte der Revision 2004 s. auch *Langen/Bunte-Bardong/Käseberg/Maass,* Einl. FKVO, Rdnr. 13ff.

Kanada, Australien und seit kurzem auch das Vereinigte Königreich und Neuseeland, während viele Mitgliedstaaten der EU weiterhin den Marktbeherrschungstest durchführten.[10] Ein weiterer Grund war die Erfassung sog. unilateraler Effekte (dazu Rdnr. 114ff.). Das bisherige Kriterium der Marktbeherrschung wurde gleichzeitig als Regelbeispiel erhalten, um weiterhin die frühere Entscheidungspraxis der Kommission und der europäischen Gerichte bei der materiellen Zusammenschlussprüfung heranziehen zu können.[11]

Unverändert geblieben sind die ausfüllenden Kriterien des Art. 2 Abs. 1 FKVO. Da die FKVO auf die (Un-)Vereinbarkeit mit dem Gemeinsamen Markt abstellt, hat die an diesem Normzweck orientierte Auslegung der einzelnen Kriterien des Abs. 1 Buchst. a und b besondere Bedeutung.[12] Diese Kriterien sind – anders als noch in Vorentwürfen der FKVO[13] – sämtlich wettbewerbsbezogen, unterscheiden sich jedoch hinsichtlich ihrer Eignung zur Anwendung in der Fusionskontrolle erheblich voneinander (dazu unter Rdnr. 7 u. 44ff.). An den Kriterien des Abs. 1 wird auch deutlich, dass die gemeinschaftsrechtliche Definition der Marktbeherrschung in der Vergangenheit im wesentlichen dem Begriff der überragenden Marktstellung (§ 18 Abs. 1 Nr. 3 GWB)[14] entsprach.[15] Mit dem neuen SIEC-Kriterium trat zunächst – ungeachtet der stärkeren Berücksichtigung von ökonomischen Ansätzen durch die Kommission, die wohl auch bei Beibehaltung des Marktbeherrschungskriteriums als alleinigem Untersagungsmaßstab eingetreten wäre – keine wesentliche Änderung der Anwendungspraxis der Kommission ein.[16] Allerdings wird mit dem SIEC-Test eine – „wirkliche oder vermeintliche“[17] – **Kontrolllücke** in Art. 2 Abs. 3 FKVO geschlossen: Sog. **nicht koordinierte (unilaterale) Effekte** eines Zusammenschlusses **im Oligopol,** die es dem zusammengeschlossenen Unternehmen erlauben, den Wettbewerb erheblich zu behindern, ohne selbst marktbeherrschend zu sein[18] (s. dazu im Einzelnen Rdnr. 114ff.), sind jetzt erfassbar. Auch ist die Anwendungspraxis – und ihr folgend die Rechtsprechung – unter dem SIEC-Test stärker durch ökonomische Erkenntnisse und Methoden geprägt.[19] 3

II. Strukturkontrolle und effektbasierter Ansatz

Ursprünglich hatte der Rat mit der Entscheidung für die beherrschende Stellung als Eingriffskriterium der Idee der **Marktstrukturkontrolle** den Vorzug vor anderen, eher auf Verhaltenskontrolle abzielenden Konzepten gegeben. Dies wurde vom Verordnungsgeber in Art. 2 Abs. 1 Buchst. a („Struktur aller betroffenen Märkte“) hervorgehoben und auch von der Kommission als vorrangiges Kriterium betont.[20] Seinen Ursprung hatte der strukturorientierte Ansatz in **ex-Art. 3g EG** bzw. in **Art. 3 Abs. 3 AEUV** iVm dem **Protokoll (Nr. 27) über den Binnenmarkt und den Wettbewerb.** Dessen Ziel war der Schutz der Marktstrukturen vor Vermachtung durch externes Unternehmenswachstum.[21] 4

---

[10] S. Diskussionspapier des BKartA „Das Untersagungskriterium in der Fusionskontrolle – Marktbeherrschende Stellung versus Substantial Lessening of Competition?“ für den Arbeitskreis Kartellrecht (2001), www.bundeskartellamt.de, S. 6ff.

[11] *Zeise,* aaO, Rdnr. 1217.

[12] *Immenga/Mestmäcker-Körber,* Art. 2 FKVO Rdnr. 217 und 218.

[13] *Janicki* WuW 1990, 195, 199.

[14] GWB idF d. Bekanntmachung v. 26.6.2013, BGBl. I S. 1750.

[15] *Immenga/Mestmäcker-Körber,* Art. 2 FKVO Rdnr. 411.

[16] *Langen/Bunte-Bardong,* Art. 2 FKVO, Rdnr. 38ff.; s. auch Diskussionspapier des BKartA, aaO, S. 34.

[17] *Bechtold/Bosch/Brinker,* EU-Kartellrecht, Art. 2 FKVO Rdnr. 3.

[18] Erwägungsgrund 25 zur FKVO; *Bechtold/Bosch/Brinker,* aaO; *Langen/Bunte-Bardong,* Art. 2 FKVO, Rdnr. 4; *Loewenheim/Meessen/Riesenkampff-Riesenkampff/Lehr,* Art. 2 FKVO Rdnr. 57. S. dazu Komm. E. v. 26.4.2006, COMP/M.3916, WuW/E EU-V 1153 – *T-Mobile Austria/Telering.*

[19] *Langen/Bunte-Bardong,* Art. 2 FKVO, Rdnr. 8m Nw.

[20] Komm., 19. WB 1990, Rdnr. 16, unter 4. Zur theoretischen Wettbewerbskonzeption der Kommission s. *Kerber,* Europäische Fusionskontrollpraxis, S. 192ff.

[21] *Grabitz/Hilf/Nettesheim-Jung,* Art. 102 AEUV Rdnr. 6 und 8.

5 Über lange Zeit war in Art. 2 Abs. 2 und 3 FKVO das Verhältnis des Strukturkriteriums „beherrschende Stellung" zu der durch den Zusammenschluss verursachten „erheblichen Behinderung wirksamen Wettbewerbs in Gemeinsamen Markt oder in einem wesentlichen Teil desselben" nicht klar. Auch die Entscheidungspraxis der Kommission ergab nicht eindeutig, ob es sich bei der „erheblichen Behinderung wirksamen Wettbewerbs" um ein eigenständiges und zusätzlich zu prüfendes Tatbestandsmerkmal der Abs. 2 und 3 handelte.[22] Mittlerweile ist die **„erhebliche Behinderung"** das **zentrale Prüfungskriterium** und von der Kommission eigenständig auszufüllen. Marktbeherrschung ist zu einem bloßen Regelbeispiel geworden. Die Kommission scheint davon auszugehen, dass im Falle der Entstehung oder Verstärkung einer marktbeherrschenden Stellung stets eine „erhebliche Behinderung wirksamen Wettbewerbs" vorliegt.[23] In der Literatur wird die **„Erheblichkeit"** oder „Spürbarkeit" teilweise als zusätzliches Tatbestandskriterium angesehen.[24] Bei der Forderung nach einer gewissen Dauerhaftigkeit einer entstehenden marktbeherrschenden Stellung oder nach einer nicht nur geringfügigen Verstärkung einer marktbeherrschenden Stellung werden allerdings nur bestimmte Anforderungen an die Marktbeherrschung selbst bzw. ihre Entstehung/Verstärkung formuliert, ohne damit eine zusätzliche Erheblichkeitsschwelle zu begründen.[25] Allenfalls kann man im Rahmen der neuen Fallgruppe der nichtkoordinierten Wirkungen eines Zusammenschlusses, die unterhalb der Marktbeherrschung zu einer Untersagung führen können, eine Erheblichkeitsschwelle annehmen.[26]

6 Mit dem neuen Kriterium der Wettbewerbsbehinderung wird aber jedenfalls ein betont ökonomischer Ansatz verfolgt, der stärker die **Effekte** des Zusammenschlusses im Wettbewerb prüft. Die Praxis der Kommission lässt erkennen, dass die europäische Fusionskontrolle infolge des SIEC-Tests in stärkerem Maße als bisher auf zu erwartendes unternehmerisches Verhalten abstellt. In jedem Fall benutzt sie mehr als früher ökonomische Verhaltensprognosen anstelle rein struktureller Überlegungen.

III. Die Prüfungskriterien der Kommission nach den Leitlinien über horizontale Zusammenschlüsse

7 Art. 2 Abs. 1–3 FKVO enthalten die materiellen Kriterien für die Beurteilung von Zusammenschlüssen. Die Kommission wird durch Art. 8 Abs. 2 bzw. Abs. 3 FKVO mit der Befugnis zur Vereinbarkeits- bzw. Unvereinbarkeitserklärung eines Zusammenschlusses betraut. Die Gesetzessystematik der FKVO unterscheidet sich insoweit von derjenigen des deutschen Rechts, welches in § 36 Abs. 1 GWB materielle Prüfungskriterien und Untersagungsbefugnis in einem Tatbestand vereint. Vorstufe einer Untersagungsentscheidung ist in jedem Fall die Einleitung der vertieften Prüfung nach Art. 6 Abs. 1 Buchst. c FKVO („Hauptverfahren")[27] bei Vorliegen „ernsthafter Bedenken".

8 Art. 2 Abs. 1 Satz 2 Buchst. a und b FKVO enthält die für die materielle Prüfung maßgeblichen Kriterien, die die Kommission „berücksichtigt". Implizit vorausgesetzt wird die Abgrenzung des sachlich und räumlich relevanten Marktes.[28] Die Norm schreibt keine besondere Reihenfolge oder Gewichtung vor.[29] Man könnte die in Abs. 1 genannten Merkmale als

---

[22] *Schultz/Wagemann,* Kartellrechtspraxis und Kartellrechtsprechung 1999/2000, Rdnr. 738; bejahend *Bechtold/Bosch/Brinker,* EU-Kartellrecht, Art. 2 FKVO Rdnr. 21, unter Verweis auf EuG U. v. 21.3.1994, Slg. 1994, II-121 – *Air France/Kommission;* ablehnend *Langen/Bunte-Bardong,* Art. 2 FKVO, Rdnr. 7; weitere Nw. bei *Zimmer* ZWeR 2004, 250 Fn. 5.

[23] Leitlinien der Kommission zu horizontalen Zusammenschlüssen, ABl. 2004 C 31/13 Rdnr. 22ff.

[24] *Bechtold/Bosch/Brinker,* EU-Kartellrecht, Art. 2 Rdnr. 24; *Zimmer* ZWeR 2004, 250, 261; aA *Langen/Bunte-Bardong,* Art. 2 FKVO, Rdnr. 125; differenzierend *Immenga/Mestmäcker-Körber,* Art. 2 FKVO Rdnr. 203ff.

[25] So auch *Immenga/Mestmäcker-Körber,* aaO, Rdnr. 204.

[26] *Immenga/Mestmäcker-Körber,* aaO, Rdnr. 205.

[27] S. u. § 17 Rdnr. 93.

[28] S. dazu unter Rdnr. 23ff. u. 38ff. und Formblatt CO, Abschnitt 6, und Art. 9 Abs. 7.

[29] So auch *Langen/Bunte-Bardong,* Art. 2 FKVO, Rdnr. 138.

„klassische Indikatoren der beherrschenden Stellung" bezeichnen. Vertretbar erscheint es aber auch, die Kriterien in Buchst. b als Parameter für eine beherrschende Stellung und die Kriterien unter Buchst. a als Prüfungspunkte bei der „erheblichen Behinderung wirksamen Wettbewerbs" zu verstehen.[30] Dieser Unterscheidung soll hier jedoch – auch wegen der so nicht differenzierenden Entscheidungspraxis der Kommission – nicht gefolgt werden.

Im Rahmen der früheren FKVO Nr. 4064/89 nahm die Kommission regelmäßig die **9** folgende – in ihrem 22. Wettbewerbsbericht (1992) als **„classical four step analysis"** bezeichnete – Prüfung vor:[31]

a) Marktstellung der sich zusammenschließenden Unternehmen
b) Angebotsstruktur
c) Nachfragestruktur
d) Potentieller Wettbewerb und Marktzutrittsschranken.[32]

Diese Gesichtspunkte spielen auch unter dem neuen Untersagungskriterium der „erheblichen Behinderung wirksamen Wettbewerbs" (SIEC) eine wichtige Rolle, werden aber anders systematisiert. Nach Erwägungsgrund 25 der FKVO Nr. 139/2004 soll sich das neue Untersagungskriterium „über das Konzept der Marktbeherrschung hinaus ausschließlich auf diejenigen wettbewerbsschädigenden Auswirkungen eines Zusammenschlusses erstrecken, die sich aus nicht koordiniertem Verhalten von Unternehmen ergeben, die auf dem jeweiligen Markt keine beherrschende Stellung haben würden". Wenn auch eine erhebliche Wettbewerbsbehinderung „im Allgemeinen aus der Begründung oder Verstärkung einer marktbeherrschenden Stellung (resultiert)",[33] gibt es nach Auffassung von Kommission und Rat in oligopolistischen Märkten Situationen, in denen infolge eines Zusammenschlusses der bislang bestehende Wettbewerbsdruck entscheidend vermindert wird (z. B. durch Zusammenschluss des zweit- und drittgrößten Anbieters in einem Markt). Dies sei gerade dann denkbar, wenn es an einer weitergehenden „Koordinierung" zwischen den Oligopolmitgliedern fehlt bzw. diese unwahrscheinlich ist. Auch dann könne es zu einseitiger Preisanhebung und Ausübung von Marktmacht kommen. Derartige **nicht koordinierte Auswirkungen im Oligopol** (engl. **non-coordinated** oder **unilateral effects**) werden mit der Neufassung von Art. 2 Abs. 2 und 3 FKVO – zusätzlich zur alleinigen Marktbeherrschung (nicht koordinierte Effekte außerhalb von Oligopolen) und der oligopolistischen Marktbeherrschung („koordinierte Effekte" in Oligopolen) – erfasst.[34] Mithin gibt es zukünftig **drei Fallgruppen,** in denen eine wesentliche Wettbewerbsbehinderung angenommen und ein Zusammenschluss untersagt werden kann.

Mit dem Abstellen auf „Effekte", d. h. konkrete Auswirkungen des Zusammenschlusses **10** wählt die Kommission im Zuge des bereits bei der VO Nr. 1/2003 wie auch im Rahmen der Missbrauchsaufsicht[35] verfolgten **„more economic approach"** einen Ansatz, der sich von der herkömmlichen **Strukturbetrachtung** in der Fusionskontrolle entfernt. Bislang wurde anhand der Veränderung der Marktstellung der Zusammenschlussbeteiligten geprüft, ob es im Sinne einer **abstrakten Gefährdungslage** zur Entstehung oder Verstärkung von Marktbeherrschung kommt. Nach dem neuen Ansatz werden **konkrete Auswirkungen** auf die Verbraucher geprüft und es wird gefragt, ob ein Zusammenschluss zu **erweiterten Preissetzungsspielräumen** führt, weil das neue Unternehmen unter **verringertem Wettbewerbsdruck** steht (zu den Methoden der Prüfung s. Rdnr. 117).[36]

---

[30] So *Drauz/Schroeder,* S. 105 ff. u. 148 ff.

[31] Komm., 22. WB 1992, Rdnr. 246; s. auch *Schmidt/Schmidt,* Europäische Wettbewerbspolitik, S. 90.

[32] S. dazu im einzelnen Vorauflage, § 16 Rdnr. 8 ff.

[33] Erwägungsgrund 26, Satz 1, zur FKVO Nr. 139/04.

[34] Erwägungsgrund 25, Satz 4 und 6; *Bechtold/Bosch/Brinker,* EU-Kartellrecht, Art. 2 FKVO Rdnr. 4; *Zeise,* in: Handbuch der Fusionskontrolle, Rdnr. 13.

[35] *Langen/Bunte-Bardong,* Art. 2 FKVO, Rdnr. 4.

[36] S. dazu auch *Röller/Mano* ECJ 2006, 9 ff.; *Bechtold,* in: Recht und Ökonomie, S. 103 ff.; *Schwalbe,* in Fs. Bechtold, S. 465 ff.; *Karl,* in Fs. Bechtold, S. 209 ff.; kritisch *Schmidt,* in Fs. Bechtold, S. 409 ff.

11 Zur Erläuterung der nicht koordinierten Auswirkungen und der koordinierten Auswirkungen hat die Kommission zeitgleich mit der neuen FKVO **Leitlinien zur Bewertung horizontaler Zusammenschlüsse** veröffentlicht.[37] Im Herbst 2007 folgten **Leitlinien für vertikale und konglomerate Zusammenschlüsse.**[38] Diese Leitlinien haben keinen normativen, aber faktisch einen normgleichen Charakter, da sich die Kommission durch sie in der Rechtsanwendung selbst bindet; Fehler in der Anwendung der Leitlinien werden von den Gerichten ebenso bewertet wie eine fehlerhafte Anwendung der FKVO selbst.[39] Die Kommission betonte in den Horizontalleitlinien zunächst, dass auch in Zukunft „den meisten Fällen von Unvereinbarkeit eines Zusammenschlusses mit dem Gemeinsamen Markt … die Feststellung von Marktbeherrschung zugrunde liegen wird".[40] Die einschlägigen Hinweise aus der bisherigen Entscheidungspraxis der Kommission und aus der Rechtsprechung der Unionsgerichte sollen deshalb fortgelten. Die Leitlinien sollen für horizontale Zusammenschlüsse zwischen aktuellen oder potentiellen Wettbewerbern die anzuwendenden Kriterien – und erstmals die Kriterien für sog. nicht koordinierte Effekte – näher ausformen und erläutern. Dazu gehören wie bisher der Marktanteil und die Nachfragemacht der Abnehmer und neu die Effizienzvorteile. Die Kommission systematisiert damit die bislang nur auf Einzel- und Kollektivmarktbeherrschung ausgerichteten Prüfungskriterien anhand koordinierter und nicht koordinierter Effekte, die dann sowohl den (primären) Maßstab der erheblichen Wettbewerbsbehinderung als auch das Regelbeispiel der Marktbeherrschung abdecken.[41] Außerdem werden die in der Entscheidungspraxis der Kommission entwickelten Voraussetzungen einer Sanierungsfusion erläutert. Im Einzelnen:

12 **1. Konzentrationsgrad.** Im Zusammenhang mit dem **Marktanteil** wird dem **Konzentrationsgrad** – gemessen über den **Herfindahl-Hirschman-Index (HHI)** – besondere Bedeutung beigemessen.[42] Der HHI errechnet sich aus der Summe des Quadrats der jeweiligen Marktanteile sämtlicher Unternehmen in einem Markt. Aus seiner absoluten Höhe lässt sich „eine erste Aussage" über den Wettbewerbsdruck in einem Markt und aus seinen Veränderungen infolge eines Zusammenschlusses eine Aussage über die unmittelbar herbeigeführten Änderungen des Konzentrationsgrades machen.[43] Sehr hohe Marktanteile von 50% und mehr können im Übrigen für sich allein ein Nachweis für das Vorhandensein einer marktbeherrschenden Stellung sein. Wegen sonstiger Faktoren kann aber auch ein fusionsbedingter Marktanteil zwischen 40 und 50% eine Untersagung begründen.[44] Da die Grenzwerte des HHI relativ niedrig liegen, kommt ihnen insgesamt vor allem der Zweck zu, wettbewerblich unbedenkliche Zusammenschlüsse zu identifizieren, die keiner vertieften Prüfung bedürfen.[45]

13 **2. Negative Wirkungen.** Negative Wirkungen eines horizontalen Zusammenschlusses können, wie dargelegt, als nicht koordinierte („unilaterale") oder als „koordinierte" Effekte auftreten. Nicht aus Rdnr. 22 der Leitlinien, aber aus Erwägungsgrund 25 der FKVO ergibt sich, dass die Prüfung dieser wettbewerbsbehindernden Wirkungen innerhalb oligopo-

[37] Leitlinien zur Bewertung horizontaler Zusammenschlüsse gemäß der Ratsverordnung über die Kontrolle von Unternehmenszusammenschlüssen, ABl. 2004 C 31/5; s. dazu *Voigt/Schmidt* CMLR 2004, 1583 ff.

[38] ABl. 2008 C 265/6; http://ec.europa.eu/comm/competition/mergers/legislation/nonhorizontal guidelines_de.pdf; s. auch Rdnr. 129 ff.

[39] *Langen/Bunte-Bardong,* Art. 2 FKVO, Rdnr. 22 mwN.

[40] Horizontal-Leitlinien, aaO, Rdnr. 4; s. auch *Bechtold/Bosch/Brinker,* EU-Kartellrecht, Art. 2 FKVO Rdnr. 36 ff.).

[41] *Bechtold/Bosch/Brinker,* EU-Kartellrecht, Art. 2 FKVO, aaO.

[42] Horizontal-Leitlinien, aaO, Rdnr. 16 ff.

[43] S. im Einzelnen Horizontal-Leitlinien, aaO, Rdnr. 16 und 19–21; *Zeise,* in: Handbuch der Fusionskontrolle, Rdnr. 1246 ff.

[44] AaO, Rdnr. 17.

[45] Horizontal-Leitlinien, aaO, Rdnr. 19 f.

listisch strukturierter Märkte erfolgt und dass „koordinierte" Effekte in diesen Märkten mit der Begründung/Verstärkung von oligopolistischer Marktbeherrschung gleichzusetzen ist. Der ökonomische Begriff der „koordinierten" Effekte – oder der „impliziten Kollusion" bzw. des bewussten Parallelverhaltens – verlangt dabei in keiner Weise das Vorliegen einer Vereinbarung oder abgestimmten Verhaltensweise iSd Art. 101 Abs. 1 AEUV.[46] Derartiges unternehmerisches Verhalten ist als solches nicht zu beanstanden, kann aber im Rahmen der fusionskontrollrechtlichen Prognose der Auswirkungen eines Zusammenschlusses zur Annahme eines „SIEC" führen. Als dritte Form der Wettbewerbsbehinderung ist die Begründung/Verstärkung von Einzelmarktbeherrschung möglich.[47]

a) Nicht koordinierte Wirkungen. Nicht koordinierte Wirkungen können zum einen infolge des Zusammengehens von zwei vorher im Wettbewerb zueinander stehenden Unternehmen entstehen. Der Zusammenschluss beseitigt hier den bisherigen Wettbewerbsdruck, was dem neu entstandenen Unternehmen – wie ggf. auch den sonstigen Anbietern auf dem betroffenen Markt – die Möglichkeit von Preiserhöhungen gibt.[48] Auch in oligopolistischen Märkten kann es, selbst wenn es an einem vorherigen oder jetzt denkbarem (bewussten) Parallelverhalten („Abstimmung", engl. coordination) fehlt, zu einer solchen Verringerung des Wettbewerbsdrucks kommen.[49] Als Faktoren, die nicht koordinierte Wirkungen auslösen, nennt die Kommission 14
– hohe Marktanteile der fusionierenden Unternehmen (Rdnr. 27);
– die fusionierenden Unternehmen sind nahe Wettbewerber (Rdnr. 28);
– Kunden haben nur begrenzte Möglichkeiten, zu anderen Anbietern zu wechseln (Rdnr. 31);
– eine Erhöhung des Angebots durch die Wettbewerber bei Preiserhöhungen ist unwahrscheinlich (Rdnr. 32);
– das fusionierte Unternehmen hat die Fähigkeit, die Wettbewerber am Wachstum zu hindern (Rdnr. 36);
– eine wichtige Wettbewerbskraft wird durch den Zusammenschluss beseitigt (Rdnr. 37).

Insgesamt sollen demnach Situationen erfasst werden, in denen nach dem Zusammenschluss der Wettbewerbsdruck derart vermindert ist, dass das oder die zusammengeschlossenen Unternehmen über einen **nicht mehr kontrollierten Verhaltensspielraum** verfügen.[50] Dies entspricht letztlich wieder dem bisherigen Definitionsansatz von Marktbeherrschung.

b) „Koordinierte" Wirkungen. „Koordinierte" Wirkungen treten ein, wenn nach einem Zusammenschluss in einem bereits konzentrierten Markt die verbleibenden Anbieter ihr Verhalten „koordinieren und die Preise erhöhen (können), ohne eine Vereinbarung eingehen oder ihre Verhaltensweise im Sinne von Art. 81 EG aufeinander abstimmen zu müssen".[51] Mangels kollusiven Verhaltens handelt es sich bei der „Koordination" um das auch in der deutschen Entscheidungspraxis hier geprüfte (bewusste) Parallelverhalten von Oligopolisten bzw. deren oligopolistische Reaktionsverbundenheit. Die Kommission formuliert allerdings – in Anlehnung an das Urteil *Airtours/Kommissions* des EuG[52] – für die Bejahung einer „nachhaltigen" Koordination i. d. S. drei zusätzliche Voraussetzungen: 15
aa) Die koordinierenden Unternehmen müssen in ausreichendem Maße überwachen können, ob die Koordinierungsmodalitäten befolgt werden (Transparenz);
bb) es müssen ausreichende Abschreckungsmechanismen greifen, wenn eine Abweichung zutage tritt;

---

[46] S. auch die Horizontal-Leitlinien, aaO, Rdnr. 39.
[47] S. oben Rdnr. 90 ff.
[48] Horizontal-Leitlinien, aaO, Rdnr. 24; s. auch *Langen/Bunte-Bardong,* Art. 2 FKVO, Rdnr. 192–194.
[49] AaO, Rdnr. 25.
[50] Horizontal-Leitlinien, aaO, Rdnr. 36.
[51] AaO, Rdnr. 39.
[52] U. v. 6.6.2000, Slg. 2000, II-2585 Rdnr. 62.

cc) Reaktionen sonstiger Wettbewerber, die an der Abstimmung nicht teilnehmen, sowie der Kunden dürfen die mit der Koordinierung erwarteten Ergebnisse nicht gefährden.[53]

16 **3. Nachfragemacht in vorgelagerten Märkten.** Nachfragemacht in vorgelagerten Märkten kann durch einen Zusammenschluss begründet oder verstärkt werden. Dies kann kostensenkend und damit für den nachgelagerten Markt vorteilhaft sein, es kann aber auch einen Abschottungseffekt in Bezug auf den vorgelagerten Markt haben und damit wettbewerbsschädlich sein.[54]

17 **4. Nachfragemacht der Abnehmer.** Nachfragemacht der Abnehmer kann wettbewerbsschädliche Auswirkungen eines Zusammenschlusses neutralisieren, wenn z.B. Abnehmer glaubwürdig androhen können, auf andere Lieferanten auszuweichen, oder einen potentiellen Marktzugänger durch Großbestellungen davon überzeugen, in den Markt einzutreten.[55]

18 **5. Marktzutritt.** Ein **Marktzutritt** potentieller Anbieter muss wahrscheinlich, kurzfristig (d.h. in der Regel innerhalb von zwei Jahren) durchführbar sein und in einem ausreichenden Umfang erfolgen können, um wettbewerbswidrige Risiken eines Zusammenschlusses ausgleichen zu können.[56]

19 **6. Effizienzvorteile.** „Begründeten und wahrscheinlichen **Effizienzvorteilen**", die von den beteiligten Unternehmen vorgetragen werden, ist seit der Revision 2004 der FKVO bei der Prüfung eines Zusammenschlusses Rechnung zu tragen. Derartige Effizienzgewinne können negative wettbewerbliche Auswirkungen eines Zusammenschlusses ausgleichen[57] (s. dazu im Einzelnen Rdnr. 80ff.).

20 **7. Sanierungsfusion.** Schließlich behandeln die Leitlinien die Voraussetzungen einer **Sanierungsfusion.**[58]

21 **8. Fazit.** Während sich die Kommission in der ersten Zeit nach Änderung des Art. 2 FKVO in der materiellen Prüfung eines horizontalen Zusammenschlusses noch auf die Frage der Begründung oder Verstärkung von Marktbeherrschung konzentrierte, richtet sie mittlerweile die Prüfung unmittelbar oder zumindest im Schwerpunkt auf mögliche nichtkoordinierte Effekte aus.[59] Der Marktbeherrschungstest ist allenfalls noch Teil einer mehrstufigen Prüfung.[60]

22 Drei Jahre nach den Horizontal-Leitlinien veröffentlichte die Kommission entsprechende Leitlinien zur Bewertung nichthorizontaler (d.h. **vertikaler** und **konglomerater**) Zusammenschlüsse.[61] Die dort beschriebenen nichtkoordinierten Effekte (in Form von Fähigkeiten und Anreizen zur Marktabschottung) und koordinierten Effekte werden nachfolgend anhand der entsprechenden Fallpraxis der vergangenen Jahre näher behandelt.[62]

B. Der sachlich relevante Markt

I. Konzept der Austauschbarkeit

23 Die Vereinbarkeit eines Zusammenschlusses mit dem Gemeinsamen Markt hängt davon ab, ob der Zusammenschluss wirksamen Wettbewerb im Gemeinsamen Markt oder in ei-

---

[53] S. im Einzelnen Rdnr. 41 und 44ff.
[54] Horizontal-Leitlinien, aaO, Rdnr. 61ff.
[55] Horizontal-Leitlinien, aaO, Rdnr. 64ff.
[56] Horizontal-Leitlinien, aaO, Rdnr. 68ff., 74.
[57] Erwägungsgrund 29 zur FKVO; Leitlinien, aaO, Rdnr. 76ff.
[58] S. dazu Rdnr. 219.
[59] S. dazu Rdnr. 117ff.
[60] *Hossenfelder/Töllner/Ost,* Kartellrechtspraxis und Kartellrechtsprechung 2005/2006, Rdnr. 872.
[61] Leitlinien v. 28.11.2007, ABl. 2008 C 265/6ff.
[62] S. dazu Rdnr. 129ff. und 133ff.

nem wesentlichen Teil desselben erheblich behindern würde oder nicht (Art. 2 Abs. 2 und 3 FKVO). Ausgangspunkt der Prüfung ist die Abgrenzung der durch den Zusammenschluss betroffenen sachlichen und räumlichen Märkte. Nach der Bekanntmachung der Kommission über die Definition des relevanten Marktes[63] ist es Zweck der Marktabgrenzung, die wettbewerbliche Kontrolle („constraints") – verkörpert durch aktuelle und potentielle Wettbewerber – zu identifizieren, der die am Zusammenschluss beteiligten Unternehmen ausgesetzt sind.[64] So ist die Marktabgrenzung vor allem Voraussetzung zur Berechnung von Marktanteilen.

Die FKVO selbst liefert keine Definition des relevanten Produktmarktes, sie nennt nur – 24
im Rahmen des Art. 9 FKVO – Kriterien zur räumlichen Marktabgrenzung (Art. 9 Abs. 7 FKVO).[65] Eine genauere Bestimmung des sachlich relevanten Marktes findet sich allerdings im **Formblatt CO** (Abschnitt 6.1) und – daran anknüpfend – in der **Bekanntmachung der Kommission über die Definition des relevanten Marktes** im Sinne des Wettbewerbsrechts der Gemeinschaft (1997).[66] Danach sind – in Anlehnung an die Rechtsprechung des EuGH zu Art. 102 AEUV[67] – sämtliche Erzeugnisse und/oder Dienstleistungen vom relevanten Produktmarkt umfasst, die von den Abnehmern hinsichtlich ihrer Eigenschaften, Preise und ihres vorgesehenen Verwendungszwecks als austauschbar oder substituierbar angesehen werden. Dabei kann ein Produktmarkt auch aus Produktgruppen, d. h. einer Reihe von Erzeugnissen und/oder Dienstleistungen bestehen, die weitgehend die gleichen physischen oder technischen Merkmale aufweisen und voll austauschbar sind. Der sachlichen Marktabgrenzung in der EG-Fusionskontrolle liegt somit das **Konzept der Austauschbarkeit** von Gütern/Dienstleistungen zugrunde. Entscheidend ist (bei Angebotsmärkten) die **Sicht des Abnehmers.** Dies entspricht dem Ansatz des BKartA und der Rechtsprechung zur deutschen Fusionskontrolle.[68]

Im Einzelnen hat die Kommission zu prüfen und zu begründen, welche Waren oder 25
Dienstleistungen in den relevanten Produktmarkt einbezogen und welche davon ausgenommen werden.[69] Maßgebliche Kriterien sind die Austauschbarkeit oder Substituierbarkeit (hinsichtlich des Verwendungszwecks),[70] die Wettbewerbsbedingungen, die Preise, die Kreuzpreiselastizität der Nachfrage und sonstige für die Marktabgrenzung erhebliche Faktoren (z. B. angebotsseitige Substitution).[71]

---

[63] ABl. 1997 C 372/5; http://eur-lex.europa.eu/legal-content/DE/TXT/PDF/?uri=CELEX:31997Y1209 %2801 %29&from=EN; auch abgedr. in WuW 1998, 261 ff. (nachfolgend „Bekanntmachung rel. Markt"); Komm., 27. WB 1997, Rdnr. 44. S. auch *Baker/Wu* ECLR 1998, 273 ff.

[64] Bekanntmachung rel. Markt, Rdnr. 2 (Die deutsche Fassung der Bekanntmachung spricht von „Schranken").

[65] S. dazu unter Rdnr. 29 ff.

[66] ABl. 1997 C 372/5. Zur Abgrenzung des sachlich relevanten Marktes in der Fusionskontrolle vom Begriff der „gleichartigen Waren" im Antidumpingrecht s. *Hirsbrunner* EuZW 1997, 748, 753 f. mwN zur Entscheidungspraxis der Kommission; zur Marktabgrenzung bei Art. 82 s. *de Bronett,* § 22 Rdnr. 12 ff.

[67] EuGH U. v. 21.2.1973, Slg. 1973, 215, 248 Rdnr. 32 – *Europemballage Corp. und Continental Can/Kommission;* U. v. 13.2.1979, Slg. 1979, 461 Rdnr. 28 – *Hoffmann-La Roche/Kommission;* U. v. 6.10.1994, Slg. 1994, II-755, 793 Rdnr. 63 u. 66 – *Tetra Pak/Kommission;* zu möglichen Unterschieden der Marktabgrenzung in der Fusionskontrolle und Art. 106 AEUV s. *Immenga/Mestmäcker-Körber,* EG-WbR, Art. 2 FKVO Rdnr. 22 f. Zur Marktabgrenzung nach Art. 102 s. ferner *de Bronett,* § 22 Rdnr. 12 ff.

[68] Ebenso *Stockmann/Schultz,* Rdnr. 784; *Bechtold,* in Fs. von Gamm 1990, S. 37 ff., wobei nach Auffassung von *Bechtold* die Kommission den Produktmarkt tendenziell etwas weiter abgrenzt (Fs. Gaedertz, S. 45, 49). Ausführlich zum deutschen Recht *Richter/Steinvorth,* § 20 Rdnr. 7 ff. und *Wiedemann,* § 23 Rdnr. 7 ff. sowie *Langen/Bunte-Bardong* § 18 GWB, Rdnr. 15 ff.

[69] So das Formblatt CO, Abschnitt 6.1.

[70] In der Kommissionspraxis zur FKVO synonym gebrauchte Begriffe (ausgehend vom englischen Begriff der substitutability), während das BKartA im Einklang mit der deutschen Rechtsprechung nur „austauschbare" Produkte demselben Markt zurechnet und zuweilen bei benachbarten Märkten von „Substitutionskonkurrenz" spricht, vgl. *Langen/Bunte-Bardong,* § 18 GWB, Rdnr. 22 und 33 mwN.

[71] Formblatt CO, aaO.

26 Gemäß Abschnitt 6.3 des Formblattes CO sind unter den im konkreten Fall relevanten Produktmärkten die durch den Zusammenschluss **betroffenen Märkte**[72] festzustellen. Dies sind solche Produktmärkte im EWR-Gebiet oder einem Teilgebiet davon, in denen sich durch den Zusammenschluss **horizontale Beziehungen** mit einem gemeinsamen Marktanteile der Beteiligten von 20% oder mehr (Buchst. a) oder **vertikale Beziehungen** mit einem Marktanteil eines oder mehrerer Beteiligter in einem vor- oder nachgelagerten Markt von 30% oder mehr (Buchst. b) ergeben. Alle weiteren nach dem Formblatt CO erforderlichen Angaben sind jeweils für die betroffenen Märkte zu machen.

II. Praxis der Kommission

27 In der mehr als zwanzigjährigen Entscheidungspraxis hat sich die Kommission für eine Vielzahl von Produkten und Dienstleistungen mit der Abgrenzung des sachlich relevanten Marktes beschäftigt. Eine erschöpfende Darstellung kann an dieser Stelle nicht gegeben werden.[73] Stattdessen soll in Anlehnung an die Bekanntmachung der Kommission zur Marktabgrenzung eine Übersicht über die wesentlichen, von der Kommission verwendeten Kriterien gegeben werden. Die Entwicklung dieser Kriterien erfolgte vornehmlich in Entscheidungen nach Art. 8 FKVO. In Genehmigungen von Zusammenschlüssen nach Art. 6 Abs. 1 Buchst. b FKVO, die über 90% aller Entscheidungen ausmachen und zudem häufig als Short Form Decisions, d.h. ohne nähere schriftliche Begründung, ergehen, lässt die Kommission häufig die sachliche (und auch räumliche) Marktabgrenzung offen, wenn diese nicht entscheidungserheblich ist.[74] Diesen Entscheidungen lassen sich somit nur bestimmte Argumentationslinien, nicht jedoch gesicherte Grundsätze für die Marktabgrenzung entnehmen.

28 **1. Grundprinzipien.** Neben der Austauschbarkeit aus Nachfragersicht („demand substitutability") als dem wichtigsten konstitutiven Prinzip eines Marktes[75] können Angebotsumstellungsflexibilität („supply side substitutability") sowie besondere Anbieter- oder Nachfragerstrukturen ein maßgebliches Element der sachlichen Marktabgrenzung sein.

29 *a) Nachfrageseitige Substitution.* Ausgehend von den Waren oder Dienstleistungen, die die beteiligten Unternehmen anbieten, fragt die Kommission nach weiteren Waren/Dienstleistungen, durch die die Beteiligten in ihrer eigenen Preissetzung beschränkt werden. Würden die Abnehmer bei einer Preiserhöhung von 5–10% zu diesen anderen Produkten überwechseln mit der Folge von Umsatz- und Gewinneinbußen, so wird die Austauschbarkeit beider Produkte und damit die Zugehörigkeit zum selben sachlichen Markt bejaht.[76] Dieser sog. SSNIP-Test (oder Hypothetischer Monopoltest),[77] der als theoretisches Modell anerkannt, aber hinsichtlich seiner Verlässlichkeit und Aussagekraft mit erheblichen Schwächen behaftet ist,[78] findet sich in etlichen Kommissionsentscheidungen, allerdings nur sehr selten in einer Entscheidung nach Art. 6 FKVO innerhalb der ersten Phase.[79]

---

[72] Engl. affected markets; französ. marchés affectés.

[73] S. hierzu *Langen/Bunte-Bardong,* Art. 2 FKVO, Rdnr. 46ff.; *Drauz/Schroeder,* Kap. C 1a; *Hossenfelder/Töllner/Ost,* Kartellrechtspraxis und Kartellrechtsprechung 2005/2006, Rdnr. 893; dies., 2003/2004, Rdnr. 924ff.; *Canenbley/Höltzler/Wiedemann,* EC Merger Control Monitor, Abschn. B. Die nachfolgend zitierten Entscheidungen der Kommission sind im vollen Wortlaut abrufbar unter http://ec.europa.eu/comm/competition/mergers/cases.

[74] Vgl. statt vieler Komm. E. v. 17.7.1991, IV/M.112 – *EDS/SD-Scicon;* Komm. E. v. 28.4.1992, IV/M.126, ABl. 1992 L 204/1, Rdnr. 21 – *ACCOR/Wagons-Lits; Langen/Bunte-Bardong,* Art. 2 FKVO, Rdnr. 41; Komm., Bekanntmachung rel. Markt, Rdnr. 27.

[75] Bekanntmachung rel. Markt, Rdnr. 13.

[76] Bekanntmachung rel. Markt, Rdnr. 16f.

[77] *Langen/Bunte-Bardong,* Art. 2 FKVO, Rdnr. 50 unter Hinweis auf *Bishop/Walker,* The Economics of EC Competition Law, Rdnr. 407ff. Dazu auch *Ewald* in § 7.

[78] *Langen/Bunte-Bardong,* Art. 2 FKVO, Rdnr. 35; *Ewald* ZWeR 2004, 512, 524.

[79] Komm. E. v. 21.6.1994, IV/M.430, ABl. 1994 L 354/32 – *Procter & Gamble/VP Schickedanz (II);,* Komm. E. v. 22.1.1997, IV/M.794, ABl. 1997 L 218/15 – *Coca-Cola Enterpr./Amalgamated Beverages*

b) Angebotsumstellungsflexibilität. Die Angebotsumstellungsflexibilität wird bei Produkten mit großer Sortimentsbreite herangezogen, wenn Anbieter von benachbarten Qualitäten oder Sortimenten **kurzfristig** und **ohne erhebliche Zusatzkosten** in der Lage sind, ihre Produktion auf die von den Zusammenschlussbeteiligten hergestellten Produkte umzustellen.[80] Dies ist z. B. bei Herstellern von Schreib- und Druckpapier oder bei akademischen und berufsbezogenen Fachbüchern der Fall.[81] Nicht in Betracht kommt dieser Parameter für eine erweiterte Marktabgrenzung, wenn benachbarte Produkte zwar produktionstechnisch einfach umzustellen, aufgrund von Markenbedeutung und Werbeaufwand aber nicht ohne erhebliche Zusatzkosten zu vertreiben sind.[82] Verneint wurde Angebotsumstellungsflexibilität auch – wegen längerer Umstellungszeiten und Unwirtschaftlichkeit der Umstellung – zwischen verschiedenen Arten von Umreifungsband aus Kunststoff.[83] 30

2. Einzelkriterien. In ihrer Bekanntmachung über den relevanten Markt nennt die Kommission in Auswertung ihrer Entscheidungspraxis sechs Kriterien, die von Bedeutung sind, insbesondere für die nachfrageseitige Austauschbarkeit. Ihre Gewichtung kann im Einzelfall verschieden sein. Die Kommission verfolgt insoweit bewusst einen flexiblen Ansatz.[84] 31

a) Produkteigenschaften und Verwendungszweck. Sie stellen den Ausgangspunkt der sachlichen Marktabgrenzung dar. Die Kommission beschreibt jeweils ausführlich Art, Zusammensetzung, Funktionsweise und Möglichkeit der Verwendung der vom Zusammenschluss betroffenen Waren oder Dienstleistungen.[85] Allerdings genügt funktionelle (Nicht-)Austauschbarkeit manchmal nicht, um die Zugehörigkeit zu einem oder verschiedenen Märkten zu belegen; Abnehmer entscheiden teilweise nach anderen Kriterien.[86] Wegen unterschiedlicher Verwendungszwecke wird in manchen Entscheidungen eine Vielzahl von sachlichen Märkten geprüft, z. B. über 1000 Märkte im Fall *Bayer/Aventis Crop Science* mit wettbewerblichen Bedenken in mehr als 100 Märkten, die durch Zusagen gelöst wurden.[87] Im Fall *Facebook/WhatsApp* beschränkte die Kommission den sachlich relevanten Markt für elektronische Kommunikationsdienste auf solche über Smartphones im Gegensatz zur Nutzung von PC/Tablets, da die betroffenen Dienste App-basiert sind.[88] 32

b) Belege zur Austauschbarkeit aus der jüngeren Vergangenheit. Hierzu zählen z. B. Abnehmerreaktionen infolge von deutlichen Preiserhöhungen oder Produktneuheiten.[89] 33

c) Preise und Preisrelationen. Unterschiedliche Preise zwischen benachbarten Produkten oder auch zwischen Premiummarken und Handelsmarken desselben Produkts sind ein maßgeblicher Gesichtspunkt, der der Austauschbarkeit aus Nachfragersicht entgegenstehen kann.[90] Ein Unterschied von 5–10% reicht dafür nach Ansicht der Kommission allerdings 34

Great Britain; Komm. E. v. 17.11.2010, COMP/M.5658 – *Unilever/Sara Lee Body Care,* hierzu *Monopolkommission,* Hauptgutachten 2010/2011, Rdnr. 853 ff.

[80] Komm., 22. WB 1992, Rdnr. 234; Bekanntmachung rel. Markt, Rdnr. 20 f.

[81] AaO, Rdnr. 22; Komm. E. v. 29.7.2003, COMP/M.3197, Rdnr. 12 ff. – *Candover/Cinven/Bertelsmann-Springer.*

[82] Z. B. bei Getränkemarken, aaO, Rdnr. 23.

[83] Komm. E. v. 6.5.1998, IV/M.970, ABl. 1998 L 316/33 – *TKS/ITW Signode/Titan.*

[84] Bekanntmachung rel. Markt, Rdnr. 25; ausführlich zu den einzelnen Kriterien *Immenga/Mestmäcker-Körber,* Art. 2 FKVO Rdnr. 32 ff. u. 56 ff.

[85] Komm. E. 6.11.1990, IV/M.004, Rdnr. 9 f. – *Renault/Volvo;* Komm. E. v. 22.7.1992, IV/M.190, ABl. 1992 L 356/1 – *Nestlé/Perrier;* Komm. E. v. 19.10.2010, COMP/M.6106, (gasgetriebene Stromerzeugungsaggregate nach Drehzahl und Leistung) – *Caterpillar/MWM;* zahlr. weitere Beispiele bei *Langen/Bunte-Bardong,* Art. 2 FKVO, Rdnr. 61.

[86] Bekanntmachung rel. Markt, Rdnr. 36.

[87] Komm. E. v. 17.4.2002, COMP/M. 2547; s. auch Komm. E. v. 11.6.2003, WuW 2003, 1047 – *Celanese/Degussa/JV* (Oxo-Chemikalien).

[88] Komm. E. v. 3.10.2014, COMP/M.7217, Rdnr. 21.

[89] AaO, Rdnr. 38.

[90] *Immenga/Mestmäcker-Immenga/Körber,* Art. 2 FKVO Rdnr. 47.

noch nicht aus.[91] Austauschbarkeit in der Vergangenheit kann auch durch ökonomische und statistische Untersuchungen **(quantitative Tests)** nachgewiesen werden. So analysiert die Kommission Preis-, Kreuzpreis- und Kreuzwerbungselastizitäten der Nachfrage,[92] parallele Preisbewegungen bestimmter Güter im Lauf der Zeit (= Zitat) oder Ursachen von Preisbewegungen.[93] Dabei gibt die Kommission selbst keine Studien in Auftrag, sondern prüft ggf. die Plausibilität der Marktstudien, die von beteiligten Unternehmen oder Wettbewerbern vorgelegt werden. Derartige quantitative Untersuchungen haben allerdings nur im Hauptverfahren wirkliche Bedeutung. Zunehmende Bedeutung haben ökonometrische Analysen erlangt, insbesondere zur Feststellung der relevanten Anbieter und der Reaktionsmöglichkeiten.[94]

35 *d) Äußerungen von Abnehmern und Wettbewerbern.*[95] Äußerungen von Abnehmern und Wettbewerbern, die von der Kommission im Wege umfangreicher Auskunftsersuchen (mit Fragebögen) eingeholt werden, u. a. zu dem 5–10%-Test,[96] bilden ein wesentliches Element der sachlichen Marktabgrenzung. Insbesondere bei Konsumgütern des täglichen Bedarfs lassen sich Verbraucherpräferenzen über Marktforschungsstudien verlässlich feststellen.[97]Wiederholt nahm die Kommission getrennte Märkte für Hersteller- und Handelsmarken an,[98] in manchen Fällen verneinte sie die Aufteilung.[99]

36 *e) Sachliche Hindernisse.* Sachliche Hindernisse können einer Austauschbarkeit entgegenstehen bzw. nur unter erheblichen Kosten überwindbar sein. Dies gilt für regulatorische Schranken (staatliche Lizenzen, Errichtungsgenehmigungen u. ä.), Festlegung auf bestimmte (Zwischen-)Produkte, die die nachgelagerte Produktionsstufe erfordert, Kosten für Produktions- oder Werkzeugumstellung, Sitz der Abnehmer oder Qualitäts- und Imagegesichtspunkte bei wenig bekannten Alternativanbietern.[100] Beispielhaft ist der Fall *Toll Collect* im Zusammenhang mit der Einführung eines Systems zur Mauterhebung für schwere LKW auf deutschen Autobahnen zu nennen; hier nahm die Kommission an, dass die von dem Gemeinschaftsunternehmen von *Daimler Chrysler* und *Deutsche Telekom* wahrgenommene hoheitliche Aufgabe auch einen Marktbezug habe. Das verwendete System könne für sonstige Verkehrstelematikdienste verwendet werden. Konkret prüfte die Kommission den Markt der Verkehrstelematik für Transport- und Logistikunternehmen.[101] Im Fall *Deutsche Bahn/Arriva*[102] ging die

---

[91] Komm. E. v. 30.10.1995, IV/M.646, Rdnr. 11f. – *TKS/ITW Signode/Titan.*

[92] So in Komm. E. v. 21.6.1994, IV/M.430, ABl. 1994 L 354/32, Rdnr. 54ff. – *Procter & Gamble/VP Schickedanz (II);* Komm. E. v. 24.4.1996, IV/M.619, ABl. 1997 L 11/30, Rdnr. 56ff. – *Gencor/Lonrho;* Komm. E. v. 22.1.1997, IV/M.794, ABl. 1997 L 218/15, Rdnr. 49ff. – *Coca-Cola Enterpr./Amalgamated Beverages Great Britain;* Komm. E. v. 9.6.2004, COMP/M. 3397 – *Owens-Illinois/BSN Glaspack;* Komm. E. v. 17.10.2002, COMP/M. 2187 – *CVC/Lenzing;* Komm. E. v. 2.2.2008, COMP/M.4942, Rdnr. 342 – *Nokia/Navteq.*

[93] Bekanntmachung rel. Markt, Rdnr. 39; Komm. E. v. 4.12.1996, IV/M.774, ABl. 1997 L 247/1, Rdnr. 125ff. – *Saint Gobain/Wacker Chemie/NOM.*

[94] Komm. E. v. 26.10.2004, COMP/M. 3216 – *Oracle/Peoplesoft;* s. dazu *Zimmer,* in Fs. Bechtold, S. 677, 690ff.; Komm. E. v. 2.9.2003, COMP/M 3083 – *GE/Instrumentarium;* Komm. E. v. 20.7.2004, COMP/M. 3333 – *Sony/BMG.*

[95] AaO, Rdnr. 40.

[96] S. oben unter Rdnr. 20.

[97] Bekanntmachung rel. Markt, Rdnr. 41; Komm. E. v. 22.1.1997, IV/M.794, ABl. 1997 L 218/15, Rdnr. 41ff. – *Coca-Cola Enterprises/Amalgamated Beverages Great Britain;* COMP/M. 3779 – *Pernod Ricard/Allied Domeq* (Spirituosen); Komm. E. v. 17.12.2008, COMP/M.5141, Rdnr. 103ff. und 117ff. – *KLM/Martinair;* s. auch *Langen/Bunte-Bardong,* Art. 2 FKVO, Rdnr. 53.

[98] Komm. E. v. 29.4.2004, WuW 2004, 770 – *Alba/Beko/Grundig HIS JV* (Farbfernsehgeräte); Komm. E. v. 24.1.2001, ABl. 2002 L 57/1 – *SCA Mölnlycke/Metsä Tissue* (Toilettenpapier).

[99] Komm. E. v. 29.2.2000, WuW 2000, 392 – *Granaria/Ültje/Intersnack* (Salzgebäck); Komm. E. v. 16.5.2003, WuW/E EU-V 855 – *Accor/Hilton/Six Continents/JV* (Kreuzfahrten in UK).

[100] Bekanntmachung rel. Markt, Rdnr. 42.

[101] Komm. E. v. 30.4.2003, COMP/M. 2903, WuW/E EU-V 859.

[102] Komm. E. v. 11.8.2010, COMP/M.5855; ausführlich dazu *Monopolkommission,* Hauptgutachten 2010/2011, Rdnr. 839ff.

Kommission von getrennten sachlichen Märkten für schienengebundenen und für straßengebundenen Personenregionalverkehr aus. Sie begründete dies mit unterschiedlichen regulatorischen Systemen.

37 *f) Unterschiedliche Abnehmergruppen.* Schließlich können unterschiedliche Abnehmergruppen innerhalb eines Produktmarktes zu einer weiteren Unterteilung in sachliche Einzelmärkte führen, wenn z.B. die Vertriebswege und -formen so unterschiedlich sind, dass eine Belieferung zwischen diesen Gruppen ausgeschlossen und somit eine Preisdiskriminierung einer Gruppe durch den Lieferanten möglich ist (z.B. Belieferung von Einzelhandel, Gastronomie und „Impuls"-Verkaufsstellen wie Kioske, Automaten etc. mit Erfrischungsgetränken[103] oder Direktbelieferung durch Hersteller und Großhandel im Vertrieb von Personal Computern an den Einzelhandel).[104] Eine derartige Abgrenzung von zwei Märkten hatte die Kommission in der Untersagungsentscheidung *TetraLaval/Sidel*[105] vorgenommen: Sie unterschied Streckblasmaschinen niedriger Leistung aufgrund unterschiedlicher Preise danach, ob sie Verpackungen für empfindliche Getränke (Milch, Saft) oder andere Getränke herstellen. Das EuG folgte dieser Differenzierung nicht, da seiner Einschätzung nach eine Preisdiskriminierung durch die beteiligten Unternehmen nach dem Zusammenschluss nicht zu erwarten sei. Daran seien die Unternehmen durch Art. 102 AEUV ohnehin gehindert bzw. sie hätten eine entsprechende Zusage abgegeben.[106] In einem den italienischen Zigarettenmarkt betreffenden Fall aus dem Jahr 2003 unterschied die Kommission drei sachlich relevante Märkte für das Hoch-, Mittel- und Niedrigpreissegment.[107]

C. Der räumlich relevante Markt

I. Art. 9 Abs. 7 FKVO und Formblatt CO

38 Art. 9 Abs. 7 FKVO führt – in nicht abschließender Form („insbesondere")[108] – die Merkmale eines gesonderten räumlichen Marktes auf und enthält damit die einzige Bestimmung der FKVO zum räumlich relevanten Markt. Eine **allgemeine Definition** findet sich im Übrigen in Abschnitt 6.2 des Formblattes CO und in der Bekanntmachung der Kommission über die Definition des relevanten Marktes im Sinne des Wettbewerbsrechts der Gemeinschaft vom 8.10.1997.[109]

39 Der **räumliche Referenzmarkt** ist nach Art. 9 Abs. 7 FKVO wie nach dem Formblatt CO ein Gebiet, in dem die betroffenen[110] Unternehmen als Anbieter oder Nachfrager von Waren oder Dienstleistungen auftreten. Entscheidendes Kriterium ist, dass auf dem Referenzmarkt die Wettbewerbsbedingungen hinreichend homogen sind, um eine vernünftige Einschätzung der Auswirkungen des Zusammenschlusses auf den Wettbewerb zu ermöglichen,[111] und dass dieser Markt sich von den benachbarten Gebieten unterscheidet. Die

[103] Komm., 22. WB 1992, Rdnr. 235; Bekanntmachung rel. Markt, Rdnr. 43; Komm.E. v. 6.11.1990, IV/M. 004, Rdnr. 15 – *Renault/Volvo* (Stadt- und Reisebusse); Komm.E. v. 28.4.1992, IV/M.126, ABl. 1992 L 204/1 – *ACCOR/Waggons Lits* (Autobahn-Raststätten und andere Restaurants); Komm.E. v. 20.11.1996, IV/M.784, ABl. 1997 L 110/53 Rdnr. 24ff. – *Kesko/Tuko* („klassischer" Großhandel/Cash & Carry-Großhandel); Komm.E. v. 22.1.1997, IV/M.794, ABl. 1997 L 218/15, Rdnr. 80ff. – *Coca-Cola Enterpr./Amalgamated Beverages Great Britain* (Erfrischungsgetränke).

[104] So in Komm.E. v. 23.6.1998, IV/M.1192, Rdnr. 11 – *CHS Electronics/Métrologie International.*

[105] Komm.E. v. 30.10.2001, COMP/M. 2416.

[106] EuG U. v. 25.10.2002, Slg. 2002, II-4519 – *Tetra Laval;* ebenso EuGH U. v. 15.2.2005, Slg. 2005, I-987 – *Kommission/Tetra Laval.*

[107] Komm.E. v. 23.10.2003, COMP/M. 3248 – *BAT/ETI.*

[108] *Bechtold* RIW 1990, 258, und in Fs. Gaedertz, S. 50f.; *Hirsbrunner* EuZW 1996, 517ff. (521).

[109] ABl. 1997 C 372/5.

[110] Gemeint sind die *beteiligten* Unternehmen, vgl. die englische Fassung von Art. 9 Abs. 7: „undertakings concerned".

[111] EuGH U. v. 31.3.1998, Slg. 1998, I-1375, Rdnr. 143 – *Französische Republik/Kommission* und *EMC/Kommission,* unter Hinweis auf EuGH U. v. 14.2.1978, Slg. 1978, 207 Rdnr. 11 u. 44 – *United*

Definition des Formblattes CO verlangt „spürbar" unterschiedliche Wettbewerbsbedingungen zwischen dem betroffenen Markt und den Nachbarmärkten.

40 Art. 9 Abs. 7 FKVO erfasst nicht nur den Regelfall des **Anbietermarktes,** sondern auch Märkte, auf denen die Zusammenschlussbeteiligten als **Nachfrager** auftreten, und war zunächst weiter als die Definition in Abschnitt 6 des Formblattes CO; in der Neufassung des Formblattes CO[112] wurde dies angeglichen. Nachfragemacht spielte allerdings hauptsächlich als Prüfungspunkt für die Bedeutung der den Verhaltensspielraum der Beteiligten begrenzenden Marktgegenseite – so insbesondere des Handels oder öffentlicher Nachfrager – eine Rolle.[113] Anders verhielt es sich bei Zusammenschlüssen zwischen Handelsunternehmen.[114]

II. Entscheidungspraxis der Kommission

41 **1. Grundprinzipien.** In gleicher Weise wie bei der sachlichen Marktabgrenzung geht die Kommission beim räumlich relevanten Markt vom Konzept der **Austauschbarkeit aus der Sicht des Abnehmers** aus.[115] Ausgangspunkt der Prüfung ist das räumliche Tätigkeitsgebiet der Zusammenschlussbeteiligten bzw. das oder die Gebiete, in denen sie bedeutendere Marktanteile erzielen,[116] also in der Regel die Mitgliedstaaten der Gemeinschaft oder die Gemeinschaft insgesamt. Diese „Arbeitshypothese" wird anhand der nachfolgend unter 2. (Rdnr. 44 ff.) beschriebenen Kriterien genauer geprüft. Dabei spielen Nachfragecharakteristika, aber auch angebotsseitige Aspekte eine Rolle. Grundsätzlich wird der räumlich relevante Markt so definiert, wie er sich **im Zeitpunkt des Zusammenschlusses** darstellt, wobei die Kommission hier nicht – wie bei Bestimmung der Zuständigkeit – auf den Zeitpunkt der Anmeldung, sondern auf den Zeitpunkt der Entscheidung abstellt. Bei Industrieprodukten geht die Kommission meistens von europa- oder sogar weltweiten Märkten, bei Grundstoff- und Dienstleistungsmärkten tendenziell häufiger noch von nationalen Märkten aus.[117]

42 Seit Beginn der EU-Fusionskontrolle wird darüber hinaus von der Kommission betont und allgemein diskutiert, inwieweit die **Integration des Gemeinsamen Marktes** und das Binnenmarktziel der EU bei der geographischen Marktabgrenzung zu berücksichtigen ist.[118] In der älteren Entscheidungspraxis war dies vor allem bei der Bewertung der Auswirkungen der EU-Vergaberichtlinien auf traditionell nationale Beschaffungspraktiken öffentlicher Unternehmen von Bedeutung. Teilweise wurde der relevante geographische Markt national abgegrenzt, die Öffnung der Märkte jedoch in der wettbewerblichen Würdigung erfasst *(Alcatel/Telettra, Mannesmann/Hoesch),*[119] teilweise ging die Kommission unter Berufung auf die Änderungen in der öffentlichen Beschaffungspolitik bereits von einem ge-

Brands/Kommission. Für Art. 101, 102 AEUV s. Komm. E. v. 14.5.1997, IV/34621, ABl. 1997 L 258/1, 16 Rdnr. 91.

[112] ABl. 1998 L 61/11, 18.

[113] Komm. E. v. 22.7.1992, IV/M.190, ABl. 1992 L 356/1 – *Nestlé/Perrier;* Komm. E. v. 21.6.1994, IV/M.430, ABl. 1994 L 354/32 – *Procter & Gamble/VP Schickedanz II;* Komm. E. v. 8.10.1995, IV/M.580, ABl. 1997 L 11/1 – *ABB/Daimler-Benz.*

[114] Komm. E. v. 27.8.1996, IV/M.803, WuW 1997, 135 – *Rewe/Billa;* Komm. E. v. 20.11.1996, IV/M.784, ABl. 1997 L 110/53 – *Kesko/Tuko;* Komm. E. v. 30.6.1997, IV/M.946, WuW 1997, 702 – *Intermarché/SPAR;* Komm. E. v. 3.2.1999, COMP/M.1221 – *Rewe/Meinl;* Komm. E. v. 23.6.2008, COMP/M.5047 – *Rewe/Adeg;* s. dazu *Monopolkommission,* Hauptgutachten 2008/2009, Rdnr. 733 f.

[115] Bekanntmachung rel. Markt, Rdnr. 15 ff. und 29; *Bechtold/Bosch/Brinker,* EU-Kartellrecht, Art. 2 FKVO Rdnr. 184.

[116] Bekanntmachung rel. Markt, Rdnr. 28.

[117] S. nachfolgend Rdnr. 46 f. und *Canenbley,* in Fs. Deringer, S. 226 ff.

[118] Komm., 22. WB 1992, Rdnr. 236; *Bechtold,* in Fs. Gaedertz, S. 52; *Werner,* in Fs. Lieberknecht, S. 602, 621 („Kommission entscheidet entwicklungsoffener").

[119] Komm. E. v. 12.4.1991, IV/M.042, ABl. 1991 L 122/48, Rdnr. 41 ff.; Komm. E. v. 12.11.1992, IV/M.222, Rdnr. 85 u. 89.

meinschaftsweiten Markt aus (so für Telekommunikationskabel in *Alcatel/AEG Kabel*).[120] Nach mehrjähriger Geltung der EU-weiten Ausschreibungen oberhalb bestimmter Schwellen bei den Beschaffungsvolumina bejaht sie inzwischen regelmäßig EU-weite Märkte.[121]

In ihrer Bekanntmachung zur Marktabgrenzung bezeichnet die Kommission den kontinuierlichen **Prozess der Marktintegration** als Element der Marktabgrenzung in der Fusionskontrolle und bei strukturellen Gemeinschaftsunternehmen:[122] „Führt Marktintegration binnen kurzer Frist zu größeren räumlichen Märkten, so kann dieser Umstand berücksichtigt werden".[123] Offen blieb, wie die „kurze Frist" zu bemessen ist. Auch setzte sich die Kommission in Widerspruch zu ihrer zuvor getroffenen Aussage, **potenziellen Wettbewerb** grundsätzlich nicht bei der Marktabgrenzung, sondern im Rahmen der wettbewerblichen Würdigung zu prüfen.[124] Die Prognose der Chancen eines Marktzutritts neuer Anbieter stellt eine eigenständige Analyse dar und sollte nicht mit der gegenwartsbezogenen Abgrenzung des Marktes vermischt werden.[125] Der Gesichtspunkt der europäischen Marktintegration kann im Rahmen der wettbewerblichen Würdigung in gleicher Weise Berücksichtigung finden. 43

2. Einzelkriterien. Bei der räumlichen Marktabgrenzung hat die Kommission nach dem Formblatt CO und Art. 9 Abs. 7 S. 2 FKVO insbesondere auf die folgenden Parameter abzustellen:[126] 44

a) Art und Eigenschaften der betreffenden Waren oder Dienstleistungen. Im Fall *Varta/Bosch*[127] ergaben die Ermittlungen, dass bei Starterbatterien für Kraftfahrzeuge in der Gemeinschaft 400 verschiedene Typen vertrieben werden; die Produktsortimente waren in einzelnen Mitgliedstaaten sehr unterschiedlich. In *Mannesmann/Hoesch*[128] wurden für Gasleitungsrohre aus Stahl erhebliche Unterschiede in technischen Normen und Rahmenbedingungen festgestellt. Dass die Harmonisierung technischer Standards sich erst in den Anfängen befand, begründete für die Kommission auch in *Alcatel/AEG Kabel*[129] die Annahme eines deutschen Marktes für Starkstromkabel.[130] In technischer Hinsicht kann bei komplexen Produkten auch die räumliche Nähe des Anbieters zu den Abnehmern zwecks schneller Wartung und Reparaturen ein bedeutsamer Umstand sein.[131] Im Flugverkehr geht die Kommission regelmäßig von streckenbezogenen räumlichen Märkten aus.[132] Nicht zwingend ist demgegenüber die Annahme eines bundesweiten Marktes im deutschen Schienenfernverkehr (so im Fall *Deutsche Bahn/Arriva*),[133] zumal die Kommission in anderen Regionen den Schienenpassagierverkehr streckenbezogen abgrenzte.[134] 45

---

[120] Komm. E. v. 26.11.1991, IV/M.165; zustimmend *Monopolkommission,* Hauptgutachten 1990/91, Rdnr. 620.

[121] Komm. E. v. 19.7.2000, WuW 2000, 869 – *Pirelli/BICC.*

[122] Bekanntmachung rel. Markt, Rdnr. 32.

[123] AaO, Rdnr. 43 am Ende.

[124] AaO, Rdnr. 24. Ähnlich *Drauz/Schroeder,* S. 88 unter Verweis auf die Relativierung hoher Marktanteile durch potentiellen Wettbewerb im Fall Komm. E. v. 29.4.1993, IV/M.323, Rdnr. 18 – *Procordia/Erbamont.*

[125] So im Zusammenhang mit dem *„Backofen"*-Urteil des BGH *Lange* BB 1996, 1997 ff. (2002); kritisch zur Annahme nationaler Märkte durch die Kommission *Schütz* WuW 1996, 286, 287. Vgl. auch *Bechtold* NJW 1997, 1959, 1962 („realitätsbezogene EG-Fusionskontrolle").

[126] Ausführlich dazu auch *Immenga/Mestmäcker-Körber,* Art. 2 FKVO Rdnr. 147 ff.; *Cook/Kerse,* S. 143 ff.

[127] Komm. E. v. 31.7.1991, IV/M.012, ABl. 1991 L 320/26, Rdnr. 20 f.

[128] Komm. E. v. 12.11.1992, IV/M.222, ABl. 1993 L 114/34, Rdnr. 74.

[129] Komm. E. v. 17.12.1991, IV/M.165, Rdnr. 11, 2. Spiegelstrich.

[130] Kritisch zu der gleichzeitig vorgenommenen Abgrenzung eines europaweiten Marktes für Telekommunikationskabel *Markert,* Case Note in: MCR B 61, S. 564.

[131] So in Komm. E. v. 18.10.1995, IV/M.580, ABl. 1997 L 11/1, Rdnr. 35 – *ABB/Daimler-Benz.*

[132] S. statt vieler Komm. E. v. 27.6.2007, COMP/M.4439 – *RyanAir/Aer Lingus.*

[133] Komm. E. v. 11.8.2010, COMP/M.5855; s. auch *Monopolkommission,* Hauptgutachten 2010/2011, Rdnr. 851.

[134] Komm. E. v. 17.6.2010, COMP/M.5655 – *SNCF/LCR/Eurostar;* Komm. E. v. 11.8.2010, COMP/M.5855 – *DB/Arriva* (für Schienenverkehrsstrecken in Großbritannien).

46 Eine **begrenzte Transportfähigkeit** sowie **hohe Transportkosten** waren in *Steetley/Tarmac*[135] sowie in *Holdercim/Cedest*[136] ausschlaggebend für die Annahme lokaler Märkte. Im Fall *Steetley/Tarmac* ging es um Ziegelsteine, die in Großbritannien nur regional (70 km-Radius) gehandelt werden; von dem Zusammenschluss betroffen waren der Nordosten und der Südwesten Englands. *Holdercim/Cedest* betraf den Markt für Frischbeton, der in Frankreich jeweils nur in Radien von 20–30 km bzw. in einer Transportzeit von bis zu 30 Minuten vertrieben wird. Selbst bei Zusammenfassung mehrerer lokaler Märkte zu einem größeren Markt wäre nach Ansicht der Kommission von einem Referenzmarkt im Sinne von Art. 9 Abs. 7 FKVO auszugehen gewesen.[137] Ein Transportradius von 300–400 km führte bei Behältern aus Glas zu einer regionalen Marktabgrenzung.[138] Für die Erfassung von konventioneller Rohmilch ging die Kommission in dem niederländischen Fall *Friesland/Campina* von einem nationalen Markt aus, da der Transport von Rohmilch durchaus über sehr lange Strecken möglich ist und im jeweiligen Fall von mehreren Faktoren bestimmt wird. Die Zusammenschlussbeteiligten hatten auf ihre bisherigen tatsächlichen Arbeitsgebiete abgestellt, die regional waren. Dies lehnte die Kommission ab, da es bei der räumlichen Marktabgrenzung nicht auf die tatsächlichen Lieferbeziehungen, sondern auf das potenzielle Absatzgebiet ankomme.[139]

47 Der in *MSG Media Service*[140] relevante Markt für Pay-TV war in räumlicher Hinsicht durch **sprachliche** und **regulatorische Unterschiede** bestimmt. Die Kommission ging deshalb von einem deutschen bzw. deutschsprachigen Markt aus. Aufgrund der engen Anbindung an den Pay-TV-Markt galt dies auch für den Markt für Dienstleistungen für Pay-TV (Verschlüsselung, Abonnentenverwaltung). TV-Kabelnetze sind aufgrund der jeweiligen Monopole in ihren Gebieten regional und höchstens national abzugrenzen.

48 *b) Verbrauchergewohnheiten.* Insoweit wurden von der Kommission mehrfach erhebliche Unterschiede zwischen den Mitgliedstaaten ermittelt. Für Endverbraucher spielen kulturelle Faktoren, Sprache und landesspezifische Präferenzen eine besondere Rolle.[141] Aufgrund des Einzugsbereichs von einer Stunde Fahrtzeit mit dem Pkw bzw. des Einzugsbereiches der lokalen Bevölkerung wird der Markt für Spielbanken lokal abgegrenzt.[142] Schwierig stellt sich die räumliche Marktabgrenzung bei den Tankstellenmärkten dar: Die Kommission erkennt die lokalen bzw. regionalen Gesichtspunkte in Bezug auf die begrenzten tatsächlichen Ausweichmöglichkeiten der Tankkunden an, grenzte den Markt aber aufgrund sich überlappender Einzugsgebiete und der Marktbeobachtung innerhalb der Tankstellenketten national ab.[143] Demgegenüber geht das BKartA nach dem Bedarfsmarktkonzept nachfrageorientiert vor und grenzt lokale bzw. regionale Märkte ab.[144] Bei gewerblichen Abnehmern, z.B. im Bereich der Bahntechnik *(ABB/Daimler-Benz),*[145] kann ein auf das Inland bezogenes Beschaffungsverhalten zu beobachten sein. Bei Gasleitungsrohren *(Mannesmann/Hoesch)*[146] un-

---

[135] Komm. E. v. 12.2.1992, IV/M.180, Rdnr. 14 ff.; s. auch Bekanntmachung rel. Markt, Rdnr. 50; Komm., 22. WB 1992, Rdnr. 239.

[136] Komm. E. v. 6.7.1994, IV/M.460, Rdnr. 11; weitere Entscheidungsnachweise bei *Drauz/Schroeder,* S. 102; Komm., 23. WB 1993, Rdnr. 284.

[137] AaO, Rdnr. 14.

[138] Komm. E. v. 9.6.2004, COMP/M. 3397 – *Owens-Illinois/BSN Glasspack.*

[139] Komm. E. v. 17.12.2008, COMP/M.5046; zustimmend *Monopolkommission,* Hauptgutachten 2008/2009, Rdnr. 678 ff., 681.

[140] Komm. E. v. 9.11.1994, IV/M.469, Rdnr. 46.

[141] Komm. E. v. 21.6.1994, IV/M.430, Rdnr. 78 – *Procter & Gamble/VP Schickedanz (II);* Komm. E. v. 22.1.1997, IV/M.794, Rdnr. 99 – *Coca-Cola Enterpr./Amalgamated Beverages Great Britain;* s. auch Bekanntmachung rel. Markt, Rdnr. 47.

[142] Komm. E. v. 4.6.2004, COMP/M. 3373 – *Accor/Colony/Desseigne-Barrière/JV.*

[143] Komm. E. v. 21.10.2008, COMP/M.4919 – *StatoilHydro/ConocoPhillips;* kritisch dazu *Monopolkommission,* Hauptgutachten 2008/2009, Rdnr. 689.

[144] BKartA, B. v. 29.4.2009, B8–175/08 – *Total/OMV.*

[145] Komm. E. v. 8.10.1995, IV/M.580, ABl. 1997 L 11/1, Rdnr. 22.

[146] Komm. E. v. 12.11.1992, IV/M.222, ABl. 1993 L 114/34, Rdnr. 77.

terschied sich die **Nachfragerstruktur** im Energieversorgungsbereich in Deutschland und benachbarten Ländern deutlich; so gehören in Deutschland nicht nur große Ferngasnetzbetreiber *(Ruhrgas, VNG)*, sondern auch mehr als 30 regionale sowie über 500 kommunale Gasversorgungsunternehmen zu den Nachfragern.

c) Preisunterschiede. Preisunterschiede zwischen benachbarten Mitgliedstaaten (bzw. EU – Nicht-EU), Preiskorrelationen und unterschiedliche Reaktionen auf Preiserhöhungen in einzelnen Mitgliedstaaten[147] waren von Bedeutung für die Annahme nationaler Märkte in den Fällen *Nestlé/Perrier, Mannesmann/Vallourec/Ilva* und *Procter & Gamble/VP Schickedanz II.*[148] Auch in Entscheidungen nach Art. 6 findet sich zuweilen eine Untersuchung, inwieweit Abnehmer bei spürbarer Preiserhöhung auf entferntere Lieferanten wechseln würden.[149] In *ABB/Daimler-Benz* war ein Preisvergleich aufgrund der Heterogenität der Produkte im Bahntechnikbereich nicht aussagekräftig.[150] Außergewöhnlich kontrovers und in den Ermittlungen umfangreich war der Fall *Blackstone/Acetex,* in dem es um einen Zusammenschluss im Bereich von Essigsäure und ähnlichen chemischen Zwischenprodukten ging.[151] Um in räumlicher Hinsicht die Existenz eines weltweiten Marktes zu belegen, ließen die Anmelder im Laufe des Verfahrens insgesamt fünf ökonometrische Gutachten erstellen. Darunter war eine Preiskorrelationsstudie sowie eine Studie, die eine lang andauernde Verbindung der Preise in den unterschiedlichen Regionen der Welt beweisen sollte. Diese Studien wurden von der Kommission – wegen fehlender Faktoren bzw. falscher Grundannahmen – ebenso wenig als beweiskräftig betrachtet wie drei nachfolgende Studien zu den Auswirkungen von Produktionsausfällen auf Handelsflüsse und Preise in anderen Regionen. Die letzte Studie stammte dabei sogar von der Abteilung des Chefökonomen der GD Wettbewerb. Die Untersuchungen ergaben nur die Gewissheit, dass der EWR und Nordamerika einen gemeinsamen Markt bilden. Die Kommission nahm letztlich gleichwohl einen Weltmarkt an und begründete dies mit niedrigen Transaktionskosten für den weltweiten Handel, ähnlichen Produktionskosten weltweit und dem Umstand, dass Werkserweiterungen ausschließlich im Mittleren Osten und in Asien, nicht aber in Europa geplant waren. 49

d) Anbieterstruktur. Die Anbieterstruktur in den einzelnen Mitgliedstaaten und damit erhebliche Unterschiede in den Marktanteilen der Unternehmen in benachbarten Gebieten waren z.B. in *McCormick/CPC/Rabobank/Ostmann,*[152] *Varta/Bosch*[153] und *ABB/Daimler-Benz*[154] maßgeblich. Im Fall *Varta/Bosch* ließ sich die unterschiedliche Anbieterstruktur zudem an der Verwendung verschiedener Marken eines Herstellers in den einzelnen Mitgliedstaaten ablesen.[155] Die Tatsache, dass asiatische Hersteller bei der Ausrüstung von Wasserkraftwerken bislang nicht in Europa als glaubwürdige Bieter aufgetreten sind und von Abnehmern nicht als potentielle Lieferanten wahrgenommen wurden, führte im Fall *Sie-* 50

[147] Vgl. Bekanntmachung rel. Markt, Rdnr. 45; Komm., 24. WB 1994, Rdnr. 291; *Langen/Bunte-Bardong,* Art. 2 FKVO, Rdnr. 118.

[148] Komm. E. v. 22.7.1992, IV/M.190, ABl. 1992 L 356/1, Rdnr. 28; Komm. E. v. 31.1.1994, IV/M.315, ABl. 1994 L 102/15, Rdnr. 29 ff.; Komm. E. v. 21.6.1994, IV/M.430, ABl. 1994 L 354/32, Rdnr. 79.

[149] So z.B. in Komm. E. v. 3.7.1996, IV/M.735, WuW 1996, 994 – *BPB/Isover.*

[150] AaO (Fn. 145), Rdnr. 40.

[151] Komm. E. v. 13.7.2005, COMP/M.3625; s. dazu *Brinker,* in: Recht und Ökonomie im europäischen Wettbewerbsrecht, S. 41 ff.; *Hossenfelder/Töllner/Ost,* Kartellrechtspraxis und Kartellrechtsprechung 2005/2006, Rdnr. 923.

[152] Komm. E. v. 29.10.1993, IV/M.330, Rdnr. 42 für den Vertrieb von getrockneten Gewürzen und Kräutern.

[153] Komm. E. v. 31.7.1991, IV/M.012, ABl. 1991 L 320/26, Rdnr. 18 für den Handelsmarkt für Kfz-Ersatzbatterien.

[154] Komm. E. v. 8.10.1995, IV/M.580, ABl. 1997 L 11/1, Rdnr. 39, für Bahntechnikmärkte. Weitere Entscheidungsnachweise bei *Drauz/Schroeder,* S. 101.

[155] AaO (Fn. 153), Rdnr. 26 f. Vgl. demgegenüber zur Bedeutung europaweiter Marken Komm. E. v. 23.3.1992, IV/M.186, Rdnr. 11 f. – *Henkel/Nobel.*

mens/VA Tech zur Verneinung eines Weltmarktes und zur Annahme eines EWR-weiten Marktes.[156]

51 *e) Marktzutrittsschranken.* Ein niedriges Niveau von Importen in ein bestimmtes Gebiet lässt auf das Bestehen von Marktzutrittsschranken schließen und ist ein Indiz für räumlich begrenzte, häufig nationale Märkte. Bedeutende Handelsströme sprechen umgekehrt für größere Märkte.[157] Zugangsschranken können **rechtlicher Natur** sein. In *ABB/Daimler-Benz* wurde auf nationale Produktspezifikationen und demzufolge nationale Beschaffungspräferenzen öffentlicher Nachfrager abgestellt, die erst mittelfristig eine Harmonisierung durch die Anwendung europäischer Vergaberichtlinien erfahren.[158] Nationale Einkaufspolitik aufgrund der Erfordernisse technischer Beratung und der Passfähigkeit zum deutschen Netz führte in *Mannesmann/Hoesch* zur Abgrenzung eines gesonderten deutschen Marktes; EU-weite Ausschreibungen sollten erst längerfristig zu einer Auflockerung führen.[159] Denkbar sind auch **wirtschaftliche Zugangsschranken** wie bestimmte Vertriebswege bzw. das Erfordernis eines lokalen Vertriebsnetzes sowie einer intensiven Kundenbetreuung.[160]

52 **3. Bewertung der Entscheidungspraxis.** Die Kommission hat in ihrer mittlerweile umfangreichen Entscheidungspraxis lokale, regionale, nationale, aus mehreren Mitgliedstaaten bestehende, EU-weite, EWR-weite und weltweite Märkte abgegrenzt.[161] Es fällt auf, dass die Kommission in der Mehrzahl der Fälle, insbesondere in Freigabeentscheidungen nach Art. 6 Abs. 1 Buchst. b FKVO, die genaue räumliche Marktabgrenzung **offen lässt,** soweit sie nicht entscheidungserheblich ist und auch bei hypothetischer Annahme enger räumlicher Märkte keine wettbewerblichen Bedenken gegen den Zusammenschluss bestehen.[162] Dieser pragmatische Ansatz hat sich noch verstärkt im Zuge der stärker effektbasierten Fusionskontrolle unter dem SIEC-Test. Marktanteile (s. dazu Rdnr. 59) haben in diesem Konzept nicht mehr dieselbe herausgehobene Bedeutung wie früher unter dem strukturbasierten Ansatz.[163] Im Fall *Kronospan/Constantia*[164] ließ die Kommission den genauen räumlich relevanten Markt offen und verwies auf eine größere „affected area" mit einem Radius von 500 km um die fragliche Produktionsstätte für bestimmte Rohholzprodukte für die Möbelanfertigung; für dieses Gebiet müsse ohnehin die wettbewerbliche Analyse erfolgen. Für eine Reihe von Branchen hat sich gleichwohl eine eindeutige Linie in der Marktabgrenzung ergeben: So wurden z. B. **Arzneimittelmärkte** regelmäßig na-

---

[156] Komm. E. v. 13.7.2005, COMP/M.3653.

[157] Bekanntmachung rel. Markt, Rdnr. 49. Entscheidungsnachweise bei *Drauz/Schroeder,* S. 98 u. 100. Zur beschränkten Eignung des *Elzinga-Hogarty*-Tests s. Komm., 24. WB 1994, Rdnr. 292, und Komm. E. v. 31.1.1994, IV/M.315, ABl. 1994 L 102/15, Rdnr. 33 – *Mannesmann/Vallourec/Ilva.*

[158] AaO (Fn. 142), Rdnr. 27 ff., 32; ebenso in Komm. E. v. 17.12.1991, IV/M.165, Rdnr. 11 – *Alcatel/AEG Kabel.*

[159] AaO (Fn. 143), Rdnr. 78 u. 85 ff.

[160] *Varta/Bosch,* aaO (Fn. 124), Rdnr. 29; *McCormick/CPC/Rabobank/Ostmann,* aaO (Fn. 149), Rdnr. 47 ff.; s. auch Bekanntmachung rel. Markt, Rdnr. 46 u. 50. In einigen Entscheidungen werden auch immaterielle Marktzutrittsschranken genannt (Komm. E. v. 14.2.1995, IV/M.477, ABl. 1995 L 211/1, Rdnr. 35 f. – *Mercedes-Benz/Kässbohrer;* Komm. E. v. 20.9.1995, IV/M.553, ABl. 1996 L 134/32, Rdnr. 25–29 – *RTL/Veronica/Endemol;* dazu *Hirsbrunner,* EuZW 1995, 521.

[161] Eine entsprechende Auflistung der Fälle findet sich bei *Langen/Bunte-Bardong,* Art. 2 FKVO, Rdnr. 77 ff.; *Drauz/Schroeder,* S. 89 ff.; *Kerber,* Europäische Fusionskontrollpraxis, S. 37 ff.; *Hossenfelder/Töllner/Ost,* Kartellrechtspraxis und Kartellrechtsprechung 2005/2006 Rdnr. 927 ff.

[162] *Schultz/Wagemann,* Kartellrechtspraxis und Kartellrechtsprechung 1999/2000, Rdnr. 763; *Venit,* Antitrust Journal 1992, S. 981, 997; *Langen/Bunte-Bardong,* Art. 2 FKVO, Rdnr. 41 und 45.

[163] Vgl. auch die von der *Monopolkommission* (Hauptgutachten 2010/2011, Rdnr. 824 und Fn. 591) zitierte Meinung des ehemaligen Chefökonomen der Kommission, *Kai-Uwe Kühn,* zu dem für die Marktabgrenzung benötigten höheren Datenaufkommen zum Gesamtmarkt; für eine Effektanalyse genügten demgegenüber Daten der fusionierenden Unternehmen.

[164] Komm. E. v. 19.9.2007, COMP/M.4525, Rdnr. 29 f.; s. dazu *Esser/Höft* NZKart 2013, 447, 452.

tional,[165] **Kfz-Zuliefermärkte** (für den OEM-Bereich) stets (mindestens) EWR-weit[166] und **Märkte für börsennotierte Rohstoffe (z. B. Platin, Aluminium)** weltweit abgegrenzt.[167] Bei **militärischen** Gütern grenzte die Kommission die Märkte national ab, wenn nationale Anbieter vorhanden sind, die aus ihrer traditionellen Stellung die geforderten Standards besser zu erfüllen vermögen und die wegen der Förderung der nationalen Verteidigungsfähigkeit bei den Verteidigungsministerien eine vorteilhafte Position genießen.[168] Nationale Märkte sind auch die Märkte für **Tageszeitungen** (Leser- und Anzeigenmärkte),[169] für **pharmazeutische Produkte**[170] und für **Reiseveranstalter.**[171] Im Lebensmitteleinzelhandel wird auf der Angebotsseite von lokalen und regionalen Märkten ausgegangen, wobei die Kommission eine Tendenz zu einer weiteren Abgrenzung erkennen lässt unter Hinweis auf einheitliche Preis- und Werbestrategien großer Handelsketten.[172] Einen „Dominoeffekt" in der wettbewerblichen Reaktion benachbarter Autobahntankstellen in Frankreich und damit im Ergebnis einen nationalen Markt nahm die Kommission im Fall *Totalfina/ELF* an.[173] Gelegentlich legt die Kommission auch Alternativbegründungen zugrunde.[174] Wettbewerbliche Bedenken ergaben sich am ehesten, wenn die betroffenen Märkte national abzugrenzen waren.[175] Allerdings hat die Kommission auch mehrfach Untersagungs- oder Auflagenentscheidungen in Fällen getroffen, die Weltmärkte betrafen.[176] Insgesamt ist der Ansatz der Kommission bei der geographischen Marktabgrenzung als realitätsbezogen und sachgerecht zu beurteilen.[177]

D. Erhebliche Behinderung wirksamen Wettbewerbs

I. Begriffsbestimmung und Abgrenzung zum Marktbeherrschungstest

Wie bereits unter Rdnr. 2 ff. dargelegt stellt die „erhebliche Behinderung wirksamen Wettbewerbs" („SIEC"-Test) das materielle Kriterium der EU-Fusionskontrolle dar und 53

[165] Komm. E. v. 17.7.1996, IV/M.737, ABl. 1997 L 201/1 – *Ciba-Geigy/Sandoz;* Komm. E. v. 28.2.1995, IV/M.555, Kurzzusammenfassung in WuW 1995, 585 – *Glaxo/Wellcome;* Komm. E. v. 19.11.2004, M.3544 – *Bayer Healthcare/Roche (OTC Business).*

[166] Komm. E. v. 5.12.1995, IV/M.666, WuW 1996, 350 – *Johnson Controls/Roth Frères;* Komm. E. v. 5.2.1996, IV/M.686, WuW 1996, 584 – *Nokia/Autoliv;* Komm. E. v. 11.7.1996, IV/M.768, WuW 1997, 130 – *Lucas/Varity;* Komm. E. v. 22.7.1997, IV/M.937, WuW 1997, 807 – *Lear/Keiper.*

[167] Komm. E. v. 24.4.1996, IV/M.619, ABl. 1997 L 11/30 – *Gencor/Lonrho;* Komm. E. v. 6.8.1997, IV/M.723, Rdnr. 16 – *Norsk Alcoa/Elkem;* Komm. E. v. 28.2.2002, M.2208 – *Chevron/Texaco;* Komm. E. v. 4.7.2006, M.4000 – *Inco/Falconbridge.*

[168] Komm. E. v. 26.5.2004, COMP/M. 3418, WuWE EU-V 1001 – *General Dynamics/Alvis.*

[169] Komm. E. v. 16.6.2004, COMP/M. 3420 – *GIMD/Socpresse.*

[170] Komm. E. v. 19.11.2004, COMP/M. 3544 – *Bayer Healthcare/Roche.*

[171] Komm. E. v. 22.9.1999, WuW 1999, 1093 – *Airtours/First Choice.*

[172] Komm. E. v. 20.11.1996, IV/M.784, ABl. 1997 L 110/53, Rdnr. 23 – *Kesko/Tuko;* Komm. E. v. 27.8.1996, IV/M.803, Rdnr. 12 f. – *Rewe/Billa;* Komm. E. v. 26.6.1997, IV/M.890, ABl. 1998 L 316/1 – *Blokker-Toys-R-Us* (Spielzeugeinzelhandel); Komm., 26. WB 1996, Rdnr. 144; Komm. E. v. 3.2.1999, COMP/M.1221, WuW 1999, 139 – *Rewe/Meinl* (österreichischer Markt).

[173] Komm. E. v. 9.2.2000, COMP/M.1628; tendenziell regionale Marktabgrenzung hingegen für Tankstellen in Deutschland: Komm. E. (Art. 9) v. 23.8.2001, COMP/M.2389, WuW 2001, 956 – *Shell/DEA,* und E. v. 7.9.2001, COMP/M.2533, WuW 2001, 1068 – *BP/Eon.*

[174] So im Fall *Pepsi Cola/General Mills,* Komm. E. v. 5.8.1992, IV/M.232, Rdnr. 15.

[175] BKartA, TB 1995/96, S. 64 mwN.

[176] Komm. E. v. 2.10.1991, IV/M.053, ABl. 1991 L 334/42 – *Aérospatiale-Alenia/de Havilland;* Komm. E. v. 24.4.1996, IV/M.619, ABl. 1997 L 11/30 – *Gencor/Lonrho;* Komm. E. v. 30.7.1997, IV/M.877, ABl. 1997 L 336/16 – *Boeing/McDonnell-Douglas.*

[177] So auch *Bechtold* NJW 1997, 1962; *Emmerich* AG 1997, 529, 532 („wesentlich realistischer als die deutsche Praxis"). Für die frühen Entscheidungen der Kommission hatte die *Monopolkommission* noch eine Tendenz zu einer im Zweifel weiten Marktabgrenzung konstatiert (Hauptgutachten 1990/91, Rdnr. 606).

soll damit den verstärkt ökonomischen Ansatz der EU-Fusionskontrolle verdeutlichen. Die vor 2004 allein maßgebliche „Entstehung oder Verstärkung einer marktbeherrschenden Stellung" wird in Art. 2 Abs. 3 FKVO nun als Regelbeispiel („insbesondere durch ...") genannt. Sie bleibt damit für die materielle Prüfung uneingeschränkt relevant.[178] Der Begriff der **marktbeherrschenden Stellung** kennt – anders als im deutschen Recht (§ 19 Abs. 2 Nr. 1 und 2 GWB) – keine Legaldefinition, hat aber durch Art. 102 AEUV, die dazu ergangene Rechtsprechung[179] und die 25-jährige Entscheidungspraxis der Kommission in Fusionsfällen eine konkrete Ausformung erfahren. Sie wird insgesamt verstanden als die Fähigkeit, sich in spürbarem Maße unabhängig von den Wettbewerbern und letztlich von den Abnehmern zu verhalten, oder – anders ausgedrückt – als nicht mehr hinreichend vom Wettbewerb kontrollierter Verhaltensspielraum.[180] Ebenso hat das EuG im Fall *Energias de Portugal/Kommission* Marktbeherrschung definiert.[181] Art. 2 Abs. 1 Buchst. a und b FKVO zählen im Wesentlichen diejenigen Kriterien auf, die auch eine überragende Marktstellung im Sinne von § 18 Abs. 3 GWB kennzeichnen.

54 Der Begriff der **„erheblichen Behinderung wirksamen Wettbewerbs"** ist ebenfalls in der FKVO nicht definiert, hat aber eine gewisse Ausformung in den Erwägungsgründen 25ff. der FKVO 2004 erhalten. Danach war keine substanzielle Änderung des Untersagungskriteriums beabsichtigt, sondern sollte nur eine weitere Fallgruppe – die sog. nicht koordinierten oder **unilateralen Effekte** in oligopolistischen Märkten – erfasst werden. Außerdem führte die Kommission in den Leitlinien zur Bewertung horizontaler Zusammenschlüsse (2004) den Begriff der (nach dem Zusammenschluss) **erhöhten Marktmacht** ein, um das Kriterium der „erheblichen Wettbewerbsbehinderung" auszufüllen. Erhöhte Marktmacht bezeichnet die Fähigkeit eines oder mehrerer Unternehmen, gewinnbringend ihre Preise zu erhöhen, den Absatz, die Auswahl oder Qualität der Waren oder Dienstleistungen zu verringern, die Innovation einzuschränken oder die Wettbewerbsparameter auf andere Weise zu beeinflussen.[182] Auf Anbieterseite manifestiert sich diese Marktmacht in der Kurzformel der „erhöhten Preise", auf Nachfragerseite in „Nachfragemacht".[183] Die zum Teil in der Fachöffentlichkeit geäußerte Befürchtung, dass der Kommission mit dem neuen Kriterium ein weiter, nicht absehbarer Ermessensspielraum bzw. ein größerer Untersagungsspielraum eingeräumt worden sei,[184] hat sich in der Entscheidungspraxis seit Geltung des neuen Kriteriums nicht wirklich bestätigt. Es mag einige Entscheidungen auf Basis des SIEC-Tests und insbesondere einer Prüfung sog. unilateraler Effekte gegeben haben, die in der Nachvollziehbarkeit der wettbewerblichen Prognose nicht zweifelsfrei waren.[185] Aufmerksamkeit verdienen eher die – allerdings bislang sehr seltenen – sog. **„gap cases"** in schon konzentrierten Märkten, die auch bei eher geringer Marktanteilsaddition wettbewerbliche Bedenken begründeten (z. B. *H3G Austria/Orange Austria*).[186] Eher akademischen Charakter dürfte die in der Rechtsprechung des EuG thematisierte Frage einer „spiegel-

[178] *Langen/Bunte-Bardong,* Art. 2 FKVO, Rdnr. 125.

[179] Ausführlich dazu *de Bronett,* § 22.

[180] EuGH U. v. 13.2.1979, Slg. 1979, 461, 520 – *Hoffmann-La Roche;* U. v. 11.12.1980, Slg. 1980, 3775, 3793 – *L'Oréal;* Komm. E. v. 19.7.1991, IV/M.068, ABl. 1991 L 290/35, unter IV. B.3.3 – *Tetra Pak/Alfa-Laval;* Komm. E. v. 2.10.1991, IV/M.053, ABl. 1991 L 334/42, Rdnr. 72 – *Aérospatiale-Alenia/de Havilland;* Komm. E. v. 21.6.1994, IV/M.430, ABl. 1994 L 354/32 – *Procter & Gamble/VP Schickedanz (II);* Komm. E. v. 14.2.1995, IV/M.477, ABl. 1995 L 211/1 – *Mercedes/Kässbohrer; Schmidt/Schmidt,* Europäische Wettbewerbspolitik, S. 90. Vgl. auch BGH B. v. 12.12.1978, WuW/E BGH 1533, 1536 – *Erdgas Schwaben* („vom Wettbewerb nicht mehr hinreichend kontrollierter Verhaltensspielraum").

[181] U. v. 21.9.2005, Slg. 2005 II – 3745 ff. = WuW/E EU-R 943.

[182] Horizontal-Leitlinien, ABl. 2004 C 31/5, Rdnr. 8; auf die hier erfolgte Orientierung an den Leitlinien des US-amerikanischen Department of Justice weisen *Loewenheim/Meessen/Riesenkampff-Riesenkampff/Lehr,* Art. 2 FKVO Rdnr. 53, hin.

[183] Horizontal-Leitlinien, aaO, Rdnr. 8 Satz 4 und 6.

[184] *Langen/Bunte-Bardong,* Art. 2 FKVO, Rdnr. 6 und 23.

[185] S. Rdnr. 116.

[186] Komm. E. v. 12.12.2012, COMP/M.6497.

bildlichen doppelten Verpflichtung" der Kommission haben , nicht nur die Unvereinbarkeit, sondern auch die Vereinbarkeit eines Zusammenschlusses mit dem Gemeinsamen Markt vollumfänglich nachzuweisen.[187] Sofern ein Zusammenschluss nicht nachweisbar zu einer erheblichen Behinderung wirksamen Wettbewerbs führt, ist er von der Kommission freizugeben.

Die wettbewerbliche Würdigung („assessment") erfordert insgesamt eine Würdigung einer Vielzahl von Faktoren (s. Art. 2 Abs. 1 FKVO), die – beim SIEC-Test vielleicht stärker als zuvor – gegeneinander abzuwägen sind und zu denen auch die geltend gemachten Effizienzvorteile gehören.[188] Der Prüfungsansatz unterscheidet sich dabei beim **SIEC-Text** von demjenigen des **Marktbeherrschungstests.** Letzterer stellt eher auf die Marktstellung und deren Veränderung durch den Zusammenschluss ab, während beim SIEC-Test **Veränderungen der Marktprozesse** und die **Auswirkungen auf die Verbraucher** („consumer welfare") in Form von erhöhten Preissetzungsspielräumen oder sonstiger erhöhter Marktmacht[189] untersucht werden. Bei der Bewertung der wettbewerblichen Auswirkungen eines Zusammenschlusses vergleicht die Kommission die Wettbewerbsbedingungen, die sich aus der angemeldeten Fusion ergeben, mit den Bedingungen, wie sie ohne den Zusammenschluss herrschen würden **(„counterfactual").**[190] Es geht demnach nicht um einen „Vorher-nachher"-Vergleich, sondern um einen „Mit-ohne"-Vergleich, d.h. absehbare sonstige, nicht mit dem Zusammenschluss zusammen hängende Marktveränderungen oder Änderungen des Rechtsrahmens sind ggf. auch zu berücksichtigen.[191] Hier stellt sich auch die Frage des richtigen Vergleichsszenarios im Falle gleichzeitig oder fast gleichzeitig stattfindender Zusammenschlüsse im selben Markt.[192] Auch die **bisherige Wettbewerbsbeziehung** zwischen den sich zusammenschließenden Unternehmen sowie **Effizienzvorteile** infolge des Zusammenschlusses spielen eine Rolle. Eine bloße Veränderung der Marktstruktur reicht demnach für die Untersagung eines Zusammenschlusses nicht aus. Der SIEC-Test lässt deshalb im Rahmen der europäischen Fusionskontrolle nicht – wie die Rechtsprechung des BGH aus der Zeit vor der 8. GWB-Novelle[193] – eine geringfügige Verstärkung einer marktbeherrschenden Stellung für eine Untersagung ausreichen, sondern verlangt eine „erhebliche", durch erhöhte Marktmacht belegte Verschlechterung („substantial effect"). Dies könnte den Nachweis einer Spürbarkeit der Wettbewerbsbeeinträchtigung erforderlich machen.[194] Umgekehrt ist im Fall sog. nicht koordinierter Effekte eine Untersagung denkbar, 55

---

[187] Kritisch dazu *Hirsbrunner* EuZW 2006, 711 f. unter Bezugnahme auf EuG U. v. 25.10.2002, Slg. 2002-II, 4381 – *Tetra Laval/Kommission,* und U. v. 14.12.2005, Slg. 2005, II-5575 – *General Electric/Kommission.*

[188] *Zimmer,* ZWeR 2002, 250, 261.

[189] Horizontal-Leitlinien, aaO, Rdnr. 8.

[190] Horizontal-Leitlinien, ABl. 2004 C 31/5 Rdnr. 9.

[191] Kritisch insoweit die *Monopolkommission,* Hauptgutachten 2010/2011, Rdnr. 894ff., 901, zu dem von der Kommission 2010 freigegebenen „*New Eurostar*"-Gemeinschaftsunternehmen zwischen *SNCF* und *London Continental Railways* (Komm. E. v. 17.6.2010, COMP/M.5655). Hier wurde eine schon bestehende Kooperation in ein Vollfunktions-Gemeinschaftsunternehmen überführt, wodurch nach Meinung der Kommission Chancen für einen Marktzutritt neuer Anbieter mittels Kooperation mit einem der *Eurostar*-Partner zunichte gemacht wurden. Insoweit wurden hier Zusagen erforderlich. Die Kommission ließ aber nach Auffassung der Monopolkommission eine Anfang 2010 in Kraft tretende weitere Liberalisierung des Eisenbahnpersonenverkehrs außer Acht, die die Bewertung der früheren Kooperationen änderte, und stellte somit auf das falsche Vergleichsszenario ab. Zu dem Counterfactual bei einer sanierungsreifen Zielgesellschaft s. Komm. E. v. 30.3.2012, COMP/M.6447 – *IAG/BMI;* dazu *Monopolkommission,* Hauptgutachten 2012/2013, Rdnr. 676.

[192] S. z.B. zu den Fällen *Seagate/HDD Business of Samsung* (Komm. E. v. 19.10.2011, COMP/M.6214) und *Western Digital Ireland/Viviti Technologies* (Komm. E. v. 23.10.2011, COMP/M.6203) § 17 Rdnr. 14.

[193] St. Rspr. seit BGH WuW/E BGH 1685, 1691 f. – *Springer/Elbe Wochenblatt;* zuletzt BGH WuW/E DE-R 1797 – *Deutsche Bahn/KVS Saarlouis;* bestätigend jetzt OLG Düsseldorf B. v. 14.8.2013, VI-Kart 1/12 *NetCologne u. a./BKartA,* S. 35 der B.-Ausfertigung.

[194] So auch *Esser/Höft* NZKart 2013, 447, 453 f., mit ebendieser Ansicht für die deutsche Fusionskontrolle nach Einführung des SIEC-Tests.

ohne dass der Zusammenschluss zur Begründung von Marktbeherrschung führt. Der SIEC-Test ist mithin teilweise milder und teilweise schärfer als der Marktbeherrschungstest.

56 Auch hinsichtlich des **Prognosezeitraums** unterscheiden sich die beiden Ansätze. In der Marktbeherrschungsprüfung wurde regelmäßig – von besonderen Branchen und Produkten (z. B. Flugzeuge) abgesehen – ein Zeitraum von etwa drei Jahren zugrundegelegt.[195] Eine durch den Zusammenschluss ggf. entstehende oder verstärkte marktbeherrschende Stellung musste außerdem als dauerhaft erwartet werden.[196] BKartA und früher die Kommission stellten damit auf eine mittel- bis langfristige abstrakte Gefährdungslage ab. Beim SIEC-Test wird eher der **unmittelbar** infolge des Zusammenschlusses **verringerte Wettbewerbsdruck** geprüft. Maßgeblich ist, ob es **kurzfristig** zu einer konkreten Wettbewerbsschädigung kommt.[197] In diese Prüfung der Auswirkungen eines Zusammenschlusses fügen sich deshalb auch leichter als beim Marktbeherrschungstest die Beurteilung von Effizienzen („efficiency defence") und die Einrede der Sanierungsfusion („failing company defence") ein. Gleichwohl ähneln sich SIEC-Test und Marktbeherrschungstest insoweit, als Marktanteil und Marktstellung, potentieller Wettbewerb und Marktzutrittsschranken bei beiden Ansätzen geprüft werden.

56a Die Durchführung des SIEC-Tests hat in den vergangenen Jahren zu einer deutlichen Zunahme der Anwendung von **ökonometrischen** und anderen **ökonomischen Methoden** geführt (s. dazu *Ewald,* § 7 Rdnr. 121 ff.). Es handelt sich um theoretische oder empirische Analysen auf der Basis ökonomischer Modelle. Quantitative Untersuchungen in Form von Analysen von Ausschreibungsdaten nahm die Kommission in den Fällen *Baxter International/Gambro,*[198] *Crane Co/Mei Group,*[199] *Refresco Group/Pride Foods,*[200] *Syniverse/BSG*[201] und *Western Digital Ireland/Viviti Technologies*[202] vor. Im Hauptprüfverfahren *Hutchison 3G Austria/Orange Austria*[203] bestimmte sie mittels des GUPPI-Ansatzes innerhalb einer Upward Pricing Pressure-Analyse (UPP-Analyse) einen eventuell durch den Zusammenschluss hervorgerufenen Preisdruck. Eine komplexe Simulation zu etwaigen Preisveränderungen in der Post-Merger-Integration wurde in dem finnischen Edelstahlfall *Outokumpu/Inoxum* unternommen.[204] Im Fall *Universal Music Group/EMI Music*[205] wurde eine ökonometrische Analyse der durch den Zusammenschluss potenziell entstehenden Verhandlungsmacht durchgeführt. Das wettbewerbliche Näheverhältnis wurde im Fall *Ryanair/Aer Lingus III*[206] mit ökonometrischen Methoden untersucht. Im Verfahren *Deutsche Börse/NYSE Euronext*[207]

---

[195] S. dazu Komm. E. v. 4.12.1996, IV/M.774, ABl. 1997 L 247/1, Rdnr. 216 – *Saint Gobain/Wacker Chemie/NOM; MüKo-Montag/von Bonin,* Art. 2 FKVO Rdnr. 486 m. zahlr. Nw.; *Emmerich* AG 1997, 529, 534. Vgl. für die deutsche Fusionskontrolle BKartA, Leitfaden zur Marktbeherrschung in der Fusionskontrolle v. 29.3.2012, www.bundeskartellamt.de, S. 5 Fn. 11 (3–5 Jahre).

[196] So z. B. verneint im Fall *Mannesmann/Hoesch,* Komm. E. v. 12.11.1992, IV/M.222, ABl. 1993 L 114/34, Rdnr. 112 ff.

[197] *Langen/Bunte-Bardong,* Art. 2 FKVO, Rdnr. 124.

[198] Komm. E. v. 22.7.2013, COMP/M.6851.

[199] Komm. E. v. 19.7.2013, COMP/M.6857.

[200] Komm. E. v. 4.10.2013, COMP/M.6924.

[201] Komm. E. v. 4.12.2007, COMP/M.4662.

[202] Komm. E. v. 23.11.2011, COMP/M.6203.

[203] Komm. E. v. 12.12.2012, COMP/M.6497; s. dazu auch *Esser/Höft* NZKart 2013, 447, 449. Eine UPP-Analyse wurde auch im Fall *Unilever/Sara Lee Body Care* (Komm. E. v. 17.11.2010, COMP/M.5658) vorgenommen. Zur UPP-Analyse und den Folgen für die Marktabgrenzung in Fusionskontrollverfahren s. *Zimmer* WuW 2013, 928 ff.

[204] Komm. E. v. 7.11.2012, COMP/M.6471; s. dazu *Monopolkommission,* Hauptgutachten 2012/2013, Rdnr. 707 ff.

[205] Komm. E. v. 21.9.2012, COMP/M.6458; s. dazu *Lübking,* in: Herausforderungen für die Wettbewerbsordnung, 2013, S. 37, 43 f. Zu demand estimation als Methode s. auch *Kraft Foods/Cadbury,* Komm. E. v. 6.1.2010, COMP/M.5644.

[206] Komm. E. v. 27.2.2013, COMP/M.6663.

[207] Komm. E. v. 1.2.2012, COMP/M.6166; in der Marktabgrenzung der Derivate verzichtete die Kommission allerdings explizit auf empirische oder ökonometrische Studien und berief sich auf die Rechtsprechung der europäischen Gerichte, derzufolge es keine Hierarchie zwischen den Beweis-

erfolgte mit derartigen Methoden eine Quantifizierung von Effizienzvorteilen.[208] Hinzu kommen Verbraucherbefragungen und die umfassende Auswertung interner Unternehmensunterlagen.[209] Die Kommission hat als Maßstab für ökonomische Gutachten von Seiten der Zusammenschlussbeteiligten im Oktober 2011 eine „Mitteilung zu bewährten Verfahrensweisen bei der Übermittlung von ökonomischem Beweismaterial" veröffentlicht.[210]

Die relevanten Wettbewerbsparameter zur Feststellung einer erheblichen Wettbewerbs- 57
behinderung wurden bei Rdnr. 6ff. bereits im Überblick dargestellt und sollen nachfolgend unter II. (Rdnr. 58ff.) im Einzelnen behandelt werden. Sie sind unverändert relevant für die Fallgruppen Einzelmarktbeherrschung und oligopolistische Marktbeherrschung („koordinierte Effekte"), dazu unter III.1. und 2 (Rdnr. 88 bis 113a). Hinzugekommen als Fallgruppe einer erheblichen Wettbewerbsbehinderung sind die sog. nicht koordinierten Effekte (dazu unter III.3, Rdnr. 114ff.).

II. Einzelkriterien zur Feststellung einer erheblichen Wettbewerbsbehinderung

1. Marktanteile, HHI-Index, Marktstellung und Finanzkraft der beteiligten 58
Unternehmen. *a) Marktanteil.* Der Marktanteil bildet weiterhin regelmäßig den Ausgangspunkt der wettbewerblichen Würdigung. Er stellt einen wichtigen, aber niemals den allein entscheidenden Indikator dar.[211] Mit Einführung des SIEC-Tests hat sich seine Bedeutung etwas relativiert. Eine Feststellung wie diejenige der Kommission, dass z.B. im Jahr 1992 der höchste Marktanteil bei einer Freigabeentscheidung bei 48% in der EU bzw. 79% in einem Mitgliedstaat und der niedrigste Marktanteil bei der Annahme einer marktbeherrschenden Stellung bei 43% in der EU bzw. 53% in einem Mitgliedstaat lagen,[212] hätte heute keine derartige Aussagekraft mehr. Die Marktanteile sind stets im Zusammenhang mit den anderen Wettbewerbsparametern mittels einer Gesamtschau zu bewerten. Ein hoher Marktanteil indiziert nicht notwendigerweise Marktmacht, wenn die Marktanteile Schwankungen unterworfen sind und auch die Marktführerschaft wechselt oder wenn eine „ausreichend aktive Marktpräsenz von Wettbewerbern" zu beobachten ist.[213] In den Entscheidungen *Mannesmann/Hoesch* und *Mercedes-Benz/Kässbohrer* hat die Kommission einen hohen gemeinsamen Marktanteil der Parteien damit relativiert, dass es „andere strukturelle Einflussfaktoren" gebe, „die in einem angemessenen Zeitraum geeignet sind, die bestehenden Wettbewerbsbedingungen zu verändern".[214] Allerdings hat das EuG noch 2010 entschieden, dass „besonders hohe Anteile – von außergewöhnlichen Umständen abgesehen – als solche den Beweis für das Vorliegen einer beherrschenden

---

mitteln gibt und eine Gesamtwürdigung erforderlich ist; s. dazu *Hirsbrunner* EuZW 2013, 657f. mwN.

[208] Ausführlich zu diesen Fällen *Monopolkommission,* aaO, Rdnr. 694ff.

[209] S. zu Beispielen *Monopolkommission,* Hauptgutachten 2008/2009, Rdnr. 703.

[210] http://ec.europa.eu/competition/antitrust/legislation/best_practices_submission_en.pdf; s. dazu *Monopolkommission,* Hauptgutachten 2010/2011, Rdnr. 924ff. Dazu auch *Ewald,* § 7 Rdnr. 197ff.

[211] EuGH U. v. 13.2.1979, Slg. 1979, 461, 520f., Rdnr. 40f. – *Hoffmann-La Roche/Kommission* (zur Marktbeherrschung); Komm. E. v. 20.11.1996 u. 19.2.1997, IV/M.784, ABl. 1997 L 110/53, Rdnr. 106 – *Kesko/Tuko* („Anteil von 55 % lässt ernsthaft eine beherrschende Stellung vermuten"); EuG U. v. 6.7.2010, Slg. 2010, II-03457 Rdnr. 42 – *Ryanair/Kommission* („nützliche erste Indikatoren"); vgl. auch *Langen/Bunte-Bardong,* Art. 2 FKVO, Rdnr. 154; *Bechtold,* in Fs. Gaedertz, S. 51 („statisches Merkmal").

[212] Komm., 22. WB 1992, Rdnr. 247; vgl. aber auch Komm. E. v. 3.2.1999, IV/M. 1221 – *Rewe/Meinl:* Anteile von 25–30% auf Beschaffungsmärkten.

[213] *Drauz/Schroeder,* S. 110 und 112 unter Hinweis auf Komm. E. v. 19.7.1991, IV/M.068, ABl. 1991 L 290/35 – *Tetra Pak/Alfa-Laval.*

[214] Komm. E. v. 12.11.1992, IV/M.222, ABl. 1993 L 114/34, Rdnr. 91 – *Mannesmann/Hoesch;* Komm. E. v. 14.2.1995, IV/M.477, ABl. 1995 L 211/1, Rdnr. 65 – *Mercedes-Benz/Kässbohrer* mwN. S. auch bereits Komm. E. v. 12.4.1991, IV/M.042, ABl. 1991 L 122/48, Rdnr. 38 – *Alcatel/Telettra.*

Stellung liefern und dass dies bei einem Marktanteil von 50% oder mehr der Fall sein kann".[215]

59 Unterhalb eines gemeinsamen Marktanteils von **20%** liegt kein **betroffener Markt** („affected market") im Sinne der FKVO vor, d.h. sind die beteiligten Unternehmen nicht zu weiteren Angaben in der Anmeldung verpflichtet (Abschnitt 6.3 Buchst. a des Formblattes CO).[216] Bis zu einer Höhe von **25%** ist gemäß **Erwägungsgrund 32** der FKVO im Sinne einer **Indizwirkung** von der Vereinbarkeit des Zusammenschlusses mit dem Gemeinsamen Markt auszugehen.[217] Auch oberhalb von 25% wurden – im Gegensatz zur Praxis des BKartA – Marktanteile bis 45% als „im Grunde nicht problematisch" angesehen.[218] In einzelnen Fällen haben auch außerordentlich hohe Marktanteile nicht zur Annahme einer marktbeherrschenden Stellung geführt,[219] in anderen genügten addierte Marktanteile von 45–50% für eine Untersagung des Vorhabens.[220] In bestimmten Wirtschaftsbereichen, z.B. Rüstungsgütern oder bei Anbietern für die Messung von Fernsehzuschauerquoten, stellen Marktanteile nur einen wenig aussagekräftigen Parameter für die Marktstärke dar. Hier stellt die Kommission eher darauf ab, ob nach dem Zusammenschluss noch genügend **ernsthafte Bezugsalternativen** vorhanden sind.[221] Ein hoher Marktanteil des zusammengeschlossenen Unternehmens kann schließlich durch eine **hohe Eigenfertigungsquote** auf Seiten der Abnehmer relativiert werden, z.B. im Bereich der Herstellung elektronischer Bauteile für Mobiltelefone.[222] Die Bewertung einer Marktanteilsaddition erfolgt nach den neuen Leitlinien der Kommission regelmäßig nach dem **HHI-Index** (s. oben Rdnr. 12).[223]

60 Neben der absoluten Höhe kommt es auf die **Entwicklung** der Marktanteile im Zeitablauf, Schwankungen bzw. Stabilität der Anteile[224] und den Abstand zu nachfolgenden Wettbewerbern an.[225] Im Fall *GE/Instrumentarium*[226] hatte die Kommission wettbewerbliche Bedenken, da es infolge des Zusammenschlusses auf mehreren nationalen Märkten für perioperative Patientenüberwachungsgeräte zu einem Wegfall des wichtigsten Wettbewerbers von GE und zu einer führenden Stellung von *GE Medical Systems* mit erhebli-

---

[215] EuG U. v. 6.7.2010, Slg. 2010, II-03457 Rdnr. 41 – *Ryanair ./. Kommission.*

[216] Anhang 1 zur DurchführungsVO Nr. 802/2004, ABl. 2004 L 133/1.

[217] S. auch Leitlinien zur Bewertung horizontaler Zusammenschlüsse, ABl. 2004 C 31/5ff., Rdnr. 18.

[218] *Drauz/Schroeder,* S. 111 mwN; so z.B. in Arzneimittelmärkten, s. Komm.E. v. 26.4.2004, COMP/M.3354, WuW 2004, 771 – *Sanofi-Synthélabo/Aventis.*

[219] Komm.E. v. 3.8.1993, IV/M.343, Rdnr. 19 – *Societé Générale de Belgique/Générale de Banque* (59%); *Alcatel/Telettra,* aaO, Rdnr. 38 (81 und 83%); *MercedesBenz/Kässbohrer,* aaO, Rdnr. 61f. (73,7%); Komm.E. v. 22.3.1995, IV/M.495, Rdnr. 40f. – *Behringwerke/Armour* (70%); Komm.E. v. 19.12.1991, IV/M.139, Rdnr. 32 – *VIAG/EB Brühl* (50–60%).

[220] S. z.B. Komm.E. v. 31.7.1991, IV/M.012, ABl. 1991 L 320/26, Rdnr. 32 – *Varta/Bosch* (44%); dazu Monopolkommission, Hauptgutachten 1990/91, Rdnr. 611; Komm.E. v. 8.6.1994, IV/M.269, ABl. 1994 L 332/48, Rdnr. 103 u. 114 – *Shell/Montecatini* („deutlich unter 40%"); Komm.E. v. 23.4.1997, IV/M.754, ABl. 1998 L 149/21, Rdnr. 107 u. 117 – *Anglo American Corp./Lonrho* (47%).

[221] S. unten bei Rdnr. 77.

[222] Komm.E. v. 2.7.2001, COMP/M.2479, WuW 2001, 842 – *Flextronics/Alcatel.*

[223] Horizontal-Leitlinien, ABl. 2004 C 31/5, Rdnr. 16 u. 19ff.; s. z.B. Komm.E. v. 12.12.2006, COMP/M.4187, Rdnr. 79 – *Metso/Aker Kvaerner.*

[224] Komm.E. v. 17.7.1996, IV/M.737, ABl. 1997 L 201/1, Rdnr. 176 – *Ciba-Geigy/Sandoz;* Komm.E. v. 28.4.1992, IV/M.126, ABl. 1992 L 204/1, Rdnr. 25, unter 4 – *ACCOR/Waggons Lits.*

[225] So in Komm.E. v. 29.5.1991, IV/M.043, ABl. 1991 L 222/38 – *Magneti Marelli/CEAc* (40%), ebenso Komm.E. v. 31.7.1991, IV/M.012, ABl. 1991 L 320/26 – *Varta/Bosch;* Komm.E. v. 4.12.1996, IV/M.774, ABl. 1997 L 247/1, Rdnr. 170 – *Saint Gobain/Wacker Chemie/NOM* (achtfach). Vgl. auch Komm., 22. WB 1992, Rdnr. 249; bestätigend auch EuG U. v. 28.4.1999, Slg. 1999, II-1299 – *Endemol/Kommission,* betreffend die Untersagung des Zusammenschlusses *RTL/Veronika/Endemol* (Komm.E. v. 20.9.1995, ABl. 1996 L 134/32).

[226] Komm.E. v. 2.9.2003, COMP/M.3083, WuW 2003, 1046.

chem Marktanteilsvorsprung gekommen wäre. Anhand einer Analyse von Ausschreibungsergebnissen fand die Kommission heraus, dass von sonstigen kleineren Wettbewerbern kein hinreichender Wettbewerbsdruck ausgeht. **Abschmelzungseffekte** bei Marktanteilen, die im Gefolge des Zusammenschlusses auftreten, sind in der Prüfung zu berücksichtigen.[227]

Für die **Berechnung** der Marktanteile, insbesondere bei verbundenen Unternehmen, gibt es keine Vorschrift in der FKVO; die Verbundklausel des Art. 5 Abs. 4 FKVO gilt nur für die Umsatzberechnung im Rahmen des Art. 1 FKVO. Marktanteile verbundener Unternehmen sind den am Zusammenschluss beteiligten Unternehmen in dem Maße zuzurechnen, wie sie sich auf deren Marktstellung (vgl. Art. 2 Abs. 1 Buchst. b FKVO) auswirken.[228] Bei über Mehrheitsbeteiligungen verbundenen Unternehmen ist regelmäßig von einem einheitlichen Marktverhalten auszugehen. Die Kommission benutzt aber offenbar auch für die Marktanteilsberechnung den Begriff der Kontrolle im Sinne von Art. 3 FKVO, worauf Abschnitt 3.2 des Formblattes CO schließen lässt. Von daher wird auch der Marktanteil einer Tochtergesellschaft, an der das beteiligte Unternehmen zu 50% beteiligt ist, voll einbezogen.[229] Zunächst offen gelassen wurde von der Kommission, wie bei der Marktanteilsberechnung **Verflechtungen,** d.h. über Minderheitsbeteiligungen verknüpfte Unternehmen, zu behandeln sind.[230] Im Fall *Thyssen/Krupp* erkannte die Kommission an, dass horizontale Verflechtungen zwischen Wettbewerbern bei der wettbewerblichen Gesamtbetrachtung zu berücksichtigen seien, da sie zu einer gegenseitigen Rücksichtnahme und sogar zu einem wettbewerblichen Parallelverhalten führen können.[231] Das EuG hat – im Fall des Zusammenschlusses der finnischen Lebensmitteleinzelhandelsunternehmen *Kesko/Tuko*[232] – entschieden, dass eine Zurechnung von Marktanteilen nicht das Vorliegen eines kontrollierenden Einflusses im Sinne von Art. 3 FKVO voraussetzt. Vielmehr seien hier alle rechtlichen und tatsächlichen Umstände zu prüfen. Im konkreten Fall wurden unter demselben Logo und Abrechnungssystem tätige Einzelhändler zugerechnet.[233] 61

Marktanteile werden jeweils für den relevanten sachlichen und räumlichen Markt berechnet. Dabei erfolgt die Berechnung in der Regel nach den auf dem Markt getätigten **Umsätzen** („value") und nur ausnahmsweise nach **Stückzahlen** („volume"), **Kapazitäten** oder anderen Größen.[234] Besonders schwierig war die Marktanteilsberechnung im Fall *WorldCom/MCI,* der den Internetmarkt – und hier den gesonderten Markt für „Top Level Internet Service Provider" – betraf; die Kommission wandte mehrere Berechnungsmethoden an (Kapazität, Verbindungspunkte, angeschlossene Kunden, Volumen des Datenverkehrs), kam aber jeweils zu ähnlichen Ergebnissen.[235] Wertmäßige Marktanteile spiegeln grundsätzlich Preisunterschiede bei heterogenen Produkten oder auch Markenwaren/Handelsmarken und damit die unterschiedliche Marktstärke der Anbieter am besten 62

[227] Komm. E. v. 12.4.1991, IV/M.042, ABl. 1991 L 122/48, Rdnr. 39 – *Alcatel/Telettra;* Komm. E. v. 14.2.1995, IV/M.477, ABl. 1995 L 211/1, Rdnr. 64 – *Mercedes-Benz/Kässbohrer;* Komm. E. v. 17.7.1996, IV/M.737, ABl. 1997 L 201/1, Rdnr. 145 u. 156 – *Ciba-Geigy/Sandoz* (40–50% bei Pflanzenschutzprodukten; Wettbewerber unter 20%).

[228] *Drauz/Schroeder,* S. 105. Zur Unternehmenseinheit bei Art. 102 AEUV s. *de Bronett,* § 22 Rdnr. 26f.

[229] So z.B. in Komm. E. v. 3.6.1991, IV/M.092, Rdnr. 6 – *RVI/VBC/Heuliez;* ebenso im Fall *GE/Honeywell,* s. EuG U. v. 14.12.2005, Slg. 2005, II-5575 – *General Electric/Kommission.*

[230] Komm. E. v. 15.10.1997, IV/M.938, ABl. 1998 L 288/24, Rdnr. 150ff. – *Guiness/Grand Metropolitan* (zu irischen Großhändlern); vgl. auch Komm. E. v. 10.6.1997, IV/M.911, WuW 1997, 972 – *Clariant/Hoechst.*

[231] Komm. E. v. 2.6.1998, IV/M.1080, Rdnr. 33 – *Thyssen/Krupp.*

[232] Komm. E. v. 21.11.1996, IV/M.784, ABl. 1997 L 110/53.

[233] EuG U. v. 15.12.1999, Slg. 1999, II-3775 – *Kesko Oy/Kommission.*

[234] Bekanntmachung rel. Markt,Rdnr. 54. Berechnung nach Mengen (in m^2) bei graphischen Filmen und Druckplatten in Komm. E. v. 11.2.1998, IV/M.986, ABl. 1998 L 211/22, Rdnr. 38 – *Agfa-Gevaert/DuPont.*

[235] Komm. E. v. 8.7.1998, IV/M.1069, Rdnr. 136ff. (Kurzzusammenfassung in WuW 1998, 968).

wider, sind allerdings vielfach nicht verfügbar.[236] Im Fall *Johnson & Johnson/Guidant* aus dem Jahr 2005 stellte die Kommission bei Führungsdrähten für Herzoperationen einerseits auf Wertangaben, andererseits – beim HHI-Index – auf Mengenangaben ab.[237] Bei anderen Produkten (Ballonkatheter u. Führungskatheter)[238] war gar nicht erkennbar, ob Wert- oder Mengenangaben verwendet wurden. Schließlich nannte die Kommission bei diversen Marktanteilstabellen als Quelle „parties' data validated by market investigation", ohne dies näher zu erläutern.[239] Produktion für den eigenen Verbrauch bzw. Eigenproduktion durch Abnehmer („captive use") wird grundsätzlich nicht in das Marktvolumen einbezogen, jedoch bei der wettbewerblichen Würdigung berücksichtigt.[240]

63 Unterschiedlich wurden hohe Marktanteile auf **Ausschreibungsmärkten** bewertet. Im Fall *GE/Honeywell,* in dem es um auf der Grundlage von Ausschreibungen um eine begrenzte Zahl von Vertragsabschlüssen bei Verkehrsflugzeugen mit jeweils hohen Umsätzen ging, wurde der Marktanteil vom EuG entgegen der Auffassung der Zusammenschlussbeteiligten als Indiz für Marktstärke bestätigt.[241] Die gleiche Bewertung nahm die Kommission im Fall *Siemens/VA Tech* vor, in dem es allerdings um häufige Ausschreibungen mit kleinem Tendervolumen bei der Ausrüstung von Wasserkraftwerken ging.[242] Weniger wichtig waren Marktanteile beim Zusammenschluss auf dem Dienstleistungsmarkt für die Messung von Fernsehzuschauerquoten; hier finden Ausschreibungen alle 5–7 Jahre statt und lösen jeweils einen intensiven Wettbewerb aus.[243]

64 Auf **Märkten für Rüstungsgüter** besitzen Marktanteile ebenfalls eine geringere Aussagekraft. Hier muss vor dem Hintergrund der monopolartigen Stellung der jeweiligen Verteidigungsminister als Nachfrager eher geprüft werden, ob bei künftigen Aufträgen noch ernsthafte Bezugsalternativen bestehen.[244]

65 Ein möglicherweise geringes **Marktvolumen** in der EU oder im EWR ist – anders als in der deutschen Fusionskontrolle (§ 36 Abs. 1 S. 2 Nr. 2 GWB) – mangels einer Bagatellmarktschwelle in der FKVO kein materiell relevantes Kriterium. Allerdings hat die Kommission in einem Fall, der industrielles und grafisches Transparent-Zeichenpapier betraf, das geringe Volumen der betroffenen Märkte (10 bzw. 40 Mio. Euro) trotz hoher addierter Marktanteile als Argument für die wettbewerbliche Unbedenklichkeit angeführt.[245] Auf **gerade entstehenden Märkten** bzw. **Zukunftsmärkten** lassen sich Marktanteile noch nicht ermitteln. Hier prüft die Kommission, inwieweit es durch den Zusammenschluss zu einer Alleinstellung der beteiligten Unternehmen oder jedenfalls zu einem Abschottungseffekt kommt.[246] Von aktuellem Interesse sind insoweit Zusammenschlüsse, die internetbasierte Plattformen betreffen. Im Fall *Facebook/WhatsApp*[247] untersuchte die Kommission neben den Märkten für Kommunikationsdienste auf Smartphones und für

---

[236] Bekanntmachung rel. Markt, Rdnr. 55; Komm. E. v. 21.6.1994, IV/M.430, ABl. 1994 L 354/32, Rdnr. 113 ff. – *Procter & Gamble/VP Schickedanz (II);* Komm. E. v. 30.9.1992, IV/M.214, ABl. 1993 L 7/13, Rdnr. 31 – *DuPont/ICI;* Komm. E. v. 22.7.1992, IV/M.190, ABl. 1992 L 356/1, Rdnr. 40 – *Nestlé/Perrier; Drauz/Schroeder,* S. 107 ff. mwN zu abweichender Berechnung nach Produktionskapazitäten, Fluggastkapazitäten oder festen Kaufaufträgen, letzteres auch in Komm. E. v. 30.7.1997, IV/M.877, ABl. 1997 L 336/16, Rdnr. 28 – *Boeing/McDonnell-Douglas.*

[237] Komm. E. v. 25.8.2005, COMP/M. 3687, Rdnr. 184.

[238] AaO, Rdnr. 178 f.

[239] AaO, z. B. Rdnr. 167 und 178 f.

[240] *Langen/Bunte-Bardong,* Art. 2 FKVO, Rdnr. 173.

[241] U. v. 14.12.2005, Slg. 2005, II-5575 – *General Electric/Kommission.*

[242] Komm. E. v. 13.7.2005, COMP/M. 3653.

[243] Komm. E. v. 15.9.2004, COMP/M. 3512 – *VNU/WPP/JV.*

[244] Komm. E. v. 26.5.2004, WuW/E EU-V 1001 – *General Dynamics/Alvis.*

[245] Komm. E. v. 4.6.2008, COMP/M.4513 – *Arjowiggins/M-Real Zanders Reflex;* kritisch hierzu *Monopolkommission,* Hauptgutachten 2008/2009, Rdnr. 713.

[246] Komm. E. v. 9.11.1994, IV/M.469, ABl. 1994 L 364/1 – *MSG Media Service;* Komm. E. v. 18.3.1998, IV/M.1113, Rdnr. 25–28 – *Nortel/Norweb* (Markt für Sprach- und Datenübertragung in Stromnetzen).

[247] Komm. E. v. 3.10.2014, COMP/M.7217.

soziale Netzwerke auch den Markt für Online-Werbung. Hier kam es an sich nicht zu Überschneidungen, da *WhatsApp* keine Werbung auf seiner Plattform vermarktet. Allerdings besitzen die *WhatsApp*-**Nutzerdaten** ein Potenzial für zielgerichtete Werbung, das die Marktposition von *Facebook* verstärken könnte. Neben anderen Aspekten zitierte die Kommission hier Anteile am gesamten über das Internet verfügbaren Nutzerdatenvolumen anhand einer privaten Studie; danach entfiel ein Drittel des Volumens auf *Google* und weniger als 7% auf *Facebook,* so dass hier nicht mit einer Wettbewerbsbeeinträchtigung infolge des Zusammenschlusses zu rechnen war.

b) Marktstellung. Die Marktstellung der beteiligten Unternehmen (Art. 2 Abs. 1 Buchst. b FKVO) wird in den Entscheidungen der Kommission selten als gesonderter Punkt geprüft. Wichtiger ist die Marktstellung der Wettbewerber nach Zahl, Bedeutung und Größe. 66

c) Finanzkraft. Das Kriterium der „(wirtschaftlichen Macht und) Finanzkraft" war bislang kaum einmal ausschlaggebendes Argument für die Entstehung oder Verstärkung einer marktbeherrschenden Stellung und hat allenfalls Bedeutung als ergänzendes Merkmal.[248] Nur im Fall *GE/Honeywell* spielte die Finanzkraft von *GE Capital* und der konzerneigenen Leasinggesellschaft *GECAS* eine gewichtigere Rolle bei der Finanzierung von und im Leasinggeschäft mit großen Verkehrsflugzeugen.[249] Als unternehmens- und nicht als marktbezogenes Kriterium wirkt sich Finanzkraft nur dann als Wettbewerbsvorteil aus, wenn sie erstmals und ausschließlich der Zielgesellschaft bzw. dem neu zusammengeschlossenen Unternehmen zugutekommt. War der Erwerber schon vorher an der Zielgesellschaft beteiligt oder besitzen auch die Wettbewerber Finanzkraft, hat die Finanzkraft des Erwerbers keine herausgehobene Bedeutung.[250] Als wesentlichen Gesichtspunkt hat die Kommission die Finanzkraft in den Fällen *Varta/Bosch, Magneti Marelli/CEAc, Accor/Waggons Lits, Procter & Gamble/VP Schickedanz II* und *Boeing/McDonnell-Douglas* herangezogen.[251] Eine Stärkung der Finanzkraft durch staatliche Beihilfen wurde vereinzelt von der Kommission untersucht, im Ergebnis aber jeweils verneint.[252] In die **Leitlinien** zur Beurteilung horizontaler Zusammenschlüsse[253] wurde der Aspekt der Finanzkraft letztlich nicht aufgenommen, obwohl im Entwurf[254] der Versuch gemacht worden war, Voraussetzungen für wettbewerbliche Bedenken, die aus Finanzkraft resultieren, zu formulieren.[255] 67

2. Entwicklung von Angebot und Nachfrage und aktueller Wettbewerb. Im Zusammenhang mit oder im Anschluss an die Darstellung der Marktanteilsverteilung untersucht die Kommission die Bedeutung der aktuellen Wettbewerber des zusammengeschlos- 68

---

[248] *Langen/Bunte-Bardong,* Art. 2 FKVO, Rdnr. 326; *Immenga/Mestmäcker-Körber,* EUWettbR, Art. 2 FKVO Rdnr. 219ff.; vgl. auch *Bechtold,* in Fs. Gaedertz, S. 55 („statisches Merkmal").

[249] Komm. E. v. 3.7.2001, WuW/E EU-V 631; bestätigt durch EuG U. v. 14.12.2005, Slg. 2005, II-5575 – *General Electric/Kommission.*

[250] *Drauz/Schroeder,* S. 114ff. mwN.

[251] Komm. E. v. 29.5.1991, IV/M.043, ABl. 1991 L 222/38, Rdnr. 16 – *Magneti Marelli/CEAc;* Komm. E. v. 31.7.1991, IV/M.012, ABl. 1991 L 320/26, Rdnr. 32 – *Varta/Bosch;* Komm. E. v. 28.4.1992, IV/M.126, ABl. 1992 L 204/1, Rdnr. 25 – *ACCOR/Waggons Lits;* Komm. E. v. 21.6.1994, IV/M.430, ABl. 1994 L 354/32, Rdnr. 140 u. 160 – *Procter & Gamble/VP Schickedanz (II);* Komm. E. v. 30.7.1997, IV/M.877, ABl. 1997 L 336/16, Rdnr. 73ff. – *Boeing/McDonnell-Douglas;* vgl. auch die Art. 6 Abs. 1 Buchst. b-Entscheidung *ICI/Tioxide,* IV/M.023, Komm. E. v. 28.11.1990, Rdnr. 10.

[252] Komm. E. v. 15.2.1999, COMP/M.1405, Rdnr. 47 – *TNT Post Group/Jet Services;* Komm. E. v. 4.8.2003, COMP/M.3150 – *SNCF/Trenitalia;* auf die Relevanz wies aber EuG U. v. 31.1.2001, Slg. 2001, II-337 – *RJB Mining/Kommission,* hin; s. dazu *Zeise,* in: Handbuch der Fusionskontrolle, Rdnr. 1256.

[253] ABl. 2004 C 31/5.

[254] ABl. 2002 C 331/18, Rdnr. 21.

[255] S. dazu *Hossenfelder/Töllner/Ost,* Kartellrechtspraxis und Kartellrechtsprechung 2004/05, Rdnr. 946.

senen Unternehmens.[256] Eng damit verbunden ist die Prüfung der **Marktentwicklung** und **Marktphase** („Entwicklung des Angebots und der Nachfrage“, Art. 2 Abs. 1 Buchst. b) FKVO) sowie der **Marktstruktur** (Art. 2 Abs. 1 Buchst. a FKVO). Es kann sich, wie in Abschnitt 8.5a) des Formblattes CO[257] beschrieben, um Märkte im Stadium des Entstehens, des Wachstums, der Reifung oder der Rückbildung handeln. Zusammenschlüsse auf jungen Wachstumsmärkten, in denen Marktanteile und Marktführerschaft noch instabil oder noch gar nicht ermittelbar sind, waren z. B. *Digital/Philips, ACCOR/Waggons-Lits, Thorn EMI/Virgin Music, Daimler-Benz/Deutsche Telekom – Telematik* und – hinsichtlich des Computer-to-plate-Marktes – *Agfa/DuPont*[258] sowie – für Kommunikationsdienste über Smartphones – *Facebook/WhatsApp.*[259] Um reife, im Marktvolumen stagnierende oder zurückgehende Märkte handelte es sich z. B. bei Kalidünger im Fall *Kali + Salz/MdK/Treuhandanstalt*[260] und bei analogen graphischen Filmen im Fall *Agfa/DuPont.*[261] Auf Märkten im Entwicklungsstadium akzeptiert die Kommission ggf. auch hohe Marktanteile.[262] Allerdings betont sie regelmäßig als eines ihrer wichtigsten wettbewerbspolitischen Ziele die Offenhaltung neuer, sich entwickelnder Märkte und hat – zum Zwecke der Verhinderung einer Marktabschottung („foreclosure effect“) – auch bereits Untersagungsentscheidungen erlassen.[263] Dass es auch auf Wachstumsmärkten zur Entstehung oder Verstärkung einer marktbeherrschenden Stellung kommen kann, belegen die Entscheidungen *Crown Cork & Seal/Carnaud Metalbox* zu Feinblechdosen, *BT/MCI (II)* zum transatlantischen Telefonverkehr und *Boeing/McDonnell-Douglas* zu zivilen Großraumflugzeugen.[264]

69 Zur Ermittlung der **Marktstruktur** werden der Konzentrationsgrad auf der Anbieter- und Nachfragerseite,[265] gesellschaftsrechtliche und vertragliche Verflechtungen zwischen Marktteilnehmern[266] und Besonderheiten eines Marktes, z. B. das Erfordernis des Zugangs zu bestimmten Transporteinrichtungen oder Netzen,[267] geprüft. Besondere Bedeutung hat bei der Marktstruktur der bereits beschriebene HHI-Index.[268] Die weitere Entwicklung von Angebot und Nachfrage auf einem Markt nach dem Zusammenschluss kann zudem entscheidend von der Kapazitätsauslastung abhängen.[269] Fraglich erscheint, ob wettbewerbliche Bedenken, die sich aus hohen Marktanteilen ergeben, unberücksichtigt bleiben, wenn es sich um sachliche oder räumliche Märkte mit geringem Marktvolumen handelt, wie die Kommission z. B. in *Aérospatiale-Alenia/de Havilland*[270] für den Markt für militärische Hubschrauber in Dänemark annimmt.

---

[256] Z. B. in Komm. E. v. 14.2.1995, IV/M.477, ABl. 1995 L 211/1, Rdnr. 69 ff. – *Mercedes/Kässbohrer.*

[257] ABl. 1994 L 377; s. dazu auch *Langen/Bunte-Bardong,* Art. 2 FKVO, Rdnr. 187 ff.

[258] Komm. E. v. 2.9.1991, IV/M.129, Rdnr. 18; Komm. E. v. 28.4.1992, IV/M.126, ABl. 1992 L 204/1, Rdnr. 17; Komm. E. v. 27.4.1992, IV/M.202, Rdnr. 60; Komm. E. v. 31.7.1997, IV/M.962, Rdnr. 7; Komm. E. v. 11.2.1998, IV/M.986, ABl. 1998 L 211/22.

[259] Komm. E. v. 3.10.2014, COMP/M.7217.

[260] Komm. E. v. 14.12.1993, IV/M.308, ABl. 1994 L 136/38; s. dazu *Monopolkommission,* Hauptgutachten 1992/93, Rdnr. 600.

[261] Komm. E. v. 11.2.1998, IV/M.986, ABl. 1998 L 211/22 – *Agfa-Gevaert/DuPont.*

[262] *Drauz/Schroeder,* S. 129.

[263] Komm. E. v. 9.11.1994, IV/M.469, ABl. 1994 L 364/1 – *MSG Media Service;* Komm. E. v. 19.7.1995, IV/M.490, ABl. 1996 L 53/20 – *Nordic Satellite Distribution;* Komm. E. v. 27.5.1998, IV/M.993, ABl. 1999 L 53/1, Rdnr. 122 – *Bertelsmann/Kirch/Premiere.*

[264] Komm. E. v. 14.11.1995, IV/M.603, ABl. 1996 L 75/38, Rdnr. 79; Komm. E. v. 14.5.1997, IV/M.856, ABl. 1997 L 336/1, Rdnr. 72; Komm. E. v. 30.7.1997, IV/M.877, ABl. 1997 L 336/16, Rdnr. 47.

[265] *Drauz/Schroeder,* S. 148 f. mwN.

[266] Komm. E. v. 28.4.1994, IV/M.400, Rdnr. 21 ff. – *Allied Lyons/HWE-Pedro Domeq;* Komm. E. v. 22.12.1997, IV/M.1036, Rdnr. 7 – *Chrysler/Distributors.*

[267] Komm. E. v. 17.2.1994, IV/M.361, Rdnr. 28 f. – *Neste/Statoil.*

[268] S. Rdnr. 12.

[269] S. dazu *Langen/Bunte-Bardong,* Art. 2 FKVO, Rdnr. 194.

[270] Komm. E. v. 2.10.1991, IV/M.053, ABl. 1991 L 334/42.

Im Rahmen des **aktuellen Wettbewerbs** werden Marktanteile, Ressourcen, Vertriebsstrukturen, Kapazitäten, Zugang zu Technologien und andere Eigenschaften der anderen Anbieter im Markt untersucht.[271] Unbeachtlich ist konzerninterner Wettbewerb.[272] Besondere Beachtung in der Prüfung der wettbewerblichen Auswirkungen eines Zusammenschlusses findet mittlerweile die Fragestellung, ob die Produkte der Beteiligten **besonders enge Substitute** auf dem relevanten Markt darstellen.[273] 70

3. Marktzutrittschranken und potentieller Wettbewerb. Potenzieller Wettbewerb 71 bzw. dessen Fehlen aufgrund von Marktzutrittschranken hat sich in der Entscheidungspraxis der Kommission als ein zentrales Kriterium erwiesen.[274] Er wird stets geprüft, „wenn die Stellung der beteiligten Unternehmen auf dem relevanten Markt … zu Wettbewerbsbedenken Anlass gibt".[275] Dabei darf es sich nicht nur um die lediglich abstrakte Möglichkeit grenzüberschreitenden Wettbewerbs handeln, sondern der Marktzutritt muss als a) **wahrscheinlich,** b) **erheblich und wirkungsvoll** und c) **innerhalb kurzer Zeit** erfolgend angesehen werden.[276] Ist dies der Fall, entsteht durch den Zusammenschluss allenfalls vorübergehend, nicht aber dauerhaft eine marktbeherrschende Stellung[277] bzw. ist das Vorliegen einer „wesentlichen Behinderung des Wettbewerbs" in Form von Entstehung von Marktmacht zu verneinen. Maßgeblich ist der jeweilige Prognosezeitraum.[278] Marktzutrittsschranken wurden z. B. bei stark technologiebestimmten Produkten, die erhebliche Investitionen in Forschung und Entwicklung sowie besonders anspruchsvolle Produkt- und Prozesskenntnisse und Referenzaufträge erfordern, bejaht (für Zellstoffanlagen im Fall *Metso/Aker Kvaerner*).[279] Auch erhebliche Kosten und zeitlicher Aufwand zur Einführung einer neuen Marke, z. B. bei Haarpflegeprodukten,[280] ergeben eine Marktzutrittsschranke. Eine Verringerung potenziellen Wettbewerbs reicht für die Verstärkung einer marktbeherrschenden Stellung allein noch nicht aus, da sie möglicherweise durch andere Faktoren ausgeglichen wird und die Wettbewerbsstellung im Ergebnis unverändert bleibt.[281]

Potenzieller Wettbewerb wurde von der Kommission im Fall *Mercedes-Benz/Kässbohrer*[282] 72 hinsichtlich zu erwartender verstärkter Präsenz ausländischer Bushersteller wie *Volvo, Renault* und *Iveco* auf den deutschen Überland- und Reisebusmärkten angenommen. In den Röhrenfällen *Mannesmann/Hoesch* und *Mannesmann/Vallourec/Ilva* bewertete die Kommission den potenziellen Wettbewerb westeuropäischer bzw. mittel- und osteuropäischer Röhrenhersteller als hinreichend, um eine marktbeherrschende Stellung der beteiligten Unter-

---

[271] Komm. E. v. 21.6.1994, IV/M.430, ABl. 1994 L 354/32 – *Procter & Gamble/VP Schickedanz (II)*; weitere Fallbeispiele bei *Drauz/Schroeder*, S. 156 f.

[272] Komm. E. v. 28.4.1992, IV/M.126, ABl. 1992 L 204/1, Rdnr. 27 – *ACCOR/Waggons Lits*.

[273] Komm. E. v. 19.11.2004, COMP/M. 3544 – *Bayer Healthcare/Roche (OTC Business)*; Komm. E. v. 13.7.2005, COMP/M.3653 – *Siemens/VA Tech*; Komm. E. v. 12.12.2012, COMP/M.6497 – *H3G Austria/Orange Austria*; *Telefonica Deutschland/E-Plus*, Komm. E. v. 2.7.2014, COMP/M.7018.

[274] *Langen/Bunte-Bardong*, Art. 2 FKVO, Rdnr. 185 („kartellrechtliche Allzweckwaffe").

[275] Bekanntmachung der Kommission über die Definition des relevanten Marktes, ABl. 1997 C 372/5, Rdnr. 24.

[276] Komm. E. v. 22.7.1992, IV/M.190, ABl. 1992 L 356/1, Rdnr. 91 – *Nestlé/Perrier*; Komm. E. v. 21.6.1994, IV/M.430, ABl. 1994 L 354/32, Rdnr. 175 – *Procter & Gamble/VP Schickedanz (II)*; XXIV. WB 1994, S. 311.

[277] Komm. E. v. 2.10.1991, IV/M.053, ABl. 1991 L 334/42, Rdnr. 53 – *Aérospatiale-Alenia/de Havilland*.

[278] Z. B. 2–3 Jahre (Komm. E. v. 4.12.1996, IV/M.774, ABl. 1997 L 247/1 – *Saint Gobain/Wacker Chemie/NOM*, s. BKartA, TB 1995/96. S. 66).

[279] Komm. E. v. 12.12.2006, COMP/M.4187, Rdnr. 86 ff. – *Metso/Aker Kvaerner*.

[280] Komm. E. v. 30.7.2003, COMP/M.3149, WuW 2003, 1045 – *Procter & Gamble/Wella*.

[281] EuGH U. v. 15.2.2005, Slg. 2005, I-987 – *Tetra Laval/Sidel*.

[282] Komm. E. v. 14.2.1995, IV/M.477, ABl. 1995 L 211/1, Rdnr. 79 ff.; kritisch BKartA, TB 1995/96, S. 66.

nehmen zu verhindern.[283] Ausschlaggebend waren u. a. das hohe Nachfrageniveau auf dem deutschen Markt sowie die Umsetzung der europäischen Ausschreibungsrichtlinien und der Harmonisierung von Normen. Bei Produkt- oder Dienstleistungsmärkten, die EU-weite Ausschreibungen von Aufträgen kennen, stellt sich die Frage, ob man von aktuellem oder von möglicherweise wirksamem potenziellen Wettbewerb sprechen kann, wenn aus benachbarten räumlichen Märkten Konkurrenzangebote gemacht werden, diese jedoch bislang nie zum Zuge kamen, d.h. sich noch nicht in Marktanteilen auf dem betroffenen Markt niederschlugen.[284] Allerdings reichte potenzieller Wettbewerb aus anderen räumlichen Märkten bei den Zusammenschlüssen *Aérospatiale-Alenia/de Havilland* und *Saint Gobain/Wacker Chemie/NOM*[285] nicht aus, um die Wettbewerbsbedenken der Kommission auszuräumen. Anbieter von hochwertigem Siliziumkarbid aus Osteuropa und China wurden unter den Gesichtspunkten der **Qualität** und **Lieferzuverlässigkeit** nicht als hinreichende Beschaffungsalternative für westeuropäische Abnehmer angesehen. Im Fall *BASF/Bayer/Hoechst/Dyestar*[286] wurde der potenzielle Wettbewerbsdruck asiatischer Hersteller von Textilfarbstoffen als ausreichend angesehen, um die Marktmacht des neu entstandenen Gemeinschaftsunternehmens in Europa zu begrenzen. In dem mehrfach von der Kommission untersagten Vorhaben *Ryanair/Aer Lingus* nahm die Kommission eine sehr ausführliche Prüfung potenziellen Wettbewerbs vor und sah auf bestimmten Flugstrecken von Irland aus jeweils den anderen Zusammenschlussbeteiligten als einzigen wirksamen potenziellen Wettbewerber an.[287]

73 Als Hindernis für wirksamen potenziellen Wettbewerb sind **Marktzutrittsschranken** anzusehen.[288] Solche Barrieren können technischer, wirtschaftlicher oder rechtlicher Natur sein. In der Entscheidungspraxis der Kommission hatten die folgenden Umstände Bedeutung als Marktzutrittsschranken:[289]

– technische Anpassungskosten
– lange Lebensdauer von Maschinen oder Flugzeugen[290]
– Patente[291] und hohe F & E-Aufwendungen[292]
– Rechtsvorschriften und behördliche Auflagen[293]
– hoher Konzentrationsgrad auf dem betroffenen Markt[294]

---

[283] Komm. E. v. 12.11.1992, IV/M.222, ABl. 1993 L 114/34, Rdnr. 103ff. – *Mannesmann/Hoesch;* Komm. E. v. 31.1.1994, IV/M.315, ABl. 1994 L 102/15, Rdnr. 116ff. – *Mannesmann/Vallourec/Ilva;* kritisch dazu *Ebenroth/Lange* WuW 1994, 601ff.; BKartA, TB 1993/94, S. 59.

[284] Bejahend z.B. *Werner,* in Fs. Lieberknecht, S. 602, 615; skeptisch BKartA, TB 1995/96, S. 66; Monopolkommission, Hauptgutachten 1994/95, Rdnr. 693.

[285] Komm. E. v. 2.10.1991, IV/M.053, ABl. 1991 L 334/42, Rdnr. 53ff.; Komm. E. v. 4.12.1996, IV/M.774, ABl. 1997 L 247/1, Rdnr. 188ff.; ebenso in Komm. E. v. 20.9.1995, IV/M.582, ABl. 1996 L 66/17, Rdnr. 78ff. – *Orkla/Volvo* und Komm. E. v. 14.11.1995, IV/M.603, ABl. 1996 L 75/38, Rdnr. 75ff. – *Crown Cork/Carnaud Metalbox.* Im Fall Komm. E. v. 30.7.1997, IV/M.877, ABl. 1997 L 336/16, Rdnr. 16 – *Boeing/McDonnell-Douglas* wurden Flugzeuge des russischen Herstellers *Iljushin* bereits mangels der entsprechenden Eigenschaften Zuverlässigkeit, Kundendienst und Image vom sachlich relevanten Markt ausgenommen.

[286] Komm. E. v. 5.9.2000, COMP/M.1987.

[287] Komm. E. v. 27.2.2013, COMP/M.6663.

[288] S. dazu bereits Rdnr. 51.

[289] Weitere Beispiele bei *Immenga/Mestmäcker-Körber,* EUWettbR, Art. 2 FKVO Rdnr. 301ff.; *Langen/Bunte-Bardong,* Art. 2 FKVO, Rdnr. 232ff.; *Drauz/Schroeder,* S. 124ff.

[290] Komm. E. v. 4.5.1993, IV/M.291, ABl. 1993 L 217/35, Rdnr. 27 u. 29 – *KNP/Bühlmann Tetterode/VRG;* Komm. E. v. 30.7.1997, IV/M.877, ABl. 1997 L 336/16 – *Boeing/McDonnell-Douglas.*

[291] Komm. E. v. 19.7.1991, IV/M.068, ABl. 1991 L 290/35, unter IV. B.3.4. – *Tetra Pak/Alfa-Laval.*

[292] Komm. E. v. 25.8.2005, COMP/M.3687 – *Johnson & Johnson/Guidant.*

[293] Komm. E. v. 28.4.1992, IV/M.126, ABl. 1992 L 204/1 – *ACCOR/Waggons Lits.*

[294] Komm. E. v. 21.6.1994, IV/M.430, ABl. 1994 L 354/32, Rdnr. 148 – *Procter & Gamble/VP Schickedanz (II);* Komm. E. v. 16.1.1996, IV/M.623, ABl. 1996 L 183/1, Rdnr. 200ff. – *Kimberly-Clark/Scott Paper.*

– erhebliche Investitionen oder Werbeaufwendungen vor einem Markteintritt[295]
– Erfordernis eines flächendeckenden (eigenen) Vertriebs- und Servicenetzes[296]
– Existenz etablierter Marken und Markentreue der Kunden.[297]

Ein Zusammenschluss kann auch zur Errichtung von Marktzutrittsschranken führen.[298] 74
Zweifelhaft ist, ob der Umstand, dass der Markteintritt über den Erwerb eines inländischen Anbieters erfolgen kann, auf niedrige Marktzutrittsschranken hindeutet (so in *ACCOR/Waggon-Lits*);[299] der umgekehrte Schluss liegt mindestens ebenso nahe. Auch wenn die Kommission potentiellen Wettbewerb ausdrücklich nicht bei der räumlichen Marktabgrenzung berücksichtigen will,[300] soll der **Wegfall rechtlicher Schranken** zwischen Mitgliedstaaten, also die fortschreitende Marktintegration in der Gemeinschaft, nicht erst in Form von zunehmendem potenziellen Wettbewerb, sondern bereits in die Definition des räumlich relevanten Marktes Eingang finden.[301]

Potenzieller Wettbewerb kann schließlich von anderen Produktmärkten – aufgrund von 75
angebotsseitiger Umstellungsflexibilität – ausgehen. Dies setzt allerdings voraus, dass die Umstellung auf eine Produktion für den betroffenen Markt a) **kurzfristig** (d.h. regelmäßig innerhalb von zwei Jahren)[302] und b) **ohne erheblichen Kostenaufwand** möglich ist.[303] Ebenfalls aus benachbarten Produktmärkten kann Randsubstitution und damit ein gewisser Wettbewerbsdruck auf das zusammengeschlossene Unternehmen resultieren;[304] dabei handelt es sich jedoch eher um aktuellen als um potenziellen Wettbewerb.

4. Wahlmöglichkeiten der Lieferanten und Abnehmer. Inwieweit die Lieferanten 76
bzw. die Abnehmer der am Zusammenschluss beteiligten Unternehmen Ausweichmöglichkeiten auf andere Kunden bzw. Anbieter haben, bestimmt wesentlich, ob ein Zusammenschluss wettbewerbsbehindernde Effekte hat. Die Wahlmöglichkeiten der vor- bzw. nachgelagerten Marktstufe und – spiegelbildlich – der anschließend behandelte Zugang der Zusammenschlussbeteiligten zu den Beschaffungs- und Absatzmärkten sind **vertikale Kriterien.** Eine negative Auswirkung auf die Wahlmöglichkeiten der Abnehmer des zusammengeschlossenen Unternehmens kann sich ergeben, wenn die Produktionskapazitäten der verbleibenden Wettbewerber ausgelastet sind.[305] Umgekehrt können Importe oder potentieller Wettbewerb eine vorübergehende Verminderung der Wahlmöglichkeiten ausgleichen.[306] In

---

[295] Komm. E. v. 21.6.1994, IV/M.430, ABl. 1994 L 354/32 – *Procter & Gamble/VP Schickedanz (II);* Komm. E. v. 16.1.1996, IV/M.623, ABl. 1996 L 183/1 – *Kimberly-Clark/Scott Paper;* Komm. E. v. 22.1.1997, IV/M.794, ABl. 1997 L 218/15, Rdnr. 189ff. – *Coca-Cola Enterpr./Amalgamated Beverages Great Britain;* Komm. E. v. 9.6.2004, COMP/M.3397 – *Owens-Illinois/BSN Glasspack;* Komm. E. v. 3.3.2005, COMP/M.3658 – *Orkla/Chips.*

[296] Komm. E. v. 14.2.1995, IV/M.477, ABl. 1995 L 211/1, Rdnr. 82ff. – *Mercedes-Benz/Kässbohrer;* Komm. E. v. 2.9.2003, COMP/M.3083 – *GE/Instrumentarium.*

[297] Komm. E. v. 22.1.1997, IV/M.794, ABl. 1997 L 218/15, Rdnr. 189ff. – *Coca-Cola Enterpr./Amalgamated Beverages Great Britain;* Komm. E. v. 16.1.1996, IV/M.623, ABl. 1996 L 183/1 – *Kimberly-Clark/Scott Paper.*

[298] Komm. E. v. 20.11.1996, IV/M.784, ABl. 1997 L 110/53, Rdnr. 158 – *Kesko/Tuko.*

[299] Komm. E. v. 28.4.1992, IV/M.126, ABl. 1992 L 204/1, Rdnr. 17.

[300] Bekanntmachung über die Definition des relevanten Marktes im Sinne des Wettbewerbsrechts der Gemeinschaft, ABl. 1997 C 372/1, Rdnr. 24.

[301] AaO, Rdnr. 33f.

[302] Horizontal-Leitlinien, Rdnr. 74.

[303] Komm. E. v. 22.7.1992, IV/M.190, ABl. 1992 L 356/1, Rdnr. 91 – *Nestlé/Perrier;* Komm. E. v. 10.8.1992, IV/M.206, Ziff. 7.3 – *Rhone-Poulenc/SNIA;* s. auch oben Rdnr. 71

[304] Komm. E. v. 21.6.1994, IV/M.430, ABl. 1994 L 354/32, Rdnr. 161–165 – *Procter & Gamble/VP Schickedanz (II); Drauz/Schroeder,* S. 160f. mwN.

[305] Komm. E. v. 31.7.1991, IV/M.012, ABl. 1991 L 320/26, Rdnr. 32 – *Varta/Bosch;* umgekehrt Komm. E. v. 4.5.1993, IV/M.291, ABl. 1993 L 217/35, Rdnr. 54 – *KNP/Bühlmann Tetterode/VRG;* Komm. E. v. 9.8.2004, COMP/M.3439 – *Agfa-Gevaert/Lastra* (Ausweichmöglichkeiten wegen Überkapazitäten bei analogen Druckplatten im EWR).

[306] Komm. E. v. 6.6.1991, IV/M.081, Rdnr. 48 – *VIAG/Continental Can;* Komm. E. v. 26.5.1992, IV/M.221, Rdnr. 18 – *ABB/BREL.*

bestimmten Branchen, z.B. Automobil- und Zulieferindustrie, können die Nachfrager durch erhöhte Eigenfertigung reagieren.[307] Steht dem zusammengeschlossenen Unternehmen und anderen Anbietern in dem betroffenen räumlichen Markt nur ein einziger Nachfrager gegenüber (monopsonistische Nachfragestruktur), wie z.B. im Bereich militärischer Güter, wird der Zusammenschluss auch bei sehr hohen Marktanteilen regelmäßig nicht zu einer marktbeherrschenden Stellung führen.[308]

77 **5. Zugang zu Absatz- und Beschaffungsmärkten.** Der Zugang der Fusionspartner – auf diese bezieht sich das Kriterium[309] – zu vor- oder nachgelagerten Märkten kann sich durch den Zusammenschluss erheblich verbessern und damit gleichzeitig zu einem **Abschottungseffekt** für Wettbewerber führen (s. oben Rdnr. 16, A. III). Dies kann auch durch Zugang zu bestimmten Ressourcen der Gesellschafter des zusammengeschlossenen Unternehmens der Fall sein. Im einzelnen kann es sich um den Zugang zu Rohstoffen, sonstigen Vorprodukten, bestimmten Technologien oder zu staatlichen Subventionen und Aufträgen auf der vorgelagerten Stufe,[310] um die Absicherung von Vertriebswegen, Servicenetzen oder neuen Kundenstämmen auf der nachgelagerten (Absatz-)Stufe handeln.[311] Im Fall *RTL/Veronica/Endemol* hätte der Zusammenschluss nach Einschätzung der Kommission durch Einbindung des TV-Produzenten *Endemol* die Abschottung des niederländischen Marktes für Fernsehproduktionen gegenüber anderen Lieferanten bewirkt.[312] Wettbewerbliche Bedenken ergaben sich auch im Fall *Syngenta/Advanta,* der mehrere nationale Märkte für Zuckerrübensaaten und den Zugang zu Zellplasma, einem wichtigen Vorprodukt, betraf .[313]

78 Ein besonders wichtiges Element im Rahmen des Zugangs zu vor- oder nachgelagerten Märkten ist das Bestehen oder Entstehen von **Nachfragemacht** der Fusionspartner gegenüber ihren Lieferanten, z.B. im Lebensmitteleinzelhandel, oder von gegengewichtiger Nachfragemacht der Abnehmer gegenüber den Fusionspartnern (s. oben Rdnr. 17). Letzteres wurde z.B. von der Kommission verneint im Verhältnis des Handels zu den Konsumgüterherstellern *Procter & Gamble* oder *Kimberly-Clark,*[314] da deren Markenprodukte ein „Muss" für den Handel sind. Dies wird verstärkt, wenn der Anteil an Eigenmarken des Handels gering ist.[315] Auch bei preisunsensiblen Gütern, z.B. Gewürzen, hat die Nachfragemacht des Handels keine besondere Bedeutung, da Preiserhöhungen relativ leicht an den Verbraucher weitergereicht werden können.[316] Dagegen kam es umgekehrt durch die Fusi-

---

[307] *Drauz/Schroeder,* S. 79f. u. 161.

[308] Komm.E. v. 5.9.1994, IV/M.496, Rdnr. 17, WuW 1995, 119 – *Marconi/Finmeccanica;* Komm.E. v. 27.6.1995, IV/M.598, Rdnr. 13, WuW 1996, 28 – *Daimler-Benz/Carl Zeiss;* s. auch Komm.E. v. 25.11.1998, IV/M. 1225, WuW 1999, 38 – *Stora/Enso.*

[309] *Langen/Bunte-Bardong,* Art. 2 FKVO, Rdnr. 209. Zum deutschen Recht – § 18 Abs. 3 Nr. 3 GWB – s. *Wiedemann,* § 23 Rdnr. 33.

[310] *Langen/Bunte-Bardong,* aaO; *Immenga/Mestmäcker-Körber,* EUWettbR, Art. 2 FKVO Rdnr. 280f.; Komm.E. v. 28.6.1991, IV/M.101, Rdnr. 18 – *Dräger/IBM/HMP;* Komm.E. v. 30.7.1997, IV/M.877, ABl. 1997 L 336/16, Rdnr. 72ff. – *Boeing/McDonnell-Douglas;* weitere Beisp. bei *Drauz/Schroeder,* S. 121ff.

[311] Komm.E. v. 2.10.1991, IV/M.053, ABl. 1991 L 334/42, Rdnr. 33 – *Aérospatiale-Alenia/de Havilland;* Komm.E. v. 2.12.1991, IV/M.102, Rdnr. 46 – *TNT/Canada Post, DBP Postdienst, La Poste, PTT Post and Sweden Post;* Komm.E. v. 22.1.1997, IV/M.794, ABl. 1997 L 218/15, Rdnr. 205 – *Coca-Cola Enterpr./Amalgamated Beverages Great Britain;* Komm.E. v. 30.7.1997, IV/M.877, ABl. 1997 L 336/16, Rdnr. 41ff. u. 54 – *Boeing/McDonnell-Douglas.*

[312] Komm.E. v. 20.9.1995, IV/M.553, ABl. 1996 L 134/32 Rdnr. 101.

[313] Komm.E. v. 17.8.2004, COMP/M.3465.

[314] Komm.E. v. 21.6.1994, IV/M.430, ABl. 1994 L 354/32, Rdnr. 166ff. – *Procter & Gamble/VP Schickedanz (II);* Komm.E. v. 16.1.1996, IV/M.623, ABl. 1996 L 183/1, Rdnr. 185ff. – *Kimberly-Clark/Scott Paper;* ebenso in Komm.E. v. 15.7.2005, COMP/M.3732 – *Procter & Gamble/Gillette* (elektrische Zahnbürsten); s. dazu *Kloc-Evison/Larsson Haug/Siebert,* Competition Policy Newsletter 3/2005, S. 43ff.

[315] Komm.E. v. 3.3.2005, COMP/M.3658 – *Orkla/Chips* (Tiefkühlpizza in Finnland).

[316] Komm.E. v. 29.10.1993, IV/M.330, Rdnr. 72 – *McCormick/CPC/Rabobank/Ostmann.*

on der finnischen Handelsketten *Kesko* und *Tuko* zu einer „noch nie da gewesenen Nachfragemacht“ gegenüber den Lieferanten.[317] Marktbeherrschung wurde hingegen trotz einer zusammenschlussbedingten führenden Marktstellung bei bestimmten Spezialchemikalien verneint wegen hinreichender Begrenzung des Verhaltensspielraums durch die Nachfrageseite im Fall *Celanese/Degussa.*[318] Nachfragemacht durch große Handelsketten bei Metallputzmitteln war u.a. ausschlaggebend für die Freigabe des Zusammenschlusses *Reckitt & Colman/Benckiser.*[319] In jüngeren Entscheidungen räumte gegengewichtige Nachfragemacht häufig die Wettbewerbsbedenken der Kommission nicht aus, weil entweder nur einzelne Nachfrager(gruppen), nicht aber die Gesamtheit der Nachfrager über Gegenmacht verfügten, oder weil die Nachfragemacht zwar für die Zeit vor dem Zusammenschluss, nicht aber danach angenommen wurde.[320]

6. Interessen der Zwischen- und Endverbraucher. Dieses in Anlehnung an Art. 101 Abs. 3 AEUV geschaffene Kriterium in Art. 2 Abs. 1 Buchst. b FKVO hat bisher in der Entscheidungspraxis der Kommission keine eigenständige Bedeutung. Die Interessen des Endverbrauchers wurden grundsätzlich als durch wirksamen Wettbewerb am besten geschützt angesehen. Mittlerweile stellen die Interessen der Verbraucher im Zuge des „more economic approach“ ein übergeordnetes Ziel der Fusionskontrolle dar, ohne einen gesonderten Prüfungsschritt darzustellen. In ihren Leitlinien zu horizontalen Zusammenschlüssen setzte sich die Kommission das allgemeine Ziel, „mit der Fusionskontrolle Zusammenschlüsse [zu verhindern], die geeignet wären, den Verbrauchern diese Vorteile [niedrige Preise, hochwertige Produkte, eine große Auswahl und Innovation] vorzuenthalten“.[321] Konkret wird deshalb geprüft, ob der Zusammenschluss die Möglichkeit gibt, „gewinnbringend die Preise zu erhöhen“.[322] 79

7. Entwicklung des technischen und wirtschaftlichen Fortschritts/Effizienzvorteile. Schließlich hat die Kommission nach Art. 2 Abs. 1 Buchst. b FKVO die „Entwicklung des technischen und wirtschaftlichen Fortschritts“ zu berücksichtigen, „sofern diese dem Verbraucher dient und den Wettbewerb nicht behindert“.[323] Die Formulierung entspricht weitgehend derjenigen in Art. 101 Abs. 3 AEUV und sollte auch entsprechend angewendet werden.[324] Das Kriterium wurde zu Beginn der EU-Fusionskontrolle als mögliches Einfallstor für industriepolitische Ziele betrachtet.[325] Ein wirtschaftlicher Fortschritt hätte beispielsweise mit der Erzielung von Rationalisierungsvorteilen begründet werden können.[326] In der Praxis erlangte die Klausel jedoch bis zur Revision 2004 keine große Bedeutung.[327] Sie fand sich als eigenständiges Prüfungskriterium nur in wenigen Entschei- 80

---

[317] Komm. E. v. 20.11.1996, IV/M.784, ABl. 1997 L 110/53, Rdnr. 133 – *Kesko/Tuko;* s. dazu *Hutchings* ECLR 1997, 75ff.; weit. Beispiele bei *Drauz/Schroeder,* S. 158ff.; ausführlich zur Nachfragemacht *Langen/Bunte-Bardong,* Art. 2 FKVO, Rdnr. 244ff.; zur Annahme von Marktbeherrschung als Nachfrager auf Beschaffungsmärkten kam es erstmals in Komm. E. v. 3.2.1999, IV/M. 1221 – *Rewe/Meinl.*

[318] Komm. E. v. 11.6.2003, COMP/M.3056, WuW 2003, 1047.

[319] Komm. E. v. 3.9.1999, IV/M.1632, WuW 1999, 985.

[320] Zu den diesbezüglichen Fällen *McCain Foods Group/Lutosa Business* (Komm. E. v. 28.5.2013, COMP/M.6813), *Arla Foods/Milk Link* (Komm. E. v. 27.9.2012, COMP/M.6611) und *Universal Music Group/EMI Music* (Komm. E. v. 21.9.2012, COMP/M.6458) s. im Einzelnen *Monopolkommission,* Hauptgutachten 2012/2013, Rdnr. 682ff.; *Ezrachi/Ionnidou* ECJ 2014, 69ff.

[321] Horizontal-Leitlinien, ABl. 2004 C 31/5, Rdnr. 8.

[322] Horizontal-Leitlinien, aaO; *Loewenheim/Meessen/Riesenkampff-Riesenkampff/Lehr,* Art. 2 FKVO Rdnr. 106.

[323] „Französische Klausel“, *Monopolkommission,* Hauptgutachten 1994/95, Rdnr. 691.

[324] Protokollerklärung von Rat und Kommission, 4. Spiegelstrich, abgedr. in WuW 1990, 240.

[325] *Immenga* WuW 1990, 371, 377; *Immenga/Mestmäcker-Körber,* EUWettbR, Art. 2 FKVO, Rdnr. 197; *Janicki* WuW 1990, 195ff.; *Niederleithinger* EWS 1990, 73, 77.

[326] *Monopolkommission,* Sondergutachten, 1989, S. 70; einschränkend *Immenga* WuW 1990, 378f.

[327] *Langen/Bunte-Bardong,* Art. 2 FKVO, Rdnr. 137; *Kerber,* Europäische Fusionskontrollpraxis, S. 149; dies befürwortend *Monopolkommission,* Hauptgutachten 1994/95, Rdnr. 691; *Cook/Kerse,* S. 129.

dungen. So wurden in *Aérospatiale-Alenia/de Havilland*[328] Kosteneinsparungen infolge des Zusammenschlusses als nur geringfügig und im übrigen nicht geeignet angesehen, die entstehende marktbeherrschende Stellung positiv zu überwiegen. In *MSG Media Service* – und ebenso in der Entscheidung *Bertelsmann/Kirch/Premiere* – schloss die mit dem Zusammenschluss zu befürchtende Abschottung des Zukunftsmarktes für technische und administrative PayTV-Dienstleistungen eine Berücksichtigung des positiven Effekts – rasche Durchsetzung digitalen Fernsehens – aus.[329] Im Fall *Nordic Satellite Distribution* stellte die Kommission fest, grenzüberschreitende Kooperationen bei der Schaffung einer Infrastruktur für Satellitenfernsehen seien grundsätzlich zu begrüßen, doch sei die Entwicklung noch zu wenig konkret, und es dürfe nicht die erreichte Beseitigung staatlicher Monopole durch die Schaffung privater Monopole wieder in Frage gestellt werden.[330] Ebenso wenig war die Entwicklung des wirtschaftlichen Fortschritts in Form von Synergieeffekten im Fall *Saint Gobain/Wacker Chemie/NOM* ausschlaggebend, da die positiven Effekte nicht an die Verbraucher weitergegeben wurden und sie auch die Wettbewerbsbehinderung nicht überwogen.[331]

81 Mit der Revision 2004 der FKVO fanden in Annäherung an die US-amerikanische Fusionskontrolle **Effizienzgewinne** über den Erwägungsgrund 29 zur FKVO und über die **Leitlinien der Kommission zur Bewertung horizontaler Zusammenschlüsse**[332] Eingang in die materiellen Prüfungskriterien der EU-Fusionskontrolle. In Art. 2 FKVO wurde das Kriterium allerdings nicht ausdrücklich aufgenommen. Als Teil des auf die konkreten wettbewerblichen Auswirkungen eines Zusammenschlusses abstellenden SIEC-Tests sollte fortan „begründeten und wahrscheinlichen Effizienzvorteilen Rechnung getragen werden". Derartige, von den Unternehmen darzulegende Effizienzvorteile können ggf. sonstige negative wettbewerbliche Auswirkungen ausgleichen, so dass im Ergebnis keine erhebliche Behinderung wirksamen Wettbewerbs anzunehmen und der Zusammenschluss nicht zu untersagen ist.[333] Im Rahmen einer **„Gesamtbewertung"** muss die Kommission feststellen, dass „die mit der Fusion herbeigeführten Effizienzvorteile geeignet sind, die Fähigkeit und den Anreiz des fusionierten Unternehmens zu verstärken, den Wettbewerb zum Vorteil für die Verbraucher zu beleben, wodurch den nachteiligen Wirkungen dieser Fusion auf den Wettbewerb entgegengewirkt werden kann".[334]

82 Effizienzvorteilen sind mithin nur unter den **drei Voraussetzungen** berücksichtigungsfähig, dass sie

a) den Verbrauchern zugute kommen,
b) fusionsspezifisch und
c) überprüfbar sind.[335]

Die **Verbrauchervorteile** will die Kommission daran messen, dass die behaupteten Effizienzvorteile **„erheblich** sind, **sich rechtzeitig einstellen** und **den Verbrauchern** in den relevanten Märkten **zugutekommen".**[336] Derartige Vorteile können vor allem in

[328] Komm. E. v. 2.10.1991, IV/M.053, ABl. 1991 L 334/42, Rdnr. 69.

[329] Komm. E. v. 9.11.1994, IV/M.469, ABl. 1994 L 364/1, Rdnr. 100f. – *MSG Media Service;* Komm. E. v. 27.5.1998, IV/M.993, Rdnr. 122, ABl. 1999, L 53/1 – *Bertelsmann/Kirch/Premiere;* ähnlich Komm. E. v. 28.4.1992, IV/M.126, ABl. 1992 L 204/1, Rdnr. 25 – *ACCOR/Waggons Lits;* Komm. E. v. 19.7.1995, IV/M.490, ABl. 1996 L 53/20, Rdnr. 145ff. – *Nordic Satellite Distribution.*

[330] AaO, Rdnr. 151f.; so auch *Monopolkommission,* Hauptgutachten 1994/95, Rdnr. 690.

[331] Komm. E. v. 4.12.1996, IV/M.774, ABl. 1997 L 247/1, Rdnr. 244–246.

[332] ABl. 2004 C 31/5, Rdnr. 76ff.; s. dazu die Studie von *Röller/Stennek/Verboven,* Efficiency Gains from Mergers, 2004 (http://ec.europa.eu/comm/competition/index_de.html); *Camasasca* ECLR 1999, 14ff.; *Böge/Jakobi* BB 2005, 1133ff.; *Kocmut* ECLR 2006, 19ff.; *Montag,* in: Effizienz und Wettbewerb, S. 95ff.; *Klumpp,* Die Efficiency Defence in der Fusionskontrolle, 2006; kritisch *I. Schmidt,* in Fs. Bechtold, S. 409, 413.

[333] S. Erwägungsgrund 29 zur FKVO; s. auch Formblatt CO, Abschnitt 9, ABl. EU 2013 L 336/13.

[334] Horizontal-Leitlinien, ABl. 2004 C 31/13 Rdnr. 77.

[335] Horizontal-Leitlinien, aaO, Rdnr. 78.

[336] AaO, Rdnr. 79; ausführlich dazu *MüKo-Montag/von Bonin,* Art. 2 FKVO Rdnr. 327f.

niedrigeren Preisen liegen. Denkbar seien auch Vorteile aufgrund neuer oder verbesserter Waren oder Dienstleistungen. Diese Effekte müssen sich aber innerhalb eines „überschaubaren Zeitraums" einstellen; je weiter sie „in die Zukunft projiziert" werden, desto weniger Gewicht ist ihnen einzuräumen.[337] Wie der Zeitraum zu bemessen ist, lässt die Kommission offen. Anhand des nach dem Zusammenschluss im Markt noch bestehenden Wettbewerbsdrucks muss sodann beurteilt werden, ob es **wahrscheinlich** ist, dass die Effizienzvorteile **tatsächlich weitergegeben** werden. Eine Weitergabe sei unwahrscheinlich im Falle einer Marktstellung des fusionierten Unternehmens, „die einem Monopol nahe kommt oder ein ähnliches Maß an Marktmacht erbringt".[338] Hier setzt insbesondere die an dem Kommissionsansatz geäußerte **Kritik** an: Wenn ein Zusammenschluss zur Entstehung oder Verstärkung einer marktbeherrschenden Stellung oder einer sonstigen erheblichen Wettbewerbsbehinderung im Sinne von Art. 2 Abs. 3 FKVO führt, ist es generell unwahrscheinlich, dass mit dem Zusammenschluss verbundene Effizienzgewinne an die nachgelagerte Marktstufe weitergegeben werden.[339] Vielmehr besteht sogar ein Anreiz, infolge der erhöhten Marktmacht die Preise zu erhöhen.[340] Eine Weitergabe von Effizienzvorteilen hängt jedenfalls allein vom Verhalten des Marktbeherrschers ab. Von daher ist es generell fragwürdig, die Entstehung einer marktbeherrschenden Stellung unter Hinweis auf Effizienzen zuzulassen, da so die wettbewerblichen Strukturen Schaden nehmen.[341] Umgekehrt scheint der Effizienzeinwand nur dort eine Chance auf Berücksichtigung zu haben, wo noch Wettbewerb besteht; dies dürfte allenfalls in sog. „gap cases", d. h. in Fällen unterhalb der Marktbeherrschungsschwelle, der Fall sein.

Weiterhin müssen die Effizienzvorteile **fusionsspezifisch,** d. h. eine unmittelbare Folge des Zusammenschlusses sein. Sie dürfen nicht durch eine „weniger wettbewerbswidrige Alternative", z. B. eine Lizenzvereinbarung oder ein kooperatives Gemeinschaftsunternehmen, erreichbar sein.[342] Schließlich müssen Effizienzgewinne für die Kommission **nachprüfbar** sein, d. h. anhand von Zahlenangaben aus internen Unterlagen der Unternehmensführung oder aus Studien außenstehender Sachverständiger nachzuvollziehen oder mindestens „klar identifizierbar und nicht lediglich (als) marginale positive Wirkung auf die Verbraucher vorhersehbar" sein.[343] Die Darlegungslast tragen die Unternehmen.[344] **83**

Dementsprechend hat die Kommission das **Formblatt CO** für die Anmeldung von Zusammenschlüssen um ein **Kapitel mit (freiwilligen) Angaben zu Effizienzgewinnen** erweitert. Die anmeldenden Unternehmen haben nicht mehr nur gemäß Ziff. 9.2 des Formblattes CO die Auswirkungen des Zusammenschlussvorhabens auf Zwischen- und Endverbraucher sowie auf die Entwicklung des technischen und wirtschaftlichen Fortschritts darzulegen. Sie können nach Ziff. 9.3 die erwarteten Effizienzvorteile für jedes relevante Produkt einzeln beschreiben und durch entsprechende Unterlagen belegen. Dazu ist u. a. darzulegen, „welche Schritte die Beteiligten im Einzelnen zu diesem Zweck [Erzielung von Effizienzgewinnen] zu unternehmen gedenken, welche Risiken damit verbunden sind und in welchem Zeit- und Kostenrahmen dieses Ziel erreicht werden soll". Weiterhin wird eine Beschreibung der Effizienzgewinne in Zahlen und die Art ihrer Berechnung gefordert. Im Fall von behaupteten Kosteneinsparungen soll dies unter Aufschlüsselung **84**

---

[337] AaO, Rdnr. 80 f. und 83.

[338] AaO, Rdnr. 84.

[339] *Böge* WuW 2004, 138, 146 f.; *Langen/Bunte-Bardong,* Art. 2 FKVO, Rdnr. 256; aA, aber ohne nähere Begründung, *Loewenheim/Meessen/Riesenkampff-Riesenkampff/Lehr,* Art. 2 FKVO, Rdnr. 167; *Zimmer* ZWeR 2004, 250, 261 f. Differenzierend *Ewald,* § 7 Rdnr. 62 u. 66.

[340] Arbeitsunterlage des BKartA „Wettbewerbsschutz und Verbraucherinteressen im Lichte neuer ökonomischer Methoden für den AK Kartellrecht 2004, S. 7 (abrufbar unter www.bundeskartell amt.de).

[341] *Böge* WuW 2004, 726, 732.

[342] AaO, Rdnr. 85; s. dazu *MüKo-Montag/von Bonin,* Art. 2 FKVO Rdnr. 325 f.

[343] AaO, Rdnr. 86 ff.

[344] *Bechtold/Bosch/Brinker,* Art. 2 FKVO Rdnr. 61; *MüKo-Montag/von Bonin,* Art. 2 FKVO Rdnr. 329 ff.

nach einmaligen und laufenden Fixkosten sowie variablen Kosten erfolgen. Schließlich sind der Umfang des Nutzens für die Verbraucher sowie die Unmöglichkeit einer anderweitigen Erreichbarkeit der Effizienzvorteile zu erläutern.[345]

85 Über mehrere Jahre seit Einführung des SIEC-Tests gab es keine Entscheidung der Kommission, in der eine Freigabe mit Effizienzvorteilen begründet wurde. Im Fall *Areva/Urenco/ETC JV*[346] machten die Parteien erhebliche Effizienzvorteile infolge des Zusammenschlusses geltend. Die Kommission bezweifelte jedoch, dass diese Vorteile fusionsspezifisch seien. Sie ließ die Bewertung letztlich offen, da der Zusammenschluss gegen angebotene Zusagen freigegeben werden konnte. Auch im Fall *T-Mobile Austria/Telering*[347] erkannte die Kommission von den Parteien geltend gemachte Effizienzen auf dem österreichischen Markt für Mobilfunkleistungen nicht an, da sich die Effizienzen in einer besseren Kapazitätsauslastung infolge der Netzintegration sowie in einer stärkeren Fixkostendegression äußerten, die nicht den Verbrauchern zugutekommen würden; eine Reduktion der Fixkosten werde nicht an die Verbraucher weitergegeben. Ebenfalls an der prognostizierten Nichtweitergabe der Effizienzvorteile an die Verbraucher – jedenfalls auf den betroffenen EWR-Märkten – scheiterte die Anerkennung von Effizienzen des kanadischen Zusammenschlusses der Nickel- und Kobaltunternehmen *Inco/Falconbridge.*[348] Auch hätte hier nach Meinung der Kommission eine weniger weitreichende Kooperation, z. B. ein Produktions-Joint Venture, zur Erreichung der Effizienzvorteile ausgereicht.

86 In einzelnen Fällen prüft die Kommission auch wettbewerbsfördernde Effekte eines Zusammenschlusses und stellt diese den wettbewerblichen Bedenken auf den betroffenen Märkten gegenüber. So wurde im Fall *Metso/Aker Kvaerner* positiv gewürdigt, dass der Zusammenschluss einen zweiten Anbieter für komplette Zellstoffanlagen – neben dem bisherigen Monopolisten *Andritz* (Österreich) – schafft; dies sei auch von mehreren Abnehmern hervorgehoben worden.[349] Allerdings reichten diese Effekte im konkreten Fall nicht aus, um in einem sehr stark konzentrierten Markt die Befürchtung von Preiserhöhungen nach dem Zusammenschluss zu beseitigen. Der Fall konnte daher erst auf der Grundlage von Veräußerungszusagen freigegeben werden.

87 In der jüngeren Entscheidungspraxis der Kommission finden sich in mehreren Fällen, die das Hauptprüfverfahren durchliefen, ausführliche Prüfungen von zusammenschlussbedingten Effizienzen. In den Jahren 2008/2009 wurden Effizienzvorteile in 7 von 17 Hauptprüfverfahren geltend gemacht, aber stets ohne Erfolg.[350] So wurde beispielsweise im Fall *Lufthansa/SN Airholdings* die Weitergabe der Effizienzgewinne an die Verbraucher verneint, da es auf zwei betroffenen Flugrouten zu einem Monopol kam, ein großer Teil der geltend gemachten Einsparungen Fixkosten betraf und der Anmelder nicht erklärt hatte, wie die Einsparungen den Passagieren auf den betroffenen Überschneidungsstrecken zugute kommen sollen.[351] In den Fällen *TomTom/Tele Atlas* und *Nokia/Navteq* waren zwar alle oben beschriebenen Voraussetzungen erfüllt, die Effizienzen waren aber nicht entscheidungserheblich für die Freigaben.[352] In den Jahren 2010/2011 wurden Effizienzen – vielleicht wegen der geringen Erfolgschance – kaum geltend gemacht.[353] In jüngster Zeit kam es wieder häufig zu Effizienzprüfungen durch die Kommission, teilweise sehr knapp angesichts offen-

---

[345] ABl. 2004 L 133/20, unter Rdnr. 9.3, i)–iv).

[346] Komm. E. v. 6.10.2004, COMP/M.3099; s. auch Bericht der Kommission über die Wettbewerbspolitik 2004, Rdnr. 194 ff.; *Klumpp,* Die „Efficiency Defence" in der Fusionskontrolle, 2006, S. 227 ff.

[347] Komm. E v. 26.4.2006, COMP/M.3916, WuW 2006, 615.

[348] Komm. E. v. 4.7.2006, COMP/M.4000, Rdnr. 540 ff. u. 546 ff.; s. dazu *Boeshertz/Lahbabi/Moonen,* Comp. Policy Newsletter 3/2006, S. 41 ff.

[349] Komm. E. v. 12.12.2006, COMP/M.4187, Rdnr. 102–104 – *Metso/Aker Kvaerner.*

[350] *Monopolkommission,* Hauptgutachten 2008/2009, Rdnr. 669 und 747 ff.

[351] Komm. E. v. 22.6.2009, COMP/M.5335, Rdnr. 430.

[352] Komm. E. v. 14.5.2008, COMP/M.4854; Komm. E. v. 2.7.2008, COMP/M.4942; s. dazu *Monopolkommission,* Hauptgutachten 2008/2009, Rdnr. 755 ff.

[353] *Monopolkommission,* Hauptgutachten 2010/2011, Rdnr. 758.

bar unzureichend substantiierten Vortrags durch die Zusammenschlussbeteiligten, teilweise sehr ausführlich (im Fall *Deutsche Börse/NYSE Euronext* auf 60 Seiten, im Fall *Telefonica Deutschland/E-Plus* auf 83 Seiten).[354] Für den Effizienzeinwand bedeutende Verfahren waren die den Mobilfunk betreffenden Verfahren *Telefonica UK/Vodafone UK/Everything Everywhere, Hutchison 3G Austria/Orange Austria* und *Telefonica Deutschland/E-Plus*[355] sowie die Fälle *Syniverse/MACH, Ryanair/Aer Lingus III, Deutsche Börse/NYSE Euronext* und *UPS/TNT Express.*[356] Im letztgenannten Fall erlaubte der Zusammenschluss nach Auffassung der Parteien auf dem Markt für Expresspaketdienste eine deutliche Qualitätssteigerung im Bereich der Serviceangebote sowie eine Effizienzsteigerung durch die Verbindung der Transportnetzwerke. Die behaupteten Synergieeffekte waren nach Meinung der Kommission zwar auf den Zusammenschluss zurückzuführen, konnten die negativen Effekte der Fusion jedoch allenfalls auf einigen wenigen nationalen Märkten kompensieren. Die Kommission hatte aufgrund einer qualitativen Analyse fusionsbedingte Preissteigerungen von bis zu 10% in 15 betroffenen nationalen Märkten in der EU prognostiziert. Die von *UPS* angebotenen Zusagen wurden ebenfalls als nicht hinreichend angesehen, so dass es zur Untersagung des Zusammenschlusses kam.[357] Im Fall *Deutsche Börse/NYSE Euronext* bejahte die Kommission teilweise das Vorliegen von Effizienzvorteilen diese vermochten jedoch die prognostizierten Wettbewerbsbeeinträchtigungen nicht zu kompensieren.[358] Beim Zusammenschluss *Telefonica Deutschland/E-Plus* verneinte die Kommission das Vorliegen aller drei Voraussetzungen einer Anerkennung von Effizienzgewinnen.[359] Insgesamt dürfte es angesichts der insoweit relativ restriktiven Entscheidungspraxis der Kommission auch in Zukunft schwierig werden, über den Nachweis von Effizienzvorteilen die Freigabe eines Zusammenschlusses zu erreichen.[360] Auch mag sich die Frage stellen, ob der zusätzliche Nutzen des Effizienzeinwandes den damit für die Unternehmen, die Kommission und Gerichte verbundenen Aufwand zu rechtfertigen vermag, zumal die einzelfallbezogene Effizienzprüfung nicht angetan erscheint, allgemeine Maßstäbe für anerkennungsfähige Effizienzen für die Unternehmen zu erzeugen.[361]

III. Formen der Wettbewerbsbehinderung

1. Einzelmarktbeherrschung. Nach Art. 2 Abs. 3 FKVO sind solche Zusammen- 88
schlüsse zu untersagen, durch die **wirksamer Wettbewerb** im Gemeinsamen Markt oder in einem wesentlichen Teil desselben **erheblich behindert** würde, insbesondere durch Begründung oder Verstärkung einer marktbeherrschenden Stellung. Der **Marktbeherrschungstest** bleibt damit als **Regelbeispiel** einer erheblichen Wettbewerbsbehinderung erhalten.[362] Das Untersagungskriterium des Art. 2 Abs. 3 FKVO sollte nach dem Willen von Kommission und Rat in der Revision – „ausschließlich" – um die Fallgruppe der sog. nicht koordinierten Effekte erweitert werden.[363] Damit bleibt die bisherige Entscheidungspraxis von Kommission und Gerichten zur Marktbeherrschung weiterhin relevant und soll im Folgenden dargestellt werden (unter 1. und 2.), ergänzt um die nicht koordinierten („unilateralen") Effekte (dazu unter 3.).

---

[354] S. nachfolgende Fußnoten.

[355] Komm. E. v. 4.9.2012, COMP/M.6314; Komm. E. v. 12.12.2012, COMP/M.6497; Komm. E. v. 2.7.2014, COMP/M.7002.

[356] Komm. E. v. 29.5.2013, COMP/M.6690; Komm. E. v. 27.2.2013, COMP/M.6663; Komm. E. v. 1.2.2012, COMP/M.6166; Komm. E. v. 30.1.2013, COMP/M.6570.

[357] Komm. E. v. 30.1.2013, COMP/M.6570; s. dazu *Langeheine/von Koppenfels* ZWeR 2013, 299, 303; *Lübking,* in: Herausforderungen für die Wettbewerbsordnung, 2013, S. 37, 44.

[358] S. dazu *Monopolkommission,* Hauptgutachten 2012/2013, Rdnr. 735 u. 741 ff.

[359] AaO (Fn. 351), Rdnr. 1256.

[360] So schon *Loewenheim/Meessen/Riesenkampff-Riesenkampff/Lehr,* Art. 2 FKVO Rdnr. 170 mwN.

[361] So auch *Monopolkommission,* Sondergutachten 63, Die 8. GWB-Novelle aus wettbewerbspolitischer Sicht, 2012, Rdnr. 39 ff.

[362] *Langen/Bunte-Bardong,* Art. 2 FKVO Rdnr. 13.

[363] Erwägungsgrund 25 zur FKVO, Satz 6; s. oben Rdnr. 9 und 14.

89 Unter Würdigung der unter II. (Rdnr. 58 ff.) dargestellten Parameter, die im jeweiligen Einzelfall von Bedeutung sind, nimmt die Kommission eine **Gesamtwürdigung** der Auswirkungen des Zusammenschlussvorhabens auf dem betroffenen Markt vor. Dabei werden vertikale – und erst recht konglomerate – Zusammenschlüsse als weniger wettbewerbsschädlich angesehen als horizontale Fusionen. Vermutungen von Marktbeherrschung, wie sie das deutsche Recht kennt (§ 18 Abs. 4 und 6 GWB), enthält die FKVO nicht. Vielmehr ist nach der Gesamtwürdigung aller relevanten Umstände Marktbeherrschung anzunehmen, wenn das zusammengeschlossene Unternehmen im Prognosezeitraum einen **nicht mehr hinreichend kontrollierten Verhaltensspielraum** erlangt, d. h. keinem wesentlichen Wettbewerb mehr ausgesetzt ist.[364] Diese Position muss **dauerhafter** Natur sein. Die Begründung der marktbeherrschenden Stellung muss Folge des Zusammenschlusses sein (Erfordernis der **Kausalität**). Daran fehlt es, wenn sich dieselbe Veränderung der Marktstruktur auch auf andere Weise, z. B. infolge des konkursbedingten Ausscheidens des zu erwerbenden Unternehmens, ergäbe („failing company defence", s dazu unter Rdnr. 219 ff.). Die Marktbeherrschungseffekte müssen im Übrigen nicht von den Zusammenschlussbeteiligten ausgehen, sondern können **auf einem Drittmarkt** eintreten. Dies kann der Fall sein, wenn ein Zusammenschlussbeteiligter ein Tochterunternehmen hat, das auf einem anderen Markt tätig ist und durch entfallenden Wettbewerb seitens des von der Muttergesellschaft erworbenen Unternehmens seine Wettbewerbsposition verbessert.[365]

90 *a) Begründung.* Die Kommission nimmt in ihrer Entscheidungspraxis die **Begründung** einer einzelmarktbeherrschenden Stellung regelmäßig an, wenn eine Addition von erheblichen Marktanteilen zusammenkommt mit weiteren wesentlichen Faktoren, insbesondere bestehenden oder sich infolge des Zusammenschlusses erhöhenden Marktzutrittsschranken und fehlender Marktmacht auf der Nachfrageseite. Hohe Marktanteile sind jedenfalls ein gewichtiger Faktor für das Bestehen oder die Begründung von Marktbeherrschung. Bedeutende horizontale Überschneidungen führten – wie bereits im Fall *MCI/WorldCom* – zur Untersagung des Zusammenschlusses *MCI WorldCom/Sprint.*[366] Betroffen war der Markt für „universal connectivity" (Internet-Backbone-Netze). Zu sehr hohen Marktanteilsadditionen (z. T. über 90% bzw. über 50%) wäre es auch beim Zusammenschluss *Volvo/Scania*[367] auf mehreren skandinavischen Märkten für schwere Lastkraftwagen und für Reise- bzw. Stadtbusse gekommen. Der Zusammenschluss wurde deshalb untersagt. Eine Untersagung erfolgte auch im Fall *Schneider/Legrand*[368] wegen kritischer Marktanteilsadditionen auf verschiedenen Märkten für elektrische Schaltanlagen; die Entscheidung wurde allerdings vom EuG aufgehoben. Der den Flugverkehr von und nach Irland betreffende Zusammenschluss *Ryanair/Air Lingus* wurde – mehrfach – untersagt, weil er auf 35 Einzelstrecken ein Monopol oder jedenfalls eine marktbeherrschende Stellung ohne wesentlichen Restwettbewerb begründet hätte.[369] Ein atypischer Fall war der Zusammenschluss von *Friesland* und *Campina,* zwei niederländischen Milchgenossenschaften. Die Kommission bejahte aufgrund eines gemeinsamen Marktanteils bei der Erfassung von

---

[364] S. o. bei Rdnr. 53 mwN in Fn. 180. Vgl. Komm. E. v. 2.10.1991, IV/M.053, ABl. 1991 L 334/42, Rdnr. 72 – *Aérospatiale-Alenia/de Havilland* („… in spürbarem Maße unabhängig von Wettbewerbern und Kunden … handeln zu können").

[365] Komm. E. v. 2.4.2003, COMP/M.2876, Rdnr. 269 – *Newscorp/Telepiù;* Komm. E. v. 29.9.1999 ABl. 2004 L 103/1 – *Exxon/Mobil.*

[366] Komm. E. v. 28.6.2000, COMP/M.1741, WuW 2000, 989.

[367] Komm. E. v. 14.3.2000, COMP/M.1672, WuW 2000, 391.

[368] Komm. E. v. 10.10.2001, WuW 2001, 1069; U. v. 22.10.2002, Slg. 2002, II-4071 – *Schneider Electric/Kommission;* s. dazu *Pape/Hossenfelder/Töllner,* Kartellrechtspraxis und Kartellrechtsprechung 2002/2003, Rdnr. 848 ff.; *Steenbergen,* in: Europäisches Wettbewerbsrecht im Umbruch, S. 271 ff.

[369] Komm. E. v. 27.6.2007, COMP/M.4439; Komm. E. v. 27.2.2013, COMP/M.6663; s. dazu *Monopolkommission,* Hauptgutachten 2011/2012, Rdnr. 758; *Hirsbrunner* EuZW 2014, 658, 662 f.; *Weitbrecht* ECLR 2014, 282, 286.

Rohmilch in den Niederlanden die Begründung einer marktbeherrschenden Stellung, verneinte aber gleichwohl eine erhebliche Wettbewerbsbeeinträchtigung auf diesem Markt. Aufgrund des genossenschaftlichen Charakters der beiden Unternehmen fehlte es an einer durchgreifenden Nachfragemacht gegenüber der Marktgegenseite, die aus den Genossen, d. h. den Gesellschaften der Zusammenschlussbeteiligten, besteht.[370]

Hatte ein Zusammenschlussbeteiligter bereits vor dem Zusammenschluss einen hohen Marktanteil, ohne jedoch marktbeherrschend zu sein, führt eine kleinere Addition nicht zwingend zur Begründung von Marktbeherrschung, wenn z. B. das erworbene Unternehmen technologisch eher unbedeutend ist und keinen wettbewerblich wirksamen Zuwachs bedeutet.[371] Umgekehrt spricht ein gemeinsamer Marktanteil von nicht mehr als 25 % indiziell gegen eine Behinderung wirksamen Wettbewerbs.[372] Handelt es sich um neue oder junge Märkte, kann der Gesichtspunkt der Marktabschottung zur Begründung einer marktbeherrschenden Position führen. Insgesamt wird in der Praxis der Kommission allerdings nicht immer deutlich, welcher Wettbewerbsparameter den Ausschlag für die Begründung (oder Verneinung) von Marktbeherrschung gegeben hat.[373] Dies hängt mit der jeweils vorzunehmenden Gesamtwürdigung aller Umstände zusammen, der auch immer ein wertendes Element innewohnt. **91**

b) Verstärkung. Eine bereits bestehende einzelmarktbeherrschende Stellung eines Unternehmens kann durch den Zusammenschluss verstärkt werden. Von einer **Verstärkung** ist in Anknüpfung an die ältere Rechtsprechung des EuGH zu Art. 102 AEUV auszugehen, „wenn ein Unternehmen in beherrschender Stellung sich dergestalt verstärkt, dass der erreichte Beherrschungsgrad den Wettbewerb wesentlich behindert, dass also nur noch Unternehmen auf dem Markt bleiben, die in ihrem Marktverhalten von den beherrschenden Unternehmen abhängen".[374] Wesentliches Kennzeichen ist die Beschränkung des auf dem beherrschten Markt noch bestehenden Restwettbewerbs. Fällt ein wesentlicher aktueller oder potentieller Wettbewerber durch den Zusammenschluss weg, liegt ohne weiteres eine Verstärkung vor. So untersagte die Kommission Ende 2004 den Erwerb des führenden portugiesischen Gasversorgers *Gás de Portugal (GDP)* durch das führende Stromunternehmen *Energias de Portugal (EDP)* und den italienischen Energieversorger *ENI* unter anderem deshalb, weil auf den portugiesischen Stromgroß- und Einzelhandelsmärkten *GDP* als bedeutender potentieller Wettbewerber entfallen wäre.[375] **92**

Ebenfalls zur Verstärkung einer marktbeherrschenden Stellung wäre es – ohne Zusagen – durch den Zusammenschluss *Gaz de France/Suez*[376] gekommen. Hier hätte sich die Marktbeherrschung von *Distrigaz* (Tochtergesellschaft von *Suez*) auf den belgischen Gasmärkten verstärkt, während in Frankreich die Marktbeherrschung von *Gaz de France* bei der Gasbeschaffung über Importe und bei der Gaslieferung verstärkt worden wäre. Der Fall konnte erst nach umfangreichen Veräußerungszusagen freigegeben werden.[377] Im Gegensatz zu anderen Hauptprüfverfahren nach Art. 8 FKVO im Jahr 2006 wurde im Fall *Gaz de France/Suez* in klassischer Weise ein Marktbeherrschungstest bezüglich der belgischen und französischen Gasmärkte durchgeführt (anders nur für den Fernwärmemarkt in Frankreich). **93**

---

[370] Komm. E. v. 17.12.2008, COMP/M.5046; kritisch hierzu *Monopolkommission,* Hauptgutachten 2008/2009, Rdnr. 707, die schon die Annahme einer marktbeherrschenden Stellung bezweifelt.

[371] Komm. E. v. 9.4.1996, IV/M.726, Rdnr. 27 u. 44 – *Bosch/Allied Signal* bei Kfz-Zulieferteilen (*Bosch:* 50–55 %, *Allied Signal:* 5–10 % im EWR).

[372] Erwägungsgrund 32, Satz 2, zur FKVO, ABl. 2004 L 24/5.

[373] *Immenga/Mestmäcker-Körber,* Art. 2 FKVO Rdnr. 401; *Stockmann/Schultz,* Rdnr. 796. Ausführlich zu den jeweils im Vordergrund stehenden Faktoren für oder gegen Einzelmarktbeherrschung in den Entscheidungen nach Art. 8 *Langen/Bunte-Bardong,* Art. 2 FKVO Rdnr. 157, 159, 160 ff.

[374] EuGH U. v. 21.32.1973, Slg. 1973, 215, 246 – *Continental Can.*

[375] Komm. E. v. 9.12.2004, COMP/M.3440, Kurzzusammenfassung in WuW 2005, 168.

[376] Komm. E. v. 14.11.2006, COMP/M.4180.

[377] S. auch Presse-Mitt. der Kommission v. 14.11.2006, IP/06/1558, mit Memo/06/424 vom gleichen Tage zu den einzelnen Zusagen.

94 Dabei besitzt die **Finanzkraft** in der Praxis der Kommission – wie bereits dargelegt[378] – nur eine geringere Bedeutung. Sie wird nur dann relevant, wenn sich durch den Zuwachs an Finanzkraft eine Veränderung in der Qualität als Wettbewerber ergibt.[379]

95 Im Fall *Guiness/Grand Metropolitan* wurde die Verstärkung einer marktbeherrschenden Stellung der Parteien bei Gin, Rum und Brandy in Griechenland – ohne Addition von Marktanteilen – aufgrund von **Portfolioeffekten** bei Spirituosen angenommen.[380] Portfolioeffekte können auch nach Auffassung des EuG einen verstärkenden Umstand darstellen, der nicht durch sortimentsbezogene Reaktionen der Marktgegenseite – hier des Lebensmitteleinzelhandels – relativiert werden kann.[381]

96 *c) Geringfügige oder erhebliche Verstärkung?* Nicht eindeutig lässt sich der Entscheidungspraxis der Kommission entnehmen, ob – ähnlich wie im deutschen Recht[382] – bereits eine **geringfügige Verschlechterung** der Marktstruktur ausreicht, um eine Verstärkung anzunehmen.[383] So wurde einerseits im Fall *Procter & Gamble/VP Schickedanz (II)* eine Erhöhung des bei 75–80% liegenden Marktanteils von *Procter & Gamble* auf dem spanischen Markt für Damenbinden um 1–2% als ausreichend für eine Verstärkung angesehen.[384] Andererseits reichte der Kommission eine Erhöhung des Anteils von 59% am EWR-weiten Zündhölzermarkt um 4% im Fall *Swedish Match/Kav* nicht aus, um eine relevante Verstärkung zu bejahen.[385] Auch der Zusammenschluss *Cargill/Degussa Food Ingredients* wurde mangels spürbarer Verstärkung bei einer Erhöhung des Anteils auf dem Markt für entöltes Lecithin von 58% um 3% freigegeben; der Wettbewerb war weiterhin durch zwei große Anbieter geprägt.[386] Im Fall *Tetra Pak/Alfa-Laval* verneinte die Kommission eine Verstärkung, weil die Erlangung der Fähigkeit zur Herstellung integrierter Maschinen (zur Behandlung und Verpackung von Produkten) keinen für tatsächliche oder potentielle Anbieter behindernden Effekt habe.[387] Diese Praxis belegt, dass sich die Verstärkung einer marktbeherrschenden Stellung nicht schematisch aus bestimmten Marktanteilsadditionen ergibt, sondern vom jeweiligen Gewicht der sonstigen Wettbewerbsparameter abhängt.

97 *d) Konglomerate Zusammenschlüsse.* Gegebenenfalls ist zu prüfen, ob die auf einem Markt bestehende marktbeherrschende Stellung durch konglomerate Effekte verstärkt wird[388] oder zur Begründung einer marktbeherrschenden Stellung auf einem anderen (idR benachbarten) Markt führt **(„leverage effect“).** Letzteres nahm die Kommission 2001 im Fall *Tetra Laval/Sidel* an hinsichtlich der Märkte für die Herstellung von Maschinen zur

---

[378] S. o. Rdnr. 67.

[379] *Immenga/Mestmäcker-Körber,* Art. 2 FKVO Rdnr. 268 mwN.

[380] Komm. E. v. 15.10.1997, IV/M.938, ABl. 1998 L 288/24, Rdnr. 118 u. 91 ff. – *Guiness/Grand Metropolitan;* zu Portfolio- oder Sortimentseffekten s. auch 27. WB 1997 (Kurzfassung), Rdnr. 176 ff.

[381] EuG U. v. 3.4.2003, Slg. 2003, 1279 – *BaByliss;* s. dazu *Hossenfelder/Töllner/Ost,* Kartellrechtspraxis und Kartellrechtsprechung 2003/04, Rdnr. 1006. S. zum Portfolioeffekt auch EuG U. v. 22.10.2002, Slg. 2002, 4201 – *Schneider Electric/Kommission.*

[382] BGH U. v. 23.10.1979 WuW/E BGH 1659 – *Zementmahlanlage II.*

[383] S. dazu auch oben Rdnr. 5 Fn. 24 f.

[384] Komm. E. v. 21.6.1994, IV/M.430, ABl. 1994 L 354/32, Rdnr. 118; ähnlich in *Boeing/McDonnell-Douglas,* aaO, Rdnr. 58 (64% – 6%); Komm. E. v. 15.10.1997, IV/M.938, ABl. 1998 L 288/24, Rdnr. 89 – *Guiness/Grand Metropolitan* (46% – 5%).

[385] Komm. E. v. 18.12.1997, IV/M.997, WuW 1998, 157; ebenfalls keine Verstärkung in den Fällen Komm. E. v. 21.12.1992, IV/M.289, Rdnr. 6.5 – *PepsiCo/KAS* (68% – 1%); Komm. E. v. 5.4.1993, IV/M.317, Rdnr. 25 – *Degussa/Ciba-Geigy* (40% – weniger als 10% bzw. 50% – weniger als 5%).

[386] Komm. E. v. 29.3.2006, COMP/M.3975.

[387] Komm. E. v. 19.7.1991, IV/M.068, ABl. 1991 L 290/35, unter IV. B.4.

[388] So BKartA, B. v. 19.1.2006 – *Springer/Pro7Sat1,* abrufbar unter http://www.bundeskartellamt.de/SharedDocs/Entscheidung/DE/Entscheidungen/Fusionskontrolle/2006/B6–103–05.pdf?__blob=publicationFile&v=; s. dazu und zu konglomeraten Wirkungen allgemein das Diskussionspapier des BKartA „Konglomerate Zusammenschlüsse in der Fusionskontrolle. Bestandsaufnahme und Ausblick“ für die Sitzung des Arbeitskreises Kartellrecht am 21. Sept. 2006, www.bundeskartellamt.de.

Getränkekartonverpackung und von Maschinen zur Herstellung von sog. SBM-Maschinen, auf denen PET-Flaschen für kohlensäurehaltige Getränke produziert werden.[389] Das EuG und ebenso der EuGH hoben diese Entscheidung auf, da die Kommission den kurzfristigen Eintritt der konglomeraten Wirkungen mit der Folge einer marktbeherrschenden Stellung auf dem Nachbarmarkt nicht hinreichend nachgewiesen habe.[390] Insbesondere die von der Kommission verwendeten Studien würden den behaupteten Leverage Effect nicht belegen, und die Kommission selbst habe in der mündlichen Verhandlung beim EuGH die zunehmende Verwendung von PET-Flaschen für empfindliche Getränke, z. B. Milch, wieder relativiert. In einem Punkt korrigierte der EuGH aber das erstinstanzliche Urteil: Das EuG hatte von der Kommission eine eingehende Prüfung verlangt, ob die Rechtswidrigkeit der Ausübung der Hebelwirkung, das Risiko der Entdeckung und Verfolgung nach Art. 102 AEUV und eventuelle finanzielle Sanktionen den Anreiz vermindert oder beseitigt hätten, sich entsprechend zu verhalten. Der EuGH relativierte dieses Argument deutlich. Zwar seien die Warnwirkung des Art. 102 AEUV und ihre Auswirkung auf das Verhalten der Unternehmen zu prüfen. Im Rahmen eines fusionskontrollrechtlichen Verfahrens dürfe seinem Zweck nach und könne auch eine eingehende Prüfung der einzelnen Rechtsordnungen und ihrer Verfolgungspolitik bei späterem missbräuchlichem Verhalten nicht erfolgen. Allerdings hätten die von den Unternehmen in Bezug auf ihr zukünftiges Verhalten gemachten Zusagen, wie vom EuG zu Recht beanstandet, stärker berücksichtigt werden müssen. Insgesamt misst der EuGH hier Art. 102 AEUV und dem Instrument der nachträglichen kartellbehördlichen Missbrauchsaufsicht immer noch ein zu beachtendes Gewicht bei.[391] Fraglich ist, ob dies dem Sinn der gerade präventiv ausgerichteten Fusionskontrolle entspricht.[392] Im Übrigen erscheint die – vom EuGH nicht beanstandete – Forderung des EuG, anhand unternehmensinterner Dokumente ein mögliches missbräuchliches Verhalten im Sinne von Art. 102 AEUV zu prognostizieren, bedenklich. Zum einen sind unternehmensinterne Dokumente, z. B. interne Vorstandsvorlagen, nur schwerlich in lückenloser Form ermittelbar; zum zweiten ist ihr Beweiswert im Einzelfall begrenzt bzw. leicht angreifbar.[393]

Im Fall *General Electric (GE)/Honeywell*[394] untersagte die Kommission den Zusammen- 98
schluss u. a. wegen bestimmter **Kopplungs-** und **Bündelungsstrategien** zwischen Triebwerken und Flugzeugkomponenten, die auf dem letztgenannten Markt zu Marktbeherrschung führen würden. Das EuG bestätigte zwar letztlich die Untersagung, nicht aber wegen dieser konglomeraten Effekte, sondern wegen horizontal bedenklicher Überschneidungen auf anderen Märkten.[395] Hinsichtlich der konglomeraten Effekte fehlte es nach Auffassung des EuG erneut an einer überzeugenden Beweisführung. Dies bezieht sich sowohl auf den Leverage Effect als auch auf die verschiedenen Möglichkeit einer (sog. reinen, technischen oder gemischten) Bündelung.[396]

---

[389] Komm. E. v. 30.10.2001, COMP/M.2416, WuW/E EU-V 711.

[390] EuG U. v. 25.10.2002, Slg. 2002, II-4381 – *Tetra Laval/Sidel;* bestätigt durch EuGH U. v. 15.2.2005, Slg. 2005, I-987 – *Tetra Laval/Sidel;* s. dazu *Brei* WuW 2003, 585 ff.; *Drauz,* Comp. Policiy Newsletter 2/2005, S. 35 ff.; *Scheffler* EuZW 2005, 751 ff.; *Karl,* in Fs. Bechtold, S. 209, 215 ff.; *Nothdurft* ZWeR 2006, 306 ff.; *Bär-Boussière,* in: Recht und Ökonomie, S. 85 ff. Zur anschließenden Freigabe auf Basis eines einheitlichen Marktes für Verpackungsmaschinen s. Komm. E. v. 13.1.2003, COMP/M.2416 – *Tetra Laval/Sidel (II).*

[391] AaO, Rdnr. 75; zum vom EuGH abgemilderten Standard zur Prüfung konglomerater Effekte s. *Montag,* in Fs. Bechtold, S. 339, 349; *Bartosch* EuZW 2006, 619 ff.; *Todorov/Valcke,* Antitrust Bulletin 2006, 339 ff.

[392] So auch *Drauz,* Comp. Policy Newsletter 2/2005, S. 35, 37.

[393] Ausführlich zur Kontrolldichte und zu den Beweisanforderungen bei konglomeraten Zusammenschlüssen *Nothdurft* ZWeR 2006, 306 ff.

[394] Komm. E. v. 3.7.2001, COMP/M.2220, WuW/E EU-V 631.

[395] EuG U. v. 14.12.2005, Slg. 2005, 5575 (rkr.).

[396] Ausführlich dazu *Hossenfelder/Töllner/Ost,* Kartellrechtspraxis und Kartellrechtsprechung 2005/06, Rdnr. 1017 ff.

99 Bündelungsstrategien wurden auch in den Fällen *Johnson & Johnson/Guidant*[397] und *Saint-Gobain/BPB*[398] geprüft, aber letztlich von der Kommission als unbedenklich eingestuft. Im Fall *GE/Amersham*[399] formulierte die Kommission im einzelnen, wann aufgrund von Bündelungsstrategien mit Marktverschließungseffekten zu rechnen sei: Ein marktbeherrschendes Unternehmen müsse erstens einen Hebel besitzen, seine Marktmacht auf einen zweiten Markt zu übertragen; die Wettbewerber dürften zweitens nicht in der Lage sein, darauf adäquat zu reagieren, sondern müssten deshalb den Markt verlassen; und drittens müsse das marktbeherrschende Unternehmen dadurch in die Lage versetzt werden, die Preise dauerhaft anzuheben.

100 **2. Oligopolistische Marktbeherrschung („Koordinierte Effekte").** Die meisten Entscheidungen der Kommission nach Art. 8 FKVO betrafen bzw. betreffen Fälle wettbewerblicher Bedenken hinsichtlich der Entstehung oder Verstärkung von Einzelmarktbeherrschung. Dies galt insbesondere für Untersagungen nach Art. 8 Abs. 3 FKVO. Gleichwohl hat sich, ohne dass dies in der FKVO ausdrücklich angelegt war, im Lauf der Zeit eine feste Entscheidungspraxis der Kommission zu oligopolistischer Marktbeherrschung herausgebildet, die auch von den europäischen Gerichten bestätigt worden ist.[400] Anders als Art. 102 AEUV[401] unterscheidet Art. 2 FKVO nicht nach der Form der Marktbeherrschung. Dies ging auf Meinungsverschiedenheiten unter den Mitgliedstaaten vor Verabschiedung der FKVO hinsichtlich der Frage oligopolistischer Marktbeherrschung zurück[402] und lässt nach dem Wortlaut deren Einbeziehung wie Nichteinbeziehung zu.[403] Dementsprechend kennt die FKVO keine Vermutungen wie das deutsche Recht; die Darlegungs- und Beweislast für das Vorliegen eines wettbewerbslosen Oligopols obliegt in vollem Umfang der Kommission.

101 *a) Kommissionspraxis.* Die frühe Praxis der Kommission zum Oligopol blieb denn auch in den ersten beiden Jahren der EG-Fusionskontrolle offen.[404] Erstmals im Juli 1992 erging – im Fall *Nestlè/Perrier*[405] – eine Entscheidung, die die Entstehung einer marktbeherrschenden Stellung auf der Basis eines Oligopols (Duopols) annahm. Bis dahin waren mehrere Fälle auf Märkten mit hohem Konzentrationsgrad in der „ersten Phase" freigegeben worden.[406] Bereits der Fall *Varta/Bosch* (1991) gab mit einem Marktanteil des zusammengeschlossenen Unternehmens von 44,5% und einem gleichstarken Wettbewerber *(Tudor SA)* zunächst Anlass zur Prüfung von (oligopolistischem) Parallelverhalten, die jedoch nach der Anhörung nicht weiterverfolgt wurde.[407] Erhebliche Anhaltspunkte für die Entstehung kollektiver Marktbeherrschung, die auch das BKartA zu einer Mitteilung nach Art. 9 Abs. 2 FKVO veranlassten, lagen Ende 1991 im Fall *Alcatel/AEG Kabel* vor, der die Märkte

---

[397] Komm. E. v. 25.8.2005, COMP/M.3687; s. dazu *Hossenfelder/Töllner/Ost,* aaO, Rdnr. 969; *Bacchiega/Todino/Macewen,* Comp. Policy Newsletter 3/2005, S. 87ff.

[398] Komm. E. v. 9.11.2005, COMP/M.3943.

[399] Komm. E. v. 21.1.2004, COMP/M.3304.

[400] EuGH U. v. 31.3.1998, Slg. 1998, I-1375 – *Französische Republik/Kommission* und *SCPA u. EMC/Kommission;* EuG U. v. 6.6.2002, Slg. 2002, II-2585 – *Airtours/Kommission.*

[401] Zu oligopolistischer Marktbeherrschung unter Art. 102 AEUV s. *de Bronett,* § 22 Rdnr. 29ff.; *Enchelmaier,* S. 135ff.

[402] S. dazu *GA Tesauro,* Schlussanträge vom 6.2.1997 im Verfahren *Frankreich und SCPA/Kommission,* Slg. 1998, I-1381.

[403] Zum Urteil des EuGH im Fall *Kali + Salz/MdK/Treuhandanstalt* s. u. bei Fn. 413.

[404] *Kerber,* Europäische Fusionskontrollpraxis, S. 94ff.; *Landzettel,* Unterschiede und Gemeinsamkeiten, S. 145 mwN.

[405] Komm. E. v. 22.7.1992, IV/M.190, ABl. 1992 L 356/1.

[406] Komm. E. v. 4.1.1991, IV/M.024, WuW 1991, 197 – *Mitsubishi/UCAR* (drei Anbieter mit zusammen 65 % Marktanteil); s. dazu *Morgan,* The Antitrust Bulletin, Spring 1996, 217; Komm. E. v. 18.6.1991, IV/M.098, WuW 1991, 702 – *Elf/BC/Cepsa;* s. dazu *Morgan,* aaO, S. 218.

[407] Komm. E. v. 31.7.1991, IV/M.012, ABl. 1991 L 320/26 – *Varta/Bosch; Morgan,* aaO, S. 218f.

für Starkstromkabel und Telekommunikationskabel betraf.[408] Der in *Nestlé/Perrier* mündende Meinungsumschwung bei der Kommission deutete sich in der Entscheidung *Thorn EMI/Virgin Music* vom 27.4.1992 an: Die Marktanteile der fünf großen Tonträgerhersteller, u.a. *Thorn EMI,* beliefen sich in der EU auf über 80%, in einzelnen Mitgliedstaaten auf 95%. Dies indizierte nach Meinung der Kommission eine Situation kollektiver Marktbeherrschung, die allerdings durch den Zusammenschluss nicht spürbar intensiviert wurde.[409]

b) Kriterien seit Nestlé/Perrier. In der Entscheidung *Nestlé/Perrier* nahm die Kommission anhand des französischen Mineralwassermarktes eine eingehende wettbewerbliche Untersuchung oligopolistischer Marktbeherrschung unter ausführlicher Würdigung aller ihrer Auffassung nach relevanten Einzelmerkmale vor. Im Grundsatz vertrat die Kommission die Ansicht, dass auch ein marktbeherrschendes Oligopol wirksamen Wettbewerb behindern kann, dessen Schutz in Art. 3g EG vorgesehen war.[410] Bei einem Ausschluss oligopolistischer Marktbeherrschung aus der FKVO entstünde ein „Schlupfloch in der grundlegenden Bestimmung des Vertrages".[411] In der Literatur wurde die Anwendbarkeit von Art. 2 FKVO auf Oligopole ganz überwiegend bejaht.[412] **102**

Durch Urteil vom 31.3.1998 im Fall *Kali + Salz/MdK/Treuhandanstalt* erkannte der **EuGH** die Anwendbarkeit von Art. 2 FKVO auf oligopolistische Marktbeherrschung ausdrücklich an.[413] Der Wortlaut von Art. 2 FKVO sei insoweit offen, die Materialien zur Entstehungsgeschichte der FKVO nicht eindeutig. Jedenfalls entspreche es der Zielsetzung des EG-Vertrages (Art. 3g), den Wettbewerb innerhalb des Gemeinsamen Marktes vor Verfälschungen zu schützen, dass man auch die Entstehung oder Verstärkung kollektiver Marktbeherrschung mit der FKVO erfasse.[414] **103**

Entscheidende Kriterien oligopolistischer Marktbeherrschung waren nach der anfänglichen Rechtsprechung des EuGH, dass die am Oligopol beteiligten Unternehmen **weder** untereinander in wesentlichem **Binnenwettbewerb** stehen noch wesentlichem **Außenwettbewerb** ausgesetzt sind.[415] Sie zeigen ein autonomes Parallelverhalten („tacit collusion"), ohne dass es sich dabei um eine (verbotene) abgestimmte Verhaltensweise im Sinne von Art. 101 Abs. 1 AEUV handeln müsste.[416] Entscheidend ist, dass es sich um ein **wech-** **104**

---

[408] Komm. E. v. 17.12.1991, Rdnr. 15 – IV/M.165; kritisch dazu *Monopolkommission,* Hauptgutachten 1990/91, Rdnr. 614ff.; *Morgan,* aaO, S. 219f.; *Wagemann* WuW 1992, 730ff.; s. auch § 17 Rdnr. 91ff.

[409] Komm. E. v. 27.4.1992, IV/M.202, WuW 1992, 500; *Morgan,* aaO, S. 221f.

[410] Komm. E. v. 22.7.1992, IV/M.190, ABl. 1992 L 356/1, Rdnr. 112f. Vgl. auch Erwägungsgründe 5 und 7 der FKVO.

[411] AaO, Rdnr. 114; Komm., 22. WB 1992, Rdnr. 245.

[412] *Bechtold* RIW 1990, 251, 258; *Cook/Kerse,* S. 134ff.; *Ebenroth/Lange* BB 1991, 848; *Immenga/Mestmäcker-Körber,* Art. 2 FKVO Rdnr. 453ff.; *Janicki* WuW 1990, 198; *Langen/Bunte-Bardong,* Art. 2 FKVO Rdnr. 268f; *Quack* GRUR 1998, 295ff.; *GTE-Schröter,* Art. 87 Rdnr. 268 mwN; *Stockmann,* in: Schwerpunkte des Kartellrechts 1991/92, S. 105; *Venit* CMLR 1990, 27; ebenso die *Monopolkommission,* Hauptgutachten 1992/93, Rdnr. 598; aA *Horspool & Korah,* The Antitrust Bulletin 1992, 337, 343. Eine eingehende Untersuchung findet sich bei *Morgan,* The Antitrust Bulletin, Spring 1996, 203, 207ff.

[413] EuGH U. v. 31.3.1998, Slg. 1998, I-1375 Rdnr. 165ff. – *Französische Republik/Kommission* und *SCPA u. EMC/Kommission;* zustimmend *Beeser* European Law Reporter 1998, 144, 149. Ebenso EuG U. v. 25.3.1999, Slg. 1999, II-759 – *Gencor/Kommission.*

[414] AaO. Rdnr. 169, 171; vgl. auch Erwägungsgründe 1 und 2 der FKVO.

[415] Komm. E. v. 8.10.1995, IV/M.580, ABl. 1997 L 11/1, Rdnr. 97 – *ABB/Daimler Benz;* 23. WB 1993, Rdnr. 286; *Monopolkommission,* Hauptgutachten 1994/95, Rdnr. 694. Ebenso EuGH U. v. 31.3.1998, Slg. 1998, I-1375, Rdnr. 221 – *Französische Republik/Kommission* und *SCPA u. EMC/Kommission.* Ausführlich zu den Kriterien eines Oligopols *Immenga/Mestmäcker-Körber,* Art. 2 FKVO Rdnr. 440f.; *Loewenheim/Meessen/Riesenkampff-Riesenkampff/Lehr,* Art. 2 FKVO, Rdnr. 123ff.

[416] Komm. E. v. 24.4.1996, IV/M.619, ABl. 1997 L 11/30, Rdnr. 140 – *Gencor/Lonrho;* Komm. E. v. 2.4.1998, IV/M.1127, WuW/E EU-V 45, Rdnr. 29 – *Nestlé/Dalgety; Emmerich,* AG 1997, 529, 533; *Loewenheim/Meessen/Riesenkampff-Riesenkampf/Lehr,* Art. 2 FKVO Rdnr. 55.

selbezügliches Verhalten handelt.[417] Der EuGH hat dies in seiner Entscheidung zum Fall *Kali + Salz/MdK/Treuhandanstalt* dahingehend formuliert, dass die Oligopolisten „aufgrund der zwischen ihnen bestehenden verbindenden Faktoren zusammen die Macht zu einheitlichem Vorgehen auf dem Markt und in beträchtlichem Umfang zu einem Handeln unabhängig von den anderen Wettbewerbern, ihrer Kundschaft und letztlich den Verbrauchern besitzen".[418]

105 Ob ein solches Parallelverhalten zwischen Unternehmen angenommen werden kann, ist anhand der **folgenden Kriterien** zu prüfen:
– hohe Konzentration der Anbieterseite[419]
– stabile Marktanteile in der Vergangenheit[420]
– deutlicher Abstand der Oligopolisten bzw. zersplitterte Struktur der übrigen Anbieter[421]
– Symmetrie der Oligopolisten hinsichtlich Art, Größe, Kostenstruktur und technologischer Stärke[422]
– Markttransparenz[423]
– Produkthomogenität[424]
– ausgereifter Markt[425]
– niedrige Preiselastizität[426]
– überschüssige Kapazitäten[427]
– hohe Marktzutrittsschranken bzw. kein spürbarer potenzieller Wettbewerb[428]

---

417 *Zimmer* ZWeR 2004, 250, 254.

418 EuGH U. v. 31.3.1998, Slg. 1998, I-1375, Rdnr. 221 – *Französische Republik/Kommission* und *SCPA u. EMC/Kommission.*

419 Komm. E. v. 22.7.1992, IV/M.190, ABl. 1992 L 356/1, Rdnr. 119 – *Nestlé/Perrier;* Komm. E. v. 14.12.1993, IV/M.308, ABl. 1994 L 136/38, Rdnr. 52 – *Kali + Salz/MdK/Treuhandanstalt;* einschränkend insoweit EuGH U. v. 31.3.1998, Slg. 1998, I-1375 Rdnr. 226 – *Französische Republik/Kommission* und *SCPA u. EMC/Kommission:* Gemeinsamer Marktanteil von zwei Unternehmen von 60 % sei noch „kein maßgeblicher Anhaltspunkt" für oligopolistische Marktbeherrschung; s. auch Anm. von *Bechtold* EuZW 1998, 313, zur Auslegung des 15. Erwägungsgrundes der FKVO a. F. durch den EuGH im Sinne der Annahme eines marktbeherrschenden Oligopols nur für Oligopolmitglieder mit mehr als 25% Marktanteil; Komm. E. v. 31.1.1994, IV/M.315, ABl. 1994 L 102/15, Rdnr. 55 – *Mannesmann/Vallourec/Ilva;* aaO, Rdnr. 63 – *ABB/Daimler Benz;* Komm., 22. WB 1992, Rdnr. 248; Komm. E. v. 20.5.1998, IV/M.1016, ABl. 1999, L 50/27 Rdnr. 96 – *Price Waterhouse/Coopers & Lybrand;* ausführlich zur Marktkonzentration *Loewenheim/Meessen/Riesenkampff-Riesenkampff/Lehr,* Art. 2 FKVO, Rdnr. 130.

420 *Kali + Salz/MdK/Treuhandanstalt,* aaO, Rdnr. 57; vgl. auch EuG U. v. 6.6.2002, Slg. 2002, II-2585 – *Airtours/Kommission,* Rdnr. 111 ff. (sich verändernde Marktanteile infolge externen Unternehmenswachstums als Beleg für intensiven Wettbewerb).

421 *Kali + Salz/MdK/Treuhandanstalt,* aaO, Rdnr. 54.

422 *Nestlé/Perrier,* aaO, Rdnr. 123 u. 125; *ABB/Daimler Benz,* aaO, Rdnr. 64 f. u. 88; *Gencor/Lonrho,* aaO, Rdnr. 182 ff.; Komm., 24. WB 1994, Rdnr. 302 ff.; Symmetrie verneint in Komm. E. v. 29.3.2006, COMP/M.3975, Rdnr. 112 – *Cargill/Degussa Food Ingredients* und Komm. E. v. 19.7. 2006, COMP/M.3796, WuW/E EU-V 1177 – *Omya/J. M. Huber PCC.*

423 *Nestlé/Perrier,* aaO, Rdnr. 121 f.; *ABB/Daimler Benz,* aaO, Rdnr. 89; verneint in Komm. E. v. 29.7.1994, IV/M.478 – *Voith/Sulzer (II)* für den Markt für Papiermaschinen und Stofftechnik.

424 *Kali + Salz/MdK/Treuhandanstalt,* aaO, Rdnr. 57; *Gencor/Lonrho,* aaO, Rdnr. 143 ff.; 24. WB 1994, Rdnr. 302 ff.

425 *Nestlé/Perrier,* aaO, Rdnr. 126; *Gencor/Lonrho,* aaO, Rdnr. 152; Komm. E. v. 13.6.2000, ABl. 2001 L 188, Rdnr. 71 ff. – *Veba/Viag;* s. auch EuGH U. v. 31.3.1998, Slg. 1998, I-1375 Rdnr. 238 – *Französische Republik/Kommission* und *SCPA u. EMC/Kommission;* Anm. *Bechtold* EuZW 1998, 313 f.

426 *Nestlé/Perrier,* aaO, Rdnr. 124; *Gencor/Lonrho,* aaO, Rdnr. 149; Komm.E. (Art. 6 Abs. 1 Buchst. b) v. 6.7.1994, IV/M.460, Rdnr. 27 f. – *Holdercim Cedest.*

427 Komm. E. v. 31.1.1994, IV/M.315, ABl. 1994 L 102/15 – *Mannesmann/Vallourec/Ilva;* s. dazu *Ebenroth/Lange* WuW 1994, 601, 603; Komm., 24. WB 1994, Rdnr. 302 ff.; Komm. E. v. 8.9.1993, IV/M.355, Komm., 23. WB 1993, Rdnr. 289 – *Rhone-Poulenc/SNIA.*

428 *Gencor/Lonrho,* aaO, Rdnr. 154; Komm., 24. WB 1994, Rdnr. 302 ff.

– Fehlen von Nachfragemacht der Marktgegenseite[429]
– gesellschaftsrechtliche oder vertragliche Verflechtungen, z. B. hinsichtlich Forschung & Entwicklung, Vertrieb, Regalpflege o. ä.[430]

Hinsichtlich der **Begründung** bzw. **Verstärkung** einer oligopolistischen marktbeherrschenden Stellung gelten die gleichen Kriterien wie bei der Einzelmarktbeherrschung (nicht nur geringfügige Marktanteilsaddition oder Abschottung eines gerade entstehenden Marktes, Verschlechterung der Marktstruktur, s. Rdnr. 69 ff.).[431] **106**

c) Weitere Entscheidungspraxis. In einer Reihe weiterer Entscheidungen waren nur einzelne der vorgenannten Kriterien erfüllt, andere dagegen nicht. So waren im Fall *Pilkington-Techint/SIV* trotz hohen Konzentrationsgrades auf den betroffenen Glasmärkten Anreize für ein Ausscheren aus einem möglicherweise wettbewerbswidrigen Parallelverhalten zu verzeichnen.[432] In *Thyssen Stahl/Krupp/Riva/Falck/Tadfin/AST* war aufgrund der Ressourcenstärke der verbleibenden Wettbewerber nicht mit einem marktbeherrschenden Oligopol zu rechnen.[433] Innovationsdruck und fehlende Preistransparenz bei Nylonfasern für Textilien sprach im Fall *Rhone-Poulenc/SNIA* gegen die Annahme eines Duopols mit *DuPont,* dem anderen bedeutenden Anbieter in Europa.[434] Dagegen bejahte die Kommission in der Untersagung der Fusion *Gencor/Lonrho* nach detaillierter Würdigung aller vorgenannten Kriterien ein Oligopol, welches sich zudem zukünftig zu einem Duopol verengt, auf dem Weltmarkt für Platin.[435] Neu war hier der zusätzliche Gesichtspunkt einer **„Multimarktbetrachtung":** Die Oligopolisten *Gencor/Lonrho* und *Amplats* wären sich auf mehreren Märkten als Anbieter begegnet, was einen weiteren wettbewerbsdämpfenden Effekt hat.[436] **107**

Zur Verneinung oligopolistischer Marktbeherrschung kam es nachfolgend z. B. in den Fällen *Linde/AGA* (technische Gase) und *MAN/Auwärter* (Busse) sowie in *Agfa-Gevaert/Lastra* (Offset-Druckplatten) und *VNU/WPP/JV* (Messung von Fernseheinschaltquoten).[437] **108**

Das EuG hat diese Rechtsprechung in der Folgezeit in ökonomischer Hinsicht fortentwickelt und im Fall *Airtours/FirstChoice* **drei Voraussetzungen** für die Annahme sog. **koordinierter Effekte,** die der (Begründung oder Verstärkung einer) marktbeherrschenden oligopolistischen Stellung entsprechen, formuliert: **109**

1. Markttransparenz für die Beteiligten und eine leicht erzielbare Übereinstimmung über eine stillschweigende Koordinierung;
2. Anreiz, nicht vom gemeinsamen Vorgehen abzuweichen (d. h. Möglichkeit, die Einhaltung der Koordinierung zu überwachen, und Sanktionsmöglichkeit für den Fall des Abweichens);

---

429 *ABB/Daimler Benz,* aaO, Rdnr. 126; *Gencor/Lonrho,* aaO, Rdnr. 150; Komm. E. v. 29.7.1994, IV/M.478, Rdnr. 33 a. E. – *Voith/Sulzer (II).*

430 Komm. E. (Art. 9 Abs. 3 Buchst. b) v. 29.10.1993, IV/M.330, Rdnr. 47 – *McCormick/CPC/Rabobank/Ostmann; Kali + Salz/MdK/Treuhandanstalt,* aaO, Rdnr. 57 ff.; relativiert vom EuGH U. v. 31.3.1998, Slg. 1998, I-1375 Rdnr. 227 ff. – *Französische Republik/Kommission* und *SCPA u. EMC/Kommission; ABB/Daimler Benz,* aaO, Rdnr. 95 f.; *Gencor/Lonrho,* aaO, Rdnr. 155 ff.; Komm. E. v. 3.12.1997, IV/M.942, ABl. 1998 L 201/202 – *Veba/Degussa.*

431 Ausführlich zu den Oligopolkriterien *Loewenheim/Meessen/Riesenkampff-Lehr,* Art. 2 Rdnr. 129 ff.

432 Komm. E. v. 21.12.1993, IV/M.358, ABl. 1994 L 158/24. S. zur Entwicklung der Entscheidungspraxis auch *Ysewyn/Caffaar* ECLR 1998, 468 ff.

433 Komm. E. v. 21.12.1994, IV/M.484, ABl. 1995 L 251/18; ähnlich in Komm. E. v. 14.11.1995, IV/M.603, ABl. 1996 L 75/38 – *Crown Cork/Carnaud Metalbox* (Importe in den Beneluxmarkt für Konservendosen).

434 Komm. E. v. 8.9.1993, IV/M.355; Komm., 23. WB 1993, Rdnr. 287 ff.; ähnlich Komm. E. v. 15.10.1993, IV/M.337.

435 Komm. E. v. 24.4.1996, IV/M.619, ABl. 1997 L 11/30 – *Gencor/Lonrho* (angefochten durch *Gencor,* ABl. 1996 C 247/19); ebenso in Komm. E. v. 23.4.1997, IV/M.754, ABl. 1998 L 149/21 – *Anglo American Corp./Lonrho.*

436 *Hirsbrunner* EuZW 1997, 752.

437 Komm. E. v. 10.2.2000, WuW 2000, 267; Komm. E. v. 20.6.2001, WuW 2001, 844; Komm. E. v. 9.8.2004, COMP/M.3439; Komm. E. v. 15.9.2004, COMP/M.3512.

3. kein wirksamer Außenwettbewerb durch aktueller oder potenzielle Wettbewerber, der die Koordinierung aufweicht.[438]

110 Die Übernahme von *FirstChoice Holidays* durch *Airtours* war ursprünglich von der Kommission wegen drohender kollektiver Marktbeherrschung auf dem britischen Markt für Kurzstrecken-Auslandspauschalreisen untersagt worden.[439] Die Kommission nahm ein Oligopol von drei Unternehmen (das fusionierte Unternehmen, *Thomson* und *Thomas Cook*) mit einem gemeinsamen Marktanteil von mehr als 80% an. Pauschalreisen seien ein standardisiertes Produkt, der Markt sei mit Erscheinen der Kataloge festgelegt und transparent; auch gebe es Verflechtungen durch die gegenseitige Verschaffung von Flugkapazitäten. Mit *FirstChoice* entfalle ein wesentlicher Wettbewerber, und von sonstigen kleineren Anbietern gehe kein wesentlicher Außenwettbewerb aus. Zusagenangebote wurden von der Kommission als nicht ausreichend bzw. als verspätet angesehen, soweit sie nach Ablauf der Dreimonatsfrist (Art. 18 Abs. 2 DVO) vorgelegt worden waren; außergewöhnliche Umstände zur Rechtfertigung der Fristüberschreitung lagen nach Meinung der Kommission nicht vor. Das EuG teilte die wettbewerbliche Würdigung der Kommission jedoch nicht und hob die Untersagung auf .[440]

111 Die drei vorgenannten Voraussetzungen „koordinierter Effekte" sind nicht nur bei horizontalen, sondern auch bei vertikalen Zusammenschlüssen zu prüfen. Bei letzteren kann der Zusammenschluss zu erhöhter Markttransparenz führen, wodurch die Überwachung erleichtert wird. Sanktionsmöglichkeiten können sich verbessern, wenn ein Zusammenschlussbeteiligter auf einem vor- oder nachgelagerten Markt ein wichtiger Kunde oder Lieferant seiner Wettbewerber auf der jeweils anderen Marktstufe ist.

112 Koordinierte (horizontale) Effekte wurden verneint im Fall *Sea-Invest/EMO-EKOM* wegen fehlender Transparenz im Markt und wegen fehlendem Sanktionsmechanismus.[441] Ebenfalls verneint wurden koordinierte Effekte im Fall *Blackstone/Acetex,*[442] da die betroffenen Hersteller von Acetylsäuren (*Celanese/Acetex* und *BP*) mit unterschiedlicher vertikaler Integration, Technologie und Produktionsstättengröße auftraten und die Abnehmer eine Multi-sourcing-Strategie verfolgten.

113 Eine wichtige Entscheidung zu oligopolistischer Marktbeherrschung stellte sodann das Urteil des EuG vom 13. Juli 2006 im Fall *Sony/BMG* dar.[443] Es war zugleich – auf eine Drittklage von *Impala,* der Vereinigung unabhängiger Musikproduktionsgesellschaften, hin – die erste gerichtliche Aufhebung einer *Freigabeentscheidung* der Kommission[444] in der Geschichte der europäischen Fusionskontrolle. Die Kommission hatte die mit dem Zusammenschluss von *Sony* und *Bertelsmann* verbundene Reduzierung der sog. Majors im Tonträgermarkt von fünf auf vier in ihrer Entscheidung als wettbewerblich unbedenklich angesehen, während sie in den Beschwerdepunkten noch von der Verstärkung eines schon bestehenden marktbeherrschenden Oligopols ausgegangen war. Dieser „fundamentale U-Turn"[445] war nach Auffassung des EuG nicht hinreichend begründet und litt an Rechtsfehlern und offensichtlichen Beurteilungsfehlern.[446] Das EuG folgte nicht den von der Kommission – in Orientierung an den drei Prüfungsschritten des EuG im Fall *Airtours* – getroffenen Annahmen, es gebe aufgrund bestimmter Rabattsonderaktionen für CDs eine

---

438 EuG U. v. 6.6.2002, Slg. 2002, II-2585 Rdnr. 62; EuGH, U. v. 10.7.2008, Slg. 2008, I-04951 Rdnr. 122f. – *Impala/Kommissions; Langen/Bunte-Bardong,* Art. 2 FKVO, Rdnr. 274ff.; *Hossenfelder/Töllner/Ost,* Kartellrechtspraxis und Kartellrechtsprechung 2005/2006, Rdnr. 982ff.

439 Komm. E. v. 21.9.1999, IV/M.1524, WuW 1999, 1093.

440 U. v. 6.6.2002, Slg. 2002 II-2585ff., WuW/E EU-R 559; s. dazu *Bartosch* WuW 2003, 574; *Kokkoris* ECLR 2005, 37ff.

441 Komm. E. v. 18.8.2006, COMP/M.3848, Rdnr. 90ff.

442 Komm. E. v. 13.7.2005, COMP/M.3625.

443 EuG U. v. 13.7.2006, Slg. 2006, 2289 – *Impala/Kommission.*

444 Komm. E. v. 19.7.2004, COMP/M.3333.

445 EuG aaO, Rdnr. 283; s. dazu *Völcker* ECLR 2006, 589ff.; *Meyring/Hermes* ZWeR 2007, 108ff.

446 Ausführlich dazu *Frenz* WuW 2007, 138ff.

mangelnde Markttransparenz und für Vergeltungsmaßnahmen bei Abweichungen vom Parallelverhalten gebe es keine Beweise. Die Kommission war nach Meinung des EuG im Laufe des Verfahrens und auch in weiten Teilen ihrer Entscheidung von bestehender Markttransparenz ausgegangen; dies sei auch durch die Antworten auf Auskunftsersuchen bestätigt worden. Dass bestimmte Rabattaktionen („campaign discounts") eine Verhaltenskoordinierung erschwert hätten, wie sie schließlich nur kurz und allgemein feststelle, sei offensichtlich fehlerhaft.[447] Auch habe die Kommission in ihren Fragebögen gar nicht nach Rabattarten differenziert. Hinsichtlich der Vergeltungsmaßnahmen komme es nicht darauf an, dass diese in der Vergangenheit tatsächlich praktiziert worden seien, was die Kommission im Übrigen gar nicht ermittelt habe. Das Bestehen eines Systems von Vergeltungsmaßnahmen reiche aus. Hier habe es im Ausschluss von Wettbewerbern von sog. Samplern, d. h. Kompilationen von Musikhits auf CD, bestanden. Zum dritten Erfordernis, dass Wettbewerber und Abnehmer keine Reaktionsmöglichkeit auf oligopolistisches Verhalten haben dürfen, hatte die Kommission in ihrer Entscheidung gar nicht mehr Stellung genommen. Interessant ist die grundsätzliche Ansicht des EuG, dass es für den Nachweis eines vor dem Zusammenschluss im Markt bestehenden Oligopols ausreichen könne, die Voraussetzungen des *Airtours*-Urteils indirekt durch Indizien und einzelne Beweise zu belegen. So spreche im vorliegenden Fall eine gleichförmige Preisentwicklung bei CDs über eine längere Dauer für ein Parallelverhalten, insbesondere wenn die Preise der Oligopolisten über dem Wettbewerbsniveau liegen. Zur Entstehung eines marktbeherrschenden Oligopols ist nach Auffassung des EuG eine sorgfältige und in die Zukunft gerichtete Prüfung der wettbewerblichen Auswirkungen der strukturellen Veränderung, hier der Reduzierung von fünf auf vier Majors, erforderlich. Insoweit bezeichnete das EuG die Darlegung der Kommission auf nur einer Seite ihrer Entscheidung, insoweit fehle es ausreichenden Nachweisen von Effekten, als oberflächlich und rechtsfehlerhaft.[448] Aus den vorgenannten Gründen wurde die Freigabe des Zusammenschlusses vom EuG für nichtig erklärt. Das Zusammenschlussvorhaben *Sony/BMG* wurde daraufhin am 31.1.2007 erneut bei der Kommission angemeldet. Nach zwischenzeitlicher Fristhemmung wegen fehlender Informationen gab die Kommission den Fall wiederum frei, da eine eingehende Analyse quantitativer und qualitativer Aspekte keine Beweise für ein koordiniertes Verhalten vor oder nach dem Zusammenschluss ergeben habe.[449] Das erstinstanzliche Urteil des EuG wurde im Übrigen vom EuGH nachfolgend aufgehoben.[450] Der Gerichtshof verwies auf den nur vorläufigen Charakter der Beschwerdepunkte. Die Kommission sei frei, ihre Meinung nach der mündlichen Anhörung der Beteiligten noch zu ändern. Insgesamt müsse sie zwar schlüssig und widerspruchsfrei begründen, warum sie einen Zusammenschluss genehmige oder untersage; sie müsse aber nicht auf sämtliche von den Beteiligten oder Dritten vorgebrachten Tatsachen und Argumente eingehen. Ein halbes Jahr nach der Neuanmeldung von *Sony/BMG* wurde der Erwerb des Musikverlagsgeschäfts von *BMG* durch *Universal,* einen anderen „Major", bei der Kommission angemeldet; die Kommission leitete wegen wettbewerblicher Bedenken hinsichtlich des im vorangegangenen Fall nur am Rande berührten Marktes für Musikverlagsrechte über Online-Anwendungen das Hauptprüfverfahren ein und gab auch dieses Zusammenschlussvorhaben – gegen die Zusage der Veräußerung einiger Musikkataloge an Dritte – frei.[451]

Koordinierte Effekte wurden insgesamt seit Einführung des SIEC-Tests nur noch selten **113a**
oder nur ergänzend zu den nichtkoordinierten Auswirkungen von der Kommission in den Fokus genommen.[452] Einer der wenigen derartigen Fälle war 2008 der Zusammenschluss

---

[447] AaO, Rdnr. 290 ff.

[448] AaO, Rdnr. 521 ff.

[449] COMP/M.3333 – *Sony/BMG,* s. Presse-Mitt. IP/07/1437 der Kommission v. 3.10.2007.

[450] EuGH U. v. 10.7.2008, Slg. 2008, I-4951 Rdnr. 167 ff. – *Bertelsmann und Sony/Impala.*

[451] Komm. E. v. 22.5.2007, COMP/M.4404, s. Presse-Mitt. IP/07/695 und IP/06/1716 der Kommission.

[452] Ausführlich hierzu *Vorster,* Oligopole in der EU-Fusionskontrolle: Die Anwendung des SIEC-Tests auf Imitation und Kollusion im Oligopol, 2013.

eines britischen und eines niederländischen Produzenten von Trocken-, Flüssig- und Presshefe *(ABF/GBI Business)*. Auf den nationalen Märkten in Spanien und Portugal kam es zur Reduzierung der Anbieter von drei auf zwei. Aufgrund einer stabilen Marktgröße, sehr transparenter Preise, Mengen und Kapazitäten bei einem homogenen Produkt sowie häufigen Interaktionen zwischen den Anbietern bejahte die Kommission koordinierte Effekte. Der Zusammenschluss wurde aber gegen die Zusage der Veräußerung des Geschäftsbereichs von *ABF* in Spanien und Portugal freigegeben.[453] Keine koordinierten Effekte in kritischem Umfang vermochte die Kommission 2009 bei dem Zusammenschluss *Arsenal/DSM Special Products*[454] festzustellen, da sich mindestens ein Teil der aktuellen Anbieter der hier betroffenen Benzolsäure, die aus China kamen, der Koordinierung entzog. Im Fall *Votorantim/Fischer/JV*, der die Gründung von zwei Gemeinschaftsunternehmen in und außerhalb von Brasilien für Orangensaft betraf, verneinte die Kommission das Risiko einer Verhaltenskoordinierung im EWR-Markt wegen der Asymmetrie zwischen den drei führenden Anbietern, unterschiedlich ausgeprägter vertikale Integration, fehlender Preistransparenz, häufigen Lieferantenwechsels seitens der Kunden und überschüssiger Orangenmengen.[455] In sonstigen Fällen wurden koordinierte Effekte als nicht feststellbar *(Johnson & Johnson/Synthès)*,[456] wegen eines sehr komplexen Marktes als nicht naheliegend *(Universal/EMI)*[457] oder als nicht nachweisbar bzw. jedenfalls durch die entgegen genommenen Zusagen kompensiert *(Hutchison 3G/Orange Austria)*[458] angesehen. Insgesamt beschränkt sich die Kommission – wohl wegen der Nachweisprobleme bei „koordinierten Effekten" – seit einigen Jahren in der Zweiten Phase des Verfahrens auf die Prüfung „unilateraler Effekte" (Einzelmarktbeherrschung bzw. SIEC durch einzelne Unternehmen) (dazu näher Rdnr. 114 ff.).

114 **3. Nicht koordinierte („unilaterale") Effekte.** Aus der neueren wirtschaftswissenschaftlichen Literatur war bekannt, dass ein Zusammenschluss, auch ohne dass er zu koordinierten Effekten im oben beschriebenen Sinne führt, eine spürbare Behinderung des Wettbewerbs bewirken kann.[459] Dies äußert sich z. B. in Preiserhöhungen oder Angebotsverknappungen und setzt voraus, dass das aus dem Zusammenschluss hervorgegangene Unternehmen wie auch die verbliebenen Wettbewerber über große Marktanteile verfügen. Betroffen sind oligopolistische Märkte, in denen es aber an wechselbezüglichen (Parallel-)Verhalten, d. h. an koordinierten Effekten, oder an dem im marktbeherrschenden Oligopol existierenden Sanktionsmechanismus gegen Wettbewerbsvorstöße fehlt.[460] Unter der alten FKVO Nr. 4064/89 herrschte Unsicherheit, ob der Marktbeherrschungstest derartige nicht koordinierte Effekte erfasste. Die Neufassung des Art. 2 Abs. 2 und 3 FKVO durch die Revision 2004 sollte diese Lücke schließen.[461]

115 Bei der Untersuchung unilateraler Effekte stellt die Kommission keine Marktuntersuchung im herkömmlichen Sinne an (Berechnung von Marktvolumen und Marktanteilen), sondern prüft, inwieweit einseitige („unilaterale") Effekte in Form von Preiserhöhungen oder Innovationsverzögerungen seitens des durch Zusammenschluss entstandenen Unternehmens gegenüber seinen Kunden zu erwarten sind. Die darin zum Ausdruck kommende

---

453 Komm. E. v. 23.9.2008, COMP/M.4980; s. dazu *Monopolkommission*, Hauptgutachten 2008/2009, Rdnr. 741 f.

454 Komm. E. v. 9.1.2009, COMP/M.5153; s. dazu *Monopolkommission*, Hauptgutachten 2008/2009, Rdnr. 740.

455 Komm. E. v. 4.5.2011, COMP/M.5907.

456 Komm. E. v. 18.4.2012, COMP/M.6266, Rdnr. 38.

457 Komm. E. v. 21.9.2012, COMP/M.6458, Rdnr. 56.

458 Komm. E. v. 12.12.2012, COMP/M.6497, Rdnr. 58 f.

459 *Zimmer* ZWeR 2004, 250, 256; *Schwalbe*, in Fs. Bechtold, S. 465, 472 ff.; *Völcker* ECLR 2006, 395 ff.

460 *Zimmer*, aaO, 259 unter Hinweis auf EuG U. v. 6.6.2002, Slg. 2002, II-2585 – *Airtours/Kommission*.

461 *Loewenheim/Meessen/Riesenkampff-Riesenkampf/Lehr*, Art. 2 FKVO Rdnr. 56.

erhöhte Marktmacht[462] stellt eine erhebliche Behinderung wirksamen Wettbewerbs dar und kann zur Untersagung des Zusammenschlusses führen.

Die Entscheidungspraxis der Kommission in den ersten Jahren nach Einführung des SIEC-Tests in 2004 wies, wie nachfolgend dargestellt, eine Vielzahl von Fällen auf, in denen nicht-koordinierte Effekte geprüft wurden. Teilweise nimmt diese Prüfung den größten Raum ein, obwohl sich aufgrund der durch den Zusammenschluss entstehenden oder sich noch verengenden Marktstruktur eine Prüfung oligopolistischer Marktbeherrschung („koordinierte Effekte") eher aufgedrängt hätte.[463] Dies mag mit den vom EuG vorgegebenen strengeren Untersagungsvoraussetzungen bei koordinierten Effekten (dazu Rdnr. 100 ff.) zusammenhängen. Die Prüfung, ob infolge des Zusammenschlusses mit Preiserhöhungen zu rechnen ist, bringt zudem eine stark verhaltensorientierte Betrachtung mit sich. Das zukünftige Verhalten des durch den Zusammenschluss entstandenen Unternehmens wird von der Kommission prognostiziert, wobei zwar eher auf kurzfristige Effekte abgestellt, ein Prognosezeitraum jedoch nicht näher quantifiziert wird. Strukturelle Aspekte treten demgegenüber zurück. Aufgrund der zahlreichen „Vorhersagen" von unternehmerischem Verhalten wirken die Entscheidungen der Kommission mitunter spekulativ. Regelmäßig werden die daraus resultierenden Rechtsfragen aber durch Zusagen und daran anknüpfende Freigaben gelöst. 116

a) Horizontale Zusammenschlüsse. Eine ausführliche Prüfung nicht-koordinierter Effekte nahm die Kommission – wenn auch in enger Verknüpfung mit der sachlichen Marktabgrenzung – im Verfahren *Oracle/Peoplesoft*[464] vor. Der Zusammenschluss erfolgte zwischen zwei amerikanischen Unternehmen für hochfunktionelle Softwarelösungen in den Bereichen Personal- und Finanzmanagement von Großunternehmen. Die Kommission ging in den Beschwerdepunkten zu dem am 14. Oktober 2003, d.h. noch nach der FKVO Nr. 4064/89, angemeldeten Vorhaben auf dem eng abgegrenzten Markt, auf dem neben der neuen Unternehmenseinheit nur noch *SAP* tätig war, von wettbewerblichen Bedenken wegen sog. unilateraler Effekte in Gestalt eines Preiserhöhungsspielraums aus. Die Zusammenschlussbeteiligten hielten dies im Rahmen des Marktbeherrschungstests der FKVO Nr. 4064/89 nicht für zulässig. In der Freigabeentscheidung ging die Kommission dann aber doch von einer größeren Zahl von Anbietern aus, weshalb der Markt intransparent und koordinierte Effekte unwahrscheinlich seien. Nicht-koordinierte Effekte entstünden deshalb und wegen der sehr sachkundigen Nachfrager ebenfalls nicht. Die Frage der Zulässigkeit dieses Prüfungsmaßstabs war demnach nicht entscheidungserheblich. Bestimmte Modelluntersuchungen (u.a. Simulationsmodelle) ergaben für die Kommission, dass sich die von den Anbietern gegebenen Rabatte nicht nach der Zahl der Angebote in den Ausschreibungen, sondern nach der jeweiligen Auftragsgröße richteten. Der Preiswettbewerb hing demnach nicht davon ob, ob sich *Oracle, Peoplesoft* und *SAP* um den Auftrag beworben hatten. Der Fall wurde ohne Auflagen freigegeben.[465] 117

Eine typische Prüfung unilateraler Effekte erfolgte im Fall *Bayer Healthcare/Roche (OTC Business).*[466] Hier erreichten *Bayer* und *Roche* bei verschreibungspflichtigen Medikamenten gegen Sodbrennen in Deutschland gemeinsame Marktanteile von 30 bis 35%, was allein noch keine marktbeherrschende Stellung begründet hätte. Die Kommission prüfte aber, ob die Produkte der beiden Anbieter **besonders enge Substitute** im Vergleich zu den Pro- 118

---

[462] Leitlinien zur Bewertung horizontaler Zusammenschlüsse, ABl. 2004 C 31/5, Rdnr. 8.

[463] So in den Entscheidungen *T-Mobile Austria/Telering* (s. Fn. 18) und *Metso/Aker Kvaerner* (s. Fn. 223); ebenso in *Western Digital Ireland/Viviti Technologies (Hitachi),* Komm. E. v. 23.11.2011, COMP/M.6203.

[464] Komm. E. v. 26.10.2004, COMP/M. 3216.

[465] S. dazu auch *Käseberg* WuW 2005, 998 ff.; *Pflanz* ECLR 2005, 123 ff.; *Schwalbe,* in Fs. Bechtold, S. 465 ff.; *Kokkoris* ECLR 2006, 249 ff.; *Zimmer,* in Fs. Bechtold, S. 677, 690 ff.

[466] Komm. E. v. 19.11.2004, COMP/M.3544, WuW 2005, 409. Vgl. auch Komm. E. v. 27.5.2005, COMP/M.3751 – *Novartis/Hexal;* Komm. E. v. 4.7.2005, COMP/M.3770 – *Lufthansa/Swiss.*

dukten verbleibender Wettbewerber darstellen **(„Close Competitor Test").** Dies war hier nicht der Fall, da es im Markt drei nahe Ersatzprodukte gab. Eine erhebliche Behinderung wirksamen Wettbewerbs wurde deshalb verneint. Ebenfalls an dem Verhältnis als nahe oder enge Wettbewerber fehlte es im Fall *Syniverse/BSG,*[467] der Billing Service-Dienste für Mobilfunknetzbetreiber betraf. Nahe Wettbewerber waren hingegen die Nr. 3 und Nr. 4 des österreichischen Mobilfunkmarktes, *Orange Austria* und *H3G,* weshalb ihr Zusammenschluss nur gegen Zusagen freigegeben wurde.[468] Um ebenfalls nahe Wettbewerber handelte es sich bei den größten niederländischen Milchverarbeitern *Friesland* und *Campina,* die sich Ende 2008 zusammenschlossen. Auf den Absatzmärkten für verschiedene Milchprodukte erreichten beide zusammen hohe Marktanteile. Wettbewerbsbedenken ergaben sich zudem auf dem Beschaffungsmarkt für Rohmilch. Der Zusammenschluss wurde gegen Veräußerungszusagen freigegeben.[469] In bestimmten räumlichen Märkten waren die Unternehmen *Kraft Foods* und *Cadbury* engste Wettbewerber für Schokoladenprodukte (Polen und Rumänien), in anderen nicht (UK, Irland, Portugal und Frankreich); ihr Zusammenschluss wurde deshalb nur gegen Veräußerung des polnischen und rumänischen Geschäftsbereichs von Cadbury freigegeben.[470] Es ist allerdings darauf hinzuweisen, dass die Horizontal-Leitlinien kein „engstes" oder „nahestes" Wettbewerbsverhältnis verlangen, sondern ein nahes/enges Verhältnis ausreichen lassen.[471] Eine solche nahe Wettbewerberstellung wurde von der Kommission angenommen im Fall *Western Digital Ireland/Viviti Technologies,* der wettbewerbliche Bedenken auf dem Markt für 3,5"-Festplattenlaufwerke hervorrief.[472] Im Fall *Facebook/WhatsApp*[473] sah die Kommission die Dienste *Facebook Messenger* und *WhatsApp* bei Kommunikationsdiensten über Smartphones nicht als nahe Wettbewerber an aufgrund der Einbindung von *Facebook Messenger* in das soziale Netzwerk von Facebook und der damit verbundenen Nutzungsunterschiede; außerdem gab es eine nicht unerhebliche Zahl alternativer Kommunikationsdienste mit ähnlichen Funktionalitäten und nutzen viele Kunden auch mehrere Dienste („multi-homing").

119 Nicht-koordinierte oder „unilaterale" Effekte, die zu einer erheblichen Behinderung des Wettbewerbs im Sinne von Art. 2 Abs. 3 FKVO führen, bejahte die Kommission hingegen im Fall *T-Mobile Austria/Telering.*[474] Hier wollte der in Österreich zweitstärkste Mobilfunkanbieter *T-Mobile Austria,* Tochtergesellschaft der *Deutsche Telekom,* den an Nr. 3 in Österreich stehenden Mobilfunkanbieter *Telering* erwerben. Nach dem Zusammenschluss hätten mit dem Marktführer *Mobilkom* und *T-Mobile* zwei große Anbieter existiert, auf die die verbleibenden kleinen Wettbewerber *H3G* und *ONE* keine wettbewerblich kontrollierende Wirkung mehr entfaltet hätten. Da Telering ein **sehr aktiver Wettbewerber („maverick")** war, der über niedrigere Preise Wettbewerbsdruck auf die beiden Großen ausgeübt hatte, bejahte die Kommission hier negative nicht-koordinierte Effekte. Auch Effizienzvorteile infolge des Zusammenschlusses wurden nicht anerkannt.[475] Ob hier infolge des Zusammenschlusses zugleich – oder sogar vorrangig – koordinierte Effekte zwischen *Mobilkom* und *T-Mobile Austria* zu erwarten waren, ließ die Kommission in der Entscheidung offen. Die Marktstruktur nach dem Zusammenschluss legte die Gefahr eines marktbeherrschenden Duopols eigentlich nahe. Der Zusammenschluss wurde schließlich unter Veräußerungsauflagen, die dem Aufbau des unabhängigen wirksamen Wettbewerbers *One* dienen sollten, freigegeben. Ähnliche Konstellationen eines zusammenschlussbedingten Wegfalls eines aktiven Wettbewerbers oder einer **„wichtigen Wettbewerbskraft"** fanden sich spä-

---

[467] Komm. E. v. 4.12.2007, COMP/M.4662.
[468] Komm. E. v. 12.12.2012, COMP/M.6497.
[469] Komm. E. v. 17.12.2008, COMP/M.5046.
[470] Komm. E. (Art. 6 Abs. 1 Buchst. b FKVO) v. 6.1.2010, COMP/M.5644.
[471] Horizontal-Leitlinien, Rdnr. 28.
[472] Komm. E. v. 23.11.2011, COMP/M.6203.
[473] Komm. E. v. 3.10.2014, COMP/M.7217.
[474] Komm. E v. 26.4.2006, COMP/M.3916, WuW/E EU-V 1153.
[475] S. dazu unter Rdnr. 85.

ter in den Mobilfunkzusammenschlüssen *H3G/Orange Austria*[476] und *Telefonica Deutschland/E-Plus.*[477] 2006 waren unilaterale Effekte auch schon in dem Fall *Cargill/Degussa Food Ingredients* für den Markt für flüssiges Lecithin verneint worden, da bei einem gemeinsamen Marktanteil von knapp 40% hinreichender Wettbewerbsdruck durch andere Anbieter verblieb.[478] Ebenfalls um den Kauf eines Mavericks ging es bei dem Zusammenschluss *StatoilHydro/ConocoPhilips (JET).*[479] *JET* galt auf den schwedischen und norwegischen Märkten für den Einzelhandelsabsatz von Kraftstoffen als sehr effizienter und innovativer Anbieter mit einem Ruf als Niedrigpreisanbieter. Dies belegten auch eine Regressionsanalyse sowie eine telefonische Verbraucherbefragung. Der Zusammenschluss wurde nur gegen Zusagen (Veräußerung einer bestimmten Anzahl von Tankstellen in Norwegen und in Schweden) freigegeben. Eine komplexe Prüfung des möglichen Wegfalls einer wichtigen Wettbewerbskraft nahm die Kommission im Fall *Oracle/Sun Microsystems*[480] vor. Hier wurde die Open Source-Datenbank *MySQL* von *Sun* als eine solche Wettbewerbskraft angesehen, die Wettbewerbsdruck auf die Datenbanken von *Oracle* ausübte. Allerdings sah die Kommission bei *Oracle* keinen Anreiz, nach dem Erwerb von *Sun MySQL* zu verschlechtern oder zu beenden; auch gebe es weitere Open Source-Datenbanken von Drittanbietern, die weiterhin Wettbewerbsdruck ausüben würden.[481]

Der Erwerb des wichtigsten potentiellen Wettbewerbers in einem bereits stark konzentrierten Markt war Gegenstand des Zusammenschlusses *Johnson & Johnson/Guidant*[482] im Bereich der Medizintechnik. In einzelnen Mitgliedstaaten der EU erreichten *Johnson & Johnson* und der Hauptwettbewerber *Boston Scientific* Marktanteile von jeweils deutlich mehr als 40% bei bestimmten Produkten der Herzchirurgie. *Guidant* wäre ohne den Zusammenschluss ein sehr aussichtsreicher neuer Marktteilnehmer gewesen. In der – kontrovers diskutierten – Entscheidung ging die Kommission davon aus, dass der mit dem Zusammenschluss einhergehende Wettbewerbsverlust durch die kleinen, ebenfalls neu in den Markt eintretenden Anbieter *Medtronic* und *Abbot* ausgeglichen würde. Von daher komme es letztlich nicht zu negativen unilateralen Effekten. Die Entscheidung erschien auch deshalb zweifelhaft, weil die Kommission sich im Wesentlichen auf Marktanteils- und Marktvolumensdaten der beteiligten Unternehmen verließ und diese Marktstrukturdaten nicht selbst ermittelte. Mit welchen Mengen und zu welchen Preisen die für die Kommission bedeutsamen Newcomer voraussichtlich in den Markt eintreten würden, blieb ebenfalls unklar. **120**

Der Erwerb des Geschäftsbereichs für gefälltes Kalziumkarbonat (PCC) des US-amerikanischen Unternehmens *J. M. Huber* durch die schweizerische *Omya* hätte nach Auffassung der Kommission auf dem EWR-weiten Markt für PCC zu einer erheblichen Wettbewerbsbeeinträchtigung in Form unilateraler Effekte geführt.[483] Mit *Huber* wäre ein bedeutender potenzieller Wettbewerber im EWR weggefallen. Die Kommission prüfte hier – anstelle der herkömmlichen Marktbeherrschungsprüfung – die Wahrscheinlichkeit von Preiserhöhungen durch die neue Unternehmenseinheit gegenüber ihren aktuellen Kunden. Maßgeblich war dabei, inwieweit die anderen verbleibenden Wettbewerber in der Lage waren, innerhalb eines überschaubaren Zeitraums ihre Produktionskapazität zu erhöhen, und ob die Kunden von *Omya* und *Huber* hinreichende Ausweichmöglichkeiten auf andere Anbieter hätten. Eine von der Kommission in Auftrag gegebene ökonometrische Studie **121**

---

[476] Komm. E. v. 12.12.2012, COMP/M.6497.

[477] Komm. E. v. 2.7.2014, COMP/M.7018; ebenso in *Hutchison 3G UK/Telefonica Ireland,* Komm. E. v. 28.5.2014, COMP/M.6992.

[478] Komm. E. v. 29.3.2006, COMP/M.3975.

[479] Komm. E. v. 21.10.2008, COMP/M.4919.

[480] Komm. E. v. 21.1.2010, COMP/M.5529.

[481] Kritisch hierzu und zu den unverbindlichen Zusagen *Monopolkommission,* Hauptgutachten 2010/2011 Rdnr. 874; s. auch *Weitbrecht/Willems* ZWeR 2013, 365; zu den Zusagen s. unten Rdnr. 167.

[482] Komm. E. v. 25.8.2005, COMP/M.3687; s. dazu *Bacciega/Todino/MacEwen,* Comp. Policy Newsletter 3/2005, 87 ff.

[483] Komm. E. v. 19.7.2006, COMP/M.3796, WuW/E EU-V 1177.

berechnete die Wahrscheinlichkeit eines Anbieterwechsels bei einer 1%igen Preiserhöhung von *Huber* und kam zu dem Ergebnis, dass die Kunden am ehesten auf eine Produktionsstätte von *Omya* wechseln würden. Der Zusammenschluss, dessen Prüfung sich durch mehrere Fristhemmungen über ein Jahr hingezogen hatte, wurde nur gegen eine Veräußerungszusage freigegeben.[484]

122 In dem die chemischen Vorprodukte Ethylenoxid und Ethylenglykol betreffenden Zusammenschlussfall *Ineos/BP Dormagen*[485] ermittelte die Kommission trotz hoher gemeinsamer Marktanteile der Parteien noch eine hinreichende Möglichkeit der Wettbewerber in Europa, auf Produktionsverknappung und Preisanhebung seitens der Zusammenschlussbeteiligten durch Erhöhung ihrer Produktion und Umstellung von Kapazitäten aus einem benachbarten Markt zu reagieren. Auch entstünden neue Anbieter im Nahen und Fernen Osten. Deshalb verneinte die Kommission unilaterale Effekte und gab den Zusammenschluss gemäß Art. 8 Abs. 1 FKVO ohne Auflagen frei. Zu erwartende Kapazitätssteigerungen waren auch im Fall *Blackstone/Acetex*[486] maßgeblich, um unilaterale Effekte und damit eine Wettbewerbsbeeinträchtigung auf dem weltweiten Markt für Acetylsäuren zu verneinen.

123 Ebenfalls hohe addierte Marktanteile gab es auf mehreren nationalen Bus- bzw. Lkw-Märkten infolge des Zusammenschlusses *MAN/Scania.*[487] So erreichten die beiden beteiligten Unternehmen auf dem schwedischen Markt für Stadtbusse und auf den spanischen und portugiesischen Märkten für Überlandbusse bzw. für Reisebusse jeweils gemeinsame Anteile von 40–50%, auf dem österreichischen Markt für schwere Lkw sogar 56,3%. Trotzdem verneinte die Kommission nicht-koordinierte Effekte wegen der Existenz bedeutender Wettbewerber (*DaimlerChrysler, Volvo, Iveco* und *DAF* mit Anteilen zwischen 15 und 5%).

124 Nicht-koordinierte Effekte waren schließlich Gegenstand der Prüfung im finnisch-norwegischen Fall *Metso/Aker Kvaerner,* der den weltweiten Markt für Zellstoffanlagen betraf .[488] Hier hätte sich durch den Zusammenschluss die Zahl der Anbieter kompletter Anlagen von drei auf zwei reduziert, wobei das zusammengeschlossene Unternehmen neben dem österreichischen Hersteller *Andritz* zweitstärkster Anbieter bei Neuanlagen und stärkster Anbieter bei erneuerten Anlagen geworden wäre (zu den pro-kompetitiven Effekten s. Rdnr. 86). Aufgrund der hohen Marktanteile, sehr beträchtlicher Marktzutrittsschranken,[489] fehlender Nachfragemacht und der Befürchtung von Preiserhöhungen nach dem Zusammenschluss bejahte die Kommission negative unilaterale Effekte. Der Fall konnte allerdings gegen Veräußerungszusagen freigegeben werden.

125 Mit ähnlicher Argumentation hatte die Kommission im Jahr 2005 die Fusion der Druckereiaktivitäten von *Bertelsmann/Springer/JV*[490] für Zeitschriften-, Katalog- und Werbebeilagentiefdruck freigegeben. Bei Zeitschriftentiefdruck kamen die Parteien auf einen addierten Marktanteil von fast 50% in Deutschland. Allerdings war nach Meinung der Kommission das neue Gemeinschaftsunternehmen nicht in der Lage, seine Preise zu erhöhen, da die Wettbewerber in Deutschland ihre für Zeitschriftendruck verwendeten Kapazitäten ohne Aufwand erweitern und damit wirksamen Wettbewerbsdruck ausüben könnten. Es bestünde auch ein Anreiz zu einer Verlagerung von Kapazitäten zum Zeitschriftendruck, da der Deckungsbeitrag hier höher als beim Katalog- und Werbematerialdruck war. Schließlich gab es potentiellen Wettbewerb aus Frankreich, Italien und den Niederlanden.

---

484 S. dazu unter Rdnr. 174.

485 Komm. E. v. 10.8.2006, COMP/M.4094; s. dazu *Kloc-Evison/Demataki/Sepulveda Garcia/Alves/Bengtsson* Comp. Policy Newsletter 3/2006, S. 56ff.

486 Komm. E. v. 13.7.2005, COMP/M.3625, Rdnr. 95; zur schwierigen, anhand ökonomischer Studien geprüften Frage der räumlichen Marktabgrenzung s. oben Rdnr. 49.

487 Komm. E. v. 20.12.2006, COMP/M.4336.

488 Komm. E. v. 12.12.2006, COMP/M.4187, Rdnr. 76ff. – *Metso/Aker Kvaerner;* Presse-Mitt. IP/06/1762 v. 12.12.2006.

489 S. dazu Rdnr. 71.

490 Komm. E. v. 3.5.2005, COMP/M.3178, WuW 2005, 771; s. auch Komm., WB 2005, Rdnr. 295ff.

Mögliche Kapazitätserweiterungen bei den Wettbewerbern waren auch im Fall *Glatfelter/Crompton*[491] ausschlaggebend für die Verneinung von nichtkoordinierten Effekten des Zusammenschlusses. Obwohl die Zusammenschlussbeteiligten auf dem EWR-weiten Markt für nassgelegte Vliesstoffe zur Filterung von Tee und Kaffee einen gemeinsamen Marktanteil von mehr als 60% erreichten und die nachfolgenden Wettbewerber *Ahlstrom* und *Purico* nur Anteile von knapp über 20% bzw. unter 15% haben, verneinte die Kommission wegen der möglichen Produktionssteigerung bzw. Kapazitätserweiterung dieser Unternehmen im Falle einer Preisanhebung durch die Zusammenschlussbeteiligten eine wesentliche Wettbewerbsbeeinträchtigung und gab den Zusammenschluss ohne Auflagen frei (zur Verweisung des Falles durch das BKartA nach Art. 22 Abs. 3 FKVO s. § 17 Rdnr. 170). **126**

Im Zusammenhang mit nicht-koordinierten Effekten prüfte die Kommission im Fall *Sea-Invest/EMO-EKOM* eine eventuelle **Verschlechterung des Randwettbewerbs** („fringe competition") in räumlich benachbarten Märkten für Umschlagsdienstleistungen für Kohle und Eisenerz in den Häfen Antwerpen und Rotterdam/sonstige niederländische Häfen, verneint diese aber letztendlich.[492] **127**

Im Fall *Axalto/Gemplus*[493] befürchtete die Kommission nicht Preiserhöhungen infolge des Zusammenschlusses, sondern einen **Missbrauch von geistigen Eigentumsrechten** zulasten von Wettbewerbern. Die sich zusammenschließenden Unternehmen verfügten über bedeutende Portfolien bei der Herstellung von Smartcards und Over-The-Air-Plattformen zur Verwaltung von SIM-Cards. Der Zusammenschluss wurde nur gegen die Zusage einer Lizenzgewährung bezüglich des gesamten Patentportfolios über 10 Jahre sowie eine Offenlegung von Schnittstelleninformation zu den Plattformen gegenüber Wettbewerbern freigegeben. **128**

b) Vertikale Zusammenschlüsse. Bei **vertikalen** Zusammenschlüssen können nach Auffassung der Kommission nicht-koordinierte Effekte in Form von Marktabschottungswirkungen **(„foreclosure effect")** auftreten. Im Fall *GE/Instrumentarium*[494] wäre es zu einem **Abschottungseffekt** bei Patientenüberwachungsgeräten infolge einer starken Stellung der Parteien bei vorgelagerten Anästhesiegeräten und bei Schnittstellen zwischen diesen Gerätesystemen gekommen. Hier kam es über die Zusage der Offenlegung elektronischer und mechanischer Schnittstellen zu einer Freigabe. Bedenken wegen eines möglicherweise nach dem Zusammenschluss beschränkten Zugangs von Inhabern von Erdgasfeldern zu notwendigen Infrastruktureinrichtungen (Offshore-Pipelines und Gasaufbereitungsanlagen) wurden im Fall *BP/Amoco*[495] geäußert. Hier wurden daraufhin Beteiligungen an einigen Pipelines und Aufbereitungsanlagen verkauft. Im Fall *Alcoa/Reynolds Metals*[496] wäre ohne eine Veräußerungszusage ein Abschottungseffekt auf dem nachgelagerten Markt für Aluminiumlegierungen für die Luft- und Raumfahrt eingetreten. Einer der Zusammenschlussbeteiligten war selbst auf diesem Markt tätig. Durch die Auflösung von zwei Gemeinschaftsunternehmen mit *Bertelsmann* wurden „Gatekeeper-Positionen" infolge des Zusammenschlusses auf dem europäischen Markt für online verbreitete Musik sowie einer Software-Dominanz beim Herunterladen von Musik im Fall *AOL/Time Warner* vorgebeugt.[497] **129**

Die Kommission prüft Abschottungseffekte in einem **Dreischritt,** der seit Ende 2007 in **Leitlinien der Kommission zu vertikalen und konglomeraten Zusammenschlüssen**[498] im Einzelnen dargelegt ist: **a)** Fähigkeit zur Marktabschottung; **b)** Anreiz zur Markt- **130**

---

491 Komm. E. v. 20.12.2006, COMP/M.4215; s. auch Presse-Mitt. IP/06/1859 der Kommission.

492 Komm. E. v. 18.8.2006, COMP/M.3848.

493 Komm. E. v. 19.5.2006, COMP/M.3998; s. dazu *Loughran/Gatti,* Comp. Policy Newsletter 3/2006, S. 37.

494 Komm. E. v. 2.9.2003, COMP/M.3083, WuW 2003, 1046.

495 Komm. E. v. 29.9.1999, COMP/M.1532, WuW 1999, 1092.

496 Komm. E. v. 9.5.2000, COMP/M.1693, WuW 2000, 614.

497 Komm. E. v. 11.10.2000, COMP/M.1845, WuW 2000, 1087.

498 Leitlinien v. 28.11.2007, http://ec.europa.eu/comm/competition/mergers/legislation/nonhorizontalguidelines_de.pdf; kritisch dazu *Körber*, WuW 2008, 522 ff.

abschottung; **c)** wahrscheinliche Auswirkungen auf den Wettbewerb. Am 21.12.2005 gab die Kommission im Hauptprüfverfahren den Erwerb der beiden ungarischen Gasunternehmen *MOL WMT* und *MOL Storage* durch *E.ON Ruhrgas* frei.[499] *MOL* war in der Gaserzeugung, im Gastransport und -großhandel und in der Gasspeicherung tätig, *E.ON* über Beteiligungen an Regionalverteilgesellschaften im Strom- und Gaseinzelhandel. Der Zusammenschluss stellte in Bezug auf Gasspeicherung und -großhandel eine vertikale Integration dar. Nach Auffassung der Kommission hätte der Zusammenschluss in der angemeldeten Form *E.ON* die Fähigkeit und den Anreiz verliehen, Vertriebsmärkte für Wettbewerber beim Bezug von Gas von der vorgelagerten Marktstufe abzuschotten sowie Wettbewerber beim Zugang zu Gasspeichern zu diskriminieren. Durch den Einfluss auf die Gaslieferung an stromerzeugende Kraftwerke wären auch die Entwicklung der Stromerzeugungskapazitäten und der Stromgroßhandel beeinträchtigt worden. Dem Vorwurf der Spekulation bei der Beschreibung der vertikalen Abschottungseffekte begegnete die Kommission mit dem Argument, sie habe im Sinne der Anforderungen der europäischen Gerichte anhand einer gründlichen wirtschaftlichen Analyse die „wahrscheinlichsten" Auswirkungen des Zusammenschlusses ermittelt und die als plausibel zu erwartende Entwicklung beschrieben.[500] Ob die prognostizierten denkbaren Verhaltensweisen des neuen Unternehmens gegen Art. 102 AEUV verstoßen und entsprechend von der Kommission oder nationalen Wettbewerbsbehörden hinreichend geahndet werden könnten, brauchte und könnte die Kommission, wie sie ausdrücklich feststellte, nicht im einzelnen prüfen.[501] Sie müsse nur die Wahrscheinlichkeit eines solchen Verhaltens hinreichend darlegen. Dies dürfte allerdings nach den Maßstäben des EuG im Fall *General Electrics/Kommission* nur hinsichtlich der nationalen Wettbewerbsgesetze gelten. Im Hinblick auf Art. 102 AEUV muss die Kommission das fragliche Verhalten jedenfalls summarisch prüfen und die abschreckende Wirkung einer Gemeinschaftsrechtswidrigkeit ggf. berücksichtigen.[502] Dies ist allerdings in einigermaßen fundierter Art und Weise in den Fristen eines Fusionskontrollverfahrens kaum möglich. Der Fall *E.ON Ruhrgas/MOL* wurde gegen Zusagen freigegeben (s. Rdnr. 180).

131 Verneint wurde ein Abschottungseffekt von der Kommission im Fall *Thales/Finmeccanica/AAS/Telespazio*[503] im Bereich der Satellitentechnik. Hier bestand zunächst die Vermutung, dass das Gemeinschaftsunternehmen *AAS,* welches Satelliten herstellt, ein wichtiges Vorprodukt (TWT-Wanderfeldröhren) zukünftig nur noch eingeschränkt an seine Wettbewerber auf dem nachgelagerten Markt liefern werde. Die Kommission verneinte aber letztlich die Fähigkeit und den Anreiz zu einem solchen Verhalten und gab den Fall ohne Einschränkungen frei.

132 Wettbewerbliche Bedenken in vertikaler Hinsicht wurden hingegen bejaht im Fall *SFR/Tele2,*[504] der französische PayTV-Märkte mit Distribution über Kabel, Satellit oder DSL betraf. Der Erwerber *Vivendi* hätte nach Auffassung der Kommission die Möglichkeit und den Anreiz, das von ihm erworbene Unternehmen *Tele2* gegenüber anderen Anbietern von DSL-Anschlüssen zu bevorzugen. In der Entscheidung fehlt es allerdings an einer schlüssigen Darlegung, warum sich aus der bloßen Möglichkeit zur Diskriminierung eine wesentliche Beeinträchtigung wirksamen Wettbewerbs im Sinne von Art. 2 FKVO ergeben werde. Angaben zur Marktstellung von *Vivendi* auf dem betroffenen Distributionsmarkt fehlen weitgehend. Die Bedenken der Kommission wurden durch mehrere Verhaltenszusagen hinsichtlich des Zugangs anderer DSL-Anbieter zu TV-Programmen von *Vivendi* ausgeräumt. Vertikale Effekte wurden außerdem im Fall *Nokia/Navteq*[505] geprüft. Der seinerzeitige Marktführer

---

[499] Komm. E. v. 21.12.2005, COMP/M.3696, WuW/E EU-V 1185.
[500] AaO, Rdnr. 435.
[501] EuGH U. v. 15.2.2005, Slg. 2005, I-987 Rdnr. 77 – *Kommission/Tetra Laval.*
[502] EuG U. v. 14.12.2005, Slg. 2005, II-5575, Rdnr. 74f. und 424ff., 468 – *General Electric/Kommission.* Kritisch hierzu auch *Monopolkommission,* Hauptgutachten 2008/2009, Rdnr. 718.
[503] Komm. E. v. 4.4.2007, COMP/M.4403.
[504] Komm. E. v. 18.7.2007, COMP/M.4504.
[505] Komm. E. v. 2.7.2008, COMP/M.4942.

bei Mobiltelefonen, *Nokia,* wollte den weltweit zweitstärksten Anbieter von digitalen navigationsfähigen Kartendatenbanken erwerben. Die Kommission untersuchte, ob es zu einer Abschottung von Einsatzmitteln (input foreclosure) kommen könne. Sie sah aber letztlich keinen Anreiz für das integrierte Unternehmen, Wettbewerber auf dem Mobilfunktelefonmarkt von navigationsfähigen Karten abzuhalten. Eine Abschottung wäre nur dann profitabel, wenn entgangene Einnahmen auf dem vorgelagerten Markt für Kartendatenbanken durch höhere Mobiltelefonabsätze kompensiert würden. Allerdings wären andere Mobiltelefonanbieter in der Lage, mit unabhängigen Entwicklern von Navigationsanwendungen zusammen zu arbeiten.[506] Der Zusammenschluss wurde nach Art. 8 Abs. 1 FKVO freigegeben. Ebenfalls den Markt für digitale Kartendatenbanken hatte der kurz zuvor ohne Zusagen frei gegebene Zusammenschluss *TomTom/Tele Atlas*[507] betroffen. *TomTom* ist Anbieter sowohl für Navigationssoftware als auch für Navigationsgeräte. Auch hier verneinte die Kommission die Anreize zu Abschottungsstrategien, auch wenn die Fähigkeit hierzu in Form von Preiserhöhungen oder Qualitätsminderungen bestehe. Allerdings sei der Nutzen von Preiserhöhungen angesichts des kleinen Anteils der Kartendatenbanken an den Gesamtkosten gering und würden Absatzrückgänge bei Datenbanken nicht über zusätzlichen Absatz von Navigationsgeräten kompensiert. Freigegeben (in der ersten Phase) wurde auch der Erwerb von *Motorola Mobility* durch *Google.*[508] *Motorola Mobility* besaß etliche „standard-essenzielle" Patente für die Mobilfunkstandards 3G und 4G. Die Kommission nahm aber keinen Anreiz bei *Google* an, die Nutzung ihres Betriebssystems Android auf mobile Geräte von *Motorola* zu beschränken, und sah keinen zusammenschlussbedingten Vorteil in den erworbenen Patenten. Kartellrechtlichen Probleme mit standard-essenziellen Patenten könne im Übrigen über Art. 102 AEUV begegnet werden. Ebenfalls verneint wurde eine „commercial foreclosure" bezüglich einer eventuellen gezielt geförderten Nutzung einer mobilen Geldbörse" mittels einer App („Wallet App") durch ein neues Gemeinschaftsunternehmen, das in Großbritannien von drei der vier Mobilfunknetzbetreiber gegründet wurde: *Telefonica UK/Vodafone/Everything Everywhere/JV.*[509] Die Kommission untersuchte hier ausführlich die möglichen Strategien des GU wie auch der Gegenstrategien von Wettbewerbern.

c) Konglomerate Zusammenschlüsse. Konglomerate Zusammenschlüsse sind nach Ansicht der Kommission in der Regel wettbewerblich unproblematisch. Auch hier können aber Marktabschottungswirkungen auftreten, die als erhebliche Wettbewerbsbehinderung zu werten sind.[510] Eine Bündelung benachbarter Produkte („bundling") oder ein Verhalten der Knebelung („tying") infolge bestehender Marktmacht kann einen Anreiz setzen, diese Marktmacht auf den benachbarten Markt zu übertragen (s. dazu ausführlich unter Rdnr. 98). Ergeben sich aufgrund eines breiten Markenportfolios hohe gemeinsame Marktanteile auf zahlreichen Märkten, kann es ggf. zu Bündelungsstrategien kommen. Diese sind um so wahrscheinlicher, je komplementärer die Produkte sind. Im Fall *Procter & Gamble/Gillette*[511] verneinte die Kommission die Wahrscheinlichkeit von Bündelungen, da es hinreichenden Wettbewerb 133

506 Kritisch zu dieser Würdigung *Monopolkommission,* Hauptgutachten 2008/2009, Rdnr. 728.

507 Komm. E. v. 14.5.2008, COMP/M.4854; s. dazu auch *Monopolkommission,* Hauptgutachten 2008/2009, Rdnr. 722 ff.; zur Verneinung von erwartbaren foreclosure-Strategien s. auch Komm. E. v. 11.3.2008, COMP/M.4731 – *Google/DoubleClick* im Bereich von Technologien für Onlinewerbung. Zunächst bejaht wurde eine foreclosure-Gefahr im Fall *IPIC/MAN Ferrostaal* für den Markt der Lizensierung der Technologie zur Herstellung der Spezialchemikalie Melamin; die Bedenken wurden ausgeräumt durch die zugesagte Veräußerung der *MAN Ferrostaal*-Beteiligung an dem Technologieunternehmen *Eurotecnica,* welches somit auch zukünftig frei in der Lizenzvergabe an andere Melaminhersteller ist (Komm. E. v. 13.3.2009, COMP/M.5406; *Hirsbrunner* EuZW 2010, 727, 729.

508 Komm. E. v. 13.2.2012, COMP/M.6381; s. dazu *Hirsbrunner* EuZW 2013, 657, 659.

509 Komm. E. v. 4.9.2012, COMP/M.6314; s. dazu *Hirsbrunner* EuZW 2013, 657, 659.

510 Ausführlich dazu *Loest,* in Fs. Bechtold, S. 287 ff., und Leitlinien der Kommission zu konglomeraten Zusammenschlüssen, ABl. 2008 C 265/6; http://eur-lex.europa.eu/legal-content/DE/TXT/PDF/?uri=CELEX:52008XC1018 %2803 %29&from=EN.

511 Komm. E. v. 15.7.2005, COMP/M.3732; s. dazu *Kloc-Evison/Larsson Haug/Siebert,* Competition Policy Newsletter 3/2005, S. 43 ff.

durch andere Markenartikelhersteller mit vergleichbarer Produktbreite gab. Die aus früherer Entscheidungspraxis bekannten Sortimentseffekte bei konglomeraten Fusionen waren Prüfungsgegenstand im Fall *Philips/Saeco,*[512] der den Markt für Kaffee-/Espressomaschinen betraf. Allerdings besaß *Philips* nach Auffassung der Kommission keine insoweit bedenklichen „Must have-Brands".

133a Der Fall *Microsoft/Skype* wurde in der ersten Phase freigegeben; konglomerate Effekte im Geschäftskundensegment sah die Kommission als zu unsicher an.[513] Dies wurde vom EuG auf eine Nichtigkeitsklage von *Cisco* und *Messagenet* hin bestätigt. Die Kommission müsse, so das EuG, eine „überwiegende Wahrscheinlichkeit" für negative konglomerate Effekte als direkte und unmittelbare Folge des Zusammenschlusses darlegen können, was hier nicht möglich war.[514] Einer vertieften Prüfung in der 2. Phase unterzog die Kommission die konglomeraten Effekte im Fall *Intel/McAfee.*[515] *Intel* als weltweit marktbeherrschender Hersteller von Computer-Prozessoren und Chipsets wollte *McAfee,* den bei „Endpoint Security" zweitgrößten Anbieter von IT-Sicherheitstechnologie, erwerben. Die Kommission bejahte die Fähigkeit und auch den Anreiz zu einer Behinderung der Interoperabilität von *Intel*-Prozessoren mit konkurrierenden IT-Sicherheitstechnologien sowie zu technischer Kopplung. In Bezug auf kommerzielle Bündelung wurde zwar auch die Fähigkeit, nicht aber der Anreiz zur Umsetzung bejaht; hier verwies die Kommission erneut auf die abschreckende Wirkung des Art. 102 AEUV.[516] Um den wettbewerblichen Bedenken zu begegnen, sagte *Intel* zu, anderen Anbietern von Sicherheitstechnologien Zugang zu allen erforderlichen Informationen zu gewähren zwecks Nutzung der Funktionalitäten der *Intel*-Prozessoren und -Chipsätze. Außerdem sagte *Intel* zu, den Betrieb dieser Anbieter auf *Intel*-Prozessoren oder -Chipsätzen nicht aktiv zu behindern. Ebensowenig dürfen *Intel*-Wettbewerber bei der Nutzung von *McAfee*-Sicherheitslösungen auf PCs mit *Intel*-Prozessoren oder -Chipsätzen behindert werden. Um den Zugang von Wettbewerbern zu diesen Schlüsseltechnologien zu gewährleisten, sah die Kommission derartige Verhaltenszusagen als gerechtfertigt an. Angesichts der Innovationen in diesen Märkten begnügte sich die Kommission mit einer Dauer von fünf Jahren für diese Zusage.[517]

134 **4. Wesentlicher Teil des Gemeinsamen Marktes.** Gemäß Art. 2 Abs. 3 FKVO kann die Kommission einen Zusammenschluss nur untersagen, wenn sich die erhebliche Behinderung wirksamen Wettbewerbs auf den Gemeinsamen Markt oder einen wesentlichen Teil desselben bezieht. Betrifft der Zusammenschluss **lokale** oder kleine **regionale Märkte,** die keinen wesentlichen Teil des Gemeinsamen Marktes betreffen, fehlt es der Kommission an der materiellen Untersagungsbefugnis.[518] Solche Fälle unterliegen nach der geänderten Fassung des Art. 9 FKVO erleichterten Voraussetzungen für eine Verweisung an die Wettbewerbsbehörde des jeweiligen Mitgliedstaates, sofern ein entsprechender Antrag des Mitgliedstaates vorliegt.[519] Märkte, die ein deutsches Bundesland umfassen, können durchaus

---

[512] Komm. E. v. 17.7.2009 (Art. 6 Abs. 1 Buchst. b FKVO), COMP/M.5547; s. dazu *Hirsbrunner* EuZW 2010, 727, 729.

[513] Komm. E. v. 7.10.2011, COMP/M.6281.

[514] EuG U. v. 11.12.2013, Rs. T-79/12 (noch nicht in Slg. veröff.); s. dazu *Hirsbrunner* EuZW 2014, 658, 659; *Kalintiri* ECLR 2014, 279 ff.

[515] Komm. E. v. 26.1.2011, COMP/M.5984; s. dazu *Hirsbrunner* EuZW 2012, 646, 648 f.

[516] Kritisch hierzu *Bardong* ZWeR 2014, 385, 409.

[517] AaO, Rdnr. 305 ff., 330 u. 332. Um die Sicherstellung einer interoperablen Schnittstelle mittels einer Zusage ging es auch im Fall *ARM/Giesecke & Devrient/Gemalto/JV,* Komm. E. v. 6.11.2012 (Art. 6 Abs. 1 Buchst. b FKVO), COMP/M.6564.

[518] So im Fall Komm. E. (Art. 9 Abs. 3 Buchst. b FKVO) v. 16.12.1997, IV/M.1030, WuW 1998, 158 – *Lafarge/Redland,* zu lokalen Frischbetonmärkten in Frankreich und Großbritannien. Ebenso in Komm. E. (Art. 9 Abs. 3 Buchst. b) v. 25.11.1996, IV/M.713, Rdnr. 31, WuW 1997, 34 – *RWE/Thyssengas* (lokale Gasversorgung); Komm. E. v. 24.4.2002 (Art. 9 FKVO) COMP/M. 2730 – *Connex/DNVBVG/JV* (Personennahverkehr im Großraum Hannover); s. auch *Langen/Bunte-Bardong,* Art. 2 FKVO Rdnr. 120.

[519] S. dazu § 17 Rdnr. 145 ff.

einen wesentlichen Teil des Gemeinsamen Marktes ausmachen.[520] Entscheidend ist nicht die geographische Ausdehnung, sondern die wirtschaftliche Bedeutung.

Die Kommission hat sich in Entscheidungen zu Fusionsfällen bislang nicht auf eine Definition des „wesentlichen Teils" festgelegt. Es ist auf die einschlägige Rechtsprechung der Unionsgerichte zu dem gleichlautenden Tatbestandsmerkmal in Art. 102 AEUV zurückzugreifen.[521] Danach ist bereits das Gebiet eines kleineren Mitgliedstaates oder ein Teilgebiet eines größeren Mitgliedstaates als „wesentlicher Teil" anzusehen.[522] 135

E. Die ergänzende Prüfung kooperativer Vollfunktionsgemeinschaftsunternehmen nach Art. 2 Abs. 4 FKVO iVm. Art. 81 EG (jetzt: Art. 101 AEUV)

I. Allgemeines

Mit dem Zusammenschlusstatbestand des Art. 3 Abs. 1 iVm. Abs. 4 und Art. 2 Abs. 4, 5 136 FKVO werden sog. **kooperative GU mit Vollfunktionen** trotz ihres Zwittercharakters in den Anwendungsbereich der FKVO einbezogen und einer materiellrechtlichen **Doppelkontrolle** unterworfen. Nach der – freilich umstrittenen – Ansicht der Kommission[523] gilt dies unter bestimmten engen Voraussetzungen auch für **GU ohne Vollfunktionen,** d. h. solche mit Teilfunktionen wie Produktions- oder Einkaufsgemeinschaften. Alle von Art. 3 erfassten GU werden zunächst nach dem für Zusammenschlüsse geltenden SIEC-Test gemäß Art. 2 Abs. 1–3 FKVO geprüft, anschließend aber auch nach dem speziellen, an Art. 101 AEUV ausgerichteten Maßstab des Art. 2 Abs. 4, 5 FKVO. Diese Regelung gilt erst seit der ersten Novellierung der FKVO zum 1.3.1998 durch die VO Nr. 1310/97. Damals übertrug der Rat das Tatbestandsmerkmal des Koordinierungsrisikos aus Art. 3 Abs. 2 Satz 2, 2. Halbsatz FKVO a. F. in den neugeschaffenen Art. 2 Abs. 4. Mit der zweiten Novellierung der FKVO durch die VO Nr. 139/2004 zum 1.5.2004 wurde Satz 2 des Art. 2 Abs. 4 a. F. in Art. 2 Abs. 5 überführt, inhaltlich aber nicht verändert. Art. 2 Abs. 4 und Abs. 5 schaffen damit zugunsten der am Zusammenschluss beteiligten Unternehmen eine Rechtsgrundlage dafür, im **fristgebundenen Verfahren der FKVO zugleich Freistellungsentscheidungen nach Art. 81 Abs. 3 EG (jetzt: Art. 101 Abs. 3 AEUV)** zu erlassen, die früher nur nach Maßgabe der langwierigen Verfahrensregelungen der VO Nr. 17 bzw. der alten Durchführungs-VOs zum Verkehrswesen zulässig waren. Seit der „Reform" des Kartellverfahrensrechts durch die VO Nr. 1/2003, d. h. mit der Einführung des Legalausnahmeprinzips für wettbewerbsbeschränkende Verträge nach Art. 81 EG (jetzt: Art. 101 AEUV), hat sich diese Thematik freilich in ihrer Bedeutung verlagert (s. dazu noch unten Rdnr. 160). Trotz der inzwischen rd. 17-jährigen Praxis zu Art. 2 Abs. 4 bzw. Abs. 5 FKVO (s. dazu den Überblick in Rdnr. 138/139) bereitet die Subsumtion von GU-Sachverhalten unter diese Regelung gewisse Schwierigkeiten. Dies hängt auch mit der **Entstehungsgeschichte** der Vorschrift zusammen. Für das Verständnis der Regelung in der FKVO bzw. für die Behandlung von GU durch die Kommission ist daher ein Blick auf die Rechtslage vor der ersten Novelle (ÄnderungsVO Nr. 1310/97) hilfreich. Vor dieser ersten Novelle wurden nur solche GU von der FKVO erfasst, die „keine Koordinierung des Wettbewerbsverhaltens der Gründerunternehmen im Verhältnis zueinander oder im Verhältnis zu den Gemeinschaftsunternehmen mit sich bringen" (Art. 3 Abs. 2 a. F.). Dagegen stellt Art. 2 Abs. 4 iVm. Art. 3 Abs. 4 seit 1998 darauf ab, ob die Gründung eines Ge-

---

[520] Komm. E. v. 5.5.1994, COMP/M. 417 – *VIAG/Bayernwerk* (Markt für Stromverteilung in Bayern).

[521] S. dazu *de Bronett,* § 22 Rdnr. 17 f. Sehr weitgehend z. B. EuG U. v. 10.12.1991, Slg. 1991, I-5889, 5928 – *Porto di Genova; Bechtold/Bosch/Brinker,* Art. 2 FKVO Rdnr. 56.

[522] *Langen/Bunte-Bardong,* Art. 2 FKVO Rdnr. 120 f.; *Langen/Bunte-Dirksen,* Art. 102 AEUV Rdnr. 67 ff.

[523] Konsolidierte Mitteilung, Rdnr. 91 Satz 3 und 4; zum Streitstand s. § 15 Rdnr. 60a.

meinschaftsunternehmens „die Koordinierung des Wettbewerbsverhaltens unabhängig bleibender Unternehmen bezweckt oder bewirkt". Die fehlende Bezugnahme auf eine Koordinierung im Verhältnis der Gründerunternehmen zu dem GU erklärt sich daraus, dass die Kommission dieses Kriterium schon in den letzten Jahren vor der Novelle 1998 nicht mehr anwendete.[524] Die sprachliche Abweichung bei der Verwendung des Begriffes „Gründerunternehmen" (so Art. 3 Abs. 2 a. F.) einerseits und „unabhängig bleibender Unternehmen" (Art. 2 Abs. 4) andererseits ist im Ergebnis ebenfalls irrelevant. Dies ergibt sich daraus, dass das in Art. 2 Abs. 4 verwendete Kriterium von Anfang an in der BE Nr. 23 zur alten FKVO (VO Nr. 4064/89) verwendet wurde; daran hat sich durch die Novellen 1998 und 2004 nichts geändert. Wenn die Gesellschafter des GU (bzw. die Gründerunternehmen) *nicht voneinander unabhängig* – d. h. verbundene Unternehmen – sind, handelt es sich ohnehin um eine unternehmensinterne Maßnahme, die keinen kontrollpflichtigen Zusammenschlusstatbestand darstellt.[525]

137 Wegen der **materiellen Identität** des Koordinierungskriteriums in Art. 2 Abs. 4, 5 mit der Regelung in Art. 3 Abs. 2 a. F. über die Nichtanwendbarkeit auf kooperative GU kann für die **Abgrenzung** auch auf die (alte) Bekanntmachung der Kommission über die Unterscheidung zwischen konzentrativen und kooperativen GU[526] zurückgegriffen werden.[527] In der Konsolidierten Mitteilung vom Mai 2007 erläutert die Kommission zwar den „Begriff der Vollfunktion",[528] geht aber auf die kooperativen Aspekte nicht ein. Die zu Art. 3 Abs. 2 Satz 2, 2. Halbsatz FKVO a. F. entwickelte Fallpraxis hat die Kommission in Art. 2 Abs. 5, 1. Spiegelstrich zusammengefasst. Dieser erste Spiegelstrich führt in Gestalt einer (nicht abschließenden) Insbesondere-Aufzählung die Kriterien auf, die für die Bejahung einer Koordinierung von Bedeutung sind. Danach hat die Kommission darauf abzustellen, ob es auf dem Markt des GU oder auf einem diesem vor- oder nachgelagerten Markt oder auf einem benachbarten oder *(lies: und)*[529] eng mit ihm verknüpften Markt (sog. Kandidatenmarkt) eine nennenswerte und gleichzeitige Präsenz von zwei oder mehr Gründerunternehmen gibt (dazu im folg. bei Rdnr. 142 ff.). Ein entsprechender 10. Abschnitt wurde in das Formblatt CO aufgenommen. Art. 2 Abs. 5, 2. Spiegelstrich betrifft sodann ein Kriterium der materiellrechtlichen Prüfung der so abgegrenzten GU mit Koordinierungsrisiko nach Art. 81 Abs. 3 (jetzt: Art. 101 Abs. 3 AEUV, dazu Rdnr. 160 ff.). Im Zuge der ersten FKVO-Novelle zum 1. März 1998 hatte die Kommission angekündigt, „Leitlinien" oder eine Bekanntmachung für die Anwendung des Art. 2 Abs. 4 zu erlassen.[530] Sie liegen jedoch bis heute nicht vor.

138 In der EG-Fusionskontrolle kommt den GU eine große Bedeutung zu. Auf sie entfallt knapp die Hälfte aller Anmeldungen. Aufschlussreich für die **Praxis zu Art. 2 Abs. 4** ist

---

[524] S. dazu § 15 Rdnr. 68.

[525] S. dazu bereits § 15 Rdnr. 34 a. E.

[526] ABl. 1994 C 385/1 ff.

[527] So auch Komm., (alte) Bekanntmachung Vollfunktions-GU, Rdnr. 1 Fn. 3 (bis zur Veröffentlichung neuer Leitlinien); s. ferner *GK-Schödermeier/Wagner,* 4. Aufl., 20. Lieferung 1997, EG-GVOs, Gemeinsame Einführung Rdnr. 70; *Immenga/Mestmäcker-Körber,* EU-WbR, FKVO Art. 2 Rdnr. 609. AA *Mestmäcker/Schweitzer,* Europäisches Wettbewerbsrecht, 2. Aufl., § 24 Rdnr. 79, freilich ohne Konkretisierung.

[528] AaO Rdnr. 91 ff.

[529] Das Wort „oder" im deutschen Text der Verordnung beruht auf einem Übersetzungsfehler. Es muss als „und" gelesen werden, s. die englische Fassung („or in a neighbouring market closely related to this market") und die französische Fassung („ou sur un marché voisin étroitement lié à ce marché"); korrekt ist insoweit das Formblatt CO, Abschnitt 10a, ABl. 2004 Nr. L 133/9 ff. bzw. Neufassung ABl. 2013 Nr. L 336/16 ff. Dieser schon aus der Novelle 1998 stammende Fehler ist durch die Novelle von 2004 nicht korrigiert worden. Im Schrifttum wird dies zumeist nicht erörtert (vgl. z. B. *Mestmäcker/Schweitzer,* aaO, § 24 Rdnr. 78; *Loewenheim/Meessen/Riesenkampff-Lindemann,* Kartellrecht, Art. 2 FKVO Rdnr. 191; *Langen/Bunte-Käseberg,* Art. 2 FKVO Rdnr. 344/345; *Immenga/Mestmäcker-Körber,* EU-WbR, FKVO Art. 2 Rdnr. 619). Wie hier inzwischen auch *Schroeder,* § 8 Rdnr. 49 und *Schulte/Henschen,* Handbuch der Fusionskontrolle, Rdnr. 1706.

[530] Bekanntmachung der Kommission über den Begriff des Vollfunktionsgemeinschaftsunternehmens, ABl. 1998 C 66/1, Fn. 3.

insbes. das Grünbuch 2001.[531] Dort berichtete die Kommission für die Zeit nach der ersten Novellierung der FKVO (März 1998) bis Ende 2000 von 47 Fällen nach Art. 2 Abs. 4. Das waren ca. 5% aller Anmeldungen im Berichtszeitraum, allerdings weniger als die von der Kommission ursprünglich geschätzten 20 bis 30 Fälle pro Jahr. In sieben dieser Fälle wurden entweder in der ersten oder in der zweiten Phase des Verfahrens Bedenken wegen einer möglichen Marktbeherrschung geäußert. Bei allen anderen Fällen, die im fraglichen Zeitraum nach der FKVO angemeldet wurden (insgesamt 798), lag diese Zahl bei 75. Der Vergleich der Zahlen zeige – so die Kommission –, dass bei rund 15% der GU-Fälle wettbewerbsrechtliche Bedenken auftraten gegenüber nur 9% bei allen anderen Fällen. Dabei entsprach die Zahl der nach der Neuregelung (1998) zu prüfenden Anmeldungen noch in etwa den Erwartungen. Das Ergebnis der Einzelfall-Prüfungen musste allerdings als Überraschung angesehen werden: Die Kommission nannte für den Berichtszeitraum nur zwei GU-Fälle, in denen eine Koordinierung im Sinne des Art. 2 Abs. 4 vermutet wurde. Eine vertiefte Untersuchung dieser Fälle sei jedoch überflüssig geworden, nachdem die beteiligten Unternehmen Zusagen angeboten hätten, die das Koordinierungsrisiko beseitigt hätten.[532] Bisher (gemeint war Dezember 2001) sei noch in keinem Fall eine Unvereinbarkeit mit dem Gemeinsamen Markt festgestellt worden. Die Kommission hat bis heute (Juli 2015) weder eine förmliche Unvereinbarkeitsentscheidung nach Art. 2 Abs. 4 iVm. Art. 8 Abs. 3 FKVO getroffen noch eine förmliche Vereinbarkeitsentscheidung nach Art. 2 Abs. 4 iVm. Art. 8 Abs. 1 oder Abs. 2 FKVO. Eine offizielle Bestandsaufnahme für die Zeit nach dem Grünbuch 2001 liegt aber, soweit ersichtlich, nicht vor. Insbes. werden die Entscheidungen, in denen Art. 2 Abs. 4 FKVO geprüft wird, in der Ergebnisstatistik der Kommission nicht separat ausgewiesen. Die ursprüngliche Praxis, die meisten dieser Fälle mit einem JV-Aktenzeichen zu versehen und sie nicht der Prüfung durch die ehemalige MTF, sondern der zuständigen Fachdirektion der Generaldirektion Wettbewerb zu übertragen, ist im Frühjahr 2002 aufgegeben worden. Nach der Auflösung der MTF erfolgt die Prüfung der Fälle ohnehin durch die einzelnen Fachdirektionen.

Die von der Kommission nach Art. 2 Abs. 4 behandelten Fälle betrafen sehr unterschiedliche Branchen. Einen Schwerpunkt bildete allerdings der Telekommunikationssektor. Die Kommission verneinte in der überwiegenden Zahl der Fälle eine Koordinierung des Wettbewerbsverhaltens der Gründerunternehmen infolge des Zusammenschlusses und sah deshalb schon den Tatbestand des Art. 81 Abs. 1 EG (jetzt: Art. 101 Abs. 1 AEUV) als nicht erfüllt an. Zur Prüfung der Kriterien des Art. 81 Abs. 3 EG (jetzt: Art. 101 Abs. 3 AEUV) ist es bisher weder in Phase I-Verfahren noch in Hauptverfahren nach Art. 6 Abs. 1 Buchst. c gekommen. Insgesamt ist die Kommission selbst bei parallelen Aktivitäten der Muttergesellschaften in denselben oder benachbarten Märkten des GU zurückhaltend mit der Anwendung der Doppelkontrolle gewesen. Dies beruht in vielen Fällen darauf, dass das wirtschaftliche Gewicht der neuen GU im Verhältnis zu den Hauptaktivitäten der Muttergesellschaften nur gering war.[533] Lediglich in sechs Fällen nahm die Kommission ein Koordinierungsrisiko an. Im Fall *Fujitsu/Siemens*[534] beruhte dies auf einem hohen Konzentrationsgrad und einer symmetrischen Marktanteilsverteilung der beiden führenden Anbieter auf dem ausgereiften Markt für vernetzte Bank- und Geldausgabeautomaten. Die Mütter erreichten dort gemeinsam mit dem anderen Duopolisten *NCR* addierte Marktanteile 139

[531] Grünbuch über die Revision der Verordnung (EWG) Nr. 4064/89 des Rates vom 11.12.2001, Komm. (2001) 745/6 endgültig, Rdnr. 114ff., 115.

[532] S. dazu noch unten Rdnr. 158.

[533] So z.B. in Komm.E. v. 3.12.1999, JV. 24, Rdnr. 26 – *Bertelsmann/Planeta/BOL Spain,* für Internetbuchhandel/Buchverlagsgeschäft; ähnlich Komm.E. v. 14.5.2001, M.2315, Rdnr. 39 – *The Airline Group/NATS;* Komm.E. v. 13.11.2001, M.2604, Rdnr. 21 – *ICA Ahold/Dansk Supermarked;* Komm.E. v. 14.8.1998, JV. 7 – *Telia/Sonera/Lithuanian Telecommunications,* dort bei einem Marktanteil der Mütter in Schweden und Finnland von mehr als 60% bei der Festnetztelefonie, aber geringer Bedeutung des GU auf demselben Markt in Litauen (Rdnr. 30) sowie E. v. 19.7.2006, M.4170, Rdnr. 55 – *LSG/Gate Gourmet* (abgedruckt in WuW/E EU-V 1167, 1170).

[534] Komm.E. v. 30.9.1999, JV. 22, Rdnr. 62ff.

von 50–80%. In den Fällen *BT/AT & T*[535] und *Vodafone/Vivendi/Canal* Plus[536] sah die Kommission für verschiedene Telekommärkte im Vereinigten Königreich bzw. in Spanien ein Koordinierungsrisiko. Ferner wurde dieses Tatbestandsmerkmal im Fall *NC/Kanal Plus/CDPQ/Bank America*[537] im Bereich des Pay-TV-Geschäfts bejaht. Weiter ist der Fall *Areva/Urenco/ETC JV*[538] zu nennen, in dem die Kommission ein Risiko einer Verhaltensabstimmung der Mütter auf dem nachgelagerten, von ihnen bedienten Markt für angereichertes Uran erwartete. Im Fall *Wegener/PCM/JV* erwartete die Kommission eine Koordinierung der Muttergesellschaften und des GU auf dem Markt für landesweite Zeitungs-Anzeigen in den Niederlanden.[539] Zu einer förmlichen Untersagungs- oder Freistellungs-Entscheidung ist es aber auch in diesen Fällen nicht gekommen, weil die Bedenken durch Zusagen (dazu Rdnr. 158) ausgeräumt wurden.

140 Die **wettbewerbspolitische Zwischenbilanz** nach rd. 17 Jahren fällt überwiegend positiv aus.[540] Die Verwaltungspraxis zeigt, dass GU mit Vollfunktionen nur in seltenen Ausnahmenfällen zu einer wettbewerblich relevanten Koordinierung des Verhaltens der Muttergesellschaften iSd Art. 101 AEUV führen. Dies beruht im Wesentlichen darauf, dass parallele Tätigkeiten der Mütter auf dem sachlichen Markt des GU und ein dadurch evtl. ausgelöster „enger" Gruppeneffekt (spill-over-Effekt) selten sind. Bei Tätigkeiten auf unterschiedlichen geographisch relevanten Märkten oder einer Koordinierung auf vor- oder nachgelagerten oder benachbarten Märkten liegt allenfalls ein – zumeist kaum greifbarer – „weiter" Gruppeneffekt vor.[541] Obwohl die Vorschrift durch die Kommission bisher noch nicht im Sinne einer förmlichen Unvereinbarkeits- oder Vereinbarkeitsentscheidung angewendet werden musste, kann man nicht von einem legislativen Fehlschlag sprechen. Die Einbeziehung der von Art. 3 erfassten kooperativen GU (idR solcher mit Vollfunktionen) in das Verfahrensregime der FKVO ist vielmehr uneingeschränkt zu begrüßen, selbst wenn die wettbewerbspolitischen Risiken der Fallgruppe wohl überschätzt wurden. Die Analyse der Entscheidungspraxis bestätigt nämlich das Konzept der Kommission und des Rates, wonach die Trennungstheorie (d.h. die Zuordnung der Fallgruppen entweder zu Art. 101 AEUV *oder* zur Fusionskontrolle) in der ganz überwiegenden Zahl der Fälle eine angemessene Lösung darstellt, eine materielle Doppelkontrolle dagegen nur in seltenen Ausnahmefällen veranlasst ist. Hinzu kommt der Vorteil an Rechtssicherheit, der damit verbunden ist, dass – anders als nach Art. 3 Abs. 2 a.F. – die Anwendbarkeit der FKVO nach Art. 3 Abs. 4 nur das relativ einfach zu handhabende Kriterium der Vollfunktions-Eigenschaft[542] voraussetzt, während die – schwierigere – Abgrenzungsthematik (kooperativ/konzentrativ) von der Anwendbarkeit der FKVO abgekoppelt worden ist.[543] Im Schrifttum wird freilich von verschiedenen Stimmen Kritik an der praktischen Umsetzung der Vorschrift durch die Kommission geübt. Dabei wird eine zu starke Fixierung auf die (großzügige) Koordinierungsprüfung und eine Vernachlässigung der Anwendung von Art. 81 Abs. 3 EG (jetzt:

---

[535] Komm. E. v. 30.3.1999, JV. 15, Rdnr. 167ff.

[536] Komm. E. v. 20.7.2000, JV. 48, Rdnr. 86ff. (Koordinierung auf dem upstream-Markt der Mobil-Telekommunikation in Spanien).

[537] Komm. E. v. 3.12.1998, M.1327, Rdnr. 17ff.

[538] Komm. E. v. 6.10.2004, M.3099, Rdnr. 222ff.

[539] Komm. E. v. 7.7.2005, M.3817, Rdnr. 62f.

[540] S. dazu auch *Pohlmann,* WuW 2003, 473ff.; *Ritter,* in Fs. Ulmer, 2003, 955, 976; *Wiedemann,* in Fs. Ulmer, 2003, S. 1031, 1049; *S/J/K/M-Hirsbrunner,* Art. 2 FKVO, Rdnr. 515; *Loewenheim/Meessen/Riesenkampff-Lindemann,* Art. 3 FKVO, Rdnr. 60ff.; kritisch *Kuhn,* Kooperative Aspekte von Gemeinschaftsunternehmen im Europäischen Kartellrecht, 2007, S. 218f., der u.a. einen „kohärenten Ansatz" in der Praxis der Komm. vermisst. *Langen/Bunte-Käseberg* hält Art. 2 Abs. 4 für „schwer zu handhaben" und konstatiert „hohe Anforderungen" für die Kommission (aaO FKVO Art. 2 Rdnr. 342).

[541] Zu dieser Differenzierung s. bereits *Wiedemann,* Gemeinschaftsunternehmen im deutschen Kartellrecht, 1981, S. 245ff., 263.

[542] Zu den Ausnahmen s. oben Rdnr. 136 und § 15 Rdnr. 60a.

[543] So (statt aller) *FK-Schröer,* FKVO Art. 2, Rdnr. 248f.

Art. 101 Abs. 3 AEUV) gerügt.[544] Vereinzelt findet sich auch der grundsätzliche Einwand, dass die Vorschrift den Anwendungsbereich des Art. 101 AEUV „reduziert" habe.[545] Auch wenn diese Einwände nicht völlig unberechtigt sein mögen, so überzeugen sie im Ergebnis – auch rechtspolitisch – nicht. Die mehrjährige Praxis der Kommission zeigt nämlich, dass die fraglichen Konstellationen ganz überwiegend kartellrechtlich unproblematisch sind. Es hat gleichsam eine „Entmystifizierung" des Themas stattgefunden. Dass die Kommission unkontrollierte Freiräume geschaffen hat, wird von den Kritikern nicht belegt. Die Kommission sollte allerdings bei der weiteren Behandlung dieser Fallgruppe nicht den Eindruck aufkommen lassen, als ob sie die Prüfung nach Art. 2 Abs. 4 inzwischen als „unnötigen Ballast"[546] ansieht. Weitergehend ist von *Schroeder*[547] de lege ferenda die Frage aufgeworfen worden, ob sich das Normziel des Art. 2 Abs. 4 und 5 FKVO nicht auch über den SIEC-Test nach Art. 2 Abs. 2 und 3 FKVO erreichen lasse, Art. 2 Abs. 4 und 5 deswegen also ersatzlos gestrichen werden könnten. Eine solche gesetzgeberische Maßnahme dürfte jedoch unzweckmäßig sein, weil dadurch neue Rechtsunsicherheit für diese GU-Fallgruppe geschaffen würde. Der Aspekt der Rechtssicherheit ist es auch, der vor dem Hintergrund der Einführung des Prinzips der Legalausnahme bzw. der sog. Selbsteinschätzung für „normale" Fälle des Art. 81 Abs. 3 EG (jetzt: Art. 101 Abs. 3 AEUV) durch die VO Nr. 1/2003 dafür spricht, die speziellen Vorschriften der FKVO für GU mit Vollfunktionen beizubehalten,[548] zumal hier regelmäßig über wirtschaftlich gewichtige Sachverhalte zu entscheiden ist.

II. Kriterien für die Bewertung von GU iSd Art. 2 Abs. 4, 5 FKVO

In ihrer Entscheidungspraxis zu Art. 2 Abs. 4 bzw. Abs. 5 FKVO orientiert sich die Kommission zumeist an mehreren Prüfungsschritten, die sich aus dem Wortlaut der Vorschrift und aus den Tatbestandsmerkmalen des Art. 101 AEUV ergeben. Diese Kriterien sollen im Folgenden einschließlich ihrer rechtlichen Implikationen für die betroffene GU-Fallgruppe dargestellt werden. Ausgeblendet bleibt dabei der materiellrechtliche Test nach Art. 2 Abs. 2 und Abs. 3 FKVO, d. h. das Eintreten einer erheblichen Wettbewerbsbehinderung durch den *Zusammenschluss.* Diese fusionskontrollrechtliche Prüfung nimmt die Kommission zumeist vor der Prüfung des Art. 2 Abs. 4 bzw. Abs. 5 vor. Wenn die Prüfung nach Art. 2 Abs. 3 zu dem Ergebnis führt, dass eine Unvereinbarkeitserklärung ergehen muss, kommt es streng genommen auf die ergänzende Prüfung nach Art. 2 Abs. 4, 5 FKVO nicht mehr an. Praktisch geworden ist diese Variante bisher jedoch noch nicht. Die Kommission verfährt daher so, dass sie nach Feststellung der Unbedenklichkeit nach Art. 2 Abs. 2 zur Prüfung der „Koordinierung des Wettbewerbsverhaltens" (der Muttergesellschaften) übergeht. Namentlich in früheren Entscheidungen beschrieb die Kommission ihre Aufgabe in Anlehnung an den Wortlaut des Art. 2 Abs. 4, 5 mit der folgenden Formel: „Eine Wettbewerbsbeschränkung iSv Art. 81 Abs. 1 (jetzt: Art. 101 Abs. 1 AEUV) setzt voraus, dass die Koordinierung des Wettbewerbsverhaltens der Gründerunternehmen wahrscheinlich und spürbar ist. Darüber hinaus muss sie auf die Gründung des GU entweder als Zweck oder Wirkung zurückzuführen sein."[549] 141

1. Bestimmung der Kandidatenmärkte für eine Koordinierung. Die Prüfung beginnt mit der Festlegung der sog. Kandidatenmärkte für eine Koordinierung (s. dazu auch die Frage 10a des **Formblattes CO**). In den letzten Jahren hat die Kommission diesen 142

[544] So *Schulte/Henschen,* aaO, Rdnr. 1735 ff.
[545] So *Mestmäcker/Schweizer,* aaO, § 27 Rdnr. 64.
[546] So *Ritter,* aaO, S. 976.
[547] WuW 2004, 893, 905 f.
[548] In diesem Sinne auch *Immenga/Mestmäcker-Körber,* EU-WbR, FKVO Art. 2 Rdnr. 638.
[549] Z. B. Komm. E. v. 1.2.2000, JV. 35, Rdnr. 20 – *Beiselen/BayWa/MG Chemag;* zu den einzelnen Prüfungskriterien s. auch *MüKo-Pohlmann,* Art. 101 Rdnr. 345 ff.

Begriff zwar in ihren Entscheidungen nicht mehr verwendet;[550] inhaltlich ist die Prüfung jedoch von der Verordnung vorgegeben. Die Kommission folgt dabei dem Wortlaut des Art. 2 Abs. 5, 1. Spiegelstrich, wonach sie prüfen muss, ob es auf dem Markt des GU auf einem diesem vor- oder nachgelagerten Markt oder auf einem benachbarten oder [*lies: und*[551]] eng mit ihm verknüpften Markt eine nennenswerte und gleichzeitige Präsenz von zwei oder mehr Gründerunternehmen gibt. Der benachbarte Markt wird in der alten GU-Bekanntmachung der Kommission definiert als ein vom Markt des GU zwar getrennter, mit diesem aber eng verbundener Markt, der ähnliche Merkmale hinsichtlich Technik, Kunden, Lieferanten und Wettbewerbern aufweist.[552] Der rechtstatsächliche Befund variiert insoweit erheblich. Es gab bisweilen Sachverhalte, in denen mehrere Kandidatenmärkte festgestellt wurden;[553] in vielen anderen Fällen fand sich nur ein relevanter Markt (der Muttergesellschaften). Weitere Fälle zeichnen sich dadurch aus, dass zumeist schon in der Anmeldung Zweifel am Vorliegen einschlägiger Märkte vorgetragen wurden, was dann auch in den Entscheidungsgründen behandelt wurde.[554] Nach dem klaren Wortlaut des Art. 2 Abs. 4 – und in Übereinstimmung mit Art. 101 Abs. 1 AEUV – liegt ein relevantes Koordinierungsrisiko nur dann vor, wenn mindestens zwei Mutterunternehmen auf einem der genannten Märkte tätig sind oder bleiben oder kurzfristig in den Markt eintreten können.[555] Die Rechtsfrage, ob es auch auf eine Koordinierung des Verhaltens zwischen einer Muttergesellschaft und dem GU ankommt, hatte die Kommission bereits unter der ursprünglichen Fassung der FKVO verneint.[556]

143 Aus rechtstatsächlicher Sicht gilt, dass es sich bei den Kandidatenmärkten regelmäßig um Tätigkeiten der Muttergesellschaften auf vor- oder nachgelagerten Märkten handelt.[557] Fälle mit einer parallelen Tätigkeit der Muttergesellschaften auf dem sachlich und geographisch relevanten Markt des GU sind die Ausnahme. Soweit ersichtlich treten sie eher als Nebeneffekt auf, wenn das GU als Teilfusion für einen bestimmten Geschäftsbereich konzipiert ist, jedoch auch Aufgaben übernimmt, bei denen Restaktivitäten der Gründer festzustellen sind.[558] Häufiger sind dagegen Sachverhalte, bei denen die GU eine Zusammenarbeit auf

---

550 S. dazu Komm. E. v. 6.10.2004, M.3099 – *Areva/Urenco/ETC JV* und Komm. E. v. 7.7.2005, M.3817 – *Wegener/PCM/JV* und aus jüngster Zeit Komm. E. v. 21.1.2010, M.5676, Rdnr. 53 ff. – *Sevenone Media/G+J Electronic Media Service/Tomorrow Focus Portal/IP Deutschland/JV*. Er findet sich aber noch im Fall *Intracom/Siemens/STI* (Komm. E. v. 10.2.2003, M.2851, Rdnr. 41).

551 S. dazu Abschnitt 10a des Formblattes CO („eng verbundenen benachbarten Markt"); dazu bereits oben Fn. 529.

552 ABl. 1994 C 385/1, Rdnr. 18, letzter Spiegelstrich.

553 Komm. E. v. 30.9.1999, JV. 22 – *Fujitsu/Siemens* sowie Komm. E. v. 30.3.1999, JV. 15 – *BT/AT & T.*

554 S. dazu z.B. Komm. E. v. 30.1.2001, JV. 54, Rdnr. 85 ff. – *Smith&Nephew/Beiersdorf/JV,* wo – freilich etwas undeutlich – davon gesprochen wird, dass das einzige gemeinsame Interesse der Parteien in den relevanten Märkten in ihrer gemeinsamen Beteiligung an dem GU liege, ohne dass ausdrücklich ein Kandidatenmarkt identifiziert wird. Unscharf auch Komm. E. v. 28.11.2001, M.2565, Rdnr. 28 ff. – *PPC/Wind/JV,* wo der Begriff Kandidatenmarkt nicht verwendet wird.

555 S. dazu auch *S/J/K/M-Hirsbrunner,* Art. 2 FKVO, Rdnr. 517; *MüKo-Pohlmann,* Art. 101 Rdnr. 346 ff.

556 Komm., Bekanntmachung über die Unterscheidung zwischen kooperativen und konzentrativen GU, ABl. 1994, C 385/1, Rdnr. 8 und Rdnr. 18, 2. Spiegelstrich; Komm. E. v. 28.2.2000, JV. 32 – *Granaria/Ültje/Intersnack/May Holding;* s. auch *Bechtold/Bosch/Brinker/Hirsbrunner,* EG-Kartellrecht, 2. Aufl., FKVO Art. 2, Rdnr. 85 f. und *Schulte/Henschen,* Handbuch der Fusionskontrolle, Rdnr. 1705 f., 1724. Im Fall *Cementbouw/Enci/JV* (Komm. E. v. 1.8.2003, M.3141) erörtert die Kommission allerdings den gemeinsamen Marktanteil von *Cementbouw* (eines der Mutterunternehmen) und des JV, ohne hierauf allerdings näher einzugehen oder gar ein Koordinierungsrisiko in Erwägung zu ziehen.

557 So z.B. in den materiellrechtlich kritischen Fällen *Fujitsu/Siemens,* Komm. E. v. 30.9.1999, JV. 22, Rdnr. 38, *BT/AT & T,* Komm. E. v. 30.3.1999, JV. 15, Rdnr. 167 ff. und Komm. E. v. 6.10.2004, M.3099, Rdnr. 223 – *Areva/Urenco/ETC JV.*

558 So z.B. im Fall *Stora Enso/Assidomän/JV,* Komm. E. v. 22.12.2000, M.2243, Rdnr. 32, 35. Randaktivitäten der Mütter gab es auch im Fall *Sony/Time Warner/CD Now,* Komm. E. v.

einem sachlichen Markt regeln, auf dem auch die Muttergesellschaften tätig sind oder bleiben, freilich auf einem anderen geographisch relevanten Markt.[559] Dies betraf insbes. verschiedene Fälle aus der Telekombranche.[560] Selten sind Fälle mit eng verknüpften benachbarten Kandidatenmärkten.[561]

Eine Koordinierung des Wettbewerbsverhaltens der Gründer auf räumlichen **Märkten außerhalb der EU oder des EWR** ist für die Einstufung des GU als konzentrativ irrelevant, wenn die Koordinierung keine spürbaren Auswirkungen auf den Wettbewerb innerhalb von EU/EWR zeitigt.[562] 144

Kein Kandidatenmarkt und damit keine Möglichkeit der Koordinierung des Wettbewerbs zwischen unabhängigen Unternehmen liegt vor, wenn die Gründerunternehmen dem GU ihre Geschäftstätigkeiten insgesamt oder ihre gesamten Aktivitäten in einem bestimmten Industriezweig übertragen.[563] Ebenso behandelt die Kommission Fälle, bei denen die Gründer im Markt des GU und auf vor- und nachgelagerten Märkten[564] nicht tätig sind oder ihre sämtlichen Aktivitäten dem GU übertragen haben, oder wenn nur ein Gründer im Markt des GU tätig bleibt.[565] Das gleiche gilt, wenn die Gründerunternehmen im Markt des GU nur noch geringfügige Aktivitäten behalten.[566] Als Beispiele für die erstgenannte Variante – die sog. **Teilfusion** – können die Fälle *Elf Atochem/Rohm + Haas*[567] und *Hoechst/Bayer – GU Textilfarbstoffe*[568] genannt werden. Ein Beispiel für Aktivitäten nur eines Gründers im Markt des GU ist der Fall *DB Kom.*.[569] Entscheidend ist in allen diesen Fällen, dass wegen des Rückzuges der Muttergesellschaften aus dem Markt des GU bzw. dem Verbleiben nur einer Mutter eine Koordinierung zwischen ihnen nicht mehr stattfinden kann. Die Kommission prüft in diesem Zusammenhang regelmäßig auch die Frage, ob der Rückzug der Gründerunternehmen als endgültig anzusehen ist oder ob nicht doch unter dem Gesichtspunkt potentiellen Wettbewerbs die Möglichkeit eines Wiedereintritts in den Markt besteht. Regelmäßig geht die Kommission aufgrund einer Prüfung der Umstände des Einzelfalles davon aus, dass in Fällen der Teilfusion ein solcher Wiedereintritt entweder aufgrund zu hoher Markteintrittskosten oder aus anderen Gründen „keine realistische Möglichkeit" oder „schwer vorstellbar" ist.[570] Die Kommission nimmt daher in Fäl- 145

21.12.1999, JV 25, Rdnr. V, C. Von größerer Bedeutung waren die parallelen Aktivitäten im Fall *Wegener/PCM/JV,* Komm. E. v. 7.7.2005, M.3817, Rdnr. 62.

[559] So z. B. Komm. E. v. 8.9.2009, M.5533, Rdnr. 75 – *Bertelsmann/KKR/JV.*

[560] Z. B. Komm. E. v. 22.6.1998, JV. 2 – *Enel/FT/DT;* Komm. E. v. 14.8.1998, JV. 7 – *Telia/Sonera/Lithuanien Telecommunications;* Komm. E. v. 21.5.1999, JV. 17 – *Mannesmann/Bell Atlantic/OPI;* Komm. E. v. 17.12.1999, JV. 23 – *Telefonica/Portugal Telecom/Medi Telecom;* Komm. E. v. 10.2.2003, M.2851 – *Intracom/Siemens/STI* und Komm. E. v. 28.4.2005, M.3680 – *Alcatel/Finmeccanica/Alcatel Alenia Space & Telespazio.* Ebenso verhielt es sich in dem Fall Komm. E. v. 19.7.2006, M.4170, Rdnr. 3 f. – *LSG/Gate Gourmet* betreffend den Markt für Airline Catering.

[561] Beispiele dafür liefern die Fälle Komm. E. v. 30.3.1999, JV. 15, Rdnr. 172 – *BT/AT & T* (für Telekom-Dienstleistungen) und Komm. E. v. 3.5.2000, JV. 44, Rdnr. 33 – *Hitachi/NEC-DRAM/JV* (für elektronische Komponenten im Verhältnis zu DRAMs).

[562] Komm., (alte) Bekanntmachung über die Unterscheidung zwischen konzentrativen und kooperativen Gemeinschaftsunternehmen, ABl. 1994 C 385/1, Rdnr. 19, 3. Spiegelstrich; Komm. E. v. 14.8.1998, JV. 7 – *Telia/Sonera/Lithuanian Telecommunications.*

[563] Komm., (alte) Bekanntmachung aaO, Rdnr. 18, 1. Spiegelstrich.

[564] Komm. E. v. 12.9.2007, M.4760, Rdnr. 24 – *Amadeus/Sabre/JV.*

[565] Komm., (alte) Bekanntmachung aaO, Rdnr. 17. Aus der Fallpraxis zu Art. 2 Abs. 4 s. Komm. E. v. 30.4.2002, JV. 57, Rdnr. 27 – *TPS;* Komm. E. v. 6.11.2012, M.6564, Rdnr. 184 – *Arm/Giesecke & Devrient/Gemalto/JV;* s. dazu auch *Rosenthal/Thomas,* European Merger Control, Rdnr. 536 ff.

[566] Komm., (alte) Bekanntmachung aaO, Rdnr. 18, 2. Spiegelstrich.

[567] Komm. E. v. 28.7.1992, M.160, WuW/E EV 2001.

[568] Komm. E. v. 21.12.1994, M.534, WuW 1995, 485. Weitere Nachweise bei *Langen/Bunte-Löffler,* Kartellrecht, 8. Aufl. 1998, Art. 3 FKVO Rdnr. 30; *Drauz/Schroeder,* aaO, S. 57 ff.; *Jones/Gonzales-Diaz,* aaO, S. 61 ff.; *Cook/Kerse,* EC Merger Control, 3. Aufl., S. 50 ff.

[569] Komm. E. v. 23.10.1996, M.827, Rdnr. 11.

[570] S. dazu z. B. Komm. E. v. 14.1.1992, M.152, WuW/E EV 1775 – *Volvo/Atlas;* Komm. E. v. 10.8.1992, M.198, WuW/E 1992, 921 – *Pechiney/Viag;* Komm. E. v. 31.7.1991, M.012, ABl. 1991 L

len, in denen nur eine Muttergesellschaft weiterhin auf dem Markt des GU tätig ist, grundsätzlich ein konzentratives GU an. Ist ein zweites Gründerunternehmen zumindest als potentieller Wettbewerber anzusehen, genügt der Kommission in der Regel ein vereinbartes Wettbewerbsverbot, um Koordinierungsrisiken auszuschließen.[571] Die Wettbewerbsverbote werden daher regelmäßig als Ausdruck des endgültigen Rückzugs der Gründer von dem Markt des GU angesehen; obwohl sie ihrerseits formal wettbewerbsbeschränkend sind, werden sie von der Kommission in Zusammenhang mit der Errichtung des GU als integraler Teil der Transaktion bzw. als (zulässige) Nebenabrede geprüft bzw. qualifiziert.[572]

146 **2. Bezwecken oder Bewirken einer Koordinierung des Verhaltens unabhängig bleibender Unternehmen.** Die schlichte Tatsache paralleler Tätigkeiten der Muttergesellschaften auf einem Markt des GU oder paralleler Aktivitäten auf vor- oder nachgelagerten oder benachbarten Märkten des GU (d.h. die Existenz von Kandidatenmärkten) reicht für die Bejahung einer Koordinierung iSd Art. 2 Abs. 4 FKVO bzw. des Art. 81 Abs. 1 EG (jetzt: Art. 101 Abs. 1 AEUV) allerdings nicht aus. Auf einer zweiten Prüfungsstufe muss die Kommission untersuchen, ob wegen einer „nennenswerten und gleichzeitigen Präsenz" (so Art. 2 Abs. 5, 1. Spiegelstrich) auf den Kandidatenmärkten die **Wahrscheinlichkeit einer Verhaltenskoordinierung** iSd Art. 2 Abs. 4 besteht. In Betracht kommt eine horizontale oder eine vertikale Koordinierung.[573] Horizontale Sachverhalte liegen vor, wenn die Gründerunternehmen ihr Marktverhalten auf derselben Marktstufe (wie das GU) koordinieren. Die vertikale Koordination betrifft die Verständigung der Gründerunternehmen auf (im Verhältnis zum GU) vor- oder nachgelagerten Marktstufen. Trotz der Orientierung am Wortlaut des Art. 2 Abs. 4 FKVO bleibt maßgebender materiellrechtlicher Prüfungsmaßstab Art. 81 Abs. 1 EG (jetzt: Art. 101 Abs. 1 AEUV). Das Sekundärrecht der FKVO kann insoweit keine Einschränkungen bewirken. Fehlt dem wettbewerbsbeschränkenden Sachverhaltselement der Bezug zur GU-Errichtung, kann er also auch losgelöst betrachtet werden, so erfolgt diese Prüfung nach Maßgabe der VO Nr. 1/2003 (also grundsätzlich nach einer Selbsteinschätzung im Rahmen der Legalausnahme) und nur die der Errichtung des GU nach der FKVO.[574]

147 Zunächst ist zu prüfen, ob die Gründung des GU eine Wettbewerbsbeschränkung *bezweckt* oder *bewirkt*. Soweit ersichtlich, hat die Kommission bisher noch nie Anhaltspunkte dafür gefunden, dass die Vereinbarung zwischen den Muttergesellschaften eine Wettbewerbsbeschränkung *bezweckt*.[575] In der Praxis geht es daher in aller Regel um die Tatbestandsalterna-

---

320/26ff. = WuW/E EV 1701 – *Varta/Bosch*. In Komm. E. v. 9.4.1996, M.556, WuW 1997, 126 – *Zeneca/Vanderhave* (Rdnr. 6ff. – Saatgut-GU) und in Komm. E. v. 3.7.1996, M.751, WuW 1997, 130 – *Bayer/Hüls* (Latex-GU) wird dieses Thema nicht erwähnt.

571 S. dazu z.B. Komm. E. v. 23.10.1996, M.827, Rdnr. 22 – *DB Kom.*: „Dieses Wettbewerbsverbot ist im Hinblick auf DB [*Deutsche Bahn AG*] Ausdruck des endgültigen Rückzugs dieses Gründers von dem Markt des Gemeinschaftsunternehmens und daher als Bestandteil des Zusammenschlusses zu werten. Im Hinblick auf das Verhältnis zwischen DB und Mannesmann ist damit sicher gestellt, dass das Gemeinschaftsunternehmen kein Instrument für die Herbeiführung einer Koordinierung zwischen den Gründern darstellt." S. ferner Komm. E. v. 30.6.1995, M.542, WuW 1996, 29 – *Babcock/Siemens/BS Railcare;* Komm. E. v. 30.5.1991, M.010, WuW/E 1991, 701 – *Conagra/Idea;* Komm. E. v. 3.1.2011, M.5846, Rdnr. 30 – *Shell/Cosan/JV* (dort beiderseitiges Wettbewerbsverbot); weitere Nachweise bei *Langen/Bunte-Löffler,* Kartellrecht, 8. Aufl. 1998, Rdnr. 39. Als Gegenbeispiel kann der Fall *Herba/IRR* angeführt werden (Komm. E. v. 28.4.1992, M.188, WuW 1992, 499). Dort bejahte die Kommission potentiellen Wettbewerb, weil ihr das Wettbewerbsverbot wegen der zeitlichen Befristung auf fünf Jahre nicht weit genug ging.

572 S. Komm., Bekanntmachung Nebenabreden V.A.; s. ferner Art. 8 Abs. 2 FKVO und – seit Inkrafttreten der Revision der Verordnung – Art. 6 Abs. 1 a.E. für Fälle, die bereits in der ersten Phase abgeschlossen werden.

573 Zur abweichenden Begriffsbildung anhand des Pay-TV-Falles M.1327 s.u. Rdnr. 153 a.E.; s. dazu auch ausführlich *MüKo-Pohlmann,* Art. 101 Rdnr. 361ff.

574 Komm., Bekanntmachung über die Unterscheidung zwischen kooperativen und konzentrativen GU, aaO, Rdnr. 17 (dort noch zur Rats-VO Nr. 17/62).

575 *Bechtold/Bosch/Brinker/Hirsbrunner,* EG-Kartellrecht, 2. Aufl., Art. 2 FKVO, Rdnr. 87 sahen als bezweckte Koordinierungssachverhalte solche an, die ihre Ursache in einer vertraglichen oder sat-

tive des *Bewirkens* der Koordinierung/Wettbewerbsbeschränkung. Dabei kann die Errichtung des GU eine Koordinierung im Hinblick auf alle wettbewerbsrelevanten Handlungen der Beteiligten bewirken, insbes. in Bezug auf Preise, Märkte, Produktion, Innovationen oder Informationen.[576] In neueren Entscheidungen untersucht die Kommission zunehmend Koordinierungsrisiken durch den Austausch von Informationen.[577] Sie lehnte dort ein Koordinierungsrisiko aber jeweils ab, da sich der Austausch der Informationen zwischen dem JV und seinen Müttern auf das beschränkte, was Muttergesellschaften typischerweise erhalten bzw. für die Abwicklung der Geschäfte zwischen beiden notwendig ist, und die Informationen des JV im Übrigen als vertraulich gegenüber den Müttern behandelt wurden.[578]

Die Kommission berücksichtigt bei der Prüfung des Koordinierungsrisikos in ständiger Verwaltungspraxis die Struktur des in Frage kommenden Marktes, die Marktanteile der betreffenden Parteien und die strukturelle Änderung, die sich aus der Gründung des GU ergibt.[579] Da die Kommission hierbei eine Prognose über das zu erwartende Verhalten der beteiligten Unternehmen vornehmen muss, prüft sie insbes., ob es **Anreize** (incentives) für eine Verhaltensabstimmung gibt.[580] Vereinzelt finden sich bei der Marktstrukturprüfung auch Formulierungen, die an die Prüfung der Reaktionsverbundenheit von Oligopolen erinnern, nämlich die Frage nach Umständen, die für eine „relationship of interdependence" förderlich sind.[581] Bisweilen wird untersucht, ob die Parteien über genügend Marktmacht verfügen, um eine Koordinierung „lohnend" zu machen.[582] Gegen die Wahrscheinlichkeit einer Koordinierung sprechen neben wesentlichem Wettbewerb auf dem betroffenen Markt[583] die Existenz gleich starker Wettbewerber und die Wahrscheinlichkeit von Markteintritten,[584] starkes Wachstum des Marktes,[585] asymmetrische Marktanteile und 148

---

zungsmäßigen Vereinbarung haben, die anlässlich der Gründung eines GU geschlossen wird. Dazu zählen sie auch „kartellistische Absprachen", für die die Gründung des GU nur als Deckmantel dient. Beispiele dafür gibt es aber wohl nicht.

[576] S. Komm., Bekanntmachung über die Unterscheidung zwischen kooperativen und konzentrativen GU, aaO, Rdnr. 17; Komm. E. v. 16.5.2003, M.3101, Rdnr. 24 – *Accor/Hilton/Six Continents/JV* (Koordinierung von Informationen); *Hirsbrunner,* EuZW 2001, 197, 198.

[577] Komm. E. v. 14.8.2008, M.5154, Rdnr. 25 – *CASC JV;* s. auch *Rosenthal/Thomas,* European Merger Control, Rdnr. 541 f. mwN.

[578] Komm. E. v. 12.9.2007, M.4760, Rdnr. 25 – *Amadeus/Sabre/JV;* Komm. E. v. 27.7.2010, M.5676, Rdnr. 57 – *Sevenone Media/G+J Electronic Media Service/Tomorrow Focus Portal/IP Deutschland/JV;* s. auch Komm. E. v. 4.9.2012, M.6314, Rdnr. 584 – *Telefónica UK/Vodafone UK/Everything Everywhere/JV.*

[579] S. dazu z.B. Komm. E. v. 30.9.1999, JV. 22, Rdnr. 52 – *Fujitsu/Siemens;* Komm. E. v. 1.2.2000, JV. 35, Rdnr. 26 – *Beiselen/BayWa/MG Chemag;* Komm. E. v. 3.5.2000, JV. 44, Rdnr. 37 – *Hitachi/NEC/DRAM/JV.*

[580] S. z.B. Komm. E. v. 3.12.1999, JV. 24, Rdnr. 26 – *Bertelsmann/Planeta;* Komm. E. v. 1.2.2000, JV. 35, Rdnr. 28 – *Beiselen/BayWa/MG Chemag;* Komm. E. v. 2.5.2001, M.2374, Rdnr. 22 – *Telenor u. a.;* Komm. E. v. 10.2.2003, M.2851, Rdnr. 42 – *Intracom/Siemens/STI;* Komm. E. v. 8.12.2003, M.3273, Rdnr. 13 – *First/Keolis/TPE JV;* Komm. E. v. 3.5.2005, M.3178, Rdnr. 167 ff. – *Bertelsmann/Springer/JV* (kein Anreiz u.a. wegen geringer Umsätze im JV-Markt (rotogravur printing) im Vergleich zum Umsatz der Mütter auf dem Markt für magazine publishing; die Druckkosten machten zudem nur einen kleinen Teil der Kosten für die Erstellung eines Magazins aus); Komm. E. v. 10.11.2004, M.3542, Rdnr. 18 – *Sony Pictures/Walt Disney/ODG/Movieco.*

[581] Komm. E. v. 30.9.1999, JV. 22, Rdnr. 56, 59, 61 – *Fujitsu/Siemens;* s. dazu auch *Pohlmann,* WuW 2003, 473, 484; *MüKo-Pohlmann,* Art. 101 Rdnr. 368, 371 ff.; *Schroeder,* WuW 2004, 893, 900 und *S/J/K/M-Hirsbrunner,* Art. 2, Rdnr. 518; *Kuhn,* Kooperative Aspekte von Gemeinschaftsunternehmen im Europäischen Kartellrecht, 2007, S. 216 ff.

[582] Komm. E. v. 17.8.1999, JV. 21, Rdnr. 37 – *Skandia/Storebrand/Pohjola.*

[583] S. dazu z.B. Komm. E. v. 30.4.2002, JV. 57, Rdnr. 28 – *TPS;* Komm. E. v. 22.3.2005, M.3511, Rdnr. 52 – *Wiener Börse et al./Budapester Stock Exchange u. a.* (Marktanteile der Wettbewerber teilweise über 5%); Komm. E. v. 8.9.2009, M.5533, Rdnr. 77 – *Bertelsmann/KKR/JV* (ausreichende Anzahl von Anbietern mit ebenfalls attraktiven TV- und Radio-Inhalten).

[584] Komm. E. v. 17.8.1999, JV. 21, Rdnr. 39 – *Skandia/Storebrand/Pohjola;* Komm. E. v. 10.2.2003, M.2851, Rdnr. 43 – *Intracom/Siemens/STI.*

[585] Komm. E. v. 27.5.1998, JV. 1, Rdnr. 42 ff. – *Telia/Telenor/Schibsted;* Komm. E. v. 11.8.1998, JV. 6, Rdnr. 32 – *Ericsson/Nokia/Psion;* Komm. E. v. 3.2.2000, JV. 36, Rdnr. 47 – *TXU Europe/*

Kostenstrukturen der Mütter,[586] die Tätigkeit der Mutternehmen auf denselben sachlichen aber unterschiedlichen geographischen Märkten,[587] die Qualifizierung als „growing market" (im Gegensatz zu einem ausgereiften Markt),[588] niedrige oder sinkende Marktanteile der Mütter,[589] niedrige Marktzutrittsschranken,[590] ein stark fragmentierter Markt,[591] die Existenz potentieller Wettbewerber,[592] eine starke Marktgegenseite[593] oder eine schnelle technische Entwicklung.[594] Ein Koordinierungsrisiko durch Kopplung von Angeboten des JV und der Mütter kann deswegen zu verneinen sein, weil das JV und die Mütter unterschiedliche Kundenkreise haben und die Vertragslaufzeiten mit den Kunden unterschiedlich sind.[595]

149 Im Schrifttum wird diskutiert, wie das Verhältnis zwischen der Wettbewerbsbeschränkung iSd Art. 2 Abs. 4, 5 FKVO bzw. Art. 81 Abs. 1 EG (jetzt: Art. 101 Abs. 1 AEUV) und dem Verhalten der Gründerunternehmen zu bestimmen ist. *Hirsbrunner*[596] äußert Skepsis hinsichtlich der Praxis der Kommission, der Sache nach keine Prüfung der Kriterien des Art. 101 Abs. 1 und 3 vorzunehmen, sondern vielmehr das Konzept der gleichförmigen Verhaltensweise des Art. 102 AEUV anzuwenden; dabei gehe das für Art. 101 zentrale Erfordernis einer „subjektiven Willensübereinstimmung" völlig unter. Demgegenüber vertritt *Temple Lang*[597] die These, dass der Begriff der Koordinierung in Art. 2 Abs. 4 FKVO keine irgendwie geartete Kommunikation zwischen den Gründerunternehmen voraussetze. Dazu gehören dann wohl auch faktische Auswirkungen auf das Verhalten der Mütter, d.h. der sog. Gruppeneffekt.[598] Richtig ist der – rechtstatsächliche – Befund, dass die Kommission im Zusammenhang mit der Koordinierung schlicht auf (zu erwartendes) gleichförmiges Verhalten der Muttergesellschaften bzw. des GU abstellt, also nicht etwa auf das Tatbestandsmerkmal einer abgestimmten Verhaltensweise abhebt. Dies ist nach der einschlägigen Sachverhaltsstruktur auch nicht erforderlich. Es handelt sich durchgehend um Fälle, in denen die beteiligten Unternehmen miteinander Verträge abgeschlossen haben (daher liegt auch eine „subjektive Willensübereinstimmung" vor), und die an dieser Stelle zu prüfende Frage geht allein dahin, ob diese Verträge (also durchaus ein „Verhalten" iSd.

EDF/London Investments; Komm.E. v. 2.5.2001, M.2374, Rdnr. 20 – *Telenor Ergogroup/DNB/Accenture/JV;* Komm.E. v. 18.4.2002, M.2712, Rdnr. 25 – *Electrabel/Totalfinaelf/Photovoltech* (40 %-Wachstum).

[586] Komm.E. v. 11.4.2011, M.6068, Rdnr. 65 – *ENI/Acegasaps/JV.*

[587] Komm.E. v. 13.5.2011, M.6151, Rdnr. 34 – *Petrochina/Ineos/JV;* Komm.E. v. 20.7.2011, M.6150, Rdnr. 63 – *Veolia Transport/Trenitalia/JV.*

[588] Komm.E. v. 18.4.2002, M.2712, Rdnr. 26 – *Electrabel/Totalfinaelf/Photovoltech;* Komm.E. v. 25.7.2007, Rdnr. 38 – *SES Astra/Eutelsat/JV.*

[589] Komm.E. v. 27.5.1998, JV. 1, Rdnr. 42ff. – *Telia/Telenor/Schibsted;* Komm.E. v. 3.2.2000, JV. 36, Rdnr. 49 – *TXU Europe/EDF/London Investments;* Komm.E. v. 3.7.2001, M.2439, Rdnr. 30 – *Hitachi/STMMicroelectronics/SuperH/JV;* Komm.E. v. 27.7.2010, M.5676, Rdnr. 56 – *Sevenone Media/G+J Electronic Media Service/Tomorrow Focus Portal/IP Deutschland/JV.*

[590] Komm.E. v. 15.9.1998, JV. 11, Rdnr. 32 – *@Home Benelux B.V.;* Komm.E. v. 5.5.1999, JV. 16, Rdnr. 26 – *Bertelsmann/VIAG/Game Channel;* Komm.E. v. 1.2.2000, JV. 35, Rdnr. 29 – *Beiselen/BayWa/MG Chemag;* Komm.E. v. 3.2.2000, JV. 36, Rdnr. 47 – *TXU Europe/EDF/London Investments.*

[591] Komm.E. v. 6.11.2012, M.6564, Rdnr. 184 – *Arm/Giesecke & Devrient/Gemalto/JV.*

[592] Komm.E. v. 11.8.1998, JV. 6, Rdnr. 32 – *Ericsson/Nokia/Psion.*

[593] Komm.E. v. 1.2.2000, JV. 35, Rdnr. 29 – *Beiselen/BayWa/MG Chemag;* Komm.E. v. 21.3.2000, JV. 42, Rdnr. 22 – *Asahi Glass/Mitsubishi/F 2 Chemicals;* Komm.E. v. 3.5.2000, JV. 44, Rdnr. 39 – *Hitachi/NEC/DRAM/JV;* Komm.E. v. 22.6.2000, JV. 40, Rdnr. 49 – *Canal+/Lagardere/Canal Satellite;* Komm.E. v. 30.4.2002, JV. 57, Rdnr. 28 – *TPS;* Komm.E. v. 10.2.2003, M.2851, Rdnr. 43 – *Intracom/Siemens/STI;* Komm.E. v. 21.5.2010, M.5781, Rdnr. 80 – *Total Holdings Europe SAS/ERG SPA/JV.*

[594] Komm.E. v. 3.5.2000, JV. 44, Rdnr. 39 – *Hitachi/NEC/DRAM/JV.*

[595] Komm.E. v. 25.7.2007, M.4477, Rdnr. 38 – *SES Astra/Eutelsat/JV.*

[596] EuZW 2001, 197, 199.

[597] Business Law International 1999, 1, 13.

[598] So *Bechtold/Bosch/Brinker/Hirsbrunner,* aaO, 2. Aufl., FKVO Art. 2 Rdnr. 87.

Art. 101) eine Wettbewerbsbeschränkung bewirken.[599] Die Feststellung einer zusätzlichen (späteren) abgestimmten Verhaltensweise der Muttergesellschaften auf eventuellen Kandidatenmärkten ist daher – ebenso wie sonst bei GU mit Teilfunktionen – nicht erforderlich. Dies ist eine Konsequenz der weiten Fassung des Art. 101 Abs. 1 AEUV, die dem deutschen Kartellrecht aus dem alten Streit um Gegenstands-, Zweck- und Folgetheorie zu § 1 GWB hinlänglich bekannt ist.[600]

Insgesamt ist die **Verwaltungspraxis der Kommission** von einem zurückhaltenden 150 Ansatz geprägt. In den meisten Fällen wurde bereits aufgrund der relativ geringen Marktanteile der beteiligten Unternehmen oder der wettbewerblichen Struktur der Märkte ein Koordinierungsrisiko verneint. Mehrfach wurde ein Marktanteil von weniger als 10% als nicht ausreichend angesehen.[601] In einigen – zumal jüngeren – Entscheidungen wurde das Koordinierungsrisiko sogar bei einem deutlich höheren Marktanteil verneint; so wurde im Fall *Statoil/BP/Sonatrach/In Salah JV* eine relevante Marktanteilsschwelle von 40% genannt.[602] Dafür können unterschiedliche Gründe maßgebend sein. Z. T. wird auf die wettbewerbliche Struktur des Marktes abgestellt, z. T. auf Besonderheiten des Sachverhalts.[603] Verneint wurde ein Koordinierungsrisiko ferner im Fall *Raytheon/Thales/JV,*[604] obwohl dort der aggregierte Marktanteil der beiden Muttergesellschaften bei Luftverkehrskontrollsystemen in der EG bei 27% lag. Maßgebend für dieses Ergebnis war vor allem der wirksame Wettbewerb dritter Anbieter. Ein Beispiel für die mangelnde Bedeutung eines sehr hohen Anteils (dort: 60–80% in einem e-commerce-Markt) war der Fall *Telenor Ergogroup/DNB/Accenture/JV,*[605] wo das Koordinierungsrisiko wegen der Qualifizierung als „emerging market" und der Existenz wichtiger potentieller Wettbewerber verneint wurde. Ein Marktanteil bis zu 30% wurde im englischen Stromgeschäft mit der Begründung akzeptiert, dass die Liberalisierung fortschreite und mit weiteren neuen Anbietern zu rechnen sei.[606] Hohe Marktanteile hat die Kommission ferner dann als irrelevant angesehen, wenn sie im Wesentlichen auf die Marktstellung *einer* Muttergesellschaft zurückzuführen sind (asymmetrische Marktanteile).[607] So hatte im Fall *Beiselen/BayWa/MG Chemag* die *BayWa* auf dem betroffenen Markt in Österreich einen Anteil von 70–80%, der Mitgesellschafter jedoch deutlich unter 10%.[608] Ähnlich verhielt es sich in den Fällen *Philips/NGE,*[609] *Intracom/Siemens/STI*[610] und *Danish Crown/HK/Sokolow.*[611] Weiter wurde bei einem hohen addierten Marktanteil der Muttergesellschaften bei Wellpappe in Schweden

---

599 So wohl auch *Schroeder,* WuW 2004, 893, 895 f.

600 Bereits mit der 6. GWB-Novelle wurde diese weite Fassung der Wettbewerbsbeschränkung auch in § 1 GWB aufgenommen.

601 Z. B. Komm. E. v. 11.8.1999, M.2243, Rdnr. 34 – *Stora Enso/Assidomän/JV;* in Komm. E. v. 3.5.2000, JV. 44, Rdnr. 39 – *Hitachi/NEC/DRAM/JV* waren es nirgendwo mehr als 15 %; s. ferner Komm. E. v. 11.8.1999, JV. 19, Rdnr. 66 – *KLM/Alitalia.* Entsprechendes gilt für die Entscheidungen, die wegen der niedrigen Marktanteile ohnehin im vereinfachten Verfahren entschieden werden, so z. B. E. v. 22.12.2000, M.2250 – *DuPont/Air Products Chemicals/JV.* S. auch Monopolkommission, Hauptgutachten 1998/99, Rdnr. 555.

602 Komm. E. v. 19.12.2003, M.3230, Rdnr. 17 – *Statoil/BP/Sonatrach/In Salah JV;* s. ferner Komm. E. v. 13.9.2004, M.3522, Rdnr. 26 – *Danish Crown/HK/Sokolow;* Komm. E. v. 22.3.2005, M.3511, Rdnr. 52 ff. – *Wiener Börse et al./Budapest Stock Exchange u. a.*

603 Z. B. Komm. E. v. 14.5.2001, M.2315, Rdnr. 38/39 – *The Airline Group/NATS,* wo der Zusammenhang zwischen dem Markt des GU (Luftverkehrskontrolle) und dem der Gesellschafter (Lufttransport) ohnehin nicht sehr eng war.

604 S. Komm. E. v. 30.3.2001, M.2079, Rdnr. 71.

605 Komm. E. v. 2.5.2001, M.2374, Rdnr. 18 ff.

606 Komm. E. v. 3.2.2000, JV. 36, Rdnr. 49/50 – *TXU Europe/EDF London Investments.*

607 Komm. E. v. 21.5.2010, M.5781, Rdnr. 77 ff. – *Total Holdings Europe SAS/ERG SPA/JV.*

608 Komm. E. v. 1.2.2000, JV. 35, Rdnr. 28; s. auch Komm. E. v. 28.11.2007, M.4823, Rdnr. 44 – *Yara/Praxair/JV.*

609 S. Komm. E. v. 9.4.2001, M.2263, Rdnr. 30 (25–35% Marktanteil von *Philips,* aber de minimis-Anteil von *NGE*).

610 Komm. E. v. 10.2.2003, M.2851, Rdnr. 44.

611 Komm. E. v. 13.9.2004, M.3522, Rdnr. 29.

ein Anreiz für eine (vertikale) Koordinierung verneint, weil das GU nur einen Teil des Bedarfs der Muttergesellschaften deckte und die Mütter das Vorprodukt auch selbst – mit höherer Wertschöpfung – herstellten.[612] Ein Grund für die Verneinung eines Koordinierungsrisikos liegt außerdem vor, wenn sich die Aktivitäten der Gründer auf dem Kandidatenmarkt geographisch nicht überschneiden,[613] d.h. bei geographisch komplementärer Tätigkeit.

151 In vielen Fällen wurde das **Koordinierungsrisiko** ergänzend mit der Begründung **verneint,** dass das *wirtschaftliche Gewicht des (neuen) GU* im Verhältnis zu den (horizontalen oder vor- oder nachgelagerten) Hauptaktivitäten der Muttergesellschaften *gering* war.[614] Im Fall *Kesko/ICA/JV* erreichte das für die baltischen Staaten errichtete Einzelhandels-GU nur 0–10% der entsprechenden bei den Mutterunternehmen verbliebenen Aktivitäten in anderen Staaten,[615] im Fall *Wiener Börse et al./Budapest Stock Exchange u. a.* entfiel auf das JV unter 1% der bei den Mutterunternehmen in Ungarn verbleibenden Aktivitäten.[616] In dem Fall *LSG/Gate Gourmet* betrug der Umsatz auf dem relevanten Markt des GU für in-flight airline catering auf dem Flughafen Paris weniger als 2% des weltweiten Umsatzes und ca. 5% des EEA-Umsatzes. Um dem Einwand zu begegnen, das GU würde als ein „conduit" für den Austausch vertraulicher Marktinformationen genutzt werden, hatten die Parteien in den Joint Venture-Vertrag Regelungen bzw. einen Mechanismus aufgenommen, wonach der Preiswettbewerb um Catering-Leistungen bei sog. multi-station bids (also für mehrere Flughäfen) inklusive dem Flughafen Paris fortgesetzt wird und bei der Besetzung von Führungspositionen in dem GU bestimmte Regelungen eingehalten werden.[617] In einem Fall wurde eine Wettbewerbsbeschränkung trotz festgestellter Koordinierung mit der Begründung verneint, dass es sich um eine „notwendige" Verhaltensbeschränkung (iSd der Immanenztheorie) handelte. Es ging dort um die Abstimmung von Fahrplänen zwischen Bus- und Zugverkehr bei einem ÖPNV-GU in den Niederlanden.[618]

152 Vereinzelt hat die Kommission einen unzutreffenden Rechtsmaßstab verwendet. So ist das Koordinierungsrisiko auch verneint worden, obwohl die Gründer einen erheblichen Marktanteil hielten, dies aber nicht ausreichte, *um den Wettbewerb auszuschalten.*[619] Diese

[612] S. Komm. E. v. 22.12.2000, M.2243, Rdnr. 42ff. – *Stora Enso/Assidomän/JV.*

[613] So z.B. *Fujitsu/Siemens,* Komm. E. v. 30.9.1999, JV. 22, Rdnr. 70 für hardware maintenance services.

[614] Z.B. Komm. E. v. 3.12.1999, JV. 24, Rdnr. 26 – *Bertelsmann/Planeta/BOL Spain,* für Internetbuchhandel/Buchverlagsgeschäft; ähnlich Komm. E. v. 14.5.2001, M.2315, Rdnr. 39 – *The Airline Group/NATS;* Komm. E. v. 13.11.2001, M.2604, Rdnr. 21 – *ICA Ahold/Dansk Supermarked* und Komm. E. v. 14.8.1998, JV. 7 – *Telia/Sonera/Lithuanian Telecommunications,* dort bei einem Marktanteil der Mütter in Schweden und Finnland von mehr als 60 % bei der Festnetztelefonie, aber geringer Bedeutung des GU auf demselben Markt in Litauen (Rdnr. 30); Komm. E. v. 10.2.2003, M.2851, Rdnr. 44 – *Intracom/Siemens/STI;* Komm. E. v. 16.5.2003, M.3101, Rdnr. 28 – *Accor/Hilton/Six Continents/JV;* Komm. E. v. 10.11.2004, M.3542, Rdnr. 17ff. – *Sony Pictures/Walt Disney/ODG/Movieco;* Komm. E. v. 22.3.2005, M.3511, Rdnr. 51ff., 54 – *Wiener Börse et al./Budapest Stock Exchange etc.;* Komm. E. v. 25.7.2007, M.4477, Rdnr. 36 – *SES Astra/Eutelsat/JV;* Komm. E. v. 12.9. 2007, M.4760, Rdnr. 23 – *Amadeus/Sabre/JV;* Komm. E. v. 27.8.2008, M.5249, Rdnr. 22 – *Edison/Hellenic Petroleum/JV;* Komm. E. v. 8.9.2009, M.5533, Rdnr. 75, 78 – *Bertelsmann/KKR/JV;* Komm. E. v. 27.7.2010, M.5676, Rdnr. 58 – *Sevenone Media/G+J Electronic Media Service/Tomorrow Focus Portal/IP Deutschland/JV;* Komm. E. v. 11.4.2011, M.6068, Rdnr. 65 – *ENI/Acegasaps/JV;* s. auch Komm. E. v. 4.9.2012, M.6314, Rdnr. 585 – *Telefónica UK/Vodafone UK/Everything Everywhere/JV;* s. ferner *Immenga/Mestmäcker-Körber,* EU-WbR, FKVO Art. 2 Rdnr. 639.

[615] Komm. E. v. 15.11.2004, M.3464, Rdnr. 63.

[616] Komm. E. v. 22.3.2005, M.3511, Rdnr. 54.

[617] Komm. E. v. 19.7.2006, M.4170, Rdnr. 51ff.

[618] Komm. E. v. 2.8.1999, M.1504, Rdnr. 24 – *NSR/VSN/CMI/IGO Plus.*

[619] Komm. E. v. 27.7.2001, M.2491, Rdnr. 35 – *Sampo/Storebrand* (dort für einen Marktanteil von 20–30%) sowie Komm. E. v. 3.2.2000, JV. 30, Rdnr. 31ff., 35/36 – *BVI Television (Europe)/SPE Euro Movies Investments/Europe Movieco Partners:* Fehlende Koordinierung wurde begründet mit fehlender Ausschaltung des Wettbewerbs zwischen *Disney* und *Sony* bei Filmproduktionen und aggregierten Marktanteilen zwischen 20 und 29%.

Begründung geht fehl. Zwar spricht Art. 2 Abs. 5, 2. Spiegelstrich davon, dass die Kommission auch prüfen muss, ob diese Koordinierung den Unternehmen die Möglichkeit eröffnet, für einen wesentlichen Teil der betreffenden Waren den Wettbewerb auszuschalten. Dabei handelt es sich jedoch um ein Zitat aus dem Freistellungstatbestand des Art. 81 Abs. 3 EG (jetzt: Art. 101 Abs. 3 AEUV), der zunächst die Bejahung der Tatbestandsmerkmale des Art. 81 Abs. 1 (jetzt: Art. 101 Abs. 1 AEUV) voraussetzt. Für die Feststellung einer Koordinierung kommt es – mit Ausnahme der Spürbarkeit (dazu Rdnr. 154) – auf die Qualität der Wettbewerbsbeschränkung nicht an.[620] Einen unzutreffenden Prüfungsansatz verwendete die MTF auch im Fall *Schneider/Thomson Multimedia.*[621] Dort erfolgte eine Verneinung des Koordinierungseffektes, weil das einzige gemeinsame Interesse in der gemeinsamen Beteiligung in dem GU liege. Dann fehlt es aber schon an einem Kandidatenmarkt.

Bejaht wurde das **Koordinierungsrisiko** im Fall *Fujitsu/Siemens* bei einem hohen Konzentrationsgrad und einer symmetrischen Marktanteilsverteilung der beiden führenden Anbieter auf dem ausgereiften Markt für vernetzte Bank- und Geldausgabeautomaten (financial work stations). Die Mütter erreichten dort gemeinsam mit dem anderen Duopolisten *NCR* addierte Marktanteile von 50–80%.[622] Bejaht wurde das Koordinierungsrisiko auch im Fall *BT/AT & T*,[623] und zwar für verschiedene Telekommärkte im Vereinigten Königreich (vorwiegend im Retail-Geschäft). Die Marktanteile von *BT* auf den betroffenen Märkten waren jeweils erheblich (considerable), und für die Tochtergesellschaft von *AT & T (ACC UK)* erwartete die Kommission trotz eines gegenwärtig geringen Niveaus in der Zukunft eine deutliche Erhöhung. Hinzu kam, dass gerade *ACC UK* einer der wichtigsten potentiellen Wettbewerber von *BT* im Vereinigten Königreich war. Die Kommission äußerte ferner Bedenken im Hinblick auf zwei weitere Kandidatenmärkte, die einerseits die *AT & T*-Minderheitsbeteiligung an *Telewest* betrafen, andererseits die Tätigkeit einer *AT & T*-Tochter im Vereinigten Königreich als ausschließliches Vertriebsunternehmen für Dienstleistungen des Anbieters *AOCS,* einem GU von *AT & T* und *Unisource,* der ebenfalls Telekommunikationsdienste für weltweit tätige Unternehmen anbietet. Ein weiterer Telekom-Fall mit einem Koordinierungsrisiko war die Sache *Vodafone/Vivendi/Canal Plus.*[624] Dort ging es um Rückwirkungen eines GU für ein Internet-Portal *(Vizzavi)* auf das Mobil-Telekomm-Geschäft der Mütter in Spanien. Der vierte Fall mit einem bejahten Koordinierungsrisiko war *NC/Canal+/CDPQ/Bank America.*[625] Die kartellrechtlichen Probleme resultierten daraus, dass *Cableuropa* (als Gemeinschaftsunternehmen von *Bank America* und *CDPQ*) und *Sogecable* (als Tochtergesellschaft von *Canal+*) Wettbewerber im spanischen Pay-TV-Geschäft waren bzw. sind; darüber hinaus ist *Cableuropa* ein Käufer von Pay-TV-Rechten von *Sogecable.* Die Kommission verneinte zwar das Risiko einer horizontalen Koordinierung zwischen *Sogecable* und *Cableuropa* in Spanien, bejahte jedoch ein „vertikales" Koordinierungsrisiko zwischen den Muttergesellschaften. Nach der Auffassung der Kommission gingen von dem GU starke Anreize für *Sogecable* aus, *Cableuropa* bei dem Verkauf von spanischen TV-Rechten gegenüber anderen Interessenten zu bevorzugen. Die Annahme einer solchen Bevorzugung werde durch den Umstand verstärkt, dass *Sogecable* bislang nur mit *Cableuropa* eine Vereinbarung über „content distribution" geschlossen habe. *Cableuropa* sei darüber hinaus der naheliegenste Partner bei Exklusivitätsvereinbarungen, an deren Abschluss *Sogecable* Interesse geäußert habe. Eine solche „vertikale" Koordinierung ist allerdings ein Widerspruch in sich, so dass die Kommission hier wohl das Konzept des

---

[620] Kritik daran wird auch von der Monopolkommission, Hauptgutachten 1998/99, 2000, Rdnr. 557 und *Hirsbrunner,* aaO, S. 197, 199 geäußert.

[621] Komm. E. v. 17.3.2001, M.2403, Rdnr. 21.

[622] Komm. E. v. 30.9.1999, JV. 22, Rdnr. 62ff. Kritisch zur Koordinierungsprognose in diesem Fall *Pohlmann,* WuW 2003, 473, 484 und *Schroeder,* WuW 2004, 902f.

[623] Komm. E. v. 30.3.1999, JV. 15, Rdnr. 167ff. – *BT/AT & T.*

[624] Komm. E. v. 20.7.2000, JV. 48, Rdnr. 86ff.

[625] Komm. E. v. 3.12.1998, M.1327, Rdnr. 17ff.

Art. 2 Abs. 5 FKVO verlassen haben dürfte.[626] Weitere einschlägige Fälle waren die Entscheidungen *Areva/Urenco/ETC JV*,[627] der eine erwartete Koordinierung der beiden Mütter auf dem nachgelagerten Markt für angereichertes Uran betraf, und *Wegener/PCM/JV*,[628] wo wegen eines addierten Marktanteils von 45–55% eine Koordinierung auf dem niederländischen Markt für Zeitungsanzeigen erwartet wurde.

154 **3. Spürbarkeit der Wettbewerbsbeschränkung/Koordinierung.** Die Berücksichtigung des (ungeschriebenen) Tatbestandsmerkmals der Spürbarkeit der Wettbewerbsbeschränkung ergibt sich aus den allgemeinen Grundsätzen zu Art. 81 Abs. 1 EG (jetzt: Art. 101 Abs. 1 AEUV).[629] Ergänzend kann dabei auf die **Bagatellbekanntmachung der Kommission** abgestellt werden, die für horizontale Wettbewerbsbeschränkungen eine Marktanteilsschwelle von 10% und für vertikale eine Schwelle von 15% nennt.[630] In den Entscheidungen zu Art. 2 Abs. 4, 5 FKVO erfolgt zumeist keine spezifische Spürbarkeitsbetrachtung, sondern – iVm. der Markt(struktur-)prüfung – eine ergebnisorientierte Feststellung. Insoweit kann im Wesentlichen auf die Ausführungen in Rdnr. 150 ff. verwiesen werden. Eine spürbare Wettbewerbsbeschränkung/Koordinierung scheidet daher regelmäßig aus, wenn der addierte Marktanteil der beteiligten Unternehmen unter 15%[631] oder sogar unter 5% liegt bzw. sehr klein ist.[632]

155 **4. Kausalität.** Die – festgestellte oder vermutete – Koordinierung muss ferner auf der Gründung des GU beruhen.[633] Die Kommission geht auf dieses Kriterium in der Regel nur ein, wenn besondere Gründe gegen die Bejahung der Kausalität sprechen. In den Fällen *BT/AT & T* und *Fujitsu/Siemens* wurde die Frage nicht thematisiert. Anders verhielt es sich im Fall *NC/Canal+/CDPQ/Bank America*[634] und im Fall *Electrabel/Totalfinaelf/Photovoltech.*[635] Auch in dem jüngeren Fall *Bertelsmann/Springer/JV*[636] wurde das Kriterium erwähnt, später mangels Koordinierung aber nicht mehr erörtert. Die Rechtsgrundlage für diesen Prüfungsschritt findet sich im Wortlaut des Art. 2 Abs. 5 FKVO, der im 2. Spiegelstrich die „unmittelbar aus der Gründung des Gemeinschaftsunternehmens erwachsende Koordinierung" nennt. Der erforderliche direkte Zusammenhang zwischen der Errichtung des GU und der Koordinierung wurde ferner in der fünften BE der Änderungs-VO Nr. 1310/97 hervorgehoben. Allerdings gilt auch insoweit, dass das Kausalitätskriterium bei (lediglich) bewirkten Wettbewerbsbeschränkungen bereits ein ungeschriebenes Tatbestandsmerkmal des Art. 81 Abs. 1 EG (jetzt: Art. 101 Abs. 1 AEUV) ist,[637] und Art. 2 Abs. 4, 5 FKVO als Sekundärrecht insoweit keine tatbestandlichen Einschränkungen festlegen können.

156 In Anwendung dieser Grundsätze hat die Kommission mehrfach die Kausalität („causal link") zwischen der Errichtung eines GU und dem Anreiz zur Koordinierung verneint. Die Gründe sind sehr unterschiedlich. Im Fall *ENEL/FT/DT*[638] ging es um die Frage, ob

---

[626] So bereits *Schroeder,* WuW 2004, 893, 904; aA *Pohlmann,* WuW 2003, 473, 480, 483, die den begrifflichen Widerspruch freilich ebenfalls anspricht.

[627] Komm. E. v. 6.10.2004, M.3099.

[628] Komm. E. v. 7.7.2005, M.3817, Rdnr. 62/63.

[629] S. auch Komm., (alte) Bekanntmachung Gemeinschaftsunternehmen, Rdnr. 20 sowie Art. 2 Abs. 5 und Formblatt CO, Abschnitt 10a): „in nennenswertem Umfang".

[630] ABl. 2014 Nr. C 291/1 ff.; zur Vorgängerregelung v. 22.12.2001 s. ABl. 2001 Nr. C 368/13 ff.

[631] So Komm. in E. v. 30.9.1999, JV. 22, Rdnr. 74 – *Fujitsu/Siemens.*

[632] So Komm. E. v. 11.8.1999, JV. 19, Rdnr. 64 – *KLM/Alitalia,* dort für den weltweiten Markt für Flugzeugwartung (Marktanteil unter 5 %).

[633] Zum Kausalitätserfordernis s. auch *Bechtold/Bosch/Brinker/Hirsbrunner,* 2. Aufl. aaO Art. 2 Rdnr. 88 mwN; *Immenga/Mestmäcker-Körber,* EU-WbR, FKVO Art. 2 Rdnr. 648/649.

[634] Komm. E. v. 3.12.1998, M.1327, Rdnr. 34.

[635] Komm. E. v. 18.4.2002, M.2712, Rdnr. 26.

[636] Komm. E. v. 3.5.2005, M.3178, Rdnr. 164.

[637] S. dazu z. B. *Groeben/Thiesing/Ehlermann-Schröter,* aaO, Art. 85 Abs. 1, Rdnr. 116; *Immenga/Mestmäcker-Körber,* EU-WbR, FKVO Art. 2 Rdnr. 631.

[638] Komm. E. v. 22.6.1998, JV. 2, Rdnr. 35 ff. = WuW 1998, 694.

die Errichtung eines Telekom-Unternehmens in Italien zu einer Koordinierung des Wettbewerbsverhaltens der Mütter *France Telekom* und *Deutsche Telekom* führen könnte. Dies wurde sowohl für die Festnetz-Telefonie als auch für die mobile Telefonie verneint, weil schon bisher zwischen diesen Unternehmen in Deutschland und Frankreich kein Wettbewerb herrschte (auch wegen des GU *Atlas/Global One*) und weil das neue GU *Wind* hierfür nicht kausal sein könne. Ähnlich verhielt es sich bei dem GU *Medi Telecom,* das seine Gesellschafter *Telefonica* und *Portugal Telecom* für den marokkanischen Markt errichteten.[639] Hier hatten die beiden Gründergesellschaften schon vor der Errichtung des GU einen Kooperationsvertrag geschlossen, der bei der Kommission angemeldet und als kartellrechtlich unbedenklich eingestuft worden war. Vor diesem Hintergrund sah sich die Kommission nicht in der Lage, zusätzliche Koordinierungsrisiken wegen des neuen GU als kausal für einen faktischen Wettbewerbsverzicht der Gesellschafter anzusehen. Im Fall *BT/AirTouch/Grupo Acciona/Airtel*[640] ging es um ein Mobil-Telefonie-GU in Spanien; eine Koordinierung wurde verneint, weil die Mutterunternehmen schon vor ihrer Vereinbarung zur Schaffung gemeinsamer Kontrolle (mit Anteilen von zusammen 56%) Gesellschafter des GU *Airtel* waren und daher eine Koordinierung nicht mit dem erforderlichen Grad an Sicherheit zu erwarten war. Auch bei dem GU *IGO Plus,* bei dem es um eine regionale ÖPNV-Kooperation in den Niederlanden ging, hatte eine (zulässige) Koordinierung der Bus- und Zugfahrpläne zwischen den beiden maßgebenden Gesellschaftern schon vor der Errichtung des GU stattgefunden.[641] Verneint wurde die Kausalität ferner im Fall *Beiselen/BayWa/MG Chemag.*[642] Dort sollte der Gesellschafter *MG Chemag* seinen Teilbetrieb „Im- und -export von Düngemitteln" in das neue GU einbringen, an dem sich die beiden anderen Mutterunternehmen mit je 30% beteiligen wollten. Diese beiden Muttergesellschaften waren bereits vor Gründung des GU Kunden von *MG Chemag.* Eine Fortsetzung ihrer Bezüge von dem GU (zu marktüblichen Bedingungen) war daher nicht auf die Errichtung des GU zurückzuführen.

5. Beeinträchtigung des Handels zwischen den Mitgliedstaaten. Der Verbotstatbestand des Art. 81 Abs. 1 EG (jetzt: Art. 101 Abs. 1 AEUV) setzt außerdem voraus, dass die Vereinbarung geeignet ist, den Handel zwischen den Mitgliedstaaten (spürbar) zu beeinträchtigen. Auch insoweit gelten die allgemeinen Grundsätze. Art. 2 Abs. 4 FKVO wirft insoweit keine besonderen Probleme auf.[643] Das Tatbestandsmerkmal wird daher von der Kommission in den Fällen eines bejahten Koordinierungsrisikos nur kurz behandelt. Ausdrücklich verneint wurde es im Fall *NSR/VSM/CMI/IGO Plus,* weil sich die ÖPNV-Zusammenarbeit der Gründerunternehmen nur auf eine bestimmte Provinz in den Niederlanden bezog.[644] 157

6. Ausräumung von Bedenken durch Zusagen. In den Fällen, in denen die Kommission bisher eine spürbare Koordinierung nach Art. 2 Abs. 4, 5 bejahte, boten die betroffenen Unternehmen zur Ausräumung der wettbewerblichen Bedenken nach Art. 81 EG (jetzt: Art. 101 AEUV) Zusagen an. In allen diesen Fällen erfolgte daraufhin eine Freigabe des Vorhabens, ohne dass die Voraussetzungen des Art. 81 Abs. 3 EG (jetzt: Art. 101 Abs. 3 AEUV) geprüft wurden. Im Fall *Fujitsu/Siemens* wurde das von der Kommission festgestellte Koordinierungsrisiko dadurch beseitigt, dass *Siemens* sich verpflichtete, sein Retail and Banking Systems-Geschäft zu veräußern; mangels entsprechender Tätigkeit der Muttergesellschaft *Siemens* entfiel damit das Koordinierungsrisiko, weil mit *Fujitsu* lediglich ein Gründerunternehmen auf dem betroffenen Markt verblieb.[645] Die Vorhaben *BT/AT & T* 158

[639] Komm. E. v. 17.12.1999, JV. 23, Rdnr. 29 – *Telefonica/Portugal Telecom/Medi Telecom.*
[640] Komm. E. v. 8.7.1998, JV. 3, Rdnr. 23 ff. = WuW 1998, 665.
[641] Komm. E. v. 2.8.1999, M.1504, Rdnr. 24 – *NSR/VSM/CMI/IGO Plus.*
[642] Komm. E. v. 1.2.2000, JV. 35, Rdnr. 30.
[643] *Kuhn,* Kooperative Aspekte von Gemeinschaftsunternehmen im Europäischen Kartellrecht, 2007, S. 244.
[644] Komm. E. v. 2.8.1999, M.1504, Rdnr. 24.
[645] Komm. E. v. 30.9.1999, JV. 22, Rdnr. 66 ff.

und *Vodafone/Vivendi/Canal Plus* wurden gegen mehrere unterschiedliche Zusagen freigegeben.[646] Im Fall *NC/Canal+/CDPQ/Bank America*[647] wurde die von der Kommission erwartete vertikale Koordinierung auf dem benachbarten spanischen Markt für Pay-TV durch eine (Verhaltens-)Zusage ausgeräumt, mit allen spanischen Pay-TV-Anbietern faire und nicht diskriminierende Verhandlungen über Ausstrahlungsrechte, Spartenkanäle und andere TV-Programme zu führen. Nach Auffassung der Kommission stellten die entgegengenommenen Zusagen die Offenheit der betroffenen Märkte sicher. Sie garantierten eine faire und gleiche Behandlung von Pay-TV-Anbietern, die auf Fernsehinhalte der Gründerunternehmen angewiesen seien. Im Fall *Areva/Urenco/ETC JV* betrafen die Zusagen zwei vertragliche Änderungen, die einer Abstimmung bei Kapazitätserweiterungen der Mütter entgegenwirken sollten, sowie eine ergänzende Verpflichtung zur Übermittlung von Informationen an die ESA, um ihr eine Preisüberwachung zu ermöglichen.[648] Im Fall *Wegener/PCM/JV* zielten die Zusagen vor allem auf die Sicherstellung eines eigenständigen Vertriebs von Anzeigenraum für nationale Werbung durch den Gesellschafter *Wegener.*[649] Die Einwände der Kommission wurden dort auf Art. 2 Abs. 3 und Abs. 4 gestützt.

159 In einigen der hier behandelten Fälle ergaben sich zwar keine Bedenken nach Art. 2 Abs. 4 FKVO, wohl aber nach Art. 2 Abs. 3. Zur Vermeidung einer Untersagung wegen Entstehung oder Verstärkung einer marktbeherrschenden Stellung gaben die beteiligten Unternehmen entsprechende Zusagen ab. Dies betraf u. a. die Fälle *BSkyB/Kirch Pay TV,*[650] *Skandia/Storebrand/Pohjola,*[651] *KLM/Alitalia,*[652] *Vodafon/Vivendi/Canal Plus*[653] und *Hutchison/RCPM/ECT.*[654]

160 **7. Der Freistellungstatbestand des Art. 101 Abs. 3 AEUV.** Soweit die Errichtung des GU im Hinblick auf eine Koordinierung zwischen den Gesellschaftern den Verbotstatbestand des Art. 81 Abs. 1 EG (jetzt: Art. 101 Abs. 1 AEUV) erfüllt, entfaltet Art. 2 Abs. 4 FKVO seine eigentliche Wirkung: Er ermöglicht der Kommission im fristgebundenen Verfahren der FKVO eine – unbefristete[655] – Freistellungsentscheidung nach Art. 81 Abs. 3 EG (jetzt: Art. 101 Abs. 3 AEUV), die nach Maßgabe der Verfahrensregeln der VO Nr. 1/2003 wegen des dort geltenden Legalausnahmeprinzips im Regelfall nicht mehr möglich ist. Art. 2 Abs. 4 bzw. Art. 8 Abs. 1 und 2 FKVO heben dabei nicht ausdrücklich auf eine „Freistellung" ab, sondern sprechen – wie auch sonst – von einer Entscheidung, mit der der Zusammenschluss für „vereinbar mit dem Gemeinsamen Markt erklärt" wird. Dies erfolgt aber materiell „nach den Kriterien" des Art. 81 Abs. 3 EG (jetzt: Art. 101 Abs. 3 AEUV). In Art. 2 Abs. 4 FKVO heißt es, dass die Vereinbarkeit durch die Kommission festgestellt wird. Vor der Abschaffung des Anmeldungssystems nach der VO Nr. 17 handelte es sich um eine konstitutive Freistellung; nach der Einführung des Prinzips der Legalausnahme wird man die Entscheidung insoweit wohl – ebenso wie die nach Art. 10 VO Nr. 1/2003 – als deklaratorisch ansehen müssen, denn die Ausnahme des Art. 101 Abs. 3 AEUV wirkt ipso iure.[656] Praktisch geworden sind entsprechende Entscheidungen bisher nicht. Wenn es in Zukunft dazu kommen sollte, dürften sich insoweit keine spezifischen Rechtsprobleme ergeben.[657] Art. 81 Abs. 3 EG (jetzt: Art. 101 Abs. 3 AEUV) ist in

---

[646] Komm. E. v. 3.12.1998, JV. 15, Rdnr. 165 ff. und Komm. E. v. 20.7.2000, JV. 48, Rdnr. 89 ff.
[647] Komm. E. v. 3.12.1998, M.1327, Rdnr. 39 ff.
[648] Komm. E. v. 6.10.2004, M.3099, Rdnr. 226 ff.
[649] Komm. E. v. 7.7.2007, M.3817, Rdnr. 66 ff.
[650] Komm. E. v. 21.3.2000, JV. 37.
[651] Komm. E. v. 15.12.1999, JV. 31.
[652] Komm. E. v. 11.8.1999, JV. 19.
[653] Komm. E. v. 20.7.2000, JV. 48 – Entscheidung nicht veröffentlicht, s. aber Presse-Mitt. Nr. IP/00/821 v. 24.7.2000.
[654] Komm. E. v. 1.3.2001, JV. 55, Rdnr. 132 ff.
[655] S. dazu noch Rdnr. 162.
[656] AA *Schroeder,* WuW 2004, 893, 897 und oben § 9 Rdnr. 65.
[657] S. dazu *Schroeder,* § 9 Rdnr. 67 ff.

der früheren Verwaltungspraxis der Kommission nach der (inzwischen aufgehobenen) VO Nr. 17/62 mehrfach auf GU angewendet worden. Nicht auszuschließen ist dabei, dass die Kommission im Hinblick auf die Unerlässlichkeitsklausel des Art. 101 Abs. 3 AEUV eine positive Entscheidung erst nach Modifikationen des Vertragswerks erlässt.[658]

Bei der nach Art. 101 Abs. 3 AEUV erforderlichen Abwägung der wirtschaftlichen Vor- und Nachteile sind die Auswirkungen der Verhaltenskoordinierung und der Gemeinschaftsgründung einzubeziehen. Eine Verrechnung zwischen positiven und negativen Auswirkungen auf unterschiedlichen räumlichen und sachlich relevanten Märkten sollte möglich sein.[659] Die vierte Freistellungsvoraussetzung des Art. 101 Abs. 3 AEUV (keine Ausschaltung des Wettbewerbs für einen wesentlichen Teil der betreffenden Waren) wird im Wortlaut des Art. 2 Abs. 5, 2. Spiegelstrich FKVO besonders hervorgehoben. Dennoch meint *Albers,*[660] dass dieses Tatbestandsmerkmal keine (praktische) Bedeutung mehr haben werde, weil die Ausschaltung des Wettbewerbs im vorausgehenden Marktbeherrschungstest nach Art. 2 Abs. 3 bereits mit geprüft worden sei (die beiden Kriterien hätten bei GU den gleichen Inhalt). In der Tat lässt sich die These vertreten, dass diese beiden Begriffe – aus unterschiedlichen Perspektiven – die gleiche Konstellation beleuchten. Zweifelhaft ist hingegen, ob die Kommission die Auswirkungen der Verhaltenskoordination, deren Feststellung gerade Gegenstand der Prüfung von Art. 2 Abs. 5 ist, bereits bei der vorangehenden Prüfung der erheblichen Wettbewerbsbehinderung („SIEC-Test") nach Art. 2 Abs. 3 FKVO berücksichtigen kann. Gegen diese Vorwegnahme der Koordinierungsprüfung spricht der klare Wortlaut des Art. 2 Abs. 5. Auch die Praxis der Kommission behandelt die beiden Problemkreise getrennt. In den Fällen, in denen bei der hier behandelten Fallgruppe Bedenken nach Art. 2 Abs. 3 geäußert worden waren, betraf dies zumeist nicht die Märkte, die Gegenstand einer Koordinierung hätten sein können. Die Anwendung des SIEC-Tests betrifft in erster Linie Aktivitäten des GU (ggf. solche einer Mutter), während der Koordinierungsaspekt in der Praxis der Kommission nicht unter dem Gesichtspunkt des Art. 2 Abs. 3 untersucht wird.[661] Denkbare Ausnahmen sind Sachverhalte mit sich überschneidenden Aktivitäten aller Beteiligten auf demselben sachlich und geographisch relevanten Markt. Diese Variante tritt jedoch nur sehr selten auf.[662] **161**

Eine Einzelfreistellung nach Art. 2 Abs. 4, 5 iVm. Art. 81 Abs. 3 EG (jetzt: Art. 101 Abs. 3 AEUV) ist verzichtbar, wenn der fragliche Sachverhalt bereits von einer **Gruppenfreistellungsverordnung** (GVO) erfasst wird. Die Anwendung der GVOs auf solche Zusammenschlüsse wird nicht durch Art. 21 Abs. 1, 2. Halbsatz FKVO (Art. 22 a. F.) ausgeschlossen.[663] Die fragliche Vorschrift nennt nur die sog. Durchführungsverordnungen des Rates (darunter die VO Nr. 1/2003), nicht aber die Ermächtigungs-Verordnungen des Rates für den Erlass von GVOs. In Betracht kommen insbes. die im Jahr 2010 zuletzt no- **162**

[658] S. dazu die Übersicht bei *Wiedemann,* BB 1979, 1565 ff. Zu den Freistellungsvoraussetzungen im Übrigen Kommission, Bekanntmachung über die Beurteilung kooperativer Gemeinschaftsunternehmen, ABl. 1993 C 43/2.

[659] So auch *Bechtold/Bosch/Brinker/Hirsbrunner,* EG-Kartellrecht, 2. Aufl., Art. 2 FKVO, Rdnr. 92.

[660] In: *Groeben/Thiesing/Ehlermann,* aaO, Art. 2 Abs. 4 Rdnr. 556.

[661] So z.B. Komm.E. v. 30.9.1999, JV. 22, Rdnr. 26 ff. und 36 ff. – *Fujitsu/Siemens;* ebenso Komm.E. v. 30.3.1999, JV. 15, Rdnr. 64 und 167 ff. – *BT/AT & T;* anders *MüKo-Pohlmann,* Art. 101 Rdnr. 397, die meint, dass nach Art. 2 Abs. 3 der gesamte Zusammenschluss, d.h. auch seine koordinierende Wirkung, zu untersuchen sei (wogegen freilich die Systematik des Art. 2 spricht).

[662] Parallele Prüfung für einige Märkte nach beiden Tests in Komm.E. v. 22.6.2000, JV. 40, Rdnr. 44 ff. – *Canal+/Lagardere/Canal Satellit;* ferner in Komm.E. v. 22.12.2000, M.2243, Rdnr. 27/28 bzw. Rdnr. 35 – *Stora Enso/Assidomän/JV,* für Wellpappe; parallele Tätigkeit des GU und seiner beiden Mütter außerdem in Komm.E. v. 21.3.2000, JV. 42, Rdnr. 15 bzw. 19 ff. – *Asahi Glas/Mitsubishi/F2 Chemicals* (Koordinierung verneint wegen geringer Überschneidung und Vielzahl von Wettbewerbern sowie Nachfragemacht der Kunden im Markt für flourinated intermediate chemicals).

[663] So auch *Immenga/Mestmäcker-Körber,* EU-WbR, FKVO Art. 2 Rdnr. 651; *Kuhn,* Kooperative Aspekte von Gemeinschaftsunternehmen im Europäischen Kartellrecht, 2007, S. 256; aA *S/J/K/M-Hirsbrunner,* Art. 2 FKVO, Rdnr. 525 und wohl auch *MüKo-Pohlmann,* Art. 101 Rdnr. 340.

vellierten GVOs für F&E-Vereinbarungen[664] und für Spezialisierungsvereinbarungen.[665] Beide Verordnungen erfassen auch (kooperative) GU mit Vollfunktionen, wenn der addierte Marktanteil 25% bzw. 20% nicht überschreitet. Gegen die Anwendung der GVOs könnte sprechen, dass dort – bei Wegfall der materiellen Voraussetzungen des Art. 101 Abs. 3 AEUV – eine Entziehung der Freistellung vorgesehen ist.[666] Die Freistellungs- bzw. Vereinbarkeitsentscheidung im Verfahren der FKVO ist dagegen – abgesehen von dem eng gefassten Art. 8 Abs. 5 FKVO – grundsätzlich abschließend. Die Kommission hat in ihrer Protokollerklärung vom 20.6.1997 anlässlich der Verabschiedung der FKVO[667] ausgeführt, dass sie normalerweise nicht beabsichtige, die nach allgemeinen Rechtsgrundsätzen bestehende Kompetenz zum **Widerruf der Einzelfreistellung** nach Art. 2 Abs. 4, 5 einzusetzen. Solche Rechtsgrundsätze dürften aber nach dem Verfahrensrecht der FKVO wegen der dortigen abschließenden Regelungen (s. Art. 6 Abs. 3 bzw. Art. 8 Abs. 6) nicht anwendbar sein; Art. 8 Abs. 3 VO Nr. 17 steht ohnehin nicht mehr zur Verfügung.[668] Da aber auch die Entziehung einer Gruppenfreistellung keine nennenswerte praktische Bedeutung gewonnen hat und die Kommission dort ebenfalls den Verhältnismäßigkeitsgrundsatz beachten muss, ist davon auszugehen, dass sich insoweit letztlich kein Unterschied ergibt, es sei denn, man stellt auf die (generelle) Befristung von GVOs ab, was aber wiederum theoretisch anmutet, weil sie in aller Regel verlängert werden.

F. Zusagen der beteiligten Unternehmen

163 Soweit ein Zusammenschluss nach Auffassung der Kommission ernsthafte wettbewerbliche Bedenken begründet bzw. als unvereinbar mit dem Gemeinsamen Markt angesehen wird, können die beteiligten Unternehmen – in der „ersten Phase" oder im Hauptprüfverfahren[669] – sich zu **„Änderungen** des ursprünglichen Zusammenschlussvorhabens" (engl. u. frz.: modifications) verpflichten, um so eine Vereinbarkeitsentscheidung der Kommission zu erreichen (Art. 6 Abs. 2 FKVO bzw. Art. 8 Abs. 2 FKVO). Diese Änderungen erfolgen im Wege von **Zusagen** (engl. commitments, frz. engagements) und werden in der Regel durch **Bedingungen** und **Auflagen** in der Entscheidung der Kommission abgesichert (Art. 6 Abs. 2 Unterabs. 2 FKVO bzw. Art. 8 Abs. 2 Unterabs. 2 FKVO).[670] Freigabe-Entscheidungen mit deartigen Zusagen haben in der Praxis der Kommission eine erhebliche Bedeutung erlangt (bisher – Stand 31.12.2014 – 352 Fälle von insgesamt 5.742 angemeldeten Zusammenschlüssen).

164 Um hier nach – seinerzeit – zehnjähriger Entscheidungspraxis Transparenz und Rechtssicherheit für die Unternehmen zu fördern, hat die Kommission am 21.12.2000 eine erste (inzwischen überholte) **Mitteilung über im Rahmen der FKVO Nr. 4064/89 (und der DVO Nr. 447/98) zulässige Abhilfemaßnahmen**[671] veröffentlicht. In Auswertung von 46 Art. 8-Entscheidungen und 71 Art. 6-Entscheidungen, die auf der Basis von Zusagen ergingen, beschrieb sie in der Mitteilung die Hauptarten von Verpflichtungszusagen,

---

[664] ABl. 2010 Nr. L 335/36 (Art. 2 Abs. 1, Art. 3 Abs. 4 und 5 iVm. Art. 4 Abs. 2 und 3).

[665] ABl. 2010 Nr. L 335/43 (Art. 2, Art. 1 Abs. 1a–d iVm. Art. 3).

[666] Zu diesem Problem auch *Kuhn,* Kooperative Aspekte von Gemeinschaftsunternehmen im Europäischen Kartellrecht, 2007, S. 256 ff.

[667] Dazu auch *Baron,* WuW 1997, 579, 586 und *Schulte/Henschen,* aaO Rdnr. 1769.

[668] Zu der diesem Thema gewidmeten Diskussion über die Zulässigkeit eines Widerrufs der Freistellung nach Art. 2 Abs. 4 nach allgemeinen Rechtsgrundsätzen und der dazu abgegebenen Protokollerklärung der Kommission s. *Baron,* WuW 1997, 579, 586 f. (befürwortend) sowie *Immenga/Mestmäcker-Körber,* EU-WbR, FKVO Art. 2 Rdnr. 653; *Schulte/Henschen,* Handbuch der Fusionskontrolle, Rdnr. 1768; *Loewenheim/Meessen/Riesenkampff-Lindemann,* aaO, FKVO Art. 2 Rdnr. 191; *Bechtold/Bosch/Brinker/Hirsbrunner,* aaO 2. Aufl., FKVO, Art. 2 Rdnr. 91; *FK-Schröer,* FKVO Art. 2 Rdnr. 228 und *Wiedemann,* § 15 Rdnr. 69 (alle ablehnend).

[669] Zu Zusagen in der „Ersten Phase" s. Rdnr. 190 ff.

[670] S. dazu § 17 Rdnr. 122 ff.; *Drauz/Schroeder,* S. 209.

[671] ABl. 2001 C 68/3; aktuell gilt die Mitteilung v. Oktober 2008, ABl. 2008 C 267/1.

die Anforderungen an Zusagen sowie die Modalitäten zur Erfüllung (Treuhänder usw.). Ergänzend hierzu wurden im Mai 2003 **Mustertexte für Veräußerungszusagen und Treuhändermandate** bekannt gemacht.[672] Sie sehen ein zweiphasiges Modell von jeweils bis zu sechs Monaten für die Umsetzung einer Veräußerungszusage vor.[673] In der Mitteilung definierte die Kommission auch erstmals näher „Bedingungen und Auflagen":[674] **„Bedingungen"** bezeichnen die strukturellen Maßnahmen der Zusammenschlussbeteiligten, z.B. die Veräußerung eines Geschäftsbereichs. Wird eine Bedingung nicht erfüllt, ist die Genehmigungsentscheidung hinfällig und kann der – vollzogene – Zusammenschluss nach Art. 8 Abs. 7 FKVO entflochten werden; auch Geldbußen sind möglich. In der Regel handelt es sich bei Zusagen in Verfahren der Kommission um **auflösende** Bedingungen, d.h. der Zusammenschluss darf nach Freigabe vollzogen und die Bedingung muss dann innerhalb bestimmter Fristen erfüllt werden. Eine **aufschiebende** Bedingung (auch **„up-front-buyer"** genannt) gab es nur selten, erstmals im Jahr 2000 im Fall *Bosch/Rexroth* betreffend eine Veräußerungszusage bei Kolbenpumpen.[675] **„Auflagen"** sind begleitende Durchführungsmaßnahmen, z.B. die Bestellung eines Treuhänders. Bei Nichterfüllung einer Auflage kann die Kommission die Genehmigung widerrufen (Art. 8 Abs. 6 FKVO) bzw. Geldbußen oder Zwangsgelder festsetzen (Art. 14, 15). Im Jahr 2005 veröffentlichte die Kommission eine **Merger Remedies Study,** in der sie 96 entgegengenommene Zusagen aus den Jahren 1996–2000 einer Untersuchung auf ihre Wirksamkeit hin unterzog.[676] Im Oktober 2008 hat die Kommission die **Mitteilung über Abhilfemaßnahmen aktualisiert.**[677] Im Einzelnen werden die Anforderungen an Zusagen, die prozeduralen Erfordernisse in Phase 1 und 2 sowie die Arten von Veräußerungszusagen (u.a. **„crown jewel"**, **„up-front buyer"** und **„fix-it-first"**) erläutert.[678]

I. Vorrang struktureller Zusagen

Bis zur Revision 2004 der FKVO, d.h. bis zur Einführung des SIEC-Tests, wurde allgemein davon ausgegangen, dass Modifikationen des Zusammenschlusses, die die Entstehung oder Verstärkung einer marktbeherrschenden Stellung verhindern sollen, **strukturel-** **165**
ler Natur sein müssen und zugleich dem **Grundsatz der Verhältnismäßigkeit** genügen sollen.[679] Auch wenn die FKVO kein ausdrückliches Verbot von Verhaltenszusagen enthielt,[680] ergab sich das Strukturerfordernis aus dem marktstrukturorientierten Regelungsansatz der Fusionskontrolle. Deren Sinn und Zweck wurde darin gesehen, wettbewerbliche Marktstrukturen zu erhalten[681] und es nicht zu marktbeherrschenden Stellungen kommen zu lassen bzw., soweit solche schon bestehen, deren Verstärkung zu verhindern. Neben der strukturellen Geeignetheit sollten Zusagen die Reichweite haben, die erforderlich ist, um

[672] http://ec.europa.eu/comm/competition/mergers/legislation; Presse-Mitt. IP/03/614 v. 2.5.2003,; s. dazu § 17 Rdnr. 126ff.

[673] S. dazu *Hossenfelder/Töllner/Ost,* Kartellrechtspraxis und Kartellrechtsprechung 2003/2004, Rdnr. 36.

[674] Mitteilung, aaO, Rdnr. 12; s. auch § 17 Rdnr. 126.

[675] Komm. E. v. 13.12.2000, COMP/M.2060; Mitteilung der Kommission über Abhilfemaßnahmen, ABl. 2001 C 68/3, Rdnr. 20; *Schultz/Wagemann,* Kartellrechtspraxis und Kartellrechtsprechung 2000/2001, Rdnr. 932; s. auch Komm. E. v. 13.3.2001, COMP/M.1915 – *The Post Office/TPG/SPPL.*

[676] Veröffentlicht unter http://ec.europa.eu/comm/competition/mergers/legislation/remedies_study.pdf; Presse-Mitt. IP/05/1327 v. 21.10.2005; s. auch *Kopke,* Comp. Policy Newsletter 3/2005, 3ff. Ausführlich zu der Studie und insbes. zur dort dargelegten begrenzten Effektivität der Zusagen *Linsmeier,* in Fs. Bechtold, S. 269ff.; *Papandropoulos/Tajana* ECLR 2006, 443ff.

[677] http://eur-lex.europa.eu/legal-content/DE/TXT/PDF/?uri=CELEX:52008XC1022 %2801%29&from=EN; ABl. 2008 C 267/1ff.

[678] S. dazu § 17 Rdnr. 130 u. 132.

[679] *Drauz,* in: Annual Proceedings of the Fordham Corporate Law Institute 1996, unter II.D.

[680] *Monopolkommission,* Hauptgutachten 1992/93, Rdnr. 144, 609.

[681] Vgl. Erwägungsgründe 7 und 14 zur FKVO und Art. 2 Abs. 1 Buchst. a FKVO; ebenso *Fuchs* WuW 1996, 269, 274ff.

die wettbewerblichen Bedenken der Kommission auszuräumen. Klassische Beispiele solcher Zusagen sind die Veräußerung von wettbewerblich problematischen Geschäftsbereichen oder die Gewährung von Lizenzen an Dritte (s. dazu unter Rdnr. 183ff.). Die Entscheidungspraxis der Kommission zur Fusionskontrolle seit 1990 war hinsichtlich des Strukturelements zwar nicht immer eindeutig, hat sich aber in diesem Sinne entwickelt.[682] Im Fall *Gencor/Lonrho* wurde die Vorzugswürdigkeit struktureller Zusagen vom EuG betont, aber gleichzeitig entschieden, dass nicht a priori auszuschließen ist, dass auch verhaltensbestimmende Verpflichtungen wie die Nichtverwendung einer Marke für eine bestimmte Zeit geeignet sein können, die Entstehung oder Verstärkung einer marktbeherrschenden Stellung zu verhindern.[683] Im Fall *Boeing/McDonnell-Douglas* nahm die Kommission erstmals in entscheidungserheblichem Umfang Verhaltenszusagen entgegen.[684] Dass strukturelle Zusagen auch heute nach dem Sinn und Zweck der FKVO „in der Regel vorzugswürdig" sind, bekräftigte die Kommission in der aktualisierten Mitteilung über Abhilfemaßnahmen.[685] Andere Arten von Zusagen könnten allerdings auch geeignet sein, eine erhebliche Beeinträchtigung wirksamen Wettbewerbs zu verhindern; dies sei fallweise zu beurteilen.

166 Bloße **Verhaltenszusagen** wurden ursprünglich nicht als geeignet angesehen, um strukturelle Wettbewerbsprobleme zu lösen.[686] Sie lassen die durch den Zusammenschluss entstehende Marktstruktur unberührt und sind auch nur schwierig und unter großem Aufwand zu kontrollieren. Aus dem letzteren Grund hat die Kommission Zusagen zu diskriminierungsfreier Preispolitik bzw. Zugang zu bestimmten Einrichtungen der Beteiligten (Kabelnetze, Transponder) in den Fällen *MSG Media Service* und *Nordic Satellite Distribution* abgelehnt.[687] Häufig stellten derartige Verhaltenszusagen auch nur die Zusicherung dar, nicht im Sinne von Art. 102 AEUV eine marktbeherrschende Stellung zu missbrauchen; diese Verpflichtung besteht jedoch bereits von Gesetzes wegen.[688] Im Fall *Boeing/McDonnell-Douglas*[689] akzeptierte die Kommission Verhaltenszusagen hinsichtlich der nicht missbräuchlichen Behandlung von Zulieferern von *Boeing,* die auch Wettbewerber (z.B. *Airbus*) beliefern, sowie hinsichtlich der Wartung und Ersatzteillieferung für *MDD*-Flugzeuge an Fluggesellschaften, die Flugzeuge anderer Hersteller zu kaufen beabsichtigen. Dies geschah als Teil eines „Zusagenpaketes", welches strukturelle und verhaltensbezogene Zusagen enthielt und „als Ganzes" für geeignet angesehen wurde, die wettbewerblichen Probleme auszuräumen.[690] In ihrer Mitteilung über Abhilfemaßnahmen vom 21.12.2000 hatte die Kommission betont, dass Zusagen, sind sie einmal durchgeführt, keiner zusätzlichen Überwachung mehr benötigen sollen.[691] In den Folgejahren kam es aber, wie nachfolgend (Rdnr. 168ff.) dargestellt, häufiger zu Zusagen, die zu einem bestimmten Verhalten verpflichteten. Allerdings hatten diese Zusagen mindestens eine gewisse strukturelle Zielrichtung und war die Trennlinie zu strukturellen Zusagen nicht immer klar zu ziehen.

---

682 *Immenga/Mestmäcker-Körber,* EU-WbR, Art. 8. FKVO Rdnr. 20ff.; *Kögel,* Angleichung, S. 221; *Fuchs,* WuW 1996, 275; *Drauz,* in: Annual Proceedings of the Fordham Corporate Law Institute 1996, unter II. C.

683 EuG U. v. 25.3.1999, Slg. 1999, II-759 Rdnr. 319 – *Gencor/Lonrho.*

684 Komm. E. v. 30.7.1997, IV/M.877, ABl. 1997 L 336/16.

685 http://ec.europa.eu/comm/competition/mergers/legislation/draft_remedies_notice.pdf; s. auch Presse-Mitt. IP/07/544 v. 24.4.2007.

686 *Drauz/Schroeder,* S. 213.

687 Komm. E. v. 9.11.1994, IV/M.469, ABl. 1994 L 364/1, Rdnr. 95 und 99 – *MSG Media Service;* Komm. E. v. 19.7.1995, IV/M.490, ABl. 1996 L 53/20, Rdnr. 153 und 159 – *Nordic Satellite Distribution.*

688 *MSG Media Service,* aaO, Rdnr. 98; s. auch Mitteilung der Kommission zu Abhilfemaßnahmen, ABl. 2001 C 68/3, Rdnr. 9. Inkonsequent insoweit Komm. E. v. 30.7.1997, IV/M.877, ABl. 1997 L 336/16, Rdnr. 114ff. – *Boeing/McDonnell-Douglas* bezüglich der Zusage diskriminierungsfreier Behandlung von Zulieferern sowie der Aufhebung exklusiver Lieferverträge mit amerikanischen Fluggesellschaften.

689 Komm. E. v. 30.7.1997, IV/M.877, ABl. 1997 L 336/16, Rdnr. 115, unter 3. und 4., und 119.

690 AaO, Rdnr. 123.

691 ABl. 2001 C 68/3 Rdnr. 10.

In einigen Fällen wurde die Einhaltung solcher Zusagen auch den sektoral für die Aufsicht zuständigen nationalen oder europäischen Behörden übertragen.[692] Die Kommission verfolgt bei Verhaltenszusagen die Linie, dass solche Zusagen zur Beseitigung des identifizierten Wettbewerbsproblems geeignet sein müssen, ihre Nichteinhaltung leicht erkennbar bzw. grundsätzlich die Einhaltung „self-policing" sein soll und bei Nichteinhaltung ein Einschreiten der Kommission noch rechtzeitig erfolgen können soll.[693] Diese Linie findet sich auch in der 2008 **aktualisierten Mitteilung über Abhilfemaßnahmen**[694] mit der – unter Bezugnahme auf das EuGH-Urteil *Kommission/Tetra Laval*[695] formulierten – Maßgabe, dass Verhaltenszusagen nur „ausnahmsweise und unter ganz spezifischen Umständen" – und im allgemeinen nicht im Fall von horizontalen Überschneidungen infolge des Zusammenschlusses – akzeptabel sind.[696] Gleichwohl finden sich in der jüngeren Praxis immer wieder Beispiele für Verhaltenszusagen, die je nach Art des Wettbewerbsproblems „semi-strukturell" oder rein verhaltensabhängig sind und in ihrer Wirksamkeit differenziert zu bewerten sind.[697]

In einigen Verfahren hat die Kommission Verhaltenszusagen nur **„zur Kenntnis genommen"**[698] und bei der Würdigung des Sachverhalts berücksichtigt,[699] ohne dass sie entscheidungserheblich waren.[700] Solche Zusagen sind keine Verpflichtungserklärungen im Sinne von Art. 8 Abs. 2 FKVO und rechtlich auch nicht durchsetzbar.[701] Dies galt z. B. für die Erklärung von *Mercedes-Benz* im Fall *Mercedes-Benz/Kässbohrer,* nichtintegrierte Bushersteller mit *Mercedes*-Motoren zu beliefern sowie die exklusive Bindung der Generalvertreter und Vertragswerkstätten von *Kässbohrer* hinsichtlich Vertrieb und Service zu beenden.[702] Gleiches galt für die Zusicherung des Nichteingreifens von *STET* in die Beschaffungspolitik der von *STET* kontrollierten *Telecom Italia* sowie der Trennung der Geschäftsführung von *Italtel* und *Telecom Italia* im Fall *Siemens/Italtel.*[703] Im Verfahren *Ciba-Geigy/Sandoz („Novartis")* nahm die Kommission Kenntnis von der Erklärung der Parteien, nichtausschließliche Lizenzen für nationale und europäische Patente bei der Gentherapie gegen Tumore zu vergeben, ohne dies näher präzisieren zu können, da es um Patente an zukünftigen F&E-Ergebnissen im Pharmabereich ging.[704] Auch die Zusage von *Carrefour* im Fall *Carrefour/Promodès,*[705] keine nachträgliche Konditionenangleichung in laufenden Lieferverträgen mit kleinen und mittleren Lebensmittelherstellern zu verlangen, nahm die Kommis- 167

[692] S. dazu bei Rdnr. 180 f.

[693] *Drauz,* Comp. Policy Newsletter 2/2005, S. 35, 39; *Staebe* WRP 2004, 66 ff.; *Paas,* ECLR 2006, 209 ff.

[694] http://eur-lex.europa.eu/legal-content/DE/TXT/PDF/?uri=CELEX:52008XC1022 %2801 % 29&from=EN; ABl. EU 2008 C 267/1ff .

[695] EuGH U. v. 15.2.2005, Slg. 2005, I-987, Rdnr. 85 und 89.

[696] AaO, Rdnr. 17.

[697] Zu den Fällen *Friesland/Campina* und *KLM/Martinair* s. *Monopolkommission,* Hauptgutachten 2008/2009, Rdnr. 799 ff., zu *Intel/McAfee* und *T-Mobile/Orange* s. *Monopolkommission,* Hauptgutachten 2010/2011, Rdnr. 946ff; außerdem *Weitbrecht* ECLR 2014, 282, 289.

[698] Engl. Fassung: „The Commission takes note of …".

[699] *Drauz/Schroeder,* S. 213.

[700] Komm. E. v. 19.7.1991, IV/M.068, ABl. 1991 L 290/35 – *Tetra Pak/Alfa-Laval;* Komm. E. v. 2.12.1991, IV/M.102, WuW/E EV 1754, 1761, Rdnr. 51, 56 – *TNT/Canada Post, DBP Postdienst, La Poste, PTT Post and Sweden Post;* Komm. E. v. 15.3.1994, IV/M.422, Rdnr. 41e – *Unilever/Ortiz Miko II;* Komm. E. v. 19.10.1995, IV/M.646, Rdnr. 54 – *Repola/Kymmene;* Komm. E. v. 20.7.1995, IV/M.616, Rdnr. 43 f. – *Swissair/Sabena (II).*

[701] EuGH U. v. 31.3.1998, Slg. 1998, I-1375, Rdnr. 67 – *Französische Republik/Kommission* und *SCPA u. EMC/Kommission;* kritisch auch *BKartA,* TB 1995/96, S. 68 f.; *Monopolkommission,* Hauptgutachten 1992/93, Rdnr. 610; *Heistermann,* in: Schwerpunkte des Kartellrechts 1993/94, S. 62; *Kögel,* Angleichung, S. 223.

[702] Komm. E. v. 14.2.1995, IV/M.477, ABl. 1995 L 211/1, Rdnr. 78 und 90; kritisch dazu *Monopolkommission,* Hauptgutachten 1994/95, Rdnr. 693.

[703] Komm. E. v. 17.2.1995, IV/M.468, ABl. 1995 L 161/27, Rdnr. 62, 2. Unterabs.

[704] Komm. E. v. 17.7.1996, IV/M.737, ABl. 1997 L 201/1, Rdnr. 107; ein weiteres Beispiel war der Fall *Stora/Enso,* Komm. E. v. 25.11.1998, IV/M.1225 (Kurzzusammenfassung in WuW 1999, 38).

[705] Komm. E. v. 25.1.2000, M.1684, WuW 2000, 265.

sion nur zur Kenntnis, ohne ihre Freigabeentscheidung darauf zu stützen. Ein jüngeres Beispiel einer bloß informellen Zusage ist der Fall *Oracle/Sun Microsystems,* der nach sehr umfassendem Hauptprüfverfahren von der Kommission gemäß Art. 8 Abs. 1 FKVO ohne Bedingungen oder Auflagen freigegeben wurde; *Oracle* kündigte am Ende nur öffentlich an, die weltweit führende open-source-Datenbank MySQL von *Sun Microsystems* weiterhin in öffentlich zugänglicher Weise zu entwickeln.[706] Derartige – von der Kommission veröffentlichte – **unverbindliche Zusagen** sind geeignet, einen gewissen faktischen Druck zu ihrer Einhaltung zu erzeugen, und entbehren daher nicht jeglicher Wirkung. Sie stehen jedoch auf sehr unsicherer Grundlage und vermögen für sich genommen eine Freigabeentscheidung nicht zu tragen.[707] Da sie von der Kommission nicht rechtlich durchgesetzt werden können, sind sie grundsätzlich kritisch zu sehen. Zwar erkannte das EuG derartigen Zusagen eine Rechtswirkung im Sinne von Art. 268 AEUV zu, so dass sie grundsätzlich mit einer Nichtigkeitsklage angreifbar sind. Die Zulässigkeit der Klage im Einzelfall setzt allerdings voraus, dass die Zusage für die Freigabe ausschlaggebend war, was kaum einmal der Fall sein dürfte.[708] Auch die Auffassung der Kommission im Fall *Oracle/Sun Microsystems,* sie könne ggf. ihre Entscheidung nach Art. 8 Abs. 6 Buchst. a FKVO widerrufen („unrichtige Angaben"), überzeugt nicht, da die bloße öffentliche Ankündigung durch *Oracle* nicht rechtsverbindlich im Sinne der FKVO und ihre „Unrichtigkeit" im weiteren Zeitablauf kaum zu beweisen ist.[709]

II. Arten von Zusagen in der Entscheidungspraxis der Kommission[710]

168 **1. Veräußerungszusagen.** In einer erheblichen Zahl von Fällen nahm die Kommission Zusagen zur Veräußerung von Tochtergesellschaften oder Produktionsstätten an Dritte oder zur Reduzierung von entsprechenden Beteiligungen entgegen. In den frühen Entscheidungen *Accor/Wagons Lits* und *Nestlé/Perrier* wurden Autobahnraststätten bzw. Mineralwasserquellen verkauft.[711] In *Orkla/Volvo* kam es zur Veräußerung des *Hansa*-Biergeschäfts von *Volvo* betreffend die Biermärkte in Norwegen und Schweden.[712] Im Fall *ABB/Daimler-Benz* wurde *Kiepe,* die Tochtergesellschaft von *Daimler-Benz* für Elektronik im Schienenfahrzeugbereich, veräußert, im Fall *BT/MCI (II)* die Veräußerung der Tochtergesellschaft von *MCI* für Audiokonferenzen vorgesehen, wenn auch wegen Aufgabe des Vorhabens nicht realisiert.[713] Im Nachfolgefall *WorldCom/MCI* verpflichtete sich *WorldCom* zum Verkauf des gesamten Internetgeschäfts von *MCI* an einen Dritten.[714] Bei *Kimberly-Clark/Scott Paper* kam es u. a. zur Veräußerung bestimmter Marken und gewerblicher Schutzrechte für

[706] Komm. E. v. 21.1.2010, COMP/M.5529; s. dazu *Monopolkommission,* Hauptgutachten 2010/2011, Rdnr. 957 ff.; *Hirsbrunner* EuZW 2010, 727, 728. Die Drittklage von *Monty Program* gegen diese Entscheidung wurde später zurückgenommen (Vfg. des Präsidenten der 4. Kammer des EuG v. 16.7.2014, T-292/10, nicht veröffentlicht).

[707] Ablehnend auch *Fuchs,* WuW 1997, 278.

[708] EuG U. v. 22.3.2000, Slg. 2000, II-1733 – *The Coca-Cola Company Enterprises/Kommission.*

[709] S. dazu *Monopolkommission,* Hauptgutachten 2010/2011, Rdnr. 959 ff.

[710] Ausführlicher Überblick bei *Immenga/Mestmäcker-Körber,* EU-WbR, Art. 8 FKVO Rdnr. 15, 116; *Uhlig,* S. 185 ff.

[711] Komm. E. v. 28.4.1992, IV/M.126, Rdnr. 8 – *ACCOR/Wagons Lits;* s. dazu *Drauz/Schroeder,* S. 210; *Van Bael/Bellis,* Rdnr. 657; Komm. E. v. 22.7.1992, IV/M.190, Rdnr. 136 – *Nestlé/Perrier;* zur Erfüllung der Zusage s. *Drauz/Schroeder,* S. 210; kritisch, da bloße Kapazitäten noch keine Marktanteile darstellen, *Monopolkommission,* Hauptgutachten, Rdnr. 605 f.; *Fuchs* WuW 1997, 274; *Heidenhain,* EuZW 1994, 138 f.; *Kerber,* WuW 1994, S. 21, 31 ff.; *Kögel,* Angleichung, S. 221 („strukturinterventionistische Züge"); *Van Bael/Bellis,* aaO.

[712] Komm. E. v. 20.9.1995, IV/M.582, ABl. 1996 L 66/17.

[713] Komm. E. v. 8.10.1995, IV/M.580, ABl. 1997 L 11/1, Rdnr. 139; Komm. E. v. 14.5.1997, IV/M.856, ABl. 1997 L 336/1, Rdnr. 76, unter 2.

[714] Komm. E. v. 8.7.1998, IV/M.1069, Rdnr. 97 ff. (Kurzzusammenfassung in WuW 1998, 968); s. ferner Komm. E. v. 11.11.1998, IV/M.1157 – *Skanska/Scancem* (Kurzzusammenfassung in WuW 1999, 39).

Haushalts- und Hygienepapierprodukten,[715] bei *Procter & Gamble/VP Schickedanz (II)* zum Verkauf des *Camelia*-Frauenhygienegeschäfts (einschließlich der Produktionsstätte).[716] In einigen Fällen wurden wettbewerblich bedenkliche Beteiligungen so weit reduziert, dass sie keine Kontrolle mehr vermittelten,[717] wobei allerdings eine fortbestehende Verflechtung der betroffenen Unternehmen in Kauf genommen wurde.

Die Anforderungen an Veräußerungszusagen waren von der Kommission im Jahr 2000 – basierend auf den bis dahin gesammelten und jeweils ausdrücklich zitierten Fallerfahrung – in einer **Mitteilung über Abhilfemaßnahmen** zusammengefasst und 2008 aktualisiert worden.[718] Danach muss es sich bei den zu veräußernden Tätigkeiten um ein **lebensfähiges Geschäft** handeln, das in den Händen eines fähigen Käufers wirksam und auf Dauer mit dem durch den Zusammenschluss entstandenen Unternehmen konkurrieren kann.[719] Die Elemente „lebensfähiges Geschäft" und „geeigneter Käufer" sind entscheidend für die Eignung einer Zusage für die Ausräumung eines Wettbewerbsproblems.[720] Zur Gewährleistung eines lebensfähigen Geschäfts kann es sogar notwendig sein, in die Veräußerung Tätigkeiten einzubeziehen, die Märkte betreffen, auf denen für die Kommission kein Anlass zu Wettbewerbsbedenken bestand, wenn nur auf diese Weise ein wirksamer Wettbewerber auf dem relevanten Markt entstehen kann. Umgekehrt kann ggf. im Einzelfall auch die Veräußerung eines Warenzeichens oder produktionsbegleitender Aktiva genügen, wenn damit eine Wettbewerbsposition verbunden ist und auf den Erwerber übergeht.[721] Eine (Teil-)Veräußerungszusage scheidet aus, wenn das von der Kommission identifizierte Marktbeherrschungsproblem die Kerntätigkeit der beteiligten Unternehmen und nicht nur einzelne betroffene Märkte betrifft und der Markt der Kerntätigkeit bereits hochkonzentriert ist, so dass kein Wettbewerber als potentieller Erwerber in Betracht kommt. So verhielt es sich hinsichtlich des britischen Marktes für Pauschalflugreisen im Fall *Airtours/FirstChoice*.[722] Der Zusammenschluss wurde deshalb von der Kommission untersagt.[723] 169

Ein potentieller Erwerber der zu veräußernden Tätigkeiten bedarf der Zustimmung der Kommission, um als **„geeigneter Käufer"** zu gelten. Unter bestimmten Voraussetzungen ist der Veräußerungsvertrag sogar vor Vollzug des Zusammenschlusses zu schließen (sog. 170

---

[715] Komm. E. v. 16.1.1996, IV/M.623, ABl. 1996 L 183/1, Rdnr. 233; s. dazu *Levy,* ECLR 1996, 403 ff.

[716] Komm. E. v. 21.6.1994, IV/M.430, Rdnr. 186; s. auch Komm. E. v. 14.11.1995, IV/M.603, ABl. 1996 L 75/38, Rdnr. 115 – *Crown-Cork & Seal/CarnaudMetalbox* (fünf Produktionsstätten in verschiedenen Mitgliedstaaten).

[717] So in Komm. E. v. 29.5.1991, IV/M.043, ABl. 1991 L 222/38, Rdnr. 19 f. – *Magneti Marelli CEAc* (Reduzierung der Mehrheitsbeteiligung an einem Wettbewerber auf 10 %); *Monopolkommission,* Hauptgutachten 1990/91, Rdnr. 612; *Fuchs,* WuW 1997, 276; s. auch *Van Bael/Bellis,* Rdnr. 657. S. auch die Rückführung einer Mehrheits- auf eine Minderheitsbeteiligung in Komm. E. v. 20.9.1995, IV/M.553, Rdnr. 111 f. – *RTL/Veronica/Endemol,* und die Reduzierung auf weniger als 10% in Komm. E. v. 23.4.1997, IV/M.754, ABl. 1998 L 149/21, Rdnr. 126 – *Anglo-American/Lonrho.* S. andererseits die Entscheidung des Präsidenten des EuG v. 18.3.2008 bzw. dann die Entscheidung des EuG in der Hauptsache v. 6 7. 2010 im Fall *Aer Lingus Group ./. Kommission* (Slg. 2010, II-3691); hier wurde im einstweiligen Verfahren die Anordnung einer Veräußerung der verbleibenden nicht mit Kontrolle verbundenen Beteiligung in Höhe von 29,4% von *Ryanair* an *Aer Lingus* im Gefolge der Untersagung des Kontrollerwerbs *Ryanair/Aer Lingus* durch die Kommission (E. v. 27.6.2007) abgelehnt (Presseerkl. des EuG Nr. 16/08 v. 18.3.2008, http://curia.europa.eu; U. v. 6.7.2010, Slg., II-3457, Rdnr. 64 ff.; s. dazu *Monopolkommission,* Hauptgutachten 2010/2011, Rdnr. 986 ff.).

[718] Mitteilung der Kommission über im Rahmen der Verordnung (EWG) Nr. 4064/89 des Rates und der Verordnung (EG) Nr. 447/98 der Kommission zulässige Abhilfemaßnahmen, ABl. 2001 C 68/3, 13 ff.; ABl. 2008 C 267/01 = http://eur-lex.europa.eu/legal-content/DE/TXT/PDF/?uri=CELEX:52008XC1022 %2801 %29&from=EN.

[719] Mitteilung, aaO, Rdnr. 23 f.

[720] AaO, Rdnr. 23, 30.

[721] AaO, Rdnr. 37/38.

[722] Komm. E. v. 22.9.1999, WuW 1999, 1093.

[723] Zur Aufhebung der Untersagung s. EuG U. v. 6.6.2002, Slg. 2002, II-2585.

Up-front-buyer-Lösung).[724] Bei dem Käufer muss es sich „in der Regel um einen bereits bestehenden oder potentiellen Wettbewerber handeln, der von den Parteien unabhängig ist, in keiner Beziehung zu ihnen steht und über die notwendigen finanziellen Mittel und erwiesene Sachkenntnis verfügt sowie einen Anreiz hat, das veräußerte Geschäft als aktiver Marktteilnehmer im Wettbewerb mit den Parteien aufrechtzuerhalten und weiterzuentwickeln.[725] Als Veräußerungszusagen kommen schließlich der Rückzug einer Muttergesellschaft aus einem Gemeinschaftsunternehmen, der Verkauf von Minderheitsbeteiligungen oder die Aufgabe wechselseitiger Aufsichtsratsmandate in Betracht.[726] In jüngerer Zeit hat die Kommission auch alternative Veräußerungszusagen akzeptiert.[727] Die Modalitäten zur Durchführung einer Veräußerungszusage werden in Rdnr. 97 ff. der Mitteilung beschrieben; sie beziehen sich auf die Überführung des Personals, die getrennte Vermögensverwaltung, die Bestellung eines Veräußerungstreuhänders (s. dazu auch Art. 20a dVO Nr. 802/2004) und auf den Veräußerungsprozess.

171 In den Jahren **nach 2000** kam es in der **Entscheidungspraxis** der Kommission weiterhin häufig zu Veräußerungszusagen, die im Ergebnis zu einer Freigabe des angemeldeten Zusammenschluss führten:

Im Fall *GE/Instrumentarium*[728] wäre es zu einem Abschottungseffekt bei Patientenüberwachungsgeräten infolge einer starken Stellung der Parteien bei vorgelagerten Anästhesiegeräten und bei Schnittstellen zwischen diesen Gerätesystemen gekommen. Hier kam es über die Zusage der Offenlegung elektronischer und mechanischer Schnittstellen zu einer Freigabe. Im Fall *Verbund/Energie Allianz*[729] verpflichtete sich der österreichische Energieerzeuger *Verbund* zur Veräußerung seiner Beteiligung an einer Großkundengesellschaft, um Bedenken auf dem nationalen Markt des Stromvertriebs an Industriekunden auszuräumen.

172 Im Fall *DSM/Roche Vitamins*[730] kam es zur Veräußerung sämtlicher Produktions- sowie F&E-Kapazitäten des Erwerbers bei Futtermittelenzymen, um wettbewerbliche Bedenken zu beseitigen. Um die Gefahr oligopolistischer Marktbeherrschung auf dem deutschen Tankstellenmarkt zu beseitigen, mussten *Exxon* und *Mobil* sich aus dem Gemeinschaftsunternehmen *Aral* zurückziehen – die Beteiligungen wurden von *BP* übernommen – und hatte *Mobil* ein GU mit *BP* bei Kfz-Schmierstoffen aufzulösen.[731] Zur Veräußerung von Gasspeicherkapazität s. den Fall *Dong/Elsam/EnergieE2*,[732] der dänische und schwedische Energiemärkte betraf.

173 Mangels Bereitschaft, auch Erzeugungskapazität an Dritte zu veräußern, wurden Zusagenangebote im Fall *EDP/ENI/GDP*[733] zurückgewiesen. Der die portugiesischen Elektrizitäts- und Gasmärkte betreffende Zusammenschluss wurde von der Kommission Ende 2004 untersagt, nachdem auch drei weitere Zusagenvorschläge als unzureichend bzw. gemäß Art. 18 Abs. 2 FKVO DurchführungsVO als verspätet angesehen worden waren.[734] Zur Zusage einer Versteigerung von Stromerzeugungskapazität war es erstmals im Fall *EdF/EnBW*,[735] zur Erhöhung der grenzüberschreitenden Verbundkapazität (Frankreich-Spanien) erstmals im Fall *EnBW/Grupo Villar/Hidroelectica del Cantabrico*[736] gekommen.

---

[724] Mitteilung, aaO, Rdnr. 53 ff.; s. auch oben bei Rdnr. 164.

[725] AaO, Rdnr. 47 f.

[726] AaO, Rdnr. 58 ff.

[727] So z.B. in Komm. E. v. 27.7.2001, COMP/M.2337 – *Nestlé/Ralston Purima;* ausführlich dazu *Linsmeier,* in Fs. Bechtold, S. 269, 276.

[728] Komm. E. v. 2.9.2003, COMP/M.3083, WuW 2003, 1046.

[729] Komm. E. v. 11.6.2003, COMP/M.2947, WuW 2003, 1047.

[730] Komm. E. v. 23.7.2003, COMP/M.2972, WuW 2003, 1048.

[731] Komm. E. v. 29.9.1999, IV/M.1383, WuW 1999, 1091; weitere Zusagenfälle zu Öl- und Gasmärkten waren Komm. E. v. 29.9.1999, WuW 1999, 1092 – *BP Amoco/Arco,* und Komm. E. v. 9.2.2000, WuW 2000, 267 – *Totalfina/Elf.*

[732] Komm. E. v. 14.3.2006, COMP/M.3868.

[733] Komm. E. v. 9.12.2004, COMP/M.3440.

[734] AaO, Rdnr. 650 ff., 741 ff., 855 ff. und 913.

[735] Komm. E. v. 7.2.2001, COMP/M.1853.

[736] Komm. E. v. 26.9.2001, COMP/M.2434.

174 Der Zusammenschluss *Siemens/VA Tech*[737] wurde von der Kommission nur gegen die Zusage freigegeben, dass *Siemens* das Wasserkraftwerksgeschäft von *VA Tech Hydro* an einen Dritten veräußert. Mehrere Veräußerungszusagen dienten im Fall *Veba/Viag*[738] der Kappung von Verflechtungen mit den Wettbewerbern *RWE* und *Veag*. In den Fällen *Alcan/Alusuisse*[739] und *Inco/Falconbridge*[740] kam es zur Veräußerung von deutschen Produktionsstätten für Aluminium und von Walzwerken im Vereinigten Königreich bzw. zur Veräußerung einer Nickelraffinerie in Norwegen samt Option zu einem zehnjährigem Nickelliefervertrag. Auch im Fall *Omya/J. M. Huber PCC*[741] bedurfte es der Veräußerung einer Produktionsstätte (für bestimmte Papiermineralien), um eine Freigabe nach Art. 8 Abs. 2 FKVO zu erreichen. Ende 2006 wurde der finnisch-norwegische Zusammenschluss *Metso/Aker Kvaerner*[742] nur gegen Veräußerung bestimmter Zellstoffanlagen an einen kanadischen Wettbewerber freigegeben.

175 Um wettbewerbliche Probleme in über 130 sachlichen Märkten für bestimmte Pflanzenschutzmittel zu lösen, wurden im Fall *Bayer/Aventis Crop Science*[743] von den Parteien 38 Veräußerungs- und Lizenzzusagen abgegeben. Die Freigabe des Zusammenschlusses *Continental/Phoenix*,[744] der zu erheblichen Überschneidungen in verschiedenen Märkten für technische Gummiprodukte geführt hätte, war nur gegen Veräußerung von zwei Beteiligungen von *Phoenix* möglich. Wegen vertikaler Abschottungseffekte kam es im Fall *BP/Amoco*[745] zu einer Veräußerungszusage.

176 Im Fall *T-Mobile Austria/Telering*[746] war eine Zusage der Veräußerung von Mobilfunkstandorten und UMTS-Frequenzen erforderlich, um eine Freigabe des Zusammenschlusses zu erreichen. Um die Bedenken der Kommission hinsichtlich der Auswirkungen auf dem österreichischen Markt für Mobilfunkleistungen für Endkunden auszuräumen, verpflichtete sich *T-Mobile* in einem Rahmenvertrag mit dem Wettbewerber *H3G*, eine bestimmte Anzahl von *H3G* ausgewählten Mobilfunkstandorten einschließlich der Richtfunk- und Leitungsinfrastruktur zu veräußern und *H3G* eine Option für weitere Standorte einzuräumen. Außerdem sollten nicht zur Netzintegration benötigte Standorte an den weiteren kleinen Wettbewerber *ONE* gehen. Schließlich sagte *T-Mobile* die Veräußerung von Nutzungsrechten am UMTS-Frequenzband zu. Die Zusagenerfüllung war von einem Treuhänder – sowie im Fall von Meinungsverschiedenheiten von der österreichischen *Rundfunk und Telekom RegulierungsGmbH* als Schiedsrichter – zu begleiten.

177 Der die belgischen und französischen Gas- und Strommärkte betreffende Zusammenschluss *Gaz de France/Suez* wurde nur gegen Veräußerung von *Distrigaz* durch *Suez* und von *SPE* durch *Gaz de France* sowie gegen Aufgabe der Kontrolle über die Gasterminal-Eignergesellschaft *Fluxys International S. A.* und über die Gasfernleitungs- und Gasspeichergesellschaft *Fluxys S. A.* freigegeben.[747] Von einer Beendigung der Kontrolle über die beiden *Fluxys*-Unternehmen ging die Kommission aus, obwohl *Gaz des France* und *Suez* weiterhin 45% bzw. 60% der Kapitalanteile halten. Der Kommission genügten hier vertragliche Regelungen über die Nichtausübung der Kontrolle.[748]

177a Aus jüngster Zeit sind beispielhaft die Veräußerungszusagen im Fall *Huntsman/Rockwood* (Up-front-buyer-Veräußerung eines Geschäftsbereichs für chemische Vorprodukte bei

[737] Komm. E. v. 13.7.2005, COMP/M.3653; zur Veräußerungszusage betreffend ein Papierhülsenwerk Komm. E. v. 6.10.2004, COMP/M.3431, WuW 2004, 1286 – *Sonoco/Ahlstrom/JV*.
[738] Komm. E. v. 13.6.2000, COMP/M.1673, WuW 2000, 1214.
[739] Komm. E. v. 14.3.2000, COMP/M.1663, WuW 2000, 390.
[740] Komm. E. v. 4.7.2006, COMP/M.4000.
[741] Komm. E. v. 19.7.2006, COMP/M.3796, WuW/E EU-V 1177.
[742] Komm. E. v. 12.12.2006, COMP/M.4187.
[743] Komm. E. v. 17.4.2002, COMP/M.2547.
[744] Komm. E. v. 26.10.2004, COMP/M.3436.
[745] Komm. E. v. 29.9.1999, IV/M.1532, WuW 1999, 1092.
[746] Komm. E. v. 26.4.2006, COMP/M.3916, WuW 2006, 615.
[747] Komm. E. v. 14.11.2006, COMP/M.4180.
[748] S. Presse-Mitt. IP/06/1558 v. 14.11.2006 mit Memo/06/424 zu den einzelnen Zusagen.

Druckertinte),[749] *J&J/Synthès* (Veräußerung der Traumabehandlungssparte von *J&J*),[750] *Universal Music Group/EMI Music* (Verkauf von Music Labels von *EMI*)[751] sowie im Fall *Baxter International/Gambro* (Veräußerung eines bestimmten Medizintechnikbereichs von *Baxter*)[752] zu nennen. Der Zusammenschluss *Liberty Global/Ziggo* wurde u. a. nur gegen Veräußerung des Premium PayTV-Senders *Film1* in den Niederlanden freigegeben.[753] Sollten bestimmte ergänzende Verpflichtungen bezüglich einer Limitierung von Exklusivvereinbarungen mit großen Hollywood-Studios nicht umgesetzt werden können, hätte *Liberty* stattdessen seinen anderen PayTV-Sender *HBO Nederland* veräußern müssen („crown jewel").[754]

178 **2. Überlassung von Produktionskapazitäten oder Liefermengen.** Nicht zum Verkauf von Unternehmensteilen, sondern nur zur Überlassung von Produktionskapazitäten, F & E-Einrichtungen und qualifiziertem Personal kam es im Fall *DuPont/ICI*[755] (ähnlich für Übertragungskapazitäten im Kabel *BT/MCI II*).[756] Von der Kommission nicht akzeptiert wurde die Zusicherung der Entwicklung zusätzlicher Kapazität bei der Platinförderung in Südafrika[757] sowie die Bereitstellung von Produktionskapazitäten für Dosenverpackungen aus Aluminium.[758] Derartige Zusagen erscheinen denn auch trotz ihres strukturellen Ansatzes problematisch, da ihr Erfolg von einem bona fide-Verhalten des Verpflichteten abhängt, das im Einzelfall schwierig oder gar nicht zu kontrollieren ist (so z. B. im Fall *DuPont/ICI*).[759]

179 Im Fall *Verbund/Energie Allianz*[760] wurde dem Erwerber eines Großkundengeschäfts (aus einer Veräußerungszusage) vertraglich über vier Jahre der Bezug von jährlich 3 TWh Strom zugesagt. Außerdem sollen bis 2008 regelmäßige Auktionen von Strommengen im Hochspannungsbereich stattfinden. Im Fall *Gaz de France/Suez*[761] wurden zusätzlich zu den oben beschriebenen Veräußerungszusagen Investitionsvorhaben in Belgien und Frankreich zum Ausbau der Infrastrukturkapazitäten zugesagt und wurde ein zentraler Einspeisepunkt für sämtliche in Zeebrügge zusammenlaufende Gasnetze geschaffen.

180 Um Entflechtung und um den Zugang zu Energiemengen für Wettbewerber über sog. Release Programme ging es auch im Verfahren *E.ON/MOL*.[762] Der Erwerb des Ferngasgeschäfts von *MOL*, dem führenden Gas- und Ölunternehmen in Ungarn, wurde nur gegen ein Paket von Zusagen freigegeben. Zum einen mussten die bei *MOL* verbleibenden Bereiche Gaserzeugung und -transport von den von *E.ON* übernommenen Bereichen Gasgroßhandel und -speicherung getrennt werden. Ferner verpflichtete sich *E.ON* zu einem Gas Release Programm über 1 Mrd. Kubikmeter jährlich sowie dazu, die Hälfte seines für 10 Jahre laufenden Gasliefervertrages mit *MOP E&P* durch eine sogenannte Vertragsabtretung aufzugeben. Das Gas Release Programm sollte über Internetauktionen umgesetzt werden. Mit dem Gasfreigabeprogramm und der Vertragsabtretung wurden jährlich 2 Mrd.

---

[749] Komm. E. v. 10.9.2014, COMP/M.7061.

[750] Komm. E. v. 18.4.2012, COMP/M.6266.

[751] Komm. E. v. 21.9.2012, COMP/M.6458.

[752] Komm. E. v. 22.7.2013, COMP/M.6851; s. dazu *Hirsbrunner* EuZW 2014, 658, 663.

[753] Komm. E. v. 10.10.2014, COMP/M.7000.

[754] Zur vorsorglichen Alternativzusage („crown jewel") siehe § 17 Rdnr. 132.

[755] Komm. E. v. 30.9.1992, IV/M.214, ABl. 1993 L 7/13, Rdnr. 48.

[756] Komm. E. v. 14.5.1997, IV/M.856, ABl. 1997 L 336/1, Rdnr. 76, unter 1.

[757] Komm. E. v. 24.4.1996, IV/M.619, ABl. 1997 L 11/30, Rdnr. 215 – *Gencor/Lonrho*.

[758] Zusammenschlussvorhaben *Alcan/Pechiney*, COMP/M.1715 (zurückgenommen am 14.3.2000); s. dazu *Schultz/Wagemann*, Kartellrechtspraxis und Kartellrechtsprechung 1999/2000, Rdnr. 825b.

[759] Kritisch auch *Monopolkommission*, Hauptgutachten, Rdnr. 607 ff.; *Fuchs*, WuW 1996, 274 u. 276 Fn. 37; *Heidenhain*, EuZW 1994, 138 f.

[760] Komm. E. v. 11.6.2003, COMP/M.2947. Zur Zusage in Form von Sonderkündigungsrechten für nachgelagerte Gasunternehmen s. Komm. E. v. 17.12.2002, COMP/M.2822 – *EnBW/ENI/GVS*.

[761] Komm. E. v. 14.11.2006, COMP/M.4180.

[762] Komm. E. v. 21.12.2005, COMP/M.3696; s. auch Bericht der Kommission über die Wettbewerbspolitik 2005, Rdnr. 319 ff.

und bis 2015 16 Mrd. Kubikmeter Gas freigegeben, was etwa 14% des ungarischen Verbrauchs ausmachte. Die Kommission hatte vor Annahme der Zusagen frühere Gas Release Programme geprüft und Stellungnahmen anderer Marktteilnehmer eingeholt. Mit diesen Zusagen wurde ihrer Ansicht nach Verbrauchern und Großhändlern der Zugang zu beträchtlichen Gasmengen zu diskriminierungsfreien Bedingungen ermöglicht. Bei der Umsetzung und Überwachung der Einhaltung der Zusagen arbeitete die Kommission mit der ungarischen Energiebehörde zusammen. Ein Gas Release Programm gehörte auch zu den Zusagen im Fall *Dong/Elsam/EnergieE2,* der dänische und schwedische Energiemärkte betraf.[763]

Die Einbeziehung einer anderen Behörde in die Überwachung der Zusagen erfolgte auch im Fall *Areva/Urenco/ETC/JV.*[764] Hier wurde die gegenseitige Weitergabe von kommerziell sensitiven Informationen der im Bereich der Urananreicherung tätigen Unternehmen der Aufsicht der ESA (Europäische Lieferagentur für die Überwachung der gemeinschaftsweiten Belieferung und der Einfuhren von angereichertem Uran) unterstellt. **181**

Maßnahmen der Zusammenschlussbeteiligten zur Einführung eines entbündelten Zugangs zu den Ortsnetzen in Norwegen und Schweden waren im Zusammenschlussfall *Telia/Telenor*[765] erforderlich, um eine Marktbeherrschung auf den beiden nationalen Märkten für Telekommunikationsleistungen zu verhindern. **182**

3. Gewährung von Lizenzen und Zugangsrechten. Überwiegend strukturellen Charakter hat die Eröffnung des Zugangs für Dritte zu Patenten, Know-how und anderen geistigen Eigentumsrechten sowie zu bestimmten Infrastrukturen wie z. B. Netzen im Telekommunikations- oder Energiesektor, welche für die Aufrechterhaltung des Wettbewerbs unverzichtbar sind und andernfalls durch den Zusammenschluss unzugänglich würden.[766] Typische Fälle mit Lizenzierungsverpflichtungen sind *Ciba-Geigy/Sandoz („Novartis")* und *Boeing/McDonnell-Douglas.*[767] Besondere Bedeutung hatte eine derartige Zusage im Fall *Kimberly-Clark/Scott Paper.* Hier wurde einem Dritten für die Produktion und den Vertrieb von Toilettenpapier eine zunächst unentgeltliche, später entgeltliche ausschließliche Lizenz der Marke *„Kleenex"* für maximal 10 Jahre von *Kimberly-Clark* gewährt bei paralleler 15jähriger Nichtnutzung durch den Eigentümer.[768] Während dieser Zeit soll der Dritte Gelegenheit haben, sich mit Hilfe dieser bekannten Marke und ihrer Umwandlung in eine eigene Marke als Wettbewerber zu etablieren. Derartige gesteuerte Markenwechsel sind in der Markenartikelindustrie nicht unbekannt. Nicht auszuschließen ist bei Lizenzgewährungszusagen allerdings das **Risiko überhöhter Lizenzgebühren;**[769] da die Lizenzgewährung jeweils ein Aushandeln angemessener Konditionen voraussetzt, wohnt diesen Zusagen auch ein Verhaltensmoment inne. **183**

Lizenzen an Dritte wurden bei Tierarzneimittelprodukten im Fall *Akzo Nobel/Hoechst Roussel VET*[770] erteilt. Zugangsrechte zu beliebten Spielfilmen, Fußball- und anderen Sportübertragungsrechten sowie ein Zugang für Dritte zu einer Satellitenplattform ge- **184**

---

[763] Komm. E. v. 14.3.2006, COMP/M.3868.

[764] Komm. E. v. 6.10.2004, COMP/M.3099.

[765] Komm. E. v. 13.10.1999, IV/M.1439, WuW 1999, 1195.

[766] Vgl. Mitteilung der Kommission über Abhilfemaßnahmen, ABl. 2008 C 267/1, Rdnr. 62 ff.

[767] So für einen Wirkstoff gegen Kleintier-Ektoparasitizide im Fall Komm. E. v. 17.7.1996, IV/M.737, Rdnr. 275 – *Ciba-Geigy/Sandoz;* für Know-how und Patente aus staatlich gefördertem militärischen Flugzeugbau s. Komm. E. v. 30.7.1997, IV/M.877, ABl. 1997 L 336/16, Rdnr. 117 – *Boeing/McDonnell-Douglas.*

[768] Komm. E. v. 16.1.1996, IV/M.623, ABl. 1996 L 183/1, Rdnr. 233, unter 1a – *Kimberly-Clark/Scott Paper;* s. dazu *Levy* ECLR 1997, 403 ff.

[769] Darauf weisen *Stockmann/Schultz,* Rdnr. 851, hin im Zusammenhang mit dem Fall Komm. E. v. 4.2.1998, IV/M.950, ABl. 1998 L 234/14 – *Hoffmann-La Roche/Boehringer Mannheim.*

[770] Komm. E. v. 22.11.1999, IV/M.1681, WuW 2000, 45; zu Lizenzzusagen s. auch Komm. E. v. 21.3.2000, COMP/M.1636 – *MMS/DASA/Astrium;* Komm. E. v. 3.4.2001, COMP/M.2139 – *Bombardier/Adtranz;* Komm. E. v. 2.9.2003, COMP/M.3083, WuW 2003, 1046 – *GE/Instrumentarium.*

währten die Unternehmen im Fall *Newscorp/Telepiù.*[771] Bei der Überwachung der Einhaltung der Zusagen sollte die italienische Kommunikationsbehörde im Rahmen eines Streitbeilegungsverfahrens als Schiedsrichterin fungieren. Als nicht ausreichend wurde u. a. die von *Volvo* angebotene Öffnung des Händler- und Servicenetzes für konkurrierende Hersteller von Lkw angesehen, weshalb der Zusammenschluss *Volvo/Scania* von der Kommission untersagt wurde.[772]

185 Zu einer Offenlegung von Schnittstelleninformationen bei Abstandsmeldern für Flugzeuge kam es z.B. im Fall *Allied Signal/Honeywell,*[773] bei Telematik- und Mautsystemen in Fahrzeugen im Fall *Toll Collect*[774] sowie bei Over-The-Air-Plattformen für die Verwaltung von SIM-Cards im Fall *Axalto/Gemplus.*[775] Das Unternehmen *IMS Health* musste im Zuge der Übernahme von Teilen von *Cegedim,* einem Anbieter von Customer Relationship Managment, seinen Wettbewerbern auf dem Markt für Marktforschungsdienstleistungen im Pharma- und Healthcare-Bereich Zugang zur sog. brick structure seiner erhobenen Vertriebsdaten gewähren; *IMS Health* ist Marktführer bei der Erhebung von Verkäufen verschreibungspflichtiger Pharmazeutika.[776]

186 Die Gründung der *EADS* durch *Dasa, Aérospatiale Matra* und *SEPI* konnte bezüglich zweier Märkte für Satellitenausrüstungen erst nach der Zusage der Überlassung bestimmter Pakete an Dritte erlaubt werden, die gewerbliche Schutzrechte und die Überlassung von Mitarbeitern enthielten; auch wurde den Erwerbern technische Unterstützung zugesichert.[777]

186a Um Wettbewerbsbedenken infolge des Zusammenschlusses *SNCF/LCR/Eurostar*[778] auf dem Markt für internationalen Schienenpassagierverkehr durch den Kanaltunnel (Strecken London-Paris und London-Brüssel) auszuräumen, verpflichteten sich die Beteiligten, den **diskriminierungsfreien Zugang** zu Serviceleistungen, Raumkapazitäten an Bahnhöfen und zu bestimmten Wartungszentren zu kostenbasierten Preisen sicherzustellen sowie bestimmte Streckentrassen für Wettbewerber freizugeben. Diese Zusagen haben regulierungsähnlichen Charakter und erwecken den Eindruck, dass die Kommission hier Mängel des eisenbahnrechtlichen Regulierungsrahmens in einem Fusionskontrollverfahren zu lösen versucht.[779] Ein Zugang zu Kapazitäten eines Mobilfunknetzes wurde im Wege einer Zusage im Fall *H3G Austria/Orange Austria*[780] gewährt: Bis zu 16 virtuelle Mobilfunknetzbetreiber sollten in bestimmtem Umfang Netzkapazität der Zusammenschlussbeteiligten für 10 Jahre nutzen können. Außerdem wurden bestimmte Frequenzen für eine anstehende Auktion freigegeben.[781] Eine Netzkapazitätszusage zugunsten von Nichtnetzbetreibern (hier sog. MVNO) – nur ergänzt um ein Up-front payment des Erwerbers der Kapazität – wurde auch im Fall *Telefonica Deutschland/E-Plus* für ausreichend erachtet zur Beseitigung der Wettbewerbsbedenken, die sich aus der Reduktion von vier auf drei Mobilfunknetzbetreiber in Deutschland infolge des Zusammenschlusses ergeben hatten.[782] Im Fall *Liberty Global/Ziggo*[783] ging es der Kommission um die Offenhaltung des niederländischen Fernseh-

---

[771] Komm. E. v. 2.4.2003, COMP/M.2876; s. auch die später durch Komm. E. v. 20.7.2010 reduzierte Zusage (dazu § 16 Rdnr. 198).

[772] Komm. E. v. 14.3.2000, COMP/M.1672, WuW 2000, 391.

[773] Komm. E. v. 1.12.1995, IV/M.1601, WuW 2000, 47.

[774] Komm. E. v. 30.4.2003, COMP/M.2903, WuW/E EU-V 859.

[775] Komm. E. v. 19.5.2006, COMP/M.3998, s. dazu auch Rdnr. 128.

[776] Komm. E. v. 19.12.2014, COMP/M.7337.

[777] Komm. E. v. 11.5.2000, COMP/M.1745, WuW 2000, 613f.

[778] Komm. E. v. 17.6.2010, COMP/M.5655.

[779] *Monopolkommission,* Hauptgutachten 2010/2011, Rdnr. 968.

[780] Komm. E. v. 12.12.2012, COMP/M.6497; s. dazu *Langeheine/von Koppenfels* ZWeR 2013, 299, 300f.

[781] Ebenso zuvor im Fall *T-Mobile/Orange,* Komm. E. v. 1.3.2010, COMP/M.5650; s. dazu *Monopolkommission,* Hauptgutachten 2010/2011, Rdnr. 955.

[782] Komm. E. v. 2.7.2014, COMP/M.7018.

[783] Komm. E. v. 10.10.2014, COMP/M.7000.

marktes für Fernsehen über Internet (Over the top), d.h. OTT TV. Durch den Zusammenschluss kam es zu einer sehr starken Stellung von *Liberty Global* im PayTV-Markt, was eine Beschränkung der bislang von *Ziggo* nicht praktizierten Beschränkung von OTT TV in Lieferverträgen für PayTV-Sender ermöglicht hätte. Deshalb verpflichtete sich *Liberty Global,* in Verträgen mit Fernsehanbietern nicht deren Rechte einzuschränken, ihre Inhalte über OTT-Dienste anzubieten.

4. Sonstige Zusagen. In mehreren Entscheidungen finden sich Zusagen über die **Beendigung vertikaler** oder **horizontaler Verflechtungen** der Zusammenschlussbeteiligten untereinander oder mit Dritten zur Ausräumung wettbewerblicher Bedenken.[784] So wurden in *KNP/Bührmann Tetterode/VRG* bestehende Exklusivvertriebsvereinbarungen (Vertrieb und Wartung von Druckmaschinen in Belgien und den Niederlanden)[785] und in *Varta/Bosch* Lizenzverträge zwischen einem Beteiligten und einem Wettbewerber beendet.[786] Im letzteren Fall wurden zudem auf personelle Verbindungen der beiden Unternehmen auf der Ebene von Vorstand und Aufsichtsrat verzichtet.[787] Positiv bewertet wurde von der Kommission auch das Angebot einer offenen Schnittstelle („common interface") im Fall *MSG Media Service,* auch wenn diese Zusage in der Gesamtwürdigung unzureichend war.[788] Nicht akzeptiert wurde von der Kommission die Rücknahme des Antrags bzw. der Unterstützung der beteiligten Unternehmen für Antidumpingzölle bei Siliziumkarbid, die der Rat 1995 auf Importe aus Osteuropa und aus China verhängt hatte.[789] 187

Im Fall *Shell/Montecatini*[790] begnügte sich die Kommission hinsichtlich des Technologiemarktes für Polypropylen mit der Einbringung des PP-Technologiegeschäfts von *Montedison („Spheripol")* in eine neuzugründende Tochtergesellschaft. Inhaber der Patente und Hersteller der Katalysatoren blieb allerdings das bei der Kommission angemeldete Produktions-GU mit *Shell.* Die PP-Technologie von *Shell* stand dem GU vollständig zur Verfügung. Nach Meinung der Kommission fielen so nicht mehr die beiden führenden PP-Technologien in den Einflussbereich eines Entscheidungszentrums. Diese Entscheidung wurde dahingehend kritisiert, dass es sich nur um eine formale Trennung der Technologien handele und gleichwohl mit einer Abstimmung des Wettbewerbsverhaltens zwischen *Shell* und *Montedison* zu rechnen sei.[791] Im Fall *Boeing/McDonnell-Douglas* akzeptierte die Kommission den Verzicht auf langfristige exklusive Lieferverträge von *Boeing* mit drei amerikanischen Fluggesellschaften, um diese für den Wettbewerber *Airbus* offen zu halten;[792] diese Lieferverträge standen nicht in Zusammenhang mit dem Erwerb von *McDonnell-Douglas* und wurden eher zum Zwecke des Ausgleichs negativer wettbewerblicher Effekte des Zu- 188

[784] S. dazu Mitteilung der Kommission über Abhilfemaßnahmen, aaO, ABl. 2008 C 267/1, Rdnr. 58ff.

[785] Komm.E. v. 4.5.1993, IV/M.291, ABl. 1993 L 217/35, Rdnr. 66ff.; s. auch Komm.E. v. 12.4.1991, IV/M.042, ABl. 1991 L 122/48, Rdnr. 45f. – *Alcatel/Telettra* (Beendigung der Lieferbeziehungen zwischen *Alcatel* und *Telefonica,* der nationalen Telefongesellschaft in Spanien); s. dazu *Van Bael/Bellis,* Rdnr. 657.

[786] Komm.E. v. 31.7.1991, IV/M.012, ABl. 1991 L 320/26, Rdnr. 34.

[787] AaO, Rdnr. 34. S. auch Komm.E. v. 23.4.1997, IV/M.754, ABl. 1998 L 149/21, Rdnr. 129 – *Anglo-American/Lonrho* (Abberufung eines Vorstandsmitglieds bei der Zielgesellschaft).

[788] Rdnr. 94 u. 99; vgl. auch Komm.E. v. 19.7.1995, IV/M.490, ABl. 1996 L 53/20, Rdnr. 153 – *Nordic Satellite Distribution* (Angebot von Transpondern für Dritte als unzureichend bewertet).

[789] Komm.E. v. 4.12.1996, IV/M.774, ABl. 1997 L 247/1, Rdnr. 260ff. – *Saint-Gobain/Wacker/NOM.*

[790] Komm.E. v. 8.6.1994, IV/M.269, Rdnr. 116; die Zusage wurde später auf Antrag der Unternehmen aufgehoben, nachdem *Shell* seine PP-Technologie *(Unipol)* an *Union Carbide* verkauft hatte (auf eine Auflage der US-amerikanischen Federal Trade Commission hin), Komm.E. v. 24.4.1996, ABl. 1996 L 294/10.

[791] BKartA, TB 1993/94, S. 59f.; *Heistermann,* in: Schwerpunkte des Kartellrechts 1993/94, S. 66f.; *Kögel,* Angleichung, S. 221, Fn. 250. Zu dem zusätzlichen Aspekt des aufgrund der Zusage kooperativen Charakters des GU s. *Heistermann,* aaO; *Hirsbrunner,* EuZW 1995, 297 u. 301. Zur Klage von *Union Carbide* gegen die Kommissionsentscheidungen s.u. bei Fn. 828.

[792] Komm.E. v. 30.7.1997, IV/M.877, Rdnr. 116 u. 121.

sammenschlusses entgegengenommen. Auch die weitere Zusage in diesem Fall, die zivile Flugzeugbausparte von *McDonnell-Douglas („Douglas Aircraft Corporation" – DAC)* in einer „getrennten rechtlichen Einheit" zu führen und so Transparenz mit Blick auf die mögliche Verwendung von *DAC*-Flugzeugen als „Rabattware" zu schaffen,[793] war ungewöhnlich und in ihrer strukturellen Wirkung sehr zweifelhaft.

189 Der Zusammenschluss der italienischen Versicherungsgesellschaften *Generali/INA*[794] wurde nur deshalb freigegeben, weil die Parteien u. a. zusagten, keine Vertreter mehr in Aufsichtsorgane von Wettbewerbern zu entsenden. Im Fall *Hapag Lloyd/CSAV,*[795] der die Containerschifffahrt zwischen Europa und Mittel-/Südamerika betraf, sagte CSAV zu, sich aus zwei Schifffahrtskonsortien auf diesen Strecken zurückzuziehen; dies beseitigte die Wettbewerbsbedenken der Kommission.

III. Besonderheiten bei Zusagen im Verfahren der „Ersten Phase"

190 Seit der am ersten Revision der FKVO im Jahr 1998[796] können Freigabeentscheidungen nach Art. 6 Abs. 1 FKVO in gleicher Weise wie Entscheidungen nach Art. 8 Abs. 2 auf der Grundlage von Zusagen – und abgesichert durch Bedingungen und Auflagen – erfolgen. Der neue **Art. 6 Abs. 2 FKVO** ist im Wortlaut identisch mit Art. 8 Abs. 2 FKVO. Die Frist der „Ersten Phase" (25 Arbeitstage) verlängert sich im Falle der Vorlage einer Zusage auf 35 Arbeitstage, wobei die Zusage innerhalb von 20 Arbeitstagen ab Eingang der Anmeldung bei der Kommission eingehen muss, um die erforderliche Konsultation Dritter und der Mitgliedstaaten zu ermöglichen (Art. 10 Abs. 1 FKVO; Art. 19 Abs. 1 VO Nr. 802/2004 – „DVO").

191 In der Zeit vor 1998 war die allenfalls im Wege einer Analogie zu Art. 8 Abs. 2 FKVO mögliche Entgegennahme von Zusagen im Vorverfahren und die entsprechende Entscheidungspraxis der Kommission[797] umstritten.[798] Häufig wurde auf die alternative Möglichkeit der Rücknahme und Neuanmeldung verwiesen.[799] Die Kommission fasste deshalb in ihrem Bericht über die Anwendung der Verordnung über Unternehmenszusammenschlüsse an den Rat vom 28.7.1993[800] ihre Grundsätze zu Zusagen im Vorverfahren dahingehend zusammen, dass es sich um Fälle handeln müsse, in denen das **Wettbewerbsproblem klar umrissen** und **ohne Schwierigkeiten auszuräumen** ist und in denen die **Einhaltung** der Zusagen **leicht überprüfbar ist.**[801] Gleichwohl ergaben sich in der Praxis häufig Probleme hinsichtlich des Ausmaßes der Wettbewerbsprobleme und der Transparenz des

[793] AaO, Rdnr. 115 u. 121; s. auch die Verpflichtung zwischen GU und Muttergesellschaften im Fall *Areva/Urenco/ECT/JC,* keine Informationen auszutauschen (Komm. E. v. 6.10.2004, COMP/M.3099).

[794] Komm. E. v. 20.12.1999, COMP/M.1712 (Kurzzusammenfassung in WuW 2000, 148).

[795] Komm. E. v. 11.9.2014, COMP/M.7268.

[796] ABl. 1997 L 180/1 ff.; s. dazu *Baron,* WuW 1997, 588 f.

[797] S. vor allem Komm. E. v. 8.2.1991, IV/M.009, WuW/E EV 1611 – *Fiat Geotech/Ford New Holland* (Beendigung exklusiver Bezugs- und Lieferverträge); Komm. E. v. 4.9.1992, IV/M.235, WuW/E EV 1878 – *Elf Aquitaine – Thyssen/Minol* (Öffnung von ostdeutschen Tanklagern für Wettbewerber); Komm. E. v. 27.11.1992, IV/M.259, WuW 1993, 37 – *British Airways/TAT* (Abgabe von Slots an Wettbewerber); Komm. E. v. 15.3.1994, IV/M.422, WuW 1994, 841 – *Unilever/Ortiz Miko (II);* Komm. E. v. 20.7.1995, IV/M.616, WuW 1996, 107 – *Swissair/Sabena (II);* Komm. E. v. 19.10.1995, IV/M.646 – *Repola/Kymmene;* Komm. E. v. 11.3.1997, IV/M.873, WuW 1997, 595 f. – *Bank Austria/Creditanstalt;* Komm. E. v. 5.6.1997, IV/M.916 – *Lyonnaise des Eaux/Suez;* Komm. E. v. 5.5.1997, IV/M.914 – *Tesco/ABF;* weitere Fälle zit. bei *Fuchs,* WuW 1997, 281 Fn. 59.

[798] BKartA, TB 1993/94 S. 60; *Monopolkommission,* Hauptgutachten 1992/93, Rdnr. 611 f.; ausführlich auch *Fuchs,* WuW 1997, 280 ff.; *Heidenhain,* EuZW 1994, 136; *Kögel,* Angleichung, S. 221; *Uhlig,* S. 245 ff.; *Van Bael/Bellis,* bei Fn. 728; *Broberg* CMLR 1997, 845 ff.; s. auch § 17 Rdnr. 84.

[799] So z. B. von *Drauz/Schroeder,* S. 214.

[800] KOM (93) 385 endg., Rdnr. 17; s. auch *Drauz,* Remedies under the Merger Regulation, in: Annual Proceedings of the Fordham Corporate Law Institute 1996, unter III. B.

[801] Vgl. jetzt auch Erwägungsgrund 30 zur FKVO Nr. 139/2004, ABl. 2004 L 24/1.

Entscheidungsprozesses.[802] Nach Einführung der Vorschrift des Art. 6 Abs. 2 FKVO zeigte sich allerdings in der **Entscheidungspraxis seit 1. März 1998** schnell, dass diese Probleme beseitigt waren.[803] Deshalb wird hier auf eine ausführliche Darstellung der verfahrensrechtlichen Probleme der Vorjahre verzichtet. Die aktuellen verfahrensrechtlichen Anforderungen an Zusagen in der „Ersten Phase" sind in der Mitteilung der Kommission über Abhilfemaßnahmen aus dem Jahr 2008 zusammengefasst.[804]

In der **Entscheidungspraxis** der Kommission kommt es weiterhin häufig zu Zusagen 192
in der „Ersten Phase", da so das aufwendige und mindestens vier weitere Monate in Anspruch nehmende Hauptverfahren vermieden werden kann. Nach Art und Inhalt entsprechen die Zusagen in „Erste-Phase"-Fällen im Wesentlichen denjenigen des Hauptverfahrens und bedürfen deshalb keiner umfassenden Darstellung. Beispielhaft[805] seien folgende Fälle genannt: Um wettbewerbliche Bedenken auszuräumen, die sich wegen der durch den Zusammenschluss in der Hand der Parteien befindlichen gesamten Produktionskette bei Opiumderivaten und bestimmten Medikamenten (von Rohmorphium über Pholcodin zu Hustenmitteln) ergaben, mussten die Parteien im Fall *Sanofi/Synthélabo*[806] das Pholcodingeschäft von *Synthélabo* an einen Dritten verkaufen. Zur Veräußerung von Start- und Landerechten auf bestimmten Flugrouten kam es in den Fällen *KLM/Alitalia*[807] und *United Airlines/US Airways.*[808] Eine Veräußerung des Geschäftsbereichs Hochleistungsanlagen der Postautomatisierung hatte im Fall *Siemens/Dematic/VDO/Sachs*[809] zu erfolgen.

Eine Veräußerung mehrerer wichtiger Lebensmittelmarken ermöglichte die Freigabe des 193
Zusammenschlusses *Unilever/Bestfoods*[810] in der Ersten Phase. Veräußerungszusagen konnten auch wiederholt Zusammenschlüsse von Pharmaunternehmen in der Ersten Phase zu einer Freigabeentscheidung bringen, z. B. im Fall *Pfizer/Warner-Lambert.*[811]

Die Gewährung von Zugang zu technischem Know-how war Gegenstand einer Erste 194
Phase-Zusage im Fall *EADS.*[812] Beim skandinavischen Zusammenschluss *Telia/Sonera*[813] im Bereich der Telekommunikation wurden Bedenken zu vertikalen Auswirkungen (Gefahr der Verteuerung des Zugangs von Wettbewerbern zu Vorleistungen) durch eine (befristete) Zugangsgewährungsverpflichtung sowie eine Unbundling-Verpflichtung der Netz- und Dienstegesellschaften ausgeräumt. Die Zusage von Zusammenschaltungsvereinbarungen auf Mobilfunkmärkten ermöglichte die Freigabe im Fall *Vodaphone Air/Mannesmann.*[814] In jüngster Zeit wurde der Fall *Swissport/Servisair*[815] gegen die Veräußerung von Bodenabferti-

---

[802] S. z. B. die Klage der *ARD* gegen die *Kommission* wegen der Freigabe des Zusammenschlusses *BSkyB/Kirch* im Bereich des PayTV (Komm. E. v. 21.3.2000, COMP/JV.37, WuW/E EU-V 455), die allerdings abgewiesen wurde, da nach Auffassung des EuG das durch Zusagen beseitigte Wettbewerbsproblem klar umrissen und leicht lösbar war (EuG U. v. 30.9.2003, Slg. 2003, II-3825).

[803] Komm. E. v. 21.4.1998, IV/M.1109 – *Owens-Illinois/BSR Packaging;* Komm. E. v. 23.4.1998, IV/M.1131 – *Allianz/AGF;* Komm. E. v. 2.6.1998, IV/M.1080 – *Thyssen/Krupp;* Komm. E. v. 2.6.1998, IV/M.931 – *Nesté/IVO;* Komm. E. v. 4.6.1998, IV/M.1185 – *Alcatel/Thomson CSF – SCS;* Komm. E. v. 30.6.1998, IV/M.1182, WuW/E EU-V106 – *Akzo Nobel/Courtaulds;* Komm. E. (Art. 6 Abs. 1 Buchst. c) v. 31.7.1998, IV/M.1125 – *Stora/Enso* (Zusage nicht ausreichend); Komm. E. (Art. 6 Abs. 1 Buchst. c) v. 28.9.1998, IV/M.1221 – *Rewe/Meinl* (Zusage nicht fristgemäß erfolgt, vgl. Art. 18 Abs. 1 DVO).

[804] http://eur-lex.europa.eu/legal-content/DE/TXT/PDF/?uri=CELEX:52008XC1022 %2801 % 29&from=EN; ABl. 2008 C 267/1 ff.

[805] Ausführlich zu Zusagen der „Ersten Phase" in den Jahren 2004/2005 s. z. B. *Hossenfelder/Töllner/Ost,* Kartellrechtspraxis und Kartellrechtsprechung 2005/2006, Rdnr. 1049 ff.

[806] Komm. E. v. 15.5.1999, IV/M.1387, WuW 1999, 715.

[807] Komm. E. v. 11.8.1999, IV/JV.19, WuW 1999, 986.

[808] Komm. E. v. 11.1.2001, COMP/M.2041, WuW 2001, 159.

[809] Komm. E. v. 29.8.2000, COMP/M.2059, WuW 2000, 988.

[810] Komm. E. v. 28.9.2000, COMP/M.1990, WuW 2000, 1087.

[811] Komm. E. v. 22.5.2000, COMP/M.1878, WuW 2000, 1213.

[812] Komm. E. v. 11.5.2000, COMP/M.1745, WuW 2000, 613 f.

[813] Komm. E. v. 10.7.2002, COMP/M.2803.

[814] Komm. E. v. 12.4.2000, COMP/M.1795, WuW 2000, 612 f.

[815] Komm. E. v. 18.12.2013, COMP/M.7021.

gungskapazitäten von *Swissport* in Birmingham sowie von *Servisair* in Helsinki, London-Gatwick und Newcastle freigegeben. Eine Veräußerungszusage für mehrere Beteiligungen in Finnland, Schweden und Norwegen im Bereich Karbonstahl/Stahlbau ermöglichte die schnelle Freigabe des Zusammenschlusses *SSAB/Rautaruukki.*[816] Im Fall *Intel/McAfee*[817] akzeptierte die Kommission mehrere Verhaltenszusagen (siehe im Einzelnen Rdnr. 133a).

195 Unter dem Stichwort **„Zusagen in Phase 0"** werden in der Literatur[818] Modifikationen des Zusammenschlusses nach Vorgesprächen mit der GD Wettbewerb bzw. nach Rücknahme und bei Neuanmeldung eines Vorhabens diskutiert. Dabei handelt es sich jedoch nicht um Zusagen im Sinne von Art. 8 Abs. 2 FKVO, sondern um die Ausgestaltung des Zusammenschlusses selbst. So wurde im Fall *Procter & Gamble/VP Schickedanz*[819] das Vorhaben erneut – unter Ausklammerung bestimmter Zweitmarken von *VP Schickedanz* – angemeldet, um von vornherein den wettbewerblichen Bedenken der Kommission zu begegnen. Hinsichtlich des ausgeklammerten Teils fehlte es damit bereits an einem Kontrollerwerb, so dass er gar nicht der Prüfung durch die Kommission unterlag.[820]

IV. Zusagen „zu Lasten Dritter"

196 In einigen Fällen betrafen die von den Zusammenschlussbeteiligten abgegebenen Zusagen horizontale oder vertikale Vertragsbeziehungen zu Dritten. So verpflichtete sich *Kali & Salz* im Fall *Kali + Salz/MdK/Treuhand,* aus der *Kali-Export GmbH,* Wien, auszuscheiden und ein Gemeinschaftsunternehmen mit dem französischen Wettbewerber *SCPA („Potacan")* umzugestalten. In dem u. a. dazu von *SCPA* angestrengten Gerichtsverfahren vertrat GA *Tesauro* in seinen Schlussanträgen die Ansicht, dabei handele es sich nicht nur um indirekte Auswirkungen auf Dritte, sondern um Bedingungen, die Dritte „objektiv und subjektiv betreffen".[821] Der EuGH folgte aber dieser Auffassung nicht.[822] Da Zusagen zur Erlangung einer Freigabeentscheidung von den beteiligten Unternehmen gerade freiwillig angeboten werden und nicht von der Kommission erzwungen werden können, bestehen keine Bedenken gegen derartige Maßnahmen. Es handelt sich vielmehr um unternehmensstrategische Entscheidungen, die den Beteiligten zivilrechtlich möglich sind[823] und von ihnen nach eigener Abwägung getroffen werden. Allenfalls ergeben sich für die Kommission verfahrensrechtliche Konsequenzen, z. B. hinsichtlich einer Anhörung betroffener Dritter. So hat die Kommission im Fall *KNP/Bührmann Tetterode/VRG* den von einer Kündigung ausschließlicher Vertriebsverträge bedrohten Vertragspartnern Gelegenheit zur Stellungnahme zu der Zusage gegeben.[824] Im Fall *Kali + Salz/MdK/Treuhand* war die Zusage nicht zum Gegenstand einer Auflage gemacht worden, da die Umgestaltung von *Potacan* von der Mitwirkung von *SCPA* abhing.[825] Bleiben Zweifel an der zivil- oder gesell-

---

[816] Komm. E. v. 15.7.2014, COMP/M.7155.

[817] Komm. E. v. 26.1.2011, COMP/M.5984; s. dazu *Monopolkommission,* Hauptgutachten 2010/2011, Rdnr. 946 ff.

[818] *Heistermann,* in: Schwerpunkte des Kartellrechts 1993/94, S. 65.

[819] Komm. E. v. 21.6.1994, IV/M.430, Rdnr. 7 – *Procter & Gamble/VP Schickedanz (II).* Gleichwohl hatte *Kaysersberg,* ein Wettbewerber, – erfolglos (s. Fn. 820) – Klage gegen die „Zusage in Phase 0" erhoben, T-290/94, ABl. 1994 C 316/17.

[820] So auch EuG U. v. 27.11.1997, Slg. 1997, II-2137 – *Kaysersberg SA/Komm.,* Rdnr. 190.

[821] Schlussanträge v. 6.2.1997, Slg. 1998, I-1375, Rdnr. 134; *Baron,* WuW 1997, 579 ff. (591).

[822] EuGH U. v. 31.3.1998, Slg. 1998, I-1375 *Französische Republik/Komm.* und *SCPA u. EMC/Komm.*

[823] So auch *Fuchs* WuW 1997, 277; *Immenga/Mestmäcker-Körber,* Art. 8 FKVO Rdnr. 29.

[824] *Drauz/Schroeder,* S. 211.

[825] EuGH U. v. 31.3.1998, Slg. 1998, I-1375, Rdnr. 49 ff. – *Französische Republik/Komm.* und *SCPA u. EMC/Komm.; Drauz/Schroeder,* aaO; s. auch *Heistermann,* in: Schwerpunkte des Kartellrechts 1993/94, S. 62. Ablehnend *Fuchs,* WuW 1997, 278. Vgl. auch den Fall *Shell/Montecatini,* in dem der Wettbewerber *Union Carbide,* der mit einem der Zusammenschlussbeteiligten *(Shell)* in einem Gemeinschaftsunternehmen verbunden war, Klage gegen die Freigabe erhob, da er befürchtete, dass sein GU-Partner seine gesellschaftsrechtliche Stellung in dem GU dazu benutzen wird, den

schaftsrechtlichen Durchführbarkeit der Zusage, sollte die Kommission die beteiligten Unternehmen allerdings auf die Alternative der Rücknahme und späteren Neuanmeldung verweisen.[826]

Einen in der FKVO nicht ausdrücklich vorgesehenen Sonderfall stellen **Zusagen** dar, 197
die **von Dritten** – insbes. von Regierungen von Mitgliedstaaten – gegeben werden, um eine Freigabe des Zusammenschlusses durch die Kommission zu ermöglichen. So hatten sich in den Luftverkehrsfällen *Air France/Sabena* und *Swissair/Sabena (II)* der französische bzw. der belgische Staat u.a. dazu verpflichtet, die Übertragung der von den Parteien aufgegebenen Slots an Dritte auszuführen.[827] Die Zusage der zusammenschlusswilligen Lkw-Hersteller *Volvo* und *Scania,* sich bei der schwedischen Regierung für die Abschaffung einer besonderen schwedischen Sicherheitsnorm für Fahrerhäuser bei schweren Lkw („Cab Crash Test") einzusetzen, wurde von der Kommission nicht als Zusage akzeptiert.[828]

V. Durchsetzung von Zusagen sowie spätere Änderungen

Die Absicherung von Zusagen durch Bedingungen und Auflagen, Fristen, Mitteilungen 198
an Dritte und Mitgliedstaaten zur Stellungnahme sowie die allgemeine Durchsetzbarkeit und Sanktionen werden in § 17 Rdnr. 126ff. behandelt. In einigen Fällen stellte sich für die Kommission die Frage einer **nachträglichen Änderung** von oder eines **Verzichts** auf zunächst entgegen genommene Zusagen. Um dies grundsätzlich zu ermöglichen, enthalten Verpflichtungszusagen regelmäßig eine **Überprüfungsklausel.** Die Kommission kann dann auf begründeten Antrag der Unternehmen und ggf. einen Markttest hin Fristen verlängern oder in Ausnahmefällen auf die Zusage verzichten, sie ändern oder ersetzen.[829] Voraussetzung ist, dass sich die Marktverhältnisse auf Dauer erheblich geändert haben. Für diesen Nachweis muss zwischen der Freigabeentscheidung und dem Änderungsantrag eine hinreichend lange Zeitspanne liegen, in der Regel mindestens mehrere Jahre.[830] Relevanz hat die Überprüfung und ggf. die nachträgliche Änderung von Zusagen am ehesten bei verhaltensorientierten Abhilfemaßnahmen, da Veräußerungsverpflichtungen regelmäßig innerhalb kurzer Frist nach der Freigabeentscheidung umgesetzt worden sind. Nachträgliche Änderungen hat es z.B. in den Fällen *Bombardier/Adtrans* (Beendigung einer Bezugsverpflichtung) und *Hoechst/Rhone-Poulenc*[831] (Ersatz eines Veräußerungsobjekts durch ein anderes – höherwertiges – Objekt) gegeben. Ein anderes Beispiel war der Zusammenschluss *Newscorp/Telepiù,* der 2003 unter Bedingungen und Auflagen freigegeben worden war.[832] Hier gestattete die Kommission der *Newscorp*-Tochtergesellschaft *Sky Italia,* an einer Ausschreibung von Frequenzen für das terrestrische Digitalfernsehen in Italien teilzunehmen, hier eine von fünf auszuschreibenden Frequenzen zu ersteigern und für einen Zeitraum von fünf Jahren für frei empfangbares Fernsehen zu nutzen. Die Frequenz darf nicht für PayTV eingesetzt werden angesichts der starken Stellung von *Sky Italia* auf dem italienischen PayTV-Markt, was seinerzeit zur Beschränkung von *Sky* auf PayTV per Satellitenempfang im Wege einer Zusage geführt hatte. Allerdings hat sich nach den Feststellungen

---

Wettbewerb – hier bei PP-Technologien – auszuschalten (Rs. T-322/94, ABl. 1994 C 380/17; T-153/96, ABl. 1996 C 354/33; T-8/97, ABl. 1997 C 74/25); die Klagen wurden später zurückgenommen; s. dazu *Heistermann,* in: Schwerpunkte des Kartellrechts 1993/94, S. 66.

826 *Fuchs,* WuW 1997, 278.

827 Komm. E. v. 5.10.1992, IV/M.157, Rdnr. 45, WuW/E EV 1948 – *Air France/Sabena;* s. dazu *Gonzalez-Dias,* Case Note, MCR B 16 („Bedingung für Freigabe"); Komm. E. v. 20.7.1995, IV/M.616, Rdnr. 43, WuW 1996, 107 – *Swissair/Sabena (II);* vgl. auch Komm. E. v. 12.4.1991, IV/M.042, ABl. 1991 L 122/48, Rdnr. 22 – *Alcatel/Telettra.*

828 Komm. E. v. 14.3.2000, COMP/M.1672, WuW 2000, 391 f.

829 Mitteilung über Abhilfemaßnahmen, ABl. 2008 C 267/1, Rdnr. 71 ff.; zum Für und Wider der Überprüfungsklausel und des sich anschließenden Verfahrens siehe *Monopolkommission,* Hauptgutachten 2010/2011, Rdnr. 979.

830 Mitteilung aaO, Rdnr. 74.

831 Komm. E. v. 3.4.2001, COMP/M.2139; Komm. E. v. 9.8.1999, COMP/M.1378.

832 Komm. E. v. 2.4.2003, COMP/M.2876.

der Kommission in der Zwischenzeit der PayTV-Markt durch den Eintritt alternativer Anbieter über terrestrische Plattformen sowie durch eine weitere digitale Satellitenplattform erheblich verändert.[833] Aus jüngerer Zeit ist der Zusammenschluss *Hoffmann-La Roche/Boehringer Mannheim*[834] zu nennen, der 1998 nur gegen die Zusage eines diskriminierungsfreien Zugangs von Dritten zur Technologie für Polymerase-Kettenreaktion (PCR) von *Hoffmann-La Roche* freigegeben worden war. Das Unternehmen vergab in der Folgezeit mehr als 35 unter die Zusage fallenden Lizenzen. Im Jahr 2008 beantragte *Hoffmann-La Roche* den Verzicht der Kommission auf die Zusage, da sein PCR-Patentbestand nicht länger ein Hindernis für den Zutritt zum nachgelagerten DNA-Sonden-Markt darstelle und die PCR-Grundpatente ausgelaufen bzw. im Auslaufen begriffen seien. Das in der Zusage konzipierte Lizenzsystem sei mittlerweile wettbewerbsschädlich, weil es nicht den aktuellen Bedarf des Marktes an Patenten mit unterschiedlicher geographischer und spezifischer Ausrichtung widerspiegele. Die Kommission bejahte nach einem Phase 2-Verfahren die o. g. Voraussetzungen einer erheblichen Marktveränderung und einer hinreichend langen Zeitspanne seit der Freigabeentscheidung und hob die Lizensierungsverpflichtung durch Entscheidung nach Art. 8 Abs. 2 FKVO vom 4.5.2011 auf.[835]

VI. Streitschlichtungsverfahren bei Zusagen

199 Seit einigen Jahren ergänzt die Kommission Zusagenregelungen um eine Schiedsgerichtsklausel („Arbitration Commitment“) für den Fall etwaiger Streitigkeiten zwischen den Zusammenschlussbeteiligten und Dritten, die im Zuge der Umsetzung einer Zusage entstehen. So wurden im Fall *Alcatel/Finmeccanica/Alcatel Alenia Space & Telespazio* der Direktor der Europäischen Raumfahrtagentur ESA als Schiedsrichter für Streitigkeiten im Zusammenhang mit der Bereitstellung einer bestimmten Technologie durch *Alcatel* an Dritte benannt und diesbezüglich detaillierte Schiedsregeln festgelegt.[836] Eine ähnliche Schiedsregelung fand sich in der Freigabeentscheidung *Dong/Elsam*[837] in Form eines Mediationsverfahrens mit Hilfe des die Zusagenerfüllung überwachenden Treuhänders.

G. Die Frage der Abwägungsklausel

200 In der deutschen Fusionskontrolle eröffnet § 36 Abs. 1 Satz 2 Nr. 1 GWB die Möglichkeit, eine mit dem Zusammenschluss verbundene **Verbesserung der Wettbewerbsbedingungen** auf einem **Drittmarkt** nachzuweisen und damit eine Untersagung wegen Begründung oder Verstärkung einer beherrschenden Stellung auf dem unmittelbar durch den Zusammenschluss betroffenen Markt zu verhindern (sofern die Verbesserungen die Nachteile der Marktbeherrschung **überwiegen**). Art. 2 Abs. 3 FKVO sah eine solche explizite wettbewerbsbezogene Abwägungsklausel niemals vor. Darauf wies die Kommission in der Verweisungsentscheidung *SEHB/VIAG/PE – BEWAG*[838] nach Art. 9 Abs. 3 Buchst. b FKVO ausdrücklich hin. Nach der FKVO ist allerdings seit der Revision 2004 mit dem **SIEC-Test** ein materieller Prüfungsmaßstab eingeführt worden, der **mehrere Abwägungselemente** enthält. Zunächst sind bei der Prüfung, ob eine „erhebliche Behinderung wirksamen Wettbewerbs im Gemeinsamen Markt oder in einem wesentlichen Teil desselben“ vorliegt, die wettbewerblichen Faktoren (u. a. aus Art. 2 Abs. 1 FKVO) in einer Gesamtwürdigung zu bewerten, was Abwägungselemente enthält. Abwägungen sind

---

[833] Komm. E. v. 20.7.2010; IP/10/983.
[834] Komm. E. v. 4.2.1998, COMP/M.950.
[835] COMP/M.950; s. dazu *Monopolkommission,* Hauptgutachten 2010/2011, Rdnr. 972 ff.
[836] Komm. E. v. 28.4.2005, COMP/M.3680, Anlage Commitments, Rdnr. 43 ff.
[837] Komm. E. v. 14.3.2006, COMP/M.3868; s. auch Mitteilung über Abhilfemaßnahmen, ABl. 2008 C 267/1, Rdnr. 130 mwN in Fn. 1, http://eur-lex.europa.eu/legal-content/DE/TXT/PDF/?uri=CELEX:52008XC1022 %2801 %29&from=EN.
[838] Komm. E. v. 25.7.1997, IV/M.932, Kurzzusammenfassung in WuW 1997, 701.

weiterhin erforderlich im Rahmen der „efficiency defence“[839] und der Sanierungsfusion.[840] Die früher in der Literatur diskutierte Frage, ob das Tatbestandsmerkmal der wesentlichen Behinderung von Wettbewerb die Möglichkeit einer wettbewerblichen Abwägung von negativen Auswirkungen eines Zusammenschlusses auf dem (sachlichen oder räumlichen) Markt A einerseits und positiven Auswirkungen auf Markt B andererseits eröffnen,[841] ist damit durch das SIEC-Konzept ein Stückweit beantwortet worden.

Allerdings fehlt es weiterhin an einer Abwägungsklausel im Sinne der deutschen Fusi- 201
onskontrolle. Eine derartige Abwägungsklausel mit einer Messung positiver und negativer Effekte eines Zusammenschlusses, die dann einem „bilan compétitif“[842] unterzogen werden, ist keineswegs unproblematisch und hatte z. B. die deutsche Bundesregierung zum Vorschlag der Streichung der Abwägungsklausel in § 24 Abs. 1 GWB a. F. im Zuge der 6. GWB-Novelle veranlasst.[843] Auch auf europäischer Ebene dürfte eine quantifizierende Gewichtung von Märkten willkürfrei kaum möglich sein.[844] Die Hinnahme negativer Effekte auf bestimmten nationalen Märkten im Gegenzug zu positiven Effekten in anderen Mitgliedsstaaten wäre auch politisch kaum vermittelbar.[845] Über die o. g., mit dem SIEC-Test verbundenen Abwägungsvorgänge hinaus sollte deshalb auf weitere inzidente Abwägungen verzichtet werden. Schließlich können regelmäßig sachlich oder räumlich begrenzte Wettbewerbsprobleme im Wege von Zusagen gelöst werden.

Im Zusammenhang mit der Verweisungspraxis zwischen Kommission und Mitgliedstaa- 202
ten bleibt darauf hinzuweisen, dass Zusammenschlüsse mit grundsätzlich gemeinschaftsweiter Bedeutung, die gemäß Art. 9 oder Art. 4 Abs. 4 FKVO an das BKartA verwiesen werden, – anders als nicht verwiesene Fälle – in den Genuss einer Abwägung negativer und positiver wettbewerblicher Auswirkungen des Zusammenschlusses kommen können. Dies wurde von der Kommission im Fall *SEHB/VIAG/PE – BEWAG*[846] angedeutet. In der Literatur wird die Anwendbarkeit der deutschen Abwägungsklausel im Anschluss an eine Art. 9 FKVO-Verweisung allerdings vereinzelt – unter Berufung auf den Wortlaut des Art. 9 Abs. 8 FKVO – bestritten.[847]

H. Nebenabreden

I. Zweck und Voraussetzungen der Freistellung

1. Rechtliche Einordnung. Gemäß Erwägungsgrund 21 der FKVO ist die Verord- 203
nung auch anwendbar, wenn die am Zusammenschuss beteiligten Unternehmen „sich Einschränkungen unterwerfen, die mit der Durchführung des Zusammenschlusses **unmittelbar verbunden** und dafür **notwendig** sind“. Durch die Entscheidung der Kommission, einen Zusammenschluss für vereinbar mit dem Gemeinsamen Markt zu erklären, gelten daher diese „Einschränkungen“ als genehmigt **(Art. 8 Abs 1 Unterabs. 2 und Art. 8**

[839] S. dazu D. II. 7. (Rdnr. 80 ff.).

[840] S. dazu I. (Rdnr. 219).

[841] *Bechtold/Bosch/Brinker/Hirsbrunner,* Art. 2 FKVO Rdnr. 80 ff.; *Bechtold* EuZW 1996, 389 ff.; *Immenga/Mestmäcker-Körber,* Art. 2. FKVO Rdnr. 394 ff.; *Kleemann,* in Fs. Lieberknecht, S. 379 ff.; *GTE-Schröter,* Art. 87 Rdnr. 273 mwN (über das Merkmal der „Entwicklung des technischen und wirtschaftlichen Fortschritts“, Art. 2 Abs. 1 Buchst. b); *S/J/K/M-Albers/Hacker,* Art. 2 FKVO Rdnr. 426; ablehnend *Hirsbrunner,* EuZW 1997, 748, 752.

[842] *Bechtold,* aaO, S. 391.

[843] BR-Drucks. 852/97 v. 7.11.1997; zur Streichung kam es schließlich jedoch nicht, vgl. § 36 Abs. 1 GWB.

[844] *Bechtold/Bosch/Brinker,* aaO, Rdnr. 81.

[845] So auch *Bechtold,* aaO, S. 391 f. Vgl. allerdings Komm. E. v. 5.4.1993, IV/M.328, Rdnr. 10 u. 14 – *Gehe AG/OCP SA,* in der positive Auswirkungen eines Zusammenschlusses deutsch/französischer Arzneimittelgroßhändler auf anderen europäischen Märkten gewürdigt wurden.

[846] Komm. E. v. 25.7.1997, IV/M.932.

[847] *Westermann,* Die Einwirkungen der europäischen auf die deutsche Fusionskontrolle, S. 42.

Abs. 2 Unterabs 3 FKVO). Entsprechendes gilt für das Verfahren in der ersten Phase **(Art. 6 Abs. 1 Unterabs. 3 FKVO).** Es handelt sich um eine **Genehmigungsfiktion,** d. h. die Kommission prüft die Nebenabreden – seit 2004, faktisch aber bereits seit 2001[848] – in der Regel nicht mehr. Nur auf Antrag der beteiligten Unternehmen wird die Kommission im Fall „neuer oder ungelöster Fragen, die zu ernsthafter Rechtsunsicherheit führen können", gesondert prüfen, ob eine Einschränkung (d. h. Nebenabrede) mit der Durchführung des Zusammenschlusses unmittelbar verbunden und dafür notwendig ist. Eine solche neue oder ungelöste Frage liegt vor, wenn sie nicht durch die entsprechende Bekanntmachung zu Nebenabreden oder eine veröffentlichte Entscheidung der Kommission geregelt ist (Erwägungsgrund 21, Satz 3 und 4); eine Konkretisierung oder auch neuere Entscheidungspraxis gibt es zu derartigen „neuen oder ungelösten Fragen" bislang nicht.

204 Mit diesen Regelungen erfasst die FKVO **Nebenabreden („ancillary restraints"),** die von den Beteiligten vertraglich im Rahmen des Zusammenschlusses vereinbart werden, aber wettbewerbsbeschränkenden Charakter haben und deshalb eigentlich nach **Art. 101 AEUV** zu prüfen und ggf. über die Immanenztheorie (vergleichbar einer „Rule of Reason")[849] vom Tatbestand des Art. 101 Abs. 1 AEUV auszunehmen oder nach Art. 101 Abs. 3 AEUV freizustellen wären. Ähnlich verfährt das deutsche Recht mit wettbewerbsbeschränkenden Nebenabreden, auch wenn es von einem Nebeneinander von Fusionskontrolle und Prüfung des Kartellverbots (§ 1 GWB) ausgeht.[850] Art. 8 Abs. 2 Unterabs. 3 FKVO und Art. 6 Abs. 1 Unterabs. 2 FKVO nehmen Nebenabreden unter bestimmten Voraussetzungen von vornherein von Art. 101 AEUV iVm. VO Nr. 1/2003 aus und entziehen sie somit einer Doppelkontrolle. Sie unterliegen insoweit einem **„Konzentrationsprivileg"** und sollen das Prinzip des „one stop shop" wahren.[851] Die Regelung des Art. 8 Abs. 1 Unterabs. 2 und Abs. 2 Unterabs. 3 FKVO stellt in gewisser Weise ein Gegenstück zu Art. 2 Abs. 4 FKVO dar, wonach Handlungen nicht als Zusammenschlüsse, sondern als nach Art. 101 AEUV zu beurteilende Sachverhalte anzusehen sind, wenn sie eine Koordinierung des Wettbewerbsverhaltens voneinander unabhängig bleibender Unternehmen bezwecken oder bewirken. Dies gilt z. B. für kooperative Gemeinschaftsunternehmen; auch soweit solche Gemeinschaftsunternehmen Vollfunktionscharakter im Sinne von Art. 3 Abs. 4 FKVO besitzen, sind sie seit der Revision der FKVO 1998[852] nur verfahrensmäßig, nicht aber materiell Art. 101 AEUV entzogen.[853] Demgegenüber wird Art. 101 AEUV auf unmittelbar mit dem Zusammenschluss verbundene und notwendige Nebenabreden gar nicht angewendet. In Grenzfällen hat die Kommission den konzentrativen Charakter eines Gemeinschaftsunternehmens bejaht und zugleich bestimmten potentiell wettbewerbsbeschränkenden Vereinbarungen der Parteien die Anerkennung als Nebenabreden versagt. Dies galt z. B. in *BP/Mobil*[854] für einen Liefervertrag zwischen *Mobil* und *Aral* sowie bestimmten gesellschaftsvertraglichen Informationsrechten, die sich aus der Beteiligung von *Mobil* in Höhe von 28% an *Aral* ergaben und die ungeachtet der Neugründung eines mit *Aral* konkurrierenden Gemeinschaftsunternehmens zwischen *Mobil* und *BP* fortbestehen sollten. Insoweit verwies die Kommission ausdrücklich auf eine mögliche Prüfung nach Art. 101 AEUV.[855]

---

848 S. dazu Rdnr. 206 am Ende.

849 EuGH U. v. 11.7.1985, Slg. 1985, 2545 – *Remia/Nutricia;* ausführlich dazu *Wagemann,* Rechtfertigungs- und Entschuldigungsgründe, S. 54 ff.

850 *Langen/Bunte-Krauß,* § 1 Rdnr. 143 f.; Nebenabreden im nachfolgend beschriebenen Sinne, z. B. Wettbewerbsverbote zu Lasten des Veräußerers, sind allerdings regelmäßig nach der Immanenztheorie vom Tatbestand des § 1 GWB ausgenommen, vgl. *Langen/Bunte-Krauß,* § 1 Rdnr. 144 u. 263.

851 *Immenga/Mestmäcker-Körber,* Art. 8 FKVO Rdnr. 19; *Grabitz/Hilf/Nettesheim-Schumacher,* Art. 101 AEUV Rdnr. 44; *Cook/Kerse,* S. 170.

852 VO Nr. 1310/97 v. 30.6.1997, ABl. 1997 L 180/1.

853 S. o. Rdnr. 136 ff.

854 Komm. E. v. 7.8.1996, IV/M.727.

855 AaO, Rdnr. 25 u. 53; ähnlich in Komm. E. v. 23.12.1997, IV/M.1041, Rdnr. 30 – *BASF/Shell II.*

Das Privileg kommt nur solchen Nebenabreden zugute, die **mit der Durchführung** (des Zusammenschlusses) **unmittelbar verbunden** und für diese **notwendig** sind (dazu sogleich unter Rdnr. 208f.). Die Nichtanwendbarkeit von Art. 101 AEUV unter diesen Voraussetzungen war bereits in der Zeit vor 1990 durch die Rechtsprechung des EuGH zu Art. 101 AEUV anerkannt.[856] Zur Konkretisierung der beiden Kriterien sowie bestimmter Fallgruppen hatte die Kommission 1990 eine **Bekanntmachung über Nebenabreden zu Zusammenschlüssen nach der FKVO**[857] erlassen, die **2001** und sodann erneut **2005** durch **Neufassungen**[858] ersetzt worden ist (dazu im Einzelnen unter Rdnr. 206ff. und 210ff.). Sind Nebenabreden keine „unausweichliche Folge" des Zusammenschlusses, werden sie gesondert auf ihre Vereinbarkeit mit Art. 101 und 102 EG geprüft.[859] Sie können auch unter nationale Wettbewerbsvorschriften fallen.[860] Dies gilt auch für sämtliche vertragliche Regelungen wettbewerbsbeschränkender Art im Rahmen **stufenweise** durchgeführter Zusammenschlüsse, soweit sie sich auf Stufen vor dem Erwerb der Kontrolle im Sinne von Art. 3 Abs. 1 und 3 FKVO beziehen.[861] In der Praxis lässt die Kommission aber solche Regelungen als Nebenabreden gelten, soweit es sich um Beschränkungen hinsichtlich des üblichen Geschäftsbetriebs des zu veräußernden Unternehmens handelt.[862] Die Zusammenschlussbeteiligten wurden früher in Ziff. 11.1 des Formblattes CO[863] aufgefordert, Nebenabreden, „für die eine Beurteilung gemeinsam mit dem Zusammenschlussvorhaben beantragt wird", in der Anmeldung anzugeben und ihre Verbindung und Notwendigkeit für den Zusammenschluss zu erläutern. Dieses Kapitel ist ersatzlos gestrichen worden. 205

In ihrer **Entscheidungspraxis bis 2001** behandelte die Kommission Nebenabreden regelmäßig am Schluss der Entscheidung, jedoch häufig mit sehr knapper oder auch ohne Begründung.[864] In den öffentlichen Versionen der Entscheidungen waren zudem häufig die Dauer von Wettbewerbsverboten oder andere Einzelheiten der Nebenabreden als Geschäftsgeheimnisse gelöscht.[865] Seit der Revision der Bekanntmachung zu Nebenabreden im Jahr 2001[866] überließ die Kommission die rechtliche Bewertung von Nebenabreden der Selbstveranlagung der Unternehmen. Sie begründete dies damit, dass die auch Nebenabreden betreffenden Freigabeentscheidungen ohnehin nur **deklaratorischer Natur** gewesen seien. Die Bekanntmachung sollte als Auslegungshilfe für die Unternehmen dienen. Dies hatte zur Folge, dass Nebenabreden nur noch selten in Fusionskontrollverfahren als notwendige Beschränkungen geltend gemacht wurden.[867] Den bloß deklaratorischen Charakter der Entscheidung der Kommission zu Nebenabreden verneinte allerdings im Folgejahr das EuG mit der Begründung, die Entscheidung über die Verbundenheit und Notwendigkeit der Nebenabreden für den zugrunde liegenden Zusammenschluss wie auch die Vereinbarkeitserklärung vermittle den Unternehmen **subjektive Rechte.**[868] 206

---

[856] EuGH U. v. 11.7.1985, Slg. 1985, 2545 – *Remia/Nutricia;* s. auch *Cook/Kerse,* S. 170f. mwN.

[857] ABl. 1990 C 203/5.

[858] ABl. 2001 C 188/5; ABl. 2005 C 56/24.

[859] Bekanntmachung, ABl. 2005 C 56/24, Rdnr. 7 (nachfolgend „Bekanntmachung (2005)").

[860] Bekanntmachung (2005), aaO.

[861] Bekanntmachung (2005), Rdnr. 14; Komm. E. v. 30.4.1992, IV/M.197, Rdnr. 53 – *Solvay-Laporte/Interox.*

[862] *Drauz/Schroeder,* S. 183 m. Beispielen.

[863] ABl. 1998 L 61/11, 24 (vormals Ziff. 9.5 des Formblattes CO, ABl. 1994 L 377).

[864] So z.B. in Komm. E. v. 13.3.1995, IV/M.550, Rdnr. 91 – *Union Carbide/Enichem; Metaxas/Armengod* ECLR 2005, 500ff.; kritisch dazu *Modrall* ECLR 1995, 40.

[865] So z.B. Komm. E. v. 12.1.1995, IV/M.520, Rdnr. 15 – *Direct Line/Bankinter;* Komm. E. v. 5.2.1996, IV/M.651, unter VII. – *AT & T/Philips* (mit Angabe eines Näherungswertes).

[866] ABl. 2001 C 188/5; s. dazu *Polley,* WRP 2002, 304ff.

[867] *Hossenfelder/Töllner/Ost,* Kartellrechtspraxis und Kartellrechtsprechung 2005/2006, Rdnr. 1033.

[868] EuG U. v. 20.11.2002, Slg. 2002, II-4825 – *Lagardère/Canal+* (mit der verfahrensrechtlichen Konsequenz, dass die Rücknahme einer zunächst erfolgten Freigabeentscheidung nicht zulässig war, da es sich um einen subjektive Rechte gewährenden, begünstigenden Verwaltungsakt gehandelt hatte).

Daraufhin änderte der Rat (auf Vorschlag der Kommission) die entsprechenden Regelungen zu Nebenabreden in Art. 6 und Art. 8 FKVO im Zuge der **Revision der FKVO** im Jahre **2004** und führte die unter Rdnr. 203 beschriebene **Genehmigungsfiktion** für unmittelbar verbundene und notwendige Nebenabreden ein („… gelten als genehmigt"). Die **Bekanntmachung** über Nebenabreden wurde erneut angepasst und **2005 neu veröffentlicht.**[869] Damit blieb es allerdings bei der Praxis, Nebenabreden grundsätzlich nicht mehr zu prüfen. Das Thema wurde zu einem „Schattendasein in der Anwendungspraxis der Kommission verbannt.[870] Nur für den Fall neuer oder bislang ungeklärter Fragen bei Nebenabreden wurde den Unternehmen im Zuge der Revision 2004 eine Prüfung auf Antrag zugesagt.[871]

207 **2. Voraussetzungen.** *a) Einschränkungen.* Die vereinbarten Nebenabreden müssen zunächst geeignet sein, die Handlungsfreiheit der Zusammenschlussbeteiligten auf dem Markt zu begrenzen,[872] d.h. wettbewerbsbeschränkender Natur sein. In den Entscheidungen der Kommission wird dieses Erfordernis häufig nicht gesondert geprüft, sondern unterstellt oder offen gelassen.[873] Eine ausführliche Prüfung von Art. 81 EG ist allerdings auch innerhalb der kurzen Fristen der EG-Fusionskontrolle kaum möglich und kann für den Fall zurückgestellt werden, dass die beiden anderen Kriterien des Art. 6 Abs. 1 Unterabs. 2 S. 2 bzw. Art. 8 Abs. 2 Unterabs. 2 FKVO (s. unten unter b und c) nicht erfüllt sind und tatsächlich ein Verfahren nach VO Nr. 1/2003 eröffnet wird. Derartige Fälle sind bislang aber nicht bekannt geworden. Zu verlangen ist grundsätzlich nur, dass das Vorliegen einer Wettbewerbsbeschränkung nicht offensichtlich ausscheidet.[874] An einer Wettbewerbsbeschränkung fehlt es z.B., wenn der Zusammenschluss sich überhaupt nicht im Gemeinsamen Markt auswirkt.[875]

208 *b) Unmittelbare Verbundenheit.* Unmittelbar verbunden mit der Durchführung des Zusammenschlusses sind – Rdnr. 12 der Bekanntmachung zufolge – Einschränkungen, wenn sie **Nebenabreden** sind, d.h. eine dem Hauptgegenstand des Konzentrationsvorgangs untergeordnete Bedeutung haben und mit dem Zusammenschluss in enger Beziehung stehen, ohne konstituierender Bestandteil zu sein.[876] Wettbewerbsbeschränkende Klauseln, die sich nach ihrer Art von den aus dem Zusammenschluss folgenden Einschränkungen klar unterscheiden und nur im gleichen Zusammenhang oder zum gleichen Zeitpunkt – also bei Gelegenheit des Zusammenschlusses – zustande kommen, erfüllen diese Voraussetzung nicht.[877] Dies galt z.B. für die Nutzung der Einkaufsorganisation der *SPAR*-Gruppe durch das gegründete Gemeinschaftsunternehmen im Fall *SPAR/Dansk Supermarked*[878] oder für den Abschluss eines Zusatzvertrages zur Finanzierung des Unternehmenserwerbs im Fall *UAP/Vinci*.[879]

209 *c) Notwendigkeit.* Für die Durchführung des Zusammenschlusses notwendig ist eine Nebenabrede, wenn ohne sie der Zusammenschluss entweder gar nicht oder nur unter un-

---

[869] ABl. 2005 C 56/24.

[870] *MüKo-von Koppenfels,* Art. 8 FKVO Rdnr. 114.

[871] S.o. Rdnr. 203 und Erwägungsgrund 21 zur FKVO Nr. 139/2004; zu Einzelfällen in der jüngeren Praxis, insbes. zum Fall *Siemens/Areva* (Komm. E. v. 18.6.2012, 39736 (? **check**), Zusagenbeschluss gem. Art. 9 VO Nr. 1/2003, s. *von Koppenfels,* aaO, Rdnr. 114, 135; *Wiedemann,* in Fs. Bechtold, S. 627, 631 („für die Praxis akzeptabel").

[872] Bekanntmachung (2005), Rdnr. 10.

[873] S. z.B. Komm. E. v. 12.1.1995, IV/M.520, Rdnr. 15 – *Direct Line/Bankinter* („Insofar as these clauses are restrictive, they are necessary and directly related …").

[874] *Immenga/Mestmäcker-Körber,* Art. 8 FKVO Rdnr. 27.

[875] Komm. E. v. 1.6.1995, IV/M.583, Rdnr. 18 – *Inchape/Gestetner.*

[876] *Cook/Kerse,* S. 172 mwN.

[877] Bekanntmachung (2005), Rdnr. 12.

[878] Komm. E. v. 3.2.1992, IV/M.179, Rdnr. 8.

[879] Komm. E. v. 1.12.1993, IV/M.384, Rdnr. 15.

gewissen Voraussetzungen, zu wesentlich höheren Kosten, über einen spürbar längeren Zeitraum oder mit erheblich geringeren Erfolgsaussichten durchgeführt werden könnte.[880] Die Zulässigkeit einer Nebenabrede ist insoweit nach dem **Grundsatz der Verhältnismäßigkeit** zu beurteilen: Stehen den Unternehmen mehrere vertragliche Varianten zur Verfügung, so haben sie diejenige zu wählen, welche objektiv gesehen den Wettbewerb am wenigsten einschränkt.[881] Da der Erwerber ein größeres Schutzinteresse hat, weil er die Sicherheit braucht, dass er den vollen Wert des übernommenen Geschäfts erwirbt, stellt die Bekanntmachung die Regel auf, dass Nebenabreden, welche den Veräußerer begünstigen, stärker eingegrenzt werden müssen als den Erwerber begünstigende Klauseln.[882]

II. Arten und Beispiele von Nebenabreden

1. Wettbewerbsverbote. Die häufigste Art von Nebenabreden stellen Wettbewerbsverbote dar. Sie können zu Lasten des Veräußerers, für (Minderheits-)Gesellschafter eines veräußerten Unternehmens oder für einen oder sämtliche Gründer eines Gemeinschaftsunternehmens vereinbart werden.[883] Wettbewerbsverbote sollen gewährleisten, dass der Erwerber den vollständigen Wert des übertragenen Vermögens erhält, zu dem im Allgemeinen sowohl materielle als auch immaterielle Werte wie der Kundenstamm oder das Know-how des Veräußerers zählen. Der Erwerber muss einen gewissen Schutz vor Wettbewerbshandlungen des Veräußerers haben, damit er die Kunden für sich gewinnen und sich das Know-how aneignen und nutzen kann.[884] Dieser Schutz ist allerdings in sachlicher, zeitlicher und räumlicher Hinsicht auf das unbedingt Erforderliche zu begrenzen.[885] Als angemessene Dauer eines Wettbewerbsverbots für den Veräußerer sieht die Bekanntmachung aber auch einen Zeitraum von **drei** (früher: fünf) **Jahren** an, wenn die Unternehmensübertragung Kundenstamm und Know-how einschließt;[886] **zwei Jahre** sollen bei bloßer Übertragung des Geschäftswertes genügen.[887] Zwar findet sich die in der ursprünglichen Bekanntmachung enthaltene Ausnahmeklausel, dass unter besonderen Umständen – im Anschluss an das *Remia*-Urteil des EuGH[888] – ein **längeres** Wettbewerbsverbot geboten sein kann, nicht mehr in der Bekanntmachung aus dem Jahr 2005.[889] Dies heißt jedoch nicht, dass die Grundsätze des EuGH nicht im Einzelfall heranzuziehen sind. Beschränkt sich die Übertragung de facto auf materielle Vermögenswerte (Grundstücke, Maschinen usw.), können 210

---

[880] Bekanntmachung (2005), Rdnr. 13.

[881] Bekanntmachung (2005), aaO; *Bos/Stuyck/Wytinck,* Concentration Control in the European Community, Rdnr. 4–256 u. 4–273; *Cook/Kerse,* S. 173.

[882] Bekanntmachung (2005), Rdnr. 17.

[883] Ausführliche Darstellungen finden sich bei *Immenga/Mestmäcker-Körber,* Art. 8 FKVO, Rdnr. 48–67, *Drauz/Schroeder,* S. 172 ff., *Gonzalez-Dias/Jones,* S. 181 ff. und *Modrall* ECLR 1995, 40, 41 ff.

[884] Bekanntmachung (2005), Rdnr. 18; Komm. E. v. 5.2.1996, IV/M.651, unter VII – *AT & T/Philips;* Komm. E. v. 24.8.1998, IV/M.1283, WuW/E EU-V 97, Rdnr. 17 und 19 – *Volkswagen/Rolls-Royce/Cosworth.*

[885] Bekanntmachung (2005), Rdnr. 19; in mehrfacher Hinsicht zu weitgehend Komm. E. v. 4.2.1993, IV/M.301, Rdnr. 10 ff. – *Tesco Ltd./Catteau SA,* s. dazu *Drauz/Schroeder,* S. 172. Kritisch zur Beschreibung des Umfangs von Wettbewerbsverboten in der Kommissionspraxis *Modrall* ECLR 1995, 40, 41.

[886] Bekanntmachung (2005), Rdnr. 20; Komm. E. v. 8.2.1991, IV/M.009, Rdnr. 8 f. – *Fiat Geotech/Ford New Holland;* Komm. E. v. 14.12.1993, IV/M.308, ABl. 1994 L 136/38, Rdnr. 91 ff. – *Kali + Salz/MdK/Treuhandanstalt;* Komm. E. v. 7.11.1994, IV/M.512, Rdnr. 14 u. 16 – *UAP/Provincial;* Komm. E. v. 21.12.1994, IV/M.521, unter IV. – *Viag/Sanofi;* Komm. E. v. 20.2.1995, IV/M.540, Rdnr. 20 f. – *Cegelec/AEG.*

[887] Bekanntmachung (2005), Rdnr. 20; Komm. E. v. 18.6.1998, IV/M.1188, Rdnr. 18 – *Kingfisher/Wegert/ProMarkt.*

[888] EuGH U. v. 11.7.1985, Slg. 1985, 2545 – *Remia/Nutricia.*

[889] Bekanntmachung, ABl. 1990 C 203/5, Rdnr. III. A. 2; Komm. E. v. 24.10.1997, IV/M.1011, Rdnr. 20 f. – *Ingersoll-Rand/Thermo King.*

Wettbewerbsverbote nicht als notwendig angesehen werden.[890] Wichtig ist auch die Begrenzung des Wettbewerbsverbots auf das sachliche und räumliche Tätigkeitsgebiet des veräußerten Unternehmens.[891]

211 Bleibt der Veräußerer **Minderheitsgesellschafter** des veräußerten Unternehmens oder in dessen Gesellschaftsorganen vertreten, ist ihm gegenüber ein unbefristetes Wettbewerbsverbot zulässig.[892] Voraussetzung ist allerdings, dass er seine Beteiligung bzw. Präsenz jederzeit aufgeben kann. Scheidet der Veräußerer zwar vollkommen aus, bleibt aber mit anderen Unternehmen im selben räumlichen Markt wie das veräußerte Unternehmen tätig, kann das Wettbewerbsverbot darin bestehen, seine eigenen Kapazitäten in dem betroffenen Gebiet für einen bestimmten Zeitraum nicht zu erweitern.[893]

212 Eine Unterart des Wettbewerbsverbots ist die Nebenabrede, dem veräußerten Unternehmen oder Gemeinschaftsunternehmen für eine bestimmte Zeit **keine Mitarbeiter abwerben** zu dürfen.[894] Auch diese Klausel dient der Erhaltung des Wertes veräußerten Unternehmens. Sie kann auch wechselseitig vereinbart werden, wenn der Veräußerer einen bestimmten Geschäftsbereich behält.[895]

213 Bei **Gründung eines Gemeinschaftsunternehmens** wird häufig ein unbefristetes Wettbewerbsverbot für die Mutterunternehmen hinsichtlich des sachlichen und/oder räumlichen Tätigkeitsbereichs des GU vereinbart. Dies wurde von der Kommission nicht als Nebenabrede, sondern als Ausdruck des Rückzugs der Gründer aus dem Markt des GU und damit als integraler Bestandteil des Zusammenschlusses angesehen.[896] Ein solches Wettbewerbsverbot war Ausdruck des konzentrativen Charakters des Gemeinschaftsunternehmens und damit Wesensmerkmal des Zusammenschlusses, während die Nebenabrede nur eine Annexvereinbarung war. Als Nebenabrede, die jedoch den Rahmen des Notwendigen übersteigt, galt ein Verbot für das GU, seine Tätigkeit auf neue Produkte auszudehnen,[897] oder die Verpflichtung, im Zuge einer solchen Ausdehnung der Tätigkeit einer Muttergesellschaft eine „first option of partnership" für Marketing und Vertrieb anzubieten.[898] In der Neufassung der Bekanntmachung von 2005 werden (unbefristete)[899] Wettbewerbsverbote im Verhältnis der Gründer zu dem GU als mit der Durchführung des Zusammenschlusses unmittelbar verbunden und notwendig gesehen.[900] **Nicht einbezogen** in

---

[890] Bekanntmachung (2005), Rdnr. 21.

[891] Komm. E. v. 2.4.1998, IV/M.1127, WuW/E EU-V 45, Rdnr. 33 – *Nestlé/Dalgety;* ohne sachliche und räumliche Beschränkung, aber auf drei Jahre befristet in Komm. E. v. 29.5.1995, IV/M.589, Rdnr. 16 – *Seagram/MCA;* Bekanntmachung (2005), Rdnr. 22 u. 23.

[892] Komm. E. v. 17.7.1991, IV/M.105, Rdnr. 5 u. 16 – *ICL/Nokia Data; Drauz/Schroeder,* S. 174.

[893] Komm. E. v. 8.2.1993, IV/M.299, Rdnr. 15 – *Sara Lee/BP Food Division.*

[894] Bekanntmachung (2005), Rdnr. 26; Komm. E. v. 13.3.1995, IV/M.554, Rdnr. 23 – *Dalgety plc/The Quaker Oats Company;* Komm. E. v. 5.5.1997, IV/M.914, Rdnr. 42 f. – *Tesco/ABF;* Komm. E. v. 18.6.1998, IV/M.1188, Rdnr. 20 – *Kingfisher/Wegert/ProMarkt;* weit. Nw. in Komm., 22. WB 1992, Rdnr. 264, und bei *Drauz/Schroeder,* S. 173.

[895] Komm. E. v. 30.8.1993, IV/M.319, Rdnr. 16 – *BHF/CCF/Charterhouse.*

[896] Bekanntmachung 1990, Rdnr. V. A; Komm. E. v. 17.3.1995, IV/M.563, Rdnr. 24 – *British Steel/UES;* Komm. E. v. 6.4.1995, IV/M.564, Rdnr. 22 – *Havas Voyage/American Express;* Komm. E. v. 13.9.1996, IV/M.781, Rdnr. 65 – *Schering/Jenapharm;* Komm. E. v. 12.5.1997, IV/M.902, Rdnr. 33 – *Warner Bros./Lusomundo/Sogecable;* Komm. E. v. 14.4.1998, IV/M.1144, Rdnr. 11 – *Winterthur/ARAG.* Unverständlich sind hier in Einzelfällen – von der Kommission tolerierte – Befristungen auf fünf Jahre, vgl. *Drauz/Schroeder,* S. 176 f. mwN. Missverständlich die Einordnung eines Wettbewerbsverbotes als Beleg des dauerhaften Rückzugs der Muttergesellschaften „und deshalb als unmittelbar verbundene Nebenabrede" in Komm. E. v. 29.4.1993, IV/M.310, Rdnr. 38 – *Harrison & Crosfield/Akzo* und in Komm. E. v. 7.8.1996, IV/M.727, Rdnr. 52 – *BP/Mobil.*

[897] Komm. E. v. 12.1.1995, IV/M.520, Rdnr. 17 – *Direct Line/Bankinter.*

[898] *Direct Line/Bankinter,* aaO; s. auch Komm. E. v. 22.12.1995, IV/M.657, Rdnr. 21 f. – *Röhm/Ciba-Geigy – TFC,* für eine zu weit gehende wettbewerbliche Beschränkung der Muttergesellschaften.

[899] Anders noch die Bekanntmachung aus 2001, ABl. 2001 C 188/5, Rdnr. 36.

[900] AaO, Rdnr. 36.

die Bekanntmachung sind **nachvertragliche Wettbewerbsverbote** für den Fall des späteren Ausscheidens eines Gründergesellschafters aus dem GU; solche Klauseln sieht die Kommission nicht als notwendig an.[901]

2. Gewährung von Lizenzen. Ebenfalls zur Gewährleistung der Übertragung des vollen Unternehmenswertes werden dem Erwerber häufig Patente, Marken bzw. Lizenzen zur Benutzung gewerblicher Schutzrechte bezüglich des Produktions- oder Betriebs-Knowhows übertragen.[902] Als zulässige Nebenabreden werden Lizenzen für Patente oder Knowhow angesehen,[903] die nicht mehr befristet sein müssen.[904] Gebietsbeschränkungen auf den räumlichen Tätigkeitsbereich des erworbenen Unternehmens werden als im Regelfall nicht erforderlich angesehen.[905] Die Lizenz – oder umgekehrt eine Beschränkung im Gebrauch – kann sich auf bestimmte **Marken**[906] oder **Namen,** z. B. *„Warner"*,[907] beziehen, wenn diese in den Augen der Abnehmer wesentlich für die Identität des veräußerten Unternehmens oder Geschäftsbereichs sind. Unmittelbarer Nutznießer der Lizenz soll nur das veräußerte Unternehmen bzw. Gemeinschaftsunternehmen sein, nicht jedoch der oder die neuen Gesellschafter.[908] Auch die Vereinbarung von Rücklizenzen kann als Nebenabrede zulässig sein.[909] 214

3. Liefer-, Bezugs- und Dienstleistungspflichten. Um die Auflösung der wirtschaftlichen Einheit des erworbenen Unternehmen mit dem bisherigen Inhaber „unter zumutbaren Bedingungen" zu ermöglichen, kann es erforderlich sein, bestimmte Liefer- oder Bezugsverbindungen für eine Übergangszeit aufrechtzuerhalten.[910] Damit wird zugleich sichergestellt, dass der Veräußerer bzw. der Erwerber Waren bzw. Dienstleistungen erhält, die ersterer für die Fortführung der bei ihm verbleibenden Tätigkeiten und letzterer für die Aufnahme seiner neuen Tätigkeit benötigt.[911] Dies gilt z. B. für Rohstoffe oder Ausrüstungen; allerdings darf der Bezug bzw. die Belieferung von Dritten nicht ausgeschlossen sein.[912] Unangemessen ist eine Bezugsverpflichtung eines Gemeinschaftsunternehmens, wenn sie einen prozentual festgelegten Anteil seines Bedarfes betrifft.[913] Ebenso wenig sind – von Ausnahmesituationen abgesehen – Alleinbelieferungs- oder Alleinbezugspflichten als erforderlich anzusehen.[914] 215

---

[901] Komm. E. v. 21.12.1998, COMP/M.1368 – *Fort/ZF;* s. auch *Immenga/Mestmäcker-Körber,* FKVO Art. 8 Rdnr. 67.

[902] Bekanntmachung (2005), Rdnr. 27; Komm. E. v. 8.2.1991, IV/M.009, Rdnr. 7 u. 9 – *Fiat Geotech/Ford New Holland;* Komm. E. v. 13.3.1995, IV/M.554, Rdnr. 24 – *Dalgety/The Quaker Oats Company;* ausführlich dazu *Immenga/Mestmäcker-Körber,* Art. 8 FKVO Rdnr. 68 ff.

[903] Komm. E. v. 13.3.1995, IV/M.550, Rdnr. 91 – *Union Carbide/Enichem;* Komm. E. v. 20.3.1995, IV/M.561, Rdnr. 19 f. – *Securicor/Datatrak;* 6.4.1995, IV/M.564, Rdnr. 22 – *Havas Voyage/American Express.*

[904] Komm. E. v. 7.10.1997, IV/M.990, Rdnr. 14 – *Hagemeyer/ABB Asea Skandia* (fünf Jahre); Bekanntmachung (2005), Ziff. III. B.2.

[905] Bekanntmachung (2005), Rdnr. 29.

[906] *Hagemeyer/ABB Asea Skandia,* aaO.

[907] Komm. E. v. 12.5.1997, IV/M.902, Rdnr. 34 – *Warner Bros./Lusomundo/Sogecable;* ähnlich Komm. E. v. 7.2.1992, IV/M.184, Rdnr. 14 – *Grand Metropolitan/Cinzano;* Komm. E. v. 27.11.1992, IV/M.259 – *British Airways/TAT* („TAT"); Komm. E. v. 7.11.1994, IV/M.512, Rdnr. 16 – *UAP/Provincial* (Beschränkung des Namensschutzes auf fünf Jahre); Komm. E. v. 13.3.1995, IV/M.554, Rdnr. 22 – *Dalgety/The Quaker Oats Company;* Komm. E. v. 28.11.1997, IV/M.1013, Rdnr. 30 – *Shell UK/Gulf Oil (Great Britain).*

[908] Komm. E. v. 30.8.1993, IV/M.319, Rdnr. 20 – *BHF/CCF/Charterhouse.*

[909] Bekanntmachung, Rdnr. 27, letzt. Satz; *Drauz/Schroeder,* S. 180 f. mwN.

[910] Bekanntmachung (2005), Rdnr. 32; ausführlich dazu *Immenga/Mestmäcker-Körber,* Art. 8 FKVO Rdnr. 82 ff.

[911] Bekanntmachung (2005), Rdnr. 33.

[912] Komm. E. v. 12.6.1997, IV/M.917, Rdnr. 32 f. – *Valinox/Timet;* Komm. E. v. 20.3.1995, IV/M.561, Rdnr. 18 u. 20 – *Securicor/Datatrak.*

[913] *Valinox/Timet,* aaO, Rdnr. 34.

[914] Bekanntmachung (2005), Rdnr. 34.

216 Die gleichen Grundsätze gelten für die vorübergehende Erbringung bestimmter **Dienstleistungen.**[915] Dies gilt z. B. für die befristete Benutzung von Vertriebswegen des Veräußerers oder von Forschungs- & Entwicklungseinrichtungen.[916] Im Bereich der chemischen Industrie werden bestimmte Verpflichtungen der Muttergesellschaften akzeptiert, wenn die Produktionskapazitäten des Gemeinschaftsunternehmens im Standort einer Muttergesellschaft untrennbar integriert sind.[917]

217 Im Wege der Selbsteinschätzung muss von den Beteiligten jeweils die vorgesehe **Dauer** von Liefer-, Bezugs- oder Dienstleistungsverpflichtungen geprüft werden. Zulässig ist ein Zeitraum, der erforderlich ist, um das bisherige Abhängigkeitsverhältnis durch eine unabhängige Marktstellung zu ersetzen.[918] Die Bekanntmachung nennt hier einen Übergangszeitraum von bis zu fünf Jahren.[919] Unbefristete Verpflichtungen sieht die Kommission als unverhältnismäßig an.[920] Im Fall *Hagemeyer/ABB Asea Skandia*[921] wurden nur drei statt sieben Jahre akzeptiert. Verlängerungsklauseln lehnt die Kommission ab.[922]

218 **4. Sonstige Nebenabreden.** Über die oben genannten Fallgruppen hat die Kommission im Laufe ihrer Entscheidungspraxis weitere Vertragsklauseln als Nebenabreden im Sinne der FKVO anerkannt. Dies gilt z. B. für **Vertraulichkeitsklauseln:**[923] Der Veräußerer darf Geschäftsgeheimnisse des veräußerten Unternehmens weder offenbaren noch selbst benutzen.[924] Eine solche Beschränkung soll aber grundsätzlich drei Jahre nicht überschreiten. Als zulässig angesehen wurden ferner bestimmte Nutzungsüberlassungsverpflichtungen,[925] als unzulässig die Beschränkung des Veräußerers im Vertrieb an sonstige Abnehmer des Erwerbers.[926] Schließlich wurde als Nebenabrede das Verbot für den Veräußerer anerkannt, zwischen Vertragsschluss und Vollzug wesentliche strategische Unternehmensentscheidungen zu treffen.[927]

I. Die Sanierungsfusion („failing company defence")

219 Nach Art. 2 Abs. 2 und 3 FKVO setzt die Entscheidung über die Vereinbarkeit bzw. Unvereinbarkeit eines Zusammenschlusses mit dem Gemeinsamen Markt voraus, dass der Zusammenschluss wirksamen Wettbewerb im Gemeinsamen Markt erheblich behindert, insbes. durch Begründung oder Verstärkung einer beherrschenden Stellung. Er muss also ursächlich für die Marktbeherrschung oder deren Verstärkung oder eine sonstige erhebliche

[915] Bekanntmachung (2005), Rdnr. 35; Komm. E. v. 8.2.1991, IV/M.009, Rdnr. 7 – *Fiat Geotech/Ford New Holland;* Komm. E. v. 21.3.1991, IV/M.070, Rdnr. 5 f. – *Otto/Grattan;* Komm. E. v. 6.4.1995, IV/M.564, Rdnr. 23 – *Havas Voyage/American Express.*

[916] Komm. E. v. 20.2.1995, IV/M.540, Rdnr. 20 f. – *Cegelec/AEG;* Komm. E. v. 15.1.1998, IV/M.1042, Rdnr. 42 – *Eastman Kodak/Sun Chemical.*

[917] Komm. E. v. 28.7.1992, IV/M.160, Rdnr. 19 f. – *Elf Atochem/Rohm & Haas;* Komm. E. v. 10.8.1992, IV/M.206, Ziff. 8.3 – *Rhone-Poulenc/Snia;* Komm. E. v. 29.4.1993, IV/M.310, Rdnr. 38 – *Harrison & Crosfield/Akzo;* Komm., 22. WB 1992, Rdnr. 264 unter iv.

[918] Bekanntmachung (2005), Rdnr. 33.

[919] AaO, Rdnr. 33 am Ende.

[920] Komm. E. v. 5.2.1996, IV/M.651, unter VII. – *AT & T/Philips.*

[921] Komm. E. v. 7.10.1997, IV/M.990, Rdnr. 15; langfristige Verpflichtungen erlaubte die Kommission in Komm. E. v. 10.8.1992, IV/M.206, Ziff. 8.3. – *Rhone-Poulenc/Snia,* und lehnte sie ab in Komm. E. v. 23.5.1995, IV/M.574, Rdnr. 22 – *Saudi Aramco/MOH.*

[922] Komm. E. v. 15.1.1998, IV/M.1042, Rdnr. 42 – *Eastman Kodak/Sun Chemical.*

[923] S. jetzt Bekanntmachung (2005), Rdnr. 26.

[924] Komm. E. v. 21.1.1992, IV/M.182, Rdnr. 17 – *Inchape/IEP;* Komm. E. v. 30.4.1992, IV/M.197, Rdnr. 50 – *Solvay-Laporte/Interox;* Komm. E. v. 14.10.1994, IV/M.497, Rdnr. 16 – *Matra Marconi Space/Satcomms* (beiderseitige Vertraulichkeitsverpflichtung).

[925] *Immenga/Mestmäcker-Körber,* Art. 8 FKVO Rdnr. 91 mwN.

[926] Komm. E. v. 22.7.1997, IV/M.937, WuW 1997, 807, Rdnr. 27 – *Lear/Keiper.*

[927] Komm. E. v. 17.8.1992, IV/M.253, Rdnr. 29 – *BTR/Pirelli;* Komm. E. v. 30.8.1993, IV/M.319, Rdnr. 17 – *BHF/CCF/Charterhouse;* Komm. E. v. 7.8.1996, IV/M.727, Rdnr. 50 – *BP/Mobil;* weit. Nw. bei *Immenga/Mestmäcker-Körber,* Art. 8 FKVO Rdnr. 90.

Wettbewerbsbehinderung sein. Käme es aufgrund des Ausscheidens des zu übernehmenden Unternehmens aus dem Markt zu derselben Verschlechterung der Marktstruktur wie durch den Zusammenschluss, fehlt es an der von Art. 2 geforderten **Kausalität** und ist der Zusammenschluss als Sanierungsfusion **(„failing company defence")** für vereinbar mit dem Gemeinsamen Markt zu erklären.

Der erste Fall einer erfolgreichen Berufung auf die „failing company defence" war der Zusammenschluss *Kali + Salz/MdK/Treuhandanstalt.*[928] Kommission und EuGH erkannten den Einwand fehlender Kausalität unter **drei Voraussetzungen** an: 220

– Das erworbene Unternehmen würde ohne die Übernahme durch ein anderes Unternehmen kurzfristig aus dem Markt ausscheiden;
– die Marktposition des erworbenen Unternehmens würde im Falle seines Ausscheidens aus dem Markt dem erwerbenden Unternehmen zuwachsen;
– es gibt keine weniger wettbewerbsschädliche Erwerbsalternative.

Diese Voraussetzungen sind restriktiv gefasst, z. B. im Vergleich zur failing company doctrine des US-amerikanischen Antitrustrechts, entsprechen aber denjenigen der Praxis des BKartA.[929] Sie werden vor allem dann erfüllt sein, wenn der Zusammenschluss auf einem Markt zu einem **„faktischen Monopol"** führt.[930] Normalerweise dürfte, so die Kommission, eine Vermutung dafür bestehen, dass ein Zusammenschluss, der die Begründung oder Verstärkung einer beherrschenden Stellung zur Folge hat, auch für diese Verschlechterung der Wettbewerbsstruktur kausal ist. Aus diesem Grunde treffe die **fusionierenden Unternehmen** die **Beweislast** für einen fehlenden Kausalzusammenhang.[931] 221

Im Fall *Kali + Salz/MdK/Treuhandanstalt* befand sich das zur Privatisierung durch die Treuhandanstalt anstehende Unternehmen *MdK* in einer wirtschaftlich außerordentlich kritischen Lage. Sein Ausscheiden aus dem Markt stand ohne eine weitere Verlustabdeckung durch staatliche Finanzmittel unmittelbar bevor. Nach Ansicht der Kommission wäre – jedenfalls auf dem deutschen Markt – der Marktanteil von *MdK* nach dessen Ausscheiden *Kali + Salz* zugefallen. Angesichts der vergeblichen sonstigen Privatisierungsbemühungen seitens der Treuhandanstalt und der erfolglosen Suche der Kommission nach einem alternativen Erwerber wurde es auch als mit hinreichender Sicherheit nachgewiesen erachtet, dass ein Erwerb der *MdK* insgesamt oder zu einem wesentlichen Teil durch andere Unternehmen ausgeschlossen werden konnte. Ein Angebot der Fa. *Peine* für den *MdK*-Standort Bischofferode wurde als nicht ausreichend betrachtet, da es sich um einen ohnehin zur Schließung bestimmten Standort handelte, der zudem vom Umsatz und den Arbeitsplätzen her keinen wesentlichen Teil von *MdK* darstellte. Die Verwirklichung des *Peine*-Konzepts hätte demnach keinen alternativen Erwerb im Sinne der vorgenannten dritten Voraussetzung einer Sanierungsfusion dargestellt.[932] Nach der Aufhebung der Freigabeentscheidung durch den EuGH prüfte die Kommission den Zusammenschluss im Jahr 1998 erneut – anhand der aktuellen Wettbewerbsverhältnisse – und gab ihn innerhalb der „ersten Phase" – und ohne Auflagen – frei.[933] Auch das Vorliegen der „failing company defence" wurde wiederum bejaht. Dabei überzeugte jedoch nicht die Auffassung der Kommission, dass die 222

[928] Komm. E. v. 14.12.1993, IV/M.308, ABl. 1994 L 136/38, Rdnr. 70 ff.; bestätigt insoweit durch EuGH U. v. 31.3.1998, Slg. 1998, I-1375, Rdnr. 114 ff. – *Französische Republik/Komm.* und *SCPA u. EMC/Kommission;* s. auch anschließend Komm. E. (Art. 6 Abs. 1 Buchst. b) v. 9.7.1998, WuW 1998, 963.

[929] EuGH aaO, Rdnr. 91, 100, 111; *Hossenfelder/Töllner/Ost,* Kartellrechtspraxis und Kartellrechtsprechung 2005/06, Rdnr. 1023. Ausführlich zur Sanierungsfusion im deutschen Recht *GK-Harms,* § 24 Rdnr. 505 ff. S. auch *Richter/Steinvorth* in § 20 Rdnr. 291 ff.

[930] *Kali + Salz/MdK/Treuhandanstalt,* aaO, Rdnr. 71 a. E.; zustimmend *Monopolkommission,* Hauptgutachten 1992/93, Rdnr. 603.

[931] *Kali + Salz/MdK/Treuhandanstalt,* aaO, Rdnr. 72; *Loewenheim/Meessen/Riesenkampff-Riesenkampff/Lehr,* Art. 2 FKVO Rdnr. 149 u. 158. S. auch Leitlinien der Kommission zur Bewertung horizontaler Zusammenschlüsse, ABl. 2004 C 31/5 Rdnr. 91.

[932] *Kali + Salz/MdK/Treuhandanstalt,* aaO, Rdnr. 73–90.

[933] Komm. E. (Art. 6 Abs. 1 Buchst. b) v. 9.7.1998, WuW 1998, 963 (Kurzzusammenfassung).

Frage der fehlenden Kausalität – anders als die Beurteilung der Wettbewerbssituation – nur nach dem Zeitpunkt des 1993 beabsichtigten Zusammenschlusses beurteilt werden könne.[934] Ausschlaggebend war für die Kommission wohl eher, dass der Zusammenschluss fast fünf Jahre nach seinem Vollzug nicht mehr rückgängig zu machen war.

223 Bereits im Fall *Aérospatiale-Alenia/de Havilland* hatte sich die Kommission mit dem Einwand der Sanierungsfusion und der fehlenden Kausalität auseinandersetzen müssen. Hier konnte die Frage jedoch offen bleiben, da bereits die erste Voraussetzung – ein zu erwartendes Ausscheiden von *de Havilland* aus dem Markt – nicht erfüllt war; vielmehr gab es weitere Kaufinteressenten.[935] Auch war grundsätzlich zweifelhaft, ob bei der wirtschaftlich kritischen Lage einer Konzerngesellschaft („failing division"), hier der *Boeing*-Tochtergesellschaft *de Havilland,* das Vorbringen des drohenden Ausscheidens aus dem Markt überhaupt Anerkennung finden kann. Ebenfalls ohne Erfolg blieb der Einwand der Sanierungsfusion in den Fällen *Mercedes-Benz/Kässbohrer* und *Saint Gobain/Wacker Chemie/NOM.* Nach Auffassung der Kommission wären in beiden Fällen die Marktanteile des zu übernehmenden Unternehmens jedenfalls nicht vollständig auf den vorgesehenen Erwerber übergegangen.[936]

224 In der **weiteren Entscheidungspraxis** der Kommission finden sich noch zwei Fälle, in denen die Voraussetzungen einer Sanierungsfusion verneint wurden.[937] Es konnte von den beteiligten Unternehmen nicht nachgewiesen werden, dass das Zielunternehmen ohne den Zusammenschluss aus dem Markt hätte ausscheiden müssen und dass kein anderer potentieller Erwerber vorhanden war. Im ersten Fall *SEB/Moulinex* handelte es sich um eine Verweisungsentscheidung nach Art. 9 FKVO. Die französische Wettbewerbsbehörde folgte anschließend im Rahmen des nationalen Fusionskontrollverfahrens der „failing company defence". Die Verweisung durch die Kommission – und auch die Verneinung einer „failing company" – wurde später vom EuG bestätigt.[938]

225 Allerdings hatte die Kommission bereits im Fall *BASF/Pantochim/Eurodiol* die **Voraussetzungen** für die Anerkennung einer Sanierungsfusion **ausgeweitet.**[939] Es wurde hier nicht mehr im Sinne der bisherigen dritten Voraussetzung verlangt, dass der Marktanteil der Zielgesellschaft bei Nichtdurchführung des Zusammenschlusses vollständig dem Erwerber zufällt. Vielmehr sollte es für die „defence" – und damit für eine Freigabe des Zusammenschlusses – ausreichen, wenn die Vermögensgegenstände des konkursbedrohten Zielunternehmens ohne den Zusammenschluss unausweichlich den Markt verlassen würden. Es soll mithin eine **Abwägung** dergestalt erfolgen, ob die **wettbewerbliche Struktur** infolge des Zusammenschlusses **schlechter** ist als ohne den Zusammenschluss. Ist letzteres zu verneinen, sei der Zusammenschluss freizugeben. Diese Ersetzung einer bloßen Kausalitätsprüfung durch eine **wertende wirtschaftliche Betrachtung,**[940] die eine Prognoseentscheidung darstellt, wurde von der Kommission 2004 auch in ihre **Leitlinien** zur Bewertung horizontaler Zusammenschlüsse aufgenommen.[941] Im Fall *BASF/Pantochim/Eurodiol* hätte nach Meinung der Kommission der Austritt der beiden Zielunternehmen als Anbieter aus dem Markt für bestimmte Speziallösungsmittel zu längerfristig nicht behebbaren Kapazitätsengpässen und damit zu einer Beeinträchtigung der Marktbedingungen geführt. Die

---

[934] AaO, Rdnr. 20.

[935] Komm. E. v. 2.10.1991, IV/M.053, ABl. 1991 L 334/42, Rdnr. 31.

[936] Komm. E. v. 14.2.1995, IV/M.477, ABl. 1995 L 211/1; zustimmend *Monopolkommission,* Hauptgutachten 1994/95, Rdnr. 698; Komm. E. v. 4.12.1996, IV/M.774, ABl. 1997 L 247/1, Rdnr. 254

[937] Komm. E. v. 8.1.2002 (Art. 9 FKVO), COMP/M.2621 – *SEB/Moulinex;* Komm. E. v. 2.4. 2003, COMP/M.2876 – *Newscorp/Telepiù.*

[938] U. v. 3.4.2003, Slg. 2003, II-1279 – *BaByliss/Kommission.*

[939] Komm. E. v. 11.7.2001, COMP/M.2876, WuW/E EU-V 692; ausführlich dazu *Zeise,* in: Handbuch der Fusionskontrolle, Rdnr. 1366ff; *Hirsbrunner,* EuZW 2002, 453, 456; *Strohm,* WuW 2001, 1203.

[940] *Langen/Bunte-Bardong,* Art. 2 FKVO Rdnr. 299.

[941] ABl. 2004 C 31/5 Rdnr. 90.

Engpässe wären infolge der Stilllegung der Produktionsanlagen der beiden Unternehmen entstanden. Diese Nachteile überwogen nach Auffassung der Kommission die mit dem Zusammenschluss mit *BASF* verbundenen Nachteile. Die Entscheidung wurde seinerzeit u. a. deshalb kritisch aufgenommen, weil die befürchteten Kapazitätsengpässe möglicherweise durch Importe oder durch die Reduktion von Exporten nach Asien hätten beseitigt werden können; auch war nicht nachvollziehbar, warum sich auf einem durch bestehende Nachfrage und knappe Kapazitäten gekennzeichneten Markt kein alternativer Erwerber für *Pantochim* und *Eurodiol* gefunden hatte.[942]

Der jüngste Fall einer Failing Company Defence erfüllte nach Ansicht der Kommission die ursprünglichen strengeren Voraussetzungen: Die zur Übernahme durch *Aegan Airlines* anstehende griechische Fluggesellschaft *Olympic Air* stand vor der Insolvenz, und es war kein alternativer Erwerber ersichtlich.[943] Das identische Vorhaben war bereits 2010 bei der Kommission angemeldet, von dieser jedoch im Januar 2011 untersagt worden.[944]

Im Fall *Bertelsmann/Kirch/Premiere* wurde der Einwand der Sanierungsfusion nicht akzeptiert, weil das PayTV-Geschäft nur einen Teil der *Kirch*-Aktivitäten darstellte und die Einstellung des TV-Senders *DF 1* auf einer Managementscheidung von *Kirch* zur Aufgabe eines Geschäftsbereichs beruht hätte **(„failing division defence").**[945] Bezieht sich die Sanierungseinrede nur auf einen Geschäftsbereich oder eine Tochtergesellschaft innerhalb eines Konzerns, wird sie von der Kommission – zu Recht – nicht anerkannt. In diesem Sinne entschied die Kommission auch die Fälle *Rewe/Meinl* und *Group 4 Falck/Securicor.*[946] Anders entschied die Kommission allerdings zuletzt im Fall der Übernahme bestimmter Raffinerieanlagen von *Shell* in Hamburg-Harburg durch das schwedische Unternehmen *Nynas.*[947] Im Falle einer Untersagung hätten die Raffinerieanlagen stillgelegt werden müssen, weil kein ernsthafter anderer Erwerber ersichtlich war. Dies hätte nach Auffassung der Kommission zu einer Versorgungslücke für bestimmte naphthenische Öle, die die Raffinerien herstellen, geführt; zur Deckung wären Importe höherpreisiger Öle von außerhalb des EWR erforderlich geworden. Ob die Muttergesellschaft *Shell* die betroffenen Raffinerieanlagen vor der Stilllegung hätte retten können, war für die Kommission nicht relevant. 226

§ 17 Das Verfahren

Übersicht

[942] *Strohm,* in: Esser/Stierle, Current Issues in Competition Theory and Policy, S. 9; *Wagemann/Pape,* Kartellrechtspraxis und Kartellrechtsprechung 2001/2002, Rdnr. 895 ff.; *Kokkoris,* ECLR 2006, 494 ff.

[943] Komm. E. v. 9.10.2013, COMP/M.6796 – *Aegan/Olympic II;* s. dazu *Hirsbrunner* EuZW 2014, 659, 661; *Simon/Stelzer* NZKart 2014, 497 ff.

[944] Komm. E. v. 26.1.2011, COMP/M.5830.

[945] Komm. E. v. 27.5.1998, IV/M.993, Rdnr. 72 f.

[946] Komm. E. v. 3.2.1999, COMP/M.1221, Rdnr. 65; Komm. E. v. 28.5.2004, COMP/M.3396.

[947] Komm. E. v. 2.9.2013, COMP/M.6360; s. dazu *Hirsbrunner* EuZW 2014, 659, 661; *Simon/Stelzer* NZKart 2014, 497 ff.

Schrifttum: S. vor § 15.

A. Die Anmeldung des Zusammenschlusses (Art. 4 FKVO)

I. Anmeldung und informelles Vorverfahren

1 **1. Die Pflicht zur Anmeldung von Zusammenschlüssen.** Artikel 4 Abs. 1 FKVO konstituiert eine **Anmeldepflicht** für Zusammenschlüsse von gemeinschaftsweiter Bedeutung im Sinne von Art. 1 FKVO nach Vertragsschluss, Veröffentlichung des Übernahmeangebots oder Erwerb einer die Kontrolle begründenden Beteiligung und **vor ihrem Vollzug.** Dies entspricht dem Fusionskontrollrecht der meisten Mitgliedstaaten (vgl. für Deutschland § 39 Abs. 1 GWB). Die Verpflichtung zur Anmeldung der Vereinbarung bzw. des Vorhabens der Unternehmen gehört zu den wesentlichen Unterschieden zwischen FKVO und VO Nr. 1/2003. Mit der Verpflichtung zur Anmeldung vor Vollzug soll eine wirksame Überwachung gewährleistet werden (vgl. Erwägungsgrund 17 FKVO idF der VO Nr. 4064/89). Die Anmeldung hat vor Vollzug des Zusammenschlusses zu erfolgen (Art. 7 Abs. 1 FKVO). Es handelt sich mithin um eine rein präventive Kontrolle. Der Begriff der Anmeldepflicht darf dabei nicht missverstanden werden, da der Abschluss einer Fusionsvereinbarung etc. rechtlich so lange irrelevant bleibt, wie der Zusammenschluss nicht vollzogen wird; es läuft m. a. W. *keine Frist* für die Vornahme der Anmeldung.

2 **2. Gegenstand der Anmeldung.** Die präventive Zusammenschlusskontrolle nach der FKVO erfasst seit der Revision im Jahr 2004 nicht mehr nur **rechtlich bindende Vereinbarungen** bzw. Kauf- oder Tauschangebote (Abs. 1). Auch das **bloße Vorhaben** eines Zusammenschlusses ist jetzt – ebenso wie im deutschen Recht – anmeldefähig (Abs. 1 Unterabs. 2). Voraussetzung ist, dass die beteiligten Unternehmen der Kommission gegenüber glaubhaft machen, dass sie gewillt sind, einen Vertrag zu schließen, oder im Fall eines Übernahmeangebots öffentlich ihre Absicht zur Abgabe eines solchen Angebots bekundet haben, sofern der beabsichtigte Vertrag zu einem Zusammenschluss von gemeinschaftsweiter Bedeutung führen würde (s. auch Erwägungsgrund 34). Zur Glaubhaftmachung ist „die

aktuellste Fassung aller Unterlagen, mit denen der Zusammenschluss herbeigeführt wird", vorzulegen (Formblatt CO, Abschnitt 5.1).

3 *a) Kontrollerwerb.* Die Vereinbarung zwischen den Beteiligten muss sich auf einen Zusammenschluss im Sinne von Art. 3 FKVO, d. h. auf einen Erwerb der Kontrolle über ein anderes Unternehmen oder eine Fusion, in unmittelbarer Zukunft oder jedenfalls in überschaubarer Zeit beziehen.

4 *aa) Vorhaben.* Nach Art. 4 der vorangegangenen FKVO war eine bindende schuldrechtliche Vereinbarung erforderlich. Schon damals und erst recht jetzt ist es unbedenklich und in der Praxis üblich, dass Verträge über Zusammenschlüsse unter der aufschiebenden Bedingung der Genehmigung durch die Kommission geschlossen werden. Ein Vorvertrag oder ein Memorandum of Understanding reicht jetzt ebenfalls aus. Ein zwar zivilrechtlich bindender, jedoch unter der aufschiebenden Bedingung der Freigabe geschlossener Vertrag wie im Fall *ICI/Tioxide*[1] ist möglich, da die Vereinbarung nicht einseitig auflösbar ist und insgesamt darauf abzielt, eine rechtlich bindende und für alle Beteiligten verlässliche Vertragsbeziehung zu erzeugen. Steht das Zustandekommen des Vertrages unter der (internen) Bedingung der Zustimmung durch den Aufsichtsrat oder ein anderes Gesellschaftsorgan, war früher nach der Praxis der Generaldirektion Wettbewerb bis zur Erteilung der Zustimmung noch keine Anmeldepflicht gegeben. Anmeldefähig dürfte nach Art. 4 Abs. 1 Unterabs. 2 FKVO ein solches Vorhaben aber jetzt schon sein.[2]

5 *bb) Behördliche Genehmigung.* Bei Verträgen, die eine (sonstige) **behördliche Genehmigung** erfordern, ist zu unterscheiden zwischen Fällen, in denen die Genehmigung Voraussetzung für die Abgabe eines wirksamen Angebots oder einer Annahmeerklärung ist, und Fällen, in denen allein der Vollzug einer verbindlich geschlossenen Vereinbarung vom Vorliegen einer Genehmigung (z. B. durch die zuständige Wettbewerbsbehörde) abhängt. Im letzteren Fall hat das Unternehmen seinen Bindungswillen iSv Art. 4 FKVO hinreichend zum Ausdruck gebracht und kann sich auch nicht ohne weiteres von der Vereinbarung lösen.[3] Ein solcher Fall ist in der Kommissionspraxis allerdings bisher nicht vorgekommen. Im ersteren Fall entsteht die Anmeldepflicht erst mit Eintreffen der Genehmigung (z. B. des Bundesfinanzministeriums für den Verkauf der *Mitteldeutsche Kali AG* durch die Treuhandanstalt im Fall *Kali und Salz/MdK/Treuhand*).[4] **Bieterkonsortien** in Form von Gemeinschaftsunternehmen, die ein gemeinschaftliches Angebot abgeben (z. B. bei Ausschreibung von Lizenzen für Telekommunikationsdienstleistungen), waren von der Kommission zunächst als anmeldefähige Zusammenschlüsse angesehen worden.[5] Später ging die Kommission jedoch davon aus, dass diesen Konsortien der Vollfunktionscharakter iSv Art. 3 Abs. 2 FKVO fehlt,[6] so dass eine Anmeldung erst nach dem Zuschlag, d. h. von dem bei der Ausschreibung erfolgreichen Konsortium, vorgenommen werden kann.

6 *cc) Option.* Grundsätzlich löst das Bestehen einer Option auf den Erwerb einer Beteiligung noch keine Änderung der Kontrollverhältnisse und damit keine Anmeldepflicht aus,[7] es sei denn, besondere tatsächliche Umstände machen die Ausübung in nächster Zukunft wahrscheinlich. Erst die Ausübung der Option löst die Anmeldepflicht aus.[8] Der Erwerb einer **Minderheitsbeteiligung** mit der **Option auf eine Erhöhung** der Beteiligung nach vier oder fünf Jahren mit der Folge, dass diese Erhöhung zur Erlangung von (Mit-)

---

[1] Komm. E. v. 28.11.1990, IV/M.023, Rdnr. 6; ungenau bezüglich des bindenden Charakters *Drauz/Schroeder* S. 189.

[2] So auch *Zeise,* in: Handbuch Fusionskontrolle, Rdnr. 1773.

[3] So auch *Gonzalez-Diaz/Jones*, EEC merger regulation, S. 193.

[4] Komm. E. v. 14.12.1993, IV/M.308; s. auch *Drauz/Schroeder,* S. 189; ähnlich im Fall Komm. E. v. 4.2.1991, IV/M.021 – *Dresdner Bank/Bank Nationale de Paris.*

[5] So z. B. Komm. E. v. 28.2.1994, IV/M.408, Rdnr. 6 – *RWE/Mannesmann.*

[6] S. dazu § 15 Rdnr. 62.

[7] S. dazu § 15 Rdnr. 39 sowie Komm. E. v. 28.7.1994, IV/M.479, Rdnr. 10 – *MAN/Ingersoll.*

[8] So auch *Gugerbauer,* Handbuch der Fusionskontrolle, S. 153.

Kontrolle führt, reicht demnach nicht aus.[9] Denn die Kommission vermag nicht zu prüfen, inwieweit der Zusammenschluss zu einer Verschlechterung der Marktstruktur führt, wenn der eigentliche Zusammenschluss erst in weiterer Zukunft erfolgt.[10] Erforderlich ist mithin, dass der Zusammenschluss innerhalb eines überschaubaren zeitlichen Rahmens rechtsverbindlich wird.[11] Diese Regel dürfte gleichermaßen für die nun zulässige Anmeldung bloßer Zusammenschlussvorhaben gelten.

7 *dd) Zusammenfassung mehrerer Erwerbsschritte.* In einer Anmeldung können **zwei oder mehrere Zusammenschlüsse** zwischen denselben Beteiligten (z.B. mehrere Gemeinschaftsunternehmen derselben Gründerunternehmen) zusammengefasst werden, wenn diese, wirtschaftlich gesehen, zusammengehören und im Zuge eines Rechtsgeschäfts vereinbart wurden.[12] Voraussetzung ist selbstverständlich, dass jeder einzelne Zusammenschluss in den Anwendungsbereich der FKVO fällt.[13] Davon zu unterscheiden ist der Fall von zwei oder mehr Erwerbsvorgängen innerhalb von zwei Jahren zwischen denselben Personen, die erst in der Summe einen anmeldepflichtigen Zusammenschluss ergeben und erst im Zeitpunkt des letzten Erwerbsvorgangs anzumelden sind (Art. 5 Abs. 2 Unterabs. 2 FKVO).

8 *b) Kauf- und Tauschangebot.* Bei einem öffentlichen Übernahmeangebot ist eine Anmeldung des (angestrebten) Zusammenschlusses bereits **vor** dem Erwerb der Anteile erforderlich. Auch wenn der Erfolg des Angebots offen ist, soll aus Gründen der Rechtssicherheit und zum Schutz der Anteilseigner der Zielgesellschaft die Klärung der fusionsrechtlichen Unbedenklichkeit gesichert sein. Der zum Ausgleich erforderliche Schutz des Bieters wird durch Art. 7 Abs. 3 FKVO gewährleistet, der die Übernahme der Anteile – bei partiellem Verzicht auf die Ausübung der Stimmrechte – vom Vollzugsverbot befreit.[14] Die Anmeldung kann vor oder nach Veröffentlichung des Übernahmeangebots erfolgen (Art. 4 Abs. 1 Unterabs. 2 FKVO).

9 *c) Zivilrechtliche Folgen bei Nichtanmeldung.* In der FKVO fehlt eine Art. 101 Abs. 2 AEUV entsprechende Norm über die zivilrechtlichen Folgen des Vollzuges eines nicht angemeldeten Zusammenschlusses (unter Verstoß gegen das Vollzugsverbot).[15] Erwägungsgrund 2 (Satz 3, 2. Hs.) der DVO stellt nur fest, dass die Verletzung der Anmeldepflicht für die Beteiligten „auch nachteilige Rechtsfolgen zivilrechtlicher Art mit sich bringen (kann)". Einen Anhaltspunkt und keinen endgültigen Aufschluss gibt **Art. 7 Abs. 4 FKVO.** Danach hängt die **Wirksamkeit von Vollzugsgeschäften** von der Freigabe oder Untersagung des Zusammenschlusses durch die Kommission ab. Sofortige Wirksamkeit tritt gemäß Art. 7 Abs. 4 Unterabs. 2 FKVO nur bei Rechtsgeschäften über bestimmte Wertpapiere ein. Die bloße Nichtanmeldung hat demgegenüber keine zivilrechtlichen Folgen; sie kann aber, wenn es gleichwohl zum Vollzug des Zusammenschlusses kommt, von der Kommission mit einem Bußgeld belegt werden (Art. 14 Abs. 2 Buchst. a FKVO). Auch der zugrundeliegende (schuldrechtliche) Vertrag über den Zusammenschluss wird in seiner Wirksamkeit von etwaigen rechtswidrigen Vollzugshandlungen nicht berührt.[16]

10 **3. Das informelle Vorverfahren („prenotification" oder „informal guidance").** Die auf der Grundlage von Art. 23 FKVO erlassene Durchführungs-Verordnung Nr. 802/

[9] Komm. E. v. 30.5.1991, IV/M.010, Rdnr. 10 – *Conagra/Idea;* Komm. E. v. 29.4.1991, IV/M.063, Rdnr. 1 – *Elf/Ertoil,* mit Anm. *Rozas Valdès,* MCR, B 20.

[10] *Gonzalez-Diaz/Jones,* EEC merger regulation, S. 193.

[11] *Drauz/Schroeder,* S. 189f.

[12] *Cable and Wireless/VEBA,* IV/M.618, Komm. E. v. 16.8.1995, Rdnr. 1 u. 4; *Kingfisher/Wegert/ProMarkt,* IV/M.1188, Komm. E. v. 18.6.1998, Rdnr. 7.

[13] So nur für einen von zwei Zusammenschlüssen in Komm. E. v. 30.4.1992, IV/M.197, Rdnr. 2 u. 20f. – *Solvay/Laporte.*

[14] Vgl. Rdnr. 44.

[15] S. dazu Rdnr. 49.

[16] Ebenso *Gugerbauer,* Handbuch der Fusionskontrolle, S. 152f.

2004[17] („DVO") sieht in Erwägungsgrund 11 vor, dass „die Kommission … den Beteiligten auf deren Wunsch bereits vor der Anmeldung Gelegenheit zu informellen und vertraulichen Gesprächen über den beabsichtigten Zusammenschluss geben (sollte)". In der Praxis der Generaldirektion Wettbewerb sind solche Vorverfahren vor dem Hintergrund der kurzen Fristen sowie der manchmal schwierigen Fragen des Zusammenschlusstatbestandes, des Vollfunktionskriteriums bei Gemeinschaftsunternehmen, des Erreichens der Umsatzschwellen oder der für das Formblatt CO erforderlichen Angaben zur Regel geworden.[18] Das Zusammenschlussvorhaben muss allerdings bereits eine hinreichend konkrete Gestalt haben. Hypothetische Transaktionen oder Transaktionen ohne Preisgabe der Identität der beteiligten Unternehmen oder Sektoren werden grundsätzlich nicht erörtert.[19] Die Generaldirektion Wettbewerb teilt in informeller Form und in der Regel innerhalb von kurzer Zeit ihre Einschätzung mit, womit dann für die Unternehmen Klarheit über die für die Anmeldung zuständige Behörde besteht. Bei Vorabklärung der für eine Anmeldung erforderlichen Angaben oder Vorlage eines Anmeldungsentwurfs sollte von Seiten der beteiligten Unternehmen und Anwaltschaft besonderes Augenmerk auf die einvernehmliche Beurteilung der Vollständigkeit gerichtet werden.[20] Das Vorhaben wird in diesem Stadium auf Wunsch der beteiligten Unternehmen vertraulich behandelt (vgl. Erwägungsgrund 11). Dritte haben in der informellen Vorphase kein Recht auf Verfahrensbeteiligung.[21]

Mit dem Erlass von **Best Practices on the conduct of EC merger control proceedings**[22] hat die Kommission 1999 und in aktualisierter Form 2004 die Einzelheiten zum Umgang mit den Zusammenschlussbeteiligten während des Verfahrens und insbes. in der Phase vor der Anmeldung förmlich niedergelegt.[23] Darin sind gewisse Anforderungen an die prenotification formuliert und verpflichtet sich die Kommission gleichzeitig zu bestimmtem Verhalten gegenüber den Unternehmen. Eine Kontaktaufnahme zur Kommission sollte danach mindestens zwei Wochen vor Anmeldung des Falles – am besten durch ein schriftliches Memorandum – erfolgen.[24] Die Kommission hat dafür ein „Case team allocation request – Mergers" veröffentlicht, an dem man sich zweckmäßigerweise orientiert. Daran können sich je nach Komplexität des Falles Gespräche mit der Kommission zur Erläuterung des Zusammenschlusses und der betroffenen Märkte, aber auch zur Gewährleistung der Vollständigkeit der Anmeldung, anschließen.[25] Ebenso könne Fragen der Zuständigkeit oder eventueller Verweisungsanträge hier geklärt werden. Den Parteien wird empfohlen, bereits jetzt Unterlagen zu etwaigen Effizienzvorteilen vorzulegen.[26] Nur bei wettbewerblich offenkundig unproblematischen Zusammenschlussvorhaben, die nach der Short Form CO angemeldet werden können, akzeptiert die Kommission eine sofortige Anmeldung ohne Vorabkontakte.[27] Sofern das Vorhaben schon öffentlich ist, kann die Kommission bereits vor der Anmeldung mit Ermittlungen beginnen.[28] Die Bedeutung des informellen Vorverfahrens hat in den vergangenen Jahren weiter zugenommen. Insbesondere nutzt die Kommission immer häufiger das – mehr- 11

[17] ABl. 2004 L 133/1.
[18] Vgl. *Rohardt* WuW 1991, 375; *Drauz/Schroeder,* S. 187; *Immenga/Mestmäcker-Körber,* Einl FKVO Rdnr. 85.
[19] *Drauz/Schroeder,* aaO.
[20] Zu unvollständigen Anmeldungen s. u. Rdnr. 32.
[21] *Lange,* in Fs. Boujong, S. 885, 900.
[22] S. www.ec.europa.eu/comm/competition/mergers/legislation/ regulation/best_practices.pdf.
[23] Zur Entstehungsgeschichte s. *Zeise,* in: Handbuch Fusionskontrolle, Rdnr. 1796 ff.
[24] Best Practices, aaO, Rdnr. 11.
[25] AaO, Rdnr. 13 ff.; weitere Einzelheiten, u. a. zum Ablauf der prenotification, bei *Langen/Bunte-Bardong,* Art. 4 FKVO, Rdnr. 13 ff.
[26] AaO, Rdnr. 18; *Rosenthal* EuZW 2004, 327, 330.
[27] Vereinfachtes Formblatt CO (Anhang II zur DVO Nr. 1269/2013), ABl. 2013 L 336/18, 20, unter 1.3, 5. Absatz.
[28] AaO, Rdnr. 26.

monatige – Vorverfahren zu ersten Marktermittlungen und legt den beteiligten Unternehmen umfangreiche Fragebögen vor. Dies hat für die beteiligten Unternehmen ggf. bereits in dieser Phase einen hohen Arbeitsaufwand und eine gewisse Unsicherheit über den Zeitpunkt der Vollständigkeit der Anmeldung zur Folge[29] und mindert auch für andere Marktteilnehmer und für die Behörden der Mitgliedstaaten die Transparenz des Verfahrens, hat aber für die Kommission den Vorteil einer faktischen Verlängerung der Verfahrensfristen des Art. 10. Die Verfahrensfristen erscheinen denn auch mittlerweile angesichts des durch die Rechtsprechung erhöhten Beweisstandards als sehr knapp.[30] Dritte Marktteilnehmer werden in der prenotification-Phase regelmäßig noch nicht befragt. Weiterhin enthalten die Best Practices Regelungen zu State of Play-Meetings mit den Beteiligten, dreiseitigen Gesprächen zwischen Kommission, Beteiligten und Dritten, z.B. Wettbewerbern, die Stellungnahmen zu dem geplanten Zusammenschluss abgegeben haben, sowie zur Akteneinsicht.[31]

II. Die formalen Voraussetzungen der Anmeldung (Art. 4 Abs. 1 und 2 FKVO)

12 Aufgrund der kurzen Entscheidungsfristen in der europäischen Fusionskontrolle ist das Verfahren durch eine starke Formalisierung gekennzeichnet. Dies gilt für die Anmeldung nach dem Formblatt CO/Vereinfachten Formblatt CO wie für den weiteren Verfahrensablauf. Die Einzelheiten der Anmeldung sind in der FKVO (anmeldepflichtige Personen, Frist) und in der DVO geregelt.

13 **1. Zeitpunkt der Anmeldung (Abs. 1).** Ein Zusammenschluss von gemeinschaftsweiter Bedeutung ist nach dem Vertragsschluss, der Veröffentlichung des Kauf- oder Tauschangebots oder des Erwerbs einer die Kontrolle begründenden Beteiligung und vor ihrem Vollzug bei der Kommission anzumelden. Die früher geltende Frist von einer Woche nach Vertragsschluss (Art. 4 Abs. 1 FKVO Nr. 4064/89) wurde gestrichen und durch das Erfordernis der **Anmeldung vor Vollzug** des Zusammenschlusses ersetzt. Nunmehr sind – wie im deutschen Recht – auch beabsichtigte Zusammenschlüsse anmeldefähig (vgl. Art. 4 Abs. 1 Unterabs. 2 und 3 FKVO); sie müssen allerdings hinreichend bestimmt sein. Das Formblatt CO (Abschnitt 1.5 aE) bestimmt schließlich, dass die Anmeldung „an einem Arbeitstag iSd DVO eingehen" muss.

14 Nach Auffassung der Kommission kommt es für das **Vorliegen der gemeinschaftsweiten Bedeutung,** d.h. der Erreichung der Umsatzschwellen des Art. 1 FKVO, auf den **Zeitpunkt der Anmeldung** und nicht etwa auf den Zeitpunkt der Entscheidung nach Art. 6 FKVO oder Art. 8 FKVO an. So stand es der Untersagung des Zusammenschlusses *MCI WorldCom/Sprint*[32] nicht entgegen, dass die gemeinschaftsweite Bedeutung während des Verfahrens aufgrund von Teilveräußerungen entfallen war. Bei mehreren fast gleichzeitigen Anmeldungen im selben Markt gilt für die Kommission das Prinzip **„first come, first serve":** Bei der materiellen Prüfung des zuerst angemeldeten Zusammenschlusses bleibt der nachfolgende außer Betracht, bei der Prüfung des nachfolgenden wird der erstere als vollzogen unterstellt.[33] Den Zeitpunkt der Anmeldung sieht die Kommission aus

---

[29] *Weitbrecht* ECLR 2014, 282, 283; *Immenga/Mestmäcker-Körber,* Einl FKVO, Rdnr. 85–87; *Hirsbrunner* EuZW 2012, 646. Ausführlich zum Für und Wider der prenotification *Monopolkommission,* Hauptgutachten 2011/2012, Rdnr. 769 ff.

[30] *Monopolkommission,* aaO, Rdnr. 775.

[31] AaO, Rdnr. 30 ff., 38 und 42 ff.; *Rosenthal,* aaO.

[32] Komm. E. v. 28.6.2000, COMP/M.1741, WuW 2000, 989 f.

[33] Komm. E. v. 19.10.2011, COMP/M.6214 – *Seagate/HDD Business of Samsung;* Komm. E. v. 23.10.2011, COMP/M.6203 – *Western Digital Ireland/Viviti Technologies;* s. dazu *Monopolkommission,* Hauptgutachten 2010/2011, Rdnr. 787 f. Die gegen die Eröffnung des Hauptprüfverfahrens gemäß Art. 6 Abs. 1 Buchst. c FKVO gerichtete Klage von *Western Digital* wurde später zurückgenommen (s. B. des Präsidenten der 2. Kammer des EuG v. 20.9.2012, T-452/11; nicht veröff.).

Gründen der Rechtssicherheit als entscheidend an. Diese „priority rule" ist in der Literatur als legalistisch und etwas zufällig angesichts einer oftmals mehrmonatigen Prenotification-Phase auf Kritik gestoßen.[34]

15 Bei **Übernahmeangeboten** besteht die Verpflichtung zur Anmeldung nach der Veröffentlichung (Abs. 1 S. 1). Inhalt und Form der Veröffentlichung werden durch das jeweilige nationale Börsen- und Übernahmerecht geregelt.[35] Im Fall *Tetra Pak/Alfa Laval*[36] wurde das Übernahmeangebot von *Tetra Pak* mit seiner Kundgabe als anmeldefähig angesehen. Dagegen ging die Kommission im Fall *Accor/Wagons Lits*[37] vom Zeitpunkt der Genehmigung des Übernahmeangebotes durch die Commission Bancaire Belge aus. Ebenso wurde im Fall *E.ON/Endesa*[38] auf die Vorabgenehmigung durch die Energiebehörde abgestellt.

16 **2. Anmeldepflichtige Personen (Abs. 2).** Eine Fusion bzw. der Erwerb gemeinschaftlicher Kontrolle iSv Art. 3 Abs. 1 Buchst. b FKVO ist von den an der Fusion bzw. der Begründung der gemeinschaftlichen Kontrolle Beteiligten gemeinsam anzumelden (Abs. 2 S. 1; vgl. auch Formblatt CO, Einl., Abschnitt D). Bei Begründung alleiniger Kontrolle und bei Übernahmeangeboten obliegt die Anmeldung dem Erwerber der Kontrolle bzw. dem Bieter (Abs. 2 S. 2). Satz 2 stellt ausdrücklich klar, dass natürliche wie juristische Personen als Anmeldepflichtige in Frage kommen. Der **Veräußerer** unterliegt, teilweise anders als im deutschen Recht (§ 39 Abs. 2 Nr. 2 GWB), **nicht** der Anmeldepflicht. Gleiches gilt für das zu übernehmende Unternehmen. Anmeldungen unter Beteiligung des Veräußerers hat die Kommission schon als unzulässig zurückgewiesen.

17 Die je nach Zahl der Beteiligten gemeinsam vorzunehmende Anmeldung muss durch einen gemeinsamen Vertreter erfolgen. Nach Art. 2 Abs. 3 DVO muss der **gemeinsame Vertreter** ermächtigt sein, im Namen aller Anmelder Schriftstücke zu übermitteln oder zu empfangen. Der Vertreter hat seine Vertretungsbefugnis durch Urkunde nachzuweisen (Art. 2 Abs. 2 DVO). Vertrauliche Angaben können von den Beteiligten getrennt oder über einen gemeinsamen Bevollmächtigten übermittelt werden.

18 **3. Form und Inhalt der Anmeldung.** Für die Anmeldung eines Zusammenschlusses ist das **Formblatt CO** zu verwenden (Art. 3 Abs. 1 DVO). Die formalen Pflichten in Bezug auf die Nutzung des Formblatts CO sind durch die DVO Nr. 1269/13 vom 5.12.2013 zur Änderung der DVO Nr. 802/2004 modifiziert worden.[39] Die nachfolgend zitierte „DVO" meint jeweils die 2013 geänderte Fassung. Die Anmeldungen müssen die im Formblatt CO verlangten Angaben und Unterlagen enthalten (Art. 4 Abs. 1 DVO). Aus Art. 3 Abs. 1 DVO ergibt sich, dass die Verwendung des Formblatts **verpflichtend** ist.[40] Das Formblatt CO enthält neben den für die Anmeldung erforderlichen Angaben auch verschiedene Erläuterungen für die beteiligten Unternehmen, z.B. zu Marktabgrenzungskriterien, Umsatzberechnung, Geschäftsgeheimnissen und anmeldepflichtigen Personen. Hinsichtlich der verlangten Angaben stellt das Formblatt CO – z.B. im Vergleich zum deutschen Recht (§ 39 Abs. 3 GWB) – **hohe Anforderungen** an die beteiligten Unternehmen und führt zu umfangreichen Anmeldungen.[41] Das Formblatt CO ist jedoch der Preis für die relativ kurzen Prüfungsfristen bei Zusammenschlüssen von erheblicher Grö-

[34] *Weitbrecht* ECLR 2014, 282, 284m Nw.; *Hirsbrunner* EuZW 2012, 646, 647; abwägend zwischen Vorrangprinzip und kombinierter Betrachtung *Monopolkommission,* Hauptgutachten 2011/2012, Rdnr. 776ff.

[35] Vgl. *Drauz/Schroeder,* S. 191.

[36] Komm. E. v. 19.7.1991, IV/M.068.

[37] Komm. E. v. 28.4.1992, IV/M.126; *Drauz/Schroeder,* aaO.

[38] Komm. E. v. 25.4.2006, COM/M.4110.

[39] ABl. 2013 L 336/1 ff.

[40] Zur Möglichkeit der Zurückweisung einer Anmeldung bei Nichtverwendung des Formblattes CO s. *Gonzalez-Diaz/Jones,* EEC merger regulation, S. 195. Ebenso früher beim Formblatt AB der VO Nr. 17, vgl. EuGH U. v. 29.10.1980, Slg. 1980, 3125, 3243 – *Van Landewyck*).

[41] Zur Waiver-Praxis s.u. Rdnr. 26; kritisch dazu *Langen/Bunte-Bardong/Maass,* Art. 4 FKVO Rdnr. 23ff; *Rohardt* WuW 1991, 373 u. 377.

ßenordnung.[42] Allerdings sind die Anforderungen an die Anmeldung von wettbewerblich erkennbar unproblematischen Zusammenschlüssen durch die sog. **Short Form CO** erheblich abgesenkt worden (dazu Rdnr. 22ff.). Die Kommission will an sich über das Erfordernis einer ausführlichen Anmeldung verhindern, dass „wegen Ermittlungsbedarfs das Verfahren eingeleitet werden müsste, obwohl dies nach dem tatsächlichen Sachverhalt nicht erforderlich ist".[43]

19 *a) Inhalt des Formblattes CO.* Das Formblatt CO kombiniert Erfordernisse des deutschen Rechts mit der Pre-Merger Notification des US-amerikanischen Hart Scott Rodino Improvement Act.[44] Es gliedert sich in eine **Einleitung** mit Erläuterungen und Begriffsbestimmungen sowie in **zehn Abschnitte,** die die erforderlichen Angaben nennen: Abschnitt 1 bis 3 zu den beteiligten Unternehmen und zum Zusammenschlussvorhaben, Abschnitt 4 zu den Umsätzen der beteiligten Unternehmen, Abschnitt 5 zu den erläuternden Unterlagen, Abschnitt 6 bis 8 zu den betroffenen Märkten, Abschnitt 9 – neu seit 1.5.2004 – zur Gesamtsituation des Marktes und zu Effizienzgewinnen. Seit 1998 sind in einem neuen Abschnitt 10 Angaben zu kooperativen Wirkungen eines Gemeinschaftsunternehmens im Hinblick auf Art. 2 Abs. 4 FKVO, Art. 101 AEUV zu machen. Das Formblatt CO schließt mit einer von den Anmeldern abzugebenden Erklärung über die Richtigkeit und Vollständigkeit ihrer Angaben.[45]

20 Nach Art. 3 Abs. 2 DVO sind die Anmeldung und die als Anlagen beigefügten Schriftstücke in dem Format (Papierform und/oder elektronische Form) und mit der Zahl von Kopienzu übermitteln, die die Kommission im Amtsblatt der EU festgelegt hat.[46] Gegenwärtig sind das Original und drei Kopien in Papier sowie zwei DVD/CD, die jeweils die Anmeldung enthalten, vorzulegen. Als Anlagen beigefügte Schriftstücke sind im Original oder in Abschrift vorzulegen und ebenfalls elektronisch zu übermitteln (Art. 3 Abs. 3 DVO). Die Anmeldung samt Anlagen wird von der Kommission in elektronischer Form binnen drei Arbeitstagen an die Behörden der Mitgliedstaaten übermittelt (Art. 19 Abs. 1 FKVO).

21 *b) Sprache.* Die Anmeldung ist in einer der Amtssprachen der Gemeinschaft abzufassen, die für die Anmelder zugleich die Verfahrenssprache ist (Art. 3 Abs. 4 S. 1 DVO). Urkunden sind in der Originalsprache einzureichen. Ist die Originalsprache keine der Amtssprachen, so ist eine Übersetzung in die Verfahrenssprache beizufügen (Art. 3 Abs. 4 S. 2 u. 3 DVO).

22 *c) Anmeldung in Kurzform.* Die Kommission ermöglicht seit 1995 – modifiziert Ende 2013[47] – eine „short form notification" für de minimis-Gemeinschaftsunternehmen, Zusammenschlüsse ohne oder mit geringer (bestimmte Marktanteilsschwellen nicht übersteigender) horizontaler oder vertikaler Überschneidung oder im Fall eines Übergangs von gemeinsamer auf alleinige Kontrolle (Art. 3 Abs. 1 Satz 2 DVO und deren Anhang II, Ziff. 1.1, Nr. 1–4); weitere Fallkonstellationen sind mittlerweile in Anhang II, Ziff. 1.1, drittletzter Absatz, vorgesehen. Die Anmelder können in der Anmeldung darlegen, dass das Gemeinschaftsunternehmen einen Umsatz oder Vermögenswerte von weniger als 100 Mio. € im EWR-Gebiet hat (Nr. 1) bzw. dass einer der übrigen vorgenannten Fälle vorliegt (insbes. kein höherer Marktanteil als 20% horizontal oder 30% vertikal auf einem relevanten Markt eines beteiligten Unternehmens, Nr. 3; kein höherer Marktanteil als 50% horizontal, aber Zuwachs des Herfindahl-Hirschmann-Indexes beträgt weniger als 150,

---

[42] So auch *Gonzalez-Diaz/Jones,* EEC merger regulation, S. 199; *Hitzler* EuZW 1990, 369, 370; *Rohardt* WuW 1991, 374.

[43] *Ehlermann* WuW 1991, 535, 545.

[44] *Rohardt* WuW 1991, 373 mwN.

[45] Vgl. zu den einzelnen Abschnitten – auf der Grundlage des vormals geltenden Formblatts CO – *Rohardt* WuW 1991, 376ff.; *Zeise,* in: Handbuch der Fusionskontrolle, Rdnr. 1794ff.

[46] S. zur elektronischen Übermittlung auch Art. 21 Abs. 1 Buchst. d und Art. 23 Abs. 4 DVO.

[47] ABl. 2013 L 336/18ff.; Pressemitteilung IP/13/1214 v. 5.12.2013.

drittletzter Absatz). Die Anmeldung kann dann in verkürzter Form erfolgen. Entbehrlich sind insbes. Angaben zum Umsatz der Beteiligten in jedem Mitgliedstaat der EU und der EFTA (Ziff. 2.3.4 und 2.3.5), zu personellen und kapitalmäßigen Verflechtungen (Abschnitt 4), zu den allgemeinen Bedingungen in den betroffenen Märkten (Abschnitt 8) und zu konglomeraten Beziehungen (Abschnitt 9). Der wichtige Abschnitt 7 mit den Angaben zu Umsätzen und Marktanteilen auf den betroffenen Märkten wird durch einen verkürzten Katalog in Kap. C, Buchst. d, ersetzt. Tatsächlich entbehrlich sind somit die Schätzung des Marktvolumens und der Marktanteile der Wettbewerber.

Sofern die Kommission nicht widerspricht, wird die Anmeldung am Tag ihres Eingangs wirksam (Art. 5 Abs. 1 DVO). Die Einführung der Anmeldung in Kurzform trägt dem Umstand Rechnung, dass Gemeinschaftsunternehmen und Zusammenschlüsse unterhalb der vorgenannten horizontalen oder vertikalen Marktanteilsschwellen den deutlich größten Anteil der angemeldeten Zusammenschlüsse ausmachen.[48] Auch haben Gemeinschaftsunternehmen zu Beginn ihrer Tätigkeit häufig nur einen geringen Umsatz und werfen keine wettbewerblichen Probleme auf. Die Kommission beschränkt sich in solchen Fällen denn auch auf eine knapp begründete Entscheidung[49] bzw. verzichtet im Rahmen des sog. **vereinfachten Verfahrens** gänzlich auf eine Entscheidungsbegründung. In ihrer diesbezüglichen Bekanntmachung[50] aus dem Jahr 2000 – aktualisiert nach der Revision der FKVO 2004 – erläutert die Kommission die Verfahrensvereinfachungen für die vorgenannten Fallgruppen, bei denen nach der DVO eine „short form notification" möglich ist. Die Fälle werden „im Normalfall" innerhalb der Ersten Phase freigegeben,[51] eine Nachricht über die Freigabe – ohne weitere Begründung – findet sich unter Bezugnahme auf die entsprechende Notiz über die Anmeldung im Amtsblatt der EU.[52] Fälle im vereinfachten Verfahren machen mittlerweile mehr als zwei Drittel der Freigabeentscheidungen in der Ersten Phase (Art. 6 Abs. 1 Buchst. b FKVO) aus.[53] Ein vereinfachtes Verfahren kommt allerdings nicht in Betracht, wenn ein Verweisungsantrag nach Art. 9 FKVO oder Art. 22 FKVO vorliegt.[54] 23

Die Kommission kann allerdings eine **vollständige Anmeldung** nach dem Formblatt CO verlangen, wenn das angemeldete Vorhaben die de minimis-Schwellen überschreitet, oder wenn dies erforderlich ist, um eine eingehende Untersuchung möglicher Wettbewerbsprobleme auf den betroffenen Märkten durchführen zu können (Anhang II zur DVO, Ziff. 1.1 am Ende und 1.2). In derartigen Fällen gilt die Kurzformanmeldung als „in einem wesentlichen Gesichtspunkt unvollständig" iSv Art. 4 Abs. 2 FKVO, und die Anmeldung wird vorläufig nicht wirksam. Die Kommission setzt die Anmelder oder ihre Vertreter hiervon umgehend schriftlich in Kenntnis. Die Anmeldung wird erst dann wirksam, wenn sämtliche erforderlichen Angaben eingegangen sind. 24

d) Formblätter RS und RM. Für **Verweisungsanträge nach Art. 4 Abs. 4 oder Abs. 5 FKVO** verpflichtet Art. 6 DVO mittlerweile die Zusammenschlussbeteiligten zur Verwen- 25

[48] 2004 machten Gemeinschaftsunternehmen 42% aller Freigaben aus (Komm., 34. WB 2004, S. 117); 2010/11 machten Kurzformanmeldungen 58% aller Fälle aus (Monopolkommission, Hauptgutachten 2010/2011, Rdnr. 766); 2013 entschied die Kommission 66% aller Erste-Phase-Fälle im vereinfachten Verfahren (Arbeitsunterlage der Kommissionsdienststellen. Begleitunterlage zum Bericht der Kommission über die Wettbewerbspolitik 2013, S. 28, http://ec.europa.eu/competition/publications/annual_report/2013/part2_de.pdf).

[49] So z.B. Komm. E. v. 21.12.1995, IV/M.662 – *Leisureplan;* Komm. E. v. 15.5.1996, IV/M.724 – *GEC/Thomson-CSF (II).*

[50] Bekanntmachung über das vereinfachte Verfahren, ABl. 2005 C 56/32 (vormals ABl. 2000 C 217/32), Rdnr. 18.

[51] Bekanntmachung, aaO, Rdnr. 2 und 17.

[52] Bekanntmachung, aaO, Rdnr. 18.

[53] So z.B. in 166 von 252 Freigaben nach Art. 6 Abs. 1 Buchst. b FKVO im Jahr 2013 (s. http://ec.europa.eu/comm/competition/mergers/statistics.pdf).

[54] Bekanntmachung, aaO, Rdnr. 13; anders bei Verweisungsanträgen vor Anmeldung (Art. 4 Abs. 4 oder Abs. 5, s. Rdnr. 14).

dung des umfangreichen **Formblatts RS** („Reasoned Submission“).[55] Weiterhin hat die Kommission 2008 die Mitteilung über Abhilfemaßnahmen, d.h. über **Zusagen,** aktualisiert .[56] Darin – und bereits in Art. 20 Abs. 1a der DVO Nr. 802/2004[57] – verpflichtet die Kommission die Zusammenschlussbeteiligten über ein neues **Formblatt RM** zur Vorlage bestimmter Informationen zusammen mit dem jeweiligen Zusagenvorschlag.

26 **4. Waiver-Praxis.** Nach Art. 4 Abs. 2 DVO kann die Kommission von der Pflicht zur Vorlage einzelner im Formblatt CO verlangter Angaben einschließlich Unterlagen **befreien.** Solche „waiver“ sind regelmäßig Gegenstand der Vorgespräche vor der Anmeldung. Soweit die Kommission „der Auffassung (ist), dass die Erfüllung dieser Pflichten für die Prüfung des Falles nicht erforderlich ist“ (Anhang I – Formblatt CO – zur DVO Nr. 1269/13, Ziff. 1.4 Buchst. g),[58] weil ein Fall erkennbar keine oder nur begrenzte wettbewerbliche Probleme aufwirft, wird von der Kommission eine Befreiung von gewissen Angaben erteilt.

27 **5. Wesentliche Änderungen.** Während des Fusionskontrollverfahrens eintretende wesentliche Änderungen der in der Anmeldung enthaltenen Tatsachen oder neue Informationen, welche die Anmelder kennen oder kennen müssen und die anmeldepflichtig gewesen wären, wenn sie zum Anmeldezeitpunkt bekannt gewesen wären, sind der Kommission unaufgefordert und umgehend mitzuteilen (**Art. 5 Abs. 3 S. 1 DVO;** vgl. außerdem Art. 9 Abs. 1 Buchst. d DVO). **„Tatsachen“** umfassen grundsätzlich alle Angaben zu tatsächlichen Umständen der beteiligten Unternehmen oder der betroffenen Märkte im Sinne des Formblattes CO. Nicht erfasst werden sollen Veränderungen eines beteiligten Unternehmens als solches, z.B. durch Verkauf von Teilen des beteiligten Unternehmens, mit der Folge, dass die Umsatzschwellen des Art. 1 Abs. 2 FKVO nicht mehr oder erst jetzt erreicht werden. Keine wesentliche Änderung liegt auch bei auffälligen aktuellen Marktentwicklungen oder bei der Ersetzung eines in der Anmeldung gemachten Zusagenangebots durch ein anderes Zusagenangebot vor, da solche Angebote noch nicht Teil des angemeldeten Zusammenschlusses sind und unter der Bedingung der Freigabe durch die Kommission stehen.[59] Was unter einer wesentlichen Änderung zu verstehen ist, lässt sich Art. 5 Abs. 3 S. 1 DVO nicht entnehmen. Eine Auslegungshilfe bietet allerdings Art. 5 Abs. 3 S. 2 DVO, der es in das Ermessen der Kommission stellt, die Wirksamkeit der Anmeldung auf den Tag des Eingangs der Mitteilung der wesentlichen Änderungen zu verschieben, wenn die wesentlichen Änderungen erhebliche Auswirkungen auf die Beurteilung des Zusammenschlusses haben können. Zu wesentlichen Änderungen nach dem Zeitpunkt der Freigabeentscheidung, aber vor Vollzug des Zusammenschlusses s. Rdnr. 38.

III. Wirkung der Anmeldung

28 **1. Wirksamkeit der Anmeldung.** Die Anmeldung wird am **Tag ihres Eingangs** bei der Kommission wirksam, Art. 5 Abs. 1 DVO. Dies gilt nur für vollständige Anmeldungen (Art. 5 Abs. 2 DVO), die ausschließlich richtige und nicht irreführende Angaben enthalten (Art. 5 Abs. 4 DVO). Unerheblich ist, ob es sich um die Anmeldung eines Zusammenschlusses handelt, der die tatbestandlichen Voraussetzungen des Art. 3 erfüllt und ob dieser gemeinschaftsweite Bedeutung iSv Art. 1 Abs. 2 FKVO besitzt. Dies hat die Kommission in der Ersten Phase zu prüfen. Liegen die Voraussetzungen von Art. 3 oder Art. 1 nicht vor und wird die Anmeldung nicht zurückgenommen, trifft die Kommission eine Entschei-

---

[55] S. Anhang III der DVO, ABl. 2004 L 133/31 ff.

[56] http://ec.europa.eu/competition/mergers/legislation/notices_on_substance.html#remedies (ABl. 2008 C 267/1 ff.); im Einzelnen dazu § 17 Rdnr. 130 und 132.

[57] ABl. 2004 L 133/1ff,

[58] ABl. 2013 L 336/6 und 22.

[59] EuG U. v. 27.11.1997, Slg. 1997, II-2137, Rdnr. 131 – *Kaysersberg SA/Kommission.*

dung nach Art. 6 Abs. 1 Buchst. a FKVO.[60] Einer Umdeutung der Anmeldung in einen Antrag auf Negativattest oder Freistellung vom Kartellverbot (so früher Art. 5 Abs. 1 DVO Nr. 447/98) bedarf es im System der Legalausnahme der VO Nr. 1/2003 nicht mehr.

29 **2. Die Wirkungen der Anmeldung.** *a) Beginn der Prüfung.* Nach Eingang der Anmeldung beginnt die Kommission unmittelbar mit deren Prüfung (Art. 6 Abs. 1 S. 1 FKVO).

30 *b) Fristbeginn.* Am ersten Arbeitstag, der auf den Tag des Eingangs der Anmeldung folgt, beginnt gemäß Art. 10 Abs. 1 S. 2 und Art. 7 Abs. 1 DVO die Frist von 25 Arbeitstagen (früher 1 Monat, Art. 10 Abs. 1 VO Nr. 4064/89), innerhalb derer die Entscheidung zum Abschluss der Ersten Phase (Art. 6 Abs. 1 FKVO) zu treffen ist. Weiterhin setzt der Eingang der Anmeldung das bereits vor Anmeldung geltende Vollzugsverbot für die Dauer des Verfahrens fort, Art. 7 Abs. 1 FKVO, sofern nicht die Kommission ausnahmsweise eine Befreiung vom Vollzugsverbot gewährt (Art. 7 Abs. 3 FKVO).[61]

31 *c) Bußgeldimmunität.* Ab Eingang der Anmeldung besteht für die zur Anmeldung verpflichteten Personen oder Unternehmen Schutz gegen Geldbußen wegen unterlassener oder verspäteter Anmeldung (vgl. Art. 14 Abs. 1 Buchst. a FKVO).[62]

32 **3. Unvollständige Anmeldung (Art. 5 Abs. 2 DVO).** Die gemäß Formblatt CO vorgelegten Angaben müssen richtig und vollständig sein (Art. 4 Abs. 1 DVO; vgl. auch Formblatt CO, Einl., 1.4). Ist eine Anmeldung in einem wesentlichen Punkt unvollständig, so teilt die Kommission dies gemäß Art. 5 Abs. 2 S. 1 DVO den Anmeldern umgehend schriftlich mit und setzt ihnen eine angemessene Frist zur Ergänzung der Angaben oder Unterlagen. Dies hat zur Folge, dass die Anmeldung nicht am Tag ihres Eingangs bei der Kommission wirksam wird (vgl. Art. 5 Abs. 1 DVO). Die Frist von 25 Arbeitstagen des Art. 10 Abs. 1 FKVO beginnt erst am Tag nach dem Tag des Eingangs der vollständigen Angaben oder Unterlagen bei der Kommission zu laufen (Art. 10 Abs. 1 S. 2 FKVO, Art. 5 Abs. 2 S. 2 DVO). Eine etwaige Unvollständigkeit muss einen wesentlichen Teil betreffen. Anmeldungen, die nur in nachrangigen Punkten Lücken aufweisen (z.B. einzelne fehlende oder falsche Telefonnummern), sind von Anfang an voll wirksam.[63] In der Praxis der Kommission wurden in den ersten Jahren nur selten, später dagegen häufiger Anmeldungen für unvollständig erklärt.[64] Nach Veröffentlichung der Best Practices Guidelines der DG Wettbewerb im Jahr 1999 sank der Anteil unvollständiger Anmeldungen deutlich.[65] Darunter waren Fälle, in denen in Vorgesprächen eine (vermeintliche) Einigkeit über die Vollständigkeit erzielt worden war. Infolge der mittlerweile ausgedehnten Prenotification-

[60] So z.B. Komm. E. v. 6.2.1991, IV/M.058 – *Baxter/Nestlé/Salvia;* Komm. E. v. 24.6.1991, IV/M.093 – *Apollinaris/Schweppes;* Komm. E. v. 5.7.1993, IV/M.285 – *Pasteur-Mérieux/Merck;* Komm. E. v. 13.9.1993, IV/M.353 – *British Telecom/MCI.*

[61] S. dazu Rdnr. 44 f.

[62] S. dazu Rdnr. 198.

[63] *Rohardt* WuW 1991, 372.

[64] S. Komm., 24. WB 1994, Rdnr. 327; Komm., 27. WB (Kurzfassung), Rdnr. 192 (16 Fälle in 1997). Vgl. insbes. Komm. E. v. 29.7.1994, IV/M.442 – *Elf Atochem/Rütgers* und *Ericson/Ascom,* IV/M.608, Rückn. d. Anmeldung am 25.10.1995 (Angaben zum sachlichen und räumlichen Markt unvollständig); Komm. E. v. 6.5.1994, IV/M.405 – *General Electric/Nuovo Pignone* und Komm. E. v. 21.12.1994, IV/M.484, ABl. 1995 L 251/18 – *Thyssen Stahl/Krupp/Riva/Falck/Tadfin/AST* (Angaben zum Kontrollerwerb unvollständig, s. Komm., 24. WB 1994, Rdnr. 329); Komm. E. v. 5.9.1994, IV/M.472 – *Vesuvius/Wülfrath* (Fehlen einer von zwei Gründungsvereinbarungen, s. Komm., 24. WB 1994, Rdnr. 328); Komm. E. v. 18.7.1997, IV/M.953 – *Thomson/Siemens/ATM;* Komm. E. v. 13.11.1997, IV/M.975 – *Albacom/BT/ENI* (fehlende Angaben zu dem mitkontrollierenden Unternehmen *Mediaset SpA*); Komm. E. v. 18.12.1997, IV/M.997 – *Swedish Match/Koc/KAV;* Komm. E. v. 29.1.1998, IV/M.1072 – *Bertelsmann/Burda/Future Kids;* Komm. E. Art. 6 Abs. 1 Buchst. c) FKVO v. 3.3.1998, IV/M.1069 – *WorldCom/MCI;* Komm. E. v. 23.2.1998, IV/M.1094 – *Caterpillar/Perkins Engines.*

[65] 1997–1999 je 10–11%, 2000 6%, seit 2001 weiter rückläufig, s. *Zeise,* in: Handbuch Fusionskontrolle, Rdnr. 1797. Eine offizielle Statistik der Kommission über unvollständige Anmeldungen gibt es nicht.

Phase dürften Fälle unvollständiger Anmeldungen in jüngerer Zeit nicht mehr vorgekommen sein. Das Verfahren bei unvollständiger Anmeldung ermöglicht es jedenfalls den Unternehmen, die Anmeldung umgehend zu komplettieren und damit den Fristlauf in Gang zu setzen.

33 **4. Unrichtige Angaben.** Unrichtige oder irreführende Angaben oder Unterlagen in einer Anmeldung werden als unvollständige Angaben oder Unterlagen angesehen (Art. 5 Abs. 4 DVO; vgl. auch Art. 9 Abs. 1 Buchst. d FKVO). Hierzu sind allerdings bislang keine Beispielsfälle bekannt geworden.

IV. Die Veröffentlichung der Anmeldung (Art. 4 Abs. 3 FKVO)

34 Einige grundlegende Angaben (Beteiligte, Art des Zusammenschlusses, betroffene Wirtschaftszweige) der Anmeldung eines Zusammenschlusses werden von der Kommission im **Amtsblatt** der Europäischen Gemeinschaften, Ausgabe C, und auf ihrer **Homepage**[66] veröffentlicht (Art. 4 Abs. 3 FKVO). Zur Veröffentlichung von Kurzform-Anmeldungen s. Rdnr. 16 der Bekanntmachung über das Vereinfachte Verfahren.[67] Die Veröffentlichung dient dazu, der Öffentlichkeit, d. h. allen „interessierten Unternehmen oder Personen" (Wettbewerbern, Abnehmern etc.), von der Anmeldung des Zusammenschlusses Kenntnis zu geben.

35 In der Praxis erfolgt die Veröffentlichung ungeachtet der Frage, ob der Zusammenschluss die Voraussetzungen der Art. 1 und 3 FKVO erfüllt, obwohl die Veröffentlichung regelmäßig den Satz enthält, dass „die Kommission nach vorläufiger Prüfung festgestellt hat, dass der Zusammenschluss unter die Verordnung fällt" und dass sie sich die „endgültige Entscheidung" vorbehält.[68] Ist eine Anmeldung **unvollständig,** erfolgt eine **weitere Veröffentlichung,** in der der Zeitpunkt der Vervollständigung mitgeteilt wird (Art. 5 Abs. 5 S. 2 DVO). Gleiches gilt für eine Neuanmeldung nach Rücknahme der ersten Anmeldung.

V. Rücknahme einer Anmeldung und Neuanmeldung

36 Grundsätzlich steht es den anmeldenden Unternehmen jederzeit frei, die Anmeldung zurückzunehmen. Dies galt früher uneingeschränkt allerdings nur bei gleichzeitiger Aufgabe des Zusammenschlussvorhabens, da die Anmeldung vom Abschluss einer rechtlich bindenden Vereinbarung abhing und innerhalb einer Woche nach Abschluss der Vereinbarung erfolgen musste.[69] Die Beteiligten setzten sich daher mit der bloßen Rücknahme der Anmeldung bei Aufrechterhaltung des Fusionsvertrages der Gefahr einer Geldbuße nach Art. 14 Abs. 1 Buchst. a FKVO aus. Im Fall *MCI WorldCom/Sprint* hatte die Kommission denn auch eine Untersagungsentscheidung erlassen, obwohl die Beteiligten zuvor die Anmeldung zurückgenommen hatten.[70] Das Argument der Kommission, es sei nicht gleichzeitig der Zusammenschlussvertrag aufgehoben worden, wurde allerdings im Rechtsmittelverfahren vom EuG nicht anerkannt, und die Entscheidung wurde aufgehoben.[71] Das EuG verwies u. a. auf eine Vielzahl von Fällen, in denen der Kommission die Rücknahme der Anmeldung genügt hatte, um das Verfahren unmittelbar einzustellen.[72] Seitdem nun auch Zusammenschlussvorhaben anmeldefähig sind (Art. 4 Abs. 1), ist im Falle einer Rücknahme der Anmeldung nur das weiterhin geltende Vollzugsverbot (Art. 7 Abs. 1) zu beachten. Eine Rücknahme der Anmeldung ist demnach in der Ersten Phase ohne Angabe von Gründen möglich. Anders verhält es sich nach Einleitung der Zweiten Phase (Hauptprüfverfahren): Hier haben die Beteiligten im Sinne des mit der Revision 2004 eingefügten letzten Halbsatz in Art. 6

[66] http://ec.europa.eu/competition/elojade/isef/index.cfm?fuseaction=dsp_merger_by_date.
[67] ABl. 2005 C 56/32.
[68] Komm. E. v. 25.6.1996, IV/M.758, ABl. 1996 C 154/26 – *Sarah Lee/Aoste Holding.*
[69] S. o. Rdnr. 13; ebenso *Drauz/Schroeder,* S. 193.
[70] E. v. 28.6.2000, ABl. 2000 L 300/1.
[71] U. v. 28.9.2004, Slg. 2004 II-3253 ff.
[72] AaO, Rdnr. 108 ff.

Abs. 1 Buchst. c Satz 2 FKVO die endgültige Aufgabe des Vorhabens glaubhaft zu machen.[73] Dies überzeugt nicht, da das geltende Vollzugsverbot auch bei Aufrechterhaltung des schuldrechtlichen Vertrages der Kommission eine hinreichende Sicherheit bietet. Eine **Neuanmeldung** nach Rücknahme der ersten Anmeldung ist zulässig, setzte allerdings in der Vergangenheit nach Auffassung der Kommission eine **Abänderung** des ursprünglichen Vorhabens oder der Marktverhältnisse **in einem wesentlichen Punkt** voraus. Andernfalls stünde es den Anmeldern frei, durch wiederholte Rücknahme und Neuanmeldung eine Verfahrenseröffnung nach Art. 6 Abs. 1 Buchst. c oder eine Verbotsentscheidung nach Art. 8 Abs. 3 FKVO hinauszuzögern. Entsprechendes gilt für Neuanmeldungen nach einer Untersagung. Tatsächlich bedürfte es aufgrund des weiter geltenden Vollzugsverbots keiner solchen Beschränkung der Neuanmeldemöglichkeit. Während in der deutschen Fusionskontrolle schon die Gebührenpflicht, die in Form einer halben Gebühr auch bei Rücknahme einer Anmeldung eingreift, einem unangemessenen Verwaltungsaufwand durch mehrmalige Neuanmeldung desselben Vorhabens vorbeugt, erscheint das Erfordernis der wesentlichen Abänderung in der ohne Gebühr erfolgenden EU-Fusionskontrolle vertretbar.[74]

Fälle von Rücknahme und Neuanmeldung hat es in der Praxis der Kommission in den 37
ersten Jahren kaum, ab 1994 jedoch mehrfach gegeben, insbes. im Zusammenhang mit Zusagen zur Vermeidung einer Einleitung des Hauptverfahrens.[75] Die ersten Fälle einer Rücknahme der Anmeldung nach Eröffnung des Hauptverfahrens waren *Siemens/Philips,*[76] *Telefonica/Sogecable/Cablevision,*[77] *Wolters Kluwer/Reed Elsevier,*[78] *Wienerberger/Cremer & Breuer*[79] und *KPMG/Ernst & Young*[80] gewesen; die Rücknahme erfolgte hier wegen Aufgabe des Vorhabens aus wirtschaftlichen Gründen bzw. zur Vermeidung einer drohenden Untersagung. Mittlerweile kommt es mit Schwankungen zu weniger als 10 Rücknahmen im Jahr (überwiegend im Vorprüfungsverfahren).[81]

VI. Erfordernis einer Neuanmeldung bei wesentlichen Änderungen nach Freigabe

Eine Neuanmeldung des Zusammenschlusses kann schließlich erforderlich werden, 38
wenn die Beteiligten den Zusammenschluss in wesentlichen Punkten anders vollziehen

[73] So die dazu von der Generaldirektion Wettbewerb Mitte 2005 veröffentlichte Information zu Art. 6 Abs. 1 Buchst. c Satz 2 FKVO (www.ec.europa.eu/comm/competition/mergers/legislation); so jetzt auch die Konsolidierte Mitteilung der Kommission, ABl. 2009 C 43/10, Rdnr. 118; vgl. außerdem Bericht der Kommission über die Wettbewerbspolitik 2005, Rdnr. 287 ff.; ebenso *Dittert* WuW 2004, 148, 152 f.

[74] AA *Immenga/Mestmäcker-Körber,* Art. 4 FKVO, Rdnr. 63.

[75] S. dazu exemplarisch die Fälle *Procter & Gamble/VP Schickedanz,* IV/M.398, Rücknahme und Neuanmeldung am 17.1.1994, und *Unilever France/Ortiz Miko,* IV/M.388, Anmeldungen v. 21.12.1993 (Rücknahme s. ABlEG 1994 C 39/5) und v. 14.2.1994. Nach 1994 gab es in der Ersten Phase des Verfahrens jährlich zwischen drei und neun Rücknahmen (Ausnahme: 2003 mit 0 Rücknahmen) und in der Zweiten Phase zwischen 1998 und 2001 jeweils vier bis sechs Fälle, anschließend nicht mehr als drei Fälle jährlich (s. www.ec.europa.eu/comm/competition/mergers/cases/stats.html). Weitere Beispielsfälle waren *Microsoft/Time Warner/Contentguard/JV,* COMP/M.3445 (Rücknahme in der Zweiten Phase am 9.3.2005); *AMI/Eurotecnica,* COM/M.3923 (Rücknahme in der Zweiten Phase am 30.11.2005); s. zu beiden Fällen Bericht der Kommission über die Wettbewerbspolitik 2005, Rdnr. 370 ff. und 378 ff. (www.ec.europa.eu/comm/compe tition/annual_reports/2005/de.pdf); *Merck/Schering,* COMP/M.4162 (Rücknahme in der Ersten Phase am 27.3.2006, ABl. 2006 C 82/58).

[76] Komm. E. (Art. 6 Abs. 1 Buchst. c) v. 23.12.1992, IV/M.238, Komm., 20. WB 1992, S. 159.

[77] Komm.E. (Art. 6 Abs. 1 Buchst. c) v. 19.7.1996, IV/M.709, Komm., 26. WB 1996, Rdnr. 150 f.

[78] Komm. E. (Art. 6 Abs. 1 Buchst. c) v. 11.12.1997, IV/M.1040.

[79] Komm. E. (Art. 6 Abs. 1 Buchst. c) v. 15.1.1998, IV/M.1047.

[80] Komm. E. (Art. 6 Abs. 1 Buchst. c) v. 4.2.1998, IV/M.1044.

[81] S. die von der Kommission auf ihrer Homepage veröffentlichte Statistik zur EU-Fusionskontrolle, http://ec.europa.eu/competition/mergers/statistics.pdf.

wollen, als er von der Kommission nach Art. 6 FKVO oder Art. 8 FKVO genehmigt wurde. Handelt es sich nur um geringfügige Änderungen, z. B. in der prozentualen Höhe der Beteiligung, liegt keine wesentliche Änderung vor, die eine Neuanmeldepflicht auslöst. Ändert sich jedoch die Art der Kontrolle oder der Charakter des Zusammenschlusses von einem Kontrollerwerb zu einer vollständigen Fusion im Sinne von Art. 3 Abs. 1 Buchst. a FKVO, verlangt die Kommission eine neue Anmeldung des Zusammenschlusses.[82] So musste der Anfang 2002 nach Art. 8 Abs. 2 FKVO freigegebene Zusammenschluss *Carnival Corporation/P&O Princess*[83] ein Jahr später erneut angemeldet werden, weil die Parteien anstelle des im Wege eines Übernahmeangebots angestrebten Kontrollerwerbs die Konstruktion einer „dual listed company" (DLC) wählten, bei der beide beteiligte Unternehmen selbständig fortgeführt werden (bei gemeinsamem Vorstand und Senior Management). Der Fall wurde dann in der Ersten Phase freigegeben.[84]

B. Vollzugsverbot und Ausnahmen (Art. 7 FKVO)

39 Die Fusionskontrolle nach der FKVO erfasst mittlerweile nicht nur bindend vereinbarte, sondern auch beabsichtigte Zusammenschlussvorhaben (Art. 4 Abs. 1 Unterabs. 2 und 3 FKVO; anders früher Art. 4 Abs. 1 und Art. 7 Abs. 1 VO Nr. 4064/89). Art. 7 Abs. 1 FKVO verbietet den Vollzug von Zusammenschlüssen mit gemeinschaftsweiter Bedeutung iSv Art. 1 FKVO vor Anmeldung sowie während des gesamten Verfahrens bis zu einer Vereinbarkeitsentscheidung nach Art. 6 Abs. 1 Buchst. b FKVO oder Art. 8 Abs. 1 oder 2 FKVO[85] oder einer Vereinbarkeitsfiktion nach Art. 10 Abs. 6 FKVO. Das Vollzugsverbot kann ausgesetzt oder verkürzt werden (Abs. 3). Sonderregeln gelten bei öffentlichen Übernahmeangeboten (Abs. 2).

40 Hintergrund des Vollzugsverbotes ist die Schwierigkeit, einen nach Vollzug untersagten Zusammenschluss aufzulösen. Je länger der Vollzug bereits andauert, um so schwerer, wenn nicht unmöglich ist es, die Integration des erworbenen Unternehmens in das Unternehmen des Erwerbers so rückgängig zu machen, dass das erworbene Unternehmen sein ursprüngliches wettbewerbliches Potential zurückerlangt.

I. Vollzugsverbot (Abs. 1)

41 Der Zusammenschluss darf weder vor der Anmeldung noch vor einer Entscheidung nach Art. 6 Abs. 1 Buchst. b FKVO oder Art. 8 Abs. 2 FKVO oder einer Vermutung nach Art. 10 Abs. 6 FKVO vollzogen werden.[86] Das Vollzugsverbot gilt für Zusammenschlüsse im Sinne des Art. 1 iVm. Art. 3 FKVO oder des Art. 4 Abs. 5 FKVO. Bestehen Zweifel an der gemeinschaftsweiten Bedeutung eines angemeldeten Zusammenschlusses, ist das Vollzugsverbot nicht unproblematisch. Art. 7 Abs. 1 FKVO lässt im Übrigen offen, welche Vollzugshandlungen im Einzelnen verboten sind; gemeint dürfte jede Handlung sein, die der Ausübung von Kontrollrechten dient.[87] In den Fällen *Bertelsmann/Kirch/Premiere* und *Deutsche Telekom/BetaResearch* verlangte die Kommission in ihrer Entscheidung zur Verlängerung des Vollzugsverbots (Art. 7 Abs. 2 FKVO a. F.) die sofortige Einstellung der Vermarktung von Decodern.[88] Nicht unter das Vollzugsverbot fallen Handlungen, die der *Vor-*

---

[82] Konsolidierte Mitteilung, Rdnr. 123.

[83] Komm. E. v. 27.2.2002, COMP/M.2706.

[84] Komm. E. v. 10.2.2003, COMP/M.3071 – *Carnival Corporation/P & O Princess (II)*.

[85] Revision der FKVO durch VO Nr. 1310/97 v. 30.6.1997, ABl. 1997 L 180/1 ff.; ebenso das deutsche Recht, vgl. § 41 Abs. 1 GWB.

[86] Anders vor dem 1.3.1998: Nach Art. 7 Abs. 1 a. F. galt das Vollzugsverbot nur für drei Wochen ab Anmeldung, sofern es nicht ausdrücklich von der Kommission verlängert wurde (Art. 7 Abs. 2 a. F., ABl. 1990 L 257).

[87] *Langen/Bunte-Maass,* Art. 7 FKVO Rdnr. 10.

[88] Komm.E. (nach Art. 8 Abs. 3) jeweils v. 27.5.1998, IV/M.993 und IV/M.1027, ABl. 1999 L 53/1 und 31.

bereitung des Zusammenschlusses dienen, z. B. notarielle Beurkundungen, einzelne schuldrechtliche Vereinbarungen, eine Due Diligence mit Vertraulichkeitsschutz oder die Zahlung des Kaufpreises.[89] Ob auch gemeinsame Marketingpläne zwischen den Zusammenschlussbeteiligten erlaubt sind,[90] erscheint zweifelhaft, da es sich hier um wettbewerbsrelevante Maßnahmen handeln kann.

Keine Anwendung findet Abs. 1 faktisch in Fällen, die von Mitgliedstaaten nach Art. 22 Abs. 1 FKVO an die Kommission zur Prüfung verwiesen werden. Hier ist der Zusammenschluss bei Fehlen eines nationalen Vollzugsverbots bisweilen bereits realisiert.[91] Das Vollzugsverbot greift hier, soweit ein Vollzug noch aussteht, ab dem Zeitpunkt der Verweisung, allerdings auch nur für das Gebiet derjenigen Mitgliedstaaten, die den Verweisungsantrag gestellt haben. 42

II. Sonderregelung für öffentliche Kauf- oder Tauschangebote (Abs. 2)

In Ausnahme von Abs. 1 dürfen als Zusammenschluss nach Art. 4 Abs. 1 FKVO angemeldete öffentliche Übernahmeangebote oder Erwerbe, die über Wertpapiergeschäfte erfolgen, im Erfolgsfall verwirklicht werden, sofern der Erwerber die mit den Anteilen verbundenen **Stimmrechte nicht ausübt** oder nur zur Erhaltung des vollen Wertes seiner Investitionen und aufgrund einer von der Kommission nach Abs. 3 erteilten Befreiung ausübt. Besteht allerdings die Gefahr, dass durch Ausübung der Stimmrechte aus den erworbenen Aktien Vollzugshandlungen vorgenommen werden, so konnte die Kommission bislang nach Abs. 2 die Stimmrechtsausübung verbieten.[92] Nach Streichung des Abs. 2 besteht diese Möglichkeit nicht mehr. 43

III. Freistellung vom Vollzugsverbot (Abs. 3)

Bis Ende1997 hatte die Kommission in 21 Fällen auf Antrag Befreiungen vom Vollzugsverbot erteilt.[93] Nachfolgend kam es häufiger zu solchen Entscheidungen, in den Jahren seit 2010 aber nur noch vereinzelt.[94] Nach Abs. 3 beschließt die Kommission über den schriftlich zu begründenden Antrag allgemein „unter besonderer Berücksichtigung der möglichen Auswirkungen des Aufschubs des Vollzugs" auf die Zusammenschlussbeteiligten oder auf Dritte „sowie der möglichen Gefährdung des Wettbewerbs durch den Zusammenschluss". Insgesamt war die Kommission bemüht, Ausnahmen vom Vollzugsverbot gering zu halten. Insbesondere vor 1998 verfolgte sie eine betont **restriktive Politik.**[95] Art. 7 Abs. 4 FKVO a. F. setzte denn auch voraus, dass die Freistellung erforderlich war, „um schweren Schaden" von beteiligten Unternehmen oder Dritten abzuwenden. Ein schwerer Schaden wurde bei ernsthaften finanziellen Schwierigkeiten des Zielunternehmens[96] oder zur Sicherung des Kundenstamms angenommen.[97] Später erkannte die Kommission weitere Umstände an.[98] 44

---

[89] *Langen/Bunte-Maass,* Art. 7 FKVO Rdnr. 13 f.

[90] *Langen/Bunte-Maass,* aaO.

[91] Z. B. Komm. E. v. 20.11.1996 u. 19.2.1997, IV/M.784, ABl. 1997 L 110/53 – *Kesko/Tuko.*

[92] So in Komm. E. v. 17.3.1992, IV/M.190 – *Nestlé/Perrier;* Komm. E. v. 21.2.1992, IV/M.187 – *Ifint/Exor.*

[93] Davon 1997 in fünf Fällen, s. Komm., 27. WB 1997 (Kurzfassung), Rdnr. 193.

[94] http://ec.europa.eu/competition/mergers/statistics.pdf, s. auch *Hossenfelder/Töllner/Ost,* aaO, Rdnr. 1090.

[95] Komm., 22. WB 1992, S. 158.

[96] Komm. E. v. 20.8.1991, IV/M.116, Komm., 21. WB 1991, S. 417 – *Kelt/American Express;* Case Note *Van Gerven,* MCR B 42, S. 345; Komm.E. (Art. 7 Abs. 4) v. 13.11.1997, IV/M.1025 – *Olivetti/Mannesmann/Infostrada.*

[97] Komm.E. (Art. 7 Abs. 4) v. 8.3.1993, IV/M.286 – *Zürich/MMI;* weit. Nw bei *Langen/Bunte-Maass,* Art. 7 FKVO Rdnr. 21.

[98] Komm.E. nach Art. 6 Abs. 1 Buchst. c v. 19.7.1996, IV/M.709 – *Telefonica/Sogecable/Cablevisión* (später Anmeldung zurückgenommen); Komm. E. (Art. 7 Abs. 4) v. 5.10.1994, IV/M.477 – *Mercedes-*

Allerdings waren es in den Jahren 2008 und 2009 nur sechs bzw. fünf Fälle, in den nachfolgenden vier Jahren nur zwischen einer und drei Fälle. Im Fall *ING/Barings*[99] erging eine Entscheidung nach Abs. 3 bereits vor der Anmeldung, um der wegen Veruntreuungen plötzlich eingetretenen Zahlungsunfähigkeit von *Barings* Rechnung zu tragen.[100] Steuerliche Nachteile infolge des Vollzugsverbots wurden grundsätzlich als nicht ausreichend zur Begründung eines „schweren Schadens" angesehen; dies war nur anders, wenn bei vorzeitigem Vollzug zu erwartende Steuernachlässe gewichtiger als der Wert der gesamten Transaktion waren.[101] War mit hoher Wahrscheinlichkeit eine bedingungslose Freigabe des Zusammenschlusses auszuschließen, schied eine Vollzugserlaubnis aus.[102] Dies ist jetzt im Wortlaut von Abs. 3 S. 3 n. F. ausdrücklich klargestellt („… unter besonderer Berücksichtigung … der möglichen Gefährdung des Wettbewerbs …"). Ist nicht mit einer Untersagung zu rechnen, weil sich bei jedweder Marktabgrenzung keine wesentlichen Überschneidungen ergeben, kommt es eher zu einer Freistellung vom Vollzugsverbot.[103] Insgesamt verfügt die Kommission jetzt über einen größeren Ermessensspielraum bei der Freistellung vom Vollzugsverbot.[104]

45 Die Befreiung vom Vollzugsverbot kann jederzeit, d. h. **vor** oder **nach Anmeldung** des Zusammenschlusses beantragt und erteilt werden (Abs. 3 S. 5). Sie kann mit **Bedingungen und Auflagen** verbunden werden (Abs. 3 S. 4).[105] Entscheidungen nach Abs. 3 werden vom Wettbewerbskommissar im Wege der Habilitation getroffen und werden nicht veröffentlicht.

IV. Folgen einer Missachtung des Vollzugsverbots (Abs. 4)

46 Ein Verstoß gegen das Vollzugsverbot kann Maßnahmen der Kommission nach der FKVO nach sich ziehen und hat zivilrechtliche Folgen.

47 **1. Geldbußen und Zwangsgelder.** Gemäß Art. 14 Abs. 2 Buchst. b FKVO kann die Kommission Geldbußen in Höhe von 10% des Gesamtumsatzes der beteiligten Unternehmen festsetzen, wenn die Beteiligten einen Zusammenschluss vorsätzlich oder fahrlässig entgegen Art. 7 Abs. 1 FKVO vollziehen. Dies geschah in den Fällen *Samsung/AST* und *A. P. Moeller*[106] sowie nach der Anpassung des Art. 7 im Fall *Electrabel/Compagnie de Rhone* und im Fall *Marine Harvest ASA*.[107] Gleiches gilt gemäß Art. 14 Abs. 2 Buchst. d FKVO bei Zuwiderhandlung gegen eine im Rahmen einer Entscheidung nach Art. 7 Abs. 3 FKVO erteilte Auflage; außerdem sind Auflagen mit Zwangsgeldern gemäß Art. 15 Abs. 1 Buchst. c FKVO durchsetzbar.

48 **2. Entflechtung.** Wird ein vorzeitig vollzogener Zusammenschluss von der Kommission rechtskräftig untersagt (Art. 8 Abs. 3 FKVO), so kann er anschließend durch Entscheidung nach **Art. 8 Abs. 4 FKVO** entflochten werden. Die Einhaltung dieser Entscheidung

---

Benz/Kässbohrer (Restrukturierungsmaßnahmen, u. a. Verkauf von Randaktivitäten); Komm. E. v. 14.10.1994, IV/M.497 – *Matra Marconi Space/Ferranti Satcomms* (Gefahr des Verlustes wichtigen Personals); Komm. E. v. 16.1.1996, IV/M.623, ABl. 1996 L 183/1 – *Kimberly-Clark/Scott Paper* (Gewinneinbußen und Personalabgänge), s. dazu *Hirsbrunner* EuZW 1997, 748, 754 f.; Komm. E. v. 19.3.1996, IV/M.722 – *Teneo/Merill Lynch/Bankers Trust* (Kapitalbedarf f. *Iberia,* ohnehin keine wettbewerbl. Bedenken zu erwarten).

[99] Komm. E. v. 11.4.1995, IV/M.573.

[100] Ebenfalls vor Anmeldung: Komm. E. v. 24.4.1997, IV/M.901 – *Go-Ahead/Via/Thameslink.*

[101] Komm. E. (Art. 7 Abs. 4) v. 21.1.1998, IV/M.999 – *CLT-UFA/Havas-Intermédiation.* Zu weiteren Fallgruppen s. *Langen/Bunte-Maass,* Art. 7 FKVO Rdnr. 20 ff.

[102] So in Komm. E. v. 7.11.1990, IV/M.004, WuW/E EV 1542 – *Renault/Volvo.*

[103] Komm. E. v. 29.5.2009, COMP/M.5518 – *Fiat/Chrysler.*

[104] *Zeise,* in: Handbuch Fusionskontrolle, Rdnr. 1728 u. 1744 ff.

[105] So in Komm. E. v. 24.4.1996, IV/M.619, ABl. 1997 L 11/30 – *Gencor/Lonrho.*

[106] S. dazu Rdnr. 203 und 204.

[107] Komm. E. v. 29.4.2008, COMP/M.4994; s. dazu EuG U. v. 12.12.2012, T-332/09, ECLI:EU:T:2012:672; Komm. E. v. 23.7.2014, COMP/M.7184.

ist ebenfalls mit Geldbußen und Zwangsgeldern bewehrt (Art. 14 Abs. 2 Buchst. c FKVO und Art. 15 Abs. 1 Buchst. d FKVO).

3. Zivilrechtliche Folgen. Hinsichtlich der zivilrechtlichen Wirksamkeit ist zwischen der zugrundeliegenden und nach Art. 4 FKVO anmeldepflichtigen Vereinbarung der beteiligten Unternehmen über den Zusammenschluss einerseits und zivilrechtlichen Vollzugsgeschäften andererseits zu unterscheiden. Die Vorschrift des Art. 7 Abs. 4 FKVO betrifft nur letztere, wenn sie von „unter Missachtung des Absatzes 1 abgeschlossenen Rechtsgeschäfte(n)" spricht. Die zivilrechtliche Wirksamkeit der zugrundeliegenden **Vereinbarung über den Zusammenschluss** bleibt von eventuell unwirksamen Vollzugshandlungen unberührt.[108] 49

Dagegen sind vorzeitige Vollzugsgeschäfte – ebenso wie in der deutschen Fusionskontrolle – **schwebend unwirksam.**[109] Ihre endgültige Wirksamkeit oder Unwirksamkeit hängt nach Abs. 4 Unterabs. 1 vom Ausgang des Verfahrens nach Art. 6 Abs. 1 Buchst. b FKVO bzw. Art. 8 Abs. 2 FKVO (Freigabe des Zusammenschlusses), Art. 10 Abs. 6 FKVO (fingierte Freigabe) oder Art. 8 Abs. 3 FKVO (Untersagung) ab. Allein Vollzugsgeschäfte über börsennotierte Wertpapiere sind gemäß Art. 7 Abs. 4 Unterabs. 2 wirksam, sofern Käufer und Verkäufer nicht wussten oder wissen mussten, dass das betreffende Rechtsgeschäft unter Missachtung von Art. 7 Abs. 1 abgeschlossen wurde. 50

C. Die Fristen des Fusionskontrollverfahrens

I. Die Fristen des Art. 10 FKVO und ihre Berechnung

1. Allgemeines. Der europäischen Fusionskontrolle liegt ein „Prinzip der kurzen Fristen" zugrunde. Die Prüfung angemeldeter Zusammenschlüsse soll im Regelfall nicht mehr als etwa einen Monat (25 Arbeitstage) und in wettbewerblich bedenklichen Fällen insgesamt nicht mehr als fünf bis sechs Monate dauern. Zu diesem Zweck ist das Verfahren stark formalisiert und sind verschiedene Verfahrensschritte Fristen unterworfen, die in der FKVO oder der DVO geregelt sind (vgl. Erwägungsgrund 35 FKVO und Erwägungsgründe 8 u. 9 DVO). Grundsätzlich gilt dabei das Beschleunigungsgebot,[110] d.h. Zusammenschlüsse sollen baldmöglichst und jedenfalls unverzüglich nach Ausräumung etwaiger wettbewerblicher Bedenken (vgl. Art. 10 Abs. 2 FKVO) für mit dem Gemeinsamen Markt vereinbar erklärt werden. Fristen der FKVO sind mittlerweile allerdings – anders als in der FKVO 1998 – in begrenztem Umfang (Art. 10 Abs. 3 FKVO) verlängerbar.[111] Dies kann in großen Verfahren zu einer Verfahrensdauer von mehr als acht Monaten führen.[112] Bei fruchtlosem Ablauf der eigentlichen Verfahrensfrist gilt der Zusammenschluss als freigegeben (Fiktion des Art. 10 Abs. 6 FKVO). 51

Die strenge Fristgebundenheit unterscheidet das Fusionskontrollverfahren von Verfahren nach der VO Nr. 1/2003 betreffend wettbewerbsbeschränkende Vereinbarungen, z.B. zur Erlangung einer Entscheidung nach Art. 10 VO Nr. 1/2003. Diese Verfahren sind nicht fristgebunden und haben deshalb eine längere Dauer. Dies galt noch mehr für Verfahren zur Erlangung von Einzelfreistellungen nach Art. 101 Abs. 3 AEUV oder Negativattesten, bevor diese durch die VO Nr. 1/2003 abgeschafft wurden. Auch für Zusammenschlüsse, die früher dem **EGKS-Vertrag** unterfielen, gab es ursprünglich keine bindenden Fristen. 52

[108] Zu weitgehend insoweit *Koch* EWS 1990, 69 und *GTE-Schröter,* Art. 87 Zweiter Teil Rdnr. 277, die schwebende Unwirksamkeit des zugrundeliegenden Vertrages annehmen.

[109] Ebenso *Immenga/Mestmäcker-Körber,* Art. 7 FKVO Rdnr. 47; *Langen/Bunte-Maass,* Art. 7 FKVO Rdnr. 34 mwN.

[110] EuG U. v. 27.11.1997, Slg. 1997, II-2137, Rdnr. 113 – *Kaysersberg SA/Kommission; Gugerbauer,* Handbuch des Kartellrechts, S. 178; *Langen/Bunte-Maass,* Art. 10 FKVO Rdnr. 1; *Kirchhoff,* BB-Beilage 14 zu Heft 11/1990, S. 1, 13.

[111] Vgl. auch § 40 Abs. 2 Nr. 1 GWB.

[112] So in Komm. E. v. 2.7.2014, COMP/M.7018 – *Telefonica Deutschland/E-Plus.*

Die meisten EGKS-Zusammenschlussprüfungen wurden allerdings innerhalb von sechs Wochen abgeschlossen. Später galten gemäß der am 2.3.1998 veröffentlichten Mitteilung der Kommission über die Angleichung der Bearbeitungsverfahren bei Zusammenschlussverfahren nach dem EGKS- und dem EU-Vertrag[113] in Anlehnung an Art. 10 FKVO die Fristen der „Ersten" bzw. „Zweiten Phase" und das Formblatt CO. Seit Auslaufen des EGKS-Vertrages am 23.2.2002 unterfallen solche Zusammenschlüsse uneingeschränkt der FKVO.[114]

53 **2. Fristen des Art. 10 FKVO.** Seit der Revision der FKVO 2004 werden die Fristen in Arbeitstagen berechnet, d. h. es sind gem. Art. 23 DVO die für die GD Wettbewerb am Dienstort Brüssel geltenden Feiertage und arbeitsfreien Tage (z. B. zwischen Weihnachten und Neujahr) sowie Samstage und Sonntage zu berücksichtigen. Die Feiertage werden jeweils vor Jahresbeginn im Amtsblatt der EU und auf der Homepage der Kommission veröffentlicht.[115] Das Prüfungsverfahren für einen angemeldeten Zusammenschluss dauert zunächst (höchstens) **25 Arbeitstage (Art. 10 Abs. 1 Unterabs. 1 FKVO;** früher: ein Monat). Diese „Erste Phase" oder Vorprüfungsphase wird grundsätzlich durch Entscheidung nach Art. 6 Abs. 1 FKVO beendet.[116] Stellt ein Mitgliedstaat einen Verweisungsantrag nach Art. 9 Abs. 2 FKVO oder bieten die beteiligten Unternehmen während der „Ersten Phase" gemäß Art. 6 Abs. 2 FKVO Zusagen an, so verlängert sich die Frist der „Ersten Phase" auf **35 Arbeitstage** (früher: sechs Wochen). Die Frist der „Ersten Phase" lässt sich von Seiten der Kommission auch in einfachen Fällen nicht wesentlich verkürzen, da die Kommission gehalten ist, 15 Arbeitstage ab Eingang der Anmeldung bei den Mitgliedstaaten – d. h. die Frist für mögliche Verweisungsanträge (Art. 9 Abs. 2 FKVO) – abzuwarten. Damit fehlt es dem Verfahren der FKVO an der Flexibilität in wettbewerblich unproblematischen Fällen, die z. B. dem deutschen Recht eigen ist.[117]

54 Kommt die Kommission zu dem Ergebnis, dass der angemeldete Zusammenschluss ernsthafte Bedenken hinsichtlich seiner Vereinbarkeit mit dem Gemeinsamen Markt aufwirft, und leitet sie deshalb gemäß Art. 6 Abs. 1 Buchst. c FKVO das Verfahren ein, so gilt für diese „Zweite Phase" (nachfolgend „Hauptverfahren") und für eine Untersagung nach Art. 8 Abs. 3 FKVO eine weitere Frist von höchstens **90 Arbeitstagen (früher vier Monate) (Art. 10 Abs. 3 FKVO).**[118] Diese Frist **verlängert** sich um **15 Arbeitstage,** wenn die beteiligten Unternehmen Zusagen anbieten, um wettbewerbliche Bedenken auszuräumen, es sei denn, dieses Angebot wurde weniger als 55 Tage nach Einleitung des Verfahrens unterbreitet (Art. 10 Abs. 3 Unterabs. 1 Satz 2 FKVO).[119] Durch diese Verlängerung wird der bisher bestehende Zeitdruck im Verfahrenslauf, insbes. zwischen Versendung der Beschwerdepunkte und Beratendem Ausschuss, vermindert.[120] Außerdem wurde mit der

---

[113] ABl. 1998 C 66/36, Rdnr. 7.

[114] S. § 15 Rdnr. 2.

[115] Feiertage 2015: ABl. 2005 C 44/5; http://eur-lex.europa.eu/LexUriServ/LexUriServ.do?uri=OJ:C:2014:044:0005:0005:EN:PDF.

[116] 90% aller angemeldeten Zusammenschlüsse werden innerhalb des Monats (d. h. von 25 Arbeitstagen) nach Art. 6 Abs. 1 Buchst. b FKVO freigegeben. 1996 stellte die Kommission in 5% der Fälle die Nichtanwendbarkeit der FKVO fest, und in 5% aller Fälle eröffnete sie das (Haupt-)Verfahren nach Art. 6 Abs. 1 Buchst. c FKVO (Komm., 16. WB 1996, S. 380); im Jahr 2007 wurden nur 3,7% der angemeldeten Fälle (15 von 402), im Jahr 2014 2,64% (acht von 303) ins Hauptprüfverfahren geführt, s. http://ec.europa.eu/competition/mergers/statistics.pdf.

[117] Beispiele für Entscheidungen der Kommission nach weniger als einem Monat nennt *Happe* EuZW 1995, 303 Fn. 13.

[118] In der deutschen Fusionskontrolle gelten Fristen von ein bis vier Monaten (§ 40 Abs. 1 u. 2 GWB).

[119] So z. B. in den Fällen Komm. E. v. 10.1.2006, COMP/M.4035 – *Telefonica/O*$_2$ (Verlängerung vom 13.12.2005 bis 10.1.2006, s. Dow Jones-Pressemeldung v. 13.12.2005) und Komm. E. v. 11.12.2006, COMP/M.4314 – *Johnson & Johnson/Pfizer Inc.* (Erwerb des Geschäftsbereichs Gesundheitspflege) (Verlängerung vom 27.11.2006 bis 11.12.2006, Dow Jones International News v. 22.11.2006).

[120] *Dittert* WuW 2004, 148, 149.

Revision 2004 eine **weitere Verlängerungsmöglichkeit** in der Zweiten Phase – allerdings begrenzt auf **maximal 20 Arbeitstage** – eingeführt: Bis spätestens 15 Arbeitstage nach Einleitung der Zweiten Phase (Art. 6 Abs. 1 Buchst. c FKVO) können die Anmelder einmalig eine solche Fristverlängerung beantragen. Gleiches kann die Kommission später – mit Zustimmung der Anmelder – tun („stop the clock", Art. 10 Abs. 3 Unterabs. 2 Satz 3 FKVO).[121] Es gilt aber eine Obergrenze von 20 Arbeitstagen für die Gesamtdauer solcher Verlängerungen. Eine solche Obergrenze gibt es in der deutschen Fusionskontrolle nicht (vgl. § 40 Abs. 2 Satz 4 Nr. 1 GWB). Mit der optionalen Fristverlängerung um bis zu 20 Arbeitstage soll zusätzliche Zeit für die Ermittlungen und die Überprüfung komplexer Sachverhalte bzw. Zeit vor Vorlage von Zusagen[122] zur Verfügung gestellt werden.[123] Die Kommission erlässt ungeachtet des Einvernehmens über die Fristverlängerung eine kurze förmliche Entscheidung gemäß Art. 10 Abs. 3 Satz 2 FKVO (unveröffentlicht), in der sie die Erforderlichkeit der Verlängerung und die Nichtbeeinträchtigung der Interessen Dritter feststellt. Kommt es zu einer Verlängerung von z. B. 10 Tagen, verlängert sich auch die Frist von 65 Arbeitstagen ab Einleitung des Hauptverfahrens, die gemäß Art. 19 Abs. 2 DVO für das Angebot von Zusagen gilt.[124] Die **Fristen** des Art. 10 Abs. 1 und 3 FKVO werden ausnahmsweise **gehemmt,** wenn die Kommission durch von den Zusammenschlussbeteiligten zu vertretende Umstände eine Auskunft oder Nachprüfung durch förmliche Entscheidung einzuholen hat (**Art. 10 Abs. 4 FKVO** iVm Art. 9 DVO).[125] Ein solcher Fall trat z. B. – und hier gleich mehrfach – im Fusionsfall *Omya/JM Huber PCC*[126] auf; hier wurden im Laufe des Hauptverfahrens mehrere Auskunftsentscheidungen nach Art. 11 Abs. 3 FKVO erlassen und die Verfahrensfrist für jeweils zwischen sieben und 13 Tage und in einem Fall für mehr als drei Monate gehemmt, weil die Zusammenschlussbeteiligten Auskunftsersuchen nach Art. 11 Abs. 2 FKVO nicht oder nicht fristgerecht beantwortet hatten (s. auch Art. 9 Abs. 1 Buchst. a DVO). Das Verfahren *Omya/Huber* dauerte ab Verweisung durch die finnische Wettbewerbsbehörde an die Kommission nach Art. 22 mehr als ein Jahr bis zur Entscheidung. *Omya* hat vor der Entscheidung in der Hauptsache gegen diese Entscheidungen zur Fristhemmung – erfolglos – Klage erhoben.[127] Das EuG entschied allerdings, dass es missbräuchlich sein kann, wenn die Kommission mit Hilfe von Auskunftsersuchen eine Verlängerung des Verfahrens erreichen will. Jüngste Fälle, in denen die Kommission im Hauptprüfverfahren „die Uhr anhielt", waren *Hutchison 3G UK/Telefonica Ireland* und *Telefonica Deutschland/E-Plus.*[128]

Eine Freigabeentscheidung (Art. 8 Abs. 2 FKVO) ist ebenfalls innerhalb von **90 Arbeitstagen,** grundsätzlich jedoch bereits dann zu erlassen, sobald offenkundig ist, dass die ernsthaften wettbewerblichen Bedenken der Kommission im Laufe der Ermittlungen oder durch von den beteiligten Unternehmen vorgenommene Änderungen, d. h. Zusagen, ausgeräumt wurden **(Art. 10 Abs. 2 FKVO).** Eine möglichst frühzeitige Entscheidung kann für die beteiligten Unternehmen erhebliche Bedeutung haben, da sie zur Aufhebung des 55

---

[121] So erstmals geschehen im Fall *E.ON/MOL,* Komm. E. v. 21.12.2005, COMP/M.3639, Rdnr. 23 (In diesem Fall verlangte die Kommission auch die Zustimmung des Veräußerers zur Fristverlängerung, obwohl dies in der FKVO nicht besonders vorgesehen ist.).

[122] So z. B. Verlängerung um zwei Arbeitstage in Komm.E. (Art. 10 Abs. 3 S. 2) v. 17.5.2006, COMP/M.3796 – *Omya/Huber PCC* (nicht veröffentlicht); Verlängerung um fünf Arbeitstage in Komm. E. v. 14.11.2006, COMP/M.4180 – *Gaz de France/Suez.*

[123] S. 35. Erwägungsgrund, letzter Satz; *Dittert* WuW 2004, 148, 150.

[124] Komm., WB 2004, Rdnr. 153.

[125] Ebenso ab 1.3.1998 für die Erste Phase (Revision der FKVO durch VO Nr. 1310/97 vom 30.6.1997, ABl. 1997 L 180/1) und auch bei nicht fristgerechter Auskunft durch Dritte, soweit ein Beteiligter dies zu vertreten hat, Art. 9 Abs. 1 Buchst. b DVO n. F. (ABl. 1998 L 61/1); vgl. auch *Happe* EuZW 1995, 307 f.

[126] Komm.E. (Art. 11 Abs. 3 FKVO) v. 11.10.2005, COMP/M.3796 (unveröffentlicht) und Komm.E. (Art. 8 Abs. 2 FKVO) v. 19.7.2006.

[127] EuG U. v. 4.2.2009, Slg. 2009, II-00145.

[128] Komm. E. v. 28.5.2014, COMP/M.6992; Komm. E. v. 2.7.2014, COMP/M.7018.

Vollzugsverbots (Art. 7 Abs. 1 FKVO) führt.[129] In der Praxis wird allerdings aufgrund der in der Zweiten Phase erforderlichen Verfahrensschritte (vgl. Art. 18 FKVO) und der Übersetzungen in die anderen Amtssprachen der EU in der Regel die 90 Tage-Frist ausgeschöpft. Der in Art. 10 Abs. 2 FKVO zum Ausdruck kommende Beschleunigungsgrundsatz findet hier seine Grenzen. Anders verhielt es sich ausnahmsweise, wenn die Bedenken vorzeitig ausgeräumt wurden und die Kommission keine Beschwerdepunkte verschickte, sei es infolge von Zusagen[130] oder wegen einer geänderten wettbewerblichen Beurteilung des Zusammenschlusses.[131]

56 Eine die Freigabe widerrufende Entscheidung nach **Art. 8 Abs. 6 FKVO** kann jederzeit erfolgen und unterliegt keiner Frist (Art. 8 Abs. 7 FKVO). Gleiches muss für die Entflechtung eines – nicht angemeldeten oder von der Kommission untersagten – bereits vollzogenen Zusammenschlusses nach **Art. 8 Abs. 4 FKVO** gelten, auch wenn sich Art. 8 Abs. 7 FKVO nicht ausdrücklich auf Art. 8 Abs. 4 FKVO bezieht.

57 Wird eine nach Art. 8 FKVO von der Kommission erlassene Entscheidung vom EuG oder vom EuGH aufgehoben, so beginnen gemäß **Art. 10 Abs. 5 FKVO** die Fristen der FKVO „mit dem Tage der Verkündung des Urteils" von neuem zu laufen. Offen ist, ob die Regelung bereits bei einem Urteil des EuG Anwendung findet. Die Anwendung von Art. 10 Abs. 5 FKVO dürfte jedenfalls ein rechtskräftiges Urteil voraussetzen.[132] Die Regelung des Art. 10 Abs. 5 FKVO war in der Praxis erstmals im Fall *Kali + Salz/MdK/Treuhandanstalt* von Bedeutung.[133] Hier erklärte die Kommission nach Erlass des Urteils des EuGH die Anmeldung (hinsichtlich der erforderlichen Angaben zu den relevanten Märkten) für unvollständig (Art. 4 Abs. 2 DVO) und zögerte somit den erneuten Fristlauf bis zur Vervollständigung hinaus.[134] Jetzt regeln Art. 10 Abs. 5 Unterabs. 2–4 FKVO die ggf. notwendige Ergänzung der Anmeldung und den Fristenlauf ab diesem Zeitpunkt.

58 Weiterer Ausdruck des Beschleunigungsgrundsatzes ist die **Vereinbarkeitsfiktion** des **Art. 10 Abs. 6 FKVO.** Danach gilt ein angemeldeter Zusammenschluss als mit dem Gemeinsamen Markt vereinbar erklärt, wenn die Kommission keine Entscheidung nach Art. 6 Abs. 1 Buchst. b oder c FKVO[135] innerhalb der „Ersten Phase" oder nach Art. 8 Abs. 2 oder 3 FKVO innerhalb des Hauptverfahrens getroffen hat.[136] Es erscheint theoretisch nicht ausgeschlossen, dass die Kommission dieses Instrument bewusst im Sinne einer Arbeitsentlastung für die Freigabe unproblematischer Fälle benutzt. Dies ist jedoch bisher in der Praxis nicht der Fall und auch nicht intendiert.[137] Die Vorschrift fand bislang nur Anwendung in den Fällen *McCormick/CPC/Rabobank/Ostmann*[138] (aufgrund eines Fehlers der Kommission bei der Fristberechnung, d.h. unfreiwillig) sowie in *Daewoo/Thomson Multimedia* und *Thomson-CSF/Lagardère*[139] aufgrund von Verzögerungen bei der Unterzeichnung der endgültigen Verträge, ohne dass die Anmeldungen zurückgenommen wurden. In diesen Fällen wollte die Kommission offensichtlich nicht durch ausdrückliche

---

[129] *Happe* EuZW 1995, 307.

[130] Komm. E. v. 14.5.1997, IV/M.856, ABl. 1997 L 336/1 – *BT/MCI (II).*

[131] Komm. E. v. 21.12.1993, IV/M.358, ABl. 1994 L 158/24 – *Pilkington/SIV.*

[132] Ebenso – seit der 6. GWB-Novelle – § 40 Abs. 6 GWB; aA offenbar *Happe* EuZW 1997, 308, der von der Kommission – ungeachtet der Rechtsmittelfrist – ein Tätigwerden nach Art. 6 Abs. 1 FKVO verlangt.

[133] Komm. E. v. 14.12.1993, IV/M.308, ABl. 1994 L 136/38; EuGH U. v. 31.3.1998, Slg. 1998, I-1375 – *Französische Republik/Kommission* und *SCPA u. EMC/Kommission.*

[134] Komm. E. v. 9.7.1998, IV/M.308, WuW 1998, 963.

[135] Nach *GTE-Schröter,* Art. 87 Zweiter Teil, Rdnr. 281, ist eine die fehlende gemeinschaftsweite Bedeutung feststellende Entscheidung nach Art. 6 Abs. 1 Buchst. a FKVO auch nach Fristablauf noch möglich, da nicht in Art. 10 Abs. 6 FKVO erwähnt.

[136] Dient auch der Rechtssicherheit, vgl. *von Meibom/Zinsmeister,* in: Schwerpunkte des Kartellrechts 1991/92, S. 53, 56.

[137] Vgl. Protokollerklärung der Kommission zu Art. 10 Abs. 6, abgedr. in WuW 1990, 240.

[138] Komm. E. v. 29.10.1993, IV/M.330.

[139] IV/M.854, Anmeldung v. 31.10.1996; IV/M.841, Anmeldung v. 31.10.1996.

Freigabeentscheidungen die in Frankreich politisch umstrittene Privatisierung von Thomson beeinflussen.

59 Die Fiktion des Art. 10 Abs. 6 FKVO gilt nur „unbeschadet des Artikels 9". Dies eröffnet zum einen die Möglichkeit einer Verweisung nach Art. 9 Abs. 3 FKVO auch noch nach Ablauf der in Art. 10 FKVO genannten Fristen,[140] dürfte aber vom Verordnungsgeber vor allem zur Lösung des Konflikts mit der „unwiderleglichen Vermutung" des Art. 9 Abs. 5 FKVO gedacht gewesen sein. Diese Regelung fingiert eine Verweisung an den Mitgliedstaat, wenn die Kommission trotz Erinnerung nicht innerhalb von drei Monaten über einen Verweisungsantrag entschieden oder selbst vorbereitende Schritte für eine materielle Entscheidung des Falles getroffen hat.[141] Da nach Eintritt der Verweisungsvermutung nicht mehr eine Freigabe durch die Kommission fingiert werden kann, bedurfte es dieser Regelung, die Art. 9 Abs. 5 FKVO den Vorrang einräumt.

60 **3. Berechnung der Art. 10 FKVO-Fristen.** Die Frist von 25 Arbeitstagen für Entscheidungen nach Art. 6 Abs. 1 FKVO **beginnt** gemäß Art. 10 Abs. 1 Unterabs. 1 Satz 2 FKVO mit dem Tag, der auf den Tag des Eingangs der Anmeldung folgt, oder, wenn die bei der Anmeldung zu erteilenden Angaben unvollständig sind (Art. 5 Abs. 2 DVO), mit dem Tag, der auf den Tag des Eingangs der vollständigen Angaben folgt (s. auch Art. 5 Abs. 2 S. 2 DVO). Der Tag, der auf den Tag des Eingangs der Anmeldung folgt, muss ein Arbeitstag sein (Art. 7 DVO). Ebenso endet die Frist stets an einem Arbeitstag (Art. 8 Abs. 1 DVO). **Feiertage** der Kommission ergeben sich aus der jährlichen Veröffentlichung im Amtsblatt der EU (Art. 24 DVO).

61 Hinsichtlich des Fristendes ist schließlich zu beachten, dass – im Unterschied zum deutschen Recht – die Fristen in Art. 10 Abs. 1 und 3 FKVO gewahrt sind, wenn die Kommission die jeweilige Entscheidung vor Fristablauf **erlassen** hat. Die Zustellung („Bekanntgabe des vollen Wortlauts der Entscheidung an die Anmelder") muss nicht innerhalb der Frist erfolgen, sondern hat nur „unverzüglich" zu geschehen (Art. 10 DVO).

II. Sonstige Fristen

62 Die Praxis mancher Unternehmen, Zusagen im Sinne von Art. 8 Abs. 2 FKVO zur Abwendung einer Untersagungsentscheidung erst „in letzter Minute" vorzulegen, hat zur Einführung einer **65 Arbeitstage-Frist** für Zusagen in Art. 19 Abs. 2 DVO geführt.[142] Diese Frist beginnt mit dem Zeitpunkt der Einleitung des Verfahrens (Art. 6 Abs. 1 Buchst. c), für die Berechnung im Einzelnen gelten die Art. 7 ff. DVO. Die Frist kann „unter außergewöhnlichen Umständen" verlängert werden (Art. 19 Abs. 2 S. 3 FKVO). Dies läuft zwar dem Zweck der Vorschrift eigentlich zuwider, trägt jedoch den rechtlichen Bedenken Rechnung, ob eine solche Ausschlussfrist in einer Verordnung der Kommission, also nicht vom Rat, bestimmt werden kann.

63 Seit den Revisionen der FKVO zum 1.3.1998[143] und zum 1.5.2004 finden für die Berechnung der Fristen nach Art. 4, 9 FKVO und Art. 22 FKVO ebenfalls Art. 7 ff. DVO Anwendung.

64 **Setzt die Kommission selbst** den beteiligten Unternehmen oder Dritten **Fristen,** z. B. zur Vervollständigung der Anmeldung (Art. 5 Abs. 2 DVO), zur Äußerung zu Beschwerdepunkten (Art. 13 Abs. 2 DVO) oder vor Aussetzung des Vollzugsverbots (Art. 12 Abs. 1 und 2 DVO), so hat sie dabei dem zur Beantwortung erforderlichen Zeitaufwand und der Dringlichkeit des Falles Rechnung zu tragen. Außerdem berücksichtigt sie hier die Arbeitstage und die gesetzlichen Feiertage des von der Mitteilung der Kommission betroffenen Mitgliedstaates **(Art. 22 DVO).** In der Praxis wird allerdings die Frist für die Stel-

[140] So in Komm. E. v. 29.10.1993, IV/M.330, WuW/E EV 2157, Rdnr. 79 – *McCormick/CPC/Rabobank/Ostmann.*

[141] S. dazu *Langen/Bunte-Maass,* Art. 10 FKVO Rdnr. 13.

[142] Bei Zusagen in der „Ersten Phase" gilt eine 20 Arbeitstage-Frist, Art. 19 Abs. 1 DVO.

[143] VO Nr. 1310/97 v. 30.6.1997, ABl. 1997 L 180/1.

lungnahme der Parteien zu den Beschwerdepunkten eher knapp (zwei Wochen) und regelmäßig unter Einschluss von Wochenenden und Feiertagen bestimmt.

D. Verfahren und Entscheidungen im Verfahren der Ersten Phase

I. Gang des Verfahrens

65 Das Fusionskontrollverfahren nach der FKVO gliedert sich – nach dem Grad der wettbewerblichen Bedenken – in eine oder zwei Phasen. Die **Erste Phase,** die Gegenstand von Art. 6 FKVO ist, dauert 25 Arbeitstage[144] (Art. 10 Abs. 1 FKVO). Kommt es zur Einleitung der **Zweiten Phase** und damit des „Verfahrens", wie die FKVO formuliert, so ergeht eine Entscheidung nach höchstens weiteren 90 Arbeitstage (Art. 10 Abs. 3 FKVO). Bereits die Erste Phase stellt ein förmliches Verwaltungsverfahren dar, welches durch die Anmeldung des Zusammenschlusses ausgelöst wird (Art. 4 FKVO), bestimmten Regeln der FKVO zu Vollzugsverbot, Fristen und Ermittlungsbefugnissen (Art. 7, 9, 10–13, 17–19 FKVO) unterliegt und durch Entscheidung nach Art. 6 Abs. 1 oder 2 FKVO endet.[145]

66 **Sinn und Zweck** der Ersten Phase (im folgenden **„Vorverfahren"**) ist es, im Wege einer **summarischen Prüfung** eine schnelle Klärung herbeizuführen, ob der angemeldete Zusammenschluss in den Anwendungsbereich der FKVO fällt und ggf. ernsthafte wettbewerbliche Bedenken begründet. In der Praxis der Generaldirektion Wettbewerb wird allerdings häufig eine eingehende und detaillierte Prüfung der wettbewerblichen Auswirkungen vorgenommen, die mitunter in sehr umfangreiche Entscheidungen mündet.[146] Dies erklärt sich auch daraus, dass die Zweite Phase von 90 Arbeitstagen (im folgenden „das Hauptverfahren") von der Kommission aus verfahrensrechtlichen und organisatorischen Gründen[147] nicht wesentlich verkürzt werden kann und die beteiligten Unternehmen grundsätzlich nur bei erheblichen Indizien für das Vorliegen der Untersagungsvoraussetzungen mit einem längeren Verfahren belastet werden sollen. So hat die Kommission bislang nur in 4,3% aller Fälle das Hauptverfahren nach Art. 6 Abs. 1 Buchst. c FKVO eingeleitet. In der Zeit von September 1990 bis Ende 2014 wurden 5088 Verfahren innerhalb der Ersten Phase beendet: 53 nach Art. 6 Abs. 1 Buchst. a FKVO, 5035 nach Art. 6 Abs. 1 Buchst. b FKVO. Nur in 227 Fällen wurde gemäß Art. 6 Abs. 1 Buchst. c FKVO das Hauptverfahren eingeleitet.[148]

67 Die Kommission beginnt unmittelbar nach dem Eingang der Anmeldung mit deren Prüfung **(Art. 6 Abs. 1 S. 1 FKVO)**[149] und mit den Ermittlungen.[150] Während der Ersten Phase besteht regelmäßig ein enger Kontakt zu den Anmeldern. 15 Arbeitstage nach Eingang der Anmeldung bei den zuständigen Behörden der Mitgliedstaaten entscheidet sich, ob der Kommission ein Verweisungsantrag eines Mitgliedstaates nach Art. 9 Abs. 2 FKVO zugeht.[151] Diese Frist ist somit von der Kommission in jedem Fall vor einer Entscheidung nach Art. 6 FKVO abzuwarten. Ein Verweisungsantrag hat weiterhin die Wirkung, dass sich die Erste Phase auf 35 Arbeitstage verlängert (Art. 10 Abs. 1 Unterabs. 2

---

[144] Bzw. 35 Arbeitstage im Falle eines Verweisungsantrages eines Mitgliedstaates nach Art. 9 FKVO oder des Angebots einer Zusage (Art. 10 Abs. 1 Unterabs. 2 FKVO).

[145] Beachte die Vereinbarkeitsfiktion (Art. 10 Abs. 6 FKVO) bei Fristablauf ohne Tätigwerden der Kommission, s. § 17 Rdnr. 57.

[146] S. anfangs noch z. B. Komm. E. v. 15.3.1994, IV/M.422 – *Unilever/Ortiz Miko:* 18 Seiten; Komm. E. v. 9.4.1996, IV/M.726 – *Bosch/Allied Signal:* 17 Seiten; anders z. B. Komm. E. v. 20.9. 2013, COMP/M.6909 – *Vodafone/Kabel Deutschland:* 65 Seiten; Komm. E. v. 14.4.2014, COMP/ M.7109 – *Deutsche Telekom/GTS:* 105 Seiten.

[147] S. dazu Rdnr. 93 ff.

[148] S. Statistik auf der Homepage der Kommission: http://ec.europa.eu/competition/mergers/ statistics.pdf.

[149] Zu Kontakten mit den Parteien während der Phase der „prenotification" s. Rdnr. 11.

[150] S. dazu nachfolgend unter Rdnr. 68 ff.

[151] S. dazu Rdnr. 145 ff.

FKVO). Gleiches gilt bei Zusagen der Unternehmen. Den Zusammenschlussbeteiligten wird ein sog. **State of Play Meeting** angeboten, wenn sich innerhalb der ersten drei Wochen „ernsthafte Bedenken" hinsichtlich der Vereinbarkeit des angemeldeten Zusammenschlusses mit dem Gemeinsamen Markt abzeichnen.[152] Hier werden die Bedenken dargelegt, und es können von den Unternehmen anschließend Zusagenvorschläge vorgelegt werden. Dritte Personen können in der Ersten Phase schriftlich gegenüber der Kommission zu dem Zusammenschluss Stellung nehmen. In der Praxis ist die Kommission auch in der Ersten Phase bereit, Wettbewerber oder Abnehmer mündlich anzuhören. Die Wettbewerbsbehörden der Mitgliedstaaten haben – neben der Mitteilung nach Art. 9 FKVO – die Möglichkeit zur schriftlichen Stellungnahme nach Art. 19 Abs. 2 S. 1 FKVO. Das Vorverfahren mündet in eine Entscheidung nach Art. 6 Abs. 1 FKVO,[153] die nach vorangegangenen Abstimmungen mit dem Chief Economist in der GD Wettbewerb sowie anderen Dienststellen der Kommission, insbes. dem Juristischen Dienst, von dem für Wettbewerb zuständigen Kommissar getroffen wird.[154]

II. Ermittlungsbefugnisse der Kommission

Ebenso wie im Verfahren nach Art. 101 ff. AEUV, VO Nr. 1/2003 stehen der Kommis- **68**
sion in Fusionskontrollverfahren weitgehende Ermittlungsbefugnisse zu. Diese umfassen informelle und formelle Auskunftsverlangen (Art. 11 FKVO) sowie Nachprüfungen bei Unternehmen (Art. 12, 13 FKVO). Die Vorschriften gelten in der Ersten wie in der Zweiten Verfahrensphase, werden hier aber zusammenfassend anhand der Ersten Prüfungsphase behandelt. Da die Vorschriften gleichlautend oder zumindest inhaltsgleich mit Art. 11 ff. der VO Nr. 1/2003 sind, wird auch auf die Erläuterungen in § 42 dieses Handbuchs verwiesen.

1. Auskunftsverlangen (Art. 11 FKVO). „Zur Erfüllung der der Kommission mit **69**
dieser Verordnung übertragenen Aufgaben" (Art. 11 Abs. 1 FKVO) kann die Kommission von Unternehmen und Unternehmensvereinigungen, aber auch von den Regierungen und den Wettbewerbsbehörden der Mitgliedstaaten sowie von natürlichen Personen iSv Art. 3 Abs. 1 Buchst. b FKVO, „alle erforderlichen Auskünfte" einholen (Abs. 1; vgl. auch Erwägungsgrund 38). Dies kann in schriftlicher Form (Abs. 1–6), aber – seit der Reform 2004 ausdrücklich vorgesehen (Abs. 7 und 8) – auch durch mündliche Befragung erfolgen. Art. 11 FKVO ist insgesamt der entsprechenden Vorschrift der VO Nr. 1/2003 nachgebildet, hat jedoch in der Praxis – bedingt durch die kurzen Fristen der EG-Fusionskontrolle – eine andere Ausprägung erfahren. Auch unterscheidet die Norm deutlicher als früher zwischen einfachen und förmlichen Auskunftsverlangen (Abs. 2 und 3).

a) Adressaten. Adressaten von Auskunftsverlangen sind gemäß **Abs. 1 Unternehmen,** **70**
d. h. in erster Linie Wettbewerber, Lieferanten oder Abnehmer der am Zusammenschluss beteiligten Unternehmen. Eine Beschränkung auf Unternehmen der betroffenen Märkte besteht nicht, vielmehr können auch Unternehmen befragt werden, die auf benachbarten, vor- oder nachgelagerten Märkten tätig sind. Anders als in Art. 18 VO Nr. 1/2003 werden auch natürliche Personen, die bereits mindestens ein Unternehmen kontrollieren oder ein oder mehrere Unternehmen erwerben (Art. 3 Abs. 1 Buchst. b FKVO), ausdrücklich genannt.[155] Weiterhin können Verbände **(„Unternehmensvereinigungen")** Adressaten sein. **Abs. 6** nennt schließlich Regierungen und die (für Wettbewerbssachen) „zuständigen

---

[152] Best Practices on the conduct of EC merger control proceedings v. 20.1.2004 (www.ec.europa.eu/comm/competition/mergers/legislation/regulation/best-practices.pdf), Rdnr. 30 ff., 33a; zu weiteren State of Play Meetings s. Rdnr. 95.

[153] S. dazu nachfolgend unter Rdnr. 82 ff.

[154] Zur Habilitation des Wettbewerbskommissars s. Verfahrensregeln der Kommission, ABl. 1967 L 145/1, und Entscheidung der Kommission v. 23.7.1975, ergänzt durch Entscheidung v. 20.4.1988; *Overbury,* Fordham Corporate Law Institute 1992, S. 557 ff. (571); *Drauz/Schroeder,* S. 203.

[155] S. im Einzelnen dazu *Langen/Bunte-Maass,* Art. 11 FKVO Rdnr. 2.

Behörden“ der Mitgliedstaaten, fand jedoch, soweit bekannt, gegenüber diesen – zumindest in Form formeller Auskunftsentscheidungen (Abs. 5) – bislang keine Anwendung.

71 *b) Erforderlichkeit.* Einziger Maßstab für ein Auskunftsverlangen ist die Erforderlichkeit zur Ermittlung der Wettbewerbsverhältnisse im jeweiligen Fall. Es gilt der **Grundsatz der Verhältnismäßigkeit.** Die Reichweite der Ermittlungen muss sich an der wettbewerblichen Bedeutung des Zusammenschlussvorhabens und insbes. an möglicherweise vorliegenden wettbewerblichen Bedenken orientieren.[156] Auskunftsverlangen können sich auf Tatsachen, tatsächliche Umstände oder Verhältnisse oder auch auf die Vorlage von Dokumenten beziehe. Umstritten, aber in der Praxis üblich, sind Fragen nach Meinungen oder Bewertungen.[157]

72 Das Auskunftsverlangen ergeht regelmäßig nicht als förmliche Entscheidung, sondern als schlichtes Auskunftsersuchen nach Abs. 2 mit standardisiertem Anschreiben („request for information“), welches das zugrundliegende Zusammenschlussvorhaben, den Zweck und die Rechtsgrundlage für das Verlangen nennt und einen Hinweis auf die bei schuldhaft unrichtiger Beantwortung drohende Verhängung von Geldbußen von bis zu 1% des von dem beteiligten Unternehmen erzielten Gesamtumsatzes (Art. 14 Abs. 1 Buchst. c FKVO) sowie auf die vertrauliche Behandlung der Antwort nach Art. 17 FKVO enthält (Abs. 3). Weiterhin wird eine – in der Praxis der Kommission oft sehr kurze (s. Rdnr. 74) – Frist für die Beantwortung gesetzt. Die Antwort ist nach Vorgabe der Kommission per E-Mail, per Fax oder per Post an die E-Mail-Adresse oder Anschrift der Generaldirektion Wettbewerb zu senden (s. Art. 23 Abs. 4 DVO). Gleichzeitig wird um eine Vorabbestätigung des Erhalts des Auskunftsverlangens gebeten und werden die den Fall bearbeitenden Beamten (mit Telefonnr.) genannt. Das eigentliche Auskunftsverlangen wird dem Anschreiben in Form eines Fragebogens als Anlage beigefügt. Mittlerweile arbeitet die Kommission zunehmend mit sog **eQuestionnaires,** d.h. elektronischen Fragebögen, die per E-Mail und Log in-Daten übermittelt werden und auf elektronischem Wege zu beantworten sind.[158] Ein Auskunftsverweigerungsrecht besteht in der Fusionskontrolle nicht, nur der Geschäftsverkehr mit externen Rechtsanwälten ist geschützt.[159] Geschäftsgeheimnisse sind als solche kenntlich zu machen und werden dann Dritten gegenüber nicht offen gelegt (s. dazu Rdnr. 80).

73 Das Auskunftsverlangen ergeht in der jeweiligen Verfahrenssprache, die häufig nicht identisch ist mit der Sprache des Mitgliedstaates, in dem der Adressat seinen Sitz hat.[160] Eine Übersetzung wird von der Kommission nur ausnahmsweise und auf Nachfrage des Adressaten angeboten.

74 *c) Zweistufiges Verfahren.* Art. 11 FKVO sieht, wie sich aus Abs. 1–4 ergibt, zwei Möglichkeiten für Auskunftsverlangen vor. Das zunächst von der Kommission als „Auskunftsverlangen“ versandte Auskunftsschreiben hat nicht die Rechtsqualität einer Entscheidung.[161] Es hat nur informellen Charakter. Bußgeldbewehrt ist demnach nur eine unrichtige Antwort (Abs. 2 und Art. 14 Abs. 1 Buchst. b FKVO), nicht aber die Nichtbeantwortung. Reagiert der Adressat nicht innerhalb der gesetzten Frist oder verweigert er die Beantwortung, kann die Kommission eine **förmliche Auskunftsentscheidung** mit Fristsetzung erlassen (Abs. 3 S. 1). Diese muss die in Abs. 3 S. 2 genannten Angaben enthalten, u.a. einen Hinweis auf die Möglichkeit der Klageerhebung vor dem Gerichtshof. Die Nichtbeantwortung eines solchen förmlichen Auskunftsverlangens kann mit **Geldbußen** geahndet (Art. 14 Abs. 1 Buchst. c FKVO) bzw. die Beantwortung mit **Zwangsgel-**

[156] *Gugerbauer,* Art. 11 Rdnr. 3.

[157] Ablehnend *Gugerbauer,* Art. 11 Rdnr. 25.

[158] Bekanntmachung v. 28.1.2014, S. 3 (http://ec.europa.eu/competition/mergers/legislation/regulations.html#impl_reg). So z.B. erfolgt bei den Markttests mit bis zu 78 Einzelfragen zu Zusagenvorschlägen im Fall *Telefonica Deutschland/E-Plus,* COMP/M.7018 (Komm. E. v. 2.7.2014).

[159] *Langen/Bunte-Maass,* Art. 11 FKVO Rdnr. 5 m Nw.

[160] Zu dem darin liegenden Verstoß gegen Art. 3 VO Nr. 1 des Rates vom 15.4.1958 (ABl. v. 6.10.1958, S. 385) s. *Langen/Bunte-Maass,* Art. 11 FKVO Rdnr. 4.

[161] *Immenga/Mestmäcker-Körber,* Art. 11 FKVO Rdnr. 4; *Gugerbauer,* Art. 11 Rdnr. 3.

dern durchgesetzt werden (Art. 15 Abs. 1 Buchst. a FKVO).[162] Hat während des Hauptverfahrens ein am Zusammenschluss beteiligtes Unternehmen die Umstände zu vertreten, die die Kommission zum Erlass einer förmlichen Entscheidung nach Abs. 3 zwingt, so wird gemäß **Art. 10 Abs. 4 FKVO** die 90 Tage-**Frist** des Hauptverfahrens **gehemmt** („stop the clock", Ausdruck des Beschleunigungsgrundsatzes).[163] Einzelheiten zu Anlass und Berechnung der Hemmung regelt Art. 9 DVO. Mittlerweile hat diese Vorschrift durchaus praktische Bedeutung erlangt. Im Verlauf des Hauptverfahrens kann es z.B. bei kurzfristigen Auskunftsverlangen der Kommission nach Zusagenvorschlägen der Beteiligten zu Fristüberschreitungen in der Beantwortung und damit zur Hemmung der Verfahrensfrist kommen. Eine Auskunftsentscheidung nach Art. 11 Abs. 3 kann sogar noch nach dem Beratenden Ausschuss ergehen.[164] Die allgemein kurzen Fristen der EG-Fusionskontrolle sind der Grund dafür, dass die Kommission in der Praxis nur vergleichsweise kurze Beantwortungsfristen setzt (höchstens zwei Wochen).[165] Im Regelfall leisten jedenfalls die Zusammenschlussbeteiligten bereits informellen Auskunftsverlangen Folge. Befragte Drittunternehmen antworten hingegen häufig nicht oder nicht rechtzeitig; hier begnügt sich die Kommission angesichts der knappen Zeit mit einer gewissen, von ihr als hinreichend angesehenen Rücklaufquote. Bislang wurden nur in seltenen Fällen Geldbußen wegen unrichtiger Beantwortung eines Auskunftsverlangens verhängt.[166]

d) Nationale Behörde. Die zuständige Behörde des Mitgliedstaats, in dessen Gebiet sich der Wohnsitz der Person oder der Sitz des befragten Unternehmens befindet, erhält gemäß **Abs. 5** gleichzeitig mit dem Adressaten eine **Kopie** der Auskunftsentscheidung. Eine Kopie einfacher Auskunftsverlangen wird nur noch auf ausdrückliche Anforderung durch den Mitgliedstaat übermittelt. Damit vermag die jeweilige nationale Wettbewerbsbehörde ggf. in wettbewerblich bedeutsamen Zweite-Phase-Fällen die Ermittlungen der Generaldirektion Wettbewerb mit Blick auf die Anhörung und Beratenden Ausschuss zu verfolgen. 75

2. „Interviews". Nach Art. 11 Abs. 7 FKVO kann die Kommission auch natürliche und juristische Personen – mit Zustimmung der Betroffenen – mündlich befragen und die Ergebnisse protokollieren (s. 38. Erwägungsgrund, am Ende). Solche „Interviews" ermöglichen gezieltere Fragen und ggf. Nachfragen.[167] Allerdings fehlt es an einer – ursprünglich von der Kommission vorgeschlagenen – Sanktionsmöglichkeit bei unrichtigen oder irreführenden Angaben[168] (anders gemäß Abs. 1 und 2 bei schriftlichen Auskünften). So stehen schriftliche Lügen unter einer Bußgelddrohung, mündliche aber nicht.[169] 76

3. Nachprüfungen (Art. 12, 13 FKVO). Die in der FKVO vorgesehenen Nachprüfungsbefugnisse, sei es unmittelbar für die Kommission (Art. 13 FKVO) oder für die zuständigen Behörden der Mitgliedstaaten im Auftrag der Kommission (Art. 12 FKVO), haben in der Praxis der EG-Fusionskontrolle bislang nur eine sehr geringe Rolle gespielt. Die Kommission und der Rat hatten schon in der Protokollerklärung[170] betont, dass sie „nach dem Grundsatz der Verhältnismäßigkeit Überprüfungen im Sinne der Art. 12 und 13 FKVO nur dann vornehmen werde, wenn besondere Umstände dies erfordern". Dies war 77

---

[162] Zur Frage eines Auskunftsverweigerungsrechts bei Gefahr der Selbstbelastung s. *Gugerbauer,* Art. 11 Rdnr. 5.

[163] *Langen/Bunte-Maass,* Art. 11 FKVO Rdnr. 6.

[164] EuG U. v. 4.2.2009, Slg. 2009, II-145 – *Omya/Huber;* dazu *Monopolkommission,* Hauptgutachten 2008/2009, Rdnr. 778f.

[165] Vgl. *Langen/Bunte-Maass,* Art. 11 FKVO Rdnr. 3 („5 Tage zur Beantwortung von 322 Fragen" im Fall *Schneider/Legrand,* Komm.E. v. 10.10.2001, COMP/M.2283, gebilligt durch EuG U. v. 22.10.2002, Slg. 2002, II-4071, Rdnr. 79 – *Schneider Electric*).

[166] S. dazu Rdnr. 205.

[167] *Dittert* WuW 2004, 148, 154.

[168] Art. 14 Abs. 1 Buchst. b des KOM-Vorschlags, ABl. 2003 C 20/4.

[169] *Dittert* aaO.

[170] Anmerkungen zur Verordnung (EWG) Nr. 4064/89 des Rates, zu Art. 12 und 13, abgedr. im Anhang zum 19. WB 1989 der Kommission und in WuW 1990, 240.

bislang nur wenige Male der Fall: Im Verfahren *Skanska/Scancem*[171] führte die Kommission bei den beteiligten Unternehmen eine Nachprüfung gemäß Art. 13 FKVO durch, um anhand der abgeschlossenen Verträge und sonstiger Vereinbarungen die Kontrolle im Sinne von Art. 3 FKVO und damit die Anmeldepflichtigkeit des Vorhabens aufzuklären. Im Fall *Ineos/Kerling*[172] diente die Nachprüfung der Untersuchung eines Verstoßes gegen das Vollzugsverbot. Daran wird deutlich, dass – wie auch in der Praxis des BKartA – Durchsuchungen bzw. Nachprüfungen primär für die Aufdeckung von Kartellen gedacht sind. Das Fusionskontrollverfahren beruht demgegenüber auf der (bußgeldbewehrten) Anmeldepflicht und auf der freiwilligen Bereitstellung der erforderlichen Informationen.

78 Die Vorschriften entsprechen nahezu wörtlich den **Art. 20, 21 der VO Nr. 1/2003;** auf deren Erläuterung kann deshalb hier verwiesen werden.[173] Es sei nur darauf hingewiesen, dass die Kommission in der Wahl des Vorgehens nach Art. 12 oder 13 FKVO frei ist. Ersucht sie das BKartA um die Durchführung einer Nachprüfung (Art. 12 FKVO) oder unterstützen Bedienstete des BKartA die Kommission bei einer Nachprüfung (Art. 13 Abs. 5 FKVO), so richten sich die Befugnisse des BKartA nach §§ 49, 50 GWB.[174] Bei nach Art. 12 FKVO durchgeführten Nachprüfungen findet deshalb nationales Verfahrensrecht entsprechende Anwendung, ebenso richten sich Rechtsmittel gegen die Nachprüfung nach nationalem Recht.

79 Schließlich wird die Frist des Hauptverfahrens – ebenso wie im Rahmen von Art. 11 FKVO – **gehemmt,** wenn die Kommission aufgrund von den Zusammenschlussbeteiligten zu vertretenden Umständen gezwungen war, eine Nachprüfung durch Entscheidung nach Art. 13 anzuordnen **(Art. 10 Abs. 4 FKVO** und Art. 9 DVO). Die unvollständige Vorlage von Unterlagen während einer Nachprüfung nach Art. 12 oder 13 FKVO wie auch die Weigerung, eine Nachprüfung nach Art. 13 FKVO zu dulden, kann zur Verhängung von **Geldbußen** führen (Art. 14 Abs. 1 Buchst. d FKVO). Eine Nachprüfung nach Art. 13 FKVO kann darüber hinaus mittels **Zwangsgeldern** durchgesetzt werden (Art. 15 Abs. 1 Buchst. b FKVO).

III. Wahrung von Geschäftsgeheimnissen (Art. 17 FKVO)

80 Ebenso wie Art. 28 VO Nr. 1/2003 verpflichtet Art. 17 FKVO die Kommission, die im Rahmen der Ermittlungen (Art. 11, 12, 13 und 18 FKVO) erlangten Kenntnisse nur zu dem damit verfolgten Zweck, d. h. allein im Rahmen des jeweiligen Fusionskontrollverfahrens und nicht in Kartellverfahren nach Art. 101 AEUV, VO Nr. 1/2003,[175] zu verwerten **(Abs. 1).** Unter das **Berufsgeheimnis** fallende Angaben **(Betriebs- und Geschäftsgeheimnisse)** dürfen von der Kommission und von den zuständigen Behörden der Mitgliedstaaten sowie ihren Beamten und Bediensteten nicht preisgegeben werden **(Abs. 2).**[176] Hierunter fallen jegliche Angaben, die eine Wettbewerbsrelevanz besitzen und nicht öffentlich bekannt sind. Die Wettbewerbsrelevanz entfällt bei älteren Daten (nach Kommissionspraxis etwa nach fünf Jahren).[177] Erlaubt ist gemäß **Abs. 3** die Veröffentlichung von Übersichten und Zusammenfassungen, die keine Angaben über einzelne Unternehmen oder Unternehmensvereinigungen enthalten. Ausgenommen sind ebenfalls – unter Wahrung von Geschäftsgeheimnissen – die Veröffentlichung der „Tatsache der Anmeldung unter Angabe der Namen der Beteiligten, der Art des Zusammenschlusses sowie der betroffenen Wirtschaftszweige" gemäß Art. 4 Abs. 3 FKVO im Amtsblatt (Ausgabe C) sowie die Veröffentlichung von Entscheidungen nach Art. 8 FKVO (Art. 20 FKVO). Entscheidungen

---

[171] Komm. E. (Art. 6 Abs. 1 Buchst. c) v. 14.7.1998, IV/M.1157, Rdnr. 11 (unveröffentlicht).

[172] Komm. E. v. 30.1.2008, COMP/M.4734 mit Lit.-Nachw. bei *Immenga/Mestmäcker-Körber,* Art. 13 FKVO, Fn. 7, zu diesem Fall und zu weiteren Fallkonstellationen.

[173] S. *Dieckmann* in § 42; s. auch *Sauter,* in Fs. I. Schmidt, S. 97 ff. (102 ff.).

[174] *Langen/Bunte-Bardong,* Art. 12 FKVO und *Langen/Bunte-Käseberg/Maass* Art. 13 FKVO.

[175] *Gugerbauer,* Art. 17 Rdnr. 1; *Langen/Bunte-Bardong,* Art. 17 FKVO Rdnr. 4.

[176] Vgl. auch Art. 214 EG für die Zeit nach dem Ausscheiden aus der Kommission.

[177] *Langen/Bunte-Bardong,* Art. 17 FKVO Rdnr. 7.

nach Art. 6 Abs. 1 FKVO wurden seit jeher auch veröffentlicht (Art. 20 FKVO analog). Von daher überrascht, dass Art. 20 weder durch die Reform 2004 noch später diesbezüglich angepasst worden ist.

Art. 18 DVO[178] konkretisiert den Schutz von Geschäftsgeheimnissen dahingehend, dass – in allen Stadien des Verfahrens – Angaben und Unterlagen nicht den Parteien oder Dritten zugänglich gemacht werden dürfen, soweit sie Geschäftsgeheimnisse oder sonstige vertrauliche Angaben von Personen oder Unternehmen enthalten.[179] Umfasst sind vertrauliche Angaben der Anmelder, anderer Beteiligter oder Dritter. Eine Weitergabe von Informationen an die Wettbewerbsbehörden der Mitgliedstaaten macht die Kommission regelmäßig von einem Waiver durch die betroffenen Unternehmen abhängig. Ob eine solche Weitergabe schon auf der Basis von Art. 19 FKVO erfolgen kann,[180] erscheint angesichts dieser Praxis fraglich. Der Schutz der Vertraulichkeit gilt uneingeschränkt, wenn es sich um „interne Unterlagen von Behörden handelt" (Art. 17 FKVO aE). Eine **Einschränkung** des Schutzes vertraulicher Angaben sieht Art. 18 Abs. 1 DVO für solche Angaben vor, deren Preisgabe für die Zwecke des Verfahrens von der Kommission „für erforderlich gehalten wird". In Auskunftsverlangen fordert die Kommission deshalb unter Hinweis auf Art. 17 FKVO und auf Art. 18 DVO den Adressaten dazu auf, Geschäftsgeheimnisse kenntlich zu machen und in getrennten Anlagen zum Antwortschreiben mit dem Vermerk „Geschäftsgeheimnis" zu übersenden.[181] Gleichzeitig sollen die Gründe für die Vertraulichkeit und für mögliche nachteilige Auswirkungen bei Preisgabe der Angaben an andere Personen angegeben werden. Die Kommission weist in ihren standardisierten Auskunftsschreiben darauf hin, dass sie auch vertrauliche Angaben verwenden kann, soweit dies zum Nachweis der Vereinbarkeit oder Unvereinbarkeit eines Zusammenschlussvorhabens mit dem Gemeinsamen Markt erforderlich ist. Geschäftsgeheimnisse Dritter sind dann in der Entscheidung der Kommission generell, solche der Zusammenschlussbeteiligten in der öffentlichen Version der Entscheidung unkenntlich zu machen. Darüber hinaus kann die Kommission einer als vertraulich gekennzeichneten Angabe die Anerkennung als Geschäftsgeheimnis versagen, z.B. wenn es sich um branchenbekannte Umsatzangaben oder öffentlich zugängliche Marktstudien handelt.[182] Aufgrund der Inhaltsgleichheit mit Art. 28 VO Nr. 1/2003 kann im Übrigen auf die dortigen Erläuterungen verwiesen werden, insbes. zum **Begriff des Geschäftsgeheimnisses.**[183] 81

IV. Rechte Dritter im Vorverfahren und im Verfahren der Ersten Phase

1. Rechte Dritter im informellen Vorverfahren. Das der Anmeldung regelmäßig vorausgehende informelle Vorverfahren („informal guidance") sieht nur Kontakte der Kommission zu den „Anmeldern und anderen Beteiligten" vor (Erwägungsgrund 8 der DVO), nicht aber zu Dritten. In dieser Phase besteht ein Bedürfnis nach Vertraulichkeit für die Anmelder. Auch handelt es sich hier nur um Vorgespräche ohne Festlegungen seitens der Kommission, so dass für Dritte noch kein hinreichendes Interesse für eine Verfahrens- 82

---

[178] Früher Art. 12 Abs. 3 VO Nr. 2367/90.

[179] Zu praktischen Vorkehrungen innerhalb der Generaldirektion IV s. *Langen/Bunte-Bardong,* Art. 17 FKVO.

[180] So *Langen/Bunte-Bardong,* Art. 17 FKVO Rdnr. 10.

[181] Einleitung, Abschn. F des Formblattes CO.S. auch Mitteilung der Kommission zur Behandlung von Anträgen auf Akteneinsicht, ABl. 1997 C 23/3 (8) sowie die am 2.6.2015 veröffentlichten Best practices über die Offenlegung von Informationen in Datenräumen in Verfahren nach Art. 101 und 102 AEUV und nach der FKVO, http://ec.europa.eu/competition/mergers/Legislation/disclosure_information_data_rooms_en.pdf; s. auch unten Rdnr. 101.

[182] *Gugerbauer,* Art. 17 Rdnr. 2; vgl. auch Art. 9 des Mandats des Anhörungsbeauftragten der Kommission v. 23.5.2001, der auf Antrag des betroffenen Unternehmens über die Einordnung als Geschäftsgeheimnisse entscheidet (ABl. 2001 L 162/21 ff.).

[183] S. *Dieckmann,* § 42 Rdnr. 26.

beteiligung besteht.[184] Die Kommission kann allerdings auch schon Ermittlungen im Sinne von Art. 11 FKVO durchführen, wenn das Zusammenschlussvorhaben bereits vor Anmeldung öffentlich bekannt ist und die Parteien Gelegenheit erhalten haben, sich zu solchen Ermittlungen zu äußern.[185]

83 **2. Rechte Dritter im Verfahren der Ersten Phase.** Wenn auch nicht ausdrücklich vorgesehen, so ergibt sich doch aus Sinn und Zweck des Erste-Phase-Verfahrens und insbes. aus der öffentlichen Einladung der Kommission an Dritte im Amtsblatt (Ausgabe C), zu dem angemeldeten Zusammenschluss innerhalb einer Frist von 10 Tagen Stellung zu nehmen, dass Dritte ein Recht auf (informelle) Anhörung im Vorverfahren besitzen.[186] Bei Dritten, die von der Kommission im Vorverfahren angehört wurden, wird automatisch im Hauptverfahren ein hinreichendes Interesse an einer weiteren Verfahrensbeteiligung angenommen.[187]

V. Entscheidungen nach Art. 6 FKVO

84 Art. 6 Abs. 1 Buchst. a bis c und Abs. 2 FKVO sehen vor, dass die Kommission die Erste Phase durch Entscheidung beendet.[188] Trifft die Kommission keine ausdrückliche Entscheidung, fingiert Art. 10 Abs. 6 FKVO die Erklärung der Vereinbarkeit mit dem Gemeinsamen Markt.[189] Entscheidungen nach Art. 6 Abs. 1 Buchst. a und Buchst. b FKVO haben gegenüber den Zusammenschlussbeteiligten primär **feststellende Wirkung** (ungeachtet ihrer Anfechtbarkeit durch Dritte);[190] ihre unmittelbare Rechtsfolge liegt nur in der Beendigung des Vollzugsverbotes. Zusammenschlüsse sind grundsätzlich zulässig und bedürfen zu ihrer Wirksamkeit keiner besonderen Genehmigung.[191] Zur Unwirksamerklärung bedarf es einer Untersagungsentscheidung nach Art. 8 Abs. 3 FKVO. Eine Entscheidung nach Art. 6 Abs. 1 Buchst. c FKVO zur Einleitung der Zweiten Phase („Einleitung des Verfahrens") hat auch nur in verfahrensrechtlicher Hinsicht eine gestaltende Wirkung: Sie verlängert das Verfahren grundsätzlich um bis zu 90 (Arbeits-)Tagen. Materiell werden durch die Entscheidung nur vorläufige „ernsthafte Bedenken" zum Ausdruck gebracht. Die mit der Revision 2004 hinzugefügte **Widerrufsbefugnis** in **Art. 6 Abs. 3 FKVO** bei unrichtigen Angaben seitens der beteiligten Unternehmen oder bei Zuwiderhandlung gegen eine Auflage entspricht der gleichen Befugnis im Hauptverfahren (Art. 8 Abs. 6 FKVO), die seit jeher besteht. Werden **mehrere Zusammenschlusstatbestände** im Rahmen einer einheitlichen wirtschaftlichen Transaktion zwischen zwei Unternehmen verwirklicht, so werden diese in einem gemeinsamen Verfahren geprüft, und es kann theoretisch eine „gemischte" Entscheidung nach Art. 6 Abs. 1 Buchst. a und Buchst. b FKVO ergehen.[192] Entscheidungen nach Art. 6 Abs. 1 Buchst. a und Buchst. b FKVO

---

184 *Lange,* aaO, S. 900; *Karl,* aaO, S. 67 f.

185 Best practices der Kommission v. 20.1.2004 (www.ec.europa.eu/comm/competition/mergers/legislation/regulation/best-practices.pdf), Rdnr. 26.

186 So auch *Immenga/Mestmäcker-Körber,* Art. 18 FKVO Rdnr. 20 ff.; *Lange,* aaO, S. 896; *Karl,* aaO, S. 62 ff.; *Langen/Bunte-Maass,* Art. 18 FKVO Rdnr. 38; aA *Immenga* WuW 1990, 371, 380 f.

187 *Drauz/Schroeder,* S. 216.

188 Vgl. auch die entsprechende *Protokollerklärung* der Kommission zu Art. 10 Abs. 6, abgedr. in WuW 1990, 240 (243).

189 So in den Fällen *Thomson-CSF/Lagardère,* IV/M.841, Anmeldung v. 31.10.1996, *Daewoo/Thomson-Multimedia,* IV/M.854, Anmeldung v. 31.10.1996, und – unabsichtlich – in *McCormick/CPC/Rabobank/Ostmann,* Komm.E. nach Art. 9 Abs. 3 v. 29.10.1993, IV/M.330 (s. dazu Rdnr. 57).

190 S. dazu Rdnr. 212 ff.

191 *MüKo-von Koppenfels,* Bd. 1, Art. 6 FKVO Rdnr. 28; *Koch* EWS 1990, 72; *Fuchs* EuZW 1996, 263, 266.

192 So z. B. Komm. E. v. 9.3.1994, IV/M.409 – *ABB/Renault Automation;* Komm. E. v. 28.7.1994, IV/M.475 – *Ingersoll-Rand/MAN;* eine „doppelte" Art. 6 Abs. 1 Buchst. b FKVO-Entscheidung war Komm. E. v. 25.6.1996, IV/M.758 – *Sara Lee/Aoste Holding S. A.* oder auch – mit unterschiedlichen unmittelbar Beteiligten – Komm. E. v. 11.12.1996, IV/M.865 – *Cable & Wireless/Nymex/Bell Canada* und IV/M.853 – *Bell CableMedia/Cable & Wireless/Videotron.*

kann der für Wettbewerbsfragen zuständige Kommissar im Wege der Habilitation allein treffen.[193] Für eine Entscheidung nach Art. 6 Abs. 1 Buchst. c FKVO benötigt er die Zustimmung des Präsidenten der Kommission.[194]

1. Entscheidung nach Art. 6 Abs. 1 Buchst. a. Stellt die Kommission nach Art. 6 Abs. 1 Buchst. a FKVO fest, dass es an einem Zusammenschluss mit gemeinschaftsweiter Bedeutung fehlt und die FKVO mithin unanwendbar ist, so findet ggf. Art. 101 AEUV und ggf. die nationale Fusionskontrolle Anwendung. Dazu kommt es, wenn es an der Verwirklichung eines Zusammenschlusstatbestandes im Sinne von Art. 3 fehlt oder wenn dem Zusammenschluss mangels entsprechender Umsätze der Beteiligten keine gemeinschaftsweite Bedeutung im Sinne von Art. 1 Abs. 2 oder 3 FKVO zukommt. Im ersteren Fall fehlt es entweder an einem Kontrollerwerb iSv Art. 3 Abs. 3 FKVO oder – im häufig vorkommenden Fall der Gründung eines Gemeinschaftsunternehmens – am Vollfunktionscharakter des Vorhabens (Art. 3 Abs. 2 FKVO).[195] Da derartige Fälle mittlerweile regelmäßig im informellen Vorverfahren (zumeist schriftlich) geklärt werden, ist es seit 2003 zu keiner Entscheidung nach Art. 6 Abs. 1 Buchst. a FKVO mehr gekommen.[196] 85

2. Entscheidung nach Art. 6 Abs. 1 Buchst. b. Die große Mehrzahl der angemeldeten Zusammenschlüsse – bis Ende 2014: 5.035 von 5.726 Fällen[197]– wird durch Entscheidung nach Art. 6 Abs. 1 Buchst. b FKVO freigegeben, da sie „keinen Anlass zu ernsthaften Bedenken hinsichtlich ihrer Vereinbarkeit mit dem Gemeinsamen Markt" geben.[198] Der Verordnungsgeber hat den Begriff der Genehmigung in Abs. 1 Buchst. b vermieden. Gleichwohl handelt es sich um eine förmliche Entscheidung; eine Freigabe durch formlose Bestätigung ist aufgrund der Bestimmung des Art. 6 Abs. 1 Buchst. b FKVO ausgeschlossen.[199] 86

a) Zusagen in der Ersten Phase. Im Unterschied zu einer Freigabeentscheidung nach Art. 8 Abs. 2 Unterabs. 2 FKVO sah Art. 6 Abs. 1 Buchst. b FKVO ursprünglich keine Regelung für Auflagen und Bedingungen vor, um die Erfüllung und Durchsetzung von durch die Parteien während der Ersten Phase erklärten Änderungen des Zusammenschlussvorhabens sicherzustellen. Gleichwohl nahm die Kommission in mehreren Fällen in der Ersten Phase solche Zusagen entgegen und sicherte sie durch Auflagen oder Bedingungen ab.[200] Dies wurde mit einer Analogie zu Art. 8 Abs. 2 Unterabs. 2 FKVO begründet und fand in der Literatur überwiegend Zustimmung.[201] Die Analogie wurde mit dem Bedürfnis begründet, 87

---

[193] *Gonzalez-Diaz/Jones,* EEC merger regulation, S. 222, unter Hinweis auf die Verfahrensregeln der Kommission (ABl 1967 L 145/1) und die Geschäftsordnung der Kommission v. 23.7.1975, zuletzt geändert durch Entscheidung v. 29.11.2000 (ABl. 2000 L 308/26).

[194] Auf Basis der Geschäftsordnung, aaO; *Immenga/Mestmäcker-Körber,* Art. 6 FKVO Rdnr. 12; *Van Bael/Bellis,* Rdnr. 655.

[195] S. als Beispiel für die drei Fallkonstellationen Komm. E. v. 13.9.1993, IV/M.366 – *Alcatel/STC;* Komm. E. v. 25.3.1996, IV/M.711 – *Generali/Unicredito* (kein Vollfunktionsunternehmen); Komm. E. v. 15.1.1996, IV/M.661 – *STRABAG/Bank Austria/Stuag* (Koordinierungsrisiko bei den Gründerunternehmen), letzteres ist mittlerweile irrelevant für die Anwendung der FKVO, vgl. Art. 2 Abs. 4 FKVO.

[196] S. Statistik der Kommission unter http://www.ec.europa.eu/comm/competition/mergers/cases/ stats.html.

[197] S. Statistik, aaO. Ebenso die Praxis des BKartA: Hier wurden z. B. im Jahr 2012 von 1127 angemeldeten Zusammenschlüssen 1046 ohne „Monatsbrief" nach § 24 Abs. 2 S. 1 GWB a. F. freigegeben, s. TB 2011/2012, S. 125 (BT-Drucks. 17/13675).

[198] Zum Begriff der „ernsthaften Bedenken" s. u. Rdnr. 87.

[199] *Krimphove,* Europäische Fusionskontrolle, S. 325.

[200] So in den Fällen Komm. E. v. 15.3.1994, IV/M.422, WuW 1994, 841 – *Unilever/Ortiz Miko (II);* Komm. E. v. 20.7.1995, IV/M.616, WuW 1996, 107 – *Swissair/Sabena;* Komm. E. v. 30.10.1995, IV/M.646, WuW 1996, 112 – *Repola/Kymmene;* Komm. E. v. 26.8.1996, IV/M.806, WuW 1997, 134 – *British Airways/TAT (II);* Komm. E. v. 11.3.1997, IV/M.873, WuW 1997, 595 – *Bank Austria/Creditanstalt;* Komm. E. v. 5.6.1997, IV/M.916 – *Lyonnaise des Eaux/Suez;* weitere Fallbeispiele bei *Fuchs* WuW 1996, 269 ff. (270 Fn. 8) und *Langen/Bunte-Käseberg,* Art. 6 FKVO Rdnr. 12. Zum genauen Inhalt der Zusagen s. im Einzelnen § 16 Rdnr. 108 ff. u. 113 ff.

[201] *Immenga/Mestmäcker-Körber,* Art. 8 FKVO Rdnr. 97; von fehlender Durchsetzbarkeit gingen *Van Bael/Bellis,* Rdnr. 657, aus.

das Verfahren nach einem Monat abzuschließen, wenn die beteiligten Unternehmen bereit waren, ernsthafte wettbewerbliche Bedenken durch Änderung des Zusammenschlussvorhabens auszuräumen. Eine Einleitung der (viermonatigen) Zweiten Phase erschien hier unverhältnismäßig. Im Rahmen der ersten Debatte um die Absenkung der Aufgreifschwellen des Art. 1 Abs. 2 FKVO im Jahr 1993 erklärte sich die Kommission bereit, Zusagen in der Ersten Phase nur dann entgegenzunehmen, wenn das Wettbewerbsproblem klar identifizierbar und in seinem Umfang – bezogen auf den Gesamtzusammenschluss – begrenzt war und die Zusage in rechtlich durchsetzbarer Form abgegeben wurde.[202] Dies löste die Verfahrensprobleme bei Zusagen in der Ersten Phase, insbes. hinsichtlich der Anhörung Dritter und der Mitgliedstaaten, jedoch nicht.[203] Im Rahmen der Revision der FKVO im Jahr 1997 wurde entsprechend dem Vorschlag der Kommission in **Art. 6 Abs. 2 FKVO** eine ausdrückliche Regelung für Zusagen in der Ersten Phase in Anlehnung an den Wortlaut des Art. 8 Abs. 2 Unterabs. 2 FKVO aufgenommen.[204] Inhaltlich sollen Zusagen nur dann akzeptiert werden, wenn „das Wettbewerbsproblem klar umrissen ist und leicht gelöst werden kann" (Erwägungsgrund 30 der FKVO). In der Praxis werden teilweise jedoch auch sehr komplexe Zusagen in der Ersten Phase entgegen genommen und zuvor Markttests durchgeführt.[205] Nach Art. 10 Abs. 1 FKVO n. F. verlängert sich die **Prüfungsfrist** von 25 auf **35 Arbeitstage,** wenn die Parteien in der Ersten Phase eine Zusage anbieten. Voraussetzung ist, dass die **Zusage spätestens 20 Arbeitstage nach Anmeldung** vorgelegt wird (Art. 19 Abs. 1 DVO; zur Form s. Art. 20 DVO). In den verbleibenden zwei Wochen besteht Gelegenheit, die Stellungnahme Dritter bzw. der Mitgliedstaaten einzuholen (vgl. auch Erwägungsgrund 35). Die Kommission kann auch verspätet vorgelegte Zusagen noch berücksichtigen, wenn ihr im Einzelfall ausreichend Zeit zur Prüfung verbleibt.[206] Die Fristverlängerung wird nicht dadurch tangiert, dass sich ggf. am Ende der „Ersten Phase" keine ernsthaften wettbewerblichen Bedenken ergeben und „Zusagen" nur als Absichtserklärungen der Parteien von der Kommission in der Entscheidung zur Kenntnis genommen werden.[207]

88 *b) Nebenabreden in der Ersten Phase.* Hinsichtlich von Nebenabreden („ancillary restraints") in Art. 6 FKVO-Entscheidungen bestand das gleiche Problem einer fehlenden Rechtsgrundlage (für die Zweite Phase s. Art. 8 Abs. 2 Unterabs. 2 S. 2 FKVO). Gleichwohl stellte die Kommission in ständiger Praxis unmittelbar mit dem Zusammenschluss verbundene und für ihn notwendige Nebenabreden von einer weiteren Prüfung nach Art. 101 AEUV frei.[208] Im Zuge der Revision der FKVO 2004 wurde auch diesbezüglich eine entsprechende Ergänzung in Art. 6 Abs. 1 Unterabs. 2 FKVO vorgenommen.[209]

89 **3. Die Einleitung des Verfahrens nach Art. 6 Abs. 1 Buchst. c.** Gibt ein Zusammenschluss „Anlass zu ernsthaften Bedenken hinsichtlich seiner Vereinbarkeit mit dem Gemeinsamen Markt", so trifft die Kommission gemäß Art. 6 Abs. 1 Buchst. c die Entscheidung, „das Verfahren einzuleiten", d. h. die sogenannte Zweite Phase zu eröffnen.

---

[202] Komm., 24. WB 1994 Rdnr. 315; *Drauz,* Remedies under the Merger Regulation, in: Annual Proceedings of the Fordham Corporate Law Institute, Northamerican and Common Market Antitrust and Trade Laws 1996, unter III. B.

[203] S. z. B. den Fall Komm. E. v. 30.10.1995, IV/M.646 – *Repola/Kymmene,* in dem die angebotenen Zusagen – ohne Vorlage der Ermittlungsergebnisse der Kommission – den Mitgliedstaaten fünf Tage vor Ablauf der Monatsfrist unter Einräumung einer 24 Stunden-Frist zur Stellungnahme übermittelt wurden.

[204] VO Nr. 1310/97 v. 30.6.1997, ABl. 1997 L 180/1 ff., berichtigt im ABl. 1998 L 40/17; *Baron* WuW 1997, 579, 588 f. Zur Praxis von Freigaben unter Bedingungen und Auflagen s. § 16 Rdnr. 168 ff.

[205] Beispiele bei *Langen/Bunte-Käseberg,* Art. 6 FKVO Rdnr. 28.

[206] EuG U. v. 3.4.2003, Slg. 2003, II-1279 – *BaByliss.*

[207] So z. B. in Komm. E. v. 26.6.1998, IV/M.1168 – *DHL/Deutsche Post;* zu „unechten Zusagen" s. u. Rdnr. 129.

[208] Zu Nebenabreden s. im Einzelnen Rdnr. 135 und § 16 Rdnr. 203 ff.

[209] Zur Entscheidungspraxis s. § 16 Rdnr. 210 ff.

Dabei ist die Kommission in der Zweiten Phase nicht auf die Prüfung der für die Verfahrenseinleitung maßgeblichen sachlichen und räumlichen Märkte beschränkt, sondern prüft den Fall umfassend.[210] Im Unterschied zum „Monatsbrief" nach § 40 Abs. 1 u. 2 GWB im deutschen Fusionskontrollverfahren, mit dem das BKartA ohne weitere Begründung das Verfahren über den ersten Monat hinaus um bis zu drei Monate verlängern kann, verlangt Abs. 1 Buchst. c das Vorliegen „ernsthafter Bedenken". In weniger als 5% aller Verfahren bejahte die Kommission bislang dieses Kriterium.

Der Begriff der **„ernsthaften Bedenken"** wird weder in der FKVO noch in Entscheidungen der Kommission definiert, er ist aber in der Entscheidungspraxis der Kommission konkretisiert worden. Erforderlich ist stets, dass klare und erhebliche Anhaltspunkte[211] für eine Unvereinbarkeit des Zusammenschlusses mit dem Gemeinsamen Markt vorliegen.[212] Bloßer Ermittlungsbedarf reicht der Kommission im Regelfall nicht aus.[213] Für die Entscheidung genügt aber eine eher summarische Prüfung.[214] Die FKVO enthält einen Anhaltspunkt, demzufolge bei einem Marktanteil von unter 25% die Vereinbarkeit des Zusammenschlusses mit dem Gemeinsamen Markt vermutet wird.[215] In der Praxis waren verschiedentlich erhebliche wettbewerbliche Bedenken bzw. massive Beschwerden oder Stellungnahmen von Dritten bzw. Mitgliedstaaten erforderlich, um die Kommission zur Einleitung des Verfahrens zu bewegen.[216] Nach einer Freigabeentscheidung gemäß Abs. 1 Buchst. b ist es in der Regel für Dritte wie für Mitgliedstaaten nur schwer nachprüfbar, ob ernsthafte Bedenken vorlagen und eine entsprechende Anfechtungsklage Erfolgsaussichten hat. 90

4. Widerruf einer Freigabe in der Ersten Phase. Art. 6 Abs. 3 FKVO ermöglicht der Kommission – entsprechend der gleichlautenden Vorschrift des Art. 8 Abs. 6 FKVO – den Widerruf einer in der „Ersten Phase" erteilten Freigabeentscheidung, wenn diese auf unrichtigen Angaben beruht, die von einem der beteiligten Unternehmen zu vertreten sind (Buchst. a) oder wenn die Unternehmen einer nach Art. 6 Abs. 2 FKVO auferlegten Auflage zuwiderhandeln (Buchst. b). Anschließend kann die Kommission eine neue Entscheidung nach Abs. 1 treffen, ohne an die Frist des Art. 10 Abs. 1 FKVO (25 Arbeitstage) gebunden zu sein, **Art. 6 Abs. 4 FKVO.** Eine Bezugnahme auf Abs. 2 fehlt in Art. 6 Abs. 4 FKVO, so dass offenkundig eine Freigabe unter Bedingungen und Auflagen hier nicht mehr in Betracht kommt. Der einzige Fall, in dem Art. 6 Abs. 3 u. 4 FKVO bislang Anwendung fanden, war der Zusammenschluss *Sanofi/Synthelabo* im Pharmabereich.[217] Die Kommission verhängte hier zudem Geldbußen von jeweils 50.000 € wegen unrichtiger Anmeldung.[218] 91

5. Mitteilung an die beteiligten Unternehmen und Mitgliedstaaten. Die Entscheidung muss spätestens am letzten Tag der einschlägigen Frist des Art. 10 Abs. 1 FKVO 92

---

[210] *Drauz/Schroeder,* S. 206; *Gonzalez-Diaz/Jones,* EEC merger regulation, S. 210 mwN.

[211] „Clear-cut indications", *Gonzalez-Diaz/Jones,* EEC merger regulation, S. 209.

[212] Die Protokollerklärung von Rat und Kommission zu Art. 2 FKVO (abgedruckt im Anhang zum 19. WB 1989 der Kommission und in WuW 1990, 240) verlangt die „echte Gefahr" der Entstehung oder Verstärkung einer marktbeherrschenden Stellung; zur Praxis der Kommission s. *Immenga/Mestmäcker-Körber,* Art. 6 FKVO Rdnr. 58 ff.

[213] So genügen z.B. Anhaltspunkte für eine enge oligopolistische Marktstruktur (*Groger/Janicki* WuW 1992, 991, 992) regelmäßig nicht (befürwortend *Gonzalez-Diaz/Jones,* EEC merger regulation, S. 210). Anders allerdings in den Fällen *Ciba-Geigy/Sandoz,* Komm. E. v. 17.7.1996, IV/M.737, ABl 1997 L 201/1, und *British Telecom/MCI (II),* Komm. E. v. 14.5.1997, IV/M.856, ABl. 1998 L 336/1.

[214] *Langen/Bunte-Käseberg,* Art. 6 FKVO Rdnr. 47.

[215] FKVO Nr. 139/2004 Erwägungsgrund 32.

[216] So im Fall *Procter & Gamble/VP Schickedanz (II),* Komm. E. v. 21.6.1994, IV/M.430, ABl. 1994 L 354/32, s. dazu *Monopolkommission,* Hauptgutachten 1992/93, S. 611.

[217] Komm. E. v. 15.3.1999, 21.4.1999 u. 15.5.1999, IV/M. 1387; s. dazu *Schultz/Wagemann,* Kartellrechtspraxis und Kartellrechtsprechung 2000/2001, Rdnr. 969 ff.

[218] Komm. E. v. 28.7.1999, WuW/E EU-V 468.

erlassen und den beteiligten Unternehmen und zuständigen Behörden der Mitgliedstaaten „unverzüglich" mitgeteilt werden (**Art. 6 Abs. 5 FKVO;** s. auch Art. 10 DVO). Adressat sind dem Wortlaut nach die **beteiligten Unternehmen.** Dies hat in der Praxis, z. B. bei Übernahmeangeboten, zu Problemen geführt, wenn die Entscheidung nach Art. 6 FKVO Geschäftsgeheimnisse der Anmelder enthielt. Bis Anfang 1995 wurde deshalb jede Art. 6 FKVO-Entscheidung ausschließlich den Anmeldern übermittelt. Mittlerweile erhalten andere beteiligte Unternehmen, z. B. die zu erwerbende Gesellschaft, eine um Geschäftsgeheimnisse bereinigte Version der Entscheidung. Eine **Gebühr für die Anmeldung** oder für die Entscheidung wird in der europäischen Fusionskontrolle nicht erhoben. Die Einführung von Gebühren war im Rahmen der Revision 2004 erwogen worden, scheiterte dann aber wohl an der in den Mitgliedstaaten insoweit uneinheitlichen nationalen Rechtslage.[219]

93 **6. Veröffentlichung.** Weder Art. 6 Abs. 2 FKVO noch Art. 20 FKVO sehen eine Veröffentlichung der Art. 6 FKVO-Entscheidung vor. Anders als bei Entscheidungen nach Art. 8 FKVO besteht insoweit für die Kommission keine Verpflichtung.[220] Es erfolgt zunächst nur eine kurze Mitteilung im Amtsblatt (Ausgabe C)[221] sowie auf der Homepage der Kommission[222] und regelmäßig eine (über die Homepage zugängliche) Presseerklärung. Die Kommission hat es sich jedoch – bei Entscheidungen nach Art. 6 Abs. 1 Buchst. a und Buchst. b FKVO – zur Praxis gemacht, die um Geschäftsgeheimnisse bereinigte Version der Entscheidungen zu veröffentlichen.[223] Für das Prozedere der Klärung und Schwärzung von Geschäftsgeheimnissen hat die Kommission im Mai 2015 eine Guidance on the preparation of public versions of Commission Decisions adopted under the Merger Regulation veröffentlicht.[224] Art. 6-Entscheidungen, die auf Basis einer Short Form CO erfolgen, werden nur in Form eines Hinweises auf die erfolgte Freigabe und auf die nach der Anmeldung veröffentlichten Informationen, d. h. ohne nähere Begründung der Entscheidung, im Amtsblatt sowie auf der Homepage der Kommission bekannt gemacht.[225] Einzelne Art. 6 Abs. 1 Buchst. b-Entscheidungen werden auch in Fachzeitschriften oder einschlägigen Entscheidungssammlungen[226] abgedruckt; Kurzzusammenfassungen fanden sich in den 90iger Jahren auch im monatlich erscheinenden Bulletin der Kommission sowie im drei Mal jährlich erscheinenden Competition Policy Newsletter der Kommission (eingestellt im Jahr 2012)[227] und im jährlichen Wettbewerbsbericht der Kommission.[228]

94 **7. Rechtsschutz.** Die Möglichkeiten gerichtlichen Rechtsschutzes für beteiligte Unternehmen, Dritte oder Mitgliedstaaten gegen Entscheidungen der Kommission nach Art. 6 Abs. 1 FKVO werden im Zusammenhang mit Rechtsmitteln gegen Art. 8 FKVO-Entscheidungen in § 17 Rdnr. 192 ff. behandelt.

---

[219] *Dittert* WuW 2004, 148, 160, bei Fn. 85.

[220] *Gonzalez-Diaz/Jones,* EEC merger regulation, S. 211; *Langen/Bunte-Käseberg,* Art. 6 FKVO Rdnr. 60.

[221] So seit *Mannesmann/Vallourec/Ilva,* Komm. E. v. 31.1.1994, IV/M.315, ABl. 1994 L 102/15, auch für Entscheidungen nach Art. 6 Abs. 1 Buchst. c FKVO, vgl. ABl. 1993 C 265/5. Aus jüngerer Zeit s. z. B. Komm. E. v. 25.4.2006, COMP/M.4110, ABl. 2006 C 114/4 – *E. On/Endesa.*

[222] http://ec.europa.eu/comm/competition/elojade/mergers.

[223] http://www.ec.europa.eu/comm/competition/mergers/cases.

[224] http://ec.europa.eu/competition/mergers/legislation.

[225] S. z. B. Komm. E. v. 18.8.2014, COMP/M.7310 – *Rolls-Royce/Rolls-Royce Power Systems,* http://eur-lex.europa.eu/legal-content/EN/TXT/PDF/?uri=uriserv:OJ.C_.2014.281.01.0001.01.ENG.

[226] S. z. B. EEC Merger Control Reporter (Losebl.), Verlag Kluwer.

[227] S. Homepage der Kommission, aaO.

[228] S. außerdem *Canenbley/Hölzler/Wiedemann,* EC Merger Control Monitor. Case Summaries, Comments and Legal Texts (Losebl.), bis 1998; *Töllner,* Kurzzusammenfassungen zur EG-Fusionskontrolle in WuW (ca. vier- bis sechsmal im Jahr).

E. Verfahren und Entscheidungen im Hauptverfahren („Zweite Phase")

I. Gang des Verfahrens und Statistik

1. Gang des Verfahrens. Das Hauptverfahren („Zweite Phase") beginnt mit der Entscheidung der Kommission zur Einleitung des Verfahrens nach Art. 6 Abs. 1 Buchst. c FKVO.[229] Dabei ist die Kommission in ihrer Prüfung nicht auf diejenigen Märkte beschränkt, die in der Entscheidung nach Art. 6 Abs. 1 Buchst. c FKVO Gegenstand der ernsthaften Bedenken waren.[230] 95

Die Frist für das Hauptverfahren beträgt grundsätzlich höchstens 90 Arbeitstage nach Einleitung des Verfahrens (Art. 10 Abs. 3 FKVO). Jedoch ist eine Entscheidung nach Art. 8 Abs. 2 FKVO über die Vereinbarkeit des Zusammenschlusses mit dem Gemeinsamen Markt zu erlassen, sobald offenkundig ist, dass die ernsthaften Bedenken der Kommission – insbes. durch von den beteiligten Unternehmen vorgenommene Änderungen – ausgeräumt sind (Art. 10 Abs. 2 FKVO). Anders als im deutschen Recht (§ 40 Abs. 2 Nr. 1 GWB) ist eine Verlängerung der Verfahrensfrist in der EG-Fusionskontrolle nicht unbegrenzt, aber mittlerweile immerhin um bis zu 20 Arbeitstagen und im Falle von Zusagenangeboten um weitere 15 Arbeitstage möglich.[231] Auch handelt es sich beim EG-Fusionskontrollverfahren um ein einstufiges Verfahren; eine Ministererlaubnis wie im deutschen Recht (§ 42 GWB) gibt es nicht. Insgesamt ist das Hauptverfahren jedoch stark formalisiert, d.h. durch bestimmte, von der FKVO vorgegebene Verfahrensschritte bestimmt. 96

a) Ermittlungen. Das Hauptverfahren dient dazu, das Zusammenschlussvorhaben und die von der Kommission angenommenen „ernsthaften Bedenken" einer eingehenden Prüfung zu unterziehen. Die ersten sechs bis acht Wochen des Hauptverfahrens sind deshalb mit umfangreichen Ermittlungen durch die GD Wettbewerb, insbes. in Form von schriftlichen Auskunftsverlangen an die beteiligten Unternehmen, Wettbewerber und Abnehmer, gekennzeichnet. Um darüber hinaus freiwillige Äußerungen von Marktteilnehmern zu dem Zusammenschluss zu erhalten, publiziert die Kommission die Tatsache der Einleitung des Hauptverfahrens im Amtsblatt der EU (Ausgabe C) und lädt Dritte zur Stellungnahme ein.[232] Den Zusammenschlussbeteiligten bietet die Kommission seit 2004 sog. **State of Play Meetings**[233] an, um den Sachstand des Verfahrens und etwaige Zusagenangebote zur Ausräumung von Bedenken mündlich – im Gebäude der GD Wettbewerb, telefonisch oder per Videokonferenz[234] – zu diskutieren. Solche Meetings können innerhalb von zwei Wochen nach Einleitung des Hauptverfahrens, vor Versendung von Beschwerdepunkten, nach Erwiderung auf die Beschwerdepunkte und Anhörung sowie vor der Erörterung des Falles im Beratenden Ausschuss stattfinden.[235] 97

b) Beschwerdepunkte. Soweit sich aufgrund der Ermittlungen die ernsthaften wettbewerblichen Bedenken vorläufig erhärten, formuliert die Kommission schriftlich ihre Ein- 98

---

[229] S. dazu Rdnr. 87.

[230] *Drauz/Schroeder,* S. 206.

[231] S. dazu Rdnr. 53. Eine Hemmung der Verfahrensfrist erfolgt ausnahmsweise bei der Verweigerung der Auskunftserteilung durch die Zusammenschlussbeteiligten, s. im Einzelnen Art. 10 Abs. 4 FKVO.

[232] So erstmals im Fall *Mannesmann/Vallourec/Ilva,* s. *Van Bael/Bellis,* Competition Law in the EC, Rdnr. 655.

[233] Best Practices on the conduct of EC merger control proceedings v. 20.1.2004 (www.ec.europa.eu/comm/competition/ mergers/legislation/regulation/best-practices.pdf), Rdnr. 30 ff.; zum State of Play Meeting in der „Ersten Phase" s.o. Rdnr. 67 sowie *Langen/Bunte-Käseberg,* Art. 6 FKVO Rdnr. 12 und 32.

[234] AaO, Rdnr. 31.

[235] AaO, Rdnr. 33be.

wände („Beschwerdepunkte", engl. statement of objections, frz. grieffes) und übermittelt diese den beteiligten Unternehmen zur Stellungnahme **(Art. 18 Abs. 3 Satz 1 FKVO).** Die Beschwerdepunkte – wie auch die anschließende mündliche Anhörung – dienen der Gewährung rechtlichen Gehörs.[236] Sie haben außerordentliche Bedeutung, da die Kommission ihre Entscheidung nur auf Gründe stützen kann, zu denen die beteiligten Unternehmen in der vorgeschriebenen Form angehört worden sind.[237] Nur wenn die Kommission aufgrund ihrer Ermittlungsergebnisse die ursprünglichen ernsthaften Bedenken als ausgeräumt ansieht, verzichtet sie auf die Formulierung von Beschwerdepunkten und geht unmittelbar zur Abfassung eines vorläufigen Entscheidungsentwurfs über, wodurch sich das Hauptverfahren nicht unerheblich verkürzen kann.[238]

99 Wurde von einem Mitgliedstaat ein Verweisungsantrag nach Art. 9 Abs. 2 FKVO gestellt, auf den die Kommission durch die Einleitung des Hauptverfahrens reagiert hat, sind die Beschwerdepunkte innerhalb von 65 Arbeitstagen nach Anmeldung des Zusammenschlusses, d.h. innerhalb von zwei Monaten nach Einleitung des Hauptverfahrens, zu versenden (Art. 9 Abs. 4 Buchst. b, Abs. 5 FKVO und Protokollerklärung der Kommission zu Art. 9, 2. Spiegelstrich FKVO);[239] dies kann in Einzelfällen einen zusätzlichen Zeitdruck für die Kommission erzeugen.

100 Gemäß Art. 13 Abs. 2 Satz 2 und 4 DVO setzt die Kommission den Anmeldern wie auch anderen Verfahrensbeteiligten (z.B. Veräußerer, Zielunternehmen), die eine um Geschäftsgeheimnisse bereinigte Version der Beschwerdepunkte erhalten können,[240] eine Frist zur schriftlichen Äußerung.

101 *c) Akteneinsicht.* Unmittelbar nach Erhalt der Beschwerdepunkte wird den „unmittelbar Betroffenen", d.h. den am Zusammenschluss beteiligten Unternehmen, auf Antrag Einsicht in die Verfahrensakte gewährt, um die Verteidigungsrechte zu gewährleisten (**Art. 18 Abs. 3 Satz 2 FKVO,** Art. 17 Abs. 1 DVO).[241] Vor der Revision 2004 gab es Überlegungen, die Akteneinsicht bereits früher zu ermöglichen.[242] Sie fanden allerdings keinen Eingang in die FKVO. Immerhin erhalten die Zusammenschlussbeteiligten jetzt schon nach Beginn des Hauptverfahrens Zugang zu bestimmten „key documents", d.h. Beschwerden Dritter und Marktstudien, wobei begründete Interessen der Dritten an einer Nichtoffenlegung ihrer Beschwerden vor dem Zeitpunkt der Versendung der Beschwerdepunkte (statement of objections) berücksichtigt werden.[243] Die Einzelheiten sind in einer **Mitteilung der Kommission über die Akteneinsicht für Kartell-, Missbrauchs und Fusionsverfahren** zusammengefasst worden.[244] Von der Akteneinsicht ausgeschlossen sind Schriftstücke bzw. Passagen in Schriftstücken, die Geschäftsgeheimnisse enthalten,[245] interne Schriftstücke der Kommission (Vermerke, Noten, Entwürfe) sowie sonstige vertrauliche Angaben (vgl. auch Art. 17 Abs. 3 DVO). Gegebenenfalls erstellt die Kommission eine schriftliche Zusammenfassung des nichtvertrauli-

---

[236] *Drauz/Schroeder,* S. 207.

[237] *Gonzalez-Diaz/Jones,* EEC merger regulation, S. 216; *Langen/Bunte-Maass,* Art. 18 FKVO Rdnr. 2.

[238] So in Komm.E. v. 21.12.1993, IV/M.358, ABl. 1994 L 158/24 – *Pilkington-Techint/SIV;* Komm.E. v. 14.5.1997, IV/M.856, ABl. 1997 L 336/1 – *British Telecom/MCI (II).*

[239] Abgedruckt im Anhang zum 19. WB 1989 der Kommission und in WuW 1990, 240ff.

[240] *Drauz/Schroeder,* S. 207.

[241] S. im Einzelnen Rdnr. 113.; *Grill/Lenz,* in Fs. Deringer, S. 310ff.; *de Bronett* WuW 1997, 383ff.

[242] Presse-Mitt. der Kommission IP/02/1856 v. 11.12.2002; *Dittert* WuW 2004, 148, 161 Fn. 91.

[243] Best practices on the conduct of EC merger control proceedings v. 20.1.2004 (www.ec.europa.eu/comm/competition/mergers/legislation/regulation/best-practices.pdf), Rdnr. 45f.; *Rosenthal* EuZW 2004, 327, 330.

[244] ABl. 2005 C 325/7.

[245] Zum Verfahren der Identifizierung und Behandlung von Geschäftsgeheimnissen s. Mitteilung der Kommission über Akteneinsicht, ABl. 2005 C 325/7, Rdnr. 17ff. sowie die hierzu von der Kommission am 26.5.2015 veröffentlichte Guidance (s. Fn. 224); s. auch *Levitt* ECLR 1997, 187ff.

chen Teils.[246] Als Versuch einer Auflösung des Konfliktes zwischen dem Interesse am Schutz vertraulicher Informationen (insbes. im Hinblick auf Geschäftsgeheimnisse Dritter) und den Verteidigungsrechten des Adressaten der Beschwerdepunkte hat die Kommission mittels der Schaffung von **Datenräumen** (Data Rooms) eine besondere Variante der Akteneinsicht entwickelt. Auf diese Weise erhalten die Adressaten von Beschwerdepunkten (nur) über ihre externen Berater (Rechtsanwälte und Ökonomen) Gelegenheit, auch vertrauliche Unterlagen bzw. Geschäftsgeheimnisse zu prüfen. Die dafür geltenden Grundsätze einschließlich der sog. Data Room Rules und das entsprechende „Non-Disclosure Agreement" hat die Kommission in einschlägigen „Best Practices on the disclosure of information in data rooms" (Juni 2015) bekanntgemacht (http://ec.europa.eu/competition/mergers/legislation).

d) Schriftliche Stellungnahme und Anhörung. Die Anmelder und die anderen Beteiligten, **102**
denen die Beschwerdepunkte übermittelt wurden, können sich zu den Einwänden der Kommission schriftlich innerhalb der ihnen gesetzten Frist äußern (Art. 13 Abs. 3 DVO).[247] Sie haben auch das Recht, die Anhörung von Personen vorzuschlagen, die die von ihnen schriftlich vorgetragenen Tatsachen bestätigen können (Art. 13 Abs. 3 Satz 3 DVO). Nach Art. 13 Abs. 2 Satz 5 DVO ist die Kommission nicht verpflichtet, nach Ablauf der von ihr gesetzten Frist erhaltene Stellungnahmen zu berücksichtigen. Ob die Stellungnahmefrist wirklich durch eine von der Kommission erlassene Durchführungs-Verordnung zu einer solchen Ausschlussfrist wird und nach Fristablauf eingehende Stellungnahmen per se unberücksichtigt bleiben können, erscheint zweifelhaft. Dies dürfte wohl einschränkend nur dann gelten, wenn der Kommission nachweisbar die Zeit fehlt, das Verteidigungsmittel noch zur Kenntnis zu nehmen.

Auf Antrag gibt die Kommission den Anmeldern schließlich Gelegenheit, ihre Argu- **103**
mente in einer förmlichen mündlichen **Anhörung** („Hearing") vorzutragen (**Art. 18 Abs. 1 FKVO,** Art. 14 Abs. 1 DVO). Voraussetzung war früher die Geltendmachung eines hinreichenden Interesses, welches jedoch von der Kommission – jedenfalls für die Zusammenschlussbeteiligten – ohne weiteres unterstellt wurde. Mittlerweile reicht der bloße Antrag für die Anmelder und die „anderen Beteiligten", womit die übrigen Zusammenschlussbeteiligten (z.B. die Zielgesellschaft) gemeint sein dürften (Art. 14 Abs. 1 Satz 1 und Abs. 2 Satz 1 DVO). Dritte, z.B. Wettbewerber oder Abnehmer, erhalten ebenfalls Gelegenheit zur Teilnahme an der förmlichen mündlichen Anhörung, wenn sie dies schriftlich beantragen (Art. 18 Abs. 1 FKVO, Art. 16 Abs. 2 Satz 2 DVO). Die Anhörungssitzung ist aber grundsätzlich nicht öffentlich (Art. 15 Abs. 6 DVO Nr. 802/2004). Die Anhörung der Zusammenschlussbeteiligten oder Dritter kann auch in anderen Verfahrensstadien – und entgegen dem Wortlaut von Art. 18 Abs. 1 FKVO auch noch nach der förmlichen Anhörung[248] – erfolgen (Art. 14 Abs. 2 S. 2, Art. 16 Abs. 2 S. 3 DVO). Gleiches gilt für „andere natürliche oder juristische Personen, die ein hinreichendes Interesse darlegen, und insbes. Mitglieder der Leitungsorgane der beteiligten Unternehmen oder rechtlich anerkannte Vertreter der Arbeitnehmer dieser Unternehmen" (Art. 18 Abs. 4 FKVO; Art. 16 Abs. 3 DVO). In der Praxis werden Beschwerdeführer oder sonstige Dritte regelmäßig zusammen mit den Parteien zur förmlichen Anhörung geladen; nur soweit Geschäftsgeheimnisse diskutiert werden, erfolgt auf Antrag des Betroffenen dessen Anhörung vorübergehend gesondert.[249] Die förmliche Anhörung wird vom **Anhörungsbeauftragten** geleitet (Art. 15 Abs. 1 DVO n.F.) und findet in Gegen-

---

[246] *Drauz/Schroeder,* S. 208. S. auch Beschluss des Präsidenten der Kommission vom 13.11.2011 über Funktion und Mandat des Anhörungsbeauftragten in bestimmten Wettbewerbsverfahren, ABl. 2011 L 275/29ff., http://eur-lex.europa.eu/legal-content/DE/TXT/PDF/?uri=CELEX:32011D0695&from=EN.

[247] S. im Einzelnen Rdnr. 117.

[248] *Bechtold/Bosch/Brinker,* EU-Kartellrecht, Art. 18 FKVO Rdnr. 4ff (auch zu sog. tri-partite meetings mit den Parteien und Dritten).

[249] *von Meibom/Zinsmeister,* in: Schwerpunkte des Kartellrechts 1991/92, S. 53ff. (59).

wart von Vertretern der Wettbewerbsbehörden der Mitgliedstaaten in nichtöffentlicher Sitzung statt (Art. 15 Abs. 4 S. 1 DVO). Einzelheiten der Anhörung sind in Art. 15 DVO sowie durch das **Mandat des Anhörungsbeauftragten**[250] geregelt. Die Anhörung stellt für die beteiligten Unternehmen wie für die Mitgliedstaaten grundsätzlich einen wichtigen Verfahrensschritt und „ein Stück Transparenz der Entscheidungsfindung" dar;[251] allerdings verzichten mittlerweile häufiger Unternehmen auf das Recht der mündlichen Anhörung und beschränken sich auf schriftliche Stellungnahmen. Im Jahr 2001 wurde die **Rolle** des Anhörungsbeauftragten in mehreren Punkten **verstärkt,** um aufkommender Kritik an der Kommission, die in kartellrechtlichen Fällen zugleich ermittelnde und entscheidende Behörde ist, hinsichtlich der Objektivität ihrer Verfahren zu begegnen.[252] Der Anhörungsbeauftragte ist seitdem nicht mehr dem Generaldirektor für Wettbewerb, sondern unmittelbar dem Wettbewerbskommissar unterstellt. Er ist für verfahrensrechtliche Beschwerden der Verfahrensbeteiligten, z. B. hinsichtlich rechtlichen Gehörs, zuständig, erstellt einen Bericht über die von ihm geleitete förmliche Anhörung sowie einen **Abschlussbericht,** der der Kommission vor der abschließenden Entscheidung über den Zusammenschluss vorgelegt und auch den Anmeldern und den Mitgliedstaaten übermittelt wird; in diesem Bericht schildert er den Verfahrensablauf, die Akteneinsicht, die Rolle interessierter Dritter und kommt, sofern keine Beanstandungen erhoben werden, zu dem Ergebnis, dass die Verfahrensbeteiligten ihre Verfahrensrechte ordnungsgemäß nutzen konnten. Verfahrensmängel, die der Anhörungsbeauftragte moniert und für deren Abstellung er gesorgt hat, werden ggf. erwähnt.[253] Der Bericht wird später zusammen mit der Entscheidung im Amtsblatt der EU veröffentlicht.[254]

104 Soweit die beteiligten Unternehmen – im Wege von **Zusagen** – Änderungen des ursprünglichen Zusammenschlussvorhabens vornehmen, um eine Freigabeentscheidung nach Art. 8 Abs. 2 FKVO zu erreichen, sind diese der Kommission nicht später als **65 Arbeitstage** nach dem Zeitpunkt der Einleitung des Hauptverfahrens vorzulegen (Art. 19 Abs. 2 DVO). Dieser Zeitpunkt ist regelmäßig nach der Anhörung und vor der Erörterung im Beratenden Ausschuss erreicht. Die Kommission kann jedoch **unter außergewöhnlichen Umständen** Zusagenvorschläge **nach Ablauf der Vorlagefrist** akzeptieren, sofern im Sinne von Art. 19 Abs. 5 FKVO zuvor eine erneute Sitzung des Beratenden Ausschusses nach rechtzeitiger Einladung stattgefunden hat (Art. 19 Abs. 2 S. 3 DVO).[255]

105 *e) Beratender Ausschuss.* Nach Auswertung der Anhörung erstellt die Generaldirektion Wettbewerb einen sogenannten vorläufigen Entscheidungsentwurf (engl. preliminary draft decision) und übersendet diesen – nach interner Abstimmung mit anderen Kommissionsdienststellen – den Mitgliedstaaten unter Anberaumung eines Termins für den Beratenden Ausschuss (frühestens 10 Tage nach der Anberaumung, in Ausnahmefällen auch kurzfristiger, Art. 19 Abs. 5 Satz 3 und 4 FKVO).

106 Sofern es nicht zwischenzeitlich zu einer Verständigung über bestimmte, die wettbewerblichen Bedenken ausräumenden Zusagen der beteiligten Unternehmen gekommen ist,

[250] Mandat des Anhörungsbeauftragten v. 13.10.2011, ABl. 2011 L 275/29 ff.; http://eur-lex.europa.eu/legal-content/DE/TXT/PDF/?uri=CELEX:32011D0695&from=EN.

[251] *Langen/Bunte-Maass,* Art. 18 FKVO Rdnr. 16.

[252] B. der Kommission v. 13.10.2011 über das Mandat des Anhörungsbeauftragten, aaO (Fn. 246); s. auch *Zeise,* in: Handbuch Fusionskontrolle, Rdnr. 2120 ff.

[253] So beispielsweise in den Fällen *Johnson & Johnson/Synthès,* Komm. E. v. 18.4.2012, COMP/M.6266, Abschlussbericht des Anhörungsbeauftragten ABl. 2013 C 207/7, Rdnr. 14, sowie *Universal Music Group/EMI Music,* Komm. E. v. 21.9.2012, COMP/M.6458, Abschlussbericht ABl. 2013 C 220/10, Rdnr. 10 u. 20, zu einer erweiterten Akteneinsicht für die Zusammenschlussbeteiligten in vertrauliche Angaben Dritter, um Inkonsistenzen in vorliegenden Daten überprüfen zu können.

[254] Art. 17 des Mandats, aaO (Fn. 247); s. z. B. Abschlussbericht im Fall *Areva/Urenco,* ABl. 2006 C 52/5.

[255] So im Fall *Anglo-American/Lonrho,* Komm. E. v. 23.4.1997, IV/M.754, ABl. 1998 L 149/21, Rdnr. 125. Ausführlich zur Praxis der Kommission und zu weiteren Fällen *Korthals,* in: Handbuch Fusionskontrolle, Rdnr. 1422 ff.

entspricht der Entscheidungsentwurf meistens den Beschwerdepunkten. Im Fall *Sony/BMG* vollzog die Kommission hingegen in den zwei Wochen zwischen Anhörung und Vorlage des auf Freigabe lautenden Entscheidungsentwurfs im Beratenden Ausschuss nach Einschätzung des EuG einen „fundamental U-turn".[256] Dieser sei „überraschend" gewesen, zumal die Kommission hinsichtlich der zunächst bejahten und später verneinten Oligopolsituation der großen Tonträgerunternehmen („Majors") keine weiteren Ermittlungen durchgeführt hatte. Allerdings müsse die Kommission in der Entscheidung einen solchen Meinungswechsel nicht gesondert zu begründen, sondern er liege in ihrem Entscheidungsspielraum.

Der Beratende Ausschuss für die Kontrolle von Unternehmenszusammenschlüssen ist **107**
gem. **Art. 19 Abs. 3 FKVO** vor jeder Entscheidung nach Art. 8 Abs. 1 bis 6 FKVO sowie nach Art. 14 oder 15 FKVO anzuhören. Er setzt sich aus (mindestens) ein oder zwei Vertretern der Wettbewerbsbehörden der Mitgliedstaaten zusammen; mindestens einer dieser Vertreter muss für „Kartell- und Monopolfragen"[257] zuständig sein (Art. 19 Abs. 4 FKVO). In der Sitzung des Beratenden Ausschusses führt die Kommission den Vorsitz, ein Mitgliedstaat stellt den Berichterstatter (Art. 19 Abs. 5 Satz 1 FKVO).[258] Der Beratende Ausschuss diskutiert den Entscheidungsentwurf und gibt seine Stellungnahme (engl. opinion, frz. avis) zum Entwurf ab, erforderlichenfalls durch Abstimmung (Art. 19 Abs. 6 Satz 1 FKVO). Es gilt die Mehrheit der anwesenden Mitglieder (Satz 2). Ändert die Kommission nach der Sitzung des Beratenden Ausschusses den Entscheidungsentwurf – z. B. aufgrund von Zusagen seitens der beteiligten Unternehmen – in eine Freigabe, so kommt der Beratende Ausschuss ggf. zu einer zweiten Sitzung zusammen.[259] Die Unterrichtung des Ausschusses über Zusagenangebote ist 1997 ausdrücklich in Art. 19 Abs. 1 Satz 2 FKVO aufgenommen worden.[260] Die Stellungnahme des Beratenden Ausschusses wird schriftlich festgehalten, dem Entscheidungsvorschlag beigefügt und später zeitgleich mit der Entscheidung im Amtsblatt (Ausgabe C) veröffentlicht (Art. 19 Abs. 6 Satz 3 und Abs. 7 FKVO).

Gemäß Art. 19 Abs. 6 Satz 4 und 5 FKVO „berücksichtigt" die Kommission soweit wie **108**
möglich die Stellungnahme des Ausschusses und unterrichtet diesen später darüber. Das Votum des Ausschusses ist aber nicht bindend für die Kommission, sondern hat nur empfehlenden Charakter. In der Praxis stimmte in den meisten Fällen eine Mehrheit des Ausschusses dem Entscheidungsentwurf der Kommission zu.[261] Dies gilt erst recht seit der EU-Erweiterung auf mehr als 20 Mitgliedstaaten. Diskussion und Stellungnahme des Beratenden Ausschusses haben für die Entscheidungsfindung der Kommission gleichwohl eine nicht unerhebliche Bedeutung.[262]

---

[256] EuG U. v. 13.7.2006, Slg. 2006, II-2289, Rdnr. 283 und 285.

[257] Aus Art. 10 Abs. 4 S. 1 FKVO übernommene Formulierung; gemeint ist hier wohl „für Fusionskontrollfragen".

[258] S. im Einzelnen *Zeise,* in: Handbuch Fusionskontrolle, Rdnr. 2126.

[259] Ausnahmsweise begnügte sich der Ausschuss im Fall *Anglo-American/Lonrho* (Komm. E. v. 23.4.1997, IV/M.754, ABl. 1998 L 149/21) mit einem schriftlichen Votum zu den vorgelegten Zusagen, nachdem deren Inhalt – als Entflechtungsmaßnahmen – bereits mündlich diskutiert worden waren, s. ABl. 1998 C 155/27. Drei Sitzungen des Beratenden Ausschusses gab es im *Fall Boeing/McDonnell-Douglas* (Komm. E. v. 30.7.1997, IV/M.877, ABl. 1997 L 336/16), davon zwei zu einem Untersagungsentwurf, s. ABl. 1997 C 372/17 f.

[260] VO Nr. 1310/97 vom 30.6.1997, ABl. 1997 L 180/1 ff.; s. auch Art. 19 DVO n. F. (ABl. 1998 L 61/1). Kein Gehör hatte der frühere Vorschlag der Kommission an den Rat (Bericht v. 28.7.1993, KOM (93) 385 endg.) gefunden, die Verfahrensfrist von vier Monaten um maximal einen Monat zu verlängern, wenn die Zusagen nicht rechtzeitig vor der Sitzung des Beratenden Ausschusses vorgeschlagen werden, und die angebotenen Zusagen im Amtsblatt zu veröffentlichen.

[261] Anders nur in Komm. E. v. 30.9.1992, IV/M.214, ABl. 1993 L 7/13 – *Dupont/ICI,* und in Komm. E. v. 31.1.1994. IV/M.315, ABl. 1994 L 102/15 – *Mannesmann/Vallourec/Ilva.*

[262] So z. B. im Fall Komm. E. v. 14.2.1995, IV/M.477, ABl. 1995 L 211/1 – *Mercedes-Benz/Kässbohrer,* in dem die Kommission einen Freigabeentwurf aufgrund erheblicher Bedenken des Beratenden Ausschusses zunächst zurücknahm und nach weiteren Ermittlungen und einer Anhörung in

109 *f) Kommissionsinterne Verfahrensschritte.* Vor und nach Anhörung und Erörterung im Beratenden Ausschuss wird der jeweilige Verfahrensstand (Beschwerdepunkte, Entscheidungsentwurf) innerhalb der Generaldirektion Wettbewerb und mit sonstigen beteiligten Dienststellen der Kommission abgestimmt. Dabei kommt seit jeher dem **Juristischen Dienst** der Kommission besondere Bedeutung zu, da dessen Zustimmung zum Entscheidungsentwurf obligatorisch ist. Seit September 2003 gibt es zudem die Einrichtung des **Chefökonomen,** eines extern rekrutierten Wirtschaftswissenschaftlers, der – auf jeweils drei Jahre bestellt und direkt dem Generaldirektor unterstellt – zusammen mit einem Stab von Mitarbeitern die Generaldirektion bei allgemeinen wirtschaftswissenschaftlichen Fragen bei Anwendung der EU-Wettbewerbsregeln sowie detailliert in bedeutenden Fusionsverfahren mit komplexen wirtschaftswissenschaftlichen Fragestellungen (z.B. zu ökonometrischen Gutachten) berät.[263] Die kommissionsinterne Abstimmung erfolgt über sog. Inter-Service-Meetings. Weiterhin ist Zeit zur Anfertigung der Übersetzung des Entscheidungsentwurfs – zumindest in die drei Arbeitssprachen der Kommission (englisch, französisch und deutsch) – zu berücksichtigen. Der endgültige Entscheidungsentwurf wird spätestens ca. 14 Tage vor Fristablauf dem Kollegium der Kommissare zugeleitet, so dass die wöchentlich tagenden Kommissare zwei Sitzungen zur Auswahl haben und zuvor eine erste Abstimmung zwischen den Kabinetten der Kommissare erfolgen kann.

110 *g) Abschluss des Verfahrens.* Gemäß **Art. 8 Abs. 1–3 FKVO** wird jedes Hauptverfahren – unbeschadet des Art. 9 FKVO – durch eine Entscheidung abgeschlossen.[264] Anders als in Verfahren nach der VO Nr. 1/2003 soll in jedem Fusionsfall Rechtssicherheit durch eine förmliche Entscheidung geschaffen werden. Allerdings gilt auch im Hauptverfahren die Fiktion des Art. 10 Abs. 6 FKVO, der zufolge ein Zusammenschluss als vereinbar mit dem Gemeinsamen Markt erklärt gilt, wenn die Kommission es versäumt, innerhalb der 90 Tage-Frist eine Entscheidung nach Art. 8 FKVO zu treffen. Ein solcher Fall ist allerdings bislang nicht vorgekommen.

111 Das Hauptverfahren kann durch drei mögliche Entscheidungen abgeschlossen werden: Freigabe des Zusammenschlusses (Art. 8 Abs. 1 FKVO), Freigabe unter Bedingungen und Auflagen (Art. 8 Abs. 2 FKVO) oder Untersagung (Art. 8 Abs. 3 FKVO); die Entscheidungsarten werden nachfolgend in Rdnr. 126 ff. im Einzelnen behandelt.

112 Die Kommission trifft Entscheidungen nach Art. 8 FKVO stets als **Kollegialorgan.** Erforderlich ist eine Mehrheit der gesetzlichen, nicht nur der anwesenden Mitglieder[265] (derzeit 15 von 28). In einer – nur bei gerader Mitgliederzahl denkbaren – Pattsituation bei Abstimmung über einen Untersagungsentwurf gilt der Zusammenschluss als genehmigt.[266]

113 Die **Mitteilung** der Entscheidung an die beteiligten Unternehmen (Art. 8 Abs. 9 FKVO) erfolgt innerhalb der Frist des Art. 10 Abs. 3 FKVO.[267] Die zuständigen Behörden der Mitgliedstaaten erhalten ebenfalls eine Kopie der Entscheidung. Dritte erhalten erst nach Bereinigung der Geschäftsgeheimnisse Kenntnis vom Entscheidungsinhalt (über die Veröffentlichung auf der Homepage der Kommission[268] und im Amtsblatt nach Art. 20 FKVO, s. dazu unter Rdnr. 136). Wegen der z. T. schwierigen Diskussion über das Vorlie-

---

geänderter Form vorlegte. Ebenfalls von besonderer Bedeutung war die – die Kommission unterstützende – Haltung des Beratenden Ausschusses im Fall Komm. E. v. 30.7.1997, IV/M.877, ABl. 1997 C 372/17 f. – *Boeing/McDonnell-Douglas;* s. Financial Times vom 5.7.1997 und 18.7.1997, jeweils S. 1, und Süddeutsche Zeitung v. 5.7.1997.

[263] *Zeise,* in: Handbuch Fusionskontrolle, Rdnr. 2117 ff.; s. dazu auch *Ewald,* § 7 Rdnr. 195.

[264] Zu den Entscheidungsarten s. nachfolgend unter Rdnr. 126.

[265] Art. 6 und 11 der Geschäftsordnung der Kommission v. 29.11.2000, ABl. 2000 L 306/28; s. auch *Overbury,* Annual Proceedings of the Fordham Corporate Law Institute 1992, S. 557 ff. (572).

[266] So im Fall *Mannesmann/Vallourec/Ilva,* Komm. E. v. 31.1.1994, IV/M.315, ABl. 1994 L 102/15.

[267] Zur Übermittlung der Entscheidung s. Art. 21 DVO.

[268] www.ec.europa.eu/comm/competition/mergers/cases.

gen von Geschäftsgeheimnissen erfolgt diese Veröffentlichung gelegentlich erst mehrere Monate später.[269]

114 **2. Statistik.** Bis Ende 2014 eröffnete die Kommission in insgesamt 227 Fällen das Hauptverfahren nach Art. 6 Abs. 1 Buchst. c FKVO. Davon wurden 24 Zusammenschlüsse untersagt, in 107 Fällen erfolgte eine Freigabe unter Bedingungen oder Auflagen, in 56 Fällen eine unbedingte Freigabe; 37 Zusammenschlussvorhaben wurden im Laufe der „Zweiten Phase" aufgegeben.[270]

115 Die Zahl der „Zweite Phase"-Verfahren lag anfangs bei 4–5, in den Jahren 1999–2001 bei ca. 20 und in den letzten Jahren zwischen 4 und 10 Fällen pro Jahr, was mittlerweile knapp 5% der pro Jahr angemeldeten Zusammenschlüsse ausmacht. Untersagungen ergingen – von *Aérospatiale-Alenia/de Havilland*[271] (1991) – abgesehen, erst seit 1994, zunächst mit steigender Tendenz. 1996 wurden drei, 2001 fünf Zusammenschlüsse untersagt.[272] Zwischen 2002 und 2010 kam es jedoch – im Gefolge zunächst einer – konjunkturell bedingten – deutlich rückläufigen Zahl von Anmeldungen, darüber hinaus aber als Reaktion auf die Aufhebung mehrerer Untersagungsentscheidungen durch die europäischen Gerichte[273] – nur noch zu je einer Untersagungsentscheidung im Jahr 2004 *(ENI/EDP/GDP)*[274] sowie im Jahr 2007 zur Untersagung des Zusammenschlusses *Ryanair/Aer Lingus* (betreffend den Flugverkehr von und nach Irland).[275] Die Jahre 2011 bis 2013 wiesen wieder jeweils eine – bzw. in 2013 zwei – Untersagungsentscheidungen auf; in 2014 erfolgte keine Untersagung.

II. Rechte der Zusammenschlussbeteiligten im Hauptverfahren

116 Die Rechte der am Zusammenschluss beteiligten Unternehmen wurden im Wesentlichen bereits bei der Erläuterung des Verfahrensganges dargestellt.[276] Schwieriger und in der Literatur umstrittener ist der genaue Umfang der Rechte sonstiger betroffener Personen und Unternehmen. Aufgrund der insoweit uneinheitlichen Terminologie der FKVO bedarf es zunächst einer Klärung des verfahrensrechtlichen Begriffes des Beteiligten.

117 **1. Begriff des Beteiligten.** Die FKVO verwendet überwiegend den Begriff der beteiligten Unternehmen für die unmittelbar am Zusammenschluss Beteiligten (vgl. Art. 1 Abs. 2 FKVO, Art. 4 Abs. 1 FKVO, Art. 6 Abs. 2 FKVO).[277] Der Begriff des beteiligten Unternehmens bezieht sich laut Formblatt CO, Kap. 1.6,[278] sowohl auf die erwerbenden als auch die zu erwerbenden oder sich zusammenschließenden Unternehmen einschließlich der Unternehmen, an denen eine die Kontrolle begründende Beteiligung erworben wird. Demgegenüber spricht Art. 18 FKVO, die Vorschrift über Rechte im Verfahren, von betroffenen Personen, Unternehmen und Unternehmensvereinigungen (Abs. 1) oder von unmittelbar Betroffenen (Abs. 3 Satz 3).[279] Ursprünglich wurde deshalb für die Rechte

---

[269] So wurde von der Entscheidung *Telefonica Deutschland/E-Plus* v. 2.7.2014 erst am 13.3.2015 eine (vorläufige!) englische nichtvertrauliche Fassung veröffentlicht.

[270] www.ec.europa.eu/comm/competition/mergers/statistics.pdf.

[271] Komm. E. v. 2.10.1991, IV/M.053, ABl. EG 1991 L 334/42.

[272] Komm. E. v. 24.4.1996, IV/M.619, ABl. 1997 L 11/30 – *Gencor/Lonrho;* Komm. E. v. 20.11.1996 u. 19.2.1997, IV/M.784, ABl. 1997 L 110/53 u. L 174/47 – *Kesko/Tuko;* Komm. E. v. 4.12.1996, IV/M.774, ABl. 1997 L 247/1 – *Saint Gobain/Wacker Chemie/NOM.* Zu 2001 s. WB 2001, Rdnr. 250 ff.

[273] S. dazu § 16 Rdnr. 97 f.

[274] Komm. E. v. 9.12.2004, COMP/M.3440, WuW 2005, 168.

[275] Komm. E. v. 27.6.2007, COMP/M.4439.

[276] S. Rdnr. 97 und nachfolgend unter Rdnr. 114.

[277] Zum materiellen Beteiligtenbegriff s. § 15 Rdnr. 70 ff.

[278] Vgl. ebenso Konsolidierte Mitteilung der Kommission, Rdnr. 127.

[279] Einheitlicher ist die engl. Fassung: undertakings concernd (Abs. 1); parties directly involved (Abs. 3 Satz 3).

zwischen den unmittelbar Betroffenen gem. Art. 18 Abs. 3 Satz 3 FKVO (d.h. den Anmeldern), den Beteiligten im weiteren Sinne (Veräußerer, Zielgesellschaft) sowie sonstigen Dritten (einschließlich Oligopolisten) unterschieden.[280]

118 Um hier Klarheit herbeizuführen, hat die Kommission seit 1994 in Art. 11 **DVO**[281] eine **Definition** der anzuhörenden Personen und Unternehmen iSv Art. 18 FKVO aufgenommen. Danach wird unterschieden zwischen den **Anmeldern** (Art. 11 Buchst. a FKVO), **anderen Beteiligten** (Buchst. b), d.h. dem Veräußerer und dem Unternehmen, das übernommen werden soll, sowie **Dritten,** d.h. natürlichen oder juristischen Personen. einschl. Kunden, Lieferanten und Wettbewerbern, sofern diese ein hinreichendes Interesse geltend machen können. Ein solches Interesse können insbes. darlegen: Mitglieder der Aufsichts- oder Leitungsorgane der beteiligten Unternehmen oder ihre anerkannten Arbeitnehmervertreter und – seit 2004, wenn auch bislang ohne praktische Relevanz – Verbraucherverbände, wenn das Zusammenschlussvorhaben von Endverbrauchern genutzte Waren oder Dienstleistungen betrifft (Buchst. c; vgl. auch Art. 18 Abs. 4 FKVO). Schließlich werden in Art. 11 Buchst. d FKVO „Beteiligte" genannt, die Adressaten einer Bußgeld- oder Zwangsgeldentscheidung nach Art. 14, 15 FKVO sind.

119 **2. Die Rechte im Einzelnen.** Weniger aus Art. 18 FKVO, sondern eher aus **Art. 13** bis **18 DVO** lassen sich jetzt die Rechte der Anmelder und der anderen Beteiligten im Einzelnen entnehmen. Beide erhalten die Beschwerdepunkte mit Gelegenheit zur schriftlichen Äußerung (Art. 13 Abs. 2 DVO), Akteneinsicht (Art. 17 Abs. 1 und 2 DVO) sowie Gelegenheit zu einer förmlichen mündlichen Anhörung (Art. 15 Abs. 1 und 2 DVO). Diese Verfahrensrechte sind oben unter Rdnr. 93ff. behandelt worden. Für den Veräußerer und für das zu erwerbende Unternehmen („Zielunternehmen") hat die DVO noch eine Präzisierung durch die Vorschrift des Art. 18 Abs. 3 Satz 3 FKVO gebracht, die eine Akteneinsicht „zumindest für die unmittelbar Betroffenen" vorsieht.[282]

III. Rechte Dritter im Hauptverfahren

120 „Dritte" im Fusionskontrollverfahren sind, wie in Art. 11 Buchst. c DVO klargestellt ist, natürliche oder juristische Personen einschließlich Kunden, Lieferanten und Wettbewerbern mit einem hinreichenden Interesse, insbes. Mitglieder der Leitungsorgane der am Zusammenschluss beteiligten Unternehmen oder rechtlich anerkannte Arbeitnehmervertreter dieser Unternehmen.[283]

121 Ausdrücklich sieht die FKVO Rechte von Dritten ausschließlich im Hauptverfahren – und auch hier nur in den Grenzen des Art. 18 Abs. 4 FKVO – vor, nicht jedoch im Vorverfahren, und bevorzugt insoweit die am Zusammenschluss unmittelbar beteiligten Unternehmen.[284]

122 **1. Informationsrecht.** Zur Vorbereitung einer dem Dritten durch Art. 18 Abs. 4 FKVO eröffneten Anhörung wird dieser zunächst von der Kommission schriftlich über Art und Gegenstand des Verfahrens unterrichtet mit der Gelegenheit zur schriftlichen Rückäußerung (Art. 16 Abs. 1 DVO). Dies geschieht in der Praxis über eine um Geschäftsgeheimnisse bereinigte oder eine gekürzte Fassung der Beschwerdepunkte (Art. 13

[280] *Drauz/Schroeder,* S. 207.

[281] ABl. 1994 L 377; anschl. VO Nr. 447/98, ABl. 1998 L 61/1; jetzt VO Nr. 802/2004, ABl. 2004 L 133/1.

[282] S. insbes. Art. 17 Abs. 2 DVO und Mitteilung der Kommission zur Akteneinsicht, ABl. 2005 C 325/7, Rdnr. 33f.

[283] Ausführlich dazu *Immenga/Mestmäcker-Körber,* Art. 18 FKVO Rdnr. 35ff.; *Lange,* in Fs. Boujong, S. 885ff.; *Karl,* in: *Veelkens/Karl/Richter,* Die Europäische Fusionskontrolle, S. 37ff.

[284] EuG U. v. 27.11.1997, Slg. 1997, II-2137, Rdnr. 105 u. 107 – *Kaysersberg SA/Kommission; Lange,* in Fs. Boujong, S. 885, 887.

Abs. 2 DVO).[285] Legen die Zusammenschlussbeteiligten im Verlaufe des Verfahrens Zusagenangebote vor, werden diese ebenfalls – in nichtvertraulicher, häufig sehr weitgehend geschwärzter Fassung – dem Dritten zur Stellungnahme vorgelegt.[286] Dies gilt – auch ohne ausdrückliche Verordnungsermächtigung – im Vorverfahren wie im Hauptverfahren.

2. Akteneinsicht. Weder Art. 18 Abs. 4 FKVO noch Art. 17f. DVO gewähren Dritten ein Recht auf Akteneinsicht.[287] Diese – dem deutschen Kartellrecht nicht bekannte[288] – Beschränkung wird damit begründet, dass es sich bei der Akteneinsicht um ein klassisches Verteidigungsrecht handelt, welches nur den unmittelbar am Zusammenschluss Beteiligten sowie ggf. dem Veräußerer zukommen sollte.[289] 123

3. Anhörung. Das wichtigste Beteiligungsrecht Dritter besteht in dem Recht auf Teilnahme an der förmlichen Anhörung oder an einer gesonderten Anhörung (Art. 16 Abs. 2 Satz 2 und 3 DVO). Voraussetzung ist die Darlegung eines **hinreichenden Interesses** iSv Art. 18 Abs. 4 Satz 2 FKVO. Der Begriff des hinreichenden Interesses dürfte dem Begriff des ausreichenden Interesses in Art. 27 Abs. 3 VO Nr. 1/2003 entsprechen. Nach Sinn und Zweck der Fusionskontrolle genügt die Darlegung eines wirtschaftlichen Interesses an dem Zusammenschluss.[290] Ein solches hinreichendes Interesse wird, wie die Entscheidungspraxis der Kommission belegt, regelmäßig bei Wettbewerbern und Abnehmern der beteiligten Unternehmen sowie einschlägigen Verbänden bejaht. Art und Umfang der Anhörung des Dritten richtet sich nach den Umständen des Einzelfalles und insbes. nach dem jeweiligen Verfahrensstadium. Dabei ist – so das EuG in dem zum Fall *Procter & Gamble/VP Schickedanz (II)* ergangenen Urteil auf die Klage des Wettbewerbers *Kaysersberg*[291] – dem Bedürfnis der beteiligten Unternehmen an Rechtssicherheit und dem Gebot der Verfahrensbeschleunigung Rechnung zu tragen. Dies kann ggf. in der letzten Phase des Hauptverfahrens – bei Vorlage von Zusagen durch die beteiligten Unternehmen – die Anhörungsrechte Dritter einschränken. 124

Nicht anerkannt wurden die **Aktionäre** eines am Zusammenschluss beteiligten Unternehmens als Dritte iSd Art. 18 FKVO.[292] Als **Arbeitnehmervertreter** iSv Art. 18 Abs. 4 FKVO werden Betriebsräte, nicht jedoch Gewerkschaften anerkannt.[293] Die – dem deutschen Recht unbekannte – ausdrückliche Aufnahme von Beteiligungsrechten für Arbeitnehmervertreter ist sozialpolitisch motiviert[294] (vgl. Erwägungsgrund 37). Bei der wettbewerblichen Würdigung des Zusammenschlusses können die von den Arbeitnehmervertretern vorgetragenen Argumente und Interessen, soweit sie nichtwettbewerblichen Inhalts sind, dagegen grundsätzlich nicht berücksichtigt werden.[295] 125

---

[285] Anders, jedoch nicht mehr zutreffend: *Drauz/Schroeder,* S. 216, sowie *v. Meibom/Zinsmeister,* S. 59; *Langen/Bunte-Maass,* Art. 18 FKVO Rdnr. 13.

[286] *Sedemund,* Vortrag „Rechte Dritter nach der VO Nr. 17/62 und der VO Nr. 4064/89" bei einem Seminar der Generaldirektion IV der EG-Kommission am 27./28.9.1993 (unveröffentlicht), S. 8; *Drauz,* in: Annual Proceedings of the Fordham Corporate Law Institute, Northamerican and Common Market Antitrust and Trade Laws 1996, unter IV.B.

[287] S. auch Mitteilung der Kommission zur Akteneinsicht, ABl. 2005 C 325/7, Rdnr. 30.

[288] Vgl. §§ 13, 29 VwVfG sowie Akteneinsichtsrecht von Beigeladenen im Kartellverwaltungsverfahren (§ 54 Abs. 2 Nr. 3 GWB).

[289] *Lange,* in Fs. Boujong, S. 902; *Karl,* in: *Veelkens/Karl/Richter,* S. 45; ebenso EuG B. v. 15.12. 1992, Slg. 1992, II-2579, Rdnr. 15 – *CCE, CE, Syndicat, CGT Perrier, CG Perrier/Kommission; Langen/Bunte-Maass,* Art. 18 FKVO Rdnr. 23.

[290] *Lange,* aaO, S. 894f.; *Karl,* aaO, S. 53ff.

[291] EuG U. v. 27.11.1997, Slg. 1997, II-2137 – *Kaysersberg SA/Kommission.*

[292] EuG U. v. 28.10.1993, Slg. 1993 II, 1169ff. – *Zunis u. a./Kommission;* s. dazu *Lange,* aaO, S. 103f.

[293] EuG U. v. 27.4.1995, Slg. 1992, II-1247 – *Vittel;* Komm.E. v. 8.10.1995, IV/M.580, ABl. 1997 L 11/1, Rdnr. 148f. – *ABB/Daimler-Benz; Drauz/Schroeder,* S. 216; *Lange,* aaO, S. 889f.

[294] *Sedemund* aaO (Fn. 281).

[295] So ausdrücklich die Kommission in *ABB-Daimler-Benz,* aaO, Rdnr. 148f.

IV. Entscheidungen nach Art. 8 FKVO

126 **1. Freigabe ohne bzw. mit Bedingungen und Auflagen (Abs. 1 und 2).** Die Kommission erklärt den Zusammenschluss gemäß **Abs. 1** oder **Abs. 2** für vereinbar mit dem Gemeinsamen Markt, wenn er

a) dem in Art. 2 Abs. 2 FKVO festgelegten Kriterium entspricht, d. h. wirksamen Wettbewerb im Gemeinsamen Markt oder in einem wesentlichen Teil desselben nicht erheblich behindert, insbes. nicht durch Begründung oder Verstärkung einer beherrschenden Stellung und

b) – in den in Art. 2 Abs. 4 FKVO genannten Fällen eines kooperativen Vollfunktions-Gemeinschaftsunternehmens – den Kriterien des Art. 101 Abs. 3 AEUV für eine Freistellung vom Kartellverbot entspricht.[296]

127 Die Vereinbarkeitserklärung hat hinsichtlich des unter a) genannten „SIEC-Tests"[297]– wie eine Freigabeentscheidung nach der „Ersten Phase" (Art. 6 Abs. 1 Buchst. b FKVO)[298] – bloß **feststellenden** Charakter, auch wenn es sich um eine förmliche, rechtsmittelfähige Entscheidung handelt.[299] Die bei Gemeinschaftsunternehmen mit der Entscheidung ggf. verbundene Freistellung nach Art. 101 Abs. 3 AEUV ist mittlerweile – seit der mit der VO Nr. 1/2003 einhergehenden Umstellung auf ein System der Legalausnahme – ebenfalls als deklaratorische Entscheidung ausgestaltet (bisher aber noch nicht praktisch geworden).

128 Hat die Kommission gemäß Art. 6 Abs. 1 Buchst. c FKVO wegen „ernsthafter Bedenken" die Zweite Phase des Verfahrens eingeleitet, kommt es am Ende des Hauptprüfverfahrens eher selten zu einer Freigabe des Zusammenschlusses ohne Bedingungen oder Auflagen **(Art. 8 Abs. 1 FKVO).** Seit Einführung der EU-Fusionskontrolle im Jahr 1990 geschah dies nur in 56 Fällen, verglichen mit 107 Freigaben unter Nebenbestimmungen und 24 Untersagungen (bis Dezember 2014).[300] Im Hauptprüfverfahren erfolgt die Freigabe vielmehr häufig erst „nach entsprechenden Änderungen" durch die beteiligten Unternehmen" (engl. u. frz. modifications), d. h. **Zusagen,** durch die ernsthafte wettbewerbliche Bedenken der Kommission hinsichtlich bestimmter Märkte ausgeräumt werden **(Art. 8 Abs. 2 Unterabs. 1 FKVO).** Die Arten und Anforderungen an Zusagen in der Entscheidungspraxis der Kommission sind im Einzelnen in § 16 Rdnr. 104 ff. dargestellt; zu der 65 Tage-Frist (Art. 19 Abs. 2 DVO) für die Vorlage von Zusagen s. § 17 Rdnr. 100. Die Zusagen der beteiligten Unternehmen können aufgrund ihres freiwilligen Charakters und unabhängig von ihrer Bezeichnung in der jeweiligen Entscheidung nur als **Modifikationen der Anmeldung** des Zusammenschlussvorhabens verstanden werden.[301]

129 Hängt eine Freigabe des Zusammenschlusses von Zusagen ab, kann die Kommission gemäß Abs. 2 **Unterabs. 2 S. 1** die Entscheidung mit **Bedingungen und Auflagen** (engl. conditions and obligations, frz. conditions et charges) versehen, um sicherzustellen, dass die beteiligten Unternehmen den Verpflichtungen (engl. commitments, frz. engagements) nachkommen, die sie gegenüber der Kommission hinsichtlich der Änderung des

[296] Die „Doppelkontrolle" dieser Gemeinschaftsunternehmen wurde im Rahmen der Revision 1998 der FKVO eingeführt, s. VO Nr. 1310/97 v. 30.6.1997, ABl. 1997 L 180/1 ff., s. dazu § 16 Rdnr. 136 ff.

[297] S. dazu ausführlich § 16 Rdnr. 9.

[298] S. o. Rdnr. 84.

[299] Ebenso wie Entscheidungen nach Art. 6 Abs. 1 Buchst. a und b FKVO, s. Rdnr. 83 f.

[300] www.ec.europa.eu/comm/competition/mergers/statistics.pdf. Beispielhaft sei für Art. 8 Abs. 1 FKVO aus jüngster Zeit die uneingeschränkte Freigabe des Zusammenschlusses *Cemex/Holcim Assets* (COMP/M.7054) v. 9.9.2014 zu nennen, der Zementmärkte in Ost- und Zentralspanien betraf und zunächst gemäß Art. 22 FKVO von der spanischen Wettbewerbsbehörde an die Kommission verwiesen worden war (s. dazu Rdnr. 170).

[301] So ausdrücklich formuliert in Komm. E. v. 21.6.1994, IV/M.430, ABl. 1994 L 354/32, Rdnr. 186 – *Procter & Gamble/VP Schickedanz (II).* S. auch *Korthals,* in: Handbuch Fusionskontrolle, Rdnr. 1392 f.

ursprünglichen Zusammenschlussvorhabens eingegangen sind (vgl. § 40 Abs. 3 GWB in der deutschen Fusionskontrolle). Während die Verpflichtungen von den beteiligten Unternehmen freiwillig eingegangen werden[302] und das angemeldete Zusammenschlussvorhaben als solches modifizieren, werden Bedingungen und Auflagen von der Kommission zwangsweise auferlegt, um die Erfüllung der Zusagen zu gewährleisten.[303]

In der Entscheidungspraxis bis etwa 2000 wurde allerdings weder zwischen Bedingungen **130**
und Auflagen noch in konsistenter Art und Weise zwischen den Verpflichtungen (commitments) einerseits und den Bedingungen und Auflagen andererseits unterschieden. So hieß es regelmäßig, dass „die Unternehmen zur Abwendung einer Untersagung folgende Zusagen abgegeben (haben)“,[304] während im Entscheidungstenor Formulierungen wie „unter der Bedingung der Einhaltung …“[305] bzw. „vorbehaltlich der Einhaltung …“ benutzt wurden.[306] Die Kommission verwendete im Übrigen häufig den Begriff „Bedingungen und Auflagen“ zusammen, wohl um einer – bis dahin ungeklärten – Festlegung zu entgehen.[307] In der Literatur gingen die Deutungen zunächst ebenfalls auseinander.[308] Erst die im März 2001 veröffentlichte und 2008 überarbeitete **Mitteilung der Kommission über zulässige Abhilfemaßnahmen,**[309] die ergänzt wurde um **Mustertexte** samt Erläuterungen für die Abgabe von Veräußerungsverpflichtungen sowie die Bestellung eines Treuhänders (mit Aktualisierung Ende 2013),[310] brachte eine gewisse Klarheit. Danach sind als **Bedingungen** solche Maßnahmen anzusehen, die den Markt strukturell so verändern, dass das identifizierte Wettbewerbsproblem ausgeräumt wird. Es handelt sich mithin um die jeweilige materielle Veräußerungs- oder Marktöffnungsmaßnahme. Diese wird allerdings nicht als aufschiebende Bedingung im Sinne des deutschen Rechts auferlegt, d.h. der Zusammenschluss kann grundsätzlich unmittelbar nach der Freigabeentscheidung und noch vor Erfüllung der Bedingung vollzogen werden (Ausnahme: **„up-front buyer“**-Bedingung einer Veräußerung des fraglichen Geschäftsbereichs vor Vollzug des Zusammenschlusses).[311] Für die Erfüllung z.B. einer Veräußerungszusage wird von der Kommission eine bestimmte Frist oder ein Fristenplan bestimmt. Bei Nichterfüllung oder nicht fristgemäßer Erfüllung einer Bedingung ist die Freigabeentscheidung automatisch unwirksam (es sei denn, die Kommission verlängert vorher die Veräußerungsfrist). Die Kommission kann dann unmittelbar eine Entscheidung zur Rückgängigmachung des Zusammenschlusses treffen (Art. 8 Abs. 4 Buchst. c FKVO).[312]

---

302 Dies betonen z.B. auch *Immenga/Mestmäcker-Körber,* Art. 8 FKVO Rdnr. 96; *Van Bael/Bellis,* Rdnr. 657.

303 *Drauz,* aaO (Fn. 286), unter II. B.

304 S. statt vieler in Komm. E. v. 8.10.1995, IV/M.580, ABl. 1997 L 11/1, Rdnr. 186 – *ABB/Daimler Benz;* Komm. E. v. 16.1.1996, IV/M.623, ABl. 1996 L 183/1, Rdnr. 233 – *Kimberly-Clark/Scott Paper.*

305 So z.B. in Komm. E. v. 23.4.1997, IV/M.754, ABl. 1998 L 149/21, Art. 1d der Entscheidung – *Anglo-American/Lonrho.*

306 So z.B. in Komm. E. v. 21.6.1994, IV/M.430, ABl. 1994 L 354/32, Art. 1 – *Procter & Gamble/VP Schickedanz (II);* Komm. E. v. 20.9.1995, IV/M.582, ABl. 1996 L 66/17, Rdnr. 123 und Art. 1 – *Orkla/Volvo;* Komm. E. v. 8.10.1995, IV/M.580, ABl. 1997 L 11/1, Art. 1 (im englischen heißt es jeweils „subject to“) – *ABB/Daimler Benz.* S. dazu auch *Fuchs* WuW 1997, 279.

307 So z.B. in Komm. E. v. 21.6.1994, IV/M.430, ABl. 1994 L 354/32, Art. 1 – *Procter & Gamble/VP Schickedanz (II);* ungenau insoweit auch *Langen/Bunte-Käseberg,* Art. 8 FKVO Rdnr. 12. S. auch *Heidenhain* EuZW 1994, 136.

308 *Fuchs* WuW 1997, 279; *Heidenhain* EuZW 1994, 135f.; *Kögel,* Angleichung, S. 222.

309 ABl. 2001 C68/03 und ABl. 2008 C 267/1; http://eur-lex.europa.eu/legal-content/DE/TXT/PDF/?uri=CELEX:52008XC1022 %2801 %29&from=EN.

310 Explanatory Note der Kommission v. 5.12.2013, http://ec.europa.eu/competition/mergers/legislation/best_practice_commitments_trustee_en.pdf; http://ec.europa.eu/competition/mergers/legislation/template_commitments_de.pdf; http://ec.europa.eu/competition/mergers/legislation/trustee_mandate_de. pdf.

311 S. Mitteilung der Kommission über Abhilfemaßnahmen (2008), Rdnr. 53; *Korthals,* in: Handbuch Fusionskontrolle, Rdnr. 1440; *S/J/K/M-Stoffregen,* Art. 8 Rdnr. 25 zum Fall *Bosch/Rexroth* (s. auch § 16 Rdnr. 164).

312 Ausführlich dazu *Korthals,* aaO, Rdnr. 1478ff.

131 Als **Auflagen** werden die zur Durchsetzung der Bedingung erforderlichen Durchführungsmaßnahmen verstanden. Darunter fallen z. B. die Bestellung eines Treuhänders für die Überwachung der fristgerechten Veräußerung eines Geschäftsbereichs oder bestimmte Berichtspflichten gegenüber der Kommission.[313] Bei Nichterfüllung einer Auflage kann die Kommission die Freigabeentscheidung widerrufen (Art. 8 Abs. 6 Buchst. b FKVO) und/oder Geldbußen bzw. Zwangsgelder verhängen (Art. 14 Abs. 2 Buchst. d FKVO, Art. 15 Abs. 1 Buchst. c FKVO). Diese Maßnahmen sind demnach den Auflagen im Sinne des deutschen Verwaltungsrechts vergleichbar (§ 36 Abs. 2 Nr. 2 und 4 VwVfG).

132 **2008** hat die Kommission eine **aktualisierte Mitteilung über Abhilfemaßnahmen** beschlossen, die die Mitteilung aus dem Jahr 2001 ersetzt und im Wesentlichen fortschreibt.[314] In der Mitteilung sind die Entscheidungspraxis von Kommission und Unionsgerichten der vorangegangenen Jahre sowie die Erkenntnisse der Merger Remedies Study[315] verarbeitet. Im Einzelnen werden die Anforderungen an Zusagen, die prozeduralen Aspekte in Phase 1 und 2 sowie die einzelnen Arten von Zusagen erläutert. Besondere Erwähnung verdienen die Arten der Veräußerungszusagen: Verkauf eines Geschäftsbereichs nach Freigabe und Vollzug des Zusammenschlusses (Rdnr. 52), **„up-front buyer"**-Lösung, d. h. Verkauf nach Freigabe, aber vor Vollzug (Rdnr. 53 ff.) und **„fix-it-first"**-Zusage, d. h. ein Verkauf während des Fusionskontrollverfahrens, so dass es hinsichtlich der Zusage keiner besonderen Regelungen in der Freigabeentscheidung der Kommission mehr bedarf (Rdnr. 56). Bei einer up-front-buyer-Zusage lässt sich die Kommission regelmäßig den Vorschlag eines bestimmten Dritterwerbers vorlegen, der den wettbewerblich problematischen Geschäftsbereich erwerben soll. Sie prüft den Dritterwerber darauf hin, ob er a) unabhängig von den Zusammenschlussbeteiligten, b) hinreichend finanzkräftig, erfahren und fähig im Sinne einer wettbewerblichen Kraft sowie c) in fusionskontrollrechtlicher Hinsicht unbedenklich ist. In einer gesonderten (nicht veröffentlichten) förmlichen Entscheidung erteilt sie dann ihre Zustimmung zu diesem Dritterwerber.[316] Sofern es für die Umsetzung einer Veräußerungs- oder Lizenzzusage der Mitwirkung Dritter bedarf und die Umsetzung deshalb mit Unsicherheiten behaftet ist, kann die Kommission vorsorglich die Vorlage einer **alternativen Zusage („crown jewel")** verlangen, die mindestens gleichwertig und zudem ohne Schwierigkeiten umsetzbar ist.[317] Sofern die Umsetzung einer Veräußerung von Assets an einen Dritten schwierig ist, weil die Zusammenschlussbeteiligten am Standort der zu veräußernden Gegenstände noch die Kontrolle über Infrastruktur oder Maschinen behalten und sich daraus eine Abhängigkeit des Dritterwerbers ergibt, muss ggf. der gesamt Standort an den Dritterwerber veräußert und dann der nicht relevante Infrastruktur- oder Maschinenanteil über einen **Reserve-Carve-Out** wieder an den Zusammenschlussbeteiligten zurückübertragen werden. Gemeinsam zu nutzende Infrastruktur, z. B. ein Kraftwerk und Wasserversorgungsanlagen für Papiermaschinen, können ggf. über ein Joint Venture zwischen

---

313 S. im Einzelnen Mitteilung der Kommission, aaO, Rdnr. 53 ff.

314 S. Fn. 321; ausführlich dazu *Monopolkommission,* Hauptgutachten 2008/2009, Rdnr. 670 und 854 ff.

315 S. dazu § 16 Rdnr. 164.

316 So beispielsweise in den Fällen *Western Digital/Viviti Technologies,* Komm. E. v. 23.11.2011, COMP/M.6203, *Agilent/Varian,* Komm. E. v. 20.1.2010, COMP/M.5611, sowie *Hutchison 3G UK/Telefonica Ireland,* COMP/M.6992 (E. nach Art. 8 Abs. 2 FKVO v. 28.5.2014) mit Entscheidung v. 3.7.2014 zum Up-front MVNO (= Mobile Virtual Network Operator) für den Erwerb von Netzkapazität von *H3G* in Irland. An der Gewähr hinreichenden wirksamen Wettbewerbs fehlte es nach Ansicht der Kommission im Fall des Dritterwerbers *La Poste* auf dem Markt für internationale Expresszustellungen im Fall *UPS/TNT Express,* Komm. E. v. 30.1.2013, COMP/M.6570; s. dazu *Hirsbrunner* EuZW 2014, 658, 661 f. Akzeptiert wurde die Up-front-buyer-Zusage der Veräußerung bestimmter Chemieproduktionsanlagen hingegen im Fall *Ineos/Solvay/JV,* Komm. E. v. 8.5.2014, COMP/M.6905.

317 Mitteilung der Kommission, aaO, Rdnr. 44 ff.; s. dazu auch *Monopolkommission,* Hauptgutachten 2008/2009, Rdnr. 808 ff.

dem Zusammenschlussbeteiligten und dem Dritterwerber gemeinsam kontrolliert werden.[318] Für die Vorlage von Zusagen ist das **Formblatt RM** zu verwenden (Anhang IV zur DVO Nr. 802/2004; s. dazu unten Rdnr. 136).

Die Kommission hat bislang insbesondere folgende **Auflagen** zur Absicherung von Zusagen verwendet: 133

- Organisatorische und rechtliche Abtrennung des zu veräußernden Geschäftsbereichs, getrennte Geschäftsführung und Ausstattung mit ausreichenden finanziellen Mitteln für den gewöhnlichen Geschäftsbetrieb;[319]
- Ernennung eines **Treuhänders** (Investmentbank, Wirtschaftsprüfer o. ä.) zur Überwachung der Getrennthaltung;[320]
- Kein Zugang zu bzw. keine Nutzung von Geschäftsgeheimnissen des zu veräußernden Geschäftsbereichs;[321]
- Einholung der Zustimmung der Kommission zur Ausübung der Stimmrechte in den Gesellschaftsorganen des zu veräußernden Geschäftsbereichs;[322]
- Ernennung eines **Treuhänders** und Beauftragung desselben mit der Überwachung („Monitoring Trustee") bzw. mit der Veräußerung („divestiture trustee") des fraglichen Geschäftsbereichs;[323]
- Regelmäßige Berichtspflichten gegenüber der Kommission über die Getrennthaltung und über die Veräußerungsverhandlungen;[324]

---

[318] Einen solchen Reserve-Carve-Out gab es im Fall *Munksjö/Ahlstrom,* Komm. E. v. 24.5.2013, COMP/M.6576; s. dazu *Hirsbrunner* EuZW 2014, 658, 663.

[319] Komm. E. v. 21.6.1994, IV/M.430, ABl. 1994 L 354/32, Rdnr. 186, unter 6. u. 7. – *Procter & Gamble/VP Schickedanz (II);* Komm. E. v. 20.9.1995, IV/M.582, ABl. 1996 L 66/17, Rdnr. 123, unter 3. – *Orkla/Volvo;* Komm.E. v. 14.11.1995, IV/M.603, ABl. 1996 L 75/38, Rdnr. 115, unter 8. – *Crown Cork/Carnaud Metalbox;* Komm. E. v. 18.10.1995, IV/M. 580, ABl. 1997 L 11/1, Rdnr. 139, unter 2. – *ABB/Daimler-Benz;* Komm.E. v. 16.1.1996, IV/M.623, ABl. 1996 L 183/1, Rdnr. 233, unter 9.6 u. 9.8. – *Kimberly-Clark/Scott Paper;* Komm. E. v. 14.5.1997, IV/M.856, ABl. 1997 L 336/1, Rdnr. 76, unter 2a – *BT/MCI (II);* Komm. E. v. 30.7.1997, IV/M.877, ABl. 1997 L 336/16 – *Boeing/ McDonnell-Douglas* (hier Verpflichtung zur Getrennthaltung ohne Verpflichtung zur Veräußerung).

[320] *Procter & Gamble/VP Schickedanz (II),* aaO, Rdnr. 186, unter 1.; Komm. E. v. 14.11.1995, IV/ M.603, ABl. 1996 L 75/38, Rdnr. 115, unter 8c u. 9. – *Crown Cork & Seal/CarnaudMetalbox;* Komm. E. v. 16.1.1996, IV/M.623, ABl. 1996 L 183/1, Rdnr. 233, unter 9.1 u. 9.7. – *Kimberly-Clark/Scott Paper;* Komm. E. v. 14.5.1997, IV/M.856, ABl. 1997 L 336/1, Rdnr. 76, unter 2f. – *British Telecom/MCI (II).*

[321] Komm. E. v. 21.6.1994, IV/M.430, ABl. 1994 L 354/32, Rdnr. 186, unter 9. – *Procter & Gamble/VP Schickedanz (II);* Komm. E. v. 16.1.1996, IV/M.623, ABl. 1996 L 183/1, Rdnr. 233, unter 10 – *Kimberly-Clark/Scott Paper.*

[322] Komm. E. v. 23.4.1997, IV/M.754, ABl. 1998 L 149/21, Rdnr. 126 u. 135 – *Anglo-American/Lonrho.*

[323] Komm. E. v. 21.6.1994, IV/M.430, ABl. 1994 L 354/32, Rdnr. 186, unter 1. u. 2. – *Procter & Gamble/VP Schickedanz (II);* Komm. E. v. 20.9.1995, IV/M.582, ABl. 1996 L 66/17, Rdnr. 123, unter 2. – *Orkla/Volvo;* Komm. E. v. 14.11.1995, IV/M.603, ABl. 1996 L 75/38, Rdnr. 115, unter 9c. – *Crown Cork/Carnaud Metalbox;* Komm. E. v. 18.10.1995, IV/M. 580, ABl. 1997 L 11/1, Rdnr. 139, unter 4. – *ABB/Daimler-Benz;* Komm. E. v. 16.1.1996, IV/M.623, ABl. 1996 L 183/1, Rdnr. 233, unter 9.2 u. 9.7. – *Kimberly-Clark/Scott Paper;* Komm. E. v. 23.4.1997, IV/M.754, ABl. 1998 L 149/21, Rdnr. 128 u. 138 – *Anglo-American/Lonrho;* Komm. E. v. 14.5.1997, IV/M.856, ABl. 1997 L 336/1, Rdnr. 76, unter 2g – *British Telecom/MCI (II).* Zu den Anforderungen an den Treuhänder s. EuG U. v. 13.9.2010, Slg. 2010, II-4713 – *Editions Odile Jacob/Kommission,* bestätigt durch EuGH U. v. 6.11.2012, Rs. C 551/10 P, ECLI: EU: C: 2012:681.

[324] Komm. E. v. 21.6.1994, IV/M.430, ABl. 1994 L 354/32, Rdnr. 186, unter 10. – *Procter & Gamble/VP Schickedanz (II)* (zweimonatlich); Komm. E. v. 20.9.1995, IV/M.582, ABl. 1996 L 66/17, Rdnr. 123, unter 4. – *Orkla/Volvo* (viermonatlich); Komm. E. v. 14.11.1995, IV/M.603, ABl. 1996 L 75/38, Rdnr. 115, unter 9e. – *Crown Cork & Seal/CarnaudMetalbox* (monatlich bzw. zweimonatlich); Komm. E. v. 18.10.1995, IV/M. 580, ABl. 1997 L 11/1, Rdnr. 146 – *ABB/Daimler-Benz* (dreimonatlich).; Komm. E. v. 16.1.1996, IV/M.623, ABl. 1996 L 183/1, Rdnr. 233, unter 9.3 – *Kimberly-Clark/Scott Paper* (zweimonatlich); Komm. E. v. 14.5.1997, IV/M.856, ABl. 1997 L 336/1, Rdnr. 76, unter 1d – *British Telecom/MCI (II)* (auf Anforderung der Kommission); Komm. E. v. 17.7.1996, IV/M.737, ABl. 1997 L 201/1, Rdnr. 280 – *Ciba-Geigy/Sandoz* (dreimonatlich).

– Einholung der Zustimmung der Kommission zu dem potentiellen Erwerber des zu veräußernden Geschäftsbereichs,[325]
– Einholung der Zustimmung nationaler Behörden zum potentiellen Erwerber.[326]

134 Von den verbindlichen Änderungszusagen im Sinne des Art. 8 Abs. 2 FKVO sind schließlich bloße **Absichtserklärungen** („take note-commitments") der Zusammenschlussbeteiligten hinsichtlich bestimmter (Verhaltens-)Maßnahmen zu unterscheiden, die die Kommission in mehreren Freigabeentscheidungen „zur Kenntnis genommen hat".[327] Diese Erklärungen waren nicht ausschlaggebend für die Freigabe und deshalb weder rechtsverbindlich noch durchsetzbar. Sie sollten aus Sicht der Beteiligten allerdings eine Freigabe „erleichtern" und erscheinen äußerlich wie Zusagen. Zumeist haben sie bloßen Verhaltenscharakter.[328]

135 Einen Sonderfall stellte die Entscheidung *Boeing/McDonnell-Douglas*[329] dar, in der mangels eines potentiellen Käufers für den Zivilflugzeugbereich („DAC") von *McDonnell-Douglas* ein Bündel teils struktureller, teils verhaltensbezogener Zusagen entgegengenommen und als Verpflichtungen im Sinnes des Art. 8 Abs. 2 Unterabs. 2 FKVO qualifiziert wurde.[330]

136 In verfahrensrechtlicher Hinsicht verpflichtet die Kommission die Zusammenschlussbeteiligten über das **Formblatt RM** zur Vorlage bestimmter Informationen zusammen mit dem jeweiligen Zusagenvorschlag. Diese Verpflichtung ist in § 20 Abs. 1a der DVO Nr. 802/2004 sowie Annex IV der DVO niedergelegt.[331] Zu den vorzulegenden Informationen gehören u. a eine genaue Beschreibung der Zusage und ihrer Eignung, die wettbewerblichen Bedenken auszuräumen, möglicher Abweichungen der Zusagen von den Mustertexten der Kommission[332] und eine genaue Beschreibung des zu veräußernden Geschäftsbereichs.

137 **2. Untersagung (Abs. 3).** Entspricht ein Zusammenschluss nicht dem Kriterium des Art. 2 Abs. 3 FKVO, d. h. würde durch ihn wirksamer Wettbewerb im Gemeinsamen Markt oder in einem wesentlichen Teil desselben erheblich behindert, oder – in einem in Art. 2 Abs. 4 FKVO genannten Fall – entspricht das Gemeinschaftsunternehmen nicht den Kriterien des Art. 101 Abs. 3 AEUV, so trifft die Kommission die Entscheidung, den Zusammenschluss für unvereinbar mit dem Gemeinsamen Markt zu erklären (Art. 8 Abs. 3 FKVO). Die Untersagung hat **konstitutiven** Charakter; sie macht etwaige Voll-

[325] Komm. E. v. 21.6.1994, IV/M.430, ABl. 1994 L 354/32, Rdnr. 186, unter 3. – *Procter & Gamble/VP Schickedanz (II);* Komm. E. v. 20.9.1995, IV/M.582, ABl. 1996 L 66/17, Rdnr. 123, unter 4. – *Orkla/Volvo;* Komm. E. v. 14.11.1995, IV/M.603, ABl. 1996 L 75/38, Rdnr. 115, unter 12. – *Crown Cork/Carnaud Metalbox;* Komm. E. v. 16.1.1996, IV/M.623, ABl. 1996 L 183/1, Rdnr. 233, unter 9.3. – *Kimberly-Clark/Scott Paper;* Komm. E. v. 23.4.1997, IV/M.754, ABl. 1998 L 149/21, Rdnr. 134 u. 136 – *Anglo-American/Lonrho;* Komm. E. v. 14.5.1997, IV/M.856, ABl. 1997 L 336/1, Rdnr. 76, unter 2i. – *British Telecom/MCI (II).*

[326] So die italienische Kommunikationsbehörde im Fall *Newscorp/Telepiù,* Komm. E. v. 2.4.2003, COMP/M.2876; österreichische Regulierungsbehörde E-Control im Fall *Verbund/Energie Allianz,* Komm. E. v. 11.6.2003, COMP/M.2967; ESA (Europäische Lieferagentur für die Überwachung der gemeinschaftsweiten Belieferung und der Einfuhren von angereichertem Uran) im Fall *AREVA/Urenco/ETC/JV,* Komm. E. v. 6.10.2004, COMP/M.3099.

[327] Komm. E. v. 14.2.1995, IV/M.477, ABl. 1995 L 211/1, Rdnr. 78 u. 90 – *Mercedes-Benz/Kässbohrer;* Komm. E. v. 17.2.1995, IV/M.468, ABl. 1995 L 161/27, Rdnr. 62 2. Unterabs. – *Siemens/Italtel;* Komm. E. v. 17.7.1996, IV/M.737, ABl. 1997 L 201/1, Rdnr. 107 – *Ciba-Geigy/Sandoz.*

[328] Kritisch dazu BKartA, TB 1995/96, S. 65; *Fuchs* WuW 1997, 280; *Korthals,* in: Handbuch Fusionskontrolle, Rdnr. 1478. S. im Einzelnen § 16 Rdnr. 107.

[329] Komm. E. v. 30.7.1997, IV/M.877, ABl. 1997 L 336/16; PresseMitt. der Kommission, WuW 1997, 704.

[330] AaO, Rdnr. 165.

[331] S. Vorschlag der Kommission v. 24.4.2007, http://ec.europa.eu/comm/competition/mergers/legislation/draft_ amendments_regulation.pdf.

[332] S. o. Rdnr. 130.

zugsgeschäfte zivilrechtlich endgültig unwirksam.[333] Den Beteiligten steht der Rechtsweg zum EuG offen (Art. 263 Abs. 4 **AEUV**). Aus dem von Abs. 1 und 2 („ein angemeldeter Zusammenschluss") abweichenden Wortlaut von Abs. 3 („ein Zusammenschluss") ergibt sich, dass die Kommission auch nichtangemeldete Zusammenschlüsse untersagen kann.[334] Dies bezieht sich in erster Linie auf bereits vollzogene Zusammenschlüsse (arg. e Abs. 4).

3. Entflechtung (Abs. 4). Ist ein Zusammenschluss **bereits vollzogen,** so kann die Kommission entweder in einer Entscheidung nach Art. 8 Abs. 3 FKVO oder in einer gesonderten Entscheidung nach Art. 8 Abs. 4 FKVO den Zusammenschluss entflechten (s. Art. 8 Abs. 4 ltzt. Satz FKVO). Dies kann auf zweierlei Weise erfolgen: erstens kann die Kommission „den beteiligten Unternehmen aufgeben, den Zusammenschluss rückgängig zu machen, insbesondere durch die Auflösung der Fusion oder die Veräußerung aller erworbenen Anteile oder Vermögensgegenstände, um den Zustand vor dem Vollzug des Zusammenschlusses wiederherzustellen". Die Norm ermächtigt mithin dazu, den Verkauf **aller erworbenen Geschäftsanteile** oder **Vermögenswerte** anzuordnen. Eine Reduzierung auf einen Anteil am Zielunternehmen unterhalb der Kontrolle reicht nicht aus. Der status quo ante stellt das gesetzliche Leitbild dar, Verhältnismäßigkeitserwägungen treten demgegenüber zurück.[335] Ist dies nicht möglich, kann sie „jede andere geeignete Maßnahme treffen, um diesen Zustand soweit wie möglich wiederherzustellen" (Abs. 4 Unterabs. 1, 1. Spiegelstrich).[336] Da es sich nicht mehr um den Ausgangszustand vor dem Zusammenschluss handeln kann, ist hiermit wohl ein in wettbewerblicher Hinsicht entsprechender Zustand gemeint. Zweitens bzw. alternativ kann die Kommission „jede andere geeignete Maßnahme anordnen, um sicherzustellen, dass die beteiligten Unternehmen den Zusammenschluss rückgängig machen, oder andere Maßnahmen zur Wiederherstellung des früheren Zustands nach Maßgabe ihrer Entscheidung ergreifen" (2. Spiegelstrich). Diese Befugnis könnte sich vom Wortlautvergleich zum ersten Spiegelstrich auch auf andere als die am Zusammenschluss beteiligten Unternehmen beziehen; sie meint aber wohl eher die Entflechtung begleitende Nebenpflichten.[337] Erfahrungen mit der neuen Regelung im 2. Spiegelstrich gibt es bislang nicht. Da die EU-Fusionskontrolle ein grundsätzliches Vollzugsverbot für anmeldepflichtige Zusammenschlüsse enthält, hat die Vorschrift keine häufige Anwendung gefunden. Sie war von Bedeutung bei Zusammenschlüssen, die gemäß Art. 22 Abs. 3 von Mitgliedstaaten an die Kommission zur Prüfung verwiesen wurden, so in den Fällen *Kesko/Tuko und Blokker/Toys-R-Us.*[338] Weiterhin wurde eine Untersagung und Entflechtung im Fall *Telefonica/Canal Plus/Cablevision* erwogen; hier hatten die beteiligten Unternehmen die Anmeldepflicht (zunächst) bestritten und den Zusammenschluss vollzogen. Das Vorhaben wurde jedoch kurz vor einer negativen Kommissionsentscheidung aufgegeben.[339] Zu kombinierten Untersagungs- und Entflechtungsentscheidungen kam es wegen der Ausnahme vom Vollzugsverbot in den Fällen *Schneider/Legrand* und *TetraLaval/* 138

[333] Vgl. dazu Art. 7 Abs. 4 FKVO und § 17 Rdnr. 49.

[334] *Langen/Bunte-Käseberg,* Art. 8 FKVO Rdnr. 117. Vgl. auch § 40 Abs. 1 GWB.

[335] *Dittert* WuW 2004, 148, 157; aA *Rosenthal* EuZW 2004, 327, 331 Fn. 35 unter Heranziehung des in Art. 5 Abs. 3 EG verankerten Grundsatzes der Verhältnismäßigkeit.

[336] Anders formuliert in der Vorgängerfassung (Art. 8 Abs. 4 FKVO Nr. 4064/89): „... durch Trennung der zusammengefassten Unternehmen oder Vermögenswerte, die Beendigung der gemeinsamen Kontrolle oder sonstige Maßnahmen, die geeignet sind, wirksamen Wettbewerb wiederherzustellen.".

[337] *Dittert,* aaO.

[338] Komm. E. v. 20.11.1996, IV/M.784, ABl. 1997 L 110/53, und 19.2.1997, ABl. 1997 L 174/47 – *Kesko/Tuko* (gesonderte Entflechtung); Komm. E. v. 26.6.1997, IV/M.890, ABl. 1998 L 316/1 – *Blokker/Toys-R-Us;* Komm., 26. WB 1996, Rdnr. 148f. Auch der auf Antrag der Niederlande von der Kommission geprüfte und untersagte Zusammenschluss *RTL/Veronica/Endemol* sollte zunächst nach Art. 8 Abs. 4 entflochten werden; nach Änderungen des Vorhabens und Zusagen wurde jedoch die Untersagung in eine Freigabe umgewandelt (kritisch dazu BKartA, TB 1995/96, S. 65).

[339] Komm., 26. WB 1996, Rdnr. 150f.; BKartA, TB 1995/96, S. 65.

Sidel,[340] die allerdings beide vom EuG wegen materieller Beurteilungsfehler aufgehoben wurden.[341]

139 Eine Entflechtung nach Abs. 4 setzt mittlerweile nicht mehr eine Untersagung des Zusammenschlusses nach Abs. 3 voraus. Beide Entscheidungen können gemeinsam oder gesondert ergehen. In jedem Fall muss das übliche Verfahren – Beschwerdepunkte, Anhörung (auf Antrag) und Erörterung im Beratenden Ausschuss – auch hinsichtlich der Entflechtung eingehalten werden. Die Entflechtung steht im **Ermessen** der Kommission und unterliegt dem **Grundsatz der Verhältnismäßigkeit** („Maßnahmen, die geeignet sind …").[342] Die Durchsetzung der Entflechtung erfolgt, soweit notwendig, über Geldbußen (Art. 14 Abs. 2 Buchst. c FKVO) und Zwangsgelder (Art. 15 Abs. 1 Buchst. d FKVO).

140 **4. Einstweilige Maßnahmen (Abs. 5).** Die FKVO sieht seit der Revision 2004 vor, dass die Kommission nach einer Untersagungsentscheidung (Art. 8 Abs. 3 FKVO) oder in Fällen eines rechtswidrigen vorzeitigen Vollzugs des Zusammenschlusses geeignete einstweilige Maßnahmen anordnen kann, um wirksamen Wettbewerb wiederherzustellen oder aufrecht zu erhalten. Dies gilt zum einen, wenn der Zusammenschluss unter Verstoß gegen Art. 7 FKVO, d. h. vor Anmeldung oder vor Freigabe, vorzeitig vollzogen wurde (Buchst. a). Zum anderen wird der Fall erfasst, dass der Zusammenschluss vor Erfüllung einer nach Art. 6 Abs. 1 Buchst. b FKVO oder Art. 8 Abs. 2 Unterabs. 2 FKVO auferlegten Bedingung vollzogen wurde (Buchst. b). Schließlich sind einstweilige Maßnahmen möglich, wenn ein Zusammenschluss von Unternehmen (ohne Fusionskontrollverfahren) vollzogen und nachfolgend von der Kommission nach Art. 8 Abs. 3 FKVO untersagt wurde. In allen Fällen kann die Kommission vorläufige Maßnahmen treffen, die den Einfluss des Erwerbers – bis zu einer endgültigen (Entflechtungs-)Entscheidung – begrenzen bzw. beseitigen. Dazu kann z. B. die Anordnung, die Stimmrechte bei der Zielgesellschaft nicht auszuüben, oder die Einsetzung eines Treuhänders gehören.[343] Die Anordnung von einstweiligen Maßnahmen, die selbst rechtsmittelfähig ist (s. Rdnr. 240), endet erst mit Erlass der in Bezug genommenen Hauptsacheentscheidung (Art. 8 Abs. 1–3 bei Buchst. a FKVO, Art. 8 Abs. 4 bei Buchst. b und c FKVO).

141 **5. Widerruf einer Freigabe (Abs. 6).** Eine Freigabeentscheidung nach Art. 8 Abs. 1 oder 2 FKVO kann gemäß Abs. 6 widerrufen werden, wenn sie arglistig herbeigeführt worden ist oder auf unrichtigen Angaben beruht, die von einem der beteiligten Unternehmen zu vertreten sind (Buchst. a), oder wenn die beteiligten Unternehmen einer in der Entscheidung vorgesehenen Auflage zuwiderhandeln (Buchst. b). Gleiches gilt für Freigabeentscheidungen innerhalb der Ersten Phase (Art. 6 Abs. 3 Buchst. a und b). Dies gilt in gleicher Weise für eine im Rahmen des FKVO-Verfahrens erteilte Feststellung der Vereinbarkeit eines kooperativen Vollfunktions-GU mit Art. 101 Abs. 3 AUV, Art. 2 Abs. 4 FKVO.[344] Im Anschluss an einen Widerruf der Freigabe kann die Kommission eine Untersagungsentscheidung nach Abs. 3 treffen, ohne an die Prüfungsfrist des Art. 10 Abs. 3 FKVO gebunden zu sein (Abs. 7).[345] Zudem kann sie die Zuwiderhandlung gegen Auflagen mit Geldbußen (Art. 14 Abs. 2 Buchst. a FKVO) und Zwangsgeldern (Art. 15 Abs. 1 Buchst. c FKVO) ahnden. Bislang ist es in der Praxis der Kommission noch nicht zu einer Widerrufsentscheidung gekommen.

---

[340] Komm. E. v. 30.1.2002, WuW 2000, 254; Komm. E. v. 30.1.2002, WuW 2000, 253.

[341] EuG U. v. 22.10.2002, Slg. 2002, II-4201; U. v. 25.10.2002, Slg. 2002, II-4519.

[342] Zur Verhältnismäßigkeitsprüfung in *Kesko/Tuko* s. *Wagemann* WuW 1997, 327.

[343] S. auch *Dittert* WuW 2004, 148, 158.

[344] Vor der Revision der VO Nr. 17/62 und der FKVO Nr. 4064/89 nur eingeschränkt, s. VO Nr. 1310/97 v. 30.6.1997, ABl. 1997 L 180/1 ff., Anhang zu Art. 2 Abs. 4 FKVO (Erklärungen für das Ratsprotokoll); *Baron* WuW 1997, 579, 586 f.

[345] Zu Einzelheiten des Widerrufs s. auch *Fuchs* WuW 1996, 269 ff.; *Heidenhain* EuZW 1994, 135 ff., 136; *Koch* EWS 1990, 65 ff. (71).

6. Freistellung von Nebenabreden (Art. 8 Abs. 1 Unterabs. 2 FKVO). Die Entscheidung der Kommission, mit der der Zusammenschluss für vereinbar erklärt wird,[346] erstreckte sich nach der ursprünglichen FKVO Nr. 4064/89 auf Antrag der Beteiligten auch auf die „mit seiner Durchführung unmittelbar verbundenen und für sie notwendigen Einschränkungen" (engl. restraints, frz. restrictions).[347] Gemeint waren Nebenabreden zwischen den Zusammenschlussbeteiligten und/oder anderen Beteiligten (einschließlich des Veräußerers und eines Minderheitsaktionärs), die möglicherweise eine Abstimmung des Wettbewerbsverhaltens bewirken, die grundsätzlich nach Art. 101 und 102 AEUV zu beurteilen sind (Abschnitt 9.5 des früheren Formblatts CO). Solche Wettbewerbsbeschränkungen waren, sofern sie unmittelbar verbunden mit und notwendig für den Zusammenschluss sind, einer weiteren Prüfung nach Art. 101 und 102 AEUV von vornherein entzogen und genossen insoweit ein Konzentrationsprivileg.[348] Nachdem die Kommission zwischenzeitlich – in ihrer Bekanntmachung zu Nebenabreden vom Juli 2001[349] – diese annexartige Entscheidung zu Nebenabreden für rein **deklaratorisch** erklärt hatte, was das EuG aber im Fall *Lagardère SCA, Canal & SA*[350] für rechtswidrig erklärte, passte die neue FKVO 2004 die jetzt in Art. 8 Abs. 1 Unterabs. 2 FKVO (und Abs. 2 Unterabs. 3) zu findende Bestimmung im Sinne einer **Genehmigungsfiktion** an das System der Legalausnahme in der VO Nr. 1/2003 an: Nebenabreden im vorgenannten Sinne „gelten als genehmigt" („shall be deemed to cover"), d.h. unterliegen grundsätzlich keiner gesonderten Prüfung durch die Kommission nach Art. 101, 102 AEUV mehr. Letztere Vertragsregeln sind, wie sich aus Art. 21 Abs. 1 FKVO ergibt, hier nicht anwendbar.[351] Dieses an die VO Nr. 1/2003 angelehnte System der „Selbstveranlagung" hat aber im Rahmen der Revision 2004 eine **Einschränkung** erfahren: **Erwägungsgrund 21** Satz 3 der FKVO sieht vor, dass auf Antrag der beteiligten Unternehmen die Kommission *im Fall neuer oder ungelöster Fragen,* die zu ernsthafter Rechtsunsicherheit führen können, gesondert prüfen – und im Unterschied zur VO Nr. 1/2003 auch **verbindlich** entscheiden[352] – wird, ob die Nebenabrede mit der Durchführung des Zusammenschlusses unmittelbar verbunden und dafür notwendig ist. Dies soll für solche Nebenabreden gelten, die von der Bekanntmachung der Kommission bislang nicht erfasst sind und zu denen es noch keine Entscheidungspraxis gibt (aaO, Satz 4). Die verschiedenen Arten von Nebenabreden, die dazugehörige Bekanntmachung der Kommission sowie die Entscheidungspraxis der Kommission werden im Einzelnen in § 16 Rdnr. 123ff. dargestellt. 142

V. Veröffentlichung der Entscheidung (Art. 20 FKVO)

Entscheidungen nach Art. 8 Abs. 1 bis 6 FKVO wurden bis vor kurzem – nach Bereinigung um Geschäftsgeheimnisse (vgl. Art. 20 Abs. 2 Hs. 2 FKVO) – von der Kommission im Amtsblatt der Europäischen Gemeinschaften, Ausgabe L (Art. 20 Abs. 1 FKVO) und darüber hinaus auf der Homepage der Kommission[353] veröffentlicht. Die jeweilige Stellungnahme des Beratenden Ausschusses erschien zeitgleich in der Ausgabe C des Amtsblattes. Inzwischen veröffentlicht die Kommission im ABl. nur noch Zusammenfassungen, und zwar ebenfalls in Ausgabe C.[354] Auf der Homepage erscheint aber die Entscheidung im vollen Wortlaut. 143

---

346 Ebenso wie Freigabeentscheidungen nach Art. 6 Abs. 1 Buchst. b FKVO.

347 Vgl. auch Erwägungsgrund 25 zur FKVO.

348 S. im Einzelnen § 16 Rdnr. 204.

349 ABl. 2001 C 188.

350 U. v. 20.11.2002, Slg. 2002, II-4825; s. dazu *Dittert* WuW 2004, 148, 159f.

351 S. im Einzelnen dazu die neue Mitteilung der Kommission zu Nebenabreden, ABl. 2005 C 56/24 und *Henschen,* in: Handbuch Fusionskontrolle, Rdnr. 1681ff.

352 *Dittert* WuW 2004, 148, 160; *Rosenthal* EuZW 2004, 327, 332.

353 http://ec.europa.eu/competition/mergers/cases; zur Klärung und Schwärzung der Geschäftsgeheimnisse siehe die von der Kommission am 26.5.2015 veröffentlichte Guidance (http://ec.europa.eu/competition/mergers/legislation).

354 S. z.B. ABl. 2014 C 407/8; ABl. 2015 C 86/10. So auch *Bechtold/Bosch/Brinker,* Art. 20, Rdnr. 3, unter Hinweis auf Art. 20 Abs. 2: „wesentlicher Inhalt".

VI. Rechtsschutz

144 Bezüglich der gerichtlichen Klagemöglichkeiten der Zusammenschlussbeteiligten gegen Freigabeentscheidungen unter Auflagen (Art. 6 Abs. 2 FKVO, Art. 8 Abs. 2 FKVO), Untersagungen (Art. 8 Abs. 3 FKVO), Entflechtungen (Art. 8 Abs. 4 FKVO), einstweilige Maßnahmen (Abs. 5) und Widerrufsentscheidungen (Art. 8 Abs. 6 FKVO) sowie von Dritten gegen Freigabeentscheidungen nach Art. 8 Abs. 1 oder 2 FKVO wird auf die zusammenfassende Darstellung zum gerichtlichen Rechtsschutz in § 17 Rdnr. 189 ff. sowie auf die Darstellung bei *Schütte/Thomas* in § 49 verwiesen.

F. Verweisungen eines Falles an und von Mitgliedstaaten (Art. 9 und 22, Art. 4 Abs. 4 und 5 FKVO)

I. Verweisung nach Anmeldung eines Zusammenschlusses

145 **1. Die „deutsche" Klausel (Verweisung an Mitgliedstaaten gemäß Art. 9 FKVO).** *a) Allgemeines. aa) Sinn und Zweck.* Die durch Art. 9 FKVO eröffnete Möglichkeit der Verweisung eines bei der Kommission angemeldeten Zusammenschlusses ganz oder teilweise an die Wettbewerbsbehörde eines Mitgliedstaates stellt eine Besonderheit der EU-Fusionskontrolle – ohne Vorbild im früheren EGKS-Recht – dar. Art. 9 FKVO **durchbricht** das **„one stop shop"-Prinzip,** welches für Zusammenschlüsse von gemeinschaftsweiter Bedeutung grundsätzlich eine ausschließliche Zuständigkeit der Kommission vorsieht. Die Vorschrift ist Ergebnis eines politischen Kompromisses bei Einführung der FKVO und wurde auf Initiative Deutschlands aufgenommen.[355] Zugleich und insbes. seit Verankerung des **Subsidiaritätsprinzips** in **Art. 5 Abs. 3 AEUV** ist Art. 9 FKVO als sekundärrechtliche Ausprägung dieses Prinzips zu verstehen.[356]

146 Sinn und Zweck von Art. 9 FKVO ist es daher auch, dass ein wettbewerblich bedenklicher Zusammenschluss grundsätzlich von derjenigen Wettbewerbsbehörde geprüft werden soll, die über die größere Standortnähe und Kenntnis der betroffenen Märkte und Unternehmen verfügt und damit zur Prüfung „besser geeignet" ist. Dies sollte – unter Bezugnahme auf die Bekanntmachung der Kommission über die Zusammenarbeit zwischen der Kommission und den Mitgliedstaaten bei Art. 101 und 102 AEUV – die jeweilige nationale Wettbewerbsbehörde sein, wenn sich der betreffende räumliche Markt auf das Gebiet eines Mitgliedstaates (oder einen Teil davon) bezieht und das betreffende Verhalten, hier der Zusammenschluss, nur in diesem Mitgliedstaat zum Tragen kommt.[357] Im Jahr 2005 hat die Kommission in einer **Mitteilung über die Verweisung von Fusionssachen**[358] den Sinn und Zweck von Verweisungen zwischen Wettbewerbsbehörden betont und die Voraussetzungen im Einzelnen erläutert. In ihrem Erfahrungsbericht v. 18.6.2009 zu den Verweisungsvorschriften schlug die Kommission keine weiteren Änderungen vor, sondern bewertete die gegebenen Regelungen positiv. Nur in Bezug auf Art. 4 Abs. 4 u. Abs. 5 und Art. 22 FKVO regte die Kommission jüngst in einem Weißbuch zur Fusionskontrolle (Juli 2014) einige Verfahrensänderungen an.[359]

147 Der Mitgliedsstaat Deutschland stellt daher – über das BKartA, das hier in Abstimmung mit dem BMWi handelt – einen Verweisungsantrag in Fällen, in denen sowohl der wirtschaftliche Schwerpunkt eines Zusammenschlusses als auch der wettbewerbliche Schwer-

---

[355] Zur Entstehungsgeschichte s. *Langen/Bunte-Bardong,* Art. 9 FKVO Rdnr. 2.

[356] *Baron* WuW 1997, 579, 589; *Hirsbrunner* EWS 1998, 233, 234; *Johnson* World Competition 2.1993, 105 (125 f.); *Immenga/Mestmäcker-Körber,* Art. 9 FKVO Rdnr. 3; *Stockmann/Schultz,* Rdnr. 723.

[357] Ziff. 2.1. der Bekanntmachung über die Zusammenarbeit, ABl. 1997 C 313/3.

[358] ABl. 2005 C 56/2.

[359] Weißbuch v. 9.7.2014, http://ec.europa.eu/competition/consultations/2014_merger_control/mergers_white_paper_en.pdf, Rdnr. 65 ff. und 69 ff.

punkt – im Sinne wettbewerblicher Bedenken – in Deutschland liegen. Wirft ein Zusammenschluss Probleme in mehreren Mitgliedstaaten auf oder hat er auch nur seinen wirtschaftlichen Schwerpunkt in mehreren Ländern, wird die Kommission – soweit nicht eine Teilverweisung an mehrere Mitgliedstaaten in Betracht kommt – als besser geeignet angesehen zur Ermittlung und Entscheidung des Falles. Kommission und Rat selbst haben bei Inkrafttreten der FKVO die Verweisung nach Art. 9 FKVO als restriktiv anzuwendende Ausnahmevorschrift bezeichnet.[360]

In der Praxis ist die Zahl der Art. 9 FKVO-Verweisungen denn auch zwischen 1991 und 2007 relativ niedrig geblieben.[361] Im Wesentlichen wurden solche Zusammenschlussfälle an die Mitgliedstaaten verwiesen, die in räumlicher Hinsicht **regionale** und **lokale Märkte,** d.h. keinen wesentlichen Teil des Gemeinsamen Marktes betrafen.[362] Seit 1997 ist eine etwas großzügigere Verweisungspraxis zu beobachten.[363] **148**

bb) Statistik. Bei insgesamt 105 Anträgen von Mitgliedstaaten – bis Ende 2014 – wurde in 83 Fällen eine Verweisung oder Teilverweisung ausgesprochen.[364] Im Jahr 2010 kam es zu elf, in den Jahren 2011 bis 2014 zu jeweils zwei Anträgen; davon waren sieben bzw. 2011/2012 jeweils zwei erfolgreich, vier wurden abgelehnt.[365] In den Fällen *Alcatel/AEG Kabel, EDF/London Electricity* und jüngst in *Holcim/Cemex West, Telefonica Deutschland/ E-Plus* sowie *Liberty/Ziggo* wurde die Verweisung durch Entscheidung nach Art. 9 Abs. 3 Unterabs. 2 FKVO abgelehnt.[366] In insgesamt nur wenigen, zum Teil aber bedeutenden Fällen eröffnete die Kommission selbst das Verfahren nach Art. 6 Abs. 1 Buchst. c FKVO.[367] In jüngster Zeit verstärkte sich der Eindruck, dass die Kommission in bestimmten Industrien, z.B. Telekommunikation, sich selbst als besser geeignet ansieht, auch Fälle mit eindeutig nationalem Schwerpunkt zu behandeln. Dies betraf sogar einen Fall aus dem Zementsektor, wobei hier teilweise auch grenzüberschreitende Regionalmärkte als betroffen angesehen wurden und es zugleich eine Verweisung des Gegengeschäfts durch die spanische Wettbewerbsbehörde an die Kommission (Art. 22 FKVO) gegeben hatte.[368] Zwei Verweisungsanträge bedurften keiner weiteren Behandlung, da die Kommission hier Entscheidungen nach Art. 6 Abs. 1 Buchst. a FKVO traf .[369] In einem Fall nahmen die Unter- **149**

---

[360] Anmerkungen von Kommission und Rat zur Verordnung (EWG) Nr. 4064/89 des Rates, Zu Art. 9, im folgenden *„Protokollerklärung"*, abgedruckt in WuW 1990, 240; Komm., 23. WB 1993, Rdnr. 320.

[361] S. Statistik der Kommission unter www.ec.europa.eu/comm/competition/mergers/statistics.pdf.

[362] Vgl. aber – auf Vorschlag der Kommission im Grünbuch über die Revision der FKVO (ABl. 1996 L 350/8 ff.), Verweisungen im Fällen, die einen unwesentlichen Teil des Gemeinsamen Marktes betreffen, zu erleichtern – die revidierte Fassung des Art. 9 Abs. 2, VO Nr. 1310/97 v. 30.6.1997, ABl. 1997 L 180/1 ff.

[363] Komm., 27. WB 1997 (Kurzfassung), Rdnr. 179 ff. und 192.

[364] www.ec.europa.eu/comm/competition/mergers/statistics.pdf.

[365] AaO.

[366] *H3G Austria/Orange Austria , Telefonica Deutschland/E-Plus, Liberty Global/Ziggo* (s. Fn. 367).

[367] Komm.E. v. 26.11.1998, IV/M. 165 – *Alcatel/AEG Kabel;* Komm.E. v. 27.11.1999, IV/M. 1346 – *EDF/London Electricity;* Komm.E. v. 31.7.1991, IV/M.012, ABl. 1991 L 320/26 – *Varta/Bosch;* Komm.E. v. 12.11.1992, IV/M.222, ABl. 1993 L 114/34 – *Mannesmann/Hoesch;* Komm. E. nach Art. 6 Abs. 1 Buchst. c v. 23.12.1992, IV/M.238 – *Siemens/Philips* (Anmeldung am 8.1.1993 zurückgenommen); Komm.E. v. 9.11.1994, IV/M.469, ABl. 1994 L 364/1 – *MSG Media Service;* Komm.E. v. 8.10.1995, IV/M.580, ABl. 1997 L 11/1 – *ABB/Daimler-Benz;* Komm.E. v. 27.5.1998, IV/M.993 – *Bertelsmann/Kirch/Premiere;* Komm.E. v. 27.5.1998, IV/M.1027, ABl. 1999 L 53/1 und 31 – *Deutsche Telekom/BetaResearch;* Komm.E. v. 4.2.2000, WuW 2000, 1214 – *Veba/Viag;* Komm.E. v. 1.7.2002, COMP/M.2761 – *BP/Veba Öl;* Komm.E. v. 23.12.2004, COMP/M. 3178 – *Bertelsmann/Springer/JV;* Komm.E. v. 5.6.2003, COMP/M. 2978 – *Lagardère/Natexis/VUP;* Komm. E. (Art. 8 FKVO) v. 12.12.2012, COMP/M.6497 – *H3G Austria/Orange Austria;* Komm.E. v. 2.7.2014, COMP/M.7018 – *Telefonica Deutschland/E-Plus;* Komm.E. v. 10.10.2014, COMP/M.7000 – *Liberty Global/Ziggo.*

[368] Komm.E. (Art. 9 Abs. 3 Satz 2 FKVO) v. 3.1.2014, COMP/M.7009 – *Holcim/Cemex West.*

[369] Komm.E. v. 15.1.1996, IV/M.661, WuW/E EV 2399 – *STRABAG/Bank Austria/Stuag;* Komm.E. v. 25.3.1996, IV/M.711, Kurzzusammenfassung in WuW 1996, 993 – *Generali/Unicredito.*

nehmen die Anmeldung zurück, bevor die Kommission die Verweisung aussprach.[370] In zwei jüngeren Fällen sah die nationale Wettbewerbsbehörde von einem Verweisungsantrag ab bzw. nahm ihn zurück, nachdem die Kommission zugesichert hatte, die nationale Behörde besonders eng in das Fusionskontrollverfahren einzubinden.[371]

150 **Deutschland** stellte bislang mit Abstand die meisten Verweisungsanträge; insgesamt wurde den meisten Anträgen stattgegeben.[372] Jeweils 15 Anträge kamen aus Frankreich und Großbritannien,[373] zwischen fünf und acht Anträge aus den Niederlanden, Italien, Spanien und Belgien, einzelne Anträge aus sonstigen – auch den neuen – Mitgliedstaaten[374] . Einige Fälle wurden auch an zwei oder sogar drei Wettbewerbsbehörden verwiesen.[375] Die Zurückhaltung der Mitgliedstaaten wie auch die Zahl von 105 Anträgen bei mehr als 5700 Anmeldungen von Zusammenschlüssen bis Ende 2014 verdeutlicht die bislang eher beschränkte Bedeutung der „deutschen Klausel".[376] Der seit 1997 zu verzeichnende Anstieg auf sieben bis 11 Fälle pro Jahr hat sich in den vergangenen drei Jahren wieder deutlich abgeflacht. Immerhin fand in der Vergangenheit jeder Antrag in der Fachöffentlichkeit und darüber hinaus Beachtung. Der Vorschrift kann von daher weiterhin eine wettbewerbspolitische Bedeutung nicht abgesprochen werden.

151 *b) Die Verweisungsbefugnis der Kommission. aa) Gegenstand der Verweisung.* Gegenstand des Antrags kann nur ein angemeldeter Zusammenschluss sein, der die Voraussetzungen des Art. 3 FKVO erfüllt und an sich gemeinschaftsweite Bedeutung im Sinne von Art. 1 Abs. 2 oder 3 FKVO besitzt **(Abs. 1).** In den Fällen *STRABAG/Bank Austria/Stuag* und *Generali/Unicredito*[377] verneinte die Kommission den konzentrativen Charakter der jeweils geplanten Gemeinschaftsunternehmen und schloss die Verfahren durch Entscheidung nach Art. 6 Abs. 1 Buchst. a FKVO ab. Damit ergab sich ungeachtet der Verweisungsanträge in fusionsrechtlicher Hinsicht die Zuständigkeit der jeweiligen Mitgliedstaaten. In der Praxis der Kommission wird im Übrigen entweder der Zusammenschluss **insgesamt** oder – nach betroffenen Märkten – **ein Teil** des Zusammenschlusses verwiesen;[378] Abs. 3 Buchst. b und Unterabs. 3 sehen dies inzwischen ausdrücklich vor.[379]

---

[370] *Hochtief/Deutsche Bank/Holzmann,* IV/M.892, Süddeutsche Zeitung v. 4.6.1997; s. auch Handelsblatt v. 4.6.1997.

[371] Komm. (Art. 6 Abs. 1 Buchst. b) v. 11.8.2010, COMP/M.5855 – *Deutsche Bahn/Arriva;* Komm. (Art. 6 Abs. 1 Buchst. b) v. 1.3.2010, COMP/M.5650 – *T-Mobile/Orange.*

[372] Komplette Liste bei *Langen/Bunte-Bardong,* Art. 9 FKVO Rdnr. 12. Komm. E. v. 25.11.1996, IV/M.713 – *RWE/Thyssengas* (unveröffentlicht), Kurzzusammenfassung in WuW 1997, 34; Komm. E. v. 25.11.1996, IV/M.808 – *Bayernwerk/Isarwerke* (unveröffentlicht), Kurzzusammenfassung in WuW 1997, 35; Komm. E. v. 24.4.1997, IV/M.894 – *Rheinmetall/British Aerospace/STN Atlas* (unveröffentlicht), Kurzzusammenfassung in WuW 1997, 598; Komm. E. v. 25.7.1997, IV/M.932 – *SEHB/VIAG/PE – BEWAG* (unveröffentlicht), Kurzzusammenfassung in WuW 1997, 701; Komm. E. v. 10.11.1997, IV/M.1001 – *Preussag/Hapag Lloyd* und IV/M.1019 – *Preussag/TUI* (unveröffentlicht), Kurzzusammenfassung in WuW 1998, 44; Komm. E. v. 19.6.1998, IV/M.1153 – *Krauss-Maffei/Wegmann* (unveröffentlicht), Kurzzusammenfassung in WuW 1998, 967; Komm. E. v. 7.6.2004, COMP/M.3271, Presse-Mitt. IO/04/717 – *Kabel Deutschland/ISH;* Komm. E. v. 24.9. 2010, COMP/M.5881 – *Pro7Sat1 Media/RTL Interactive;* Komm. E. v. 16.6.2011, COMP/M.5900 – *Liberty Global/KBW;* Fälle zu kleinen regionalen Märkten: Komm. E. v. 30.5.2005, COMP/M.3754 – *Strabag/Dywidag* (Asphaltmischgut in Deutschland); s. dazu Bericht der Kommission über die Wettbewerbspolitik 2005, Rdnr. 342ff.

[373] Im Fall *Lafarge/Redland* stellten zwei Mitgliedstaaten (Teil-)Verweisungsanträge, denen die Kommission auch stattgab (Komm. E. v. 16.12.1997, COMP/M.1030).

[374] S. den Antrag der slowakischen Wettbewerbsbehörde im Fall *Tesco/Carrefour,* Bericht der Kommission zur Wettbewerbspolitik 2005, Rdnr. 364ff. Komplette Übersicht bei *Langen/Bunte-Bardong,* Art. 9 FKVO Rdnr. 13–20.

[375] Komm. E. v. 13.12.2002, COMP/M.2898 – *Leroy Merlin/Brico:* Frankreich, Spanien, Portugal; weitere Nachweise bei *Langen/Bunte-Bardong,* Art. 9 FKVO Rdnr. 51.

[376] So schon *Markert,* Case Note, MCR, B 41.

[377] S. Fn. 369.

[378] So z. B. teilweise in *Steetley/Tarmac* (Komm. E. v. 12.2.1992, IV/M.180).

[379] Vgl. VO Nr. 1310/97 v. 30.6.1997, ABl. 1997 L 180/1ff.

bb) Antrag. Nach Abs. 2 macht der betreffende Mitgliedstaat[380] der Kommission die „Mitteilung", dass hinsichtlich eines angemeldeten Zusammenschlusses die materiellen Verweisungsvoraussetzungen vorliegen. Diese Mitteilung muss binnen 15 Arbeitstagen nach Eingang der Abschrift der Anmeldung beim Mitgliedstaat erfolgen.[381] Während dieser Frist prüft die Behörde des Mitgliedstaates nach innerstaatlichem Wettbewerbsrecht (vgl. Art. 21 Abs. 3 FKVO), aber unter Berücksichtigung von Art. 9 Abs. 7 FKVO (räumlicher Referenzmarkt), ob die Voraussetzungen für einen Verweisungsantrag gegeben sind. Dabei können theoretisch unterschiedliche Anforderungen oder Auslegungen im europäischen und jeweiligen nationalen Wettbewerbsrecht, z.B. beim Kriterium der Marktbeherrschung, relevant werden. Da die Entscheidung über die Verweisung bei der Kommission liegt, kommt hier zumindest faktisch dem Gemeinschaftsrecht der Vorrang zu. Nach Art. 19 Abs. 2 S. 2 FKVO hat der betroffene Mitgliedstaat „in allen Stadien des Verfahrens bis zum Erlass einer Entscheidung nach Abs. 3" das Recht zur **Akteneinsicht** und zur **Stellungnahme.** 152

cc) Ermessen. Die Kommission **kann** gem. Abs. 1 einen Fall **verweisen,** besitzt mithin einen Ermessensspielraum hinsichtlich der in Abs. 3 Buchst. a und b genannten Entscheidungsalternativen.[382] Mit bewusst restriktiven Verweisungsgrundsätzen hatten Kommission und Rat den Ermessensspielraum der Kommission zunächst begrenzt.[383] In der Praxis bestand eine für Verweisung sprechende Ermessenserwägung darin, parallel nationale Fusionskontrollverfahren, z.B. bei mehreren feindlichen Übernahmeangeboten, zu berücksichtigen.[384] Ebenso hätte die Kommission den Fall *Hochtief/Deutsche Bank/Holzmann* aufgrund des vorangegangenen Untersagungsverfahrens beim BKartA und des noch anhängigen Gerichtsverfahrens beim KG verwiesen, wenn die Unternehmen die Anmeldung nicht zurückgenommen hätten, obwohl der Fall nicht nur Deutschland betraf.[385] Zwischenzeitlich waren **„außergewöhnlichen Umstände"** erforderlich, damit die Kommission zu einer Verweisung bereit war.[386] Mittlerweile gibt es diverse Fallbeispiele zu bestimmten, für eine Verweisung sprechenden Erwägungen: lokaler Charakter der betroffenen Märkte, d.h. bessere Eignung der nationalen Behörde zur Ermittlung; Klärung der genauen regionalen Marktabgrenzung; bessere Überwachungsmöglichkeiten der nationalen Behörde bei der Einhaltung von Zusagen.[387] Umgekehrt sieht sich die Kommission selbst als besser geeignet zur Entscheidung an, wenn der betroffene Produktmarkt für die wirtschaftliche Entwicklung der EU von entscheidender Bedeutung ist oder wenn es aufgrund mehrerer Zusammenschlüsse auf diesem Markt einer kohärenten Vorgehensweise bedarf.[388] Dabei stellt die Kommission auch auf die in Vorgängerfällen erlangte eigene marktbezogene Fachkompetenz, auf bereits in der Ersten Prüfungsphase getätigte umfangreiche Marktuntersuchungen und den mit einer Verweisung verbundenen erheblichen Verwaltungsaufwand für die Unternehmen ab.[389] Das EuG hat das weite Verweisungsermessen der Kommission **gerichtlich bestätigt.**[390] Betrifft 153

[380] In Deutschland das BKartA im Einvernehmen mit dem Bundesministerium für Wirtschaft und Technologie.

[381] Fristberechnung bislang gem. VO (EWG, Euratom) Nr. 1182/71, ABl. 1971 L 124/1, jetzt nach Art. 7 ff. der DVO Nr. 802/2004, ABl. 2004 L 133/1.

[382] Mitteilung der Kommission zur Verweisung von Fusionssachen, ABl. 2005 C 56/2, Rdnr. 8.

[383] *Protokollerklärung* aaO (Fn. 360).

[384] *Steetley/Tarmac; Gehe/Lloyds; Preussag/Hapag Lloyd/TUI* (s. Fn. 378, 372).

[385] S. Fn. 370.

[386] So in Komm. E. v. 19.6.1998, IV/M.1153, Rdnr. 42 – *Krauss-Maffei/Wegmann,* Kurzzusammenfassung in WuW 1998, 967; s. auch *Hirsbrunner* EWS 1998, 233, 234.

[387] *Schultz/Wagemann,* 2001/2002, Rdnr. 770.

[388] So in den Fusionsfällen im Telekommunikationssektor in den Jahren 2012/2014 (s. Fn. 367; unveröffentlicht); s. dazu *Langeheine/von Koppenfels* ZWeR 2013, 299, 305.

[389] S. auch Mitteilung der Kommission zur Verweisung von Fusionssachen, ABl. 2005 C 56/2, Rdnr. 9, ltzt. Satz.

[390] EuG U. v. 3.4.2003, Slg. 2003, II-1279 – *BaByliss/Kommission; Hossenfelder/Töllner/Ost,* Kartellrechtspraxis und Kartellrechtsprechung 2004/2005, Rdnr. 825. S. auch die vom EuG abgewiesene

ein Zusammenschluss einen **nicht wesentlichen Teil** des Gemeinsamen Marktes, **reduziert** sich das **Ermessen** der Kommission, da diese in solchen Fällen selbst keine Untersagungsbefugnis besitzt. Dies wurde für die Rechtslage bis 1998 von der überwiegenden Auffassung in der Literatur so vertreten.[391] Gemäß der seit 1998 geltenden Fassung der FKVO hat der Mitgliedstaat bei nicht wesentlichen Teilmärkten gegenüber der Kommission nicht mehr eine drohende Marktbeherrschung, sondern nur eine einfache „Beeinträchtigung des Wettbewerbs" darzulegen **(Abs. 2 Buchst. b, Abs. 3 Unterabs. 3).**[392] Diese „Beeinträchtigung" ist, wie sich aus der englischen und französischen Fassung ergibt („affected", „affecté"), nur als „Betroffenheit" des Wettbewerbs – ohne besondere Anforderungen – zu verstehen.[393] Die Kommission ist dann zur Verweisung verpflichtet.[394]

154 *dd) Entscheidung (Abs. 3 und 4).* Durch die Stellung eines Verweisungsantrages verlängert sich die Frist des Erste-Phase-Verfahrens um **15 Arbeitstage** auf 35 Arbeitstage (Art. 10 Abs. 1 Satz 2 FKVO und Art. 9 Abs. 4 Buchst. a FKVO).[395] Verweisungsentscheidungen wie auch Entscheidungen, mit denen die Kommission das Nichtvorliegen der Verweisungsvoraussetzungen des Art. 9 Abs. 2 FKVO feststellt, ergehen durch förmliche Entscheidung (Abs. 3 Buchst. b bzw. Abs. 3 Satz 2).[396] Die Entscheidung nach Abs. 3 Buchst. b wird „an die zuständige Behörde des Mitgliedstaates gerichtet".[397] Liegen die Verweisungsvoraussetzungen vor, behandelt aber die Kommission den Fall materiell selbst, muss über den Verweisungsantrag nicht weiter entschieden werden (Abs. 3 Buchst. a; beachte aber Abs. 4 Buchst. b und Abs. 5).

155 Theoretisch kann die Kommission ungeachtet des Verweisungsantrages einen Fall nach Art. 6 Abs. 1 Buchst. b FKVO freigeben (so geschehen in *Alcatel/AEG Kabel*).[398] Angesichts der vom jeweiligen Mitgliedstaat vorgetragenen wettbewerblichen Bedenken leitet die Kommission jedoch, wenn sie eine Verweisung ablehnen will, regelmäßig gemäß Art. 6 Abs. 1 Buchst. c FKVO das Hauptverfahren ein und entscheidet nach weiteren 90 Arbeitstagen gem. Art. 8 Abs. 2 oder 3 FKVO. Im Falle einer Teilverweisung wird über den nichtverwiesenen Teil des Zusammenschlusses im üblichen Verfahren der Kommission entschieden.

156 Für eine Verweisungsentscheidung ist der für Wettbewerbsfragen zuständige Kommissar qua Habilitation allein zuständig, eine ablehnende Entscheidung muss dagegen von der

---

Klage der belgischen Verbraucherschutzorganisation *Test-Achats* gegen die abgelehnte Verweisung des Falles *EDF/Segebel* (Komm. E. v. 12.11.2009 nach Art. 9 Abs. 3, COMP/M.5549), U. v. 12.10.2011, Slg. 2011, II-7177, sowie die später zurückgenommene Klage Italiens gegen die Ablehnung der Verweisung der Bankenfusion *Credit Agricole/Cassa di Risparmio della Spezia/Agences Intesa Sanpaolo* (Komm. E. v. 10.11.2011, COMP/M.5960; EuG T-45/11 – *Italien/Kommission,* bloße Kostenentsch.).

[391] Vgl. Art. 2 Abs. 3 FKVO; ebenso *Baron* WuW 1997, 579, 589; *Hirsbrunner* EWS 1998, 233, 236; *Niederleithinger* WuW 1990, 727; *Stockmann/Schultz,* Rdnr. 721, 686; a. A. *Kirchhoff* BB 1990 Beil. 14, 1. 19; zum Merkmal des „wesentlichen Teils": EuGH Slg. 1975, 1963, 2012f. – *Zucker;* Komm. E. v. 2.6.1971, ABl. 1971 L 134/15, 21 – *GEMA.*

[392] VO Nr. 1310/97, ABl. 1997 L 180/1 ff. Kritisch dazu mit Blick auf das „one stop shop"-Prinzip *Karl* EuR 1998, 219, 221.

[393] Ähnlich *Hirsbrunner* EWS 1998, 233, 235.

[394] *Bechtold,* GWB, § 35 Rdnr. 17; *Bechtold/Bosch/Brinker,* EU-Kartellrecht, Art. 9 FKVO Rdnr. 3; *Langen/Bunte-Bardong,* Art. 9 FKVO Rdnr. 28.

[395] Die eingefügten Worte „in der Regel" in Art. 9 Abs. 4 Buchst. a FKVO sind im Zusammenhang mit der Fiktion des Art. 10 Abs. 6 FKVO zu sehen.

[396] Zum letzteren Fall s. Komm. E. v. 17.12.1991, IV/M.165 nach Art. 9 Abs. 3 S. 2 FKVO, WuW/E EV 1740 – *Alcatel/AEG Kabel.*

[397] So regelmäßig Art. 1 des Entscheidungstenors, z. B. in *SEHB/VIAG/PE – BEWAG,* Komm. E. v. 25.7.1997, IV/M.932. Art. 2 lautet allerdings regelmäßig: „Diese Entscheidung ist an die Bundesrepublik Deutschland gerichtet" (*BEWAG*-Entscheidung, aaO). Die Zustellung erfolgt per Fax an die Ständige Vertretung Deutschlands bei der EU in Brüssel mit der schriftlichen Bitte, „die Entscheidung an den Herrn Bundesminister des Auswärtigen weiterzuleiten".

[398] Komm. E. v. 18.12.1991, IV/M.165.

Kommission insgesamt beschlossen werden.[399] Die Verweisung kann ungeachtet der Verfahrenseinleitung auch nach Ablauf der 35 Tage-Frist – und zwar bis zum Ablauf von 65 Arbeitstagen nach Anmeldung – erfolgen (Abs. 4 Buchst. b). Dies ist jedoch bislang nicht vorgekommen. Verweist die Kommission nicht, unternimmt sie entweder „vorbereitende Schritte" – in der Regel die sog. Beschwerdepunkte (Art. 18 FKVO, Art. 13 Abs. 2 DVO Nr. 802/2004) – zum Erlass einer Untersagung oder Auflagenentscheidung (vgl. Abs. 4 Buchst. b) oder lehnt die Verweisung durch förmliche Entscheidung ab.

Versäumt die Kommission trotz Erinnerung („reminder") durch den Mitgliedstaat die 65-Tage-Frist des Abs. 4 Buchst. b, ohne den Fall verwiesen oder vorbereitende Schritte unternommen zu haben, gilt gem. **Abs. 5** die unwiderlegliche **Vermutung,** dass der Fall an den Mitgliedstaat verwiesen ist. Im Fall *Hutchison 3G Austria/Orange Austria* unterließ die österreichische Wettbewerbsbehörde die Erinnerung; die Kommission entschied darauf hin, den Fall gem. Art. 9 Abs. 3 Buchst. a FKVO selbst zu behandeln.[400] 157

c) Die materiellen Voraussetzungen der Verweisung (Abs. 2 und 7). Der Zusammenschluss muss „auf einem Markt in einem Mitgliedstaat, der alle Merkmale eines gesonderten Marktes aufweist", den Wettbewerb erheblich zu beeinträchtigen drohen (Abs. 2 Buchst. a) bzw. den Wettbewerb (nur) beeinträchtigen (engl. affect), sofern der gesonderte Markt keinen wesentlichen Teil des Gemeinsamen Marktes darstellt (Abs. 2 Buchst. b). 158

aa) Referenzmarkt. Der gesonderte Markt, dessen Merkmale in Abs. 7 genauer bestimmt sind,[401] kann zunächst ein **lokaler** oder **regionaler** Markt in einem Mitgliedstaat sein.[402] Unzweifelhaft nach der deutschen, wohl aber auch nach der englischen und französischen Fassung des Art. 9 Abs. 2 FKVO („in einem Mitgliedstaat", „within a member state", „à l'intérieur d'un Etat Membre"), ist auch ein **nationaler** relevanter Markt möglich und wurde vom BKartA auch häufiger bei Verweisungsanträgen angenommen.[403] Verweisungen seitens der Kommission erfolgten allerdings überwiegend in Fällen lokaler und regionaler Märkte.[404] Regionalmärkte, allerdings grenzüberschreitender Art, wurden von der Kommission jüngst im Fall *Holcim/Cemex West* angenommen, was zu einer Ablehnung des Verweisungsantrags führte.[405] Umgekehrt gab es durchaus Verweisungen in Fällen mit Deutschland als dem räumlich relevanten Markt, z.B. *Rheinmetall/British Aerospace/STN Atlas, Hochtief/Deutsche Bank/Holzmann, Preussag/Hapag Lloyd/TUI* und *Krauss-Maffei/Wegmann.*[406] Entscheidendes Merkmal des gesonderten räumlichen Marktes im Sinne von Abs. 7 ist, dass er sich in den Wettbewerbsbedingungen von benachbarten Märkten unterscheidet. Irrelevant ist an dieser Stelle, wie Abs. 2 a.E. ausdrücklich feststellt, ob der gesonderte Markt einen wesentlichen Teil des Gemeinsamen Marktes oder nicht darstellt. **Seit 1998** wird allerdings von Art. 9 FKVO bei einem nicht wesentlichen Teil des Gemeinsamen Marktes nicht mehr die Darlegung einer erheblichen Beeinträchtigung, sondern nur einer einfachen Betroffenheit verlangt (Abs. 2 Buchst. b, Abs. 3 Unter- 159

[399] *Gonzalez-Diaz/Jones,* EEC merger regulation, S. 222, unter Hinweis auf die Verfahrensregeln der Kommission, ABl. 1967 L 145/1, und auf die Geschäftsordnung der Kommission v. 23.7.1975, geändert durch E. v. 20.4.1988.

[400] Komm. E. v. 12.12.2012, COMP/M.6497, Rdnr. 27 (Art. 8 Abs. 2 FKVO).

[401] Fast gleichlautend die Definition in Abschnitt 6.2 Formblatt CO.S. auch die Mitteilung der Kommission zur Verweisung von Fusionssachen, ABl. 2005 C 56/2, Rdnr. 18.

[402] S. jüngst Komm. E. v. 7.2.2007, COMP/M.4495 – *Alfa Acciai/Cronimet/Remondis/ TSR Group* (regionale Märkte für die Sammlung von Kohlestaubabfällen im Ruhrgebiet und von Schrott aus legiertem Stahl im Stuttgarter Raum).

[403] *Varta/Bosch, Alcatel/AEG Kabel, Mannesmann/Hoesch, Siemens/Philips, MSG/Media Service* und *ABB/Daimler-Benz, Liberty Global/Kabel Baden-Württemberg* (Fn. 367).

[404] *Steetley/Tarmac, Holcim/Cedest, Gehe/Lloyds* (s. unten Fn. 411).

[405] Komm. E. (Art. 9 Abs. 3 Satz 2 FKVO) v. 3.1.2014, COMP/M.7009 – *Holcim/Cemex West.*

[406] Fundstellen s. Fn. 372. Vgl. auch den atypischen Fall *McCormick/CPC/Rabobank/Ostmann* (Fn. 140 und 189) zum deutschen Gewürzmarkt, in dem die Kommission nach einem Fristversäumnis nicht mehr das Verfahren nach Art. 6 Abs. 1 Buchst. c FKVO einleiten konnte und den Fall deshalb verwies, Kurzzusammenfassung in WuW 1994, 227.

abs. 3).[407] Zum Beispiel verwies die Kommission nach dieser Norm den Fall *Aggregate Industries/Foster Yeoman*[408] an die britische Wettbewerbsbehörde, soweit er nur lokale Baustoffmärkte im Vereinigten Königreich betraf, die überwiegend – ggf. von Greater London abgesehen – keine wesentliche Teile des Gemeinsamen Marktes darstellten.

160 *bb) Erhebliche Wettbewerbsbeeinträchtigung.* Weiterhin setzt eine Verweisung nach Art. 9 Abs. 2 Satz 1a) voraus, dass der Zusammenschluss Wettbewerb erheblich zu beeinträchtigen droht. Art. 9 Abs. 2 FKVO knüpft insoweit an die Neufassung des Art. 2 Abs. 3 FKVO an, lässt aber eine „drohende" Beeinträchtigung genügen und dürfte damit – im ersten Verfahrensabschnitt von 35 Arbeitstagen nach Anmeldung (Art. 10 Abs. 1 FKVO) – den in Art. 6 Abs. 1 Buchst. c FKVO für die Einleitung des Verfahrens gestellten Anforderungen („ernsthafte Bedenken") entsprechen.[409] In der Mitteilung über die Verweisung von Fusionssachen (2005) verlangt die Kommission den Nachweis, dass „nach einer vorläufigen Analyse ein wirkliches Risiko" für eine erhebliche Wettbewerbsbeeinträchtigung besteht.[410] Vertiefte Ermittlungen zur definitiven Feststellung der erheblichen Beeinträchtigung von Wettbewerb sind dann von dem betreffenden Mitgliedstaat vorzunehmen. In etlichen Fällen mit Verweisungsanträgen entschied sich die Kommission gleichwohl aufgrund ernsthafter Bedenken, den Fall selbst zu behandeln und nicht zu verweisen. Beispiele, in denen die Kommission das vor 2004 geltende Kriterium der drohenden Marktbeherrschung bejahte und den Fall an die jeweilige nationale Behörde verwies, waren die Fälle *Steetley/Tarmac, Holdercim/Cedest, Gehe/Lloyds, RWE/Thyssengas, Bayernwerk/Isarwerke, Rheinmetall/British Aerospace/STN Atlas, SEHB/VIAG/PE – BEWAG, McCormick/CPC/Rabobank/Ostmann, BP/Veba Öl*).[411] Die Verweisung des Falles *SEB/Moulinex*[412] an die französische Wettbewerbsbehörde wurde vom EuG bestätigt; die – zulässige – Klage des Wettbewerbers *Philips* blieb insoweit erfolglos.[413] Beispiele für entsprechende Verweisungen nach dem neuen materiellen Prüfungskriterium sind die Verfahren *Shell/Espana/Cepsa/SIS/JV*[414] sowie *Iesy Repository/Ish, Strabag/Dywidag* und *Tesco/Carrefour.*[415] Im Fall der Kabelnetzfusion *Iesy Repository/Ish* ließ es die Kommission offen, ob es hier tatsächlich zu einer Wettbewerbsbeeinträchtigung kommt, bejahte aber jedenfalls eine diesbezügliche Gefahr.

161 *d) Weiteres Verfahren (Abs. 8).* Die Verweisung führt nach Abs. 3 Buchst. b dazu, dass die Wettbewerbsvorschriften des betreffenden Mitgliedstaates Anwendung finden. In bestimmten Fällen erfolgten (Teil-) Verweisungen an mehrere Mitgliedstaaten.[416] Abs. 8 verpflichtet den Mitgliedstaat, nur die Maßnahmen zu ergreifen, die „zur Aufrechterhaltung oder Wiederherstellung wirksamen Wettbewerbs auf dem betreffenden Markt unbedingt erforderlich sind". Darin kommt zum einen der Grundsatz der Verhältnismäßigkeit und zum anderen

---

[407] VO Nr. 1310/97 v. 30.6.1997, ABl. 1997 L 180/1. Gemeint ist wohl weniger eine „Beeinträchtigung" als vielmehr eine bloße Betroffenheit des Wettbewerbs, vgl. die engl. und französ. Fassungen („affected", „affecté"). S. auch *Baron* WuW 1997, 579, 589 („begrüßenswerte Verdeutlichung").

[408] Komm. E. v. 6.9.2006, COMP/M.4298.

[409] Vgl. die Formulierung in *Rheinmetall/British Aerospace/STN Atlas* (Fn. 372), Rdnr. 40: „... besteht die Gefahr der Entstehung einer marktbeherrschenden Stellung".

[410] ABl. 2005 C 56/2, Rdnr. 35.

[411] S. o. Fn. 367 und 372; Komm. E. v. 22.3.1996, IV/M.716, Rdnr. 82 – *Gehe/Lloyds;* Komm. E. v. 12.12.1992, IV/M.180 – *Steetley/Tarmac;* Komm. E. v. 6.7.1994, IV/M.460 – *Holcim/Cedest;* Komm. E. v. 29.10.1993, IV/M.330 – *McCormick/CPC/Rabobank/Ostmann.*

[412] Komm. E. v. 8.1.2002, WuW 2002, 371.

[413] U. v. 3.4.2003, Slg. 2003, II-1442 – *Philips/Kommission.*

[414] Komm. E. v. 23.1.2004, COMP/M. 3275 betr. Flugzeugbetankungsdienste in Spanien.

[415] Bericht der Kommission über die Wettbewerbspolitik 2005, Rdnr. 364 ff.

[416] Komm. E. v. 13.12.2002 – *Leroy Merlin/Brico* (Spanien, Frankreich, Portugal); s. dazu *Pape/Hossenfelder/Töllner,* Kartellrechtspraxis und Kartellrechtsprechung 2002/2003, Rdnr. 750. Kritisch zu Teilverweisungen an mehrere Mitgliedstaaten die Monopolkommission, Hauptgutachten 2002/2003 Rdnr. 772; aA die Bundesregierung in ihrer Stellungnahme zum Hauptgutachten 2002/2003, Rdnr. 95.

die Verpflichtung zum Ausdruck, eine rein wettbewerbsorientierte Beurteilung und nicht eine Beurteilung nach sonstigen öffentlichen Interessen vorzunehmen.[417] Offen ist, ob nur die **materiellen Vorschriften** des Mitgliedstaates (in Deutschland also §§ 35 ff. GWB) oder auch die jeweiligen **Verfahrensvorschriften** Anwendung finden (Anmeldung, Fristen, Vollzugsverbot etc.). Es liegt nahe, nur solche Verfahrensvorschriften anzuwenden, deren Anwendung in diesem Verfahrensstadium noch in Betracht kommt. So wird nicht erneut eine Anmeldung nach deutschem Recht verlangt, sofern die erforderlichen Angaben bereits in der Anmeldung nach dem Formblatt CO vorliegen, vorausgesetzt diese Angaben liegen in deutscher Sprache vor.[418] Die Verweisung erfolgt schließlich **ex nunc** und nicht ex tunc. Die Verfahrensfrist des nationalen Rechts beginnt mit dem Tag des Eingangs der Verweisungsentscheidung bei der nationalen Behörde zu laufen.[419] Sie beträgt in Deutschland vier Monate (§ 40 Abs. 1 und 2 GWB). Es gilt daher (auch) für das weitere Verfahren das Vollzugsverbot des deutschen Rechts (§ 41 Abs. 1 GWB). **Art. 9 Abs. 6 FKVO** statuiert mittlerweile eine Berichtspflicht des Mitgliedstaates nach **45 Arbeitstagen** über den Ausgang der vorläufigen Prüfung, wie sich auch aus Art. 10 Abs. 3 DVO ergibt.[420] Die Vorschrift verpflichtet nicht zu einer endgültigen Entscheidung in dieser Frist.[421] Die Ermittlungsergebnisse der Kommission dürfen allerdings, auch soweit sie der nationalen Behörde bekannt sind, nicht unmittelbar, d. h. nicht ohne Einwilligung der jeweils betroffenen Unternehmen, verwertet werden.[422]

e) Rechtsschutz für Mitgliedstaaten. Gegen einen abgelehnten oder nichtbeschiedenen Verweisungsantrag steht dem Mitgliedstaat die **Klage** nach **Art. 263 Abs. 1 Satz 2 AEUV** zu. **Abs. 9** stellt diese Klagemöglichkeit „zum Zwecke der Anwendungen der innerstaatlichen Wettbewerbsvorschriften" lediglich deklaratorisch fest.[423] Zu den Klagemöglichkeiten der Zusammenschlussbeteiligten s. § 17 Rdnr. 227. 162

2. Die „niederländische Klausel" (Verweisung an die Kommission gemäß Art. 22 FKVO). *a) Sinn und Zweck.* Die Verweisung eines angemeldeten Zusammenschlusses „in umgekehrte Richtung" als Art. 9 FKVO, also aus mitgliedstaatlicher Zuständigkeit in die Zuständigkeit der Kommission, sieht Art. 22 FKVO vor. Ebenso wie Art. 9 FKVO ist Art. 22 FKVO im Rahmen des Prinzips ausschließlicher Zuständigkeiten in der Fusionskontrolle zwischen Kommission und Mitgliedstaaten zu sehen. Zusammenschlüsse, die nicht unter die FKVO fallen, gehören grundsätzlich in den Zuständigkeitsbereich der Mitgliedstaaten. Jedoch sollte, wie Erwägungsgrund 29, S. 2, der früheren FKVO Nr. 4064/89, feststellte, „der Kommission die Befugnis vorbehalten bleiben, auf Antrag eines betroffenen Mitgliedstaates in den Fällen tätig zu werden, in denen wirksamer Wettbewerb im Gebiet dieses Mitgliedstaates erheblich behindert werden könnte".[424] Die Re- 163

---

417 Komm. E. nach Art. 9 Abs. 3 Buchst. b FKVO v. 22.3.1996, IV/M.716, Rdnr. 82 – *Gehe/Lloyds;* s. auch *Westermann,* Die Einwirkungen der europäischen auf die deutsche Fusionskontrolle, S. 42, die nach einer Verweisung eine Anwendung der Ministererlaubnis, § 42 GWB, und sogar der Abwägungsklausel des § 36 Abs. 1 GWB ablehnt; aA *Bechtold/Bosch/Brinker,* EU-Kartellrecht, Art. 9 Rdnr. 14.

418 So jetzt § 39 Abs. 4 S. 1 GWB; s. auch *Hirsbrunner* EuZW 1997, 748, 755; ebenso *Immenga/Mestmäcker-Körber,* Art. 9 FKVO Rdnr. 82.

419 Beachte aber § 23 Abs. 3 VwVfG (Fristlauf erst ab Vorliegen der maßgeblichen Unterlagen in deutscher Sprache).

420 So auch *Immenga/Mestmäcker-Körber,* Art. 9 FKVO Rdnr. 81; *Janicki,* in: Schwerpunkte des Kartellrechts 1992/93, S. 66 und 75; *Niederleithinger* WuW 1990, 730; aA *Bechtold,* GWB, § 24 Rdnr. 84; *Johnson* World Competition 1993, 108; missverständlich *Cook/Kerse,* EEC Merger Control, S. 130 f.; *Bos/Stuyck/Wytinck,* 4–442.

421 *Bechtold/Bosch/Brinker,* EU-Kartellrecht, Art. 9 Rdnr. 18 f.

422 *Hirsbrunner* EuZW 1997, 748, 755.

423 Zu der im Fall *Alcatel/AEG Kabel* von der Bundesrepublik erwogenen, aber letztlich nicht erhobenen Klage s. *Wagemann* WuW 1992, 730 ff.

424 S. auch *Langen/Bunte-Bardong/Maass,* Art. 22 FKVO Rdnr. 4: „Umgekehrte Durchbrechung des Ausschließlichkeitsprinzips"; ebenso Erwägungsgrund 15 der FKVO Nr. 139/2004.

gelung wurde zunächst für solche Mitgliedstaaten geschaffen, die (noch) nicht über eine eigene Fusionskontrolle verfügen.[425] Darüber hinaus Fälle einzubeziehen, die unterhalb bestehender nationalen Eingriffsschwellen liegen, überzeugt nicht, da sowohl die Entstehungsgeschichte als auch der Zweck der Norm – eine „Feinsteuerung" der Zuständigkeitsverteilung zwischen Kommission und Mitgliedstaaten in einem System mit grundsätzlich festen Umsatzschwellen (Art. 1 Abs. 2 und 3 FKVO) – dagegen sprechen.[426] Dafür spricht auch Art. 22 Abs. 3 Unterabs. 3 FKVO, der nationales Wettbewerbsrecht im Falle einer Verweisung ausdrücklich für unanwendbar erklärt, d. h. implizit von der Anwendbarkeit einer nationalen Fusionskontrolle vor der Verweisung ausgeht. Eine Verlagerung des Falles in die Kommissionszuständigkeit kann im Übrigen in Fällen Bedeutung erlangen, in denen es um die Untersagung von Zusammenschlüssen von Unternehmen mit Sitz in anderen Mitgliedstaaten geht, die sich im Inland auswirken. Hier kann aus völkerrechtlichen Gründen nicht die nationale Kartellbehörde, ggf. aber die Kommission auf der Grundlage von Art. 22 Abs. 4 FKVO einschreiten.[427] Grundsätzlich hatten allerdings Rat und Kommission in ihrer *Protokollerklärung* zur FKVO hervorgehoben, dass ein Vorgehen der Kommission auf Antrag eines Mitgliedstaates nach Art. 22 FKVO nicht die Befugnis der anderen Mitgliedstaaten beeinträchtigt, ihre innerstaatlichen Rechtsvorschriften in ihrem jeweiligen Hoheitsgebiet anzuwenden.[428]

164 Anfangs sollte Art. 22 FKVO aus Gründen der Rechtssicherheit für die beteiligten Unternehmen **nur in Ausnahmefällen** angewendet werden.[429] Insgesamt hat die Kommission bis zum 31.12.2014 von 31 nach Art. 22 FKVO beantragten Fällen die meisten (28) angenommen.[430] Das BKartA hat zwischen 2004 und Mitte 2014 in neun Fällen einen Antrag gestellt bzw. sich angeschlossen.[431] In der Praxis der FKVO Nr. 4064/89 kam es bis 2001 nur in vier Fällen zu entsprechenden Anträgen von Mitgliedstaaten. Im *Fall British Airways/DanAir* (Antrag von Belgien, 1993) gab die Kommission den Zusammenschluss nach einem Monat gemäß Art. 6 Abs. 1 Buchst. b frei.[432] In zwei Fällen – *RTL/Veronica/Endemol*[433] (Niederlande, 1995) und *Kesko/Tuko*[434] (Finnland, 1996) – ergingen Untersagungsentscheidungen nach Art. 8 Abs. 3 FKVO und im letzteren Fall zusätzlich eine Entflechtungsentscheidung nach Art. 8 Abs. 4 FKVO. Die Verweisung des Falles *Blokker/Toys-R-Us* durch Antrag der Niederlande vom 15.7.1996[435] wurde mangels einer bindenden Vereinbarung zwischen den beteiligten Unternehmen zunächst nicht von der Kommission angenommen.[436] Nach Abschluss der Vereinbarung erfolgte am 23.1.1997 erneut ein Antrag der Niederlande,[437] der zur Untersagung und Entflechtung des Zusammenschlusses durch die Kommission führte.[438] Der Vorschlag der Kommission, die „niederländische Klausel" dahingehend zu erweitern, dass **mehrere** Mitgliedstaaten die Möglichkeit zu ei-

---

[425] Vgl. *Immenga/Mestmäcker-Körber,* Art. 22 FKVO Rdnr. 2.

[426] So für das deutsche Recht auch *Bechtold,* GWB, § 35 Rdnr. 22; anders wohl – ohne Begründung – *Bechtold/Bosch/Brinker,* EU-Kartellrecht, Art. 22 Rdnr. 3 am Ende.

[427] *Gugerbauer,* Art. 22 Rdnr. 2; *Niewiarra,* in Fs. Lieberknecht, S. 431, 442.

[428] Anmerkungen zur Verordnung (EWG) Nr. 4064/89 des Rates, abgedruckt in WuW 1990, 240 ff. (244).

[429] *van Miert,* Competition Policy Newsletter, Vol. 1 N. 6 Autumn/Winter 1995, S. 1 ff. (2).

[430] S. http://ec.europa.eu/competition/mergers/statistics.pdf.

[431] Auflistung der Fälle bei *Langen/Bunte-Bardong,* Art. 22 FKVO Rdnr. 12; weitere Art. 22-Fälle bei *Langen/Bunte-Bardong,* aaO, Rdnr. 11 und 13.

[432] Komm. E. v. 17.2.1993, IV/M.278, ABl. C 68/5; bestätigt durch EuG U. v. 24.3.1994, Slg. 1994, II-121, 126.

[433] Komm. E. v. 20.9.1995, IV/M.553, ABl. 1996 L 134/32, später geändert in Freigabe unter Auflagen nach Art. 8 Abs. 2 Unterabs. 2 FKVO, Komm. E. v. 17.7.1996, ABl. 1996 L 294/14.

[434] Komm. E. v. 20.11.1996, IV/M.784, ABl. 1997 L 110/53, und v. 19.2.1997, ABl. 1997 L 174/47; s. auch Komm., 26. WB 1996 (Kurzfassung), Rdnr. 155.

[435] IV/M.801, ABl. 1996 C 216/6.

[436] ABl. 1996 C 251/29.

[437] ABl. 1997 C 32/6.

[438] Komm. E. v. 26.6.1997, IV/M.890, ABl. 1998 L 316/1.

nem gemeinsamen Verweisungsantrag haben sollten,[439] wurde vom Rat angenommen.[440] Insgesamt zeigte sich aber in den vorgenannten Fällen und bei weiteren, für eine Verweisung an die Kommission in Betracht gezogenen Fusionsanmeldungen,[441] dass die Vorschrift des Art. 22 FKVO anfangs praktisch kaum handhabbar war. Dies galt insbes. hinsichtlich des Fristlaufs.[442] Mit der Revision 2004 sollte die Norm in ihrer Anwendbarkeit verbessert werden, was immerhin zu jeweils vier Anträgen in den Jahren 2005 und 2006 und drei Anträgen im Jahr 2007 führte.[443] Um die praktische Handhabung zu verbessern, hat die Kommission Anfang 2005 die Maßstäbe für Art. 22 FKVO in ihrer Bekanntmachung über die Verweisung in Fusionssachen im Einzelnen erläutert.[444] Damit verfolgte die Kommission das Ziel, auch nach erfolgter Anmeldung Flexibilität hinsichtlich der einen Zusammenschluss prüfenden Behörde zu schaffen. Für den Bereich von Mehrfachanmeldungen wurden im Übrigen 2011 zwischen Kommission und Mitgliedstaaten „Best Practices on Cooperation between EU National Competition Authorities in Merger Review"[445] zwecks besseren Informationsaustauschs über Fusionskontrollverfahren vereinbart. In den vergangenen sechs Jahren lag die Zahl der Verweisungsanträge nach Art. 22 FKVO nur zwischen 1 und 3 pro Jahr. Der Bedarf für Verweisungen an die Kommission wurde seit 2004 eher über die für die Zeit vor der Anmeldung einschlägige Vorschrift des Art. 4 Abs. 5 FKVO gedeckt, da Art. 22 weiterhin einen erheblichen Aufwand nach erfolgter nationaler Anmeldung mit sich bringt.[446] Deswegen hat die Kommission jetzt in einem *Weißbuch* erneut Modifikationen bei Art. 22 angeregt.[447] Ein Zusammenschluss soll danach nur noch mit Wirkung für die gesamt EU verwiesen werden können. Stellt ein Mitgliedstaat einen Antrag nach Art. 22 FKVO, soll aber jeder andere Mitgliedstaat, in dem der Zusammenschluss anmeldepflichtig oder -fähig ist, ein Vetorecht haben.

b) Voraussetzungen (Abs. 1 und Abs. 5). In **formeller** Hinsicht erfordert eine Verweisung **165**
des Falles an die Kommission einen **Antrag** eines oder mehrerer Mitgliedstaaten (und nicht nur der zuständigen Behörden des Mitgliedstaates).[448] In Deutschland wird ein Antrag nach Art. 22 Abs. 1 FKVO – ebenso wie bei Art. 9 Abs. 2 FKVO – vom BKartA im Einvernehmen mit dem Bundesminister für Wirtschaft gestellt werden. Nach Abs. 1 Unterabs. 2 muss der Antrag **innerhalb von 15 Arbeitstagen,** nachdem der Zusammenschluss bei dem betreffenden Mitgliedstaat angemeldet oder, falls eine Anmeldung nicht erforderlich ist, ihm anderweitig zur Kenntnis gebracht worden ist, gestellt werden.[449] In nationalen Rechtsordnungen mit präventiver Anmeldepflicht, wie z.B. in Deutschland, ist damit der Fristbeginn ohne weiteres zu bestimmen. Behörden in Rechtsordnungen mit freiwilliger

[439] ABl. 1995 C 350/8 ff. (13).

[440] Art. 22 Abs. 3 und 4 FKVO, in Kraft ab 1.3.1997, VO Nr. 1310/97, ABl. 1997 L 180/1; *Baron* WuW 1997, 589 f.

[441] So im Fall *Coca-Cola/Schweppes,* s. Presse-Mitt. der Kommission IP/99/344 v. 25.5.1999; ausführlich dazu *Schultz/Wagemann,* Kartellrechtspraxis und Kartellrechtsprechung 1999/2000, Rdnr. 697.

[442] S. dazu Rdnr. 165.

[443] www.ec.europa.eu/comm/competition/mergers/statistics.pdf.

[444] ABl. 2005 C 56/2.

[445] http://ec.europa.eu/competition/ecn/nca_best_practices_merger_review_en.pdf (v. 8.11.2011).

[446] Ausführlich hierzu *Langen/Bunte-Bardong,* Art. 22 FKVO Rdnr. 6 und 33.

[447] http://ec.europa.eu/competition/consultations/2014_merger_control/mergers_white_paper_en. pdf.

[448] Nicht überzeugend deshalb *Veelken,* in: *Veelken/Karl/Richter,* Die europäische Fusionskontrolle, S. 31, der für Deutschland unter Bezugnahme auf § 47 GWB a. F. allein das BKartA für antragsberechtigt hält und in Art. 22 Abs. 3 a. F. ein Instrument zur Ausschaltung der Ministererlaubnis nach § 42 GWB sieht.

[449] Im Fall *Syngenta/Monsanto* sah die Kommission die Frist des Art. 22 Abs. 1 Satz 2 als gewahrt an, obwohl der Antrag Spaniens auf Verweisung erst rund sechs Wochen nach der nationalen Anmeldung erfolgt war. Da das nationale Verfahren zweimal ausgesetzt worden war, um weitere Informationen einzuholen, ging die Kommission von einer – gesetzlich nicht vorgesehenen – Hemmung der 15-Tage-Frist aus, Komm. E. v. 17.11.2010, COMP/M.5675.

Anmeldung des Zusammenschlusses (z. B. Vereinigtes Königreich) oder ohne eine nationale Fusionskontrolle (nur noch Luxemburg) müssen den Zeitpunkt der Kenntniserlangung ansetzen. Die Kommission sieht diesen Zeitpunkt als gegeben an, wenn „ausreichende Informationen vorliegen, um zu prüfen, ob die Voraussetzungen für einen Verweisungsantrag nach Art. 22 FKVO vorliegen".[450] Damit sollte erkennbar die früher bestehende Unsicherheit beseitigt werden, ob z. B. bereits mit Veröffentlichung eines Fusionsvorhabens in der Presse von einer „Kenntniserlangung" auszugehen ist. Zum weiteren Verfahrensgang s. Rdnr. 168. Mit der Revision 2004 wurde die Möglichkeit für die Kommission eingeführt, ein Verweisungsverfahren nach Art. 22 FKVO **zu initiieren (Abs. 5).** Danach kann die Kommission einem oder mehreren Mitgliedstaaten mitteilen, dass ein Zusammenschluss nach ihrem Dafürhalten die Kriterien für eine Verweisung erfüllt, und kann die Mitgliedstaaten auffordern, einen Antrag nach Abs. 1 zu stellen.

166 In **materieller** Hinsicht setzt der Antrag zum einen das Vorliegen eines Zusammenschlusses im Sinne von Art. 3 FKVO voraus, der **keine gemeinschaftsweite Bedeutung** im Sinne von Art. 1 Abs. 2 oder 3 FKVO besitzt, d. h. die dort genannten Umsatzschwellen nicht erreicht. Es ist nur zu fordern, dass der Zusammenschluss von seinen Umsätzen (bzw. in bestimmten Mitgliedstaaten von seinen Marktanteilen her) der Anmeldpflicht oder Anmeldefähigkeit nach nationalem Recht unterliegt.[451] Weiterhin verlangt Art. 22 Abs. 1 FKVO eine **Beeinträchtigung des Handels zwischen den Mitgliedstaaten** infolge des Zusammenschlusses und knüpft insoweit an ein Kriterium aus Art. 101 Abs. 1 und Art. 102 AEUV an.[452] Maßstab hierfür dürfte nach ständiger Rechtsprechung des EuGH zu diesem Kriterium sein, ob ein Zusammenschluss aufgrund der gesamten Umstände geeignet ist, den Handel zwischen Mitgliedstaaten aktuell oder potentiell, unmittelbar oder mittelbar zu beeinträchtigen.[453] Die Kommission hat das Kriterium in ihrer Protokollerklärung bei Inkrafttreten der FKVO im Sinne einer Indizwirkung zu konkretisieren versucht, indem sie ein Tätigwerden nach Art. 101 AEUV gegenüber Zusammenschlüssen ausschloss, die einen weltweiten Umsatz von weniger als 2 Mrd. € oder einen gemeinschaftsweiten Umsatz von weniger als 100 Mio. € aufweisen oder die Zweidrittelschwelle des Art. 1 Abs. 2 ltzt. Hs. FKVO verfehlen.[454] Solche Zusammenschlüsse dürften nach Ansicht der Kommission „normalerweise den Handel zwischen Mitgliedstaaten nicht nennenswert beeinflussen". Diese Eingrenzung ist jedoch – auch nach der Absenkung der Schwellen in Art. 1 Abs. 3 FKVO – nicht überzeugend und hat in der Praxis bislang keine Bedeutung gewonnen.[455] In ihrer Mitteilung über die Verweisung von Fusionssachen aus dem Jahr 2005 sieht die Kommission die Zwischenstaatlichkeitsklausel als erfüllt an, wenn „der Zusammenschluss erkennbar Einfluss auf den Verlauf der Handelsströme nimmt".[456]

167 Schließlich müssen der oder die betroffenen Mitgliedstaat darlegen – und die Kommission anschließend ermitteln –, dass der Zusammenschluss den **Wettbewerb** im Gebiet des oder der betreffenden Mitgliedstaaten **erheblich zu beeinträchtigen droht.** Art. 22 Abs. 1 FKVO übernimmt insoweit die Formulierung des Art. 2 Abs. 3 FKVO. Anders als

---

[450] Mitteilung der Kommission über die Verweisung von Fusionssachen, ABl. 2005 C 56/2, Fn. 43.

[451] Für ein Verweisungsrecht von Fällen auch unterhalb der nationalen Umsatzschwellen *Bechtold/Bosch/Brinker,* EU-Kartellrecht Art. 22 Rdnr. 3, und *Langen/Bunte-Bardong,* Art. 22 FKVO Rdnr. 17. S. insoweit auch den Fall *SCJ/Sara Lee,* Komm. E. v. 7.9.2010, COMP/M.5969.

[452] So ausdrücklich bestätigt von EuG U. v. 15.12.1999, Slg. 1999, II-3775 – *Kesko Oy/Kommission.*

[453] EuGH U. v. 2.3.1983, Slg. 1983, 483, 505 – *Internationale Handelsgesellschaft/Einfuhr- und Vorratsstelle für Getreide und Futtermittel;* s. auch *Gugerbauer,* Art. 22 Rdnr. 3; restriktiver *Niewiarra,* in Fs. Lieberknecht, S. 431, 438.

[454] WuW 1990, 240 ff. (44).

[455] Vgl. zur Untersuchung der materiellen Auswirkungen des Zusammenschlusses *RTL/Veronica/Endemol* auf den benachbarten belgischen Markt Komm. E. v. 20.9.1995, IV/M.553, ABl. 1996 L 134/32 ff. Rdnr. 16 u. 106 f.

[456] ABl. 2005 C 56/2, Rdnr. 43.

Art. 9 Abs. 2 FKVO spricht Art. 22 FKVO nicht von einem Markt in diesem Mitgliedstaat, sondern von dessen „Hoheitsgebiet" (engl. territory, frz. territoire).[457] Ein weiterer Unterschied zu Art. 9 liegt darin, dass Art. 22 FKVO keinen gesonderten räumlichen Markt verlangt. Die Verweisung eines Falles an die Kommission kann auch erfolgen, wenn der räumlich relevante Markt europaweit ist. Sinn der Verweisung ist es allein, den Schutz des Wettbewerbs im Gebiet des oder der verweisenden Mitgliedstaaten zu gewährleisten. Hinsichtlich der Wettbewerbsbeschränkung gelten die Kriterien des Art. 2 Abs. 1 Buchst. a und b FKVO (Abs. 4 S. 1) mit der Einschränkung, dass „vorläufige Anhaltspunkte" ausreichen.[458]

c) Verfahren (Abs. 2). Die Kommission **unterrichtet** alle Wettbewerbsbehörden der Mitgliedstaaten und die beteiligten Unternehmen unverzüglich von einem nach Abs. 1 gestellten Verweisungsantrag (Abs. 2 Unterabs. 1). Jeder andere Mitgliedstaat kann sich dem ersten Antrag **innerhalb von 15 Arbeitstagen,** nachdem er von der Kommission informiert wurde oder anderweitig davon Kenntnis genommen hat,[459] **anschließen** (Abs. 2 Unterabs. 2). Ab Eingang der Mitteilung der Kommission werden alle **einzelstaatlichen Fristen,** die den Zusammenschluss betreffen, **gehemmt,** bis entschieden ist, durch wen der Zusammenschluss geprüft wird.[460] Die Hemmung beim jeweiligen Mitgliedstaat endet, sobald er der Kommission und den beteiligten Unternehmen mitteilt, dass er sich dem Antrag auf Verweisung nicht anschließt (Abs. 2 Unterabs. 3).[461] Diese durch die Revision 2004 eingeführte Fristenhemmung stellt einen unmittelbaren – im Wege einer Verordnung des Rates aber wohl zulässigen – Eingriff in nationales Verfahrensrecht dar. Das Recht, sich anzuschließen, gilt nach der Bekanntmachung der Kommission auch für diejenigen Mitgliedstaaten, bei denen der Zusammenschluss noch nicht angemeldet worden ist.[462] Die Kommission empfiehlt den am Zusammenschluss beteiligten Unternehmen in diesem Zusammenhang, ihre Anmeldung möglichst gleichzeitig bei allen zuständigen Mitgliedstaaten einzureichen.[463] Dies ist jedoch in der Praxis häufig nicht möglich oder von den Unternehmen auch nicht gewollt. Die Kommission hat diese Anwendungsschwierigkeiten bei Art. 22 FKVO jüngst in einer öffentlichen Konsultation zu eventuellen Änderungen der FKVO in Bezug auf Minderheitsbeteiligungen und auf Verweisungsvorschriften thematisiert und nun im Juli 2014 hierzu in einem *Weißbuch* konkrete Vorschläge gemacht.[464] Fraglich ist zudem, ob das Recht, sich anzuschließen, auch noch besteht, wenn der Zusammenschluss bereits nach den nationalen Fusionskontrollvorschriften geprüft und freigegeben worden ist bzw. wenn der Mitgliedstaat den Zusammenschluss nach nationalem Recht überhaupt nicht prüfen könnte.[465] In beiden Konstellationen dürfte ein Recht, sich anzu- 168

[457] Englische Fassung: „… within the territory of the Member State".

[458] Mitteilung über die Verweisung von Fusionssachen, ABl. 2005 C 56/2, Rdnr. 44.

[459] Zu den mit der „anderweitigen Kenntnisnahme" verbundenen Unklarheiten s. *Langen/Bunte-Bardong,* Art. 22 FKVO Rdnr. 37, mit Hinweis auf die insoweit hilfreichen, aber auch nicht hinreichenden ECA Principles „Procedures Guide for the exchange of information between members on multijurisdictional mergers", 2001, sowie Principles on the application, by National Competition Authorities, within the ECA of Articles 4 (5) and 22 of the EU Merger Regulation (http://www.bundeskartellamt.de/SharedDocs/Publikation/EN/Others/ECA_procedures_Guide_exchange_information_%20mergers.html?nn=3590338).

[460] Eine Hemmung nationaler Fristen gibt es nicht bei Art. 4 Abs. 4 FKVO, der entsprechenden Verweisungsnorm im Stadium vor der Anmeldung eines Zusammenschlusses; s. *Bechtold/Bosch/Brinker,* EU-Kartellrecht, Art. 4 Rdnr. 18.

[461] S. auch Mitteilung der Kommission über die Verweisung von Fusionssachen, Rdnr. 50.

[462] ABl. 2005 C 56/2, Fn. 44.

[463] AaO.

[464] http://ec.europa.eu/competition/consultations/2014_merger_control/mergers_white_paper_en.pdf; s. auch Vortrag von *Bernd Langeheine,* stv. Generaldirektor der GD Wettbewerb, bei der Brüsseler Tagung der Studienvereinigung Kartellrecht am 4.4.2014, http://www.studienvereinigung-kartellrecht.de/downloads/forum-kartellrecht/2014_dr-bernd-langeheine.pdf.

[465] Letzteres bejahen *Zeise,* in: Handbuch Fusionskontrolle, Rdnr. 1932, und *Langen/Bunte-Bardong,* Art. 22 FKVO Rdnr. 17; weitere Nw. in Fn. 430.

schließen, eher abzulehnen sein, da nach einer Verweisung die Kommission den Fall nach den EU-Fusionsvorschriften für das bzw. die Hoheitsgebiete der verweisenden Mitgliedstaaten prüft und ggf. untersagt. Diese Entscheidung würde mit einer vorangegangenen nationalen (Freigabe-)Entscheidung bzw. mit der Kontrollfreiheit nach dem nationalen Recht kollidieren.

169 Nach Ablauf der 15-Tage-Frist hat die Kommission gemäß Abs. 3 Unterabs. 1 **höchstens 10 Arbeitstage** Zeit, um zu entscheiden, ob sie die Verweisung annimmt oder nicht. Von dieser Entscheidung unterrichtet die Kommission alle Mitgliedstaaten und die beteiligten Unternehmen (Abs. 3 Unterabs. 2). Akzeptiert die Kommission die Zuständigkeit für ein Vorhaben, enden die innerstaatlichen Verfahren in den verweisenden Mitgliedstaaten (Abs. 3 Unterabs. 3), und die Kommission prüft den Zusammenschluss nach Abs. 4 für die antragstellenden Mitgliedstaaten (s. dazu Rdnr. 170). Staaten, die keine Verweisung beantragt haben, wenden weiterhin ihr nationales Recht an.[466]

170 *d) Entscheidung (Abs. 3) und weiteres Fusionskontrollverfahren (Abs. 4).* Die Kommission kann wegen Fehlens formaler oder materieller Voraussetzungen (z. B. Fristüberschreitung oder kein Kontrollerwerb) den Antrag auf Verweisung ablehnen. Dabei steht ihr ein **Ermessen** zu. In ihrer Bekanntmachung über Verweisungen hat die Kommission erklärt, nur solche Fälle anzunehmen, die in wettbewerblicher Hinsicht Gefahren in sich bergen, „denen am besten auf Gemeinschaftsebene begegnet werden kann".[467] Dies hält die Kommission für gegeben, wenn entweder der oder die räumlich betroffenen Märkte über die Grenzen der einzelnen Mitgliedstaaten hinausreichen oder wenn ernste Wettbewerbsbedenken in Bezug auf nationale oder noch kleinere Märkte in mehreren Mitgliedstaaten bestehen.[468] In derartigen Fällen sieht sich die Kommission als die **„am besten geeignete Behörde"** zur Behandlung des Falles.[469] Dies verneinte die Kommission u. a. in dem Fall *Gas Natural/Endesa,* einem Zusammenschluss von zwei spanischen Energieversorgungsunternehmen. Hier beantragte die portugiesische Wettbewerbsbehörde nach Art. 22 FKVO die Verweisung an die Kommission. Die italienische Behörde schloss sich dem Antrag an, die spanische jedoch nicht, obwohl der Zusammenschluss seine eigentlichen Auswirkungen auf spanischen Märkten hatte. Die Kommission sah denn auch für den portugiesischen wie für den italienischen Markt keine wettbewerblichen Bedenken und lehnte die Annahme der Zuständigkeit auch deshalb ab, weil die Verweisung nicht zu einer one stop shop-Prüfung durch eine einzige Wettbewerbsbehörde geführt hätte; die spanische Wettbewerbsbehörde hatte auf ihre nationale Zuständigkeit nicht verzichtet.[470] Eine weitere ablehnende Entscheidung gab es in dem den zypriotischen Getränkeabfüllmarkt betreffenden Fall *Coca-Cola Hellenic Bottling Company/Lanitis Bros.* Das Vorhaben hatte seinen wettbewerblichen Schwerpunkt in Zypern, was die nationale Behörde besser zur Prüfung befähigte. Außerdem erkannte die Kommission bei vorläufiger Prüfung keine wettbewerblichen Bedenken.[471] Ein Beispiel für einen erfolgreichen Verweisungsantrag mehrerer Mitgliedstaaten (Frankreich, Schweden und Deutschland) war der den Markt der Urananreicherung betreffenden Fall *Areva/Urenco.* Dieser Zusammenschluss wurde später von der Kommission nach Art. 8 Abs. 2 FKVO unter Auflagen genehmigt.[472] Eine weitere Verweisung nach Art. 22 Abs. 3 FKVO erfolgte bezüglich des amerikanisch/britischen Zusammenschlusses *Glatfelter/Crompton*[473] durch das

---

[466] Mitteilung der Kommission über die Verweisung von Fusionssachen, Rdnr. 50.

[467] ABl. 2005 C 56/2, Rdnr. 45.

[468] AaO, Rdnr. 45, 1. und 2. Spiegelstrich.

[469] S. z. B. Komm. E. v. 27.10.2005, COMP/M.3986, Rdnr. 17 ff. – *Gas Natural/Endesa.*

[470] Komm. E. v. 27.10.2005, COMP/M.3986; dazu PresseMitt. der Kommission v. 27.10.2005, IP/05/1356.

[471] Komm. E. v. 26.2.2006, WuW 2006, 614.

[472] Komm. E. v. 6.10.2004; s. dazu *Hossenfelder/Töllner/Ost,* Kartellrechtspraxis und Kartellrechtsprechung 2004/2005, Rdnr. 804 (mwN zu weiteren Verweisungsfällen).

[473] Komm. E. v. 20.12.2006, COMP/M.4215; s. auch Presse-Mitt. der Kommission IP/06/1859.

BKartA. Der Fall betraf den EWR-weiten Markt für Vliesstoffe zur Filterung von Tee und Kaffee. Die Kommission nahm die Verweisung an, gab den Fall aber letztendlich im Hauptprüfverfahren frei, da sie nicht von einer erheblichen Wettbewerbsbeeinträchtigung ausging.[474] Einen entsprechenden Verlauf nahm der Fall *Caterpillar/MWM* (Verweisung durch Deutschland, Österreich und Slovenien).[475] Die Verweisungsnorm des Art. 22 FKVO hat demnach seit 2004 eine etwas größere – insgesamt aber immer noch marginale – Bedeutung, nachdem in der Zeit zuvor insgesamt nur sieben Fälle nach Art. 22 FKVO verwiesen worden waren.[476] Unter anderem war im Jahr 2003 der Fall *GE/Agfa NDT* – er betraf den Markt für Materialprüfungsgeräte – von sieben Mitgliedstaaten, u. a. Deutschland, an die Kommission verwiesen worden, dort allerdings letztlich in der „Ersten Phase" freigegeben worden.[477] Jüngst wurde das Gegengeschäft des Zusammenschlusses *Cemex/Holcim West,*[478] d. h. das Vorhaben *Cemex/Holcim Assets,* von der spanischen Wettbewerbsbehörde nach Art. 22 FKVO an die Kommission verwiesen.[479] Ungewöhnlich war zuvor die Zurückweisung eines Verweisungsantrags von Portugal, Spanien und Frankreich im Fall *London Stock Exchange Group pls (LSE)/LCH Clearnet Limited* gewesen; Grund war der Widerspruch der britischen Wettbewerbsbehörde OFT, die bereits den vorangegangen Verweisungsantrags der *LSE* nach Art. 4 Abs. 5 FKVO abgelehnt hatte.[480]

Übernimmt die Kommission auf Antrag die Prüfung des Zusammenschlusses, so führt sie das übliche Verfahren der Ersten Phase und ggf. der Zweiten Phase bis zu einer Entscheidung nach Art. 8 FKVO durch; dabei hat sie die Ermittlungsbefugnisse der Art. 11 FKVO ff. und ist an die Fristen des Art. 10 FKVO gebunden (Abs. 4 S. 1). Die Frist der Ersten Phase beginnt, sofern keine erneute Anmeldung erforderlich ist (vgl. Abs. 4 Unterabs. 2), mit der Entscheidung der Kommission über die Annahme des Falles (Abs. 3 Unterabs. 1 Satz 1) oder – wenn keine ausdrückliche Entscheidung ergeht – nach dem 25. Arbeitstag seit Antragstellung (Abs. 3 Unterabs. 1 Satz 2). Voraussetzung ist, dass der Antrag alle ansonsten bei einer Anmeldung nach dem Formblatt CO erforderlichen Angaben enthält. Ist eine Anmeldung erforderlich (s. Abs. 3 Unterabs. 2 Satz 2), beginnt die Verfahrensfrist mit deren Eingang zu laufen.[481] Das Vollzugsverbot des Art. 7 galt in der Vergangenheit nicht (arg. e Art. 22 Abs. 4 S. 1 FKVO a. F.), findet aber seit der Revision 2004 Anwendung, sofern der Zusammenschluss zu dem Zeitpunkt, zu dem die Kommission den Parteien mitteilt, dass ein Antrag eingegangen ist, noch nicht vollzogen ist (Art. 22 Abs. 4 Unterabs. 1 S. 2 FKVO n. F.).[482] Führt der Zusammenschluss entgegen den ursprünglichen wettbewerblichen Bedenken der verweisenden nationalen Behörde nach den Ermittlungen der Kommission nicht zu einer erheblichen Behinderung wirksamen Wettbewerbs, gibt die Kommission den Zusammenschluss frei (Art. 8 Abs. 1 FKVO). Bestätigen sich hingegen die wettbewerblichen Bedenken, hat sie in materieller Hinsicht nach Abs. 3 die Möglichkeit einer Untersagung **(Art. 8 Abs. 3 FKVO)** oder einer Freigabe mit Nebenbestimmungen **(Art. 8 Abs. 2 FKVO).** Zusammen mit der Untersagung oder im Anschluss 171

[474] S. dazu § 16 Rdnr. 126.

[475] Komm. E. (Art. 8 Abs. 1 FKVO) v. 19.10.2011, COMP/M.6106; s. dazu *Monopolkommission,* Hauptgutachten 2010/2011, Rdnr. 827.

[476] S. o. bei Rdnr. 164 sowie Komm. E. v. 17.4.2002, COMP/M.2738 – *GE/Unison;* Komm. E. v. 24.7.2002, COMP/M.2698 – *Promatech/Sulzer Textil;* Komm. E. v. 5.12.2003, COMP/M.3136 – *GE/Agfa NDT.*

[477] Komm. E. v. 5.12.2003, COMP/M.3136; s. dazu *Hossenfelder/Töllner/Ost,* aaO, Rdnr. 846.

[478] Komm. E. (Art. 8 Abs. 1 FKVO) v. 5.6.2014, COMP/M.7009 – *Holcim/Cemex West* (mit abgelehntem Art. 9-Verweisungsantrag von Deutschland, s. dazu unter Rdnr. 149).

[479] Komm. E. (Art. 22 Abs. 3 FKVO) v. 18.10.2013, COMP/M.7054; Komm. E. (Art. 8 Abs. 1 FKVO) v. 9.9.2014.

[480] Komm. E. v. 4.7.2012, COMP/M.6502; kritisch dazu *Hirsbrunner* EuZW 2013, 657, 660.

[481] Art. 22 Abs. 4 Unterabs. 1 und 2 FKVO; zur früheren Rechtslage s. den Fall *British Airways/Dan Air,* Komm. E. v. 17.2.1993, COMP/M.278.

[482] Zustimmend auch *Niewiarra,* in Fs. Lieberknecht, S. 431, 450.

daran kann die Kommission den Zusammenschluss, soweit er bereits vollzogen ist,[483] durch Entscheidung nach **Art. 8 Abs. 4 FKVO** entflechten.[484]

172 In materieller Hinsicht prüft die Kommission den Zusammenschluss „für die antragstellenden Mitgliedstaaten",[485] d.h. untersucht die wettbewerblichen Folgen des Zusammenschlusses **im Hoheitsgebiet dieser Mitgliedstaaten.** Die Prüfung ist allerdings kaum in dieser Weise zu begrenzen, wenn der räumlich relevante Markt EU- oder EWR-weit abzugrenzen ist. Deshalb will die Kommission – so die Bekanntmachung zu Verweisungsfällen[486] und jüngst die Überlegungen in einem *Weißbuch*[487] – Auswirkungen in nicht verweisenden Mitgliedstaaten insoweit in die Untersuchung einbeziehen, als ihre Analyse für die Würdigung der Folgen des Zusammenschlusses im Gebiet der antragstellenden Mitgliedstaaten erforderlich ist. Kommt die Kommission hier z.B. zu dem Ergebnis, dass ein Zusammenschluss den Wettbewerb EU-weit erheblich beeinträchtigt und zu untersagen wäre (Art. 2 Abs. 3 FKVO), kann dies gegenwärtig mit vorangegangenen Freigabeentscheidungen in nicht verweisenden Mitgliedstaaten kollidieren. Dies zeigt, dass die Neufassung der Verweisungsnorm des Art. 22 FKVO zwar eine deutliche Verbesserung in verfahrensrechtlicher Hinsicht gebracht, aber noch nicht alle Probleme gelöst hat.[488]

II. Verweisung vor Anmeldung

173 Mit der Revision 2004 der Fusionskontrollverordnung hat der Rat in Art. 4 Abs. 4 FKVO und Art. 4 Abs. 5 FKVO zwei zusätzliche Verweisungsmöglichkeiten eröffnet, die – jeweils auf Initiative der am Zusammenschluss beteiligten Unternehmen – im Stadium vor der Anmeldung bei der oder den zuständigen Wettbewerbsbehörden ein Verfahren zur eventuellen Verweisung des Falles an die als besser geeignet angesehene Behörde erlauben. Beide Verweisungsverfahren haben – entgegen ersten Erwartungen[489] – beachtliche Bedeutung erlangt: Von 2004 bis Ende 2014 wurden 107 Anträge nach Art. 4 Abs. 4 FKVO (Verweisung an einen Mitgliedstaat) und 280 Anträge nach Art. 4 Abs. 5 FKVO (Verweisung an die Kommission) gestellt; fast alle Anträge waren erfolgreich.[490]

174 **1. Verweisung an Mitgliedstaaten (Art. 4 Abs. 4 FKVO).** Gemäß Art. 4 Abs. 4 FKVO können Personen oder Unternehmen, die im Sinne von Abs. 2 iVm. Art. 3 die Kontrolle über ein anderes Unternehmen erwerben wollen, vor der Anmeldung einen Antrag an die Kommission richten, in dem sie mitteilen, dass der – eigentlich der FKVO unterfallende – Zusammenschluss den Wettbewerb in einem Markt innerhalb eines Mitgliedstaats, der alle Merkmale eines gesonderten Marktes aufweist, erheblich beeinträchtigen könnte und deshalb ganz oder teilweise von diesem Mitgliedstaat geprüft werden sollte. Der Antrag ist zu begründen. Das dann folgende Verfahren orientiert sich weitgehend an dem oben beschriebenen Verfahren zu Art. 22 FKVO und ist im Einzelnen in der **Be-**

[483] Dies ist bei Zusammenschlüssen in Art. 22 FKVO-Verfahren regelmäßig der Fall. Vgl. aber den jetzt in die FKVO aufgenommenen Vorschlag der Kommission im *Grünbuch* zur Revision der FKVO, das Vollzugsverbot des Art. 7 FKVO in Art. 22 Abs. 4 FKVO aufzunehmen (KOM(96)19 endg.).

[484] So in Komm. E. v. 26.6.1997, IV/M.890, Kurzzusammenfassung in WuW 1997, 807 – *Blokker/Toys „R" Us (II);* eine separate Entflechtungsentscheidung erging in Komm. E. v. 19.2.1997, IV/M.784, ABl. 1997 L 174/47 – *Kesko/Tuko.*

[485] Mitteilung der Kommission über die Verweisung von Fusionssachen, Rdnr. 50.

[486] Mitteilung aaO, Fn. 45; kritisch dazu *Soames/Maudhuit* ECLR 2005, 57, 64.

[487] http://ec.europa.eu/competition/consultations/2014_merger_control/mergers_white_paper_en. pdf.

[488] Kritisch auch hinsichtlich des Zeitaufwandes des Verweisungsverfahrens von 25 Arbeitstagen *Soames/Maudhuit* ECLR 2005, 57, 64.

[489] *Rosenthal* EuZW 2004, 327, 332.

[490] www.ec.europa.eu/comm/competition/mergers/statistics.pdf. S. auch *Körber* WuW 2007, 330, 331.

kanntmachung der Kommission über die Verweisung in Fusionssachen beschrieben.[491]

Das **Initiativrecht** für einen derartigen Verweisungsantrag liegt allein bei den auf Erwerberseite am Zusammenschluss beteiligten **Personen oder Unternehmen.** Die Kommission oder einzelne Mitgliedstaaten können das Verweisungsverfahren nach Art. 4 Abs. 4 FKVO nicht von sich aus anstoßen.[492] Allerdings nutzen die Unternehmen in der Praxis häufig die – von der Kommission nachdrücklich empfohlene[493] – Möglichkeit, vorab informell mit der GD Wettbewerb und den nationalen Wettbewerbsbehörden die Eignung eines geplanten Zusammenschlusses für eine Verweisung nach Art. 4 Abs. 4 FKVO (oder in umgekehrte Richtung nach Abs. 5) zu klären. Für den Antrag ist das **Formblatt RS (= Reasoned Submission)**[494] zu verwenden (Art. 6 Abs. 1 DVO). Es steht den berechtigten Personen oder Unternehmen frei, in welcher Amtssprache der Gemeinschaft sie den Antrag an die Kommission stellen (Art. 6 Abs. 2 S. 1 DVO iVm. Art. 3 Abs. 4 DVO). Dies kann im Einzelfall für die übrigen Mitgliedstaaten zu Verständnisschwierigkeiten führen. Problematisch ist auch der Verweis des Art. 6 Abs. 2 S. 2 DVO auf Art. 4 Abs. 2 DVO, demzufolge die Kommission für das Formblatt RS von der Pflicht zur Vorlage bestimmter Angaben befreien kann. 175

Art. 4 Abs. 4 Unterabs. 2–4 FKVO regeln das weitere **Prozedere des Verweisungsverfahrens:** Die Kommission leitet den Antrag unverzüglich an alle Mitgliedstaaten weiter. Der in dem Verweisungsantrag als „Ziel-Staat" genannte Mitgliedstaat hat innerhalb von **15 Arbeitstagen** mitzuteilen, ob er die Verweisung **annimmt oder ablehnt.** Äußert er sich nicht oder nicht rechtzeitig, wird die Zustimmung fingiert (Unterabs. 2). Im Falle des Nichtwiderspruchs prüft die Kommission die materiellen Voraussetzungen und verweist ggf. den Fall an den Mitgliedstaat. Diese **Entscheidung** muss **innerhalb von 25 Arbeitstagen** nach Eingang des Antrags ergehen, d.h. die Kommission hat im Einzelfall, nachdem sich der Mitgliedstaat geäußert hat, möglicherweise nur noch 10 Arbeitstage für ihre Entscheidung. Stimmt der betroffene Mitgliedstaat der Verweisung des Falles an ihn zu, ist die Kommission aber auch „in der Regel bestrebt", ihre Entscheidung über Annahme oder Ablehnung des Verweisungsantrags vor Ablauf der in der Verordnung vorgesehenen Frist von 25 Arbeitstagen zu treffen.[495] Die Verweisungsentscheidung wird den übrigen Mitgliedstaaten und den beteiligten Personen oder Unternehmen mitgeteilt. Eine allgemeine Veröffentlichung dieser Entscheidung ist nicht vorgesehen und erfolgt auch nicht im EU-Amtsblatt; die Kommission veröffentlicht die Entscheidung aber auf ihrer Homepage.[496] Auch hinsichtlich der Kommissionsentscheidung greift eine Fiktion der Verweisung im Falle nicht rechtzeitiger Entscheidung (Unterabs. 3 und 4). Das verwiesene Zusammenschlussvorhaben ist dann von den Beteiligten nach dem nationalem Recht des betroffenen Mitgliedstaates anzumelden. Stimmt der betroffene Mitgliedstaat der Verweisung nicht zu, nimmt der Fall seinen üblichen Verlauf, d.h. er ist bei der Kommission nach dem Formblatt CO anzumelden. In dem o.g. *Weißbuch* vom Juli 2014 hat die Kommission bislang keine Verfahrensvereinfachung mit dem Ziel eines einstufigen Verfahrens – entsprechend ihrem Vorschlag zu Art. 4 Abs. 5 FKVO (s. dazu Rdnr. 182) – angeregt. 176

In **materieller Hinsicht** muss es sich zunächst um einen Zusammenschluss von gemeinschaftsweiter Bedeutung (Art. 1 FKVO), d.h. um einen anmeldefähigen Fall, handeln. Eine Verlagerung in die Zuständigkeit einer nationalen Wettbewerbsbehörde kommt nur in Betracht, wenn zum einen der Zusammenschluss den **Wettbewerb** in einem oder mehre- 177

---

[491] ABl. 2005 C 56/2, Rdnr. 16ff., 49 und 59f.; ausführlich dazu *Körber* WuW 2007, 330ff.; s. auch *Soames/Maudhuit,* ECLR 2005, 57, 60.

[492] Anders als bei Verweisungsanträgen nach Art. 22 in der Phase nach der Anmeldung.

[493] Bericht der Kommission über die Wettbewerbspolitik 2005, Rdnr. 292.

[494] Anhang III zur Durchführungsverordnung Nr. 802/2004 der Kommission, ABl. 2004 L 133/31ff.; s. auch oben Rdnr. 25.

[495] Bericht der Kommission über die Wettbewerbspolitik 2005, Rdnr. 294.

[496] *Langen/Bunte-Bardong/Maass,* Art. 4 FKVO Rdnr. 63.

ren Märkten **erheblich beeinträchtigen** kann (Unterabs. 1).[497] Dies muss durch die Unternehmen anhand von Indikatoren und einer vorläufigen Bewertung dargelegt werden, wobei die Unternehmen eine „Beeinträchtigung" im Sinne einer Auswirkung auf den Markt, nicht aber einer Wettbewerbsschädlichkeit des Zusammenschlusses, darzulegen haben.[498] Auch im Wortlaut will die Kommission diese „Beeinträchtigung" in Zukunft zugunsten einer Hauptauswirkung in diesem Mitgliedstaat abmildern (so das Weißbuch „Towards more effective EU merger control" vom 9.7.2014).[499] Zum anderen müssen der oder die fraglichen Märkte sich in einem Mitgliedstaat befinden und alle Merkmale eines **gesonderten Marktes** aufweisen (vgl. Art. 9 Abs. 7 FKVO).[500] Weiterhin wird – schon vorab von den antragstellenden Unternehmen – und von der Kommission im Rahmen der Ausübung ihres **Ermessens** geprüft, ob eine Verweisung dem allgemeinen Ziel dient, dass die **„am besten geeignete Behörde"** den Fall behandelt[501] und ob es unter dem Aspekt der **Rechtssicherheit** „einen zwingenden Grund für ein Abweichen von der ursprünglichen Zuständigkeit" gibt. Naheliegend ist eine Verweisung an einen Mitgliedstaat, wenn sehr kleine – regionale oder lokale – Märkte betroffen sind und diese keinen wesentlichen Teil des Gemeinsamen Marktes darstellen.[502] Gewichtig sind weiterhin besondere Marktkenntnisse der nationalen Wettbewerbsbehörde über den betroffenen regionalen oder lokalen Markt.[503] Nicht vorgesehen in Art. 4 Abs. 4 FKVO sind – anders als bei Art. 9 FKVO – Teilverweisungen an mehrere Mitgliedstaaten (vgl. auch Abs. 4 Unterabs. 5: „… des gesamten Falles …"). Kommt es infolge eines Zusammenschlusses voraussichtlich zu wettbewerblichen Bedenken auf Märkten in mehreren Mitgliedstaaten, will die Kommission eine Verweisung nicht per se ausschließen, hält sie aber für unwahrscheinlich. Entscheidend sind dann die Umstände des jeweiligen Einzelfalles.[504]

178 Nach einer Verweisung des Falles an einen Mitgliedstaat erfolgt – so Abs. 4 Unterabs. 5 – keine Anmeldung des Falles mehr bei der Kommission, sondern, soweit erforderlich, eine Anmeldung nach dem jeweiligen nationalen Recht. Nach Maßgabe des entsprechend anwendbaren Art. 9 Abs. 6 bis 9 FKVO (s. Abs. 4 Unterabs. 5 Satz 2) findet das jeweilige Wettbewerbsrecht des Mitgliedstaates Anwendung.[505] Beispielhaft für Verweisungen nach Art. 4 Abs. 4 FKVO können hier aus dem Jahr 2004 die Fälle *Metsalitto Osuuskunta/Vapo* und *Cargill/ABF/Allied Grain JV* sowie aus jüngerer Zeit die Fälle *Strabag/Matthai Weser Jade Mischwerke* und *Deutsche Bank/Deutsche Postbank* genannt werden.[506]

179 **2. Verweisung an die Kommission (Art. 4 Abs. 5 FKVO).** In umgekehrter Form zu Art. 4 Abs. 4 FKVO können die die Kontrolle erwerbenden Personen oder Unternehmen vor einer nationalen Anmeldung gemäß Art. 4 Abs. 5 FKVO bei der Kommission beantragen, dass der an sich in nationale Zuständigkeit fallende Zusammenschluss von der Kommission geprüft werden sollte. Dieses Verweisungsinstrument soll die **Zahl von Mehrfachanmeldungen** bei Zusammenschlussvorhaben **vermindern.** Anders als bei Art. 22 FKVO (Verweisung an die Kommission nach Anmeldung) oder bei Art. 4 Abs. 4 FKVO (Verweisung an Mitgliedstaaten vor Anmeldung) kommt der Kommission hier kei-

---

497 S. auch Bekanntmachung über die Verweisung von Fusionsfällen, ABl. 2005 C 56/2, Rdnr. 16.

498 Bekanntmachung, aaO, Rdnr. 17 und Erwägungsgrund 16 der FKVO; *Körber* WuW 2007, S. 330, 332 f.

499 http://ec.europa.eu/competition/consultations/2014_merger_control/mergers_white_paper_en.pdf, Rdnr. 75; kritisch zur jetzigen Fassung auch *Langen/Bunte-Bardong/Maass,* Art. 4 FKVO Rdnr. 44.

500 Bekanntmachung, aaO, Rdnr. 16 u. 18.

501 Bekanntmachung, aaO, Rdnr. 19 u. 9.

502 Bekanntmachung, aaO, Rdnr. 13 u. 20.

503 Beispielsfälle bei *Langen/Bunte-Bardong/Maass,* Art. 4 FKVO Rdnr. 47 und – den deutschen Markt betreffend – Rdnr. 50.

504 Bekanntmachung, aaO, Rdnr. 21 f.

505 Zu Art. 9 Abs. 6 bis 9 s. auch oben Rdnr. 161 f.

506 COMP/M.3473 und COMP/M.3534 (unveröffentlicht); Komm. E. v. 13.3.2009, COMP/M.5428 und Komm. E. v. 6.2.2009, COMP/M.5446 (beide veröffentlicht).

ne besondere Prüfungsbefugnis hinsichtlich der Verweisungsvoraussetzungen, sondern nur die Funktion einer „letter box" zu.[507] Umgekehrt haben die betroffenen Mitgliedstaaten eine Vetomöglichkeit; diese war im ursprünglichen Entwurf der Kommission für eine reine „3+-Regelung" nicht vorgesehen.[508]

In **materieller** Hinsicht setzt Art. 4 Abs. 5 FKVO einen **Zusammenschluss ohne gemeinschaftsweite Bedeutung** (Art. 1 Abs. 2 oder 3 FKVO) voraus, der nach dem Wettbewerbsrecht **mindestens dreier Mitgliedstaaten** geprüft werden könnte.[509] Es bedarf nicht einer Darlegung nachteiliger wettbewerblicher Auswirkungen des Zusammenschlusses.[510] Der Zusammenschluss darf nur in keinem Mitgliedstaat bislang angemeldet oder gar vollzogen worden sein.[511] **180**

Das **Verweisungsverfahren** stellt sich wie folgt dar: Stellen die berechtigten Personen oder Unternehmen – mittels des **Formblattes RS** (Art. 6 Abs. 1 DVO) – den Antrag an die Kommission, ein solches Zusammenschlussvorhaben zu übernehmen, leitet die Kommission den Antrag zunächst unverzüglich an alle Mitgliedstaaten weiter (Abs. 5 Unterabs. 2). Jeder Mitgliedstaat, der nach seinem Wettbewerbsrecht für die Prüfung des Zusammenschlusses zuständig ist, hat **15 Arbeitstage** Zeit, um dem Antrag zuzustimmen oder ihn abzulehnen. Schweigen gilt als Zustimmung (Abs. 5 Unterabs. 5). In Deutschland prüft das BKartA den Antrag und stellt – ebenso wie bei Art. 9 FKVO – für seine Zustimmung oder Ablehnung das Einvernehmen mit dem Bundesministerium für Wirtschaft her. War der Zusammenschluss schon in irgendeinem Mitgliedstaat angemeldet worden, scheidet ein Vorgehen nach Art. 4 Abs. 5 von vornherein aus.[512] Lehnt kein Mitgliedstaat die Verweisung ab, wird die **gemeinschaftsweite Bedeutung** des Zusammenschlusses **vermutet,** und der Fall ist anschließend nach den formellen Erfordernissen der FKVO bei der Kommission anzumelden.[513] Das nationale Fusionskontrollrecht wird unanwendbar. Lehnt jedoch ein einziger betroffener Mitgliedstaat die Verweisung ab, verbleibt die Prüfung des Zusammenschlusses insgesamt – ungeachtet einer Zustimmung anderer Mitgliedstaaten zu einer Verweisung – in nationaler Zuständigkeit. Die Kommission unterrichtet die Mitgliedstaaten und die beteiligten Personen oder Unternehmen unverzüglich davon (Abs. 5 Unterabs. 4). Die Verweisung wird nicht veröffentlicht. Geht dann die Anmeldung bei der Kommission ein, wird die Tatsache der Anmeldung im Amtsblatt und auf der Homepage der Kommission bekannt gemacht (Art. 4 Abs. 3 FKVO).

Die Kommission hat in ihrer Bekanntmachung über die Verweisung von Fusionssachen Umstände aufgeführt, die der Ausfüllung des in diesem Fall **den Behörden der Mitgliedstaaten** zustehenden **Ermessens** dienen sollen, wenn sie über Zustimmung oder Ablehnung eines Antrags nach Art. 4 Abs. 5 FKVO befinden. Eine Verweisung soll nur dann erfolgen, wenn sie den allgemeinen Leitsätzen der Bekanntmachung (Rdnr. 8 ff.) entspricht und **„sachlich gerechtfertigt"** ist:[514] Die Grundsätze der einzigen Anlaufstelle („one stop shop") und der Rechtssicherheit („Verweisung nur bei zwingendem Grund") sind vorrangig zu beachten, wenn ein Zusammenschluss auf seine Eignung für einen Verweisungsantrag geprüft wird. Eine Verweisung scheidet damit eher aus, wenn der Fall nur einen oder sehr wenige nationale Märkte betrifft, wenn der Wettbewerb erkennbar nicht beeinträchtigt wird, wenn eine Kooperation zwischen den betroffenen Mitgliedstaaten hinreichend wäre oder wenn Zweifel an der Richtigkeit oder Vollständigkeit der von den **181**

---

[507] *Soyez* ZWeR 2005, 416, 435.

[508] *Böge* WuW 2004, 138, 141; *Rosenthal* EuZW 2004, 327; *Körber* WuW 2007, 330, 334.

[509] Der Zusammenschluss muss anmeldepflichtig oder möglicher Gegenstand einer fusionsrechtlichen Prüfung sein (so z.B. im Vereinigten Königreich), *Bechtold/Bosch/Brinker,* EU-Kartellrecht Art. 4 FKVO, Rdnr. 16.

[510] Bekanntmachung, aaO, Rdnr. 27 am Ende.

[511] Bekanntmachung über die Verweisung von Fusionsfällen, ABl. 2005 C 56/2, Rdnr. 20.

[512] Bekanntmachung über die Verweisung von Fusionsfällen, ABl. 2005 C 56/2, Rdnr. 69.

[513] Abs. 5 Unterabs. 5; Bekanntmachung, aaO, Rdnr. 49, 2. Spiegelstrich; s. auch *Bechtold/Bosch/Brinker, EU-Kartellrecht,* Art. 4 FKVO, Rdnr. 20.

[514] Bekanntmachung, aaO, Rdnr. 25.

Unternehmen vorgelegten Angaben bestehen. Umgekehrt bietet sich ein Fall für eine Verweisung an die Kommission an, wenn es sich um einen grenzüberschreitenden Zusammenschluss handelt, die betroffenen Märkte über die Staatsgrenzen hinausreichen, der Zusammenschluss den Wettbewerb über das Hoheitsgebiet eines Mitgliedstaats hinaus beeinträchtigen würde oder wirksame Abhilfemaßnahmen am besten von der Kommission veranlasst würden.[515] Die Kommission sieht sogar im Kosten- und Zeitaufwand für Anmeldungen bei mehreren Mitgliedstaaten einen „zwingenden Grund" für eine Verweisung;[516] dies erscheint jedenfalls bei drei oder vier nationalen Anmeldungen nicht überzeugend. Zum Zwecke der Klärung der Verweisungsvoraussetzungen dringt deshalb die Kommission darauf, dass die Antragsteller frühzeitig in direkten Kontakt mit den jeweiligen nationalen Wettbewerbsbehörden treten und den Fall und die für das Formblatt RS erforderlichen Angaben besprechen.[517] Die nationalen Wettbewerbsbehörden haben sich ihrerseits auf bestimmte Leitlinien zu Verweisungsfällen verständigt.[518]

182 In der **Fallpraxis** der EU-Fusionskontrolle nehmen Verweisungsfälle nach Art. 4 Abs. 5 FKVO eine beachtliche Bedeutung ein: Unter den Verweisungsmöglichkeiten von bzw. an Mitgliedstaaten weist Art. 4 Abs. 5 FKVO mit 38 Fällen in 2006 und 51 Fällen in 2007 die größten Zahlen auf. In den vergangenen drei Jahren ging die Zahl der Anträge auf durchschnittlich 17 pro Jahr zurück.[519] Der erste Fall war der Zusammenschluss *Agfa-Gevaert/Lastra.*[520] Aus jüngerer Zeit sei auf den Fall *Reuters/Telerate* verwiesen, der den Markt für elektronische Plattformen für Finanzmarktdaten betraf und ohne eine Verweisung in 12 Mitgliedstaaten hätte angemeldet werden müssen.[521] Ein – formell wie materiell – interessanter Verweisungsfall war der Zusammenschluss *Facebook/WhatsApp,*[522] der Mitte 2014 von UK, Spanien und Zypern an die Kommission verwiesen wurde; in Deutschland hätte keine Anmeldepflicht bestanden, da *WhatsApp* weniger als 5 Mio. € Inlandsumsatz hatte. Nicht zustande gekommen ist eine Verweisung an die Kommission in den beiden Fällen *GEP Funds/Eismann* und *Bayard/Landis & Gyr,* weil Deutschland bzw. das Vereinigte Königreich der Verweisung widersprachen.[523] Mitte 2009 legte die Kommission dem Rat einen Bericht über das Funktionieren der Absätze 4 und 5 vor (Art. 4 Abs. 6 FKVO). Zu einer Änderung der Norm kam es danach jedoch nicht. Im Juli 2014 hat die Kommission ein *Weißbuch* mit Änderungsvorschlägen u. a. zu Art. 4 Abs. 5 FKVO vorgelegt. Demnach will sie die Möglichkeit einer unmittelbaren Anmeldung eines derartigen Zusammenschlusses bei der Kommission – mit anschließendem Vetorecht der betroffenen Mitgliedstaaten – schaffen (einstufiges Verfahren).[524]

---

[515] AaO, Rdnr. 25–29.

[516] AaO, Rdnr. 32.

[517] Bericht der Kommission über die Wettbewerbspolitik 2005, Rdnr. 293.

[518] Grundsätze für die Anwendung von Art. 4 Abs. 5 und Art. 22 der Europäischen Fusionskontrollverordnung durch die nationalen Wettbewerbsbehörden der ECA (ECA-Prinzipien), s. www.bundeskartellamt.de.

[519] S. http://ec.europa.eu/competition/mergers/statistics.pdf.

[520] Komm. E. v. 9.8.2004, COMP/M.3439; zu weiteren Fällen aus 2004 s. *Hossenfelder/Töllner/Ost,* Kartellrechtspraxis und Kartellrechtsprechung 2004/2005, Rdnr. 805. Zum Fall *Piaggio/Aprilia,* Komm. E. v. 22.11.2004, COMP/M.3570 s. *Todino,* Competition Policy Newsletter 1/2005, S. 79 ff.

[521] Komm. E. v. 23.5.2005, COMP/M. 3692; s. dazu *Loughran/Gatti,* Competition Policy Newsletter 3/2005, S. 81. Zusammenfassend zur Fallpraxis zu Art. 4 Abs. 5 s. *Monopolkommission,* Hauptgutachten 2008/2009, Rdnr. 865 ff.

[522] Komm. E. (Art. 6 Abs. 1 Buchst. b FKVO) v. 3.10.2014, COMP/M.7217.

[523] COMP/M.3475 und COMP/M.3520 (nicht im Fallverzeichnis auf der Homepage der Kommission erwähnt). Zu weiteren – insgesamt seltenen – Vetos gegen einen Verweisungsantrag s. *Langen/Bunte-Bardong/Maass,* Art. 4 FKVO Rdnr. 80, sowie den Fall *LSE/LCH Clearnet,* COMP/M.6502, in dem eine Verweisung an die Kommission nach Art. 4 Abs. 5 an einem britischen Veto und eine Verweisung nach Art. 22 FKVO am Veto der Kommission (Komm. E. v. 4.7.2012) scheiterte.

[524] http://ec.europa.eu/competition/consultations/2014_merger_control/mergers_white_paper_en.pdf, Rdnr. 65 ff.; s. auch Vortrag *Langeheine* (Fn. 464), S. 28.

Insgesamt zeichnet sich die Verweisungsmöglichkeit nach Art. 4 Abs. 5 FKVO dadurch aus, dass die Initiative und der Umfang von den Zusammenschlussbeteiligten bestimmt werden können. Eine derartige Verweisung kann Kosten und Aufwand sparen und führt ggf. zu einer sinnvolleren Form der Marktermittlungen. Schließlich gibt es einen genauen Zeitplan, der das Verweisungsverfahren berechenbar macht.[525] Das Verweisungsverfahren ist aber zeitaufwendig und sein Ausgang offen, da das Veto eines einzigen Mitgliedstaats die Verweisung an die Kommission verhindern kann. Zudem verursacht auch das Formblatt RS einen je nach Fall erheblichen Bearbeitungsaufwand und sind die unterschiedlichen nationalen Prüfkriterien bei Zusammenschlüssen frühzeitig zu berücksichtigen.[526] Auch werden einige rechtliche Unklarheiten als noch nicht geklärt angesehen, z.B. die Frage der Justitiabilität des Veto eines Mitgliedstaates[527] oder die Frage, ob eine Verweisung von der Kommission widerrufen werden kann, wenn die Antragsteller unrichtige Angaben gemacht hatten.[528] Schließlich ist – theoretisch – nach erfolgter Verweisung ein Antrag eines Mitgliedstaates auf Rückverweisung nicht ausgeschlossen.[529] 183

G. Die Beteiligung der Mitgliedstaaten am Verfahren (Art. 19 FKVO)

I. Allgemeines

In enger Anlehnung an das Verfahren in Kartell- und Monopolfragen nach der VO Nr. 1/2003 und zum Teil darüber hinausgehend, ist das Fusionskontrollverfahren durch die Zusammenarbeit der Kommission mit den Wettbewerbsbehörden der Mitgliedstaaten gekennzeichnet.[530] Art. 19 FKVO regelt diese Zusammenarbeit im Einzelnen. Die Vorschrift ist **Art. 4 VO Nr. 1/2003** nachgebildet. Darüber hinaus sehen weitere Vorschriften die Verbindung zu den Mitgliedstaaten ausdrücklich vor: Art. 6 Abs. 5 FKVO (Übermittlung der Entscheidungen des Verfahrens); Art. 11 Abs. 5 (Übermittlung von Auskunftsentscheidungen, die an Unternehmen mit Sitz in dem betreffenden Mitgliedstaat gerichtet wurden), Art. 12 FKVO und 13 Abs. 4 und 5 FKVO (gemeinsame Nachprüfungen), Art. 15 Abs. 3 DVO (Teilnahme der Mitgliedstaaten an Anhörungen). Die beiderseitigen Verweisungsmöglichkeiten nach Art. 4, 9 FKVO und Art. 22 Abs. 3 FKVO sind besondere, der VO Nr. 1/2003 unbekannte Formen der Zusammenarbeit mit der Kommission. 184

Während des gesamten Vor- und Hauptverfahrens gilt der Grundsatz der **engen und stetigen Verbindung mit den Mitgliedstaaten** („close and constant liaison", Abs. 2 Hs. 1; vgl. auch 13. und 14. Erwägungsgrund; ebenso Art. 14 Abs. 2 VO Nr. 1/2003). Darin wird eine Konkretisierung der allgemeinen Pflicht zur Gemeinschaftstreue nach Art. 5 Abs. 1 EG gesehen. Ziel ist die Gewährleistung einer effektiven und einheitlichen Anwendung der Wettbewerbsvorschriften im gemeinsamen Markt. Besondere Bedeutung hat der Grundsatz der engen und stetigen Verbindung mit den Mitgliedstaaten angesichts der kurzen Verfahrensfristen der FKVO (Art. 6, 9 und 10 FKVO).[531] Das Verfahren der Kommission soll für die zuständigen Behörden der Mitgliedstaaten transparent und nachvollziehbar sein. In rund 25 Jahren Kommissionspraxis hat sich trotz mancher Meinungs- 185

---

525 *Soames/Maudhuit,* ECLR 2005, 57, 61f.

526 *Soames/Maudhuit,* aaO, 62f.; *Rosenthal* EuZW 2004, 327, 328.

527 *Soyez* ZWeR 2005, 416, 437, bejaht dies, weist aber auf die beschränkte gerichtliche Nachprüfbarkeit hin, da das Veto eine Ermessenentscheidung darstellt.

528 Bejahend die Kommission, s. Bekanntmachung über die Verweisung von Fusionsfällen, Rdnr. 60; zum Meinungsstand in der Literatur s. *Immenga/Mestmäcker-Körber,* EU-WettbR, Art. 4 FKVO, Rdnr. 95.

529 Ablehnend Erwägungsgrund 14 der FKVO.

530 Ausführlich dazu *Sauter,* in Fs. I. Schmidt, S. 97ff.

531 *Cook/Kerse,* EEC Merger Control, S. 125.

verschiedenheit in Einzelfällen ein enges Verhältnis zwischen den Behörden entwickelt, welches auch auf informeller Basis durch eine intensive Zusammenarbeit geprägt ist.[532]

II. Übermittlung der Anmeldung und der wichtigsten Schriftstücke (Abs. 1)

186 Die **Anmeldung** eines Zusammenschlusses bei der Kommission setzt die Einreichung des Formblatts CO und seiner Anlagen bei der Kommission in dem Format und mit der Zahl von Kopien voraus, die die Kommission im Amtsblatt der EU festgelegt hat; die Kommission kann diese Festlegung nach Bedarf ändern (Art. 3 Abs. 2 DVO Nr. 1269/ 2013).[533] Die entsprechende Amtsblattmitteilung findet sich auch auf der Homepage der GD Wettbewerb.[534] Anders als früher (37 Papierkopien) haben die Anmelder nun ein Original der Anmeldung sowie drei Kopien in Papier und eine elektronische Kopie zu übermitteln. Letztere wird dann an die Mitgliedstaaten versandt. Die Übersendung setzt die 15 Arbeitstage-Frist der Mitgliedstaaten für einen Verweisungsantrag nach Art. 9 Abs. 2 FKVO in Gang. Ohne Fristbegrenzung kann die Behörde des Mitgliedstaaten zum jeweiligen Fall Stellung nehmen (Abs. 2 S. 1 Hs. 2). Dies geschieht gegebenenfalls schriftlich, in Einzelfällen auch durch Gespräche mit den zuständigen Beamten der GD Wettbewerb. Auf die Gesamtzahl der Fälle gesehen kommt es aber eher selten, d.h. nur in den wettbewerblich bedeutenden Fällen, zu Stellungnahmen aus den Mitgliedstaaten.

187 Zu den **„wichtigsten Schriftstücken"** im Sinne von Art. 19 Abs. 1 FKVO, die die Kommission „so bald wie möglich" zu übermitteln hat, gehören regelmäßig die Entscheidung nach Art. 6 Abs. 1 Buchst. c FKVO, die Beschwerdepunkte nach Art. 18 Abs. 3 FKVO und die Erwiderung der Parteien auf die Beschwerdepunkte. Seit der Revision 1998 zählen zu den „wichtigsten Schriftstücken" ausdrücklich auch Zusagenangebote der beteiligten Unternehmen (Abs. 1 Satz 2). Die „wichtigsten Schriftstücke" werden einschließlich von Geschäftsgeheimnissen übermittelt, da die Mitgliedstaaten zur Vertraulichkeit verpflichtet sind (Art. 17 Abs. 2 FKVO); bestimmte besonders sensible Angaben, z.B. Fristen im Rahmen von Veräußerungszusagen, werden allerdings nicht mitgeteilt.[535] Weitere Unterlagen, z.B. Auskunftsersuchen und Antworten auf Auskunftsersuchen, werden im Rahmen von Art. 19 Abs. 1 FKVO nicht übermittelt und sind allenfalls im Rahmen einer Akteneinsicht bzw. unter Berufung auf Art. 11 Abs. 5 aE zugänglich.

III. Die Rechte der Mitgliedstaaten im Verfahren (Abs. 2)

188 Abs. 2 statuiert zunächst den allgemeinen Grundsatz der engen und stetigen Verbindung mit den zuständigen Behörden der Mitgliedstaaten sowie deren **Recht zur Stellungnahme** in allen Abschnitten des Verfahrens (Satz 1).

189 Eine detailliertere Regelung gilt den Rechten des Mitgliedstaates im Falle eines **Verweisungsantrages nach Art. 9 Abs. 2 FKVO** (Abs. 2 S. 2). Die Kommission nimmt – Ausdruck einer Selbstverständlichkeit – die Mitteilung, d.h. den Antrag, nach Art. 9 Abs. 2 FKVO entgegen. Sie gibt Gelegenheit zur Stellungnahme bis zum Ende der auf 35 Arbeitstage verlängerten Frist des Verfahrens (vgl. Art. 10 Abs. 1 Unterabs. 2 FKVO).[536] In Deutschland ist das BKartA – ohne Erfordernis des Einvernehmens mit dem Bundesministerium für Wirtschaft – „zuständige Behörde des Mitgliedstaates" für Stellungnahmen iSv

---

532 So bereits BKartA, TB 1991/92, S. 69; *Langen/Bunte-Bardong,* Art. 19 FKVO Rdnr. 6f.

533 ABl. 2013 L 336/1 iVm. ABl. 2014 C 270/9 (Mitteilung nach Art. 3 Abs. 2 pp. DVO).

534 ABl. 2014 C 25/4, http://eur-lex.europa.eu/legal-content/DE/TXT/PDF/?uri=CELEX:52014XC0128 %2803 %29&from=EN

535 S. dazu *Langen/Bunte-Bardong,* Art. 19 FKVO Rdnr. 5; EuGH U. v. 19.5.1994, Slg. 1994, I-1932 Rdnr. 37–40 – *SEP/Kommission.*

536 Zum Problem der knappen Frist für Stellungnahmen, insbes. im Fall *Alcatel/AEG Kabel,* Komm.E. (Art. 6 Abs. 1 Buchst. b) v. 17.12.1991, IV/M.165 s. *Monopolkommission,* Hauptgutachten 1990/91, Rdnr. 618ff.; *Wagemann* WuW 1992, 730.

Art. 19 Abs. 2 FKVO. Landeskartellbehörden haben in der EU-Fusionskontrolle keine Beteiligungsrechte (vgl. § 50 Abs. 5 und 50b GWB).

Zur Vorbereitung einer Stellungnahme gewährt die Kommission der nationalen Wettbewerbsbehörde Akteneinsicht (Abs. 2 aE). Aus dieser ausdrücklichen Sonderregelung für Akteneinsicht im Verfahren nach Art. 9 FKVO könnte zu schließen sein, dass die zuständigen Behörden der Mitgliedstaaten im Übrigen kein Recht auf Einsicht in die Kommissionsakten – im Vor- oder Hauptverfahren – besitzen. Ein solches Recht wird andererseits an keiner Stelle ausgeschlossen. Es dürfte sich – wechselseitig für Kommission und nationalen Behörden – aus dem Grundsatz der engen und stetigen Verbindung (Abs. 2 S. 1) ergeben. In diesem Verständnis wurde jedenfalls bislang von der Kommission in Einzelfällen Akteneinsicht gewährt. **190**

IV. Der Beratende Ausschuss (Abs. 3–7)

Ebenso wie im Verfahren nach Art. 101, 102 AEUV gibt es für die Kontrolle von Unternehmenszusammenschlüssen einen Beratenden Ausschuss der zuständigen Behörden der Mitgliedstaaten. Der Ausschuss ist gemäß Abs. 3 vor jeder Entscheidung nach Art. 8 Abs. 1 bis 6 FKVO anzuhören. Häufigster Fall ist die Beratung von Entscheidungsentwürfen der Kommission zur Genehmigung (ggf. unter Auflagen) oder Untersagung von Zusammenschlüssen (Art. 8 Abs. 1 bis 3 FKVO). Im Vorverfahren, d. h. vor einer Entscheidung nach Art. 6 FKVO, ist die Mitwirkung des Beratenden Ausschusses nicht vorgesehen. Außerdem ist er vor der Festsetzung von Geldbußen oder Zwangsgeldern (Art. 14, 15 FKVO) einzuberufen sowie vor dem Erlass von Durchführungsbestimmungen anzuhören (Art. 23 Abs. 2 FKVO). **191**

1. Zusammensetzung. Anders als unter der VO Nr. 1/2003 kann jeder Mitgliedstaat einen oder zwei Vertreter in den Beratenden Ausschuss entsenden **(Abs. 4 S. 2).** Mindestens ein Vertreter „muss" für Kartell- und Monopolfragen zuständig sein **(Abs. 4 S. 3).** Diese Formulierung ist Art. 14 Abs. 2 VO Nr. 1/2003 entnommen und dürfte hier die Zuständigkeit für Unternehmenszusammenschlüsse meinen oder jedenfalls umfassen. In der Praxis werden die Mitgliedstaaten in unterschiedlicher Zahl vertreten; von mittlerweile 28 Mitgliedstaaten ist in etlichen Fällen weniger als die Hälfte anwesend. Kleinere Mitgliedstaaten entsenden häufig nur einen Vertreter oder sind gar nicht vertreten, große Mitgliedstaaten dagegen häufig mehrere. So wird Deutschland regelmäßig durch ein oder zwei Vertreter des BKartA, in Einzelfällen ergänzt um einen Vertreter des Bundesministeriums für Wirtschaft, vertreten. Ist ein Mitgliedstaat bei einer Sitzung gar nicht vertreten, hindert dies den Ausschuss nicht, seine Stellungnahme abzugeben (Abs. 6 S. 2); die anwesenden Staaten vertreten abwesende insoweit mit. **192**

2. Sitzung und Votum. Zur Vorbereitung der Sitzung des Beratenden Ausschusses übermittelt die Kommission den Mitgliedstaaten ihren Entscheidungsentwurf sowie eine Liste der wichtigsten Schriftstücke **(Abs. 5 S. 2).** Die in Abs. 5 weiterhin genannte „Darstellung des Sachverhalts"[537] ist in der Praxis vom Entscheidungsentwurf umfasst. Allerdings legt die Kommission gesondert eine kurze Zusammenfassung des Sachverhalts und der wettbewerblichen Würdigung vor („Mitteilung an den Beratenden Ausschuss"). Die Übermittlung soll spätestens 10 Arbeitstage vor dem Sitzungstermin stattfinden (Abs. 5 S. 3). Diese Frist kann die Kommission „in Ausnahmefällen entsprechend **verkürzen,** um schweren Schaden von einem oder mehreren an dem Zusammenschluss beteiligten Unternehmen abzuwenden" **(Abs. 5 S. 4).** In der Praxis erhalten die Mitgliedstaaten den Entscheidungsentwurf häufig weniger als 10 Arbeitstage vor der Sitzung des Beratenden Ausschusses. Dies ist auf den engen Zeitplan, den die FKVO der Generaldirektion Wettbewerb auferlegt oder ggf. auf Verhandlungen mit den beteiligten Unternehmen über Zusagen **193**

[537] Vgl. auch Art. 10 Abs. 5 S. 2 VO Nr. 17.

zurückzuführen. Die Nichteinhaltung der 10-Tage-Frist macht die spätere Entscheidung der Kommission nicht rechtswidrig.[538] In vielen Fällen liegt der Entscheidungsentwurf auch nur in englischer Sprache und nicht in den Amtssprachen der EU vor. Kaum einmal beruft sich die Kommission jedoch gegenüber den Mitgliedstaaten auf die Ausnahmeklausel des Abs. 5 S. 4. Eine gewisse Verkürzung der 10-Tage-Frist erscheint hinnehmbar, solange nicht die Vorbereitung des Beratenden Ausschusses unzumutbar erschwert wird. Sitzungsablauf und Entscheidungsfindung des Beratenden Ausschusses wurden bereits unter Rdnr. 105 beschrieben.

194 **3. Bedeutung des Beratenden Ausschusses.** Das Votum des Beratenden Ausschusses ist **nicht bindend** für die Kommission, hat aber gleichwohl Gewicht, da die Kommission eine ggf. abweichende Entscheidung später vor der Öffentlichkeit zu vertreten hat. Die Kommission war im Rahmen der Diskussionen um eine Revision der FKVO in den Jahren 1993, 1996 und 2004 nicht bereit, eine Veröffentlichung des Votums unmittelbar nach der Sitzung oder nach Erlass der Entscheidung einzuführen. In der Praxis wird das Votum des Beratenden Ausschusses jedoch häufig vor der Entscheidung der Kommission bekannt. Gemäß Abs. 6 S. 4 **berücksichtigt** die Kommission „so weit wie möglich" die Stellungnahme des Ausschusses. Sie unterrichtet ihn später über die Art dieser Berücksichtigung (Abs. 6 S. 5). In der Praxis hat die Kommission nur in einer geringen Zahl von Fällen abweichend vom Votum des Beratenden Ausschusses entschieden.[539] Im Fall *Mercedes-Benz/Kässbohrer*[540] nahm die Kommission angesichts eines drohenden negativen Votums des Beratenden Ausschusses den auf Genehmigung lautenden Entscheidungsentwurf in der Sitzung des Beratenden Ausschusses zurück und legte ihn – nach zwischenzeitlicher Anhörung und weiteren Ermittlungen – dem Beratenden Ausschuss später erneut vor, der ihn dann einstimmig billigte.[541] In gleicher Weise kam es im Fall *Omya/J.M. Huber PCC* dazu, dass die Generaldirektion Wettbewerb einen Entscheidungsentwurf angesichts von massivem Widerstand der Mitgliedstaaten zurückzog und – nach einer mit fehlenden Angaben begründeten Fristunterbrechung und weiteren Ermittlungen – vier Monate später erneut dem Beratenden Ausschuss vorlegte.[542] Zu einem ablehnenden Votum kam es im Beratenden Ausschuss zu dem Fall *Telefonica Deutschland/E-Plus:* Ungeachtet der Vertraulichkeitsverpflichtung gelangte die Stimmenverteilung (fünf Ablehnungen, fünf Enthaltungen, drei Ja-Stimmen) in die Presse.[543] Die Kommission akzeptierte gleichwohl die umstrittenen Zusagen und genehmigte den Zusammenschluss nach Art. 8 Abs. 2 FKVO.[544]

195 Werden unmittelbar vor oder nach der Sitzung des Beratenden Ausschusses von den beteiligten Unternehmen **Zusagen** angeboten, ruft die Kommission den Ausschuss ggf. zu einer zweiten Sitzung ein, um seine Stellungnahme zu den Zusagen einzuholen.[545] Im Fall des bereits vollzogenen Zusammenschlusses *Anglo-American Corp./Lonrho*[546] hatte der Ausschuss zunächst den von der Kommission vorgelegten Untersagungs- und Entflechtungsentwurf einstimmig gebilligt. Die beteiligten Unternehmen boten kurz vor

[538] EuG U. v. 27.11.1997, T-290/94, Slg. 1997, II-2137, Rdnr. 80 – *Kaysersberg SA/Kommission.*

[539] So in *Mannesmann/Vallourec/Ilva,* ABl. 1994 L 102/15 und C 111/6 sowie in *Varta/Bosch* ABl. 1991 L 320/26, 31 Rdnr. 36 und C 302/6.

[540] Komm. E. v. 14.2.1995, IV/M. 477, ABl. 1995 L 211/1.

[541] ABl. 1995 C 232/2; dazu *Löffler* WuW 1995, 385.

[542] Komm. E. v. 19.7.2006, COMP/M.3796.

[543] www.ft.com vom 20.7.2014.

[544] Komm. E. v. 2.7.2014, COMP/M.7018.

[545] Beispielfälle: Komm. E. v. 8.6.1994, IV/M.269, ABl. 1994 L 332/48 u. C 366/3 – *Shell/Montecatini.* Im Fall *Boeing/McDonnell-Douglas,* Komm. E. v. 30.7.1997, IV/M.877, ABl. 1997 L 336/16, wurde der Beratende Ausschuss aufgrund der besonderen Bedeutung des Falles und der schwierigen, unter öffentlichem Druck erfolgenden Verhandlungen zwischen *Boeing* und der Kommission insgesamt zu drei Sitzungen zusammengerufen (ABl. 1997 C 372/17 f.).

[546] Komm. E. v. 23.4.1997, IV/M.754, ABl. 1998 L 149/21 – *Anglo American Corp./Lonrho.*

Fristablauf die als Entflechtungsmaßnahmen vorgesehenen Maßnahmen als Zusagen an, woraufhin die Kommission auf schriftlichem Wege die Stellungnahme der Mitgliedstaaten einholte. Die Mitgliedstaaten billigten dieses Vorgehen, betonten jedoch dessen Ausnahmecharakter.[547]

H. Sanktionen

I. Geldbußen (Art. 14 FKVO)

Die FKVO sieht in Art. 14 und 15 FKVO Sanktionen, d.h. Geldbußen und Zwangsgelder, vor, die den entsprechenden Vorschriften der VO Nr. 1/2003 nachgebildet sind, in der Praxis der EU-Fusionskontrolle jedoch bislang keine größere Bedeutung erlangt haben. Die Kommission hat bislang nur in acht Fällen[548] eine Geldbuße und in einem Fall ein Zwangsgeld verhängt. **196**

Geldbußen können zunächst wegen **formeller Verstöße (Abs. 1)** – unrichtige oder irreführende Angaben in der Anmeldung (Buchst. a) bzw. in Antworten auf Auskunftsersuchen oder -Auskunftsentscheidungen (Buchst. b und c) oder Verstoß gegen Duldungs- und Mitwirkungspflichten bei Nachprüfungen nach Art. 12 und 13 FKVO (Buchst. d, e und f) – verhängt werden. Der Bußgeldrahmen ist – in Anlehnung an die VO Nr. 1/2003–2004 deutlich verschärft worden: Lag er früher bei bis zu 50 000 €, beträgt der Höchstbetrag jetzt 1% des von den beteiligten Unternehmen erzielten Gesamtumsatzes. **197**

In **materieller Hinsicht (Abs. 2)** kann die Kommission Geldbußen wegen folgender Verstöße verhängen: **198**
- Vollzug des Zusammenschlusses ohne vorherige Anmeldung, es sei denn, er ist nach Art. 7 Abs. 2 oder 3 FKVO zulässig (Buchst. a);
- Vollzug des Zusammenschlusses entgegen dem Vollzugsverbot des Art. 7 Abs. 1 FKVO (Buchst. b);
- Vollzug des Zusammenschlusses trotz einer Untersagungsentscheidung (Art. 8 Abs. 3 FKVO) oder Nichtdurchführung einer nach Art. 8 Abs. 4 FKVO angeordneten Entflechtungsmaßnahme (Buchst. c).

Art. 14 Abs. 2 FKVO erlaubt Geldbußen bis zu 10% des von den beteiligten Unternehmen erzielten Gesamtumsatzes im Sinne von Art. 5 FKVO. Auch Art. 23 Abs. 2 VO Nr. 1/2003 ermöglicht Geldbußen über 1 Mio. € hinaus, stellt jedoch auf 10% des von dem einzelnen an der Zuwiderhandlung beteiligten Unternehmen im letzten Geschäftsjahr erzielten Umsatzes ab.[549] **199**

Abs. 4 stellt – wie Art. 23 Abs. 5 VO Nr. 1/2003 – klar, dass die Geldbußenentscheidungen **nichtstrafrechtlicher Art** sind.[550] Die Verhängung einer Geldbuße steht im Ermessen der Kommission („kann", Abs. 1 und 2).[551] Sie setzt Verschulden (Vorsatz oder Fahrlässigkeit) voraus. Anders als bei der VO Nr. 1/2003 können Bußen nicht nur gegen Unternehmen oder Unternehmensvereinigungen, sondern auch gegen (natürliche) Personen verhängt **200**

---

547 ABl. 1998 L 149/21.

548 Komm. E. v. 18.2.1998, IV/M.920, WuW 1998, 576 – *Samsung/AST* (33 000 €); Komm. E. v. 10.2.1999, IV/M. 969 – *A.P. Møller* (219 000 €); Komm. E. v. 14.12.1999, COMP/M.1610 – *Deutsche Post/trans-o-flex* (100 000 €); Komm. E. v. 14.12.1999, COMP/M.1608 – *KLM/Martinair III* (40 000 €); Komm. E. v. 12.7.2000, COMP/M.1634 – *Mitsubishi (Ahlström/Kvaerner)* (50 000 €); Komm. E. v. 7.7.2004, COMP/M.3255 – *Tetra Fast Technology* (90 000 €); Komm. E. v. 10.6.2009, COMP/M.4994 – *Electrabel/Compagnie de Rhone;* Komm. E. v. 23.7.2014, COMP/M.7184 – *Marine Harvest ASA.*

549 *Cook/Kerse,* EEC Merger Control, S. 115 Fn. 66.

550 So auch *Gonzalez-Diaz/Jones,* EEC Merger Regulation, S. 198; ausführlich zur gleichlautenden Vorschrift des Art. 15 Abs. 4 VO Nr. 17: *Wagemann,* Rechtfertigungs- und Entschuldigungsgründe im Bußgeldrecht der Europäischen Gemeinschaften, S. 14 ff.

551 *Langen/Bunte-Maass,* Art. 14 FKVO.

werden (Abs. 1 und 2, jeweils 1. Hs.).[552] Die Adressaten einer Geldbußenentscheidung sind mit Blick auf das Anhörungsrecht Beteiligte des Verfahrens (Art. 11 Buchst. d DVO). Bei der Festsetzung der Höhe der Geldbuße – nach Abs. 1 wie Abs. 2 – ist die Art und Schwere des Verstoßes zu berücksichtigen (Abs. 3; vgl. Art. 23 Abs. 3 VO Nr. 1/2003). Das Verfahren zur Verhängung einer Geldbuße schließt – auf Antrag – eine förmliche Anhörung der betroffenen Unternehmen (Art. 18 Abs. 1 FKVO) sowie – in jedem Fall – den Beratenden Ausschuss (Art. 19 Abs. 3 FKVO) ein. Anders als noch nach der FKVO Nr. 4064/89 sind Geldbußenentscheidungen ebenso wie Entscheidungen nach Art. 8 FKVO im Amtsblatt der Europäischen Gemeinschaften zu veröffentlichen (vgl. Art. 20 Abs. 1 FKVO). Hinsichtlich weiterer Einzelheiten des Verfahrens bei Geldbußen kann zur Vermeidung von Wiederholungen auf die Ausführungen zur VO Nr. 1/2003 verwiesen werden.[553]

201 Bei Klagen gegen eine Bußgeld- oder Zwangsgeldentscheidung der Kommission räumt **Art. 16 FKVO**[554] dem Gerichtshof (bzw. dem EuG) die **Befugnis zu unbeschränkter Ermessensnachprüfung** der Entscheidung im Sinne von Art. 261 AEUV ein. Das Gericht kann die Geldbuße oder das Zwangsgeld aufheben, herabsetzen oder erhöhen (Art. 16 S. 2 FKVO).

202 In der bisherigen **Praxis der Kommission** zur Fusionskontrolle finden sich, wie bereits erwähnt,[555] nur wenige Entscheidungen über Geldbußen und auch nur wenige Hinweise auf entsprechende Verfahren oder Prüfungen. Im Fall *Torras/Sarrio*[556] sah die Kommission ausdrücklich von der Verhängung einer Buße wegen Verstoßes gegen das Vollzugsverbot und Überschreitung der (damals noch geltenden) einwöchigen Anmeldefrist (Art. 4 Abs. 1 FKVO a. F.) ab, da die schwierige Berechnung des Umsatzes einer am Zusammenschluss beteiligten staatlichen kuwaitischen Holdinggesellschaft für die Verstöße ursächlich war. In *Air France/Sabena*[557] führte ebenfalls die komplizierte Bewertung des Zusammenschlusses und die Vorlage des Vertrages der beteiligten Unternehmen bei der Kommission unter Art. 101 AEUV zu einem Absehen von Geldbußen.

203 Ein bedeutender Fall einer Verhängung von Geldbußen hätte der Zusammenschluss *Telefonica/Sogecable(Canal Plus)/Cablevisiòn*[558] werden können. Dieser Fall war Ende 1995 von den Beteiligten zunächst bei der spanischen Wettbewerbsbehörde angemeldet und von dieser freigegeben worden, obwohl die Kommission zuvor den Beteiligten wie auch der spanischen Regierung mitgeteilt hatte, dass ihrer Auffassung nach der Zusammenschluss gemeinschaftsweite Bedeutung im Sinne von Art. 1 Abs. 2 FKVO besitzt. Die Beteiligten bestritten die gemeinschaftsweite Bedeutung und waren erst nach Einleitung eines Bußgeldverfahrens und Übermittlung von Beschwerdepunkten (Ende März 1996) bereit, den Fall bei der Kommission anzumelden. Das Vorhaben wurde schließlich am 7.11.1996 – angesichts einer drohenden Untersagungsentscheidung der Kommission – aufgegeben und die Anmeldung zurückgenommen. Das noch offene Bußgeldverfahren wurde daraufhin von der Kommission eingestellt. Dieses Verfahren machte bereits deutlich, dass die Kommission gewillt ist, die Einhaltung der von der FKVO auferlegten Pflichten gegebenenfalls durch Sanktionen durchzusetzen. So hat die Kommission das 1998 wegen **verspäteter Anmeldung** und **Verstoßes gegen das Vollzugsverbot** eingeleitete Bußgeldverfahren in dem – zuvor freigegebenen[559] – Zusammenschlussfall *Samsung/AST* mit der Verhängung einer Geldbuße von 33 000 € abgeschlossen.[560] Gegenstand des Verfahrens war eine fahrläs-

---

[552] AA *Cook/Kerse,* EEC Merger Control, S. 125 Fn. 67.
[553] S. *Hellmann* in § 46.
[554] Wortgleich mit Art. 17 VO Nr. 17/62.
[555] S. o. Rdnr. 196.
[556] Komm. E. v. 24.2.1992, IV/M.166, Rdnr. 3 (WuW/E EV 1817).
[557] Komm. E. v. 5.10.1992, IV/M.157, Rdnr. 21 (WuW/E EV 1948).
[558] IV/M. 709; s. dazu Komm., 26. WB 1996, Rdnr. 150 f.; Competition Policy Newsletter, Vol. 2 No. 2 Summer 1996, S. 34 f.
[559] Komm. E. (Art. 6 Abs. 1 Buchst. b) v. 26.5.1997, IV/M.920.
[560] Komm. E. v. 18.2.1998, IV/M.920, WuW/E EU-V 386 – *Samsung/AST.*

sig verspätete Anmeldung sowie der Vollzug des Zusammenschlusses vor Anmeldung. Die Kommission verhängte für beide Teilakte Geldbußen, da seinerzeit zwei Tatbestände (Art. 14 Abs. 1 Buchst. a und Abs. 2 Buchst. b FKVO Nr. 4064/89) verwirklicht waren. Sie erkannte dabei den Einwand, dass bei fahrlässiger Nichtanmeldung regelmäßig das Vorhaben vollzogen und damit der zweite Tatbestand automatisch verwirklicht worden sei, nicht an.[561] Seit der Neufassung im Jahr 2004 würde dieser Fall allein nach der neuen Fassung des Art. 14 Abs. 2 Buchst. a FKVO verfolgt, da Art. 14 Abs. 2 Buchst. b FKVO nur den Fall des unerlaubten vorzeitigen Vollzuges vor der Freigabeentscheidung, aber nach Anmeldung, erfassen soll.[562] Die bloß fahrlässige Begehungsform und die nachträgliche Anmeldung durch *Samsung* wirkten aber ebenso wie die wettbewerbliche Unbedenklichkeit des Falles strafmildernd. Demgegenüber wurden der Zeitraum von 14 Monaten zwischen Verstoß und Anmeldung, die Stellung von *Samsung* als Großunternehmen mit bedeutenden Aktivitäten in Europa – und damit einer zu erwartenden Kenntnis der FKVO – sowie das rechtlich zweifelsfreie Vorliegen eines Kontrollerwerbs als straferschwerend berücksichtigt. Auf dieser Grundlage wurden die unterlassene Anmeldung mit einer Buße von 5000 €, der Verstoß gegen das Vollzugsverbot mit 14 (Monate) × 2000 € = 28 000 €, zusammen 33 000 € belegt.

In drei weiteren Fusionsfällen nach Art. 6 Abs. 1 Buchst. b FKVO – *Maersk/DFDS Tra-* 204
vel, Compagnie Nationale de Navigation/Sogelfa – CIM und *Georg Fischer/Disa*[563] – wurde von der Kommission wegen Verstoßes gegen das Vollzugsverbot die Anwendung von Art. 14 FKVO erwogen, dann aber nicht weiterverfolgt. Eine Geldbuße (219 000 €) erging hingegen gegen das Unternehmen *A. P. Moeller* wegen **Verstoßes gegen das Vollzugsverbot** und **unterlassener Anmeldung**[564] sowie gegen die *Deutsche Post AG* (100 000 €) und gegen *KLM* (40 000 €) jeweils wegen **falscher Angaben in der Anmeldung.**[565] Eine drastische Geldbuße in Höhe von 20 Mio. € wegen Verstoßes gegen das Vollzugsverbot erging 2009 gegen *Electrabel* im Fall *Electrabel/Compagnie de Rhone.*[566] Fünf Jahre später wurde eine Buße von ebenfalls 20 Mio. € gegen die norwegische Lachsfarm *Marine Harvest ASA* wegen vorzeitigen Vollzuges eines Anteils- und Kontrollerwerbs an dem Wettbewerber *Morpol ASA* verhängt.[567]

Wegen **unvollständiger Auskünfte** wurde im Fusionskontrollverfahren *Ahlström/* 205
Kvaerner erstmals ein nicht am Zusammenschluss beteiligtes Dritter – das Unternehmen *Mitsubishi* – mit einer Geldbuße in Höhe von 50 000 € sowie einem Zwangsgeld von insgesamt 900 000 € belegt.[568] Der Zusammenschluss hätte zu wettbewerblichen Bedenken auf dem Weltmarkt für Rückgewinnungskessel geführt. Trotz mehrfacher Mahnung kam *Mitsubishi* der Verpflichtung zur Erteilung von nach Art. 11 FKVO angeforderten Auskünften nicht nach, so dass sich die Kommission insoweit auf Schätzungen stützen musste. Da es wegen der Relevanz der vorenthaltenen Angaben um einen gravierenden Verstoß handelte, verhängte die Kommission die seinerzeit nach Art. 14 Abs. 1 Buchst. c

---

[561] AaO, Rdnr. 15.

[562] *Zeise,* in: Handbuch Fusionskontrolle, Rdnr. 1991.

[563] Komm. E. v. 4.11.1997, IV/M.988, Rdnr. 7; Komm. E. v. 1.12.1997, IV/M.1021, Rdnr. 9; Komm. E. v. 10.3.1998, IV/M.1009, Rdnr. 5; s. auch Komm., 27. WB 1997 (Kurzfassung), Rdnr. 193. Ebenso im Fall *Hutchison/ECT,* Komm. E. v. 29.11.2001, WuW 2001, 844.

[564] Komm. E. v. 10.2.1999, ABl. 1999 L 183/29.

[565] Komm. E. v. 14.12.1999, WuW 2000, 48 – *Deutsche Post/trans-o-flex;* Komm. E. v. 14.12.1999, WuW 2000, 48 – *KLM/Martinair III;* ausführlich zu beiden Fällen *Zeise,* in: Handbuch Fusionskontrolle, Rdnr. 1979.

[566] Komm. E. (Art. 6 Abs. 1 Buchst. b FKVO) v. 29.4.2008, COMP/M.4994; Komm. E. v. 10.6.2009 (Art. 14 FKVO), bestätigt durch EuG U. v. 12.12.2012, Rs. T-332/09, ECLI: EU:T: 2012: 672 – *Electrabel/Kommission;* s. auch *Hirsbrunner* EuZW 2009,727.

[567] Komm. E. v. 23.7.2014, COMP/M.7184 (zur Freigabe des Zusammenschlusses gegen eine Veräußerungszusage s. Komm. E. v. 30.9.2013, COMP/M.6850); s. dazu *Hirsbrunner* EuZW 2014, 659, 660 f.; *Drauz/McGeown/Record* JECLP 2014, 314, 323.

[568] Komm. E. v. 12.7.2000, WuW/E EU-V 543.

FKVO Nr. 4064/89 höchstmögliche Buße von 50000 €. Im Fall *Tetra Fast Technology*[569] wurden 2 × 45000 € wegen **unrichtiger Anmeldung** und **unrichtiger Antworten** auf ein Auskunftsersuchen verhängt. Ohne Verhängung einer Geldbuße wurde das Bußgeldverfahren gegen die schwedischen Papierhersteller *Munksjö* und *Ahlstrom* wegen des Vorwurfs (mindestens fahrlässiger) **irreführender Informationen** zum Marktvolumen und zu den eigenen Marktanteilen abgeschlossen. Hier hatte die Kommission am 25.2.2014 Beschwerdepunkte übermittelt,[570] stellte dann aber im Oktober 2014 das Verfahren ein, nachdem die Parteien glaubhaft vorgetragen hatten, dass eine vom Unternehmen vor der Anmeldung des Zusammenschlusses durchgeführte Neuermittlung der Marktstruktur unter Einbeziehung asiatischer Anbieter die Diskrepanz zwischen den Zahlen in der Anmeldung und den Zahlen älterer interner Dokumente erklärte. Die Kommission mahnte bei dieser Gelegenheit eine frühzeitige Erläuterung von auseinander fallenden Zahlen zwischen Anmeldung und internen Dokumenten seitens der Zusammenschlussbeteiligten an.[571]

II. Zwangsgelder (Art. 15 FKVO)

206 Die Regelung über Zwangsgelder ist weitgehend Art. 24 VO Nr. 1/2003 nachgebildet. Unterschiede bestehen wiederum hinsichtlich der Einbeziehung (natürlicher) Personen in den Adressatenkreis. Im Zwangsgeldrahmen ist die Norm dem Art. 24 VO Nr. 1/2003 angepasst worden: **bis zu 5 % des durchschnittlichen täglichen Gesamtumsatzes** des beteiligten Unternehmens für jeden Arbeitstag des Verzuges. So können Zwangsgelder zum Zwecke der Einholung einer durch Entscheidung nach Art. 11 FKVO angeforderten Auskunft oder zur Duldung einer nach Art. 13 FKVO angeordneten Nachprüfung verhängt werden (Abs. 1 Buchst. a und b). In materieller Hinsicht kann die Kommission die Einhaltung einer Auflage in einer Entscheidung nach Art. 6 Abs. 2 FKVO, Art. 7 Abs. 3 FKVO oder Art. 8 Abs. 2 Unterabs. 2 FKVO[572] erzwingen wie auch Maßnahmen durchsetzen, die sich aus einer Entflechtungsanordnung nach Art. 8 Abs. 4 FKVO ergeben (Abs. 2 Buchst. a und b). In Verfahren nach der VO Nr. 1/2003 ist die Durchsetzung von Auflagen (Art. 9 VO Nr. 1/2003) mittlerweile auch zwangsgeldbewehrt (Art. 24 Abs. 1 Buchst. c VO Nr. 1/2003).

207 Hinsichtlich des **Verfahrens** zur Verhängung von Zwangsgeldern kann auf die Ausführungen zu Geldbußen (Art. 14 FKVO) verwiesen werden. Zwangsgelder und Geldbußen können auch kumulativ verhängt werden.[573] Abs. 3 sieht – wie auch Art. 24 Abs. 2 VO Nr. 1/2003 – eine niedrigere Festsetzung vor, wenn die Betroffenen zwischenzeitlich ihren Verpflichtungen nachgekommen sind. Diesbezüglich und wegen weiterer Einzelheiten des Verfahrens bei Zwangsgeldern wird zur Vermeidung von Wiederholungen auf die Ausführungen zur VO Nr. 1/2003 verwiesen.[574] In der Praxis der EG-Fusionskontrolle haben Zwangsgelder bislang – mit Ausnahme des Falles *Mitsubishi Heavy Industries* in *Ahlström/Kvaerner*[575] – keine Rolle gespielt. In dem genannten Fall wurde für jeden Tag nach Ablauf der Frist zur Auskunftserteilung bis zum Abschluss des Fusionskontrollverfahrens ein Zwangsgeld von 25000 €, insgesamt 900000 €, verhängt (Art. 15 Abs. 1 Buchst. a FKVO Nr. 4064/89).

---

569 Komm. E. v. 7.7.2004, WuW/E EU-V 991; s. im Einzelnen dazu *Hossenfelder/Töllner/Ost,* Kartellrechtspraxis und Kartellrechtsprechung 2004/2005, Rdnr. 1100.

570 COMP/M.7191, Presse-Mitt. IP/14/189 v. 25.2.2014; zur Freigabeentscheidung mit Veräußerungszusagen in diesem Fall s. Komm. E. v. 24.5.2013, COMP/M.6576 (Presse-Mitt. IP/13/461).

571 Presse-Mitt. IP/14/1222 v. 29.10.2014.

572 Auch hier fehlt die Erstreckung auf Zusagen in der „Ersten Phase", s. Art. 15 Abs. 1 Buchst. c.

573 *Langen/Bunte-Maass,* Art. 15 FKVO.

574 S. *Hellmann* in § 46.

575 Komm. E. v. 12.7.2000, WuW/E EU-V 543.

I. Gerichtlicher Rechtsschutz

I. Reichweite und Rechtsgrundlage des gerichtlichen Rechtsschutzes in der EG-Fusionskontrolle

Die FKVO enthält nur in Art. 21 Abs. 2 („vorbehaltlich der Nachprüfung durch den Gerichtshof") einen Hinweis auf gerichtlichen Rechtsschutz in Bezug auf Genehmigungs- oder Untersagungsentscheidungen, obwohl sie während und zum Abschluss des Verwaltungsverfahrens eine Reihe von förmlichen Entscheidungen mit „verbindlicher Regelungswirkung",[576] d.h. nach deutschem Verständnis mit der Qualität von Verwaltungsakten, vorsieht. Allgemeine Rechtsgrundlage für gerichtlichen Rechtsschutz in Fusionsfällen sind deshalb die **Art. 258 ff. AEUV.**[577] Die Vorschrift des **Art. 16 FKVO**[578] erweitert diesen Rechtsschutz nur um eine uneingeschränkte Ermessensüberprüfung und Möglichkeit der abschließenden Entscheidung durch das Gericht bei Geldbußen und Zwangsgeldern. **Art. 9 Abs. 9 FKVO** stellt einen bloß deklaratorischen Hinweis auf die Klagemöglichkeit eines Mitgliedstaats nach den allgemeinen Vorschriften gegen die einen Verweisungsantrag (Art. 9 Abs. 2 FKVO) ablehnende Entscheidung dar.[579] **208**

Art. 263 AEUV räumt den Mitgliedstaaten (Abs. 2) sowie – unter der Voraussetzung der unmittelbaren und individuellen Betroffenheit – den am Zusammenschluss beteiligten Unternehmen und dritten Personen (Abs. 4) eine Klagebefugnis gegen Entscheidungen der Kommission ein (Nichtigkeits- oder Anfechtungsklage). Aufgrund der allgemeinen Regelung des Art. 263 AEUV stellte sich nicht die – im deutschen Recht zumindest bis zur sechsten GWB-Novelle (1999) – diskutierte Frage, inwieweit das Kartellrecht nur den Wettbewerb als Institution und nicht die individuellen Freiheitsrechte von Marktteilnehmern schützt.[580] Art. 265 AEUV eröffnet eine Untätigkeitsklage, die allerdings in der Praxis der EU-Fusionskontrolle noch keine Rolle gespielt hat. Art. 268 AEUV gibt die Möglichkeit zu einer Schadensersatzklage, die bislang nur in wenigen Fällen *(Airtours/FirstChoice, Schneider/Legrand)* nach der Aufhebung der Untersagungsentscheidung durch das EuG[581] von den Unternehmen gegen die Kommission erhoben wurden (s. dazu Rdnr. 211a). Klagen nach 263 ff., soweit sie Individualklagen von natürlichen oder juristischen Personen sind, gehen in erster Instanz an das EuG; über Klagen von Mitgliedstaaten wird vom EuGH entschieden. **209**

In der **frühen Praxis** der EU-Fusionskontrolle in den 90er Jahren wurden nur relativ wenige Nichtigkeitsklagen gegen Entscheidungen der Kommission erhoben. Aufgrund der langen Verfahrensdauer[582] gab es zunächst auch nur wenige gerichtliche Entscheidungen, die sich zudem vorwiegend mit verfahrensrechtlichen Fragen befassen.[583] Dies änderte sich 2001. Seitdem kann auf Antrag einer Partei eine Klage in einem Fusionsfall vorrangig und in einem „beschleunigten Verfahren" **(„fast track")** behandelt werden.[584] Dies setzt eine **210**

---

[576] *Drauz/Schroeder,* S. 223.

[577] S. *Schütte/Thomas* in § 49.

[578] Wortgleich mit Art. 17 VO Nr. 17/62.

[579] *Langen/Bunte-Bardong,* Art. 9 FKVO Rdnr. 22; *Wagemann,* WuW 1992, 730, 731 mwN.

[580] Insbes. ein gerichtliches Vorgehen gegen Freigabeentscheidungen des BKartA, d.h. eine Klagebefugnis für Dritte (Wettbewerber usw.), wird bisher bei Freigaben in der „Ersten Phase" verneint; sie ist 1999 – in Angleichung an das EG-Recht – mit der 6. GWB-Novelle auch nur für Entscheidungen im Hauptprüfverfahren eingeführt worden. S. dazu im Einzelnen *Richter/Steinvorth* in § 21 und *Klose* in § 54.

[581] U. v. 6.6.2002, Slg. 2002, II-2592; U. v. 22.10.2002, Slg. 2002, II-4201.

[582] Laut Statistik des EuG im Jahr 2002 bei 21 Monaten durchschnittlich.

[583] Eine Aufzählung der Urteile findet sich bei *Bechtold* EuZW 1998, 313 f. und bei *Koch,* in: Handbuch Fusionskontrolle, Fn. 2099.

[584] Art. 151 ff. VerfO EuG (2015) und Art. 133 ff. VerfO EuGH; Mitteilung des EuG zur Einführung des beschleunigten Verfahrens, www.curia.eu.int/de/actu/activités/act01/0104.de. htm.

besondere Dringlichkeit voraus, die vom EuG in der Praxis schon bejaht wird, wenn eine Untersagungsentscheidung eine bedeutende Fusion ansonsten über Jahre hinweg blockieren würde. Das Gericht prüft allerdings zusätzlich die Eignung des Falles für das beschleunigte Verfahren. Kommt es zu einem solchen Verfahren, konzentriert sich das Vorbringen der Parteien auf die mündliche Verhandlung und auf in der Seitenzahl von vornherein begrenzte Schriftsätze. Nach Klageschrift und -erwiderung findet keine weitere Schriftsatzrunde statt. Streithelfer tragen nur in der mündlichen Verhandlung vor. Die durchschnittliche Verfahrensdauer beträgt denn auch nur 10–12 Monate, d. h. etwa die halbe Zeit des normalen Verfahrens[585] (so erstmals in den Fällen *Schneider/Legrand* und *Tetra Laval*);[586] die bislang schnellste Entscheidung des EuG erging im Fall *Energias de Portugal/Kommission* nach nur sieben Monaten.[587] Nachfolgend sollen die Rechtsschutzmöglichkeiten betroffener Unternehmen und Mitgliedstaaten sowie im Überblick der Rechtsweg und die verfahrensrechtlichen Besonderheiten für den Bereich der EG-Fusionskontrolle dargestellt werden. Eine ausführliche allgemeine Darstellung der Rechtsmittel gegen Entscheidungen der Kommission findet sich in § 49.

II. Die Entscheidungen nach der FKVO und ihre Rechtsmittelfähigkeit

211 **1. Entscheidungen nach Art. 6 und 7 FKVO.** Hinsichtlich der das Verfahren bei der Kommission abschließenden Entscheidungen nach Art. 6 Abs. 1 Buchst. a und Buchst. b FKVO sowie der bloß verfahrensleitenden bzw. -begleitenden Entscheidungen nach Art. 6 Abs. 1 Buchst. c FKVO und Art. 7 Abs. 4 FKVO ist jeweils für die verschiedenen Verfahrensbeteiligten und für die Mitgliedstaaten die Frage des gerichtlichen Rechtsschutzes zu erörtern.

212 *a) Art. 6 Abs. 1 Buchst. a und b FKVO.* Entscheidungen über die Unanwendbarkeit der FKVO und die Vereinbarkeit des Zusammenschlusses mit dem Gemeinsamen Markt besitzen einerseits nur feststellenden Charakter und greifen nicht in die Rechtsstellung der beteiligten Unternehmen oder Dritter ein.[588] Gleichwohl betrifft eine Art. 6 Abs. 1 Buchst. a FKVO-Entscheidung die Zusammenschlussbeteiligten unmittelbar insofern, als ihr Vorhaben anschließend ggf. ein nationales Fusionskontrollverfahren mit neuen Fristen durchlaufen muss. In der Verneinung der Zuständigkeit der Kommission liegt demnach grundsätzlich eine „Belastung“ für die beteiligten Unternehmen, die eine unmittelbare und individuelle Betroffenheit im Sinne von Art. 263 Abs. 4 AEUV begründet. Dies hat das EuG im Fall *Generali* bestätigt.[589] Die Verneinung der Zuständigkeit kann sogar dann mit einer Klage angegriffen werden, wenn sie durch einfaches Schreiben der Kommission[590] oder durch den Pressesprecher[591] erklärt wird. Nur für einzelne Anteilseigner eines am Zusammenschluss beteiligten Unternehmens hat das EuG festgestellt, dass eine Entscheidung nach Art. 6 Abs. 1 Buchst. a FKVO nicht rechtsmittelfähig ist.[592]

213 **Freigabeentscheidungen** nach Art. 6 Abs. 1 Buchst. b FKVO haben für die Zusammenschlussbeteiligten keine belastende Wirkung und geben ihnen deshalb keine Klagebe-

---

585 *Koch,* in: Handbuch Fusionskontrolle, Rdnr. 2202.

586 S. dazu *Pape/Hossenfelder/Töllner,* Kartellrechtspraxis und Kartellrechtsprechung 2002/2003, Rdnr. 28 f., 842 ff. und 895 ff.

587 U. v. 21.9.2005, WuW/E EU-R 943; s. hierzu Wettbewerbsbericht 2005 der Kommission, Rdnr. 388 ff. (www.ec.europa.eu/comm/competition/annual_reports/2005/de.pdf).

588 S. Rdnr. 84 und Rdnr. 127 mwN.

589 U. v. 4.3.1999, Slg. 1999, II-203, Rdnr. 41 ff. – *Generali;* ebenso *Immenga/Mestmäcker-Körber,* Art. 16 FKVO Rdnr. 15; *GTE-Schröter,* Art. 87 Zweiter Teil Rdnr. 282; aA *Koch* EWS 1990, 72; *Körber* EuZW 1996, 267, 268 mwN in Fn. 10 f.

590 EuG U. v. 25.9.2003, Slg. 2002, II-1473, Rz. 85 – *Moser.*

591 EuG U. v. 24.3.1994, Slg. 1994, II-121, Rdnr. 55 – *Air France.*

592 EuG U. v. 28.10.1993, Slg. 1993, II-1169 Rdnr. 35 f. – *Zunis Holding u. a./Kommission.*

fugnis. Auch im Falle einer „feindlichen Übernahme" greift eine Freigabeentscheidung nicht in die Rechtsstellung des Passivbeteiligten („target company") ein; die FKVO verleiht insofern einem Beteiligten keinen Anspruch auf Unvereinbarkeitserklärung. Für Wettbewerber, Abnehmer oder Lieferanten der Zusammenschlussbeteiligten wird dagegen – unter der Voraussetzung einer unmittelbaren und individuellen Betroffenheit (Art. 263 Abs. 4 AEUV) – eine Klagebefugnis angenommen.[593]

214 *b) Art. 6 Abs. 1 Buchst. c FKVO.* Eine Entscheidung nach dieser Vorschrift hat in verfahrensrechtlicher Hinsicht gestaltende Wirkung, gibt jedoch nach überwiegender Ansicht den Zusammenschlussbeteiligten kein Klagerecht, da es sich nur um eine verfahrenseinleitende Verfügung innerhalb eines mehrstufigen Verfahrens handelt.[594] Nach ständiger Rechtsprechung des EuGH liegt eine anfechtbare Handlung grundsätzlich nur bei Maßnahmen vor, die den Standpunkt der Kommission endgültig festlegen.[595]

215 **Mitgliedstaaten** haben grundsätzlich nach Art. 263 Abs. 2 AEUV ein Klagerecht gegen alle Art. 6 FKVO-Entscheidungen. Dies wird jedoch allenfalls bei Entscheidungen der Kommission nach Art. 6 Abs. 1 Buchst. b oder Buchst. c relevant, wenn der Mitgliedstaat die gemeinschaftsweite Bedeutung eines Zusammenschlusses und damit die Zuständigkeit der Kommission oder aber die wettbewerbliche Unbedenklichkeit eines Zusammenschlusses bestreitet. Bislang gibt es keinen Fall einer solchen Klage.[596]

216 *c) Art. 7 FKVO.* Nach Art. 7 Abs. 1 FKVO gilt seit 1998 das Vollzugsverbot grundsätzlich bis zur Freigabe des Zusammenschlusses. Einer ausdrücklichen Entscheidung zur Verlängerung des Vollzugsverbotes bis zur Freigabe (Art. 7 Abs. 2 a. F.) bedarf es nicht mehr.

217 Auf Antrag der beteiligten Unternehmen kann die Kommission nach **Art. 7 Abs. 3 FKVO** vor Anmeldung oder während des Verfahrens eine Befreiung vom Vollzugsverbot erteilen. Diese Entscheidung kann mit Bedingungen und Auflagen versehen werden (Abs. 3 S. 4).[597] Da es sich um eine die Beteiligten begünstigende Entscheidung handelt, stellt sich die Frage der Rechtsmittelfähigkeit für die **Beteiligten** nur hinsichtlich begleitender Bedingungen und Auflagen gegen die Versagung einer Vollzugserlaubnis; insoweit ist von einer Klagemöglichkeit nach Art. 263 Abs. 4 AEUV auszugehen.[598] **Mitgliedstaaten** dürften nach Art. 263 Abs. 2 AEUV gegen Entscheidungen nach Art. 7 Abs. 3 FKVO klagen können, auch wenn es sich nur um verfahrensleitende Verfügungen handelt. Ungeklärt und auch in der Literatur, soweit ersichtlich, bislang nicht behandelt ist die Frage, ob **Dritte** – z.B. Wettbewerber – eine vorzeitige Erlaubnis des Vollzuges eines Zusammenschlusses nach Art. 7 Abs. 4 FKVO gerichtlich angreifen können. Eine unmittelbare und individuelle Betroffenheit im Sinne von Art. 263 Abs. 4 AEUV erscheint nicht ausgeschlossen, wenn durch den Zusammenschluss zugleich eine marktbeherrschende Stellung begründet oder verstärkt wird. Nach bisheriger Entscheidungspraxis der Kommission und jetzt auch nach dem Wortlaut des Art. 7 Abs. 3 S. 3 FKVO findet jedoch eine „mögliche Gefährdung des Wettbewerbs durch den Zusammenschluss" bereits bei der Entscheidung besondere Berücksichtigung. Stößt ein Zusammenschluss nach vorläufiger Prüfung auf wettbewerbliche Bedenken, wird regelmäßig kein oder nur eine beschränkte Befreiung

---

593 So in EuG U. v. 19.5.1994, Slg. 1994-II, 323 – *Air France/Kommission* betr. den Fall *British Airways/TAT; Bos/Stuyck/Wytinck,* 4–368; *Drauz/Schroeder,* S. 223; *Immenga/Mestmäcker-Körber,* Art. 16 FKVO Rdnr. 20; *Langen/Bunte-Käseberg,* Art. 6 FKVO Rdnr. 63, 64; *Canenbley/Hölzler/Wiedemann,* EC Merger Control Monitor, S. A 23.

594 EuGH U. v. 11.11.1981, Slg. 1981, 2639, 2651ff. Rdnr. 8ff. – *IBM; GTE-Schröter,* 4. Aufl. Zweiter Teil, Rdnr. 282; *Koch,* in: Handbuch Fusionskontrolle, Rdnr. 2148; *Bos/Stuyck/Wytinck,* 4–360; *Drauz/Schroeder,* aaO.

595 EuGH U. v. 18.3.1997, Slg. 1997, I-1503 mwN – *Guérin automobiles/Kommission.*

596 Zu der beabsichtigten, dann jedoch nicht erhobenen Klage Deutschlands im Fall *Alcatel/AEG Kabel* (Komm. E. v. 18.12.1991, IV/M.165, WuW/E EV 1713) s. *Wagemann* WuW 1992, 730ff.

597 S. dazu Rdnr. 44f.

598 Ebenso *Immenga/Mestmäcker-Körber,* Art. 16 FKVO Rdnr. 33.

vom Vollzugsverbot gewährt.[599] Anlass für eine Klage durch Dritte wird sich deshalb hier kaum jemals ergeben.

218 **2. Entscheidungen nach Art. 8 FKVO.** Die eigentliche Bedeutung von Klagen nach Art. 263 AEUV in der EG-Fusionskontrolle besteht im Bereich von Freigabe-, Untersagungs-, Entflechtungs- und Widerrufsentscheidungen der Kommission nach Art. 8 Abs. 1 bis 6 FKVO. Insbesondere die drei letztgenannten Entscheidungsarten haben materiell gestaltenden Charakter für den angemeldeten Zusammenschluss[600] und begründen somit eine unmittelbare und individuelle Betroffenheit im Sinne von Art. 263 Abs. 4 AEUV für die beteiligten Unternehmen und ggf. auch für Dritte.[601]

219 *a) Art. 8 Abs. 1 und 2 FKVO.* Hinsichtlich einer uneingeschränkten Freigabeentscheidung nach Art. 8 Abs. 1 FKVO gilt nichts anderes als bei Art. 6 Abs. 1 Buchst. b FKVO.[602] Im Falle einer Freigabe unter Bedingungen oder Auflagen nach Art. 8 Abs. 2 Unterabs. 2 FKVO können die Zusammenschlussbeteiligten gegen die sie belastenden **Nebenbestimmungen** gerichtlich vorgehen wollen (Art. 263 Abs. 4 AEUV). Bislang wurden allerdings in allen einschlägigen Fällen die Nebenbestimmungen über Treuhänder, Veräußerungsmodalitäten, Berichtspflichten usw. zwischen Kommission und Unternehmen ausgehandelt und der Form nach zum Gegenstand der von den Unternehmen angebotenen Verpflichtungen im Sinne von Art. 8 Abs. 2 Unterabs. 2 FKVO gemacht. Es erscheint daher zumindest fraglich, ob die Zusammenschlussbeteiligten hinsichtlich dieser nicht einseitig von der Kommission auferlegten, sondern im Konsens von den Unternehmen eingegangenen Belastungen klagebefugt sind. Hinsichtlich einer Bedingung (z.B. Veräußerung eines Geschäftsbereichs) war bislang außerhalb der Fusionskontrolle anerkannt, dass sie separat anfechtbar ist, wenn sie sich vom übrigen Teil der Entscheidung abtrennen lässt.[603] Dies ist bei Bedingungen zum Zwecke einer Freigabe regelmäßig nicht der Fall. Eine Klage müsste sich demnach gegen die Entscheidung nach Art. 8 Abs. 2 FKVO insgesamt richten und die von der Kommission zunächst formulierten wettbewerbsrechtlichen Bedenken gegen den Zusammenschluss angreifen.[604] Die Beteiligten haben die „Änderung" des Zusammenschlusses jedoch selbst vorgeschlagen (s. Art. 8 Abs. 2 Satz 1 FKVO). Auch besteht ein gewisses Risiko, wenn die Kommission nach Aufhebung der ursprünglichen Freigabe in eine erneute Prüfung des Falles eintritt.[605] Nicht anfechtbar sind bloße kartellrechtliche Feststellungen in einer Kommissionsentscheidung, z.B. die Feststellung einer marktbeherrschenden Stellung.[606]

220 In der Praxis hat es bei Freigabeentscheidungen unter Bedingungen oder Auflagen bislang nur Klagen von **Dritten** sowie in einem Fall von einem **Mitgliedstaat** gegeben.[607] Dabei wurde – neben sonstigen Rügen – regelmäßig der Umfang der abgegebenen Zusa-

[599] So in Komm. E. v. 24.4.1996, IV/M.619, ABl. 1997 L 11/30 – *Gencor/Lonrho,* oder in Komm. E. (Art. 7 Abs. 2) v. 15.12.1997, IV/M.993 – *Bertelsmann/Kirch/Premiere,* und Komm. E. (Art. 7 Abs. 2) v. 23.12.1997, IV/M.1027 – *Deutsche Telekom/BetaResearch* (unveröffentlicht).

[600] Vgl. dazu Rdnr. 126ff.

[601] S. u. unter Rdnr. 235.

[602] S. o. Rdnr. 212f.

[603] EuGH U. v. 28.6.1972, Slg. 1972, 1353ff. – *Janet/Komm.; Koch,* in: Handbuch Fusionskontrolle, Rdnr. 2144.

[604] Zur entsprechenden Streitfrage in der deutschen Fusionskontrolle s. BGH B. v. 7.11.2006, WuW/E DE-R 1889 – *DB/üstra* (separate Anfechtung von Auflagen zulässig, wenn Unternehmen einen entsprechenden Vorbehalt gemacht hatte).

[605] *Koch,* aaO, Rdnr. 2145.

[606] EuG U. v. 22.3.2000, Slg. 2000, II-1733, Rdnr. 80ff. – *Coca-Cola;* ebenso *Montag/Leibenath* WuW 2000, 852, 862.

[607] EuGH U. v. 31.3.1998, Slg. 1998, I-1375 – *Französische Republik/Kommission* und *SCPA u. EMC/Kommission* betr. *Kali – Salz/MdK/Treuhandanstalt,* Komm. E. v. 14.12.1993, IV/M.308; EuG U. v. 27.11.1997, Slg. 1997, II-2137 – *Kaysersberg SA/Kommission* betr. *Procter & Gamble/VP Schickedanz (II),* Komm. E. v. 21.6.1994, IV/M.430; B. d. Präs. d. EuG v. 2.12.1994, Slg. 1994, II-1159 – *Union Carbide Corporation/Kommission.*

gen von den Klägern für unzureichend gehalten. Zu den von Dritten zugleich beantragten einstweiligen Anordnungen s. § 17 Rdnr. 240.

b) Art. 8 Abs. 3 FKVO. Bis 1998 war nur gegen vier von zwölf Untersagungsentscheidungen nach Art. 8 Abs. 3 FKVO von den **Zusammenschlussbeteiligten** Klage nach Art. 263 Abs. 2 AEUV erhoben[608] worden. Seit 1999 wurde jede Untersagung gerichtlich angegriffen, was mehrmals zur Aufhebung durch die Unionsgerichte und nachfolgend – seit 2002 – zu einer deutlichen Zurückhaltung der Kommission beim Erlass von Untersagungsentscheidungen führte.[609] Klagen von **Mitgliedstaaten** gegen Untersagungen sind nach Art. 263 Abs. 2 AEUV möglich, bislang jedoch nicht erfolgt. 221

c) Art. 8 Abs. 4 FKVO. Entflechtungsentscheidungen der Kommission nach Art. 8 Abs. 4 FKVO wurden bislang regelmäßig gerichtlich angegriffen (*Kesko/Tuko* und *Blokker/Toys-R-Us*).[610] Im erstgenannten Fall wurde von *Kesko* erfolglos Klage gegen die Untersagung und die Entflechtung erhoben.[611] Zur Aufhebung der Untersagungs- und Entflechtungsentscheidungen durch das EuG kam es in den Fällen *Schneider/Legrand* und *TetraLaval/Sidel*.[612] 222

d) Art. 8 Abs. 5 und 6 FKVO. Sofern die Kommission wegen unrichtiger Angaben oder Zuwiderhandlung gegen eine Auflage eine Freigabeentscheidung nachträglich gemäß Art. 8 **Abs. 6 Buchst. a oder b FKVO** widerruft, ist ihr anschließend die Möglichkeit der Untersagung des Zusammenschlusses nach Art. 8 Abs. 3 FKVO eröffnet (vgl. Art. 8 **Abs. 7 Buchst. b FKVO**). Bislang hat es einen solchen Fall noch nicht gegeben. Nicht nur die nachfolgende Untersagung, sondern bereits die Widerrufsentscheidung dürfte für die Zusammenschlussbeteiligten gerichtlich angreifbar sein, da sie bestimmte Rechtswirkungen erzeugt (Wiedereröffnung des Verfahrens, Art. 8 Abs. 7 FKVO), durch die die Beteiligten im Sinne von Art. 263 Abs. 4 AEUV unmittelbar und individuell betroffen sind. Auch muss das Vorliegen der Widerrufsvoraussetzungen einer gerichtlichen Überprüfung zugänglich sein. 223

3. Die Genehmigungsfiktion des Art. 10 Abs. 6 FKVO. Zulässig sind Klagen von beteiligten oder dritten Unternehmen oder Mitgliedstaaten auch gegen die Fiktion einer Vereinbarkeitsentscheidung nach Art. 10 Abs. 6 FKVO. In diesem Fall richtet sich die Klage gegen einen stillschweigend ergangenen, nicht mit Gründen versehenen Verwaltungsakt.[613] Eine solche Klage könnte aber allein wegen Verletzung des Begründungserfordernisses (Art. 190 EG) erfolgreich sein. 224

4. Sonstige Entscheidungen. *a) Art. 11–13 FKVO.* Gegen förmliche Auskunftsersuchen im Sinne des Art. 11 Abs. 3 FKVO sowie gegen Nachprüfungsentscheidungen nach Art. 12 und 13 FKVO können die Adressaten Nichtigkeitsklage nach Art. 263 AEUV erheben. In ihrer jeweiligen Entscheidung hat die Kommission auf dieses Recht hinzuweisen (Art. 11 Abs. 3 S. 3 FKVO Art. 13 Abs. 4 S. 2 FKVO, Art. 12 Abs. 1 FKVO iVm Art. 13 Abs. 4 S. 2 FKVO). 225

b) Art. 14 und 15 FKVO. Gegen die Festsetzung von Geldbußen (Art. 14 FKVO) und Zwangsgeldern (Art. 15 FKVO) kann ebenfalls Nichtigkeitsklage erhoben werden. **Art. 16 FKVO** erweitert die Nachprüfungsbefugnisse der Unionsgerichte um die unbeschränkte 226

---

[608] *Endemol u. a./Kommission,* T-221/95, ABl. 1996 C 64/14 betr. Komm. E. v. 20.9.1995, IV/M.553, ABl. 1996 L 134/32 – *RTL/Veronica/Endemol; Gencor Ltd/Kommission,* T-102/96, ABl. 1996 C 247/19 betr. Komm. E. v. 24.4.1996, IV/M.619, ABl. 1997 L 11/30 – *Gencor/Lonrho; Kesko Oy/Kommission,* T-22/97, ABl. 1997 C 131/17 betr. Komm. E. v. 20.11.1996, IV/M.784, ABl. 1997 L 110/53 – *Kesko/Tuko; Taurus Beteiligungs-GmbH & Co. KG/Kommission,* T-121/98, ABl. 1998 C 312/17 betr. Komm. E. v. 27.5.1998, IV/M.993, ABl. 1999 L 53/1 – *Bertelsmann/Kirch/Premiere.*

[609] S. o. Rdnr. 137.

[610] Komm. E. v. 20.11.1996 u. 19.2.1997, IV/M.784, ABl. 1997 L 110/53 u. L 174/47 – *Kesko/Tuko;* Komm. E. v. 26.6.1997, IV/M.890, ABl. 1998 L 316/1 – *Blokker/Toys „R" Us (II).*

[611] EuG U. v. 15.12.1999, Slg. 1999, II-3775.

[612] EuG U. v. 22.10.2002, Slg. 2002, II-4201; U. v. 25.10.2002, Slg. 2002, II-4519.

[613] *Körber* EuZW 1996, 267, 268 mwN; *Immenga/Mestmäcker-Körber,* Art. 16 FKVO Rdnr. 22; *Lange,* in Fs. Boujong, S. 885, 906.

Ermessensnachprüfung und um die Möglichkeit, selbst die Geldbuße oder das Zwangsgeld aufzuheben, herabzusetzen oder zu erhöhen (vgl. Art. 261 AEUV).

227 *c) Art. 9 FKVO.* Eine förmliche Entscheidung der Kommission nach einem Verweisungsantrag eines Mitgliedstaats nach Art. 9 Abs. 2 FKVO stellt auch die Verweisung (Art. 9 Abs. 3 Unterabs. 1 Buchst. b FKVO und Unterabs. 3 n. F.) bzw. die Ablehnung der Verweisung (Art. 9 Abs. 3 Unterabs. 2 FKVO) dar. Da die Verweisung an die zuständige Behörde des Mitgliedstaates adressiert ist (vgl. Art. 9 Abs. 1 und Abs. 3 Unterabs. 1 Buchst. b) FKVO) und sich die Anwendung von Art. 9 grundsätzlich nur auf das Verhältnis zwischen Kommission und Mitgliedstaat bezieht, erschien es zunächst fraglich, ob die **am Zusammenschluss beteiligten Unternehmen** von der Verweisung im Sinne von Art. 263 Abs. 4 AEUV unmittelbar betroffen sind. Grundsätzlich erschöpfen sich die Rechte der Zusammenschlussbeteiligten in der Unterrichtung über den eingegangenen Verweisungsantrag (Art. 9 Abs. 2 FKVO) und über die Entscheidung (Art. 9 Abs. 1 FKVO). Andererseits sind die Folgen einer Verweisung – Anwendung nationaler Rechtsvorschriften und Fristen – identisch mit den Folgen einer Entscheidung nach Art. 6 Abs. 1 Buchst. a FKVO, für die eine Klagebefugnis angenommen wird.[614] Mittlerweile hat denn auch das EuG für die **Zusammenschlussparteien** wie auch für **Dritte** ein Klagerecht bejaht und dies damit begründet, dass ihnen infolge der Verweisung Anhörungs- und Klagerechte nach Art. 18 Abs. 4 FKVO und Art. 263 AEUV genommen werden.[615] Ein **Mitgliedstaat** kann nach Art. 263 Abs. 2 AEUV gegen die Ablehnung seines Verweisungsantrages klagen (Art. 9 Abs. 9 FKVO),[616] nicht jedoch gegen die der Kommission nach Art. 9 Abs. 1 Unterabs. 1 Buchst. a FKVO eröffnete Option, einen Verweisungsantrag unbeschieden zu lassen und selbst das Verfahren nach Art. 6 Abs. 1 Buchst. c FKVO einzuleiten („Zweite Phase"). In diesem Fall fehlt es an einem Rechtswirkungen erzeugenden Akt der Kommission im Rahmen des Zwischenverfahrens nach Art. 9 FKVO.[617]

228 *d) Art. 22 FKVO.* Beantragen ein oder mehrere Mitgliedstaaten hinsichtlich eines Zusammenschlusses ohne gemeinschaftsweite Bedeutung nach Art. 22 Abs. 3 FKVO die Prüfung und ggf. Untersagung durch die Kommission, so ergeht die nachfolgende Entscheidung der Kommission nach Art. 6 und 8 FKVO. Aus Art. 22 FKVO ergeben sich somit keine Besonderheiten beim gerichtlichen Rechtsschutz für die **beteiligten Unternehmen.** Dritte haben kein Klagerecht gegen den Art. 22 FKVO-Antrag eines Mitgliedstaates oder gegen ein Tätigwerden der Kommission nach Art. 22 FKVO.[618] Offen ist, ob ein **Mitgliedstaat** Untätigkeitsklage nach Art. 268 Abs. 3 AEUV gegen die Kommission erheben kann, wenn über seinen Verweisungsantrag nach Art. 22 Abs. 3 FKVO nicht entschieden wird (Art. 22 FKVO sieht – anders als Art. 9 FKVO – keine ausdrückliche negative Entscheidung der Kommission bei Nichtvorliegen der Verweisungsvoraussetzungen vor).

229 *e) Art. 4 Abs. 4 und Abs. 5 FKVO.* Anders als bei Verweisungsentscheidungen nach Art. 9 oder 22 FKVO dürfte es für entsprechende Verweisungen **vor** Anmeldung an einer Klagebefugnis der Zusammenschlussparteien fehlen, da die Verweisungen gerade auf Anträge dieser Unternehmen zurückgehen. Allenfalls Ablehnungen von Verweisungen nach Art. 4 Abs. 4 oder 5 FKVO dürften wohl bei verfahrensrechtlichen Mängeln anfechtbar sein. Einschlägige Rechtsprechung liegt insoweit noch nicht vor.

230 *f) Erklärungen der Kommission außerhalb des förmlichen Verfahrens.* Auch sie können, wie bereits oben[619] ausgeführt, mit der Nichtigkeitsklage nach Art. 263 AEUV angreifbar sein. Im

---

[614] S. o. Fn. 126; ebenso *Bos/Stuyck/Wytinck,* 4–375; *Hirsbrunner* EWS 1998, 233, 238.

[615] U. v. 3.4.2003, Slg. 2003, II-1442, Rdnr. 281 ff. – *Royal Philips/Kommission,* und U. v. 30.9.2003, Slg. 2003, II- 4251, Rdnr. 49 ff. – *Cableuropa.*

[616] *Wagemann* WuW 1992, 730, 731.

[617] Theoretisch ist im Übrigen auch nach Einleitung der „Zweiten Phase" noch eine Verweisung des Falles möglich, vgl. Art. 9 Abs. 4 Buchst. b FKVO.

[618] *Niewiarra,* in Fs. Lieberknecht, S. 431, 435.

[619] S. Rdnr. 208.

Fall *Air France/Kommission I* hatte der für Wettbewerb zuständige Kommissar eine Presseerklärung über die fehlende gemeinschaftsweite Bedeutung des Zusammenschlusses *British Airways/DanAir* und damit über die Nichtanwendbarkeit der FKVO herausgegeben. Dagegen wandte sich *Air France* mit einer Klage.[620] Als Entscheidung im Sinne von Art. 263 AEUV gilt jeder Akt eines Gemeinschaftsorgans, der dazu bestimmt ist, verbindliche Rechtswirkungen im Einzelfall zu erzeugen oder der zumindest tatsächlich solche Rechtswirkungen erzeugt.[621] Die Presseerklärung des Wettbewerbskommissars befreite die beteiligten Unternehmen im Ergebnis von Anmeldepflicht und Vollzugsverbot nach Art. 4 und 7 FKVO; ihr wurde deshalb vom EuG eine rechtliche Wirkung zuerkannt.[622] Anderes hat jedoch wohl für in der Praxis übliche informelle, nicht öffentlich gemachte **Mitteilungen der Generaldirektion Wettbewerb** zu gelten, in denen auf Anfrage von Unternehmen das Nichtvorliegen eines Zusammenschlusses von gemeinschaftsweiter Bedeutung bestätigt wird („informal guidance").[623] In einem umgekehrt gelagerten Fall hat das EuG die Klage eines Unternehmens gegen die von der **Generaldirektion Wettbewerb** angekündigte Eröffnung eines Fusionskontrollverfahrens zurückgewiesen.[624]

g) Untätigkeitsklage. Da jedes Verfahren nach der FKVO mit einer Entscheidung endet, 231
die nach Maßgabe des Art. 263 AEUV gerichtlich angreifbar ist, und im Übrigen auch Rechtswirkungen erzeugende Erklärungen außerhalb des Verfahrens angreifbar sind, hat die Untätigkeitsklage nach **Art. 268 Abs. 3 AEUV** im Bereich der Fusionskontrolle so gut wie keine Bedeutung.[625] Allenfalls bei Nichtanmeldung eines Zusammenschlusses mit gemeinschaftsweiter Bedeutung ohne jede diesbezügliche Äußerung der Kommission kann Bedarf für eine Untätigkeitsklage bestehen.[626] Dies hat das EuG in seinem Urteil *Air France/Kommission I* ausdrücklich bestätigt, jedoch zur Voraussetzung gemacht, dass der betroffene Dritte der Kommission zunächst eine Frist zum Tätigwerden setzt.[627]

h) Schadensersatzklage. Gegen Organe der Europäischen Union kann grundsätzlich nach 232
Art. 261 iVm. Art. 340 Abs. 2 AEUVauf Ersatz von Schaden geklagt werden, den diese in Ausübung ihrer Amtstätigkeit verursacht haben. Diese Möglichkeit hat der EuGH in seiner *Kali & Salz*-Entscheidung für die Fusionskontrolle sogar ausdrücklich erwähnt.[628] Tatsächlich kam es im Gefolge der beiden vom EuG aufgehobenen Untersagungsentscheidungen *Airtours/FirstChoice* und *Schneider/Legrand*[629] zu solchen Klagen. Hier wurden Schäden in Höhe von 800 Mio. bzw. 1,66 Mrd. € geltend gemacht.[630] Die allgemeine Rechtsprechung der Unionsgerichte zu Schadensersatzansprüchen hat allerdings sehr hohe Anforderungen an die Begründetheit derartiger Klagen gestellt: So muss zunächst die verletzte Rechtsnorm individualschützenden Charakter besitzen, der Rechtsverstoß hinreichend qualifiziert sein und zwischen Rechtsverletzung und Schaden ein unmittelbarer Kausalzusammenhang bestehen.[631] Demnach muss Art. 2 FKVO den erforderlichen Schutznormcharakter haben. Au-

---

620 EuG U. v. 24.3.1994, Slg. 1994, II-121 – *Air France/Kommission I.*

621 EuGH U. v. 11.11.1981, Slg. 1981, 2639 Rdnr. 9 – *IBM; Körber* EuZW 1996, 267, 268 f. mwN.

622 EuG U. v. 24.3.1994, Slg. 1994, II-121 Rdnr. 44 ff.; s. dazu *Brown* ECLR 1994, 296, 298 ff.

623 So auch *Brown* ECLR 1994, 299.

624 EuG U. v. 12.7.1996, Slg. 1996, II-799 – *Sogecable SA/Kommission,* betr. *Telefónica/Canal Plus/Cablevisión,* Komm. E. (Art. 6 Abs. 1 Buchst. c) v. 19.7.1996, IV/M.709, Rücknahme der Anmeldung am 7.11.1996, Komm., 26. WB 1996 (Kurzfassung), Rdnr. 151 ff.; *Canenbley/Hölzler/Wiedemann,* EC Merger Control Monitor, S. A 23.

625 S. nur EuGH U. v. 25.9.2003, Slg. 2003, I-9903 – *Moser,* zur Verpflichtung der Kommission, zu Beschwerden Dritter auch dann Stellung zu nehmen, wenn der Zusammenschluss gar nicht anmeldepflichtig nach der FKVO ist.

626 *Körber* EuZW 1996, 272.

627 Slg. 1994, II-121 Ls. 3; kritisch dazu *Lange,* in Fs. Boujong, S. 885, 905 f.

628 EuGH U. v. 31.3.1998, Slg. 1998, I-1375 Rdnr. 74.

629 Rs. T-212/03 und Rs. T-351/03.

630 *Koch,* in: Handbuch Fusionskontrolle, Fn. 2184.

631 *Koch,* aaO, Rdnr. 2185 mwN.

ßerdem verlangt die „hinreichende Qualifizierung" des Verstoßes offenkundige und erhebliche Fehler bei der fusionskontrollrechtlichen Prüfung der Untersagungsvoraussetzungen. Im Fall *Schneider Electric SA/Kommission* hat das EuG in seinem Urteil vom 11.7.2007 diese Voraussetzung einer offenkundigen und erheblichen Ermessensüberschreitung durch die Kommission bekräftigt.[632] Nur so sei der für die Wettbewerbsbehörde erforderliche Handlungsspielraum und ihre Beurteilungsfreiheit gewahrt. Das EuG sah aber in dem Fehler der Kommission bei der Gewährung rechtlichen Gehörs, der zur Aufhebung der Untersagungs- und Entflechtungsentscheidung geführt hatte, einen solche offenkundigen und erheblichen Rechtsverstoß und verpflichtete die Kommission dem Grunde nach zum Schadensersatz. Im Einzelnen hatte es die Kommission in den Beschwerdepunkten versäumt, zu der später untersagungsrelevanten Verstärkung einer marktbeherrschenden Stellung von *Schneider* auf dem französischen Markt für Bauteile für elektrische Verteilungsanlagen Gelegenheit zum rechtlichen Gehör zu geben. Diese Verletzung der Verteidigungsrechte sei, so das EuG, nicht durch objektive Zwänge des Fusionskontrollverfahrens, z.B. enge Fristen, gerechtfertigt gewesen. Nicht als schadensersatzbegründend wurden sonstige materielle Fehler der Kommission bei der Prüfung der Auswirkungen des Zusammenschlusses angesehen. Als Schaden zu ersetzen sei allerdings nicht der Schaden, der durch den fehlerhaften Beschluss als solchen entstanden ist, sondern die Differenz zu der Beschlusslage, die sich bei richtigem Verfahren ergeben hätte, d.h. die auf den Verfahrensfehler ursächlich zurückzuführen ist.[633] Das EuG entschied daher, dass dem Unternehmen *Schneider* zum einen die Kosten, die nach den Nichtigkeitsurteilen von 2002 durch die Wiederaufnahme des Fusionskontrollverfahrens der Kommission entstanden seien, und zum anderen der Schaden aus einer Reduzierung des Veräußerungspreises für *Legrand* zu ersetzen seien. Der Veräußerungsvertrag war von *Schneider* mit einem Konsortium *Wendel/KKR* für den Fall einer Abweisung seiner Nichtigkeitsklagen geschlossen worden, wurde dann aber gegen Reduzierung des Kaufpreises vorläufig ausgesetzt; wegen einer Mitverantwortung von *Schneider* sah das EuG hier nur zwei Drittel dieses Schadens als erstattungsfähig an. Die Kommission rechnete seinerzeit Pressemeldungen zufolge mit einem Schadensersatz von 300 bis 400 Mio. €, legte aber Rechtsmittel beim EuGH gegen die Entscheidung ein.[634] Der Gerichtshof bestätigte 2009 den vorgenannten qualifizierten Rechtsverstoß der Kommission dem Grunde nach, beschränkte aber die Schadensersatzsumme auf die Kosten, die *Schneider Electric* auf Grund der Durchführung eines neuen Fusionskontrollverfahrens entstanden wären.[635] Da sich die Parteien anschließend nicht, wie vom EuGH aufgegeben, innerhalb von drei Monaten auf eine konkrete Summe einigen konnten, lag ihm die Sache 2010 erneut vor. Er bemaß den Schaden letztlich auf 50 000 € in einem Rechtsstreit, der mit einer Forderung von 1,66 Mrd. € begonnen hatte.[636] Im Fall *Airtours/FirstChoice* wies das EuG die Schadensersatzklage von *My Travel* ab; ein nach Fristablauf vorgelegtes Zusagenangebot der Zusammenschlussbeteiligten durfte die Kommission zurückweisen, zumal dieses nicht geeignet gewesen war, die von ihr geäußerten Wettbewerbsbedenken eindeutig zu beseitigen.[637] Ebenfalls erfolglos war die Schadensersatzklage eines französischen Gemeindeverbandes wegen der Schließung eines Werks im Gefolge des ohne Nebenbestimmungen freigegebenen Zusammenschlusses *Blackstone/Acetex*.[638] Die Erhaltung des fraglichen Werks war in der Ersten Phase des Verfahrens als Zusage diskutiert worden, dann aber nicht weiter verfolgt worden. Die Kommission konnte somit später die Werksschließung nicht verhindern und haftete hierfür aber auch nicht.[639]

---

[632] EuG U. v. 11.7.2007, Slg. 2007, II-2237; s. auch Pressemitteilung Nr. 48/07 des EuG v. 11.7.2007, http://curia.europa.eu/de/actu/communiques/cp07/aff/cp070048de. pdf.

[633] EuG aaO, Slg. 2007, II-2237 Rdnr. 209 ff.

[634] Frankfurter Allgemeine Zeitung v. 7.8.2007, S. 9.

[635] EuGH U. v. 16.7.2009, Slg. 2009, I-6413 – *Kommission/Schneider Electric.*

[636] EuGH U. v. 9.6.2010, Slg. 2010, I-73 – *Kommission/Schneider Electric.*

[637] U. v. 9.9.2008, Slg. 2008, II-1967; s. dazu *Hirsbrunner* EuZW 2009, 239, 244.

[638] Komm. E. v. 13.7.2005, COMP/M.3625.

[639] EuG B. v. 1.9.2011, Slg. 2001, II-254 – *Communauté des communes de Lacq/Kommission.*

III. Rechtsweg und Verfahrensbestimmungen

1. Zuständigkeit und Kontrolldichte. Zuständig für Klagen nach Art. 263 Abs. 2 AEUV ist der EuGH, für Klagen nach Art. 263 Abs. 4 AEUV das EuG.[640] Bislang gibt es bei den beiden Gerichten noch keine spezialisierten Kartellsenate,[641] obwohl es mittlerweile in Art. 257 AEUV eine entsprechende Rechtsgrundlage gibt und die Einrichtung solcher Kammern schon gefordert wurde.[642] Das EuG prüft die Kommissionsentscheidung in tatsächlicher und rechtlicher Hinsicht. Bei der **Kontrolldichte** der Entscheidungen der Kommission hat sich in den vergangenen Jahren eine bemerkenswerte Entwicklung vollzogen. Während nach langjähriger Rechtsprechung des EuGH die Gerichte bei „komplexen wirtschaftlichen Sachverhalten" der Kommission einen Beurteilungsspielraum einräumten und nur prüften, ob ein „offensichtlicher Beurteilungsfehler" vorlag, haben die Kammern des EuG in den Entscheidungen zu Fusionsfällen seit 2001 die Kontrolldichte deutlich verschärft.[643] Während zuvor die Prognose der Kommission in Fusionsfällen nicht bzw. nur eingeschränkt überprüft wurde,[644] überprüfte das Gericht später nicht nur die Einhaltung der Verfahrensvorschriften, die hinreichende Begründung, die zutreffende Feststellung und nicht offensichtlich unrichtige Würdigung des Sachverhalts und den Ermessensmissbrauch,[645] sondern auch die Prognose der Entstehung einer marktbeherrschenden Stellung in detaillierter Art und Weise. Im Ergebnis sah das Gericht in den Fällen *Airtours, Schneider* und *Tetra-Laval* „offensichtlich Beurteilungsfehler".[646] Im *Tetra-Laval*-Fall verlangte das EuG „eindeutige Beweise" für konglomerate Effekte. Diesen Beweis vermisste das EuG auch im Fall *GE/Honeywell,* wenn es auch die Untersagungsentscheidung wegen horizontaler Effekte letztlich bestätigte.[647] Der Beurteilungsspielraum der Kommission reduzierte sich hier praktisch auf Null.[648] Der EuGH hat die hohe Kontrolldichte in der letztinstanzlichen Entscheidung *Tetra-Laval* im Wesentlichen bestätigt.[649] Gleichwohl betonen die Unionsgerichte an manchen Stellen ausdrücklich eine gewisse Beurteilungsfreiheit der Kommission, z. B. bei der komplexen Abwägung am Ende der Ersten Prüfungsphase, ob ein Zusammenschluss Anlass zu ernsthaften Bedenken und damit zur Einleitung der Zweiten Phase (Art. 6 Abs. 1 Buchst. c FKVO) gebe.[650] 233

Gegen die Entscheidungen des EuG kann **Rechtsmittel** zum EuGH eingelegt werden.[651] Die Überprüfung durch den EuGH beschränkt sich auf Rechtsfragen.[652] 234

---

[640] Art. 3 Abs. 1 lit. c des Beschlusses des Rates vom 24.10.1988, ABl. 1988 L 319/1; *Kirchhoff,* BB-Beilage 14 zu Heft 11/1990, S. 14; *Wagemann* WuW 1992, 731.

[641] *Koch,* in: Handbuch Fusionskontrolle, Rdnr. 2135.

[642] *Koch* aaO mwN.

[643] *Koch,* in: Handbuch Fusionskontrolle, Rdnr. 2176 ff. S. allerdings für Erste-Phase-Entscheidungen nach Art. 6 FKVO EuG U. v. 7.5.2009, Slg. 2009, II-1219 – *NVV ./. Kommission* betreffend die Klage eines Dritten gegen die Freigabeentscheidung *Sovion/HMG,* Komm. E. v. 21.12.2004, COMP/M.3605; hier betonte das EuG den großen Beurteilungsspielraum der Kommission bei der Abgrenzung des sachlich relevanten Marktes. In ähnlicher Weise betonte das EuG im Urteil vom 9.7.2007 (Slg. 2007, II-2149 Ls. 1 – *Sun Chemical/Kommission*) den Beurteilungsspielraum der Kommission bei der Anwendung ihrer eigenen Leitlinien; an diese ist die Kommission gebunden, sie muss sie aber nicht sämtliche dort genannten Faktoren immer zwingend prüfen; s. dazu *Langen/Bunte-Bardong,* Art. 16 FKVO Rdnr. 82.

[644] EuGH U v. 17.11.1987, Slg. 1987, 4487, 4583 Rdnr. 62 f. – *British-American Tobacco und R.J. Reynolds Industries/Kommission.*

[645] *Kirchhoff* aaO, S. 14.

[646] *Koch,* in: Handbuch Fusionskontrolle, Rdnr. 2172.

[647] U. v. 14.12.2005, Slg. 2005, II-5575 – *General Electric/Kommission.*

[648] *Koch,* in: Handbuch Fusionskontrolle, Rdnr. 2179.

[649] U. v. 15.2.2005, Slg. 2005, I-1113; s. auch Bericht der Kommission über die Wettbewerbspolitik 2005, Rdnr. 383 (www.ec.europa.eu/comm/competition/annual_reports/2005/de.pdf).

[650] EuG U. v. 11.12.2013, Rs. T-79/12, ECLI: EU: T: 2013: 635 – *Cisco Systems und Messagenet SpA/Kommission;* s. dazu *Hirsbrunner* EuZW 2014, 658, 659.

[651] Art. 49 des Beschlusses des Rates vom 24.1.1988, aaO.

[652] S. dazu *Schütte* in § 49 Rdnr. 321 ff.

235 **2. Klagebefugnis.** Während für Klagen von Mitgliedstaaten nach Art. 263 Abs. 2 AEUV keine besonderen Voraussetzungen für die Klagebefugnis bestehen, verlangt Art. 263 Abs. 4 AEUV für natürliche und juristische Personen eine **unmittelbare und individuelle Betroffenheit** durch das Kommissionshandeln.[653] In der EU-Fusionskontrolle ist die so umschriebene Klagebefugnis ohne weiteres zu bejahen für Adressaten von Auskunfts-, Nachprüfungs-, Bußgeld- und Zwangsgeldentscheidungen.[654] Gleiches gilt für die Unternehmen, an die eine Untersagungs-, Entflechtungs- oder Widerrufsentscheidung nach Art. 8 Abs. 3, 4 bzw. 5 FKVO gerichtet ist. Ebenso ist, wie bereits dargelegt, für die am Zusammenschluss beteiligten Unternehmen eine unmittelbare und individuelle Betroffenheit durch Bedingungen und Auflagen im Sinne von Art. 8 Abs. 2 Unterabs. 2 FKVO anzunehmen.[655]

236 Eine differenzierte Sicht ist bei der **Klagebefugnis für Dritte** geboten, wie die bisherige Rechtsprechung des EuG in Fusionsfällen zeigt. Nach der vor 1990 ergangenen Rechtsprechung des EuGH kam es bei Dritten auf die aktive Beteiligung am Verwaltungsverfahren der Kommission sowie auf die Darlegung der Beeinträchtigung eines berechtigten Interesses durch die angefochtene Entscheidung, d.h. in Wettbewerbssachen einer spürbaren Verschlechterung der Marktstellung des Betroffenen, an.[656] In diesem Sinne wäre in jedem Fall die Äußerung des Dritten gegenüber der Kommission innerhalb der „Ersten Phase" des Verfahrens auf eigene Initiative oder auf die mit der Veröffentlichung des Zusammenschlussvorhabens nach Art. 4 Abs. 3 FKVO im Amtsblatt verbundene Aufforderung der Kommission hin bzw. die Wahrnehmung des Anhörungsrechts nach Art. 18 Abs. 4 FKVO innerhalb der „Zweiten Phase" erforderlich. Diese Rechtsprechung erfuhr jedoch eine Auflockerung.[657] In den Entscheidungen *Air France/Kommission I* und *Vittel u. a./Kommission*[658] stellte das EuG nur noch auf die individuelle materielle Betroffenheit, d.h. die Berührung der Marktstellung des Dritten infolge des Zusammenschlusses, ab. Damit sind **Wettbewerber, Abnehmer** und **Lieferanten** der Zusammenschlussbeteiligten ohne weiteres als klagebefugte Dritte anzusehen, jedenfalls soweit sie eine nicht unbedeutende Marktstellung besitzen[659] und individuell und spürbar von der Fusionskontrollentscheidung betroffen sind.[660] Über mehrere Klagen von Wettbewerbern wurde zwischenzeitlich von EuG bzw. EuGH entschieden.[661] In seiner Entscheidung zum Zusammenschluss *Kali + Salz/MdK/Treuhandanstalt* erkannte der EuGH Wettbewerber, die von Zusagen der Zusammenschlussbeteiligten rechtlich und tatsächlich betroffen sind, als klagebefugt im Sinne von Art. 263 Abs. 4 AEUV an.[662] Dass Zusagen im Zeitpunkt der gerichtlichen Entscheidung schon erfüllt sind, beseitigt das Rechtsschutzinteresse an einer Nichtigkeitsklage – als Grundlage einer späteren Haftungsklage – nicht.[663] Die individuelle

---

653 Ausführlich dazu *Schütte/Thomas* in § 49 Rdnr. 206ff.; *Immenga/Mestmäcker-Körber,* Art. 16 FKVO Rdnr. 47ff.; *Lange,* in Fs. Boujong, S. 885, 908ff.; *Karl,* in: *Veelken/Karl/Richter,* Die Europäische Fusionskontrolle, S. 37, 74ff.

654 S. o. Rdnr. 206f.; ebenfalls *Koch,* in: Handbuch Fusionskontrolle, Rdnr. 2152.

655 S. o. Rdnr. 200.

656 *Drauz/Schroeder,* S. 223 mwN; *Heidenhain* EuZW 1991, 593f.; *Kirchhoff,* aaO, S. 15; *Körber* EuZW 1996, 269; ausführlich dazu *Schütte/Thomas* in § 49 Rdnr. 209ff.

657 S. dazu *Körber* EuZW 1996, 271f.; *Monopolkommission,* Sondergutachten 17, 1989, S. 104ff.; ausführlich dazu *Koch,* in: Handbuch Fusionskontrolle, Rdnr. 2153ff.

658 EuG U. v. 24.3.1994, Slg. 1994, II-121 – *Air France/Kommission I;* EuG U. v. 27.4.1995, Slg. 1995, II-1247 – *Perrier u. a./Kommission;* zu ersterem kritisch *von Dietze,* Verfahrensbeteiligung und Klagebefugnis im EG-Recht, S. 78.

659 So auch *Langen/Bunte-Käseberg,* Art. 6 FKVO Rdnr. 63; ausführlich zur Konkurrentenklage in der Fusionskontrolle *Körber* EuZW 1996, 267ff.; *Zilles,* S. 216ff. u. S. 159ff. eher ablehnend für Abnehmer und Lieferanten

660 S. dazu *Koch,* in: Handbuch Fusionskontrolle, Rdnr. 2160ff.

661 S. o. Fn. 607.

662 EuGH U. v. 31.3.1998, Slg. 1998, I-1375, Rdnr. 49 u. 52f. – *Französische Republik/Kommission* und *SCPA u. EMC/Kommission.*

663 *Beeser* European Law Reporter 1998, 144, 146.

Betroffenheit wird vom EuG zudem mit dem für eine Anhörung nach Art. 18 Abs. 4 FKVO darzulegenden berechtigten Interesse gleichgesetzt, womit z.B. auch **Arbeitnehmervertreter** erfasst sind, allerdings nur soweit ihre Klage sich auf eine Verletzung ihres Anhörungsrechts bezieht.[664] Grundsätzlich können auch **Minderheitsaktionäre** klagebefugt sein, wenn sie nicht nur unbedeutende Anteile halten. Im Fall *Mediobanca/Generali* haben jedoch EuG und EuGH die Klage der *Zunis Holding,* die weniger als 0,5% der Anteile an *Generali* hielt, als unzulässig abgewiesen.[665] Kein Klagerecht haben Verbraucherschutzverbände, wie das EuG im Fall *Test-Achats* – wenn auch im Rahmen einer Nichtigkeitsklage gegen eine Nichtverweisung nach Art. 9 FKVO – mit dem Argument fehlender individueller Betroffenheit entschied.[666]

3. Klagefrist. Die Klage- bzw. Begründungsfrist beträgt gemäß Art. 263 Abs. 6 AEUV 237
für alle Kläger **zwei Monate** ab Bekanntgabe bzw. Kenntniserlangung von der Entscheidung zuzüglich 10 Tage Entfernungsfrist.[667]

4. Folgen der Klageerhebung, Entscheidung und Rechtsfolgen. Die Erhebung 238
einer Klage nach Art. 263 AEUV hat **keine aufschiebende Wirkung** (Art. 278 AEUV).[668] Ein unter Auflagen freigegebener Zusammenschluss kann demnach ungeachtet einer Klage Dritter vollzogen, eine Entflechtungsentscheidung von der Kommission durchgesetzt werden. Zu den Einzelheiten und zum Ablauf des gerichtlichen Verfahrens s. § 49 Rdnr. 15ff. Mitgliedstaaten können gemäß Art. 142ff. der VerfO des EuG (bzw. Art. 129ff. VerfO des EuGH) auf Seiten einer der Parteien als Streithelfer beitreten.[669]

Nach Eintritt der Rechtskraft der gerichtlichen Entscheidung, die die Kommissionsent- 239
scheidung für nichtig erklärt (Art. 264 Abs. 1 AEUV), nimmt die Kommission das Verwaltungsverfahren wieder auf (Art. 266 Abs. 1 AEUV) und beginnt die Frist des Verwaltungsverfahrens neu zu laufen (Art. 10 Abs. 5 FKVO).

IV. Einstweiliger Rechtsschutz

Die Regelungen der Art. 278 und 279 AEUV für gerichtlichen einstweiligen Rechts- 240
schutz gelten auch in der EU-Fusionskontrolle. Sie werden im Einzelnen in § 49 Rdnr. 104ff. behandelt. In der Fusionskontrolle kann einstweiliger Rechtschutz für Dritte von Bedeutung sein, wenn der Vollzug eines von der Kommission freigegebenen Zusammenschlusses bevorsteht. Die Klage eines Dritten hat jedoch keine aufschiebende Wirkung für den mit der Freigabe zulässigen Vollzug (Art. 278 Abs. 1 AEUV). Der Dritte kann aber zusammen mit der Klageerhebung einen Antrag auf Anordnung der Aussetzung des Vollzuges (Art. 279 AEUV) stellen.[670] Bislang wurde nur in wenigen Rechtssachen von Wettbewerbern die vorläufige Aussetzung des Vollzuges bestimmter Auflagen bzw. des Zusammenschlusses insgesamt[671] und in einem Fall von Arbeitnehmervertretern die vorläufige

---

[664] EuG U. v. 27.4.1995, Slg. 1995, II-1213, 1216 – *Perrier u.a./Kommission,* und Slg. 1995, II-1247 1250 – *Vittel u.a./Kommission* (Betriebsräte und betriebliche Gewerkschaftsgruppe); *Brown* ECLR 1994, 301; *Drauz/Schroeder,* S. 226ff.; *Körber* EuZW 1996, 272; *Lange,* in Fs. Boujong, S. 885, 909.

[665] EuGH U. v. 11.1.1996, Slg. 1996, I-1, 24ff. – *Zunis Holding u.a./Kommission;* dazu *Brown* ECLR 1994, 296ff.; *Drauz/Schroeder,* S. 224; *Zilles,* S. 167ff.

[666] EuG U. v. 12.10.2011, Slg. 2011, II-7177 – *Test-Achats/Kommission.*

[667] Art. 60 VerfO EuG (ABl. 2015 L 105/1ff.), Art. 51 VerfO EuGH.

[668] *Kirchhoff* BB-Beilage 14 zu Heft 11/1990, S. 15.

[669] So z.B. Deutschland auf Seiten der Kommission in den Verfahren *Frankreich und SCPA/Kommission,* verb. Rs. C-68/94 und C-30/95; *Gencor Ltd./Kommission,* T-102/96; *TCCC und CCE/Kommission,* T-125/97 u. T-127/97.

[670] Zu den Voraussetzungen s. Art. 156 VerfO des EuG (ABl. 2015 L 105/1ff.).

[671] B. des Präs. des EuG v. 15.6.1994, Slg. 1994, II-401 – *SCPA/Kommission;* s. dazu *Drauz/Schroeder,* S. 228; B. des Präs. des EuG v. 2.12.1994, Slg. 1994, II-1159 – *Union Carbide Corporation/Kommission.*

Aussetzung des Vollzuges des Zusammenschlusses begehrt.[672] Die Unionsgerichte setzen die Anforderungen an einstweiligen Rechtsschutz in der Fusionskontrolle hoch an, wie die Ablehnung der Aussetzung des Vollzuges des Zusammenschlusses *Shell/Montecatini* auf Antrag des Wettbewerbers *Union Carbide Corporation* als unzulässig zeigt.[673] Nur der Antrag der *SCPA,* d.h. eines drittbetroffenen Unternehmens im Fall *Kali+Salz/MdK/Treuhand,*[674] auf Erlass einer einstweiligen Anordnung – hier die Aussetzung des Vollzuges der Zusage von *Kali+Salz,* sich aus der österreichischen *Kali Export GmbH,* an der auch *SCPA* beteiligt war, zurückzuziehen – war erfolgreich.[675] Erforderlich ist in jedem Fall eine besondere Dringlichkeit, d.h. der Antragsteller muss nachweisen, dass ihm ohne die Aussetzung des Vollzuges mit hoher Wahrscheinlichkeit ein schwerer, nicht wiedergutzumachender Schaden (z.B. Existenzgefährdung) droht. Dies wird im Wege einer Interessenabwägung geprüft[676] und hat – vgl. den Fall *Kali + Salz* – möglicherweise nur im Bereich der Anfechtung von Auflagen/Bedingungen oder im Fall einer Drittbetroffenheit praktische Bedeutung.[677]

2. Abschnitt: Die deutsche Fusionskontrolle (§§ 35ff. GWB)

§ 18 Einleitung

Übersicht

Schrifttum: *Bach,* Deutsche Fusionskontrolle bei inlandswirksamen Auslandszusammenschlüssen, WuW 1997, 291; *Bardong,* Die Einführung des SIEC-Tests und weitere Änderungen in der materiellen Fusionskontrolle, in: Bien (Hrsg.), Das deutsche Kartellrecht nach der 8. GWB-Novelle, 2013, 11; *ders.*, Die deutsche Fusionskontrolle nach der 8. GWB-Novelle, NZKart 2013, 303; *ders.*, Foreign-to-Foreign Mergers: The German Guidance, a Blueprint for a European Reform?, JECLAP 6 (2015) 477; *Barke/Stransky,* Der Sieg des SIEC – Auswirkungen der Übernahme des europäischen Fusionskontrollkriteriums, WRP 2014, 674; *Barthelmeß/Schultz,* Auslandszusammenschlüsse: Plädoyer für eine doppelte Inlandsumsatzschwelle in der deutschen Fusionskontrolle, WuW 2003, 129; *Baron,* Meinungen zur 6. GWB-Novelle, WuW 1998, 651; *ders.*, Die Ministererlaubnis auf dem Prüfstand: Erfahrungen aus dem aktuellen Fall E.ON/Ruhrgas, in: Schwerpunkte des Kartellrechts 2002, FIW-Schriftenreihe Bd. 196, 2003, 105; *Barthelmeß/Rudolf,* Extraterritoriale Anwendbarkeit der deutschen Fusionskontrolle und das völkerrechtliche Abwägungsgebot, WuW 2003, 1176; *Barthelmeß/Schulz,* Auslandszusammenschlüsse: Plädoyer für eine doppelte Inlandsumsatzschwelle in der deutschen Fusionskontrolle, WuW 2003, 129; *Bechtold,* Die Entwicklung des deutschen Kartellrechts 1999 bis 2001, NJW 2001, 3159; *ders.*, Die Stellung der Beigeladenen im Kartellverfahren, BB 2003, 1021; *ders.*, Zum Referentenentwurf einer Entflechtungsregelung, BB 2010, 451; *ders.*, Zu den pressespezifischen Änderungen der 8. GWB-Novelle, ZWeR 2013, 387; *ders.*, Zum Referenten-Entwurf der 6. GWB-Novelle, BB 1997, 1853; *ders.*, Economic Approach und Rechtssicherheit, in: Jürgen Schwarze (Hrsg.), Recht und Ökonomie im Europäischen Wettbewerbsrecht, 2006, 103; *ders.*, Kartellgesetz:

[672] B. des Präs. des EuGH v. 15.12.1992, Slg. 1992, II-2579 – *Perrier u.a./Kommission;* B. des Präs. des EuGH v. 2.4.1993 u.v. 6.7.1993, Slg. 1993, II-449 u. 785 – *Vittel u.a./Kommission;* s. dazu *Drauz/Schroeder,* S. 227f.

[673] S. Fn. 671; *Koch,* in: Handbuch Fusionskontrolle, Rdnr. 2189.

[674] Komm. E. v. 14.12.1993, IV/M.308, ABl. 1994 L 136/38 – *Kali + Salz/MdK/Treuhandanstalt.*

[675] B. des Präsidenten des EuG v. 10. 5. u. 15.6.1994, Slg. 1994, II-265ff., Rdnr. 33ff., und II-401ff., Rdnr. 31ff.

[676] *Koch,* in: Handbuch Fusionskontrolle, Rdnr. 2190f.

[677] *Koch,* in: Handbuch Fusionskontrolle, Rdnr. 2194ff.

Gesetz gegen Wettbewerbsbeschränkungen (§§ 1–96, 130, 131), 7. Aufl. 2013.; *Bechtold/Buntscheck,* Die Entwicklung des deutschen Kartellrechts 2001 bis 2003, NJW 2003, 2866; *Behrens,* Das Verhältnis von Marktbeherrschung und Wettbewerbsbeschränkung in der Fusionskontrolle, EuZW 2015, 244; *Beninca,* Räumliche Marktabgrenzung in der deutschen Fusionskontrolle, WuW 2005, 43; *Bernhard,* Europarechtliche Stolpersteine der 8. GWB-Novelle, EuZW 2013, 732; *Bernotat,* Fusionskontrolle bei Oligopolen unter Berücksichtigung des Oligopoltatbestandes § 23a Abs. 2 GWB, WuW 1980, 713; *Bien,* Kartellrechtskontrolle von Gemeinschaftsunternehmen ex ante und ex post – Teil 2: Die Anforderungen an den Nachweis von Spill-over-Effekten, NZKart 2014, 247; *Boekhoff/Franßen,* Zur Beschwerdebefugnis eines Dritten, insb. eines Verbandes, bei Beschwerden gegen Fusionsfreigaben, WuW 2002, 668; *Bosch/Marquier,* Fusionskontrolle: Neuere Entwicklungen zum Vollzugsverbot und Gun Jumping: Ausweitung der Gefahrenzone?, EWS 2010, 113; *Bremer/Wünschmann,* Fusionskontrolle im Nahverkehr, WuW 2006, 1118; *Bunte,* Anwendung der deutschen Fusionskontrolle auf Verkehrskooperationen im öffentlichen Personennahverkehr (ÖPNV)?, GRUR 2004, 913; *ders.,* Die 6. GWB-Novelle – Das neue Gesetz gegen Wettbewerbsbeschränkungen, DB 1998, 1748; *ders.,* Nochmals: Rechtsfragen zur Ministererlaubnis nach § 42 GWB, BB 2002, 2393; *Burholt,* Auswirkungen des BGH-Beschlusses Staubsaugerbeutelmarkt auf die Bagatellmarktklausel, WuW 2005, 889; *Burholt/Schaper,* Ausgewählte Rechtsprobleme beim sog. „no-jurisdiction letter" in der Praxis der deutschen Fusionskontrolle, WuW 2010, 1217; *Busche/Röhling* (Hrsg.), Kölner Kommentar zum Kartellrecht, Band 2: Deutsches Kartellrecht, 2014 (zitiert: *KK-Bearbeiter*); *Canenbley/Moosecker,* Fusionskontrolle – Handbuch für die Praxis, 1982; *Colbus/Marquier,* Fusionskontrolle: „Freigabe" im Entflechtungsverfahren – Rechtsunsicherheit bis zur 8. GWB-Novelle?, EWS 2012, 305; *Deichfuß,* Der Zusammenschluß durch Anteilserwerb nach der 6. GWB-Novelle, WuW 2000, 834; *Dohrn,* Deutsche Fusionskontrolle: Auswirkungen der zweiten Inlandsumsatzschwelle auf mehrere Erwerbsvorgänge umfassende Transaktionen, WuW 2011, 17; *Dormann,* Die Bedeutung subjektiver Rechte für das Kartellbeschwerdeverfahren, WuW 2000, 245; *dies.,* Drittklagen im Recht der Zusammenschlußkontrolle, 2000; *Dreher,* Deutsche Ministererlaubnis in der Zusammenschlusskontrolle und europäisches Kartellrecht, WuW 2002, 828; *Dreher/Thomas,* Die Verlängerung befristeter Verträge in der Zusammenschlusskontrolle von Gemeinschaftsunternehmen, ZWeR 2013, 1; *Emmerich,* Kartellrecht, 13. Aufl., 2014; *ders.,* Fusionskontrolle 2002/2003, AG 2003, 649; *Emmerich/Habersack,* Aktien- und GmbH-Konzernrecht, 7. Aufl. 2013 (zitiert: *Emmerich/Habersack-Bearbeiter*); *Engelhardt/App/Schlatmann,* Verwaltungs-Vollstreckungsgesetz Verwaltungszustellungsgesetz, 10. Aufl. 2014 (zitiert: *Engelhardt/App/Schlatmann-Bearbeiter*); *Esser/Höft,* Die Einführung des SIEC-Tests durch die 8. GWB-Novelle – Folgen für die Praxis, NZKart 2013, 447; *Ewald,* Der SIEC-Test im deutschen Recht: Grundansatz, materielle Detailfragen und praktische Auswirkungen aus ökonomischer Sicht, WuW 2014, 261; *ders.,* Paradigmenwechsel bei der Abgrenzung relevanter Märkte?, ZWeR 2004, 512; *Frank,* Die wettbewerbliche Nähe in der Analyse unilateraler Effekte – bisherige Entscheidungspraxis, ökonomische Bedeutung und künftige Entwicklung in Deutschland, WuW 2015, 369; *Fritzsche,* Der Einfluss des europäischen Wettbewerbsrechts auf das Ministererlaubnisverfahren nach § 42 GWB, WuW 2003, 1153; *Gassner,* Das Kartellverbot und seine Durchsetzungsprobleme bei Minderheitsbeteiligungen von Verbundunternehmen an Stadtwerken, WuW 2011, 1080; *Goette/Habersack* (Hrsg.), Münchener Kommentar zum Aktiengesetz, Bd. 1, 3. Aufl. 2008, und Bd. 5, 3. Aufl. 2010 (zitiert: *MüKo AktG-Bearbeiter*); *Grünwald/Hackl,* Keine fusionskontrollrechtliche Doppelprüfung beim „Stakebuilding", NZKart 2014, 96; *Hahn,* Die Kontrolle von Zusammenschlüssen nach ihrem Vollzug, WuW 2007, 1084; *Hahn, von,* Fusionskontrolle bei Auslandszusammenschlüssen, WuW 1983, 448; *Heinrich/Jakobs,* Die Umsatzberechnung unter der De-minimis-Klausel der deutschen Fusionskontrolle nach der 8. GWB-Novelle, WuW 2015, 489; *Henschen/Koch,* Absolutheitsanspruch in der Fusionskontrolle, WuW 2009, 1127; *Herfarth,* Nebenbestimmungen zu fusionsrechtlichen Freigabeentscheidungen in der Praxis des Bundeskartellamts, WuW 2004, 584; *Hoffmann,* Kontrollerwerb als neuer Zusammenschlußtatbestand des GWB, AG 1999, 538; *Hölters* (Hrsg.), Aktiengesetz, 2. Aufl. 2014 (zitiert: *Hölters-Bearbeiter*); *Holzwarth,* T-Mobile Austria/tele.ring – Nicht-koordinierte Effekte als Auffangtatbestand erheblicher Wettbewerbsbehinderungen?, ZWeR 2007, 338; *Höppner/Grabenschröer,* Marktabgrenzung bei mehrseitigen Märkten am Beispiel der Internetsuche, NZKart 2015, 162; *Huber,* Auswirkungstheorie und extraterritoriale Rechtsanwendung im internationalen Kartellrecht, ZGR 1981, 527; *Hüffer/Koch,* Aktiengesetz, 11. Aufl. 2014; *Ingrund,* Optionen in der Fusionskontrolle, WuW 2010, 753; *Immenga,* Vertikale Verflechtungen – Strategische Allianzen auf deutschen Energiemärkten – Konsequenzen für die Fusionskontrolle, ZNER 2002, 152; *ders.,* Zusammenschlußkontrolle auf obrigkeitlich gelenkten Märkten, WuW 2004, 1116; *Immenga, F. A.,* Neues aus Brüssel zum Outsourcing: Ein praktischer Leitfaden für die Fusionskontrolle, BB 2007, 2353; *Immenga/Immenga,* Die fusionskontrollrechtliche Anmeldepflichtigkeit von sog. Mantelgesellschaften, BB 2009, 7; *Immenga/Mestmäcker* (Hrsg.), Wettbewerbsrecht: GWB, 4. Aufl. 2007 und 5. Aufl. 2014; *Inderst/Wey,* Die Wettbewerbsanalyse von Nachfragemacht aus verhandlungstheoretischer Sicht, DIW Research Notes 2007; *Jaeger/Kokott/Pohlmann/Schroeder* (Hrsg.), Frankfurter Kommentar zum

Kartellrecht, Stand: 82. Ergänzungslieferung, Dez. 2014 (zitiert: *FK-Bearbeiter*); *Johnsen,* Das Näheverhältnis von Wettbewerbern in der Fusionskontrolle – Verlieren Marktanteile ihre Bedeutung?, WuW 2013, 1177; *Kahlenberg,* Novelliertes deutsches Kartellrecht, BB 1998, 1593; *Kahlenberg/Haellmigk,* Neues Deutsches Kartellgesetz, BB 2005, 1509; *Kapp/v. Goldbeck/Morlock,* Immobilienakquisitionen eines offenen Immobilienfonds: Kartellrechtliche Zusammenschlusskontrolle, DB 2004, 2567; *Kersten,* Zur Anwendbarkeit des GWB auf ausländische Unternehmenszusammenschlüsse mit Inlandswirkungen, WuW 1979, 721; *Kevekordes,* Auslandszusammenschlüsse im internationalen und materiellen Kartellrecht, 1986; *Klaue,* Veräußerungsauflagen im Ministererlaubnisverfahren nach § 42 GWB, in Fs. Immenga, 2004, 223; *Kleinmann/Bechtold,* Kommentar zur Fusionskontrolle, 2. Aufl. 1989; *Kleinmann/Josenhans,* „Blut ist dicker als Wasser": Familiäre Verbundenheit als Zurechnungsgrund in der deutschen Fusionskontrolle?, BB 2003, 1341; *Klumpp,* Neues in der Pressefusionskontrolle, WuW 2013, 344; *König/Trafkowski,* Zum Anwendungsbereich der Rundfunkklausel des § 38 Abs. 3 GWB, ZUM 2003, 513; *Körber,* Der SIEC-Test im GWB – Verhältnis zum Unionsrecht und Auswirkungen auf die Praxis, WuW 2014, 250; *ders.,* Die Sanierungsfusion im Kartellrecht, ZWeR 2014, 32; *Krueger,* Zusagen in Zusammenschlussfällen und Überwachung ihrer Umsetzung – Erfahrungsbericht aus der Fallpraxis, NZKart 2013, 130; *Kühnen,* Der SIEC-Test in der deutschen Fusionskontrolle, WuW 2012, 458; *Kühnen/Kizil,* Vollzugsverbot und Zivilrechtsschutz, ZWeR 2010, 268; *Landsittel,* Die Zurechnungsklausel in der Fusionskontrolle, BB 1994, 799; *Langen/Bunte* (Hrsg.), Kommentar zum deutschen und europäischen Kartellrecht, Band 1, 12. Aufl. 2014; *Lettl,* Der Anwendungsbereich des Fusionskontrollrechts auf den Anteilserwerb durch Finanzinstitute und Versicherungen, WM 2006, 253; *ders.,* Unwirksamkeit von Rechtsgeschäften nach § 41 Abs. 1 Satz 2 GWB bei Verstoß gegen das Vollzugsverbot, WuW 2009, 249; *ders.,* Wettbewerbsbehinderung und Marktbeherrschung in der Fusionskontrolle, WRP 2012, 274; *ders.,* Wirksamkeit von Rechtsgeschäften bei Verstoß gegen das fusionsrechtliche Vollzugsverbot, insbesondere bei Anteilserwerb über eine Börse (§ 41 I S. 3, Ia GWB-E), WM 2012, 1061; *Loewenheim/Meessen/Riesenkampff* (Hrsg.), Kartellrecht, 2. Aufl. 2009; *Markert,* Die Anwendung der deutschen Fusionskontrolle (§§ 23 ff. GWB) auf Zusammenschlüsse mit und zwischen ausländischen Unternehmen, in: Schwerpunkte des Kartellrechts 1980/81, FIW-Schriftenreihe Bd. 100, 1982, 91; *ders.,* Fusionskontrolle bei Zusammenschlüssen im Ausland, RIW/AWD 1981, 403; *Mayer/Miege,* Die Rechtsfolgen eines Verstoßes gegen das zusammenschlussrechtliche Vollzugsverbot – Nichtigkeit der den Verstoß begründenden Rechtsgeschäfte?, BB 2008, 2031; *Meessen,* Kollisionsrecht der Zusammenschlüsse, 1984; *Mielke/Welling,* Kartellrechtliche Zulässigkeit von Conduct of Business-Klauseln in Unternehmenskaufverträgen, BB 2007, 277; *Montag/Säcker* (Hrsg.), Münchener Kommentar zum Europäischen und Deutschen Wettbewerbsrecht, Band 1: Europäisches Wettbewerbsrecht: EuWettbR, 2007, Band 2: Gesetz gegen Wettbewerbsbeschränkungen: GWB, 2008 (zitiert: *MüKo-Bearbeiter*); *Möschel,* Neue Rechtsfragen bei der Ministererlaubnis in der Fusionskontrolle, BB 2002, 2077; *Motta,* Competition Policy: Theory and Practice, 2004; *Muris,* How History Informs Practice – Understanding the Development of Modern U.S. Competition Policy, Remarks before the ABA Antitrust Section Fall Forum, Washington, DC: U.S. FTC, 2003 (abrufbar unter: www.ftc.gov); *Niels/Jenkins/Kavanagh,* Economics for Competition Lawyers, 2011; *Richter,* Teiluntersagung in der Fusionskontrolle, FIW-Schriftenreihe Bd. 125, 1987; *ders.,* Die „Haltbarkeit" der Freigaben des Bundeskartellamts, in Fs. Canenbley, 2012, 381; *Riesenkampff,* Treuhandverhältnisse in der Fusionskontrolle und die Zurechnungsklausel des § 23 Abs. 2 Nr. 2 Satz 2 GWB, WuW 1996, 5; *Rittner,* Die Beteiligung als Grund der Abhängigkeit einer Aktiengesellschaft, DB 1976, 1465; *Rottnauer,* Reichweite der Anschlußklausel in § 24 Abs. 8 S. 1 Nr. 2 GWB, WuW 1993, 369; *Rudo,* Die Behandlung mehrerer Erwerbsvorgänge als einheitlicher Zusammenschluss im Rahmen der Umsatzberechnung nach Art. 5 Abs. 2 Fusionskontrollverordnung, RIW 1997, 641; *Rust,* Fusionskontrolle und Nebenbestimmungen nach dem GWB, ZWeR 2004, 477; *Säcker,* Abschied vom Bedarfsmarktkonzept, ZWeR 2004, 1; *ders.,* Entwicklung der europäischen Praxis aus deutscher Sicht und Bindungswirkung der europäischen Praxis bei Übernahme des SIEC-Tests in deutsches Recht, WuW 2010, 370; *Säcker/Boesche,* Drittschutz im Kartellverwaltungsprozess, ZNER 2003, 76; *Satzky,* Die Beurteilung vertikaler und konglomerater Zusammenschlüsse nach dem GWB, WuW 2006, 870; *Schalast/Rößner,* Beiladung und Beschwerdebefugnis nach der pepcom-Entscheidung des BGH das GWB auf dem Weg nach Europa, WuW 2007, 589; *Scheffman/Coate/Silvia,* Twenty Years of Merger Guidelines Enforcement at the FTC: An Economic Perspective, Washington, DC: U.S. DOJ, 2002 (abrufbar unter: www.justice.gov/atr/); *Schmidt, Jens Peter/Schreiber,* Anspruch eines Minderheitsgesellschafters auf wettbewerblich erhebliche Informationen im Spannungsfeld zwischen Gesellschafts- und Kartellrecht, BB 2002, 1921; *Schmidt, Karsten,* Beiladung und Gerichtsschutz Dritter im Verfahren der Zusammenschlusskontrolle nach dem GWB, DB 2004, 527; *Schnelle/Denzel,* Einstweiliger Rechtsschutz im Verfahren der Beschwerde gegen fusionsrechtliche Untersagungsentscheidungen, WuW 2009, 632; *Schröder, Hendrik/Mennenöh,* Zur Abgrenzung von sachlich relevanten Märkten im Einzelhandel mit Lebensmitteln, WuW 2013, 575; *Schroeder,* Abhilfemaßnahmen in der europäischen und deutschen Fusionskontrolle, in: Schwerpunkte des Kartellrechts 2002, FIW-Schriftenreihe

Bd. 196, 2002, 83; *ders.*, Der SIEC-Test in der deutschen Fusionskontrolle, in Fs. Roth, 2015, 583; *Schubert,* Informationsaustausch im Rahmen von Zusammenschlussvorhaben, ZWeR 2013, 54; *Schulte,* Handbuch Fusionskontrolle, 2010; *Schultz,* Die Vermutungen des § 23a GWB (unter besonderer Berücksichtigung der qualifizierten Oligopolvermutung des § 23a Abs. 2), WuW 1981, 102; *Schütz, Jörg,* Der räumlich relevante Markt in der Fusionskontrolle – Zum Backofenmarkt-Beschluss des BGH, WuW 1996, 286; *Schwalbe/Zimmer,* Kartellrecht und Ökonomie, 2. Aufl. 2013; *Siebert,* Zur Marktabgrenzung bei Zeitungsverlagen, Publikums- und Fach-Zeitschriftenverlagen, Buchverlagen, WuW 2004, 399; *Stadler,* Individuelle Beherrschung desselben Marktes durch mehrere Unternehmen?, in Fs. Canenbley, 2012, 441; *Staebe,* Tatsächliche und scheinbare Treuhandverhältnisse in der deutschen Fusionskontrolle, in Fs. Bechtold, 2006, 529; *ders.,* „Unzulässige Verhaltensauflagen" zu fusionskontrollrechtlichen Freigabeentscheidungen, WRP 2004, 66; *Stancke,* Zum Fehlen eines eigenständigen Rechtsschutzes Drittbetroffener im Kartellverfahren, WuW 2010, 642; *Stauber,* Neues zur Kontrolle von Zusammenschlüssen nach ihrem Vollzug, WuW 2009, 20; *Stein,* Der wettbewerblich erhebliche Einfluß in der Zusammenschlußkontrolle, 1994; *Steinberger,* Klage-(Beschwerde-)befugnis Dritter gegen Freigaben von Zusammenschlüssen durch das Bundeskartellamt, WuW 2000, 345; *Steinvorth,* Probleme der geografischen Marktabgrenzung, WuW 2014, 924; *Stelkens/Bonk/Sachs* (Hrsg.), Verwaltungsverfahrensgesetz, Kommentar, 8. Aufl. 2014 (zitiert: *Stelkens/Bonk/Sachs-Bearbeiter*); *Stöcker,* Minderheitserwerbe unter europäischem und mitgliedstaatlichem Kartellrecht, ZWeR 2013, 154; *ders.*, Neues Merkblatt zur Fusionskontrolle bei Auslandstransaktionen: Inlandsauswirkungen und Vollzugsverbot, BB 2014, 2763; *Sturm,* Die Veröffentlichung der Tatsache der Anmeldung auf der Webseite des Bundeskartellamtes und deren Verhinderung, WuW 2008, 1177; *Thomas,* Die verfahrensrechtliche Bedeutung der Marktbeherrschungsvermutungen des § 19 Abs. 3 GWB, WuW 2002, 470; *Thurnher,* Zur Zurechnung des Treugutes im Fusionskontrollrecht, WuW 1995, 303; *Uechtritz,* Drittschutz bei der Fusionskontrolle nach § 40 GWB und der Ministererlaubnis nach § 42 GWB – Die Rechtslage nach der 7. GWB-Novelle, in Fs. Bechtold, 2006, 575; *Uhlig,* Auflagen und Bedingungen in der deutschen Fusionskontrolle, WuW 2000, 574; *Ulshöfer,* Die Auflösung von Gemeinschaftsunternehmen im Lichte der Nord-KS-Entscheidung des BGH, WuW 2011, 820; *U. S. Department of Justice and Federal Trade Commission,* Horizontal Merger Guidelines, 2010 (abrufbar unter: www.justice.gov/atr/public/guidelines/hmg-2010.html); *Veelken,* Die Abgrenzung zwischen Strukturauflage und laufender Verhaltenskontrolle in den Freigabeentscheidungen des Bundeskartellamts und bei der Ministererlaubnis, WRP 2003, 692; *Völcker,* Mind the Gap: Unilateral Effects Analysis Arrives in EC Merger Control, E. C. L. R. 2004, 395; *von Landenberg-Roberg,* Die Bedeutung rechtsunverbindlicher Vereinbarungen für den Kontrollerwerb in der europäischen Fusionskontrolle, WuW 2010, 877; *Schreitter, von,* Zusammenschlüsse „unter dem Radar": Zur Verfolgungsverjährung bei Verstößen gegen das Vollzugsverbot der deutschen Fusionskontrolle, ZWeR 2015, 118; *Wagner, Achim,* Die „anmeldenden Unternehmen" in der deutschen Fusionskontrolle, WuW 2010, 38; *Weck,* Fusionskontrolle in der digitalen Welt, NZKart 2015, 290; *Weitbrecht/Willems,* Auf dem Weg nach Europa: Fusionskontrolle nach der 8. GWB-Novelle, ZWeR 2013, 365; *Werner, M.-J.,* Freistellung von der fusionsrechtlichen Kontrolle bei einem Anteilserwerb durch ein Kreditinstitut – § 23 Abs. 3 Satz 2 GWB „Bankenklausel", WuW 1996, 463; *Werner, P./Sachse,* Zur nachträglichen Anmeldung von Zusammenschlüssen nach dem GWB, WuW 2009, 1138; *Wessely,* Der Untersagungstatbestand der EU-Fusionskontrolle 10 Jahre nach Einführung des SIEC-Tests – eine Bestandsaufnahme, in Fs. Roth, 2015, 693; *Wiedemann,* Personengesellschaften in der Fusionskontrolle, ZHR 176 (1982) 296; *ders.,* Widerruf und Rücknahme von Freigabeverfügungen in der deutschen Fusionskontrolle, in Fs. Hirsch, 2008, 341; *ders.,* Die Umgehungsklausel des Art. 5 Abs. 2 UA. 2 EG-FKVO – Ausdruck gesunden Misstrauens oder verfehlte Regulierung?, in Fs. Möschel, 2011, 721; *Williamson,* The Merger Guidelines of the U. S. Department of Justice – In Perspective, Washington, DC: U. S. DOJ, 2002 (abrufbar unter: www.justice.gov/atr/); *Wirtz,* Der Stimmrechtspool als kartellrechtlicher Zusammenschlußtatbestand, AG 1999, 114; *Zigelski,* Der wettbewerblich erhebliche Einfluss wird 20, WuW 2009, 1261; *Zimmer,* Differenzierte Produkte, nichtkoordinierte Effekte und das Upward Pricing Pressure-Konzept: Wird die Marktabgrenzung in Fusionskontrollverfahren entbehrlich?, WuW 2013, 928; *Zöttl,* Drittrechtsschutz ohne Rechte?, WuW 2004, 474.

A. Regelungszweck

In dem Bestreben, den Wettbewerb zu erhalten, wirtschaftliche Entscheidungsprozesse möglichst zu dezentralisieren und Konzentrationen zu verhindern, verfolgt der Gesetzgeber mit der Fusionskontrolle des GWB gleichzeitig wettbewerbs-, struktur- und gesellschaftspolitische Ziele.[1] Dabei ist die Kontrolle streng wettbewerbsbezogen ausgerichtet, was ein 1

[1] Siehe zum Zweck des Kartellrechts allgemein *Wiedemann* in § 1 Rdnr. 1 ff.

Konzentrationsverbot jenseits wettbewerblicher Problemlagen etwa nur wegen der bloßen Größe der Beteiligten ausschließt. Die Fusionskontrolle ist aber auch streng an neue Zusammenschlüsse geknüpft, so dass eine Entflechtung großer Konzerne ohne konkreten Akt externen Wachstums – wie wir es etwa aus dem US-amerikanischen Antitrust-Recht kennen – nicht möglich ist.[2] Mit der Fusionskontrolle wird der Staat strukturpolitisch tätig, aber lediglich in einem negativen Sinne derart, dass er unternehmensseitig intendierte Zusammenschlussvorgänge unter dem Gesichtspunkt der erheblichen Behinderung wirksamen Wettbewerbs überprüft und ggf. untersagt, nicht jedoch gestaltend auf Unternehmensstrukturen Einfluss nimmt, um das wettbewerbliche Umfeld zu verbessern. Dass die Kontrolle insofern repressiv bleiben muss, ergibt sich schon aus der grundgesetzlich geschützten Handlungsfreiheit jedes Unternehmens, also auch der Freiheit zu wählen, im Rahmen externen Wachstums durch Zusammenschlüsse oder anderweitig (intern) zu expandieren.

2 Das BKartA hat danach allein die Aufgabe, dem Unternehmenswachstum durch Zusammenschlüsse dort Einhalt zu gebieten, wo die dadurch bewirkte, auf einen relevanten Markt bezogene Konzentration ein derartiges Ausmaß annimmt, dass ein oder mehrere Unternehmen den Wettbewerb empfindlich schädigen können. Die Fusionskontrolle des GWB stellt demnach dem BKartA die Aufgabe, wettbewerbsfeindliche Machtäußerungen, die durch externe Wachstumsvorgänge unter Verwirklichung von Zusammenschlusstatbeständen vollzogen werden sollen, zu verhindern.

B. Entstehungsgeschichte

3 In einer strengen, milden oder gar fehlenden Fusionskontrolle reflektieren sich stets politische, wirtschaftliche und damit letztlich auch gesellschaftliche und geschichtliche Umstände. Eine Betrachtung nur unserer jüngeren Historie zeigt, dass während des zweiten Weltkriegs der Prozess der Produktionsoptimierung zu einer mächtigen Konzentrationsbewegung in der deutschen Wirtschaft geführt hatte, woraufhin die Alliierten schon im Potsdamer Abkommen vom 2. August 1945 die gegenläufige Entwicklung, nämlich Dekartellierung und Entflechtung zur Zerschlagung und Dezentralisierung der Wirtschaftskraft des Verliererstaats, einleiteten. Die Dekonzentrationsbestrebungen wurden jedoch schon bald im Rahmen des Wiederaufbaus und der Wiedererstarkung der deutschen Wirtschaftskraft in ihr Gegenteil verkehrt, indem 1957 die regulatorischen Maßnahmen der Alliierten durch das GWB abgelöst wurden. Das neue Gesetz sah zwar ein Kartellverbot, für Zusammenschlussvorgänge jedoch nur eine bloße Anzeigepflicht vor, die der Beobachtung der Konzentrationsentwicklung dienen sollte.

4 Diese Schieflage des Gesetzes (Kartell*verbot,* aber Fusions*freiheit*) blieb bis 1973 bestehen. Zusammenschlüsse waren bis dahin lediglich im Montanbereich durch Art. 66 EGKS-Vertrag[3] mit zentraler Zuständigkeit der Hohen Behörde in Brüssel einer präventiven Kontrolle unterworfen. Dies änderte sich mit Einführung der Fusionskontrolle durch die **2. GWB-Novelle** am 5. August 1973, die ihre Anwendung an bestimmte Aufgreifkriterien (Umsatz, Beschäftigtenzahl, Marktanteil) und die Untersagung an die Prognose des Entstehens oder Verstärkens von Marktbeherrschung knüpfte. Das Gesetz erfuhr 1976 eine dritte, 1980 eine vierte, 1990 eine fünfte und 1999 eine sechste Novellierung. Die genannten Überarbeitungen führten im Bereich der Fusionskontrolle neben Feinjustierungen bestehender Regelungen und einer durch die 6. Novelle erfolgten Neunummerierung sämtlicher Paragraphen im Wesentlichen zu Verschärfungen durch die Aufnahme von Sonderregelungen für Presseunternehmen,[4] zur Einführung (und später wieder zur teilweisen

---

[2] Die Aufnahme einer entsprechenden Entflechtungsregelung in das GWB ist mehrfach diskutiert worden, zuletzt im Vorfeld der 8. GWB-Novelle, vgl. dazu *Bechtold,* BB 2010, 451.

[3] BGBl. 1952 II, 447, 465 ff.; zum 23. Juli 2002 außer Kraft getreten.

[4] Die 3. GWB-Novelle brachte die Verzwanzigfachung der Presseumsätze (§ 23 Abs. 1 Satz 2 GWB aF; jetzt modifiziert in § 38 Abs. 3 GWB) und Ausnahmen von der Anwendung der Bagatellklauseln im Pressebereich (§ 24 Abs. 9 GWB aF; inzwischen abgeschafft).

Abschaffung) spezieller Marktbeherrschungsvermutungen,[5] zur Erweiterung der zwingend präventiven Kontrolle,[6] zu Änderungen bei den Aufgreifkriterien[7] und im Katalog der Zusammenschlusstatbestände[8] und zur Einführung einer Nebenbestimmungskompetenz des BKartA für Freigaben.[9]

Am 1. Juli 2005 trat die **7. GWB-Novelle** in Kraft,[10] die für den Bereich der Fusionskontrolle keine gravierenden Änderungen brachte. Zu den erwähnenswerten Neuerungen gehörten: bestimmte Zwangsangaben über den Veräußerer bei der Anmeldung eines Vermögens- oder Anteilserwerbs (§ 39 Abs. 3 Satz 3 GWB), Änderungen bei den Bekanntmachungs- und Informationspflichten des BKartA (§ 43 GWB), der Vorrang des guten Glaubens in das öffentliche Grundbuch bei gegen das Vollzugsverbot verstoßenden Geschäften (§ 41 Abs. 1 Satz 2 Nr. 1 GWB) und die (unvollkommen geregelte) Pflicht zur Auflösung eines vollzogenen, die Untersagungsvoraussetzungen erfüllenden Zusammenschlusses ohne vorherige Untersagungsentscheidung des BKartA (§ 41 Abs. 3 GWB). **5**

Ohne dass dies in das Gewand einer ausdrücklichen GWB-Novelle gekleidet wurde, bescherte mit Wirkung zum 17. März 2009 das 3. Mittelstandsentlastungsgesetz den finanziellen Aufgreifkriterien der deutschen Fusionskontrolle ein zusätzliches Kriterium, nämlich eine zweite Inlandsumsatzschwelle i. H. v. mehr als 5 Mio. Euro, die durch ein anderes am Zusammenschluss beteiligtes Unternehmen als das, welches einen Inlandsumsatz von 25 Mio. Euro überschritten hat, erfüllt werden muss (§ 35 Abs. 1 Nr. 2 a. E. GWB). **6**

Mit Wirkung zum 30. Juni 2013 ist schließlich die **8. GWB-Novelle** in Kraft getreten (und am 12. August 2013 noch einmal geringfügig berichtigt worden).[11] Die hierdurch bewirkten Änderungen übersteigen die der 7. GWB-Novelle substanziell: In dem jetzigen § 36 Abs. 1 Satz 1 GWB ist in Angleichung an europäisches Recht (s. Art. 2 Abs. 2 und 3 VO Nr. 139/2004) in der zentralen Definition der Untersagungsbefugnis des BKartA der bisherige Marktbeherrschungstest zum Regelbeispiel für die Prüfung gemacht worden, ob das angemeldete Vorhaben wirksamen Wettbewerb erheblich behindert (sog. SIEC-Test).[12] Schon bei den Beratungen zur 7. GWB-Novelle war diese Angleichung des GWB an europäisches Recht diskutiert, dort aber noch zurückgestellt worden, weil man die europäische Anwendungspraxis erst noch beobachten wollte. Obwohl sich diese Praxis seither nicht besonders klar konturiert hat, ist der Rechtsangleichungswunsch des Gesetzgebers in der 8. GWB-Novelle durchgeschlagen. Weitere Änderungen hat die 8. GWB-Novelle für Presseunternehmen gebracht, indem der Presseumsatz-Berechnungsklausel eine Absenkung des Berechnungsfaktors von 20 auf 8 verschrieben (§ 38 Abs. 3 GWB), der Pressevorbehalt in der Anschlussklausel des § 35 Abs. 2 Satz 1 GWB gestrichen und eine spezifische Regelung für Sanierungsfusionen im Pressesektor aufgenommen wurde (§ 36 Abs. 1 Nr. 3 GWB). § 172a SGB V wendet seit Inkrafttreten der 8. GWB-Novelle auf freiwillige Zusammenführungen gesetzlicher Krankenkassen die Fusionskontrolle entsprechend an, wäh- **7**

---

[5] § 23a idF vor der 6. GWB-Novelle.

[6] Zunächst durch die Ausweitung des Anwendungsbereichs durch die 4. GWB-Novelle (§ 24a Abs. 1 Satz 2 Nr. 1 aF), dann durch die generelle Umstellung auf das präventive System durch die 6. GWB-Novelle (§ 39 Abs. 1 i. V. m. § 35 Abs. 1 GWB).

[7] Abschaffung der Kriterien der Beschäftigtenzahl und des Marktanteils durch die 5. GWB-Novelle; Einführung des Kriteriums des Inlandsumsatzes durch die 6. GWB-Novelle (§ 35 Abs. 1 Nr. 2 GWB). Art. 7 Nr. 1 des am 1.1.2002 in Kraft getretenen 9. Euro-Einführungsgesetz (BGBl. 2001 I S. 2992) ordnete die Ersetzung der DM-Beträge durch Euro-Beträge an.

[8] Durch die 4. GWB-Novelle wurden der Tatbestand des Anteilserwerbs unter 25 % (§ 23 Abs. 2 Nr. 2 Satz 4 GWB aF) und durch die 5. GWB-Novelle der Tatbestand des Erwerbs wettbewerblich erheblichen Einflusses (§ 23 Abs. 2 Nr. 6 GWB aF) neu eingeführt. Beide Tatbestände sind in dem heutigen § 37 Abs. 1 Nr. 4 GWB aufgegangen.

[9] § 40 Abs. 3 GWB.

[10] Dazu *Wiedemann* in § 1 Rdnr. 40.

[11] Neu bekannt gemacht durch BGBl. 2013 I S. 1750 und geringfügig berichtigt durch BGBl. 2013 I S. 3245.

[12] Dazu unten § 20 Rdnr. 1 ff.

rend Zusammenschlüsse i. R. v. kommunalen Gebietsreformen ausdrücklich von der Fusionskontrolle ausgenommen werden (§ 35 Abs. 2 Satz 2 GWB). Die Bagatellmarktklausel, früher der formellen Fusionskontrolle zugeteilt,[13] ist nun wieder Bestandteil der materiellen Fusionskontrolle (§ 36 Abs. 1 Nr. 2 GWB). Die Rechtsfolgen bei Verstößen gegen das Vollzugsverbot sind jetzt widerspruchsfreier geregelt durch die Peripherieregelungen in § 41 Abs. 1 Satz 3 Nr. 3 und in § 42 Abs. 3 Satz 1 GWB. Erwähnt seien noch zwei Angleichungen des GWB an europäisches Recht: Die 8. GWB-Novelle rechnet wie Art. 5 Abs. 2 Unterabs. 2 VO Nr. 139/2004 mehrere Zusammenschlüsse unter denselben Beteiligten innerhalb von zwei Jahren zusammen (§ 38 Abs. 5 Satz 3 GWB) und sieht eine Ausnahme vom Vollzugsverbot des § 41 Abs. 1 GWB bei Zusammenschlüssen i. R. v. öffentlichen Übernahmeangeboten oder durch eine Reihe von Wertpapiergeschäften über die Börse um den Preis der Stimmenthaltung und unverzüglichen Anmeldung vor (§ 41 Abs. 1a GWB).

C. Regelungssystematik im Überblick

8 Im ersten Teil des GWB sind sämtliche neun Paragraphen des 7. Abschnitts (§§ 35–43 GWB), § 18 GWB des 2. Abschnitts und der 8. Abschnitt (§§ 44–47 GWB) *sedes materiae* der deutschen Fusionskontrolle, wobei die einzelnen Vorschriften einen unterschiedlichen Stellenwert haben. Die Länge der Vorschriften und eine nicht immer sofort augenfällige Logik ihres Zusammenwirkens macht das Verständnis der Gesamtregelung nicht leicht.

I. Materielle Fusionskontrolle

9 Kern der materiellen Zusammenschlusskontrolle sind die in §§ 36 Abs. 1 GWB und 42 GWB enthaltenen Bestimmungen. Dabei geht es um die Frage, ob kontrollpflichtige Zusammenschlüsse[14] untersagt oder freigegeben werden müssen. § 36 Abs. 1 GWB regelt mit einer positiven und drei negativen Voraussetzungen, dass das BKartA bei zu erwartender **erheblicher Behinderung wirksamen Wettbewerbs** – insbesondere bei zu erwartender Begründung oder Verstärkung einer marktbeherrschenden Stellung – den betreffenden Zusammenschluss untersagt, es sei denn es gelingt der Nachweis überwiegender Verbesserungen der Wettbewerbsbedingungen durch den Zusammenschluss ist (§ 36 Abs. 1 Satz 2 Nr. 1 GWB), die Untersagungsvoraussetzungen liegen auf einem Bagatellmarkt vor (§ 36 Abs. 1 Satz 2 Nr. 2 GWB) oder die Voraussetzungen einer Sanierungsfusion im Pressesektor sind erfüllt (§ 36 Abs. 1 Satz 2 Nr. 3 GWB). Ausnahmsweise kann der BMWi auf Antrag einen untersagten Zusammenschluss erlauben, wenn dies durch gesamtwirtschaftliche Vorteile oder überragende Interessen der Allgemeinheit gerechtfertigt ist (§ 42 Abs. 1 GWB).

10 Die materiellen Regelungen setzen den **Unternehmens-** und den **Marktbegriff** voraus, während sie für den Begriff der **Marktbeherrschung** auf die Definition in § 18 Abs. 1, 2, 3 und 5 GWB einschließlich der Vermutungen in § 18 Abs. 4 und 6 GWB einschließlich ihrer Widerlegungsmöglichkeit gemäß § 18 Abs. 7 GWB, für den Begriff des **Zusammenschlusses** auf § 37 GWB und für **die Umsatzkriterien** auf §§ 35 Abs. 1, 38 GWB zurückgreifen. Dies erklärt die Kürze der materiellen Vorschriften.

II. Formelle Fusionskontrolle

11 Die Vorschriften der formellen Fusionskontrolle nehmen im Gesetz großen Raum ein. Sie legen den **Anwendungsbereich** der Fusionskontrolle fest. Dabei geht es zunächst um die Zusammenschlusstatbestände (§ 37 Abs. 1 GWB) sowie um die Schwellenwerte des § 35 Abs. 1 GWB und die Toleranzklauseln des § 35 Abs. 2 GWB. Die Bagatellklausel des § 35 Abs. 2 Satz 1 GWB schränkt die Anwendbarkeit der Kontrolle für sog. „Anschluss-

---

13 § 35 Abs. 2 Nr. 2 aF.

14 Dazu unten Rdnr. 11.

fälle"[15] ein, während § 35 Abs. 2 Satz 2 GWB die Anwendung der Fusionskontrolle für die Zusammenlegung öffentlicher Einrichtungen und Betriebe, die mit einer kommunalen Gebietsreform einhergeht, ausschließt. § 40 GWB enthält Vorschriften für das einzuhaltende **Verfahren.** Entsprechend regeln § 42 GWB das Verfahren der Ministererlaubnis und § 41 Abs. 3 und Abs. 4 GWB das Verfahren der Auflösung eines schon vollzogenen Zusammenschlusses. §§ 81, 82 GWB (Ordnungswidrigkeitentatbestände), § 48 GWB (Zuständigkeit) und §§ 57–60 GWB (Befugnisse der Kartellbehörde) gelten ergänzend.

§§ 44–47 GWB behandeln die **Monopolkommission** und deren Rechte und Pflichten. Diese Vorschriften haben für Fusionskontrollpraxis keine nennenswerte Bedeutung und werden dementsprechend im Folgenden nicht weiter dargestellt. **12**

§ 19 Formelle Fusionskontrolle

Übersicht

[15] Dazu unten § 19 Rdnr. 129 ff.

Schrifttum: Siehe vor § 18.

A. Das Verhältnis zu anderen Vorschriften

1 Die Fusionskontrolle des GWB tritt gegenüber den vorrangigen Regelungen des europäischen Rechts zurück: Das GWB findet gemäß § 35 Abs. 3 GWB keine Anwendung auf Zusammenschlüsse, die ausschließlich der europäischen Fusionskontrolle gemäß der VO (EG) Nr. 139/2004 („FKVO")[1] unterliegen (dazu unten I).[2] Daneben finden sich im deutschen Recht spezialgesetzliche Konzentrationskontrollvorschriften, die teils andere Ziele als den Wettbewerbsschutz verfolgen und den Anwendungsbereich der (deutschen und europäischen) Fusionskontrolle unberührt lassen, teils eine entsprechende Anwendung der §§ 35ff. GWB im Sozialrecht (Krankenkassen) postulieren (dazu unten II). Schließlich kann sich die Frage stellen, ob die Verbote wettbewerbsbeschränkender Vereinbarungen in § 1 GWB und Art. 101 Abs. 1 AEUV sowie die Missbrauchsvorschriften in §§ 19, 20 GWB und Art. 102 AEUV von den §§ 35ff. GWB verdrängt werden (dazu unten III).

I. Vorrang der europäischen Fusionskontrolle

2 Gemäß Art. 21 Abs. 3 FKVO und § 35 Abs. 3 GWB gilt ein Ausschluss der Fusionskontrolle nach dem GWB bei Zusammenschlüssen mit „gemeinschaftsweiter Bedeutung", d. h. wenn die finanziellen Aufgreifkriterien des Art. 1 FKVO und ein Zusammenschlusstatbestand im Sinne des Art. 3 FKVO erfüllt sind.[3] Nach Art. 1 Abs. 2 FKVO hat ein Zusammenschluss gemeinschaftsweite Bedeutung, wenn alle beteiligten Unternehmen gemeinsam einen weltweiten Gesamtumsatz von mehr als 5 Mrd. Euro und mindestens zwei beteiligte Unternehmen einen gemeinschaftsweiten Umsatz von jeweils mehr als 250 Mio. Euro erreichen. Die FKVO ist jedoch nicht anwendbar, wenn die am Zusammenschluss beteiligten Unternehmen jeweils mehr als zwei Drittel ihres gemeinschaftsweiten Umsatzes in ein und demselben Mitgliedstaat erzielen. Neben diesen finanziellen Aufgreifkriterien besteht eine zusätzliche Regelung in Art. 1 Abs. 3 FKVO zwecks Vermeidung von Mehrfachnotifizierungen. Danach unterfällt ein Zusammenschluss auch dann der FKVO, wenn alle beteiligten Unternehmen zusammen einen weltweiten Gesamtumsatz von mehr als 2,5 Mrd. Euro erreichten, mindestens zwei beteiligte Unternehmen einen gemeinschaftsweiten Umsatz von jeweils mehr als 100 Mio. Euro haben und der Zusammenschluss in mindestens drei

[1] ABl. 2004 L 24/1.
[2] Bis zum Außerkrafttreten des EGKS-Vertrags am 23.7.2002 war auch die spezielle Fusionskontrolle des Montanunionsrechts gegenüber §§ 35ff. GWB vorrangig; dazu die Vorauflage § 19 Rdnr. 5.
[3] Zu den Voraussetzungen siehe *Wagemann* in § 15 Rdnr. 1ff. und *Wiedemann* in § 15 Rdnr. 29ff.

Mitgliedstaaten wettbewerbliche Wirkungen entfaltet, was durch folgende Schwellen konkretisiert wird: Der Gesamtumsatz aller beteiligten Unternehmen in mindestens drei Mitgliedstaaten übersteigt jeweils 100 Mio. Euro und in jedem dieser drei Mitgliedstaaten haben mindestens zwei Beteiligte einen Umsatz von jeweils mehr als 25 Mio. Euro. Auch im Rahmen dieser Regelung gilt allerdings die oben bereits geschilderte Zwei-Drittel-Regelung, die einem Zusammenschluss die gemeinschaftsweite Bedeutung abspricht, wenn die beteiligten Unternehmen jeweils mehr als zwei Drittel ihres gemeinschaftsweiten Umsatzes in ein und demselben Mitgliedstaat erzielen.[4] Die Zuständigkeit der Kommission kann aber auch trotz Nichtvorliegens der Voraussetzungen für einen Zusammenschluss nach Art. 1 FKVO begründet werden. So können die Zusammenschlussbeteiligten nach Art. 4 Abs. 5 FKVO vor einer Anmeldung eine Prüfung durch die Kommission beantragen, sofern nur die Voraussetzungen des Art. 3 FKVO erfüllt sind und der fragliche Zusammenschluss nach dem Wettbewerbsrecht zwangsweise oder auf freiwilliger Basis von mindestens drei Mitgliedstaaten geprüft werden könnte. Lehnen die nach ihrem nationalen Recht zuständigen Wettbewerbsbehörden eine solche Verweisung nicht ab, wird die gemeinschaftsweite Bedeutung des Zusammenschlusses unwiderlegbar vermutet, so dass die Kommission zuständig wird. Wenn ein Zusammenschluss nach Art. 1 FKVO oder nach Art. 4 Abs. 5 FKVO unter die FKVO fällt, ist eine Anwendung der deutschen Fusionskontrolle und des Fusionskontrollregimes anderer Mitgliedstaaten der EU ausgeschlossen (sog. One-Stop-Shop-Prinzip).[5] Zu erwähnen ist ferner die Regelung des Art. 22 FKVO, nach der die Kommission auf Antrag eines oder mehrerer Mitgliedstaaten einen Zusammenschluss ohne gemeinschaftsweite Bedeutung prüfen kann, sofern es sich hierbei um einen Zusammenschluss im Sinne von Art. 3 FKVO handelt, hierdurch der Handel zwischen den Mitgliedstaaten beeinträchtigt wird und schließlich eine erhebliche Beeinträchtigung des Wettbewerbs im antragstellenden Mitgliedstaat droht. Die Entscheidung der Kommission, einen solchen Zusammenschluss selbst zu prüfen, entfaltet allerdings keine generelle Wirkung gegenüber allen Mitgliedstaaten, sondern schließt lediglich die Anwendung des innerstaatlichen Wettbewerbsrechts des bzw. der antragstellenden Staaten aus.[6]

Das BKartA kann umgekehrt für einen an sich von der Kommission zu prüfenden Zusammenschluss (ganz oder teilweise) wieder zuständig werden, wenn ein Antrag nach Art. 4 Abs. 4 FKVO (vor Anmeldung) oder eine Mitteilung nach Art. 9 Abs. 2 FKVO (nach Anmeldung) gemacht wird und die Kommission den Fall an die nationale Kartellbehörde verweist.[7] Gemäß § 39 Abs. 4 GWB ist nach einer solchen Verweisung durch die Kommission eine gesonderte Anmeldung beim BKartA nicht erforderlich, wenn dem Amt die notwendigen auf den Zusammenschluss, die beteiligten Unternehmen und betroffenen Märkte bezogenen Angaben gemäß § 39 Abs. 3 GWB in deutscher Sprache vorliegen. Fraglich ist, ob die Vorschrift des § 39 Abs. 4 GWB eine vorherige Anmeldung bei der Kommission auf dem Formblatt CO voraussetzt, ob sich diese Vorschrift also nur auf Verweisungsentscheidungen nach Art. 9 FKVO oder ebenfalls auf solche nach Art. 4 Abs. 4 FKVO bezieht. Entgegen der Begründung des RegE zur 7. GWB-Novelle[8] ist es unerheblich, ob die Verweisungsentscheidung der Kommission auf Art. 4 Abs. 4 FKVO oder Art. 9 FKVO gestützt wurde. Dem eindeutigen Wortlaut des § 39 Abs. 4 GWB lässt sich nicht das Erfordernis einer vorherigen Anmeldung bei der Kommission auf Formblatt CO entnehmen. Auch wenn im Falle eines Verfahrens nach Art. 4 Abs. 4 FKVO eine Anmeldung bei der Kommission in diesem Sinne *per definitionem* nicht vorliegt, so schließt dies nicht 3

[4] Vgl. eingehend dazu *Wagemann* in § 15 Rdnr. 12ff.

[5] Dazu *Wagemann* in § 15 Rdnr. 3ff., 10.

[6] Zur Frage, ob der nach Art. 22 FKVO antragstellende Mitgliedstaat entgegen dem entsprechend seiner Genese eindeutigen Wortlaut des Art. 22 FKVO seine Zuständigkeit unter dem jeweils nationalen Fusionskontrollrecht (Ausnahme: Luxemburg) nachweisen muss oder nicht, s. *Wagemann* in § 17.

[7] Dazu *Wagemann* in § 17 Rdnr. 145ff.

[8] BT-Drucks. 15/3640 S. 58 (zu § 39 Abs. 4 S. 2 GWB).

von vornherein aus, dass dem BKartA die nach § 39 Abs. 3 GWB erforderlichen Angaben vorliegen. Vielmehr haben die Zusammenschlussbeteiligten bei der Stellung ihres Verweisungsantrages im Sinne von Art. 4 Abs. 4 FKVO das Formblatt RS[9] zu verwenden, nach welchem weitestgehend die auch nach § 39 Abs. 3 GWB erforderlichen Informationen anzugeben sind. Ist das Anmelde- oder Verweisungsverfahren bei der Kommission in einer anderen als der deutschen Sprache eingeleitet worden, müssen die beteiligten Unternehmen für eine Übersetzung ins Deutsche Sorge tragen. Die Übersetzungspflicht dürfte sich allerdings nur auf diejenigen Teile beziehen, die von § 39 Abs. 3 GWB als notwendige Angaben aufgelistet sind. Sie bezieht sich danach nicht notwendig auch auf mit eingereichte Geschäftsberichte etc., solange die Eckdaten des § 39 Abs. 3 GWB in deutscher Sprache eingereicht werden. Die Angaben in dem aus europäischer Sicht konzipierten Formblatt RS werden regelmäßig keine Informationen zu Firma und Sitz des Veräußerers und zur Zustellungsbevollmächtigung für die Beteiligten im Inland haben, soweit es sich um ausländische Unternehmen handelt (§ 39 Abs. 3 Satz 2 Nr. 1 und 6 GWB). Diese Angaben sind dann zur Erreichung der Vollständigkeit der Anmeldung ggü. dem BKartA nachzutragen. Die Fristen für Monatsbrief und Entscheidung beginnen mit Eingang der Verweisungsentscheidung beim BKartA und mit dem Vorliegen der nach § 39 Abs. 3 GWB erforderlichen Angaben in deutscher Sprache (§ 40 Abs. 5 GWB), worüber das BKartA den beteiligten Unternehmen unverzüglich Mitteilung zu machen hat (§ 39 Abs. 4 Satz 2 GWB), damit die Beteiligten unzweifelhafte Kenntnis über den Ablauf der Prüfungsfristen haben.

4 Zu beachten ist, dass das BKartA auch aus tatsächlichen Gründen für Zusammenschlussvorgänge, mit denen die Kommission grundsätzlich schon einmal befasst war, zuständig werden kann. So ist ein bei der Kommission angemeldetes und von dieser für mit dem gemeinsamen Markt für vereinbar erklärtes Vorhaben der Übernahme der Kontrolle über ein anderes Unternehmen (z. B. im Rahmen eines öffentlichen Übernahmeverfahrens) beim BKartA anzumelden, wenn die Menge der angebotenen Anteile zur Erlangung der Kontrolle nicht ausreicht, aber 25% überschreitet und der Bieter das Angebot dennoch annimmt (mehr als 25 Mio. Euro bzw. 5 Mio. Euro Inlandsumsatz unterstellt). Hier kann ein weiteres Verfahren nicht mit dem Argument *a maiore ad minus* vermieden werden, weil die Kommission für unterhalb der Kontrolle angesiedelte Zusammenschlusstatbestände nicht zuständig ist.

II. Spezialgesetzliche Konzentrationskontrolle

5 **1. Medienrecht.** Die **Konzentrationskontrolle** nach §§ 26ff. Rundfunkstaatsvertrag und den Landesmediengesetzen stellt eine medienspezifische Fusionskontrolle dar, die den Anwendungsbereich der Fusionskontrolle nach dem GWB unangetastet lässt.[10] Beide Normen haben unterschiedliche Regelungsgegenstände – Erhalt der Meinungsvielfalt einerseits, Schutz des Wettbewerbs andererseits – und sind deshalb nebeneinander anwendbar, und zwar nach den jeweils eigenen gesetzlichen Vorgaben und in voneinander unabhängigen Verwaltungsverfahren. Dabei reicht die medienspezifische Konzentrationskontrolle insofern weiter als die Fusionskontrolle nach dem GWB, als sie auch internes Wachstum kontrolliert und untersagen kann.

6 **2. Außenwirtschaftsrecht.** Die Außenwirtschaftsverordnung enthält (in Umsetzung von § 4 Abs. 1 Nr. 1 und Nr. 4 und § 5 Abs. 2 und Abs. 3 AWG) spezielle Regelungen für **die sektorübergreifende und die sektorspezifische Prüfung** von Unternehmenser-

---

[9] Anhang III der Durchführungs-VO (EG) Nr. 802/2004, ABl. 2004 L 133/1, zuletzt geändert durch VO (EU) Nr. 1269/2013, ABl. 2013 L 336/1.

[10] BGH B. v. 7.11.2006, KVR 39/05, Rdnr. 6 – *Radio TON* (insoweit nicht abgedruckt in WuW/E DE-R 1890); OLG Düsseldorf WuW/E DE-R 1413 – *Radio TON-Regional;* KG WuW/E OLG 4811, 4821ff – *Radio NRW;* vgl. auch zur Gesetzgebungskompetenz des Bundes BGH WuW/E BGH 2627, 2629f. – *Sportübertragungen.*

werben. In beiden Fällen geht es um den Erwerb von Beteiligungen an deutschen Unternehmen durch ausländische Erwerber.[11] Voraussetzung ist in jedem Fall, dass der Erwerber nach dem Erwerb (unmittelbar oder mittelbar) wenigstens 25% der Stimmrechte an dem deutschen Unternehmen hält (§ 56 AWV). Der Anwendungsbereich der sektorübergreifenden Regelungen in §§ 55ff. AWV umfasst alle derartigen Erwerbe durch Unionsfremde, d.h. durch Personen oder Personengesellschaften, die weder in einem Mitgliedstaat der Europäischen Union (§ 2 Abs. 19 AWG) noch in einem Mitgliedstaat der Europäischen Freihandelsassoziation (§ 5 Abs. 2 Satz 3 AWG) ansässig sind. Die sektorspezifischen Regelungen der §§ 60ff. AWV gelten demgegenüber für jeden ausländischen Erwerber, also auch für Erwerber aus den EU- und EFTA-Mitgliedstaaten, allerdings nur, soweit es um den Erwerb an einem deutschen Unternehmen geht, das die in § 60 Abs. 1 AWV abschließend aufgezählten, besonders sicherheitsrelevanten Produkte herstellt oder entwickelt (oder hergestellt hat). Die vom BMWi durchzuführende Prüfung hat aber nicht wettbewerbliche Aspekte zum Gegenstand, sondern soll die öffentliche Ordnung und Sicherheit bzw. die wesentlichen Sicherheitsinteressen der Bundesrepublik Deutschland schützen. Dementsprechend ist die Prüfung auch unabhängig von der Fusionskontrolle nach §§ 35ff. GWB. Die Beteiligten sind gut beraten, parallel zum Fusionskontrollverfahren die Möglichkeit eines außenwirtschaftsrechtlichen Verfahrens im Auge zu behalten. Das BKartA kann gemäß § 50c Abs. 3 Satz 1 GWB dem BMWi die i.R.d. Fusionskontrolle von den beteiligten Unternehmen nach § 39 Abs. 3 GWB gemachten Angaben übermitteln.

3. Gesetzliche Krankenkassen. Nachdem der Streit um die Unternehmenseigenschaft 7
der gesetzlichen Krankenkassen, die vom BKartA stets bejaht, mit Urteil vom 15. September 2011 aber vom LSG Hessen[12] in Frage gestellt wurde, insofern eskalierte, als das BKartA daraufhin erklärte, künftig Zusammenschlüsse gesetzlicher Krankenhassen nicht mehr der Fusionskontrolle des GWB zu unterstellen,[13] sah sich der Gesetzgeber der 8. GWB-Novelle veranlasst, eine Regelung zu treffen. Diesbezüglich wurde dem SGB V zeitgleich **mit der 8. GWB-Novelle** (2013) ein neuer § 172a hinzugefügt. Dieser unterstellt alle freiwilligen Vereinigungen gesetzlicher Krankenkassen einer *entsprechenden Anwendung* der fusionskontrollrechtlichen Vorschriften des GWB. Im Ergebnis führt dies zur weitgehenden Geltung der Fusionskontrolle des GWB, die die Unternehmenseigenschaft der Kassen dafür unterstellt. Die Kassen werden danach genauso behandelt wie sonstige Leistungserbringer im Gesundheitswesen, wie etwa Krankenhäuser.

Wesentlich ist, dass solche **Zusammenschlüsse freiwillig stattfinden.** Stehen sie im 8
Zusammenhang einer kommunalen Gebietsreform, sind sie nach § 35 Abs. 2 Satz 2 GWB von der Fusionskontrolle ausgenommen. Sind sie gesetzlich oder sonst hoheitlich angeordnet außerhalb einer solchen Gebietsreform, sind sie nicht freiwillig und somit von der durch § 172a SGB V angeordneten entsprechenden Anwendbarkeit nicht erfasst.[14]

Die entsprechende Anwendung der Fusionskontrollvorschriften des GWB ist hinsichtlich 9
des **Verfahrensrechts** allerdings verschiedentlich durchbrochen. Das Amt ist verpflichtet, vor der Verfügung einer Untersagung das *Benehmen mit den* nach § 90 SGB IV zuständigen *Aufsichtsbehörden* herzustellen (§ 40 Abs. 4 Satz 2 GWB), was das Amt allerdings nicht hindert, sich über von dort geäußerte Gegenvorstellungen hinwegzusetzen.[15] In der zweiten Phase ist die Entscheidungsfrist des § 40 Abs. 2 Satz 2 GWB auf sechs Wochen verkürzt, wenn eine der betroffenen gesetzlichen Krankenkassen Insolvenz angezeigt hat (§ 172a Abs. 2 Satz 2 SGB V). Der Rechtsweg gegen die Entscheidungen des BKartA führt nicht vor die einschlägig erfahrenen Senate des OLG Düsseldorf und des BGH, sondern zum

[11] Zu beachten sind jeweils die auf missbräuchliche Gestaltungen abzielenden Regelungen in §§ 55 Abs. 2, 60 Abs. 2 AWV.

[12] NZS 2012, 177.

[13] Präsident des BKartA *Mundt* in der Frankfurter Allgemeinen Zeitung vom 21.11.2011.

[14] Weitere Einzelheiten bei *Bechtold,* GWB, § 35 Rdnr. 28.

[15] Ebenso *Bechtold,* NZKart 2013, 263, 269; *Langen/Bunte-Kallfaß,* GWB, § 35 Rdnr. 9.

LSG Nordrhein-Westfalen in Essen bzw. zum Bundessozialgericht in Kassel (§ 63 Abs. 4 Satz 3 GWB, §§ 29 Abs. 3 Nr. 4, 202 Satz 3 SGG). Schließlich ist der in § 41 Abs. 3 und 4 GWB niedergelegte Auflösungsmechanismus nicht anwendbar auf unter Verstoß gegen das Vollzugsverbot vollzogene Vereinigungen von Krankenkassen (§ 172a Abs. 2 Satz 5 SGB V). Dies verhindert zugleich eine nachträgliche Prüfung von Vereinigungen gesetzlicher Krankenkassen, die vor Inkrafttreten des § 172a SGB V ungeprüft vollzogen wurden.

10 Abgesehen von den genannten Besonderheiten finden auf Vereinigungen gesetzlicher Krankenkassen präventiv die normalen **Prüfkriterien** der Fusionskontrolle Anwendung. Insbesondere sind die sozial- und öffentlich-rechtlichen Aspekte der Beteiligten wie Kriterien privatwirtschaftlicher Wettbewerbsbeziehungen zu bewerten.

III. Verhältnis zum allgemeinen Kartellrecht

11 Die Sonderregeln über die Fusionskontrolle in den §§ 35 ff. GWB schließen die Anwendbarkeit der allgemeinen kartellrechtlichen Verbote nicht generell aus. Dies gilt insbesondere für das Verbot in § 1 GWB, das nach der Rechtsprechung des BGH auch auf Vorgänge anwendbar sein kann, die zugleich einen Zusammenschlusstatbestand i. S. d. § 37 GWB verwirklichen. Die parallele Anwendbarkeit folge daraus, dass es bei dem Verbot wettbewerbsbeschränkender Vereinbarungen einerseits und der Fusionskontrolle andererseits um zwei verschiedene Sachverhalte gehe, die sich nur teilweise überschnitten **(„Doppelkontrolle“).**[16] Relevant ist dies vor allem für die Gründung und Existenz eines **Gemeinschaftsunternehmens,** wenn hierdurch der Wettbewerb im Verhältnis der Mutterunternehmen zueinander beschränkt wird.[17] Ein Gemeinschaftsunternehmen, dessen Gründung in der Fusionskontrolle geprüft und freigegeben worden ist, kann deshalb in einem separaten Verfahren nach § 32 i. V. m. § 1 GWB untersagt werden, wobei für die beiden Entscheidungen nicht notwendig dieselbe Kartellbehörde zuständig ist (§§ 32, 48 GWB einerseits und § 36 Abs. 1 Satz 1 GWB andererseits).[18] Die fusionskontrollrechtliche Freigabe durch das BKartA begründet kein schutzwürdiges Vertrauen in Bezug auf die kartellrechtliche Zulässigkeit eines Gemeinschaftsunternehmens,[19] selbst wenn das Amt einen Verstoß gegen § 1 GWB oder Art. 101 AEUV erst viele Jahre nach Abschluss des Fusionskontrollverfahrens aufgreift.[20] In der Praxis prüft das BKartA bei der Anmeldung eines Gemeinschaftsunternehmens regelmäßig, ob ein Verstoß gegen § 1 GWB oder Art. 101 Abs. 1 AEUV in Betracht kommt. Ist dies der Fall, dann wird zusätzlich zum Fusionskontrollverfahren ein eigenständiges Kartellverwaltungsverfahren eingeleitet, für das das Fristenregime des § 40 GWB nicht gilt. Die ggf. zunächst erteilte fusionskontrollrechtliche Freigabe versieht das BKartA dann meist mit dem Vorbehalt, dass eine spätere Untersagung nach § 1 GWB oder Art. 101 Abs. 1 AEUV möglich bleibt.[21]

12 Nicht abschließend geklärt ist, ob die allgemeinen kartellrechtlichen Verbote auch auf den **Erwerb von Unternehmensbeteiligungen als solches** anwendbar sind.[22] Diese Frage kann sich stellen, wenn eine Beteiligung nicht von der Fusionskontrolle nach den

---

[16] BGH WuW/E BGH 1810, 1813 f. – *Transportbeton Sauerland;* BGH WuW/E BGH 2169 – *Mischwerke;* BGH WuW/E DE-R 711, 713 – *Ost-Fleisch; Immenga/Mestmäcker-Thomas,* GWB, 5. Aufl., § 37 Rdnr. 14.

[17] Dazu § 20 Rdnr. 191 ff. und ausführlich *Schroeder* in § 9 Rdnr. 24 ff.

[18] BGH WuW/E BGH 1810, 1813 – *Transportbeton Sauerland* (dort Zuständigkeit der Landeskartellbehörde für die Untersagung nach § 1 GWB).

[19] BKartA, Sektoruntersuchung Walzasphalt, Abschlussbericht September 2012, Rdnr. 142; *Immenga/Mestmäcker-Zimmer,* GWB, 5. Aufl., § 1 Rdnr. 301.

[20] OLG Düsseldorf WuW/E DE-R 3993, 3996 – *Chemikalienhandel II* (Verfahrenseinleitung erst nach 12 Jahren); vgl. auch BKartA, Sektoruntersuchung Walzasphalt, Abschlussbericht September 2012, Rdnr. 147, 142.

[21] Vgl. BKartA TB 2011/2012, S. 26.

[22] Dafür *Gassner,* WuW 2011, 1080, 1082 ff.; *Stöcker,* ZWeR 2013, 154, 169 ff.; *Langen/Bunte-Krauß,* GWB, § 1 Rdnr. 303 (wenn die Beteiligung zu einer Verhaltenskoordinierung führt); Dagegen *Immenga/Mestmäcker-Thomas,* GWB, 5. Aufl., § 37 Rdnr. 14; *Bechtold,* GWB, § 1 Rdnr. 83.

§§ 35 ff. GWB erfasst wird, etwa weil die Umsatzschwellen des § 35 Abs. 1 GWB nicht erreicht werden[23] oder weil eine Minderheitsbeteiligung keinen Zusammenschluss i. S. d. § 37 Abs. 1 GWB darstellt.[24] Vor dem Inkrafttreten der FKVO nutzte die Kommission in Einzelfällen das Verbot wettbewerbsbeschränkender Vereinbarungen **(Art. 101 AEUV)** und das Verbot des Missbrauchs einer marktbeherrschenden Stellung **(Art. 102 AEUV),** um Beteiligungserwerbe unter Wettbewerbern zu prüfen.[25] Der EuGH hat dieser Praxis seinen Segen erteilt.[26] Ob sie auch noch nach dem Inkrafttreten der FKVO zulässig ist, wird bestritten.[27] Das Sekundärrecht der Union kann die Anwendung des Primärrechts jedoch nicht einschränken, und noch vielweniger können dies die §§ 35 ff. GWB, so dass eine Anwendung von Art. 101, 102 AEUV auf den Erwerb von Unternehmensbeteiligungen im Einzelfall möglich bleibt.[28] Für das Verhältnis von **§ 1 GWB** zu den §§ 35 ff. GWB hat der BGH allerdings klargestellt, dass Vereinbarungen, die „die Verschmelzung von Unternehmen zum Gegenstand" haben, als solche nicht § 1 GWB, sondern lediglich der Fusionskontrolle unterfallen.[29] § 1 GWB gelangt folglich nicht zur Anwendung, soweit die Beschränkung des Wettbewerbs nicht über die strukturellen Wirkungen des Zusammenschlusses hinausgeht. Insoweit lässt sich von einem **„Konzentrationsprivileg"** sprechen. Ausschließlich an § 36 GWB ist deshalb der Verlust an Wettbewerb zu messen, der damit einhergeht, dass die beteiligten Unternehmen ihre wettbewerbliche Eigenständigkeit verlieren oder, bei der Gründung eines Gemeinschaftsunternehmens, ihre Aktivitäten auf bestimmten Märkten zusammenführen.[30] Es verstößt auch nicht gegen § 1 GWB, wenn die Gesellschafter eines (gemeinsam kontrollierten und im Übrigen kartellrechtlich unbedenklichen) Gemeinschaftsunternehmens ausdrücklich oder stillschweigend auf eine eigenständige wettbewerbliche Tätigkeit im Markt des Gemeinschaftsunternehmens verzichten.[31]

---

[23] Für die Anwendung von § 1 GWB auf „Überkreuzbeteiligungen" BKartA TB 2011/2012, S. 26.

[24] Für die Anwendung von § 1 GWB in diesem Fall *Immenga,* ZNER 2002, 152, 157; *Loewenheim/Meessen/Riesenkampff-Nordemann,* GWB, § 1 Rdnr. 265. Eine Beteiligung, die nicht „wettbewerblich erheblich" ist, wird allerdings kaum jemals den Wettbewerb iSv § 1 GWB beschränken.

[25] Komm. E. v. 9.12.1971, ABl. 1972 L 7/25 – *Continental Can Company;* Komm. 14. Bericht über die Wettbewerbspolitik (1984), Rdnr. 98 ff. – *Philip Morris/Rembrandt/Rothmans;* Komm. E. v. 10.11.1992, ABl. 1993 L 116/21 – *Warner-Lambert/Gillette und BIC/Gillette.*

[26] EuGH U. v. 21.2.1973, Rs. 6/72, Slg. 1973, 215, Rdnr. 26, 28 f. – *Continental Can* (Anwendung des heutigen Art. 102 AEUV, wenn ein Unternehmen seine marktbeherrschende Stellung durch einen Beteiligungserwerb verstärkt, insbesondere beim Erwerb einer Mehrheitsbeteiligung an einem Wettbewerber); EuGH U. v. 17.11.1987, Rs. 142/84 und 156/84, Slg. 1987, 4487, Rdnr. 37 f. – *Philip Morris* (Anwendung des heutigen Art. 101 Abs. 1 AEUV auf den Erwerb einer Beteiligung an einem Wettbewerber, wenn dadurch das Marktverhalten der Beteiligten iS einer Wettbewerbsbeschränkung beeinflusst wird, was insbesondere der Fall ist, wenn der Erwerber „die Kontrolle über das geschäftliche Verhalten des anderen Unternehmens erlangt oder wenn die Vereinbarung eine geschäftliche Zusammenarbeit zwischen den Unternehmen vorsieht oder Strukturen schafft, die einer solchen Zusammenarbeit förderlich sein können").

[27] Dagegen *Dreher,* WuW 2002, 828, 830 ff.; *Immenga/Mestmäcker-Thomas,* GWB, 5. Aufl., § 37 Rdnr. 14. Dafür Monopolkommission, 34. Sondergutachten (2002), Rdnr. 223 ff. – *E.ON/Gelsenberg und Bergemann; Fritzsche,* WuW 2003, 1153, f.

[28] Die Anwendbarkeit wird grundsätzlich bejaht vom Präsidenten des EuG in seinem B. v. 18.3.2008, Rs. T-411/07 R, Slg. 2008 II-411, Rdnr. 104 – *Aer Lingus.* Zu den praktischen Schwierigkeiten Komm., Staff Working Document: Towards more effective EU merger control, SWD (2013) 239, S. 6.

[29] BGH WuW/E BGH 359, 364 – *Gasglühkörper;* BGH WuW/E DE-R 711, 716 – *Ost-Fleisch.*

[30] Vgl. BGH WuW/E DE-R 711, 716 – *Ost-Fleisch.* Dies wird nicht beachtet in BKartA B. v. 17.3.2011, B6–94/10, Rdnr. 204 – *ProSiebenSat1/RTL/Video-on-Demand* und BKartA E. v. 18.2.2014, B6–81/11 (Fallbericht), S. 3 – *Germany's Gold,* wo ein Kartellverstoß damit begründet wird, dass der Vertrieb von Videos über ein Gemeinschaftsunternehmen gegenüber einem getrennten Marktauftritt der Mütter zu einem Wegfall an Preiswettbewerb führt.

[31] BGH WuW/E DE-R 2742, Rdnr. 15 ff. – *Gratiszeitung Hallo;* OLG Düsseldorf WuW/E DE-R 3993, 3997 – *Chemikalienhandel II;* aA noch OLG Düsseldorf WuW/E DE-R 1625, 1631 – *Rethmann/GfA Köthen* (Verstoß gegen § 1 GWB wegen Einverständnis der Mütter, nicht mit dem

Für eine Anwendung von § 1 GWB könnte allenfalls Raum bleiben, soweit der Zusammenschluss lediglich in dem Erwerb einer nicht-kontrollierenden Minderheitsbeteiligung besteht und die wettbewerblich eigenständig bleibenden Unternehmen über die strukturellen Wirkungen des Zusammenschlusses hinaus in wettbewerbsbeschränkender Weise miteinander kooperieren.[32] Allerdings nimmt der Zusammenschlusstatbestand des wettbewerblich erheblichen Einflusses in § 37 Abs. 1 Nr. 4 GWB bereits die Elemente als „Plusfaktoren" auf, die für eine kartellrechtliche Prüfung relevant sind,[33] so dass für eine erneute Prüfung derselben Elemente nach § 1 GWB keine Berechtigung besteht. Anders als im europäischen Recht wurde in Deutschland bislang nicht der Versuch unternommen, die **Missbrauchsvorschriften** in §§ 19 und 20 GWB auf Beteiligungserwerbe anzuwenden.[34]

B. Ausnahmebereiche

I. Kommunale Gebietsreform (§ 35 Abs. 2 Satz 2 GWB)

13 Der mit der 8. GWB-Novelle neu in das Gesetz eingefügte § 35 Abs. 2 Satz 2 GWB bestimmt, dass Zusammenschlüsse durch die Zusammenlegung öffentlicher Einrichtungen und Betriebe, die mit einer kommunalen Gebietsreform einhergehen, nicht der deutschen Fusionskontrolle unterliegen. Erfasst sind sämtliche rechtlich selbständige oder unselbständige Unternehmen, Unternehmensteile, Eigenbetriebe, Wirtschaftseinheiten bis hin zu Beteiligungen der öffentlichen Hand.[35] Die Zusammenschlüsse müssen nicht ausdrückliches Ziel der Gebietsreform sein, wenn sie sich nur aus ihr ergeben („einhergehen"). Beispielhaft hierfür dürfte die Zusammenführung der Krankenhäuser der Stadt Hannover und des Landkreises Hannover nach dem Zusammenschluss von Stadt und Landkreis zur Region Hannover sein, worin das BKartA nach altem Recht einen kontrollpflichtigen Zusammenschluss gesehen hatte.[36]

II. Hoheitliches Handeln

14 Über die Ausnahmeregelung des § 35 Abs. 2 Satz 2 GWB hinaus unterliegen Zusammenschlüsse der Fusionskontrolle nicht, wenn sie **Ausfluss eines originär hoheitlichen Handelns** des Staates sind. Dies ist namentlich der Fall, wenn ein Träger von Hoheitsrechten zur Verfolgung von Gemeinwohlbelangen nichtwirtschaftlicher Art einen Zusammenschluss anordnet oder durchführt, selbst wenn er sich bei der Umsetzung der Mittel des Privatrechts bedient. So lagen die Dinge nach Ansicht des OLG Düsseldorf im Fall *Lotto Rheinland-Pfalz,* in dem das Land mit dem gesetzgeberisch angeordneten Ziel, ein staatliches Glücksspielmonopol zu errichten, die Mehrheit der Anteile an einem Glückspielan-

---

Gemeinschaftsunternehmen in Konkurrenz zu treten); aA ferner BKartA, Sektoruntersuchung Walzasphalt, Abschlussbericht September 2012, Rdnr. 191.

[32] So BKartA B. v. 9.8.2006, B1–116/04, Rdnr. 118 – *Nord-KS* (Verstoß gegen § 1 GWB wegen eines wettbewerbsbeschränkenden Informationsflusses zwischen Minderheitsgesellschafter und Beteiligungsunternehmen); BKartA TB 2011/2012, S. 59 und TB 2013/2014, S. 55 – *REWE/Wasgau* (Beschaffungskooperation von Minderheitsgesellschafter und Beteiligungsunternehmen); vgl. auch zum europäischen Recht EuG U. v. 6.7.2010, Rs. T-411/07, Slg. 2010 II-3695, Rdnr. 70 – *Aer Lingus* (Informationsaustausch ist keine direkte Folge einer Minderheitsbeteiligung und kann Art. 101 AEUV unterfallen).

[33] Dazu unten Rdnr. 98ff.

[34] So konnte zB *SodaStream* ihre als marktbeherrschend eingestufte Stellung ohne Intervention des BKartA durch den Erwerb des Wettbewerbers *Wassermax* verstärken, s. BKartA E. v. 22.1.2015, B3–50/12 und B3–164/14 (Fallbericht), S. 1 – *SodaStream;* ebenso auch schon BKartA TB 2005/2006, S. 70f. – *Fuchs/Wichartz Gewürze* und *Fuchs/Theodor Kattus.*

[35] Ebenso *Bechtold,* GWB, § 35 Rdnr. 45; aA im Hinblick auf gemischt-wirtschaftliche Unternehmen und Beteiligungen unter 100% *Langen/Bunte-Kallfaß,* GWB, § 35 Rdnr. 34.

[36] BKartA TB 2005/2006, S. 168 – *Kliniken von Landkreis und Stadt Hannover.*

bieter in Rheinland-Pfalz übernehmen wollte. Das OLG entschied gegen die Anwendbarkeit der Fusionskontrolle, weil der Zusammenschluss lediglich einen Normsetzungsakt des Landesgesetzgebers umsetze, der bei der Entscheidung für ein Wettmonopol keine unternehmerischen Ziele verfolgt habe.[37] Zusammenschlüsse, die durch Landesgesetz vollzogen werden, sind nach dieser Rechtsprechung nur kontrollpflichtig, wenn sie in der Sache auf eine wirtschaftliche Betätigung gerichtet sind.[38] Nicht aufrechtzuerhalten ist damit die Ansicht, dass kraft Landesgesetz bzw. in Durchführung eines Landesgesetzes erfolgte Zusammenschlüsse *per se* der Fusionskontrolle unterliegen, weil das GWB als Bundesgesetz der landesrechtlichen Regelung vorgehe.[39] Werden Zusammenschlüsse nach Bundesrecht veranlasst, tritt das GWB als älteres Bundesrecht ohnehin zurück. Allein das Recht der Gemeinden auf kommunale Selbstverwaltung (Art. 28 Abs. 2 GG) hindert die Anwendbarkeit der Fusionskontrolle hingegen nicht, soweit sich die Gemeinden mit eigenen Unternehmen wirtschaftlich betätigen.[40]

Zusammenschlüsse unterliegen der Fusionskontrolle darüber hinaus nur, soweit sie sich **auf einen Markt beziehen, der Wettbewerbskräften unterworfen** ist.[41] Daran fehlt es wenn eine Tätigkeit aufgrund hoheitlicher Vorgaben derart reguliert ist, dass der Anbieter über keine wettbewerblich relevanten Verhaltensspielräume (mehr) verfügt. Die Rechtsprechung legt hier indes strenge Maßstäbe an. So unterliegen Zusammenschlüsse zwischen Krankenhäusern nach der Rechtsprechung des BGH der Fusionskontrolle, auch wenn deren Dienstleistungen (insbesondere für gesetzlich versicherte Patienten) in erheblichem Umfang reglementiert und wichtige Wettbewerbsbedingungen vorgegeben sind, weil zwischen den Krankenhäusern ein nicht unerheblicher Qualitätswettbewerb besteht.[42] Gleiches gilt für das Angebot von Beförderungsleistungen im öffentlichen Personennahverkehr, selbst wenn die Leistungsbeziehungen öffentlich-rechtlich geprägt sind, weil die Anbieter Einfluss auf Preise, Qualität, Effizienz und Kosten nehmen können.[43] Ein weiteres Beispiel sind die Agrarmärkte, auf denen trotz enger regulatorischer Vorgaben durch die europäischen Marktordnungen Spielräume für Wettbewerb verbleiben.[44] Auch wenn Gesellschaften hoheitliche Aufgaben wahrnehmen und insoweit nicht als Unternehmen anzusehen sind, wie z.B. das Lkw-Mautsystem von *Toll Collect,*[45] können sie der Fusionskontrolle unterliegen, soweit sich ihre Tätigkeit im Übrigen auf einen Markt auswirkt.[46] 15

Zusammenschlüsse unter Beteiligung der **Deutschen Bundesbank oder der Kreditanstalt für Wiederaufbau** sind über § 130 Abs. 1 Satz 3 GWB von der Fusionskontrolle ausgenommen. Gleiches gilt nach § 17 FMStBG für Stabilisierungsmaßnahmen des Finanzmarktstabilisierungsfonds (SoFFin). 16

---

[37] OLG Düsseldorf WuW/E DE-R 2436, Rdnr. 25 ff. – *Lotto Rheinland-Pfalz;* aA *Emmerich,* Kartellrecht, § 32 Rdnr. 2.

[38] Vgl. OLG Düsseldorf WuW/E DE-R 2436, Rdnr. 41 – *Lotto Rheinland-Pfalz;* vgl. auch *Bechtold,* GWB, § 35 Rdnr. 27, der bei Zusammenschlüssen zwischen öffentlich-rechtlichen Körperschaften darauf abstellt, ob die beteiligten Einheiten in ihrer „Hauptfunktion" Unternehmen sind.

[39] Vgl. BKartA B. v. 29.10.2007, Rdnr. 84 – *Lotto Rheinland-Pfalz;* BKartA TB 2005/2006, S. 168 – *Kliniken von Landkreis und Stadt Hannover.* Vor der 6. GWB-Novelle unterwarf § 24a Abs. 1 Satz 2 Nr. 3 GWB aF nach Landesrecht durch Gesetz oder sonstigen Hoheitsakt bewirkte Zusammenschlüsse ausdrücklich den Regeln der Fusionskontrolle.

[40] BGH WuW/E DE-R 1797, Rdnr. 21 – *Deutsche Bahn/KVS Saarlouis.*

[41] BGH WuW/E DE-R 2327, Rdnr. 22 – *Kreiskrankenhaus Bad Neustadt.*

[42] BGH WuW/E DE-R 2327, Rdnr. 39 – *Kreiskrankenhaus Bad Neustadt;* vgl. auch OLG Düsseldorf WuW/E DE-R 1958, 1965 ff. – *Rhön-Grabfeld;* BKartA B. v. 6.6.2007, B3–6/07, Rdnr. 60 ff. – *LBK/Mariahilf;* BKartA WuW/E DE-V 1087, Rdnr. 46 – *Rhön-Grabfeld.*

[43] BGH WuW/E DE-R 1681, Rdnr. 18 – *DB Regio/üstra;* vgl. auch BKartA WuW/E DE-V 937, 938 ff. – *ÖPNV Saarland; Bremer/Wünschmann,* WuW 2006, 1118, 1120 f.; *Herrlinger/Ruppelt,* WuW 2009, 155 ff.; krit. *Immenga,* WuW 2004, 1116 ff.; *Bunte,* GRUR 2004, 913 ff.

[44] BKartA B. v. 17.2.2009, B2–46/08, Rdnr. 37 ff. – *Nordzucker/Danisco Sugar.*

[45] LG Düsseldorf WuW/E DE-R 1908, 1910 f. – *Lkw-Maut.*

[46] So zur Gründung von *Toll Collect* als Gemeinschaftsunternehmen von *DaimlerChrysler* und *Deutsche Telekom* Komm. WuW/E EU-V 859, Rdnr. 19 ff. – *TollCollect.*

C. Unternehmen

I. Funktionaler Unternehmensbegriff

17 Die §§ 35ff. GWB sind – wie das GWB insgesamt[47] – nur auf Unternehmen anwendbar. Nach dem funktionalen Unternehmensbegriff des GWB wird die Unternehmenseigenschaft durch **jede selbständige Tätigkeit im geschäftlichen Verkehr** begründet, die auf den Austausch von Waren oder gewerblichen Leistungen gerichtet ist und sich nicht auf die Deckung des privaten Lebensbedarfs beschränkt.[48] Ein Unternehmen im Sinne der Fusionskontrollvorschriften ist danach jede (natürliche oder juristische) Person oder Personengesellschaft, die in dieser Weise aktiv am Wirtschaftsleben teilnimmt. Auf die Rechtsform oder die Gewinnerzielungsabsicht kommt es dabei nicht an. Daher ist z.B. eine natürliche Person Unternehmen i.S.d. Fusionskontrollrechts, soweit sie Einzelkaufmann ist.

18 Den Vorschriften der Fusionskontrolle liegt im Grundsatz ein **rechtsträgerbezogener Unternehmensbegriff** zugrunde, weshalb das Gesetz mit „Unternehmen" nur die jeweilige Person oder Personengesellschaft meint, nicht die am Markt auftretende (ggf. aus mehreren Rechtssubjekten bestehende) wirtschaftliche Einheit, was insbesondere für die Zusammenschlusstatbestände und die Verfahrensvorschriften von Bedeutung ist.[49] Konzernstrukturen werden erst über Begriff der verbundenen Unternehmen (§ 36 Abs. 2 GWB erfasst).[50]

19 Aus der Funktionalität des Unternehmensbegriffs folgt, dass – entgegen einer älteren Stellungnahme des Kammergerichts[51] – die Gesellschaften des Handelsrechts nicht allein wegen ihrer Rechtsform, und ohne dass es auf eine Markttätigkeit ankäme, als Unternehmen angesehen werden können. Wichtig ist dies für die sog. **Vorratsgesellschaften,** d.h. Kapitalgesellschaften, die nicht zur Aufnahme einer Geschäftstätigkeit gegründet werden, sondern als „leere Hülle" zum späteren Verkauf an einen Dritten, dem hierdurch der langwierige Eintragungsprozess und die damit verbundenen Haftungsrisiken erspart bleiben. Solche Kapitalgesellschaften sind mangels unternehmerischer Ressourcen und mangels Teilnahme an marktbezogenen Austauschprozessen keine Unternehmen i.S.d. §§ 35ff. GWB.[52] Vergleichbar ist die Situation bei den sog. Mantelgesellschaften, die ihre operative Geschäftstätigkeit zwischenzeitlich vollständig eingestellt haben und deren einziger Wert in den gesellschafts- oder steuerrechtlichen Vorzügen der verbleibenden juristischen Person liegt. Dennoch bejaht das BKartA die Unternehmenseigenschaft von Mantelgesellschaften, weil dem Amt die Beurteilung ermöglicht werden müsse, ob eine Gesellschaft tatsächlich nicht mehr am Markt tätig ist.[53] Diese Argumentation ist zirkelschlüssig, weil die Anmeldepflicht die Unternehmenseigenschaft ja gerade voraussetzt. Zudem muss es den Unternehmen möglich sein, die Voraussetzungen der Anmeldepflicht selbst einzuschätzen. Die Frage der Unternehmenseigenschaft von Vorrats- und Mantelgesellschaften ist seit der Einführung der zweiten Inlandsumsatzschwelle in § 35 Abs. 1 Nr. 2 GWB allerdings nur noch relevant, wenn mehrere Unternehmen parallel Anteile an der betreffenden Gesellschaft erwerben. Das BKartA hat für diesen Fall die Ansicht geäußert, dass der Erwerb anzumel-

---

47 Dazu *Wiedemann,* § 4 Rdnr. 9.

48 BGH WuW/E DE-R 2327, Rdnr. 21 – *Kreiskrankenhaus Bad Neustadt;* BGH WuW/E DE-R 289, 291 – *Lottospielgemeinschaft; Immenga/Mestmäcker-Thomas,* GWB, 5. Aufl., § 35 Rdnr. 11; *Langen/Bunte-Kallfaß,* GWB, § 35 Rdnr. 11.

49 *Immenga/Mestmäcker-Mestmäcker/Veelken,* GWB, 4. Aufl., § 36 Rdnr. 5f.; *Langen/Bunte-Kallfaß,* GWB, § 35 Rdnr. 11.

50 Dazu unten Rdnr. 29ff.

51 KG WuW/E OLG 2601, 2602 – *IBB;* ebenso OLG Düsseldorf WuW/E DE-R 2147, Rdnr. 24 – *Nord-KS/Xella; Bechtold,* GWB, § 35 Rdnr. 25.

52 *Immenga/Immenga,* BB 2009, 7, 8; ähnlich *Immenga/Mestmäcker-Thomas,* GWB, 5. Aufl., § 35 Rdnr. 49 („teleologische Reduktion der §§ 35ff.").

53 Schreiben des BKartA 13.12.2006, B1–555/06 (nicht veröff.).

den sei, „wenn eine gemeinsame Beherrschung nach § 36 Abs. 2 GWB feststellbar ist oder ein Gemeinschaftsunternehmen begründet wird oder ein sonstiger wettbewerbserheblicher Einfluss feststellbar ist".[54] Diese Ansicht dürfte in ihrer Pauschalität nicht richtig sein, denn allein der Umstand, dass sich mehrere Unternehmen beteiligen, verleiht der Gesellschaft noch nicht die von § 37 Abs. 1 GWB vorausgesetzte Unternehmenseigenschaft.

Fraglich ist, welche strukturelle Intensität eine Kooperation zwischen Unternehmen 20 aufweisen muss, um ihrerseits als „Unternehmen" im Sinne des Fusionskontrollrechts zu gelten. Anders als in Art. 3 Abs. 4 FKVO („Vollfunktionsgemeinschaftsunternehmen") gibt es im deutschen Fusionskontrollrecht keine qualifizierenden Anforderungen für die **Gründung von Gemeinschaftsunternehmen.** Ausgehend von den allgemeinen Grundsätzen ist für den Unternehmenscharakter jedenfalls erforderlich, dass die Kooperation einen Marktbezug hat. Allein die Tatsache, dass sich mehrere Unternehmen an einer Kapital- oder Personengesellschaft beteiligen, genügt noch nicht, um diese Gesellschaft zu einem Unternehmen zu machen. Notwendig ist vielmehr, dass die (aktuelle oder künftige) Tätigkeit der Gesellschaft zumindest mittelbar auf eine Teilnahme an marktbezogenen Austauschprozessen ausgerichtet ist, sei es durch einen eigenen Marktauftritt, sei es durch Einbindung in die Markttätigkeit der Muttergesellschaften (z. B. durch Produktion, Forschung, Entwicklung). Ein so verstandener Marktbezug wird tatsächlich nur ausnahmsweise zu verneinen sein, etwa bei rein karitativen Zwecken. Die Tatsache, dass sich eine gemeinsame Gesellschaft der Erforschung eines neuen Produktes widmen soll, für das mangels Forschungserfolgs heute noch kein Markt existiert, kann nicht zur Verneinung der Unternehmenseigenschaft mit der Begründung führen, die Gesellschaft sei mangels Marktes nicht unternehmerisch tätig.[55] Denn der Zweck einer solchen Forschungsgesellschaft ist die (spätere) gewerbliche Nutzung der Forschungsergebnisse.

Da die Fusionskontrolle Strukturkontrolle ist, ist darüber hinaus erforderlich, dass die 21 unternehmerische Zusammenarbeit **auf Dauer angelegt und ausreichend strukturell verfestigt** ist.[56] Relevant wird dies z. B. für Arbeitsgemeinschaften. Eine Arbeitsgemeinschaft, in der sich – gleich in welcher Rechtsform – mehrere Unternehmen zur Beteiligung an einer Ausschreibung und Abarbeitung eines Auftrags zusammenfinden, ist mangels Beständigkeit kein Unternehmen (selbst wenn sie über Jahre besteht). Anders mag dies zu beurteilen sein, wenn mehrere Unternehmen zusammenarbeiten, um sich mit einem gemeinsamen Angebot langfristig an einen unbestimmten Kundenkreis zu richten.

In der Fusionskontrolle geht es der Sache nach um die Verfügungsmacht über unter- 22 nehmerisch genutzte Ressourcen.[57] Hieraus lässt sich folgern, dass von einem Gemeinschafts-"Unternehmen" erst gesprochen werden kann, wenn die (dauerhafte) Zusammenarbeit zusätzlich einen **hinreichenden Organisationsgrad in Bezug auf die Nutzung unternehmerischer Ressourcen** aufweist. Kein Unternehmen ist deshalb die Gesellschaft nach §§ 705 ff. BGB in der Form einer reinen Innengesellschaft, wenn und weil sie ohne Außenauftritt und ohne Verbandsstruktur (keine Geschäftsführung, kein Vertretungsorgan) oder jedenfalls ohne Gesellschaftsvermögen ist. Ein Beispiel hierfür wäre eine BGB-Innengesellschaft, die als bloßes „Abrechnungsvehikel" für Aufträge fungiert, welche ein Gesellschafter zugunsten seiner Mitgesellschafter akquiriert und welche die Gesellschafter arbeitsteilig und jeder für sein Gebiet selbständig abarbeiten (z. B. bei einer Anzeigenkooperation im Medienbereich). Gleiches gilt für gewöhnlich für die Bruchteilsgemeinschaft nach §§ 741 ff. BGB und die stille Gesellschaft nach §§ 230 ff. HGB.[58] Wenn

---

54 BKartA aaO; vgl. auch KG WuW/E OLG 4143 f. – *Objektgesellschaft.*

55 So aber wohl das BKartA, Schreiben vom 15.6.2012, B8–157/08 (nicht veröff.).

56 Ebenso *Immenga/Mestmäcker-Thomas,* GWB, 5. Aufl., § 35 Rdnr. 22.

57 Vgl. *Immenga/Mestmäcker-Mestmäcker/Veelken,* GWB, 4. Aufl., § 36 Rdnr. 15 ff.

58 Ebenso *Immenga/Mestmäcker-Thomas,* GWB, 5. Aufl., § 35 Rdnr. 25. Die stille Gesellschaft kann allerdings Instrument für die fusionskontrollrechtlich relevante Beteiligung an einem anderen Unternehmen sein, vgl. *Bechtold,* GWB, § 35 Rdnr. 25; BKartA WuW/E DE-V 968, 972 f. – *Bonner Zeitungsdruckerei.*

allerdings umgekehrt ein hinreichender Organisationsgrad und unternehmerische Ressourcen vorliegen, ist für die Zusammenschlusskontrolle von einem Unternehmen auszugehen, selbst wenn es an einer eigenständigen Rechtspersönlichkeit fehlt. Dies ist z. B. relevant für offene Investmentfonds in vertraglicher Form, die von einer Kapitalanlagegesellschaft für Rechnung der Anleger verwaltet werden und deren Vermögenswerte als Sondervermögen vom eigenen Vermögen der Kapitalanlagegesellschaft getrennt sind (§ 1 Abs. 10 KAGB).

23 Umstritten ist, inwieweit **Personengruppen** (z. B. mehrere Angehörige einer Familie, die zusammen die Mehrheit an einer AG halten) als Unternehmen i. S. d. Fusionskontrollrechts angesehen werden können. Die Unternehmenseigenschaft soll nach der Literatur insbesondere möglich sein, wenn die Gruppenmitglieder sich in einer BGB-Gesellschaft zur gemeinsamen Beteiligungsverwaltung zusammengeschlossen haben oder durch Stimmrechtsverträge eine Koordinierung des Einflusses stattfindet.[59] Nach der Rechtsprechung kann auch eine Familie oder ein Gesellschafterstamm als Unternehmen anzusehen sein, ohne Rücksicht darauf, ob die einzelnen Familienmitglieder mit Anteilsbesitz gewillt oder in der Lage sind, eigene Initiative zu entfalten.[60] Das BKartA sieht insofern mehrere Angehörige einer Familie als Unternehmen an, wenn zwischen ihnen eine wirtschaftliche Interessenbindung besteht, die sich zum Beispiel aus identischen Beteiligungen an anderen Unternehmen auf demselben Markt und der einheitlichen Ausübung von Stimmrechten ergeben kann.[61]

24 Personen, die selbst nicht unmittelbar, aber mittelbar durch ihnen gehörende und von ihnen geleitete Unternehmen am Markt vertreten sind, wie z. B. durch eine Holding-Gesellschaft,[62] sind als Unternehmen anzusehen. Dies wird durch die sog. **„Flick-Klausel"** (§ 36 Abs. 3 GWB) klargestellt, die die Unternehmenseigenschaft fingiert, wenn eine Person oder Personenvereinigung eine Mehrheitsbeteiligung an einem Unternehmen besitzt. Die Erweiterung des Unternehmensbegriffs durch § 36 Abs. 3 GWB gilt für natürliche und juristische Personen, Familienstämme als Personenmehrheiten und privatrechtliche Stiftungen, für ausländische Staaten[63] sowie für öffentlich-rechtliche Körperschaften, Stiftungen oder Anstalten.

25 § 36 Abs. 3 GWB gilt nicht für die Begründung einer erstmalig kontrollierenden Beteiligung, sondern nur dann, wenn vor dem Zusammenschluss bereits eine solche in Bezug auf ein Unternehmen bestanden hat, weil nach dem Zweck der Fusionskontrolle nur die Addition von unternehmerischem Markteinfluss erfasst werden soll.[64] Erwirbt das von der Person beherrschte Unternehmen ein weiteres Unternehmen, so wird durch § 36 Abs. 3 GWB die Notwendigkeit der Berücksichtigung der Umsätze weiterer Unternehmen, die von dieser Person abhängig sind, über die Verbundklausel des § 36 Abs. 2 GWB klargestellt.[65]

26 Die **öffentliche Hand** ist denselben Rechtsregeln wie die anderen Teilnehmer am Wirtschaftsverkehr unterworfen. Dies wird durch § 130 Abs. 1 GWB klargestellt, wonach das GWB auf Unternehmen anwendbar ist, die ganz oder teilweise im Eigentum der öffentlichen Hand stehen oder von ihr verwaltet oder betrieben werden. Wenn Bund, Länder

---

[59] Vgl. *Kleinmann/Bechtold,* Fusionskontrolle, § 23 Rdnr. 253; *FK-Paschke,* GWB, § 23 aF Rdnr. 19.

[60] BGH WuW/E BGH 1608, 1611 – *WAZ;* BGH WuW/E BGH 2882 – *Zurechnungsklausel;* zustimmend *Landsittel,* BB 1994, 799; kritisch *FK-Paschke,* GWB, § 23 aF Rdnr. 20; *Kleinmann/Bechtold,* Fusionskontrolle, § 23 Rdnr. 252 und *Kleinmann/Josenhans,* BB 2003, 1341 ff.

[61] BKartA WuW/E DE-V 408, 409 – *Abfallwirtschaft.*

[62] *Langen/Bunte-Kallfaß,* GWB, § 35 Rdnr. 13.

[63] BKartA TB 1974, S. 35; *Kleinmann/Bechtold,* Fusionskontrolle, § 23 Rdnr. 270; *Langen/Bunte-Kallfaß,* GWB, § 36 Rdnr. 155.

[64] *Langen/Bunte-Kallfaß,* GWB, § 36 Rdnr. 153; *Bechtold,* GWB, § 36 Rdnr. 71; *Kleinmann/Bechtold,* Fusionskontrolle, § 23 Rdnr. 263; *FK-Paschke,* GWB 2005, § 36 Rdnr. 112; aA *Immenga/Mestmäcker-Mestmäcker/Veelken,* GWB, 4. Aufl., § 36 Rdnr. 27.

[65] Vgl. *Langen/Bunte-Kallfaß,* GWB, § 36 Rdnr. 154 mwN.

oder andere öffentlich-rechtliche Körperschaften an einem Zusammenschluss beteiligt sind, ist deren Unternehmenseigenschaft somit anzunehmen, soweit diese zum Leistungsaustausch als Anbieter oder Nachfrager am Markt auftreten.[66]

Bestehen Mehrheitsbeteiligungen der öffentlichen Hand, folgt ihre Unternehmenseigenschaft bereits aus § 36 Abs. 3 GWB.[67] Andernfalls ist zu prüfen, ob die öffentliche Hand bei einer geringeren Beteiligung unternehmerische Leitungsmacht ausüben kann. Hierzu wird vertreten, dass der kartellrechtliche Unternehmensbegriff jedenfalls nicht weniger weit reichen könne als der konzernrechtliche Unternehmensbegriff.[68] Für die Unternehmenseigenschaft im Aktienrecht ist die *Veba/Gelsenberg*-Entscheidung des BGH[69] maßgeblich, wonach der mit Hilfe des Stimmrechts ausgeübte Einfluss auf die Zusammensetzung der Gesellschaftsorgane für die Begründung der Unternehmenseigenschaft ausreicht. Dagegen ist eine Gebietskörperschaft, von der bisher noch kein Unternehmen abhängig war, beim erstmaligen Erwerb einer Mehrheitsbeteiligung noch nicht als Unternehmen anzusehen.[70] Ist eine öffentlich-rechtliche Körperschaft als Unternehmen anzusehen, sind grundsätzlich auch die Verbundklausel und die Mehrmütterklausel anzuwenden. Dabei sind auch die Umsatzwerte der Regiebetriebe zu berücksichtigen, die ohne eigene Rechtspersönlichkeit unmittelbar von öffentlich-rechtlichen Körperschaften betrieben werden.[71] Als Umsätze sind nur reine Wirtschaftsumsätze, nicht aber das Steueraufkommen und andere hoheitliche Einkünfte zu berücksichtigen,[72] wobei jedoch das KG Gebühreneinnahmen der öffentlich-rechtlichen Sendeanstalten als Wirtschaftsumsätze und nicht als hoheitliche Einnahmen angesehen hat.[73] Zu beachten sind bei Zusammenschlüssen unter Beteiligung der öffentlichen Hand außerdem die Ausnahmen für kommunale Gebietsreformen (§ 35 Abs. 2 Satz 2 GWB) und bei hoheitlichem Handeln.[74] 27

Die Unternehmenseigenschaft muss nur beim Erwerber und beim erworbenen Unternehmensteil gegeben sein. Es kommt nicht darauf an, ob der **Veräußerer Unternehmen** ist. Denn Zweck der Fusionskontrolle ist die Erfassung von Vorgängen, durch die Markteinfluss, der durch ein Unternehmen oder durch einen Vermögensteil vermittelt wird, von einem Veräußerer auf einen Erwerber übertragen wird. 28

II. Verbundene Unternehmen (§ 36 Abs. 2 Satz 1 GWB)

Gemäß § 36 Abs. 2 Satz 1 GWB sind das am Zusammenschluss beteiligte Unternehmen und die mit ihm verbundenen Unternehmen als einheitliches Unternehmen anzusehen. Dadurch soll gewährleistet werden, dass Unternehmensgruppen, die aufgrund von Verflechtungen eine **wirtschaftliche Einheit** bilden, im Rahmen der Fusionskontrolle auch tatsächlich als Einheit behandelt werden.[75] Nach dem Wortlaut der Vorschrift kommt es 29

---

[66] So zB BGH WuW/E DE-R 4037 – *VBL-Gegenwert* (Versorgungsanstalt des Bundes und der Länder); OLG Brandenburg WuW/E DE-R 2824, Rdnr. 37 – *Brandenburg-Lotto* (staatliche Lottogesellschaft).

[67] OLG Düsseldorf WuW/E DE-R 2347, Rdnr. 26 – *Universitätsklinikum Greifswald; Langen/Bunte-Kallfaß,* GWB, § 36 Rdnr. 155; *Immenga/Mestmäcker-Mestmäcker/Veelken,* GWB, 4. Aufl., § 36 Rdnr. 33; *Bechtold,* GWB, § 36 Rdnr. 71; *Kleinmann/Bechtold,* Fusionskontrolle, § 23 Rdnr. 271.

[68] *Langen/Bunte-Kallfaß,* GWB, § 35 Rdnr. 16; *Kleinmann/Bechtold,* Fusionskontrolle, § 23 Rdnr. 269.

[69] BGH WuW/E BGH 1523 – *Veba/Gelsenberg.*

[70] *Langen/Bunte-Kallfaß,* GWB, § 35 Rdnr. 16; *Kleinmann/Bechtold,* Fusionskontrolle, § 23 Rdnr. 260; *FK-Paschke,* GWB 2005, § 36 Rdnr. 112; aA *Immenga/Mestmäcker-Mestmäcker/Veelken,* GWB, 4. Aufl., § 36 Rdnr. 29.

[71] *Kleinmann/Bechtold,* Fusionskontrolle, § 23 Rdnr. 272.

[72] *Kleinmann/Bechtold,* Fusionskontrolle, § 23 Rdnr. 272.

[73] KG WuW/E OLG 4811, 4824 – *Radio NRW;* BKartA WuW/E BKartA 2396 – *Westdeutscher Rundfunk/Radio NRW.*

[74] Vgl. oben Rdnr. 13 ff.

[75] Vgl. Begr. RegE zur 2. GWB-Novelle, BT-Drucks. VI/2520, S. 26.

darauf an, ob ein beteiligtes Unternehmen ein abhängiges oder herrschendes Unternehmen i. S. v. § 17 AktG oder ein Konzernunternehmen i. S. v. § 18 AktG ist. Da das Aktiengesetz den Begriff „Unternehmen" verwendet, ohne ihn im Sinne einer bestimmten Rechtsform zu definieren, ist die Verbundklausel auch auf herrschende oder abhängige Unternehmen anwendbar, von denen keines eine Aktiengesellschaft ist.[76] Die Regelung gilt im Übrigen, auch wenn ihr Wortlaut dies nicht zum Ausdruck bringt, für den gesamten Anwendungsbereich des GWB.[77]

30 Abhängigkeit bzw. **Beherrschung** i. S. v. § 36 Abs. 2 Satz 1 GWB ist immer dann gegeben, wenn die Voraussetzungen des § 17 AktG erfüllt sind, d. h. wenn ein Unternehmen (herrschendes Unternehmen) unmittelbar oder mittelbar einen beherrschenden Einfluss auf ein rechtlich selbständiges anderes Unternehmen (abhängige Unternehmen) ausüben kann. Dies bedeutet, dass das herrschende Unternehmen seinen Willen gegenüber dem abhängigen Unternehmen durchsetzen kann, wobei dies nicht im Hinblick auf alle Einzelheiten der Geschäftspolitik der Fall sein muss. Mit Blick auf die Zwecksetzung der Fusionskontrolle reicht die Fähigkeit, die Geschäftspolitik, von der das wettbewerbliche Handeln des anderen Unternehmens ausgeht, zu steuern. Das herrschende Unternehmen muss in der Lage sein, dem abhängigen Unternehmen „den Spielraum seiner wettbewerblichen Aktivitäten zuweisen zu können".[78] Dafür genügt, dass das herrschende Unternehmen die Macht hat, Entscheidungen über Investitionen, Produktion und Vertrieb durchzusetzen[79] oder ein Übergewicht der Mitglieder des Verwaltungs-, Leitungs- oder Aufsichtsorgans zu bestellen oder abzuberufen.[80] Der beherrschende Einfluss muss zudem gesellschaftsrechtlich verankert sein; rein tatsächliche Umstände können allenfalls in Verbindung mit Beteiligungsrechten, nicht aber losgelöst von diesen eine Verbindung gemäß § 36 Abs. 1 Satz 1 GWB begründen.[81] Die Mitglieder eines Franchisesystems sind deshalb keine verbundenen Unternehmen i. S. d. § 36 Abs. 1 Satz 1 GWB, wenn ihre Kooperation nicht durch gesellschaftsrechtliche Beteiligungen strukturell abgesichert ist.[82] Gleiches gilt typischerweise bei Genossenschaften.[83] Da die Fusionskontrolle gerade die längerfristigen strukturellen Wirkungen von Unternehmensbeteiligungen in den Blick nimmt, kommt es nicht darauf an, ob und wie von der Beherrschungsmöglichkeit Gebrauch gemacht wird.[84] Eine etwaige Selbstbeschränkung des herrschenden Unternehmens, die jederzeit aufgehoben werden kann, steht der Beherrschung also nicht entgegensteht.

31 Bei einer Mehrheitsbeteiligung (§ 16 AktG) wird die Abhängigkeit nach § 17 Abs. 2 AktG vermutet. Der Anwendungsbereich der **Abhängigkeitsvermutung** ist nicht auf die Aktiengesellschaft beschränkt, sondern umfasst auch Unternehmen anderer Rechtsformen, sofern die Möglichkeit einer Beteiligung am Vermögen des Rechtsträgers besteht (Anteilsmehrheit) oder der Unternehmensträger mitgliedschaftlich verfasst ist und der Verbandswil-

---

[76] BGH WuW/E BGH 1655, 1656 – *Zementmahlanlage II;* Begr. RegE zur 2. GWB-Novelle a. a. O.

[77] BGH WuW/E DE-R 2739, Rdnr. 15 – *Entega;* Begr. RegE zur 6. GWB-Novelle, BT-Drucks. 13/9720, S. 56f.

[78] OLG Düsseldorf WuW/E DE-R 647, 653 – *OTZ.*

[79] KG WuW/E OLG 4075, 4077 – *Springer/Kieler Zeitung;* s. auch BKartA WuW/E DE-V 864, Rdnr. 17f. – *Homag* (Entscheidungen über die Zusammenlegung von Unternehmen, Investitionen, Planvorgaben für Umsätze, Schwerpunktsetzung der Produktstruktur, Auswahl von Logos).

[80] Vgl. KG WuW/E OLG 1993, 1994 – *Organische Pigmente;* OLG Düsseldorf WuW/E DE-R 2347, Rdnr. 32 – *Universitätsklinikum Greifswald;* BKartA B. v. 21.10.2010, B4–45/10, Rdnr. 10ff. – *Sparkasse Karlsruhe/Sparkasse Ettlingen; Langen/Bunte-Kallfaß,* GWB, § 36 Rdnr. 139.

[81] BGH NJW 1984, 1893, 1896 (zu § 17 AktG).

[82] Vgl. BKartA WuW/E DE-V 805, Rdnr. 12 – *TUI/RT* (Reisebüros).

[83] Vgl. BGH WuW/E BGH 3037, 3039 – *Raiffeisen* (Landhandel); BKartA B. v. 25.8.2005, B9–27/05, S. 10f. (Lebensmitteleinzelhandel).

[84] BGH WuW/E BGH 2321, 2323 – *Mischguthersteller;* KG WuW/E OLG 1993, 1994 – *Organische Pigmente; Immenga/Mestmäcker-Mestmäcker/Veelken,* GWB, 4. Aufl., § 36 Rdnr. 48; *Langen/Bunte-Kallfaß,* GWB, § 36 Rdnr. 138.

le durch Mehrheitsentscheidung gebildet wird (Stimmenmehrheit).[85] An beidem fehlt es bei Anstalten des öffentlichen Rechts[86] sowie privatrechtlichen (§§ 80ff. BGB) und öffentlich-rechtlichen Stiftungen. Die Möglichkeit, die Abhängigkeitsvermutung nach § 17 Abs. 2 AktG zu widerlegen, besteht auch im Fusionskontrollrecht. Denkbar ist etwa die Widerlegung der Vermutung beherrschenden Einflusses aufgrund einer Kapitalmehrheit, wenn davon abweichende Stimmrechtsverhältnisse bestehen,[87] etwa aufgrund eines im Gesellschaftsvertrag vereinbarten Mehrheitserfordernisses für Beschlüsse außerhalb des gewöhnlichen Geschäftsbetriebes, welches eine größere Mehrheit erfordert als das fragliche Unternehmen trotz seiner an sich gegebenen absoluten Stimmrechtsmehrheit hält,[88] oder durch Nachweis eines Entherrschungsvertrags.[89] Da für § 17 AktG die Möglichkeit der Beherrschung ausreicht, werden an die Widerlegung der Vermutung strenge Anforderungen gestellt.[90] Die Unternehmen tragen dabei die materielle Beweislast,[91] auch wenn das BKartA an das Amtsermittlungsprinzip gebunden ist.

Sind die Voraussetzungen der Vermutung nicht erfüllt, so muss die Abhängigkeit im Einzelfall festgestellt werden. Eine Abhängigkeit bzw. **Beherrschung ohne Mehrheitsbeteiligung** ist z.B. bei einem Beherrschungsvertrag möglich[92] oder wenn ein Unternehmen die Geschäftsführung eines anderen Unternehmens stellt.[92a] Auch eine Minderheitsbeteiligung kann ausreichen, wenn aufgrund der Streuung des übrigen Anteilsbesitzes faktisch eine sichere Hauptversammlungsmehrheit besteht.[93] 32

Vom Gesetz nicht eindeutig vorgegeben ist, ob der mit der 6. GWB-Novelle aus dem europäischen Recht übernommene Zusammenschlusstatbestand des **Kontrollerwerbs** (§ 37 Abs. 1 Nr. 2 GWB) Auswirkungen auf die Auslegung des Begriffs der Beherrschung in § 36 Abs. 2 Satz 1 GWB hat. Dagegen spricht, dass die Kriterien für die Bestimmung von Kontrolle als Zusammenschlusstatbestand (Art. 3 Abs. 2 FKVO) und für die Konzernzurechnung zu Zwecken der Umsatzberechnung (Art. 5 Abs. 4 FKVO) im europäischen Recht unterschiedlich sind[94] und dass die Vorschriften unterschiedliche Funktionen erfüllen: Die Verbundklausel dient der Bestimmung einer Einheit, die bei wirtschaftlicher Betrachtung als ein einziges Unternehmen angesehen werden kann, während durch die Zusammenschlusstatbestände sämtliche Erwerbsvorgänge erfasst werden sollen, die zu strukturellen Gefährdungslagen führen können, selbst wenn es nicht zur Bildung einer wirtschaftlichen Einheit kommt.[95] Der Unterschied zwischen „Beherrschung" und „Kontrolle" zeigt sich in Situationen, in denen ein Unternehmen nicht die Möglichkeit hat, 33

---

[85] OLG Düsseldorf WuW/E DE-R 2347, Rdnr. 28 – *Universitätsklinikum Greifswald.*

[86] OLG Düsseldorf WuW/E DE-R 2347, Rdnr. 29 – *Universitätsklinikum Greifswald.* Es bleibt freilich die Möglichkeit, dass ein beherrschender Einfluss nach § 17 Abs. 1 AktG besteht.

[87] *Langen/Bunte-Kallfaß,* GWB, § 36 Rdnr. 138; *Rittner,* DB 1976, 1470.

[88] BKartA AG 2000, 520, 523 – *WAZ/OTZ.* Zu beachten ist hier allerdings – nicht zuletzt wegen der sich dann für den Mehrheitsgesellschafter ergebenden Vetoposition – die Möglichkeit der gemeinsamen Beherrschung, dazu unten Rdnr. 37ff.

[89] *Kleinmann/Bechtold,* Fusionskontrolle, § 23 Rdnr. 351; gegen die Anerkennung eines Entherrschungsvertrags als Widerlegungsmöglichkeit im Rahmen der Verbundklausel *Langen/Bunte-Kallfaß,* GWB, § 36 Rdnr. 138; *Immenga/Mestmäcker-Mestmäcker/Veelken,* GWB, 4. Aufl., § 36 Rdnr. 62; Monopolkommission, 1. Hauptgutachten 1973/1975, Rdnr. 869.

[90] *Langen/Bunte-Kallfaß,* GWB, § 36 Rdnr. 138.

[91] *Kleinmann/Bechtold,* Fusionskontrolle, § 23 Rdnr. 351; *Langen/Bunte-Kallfaß,* GWB, § 36 Rdnr. 138.

[92] *Kleinmann/Bechtold,* Fusionskontrolle, § 23 Rdnr. 352 mwN.

[92a] Vgl. BGH WuW/E DE-R 1051, 1052 – *Vorleistungspflicht* (Stellung als Komplementärin).

[93] BGH WuW/E BGH 1524 – *VEBA/Gelsenberg; Immenga/Mestmäcker-Mestmäcker/Veelken,* GWB, 4. Aufl., § 36 Rdnr. 53; *Langen/Bunte-Kallfaß,* GWB, § 36 Rdnr. 139; *Kleinmann/Bechtold,* Fusionskontrolle, § 23 Rdnr. 352; vgl. auch unten Rdnr. 65.

[94] Komm., Konsolidierte Mitteilung zu Zuständigkeitsfragen, ABl. 2009 C 43/10 (nachfolgend zitiert als „Konsolidierte Mitteilung"), Rdnr. 184; Grünbuch über die Revision der Verordnung (EWG) Nr. 4064/89 des Rates, KOM(2001) 745, Rdnr. 145ff.

[95] Ähnlich *MüKo-Becker/Knebel,* GWB, § 36 Rdnr. 226.

seinen Willen (positiv) gegenüber seinem Beteiligungsunternehmen durchzusetzen, sondern Entscheidungen dort nur (negativ) verhindern kann. Beherrschung kommt hier allenfalls bei einem Zusammenwirken mit einem Dritten in der Form der gemeinsamen Beherrschung gemäß § 36 Abs. 2 Satz 2 GWB in Betracht,[96] obwohl derartige Vetopositionen zur Begründung (alleiniger) Kontrolle bereits genügen.[97]

34 Die Verbundklausel greift auch und erst recht ein, wenn ein beteiligtes Unternehmen ein **Konzernunternehmen** i. S. v. § 18 AktG ist. Ein Konzernverhältnis wird unwiderleglich vermutet bei einem Beherrschungsvertrag (§ 291 AktG) oder einer Eingliederung (§ 319 AktG). Eine widerlegliche Konzernvermutung besteht für abhängige Unternehmen nach § 18 Abs. 1 Satz 3 AktG. Da § 18 Abs. 1 AktG eine Abhängigkeit i. S. v. § 17 AktG voraussetzt und darüber hinaus eine einheitliche Leitung im aktienrechtlichen Sinn verlangt, kommt es für die fusionskontrollrechtliche Verbundklausel regelmäßig auf die Abhängigkeit i. S. v. § 17 AktG an. Die Verbundklausel bezieht jedoch auch **Gleichordnungskonzerne** i. S. v. § 18 Abs. 2 AktG ein. Ein faktischer Gleichordnungskonzern kommt in Betracht, wenn die Begründung einer einheitlichen Leitung der nicht abhängigen Unternehmen sich aus einer – auch konkludent – getroffenen Absprache oder aus den Gesamtumständen, insbesondere aufgrund personeller Verflechtungen, einheitlicher Zielvorgaben und eines gleichgerichteten Verhaltens der Konzerngesellschaften, ergibt.[98] Sofern keine Identität der einzelnen Gesellschafter besteht, diese jedoch Familienbande aufweisen und die jeweiligen Gesellschafterfamilien in identischer Weise an verschiedenen Unternehmen beteiligt sind, stellt auch dies nach der Rechtsprechung ein gewichtiges Indiz für das Vorliegen eines Gleichordnungskonzerns dar.[99] In der Entscheidung zum *Iserlohner Kreisanzeiger,*[100] bei der die Familien- bzw. Gesellschafterstämme je 24,8% des Kapitalanteils von zwei Unternehmen hielten, lehnte der BGH das Vorliegen eines beherrschenden Einflusses i. S. v. § 17 AktG ab und nahm einen faktischen Gleichordnungskonzern i. S. v. § 18 Abs. 2 AktG an.

35 Die Anwendung der Verbundklausel auf Konzernunternehmen gilt nur hinsichtlich des Erwerbers uneingeschränkt. Bei dem Unternehmen, das **Objekt des Zusammenschlusses** („Zielunternehmen") ist, muss beachtet werden, dass dieses meist aus dem alten Konzernverbund herausgelöst wird. Wird ein Konzernunternehmen veräußert, so werden diesem nicht über die Verbundklausel die Ressourcen seiner bisherigen Konzernspitze zugerechnet.[101] Berücksichtigt werden nur die Ressourcen der dem erworbenen Unternehmen untergeordneten verbundenen Unternehmen.

36 Die Verbundklausel einschließlich der Abhängigkeitsvermutung nach §§ 17 Abs. 2, 16 AktG gilt auch für Beteiligungen der **öffentlichen Hand,**[102] so dass Unternehmen, die (mehrheitlich) demselben Staat oder derselben öffentlich-rechtlichen Körperschaft gehören, regelmäßig als einheitliches Unternehmen anzusehen sind. Hier besteht ein Unterschied zur europäischen Fusionskontrolle, die bei Unternehmen im Eigentum desselben Staates prüft, ob unterschiedliche wirtschaftliche Einheiten mit autonomer Entscheidungsbefugnis vorliegen.[103]

---

[96] AA OLG Düsseldorf WuW/E DE-R 2347, Rdnr. 34 – *Universitätsklinikum Greifswald* (Blockademöglichkeit im Aufsichtsrat ausreichend für Beherrschung).

[97] Vgl. unten Rdnr. 41 ff. (zur gemeinsamen Beherrschung) und Rdnr. 59 (zur negativen Alleinkontrolle).

[98] BGH NJW 1993, 2114, 2115 f. – *Zurechnungsklausel* (fehlerhaft abgedruckt in WuW/E BGH 2882); BGH WuW/E DE-R 243, 244 – *Pirmasenser Zeitung.*

[99] BGH WuW/E DE-R 243, 245 f. – *Pirmasenser Zeitung;* kritisch hierzu *Kleinmann/Josenhans,* BB 2003, 1341, 1343 f.

[100] BGH WuW/E BGH 2882 – *Zurechnungsklausel;* zustimmend *Landsittel,* BB 1994, 799, 802.

[101] KG WuW/E OLG 2007, 2008 – *Kunststoffrohre; Langen/Bunte-Kallfaß,* GWB, § 36 Rdnr. 144.

[102] BKartA B. v. 30.6.2005, B4–50/05, Rdnr. 10 – *RUAG/MEN.*

[103] Komm., Konsolidierte Mitteilung, Rdnr. 52; vgl. auch Komm. E. v. 14.5.2009, COMP/M.5508, Rdnr. 5 ff. – *SoFFin/Hypo Real Estate.*

III. Mehrmütterklausel (§ 36 Abs. 2 Satz 2 GWB)

Ein Unternehmen kann nicht nur von einem, sondern auch von mehreren anderen Unternehmen abhängig sein. Wenn mehrere Unternehmen derart zusammenwirken, dass sie **gemeinsam einen beherrschenden Einfluss** auf ein beteiligtes Unternehmen ausüben können, gilt jedes von ihnen als herrschendes Unternehmen (§ 36 Abs. 2 Satz 2 GWB). Nach dieser sog. „Mehrmütterklausel" sind dann dem beteiligten Unternehmen die Umsatzerlöse und Marktanteile jedes der herrschenden Unternehmen zuzurechnen. Umgekehrt werden den Ressourcen der Muttergesellschaften jeweils nur die des Gemeinschaftsunternehmens, nicht jedoch die Ressourcen der anderen Mütter hinzugezählt. Die Zurechnungsklausel gilt dabei nicht nur, wie ihr Wortlaut nahelegen könnte, für den gemeinsamen beherrschenden Einfluss auf ein beteiligtes Unternehmen, sondern auch für den Fall, dass ein beteiligtes Unternehmen gemeinsam mit Dritten Einfluss auf ein anderes Unternehmen ausüben kann.[104] 37

Die Gemeinsamkeit der Beherrschung ist gesondert nachzuweisen, wobei nach dem Wortlaut die Möglichkeit ausreicht, einen gemeinsamen beherrschenden Einfluss auszuüben.[105] Auf die Zahl der beteiligten Unternehmen und die Höhe der einzelnen Anteile kommt es grundsätzlich nicht an,[106] auch wenn eine gemeinsame Beherrschung bei zwei bis vier Gesellschaftern näherliegt als bei breit gestreutem Anteilsbesitz. 38

Für die Unterscheidung beherrschter von unabhängigen Mehrmüttergesellschaften kommt es darauf an, ob über die typische gemeinsame Interessenlage und Leitungsmacht der Gesellschafter hinaus weitere Umstände vorliegen, die eine **gesicherte einheitliche Einflussnahme** einer Gruppe von Müttern oder aller Mütter auf der Grundlage einer auf Dauer gesicherten Interessengleichheit erwarten lassen.[107] Diese Einflussnahme kann rechtlich (z.B. durch Vereinbarungen) oder faktisch (auf sonstige Weise)[108] begründet sein; die Streichung der Worte „aufgrund einer Vereinbarung oder in sonstiger Weise" durch den Gesetzgeber der 6. GWB-Novelle ist lediglich redaktioneller Art.[109] *Sedes materiae* solcher rechtlicher Absicherungen kann zwar auch die Satzung oder der Gesellschaftsvertrag sein, wichtiger dürften aber Konsortialverträge bzw. **Stimmbindungsverträge** mit der Verpflichtung, in den Gesellschaftsorganen entsprechend der gemeinsamen Willensbildung abzustimmen, sein.[110] Deutlich ist dies, wenn Abstimmungen außerhalb der Gesellschaft getätigt werden und für alle beteiligten Gesellschafter dieses Ergebnis für ihre Stimmabgabe innerhalb der Gesellschaft verbindlich ist. Indizien im Rahmen der vorzunehmenden Gesamtbetrachtung sind ergänzende Regelungen im Gesellschaftsvertrag zur Beschränkung des individuellen Verhaltensspielraums der Gesellschafter.[111] Auch eine über das übliche Maß hinausgehende Bindung der Geschäftsführer an Gesellschafterbeschlüsse bzw. die Notwendigkeit der Zustimmung von Gesellschaftern für bestimmte Geschäfte kann ein Indiz sein, wenn diese Zustimmung aufgrund der notwendigen Stimmenanteile nur gemeinsam erteilt werden kann.[112] 39

Eine gemeinsame Beherrschung kann auch durch ein Zusammenwirken **in sonstiger Weise** gegeben sein, so dass auch andere, tatsächliche Umstände[113] genügen.[114] Die Ge- 40

[104] *Kleinmann/Bechtold,* Fusionskontrolle, § 23 Rdnr. 378; *Langen/Bunte-Kallfaß,* GWB, § 36 Rdnr. 152.

[105] *Langen/Bunte-Kallfaß,* GWB, § 36 Rdnr. 149f.

[106] *Langen/Bunte-Kallfaß,* GWB, § 36 Rdnr. 147.

[107] BGH WuW/E BGH 1810, 1811 – *Transportbeton Sauerland.*

[108] Siehe dazu die folgende Rdnr. 40.

[109] Begr. RegE zur 6. GWB-Novelle zu § 36 Abs. 3 GWB (Abs. 2 der Endfassung), BT-Drucks. 13/9720, S. 66.

[110] BGH WuW/E BGH 1307, 1310 – *Seitz-Gruppe.*

[111] BGH WuW/E BGH 1810, 1811 – *Transportbeton Sauerland.*

[112] KG WuW/E OLG 4075, 4078 – *Springer/Kieler Zeitung;* KG WuW/E OLG 4095, 4097 – *W+I-Verlag/Weiss-Druck; Langen/Bunte-Kallfaß,* GWB, § 36 Rdnr. 150.

[113] BKartA AG 1991, 183 – *BAM/H+M* (gemeinsame wettbewerbsbeschränkende Strategien der Gesellschafter auf anderen Märkten).

meinsamkeit der Interessen muss dabei so stark und dauerhaft sein, dass eine einheitliche Willensbildung zu erwarten ist.[115] Da dem Zusammenwirken hier keine Vereinbarung zugrunde liegt, ist eine längerfristige tatsächliche Übung erforderlich und muss konkret nachgewiesen werden.[116] Entscheidend kommt es hierbei in erster Linie darauf an, wie die Gesellschafter im Hinblick auf den von der Fusionskontrolle sachlich betroffenen Geschäftsbereich die maßgeblichen Entscheidungen treffen.[117]

41 Nach der Rechtsprechung des BGH verwirklichen eine **paritätische Beteiligung** zweier Gesellschafter und das damit verbundene Aufeinanderangewiesensein bei der Willensbildung für sich allein noch nicht den Tatbestand der Beherrschungsmöglichkeit.[118] Dieser Grundsatz lässt sich verallgemeinern auf alle Konstellationen, in denen Entscheidungen über wettbewerblich bedeutsame Fragen aufgrund der Beteiligungsverhältnisse und der Mehrheitserfordernisse die Zustimmung mehrerer Gesellschafter erfordern.[119] Dann ist erforderlich, dass vertragliche, organisatorische oder sonstige rechtliche oder tatsächliche Umstände hinzutreten, die eine ausreichend sichere Grundlage für die gemeinsame Ausübung eines herrschenden Einflusses bilden. Dies ist z.B. anzunehmen, wenn sich die betreffenden Gesellschafter vertraglich auf Regeln für eine gemeinsame Stimmrechtsausübung geeinigt haben.[120] Darüber hinaus genügt es nach der Rechtsprechung bereits, wenn gleichgerichtete Interessen eine gemeinsame Unternehmenspolitik gewährleisten, was typischerweise der Fall ist, wenn sich die Beteiligten freiwillig dem Einigungszwang unterworfen haben.[121] Alleinige statt gemeinsamer Beherrschung ist umgekehrt anzunehmen, wenn trotz paritätischer Beteiligung und gleichgerichteter Interessen ein beteiligtes Unternehmen dem anderen eine herausragende Stellung einräumt, die dazu führt, dass dieses die Verantwortung für die Führung des gemeinsamen Unternehmens trägt und die Unternehmenspolitik bestimmt.[122] Gegen eine gemeinsame Beherrschung kann auch das Bestehen eines Konfliktregelungsmechanismus sprechen, der es im Falle von Meinungsverschiedenheiten einer Seite ermöglicht letztlich zu obsiegen, z.B. mittels des Stichentscheids eines unabhängigen Dritten. Zu berücksichtigen ist allerdings, ob der Konfliktregelungsmechanismus tatsächlich gangbar ist. Wenn er aufwendig und potenziell problembelastet ist, könnten sich die Gesellschafter in der Praxis sogar veranlasst sehen, die wesentlichen Entscheidungen im gegenseitigen Einvernehmen zu treffen, um einen Stichentscheid zu vermeiden.[123] Es kommt insofern darauf an, ob der gesellschaftsrechtliche Rahmen trotz der Möglichkeit eines solchen Stichentscheids auf eine einverständliche Führung der Gesellschaft ausgerichtet ist.[124] Eine Rolle kann auch spielen, welche Entscheidungsfreiheit den Geschäftsführern des Unternehmens gegenüber den Gesellschaftern verbleibt.[125] Gegen eine gemeinsame

---

[114] BGH WuW/E BGH 1810, 1811 – *Transportbeton Sauerland;* BGH WuW/E BGH 1608, 1611 – *WAZ;* KG WuW/E OLG 2145, 2147 – *Sonntag Aktuell II.*

[115] BGH WuW/E BGH 1810, 1811 – *Transportbeton Sauerland;* KG WuW/E OLG 4075, 4077 – *Springer/Kieler Zeitung.*

[116] *Langen/Bunte-Kallfaß,* GWB, § 36 Rdnr. 149f.

[117] BGH WuW/E DE-R 1890, Rdnr. 11 – *Radio TON.*

[118] BGH WuW/E BGH 1608, 1611 – *WAZ;* BGH WuW/E BGH 2321, 232 – *Mischguthersteller;* BGH WuW/E DE-R 1890, Rdnr. 11 – *Radio TON;* s. auch KG WuW/E OLG 2862, 2868ff. – *Rewe/Florimex;* OLG Düsseldorf WuW/E DE-R 1413, 1415 – *Radio TON-Regional.*

[119] Vgl. OLG Düsseldorf WuW/E DE-R 647, 654 – *OTZ* (Beteiligungen von 60% und 40% bei Mehrheitserfordernis von 70%); BGH WuW/E DE-R 1890, Rdnr. 13 – *Radio TON* (Erfordernis einer Zweidrittelmehrheit bei Beteiligungen zweier Hauptgesellschafter iHv 44,3%).

[120] BGH WuW/E BGH 1608, 1612 – *WAZ.*

[121] Vgl. BGH WuW/E BGH 1608, 1612 – *WAZ;* BKartA B. v. 6.6.2006, B10–24/06, S. 8ff. – *Marienhaus Kranken- und Pflegegesellschaft.*

[122] BGH WuW/E BGH 2337, 2339f. – *Hussel/Mara; Langen/Bunte-Kallfaß,* GWB, § 36 Rdnr. 147.

[123] BGH WuW/E DE-R 1890, Rdnr. 12ff. – *Radio TON;* aA noch OLG Düsseldorf WuW/E DE-R 1413, 1416 – *Radio TON-Regional.*

[124] BGH WuW/E DE-R 1890, Rdnr. 14 – *Radio TON.*

[125] KG WuW/E OLG 4075, 4079 – *Springer/Kieler Zeitung.*

Beherrschung spricht daneben auch die Existenz einer Vielzahl von Gesellschaftern eines der beiden Mütterunternehmen, sofern hierdurch ein dauerhaftes und gleichgerichtetes Abstimmungsverhalten dieses Unternehmens verhindert wird, sowie die Tatsache, dass es sich bei diesen Gesellschaftern um aktuelle oder potenzielle Wettbewerber des anderen Mutterunternehmens handelt.[126] Insgesamt lässt sich aber feststellen, dass die Praxis die Voraussetzungen für das Vorliegen einer gemeinsamen Beherrschung bei paritätischen Beteiligungen meist großzügig bejaht. Das BKartA geht bei 50%ige Beteiligungen regelmäßig von einem (mit-)beherrschenden Einfluss aus.[127]

Gegen eine gemeinsame Beherrschung spricht erst recht und grundsätzlich die konkrete Möglichkeit **wechselnder Mehrheiten,** weil dann keine Gesellschaftergruppe eine dauerhaft gesicherte Einflussmöglichkeit hat.[128] **42**

D. Das Vorliegen eines Zusammenschlusses (§ 37 GWB)

I. Systematik der Zusammenschlusstatbestände

Der Begriff des Zusammenschlusses, der neben den Umsatzschwellen über die Anwendbarkeit der Fusionskontrollregeln entscheidet, ist abschließend in § 37 GWB definiert. Die im Rahmen der **6. GWB-Novelle** vorgenommene und i. R. d. 7. und 8. GWB-Novelle nicht veränderte Neuregelung der Zusammenschlusstatbestände erfolgte hinsichtlich der **Reihenfolge nach der Intensität** des Zusammenschlusses in absteigender Linie: Vermögenserwerb, Kontrollerwerb, Anteilserwerb, Erwerb eines wettbewerblich erheblichen Einflusses. Die wesentlichen Zusammenschlusstatbestände des früheren Rechts wurden dabei erhalten und mit der aus der europäischen Fusionskontrolle stammenden Generalklausel des Kontrollerwerbs kombiniert.[129] Im Gegensatz zum GWB kennt die FKVO nur die Zusammenschlusstatbestände der Fusion und des Erwerbs der unmittelbaren oder mittelbaren Kontrolle oder Mitkontrolle über die Gesamtheit oder Teile eines Unternehmens. Der wichtigste Unterschied zwischen den Zusammenschlussdefinitionen des deutschen und dem europäischen Recht besteht darin, dass das deutsche Recht in § 37 Abs. 1 Nr. 3 Satz 1 lit. b und Nr. 4 GWB auch Minderheitsbeteiligungen ohne Kontrollmöglichkeit erfasst. **43**

Jeder der in § 37 Abs. 1 GWB definierten Zusammenschlusstatbestände verlangt die Fähigkeit, über seine Beschaffenheit und Ausgestaltung **nicht nur vorübergehend** auf die Marktverhältnisse strukturell einwirken zu können.[130] Hieran bestehen von vornherein grundsätzliche Zweifel, wenn z. B. Anteilserwerbsvorgänge nur kurze vorübergehende Zwischenstadien betreffen, der gesamte Transaktionsplan nämlich eine alsbaldige Weiterübertragung vorsieht. Dies gilt insbesondere, wenn der Veräußerer nur mit einem Erwerber verhandeln will und dieser zunächst das gesamte Verkaufssubstrat erwerben muss, Teile davon aber unverzüglich an Dritte weiterveräußern will. In diesen Fällen hat sich beim BKartA die Praxis herausgebildet, entsprechend der schon länger bestehenden Praxis der Kommission[131] nur auf der Anmeldung des endgültig erstrebten Zustands zu bestehen. Muss vor diesem Hintergrund A das Unternehmen B zu 100% der Anteile oder mit den Geschäftsbereichen 1 und 2 insgesamt erwerben, will A aber unverzüglich danach z. B. 50% der Anteile oder den Geschäftsbereich 2 an C weiterverkaufen, braucht A lediglich den Erwerb von 50% und **44**

---

126 OLG Düsseldorf WuW/E DE-R 1413, 1416 – *Radio TON-Regional.*

127 BKartA, Merkblatt zur deutschen Fusionskontrolle (2005), S. 11.

128 BGH WuW/E BGH 1810, 1811 – *Transportbeton Sauerland; Emmerich,* Kartellrecht, § 32 Rdnr. 18.

129 Gestrichen wurden die alten Tatbestände für die Mehrheitsbeteiligung (§ 23 Abs. 2 Nr. 2 lit. c GWB aF), die Unternehmensverträge (frühere Nr. 3), die Personengleichheit in Geschäftsführungsorganen (frühere Nr. 4) und die sonstige Verbindung mit beherrschendem Einfluss (frühere Nr. 5).

130 BGH WuW/E DE-R 2579, Rdnr. 8 – *G+J/RBA* (zu § 37 Abs. 1 Nr. 2 GWB); BGH WuW/E DE-R 607, 609 – *Minderheitsbeteiligung im Zeitschriftenhandel* (zu § 37 Abs. 1 Nr. 4 GWB).

131 Vgl. Komm., Konsolidierte Mitteilung, Rdnr. 30 ff.

die Gemeinschaftsunternehmensfiktion des § 37 Abs. 3 Satz 3 GWB bzw. den Erwerb des Geschäftsbereichs 1 anzumelden, obwohl A zunächst mehr erwirbt. Parallel dazu ist C verpflichtet, den ihn treffenden Anmeldelasten gerecht zu werden.[132] Es empfiehlt sich allerdings, aus Gründen größtmöglicher Transaktionssicherheit dieses Vorgehen mit dem Amt abzustimmen. Dies gilt nicht zuletzt wegen des unbestimmten Begriffs der Übergangszeit.

45 Ein etwas anderes Problem wird aufgeworfen, wenn es – meistens aus steuerrechtlichen Gründen – im Rahmen einer beabsichtigten Transaktion erforderlich ist, ein **Gemeinschaftsunternehmen als Erwerbsvehikel** zu gründen, bevor die beabsichtigte Transaktion vom Amt freigegeben worden ist. Bei diesen Vorgängen handelt es sich um Maßnahmen nicht nur vorübergehender Natur. Allerdings sind sie unter dem Aspekt der Marktauswirkung irrelevant. Der materiell-rechtlich entscheidende und mit Marktauswirkung versehene Vorgang besteht erst in dem im zweiten Schritt von dem Erwerbsvehikel vorzunehmenden Akquisitionsvorgang. Während in der Praxis der Kommission die Gründung des Erwerbsvehikels (als bloßes Teilfunktionsgemeinschaftsunternehmen) ohne Verletzung des Vollzugsverbots durchgeführt werden kann, ist das BKartA hier zurückhaltender. Nach seiner Ansicht ist bereits die Gründung des Gemeinschaftsunternehmens anmeldepflichtig, wenn die Beteiligten Mitkontrolle über wenigstens 25% der Anteile an oder einen wettbewerblich erheblichen Einfluss auf das Erwerbsvehikel erwerben.[133]

46 Den Zusammenschlusstatbeständen des § 37 Abs. 1 GWB ist des Weiteren gemein, dass es für ihre Verwirklichung nicht auf die rechtliche Wirksamkeit der zugrundeliegenden Rechtsgeschäfte ankommt. Maßgeblich ist vielmehr der **wirtschaftliche Erfolg.** Es genügt somit, dass dem Erwerber die tatsächliche Sachherrschaft an den erworbenen Gegenständen eingeräumt wird bzw. dass er die Möglichkeit erhält, die erworbenen Rechte tatsächlich auszuüben.[134] Dies ergibt sich bereits daraus, dass die dem Zusammenschluss zugrundeliegenden Rechtsgeschäfte regelmäßig unwirksam sind, wenn sie unter Missachtung des Vollzugsverbots abgeschlossen werden (§ 41 Abs. 1 GWB).

II. Der Vermögenserwerb (§ 37 Abs. 1 Nr. 1 GWB)

47 § 37 Abs. 1 Nr. 1 GWB definiert als Zusammenschlusstatbestand den Erwerb des Vermögens eines anderen Unternehmens ganz oder zu einem wesentlichen Teil. Die Vorschrift zielt auf den typischen **„Asset Deal"** beim Unternehmenskauf, bei dem die wesentlichen Wirtschaftsgüter eines Unternehmens, nicht aber der Rechtsträger selbst übertragen werden.

48 Seit der 6. GWB-Novelle (1999) fehlt hinsichtlich des Vermögenserwerbs die in § 23 Abs. 2 Nr. 1 i. d. F. der 5. GWB-Novelle noch enthaltene Formulierung **„durch Verschmelzung, Umwandlung oder in sonstiger Weise"**. Dies stellte jedoch lediglich eine redaktionelle, durch die Zusammenführung aller Umwandlungsformen im Umwandlungsgesetz verursachte Korrektur dar[135] und hat keinen Einfluss auf die hergebrachten Auslegungsgrundsätze.[136] Die Verschmelzung als Vereinigung von Personenhandels- und Kapitalgesellschaften ohne Abwicklung ist gesetzlich definiert in §§ 39–122 UmwG. Von den weiteren im UmwG geregelten Umwandlungsformen ist für den Vermögenserwerb gemäß § 37 Abs. 1 Nr. 1 GWB nur noch die Vermögensübertragung (§§ 174–189 UmwG), nicht aber der Formwechsel (§§ 190–304 UmwG) relevant, da sich beim Formwechsel lediglich die Rechtsform, nicht aber die Identität der Gesellschaft ändert. Auch die Vermögensübertragung kann allerdings im Hinblick auf § 37 Abs. 2 GWB[137] der Fusionskontrolle (wieder) entzogen sein, wenn sich im Rahmen des Umwandlungsprozesses die Gesellschafter- und Beteiligungsstruktur nicht ändert.

---

[132] Dazu zB BKartA B. v. 20.2.2003, B1–164/02 und 165/02 – *BPB/Gyproc Benelux* und *Lafarge/Gyproc.*

[133] Vgl. dazu oben Rdnr. 19.

[134] So zum Vermögenserwerb KG WuW/E OLG 4379, 4380 – *Schleswig-Holsteinischer Anzeigenverlag.*

[135] Begr. RegE zur 6. GWB-Novelle zu § 37 Abs. 1, BT-Drucks. 13/9720, S. 57.

[136] Ebenso *Bechtold,* GWB, § 37 Rdnr. 4.

[137] Dazu unten Rdnr. 108 ff.

Der Begriff des Erwerbs erfasst allgemein jeden **Wechsel der Inhaberschaft** im Hinblick auf das Vermögen bzw. einzelne Vermögensgegenstände unabhängig vom Rechtsgrund, etwa durch Übereignung nach §§ 929ff. BGB, Zuschlag in einer Zwangsversteigerung, von Todes wegen, durch Gesetz, Hoheitsakt oder öffentlich-rechtlichen Vertrag. Entscheidend ist, dass der Erwerber in die Position des Veräußerers einrückt.[138] Dabei kommt es nicht auf die rechtliche Wirksamkeit des Übertragungsakts an, sondern es genügt der wirtschaftliche Erfolg, d. h. dass der Erwerber die Verfügungsgewalt über die betreffenden Vermögensgegenstände tatsächlich erwirbt.[139] Das Einräumen dinglicher oder obligatorischer Nutzungsrechte – z. B. im Wege einer Lizenzerteilung – genügt nicht, kann jedoch den Tatbestand des Kontrollerwerbs gemäß § 37 Abs. 1 Nr. 2 Satz 2 lit. a verwirklichen.[140] Solange keine Verwertung erfolgt, reicht auch die Einräumung von Pfand- oder Sicherungsrechten an Gesellschaftsanteilen oder Vermögensgegenständen nicht. Dies gilt auch für den Fall des Sicherungseigentums, obwohl der Sicherungsnehmer Volleigentümer wird, weil der Sicherungsgeber das wirtschaftliche Eigentum und die unternehmerische Dispositionsbefugnis über das Sicherungsgut behält.[141] Die Übertragung bloßer Nutzungsrechte stellt jedoch dann einen Vermögenserwerb dar, wenn der Veräußerer selbst lediglich Inhaber dieser beschränkten Rechte und nicht Inhaber des Vollrechts ist.[142] 49

Im Rahmen sog. **„Sale-and-Lease-Back"**-Modelle würde der im ersten Schritt erfolgende Verkauf der Vermögensgegenstände an sich den Zusammenschlusstatbestand des § 37 Abs. 1 Nr. 1 GWB – soweit es sich um einen wesentlichen Vermögensteil handelt – erfüllen. Dennoch wird ein solcher Erwerbsvorgang nicht als Vermögenserwerb angesehen, da die unternehmerische Dispositionsbefugnis bei solchen regelmäßig steuerlich motivierten Transaktionen bei dem ursprünglichen Eigentümer und künftigen Leasingnehmer bleibt.[143] In Fällen, in denen das Leasingverhältnis endet, ohne dass das Eigentum wieder an den ursprünglichen Eigentümer zurückfällt, stellt sich die Frage der Erfüllung eines Zusammenschlusstatbestands aber später. Eine solche Konstellation kommt z. B. beim Auslaufen eines zeitlich befristeten Nutzungsvertrages oder im Falle einer außerordentlichen Kündigung in Betracht. Dann erlangt der Leasinggeber mit dem vollen Erwerb der unternehmerischen Dispositionsbefugnis Kontrolle über die Vermögensteile, und es wird jedenfalls der Zusammenschlusstatbestand des § 37 Abs. 1 Nr. 2 GWB verwirklicht. Wird hingegen das „Sale-and-Lease-Back"-Modell durch Wiederherstellung des ursprünglichen Rechtszustands aufgelöst, kommt es wiederum, trotz Vollrechtserwerb beim Leasingnehmer, mangels struktureller Veränderung zu keinem Vermögenserwerb. 50

Der Tatbestand des § 37 Abs. 1 Nr. 1 GWB setzt voraus, dass entweder das gesamte Vermögen oder ein **wesentlicher Vermögensbestandteil** eines Unternehmens erworben wird. Das Kriterium der Wesentlichkeit lässt sich quantitativ – bezogen auf das Verhältnis des veräußerten Teils zum Gesamtvermögen des Veräußerers – oder qualitativ – bezogen auf die Bedeutung des Vermögensteils für die nach außen gerichtete wirtschaftliche Tätigkeit des Veräußerers – auslegen.[144] Die quantitative Auslegung ist abzulehnen, weil sie das Vorliegen eines Zusammenschluss davon abhängig macht, wie groß das beim Veräußerer verbleibende Restvermögen ist, was für die wettbewerbliche Bedeutung des Erwerbs uner- 51

---

[138] *Immenga/Mestmäcker-Mestmäcker/Veelken,* GWB, 4. Aufl., § 37 Rdnr. 15; *MüKo-Bach,* GWB, § 37 Rdnr. 11; unklar insoweit *Bechtold,* GWB, § 37 Rdnr. 4.

[139] KG WuW/E OLG 4379, 4380 – *Schleswig-Holsteinischer Anzeigenverlag;* s. auch oben Rdnr. 46.

[140] BGH WuW/E DE-R 1979, Rdnr. 9 – *National Geographic I;* OLG Düsseldorf WuW/E DE-R 1504f. – *National Geographic.*

[141] *Immenga/Mestmäcker-Mestmäcker/Veelken,* GWB, 4. Aufl., § 37 Rdnr. 15; *MüKo-Bach,* GWB, § 37 Rdnr. 19.

[142] OLG Düsseldorf WuW/E DE-R 1805, 1808 – *MSV;* KG WuW/E DE-R 3591, 3594 – *Coop Schleswig-Holstein/Deutscher Supermarkt; Immenga/Mestmäcker-Mestmäcker/Veelken,* GWB, 4. Aufl., § 37 Rdnr. 15; *Loewenheim/Meessen/Riesenkampff-Riesenkampff/Lehr,* GWB, § 37 Rdnr. 6.

[143] So bereits *Immenga/Mestmäcker-Mestmäcker/Veelken,* GWB, 4. Aufl., § 37 Rdnr. 15; *Langen/Bunte-Kallfaß,* GWB, § 37 Rdnr. 12.

[144] BGH WuW/E BGH 1377, 1379 – *Zementmahlanlage I.*

heblich ist.[145] Dementsprechend ist auch die Höhe des Kaufpreises kein Indiz für die Wesentlichkeit des veräußerten Vermögensgegenstands.[146] Entscheidend ist vielmehr die qualitative Bedeutung des Vermögensgegenstandes für die Markttätigkeit des Veräußerers. Nach der Rechtsprechung des BGH ist ein Vermögensteil qualitativ wesentlich, wenn es das „Substrat“ der Marktstellung des Veräußerers bildet, so dass sein Erwerb geeignet ist, diese Marktstellung von dem – insoweit aus dem Markt ausscheidenden – Veräußerer auf einen Erwerber zu übertragen und dadurch die Stellung des Erwerbers auf dem betreffenden Markt spürbar zu stärken.[147]

52 Erwerbssubstrat können alle geldwerten, unternehmerisch genutzten Vermögensgegenstände eines Unternehmens sein. **Beispiele** für wesentliche Vermögensbestandteile sind die betriebliche Teileinheit oder der Geschäftsbereich eines Unternehmens,[148] ein eingeführtes Ladenlokal,[149] der Kundenstamm eines Anzeigenblattes,[150] ein eingeführtes Markenzeichen mit einem hohen Bekanntheitsgrad[151] oder Patente mit Kundendaten.[152] Dagegen sind die Produktionsanlage, die bei einem Maschinenhersteller gekauft wird, das von einer Werft neu gebaute Schiff oder der Vermögensgegenstand aus der Konkursmasse, der (schon lange) den Marktbezug verloren hat, keine wesentlichen Vermögensgegenstände i. S. d. Nr. 1.

53 Bis zur Einführung der zweiten Inlandsumsatzschwelle in § 35 Abs. 1 Nr. 2 GWB (2009) hatte das Kriterium der Wesentlichkeit entscheidende Bedeutung, um **Vorgänge des internen Wachstums** vom Anwendungsbereich der Fusionskontrolle auszusparen. In seinem Beschluss *National Geographic I* nannte der BGH die Beispiele eines Mineralölunternehmens, das sich mit einem großen Posten Erdöl eindeckt, eines Filmverleihers, der sich die Rechte an einem Erfolg versprechenden Kinofilm sichert, und eines Verlags, der sich die Rechte für die deutsche Ausgabe eines amerikanischen Bestsellers einräumen lässt. Auch wenn es sich in diesen Fällen um wertvolle Vermögensgegenstände handelt, von denen ein erheblicher potenzieller Wettbewerb ausgehen könnte, ist der Erwerb nicht kontrollpflichtig, weil der Erwerber keine Marktstellung des Veräußerers übernimmt.[153] Gleiches gilt – entgegen einer früheren Praxis des BKartA[154] – für den Erwerb unbebauter Grundstücke. Heute folgt bereits aus § 35 Abs. 1 Nr. 2 GWB, dass die Vermögenswerte ein Geschäft bilden müssen, dem sich eindeutig ein Marktumsatz zuweisen lässt.[155]

54 Die Problematik der Abgrenzung zum internen Wachstum stellt sich auch heute noch bei dem Erwerb von **Kreditportfolios** durch auf die Verwertung derartiger Forderungen spezialisierte Institutionen, weil die Zinserträge aus den Krediten umsatzrelevant sind (§ 38 Abs. 3 Satz 1 GWB). Dennoch handelt es sich nicht um den Erwerb eines wesentlichen

---

[145] So ausdrücklich BGH WuW/E BGH 2783, 2784 f. – *Warenzeichenerwerb;* BGH WuW/E BGH 1570, 1573 – *Kettenstichnähmaschinen;* ebenso *MüKo-Bach,* GWB, § 37 Rdnr. 26; *KK-Schütz,* Bd. 2 GWB, § 37 Rdnr. 21; für die qualitative *oder* quantitative Auslegung dagegen wieder BGH WuW/E DE-R 1979, Rdnr. 12 – *National Geographic I.*

[146] So aber BKartA WuW/E DE-V 1289, 1291 – *Synthes/AO-ASIF; Emmerich,* Kartellrecht, § 33 Rdnr. 6.

[147] BGH WuW/E BGH 2783, 2786 – *Warenzeichenerwerb;* BGH WuW/E DE-R 1979, Rdnr. 14 – *National Geographic I.*

[148] BGH WuW/E BGH 1377, 1379 – *Zementmahlanlage I;* BGH WuW/E BGH 1763, 1771 – *Bituminöses Mischgut.*

[149] KG WuW/E OLG 3591, 3593 – *Coop Schleswig-Holstein/Deutscher Supermarkt.*

[150] BKartA, AG 1986, 371, 372 – *Weiss-Druck/S-W Verlag;* BKartA AG 1999, 426, 428 – *TLZV/Stadt-Anzeiger;* vgl. auch BGH WuW/E BGH 2085, 2087 – *Strohgäu-Wochenjournal.*

[151] BGH WuW/E BGH 2783, 2789 f. – *Warenzeichenerwerb;* BKartA B. v. 18. 6. 2015, B2–26/15, Rdnr. 20 – *GoodMills/Diamant und Goldpuder.*

[152] BKartA WuW/E DE-V 227, 228 – *Cisco/IBM.*

[153] Vgl. zur parallelen Rechtslage im europäischen Recht BGH WuW/E DE-R 1979, Rdnr. 13 – *National Geographic I.*

[154] Vgl. Berliner Anwaltsblatt 2003, 528: Vermögenserwerb jedenfalls dann, wenn das Grundstück zumindest 50 % des Vermögens der veräußernden Objektgesellschaft ausmacht.

[155] BGH WuW/E DE-R 1979, Rdnr. 17 – *National Geographic I;* vgl. zur parallelen Rechtslage im europäischen Recht Komm., Konsolidierte Mitteilung, Rdnr. 24.

Vermögensteils, weil der Erwerber nicht in die Position des Veräußerers auf dem relevanten Darlehensmarkt einrückt, aus der sich der Veräußerer entsprechend zurückzieht; vielmehr versorgt er sich mit „Einsatzmitteln" für sein Verwertungsgeschäft.[156] Das BKartA vertritt demgegenüber die Ansicht, dass ein wesentlicher Vermögensgegenstand vorliegt, wenn es sich um eine „für die Versorgung des jeweils betroffenen Marktes wesentliche Angebotsmenge" handelt. Die zwischenzeitlich geübte Praxis, bei einem Nominalwert des Portfolios von unter eine Milliarde Euro die Wesentlichkeit zu verneinen,[157] hat es wieder aufgegeben.[158] Der Erwerb eines Kreditportfolios kann somit nach Ansicht des BKartA kontrollpflichtig sein, wenn die Zinserträge im letzten abgeschlossenen Geschäftsjahr über 5 Mio. Euro lagen.

Mit der Einführung der zweiten Inlandsumsatzschwelle hat sich auch die frühere Amtspraxis in Bezug auf die „Wesentlichkeit" von **Outsourcing- und Immobilientransaktionen** erledigt.[159] Die hier (neben anderen Kriterien) vom Amt herangezogene Umsatzschwelle von fünf Mio. Euro folgt heute unmittelbar aus § 35 Abs. 1 Nr. 2 GWB.[160] Bei Outsourcing-Transaktionen ist zudem im Hinblick auf die qualitative Wesentlichkeit zu prüfen, ob Vermögenswerte und/oder Mitarbeiter übernommen werden, die der Erwerber kurzfristig auch gegenüber anderen Kunden als dem Veräußerer einsetzen kann.[161] 55

III. Der Kontrollerwerb (§ 37 Abs. 1 Nr. 2 GWB)

1. Inhalt. § 37 Abs. 1 Nr. 2 GWB regelt den in der Praxis häufigsten und wichtigsten Zusammenschlusstatbestand,[162] der erst mit der 6. GWB-Novelle (1999) Eingang in die deutsche Fusionskontrolle gefunden hat. Während Zusammenschlüsse in der europäischen Fusionskontrolle seit jeher maßgeblich über die **Generalklausel** des Kontrollerwerbs definiert werden, die unabhängig von der rechtlichen Ausgestaltung einer Transaktion eine Würdigung aller rechtlichen und tatsächlichen Umstände des Einzelfalls verlangt,[163] war der Zusammenschlusskatalog des GWB zunächst eher durch formale Kriterien gekennzeichnet. Die Vorteile der größeren Flexibilität und Anpassungsfähigkeit des Kontrollerwerbs hat sich das deutsche Recht mit der 6. GWB-Novelle zu eigen gemacht, was eine Straffung des Zusammenschlusskatalogs ermöglicht hat. Gestrichen wurden die früheren Zusammenschlusstatbestände der Mehrheitsbeteiligung, der Unternehmensverträge, der Personengleichheit in Geschäftsführungsorganen und der sonstigen Verbindung mit beherrschendem Einfluss,[164] weil sie nach Ansicht des Gesetzgebers vom Kontrollerwerb mitumfasst werden.[165] 56

Da die Einführung des Kontrolltatbestands mit dem Ziel der Anpassung an das europäische Recht erfolgt ist und die Begrifflichkeiten in § 37 Abs. 1 Nr. 2 GWB aus Art. 3 Abs. 1 und 2 FKVO übernommen wurden, ist für die Auslegung des Tatbestands die **Pra-** 57

[156] Anders wäre dies ggf. zu beurteilen, wenn zugleich die an den Kundenbeziehungen hängenden Geschäftsmöglichkeiten übertragen werden sollen, was aber jedenfalls bei nicht mehr bedienten („notleidenden") Krediten regelmäßig nicht der Fall ist.

[157] BKartA Schreiben vom 6.2.2007, B4-2/07-9 (unveröff.) und TB 2005/2006, S. 159f.

[158] BKartA TB 2011/2012, S. 81.

[159] BKartA TB 1995/1996, S. 150 (zum Outsourcing); BKartA Schreiben v. 6.4.2006, B1-G/20 (unveröff.) und TB 2005/2006, S. 162f. (zu Immobilien).

[160] Zur Aufhebung der früheren Praxis BKartA TB 2009/2010, S. 108f. und 131.

[161] Vgl. BKartA TB 2009/2010, S. 108f. Entgegen der vom Amt dort geäußerten Ansicht wird es nicht reichen, wenn der Erwerber mit den erworbenen Ressourcen erst „nach einer Übergangszeit, die dem Prognosezeitraum der Fusionskontrolle entspricht" (3–5 Jahre) ein Drittgeschäft aufbaut; vgl. auch Komm., Konsolidierte Mitteilung, Rdnr. 26f.; *F. A. Immenga* BB 2007, 2353, 2356ff.

[162] Mehr als zwei Drittel aller beim BKartA angemeldeten Zusammenschlüsse verwirklichen § 37 Abs. 1 Nr. 2 GWB (Erwerb oder Veränderung von Kontrolle), während auf den Anteilserwerb nach § 37 Abs. 1 Nr. 3 GWB nur etwa ein Zehntel aller Anmeldungen entfallen, vgl. Monopolkommission, 20. Hauptgutachten 2012/2013, Tabelle IV.3 nach Rdnr. 581.

[163] Art. 3 Abs. 1 bis 3 FKVO; dazu näher *Wiedemann* in § 15.

[164] § 23 Abs. 2 Nr. 2 lit. c und Nr. 3 bis 5 GWB idF vor der 6. GWB-Novelle.

[165] Begr. RegE zur 6. GWB-Novelle, BT-Drucks. 13/9720, S. 43 und 57.

xis der Kommission und des EuGH zum Kontrollbegriff von besonderer Bedeutung.[166] Insbesondere die „Konsolidierte Mitteilung der Kommission zu Zuständigkeitsfragen"[167] besitzt hierfür in der Praxis einen hohen Stellenwert.[168] Ergänzend kann auch noch die frühere Praxis zu den mit Blick auf die Einführung des Kontrolltatbestands gestrichenen Zusammenschlusstatbeständen des alten Rechts herangezogen werden, die ja nach den Vorstellungen des Gesetzgebers im Kontrollbegriff aufgegangen sind, und die Praxis zum Beherrschungsbegriff des § 36 Abs. 2 GWB, wenngleich dieser nach der Rechtsprechung in Randbereichen enger als der Kontrollbegriff ist.[169]

58 Kontrolle bedeutet nach Nr. 2 Satz 2 die Möglichkeit, einen **bestimmenden Einfluss** auf die Tätigkeit eines anderen Unternehmens auszuüben. Diese wenig aussagekräftige Definition hat erst durch die langjährige europäische Praxis Konturen gewonnen. Entscheidend ist danach die Möglichkeit, über das **strategische Wirtschaftsverhalten** eines anderen Unternehmens (mit-)entscheiden zu können, und zwar entweder in der Weise, dass das kontrollierende Unternehmen strategische Entscheidungen allein durchsetzen kann („positive Kontrolle") oder dass es die Macht hat, die betreffenden Entscheidungen zu verhindern („negative Kontrolle").[170] Nicht erforderlich ist ein bestimmender Einfluss auf das Tagesgeschäft. Es genügt vielmehr, wenn ein gesicherter Einfluss auf Entscheidungen besteht, die das Marktverhalten des kontrollierten Unternehmens determinieren. Hierzu gehören in der Regel Entscheidungen über die Besetzung der Unternehmensleitung, über die Finanzplanung (Budget), über den Geschäftsplan (Business Plan) und über Investitionen oder sonstige Maßnahmen, die für die wettbewerbliche Position des Unternehmens von Bedeutung sind.[171] Der bestimmende Einfluss muss sich nicht notwendigerweise auf alle diese Entscheidungen erstrecken. So genügt im Normalfall ein Vetorecht in Bezug auf die Verabschiedung des Budgets für einen Kontrollerwerb, weil das Budget den wettbewerblichen Handlungsspielraum eines Unternehmens effektiv vorgibt. Gleiches gilt für Entscheidungsrechte in Bezug auf die Besetzung der Unternehmensleitung.[172] Demgegenüber verleihen Vetorechte, die das Wesen des Unternehmens berühren und die Minderheitsgesellschaftern typischerweise eingeräumt werden, um ihre finanziellen Interessen als Kapitalgeber abzusichern (z. B. bei Satzungsänderungen, Kapitalveränderungen, Liquidation), keine Kontrolle.[173] Vetorechte über derartige Grundlagenentscheidungen können aber dem Zusammenschlusstatbestand des § 37 Abs. 1 Nr. 4 GWB unterfallen.

59 Die Möglichkeit der Ausübung eines bestimmenden Einflusses kann **allein oder mit Hilfe weiterer Unternehmen oder Personen** gegeben sein. Während eine positive Kontrolle definitionsgemäß eine alleinige Kontrolle ist, ist die gemeinsame Kontrolle durch die negative Kontrollstellung (Veto-Rechte) der einzelnen mitkontrollierenden Unternehmen gekennzeichnet. Es existiert jedoch auch die Möglichkeit der **negativen Alleinkontrolle,** nämlich dann, wenn ein einzelner Gesellschafter die Macht hat, Entscheidungen von strategischer Bedeutung zu blockieren, und er bei der Verabschiedung derartiger Entscheidungen nicht auf die Zusammenarbeit mit einem bestimmten weiteren Gesellschafter angewiesen ist (wechselnde Koalitionen unter seiner Beteiligung). Dies ist typischerweise

---

[166] Vgl. Begr. RegE zur 6. GWB-Novelle, BT-Drucks. 13/9720, S. 57; ebenso *MüKo-Bach,* GWB, § 37 Rdnr. 34; zu den Einzelheiten *Wiedemann* in § 15.

[167] ABl. 2009 C 43/10.

[168] Vgl. zur Berücksichtigung der europäischen Auslegungspraxis zB BGH WuW/E DE-R 1979, Rdnr. 17 aE – *National Geographic I;* BGH WuW/E DE-R 2742, Rdnr. 21 f. – *Gratiszeitung Hallo.*

[169] Dazu oben Rdnr. 33.

[170] Komm., Konsolidierte Mitteilung, Rdnr. 54; vgl. Begr. RegE zur 6. GWB-Novelle zu § 37 Abs. 1, BT-Drucks. 13/9720, S. 57 (Kontrollerwerb durch „Vetorechte bezüglich strategischer (Wettbewerbs-)Entscheidungen"); vgl. auch BGH WuW/E DE-R 2742, Rdnr. 21 aE – *Gratiszeitung Hallo.*

[171] Vgl. Komm., Konsolidierte Mitteilung, Rdnr. 67 ff.

[172] Vgl. Komm., Konsolidierte Mitteilung, Rdnr. 69.

[173] Vgl. Komm., Konsolidierte Mitteilung, Rdnr. 66 und 73; zu den für die Annahme von Kontrolle über eine Personengesellschaft erforderlichen Vetorechten *Hoffmann,* AG 1999, 538, 542 f.

der Fall, wenn ein Gesellschafter genau 50% der Stimmrechte an einem Unternehmen hält und sich die übrigen Stimmrechte auf mehrere andere Gesellschafter verteilen.[174] Insbesondere in diesem Szenario ist der Kontrollbegriff des § 37 Abs. 1 Nr. 2 GWB weiter als der Begriff der Beherrschung in § 36 Abs. 2 GWB.[175]

Wie sich dem Wortlaut des § 37 Abs. 1 Nr. 2 Satz 2 GWB entnehmen lässt, reicht für die Begründung von Kontrolle bereits die **Möglichkeit** aus, einen bestimmenden Einfluss auszuüben.[176] Das BKartA muss nicht im Einzelnen nachweisen, dass der Einfluss tatsächlich ausgeübt wird. Der Wortlaut stellt ferner klar, dass Kontrolle auf rechtlichen wie tatsächlichen Einflussmöglichkeiten („Rechte, Verträge oder andere Mittel") beruhen kann. Damit ist es, anders als bei dem Tatbestand des Erwerbs einer sonstigen Verbindung mit beherrschendem Einfluss vor der 6. GWB-Novelle,[177] nicht erforderlich, dass die Einflussmöglichkeiten gesellschaftsrechtlich vermittelt sein müssen.[178] Als Mittel der Kontrolle nennt § 37 Abs. 1 Nr. 2 Satz 2 GWB beispielhaft den Erwerb von Eigentums- oder Nutzungsrechte an einer Gesamtheit oder an Teilen des Vermögens des Unternehmens[179] (lit. a) und den Erwerb von Rechten oder Verträgen, die einen bestimmenden Einfluss auf die Zusammensetzung, die Beratungen oder Beschlüsse der Organe des Unternehmens gewähren (lit. b). Der Einfluss kann dabei unmittelbar (z. B. Weisungsrecht, Genehmigungsvorbehalt, Recht zum Austausch nicht „genehmer" Entscheidungsträger) oder mittelbar (z. B. Zwischenschaltung von Dritten, die ihrerseits kontrolliert werden) ausgeübt werden. Es ist eine **Gesamtschau aller relevanten Umstände** anzustellen. Der Maßstab ist ungeachtet der jeweiligen Mittel und Möglichkeiten, ob der Erwerber im Ergebnis die Macht hat, strategisch bedeutsame Entscheidungen durchzusetzen oder zu verhindern. 60

Wie die FKVO[180] erfasst das GWB nur **dauerhafte Strukturveränderungen.** Der Kontrollbegriff ist so auszulegen, dass die Möglichkeit der Ausübung eines bestimmenden Einflusses dauerhaft abgesichert sein muss.[181] Ist sie von vorübergehenden Umständen oder veränderbaren Koalitionen von Mitgesellschaftern abhängig, liegt keine Kontrolle i. S. v. § 37 Abs. 1 Nr. 2 GWB vor. Im Einklang mit der europäischen Praxis ist eine dauerhafte Strukturveränderung auch zu verneinen, wenn die Einflussmöglichkeiten des Erwerbers von vornherein auf eine kurze Zeitspanne befristet sind, z. B. weil sein Erwerb nur ein Zwischenschritt mit Blick auf eine nachfolgende unverzügliche Aufteilung des erworbenen Unternehmens ist; dann ist auf den von den Beteiligten angestrebten Endzustand abzustellen.[182] Muss der Erwerber den bestimmenden Einfluss hingegen erst nach längerer Zeit wieder abgeben, so steht die zeitliche Befristung seiner Einflussrechte der „Dauerhaftigkeit" des Kontrollerwerbs nicht entgegen. Es liegt ein Zusammenschluss nach § 37 Abs. 1 Nr. 2 GWB vor, der ggf. beim BKartA anzumelden und von diesem freizugeben ist. Wird die Kontrolle nach Ablauf der Befristung wieder aufgegeben, ist die Fusionskontrolle ggf. erneut zu durchlaufen. Ein späteres Aufheben der Befristung mit der Folge, dass der Erwerber die Kontrolle in gleicher Form, aber nunmehr auf unbestimmte Zeit hält, bewirkt – 61

---

[174] Vgl. Komm., Konsolidierte Mitteilung, Rdnr. 54 und 58.

[175] *Langen/Bunte-Kallfaß,* GWB, § 37 Rdnr. 32; aA *Schulte,* Handbuch Fusionskontrolle, Rdnr. 146; *Bechtold,* GWB, § 37 Rdnr. 13; dazu auch oben Rdnr. 33.

[176] *Immenga/Mestmäcker-Mestmäcker/Veelken,* GWB, 4. Aufl., § 37 Rdnr. 25; *Bechtold,* GWB, § 37 Rdnr. 10.

[177] § 23 Abs. 2 Nr. 5 GWB aF.

[178] Ebenso *Bechtold,* GWB, § 37 Rdnr. 12; *Langen/Bunte-Kallfaß,* GWB, § 37 Rdnr. 29.

[179] Dabei hat der Gesetzgeber übersehen, dass der Eigentumserwerb bereits in Nr. 1 (als Vermögenserwerb) geregelt ist, weshalb Art. 3 FKVO für diesen Zusammenschlusstatbestand keine zusätzliche Bestimmung enthält.

[180] Art. 3 Abs. 1 FKVO; Komm., Konsolidierte Mitteilung, Rdnr. 28 ff.

[181] BGH WuW/E DE-R 2579, Rdnr. 8 – *G+J/RBA; Bechtold,* GWB, § 37 Rdnr. 12; *Immenga/Mestmäcker-Mestmäcker/Veelken,* GWB, 4. Aufl., § 37 Rdnr. 25; *MüKo-Bach,* GWB, § 37 Rdnr. 39.

[182] Vgl. Komm., Konsolidierte Mitteilung, Rdnr. 31 f. (nach Ansicht der Komm. ist der erste Erwerbsvorgang kein Zusammenschluss, wenn die anschließende Vermögensaufteilung spätestens nach einem Jahr abgeschlossen ist).

entgegen der Ansicht des BKartA[183] – keinen neuen Zusammenschluss, weil die Beteiligung des Erwerbers an dem Zielunternehmen für die Zwecke des § 37 Abs. 1 Nr. 2 GWB bereits „dauerhaft" ist.[184] Das BKartA begründet hingegen das Vorliegen einer strukturellen Veränderung mit einer Gegenüberstellung der Situation mit und ohne Entfristung.[185] Dabei verkennt es jedoch, dass bei der Verlängerung einer bereits existierenden Unternehmensverbindung weder von einer „Veränderung" der Strukturen noch von einem „Erwerb" gesprochen werden kann. Die Umwandlung einer befristeten in eine unbefristete Beteiligung ist zudem ohne Marktwirkungen und bereits deshalb nicht kontrollbedürftig. Besonders relevant ist das Kriterium der Dauerhaftigkeit im Übrigen bei nur vertraglichen oder wirtschaftlichen Abhängigkeitsverhältnissen, wie etwa bei Zuliefererbeziehungen. Sofern die zugrundeliegenden Verträge jederzeit kündbar sind, ist die erforderliche Dauerhaftigkeit einer Einwirkungsmöglichkeit zu verneinen.[186]

62 § 37 Abs. 1 Nr. 2 GWB erfasst nicht nur den Erwerb alleiniger oder gemeinsamer Kontrolle, sondern auch Vorgänge, die eine **Änderung der Art der Kontrolle** bewirken, namentlich den Wechsel zwischen alleiniger und gemeinsamer Kontrolle und Änderungen bei der Zahl und Identität der gemeinsam kontrollierenden Gesellschafter.[187] Solange es aber zu keiner derartigen Änderung kommt, kann der Erwerbstatbestand nicht erneut verwirklicht werden. Insbesondere kann eine einmal erlangte Position der alleinigen Kontrolle nicht mehr verstärkt werden.[188] Die Aufstockung einer Mehrheitsbeteiligung von 51% auf 100% führt daher im Regelfall ebenso wenig zu einem Kontrollerwerb wie die Erhöhung einer qualifizierten Minderheitsbeteiligung mit konstanter Hauptversammlungsmehrheit auf eine Mehrheitsbeteiligung.[189]

63 **2. Alleinige Kontrolle.** *a) Erwerb von Anteilen.* Die praktisch wichtigste Fallgruppe des § 37 Abs. 1 Nr. 2 GWB ist der Erwerb der Kontrolle durch den Erwerb stimmberechtigter Gesellschaftsanteile. Wenn hierdurch die **Stimmrechtsmehrheit** an einem anderen Unternehmen erworben wird, liegt typischerweise ein Fall der alleinigen Kontrolle vor.[190] Dies gilt jedenfalls, wenn strategisch bedeutsame Entscheidungen mit einfacher Mehrheit verabschiedet werden. Wenn die Unternehmenssatzung eine höhere Mehrheit fordert, wird im Normalfall auch erst eine entsprechend erhöhte Stimmrechtsbeteiligung ihrem Inhaber die Möglichkeit vermitteln, strategische Entscheidungen im Alleingang durchzusetzen (positive Kontrolle). Trotzdem erhält in diesen Fällen jeder **Minderheitsgesellschafter,** dessen Stimmrechtsanteil wenigstens so hoch ist, dass seine Zustimmung für die Annahme strategischer Entscheidungen erforderlich ist, eine Blockadeposition und damit die negative Kontrolle über das Unternehmen. Auch Minderheitsbeteiligungen unter 50% oder gar unter 25% können somit den Kontrolltatbestand erfüllen.[191] Ein Erwerb negativer Kontrolle erfolgt regelmäßig, wenn der Erwerber **exakt die Hälfte der Stimmrechte** erwirbt, weil dann selbst die einfache Mehrheit nicht mehr gegen ihn erreichbar

---

[183] BKartA B. v. 30.4.2010, B8–109/09, Rdnr. 43ff. – *RWE/Energieversorgung Plauen, Stadtwerke Lingen und Stadtwerke Radevormwald;* BKartA B. v. 8.12.2011, B8–94/11, Rdnr. 19 – *RWE/Stadtwerke Unna;* BKartA E. v. 17.10.2014, B8–119/14 (Fallbericht), S. 1 – *RWE/DEW 21.*

[184] Ebenso *Dreher/Thomas,* ZWeR 2013, 1, 6ff.

[185] BKartA B. v. 30.4.2010, B8–109/09, Rdnr. 45 – *RWE/Energieversorgung Plauen, Stadtwerke Lingen und Stadtwerke Radevormwald.*

[186] Vgl. *Ebenroth/Rösler,* RIW 1994, 537; zum Kontrollerwerb auf vertraglicher Grundlage unten Rdnr. 68.

[187] Dazu unten Rdnr. 79.

[188] *Bechtold,* GWB, § 37 Rdnr. 20; *Immenga/Mestmäcker-Mestmäcker/Veelken,* GWB, 4. Aufl., § 37 Rdnr. 43; dies gilt auch für den Wechsel von negativer zu positiver Alleinkontrolle, vgl. Komm., Konsolidierte Mitteilung, Rdnr. 83.

[189] Anders dagegen *Hoffmann,* AG 1999, 538, 547.

[190] Bis zur 6. GWB-Novelle war der Erwerb einer Mehrheitsbeteiligung ausdrücklich in § 23 Abs. 2 Nr. 2 lit. c GWB aF, wobei allerdings die Mehrheit der Kapitalanteile genügte (vgl. § 16 Abs. 1 AktG).

[191] Vgl. Begr. RegE zur 6. GWB-Novelle, BT-Drucks. 13/9720, S. 43.

ist.[192] Bei einem Erwerb von 50% der Stimmrechte an einem Unternehmen werden somit meist parallel die Tatbestände des § 37 Abs. 1 Nr. 3 Satz 1 lit. a GWB und des § 37 Abs. 1 Nr. 2 GWB verwirklicht, was bedeutet, dass eine anschließende Erhöhung der Beteiligung nur noch kontrollpflichtig sein kann, wenn es hierdurch zu einer relevanten Kontrolländerung kommt (insbes. Wechsel von gemeinsamer zu alleiniger Kontrolle).[193]

Für die Bestimmung des Stimmengewichts eines Gesellschafters sind gemäß § 37 Abs. 1 Nr. 2 Satz 2 GWB alle **tatsächlichen und rechtlichen Umstände** zu berücksichtigen, z. B. die Stimmrechtslosigkeit eigener Anteile der Gesellschaft (vgl. §§ 16 Abs. 3, 71b AktG)[194] und etwaige Doppel- oder Mehrfachstimmrechte der Gesellschafter. Zusammenzuzählen sind nicht nur die Stimmrechte, die einem Gesellschafter und seinen Konzernunternehmen (§ 36 Abs. 2 GWB) gehören, sondern auch die Stimmrechte Dritter, über deren Ausübung der Gesellschafter – z. B. aufgrund eines Stimmenpools[195] oder bei satzungsmäßiger Zusammenfassung von Gesellschaftern in Gruppen, die nur einheitlich abstimmen können[196] – tatsächlich bestimmen kann. Eines Rückgriffs auf die Zurechnungsklausel des § 37 Abs. 1 Nr. 3 Satz 2 GWB bedarf es nicht,[197] zumal die Klausel auf die formalen Schwellenwerte des § 37 Abs. 1 Nr. 3 Satz 1 GWB zugeschnitten ist und möglicherweise auch Treuhandkonstellationen erfasst, in denen der Treugeber keinen Einfluss auf die Ausübung der Stimmrechte hat.[198] 64

Neben der Mehrheit an den vorhandenen Stimmrechten kann auch eine Minderheitsbeteiligung mit **faktischer Hauptversammlungsmehrheit** bei Streubesitz der Aktien den Kontrolltatbestand erfüllen.[199] Die Möglichkeit, einen bestimmenden Einfluss auszuüben, muss jedoch auch in diesem Fall von Dauer sein. Notwendig ist eine Prognose über die wahrscheinliche Stimmrechtspräsenz in den kommenden Hauptversammlungen unter Berücksichtigung aller maßgeblichen Umstände. Zu diesen Umstände zählen namentlich die Präsenzen in den letzten drei Hauptversammlungen,[200] die Höhe des Anteils des betreffenden Aktionärs, die Streuung der übrigen Anteile, etwaige strukturelle Verflechtungen zwischen den Aktionären und, ob andere Aktionäre ein strategisches Interesse mit ihrer Beteiligung am Zielunternehmen verfolgen und deshalb künftig mit ihrer Teilnahme zu rechnen ist.[201] Eine alleinige Kontrolle kann erst angenommen werden, wenn die voraussichtlichen Hauptversammlungspräsenzen so niedrig sind, dass von einer stabilen Stimmenmehrheit des betreffenden Gesellschafters ausgegangen werden muss. Wenn hingegen zu erwarten ist, dass die faktische Hauptversammlungsmehrheit auch nur einmal verfehlt wird oder sie mit dem betreffenden Anteil sogar bereits kürzlich verfehlt wurde, mangelt es an einer beständigen Grundlage für den Kontrolltatbestand.[202] 65

Ebenso wie Stimmrechte sind Rechte zur **Benennung von Organmitgliedern** zu beurteilen.[203] Das Recht zu Benennung der Mehrheit der Mitglieder des Aufsichtsrats, des 66

---

[192] S. zur negativen Alleinkontrolle auch oben Rdnr. 59.

[193] Anders noch die Vorauflage § 19 Rdnr. 86, 93; zum Wechsel von der negativen zur positiven Alleinkontrolle unten Rdnr. 79.

[194] *Langen/Bunte-Kallfaß,* GWB, § 37 Rdnr. 20.

[195] Vgl. BKartA WuW/E DE-V 533, 534 – *E.ON/Ruhrgas II;* s. zu Stimmbindungsverträgen auch *Wirtz,* AG 1999, 114, 119f.

[196] Vgl. BGH WuW/E BGH 2795, 2798 ff. – *Pinneberger Tageblatt.*

[197] So aber KG WuW/E DE-R 451, 454 – *Herlitz/Landré.*

[198] Vgl. dazu unten Rdnr. 88 ff.

[199] *Langen/Bunte-Kallfaß,* GWB, § 37 Rdnr. 21; *Bechtold,* GWB, § 37 Rdnr. 11.

[200] Vgl. BKartA, Merkblatt zur deutschen Fusionskontrolle (Juli 2005), S. 12.

[201] Vgl. Komm., Konsolidierte Mitteilung, Rdnr. 59; Komm. WuW/E EU-V 1321, Rdnr. 7 ff. – *Porsche/Volkswagen* (Kontrollerwerb durch Erhöhung des Anteils von ca. 30,6% auf ca. 35,52% bei früheren Präsenzen von unter 61%); Komm. E. v. 20.12.2006, COMP/M.4336, Rdnr. 7 ff. – *MAN/Scania* (keine Kontrolle bei einem Anteil von ca. 21,6% bei erwarteten Präsenzen von mehr als 50%); vgl. auch *Wiedemann,* § 15 Rdnr. 42 mit weiteren Nachw. aus der Praxis der Komm.

[202] Vgl. zur parallelen Problematik einer faktische Sperrminorität OLG Düsseldorf WuW/E DE-R 2462, 2466 – *A-TEC/Norddeutsche Affinerie.*

[203] Vgl. Komm., Konsolidierte Mitteilung, Rdnr. 69.

Vorstandes oder eines sonstigen zur Geschäftsführung berufenen Organs begründet regelmäßig die alleinige Kontrolle über das Unternehmen, wenn in dem betreffenden Organ mit einfacher Mehrheit abgestimmt wird. Kann genau die Hälfte der Mitglieder benannt werden oder genügt für eine Blockadeposition eine Minderheit der Organmitglieder, vermittelt ein entsprechendes Besetzungsrecht in der Regel die negative Kontrolle.[204] Zu beachten sind allerdings etwaige Vorrechte eines Gesellschafters oder Konfliktlösungsmechanismen, die die Blockade überwinden können.[205] Die Rechtsform der beteiligten Unternehmen ist ebenso unerheblich wie die Frage, ob es sich um ein gesetzlich erforderliches (z. B. Aufsichtsrat nach AktG oder MitbestG) oder freiwillig eingerichtetes Organ (z. B. fakultativer Aufsichtsrat gemäß § 52 GmbHG) handelt. Bei einer Aktiengesellschaft vermittelt die Macht zur Besetzung des Aufsichtsrats Kontrolle über die Gesellschaft, obwohl die Leitung der Gesellschaft dem Vorstand obliegt und dieser dabei weisungsfrei ist (§ 76 Abs. 1 AktG); denn der Aufsichtsrat hat durch die Kompetenz zur Bestellung und Abberufung des Vorstands (§ 84 AktG) einen ausreichenden mittelbaren Einfluss auf das Wettbewerbsverhalten.[206] Unerheblich für den Kontrollerwerb ist, ob die Besetzungsrechte tatsächlich ausgeübt werden und ob die benannten Personen mit dem kontrollierenden Unternehmen (z. B. als Gesellschafter, Geschäftsführer oder Angestellte) verbunden sind.

67 Durch den Erwerb **stimmrechtsloser** Kapitalbeteiligungen kann § 37 Abs. 1 Nr. 2 GWB nicht verwirklicht werden. In diesen Fällen ist allenfalls § 37 Abs. 1 Nr. 3 GWB einschlägig.[207]

68 *b) Erwerb auf vertraglicher Grundlage.* Kontrolle kann, wie sich aus § 37 Abs. 1 Nr. 2 Satz 2 GWB ergibt, auch auf vertraglicher Grundlage erworben werden. Zwei Fallgruppen nennt das Gesetz: das Einräumen eines Nutzungsrechts an der Gesamtheit oder an Teilen des Vermögens des Unternehmens (lit. a) und das Gewähren eines bestimmenden Einflusses auf die Entscheidungsfindung im Unternehmen (lit. b). Eine zusätzliche Voraussetzung ist, dass die betreffenden Verträge eine besonders **lange Vertragslaufzeit** haben und nicht einseitig durch das Zielunternehmen gekündigt werden können. Andernfalls fehlt es an der Dauerhaftigkeit der Strukturveränderung, die von der Fusionskontrolle immer vorausgesetzt wird.[208]

69 Zu den vertraglich gewährten Nutzungsrechten gehören in erster Linie **Betriebspacht- und Betriebsüberlassungsverträge,**[209] die es dem Erwerber erlauben, den Betrieb des kontrollierten Unternehmens im eigenen Namen und auf eigene Rechnung weiterzuführen, so etwa durch Abschluss eines sog. Wet-Lease-Vertrags, der es dem Leasingnehmer erlaubt, das gesamte Fluggerät des Leasinggebers nebst Personal, Wartung und Versicherung für seine Zwecke einzusetzen.[210]

70 Gegenstand der Nutzungsrechte können auch einzelne Unternehmensgegenstände sein, z. B. Lizenzen an Immaterialgüterrechten. Obwohl der Wortlaut von § 37 Abs. 1 Nr. 2 GWB anders als § 37 Abs. 1 Nr. 1 GWB keine Einschränkung enthält, wonach sich die Kontrolle auf einen „wesentlichen" Vermögensteil beziehen muss, gilt das **Kriterium der Wesentlichkeit** auch für den Kontrollerwerb.[211] Es gilt derselbe Maßstab wie bei § 37 Abs. 1 Nr. 1 GWB, so dass ein Zusammenschluss nur vorliegt, wenn eine aktuelle Markt-

---

[204] Dazu oben Rdnr. 58 f.; vgl. auch OLG Düsseldorf WuW/E DE-R 2347, Rdnr. 34 – *Universitätsklinikum Greifswald* (zu § 36 Abs. 2 GWB); *Langen/Bunte-Kallfaß,* GWB, § 37 Rdnr. 25.

[205] Vgl. BGH WuW/E BGH 2337, 2339 f. – *Hussel/Mara;* BGH WuW/E DE-R 1890, Rdnr. 12 ff. – *Radio TON.*

[206] Vgl. KG WuW/E OLG 1993, 1995 – *Organische Pigmente.*

[207] Dazu unten Rdnr. 81.

[208] Dazu oben Rdnr. 61.

[209] Vgl. § 292 Abs. 1 Nr. 3 AktG und § 23 Abs. 2 Nr. 3 lit. c GWB idF vor der 6. GWB-Novelle.

[210] Vgl. BKartA B. v. 4.9.2009, B9–56/09, S. 12 – *Air Berlin/TUIfly* (im Gegensatz dazu steht ein „Dry Lease", der das Fluggerät, aber kein Personal beinhaltet).

[211] BGH WuW/E DE-R 1979, Rdnr. 11 – *National Geographic I;* OLG Düsseldorf WuW/E DE-R 1504, 1505 – *National Geographic;* siehe hierzu *Strohmayr,* GRUR 2010, 583, 584 f.

position auf den Erwerber übergeht und die Marktposition des Erwerbers hierdurch spürbar gestärkt wird. Notwendig ist daher im Falle der Lizenzerteilung das Einräumen einer Exklusivlizenz. Behält der bisher Berechtigte die Nutzungsmöglichkeit, liegt kein Zusammenschluss vor. Ebenso wenig reicht der Kontrollerwerb über bisher nicht unternehmerisch genutzte Vermögenswerte.[212]

Im Falle von **„Sale-and-Lease-Back"**-Modellen würde die in einem zweiten Schritt – nach der Veräußerung des Leasinggegenstandes an den späteren Leasinggeber – erfolgende Anmietung bzw. Pacht des Gegenstands durch den ursprünglichen Eigentümer und Leasingnehmer eigentlich den Zusammenschlusstatbestand des § 37 Abs. 1 Nr. 2 GWB erfüllen. Gleichwohl sind derartige Konstellationen mangels dauerhafter struktureller Veränderung nicht kontrollpflichtig, weil sich die unternehmerische Dispositionsbefugnis über den Leasinggegenstand nicht ändert und die Transaktion regelmäßig lediglich steuerrechtlich oder finanztechnisch motiviert ist. Sofern später aber das Leasingverhältnis endet, ohne dass das Eigentum auf den Leasingnehmer zurückfällt, erwirbt der Leasinggeber dann die Kontrolle über das Leasinggut und verwirklicht somit den Zusammenschlusstatbestand des § 37 Abs. 1 Nr. 2 GWB.[213] **71**

Zu den von § 37 Abs. 1 Nr. 2 lit. b GWB erfassten Verträgen gehören insbesondere die im Gesetz vor der 6. GWB-Novelle genannten **Konzernverträge,**[214] namentlich die Bildung eines Unterordnungskonzerns durch den Abschluss eines Beherrschungsvertrages (§§ 18 Abs. 1, 291 AktG)[215] und die Bildung eines Gleichordnungskonzerns durch Unterstellung mehrerer Unternehmen unter einheitliche Leitung (§ 18 Abs. 2 AktG). In Bezug auf den Gleichordnungskonzern ist allerdings eingewandt worden, dass es an der von § 37 Abs. 1 Nr. 2 GWB vorausgesetzten Abhängigkeitsbeziehung fehle.[216] Bei der Bildung eines Gleichordnungskonzerns wird jedoch typischerweise eine Person oder Personengruppe, die bereits die Leitung über ein Unternehmen ausübt, die Leitung eines weiteren Unternehmens und damit die Kontrolle über dieses Unternehmen übernehmen. Wirtschaftlich betrachtet erwirbt damit das erste Unternehmen Kontrolle über das zweite.[217] Wenn die vorgenannten Verträge allerdings im Rahmen von bereits existierenden Kontrollmöglichkeiten abgeschlossen werden, kann der Kontrolltatbestand nicht erneut verwirklicht werden.[218] **72**

Auch Verträge, durch die sich ein Unternehmen verpflichtet, sein Unternehmen für Rechnung eines anderen Unternehmens zu führen oder seinen Gewinn ganz oder zum Teil an ein anderes Unternehmen abzuführen **(Gewinnabführungsvertrag),** können einen Kontrollerwerb begründen.[219] Auch wenn ein solcher Vertrag keine weiteren Weisungsrechte enthält, wird die Verfügungsbefugnis über den Gewinn regelmäßig einen bestimmenden Einfluss auf das strategische Wettbewerbsverhalten des betreffenden Unternehmens sichern.[220] Die Vereinbarung einer bloßen Gewinngemeinschaft, bei der sich die **73**

---

[212] Zum Ganzen oben Rdnr. 51 ff.

[213] Dazu oben Rdnr. 50; vgl. auch Komm., Konsolidierte Mitteilung, Rdnr. 19.

[214] § 23 Abs. 2 Nr. 3 lit. a GWB idF vor der 6. GWB-Novelle; vgl. auch Komm., Konsolidierte Mitteilung, Rdnr. 18, Fn. 20 und 21.

[215] Dies gilt auch für Nicht-Aktiengesellschaften, *Langen/Bunte-Kallfaß,* GWB, § 37 Rdnr. 23; *FK-Paschke,* GWB 2005, § 37 Rdnr. 40; *Kleinmann/Bechtold,* Fusionskontrolle, § 23 Rdnr. 137. Theoretisch denkbar ist auch der Kontrollerwerb durch Eingliederung (§§ 18 Abs. 1, 319 AktG). Angesichts des Beteiligungserfordernisses von 95% (§ 320 AktG) wird jedoch meist schon zuvor Kontrolle bestehen, vgl. *Immenga/Mestmäcker-Mestmäcker/Veelken,* GWB, 4. Aufl., § 37 Rdnr. 38.

[216] *Immenga/Mestmäcker-Mestmäcker/Veelken,* GWB, 4. Aufl., § 37 Rdnr. 39; *MüKo-Bach,* GWB, § 37 Rdnr. 45.

[217] Ebenso im Ergebnis *Hoffmann,* AG 1999, 538, 546; *Langen/Bunte-Kallfaß,* GWB, § 37 Rdnr. 23.

[218] Ebenso *Immenga/Mestmäcker-Mestmäcker/Veelken,* GWB, 4. Aufl., § 37 Rdnr. 38; aA *Langen/Bunte-Kallfaß,* GWB, § 37 Rdnr. 23.

[219] Vgl. § 291 Abs. 1 AktG und § 23 Abs. 2 Nr. 3 lit. b GWB idF vor der 6. GWB-Novelle.

[220] *Immenga/Mestmäcker-Mestmäcker/Veelken,* GWB, 4. Aufl., § 37 Rdnr. 38; teils aA *Langen/Bunte-Kallfaß,* GWB, § 37 Rdnr. 24.

Unternehmen verpflichten, ihren Gewinn zur Aufteilung eines gemeinschaftlichen Gewinns zusammenzulegen, wird demgegenüber mangels eines Unterordnungsverhältnisses – ebenso wie im früheren Recht – nicht erfasst und begründet regelmäßig keine Kontrolle über ein anderes Unternehmen.[221]

74 **Betriebsführungs- oder Managementverträge,** bei denen ein Unternehmen (Eigentümerunternehmen) einem anderen Unternehmen (Betriebsführer) den Auftrag erteilt, seinen Betrieb namens und für Rechnung des Eigentümerunternehmens zu führen, können in Ausnahmefällen ebenfalls zu einem Kontrollerwerb führen. Im Unterschied zu Betriebspacht und Betriebsüberlassung verbleibt der geschäftliche Erfolg des Betriebs beim Eigentümerunternehmen. Der Sache nach geht es darum, dass das Eigentümerunternehmen vom Betriebsführer Managementleistungen kauft, über die es selbst nicht verfügt.[222] Da der Vertrag somit den Interessen des Eigentümerunternehmens dient, verbleibt bei ihm oft auch die Letztentscheidungskompetenz für strategisch wichtige Entscheidungen und damit die Kontrolle über das Unternehmen. Ausnahmsweise können dem Betriebsführer jedoch derart weitereichende Entscheidungsbefugnisse (z. B. hinsichtlich Budgetplanung, Geschäftsführung und Investitionsentscheidungen) eingeräumt werden, dass er – eine entsprechende Vertragsdauer vorausgesetzt – jedenfalls Mitkontrolle über das Unternehmen erwirbt.[223]

75 *c) Kontrollerwerb in sonstiger Weise.* Um die Lückenlosigkeit des Kontrollbegriffs zu gewährleisten, erfasst § 37 Abs. 1 Nr. 2 GWB den Kontrollerwerb unabhängig vom Vorliegen bestimmter Rechte oder Verträge. In Betracht kommen hier z. B. **personelle Verflechtungen,** insbesondere in der Form der Personengleichheit bei wenigstens der Hälfte der Mitglieder des Aufsichtsrats, des Vorstands oder eines sonstigen Geschäftsführungsorgans, die vor der 6. GWB-Novelle noch ausdrücklich als ein eigener Zusammenschlusstatbestand[224] geregelt waren. Vorausgesetzt ist jedoch die für die Annahme einer Strukturveränderung notwendige Dauerhaftigkeit und Stabilität der Verbindung, die nur in seltenen Ausnahmefällen vorliegen wird, wenn die Verflechtungen nicht wenigstens teilweise durch Beteiligungen oder Verträge untermauert sind.[225]

76 Umstritten ist, ob unter den Kontrollerwerb auch Fälle **rein wirtschaftlicher Abhängigkeit,** insbesondere im Bereich enger Liefer-, Lizenz- oder Darlehensvertragsbeziehungen, zu subsumieren sind. Dies betrifft Fälle, in denen die wirtschaftliche Betätigungsfreiheit des gebundenen Unternehmens über die gewöhnliche Erfüllung vertraglicher Verpflichtungen hinaus auf Dauer wesentlich eingeschränkt ist. Der Kommission zufolge kann eine wirtschaftliche Abhängigkeit jedenfalls bei Hinzutreten weiterer Umstände „den Ausschlag geben", z. B. wenn langfristige große Lieferverträge oder Kredite von Lieferanten oder Kunden in Verbindung mit strukturellen Verflechtungen einen bestimmenden Einfluss gewähren.[226] Auch **Optionsrechte** können in diesem Zusammenhang eine Rolle spielen, wenn sie (ausnahmsweise) bereits gegenwärtig einen Einfluss auf das Zielunternehmen eröffnen.[227] In diesen Fällen wird jedoch genau zu prüfen sein, ob die Kontrolle ausreichend dauerhaft und strukturell verankert ist. Andernfalls kommt – wenn zugleich eine gesell-

---

[221] Ebenso *Langen/Bunte-Kallfaß,* GWB, § 37 Rdnr. 24; *Immenga/Mestmäcker-Thomas,* GWB, 5. Aufl., § 37 Rdnr. 129 ff.; vgl. auch *Kleinmann/Bechtold,* Fusionskontrolle, § 23 Rdnr. 146.

[222] *MüKo AktG-Altmeppen,* AktG § 292 Rdnr. 143; *Emmerich/Habersack-Emmerich,* AktG § 292 Rdnr. 55.

[223] Vgl. Komm., Konsolidierte Mitteilung, Rdnr. 18, Fn. 19 und 22; ähnlich *Bechtold,* GWB, § 37 Rdnr. 18; *FK-Paschke,* GWB 2005, § 37 Rdnr. 36; aA *Immenga/Mestmäcker-Thomas,* GWB, 5. Aufl., § 37 Rdnr. 132 (nie Kontrolle).

[224] § 23 Abs. 2 Nr. 4 GWB aF.

[225] Vgl. *Immenga/Mestmäcker-Mestmäcker/Veelken,* GWB, 4. Aufl., § 37 Rdnr. 41; *FK-Paschke,* GWB 2005, § 37 Rdnr. 39.

[226] Komm., Konsolidierte Mitteilung, Rdnr. 20; dazu auch *Wiedemann,* § 15 Rdnr. 36a.

[227] Komm., Konsolidierte Mitteilung, Rdnr. 60; *Imgrund,* WuW 2010, 753, 757 ff.; vgl. z. B. BKartA WuW/E BKartA 2087, 2089 ff. – *Klöckner/Seitz* (Anteilsmehrheit von Optionsberechtigtem und Optionsverpflichtetem bei starker Interessengleichheit).

schaftsrechtliche Beteiligung gegeben ist – ein Zusammenschluss nach § 37 Abs. 1 Nr. 4 GWB (wettbewerblich erheblicher Einfluss) in Betracht.[228]

3. Gemeinsame Kontrolle. Mehrere Gesellschafter können ein Unternehmen auch gemeinsam kontrollieren, wenn jeder von ihnen die Möglichkeit besitzt, Entscheidungen über das strategische Wirtschaftsverhalten des Unternehmens zu blockieren. Die Möglichkeit von **Pattsituationen,** durch die die Gesellschafter sich gegenseitig zu einer einvernehmlichen Zusammenarbeit zwingen können, ist kennzeichnend für die gemeinsame Kontrolle.[229] Anders als von der Rechtsprechung für die Annahme einer gemeinsamen Beherrschung (§ 36 Abs. 2 Satz 2 GWB) gefordert,[230] setzt eine gemeinsame Kontrolle nicht voraus, dass zu der Blockademöglichkeit weitere rechtliche oder tatsächliche Umstände hinzutreten, die eine ausreichend sichere Grundlage für ein Zusammenwirken bieten, wie z.B. Stimmrechtsvereinbarungen oder eine dauerhafte Interessengleichheit. Denn auch wenn ein Gesellschafter strategisch wichtige Entscheidungen nicht gezielt durchsetzen, sondern nur verhindern kann, kann er damit doch bestimmenden Einfluss auf die strategische Ausrichtung des Gemeinschaftsunternehmens nehmen und insbesondere verhindern, dass das Unternehmen sein Geschäftskonzept an Änderungen der Marktsituation anpasst.[231] 77

Woher die für die Annahme gemeinsamer Kontrolle notwendigen Blockademöglichkeiten stammen, ist unerheblich. Der vielleicht wichtigste Anwendungsfall ist das Gemeinschaftsunternehmen mit **zwei gleichberechtigten Müttern.**[232] Ebenso zu behandeln sind die Fälle, in denen die nach der Satzung erforderlichen Mehrheiten nur bei einer Zusammenarbeit mehrerer Gesellschafter erreichbar sind, ohne dass es zu wechselnden Mehrheiten kommen kann (z.B. drittelparitätisches Gemeinschaftsunternehmen mit Einstimmigkeitserfordernis,[233] 49 : 51 Gemeinschaftsunternehmen mit Erfordernis einer 80%-Mehrheit,[234] Anteile von 25,1% und 33,3% bei einem Mehrheitserfordernis von 75%).[235] Die Möglichkeit der gemeinsamen Kontrolle kann auch das Ergebnis einer Vereinbarung sein, in der sich die Gesellschafter zur gemeinsamen Stimmrechtsausübung verpflichten. Nur in Ausnahmefällen ist denkbar, dass die Kontrolle eines Minderheitsgesellschafters **faktisch begründet** ist. Dies setzt voraus, dass die strategischen Ziele des Gemeinschaftsunternehmens von der Mitwirkung des Minderheitsgesellschafters abhängen (z.B. in Bezug auf Know-how, Technologie, Kapital).[236] In solchen Fällen wird besonders zu prüfen sein, ob die Einflussmöglichkeiten für die Annahme einer Mitkontrolle ausreichend abgesichert sind, damit von einer dauerhaften Strukturveränderung gesprochen werden kann. Nur wenn auszuschließen ist, dass die Mehrheit der Gesellschafter im Konfliktfall gegen den betreffenden Minderheitsgesellschafter entscheidet, lässt sich die Annahme einer faktischen Mitkontrolle rechtfertigen. 78

§ 37 Abs. 1 Nr. 2 GWB erfasst – genauso wie nach der Kommissionspraxis zur FKVO – auch den **Übergang von gemeinsamer zu alleiniger Kontrolle** und umgekehrt.[237] Dies gilt auch, wenn ein weiteres Unternehmen dem Kreis der bereits gemeinsam kontrollierenden Unternehmen zutritt. Das BKartA sieht darüber hinaus den Kontrollerwerb auch 79

---

[228] Dazu auch unten Rdnr. 98.

[229] *Immenga/Mestmäcker-Mestmäcker/Veelken,* GWB, 4. Aufl., § 37 Rdnr. 26; Komm., Konsolidierte Mitteilung, Rdnr. 62; vgl. auch Begr. RegE zur 6. GWB-Novelle zu § 37 Abs. 1, BT-Drucks. 13/9720, S. 57.

[230] Dazu oben Rdnr. 41.

[231] BGH WuW/E DE-R 2742, Rdnr. 22, 24 – *Gratiszeitung Hallo;* aA *Bechtold,* GWB, § 37 Rdnr. 13; *Loewenheim/Meessen/Riesenkampff-Riesenkampff/Lehr,* GWB, § 37 Rdnr. 16.

[232] Vgl. Komm., Konsolidierte Mitteilung, Rdnr. 64.

[233] Vgl. BGH WuW/E DE-R 2742, Rdnr. 24 – *Gratiszeitung Hallo.*

[234] Vgl. OLG Düsseldorf WuW/E DE-R 1413, 1414 – *Radio TON-Regional.*

[235] Vgl. OLG Düsseldorf B. v. 30.4.2002, VI-Kart 1/01 (V), Rdnr. 20 – *Blitz-Tip.*

[236] Komm., Konsolidierte Mitteilung, Rdnr. 76ff.

[237] BKartA, Merkblatt zur deutschen Fusionskontrolle (2005), S. 12; *Bechtold,* GWB, § 37 Rdnr. 14; *Langen/Bunte-Kallfaß,* GWB, § 37 Rdnr. 16; vgl. BGH WuW/E DE-R 1925, Rdnr. 11 – *National Geographic II.*

dann als gegeben an, wenn sich die Anzahl der gemeinsam kontrollierenden Unternehmen – beispielsweise von drei auf zwei – reduziert.[238] Damit weicht es von der Praxis der Kommission ab, die in einem solchen Fall normalerweise keinen Kontrollerwerb annimmt.[239] Ebenfalls kein Fall des Kontrollerwerbs ist nach der zutreffenden neueren Praxis der Kommission der Wechsel von negativer zu positiver Alleinkontrolle, weil er Zahl und Identität der kontrollierenden Unternehmen unverändert lässt.[240]

IV. Der Anteilserwerb (§ 37 Abs. 1 Nr. 3 GWB)

80 **1. Inhalt.** Der Zusammenschlusstatbestand des § 37 Abs. 1 Nr. 3 GWB ist in der Praxis besonders wichtig, weil sich anhand seiner klaren Schwellenwerten oftmals schnell und eindeutig feststellen lässt, dass der Erwerb von Kapitalanteilen oder Stimmrechten an bzw. in anderen Unternehmen anmeldepflichtig ist. Das Gesetz nennt heute nur noch zwei Erwerbsstufen, nämlich 50% (lit. a) sowie 25% (lit. b) des Kapitals oder der Stimmrechte, deren Erreichen bzw. Überschreiten jeweils einen Zusammenschlusstatbestand verwirklicht. Der ehemals zusätzlich geregelte Erwerb einer Mehrheitsbeteiligung im Sinne des § 16 Abs. 1 AktG[241] wurde mit der 6. GWB-Novelle abgeschafft.[242] Das gleiche Schicksal erfuhr der auf Umgehungen abzielende Tatbestand des Erwerbs einer Rechtsstellung, die bei der Aktiengesellschaft ein Aktionär mit mehr als 25% des stimmberechtigten Kapitals innehat;[243] er ist weitgehend in § 37 Abs. 1 Nr. 4 GWB aufgegangen.[244]

81 Die Schwellen von 50% und 25% beziehen sich auf **Anteile am Kapital oder an den Stimmrechten** des Zielunternehmens. Der Erwerb stimmrechtsloser Kapitalanteile (z. B. Vorzugsaktien) ist daher ebenso ausreichend wie der Erwerb isolierter und nicht mit entsprechendem Kapitalanteil ausgestatteter Stimmrechte.[245] Damit ist der Anteilserwerb der einzige Zusammenschlusstatbestand im GWB, der auch ohne jeglichen Einfluss auf die unternehmerische Führung des Zielunternehmens verwirklicht werden kann. Dahinter steht die Wertung des Gesetzgebers, dass ein Anteilseigner ab einer Kapitalbeteiligung von 25% ein derart hohes wirtschaftliches Interesse an dem Beteiligungsunternehmen hat, dass mit einer faktischen Einflussnahme auf dessen Marktverhalten zu rechnen ist.[246] Daneben tritt der Gedanke, dass der Erwerber bei einer wirtschaftlichen Beteiligung in dieser Höhe Anreize zur Änderung seines eigenen Marktverhaltens im Verhältnis zum Beteiligungsunternehmen haben wird.[247]

82 In den Anwendungsbereich von § 37 Abs. 1 Nr. 3 GWB fallen **Gesellschaften sämtlicher Rechtsformen,** sofern die Möglichkeit einer Beteiligung am Kapital besteht oder der Unternehmensträger mitgliedschaftlich verfasst ist und der Verbandswille durch Mehrheitsentscheidung gebildet wird.[248] Zum Kreis der möglichen Zielobjekte gehören namentlich Kapitalgesellschaften und Personengesellschaften[249] (einschließlich BGB- und stille Gesellschaften)[250] sowie – in Bezug auf Stimmrechtsbeteiligungen – Genossenschaf-

[238] BKartA, Merkblatt zur deutschen Fusionskontrolle (2005), S. 12; aA *Bechtold,* § 37 Rdnr. 15; *FK-Paschke,* GWB 2005, § 37 Rdnr. 33.

[239] Komm., Konsolidierte Mitteilung, Rdnr. 90.

[240] Komm., Konsolidierte Mitteilung, Rdnr. 83.

[241] § 23 Abs. 2 Nr. 2 S. 1 lit. c GWB aF.

[242] Zum Erwerb der Stimmrechtsmehrheit oben Rdnr. 63.

[243] § 23 Abs. 2 Nr. 2 S. 4 GWB aF.

[244] Dazu unten 95 ff.

[245] *Bechtold,* GWB, § 37 Rdnr. 22; *Kleinmann/Bechtold,* Fusionskontrolle, § 23 Rdnr. 55; *Immenga/Mestmäcker-Mestmäcker/Veelken,* GWB, 4. Aufl., § 37 Rdnr. 54; aA *MüKo-Bach,* GWB, § 37 Rdnr. 61 (Kapitalanteil immer erforderlich).

[246] Begr. RegE zur 5. GWB-Novelle, BT-Drucks. 11/4610, S. 19.

[247] Vgl. dazu unten § 20 Rdnr. 183 ff.

[248] Vgl. OLG Düsseldorf WuW/E DE-R 2347, Rdnr. 28 – *Universitätsklinikum Greifswald.*

[249] Vgl. BGH WuW/E BGH 1954, 1955 – *Springer/az Anzeigenblatt;* zu Personengesellschaften in der Fusionskontrolle siehe *Wiedemann,* ZHR 1982, 296 ff.

[250] Hierzu *Bechtold,* GWB, § 37 Rdnr. 22 f.

ten[251] und Vereine.[252] Dagegen können an Anstalten des öffentlichen Rechts und an privatrechtlichen (§§ 80 ff. BGB) und öffentlich-rechtlichen Stiftungen keine Anteile erworben werden.[253]

Anteile und Stimmrechte müssen durch ein **Unternehmen** erworben werden. Der Anteilserwerb über die Börse durch natürliche Personen qualifiziert für die Nr. 3 in den dort genannten Stufen nur, wenn der Erwerber zumindest von der Fiktion des § 36 Abs. 3 GWB erfasst wird, also bereits vorher als Unternehmen galt. 83

2. Anteilsschwellen. Die in § 37 Abs. 1 Nr. 3 lit. a und b GWB genannten Erwerbsstufen von 25% und 50% sind jeweils **selbständig kontrollpflichtige Tatbestände,** die bei Aufstockung ggf. hintereinander verwirklicht werden und entsprechend viele Verfahren erforderlich machen können. Erhöhungen innerhalb der Stufen (z. B. Aufstockung von 26% auf 49%) unterfallen nicht dem Anteilserwerb, können aber einen Kontrollerwerb nach § 37 Abs. 1 Nr. 2 darstellen. Ebenso kann im Einzelfall die weitere Erhöhung einer bestehenden Beteiligung von 50% einen Kontrollerwerb verwirklichen (z. B. als Wechsel von gemeinsamer zu alleiniger Kontrolle). Ob in diesen Fällen auch eine Kontrollpflicht ausgelöst wird, hängt davon ab, ob bei gegebenem formellem Zusammenschlusstatbestand eine wesentliche Verstärkung der Unternehmensverbindung i. S. v. § 37 Abs. 2 GWB vorliegt.[254] Keinen gesonderten Zusammenschluss verwirklicht, wer nach dem Erwerb von 25% oder 50% der Stimmrechte die entsprechenden Anteile am Kapital hinzuerwirbt – oder umgekehrt.[255] Der Erwerb von 75% der Stimmrechte oder Kapitalanteile stellt keinen eigenständigen Zusammenschluss dar, auch wenn hiermit bei vielen Gesellschaften eine erhebliche Ausweitung des Einflusses verbunden ist, weil er gegenüber einer bereits bestehenden 50%- oder Kontrollbeteiligung wettbewerblich nicht mehr ins Gewicht fällt.[256] 84

Bei der **Berechnung der Anteile** können, unter Berücksichtigung der Besonderheiten der Fusionskontrolle, die Regelungen des § 16 AktG herangezogen werden, weil der Anteilserwerb in Anlehnung an das Aktienrecht gestaltet wurde.[257] Maßgeblich ist danach das Verhältnis des Anteils zum Gesamtnennbetrag des Kapitals bzw. zur Gesamtzahl der Stimmrechte. Für die Berechnung des **Kapitalanteils** ist das Grund- bzw. Stammkapital der Gesellschaft zugrunde zu legen, auch wenn es nicht voll eingezahlt ist. Jedoch kann lediglich genehmigtes oder bedingtes Kapital bis zum Vollzug der Kapitalerhöhung keine Berücksichtigung finden. Bei Personengesellschaften wird die vermögensmäßige Beteiligung der Gesellschafter in (festen oder variablen) Kapitalkonten festgehalten, auf deren Verhältnis es für die Berechnung der Kapitalanteile ankommt.[258] Maßgeblich für die Berechnung des **Stimmrechtsanteils** sind die Stimmrechte, die bei der Willensbildung in der Hauptversammlung oder Gesellschafterversammlung ausgeübt werden können.[259] Mehrfachstimm- 85

---

[251] Vgl. BKartA, Fallbericht zur Rücknahme der Anmeldung am 17.11.2014, B2–64/14 – *BayWa/RaiWa Lobsing.*

[252] Zum Erwerb eines Stimmrechtsanteils von 25% oder 50% kann es kommen, wenn die Satzung – entgegen dem gesetzlichen Leitbild (§ 43 Abs. 3 GenG, § 32 BGB) – einzelnen Mitgliedern ein mehrfaches Stimmrecht gewährt oder einem Unternehmen mehrere Vereinsmitglieder zuzurechnen sind, vgl. BKartA E. v. 3.4.2013, B3–32/11 und 49/12 (Fallbericht) – *Marienhaus/Barmherzige Brüder Trier* (Beitritt von fünf Ordensschwestern zu einem aus 13 Mitgliedern bestehenden Krankenhausträgerverein und damit Erwerb von ca. 38% der Stimmrechte).

[253] Vgl. OLG Düsseldorf WuW/E DE-R 2347, Rdnr. 29 – *Universitätsklinikum Greifswald; Emmerich/Habersack-Emmerich,* AktG § 16 Rdnr. 8; vgl. auch oben Rdnr. 31.

[254] Dazu unten Rdnr. 108 ff.

[255] *Bechtold,* GWB, § 37 Rdnr. 26.

[256] Vgl. Begr. RegE zur 2. GWB-Novelle, BT-Drucks. VI/2520, S. 26.

[257] Vgl. BGH WuW/E BGH 1954, 1956 – *Springer/az Anzeigenblatt;* so auch für die Berechnung des Kapitalanteils *Immenga/Mestmäcker-Mestmäcker/Veelken,* GWB, 4. Aufl., § 37 Rdnr. 53.

[258] Vgl. *MüKo AktG-Bayer,* AktG § 16 Rdnr. 13; *Emmerich/Habersack-Emmerich,* AktG § 16 Rdnr. 6; *Hüffer/Koch,* AktG, § 16 Rdnr. 2.

[259] Vgl. *Hölters-Hirschmann,* AktG, § 16 Rdnr. 8.

rechte führen dabei zu einer entsprechenden Erhöhung,[260] die gesetzlich (§ 16 Abs. 3 Satz 2 AktG) oder durch Satzung[261] angeordnete Stimmrechtslosigkeit eigener Anteile der Gesellschaft zu einer entsprechenden Verringerung[262] der Gesamtstimmzahl. Fraglich kann sein, ob Stimmrechtsbeschränkungen auf Seiten des Erwerbers zu berücksichtigen sind, z. B. wenn das Stimmrecht in der Satzung oder sogar gesetzlich[263] auf weniger als 25 % beschränkt ist. In älteren Entscheidungen stellte der BGH darauf ab, ob die Stimmrechtsbeschränkung von der Person des Inhabers abhängt. Ist dies der Fall, ist also nur der Erwerber selbst gehindert, das volle Stimmrecht auszuüben, und entsteht das Stimmrecht im Falle der Veräußerung des stimmrechtslosen Teils (erneut) beim Rechtsnachfolger, ist es nach dieser Rechtsprechung bereits voll dem Erwerber zuzurechnen.[264] Diese Rechtsprechung bezog sich allerdings auf den Anteilserwerb vor der 4. GWB-Novelle, als nur Anteile am „stimmberechtigten Kapital" erfasst waren, weshalb ihre Übertragbarkeit auf die heutige Rechtslage zweifelhaft ist. Umgehungsversuche können heute über § 37 Abs. 1 Nr. 2 oder Nr. 4 GWB aufgefangen werden, weshalb für eine weite Auslegung von § 37 Abs. 1 Nr. 3 GWB auch keine Notwendigkeit mehr besteht. Vorzugswürdig erscheint es deshalb, nur die Stimmrechte zu berücksichtigen, die der Erwerber auch ausüben kann.[265]

86 Ohne Rücksicht auf den rechtlichen Grund erfasst Nr. 3 den **abgeleiteten** und den **originären** Erwerb von Anteilen oder Stimmrechten. Letzterer kommt in Betracht beim Erwerb von Anteilen an einem anderen Unternehmen während des Gründungsaktes. Erfasst wird nur der Erwerb des Vollrechtes, so dass z. B. der Erwerb des Nießbrauchrechts an Anteilen nicht einem Anteilserwerb gleichzuachten ist.[266] Allerdings wird der Erwerb der Verfügungsmöglichkeit über fremde Stimmrechte durch schuldrechtliche Abreden, insbesondere mittels Stimmbindungsvertrags, dem Vollerwerb gleichgestellt, wenn der Begünstigte die Stimmrechte vollumfänglich weisungsfrei für eigene unternehmerische Zwecke ausüben darf.[267] Nicht ausreichend sind bloße Anwartschaften: **Optionen** erfüllen den Tatbestand der Nr. 3 erst, wenn sie ausgeübt werden.[268] Dies entspricht im Grundsatz auch der (neueren) Praxis des BKartA.[269] Das BKartA hält allerdings im Einzelfall eine Zurechnung nach § 37 Abs. 1 Nr. 3 Satz 2 GWB für möglich.[270] Daneben können, wenn eine Option bereits gegenwärtig Einflussmöglichkeiten auf das Zielunternehmen eröffnet, die Tatbestände des Nr. 2 (Kontrollerwerb) und Nr. 4 (wettbewerblich erheblicher Einfluss)

---

[260] Vgl. BGH WuW/E BGH 2211, 2215 f. – *Morris/Rothmans.*

[261] Im Falle von Personengesellschaften, vgl. BGH WuW/E BGH 2795, 2800 f. – *Pinneberger Tageblatt.*

[262] *Langen/Bunte-Kallfaß,* GWB, § 37 Rdnr. 41.

[263] So z. B. früher bei der Volkswagen AG, als § 2 Abs. 1 des Gesetzes über die Überführung der Anteilsrechte an der Volkswagenwerk Gesellschaft mit beschränkter Haftung in private Hand das Stimmrecht eines Aktionärs auf maximal 20 % begrenzte. Diese Regelung wurde nach dem Urteil des EuGH v. 23.10.2007, Rs. C-112/05, Slg. 2007 I-8995 – *Kommission/Deutschland* aufgehoben.

[264] BGH WuW/E BGH 1954, 1956 f. – *Springer/az Anzeigenblatt;* BGH WuW/E BGH 2211, 2216 – *Morris/Rothmans.*

[265] So auch (jedenfalls für generelle Höchststimmrechtsbeschränkungen) die Praxis zu § 16 Abs. 3 AktG, s. *Hüffer/Koch,* AktG, § 16 Rdnr. 11; *MüKo AktG-Bayer,* AktG § 16 Rdnr. 40; *Hölters-Hirschmann,* AktG, § 16 Rdnr. 10.

[266] Vgl. *Langen/Bunte-Kallfaß,* GWB, § 37 Rdnr. 36; *Immenga/Mestmäcker-Mestmäcker/Veelken,* GWB, 4. Aufl., § 37 Rdnr. 49.

[267] *Bechtold,* GWB, § 37 Rdnr. 24; *Immenga/Mestmäcker-Mestmäcker/Veelken,* GWB, 4. Aufl., § 37 Rdnr. 54; hierzu näher *Wirtz,* AG 1999, 114, 115 f.; vgl. auch BKartA WuW/E DE-V 533, 534 – *E.ON/Ruhrgas II.*

[268] BGH WuW/E BGH 2276, 2283 – *Süddeutscher Verlag/Donau-Kurier; Immenga/Mestmäcker-Mestmäcker/Veelken,* GWB, 4. Aufl., § 37 Rdnr. 50; *Bechtold,* GWB, § 37 Rdnr. 23.

[269] Vgl. zB BKartA B. v. 30.11.2000, B3–91/00, Rdnr. 6 und 9 – *BASF/Takeda;* BKartA B. v. 21.3.2003, B8–24-02, Rdnr. 11 und 12 – *VNG/EMB;* BKartA B. v. 16.1.2007, B6–510/06, S. 5 – *Weltbild/Hugendubel/Weiland;* anders dagegen noch BKartA WuW/E BKartA 2087, 2089 – *Klöckner/Seitz* (Option ist als jederzeit ausübbares Gestaltungsrecht einem Anteilserwerb gleich zu bewerten).

[270] Dazu unten Rdnr. 88 ff.

verwirklicht werden.[271] Die mit der 8. GWB-Novelle neu eingefügte Regelung in § 41 Abs. 1a GWB, wonach u.a. der börsenmäßige Erwerb von in Anteile konvertierbaren Wertpapieren unter bestimmten Voraussetzungen nicht dem Vollzugsverbot unterfällt, ändert im Übrigen nichts an dem Umstand, dass ein Anteilserwerb erst vorliegt, wenn die Wandlungsoption ausgeübt wird.[272] An einem Erwerbsvorgang fehlt es, wenn ein Unternehmen bereits Inhaber des Vollrechts an bzw. der rechtlichen Verfügungsmöglichkeit über die betreffenden Anteile ist und allein seine Verpflichtung, die Anteile an einen Dritten zu übertragen, aufgehoben wird (z.B. im Falle der „Entfristung" einer bestehenden Minderheitsbeteiligung).[273]

3. Zurechnungsfragen. Zu den Anteilen, die einem Unternehmen gehören und die für die Schwellenwerte des § 37 Abs. 1 Nr. 3 Satz 1 GWB maßgeblich sind, rechnen auch die von **verbundenen Unternehmen** gehaltenen Anteile. Dies war bis zur 6. GWB-Novelle ausdrücklich im Gesetz angeordnet[274] und folgt heute aus der Verbundklausel des § 36 Abs. 2 GWB.[275] Noch unter der früheren Rechtslage hat der BGH allerdings entschieden, dass die Anteilszurechnung bei verbundenen Unternehmen den Zusammenschlusstatbestand des Anteilserwerbs erweitern solle und deshalb nur zulasten, nicht aber zugunsten des Erwerbers wirke.[276] Teile der Literatur sehen dies anders. Sie wenden ein, dass verbundene Unternehmen eine Einheit bildeten, weshalb Anteilsverschiebungen zwischen ihnen den Tatbestand des § 37 Abs. 1 Nr. 3 Satz 1 GWB nicht erneut verwirklichen könnten.[277] Diese Literaturmeinung führt jedoch zu einer ungerechtfertigten Kontrolllücke in dem Fall, dass sich die Beherrschungsverhältnisse beim Erwerber und bei dem mit ihm verbundenen Unternehmen unterscheiden. Das Paradebeispiel ist die Übertragung einer Minderheitsbeteiligung von 25% an einem Unternehmen X von dem Gemeinschaftsunternehmen G auf die mitbeherrschende Mutter M. Wegen § 36 Abs. 2 Satz 2 GWB ist M die Beteiligung an X bereits vor der Anteilsübertragung zuzurechnen. Dennoch liegt eine fusionskontrollrechtlich relevante Strukturveränderung vor, weil M künftig ohne Rücksicht auf die übrigen Mütter von G über die Anteilsrechte an X verfügen kann. Das sachgerechte Regulativ zur Vermeidung einer überbordenden Fusionskontrolle bei konzerninternen Umstrukturierungen ist deshalb § 37 Abs. 2 GWB.[278] Anteilsverschiebungen zwischen verbundenen Unternehmen sind danach kontrollfrei, wenn sie zu keiner wesentlichen Verstärkung einer bestehenden Unternehmensverbindung führen. Letzteres ist regelmäßig der Fall, wenn Erwerber und verbundenes Unternehmen einheitlich beherrscht werden. 87

Die **Zurechnungsklausel** in § 37 Abs. 1 Nr. 3 Satz 2 GWB erweitert die Zurechnung über verbundene Unternehmen hinaus auf Anteile, die einem anderen „für Rechnung" des Erwerbers gehören, und – bei Einzelkaufleuten – auf Anteile im Privatvermögen des Unternehmensinhabers. Beides bezieht sich auch auf Anteile, die erst durch den fraglichen Zusammenschluss erworben werden.[279] Die Zurechnungsklausel zielt vornehmlich auf **Treuhandkonstellationen,** bei denen das formale Eigentum (Treuhänder) und die wirtschaftliche Berechtigung (Treugeber) auseinanderfallen.[280] Erfasst wird aber regelmäßig auch das sog. **„Warehousing".** Dabei geht es darum, ein zu veräußerndes Unternehmen vorübergehend bei einem Zwischenerwerber zu „parken", bis der endgültige Erwerber die 88

---

[271] Dazu *Imgrund,* WuW 2010, 753, 756ff.; vgl. auch oben Rdnr. 76 und unten Rdnr. 103.

[272] Dazu unten § 21 Rdnr. 57.

[273] Zur gegenteiligen Ansicht des BKartA oben Rdnr. 61.

[274] § 23 Abs. 2 Nr. 2 Satz 2 GWB aF.

[275] Vgl. Begr. RegE zur 6. GWB-Novelle zu § 36 Abs. 3, BT-Drucks. 13/9720, S. 56f.

[276] BGH NJW 1993, 2114, 2117 – *Zurechnungsklausel.*

[277] *Bechtold,* GWB, § 37 Rdnr. 30; *Loewenheim/Meessen/Riesenkampff-Riesenkampff/Lehr,* GWB, § 37 Rdnr. 22; *MüKo-Bach,* GWB, § 37 Rdnr. 84; *KK-Schütz,* Bd. 2 GWB, § 37 Rdnr. 63.

[278] Ebenso *Immenga/Mestmäcker-Mestmäcker/Veelken,* GWB, 4. Aufl., § 37 Rdnr. 62f.; *Langen/Bunte-Kallfaß,* GWB, § 37 Rdnr. 42; *Emmerich,* Kartellrecht, § 33 Rdnr. 30.

[279] KG WuW/E DE-R 336, 337 – *WAZ/IKZ.*

[280] Zu Treuhandverhältnissen in der Fusionskontrolle: *Staebe,* Fs. Bechtold, S. 529ff.

notwendigen fusionskontrollrechtlichen oder sonstigen regulatorischen Verfahren durchlaufen hat. Das Ziel ist es, dem Veräußerer die schnelle Trennung von dem Unternehmen zu ermöglichen, was voraussetzt, dass der Zwischenerwerber die Übernahme (z. B. wegen § 37 Abs. 3 GWB) kurzfristig vollziehen kann. Unter welchen Voraussetzungen die Zurechnungsklausel diese Konstellationen erfasst, ist umstritten:

89 Nach allgemeiner Meinung erfordert das Tatbestandsmerkmal „für Rechnung" jedenfalls, dass das hinter dem unmittelbaren Erwerber stehende Unternehmen die **wirtschaftlichen Chancen und Risiken** der Beteiligung im Innenverhältnis trägt.[281] Hierfür genügt bereits die Übernahme der wesentlichen Risiken; eine vollständige Risikoübernahme ist nicht erforderlich.[282] Maßgeblich ist insbesondere, wem die Unternehmensgewinne zustehen bzw. wer für die Verluste einzustehen hat (Ertragsrisiko) und wer das Risiko einer Wertveränderung der Anteile trägt (Erlös- und Insolvenzrisiko).[283] Eine Verlagerung des Erlös- und Insolvenzrisikos findet beispielsweise statt, wenn der Treugeber die zum Erwerb der Anteile notwendigen Mittel zur Verfügung stellt und sich der formelle Erwerber nicht zur Rückzahlung, sondern zur Weiterübertragung der Anteile auf den Treugeber verpflichtet.[284] Gleiches gilt, wenn der formelle Eigentümer den Erwerb selbst finanziert, er aber einen eventuellen Mindererlös bei der Weiterveräußerung der Anteile durch den Treugeber erstattet bekommt bzw. einen etwaigen Mehrerlös an den Treugeber auskehren muss.[285] Zu einer Übertragung des Ertragsrisikos kann es kommen, wenn der Anteilseigner zur Weitergabe der Gewinne an den Treugeber verpflichtet wird[286] (z. B. als Entgelt für den Finanzierungsaufwand) oder durch die wertmindernde Berücksichtigung zwischenzeitlicher Beteiligungserträge bei der Berechnung des Weiterverkaufspreises.[287] Notwendig ist eine Gesamtschau aller im Zusammenhang mit dem Erwerbsvorgang zwischen den Beteiligten getroffenen Vereinbarungen, wobei sich die Praxis nicht zuletzt davon leiten lässt, ob der unmittelbare Erwerber mit der Beteiligung ein eigenes unternehmerisches Interesse verfolgt.[288]

90 Die Anforderungen an die Risikoverlagerung dürfen keinesfalls zu niedrig angesetzt werden, andernfalls könnte bereits der Abschluss eines allgemein üblichen **Unternehmenskaufvertrags** den Tatbestand des Anteilserwerbs verwirklichen – selbst wenn dessen Vollzug auf die Freigabe durch das BKartA aufschiebend bedingt ist –, wenn und weil der Kaufpreis mit der Unterzeichnung fixiert wird und folglich das Erlösrisiko maßgeblich vom Veräußerer auf den Käufer übergeht. Gegen eine Zurechnung spricht hier, dass der Käufer in der Schwebezeit bis zur Freigabe nicht an Gewinn und Verlust beteiligt ist und dass der Vollzug von der Freigabe durch das BKartA abhängt. Entgegen früheren Stellungnahmen des BKartA[289] muss dies auch gelten, wenn der Erwerbszeitpunkt weiter aufgeschoben und von ungewissen künftigen Ereignissen abhängig gemacht wird, etwa – wie im Falle von (gewöhnlichen) **Call- oder Put-Optionen** – von einer künftigen Willenserklärung des

---

281 BGH WuW/E DE-R 613, 615 – *Treuhanderwerb;* OLG Düsseldorf WuW/E DE-R 1361, 1365 – *Tagesspiegel/Berliner Zeitung II; Immenga/Mestmäcker-Mestmäcker/Veelken,* GWB, 4. Aufl., § 37 Rdnr. 65; *Bechtold,* GWB, § 37 Rdnr. 31; *Langen/Bunte-Kallfaß,* GWB, § 37 Rdnr. 37 f.; *Emmerich,* Kartellrecht, § 33 Rdnr. 27.

282 BGH WuW/E DE-R 613, 615 – *Treuhanderwerb;* BKartA WuW/E BKartA 2087, 2088 – *Klöckner/Seitz.*

283 Vgl. BKartA WuW/E BKartA 2087, 2088 – *Klöckner/Seitz; Schulte,* Handbuch Fusionskontrolle, Rdnr. 229 ff.

284 Vgl. BGH WuW/E DE-R 613, 616 – *Treuhanderwerb.*

285 Vgl. KG WuW/E DE-R 451, 453 – *Herlitz/Landré;* BKartA WuW/E BKartA 2087, 2088 – *Klöckner/Seitz;* BKartA WuW/E BKartA 2829, 2835 – *Kolbenschmidt.*

286 Vgl. BGH WuW/E DE-R 613, 617 – *Treuhanderwerb.*

287 Vgl. KG WuW/E DE-R 451, 453 – *Herlitz/Landré.*

288 Vgl. BGH WuW/E DE-R 613, 616 – *Treuhanderwerb;* BKartA TB 2005/2006, S. 119, 121 – *Vossloh/Pfleiderer Track Systems.*

289 BKartA WuW/E BKartA 2087, 2088 f. – *Klöckner/Seitz;* BKartA AG 1997, 281, 283 – *Herlitz/Landré;* zust. *Schulte,* Handbuch Fusionskontrolle, Rdnr. 238 ff.; krit. *Imgrund,* WuW 2010, 753, 755 ff.

Erwerbers oder Veräußerers. Auch in diesem Fall verwirklicht sich die Risikoverlagerung nämlich regelmäßig erst mit dem Vollzug des Anteilsübergangs, selbst wenn die Verlagerung dann mit Rückwirkung eintritt.

Strittig ist, ob eine Zurechnung über die Verlagerung des wirtschaftlichen Risikos hinaus 91 voraussetzt, dass der **Treugeber Einfluss** auf die Ausübung der mit den Anteilen verbundenen Verwaltungs- und Stimmrechte nehmen kann. Teile der Literatur fordern dies u.a. mit dem Argument, dass der Anteilserwerb durch den Erwerb von Mitgliedschaftsrechten gekennzeichnet sei, nicht durch die „nackte Beteiligung" am Vermögen eines anderen Unternehmens.[290] Damit löst sich diese Meinung jedoch vom Wortlaut der Vorschrift und lässt außer Acht, dass auch stimmrechtslose Kapitalbeteiligungen den Tatbestand des § 37 Abs. 1 Nr. 3 Satz 1 GWB verwirklichen können.[291] Die Rechtsprechung hat diesen Streit zwar bisher nicht abschließend entschieden.[292] Sie macht ihn jedoch hinfällig, indem sie mit der Vermutung arbeitet, dass derjenige, der das wirtschaftliche Risiko der Beteiligung trägt, auch tatsächlich in der Lage ist, Einfluss auf die Ausübung der mit der Beteiligung verbundenen Stimmrechte zu nehmen.[293]

Umstritten ist, ob § 37 Abs. 1 Nr. 3 Satz 1 GWB auch den **mittelbaren Erwerb** von An- 92 teilen erfasst, d.h. den Erwerb von Anteilen, die das unmittelbar erworbene Unternehmen an einem Drittunternehmen hält. Diese Frage wird für zwei Fallgruppen diskutiert. In der ersten Fallgruppe geht es darum, dass die Umsatzschwellen des § 35 Abs. 1 GWB erst erreicht werden, wenn auf die mittelbare Beteiligung abgestellt wird. Das Schulbeispiel ist der Erwerb einer Holding, die 25% der Anteile an einem Großunternehmen hält. Wenn der Holding keine ausreichenden Umsätze zuzurechnen sind,[294] wäre der Anteilserwerb an der Holding nicht kontrollpflichtig, selbst wenn der Erwerber bei einem unmittelbaren Zugriff auf die in der Holding liegenden Anteile die Fusionskontrolle durchlaufen müsste. Mit dem Argument, unmittelbarer und mittelbarer Erwerb seien wirtschaftlich gleichwertig und es müsse Umgehungen vorgebeugt werden, wird hier für die Anwendung von § 37 Abs. 1 Nr. 3 Satz 1 GWB auf den mittelbaren Anteilserwerb plädiert, vorausgesetzt der unmittelbare Erwerbsvorgang begründet eine Unternehmensverbindung i.S.v. § 36 Abs. 2 GWB.[295] Auch das BKartA hat vereinzelt in diesem Sinne entschieden.[296] Die zweite Fallgruppe betrifft die Anteilsschwellen des § 37 Abs. 1 Nr. 3 Satz 1 lit. a und lit. b GWB. Das einschlägige Beispiel hierfür ist der Fall *Premiere,* der die Aufstockung der Anteile der *CLT/UFA* an der *UFA oHG* von 75% auf 100% zum Gegenstand hatte. Da die *UFA oHG* ihrerseits 50% der Anteile an *Premiere* hielt, bejahte das BKartA einen Zusammenschluss unter Verweis darauf, dass *CLT/UFA* ihren mittelbaren Anteil an *Premiere* „durchgerechnet" von 37,5% auf 50% erhöhe.[297] Die Figur des mittelbaren Anteilserwerbs ist jedoch mit der h.M. abzulehnen.[298] Auch

---

290 *MüKo-Bach,* GWB, § 37 Rdnr. 88; ähnlich *Riesenkampff,* WuW 1996, 5, 8; *Kleinmann/Bechtold,* Fusionskontrolle, § 23 Rdnr. 114; *FK-Paschke,* GWB 2005, § 37 Rdnr. 95, 99; *KK-Schütz,* Bd. 2 GWB, § 37 Rdnr. 65; dagegen: *Thurnher,* WuW 1995, 303, 312; *Immenga/Mestmäcker-Mestmäcker/Veelken,* GWB, 4. Aufl., § 37 Rdnr. 65; *Schulte,* Handbuch Fusionskontrolle, Rdnr. 233f.; *Langen/Bunte-Kallfaß,* GWB, § 37 Rdnr. 38.

291 Dazu oben Rdnr. 81.

292 Vgl. aber KG WuW/E OLG 3367, 3369 – *Metro/Kaufhof.*

293 BGH WuW/E DE-R 613, 617f. – *Treuhanderwerb;* KG WuW/E DE-R 451, 454 – *Herlitz/Landré;* OLG Düsseldorf WuW/E DE-R 1361, 1369 – *Tagesspiegel/Berliner Zeitung II.*

294 Zu berücksichtigen sind allerdings gemäß § 38 Abs. 4 Satz 1 GWB die Erträge aus den von der Holding gehaltenen Beteiligungen, vgl. unten Rdnr. 148f.

295 *Langen/Bunte-Kallfaß,* GWB, § 37 Rdnr. 39.

296 BKartA AG 1978, 313f. – *BP/Gelsenberg* (insoweit nicht vollständig abgedruckt in WuW/E BKartA 1719); BKartA WuW/E DE-V 90, Rdnr. 7 – *LEW;* BKartA B. v. 30.11.2009, B8–107/09, Rdnr. 21 – *Integra/Thüga.*

297 BKartA WuW/E DE-V 53, 57 – *Premiere;* zust. *Loewenheim/Meessen/Riesenkampff-Riesenkampff/Lehr,* GWB, § 37 Rdnr. 20.

298 KG WuW/E OLG 2113, 2115 – *Steinkohlenstromerzeuger; Immenga/Mestmäcker-Mestmäcker/Veelken,* GWB, 4. Aufl., § 37 Rdnr. 64; *MüKo-Bach,* GWB, § 37 Rdnr. 85; *Bechtold,* GWB, § 35 Rdnr. 36f.; *KK-Schütz,* Bd. 2 GWB, § 37 Rdnr. 66.

das BKartA selbst hat ihm in der Entscheidung *E.ON/Ruhrgas* die Anerkennung versagt.[299] Das wichtigste Gegenargument ist der Vergleich mit den Zusammenschlusstatbeständen des § 37 Abs. 1 Nr. 2 und Nr. 4 GWB, die den mittelbaren Erwerb von Kontrolle bzw. eines wettbewerblich erheblichen Einflusses ausdrücklich einschließen. Überdies gibt es die für die erste Fallgruppe befürchtete Schutzlücke nicht, weil die mittelbare Beteiligung an dem Drittunternehmen von § 37 Abs. 1 Nr. 4 GWB erfasst werden kann.[300] Die zweite Fallgruppe ist demgegenüber nicht kontrollwürdig, weil der Erwerber ungeachtet der „durchgerechneten" Erhöhung bereits vor der Aufstockung vollen Zugriff auf die mittelbar gehaltenen Anteile hatte und sich die Qualität der Verbindung hierdurch nicht ändert.[301]

93 **4. Gemeinschaftsunternehmen.** § 37 Abs. 1 Nr. 3 Satz 3 fingiert einen partiellen Zusammenschlusses („Horizontalzusammenschluss") der Mütter eines Unternehmens hinsichtlich der Märkte, auf denen das gemeinsame Unternehmen tätig ist. Einzige Voraussetzung hierfür ist, dass die betreffenden Mutterunternehmen gleichzeitig oder nacheinander Anteile am Kapital oder an den Stimmrechten in Höhe von jeweils wenigstens 25% an ein und demselben Unternehmen erwerben („Vertikalzusammenschlüsse").[302] Bis zur 6. GWB-Novelle enthielt dieser Zusammenschlusstatbestand zugleich die Legaldefinition eines Gemeinschaftsunternehmens.[303] Vor dem Hintergrund, dass seit der Einführung des Kontrolltatbestands ein Gemeinschaftsunternehmen auch durch die Begründung der gemeinsamen Kontrolle über ein Unternehmen geschaffen werden kann, wurde die Definition jedoch gestrichen.[304]

94 Mit der Zusammenschlussfiktion verfolgte der Gesetzgeber ursprünglich das Anliegen, die Einflüsse, die von der Bildung des Gemeinschaftsunternehmens auf den *Wettbewerb zwischen den Mutterunternehmen* ausgehen, einer wettbewerblichen Prüfung zu unterwerfen. Das BKartA sollte die Gelegenheit bekommen, etwaige *Gruppeneffekte,* die aus der Verbindung zwischen den Mutterunternehmen für ihr wettbewerbliches Verhalten zueinander erwachsen können, bei der wettbewerblichen Prüfung zu berücksichtigen.[305] Tatsächlich hat die Zusammenschlussfiktion jedoch ausschließlich Bedeutung für die **formelle Funktionskontrolle.** Ihre Konsequenz ist, dass alle Mütter mit einem Anteil von wenigstens 25% zu Beteiligten des „Horizontalzusammenschlusses" werden (auch wenn aktuell von nur eines von ihnen Anteile erwirbt), wodurch die Umsatzschwellen des § 35 GWB auch erreicht werden, wenn das Gemeinschaftsunternehmen keine oder nur geringe Umsätze hat. Zusätzlich werden die Mutterunternehmen zu Beteiligten des Fusionskontrollverfahrens (§ 54 Abs. 2 Nr. 2 GWB).[306] Bei der Prüfung nach § 36 Abs. 1 GWB (materielle Fusionskontrolle) dürfen demgegenüber die Ressourcen der Mutterunternehmen nicht automatisch zusammengerechnet werden.[307]

---

[299] BKartA WuW/E DE-V 511, 513 (i. Ggs. zu BKartA AG 1978, 313f. – *BP/Gelsenberg*).

[300] *Immenga/Mestmäcker-Mestmäcker/Veelken,* GWB, 4. Aufl., § 37 Rdnr. 64; *MüKo-Bach,* GWB, § 37 Rdnr. 85; vgl. auch BKartA WuW/E DE-V 511, 513 – *E.ON/Ruhrgas;* aA *Bechtold,* GWB, § 37 Rdnr. 38; dazu auch unten Rdnr. 99.

[301] Sollte die Aufstockung zu einem Wechsel von Mit- zu Alleinkontrolle führen, wäre dies von § 37 Abs. 1 Nr. 2 GWB erfasst.

[302] Richtigerweise wird man die gesetzliche Formulierung „in vorbezeichnetem Umfang" dahin verstehen müssen, dass auch Muttergesellschaften mit mehr als 50% der Anteile einzubeziehen sind, vgl. *Immenga/Mestmäcker-Mestmäcker/Veelken,* GWB, 4. Aufl., § 37 Rdnr. 68; *Kahlenberg,* BB 1998, 1593, 1598; aA *Bechtold,* BB 1997, 1853, 1857.

[303] § 23 Abs. 2 Nr. 2 Satz 3 GWB aF.

[304] Begr. RegE zur 6. GWB-Novelle, BT-Drucks. 13/9720, S. 57.

[305] Begr. RegE zur 2. GWB-Novelle, BT-Drucks. VI/2520, S. 27.

[306] BGH WuW/E BGH 2150, 2151 – *Edelstahlbestecke.*

[307] *Bechtold,* GWB, § 37 Rdnr. 34; *MüKo-Bach,* GWB, § 37 Rdnr. 100; *Immenga/Mestmäcker-Mestmäcker/Veelken,* GWB, 4. Aufl., § 37 Rdnr. 76 (widersprüchlich allerdings Rdnr. 75); dazu auch unten § 20 Rdnr. 97 und 190.

V. Der wettbewerblich erhebliche Einfluss (§ 37 Abs. 1 Nr. 4 GWB)

§ 37 Abs. 1 Nr. 4 GWB erfasst „jede sonstige Verbindung von Unternehmen", die dem Erwerber unmittelbar oder mittelbar einen „wettbewerblich erheblichen Einfluss" vermittelt. Dieser Zusammenschlusstatbestand wurde durch die **5. GWB-Novelle** zum 1. Januar 1990 als zusätzlicher Auffangtatbestand in das Gesetz eingefügt, um die Kontrolle von Minderheitsbeteiligungen unterhalb der Schwelle von 25% zu erleichtern.[308] Das bis dahin geltenden Recht enthielt bereits zwei Auffangtatbestände, die nach ihrer ursprünglichen Zielsetzung alle denkbaren Gestaltungsformen wettbewerblich relevanter Unternehmensverbindungen erfassen sollten, nämlich den Erwerb eines beherrschenden Einflusses (§ 23 Abs. 2 Nr. 5 GWB a.F.) und den Erwerb einer Rechtsstellung, die bei der Aktiengesellschaft ein Aktionär mit mehr als 25% des stimmberechtigten Kapitals innehat (§ 23 Abs. 2 Nr. 2 Satz 4 GWB a.F.).[309] Der Gesetzgeber der 5. GWB-Novelle war jedoch der Auffassung, dass eine Minderheitsbeteiligung unter 25% auch ohne Beherrschungsmöglichkeiten oder rechtlich gesicherten Sperrpositionen zu einer erheblichen Beschränkung des Wettbewerbs zwischen den beteiligten Unternehmen führen könne. Derartige Verbindungen könnten – insbesondere zwischen Wettbewerbern – Grundlage für einen wechselseitigen Interessenausgleich sein und bewirken, dass die solchermaßen verbundenen Unternehmen nicht mehr unabhängig voneinander im Wettbewerb aufträten.[310] Der neu geschaffene Tatbestand des wettbewerblich erheblichen Einflusses sollte diese Lücke schließen. Allerdings unterstellte der Gesetzgeber den Zusammenschlusstatbestand zunächst allein der nachträglichen Fusionskontrolle, nahm ihn also von Anmeldepflicht und Vollzugsverbot aus.[311] Zur Begründung führte er an, Probleme bei der nachträglichen Auflösung seien angesichts der geringeren Intensität der Verbindung hinnehmbar.[312] Eine weitere Rolle dürfte gespielt haben, dass der Tatbestand aufgrund seiner Unbestimmtheit mit erheblichen Auslegungsproblemen und Rechtsunsicherheiten verbunden ist, die seine Eingliederung in die präventive Fusionskontrolle und die damit einhergehenden zivil- und ordnungswidrigkeitsrechtlichen Sanktionen fragwürdig machen.[313] Die praktische Bedeutung der Vorschrift verhielt sich denn auch umgekehrt proportional zu den durch sie aufgeworfenen schwierigen Auslegungsfragen. Dennoch erfolgte zum 1. Januar 1999 im Zuge der Umgestaltung der deutschen Fusionskontrolle in ein System der generellen Prävention durch die **6. GWB-Novelle** die vollständige Gleichstellung mit den übrigen Zusammenschlusstatbeständen. Begründet wurde dies damit, dass die Vorschrift inzwischen an Konturen gewonnen und sich als ein notwendiges Korrektiv zu wettbewerblich bedenklichen Umgehungskonstruktionen erwiesen habe.[314] Die 6. GWB-Novelle brachte zudem eine Verschlankung des Wortlauts[315] und die Streichung des an die Rechtsstellung eines 25%-Aktionärs anknüpfenden Umgehungstatbestands in § 23 Abs. 2 Nr. 2 Satz 4 GWB a.F., der durch den weiten Anwendungsbereich des „wettbewerblich erheblichen Einflusses" überflüssig geworden war.[316] 95

---

[308] Begr. RegE zur 5. GWB-Novelle, BT-Drucks. 11/4610, S. 13 und 19f.; *Stein,* Der wettbewerblich erhebliche Einfluss, S. 66f.

[309] Dieser Tatbestand wurde erst durch die 4. GWB-Novelle von 1980 geschaffen.

[310] Begr. RegE zur 5. GWB-Novelle, BT-Drucks. 11/4610, S. 19f.; vgl. auch Minderheitsvotum von *Immenga* in Monopolkommission, 6. Hauptgutachten 1984/1985, Rdnr. 439ff.

[311] § 24a Abs. 1 Satz 2 GWB aF.

[312] Begr. RegE zur 5. GWB-Novelle, BT-Drucks. 11/4610, S. 21.

[313] Vgl. *Bechtold,* GWB, § 37 Rdnr. 36; *Zigelski,* WuW 2009, 1261, 1262.

[314] Begr. RegE zur 6. GWB-Novelle, BT-Drucks. 13/9720, S. 43.

[315] Im Wesentlichen wurde die Subsidiaritätsklausel, mit der § 23 Abs. 2 Nr. 6 GWB aF ausdrücklich an das Nichterreichen der maßgeblichen Aufgreifschwellen in § 23 Abs. 2 Nr. 2, 4 und 5 GWB aF (Anteilserwerb, Personengleichheit bzw. Beherrschung) anknüpfte, durch die Wendung „jede sonstige Verbindung von Unternehmen" ersetzt.

[316] Vgl. Begr. RegE zur 6. GWB-Novelle zu § 37 Abs. 1, BT-Drucks. 13/9720, S. 57.

96 Der Begriff des wettbewerblich erheblichen Einflusses ist als unbestimmter Rechtsbegriff auslegungsbedürftig und – entgegen der Einschätzung des Gesetzgebers der 6. GWB-Novelle – in seinen Konturen nach wie vor unscharf.[317] Der Tatbestand birgt daher ein **hohes Prognoserisiko** für die beteiligten Unternehmen, die sich angesichts der drohenden Sanktionen bei Verstößen gegen das Vollzugsverbot oftmals gezwungen sehen, selbst wettbewerblich unverdächtige Minderheitsbeteiligungen im Zweifel vorsorglich beim BKartA anzumelden.[318] Da das BKartA zugleich zu einer weiten Anwendung neigt und in seiner veröffentlichten Entscheidungspraxis wegen der Betonung des Einzelfalls kaum Hinweise auf eine Negativabgrenzung zu finden sind, hat die Vorschrift eine erhebliche und sich tendenziell stetig erweiternde „Vorfeldwirkung".[319]

97 Dem Zusammenschlusstatbestand des § 37 Abs. 1 Nr. 4 GWB lassen sich nach der Rechtsprechung des BGH **drei Tatbestandsmerkmale** entnehmen, wenngleich diese in der Praxis nicht immer sauber auseinander gehalten werden:[320] (1) Es muss eine gesellschaftsrechtlich vermittelte Unternehmensverbindung vorliegen, (2) der Erwerber muss darauf beruhend die Möglichkeit der Einflussnahme haben, und (3) die Einflussmöglichkeit muss wettbewerblich erheblich sein.

98 **1. Gesellschaftsrechtlich vermittelte Unternehmensverbindung.** § 37 Abs. 1 Nr. 4 GWB erfasst ausschließlich Unternehmensverbindungen gesellschaftsrechtlicher oder vergleichbarer rechtlicher Art.[321] Auch wenn dies im Wortlaut der Vorschrift nur unzulänglich zum Ausdruck kommt, besteht Einigkeit, dass bloße wirtschaftliche Abhängigkeiten etwa aufgrund langfristiger Lieferverträge oder bloßer Kreditvereinbarungen ohne besondere Zusatzvorkehrungen nicht erfasst werden.[322] Der Anwendungsbereich der Nr. 4 ist insoweit enger als derjenige der Nr. 2, weil Kontrolle auch durch andere als rechtliche Mittel begründet werden kann.[323] Dies lässt sich damit erklären, dass der Anwendungsbereich des Kontrollerwerbs durch die deutlich höhere Einflussschwelle bereits hinreichend eingegrenzt ist.[324] Das Merkmal der gesellschaftsrechtlichen Vermittlung ist ohnehin lediglich ein „Grobfilter" mit der Funktion, den Einflusstatbestand auf Vorgänge zu beschränken, die zu einer relevanten **Marktstrukturänderung** führen, und sonstige Einwirkungen auf die Entscheidungsfreiheit von anderen Unternehmen auszugrenzen, wie sie sich etwa aus der bloßen Teilnahme am Wettbewerb ergeben.[325] Ausreichend ist schon eine „gesellschaftsinterne Basis der Einflussnahme", die ggf. durch externe wirtschaftliche Abhängigkeiten erhöht werden kann.[326] Hauptanwendungsfall von § 37 Abs. 1 Nr. 4 GWB ist damit der Erwerb von Gesellschaftsanteilen. Denkbar ist aber auch der Erwerb wettbewerblich erheblichen Einflusses durch rechtlich abgesicherte personelle Verflechtungen,[327] z. B. durch ein

[317] AA Monopolkommission, 18. Hauptgutachten 2008/2009, Rdnr. 530, die zudem anführt, dass „bei jeder so erfassten Transaktion stets eine ausdrückliche Absicht der Beteiligten zur Beeinflussung des Wettbewerbs gegeben [ist], was eine Berufung der Betroffenen auf gesetzliche Unsicherheiten stark relativieren dürfte."

[318] Vgl. *Zigelski,* WuW 2009, 1261, 1262 zum hohen Anteil angemeldeter Fälle, in denen das BKartA letztlich keinen Zusammenschluss festgestellt hat.

[319] Vgl. *Bechtold,* GWB, § 37 Rdnr. 36; *MüKo-Bach,* GWB, § 37 Rdnr. 104; vgl. auch bereits Monopolkommission, 6. Hauptgutachten 1984/1985, Rdnr. 442.

[320] Vgl. *Zigelski,* WuW 2009, 1261, 1263 f.

[321] BGH WuW/E DE-R 607, 612 – *Minderheitsbeteiligung im Zeitschriftenhandel.*

[322] Vgl. BGH aaO; Begr. RegE zur 5. GWB-Novelle, BT-Drucks. 11/4610, S. 20; Begr. RegE zur 6. GWB-Novelle zu § 37 Abs. 1, BT-Drucks. 13/9720, S. 57; *Bechtold,* GWB, § 37 Rdnr 38; *Langen/Bunte-Kallfaß,* GWB, § 37 Rdnr. 48; im Ergebnis auch *Immenga/Mestmäcker-Mestmäcker/Veelken,* GWB, 4. Aufl., § 37 Rdnr. 92 ff.

[323] Dazu oben Rdnr. 76.

[324] Vgl. *Immenga/Mestmäcker-Mestmäcker/Veelken,* GWB, 4. Aufl., § 37 Rdnr. 94.

[325] Vgl. BGH WuW/E DE-R 607, 612 – *Minderheitsbeteiligung im Zeitschriftenhandel.*

[326] *Bechtold,* GWB, § 37 Rdnr. 38; *Langen/Bunte-Kallfaß,* GWB, § 37 Rdnr. 48.

[327] Vgl. die ausdrückliche Bezugnahme auf eine teilweise Personengleichheit in § 23 Abs. 2 Nr. 6 GWB aF.; *Immenga/Mestmäcker-Mestmäcker/Veelken,* GWB, 4. Aufl., § 37 Rdnr. 98; krit. *MüKo-Bach,* GWB, § 37 Rdnr. 111.

vertragliches Recht auf Entsendung von Repräsentanten des Erwerbers in die Geschäftsführung oder die sonstigen Organe des Zielunternehmens.[328]

Wie bereits der Wortlaut der Nr. 4 deutlich macht („sonstige Verbindung"), ist der Tatbestand gegenüber den übrigen Zusammenschlusstatbeständen des § 37 Abs. 1 GWB **subsidiär.**[329] Er kann somit nicht verwirklicht werden, wenn bereits ein Vermögenserwerb, ein Kontrollerwerb oder ein Anteilserwerb vorliegt. Der (unmittelbare) Erwerb von Unternehmensanteilen kann somit die Nr. 4 nur verwirklichen, wenn die Schwelle von 25% in § 37 Abs. 1 Nr. 3 Satz 1 lit. b GWB noch nicht erreicht ist bzw. nicht erreicht wird. Allerdings ist ein mittelbarer Erwerb wettbewerblich erheblichen Einflusses dergestalt möglich, dass der Erwerber die Kontrolle an einem Unternehmen übernimmt, das seinerseits eine Minderheitsbeteiligung (gleich welcher Höhe) ohne Beherrschungsmacht, aber verbunden mit hinreichenden Einflussmöglichkeiten an einem Drittunternehmen hält.[330] Die im Verhältnis Erwerber/Erworbener verwirklichten Zusammenschlusstatbestände stehen der Anwendung des § 37 Abs. 1 Nr. 4 GWB auf das mittelbar miterworbene Unternehmen nicht entgegen.[331] 99

Sinn und Zweck der Subsidiarität der Nr. 4 ist es, Mehrfachkontrollen in Fällen einer wesentlichen Aufstockung bereits bestehenden „wettbewerblich erheblichen Einflusses" zu vermeiden.[332] Dies gilt – entgegen dem BKartA[333] – nicht nur für das Verhältnis zu den übrigen Tatbeständen des § 37 Abs. 1 GWB, sondern auch und erst recht für die Nr. 4 selbst. Es ist **kein mehrfacher Erwerb** wettbewerblich erheblichen Einflusses zwischen denselben Beteiligten möglich.[334] Es ist der Systematik der Zusammenschlusstatbestände des § 37 Abs. 1 GWB durchgängig eigen, dass die Beteiligten bei einmal verwirklichten und nach Anmeldung freigegebenen Zusammenschlüssen weitere Verdichtungen ihrer Verbindung untereinander kontrollfrei vornehmen dürfen, bis der nächste höherrangige Zusammenschluss verwirklicht wird, was erst dann erneut zur Fusionskontrolle gestellt werden muss. Ein Fall des § 37 Abs. 1 Nr. 4 GWB liegt auch nicht vor, wenn bei einem Unternehmen, das bereits über wettbewerblich erheblichen Einfluss verfügt, lediglich die Verpflichtung aufgehoben wird, die Einflussmöglichkeiten wieder abzugeben (z. B. im Falle der „Entfristung" einer bestehenden Minderheitsbeteiligung).[335] 100

2. Möglichkeit der Einflussnahme. Das Merkmal des „Einflusses" bereitet regelmäßig die größten Schwierigkeiten bei der Anwendung von § 37 Abs. 1 Nr. 4 GWB. Wie sich schon aus dem unterschiedlichen Wortlaut der Regelungen ergibt, erfasst die Nr. 4 Einflussmöglichkeiten **unterhalb der Schwelle zum bestimmenden Einfluss** in Nr. 2.[336] Un- 101

---

328 Vgl. BKartA WuW/E DE-V 325, Rdnr. 6 f. – *Stadtwerke Neuss* (im Rahmen eines Dienstleistungsvertrages eingeräumtes Recht zur Bestimmung eines Geschäftsführers); BKartA TB 2007/2008, S. 80 – *Xella* („Grundsatzvereinbarung" über Darlehen mit Call-Option und Recht zur Benennung eines Geschäftsführers).

329 Begr. RegE zur 6. GWB-Novelle zu § 37 Abs. 1, BT-Drucks. 13/9720, S. 57; *Immenga/Mestmäcker-Mestmäcker/Veelken,* GWB, 4. Aufl., § 37 Rdnr. 95 mwN; aA *Deichfuß,* WuW 2000, 834, 838 f.

330 Notwendig ist zusätzlich, dass die mittelbaren Einflussmöglichkeiten beim Drittunternehmen gerade im Verhältnis zum Erwerber wettbewerblich erheblich sind, vgl. KG WuW/E OLG 5151, 5163 – *Ernstliche Untersagungszweifel.*

331 BKartA WuW/E DE-V 511, 513 – *E.ON/Ruhrgas;* aA *Bechtold,* GWB, § 37 Rdnr. 44; dazu auch oben Rdnr. 92.

332 Begr. RegE zur 5. GWB-Novelle, BT-Drucks. 11/4610, S. 20; *Immenga/Mestmäcker-Mestmäcker/Veelken,* GWB, 4. Aufl., § 37 Rdnr. 88.

333 BKartA WuW/E DE-V 325, Rdnr. 8 – *Stadtwerke Neuss;* BKartA TB 1991/1992, S. 139 – *Allianz/Dresdner Bank;* vgl. auch *Zigelski,* WuW 2009, 1261, 1266 („regelmäßig" keine wesentliche Verstärkung iSv § 37 Abs. 2 GWB).

334 *Bechtold,* GWB, § 37 Rdnr. 44; vgl. auch KG WuW/E OLG 5151, 5163 – *Ernstliche Untersagungszweifel.*

335 Zur gegenteiligen Ansicht des BKartA oben Rdnr. 61.

336 *Bechtold,* GWB, § 37 Rdnr. 41; *Langen/Bunte-Kallfaß,* GWB, § 37 Rdnr. 47; vgl. BGH WuW/E DE-R 607, 608 – *Minderheitsbeteiligung im Zeitschriftenhandel.*

klar ist jedoch, inwieweit sich der in Nr. 4 angesprochene Einfluss von den üblichen Mitwirkungsmöglichkeiten eines jeden Gesellschafter abhebt. In dem Vierteljahrhundert seit der Einführung der Vorschrift ist es der Praxis nicht gelungen, klare Kriterien für die hier erforderliche Negativabgrenzung zu entwickeln. Aus der Funktion der Vorschrift als Auffang- und Umgehungstatbestand lässt sich allenfalls noch ableiten, dass der Erwerber von Unternehmensanteilen einen Einfluss erlangen muss, welcher die relativ geringe Höhe seiner Beteiligung als mit einem Anteilserwerb von 25% und mehr gleichwertig erscheinen lässt.[337] Relevanter Maßstab für den Einfluss sollte nach den Vorstellungen des Gesetzgebers die Erwartung sein, dass die beteiligten Unternehmen aufgrund des zwischen ihnen bestehenden „gesamten Beziehungsgeflechts" nicht mehr unabhängig am Markt auftreten.[338] Der BGH hat hierfür die Formel entwickelt, dass „nach Art der Vertragsgestaltung und der wirtschaftlichen Verhältnisse zu erwarten ist, dass der Mehrheitsgesellschafter auf die Vorstellungen des Erwerbers Rücksicht nimmt oder diesem freien Raum lässt, auch wenn das nur geschieht, soweit es seinen eigenen Interessen nicht zuwiderläuft".[339] Dieser Einfluss muss sich nicht auf das gesamte Wettbewerbspotenzial des Beteiligungsunternehmens beziehen; es genügt vielmehr, dass der Erwerber Entscheidungen über wettbewerbliche Aktionsparameter beeinflussen kann, die für die von ihm verfolgten wettbewerblichen Zwecke von Interesse sind.[340]

102 Die Formel des BGH verdeutlicht zweierlei: Erstens kommt es entscheidend darauf an, ob der Erwerber beim Mehrheitsgesellschafter bzw. bei der Mehrheit der Gesellschafter, die die wettbewerblichen Geschicke des Unternehmens lenkt, mit seinen Vorstellungen Gehör findet. Zweitens erfordert diese Beurteilung eine Gesamtschau unter Berücksichtigung aller Umstände des individuellen Erwerbsvorgangs.[341] Notwendig ist, dass zu der Minderheitsbeteiligung weitere Faktoren – sog. **„Plus-Faktoren"** – hinzutreten, die die gesicherte Erwartung begründen, dass der Erwerber Einfluss auf die Willensbildung und damit auf das Marktverhalten des Beteiligungsunternehmens wird nehmen können. Diese Plus-Faktoren müssen nicht notwendigerweise aus der gesellschaftsrechtlichen Position des Erwerbers ableitbar sein; in Betracht kommen vielmehr auch sonstige vertragliche oder tatsächliche Umstände.[342] Klargestellt hat die Rechtsprechung außerdem, dass – wie schon der Wortlaut aufzeigt – für die Verwirklichung von § 37 Abs. 1 Nr. 4 GWB die bloße Möglichkeit einer Einflussnahme genügt, auch wenn es zu ihr tatsächlich bisher nicht gekommen ist,[343] und dass diese Möglichkeit auf Dauer angelegt sein muss.[344]

103 In der Praxis sind bislang insbesondere folgende „Plus-Faktoren" als relevant angesehen worden:

- **Entsenderechte,** die dem Erwerber Sitz und Stimme in Aufsichtsrat, Beirat, Vorstand oder einem sonstigen zur Geschäftsführung berufenen Organ des Beteiligungsunternehmens verleihen.[345] Auch der Eintritt in eine Kommanditgesellschaft als alleingeschäftsführende Komplementärin[346] gehört hierher. Da der Erwerber durch eine Vertretung in den Gesellschaftsorganen regelmäßig einen unmittelbaren Zugang zu den wesentlichen Mei-

---

[337] Vgl. OLG Düsseldorf WuW/E DE-R 1581, 1582 f. – *Bonner Zeitungsdruckerei.*

[338] Begr. RegE zur 5. GWB-Novelle, BT-Drucks. 11/4610, S. 20.

[339] BGH WuW/E DE-R 1419, 1420 – *trans-o-flex;* ebenso bereits BGH WuW/E DE-R 607, 608 ff. – *Minderheitsbeteiligung im Zeitschriftenhandel.*

[340] BGH WuW/E DE-R 607, 608 – *Minderheitsbeteiligung im Zeitschriftenhandel.*

[341] OLG Düsseldorf WuW/E DE-R 1639 – *Mainova/Aschaffenburger Versorgungs GmbH;* OLG Düsseldorf WuW/E DE-R 2462, 2464 – *A-TEC/Norddeutsche Affinerie.*

[342] BGH WuW/E DE-R 607, 611 f. – *Minderheitsbeteiligung im Zeitschriftenhandel.*

[343] BGH WuW/E DE-R 607, 611 – *Minderheitsbeteiligung im Zeitschriftenhandel;* OLG Düsseldorf WuW/E DE-R 1390, 1394 – *KG Wochenkurier.*

[344] BGH WuW/E DE-R 607, 609 – *Minderheitsbeteiligung im Zeitschriftenhandel.*

[345] Begr. RegE zur 5. GWB-Novelle, BT-Drucks. 11/4610, S. 13; BGH WuW/E DE-R 1419, 1421 – *trans-o-flex;* OLG Düsseldorf WuW/E DE-R 2462, 2467 f. – *A-TEC/Norddeutsche Affinerie;* BKartA WuW/E DE-V 460, 461 – *Fair Energie.*

[346] Vgl. BKartA WuW/E DE-V 467, 469 – *easyplus.*

nungsbildungsprozessen erhält, sind solche Rechte ein besonders gewichtiges Indiz für das Vorliegen des Zusammenschlusstatbestands.[347] Dem steht nicht entgegen, dass die Gesellschafter bzw. die von ihnen entsandten Organmitglieder Treuepflichten gegenüber der Gesellschaft unterliegen;[348]
- **Gesellschaftervereinbarungen** oder sonstige Verbindungen des Erwerbers mit seinen Mitgesellschaftern, die gewährleisten, dass seine Interessen bei der Willensbildung der Gesellschaft zur Geltung kommen, wie z.B. ein Stimmbindungsvertrag,[349] ein Konsortialvertrag, der dem Erwerber Schutz und eine partnerschaftlichen Zusammenarbeit zusagt,[350] strukturelle Verflechtungen mit dem Mitgesellschafter[351] oder ein besonderes Näheverhältnis mit einer ebenfalls beteiligten Bank;[352]
- eine **überlegene Markt- und Branchenkenntnis** des Erwerbers im Vergleich zu seinen Mitgesellschaftern, insbesondere wenn es sich bei letzteren um bloße Finanzinvestoren oder um Unternehmen handelt, die sachlich und räumlich in anderen Gebieten als das Beteiligungsunternehmen tätig sind;[353]
- Rechte des Erwerbers, die der **Sperrminorität** eines Aktionärs mit einer Beteiligung von mehr als 25% am Kapital einer Aktiengesellschaft gleichen, d.h. insbesondere Vetorechte in Bezug auf Satzungsänderungen, Kapitalerhöhungen und -herabsetzungen, Auflösung der Gesellschaft, Abberufung von Aufsichtsratsmitgliedern usw.[354] Eine derartige Position kann rechtlich abgesichert sein, z.B. durch die Erhöhung des Mehrheitserfordernisses für Grundlagengeschäfte dergestalt, dass zwar nicht notwendig, aber zur Vermeidung aufwändiger Verfahren die Zustimmung des Erwerbers erforderlich ist.[355] Die Sperrminorität kann aber auch faktischer Natur sein und bei einer Aktiengesellschaft darauf beruhen, dass wegen eines hinreichend hohen Streubesitzanteils die gesicherte und dauerhafte Erwartung einer geringen Aktionärsbeteiligung in den Hauptversammlungen besteht;[356]
- wichtige **Geschäftsbeziehungen** zwischen dem Erwerber und dem Mehrheitsgesellschafter, die letzterer nicht unnötig auf Spiel setzen wird;[357]
- **Vorkaufs- oder Optionsrechte** oder sonstige Rechte, die dem Erwerber die Möglichkeit geben, die Veräußerung von Geschäftsanteilen an Dritte zu verhindern, wenn diese

---

[347] *Zigelski,* WuW 2009, 1261, 1266. Nach OLG Düsseldorf WuW/E DE-R 2462, 2468 – *A-TEC/Norddeutsche Affinerie,* soll bereits das Erlangen von drei Mandaten im (mitbestimmten) zwölfköpfigen Aufsichtsrat einer börsennotierten AG (unabhängig vom gleichzeitig verwirklichten Anteilserwerb) zur Verwirklichung des § 37 Abs. 1 Nr. 4 GWB genügen; krit. *Henschen/Koch,* WuW 2009, 1135ff.

[348] OLG Düsseldorf WuW/E DE-R 1390, 1396 – *KG Wochenkurier.*

[349] BKartA B. v. 20.12.2001, B8–118/01, S. 4f. – *EAM/Gelsenwasser/Stadtwerke Göttingen* (gemeinsame Ausübung der Stimmrechte von insgesamt 49,9%).

[350] Vgl. BGH WuW/E DE-R 1419, 1421f. – *trans-o-flex;* OLG Düsseldorf WuW/E DE-R 1639, 1640 – *Mainova/Aschaffenburger Versorgungs GmbH;* vgl. auch BKartA WuW/E DE-V 831, 833f. – *RWE/Wuppertaler Stadtwerke.*

[351] Vgl. BKartA E. v. 24.3.2009, B6–25/09 (Fallbericht) – *Madsack/Regionalzeitungen von Axel Springer* (unmittelbarer Erwerb von 24,5% der Anteile an der Kieler Zeitung und Erwerb von 23% der Anteile an der HVB AG, die ihrerseits mit 24,5% an der Kieler Zeitung beteiligt ist).

[352] Vgl. OLG Düsseldorf WuW/E DE-R 1390, 1392f. – *KG Wochenkurier;* BKartA WuW/E BKartA 2829, 2835 – *Kolbenschmidt.*

[353] BGH WuW/E DE-R 607, 610 – *Minderheitsbeteiligung im Zeitschriftenhandel;* BGH WuW/E DE-R 1419, 1422 – *trans-o-flex;* OLG Düsseldorf WuW/E DE-R 2462, 2466f. – *A-TEC/Norddeutsche Affinerie;* vgl. auch bereits BKartA AG 1996, 378, 380 – *VEBA/Stadtwerke Bremen.*

[354] Hierbei geht es um die Fälle, die durch den früheren Umgehungstatbestand des § 23 Abs. 2 Nr. 2 S. 4 GWB aF erfasst wurden, vgl. dazu BGH WuW/E BGH 2443, 2446ff. – *Singener Wochenblatt;* BGH WuW/E DE-R 32f. – *Stadtwerke Garbsen;* vgl. dazu aber auch unten Rdnr. 104.

[355] BGH WuW/E DE-R 1419, 1422 – *trans-o-flex.*

[356] OLG Düsseldorf WuW/E DE-R 2462, 2466 – *A-TEC/Norddeutsche Affinerie* (dort aber mangels Beständigkeit abgelehnt); BKartA WuW/E BKartA 2829, 2835 – *Kolbenschmidt.*

[357] BGH WuW/E DE-R 607, 610 – *Minderheitsbeteiligung im Zeitschriftenhandel;* OLG Düsseldorf WuW/E DE-R 1581, 1584 – *Bonner Zeitungsdruckerei* (dort aber nicht hinreichend belegt).

auf einen Interessengleichklang des Erwerbers und der durch die Rechte belasteten Mitgesellschafter schließen lassen.[358]

– Auch **Informationsrechte** können als Plus-Faktoren relevant werden.[359] Informationsrechte vermitteln zwar für sich betrachtet keinen Einfluss, sie können aber anderweitig bestehende Einflussmöglichkeiten absichern und verstärken.

104 Die nach der Rechtsprechung gebotene Einzelfallprüfung **verbietet** jede schematische Herangehensweise.[360] Nicht vereinbar mit der Vorschrift sind insbesondere **„Regelschwellen"** für die Beteiligungshöhe, wie sie die Praxis des BKartA in den ersten Jahren nach Einführung des Tatbestands geprägt haben und wie sie heute noch von Teilen der Literatur[361] genannt werden. So nahm das BKartA anfänglich die Erlangung eines „wettbewerblich erheblichen Einflusses" regelmäßig an, wenn die Beteiligung 20% überschritt; unterhalb dieser Schwelle sollten Beteiligungen nur bei Vorliegen zusätzlicher Umstände wie Organpräsenzrechte, Sperrechte, Vorkaufsrechte o.ä. kontrollpflichtig sein.[362] Das Amt hat diese Praxis jedoch zwischenzeitlich ausdrücklich zugunsten der gebotenen Gesamtschau aufgegeben.[363] Dementsprechend muss ein wettbewerblich erheblicher Einfluss auch bei einem Anteilserwerb von mehr als 20% im Einzelfall nachgewiesen werden. Umgekehrt besteht auch keine Beteiligungsuntergrenze. Selbst ein Anteil von weniger als 10% kann einen wettbewerblich erheblichen Einfluss vermitteln, wenn hinreichende Plus-Faktoren dem Erwerber das notwendige Gewicht bei der gesellschaftlichen Willensbildung verschaffen.[364] Immerhin stehen Beteiligungshöhe und Plus-Faktoren insoweit in Relation, als dass bei abnehmender Beteiligungshöhe die Anforderungen an die notwendigen Plus-Faktoren steigen, die noch eine Einflussmöglichkeit begründen können. Nicht vereinbar mit dem Gebot der Gesamtschau wäre auch eine Prüfung, die sich allein in dem „Sammeln von Plus-Faktoren" erschöpft, ohne diese vor dem Hintergrund der tatsächlichen Beteiligungssituation ausreichend zu würdigen. Relevant sind die Plus-Faktoren immer nur, soweit sie die Erwartung einer Rücksichtnahme der Gesellschaftermehrheit auf die Interessen des Erwerbers untermauern. Besteht hingegen zwischen dem Erwerber und seinen (künftigen) Mitgesellschaftern ein offen zu Tage tretender **Interessengegensatz,** der die Erwartung einer Rücksichtnahme widerlegt, ist die Annahme eines wettbewerblich erheblichen Einflusses nicht gerechtfertigt, selbst wenn der Erwerber über Organbesetzungsrechte verfügt.[365] Nach der hier vertretenen Auffassung bedeutet dies auch, dass eine rechtliche oder faktische Sperrminorität nicht zwingend den Einflussbegriff des § 37 Abs. 1 Nr. 4 GWB ausfüllt.[366]

---

[358] Vgl. OLG Düsseldorf WuW/E DE-R 1581, 1584f. – *Bonner Zeitungsdruckerei;* zu weitgehend: BKartA AG 1992, 363, 365 – *Gillette/Wilkinson.*

[359] Vgl. BGH WuW/E DE-R 607, 612 – *Minderheitsbeteiligung im Zeitschriftenhandel;* OLG Düsseldorf WuW/E DE-R 1581, 1583f. – *Bonner Zeitungsdruckerei;* vgl. zur Rolle von Informationsrechten auch *Schmidt/Schreiber,* BB 2002, 1921, 1922; aA *Bechtold,* GWB, § 37 Rdnr. 41; *MüKo-Bach,* GWB, § 37 Rdnr. 122.

[360] OLG Düsseldorf WuW/E DE-R 1581, 1582 – *Bonner Zeitungsdruckerei.*

[361] So *Bechtold,* GWB, § 37 Rdnr. 39.

[362] BKartA TB 1997/1998, S. 122; BKartA WuW/E DE-V 599, Rdnr. 32 – *Radio L 12;* vgl. auch Monopolkommission, 12. Hauptgutachten 1996/1997, Rdnr. 343.

[363] BKartA TB 2001/2002, S. 17, 163; BKartA WuW/E DE-V 831, 834 – *RWE/Wuppertaler Stadtwerke;* vgl. dazu auch *Immenga,* ZNER 2002, 152, 154f.; *Emmerich,* AG 2003, 649, 653.

[364] Vgl. BKartA WuW/E BKartA 1553, Rdnr. 172 – *A-TEC/Norddeutsche Affinerie,* wo die *vollständige* Entflechtung eines Anteilserwerb von 13,75% angeordnet wurde, weil nicht absehbar sei, bei welcher Beteiligungshöhe kein Zusammenschlusstatbestand mehr erfüllt wäre; vgl. auch *Zigelski,* WuW 2009, 1261, 1266.

[365] Vgl. *MüKo-Bach,* GWB, § 37 Rdnr. 121; vgl. zur möglichen Widerlegung eines wettbewerblich erheblichen Einflusses bei gegenläufigen Interessen auch BGH WuW/E DE-R 1419, 1422 – *trans-o-flex;* BKartA WuW/E DE-V 831, 834f. – *RWE/Wuppertaler Stadtwerke;* vgl. auch BKartA B. v. 30.3.2010, B6–98/09, Rdnr. 51 – *Roth + Horsch/Presse-Vertrieb Pfalz* (Rücksichtnahme wegen Neutralitätspflicht im Pressegrosso unwahrscheinlich).

[366] Ebenso *Weitbrecht/Weidenbach,* WuW 2008, 788, 792; aA OLG Düsseldorf WuW/E DE-R 2462, 2465 – *A-TEC/Norddeutsche Affinerie* (mit der Begründung, dass § 37 Abs. 1 Nr. 4 GWB

Besondere Fragen stellen sich, wenn die einflussbegründenden **Plus-Faktoren erst nachträglich** zu einer bestehenden Minderheitsbeteiligung hinzutreten, z. B. bei späterer Erlangung des Rechts zur Bestimmung eines Geschäftsführers.[367] In diesem Fall soll die Nr. 4 mit Begründung der Plus-Faktoren verwirklicht sein.[368] Problematisch ist dies, wenn die Begründung der Plus-Faktoren nicht an einem konkreten Vollzugsakt festzumachen ist, sondern „schleichend" erfolgt,[369] z. B. infolge sich ändernder Interessen und Geschäftsbeziehungen der Gesellschafter. Relevant kann diese Frage aber nur werden, wenn der vorangegangene Erwerb der Minderheitsbeteiligung nicht bereits als Zusammenschluss i. S. d. § 37 Abs. 1 GWB (einschließlich der Nr. 4) zu qualifizieren war.[370] 105

3. Wettbewerbliche Erheblichkeit. Die Möglichkeit der Einflussnahme genügt der § 37 Abs. 1 Nr. 4 GWB nur, wenn sie auch wettbewerblich erheblich ist. Notwendig ist, dass der Erwerber das Beteiligungsunternehmen infolge seiner Beteiligung **für die von ihm verfolgten wettbewerblichen Zwecke nutzbar** machen und einsetzen kann.[371] Dies ist bei der Minderheitsbeteiligung an einem aktuellen[372] oder potenziellen[373] Wettbewerber, also im Horizontalverhältnis, stets der Fall. Aber auch vertikale Verbindungen werden regelmäßig erfasst, weil sie dem Erwerber typischerweise einen erleichterten Zugang zu den Absatz- oder Beschaffungsmärkten ermöglichen.[374] Umstritten ist, ob ein Wettbewerbsbezug auch bei konglomeraten Beteiligungen möglich ist.[375] Dies wird man nur für den Fall bejahen können, dass wettbewerbliche Berührungspunkte zum Beteiligungsunternehmen bestehen, insbesondere bei gemeinsamen Kunden, weil andernfalls ein Einsatz des Beteiligungsunternehmens für die vom Erwerber verfolgten Zwecke kaum denkbar ist. Allein der Aspekt, dass der Erwerber seine Finanzkraft zugunsten des Beteiligungsunternehmens einsetzen könnte, genügt demgegenüber nicht, weil damit nicht die vom Erwerber verfolgten eigenen Interessen angesprochen werden.[376] 106

Die Beurteilung des Wettbewerbsbezugs nimmt Fragen vorweg, die bei den übrigen Zusammenschlusstatbeständen des § 37 Abs. 1 GWB erst im Rahmen der **materiellen Fusionskontrolle** aufgeworfen werden. Insbesondere folgt aus der mit der Annahme eines wettbewerblichen Einflusses verbundenen Feststellung, dass die beteiligten Unternehmen nicht mehr unabhängig voneinander im Markt auftreten, eine Vorbewertung der Frage, ob die Beteiligten eine wettbewerbliche Einheit bilden.[377] 107

4. Gemeinsamer Einfluss. Dem Wortlaut des § 37 Abs. 1 Nr. 4 GWB ist zu entnehmen, dass ein wettbewerblich erheblicher Einfluss auch durch mehrere Unternehmen erworben werden kann. Fraglich ist jedoch, welche Qualität ein solcher gemeinschaftlicher Einfluss aufweisen muss, um den Zusammenschluss zu begründen. Das bloße Nebeneinander mehrerer Minderheitsbeteiligungen mit Wettbewerbsbezug kann sicherlich nicht genü-

---

auch die Fälle des mit 6. GWB-Novelle abgeschafften § 23 Abs. 2 Nr. 2 Satz 4 GWB aF erfassen solle).

367 Vgl. BKartA WuW/E DE-V 325, Rdnr 6 f. – *Stadtwerke Neuss.*

368 *Bechtold,* GWB, § 37 Rdnr. 44.

369 *Bechtold,* aaO.

370 Vgl. oben Rdnr. 100.

371 BGH WuW/E DE-R 607, 608 – *Minderheitsbeteiligung im Zeitschriftenhandel.*

372 Vgl. Begr. RegE zur 5. GWB-Novelle, BT-Drucks. 11/4610, S. 13, 19.

373 Vgl. BGH WuW/E DE-R 1419, 1421 ff. – *trans-o-flex.*

374 Vgl. BGH WuW/E DE-R 607, 611 – *Minderheitsbeteiligung im Zeitschriftenhandel* (verbesserte Absatzmöglichkeiten des Verlags durch Beteiligung an einem Händler).

375 Dagegen: *Bechtold,* GWB, § 37 Rdnr. 43; dafür: *Immenga/Mestmäcker-Mestmäcker/Veelken,* GWB, 4. Aufl., § 37 Rdnr. 90; *Langen/Bunte-Kallfaß,* GWB, § 37 Rdnr. 57; *Stein,* Der wettbewerblich erhebliche Einfluss, S. 144.

376 Ähnlich *MüKo-Bach,* GWB, § 37 Rdnr. 128; *Immenga/Mestmäcker-Thomas,* GWB, 5. Aufl., § 37 Rdnr. 345; aA *Immenga/Mestmäcker-Mestmäcker/Veelken,* GWB, 4. Aufl., § 37 Rdnr. 90; BKartA WuW/E DE-V 501, 502 – *Trans-o-flex.*

377 Weitergehend *Langen/Bunte-Kallfaß,* GWB, § 37 Rdnr. 58; vgl. dazu auch § 20 Rdnr. 183 ff., insbes. 188 f.

gen. Vielfach wird hier auf die Kriterien für die gemeinsame Kontrolle (§ 37 Abs. 1 Nr. 2 GWB) verwiesen.[378] Da eine gemeinsame Kontrolle jedoch durch das Vorliegen von Vetorechten und Pattsituationen geprägt ist, die der wettbewerblich erhebliche Einfluss gerade nicht erfordert, führt dieser Verweis nicht weiter. Kennzeichnend für den gemeinschaftlichen wettbewerblich erheblichen Einfluss dürfte vielmehr sein, dass zwischen mehreren Gesellschaftern ein **dauerhafter Interessengleichklang** besteht, der Grundlage für ein beständiges einheitliches Auftreten gegenüber dem Beteiligungsunternehmen ist, ohne dass dabei die Schwelle zur gemeinsamen Kontrolle überschritten wird.[379] In Betracht kommt dies beispielsweise, wenn zwei Minderheitsgesellschafter parallel Anteile in so erheblicher Höhe an einem Wettbewerber des Beteiligungsunternehmens halten, dass von einem gemeinsamen Interesse an einer Befriedung des Wettbewerbsverhältnisses zwischen den betroffenen Unternehmen ausgegangen werden kann.[380] Auch eine langjährige strategische Partnerschaft verbunden mit erheblichen gemeinsamen Investitionen, wechselseitigen Abhängigkeiten und gemeinsamen Zukunftsprojekten vermag den notwendigen Interessengleichklang zu begründen.[381] Bei der gemeinsamen Beteiligung mehrerer Wettbewerber an einem Unternehmen der nachgelagerten Handelsstufe mag im Einzelfall ebenfalls eine gemeinschaftliche Interessenwahrnehmung zu erwarten sein.[382] Doch ebenso ist es möglich, dass die Rivalität der miteinander im Wettbewerb stehenden Gesellschafter eine auf Dauer angelegte Interessenparallelität verhindert.[383]

VI. Einschränkungen des Zusammenschlussbegriffs

108 **1. Bereits bestehende Unternehmensverbindung (§ 37 Abs. 2 GWB).** § 37 Abs. 2 GWB stellt klar, dass zwischen bereits zusammengeschlossenen Unternehmen weitere kontrollpflichtige Zusammenschlüsse erfolgen können. Dieser weite Rahmen der Fusionskontrolle wird jedoch dadurch wieder eingeschränkt – und dies ist der eigentliche Kern der Regelung –, dass ein Zusammenschluss nicht angenommen werden darf, wenn durch ihn die bestehende Unternehmensverbindung nicht **wesentlich verstärkt** wird.

109 Die Einschränkung des Zusammenschlussbegriffs nach § 37 Abs. 2 GWB setzt voraus, dass die beteiligten Unternehmen bereits i. S. d. § 37 Abs. 1 GWB zusammengeschlossen sind **(Erstzusammenschluss).** An den Erstzusammenschluss muss sich ein **Zweitzusammenschluss** anschließen, der ebenfalls einen Tatbestand des § 37 Abs. 1 GWB ausfüllt. Fehlt es an dem Erst- oder dem Zweitzusammenschluss, stellt sich die Frage nach der wesentlichen Verstärkung der bestehenden Unternehmensverbindung nicht.[384]

110 Zu einer wesentlichen Verstärkung der bestehenden Unternehmensverbindung führt der Zweitzusammenschluss dann, wenn er dem Erwerber gegenüber dem bisherigen Zustand eine **intensivere Einflussnahme** auf das Zielunternehmen ermöglicht.[385] Hierbei kommt

---

378 *Immenga/Mestmäcker-Mestmäcker/Veelken,* GWB, 4. Aufl., § 37 Rdnr. 101; *Bechtold,* GWB, § 37 Rdnr. 45; *Loewenheim/Meessen/Riesenkampff-Riesenkampff/Lehr,* GWB, § 37 Rdnr. 30.

379 Ähnlich *FK-Paschke,* GWB 2005, § 37 Rdnr. 89; *Immenga/Mestmäcker-Thomas,* GWB, 5. Aufl., § 37 Rdnr. 330.

380 Vgl. Monopolkommission, 10. Hauptgutachten 1992/1993, Rdnr. 652 – *RTL 2* (*CLT* und *UFA,* die mit 46,1% bzw. 38,9% an *RTL Television* beteiligt sind, erwerben 24% bzw. 17,5% der Anteile am Wettbewerber *RTL 2*); ebd. Rdnr. 654 und BKartA TB 1991/1992 S. 130 – *DSF* (die *Kirch*-Gruppe und der *Axel Springer* Verlag, die beide an *SAT.1* beteiligt sind und in der Sportrechtsagentur *ISPR* zusammenarbeiten, erwerben 24,5% bzw. 24,9% am *Deutschen Sportfernsehen*).

381 Vgl. BKartA B. v. 31.1.2012, B8–116/11, Rdnr. 56 – *Gazprom/VNG;* anders dagegen Monopolkommission, 12. Hauptgutachten 1996/1997, Rdnr. 348 ff. – *VEW/Elektromark/Schwerter Strom* (gemeinsamer Einfluss abgelehnt trotz vertraglicher Vereinbarungen und gemeinsamer Lieferinteressen der Minderheitsgesellschafter).

382 Vgl. BKartA TB 1991/1992, S. 139 – *Allianz/Dresdner Bank* (gemeinsamer Einfluss mehrerer Versicherungsunternehmen); Monopolkommission, 10. Hauptgutachten 1992/1993, Rdnr. 655 – *VIVA* (gemeinsamer Einfluss mehrerer Tonträgerhersteller auf einen Musiksender).

383 So in BKartA B. v. 30.3.2010, B6–98/09, Rdnr. 55 ff. – *Roth + Horsch/Presse-Vertrieb Pfalz.*

384 *Bechtold,* GWB, § 37 Rdnr. 47.

385 BGH WuW/E BGH 2276, 2282 – *Süddeutscher Verlag/Donau-Kurier.*

es ausschließlich auf das Verhältnis der beteiligten Unternehmen zueinander an, nicht auf die Marktstellung oder den Wettbewerb zu Dritten. Das Merkmal der Verstärkungswirkung in § 37 Abs. 2 GWB ist nicht wettbewerbsbezogen zu verstehen.[386] Die anderslautende Stellungnahme des BGH im Fall *Süddeutscher Verlag/Donau-Kurier*[387] ist, soweit erkennbar, ohne praktische Resonanz geblieben. Sie nimmt in systemwidriger Weise Elemente des § 36 Abs. 1 GWB in die formelle Fusionskontrolle auf und hätte die sicher nicht beabsichtigte Konsequenz, dass Zweitzusammenschlüsse ohne Wettbewerbsbezug trotz deutlicher Einflusserhöhung (z.B. die Erhöhung der Beteiligung eines Finanzinvestors von 25% auf 100%) nicht mehr kontrollpflichtig wären.

Ob der Zweitzusammenschluss eine wesentliche Verstärkung der Unternehmensverbin- **111**
dung bewirkt, ist grundsätzlich nach den **Umständen des Einzelfalls** zu beurteilen, wobei Zweifel bei der Aufklärung des Sachverhalts zu Lasten der beteiligten Unternehmen gehen.[388] Da der Katalog der Tatbestände in § 37 Abs. 1 GWB allerdings seit der 6. GWB-Novelle nach der Intensität der Zusammenschlüsse geordnet ist,[389] ist für den Regelfall anzunehmen, dass der Sprung zu nächst höheren Stufe der Intensität eine wesentliche Verstärkung der Verbindung darstellt.[390] Ausgehend von der Qualität des Erstzusammenschlusses lassen sich damit folgende Grundsätze aufstellen:

Sind die beteiligten Unternehmen bereits i.S.d. **§ 37 Abs. 1 Nr. 4 GWB** zusammen- **112**
geschlossen, führt ein Zweitzusammenschluss i.S.d. § 37 Abs. 1 Nr. 1 oder Nr. 2 GWB ausnahmslos zu einer wesentlichen Verstärkung der Unternehmensverbindung, weil die mit dem Vermögens- oder Kontrollerwerb verbundenen Einflussmöglichkeiten deutlich über einen wettbewerblich erheblichen Einfluss hinausgehen. Gleiches wird in der Regel bei Erreichen der formalen Schwellen des § 37 Abs. 1 Nr. 3 GWB gelten.[391] Eine Ausnahme ist nur denkbar für den Fall des Anteilserwerbs von 25%, wenn für den Erwerber damit keine Möglichkeiten zu Ausweitung seines Einflusses auf das Zielunternehmen verbunden sind, z.B. weil er bereits zuvor die typischen Rechte eines 25%-Gesellschafters genossen hat (Sperrminorität, gleiche Organpräsenzrechte usw.). Nicht möglich ist, dass der Zweitzusammenschluss erneut § 37 Abs. 1 Nr. 4 GWB verwirklicht.[392]

Weniger eindeutig ist es, wenn der Erstzusammenschluss ein Anteilserwerb gemäß **§ 37** **113**
Abs. 1 Nr. 3 GWB war (ohne dass zugleich Kontrolle gemäß § 37 Abs. 1 Nr. 2 GWB erworben wurde), weil die formalen Schwellen von 25% und 50% nicht von den tatsächlichen Einflussmöglichkeiten des Erwerbers abhängen. Trotzdem führt auch hier ein weiterer Zusammenschluss i.S.d. § 37 Abs. 1 Nr. 1 oder Nr. 2 GWB zu einer wesentlichen Verstärkung, weil er *per definitionem* mit dem Erwerb intensiverer Einflussmöglichkeiten verbunden ist.[393] Für den Regelfall ist auch davon auszugehen, dass der Sprung von § 37 Abs. 1 Nr. 3 Satz 1 lit. b auf lit. a GWB, also das Aufstocken von zwischen 25% und weniger als 50% auf mindestens 50% der Anteile zu einer wesentlichen Verstärkung führt. Dies folgt nach der Rechtsprechung bereits daraus, dass eine wesentliche Erhöhung der Beteiligung an einem Unternehmen das wirtschaftliche Interesse des Teilhabers steigert,

---

[386] *Bechtold,* GWB, § 37 Rdnr. 46f.; im Ergebnis auch *Langen/Bunte-Kallfaß,* GWB, § 37 Rdnr. 60; aA *FK-Paschke,* GWB 2005, § 37 Rdnr. 105.

[387] BGH WuW/E BGH 2276, 2282 – *Süddeutscher Verlag/Donau-Kurier;* zust. *Immenga/Mestmäcker-Mestmäcker/Veelken,* GWB, 4. Aufl., § 37 Rdnr. 115; *MüKo-Bach,* GWB, § 37 Rdnr. 147.

[388] Begr. RegE zur 2. Novelle, BT-Drucks. VI/2520, S. 28; BGH WuW/E BGH 2276, 2282 – *Süddeutscher Verlag/Donau-Kurier.*

[389] Begr. RegE zur 6. GWB-Novelle, BT-Drucks. 13/9720, S. 43.

[390] *Schulte,* Handbuch Fusionskontrolle, Rdnr. 201.

[391] Ähnlich *Immenga/Mestmäcker-Mestmäcker/Veelken,* GWB, 4. Aufl., § 37 Rdnr. 122 unter Hinweis auf die Subsidiarität der Nr. 4; ein Beispiel ist BKartA WuW/E DE-V 707, 708 – *Stadtwerke Eberswalde* (u.a. zusätzliche Besetzungsrechte im Aufsichtsrat).

[392] Dazu oben Rdnr. 100.

[393] Ebenso *Immenga/Mestmäcker-Mestmäcker/Veelken,* GWB, 4. Aufl., § 37 Rdnr. 118 und 121. Dies gilt natürlich nur, soweit nicht bereits zuvor (Mit-)Kontrolle bestand, was insbesondere ab Erreichen der Schwelle des § 37 Abs. 1 Nr. 3 Satz 1 lit. a GWB naheliegt, dazu oben Rdnr. 63.

was typischerweise eine intensivere Einflussnahme auf das Beteiligungsunternehmen zur Folge hat.[394]

114 Die meisten Fragen werden aufgeworfen, wenn die beteiligten Unternehmen bereits i. S. d. **§ 37 Abs. 1 Nr. 2 GWB** (Kontrolle) zusammengeschlossen sind. Immerhin steht fest, dass der Übergang von gemeinsamer zu alleiniger Kontrolle stets eine wesentliche Verstärkung der bestehenden Unternehmensverbindung mit sich bringt.[395] Fraglich ist hingegen, ob eine „Intensivierung" der gemeinsamen Kontrolle durch Verringerung der Anzahl der gemeinsam kontrollierenden Unternehmen (z. B. von drei auf zwei) oder der Übergang von negativer zu positiver Alleinkontrolle die Fusionskontrolle auslösen kann. Dies ist im Einklang mit der Praxis der Kommission, die insoweit bereits den erneuten Kontrollerwerb verneint, und entgegen der Ansicht des BKartA abzulehnen.[396] Fraglich ist weiterhin, ob bei unveränderter Kontrolle (also ohne Wechsel von Mit- zu Alleinkontrolle) das Durchlaufen der formalen Anteilsschwellen des § 37 Abs. 1 Nr. 3 GWB zu einer wesentlichen Verstärkung der Unternehmensverbindung führt. Dies lässt sich nicht pauschal, sondern nur nach den Umständen des Einzelfalls beurteilen. Wird z. B. eine nur faktisch gegebene oder nur vertraglich gesicherte Position (z. B.: 40% der Stimmrechte mit vertraglich gesicherten Mehrheitsrechten) durch einen weiteren Anteilserwerb abgesichert (im Beispiel: Aufstockung auf 60% der Anteile), kann eine wesentliche Verstärkung in Betracht kommen.[397] Bleiben die Einflussmöglichkeiten hingegen trotz der höheren Beteiligung unverändert, dürfte eine Verstärkung zu verneinen sein (z. B.: Umkehrung der Beteiligungsverhältnisse in einem von zwei Müttern kontrollierten Unternehmen von 40:60 zu 60:40).[398] Fraglich ist schließlich, ob der Sprung von § 37 Abs. 1 Nr. 2 zu Nr. 1 GWB kontrollpflichtig sein kann. Wenn der Erwerber bislang nur über Mitkontrolle verfügt, ist diese Frage zweifellos zu bejahen, weil hier der Vermögenserwerb einem Wechsel von Mit- zu Alleinkontrolle gleichsteht. Kann der Erwerber hingegen bereits die alleinige Kontrolle ausüben und hält er 50% oder mehr der Anteile, bleibt kein Raum für eine weitere Verstärkung.[399] Bei Vorliegen alleiniger Kontrolle hat der Erwerber bereits definitionsgemäß vollen Zugriff auf alle wettbewerblich erheblichen Ressourcen des Zielunternehmens. Für eine Prüfung der weiteren Intensivierung der Unternehmensverbindung besteht kein wettbewerbspolitisches Bedürfnis, selbst wenn durch den Vorgang Dritte ihren Einfluss auf das Zielunternehmen verlieren. Aus diesem Grunde hat der Gesetzgeber davon abgesehen, die gesellschaftsrechtlich bedeutsame Beteiligungsstufe von 75% als einen Zusammenschlusstatbestand in das Gesetz aufzunehmen.[400] Darüber hinaus führt die Gegenauffassung zu Widersprüchen. Denn unbestreitbar wäre es dem alleinkontrollierenden Mehrheitsgesellschafter möglich, seine Beteiligung kon-

---

[394] BGH WuW/E BGH 2276, 2282 – *Süddeutscher Verlag/Donau-Kurier;* weitergehend *Immenga/Mestmäcker-Mestmäcker/Veelken,* GWB, 4. Aufl., § 37 Rdnr. 119 (stets wesentliche Verstärkung).

[395] BKartA WuW/E DE-V 955, 957 – *G+J/RBA,* bestätigt durch BGH WuW/E DE-R 1925, Rdnr. 11 – *National Geographic II; Immenga/Mestmäcker-Mestmäcker/Veelken,* GWB, 4. Aufl., § 37 Rdnr. 123; *Langen/Bunte-Kallfaß,* GWB, § 37 Rdnr. 66; vgl. auch (zum Wechsel von Mit- zu Alleinbeherrschung bei § 23 Abs. 2 Nr. 5 GWB aF): OLG Düsseldorf WuW/E DE-R 647, 654 – *OTZ;* vorsichtiger dagegen *MüKo-Bach,* GWB, § 37 Rdnr. 148 („regelmäßig, aber nicht immer").

[396] Dazu oben Rdnr. 79.

[397] Vgl. KG WuW/E OLG 2113, 2118 – *Steinkohlenstromerzeuger;* Monopolkommission, 3. Hauptgutachten 1978/1979, Rdnr. 479.

[398] Der BGH hat hingegen in einem vergleichbaren Fall (WuW/E BGH 2276, 2282 – *Süddeutscher Verlag/Donau-Kurier*) die wesentliche Verstärkung in dem höheren wirtschaftlichen Interesse des Erwerbers am Beteiligungsunternehmen gesehen; die Entscheidung erging allerdings zur Rechtslage vor der 6. GWB-Novelle, also vor Einführung des Kontrolltatbestands.

[399] Ebenso *MüKo-Bach,* GWB, § 37 Rdnr. 148; aA *Immenga/Mestmäcker-Mestmäcker/Veelken,* GWB, 4. Aufl., § 37 Rdnr. 116 und 121; BKartA, B7–140/05 – *Mobilcom/Freenet* (Nichtuntersagung): In dem Fall sollten die *Mobilcom AG* und die über eine Mehrheitsbeteiligung zum *Mobilcom*-Konzern gehörende *freenet.de AG* auf eine dritte, den Aktionären der *Mobilcom AG* gehörende Gesellschaft verschmolzen werden. Das Amt bejahte den Zusammenschluss und die Verstärkung iSd § 37 Abs. 2 GWB trotz der vorher bereits bestehenden Alleinkontrolle.

[400] Begr. RegE zur 2. Novelle, BT-Drucks. VI/2520, S. 26.

trollfrei auf 100% aufzustocken, da er § 37 Abs. 1 Nr. 2 GWB nicht erneut verwirklichen kann. Der Erwerb des Vermögens einer 100%igen Tochtergesellschaft ist dann aber auch nach der Gegenauffassung kontrollfrei.[401] Ausgeschlossen ist eine erneute Fusionskontrolle wegen „Verstärkung" einer bereits bestehenden Alleinkontrolle jedenfalls dann, wenn der vorausgehende Kontrollerwerb durch die Kommission freigegeben wurde.[402]

Eine Eigentümerstellung i.S.d. **§ 37 Abs. 1 Nr. 1 GWB** kann nicht weiter verstärkt **115** werden. Sie ist unbestritten die intensivste Form der Unternehmensverbindung.

Auch Anteilsverschiebungen zwischen Unternehmen, die nach der **Verbundklausel** des **116** § 36 Abs. 2 GWB als eine Einheit anzusehen sind, sind nach den vorstehenden Grundsätzen zu behandeln. Die Zurechnung der Anteile führt also nicht dazu, dass das Beteiligungsunternehmen nicht mehr als „anderes Unternehmen" i.S.d. § 37 Abs. 1 GWB anzusehen wäre.[403] Dies hat Relevanz für Beteiligungen oder Vermögensgegenstände, die aus einem gemeinsam beherrschten Unternehmen (§ 36 Abs. 2 Satz 2 GWB) auf eines der herrschenden Mutterunternehmen verschoben werden.[404]

2. Anteilserwerb durch Kreditinstitute, Finanzinstitute oder Versicherungsunternehmen (§ 37 Abs. 3 GWB). **117** Die deutsche Fusionskontrolle enthält seit jeher eine Privilegierung der Anteilserwerbe von Kreditinstituten.[405] Diese als **„Bankenklausel"** bekannte Vorschrift wurde i.R.d. 6. GWB-Novelle in Anlehnung an das europäische Recht (Art. 3 Abs. 5 lit. a FKVO) erweitert und gesteht seither auch Finanzinstituten und Versicherungsunternehmen unter bestimmten Voraussetzungen eine Sonderrolle im Rahmen der Fusionskontrolle zu. Die Voraussetzungen des § 37 Abs. 3 GWB werden im Folgenden dargestellt. Wegen der hohen Anforderungen an das Verhalten der Erwerber (Stimmrechtsverzicht) ist die praktische Bedeutung der Vorschrift allerdings sehr gering.

Der Kreis der durch § 37 Abs. 3 GWB **privilegierten Unternehmen** ist deutlich wei- **118** ter als es der eingebürgerte Begriff der „Bankenklausel" suggeriert, weil zu den Finanzinstituten auch Unternehmen rechnen, deren Haupttätigkeit das Erwerben und Halten von Beteiligungen ist (Holdinggesellschaften). Insoweit kann auf die Ausführungen zu § 38 Abs. 4 Satz 1 GWB verwiesen werden.[406]

§ 37 Abs. 3 GWB gilt für den **Erwerb von Anteilen.** Hieraus wird eine Beschränkung **119** auf den Anteilserwerb i.S.v. § 37 Abs. 1 Nr. 3 GWB unter Ausklammerung der übrigen Tatbestände des § 37 Abs. 1 GWB abgeleitet.[407] Dem ist nicht zuzustimmen. Für einen Ausschluss von Kontrollerwerb und Erwerb wettbewerblich erheblichen Einflusses aus dem Anwendungsbereich gibt weder der Wortlaut noch der Gesetzeszweck etwas her, sofern sich der jeweilige Zusammenschluss nur – wie in der Praxis in den weitaus meisten Fällen – durch den Erwerb von Anteilen vollzieht. Ebenso wenig ist eine Beschränkung auf die Anteile an Aktiengesellschaften und Kommanditgesellschaften auf Aktien gerechtfertigt.[408]

Weitere Voraussetzung ist, dass der Anteilserwerb **zum Zwecke der Weiterveräuße- 120 rung** erfolgt. Dies bedeutet, dass beim Erwerber zum Zeitpunkt des Anteilserwerbs und während der gesamten Dauer der Privilegierung eine Veräußerungsabsicht vorliegen muss.[409]

---

401 Vgl. *Immenga/Mestmäcker-Mestmäcker/Veelken,* GWB, 4. Aufl., § 37 Rdnr. 121.

402 Wegen Art. 21 Abs. 3 FKVO, dazu *Grünwald/Hackl,* NZKart 2014, 96ff.

403 Vgl. BGH NJW 1993, 2114, 2117 – *Zurechnungsklausel; Immenga/Mestmäcker-Mestmäcker/Veelken,* GWB, 4. Aufl., § 37 Rdnr. 123; aA OLG Düsseldorf WuW/E DE-R 647, 648ff. – *OTZ; MüKo-Bach,* GWB, § 37 Rdnr. 149; teils abweichend die Vorauflage § 19 Rdnr. 132.

404 Dazu oben Rdnr. 87.

405 § 23 Abs. 3 Satz 2 GWB aF.

406 Dazu unten Rdnr. 149.

407 So *Immenga/Mestmäcker-Mestmäcker/Veelken,* GWB, 4. Aufl., § 37 Rdnr. 78; wie hier wohl *Immenga/Mestmäcker-Thomas,* GWB, 5. Aufl., § 37 Rdnr. 398.

408 So *Immenga/Mestmäcker-Mestmäcker/Veelken,* GWB, 4. Aufl., § 37 Rdnr. 78; wie hier *Bechtold,* GWB, § 37 Rdnr. 51; *MüKo-Bach,* GWB, § 37 Rdnr. 154; *Immenga/Mestmäcker-Thomas,* GWB, 5. Aufl., § 37 Rdnr. 399.

409 *Bechtold,* GWB, § 37 Rdnr. 52; *Immenga/Mestmäcker-Mestmäcker/Veelken,* GWB, 4. Aufl., § 37 Rdnr. 79 und 82; *Immenga/Mestmäcker-Thomas,* GWB, 5. Aufl., § 37 Rdnr. 401 und 404.

Unbeachtlich ist, ob daneben weitere Absichten (Spekulation, Vermögensanlage) verfolgt werden.[410] Beabsichtigt muss die Veräußerung an einen unverbundenen Dritten sein. Vor der 6. GWB-Novelle sprach die Bankenklausel noch von der Veräußerung „auf dem Markt". Hieraus wurde geschlossen, dass das Kreditinstitut den Letzterwerber im Zeitpunkt des Erwerbs nicht kennen dürfe.[411] Mit der Neufassung der Vorschrift ist für eine solche Einschränkung kein Raum mehr. Somit ist auch der Erwerb zur Veräußerung an einen feststehenden Dritten privilegiert.[412] Wenn der Zwischenerwerb im Auftrag des Dritten erfolgt, kommt allerdings in Betracht, dass der Erwerber tatsächlich auf Rechnung des Dritten handelt, in dessen Person dann ein Anteilserwerb durch Zurechnung nach § 37 Abs. 1 Nr. 3 Satz 2 GWB oder sogar ein mittelbarer Kontrollerwerb verwirklicht sein kann.

121 Der Erwerber muss die Weiterveräußerung der Anteile **innerhalb eines Jahres** vornehmen und darf in dieser Zeit die **Stimmrechte** aus den Anteilen **nicht ausüben.** Nach § 37 Abs. 3 Satz 2 GWB kann die Jahresfrist vom BKartA auf Antrag verlängert werden, wenn glaubhaft gemacht wird, dass die Veräußerung innerhalb der Jahresfrist unzumutbar war.

122 Verstößt der Erwerber gegen das Stimmrechtsverbot, verliert er die Veräußerungsabsicht oder kommt die Weiterveräußerung nicht fristgerecht zustande, entsteht mit dem jeweiligen Ereignis *ex nunc* ein Zusammenschluss.[413] Liegen die finanziellen Aufgreifkriterien der präventiven Fusionskontrolle vor, gilt das **Vollzugsverbot des § 41 Abs. 1 GWB** für jede aktive Mitwirkung des Erwerbers beim Vollzug dieses Zusammenschlusses. Eine Stimmrechtsausübung darf somit nur nach vorheriger Anmeldung und Freigabe durch das BKartA erfolgen.[414] Die dem Erwerb zugrundeliegenden Verträge bleiben jedoch zivilrechtlich wirksam, weil sie von der Bankenklausel gedeckt waren.

E. Die Umsatzschwellen (§ 35 GWB)

I. Die Umsatzschwellen als Anwendbarkeitsvoraussetzung

123 Die Zusammenschlusskontrolle ist nach § 35 Abs. 1 GWB nur anwendbar, wenn die beteiligten Unternehmen im letzten Geschäftsjahr vor dem Zusammenschluss insgesamt einen weltweiten **Umsatz** von mehr als 500 Mio. Euro erzielt haben (Nr. 1). Zusätzlich muss mindestens einer der Beteiligten im Inland Umsatzerlöse von über 25 Mio. Euro erzielt haben (Nr. 2).[415] Durch das 3. Mittelstandsentlastungsgesetz 2009 in die Nr. 2 neu eingeführt, muss darüber hinaus ein anderes beteiligtes Unternehmen im Inland Umsatzerlöse von mehr als 5 Mio. Euro erzielt haben. Unmittelbare Folge der zweiten Inlandsumsatzschwelle ist, dass viele der vorher kontrollpflichtigen Zusammenschlüsse nicht mehr der Zusammenschlusskontrolle unterfallen. Die Anzahl der kontrollpflichtigen Fälle hat sich aufgrund der zweiten Inlands-Umsatzschwelle um etwa ein Drittel verringert.[416] Die Umsatzschwellen gelten einheitlich für alle Wirtschaftsbereiche. Besonderheiten ergeben sich jedoch durch die sog. Bagatellklauseln (§ 35 Abs. 2 Satz 1 und § 36 Abs. 1 Satz 2 Nr. 2

---

[410] *Immenga/Mestmäcker-Thomas,* GWB, 5. Aufl., § 37 Rdnr. 402 mwN.

[411] So *Kleinmann/Bechtold,* Fusionskontrolle, § 23 Rdnr. 232; *M.-J. Werner* WuW 1996, 463, 469.

[412] *Bechtold,* GWB, § 37 Rdnr. 52; *MüKo-Bach,* GWB, § 37 Rdnr. 156; *Loewenheim/Meessen/Riesenkampff-Riesenkampff/Lehr,* GWB, § 37 Rdnr. 43; *Immenga/Mestmäcker-Thomas,* GWB, 5. Aufl., § 37 Rdnr. 406.

[413] Vgl. BKartA TB 1991/1992, S. 122f. – *WestLB/Horten* (Anmeldung mit dem Ziel der Stimmrechtsausübung).

[414] *Immenga/Mestmäcker-Mestmäcker/Veelken,* GWB, 4. Aufl., § 37 Rdnr. 82; *MüKo-Bach,* GWB, § 37 Rdnr. 161; vgl. zum alten Recht BKartA TB 1977, S. 71 – *Westdeutsche Landesbank/Philipp Holzmann;* aA in der Vorauflage § 19 Rdnr. 142.

[415] Zur Berechnung des inländischen Umsatzes unten Rdnr. 152ff.

[416] Von über 1600 angemeldeten Vorhaben p. a. in den Jahren 2005 bis 2008 auf um die 1100 Vorhaben p. a. seit 2009, s. BKartA Jahresbericht 2014, S. 21.

GWB) sowie für Handelsumsätze (§ 38 Abs. 2 GWB) und den Presse- und Rundfunkbereich (§ 38 Abs. 3 GWB). In der Anmeldung des Zusammenschlusses sind die Umsatzerlöse im Inland, in der Europäischen Union und die weltweit erzielten Umsatzerlöse getrennt anzugeben (§ 39 Abs. 3 Satz 2 Nr. 3 GWB). Die zusätzlichen Zahlenangaben für die Europäische Union sind im Hinblick auf die negative Anwendungsvoraussetzung des § 35 Abs. 3 GWB (FKVO) erforderlich.[417]

Auch wenn § 35 Abs. 1 GWB die **Anwendbarkeit der Fusionskontrollvorschriften** 124 insgesamt von einem Überschreiten der Umsatzschwellen abhängig macht, gilt dies nicht uneingeschränkt. Die Verfahrensvorschriften des §§ 40, 41 GWB müssen auch dann eingehalten werden, wenn sich während des Verwaltungsverfahrens herausstellt, dass die Schwellenwerte nicht erreicht werden. Nach der Rechtsprechung des BGH gilt sogar das Vollzugsverbot des § 41 Abs. 1 Satz 1 GWB für alle angemeldeten Vorhaben, selbst wenn letztlich die Voraussetzungen der formellen Fusionskontrolle nicht vorliegen.[418]

II. Die Anschlussklausel (§ 35 Abs. 2 Satz 1 GWB)

1. Einleitung. § 35 Abs. 2 Satz 1 GWB enthält die sog. **„Anschlussklausel“,** die den 125 Namen vom Wortlaut ihrer früheren Fassungen ableitet. Ursprünglich setzte die Ausnahmeregelung voraus, dass sich ein Unternehmen mit geringen Umsätzen einem anderen Unternehmen „anschließt“. Trotz der zwischenzeitlich erfolgten Streichung dieses Merkmals hat sich der Begriff „Anschlussklausel“ eingebürgert, weshalb er auch für die aktuelle Regelung weiterverwendet wird.

Die Anschlussklausel verfolgt – ebenso wie die sog. **„Bagatellmarktklausel“** in § 36 126 Abs. 1 Satz 2 Nr. 2 GWB – den Zweck, die Fusionskontrolle auf wirtschafts- und gesellschaftspolitisch bedeutende Zusammenschlüsse zu begrenzen.[419] Bis zur 6. GWB-Novelle war die Rechtsfolge der entsprechenden Bagatellklauseln[420] noch darauf beschränkt, die Befugnis des BKartA zur Untersagung und Auflösung eines Zusammenschlusses entfallen zu lassen; im Übrigen blieb die Fusionskontrolle aber anwendbar. Insbesondere musste ein Zusammenschluss bei Erreichen der allgemeinen Aufgreifkriterien (aus Gründen der statistischen Erfassung der Konzentrationsentwicklung) beim BKartA angezeigt werden. Die **6. GWB-Novelle** (1999) zog die Bagatellklauseln demgegenüber „vor die Klammer“. Lagen ihre Voraussetzungen vor, war die deutsche Fusionskontrolle weder in materieller noch in formeller Hinsicht anwendbar. Sowohl die Anmeldung als auch die Anzeige des Vollzugs waren nunmehr entbehrlich.[421] Die **8. GWB-Novelle** (2013) hat hier erneut zu einer Änderung geführt: Während die Anschlussklausel des § 35 Abs. 2 Satz 1 GWB Bestandteil der formellen Fusionskontrolle geblieben ist, das Vorliegen ihrer Voraussetzungen also nach wie vor über die (Nicht-)Anwendbarkeit der Fusionskontrolle entscheidet, ist die Bagatellmarktklausel des § 36 Abs. 1 Satz 2 Nr. 2 GWB wieder in den materiellen Bereich der Fusionskontrolle verschoben worden.[422]

Mit der ursprünglichen Anschlussklausel verfolgte der Gesetzgeber das **mittelstandspolitische Ziel,** Härten für kleinere und mittlere Unternehmen zu vermeiden. Diesen Unternehmen sollte es bei Nichtüberschreiten eines bestimmten Bagatellumsatzes gestattet werden, sich freiwillig einem Großunternehmen „anzuschließen“, um dem Unternehmensinhaber (z.B. aus Gründen der Altersversorgung) die „Versilberung“ seines Lebenswerks zu ermöglichen. Da die Regelung zugleich den Entschluss, sich selbständig zu machen, erleichtere, fördere sie überdies den Markt für Newcomer und sei deshalb auch 127

[417] Siehe oben Rdnr. 2ff.
[418] BGH WuW/E DE-R 2507, Rdnr. 14ff. – *Faber/Basalt;* dazu auch unten § 21 Rdnr. 49.
[419] Begr. RegE zur 2. GWB-Novelle, BT-Drucks. VI/2520, S. 18, 32.
[420] § 24 Abs. 8 Satz 1 GWB idF der 2. GWB-Novelle enthielt noch vier Bagatellklauseln, von denen die Nr. 3 (Regionalklausel) mit der 4. GWB-Novelle und die Nr. 1 (Bagatellumsatzklausel) mit der 6. GWB-Novelle gestrichen wurden.
[421] Begr. RegE zur 6. GWB-Novelle, BT-Drucks. 13/9720, S. 56.
[422] Zur Bagatellmarktklausel unten § 20 Rdnr. 216ff.

wettbewerbspolitisch gerechtfertigt.[423] Nachdem sich der Anwendungsbereich der ursprünglichen Anschlussklausel als zu weit erwies, wurde er mit der **4. GWB-Novelle** (1980) stark eingeschränkt und u. a. auf den Anschluss eines *unabhängigen* Unternehmens beschränkt.[424] Mit der **6. GWB-Novelle** erfolgte wieder eine teilweise Lockerung. Seither erfasst die Klausel jeden Zusammenschluss, nicht nur den freiwilligen Anschluss, und gilt unabhängig vom Umsatz des Erwerbers.[425] Die ursprüngliche mittelstandspolitische Zielsetzung der Vorschrift ist damit in den Hintergrund getreten. Ausweislich der Begründung zur 6. GWB-Novelle, ging es dem Gesetzgeber mit der geänderten Regelung um die Entlastung der Fusionskontrolle von wettbewerblich nicht problematischen Fällen.[426]

128 Mit der **8. GWB-Novelle** ist der Anwendungsbereich der Anschlussklausel erneut erweitert worden. Die seit der 3. GWB-Novelle (1976) geltende Einschränkung, wonach die Anschlussklausel keine Anwendung fand, soweit durch den Zusammenschluss der Wettbewerb beim Verlag, bei der Herstellung und beim Vertrieb von Zeitungen oder Zeitschriften oder deren Bestandteilen beschränkt wurde,[427] ist weggefallen. Seither gilt die Anschlussklausel auch für Pressefusionen.

129 **2. Voraussetzungen.** § 35 Abs. 2 Satz 1 GWB erfasst Zusammenschlüsse, bei denen sich ein Unternehmen, das nicht i. S. d. § 36 Abs. 2 GWB abhängig ist, mit einem anderen Unternehmen, bezüglich dessen keine besonderen Voraussetzungen gegeben sein müssen, zusammenschließt, vorausgesetzt der nicht abhängige Beteiligte hat im letzten Geschäftsjahr weltweit Umsatzerlöse von weniger als 10 Mio. Euro erzielt. Bei der Berechnung der Umsätze sind die Rechenklauseln des § 38 GWB anzuwenden, so dass Handelsumsätze um ein Viertel zu kürzen, Presseumsätze zu verachtfachten und Rundfunkumsätze zu verzwanzigfachen sind. Ein Zusammenschluss mit einem Presseunternehmen ist also nur dann von der Fusionskontrolle freigestellt, wenn dessen Gesamtumsatz – in Abwesenheit von Nicht-Presseumsätzen – im letzten Geschäftsjahr weniger als 1,25 Mio. Euro betrug.[428]

130 Das Kleinunternehmen darf nicht i. S. d. § 36 Abs. 2 GWB abhängig, also nicht mit anderen Unternehmen verbunden sein.[429] Die gesetzgeberische Zielsetzung gebietet es, die Anschlussklausel auch anzuwenden, wenn das zu veräußernde Kleinunternehmen zwar i. S. d. § 36 Abs. 2 GWB abhängig ist, der betreffende Konzernverbund aus Kleinunternehmen und Veräußerer(n) aber insgesamt unter der Umsatzschwelle von 10 Mio. Euro bleibt.[430] Denn es wäre kaum einzusehen, wenn der Kleinkonzern zwar insgesamt unter dem Schutz der Anschlussklausel veräußert werden dürfte, nicht aber ein Teil von ihm. Gleiches gilt für die Veräußerung von Vermögensgegenständen, die eigentlich „von Haus aus" abhängig sind.[431] Im Ergebnis wird dem Merkmal der fehlenden Abhängigkeit dadurch Rechnung getragen, dass in Abweichung von der Regel des § 38 Abs. 5 Satz 1 GWB stets auf den **Gesamtumsatz des Veräußerers,** der diesem gemäß § 36 Abs. 2 GWB zuzurechnen ist (einschließlich des zu veräußernden Unternehmens bzw. der zu veräußernden Vermögensgegenstände), abgestellt wird.[432] Darüber hinaus führt die durch

---

[423] Begr. RegE zur 2. GWB-Novelle, BT-Drucks. VI/2520, S. 32.

[424] Vgl. Begr. RegE zur 4. GWB-Novelle, BT-Drucks. 8/2136, S. 13, 22; vgl. zu dieser Einschränkung auch BGH WuW/E BGH 1711, 1712 – *Mannesmann/Brueninghaus.*

[425] Vgl. Begr. RegE zur 6. GWB-Novelle, BT-Drucks. 13/9720, S. 55 f.

[426] Begr. RegE zur 6. GWB-Novelle, aaO.

[427] § 35 Abs. 2 Satz 2 GWB idF der 7. GWB-Novelle.

[428] Zur Umsatzberechnung nach § 38 siehe unten Rdnr. 134 ff.

[429] Zum Abhängigkeitsbegriff oben Rdnr. 29 ff.

[430] So implizit auch BKartA, Merkblatt zur deutschen Fusionskontrolle (2005), S. 4; vgl. auch KG WuW/E OLG 2507, 2511 – *Stadtwerke Wolfenbüttel;* wie hier *KK-Schütz,* Bd. 2 GWB, § 35 Rdnr. 27; *Immenga/Mestmäcker-Mestmäcker/Veelken,* GWB, 4. Aufl., § 35 Rdnr. 26; *Langen/Bunte-Kallfaß,* GWB, § 35 Rdnr. 29; *Bechtold,* GWB, § 35 Rdnr. 41; *Rottnauer,* WuW 1993, 369, 377 ff.; aA *Kleinmann/Bechtold,* Fusionskontrolle, § 24 Rdnr. 176; *Emmerich,* Kartellrecht, § 32 Rdnr. 24.

[431] *Immenga/Mestmäcker-Thomas,* GWB, 5. Aufl., § 35 Rdnr. 89; aA *FK-Paschke,* GWB 2005, § 35 GWB Rdnr. 27, der den Umsatz des Veräußerers wegen § 38 Abs. 5 GWB nicht mitzählen will.

[432] Vgl. BKartA aaO.

die 8. GWB-Novelle neu eingeführte Regelung des § 38 Abs. 5 Satz 2 GWB dazu, dass die Umsätze des Veräußerers bei dem Kleinunternehmen auch dann zu berücksichtigen sind, wenn ersterer mit wenigstens 25% der Anteile an letzterem beteiligt bleibt.[433]

Die Anschlussklausel gilt für **sämtliche in § 37 Abs. 1 GWB genannten Zusammenschlussformen.** Die frühere Beschränkung auf einen „Anschluss", die einen Zusammenschluss gegen den Willen, insbesondere eine feindliche Übernahme des Kleinunternehmens ausschloss, ist entfallen. Damit besteht kein Anhaltspunkt mehr dafür, nur im gegenseitigen Einvernehmen ablaufende Transaktionen in den Genuss der Anschlussklausel kommen zu lassen.[434] Gleichermaßen ist die Regelung nicht mehr auf Fälle beschränkt, in denen ein Kleinunternehmen veräußert wird. Vielmehr greift die Anschlussklausel auch in dem Fall, dass ein Kleinunternehmen ein Großunternehmen erwirbt.[435] Darüber hinaus ist die Anschlussklausel auch anwendbar, wenn sich der Veräußerer nicht völlig aus dem Zielunternehmen zurückzieht. Dies entsprach bereits vor der 6. GWB-Novelle der h. M.[436] Die Anschlussklausel ist also auch im Rahmen der **Gemeinschaftsunternehmensfiktion** des § 37 Abs. 1 Nr. 3 Satz 3 GWB anwendbar, sofern (auch) insoweit die Voraussetzungen des § 35 Abs. 2 Satz 1 GWB erfüllt sind.[437] Erwirbt beispielsweise ein Großunternehmen 75% der Anteile an einem Kleinunternehmen von einem Privatmann (ohne weitere unternehmerische Aktivitäten oder Kontrollbeteiligungen), wobei die übrigen 25% von einem anderen Großunternehmen gehalten werden, erfasst die Anschlussklausel zwar den Erwerb des 75%-Anteils, nicht aber die durch diesen Erwerbsvorgang ausgelöste Gemeinschaftsunternehmensfiktion zwischen den beiden Großunternehmen. Das BKartA prüft in einem solchen Fall, unter Hinweis auf die Einheitlichkeit des Vorgangs, alle verwirklichten Zusammenschlüsse, nicht nur die Gemeinschaftsunternehmensfiktion.[438] 131

3. Rechtsfolgen. Das Vorliegen der Voraussetzungen der Anschlussklausel schließt die Anwendung der Fusionskontrolle („soweit") aus. Die Unternehmen müssen den Zusammenschluss weder vor dem Vollzug gemäß § 39 Abs. 1 GWB anmelden noch seinen Vollzug gemäß § 39 Abs. 6 GWB anzeigen. Erfährt das BKartA von dem Zusammenschluss und hat es Zweifel am Eingreifen der Ausnahmeregelung, obliegt ihm die Aufklärung der Voraussetzungen der Anschlussklausel. 132

In der Praxis bedarf es vor Inanspruchnahme der Anschlussklausel einer genauen Sachverhaltsaufklärung. Eine unberechtigte Inanspruchnahme der Anschlussklausel hätte einen Verstoß gegen das Vollzugsverbot zur Folge. Die den Zusammenschluss bewirkenden Rechtsgeschäfte wären zivilrechtlich unwirksam (§ 41 Abs. 1 Satz 2 GWB). Hinzu kommen als mögliche Sanktionen die Entflechtung (§ 41 Abs. 3 GWB) und eine Geldbuße (§ 81 Abs. 2 Nr. 1 GWB). Diese Risiken sind vor dem Vollzug sorgsam zu prüfen. Soll vorrangig größtmögliche Rechtssicherheit erzielt werden, ist eine informelle Einbeziehung des BKartA und ggf. eine vorsorgliche Anmeldung zu empfehlen. 133

III. Umsatzberechnung

1. Grundsätze der Berechnung. § 38 GWB enthält die Grundsätze für die Berechnung der Umsatzerlöse im Fusionskontrollrecht. Nach § 38 Abs. 1 Satz 1 GWB ist für die Umsatzberechnung auf § 277 Abs. 1 HGB abzustellen. Die Umsatzberechnung erfolgt für 134

[433] Vgl. dazu unten Rdnr. 174; gegen die Anwendung von § 38 Abs. 5 Satz 2 GWB bei § 35 Abs. 2 Satz 1 GWB sind *Heinrich/Jakobs,* WuW 2015, 489, 490 ff.

[434] Ebenso BKartA TB 1999/2000, S. 17; *Bechtold,* GWB, § 35 Rdnr. 40; *FK-Paschke,* GWB 2005, § 35 GWB Rdnr. 24; aA *Immenga/Mestmäcker-Mestmäcker/Veelken,* GWB, 4. Aufl., § 35 Rdnr. 29; *Emmerich,* Kartellrecht, § 32 Rdnr. 25; *KK-Schütz,* Bd. 2 GWB, § 35 Rdnr. 25.

[435] BKartA TB 1999/2000, S. 17; ebenso *Bechtold,* GWB, § 35 Rdnr. 40; *KK-Schütz,* Bd. 2 GWB, § 35 Rdnr. 25.

[436] Vgl. KG WuW/E OLG 2507, 2511, 2513 – *Veba/Stadtwerke Wolfenbüttel.*

[437] AA *Emmerich,* Kartellrecht, § 32 Rdnr. 25.

[438] BKartA WuW/E DE-V 677, 679 – *RWE Nord.*

alle Unternehmen, nicht nur für Kapitalgesellschaften, nach den dort genannten Grundsätzen.[439] Danach sind die Umsatzerlöse anzusetzen, die mit den für die gewöhnliche Geschäftstätigkeit typischen Erzeugnissen, Waren und Dienstleistungen erzielt wurden. Eine Beschränkung auf die vom Zusammenschluss betroffenen Bereiche findet nicht statt.[440] Auch **Auslandsumsätze** werden uneingeschränkt berücksichtigt.[441] Fremdwährungsumsätze sind in Euro umzurechnen, wobei hierfür, soweit verfügbar, der Jahresmittelkurs der Europäischen Zentralbank zu verwenden ist.[442] Es sind jedoch nur Umsätze mit **betriebstypischen Leistungen** zu berücksichtigen.[443] Zu eng wäre es, für die Einordnung als gewöhnlich oder betriebstypisch auf den (frei wählbaren) Unternehmenszweck abzustellen und Erlöse aus Hilfs- oder Nebentätigkeiten (z. B. Erlöse aus der Betriebskantine, Mieteinnahmen für Werkswohnungen) von vornherein auszuschließen.[444] Vielmehr ist davon auszugehen, dass derartige Hilfs- oder Nebentätigkeiten, wenn sie beständig erbracht werden, die gewöhnliche Geschäftstätigkeit mitprägen. Nicht zu den Umsätzen aus der gewöhnlichen Geschäftstätigkeit und dementsprechend nicht mitzuzählen sind außerordentliche Erträge i. S. v. § 277 Abs. 4 HGB, also etwa Sanierungsgewinne, Erträge aus einer Kapitalherabsetzung, Erträge im Zusammenhang mit der Stilllegung bedeutender Geschäftsbereiche oder Erträge aus dem Verkauf eines Teilbetriebs oder einer Beteiligung. Keine Umsatzerlöse in Sinne von § 277 Abs. 1 HGB sind außerdem **Beteiligungserträge,** selbst wenn die Erzielung von Beteiligungserträgen typischer Betriebszweck ist,[445] weil sie keine Erlöse aus Lieferungen oder Leistungen sind.[446] Allerdings können Beteiligungserträge gemäß § 38 Abs. 4 Satz 1 GWB zu berücksichtigen sein.[447] Bei Handelsvertretern und Kommissionären sind nicht die Umsätze mit den vertriebenen Waren, sondern nur die eingenommenen **Provisionen** anzusetzen.[448] Dies gilt ebenso für vermittelnde selbständige Dienstleistungsunternehmen (z. B. Werbeagenturen, zentralregulierende Einkaufskooperationen oder Versicherungsmakler), bei denen nicht der Wert der vermittelten oder zentralregulierten Leistung, sondern die für die Vermittlung vereinbarte Vermittlungsprovision/Courtage anzusetzen ist. Abzugrenzen sind die Fälle der Vermittlung einer Drittleistung von der Weitergabe von Kosten für eigene Leistungen **(„durchgereichte Kosten").** Wenn das Unternehmen das Risiko trägt, dass der Endkunde den Preis für die gelieferte Ware oder Leistung nicht begleicht, muss es sich die Zahlungen des Endkunden als Umsatz zurechnen lassen.[449] Dementsprechend gehören zu den Umsätzen aus der **Vermietung von Immobilien** nach der Praxis des BKartA nicht nur die Netto-Mieteinnahmen, sondern auch die Nebenkosten (Betriebskostenvorauszah-

---

[439] *Kleinmann/Bechtold,* Fusionskontrolle, § 23 Rdnr. 313; *Immenga/Mestmäcker-Mestmäcker/Veelken,* GWB, 4. Aufl., § 38 Rdnr. 8; *Langen/Bunte-Kallfaß,* GWB, § 38 Rdnr. 2.

[440] *FK-Paschke,* GWB 2005, § 38 Rdnr. 4.

[441] KG WuW/E OLG 3367, 3383 – *Metro/Kaufhof; Immenga/Mestmäcker-Mestmäcker/Veelken,* GWB, 4. Aufl., § 38 Rdnr. 5; *Kleinmann/Bechtold,* Fusionskontrolle, § 23 Rdnr. 334; *Langen/Bunte-Kallfaß,* GWB, § 38 Rdnr. 4; *Canenbley/Moosecker,* Fusionskontrolle, S. 36.

[442] BKartA, Merkblatt zur deutschen Fusionskontrolle (2005), S. 13; *Langen/Bunte-Kallfaß,* GWB, § 38 Rdnr. 4. Die Begr. RegE zur 6. GWB-Novelle, BT-Drucks. 13/9720, S. 57 hielt insofern den Jahresdurchschnittskurs an der Frankfurter Börse (Kassa-Mittelkurs) für verbindlich.

[443] KG WuW/E OLG 4811, 4824 – *Radio NRW;* BKartA WuW/E DE-V 1635, 1636 – *Karlsruher Buchmarkt; FK-Paschke,* GWB 2005, § 38 Rdnr. 3; *Immenga/Mestmäcker-Thomas,* GWB, 5. Aufl., § 38 Rdnr. 13.

[444] So aber *FK-Paschke,* GWB 2005, § 38 Rdnr. 3 und 6; ähnlich *Immenga/Mestmäcker-Thomas,* GWB, 5. Aufl., § 38 Rdnr. 13; Vorauflage § 19 Rdnr. 63.

[445] AA wohl *Langen/Bunte-Kallfaß,* GWB, § 38 Rdnr. 5.

[446] Vgl. Gliederung in § 275 Abs. 2 und Abs. 3 HGB; KG WuW/E OLG 4835, 4845 – *Iserlohner Kreisanzeiger.*

[447] Dazu unten Rdnr. 148 f.

[448] KG WuW/E OLG 2259, 2260 – *Siegerländer Transportbeton; Kleinmann/Bechtold,* Fusionskontrolle, § 23 Rdnr. 319; *Bechtold,* GWB, § 38 Rdnr. 4.

[449] So für das europäische Recht EuG U. v. 14.7.2006, Rs T-417/05, Slg. 2006 II-2541, Rdnr. 204 – *Endesa/Kommission* (Kosten für Strom).

lungen). Auch öffentlich-rechtliche **Rundfunkgebühren** werden als Umsatzerlöse berücksichtigt.[450]

Erlösschmälerungen wie z. B. Rabatte, Skonti, Umsatzvergütungen oder Treueprämien[451] sind gemäß § 277 Abs. 1 HGB von den ermittelten Werten abzuziehen, so dass nur auf die Netto-Umsätze abgestellt wird. Erlösschmälerungen sind alle an Abnehmer zurückgewährten Entgelte gleich in welcher Form, weshalb bei einer Lotterie nach Ansicht des OLG Düsseldorf auch die an die Spielteilnehmer ausgeschütteten Gewinne in Abzug zu bringen sind.[452] Nach § 38 Abs. 1 Satz 2 GWB sind außerdem **Verbrauchssteuern** abzuziehen. Dies sind neben der Mehrwertsteuer vor allem Mineralölsteuer, Tabaksteuer und vergleichbare ausländische Steuern. 135

Die **Innenumsatzerlöse,** d. h. Umsätze, die zwischen verbundenen Unternehmen i. S. d. § 36 Abs. 2 GWB erzielt worden sind, müssen zur Vermeidung von Doppelzählungen abgezogen werden (§ 38 Abs. 1 Satz 2 GWB). Diese Regelung geht über die Grundsätze der üblichen Konzernrechnungslegung insoweit hinaus, als nicht nur die Umsätze mit abhängigen Unternehmen, für die die Konzernvermutung des § 18 Abs. 1 Satz 3 AktG gilt, sondern auch die Umsätze mit gemeinsam beherrschten Unternehmen abzuziehen sind. Auf die dadurch erforderlichen Berichtigungen der Umsatzberechnung verzichtet das BKartA jedoch, soweit es offensichtlich nicht darauf ankommt.[453] Die Nichtberücksichtigung von Innenumsatzerlösen gilt nach der kartellamtlichen Praxis nur für Unternehmen, die sowohl vor *als auch* nach dem Zusammenschluss miteinander verbunden sind, was bedeutsam für Lieferungen und Leistungen zwischen den Zusammenschlussbeteiligten ist. Speziell in Outsourcing-Fällen müssen deshalb die bisherigen Innenumsätze – ggf. nach Adjustierung auf *Arm's Length*-Niveau – als Außenumsätze angesetzt werden, wenn diese nach Vollzug des angemeldeten Zusammenschlusses nicht mehr konzernintern, sondern Dritten gegenüber erzielt werden.[454] Ebenso dürfen im umgekehrten Fall, z. B. dann, wenn ein Unternehmen einen seiner Lieferanten kauft, die bisherigen Außenumsätze zwischen den Beteiligten nicht zu Innenumsätzen umgewidmet werden und dürfen nicht aus der Umsatzberechnung herausfallen.[455] 136

2. Maßgeblicher Zeitpunkt. Maßgeblich für die Umsatzberechnung ist nach dem Wortlaut von § 35 Abs. 1 und Abs. 2 GWB das letzte Geschäftsjahr „vor dem Zusammenschluss", d. h. vor dem **Zeitpunkt des Vollzugs.**[456] Das Abstellen auf die Verhältnisse zum Zeitpunkt des Zusammenschlusses kann in manchen Fällen die Entscheidung, ob ein Fusionskontrollverfahren durchlaufen werden muss, unsicher machen. Werden die dem Zusammenschluss zugrunde liegenden Verträge zu einem Zeitpunkt unterschrieben (Jahr 2), zu dem die Umsätze des letzten abgeschlossenen Geschäftsjahres (Jahr 1) zur Erfüllung der Aufgreifkriterien nicht ausreichen (z. B. kurz vor Ende von Jahr 2), soll der Zusammenschluss aber erst zu Beginn des dann folgenden Geschäftsjahres (Jahr 3) vollzogen werden, besteht eine Anmeldepflicht und ein Vollzugsverbot, wenn in Jahr 2 die Aufgreifkriterien erfüllt waren. Dies liegt in der Risikosphäre der beteiligten Unternehmen. 137

Das Abstellen auf den Vollzugszeitpunkt bereitet darüber hinaus Schwierigkeiten, wenn dieser Zeitpunkt – wie meistens – bei der Prüfung der Anmeldepflicht noch offen ist, weil 138

---

[450] KG WuW/E OLG 4811, 4824 – *Radio NRW;* BKartA WuW/E BKartA 2396 – *Westdeutscher Rundfunk/Radio NRW; Langen/Bunte-Kallfaß,* GWB, § 38 Rdnr. 2; *Bechtold,* GWB, § 38 Rdnr. 8.

[451] Dazu *Kleinmann/Bechtold,* Fusionskontrolle, § 23 Rdnr. 323; *FK-Paschke,* GWB, § 23 aF Rdnr. 131.

[452] OLG Düsseldorf WuW/E DE-R 2347, Rdnr. 43 ff. – *Universitätsklinikum Greifswald;* aA Monopolkommission, 17. Hauptgutachten 2006/2007, Rdnr. 513.

[453] *Langen/Bunte-Kallfaß,* GWB, § 38 Rdnr. 6.

[454] *Bechtold,* GWB, § 38 Rdnr. 4; krit. *Immenga/Mestmäcker-Thomas,* GWB, 5. Aufl., § 35 Rdnr. 22.

[455] So auch BKartA, 9. Beschlussabteilung, unveröff. Schreiben vom 15.2.2000; *Langen/Bunte-Kallfaß,* GWB, § 38 Rdnr. 6; aA *Bechtold,* GWB, § 38 Rdnr. 4; *Immenga/Mestmäcker-Thomas,* GWB, 5. Aufl., § 38 Rdnr. 21.

[456] *Immenga/Mestmäcker-Thomas,* GWB, 5. Aufl., § 38 Rdnr. 24.

die Beteiligten den Vollzug bei Bestehen einer Anmeldepflicht wegen § 41 Abs. 1 Satz 1 GWB für ungewisse Zeit aufschieben müssen. Dies wird besonders deutlich, wenn das BKartA einen Zusammenschluss untersagt, so dass es zu keinem Vollzug kommt. Es ist deshalb vorgeschlagen worden, stattdessen auf den **Zeitpunkt der Anmeldung** abzustellen.[457] Dies hätte zur Folge, dass Umsatzänderungen infolge eines in die Dauer des Verwaltungsverfahrens fallenden Geschäftsjahresendes nicht mehr berücksichtigt würden. Die mit der 2. GWB-Novelle (1973) eingeführte, auf den Zeitpunkt der Anmeldung abstellende Vorschrift des § 24a Abs. 1 Satz 3 GWB ist allerdings mit der 6. GWB-Novelle (1999) weggefallen. In Verwaltungsverfahren gilt zudem nicht der Grundsatz der *perpetuatio fori,* wonach ein Gericht für ein einmal begonnenes Verfahren grundsätzlich zuständig bleibt.[458] Das Überschreiten der Umsatzschwellen in § 35 GWB ist vielmehr materielle Voraussetzung für die Untersagung eines Zusammenschlusses. Dementsprechend müssen die Schwellenwerte jedenfalls im letzten abgeschlossenen Geschäftsjahr vor der **Entscheidung des BKartA** überschritten worden sein.[459] Ein nach der Anmeldung eintretender Wegfall der Anwendungsvoraussetzungen kommt den beteiligten Unternehmen somit zugute, so z.B. wenn sich ein Erwerber während des Verwaltungsverfahrens von Unternehmensteilen trennt mit der Folge, dass die Schwellen des § 35 Abs. 1 GWB nicht mehr erreicht werden; das Vorhaben ist dann nicht mehr anmeldepflichtig.[460] Gleiches gilt im Falle einer Entflechtung. Hier ist erforderlich, dass die Schwellenwerte in den letzten Geschäftsjahren vor dem Zusammenschluss und vor der Auflösungsanordnung überschritten sind. Denn es wäre offensichtlich unverhältnismäßig, die Auflösung eines Zusammenschlusses anzuordnen, den die Beteiligten im selben Moment kontrollfrei wiederholen könnten.[461]

139 Wenn sich an das Verfahren vor dem BKartA ein Beschwerdeverfahren anschließt, ist für eine Untersagung oder Entflechtung **zusätzlich** erforderlich, dass die Schwellenwerte **zum Schluss der mündlichen Verhandlung** vor dem Beschwerdegericht überschritten sind. Waren die Schwellenwerte im Zeitpunkt der Behördenentscheidung nicht erreicht, wäre es unbillig, eine zwischenzeitliche Erhöhung der relevanten Umsätze zulasten der Zusammenschlussbeteiligten zu berücksichtigen, weil der Zusammenschluss dann wegen Nichtanwendbarkeit der Fusionskontrolle bereits im Verwaltungsverfahren hätte freigeben werden müssen. Dies gilt für die Beschwerde der Zusammenschlussbeteiligten gegen eine Untersagungsverfügung des BKartA ebenso wie für die Drittbeschwerde gegen eine Freigabeverfügung.[462] Fallen die relevanten Umsätze umgekehrt erst nach der Behördenentscheidung aber vor der Entscheidung des Beschwerdegerichts unter die Umsatzschwellen, wäre das Aufrechterhalten einer Untersagungsverfügung ebenfalls unbillig, weil die Beteiligten den Zusammenschluss zu diesem Zeitpunkt außerhalb des begonnenen Verfahrens kontrollfrei hätten umsetzen könnten. In einem solchen Fall liegen die Voraussetzungen, unter denen das GWB die Untersagung gestattet, nicht mehr vor, so dass die kartellbehördliche Verfügung vom Beschwerdegericht auch nicht mehr aufrechterhalten werden darf.[463] Der BGH hat dagegen in dem Fall *trans-o-flex* entschieden, dass die Frage, ob ein kontroll-

---

457 *Bechtold,* GWB, § 35 Rdnr. 32; *MüKo-Wessely,* GWB, § 35 Rdnr. 18f.; *FK-Paschke,* GWB 2005, § 35 Rdnr. 9; *KK-Schütz,* Bd. 2 GWB, § 35 Rdnr. 11.

458 Vgl. § 90 Abs. 3 VwGO, § 94 Abs. 3 SGG, § 66 Abs. 3 FGO. Für das Verwaltungsverfahren enthält lediglich § 3 Abs. 3 VwVfG eine Regelung über die fortbestehende örtliche Zuständigkeit.

459 Im Ergebnis ebenso *Langen/Bunte-Kallfaß,* GWB, § 35 Rdnr. 26; *KK-Bergmann/Burholt,* Bd. 2 GWB, § 38 Rdnr. 18.

460 So in BKartA E. v. 24.3.2011, B6–75/10 (Fallbericht) – *CTS Eventim/See Tickets;* BKartA, Fallbericht zur Rücknahme der Anmeldung am 18.12.2014, B9–115/14 – *Hendrickson/Frauenthal.*

461 *Langen/Bunte-Kallfaß,* GWB, § 35 Rdnr. 26.

462 Vgl. BGH WuW/E DE-R 1163, 1169f. – *HABET/Lekkerland* (zur Beschwerde eines Dritten gegen eine Freigabeverfügung); OLG Düsseldorf WuW/E DE-R 2347, Rdnr. 52 – *Universitätsklinikum Greifswald* (zur Beschwerde der Zusammenschlussbeteiligten gegen eine Untersagungsverfügung).

463 OLG Düsseldorf B. v. 30.4.2008, VI-Kart 14/04 (V), Rdnr. 23 – *Radio TON Regional II;* vgl. auch (zur materiellen Fusionskontrolle) BGH WuW/E BGH 2031, 2032 – *Springer/Elbe-Wochenblatt II;* BGH WuW/E BGH 2433, 2438 – *Gruner+Jahr/Zeit.*

pflichtiger Zusammenschluss vorliege, Vorfrage der Untersagungsverfügung sei, die nach den Verhältnissen im Zeitpunkt der Behördenentscheidung beantwortet werden müsse; nachträgliche Veränderungen könnten nicht berücksichtigt werden.[464] Diese Differenzierung zwischen „Vorfrage" und sonstigem Sachverhalt überzeugt jedoch nicht und verkennt die Dauerwirkung einer Untersagungsverfügung.[465]

Für die Bestimmung der vorrangigen Zuständigkeit der Kommission nach § 35 Abs. 3 GWB gelten hingegen die Besonderheiten des europäischen Rechts, auf die die Vorschrift verweist. Die Kommission leitete aus Art. 4 Abs. 1 Unterabs. 1 FKVO eine **Stichtagsregelung** ab, die auf das Datum des Vertragsschlusses, der Veröffentlichung des Übernahmeangebots, des Vollzugs oder der ersten Anmeldung abstellt, je nachdem welches Ereignis zuerst eintritt.[466] **140**

Ein weiteres Problem der Umsatzberechnung ist die Behandlung solcher Umsätze, die die am Zusammenschluss beteiligten Unternehmen **nach Abschluss des letzten Geschäftsjahres** und vor Vollzug des Zusammenschlusses durch Akquisitionen hinzugewonnen oder durch Stilllegungen oder Veräußerungen verloren haben. Der Umstand, dass § 35 Abs. 1 GWB auf das letzte Geschäftsjahr vor dem Zusammenschluss abstellt, konfligiert nur scheinbar mit der im Rahmen der Fusionskontrolle anzustellenden Prognose, die alle im Zeitpunkt der Entscheidung bekannten aktuellen Fakten in Rechnung stellen muss. Denn gefragt ist nach den Umsätzen sämtlicher im Zeitpunkt des Zusammenschlusses mit den beteiligten Unternehmen **verbundener Unternehmen** bezogen auf das letzte abgeschlossene Geschäftsjahr. Dies führt dazu, dass sich die betroffenen Unternehmen im Falle des Erwerbs zusätzlicher Aktivitäten mit Umsätzen (sei es aus Beteiligungen oder aus Vermögensgegenständen) nach Abschluss eines Geschäftsjahres vom BKartA so behandeln lassen müssen, als ob der Umsatz des hinzuerworbenen Unternehmens/Unternehmensteils ihnen schon während des letzten abgeschlossenen Geschäftsjahres zuzurechnen gewesen wäre. Im umgekehrten Fall der Abgabe von Umsatzteilen durch Veräußerung erkennt das BKartA nach langjähriger gegenteiliger Praxis nunmehr folgerichtig – und den für die FKVO vorgegebenen Regeln[467] entsprechend – einen Umsatzabzug retroaktiv für das letzte Geschäftsjahr ebenfalls an.[468] **141**

Anpassungen können darüber hinaus auch bei Erwerb, Veräußerung oder Stilllegung von Unternehmensteilen **während des letzten abgeschlossenen Geschäftsjahres** erforderlich sein. Die Jahresabschlüsse der Unternehmen bilden in diesen Fällen die für die fusionskontrollrechtliche Beurteilung maßgebliche Ressourcenverteilung im Zeitpunkt des Zusammenschlusses oftmals nicht zutreffend ab, weil unterjährige Änderungen dieser Art in der Regel nur anteilig bei den Umsätzen berücksichtigt werden. Umsätze eines übernommenen Unternehmensteils werden handelsrechtlich erst ab dem Zeitpunkt der Übernahme, Umsätze eines veräußerten oder stillgelegten Unternehmensteils noch bis zum Zeitpunkt der Entäußerung einbezogen. Notwendig ist dann kartellrechtlich eine entsprechende Korrektur, also die vollständige Berücksichtigung bzw. Nichtberücksichtigung der Umsätze im gesamten Geschäftsjahr. **142**

Eine Anpassung ist ferner notwendig, wenn das letzte abgeschlossene Geschäftsjahr ein **Rumpfgeschäftsjahr** war. Zu einem Rumpfgeschäftsjahr kommt es bei Änderung des **143**

---

464 BGH WuW/E DE-R 1419, 1421 – *trans-o-flex;* ebenso BGH WuW/E DE-R 4135, Rdnr. 11 – *Viskosefasern* (allerdings bzgl. nachträglich begründeter Kontrollpflichtigkeit).

465 Zur Begründung verweist der BGH zudem auf BGH WuW/E DE-R 1163 – *HABET/Lekkerland,* ohne zu thematisieren, dass dort explizit mit der fehlenden Dauerwirkung einer Freigabeverfügung argumentiert wird.

466 Komm., Konsolidierte Mitteilung, Rdnr. 154 ff.; *Langen/Bunte-Kallfaß,* GWB, § 35 Rdnr. 26; zweifelnd OLG Düsseldorf WuW/E DE-R 885, 891 f. – *E.ON/Ruhrgas;* vgl. auch *Bechtold/Buntscheck* NJW 2003, 2866, 2871.

467 Komm., Konsolidierte Mitteilung, Rdnr. 172.

468 BKartA, Merkblatt zur deutschen Fusionskontrolle (2005), S. 13; siehe auch *Langen/Bunte-Kallfaß,* GWB, § 35 Rdnr. 26; siehe zu den Anforderungen an den Umsatzabzug bei Stilllegung und Veräußerung: BKartA B. v. 24.11.2003, B6–7/03, S. 34 f. – *Random House/Heyne* (insoweit nicht in WuW/E DE-V 918 abgedruckt).

Abschlussstichtags, z. B. nach einer Unternehmensveräußerung zur Angleichung an das Geschäftsjahr des neuen Konzerns, bei einer unterjährigen Neugründung zur Angleichung an das Kalenderjahr oder nach Insolvenzeröffnung (§ 155 Abs. 2 InsO). Das Rumpfgeschäftsjahr überbrückt dann die Anpassungsphase zwischen zwei vollen Geschäftsjahren, wobei es regelmäßig nicht länger als 12 Monate dauern darf (§ 240 Abs. 2 Satz 2 HGB). Vor der 2. GWB-Novelle nahm das GWB bei der Pflicht zur Anzeige eines Zusammenschlusses noch ausdrücklich auf den Umsatz „innerhalb der letzten zwölf Monate" vor dem Zusammenschluss Bezug.[469] Mit der Einführung der Fusionskontrolle kam die Änderung auf das Geschäftsjahr, offenbar um die Bestimmung der maßgeblichen Kennziffern zu erleichtern. Nicht geändert hat sich damit jedoch die Vorgabe, dass der maßgebliche Zeitraum grundsätzlich 12 Monate umfassen muss, schon weil die Unternehmen es andernfalls in der Hand hätten, durch gezielte Änderung des Geschäftsjahres ihren Umsatz so zu verkürzen, dass die Schwellen des § 35 Abs. 1 GWB unterschritten werden. Nicht richtig wäre es allerdings, die im letzten Jahresabschluss ausgewiesenen Umsatzerlöse schlicht auf einen Jahreszeitraum hochzurechnen,[470] weil dies der wahren Wirtschaftsleistung des Unternehmens nicht notwendigerweise gerecht wird (z. B. bei saisonalen Umsatzschwankungen oder einer Neugründung). Maßgeblich können vielmehr nur die in den letzten zwölf Monaten vor dem Abschlussstichtag tatsächlich erwirtschafteten Umsatzerlöse sein.

144 **3. Branchenspezifische Sonderregeln. Handelsumsätze** aus dem Vertrieb von (nicht selbst hergestellten) Waren sind nur mit drei Vierteln in Ansatz zu bringen (§ 38 Abs. 2 GWB). Die Regelung des § 23 Abs. 1 Satz 6 GWB i. d. F. der 5. GWB-Novelle, die von einem Vertrieb von Waren sprach, sollte durch die Neufassung („Handel mit Waren") nicht verändert werden.[471] Ein Handel mit Waren liegt vor, wenn das Unternehmen die Erzeugnisse nicht in substanzieller wertschöpfender Weise er-, be- oder verarbeitet hat.[472] Die Handelsrechenklausel findet keine Anwendung auf von Dritten hergestellten Waren, die ein Händler unter eigener Marke (Handelsmarke) oder als sog. „No-Name"-Produkt verkauft, weil der Händler in diesem Fall gegenüber seinen Kunden als Hersteller auftritt.[473] Auch die Weiterverteilung von Strom und Gas wird überwiegend nicht als Handel mit Waren angesehen.[474] Die Regelung gilt nicht nur für reine oder überwiegende Handelsunternehmen, sondern für die Handelsumsätze aller Unternehmen. Damit wird dem Umstand Rechnung getragen, dass Umsätze von Handels- und Industrieunternehmen unterschiedliches Gewicht für die Beurteilung der wirtschaftlichen Bedeutung dieser beiden Arten von Unternehmen haben. Eine Ausnahme bilden Pressevertriebsumsätze, die mit dem Achtfachen bzw. Zwanzigfachen anzusetzen sind, ohne der Dreiviertel-Regelung zu unterfallen. § 38 Abs. 3 GWB ist insofern im Verhältnis zu § 38 Abs. 2 GWB *lex specialis.*[475]

145 Umsätze im **Presse- und Rundfunkbereich** sind nach der Rechenklausel des § 38 Abs. 3 GWB zu vervielfachen: Für den Verlag, die Herstellung und den Vertrieb von Zeitungen, Zeitschriften oder deren Bestandteilen ist das danach Achtfache, für den Vertrieb und die Veranstaltung von Rundfunkprogrammen und den Absatz von Rundfunkwerbezeiten das Zwanzigfache anzusetzen. Die Presserechenklausel geht auf die 3. GWB-Novelle

[469] § 23 Abs. 1 Satz 1 Nr. 2 GWB idF der 1. GWB-Novelle.

[470] So aber *Bechtold,* GWB, § 35 Rdnr. 32.

[471] Begr. RegE zur 6. GWB-Novelle zu § 38 Abs. 2, BT-Drucks. 13/9720, S. 58.

[472] Vgl. Begr. RegE zur 6. GWB-Novelle, BT-Drucks. 13/9720, S. 58.

[473] BKartA B. v. 17.3.2010, B2–137/09, S. 6 f. – *Pelikan/Herlitz.*

[474] *Bechtold,* GWB, § 38 Rdnr. 6; *Loewenheim/Meessen/Riesenkampff-Bauer,* GWB, § 38 Rdnr. 13; differenzierend *Langen/Bunte-Kallfaß,* GWB, § 38 Rdnr. 8; *Kleinmann/Bechtold,* Fusionskontrolle, § 23 Rdnr. 324; aA *FK-Paschke,* GWB 2005, § 28 Rdnr. 12; *KK-Bergmann/Burholt,* Bd. 2 GWB, § 38 Rdnr. 32.

[475] Vgl. Begr. RegE zur 8. GWB-Novelle, BT-Drucks. 17/9852, S. 29; *Immenga/Mestmäcker-Mestmäcker/Veelken,* GWB, 4. Aufl., § 38 Rdnr. 32; *König/Trafkowski,* ZUM 2003, 513, 516 (für Rundfunkumsätze); aA *Bechtold,* GWB, § 38 Rdnr. 7 aE.

(1976), ihre Ausweitung auf Fernsehen und Hörfunk auf die 6. GWB-Novelle (1999) zurück. Die mit ihr erreichte Herabsetzung der allgemeinen Umsatzschwellen des § 35 Abs. 1 GWB hat zum Ziel, auch kleinere Presse- und Rundfunkfusionen fusionskontrollrechtlich überprüfbar zu machen, wodurch die Angebots- und Meinungsvielfalt im Pressewesen besonders geschützt werden soll.[476] Dass die Fusionskontrolle im Pressebereich heute erst durch Erfüllung der Aufgreifkriterien des § 35 Abs. 1 GWB bei Verachtfachung des tatsächlichen Umsatzes und nicht schon – wie noch bis unter dem GWB i. d. F. der 7. GWB-Novelle – bei Verzwanzigfachung ausgelöst wird, ist das Ergebnis einer jahrelangen heftigen Debatte. Deren Gegenstand war die Frage, wie der Schutz der Presse- und Meinungsvielfalt sich harmonisieren lässt mit den substanziell geänderten wirtschaftlichen Rahmenbedingungen auf den Pressemärkten. Neue Mediengattungen, ein radikal geändertes Mediennutzungsverhalten der Konsumenten und eine sich immer weiter etablierende Konkurrenz neuer Anbieter, die klassische Aspekte des Pressewesens in den Bereich des Internets verlagert haben und damit der Presse essentielle Einnahmequellen ausgetrocknet haben, waren die Hauptthemen der Diskussion und legten eine Überarbeitung der pressespezifischen Regelungen des GWB, insbesondere der Presseumsatz-Berechnungsklausel nahe.[477] Der Gesetzgeber der 8. GWB-Novelle hat sich nicht entschließen können, die Geltung der speziellen Umsatzberechnungsklausel im Pressebereich gänzlich abzuschaffen. Eine Absenkung des Faktors von 20 auf 8 hielt er für ausreichend, wobei Anhaltspunkte sachlicher Kriterien für das Ausmaß der Absenkung nicht ersichtlich sind. Die finanziellen Aufgreifkriterien des § 35 Abs. 1 GWB (500 Mio., 25 Mio. und 5 Mio. Euro) sind seither nicht mehr bei (reinen) Presseumsätzen i. H. v. 25 Mio., 1,25 Mio. und 250 000 Euro, sondern erst bei Erreichen von 62,5 Mio., 3,125 Mio. und 625 000 Euro erfüllt. Diese Berechnungsregel fixiert ebenfalls das Bagatellmarktvolumen der Bagatellmarktklausel des § 36 Abs. 1 Satz 2 GWB nicht mehr schon bei 750 000 Euro, sondern erst bei 1,875 Mio. Euro Presseumsätzen.[478] Immerhin traf der Gesetzgeber der 8. GWB-Novelle flankierend zu der halbherzigen Korrektur der Umsatzberechnungsklausel im Pressewesen noch die Entscheidung, Presseunternehmen die Vorteile der Anschlussklausel zu gewähren.[479] Auch die spezielle Schaffung einer Pressesanierungsfusions-Klausel in § 36 Abs. 1 Satz 2 Nr. 3 GWB dürfte Ausdruck des Bemühens des Gesetzgebers sein, einen ausgewogeneren Umgang mit der speziellen Situation im Pressebereich zu finden.[480]

Der Begriff **Rundfunk** in § 38 Abs. 3 GWB umfasst Hörfunk und Fernsehen.[481] Zu den Rundfunkumsätzen zählt die Praxis nicht nur privatrechtliche Gegenleistungen für den Rundfunkempfang (Pay-TV), sondern auch die öffentlich-rechtlichen Rundfunkgebühren.[482] Die Regelung erfasst darüber hinaus die Umsätze von Rahmenprogrammanbietern, die z. B. lokalen Veranstaltern Programme oder Programmteile verkaufen.[483] Zu den Rundfunkumsätzen gehören weiterhin die Erlöse aus dem Absatz von Rundfunkwerbezeiten – und zwar auch dann, wenn er durch selbständige Unternehmen erfolgt, die selbst keine Rundfunkveranstalter sind.[484] Besondere Fragen aufgeworfen hat die Rundfunkrechenklausel im Kabelnetzbereich. Nach Ansicht des BKartA sind die Einspeiseentgelte der Kabelnetzbetreiber und die Signalverbreitungsentgelte der Satellitenbetreiber keine Rundfunkumsätze. Der Umsatz, der mit dem Zurverfügungstellen der Programmsignale an den Endkunden oder mit der Lieferung von Signalen an Kabelnetzbetreiber der Netzebene 4 **146**

[476] Begr. RegE zur 2. Novelle, BT-Drucks. 7/2954, S. 5.
[477] Vgl. Begr. RegE zur 8. Novelle, BT-Drucks. 17/9852, S. 29.
[478] Dazu unten § 20 Rdnr. 217.
[479] Dazu oben Rdnr. 129.
[480] Dazu unten § 20 Rdnr. 226 ff.
[481] Begr. RegE zur 6. GWB-Novelle zu § 38 Abs. 2, BT-Drucks. 13/9720, S. 58; *Bechtold,* GWB, § 38 Rdnr. 8.
[482] KG WuW/E OLG 4811, 4824 f. – *Radio NRW; Bechtold,* GWB, § 38 Rdnr. 8; *Langen/Bunte-Kallfaß,* GWB, § 38 Rdnr. 12.
[483] Begr. RegE zur 6. GWB-Novelle zu § 38 Abs. 2, BT-Drucks. 13/9720, S. 58.
[484] Ebd.

generiert wird, ist dagegen als Vertrieb von Rundfunkprogrammen anzusehen, im Rahmen der Rundfunkrechenklausel also zu verzwanzigfachen.[485] Keine Rundfunkumsätze dürften Entgelte für die Zurverfügungstellung von Verschlüsselungstechnologie sein. Auch bestehen Anzeichen dafür, dass die reine filmische Erfassung z. B. von Sportereignissen und ihr Verkauf an Programmveranstalter nicht als Herstellung von Presse-/Rundfunk-/Fernsehprodukten anzusehen ist, obwohl dies bei dem reinen (Lohn-)Druck von Zeitungen oder Zeitschriften, ohne diese zu vertreiben, zweifelsohne anders ist.

147 Als **Presseerzeugnisse** sind auch Anzeigenblätter anzusehen, wenn sie einen redaktionellen Teil aufweisen.[486] Die Presserechenklausel erfasst nach Ansicht des BKartA zudem die typischen Tätigkeiten der Nachrichtenagenturen.[487] Auch Anzeigenerlöse stellen Presseumsätze dar.[488] Nicht zu den Anzeigenerlösen gehören jedoch die Erlöse für die Beifügung von Werbeträgern, die vom Auftraggeber (oder von einem von ihm beauftragten Dritten) selbst vollständig hergestellt werden („Beilagen").[489] Keine Presseumsätze sind mangels physischer Verlagserzeugnisse Werbeumsätze im **Internet,** selbst wenn sie mit redaktionellen Inhalten erzielt werden.[490] Zu den Presseumsätzen zählen auch nicht die Entgelte von Zustellunternehmen, die die bloße Verteilung von Zeitungen als Dienstleistung erbringen.[491] Nur die Presse- bzw. Rundfunkumsätze, nicht jedoch die sonstigen Umsätze der betroffenen Unternehmen sind achtfach bzw. zwanzigfach zu berücksichtigen. Für die sonstigen Umsätze bleibt es bei der einfachen Berücksichtigung, so dass hinsichtlich unterschiedlicher Erlöse eine gemischte Berechnung vorzunehmen ist.[492]

148 Für die Bemessung der finanziellen Bedeutung von **Kreditinstituten, Finanzinstituten** und **Bausparkassen** gilt seit der 6. GWB-Novelle (1999) die dem europäischen Recht entlehnte Regelung des § 38 Abs. 4 Satz 1 GWB.[493] Maßgeblich ist danach der Gesamtbetrag der in § 34 Abs. 2 Satz 1 Nr. 1 lit. a bis e der Kreditinstituts-Rechnungslegungsverordnung (abzüglich Umsatzsteuer und direkter Ertragssteuern) genannten Erträge. Dies sind die Zinserträge, Beteiligungserträge, Provisionserträge, der Nettoertrag des Handelsbestands und die sonstigen betrieblichen Erträge. Wichtig ist, dass die betreffenden Ertragsposten (mit Ausnahme des Nettoertrags des Handelsbestands, vgl. § 304c Abs. 1 HGB) „brutto", also ohne Gegenrechnung entsprechender Aufwendungen anzusetzen sind, was in der Praxis teilweise Schwierigkeiten bereitet, weil Zinserträge und -aufwendungen in den (veröffentlichten) Gewinn- und Verlustrechnungen nicht immer getrennt ausgewiesen werden.

149 Der **Anwendungsbereich** von § 38 Abs. 4 Satz 1 GWB ist weiter, als es zunächst den Anschein hat.[494] „Kreditinstitute" im Sinne der Vorschrift sind gemäß § 1 Abs. 1 KWG Unter-

---

[485] So BKartA B. v. 22.2.2002, B7–168/01, Rdnr. 184 ff., 195 – *Liberty/Viola.*

[486] BGH WuW/E BGH 1905, 1906 – *Münchener Anzeigenblätter;* BVerfG WuW/E VG 307 f. – *Münchener Anzeigenblätter;* BGH WuW/E BGH 2443, 2449 – *Südkurier/Singener Wochenblatt; Immenga/Mestmäcker-Mestmäcker/Veelken,* GWB, 4. Aufl., § 38 Rdnr. 28; *Langen/Bunte-Kallfaß,* GWB, § 38 Rdnr. 11.

[487] BKartA E. v. 19.7.2010, B6–48/10 (Fallbericht) – *ddp/Associated Press.*

[488] BGH WuW/E BGH 1685, 1690 – *Springer/Elbe Wochenblatt; Kleinmann/Bechtold,* Fusionskontrolle, § 23 Rdnr. 332; *Langen/Bunte-Kallfaß,* GWB, § 38 Rdnr. 11; *Canenbley/Moosecker,* Fusionskontrolle, S. 37.

[489] Vgl. OLG Düsseldorf WuW/E DE-R 1973, 1976 – *SZ/Lokalzeitung;* OLG Düsseldorf WuW/E DE-R 3173, 3183 – *Anzeigengemeinschaft.*

[490] BKartA E. v. 17.3.2011, B6–86/10 (Fallbericht) – *BV Deutsche Zeitungsholding/BerlinOnline;* vgl. auch *König/Trafkowski,* ZUM 2003, 513, 514 (Mediendienste – heute: Telemedien iSv § 1 Abs. 1 TMG – nicht als Rundfunk iSv § 38 Abs. 3 GWB).

[491] BKartA B. v. 22.2.2002, B7–168/01, Rdnr. 186 – *Liberty/Viola;* aA noch BKartA, AG 1996, 477, 479 – *Pirmasenser Zeitung.*

[492] BGH WuW/E BGH 1685, 1690 – *Springer/Elbe Wochenblatt; FK-Paschke,* GWB 2005, § 38 Rdnr. 14.

[493] Siehe Art. 5 Abs. 3 lit. a FKVO, vgl. Begr. RegE zur 6. GWB-Novelle, BT-Drucks. 13/9720, S. 58. Das frühere Recht stellt auf ein Zehntel der Bilanzsumme ab (§ 23 Abs. 1 Satz 4 GWB idF der 5. GWB-Novelle).

[494] Für eine enge Auslegung demgegenüber *Langen/Bunte-Kallfaß,* GWB, § 38 Rdnr. 14.

nehmen, die Bankgeschäfte von einem gewissen Umfang betreiben. Hierzu gehören auch Bausparkassen, weshalb ihre separate Nennung an sich überflüssig ist.[495] Der Begriff „Finanzinstitut" deckt sich mit dem Begriff „Finanzunternehmen" in § 1 Abs. 3 KWG, der dort seit der 6. KWG-Novelle (1998) den Begriff des Finanzinstituts abgelöst hat.[496] Zu den Finanzunternehmen bzw. -instituten zählt das KWG auch Unternehmen, deren Haupttätigkeit es ist, Beteiligungen zu erwerben und zu halten **(Holdinggesellschaften)** oder die sonstigen in § 1 Abs. 3 Nr. 2 bis 8 KWG aufgeführten Finanzgeschäfte durchzuführen. Dieses weite Verständnis des Begriffs der Finanzinstitute entspricht der europäischen Rechtslage.[497] Bei Finanzholdings oder Investmentfonds, deren Haupttätigkeit in dem Erwerb und Halten von Unternehmensbeteiligungen besteht, kann es erforderlich sein, die Umsatzerlöse teils nach § 38 Abs. 1 GWB (beherrschte Beteiligungen) und teils nach § 38 Abs. 4 Satz 1 GWB (nichtbeherrschte Beteiligungen) zu berechnen.[498] Seit dem Bilanzrechtsmodernisierungsgesetz von 2009 und dem AIFM-Umsetzungsgesetz von 2013 fallen in den Anwendungsbereich von § 38 Abs. 4 GWB außerdem Kapitalanlagegesellschaften i. S. d. § 2 Abs. 6 InvG bzw. nunmehr externe Kapitalverwaltungsgesellschaften i. S. d. § 17 Abs. 2 Nr. 1 KAGB.

Bei **Versicherungsunternehmen** sind die Prämieneinnahmen des letzten abgeschlosse- 150
nen Geschäftsjahres anzusetzen (§ 38 Abs. 4 Satz 2 GWB). Hierunter sind Einnahmen aus dem Erst- und Rückversicherungsgeschäft einschließlich der in Rückdeckung gegebenen Anteile zu verstehen (§ 38 Abs. 4 Satz 3 GWB).

Die Sonderregeln in § 38 Abs. 2 bis 4 GWB knüpfen an die Tätigkeit der beteiligten 151
Unternehmen, nicht an die von dem Zusammenschluss betroffenen Märkte an und gelten deshalb auch, wenn der jeweils in Rede stehende Zusammenschluss (ausschließlich) andere als die besonders geregelten Branchen betrifft. Bei **gemischten Zusammenschlüssen,** z. B. der Übernahme eines Industrieunternehmens durch ein Presseunternehmen, sind deshalb die Umsätze der Beteiligten nach den Sonderregeln des § 38 Abs. 2 bis 4 GWB zu berechnen, soweit sie den speziellen Rechenklauseln unterliegen. Bei **gemischten Unternehmensgruppen,** die z. B. aus Kredit- oder Finanzinstituten, Bausparkassen oder Versicherungsunternehmen einerseits und aus „normalen" Unternehmen andererseits bestehen, erfolgt entsprechend eine gemischte Berechnung, d. h. die nach o. g. Kriterien ermittelten Summen sind mit den Umsätzen der sonstigen Unternehmen zu addieren.[499]

4. Geographische Umsatzallokation. *a) Grundsatz.* Zur richtigen Bemessung der Po- 152
sition von Unternehmen im Markt und zur Feststellung der Zuständigkeiten unterschiedlicher Kartellbehörden ist es essenziell, die erzielten Umsätze von Unternehmen geografisch richtig zuzuordnen. Die geografische Umsatzzuordnung ist im GWB zwar nicht geregelt. Der BGH hat jedoch entschieden, dass die im Rahmen des Bedarfsmarktkonzepts für die Marktabgrenzung entwickelten Kriterien auch für die geografische Umsatzzurechnung von Bedeutung sind.[500] Entscheidend ist danach im Grundsatz der **Ort, an dem der Bedarf des Kunden besteht** und auf den sich deshalb seine Nachfrage bezieht. Dies ist bei dem Verkauf von Waren regelmäßig der Liefer-/Verwendungsort und bei der Erbringung von Dienstleistungen der Leistungsort. Der Sitz des Kunden hat demgegenüber nur untergeordnete Bedeutung.[501] Gleiches gilt für den Vertragsort, die Rechnungsanschrift, den Sitz des Anbieters, den Ort der Umsatzbesteuerung (§§ 3 ff. UStG) oder Vereinbarungen über

[495] Vgl. Begr. RegE zur 2. GWB-Novelle, BT-Drucks. VI/2520, S. 26.

[496] *Boos/Fischer/Schulte-Mattler-Schäfer,* Kreditwesengesetz, 4. Aufl., § 1 Rdnr. 165.

[497] Komm., Konsolidierte Mitteilung, Rdnr. 208; vgl. *Lettl,* WM 2006, 253, 255 und 264; *Loewenheim/Meessen/Riesenkampff-Bauer,* GWB, § 38 Rdnr. 19; *Immenga/Mestmäcker-Mestmäcker/Veelken,* GWB, 4. Aufl., § 38 Rdnr. 23.

[498] Vgl. Komm., Konsolidierte Mitteilung, Rdnr. 217 ff.

[499] Vgl. Begr. RegE zur 2. Novelle, BT-Drucks. 7/2954, S. 6.

[500] BGH WuW/E DE-R 4135, Rdnr. 15 – *Viskosefasern.*

[501] BGH aaO; ebenso OLG Düsseldorf WuW/E DE-R 3943, 3945 – *Viskosefasern;* BKartA B. v. 22.11.2012, B3–64/12, Rdnr. 22 ff. – *Lenzing/Kelheim;* aA *Bechtold,* GWB, § 38 Rdnr. 33; *FK-Paschke,* GWB 2005, § 35 Rdnr. 18.

das anwendbare Recht oder den Gerichtsstand.[502] Hinter dieser Rechtsprechung steht die zutreffende Erwägung, dass der Ort, an dem die geschuldete Vertragshandlung erbracht wird, der Ort ist, an dem sich das Unternehmen dem Wettbewerb mit alternativen Anbietern gestellt und dessen Besonderheiten es bei der Erarbeitung seines Angebots beachtet hat (z.B. hinsichtlich Preisniveau, Transportkosten, Verpackung, Produktsicherheit, Informationspflichten, Sprache).[503]

153 Die Zuordnung nach dem Bestimmungsort konfligiert nur scheinbar mit dem Zuordnungskriterium des **europäischen Rechts,** das gemäß Art. 5 Abs. 1 Unterabs. 2 FKVO auf den Standort des Kunden abstellt. Die Kommission interpretiert diese Vorschrift nämlich so, dass der Standort des Kunden „zur Zeit der Transaktion" gemeint sei, was im Ergebnis auf den Ort der geschuldeten Handlung hinausläuft, d.h. den Ort der tatsächlichen Leistung bzw. Lieferung.[504]

154 *b) Einzelfälle.* Beim **Verkauf von Waren** ist der Ort der tatsächlichen Verwendung/Lieferung das maßgebliche Zuordnungskriterium, weil der Anbieter gerade um die Belieferung dieses Ortes mit seinen Wettbewerbern konkurriert hat. Dies gilt auch für Distanzgeschäfte, so dass z.B. die Erlöse eines ausländischen Internetanbieters aus der Belieferung deutscher Kunden deutsche Umsatzerlöse sind, selbst wenn der Vertrag über die ausländische Internetseite des Anbieters zustande gekommen ist. Fälle, in denen sich ein multinationales Unternehmen einer zentralen Einkaufsorganisation bedient, werden ebenfalls über das Kriterium des Verwendungs-/Lieferortes gelöst. Der Ort der zentralen Einkaufsorganisation ist deshalb nur dann der Ort des Umsatzes, wenn die erworbenen Waren auch dorthin geliefert werden und es für den Lieferanten nicht erkennbar ist, wo die gelieferte Ware verwendet wird. Beliefert der Anbieter hingegen unmittelbar die einzelnen Tochtergesellschaften und Betriebsteile seines Kunden, ist der Umsatz entsprechend nach dem Lieferort aufzuteilen, selbst wenn die zentrale Einkaufsorganisation die Vertragsverhandlungen geführt, die Lieferaufträge erteilt, die Rechnungen erhalten und die Zahlungen ausgeführt hat.[505] Ebenso dürfte der Fall zu behandeln sein, dass der Lieferant eine zentrale Stelle des Konzerns beliefert bzw. der Kunde die Ware beim Lieferanten abholt, dem Lieferanten aber aufgrund der Vertragsverhandlungen bekannt ist, dass die Ware an einem anderem Ort vom Kunden verwendet wird. In diesem Fall muss der Verwendungsort für die Umsatzallokation Vorrang vor dem Lieferort erhalten, weil der Bedarf des Kunden am Verwendungsort auftritt und dort der Wettbewerb um den Auftrag stattgefunden hat. Ähnliche Funktionen wie Zentraleinkäufer in größeren Unternehmensverbunden haben **Großhändler mit Exportgeschäft** oder **Einkaufskooperationen** mit ausländischen Mitgliedern. Auch hier ist der Umsatzort der Ort der bestimmungsgemäßen Lieferung, selbst wenn der Standort des unmittelbaren Vertragspartners hiervon abweicht. Zur Klarstellung sei aber vermerkt, dass der Einbau einer im Inland ausgelieferten Komponente in ein im Inland zusammengesetztes Weiterverarbeitungsprodukt, das dann erkennbar ins Ausland geliefert wird, in jedem Fall für den Lieferanten einen Inlandsumsatz auslöst. Hier wird ein inländischer Verwender beliefert, auch wenn das Weiterverarbeitungsprodukt für den Export bestimmt ist.

155 Bei der **Erbringung von Dienstleistungen** ist der Ort des Umsatzes dementsprechend der Ort, an dem die Dienstleistung erbracht wird. Keine Schwierigkeiten bereitet die Bestimmung des Leistungsorts, wenn die Beteiligten für die Transaktion räumlich zueinander finden (Kunde kommt zum Anbieter oder Anbieter kommt zum Kunden). Einer genaueren Analyse bedürfen hingegen die Fälle, in denen die Beteiligten ihren Standort nicht verändern. Bei der Lieferung von Software oder dem Vertrieb von Filmen ist das Hauptcharakteristikum der Leistung die Lizensierung des geistigen Eigentums und das Gestatten

[502] Vgl. OLG Düsseldorf WuW/E DE-R 3943, 3945 – *Viskosefasern;* Komm., Konsolidierte Mitteilung, Rdnr. 197.

[503] BGH WuW/E DE-R 4135, Rdnr. 18 – *Viskosefasern.*

[504] Vgl. Komm., Konsolidierte Mitteilung, Rdnr. 196 ff.

[505] BGH WuW/E DE-R 4135, Rdnr. 17 – *Viskosefasern;* ebenso BKartA B. v. 21.12.2012, B3–113/12, Rdnr. 30 – *Becton Dickinson/Safety Syringes;* Komm., Konsolidierte Mitteilung, Rdnr. 198.

der Nutzung nach dem Recht des jeweiligen Staates, der dementsprechend der Leistungsort ist.[506] Schwierigkeiten können auch die Fälle bereiten, in denen die Leistung an mehreren Orten erbracht wird. Bei dem Vertrieb von Pauschalreisen findet der Wettbewerb am Ort des Kunden statt, auch wenn der Kunde ins Ausland befördert wird und dort den Großteil der geschuldeten Leistung empfängt.[507] Aus demselben Grund wird bei der Beförderung von Waren auf den Standort des Kunden abgestellt.[508]

Für **Kredit- und Finanzinstitute** kennt das europäische Recht die Sonderregel des Art. 5 Abs. 1 lit. a Unterabs. 2 FKVO, nach der die Erträge der Zweig- oder Geschäftsstelle zuzuordnen sind, die sie verbuchen. Diese Zuordnung nach dem Standort des Anbieters kann im Einzelfall zu erheblichen Abweichungen von der Zuordnung nach dem Leistungsort führen (z. B. bei der Fondsverwaltung für ausländische Kunden). Dennoch sollte die europäische Regel in der deutschen Fusionskontrolle entsprechend angewendet werden, insbesondere weil die Zuordnung nach dem Leistungsort meist nicht praktikabel und § 38 Abs. 4 GWB vom Willen zur Angleichung an das europäische Fusionskontrollrecht geprägt ist.[509] **156**

5. Zusammenfassung mehrerer Erwerbsvorgänge (§ 38 Abs. 5 Satz 3 GWB). Im Rahmen der **8. GWB-Novelle** neu eingeführt und im Zuge der Angleichung an das europäische Fusionskontrollrecht aus Art. 5 Abs. 2 Unterabs. 2 FKVO abgeleitet wurde die Zusammenrechnungsklausel des § 38 Abs. 5 Satz 3 GWB. Angeordnet wird die Zusammenfassung von zwei oder mehr Erwerbsvorgängen zu einem einheitlichen Zusammenschluss, wenn diese *innerhalb von zwei Jahren zwischen denselben Beteiligten* getätigt und dadurch erstmals die Umsatzschwellen des § 35 GWB erreicht werden. Der Zweck ist, Umgehungsstrategien (sog. „Salamitaktik") hinsichtlich der für die Anmeldepflicht maßgeblichen Umsatzschwellen zu verhindern, insbesondere hinsichtlich der zweiten Inlandsumsatzschwelle in § 35 Abs. 1 Nr. 2 GWB.[510] Soweit § 38 Abs. 5 Satz 3 GWB eingreift, sind die betroffenen Transaktionen formell sowie materiell als einheitlicher Zusammenschluss zu behandeln. **157**

Die Zusammenfassung mehrerer Erwerbsvorgänge zu einem einheitlichen Zusammenschluss ist nicht neu. Bereits vor der 8. GWB-Novelle war dies möglich, wenn sich die einzelnen Transaktionen wirtschaftlich betrachtet als ein einheitlicher Vorgang darstellten.[511] Maßgeblich hierfür war das Vorliegen eines **Gesamtplans,**[512] der beispielsweise dann klar zu Tage tritt, wenn verschiedene Rechtsakte in einem einzelnen Vertrag zusammengefasst werden[513] oder wenn mehrere Erwerbsvorgänge derart miteinander verknüpft sind, dass der eine nicht ohne den anderen durchgeführt worden soll.[514] Diese Grundsätze sind mit der 8. GWB-Novelle nicht obsolet geworden, was außerhalb des Anwendungsbereichs von § 38 Abs. 5 Satz 3 GWB Bedeutung hat. Kontrollpflichtige Transaktionen in kleinere Teile zu portionieren und zeitlich gestaffelt zu vollziehen, befreite somit auch bisher nicht von der Pflicht zur Anmeldung, solange ein Gesamtplan offensichtlich oder beweisbar war. Die Neuregelung des § 38 Abs. 5 Satz 3 GWB entbindet das BKartA nunmehr im Interesse einer effektiveren Rechtsdurchsetzung von dem Nachweis, dass Transaktionen unter denselben Beteiligten in einem Zweijahreszeitraum einem vorgefassten Plan entspringen. Allerdings schießt sie über das Ziel der Verhinderung von Umgehungsgeschäf- **158**

---

[506] So im Ergebnis auch Komm., Konsolidierte Mitteilung, Rdnr. 200.

[507] Vgl. KG WuW/E OLG 5151, 5159 – *Ernstliche Untersagungszweifel.*

[508] Vgl. Komm., Konsolidierte Mitteilung, Rdnr. 200 f.; vgl. auch zur Umsatzzuordnung bei Flugreisen Komm. E. v. 27.6.2007, COMP/M.4439, Rdnr. 18 ff. – *Ryanair/Aer Lingus.*

[509] Für die analoge Anwendung auch *Immenga/Mestmäcker-Mestmäcker/Veelken,* GWB, 4. Aufl., § 37 Rdnr. 23; *Loewenheim/Meessen/Riesenkampff-Bauer,* GWB, § 38 Rdnr. 20; *FK-Paschke,* GWB 2005, § 35 Rdnr. 18.

[510] Begr. RegE zur 8. GWB-Novelle, BT-Drucks. 17/9852, S. 29.

[511] BGH WuW/E BGH 2013, 2014 – *VEW/Gelsenwasser;* BGH WuW/E DE-R 3591, Rdnr. 20 ff. – *Total/OMV;* KG WuW/E DE-R 561.

[512] BGH WuW/E DE-R 24, 26 – *Stromversorgung Aggertal;* BGH WuW/E DE-R 3591, Rdnr. 22 – *Total/OMV* („einheitliche unternehmerische Entscheidung").

[513] OLG Düsseldorf WuW/E OLG 1833, 1835 – *Bayer/Metzeler.*

[514] *Dohrn,* WuW 2011, 17, 21 f.; vgl. auch Komm., Konsolidierte Mitteilung, Rdnr. 38 ff.

ten hinaus, weil auch in keinem Zusammenhang zueinander stehende Transaktionen erfasst werden.[515]

159 § 38 Abs. 5 Satz 3 GWB hat **vier Tatbestandsmerkmale:** Vorausgesetzt wird, dass (1) es sich um Erwerbsvorgänge i. S. v. § 38 Abs. 5 Satz 1 GWB handelt, (2) die beteiligten Personen oder Unternehmen identisch sind, (3) die Erwerbsvorgänge innerhalb von zwei Jahren getätigt werden und (4) die Umsatzschwellen des § 35 durch die Zusammenfassung erstmals erreicht werden.

160 Mit dem Verweis auf § 38 Abs. 5 Satz 1 GWB stellt das Gesetz klar, dass sich die Erwerbsvorgänge auf **unterschiedliche Unternehmensteile** beziehen müssen.[516] Die qualitative Verstärkung einer bestehenden Unternehmensverbindung (§ 37 Abs. 2 GWB) wird also nicht erfasst, z. B. der Schritt von einer bestehenden 25%-Beteiligung (§ 37 Abs. 1 Nr. 3 Satz 1 lit. b GWB) zu einem Kontrollerwerb (§ 37 Abs. 1 Nr. 2 GWB). Hinsichtlich der unterschiedlichen Unternehmensteile können jedoch unterschiedliche Zusammenschlusstatbestände verwirklicht werden, z. B. der Erwerb von Alleinkontrolle in Bezug auf die Gesellschaft A und der Erwerb von Mitkontrolle in Bezug auf die Gesellschaft B, solange nur alle Zusammenschlussbeteiligten bei allen Zusammenschlusstatbeständen identisch sind.[517]

161 Die Zusammenfassung nach § 38 Abs. 5 Satz 3 GWB erfolgt nicht nur bei zeitlich gestaffelten Erwerbsvorgängen, sondern erst recht, wenn die Vorgänge gleichzeitig stattfinden. Fraglich kann allerdings sein, wann die **Zweijahresfrist** beginnt und endet. Der Gesetzeswortlaut („getätigt werden") deutet auf das Vollzugsdatum hin, so dass die Frist jedenfalls mit dem Vollzug der ersten Transaktion in Gang gesetzt wird. Da zum Zeitpunkt der Beurteilung der Anmeldepflicht für die letzte Transaktion das Vollzugsdatum aber regelmäßig noch nicht feststeht und der Vollzug durch die Fusionskontrolle hinausgezögert und möglicherweise sogar verhindert wird, könnte stattdessen auf das Datum der Anmeldung beim BKartA abzustellen sein.[518] Das Anmeldedatum hat jedoch seit der 6. GWB-Novelle seine Relevanz für die Umsatzberechnung verloren.[519] Der *ratio legis* dürfte es eher entsprechen, auf das Datum des Vertragsschlusses abzustellen, in dem sich der Wille der Beteiligten zum Tätigen der Folgetransaktion manifestiert.[520]

162 Für die **Identität der beteiligten Personen oder Unternehmen** genügt es, wenn auf Erwerber- und Veräußererseite sowohl bei der Ersttransaktion wie bei der Folgetransaktion Unternehmen in Erscheinung treten, die – zum Zeitpunkt der Folgetransaktion – jeweils demselben Konzernkreis (§ 36 Abs. 2 GWB) angehören.[521]

163 § 38 Abs. 5 Satz 3 GWB unterscheidet sich an einer wesentlichen Stelle von ihrer Vorbildregelung in Art. 5 Abs. 2 Unterabs. 2 FKVO: Die Zusammenfassung erfolgt nur, wenn durch sie **erstmals die Fusionskontrolle auslöst** wird. Dies bedeutet, dass nur zusammengerechnet werden darf, wenn *jeder einzelne Erwerbsvorgang* unter den Schwellenwerten bleibt, und nur solange, bis die Schwellenwerte erstmals überschritten werden. Diese Einschränkung macht das europäische Recht nicht, was dort zu dem irritierenden Ergebnis führt, dass ein angemeldeter und freigegebener Erstzusammenschluss zusammen mit dem Zweitzusammenschluss erneut angemeldet und geprüft werden muss.[522] Darüber hinaus kann die europäische Regelung bei einer Kette von Transaktionen zur unbegrenzten Verlängerung der Zweijahresfrist führen, solange zwischen den Einzeltransaktionen jeweils ein Zeitraum von weniger als zwei Jahren liegt, weil jede Folgetransaktion den Zeitpunkt des „Gesamtzusammenschlusses" nach hinten verschiebt. Beide Situationen vermeidet die Ein-

---

[515] Ebenso zur Parallelproblematik im europäischen Recht *Wiedemann,* Fs. Möschel, 2011, 721 ff.
[516] AA offenbar *Bechtold,* GWB, § 38 Rdnr. 17 („keine selbständige Bedeutung").
[517] Was in dem Beispiel bedeutet, dass das mitkontrollierende Unternehmen bei der Gesellschaft B der Veräußerer sein muss, vgl. Komm., Konsolidierte Mitteilung, Rdnr. 50.
[518] So *Bechtold,* GWB, § 38 Rdnr. 17.
[519] Dazu oben Rdnr. 137 ff.
[520] So auch zum europäischen Recht *Wiedemann,* Fs. Möschel, 2011, 721, 732.
[521] Vgl. *Bechtold,* GWB, § 38 Rdnr. 17; Komm., Konsolidierte Mitteilung, Rdnr. 50.
[522] Dazu näher *Wiedemann,* Fs. Möschel, 2011, 721, 728.

schränkung des erstmaligen Erreichens der Umsatzschwellen.[523] Dies bedeutet, dass das BKartA einen – möglicherweise wettbewerblich bedenklichen, aber für sich genommen kontrollfreien – Zweitzusammenschluss nicht prüfen darf, wenn der Erstzusammenschluss „aus eigener Kraft" die Schwellenwerte erreicht hat, und umgekehrt.[524] Es bleibt aber die Möglichkeit, dass die Einzeltransaktionen bei Vorliegen eines Gesamtplans nach den allgemeinen Regeln zusammenzufassen sind.[525]

Die Rechtsfolge der Regelung des § 38 Abs. 5 Satz 3 GWB ist, dass die Einzeltransaktionen **formell und materiell als einheitlicher Zusammenschluss** behandelt werden. Dementsprechend müssen in der Anmeldung die Angaben nach § 39 Abs. 3 GWB für sämtliche Einzelvorgänge gemacht werden. Mit Eintritt der Voraussetzungen von § 38 Abs. 5 Satz 3 GWB gilt zudem das Vollzugsverbot des § 41 Abs. 1 Satz 1 GWB, das nicht nur die Folgetransaktion,[526] sondern auch etwaige noch ausstehende Vollzugshandlungen der Ersttransaktion umfassen dürfte. Zu beachten ist auch, ob möglicherweise zugleich eine Zusammenfassung nach Art. 5 Abs. 2 Unterabs. 2 FKVO mit der Folge stattfindet, dass die vorrangige Zuständigkeit der Kommission begründet wird. **164**

Ungeklärt ist die Frage, ob das BKartA den **Gesamtzusammenschluss untersagen** und die Auflösung bereits vollzogener Transaktionsteile anordnen kann. Dies wäre unverhältnismäßig, wenn und weil die Beteiligten zumindest einen Erwerbsvorgang kontrollfrei (wieder) vornehmen könnten.[527] Die Zusammenschlussbeteiligten müssen deshalb die Möglichkeit haben, den Zusammenschluss – ggf. im Wege von Zusagen (§ 40 Abs. 3 GWB) – soweit zu reduzieren, dass für den dann verbleibenden Teil (z.B. den bereits vollzogenen Erstzusammenschluss) die Schwellenwerte nicht mehr erreicht werden. Das gesetzgeberische Ziel der Verhinderung einer „Salamitaktik" wäre hiervon nicht berührt, weil es nur den kontrollfreien Vollzug des Gesamtzusammenschlusses verhindern soll („ganze Wurst" nicht „einzelne Scheibe"). **165**

IV. Umsätze der beteiligten Unternehmen

1. Die Beteiligteneigenschaft. Die für § 35 Abs. 1 GWB maßgeblichen Umsätze sind die Umsätze der „beteiligten Unternehmen". Gemeint sind damit die Unternehmen, die im **materiell-rechtlichen Sinne** an dem Zusammenschluss beteiligt sind. Zu den beteiligten Unternehmen gehört durchgängig der Erwerber (von Vermögen, Kontrolle, Anteilen oder Einfluss). Welche Unternehmen darüber hinaus beteiligt sind, stellt sich für die einzelnen Zusammenschlusstatbestände des § 37 Abs. 1 GWB unterschiedlich dar, weshalb die Frage nach dem Zusammenschlusstatbestand regelmäßig vor der Frage nach den Umsätzen der beteiligten Unternehmen zu klären ist. **166**

Beim **Vermögenserwerb** gemäß § 37 Abs. 1 Nr. 1 GWB bilden die zu erwerbenden Vermögensgegenstände das zweite „beteiligte Unternehmen". Nur der auf sie entfallende Umsatz des Veräußerers ist für die Prüfung nach § 35 GWB zu berücksichtigen (§ 38 Abs. 5 Satz 1 GWB).[528] Der Veräußerer selbst ist nicht im materiell-rechtlichen Sinne an dem Zusammenschluss beteiligt,[529] weshalb ihn die verfahrensrechtlichen Regelungen der §§ 39 Abs. 2 Nr. 3, 39 Abs. 3 Satz 3, 54 Abs. 2 Nr. 4 GWB ausdrücklich neben den am Zusammenschluss beteiligten Unternehmen nennen. **167**

Beim Kontrollerwerb gemäß § 37 Abs. 1 Nr. 2 GWB ist entsprechend der europäischen Praxis zu differenzieren: Wird **alleinige Kontrolle** erworben, so ist neben dem Erwerber **168**

[523] AA *Bechtold,* GWB, § 38 Rdnr. 18f., der – wenngleich ohne Begründung – annimmt, dass § 38 Abs. 5 Satz 3 GWB auch einen bereits geprüften und freigegebenen Zusammenschluss erfassen kann.

[524] Ebenso *Bardong,* NZKart 2013, 303, 306.

[525] Vgl. dazu oben Rdnr. 158.

[526] So *Immenga/Mestmäcker-Thomas,* GWB, 5. Aufl., § 38 Rdnr. 80.

[527] Ebenso *Langen/Bunte-Kallfaß,* GWB, § 38 Rdnr. 18; aA offenbar *Immenga/Mestmäcker-Thomas,* GWB, 5. Aufl., § 38 Rdnr. 81; dazu auch unten § 21 Rdnr. 101f.

[528] Dazu unten Rdnr. 173.

[529] Offenbar aA BKartA, Merkblatt zur deutschen Fusionskontrolle (2005), S. 11.

der Kontrolle das „Zielunternehmen“ beteiligt, also das Unternehmen, das Gegenstand des Kontrollerwerbs ist.[530] Beim Erwerb von **Mitkontrolle** gehören zu den beteiligten Unternehmen all jene, die nach dem Vollzug des Zusammenschlusses an der Kontrolle teilhaben. Ob zusätzlich das Gemeinschaftsunternehmen selbst als beteiligtes Unternehmen gilt, hängt davon ab, von wem es erworben wird.[531] Wenn die künftigen Muttergesellschaften ein neues Gemeinschaftsunternehmen gründen – sei es als neue Gesellschaft, in die eine oder beide Mütter Vermögensgegenstände einbringen, sei es durch Umwandlung einer bestehenden Tochtergesellschaft in ein gemeinsam kontrolliertes Unternehmen –, sind die beteiligten Unternehmen nur die künftigen Muttergesellschaften, nicht das Gemeinschaftsunternehmen selbst. Die Umsätze der in das Gemeinschaftsunternehmen einzubringenden Unternehmen oder Geschäftsbereiche werden vielmehr beim Umsatz der jeweiligen Muttergesellschaft berücksichtigt.[532] Erwerben die künftigen Mütter demgegenüber die gemeinsame Kontrolle über das Unternehmen eines Dritten, so sind an dem Zusammenschluss die künftigen Muttergesellschaften einerseits und das Gemeinschaftsunternehmen andererseits beteiligt.[533] Gleichgelagert ist der Fall, dass sich die Zusammensetzung der kontrollierenden Unternehmen ändert. Auch in diesem Fall gehören zu den beteiligten Unternehmen die (vorhandenen und neu hinzukommenden) mitkontrollierenden Unternehmen und das Gemeinschaftsunternehmen.[534]

169 An einem **Anteilserwerb** gemäß § 37 Abs. 1 Nr. 3 Satz 1 GWB sind beteiligt der Erwerber und die Zielgesellschaft, also das Unternehmen, an dem die Anteile erworben werden.[535] Der Veräußerer ist kein beteiligtes Unternehmen; seine Umsätze sind aber ggf. gemäß § 38 Abs. 5 Satz 2 GWB der Zielgesellschaft zuzurechnen.[536] Ebenso wie beim Vermögenserwerb wird der Veräußerer deshalb in den verfahrensrechtlichen Regelungen der §§ 39 Abs. 2 Nr. 3, 39 Abs. 3 Satz 3, 54 Abs. 2 Nr. 4 GWB ausdrücklich neben den am Zusammenschluss beteiligten Unternehmen genannt.

170 Bei Verwirklichung der **Gemeinschaftsunternehmensfiktion** des § 37 Abs. 1 Nr. 3 Satz 3 GWB sind alle Gesellschafter mit einem Anteil von wenigstens 25% an dem Zusammenschluss beteiligt. Nicht beteiligt ist in diesem Fall das Gemeinschaftsunternehmen selbst; seine Umsätze sind aber ggf. gemäß § 36 Abs. 2 GWB bei den Gesellschaftern zu berücksichtigen, die das Gemeinschaftsunternehmen (mit-)beherrschen. Der Vertikalzusammenschluss nach § 37 Abs. 1 Nr. 3 Satz 1 GWB und der Horizontalzusammenschluss nach § 37 Abs. 1 Nr. 3 Satz 3 GWB müssen also ebenso wie die übrigen Zusammenschlusstatbestände des § 37 Abs. 1 GWB getrennt voneinander beurteilt werden, zumal der Wortlaut von § 37 Abs. 1 Nr. 3 Satz 3 GWB („Zusammenschluss der sich beteiligenden Unternehmen untereinander“) nicht auf das Gemeinschaftsunternehmen Bezug nimmt.[537]

171 An einem **Erwerb wettbewerblich erheblichen Einflusses** gemäß § 37 Abs. 1 Nr. 4 GWB sind immer nur beteiligt der Erwerber und das Unternehmen, an dem Einfluss er-

[530] Komm., Konsolidierte Mitteilung, Rdnr. 134. Dies gilt auch für den Übergang von gemeinsamer zu alleiniger Kontrolle, s. ebd. Rdnr. 138.

[531] Ohne diese Differenzierung BKartA, Merkblatt zur deutschen Fusionskontrolle (2005), S. 11 („die Unternehmen, die eine Kontrolle ausüben können, und das der Kontrolle unterworfene Unternehmen.“).

[532] Komm., Konsolidierte Mitteilung, Rdnr. 139; ebenso *Immenga/Mestmäcker-Thomas,* GWB, 5. Aufl., § 37 Rdnr. 241. Dass das Gemeinschaftsunternehmen in diesem Fall kein beteiligtes Unternehmen ist, wird bei vielen Kommentatoren nicht deutlich, so etwa bei *Bechtold,* GWB, § 37 Rdnr. 17 und *Loewenheim/Meessen/Riesenkampff-Bauer,* GWB, § 35 Rdnr. 4; *Langen/Bunte-Kallfaß,* GWB, § 35 Rdnr. 21.

[533] Komm., Konsolidierte Mitteilung, Rdnr. 140.

[534] Komm., Konsolidierte Mitteilung, Rdnr. 143.

[535] BKartA, Merkblatt zur deutschen Fusionskontrolle (2005), S. 11.

[536] Dazu unten Rdnr. 174.

[537] Ausdrücklich aA *Immenga/Mestmäcker-Mestmäcker/Veelken,* GWB, 4. Aufl., § 37 Rdnr. 74; *Loewenheim/Meessen/Riesenkampff-Lindemann,* GWB, § 37 Rdnr. 49; unklar bei *Bechtold,* GWB, § 37 Rdnr. 33; *Langen/Bunte-Kallfaß,* GWB, § 35 Rdnr. 22 und § 37 Rdnr. 45; *Immenga/Mestmäcker-Thomas,* GWB, 5. Aufl., § 37 Rdnr. 292.

worben wird (dem aber ggf. gemäß § 36 Abs. 2 GWB die Umsätze des oder der Gesellschafter mit Beherrschungsmacht zuzurechnen sind). Dies gilt auch für den Fall, dass mehrere Unternehmen nacheinander oder gleichzeitig einen (gemeinsamen) wettbewerblich erheblichen Einfluss auf dasselbe Unternehmen erwerben. Mangels einer § 37 Abs. 1 Nr. 3 Satz 3 GWB vergleichbaren Regelung erfolgt kein horizontaler Zusammenschluss zwischen den Gesellschaftern mit wettbewerblich erheblichem Einfluss. Es handelt sich vielmehr um mehrere gesondert voneinander zu betrachtende Vertikalzusammenschlüsse zwischen dem jeweiligen Erwerber und dem Zielunternehmen.[538]

2. Umsätze des Veräußerers (§ 38 Abs. 5 Satz 1 und 2 GWB). Nach § 38 Abs. 5 172
Satz 1 GWB sind die **Umsatzerlöse des Veräußerers** in der formellen Fusionskontrolle grundsätzlich nicht zu berücksichtigen. Die dahinter stehende Überlegung, dass die Ressourcen des Veräußerers für die Zusammenschlusskontrolle nicht relevant sind, weil er sich von dem Veräußerungssubstrat löst und nach Vollzug mit ihm nichts mehr zu tun hat, wurde mit der 4. GWB-Novelle (1980) erstmals im Gesetz verankert. Im Falle eines Anteilserwerbs sollte die Beschränkung auf die Umsätze des veräußerten Teils zunächst jedoch nur erfolgen, soweit dabei Anteile in Höhe von weniger als 25% beim Veräußerer verblieben und dadurch weder gemeinsame Beherrschung noch wettbewerblich erheblicher Einfluss ermöglicht wurde.[539] Diese Regelung über den Anteilserwerb wurde mangels praktischer Bedeutung mit der 6. GWB-Novelle (1999) gestrichen.[540] Für den Anteilserwerb ist ohnehin anerkannt, dass grundsätzlich neben dem Erwerber nicht der Veräußerer, sondern lediglich das Unternehmen, an dem die Anteile gehalten werden, Zusammenschlussbeteiligter ist.[541] Die Streichung hatte zur Folge, dass die Umsätze und Marktanteile des Veräußerers beim Zielunternehmen nur noch mitzuzählen waren, wenn beide im Sinne von § 36 Abs. 2 GWB miteinander verbunden blieben. Darüber hinaus konnte der Veräußerer gemäß § 37 Abs. 1 Nr. 3 Satz 3 GWB als (zusätzlicher) Zusammenschlussbeteiligter zu berücksichtigen sein, wenn er wenigstens 25% der Anteile am Zielunternehmen zurückbehielt. Die **8. GWB-Novelle** (2013) hat diese Rechtslage in dem Versuch einer Angleichung an das europäische Recht bei gleichzeitiger Berücksichtigung der deutschrechtlichen Besonderheiten bei den Zusammenschlusstatbeständen erneut geändert.[542] Der Versuch kann wohl nur als bedingt gelungen bezeichnet werden.[543]

Für den Fall des **Vermögenserwerbs** (§ 37 Abs. 1 Nr. 1 GWB) ändert die Neufassung 173
von § 38 Abs. 5 Satz 1 GWB gegenüber der bisherigen Rechtslage nichts. Da der veräußerte Vermögensteil keine eigene Rechtspersönlichkeit besitzt, stellt das Gesetz für die Berechnung der Umsätze des „Zielobjekts" des Zusammenschlusses auf den Veräußerer ab, aber nur insoweit, als es um Umsätze geht, die auf den veräußerten Teil entfallen. Diese Umsätze sind ermittelbar, weil der veräußerte Vermögensteil sich auf eine bestimmte Geschäftssparte oder Betriebsstätte des Veräußerers bezieht.[544]

Änderungen ergeben sich hingegen dort, wo der Zusammenschluss mit dem **Erwerb von** 174
Anteilen einhergeht. Auch wenn § 38 Abs. 5 Satz 1 GWB – insoweit wenig geglückt – vom „Veräußerer" spricht, betrifft die Regelung hier offenkundig das Zielunternehmen des Anteilserwerbs. § 38 Abs. 5 Satz 2 GWB knüpft die Nichtberücksichtigung der Ressourcen des Veräußerers beim Zielunternehmen nunmehr an die Bedingung, dass bei ihm nach dem Zusammenschluss weder Kontrolle i. S. d. § 37 Abs. 1 Nr. 2 GWB noch 25% oder mehr der

---

[538] Ebenso *Bechtold,* GWB, § 35 Rdnr. 31; *Loewenheim/Meessen/Riesenkampff-Bauer,* GWB, § 35 Rdnr. 4; *Immenga/Mestmäcker-Thomas,* GWB, 5. Aufl., § 37 Rdnr. 355.

[539] § 23 Abs. 1 Satz 9 GWB idF der 4. GWB-Novelle.

[540] Begr. RegE zur 6. GWB-Novelle zu § 38 Abs. 5, BT-Drucks. 13/9720, S. 71.

[541] *Langen/Bunte-Kallfaß,* GWB, § 38 Rdnr. 17; *Loewenheim/Meessen/Riesenkampff-Bauer,* GWB, § 38 Rdnr. 22.

[542] Vgl. Begr. RegE zur 8. GWB-Novelle, BT-Drucks. 17/9852, S. 29.

[543] Kritisch auch *Bechtold,* GWB, § 38 Rdnr. 15.

[544] Etwaige Innenumsätze des veräußerten Unternehmensteils mit dem Veräußerer sind nach Übersetzung in das *Arm's Length*-Niveau als Außenumsätze zu behandeln, dazu oben Rdnr. 136.

Anteile verbleiben. Dies ist ein „halber Schritt“ zurück zur Rechtslage vor der 6. GWB-Novelle, weil eine fortbestehende Verbindung des Veräußerers im Sinne eines wettbewerblich erheblichen Einflusses (§ 37 Abs. 1 Nr. 4 GWB) nicht für die Zurechnung seiner Ressourcen genügt.[545] § 38 Abs. 5 Satz 2 GWB erweitert den Anwendungsbereich der Zusammenschlusskontrolle gegenüber der Rechtslage unter der 7. GWB-Novelle tendenziell in Konstellationen, in denen der Veräußerer zwar 25% oder mehr der Anteile am Zielunternehmen zurückbehält, mit diesem aber nicht (mehr) im Sinne von § 36 Abs. 2 GWB verbunden ist. Dies betrifft insbesondere den Fall, dass die Gemeinschaftsunternehmensfiktion des § 37 Abs. 1 Nr. 3 Satz 3 GWB nicht ausgelöst wird, weil der Erwerber zwar Kontrolle oder einen wettbewerblich erheblichen Einfluss, aber weniger als 25% der Anteile erwirbt.[546] Änderungen können sich auch daraus ergeben, dass hier künftig nicht mehr zwischen den Umsätzen des Veräußerers und des Zielunternehmens unterschieden wird[547] und dass durch die weitergehende Berücksichtigung der Veräußererumsätze der Anwendungsbereich der Anschlussklausel (§ 35 Abs. 2 Satz 1 GWB) tendenziell eingeschränkt wird.[548] Ob diese, die Systematik des § 36 Abs. 2 GWB durchbrechenden Änderungen in der Sache gerechtfertigt sind, erscheint zweifelhaft. Insbesondere ist nicht nachvollziehbar, warum zwar die gesamten Ressourcen des mit 25% weiterhin beteiligten Veräußerers, nicht aber die Ressourcen eines dritten 25%-Gesellschafter beim Zielunternehmen berücksichtigt werden.

175 Die Berücksichtigung der Umsätze des Veräußerers nach § 38 Abs. 5 Satz 1 und 2 GWB erfolgt allein für Zwecke der **formellen Fusionskontrolle.** Ob der Erwerber, der sich nicht vollständig lösende Veräußerer und das Zielunternehmen bzw. der Zielvermögensgegenstand darüber hinaus als „wettbewerbliche Einheit“ anzusehen und ihre Ressourcen im Rahmen der materiellen Fusionskontrolle zusammenzurechnen sind, muss nach den dort geltenden Regeln entschieden werden.[549] Die Nennung der „Marktanteile“ in § 35 Abs. 2 Satz 1 GWB ist deshalb, weil Marktanteile in der formellen Fusionskontrolle keine Rolle spielen, überflüssig.[550]

F. Internationaler Anwendungsbereich

I. Inlandsauswirkungen (§ 130 Abs. 2 GWB)

176 Nicht jede Transaktion, die unter den Zusammenschlussbegriff des § 37 GWB fällt und die Umsatzschwellen des § 35 GWB erreicht, ist in Deutschland kontrollpflichtig. Eine **zusätzliche Anwendungsvoraussetzung** für die §§ 35ff. GWB ist in § 130 Abs. 2 GWB enthalten. Zusammenschlüsse, die im Ausland veranlasst werden, unterfallen der deutschen Fusionskontrolle danach nur, wenn sie sich im Inland auswirken.

---

545 Vgl. Begr. RegE zur 8. GWB-Novelle, BT-Drucks. 17/9852, S. 29.

546 Beispiel: Ein Unternehmen mit Umsätzen von 100 Mio. Euro erwirbt 20% der Anteile und wettbewerblich erheblichen Einfluss an einem Zielunternehmen mit Umsätzen von 20 Mio. Euro. Der Veräußerer, dem Umsätze von 500 Mio. Euro zuzurechnen sind, bleibt mit 30% beteiligt. Das Zielunternehmen wird von niemandem beherrscht. Bislang war der Zusammenschluss nicht anmeldepflichtig, weil die Umsätze des Veräußerers keine Rolle spielten, so dass die Schwelle von 500 Mio. Euro in § 35 Abs. 1 Nr. 1 GWB nicht erreicht wurde. Dies hat sich durch § 38 Abs. 5 Satz 5 GWB geändert.

547 Beispiel: Der Erwerber hat Umsätze von 400 Mio. Euro. Auf das Zielunternehmen und die übrigen Aktivitäten des Veräußerers entfallen Umsätze von jeweils 75 Mio. Euro (d.h. insgesamt 150 Mio. Euro). Wenn der Veräußerer zwar 25 % der Anteile zurückbehält, aber nicht mit dem Zielunternehmen iSd § 36 Abs. 2 GWB verbunden bleibt, wurde die Schwelle von 500 Mio. Euro des § 35 Abs. 1 Nr. 1 GWB bisher in den Fällen der § 37 Abs. 1 Nr. 2 (Alleinkontrolle), Nr. 3 Satz 1 (Anteilserwerb), Nr. 3 Satz 3 (Gemeinschaftsunternehmensfiktion) und Nr. 4 (wettbewerblich erheblicher Einfluss) GWB verfehlt. Künftig erfolgt eine Gesamtbetrachtung der Umsätze, so dass die Schwelle überschritten wird.

548 Vgl. dazu auch oben Rdnr. 130; krit. zur Berücksichtigung der Umsätze des Veräußerers bei § 35 Abs. 2 Satz 1 GWB *Heinrich/Jakobs,* WuW 2015, 489, 490ff. (die allerdings in ihrem Beispiel auf S. 492f. die Gemeinschaftsunternehmensfiktion des § 37 Abs. 1 Nr. 3 Satz 3 GWB übersehen).

549 Dazu unten § 20 Rdnr. 180ff.

550 Ebenso *Bechtold,* GWB, § 38 Rdnr. 15; aA *Immenga/Mestmäcker-Thomas,* GWB, 5. Aufl., § 38 Rdnr. 70ff.

Mit der Kollisionsnorm des § 130 Abs. 2 GWB bekennt sich das Gesetz zum sog. **Auswirkungsprinzip,** das völkerrechtlich als sinnvolle Anknüpfung anerkannt ist.[551] Die Vorschrift hat eine doppelte Funktion: sie stellt einerseits klar, dass die deutsche Fusionskontrolle auch auf internationale Sachverhalte anwendbar ist; andererseits schränkt sie den internationalen Anwendungsbereich mit dem Erfordernis der Inlandsauswirkungen wieder ein.[552] Ausländische Wettbewerbsverhältnisse entziehen sich zwar nach dem völkerrechtlichen Territorialitätsprinzip und dem Einmischungsverbot grundsätzlich der Regelungsbefugnis des deutschen Gesetzgebers und dem Zugriff deutscher Behörden. Ein Vorgehen im Inland gegen inländische Auswirkungen von im Ausland vorgenommenen Wettbewerbsbeschränkungen muss jedoch möglich sein, weil sonst der Zweck des GWB, den inländischen Wettbewerb zu schützen, in vielen Fällen nicht erreicht werden könnte. Es wird somit nicht auf den Auslandssachverhalt als solchen abgestellt, sondern auf die im Inland in Erscheinung tretenden Auswirkungen.[553] Als Teil des zwingenden öffentlichen Rechts ist die Kollisionsnorm des § 130 Abs. 2 GWB nicht abdingbar.[554] Die Anwendbarkeit der deutschen Fusionskontrolle hängt insbesondere nicht davon ab, welches Recht nach der Wahl der Zusammenschlussbeteiligten und den allgemeinen Regeln des Internationalen Privatrechts auf die Transaktion Anwendung findet. 177

Es kann jedoch nicht jede Inlandsauswirkung geringster oder theoretischer Art die Anwendung der deutschen Fusionskontrolle auslösen. Um eine vom Gesetz nicht gewollte uferlose Ausdehnung des Anwendungsbereichs zu verhindern, hat der BGH bereits früh entschieden, dass die maßgeblichen Inlandsauswirkungen nach dem **Schutzzweck** der in Frage kommenden Sachnormen einzugrenzen und zu konkretisieren sind.[555] Schutzzweck der Anmeldepflicht des § 39 Abs. 1 GWB und des Vollzugsverbots des § 41 Abs. 1 GWB[556] ist es, dem BKartA die Prüfung bestimmter Zusammenschlussvorhaben zu ermöglichen, die nach absoluten Größenkriterien (§ 35 GWB) die Gefahr einer Beeinträchtigung der Wettbewerbsfreiheit mit sich bringen, ohne dass im Einzelfall die Eingriffsvoraussetzungen des § 36 Abs. 1 GWB vorliegen müssten. Für die Frage, ob ein Zusammenschluss relevante Inlandsauswirkungen zeitigt, kommt es deshalb allein darauf an, ob sich der Zusammenschluss unmittelbar und spürbar auf die Wettbewerbsverhältnisse auf einem relevanten Inlandsmarkt auswirkt.[557] Die Anwendbarkeit der Anmeldepflicht und des Vollzugsverbots erfordern nicht, dass darüber hinaus im Inland die konkrete Gefahr einer erheblichen 178

---

551 KG WuW/E OLG 3051, 3053 f. – *Morris/Rothmans;* KG WuW/E OLG 5580, 5592 – *Selektive Exklusivität;* OLG Düsseldorf WuW/E DE-R 2477, Rdnr. 28 – *Phonak/ReSound II; Immenga/Mestmäcker-Rehbinder,* GWB, 5. Aufl., § 130 Rdnr. 116 ff.; *Langen/Bunte-Stadler,* GWB, § 130 Rdnr. 119, 143; *KK-Klees,* Bd. 2 GWB, § 130 Rdnr. 61; *Markert,* FIW Bd. 100, S. 119 f.; *Kleinmann/Bechtold,* Fusionskontrolle, Einl. Rdnr. 74; siehe ferner *Wiedemann* in § 5 Rdnr. 23 ff., 39 ff.

552 Vgl. BGH WuW/E BGH 1276, 1277 – *Ölfeldrohre.*

553 BGH WuW/E BGH 1613, 1615 – *Organische Pigmente.*

554 OLG Frankfurt WRP 1992, 331, 332 – *Piper Heidsieck Reims; Bechtold,* GWB, § 130 Rdnr. 16; *Langen/Bunte-Stadler,* GWB, § 130 Rdnr. 123; *Immenga/Mestmäcker-Rehbinder,* GWB, 5. Aufl., § 130 Rdnr. 288.

555 BGH WuW/E BGH 1276, 1278 f. – *Ölfeldrohre;* BGH WuW/E BGH 1613, 1614 – *Organische Pigmente;* ebenso *Langen/Bunte-Stadler,* GWB, § 130 Rdnr. 133; *FK-Lindemann,* § 130 GWB 2005, Rdnr. 219; vgl. ferner *Wiedemann* in § 5 Rdnr. 39 ff.

556 Da das Vollzugsverbot seit der Umstellung der deutschen Fusionskontrolle auf ein generell präventives System durch die 6. GWB-Novelle (1999) für alle kontrollpflichtigen Zusammenschlüsse gilt, ist für eine Einschränkung des Vollzugsverbots bei im Ausland vollzogenen Zusammenschlüssen kein Platz. Wenn ein ausländischer Zusammenschluss hinreichende Inlandsauswirkungen aufweist, unterliegt er grundsätzlich auch dem Vollzugsverbot, nicht nur einer nachträglichen Anzeigepflicht, ebenso *FK-Lindemann,* § 130 GWB 2005, Rdnr. 261; aA *Bechtold,* GWB, § 39 Rdnr. 30 f.; *Bach,* WuW 1997, 291, 299 f. (zur früheren Rechtslage); vgl. auch Vorauflage § 19 Rdnr. 15. Eine andere Frage ist, inwieweit das BKartA gegen extraterritoriale Vollzugsmaßnahmen vorgehen kann und darf, dazu unten Rdnr. 187 ff.

557 Vgl. BGH WuW/E BGH 1613, 1615 – *Organische Pigmente* (zur Anzeigepflicht nach § 23 GWB aF); ebenso *Immenga/Mestmäcker-Rehbinder,* GWB, 5. Aufl., § 130 Rdnr. 253 f.; *Langen/Bunte-Stadler,* GWB, § 130 Rdnr. 193.

Wettbewerbsbehinderung besteht oder gar die Eingriffsvoraussetzungen des § 36 Abs. 1 GWB vorliegen.[558] **Spürbarkeit** bedeutet, dass die Auswirkungen eine gewisse Mindestintensität erreichen. An dieses Merkmal werden jedoch traditionell geringe Anforderungen gestellt.[559] In der Leitentscheidung *Organische Pigmente* genügten dem BGH zur Bejahung der Inlandsauswirkungen bereits geringe Inlandsmarktanteile der Zusammenschlussbeteiligten (Addition von 4,4% und 0,14% bzw. von 3,5% und 0,23%) verbunden mit dem Aspekt, dass ein Wettbewerber aus dem Markt ausschied und der Erwerber Zugang zu dessen qualifizierten Know-how erhielt, das eine weitere Verbesserung der Wettbewerbsposition versprach.[560] Der Bedeutungsinhalt des Kriteriums der **Unmittelbarkeit** ist noch nicht geklärt. Notwendig ist hierfür u. E., dass der Zusammenschluss direkt auf die Strukturfaktoren einwirkt, die für die materielle Prüfung nach § 36 Abs. 1 GWB erheblich sind.[561]

179 Mit der Einführung der **zweiten Inlandsumsatzschwelle** in § 35 Abs. 1 Nr. 2 GWB durch das 3. Mittelstandsentlastungsgesetz (2009) wurde die Frage nach den Inlandsauswirkungen von Auslandszusammenschlüssen im Vergleich zur früheren Rechtslage deutlich entschärft. Bei Zusammenschlüssen mit nicht mehr als zwei Zusammenschlussbeteiligten folgt seither bereits aus den Umsatzschwellen, dass beide Beteiligten einen erheblichen Mindestumsatz (25 Mio. bzw. 5 Mio. Euro) in Deutschland erwirtschaften müssen. Mit dieser Änderung wollte der Gesetzgeber erreichen, dass ausländische Zusammenschlüsse mit nur unwesentlichen Inlandsauswirkungen nicht länger beim BKartA anzumelden und dort zu kontrollieren sind.[562] Den Schwellen des § 35 Abs. 1 Nr. 2 GWB lässt sich insoweit die Wertung entnehmen, dass spürbare Inlandsauswirkungen jedenfalls dann vorliegen, wenn allen Zusammenschlussbeteiligten Inlandsumsätze von wenigstens 5 Mio. Euro zuzurechnen sind. Hierdurch werden für einen Teilbereich der Fusionskontrolle die Anforderungen des § 130 Abs. 2 GWB konkretisiert.[563]

180 Bedeutung hat § 130 Abs. 2 GWB weiterhin für Zusammenschlüsse mit mehr als zwei Zusammenschlussbeteiligten, namentlich für die Gründung von und die Beteiligung an **Gemeinschaftsunternehmen.** Da hier die Inlandsumsatzschwellen des § 35 Abs. 1 Nr. 2 GWB durch die Mutterunternehmen erfüllt sein können, die wettbewerblichen Wirkungen des Zusammenschlusses aber maßgeblich durch die Tätigkeit des Gemeinschaftsunternehmens bestimmt werden, ist die Frage nach den Inlandsauswirkungen des § 130 Abs. 2 GWB nicht schon mit dem Erreichen der Umsatzschwellen beantwortet. Für die Anwendbarkeit der deutschen Fusionskontrolle kommt es vielmehr darauf an, ob die Beteiligung an dem Gemeinschaftsunternehmen die inländische Marktstruktur in unmittelbarer und spürbarer Weise verändert.

181 Das BKartA hat am 30. September 2014 ein neues **Merkblatt zu den Inlandsauswirkungen** in der Fusionskontrolle veröffentlicht,[564] das die Kriterien für die Feststellung der Inlandsauswirkungen bei Gemeinschaftsunternehmen mit Auslandsbezug benennt. Es tritt an die Stelle des Merkblatts vom Januar 1999, das das Amt bereits kurz nach der Einführung der zweiten Inlandsumsatzschwelle 2009 zurückgezogen hatte, um seine früheren

---

[558] BGH WuW/E BGH 1613, 1615 – *Organische Pigmente;* BKartA, Merkblatt Inlandsauswirkungen in der Fusionskontrolle (2014), Rdnr. 9; *Langen/Bunte-Stadler,* GWB, § 130 Rdnr. 193.

[559] BKartA, Merkblatt Inlandsauswirkungen in der Fusionskontrolle (2014), Rdnr. 10; *Bechtold,* GWB, § 130 Rdnr. 22; *Langen/Bunte-Stadler,* GWB, § 130 Rdnr. 136; kritisch hierzu *Barthelmeß/Schultz,* WuW 2003, 129, 132 f.; *FK-Lindemann,* § 130 GWB 2005, Rdnr. 223.

[560] BGH WuW/E BGH 1613, 1615 – *Organische Pigmente.*

[561] Vgl. BKartA, Merkblatt Inlandsauswirkungen in der Fusionskontrolle (2014), Rdnr. 9; *Immenga/Mestmäcker-Rehbinder,* GWB, 5. Aufl., § 130 Rdnr. 254; *Langen/Bunte-Stadler,* GWB, § 130 Rdnr. 193.

[562] Begr. RegE, BR-Drucks. 558/08, S. 33; vgl. BKartA TB 2009/2010, S. 19 f.; vgl. zu dieser Funktion der doppelten Inlandsumsatzschwelle auch bereits *Barthelmeß/Schultz,* WuW 2003, 129, 137 ff.

[563] BKartA, Merkblatt Inlandsauswirkungen in der Fusionskontrolle (2014), Rdnr. 12 f.; aA *Immenga/Mestmäcker-Rehbinder,* GWB, 5. Aufl., § 130 Rdnr. 260.

[564] Abrufbar auf der Internetseite des BKartA (www.bundeskartellamt.de); dazu *Stöcker,* BB 2014, 2763 ff.; *Bardong,* JECLAP 6 (2015), 477 ff.

Anwendungsgrundsätze im Lichte der neuen Rechtslage zu überprüfen. In das neue Merkblatt sind die Ergebnisse einer öffentlichen Konsultation eingeflossen, die vom BKartA im Dezember 2013 mit der Vorlage eines Entwurfs des Merkblatts eingeleitet wurde.[565] Das BKartA unterscheidet nunmehr in Gemeinschaftsunternehmenskonstellationen folgende Fälle:

– Inlandsauswirkungen im Sinne des § 130 Abs. 2 GWB liegen nach dem Merkblatt immer vor, wenn (1) das Gemeinschaftsunternehmen in Deutschland Umsätze von mehr als 5 Mio. Euro erzielt *oder* (2) der Marktanteil des Gemeinschaftsunternehmens auf einem Inlandsmarkt mehr als 5% beträgt.[566]
– Spürbare Inlandsauswirkungen sind hingegen zu verneinen, wenn (1) das Gemeinschaftsunternehmen weder aktuell noch potenziell auf einem Inlandsmarkt tätig ist *und* (2) die Mutterunternehmen auf dem Produktmarkt des Gemeinschaftsunternehmens weder aktuell noch potenziell im Inland miteinander im Wettbewerb stehen *und* (3) die Mutterunternehmen auch nicht auf einem dem Produktmarkt des Gemeinschaftsunternehmens vor- oder nachgelagerten Produktmarkt aktuell im Inland miteinander im Wettbewerb stehen.[567] Die letzten beiden Einschränkungen sollen notwendig sein, um negative Auswirkungen des Gemeinschaftsunternehmens auf das Wettbewerbsverhältnis zwischen den Mutterunternehmen im Inland („Spillover-Effekte") sicher auszuschließen.
– Fällt ein Zusammenschluss nicht in die vorgenannten Kategorien, ist nach dem Merkblatt eine Einzelfallprüfung vorzunehmen, bei der es sowohl auf die Tätigkeit des Gemeinschaftsunternehmens als auch auf etwaige Spillover-Effekte im Verhältnis der Muttergesellschaften im Inland ankommt. Eine geringfügige Tätigkeit des Gemeinschaftsunternehmens im Inland, die die Schwellen von 5 Mio. Euro und 5% Marktanteil[568] nicht erreicht, genügt nicht um spürbare Inlandsauswirkungen zu begründen – es sei denn, es treten zusätzliche Faktoren hinzu, die eine hinreichende Auswirkungen auf die Marktstruktur erwarten lassen, wie z.B. die Ausstattung des Gemeinschaftsunternehmens mit bedeutenden gewerblichen Schutzrechte oder Know-how.[569] Hinsichtlich der Spillover-Effekte kommt es darauf an, ob der gemeinsame Marktanteil der Mutterunternehmen auf einem Produktmarkt im Inland, der dem Produktmarkt des Gemeinschaftsunternehmens entspricht oder diesem vor- oder nachgelagert ist, 20% erreicht. Ist dies nicht der Fall, fehlt es an der erforderlichen Spürbarkeit der Inlandsauswirkungen.[570]

Unter „Inland" bzw. **„Inlandsmarkt"** wird in dem Merkblatt jeder räumlich relevante Markt verstanden, der Deutschland ganz oder teilweise umfasst. Eine Tätigkeit auf einem Inlandsmarkt liegt demnach auch vor, wenn das Gemeinschaftsunternehmen zwar nur im Ausland tätig wird, der räumlich relevante Markt aber europaweit oder weltweit abzugrenzen ist.[571] **182**

Begrüßenswert und mit einem deutlichen Gewinn an Rechtssicherheit verbunden ist, dass mit dem neuen Merkblatt erstmals feste umsatz- und marktanteilsbezogene Schwellen zur Konkretisierung der Spürbarkeit aufstellt worden sind.[572] Ob das Merkblatt allerdings tatsächlich die vom BKartA verkündete Entlastung von unnötiger Bürokratie[573] zur Folge **183**

---

565 BKartA, Presse-Mitt. v. 5.12.2013: „Auslandsfusionen – Mehr Rechtssicherheit für Unternehmen"; BKartA, Presse-Mitt. v. 30.9.2014: „Mehr Rechtssicherheit für Auslandsfusionen".

566 BKartA, Merkblatt Inlandsauswirkungen in der Fusionskontrolle (2014), Rdnr. 13 und 18.

567 Ebd. Rdnr. 15 und 16.

568 Bei einem neu zu gründenden Gemeinschaftsunternehmen ist auf die in drei bis fünf Jahren erwarteten Umsätze und Marktanteile abzustellen, wobei Prognosen im Geschäfts- und Finanzplan einen Anhaltspunkt liefern können, ebd. Rdnr. 19 und Fn. 29.

569 Ebd. Rdnr. 18.

570 Ebd. Rdnr. 21.

571 Ebd. Rdnr. 15 und Fn. 24 bei Rdnr. 16; vgl. auch bereits BKartA, Merkblatt zur Inlandsauswirkung (1999), S. 3 (unter b).

572 Krit. ggü. einem umsatz- oder marktanteilsbezogenen Spürbarkeitsmaßstab *Langen/Bunte-Stadler,* GWB, § 130 Rdnr. 136.

573 BKartA, Presse-Mitt. v. 30.9.2014: „Mehr Rechtssicherheit für Auslandsfusionen".

haben wird, bleibt abzuwarten. Nicht überzeugend ist jedenfalls, dass **Spill-Over-Effekte** bei den Aktivitäten der Mutterunternehmen zur Begründung von Inlandsauswirkungen i. S. d. § 130 Abs. 2 GWB herangezogen werden.[574] Soweit die Beteiligung an einem ausländischen Gemeinschaftsunternehmen negative Auswirkungen für das Wettbewerbsverhalten der Mutterunternehmen haben kann, handelt es sich nicht um unmittelbare Auswirkungen des Zusammenschlusses auf die inländische Marktstruktur, die nach § 36 Abs. 1 GWB zu prüfen wären, sondern um verhaltensbezogene Folgen, die nach der Theorie der Doppelkontrolle nach § 1 GWB zu bewerten sind.[575] Die Anwendung der deutschen Fusionskontrolle lässt sich deshalb mit Spill-Over-Effekten nicht rechtfertigen.

184 Fraglich ist, ob bereits der Umstand, dass ein Zusammenschluss **im Inland vollzogen** werden soll, ausreichende Inlandsauswirkungen begründet. Ein Beispiel hierfür wäre die Errichtung eines Gemeinschaftsunternehmens mit Sitz in Deutschland, das ausschließlich auf ausländischen Märkten tätig werden soll. Das BKartA hat früher bei Zusammenschlüssen, die im Inland realisiert werden, vorbehaltslos Inlandsauswirkungen i. S. d. § 130 Abs. 2 GWB angenommen.[576] Diese Auffassung steht jedoch nicht im Einklang mit dem Zweck der Vorschrift, nur die, aber auch alle Wettbewerbsbeschränkungen zu erfassen, die sich im Geltungsbereich des GWB auswirken, ohne dass es darauf ankommt, wo und von wem die Wettbewerbsbeschränkungen vereinbart oder veranlasst wurden.[577] Auch nach der Rechtsprechung des BGH genügt es zur Anwendung des GWB nicht, dass eine Wettbewerbsbeschränkung im Inland veranlasst wird, wenn sie sich ausschließlich im Ausland auswirkt.[578] In seinem neuen Merkblatt wiederholt das BKartA seine frühere Auffassung nicht mehr, sondern stellt zu recht nur noch auf die Marktauswirkungen ab.[579]

185 Diskutiert wird ferner, ob im umgekehrten Fall, d. h. bei einem Zusammenschluss, der ausschließlich im Ausland realisiert wird und bei dem kein Beteiligter (inkl. verbundener Unternehmen) über **unternehmerisches Vermögen im Inland** verfügt, Inlandsauswirkungen i. S. d. § 130 Abs. 2 GWB von vornherein ausgeschlossen sind.[580] Das BKartA misst diesem Gesichtspunkt keine Bedeutung bei. Inlandsumsätze, gleich welcher Art, genügen nach seiner Praxis, um hinreichende Inlandsauswirkungen zu begründen.[581] Dem kann für die Zwecke des § 130 Abs. 2 GWB zugestimmt werden. Hinreichende Inlandsauswirkungen können von jeder Marktteilnahme der beteiligten Unternehmen ausgehen, selbst wenn

---

574 Immerhin wurde der Kreis der als relevant angesehenen Spillover-Effekte gegenüber dem zur Konsultation vorgelegten Entwurf vom 5.12.2013 deutlich verkleinert. Der Entwurf hatte zur Begründung von Inlandswirkungen noch Spillover-Effekte auf *irgendeinem* Inlandsmarkt ausreichen lassen, d. h. auch auf einem anderen als dem sachlich relevanten Markt des Gemeinschaftsunternehmens oder einem diesem vor- oder nachgelagerten Markt. Auch lag die vorgeschlagene Marktanteilsschwelle bei 10% statt 20%.

575 Dazu unten § 20 Rdnr. 191 ff.

576 BKartA, Merkblatt zur Inlandsauswirkung (1999), S. 2 (unter I.1); ebenso *Immenga/Mestmäcker-Rehbinder,* GWB, 5. Aufl., § 130 Rdnr. 264 ff.; *Bechtold,* GWB, § 130 Rdnr. 24; *Kleinmann/Bechtold,* Fusionskontrolle, Einl. Rdnr. 75; so auch noch die Vorauflage § 19 Rdnr. 10; aA *FK-Lindemann,* § 130 GWB 2005, Rdnr. 255.

577 Vgl. Bericht des Wirtschaftsausschusses, BT-Drucks. zu 3644, S. 40 (zu § 73).

578 BGH WuW/E BGH 1276, 1277 f. – *Ölfeldrohre;* vgl. dazu *Langen/Bunte-Stadler,* GWB, § 130 Rdnr. 123.

579 BKartA, Merkblatt Inlandsauswirkungen in der Fusionskontrolle (2014), insb. Rdnr. 8, 9, 15, 16; in Rdnr. 1 bezieht sich das BKartA allerdings auf „Zusammenschlüsse von Unternehmen mit Sitz im Ausland".

580 So *Kleinmann/Bechtold,* Fusionskontrolle, Einl. Rdnr. 78; *Bechtold,* GWB, § 130 Rdnr. 25 f.; *Markert,* FIW Bd. 100, S. 91, 108 ff.; *Wiedemann,* § 5 Rdnr. 44.

581 So insbes. BKartA WuW/E DE-V 1340, Rdnr. 24 – *Sulzer/Kelmix* (insoweit nicht beanstandet durch OLG Düsseldorf WuW/E DE-R 1931 und BGH WuW/E DE-R 2133), wo von den Beteiligten lediglich das Zielunternehmen eine in Liquidation befindliche Tochtergesellschaft in Deutschland hatte; vgl. auch BKartA WuW/E DE-V 1105, 1106 – *Deutsche Börse/London Stock Exchange;* BKartA WuW/E DE-V 1617, Rdnr. 16 – *Mid Europa Partners/DISA;* BKartA B. v. 21.12.2012, B3-113/12, Rdnr. 27 – *Becton Dickinson/Safety Syringes.*

sie durch Direktlieferungen aus dem Ausland erfolgt.[582] Bei „reinen" Auslandszusammenschlüssen gerät die Rechtsdurchsetzung jedoch an ihre Grenzen. Eine Untersagungsverfügung müsste sich gegen den ausländischen Zusammenschluss richten, im Ausland zugestellt und ggf. vollstreckt werden, was völkerrechtlich problematisch, jedenfalls impraktikabel ist. Beschränkt wird die Untersagungsbefugnis des BKartA hier zudem durch das völkerrechtliche Missbrauchs- oder Einmischungsverbot.[583]

Auch nach der Veröffentlichung des neuen Merkblatts ist die Feststellung bzw. der Ausschluss von Inlandsauswirkungen bei Zusammenschlüssen mit Auslandsbezug oftmals mit **Unsicherheiten** behaftet. Zweifel an der Anmeldepflicht lassen sich möglicherweise durch ein informelles Gespräch mit der zuständigen Beschlussabteilung oder der Grundsatzabteilung des BKartA (Referat Fusionskontrolle) schnell ausräumen.[584] Die häufig notwendige Einzelfallprüfung kann jedoch deutlich komplexer ausfallen als die materielle Prüfung des Zusammenschlusses nach § 36 Abs. 1 GWB. Das BKartA empfiehlt in solchen Fällen zu einer (vorsorglichen) Anmeldung. Man könne die Frage der Inlandsauswirkungen dann offen lassen, den Zusammenschluss fokussiert auf die wettbewerblich relevanten Fragen prüfen und ggf. rasch freigeben.[585] Auch macht das BKartA die Freigabe nicht von der **Vollständigkeit der Anmeldung** abhängig, wenn die Anmelder gehindert sind, alle Pflichtangaben nach § 39 GWB zu beschaffen, und eine Untersagung nach den verfügbaren Informationen eindeutig nicht in Betracht kommt.[586] Nach den Vorstellungen des Gesetzgebers der 6. GWB-Novelle soll bei Auslandszusammenschlüssen, bei denen die Vollständigkeit der Anmeldung nicht herstellbar ist, auch eine Befreiung vom Vollzugsverbot gemäß § 41 Abs. 2 GWB helfen.[587] Die Erfahrung hat jedoch gezeigt, dass das Verfahren nach § 41 Abs. 2 GWB zu aufwändig und langwierig ist, als dass es gegenüber einer Anmeldung und umgehenden Freigabe von Vorteil wäre. Allein in wettbewerblich komplexeren Fällen, in denen eine schnelle Freigabe nicht zu erwarten ist, bleibt die Befreiung nach § 41 Abs. 2 GWB von praktischer Bedeutung, vorausgesetzt die Antragsteller können die hierfür notwendigen wichtigen Gründe anführen und insbesondere geltend machen, dass das Vollzugshindernis schweren Schaden für einen Beteiligten oder einen Dritten bewirkt. Die Befreiung kann dann mit Bedingungen und Auflagen verbunden werden (z.B. „Hold Separate"-Auflagen in Bezug auf deutsche Tochtergesellschaften), die den Vollzug des Auslandszusammenschlusses aus Sicht der deutschen Fusionskontrolle erträglich erscheinen lassen.[588] Seit Inkrafttreten der 8. GWB-Novelle mag auch § 41 Abs. 1a GWB Erleichterung schaffen, insbesondere weil diese Ausnahmeregelung nicht auf inländische Übernahmeangebote oder Börsen beschränkt ist.[589] 186

II. Völkerrechtliche Grenzen

Fraglich ist, wie weit die **Untersagungsbefugnis** des BKartA bei einem Auslandszusammenschluss mit hinreichenden Inlandsauswirkungen reicht. Dabei ist zwischen teilbaren und unteilbaren Zusammenschlüssen zu unterscheiden: 187

Wenn ein Zusammenschluss sinnvoll in einen inländischen und einen ausländischen Teil aufgespalten werden kann, z.B. weil sich einzelne Tochtergesellschaften, Betriebsstätten, Vermögensgegenstände oder sonstigen Unternehmensteile isolieren lassen, von denen die relevanten Inlandsauswirkungen ausschließlich ausgehen, ist eine auf den Inlandsteil be- 188

[582] Ebenso *Immenga/Mestmäcker-Rehbinder,* GWB, 5. Aufl., § 130 Rdnr. 272; *Langen/Bunte-Stadler,* § 130 Rdnr. 199f.; *Kevekordes,* Auslandszusammenschlüsse, S. 125f.; *FK-Lindemann,* § 130 GWB 2005, Rdnr. 258.
[583] Dazu unten Rdnr. 187ff.
[584] Ebd. 22.
[585] BKartA, Merkblatt Inlandsauswirkungen in der Fusionskontrolle (2014), Rdnr. 22.
[586] Ebd. 24.
[587] Begr. RegE zur 6. GWB-Novelle, BT-Drucks. 13/9720, S. 60 (zu § 41 Abs. 2).
[588] Dazu unten § 21 Rdnr. 62ff.
[589] Dazu unten § 21 Rdnr. 56ff.

schränkte **Teiluntersagung** geboten. Die Untersagung des gesamten Zusammenschlusses würde gegen das völkerrechtliche Einmischungsverbot verstoßen, weil die Einbeziehung des Auslandssachverhalts nicht zur Regelung des den Inlandsbezug ergebenden Sachverhalts notwendig ist. Dieser Grundsatz ist heute wohl unumstritten.[590] Vom Kammergericht wurde er erstmalig im Fall *Morris/Rothmans* anerkannt.[591] Das BKartA beschränkte daraufhin im Fall *Linde/Lansing* die Untersagung auf den Erwerb der inländischen Tochtergesellschaft einschließlich der dieser ursprünglich zustehenden Warenzeichenrechte.[592] Anlässlich der Aufhebung dieser Teiluntersagung durch den BGH[593] zeigte sich, dass angesichts der wirtschaftlichen Verflechtungen das Problem der Zusammenschlusskontrolle bei Auslandssachverhalten nur schwerlich durch eine Beschränkung auf ausgegliederte Töchter zu lösen ist. Ob ein Zusammenschluss teilbar ist, bestimmt sich danach, ob der den Inlandsbezug ergebende Sachverhalt sinnvoll ohne Einbeziehung des Auslandssachverhalts geregelt werden kann. Dies ist der Fall, wenn eine Untersagung des Inlandsteils des Zusammenschlusses genügt, um die Belange der innerstaatlichen Wettbewerbsordnung zu schützen und eine Einmischung in die Angelegenheiten anderer Staaten zu vermeiden.[594] In der Praxis erweisen sich Zusammenschlüsse meist als unteilbar, insbesondere wenn die für die Marktstellung maßgeblichen Ressourcen (z. B. Produktionsstätten, technisches Know-how, Patente) an zentraler Stelle im Ausland gebündelt sind und die beteiligten Unternehmen im Inland lediglich über Vertriebsstrukturen verfügen.[595] *Linde/Lansing* ist dementsprechend ein Einzelfall geblieben und das BKartA hat seither unter Hinweis auf die fehlende Teilbarkeit des Zusammenschlusses nur noch Gesamtuntersagungen ausgesprochen.[596] Den beteiligten Unternehmen bleibt allerdings die Möglichkeit, eine Untersagung durch geeignete Zusagen (§ 40 Abs. 3 Satz 1 GWB)[597] abzuwenden, die die Auswirkungen des Zusammenschlusses im Inland beseitigen, oder den Zusammenschluss so umzugestalten, dass die Umsatzschwellen des § 35 Abs. 1 GWB nicht mehr erreicht werden.[598]

189 Umstritten ist, ob und ggf. unter welchen Voraussetzungen die **Gesamtuntersagung** eines unteilbaren Zusammenschlusses völkerrechtlich zulässig ist. Früher wurde in der Literatur vertreten, dass die vollständige Untersagung unteilbarer Auslandszusammenschlüsse generell unzulässig sei,[599] während das BKartA bisweilen die gegenteilige Position einge-

---

[590] KG WuW/E OLG 3051, 3057 – *Morris/Rothmans; Richter,* FIW Bd. 125, S. 6; *Meessen,* Kollisionsrecht, 17 ff., 85; *Kleinmann/Bechtold,* Fusionskontrolle, § 24 Rdnr. 420 ff.; *KK-Schütz,* Bd. 2 GWB, § 35 Rdnr. 49; *Kevekordes,* Auslandszusammenschlüsse, S. 161 ff.; *Immenga/Mestmäcker-Rehbinder,* GWB, 5. Aufl., § 130 Rdnr. 280; *Langen/Bunte-Stadler,* § 130 Rdnr. 214 f.; *FK-Lindemann,* § 130 GWB 2005, Rdnr. 265.

[591] KG WuW/E OLG 3051, 3063 – *Morris/Rothmans.* Im Fall *Linde/Lansing* machte das KG die auf das Inland beschränkte Teiluntersagung nicht von der tatsächlichen Teilbarkeit des Zusammenschlusses abhängig (WuW/E OLG 4537, 4538 f.).

[592] BKartA WuW/E BKartA 2363, 2369 – *Linde/Lansing* (Beschränkung der Untersagung auf den Erwerb der inländischen Tochtergesellschaft einschließlich der dieser ursprünglich zustehenden Warenzeichenrechte).

[593] BGH WuW/E BGH 2731 – *Inlandstochter.*

[594] KG WuW/E OLG 3051, 3057 f. – *Morris/Rothmans;* OLG Düsseldorf WuW/E DE-R 2477, Rdnr. 127 – *Phonak/ReSound; Langen/Bunte-Stadler,* GWB, § 130 Rdnr. 215.

[595] So z. B. in OLG Düsseldorf WuW/E DE-R 2477, Rdnr. 128 – *Phonak/ReSound;* BKartA WuW/E DE-V 931, Rdnr. 27 – *Synthes-Stratec/Mathys;* vgl. auch *Langen/Bunte-Stadler,* GWB, § 130 Rdnr. 215.

[596] Beispiele sind BKartA AG 1992, 363, 367 – *Gillette/Wilkinson;* BKartA WuW/E DE-V 931, Rdnr. 27 f. – *Synthes-Stratec/Mathys;* BKartA WuW/E DE-V 1340, Rdnr. 26 – *Sulzer/Kelmix;* BKartA WuW/E DE-V 1365, Rdnr. 28 – *Phonak/GN ReSound;* BKartA, WuW/E DE-V 1442, Rdnr. 137 – *Kalmar/CVS Ferrari;* vgl. auch BKartA TB 2007/2008, S. 69 – *Mars/Nutro Products.*

[597] Dazu unten § 21 Rdnr. 110 ff.

[598] So veräußerte der ausländische Erwerber in dem Fall *Hendrickson/Frauenthal* noch während des laufenden Hauptprüfverfahrens seine Beteiligung an einem Gemeinschaftsunternehmen, wodurch er die Schwellen des § 35 Abs. 1 Nr. 2 GWB nicht länger erreichte, dazu BKartA, Fallbericht zur Rücknahme der Anmeldung am 18.12.2014, B9–115/14.

[599] So grundsätzlich *Canenbley/Moosecker,* Fusionskontrolle, S. 85; *Kersten,* WuW 1979, 721, 728 ff.; *von Hahn* WuW 1983, 448, 457; *Huber,* ZGR 1981, 527, 535 ff.

nommen hat.[600] Der BGH hat bislang zu dieser Frage noch keine Stellung bezogen.[601] Dennoch dürfte heute h. M. sein, dass in einem solchen Fall die Untersagungsbefugnis des BKartA an dem völkerrechtlichen **Missbrauchs- oder Einmischungsverbot** zu messen ist, aus dem sich die Notwendigkeit ableiten lässt, die Interessen der Bundesrepublik Deutschland an der Durchsetzung der deutschen Fusionskontrolle mit den gegenläufigen Interessen anderer, durch eine Untersagung negativ betroffenen Staaten abzuwägen.[602] Zugunsten der inländischen Rechtsanwendung sind insbesondere die Stärke und das Ausmaß der Wettbewerbsbeschränkung im Inland sowie die Verbindung der beteiligten Unternehmen zur inländischen Rechtsordnung zu würdigen.[603] Zulasten einer Rechtsanwendung wiegen die berechtigten Interessen des ausländischen Staates an der Durchführung des Zusammenschlusses, wobei diese Belange nicht notwendigerweise wettbewerblicher oder wettbewerbspolitischer Natur sein müssen.[604] In der Praxis von BKartA und OLG Düsseldorf werden hier strenge Maßstäbe angelegt. Gefordert wird der Nachweis, dass der geplante Zusammenschluss für die ausländische Volkswirtschaft von Bedeutung ist und dass bei einer Untersagung mit konkreten nachteiligen Auswirkungen zu rechnen wäre.[605] Zudem müsse die Untersagung im anderen Staat „zu erheblichen Störungen" führen und bei einer Abwägung der beiderseitigen Belange dessen Interesse „eindeutig" überwiegen.[606] Ein Interesse des ausländischen Staates am Erhalt von Produktion und Arbeitsplätzen wird typischerweise nicht erheblich sein, außer es lässt sich ausnahmsweise nachweisen, dass Produktion und Arbeitsplätze nicht auf anderem Wege zu erhalten sind, insbesondere eine wettbewerblich unproblematische Übernahme durch einen Dritten nicht möglich ist.[607] Hilfreich, wenngleich nicht ausreichend für den Nachweis der ausländischen Interessen ist, dass die ausländische Regierung oder die zuständigen Behörden ihr Interesse an der Realisierung des Zusammenschlusses geltend machen.[608] Allein der Umstand, dass der Zusammenschluss im Ausland nicht fusionskontrollrechtlich untersagt worden ist, genügt aber nicht.[609]

Das Kammergericht hat in der Entscheidung *Synthetischer Kautschuk II,* bei der ein zwi- 190
schen zwei ausländischen Beteiligten im Ausland vollzogener Zusammenschluss von der ausländischen Rechtsordnung gebilligt und von den ausländischen Behörden begrüßt worden war, erhebliche Zweifel an der völkerrechtlichen Zulässigkeit der Volluntersagung ge-

---

600 BKartA WuW/E DE-V 931, Rdnr. 27 – *Synthes-Stratec/Mathys.*

601 In dem Fall *Phonak/ReSound,* in dem sich diese Frage stellte, hob der BGH die Untersagung aus anderen Gründen auf (WuW/E DE-R 2905); dazu auch *Wiedemann,* § 5 Rdnr. 44.

602 KG WuW/E OLG 2419, 2420f. – *Synthetischer Kautschuk II;* BKartA WuW/E BKartA 2521, 2540f. – *Zahnradfabrik Friedrichshafen/Allison;* BKartA WuW/E DE-V 1340, Rdnr. 25f. – *Sulzer/Kelmix; Markert,* RIW/AWD 1981, 403, 410; *Barthelmeß/Rudolf,* WuW 2003, 1176, 1180f.; *Immenga/Mestmäcker-Rehbinder,* GWB, 5. Aufl., § 130 Rdnr. 283; *Langen/Bunte-Stadler,* GWB, § 130 Rdnr. 216f.; offen gelassen in OLG Düsseldorf WuW/E DE-R 2477, Rdnr. 33 – *Phonak/ReSound* (wie die h. M. aber wohl in Rdnr. 129); zum Ganzen auch *Wiedemann,* § 5 Rdnr. 3ff.

603 *Immenga/Mestmäcker-Rehbinder,* GWB, 5. Aufl., § 130 Rdnr. 283; *Langen/Bunte-Stadler,* GWB, § 130 Rdnr. 216f.; *Markert,* RIW/AWD 1981, 403, 410.

604 So aber wohl OLG Düsseldorf WuW/E DE-R 2477, Rdnr. 35 – *Phonak/ReSound* (anders jedoch in Rdnr. 129); *Immenga/Mestmäcker-Rehbinder,* GWB, 5. Aufl., § 130 Rdnr. 283.

605 OLG Düsseldorf WuW/E DE-R 2477, Rdnr. 35 – *Phonak/ReSound.*

606 OLG Düsseldorf WuW/E DE-R 2477, Rdnr. 129 – *Phonak/ReSound;* ebenso BKartA WuW/E DE-V 1340, Rdnr. 26 – *Sulzer/Kelmix; Immenga/Mestmäcker-Rehbinder,* GWB, 5. Aufl., § 130 Rdnr. 283.

607 Vgl. BKartA WuW/E DE-V 1340, Rdnr. 26 – *Sulzer/Kelmix;* vgl. aber auch BKartA WuW/E DE-V 777, 782 – *Ajinomoto/Orsan.*

608 So geschehen im Fall *Synthetischer Kautschuk II* (KG WuW/E OLG 2419, 2420); demgegenüber ließ sich das OLG Düsseldorf im Fall *Phonak/ReSound* nicht durch eine Eingabe des Staatssekretariats für Wirtschaft der Schweizerischen Eidgenossenschaft überzeugen (WuW/E DE-R 2477, Rdnr. 35, 129); vgl. auch BKartA WuW/E DE-V 777, 780/782 – *Ajinomoto/Orsan* (Erklärung nicht berücksichtigt); BKartA WuW/E BKartA 2521, 2540f. – *Zahnradfabrik Friedrichshafen/Allison* (fehlende Erklärung als Argument für die Untersagung).

609 OLG Düsseldorf WuW/E DE-R 2477, Rdnr. 35, 129 – *Phonak/ReSound.*

äußert.[610] In dem Fall lag das Schwergewicht des Zusammenschlussvorhabens im Ausland, während im Inland eine relativ unbedeutende weitere Wettbewerbsbeschränkung durch Verstärkung einer marktbeherrschenden Stellung gegeben war. Vor dem Hintergrund dieser Entscheidung hat das BKartA den Vorrang des inländischen Rechtsanwendungsinteresses mehrfach damit begründet, dass der **wirtschaftliche Schwerpunkt** des Zusammenschlusses im Inland liege.[611] Die Frage, wo der wirtschaftliche Schwerpunkt des betreffenden Sacherhalts liegt, ist jedoch weder für das Auswirkungsprinzip noch für das völkerrechtliche Missbrauchs- oder Einmischungsverbot von Relevanz.[612] Weder muss das inländische Regelungsinteresse zurücktreten, weil sich der Zusammenschluss im Ausland (noch) stärker auswirkt, noch werden die legitimen ausländischen Interessen verdrängt, weil die Beteiligten (auch) im Inland erheblichen wirtschaftlichen Aktivitäten nachgehen. Die völkerrechtlichen Grenzen ergeben sich vielmehr ungeachtet der Umsatzverteilung aus der Abwägung der legitimen Interessen der betroffenen Staaten im Einzelfall. Allerdings liegt das inländische Interesse an einer Regelung des Zusammenschlusses umso höher, je stärker die Beteiligten im Inland tätig sind.

§ 20 Materielle Fusionskontrolle

Übersicht

[610] KG WuW/E OLG 2419, 2420 – *Synthetischer Kautschuk II.*

[611] BKartA WuW/E DE-V 777, 782 – *Ajinomoto/Orsan;* BKartA WuW/E DE-V 1340, Rdnr. 26, 28 – *Sulzer/Kelmix*. BKartA WuW/E DE-V 1365, Rdnr. 30 – *Phonak/GN ReSound.*

[612] OLG Düsseldorf WuW/E DE-R 2477, Rdnr. 35 – *Phonak/ReSound; Barthelmeß/Rudolf,* WuW 2003, 1176, 1180 f.; *Langen/Bunte-Stadler,* GWB, § 130 Rdnr. 218.

Schrifttum: Siehe vor § 18.

A. Untersagungsvoraussetzungen (§ 36 Abs. 1 Satz 1 GWB)

I. Einleitung

Ein Zusammenschluss ist gemäß § 36 Abs. 1 Satz 1 GWB zu untersagen, wenn durch 1 ihn „wirksamer Wettbewerb erheblich behindert würde". Dieser Beurteilungsmaßstab wurde mit der 8. GWB-Novelle aus dem europäischen Recht übernommen, wo sich nach dessen englischem Wortlaut („Significant Impediment to Effective Competition") die Bezeichnung **„SIEC-Test"** eingebürgert hat. Eine erhebliche Wettbewerbsbehinderung liegt „insbesondere" vor, wenn von dem Zusammenschluss zu erwarten ist, dass er eine marktbeherrschende Stellung begründet oder verstärkt. Der bis zum 29. Juli 2013 allein maßgebliche Marktbeherrschungstest gilt nunmehr als Regelbeispiel fort.

Mit der Einführung des SIEC-Tests und der Umgestaltung des Marktbeherrschungstests 2 zu einem Regelbeispiel hat die 8. GWB-Novelle eine **Entwicklung** nachvollzogen, die die **FKVO bereits 2004 durchgemacht** hatte. Zentrales Beurteilungskriterium der alten Ratsverordnung (EWG) Nr. 4064/89 war wie im deutschen Recht der Marktbeherrschungstest. Daneben war für eine Untersagung erforderlich, dass die marktbeherrschende Stellung zu einer „erheblichen Behinderung wirksamen Wettbewerbs" im Gemeinsamen Markt führte. Die Kommission wollte diese Kriterien zugunsten des vor allem in den USA, Kanada und in Australien gebräuchlichen Kriteriums einer wesentlichen Wettbewerbsminderung („Substantial Lessening of Competition", sog. SLC-Test) aufgeben, um bei internationalen Zusammenschlüssen etwaige Friktionen mit den Fusionskontrollsystemen dieser Länder zu verringern. Daneben trat die Sorge, dass der Markbeherrschungstest möglicherweise nicht flexibel genug sei, um alle wettbewerblich schädlichen Zusammenschlüsse zu erfassen. Eine **Schutzlücke** („gap") wurde in Bezug auf oligopolistische Märkte mit differenzierten Gütern diskutiert. Damit waren die sog. „nicht-koordinierten" oder „unilateralen" Effekte eines Zusammenschlusses angesprochen, die auch unterhalb der Schwelle zur Marktbeherrschung einen zu missbilligenden Zuwachs an Marktmacht bewirken könnten.[1]

[1] Komm., Grünbuch über die Revision der Verordnung (EWG) Nr. 4064/89 des Rates, KOM (2001) 745, Rdnr. 159 ff.; vgl. auch den letztlich abgelehnten Vorschlag der Komm., nicht-koordinierte Effekte über eine (erweiternde) Definition des Marktbeherrschungsbegriffs zu adressieren: Vor-

Da sich in der Debatte weder die Gegner noch die Befürworter des SLC-Tests durchsetzen konnten, fand letztlich ein Kompromiss Eingang in die neue Ratsverordnung (EG) Nr. 139/2004. Der bisherige Wortlaut der einschlägigen Regelungen wurde umgedreht, wodurch die erhebliche Wettbewerbsbeschränkung zum Grundtatbestand und die Marktbeherrschung zum Regelbeispiel der Untersagung geworden ist.[2]

3 Bei der Diskussion um die Einführung des SIEC-Tests in Deutschland wiederholten sich viele Argumente, die bereits eine Dekade zuvor den europäischen Diskurs geprägt hatten. Wieder wurde vom Gesetzgeber die **internationale Konvergenz** als wichtigstes Ziel des Testwechsels ausgegeben. Der Übergang zum SIEC-Test erleichtere eine gleichlaufende Beurteilung von Fusionsvorhaben auf der deutschen und der europäischen Ebene, zumal dieser Test zwischenzeitlich auch in den nationalen Rechtsordnungen der Mitgliedsstaaten das häufigste materielle Prüfkriterium geworden sei. Damit würden einheitliche Wettbewerbsbedingungen für alle an Zusammenschlüssen beteiligten Unternehmen geschaffen, ein „Level Playing Field“ – und zwar unabhängig von der Anwendbarkeit der deutschen oder der europäischen Fusionskontrolle, was nicht zuletzt in Verweisungsfällen sinnvoll sei.[3] Dies wurde mit der Erwartung verbunden, dass die deutsche Wissenschaft und Praxis nach Übernahme des SIEC-Tests Einfluss auf die europäische Rechtsentwicklung nehmen könne.[4] Auch das Argument der höheren Flexibilität des SIEC-Tests in Bezug auf die **optimale Erfassung der unilateralen Effekte** tauchte wieder auf.[5] Im Hinblick auf die mit einem Testwechsel möglicherweise verbundene Rechtsunsicherheit wurde zum einen auf die Beibehaltung des Marktbeherrschungstests als Regelbeispiel verwiesen. Damit behalte die unter dem bisherigen Recht ergangene Entscheidungspraxis für die überwiegende Zahl der Untersagungen ihre Relevanz. Zum anderen wurde mit Blick auf das Verhältnis vom SIEC-Test zum Marktbeherrschungstest auf die mehrjährige Entscheidungspraxis der Kommission verwiesen, die zu diesem Zeitpunkt bereits vorlag.[6] Die Gegner des Testwechsels wandten freilich ein, dass eine vollständige Rechtsangleichung angesichts der vielen verbleibenden Unterschiede im materiellen Recht (z. B. Abwägungsklausel, Ministererlaubnis, Bagatellmarktklausel) nicht erreicht werde.[7] Auch die angeblichen Unzulänglichkeiten des Marktbeherrschungstests wurden bestritten.[8]

4 Die Unterschiede zwischen Marktbeherrschungs- und SIEC-Test werden häufig mit dem Gegensatz **„Marktstrukturanalyse“** und **„wirkungsorientierte Analyse“** umrissen. Während der Marktbeherrschungstest maßgeblich auf die Marktanteile der Zusammenschlussbeteiligten abstelle, beurteile der SIEC-Test das zu erwartende Marktverhalten der Parteien und das resultierende Marktergebnis.[9] Diese Gegenüberstellung ist allerdings stark verkürzend, weil es bei beiden Tests um die Veränderung von Marktstrukturen geht, aus der Folgerungen für das Wettbewerbsergebnis abgeleitet werden.[10] Im Rahmen des Marktbeherrschungskriteriums sind ebenso wie bei der Prüfung einer erheblichen Wettbewerbsbehinderung eine Reihe von Faktoren zu untersuchen, die Aufschluss darüber geben, ob sich die wettbewerblichen Verhaltensspielräume der Marktteilnehmer in Folge des Zu-

---

schlag für eine Verordnung des Rates über die Kontrolle von Unternehmenszusammenschlüssen, ABl. 2003 C 20/4, Rdnr. 53 ff.

[2] Art. 2 Abs. 2 und Abs. 3 VO Nr. 139/2004 gegenüber Art. 2 Abs. 2 und Abs. 3 VO Nr. 4064/89; dazu *Völcker,* E. C. L. R. 2004, 395, 401 ff.

[3] Begr. RegE zur 8. GWB-Novelle, BT-Drucks. 17/9852, S. 19, 28.

[4] Begr. RegE zur 8. GWB-Novelle, BT-Drucks. 17/9852, S. 19.

[5] Begr. RegE zur 8. GWB-Novelle, BT-Drucks. 17/9852, S. 28.

[6] Begr. RegE zur 8. GWB-Novelle, BT-Drucks. 17/9852, S. 28.

[7] *Kühnen,* WuW 2012, 458, 463; vgl. auch Monopolkommission, 63. Sondergutachten (2012), Rdnr. 16 f.

[8] Ausführlich *Kühnen,* WuW 2012, 458, 459 ff.

[9] So z. B. *Kühnen,* WuW 2012, 458 f.; *Esser/Höft,* NZKart 2013, 447, 448; *Zimmer,* WuW 2013, 928, 932 f.

[10] Vgl. BKartA, Leitfaden zur Marktbeherrschung in der Fusionskontrolle, Rdnr. 11 (nachfolgend zitiert als „Leitfaden Fusionskontrolle“); *Ewald,* WuW 2014, 261, 262 ff.

sammenschlusses erhöhen. Hierbei ist in jedem Fall eine Gesamtbetrachtung anzustellen, wobei die Marktanteile für den Marktbeherrschungstest zwar ein wichtiger, aber nicht der alleinentscheidende Faktor sind.[11] Die wettbewerblich relevanten Faktoren sind vielmehr, wie ein Vergleich der Prüfkriterien für die Marktbeherrschung in § 18 Abs. 3 GWB und für die erhebliche Wettbewerbsbehinderung in Art. 2 Abs. 1 FKVO offenbart, für beide Tests weitgehend identisch, wobei Art. 2 Abs. 1 Buchstabe a FKVO die Struktur der betroffenen Märkte sogar an vorderster Stelle nennt.[12] Im Unterschied zum Marktbeherrschungstest erlaubt es der SIEC-Test jedoch, über die Strukturanalyse hinaus zu berücksichtigen, wie die Marktteilnehmer etwaige zusammenschlussbedingt vergrößerte Verhaltensspielräume nutzen werden. Der SIEC-Test knüpft unmittelbar an das Regelungsziel der Fusionskontrolle an, also an den Schutz wirksamen Wettbewerbs, während der Marktbeherrschungstest dieses Regelungsziel im Sinne eines Gefährdungstatbestands über den Schutz wettbewerblicher Strukturen zu erreichen sucht. Dabei belegen die Erfahrungen mit der US-amerikanischen Fusionskontrolle, die den SLC-Test über Jahrzehnte rein strukturbezogen ausgelegt hat,[13] dass der SIEC-Test nicht notwendigerweise eine stärker wirkungsorientierte Analyse zur Folge haben muss. Der SIEC-Test ist allerdings für unterschiedliche ökonomische Konzepte offen und damit flexibler, weil er durch seine Zielgerichtetheit alle dem Schutz wirksamen Wettbewerbs (auf erheblicher Weise) zuwiderlaufenden Zusammenschlüsse erfassen kann, unabhängig davon, ob zugleich eine marktbeherrschende Stellung begründet oder verstärkt wird.[14] Diese höhere Flexibilität wird freilich durch ein höheres Maß an Komplexität und damit einhergehende Rechtsunsicherheit erkauft.

Entgegen der Annahmen des Gesetzgebers der 8. GWB-Novelle ist das **Verhältnis von Grundtatbestand (SIEC) und Regelbeispiel (Marktbeherrschung)** bislang ungeklärt und Gegenstand einer lebhaften Debatte. Umstritten ist, ob mit dem Übergang zum SIEC-Test allein eine Verschärfung des Interventionsmaßstabs verbunden ist oder ob der neue Test in beide Richtungen wirkt, Interventionen also im Vergleich zur früheren Rechtslage teils erleichtert, teils erschwert. Relevanz hat diese Frage insbesondere für folgende drei Streitpunkte: 5

- Führt das „Erheblichkeitskriterium" im SIEC-Test zu einem **Spürbarkeitserfordernis** mit der Folge, dass ein Zusammenschluss, der eine bereits bestehende marktbeherrschende Stellung verstärkt, nur untersagt werden darf, wenn zusätzlich festgestellt wird, dass die Verstärkung „erheblich" bzw. „spürbar" ist? Ein derartiges Spürbarkeitserfordernis hat der BGH im früheren Recht abgelehnt.[15]
- Ist ein Zusammenschluss, der eine marktbeherrschende Stellung begründet oder verstärkt, freizugeben, wenn die aus dem Zusammenschluss resultierenden **Effizienzgewinne** die Nachteile für den Wettbewerb überwiegen? Derartige Effizienzgewinne waren im früheren Recht allenfalls im Rahmen der Ministererlaubnis (§ 42 GWB) berücksichtigungsfähig.[16]
- Kann die Freigabe eines Zusammenschlusses trotz Verwirklichung des Marktbeherrschungskriteriums auf **außerhalb des Wettbewerbs liegende Umstände** gestützt werden, die ein Ausnutzen des zusammenschlussbedingten Zuwachses an Marktmacht nicht

---

[11] Dazu unten Rdnr. 90 ff.

[12] Der Prüfungskatalog des Art. 2 Abs. 1 FKVO blieb trotz des Wechsels vom Marktbeherrschungs- zum SIEC-Test im Jahr 2004 unverändert.

[13] In den 1960 und 1970er Jahren war die amerikanische Fusionskontrolle durch das Struktur-Verhalten-Ergebnis-Paradigma („structure-conduct-performance paradigm") geprägt, das hohe Marktanteile mit einer Minderung an Wettbewerb gleichsetzte. Dies änderte sich erst Anfang der 1980er Jahre, vor allem mit den Horizontal Merger Guidelines von 1982; s. dazu *Williamson,* Merger Guidelines, S. 2 ff.; *Scheffman/Coate/Silvia,* 20 Years of Merger Guidelines Enforcement, S. 1 ff.; *Muris,* How History Informs Practice, S. 23 ff.

[14] Vgl. *Ewald,* WuW 2014, 261, 262 ff., der allerdings das Marktbeherrschungskriterium für ebenso flexibel hält.

[15] Dazu unten Rdnr. 77 ff.

[16] Dazu unten Rdnr. 171 ff.

zu Lasten der Marktgegenseite verhindern? Auch für die Berücksichtigung eines solchen, der Konsumentenwohlfahrt verpflichteten Arguments war im früheren Recht kein Raum.[17]

6 Der Gesetzeswortlaut und die Gesetzgebungsgeschichte scheinen für eine ausschließliche Verschärfung des Interventionsmaßstabs zu sprechen, denn wenn eine erhebliche Wettbewerbsbehinderung „insbesondere“ bei Begründung oder Verstärkung einer marktbeherrschenden Stellung vorliegt, dann müsste das Kriterium der erheblichen Wettbewerbsbehinderung ein „Mehr“ sein, das das Marktbeherrschungskriterium umfasst. In diesem Sinne erläutern der 25. Erwägungsgrund der FKVO und, dem folgend, die Begründung des Regierungsentwurfs zur 8. GWB-Novelle,[18] dass mit dem SIEC-Test über die Reichweite des Marktbeherrschungstests hinaus unilaterale Effekte in Oligopolsachverhalten erfasst werden sollen. Das BKartA nimmt deswegen die Position ein, dass eine Untersagung allein auf die Begründung oder Verstärkung einer marktbeherrschenden Stellung gestützt werden könne, ohne dass es auf das Vorliegen einer erheblichen Wettbewerbsbehinderung ankäme.[19] Eine Spürbarkeitsschwelle für die Verstärkungswirkungen von Zusammenschlüssen wird mithin abgelehnt.[20] Ebenso sollen nach dieser Ansicht Effizienzen oder sonstige die Ausnutzung von Marktmacht begrenzende Umstände unbeachtlich sein, jedenfalls für den Fall, dass der Marktbeherrschungstest erfüllt ist.[21] Die Gegenposition wendet ein, dass die Marktbeherrschung mit der 8. GWB-Novelle zu einem bloßen Regelbeispiel herabgestuft worden sei, weshalb in jedem Fall zusätzlich zur Begründung oder Verstärkung der beherrschenden Stellung eine erhebliche Behinderung wirksamen Wettbewerbs festgestellt werden müsse („Zwei-Stufen-Theorie“).[22] Als Beleg für diese These wird vielfach auf die Entscheidung der Kommission zu dem Zusammenschlussvorhaben *Friesland Foods/Campina* verwiesen, das trotz Verstärkung einer marktbeherrschenden Stellung freigegeben wurde, weil eine erhebliche Behinderung wirksamen Wettbewerbs nicht festgestellt werden konnte.[23] Werde der wirksame Wettbewerb trotz einer fusionsbedingten Verstärkungswirkung nicht erheblich behindert, müsse ein Zusammenschluss folglich freigegeben werden.[24]

7 Der Vergleich mit dem europäischen Recht belegt letztlich, dass der neue **Test in beide Richtungen wirkt.** Alle drei oben angesprochenen Streitpunkte – Spürbarkeitsschwelle, Effizienzgewinne und Berücksichtigung sonstiger, das Wettbewerbsverhalten beschränkender Umstände – sind fester Bestandteil des europäischen Prüfungskanons.[25] Die dogmatische Erklärung hierfür liegt darin, dass der Grundtatbestand der erheblichen Wettbewerbsbehinderung auf das Regelbeispiel der Marktbeherrschung ausstrahlt. Anders als im früheren Recht sind die Tatbestandsmerkmale der Begründung oder Verstärkung einer

---

[17] Dazu unten Rdnr. 176; vgl. zu den Streitpunkten: *Bardong,* in: Das deutsche Kartellrecht nach der 8. GWB-Novelle, S. 34 ff.

[18] Begr. RegE zur 8. GWB-Novelle, BT-Drucks. 17/9852, S. 28 „Die Begründung oder Verstärkung einer marktbeherrschenden Stellung stellt stets eine erhebliche Behinderung wirksamen Wettbewerbs dar (Marktbeherrschung als Regelbeispiel)“.

[19] BKartA B. v. 18. Juli 2013, B4–18/13, Rdnr. 170 – *Prosegur/Brink's Deutschland;* BKartA B. v. 25.4.2014, B6–98/13, Rdnr. 107 – *Funke/Axel Springer-Programmzeitschriften;* BKartA TB 2013/2014, S. 35; ebenso *Bardong,* in: Das deutsche Kartellrecht nach der 8. GWB-Novelle, S. 27 ff.; *Ewald,* WuW 2014, 261, 266 f.

[20] *Bardong,* in: Das deutsche Kartellrecht nach der 8. GWB-Novelle, S. 34 ff.

[21] *Bardong,* aaO.

[22] *Bechtold,* GWB, § 36 Rdnr. 23; *Kühnen,* WuW 2012, 458, 464; *Esser/Höft,* NZKart 2013, 447, 453; *Barke/Stransky,* WRP 2014, 674, 675 f.; *Immenga/Mestmäcker-Thomas,* GWB, 5. Aufl., § 36 Rdnr. 20; Monopolkommission, 63. Sondergutachten (2012), Rdnr. 27; Monopolkommission, 20. Hauptgutachten 2012/2013, Rdnr. 564 ff.; so wohl auch *Säcker,* WuW 2010, 370, 371.

[23] Komm. E. v. 17.12.2008, COMP/M.5046, Rdnr. 98ff – *Friesland Foods/Campina.*

[24] *Kühnen,* WuW 2012, 458, 464; *Esser/Höft,* NZKart 2013, 447, 453. Vgl. auch Monopolkommission, 63. Sondergutachten (2012), Rdnr. 27.

[25] Vgl. dazu unten Rdnr. 78, 171 ff. und 176; vgl. ferner *Wagemann* in § 16 Rdnr. 53 ff. (insbes. Rdnr. 55, 81 ff., 96).

marktbeherrschenden Stellung vor dem Hintergrund des SIEC-Tests auszulegen.[26] Wenn nachgewiesen ist, dass keine erhebliche Wettbewerbsbehinderung vorliegt, liegen die Voraussetzungen des § 36 Abs. 1 Satz 1 GWB nicht vor, selbst wenn der Marktbeherrschungstest nach früherem Recht erfüllt wäre. Im Ergebnis indiziert somit das Vorliegen des Regelbeispiels die Verwirklichung des Grundtatbestands, doch es bleibt die Möglichkeit, dass der Zusammenschluss aufgrund von Effizienzen, mangels Spürbarkeit oder aufgrund sonstiger Umstände zu keiner erheblichen Wettbewerbsbehinderung führt. In diese Richtung scheint auch der BGH zu tendieren.[27] Deshalb kann, anders als von der Bundesregierung angenommen,[28] die Entscheidungspraxis der Gerichte vor der 8. GWB-Novelle nicht vorbehaltlos auf den neuen Untersagungstatbestand des § 36 Abs. 1 Satz 1 GWB übertragen werden.[29]

Anlässlich des Testwechsels wird außerdem diskutiert, ob mit dem SIEC-Test eine **verstärkte Ökonomisierung** der Fusionskontrolle einhergeht. Dies wird mit der stärkeren Wirkungsorientierung des SIEC-Tests[30] oder damit begründet, dass der Begriff der erheblichen Wettbewerbsbehinderung überwiegend ökonomisch belegt sei.[31] Tatsächlich ist es auf der europäischen wie auf der deutschen Ebene schon vor dem jeweiligen Testwechsel zu einer stärkeren Einbeziehung von ökonomischen Methoden und Argumenten in die Fusionskontrollpraxis gekommen.[32] In den Vereinigten Staaten, wo der wirkungsorientierte SLC-Test bereits seit 1914 Gesetz ist, wurde die Fusionskontrolle „erst" Anfang der 1980er Jahre stärker ökonomisch ausgerichtet.[33] Der allgemeine Trend zu einer zunehmenden Berücksichtigung ökonomischer Konzepte im Kartellrecht im Allgemeinen und in der Fusionskontrolle im Besonderen ist somit von der Einführung des SIEC-Tests unabhängig.[34] Allerdings wird man sagen können, dass die größere Flexibilität und die Offenheit des SIEC-Tests für unterschiedliche ökonomische Konzepte einer verstärkten Ökonomisierung der Fusionskontrolle zusätzlichen Raum gibt. Dies betrifft beispielsweise die Berücksichtigung von Effizienzen[35] oder die Relativierung der Marktabgrenzung zugunsten einer unmittelbaren Messung der relevanten Wettbewerbsbeziehungen.[36] 8

Trotz der Ausrichtung von § 36 Abs. 1 Satz 1 GWB am europäischen Recht ist die deutsche Rechtspraxis **nicht an die Vorgaben in Art. 2 Abs. 2 und Abs. 3 FKVO** und ihre Interpretation durch die Unionsgerichte und die Kommission **gebunden.** Der Anwendungsbereich der FKVO ist begrenzt auf Zusammenschlüsse von gemeinschaftsweiter Bedeutung, und nur in diesem Rahmen besteht eine Bindungswirkung (vgl. Art. 21 Abs. 3 FKVO). Gleichzeitig hat der deutsche Gesetzgeber keine Regelung in das GWB aufgenommen, die die deutschen Behörden oder Gerichte zur Beachtung der Grundsätze der europäischen Fusionskontrolle verpflichten würde.[37] Dementsprechend können die deutschen Gerichte bei Zweifeln über die Auslegung von § 36 Abs. 1 Satz 1 GWB auch nicht gemäß Art. 267 AEUV den Gerichtshof der Europäischen Union anrufen, weil eine 9

---

[26] Ebenso *Weitbrecht/Willems,* ZWeR 2013, 365, 377 f.; wohl auch *Säcker,* WuW 2010, 370, 371.

[27] BGH WuW/E DE-R 4475, 4476 – *Erhebliche Behinderung wirksamen Wettbewerbs,* wonach aus der Verwirklichung des Regelbeispiels „eine drohende erhebliche Behinderung wirksamen Wettbewerbs jedenfalls dann abgeleitet werden kann, wenn […] keine Umstände festgestellt sind, aus denen sich gegenläufige Auswirkungen ergeben könnten."

[28] Begr. RegE zur 8. GWB-Novelle, BT-Drucks. 17/9852, S. 28.

[29] Dazu unten Rdnr. 78.

[30] *Kühnen,* WuW 2012, 458, 464 f.; *Esser/Höft,* NZKart 2013, 447, 448.

[31] *Weitbrecht/Willems,* ZWeR 2013, 365, 378.

[32] *Bardong,* in: Das deutsche Kartellrecht nach der 8. GWB-Novelle, S. 17 f.; *Frank,* WuW 2015, 369, 370 f.

[33] *Williamson,* Merger Guidelines, S. 2 ff.; *Scheffman/Coate/Silvia,* 20 Years of Merger Guidelines Enforcement, S. 1 ff.; *Muris,* How History Informs Practice, S. 23 ff.

[34] Begr. RegE zur 8. GWB-Novelle, BT-Drucks. 17/9852, S. 28 f.; *Bardong,* in: Das deutsche Kartellrecht nach der 8. GWB-Novelle, S. 17 f.; *Ewald,* WuW 2014, 261, 274 ff.

[35] Dazu unten Rdnr. 171 ff.

[36] Vgl. BKartA TB 2013/2014, S. 36; dazu auch unten Rdnr. 14.

[37] Dies wäre aber Voraussetzung für ein Vorabentscheidungsersuchen an den EuGH, s. dazu EuGH U. v. 14.3.2013, Rs. C-32/11, Rdnr. 20 – *Allianz Hungária.*

Vorabentscheidung für sie nicht verbindlich wäre.[38] Dessen ungeachtet ist die europäische Praxis natürlich schon wegen des Harmonisierungsziels der 8. GWB-Novelle bei der Auslegung von § 36 Abs. 1 Satz 1 GWB zu berücksichtigen.

II. Marktabgrenzung

10 **1. Vorbemerkung.** Die im Rahmen des § 36 Abs. 1 Satz 1 GWB vorzunehmende wettbewerbliche Würdigung erfordert regelmäßig eine Abgrenzung der von dem Zusammenschluss betroffenen Märkte. Für den Marktbeherrschungstest folgt dies bereits daraus, dass sich die Feststellung der Marktbeherrschung stets auf einen bestimmten für den individuellen Fall relevanten Markt beziehen muss.[39] § 18 Abs. 1 GWB spricht dies für die sachliche und räumliche Marktabgrenzung ausdrücklich aus. Für den SIEC-Test ist die Definition des betroffenen Marktes zwar nicht rechtlich zwingend, aber in der Praxis dennoch regelmäßig angezeigt, weil sie ein zweckmäßiges Hilfsmittel zur Bestimmung der relevanten Wettbewerbskräfte und zur Eingrenzung des Untersuchungsgegenstandes ist.[40] Darüber hinaus ist die Bagatellmarktklausel des § 36 Abs. 1 Satz 2 Nr. 2 GWB marktbezogen, so dass auf die Diskussion des betroffenen Marktes jedenfalls bei Bejahung der Untersagungsvoraussetzungen nach § 36 Abs. 1 Satz 1 GWB nicht vollständig verzichtet werden kann. Nicht zuletzt verlangt § 39 Abs. 3 Satz 2 Nr. 4 GWB den anmeldenden Unternehmen eine Stellungnahme zu den Märkten und den Marktanteilen der Zusammenschlussbeteiligten ab.

11 Der zutreffenden Abgrenzung der relevanten Märkte kommt deshalb auch nach der 8. GWB-Novelle regelmäßig eine **Schlüsselfunktion** für den Ausgang eines Fusionskontrollverfahrens zu: Grenzt man sachlich große und geografisch umfassende Märkte ab, errechnen sich für die Zusammenschlussbeteiligten niedrige Marktanteile, was gegen eine erhebliche Behinderung wirksamen Wettbewerbs spricht und erst recht gegen die Begründung oder Verstärkung einer marktbeherrschenden Stellung. Umgekehrt folgen aus einer sehr engen Marktabgrenzung eher hohe Marktanteile, die einen fusionskontrollrechtlich bedenklichen Mangel an Wettbewerbsintensität indizieren können. Es gilt daher: Je mehr Regionen ein Markt umfasst und je mehr Produkte ihm zugerechnet werden, desto geringer sind die Anteile, die die in ihm tätigen Unternehmen als Anbieter oder Nachfrager von Produkten oder Dienstleistungen jeweils halten, und entsprechend geringer ist die Wahrscheinlichkeit wettbewerblicher Bedenken gegen den Zusammenschluss. Im Einzelfall kann eine engere Marktabgrenzung freilich auch im Interesse der Zusammenschlussbeteiligten sein, nämlich wenn ihre Tätigkeiten hierdurch unterschiedlichen sachlich und räumlich relevanten Märkten zugerechnet werden, so dass das Vorhaben nicht mehr als ein Zusammenschluss unter Wettbewerbern anzusehen ist.[41]

12 Diese Zusammenhänge spiegeln sich in der Praxis der Fusionskontrolle wider. Die Überlegungen der beteiligten Unternehmen und ihrer Berater betreffen regelmäßig zunächst die Frage, wie in der Anmeldung des Zusammenschlussvorhabens der relevante Markt und dementsprechend die Marktpositionen der Beteiligten und ihrer Wettbewerber

---

[38] Ebenso *Bardong,* in: Das deutsche Kartellrecht nach der 8. GWB-Novelle, S. 32f.; *Weitbrecht/Willems,* ZWeR 2013, 365, 371ff.; *Langen/Bunte-Kallfaß,* GWB, § 36 Rdnr. 35; *Körber,* WuW 2014, 250, 251f.; Monopolkommission, 20. Hauptgutachten 2012/2013, Rdnr. 560 und Fn. 15; aA *Esser/Höft,* NZKart 2013, 447, 457; *Bernhard,* EuZW 2013, 732, 733f.; *Barke/Stransky,* WRP 2014, 674, 679f.; *Schroeder,* Fs. Roth, S. 583, 595f.

[39] BGH WuW/E BGH 2771, 2775f. – *Kaufhof/Saturn;* BGH WuW/E BGH 1501, 1508 – *Kfz-Kupplungen;* zur Marktabgrenzung auch *Wiedemann,* § 23 Rdnr. 6ff.

[40] Ebenso *Langen/Bunte-Kallfaß,* GWB, § 36 Rdnr. 31; Monopolkommission, 20. Hauptgutachten 2012/2013, Rdnr. 575. Nach aA ist auch für die Feststellung der wirksamen Wettbewerbsbehinderung die exakte Definition des betroffenen Marktes erforderlich, so *Bechtold,* GWB, § 36 Rdnr. 6.

[41] Das geringere Umsatzvolumen auf einem engen Markt könnte zudem gemäß § 36 Abs. 1 Satz 2 Nr. 2 GWB die materielle Fusionskontrolle ausschließen. Der Anwendungsbereich der Bagatellmarktklausel wird allerdings durch die Rechtsprechung eingeschränkt, wenn ein Zusammenschluss ein „Bündel" verwandter Märkte betrifft, dazu unten Rdnr. 216ff.

darzustellen sind. Wenn zu den betreffenden Produkten oder Dienstleistungen eine Entscheidungspraxis der Gerichte oder Kartellbehörden vorliegt, besitzt diese regelmäßig eine gewisse faktische Verbindlichkeit, sofern sich die zugrundeliegenden wirtschaftlichen Umstände nicht signifikant geändert haben. Vielfach fehlt es jedoch an klaren Vorgaben, weil eine exakte Marktabgrenzung in den Entscheidungen mangels Erheblichkeit unterbleibt. Dies bedeutet für die Praxis der Anmeldung, dass vorsorglich **sämtliche als plausibel erkannten Abgrenzungsalternativen** zu berücksichtigen sind.[42] In unbedeutenden Fällen, in die lediglich schwächere Marktteilnehmer involviert sind, mag in der Anmeldung eine endgültige Abgrenzung noch dahingestellt bleiben, indem für mehrere, vom Weiten ins Enge gehende Abgrenzungsalternativen gezeigt wird, dass selbst bei denkbar engster Marktabgrenzung Wettbewerbsbedenken ausgeschlossen sind. In bedeutenderen Fällen kann es demgegenüber entscheidend sein, frühzeitig überzeugende Argumente für eine bestimmte Marktabgrenzung vorzutragen.

Die Marktabgrenzung ist ein **Hilfsmittel zur Bestimmung der Marktmacht** der an 13
dem Zusammenschluss beteiligten Unternehmen und ihrer Wettbewerber. Gemessen wird, ob und in welchem Maße die Verhaltensspielräume der Unternehmen durch den Wettbewerb kontrolliert werden.[43] Der Gedanke ist, dass die Anzahl und relative Bedeutung der Produkte in einem korrekt bestimmten Markt Schlussfolgerungen über die wettbewerblichen Verhaltensspielräume eines Unternehmens erlauben. Der relevante Markt muss deshalb möglichst akkurat das wettbewerbliche Umfeld abbilden, in dem sich das Unternehmen bewegt. Einzubeziehen sind alle, aber auch nur diejenigen Produkte bzw. Dienstleistungen, die das Unternehmen bei seinen Wettbewerbsentscheidungen berücksichtigen muss – etwa hinsichtlich der Preise, Mengen, Qualitäten usw. Da die Produkte und Dienstleistungen nach ihren Eigenschaften und ihrer räumlichen und zeitlichen Verfügbarkeit differenziert sein können, ist der relevante Markt entsprechend sachlich, räumlich und ggf. zeitlich dimensioniert.[44] Die Marktabgrenzung ist dabei immer auf den jeweiligen Untersuchungszweck bezogen und kann keine Allgemeingültigkeit beanspruchen.[45] Es existiert kein verbindlicher Katalog aller denkbaren relevanten Märkte. Insbesondere kann die Marktabgrenzung in der Fusionskontrolle zu anderen Ergebnissen führen als im Rahmen der Verhaltenskontrolle nach §§ 19, 20 GWB, weil es im ersten Fall um eine Prognose über die künftige Wettbewerbsintensität geht, während im zweiten Fall das Vorliegen von Marktmacht in der Vergangenheit bzw. Gegenwart zu bewerten ist.

Problematisch am Konzept der Marktabgrenzung ist, dass es ein reines „Schwarz-Weiß- 14
Bild“ zeichnet, das verschiedene Produkte entweder demselben Markt zurechnet oder nicht. Die „Graustufen“ unterschiedlich stark oder schwach ausgeprägter Wettbewerbsbeziehungen, wie sie in der Realität oftmals zwischen verschiedenen Produkten existieren, lassen sich damit nicht immer gut abbilden. Tatsächlich versuchen viele Unternehmen, sich gegenüber ihren Wettbewerbern abzusetzen, indem sie ihre Produkte mit zusätzlichen Merkmalen ausstatten, die die unterschiedlichen Bedürfnisse einzelner Kundengruppen gezielt ansprechen und eine größere Kundenbindung bewirken sollen (z. B. durch Marken, Imagewerbung). Derartige Produktdifferenzierungsstrategien bewirken, dass sich die Austauschbarkeit dieser Produkte graduell unterscheidet. Die Abgrenzung des relevanten Marktes wird dann entweder zu weit, weil sie die unterschiedliche wettbewerbliche Nähe der

---

[42] Vgl. dazu auch Abschnitt 6.4 des Formblatts CO zur Anmeldung eines Zusammenschlusses bei der Komm. (Anhang I zur Durchführungsverordnung (EG) Nr. 802/2004).

[43] BGH WuW/E DE-R 1206, 1207 – *Strom und Telefon I;* BGH WuW/E DE-R 1681, Rdnr. 29 – *DB Regio/üstra;* BGH WuW/E DE-R 1925, Rdnr. 19 – *National Geographic II.*

[44] Dazu unten Rdnr. 16 ff.

[45] BKartA B. v. 27.12.2010, B2–71/10 – *Van Drie/Alpuro,* Rdnr. 90; Komm., Bekanntmachung über die Definition des relevanten Marktes im Sinne des Wettbewerbsrechts der Gemeinschaft, ABl. 1997 C 372/5 (nachfolgend zitiert als „Bekanntmachung rel. Markt“), Rdnr. 10 bis 12; aA wohl *KK-Schütz,* Bd. 2 GWB, § 36 Rdnr. 17, 57 (Marktdefinition nur „objektiv“, ungeachtet der beteiligten Unternehmen).

erfassten Produkte ignoriert, oder zu eng, weil sie den Wettbewerbsdruck, der von den benachbarten Märkten ausgeht, nicht aufnimmt. Traditionell wird versucht, diesen Graustufen im Rahmen der wettbewerblichen Würdigung gerecht zu werden, etwa indem die Wettbewerbsintensität der unterschiedlichen Produkte im abgegrenzten Markt und die Möglichkeiten einer Substitution durch Produkte aus benachbarten Märkten näher untersucht werden.[46] Die Einführung des SIEC-Tests eröffnet hier in bestimmten Konstellationen die Möglichkeit, die **Stufe der Marktabgrenzung** als Hilfsmittel zur indirekten Bestimmung der Wettbewerbsintensität **zu übergehen** und stattdessen direkt bei den wettbewerblichen Folgen des Zusammenschlusses anzusetzen. Möglich wird dies durch ökonomische Modelle, die Aussagen über die wettbewerblichen Wirkungen eines Zusammenschlusses zulassen, insbesondere zur voraussichtlichen Entwicklung der Preise. Namentlich das Konzept des Preissteigerungsdrucks (**„Upward Pricing Pressure"** oder **„UPP"**) wird in diesem Zusammenhang genannt, das die *Horizontal Merger Guidelines* der US-amerikanischen Kartellbehörden von 2010 als Indikator zur Bestimmung unilateraler Effekte bei differenzierten Produkten eingeführt haben. Hierbei geht es um die Bewertung des Umsatzes, den der Zusammenschlussbeteiligte A bei einem Zusammengehen mit dem Zusammenschlusspartner B infolge einer Preiserhöhung bei B voraussichtlich zusätzlich erzielen würde. Wenn ein hoher Prozentsatz der Kunden von B bei einer Preiserhöhung zu A wechseln würde und die Gewinnmarge von A hoch ist, hätten A und B nach dem Zusammenschluss einen Anreiz, die Preise für die Produkte von B tatsächlich zu erhöhen.[47] Notwendig ist für diese Vorhersage nur die Kenntnis einer begrenzten Menge an Daten, nämlich die Umlenkungskennziffer („Diversion Ratio"), die angibt, welcher Anteil der Kundenverluste von B durch A aufgefangen wird, und die Gewinnmarge von A.[48] Dieses Konzept ist jedoch mit Schwächen behaftet; insbesondere erlaubt es keine abschließende Würdigung aller wettbewerblichen Wirkungen eines Zusammenschlusses, z. B. in Bezug auf die Reaktionsmöglichkeiten der Wettbewerber und zusammenschlussbedingte Effizienzen, und es eignet sich deshalb nur als Filter, um diejenigen Zusammenschlüsse zu identifizieren, bei denen ein erheblicher Preissteigerungsdruck von vornherein nicht zu erwarten ist. Der Upward Pricing Pressure-Test könnte damit immerhin als „Schnelltest" für die Freigabe von wettbewerblich unproblematischen Fällen dienen, bei denen sich die Marktabgrenzung wegen des Vorliegens differenzierter Produkte besonders schwierig gestaltet.[49] Allerdings wird sich in solchen Fällen häufig schon mit den herkömmlichen Mitteln der wettbewerblichen Würdigung das Vorliegen eines Näheverhältnisses zwischen den Zusammenschlussbeteiligten ausschließen lassen, ohne dass es auf eine abschließende Marktabgrenzung ankäme.

15 Die Verhaltensspielräume eines Unternehmens werden im Wettbewerb von zwei Seiten begrenzt: durch die Ausweichmöglichkeiten der Marktgegenseite und durch die Reaktionsmöglichkeiten der (aktuellen oder potenziellen) Wettbewerber.[50] An erster Stelle stehen die **Wahl- und Ausweichmöglichkeiten der Marktgegenseite,** die bereits frühzeitig als das maßgebliche Kriterium der Marktabgrenzung erkannt wurden.[51] Ein Anbieter kann den Preis, die Qualität oder die sonstigen Verkaufskonditionen für seine Produkte nicht zu seinem Vorteil erheblich beeinflussen, wenn seine Abnehmer ohne weiteres auf die Angebote alternativer Anbieter ausweichen können. Gleiches gilt für einen Nachfrager, dessen Verhaltensspielräume beim Bezug von Waren oder Dienstleistungen durch die alternativen Absatzmöglichkeiten seiner Lieferanten diszipliniert werden. Da es bei den Wahl-

[46] Dazu unten Rdnr. 103 ff. und 123.

[47] Zur Bewertung des Preiserhöhungsanreizes wird der Gewinnzuwachs bei A ins Verhältnis gesetzt zu dem durch die Preiserhöhung bewirkten Umsatzrückgang bei B.

[48] U. S. Horizontal Merger Guidelines, S. 21 f.; dazu *Zimmer,* WuW 2013, 928, 934 ff.; *Schwalbe/Zimmer,* Kartellrecht und Ökonomie, S. 257 ff. Zu weiteren ökonomischen Methoden zur Abschätzung der Wirkungen von Zusammenschlüssen *Johnsen,* WuW 2013, 1177, 1182 ff.

[49] *Zimmer,* WuW 2013, 928, 935 f.

[50] Vgl. Komm., Bekanntmachung rel. Markt, Rdnr. 13.

[51] Dazu sogleich unten Rdnr. 16 ff.

und Ausweichmöglichkeiten von Nachfragern und Anbietern erhebliche Unterschiede gibt, ist es zweckmäßig, bei der Marktabgrenzung zwischen Anbieter- und Nachfragemärkten zu unterscheiden. Die disziplinierende Kraft, die von den **Reaktionsmöglichkeiten der Unternehmen auf der eigenen Marktstufe** ausgeht (als alternative Anbieter bzw. Kunden), wirkt demgegenüber meist deutlich schwächer und wird grundsätzlich nicht bei der Marktabgrenzung, sondern erst als „potenzieller Wettbewerb" bei der wettbewerblichen Würdigung berücksichtigt. Eine Ausnahme besteht, wenn diese Reaktionen derart kurzfristig erfolgen können, dass sie den Ausweichreaktionen der Marktgegenseite hinsichtlich Wirksamkeit und Unmittelbarkeit in nichts nachstehen.[52] Dann sind sie, wenn auch in unterschiedlicher Ausprägung, bereits unter dem Gesichtspunkt der Umstellungsflexibilität des Angebots bzw. der Nachfrage im Rahmen der sachlichen, räumlichen oder zeitlichen Marktabgrenzung zu berücksichtigen.[53]

2. Abgrenzung von Angebotsmärkten. *a) Der sachlich relevante Markt.* Als Methode für die sachliche Marktabgrenzung von Angebotsmärkten hat sich das sog. **Bedarfsmarktkonzept** durchgesetzt, das auf die funktionale Austauschbarkeit der Produkte aus Sicht der Abnehmer abhebt. Das Kammergericht hat es bereits 1969 in seiner *Handpreisauszeichner*-Entscheidung wie folgt umschrieben: „Sämtliche Erzeugnisse, die sich nach ihren Eigenschaften, ihrem wirtschaftlichen Verwendungszweck und ihrer Preislage so nahestehen, dass der Verbraucher sie als für die Deckung eines bestimmten Bedarfs geeignet in berechtigter Weise abwägend miteinander vergleicht und als gegeneinander austauschbar ansieht, sind marktgleichwertig".[54] Das Bedarfsmarktprinzip ist auch heute noch allgemein akzeptiert und ist nach ständiger Rechtsprechung Ausgangspunkt der sachlichen Marktabgrenzung.[55] Entscheidend ist danach nicht, mit welchen Produkten der Hersteller konkurrieren will,[56] sondern mit welchen Produkten der Abnehmer, d. h. die Marktgegenseite, das Produkt des betroffenen Herstellers für austauschbar hält. 16

Abgestellt wird mit dem Bedarfsmarktkonzept grundsätzlich auf die **Sicht der unmittelbaren Abnehmer** auf der jeweiligen Marktstufe, nicht notwendig auf die Sicht der (End-)Verbraucher. Entscheidend ist, wer unter mehreren Angebotsalternativen die Entscheidung über die Auswahl der Produkte trifft. Dies kann unter Umständen auch bedeuten, dass es nicht auf die Sicht des direkten Vertragspartners des Anbieters ankommt, sondern auf die Sicht desjenigen, dem als „Nachfragedisponent" die Auswahlentscheidung überlassen ist.[57] Bei dem Angebot von ärztlichen Leistungen wird deshalb auf die Sicht des Patienten oder des behandelnden Arztes abgestellt, je nachdem wer die Auswahl zwischen den Bezugsalternativen trifft, auch wenn die Kosten nach dem Sachleistungsprinzip unmittelbar von der gesetzlichen Krankenkasse getragen werden.[58] 17

Aus ähnlichen Gründen kann bei mehrstufigen Marktbeziehungen die Marktabgrenzung für das Angebot auf dem vorgelagerten Markt von den Präferenzen der (indirekten) Nachfrager auf dem nachgelagerten Markt abhängen, insbesondere wenn die Produkte unverändert weitergegeben werden. So wird beispielsweise im **Verhältnis der Hersteller von Konsumgütern zum Handel** nicht primär auf den Handel, sondern auf die Endverbraucher abgestellt, weil die Einkaufsentscheidungen des Handels regelmäßig durch die Aus- 18

---

[52] Komm., Bekanntmachung rel. Markt, Rdnr. 14 und 20 ff.

[53] Dazu unten Rdnr. 29 ff. und Rdnr. 51.

[54] KG WuW/E OLG 995, 996 – *Handpreisauszeichner;* vgl. auch KG WuW/E OLG 461, 463 – *Reifen.*

[55] BGH WuW/E BGH 3026, 3028 = BGHZ 131, 107 – *Backofenmarkt;* BGH WuW/E DE-R 1355, 1357 = BGHZ 160, 321 – *Staubsaugerbeutelmarkt;* BGHZ 170, 299 Rdnr. 14, 18 – *National Geographic II;* BGH WuW/E DE-R 2451, Rdnr. 15 – *E.ON/Stadtwerke Eschwege; Bechtold,* GWB, § 18 Rdnr. 7; *Immenga/Mestmäcker-Möschel,* GWB, 4. Aufl., § 19 Rdnr. 35.

[56] In diese Richtung aber *Säcker,* ZWeR 2004, 1 ff. („Konzept der Wirtschaftspläne"). Dagegen zurecht: *Ewald,* ZWeR 2004, 512, 540 f.

[57] Vgl. BGH WuW/E BGH 1435, 1440 – *Vitamin B 12.*

[58] BGH WuW/E DE-R 303, 305 – *Taxi-Krankentransporte;* BGH WuW/E DE-R 487, 489 – *Zahnersatz aus Manila;* BGH WuW/E DE-R 2327, Rdnr. 62 – *Kreiskrankenhaus Bad Neustadt.*

wahlentscheidungen der Endverbraucher vorgegeben werden.[59] Es soll allerdings möglich sein, dass die sachliche Marktabgrenzung auf der Händlerstufe enger ausfällt als auf der Endverbraucherstufe, wenn sich die Händler aus strategischen Überlegungen vom Nachfrageverhalten der Endverbraucher „entkoppeln" und bestimmte funktional austauschbare Produkte von vornherein nicht in ihr Sortiment aufnehmen. Ein Beispiel hierfür sind Hörgeräteakustiker, die keine Hörgeräte von Herstellern vertreiben, die ihre Produkte unter Umgehung des Fachhandels und zu wesentlich günstigeren Preisen direkt an die Patienten absetzen („verkürzter Versorgungsweg"). Aus Sicht der Hörgeräteakustiker, die ein hohes Interesse an der Aufrechterhaltung des traditionellen Absatzweges haben, sind die Hörgeräte des verkürzten Versorgungswegs nicht mit den Geräten der übrigen Hersteller austauschbar. Der BGH bestätigte aus diesem Grund in der Entscheidung *Phonak/GN Store* eine engere Abgrenzung des sachlich relevanten Marktes für die Handelsstufe (Ausschluss des verkürzten Versorgungswegs) als für die Endverbraucherstufe (Einbeziehung des verkürzten Versorgungswegs).[60] Dieses Ergebnis ist problematisch, weil von dem verkürzten Versorgungsweg im Fall *Phonak/GN Store* offenbar ein erheblicher Wettbewerbsdruck auf die Anbieter des traditionellen Absatzwegs ausging.[61] Eine vergleichbare Situation besteht beim Absatz von Konsumgütern mit Herstellermarken und Handelsmarken, wenn die etablierten Markenhersteller nicht als Beschaffungsalternative für Handelsmarken zur Verfügung stehen,[62] und beim Absatz von Produkten an Fachinstallateure, soweit es hier Strategien gibt, den traditionellen dreistufigen Vertriebsweg aus Hersteller, Großhändler, Sanitärhandwerker vor verkürzten Vertriebsformen über Baumärkte oder das Internet zu schützen.[63] Ausgeschlossen ist in jedem Fall, dass Erzeuger und Weiterverkäufer auf eine Handelsstufe gestellt werden, obwohl die gesamte gehandelte Ware von den Erzeugern in den Verkehr gebracht worden ist, weil es andernfalls zu Doppelzählungen und einer verzerrten Darstellung der Wettbewerbsverhältnisse kommen würde.[64]

19 Eine abgeleitete Nachfrage kann es nicht nur bei beim Vertrieb von Gütern über mehrere Handelsstufen hinweg, sondern auch bei der **Erbringung von Dienstleistungen oder bei der Einräumung von Rechten** geben. Wenn die Gestaltung eines Produkts durch eine patentgeschützte Industrienorm („standardessentielle Patente") vorgegeben ist, bildet die Vergabe von Lizenzen, die potenzielle Anbieter dieses Produkts erst in die Lage versetzen, das Produkt auf den Markt zu bringen, regelmäßig einen eigenen, dem Produktmarkt vorgelagerten Markt.[65] Bei Kreditkarten für gewerbliche Kunden, die den gesonderten Ausweis der Umsatzsteuer im Kreditkartenauszug wünschen, um auf diese Weise in den Genuss eines erleichterten Vorsteuerabzug zu kommen, führt dieser Bedarf dazu, dass auf der vorgelagerten Marktstufe zwischen Kreditkartenunternehmen und Leistungsanbieter ein gesonderter Markt für die Gestattung des Umsatzsteuerausweises angenommen wird.[66] Bei der Erbringung von Instandsetzungs- und Wartungsdienstleistungen für Kraftfahrzeuge gehören zum vorgelagerten Markt alle Produkte, Dienstleistungen und

---

[59] Vgl. KG WuW/E OLG 3759 – *Pillsbury/Sonnen-Bassermann;* KG WuW/E DE-R 451, 454 – *Herlitz/Landré;* BKartA WuW/E 2421, 2423 – *Unilever-Braun;* BKartA WuW/E DE-V 177, 178 ff. – *Henkel/Luhns.*

[60] BGH WuW/E DE-R 661, Rdnr. 41 ff. – *Phonak/GN Store.*

[61] Vgl. BGH WuW/E DE-R 661, Rdnr. 43 – *Phonak/GN Store* (Steigerung des Marktanteils der über den verkürzten Versorgungsweg abgesetzten Hörgeräte am Endkundenmarkt von Null auf ca. 10% innerhalb weniger Jahre).

[62] Vgl. BKartA B. v. 27.3.2013, B2–113/12, Rdnr. 35 – *DMK Eis/Rosen Eiskrem.*

[63] Vgl. BKartA WuW/E BKartA 2187 – *markt intern/Sanitär-Installation;* BKartA, Fallbericht v. 13.12.2011, B5–100/10 – *Dornbracht.*

[64] BGH WuW/E DE-R 1355, 1357 f. – *Staubsaugerbeutelmarkt;* BGH WuW/E DE-R 2451, Rdnr. 18 – *E.ON/Stadtwerke Eschwege.*

[65] BGH WuW/E DE-R 1329, 1331 = BGHZ 160, 67 – *Standard-Spundfass.*

[66] BGH WuW/E DE-R 2708, Rdnr. 19 ff. – *Reisestellenkarte;* vgl. LG Düsseldorf WuW/E DE-R 1135, 1136 – *Bonusmeilen* (Abstellen auf Endverbraucher, nicht Vertragspartner bei Kundenbindungssystem).

Rechte, die einer Werkstatt den Zutritt auf dem nachgelagerten Endkundenmarkt erlauben (Zugang zu Ersatzteilen und Fachkenntnissen oder Zulassungen als Vertragswerkstatt für bestimmte Fahrzeugmarken).[67] In all diesen Fällen kommt es für die Frage, welche wettbewerblichen Handlungsspielräume der Anbieter auf dem vorgelagerten Markt hat, nach der Rechtsprechung entscheidend auf die Verhältnisse im nachgelagerten Markt an.

Die Marktabgrenzung nach dem Bedarfsmarktkonzept ist ein **zweistufiger Prozess,** 20
denn um die Frage nach der funktionellen Austauschbarkeit aus Abnehmersicht beantworten zu können, müssen zunächst die für die Produkte der Zusammenschlussbeteiligten maßgeblichen Abnehmerkreise bestimmt werden. Bei Identifizierung **unterschiedlicher Abnehmergruppen** mit unterschiedlichen Bedarfsprofilen kann es notwendig werden, entsprechend unterschiedliche Produktmärkte abzugrenzen. Dies gilt, selbst wenn die betreffenden Produkte nach ihrer physikalisch-chemischen Eigenschaften vollständig oder nahezu identisch sind. Ein Beispiel hierfür wäre Backpulver, das zur Herstellung von Backwaren oder als Ameisenvernichtungsmittel verwendet werden kann. Die Abgrenzung gesonderter **Teilmärkte** setzt allerdings voraus, dass der Anbieter in Relation zu den an unterschiedlichen Verwendungszwecken ausgerichteten Nachfragern in der Lage ist, unterschiedliche wettbewerbliche Strategien im Hinblick auf Preise, Qualitäten o.ä. einzuschlagen.[68] Ist ihm dies nicht möglich, verbleibt es bei einem einheitlichen Markt.[69] Eine Differenzierung zwischen unterschiedlichen Abnehmergruppen wird in der Praxis oftmals dadurch erreicht, dass die Produkte in unterschiedlichen Aufmachungen oder Verpackungsgrößen oder über unterschiedliche Vertriebskanäle angeboten werden. So wurden beispielsweise für das sackweise gelieferte Industriemehl und das in haushaltsgerechten Kleinpackungen gelieferte Haushaltsmehl verschiedene Märkte angenommen, weil die Abnehmer nicht ohne weiteres zwischen den Verpackungsformen wechseln können.[70] Aus demselben Grund lässt sich bei dem Verkauf von Stickstoff zwischen industriellen, über Rohrleitungssysteme belieferten und gewerblichen, mit Tanks oder Flaschen belieferten Kunden unterscheiden.[71] Ein Beispiel für die Differenzierung nach Vertriebswegen bildet die Automobilzulieferindustrie. Auch wenn es sich um in jeder Hinsicht identische Produkte handelt, wird wegen gänzlich unterschiedlicher Verhältnisse bei den Abnehmern von Kfz-Komponenten zwischen dem Erstausrüstungsmarkt („Original Equipment Manufacturer – OEM") und dem unabhängigen Ersatzteilmarkt („Independent Aftermarket – IAM") unterschieden: auf ersterem decken einige wenige Automobilhersteller ihren Bedarf durch Ausschreibungen und langjährige Aufträge, die ein erhebliches Maß an technischen und wirtschaftlichen Investitionen der Zulieferer erfordern; auf letzterem geht es um die Belieferung des unabhängigen Handels, der Reparaturwerkstätten und ggf. der Endverbraucher, wobei hier das Angebot eines möglichst breiten Ersatzteilsortiments im Vordergrund steht.[72] Ähnliches gilt für den Hersteller, der sein Komplett-Produkt an den Endverbraucher/Handel vertreibt, sich beim Absatz der Original-Ersatzteile für dasselbe Produkt aber nur der Gruppe der Reparaturunternehmen gegenüber sieht.[73] Wenden sich verschiedene

---

[67] BGH WuW/E DE-R 3303 = BGHZ 189, 94, Rdnr. 14ff. – *MAN-Vertragswerkstatt.*

[68] Die Möglichkeit der Preisdiskriminierung begründet dann den eigenständigen sachlich relevanten Markt, vgl. dazu unten Rdnr. 28.

[69] Vgl. BGH WuW/E BGH 1711, 1714ff. – *Mannesmann/Brueninghaus;* KG WuW/E OLG 1895, 1896ff. – *Erdgas Schwaben;* KG WuW/E OLG 4865, 4875 – *Hotelgeschirr.*

[70] BGH WuW/E BGH 2575, 2576f. – *Kampffmeyer/Plange;* BKartA B. v. 18. 6. 2015, B2–26/15, Rdnr. 24ff. – *GoodMills/Diamant und Goldpuder.*

[71] Vgl. BKartA WuW/E BKartA 2319, 2320 – *Messer Griesheim/Buse.*

[72] KG WuW/E OLG 1745, 1749 – *Sachs,* insoweit bestätigt durch BGH WuW/E BGH 1501, 1503 – *Kfz-Kupplungen;* BKartA WuW/E BKartA 1781, 1782 – *Identteile;* BKartA WuW/E DE-V 165, 166f. – *OEM-Lacke;* BKartA E. v. 13.8.2015, B9–48/15 (Fallbericht) – *Wessels & Müller/Trost;* vgl. auch BKartA B. v. 15.3.2012, B9–166/11, Rdnr. 47f. – *Thiele/Vossloh* (Bahntechnik).

[73] BGH WuW/E BGH 1238, 1241f. – *Registrierkassen;* BGH WuW/E BGH 1288, 1291 – *EDV-Ersatzteile;* BGH WuW/E BGH 2589 – *Frankiermaschinen.*

Vertriebsformen hingegen an dieselben Abnehmer und werden sie von diesen als im Wesentlichen gleichwertige Ausweichalternativen angesehen, ist die Bildung von Teilmärkten nicht gerechtfertigt.[73a]

21 Wenn die maßgeblichen Abnehmerkreise identifiziert sind, ist auf der zweiten Stufe zu fragen, inwieweit aus ihrer Sicht Ausweichalternativen zu den Produkten der Zusammenschlussbeteiligten existieren. Ausschlaggebend ist die Eignung der Produkte zur Deckung eines konkreten Bedarfs. Auf ihre physikalisch-chemischen Eigenschaften kommt es nur insoweit an, als hierdurch die **Eignung zur Bedarfsdeckung** bestimmt wird. So sind Kopfschmerzmittel z.B. ein und demselben Markt auch dann zuzurechnen, wenn sie auf unterschiedlichen Wirkstoffkombinationen basieren. Dies wird in der Praxis gelegentlich verkannt, weil die zur Marktabgrenzung bei Arzneimitteln benutzten, grundsätzlich richtigerweise auf bestimmte Indikationslagen ausgerichteten Klassifikationen mit zunehmendem Differenzierungsgrad nur noch auf Inhaltsstoffe und weniger auf Verwendungszwecke abstellen.[74] Entscheidend sind aber auch hier die tatsächliche Sicht und das Verhalten der Abnehmer, selbst wenn deren Sicht und Verhalten letztlich jeder technischen oder wissenschaftlichen Rationalität widersprechen. Im Extrembeispiel wäre dem Markt für Arzneimittel zur Bekämpfung von Kopfschmerzen auch Brombeersirup zuzurechnen, wenn die Verbraucher nur – entgegen jeder medizinischen Erkenntnis – Brombeersirup in dieser Indikationslage für einsetzbar hielten und in beachtlichem Umfang zu diesem Zwecke auch tatsächlich einsetzten.

22 In der Praxis kommt es auf beiden Stufen des Bedarfsmarktkonzepts zu gewissen Korrekturen und Verallgemeinerungen,[75] die dogmatisch an der Figur des **„verständigen" Verbrauchers bzw. Abnehmers** festgemacht werden können. Bei der Feststellung der maßgeblichen Abnehmerkreise werden völlig unbedeutende oder exotische Verwendungszwecke unberücksichtigt gelassen.[76] In gleicher Weise kann für die Annahme der funktionalen Austauschbarkeit nicht jede theoretisch bestehende oder nur von einzelnen Nachfragern wahrgenommene Ausweichalternative genügen. Relevant sollen lediglich Produkte sein, die aus der Sicht eines „verständigen" Verbrauchers nach sachlicher und überlegter Abwägung der Bezugsalternativen zur Bedarfsdeckung in Betracht kommen.[77] Dabei ist nicht immer klar erkennbar, welche Korrekturen am tatsächlich beobachtbaren Abnehmerverhalten zuzulassen sind. Nach Auffassung des BKartA ist auf die Sicht eines „durchschnittlichen" Nachfragers abzustellen.[78] Der BGH spricht gelegentlich von einem „objektiven Maßstab".[79] Hier besteht freilich die Gefahr, dass die Behörden und Gerichte ihre eigenen Anschauungen an die Stelle der maßgeblichen Abnehmerkreise setzen, insbesondere wenn – was der BGH für zulässig erachtet[80] – der Tatrichter sich selbst zum Kreis der maßgeblichen Nachfrager zählt und deshalb die Frage nach der funktionalen Austauschbarkeit aus der eigenen Lebenserfahrung beantwortet.

[73a] BGH WuW/E BGH 2231, 2235 – *Metro/Kaufhof* (einheitlicher Markt für Selbstbedienungs- und Zustellgroßhandel); OLG Düsseldorf B. v. 9.1.2015, VI-Kart 1/14 (V), Rdnr. 48 – *HRS* (On- und Offlinevertrieb von Hotelzimmern gehört zum selben Markt); BKartA B. v. 31.3.2015, B2–96/14, Rdnr. 166ff. – *Edeka/Kaiser's Tengelmann* (einheitlicher Markt für große und kleine Geschäfte des Lebensmitteleinzelhandels, inkl. Discountern).

[74] Zur Marktabgrenzung bei Arzneimittelpräparaten siehe KG WuW/E OLG 5549ff. – *Fresenius/Schiwa*.

[75] Vgl. *Bechtold,* GWB, § 18 Rdnr. 8.

[76] Vgl. BGH WuW/E 1711, 1714 – *Mannesmann/Brueninghaus; Langen/Bunte-Bardong,* GWB, § 18 Rdnr. 28.

[77] *Langen/Bunte-Bardong GWB* § 18 Rdnr. 21; BGH WuW/E BGH 1445, 1447 – *Valium.*

[78] BKartA B. v. 23.12.2005, B7–162/05, Rdnr. 11 – *Adobe/Macromedia;* vgl. auch BKartA B. v. 2.7.2008, B2–359/07, S. 31 – *Müller/Poelmeyer;* zur parallelen Fragestellung bei der räumlichen Marktabgrenzung: OLG Düsseldorf WuW/E DE-R 4050, Rdnr. 96 – *Liberty Global/Kabel BW.*

[79] BGH WuW/E DE-R 1355, 1357 – *Staubsaugerbeutelmarkt.*

[80] BGH WuW/E BGH 2433, 2437 – *Gruner + Jahr/Zeit II;* BGH WuW/E DE-R 2879, Rdnr. 42 – *Kosmetikartikel.*

Eine Fortentwicklung des klassischen Bedarfsmarktkonzepts stellt insoweit der sog. **„SSNIP"-Test oder hypothetische Monopolisten-Test**[81] dar, der ursprünglich in der US-amerikanischen Fusionskontrolle entwickelt wurde[82] und von dort Einzug in das europäische Recht[83] gehalten hat. Hierbei handelt es sich um ein Gedankenexperiment, das die voraussichtliche Reaktion der Nachfrager bei einer geringen, nicht nur vorübergehenden Änderung der relativen Preise durch einen hypothetischen Monopolisten bewertet. Die relevante Frage lautet, ob die Käufer der betreffenden Produkte bei einem SSNIP, d.h. einer geringen und nicht nur vorrübergehenden Preiserhöhung im Bereich von 5 bis 10% auf alternative Produkte ausweichen würden. Ist die Ausweichreaktion so groß, dass durch den damit einhergehenden Absatzrückgang eine Preiserhöhung für einen hypothetischen Monopolisten nicht mehr einträglich wäre, werden in den relevanten Markt so lange weitere Produkte einbezogen, bis die Preiserhöhung einen Gewinn einbrächte.[84] Konkret bedeutet dies, dass die Frage der Substituierbarkeit nicht erst oder schon beantwortet wird, wenn der „durchschnittliche" Verbraucher zum Wechsel bereit ist. Es kommt vielmehr darauf an, ob der Prozentsatz der wechselbereiten Nachfrager ein Maß erreicht, dass ein SSNIP für den hypothetischen Monopolisten mit einem Verlust verbunden wäre. Die Marktmacht des Monopolisten ist in der Regel nicht erst bedroht, wenn er den Durchschnittsverbraucher verliert. Vielmehr kann der Mehrgewinn aus einer Preiserhöhung bereits durch den Umsatzrückgang zunichte gemacht werden, der aus dem Verlust einzelner Kundengruppen folgt. Diese Grenznachfrager disziplinieren den hypothetischen Monopolisten zugunsten der übrigen Nachfrager. Dies ist das Konzept des „Critical Loss".[85] Ab welchem Rückgang der Verkaufsmengen ein Critical Loss auftritt, hängt von dem Umfang der Preiserhöhung und der Gewinnmarge des Anbieters ab. Generell lässt sich nur sagen, dass gerade in den kritischen Fällen – d.h. wenn die Marge zwischen Verkaufspreis und Grenzkosten hoch ist –, schon relativ geringe Kundenverluste ausreichen können, um einen SSNIP unprofitabel zu machen.[86] 23

Die **Rolle des SSNIP-Tests für die deutsche Fusionskontrolle** ist noch nicht abschließend geklärt. In der Entscheidung *Soda-Club II* hat sich der BGH dem SSNIP-Test mit Skepsis genähert.[87] Dieser Fall betraf allerdings ein Missbrauchsverfahren, und der SSNIP-Test ist anerkanntermaßen in seiner Aussagekraft eingeschränkt, wenn es um die Feststellung von Marktbeherrschung geht.[88] Zudem hat der BGH im Fall *Kreiskrankenhaus Bad Neustadt* ausgeführt, dass die im europäischen Fusionskontrollrecht geltenden Grundsätze für die Marktabgrenzung, einschließlich der hierzu ergangenen Bekanntmachung der Kommission, herangezogen werden können, was den SSNIP-Test einschließen würde.[89] Das BKartA hat den SSNIP-Test immerhin bereits als „allgemein anerkanntes" Mittel der Marktabgrenzung bezeichnet.[90] Es berücksichtigt ihn gelegentlich empirisch in seinen Entscheidungen.[91] Hervorzuheben ist allerdings, dass der SSNIP-Test vor allem ein gedankli- 24

[81] SSNIP = Small but Significant and Non-transitory Increase in Price; dazu auch *Ewald* in § 7 Rdnr. 76ff.

[82] Vgl. U.S. Horizontal Merger Guidelines, S. 8ff.

[83] Komm., Bekanntmachung rel. Markt, Rdnr. 15ff.

[84] Komm., Bekanntmachung rel. Markt, Rdnr. 17; vgl. *Motta,* Competition Policy, S. 102ff.

[85] Vgl. *Niels/Jenkins/Kavanagh,* Economics, S. 57ff.

[86] Bei einer Marge von 20% und einer Preiserhöhung von 5% genügt ein Mengenrückgang von 20%, um die Preiserhöhung unprofitabel zu machen. Die Formel lautet $\Delta q/q = x / (x + m)$, wobei „$\Delta q/q$" der Mengenrückgang im Verhältnis zur Ausgangsmenge, „x" die Preiserhöhung und „m" die Gewinnmarge, vgl. *Niels/Jenkins/Kavanagh,* Economics, S. 58.

[87] BGH WuW/E DE-R 2268, Rdnr. 18f.

[88] Komm., Bekanntmachung rel. Markt, Rdnr. 19.

[89] BGH WuW/E DE-R 2327, Rdnr. 69.

[90] BKartA B. v. 2.7.2008, B2–359/07, S. 35 – *Müller/Poelmeyer* (insoweit nicht abgedruckt in WuW/E DE-V 1591).

[91] So BKartA B. v. 30.9.2005, B9–50/05, S. 25ff. – *Railion/RBH* (insoweit nicht abgedruckt in WuW/E DE-V 1113); BKartA B. v. 27.12.2010, B2–71/10, Rdnr. 91 – *Van Drie/Alpuro*; BKartA B.v. 18.6.2015, B2–26/15, Rdnr. 63ff. – *GoodMills/Diamant und Goldpuder.* Kritisch dagegen BKar-

ches Experiment ist, weshalb es nicht notwendig (und zeitlich nicht immer möglich) ist, der SSNIP-Frage in jedem Fall durch eine empirische Erhebung nachzugehen.[92] Der Mehrwert des SSNIP-Tests besteht vor allem darin, dass er die Marktabgrenzung auf die entscheidende Frage der voraussichtlichen Ausweichreaktionen der (Grenz-)Nachfrager fokussiert.

25 Bisweilen stellt sich bei der Marktabgrenzung die Frage, ob ein am Markt gehandeltes Produkt mit einer **Kombination aus zwei oder mehr anderen Produkten** austauschbar ist. Zu denken ist beispielsweise an den Bezug eines großen Motors anstelle zweier kleinerer Motoren, z. B. als Antrieb für ein Schiff. Die Austauschbarkeit wird hier davon abhängen, ob die Kombination der Einzelprodukte in derselben Weise wie das Hauptprodukt geeignet ist, den Bedarf der Abnehmer zu decken, etwa hinsichtlich Leistung, Größe, Gewicht, Art des Treibstoffes, Wirtschaftlichkeit, Reparaturanfällig usw. Das BKartA musste sich dieser Problematik im Hinblick auf Kombinationsmaschinen für die Holzverarbeitung stellen, die die Funktionen zweier Einzelmaschinen für das Verleimen bzw. Formatieren von Werkstücken in sich vereinten. Das Amt kam zu dem Ergebnis, dass die Kombinationsmaschine aus Kundensicht nicht gegen eine Verbindung der Einzelmaschinen austauschbar war, weil die Aneinanderreihung der Einzelmaschinen deutlich unwirtschaftlicher war als der Betrieb der Kombinationsmaschine. Entsprechend ordnete es die Maschinen unterschiedlichen Produktmärkten zu.[93] Ähnlich gelagert ist die Frage, ob und wann durch die Bündelung von Einzelleistungen ein neuer sachlich relevanter Markt entsteht. Der BGH hat hinsichtlich der Kombination von Transportleistungen für Standardpakete und Stückgut zu einer Kombinationsfracht entschieden, dass die Kombinationsleistung nicht die Annahme eines eigenständigen sachlich relevanten Marktes rechtfertigt, wenn sie dem Kunden keinen signifikanten Mehrwert bietet, so dass die getrennte Beauftragung eines Paketdienstleisters und eines Stückgutspediteurs weiterhin eine gleichwertige Leistungsalternative darstellt. Die Kombinationsfrachtdienstleistungen waren deshalb entsprechend auf die Märkte für die Beförderung von Standardpaketen und Stückgut zu verteilen.[94]

26 Wenn demgegenüber einzelne Waren oder Leistungen nicht selbständig, sondern lediglich als **„Annex“** zu einer Hauptware bzw. -leistung nachgefragt und angeboten werden, gibt es für sie keinen eigenständigen Markt.[95] Sie sind vielmehr mit der Hauptware bzw. -leistung in einen einheitlichen sachlich relevanten Markt zusammenzufassen. Aus diesem Grund ist etwa in den Markt für die Stromnetznutzung die Erbringung von zugehörigen Mess- und Verrechnungsdienstleistungen einzubeziehen.[96] Ebenso bilden Serviceleistungen, die ein Maschinenbauer ausschließlich im Zusammenhang mit seinen Produkten anbietet, keinen eigenen Markt.[97]

27 Besondere Fragen stellen sich, wenn zur Deckung des Bedarfs der Abnehmer mehrere **Systeme** zur Verfügung stehen, die jeweils den Einsatz unterschiedlicher Betriebsmittel erfordern. Bei der Abgrenzung des relevanten Marktes für das Betriebsmittel ist dann zu

---

tA B. v. 24.8.2009, B8–67/09, Rdnr. 70 – *EnBW/VNG* (SSNIP-Test nicht berücksichtigt aus prozessökonomischen Gründen); kritisch auch *Ewald,* ZWeR 2004, 512 ff.

[92] Vgl. Komm., Bekanntmachung rel. Markt, Rdnr. 33 ff.

[93] BKartA B. v. 24.9.2003, B4–136/01, Rdnr. 33 – *Homag* (insoweit nicht abgedruckt in WuW/E DE-V 864).

[94] BGH WuW/E DE-R 1419, 1423 – *trans-o-flex.* Vgl. auch BKartA B. v. 21.12.2012, B3–113/12, Rdnr. 82 f. – *Becton Dickinson/Safety Syringes* (mögliche Austauschbarkeit zwischen einem Gesamtsystem aus Glas-Fertigspritze mit Nadelschutzvorrichtung und den beiden Einzelkomponenten).

[95] BGH WuW/E BGH 2451, 2454 – *Cartier-Uhren* (kein selbständiger Markt für Garantieleistungen bei *Cartier*-Uhren).

[96] OLG Düsseldorf WuW/E DE-R 1236, 1237 f. – *RWE Net.*

[97] Vgl. BKartA B. v. 15.11.2006, B5–1000/06, Rdnr. 53 ff. – *Siemens/Turbo Group.* Anders ist dies, wenn Reparatur- und Wartungsleistungen in erheblichem Umfang unabhängig vom Verkauf der Hauptware erbracht werden, vgl. BKartA B. v. 24.8.2007, B5–51/07, Rdnr. 63 – *Cargotec/CVS Ferrari* (After-Sales-Service bei Geräten zum Container-Handling).

entscheiden, ob die Möglichkeit des Systemwechsels als Bezugsalternative anzusehen ist. Beispiele hierfür sind der Bedarf nach Otto- und Dieselkraftstoff, der von der Wahl des Kraftfahrzeugs abhängt,[98] der Bedarf nach einem Energieträger wie Gas, Öl, Strom oder Fernwärme, der durch die Entscheidung für eine bestimmte Heizungsanlage determiniert wird,[99] oder der Bedarf nach Kohlensäurezylindern zur Verwendung in Besprudelungsgeräten für die Herstellung von Mineralwasser.[100] In diesen Fällen kommt es darauf an, ob das System auf eine längerfristige Benutzung angelegt ist, so dass ein kurzfristiger Systemwechsel schwierig oder unwirtschaftlich wäre. Dann sind allein die Austauschalternativen für die Nachfrager zu berücksichtigen, die sich bereits für ein System entschieden haben.[101] Der Umstand, dass sich fortwährend ein gewisser Prozentsatz der Nachfrager auf der Suche nach einem neuen System befindet und damit die Möglichkeit hat, zwischen den alternativen Betriebsmitteln zu unterscheiden, ist nach der Rechtsprechung ein Wettbewerbsfaktor, der nicht bei der Bestimmung des relevanten Marktes, sondern erst bei der wettbewerblichen Würdigung eine Rolle spielt.[102]

Obwohl das Bedarfsmarktkonzept die **Preislage** als gleichberechtigtes Kriterium für die Feststellung der nachfrageseitigen Austauschbarkeit nennt, tritt dieser Gesichtspunkt in der Praxis vielfach zurück. Im Sinne der *funktionellen* Austauschbarkeit wird vielmehr gefragt, ob die Eigenschaften und der Verwendungszweck – ungeachtet etwaiger Preisunterschiede – im Wesentlichen deckungsgleich sind, so dass sich die Produkte zur Befriedigung eines einheitlichen „Kernbedürfnisses" eignen.[103] Der Preis soll danach kein eigenständiges Kriterium für die Beurteilung der Austauschbarkeit bilden, sondern allenfalls – bei erheblichen Preisunterschieden – auf relevante Unterschiede bei den Eigenschaften oder dem Verwendungszweck hinweisen.[104] Allgemein akzeptiert ist dies wohl nur für Prestige- oder Luxusprodukte, bei denen der Verbraucher den höheren Preis mit Vorstellungen über eine besondere Qualität oder ein exklusives Image verbindet.[105] Diese Differenzierung erscheint jedoch fragwürdig. Aus ökonomischer Sicht ist die unterschiedliche Zahlungsbereitschaft für vermeintlich „gleiche" Produkte Ausdruck einer beschränkten Austauschbarkeit in den Augen der Verbraucher. Erhebliche Preisunterschiede können auch außerhalb des Prestige- und Luxussegments[106] einen Hinderungsgrund für die Austauschbarkeit bilden.[107] Der SSNIP-Test unterstreicht zudem die besondere Rolle des Preises für die Marktabgrenzung, auch wenn er 28

---

[98] BGH WuW/E DE-R 3591, Rdnr. 28 – *Total/OMV.*

[99] BGH WuW/E DE-R 2538, Rdnr. 8 – *Stadtwerke Uelzen.*

[100] BGH WuW/E DE-R 2268, Rdnr. 15 – *Soda Club II.* Vgl. auch BKartA B. v. 24.8.2007, B5–51/07, Rdnr. 64 ff. – *Cargotec/CVS Ferrari* (Wahl zwischen verschiedenen Geräten für das Containern-Handling determiniert durch die Entscheidung für ein Terminalsystem); BKartA B. v. 15.12.2011, B7–66/11, Rdnr. 142 f. – *Liberty Global/Kabel BW* (Wahl zwischen Kabel, Satellit oder Internet für den Fernsehempfang als Systementscheidung).

[101] BGH WuW/E DE-R 2538, Rdnr. 8 – *Stadtwerke Uelzen;* BGH WuW/E DE-R 3591, Rdnr. 27 – *Total/OMV;* vgl. Komm., Bekanntmachung rel. Markt, Rdnr. 56.

[102] BGH WuW/E DE-R 3591, Rdnr. 28 – *Total/OMV.*

[103] OLG Düsseldorf B. v. 26.11.2008, VI-Kart 8/07 (V), Rdnr. 73 ff. – *Phonak/ReSound II* (insoweit nicht abgedruckt in WuW/E DE-R 2477).

[104] *Bechtold,* GWB, § 18 Rdnr. 13; *Immenga/Mestmäcker-Möschel,* GWB, 4. Aufl., § 19 Rdnr. 29; *Loewenheim/Meessen/Riesenkampff-Götting,* GWB, § 19 Rdnr. 20; *KK-Schütz,* Bd. 2 GWB, § 36 Rdnr. 23.

[105] So z. B. OLG Düsseldorf B. v. 26.11.2008, VI-Kart 8/07 (V), Rdnr. 75 – *Phonak/ReSound II; Immenga/Mestmäcker-Möschel,* GWB, 4. Aufl., § 19 Rdnr. 29. Beispiele: BKartA WuW/E DE-V 385, 386 f. – *Richemont/LMH* (Luxusuhren); KG WuW/E OLG 3577, 3587 – *Hussel/Mara* (hochwertige Kosmetika).

[106] Vgl. BGH WuW/E BGH 2150, 2154 – *Edelstahlbestecke* (Edelstahlbestecke und „namenlose Billigprodukte"); BKartA WuW/E BKartA 1475, 1476 – *Haindl/Holtzmann* („billiges" Zeitungsdruckpapier und höherwertiges Papier); KG WuW/E OLG 1983, 1984 – *Rama-Mädchen* (teure Butter und billigere Margarine); KG WuW/E OLG 4167, 4169 – *Kampffmeyer/Plange* (Markenmehl und „Billigmehl").

[107] BGH WuW/E DE-R 661, Rdnr. 50 – *Phonak/GN Store;* KG WuW/E OLG 2825, 2833 – *Taschenbücher.*

in erster Linie auf relative Preisänderungen abstellt. Wenn ein Flugpassagier beispielsweise für ein Ticket der Business Class mehr als fünfmal so viel zahlt wie für ein Ticket der Economy Class, ist es eher unwahrscheinlich, dass er die Economy Class bei einer geringfügigen Preiserhöhung als Ausweichalternative ansieht (und umgekehrt).[108] Dennoch wird eine breite Preisstreuung in der Praxis häufig nicht zur Annahme sachlich eigenständiger Märkte führen. Dies gilt erstens, wenn die Übergänge zwischen den Preislagen fließend sind, so dass die einzelnen Angebote innerhalb eines Kontinuums Wettbewerbsdruck aufeinander ausüben (Kettensubstitutionseffekt).[109] Zweitens liegt zumindest dann, wenn die Anbieter in allen Preissegmenten tätig sind, die Annahme nahe, dass sie kurzfristig und ohne spürbare Zusatzkosten ihr jeweiliges Sortiment umstellen und zusätzliche Produkte in einem bestimmten Preissegment anbieten können. Diese Möglichkeit der angebotsseitigen Austauschbarkeit führt zu einer disziplinierenden Wirkung gegenüber Preiserhöhungen in allen Segmenten, was ihre Zusammenfassung zu einem einheitlichen sachlich relevanten Markt gebietet.[110]

29 Die Ergebnisse des Bedarfsmarktkonzepts greifen allgemein zu kurz, wenn die wettbewerblichen Handlungsspielräume der Anbieter nicht nur durch das Nachfrageverhalten, sondern in erheblichem Maße auch durch die Reaktionsmöglichkeiten der Anbieter ähnlicher Produkte bestimmt werden. Dieses Phänomen wird unter dem Stichwort der **Produktions- und Angebotsumstellungsflexibilität** diskutiert. Relevant wird es vor allem, wenn Unternehmen unterschiedliche Größe, Sorten oder Qualitäten eines Produktes absetzen. Beispiele hierfür wären Schuhe unterschiedlicher Größen,[111] Schrauben mit unterschiedlichen Längen, Durchmessern und Gewinden,[112] Papiersorten in unterschiedlichen Qualitätsabstufungen,[113] Staubsaugerbeutel für unterschiedliche Staubsaugermodelle[114] oder Feinkostsalate, die aus unterschiedlichen Kombinationen von Zutaten wie Fleisch, Fisch oder Gemüse mit Mayonnaisen, Cremes oder Dressings hergestellt werden.[115] In diesen Fällen würde eine allein am Abnehmerbedarf orientierte Marktabgrenzung zu atomisierten Märkten führen, weil die einzelnen Größen, Sorten oder Qualitäten aus Abnehmersicht keinesfalls gegeneinander austauschbar sind. Gleichwohl ist ihre Zusammenfassung zu einem einheitlichen sachlich relevanten Markt geboten, wenn und weil die Hersteller in der Lage sind, ihr Angebot kurzfristig und ohne spürbare Zusatzkosten oder Risiken auf die relevanten Erzeugnisse umzustellen. Denn dann müssen die Hersteller die Substituierbarkeit des Angebots unmittelbar bei ihren wettbewerblichen Entscheidungen berücksichtigen. In diesen Fällen umfasst der sachlich relevante Markt sämtliche Produkte, die nachfrageseitig oder angebotsseitig austauschbar sind, und der Gesamtumfang des Marktes ergibt sich aus der Summe der Einzelumsätze mit den betreffenden Produktvarianten.[116]

30 In der Vergangenheit wurde hingegen versucht, die Zusammenfassung ähnlicher, aber funktional nicht austauschbarer Produkte mit einem entsprechend erweiterten Abnehmerbedarf zu erklären. So wurde beispielsweise ein sachlicher Markt für Taschenbücher der allgemeinen Unterhaltung und Information mit dem Argument gebildet, die Leser hätten ein breit gefächertes Leseinteresse, das erst durch die Werbung der Verlage auf ein bestimmtes Werk verengt werde.[117] Unter dem Gesichtspunkt der Angebotsumstellungsflexibilität lässt sich dieses Ergebnis besser damit erklären, dass ein Publikumsverlag im Hinblick auf das Erfah-

---

108 Vgl. *Niels/Jenkins/Kavanagh,* Economics, S. 76.

109 Vgl. z. B. Komm. E. v. 23.3.1998, IV/M.1133, Rdnr. 14 – *Bass Plc/Saison Holdings BV* (fließende Übergänge bei Hotelpreisen); zu Substitutionsketten allgemein Komm., Bekanntmachung rel. Markt, Rdnr. 57.

110 BGH WuW/E DE-R 661, Rdnr. 50 – *Phonak/GN Store.*

111 So das Beispiel in BGH WuW/E DE-R 1925, Rdnr. 19 – *National Geographic II.*

112 Vgl. *Canenbley/Moosecker,* Fusionskontrolle, S. 74 ff.

113 Komm., Bekanntmachung rel. Markt, Rdnr. 22.

114 BGH WuW/E DE-R 1355, 1357 – *Staubsaugerbeutelmarkt.*

115 BKartA B. v. 12.4.2010, B2-117/09, S. 21 – *Heiner Kamps/Nadler Feinkost.*

116 BGH WuW/E DE-R 1925, Rdnr. 19 – *National Geographic II;* Komm., Bekanntmachung rel. Markt, Rdnr. 20 f.

117 KG WuW/E OLG 2825, 2831 – *Taschenbücher.*

rungswissen der Lektoren, Autorenstamm, Reputation, Vertriebskanäle, Vermarktung usw. auf ein allgemeines Unterhaltungs- und Informationssegment ausgerichtet ist und innerhalb dieses Segments ohne Mühe die unterschiedlichsten Titel veröffentlichen kann. Wenig überzeugend vor dem Hintergrund der nachfrageseitigen Austauschbarkeit ist es allerdings, hier nach der Buchform zwischen Hardcover, Paperback und Taschenbuch zu unterscheiden.[118]

Mit dem Gesichtspunkt der Angebotsumstellungsflexibilität lässt sich gleichfalls die sach- 31
liche Marktabgrenzung erklären, wenn Produkte nach den **individuellen Vorgaben** des Abnehmers hergestellt oder an diese angepasst werden, so etwa bei einem elektrischen Generator, dessen Gehäuse eine spezielle Form aufweisen muss, um als Komponente in die Maschine des Bestellers eingebaut werden zu können. Bei einer ausschließlich am Verwendungszweck orientierten Betrachtungsweise hätte der Anbieter hier ein Monopol, weil kein anderer Generator diesen spezifischen Abnehmerbedarf befriedigen kann. Gleichwohl wird der betroffene Generator auf dem allgemeinen Markt für Generatoren (einer bestimmten Leistungsklasse) nachgefragt, weil keine fertigungstechnischen oder sonstigen funktionellen Besonderheiten vorliegen.[119] Gleiches gilt z. B. für Rüstungsaufträge[120] oder Bauleistungen,[121] wo nicht nach einzelnen Projekten, sondern nach den Fertigkeiten der Anbieter zu differenzieren ist.

An die **Grenzen** stößt das Konzept der Angebotsumstellungsflexibilität dort, wo die 32
Umstellung einen erhöhten Aufwand oder zeitliche Verzögerungen erfordert. Bei Zeitschriften definiert das BKartA die Märkte beispielsweise relativ kleinteilig, indem es zunächst zwischen berufsbezogenen Fachzeitschriften und freizeitorientierten Publikumszeitschriften differenziert. Innerhalb der Publikumszeitschriften trennt es weiter zwischen „General Interest"- und „Special Interest"-Zeitschriften, wobei diese Bereiche weiter nach Themen bzw. dem Informationsbedarf der Leser segmentiert werden (z. B. TV-Programmzeitschriften oder „populäre Wissenszeitschriften").[122] Der Grund hierfür ist die unterschiedliche fachliche Qualifikation der Redaktionen und die entsprechende Positionierung der Zeitschriftentitel, die eine kurzfristige inhaltliche Neuausrichtung der Publikationen unmöglich machen. Selbst wenn unterschiedliche Produkte auf denselben Anlagen und mit demselben Know-how produziert werden, ist eine Angebotsumstellungsflexibilität nicht immer gegeben. Daran kann es fehlen, wenn zwischen den Produkten erhebliche Unterschiede bei der Vermarktung und dem Vertrieb bestehen.[123] Ein weiteres Beispiel ist die Rohöldestillation: Da sich die Produktionsanteile von Otto- und Dieselkraftstoff aus technischen Gründen kaum verändern lassen, sind die Kraftstoffe angebotsseitig nicht austauschbar. Sie werden deshalb unterschiedlichen sachlichen Märkten zugerechnet.[124]

Ein spezieller Anwendungsfall des Konzepts der Angebotsumstellungsflexibilität ist die 33
Zusammenfassung eines **umfassenden Sortiments** untereinander nicht austauschbarer Waren oder Leistungen, insbesondere auf Handelsmärkten. Anerkannt wurden unter die-

---

[118] So aber KG WuW/E OLG 2825, 2832 f. – *Taschenbücher;* BKartA WuW/E DE-V 918, 920 ff. – *Random House/Heyne.*

[119] Vgl. KG WuW/E OLG 1745, 1748 – *Kfz-Kupplungen; Immenga/Mestmäcker-Möschel,* GWB, 4. Aufl., § 19 Rdnr. 26; *Langen/Bunte-Bardong,* GWB, § 18 Rdnr. 35.

[120] BKartA WuW/E 2335, 2344 – *Daimler-Benz/MBB.*

[121] BKartA WuW/E BKartA 2729, 2737 – *Hochtief/Philipp Holzmann.*

[122] BKartA B. v. 3.8.2004, B6–45/04, S. 12 ff. – *G+J/RBA* (insoweit nicht abgedruckt in WuW/E DE-V 955), insoweit bestätigt durch BGH WuW/E DE-R 1925, Rdnr. 20 – *National Geographic II;* BKartA B. v. 9.11.1999, B6–104/99, Rdnr. 7 ff. – *Beck/Nomos* (juristische Fachzeitschriften, aber ohne Unterscheidung nach Rechtsgebieten; insoweit nicht abgedruckt in WuW/E DE-V 191); BKartA B. v. 27.9.2000, B6–88/00, Rdnr. 7 ff. – *Axel Springer/Jahr Verlag* (Angelzeitschriften); BKartA B. v. 29.8.2008, B6–52/08, S. 24 ff. – *Intermedia/Health & Beauty* (Kosmetik-Fachzeitschriften, insoweit nicht abgedruckt in WuW/E DE-V 1643); BKartA B. v. 25.4.2014, B6–98/13, Rdnr. 41 ff. – *Funke/Axel Springer-Programmzeitschriften.*

[123] Komm., Bekanntmachung rel. Markt, Rdnr. 23.

[124] BKartA B. v. 29.4.2009, B8–175/08, Rdnr. 20 – *Total/OMV;* bestätigt durch BGH WuW/E DE-R 3591, Rdnr. 30 – *Total/OMV.* Vgl. auch BKartA B. v. 16.11.2011, B2–36/11, Rdnr. 64 – *Tönnies/Tummel* (Komplementärverhältnis zwischen Schweinen und Sauen).

sem Gesichtspunkt zum Beispiel sachlich relevante Märkte für das typische Sortiment des Lebensmitteleinzelhandels (einschließlich sog. „lebensmittelnaher" Artikel wie Tierfutter, Toilettenpapier, Körperpflege- und Reinigungsmittel),[125] für den Einzelhandel mit alkoholischen und nicht-alkoholischen Getränken,[126] für den Einzelhandel mit Geräten der Unterhaltungselektronik,[127] für den Großhandel mit Druckereipapieren,[128] für den Handel mit zahnärztlichen Verbrauchsartikeln[129] oder für den Absatz von Pflanzenschutzmitteln durch den Landhandel.[130] Hinter dem Sortimentsgedanken stehen nachfrage- wie angebotsseitige Kriterien. Aus Nachfragesicht steht die Distributionsleistung des Handels im Vordergrund, die dem Kunden ein „one stop shopping" ermöglicht. Der Nachfrager erwartet, bei einem Anbieter ein gewisses Sortiment an Waren vorzufinden, aus dem er über die Zeit mal das eine, mal das andere oder mehrere Produkte gleichzeitig kaufen möchte.[131] Unternehmen, die kein vergleichbares Sortiment führen, kommen aus seiner Sicht nicht als sinnvolle Bezugsalternative in Betracht.[132] Nicht notwendig ist insoweit, dass es sich um Waren oder Dienstleistungen handelt, die im Wesentlichen immer wieder zur Deckung eines täglichen Bedarfs benötigt werden, sofern die Erwartungshaltung der Nachfrageseite nur ein entsprechend umfassendes Sortiment bezogen ist.[133] Anbieterseitig besteht hier meist zugleich ein hohes Maß an Flexibilität, weil die Bezugsquellen für die einzelnen Bestandteile des Sortiments jedem Händler zu vergleichbaren Bedingungen zur Verfügung stehen, so dass diese innerhalb des eingeführten Sortiments problemlos Umstellungen vornehmen können.[134]

34 Fraglich ist, inwieweit bei Sortimentsmärkten auch Anbieter von **Teilsortimenten** mit in den Markt einzubeziehen sind. Beim Lebensmitteleinzelhandel lehnt das BKartA seit jeher die Einbeziehung des Fachhandels (Obst und Gemüse, Fisch, Getränke, Tabakwaren usw.) und des Nahrungsmittelhandwerks (Bäckereien, Fleischereien) ab.[135] Die Rechtsprechung ist dem zunächst nicht gefolgt,[136] hat den Ansatz des BKartA aber in neueren Entscheidungen nicht mehr hinterfragt.[137] Außerhalb des Lebensmitteleinzelhandels ist dieser Punkt weiterhin strittig. Für den Bereich des Bau- und Heimwerkerbedarfs hat das BKartA die Position vertreten, dass die Anbieter von Teilsortimenten keine wirtschaftlich sinnvolle Bezugsalternative zu Vollsortimentern darstellten, weil bei einem Bezug des Warenbedarfs bei verschiedenen Teilsortimentern im Vergleich zu einem Einkaufsgang zum Vollsortimenter ungleich höhere Transaktionskosten (Zeit-, Suchaufwand, Fahrtkosten) anfielen.[138] Demgegenüber befürwortet das OLG Düsseldorf die Einbeziehung mit dem Argument,

---

[125] BGH WuW/E BGH 2231, 2234 – *Metro/Kaufhof;* BKartA B. v. 30.6.2008, B2–333/07, S. 26 ff. – *Tengelmann/EDEKA;* BKartA B. 31.3.2015, B2–96/14, Rdnr. 161 ff. – *Edeka/Kaiser's Tengelmann;* vgl. dazu *Schröder/Mennenöh,* WuW 2013, 575 ff.

[126] BKartA B. v. 28.10.2010, B2–52/10, S. 42 ff. – *EDEKA/trinkgut-Märkte.*

[127] BGH WuW/E BGH 2771, 2772 f. – *Kaufhof/Saturn.*

[128] BKartA B. v. 28.10.2004, B10–86/04, Rdnr. 44 f. – *Schneider & Söhne/Classen.*

[129] BKartA B. v. 7.6.2004, B4–7/04, S. 12 ff. – *Henry Schein/demedis und Euro Dental.*

[130] BKartA B. v. 31.3.2010, B2–148/09, Rdnr. 21 – *Agravis/Pflanzenschutzlager von Märka;* vgl. auch BKartA TB 2003/2004, S. 81 f. – *Centralmarkt Roisdorf/Straelen* (Obst und Gemüse).

[131] BKartA B. v. 28.10.2010, B2–52/10, S. 45 – *EDEKA/trinkgut-Märkte.*

[132] BGH WuW/E BGH 2231, 2234 – *Metro/Kaufhof;* BGH WuW/E BGH 2771, 2772 f. – *Kaufhof/Saturn.*

[133] Vgl. BGH WuW/E DE-R 2327, Rdnr. 57 – *Kreiskrankenhaus Bad Neustadt* (bzgl. akutstationärer Krankenhausbehandlungen), aA OLG Düsseldorf WuW/E DE-R 1958, 1971 – *Rhön-Grabfeld.*

[134] BKartA B. v. 28.10.2004, B10–86/04, Rdnr. 45 – *Schneider & Söhne/Classen.*

[135] BKartA WuW/E BKartA 2022, 2023 f. – *Zum bösen Wolf;* BKartA WuW/E BKartA 2441, 2442 – *Tengelmann-Gottlieb;* BKartA B. v. 30.6.2008, B2–333/07, S. 27 ff. – *Tengelmann/EDEKA.*

[136] BGH WuW/E BGH 2231, 2234 – *Metro/Kaufhof;* KG WuW/E OLG 3917, 3919 – *Coop/Wandmaker.*

[137] BGH WuW/E DE-R 1042, 1043 – *WalMart* (Marktabgrenzung des BKartA nicht beanstandet, vgl. BKartA WuW/E DE-V 316, 317 – Wal-Mart); OLG Düsseldorf WuW/E DE-R 2798, 2800 – *Bau- und Heimwerkermarkt.*

[138] BKartA B. v. 10.1.2007, B9–94/06, Rdnr. 33 ff. – *Praktiker/Max Bahr;* BKartA B. v. 5.12.2007, B9–125/07, Rdnr. 33 ff. – *Globus/hela ProfiZentren.*

dass der Baumarktkunde – im Gegensatz zum Kunden im Lebensmitteleinzelhandel – kein im Wesentlichen übereinstimmendes, immer wieder benötigtes Warenbündel nachfrage, sondern anlassbezogen Einzelteile einkaufe, die er genauso gut im Facheinzelhandel beziehen könne.[139] Wenn diese Annahme richtig ist, wäre es allerdings näher liegend, das Bau- und Heimwerkersortiment in unterschiedliche Teilsortimente aufzuteilen, bei denen der Facheinzelhandel jeweils im Wettbewerb zu den Vollsortimentern steht.

Einige Produkte sind dadurch gekennzeichnet, dass sie gleichzeitig zwei unterschiedliche **35**
Kundengruppen ansprechen, wobei der Nutzen, den das Produkt für die eine Kundengruppe hat, maßgeblich von dem Nutzungsverhalten der anderen Kundengruppe abhängt – und ggf. auch umgekehrt. Zu den Produkten, die zu derartigen **„zweiseitigen Märkten"** führen, gehören Handels- und Kommunikationsplattformen aller Art. Ein Beispiel sind die Medien. Zeitungen und Zeitschriften bedienen das Bedürfnis der Leser nach Information und Unterhaltung und bieten gleichzeitig der werbetreibenden Industrie ein Forum für Anzeigen. Entsprechend wird zwischen Leser- und Anzeigenmärkten unterschieden.[140] Bei den Lesermärkten für Tageszeitungen wird nach dem Informationsbedürfnis der Käufer weiter differenziert zwischen Straßenverkaufszeitungen einerseits und Abonnement-Zeitungen andererseits[141] sowie zwischen lokalen bzw. regionalen und überregionale Zeitungen.[142] Bei Zeitschriften wird stärker thematisch differenziert.[143] Bei den Anzeigenmärkten richtet sich die Abgrenzung demgegenüber nach dem Werbeinteresse der Inserenten und also danach, welchen Adressatenkreis die Zeitungen erreichen. Danach können Straßenverkaufs- und Abonnement-Zeitungen, die unterschiedlichen Lesermärkten zuzuordnen sind, sowie kostenlos verteilte Anzeigenblätter auf ein und demselben Anzeigenmarkt aufeinandertreffen.[144] Zweiseitige Märkte finden sich auch im Fernsehen,[145] Hörfunk[146] und vor allem im Internet, wobei hier vielfach die Besonderheit besteht, dass die Nutzung der redaktionellen Inhalte für die Zuschauer, Zuhörer bzw. Internetnutzer kostenlos ist. Ein kartellrechtlich relevanter Markt besteht auf der Nutzerseite nur, sofern eine Gegenleistung erbracht wird (z. B. im Pay-TV).[147] Weitere Beispiele für zwei- oder mehrseitige Plattformen sind Messen (Besucher und Aussteller)[148] und Börsen (börsennotierte Unternehmen und Anleger)[149] sowie Suchmaschinen (Internetnutzer, Inhalteanbie-

---

139 OLG Düsseldorf WuW/E DE-R 2798, 2800 f. – *Bau- und Heimwerkermarkt.*

140 BGH WuW/E 1854, 1856 – *Zeitungsmarkt München;* KG WuW/E OLG 1767, 1768 – *Kombinationstarif;* KG WuW/E OLG 2228, 2230 – *Zeitungsmarkt München;* BKartA WuW/E 1709 – *Bertelsmann/Deutscher Verkehrsverlag;* BKartA WuW/E 1733 – *Kaufzeitungen.*

141 BGH WuW/E BGH 1854, 1856 f. – *Zeitungsmarkt München;* BGH WuW/E BGH 2425, 2428 – *Niederrheinische Anzeigenblätter.*

142 BGH WuW/E BGH 2425, 2428 – *Niederrheinische Anzeigenblätter;* KG WuW/E OLG 4075, 4087 – *Springer/Kieler Zeitung;* KG WuW/E OLG 4379, 4381 – *Schleswig-Holsteinischer Anzeigenverlag.*

143 Dazu oben Rdnr. 32.

144 BGH WuW/E BGH 1905, 1907 – *Münchner Anzeigenblätter;* BGH WuW/E BGH 2443, 2449 f. – *Singener Wochenblatt;* KG WuW/E OLG 3767, 3770 – *Niederrheinische Anzeigenblätter;* BKartA WuW/E DE-V 1163, 1175 – *Springer/ProSiebenSat1;* BKartA WuW/E DE-V 1191 f. – *SZ/Lokalzeitung.*

145 BGH WuW/E DE-R 3067, Rdnr. 14 – *Springer/ProSieben II;* BKartA WuW/E DE-V 1163, 1166 – *Springer/ProSiebenSat1.*

146 BGH WuW/E DE-R 1890, Rdnr. 8 – *Radio TON;* BKartA B. v. 16.12.2002, B6–119/02, Rdnr. 27 ff. – *RTL Radio/Holtzbrinck Hörfunk.*

147 BKartA B. v. 19.1.2006, B6–103/05, S. 23 – *Springer/ProSiebenSat. 1* (insoweit nicht abgedruckt in WuW/E DE-V 1163); vgl. auch BKartA WuW/E DE-V 53, 58 – *Premiere;* aA Komm. E. v. 11.7.2000, COMP/M.1943, Rdnr. 10 – *Telefonica/Endemol* (Markt für frei empfangbares Fernsehen); *Höppner/Grabenschröer,* NZKart 2015, 162, 163 ff. (Markt für das Nutzen von Internetsuchmaschinen, weil Nutzer mit persönlichen Daten oder relevanten Inhalten „zahlen"); krit. ferner Monopolkommission, 68. Sondergutachten (2015), Rdnr. 465 ff.; *Weck,* NZKart 2015, 290, 293.

148 BKartA B. v. 29.8.2008, B65–52/08, S. 22 und 43 ff. – *Intermedia/Health & Beauty.*

149 Beispiel bei BKartA B. v. 29.8.2008, B6–52/08, Fn. 33 auf S. 22 – *Intermedia/Health & Beauty.*

ter, Werbetreibende),[150] Informationsportale,[151] soziale Netzwerke (jeweils Nutzer und Werbetreibende)[152] und Transaktionsplattformen (Käufer und Verkäufer)[152a] im Internet. Bei Internet-Handelsplattformen vertritt das BKartA neuerdings die – zweifelhafte – These, dass wegen der engen Verbundenheit der Nutzergruppen die Annahme eines einheitlichen Marktes möglich sei.[152b] Gemeinsam haben die zweiseitigen Märkte, dass die Erlösaussichten des Anbieters auf der einen Marktseite sehr stark von dem Angebot und der Marktstellung auf der anderen abhängen (indirekte Netzwerkeffekte).[152c] Beispielhaft dafür ist die sog. „Auflagen-Anzeigen-Spirale": Die Anzeigenerlöse einer Zeitung steigen, wenn sie viele Leser hat. Die Wechselwirkung in die umgekehrte Richtung ist schwächer, weil der Wert der Anzeigen für die Leser geringer ist.[153] Allerdings kann eine Zeitung bei steigenden Anzeigenerlösen ihr redaktionelles Angebot verbessern.

36 *b) Der räumlich relevante Markt.* Das GWB enthält keine gesetzliche Definition für den räumlich relevanten Markt. Die durch die 7. GWB-Novelle in das Gesetz eingeführte Regelung im jetzigen § 18 Abs. 2 GWB stellt lediglich klar, dass der räumlich relevante Markt über Deutschland hinausreichen kann. Damit ist die frühere Praxis, die den räumlich relevanten Markt aus Gründen der Zweckmäßigkeit auf den Geltungsbereich des GWB begrenzen wollte,[154] obsolet geworden. Die räumlichen Grenzen des relevanten Marktes sind **allein nach ökonomischen** und nicht nach normativen **Kategorien** zu bestimmen.[155] Der räumlich relevante Markt kann somit deckungsgleich, kleiner oder größer als die Bundesrepublik Deutschland sein. Das Ziel ist die Bestimmung des Gebiets, in dem die Wettbewerbsbedingungen hinreichend homogen sind und das sich von benachbarten geografischen Gebieten insbesondere durch deutlich andere Wettbewerbsbedingungen unterscheidet.[156]

37 Die deutsche Rechtsprechung und Verwaltungspraxis nutzen das **Bedarfsmarktkonzept** auch zur räumlichen Marktabgrenzung,[157] wobei hier die gebräuchliche, auf die *funktionelle* Austauschbarkeit der Produkte abstellende Formel insoweit zu modifizieren ist, dass es nicht um Unterschiede bei den Eigenschaften oder dem Verwendungszweck verschiedener Angebote geht, sondern um die unterschiedliche *räumliche* Verfügbarkeit mehrerer als sachlich gleichwertig erkannter Angebote. Dem räumlich relevanten Markt gehören somit

---

[150] *Höppner/Grabenschröer,* NZKart 2015, 162, 164 f.; Monopolkommission, 68. Sondergutachten (2015), Rdnr. 175 ff.

[151] BKartA WuW/E DE-V 665, Rdnr. 10 – *berlin.de new media.*

[152] Dazu Monopolkommission, 68. Sondergutachten (2015), Rdnr. 288 ff.

[152a] Vgl. OLG Düsseldorf B. v. 9.1.2015, VI-Kart 1/14 (V), Rdnr. 35 ff. – *HRS* (Vermittlung von Hotelbuchungen); BKartA E. v. 26.11.2013, B6–46/12 (Fallbericht) – *Amazon Marketplace* (Einzelhandel); BKartA E. v. 24.7.2015, B8–67/15 (Fallbericht) – *ProSiebenSat.1/Verivox* (Vergleich und Vermittlung u. a. von Strom- und Gasverträgen).

[152b] BKartA E. v. 20.4.2015, B6–39/15 (Fallbericht) – *Immonet/Immowelt;* BKartA E. v. 24.7.2015, B8–67/15 (Fallbericht) – *ProSiebenSat.1/Verivox.* Als Folge bezieht das BKartA auch Nutzergruppen in die Marktbetrachtung mit ein, für die die Vermittlungstätigkeit unentgeltlich ist. Dagegen OLG Düsseldorf B. v. 9.1.2015, VI-Kart 1/14 (V), Rdnr. 43 – *HRS.*

[152c] BKartA B. v. 29.8.2009, B6–52/08, S. 21 ff. – *Intermedia/Health & Beauty;* BKartA B. v. 21.4.2009, B6–150/08, S. 11 f. – *Neue Pressegesellschaft/Zeitungsverlag Schwäbisch Hall.*

[153] BKartA B. v. 21.4.2009, B6–150/08, S. 12 – *Neue Pressegesellschaft/Zeitungsverlag Schwäbisch Hall.*

[154] BGH WuW/E BGH 3026, 3029 – *Backofenmarkt.*

[155] Begr. RegE zur 7. GWB-Novelle, BT-Drucks. 15/3640, S. 45; ebenso schon zur Rechtslage vor Einfügung des heutigen § 18 Abs. 2 GWB BGH WuW/E DE-R 1355, 1359 f.; kritisch hierzu *Beninca,* WuW 2005, 43. Vgl. aber den Widerspruch in § 39 Abs. 3 Satz 1 Nr. 4.

[156] Vgl. Abschnitt 6.2 des Formblatts CO zur Anmeldung eines Zusammenschlusses bei der Komm. (Anhang I zur Durchführungsverordnung (EG) Nr. 802/2004); BKartA WuW/E DE-V 235, 237 – *Dürr/Alstom;* BKartA WuW/E DE-V 301, 305 – *RWE/VEW.*

[157] BGH WuW/E DE-R 1301, 1302 – *Sanacorp/ANZAG;* BGH WuW/E DE-R 2327, Rdnr. 69 – *Kreiskrankenhaus Bad Neustadt;* OLG Düsseldorf WuW/E DE-R 1920, 1921 – *Flughafen Köln/Bonn; Bechtold,* GWB, § 18 Rdnr. 23; *Immenga/Mestmäcker-Möschel,* GWB, 4. Aufl., § 19 Rdnr. 35.

all diejenigen Anbieter an, die aus Sicht der Nachfrager, die im Versorgungsgebiet der beteiligten Unternehmen liegen, zur Deckung ihres Bedarfs in Betracht kommen.[158]

Die Abgrenzung des räumlich relevanten Marktes vollzieht sich – ebenso wie bei der sachlichen Marktabgrenzung – **in zwei Schritten:**[159] Zuerst sind die aus Sicht der Zusammenschlussbeteiligten betroffenen Nachfrager zu identifizieren. Relevant sind nur Abnehmer in einem Gebiet, in dem die Zusammenschlussbeteiligten den überwiegenden Teil ihrer Waren oder Dienstleistungen absetzen („Kernversorgungsgebiet"); weiter entfernt liegende „Ausreißer" bleiben außer Betracht. Anschließend ist aus der Abnehmersicht zu ermitteln, welche räumlichen Ausweichalternativen bestehen und ob diese zur Deckung des jeweiligen Nachfragebedarfs in Betracht kommen. Dabei gilt erneut, dass nicht jede theoretisch bestehende oder nur von einzelnen Nachfragern wahrgenommene Ausweichalternative in die Marktabgrenzung einbezogen wird.[160] Relevanter Maßstab für die Außerachtlassung unbedeutender Abnehmergruppen bzw. unzureichender Ausweichalternativen ist traditionell der „verständige" bzw. der „Durchschnittsverbraucher".[161] 38

Ein alternativer Ansatz ist der **SSNIP-Test.** Maßgeblich ist danach, ob die in dem Versorgungsgebiet ansässigen Kunden bei einer geringen und nicht nur vorrübergehenden Preiserhöhung im Bereich von 5 bis 10% auf Anbieter in anderen Gebieten ausweichen würden. Ist die Ausweichreaktion so groß, dass durch den damit einhergehenden Absatzrückgang eine Preiserhöhung für den hypothetischen Monopolisten nicht mehr einträglich wäre, werden in den relevanten Markt so lange weitere Gebiete einbezogen, bis die Preiserhöhung einen Gewinn einbrächte.[162] 39

Die räumliche Verfügbarkeit eines Angebots kann durch **diverse Faktoren** bestimmt werden. Hierzu gehören insbesondere nationale oder regionale Präferenzen (z. B. für Marken, Sprache, Kultur), das Erfordernis einer Gebietspräsenz, regulatorische Schranken (z. B. technische Normen, Zölle, Preis- oder Verpackungsvorschriften, behördliche Genehmigungen), die Transportkosten im Vergleich zu den Produktionskosten und dem relativem Preisniveau sowie das gegenwärtige Käuferverhalten und die tatsächlichen Handelsströme.[163] Manchmal steht keiner dieser Faktoren einem raumübergreifenden Warenaustausch entgegen. Das Ergebnis sind dann weltweite Märkte, wie dies z. B. für Flugzeuge[164] oder viele Rohstoffe[165] angenommen wird. 40

Soweit die räumliche Reichweite eines Produkts durch **Verbraucherpräferenzen** und damit letztlich durch die Produkteigenschaften begrenzt wird, fällt die räumliche Marktabgrenzung mit der sachlichen zusammen.[166] Bei Zeitungen, Radio und Fernsehen erfasst der räumlich relevante Markt typischerweise nur das Verbreitungsgebiet, das von der inhaltlichen Berichterstattung schwerpunktmäßig abgedeckt wird.[167] Bei Internetangeboten kommt es ebenso auf die Zielrichtung des Angebots an.[168] Doch auch bei anderen Produkten kann der Bedarf einer bestimmten Nachfragergruppe von vornherein so auf ein örtliches Angebot 41

---

[158] BGH WuW/E DE-R 1301, 1302 – *Sanacorp/ANZAG;* vgl. Formular des BKartA zur Anmeldung eines Zusammenschlusses, Erläuterung Nr. 19 (abrufbar unter: www.bundeskartellamt.de).

[159] Ausführlich dazu BKartA B. v. 24.3.2015, B2–112/14, Rdnr. 42 ff. und 48 ff. – *GoodMills/Pfalzmühle Mannheim* (geografischer Markt für Hartweizenmahlprodukte).

[160] Dazu unten Rdnr. 51.

[161] Vgl. BGH WuW/E DE-R 2327, Rdnr. 73 – *Kreiskrankenhaus Bad Neustadt;* OLG Düsseldorf WuW/E DE-R 4050, Rdnr. 96 – *Liberty Global/Kabel BW.*

[162] Komm., Bekanntmachung rel. Markt, Rdnr. 17 und 29; vgl. oben Rdnr. 23.

[163] Komm., Bekanntmachung rel. Markt, Rdnr. 30, 31 und 45 ff.

[164] Komm. E. v. 11.5.2000, COMP/M.1745, Rdnr. 26 – *EADS.*

[165] Komm. E. v. 19.12.2012, COMP/M.6765, Rdnr. 26 ff. – *Precision Castparts/Titanium Metals* (Titan); Komm. E. v. 19.5.2000, COMP/M.1919, Rdnr. 13 – *Alcoa/Cordant* (Aluminium).

[166] Vgl. *Bechtold,* GWB, § 18 Rdnr. 23.

[167] KG WuW/E OLG 4379, 4381 – *Schleswig-Holsteinischer Anzeigenverlag* (Zeitungen); BKartA WuW/E DE-V 1163, 1167 – *Springer/ProSiebenSat.1* (Fernsehen); BKartA B. v. 16.12.2002, B6–119/02, S. 34 – *RTL Radio/Holtzbrinck Hörfunk* (Hörfunk).

[168] BKartA B. v. 27.2.2002, B6–136/01, WuW/E DE-V 665, Rdnr. 11 ff. – *berlin.de new media.*

fokussiert sein, dass Produkte aus fremden Gebieten nicht mehr als Alternativen wahrgenommen werden. Dies illustriert die europäische Fallpraxis zu Rüstungsgütern. Danach sind Rüstungsmärkte wegen entsprechender Präferenzen der Abnehmerseite national, solange es wenigstens einen nationalen Hersteller gibt; andernfalls handelt es sich um deutlich größere, ggf. weltweite Märkte.[169] Ob die Bewertung der Eigenschaften eines Produkts der sachlichen oder der räumlichen Marktabgrenzung zugeordnet wird, ist letztlich eine Geschmacksfrage, darf aber keinesfalls Auswirkungen auf das Prüfungsergebnis haben. So können qualitative Unterschiede, die aus Sicht der Abnehmer unerheblich sind und deshalb nicht die Annahme separater Produktmärkte rechtfertigen, nicht als Begründung für das Vorliegen unterschiedlicher räumlich relevanter Märkte herangezogen werden.[170]

42 Häufiger werden die Grenzen des räumlich relevanten Marktes durch **technische oder regulatorische Anforderungen** vorgezeichnet. Eine technische Grenze für den grenzüberschreitenden Handel mit Strom sind die begrenzten Übertragungskapazitäten der Grenzkuppelstellen mit der Folge, dass der Markt für den Erstabsatz von Strom (noch) auf Deutschland begrenzt wird.[171] Beispiele für regulatorische Hindernisse sind abfallwirtschaftsrechtliche Regelungen, die viele Kommunen zur Entsorgung von Siedlungsabfall im eigenen Bundesland verpflichten,[172] behördliche Genehmigungserfordernisse für den Vertrieb von Pflanzenschutzmitteln,[173] das sog. Regionalprinzip der Sparkassen, das ihr Geschäftsgebiet beschränkt,[174] §§ 1 und 2 Milch- und Fettgesetz, die das Einzugs- und Absatzgebiet von Molkereien festlegen usw. Ändern sich die maßgeblichen technischen oder regulatorischen Verhältnisse, ändert sich die Größe des räumlichen Markts entsprechend. So hat das BKartA in der Vergangenheit bei Industriezucker angesichts der beschränkten Lieferreichweiten der Zuckerfabriken regionale Märkte abgegrenzt.[175] Zwischenzeitlich ist es jedoch zu der Erkenntnis gelangt, dass der räumlich relevante Markt national abzugrenzen ist, weil die historisch gewachsenen Kernabsatzgebiete der Zuckerproduzenten nach einer Reform der gesetzlichen Rahmenbedingungen für den Zuckermarkt einem bundesweiten Wettbewerb der Hersteller nicht mehr entgegenstehen.[176] Ähnliche Entwicklungen sind in vielen Branchen zu beobachten. Sie werden nicht zuletzt gefördert durch ein Vordringen des Onlinehandels.[177]

43 Komplexe Fragen stellen sich, wenn die Verfügbarkeit der Ausweichalternativen allein davon abhängt, wie leicht sich die Distanz zwischen einem potenziellen Nachfrager-Anbieter-Paar überbrücken lässt. Maßgeblich hierfür sind die „allgemeinen Kosten des Transports", wozu nicht nur die monetären Kosten (z. B. Frachtkosten) gehören, sondern auch die nicht-monetären Kosten (z. B. Opportunitätskosten und Zeit, die der Kunde auf die Leistung wartet). Im Idealfall wird der Nachfrager bei seiner Entscheidung, welche Unternehmen an unterschiedlichen Standorten für ihn alternative Lieferquellen darstellen, die Ersparnis beim Produktpreis, die sich mit einer längeren Wegstrecke erzielen lässt, mit

---

[169] Komm. E. v. 25.2.1991, IV/M.17, Rdnr. 10 f. – *Aérospatiale/MBB;* Komm. E. v. 10.12.2004, COMP/M.3596, Rdnr. 25 – *ThyssenKrupp AG/HDW.*

[170] BKartA B. v. 6.7.2011, B2–23/11, Rdnr. 111 ff. – *Homann/Rügen Feinkost;* anders aber BKartA B. v. 27.12.2010, B2–71/10, Rdnr. 108 ff. – *Van Drie/Alpuro* (Unterschiede bei der Färbung von Kalbfleisch in Deutschland, Frankreich und Italien als Indiz für die Annahme von nationalen Märkten).

[171] BGH WuW/E DE-R 2451, Rdnr. 24 – *E.ON/Stadtwerke Eschwege.*

[172] BKartA B. v. 6.4.2006, B10–151/05, Rdnr. 197 f. – *Sulo/Cleanaway;* BKartA B. v. 22.6.2006, B10–155/05, Rdnr. 68 ff. – *Remondis/AWISTA/ATG & Rosendahl* (separate Märkte für Düsseldorf, Köln und Rest-NRW).

[173] BKartA B. v. 31.3.2010, B2–148/09, Rdnr. 33 – *Agravis/Pflanzenschutzlager von Märka.*

[174] BKartA B. v. 28.2.2012, B4–51/11, Rdnr. 102 ff. – *Haspa/KSK Lauenburg.*

[175] BKartA B. v. 24.6.2002, B2–31/02, S. 10 – *Nordzucker/Union-Zucker;* BKartA WuW/E DE-V 1269, Rdnr. 40 – *Pfeifer & Langen/Zuckerfabrik Jülich;* ebenso KG WuW/E DE-R 816, 820 f. – *Rübenzucker.*

[176] BKartA B. v. 17.2.2009, B2–46/08, Rdnr. 178 ff. – *Nordzucker/Danisco Sugar.*

[177] Vgl. z. B. BKartA B. v. 21.10.2010, B4–45/10, Rdnr. 96 ff. – *Sparkasse Karlsruhe/Sparkasse Ettlingen* (Tendenz zum überregionalen Markt im Einlagengeschäft durch Internetangebote).

der Summe seiner „allgemeinen Transportkosten" vergleichen. Das führt zu der Erkenntnis, dass die Wettbewerbsbeziehungen in derart **räumlich differenzierten Märkten** typischerweise nicht durch klare Brüche gekennzeichnet sind, sondern durch fließende Übergänge. Es stellt sich die Frage, ab welcher Entfernung der Wettbewerbsdruck weiter entfernt liegender Anbieter so schwach wird, dass sie nicht mehr in den relevanten Markt einbezogen werden können.

Aus dem SSNIP-Test folgt, dass die Transportkosten maximal 5 bis 10% der Preise ausmachen dürfen. Denn wenn die Transportkosten zwischen zwei Gebieten höher lägen, könnte der hypothetische Monopolanbieter einen SSNIP durchführen, ohne eine Abwanderung der Nachfrage in die Nachbarregion befürchten zu müssen.[178] Die Praxis stellt stattdessen auf die zu beobachtenden Lieferströme ab.[179] Nach der Rechtsprechung kommt es für die räumliche Marktabgrenzung ausschließlich auf das tatsächliche Verhalten der Marktteilnehmer an.[180] Dies hat zur Folge, dass eine selbstauferlegte Beschränkung der Anbieter auf ihre traditionellen Tätigkeitsgebiete zu entsprechend engen räumlich relevanten Märkten führt.[181] Sogar bereits verfügbare überregionale Bezugsmöglichkeiten werden ausgeklammert, wenn sie von der Marktgegenseite faktisch nicht oder kaum wahrgenommen werden.[182] Das BKartA sucht im Regelfall die **vorherrschenden Transportentfernungen bzw. Anfahrtswege** durch eine Befragung der Anbieter und/oder Abnehmer zu ermitteln. Bei der angebotsorientierten Betrachtung wird üblicherweise gefragt, innerhalb welcher (abgestuften) Lieferentfernungen die Anbieter welchen Anteil ihrer Umsätze erwirtschaften.[183] Maßgeblich ist dann ein Lieferradius, durch den ein „Großteil" der Nachfrage abgedeckt wird, wobei der Schwellenwert mal mit 65 bis 75%,[184] mal mit 70 bis 80%[185] und mal mit mindestens 90% des Umsatzes[186] angegeben wird. In manchen Fällen wählt das BKartA (alternativ oder zusätzlich) eine nachfrageorientierte Betrachtungsweise, insbesondere wenn entsprechende Statistiken vorhanden sind (z.B. bei Krankenhäuern oder im Landhandel). Hier wird untersucht, zu welchem Prozentsatz die in einem bestimmten Gebiet (z.B. Postleitzahlgebiet) ansässigen Abnehmer Angebote aus dem eigenen Gebiet zur Deckung ihrer Nachfrage wahrnehmen (Eigenversorgungsquote) bzw. ob sie Anbieter außerhalb des Gebiets aufsuchen (Auspendlerquote).[187] Eine hohe Eigenversorgungsquote – 44

---

[178] *Niels/Jenkins/Kavanagh,* Economics, S. 80ff.; vgl. auch BKartA B. v. 8.10.2009, B2–75/09, Rdnr. 36f. – *BayWa/Wurth Agrar;* BKartA B. v. 24.3.2015, B2–112/14, Rdnr. 64 – *GoodMills/Pfalzmühle Mannheim* (Ausdehnung der Lieferentfernung um 100 km bei einer Preiserhöhung von 5%).

[179] Vgl. BKartA B. v. 24.3.2015, B2–112/14, Rdnr. 62f. – *GoodMills/Pfalzmühle Mannheim.* Eine Ausdehnung der Lieferentfernungen bei einem Preisanstieg ist dann aber bei der wettbewerblichen Würdigung als potenzieller Wettbewerb zu berücksichtigen, vgl. BKartA aaO Rdnr. 94, 104.

[180] Dies ist mit dem SSNIP-Test unvereinbar, weil unberücksichtigt bleibt, inwieweit die Abnehmer bei einer geringfügigen Preiserhöhung auf andere Gebiete ausweichen *würden,* s. *Niels/Jenkins/Kavanagh,* Economics, S. 82f.

[181] OLG Düsseldorf B. v. 14.8.2013, VI Kart 1/12 (V), Rdnr. 111 – *Liberty Global/Kabel BW* (insoweit nicht abgedruckt in WuW/E DE-R 4050); BKartA B. v. 31.3.2010, B2–148/09, Rdnr. 27 – *Agravis/Pflanzenschutzlager von Märka;* anders BKartA B. v. 17.2.2009, B2–46/08, Rdnr. 178 – *Nordzucker/Danisco Sugar* (historisch gewachsene Kernabsatzgebiete unmaßgeblich, da nicht durch strukturelle Gründe bedingt).

[182] BGH WuW/E DE-R 1206, 1207f. – *Strom und Telefon I;* BGH WuW/E DE-R 1681, Rdnr. 29 – *DB Regio/Üstra;* BGH WuW/E DE-R 2327, Rdnr. 65 – *Kreiskrankenhaus Bad Neustadt;* OLG Düsseldorf WuW/E DE-R 4050, Rdnr. 92 – *Liberty Global/Kabel BW.*

[183] Instruktiv: BKartA B. v. 16.11.2011, B2–36/11, Rdnr. 121ff. – *Tönnies/Tummel* (für einen Beschaffungsmarkt).

[184] So wohl BKartA B. v. 16.11.2011, B2–36/11, Rdnr. 125 und Fn. 73 – *Tönnies/Tummel* (wenngleich unter Hinweis auf die Amtspraxis bei der Ermittlung von Eigenversorgungsquoten).

[185] BKartA B. v. 12.11.2012, B3–19/08, Rdnr. 75 – *CVH Chemie-Vertrieb.*

[186] BKartA B. v. 10.10.2003, B1–180/02, S. 16 – *Rheinkalk/Kalkwerk Lengerich;* BKartA B. v. 18.7.2013, B4–44/13, Rdnr. 122, 137, 140, 145 – *Ziemann/unicorn;* BKartA B. v. 10.3.2014, B5–134/13, Rdnr. 94 – *Cordes & Graefe/bäderwelt.*

[187] Dieser Ansatz geht auf den *Elzinga-Hogarty*-Test zurück, der das Vorliegen eines eigenständigen Marktes bei geringen Importen („little in from outside" – LIFO) und geringen Exporten („little out

Quoten von „deutlich über 50%" werden hier vom BKartA als ausreichend angesehen[188] – ist demnach ein Hinweis darauf, dass das betreffende Gebiet einen eigenständigen räumlich relevanten Markt darstellt. Hierbei ist allerdings zu berücksichtigen, dass die Eigenversorgungsquote keine Aussage dazu trifft, inwieweit auswärtige Abnehmer Angebote in dem betreffenden Gebiet wahrnehmen (Einpendlerquote). Eine hohe Einpendlerquote bedingt jedoch eine entsprechende Erweiterung des relevanten Marktes.[189] In Bietermärkten nutzt das BKartA bisweilen Ausschreibungsdaten, um die Abgrenzung der jeweils betroffenen räumlich relevanten Märkte zu untermauern.[189a]

45 In vielen Wirtschaftsbereichen sind durch die Entscheidungspraxis bereits **Erfahrungswerte** etabliert. Dies gilt insbesondere für den Einzelhandel. Hier geht das Amt bei Gütern des täglichen Bedarfs (Lebensmitteln, Getränken) davon aus, dass die Wettbewerbsbeziehungen normalerweise durch einen Umkreis von 20 km bzw. eine Fahrzeit von 20 Autominuten hinreichend erfasst werden.[190] Bei höherwertigen Produkten verlängert sich die Strecke, weil die Verbraucher entsprechend größere Entfernungen in Kauf nehmen.[191] Beim Handel gegenüber gewerblichen Kunden sind die Entfernungen noch einmal deutlich größer. So hat das Amt beispielsweise im Landhandel (Absatz von Pflanzenschutzmitteln und Düngemitteln an Landwirte) Distanzen bis zu 100 km[192] und beim Handel mit Basischemikalien Distanzen von bis zu 275 km für relevant erachtet.[193] Beim Vertrieb von Haushaltsmehl an den Lebensmitteleinzelhandel legt das BKartA wegen der zentralen Nachfrage der Abnehmer einen bundesweiten Markt zugrunde.[193a] Eine umfassende Praxis existiert auch für die Bauindustrie, wo aufgrund der hohen Transportkostenempfindlichkeit der Produkte enge regionale Märkte angenommen werden.[194] Dass es insoweit zu gewissen Pauschalisierungen kommen kann, ist nach Ansicht des BGH nicht zu beanstanden.[195]

46 Bei der geografischen Marktabgrenzung in räumlich differenzierten Märkten ist darüber hinaus zu entscheiden, wo der **„Marktmittelpunkt"** liegt, d. h. auf wessen Standpunkt es für die Bestimmung der Marktgrenzen ankommt, denn die räumlichen Ausweichalternativen können sich vom Standpunkt verschiedener Nachfrager aus gesehen unterschiedlich darstellen. In der Praxis von BKartA und Gerichten dominiert ein rein anbieterzentrierter

---

from inside" – LOFI) postuliert, vgl. *Schwalbe/Zimmer,* Kartellrecht und Ökonomie, S. 109f.; *Niels/Jenkins/Kavanagh,* Economics, S. 82f.

[188] BKartA B. v. 19.2.2014, B3–109/13, Rdnr. 77 – *Fresenius/Rhön* (Quoten ab 57,5%); vgl. auch BKartA B. v. 19.12.2008, B3–161/08, Rdnr. 30 – *HaGe Kiel/BSL* (Quoten ab 55%); BKartA B. v. 6.6.2006, B10–24/06, S. 24, 25 – *Marienhaus GmbH/Krankenhaus Ottweiler/Kinderklinik Kohlhof* (Quoten ab 55%); vgl. auch BKartA B. v. 13.12.2006, B3–1003/06, Rdnr. 65 – *Enzkreis-Kliniken* (Quote von 61,4% als Indiz für eigenständigen Markt, insoweit nicht abgedruckt in WuW/E DE-V 1336); mit Tendenz zu Quoten ab 90% demgegenüber BKartA B. v. 24.3.2015, B2–112/14, Rdnr. 59f. – *GoodMills/Pfalzmühle Mannheim.*

[189] Dazu unten Rdnr. 50.

[189a] BKartA TB 2013/2014, S. 37, 83f. – *Remondis/Erwerb von sieben Standorten der Sita-Gruppe.*

[190] BKartA B. v. 25.8.2005, B9–27/05, S. 9f. – *EDEKA/SPAR;* BKartA B. v. 28.10.2010, B2–52/10, S. 54ff. – *EDEKA/trinkgut-Märkte;* enger neuerdings BKartA B. v. 31.3.2015, B2–96/14, Rdnr. 211ff. – *Edeka/Kaiser's Tengelmann* (Prüfung nach Stadtbezirken bei Städten mit mindestens 500000 Einwohnern).

[191] BKartA B. v. 10.1.2007, B9–94/06, Rdnr. 56 – *Praktiker/Max Bahr* (Bau- und Heimwerker-Artikel); BKartA B. v. 8.3.2007, B9–520/06, WuW/E DE-V 1376, 1379 – *Douglas/Hela Kosmetik* (Kosmetika); BKartA B. v. 30.4.2008, B6–8/08, Rdnr. 50 – *Thalia/BuchKaiser* (Bücher); BKartA B. v. 19.9.2001, B9–15/01, Rdnr. 13 – *Lutz/Möbel Engelhardt* (Möbel).

[192] BKartA B. v. 8.10.2009, B2–75/09, Rdnr. 35ff. – *BayWa/Wurth Agrar.*

[193] BKartA B. v. 12.11.2012, B3–19/08, Rdnr. 76 – *CVH Chemie-Vertrieb.*

[193a] BKartA B. v. 18.6.2015, B2–26/15, Rdnr. 73ff. – *GoodMills/Diamant und Goldpuder.*

[194] Beispiele: BKartA B. v. 9.8.2001, B1–63/00, Rdnr. 2 - *Marktinformationssystem Transportbeton* (25 bis 30 km für Transportbeton); BKartA B. v. 9.8.2006, B1–116/04, Rdnr. 40 – *Nord-KS* (150 km für Kalksandstein); BGH WuW/E BGH 2321, 2323f. – *Mischguthersteller;* BKartA B. v. 29.9.2006, B1–169/05, Rdnr. 38 – *FIMAG/Züblin* (25 km für Walzasphalt); BKartA B. v. 9.3.2009, B1–243/08, Rdnr. 45 – *Werhahn/Basalt-Actien-Gesellschaft* (50 bis 70 km für Gussasphalt).

[195] Vgl. BGH WuW/E DE-R 3591, Rdnr. 43 – *Total/OMV.*

Ansatz, der auf die Sicht der an dem Zusammenschluss beteiligten Unternehmen abstellt. Der räumlich relevante Markt ist danach identisch mit dem (Kern-)Versorgungsgebiet der Produktions- bzw. Verkaufsstätte, die im Fokus der wettbewerblichen Prüfung steht. Die Nachfrage, die von den in diesem Versorgungsgebiet ansässigen Abnehmern geäußert wird, bildet das Marktvolumen unabhängig davon, von wo aus ihre Nachfrage befriedigt wird. So werden „Einlieferungen" von Anbietern, die außerhalb des Versorgungsgebiets ihren Sitz haben, zum relevanten Markt hinzugerechnet, während „Exporte" aus dem Versorgungsgebiet heraus vom Marktvolumen abgezogen werden.[196] Problematisch an diesem Ansatz ist, dass er die Ausweichalternativen der Abnehmer nur unvollständig berücksichtigt, denn für viele Abnehmer im Versorgungsgebiet (alle, die nicht selbst im Zentrum ansässig sind) stellen die Wettbewerber in den Nachbargebieten eine vollwertige Alternative dar, weshalb ein hypothetischer Monopolist die Preise in dem Versorgungsgebiet regelmäßig nicht um 5 bis 10% erhöhen könnte, ohne einen Gewinnrückgang befürchten zu müssen. Richtigerweise müssen deshalb für die Bestimmung des räumlich relevanten Marktes die räumlichen Ausweichalternativen aller im Versorgungsgebiet ansässigen Abnehmer Berücksichtigung finden, was dazu führt, dass das Marktvolumen durch die Gesamtheit der Anbieter gebildet wird, die als alternative Anbieter im Versorgungsgebiet zur Verfügung stehen. Der Tatsache, dass der Wettbewerb zwischen den einzelnen Anbietern in dem so abgegrenzten Markt in Abhängigkeit von ihrer räumlichen Nähe zueinander unterschiedlich stark ausgeprägt ist, ist bei der wettbewerblichen Würdigung Rechnung zu tragen (unter dem Gesichtspunkt der „wettbewerblichen Nähe").[197]

Beim Absatz von Kraftstoffen an Tankstellen hat das BKartA versucht, dem Phänomen 47
der räumlichen Differenzierung dadurch Rechnung zu tragen, dass es die Absatzdaten der Tankstellen **auf der Basis ihrer Entfernung zum Marktmittelpunkt gewichtet** hat. Begründet hat es dies damit, dass die Ausweichalternativen aus Sicht der nachfragenden Autofahrer innerhalb des räumlichen Marktes nicht überall identisch seien. Bevorzugt würden vielmehr die räumlich nächsten Tankstellen. Das BKartA hat deshalb bei Tankstellen, die vom Marktmittelpunkt innerhalb von fünf Minuten erreichbar waren, die Absätze mit dem Faktor 4 multipliziert. Bei weiter entfernt liegenden Tankstellen verringerte sich der Faktor von 3 auf 2 auf 1, je nachdem ob die Fahrzeit unter 10, unter 20 oder unter 30 Minuten betrug.[198] Nachdem der BGH allerdings seine Skepsis gegenüber diesem Ansatz zum Ausdruck gebracht hat,[199] steht nicht zu erwarten, dass er vom BKartA weiterverfolgt wird.

In der Vergangenheit wurden Regionalmärkte in der Praxis häufig als Kreise definiert, die 48
anhand eines einheitlichen Radius um die Standorte der Zusammenschlussbeteiligten gezogen wurden.[200] Seit dem *Sanacorp/ANZAG*-Beschluss des BGH kann die Radiusbetrachtung jedoch nur noch der ersten Annäherung an den räumlich relevanten Markt dienen, weil sie die für die tatsächlichen Marktverhältnisse wesentlichen **geografischen Gegebenheiten und die Verkehrsinfrastruktur** unberücksichtigt lässt.[201] Wenn die räumliche Marktabgrenzung entscheidungserheblich ist, ist stattdessen die tatsächliche geografische und zeitliche Erreichbarkeit der Nachfrager bzw. Anbieter unter Berücksichtigung der tatsächlichen Gegebenheiten des Einzelfalls zu ermitteln. Das BKartA hat zu diesem Zweck im

---

[196] So z. B. beim Walzasphalt: BKartA B. v. 22.8.2005, B1–29/05, *Werhahn/Norddeutsche Mischwerke;* BKartA B. v. 19.9.2006, B1–186/06, Rdnr. 33 – *Strabag/AMH.*

[197] *Steinvorth,* WuW 2014, 924. Zu berücksichtigen ist auch, ob der Anbieter zwischen einzelnen Abnehmern aufgrund ihrer räumlichen Ansässigkeit diskriminieren kann. Ein besonderes Augenmerk ist auf die Abnehmer zu richten, die in der Schnittmenge der Liefergebiete der Zusammenschlussbeteiligten ansässig sind, weil diese durch den Zusammenschluss am stärksten betroffen sind.

[198] BKartA B. v. 29.4.2009, B8–175/08, Rdnr. 34 – *Total/OMV.* In der früheren Praxis wurden teils deutlich engere Märkte abgegrenzt, vgl. OLG Düsseldorf WuW/E OLG 2135 – *BAB Tankstelle Bottrop-Süd* („Streckenmonopol" von Autobahntankstellen).

[199] BGH WuW/E DE-R 3591, Rdnr. 44 – *Total/OMV.*

[200] So z. B. KG WuW/E DE-R 816, 820 – *Rübenzucker.*

[201] BGH WuW/E DE-R 1301, 1302 f. – *Sanacorp/ANZAG;* vgl. auch OLG Düsseldorf WuW/E DE-R 1987, 1988 – *Sanacorp/ANZAG II.*

Tankstellenbereich unter Mithilfe des Bundesamts für Bauwesen und Raumordnung sog. „Erreichbarkeitskarten“ (Isochrone) erstellt, die das Gebiet abbilden, das von einem gegebenen Ausgangpunkt aus innerhalb bestimmter Fahrzeiten zu erreichen ist.[202]

49 Erweiterungen des räumlich relevanten Marktes sind unter dem Gesichtspunkt der **Kettensubstitution** denkbar, wenn sich die Versorgungsgebiete der Anbieter so erheblich überschneiden, dass sich Preiseffekte von einem Gebiet über die Bindeglieder bis in alle Randzonen fortpflanzen.[203] Das BKartA hat derartige Substitutionseffekte beim Walzasphalt anerkannt, wenn ein Unternehmen mit mehreren Werken in einem Gebiet tätig ist und sich die daraus ergebenden Liefergebiete in erheblichem Umfang überschneiden (sog. „Wolkenbildung“). Denn in einem solchen Fall sähen sich die betroffenen Nachfrager letztlich einem Unternehmen gegenüber unabhängig davon, von welchem Werk sie bezögen.[204] Ob Substitutionsketten bestehen und ob sie tatsächlich stark genug sind, verschiedene Gebiete zu einem einheitlichen räumlich relevanten Markt zu verbinden, ist eine Frage des Einzelfalls. Beim Einzelhandel mit Kraftstoff wurde eine bundesweite Marktabgrenzung trotz der sich weiträumig überschneidenden Einzugsgebiete der Tankstellen mit dem Begründung abgelehnt, dass es erhebliche regionale Preisunterschiede gebe.[205]

50 Bei der räumlichen Marktabgrenzung zeigt sich gelegentlich das Phänomen der einseitigen Austauschbarkeit **(asymmetrische Märkte).** Dies geschieht, wenn die Abnehmer in einem Gebiet A nur dort ansässige Anbieter aufsuchen, hingegen die Abnehmer im Gebiet B sowohl im Gebiet B als auch im Gebiet A einkaufen. Ein Beispiel hierfür ist der Verkauf von Kalbfleisch in Deutschland und den Niederlanden. Deutschland importiert als „Defizitland“ rund die Hälfte des konsumierten Kalbfleischs aus den Niederlanden, wo größtenteils für den Export produziert wird. Dies bedeutet, dass die deutschen Abnehmer zwischen Kalbfleisch deutscher und niederländischer Herkunft wählen können, während die niederländischen Abnehmer auf ihre heimische Produktion beschränkt sind.[206] Ein weiteres Beispiel ist das Angebot von Krankenhausdienstleistungen in Unterfranken: Die Krankenhäuser in Bad Neustadt und Bad Kissingen behandeln vorwiegend ortsansässige Patienten, während die Krankenhäuser in Schweinfurt und Würzburg ein größeres Einzugsgebiet haben, das Bad Neustadt und Bad Kissingen mit einschließt.[207] Das BKartA hat in diesen Fällen die Zusammenführung der betreffenden Gebiete in einen einheitlichen Markt mit dem Argument abgelehnt, einseitige Handelsströme bzw. Kundenwanderungen seien nicht geeignet, einheitliche Wettbewerbsbedingungen zu schaffen.[208] Der BGH hat das Erfordernis einer derartigen „gegenseitigen Marktdurchdringung“ jedoch verworfen. Seiner Ansicht nach kommt es für die die Einbeziehung umliegender Gebiete in den räumlich relevanten Markt darauf an, dass dort ansässige Abnehmer in relevantem Umfang das Angebot der Unternehmen im Kernversorgungsgebiet der Zusammenschlussbeteiligten aufsuchen (Einpendlerquote). Unmaßgeblich sei hingegen, ob Abnehmer in dem so abgegrenzten Markt Bezugsalternativen um Umland wahrnähmen (Auspendlerquote). Denn andernfalls käme es

---

[202] BKartA B. v. 7.3.2008, B8–134/07, Rdnr. 28 – *Shell/HPV;* BKartA B. v. 29.4.2009, B8–175/08, Rdnr. 31 – *Total/OMV;* BKartA, Sektoruntersuchung Kraftstoffe, Abschlussbericht Mai 2011, S. 46ff.

[203] Vgl. Komm., Bekanntmachung rel. Markt, Rdnr. 57.

[204] BKartA WuW/E BKartA 2488, 2494 – *Bayerische Asphalt-Mischwerke;* BKartA B. v. 15.11.2007, B1–190/07, Rdnr. 30 – *Faber/BAG/AML.*

[205] BGH WuW/E DE-R 3591, Rdnr. 39 – *Total/OMV.*

[206] BKartA B. v. 27.12.2010, B2–71/10 – *Van Drie/Alpuro.*

[207] BGH WuW/E DE-R 2327 – *Kreiskrankenhaus Bad Neustadt.*

[208] BKartA B. v. 10.3.2005, B10–123/04, Rdnr. 122 – *Rhön-Grabfeld* (insoweit nicht abgedruckt in WuW/E DE-V 1087); BKartA B. v. 27.12.2010, B2–71/10, Rdnr. 97 – *Van Drie/Alpuro;* vgl. auch BKartA B. v. 16.11.2011, B2–36/11, Rdnr. 64 – *Tönnies/Tummel.* Anders BKartA WuW/E DE-V 1336, Rdnr. 60f. – *Enzkreis-Kliniken* (Stuttgart und Heilbronn als eigenständige Märkte für dort ansässige Patienten; demgegenüber umfassender Markt aus Löchgau, Stuttgart und Heilbronn für Patienten aus Löchgau).

zu einer Einbeziehung von Gebieten, deren Einwohner die Leistungen der Unternehmen im räumlich relevanten Markt mehrheitlich überhaupt nicht nachfragten.[209] Die Konsequenz hieraus ist, dass von einem einheitlichen Markt auszugehen ist, wenn sich zwei Anbieter mit entsprechend großen Einzugsgebieten zusammenschließen (in den Beispielen: Schlachthäuser in den Niederlanden, Krankenhäuser in Schweinfurt oder Würzburg), nicht hingegen bei einem Zusammenschluss mit Anbietern kleinerer Einzugsgebiete (Schlachthäuser in Deutschland bzw. Krankenhäuser in Bad Kissingen/Band Neustadt). Der Ansatz des BGH überzeugt indes nicht, weil ein hypothetischer Monopolanbieter das enger abgegrenzte Gebiet bei einer hohen Auspendlerquote nicht ohne Gewinnverluste monopolisieren könnte. Eine hohe Auspendlerquote ist somit ebenso wie eine hohe Einpendlerquote ein Hinweis auf einen weiter abzugrenzenden räumlich relevanten Markt.[210]

Im Gegensatz zur sachlichen Marktabgrenzung ist die **Substituierbarkeit des Angebots** (Angebotsumstellungsflexibilität) bei der räumlichen Marktabgrenzung bislang nicht anerkannt worden. Nach der Rechtsprechung des BGH kommt es für die räumliche Marktabgrenzung ausschließlich auf das tatsächliche Verhalten der Marktteilnehmer an.[211] Die Möglichkeit, dass ein Anbieter sein Absatzgebiet kurzfristig ausdehnt, kann bei diesem Prüfungsmaßstab keine Relevanz gewinnen.[212] Dies hat bei leitungsgebundenen Leistungen regelmäßig zur Folge, dass der räumlich relevante Markt jeweils auf die Netzgebiete der einzelnen Anbieter beschränkt ist.[213] Die Kommission hat demgegenüber den Aspekt der Angebotsumstellungsflexibilität explizit in das Instrumentarium der Marktabgrenzung mit aufgenommen,[214] wenngleich er – soweit ersichtlich – auch in der europäischen Praxis bislang nur geringe Bedeutung erlangt hat.[215] 51

c) Der zeitlich relevante Markt. Analog zur Abgrenzung des sachlich und des räumlich relevanten Marktes ist bei der Definition des zeitlich relevanten Marktes auf die **unterschiedliche zeitliche Verfügbarkeit** mehrerer im Übrigen gleichwertiger Angebote abzustellen. Dem zeitlich relevanten Markt sind somit alle Angebote zuzurechnen, die aus Sicht der Nachfrager in einem gegebenen Zeitpunkt zur Deckung ihres Bedarfs in Betracht kommen. 52

Die Marktabgrenzung entlang der zeitlichen Dimension kann allerdings nur dort relevant sein, wo die unterschiedliche zeitliche Verfügbarkeit der Angebote überhaupt ein **maßgebliches Auswahlkriterium** für die Nachfrageseite ist. Ein Beispiel hierfür sind Flugreisen: Geschäftsreisende sind typischerweise an möglichst kurzen Reise- und Wartezeiten interessiert (inkl. der Möglichkeit kurzfristiger Umbuchungen). Die zeitlich akzeptablen Ausweichalternativen sind aus ihrer Sicht eng begrenzt, weshalb sie bereit sind, deutlich höhere Preise für ein Flugticket zu bezahlen, das ihren zeitlichen Vorstellung entspricht, als zeitlich weniger festgelegte Privatreisende. 53

Für die Fusionskontrolle mit ihrem Fokus auf strukturellen und **dauerhaften Marktentwicklungen** sind allerdings Märkte, die nur vorrübergehend auftreten, ohne wesentliche Bedeutung. Die zeitliche Dimension der Marktabgrenzung spielt deshalb eher im 54

[209] BGH WuW/E DE-R 2327, Rdnr. 68 ff. – *Kreiskrankenhaus Bad Neustadt.*

[210] *Steinvorth,* WuW 2014, 924; dazu oben Rdnr. 46; so wohl auch BKartA B. v. 24.3.2015, B2–112/14, Rdnr. 60 ff. – *GoodMills/Pfalzmühle Mannheim;* vgl. ferner *Schwalbe/Zimmer,* Kartellrecht und Ökonomie, S. 110.

[211] BGH WuW/E DE-R 1206, 1207 f. – *Strom und Telefon I;* BGH WuW/E DE-R 1681, Rdnr. 29 – *DB Regio/Üstra.*

[212] Vgl. BGH WuW/E BGH 1655, 1658 – *Zementmahlanlage II;* mit anderer Tendenz: BKartA B. v. 17.2.2009, B2–46/08, Rdnr. 178 – *Nordzucker/Danisco Sugar* (bundesweiter Markt trotz engerer historisch gewachsener Kernabsatzgebiete).

[213] Vgl. OLG Düsseldorf WuW/E DE-R 4050, Rdnr. 93 ff. – *Liberty Global/Kabel BW;* krit. dazu Monopolkommission, 20. Hauptgutachten 2012/2013, Rdnr. 596.

[214] Komm., Bekanntmachung rel. Markt, Rdnr. 21 aE.

[215] Eines der wenigen Beispiele ist Komm. E. v. 27.6.2007, COMP/M.4439, Rdnr. 57 ff. und 282 ff. – *Ryanair/Aer Lingus.*

Rahmen von Missbrauchsverfahren eine Rolle.[216] Sofern allerdings bestimmte Märkte (periodisch) immer wieder entstehen, so wie z. B. der Markt für Sonntagszeitungen in diesem Sinne jeden Sonntag neu entsteht, wird dies unter die sachliche Marktdefinition gefasst. Entsprechend unterscheidet das BKartA bei Flugreisen zwischen unterschiedlichen sachlich relevanten Märkten für Geschäftsreisende und Privatreisende.[217] Gleiches gilt für die Frage, ob z. B. Hersteller von Ganzjahresgebäck auf demselben Markt tätig sind wie die Hersteller von Saisongebäck[218] oder ob 14-täglich oder monatlich erscheinende Publikumszeitschriften demselben Anzeigenmarkt zuzurechnen sind wie Tageszeitungen.[219]

55 **3. Abgrenzung von Nachfragemärkten.** Wo die Marktstellung eines Unternehmens als Nachfrager in Rede steht, muss für die wettbewerbliche Würdigung der relevante Nachfrage- bzw. Beschaffungsmarkt definiert werden. Nach allgemeiner Meinung erfolgt diese Marktabgrenzung nach denselben Kriterien wie die Abgrenzung von Angebotsmärkten – nur spiegelbildlich.[220] Maßgeblich sind mit anderen Worten die **Ausweichmöglichkeiten aus Sicht der Anbieter,** die als Lieferanten der Zusammenschlussbeteiligten in Betracht kommen. Es erfolgt eine zweistufige Prüfung (Bestimmung der maßgeblichen Anbieterkreise sowie Bestimmung ihrer Ausweichalternativen),[221] die in vielen Fällen zu denselben Ergebnissen führen wird wie die Abgrenzung des entsprechenden Angebotsmarkts.

56 Ebenso wie bei der Abgrenzung von Angebotsmärkten lässt sich auch für die Marktabgrenzung zur Ermittlung von Nachfragemacht der **SSNIP-Test** fruchtbar machen. Hierbei ist zu fragen, ob die Lieferanten der Zusammenschlussbeteiligten als Reaktion auf eine geringe und nicht nur vorrübergehende *Preissenkung* von 5 bis 10% auf leicht verfügbare Absatzalternativen ausweichen würden.[222]

57 In Anwendung des „umgekehrten“ Bedarfsmarktkonzepts oder SSNIP-Tests sind dem relevanten Markt alle alternativen Vertriebswege zuzurechnen, die dem Anbieter ohne weiteres offen stehen. Dies kann auch den Export umfassen, sofern der Verkauf an ausländische Abnehmer keine dauerhaften und nicht erheblichen Mehrkosten mit sich bringt.[223] Zu berücksichtigen ist darüber hinaus die Möglichkeit der Anbieter, ihr Angebot auf alternative Waren oder Dienstleistungen umzustellen, wenn die Umstellung ohne erhöhten Aufwand oder zeitliche Verzögerungen zu bewerkstelligen ist.[224] Sämtliche Nachfrager der von der **Umstellungsflexibilität** erfassten Waren oder Dienstleistungen sind dann dem Beschaffungsmarkt zuzurechnen. Grenzen für die Umstellungsflexibilität ergeben sich aus der beschränkten Einsetzbarkeit der vorhandenen Produktionsmittel und wegen des unternehmensspezifischen Know-hows.[225] So unterscheidet das BKartA beispielsweise bei dem Bezug von Waren durch den Lebensmitteleinzelhandel zwischen Han-

[216] Vgl. etwa *Deutsche Städtereklame* für die Belegung von Plakatanschlagstellen während der Olympischen Spiele in München, BKartA TB 1972, S. 82; Bundesliga-Clubs bei Spitzenspielen, BGH WuW/E 2406, 2408 f. – *Inter Mailand-Spiel;* Messeveranstalter für die Dauer der Messe, BGH WuW/E 1027, 1030 – *Sportartikelmesse II;* siehe auch *Wiedemann,* § 23 Rdnr. 13.

[217] BKartA B. v. 4.9.2009, B9–56/09, S. 13 f. – *Air Berlin/TUIfly.*

[218] Thematisiert in BKartA TB 1995/1996, S. 81 f. – *Bahlsen/Brandt.*

[219] Ablehnend BKartA B. v. 19.1.2006, B6–103/05, Rdnr. 59 – *Springer/ProSiebenSat.1* (insoweit nicht abgedruckt in WuW/E DE-V 1163).

[220] BGH WuW/E BGH 2483, 2487 – *Sonderungsverfahren;* BGH WuW/E Verg 297 – *Tariftreueerklärung II;* KG WuW/E OLG 3577, 3585 – *Hussel/Mara;* KG WuW/E OLG 3917, 3927 – *Coop/Wandmaker; Bechtold,* GWB, § 18 Rdnr. 29; *Langen/Bunte-Bardong,* GWB, § 18 Rdnr. 41; siehe auch *Wiedemann,* § 23 Rdnr. 14 f.

[221] Vgl. dazu oben Rdnr. 20 ff.

[222] Komm., Bekanntmachung rel. Markt, Rdnr. 17.

[223] KG WuW/E OLG 3917, 3928 – *Coop/Wandmaker;* enger: BKartA B. v. 28.10.2010, B2–52/10, S. 105 und 117 – *EDEKA/trinkgut-Märkte* (keine Exporte, wenn diese bislang keine Rolle spielen).

[224] KG WuW/E OLG 3917, 3927 – *Coop/Wandmaker;* Monopolkommission, 7. Sondergutachten (1977), Rdnr. 46 ff.; Monopolkommission, 5. Hauptgutachten 1982/1983, Rdnr. 667 ff.; *Bechtold,* GWB, § 18 Rdnr. 29; *Langen/Bunte-Bardong,* GWB, § 18 Rdnr. 43; vgl. auch oben Rdnr. 29 ff.

[225] Vgl. OLG Düsseldorf WuW/E OLG 2274, 2277 f. – *Errichtung von Fernmeldetürmen.*

delsmarken und Herstellermarken, auch wenn es sich vielfach um dieselben Produkte handelt, weil eine Herstellermarke erst mit hohen Marketinginvestitionen aufgebaut werden und eine gewisse Verkehrsdurchsetzung erreichen muss, während das Preisniveau bei Handelsmarken regelmäßig deutlich niedriger ist als bei Herstellermarken. Aus Anbietersicht verbietet sich deshalb ein kurzfristiger Wechsel zwischen diesen beiden Vertriebswegen.[226]

Nicht relevant für die Abgrenzung von Beschaffungsmärkten ist der **Sortimentsgedanke,** denn die Bündelung unterschiedlicher Produkte geschieht meist im Verhältnis zum Endverbraucher, der mangels Unternehmereigenschaft nicht Adressat der Fusionskontrolle ist.[227] Aus Gründen der Praktikabilität arbeitet das BKartA dennoch bei der Ermittlung der Nachfragemacht im Lebensmitteleinzelhandel mit Produktgruppen. Denn andernfalls könnte es bei der Vielzahl der nachgefragten Produkte ein Verfahren nicht innerhalb der engen Fristen der Fusionskontrolle abschließen.[228] **58**

Der **räumlich relevante Nachfragemarkt** erfasst entsprechend alle räumlichen verfügbaren Ausweichmöglichkeiten der Anbieter, nicht etwa nur das Gebiet, in dem die nachgefragten Leistungen erbracht werden sollen.[229] Das BKartA stellt dennoch nur auf das Erfassungsgebiet der Zusammenschlussbeteiligten ab und nicht – was notwendig wäre – auf die verfügbaren Ausweichalternativen der in diesem Gebiet ansässigen Anbieter.[230] **59**

III. Erhebliche Behinderung wirksamen Wettbewerbs

1. Allgemeines. Die Fusionskontrolle dient, wie § 36 Abs. 1 Satz 1 GWB mit dem SIEC-Test deutlich zum Ausdruck bringt, dem **Schutz wirksamen Wettbewerbs.** Es soll eine Marktstruktur aufrechterhalten werden, die wettbewerbliche Prozesse fördert, indem eine ausreichende Zahl von Anbietern bzw. Nachfragern unabhängig voneinander agiert und die Marktgegenseite zwischen mehreren Alternativen die für sie attraktivste wählen kann. Die Gefahr, die eigenen Kunden bzw. Lieferanten an den Wettbewerber zu verlieren, setzt den Unternehmen effektive Anreize zur fortwährenden Optimierung ihres Angebots, sei es im Hinblick auf die Preise oder die sonstigen Wettbewerbsparameter (Menge, Qualität, Angebotsvielfalt, Innovationen usw.). Der Gegensatz zum wirksamen Wettbewerb ist das ökonomische Konzept der **Marktmacht.** Marktmacht bedeutet die Fähigkeit eines Unternehmens, seine Preise gewinnbringend über die Grenzkosten bzw. das Wettbewerbsniveau zu heben (oder andere Wettbewerbsparameter im eigenen Sinne zu beeinflussen).[231] Es geht in der juristischen Terminologie darum, ob der Verhaltensspielraum des Unternehmens durch den Wettbewerb noch ausreichend kontrolliert wird.[232] Abgesehen vom unrealistischen Fall des vollkommenen Wettbewerbs, verfügt allerdings jedes Unternehmen über ein gewisses Maß an Marktmacht. Das Konzept der Marktmacht ist seinem Wesen nach gradueller Natur.[233] Für die Zwecke der Fusionskontrolle ist deshalb zu definieren, ab welcher Schwelle der zusammenschlussbedingte Zuwachs an Marktmacht ein Eingreifen **60**

---

[226] BKartA B. v. 30.6.2008, B2–333/07, S. 96 ff. – *Tengelmann/EDEKA;* aA *Langen/Bunte-Bardong,* GWB, § 18 Rdnr. 43.

[227] Vgl. KG WuW/E OLG 3917, 3927 f. – *Coop/Wandmaker;* aA noch BKartA WuW/E BKartA 2060, 2061 f. – *Metro/Kaufhof.*

[228] Vgl. BKartA B. v. 30.6.2008, B2–333/07, S. 96 – *Tengelmann/EDEKA.*

[229] BGH WuW/E Verg 297 – *Tariftreueerklärung II.*

[230] So z.B. BKartA B. v. 16.11.2011, B2–36/11, Rdnr. 121 ff. – *Tönnies/Tummel;* weiter aber: BKartA WuW/E DE-V 187, 190 – *MZO;* vgl. zum Ganzen oben Rdnr. 46.

[231] Im Modell des vollkommenen Wettbewerbs sind Preis und Grenzkosten gleich, weil so lange neue Akteure in den Markt eintreten, bis der Gewinn jedes Unternehmens null beträgt, *Motta,* Competition Policy, S. 115 f.; vgl. auch BKartA, Leitfaden Fusionskontrolle, Rdnr. 5, 8 und insbesondere Fn. 5; Komm., Leitlinien zu horizontalen Zusammenschlüssen, ABl. 2004 C 31/5 (nachfolgend zitiert als „Horizontalleitlinien"), Rdnr. 8.

[232] Vgl. BGH WuW/E BGH 1536, 1533 – *Erdgas Schwaben;* BGH WuW/E DE-R 1206, 1207 – *Strom und Telefon I;* BGH WuW/E DE-R 1925, Rdnr. 19 – *National Geographic II.*

[233] *Motta,* Competition Policy, S. 115 f.; *Ewald,* WuW 2014, 261, 267.

der Kartellbehörden erfordert. § 36 Abs. 1 Satz 1 GWB definiert diese **Interventionsschwelle,** indem er an eine „erhebliche" Wettbewerbsbehinderung bzw. an die Begründung oder Verstärkung von Marktbeherrschung anknüpft.[234]

61 Bei der Prüfung, ob ein Zusammenschluss die Marktmacht von Unternehmen in spürbarer Weise erhöht, ist **zwischen unilateralen und koordinierten Effekten zu unterscheiden.** Unilaterale Effekte erhöhen die individuelle Marktmacht der im Markt tätigen Unternehmen, und zwar ohne dass es hierfür einer Koordinierung ihres Verhaltens bedürfte. Bei koordinierten Effekten geht es demgegenüber um die Wahrscheinlichkeit, dass die Anbieter bzw. Nachfrager ein wettbewerbsschädigendes Parallelverhalten an den Tag legen.[235] Unilaterale Effekte liegen insbesondere – aber nicht ausschließlich – vor, wenn ein Zusammenschluss die marktbeherrschende Stellung eines einzelnen Unternehmens (§ 18 Abs. 1 GWB) begründet oder verstärkt, während koordinierte Effekte auf die marktbeherrschende Stellung von zwei oder mehr Unternehmen (§ 18 Abs. 5 GWB) zielen.

62 Die Prüfung der **unilateralen Effekte** von Zusammenschlüssen gestaltet sich unterschiedlich je nachdem, ob die am Zusammenschluss beteiligten Unternehmen auf demselben relevanten Markt tätig sind (horizontaler Zusammenschluss) oder nicht (vertikale und konglomerate Zusammenschlüsse). Bei horizontalen Zusammenschlüssen treten unilaterale Effekte unmittelbar dadurch ein, dass die Wahl- und Ausweichalternativen der Marktgegenseite verringert werden. Die strukturelle Verbindung beseitigt oder – bei nicht-kontrollierenden Minderheitsbeteiligungen – dämpft den Wettbewerbsdruck zwischen den beteiligten Unternehmen, wodurch sich deren Verhaltensspielräume tendenziell erhöhen. Gleiches gilt für Zusammenschlüsse zwischen potenziellen Wettbewerbern, bei denen ebenfalls unmittelbarer Wettbewerbsdruck von einem der Zusammenschlussbeteiligten genommen wird.[236] Nicht-horizontale Zusammenschlüsse wirken demgegenüber weniger direkt auf den Wettbewerb. Bei ihnen kommt es darauf an, ob die beteiligten Unternehmen infolge des Zusammenschlusses die Möglichkeit und den Anreiz zur Umsetzung einer Strategie (z. B. Abschottungs-, Kopplungs- oder Bündelungsstrategien) haben, die mittelbar ihre Marktmacht erhöht.[237]

63 Auch **koordinierte Effekte** sind weniger direkter Natur. Sie hängen davon ab, ob die Marktstruktur den Anbietern bzw. Nachfragern die Möglichkeit und den Anreiz gibt, ihr Verhalten stillschweigend zu koordinieren. Bei horizontalen Zusammenschlüssen ist die Wahrscheinlichkeit koordinierter Effekte tendenziell höher als bei nicht-horizontalen, weil erstere typischerweise die Anzahl der Wettbewerber verringern und damit erheblich zur Möglichkeit einer stabilen Verhaltenskoordinierung beitragen. Im Übrigen sind die Fragen, die bei horizontalen und nicht-horizontalen Zusammenschlüssen im Zusammenhang mit koordinierten Effekten gestellt werden, jedoch weitgehend gleich.[238]

64 In der Praxis weisen Zusammenschlüsse, insbesondere solche unter Beteiligung von Großunternehmen, vielfach sowohl horizontale und vertikale als auch konglomerate Elemente auf. Unilaterale und koordinierte Effekte können zudem nebeneinander auftreten. In diesen Fällen sind die einschlägigen Prüfungskriterien entsprechend zu **kombinieren.**

65 § 36 Abs. 1 GWB gebietet eine **Gesamtbetrachtung,** bei der alle für das Wettbewerbsverhalten der Unternehmen maßgeblichen Faktoren einzustellen sind. In diesem Rahmen ist neben den etwaigen wettbewerbsbehindernden Wirkungen auch zu berücksichtigen, ob es gegenläufige, den Wettbewerb stärkende Effekte gibt, wie eine gegengewichtige Marktmacht oder Effizienzgewinne.[239] Nur wenn bei Saldierung der positiven und der negativen

---

[234] Dazu unten Rdnr. 68 ff. und 163 ff.
[235] Komm., Horizontalleitlinien, Rdnr. 24 und 39; vgl. auch *Ewald,* WuW 2014, 261, 268 f.
[236] Dazu unten Rdnr. 118 ff.
[237] Dazu unten Rdnr. 124 ff. und 131 ff.
[238] Dazu unten Rdnr. 142 ff.
[239] Dazu unten Rdnr. 167 ff. und 171 ff.

Wettbewerbseffekte letztere überwiegen, liegen die Untersagungsvoraussetzungen des § 36 Abs. 1 Satz 1 GWB vor.[240]

Am 29. März 2012, also nur etwas mehr als ein Jahr vor der Einführung des SIEC-Tests 66
zum 30. Juni 2013, hat das BKartA einen neuen **„Leitfaden zur Marktbeherrschung in der Fusionskontrolle"**[241] veröffentlicht, der die Anwendung des Marktbeherrschungstests aus der kartellamtlichen Sicht beschreibt. Vorausgegangen war eine öffentliche Konsultation mit zahlreichen Stellungnahmen aus Fachkreisen, die zum Teil Eingang in das endgültige Dokument gefunden haben.[242] Der neue Leitfaden ersetzt die früheren „Auslegungsgrundsätze" zur materiellen Fusionskontrolle, die im Jahr 2000 veröffentlicht und 2005 aktualisiert worden waren.[243] Im Vergleich zu den Auslegungsgrundsätzen betont der Leitfaden stärker die Notwendigkeit, im Rahmen einer Gesamtbetrachtung die im Einzelfall für die Bestimmung von Marktbeherrschung relevanten Faktoren auszuwählen und zu gewichten. Der Leitfaden ist nach Fusionstypen (horizontal, vertikal, konglomerat) gegliedert und geht ausführlich auf die ökonomischen Schadenstheorien ein, die den einzelnen Fusionstypen zugrunde liegen. Wenngleich der Leitfaden den SIEC-Test noch nicht berücksichtigt, dient er weiterhin als Orientierungshilfe für die kartellamtliche Praxis. Das BKartA plant allerdings, den Leitfaden zu überarbeiten, sobald eine ausreichende Fallpraxis zum SIEC-Test vorliegt.[244]

Die nachfolgende Darstellung beschränkt sich im Interesse der Übersichtlichkeit zu- 67
nächst auf die Würdigung von Angebotsmärkten. Die Besonderheiten der Nachfragemacht auf Beschaffungsmärkten werden in einem gesonderten Abschnitt besprochen.[245]

2. Wettbewerbsbehinderung durch unilaterale Effekte. *a) Systematik. aa) Begrün-* 68
dung oder Verstärkung einer marktbeherrschenden Stellung. Eine erhebliche Behinderung wirksamen Wettbewerbs liegt gemäß § 36 Abs. 1 Satz 1 GWB insbesondere vor, wenn der zur Überprüfung stehende Zusammenschluss eine marktbeherrschende Stellung begründet[246] oder verstärkt. Mit dem Begriff der Markbeherrschung verweist § 36 Abs. 1 Satz 1 GWB auf die **Regelungen des § 18 GWB.**[247] Das Gesetz erfasst die betroffenen Unternehmen sowohl als Anbieter als auch als Nachfrager einer bestimmten Art von Waren oder gewerblichen Leistungen, wobei sich die Marktbeherrschung auf ein einzelnes Unternehmen (Einzelmarktbeherrschung: § 18 Abs. 1 GWB) oder auf mehrere Unternehmen (gemeinsame Marktbeherrschung: § 18 Abs. 5 GWB)[248] beziehen kann. Die in der Beherrschung zum Ausdruck kommende Marktmacht muss sich im Rahmen der Fusionskontrolle stets auf einen bestimmten (relevanten) Markt beziehen, der zu Beginn der Prüfung unter sachlichen, geografischen und ggf. zeitlichen Gesichtspunkten abzugrenzen ist.[249] Dies ist hinsichtlich der sachlichen und räumlichen Marktabgrenzung in § 18 Abs. 1 GWB ausdrück-

---

[240] BKartA WuW/E DE-V 1113, 1124 – *Railion/RBH; Bechtold,* GWB, § 36 Rdnr. 11; *Langen/Bunte-Kallfaß,* GWB, § 36 Rdnr. 47; ähnlich auch *Immenga/Mestmäcker-Mestmäcker/Veelken,* GWB, 4. Aufl., § 36 Rdnr. 327.

[241] Abrufbar auf der Internetseite des BKartA (www.bundeskartellamt.de), hier zitiert als „Leitfaden Fusionskontrolle".

[242] BKartA TB 2011/2012, S. 19f. Der Entwurf, der Grundlage für die Konsultation war, und die Stellungnahmen sind auf der Internetseite des BKartA (www.bundeskartellamt.de) abrufbar; vgl. auch BKartA, Presse-Mitt. v. 21.7.2011: „Neuer Leitfaden zur Marktbeherrschung in der Fusionskontrolle".

[243] Erstmals veröffentlichte das Amt Auslegungsgrundsätze für die materielle Fusionskontrolle im Jahr 1990, damals noch in der Form einer „Checkliste".

[244] BKartA TB 2011/2012, S. 20.

[245] Dazu unten Rdnr. 177ff.

[246] Bedeutungsgleich mit dem bis zur 6. GWB-Novelle geltenden Tatbestandsmerkmal „Entstehen"; vgl. Begr. RegE zur 6. GWB-Novelle, BT-Drucks. 13/9720, S. 42.

[247] Dass die Marktbeherrschungsdefinition nicht nur für die Missbrauchsaufsicht, sondern auch für die Fusionskontrolle gilt, wie es der Wortlaut des § 22 Abs. 1 GWB idF vor der 6. GWB-Novelle noch ausdrücklich vermerkte, ist selbstverständlich und bedarf keiner Erwähnung mehr.

[248] Zur Marktbeherrschung durch mehrere Unternehmen unten Rdnr. 142ff.

[249] Dazu oben Rdnr. 10ff.

lich klargestellt. Die wichtigsten Kriterien, anhand deren Marktbeherrschung festgestellt werden kann, werden in § 18 Abs. 3 GWB aufgezählt.[250] § 18 Abs. 4 und Abs. 6 GWB enthalten Vermutungen[251] für die Feststellung von Marktbeherrschung, die gleichermaßen für die Missbrauchsaufsicht wie für die Fusionskontrolle gelten.

69 *(1) Voraussetzungen der Einzelmarktbeherrschung.* § 18 Abs. 1 GWB definiert, unter welchen Voraussetzungen ein einzelnes Unternehmen als marktbeherrschend anzusehen sind. Die Vorschrift nennt hierfür **drei Varianten:** Entweder das Unternehmen ist als Anbieter oder Nachfrager einer bestimmten Art von Waren oder gewerblichen Leistungen auf dem sachlich und räumlich relevanten Markt *ohne Wettbewerber* (Nr. 1) oder es ist *keinem wesentlichen Wettbewerb* ausgesetzt (Nr. 2) oder es hat eine im Verhältnis zu seinen Wettbewerbern *überragende Marktstellung* (Nr. 3). Für die Feststellung der überragenden Marktstellung ist gemäß § 18 Abs. 3 GWB eine Reihe von Umständen heranzuziehen (Marktanteil, Finanzkraft, Zugang zu Beschaffungs- oder Absatzmärkten, Verflechtungen mit anderen Unternehmen, Marktzutrittsschranken, tatsächlicher oder potenzieller Wettbewerb, Umstellungsflexibilität von Angebot und Nachfrage, Ausweichmöglichkeiten der Marktgegenseite). Die Variante der überragenden Marktstellung wurde mit der 2. GWB-Novelle von 1973 in das Gesetz eingefügt.[252] Dies führte zu einem Streit darüber, in welchem Verhältnis die heutige Nr. 3 zu Nr. 1 und Nr. 2 steht, ob sie insbesondere eine niedrigere Eingriffsschwelle bedeutet oder lediglich den Begriff des „wesentlichen Wettbewerbs" in Nr. 2 konkretisiert.[253] Der BGH hat bereits früh entschieden, dass die Tatbestände in dem Sinne alternativ nebeneinander stehen, dass der Nachweis wesentlichen Wettbewerbs i. S. d. Nr. 2 das Vorliegen einer überragenden Markstellung i. S. d. Nr. 3 nicht ausschließt.[254] Das Kriterium der überragenden Marktstellung erweitert also den Marktbeherrschungstest.[255] Allerdings ist das Vorliegen aktuellen Wettbewerbs, wie das Gesetz seit der 6. GWB-Novelle ausdrücklich klarstellt (§ 18 Abs. 3 Nr. 6 GWB), bei der Bewertung der Marktstellung nach Nr. 3 zu berücksichtigen.[256]

70 In der Praxis hat die Unterscheidung zwischen Nr. 2 und Nr. 3 des § 18 Abs. 1 GWB an Bedeutung verloren. Beide Varianten dienen im Rahmen der Fusionskontrolle dem Schutz der Funktionsfähigkeit des Wettbewerbs vor ernstlichen Gefährdungslagen.[257] Zu prüfen ist in jedem Fall, ob das Unternehmen über **„vom Wettbewerb nicht hinreichend kontrollierte Verhaltensspielräume",**[258] d. h. über Marktmacht verfügt. Dabei liegt die Eingriffsschwelle nach der Konzeption des § 18 Abs. 1 GWB jedenfalls deutlich unterhalb des Monopols.[259] Diese Analyse erfordert grundsätzlich eine **Gesamtbewertung** aller relevanten Wettbewerbsbedingungen, einschließlich des aktuellen Wettbewerbsgeschehens und der übrigen in § 18 Abs. 3 GWB aufgezählten Merkmale, wobei allerdings traditionell strukturellen Merkmalen gegenüber rein verhaltensbezogenen Umständen ein Vorrang eingeräumt wird.[260]

71 Welche Bedeutung die einzelnen Merkmale haben, ist nur im Einzelfall feststellbar. Von herausragender Bedeutung ist aber meist der Marktanteil, schon weil die **Marktbeherr-**

[250] Dazu unten Rdnr. 90 ff.

[251] Dazu unten Rdnr. 71 ff. und 146 ff.

[252] Zuvor galt ein Unternehmen als marktbeherrschend, soweit „ohne Wettbewerber ist oder keinem wesentlichen Wettbewerb ausgesetzt ist" (§ 22 Abs. 1 GWB aF).

[253] Zu den Meinungen siehe *Immenga/Mestmäcker-Möschel,* GWB, 4. Aufl., § 19 Rdnr. 44.

[254] BGH WuW/E BGH 1435, 1439 – *Vitamin-B-12;* BGH WuW/E BGH 1445, 1449 – *Valium.*

[255] *Immenga/Mestmäcker-Möschel,* GWB, 4. Aufl., § 19 Rdnr. 44; *Langen/Bunte-Bardong,* GWB, § 18 Rdnr. 64 ff.

[256] So zur früheren Rechtslage auch schon BGH WuW/E BGH 1749, 1754 f. – *Klöckner/Becorit.*

[257] BGH WuW/E BGH 1749, 1755 – *Klöckner/Becorit;* BKartA, Leitfaden Fusionskontrolle, Rdnr. 10.

[258] Vgl. BGH WuW/E BGH 1536, 1533 – *Erdgas Schwaben;* BGH WuW/E DE-R 1206, 1207 – *Strom und Telefon I;* BGH WuW/E DE-R 1925, Rdnr. 19 – *National Geographic II.*

[259] BKartA, Leitfaden Fusionskontrolle, Rdnr. 10; *Langen/Bunte-Bardong,* GWB, § 18 Rdnr. 63.

[260] Vgl. BGH WuW/E BGH 1749, 1754 f. – *Klöckner/Becorit;* zu den einzelnen Merkmalen unten Rdnr. 90 ff.

schungsvermutung in § 18 Abs. 4 GWB an ihn anknüpft. Nach dieser Vorschrift wird vermutet, dass ein einzelnes Unternehmen marktbeherrschend ist, wenn es einen Marktanteil von mindestens 40% hat.[261] Diese Vermutung gilt gleichermaßen für die Fusionskontrolle wie für die Missbrauchsaufsicht; sie ist **widerlegbar** durch den Nachweis, dass das Unternehmen wesentlichem Wettbewerb ausgesetzt ist und keine überragende Marktstellung hat, auch wenn dies im Gesetz – im Gegensatz zur Regelung in § 18 Abs. 7 GWB für die Vermutungen der Oligopolmarktbeherrschung – nicht ausdrücklich vermerkt ist. Das Erreichen der Vermutungsschwelle ist mithin kein hinreichendes Kriterium, um Marktbeherrschung anzunehmen.[262] Insbesondere schließt die Regelung nicht das im kartellbehördlichen Verwaltungsverfahren geltende Amtsermittlungsprinzip aus. Das BKartA ist danach zur umfassenden Ermittlung der wettbewerblichen Verhältnisse und aller für oder gegen das Vorliegen von Marktbeherrschung sprechenden Umstände verpflichtet. Die gesetzliche Vermutung greift erst ein, wenn sich eine marktbeherrschende Stellung des betroffenen Unternehmens weder ausschließen noch bejahen lässt, es also trotz aller Ermittlungen zu einem *non liquet* kommt.[263] Dazu muss das BKartA nachweisen, dass die Marktanteilsschwelle bereits erreicht ist oder dass objektive Anhaltspunkte dafür vorliegen, die ein Überschreiten alsbald erwarten lassen.[264] Gelingt dieser Nachweis, so trifft das betroffene Unternehmen in dem Sinne die materielle Beweislast, dass es, wenn ihm der Gegenbeweis nicht gelingt, als Marktbeherrscher gilt.[265]

Die Einzelmarktbeherrschungsvermutung des § 18 Abs. 4 GWB wurde mit der 2. GWB-Novelle in das Gesetz eingeführt, mit der 6. GWB-Novelle verschlankt[266] und mit der 8. GWB-Novelle in ihre heutige Form gebracht. Es ist dazu die Erwartung geäußert worden, dass sich die Bedeutung der Vermutungsregeln mit der Einführung des SIEC-Tests weiter relativieren werde.[267] Trotz der Anhebung von ehemals einem Drittel auf heute 40% liegt die Schwelle jedoch immer noch deutlich unter der nach der Rechtsprechung im europäischen Recht geltenden Schwelle von 50%.[268] Zu rechtfertigen ist dies allenfalls mit einer **verfahrenstechnischen Funktion.** Insbesondere im Hinblick auf die Einleitung des Hauptprüfverfahrens (§ 40 Abs. 1 GWB) erleichtert die Vermutungsschwelle eine Fokussierung der Ermittlungen auf diejenigen Fälle, die einer vertieften Prüfung bedürfen. Dabei wird für die anmeldenden Unternehmen ein Anreiz gesetzt, dem BKartA alle entscheidungserheblichen Tatsachen vorzulegen, was eine gründliche und richtige Sachentscheidung innerhalb der kurzen Fristen der Fusionskontrolle befördert. Das BKartA zieht insoweit einen Vergleich mit den Informationsanforderungen bei der Anmeldung eines Zusammenschlusses in der europäischen Fusionskontrolle.[269] Auch sieht das Amt eine wesentliche Funktion der Vermutungen darin, dass die gerichtliche Überprüfung praktikabel bleibe, was im europäischen Recht seine Entsprechung darin finde, dass der Kommission ein Einschätzungsspielraum für komplexe wirtschaftliche Sachverhalte zuerkannt 72

261 Zur Berechnung des Marktanteils unten Rdnr. 93ff.

262 KG WuW/E OLG 2539, 2541 und BGH WuW/E BGH 1949, 1951 – *Braun/Almo.*

263 BGH WuW/E BGH 1749, 1754 – *Klöckner/Becorit; Thomas,* WuW 2002, 470, 472f.

264 OLG Düsseldorf WuW/E DE-R 1159, 1161 – *BASF/NEPG.*

265 *Bechtold,* GWB, § 18 Rdnr. 69.

266 Die Vorläuferregelung des § 22 Abs. 3 Satz 1 Nr. 1 GWB aF hatte zusätzlich eine Umsatzschwelle; danach galt die Vermutung nicht, „wenn das Unternehmen im letzten abgeschlossenen Geschäftsjahr Umsatzerlöse von weniger als 250 Millionen Deutscher Mark hatte". Bis zur 6. GWB-Novelle enthielt das Gesetz zudem in § 23a Abs. 1 GWB aF spezielle Marktbeherrschungsvermutungen für die Fusionskontrolle, die wegen praktischer Bedeutungslosigkeit gestrichen wurden, vgl. Begr. RegE zur 6. GWB-Novelle, BT-Drucks. 13/9720, S. 56.

267 *Weitbrecht/Willems,* ZWeR 2013, 365, 378.

268 Vgl. EuGH U. v. 3.7.1991, Rs. C-62/86, Slg. 1991 I-3359, Rdnr. 60 – *AKZO;* Komm., Horizontalleitlinien, Rdnr. 17.

269 Vgl. Definition der betroffenen Märkte in Abschnitt 6.3 des Formblatts CO zur Anmeldung eines Zusammenschlusses bei der Komm. (Marktanteilsschwellen von 20% und 30% für horizontale bzw. nicht-horizontal betroffene Märkte).

sei.[270] Wenngleich die Vermutungen in der Praxis zumeist widerlegt werden,[271] stellen sie für das BKartA auch eine gewisse materielle Richtgröße dar, von deren Einfluss es sich trotz der Erforderlichkeit einer umfassenden Würdigung des gesamten Sachverhalts nicht immer gänzlich frei macht.[272]

73 Nicht abschließend geklärt ist das **Verhältnis der Vermutung in § 18 Abs. 4 GWB zu denen in § 18 Abs. 6 GWB.**[273] Rechnerisch ist es möglich, dass neben der Vermutung für die Einzelmarktbeherrschung auch eine oder beide Vermutungen für ein wettbewerbsloses Oligopol erfüllt sind, obwohl die verschiedenen Varianten tatsächlich nicht nebeneinander existieren können. Teilweise ist deshalb angenommen worden, dass sich die parallel erfüllten Vermutungen gegenseitig aufhöben,[274] dass ihr Anwendungsbereich nach dem Schwerpunkt des Sachverhalts voneinander abzugrenzen sei[275] oder dass die Vermutungen allenfalls zu Lasten desjenigen Unternehmens gehen könnten, für das beide Vermutungen übereinstimmend erfüllt seien.[276] Das BKartA geht inzwischen davon aus, dass es keinen gesetzlichen Vorrang der einen vor der anderen Vermutungsregelung gibt.[277] Die Vermutungen könnten (im Sinne einer Wahlfeststellung) alternativ für zwei verschiedene Sachverhalte Anwendung finden, die nach den Ermittlungen beide, zwar nicht gleichzeitig, aber alternativ, möglich sind. Voraussetzung hierfür sei, dass das BKartA seine Verpflichtung zur Amtsermittlung erfüllt habe und sich auf Grundlage dieser Ermittlungen keine der beiden Alternativen ausschließen lasse.[278] Tatsächlich dürfte sich diese Problematik nur in den seltensten Fällen stellen, weil es unwahrscheinlich ist, dass die Einzelmarkt- und die Oligopolmarktbeherrschung nach Ausschöpfung aller behördlichen Ermittlungsmöglichkeiten gleichermaßen möglich bleiben.

74 Bei der Befassung mit dem Markt für den Erstabsatz von Strom hat das BKartA die These vertreten, dass in einem Markt auch **mehrere Unternehmen eine einzelmarktbeherrschende Stellung** einnehmen könnten. Nachdem das Amt zuvor davon ausgegangen war, dass der relevante Markt durch ein Oligopol der zwei bis vier größten Anbieter beherrscht wird, hat es in der Sektoruntersuchung „Stromerzeugung und -großhandel" durch eine Pivotanalyse herausgearbeitet, dass die betreffenden Anbieter aufgrund der beschränkten Gesamtkapazitäten für die Stromerzeugung jeweils zu bestimmten Uhrzeiten unverzichtbar („pivotal") sind, um die Gesamtnachfrage nach Strom zu bedienen. Daraus folge ein Maß an Marktmacht, das jedem dieser Anbieter zu individueller Marktbeherrschung verhelfe.[279] Die Vorstellung parallel bestehender einzelmarktbeherrschender Stellungen passt jedoch nicht zu § 18 Abs. 1 GWB, weil das einzelne Unternehmen, auch soweit es mit einem Teil seines Angebots für die Marktgegenseite unverzichtbar sein mag, keine „im Verhältnis zu seinen Wettbewerbern" überragende Marktstellung einnimmt. Die vom BKartA zur Stützung seiner These herangezogene Rechtsprechung betrifft zudem Produkte, die keine Substitute sind, sondern Komplementäre, weshalb sich die dort festge-

---

[270] BKartA, Stellungnahmen zum Referentenentwurf zur 8. GWB-Novelle vom 30.11.2011, S. 3f., und vom 22.6.2012, S. 3f; ebenso *Langen/Bunte-Bardong,* GWB, § 18 Rdnr. 203ff.; *Bardong,* in: Das deutsche Kartellrecht nach der 8. GWB-Novelle, S. 60ff.

[271] Dazu *Wiedemann,* § 23 Rdnr. 40.

[272] Vgl. z.B. die umfassende Bezugnahme auf die Vermutungen in BKartA B. v. 23.2.2005, B10–122/04, *Remondis/RWE Umwelt;* BKartA B. v. 6.4.2006, B10–151/05, *Sulo/Cleanaway.*

[273] Siehe zu § 18 Abs. 6 GWB unten Rdnr. 146ff.

[274] KG WuW/E OLG 2234, 2235 – *Tonolli/Blei- und Silberhütte Braubach.*

[275] BKartA WuW/E DE-V 427, 428 – *3M/ESPE.*

[276] *Bechtold,* GWB, § 18 Rdnr. 71.

[277] BKartA B. v. 25.4.2014, B6–98/13, Rdnr. 172 – *Funke/Programmzeitschriften von Axel Springer;* vgl. auch bereits KG WuW/E OLG 3759, 3765f. – *Pillsbury/Sonnen-Bassermann.*

[278] BKartA, Leitfaden Fusionskontrolle, Rdnr. 26; ebenso *Langen/Bunte-Bardong,* GWB, § 18 Rdnr. 236f.

[279] BKartA, Sektoruntersuchung Stromerzeugung und -großhandel, Abschlussbericht Januar 2011, S. 96ff.; BKartA B. v. 8.12.2011, B8–94/11, Rdnr. 52ff. – *RWE/Stadtwerke Unna.* Kritisch dazu *Stadler,* Fs. Canenbley, S. 441ff.; *Wiedemann,* § 23 Rdnr. 29.

stellten beherrschenden Stellungen unterschiedlichen sachlich relevanten Märkten zuordnen lassen.[280] Seit der Einführung des SIEC-Tests in § 36 Abs. 1 Satz 1 GWB lässt sich ein etwaiger Zuwachs an Marktmacht bei Anbietern, die nicht individuell marktbeherrschend sind, aber ggf. als erhebliche Behinderung wirksamen Wettbewerbs erfassen.[281]

(2) Begründung oder Verstärkung. **Begründet** werden kann eine marktbeherrschende Stellung durch einen Zusammenschluss nur dann, wenn eine solche Stellung vorher bei keinem Unternehmen bestand. Es kommt darauf an, ob sich das Ausmaß der Marktmacht eines Unternehmens derart erhöht, dass sein Verhaltensspielraum künftig erstmals als nicht mehr hinreichend durch den Wettbewerb kontrolliert einzustufen ist.[282] Es liegt dann immer eine *erhebliche* Behinderung wirksamen Wettbewerbs vor.[283] Die reine Übertragung einer marktbeherrschenden Stellung vom Zielunternehmen auf den (bisher in dem relevanten Markt noch nicht tätigen) Erwerber erfüllt dieses Kriterium nicht; es kommt allenfalls die Alternative der Verstärkung in Betracht.[284] Wann die Erwartung der Begründung von Marktbeherrschung im Sinne des § 36 Abs. 1 GWB erfüllt ist, richtet sich für die unilateralen Effekte nach § 18 Abs. 1 GWB, wobei auch die Vermutung des § 18 Abs. 4 GWB zur Anwendung kommt. Werden durch den Zusammenschluss die Voraussetzungen der Vermutung erstmals erfüllt, umfasst die Vermutungswirkung implizit das Tatbestandsmerkmal ihrer Begründung.[285] 75

Verstärkt werden kann eine marktbeherrschende Stellung durch einen Zusammenschluss nur, wenn sie vor dem Zusammenschluss schon bestand.[286] Dies ist der Fall, wenn sich die bereits als unzureichend angesehene Wettbewerbsintensität auf dem relevanten Markt weiter verringert, d. h. dass die bereits vorhandenen wettbewerblich nicht mehr hinreichend kontrollierten Verhaltensspielräume eines Unternehmens bzw. einer Unternehmensgruppe weiter verringert werden.[287] Nach der vom BGH verwendeten Definition liegt eine Verstärkung vor, wenn der Zusammenschluss dem marktbeherrschenden Unternehmen eine „günstigere Wettbewerbssituation" verschafft.[288] Das Erfassen auch der Verstärkung von Marktbeherrschung durch Zusammenschluss zielt darauf ab, schon beherrschte Märkte nicht ihrem Schicksal zu überlassen. Restwettbewerb wird geschützt durch die Wahrung der Chancen für ein Wiederaufleben funktionsfähigen Wettbewerbs. Weitere Verkrustungen der Wettbewerbslandschaft und ihre Perpetuierung sollen verhindert, weitere Schwächungen der Restwettbewerbskräfte am beherrschten Markt vermieden werden.[289] Daher kann selbst ein Monopol noch gemäß § 36 Abs. 1 Satz 1 GWB verstärkt werden, wenn es gegen das Wiederaufleben von Wettbewerb abgesichert wird. 76

Fraglich ist allerdings, welche qualitativen oder quantitativen Anforderungen an die Verschlechterung der Wettbewerbsbedingungen zu stellen sind, damit von der Verstärkung einer marktbeherrschenden Stellung gesprochen werden kann. Bei dieser Feststellung hilft die auf das bloße Bestehen von Marktbeherrschung abzielende Vermutung des § 18 Abs. 4 77

---

[280] Vgl. BGH WuW/E DE-R 2708, Rdnr. 32 – *Reisestellenkarte* (Anbieter von Kreditkarten für gewerbliche Kunden muss die Umsatzsteuer möglichst für Leistungen der Bahn *und* für Flugreisen der *Lufthansa* ausweisen können); EuGH U. v. 6.4.1995, Rs. T-69/89, Slg. 1995 I-808, Rdnr. 47 – *RTE und ITP/Kommission („Magill")* (Anbieter eines Fernsehprogrammführers benötigt Informationen aller wichtigen Fernsehsender).

[281] Vgl. unten Rdnr. 82 ff.

[282] BKartA, Leitfaden Fusionskontrolle, Rdnr. 13.

[283] Zur „Spürbarkeit" der Begründung einer marktbeherrschenden Stellung unten Rdnr. 80.

[284] Vgl. BKartA E. v. 20.3.2015, B5–21/15 (Fallbericht) – *Krauss-Maffei Wegmann/Diehl Defence Land Systems* (Erwerb des einzigen deutschen Panzerkettenhersteller für militärische Fahrzeuge).

[285] *Kleinmann/Bechtold,* Fusionskontrolle, § 22 Rdnr. 230.

[286] BGH WuW/E DE-R 3067 ff., Rdnr. 15 – *Springer/ProSieben II.*

[287] BKartA, Leitfaden Fusionskontrolle, Rdnr. 13.

[288] BGH WuW/E DE-R 3695, Rdnr. 17 – *Haller Tagblatt.*

[289] Vgl. Begr. RegE zur 2. Novelle, BT-Drucks. VI/2520, S. 28 f., BGH WuW/E BGH 1854, 1859 – *Zeitungsmarkt München;* BGH WuW/E 1501, 1506 ff. – *Kfz-Kupplungen;* BKartA WuW/E BKartA 1853, 1857 – *Braun/Almo.*

GWB nicht weiter. Der BGH ging zum früheren Recht in ständiger Rechtsprechung davon aus, dass die mit dem Zusammenschluss verbundene Vergrößerung des Verhaltensspielraums – im Gegensatz zu den für § 1 GWB entwickelten Grundsätzen – keinen bestimmten Grad an **„Spürbarkeit“** aufweisen muss, um eine Untersagung zu rechtfertigen.[290] Die traditionelle Begründung hierfür ist, dass die Eingriffsschwelle durch die Verbindung der unternehmensbezogenen Aufgreifschwellen mit der Marktbeherrschung von vornherein in einen Bereich gelegt sei, in dem die wesentliche Veränderung auch nur eines Marktstrukturfaktors (§ 18 Abs. 3 GWB) zugunsten des Marktbeherrschers die Funktionsfähigkeit des Wettbewerbs ernstlich gefährde.[291] In jüngeren Entscheidungen ist diese Begründung durch das sog. „Sliding-Scale-Prinzip“[292] modifiziert worden. Danach ist der zusammenschlussbedingte Zuwachs an Marktmacht in Relation zum Grad der in dem relevanten Markt schon vorhandenen Marktbeherrschung zu beurteilen. Je stärker der Wettbewerb schon beschränkt ist, desto schutzwürdiger ist der verbleibende Rest- oder potenzielle Wettbewerb und desto geringer sind die Anforderungen an die Verstärkungswirkungen des Zusammenschlusses.[293] Darüber hinaus wird von Seiten des BKartA die Notwendigkeit gesehen, den Restwettbewerb vor einer „Salamitaktik“ des Marktbeherrschers zu schützen, der andernfalls mehrere Akquisitionen vornehmen könnte, die jede für sich genommen nur vergleichsweise geringe, in der Summe aber nachhaltig negative Marktwirkungen haben.[294] Die Konsequenz dieses Ansatzes ist, dass bei einem Markt mit einem hohen Konzentrationsgrad schon eine geringfügige Beeinträchtigung des verbliebenen aktuellen oder potenziellen Wettbewerbs zur Begründung einer Untersagung genügt. Insbesondere können geringe Marktanteilszuwächse[295] ebenso ausreichen wie die Gefahr, dass potenzielle Wettbewerber entmutigt und so von einem nachstoßenden Wettbewerb abgehalten werden.[296]

78 Die Frage nach den Anforderungen an die Verstärkungswirkungen eines Zusammenschlusses stellt sich seit Einführung des SIEC-Tests in § 36 Abs. 1 GWB neu. Die Position von BKartA und OLG Düsseldorf ist, dass die Begründung oder Verstärkung einer marktbeherrschenden Stellung stets eine erhebliche Behinderung wirksamen Wettbewerbs darstelle und dass die bisherige Rechtsprechung zu der Frage, wann eine marktbeherrschende Stellung durch einen Zusammenschluss verstärkt werde, unverändert weitergelte.[297] Dem ist nicht zuzustimmen. Der Umstand, dass der Grundtatbestand der erheblichen Wettbewerbsbehinderung den Marktbeherrschungstest einschließt, bedeutet im Umkehrschluss, dass der Marktbeherrschungstest nicht erfüllt sein kann, wenn eine erhebliche Wettbewerbsbehinderung nicht vorliegt. Der Zusammenschluss muss mit anderen Worten „erhebliche“ Wirkungen auf die Wettbewerbsbedingungen haben, was eine entsprechende **Erheblichkeitsschwelle für die Verstärkung** der marktbeherrschenden Stellung nach

---

290 BGH WuW/E BGH 1501, 1512 – *Kfz-Kupplungen;* BGH WuW/E BGH 1655, 1659 – *Zementmahlanlage II;* BGH WuW/E BGH 1685, 1691 f. – *Springer/Elbe Wochenblatt.*

291 BGH WuW/E BGH 1501, 1512 – *Kfz-Kupplungen.*

292 BKartA, Marktbeherrschungs- und SIEC-Test, Hintergrundpapier vom 24.9.2009, S. 6; Monopolkommission, 63. Sondergutachten (2012), Rdnr. 27; *Esser/Höft,* NZKart 2013, 447, 453.

293 BGH WuW/E BGH 1854, 1860 – *Zeitungsmarkt München;* BGH WuW/E DE-R 1419, 1424 – *Deutsche Post/trans-o-flex;* BGH WuW/E DE-R 1681, Rdnr. 49 – *DB Regio/Üstra;* Monopolkommission, 2. Hauptgutachten 1976/1977, Rdnr. 418; BKartA TB 2013/2014, S. 36.

294 Vgl. BKartA, Leitfaden Fusionskontrolle, Rdnr. 16.

295 BGH WuW/E BGH 1685, 1692 – *Springer/Elbe Wochenblatt* (Zuwachs von 1,3%); KG WuW/E OLG 4537, 4545 – *Linde/Lansing* (Zuwachs von weniger als 0,5%); vgl. aber auch BGH WuW/E BGH 2731, 2736 f. – *Inlandstochter* (Zweifel, ob Marktanteilszuwachs von knapp 1% genügt).

296 BGH WuW/E DE-R 24, 31 – *Stromversorgung Aggertal;* BGH WuW/E DE-R 1681, Rdnr. 49 – *DB Regio/Üstra;* BGH WuW/E DE-R 2451, Rdnr. 61 – *E.ON/Stadtwerke Eschwege.*

297 OLG Düsseldorf WuW/E DE-R 4050, Rdnr. 140 f. – *Liberty Global/Kabel BW;* BKartA B. v. 25.4.2014, B6–98/13, Rdnr. 176 – *Funke/Axel Springer-Programmzeitschriften;* BKartA TB 2013/2014, S. 35. Der BGH hat zu dieser Frage noch nicht Stellung genommen, vgl. BGH WuW/E DE-R 4475, 4476 – *Erhebliche Behinderung wirksamen Wettbewerbs;* vgl. ferner oben Rdnr. 5 ff.

sich zieht.[298] Dieser Befund wird durch einen Vergleich mit der europäischen Praxis zum SIEC-Test bestätigt, wo die Kommission den Marktbeherrschungstest wie selbstverständlich mit einer Spürbarkeits- bzw. Erheblichkeitsschwelle verbindet. Nach ihrer Entscheidungspraxis sind unerhebliche („de minimis") Marktanteilserhöhungen selbst dann unberücksichtigt zu lassen, wenn eine der Zusammenschlussparteien bereits sehr hohe Marktanteile hält und damit ggf. eine marktbeherrschende Stellung einnimmt.[299] Das Erheblichkeitskriterium darf allerdings nicht so verstanden werden, dass Marktanteilsadditionen unterhalb einer bestimmten Schwelle (z. B. 5%) immer der Kontrolle entzogen wären. Vielmehr kann, entsprechend dem „Sliding Scale-Prinzip", die zusammenschlussbedingte Wettbewerbsbehinderung im Lichte des noch verbleibenden Restwettbewerbs bewertet werden, so dass auch geringe – in anderem Kontext als unerheblich einzustufende – Verschlechterungen der Wettbewerbsverhältnisse eine Untersagung rechtfertigen können. Der mit einer Untersagung verbundene erhebliche Eingriff in die unternehmerische Freiheit und der grundgesetzlich verbürgte Grundsatz der Verhältnismäßigkeit verbieten es jedoch, eine Verstärkungswirkung noch dann anzunehmen, wenn diese nicht wenigstens eine gewisse praktische Relevanz für die Beeinflussung der Marktverhältnisse aufweist.[300]

Tatsächlich ist zu beobachten, dass das BKartA und die Gerichte in der jüngeren Vergangenheit (bereits vor Einführung des SIEC-Tests durch die 8. GWB-Novelle) graduell die **Anforderungen an die Verstärkungswirkung** erhöht haben. Bei Zusammenschlüssen mit aktuellen Wettbewerbern sind geringe Marktanteilszuwächse auch bei Vorliegen eines hohen Konzentrationsgrads im Markt als nicht ausreichend für eine Untersagung angesehen worden,[301] insbesondere wenn der verbleibende Restwettbewerb erheblich ist.[301a] Hinsichtlich der Behinderung potenziellen Wettbewerbs hat der BGH zuletzt in der Entscheidung *Haller Tagblatt* klargestellt, dass die Gefahr der Entmutigung potenzieller Wettbewerber nur relevant ist, wenn der Entmutigungseffekt aufgrund konkreter Anhaltspunkte mit einiger Wahrscheinlichkeit zu erwarten ist.[302] Die Bedeutung dieser Entscheidung liegt weniger in ihren Leitsätzen als in der konkreten Anwendung des Prüfungsmaßstabs. Der früheren Praxis entsprach es, allein aus einem bloßen Finanzkraftzuwachs[303] oder einer zusammenschlussbedingten Erweiterung der Handlungsmöglichkeiten eines Marktbeherrschers[304] einen Abschreckungs- und Entmutigungseffekt für potenzielle Wettbewerber herzuleiten. Nunmehr prüft der BGH im Einzelnen, ob aufgrund konkreter Anhaltspunkte mit einiger Wahrscheinlichkeit zu erwarten ist, dass der Zusammenschluss potenziellen Wettbewerb einschränkt oder die künftige Entstehung potenziellen Wettbewerbs verhin- 79

---

[298] So im Ergebnis auch *Bechtold,* GWB, § 36 Rdnr. 23; *Kühnen,* WuW 2012, 458, 464; *Esser/Höft,* NZKart 2013, 447, 453; *Weitbrecht/Willems,* ZWeR 2013, 365, 377 f.; *Barke/Stransky,* WRP 2014, 674, 675 f.; *Körber,* WuW 2014, 250, 254 f.; *Schroeder,* Fs. Roth, S. 583, 599 ff.

[299] So z. B. Komm. E. v. 26.6.1998, IV/M.1168, Rdnr. 25 – *DHL/Deutsche Post;* Komm. E. v. 14.2.2002, COMP/M.2662, Rdnr. 45 – *Danish Crown/Steff Houlberg;* Komm v. 9.8.2004, COMP/M.3439, Rdnr. 115 – *Agfa-Gaevert/Lastra.* Aus den veröffentlichten Entscheidungen ist die genaue Höhe der Marktanteilsadditionen nicht ersichtlich, weil zum Schutz von Geschäftsgeheimnissen nur Bandbreiten („< 5%") angegeben sind.

[300] Vgl. BGH WuW/E DE-R 3695, Rdnr. 18 – *Haller Tagblatt.*

[301] OLG Düsseldorf WuW/E DE-R 1112, 1116 – *Melitta/Airflo* (Zuwachs von 0,4%; insoweit nicht beanstandet von BGH WuW/E DE-R 1355 – *Staubsaugerbeutelmarkt*); BKartA WuW/E DE-V 1113, 1123 – *Railion/RBH* (Zuwachs von unter 0,5%); BKartA WuW/E DE-V 1584, 1590 – *Shell/HPV* (Marktanteilszuwächse zwischen 0,4% und 0,7%). Vgl. auch BKartA WuW/E DE-V 201, 203 – *Gießwalzdraht* (Zuwachs von 3,7% zugunsten eines möglicherweise marktbeherrschenden Duopols).

[301a] BKartA B. v. 12.11.2014, B5–138/13, Rdnr. 186 ff. – *Tokyo Electron/Applied Materials* (Zuwachs von unter 5% zu einem – sinkenden – Marktanteil von 45–50%).

[302] BGH WuW/E DE-R 3695, Rdnr. 17 f.

[303] Vgl. BGH WuW/E BGH 1501, 1508 ff. – *Kfz-Kupplungen;* BGH WuW/E BGH 1954, 1958 – *Springer/az Anzeigenblatt;* BGH WuW/E BGH 2150, 2157 – *Edelstahlbestecke.*

[304] Vgl. BGH WuW/E DE-R 668, 673 – *Werra Rundschau;* BGH WuW/E DE-R 1925, Rdnr. 26 – *National Geographic II;* BKartA B. v. 31.5.2005, B6–106/04, S. 27 f. – *Volksfreund/TW Wochenspiegel* (insoweit nicht abgedruckt in WuW/E DE-V 1072).

dert, einschließlich etwaiger Anreize für oder Schranken gegen das Aufkommen solchen Wettbewerbs.[305]

80 Die Frage nach der Erheblichkeit stellt sich hingegen nicht, wenn eine **marktbeherrschende Stellung begründet** wird. Die Begründung von Marktbeherrschung ist immer erheblich, weil es hierdurch erstmals zu einer substanziellen Schwächung des Wettbewerbs kommt.[306] Das Erheblichkeitskriterium verlangt auch nicht, dass sich die strukturellen Auswirkungen des Zusammenschlusses auf gesamtwirtschaftlich bedeutsame Märkte beziehen müssten. Die Bagatellmarktklausel des § 36 Abs. 1 Satz 2 Nr. 2 GWB macht deutlich, dass sämtliche der über die dort genannte Schwelle (Marktvolumen von 15 Mio. Euro p. a.) hinausgehenden Märkte in gleicher Weise gesamtwirtschaftlich bedeutend und vor weiterer Vermachtung zu schützen sind.

81 Ob Begründen oder Verstärken zueinander in einem aliud-Verhältnis, einem Stufenverhältnis oder im Verhältnis der Gleichwertigkeit stehen, ist für die Praxis unerheblich.[307] Es dürfte sogar zulässig sein, eine genaue begriffliche Differenzierung im Einzelfall offenzulassen, wenn nur eine durch den Zusammenschluss verursachte marktbeherrschende Stellung konstatiert werden kann.[308] Eine Festlegung ist aber dort unverzichtbar, wo mit den Vermutungen des § 18 Abs. 4 und Abs. 6 GWB gearbeitet wird, weil diese nur für den Nachweis der Begründung (oder des Bestehens) eingesetzt werden dürfen, nicht aber für den Nachweis der Verstärkung einer marktbeherrschenden Stellung.

82 *bb) Sonstige erhebliche Behinderung wirksamen Wettbewerbs.* Auch wenn von einem Zusammenschluss nicht zu erwarten ist, dass er eine marktbeherrschende Stellung begründet oder verstärkt, können von ihm unilaterale Effekte ausgehen, die zu einer erheblichen Behinderung wirksamen Wettbewerbs im Sinne von § 36 Abs. 1 Satz 1 GWB führen. Ebenso wie beim Marktbeherrschungstest geht es beim SIEC-Test um eine zusammenschlussbedingte Ausweitung von wettbewerblichen Verhaltensspielräumen, d. h. um die Erhöhung von Marktmacht.[309] Allerdings liegt beim SIEC-Test die **Interventionsschwelle tendenziell niedriger** als beim Marktbeherrschungstest. Marktbeherrschung liegt nämlich erst vor, wenn die Marktmacht eines Unternehmens derart hoch ist, dass es an *wesentlichem Wettbewerb fehlt* oder eine im Verhältnis zu den Wettbewerbern *überragende Marktstellung* besteht (§ 18 Abs. 1 GWB). Nach dem Wortlaut von § 36 Abs. 1 Satz 1 GWB genügt demgegenüber bereits eine *erhebliche Behinderung wirksamen Wettbewerbs,* was jedenfalls im Vergleich zur Einzelmarktbeherrschung ein „Weniger" ist.[310]

83 Fraglich ist damit, welche Intensität der zusammenschlussbedingte Zuwachs an Marktmacht aufweisen muss, um die Erheblichkeitsschwelle des SIEC-Tests zu erreichen.[311] Bei der Auslegung des europäischen Rechts spricht die Kommission von „erhöhter" Marktmacht und nennt die Marktbeherrschung als wichtigen Anhalt dafür, welches Maß an Wettbewerbsschädigung bei der Ermittlung der Frage anzuwenden ist, ob ein Zusammenschluss geeignet ist, wirtsamen Wettbewerb spürbar zu behindern.[312] Sicher ist jedenfalls, dass nicht jede Verringerung der Wettbewerbsintensität und der daraus folgende Marktmachtzuwachs ausreichen kann, um die Erheblichkeit der Behinderung zu bejahen. Es

305 BGH WuW/E DE-R 3695, Rdnr. 22 ff. – *Haller Tagblatt;* ähnlich bereits BKartA B. v. 30.4.2002, B8–152/01, S. 8 – *Schleswag/Stadtwerke Husum* (geringe Wahrscheinlichkeit eines potenziellen Wettbewerb begründenden Verhaltens); vgl. demgegenüber OLG Düsseldorf WuW/E DE-R 4050, Rdnr. 120 ff. – *Liberty Global/Kabel BW* (Wegfall eines künftigen potenziellen Wettbewerbers).

306 Vgl. *Körber,* WuW 2014, 250, 254.

307 Vgl. zu den Meinungen die Nachweise in der Vorauflage § 20 Rdnr. 116.

308 Vgl. z. B. BKartA B. v. 22.11.2012, B3–64/12, Rdnr. 44 – *Lenzing/Kelheim.*

309 Dazu oben Rdnr. 60.

310 Ebenso BKartA TB 2013/2014, S. 35; *Weitbrecht/Willems,* ZWeR 2013, 365, 374; *Ewald,* WuW 2014, 261, 268; aA wohl *Bechtold,* GWB, § 36 Rdnr. 34 f.

311 Dies ist nicht identisch mit der Frage, ob die Verstärkung einer marktbeherrschenden Stellung „erheblich" ist (dazu oben Rdnr. 77 f.), weil es hier nicht um Märkte geht, bei denen der Wettbewerb bereits durch das Vorliegen einer marktbeherrschenden Stellung geschwächt ist.

312 Komm., Horizontalleitlinien, Rdnr. 8 und 4.

muss sich vielmehr um einen Eingriff in den Wettbewerb handeln, der hinsichtlich seiner schädigenden Wirkungen für den Wettbewerb insgesamt – also losgelöst von der Stellung der einzelnen Unternehmen – mit der Begründung einer marktbeherrschenden Stellung vergleichbar ist.[313] Die Entstehungsgeschichte des SIEC-Tests[314] und ein Vergleich mit der FKVO[315] zeigen, dass es ausschließlich um die Erfassung der nicht-koordinierten Auswirkungen eines Zusammenschlusses in **oligopolistischen Märkten** gehen soll.

Als Standardbeispiel für eine solche Konstellation (**„gap case"** oder **„Lückenfall"**) gilt der US-amerikanische „Babynahrungsfall".[316] Er betraf den geplanten Zusammenschluss von *Heinz* und *Beech-Nut,* den zweit- und drittgrößten Anbietern von Babynahrung in den USA. Obwohl ihr addierter Marktanteil von 33% deutlich kleiner war als der 65%-Anteil des Marktführers *Gerber,* wurde der Vollzug des Zusammenschlusses unterbunden. Die Begründung hierfür war, dass in den amerikanischen Supermarktregalen nur Platz für zwei Anbieter war, wovon einer regelmäßig *Gerber* war. Zwischen *Heinz* und *Beech-Nut* bestand deshalb ein besonders intensiver Wettbewerb um den zweiten Platz, der mit dem Zusammenschluss zum Erliegen gekommen wäre. Es lässt sich zwar darüber streiten, ob dieser Fall vor der Einführung des SIEC-Tests in Deutschland tatsächlich in eine „Lücke" gefallen wäre, weil die einzelmarktbeherrschende Stellung von Gerber durch den Zusammenschluss seiner Konkurrenten vermutlich verstärkt worden wäre.[317] Allerdings kann der SIEC-Test besser als der Marktbeherrschungstest den Verlust wesentlichen Wettbewerbs gerade zwischen den nicht-marktbeherrschenden Unternehmen erfassen. 84

Als erster echter SIEC-Fall im europäischen Recht wird meist die Entscheidung *T-Mobile Austria/tele.ring*[318] genannt. Hierbei ging es um einen Zusammenschluss auf dem österreichischen Markt für Mobiltelefonie. Die fusionierte Einheit hätte hier einen Marktanteil von 30 bis 40% erreicht und wäre damit kleiner als der Marktführer *Mobilkom* (35 bis 45%) geblieben. Zwei weitere Anbieter mit deutlich geringeren Marktanteilen bildeten nach Ansicht der Kommission kein geeignetes Gegengewicht zu den Hauptakteuren, weshalb *Mobilkom* und *T-Mobile/tele.ring* nach dem Zusammenschluss voraussichtlich ein erheblicher Preiserhöhungsspielraum zugewachsen wäre. Die Kommission sah die Gefahr für den Wettbewerb vor allen Dingen darin begründet, dass mit *tele.ring* ein besonders preisaggressiver Anbieter („Maverick") eliminiert worden wäre. Der Fall wurde letztlich unter weitreichenden Zusagen freigegeben. Auch an der Qualifizierung dieser Entscheidung als „Lückenfall" sind Zweifel angemeldet worden, weil nicht auszuschließen war, dass die Voraussetzungen für ein wettbewerbsloses Duopol erfüllt waren.[319] Ein jüngeres Beispiel für einen europäischen SIEC-Fall ist die Untersagungsentscheidung *UPS/TNT Express,* die das Angebot von europaweiten Expresszustellungen von Kleinpaketen durch sog. Integratoren (Anbieter mit eigener Logistik, inkl. Lufttransport) betraf.[320] Die Zusammenschlussparteien *UPS* und *TNT* wären an den Marktführer *DHL* herangerückt, ohne ihn zu überholen. Von dem einzigen weiteren Integrator, *FedEx,* ging nach den Ermittlungen aufgrund 85

---

313 Ähnlich *Lettl,* WRP 2012, 274, 279f. („schwerwiegender Eingriff in den Wettbewerb" erforderlich).

314 Vgl. Begr. RegE zur 8. GWB-Novelle, BT-Drucks. 17/9852, S. 28; zur Historie des SIEC-Tests oben Rdnr. 2f.

315 Vgl. Erwägungsgrund 25 der FKVO.

316 *FTC v. H.J. Heinz Co.,* 246 F3d 708 (D.C. Cir. 2001).

317 Vgl. *Ewald,* WuW 2014, 261, 269; *Kühnen,* WuW 2012, 458, 459f.; *Langen/Bunte-Kallfaß,* GWB, § 36 Rdnr. 15. Eine Untersagung des Zusammenschlusses nach § 36 Abs. 1 GWB aF hätte allerdings bedingt, die Verstärkung der Marktbeherrschung bei einem nicht-fusionsbeteiligten Unternehmen zu berücksichtigen, was nach altem Recht umstritten war, dazu unten Rdnr. 200.

318 Komm. E. v. 26.4.2006, COMP/M.3916. Ein Lückenfall aus der Zeit vor dem SIEC-Test war womöglich Komm. E. v. 22.9.1999, IV/M.1524 – *Airtours/First Choice.* Der Zusammenschluss verengte den Markt auf drei annähernd gleichstarke Anbieter; kollektive Marktbeherrschung war nach EuG U. v. 6.6.2002, Rs. T-342/99, Slg. 2002 II-2585 nicht nachweisbar.

319 Vgl. *Holzwarth,* ZWeR 2007, 338, 347.

320 Komm. E. v. 30.1.2013, COMP/M.6570 (Zusammenfassung in ABl. 2014 C 137/8).

struktureller Defizite nur schwacher Wettbewerbsdruck aus. Durch den Zusammenschluss hätte sich die Zahl der Wettbewerber somit von vier auf drei oder – bei Außerachtlassen von *FedEx* – von drei auf zwei reduziert, was nach den Berechnungen der Kommission spürbare Preiserhöhungen nach sich gezogen hätte.[321] Die Kommission betonte in ihrer Entscheidung die hohe Differenzierung des betroffenen Marktes. Der Fall hätte deswegen vermutlich nicht mit dem Marktbeherrschungstest adäquat erfasst werden können, weil eine gemeinsame Marktbeherrschung bei stark differenzierten Produkten unwahrscheinlich ist und der Marktanteilsvorsprung von *DHL* gegenüber *UPS/TNT* zu gering für eine einzelmarktbeherrschende Stellung war.[322]

86 Die vorgenannten Beispiele machen deutlich, welche Fälle der SIEC-Test zusätzlich zum Marktbeherrschungstest erfassen soll: Zusammenschlüsse zwischen nicht-marktbeherrschenden Wettbewerbern in engen Oligopolen (insbesondere die **Verringerung der Zahl der Wettbewerber von vier auf drei oder von drei auf zwei**). Eine einzelmarktbeherrschende Stellung (§ 18 Abs. 1 GWB) liegt dann nicht vor, wenn keiner der Oligopolisten im Vergleich zu seinen Wettbewerbern eine überragende Marktstellung hat. An einer kollektiven Marktbeherrschung (§ 18 Abs. 5 GWB) fehlt es, wenn keine Anreize für ein stabiles Parallelverhalten bestehen, insbesondere wenn die Produkte heterogen und der Markt intransparent ist. Zu bewerten ist in diesen Konstellationen, ob der Zusammenschluss dennoch zu einer Verringerung der Wettbewerbsintensität führt, die es den Oligopolisten (nicht nur den Zusammenschlussbeteiligten) erlaubt, ihre Preise erheblich zu erhöhen oder die übrigen Wettbewerbsparameter in entsprechender Weise anzupassen. Die individuelle Marktmacht, die in diesen Fällen ausschlaggebend ist, folgt typischerweise aus einer hohen Produktdifferenzierung.[322a] Sie kann sich aber auch aus anderen Umständen ergeben, z. B. aus besonders hohen Marktzutrittsschranken, die zur Folge haben, dass mehrere Anbieter mit ihren Kapazitäten zur Deckung der Nachfrage unverzichtbar sind.[323]

87 Zweifelhaft ist, ob es außerhalb dieser Oligopolsachverhalte noch **weitere Konstellationen** gibt, in denen der SIEC-Test eine eigenständige Rolle spielt. Dies ist z. B. für sog. „Portfolio- oder Markterweiterungsfälle" angenommen worden.[324] Dabei geht es um konglomerate Zusammenschlüsse, bei denen die fusionierte Einheit durch Kopplungs- oder Bündelungsmaßnahmen die Wettbewerbssituation auf benachbarten Märkten substanziell verschlechtert, ohne dass es zur Begründung oder Verstärkung einer marktbeherrschenden Stellung kommt.[325] Ob derartige Fälle praktisch relevant werden, bleibt abzuwarten. Meist hängt der Erfolg von Kopplungs- oder Bündelungsmaßnahmen davon ab, dass die beteiligten Unternehmen wenigstens auf einem relevanten Markt über ein Maß von Marktmacht verfügen, das der Marktbeherrschung entspricht.[326] In Bezug auf die koordinierten Effekte führt der SIEC-Test jedenfalls zu keiner Ausweitung des Untersagungsbereichs, weil der Marktbeherrschungstest zusammenschlussbedingte Marktmachteffekte auf der Grundlage einer oligopolistischen Reaktionsverbundenheit umfassend erfasst.[327]

88 Für die europäische Fusionskontrolle ist nach zehnjähriger Anwendung des SIEC-Tests konstatiert worden, dass sich die Kommission in ihrer Verwaltungspraxis auf die Prüfung unilateraler Effekte konzentriert und „wesentlich seltener" untersucht, ob ein Zusammen-

---

321 Die Komm. hatte Preiserhöhungen zwischen 5 bis 20% errechnet, denen berücksichtigungsfähige Effizienzgewinne von bis zu 10% gegenüberstanden, ABl. 2014 C 137/8, Rdnr. 30, 34 und 38 ff.

322 Weitere Beispiele sind Komm. E. v. 12 12. 2012, COMP/M.6497 – *Hutchison 3G Austria/Orange Austria;* Komm. E. v. 28.5.2014, COMP/M.6992 – *Hutchison 3G UK/Telefonica Ireland* und Komm. E. v. 2.7.2014, M.7018 – *Telefonica Deutschland/E-Plus.*

322a BKartA TB 2013/2014, S. 36.

323 Vgl. zum Markt für den Erstabsatz von Strom oben Rdnr. 74.

324 *Säcker,* WuW 2010, 370, 373.

325 *Säcker,* aaO.

326 Dazu unten Rdnr. 131 ff.

327 *Ewald,* WuW 2014, 261, 269.

schluss zu koordinierten Effekten führt.[328] Ein Grund hierfür mag sein, dass es im europäischen Recht schwieriger ist, die Begründung oder Verstärkung der kollektiven Marktbeherrschung[329] nachzuweisen als die erhebliche Wettbewerbsbehinderung in der Form unilateraler Effekte. Für das deutsche Recht steht eine solche Entwicklung nicht notwendigerweise zu erwarten, weil hier die Vermutungen des § 18 Abs. 6 GWB den Nachweis einer Oligopolmarktbeherrschung erleichtern.[330]

Eine praktische Folge der Einführung des SIEC-Tests ist schließlich, dass das BKartA im Falle der Untersagung nur feststellen muss, dass das Regelbeispiel der Marktbeherrschung verwirklicht wird, während es im Falle der Freigabe beide Tests prüft.[331] Ausreichend wäre für eine Freigabe allerdings bereits die Feststellung, dass eine *erhebliche Wettbewerbsbehinderung* nicht zu erwarten ist. 89

b) Einzelfragen. aa) Horizontale Zusammenschlüsse. Horizontale Zusammenschlüsse führen, wie vorstehend dargestellt, zu unilateralen Effekten, weil durch die strukturelle Verbindung zwischen den Zusammenschlussbeteiligten der Wettbewerbsdruck zwischen ihnen wegfällt oder zumindest gedämpft wird. Dabei sind zwei Effekte zu unterscheiden: Zunächst steigt tendenziell für das zusammengeschlossene Unternehmen der Anreiz zu Preiserhöhungen[332] (sog. „Erstrundeneffekte"). Denn Preiserhöhungen des einen Beteiligten, die vor dem Zusammenschluss mit signifikanten Kundenverlusten verbunden gewesen wären, können sich nach dem Zusammenschluss als profitabel erweisen, weil der andere Beteiligte einen mehr oder minder großen Teil der abwandernden Kunden auffängt. Die Minderung des Wettbewerbsdrucks kommt darüber hinaus auch den Wettbewerbern der Zusammenschlussbeteiligten zugute. Da sich infolge der Preiserhöhung ein Teil der Nachfrage von der neuen Einheit auf die Wettbewerber verlagert, haben diese ebenfalls einen Anreiz zu einer Preiserhöhung („Zweitrundeneffekte").[333] Damit ist freilich noch nichts darüber gesagt, ob die unilateralen Effekte auch erheblich sind und ob sie ggf. durch gegenläufige Effekte (Effizienzen)[334] neutralisiert oder sogar übertroffen werden. Für die wettbewerbliche Analyse ist es notwendig, eine **Gesamtbewertung** anzustellen, bei der alle relevanten Marktstrukturfaktoren und Wettbewerbsbedingungen berücksichtigt werden.[335] Den Einstieg in die Prüfung bildet regelmäßig die Ermittlung der Marktanteile und des Konzentrationsgrads, die einen Anhaltspunkt für die Marktstruktur und die wettbewerbliche Bedeutung der Zusammenschlussbeteiligten und ihrer Wettbewerber geben.[336] Darüber hinaus können diverse weitere Faktoren innerhalb und außerhalb des relevanten Marktes für den Wettbewerb maßgeblich sein. Eine (nicht abschließende) Aufzählung findet sich in § 18 Abs. 3 GWB, auch wenn diese Vorschrift unmittelbar nur für die Feststellung von Marktbeherrschung gilt.[337] Diese 90

---

328 *Studienvereinigung Kartellrecht,* Stellungnahme zum Weißbuch „Eine wirksamere EU-Fusionskontrolle", 3.10.2014, Rdnr. 6f., abrufbar auf der Internetseite der Kommission (ec.europa.eu/competition) ebenso *Wessely,* Fs. Roth, S. 693, 695ff.

329 Vgl. dazu unten Rdnr. 143ff. und *Wagemann* in § 16 Rdnr. 100ff.

330 Dazu unten Rdnr. 146ff.

331 BKartA TB 2013/2014, S. 36; *Weitbrecht/Willems,* ZWeR 2013, 365, 376 (mit Beispielen aus der Kommissionspraxis); vgl. auch BKartA B. v. 10.3.2014, B5–134/13, Rdnr. 101ff. – *Cordes & Graefe/bäderwelt.*

332 Die Einschränkung des Wettbewerbs kann sich auch in anderen Wettbewerbsparametern niederschlagen, z.B. als Verringerung von Qualität oder Menge, Einschränkung der Vielfalt des Angebots, Zurückgehen der Innovationen oder dadurch, dass bei den einzelnen Parametern eine Verbesserung, die ohne den Zusammenschluss zu erwarten gewesen wäre, nicht oder weniger deutlich eintritt. Der Begriff der Preiserhöhungen dient hier und im Folgenden als Kurzform für die verschiedenen Arten der Wettbewerbsbehinderung.

333 BKartA TB 2013/2014, S. 36; Komm., Horizontalleitlinien, Rdnr. 24; *Johnsen,* WuW 2013, 1177, 1179f.

334 Dazu unten Rdnr. 171ff.

335 BGH WuW/E BGH 3037, 3041 – *Raiffeisen;* BKartA, Leitfaden Fusionskontrolle, Rdnr. 23.

336 § 18 Abs. 3 Nr. 1 GWB; relevant ist hierfür auch § 18 Abs. 3 Nr. 4 GWB, dazu unten Rdnr. 91ff.

337 Vgl. den Katalog an Faktoren in Art. 2 Abs. 1 FKVO; vgl. auch Komm., Horizontalleitlinien, Rdnr. 26ff.; vgl. auch BKartA B. v. 10.3.2014, B5–134/13, Rdnr. 139 – *Cordes & Graefe/bäderwelt.*

Faktoren lassen sich danach systematisieren, ob sie die Verhaltensspielräume der Zusammenschlussbeteiligten nachfragerseitig (Ausweichmöglichkeiten der Marktgegenseite)[338] oder anbieterseitig (Reaktionsmöglichkeiten der Wettbewerber)[339] einschränken. Disziplinierende Wirkungen können auch entsprechende Faktoren außerhalb des relevanten Marktes haben (anbieterseitig: potenzieller Wettbewerb,[340] nachfragerseitig: Randsubstitution).[341]

91 *(1) Marktanteile und Konzentrationsgrad.* Der Marktanteil der Zusammenschlussbeteiligten ist **traditionell das wichtigste Kriterium** zu Beurteilung der wettbewerblichen Wirkungen eines Zusammenschlusses, auch wenn dessen Bedeutung über die Jahre abgenommen hat. Bei Einführung der Fusionskontrolle durch die 2. GWB-Novelle zum 7. Juni 1973 wurde dem Marktanteil schon durch den Wortlaut des Gesetzes („hierbei sind außer seinem Marktanteil“) eine herausragende Stellung innerhalb des Marktbeherrschungstests zugewiesen.[342] Diese sprachliche Hervorhebung wurde im Zuge der 5. GWB-Novelle (1990) beseitigt. Heute nennt § 18 Abs. 3 Nr. 1 GWB den Marktanteil gleichberechtigt neben den anderen dort genannten Wettbewerbsfaktoren, obschon an erster Stelle. Parallel dazu hat sich die Aussagekraft des Marktanteils in der behördlichen und gerichtlichen Praxis über die Jahre relativiert. Bei Einführung der Fusionskontrolle ging man noch davon aus, dass bereits bei – aus heutiger Sicht – vergleichsweise geringen Marktanteilen eine hohe Wahrscheinlichkeit für eine marktbeherrschende Stellung besteht.[343] So stützten BKartA und Kammergericht noch Mitte der 1980er Jahre die Untersagung des Zusammenschlusses *REWE/Florimex* auf einen Marktanteil von unter 12% im Hinblick auf dessen relative Höhe im Vergleich zu den stark zersplitterten Wettbewerbern (die beiden bedeutendsten Wettbewerber erreichten jeweils weniger als 5%).[344] Diese Entscheidung darf indes als überholt gelten. Das BKartA hält heute die Annahme von Marktbeherrschung bei Marktanteilen von unter einem Drittel für eher unwahrscheinlich.[345] Dazu passt, dass die Marktanteilsschwelle, ab der vermutet wird, dass ein Unternehmen marktbeherrschend ist, mit der 8. GWB-Novelle von einem Drittel auf 40% heraufgesetzt wurde (§ 18 Abs. 4 GWB). Eine einzelmarktbeherrschende Stellung bei Marktanteilen unter 40% kommt wohl nur noch in Betracht, wenn das betreffende Unternehmen durch Verflechtungen mit Wettbewerbern einen deutlich größeren Teil des Angebots beeinflussen kann, als es sein Marktanteil anzeigt.[346]

92 Gleichwohl besitzt der Marktanteil nach wie vor eine **besonders wichtige Bedeutung** für die wettbewerbliche Würdigung eines Zusammenschlusses. Der Marktanteil bildet ein geeignetes Indiz für die Marktmacht, weil er im Regelfall in besonders signifikanter Weise

---

[338] § 18 Abs. 3 Nr. 8 GWB, dazu unten Rdnr. 103ff.

[339] Relevant sind hierfür § 18 Abs. 3 Nr. 2, 3 und 7 GWB, dazu unten Rdnr. 107ff.

[340] Relevant sind hierfür § 18 Abs. 3 Nr. 5 und 6 GWB, dazu unten Rdnr. 118ff.

[341] § 18 Abs. 3 Nr. 8 GWB, dazu unten Rdnr. 123.

[342] § 22 Abs. 1 GWB idF der 2. GWB-Novelle lautete „Ein Unternehmen ist marktbeherrschend im Sinne dieses Gesetzes, soweit es … eine im Verhältnis zu seinen Wettbewerbern überragende Marktstellung hat; hierbei sind außer seinem Marktanteil insbesondere seine Finanzkraft, sein Zugang zu den Beschaffungs- oder Absatzmärkten, Verflechtungen mit anderen Unternehmen sowie rechtliche oder tatsächliche Schranken für den Marktzutritt anderer Unternehmen zu berücksichtigen“.

[343] Vgl. BKartA WuW/E BKartA 1475, 1480 – *Haindl/Holtzmann.*

[344] KG WuW/E OLG 2862, 2863f. – *Rewe/Florimex*. Vgl. auch BGH WuW/E BGH 2150, 2155 – *Edelstahlbestecke* (Marktanteil um 30%); KG WuW/E OLG 3591, 3599 – *Coop Schleswig-Holstein/Deutscher Supermarkt* (Marktanteil von 29,11%); BKartA WuW/E BKartA 1897 und WuW/E OLG 3577, 3589 – *Hussel/Mara* (Marktanteil von 19%); BKartA B. v. 19.9.2001, B9–15/01, Rdnr. 17 – *Lutz/Möbel Engelhardt* (Marktanteil von weniger als 33,33%).

[345] BKartA, Leitfaden Fusionskontrolle, Fn. 41 bei Rdnr. 33; in diese Richtung auch schon KG WuW/E OLG 4657, 4663 und BGH WuW/E BGH 2771, 2774 – *Kaufhof/Saturn* (Marktanteil von 20,69% trotz eines Abstands von über 15 Prozentpunkten zu den nachfolgenden Wettbewerbern zu gering für Marktbeherrschung).

[346] Vgl. BKartA B. v. 12.3.2012, B1–30/11, Rdnr. 515ff. – *Xella/H+H* (Marktbeherrschung bei Marktanteil von 22,5%); BKartA, Fallbericht zur Rücknahme der Anmeldung am 17.11.2014, B2–64/14 – *BayWa/RaiWa Lobsing* (Marktanteile von 25–35%).

Gradmesser des Markterfolgs des betroffenen Unternehmens ist.[347] Die Berechnung und Bewertung des Marktanteils bildet deshalb regelmäßig den Einstieg in die wettbewerbliche Würdigung eines Zusammenschlussvorhabens.[348] Auch die Marktbeherrschungsvermutungen des § 18 Abs. 4 und Abs. 6 GWB knüpfen an den Marktanteil an.[349]

Der **Marktanteil errechnet sich** aus dem Verhältnis des Umsatzes des betroffenen Unternehmens zum Gesamtumsatz aller Anbieter auf dem jeweils sachlich, räumlich und ggf. zeitlich relevanten Markt.[350] Dabei kann auf die erzielten Umsatzerlöse (in Euro) oder die abgesetzten Mengen (entsprechend den Branchengepflogenheiten in Stück, Metern, Litern, Fläche, Kilowattstunden usw.)[351] abgestellt werden. Bei homogenen Produkten sind wert- und mengenbezogene Marktanteile gleichwertig. Ansonsten werden üblicherweise wertbezogene Marktanteile als ein besserer Indikator für die Marktstellung der Unternehmen gesehen, weil sie den Preis- und Qualitätsunterschieden automatisch Rechnung tragen.[352] Wertbezogene Marktanteile werden allerdings der wettbewerblichen Bedeutung von Anbietern nicht gerecht, die mit besonders preisgünstigen Produkten auf den Markt drängen.[353] Ähnliches gilt, wenn (ausnahmsweise) unternehmensinterne Absätze zu berücksichtigen sind, für die keine Marktpreise gezahlt werden. In diesen Fällen können mengenbasierte Marktanteile ein besseres Abbild der Marktstruktur liefern. In Einzelfällen können auch die verfügbaren Kapazitäten zur Marktanteilsberechnung herangezogen werden.[354] Dies ist insbesondere dann sachgerecht, wenn homogene Produkte in Rede stehen und die wettbewerbliche Bedeutung der Anbieter maßgeblich davon geprägt wird, dass sie auf Preissteigerungen kurzfristig mit einer Erweiterung ihrer Produktion reagieren können.[355] Dabei ist freilich zu beachten, dass kapazitätsbezogene Marktanteile weniger den Markterfolg der Unternehmen abbilden als ihre Fähigkeit zur Ausweitung der Angebotsmenge. In der Praxis entscheidet sich die Frage nach der Berechnungsgrundlage meist ohnehin nach der Verfügbarkeit der Daten. 93

Der **relevante Zeitraum** für die Marktanteilsberechnung ist im Normalfall das letzte abgeschlossene Kalenderjahr.[356] Für diesen Zeitraum liegt in aller Regel ausreichendes Zah- 94

---

[347] Vgl. BGH WuW/E BGH 2575, 2580 – *Kampffmeyer/Plange;* BGH WuW/E BGH 1749, 1755 – *Klöckner/Becorit;* BGH WuW/E DE-R 1681, Rdnr. 43 – *DB Regio/üstra.*

[348] BKartA, Leitfaden Fusionskontrolle, Rdnr. 25.

[349] Dazu oben Rdnr. 71 ff. und unten Rdnr. 146 ff. Im Rahmen der 6. GWB-Novelle sind die früheren speziellen Marktbeherrschungsvermutungen für die Fusionskontrolle ersatzlos gestrichen worden, die nach Ansicht des Gesetzgebers in der Praxis keine wesentliche Bedeutung erlangt hatten. Abgeschafft sind seither die Eindringensvermutung des § 23a Abs. 1 Nr. 1 lit. a GWB aF, nach der speziell die Kontrolle über das Vordringen von Großunternehmen in mittelständisch geprägte Märkte erleichtert werden sollte, die Verstärkungsvermutung des § 23a Abs. 1 Nr. 1 lit. b GWB aF, nach der speziell die Kontrolle einer Verbindung zwischen ressourcenstarken Großunternehmen und kleineren Unternehmen erleichtert werden sollte, und die Vermutung für Großfusionen gemäß § 23a Abs. 1 Nr. 2 GWB a. F.

[350] Zum relevanten Markt oben Rdnr. 10 ff.

[351] Vgl. z. B. OLG Düsseldorf WuW/E DE-R 1361, 1364 f. – *Tagesspiegel/Berliner Zeitung II* (Lesermärkte für Zeitungen: Berechnung nach verkaufter Auflage); BKartA B. v. 24.5.2002, B10–248/01, Rdnr. 96 ff. – *RWE Umwelt/GAB Pinneberg* (Erfassung von Siedlungsabfällen: Berechnung nach versorgten Einwohnern).

[352] BGH WuW/E BGH 2150, 2154 – *Edelstahlbestecke;* KG WuW/E OLG 4537, 4542 – *Linde/Lansing;* BKartA, Leitfaden Fusionskontrolle, Rdnr. 28.

[353] U. S. Horizontal Merger Guidelines, S. 17.

[354] BKartA, BKartA, Leitfaden Fusionskontrolle, Rdnr. 29 (sinnvoll „in bestimmten Fällen"). Ähnliche Indikatoren sind die Anzahl der Teilnehmer auf Ausschreibungsmärkten, Flotteneinheiten in der Luftfahrt oder der Umfang der Reserven im Bergbau, vgl. Komm., Bekanntmachung rel. Markt, Rdnr. 54.

[355] Vgl. U. S. Horizontal Merger Guidelines, S. 17; ein Beispiel hierfür ist die Stromversorgung, vgl. z. B. BKartA WuW/E DE-V 511, 522 – *E.ON/Ruhrgas.*

[356] Vgl. Formular des BKartA zur Anmeldung eines Zusammenschlusses, Erläuterung Nr. 20 (abrufbar unter: www.bundeskartellamt.de), wo allerdings zu Unrecht auf das letzte abgeschlossene Geschäftsjahr abgestellt wird, das nicht für alle Marktteilnehmer identisch sein muss.

lenmaterial vor und er ist zugleich ausreichend kurz, um eine aussagekräftiges Bild über die aktuelle Marktstruktur zu zeichnen, und ausreichend lang, damit einzelne Lieferungen oder saisonale Schwankungen kein übermäßiges Gewicht bekommen. Wenn allerdings die betreffenden Waren oder Dienstleistungen nur von wenigen Abnehmern und in geringen Stückzahlen nachgefragt werden (z. B. bei langlebigen Investitionsgütern oder bei mehrjährigen Dienstleistungsaufträgen), so dass bereits der Wechsel eines einzelnen Anbieters zu signifikanten Marktanteilsverschiebungen führt, kann es geboten sein, die Marktanteile über einen längeren Zeitraum zu berechnen.[357]

95 Aus § 36 Abs. 2 GWB folgt, dass bei der Ermittlung des Marktanteils die Umsätze aller verbundenen Unternehmen einzubeziehen sind. Etwaige Innenumsätze sind dabei gemäß § 38 Abs. 1 GWB zu eliminieren, weshalb bei vertikal integrierten Unternehmen im Grundsatz die **Eigenproduktion** („captive use") bzw. gruppeninterne Verkäufe nicht zu berücksichtigen sind.[358] Von der Eigenproduktion kann allerdings ein relevanter Wettbewerbsdruck auf den freien Markt ausgehen, insbesondere wenn Überkapazitäten bestehen, weil die betreffenden Unternehmen es dann bei einem Preisanstieg als vorteilhaft ansehen können, die Eigenproduktion zugunsten externer Verkäufe (oder zur Minimierung externer Käufe) auszuweiten. In einem solchen Fall ist es angezeigt, die betreffenden Mengen, zumindest für eine Vergleichsbetrachtung, dem Marktvolumen zuzurechnen.[359] Der Marktanteil ist umgekehrt nicht deshalb zu reduzieren, weil das Unternehmen einen Dritten (Subunternehmer) mit der vollständigen oder teilweise Erbringung der am Markt angebotenen Leistung beauftragt. Allgemein ist es für die Bewertung der Marktleistung eines Unternehmens zweitrangig, welche Wertschöpfungstiefe seine Produkte aufweisen. Die Leistung des Subunternehmers ist deshalb einem separaten Markt zuzuordnen.[360]

96 Wenn die Voraussetzungen der Verbundklausel nicht erfüllt sind, darf eine Zurechnung von Umsätzen und Ressourcen grundsätzlich nicht erfolgen, auch wenn gewisse schuldvertragliche Beziehungen (z. B. Franchisenehmer oder Kooperationspartner)[361] oder gesellschaftsrechtliche Verflechtungen unterhalb der Beherrschungsschwelle (z. B. Genossenschaft)[362] existieren. Dies gilt insbesondere für die Anwendung der Vermutungsregeln (§ 18 Abs. 4 und Abs. 6 GWB). Außerhalb des Anwendungsbereichs der Verbundklausel können rechtliche, wirtschaftliche oder personelle Beziehungen zwischen den Marktteilnehmern – und die von ihnen möglicherweise ausgehende Schwächung des Wettbewerbs – allerdings im Rahmen der gebotenen Gesamtbetrachtung als **„Verflechtungen"** (§ 18 Abs. 3 Nr. 4 GWB) gewürdigt werden.[363] Dies kann bis zu einer vollständigen Zusammenrechnung der wettbewerblichen Potenziale führen, wenn die betreffenden Unternehmen aufgrund eines engen Beziehungsgeflechts „wie ein Unternehmen", d. h. als „wettbewerbliche Einheit" am Markt auftreten.[364] Ähnlich ist das Ergebnis, wenn das BKartA davon ausgeht, dass es für die verflochtenen Wettbewerber wirtschaftlich zweckmäßig und kaufmännisch vernünf-

---

[357] BKartA, Leitfaden Fusionskontrolle, Rdnr. 29 und 34; OLG Düsseldorf B. v. 7.5.2008, VI-Kart 13/07 (V), S. 23 der Ausfertigung – *Cargotec/CVS Ferrari* (drei Jahre); BKartA WuW/E DE-V 331, 333 – *Flowserve/Ingersoll-Dresser* (drei Jahre); vgl. auch Komm. E. v. 3.7.2001, ABl. 2004 L 48/1, Rdnr. 75 – *General Electric/Honeywell* (fünf und zehn Jahre).

[358] BGH WuW/E BGH 1501, 1503 – *Kfz-Kupplungen.*

[359] Vgl. KG WuW/E OLG 2633, 2638 – *Bituminöses Mischgut;* KG WuW/E OLG 2655, 2661 – *Transportbetonagentur Sauerland;* BKartA B. v. 11.5.2000, B3–10/00, Rdnr. 61 f. – *CarboTech/Fosroc;* BKartA B. v. 29.9.2006, B1–169/05, Rdnr. 55 f. – *FIMAG/Züblin;* anders OLG Düsseldorf WuW/E DE-R 2462, 2469 – *A-TEC/Norddeutsche Affinerie.*

[360] Vgl. BKartA B. v. 19.6.2002, B9–142/01, S. 4 ff. – *Elba Omnibusreisen;* BKartA WuW/E DE-V 989, 993 – *Offenbacher Verkehrsbetriebe.*

[361] BKartA WuW/E DE-V 805, Rdnr. 12 – *TUI/RT.*

[362] BGH WuW/E BGH 3037, 3039 – *Raiffeisen;* BKartA B. v. 25.8.2005, B9–27/05, S. 10 f. – *EDEKA/SPAR.*

[363] BGH WuW/E BGH 3037, 3040 f. – *Raiffeisen.*

[364] BKartA WuW/E DE-V 1607, 1610 ff. – *EDEKA/Tengelmann* (strategische Führung der genossenschaftlich eingebundenen Einzelhändler durch die Zentrale).

tig ist, durch Abstimmung ihrer Geschäftspolitik oder durch bewusste Zurückhaltung die Intensität des Wettbewerbs untereinander zu verringern.[365] Verflechtungen zwischen Wettbewerbern können darüber hinaus eine gemeinsame marktbeherrschende Stellung begünstigen.[366]

97 Ob die Umsätze und Ressourcen eines **Gemeinschaftsunternehmens** den Müttern zuzurechnen sind, entscheidet sich nach den vorgenannten Grundsätzen. Entgegen der Ansicht des BKartA[367] kann nicht bereits aus der Zusammenschlussfiktion des § 37 Abs. 1 Nr. 3 Satz 3 GWB geschlossen werden, dass das Gemeinschaftsunternehmen und alle Gesellschafter mit einem Anteil von 25% oder mehr auch für die Zwecke der wettbewerblichen Würdigung im Tätigkeitsbereich des Gemeinschaftsunternehmens als wettbewerbliche Einheit gelten. Durch die Zusammenschlussfiktion des § 37 Abs. 1 Nr. 3 Satz 3 GWB soll die fusionskontrollrechtliche Prüfung auf die Wettbewerbsbeziehungen der Muttergesellschaften des Gemeinschaftsunternehmen untereinander erstreckt werden, da in diesem Verhältnis die Realisierung eines wettbewerbsmildernden oder -ausschließenden Gruppeneffekts nicht ausgeschlossen werden kann.[368] Diese generalisierende Betrachtung der formellen Fusionskontrolle erübrigt aber nicht die nach § 36 Abs. 1 Satz 1 GWB gebotene Prüfung, ob im Einzelfall tatsächlich wettbewerbsbehindernde Wirkungen auf dem relevanten Markt eintreten werden, etwa weil die Anteilseigner als wettbewerbliche Einheit zusammenwirken.[369]

98 Eine vergleichbare Problematik besteht bei der Zurechnung der Marktanteile von **Arbeitsgemeinschaften,** die sich bei Ausschreibungen um Aufträge bewerben. Mit dem Argument, derartige Arbeitsgemeinschaften würden in der Ausschreibungssituation den Wettbewerb ihrer Mitglieder untereinander im Hinblick auf alle von dem angestrebten Auftrag umfassten Markttätigkeiten gleichschalten, rechnet das BKartA die Gesamtleistung der Arbeitsgemeinschaft grundsätzlich allen Teilnehmern zu, auch wenn diese die Arbeitsgemeinschaft nicht (mit-)beherrschen.[370] Diese Praxis ist zu pauschal und deshalb abzulehnen. Notwendig ist vielmehr auch hier eine an den wettbewerblichen Wirkungen orientierte Einzelfallbetrachtung. Ausnahmsweise, nämlich bei sog. „Kopf-Argen", in denen die Partner jeweils Teilbereiche völlig selbständig abarbeiten, erfolgt auch nach der Praxis des BKartA eine nur anteilige Zurechnung.[371] Eine entsprechende anteilige Zurechnung von Ressourcen erfolgt auch bei Gemeinschaftsunternehmen, die als reine „Lohnverarbeiter" Leistungen für ihre jeweiligen Muttergesellschaften übernehmen.[372]

99 Bei der nach § 36 Abs. 1 Satz 1 GWB vorzunehmenden Prognose[373] wird regelmäßig davon ausgegangen, dass die Zusammenschlussbeteiligten nach Vollzug ihres Vorhabens einen Marktanteil halten werden, der der Summe ihrer vorhergehenden Einzelanteile entspricht.[374] Im Einzelfall berücksichtigt das BKartA jedoch **Abschmelzeffekte,** wenn diese mit hinreichender Wahrscheinlichkeit zu erwarten sind. Dies ist z.B. der Fall, wenn Kunden zur Erhaltung ihrer Versorgungsunabhängigkeit strategisch einkaufen (Dual- oder Multi-Sourcing) und bei einem Zusammenschluss ihrer Lieferanten voraussichtlich auf alternative Bezugsquellen ausweichen werden,[375] wenn sich das zu erwerbende Geschäft bereits in der Auflö-

---

365 BKartA B. v. 12.3.2012, B1–30/11, Rdnr. 515ff. – *Xella/H+H.*

366 Dazu unten Rdnr 142ff.

367 BKartA WuW/E DE-V 1607, 1609 – *EDEKA/Tengelmann.*

368 Vgl. Begr. RegE zur 2. GWB-Novelle, BT-Drucks. VI/2520, S. 27.

369 Vgl. BGH WuW/E BGH 1533, 1538 – *Erdgas Schwaben;* WuW/E BGH 1763, 1765f. – *Bituminöses Mischgut;* OLG Düsseldorf B. v. 30.4.2002, Kart 1/01 (V), Rdnr. 32 – *Blitz-Tip.*

370 BKartA B. v. 24.5.2002, B10–248/01, Rdnr. 100 – *RWE Umwelt/GAB Pinneberg.*

371 BKartA B. v. 6.4.2006, B10–151/05, Rdnr. 140 und Fn. 36 – *SULO/Cleanaway.*

372 BKartA B. v. 7.3.2008, B8–134/07, Rdnr. 51 – *Shell/HPV.*

373 Dazu unten Rdnr. 196ff.

374 BGH WuW/E 1749, 1750 – *Klöckner/Becorit;* BGH WuW/E BGH 1655, 1660 – *Zementmahlanlage II;* BKartA B. v. 12.3.2012, B1–30/11, Rdnr. 260ff. – *Xella/H+H.*

375 BKartA, Leitfaden Fusionskontrolle, Rdnr. 30; BKartA B. v. 24.3.2015, B2–112/14, Rdnr. 97f., 105 – *GoodMills/Pfalzmühle Mannheim;* vgl. auch unten Rdnr. 167ff.

sung befindet[376] oder wenn wegen des Wegfalls eines Handelshemmnisses zusätzlicher Wettbewerb zu erwarten ist.[377] Ebenso zu berücksichtigen sind ernst zu nehmende (nachweislich unabhängig von dem Zusammenschlussvorhaben gefällte) Entscheidungen eines Zusammenschlussbeteiligten, einen bestimmten Geschäftsteil nicht weiterzuführen. Abschmelzeffekte sind erst recht zu berücksichtigen, wenn Kundenverluste nicht lediglich zu erwarten, sondern bereits eingetreten sind. Nach Ansicht des BKartA ist es demgegenüber erforderlich, dass die abwandernden Kunden „konkrete strukturelle Maßnahmen" treffen, die eine Wiederaufnahme des Lieferverhältnisses mit den Zusammenschlussbeteiligten dauerhaft ausschließen.[378] Diese Ansicht ist überzogen. Man wird sagen müssen, dass eine (nachgewiesene) Kündigung eine Anteilsabschmelzung so lange belegt, wie nicht gesicherte Erkenntnisse vorliegen, dass das Belieferungsverhältnis alsbald wieder aufgenommen wird.

100 Der Marktanteil hat eine absolute und eine relative Bedeutungskomponente: Die Wahrscheinlichkeit, dass ein Unternehmen eine erhöhte Marktmacht hat, nimmt mit der **absoluten Höhe** seines Marktanteils zu. Dem BGH zufolge kann von einem hohen, über mehrere Jahre konstanten Marktanteil auf das Bestehen von Marktbeherrschung geschlossen werden, sofern sich nicht aus anderen Kriterien das Gegenteil ergibt.[379] Die absolute Bedeutung der Marktanteile wird jedoch immer durch die Verhältnisse auf dem jeweils betroffenen Markt geprägt, weshalb Verallgemeinerungen unzulässig sind. Insbesondere hat die pauschalierende Schwelle von 40% in § 18 Abs. 4 GWB keine „Signalwirkung" für das Vorliegen von Marktbeherrschung;[380] sie dient hauptsächlich der verfahrenstechnischen Vereinfachung.[381] Auf manchen Märkten kann deshalb selbst bei Marktanteilen weit oberhalb von 40% das Vorliegen einer marktbeherrschenden Stellung ausgeschlossen sein, wenn eine Gesamtschau aller Marktgegebenheiten dem entgegensteht.[382] Umgekehrt kann ein niedriger Marktanteil ein unzureichender Indikator für die Marktmacht eines Unternehmens sein, wenn differenzierte Produkte in Rede stehen. In solchen Fällen spielt die wettbewerbliche Nähe der Zusammenschlussbeteiligten eine besondere Rolle für die Abschätzung von unilateralen Effekten.[383]

101 Die **relative Bedeutung** des Marktanteils ergibt sich aus dem Vorsprung des Unternehmens zu den nächstgrößeren Wettbewerbern und der Verteilung der Marktanteile insgesamt. Ein vergleichsweise moderater Marktanteil hat dann ein höheres Gewicht, wenn der übrige Markt stark zersplittert ist.[384] Der Konzentrationsgrad eines Marktes kann auch durch den Herfindahl-Hirschman-Index (HHI) ausgedrückt werden.[385] Dieser hat jedoch in der Praxis des BKartA keine Bedeutung erlangt. Mitunter ist es auch notwendig, die Marktanteile im Lichte der Marktanteile auf benachbarten Märkten zu bewerten. Dies gilt

---

[376] Vgl. BKartA TB 2005/2006, S. 72 – *NutraSweet/HSC;* vgl. auch Komm. E. v. 16.2.2010, COMP/M.5721, Rdnr. 34ff. – *Otto/Primondo Assets* (Abwanderungsquote von 50% bzw. 75% wegen Insolvenz des Veräußerers).

[377] Vgl. BKartA B. v. 19.7.2006, B3–50/06, S. 11f. – *PF/Invista.*

[378] BKartA WuW/E DE-V 905, Rdnr. 74f. – *Onex/Rostam.*

[379] BGH WuW/E DE-R 1301, 1303 – *Sanacorp/ANZAG.*

[380] So aber *Langen/Bunte-Bardong,* GWB, § 18 Rdnr. 88.

[381] Dazu oben Rdnr. 72.

[382] Vgl. z.B. BKartA B. v. 6.11.2001, B3–104/01, Rdnr. 99ff. – *Kuraray/Clariant PVA/PVB* (Marktanteil von 100%); BKartA B. v. 4.9.2009, B9–56/09, S. 21ff. – *Air Berlin/TUIfly* (Marktanteile über 90% auf einzelnen Flugstrecken); BKartA E. v. 20.11.2011, B6–77/11 (Fallbericht) – *Top Special Verlag/Pegasus* (Markanteil von fast 50%); BKartA B. v. 11.12.2012, B3–127/12, Rdnr. 66ff. – *Fresenius/Fenwal* (Marktanteil von über 60%); vgl. auch BKartA B. v. 19.7.2006, B3–50/06, S. 11f. – *PF/Invista* (hohe Wettbewerbsintensität trotz Marktanteils von über 80%).

[383] Dazu unten Rdnr. 103.

[384] BGH WuW/E BGH 2731, 2735f. – *Inlandstochter;* BKartA, Leitfaden zur Fusionskontrolle, Rdnr. 32.

[385] Der HHI ist die Summe der quadrierten Marktanteile (in Prozent und multipliziert mit 100) aller Wettbewerber im relevanten Markt. Der HHI kann zwischen nahe Null (fragmentierter Markt mit unzähligen Anbietern) und 10000 (Monopol) liegen. Seine absolute Höhe und seine relative Veränderung (Delta) vermitteln einen Eindruck von der durch den Zusammenschluss herbeigeführten Konzentrationszunahme, s. BKartA, Leitfaden zur Fusionskontrolle, Rdnr. 33.

insbesondere für die sog. zweiseitigen Märkte, auf denen der Anbieter als Intermediär zwischen zwei verschiedenen Kundengruppen agiert (z.B. Plattformmärkte).[386] Da hier die Erlösaussichten der Unternehmen auf der einen Marktseite sehr stark von dem Angebot und der Marktstellung auf der anderen abhängen, würde die isolierte Betrachtung nur einer Marktseite ein unvollständiges Bild der wettbewerblichen Verhältnisse zeichnen.[387] Allgemein ist eine Gesamtbetrachtung geboten, wenn sich die Marktverhältnisse auf aneinander angrenzenden Märkten gegenseitig beeinflussen und relativieren.[388]

Eine Aussage kann auch der **Entwicklung der Marktanteile** im mehrjährigen Über- **102** blick entnommen werden: Schwankungen oder Erosionen des Marktanteils leichterer Art stehen der Annahme von Marktbeherrschung zwar nicht entgegen.[389] Substanzielles konstantes Abschmelzen des Marktanteils über die Jahre oder heftiges Oszillieren dürften jedoch eine hinreichende Kontrolle des Verhaltensspielraums indizieren.[390]

(2) Wettbewerbsfaktoren im relevanten Markt. (a) Ausweichmöglichkeiten der Marktgegenseite. Dass **103** die Marktmacht eines Unternehmens in ganz entscheidendem Maße von den Wahl- und Ausweichmöglichkeiten der Marktgegenseite abhängt, ist seit langem bekannt und Grundlage für die Marktabgrenzung nach dem Bedarfsmarktkonzept und dem SSNIP-Test.[391] Die ausdrückliche Aufnahme dieses Kriterium in das Gesetz (heute § 18 Abs. 3 Nr. 8 GWB) durch die 5. GWB-Novelle (1990) hatte dementsprechend eher deklaratorische Bedeutung.[392] Im Rahmen der wettbewerblichen Würdigung dient es der Erfassung von Differenzen zwischen den einzelnen Angeboten, die die Marktstellung der Wettbewerber wesentlich beeinflussen, ohne bereits zur Annahme separater Märkte zu führen. Wenn die Produkte im relevanten Markt so differenziert sind, dass bestimmte Produkte nähere Substitute sind als andere, steigt mit dem zunehmenden Maß an Substituierbarkeit der Produkte zwischen den Zusammenschlussbeteiligten die Wahrscheinlichkeit für unilaterale Effekte.[393] Die **wettbewerbliche Nähe** („closeness of competition“) kann einerseits bedeuten, dass ein Zusammenschluss selbst bei vergleichsweise moderaten Marktanteilen der Beteiligten den Wettbewerb erheblich behindern kann (z.B. „Aufholfusion“ des zweit- und drittgrößten Anbieters). Der SIEC-Test erfasst diese Sachverhalte, selbst wenn es durch den Zusammenschluss nicht zur Begründung oder Verstärkung einer marktbeherrschenden Stellung kommt oder eine solche Stellung allenfalls bei einem unbeteiligten Dritte begründet oder verstärkt wird.[394] Andererseits kann ein Vorhaben trotz hoher Marktanteilsadditionen freizugeben sein, wenn die Beteiligten nicht engste Wettbewerber sind.[395]

Die wettbewerbliche Nähe der Anbieter wird maßgeblich durch die **Präferenzen und** **104** **Wechselkosten** der Nachfrager bestimmt.[396] Die Kundenpräferenzen sind das Gegenstück zur Produktdifferenzierung, weil die Anbieter mit der Differenzierung ihrer Produkte gerade den Zweck verfolgen, die unterschiedlichen Bedürfnisse einzelner Kundengruppen gezielt anzusprechen und damit eine höhere Kundenbindung zu erzielen. Die Wechselkos-

[386] Dazu oben Rdnr. 35.

[387] BKartA, Leitfaden zur Fusionskontrolle, Rdnr. 36.

[388] Vgl. BKartA B. v. 25.8.2005, B9–27/05, S. 25 – *EDEKA/SPAR;* BKartA B. v. 30.6.2008, B2–333/07, S. 32f., 47ff. – *Tengelmann/EDEKA* (beide zur sog. „Clusterbildung“ im Lebensmitteleinzelhandel); BKartA B. v. 4.9.2009, B9–56/09, S. 17ff. – *Air Berlin/TUIfly* (Bündelung von Strecken in Zielgebiete und Gesamtbetrachtung aller Flüge der Mittelstrecke).

[389] BGH WuW/E BGH 2783 – *Warenzeichenerwerb;* KG WuW/E OLG 2403, 2405 – *Fertigfutter.*

[390] Vgl. BKartA B. v. 19.7.2006, B3–50/06, S. 11f. – *PF/Invista.*

[391] Dazu oben Rdnr. 16ff.

[392] Vgl. Nachweise in der Vorauflage § 20 Rdnr. 75.

[393] Komm., Horizontalleitlinien, Rdnr. 28; vgl. BKartA B. v. 30.6.2008, B2–333/07, S. 38ff. – *Tengelmann/EDEKA* (abgestuftes Wettbewerbsverhältnis im Lebensmitteleinzelhandel).

[394] Dazu oben Rdnr. 82ff.

[395] Vgl. BKartA B. v. 10.3.2014, B5–134/13, Rdnr. 140 – *Cordes & Graefe/bäderwelt;* BKartA B. v. 11.12.2012, B3–127/12, Rdnr. 80f. – *Fresenius/Fenwal;* BKartA E. v. 16.8.2012, B7–65/12 (Fallbericht) – *Motorola/Psion.*

[396] BKartA, Leitfaden zur Fusionskontrolle, Rdnr. 42.

ten bezeichnen in diesem Zusammenhang die (monetären und nicht-monetären) Kosten, die der Anbieterwechsel für den Kunden nach sich zieht (z. B. organisatorischer und zeitlicher Umstellungsaufwand,[397] Gebühren bei Vertragskündigung).[398] Dazu gehören auch Vorteile aus der bestehenden Geschäftsbeziehung, die bei einem Anbieterwechsel verlustig gehen (z. B. Boni und Rabatte, Vorteil der „Lieferung aus einer Hand").[399] Zur Bewertung der Rolle der Wechselkosten können diese verglichen werden mit dem (abdiskontierten) Gegenwert einer unterstellten (zusammenschlussbedingten) Preiserhöhung von 5 % bis 10 % für einen Zeitraum von beispielsweise zwei Jahren.[400] Die Kundenpräferenzen sind typischerweise besonders ausgeprägt auf Märkten, auf denen etablierte Marken eine große Rolle spielen. In der extremsten Variante ist eine Marke so bedeutsam, dass ein Händler, um konkurrenzfähig zu sein, sie als sog. „Must Have" im Hinblick auf die Erwartungen der Kunden führen muss.[401] Erhöhte Wechselkosten können auch vorliegen, wenn sich ein Kunde bislang aus strategischen Gründen bei beiden Zusammenschlussbeteiligten eingedeckt hat, um seinen Verhandlungsspielraum und seine Versorgungssicherheit zu erhöhen (Dual-Sourcing),[402] wobei allerdings gerade derart strategisch agierende Kunden versuchen werden, sich nach dem Zusammenschluss eine alternative Lieferquelle zu erschließen, so dass Dual-Sourcing-Strategien im Normalfall eher eine erhöhte Wechselbereitschaft indizieren.

105 Zur Ermittlung der wettbewerblichen Nähe haben sich verschiedene **empirische und ökonometrische Verfahren** etabliert.[403] Von zunehmender Bedeutung sind hier Ausschreibungsanalysen in Bietermärkten. Wenn aus den Ausschreibungsverfahren ausreichend Daten darüber zur Verfügung stehen, welche Wettbewerber jeweils teilgenommen und das niedrigste, zweitniedrigste, drittniedrigste usw. Angebot abgegeben haben, lässt sich ein statistisches Rangverhältnis der Unternehmen ermitteln, das die wettbewerblichen Nähebeziehungen anschaulich wiedergibt. Schließen sich zwei Unternehmen zusammen, die häufig das niedrigste und zweitniedrigste Angebot abgeben, ist es wahrscheinlich, dass der Zusammenschluss zu einem Anstieg des Preisniveaus führen wird.[404] Wenn in Ausschreibungen nur sehr wenige Angebote abgegeben werden, kann auch aus der Häufigkeit der gleichzeitigen Teilnahme („Begegnungsquote") ein Rückschluss über die wettbewerbliche Nähe gezogen werden.[405] Aufschlüsse über Verbraucherpräferenzen erlauben oftmals die sog. Scannerdaten aus den Kassensystemen des Einzelhandels. Mit ihrer Hilfe lässt sich abschätzen, um wie viel sich die Nachfrage nach einem Produkt ändert, wenn sich der Preis eines anderen Produkts erhöht (Kreuzpreiselastizität). Eine hohe Kreuzpreiselastizität legt nahe, dass die betreffenden Produkte enge Substitute sind.[406] Eine weitere etablierte Methode zur Bestimmung der Nähe von Wettbewerbern ist die Schockanalyse, bei der beobachtet wird, wie die Nachfrager auf außergewöhnliche Ereignisse in der Vergangenheit reagiert haben. Die Verschiebung der Marktanteile in Folge eines solchen „Schocks" kann darauf hinweisen, welche Produkte sich aus der Kundensicht besonders nahe stehen.[407]

---

[397] Vgl. BKartA B. v. 3.4.2008, B7–200/07, Rdnr. 155 – *Kabel Deutschland/Orion* (Versorgung mit Fernsehsignalen, Telefonie und Internet); BKartA B. v. 28.2.2012, B4–51/11, Rdnr. 256 ff. – *Haspa/KSK Lauenburg* (Geschäftskundenkredite).

[398] BKartA, Leitfaden zur Fusionskontrolle, Rdnr. 44 f.

[399] Vgl. BKartA, Leitfaden zur Fusionskontrolle, Rdnr. 43 und 45.

[400] So BKartA B. v. 11.12.2012, B3–127/12, Rdnr. 71 – *Fesenius/Fenwal.*

[401] Vgl. BKartA, Leitfaden zur Fusionskontrolle, Rdnr. 43 (dies entspricht der Fallgruppe der „sortimentsbedingten Abhängigkeit" bei § 20 Abs. 1 GWB).

[402] BKartA, Leitfaden zur Fusionskontrolle, Rdnr. 46; Komm., Horizontalleitlinien, Rdnr. 31.

[403] Vgl. Aufzählung in Komm., Horizontalleitlinien, Rdnr. 29; vgl. dazu auch BKartA, Standards für ökonomische Gutachten, Bekanntmachung v. 20.10.2010 (abrufbar unter: www.bundeskartellamt.de).

[404] BKartA TB 2013/2014, S. 37; *Johnsen,* WuW 2013, 1177, 1185.

[405] Vgl. BKartA B. v. 22.12.2009, B9–84/09, S. 69 f. – *Webasto/Edscha Cabrio-Dachsysteme;* BKartA B. v. 21.5.2010, B9–13/10, S. 102 ff. – *Magna/Karmann.*

[406] *Johnsen,* WuW 2013, 1177, 1182 f.; vgl. dazu auch BKartA B. v. 2.7.2008, B2–359/07, S. 28 f. – *Müller/Poelmeyer* (Kreuzpreiselastizität ablehnend bzgl. Sauermilchkäse und Limburger).

[407] *Johnsen,* WuW 2013, 1177, 1183 f.; vgl. dazu BKartA B. v. 11.12.2012, B3–127/12, Rdnr. 73 – *Fresenius/Fenwal* (vorübergehender Ausfall einer Produktionsstätte für Blutfilter); BKartA B. v.

106 Bei der Bewertung der wettbewerblichen Nähe kommt es naturgemäß nicht nur darauf an, ob die Produkte der Zusammenschlussbeteiligten einander nahe stehen, sondern auch auf das Verhältnis zu den Produkten der Wettbewerber. Insoweit ist zu berücksichtigen, dass die Wettbewerber durch eine **Neupositionierung oder Erweiterung ihrer Produktpalette** auf den Zusammenschluss reagieren können.[408] Dies hängt davon ab, wie schnell und zu welchen Kosten die Wettbewerber entsprechend reagieren können (dazu nachfolgend). Eine erhebliche Behinderung wirksamen Wettbewerbs lässt sich keinesfalls allein mit dem Kriterium wettbewerblichen Nähe begründen.[408a] Aus ökonomischer Sicht ist die wettbewerbliche Nähe nur aussagekräftig, wenn zugleich die Preis-Kosten-Margen der Zusammenschlussbeteiligten berücksichtigt werden, von denen die Preiserhöhungsanreize der fusionierten Einheit abhängen.[408b]

107 *(b) Reaktionsmöglichkeiten der Wettbewerber.* Die Marktmacht der Zusammenschlussbeteiligten wird nicht allein durch die existierenden Ausweichmöglichkeiten der Kunden bestimmt, sondern ebenso durch die Möglichkeiten der Wettbewerber, auf eine Preissteigerung oder Verschlechterung des Angebots der Zusammenschlussbeteiligten zu reagieren. Zu prüfen sind hier einerseits die Fähigkeiten der Wettbewerber zu einer **Ausweitung oder Neupositionierung ihres Angebots** und andererseits die Möglichkeiten der Zusammenschlussbeteiligten, ihre Wettbewerber an einem solchen Wachstum zu hindern.[409]

108 Der von den Wettbewerbern ausgehende Wettbewerbsdruck ist insbesondere gemindert, wenn rechtliche, administrative, wirtschaftliche oder sonstige Hindernisse für eine Erweiterung ihres Angebots bestehen. Beispiele hierfür sind technische **Kapazitätsgrenzen,** notwendige Genehmigungen,[410] regulatorische Anforderungen,[411] Kontingente,[412] ein Bedarf an speziell und vielseitig ausgebildetem Personal,[413] ein erheblicher Investitionsbedarf oder langer zeitlicher Vorlauf für eine Kapazitätserweiterung.[414] Umgekehrt kann von hohen Überkapazitäten ein erheblicher Wettbewerbsdruck ausgehen, insbesondere bei homogenen Produkten, bei denen ein Anbieterwechsel den Kunden keine Probleme bereitet.[415] Bei der Stromerzeugung wurde die Bedeutung der Kapazitäten für den Wettbewerb bislang als so hoch eingeschätzt, dass in der Verteilung der Kapazitäten der Anbieter und ihrem Verhältnis zur Gesamtnachfrage ein wichtiger Indikator für das Vorliegen von Marktmacht gesehen wurde.[416]

31.3.2015, B2–96/14, Rdnr. 214 – *Edeka/Kaiser's Tengelmann* (Folgen der Schließung oder Eröffnung von Ladengeschäften für den Umsatz benachbarter Geschäfte).

[408] Komm., Horizontalleitlinien, Rdnr. 30; vgl. BKartA B. v. 11.12.2012, B3–127/12, Rdnr. 70 – *Fresenius/Fenwal.*

[408a] In diese Richtung scheint aber die Entscheidungspraxis der Kommission zu gehen, s. dazu *Wessely,* Fs. Roth, S. 693, 698 ff.

[408b] *Frank,* WuW 2015, 369, 374 ff.; vgl. dazu das Konzept des Preissteigerungsdrucks („UPP") oben Rdnr. 14.

[409] Komm., Horizontalleitlinien, Rdnr. 32 ff. und 36.

[410] BKartA B. v. 15.11.2007, B1–190/07, Rdnr. 69 – *Faber/BAG/AML* (Genehmigungen für Errichtung von neuen Produktionsanlagen).

[411] BKartA B. v. 28.2.2012, B4–51/11, Rdnr. 241 ff. – *Haspa/KSK Lauenburg* (Anforderungen an Eigenkapitalausstattung als Kapazitätsgrenze für die Kreditvergabe).

[412] So z. B. bei Start- und Landerechten (Slots) im Linienflugverkehr, vgl. BKartA WuW/E BKartA 2391, 2394 – *DLT/Südavia;* BKartA B. v. 4.9.2009, B9–56/09, S. 33 – *Air Berlin/TUIfly.*

[413] BKartA WuW/E DE-V 370, 371 f. – *outdoor specials.*

[414] BKartA, Leitfaden Fusionskontrolle, Rdnr. 40 mwN.

[415] BKartA, Leitfaden Fusionskontrolle, Rdnr. 41; vgl. BKartA B. v. 27.3.2013, B2–113/12, Rdnr. 92 ff. – *DMK Eis/Rosen Eiskrem.*

[416] Maßgeblich ist der „Residual Supply Index", der sich für einen Anbieter dadurch errechnet, dass seine Kapazität von der dem Markt zur Verfügung stehenden Gesamtkapazität abgezogen und das Ergebnis durch die Gesamtnachfrage (pro Zeiteinheit) geteilt wird. Ein Wert kleiner 1 bedeutet, dass der Anbieter (teilweise) unverzichtbar zur Deckung der Nachfrage ist. Maßgeblich für das Vorliegen von Marktmacht ist, wie häufig der Index über eine Abfolge von Zeitintervallen unter 1 (oder 1,1) fällt, vgl. BKartA, Sektoruntersuchung Stromerzeugung und -großhandel, Abschlussbericht Januar 2011, S. 98 ff.

109 Expansionsschranken, die von den Zusammenschlussbeteiligten ausgehen, können sich ebenfalls aus einer Vielzahl von Umständen ergeben. Das in § 18 Abs. 3 Nr. 3 GWB genannte Kriterium des **Zugangs zu den Beschaffungs- oder Absatzmärkten** gewinnt in diesem Zusammenhang an Bedeutung. Ein bevorzugter Zugang im Sinne der Vorschrift kann auf strukturellen Verbindungen (vertikale Integration), langfristigen Geschäftsbeziehungen oder anderen Umständen beruhen.[417] Sind Einsatzstoffe im Sinne von Vormaterialien knapp oder sind die Nachfrager stark und damit die Verhaltensspielräume der Anbieter beschränkt, verfügt derjenige über Wettbewerbsvorteile, der sich den Zugang zu den Bezugsquellen bzw. Absatzkanälen gesichert hat.[418] Hieraus kann ein Marktschließungseffekt („foreclosure") für die Wettbewerber resultieren, wenn diese sich keine vergleichbaren Zugangsmöglichkeiten verschaffen können. Eine vertikale Integration oder langfristige Bezugsverträge können jedoch auch eine Belastung sein, wenn z. B. Vormaterialien im Überfluss vorhanden sind und der freie Einkauf am Markt zu Spotpreisen günstiger ist. Insofern kann in bestimmten Marktphasen eine Vertikalintegration zur Schwächung der Marktstellung beitragen. Jedenfalls ist der Umstand, dass ein Unternehmen vertikal integriert ist, für sich genommen kein Indikator für eine erhöhte Marktmacht. Eine marktmachterhöhende Wirkung der vertikalen Integration tritt vielmehr erst ein, wenn die Zusammenschlussbeteiligten die Möglichkeiten und die Anreize für Abschottungsstrategien zulasten ihrer Wettbewerber haben, was normalerweise das Bestehen erheblicher Marktmacht auf den betreffenden Beschaffungs- bzw. Absatzmärkten voraussetzt.[419] Entsprechendes gilt für langfristige Bezugsverträge, die zeitweise ein Vorteil, ggf. aber auch eine Belastung sein können.

110 Weiterhin können die Zusammenschlussbeteiligten die Expansionsmöglichkeiten ihrer Wettbewerber möglicherweise durch Patente oder andere **gewerbliche Schutzrechte** beschränken. Zu prüfen ist insoweit, welche Rolle die durch die Schutzrechte abgesicherten Technologien für die aktuellen oder prognostizierbaren künftigen Marktverhältnisse spielen und ob die Wettbewerber über eigene Schutzrechte oder Lizenzen Zugang zu vergleichbaren Technologien haben.[420]

111 Relevant für die Reaktionsmöglichkeiten der Wettbewerber ist ferner, in welcher Entwicklungsstufe **(Marktphase)** sich der Markt befindet. In einem ausgereiften Markt beschränkt sich der Wettbewerb der Anbieter auf das gegenseitige Abwerben von Kunden, was Wettbewerbsvorstöße durch Innovationen oder Marktzutritte unwahrscheinlich macht.[421] In expandierenden oder dynamischen Märkten ist die Investitionsbereitschaft der Wettbewerber demgegenüber typischerweise höher. In einem Markt, der stark durch Innovationen geprägt ist, müssen sich die Marktteilnehmer ohnehin ständig an die sich fortentwickelnden Anforderungen anpassen, was den Marktteilnehmern immer wieder Chancen auf Marktanteilszuwächse eröffnet und Marktzutritte begünstigt. Entsprechend indizieren dort aktuell hohe Marktanteile nicht notwendigerweise hohe Marktmacht.[422] Freilich ist in solchen Märkten besonders zu prüfen, inwieweit von den Unternehmen zu erwarten ist, dass sie in Zukunft spürbaren Wettbewerbsdruck auf die übrigen Wettbewerber ausüben, z. B. weil sie kurz davor sind, wichtige Neuentwicklungen auf den Markt zu bringen („Pipeline-Produkte").[423] Ein Zusammenschluss zwischen zwei wichtigen Innova-

---

[417] Z. B. leistungsfähiges Vertriebs- oder Service-Netzwerk, bereits vorhandene Nachfragemacht, vgl. KG WuW/E DE-R 451, 456 f. – *Herlitz/Landré;* BKartA, Leitfaden Fusionskontrolle, Rdnr. 50 f. mwN.

[418] Vgl. BGH WuW/E BGH 1533, 1536 – *Erdgas Schwaben;* BGH WuW/E BGH 2150, 2156 – *Edelstahlbestecke;* BKartA WuW/E BKartA 2335, 2346 – *Daimler Benz/MBB;* BKartA, Leitfaden Fusionskontrolle, Rdnr. 49 ff.; Komm., Horizontalleitlinien, Rdnr. 36.

[419] Dazu unten Rdnr. 124 ff.

[420] BKartA, Leitfaden Fusionskontrolle, Rdnr. 47 mwN.

[421] BKartA B. v. 15.3.2005, B4–227/04, S. 47 – *Smiths/MedVest.*

[422] Vgl. BKartA B. v. 20.2.2002, B7–206/01, S. 13 – *T-Venture/Nexnet.*

[423] Vgl. zur Rolle der „Forschungspipeline" bei Fungiziden BKartA B. v. 22.5.2003, B3–6/03, Rdnr. 91 ff. – *BASF/Bayer Crop Science.*

toren kann wirksamen Wettbewerb erheblich behindern, weil er künftige Innovationsanreize beseitigt, selbst wenn die Marktanteile der betreffenden Unternehmen vergleichsweise klein sind.[424]

Die Fähigkeit der Zusammenschlussbeteiligten zur Behinderung der Reaktionsmöglichkeiten ihrer Wettbewerber kann auch durch ihre **Finanzkraft** (§ 18 Abs. 3 Nr. 2 GWB) bestimmt werden. Der Gedanke ist, dass ein finanzstarkes Unternehmen die Handlungsspielräume seiner Wettbewerber durch Abwehr- oder Verdrängungsstrategien (z. B. Kampfpreise) einschränken kann. Das Kriterium der Finanzkraft ist in der Vergangenheit allerdings übermäßig angewandt worden. Grundlegend hierfür war der BGH-Beschluss *Kfz-Kupplungen,* der für die Frage, ob entsprechende wettbewerbsschädigende Wirkungen von dem Zusammenschluss zu erwarten sind, auf die Vorstellungen der aktuellen und potenziellen Wettbewerber abgestellt hat.[425] Für die Annahme wettbewerbsschädlicher Wirkungen genügte bei dieser Auslegung bereits die abstrakte Gefahr, dass aktuelle oder potenzielle Wettbewerber durch den Finanzkraftzuwachs von Wettbewerbsvorstößen abgehalten werden *können* („Abschreckungs- und Entmutigungseffekt"), ohne dass nachgewiesen werden musste, dass der Einsatz entsprechender Verdrängungsstrategien tatsächlich möglich und wahrscheinlich ist.[426] Das BKartA hat dementsprechend lange Jahre die bloße Existenz einer im Vergleich zu den Wettbewerbern erhöhten Finanzkraft der Zusammenschlussbeteiligten als einen wichtigen Indikator für das Vorliegen von Marktmacht gewürdigt.[427] Die praktische Bedeutung des Kriteriums scheint sich allerdings mittlerweile zu relativieren. Während das BKartA die Finanzkraft früher als das neben dem Marktanteil „wichtigste Kriterium" für die Feststellung der Marktbeherrschung[428] angesehen hat, weist es ihm in seinem Leitfaden zur Marktbeherrschung in der Fusionskontrolle von 2012 nur noch eine „untergeordnete Rolle"[429] zu. Tatsächlich sind in den letzten Jahren in der Amtspraxis Versuche zu beobachten, das Kriterium der überlegenen Finanzkraft auf eine fundiertere Grundlage zu stellen.[430] Eine einheitliche Linie ist indes noch nicht erkennbar. 112

Zu den Voraussetzungen einer im Verhältnis zu den Wettbewerbern überragenden Finanzkraft gehört jedenfalls, dass eine solche auch wirklich vorhanden ist. Unter Finanzkraft ist in diesem Sinne die Gesamtheit der finanziellen Mittel und Möglichkeiten eines Unternehmens einschließlich der Möglichkeiten für Eigenfinanzierung, Fremdfinanzierung und Zugang zum Kapitalmarkt zu verstehen.[431] Auch wenn der **Umsatz** der schlechteste Indikator zur Bestimmung der Finanzkraft ist,[432] wird er in der Praxis des BKartA und der Gerichte regelmäßig herangezogen. Zur Begründung wird angeführt, dass der Umsatz aus der maßgeblichen Sicht der Außenstehenden die finanzielle Stärke eines Unternehmens vorrangig bestimme und andere Kriterien, wie z. B. die tatsächliche Verfügbarkeit von Mitteln, der Öffentlichkeit regelmäßig nicht bekannt seien.[433] Teilweise wird auch (zusätzlich) auf 113

---

[424] BKartA, Leitfaden Fusionskontrolle, Rdnr. 48; Komm., Horizontalleitlinien, Rdnr. 37 f.; vgl. BKartA B. v. 5.10.2006, B7–84/06, Rdnr. 47 ff. *KLA-Tencor/ADE.*

[425] BGH WuW/E 1501, 1510.

[426] Vgl. BGH WuW/E BGH 1501, 1508 ff. – *Kfz-Kupplungen;* BGH WuW/E BGH 1954, 1958 – *Springer/az Anzeigenblatt;* BGH WuW/E BGH 2150, 2156 f. – *Edelstahlbestecke;* BGH WuW/E BGH 2276, 2284 – *Süddeutscher Verlag/Donau-Kurier.*

[427] Statt vieler: BKartA WuW/E BKartA 2729, 2748 – *Hochtief/Philipp Holzmann;* BKartA B. v. 19.9.2001, B9–15/01, Rdnr. 20 – *Lutz/Möbel Engelhardt;* BKartA B. v. 10.10.2003, B1–180/02, S. 28 ff. – *Rheinkalk/Kalkwerk Lengerich;* BKartA B. v. 3.8.2004, B6–45/04, S. 22 – *G+J/RBA;* BKartA B. v. 12.3.2012, B1–30/11, Rdnr. 270 ff. – *Xella/H+H.*

[428] BKartA WuW/E BKartA 2729, 2748 – *Hochtief/Philipp Holzmann.*

[429] BKartA, Leitfaden Fusionskontrolle, Rdnr. 54.

[430] Vgl. z. B. Prüfungskatalog in BKartA B. v. 7.6.2004, B4–7/04, S. 30 ff. – *Henry Schein/demedis und Euro Dental;* vgl. auch BGH WuW/E DE-R 3695, Rdnr. 31 – *Haller Tagblatt* (Ressourcenzuwachs nur relevant, wenn entmutigende Wirkung auf den potenziellen Wettbewerb dargelegt wird).

[431] Begr. RegE zur 2. GWB-Novelle, BT-Drucks. VI/2520, S. 23.

[432] So auch BKartA, Leitfaden Fusionskontrolle, Rdnr. 56.

[433] BGH WuW/E BGH 2150, 2157 – *Edelstahlbestecke;* KG WuW/E OLG 3303, 3311 – *Süddeutscher Verlag/Donau Kurier;* OLG Düsseldorf WuW/E DE-R 1973, 1978 – *SZ/Lokalzeitung.*

andere Indikatoren abgestellt, wie z.B. den Cashflow,[434] Renditezahlen,[435] die bisherige Investitionstätigkeit, starke Marktstellungen auf anderen Märkten und die damit einhergehenden hohen Renditen,[436] das Vorhandensein eines Kreditrating durch eine Ratingagentur und die darauf aufsetzende erfolgreiche Platzierung einer hochvolumigen Anleihe am Kapitalmarkt.[437] Allein der Umstand, dass ein Unternehmen unter einer länger anhaltenden Konjunkturabschwächung und Verlusten leidet, soll indes noch nicht genügen, um eine durch hohe Umsätze belegte Finanzkraft zu entkräften.[438]

114 Des Weiteren muss die Finanzkraft gerade **im Verhältnis zu den Wettbewerbern überragend** sein, weil sie nur dann einen Abschreckungs- und Entmutigungseffekt entfalten kann. Dies schließt die Annahme einer überragenden Finanzkraft bereits dann aus, wenn es weitere finanzstarke Wettbewerber neben den Zusammenschlussbeteiligten gibt. Denn diese Wettbewerber haben die Funktion eines Schutzschildes auch für mittlere und kleinere Anbieter gegenüber potenziellen Verdrängungsstrategien des Marktführers.[439] Unzureichende eigene Mittel der Wettbewerber können überdies durch die Möglichkeit der Fremdfinanzierung ausgeglichen werden, jedenfalls solange die Finanzierungskosten nicht erheblich höher sind als bei den Zusammenschlussbeteiligten.[440] Auch eine geringere Ressourcenstärke des erwerbenden im Vergleich zum veräußernden Unternehmen spricht regelmäßig gegen eine Verbesserung der Marktposition des erworbenen Unternehmens.[441] Eine Erhöhung der Finanzkraft kann allerdings gegeben sein, wenn Erwerber und Veräußerer zwar über eine vergleichbare Finanzkraft verfügen, der Erwerber aber ein größeres Interesse am Einsatz derselben hat.[442]

115 Darüber hinaus muss ein eventueller Einsatz der Finanzkraft auch **Auswirkungen auf den Markt** haben können. Der Finanzkraft kommt beispielsweise keine ausschlaggebende Bedeutung zu, wenn die Marktzutrittsschranken relativ niedrig liegen, weil Verdrängungsstrategien dann nicht erfolgsversprechend sein können.[443] Eine wettbewerbsbehindernde Wirkung soll jedoch daraus ableitbar sein, dass die Zusammenschlussbeteiligten ihre Finanzkraft zur Markenpflege, Investitionen in die Vertriebsorganisation sowie Rabatt- und Bonusaktionen einsetzen bzw. Vorstöße der Wettbewerber in diese Richtung abwehren können,[444] dass sie besonders qualifiziertes Personal anwerben und sich besonders leistungsfähige Geräte und Ausstattungen verschaffen[445] oder dass Strategien des externen und internen Wachstums verfolgt werden.[446] Die vorstehenden Beispiele belegen freilich, dass ein Einsatz der Finanzkraft auf dem relevanten Markt immer denkbar ist, weshalb sich die Darstellung der Marktauswirkungen in der Praxis nicht selten in Leerformeln erschöpft.

116 Zu fordern ist weiter – auch wenn das BKartA dies in der Vergangenheit regelmäßig nicht geprüft hat –, dass die als vorhanden festgestellten Mittel auch tatsächlich für einen strategischen Einsatz im relevanten Markt verfügbar sind und dass ein solcher **Einsatz auf**

---

434 BGH WuW/E BGH 1711, 1717 – *Mannesmann/Brueninghaus*.

435 OLG Düsseldorf WuW/E DE-R 1159, 1162 – *BASF/NEPG*.

436 BKartA B. v. 31.5.2005, B6–106/04, S. 26 – *Volksfreund/TW Wochenspiegel*.

437 BKartA B. v. 18. Juli 2013, B4–18/13, Rdnr. 214 – *Prosegur/Brink's Deutschland;* vgl. auch Beispiele in BKartA, Leitfaden Fusionskontrolle, Rdnr. 56.

438 BGH WuW/E BGH 1749, 1756 – *Klöckner/Becorit*.

439 BKartA B. v. 20.11.2000, B4–96/00, Rdnr. 32 – *Novartis/Wesley Jessen*.

440 Vgl. BKartA, Leitfaden Fusionskontrolle, Fn. 79 bei Rdnr. 55.

441 BKartA WuW/E DE-V 270, 272 – *Corning/RXS*.

442 BKartA WuW/E DE-V 558, Rdnr. 67 – *Liberty/Viola*.

443 BKartA, Leitfaden Fusionskontrolle, Fn. 79 bei Rdnr. 55; BKartA B. v. 19.9.2006, B1–186/06, Rdnr. 74 – *Strabag/AMH* (geringe Investitionskosten für eine neue Produktionsanlage).

444 BKartA B. v. 12.3.2012, B1–30/11, Rdnr. 288 ff. – *Xella/H+H.* vgl. auch BKartA B. v. 15.11.2007, B1–190/07, Rdnr. 82 – *Faber/BAG/AML*.

445 BGH WuW/E DE-R 2327, Rdnr. 89 – *Kreiskrankenhaus Bad Neustadt*.

446 Vgl. z.B. BKartA B. v. 19.9.2001, B9–15/01, Rdnr. 20 – *Lutz/Möbel Engelhardt;* BKartA B. v. 31.5.2005, B6–106/04, S. 26 – *Volksfreund/TW Wochenspiegel*.

Grundlage konkreter Anhaltspunkte hinreichend wahrscheinlich ist.[447] Nicht verfügbar sind die Finanzmittel beispielsweise, wenn sie bereits anderweitig fest und verbindlich verplant sind oder das Unternehmen aus anderen Gründen an einer Verwendung gehindert ist. So ist etwa wegen der strengen Projekt-Budgetierung bei Investitionsfonds davon auszugehen, dass deren eingeworbene Finanzmittel nicht über das für das konkrete Zusammenschlussvorhaben erstellte Budget hinaus zur Verfügung stehen.[448] Die Wahrscheinlichkeit muss anhand objektiver Umstände belegt werden, insbesondere auf der Grundlage einer Kosten-Nutzen-Analyse, die die Kosten einer Preiskampfstrategie im Hinblick auf deren Dauer und Umfang mit dem potenziellen Nutzen vergleicht,[449] oder durch einschlägige Geschäftspläne oder Ankündigungen des Erwerbers[450] oder Vergleichsszenarien in anderen Märkten.

§ 18 Abs. 3 Nr. 7 GWB nennt als Faktor zur Bewertung der Marktstellung eines Unter- **117**
nehmens auch seine **Fähigkeit zur Umstellung von Angebot oder Nachfrage** auf andere Waren oder gewerbliche Leistungen. Während die Umstellungsflexibilität der Wettbewerber eine bedeutsame Schranke für die Verhaltensspielräume der Zusammenschlussbeteiligten bildet,[451] könnte ihre eigene Umstellungsflexibilität insoweit von Belang sein, als sie es ihnen – wie unter dem Gesichtspunkt der überlegenen Finanzkraft – erlaubt, Wettbewerbsvorstöße der Mitbewerber aufzufangen. Insoweit gelten dieselben Grundsätze wie vorstehend dargestellt. Meist ist die Umstellungsflexibilität allerdings Kennzeichen der ganzen betroffenen Branche und kann schon aus diesem Grunde nichts zur Ermittlung der Marktmacht der Zusammenschlussbeteiligten beitragen.

(3) Wettbewerbsfaktoren außerhalb des relevanten Marktes. (a) Potenzieller Wettbewerb. Die Ver- **118**
haltensspielräume von Unternehmen werden nicht nur durch die aktuellen Wettbewerber begrenzt, sondern auch durch die Möglichkeit des Zutritts neuer Wettbewerber in den Markt. Der bereits gegenwärtig spürbare Wettbewerbsdruck im relevanten Markt, der von dieser Möglichkeit ausgeht, wird als potenzieller Wettbewerb bezeichnet.[452] Die Möglichkeit des Marktzutritts bestimmt sich nach den Marktzutrittsschranken, die damit das Gegenstück zum potenziellen Wettbewerb bilden. § 18 Abs. 3 Nr. 5 und § 18 Abs. 3 Nr. 6 GWB zielen somit auf denselben Sachverhalt. Die insoweit eigentlich überflüssige Nr. 6 geht auf die 6. GWB-Novelle zurück und ist eine Referenz an das europäische Fusionskontrollrecht (vgl. Art. 2 Abs. 1 lit. a FKVO).[453] Die Erwähnung der Möglichkeit des Wettbewerbs durch ausländische Unternehmen ist im Übrigen eine Selbstverständlichkeit und (ebenso wie § 18 Abs. 2 GWB) historisch begründet.[454]

Die **Stärke des potenziellen Wettbewerbs** bemisst sich danach, wie wahrscheinlich **119**
ein Marktzutritt ist, wie schnell er erfolgen kann und welchen Umfang er haben wird.[455] Der Umfang kann unzureichend sein, wenn der neue Wettbewerber nur mit einer eingeschränkten Produktpalette oder nur zu nicht-kompetitiven Preisen eintreten kann. Die Rechtzeitigkeit des Marktzutritts wird durch die Eigenschaften und die Dynamik des

---

[447] Vgl. zur europäischen Fusionskontrolle EuG U. v. 14.12.2005, Rs T-210/01, Slg. 2005 II-5596, Rdnr. 328 ff. – *General Electric;* dazu auch unten Rdnr. 131 ff.

[448] AA offenbar BKartA B. v. 12.3.2012, B1–30/11, Rdnr. 271 – *Xella/H+H;* vgl. auch BKartA B. v. 14.5.2014, B3–135/13, Rdnr. 276 – *Klinikum Esslingen/Kreiskliniken Esslingen* (der an dem Zusammenschluss zweier Krankenhäuser beteiligte Kreis Esslingen ist zugleich Träger einer Sparkasse, die Überschüsse erwirtschaftet).

[449] Vgl. BKartA B. v. 4.6.2004, B7–36/04, Rdnr. 112 f. – *Siemens/Moeller;* für die europäische Fusionskontrolle: EuG U. v. 14.12.2005, Rs. T-210/01, Slg. 2005 II-5596, Rdnr. 339 – *General Electric.*

[450] BKartA B. v. 22.2.2002, Rdnr. 68 ff. – *Liberty/Viola* (insoweit nicht abgedruckt in WuW/E DE-V 558).

[451] Und insoweit schon bei der Marktabgrenzung berücksichtigt wird, dazu oben Rdnr. 29 ff.

[452] Vgl. OLG Düsseldorf WuW/E DE-R 4050, Rdnr. 123 – *Liberty Global/Kabel BW;* OLG Düsseldorf WuW/E DE-R 3173, Rdnr. 101 – *Anzeigengemeinschaft.*

[453] Begr. RegE zur 6. GWB-Novelle, BT-Drucks. 13/9720, S. 51.

[454] Dazu oben Rdnr. 36.

[455] BKartA, Leitfaden Fusionskontrolle, Rdnr. 60; Komm., Horizontalleitlinien, Rdnr. 68 ff.

Marktes bestimmt. Einem kurzfristigen Marktzutritt können beispielsweise längere Vertragsbindungen oder Vorlaufzeiten für eine Produkteinführung entgegenstehen.[456] Das wichtigste Kriterium für die Bewertung des potenziellen Wettbewerbs ist indes seine Wahrscheinlichkeit. Ausschlaggebend hierfür ist im Grundsatz das Verhältnis der erwarteten Kosten zu den erwarteten Erlösen eines Marktzutritts. In der Praxis werden die etwaigen Kosten und Erlöse regelmäßig nicht quantifiziert, sondern es erfolgt stattdessen eine qualitative Bewertung der vorhandenen Marktzutrittsschranken.[457] Die Rechtsprechung prüft, ob der Marktzutritt wirtschaftlich zweckmäßig und kaufmännisch sinnvoll wäre und ob in der Vergangenheit Eindringungsversuche unternommen wurden.[458] Die Anreize für den Marktzutritt des als potenzieller Wettbewerber in Betracht kommenden Unternehmens können beispielsweise durch einen Kooperationsvertrag mit dem Marktbeherrscher eingeschränkt sein. Solange eine solche Kooperation nicht gegen § 1 GWB verstößt, ist sie im Rahmen des § 36 Abs. 1 GWB zu berücksichtigen.[459]

120 Bei den **möglichen Marktzutrittsschranken,** die für den potenziellen Wettbewerb bestimmend sind, handelt sich letztlich um dieselben Faktoren, die als Expansionsschranken einer Ausweitung oder Neuausrichtung des Angebots der aktuellen Wettbewerber entgegenstehen.[460] Es kann unterschieden werden zwischen rechtlichen Schranken (z. B. regulatorische Anforderungen, Genehmigungen), strukturellen Schranken, die sich aus den betreffenden Produkten ergeben (z. B. hoher Investitionsbedarf,[461] Kostenvorteile der aktuellen Wettbewerber,[462] Wechselkosten der Kunden) und strategische Schranken, mit denen die am Markt agierenden Unternehmen versuchen, Marktzutritte abzuwehren (z. B. Werbekampagnen, gewerbliche Schutzrechte). Zudem ist die Marktphase von erheblicher Bedeutung für die Marktzutrittsschranken, weil die Erlösaussichten auf expandierenden Märkten tendenziell höher sind als auf schrumpfenden Märkten.

121 Die Möglichkeit potenziellen Wettbewerbs ist für die Zusammenschlusskontrolle **in zweierlei Hinsicht von Bedeutung:** Zum einen ist bei einem Zusammenschluss zwischen aktuellen Wettbewerbern eine erhebliche Marktanteilsaddition möglicherweise aufgrund des Bestehens potenziellen Wettbewerbs zu relativieren. Zum anderen kann ein Zusammenschluss mit einem potenziellen Wettbewerber dazu führen, dass der Verhaltensspielraum des bereits auf dem relevanten Markt tätigen Beteiligten spürbar erweitert wird. Dabei ist der Prüfungsmaßstab in diesen beiden Konstellation grundverschieden. Im ersten Fall werden sehr hohe Anforderungen an die vom potenziellen Wettbewerb ausgehende disziplinierende Kraft gestellt, wenn andere Kriterien auf eine erhebliche wettbewerbsbehindernde Wirkung des Zusammenschlusses hindeuten. Im zweiten Fall kann der Wegfall des potenziellen Wettbewerbs nur unter dem Gesichtspunkt der „Verstärkung" eine Rolle spielen, wenn das im relevanten Markt tätige Unternehmen bereits eine marktbeherrschende Stellung einnimmt. Für diesen Fall lässt die Praxis bereits den Wegfall eines sehr geringen potenziellen Wettbewerbs ausreichen, um eine Untersagung zu begründen.[463]

---

456 BKartA, Leitfaden Fusionskontrolle, Rdnr. 73 f. mwN.

457 BKartA, Leitfaden Fusionskontrolle, Rdnr. 61 ff.

458 BGH WuW/E DE-R 3695, Rdnr. 23 ff. – *Haller Tagblatt;* OLG Düsseldorf WuW/E DE-R 4050, Rdnr. 125 – *Liberty Global/Kabel BW.*

459 BGH WuW/E DE-R 3695, Rdnr. 24 ff. – *Haller Tagblatt* (Mantel- und Anzeigenkooperation zwischen benachbarten Regionalzeitungen).

460 Dazu oben Rdnr. 107 ff.

461 Entscheidend sind insbesondere die sog. „Sunk Costs", die im Falle eines späteren Marktaustritts nicht wiedererlangt werden können, vgl. BKartA, Leitfaden Fusionskontrolle, Rdnr. 65 und 70.

462 Kostenvorteile können sich z. B. ergeben aus Skaleneffekten (Größenvorteile der Produktion), Verbundeffekten (Vorteile durch gemeinsame Produktion verschiedener Produkte), Lerneffekten (Weiternutzung von Know-how), Netzwerkeffekten (Nutzen des Produkts steigt mit seiner Verbreitung), bevorzugtem Zugang zu den Beschaffungs- oder Absatzmärkten, vgl. BKartA, Leitfaden Fusionskontrolle, Rdnr. 65 ff.

463 Dazu oben Rdnr. 77 ff.

Die niedrigen Anforderungen an den potenziellen Wettbewerb im Falle der Verstärkung einer marktbeherrschenden Stellung führen dazu, dass nicht nur geprüft wird, ob zwischen dem Marktbeherrscher und seinem Zusammenschlusspartner gegenwärtig spürbarer potenzieller Wettbewerb besteht, sondern auch, ob von letzterem in naher Zukunft potenzieller Wettbewerb zu erwarten ist **(„potenziell-potenzieller Wettbewerb").** Ein solches späteres Aufkommen potenziellen Wettbewerbs kann sich beispielsweise daraus ergeben, dass Anhaltspunkte für eine baldige Übernahme des Unternehmens durch einen finanzkräftigen Dritten bestehen[464] oder dass das Unternehmen mittelfristig ein wirtschaftliches Interesse an einer Gebietsausdehnung entwickelt, weil sich die Wachstumsmöglichkeiten im eigenen Markt erschöpfen und Nachfragerückgänge erwartet werden, die sich (nur) durch eine räumliche Expansion ausgleichen lassen.[465] Maßgeblich ist für diese Betrachtung der in der Fusionskontrolle übliche Prognosezeitraum von drei bis fünf Jahren.[466] 122

(b) Randsubstitution. Die Ausweichmöglichkeiten der Marktgegenseite bestehen nicht nur im Hinblick auf Produkte im relevanten Markt, sondern – wenn eine Preiserhöhung oder eine Qualitätsverschlechterung nur gravierend genug ist – auch hinsichtlich Produkten auf (sachlich und räumlich) benachbarten Märkten („Randsubstitution" oder „Substitutionswettbewerb").[467] Da der Wettbewerbsdruck durch Produkte außerhalb des relevanten Marktes jedoch bereits *per definitionem* vergleichsweise schwach ist, spielt er in der wettbewerblichen Würdigung meist nur eine untergeordnete Rolle.[468] Im Einzelfall kann dies anders sein, wenn die Substitutionsbeziehungen zwischen den betreffenden Produkten eng und die Marktabgrenzung schwierig ist.[469] Vereinzelt wurde auch versucht, die Verstärkung einer marktbeherrschenden Stellung mit der Abwehr möglichen Substitutionswettbewerbs zu begründen.[470] 123

bb) Vertikale Zusammenschlüsse. Bei einem vertikalen Zusammenschluss sind die beteiligten Unternehmen auf verschiedenen Stufen der Wertschöpfungskette tätig und stehen zueinander in einer aktuellen oder **potenziellen Lieferanten-Kunden-Beziehung.**[471] Je nach Blickwinkel erleichtert der Zusammenschluss dem Kunden den Zugang zu den Beschaffungsmärkten (Rückwärtsintegration) bzw. dem Lieferanten den Zugang zu den Absatzmärkten (Vorwärtsintegration). Hieraus erwachsen normalerweise erhebliche Effizienzen, weil für das vertikal integrierte Unternehmen die Notwendigkeit für eine zweite Marge entfällt („Internalisierung doppelter Margen"). Eine vertikale Integration senkt darüber hinaus die Transaktionskosten und hilft, die Organisation der Herstellungs- und Verkaufsprozesse zu verbessern. Vertikale Zusammenschlüsse haben deshalb tendenziell eine preisdämpfende Wirkung und tragen zu einer besseren Marktversorgung bei.[472] 124

(1) Abschottungsstrategien. Im Gegensatz zu horizontalen Zusammenschlüsse wirken vertikale Zusammenschlüsse **nur mittelbar auf den Wettbewerb,** weil es in Folge des Zu- 125

---

[464] BGH WuW/E DE-R 3695, Rdnr. 38 ff. – *Haller Tagblatt.*

[465] OLG Düsseldorf WuW/E DE-R 4050, Rdnr. 126 ff. – *Liberty Global/Kabel BW.*

[466] BGH WuW/E DE-R 3695, Rdnr. 38 – *Haller Tagblatt;* dazu auch unten Rdnr. 198.

[467] BKartA, Leitfaden Fusionskontrolle, Rdnr. 77.

[468] Vgl. BGH WuW/E BGH 2433, 2441 – *Gruner + Jahr/Zeit II;* BKartA B. v. 28.2.2012, B4–51/11, Rdnr. 260 ff. – *Haspa/KSK Lauenburg;* BKartA B. v. 12.3.2012, B1–30/11, Rdnr. 349 ff. – *Xella/H+H;* BKartA B. v. 27.3.2013, B2–113/12, Rdnr. 110 ff. – *DMK Eis/Rosen Eiskrem.*

[469] Vgl. BKartA B. v. 24.8.2007, B5–148/07, Rdnr. 35 und 55 – *UTC/Marioff* (Substitutionswettbewerb zwischen Wassernebelsystemen, Gaslöschanlagen und Sprinkleranlagen); BKartA B. v. 10.1.2007, B9–94/06, Rdnr. 49 ff. und 129 – *Praktiker/Max Bahr* (Substitutionswettbewerb zwischen Vollsortiment- und Teilsortimentanbietern).

[470] Vgl. BGH WuW/E BGH 2112, 2117 f. – *Gruner +Jahr/Zeit I* (dort verneint); BKartA WuW/E DE-V 1163, 1171 – *Springer/ProSiebenSat.1* (nicht mehr thematisiert durch OLG Düsseldorf WuW/E DE-R 2593 und BGH WuW/E DE-R 3067 – *Springer/ProSieben II*).

[471] BKartA, Leitfaden Fusionskontrolle, Rdnr. 129; Abschnitt 6.3 lit. b des Formblatts CO zur Anmeldung eines Zusammenschlusses bei der Komm.

[472] BKartA, Leitfaden Fusionskontrolle, Rdnr. 131 f.; Leitlinien zur Bewertung nichthorizontaler Zusammenschlüsse, ABl. 2008 C 265/6 (nachfolgend zitiert als „Nichthorizontalleitlinien"), Rdnr. 13 f.

sammenschlusses nicht zu einem Verlust an (aktuellem oder potenziellem) Wettbewerb kommt. Wettbewerbsschädigende unilaterale Effekte treten erst auf, wenn der Zusammenschluss die Marktstruktur in einer Weise ändert, dass die Zusammenschlussbeteiligten die Möglichkeiten und den Anreiz erhalten, ihre Wettbewerber zu behindern und damit mittelbar ihre Marktmacht zu erhöhen. Zwei Strategien kommen für eine solche Behinderung in Betracht: Erstens könnte das vertikal integrierte Unternehmen die Kosten seiner Wettbewerber auf dem nachgelagerten Markt dadurch erhöhen, dass es ihren Zugang zu dem vorgelagerten Beschaffungsmarkt einschränkt (Abschottung von Einsatzmitteln bzw. „Input foreclosure"). Zweitens könnte das vertikal integrierte Unternehmen umgekehrt die Gewinnaussichten seiner Wettbewerber auf dem vorgelagerten Markt dadurch vermindern, dass es ihren Zugang zum Absatzmarkt erschwert (Abschottung von Kunden bzw. „Customer foreclosure").[473]

126 Die Würdigung der wettbewerblichen Wirkungen eines vertikalen Zusammenschlusses vollzieht sich normalerweise in **drei Schritten:**[474] Zuerst ist zu prüfen, ob das vertikal integrierte Unternehmen die Möglichkeit für eine Abschottung hat. Dies setzt voraus, dass das Unternehmen wenigstens auf einer der beiden vertikal betroffenen Marktstufen über ein erhebliches Maß an Marktmacht verfügt.[475] Die Marktmacht auf der einen Stufe dient quasi als „Hebel" für das Erreichen von Marktmacht auf der anderen Stufe. In einem zweiten Schritt ist zu prüfen, ob das integrierte Unternehmen einen Anreiz zur Umsetzung der Abschottungsstrategie haben wird. Denn nur für diesen Fall besteht auch eine hinreichende Wahrscheinlichkeit für wettbewerbsbehindernde Wirkungen des Zusammenschlusses. Drittens ist zu prüfen, ob die erwarteten negativen Wirkungen – insbesondere auch unter Berücksichtigung etwaiger Effizienzgewinne[476] – erheblich im Sinne von § 36 Abs. 1 Satz 1 GWB sind. Abschottung bedeutet in diesem Zusammenhang nicht, dass den Wettbewerbern der Zugang zu den betreffenden Märkten vollständig versperrt wird. Es genügt vielmehr, dass die Einschränkung der Rentabilitätschancen zu einer erheblichen Behinderung wirksamen Wettbewerbs führt, insbesondere durch Begründung oder Verstärkung einer marktbeherrschenden Stellung.

127 Eine Strategie zur **Abschottung von Einsatzmitteln** setzt voraus, dass die Wettbewerber von den Waren oder Dienstleistungen des vertikal integrierten Unternehmens abhängig sind. Maßgeblich hierfür sind die Bedeutung dieser Waren oder Dienstleistungen als Einsatzmittel für die Tätigkeit auf dem nachgelagerten Markt (Anteil an den Gesamtkosten für das nachgelagerte Produkt) und die Marktstellung des vertikal integrierten Unternehmens auf dem vorgelagerten Markt (Ausweichalternativen der Wettbewerber).[477] Eine hohe Abhängigkeit besteht dementsprechend, wenn es sich um ein wesentliches Vorprodukt handelt und das vertikal integrierte Unternehmen den vorgelagerten Markt beherrscht.[478] Wenn die Marktmacht des vertikal integrierten Unternehmens nicht das Niveau von Marktbeherrschung erreicht, kann sein Ausfall als Lieferquelle im Ausnahmefall dennoch mit erheblichen Kosten für die Wettbewerber verbunden sein, und zwar insbesondere dann, wenn die wenigen verbliebenen Lieferanten infolge des Zusammenschlusses weniger Wettbewerbsdruck verspüren und daraufhin ihre Preise erhöhen.[479] Die Anreize für die Umsetzung der Abschottungsstrategie durch das vertikal integrierte Unternehmen ergeben sich aus einem Vergleich des abschottungsbedingten Gewinnrückgangs auf der vorgelagerten Stufe mit der Gewinnsteigerung durch das erwartete Absatzwachstum auf der nachgelager-

---

[473] Vgl. BKartA, Leitfaden Fusionskontrolle, Rdnr. 134; Komm., Nichthorizontalleitlinien, Rdnr. 30.

[474] Vgl. Komm., Nichthorizontalleitlinien, Rdnr. 32 und 59.

[475] BKartA, Leitfaden Fusionskontrolle, Rdnr. 137; Komm., Nichthorizontalleitlinien, Rdnr. 23 ff.

[476] Dazu unten Rdnr. 171 ff.

[477] BKartA, Leitfaden Fusionskontrolle, Rdnr. 139 f.; Komm., Nichthorizontalleitlinien, Rdnr. 34 ff.

[478] BKartA, Leitfaden Fusionskontrolle, Rdnr. 140.

[479] Komm., Nichthorizontalleitlinien, Rdnr. 38.

ten Stufe.[480] Maßgeblich hierfür sind in erster Linie die relativen Gewinnmargen und Absatzvolumina auf beiden Stufen. Der Anreiz für eine Abschottung ist tendenziell geringer, wenn die zusammengeschlossene Einheit auf dem vorgelagerten Markt wesentlich größere Mengen absetzt als auf dem nachgelagerten Markt. Allein aus einem hohen Marktanteil auf dem vorgelagerten Markt darf also nicht auf eine wettbewerbsbehindernde Wirkung eines vertikalen Zusammenschlusses geschlossen werden.[481] Bei der Würdigung der Anreize können noch weitere Faktoren eine Rolle spielen, z.B. etwaige Gegenreaktionen der Nachfrager, die Eigentümerstruktur in der zusammengeschlossenen Einheit,[482] Vergleiche mit anderen Märkten, Erfahrungen aus der Vergangenheit oder interne Strategiepapiere. Wenn die Umsetzung der Abschottungsstrategie danach wahrscheinlich ist, kann eine erhebliche Behinderung des Wettbewerbs auf dem nachgelagerten Markt darin bestehen, dass die Wettbewerber zu Preiserhöhungen, Qualitätsverschlechterungen, Mengenverknappungen oder einer ähnlichen Verschlechterung ihres Angebots gezwungen werden oder dass die Zutrittsschranken für potenzielle Wettbewerber spürbar angehoben werden.[483]

Die Möglichkeit der **Abschottung von Kunden** hängt davon ab, welche Bedeutung **128**
das vertikal integrierte Unternehmen als Nachfrager für die Wettbewerber auf dem vorgelagerten Markt einnimmt. Maßgeblich sind dafür das Volumen, das die vorgelagerten Wettbewerber an die Zusammenschlussbeteiligten absetzen (im Vergleich zur Gesamtabsatzmenge), und das Bestehen von wirtschaftlichen Ausweichalternativen. Eine Möglichkeit zur Abschottung besteht regelmäßig, wenn die Zusammenschlussbeteiligten als Nachfrager unentbehrlich, also marktbeherrschend sind.[484] Der Anreiz zur Abschottung beurteilt sich wiederum aus einem Vergleich der Kosten mit den möglichen Gewinnen einer solchen Strategie. Die Kosten ergeben sich hauptsächlich aus einem Verzicht auf Effizienzen, wenn die Produkte der vorgelagerten Wettbewerber weniger kosten oder eine höhere Qualität aufweisen als die eigenen Produkte der vertikal integrierten Einheit. Die möglichen Gewinne einer Kundenabschottung folgen aus dem Zuwachs an Marktmacht auf dem vorgelagerten Markt. Daneben können weitere Faktoren die Anreize beeinflussen, z.B. etwaige Gegenreaktionen der Nachfrager, die Beteiligungsverhältnisse, Vergleiche mit anderen Märkten oder früheren Verhaltensweisen oder interne Strategiepapiere.[485] Spürbare Nachteile für den Wettbewerb können dementsprechend aus Preiserhöhungen auf dem vor- oder dem nachgelagerten Markt folgen.[486] Eine Abschottung von Kunden kann besonders effektiv sein, wenn die vorgelagerten Wettbewerber aufgrund von Skalen-, Verbund- oder

---

[480] BKartA, Leitfaden Fusionskontrolle, Rdnr. 141; Komm., Nichthorizontalleitlinien, Rdnr. 40; vgl. BKartA B. v. 20.5.2010, B5–17/10, Rdnr. 114 – *Hunter Douglas/Faber-Benthin* (Abschottung unwahrscheinlich wegen geringer Umsätze auf dem nachgelagerten Markt).

[481] BKartA, Leitfaden Fusionskontrolle, Fn. 214 bei Rdnr. 142; Komm., Nichthorizontalleitlinien, Rdnr. 44.

[482] Wenn das auf dem nachgelagerten Markt tätige Unternehmen den vorgelagerten Lieferanten nicht allein beherrscht, kann es eine Strategie zur Abschottung der Wettbewerber möglicherweise nicht gegen seine Mitgesellschafter durchsetzen, weil letztere zwar den Gewinnrückgang mittragen müssen, von der Gewinnsteigerung auf dem nachgelagerten Markt jedoch nicht profitieren, vgl. Komm., Nichthorizontalleitlinien, Fn. 6 bei Rdnr. 45. Das BKartA erwartet demgegenüber in einer solchen Konstellation einen erhöhten Anreiz zur Abschottung, vgl. BKartA, Leitfaden Fusionskontrolle, Fn. 215 bei Rdnr. 142.

[483] Komm., Nichthorizontalleitlinien, Rdnr. 47ff. Ein Beispiel für die Annahme einer Marktabschottung bei den Einsatzmitteln ist BKartA B. v. 18.7.2008, B5–84/08, Rdnr. 59ff. – *STIHL/ZAMA Asien* (Erwerb eines Lieferanten von Membranvergasern durch den nachgelagerten Hersteller von tragbaren Motorgeräten).

[484] Vgl. BKartA, Leitfaden Fusionskontrolle, Rdnr. 145. Da es hier um die Bewertung von Nachfragemacht geht, ist der Markt aus Anbietersicht abzugrenzen. Es kommt also auf die Ausweichalternativen der vorgelagerten Lieferanten an, einschließlich des Angebots für andere Verwendungszwecke, vgl. Komm., Nichthorizontalleitlinien, Rdnr. 66.

[485] Vgl. BKartA B. v. 8.12.2011, B8–94/11, Rdnr. 81ff. – *RWE/Stadtwerke Unna* (Abschottung unwahrscheinlich im Hinblick auf früheres Marktverhalten der Beteiligten).

[486] Komm., Nichthorizontalleitlinien, Rdnr. 72ff.

Netzwerkeffekten nur ab einer bestimmten Mindestgröße wettbewerbsfähig sind und sie durch den abschottungsbedingten Rückgang ihrer Absatzmenge unter diese Größe zu fallen drohen.[487]

129 Fraglich ist, ob im Rahmen der Anreizprüfung auch zu würdigen ist, dass eine Abschottung von Einsatzmitteln oder Kunden **unrechtmäßig,** insbesondere kartellrechtswidrig wäre. Im Anschluss an das *Tetra Laval*-Urteil des EuGH berücksichtigt die Kommission die verhaltenssteuernde Wirkung des europäischen Kartellrechts, wenn die Abschottung höchstwahrscheinlich unrechtmäßig wäre und eine ausreichende Sanktionswahrscheinlichkeit besteht.[488] Das BKartA lehnt eine entsprechende Prüfung demgegenüber ab, weil es Aufgabe der Fusionskontrolle sei, die Entstehung von Gefahrenlagen für den Wettbewerb von vornherein zu verhindern, ohne nachträglich die Missbrauchskontrolle bemühen zu müssen.[489] Die jüngere Rechtsprechung des BGH lässt jedoch erkennen, dass die Kartellrechtswidrigkeit eines Verhaltens im Rahmen der nach § 36 Abs. 1 Satz 1 GWB gebotenen Prognose nicht außer Acht gelassen werden darf.[490] Dies spricht dafür, die Sanktionen, die einem Unternehmen bei Verstößen gegen §§ 19, 20 GWB und Art. 102 AEUV mit hinreichender Wahrscheinlichkeit drohen, in die Kosten-Nutzen-Analyse bei der Würdigung der Folgen eines vertikalen Zusammenschlusses einzubeziehen.

130 *(2) Sonstige unilaterale Wirkungen.* Wettbewerbsbehindernde Wirkungen eines vertikalen Zusammenschlusses können auch aus einem **Zugang zu vertraulichen Unternehmensinformationen** resultieren. Dabei geht es darum, dass ein Unternehmen durch die Integration mit einem Lieferanten bzw. einem Abnehmer Einblick in die Wettbewerbsstrategien seiner Wettbewerber erhält (infolge der nunmehr bestehenden Lieferanten-Kunden-Beziehung mit diesen Wettbewerbern). Die Befürchtung ist, dass aktuelle Wettbewerber deswegen auf Wettbewerbsvorstöße und potenzielle Wettbewerber auf einen Marktzutritt verzichten.[491] Ähnlich wie bei der Abschottung von Einsatzmitteln oder Kunden wird die integrierte Einheit letztlich wegen der Möglichkeit der Informationsnutzung als Handelspartner für die Wettbewerber unattraktiver.

131 *cc) Konglomerate Zusammenschlüsse.* Bei konglomeraten Zusammenschlüssen[492] stehen die beteiligten Unternehmen weder in einem Horizontal- noch in einem Vertikalverhältnis. Damit derartige Zusammenschlüsse überhaupt zu Wettbewerbsbedenken Anlass geben können, müssen die beteiligten Unternehmen – abgesehen von dem Ausnahmefall eines Zugewinns an Finanzkraft[493] – auf **eng verwandten Märkten** tätig sein, insbesondere solchen, bei denen die Lieferanten oder Kunden größtenteils identisch sind. Wettbewerbliche Auswirkungen sind hier typischerweise zu erwarten, wenn die Produkte der beteiligten Unternehmen Komplementäre sind, d. h. der Nutzen für den Kunden bei einem kombinierten Konsum höher ist als bei einem isolierten Konsum.[494] Die Zusammenführung komplementärer Produkte in einer Hand birgt regelmäßig ein erhebliches Potenzial für Effizienzen, weil das Unternehmen bei der Festsetzung der Preise für die Einzelprodukte

[487] Vgl. BKartA, Leitfaden Fusionskontrolle, Rdnr. 146; Komm., Nichthorizontalleitlinien, Rdnr. 62 ff. Ein Beispiel für die Annahme einer Kundenabschottung ist BKartA B. v. 15.11.2007, B1–190/07, Rdnr. 88 ff. – *Faber/BAG/AML* (vertikale Integration eines Straßenbauunternehmens mit einem Asphalthersteller).

[488] Komm., Nichthorizontalleitlinien, Rdnr. 46.

[489] BKartA, Leitfaden Fusionskontrolle, Rdnr. 175 (bzgl. konglomerater Zusammenschlüsse); anders aber offenbar BKartA E. v. 18.5.2009, B5–45/09 (Fallbericht), S. 2 – *KSB/Kagema Industrieausrüstungen.*

[490] Vgl. BGH WuW/E DE-R 2905, Rdnr. 92 – *Phonak/GN Store;* BGH WuW/E DE-R 3695, Rdnr. 24 ff. – *Haller Tagblatt.*

[491] BKartA, Leitfaden Fusionskontrolle, Rdnr. 149 f.; Komm., Nichthorizontalleitlinien, Rdnr. 78. Beispiele für diese Schadenstheorie sind BGH WuW/E DE-R 2451, Rdnr. 62 – *E.ON/Stadtwerke Eschwege* (bejaht); BKartA B. v. 20.6.2006, B4–32/06, S. 44 f. – *Putzmeister/Esser* (verneint).

[492] Teilweise auch als diversifizierende oder diagonale Zusammenschlüsse bezeichnet.

[493] Dazu oben Rdnr. 112 ff. und unten Rdnr. 141.

[494] BKartA, Leitfaden Fusionskontrolle, Rdnr. 160.

die positiven Auswirkungen vereinnahmt, die eine Preissenkung bei dem einen Produkt für die Absatzmenge des anderen Produktes hat („Cournot-Effekt"). Weitere Effizienzen erwachsen z. B. aus Verbundeffekten in der Form einer besseren Kompatibilität der Produkte oder eines höheren Verbrauchernutzens bei dem Bezug aus einer Hand („One-Stop-Shopping"). Konglomerate Zusammenschlüsse sind deshalb meist wettbewerbsfördernd.[495]

Zu wettbewerbsbehindernden unilateralen Effekten können konglomerate Zusammenschlüsse nur mittelbar führen. Notwendig hierfür ist, dass die beteiligten Unternehmen nach Vollzug des Zusammenschlusses eine gezielte Strategie zur Behinderung ihrer Wettbewerber umsetzen. Dementsprechend ist hier – wie auch bei vertikalen Zusammenschlüssen – in **drei Schritten** zu prüfen, ob (1) das zusammengeschlossene Unternehmen die Möglichkeit für eine Behinderungsstrategie hat, ob (2) hinreichende Anreize für eine Umsetzung der Strategie bestehen und ob (3) die erwarteten negativen Wirkungen unter Berücksichtigung etwaiger Effizienzgewinne eine erhebliche Behinderung wirksamen Wettbewerbs im Sinne von § 36 Abs. 1 Satz 1 GWB bedeuten.[496] Die Notwendigkeit einer Anreizprüfung hat das BKartA zwischenzeitlich – entgegen seiner früheren Praxis[497] – ausdrücklich anerkannt.[498] 132

(1) Abschottungsstrategien. Eine Behinderung von Wettbewerbern kann im Falle konglomerater Zusammenschlüsse daraus resultieren, dass die Produkte der beteiligten Unternehmen nach dem Zusammenschluss nur noch **gekoppelt oder gebündelt** angeboten werden. Unter Bündelung („Bundling") wird meist verstanden, dass zwei Produkte nur zusammen in einem festgelegten Verhältnis erworben werden können, während das Verhältnis im Falle der Koppelung („Tying") variabel ist.[499] Die Verknüpfung kann vertraglich oder technisch bedingt sein oder darauf beruhen, dass die Produkte im Paket günstiger verkauft werden als im Fall eines Einzelbezugs.[500] 133

Die **Möglichkeit** von Kopplungs- und Bündelungsstrategien hängt davon ab, dass die Zusammenschlussbeteiligten wenigstens auf einem der betroffenen Märkte über erhebliche Marktmacht verfügen. Nur wenn die Kunden für das betreffende Produkt keine ausreichenden Ausweichmöglichkeiten haben, kann ihre Nachfrage im Wege der Kopplung oder Bündelung auf das andere Produkt gelenkt werden.[501] Die Marktmacht auf dem einen Markt dient als „Hebel" zur Erlangung von Marktmacht auf dem anderen Markt. Weitere Faktoren, die die Effektivität einer Kopplungs- und Bündelungsstrategie beeinflussen, sind der Anteil der gemeinsamen Kunden für beide Produkte,[501a] die Präferenzen der Kunden für den Kauf von Produktbündeln[501b], die Dauerhaftigkeit der Kopplungs- oder Bündelungsstrategie und etwaige Gegenreaktionen der Wettbewerber oder Kunden.[502] In dem Fall *Springer/ProSiebenSat1* wurde die Möglichkeit eines „Hebels" bereits darin gesehen, 134

[495] Komm., Nichthorizontalleitlinien, Rdnr. 13, 93, 117 f.

[496] Vgl. Komm., Nichthorizontalleitlinien, Rdnr. 94.

[497] Vgl. z. B. BKartA WuW/E DE-V 669, 670 ff. – *Getinge/Heraeus* (nur Prüfung der Möglichkeiten, nicht der Anreize für eine Abschottungsstrategie).

[498] BKartA, Leitfaden Fusionskontrolle, Rdnr. 172 ff.

[499] BKartA, Leitfaden Fusionskontrolle, Fn. 236 bei Rdnr. 165; Komm., Nichthorizontalleitlinien, Rdnr. 96 f. (irreführende Übersetzung).

[500] Vgl. Komm., Nichthorizontalleitlinien, Rdnr. 96 f.; EuG U. v. 14.12.2005, Rs. T-210/01, Slg. 2005 II-5596, Rdnr. 406 – *General Electric.*

[501] BKartA, Leitfaden Fusionskontrolle, Rdnr. 169; Komm., Nichthorizontalleitlinien, Rdnr. 99.

[501a] Vgl. BKartA E. v. 10. 11. 2014, B1–208/14 (Fallbericht) – *Geberit/Sanitec* (keine Bündelung von WC-Spülsystemen und Sanitärkeramik, da erstere vom Installateur und letztere vom Endkunden ausgewählt werden).

[501b] Hieran fehlt es z. B., wenn Kunden die Produkte nicht gleichzeitig beschaffen, ihnen die Qualität der einzelnen Produkte wichtiger ist als Preisnachlässe für gebündelte Angebote oder sie Mehr-Lieferanten-Strategien verfolgen, BKartA B. v. 12.11.2014, B5–138/13, Rdnr. 270 ff., 281 ff. – *Tokyo Electron/Applied Materials.*

[502] Eine Gegenstrategie kann z. B. darin bestehen, dass Kunden die Produkte kombiniert kaufen und einzeln weiterverkaufen, s. BKartA, Leitfaden Fusionskontrolle, Rdnr. 170 f., 174; Komm., Nichthorizontalleitlinien, Rdnr. 100 ff.

dass die marktbeherrschenden Zeitungen von *Springer* (z.B. *Bild*) die ebenfalls marktbeherrschenden Fernsehsender von *ProSiebenSat1* gezielt und zum Nachteil dritter Sender hätten bewerben können („cross-mediale Werbung“).[503] Eine derart schwache „Kopplung“ dürfte aber wohl nur ausnahmsweise marktabschottend wirken, nämlich wenn das zusammengeschlossene Unternehmen bereits auf beiden konglomerat betroffenen Märkte eine marktbeherrschende Stellung einnimmt.

135 Die Bewertung der **Anreize** für eine Kopplungs- oder Bündelungsstrategie erfordert eine Gegenüberstellung der zu erwartenden Kosten mit den möglichen Gewinnen einer solchen Strategie. Die Kosten ergeben sich aus dem Absatzrückgang, wenn Kunden, die nur an einem der gekoppelten oder gebündelten Produkte interessiert sind, auf den Erwerb des Produktpakets verzichten oder ihre Nachfrage zurückfahren. Die möglichen Gewinne folgen aus der höheren Gewinnmarge, wenn die Strategie erfolgreich ist und die zusammengeschlossene Einheit (zusätzliche) Marktmacht auf einem der verknüpften Märkte erlangt. Zu berücksichtigen sind hier auch die relativen Margen und Absatzvolumina der betreffenden Produkte. Der Anreiz für eine Kopplung oder Bündelung ist tendenziell gering, wenn die zusammengeschlossene Einheit für einen zusätzlichen Umsatz auf einem Markt mit geringen Absatzmengen und kleinen Margen auf erheblichen Umsatz auf einem hochrentablen Markt verzichten müsste.[504] Umgekehrt sind die möglichen Gewinne auf dem verbundenen Markt tendenziell höher, wenn dort Skalen- oder Netzwerkeffekte auftreten.[505]

136 Fraglich ist auch hier, ob im Rahmen der Anreizprüfung zu würdigen ist, dass die **Missbrauchsverbote** in §§ 19, 20 GWB und Art. 102 AEUV eine abschreckende Wirkung haben können. Das BKartA lehnt dies mit dem Argument ab, dass die Fusionskontrolle Gefahren für den Wettbewerb bereits im Vorhinein verhindern soll.[506] Die jüngere Rechtsprechung des BGH deutet jedoch darauf hin, dass die Kartellrechtswidrigkeit eines Verhaltens im Rahmen der nach § 36 Abs. 1 Satz 1 GWB gebotenen Prognose nicht völlig außer Acht gelassen werden darf.[507]

137 Wenn die Umsetzung der Kopplungs- oder Bündelungsstrategie danach wahrscheinlich ist, kann eine **erhebliche Behinderung des Wettbewerbs** darin bestehen, dass die zusammengeschlossene Einheit auf einem der betroffenen Märkten Marktmacht gewinnt oder dass die Zutrittsschranken für potenzielle Wettbewerber spürbar angehoben werden. Die setzt voraus, dass die Kopplungs- oder Bündelungsstrategie einen erheblichen Teil des Marktes erfasst und dass etwaige Effizienzgewinne die Nachteile für den Wettbewerb nicht aufwiegen.[508]

138 *(2) Sonstige unilaterale Wirkungen.* Der Leitfaden des BKartA zur Marktbeherrschung in der Fusionskontrolle nennt neben der Möglichkeit von Abschottungsstrategien drei weitere Fallgruppen für unilaterale Effekte von konglomeraten Zusammenschlüssen:

139 Wenn die Produkte der zusammengeschlossenen Unternehmen in einem aktuellen oder potenziellen **Substitutionsverhältnis** stehen, kann der Zusammenschluss zu einem Verlust von Rand- bzw. potenziellen Wettbewerb führen.[509] Die wettbewerbliche Würdigung entspricht hier der Vorgehensweise bei horizontalen Zusammenschlüssen.[510]

140 Als zweite Fallgruppe werden mögliche **Portfolioeffekte** genannt. Dabei geht es darum, dass die Erweiterung der Produktpalette der zusammengeschlossenen Einheit für die

---

[503] BGH WuW/E DE-R 3067, Rdnr. 46ff. – *Springer/ProSieben II;* krit. dazu *Satzky,* WuW 2006, 870, 877ff.

[504] BKartA, Leitfaden Fusionskontrolle, Fn. 239 bei Rdnr. 172; BKartA E. v. 10.11.2014, B1–208/14 (Fallbericht) – *Geberit/Sanitec;* Komm., Nichthorizontalleitlinien, Rdnr. 107f.

[505] BKartA, Leitfaden Fusionskontrolle, Rdnr. 173; vgl. Komm., Nichthorizontalleitlinien, Rdnr. 101.

[506] BKartA, Leitfaden Fusionskontrolle, Rdnr. 175.

[507] Vgl. oben Rdnr. 129.

[508] Komm., Nichthorizontalleitlinien, Rdnr. 111ff.; zu den Effizienzen unten Rdnr. 171ff.

[509] BKartA, Leitfaden Fusionskontrolle, Rdnr. 163f.

[510] Dazu oben Rdnr. 118ff.

Nachfrager einen Mehrwert haben kann, weil diese die Belieferung aus einer Hand („One-Stop-Shopping") bevorzugen.[511] Portfolioeffekte führen jedoch in erster Linie zu Effizienzen und sind deshalb wettbewerblich positiv zu beurteilen. Wettbewerbsbedenken können allenfalls auftauchen, wenn die Wettbewerber aufgrund der Portfolioeffekte von einem Markt abgeschottet werden. Dies entspricht den möglichen wettbewerbsschädlichen Folgen von Kopplungs- und Bündelungsstrategien und sollte ebenso beurteilt werden.[512]

Die dritte Fallgruppe betrifft den Abschreckungs- und Entmutigungseffekt, der mit einer **Stärkung von Ressourcen** verbunden wird.[513] Der BGH hat in seiner frühen Rechtsprechung bereits den „Abschreckungs- und Entmutigungseffekt", der infolge der Einbindung eines mittelständischen Unternehmens in eine umsatzstarke Unternehmensgruppe bei dessen aktuellen und potenziellen Wettbewerber auftrete, für eine Untersagung genügen lassen.[514] Diese Rechtsprechung wird heute zu recht kritisch gesehen.[515] Auch das BKartA hat sich mittlerweile von ihr distanziert.[516] Voraussetzung für die Anerkennung entsprechender Effekte ist jedenfalls, dass für die zusammengeschlossene Einheit tatsächlich aufgrund eines Zugewinns an Finanzkraft die Möglichkeit und die wirtschaftlichen Anreize für eine wettbewerbsbehindernde Verdrängungsstrategie bestehen.[517] 141

3. Wettbewerbsbehinderung durch koordinierte Effekte (gemeinsame Marktbeherrschung). Ein Zusammenschluss kann wirksamen Wettbewerb auch durch die Begründung oder Verstärkung einer gemeinsamen marktbeherrschenden Stellung im Sinne von § 18 Abs. 5 GWB erheblich behindern („koordinierte Effekte"). Dies ist der Fall, wenn der Zusammenschluss die Wahrscheinlichkeit erhöht, dass die Unternehmen im relevanten Markt ein **wettbewerbsschädigendes Parallelverhalten** an den Tag legen. 142

a) Voraussetzungen der gemeinsamen Marktbeherrschung. Das Konzept der gemeinsamen Marktbeherrschung beschreibt eine Situation, bei der ein Markt durch wenige Unternehmen dominiert wird, die es im Interesse der Gewinnmaximierung als vorzugswürdig erachten, sich (bewusst) parallel zu verhalten und auf Wettbewerb untereinander zu verzichten, obwohl sie individuell durchaus über ein erhebliches Potential für Wettbewerb verfügen. Dieses Parallelverhalten beruht nicht auf einer (nach § 1 GWB verbotenen) Absprache oder Abstimmung, sondern folgt aus der Marktstruktur, die ein **dauerhaft einheitliches Verhalten der Oligopolmitglieder** erlaubt und befördert. Ein solches Parallelverhalten wird auch als **„implizite Kollusion"**[518] oder **„stillschweigende Koordinierung"**[519] bezeichnet. § 18 Abs. 5 GWB greift diesen Sachverhalt auf, indem er das Konzept der Marktbeherrschung auf Gruppen von zwei oder mehr Unternehmen (marktbeherrschendes Oligopol bzw. Oligopson) erweitert. Die Voraussetzungen hierfür sind, dass (1) zwischen den betreffenden Unternehmen *kein wesentlicher Wettbewerb* besteht (Fehlen wesentlichen Binnenwettbewerb) und dass (2) diese Unternehmen *in ihrer Gesamtheit die Voraussetzungen der Einzelmarktbeherrschung* des § 18 Abs. 1 GWB *erfüllen* (Fehlen wesentlichen Außenwettbewerbs). Liegen diese Voraussetzungen vor, ist – ungeachtet des insoweit nicht ganz klaren Gesetzeswortlauts – jedes einzelne diesem Oligopol/Oligopson angehörige Unternehmen marktbeherrschend.[520] 143

---

[511] BKartA, Leitfaden Fusionskontrolle, Rdnr. 176; vgl. KG WuW/E OLG 3759 – *Pillsbury/Sonnen-Bassermann;* BKartA WuW/E DE-V 669, 671 – *Getinge/Heraeus;* BKartA B. v. 19.7.2006, B3–50/06, S. 25 – *PF/Invista;* für die europäische Fusionskontrolle: Komm. E. v. 15.10.1997, ABl. 1998 L 288/24, Rdnr. 40 f. – *Guinness/Grand Metropolitan.*

[512] Vgl. Komm., Horizontalleitlinien, Rdnr. 104; *Niels/Jenkins/Kavanagh,* Economics, S. 370.

[513] BKartA, Leitfaden Fusionskontrolle, Rdnr. 172.

[514] BGH WuW/E BGH 1501, 1508 ff. – *Kfz-Kupplungen;* BGH WuW/E BGH 2150, 2157 – *Edelstahlbestecke.*

[515] *Bechtold,* GWB, § 36 Rdnr. 27; *Immenga/Mestmäcker-Thomas,* GWB, 5. Aufl., § 36 Rdnr. 560.

[516] Vgl. BKartA, Leitfaden Fusionskontrolle, Rdnr. 49 ff.

[517] Zum Ganzen oben Rdnr. 112 ff.

[518] Vgl. BGH WuW/E DE-R 2451, Rdnr. 39 – *E.ON/Stadtwerke Eschwege.*

[519] BKartA, Leitfaden Fusionskontrolle, Rdnr. 81.

[520] KG WuW/E OLG 2093, 2094 – *Bituminöses Mischgut* (insoweit nicht beanstandet von BGH WuW/E BGH 1763 – *Bituminöses Mischgut*).

144 Bei der Untersuchung, ob maßgeblicher Binnen- und Außenwettbewerb herrscht, ist erneut eine **Gesamtbetrachtung aller maßgeblichen Umstände** geboten.[521] Der BGH hat hierfür mit der Entscheidung *E.ON/Stadtwerke Eschwege* folgendes Prüfschema entwickelt: In Bezug auf den Binnenwettbewerb ist zunächst zu prüfen, ob aufgrund der Marktstruktur mit einem dauerhaft einheitlichen Verhalten der Oligopols-Mitglieder zu rechnen ist („enge Reaktionsverbundenheit").[522] Maßgeblich hierfür sind die sog. *Airtours*-Kriterien des europäischen Rechts.[523] Ein bewusstes Parallelverhalten der Oligopolisten ist danach wahrscheinlich, wenn der Markt hinreichend transparent ist und die Oligopolisten aufgrund eines wirksamen Abschreckungs- und Sanktionsmechanismus keinen Anreiz haben, von dem gemeinsamen Vorgehen abzuweichen.[524] Liegen diese Strukturmerkmale vor, ist zweitens zu prüfen, ob deren indizielle Bedeutung dadurch entkräftet wird, dass tatsächlich wesentlicher Wettbewerb zwischen den Oligopolmitgliedern stattfindet.[525] Ist dies nicht der Fall, so ist schließlich das Fehlen maßgeblichen Außenwettbewerbs entsprechend § 18 Abs. 1 GWB zu untersuchen, wobei insbesondere der gemeinsame Marktanteil des Oligopols und sein Abstand zu den nächststarken Wettbewerbern eine Rolle spielen.[526] Das Problem liegt hier in der Frage, wer zur Gruppe der Oligopolisten gehört und wer Außenseiter ist.[527]

145 Einzel- und Oligopolmarktbeherrschung **können nicht nebeneinander** vorliegen.[528] Denn wenn ein Unternehmen im Sinne von § 18 Abs. 1 GWB einzelmarktbeherrschend ist, verfügt es über erweiterte Handlungsspielräume, die von dem Verhalten seiner Wettbewerber unabhängig sind. Bei § 18 Abs. 5 GWB geht es demgegenüber um erweiterte Handlungsspielräume, die sich für mehrere Unternehmen aus einer engen Reaktionsverbundenheit und der daraus resultierenden (autonomen) Koordination ihres Verhaltens ergeben. In der Praxis lassen sich diese beiden Ausformungen der Marktbeherrschung dennoch nicht immer zweifelsfrei voneinander trennen. Ein gleichförmiges Marktverhalten kann Folge eines bewussten Parallelverhaltens oder Folge der Stärke des Marktführers sein. Wenn sich in einem oligopolistisch geprägten Markt Unternehmen zusammenschließen, die nicht Marktführer sind, hängt der Ausgang des Marktbeherrschungstests möglicherweise davon ab, ob diese Unternehmen zusammen mit dem Marktführer ein marktbeherrschendes Oligopol bilden oder nicht. Entscheidend für die Abgrenzung ist dann, ob die strukturellen Wettbewerbsbedingungen ein bewusstes Parallelverhalten begünstigen. Fehlt es an derartigen Strukturbedingungen, insbesondere weil es sich um einen intransparenten

---

521 BGH WuW/E DE-R 2451, Rdnr. 39 und 52 – *E.ON/Stadtwerke Eschwege;* so zuvor schon BGH WuW/E BGH 1824, 1827 f. – *Tonolli/Blei- und Silberhütte Braubach;* KG WuW/E OLG 3051, 3072 – *Morris/Rothmans.*

522 BGH WuW/E DE-R 2451, Rdnr. 39 – *E.ON/Stadtwerke Eschwege;* vgl. auch BGH WuW/E DE-R 2905, Rdnr. 55 – *Phonak/GN Store;* BGH WuW/E DE-R 3067, Rdnr. 21 – *Springer/ProSieben II.*

523 EuG U. v. 6.6.2002, Rs. T-342/99, Slg. 2002 II-2585, Rdnr. 62 – *Airtours/First Choice;* zustimmend EuGH U. v. 10.7.2008, Rs. C-413/06 P, Slg. 2008 I-4951, Rdnr. 123 f. – *Bertelsmann und Sony/Impala;* gegen die Übertragung der Kriterien in das deutsche Recht noch BKartA WuW/E DE-V 837, 840 – *E.ON/Stadtwerke Lübeck.* Zu den *Airtours*-Kriterien auch *Wagemann* in § 16 Rdnr. 109 ff.

524 Das dritte *Airtours*-Kriterium des EuG – voraussichtliche Reaktionen der Konkurrenten und Verbraucher – betrifft den Außenwettbewerb, dazu unten Rdnr. 161 f.

525 BGH WuW/E DE-R 2451, Rdnr. 39, 41 und 44 – *E.ON/Stadtwerke Eschwege;* BGH WuW/E DE-R 2905, Rdnr. 72 – *Phonak/GN Store;* BGH WuW/E DE-R 3067, Rdnr. 22 – *Springer/ProSieben II.*

526 BGH WuW/E DE-R 2451, Rdnr. 52 – *E.ON/Stadtwerke Eschwege;* BGH WuW/E DE-R 3591, Rdnr. 79 – *Total/OMV.*

527 Damit hat sich bereits 1982 grundlegend der BGH in WuW/E BGH 2025, 2026 ff. – *Texaco/Zerssen* befasst und entschieden, dass sogar 16 Wettbewerber ein marktbeherrschendes Oligopol (für Heizöl) bilden können.

528 KG WuW/E OLG 2234, 2235 – *Tonolli/Blei- und Silberhütte Braubach;* KG WuW/E OLG 3759, 3765 – *Pillsbury/Sonnen-Bassermann; Immenga/Mestmäcker-Möschel,* GWB, 4. Aufl., § 19 Rdnr. 79.

Markt mit heterogenen Produkten handelt, kann der Zusammenschluss allerdings noch zu erheblichen unilateralen Effekten führen.[529]

Den Nachweis der Marktbeherrschung erleichtern die beiden **Oligopolmarktbeherrschungsvermutungen** des § 18 Abs. 6 GWB. Als marktbeherrschend gelten danach eine Unternehmensgruppe aus drei oder weniger Unternehmen mit einem gemeinsamen Marktanteil von mindestens 50% („Dreieroligopol") und eine Unternehmensgruppe aus fünf oder weniger Unternehmen mit einem gemeinsamen Marktanteil von mindestens zwei Dritteln („Fünferoligopol"). Diese Vermutungen sind gemäß § 18 Abs. 7 GWB durch zwei alternative Nachweise widerlegbar: bezogen auf den Binnenwettbewerb durch den Nachweis von Wettbewerbsbedingungen, die *wesentlichen Wettbewerb* zwischen den Oligopolmitgliedern erwarten lassen, oder bezogen auf den Außenwettbewerb durch den Nachweis, dass die *Marktstellung des Oligopols* im Verhältnis zu den übrigen Wettbewerbern *nicht überragend* ist. In der Fusionskontrolle gelten die Oligopolmarktbeherrschungsvermutungen nicht nur für Zusammenschlüsse zwischen den Oligopolisten, sondern auch für einen Zusammenschluss eines Oligopolisten mit einem anderen Unternehmen, unabhängig davon, auf welchem Markt das andere Unternehmen zuvor tätig war.[530] 146

Oligopolmarktbeherrschungsvermutungen für das Dreier- und das Fünferoligopol wurden erstmals durch die 2. GWB-Novelle (1973) in das Gesetz eingeführt. Diese Vermutungstatbestände waren, ebenso wie der heutige § 18 Abs. 6 GWB, marktanteilsbezogen[531] und galten gleichermaßen für die Missbrauchs- wie die Fusionskontrolle. Mit der 4. GWB-Novelle verschärfte der Gesetzgeber diese Vermutungen speziell für den Bereich der Fusionskontrolle. Der Hintergrund hierfür war, dass die bisherige allgemeine Regelung bereits durch den Nachweis aktuellen Wettbewerbs zwischen den Oligopolisten entkräftet werden konnte.[532] Der Gesetzgeber sah hierin einen Widerspruch zum strukturbezogenen Ansatz der Fusionskontrolle.[533] Er **erhöhte** deshalb die **Anforderungen an den Nachweis von Binnenwettbewerb** mit Blick auf die längerfristigen strukturellen Wirkungen eines Zusammenschlusses: Nachgewiesen werden musste nicht bloß wesentlicher Wettbewerb zwischen den Oligopolmitgliedern, sondern das Vorliegen von Strukturbedingungen, die auch nach dem Zusammenschluss ebensolchen Wettbewerb erwarten lassen.[534] Mit der 6. GWB-Novelle wurden diese Verschärfung aus dem Bereich der Fusionskontrolle in den Abschnitt über die marktbeherrschenden Unternehmen übertragen; fortan galt sie also auch für die Missbrauchsaufsicht, ohne dass ersichtlich wäre, dass der Gesetzgeber dies beabsichtigt hätte.[535] Mit der 8. GWB-Novelle wurden die Vermutungen schließlich, im Wesentlichen unverändert,[536] übersichtlicher strukturiert und in § 18 Abs. 6 und Abs. 7 GWB neu verortet. 147

Nicht abschließend geklärt ist, welche **Rechtsfolgen** die Oligopolvermutungen des § 18 Abs. 6 GWB im Bereich der Fusionskontrolle haben. Die wohl h. M. geht davon aus, dass die Regelung eine echte Umkehr der (formellen und materiellen) Beweislast enthält und sich insofern von der Einzelmarktbeherrschungsvermutung des § 18 Abs. 4 GWB 148

[529] Dazu oben Rdnr. 82ff.

[530] Vgl. *Schultz,* WuW 1981, 102, 110; *Langen/Bunte-Bardong,* GWB, § 18 Rdnr. 221; aA *Bernotat,* WuW 1980, 713, 715.

[531] Die Vermutung des § 22 Abs. 3 Satz 1 Nr. 2 GWB enthielt darüber hinaus eine Umsatzschwelle. Sie galt nicht, „soweit es sich um Unternehmen handelt, die im letzten abgeschlossenen Geschäftsjahr Umsatzerlöse von weniger als 100 Millionen Deutscher Mark hatten".

[532] Vgl. BGH WuW/E BGH 1824, 1827f. – *Tonolli/Blei- und Silberhütte Braubach.*

[533] Begr. RegE zur 4. Novelle, BT-Drucks. 8/2136, S. 12.

[534] § 23a Abs. 2 Satz 1 aE GWB aF; dazu Bericht des Wirtschaftsausschusses zur 4. GWB-Novelle, BT-Drucks. 8/3690, S. 27.

[535] Die Bundesregierung hatte noch vorgeschlagen, die Marktbeherrschungsvermutungen für den Bereich der Missbrauchsaufsicht zu streichen und bei der Fusionskontrolle zu konsolidieren, Begr. RegE zur 6. Novelle, BT-Drucks. 13/9720, S. 36, 43 und 56. Nachdem sich dieser Vorschlag nicht durchsetzen konnte, kam es zur Übernahme der konsolidierten Vermutungstatbestände in § 19 Abs. 3 GWB aF, vgl. Bericht des Wirtschaftsausschusses, BT-Drucks. 13/10633, S. 71f.

[536] Vgl. Begr. RegE zur 8. GWB-Novelle, BT-Drucks. 17/9852, S. 23.

unterscheidet.[537] Dies bedeutet erstens – insoweit im Einklang mit § 18 Abs. 4 GWB –, dass die materiell beweisbelasteten Zusammenschlussbeteiligten im Falle der Unaufklärbarkeit als Marktbeherrscher gelten. Darüber hinaus sollen die betreffenden Unternehmen aber, zweitens, auch die formelle Beweislast tragen, also selbst die Umstände zur Widerlegung der Vermutungen nach § 18 Abs. 7 GWB vortragen und nachweisen müssen. Begründet wird dies meist mit dem unterschiedlichen Wortlaut der Vermutungen („vermutet" in § 18 Abs. 4 GWB gegenüber „gilt" in § 18 Abs. 6 GWB) und den Gesetzesmaterialien zur 4. GWB-Novelle.[538] Gegen diese Ansicht ist einzuwenden, dass das Gesetz die Regelung des § 18 Abs. 6 GWB seit der 8. GWB-Novelle nunmehr ausdrücklich ebenfalls als „Vermutung" bezeichnet (§ 18 Abs. 7 GWB). Auch geben die Materialien zur 4. GWB-Novelle in Bezug auf die Rechtsfolgen wenig her, weil es dem Gesetzgeber damals um die Einschränkung der Widerlegungsmöglichkeiten ging, nicht um eine (Neu-) Regelung der formellen Beweislast.[539] Schließlich ist es auch in der Sache nicht nachvollziehbar, warum eine in Bezug auf das einzelne Unternehmen bei geringeren Marktanteilen ansetzende Regelung für dieses weiterreichende Rechtsfolgen haben soll als die Einzelmarktbeherrschungsvermutung des § 18 Abs. 4 GWB. Im Einklang mit der BGH-Rechtsprechung zur Einzelmarktbeherrschungsvermutung kann sich das BKartA deshalb nicht mit dem Nachweis der Vermutungsvoraussetzungen begnügen; vielmehr hat es die volle Amtsermittlungspflicht und muss umfassend darlegen, aus welchen Tatsachen sich das Bestehen eines Oligopols ableiten lässt. Erst bei einem *non liquet* kommen die Oligopolmarktbeherrschungsvermutungen zum Tragen.[540] Im Ergebnis nähert sich auch die h.M. diesem Ergebnis an, indem sie die Aufklärungs- und Ermittlungspflicht des BKartA für Umstände wieder aufleben lässt, die außerhalb der Sphäre der beweisbelasteten Unternehmen liegen. So sei das BKartA zur Aufklärung verpflichtet, wenn die Zusammenschlussbeteiligten erhebliche Umstände vortrügen, von denen sie keine genauen Kenntnis haben könnten, oder wenn sich die weiteren Ermittlungen dem Amt aufgrund seiner sonstigen Kenntnisse vom Sachverhalt aufdrängten.[541] Die Vermutungen haben damit im Ergebnis eine vorwiegend verfahrenstechnische Funktion, indem sie den Zusammenschlussbeteiligten Anreize zur Zusammenarbeit mit dem BKartA setzen.[542]

149 Der Wortlaut des § 18 Abs. 6 GWB würde es bei einer entsprechenden Verteilung der Marktanteile zulassen, aus einer Gruppe von Unternehmen beliebige Dreier- oder Fünferoligopole zusammenzustellen, die jeweils die gesetzlichen Schwellenwerte erfüllen. Sachgerecht im Sinne der Erfassung von Marktmacht ist demgegenüber nur eine Auslegung, nach der die Vermutungen nur **in der Reihenfolge der Marktanteile** gegen die Unternehmen angewendet werden. Dies entspricht der historischen Auslegung[543] und ist nahezu allgemein akzeptiert.[544] Das BKartA macht von diesem Grundsatz allerdings eine Ausnah-

---

537 KG WuW/E OLG 3051, 3071 – *Morris/Rothmans;* OLG Düsseldorf B. v. 26.11.2008, VI-Kart 8/07 (V), Rdnr. 81 – *Phonak/ReSound II* (insoweit nicht abgedruckt in WuW/E DE-R 2477); *Immenga/Mestmäcker-Möschel,* GWB, 4. Aufl., § 19 Rdnr. 97; *Loewenheim/Meessen/Riesenkampff-Götting,* GWB, § 19 Rdnr. 54; *Bechtold,* GWB, § 18 Rdnr. 74; *Langen/Bunte-Bardong,* GWB, § 18 Rdnr. 223 ff.

538 KG WuW/E OLG 3051, 3071 – *Morris/Rothmans; Langen/Bunte-Bardong,* GWB, § 18 Rdnr. 223.

539 Dazu oben Rdnr. 147.

540 Vgl. BGH WuW/E BGH 1749, 1754 – *Klöckner/Becorit;* ebenso OLG Düsseldorf WuW/E DE-R 1625, 1628 – *Rethmann/GfA Köthen.*

541 KG WuW/E OLG 3051, 3071 – *Morris/Rothmans;* BKartA, Leitfaden Fusionskontrolle, Rdnr. 89.

542 Vgl. zur Einzelmarktbeherrschungsvermutung oben Rdnr. 72.

543 Die Oligopolmarktbeherrschungsvermutungen des § 23a Abs. 2 Satz 1 GWB aF galten ausdrücklich nur für die Unternehmen, die „auf einem Markt die höchsten Marktanteile" erreichten. Die Streichung des Tatbestandsmerkmals „höchste Marktanteile" durch die 6. GWB-Novelle sollte nach dem gesetzgeberischen Willen in der Sache keine Bedeutung haben, Begr. RegE zur 6. GWB-Novelle, BT-Drucks. 13/9720, S. 56.

544 *Immenga/Mestmäcker-Möschel,* GWB, 4. Aufl., § 19 Rdnr. 97; *Bechtold,* GWB, § 18 Rdnr. 75; *Kleinmann/Bechtold,* Fusionskontrolle, § 22 Rdnr. 243; *Loewenheim/Meessen/Riesenkampff-Götting,*

me, wenn es ausreichende Hinweise auf einen abweichenden Teilnehmerkreis gibt, z. B. bei der Beteiligung der zwei größten Unternehmen an einem deutlich kleineren Unternehmen.[545] Unklar ist darüber hinaus das Verhältnis der Dreier- zur Fünferoligopol-Vermutung. Wenn zwei oder drei Unternehmen bereits zusammen einen Marktanteil von 50% haben, können sie auch mit einem oder zwei weiteren Unternehmen einen Marktanteil von über zwei Dritteln erreichen. Teile der Literatur gehen hier davon aus, dass bei Verwirklichung beider Tatbestände nur die engere Dreieroligopol-Vermutung zur Anwendung kommt.[546] Die heute wohl h. M. nimmt demgegenüber an, dass die Vermutungen nebeneinander stehen und sich nicht gegenseitig ausschließen, so dass auch das vierte und fünfte Unternehmen als marktbeherrschend anzusehen sind.[547] Die praktische Relevanz dieser Streitfrage ist für die Fusionskontrolle indes gering, weil der Teilnehmerkreis der Oligopolisten bei gehöriger Ausschöpfung aller Ermittlungsmöglichkeiten durch das BKartA meist feststehen wird.[548]

b) Kein wesentlicher Binnenwettbewerb. aa) Marktstrukturprüfung. Bei der Prüfung des Binnenwettbewerbs kommt der Marktstruktur eine besondere Bedeutung zu, wie bereits § 18 Abs. 7 Nr. 1 GWB nahe legt.[549] Für die Unternehmen dürfen keine Anreize bestehen, aus dem Gleichklang des Oligopols auszuscheren. Sie müssen wissen, dass jeder Wettbewerbsvorstoß durch Vergeltungsmaßnahmen der anderen Unternehmen beantwortet werden würde, die den kurzfristigen Vorteil des Wettbewerbsvorstoßes längerfristig zunichtemachen würden. Damit ein stabiles Parallelverhalten im Innenverhältnis des Oligopols („enge Reaktionsverbundenheit") erreicht werden kann, müssen demnach **drei Bedingungen** erfüllt sein:[550] 150

- Die Oligopolmitglieder können ihr Verhalten hinsichtlich einzelner Wettbewerbsparameter stillschweigend und ohne erheblichen Aufwand aneinander anpassen („Koordinationsergebnis");
- sie können ein Abweichen von dem Koordinationsergebnis ohne erheblichen Aufwand entdecken (Überwachungsmöglichkeiten) und
- sie verfügen über einen glaubhaften Mechanismus, um ein Abweichen von dem Koordinationsergebnis kurzfristig und wirksam zu sanktionieren (Abschreckungs- und Sanktionsmechanismus).

Das **Koordinierungsergebnis** kann grundsätzlich jeden Wettbewerbsparameter betreffen. In Betracht kommt etwa eine gleichzeitige Anhebung der Preise, Reduktion der Absatzmengen, Beschränkung der Kapazitäten oder Aufteilung von Märkten.[551] Das Erreichen einer (unabgesprochenen) Übereinstimmung hinsichtlich dieser Parameter ist regelmäßig umso einfacher, je weniger komplex und je stabiler das wirtschaftliche Umfeld ist. Es ist einfacher, beim Preis für ein homogenes Massengut zu einem Gleichklang zu gelangen als bei einer Vielzahl von Einzelpreisen für eine breite Palette ausdifferenzierter Pro- 151

GWB, § 19 Rdnr. 52; vgl. auch OLG Düsseldorf WuW/E DE-R 2593, Rdnr. 147 – *Springer/ProSiebenSat. 1 II* (Widerlegung der Vermutung, wenn die übrigen Wettbewerber die Oligopolunternehmen größenmäßig überragen); aA aber *Langen/Bunte-Bardong,* GWB, § 18 Rdnr. 246.

[545] BKartA, Leitfaden Fusionskontrolle, Fn. 141 bei Rdnr. 88.

[546] *Bechtold,* GWB, § 18 Rdnr. 75; *Kleinmann/Bechtold,* Fusionskontrolle, § 23a Rdnr. 91; *FK-Paschke,* GWB 2005, § 19 Rdnr. 487 ff.

[547] KG WuW/E OLG 3051, 3071 – *Morris/Rothmans; Schultz,* WuW 1981, 102, 108; *Loewenheim/Meessen/Riesenkampff-Götting,* GWB, § 19 Rdnr. 52; *Langen/Bunte-Bardong,* GWB, § 18 Rdnr. 239ff; offen gelassen in BGH WuW/E DE-R 2905, Rdnr. 54 – *Phonak/GN Store.*

[548] Zum Verhältnis von § 18 Abs. 6 GWB zu § 18 Abs. 4 GWB oben Rdnr. 73.

[549] Vgl. BGH WuW/E DE-R 2451, Rdnr. 39 – *E.ON/Stadtwerke Eschwege;* BGH WuW/E DE-R 2905, Rdnr. 55 – *Phonak/GN Store.*

[550] Vgl. zu den drei Bedingungen BKartA, Leitfaden Fusionskontrolle, Rdnr. 91; Komm., Horizontalleitlinien, Rdnr. 44 ff. Der BGH nennt in BGH WuW/E DE-R 2451, Rdnr. 39 – *E.ON/Stadtwerke Eschwege* nur zwei Bedingungen, weil er das „Koordinationsergebnis" und die „Überwachungsmöglichkeiten" mit dem Stichwort der „Markttransparenz" erfasst.

[551] BKartA, Leitfaden Fusionskontrolle, Rdnr. 86.

dukte.[552] Die Findung des oligopolistischen Gleichgewichtspreises wird weiter erleichtert, wenn sich unter den Oligopolisten ein Preisführer etabliert.[553] Im Einzelfall können zudem einfache Preisfindungsregeln über Koordinierungsprobleme hinweghelfen, z. B. wenn öffentlich bekannte Basispreise stellvertretend für eine ganze Produktgattung stehen.[554] Ein bewusstes Parallelverhalten in der Form einer Marktaufteilung wird erleichtert, wenn sich Kunden nach Gebieten oder angestammten Lieferbeziehungen eindeutig zuteilen lassen.[555]

152 Die **Überwachungsmöglichkeiten** hängen davon ab, dass der Markt hinreichend transparent ist. Nicht notwendig ist eine vollständige Transparenz in dem Sinne, dass die Oligopolmitglieder Einblick in sämtliche Wettbewerbsparameter der Konkurrenten haben. Es genügt vielmehr, wenn sie auf Grundlage der ihnen zugänglichen Informationen erkennen können, dass ein Wettbewerber einen Wettbewerbsvorstoß unternommen hat. Allerdings muss eine hinreichende Transparenz gerade für die Wettbewerbsparameter bestehen, die Gegenstand des Parallelverhaltens sind.[556] Der Grad an Markttransparenz wird wesentlich durch die Art der Transaktionsabwicklung beeinflusst. Er ist niedrig, wenn es keine Preislisten gibt, die Geschäfte in kurzen Abständen mit einzelnen Abnehmern verhandelt werden und Rabatte oder Sonderkonditionen eine große Rolle spielen.[557] Eine hohe Transparenz herrscht demgegenüber, wenn die Geschäftsabschlüsse öffentlich bekannt werden (z. B. öffentliche Handelsplätze, Ausschreibungen). Die Unternehmen können die Transparenz zudem durch entsprechende Verhaltensweisen (z. B. Meistbegünstigungsklauseln, Veröffentlichungen, Marktinformationen der Branchenverbänden) oder gegenseitige Verflechtungen (z. B. Überkreuzmandate, Gemeinschaftsunternehmen) steigern.[558]

153 Ein glaubwürdiger **Abschreckungs- und Sanktionsmechanismus** für den Fall der Abweichung eines Mitglieds vom Koordinationsergebnis sichert die Dauerhaftigkeit des Parallelverhaltens. Hierfür genügt es, dass sich die anderen Oligopolmitglieder ihrerseits nicht mehr an das Koordinationsergebnis halten und auf den Wettbewerbsvorstoß des Abweichlers mit gleichgerichteten Maßnahmen reagieren.[559] Die Tatsache, dass ein (vorübergehender) Preiskrieg auch für das Vergeltung ausübende Unternehmen nachteilig ist, spricht nicht gegen die Wirksamkeit der Sanktion, weil die Vorteile aus der Wiederherstellung des Parallelverhaltens diesen kurzfristigen Verlust überwiegen können.[560] Notwendig ist allerdings, dass die Vergeltungsmaßnahmen für den Fall der Abweichung mit hinreichender Sicherheit und ohne zeitliche Verzögerung greifen. Dies kann problematisch sein, wenn der Markt durch unregelmäßige Großaufträge geprägt ist oder wenn die übrigen Oligopolisten nicht über ausreichend freie Kapazitäten verfügen, um zeitnah reagieren zu können.[561] Ein größeres Sanktionspotential besteht, wenn es außerhalb des relevanten Marktes weitere Berührungspunkte zwischen den Oligopolisten gibt.[562]

---

552 BKartA, Leitfaden Fusionskontrolle, Rdnr. 94; Komm., Horizontalleitlinien, Rdnr. 45.

553 BGH WuW/E DE-R 3591, Rdnr. 63 – *Total/OMV*.

554 Komm., Horizontalleitlinien, Rdnr. 47.

555 Komm., Horizontalleitlinien, Rdnr. 46.

556 Vgl. BGH WuW/E DE-R 2905, Rdnr. 92 – *Phonak/GN Store* (beschränkte Bedeutung eines Preismeldesystems, wenn die wesentlichen Parameter Qualität und Innovationen sind).

557 Vgl. BKartA WuW/E DE-V 109, 111 – *Dow Chemical/Shell;* BKartA WuW/E DE-V 640, 642 – *Avery Dennison/Jackstädt*.

558 Komm., Horizontalleitlinien, Rdnr. 50f.; vgl. auch BKartA, Leitfaden Fusionskontrolle, Rdnr. 96, 101, 104f.

559 Vgl. BGH WuW/E DE-R 3591, Rdnr. 57 – *Total/OMV;* BKartA, Leitfaden Fusionskontrolle, Rdnr. 106f.

560 Komm., Horizontalleitlinien, Rdnr. 54.

561 BKartA, Leitfaden Fusionskontrolle, Rdnr. 109f.

562 BKartA, Leitfaden Fusionskontrolle, Fn. 176 bei Rdnr. 106 und Rdnr. 109; Komm., Horizontalleitlinien, Rdnr. 55; vgl. OLG Düsseldorf WuW/E DE-R 1625, 1629 – *Rethmann/GfA Köthen* (Möglichkeit der Aufkündigung von Arbeitsgemeinschaften oder Subunternehmerverhältnissen); BKartA, Sektoruntersuchung Kraftstoffe, Abschlussbericht Mai 2011, S. 62f. (Interaktion auf vielen Regionalmärkten).

Bei der Untersuchung der drei Bedingungen für eine enge Reaktionsverbundenheit werden regelmäßig diverse Strukturmerkmale in Betracht gezogen, die sich teils überschneiden und vielfach für mehr als eine Bedingung relevant sind. Maßgeblich sind namentlich die Anzahl der Teilnehmer im Oligopol, der Grad an Markttransparenz, die Komplexität und Stabilität der Marktverhältnisse, die Symmetrie der Oligopolmitglieder und etwaige Verflechtungen zwischen ihnen.[563] Die Würdigung dieser Strukturmerkmale muss immer unter Beachtung des **wirtschaftlichen Gesamtzusammenhangs** eines unterstellten bewussten Parallelverhaltens erfolgen.[564] **154**

Die **Anzahl der Teilnehmer** im Oligopol ist eines der wichtigsten Kriterien für die Beurteilung koordinierter Effekte. Denn zum einen nehmen die Möglichkeiten für ein einheitliches Verhalten bei sinkender Teilnehmerzahl zu. Zum anderen ist die Stabilität des Parallelverhaltens bei einer geringeren Teilnehmerzahl deutlich erhöht, weil die Beobachtung der vorhandenen Unternehmen leichter fällt und Sanktionen zielgerichteter ausgeführt werden können.[565] In Experimenten konnte nachgewiesen werden, dass ein bewusstes Parallelverhalten bei fünf und mehr Teilnehmern praktisch nie erreicht wird; während es bei vier, drei oder zwei „Spielern" jeweils möglich ist, und zwar mit stark steigender Häufigkeit und Stabilität.[566] Eine Folge hiervon ist, dass die Wahrscheinlichkeit für das Auftreten koordinierter Effekte bei horizontalen Zusammenschlüssen regelmäßig höher ist als bei nicht-horizontalen, weil nur erstere die Anzahl der Wettbewerber verringern. **155**

Der Grad an Markttransparenz hängt eng mit der **Komplexität** der betreffenden Produkte und der **Stabilität** der Marktverhältnisse zusammen. Die Wahrscheinlichkeit koordinierter Effekte steigt, je weniger komplex und je stabiler der Markt ist, weil die Unternehmen das Verhalten ihrer Wettbewerber dann besser erfassen und vorhersehen und damit mögliche Abweichungsversuche leichter ahnden können.[567] Dies gilt für die Wettbewerbsbedingungen auf der Angebotsseite (Homogenität der Produkte, geringe Innovationsmöglichkeiten) wie auf der Nachfrageseite (vorhersehbare Nachfrageentwicklung). Auf dynamischen oder innovationsgetriebenen Märkten ist die Wahrscheinlichkeit eines bewussten Parallelverhaltens demgegenüber geringer, weil hier mit Wettbewerbsvorstößen tendenziell größere Vorteile zu erzielen sind.[568] Bei jungen, noch in der Experimentierphase befindlichen Märkten ist die Begründung einer gemeinsamen marktbeherrschenden Stellung wohl nur möglich, wenn der Markt durch den Zusammenschluss bereits in der Entstehungsphase dauerhaft abgeschottet wird.[569] In diesem Zusammenhang können auch die Preiselastizität und ein etwaiges Bestehen von Nachfragemacht Bedeutung gewinnen. Eine geringe Preiselastizität erhöht tendenziell die Vorteile aus einem bewussten Parallelverhalten, weil die Abnehmer bei Preiserhöhungen kaum Ausweichalternativen haben.[570] Umgekehrt wird ein solches Verhalten erschwert, wenn einige große Nachfrager die Anzahl der zu vergebenden **156**

---

[563] Vgl. BGH WuW/E DE-R 2451, Rdnr. 39 – *E.ON/Stadtwerke Eschwege;* BGH WuW/E DE-R 2905, Rdnr. 55 – *Phonak/GN Store;* BGH WuW/E DE-R 3067, Rdnr. 21 – *Springer/ProSieben II.*

[564] BGH WuW/E DE-R 3591, Rdnr. 57 – *Total/OMV* mit Verweis auf EuGH U. v. 10.7.2008, Rs. C-413/06 P, Slg. 2008 I-4951, Rdnr. 125 f. – *Bertelsmann und Sony/Impala.*

[565] BKartA B. v. 25.4.2014, B6–98/13, Rdnr. 178 – *Funke/Axel Springer-Programmzeitschriften;* BKartA, Leitfaden Fusionskontrolle, Rdnr. 93, 102 und 122.

[566] BKartA B. v. 25.4.2014, B6–98/13, Rdnr. 178 – *Funke/Axel Springer-Programmzeitschriften* mit Nachweisen aus der ökonomischen Literatur.

[567] BKartA, Leitfaden Fusionskontrolle, Rdnr. 94, 97, 102 f., 110; BKartA B. v. 17.2.2009, B2–46/08, Rdnr. 257 ff. – *Nordzucker/Danisco Sugar.*

[568] BKartA, Leitfaden Fusionskontrolle, Rdnr. 97 f.; BKartA B. v. 16.12.2009, B3–91/09, Rdnr. 85 ff. – *Celanese/FACT;* vgl. auch BKartA WuW/E DE-V 267, 269 – *Chipkarten* (Wachstumsmarkt); BKartA WuW/E DE-V 328, 330 – *Xerox/Tektronix* (ständige technische Innovationen).

[569] BKartA B. v. 13.8.2007, B7–61/07, Rdnr. 59 – *O2/T-Mobile/Vodafone.*

[570] BKartA, Leitfaden Fusionskontrolle, Rdnr. 99 unter Hinweis auf die ambivalente Bedeutung der Preiselastizität für die Stabilität eines Oligopols; vgl. auch BGH WuW/E DE-R 3591, Rdnr. 89 f. – *Total/OMV.*

Aufträge reduzieren, weil dann für die Oligopolmitglieder die Vorteile aus einer Abweichung zunehmen.[571]

157 Eine weitgehende **Symmetrie der Oligopolmitglieder** in Bezug auf ihre Produktpalette, die verwendeten Technologien und ihre Kostenstruktur begünstigt ein bewusstes Parallelverhalten, weil sie die Komplexität reduziert, damit die Angleichung des Verhaltens erleichtert und Sanktionsmechanismen zwischen Unternehmen mit vergleichbaren Kostenstrukturen tendenziell wirksamer sind.[572] Umgekehrt indizieren erhebliche Unterschiede in den Unternehmensstrukturen wesentlichen Binnenwettbewerb.[573] Nicht erheblich ist demgegenüber der Umstand, dass mehrere Unternehmen über einen vergleichbaren Marktanteil verfügen, weil die Marktanteile als solche noch keinen Aufschluss darüber geben, ob die betreffenden Unternehmen auf Wettbewerbsvorstöße der möglichen Oligopolmitglieder reagieren können.[574] Dementsprechend kann auch ein gegen den Marktführer gerichteter Zusammenschluss eines schwächeren Oligopolmitglieds („Aufholfusion") positiv zu bewerten sein, selbst wenn er zu einer größeren Symmetrie der Marktanteile führt, wenn er letzteres in die Lage versetzt, mit dem Marktführer in wirksamen Wettbewerb zu treten.[575]

158 Schließlich kann ein wettbewerbsloses Parallelverhalten durch **Verflechtungen** zwischen den Oligopolmitgliedern begünstigt werden, wie z. B. gegenseitige Beteiligungen, Gemeinschaftsunternehmen, strategische Allianzen, gegenseitige Lizenzen oder sonstige vertragliche Kooperationen.[576] Derartige Verflechtungen erleichtern einerseits den Informationsaustausch, was die Angleichung und die Überwachung des Marktverhaltens erlaubt. Andererseits stabilisieren sie das Parallelverhalten, indem sie gegenseitiges Vertrauen bilden, die Interessen angleichen und das Sanktionspotenzial erhöhen, indem beispielsweise die bisher reibungslose Zusammenarbeit in Gemeinschaftsunternehmen in Frage gestellt oder gar gestört werden könnte.[577] Auch das Bestehen einer Call-Option, durch die ein Oligopolist Anteile an einem weiteren Oligopolisten erwerben kann, sowie berufliche und persönliche Verbindungen der jeweiligen Gesellschafter können für fehlenden Binnenwettbewerb sprechen.[578]

159 *bb) Berücksichtigung des tatsächlichen Marktgeschehens.* Wenn die Struktur des relevanten Marktes ein bewusstes Parallelverhalten erwarten lässt, ist weiter zu prüfen, ob das Indiz der ungünstigen Marktstruktur durch das tatsächliche Wettbewerbsgeschehen entkräftet werden kann. In vielen Fällen ist das beobachtete Verhalten der Marktteilnehmer jedoch mehrdeutig. Ein Preiskampf kann als Ausdruck wirksamen Wettbewerbs gewertet werden oder als Nachweis eines funktionierenden Abschreckungs- und Sanktionsmechanismus zur Stabilisierung des Oligopols. Die Bewertung des tatsächlichen Marktgeschehens muss deshalb die

---

571 Vgl. BKartA WuW/E DE-V 235, 238 f. – *Dürr/Alstom.*

572 BKartA, Leitfaden Fusionskontrolle, Rdnr. 95, 111; vgl. BGH WuW/E DE-R 2451, Rdnr. 39 – *E.ON/Stadtwerke Eschwege;* BGH WuW/E DE-R 2905, Rdnr. 55 – *Phonak/GN Store;* BKartA WuW/E DE-V 511, 523 f. – *E.ON/Ruhrgas.*

573 Vgl. BKartA WuW/E DE-V 653, 660 f. – *BASF/NEPG* (Unterschiede bei Kapazitäten, Vertrieb, Produktionsbedingungen, Kostenstrukturen); BKartA B. v. 16.12.2009, B3–91/09, Rdnr. 91 ff. – *Celanese/FACT* (Unterschiede bei Geschäftsmodellen, Kosten, Kapazitäten); vgl. auch BKartA WuW/E DE-V 923, 930 – *Agrana/Atys* (Parallelverhalten trotz Asymmetrie möglich).

574 BGH WuW/E DE-R 2905, Rdnr. 65 – *Phonak/GN Store;* aA noch KG WuW/E OLG 3051, 3080 – *Morris/Rothmans;* BKartA WuW/E BKartA 2247, 2248 – *Hüls/Condea;* BKartA B. v. 17.2. 2009, B2–46/08, Rdnr. 286 – *Nordzucker/Danisco Sugar.*

575 Vgl. Bericht des Wirtschaftsausschusses zur 4. GWB-Novelle, BT-Drucks. 8/3690, S. 27; BKartA E. v. 20.4.2015, B6-39/15 (Fallbericht) – *Immonet/Immowelt* (Zusammenschluss des zweit- und drittgrößten Anbieters in einem Plattformmarkt verringert Wahrscheinlichkeit eines „Tipping", d. h. eines Monopols zugunsten des Marktführers); aA *Immenga/Mestmäcker-Mestmäcker/Veelken,* GWB, 4. Aufl., § 36 Rdnr. 185.

576 So insbes. OLG Düsseldorf WuW/E DE-R 1625, 1629 – *Rethmann/GfA Köthen* („System von Beteiligungen an Gemeinschaftsunternehmen, Arbeitsgemeinschaften und Subunternehmertätigkeiten" ist „starkes Indiz für das Fehlen von Binnenwettbewerb").

577 BKartA B. v. 7.3.2008, B8–134/07, Rdnr. 61 – *Shell/HPV;* BKartA, Leitfaden Fusionskontrolle, Rdnr. 96, 105, 112.

578 BKartA WuW/E DE-V 871, 883 f. – *Tagesspiegel/Berliner Zeitung II.*

strukturellen Bedingungen beachten, unter denen es sich vollzieht und die seine ökonomische Beurteilung beeinflussen können.[579] Der BGH sieht das Indiz aus der ungünstigen Anreizstruktur erst dann als entkräftet an, wenn Wettbewerbsvorstöße der möglichen Oligopolmitglieder nachgewiesen werden, die **wesentlichen Binnenwettbewerb eindeutig belegen.** Nicht ausreichend hierfür sind kurze Preiskämpfe, die möglicherweise nur dazu dienen, neue Marktteilnehmer zu disziplinieren.[580] Gleiches gilt nach Ansicht des BGH für zyklische Preisbewegungen, die von allen Oligopolmitgliedern gleichförmig mitvollzogen werden – selbst dann, wenn Preisänderungen häufig sind und Preiserhöhungen seltener zu beobachten sind als Preissenkungen („Edgeworth-Zyklen").[581]

Wesentlicher Wettbewerb ist jedenfalls dann eindeutig nachgewiesen, wenn es zwischen den möglichen Oligopolmitgliedern in der jüngeren Vergangenheit zu **erheblichen Veränderungen bei den Marktanteilen** gekommen ist. Dauerhafte Marktanteilszuwächse von Unternehmen belegen, dass für sie ein Anreiz besteht, von einem gemeinsamen Vorgehen abzuweichen.[582] Darüber hinaus kann wesentlicher Wettbewerb auch durch den Nachweis regelmäßiger Wettbewerbsvorstöße bei einzelnen Parametern (Preise und Rabatte, Konditionen, Qualität, Innovationen) belegt werden, solange diese mit einer entsprechenden Ausdifferenzierung des Angebots einhergehen (z. B. deutliche Unterschiede bei Konditionen und Rabatten, Einführung von Produktneuheiten in Verbindung mit hohen Aufwendungen für Forschung und Entwicklung).[583] 160

c) Kein wesentlicher Außenwettbewerb. Trotz fehlenden oder nicht wesentlichen Binnenwettbewerbs sind die Mitglieder eines Oligopols erst dann marktbeherrschend, wenn sie nicht hinreichend von der Marktgegenseite oder dem Außenwettbewerb kontrolliert werden. Ein automatischer Schluss von fehlendem Binnenwettbewerb auf dann auch fehlenden Außenwettbewerb ist nicht zulässig. § 18 Abs. 5 Nr. 2 GWB stellt insoweit auf § 18 Abs. 1 GWB ab: Marktbeherrschung liegt vor, wenn das Oligopol als „Gesamtheit" keinem (wesentlichen) Wettbewerb ausgesetzt ist oder eine im Verhältnis zu den außenstehenden Wettbewerbern überragende Marktstellung hat. Entscheidend ist damit im Ergebnis, ob die außenstehenden Unternehmen hinreichenden Wettbewerbsdruck auf die Oligopolisten ausüben und damit die Vorteile aus einem Parallelverhalten zunichtemachen können.[584] Wie bei der Feststellung, ob innerhalb des Oligopols wirksamer Binnenwettbewerb herrscht, ist auch bei der Untersuchung des Außenwettbewerbs eine Gesamtbetrachtung aller maßgeblichen Umstände geboten.[585] Dabei werden die Oligopolisten im Verhältnis zu den übrigen Wettbewerbern **wie ein einheitliches Unternehmen („Gesamtheit") behandelt,** dessen Marktstellung gemäß § 18 Abs. 3 GWB zu bewerten ist. 161

Besonderes Gewicht wird in der Praxis häufig dem gemeinsamen Marktanteil des Oligopols und dem Abstand zu den nächststärkeren Wettbewerbern zugemessen.[586] Da die Gruppe der Oligopolisten notwendig die höchsten Marktanteile hat, indiziert diese Betrachtungsweise regelmäßig eine überragende Marktstellung und das Fehlen von Außen- 162

---

[579] BGH WuW/E DE-R 3591, Rdnr. 50 – *Total/OMV;* BKartA, Leitfaden Fusionskontrolle, Rdnr. 117.

[580] BGH WuW/E DE-R 3591, Rdnr. 66 f. – *Total/OMV;* BKartA, Leitfaden Fusionskontrolle, Rdnr. 118; vgl. auch BKartA WuW/E BKartA 2213, 2216 – *Linde/Agefko I.*

[581] BGH WuW/E DE-R 3591, Rdnr. 61 ff. – *Total/OMV.*

[582] BGH WuW/E DE-R 2905, Rdnr. 66 – *Phonak/GN Store* (hier: Vergrößerung der Marktanteile des zweit- und drittstärksten Anbieters um ca. 50% bzw. 15–20% zu Lasten des Marktführers); vgl. auch BKartA B. v. 25.4.2014, B6–98/13, Rdnr. 142 f. – *Funke/Axel Springer-Programmzeitschriften* (geringe Marktanteilsschwankungen sprechen gegen Wettbewerb).

[583] Vgl. BGH WuW/E DE-R 2905, Rdnr. 71 ff. und 76 ff. – *Phonak/GN Store;* vgl. auch BKartA WuW/E DE-V 537, 542 – *Newage/AVK* (starke Preisverfall durch Innovationen).

[584] Vgl. oben Rdnr. 69 f.

[585] BGH WuW/E DE-R 2451, Rdnr. 52 – *E.ON/Stadtwerke Eschwege.*

[586] BGH WuW/E DE-R 2451, Rdnr. 52 – *E.ON/Stadtwerke Eschwege;* BGH WuW/E DE-R 3067 ff., Rdnr. 42 – *Springer/ProSieben II.*

wettbewerb. Geringe Marktanteile der außenstehenden Wettbewerber müssen jedoch keineswegs Ausdruck nur geringen Wettbewerbsdrucks sein,[587] zumal die maßgebliche Bedeutung des Außenwettbewerbs darin liegt, dass er ein bewusstes Parallelverhalten destabilisieren kann. In Wege der Gesamtbetrachtung sind deshalb **alle relevanten Umstände zu berücksichtigen** wie etwa die Unternehmensstrukturen, etwaige Marktzutrittsschranken oder Verflechtungen und die tatsächlich bestehenden Wettbewerbsverhältnisse. Für wesentlichen Außenwettbewerb kann beispielsweise sprechen, dass die Marktzutrittsschranken niedrig sind und starke potenzielle Wettbewerber bereit stehen[588] oder dass die außenstehenden Unternehmen im Vergleich zu den Oligopolisten über einen bevorzugten Zugang zu Rohstoffen, freie Kapazitäten oder sonstige strukturelle Vorteile verfügen.[589] Ein kleinerer Wettbewerber kann insbesondere dann wesentlichen Wettbewerbsdruck auf das Oligopol ausüben, wenn er über günstigere Kostenstrukturen verfügt oder aus sonstigen Gründen eine abweichende Marktstrategie verfolgt und sich in der Vergangenheit bereits durch aggressive Wettbewerbsvorstöße ausgezeichnet hat (sog. „Maverick").[590] Wesentlicher Außenwettbewerb ist schließlich durch das tatsächliche Wettbewerbsgeschehen belegbar, insbesondere durch dauerhafte Marktanteilszuwächse zulasten der Oligopolmitglieder.[591]

163 *d) Begründung oder Verstärkung einer gemeinsamen marktbeherrschenden Stellung.* Bei der Prüfung, ob ein Zusammenschluss eine gemeinsame marktbeherrschende Stellung begründet oder verstärkt, sind entsprechend § 18 Abs. 5 GWB die **Auswirkungen auf den Binnen- wie den Außenwettbewerb** in den Blick zu nehmen. Unter der Begründung einer gemeinsam marktbeherrschenden Stellung ist demnach das erstmalige Schaffen der strukturellen Voraussetzungen für ein bewusstes Parallelverhalten bei ausreichender Stärke der Oligopolgruppe im Verhältnis zu den Außenstehenden zu verstehen. Eine Verstärkung liegt vor, wenn die strukturellen Bedingungen für das einheitliche Verhalten im Innenverhältnis weiter stabilisiert werden oder – unter der Maßgabe, dass die Reaktionsverbundenheit der Oligopolmitglieder hierunter nicht leidet – die gemeinsame Stellung der Oligopolgruppe im Außenverhältnis abgesichert oder ausgebaut wird.[592] Der BGH formuliert davon abweichend, dass es im Falle der Verstärkung bereits genüge, wenn sich die Marktposition eines einzelnen Oligopolmitglieds verbessert; nicht erforderlich sei die Verbesserung der gemeinsamen Stellung der Gruppe.[593] Im Ergebnis geht aber auch der BGH davon aus, dass eine Verstärkung nicht vorliegt, wenn sich die Marktposition eines Oligopolmitglieds so verbessert, dass mit einem Wiederaufleben des Binnenwettbewerbs zwischen den Oligopolmitgliedern zu rechnen ist.[594]

164 Ebenso wie für die Einzelmarktbeherrschung gilt, dass die **Vermutungen** des § 18 Abs. 6 GWB nur im Falle der Begründung weiterhelfen, d. h. wenn es infolge eines Zusammenschlusses zwischen Wettbewerbern zu Marktanteilsadditionen kommt und die Voraussetzungen einer der beiden Vermutungen daraufhin erstmals erfüllt werden.[595]

165 Die Wahrscheinlichkeit für die **Begründung** einer gemeinsamen marktbeherrschenden Stellung ist im Allgemeinen deutlich höher bei horizontalen Zusammenschlüssen als bei nicht-horizontalen, weil erstere die Anzahl der Wettbewerber verringern oder – bei Min-

---

587 BKartA, Leitfaden Fusionskontrolle, Fn. 187 bei Rdnr. 116; vgl. ferner BKartA B. v. 16.12. 2009, B3–91/09, Rdnr. 113 – *Celanese/FACT.*

588 Vgl. BKartA WuW/E BKartA 2247, 2251 – *Hüls/Condea;* BKartA, Leitfaden Fusionskontrolle, Rdnr. 116.

589 Vgl. BKartA B. v. 16.12.2009, B3–91/09, Rdnr. 113 – *Celanese/FACT.*

590 BKartA B. v. 21.5.2010, B9–13/10, S. 78 – *Magna/Karmann;* BKartA, Leitfaden Fusionskontrolle, Rdnr. 115.

591 BGH WuW/E DE-R 3591, Rdnr. 82 – *Total/OMV.*

592 So im Ergebnis wohl auch BKartA, BKartA, Leitfaden Fusionskontrolle, Rdnr. 120, 122; *Bechtold,* GWB, § 36 Rdnr. 28; *Langen/Bunte-Kallfaß,* GWB, § 36 Rdnr. 88 ff.

593 BGH WuW/E BGH 1763, 1765 – *Bituminöses Mischgut;* BGH WuW/E DE-R 2451, Rdnr. 61 – *E.ON/Stadtwerke Eschwege;* BGH WuW/E DE-R, Rdnr. 45 – *Springer/ProSieben II.*

594 Vgl. BGH WuW/E DE-R, Rdnr. 45 – *Springer/ProSieben II.*

595 *Langen/Bunte-Bardong,* GWB, § 18 Rdnr. 220; vgl. oben Rdnr. 75 f.

derheitsbeteiligungen – zu wettbewerbsdämpfenden Verflechtungen führen und dies wesentliche Faktoren für das Erzielen eines stabilen Parallelverhaltens sind.[596] Ein vertikaler Zusammenschluss kann eine gemeinsame marktbeherrschende Stellung insbesondere dadurch begründen, dass sich das zusammengeschlossene Unternehmen in seiner Struktur an die bereits vertikal integrierten Wettbewerber angleicht (erhöhte Symmetrie), dass es Zugang zu sensiblen Wettbewerberinformationen erhält (erhöhte Markttransparenz) oder dass es Wettbewerber durch den zusätzlichen Marktkontakt leichter sanktionieren kann (erhöhtes Sanktionspotenzial). Zu prüfen ist auch, ob ein solcher Zusammenschluss Gegenreaktionen von Außenstehenden (aktuelle oder potenzielle Wettbewerber, Kunden) unwahrscheinlicher macht.[597] Bei konglomeraten Zusammenschlüssen kommt im Wesentlichen nur der Aspekt zum Tragen, dass sich die Zahl der Marktkontakte zwischen den möglichen Oligopolisten erhöhen kann,[598] was aber regelmäßig nicht für die Entstehung einer gemeinsamen marktbeherrschenden Stellung genügen wird. Praktisch wird die Begründung einer Oligopolmarktbeherrschung vor allem für den Fall, dass durch den Zusammenschluss ein „Einzelgänger" oder „Maverick" neutralisiert wird, der durch sein bisheriges aggressives Wettbewerbsverhalten das Aufkommen eines stabilen Parallelverhaltens verhindert hat,[599] oder dass die möglichen Oligopolisten untereinander ein Gemeinschaftsunternehmen gründen.[600]

Wenn vor dem Zusammenschluss bereits ein marktbeherrschendes Oligopol besteht, sind die Anforderungen an die **Verstärkungswirkung** deutlich geringer. Ebenso wie bei der Verstärkung einer einzelmarktbeherrschenden Stellung fordert die Rechtsprechung kein bestimmtes Maß an Spürbarkeit.[601] Ein horizontaler Zusammenschluss unter Beteiligung eines Oligopolmitglieds erfüllt hier meist die Untersagungsvoraussetzungen, entweder – soweit an dem Zusammenschluss ein weiteres Oligopolmitglied beteiligt ist –, weil sich das Oligopol weiter verengt,[602] oder – soweit ein Außenseiter beteiligt ist –, weil sich der Außenwettbewerb weiter verringert.[603] Ähnlich ist die Gründung eines (auf anderen Märkten tätigen) Gemeinschaftsunternehmens unter den Oligopolmitgliedern zu bewerten, wenn hiervon eine weitere Stabilisierung des Parallelverhaltens zu erwarten ist.[604] An einer Verstärkungswirkung wird es demgegenüber in der Regel fehlen, wenn der Zusammenschluss lediglich zu einem Austausch an Marktanteilen unter den Oligopolmitgliedern führt[605] oder wenn sich durch den Zusammenschluss die Kräfteverhältnisse innerhalb des Oligopols so verschieben, dass ein Abweichen von dem Parallelverhalten wahrscheinlicher wird.[606] Ein vertikaler oder konglomerater Zusammenschluss kann das Parallelverhalten hauptsächlich dadurch stabilisieren, dass er zu einer höheren Symmetrie der Oligopolisten oder zu zusätzlichen Verflechtungen oder weiteren Marktkontakten zwischen ihnen führt.[607] 166

---

[596] Dazu oben Rdnr. 155 und 158.

[597] BKartA, Leitfaden Fusionskontrolle, Rdnr. 155 ff.; Komm., Nichthorizontalleitlinien, Rdnr. 82 ff.

[598] Vgl. BKartA, Leitfaden Fusionskontrolle, Rdnr. 178 ff.; Komm., Nichthorizontalleitlinien, Rdnr. 120 f.

[599] BKartA, Leitfaden Fusionskontrolle, Rdnr. 121.

[600] Vgl. BKartA, Leitfaden Fusionskontrolle, Rdnr. 155.

[601] BGH WuW/E DE-R 2451, Rdnr. 61 – *E.ON/Stadtwerke Eschwege;* BGH WuW/E DE-R, Rdnr. 44 – *Springer/ProSieben II;* zur Einzelmarktbeherrschung oben Rdnr. 77 ff.

[602] Vgl. BKartA B. v. 25.4.2014, B6–98/13, Rdnr. 178 ff. – *Funke/Axel Springer-Programmzeitschriften.*

[603] Vgl. BKartA B. v. 8.12.2011, B8–94/11, Rdnr. 66 ff. – *RWE/Stadtwerke Unna* (Verstärkung hier bei Minderheitsbeteiligung und nur geringen Marktanteilsadditionen von unter 0,1 % abgelehnt).

[604] Vgl. BKartA WuW/E BKartA 2143, 2145 – *Glasfaserkabel* (Stärkung durch Vergemeinschaftung des Einkaufs eines Vorprodukts); Gegenbeispiel: BKartA B. v. 13.8.2007, B7–61/07, Rdnr. 161 ff. – *O2/T-Mobile/Vodafone* (Gemeinschaftsunternehmen auf einem wirtschaftlich unbedeutenden Nachbarmarkt).

[605] Vgl. BKartA WuW/E BKartA 1719 f. – *BP/Gelsenberg.*

[606] BKartA, Leitfaden Fusionskontrolle, Rdnr. 122.

[607] Vgl. BKartA, Leitfaden Fusionskontrolle, Rdnr. 155 ff. und 178 ff.; Komm., Nichthorizontalleitlinien, Rdnr. 82 ff. und 120 f.

167 **4. Wettbewerbsfördernde Umstände.** *a) Gegengewichtige Marktmacht.* Das Verhalten der Nachfrager ist zentral für die Bestimmung der Marktmacht eines Anbieters und wird bereits unter dem Gesichtspunkt der „Ausweichmöglichkeiten der Marktgegenseite" gewürdigt.[608] Darüber hinaus ist anerkannt, dass die einem Unternehmen zukommende Angebotsmacht durch gegengewichtige Nachfragemacht begrenzt werden kann, wenn sich nachfragemächtige Kunden strategisch verhalten.[609] Im Einzelfall kann dies sogar dazu führen, dass bei einem Marktanteil von 100% eine marktbeherrschende Stellung verneint werden kann.[610] **Drei Voraussetzungen** lassen sich dafür ausmachen, dass gegengewichtige Nachfragemacht in diesem Sinne wettbewerbsfördernd wirkt:

– Die Nachfrager haben die Möglichkeit, einer erhöhten Angebotsmacht der Zusammenschlussbeteiligten entgegenzuwirken.
– Die Nachfrager haben ausreichende Anreize, um ihre Nachfragemacht im Interesse einer strategischen Begrenzung von Angebotsmacht auszuüben.
– Die so ausgeübte Nachfragemacht ist ausreichend wirksam, um eine erhebliche Behinderung wirksamen Wettbewerbs zu verhindern.[611]

168 Nachfragemacht lässt sich als Verhandlungsmacht verstehen, die durch den Wert der Abbruchoptionen des Nachfragers im Verhältnis zu einem Anbieter determiniert wird.[612] Die **Höhe der Verhandlungsmacht** eines Nachfragers bestimmt sich dann danach, inwieweit er glaubhaft mit dem Abbruch der Lieferbeziehung oder mit anderen wirksamen Vergeltungsmaßnahmen drohen kann, falls der Anbieter die Preise erhöht oder die sonstigen Konditionen verschlechtert. Hohe Verhandlungsmacht besteht beispielsweise, wenn der Kunde kurzfristig zu einer anderen Bezugsquelle wechseln, sich selbst in den vorgelagerten Markt vertikal integrieren[613] oder einen alternativen Lieferanten „aufbauen" könnte.[614] Insbesondere in der Automobilindustrie und im Lebensmitteleinzelhandel ist zu beobachten, dass die Nachfrager die Aufträge nach marktstrategischen Überlegungen gezielt auf mehrere Anbieter verteilen (Dual- oder Multi-Sourcing), um nicht von einem (beherrschenden) Anbieter abhängig zu werden.[615] Verhandlungsmacht kann auch darauf fußen, dass der Kunde den Bezug anderer Produkte des Anbieters, bei denen dieser nicht marktmächtig ist, einstellt oder (bei langlebigen Gütern) seine Bezüge hinauszögert.[616] Keine zwingende Voraussetzung für Verhandlungsmacht ist demgegenüber, dass der Kunde einen umfassenden Einblick in die Kosten und Margen der Anbieter hat oder über eigenes Herstellungs-Know-how verfügt.[617]

169 Die **Anreize** für ein solches strategisches Einkaufverhalten hängen davon ab, welchen Wert der Kunde der Möglichkeit einer wettbewerblichen Beschaffung beimisst. Die Kosten von Vergeltungsmaßnahmen bestehen für ihn darin, dass er möglicherweise auf Preisvortei-

---

608 Dazu insbes. oben Rdnr. 103 ff.

609 Vgl. BGH WuW/E 1749, 1752 f. – *Klöckner/Becorit;* BKartA B. v. 15.3.2005, B4–227/04, S. 43 – *Smiths/MedVest;* BKartA, Leitfaden Fusionskontrolle, Rdnr. 79 f.

610 So in BKartA B. v. 6.11.2001, B3–104/01, Rdnr. 104 f. – *Kuraray/Clariant PVA/PVB,* wo der Monopolist einen einzigen Abnehmer (Monopson) hatte, dem potenzielle Ausweichmöglichkeiten zur Verfügung standen. Ein Gegenbeispiel ist BKartA B. v. 20.6.2005, B7–22/05, Rdnr. 152 ff. – *Iesy/Ish* (Marktbeherrschung eines Kabelnetzbetreibers, der auf dem Markt für die Einspeisung von Rundfunksignalen in sein Breitbandkabelnetz ein Monopol besitzt, nicht durch die gegengewichtige Marktmacht der Programmveranstalter entkräftet).

611 Vgl. Komm., Horizontalleitlinien, Rdnr. 65 ff.

612 Dazu unten Rdnr. 178 f.

613 So folgt für den Lebensmitteleinzelhandel eine starke Verhandlungsmacht aus der Möglichkeit, Markenartikel durch Handelsmarken zu substituieren, vgl. BKartA B. v. 12.4.2010, B2–117/09, S. 43 ff. – *Heiner Kamps/Nadler Feinkost.*

614 BKartA, Leitfaden Fusionskontrolle, Rdnr. 80.

615 Vgl. BKartA B. v. 3.2.2004, B3–112/03, S. 12 – *Freudenberg/Burgmann;* BKartA B. v. 12.4.2010, B2–117/09, S. 40 – *Heiner Kamps/Nadler Feinkost.*

616 Komm., Horizontalleitlinien, Rdnr. 65.

617 AA BKartA B. v. 22.12.2009, B9–84/09, S. 64 – *Webasto/Edscha Cabrio-Dachsysteme* (unter Hinweis auf die Funktion des Wettbewerbs, die Preise und Kosten zu begrenzen und den technischen Fortschritt zu gewährleisten).

le verzichten muss, um den Marktzutritt eines alternativen Anbieters zu fördern, oder in den Investitionen für den Aufbau einer eigenen Fertigung. Die Vorteile liegen für ihn in den potenziell niedrigeren Beschaffungskosten oder einer höheren Qualität der eingekauften Waren oder Dienstleistungen, wenn der Wettbewerb unter den Anbietern erhalten bleibt, was sich in einer Verbesserung der eigenen Anbieterstellung des Kunden auf dem nachgelagert Markt niederschlagen kann. Wenn allerdings die Vorteile eines marktstrategischen Verhaltens allen Kunden gleichermaßen zugutekommen, schwindet für den einzelnen der Anreiz für ein solches Verhalten.[618]

Gegengewichtige Nachfragemacht ist nicht **geeignet,** die wettbewerbsbehindernden Wirkungen eines Zusammenschlusses ausgleichen, wenn sie nur einzelne Kunden von höheren Preisen oder schlechteren Konditionen abschirmen kann. Entgegen der Rechtsprechung des Kammergerichts[619] spielt es allerdings keine Rolle, ob die Nachfragemacht nur auf das potenziell marktmächtige Unternehmen oder gleichermaßen auf seine kleineren Wettbewerber wirkt. Die wettbewerbliche Bedeutung der Nachfragemacht besteht ja gerade darin, dass strategisch handelnde Kunden sie gezielt einsetzen, um die Angebotsmacht der großen Anbieter zu begrenzen. **170**

b) Effizienzgewinne. Zusammenschlüsse können zu Effizienzgewinnen führen, die die Nachteile aus einem Zuwachs von Marktmacht ausgleichen oder sogar übersteigen. So kann ein Zusammenschluss etwa Kosteneinsparungen ermöglichen, wenn die zusammengeschlossene Einheit infolge der Erhöhung der Absatzmenge oder der Erweiterung des Angebots günstiger produziert (Skalen- bzw. Verbundeffekte) oder den Vertrieb rationalisiert. Möglicherweise erreicht ein Unternehmen auch erst durch den Zusammenschluss die notwendige wirtschaftliche Größe, um sein Produktportfolio zu diversifizieren oder zusätzliche Forschungs- und Entwicklungsanstrengungen zu unternehmen, oder für die Nutzer erhöht sich der Wert des Angebots in Folge von Netzwerkeffekten.[619a] Nicht-horizontale Zusammenschlüsse sind ohnehin aufgrund der „Internalisierung doppelter Margen" bzw. des „Cournot-Effekts" effizienzsteigernd und vermindern die Transaktionskosten der Abnehmer bzw. Lieferanten.[620] Wenn sich Effizienzgewinne in der Form von niedrigeren Preisen, einer höheren Qualität oder in sonstigen Vorteilen für die Verbraucher ausdrücken, stellt sich die Frage, ob dies zugunsten der Zusammenschlussbeteiligten im Sinne eines „Effizienzeinwands" zu berücksichtigen ist **(„efficiency defence").** **171**

Bis zur 8. GWB-Novelle wurden Effizienzgewinne in der deutschen Fusionskontrolle nicht als wettbewerbsfördernd berücksichtigt. Zwar waren bei der wettbewerblichen Würdigung eines Zusammenschlusses neben den wettbewerbsschädlichen Folgen auch die von ihm ausgehenden Vorteile für die Wettbewerbsstruktur auf dem relevanten Markt zu berücksichtigen.[621] Effizienzgewinne vermitteln den Zusammenschlussbeteiligten jedoch Wettbewerbsvorteile und erweitern damit tendenziell deren Verhaltensspielräume, woraus sich bei einer reinen Marktstrukturbetrachtung die Begründung oder Verstärkung einer marktbeherrschenden Stellung ableiten lässt. In diesem Sinne wurden Effizienzvorteile den Zusammenschlussbeteiligten sogar regelmäßig als wettbewerbsschädigend entgegengehalten **(„efficiency offence").**[622] Die Ablehnung des Effizienzeinwands ist damit gerechtfertigt **172**

---

[618] BKartA B. v. 22.12.2009, B9–84/09, S. 65 – *Webasto/Edscha Cabrio-Dachsysteme;* Komm., Horizontalleitlinien, Rdnr. 66.

[619] KG WuW/E OLG 1921, 1924 – *Thyssen/Hüller;* ebenso BKartA B. v. 3.2.2004, B3–112/03, S. 15 – *Freudenberg/Burgmann.*

[619a] Vgl. BKartA E. v. 20.4.2015, B6–39/15 (Fallbericht) – *Immonet/Immowelt* (Zusammenschluss von Immobilienplattformen internalisiert Netzwerkeffekte).

[620] Dazu oben Rdnr. 124 ff. und 131 ff.

[621] Vgl. BGH WuW/E BGH 2731, 2737 – *Inlandstochter* (ohne den Zusammenschluss wäre es zu einer erhebliche Behinderung des freien Warenverkehrs mit dem europäischen Ausland gekommen). Zu den durch den Zusammenschluss (auf anderen Märkten) eintretenden „Verbesserungen der Wettbewerbsbedingungen" iSd § 36 Abs. 1 Satz 2 Nr. 1 GWB unten Rdnr. 205 ff.

[622] *Bechtold,* GWB, § 36 Rdnr. 13; vgl. zur wettbewerblich negativen Bewertung von Synergien: BGH WuW/E DE-R 2327, Rdnr. 84 f. – *Kreiskrankenhaus Bad Neustadt;* OLG Düsseldorf

worden, dass der Gesetzgeber bei der im Vergleich zu wettbewerbsbeschränkenden Vereinbarungen und abgestimmten Verhaltensweisen (§ 1 GWB) höheren Eingriffsschwelle der Marktbeherrschung in der Fusionskontrolle die potenziellen Effizienzvorteile eines Zusammenschlusses bereits pauschal berücksichtigt habe.[623]

173 Seit der Einführung des SIEC-Tests lässt sich die bisherige restriktive Praxis im Umgang mit Effizienzen nicht mehr aufrechterhalten. Dies folgt nicht allein daraus, dass § 36 Abs. 1 Satz 1 GWB dem Untersagungstatbestand der FKVO nachgebildet und der Effizienzeinwand fester Bestandteil des europäischen Prüfungskanons ist.[624] Jedenfalls für die „reinen SIEC-Fälle", bei denen eine erhebliche Wettbewerbsbehinderung ohne Begründung oder Verstärkung einer marktbeherrschenden Stellung droht,[625] ist die Berücksichtigung von Effizienzen konzeptionell zwingend, weil hier allein an die *wettbewerblichen Auswirkungen* des Zusammenschlusses angeknüpft wird. Wenn der Zusammenschluss mit Effizienzen einhergeht, die sich in niedrigeren Preisen, höheren Qualitäten oder verstärkten Innovationen niederschlagen und dadurch die zusammenschlussbedingten Nachteile für den Wettbewerb ausgleichen oder sogar überwiegen, führt er zu keiner (erheblichen) Wettbewerbsbehinderung im Sinne des § 36 Abs. 1 Satz 1 GWB.[626] Nichts anderes kann im Ergebnis für den Marktbeherrschungstest gelten, wenn durch den Nachweis einschlägiger Effizienzvorteile hinreichend belegt ist, dass der Zusammenschluss zu keiner erheblichen Wettbewerbsbehinderung führt.[627] Dies setzt allerdings voraus, dass die behaupteten Effizienzvorteile tatsächlich zum Ausgleich der Wettbewerbsnachteile des Zusammenschlusses geeignet sind. Entsprechend der Praxis der Kommission und in Anlehnung an § 2 Abs. 1 GWB sind an den Effizienzeinwand **hohe Anforderungen** zu stellen: Sie müssen den Verbrauchern zugutekommen sowie fusionsspezifisch und überprüfbar sein.[628]

174 Hinsichtlich der Frage, ob die **Effizienzgewinne an die Verbraucher weitergegeben** werden, spielen Einsparungen bei den variablen oder Grenzkosten eine größere Rolle als eine Senkung der Fixkosten. Bei niedrigeren Grenzkosten besteht unabhängig vom Wettbewerbsdruck und selbst für einen Monopolisten ein Anreiz, den Preis zu senken, weil der zusätzliche Gewinn durch die erhöhte Absatzmenge größer ist als der Gewinnrückgang aufgrund der niedrigeren Marge für die bereits zuvor abgesetzte Menge.[629] Kosteneinsparungen durch Skalen- und Verbundeffekte erfüllen normalerweise dieses Kriterium ebenso wie Einsparungen bei den Transaktionskosten, die für die Verbraucher unmittelbar aus dem Zusammenschluss folgen (z. B. erweitertes Produktangebot).[630] Gleiches gilt für die Effizienzen aus nicht-horizontalen Zusammenschlüssen. Daneben spielt der im Markt verbleibende Wettbewerbsdruck eine Rolle, weil mit abnehmendem Wettbewerbsdruck der Anreiz für dynamische Effizienzen sinkt und Fixkostenersparnisse nicht weitergegeben werden.[631]

WuW/E DE-R 4050, Rdnr. 136 – *Liberty Global/Kabel BW;* BKartA B. v. 26.3.2002, B1–187/01, S. 28 – *Haniel/Fels*; BKartA B. v. 31.3.2015, B2–96/14, Rdnr. 622 – *Edeka/Kaiser's Tengelmann.* Zu Recht kritisch *Immenga/Mestmäcker-Thomas,* GWB, 5. Aufl., § 36 Rdnr. 490 („Schutz der Wettbewerber vor einem verschärften Wettbewerb durch die effizientere fusionierte Einheit").

[623] Monopolkommission, 63. Sondergutachten (2012), Rdnr. 33 ff.; BKartA, Leitfaden Fusionskontrolle, Rdnr. 17; *Langen/Bunte-Kallfaß,* GWB, § 36 Rdnr. 37.

[624] So *Immenga/Mestmäcker-Thomas,* GWB, 5. Aufl., § 36 Rdnr. 586; dazu auch oben Rdnr. 5 ff.

[625] Dazu oben Rdnr. 82 ff.

[626] Ebenso *Ewald,* WuW 2014, 261, 274; im Ergebnis auch *Immenga/Mestmäcker-Thomas,* GWB, 5. Aufl., § 36 Rdnr. 586; vorsichtiger *Bardong,* in: Das deutsche Kartellrecht nach der 8. GWB-Novelle, S. 43 („vertretbar"); *Körber,* WuW 2014, 250, 256 („offen"); aA *Langen/Bunte-Kallfaß,* GWB, § 36 Rdnr. 38; *Bechtold,* GWB, § 36 Rdnr. 13.

[627] So auch *Immenga/Mestmäcker-Thomas,* GWB, 5. Aufl., § 36 Rdnr. 586; *Behrens,* EuZW 2015, 244, 248; *Schroeder,* Fs. Roth, S. 583, 602 ff.

[628] Komm., Horizontalleitlinien, Rdnr. 78; vgl. auch BKartA B. v. 14.5.2014, B3–135/13, Rdnr. 290 – *Klinikum Esslingen/Kreiskliniken Esslingen.*

[629] *Ewald,* WuW 2014, 261, 267; vgl. auch Komm., Horizontalleitlinien, Rdnr. 80.

[630] Vgl. Komm. E. v. 30.1.2013, ABl. 2014 C 137/8, Rdnr. 31 – *UPS/TNT Express.*

[631] Vgl. Komm., Horizontalleitlinien, Rdnr. 84; *Ewald,* WuW 2014, 261, 267; *Motta,* Competition Policy, S. 39 ff.

Nicht berücksichtigungsfähig sind zudem Kosteneinsparungen, die allein aus einer wettbewerbsschädlichen Einschränkung von Produktionskapazitäten resultieren, und Effizienzen, die nicht innerhalb eines überschaubaren Zeitraums wirksam werden.[632]

Der Effizienzeinwand setzt des Weiteren voraus, dass die Effizienzgewinne eine **spezifische Folge des Zusammenschlusses** sind und nicht auf eine andere Weise verwirklicht werden können, die den Wettbewerb weniger einschränkt. Weniger wettbewerbsschädliche Maßnahmen können beispielsweise Lizenz-, Outsourcing- oder sonstige Kooperationsvereinbarungen sein, wenn diese angesichts der üblichen Gepflogenheiten und der wirtschaftlichen Situation auf den betroffenen Märkten auch praktikabel sind.[633] Die Effizienzgewinne müssen schließlich auch **überprüfbar** sein. Dies erfordert, dass die Zusammenschlussbeteiligten alle notwendigen Daten beibringen, um den Umfang und den Eintritt der Effizienzen nachzuweisen (z. B. interne Unterlagen, Kapitalmarktveröffentlichungen, Marktstudien).[634] 175

c) Sonstige Umstände. Im Einzelfall ist es denkbar, dass die beteiligten Unternehmen den erweiterten Verhaltensspielraum, der sich ihnen infolge des Zusammenschlusses eröffnet, nicht (voll) nutzen können, weil sie hieran durch besondere **Umstände außerhalb des Wettbewerbs** gehindert werden. So liegt es etwa, wenn ein fusioniertes Unternehmen trotz beherrschender Stellung auf dem Beschaffungsmarkt gehindert ist, Nachfragemacht gegenüber seinen Lieferanten geltend zu machen, weil die Lieferanten zugleich Anteilseigner des betreffenden Unternehmens sind und es auf diese Weise effektiv kontrollieren.[635] Ähnliches gilt, wenn strukturell verankerte Interessen den Preissetzungsspielraum eines Unternehmens begrenzen.[636] In diesen Fällen ist zu prüfen, ob die zusätzlichen Restriktionen, denen die Zusammenschlussbeteiligten unterliegen, eine erhebliche Wettbewerbsbehinderung ausschließen. 176

5. Besonderheiten bei Nachfragemärkten. Zusammenschlüsse von Unternehmen, die miteinander als Nachfrager im Wettbewerb stehen, können wirksamen Wettbewerb dadurch behindern, dass sie **Nachfragemacht** begründen oder verstärken. Unter Nachfragemarkt kann – spiegelbildlich zur Marktmacht auf der Angebotsseite – die Fähigkeit eines Unternehmens verstanden werden, seine Einkaufspreise unter das Wettbewerbsniveau zu senken. Das klassische Verständnis von Nachfragemacht ist durch das Monopson- oder Oligopsonmodell geprägt, bei dem eine Vielzahl von Anbietern einem einzigen (Monopson) bzw. einer kleinen Gruppe (Oligopson) von Nachfragern gegenübersteht. In diesem Modell versucht der Nachfrager, seine Nachfrage strategisch einzuschränken, um damit den Einkaufspreis zu drücken, was zu einem Verlust an allokativen Effizienzen und damit zu einem Verlust an Wohlfahrt führt.[637] 177

In der Realität steht einer konzentrierten Nachfrageseite jedoch meist eine ebenfalls konzentrierte Angebotsseite gegenüber (z. B. im Lebensmitteleinzelhandel). Unter derartigen Bedingungen kann Nachfragemacht besser als **Verhandlungsmacht** verstanden werden, die dazu führt, dass sich das Unternehmen in bilateralen Verhandlungen besondere Rabatte oder sonstige Vorzugskonditionen einräumen lässt, die seinen Wettbewerbern nicht zugänglich sind. In diesem Modell führt Nachfragemacht nicht zu einer Mengenre- 178

---

[632] Komm., Horizontalleitlinien, Rdnr. 80, 83.

[633] Komm., Horizontalleitlinien, Rdnr. 85; vgl. Komm. E. v. 1.2.2012, COMP/M.6166, Rdnr. 1226 ff. – *Deutsche Börse/NYSE Euronext.*

[634] Komm., Horizontalleitlinien, Rdnr. 86 ff.

[635] Vgl. Komm. E. v. 17.12.2008, COMP/M.5046, Rdnr. 98 ff. – *Friesland Foods/Campina;* vgl. ferner BKartA E. v. 6.2.2015, B6–21/15 (Fallbericht) – *Pressegrosso* (Gesellschafterstruktur der fusionierten Einheit gewährleistet die Gleichbehandlung aller Verlage); BKartA E. v. 24.7.2015, B4–60/15 (Fallbericht) – *LBB/HASPA/S-Servicepartner Deutschland* (Mitspracherechte der Sparkassen, die die Dienstleistungszentren des neuen Gemeinschaftsunternehmens nutzen).

[636] Vgl. BKartA B. v. 31.8.2004, B9–101/04, Rdnr. 35 – *BNFW/HHLA/Stein* (Interesse der Freien und Hansestadt Hamburg an der Wirtschaftsförderung).

[637] Vgl. *Inderst/Wey,* Wettbewerbsanalyse von Nachfragemacht, S. 5.

duktion, sondern zu einer Umverteilung von Renten zwischen Anbietern und Nachfragern.[638] Wohlfahrtsschädliche Wirkungen resultieren hieraus nur mittelbar: Erstens könnte eine Verringerung der Beschaffungspreise die Investitions- und Innovationsbereitschaft der Anbieter mindern.[639] Allerdings können die Anbieter bei der Konfrontation mit marktmächtigen Nachfragern auch verstärkte Innovationsbemühungen unternehmen, um auf diese Weise Verhandlungsmacht zurückzugewinnen.[640] Zweitens könnte der Zuwachs an Verhandlungsmacht bei einem großen Abnehmer die Verhandlungsposition kleinerer Nachfrager schwächen und für diese höhere Einkaufspreise zur Folge haben, weil die Anbieter ihren Gewinnrückgang so zu kompensieren suchen *(„Wasserbetteffekt“)*.[641] Hiergegen spricht allerdings, dass die Anbieter ohnehin versuchen werden, mit jedem einzelnen Nachfrager den höchstmöglichen Preis auszuhandeln, ohne dass es hierfür der Gegenwart eines marktmächtigen Nachfragers bedürfte.[642] Damit bleibt vor allem, drittens, der sog. *„Spiraleffekt“*, der auf die Interdependenz von Absatz- und Beschaffungsmärkten abstellt. Danach kann ein marktmächtiger Nachfrager bessere Beschaffungskonditionen als seine Wettbewerber erzielen und so seine Marktposition auf den nachgelagerten Absatzmärkten stärken. Dies führt wiederum zu einer erhöhten Nachfrage und entsprechend günstigeren Konditionen auf der Beschaffungsseite. Schließlich werden die kleineren Wettbewerber vom Absatzmarkt verdrängt und der marktmächtige Nachfrager hat keinen Anreiz mehr, seine Beschaffungsvorteile an die Kunden weiterzugeben.[643] Im Ergebnis geht es um einen Zugewinn von Marktmacht auf dem nachgelagerten Markt durch einen verbesserten Zugang zu den Beschaffungsmärkten im Sinne von § 18 Abs. 3 Nr. 3 GWB.[644] Die Berücksichtigung derartiger Effekte birgt allerdings die Gefahr, nicht den Wettbewerb, sondern ineffiziente Wettbewerber zu schützen.[645]

179 Ein wichtiger Unterschied des Verhandlungsmodells zum Monopsonmodell besteht darin, dass nicht allein aus dem Anteil eines Abnehmers an der Gesamtnachfrage auf das Bestehen von Nachfragemacht geschlossen werden kann. Zentral für das Erfassen von Verhandlungsmacht ist vielmehr, welche Alternativen (**Abbruchoptionen** oder „Drohpunkte“) für die einzelnen Marktteilnehmer in den Verhandlungen bestehen. Diese werden u.a. bestimmt durch den Anteil des Nachfragers am Absatzvolumen der einzelnen Anbieter, durch seine Anteile auf den nachgeordneten Absatzmärkten und durch die Bedeutung der Produkte der Anbieter für die Stellung des Nachfragers auf den Absatzmärkten (z.B. ob es sich um sog. „Must Stock Items“ handelt).[646] Es geht mithin um eine Bewertung gegenseitiger Abhängigkeiten. Für die Fusionskontrolle als Marktstrukturkontrolle werden Abhängigkeiten jedoch erst relevant, wenn eine erhebliche Zahl von Anbietern aufgrund des Fehlens ausreichender und zumutbarer Absatzalternativen auf die Belieferung eines Abnehmers bzw. einer kleinen Gruppe von Abnehmern angewiesen ist.[647]

---

638 *Inderst/Wey,* Wettbewerbsanalyse von Nachfragemacht, S. 5ff.; BKartA, Nachfragemacht im Kartellrecht, Hintergrundpapier 2008, S. 2f.

639 Vgl. zB Komm., Leitlinien zur Anwendbarkeit von Artikel 101 AEUV auf Vereinbarungen über horizontale Zusammenarbeit, ABl. 2011 C 11/1, Rdnr. 202.

640 *Inderst/Wey,* Wettbewerbsanalyse von Nachfragemacht, S. 17f.; *Niels/Jenkins/Kavanagh,* Economics, S. 167.

641 BKartA B. v. 28.10.2010, B2–52/10, S. 100 – *EDEKA/trinkgut-Märkte.*

642 *Inderst/Wey,* Wettbewerbsanalyse von Nachfragemacht, S. 16.

643 BKartA, Leitfaden Fusionskontrolle, Rdnr. 128; BKartA B. v. 28.10.2010, B2–52/10, S. 99f. – *EDEKA/trinkgut-Märkte;* vgl. Komm. E. v. 3.2.1999, ABl. 1999 L 274/1, Rdnr. 44f. – *Rewe/Meinl.*

644 Dazu oben Rdnr. 109.

645 *Inderst/Wey,* Wettbewerbsanalyse von Nachfragemacht, S. 15; vgl. unten Rdnr. 171ff.

646 *Inderst/Wey,* Wettbewerbsanalyse von Nachfragemacht, S. 9ff.; vgl. auch oben Rdnr. 168.

647 BKartA, Leitfaden Fusionskontrolle, Rdnr. 126; BKartA B. v. 28.10.2010, B2–52/10, S. 101ff. – *EDEKA/trinkgut-Märkte.* Der Einwand in KG WuW/E OLG 3917, 3934 – *Coop/Wandmaker,* dass relative Marktmacht für den Marktbeherrschungstest irrelevant ist, ist mit der Einführung des SIEC-Tests hinfällig geworden.

6. Besonderheiten bei den einzelnen Zusammenschlusstatbeständen. Die deutsche Fusionskontrolle lässt – im Gegensatz zur europäischen Fusionskontrolle – als Aufgreifkriterium bereits die Herbeiführung von unterhalb der Kontrolle liegenden Situationen zur Erfüllung eines Zusammenschlusstatbestands ausreichen (§ 37 Abs. 1 Nr. 3 und 4 GWB). Dies wirft die Frage auf, ob die Verwirklichung eines Zusammenschlusses nach § 37 Abs. 1 GWB auch bewirkt oder jedenfalls nahe legt, dass im Rahmen der wettbewerblichen Würdigung sämtliche an dem Zusammenschluss beteiligten Unternehmen als **„wettbewerbliche Einheit"**[648] anzusehen sind mit der Folge, dass Marktanteile, Potentiale und Ressourcen zusammenzurechnen sind. Die Rechtsprechung hat klargestellt, dass ein solcher Schluss nicht automatisch gerechtfertigt ist. Vielmehr ist in jedem Einzelfall eine eigenständige Prüfung anzustellen ist, ob und – wenn ja – in welcher Art und in welchem Ausmaß der Zusammenschluss auf die Marktstellung der Beteiligten wirkt.[649] Der Zusammenschlussbegriff des § 37 Abs. 1 GWB fasst als formales Aufgreifkriterium den *Anwendungsbereich* der Fusionskontrolle weit, um alle potenziell wettbewerbsschädigenden Marktstrukturveränderungen einer Prüfung durch das BKartA zuzuführen. Aufgabe der *wettbewerblichen Würdigung* gemäß § 36 Abs. 1 GWB ist es demgegenüber, nur solche Beteiligungen zu unterbinden, die nach den Umständen des Einzelfalls tatsächlich eine erhebliche Behinderung wirksamen Wettbewerbs erwarten lassen. Dabei ist zu differenzieren nach der Art der Beteiligung und nach dem Wettbewerbsverhältnis der Zusammenschlussbeteiligten, also ob der Zusammenschluss horizontale, vertikale oder konglomerate Marktwirkungen hat. 180

a) Vermögenserwerb und Kontrollerwerb. Beim Zusammenschlusstatbestand des **§ 37 Abs. 1 Nr. 1 GWB** geht der erworbene Vermögensteil wirtschaftlich und rechtlich in der Wirtschaftseinheit des Erwerbers auf. Er bildet damit eine Wettbewerbseinheit mit dem Erwerber. Sämtliche Potentiale sind zusammenzurechnen, und zwar bei horizontalen Zusammenschlüssen ebenso wie bei vertikalen oder konglomeraten. Dasselbe Ergebnis gilt für den Erwerb der unmittelbaren oder mittelbaren Kontrolle gemäß **§ 37 Abs. 1 Nr. 2 GWB.** Die Verwirklichung dieses Zusammenschlusstatbestands begründet i. d. R. eine wirtschaftliche Einheit i. S. d. § 36 Abs. 2 GWB.[650] Jedenfalls aber kann der Erwerber das Wettbewerbspotenzial des zu kontrollierenden Unternehmens neutralisieren, was die Annahme einer wettbewerblichen Einheit rechtfertigt. 181

Der Zusammenschlusstatbestand des 50%igen Anteilserwerbs nach **§ 37 Abs. 1 Nr. 3 Satz 1 lit. a GWB** führt meist zu einem Kontrollerwerb, so dass die wettbewerblichen Ressourcen der Beteiligten nach dem Vorgesagten zusammenzurechnen sind. Etwas anderes gilt jedoch, wenn durch Sonderregelungen ein Kontrollerwerb ausgeschlossen ist (z. B. 50%-Mitgesellschafter mit Recht zu Stichentscheid) oder stimmrechtslose Kapitalanteile erworben werden. In diesen Fällen ist, ebenso wie bei einer nicht-kontrollierenden Minderheitsbeteiligung, konkret zu prüfen, inwieweit es durch die Verbindung zu einer erheblichen Wettbewerbsbehinderung kommt. 182

---

[648] Zu dem Begriff: BGH WuW/E BGH 1533, 1538 – *Erdgas Schwaben;* BGH WuW/E BGH 3037, 3041 – *Raiffeisen.*

[649] Zur Ablehnung der Theorie der unwiderleglichen Vermutung des Entstehens einer wettbewerblichen Einheit BGH WuW/E BGH 1533, 1538 – *Erdgas Schwaben* und WuW/E BGH 2013, 2016 – *VEW/Gelsenwasser;* zur Ablehnung einer Regelvermutung der wettbewerblichen Einheit KG WuW/E OLG 2677, 2680 – *VEW/Gelsenwasser.*

[650] Allerdings ist § 36 Abs. 2 Satz 2 GWB nach der Rspr. des BGH enger als der Zusammenschlusstatbestand des Erwerbs von Mitkontrolle: Im Gegensatz zu § 37 Abs. 1 Nr. 2 GWB genügt für gemeinsame Beherrschung nicht die paritätische Beteiligung und das damit verbundene Aufeinander-angewiesensein bei der Willensbildung („negative Kontrolle"); vielmehr müssen die Beteiligten auch so gesichert zusammenwirken, dass sie gegenüber dem Beteiligungsunternehmen eine herrschende Einheit bilden („positive Kontrolle"), s. BGH WuW/E BGH 1608, 1611 – *WAZ;* BGH WuW/E BGH 1810, 1811 – *Transportbeton Sauerland.* Die Anforderungen an das Zusammenwirken sind indes niedrig – es genügt ein Interessengleichklang (vgl. BGH WuW/E DE-R 1890, Rdnr. 11 – *Radio TON*) –, so dass die Tatbestände im praktischen Ergebnis kaum jemals auseinanderfallen werden.

183 *b) Nicht-kontrollierende Minderheitsbeteiligung.* Ein Anteilserwerb von 25 % des Kapitals oder der Stimmrecht gemäß **§ 37 Abs. 1 Nr. 3 Satz 1 lit. b GWB** und der Erwerb eines wettbewerblich erheblichen Einflusses gemäß **§ 37 Abs. 1 Nr. 4 GWB** führen regelmäßig nicht zu einer neuen wirtschaftlichen Einheit, die eine Addition der Potentiale des Erwerbers und des Zielunternehmens rechtfertigen würde. Dennoch können auch diese Zusammenschlüsse eine erhebliche Wettbewerbsbehinderung bewirken und eine marktbeherrschende Stellung begründen oder verstärken. Drei wettbewerbsbehindernde Wirkungen von Minderheitsbeteiligungen sind denkbar: Erstens kann die Verflechtung zwischen zwei Wettbewerbern zur Folge haben, dass sie den Anreiz verlieren, miteinander in Wettbewerb zu treten (horizontale unilaterale Effekte). Zweitens können solche Verflechtungen ein wettbewerbsschädigendes Parallelverhalten von Wettbewerbern begünstigen (horizontale koordinierte Effekte). Drittens können Minderheitsbeteiligungen an Zulieferern oder Kunden den Zugang von Wettbewerbern zu Beschaffungs- bzw. Absatzmärkten behindern (vertikale Effekte).[651]

184 *aa) Horizontale Effekte.* Eine nicht-kontrollierende Beteiligung an einem Wettbewerber kann das Wettbewerbsverhältnis zwischen den Zusammenschlussbeteiligten abschwächen, weil der Erwerber künftig an den Gewinnen seines Beteiligungsunternehmens partizipiert. Der BGH kleidet dies in den Erfahrungssatz, dass „ein Kaufmann sich nicht selbst durch wesentlichen Wettbewerb schädigt".[652] Für den Erwerber kann es insbesondere profitabel sein, seine Preise hochzusetzen oder die Qualität oder Menge seines Angebots einzuschränken, wenn etwaige Kundenabwanderungen durch die Beteiligungsgesellschaft aufgefangen werden und ihm dies (anteilig) über Gewinnausschüttungen zugutekommt. Ist die Minderheitsbeteiligung mit Einflussmöglichkeiten verbunden, kann der Erwerber die Beteiligungsgesellschaft darüber hinaus zur wettbewerblichen Rücksicht drängen, wovon er unmittelbar profitieren würde.[653] Entsprechende Effekte sind auch bei potenziellen Wettbewerbsverhältnissen denkbar. Insbesondere kann ein marktbeherrschendes Unternehmen versucht sein, über eine Minderheitsbeteiligung den Marktzutritt eines potenziellen Wettbewerbers zu verhindern.[654] Derartige **unilaterale Effekte** sind allerdings im Falle einer Minderheitsbeteiligung deutlich schwächer als bei einem Kontrollerwerb. Denn zum einen partizipiert der Erwerber nur mit einem Bruchteil an dem Gewinn der Beteiligungsgesellschaft, auf dessen Verwendung er möglicherweise gar keinen Einfluss hat. Zum anderen profitiert die Beteiligungsgesellschaft (einschließlich der übrigen Gesellschafter), die mit dem Erwerber ja keine wirtschaftliche Einheit bildet, ihrerseits nicht unmittelbar, wenn sie sich im Wettbewerb gegenüber dem Erwerber zurücknimmt.

185 In Oligopolmärkten können nicht-kontrollierende Beteiligungen zwischen Wettbewerbern zudem eine gemeinsame Marktbeherrschung begründen oder verstärken **(koordinierte Effekte),** weil sie typischerweise einen Informationsaustausch zwischen dem Erwerber und dem Beteiligungsunternehmen ermöglichen, der die Markttransparenz und die Wahrscheinlichkeit einer Verhaltenskoordinierung im Oligopol erhöht. Dies gilt umso mehr, je verbreiteter Verflechtungen zwischen den Oligopolisten sind.[655]

186 Für die Prüfung der wettbewerblichen Auswirkungen einer nicht-kontrollierenden Minderheitsbeteiligung kommt es mithin entscheidend an auf die Höhe der Gewinnbeteiligung des Erwerbers, auf seine Einflussmöglichkeiten im Zielunternehmen und auf Art und Ausmaß des Informationsflusses zwischen den Beteiligten. Besondere Bedeutung genießt die

---

[651] Vgl. Komm., Staff Working Document: Towards more effective EU merger control, Annex 1: Structural links, SWD(2013) 239 (nachfolgend zitiert als „Structural Links Working Document").

[652] BGH WuW/E DE-R 1890, Rdnr. 16 – *Radio TON;* BGH WuW/E BGH 2433, 2440 – *Gruner + Jahr/Zeit II.*

[653] Komm., Structural Links Working Document, Rdnr. 4 ff. und 37 ff.

[654] Komm., Structural Links Working Document, Rdnr. 76 ff.; vgl. z. B. BGH WuW/E DE-R 1419 – *trans-o-flex;* BKartA WuW/E BGH 2247, 2249 f. – *Hüls/Condea.*

[655] Vgl. oben Rdnr. 142 ff.

Beteiligungshöhe, weil mit steigender finanzieller Beteiligung an einem Unternehmen auch das Interesse an seinem wirtschaftlichen Erfolg wächst.[656] Hinsichtlich der Einflussmöglichkeiten kommt eine **Vielzahl von Umständen** in Betracht, etwa Entsenderechte in die Leitungs- oder Aufsichtsorgane, sonstige personelle Verflechtungen, Sondervereinbarungen über Stimmrechte, Quoren oder Vetorechte unterhalb der Kontrollschwelle,[657] Einschränkungen bei den Handlungsmöglichkeiten des Beteiligungsunternehmens im Verhältnis zum Minderheitsgesellschafter durch entsprechende Fassung des Unternehmensgegenstandes im Gesellschaftsvertrag,[658] an Abhängigkeit heranreichende Liefer- oder Bezugsverhältnisse,[659] Gewährung von Gesellschafterdarlehen etc. Auch der verbesserte Informationsfluss aus dem Bereich des Wettbewerbs kann eine mögliche Zusammenschlusswirkung sein,[660] wobei freilich eine gemeinsame Marktbeherrschung nur bei einer entsprechenden Marktstruktur zu erwarten ist (hoher Konzentrationsgrad mit wenigen, ähnlich strukturieren Wettbewerbern, homogenen Produkten, stabile Marktbedingungen, Sanktionsmöglichkeiten bei Abweichen von der Verhaltenskoordinierung).[661]

Offen ist, ob das BKartA bei der materiellen Prüfung des Zusammenschlusses in Rechnung stellen darf, dass der Erwerber einer 25%-Beteiligung diese möglicherweise später kontrollfrei auf nahezu 50% der Anteile aufstocken darf. Vor 1999 kam dieser Frage ein größeres praktisches Gewicht zu, weil das BKartA mit dem Argument der **Aufstockungsmöglichkeit** regelmäßig einen 25%-Erwerb wie ein 49,99%-Erwerb bewertete.[662] Mit der Rechtsprechung des BGH, der über die theoretische Möglichkeit hinaus konkrete Anhaltspunkte für die Aufstockung verlangt,[663] war dies nicht vereinbar. Die Einführung des Tatbestands des Kontrollerwerbs (§ 37 Abs. 1 Nr. 2 GWB) durch die 6. GWB-Novelle (1999) hat diese Frage indes entschärft, weil nunmehr bei einer wesentlichen Verstärkung der Einflussmöglichkeiten unterhalb der 50%-Schwelle ggf. wegen des Erwerbs von gemeinsamer oder alleiniger Kontrolle ein weiteres Fusionskontrollverfahren zu durchlaufen ist. 187

In der Praxis wird der Frage nach den strukturellen Wirkungen einer nicht-kontrollierenden Minderheitsbeteiligung keine große Aufmerksamkeit gewidmet. Für den **Regelfall** geht das BKartA davon aus, dass ein Zusammenschluss zwischen Wettbewerbern zu einer Wettbewerbsdämpfung zwischen den Beteiligten führt, die deren Zusammenfassung in einer wettbewerblichen Einheit rechtfertigen.[664] Dies gilt insbesondere für den Zusammenschlusstatbestand des Erwerbs eines wettbewerblich erheblichen Einflusses (§ 37 Abs. 1 Nr. 4 GWB), bei dem der formelle Tatbestand die materiellen Wirkungen bereits indizieren soll.[665] So begründete das BKartA im Fall *A-TEC/Norddeutsche Affinerie* die wettbewerbsbeschränkenden Wirkungen des Zusammenschlusses mit der Möglichkeit und den ökonomischen Anreizen für eine gegenseitige wettbewerbliche Rücksichtnahme der Beteiligten,[666] obwohl eine Beteiligung von lediglich 13,75% erworben worden war und sich das Zielunternehmen aktiv gegen den „feindlichen Anteilserwerb" wehrte. Erst wenn ein Erwerber nachweislich keine erheblichen Einflussmöglichkeiten hat und die Beteiligungs- 188

[656] Vgl. BGH WuW/E BGH 1954, 1958 – *Springer/az Anzeigenblatt;* BGH WuW/E BGH 2276, 2284 – *Donau-Kurier.*

[657] Vgl. BGH WuW/E BGH 1533, 1538 – *Erdgas Schwaben* (Vetorecht bzgl. Investitionstätigkeit).

[658] Vgl. BGH WuW/E DE-R 668, 670f. – *Werra Rundschau* (Vetorechte, die es ermöglichen, den bestehenden Zustand der Gesellschaft festzuschreiben).

[659] Vgl. BGH WuW/E BGH 1949, 1952f. – *Braun/Almo.*

[660] BGH WuW/E BGH 1533, 1538 – *Erdgas Schwaben.*

[661] Dazu oben Rdnr. 142ff.

[662] BKartA WuW/E BKartA 2060, 2075f. – *Metro/Kaufhof.*

[663] BGH WuW/E 2013, 2016 – *VEW/Gelsenwasser.*

[664] Vgl. zB BKartA WuW/E DE-V 858, 859 – *Novartis/Roche.*

[665] So BKartA AG 1996, 378, 381 – *Veba/Stadtwerke Bremen; Langen/Bunte-Kallfaß,* GWB, § 36 Rdnr. 7.

[666] BKartA WuW/E DE-V 1553, Rdnr. 109ff.; nicht geprüft durch OLG Düsseldorf WuW/E DE-R 2462 – *A-TEC/Norddeutsche Affinerie.*

höhe besonders niedrig liegt, wird das Vorliegen einer wettbewerblich Einheit ausnahmsweise abgelehnt.[667]

189 *bb) Vertikale oder konglomerate Effekte.* Wettbewerbsbehindernde Wirkungen sind auch denkbar bei Minderheitsbeteiligungen zwischen Nicht-Wettbewerbern. Da die wettbewerbsbehindernden Wirkungen bei vertikalen oder konglomeraten Zusammenschlüssen nicht unmittelbar auftreten, sondern nur als Folge einer entsprechenden **Abschottungsstrategie,**[668] ist hierfür regelmäßig erforderlich, dass die Minderheitsbeteiligung ein Mindestmaß an Einfluss vermittelt (z. B. in der Form von Entsenderechten in die Gesellschaftsorgane oder Vetorechten), damit die Beteiligten ihr Verhalten entsprechend koordinieren können.[669] Eine Abschottung ist dementsprechend unwahrscheinlich, wenn z. B. auf Grundlage der Erfahrungen in der Vergangenheit ausgeschlossen werden kann, dass das Unternehmen bzw. die Mehrheit seiner Gesellschafter auf die Interessen des Minderheitsgesellschafters Rücksicht nimmt.[670]

190 *c) Gemeinschaftsunternehmen (Doppelkontrolle auch nach § 1 GWB).* Gemeinschaftsunternehmen können wettbewerblich relevante Wirkungen einerseits für das Vertikalverhältnis zwischen den jeweiligen Muttergesellschaften und dem Gemeinschaftsunternehmen sowie andererseits für das Horizontalverhältnis zwischen den Muttergesellschaften untereinander **(Gruppeneffekt)** haben. Allein aus der Zusammenschlussfiktion des § 37 Abs. 1 Nr. 3 Satz 3 GWB darf nicht geschlossen werden, dass das Gemeinschaftsunternehmen und alle Gesellschafter mit einem Anteil von wenigstens 25 % im Tätigkeitsbereich des Gemeinschaftsunternehmens als wettbewerbliche Einheit gelten. Maßgeblich hierfür ist vielmehr, inwieweit die Muttergesellschaften das Gemeinschaftsunternehmen (mit-)kontrollieren.[671] Fehlt es an einer derartigen Kontrolle, gelten die vorstehenden Ausführungen über die wettbewerbsbehindernden Wirkungen von Minderheitsbeteiligungen für das Vertikalverhältnis zwischen den jeweiligen Muttergesellschaften und dem Gemeinschaftsunternehmen entsprechend.

191 Besondere Fragen stellen sich, wenn die **Muttergesellschaften im Horizontalverhältnis aktuelle oder potenzielle Wettbewerber** sind. Dann kann die Gründung des Gemeinschaftsunternehmens eine nach § 1 GWB verbotene Koordinierung ihres Wettbewerbsverhaltens bezwecken oder bewirken.[672] Nach der Rechtsprechung des BGH schränken die Sonderregeln der Fusionskontrolle den Anwendungsbereich des § 1 GWB nicht ein, weil es beim Verbot wettbewerbsbeschränkender Vereinbarungen einerseits und der Fusionskontrolle andererseits um zwei verschiedene Sachverhalte gehe, deren Tatbestandsvoraussetzungen sich nicht notwendig deckten.[673] Der Umstand, dass die Gründung eines Gemeinschaftsunternehmens möglicherweise der Fusionskontrolle unterlag und vom BKartA fusionskontrollrechtlich freigegeben wurde, hindert somit nicht eine Untersagung wegen Verstoßes gegen § 1 GWB **(„Doppelkontrolle“).** § 1 GWB erfasst allerdings nicht den Wegfall an Wettbewerb, der unmittelbar daraus resultiert, dass die Muttergesellschaften ihre Aktivitäten auf bestimmten Märkten in dem Gemeinschaftsunternehmen zusammenführen. Denn Vereinbarungen, die die einen Zusammenschluss i. S. d. § 37 Abs. 1 GWB zum Gegenstand haben, unterliegen *als solche* ausschließlich der Fusionskontrolle, nicht § 1 GWB.[674]

---

[667] Vgl. BGH WuW/E BGH 1949, 1952 f. – *Braun/Almo* (Minderheitsbeteiligung vermittelte keinerlei Einfluss auf das geschäftliche Vorgehen der Beteiligungsgesellschaft); BKartA WuW/E DE-V 858, 859 f. – *Novartis/Roche* (Kapitalbeteiligung von 6,2 %).

[668] Siehe oben Rdnr. 124 ff. und 131 ff.

[669] Vgl. zur Sicherung des Absatzes durch einen erheblichen Einfluss auf einen Kunden: BGH WuW/E DE-R 24, 29 ff. – *Stromversorgung Aggertal;* BGH WuW/E DE-R 2451, Rdnr. 62 – *E.ON/Stadtwerke Eschwege.*

[670] BKartA B. v. 8.12.2011, B8–94/11, Rdnr. 83 ff. – *RWE/Stadtwerke Unna.*

[671] Dazu oben Rdnr. 97 und § 19 Rdnr. 93.

[672] Zum Folgenden auch *Schroeder* in § 9 Rdnr. 24 ff.

[673] BGH WuW/E BGH 1810, 1813 f. – *Transportbeton Sauerland;* BGH WuW/E BGH 2169 – *Mischwerke.*

[674] BGH WuW/E DE-R 711, 716 – *Ost-Fleisch;* dazu § 19 Rdnr. 12.

Ob im Einzelfall ein Verstoß gegen § 1 GWB vorliegt, ist nach der Rechtsprechung des BGH aufgrund einer Gesamtbetrachtung der wirtschaftlichen Zusammenhänge und Auswirkungen zu beurteilen, wobei die **Unterscheidung zwischen kooperativen und konzentrativen Gemeinschaftsunternehmen** eine Abgrenzungshilfe biete.[675] Ein Gemeinschaftsunternehmen sei in diesem Sinne *konzentrativ,* wenn es sämtliche Funktionen eines selbständigen Unternehmens wahrnehme, marktbezogene Leistungen erbringe und nicht ausschließlich oder überwiegend auf einer vor- oder nachgelagerten Stufe für die Muttergesellschaft sowie nicht auf demselben Markt wie die Mütter tätig sei. Typische *kooperative* Gemeinschaftsunternehmen nähmen dagegen für die Muttergesellschaften nur einzelne Unternehmensfunktionen wahr.[676] Die Einstufung eines Gemeinschaftsunternehmens als konzentrativ mit der Folge, dass ein Verstoß gegen § 1 GWB fernliegt, erfordert demnach zweierlei: Es muss sich erstens um ein Gemeinschaftsunternehmen mit „Vollfunktion" handeln, das zweitens in keinem aktuellen Wettbewerbsverhältnis zu seinen Muttergesellschaften steht. Der Vollfunktionscharakter des Gemeinschaftsunternehmens schließt demnach – anders als im europäischen Recht in Bezug auf Art. 101 AEUV[677] – die Anwendung von § 1 GWB nicht aus. Die Einstufung eines Gemeinschaftsunternehmens als kooperativ bedeutet umgekehrt noch nicht, dass der Tatbestand des § 1 GWB stets erfüllt ist.[678] Vielmehr sind immer die Gesamtumstände des Einzelfalls zu würdigen.[679] 192

Im Rahmen der gebotenen **Gesamtbetrachtung** ist nach der Praxis des BGH von einem *wirtschaftlich zweckmäßigen und kaufmännisch vernünftigen Verhalten* der beteiligten Unternehmen auszugehen.[680] Dabei stelle es ein Indiz für eine Zusammenarbeit der Muttergesellschaften dar, wenn diese ihre Tätigkeit auf demselben sachlichen und räumlichen Markt wie das Gemeinschaftsunternehmen fortsetzten.[681] Denn wenn die Muttergesellschaften aktuelle Wettbewerber des Gemeinschaftsunternehmens blieben, seien sie im Allgemeinen versucht, durch Abstimmung ihrer Geschäftspolitik oder durch bewusste Zurückhaltung die Intensität des Wettbewerbs zu verringern.[682] Weitere Aspekte, die in der Praxis eine Rolle spielen, sind insbesondere die Einbindung der Muttergesellschaften in die strategischen Planungen und das Tagesgeschäft des Gemeinschaftsunternehmens,[683] die Marktsituation,[684] ob es sich bei den vom Gemeinschaftsunternehmen produzierten Gütern um homogene Massenware handelt, bei der eine Koordinierung des Marktverhaltens unschwer möglich ist,[685] strategische Interessen der Gesellschafter,[686] die wirtschaftliche Bedeutung 193

---

[675] BGH WuW/E BGH 2169, 2170 – *Mischwerke;* BGH WuW/E DE-R 711, 717 f. – *Ost-Fleisch;* BGH WuW/E DE-R 2361, 2362 – *Nord-KS.*

[676] BGH WuW/E DE-R 711, 716 – *Ost-Fleisch.* Die Definition des konzentrativen Gemeinschaftsunternehmens geht zurück auf die Grundsätze des BKartA über die Behandlung von Gemeinschaftsunternehmen in TB 1978, S. 24; vgl. dazu BGH WuW/E BGH 2169, 2170 – *Mischwerke.*

[677] Vgl. Art. 2 Abs. 4 und Art. 3 Abs. 4 FKVO; dazu *Schroeder* in § 9 Rdnr. 24 ff.

[678] BGH WuW/E DE-R 711, 716. – *Ost-Fleisch;* BGH WuW/E DE-R 2361, Rdnr. 14 – *Nord-KS.*

[679] BGH WuW/E BGH 2169, 2170 – *Mischwerke;* BGH WuW/E DE-R 711, 717 f. – *Ost-Fleisch.*

[680] BGH WuW/E DE-R 711, 717 – *Ost-Fleisch;* BGH WuW/E DE-R 2361, Rdnr. 14 – *Nord-KS.*

[681] BKartA, Sektoruntersuchung Walzasphalt, Abschlussbericht September 2012, Rdnr. 178 ff. bewertet es ebenso kritisch, wenn zwar nur eine Mutter auf demselben Markt wie das Gemeinschaftsunternehmen präsent ist, eine weitere Mutter aber auf demselben Markt über eine nicht-beherrschte Beteiligungsgesellschaft oder auf einem räumlich angrenzenden Markt selbst tätig ist, oder wenn beide Mütter auf anderen räumlichen Märkten als Wettbewerber aufeinandertreffen.

[682] BGH WuW/E DE-R 711, 716 – *Ost-Fleisch;* BGH WuW/E DE-R 2361, Rdnr. 14 – *Nord-KS.*

[683] Vgl. BKartA B. v. 9.8.2006, B1–116/04 – *Nord-KS,* Rdnr. 84 ff. (Beirat als Plattform für den Austausch vertraulicher Informationen zwischen den Gesellschaftern).

[684] Vgl. BGH WuW/E BGH 2169, 2174 – *Mischwerke;* BGH WuW/E DE-R 711, 717 – *Ost-Fleisch;* BKartA B. v. 9.8.2006, B1–116/04 – *Nord-KS,* Rdnr. 93 (jeweils gemeinsames Interesse an einer Koordinierung angesichts von Überkapazitäten und Nachfragerückgängen).

[685] Vgl. BGH WuW/E DE-R 711, 717 – *Ost-Fleisch* (Schlachtprodukte); BKartA B. v. 9.8.2006, B1–116/04 – *Nord-KS,* Rdnr. 87 (Kalksandstein).

[686] Vgl. BKartA B. v. 9.8.2006, B1–116/04 – *Nord-KS,* Rdnr. 87 (*Xella* konnte sich wegen einer starken Markstellung nicht mehr durch fusionskontrollpflichtige Akquisitionen vergrößern und sah

des Gemeinschaftsunternehmens im Verhältnis zu den Gesellschaftern[687] sowie etwaige Belege für eine tatsächlich praktizierte Verhaltenskoordinierung.[688]

194 Nach der Rechtsprechung des BGH genügt für die Annahme einer Wettbewerbsbeschränkung unter den Muttergesellschaften, dass sie den **Informationsfluss** mit dem Gemeinschaftsunternehmen zur Koordinierung ihres Marktverhaltens nutzen. Nicht notwendig sei es, dass sie das Gemeinschaftsunternehmen zu einem bestimmten Verhalten im Wettbewerb anweisen könnten.[689] Es genüge vielmehr die nahe liegende wirtschaftlich vernünftige Orientierung der Mütter an dem Verhalten der gemeinsamen Tochtergesellschaft, insbesondere für den Fall, dass die Mütter an den Entscheidungen zum Marktverhalten des Gemeinschaftsunternehmens mitwirkten, weil sie dann bemüht seien, die beschlossene Strategie nicht im Markt zu konterkarieren.[690] Nicht abschließend geklärt ist allerdings, ob für einen Verstoß gegen § 1 GWB ein gewisses **Mindestmaß an Einfluss** der betreffenden Gesellschafter auf das Gemeinschaftsunternehmen erforderlich ist, etwa in der Form eines wettbewerblich erheblichen Einflusses i. S. d. § 37 Abs. 1 Nr. 4 GWB.[691] Ein solcher Einfluss dürfte wohl nur indirekt eine Rolle spielen, nämlich bei der Beurteilung der Frage, ob es „wirtschaftlich zweckmäßig und kaufmännisch vernünftig" ist, dass die Gesellschafter ihr Verhalten am Verhalten des Gemeinschaftsunternehmens ausrichten.

195 Die Feststellung einer Wettbewerbsbeschränkung hat noch nicht zur Folge, dass das Gemeinschaftsunternehmen auch kartellrechtswidrig wäre. Vielmehr besteht die Möglichkeit einer Rechtfertigung gemäß § 2 GWB.[692] Dies kommt z. B. bei einem Gemeinschaftsunternehmen zur gemeinsamen Produktion von Waren in Betracht, wenn der gemeinsame Marktanteil der Beteiligten bei weniger als 20 % liegt.[693] Ist keine Rechtfertigung möglich, so führt dies bei Personengesellschaften (KG, OHG) zur **Nichtigkeit** des Gesellschaftsvertrags gemäß § 134 BGB, was die „rechtliche Nichtexistenz" der Gesellschaft zur Folge hat.[694] Die Lehre von der fehlerhaften Gesellschaft findet auf kartellrechtswidrige Gemeinschaftsunternehmen nach der Rechtsprechung keine Anwendung.[695] Bei Kapitalgesellschaften führt der Kartellverstoß demgegenüber wegen § 248 AktG, § 75 GmbHG noch nicht zur Nichtigkeit des Gesellschaftsvertrags; hierfür bedarf es eines rechtskräftigen Urteils,

---

die Beteiligung an dem Gemeinschaftsunternehmen als einen Weg, um einen wichtigen Wettbewerber „zu neutralisieren").

[687] Vgl. BGH WuW/E DE-R 711, 718 – *Ost-Fleisch;* BKartA B. v. 9.8.2006, B1–116/04 – *Nord-KS,* Rdnr. 90 ff.

[688] Vgl. BKartA B. v. 9.8.2006, B1–116/04 – *Nord-KS,* Rdnr. 95 (Protokolle der Beiratssitzungen belegten Diskussionen der Gesellschafter zur Geschäfts- und Preispolitik). Ein Gegenbeispiel ist OLG Düsseldorf B. v. 25.11.2013, VI-Kart 9/12 (V), Rdnr. 29 – *Chemikalienhandel* (aggressiver Preiswettbewerb der Muttergesellschaften). Wenn das Gemeinschaftsunternehmen bereits existiert („ex post-Situation"), muss das BKartA das tatsächliche Marktverhalten der Gesellschafter untersuchen, dazu *Bien,* NZKart 2014, 247, 251; vgl. auch BKartA B. v. 11.6.2015, B6–22/15, Rdnr. 164, 171 , 222 – *Funke/Springer/Media Impact.*

[689] BGH WuW/E DE-R 711, 717 – *Ost-Fleisch.*

[690] BGH aaO.

[691] In dem Fall *Nord-KS* wurde diese Frage gestellt, musste jedoch vom BGH nicht beantwortet werden, weil die beiden kooperativen Gesellschafter 32,6 % und 17,5 % der Anteile am Gemeinschaftsunternehmen hielten, zusammen also mehr als 50 %, so dass ein wettbewerblich erheblichen Einfluss wohl vorlag, s. BGH WuW/E DE-R 2361, Rdnr. 13, 15.

[692] Darüber hinaus wird eine Wettbewerbsbeschränkung gar nicht erst von § 1 GWB oder Art. 101 AEUV erfasst, wenn sie, insbesondere wegen niedriger Marktanteile, nicht „spürbar" ist, vgl. dazu *Lübbig* in § 8 Rdnr. 40 ff. und 85.

[693] Vgl. Art. 3 VO Nr. 1218/2010; vgl. auch BKartA TB 2011/2012, S. 84 – *Credit Life International Service* (Freistellung einer Kooperation bei Restkreditversicherungen durch die VO Nr. 267/2010). Bei höheren Marktanteilen wird eine Rechtfertigung zunehmend schwieriger, vgl. BKartA B. v. 9.8.2006, B1–116/04, Rdnr. 131 ff. – *Nord-KS;* OLG Düsseldorf WuW/E DE-R 2146, Rdnr. 37 – *Nord-KS/Xella;* zum Ganzen auch *Lübbig* in § 9 Rdnr. 161 ff.

[694] Dazu *Ulshöfer,* WuW 2011, 820, 826 ff.

[695] OLG Düsseldorf WuW/E DE-R 2146, Rdnr. 51 – *Nord-KS/Xella;* bestätigt durch BGH WuW/E DE-R 2361, Rdnr. 16 – *Nord-KS.*

durch das die Gesellschaft für nichtig erklärt wird.[696] Bei allen kartellrechtswidrigen Gemeinschaftsunternehmen gleich welcher Rechtsform ist aber jedenfalls die **Durchführung des Unternehmens unzulässig.** Sofern das BKartA den Kartellverstoß aufgreift und hierüber im Verwaltungsverfahren entscheidet, stellt es fest, dass die Durchführung des Gesellschaftsvertrags gegen § 1 GWB und ggf. auch gegen Art. 101 AEUV verstößt, und wird nach § 32 GWB Maßnahmen zur Abstellung der Zuwiderhandlung anordnen.[697]

IV. Kausalität und Prognose

§ 36 Abs. 1 Satz 1 GWB erfordert eine **zweifache Prognoseentscheidung.** Die Feststellung, dass der zu untersuchende Zusammenschluss wirksamen Wettbewerb erheblich behindern würde, nötigt zu einem Vergleich der Marktverhältnisse, die ohne den Zusammenschluss herrschen, mit denjenigen, die durch den Zusammenschluss geschaffen werden.[698] Dabei sind sowohl in das Szenario mit dem Zusammenschluss als auch in das Vergleichsszenario ohne den Zusammenschluss („Counterfactual") die ohnedies zu erwartenden künftigen Entwicklungen mit einzustellen. Nur wenn dieser Vergleich ergibt, dass der Wettbewerb erheblich stärker behindert wird, wenn die Marktstruktur durch den Zusammenschluss geändert wird, als dies ohne Zusammenschluss der Fall wäre, ist der Zusammenschluss für die Wettbewerbsbehinderung **kausal** und erfüllt die Untersagungsvoraussetzungen.[699] 196

Jede Prognose enthält naturgemäß ein spekulatives Element. Der mit einer Untersagungsverfügung verbundene erhebliche Eingriff in die unternehmerische Freiheit und der Grundsatz der Verhältnismäßigkeit gebieten es allerdings, dass insbesondere eine prognostizierte Entwicklung zulasten der Zusammenschlussbeteiligten **auf konkrete Anhaltspunkte gestützt wird und ausreichend wahrscheinlich erscheint.**[700] In Bezug auf den Grad der danach erforderlichen Wahrscheinlichkeit unterscheidet der BGH neuerdings wie folgt: Im Allgemeinen, etwa hinsichtlich etwaiger Veränderungen bei den Zusammenschlussbeteiligten oder einem potenziellen Marktzutritt Dritter, genüge für die Prognose, dass die Veränderung mit „einiger Wahrscheinlichkeit" zu erwarten sei. Lediglich eine Veränderung der Rahmenbedingungen des Wettbewerbs, insbesondere eine bevorstehende Gesetzesänderung,[701] sei erst zu berücksichtigen, wenn sie mit „hoher Wahrscheinlichkeit" zu erwarten sei.[702] Erst recht sind dann die Folgen einer bereits geänderten Rechtslage zu berücksichtigen.[703] 197

Der bei der Prognose in Augenschein zu nehmende **Zeitraum** darf einerseits nicht zu kurz sein, weil wegen der Unumkehrbarkeit der durch einen Zusammenschluss hervorge- 198

[696] BGH WuW/E DE-R 2742, Rdnr. 17 – *Gratiszeitung Hallo.*

[697] Dazu zB BKartA, Sektoruntersuchung Walzasphalt, Abschlussbericht September 2012, Rdnr. 251.

[698] Sofern das BKartA ausnahmsweise einen (verbotswidrig oder nach einer Befreiung gemäß § 41 Abs. 2 GWB) vollzogenen Zusammenschluss prüft, hat es nach Vollzug eintretende tatsächliche Umstände in die nachträgliche Prüfung einzubeziehen, OLG Düsseldorf WuW/E DE-R 1390, 1391 – *KG Wochenkurier.*

[699] Vgl. BGH WuW/E BGH 1685, 1691 – *Springer/Elbe Wochenblatt;* BGH WuW/E BGH 1854, 1859 – *Zeitungsmarkt München;* BGH WuW/E DE-R 3695, Rdnr. 17 – *Haller Tagblatt;* BKartA, Leitfaden Fusionskontrolle, Rdnr. 12 und 183.

[700] Vgl. BGH WuW/E DE-R 3695, Rdnr. 18 – *Haller Tagblatt.*

[701] Dazu BGH WuW/E DE-R 24, 28 – *Stromversorgung Aggertal* (Verabschiedung der Energierechtsreform); OLG Düsseldorf WuW/E DE-R 681, 686 – *Trienekens* (Änderung des Landesabfallgesetzes); vgl. auch BKartA B. v. 3.8.2006, B2–90/05, Rdnr. 73, 91 ff. – *Pfeifer & Langen/Zuckerfabrik Jülich* (bevorstehende Reform der Zuckermarktordnung, nicht vollständig abgedruckt in WuW/E DE-V 1269).

[702] BGH WuW/E DE-R 3695, Rdnr. 19 – *Haller Tagblatt;* anders noch BGH WuW/E BGH 1501, 1507 ff. – *Kfz-Kupplungen* (bloße „Wahrscheinlichkeit" genügt nur bzgl. der *negativen* Folgen des Zusammenschlusses; „hohe Wahrscheinlichkeit" ist notwendig im Hinblick auf jede künftige Veränderung der mit dem Zusammenschluss geschaffenen Wettbewerbsvoraussetzungen, insbesondere wenn sie *zugunsten* der Beteiligten eintritt).

[703] BKartA WuW/E DE-V 1269, Rdnr. 83 – *Pfeifer & Langen/Zuckerfabrik Jülich.*

brachten Änderungen der Marktstruktur gerade deren längerfristige Wirkungen bedeutsam sind.[704] Andererseits kann der Zeitraum auch nicht zu lang gewählt werden, weil sonst die Richtigkeitsgewähr der Prognose abnimmt. Nach Ansicht des BGH liegt der Prognosezeitraum in der Regel bei drei bis fünf Jahren.[705] Angesichts der Besonderheiten der betroffenen Märkte kann aber im Einzelfall auch ein kürzerer oder längerer Zeitraum angemessen sein.[706]

199 Im Rahmen der Prognoseentscheidung ist auch zu berücksichtigen, inwieweit sich ein **gegenwärtig praktiziertes Verhalten** der Marktteilnehmer nach Durchführung des Zusammenschlusses ändern wird oder ändern kann. Ein vertikaler Zusammenschluss mag an einer bestehenden Lieferbeziehung zwischen zwei Unternehmen äußerlich nichts ändern. Die für die Fusionskontrolle relevante strukturelle Wirkung besteht jedoch darin, dass die Lieferbeziehung gesellschaftsrechtlich auf Dauer abgesichert wird.[707] Rein unternehmensinterne Verhaltensweisen (z. B. die redaktionelle Selbständigkeit von Tageszeitungen eines Konzerns), die jederzeit geändert werden könnten, sind dagegen irrelevant.[708] Zu berücksichtigen ist auch, ob der Zusammenschluss ein gegenwärtig praktiziertes Verhalten unzulässig macht. So ist etwa ein Preismeldesystem, das infolge des Zusammenschlusses kartellrechtswidrig wird, sofort zu beenden und kann damit die strukturellen Wettbewerbsbedingungen nach dem Zusammenschluss nicht mehr beeinflussen.[709] Umgekehrt sind die Folgen einer kartellrechtlich zulässigen Kooperation hinzunehmen, auch wenn sie die Anreize für einen potenziellen Wettbewerb zwischen den Zusammenschlussbeteiligten beseitigt.[710]

200 Bis zur 8. GWB-Novelle war umstritten, ob die für den Marktbeherrschungstest erforderliche Kausalität auch gegeben ist, wenn die **Auswirkungen** des Zusammenschlusses, **bei einem Dritten** eintreten und diesem zur Marktbeherrschung verhelfen oder dessen marktbeherrschende Stellung verstärken. Eine solche Situation kann z. B. entstehen, wenn der Erwerber die Produktion des Zielunternehmens ausschließlich zur Deckung des Eigenbedarfs verwenden will und sie dementsprechend dem relevanten Produktmarkt entzieht. Hierdurch könnte – jedenfalls bei starker Nachfrage – ein anderer Anbieter ohne Einbindung in den Zusammenschlussvorgang marktbeherrschend werden.[711] Mit der Einführung des SIEC-Tests ist dieser Streit jedoch hinfällig geworden, weil die zusammenschlussbedingte Erhöhung der Marktmacht eines Drittunternehmens jedenfalls als erhebliche Behinderung wirksamen Wettbewerbs erfasst werden kann.[712]

201 Eine Sache der Kausalitätsprüfung ist es auch, wenn bei dem Erwerb eines notleidenden Unternehmens die Voraussetzungen einer sog. **„Sanierungsfusion"** („Failing company defence") gegeben sind. Wegen des Sachzusammenhangs mit § 36 Abs. 2 Nr. 3 GWB wird dieser Fall im nächsten Abschnitt bei den Ausnahmetatbeständen dargestellt.[713] Doch auch wenn die strengen Voraussetzungen einer Sanierungsfusion nicht vorliegen, können die wirtschaftlichen Schwierigkeiten eines Zusammenschlussbeteiligtem in die hypothetische

---

[704] Vgl. BGH WuW/E BGH 1501, 1508 – *Kfz-Kupplungen;* BGH WuW/E BGH 1749, 1755 – *Klöckner/Becorit.*

[705] BGH WuW/E DE-R 3695, Rdnr. 38 – *Haller Tagblatt;* ebenso OLG Düsseldorf WuW/E DE-R 1835, 1836 – *Deutsche Börse/London Stock Exchange;* BKartA, Leitfaden Fusionskontrolle, Fn. 11 bei Rdnr. 12; *Bechtold,* GWB, § 36 Rdnr. 11; *Loewenheim/Meessen/Riesenkampff-Kahlenberg/Peter,* GWB, § 36 Rdnr. 9; *Langen/Bunte-Kallfaß,* GWB, § 36 Rdnr. 48.

[706] KG WuW/E OLG 5495, 5496 – *Vorratsanmeldung;* OLG Düsseldorf WuW/E DE-R 1835, 1836 – *Deutsche Börse/London Stock Exchange.*

[707] BKartA WuW/E BKartA 1840, 1850 – *Texaco/Zerssen.*

[708] BKartA WuW/E DE-V 871, 882 – *Tagesspiegel/Berliner Zeitung II.*

[709] Vgl. BGH WuW/E DE-R 2905, Rdnr. 92 – *Phonak/GN Store.*

[710] BGH WuW/E DE-R 3695, Rdnr. 24 ff. – *Haller Tagblatt;* anders noch BKartA WuW/E DE-V 145, 148 – *Pfleiderer/Coswig* (Absicherung einer Bietergemeinschaft durch Zusammenschluss).

[711] Für die Berücksichtigung von Drittwirkungen z. B. OLG Düsseldorf WuW/E DE-R 2094, 2106 f. – *E.ON/Stadtwerke Eschwege; Kühnen,* WuW 2012, 458, 460; dagegen: *Bechtold,* GWB, § 36 Rdnr. 20; weitere Nachweise in der Vorauflage § 20 Rdnr. 111 f.

[712] Vgl. dazu oben Rdnr. 86.

[713] Dazu unten Rdnr. 221 ff.

Vergleichsbetrachtung einfließen (**„Flailing company defence"**). Wenn ein beteiligtes Unternehmen ohne Markterfolg ist, Verluste generiert und in absehbarer Zukunft voraussichtlich sein Geschäft einstellen müsste, relativiert dies seinen aktuellen Marktanteil und seine Bedeutung für die künftigen Wettbewerbsverhältnisse.[714]

B. Ausnahmetatbestände

Das Gesetz nennt in § 36 Abs. 1 Satz 2 GWB **drei Tatbestände,** bei denen ein Zusammenschluss trotz Herbeiführung einer erheblichen Wettbewerbsbehinderung nicht untersagt werden darf. Die Nr. 1 enthält die sog. Abwägungsklausel. Sie ermöglicht die Freigabe eines Zusammenschlusses, wenn dessen wettbewerbsbehindernde Wirkungen auf einem Markt durch Verbesserungen der Wettbewerbsbedingungen auf einem anderen Markt überwogen werden.[715] Die Nr. 2 ist die sog. Bagatellmarktklausel, die erst mit der 8. GWB-Novelle (wieder) ein Bestandteil der materiellen Fusionskontrolle geworden ist. Sie schließt die Untersagungsbefugnis des BKartA in Bezug auf Märkte mit einem gesamtwirtschaftlich unbedeutenden Umsatzvolumen (weniger als 15 Mio. Euro) aus.[716] Die Nr. 3 regelt schließlich einen Sonderfall der Sanierungsfusion im Pressebereich. Bei der Sanierungsfusion geht es allgemein um die Frage, ob die mit dem Zusammenschlusses verbundene erhebliche Wettbewerbsbehinderung hingenommen werden muss, weil das zu erwerbende Unternehmen notleidend ist und ohne den Zusammenschluss kurzfristig aus dem Markt ausscheiden müsste. Aufgrund des engen Zusammenhangs mit der allgemeinen Sanierungsfusion werden nachfolgend zunächst deren Voraussetzungen dargestellt[717] bevor auf die pressespezifische Sonderregelung der Nr. 3[718] eingegangen wird. 202

I. Nachweis überwiegender Verbesserungen der Wettbewerbsbedingungen (§ 36 Abs. 1 Satz 2 Nr. 1 GWB)

Selbst wenn ein Zusammenschluss wirksamen Wettbewerb erheblich behindern würde, darf gemäß § 36 Abs. 1 Satz 2 Nr. 1 GWB keine Untersagung erfolgen, wenn durch den Zusammenschluss gleichzeitig Verbesserungen der Wettbewerbsbedingungen eintreten, die die Behinderung des Wettbewerbs überwiegen. Diese sog. **Abwägungsklausel** ist seit jeher Bestandteil der deutschen Fusionskontrolle. Große praktische Bedeutung hat sie allerdings nicht erlangt.[719] Ein zwischenzeitlich unternommener Versuch, sie im Rahmen der 6. GWB-Novelle wegen Bedeutungslosigkeit abzuschaffen, ist allerdings erfolglos geblieben.[720] Mit der 8. GWB-Novelle wurde sie von den Untersagungsvoraussetzungen abgelöst und sprachlich an den (neuen) SIEC-Test angepasst. Der Zweck der Regelung ist es, der möglichen Vielfalt von Wirkungen gerecht zu werden, die von einem Zusammenschluss ausgehen können. Bei der Feststellung von wettbewerblichen Nachteilen in einem Markt bleibt unberücksichtigt, dass auf anderen Märkten die Untersagungsvoraussetzungen möglicherweise nicht nur nicht vorliegen, sondern Verbesserungen der Marktverhältnisse eintreten können. Wenn die wettbewerblichen Nettoeffekte positiv sind, ermöglicht die Abwägungsklausel die Freigabe derartiger Zusammenschlüsse.[721] Die Regelung ist damit letztlich 203

---

[714] Vgl. BKartA WuW/E DE-V 1017, 1022 ff. – *Schneider/Classen;* BKartA B. v. 19.9.2001, B9–15/01, Rdnr. 28 – *Lutz/Möbel Engelhardt;* BKartA B. v. 22.12.2009, B9–84/09, S. 74 f. – *Webasto/Edscha Cabrio-Dachsysteme.*

[715] Dazu unten Rdnr. 203 ff.

[716] Dazu unten Rdnr. 216 ff.

[717] Dazu unten Rdnr. 221 ff.

[718] Dazu unten Rdnr. 226 ff.

[719] Eines der wenigen jüngeren einer Freigabe aufgrund der Abwägungsklausel ist BKartA B. v. 9.7.2009, B6–38/09, Rdnr. 104 ff. – *sh.z/Elmshorner Nachrichten.*

[720] Vgl. *Bechtold,* BB 1997, 1853, 1856.

[721] Vgl. Monopolkommission, 7. Hauptgutachten 1986/1987, Rdnr. 391.

Ausprägung des Rechtsstaatsgebots (Verhältnismäßigkeitsgrundsatz) und sichert die Eigentums- und Freiheitsgrundrechte.

204 Die Abwägungsklausel verlangt einen Vergleich der prognostizierten Wettbewerbsbehinderung auf einem Markt („Verschlechterungsmarkt") mit den etwaigen positiven Wirkungen auf einem anderen Markt („Verbesserungsmarkt"). Die abzuwägenden wettbewerblichen Auswirkungen müssen auf **unterschiedlichen Märkten** eintreten, denn positive Auswirkungen, die auf dem Verbesserungsmarkt eintreten, sind bereits bei der Beurteilung darüber zu berücksichtigen, ob der Zusammenschluss wirksamen Wettbewerbs erheblich behindern würde.[722]

205 **1. Verbesserung der Wettbewerbsbedingungen.** Da das Gesetz eine Verbesserung der „Wettbewerbsbedingungen" fordert, kommen für die Abwägung nur solche Umstände in Betracht, die sich auf die **Marktstruktur** auswirken.[723] Dies mag zunächst erstaunen, weil der abzuwägende Nachteil (seit der Anpassung der Regelung an den SIEC-Test) in einer „Behinderung des Wettbewerbs" auf dem Verschlechterungsmarkt besteht, also an das Wettbewerbsergebnis anknüpft. Diese augenscheinliche Unwucht verringert sich jedoch, wenn man bedenkt, dass der SIEC-Test notwendigerweise an die durch den Zusammenschluss hervorgerufene Veränderung der Marktstruktur anknüpft. Der SIEC-Test geht lediglich insoweit über eine reine Marktstrukturanalyse hinaus, als er auch die prognostizierbaren Wirkungen des Zusammenschlusses für den Wettbewerb in den Blick nimmt, was insbesondere hinsichtlich der weiteren Erfassung unilateraler Effekte und der positiveren Behandlung von Effizienzgewinnen einen Unterschied macht.[724] Um insoweit Diskrepanzen bei der Feststellung wettbewerblicher Nachteile im Rahmen von § 36 Abs. 1 Satz 1 GWB und der Erfassung wettbewerblicher Vorteile in § 36 Abs. 1 Satz 2 Nr. 1 GWB zu vermeiden, sollten in die Abwägung nunmehr auch Veränderungen einbezogen werden, die zu einer Verbesserung des Wettbewerbsergebnisses führen. Der Begriff der „Wettbewerbs"-Bedingungen ist für eine solche Auslegung offen. Zu berücksichtigen wären insbesondere fusionsspezifische und nachweisbare **Effizienzen,** die dem Verbraucher in der Form niedrigerer Preise, höherer Qualität oder stärkerer Innovationsbemühungen zugutekommen.[725] Dies würde dem Willen des Gesetzgebers der 8. GWB-Novelle entsprechen, im Rahmen der Abwägungsklausel alle wettbewerblichen Auswirkungen einer Unternehmensfusion zu berücksichtigen.[726] Eine unübersehbare Ausweitung des Anwendungsbereichs der Abwägungsklausel wäre hiervon schon deshalb nicht zu erwarten, weil die festgestellten Effizienzgewinne ausreichend gewichtig sein müssen, um die Nachteile der Wettbewerbsbehinderung auf dem Verschlechterungsmarkt zu überwiegen.

206 Mangels Änderung der Marktstruktur nicht berücksichtigungsfähig sind demgegenüber reine Verhaltenserwartungen, die sich lediglich in einem Business Plan oder einer Investitionsplanung niedergeschlagen haben.[727] Ebenfalls nicht als Verbesserungen zu berücksichtigen sind etwaige **gemeinwirtschaftliche Vorteile** i. S. d. § 42 GWB.[728] Die Berücksichtigung und Bewertung derartiger Aspekte ist exklusiv dem Bundesminister für Wirtschaft und Technologie im Rahmen der Ministererlaubnis vorbehalten.

---

722 Insbesondere im Rahmen des Effizienzeinwands, dazu oben Rdnr. 171 ff.; vgl. auch BKartA, Leitfaden Fusionskontrolle, Rdnr. 191; BKartA B. v. 20.6.2005, B7–22/05, Rdnr. 203 – *Iesy/Ish.*

723 BGH WuW/E BGH 2425, 2431 – *Niederrheinische Anzeigenblätter;* BGH WuW/E BGH 2899, 2902 f. – *Anzeigenblätter II;* OLG Düsseldorf WuW/E DE-R 1845, 1853 – *SES/DPC.*

724 Dazu oben Rdnr. 82 ff. und 171 ff.

725 Gegen die Berücksichtigung von Effizienzen (bessere Kapazitätsauslastung, Kosteneinsparungen) nach bisherigen Recht z. B. KG WuW/E OLG 2182, 2186 f. – *Hydraulischer Schreitausbau;* BKartA WuW/E DE-V 145, 148 – *Pfleiderer/Coswig;* BKartA, Leitfaden Fusionskontrolle, Rdnr. 190.

726 Vgl. Begr. RegE zur 8. GWB-Novelle, BT-Drucks. 17/9852, S. 29.

727 Vgl. BKartA B. v. 3.4.2008, B7–200/07, Rdnr. 245 – *Kabel Deutschland/Orion.*

728 BKartA, Leitfaden Fusionskontrolle, Rdnr. 187; BKartA TB 1976, S. 80 – *Karstadt/Neckermann;* BKartA WuW/E BKartA 1719, 1726 – *BP/Gelsenberg.*

Wo die Verbesserungen auftreten müssen, gibt § 36 Abs. 1 Satz 2 Nr. 1 GWB nicht vor. Jeder beliebige Markt kommt in Betracht. Das BKartA verlangt allerdings, dass der Verbesserungsmarkt **Deutschland** ganz oder teilweise umfasst.[729] Dahinter steht das wettbewerbspolitische Anliegen, dass der Zusammenschluss bei einer Nettobetrachtung zu keinen wettbewerblichen Nachteilen in Deutschland führen darf. Vor dem Hintergrund, dass das BKartA durch § 130 Abs. 2 GWB auf die Bewertung der Inlandswirkungen beschränkt ist, ist dies nicht zu beanstanden. 207

Bis zur 8. GWB-Novelle hat das BKartA etwaige Verbesserungen nur berücksichtigt, wenn **auf dem Verbesserungsmarkt eine marktbeherrschende Stellung** (irgendeines Unternehmens) bestand.[730] Der grundsätzliche Ausschluss der Möglichkeit von Verbesserungen auf nicht beherrschten anderen Märkten fand schon bisher im Gesetz keine Stütze und war dementsprechend abzulehnen.[731] Durch die Einführung des SIEC-Tests ist die Position des BKartA jedenfalls überholt. Denn wenn für eine erhebliche Wettbewerbsbehinderung im Sinne von § 36 Abs. 1 Satz 1 GWB auch nachteilige Effekte unterhalb der Marktbeherrschung genügen können, kann für die spiegelbildlich zu würdigenden Verbesserungen bei § 36 Abs. 1 Satz 2 Nr. 1 GWB nichts anderes gelten. 208

In der Vergangenheit wurden mit Hilfe der Abwägungsklausel gelegentlich auch Sanierungsfusionen freigegeben.[732] Dies war oftmals fehlerhaft, weil ein Zusammenschluss bei Vorliegen der Voraussetzungen für eine Sanierungsfusion nicht kausal für die Wettbewerbsbehinderung ist.[733] Jedenfalls sind etwaige Vorteile, die der Zusammenschluss auf dem Verschlechterungsmarkt mit sich bringt, einschließlich der Erhaltung der Ressourcen eines insolvenzbedrohten Unternehmens für den Wettbewerb, bereits im Rahmen von § 36 Abs. 1 Satz 1 GWB zu würdigen. 209

2. Kausalität. Die Verbesserungen der Wettbewerbsbedingungen sind ebenso wie die Untersagungsvoraussetzungen in § 36 Abs. 1 Satz 1 GWB im Rahmen einer **Prognose** zu ermitteln. Es müssen zwei in die Zukunft gerichtete Prognosen der wahrscheinlichen Entwicklung der Marktstrukturen ohne und mit dem Zusammenschluss angestellt und die wahrscheinlichen Ergebnisse miteinander verglichen werden. Ist die Entwicklung einer bestimmten Marktstruktur auch ohne den Zusammenschluss wahrscheinlich, fehlt den Verbesserungen die Kausalität.[734] Dies gilt auch im Sinne einer überholenden Kausalität, wenn die von den beteiligten Unternehmen geltend gemachte Verbesserung aufgrund objektiv bestehender oder mit hoher Wahrscheinlichkeit objektiv zu erwartender Marktentwicklungen ohnehin eingetreten wäre, und zwar mit vergleichbarem Gewicht und in vergleichbarer Geschwindigkeit.[735] 210

Umstritten ist, ob die Anerkennung der Verbesserungen eine **qualifizierte Kausalität** voraussetzt. Rechtsprechung und BKartA verlangen den Nachweis, dass die erwarteten Verbesserungen *nur* durch den Zusammenschluss möglich sein werden.[736] Sicher zu erwartende, auf den Zusammenschluss zurückzuführende Verbesserungen sind danach gleichwohl als überwiegendes Gegengewicht zur Verhinderung einer Untersagung nicht geeignet, wenn alternative Maßnahmen denkbar sind, die die Wettbewerbsbedingungen in 211

---

[729] BKartA, Leitfaden Fusionskontrolle, Rdnr. 193.

[730] BKartA WuW/E DE-V 558, 565 – *Liberty/Viola;* BKartA WuW/E DE-V 1039, 1042 – *SES/DPC;* BKartA, Leitfaden Fusionskontrolle, Rdnr. 192.

[731] Ebenso OLG Düsseldorf WuW/E DE-R 1845, 1851 – *SES/DPC.*

[732] Vgl. BKartA WuW/E BKartA 1653, 1655 – *Babcock/Artos;* BKartA TB 1976, S. 44 – *Benteler/NRS.*

[733] Dazu unten Rdnr. 221 ff.

[734] BGH WuW/E BGH 1533, 1539 – *Erdgas Schwaben;* BKartA WuW/E BKartA 1561, 1569 f. – *Hygieneartikel; Kleinmann/Bechtold,* Fusionskontrolle, § 24 Rdnr. 18.

[735] Vgl. oben Rdnr. 196 ff.

[736] BGH WuW/E BGH 1533, 1540 – *Erdgas Schwaben;* KG WuW/E OLG 2182, 2186 – *Hydraulischer Schreitausbau;* KG WuW/E OLG 3759, 3767 – *Pillsbury/Sonnen-Bassermann;* KG WuW/E OLG 3767, 3777 – *Niederrheinische Anzeigenblätter;* BKartA, Leitfaden Fusionskontrolle, Rdnr. 194.

gleichwertiger Weise verbessern könnten. Dieser Ansatz berücksichtigt Wortlaut und Zweck der Abwägungsklausel nicht hinreichend. Immerhin sind auch nach Ansicht des BGH nicht alle bloß theoretisch gegebenen Verbesserungsmöglichkeiten im alternativen Kausalverlauf zu berücksichtigen, sondern nur solche, die aufgrund der Marktverhältnisse, anhand der konkreten Umstände und nach allgemeiner Erfahrung über wirtschaftliches Verhalten zu erwarten sind. Erforderlich sei eine „hohe Wahrscheinlichkeit", dass gleichwertige Verbesserungen ohne den Zusammenschluss nicht eintreten würden.[737] Offen ist, ob dieser Maßstab im Einklang mit der neueren Rechtsprechung auf bloße „Wahrscheinlichkeit" abzusenken ist.[738]

212 Denkbar und praxisrelevant ist, dass die Verbesserungswirkungen des Zusammenschlusses durch **Nebenbestimmungen** herbeigeführt werden. Um allerdings dem Vorwurf aus dem Weg zu gehen, die Abwägungsklausel werde für eine interventionistische Marktstrukturpolitik missbraucht, verlangt das BKartA, dass die Verbesserungen in einem „gewissen Zusammenhang" zum eigentlichen Zusammenschluss stehen".[739] Kompensationsmaßnahmen auf beliebigen Drittmärkten können mithin nicht zum Gegenstand von Nebenstimmungen gemacht werden. Möglich und ausreichend ist aber, dass die Nebenbestimmungen den ursprünglichen Zusammenschluss so verändern, dass es zu Verbesserungswirkungen auf Märkten im Umfeld des Zusammenschlusses kommt oder die dem Zusammenschluss ohnehin innewohnenden Verbesserungswirkungen auf solchen Märkten unterstützt werden.[740]

213 **3. Überwiegen der Verbesserungen.** Nach herrschender Meinung ist es nicht ausreichend, wenn die hinreichend sicher feststellbaren Verbesserungen die Nachteile des Zusammenschlusses aufwiegen, also neutralisieren. Vielmehr müssten die Verbesserungen entsprechend dem Wortlaut des § 36 Abs. 1 Satz 2 Nr. 1 GWB überwiegen.[741] Das Erfordernis eines „Überwiegens" gegenüber einem einfachen „Aufwiegen" stellt jedoch einen unverhältnismäßigen Eingriff in die grundrechtlich geschützte Fusionsfreiheit dar und ist deshalb verfassungsrechtlich bedenklich.[742]

214 Ob die Verbesserungswirkungen des Zusammenschlusses seine wettbewerblichen Nachteile über- bzw. aufwiegen, ist anhand einer vergleichenden **Gesamtbetrachtung** festzustellen. Hierbei sind die gesamtwirtschaftliche Bedeutung der jeweils betroffenen Märkte[743] und das Ausmaß der Verbesserungen und Verschlechterungen zu würdigen. Relativ geringe Verbesserungen auf gesamtwirtschaftlich wichtigeren Märkten können größere Nachteile auf unbedeutenden Märkten überwiegen.[744] Zu berücksichtigen ist auch die Qualität der durch den Zusammenschluss hervorgerufenen Strukturveränderung. Insbesondere kann die durch eine vollständige Auflösung einer Unternehmensverbindung bewirkte Verbesserung die Verschlechterung durch eine bloße Erhöhung einer bereits bestehenden Beteiligung überwiegen.[745]

---

[737] BGH WuW/E BGH 1533, 1540 – *Erdgas Schwaben.*

[738] Vgl. BGH WuW/E DE-R 3695, Rdnr. 19 – *Haller Tagblatt;* dazu oben Rdnr. 197.

[739] BKartA, Leitfaden Fusionskontrolle, Rdnr. 195 f.; BKartA TB 1987/1988, S. 15; krit. zur großzügigeren früheren Praxis Monopolkommission, 7. Hauptgutachten 1986/1987, Rdnr. 387 ff.

[740] Vgl. BKartA WuW/E DE-V 195, Rdnr. 20 f. – *Westfälische Ferngas;* BKartA WuW/E DE-V 301, Rdnr. 293 ff. – *RWE/VEW;* BKartA WuW/E DE-V 460, Rdnr. 34 ff. – *Fair Energie;* BKartA WuW/E DE-V 831, Rdnr. 66 ff. – *RWE/Wuppertaler Stadtwerke;* BKartA B. v. 19.12.2007, B8–123/07, Rdnr. 24 ff. – *E.ON Avacon/WEVG.*

[741] BGH WuW/E BGH 1854, 1860 f. – *Zeitungsmarkt München;* BKartA, Leitfaden Fusionskontrolle, Rdnr. 197; *Langen/Bunte-Kallfaß,* GWB, § 36 Rdnr. 125; *Immenga/Mestmäcker-Mestmäcker/Veelken,* GWB, 4. Aufl., § 36 Rdnr. 333.

[742] Kritisch auch *Bechtold,* GWB, § 36 Rdnr. 38; *Immenga/Mestmäcker-Thomas,* GWB, 5. Aufl., § 36 Rdnr. 742 mwN.

[743] Gemessen z. B. am Marktvolumen oder der räumlichen Ausdehnung oder an der Bedeutung für andere Märkte, BKartA, Leitfaden Fusionskontrolle, Rdnr. 198 mwN.

[744] BGH WuW/E BGH 1854, 1861 – *Zeitungsmarkt München;* OLG Düsseldorf WuW/E DE-R 1845, 1856 – *SES/DPC; Immenga/Mestmäcker-Mestmäcker/Veelken,* GWB, 4. Aufl., § 36 Rdnr. 302 f.

[745] BKartA B. v. 19.12.2007, B8–123/07, Rdnr. 26 – *E.ON Avacon/WEVG.*

4. Nachweis. Für den Nachweis des Überwiegens von Verbesserungen tragen die beteiligten Unternehmen nach h. M. die formelle und materielle Beweislast.[746] Damit enthält § 36 Abs. 1 Halbsatz 2 GWB eine (beschränkte) Durchbrechung des in der Fusionskontrolle geltenden Amtsermittlungsgrundsatzes gemäß §§ 57 Abs. 1, 59 Abs. 1 GWB. Gleichwohl bleibt das BKartA zur Vornahme der nur ihm möglichen Ermittlungen verpflichtet, soweit die beteiligten Unternehmen entsprechende Gesichtspunkte für überwiegende Verbesserungen schlüssig vortragen.[747] Dem entspricht – soweit ersichtlich – auch die Praxis des BKartA. Die Ermittlungsmöglichkeiten bei behaupteten Verbesserungen auf grenzüberschreitenden Märkten können allerdings eingeschränkt sein, was dann zu Lasten der beteiligten Unternehmen geht. 215

II. Die Bagatellmarktklausel (§ 36 Abs. 1 Satz 2 Nr. 2 GWB)

§ 36 Abs. 1 Satz 2 Nr. 2 GWB ist eine Ausnahmeregelung für gesamtwirtschaftlich unbedeutende Märkte. Das BKartA darf danach einen Zusammenschluss nicht untersagen, wenn die Untersagungsvoraussetzungen auf einem Markt vorliegen, der seit mindestens fünf Jahren besteht und auf dem im letzten Kalenderjahr **weniger als 15 Millionen Euro** umgesetzt wurden. Die deutsche Fusionskontrolle versucht seit Anbeginn mithilfe von Toleranzklauseln sicherzustellen, dass eine Kontrolle nur bei wirtschafts- und gesellschaftspolitisch bedeutenden Zusammenschlüssen stattfindet.[748] Die ursprüngliche Regelung für Bagatellmärkte enthielt lediglich eine Schwelle für das Marktvolumen.[749] Mit der **4. GWB-Novelle** (1980) kam das Fünf-Jahres-Erfordernis hinzu, das verhindern soll, dass neue zukunftsträchtige Märkte der Kontrolle entzogen werden, auch wenn auf ihnen zur Zeit des Zusammenschlusses noch keine nennenswerten Umsätze erzielt werden.[750] Durch die **6. GWB-Novelle** (1999) wurde die Volumenschwelle von 10 Mio. DM auf den heutigen Wert angehoben und die Klausel in den Bereich der formellen Fusionskontrolle verschoben. Dies hatte zur Folge, dass die Vorschriften über die Fusionskontrolle insgesamt unanwendbar waren und ein Zusammenschluss nicht angemeldet werden musste, wenn von ihm ausschließlich Bagatellmärkte betroffen waren.[751] Da sich die Voraussetzungen der Bagatellmarktklausel jedoch aus der Sicht eines einzelnen Unternehmens nicht immer zweifelsfrei feststellen lassen und die Vorschrift mit schwierigen Auslegungs- und Wertungsfragen behaftet ist, meldeten die Unternehmen die Zusammenschlüsse meist trotzdem an, um dem Risiko einer Fehleinschätzung zu entgehen. Der Gesetzgeber der **8. GWB-Novelle** (2013) hat hieraus die Konsequenz gezogen, die Bagatellmarktklausel in den Bereich der materiellen Fusionskontrolle zurückzuverlagern.[752] Es ist nun wieder Aufgabe des BKartA, mit Hilfe seiner Ermittlungsbefugnisse aufzuklären, ob und inwieweit die betroffenen Märkte von § 36 Abs. 1 Satz 2 Nr. 2 GWB erfasst werden. Liegen Bagatellmärkte in diesem Sinne vor, dann erschöpft sich die Aufgabe des Amtes darin, das Vorliegen der Voraussetzungen der Bagatellmarktklausel festzustellen. 216

Der in der Bagatellmarktklausel angesprochene „Markt" ist derselbe, der für die Untersagungsvoraussetzungen des § 36 Abs. 1 Satz 1 GWB relevant ist. Dies folgt – anders als im 217

[746] Vgl. BGH WuW/E BGH 1533, 1539 f. – *Erdgas Schwaben;* OLG Düsseldorf WuW/E DE-R 1845, 1853 – *SES/DPC;* BKartA WuW/E BKartA 1892, 1895 – *IBH/Wibau.*

[747] OLG Düsseldorf WuW/E DE-R 1845, 1853 – *SES/DPC;* BKartA, Leitfaden Fusionskontrolle, Rdnr. 200 f.

[748] Begr. RegE zur 2. GWB-Novelle, BT-Drucks. VI/2520, S. 18, 32.

[749] § 24 Abs. 8 Satz 1 Nr. 4 GWB idF von 1973 (zehn Mio. Deutscher Mark).

[750] Begr. RegE zur 4. GWB-Novelle, BT-Drucks. 8/2136, S. 14, 23.

[751] Begr. RegE zur 6. GWB-Novelle, BT-Drucks. 13/9720, S. 42, 56; vgl. § 35 Abs. 2 Satz 1 Nr. 2 GWB aF.

[752] Begr. RegE zur 8. GWB-Novelle, BT-Drucks. 17/9852, S. 20, 29; vgl. zu den Anwendungsschwierigkeiten BGH WuW/E DE-R 2507, Rdnr. 12 ff. – *Faber/Basalt.*

früheren Recht[753] – bereits unmittelbar aus dem Wortlaut der Vorschrift. Es gelten mithin im Grundsatz dieselben Regeln für die Marktabgrenzung und die Umsatzberechnung wie bei § 36 Abs. 1 Satz 1 GWB.[754] Zu beachten ist nur, dass das Gesetz an die objektive Bedeutung des Marktes anknüpft, nicht an die Größe des Zusammenschlusses oder der beteiligten Unternehmen. Maßgeblich ist dementsprechend das **Gesamtmarktvolumen,** also die Summe der Umsatzerlöse aller Anbieter im sachlich und räumlich relevanten Markt. Diese Umsätze sind ggf. gemäß den Rechenklauseln des § 38 Abs. 2 und Abs. 3 GWB anzupassen, so dass die effektive Schwelle für reine Handelsmärkte bei 20 Mio. Euro, für Pressemärkte bei 1,875 Mio. Euro und für Rundfunkmärkte bei 750 000 Euro liegt. In zeitlicher Hinsicht kommt es auf das letzte Kalenderjahr an, nicht auf die möglicherweise abweichenden Geschäftsjahre der Zusammenschlussbeteiligten.[755]

218 Eine wichtige Besonderheit gilt für die räumliche Ausdehnung des relevanten Marktes. Bei der Festlegung der 15-Millionen-Euro-Grenze hat der Gesetzgeber die relative Bedeutung des Marktes im Verhältnis zur inländischen Gesamtwirtschaft im Blick gehabt und ist dabei von einer maximalen Erstreckung auf das Bundesgebiet ausgegangen. Daraus ergibt sich, dass in Fällen, in denen der räumlich relevante Markt über das Bundesgebiet hinausreicht, **nur die im Inland erzielten Umsätze** zu berücksichtigen sind. Diese vom BGH bestätigte Auslegung entspricht der Kollisionsnorm des § 130 Abs. 2 GWB, weil bei inländischen Gesamtumsätzen von weniger als 15 Mio. Euro keine relevanten Inlandsauswirkungen vorliegen.[756] Der Umstand, dass die Bagatellmarktklausel seither geändert wurde und jetzt unmittelbar an den für die materielle Fusionskontrolle relevanten Markt anknüpft, führt zu keiner anderen Bewertung, weil damit keine Änderung der Tatbestandsvoraussetzungen verbunden sein sollte.[757] Die normative Begrenzung des Marktes auf das Inland betrifft nach Ansicht des BKartA auch das fünf-Jahres-Erfordernis, weshalb die Bagatellmarktklausel nicht greift, wenn der betreffende (grenzüberschreitende) Markt zwar bereits länger existiert, sich ein Marktgeschehen im Inland aber erst weniger als fünf Jahre vor dem Beschlusszeitpunkt entwickelt hat.[758]

219 Die Anwendung der Bagatellmarktklausel wird erheblich verkompliziert durch die von der Praxis *(praeter legem)* entwickelte sog. **„Bündeltheorie".** Dabei geht es um die Zusammenfassung mehrerer kleinerer Märkte für die Umsatzberechnung, wenn diese von demselben Zusammenschluss betroffen sind und zusammengenommen eine gesamtwirtschaftliche Bedeutung erlangen. Obwohl diese Theorie in Widerspruch zu Wortlaut und Zweck der Bagatellmarktklausel auf die Bedeutung des Zusammenschlussvorhabens abhebt, nicht auf die Bedeutung des jeweils betroffenen Marktes, hat der BGH sie in der Entscheidung *Raiffeisen* im Grundsatz anerkannt.[759] Seither ist es allerdings nicht gelungen, die Voraussetzungen für das Eingreifen der Bündeltheorie abschließend herauszuarbeiten. Die Auffassung, wonach die Anwendung der Bagatellmarktklausel bereits dann ausgeschlossen sein

---

[753] Dazu BGH WuW/E DE-R 2507, Rdnr. 13 – *Faber/Basalt.*

[754] Vgl. dazu oben Rdnr. 10 ff. und 93 ff.

[755] Ist ein Zusammenschluss bereits vollzogen, stellt das BKartA auf das letzte Kalenderjahr vor der Entscheidung ab, vgl. BKartA WuW/E DE-V 864, Rdnr. 23 – *Homag.* Entgegen der Ansicht des BKartA bleibt zusätzlich das Kalenderjahr vor dem Zusammenschluss relevant, weil die Entflechtung eines im Zeitpunkt des Vollzugs lediglich formell rechtswidrigen Zusammenschlusses unverhältnismäßig wäre.

[756] BGH WuW/E DE-R 2133, Rdnr. 16 ff. – *Sulzer/Kelmix;* ebenso *Burholt,* WuW 2005, 889, 891; *Kahlenberg/Haellmigk,* BB 2005, 1509, 1511; *Langen/Bunte-Kallfaß,* GWB, § 36 Rdnr. 131; *Bechtold,* GWB, § 36 Rdnr. 50; aA BKartA B. v. 13.3.2006, B4–240/05, Rdnr. 14 – *Meyn/Systemate;* BKartA WuW/E DE-V 1247, 1249 f. – *E. I. du Pont/Pedex.*

[757] Vgl. Begr. RegE zur 8. GWB-Novelle, BT-Drucks. 17/9852, S. 29.

[758] BKartA B. v. 21.12.2012, B3–113/12, Rdnr. 35 ff. – *Becton Dickinson/Safety Syringes* (auch zu der Frage, wann ein Markt begründet wird).

[759] BGH WuW/E BGH 3037, 3042 f. – *Raiffeisen;* aA KG WuW/E OLG 2655, 2656 – *Transportbeton-Agentur Sauerland;* KG WuW/E OLG 3917, 3921 – *Coop/Wandmaker;* KG WuW/E OLG 4379, 4383 – *Schleswig-Holsteinischer Zeitungsverlag.*

soll, wenn ein Zusammenschluss *irgendwelche* Bagatellmärkte betrifft, deren Marktvolumen in Summe die Bagatellschwelle überschreitet,[760] hat sich in der Praxis nicht durchgesetzt.[761] Es haben sich vielmehr mehrere Fallgruppen herauskristallisiert, in denen die Rechtsprechung eine Anwendung der Bagatellmarktklausel für nicht gerechtfertigt hält:

– Der Zusammenschluss betrifft mehrere *räumlich nebeneinander liegende gleichartige Märkte,* auf denen insgesamt mehr als 15 Mio. Euro umgesetzt werden.[762]
– Die Zusammenschlussbeteiligten sind gleichzeitig auf einem Bagatellmarkt und einem *vor- oder nachgelagerten Nicht-Bagatellmarkt* tätig, und die Wettbewerbsbedingungen auf dem Bagatellmarkt entscheiden unmittelbar darüber, welche Wettbewerber rechtlich und tatsächlich ihre Waren oder Dienstleistungen auch auf dem anderen Markt anbieten können.[763]
– Der Zusammenschluss betrifft mehrere *sachlich getrennte, aber gleichartige Märkte,* die in sachlicher Hinsicht und in ihrer Marktstruktur hinreichende Übereinstimmungen aufweisen und die insgesamt die Umsatzschwelle erreichen.[764]

Auch bei Anwendung der Bündeltheorie bleibt zu prüfen, ob im Einzelfall besondere Gründe vorliegen, die ausnahmsweise eine gesamtwirtschaftliche Bedeutung des Zusammenschlusses begründen und damit eine Umsatzaddition rechtfertigen. Eine Bündelung ist insbesondere dann nicht gerechtfertigt, wenn erhebliche strukturelle Unterschiede zwischen den Einzelmärkten bestehen, etwa hinsichtlich der Wettbewerbssituation, der Identität und Anzahl der Marktteilnehmer oder der Verteilung der Marktanteile.[765] Damit ist einer Tendenz des BKartA entgegenzutreten, bei der Zusammenrechnung von sachlich identischen, aber räumlich getrennten Märkten auf die **Kriterien der Gleichartigkeit und Nachbarschaft** zu verzichten und allein aus der Summe der Einzelmarktumsätze auf die gesamtwirtschaftliche Bedeutung zu schließen.[766] Bei der Bündelung sachlich benachbarter Märkte erkennt auch das BKartA an, dass es sich hierbei um eine Ausnahme handelt, die nur bei strukturell wesensgleichen Märkten zur Anwendung gelangen darf (Indizien dafür sind z. B. die Angebotsumstellungsflexibilität, Identität der wesentlichen Nachfrager und Anbieter, einheitliche Vertriebswege, gemeinsame Investitions- und Finanzpläne, eine marktübergreifende Betreuung der Nachfrager, die Gewährung von Nachlässen auf den Gesamtumsatz).[767] 220

III. Sanierungsfusion

1. Allgemeine Sanierungsfusion. Auch wenn ein Zusammenschluss (scheinbar) die Untersagungsvoraussetzungen erfüllt, kann er nach den Grundsätzen der Sanierungsfusion freizugeben sein, wenn das zu erwerbende Unternehmen notleidend ist und ohne den Zu- 221

---

760 So Monopolkommission, 6. Hauptgutachten 1984/1985, Rdnr. 428 mit dem Argument, die Bagatellmarktklausel gelte nur für *einen* gesamtwirtschaftlich unbedeutenden Markt.

761 Offen gelassen in BGH WuW/E BGH 3037, 3042 – *Raiffeisen;* zu der engeren Anwendung in der Praxis der nachfolgende Text und die Nachweise in Fn. 762, 763 und 764.

762 BGH WuW/E DE-R 1797, Rdnr. 13 ff. – *Deutsche Bahn/KVS Saarlouis;* mit derselben Tendenz bereits BGH WuW/E BGH 1810, 1812 – *Transportbeton Sauerland* (bei „künstlicher Marktaufteilung"); BGH WuW/E BGH 3037, 3042 f. – *Raiffeisen* (bei „flächendeckender Organisationsstruktur" der Zusammenschlussbeteiligten).

763 BGH WuW/E DE-R 1797, Rdnr. 16 – *Deutsche Bahn/KVS Saarlouis.*

764 OLG Düsseldorf WuW/E DE-R 1931, 1933 f. – *Sulzer/Kelmix;* nicht beanstandet durch BGH WuW/E DE-R 2133, Rdnr. 23 ff. – *Sulzer/Kelmix;* vgl. auch bereits BKartA WuW/E DE-V 203, 205 f. – *Krautkrämer/Nutronik;* BKartA WuW/E DE-V 717, 718 f. – *Schwartau/Zentis.*

765 Vgl. OLG Düsseldorf WuW/E DE-R 2622, 2629 – *Faber/Basalt.*

766 BKartA WuW/E DE-V 1306, Rdnr. 23 ff. – *Strabag/Werhahn;* BKartA B. v. 29.9.2006, B1–169/05, Rdnr. 28 ff. – *FIMAG/Züblin.*

767 Vgl. BKartA TB 1999/2000, S. 18; BKartA WuW/E DE-V 717, Rdnr. 28 – *Schwartau/Zentis;* BKartA WuW/E DE-V 864, Rdnr. 26 – *Homag;* BKartA B. v. 17.3.2010, B2–137/09, S. 12 – *Pelikan/Herlitz;* BKartA B. v. 21.12.2012, B3–113/12, Rdnr. 51 ff. – *Becton Dickinson/Safety Syringes.*

sammenschluss kurzfristig liquidiert werden müsste. Heute ist allgemein anerkannt, dass die Sanierungsfusion eine Frage der (fehlenden) **Kausalität** ist, weil sie lediglich einen Zustand vorwegnimmt, der auch ohne den Zusammenschluss aufgrund des Ausscheidens des sanierungsbedürftigen Unternehmens aus dem Markt alsbald eintreten würde.[768] Aus dem Kausalitätskriterium – und in Anlehnung an die europäische Fusionskontrolle – hat das BKartA drei Voraussetzungen entwickelt, die kumulativ vorliegen müssen, damit der Zusammenschluss als nicht kausal für die Verschlechterung der Marktstruktur angesehen wird: (1) Das zu erwerbende Unternehmen würde ohne den Zusammenschluss aus dem Markt ausscheiden (Sanierungsbedürftigkeit), (2) es gibt keine wettbewerblich weniger schädliche Alternative und (3) die Marktposition des erworbenen Unternehmens würde auch ohne den Zusammenschluss dem Erwerber zufallen.[769]

222 Die **Sanierungsbedürftigkeit** setzt voraus, dass ein Insolvenzverfahren bereits eingeleitet ist oder unmittelbar bevorsteht. Dies ist ggf. durch die Vorlage geeigneter Unterlagen über die wirtschaftliche Situation des Unternehmens nachzuweisen, z.B. Wirtschaftsprüfergutachten, von dritter Seite testierten Kosten- und Marktaustrittsrechnungen und damit korrespondierende Jahresabschlüsse.[770] Im Einzelfall konnte der Nachweis der Sanierungsbedürftigkeit z.B. durch ein Gutachten erbracht werden, das den Eintritt des Insolvenzgrundes der Überschuldung für den Fall feststellte, dass bei Nichtdurchführung des Zusammenschlusses eine positive Fortbestehensprognose im Sinne von § 19 Abs. 2 Satz 1 Halbsatz 2 InsO nicht mehr gestellt werden konnte.

223 Eine Sanierungsfusion ist – entgegen der früheren Praxis des BKartA[771] – nicht automatisch ausgeschlossen, wenn nur eine Tochtergesellschaft oder ein Geschäftsbereich innerhalb eines Konzerns von der Liquidation bedroht sind **(„Failing division“).** Entscheidend ist, ob der betreffende Betriebsteil ohne den Zusammenschluss liquidiert und vom Markt genommen werden würden, wobei es maßgeblich auf die Wahrscheinlichkeit ankommt, dass die übrigen Unternehmensteile den Weiterbetrieb nicht sichern würden.[772] Der Nachweis des drohenden Marktaustritts ist nach der Praxis des BKartA nur möglich, wenn der veräußerte Bereich wirtschaftlich und organisatorisch hinreichend vom übrigen Betrieb des Veräußerers abgrenzbar ist. Denn nur dann lässt sich feststellen, welche Erlöse und Kosten bei einer Einstellung des Betriebsteils tatsächlich wegfallen würden (sog. „Wegfallrechnung“).[773] Bei einem zu hohen Integrationsgrad (mit Gemeinkosten deutlich über 30%)[774] verbleiben hingegen erhebliche unternehmerische Spielräume über die Einstellung des Unternehmensteils, die mit dem Kausalitätskriterium nicht vereinbar sind. Ist das Erfordernis der wirtschaftlichen und organisatorischen Abgrenzbarkeit erfüllt, macht es keinen Unterschied, ob die Sanierungsbedürftigkeit bei dem zu erwerbenden Unternehmen oder bei dem betroffenen Geschäftsbereich des Erwerbers vorliegt.[775]

---

[768] *Langen/Bunte-Kallfaß,* GWB, § 36 Rdnr. 119; *Bechtold,* GWB, § 36 Rdnr. 19; *Loewenheim/Meessen/Riesenkampff-Kahlenberg/Peter,* GWB, § 36 Rdnr. 121; *Körber,* ZWeR 2014, 32, 44ff.; in diesem Sinne auch bereits BGH WuW/E BGH 1655, 1660 – *Zementmahlanlage II.* In den Anfangsjahren der Fusionskontrolle versuchten BKartA und Kammergericht noch, Sanierungsfälle über die Abwägungsklausel zu lösen, vgl. z.B. KG WuW/E OLG 1921, 1924 – *Thyssen/Hüller;* BKartA TB 1976, S. 22f. und 79ff. – *Karstadt/Neckermann;* BKartA WuW/E BKartA 1892, 1896 – *IBH/Wibau.*

[769] BKartA, Leitfaden Fusionskontrolle, Rdnr. 184; vgl. auch BKartA TB 1989/1990, S. 113 – *Lufthansa/Interflug;* BKartA TB 1997/1998, S. 89 – *M. DuMont Schauberg/Kölnische Rundschau.*

[770] BKartA E. v. 1.9.2014, B6–97/14 (Fallbericht), S. 4 – *Westfälische Nachrichten/Münstersche Zeitung;* s. auch Aufzählung in BKartA, Leitfaden Fusionskontrolle, Rdnr. 184 (S. 74).

[771] So noch ausdrücklich BKartA, Auslegungsgrundsätze von 2005, S. 40.

[772] Ähnlich *Körber,* ZWeR 2014, 32, 57f.

[773] BKartA, Fallbericht v. 1.12.2014, B6–89/13 – *Ruhr-Nachrichten/Westfälischen Rundschau;* BKartA E. v. 1.9.2014, B6–97/14 (Fallbericht) – *Westfälische Nachrichten/Münstersche Zeitung.*

[774] BKartA E. v. 1.9.2014, B6–97/14 (Fallbericht), S. 3f. – *Westfälische Nachrichten/Münstersche Zeitung.*

[775] Monopolkommission, 15. Hauptgutachten 2002/2003, Rdnr. 811; vgl. auch BKartA B. v. 22.12.2009, B9–84/09, S. 74f. – *Webasto/Edscha Cabrio-Dachsysteme.*

224 Eine **wettbewerblich weniger schädliche Alternative** existiert regelmäßig, wenn es *andere Kaufinteressenten* gibt.[776] Daraus folgt, dass eine Sanierungsfusion nur in Betracht kommt, wenn sich der Verkäufer ausreichend um eine anderweitige Veräußerung bemüht hat, und zwar typischerweise durch die aktive Ansprache der als alternativen Erwerber in Betracht kommenden Unternehmen.[777] Kritisch sieht es das BKartA, wenn der wettbewerblich problematische Erwerbskandidat von Anfang an am Verkaufsprozess beteiligt wird, weil dies die Verkaufsgespräche mit alternativen Kandidaten unglaubwürdig erscheinen lassen könnte.[778] Doch selbst wenn ein alternatives Kaufangebot vorliegt, wird dieses vom BKartA nicht berücksichtigt, wenn die rechtzeitige Übernahme und Weiterführung des Zielunternehmens durch den Interessenten zweifelhaft ist.[779] Die Existenz eines alternativen Erwerbers ist aber nicht schon in Frage gestellt, wenn die Verkaufsverhandlungen mit dem Interessenten wegen eines zu geringen Kaufpreises scheitern.[780]

225 Der **vollständige Übergang der Marktposition** des Zielunternehmens auf den Erwerber in dem Alternativszenario ohne Zusammenschluss ist nur im reinen Duopol gesichert. Denn wenn weitere Marktteilnehmer vorhanden sind, würden die Marktanteile des ausgeschiedenen Unternehmens ohne den Zusammenschluss nicht insgesamt dem Erwerber zufallen, sondern sich auf die verbleibenden Wettbewerber verteilen.[781] Die dritte Voraussetzung für die Sanierungsfusion ist damit in der Praxis eine kaum überwindbare Hürde und ist – zu Recht – als zu restriktiv empfunden worden.[782] Das BKartA trägt dem neuerdings Rechnung, indem es berücksichtigt, ob nach dem Zusammenschluss Abschmelzeffekte zugunsten der Wettbewerber zu erwarten sind. Dann kann auch ein „weitestgehender" Übergang der Marktposition im Alternativszenario ausreichen, weil der Erwerber infolge der voraussichtlichen Abschmelzverluste auch mit dem Zusammenschluss keinen höheren Marktanteil erreichen wird als bei einer Insolvenz des Zielunternehmens und der Verteilung seiner Anteile auf die im Markt verbleibenden Unternehmen.[783] Im Gegensatz zur Kommission[784] lässt das BKartA die Kausalität jedoch nicht bereits entfallen, wenn die zur Übernahme anstehenden Vermögenswerte ohne den Zusammenschluss für den Markt verloren gehen würden.[785] Wenn zwar noch keine weiteren aktuellen Wettbewerber auf dem fraglichen Markt vorhanden sind, jedoch mit dem Marktzutritt eines dritten Unternehmens zu rechnen ist, kommt es entscheidend darauf an, ob der Zutritt innerhalb kurzer Frist zu einer Übernahme von Marktanteilen des ausscheidenden Unternehmens führen würde.[786]

---

[776] BKartA WuW/E DE-V 695, 704 f. – *Tagesspiegel/Berliner Zeitung;* BKartA B. v. 6.6.2007, B3–6/07, Rdnr. 254 ff. – *LBK Hamburg/Mariahilf.*

[777] BKartA TB 1997/1998, S. 89 – *M. DuMont Schauberg/Kölnische Rundschau;* BKartA E. v. 23.7.2009, B6–67/09 (Fallbericht) – *Rhein-Neckar-Zeitung/Eberbacher Zeitung*; BKartA TB 2013/2014, S. 87 f. – *Münchner Abendzeitung.*

[778] BKartA E. v. 1.9.2014, B6–97/14 (Fallbericht), S. 5 – *Westfälische Nachrichten/Münstersche Zeitung.*

[779] BKartA B. v. 21.10.2003, B7–100/03, Rdnr. 56 ff. – *Imation/EMTEC* (unzureichende Finanzierung); BKartA E. v. 27.2.2013, B6–9/13 (Fallbericht) – *FAZ/Frankfurter Rundschau* (Rechtzeitigkeit zweifelhaft).

[780] BKartA, Leitfaden Fusionskontrolle, Rdnr. 184 (S. 75); vgl. aber BKartA E. v. 27.2.2013, B6–9/13 (Fallbericht) – *FAZ/Frankfurter Rundschau* (alternativer Erwerber unbeachtlich, wenn sein Angebot weitere Vermögensteile des insolventen Veräußerers umfasst, deren getrennte Verwertung dem Interesse an einer weitgehenden Befriedigung der Gläubiger aus der Insolvenzmasse eher gerecht wird).

Zerschlagung des Unternehmens und Interesse an höherem Kaufpreis zur gesicherten Befriedigung der Gläubiger aus der Insolvenzmasse rechtfertigt Veräußerung zu höherem Preis.

[781] BGH WuW/E BGH 1655, 1660 – *Zementmahlanlage II;* BKartA WuW/E DE-V 695, 704 – *Tagesspiegel/Berliner Zeitung;* BKartA B. v. 5.9.2012, B3–43/12, Rdnr. 147 ff. – *Klinikum Worms/Hochstift Worms* (mit Vergleich der prognostizierten Marktanteile).

[782] Monopolkommission, 42. Sondergutachten (2004), Rdnr. 140.

[783] Vgl. BKartA, Leitfaden Fusionskontrolle, Rdnr. 184 (S. 75 f.); BKartA E. v. 23.7.2009, B6–67/09 (Fallbericht) – *Rhein-Neckar-Zeitung/Eberbacher Zeitung.*

[784] Komm. E. v. 11.7.2001, ABl. 2002 L 132/45 Rdnr. 141 – *BASF/Eurodiol/Pantochim;* Komm., Horizontalleitlinien, Rdnr. 90.

[785] BKartA WuW/E DE-V 777, 784 – *Ajinomoto/Orsan.*

[786] BKartA WuW/E DE-V 848, 852 – *Imation/EMTEC.*

226 **2. Erleichterungen für Zeitungs- und Zeitschriftenverlagen (§ 36 Abs. 1 Satz 2 Nr. 3 GWB).** § 36 Abs. 1 Satz 2 Nr. 3 GWB enthält eine **Privilegierung** von Sanierungsfusionen im Pressebereich, die mit der 8. GWB-Novelle (2013) in das Gesetz eingefügt wurde. Begründet wurde die Neuregelung mit der Sorge um den Fortbestand kleinerer und mittlerer Zeitungs- und Zeitschriftenverlage vor dem Hintergrund der sich stark verändernden Verhältnisse im digitalen Medienumfeld. Den betreffenden Unternehmen sollte die Möglichkeit zu einer Fusion mit stärkeren Partnern gegeben werden, bevor sie gezwungen sind, einen Insolvenzantrag zu stellen und damit als Teil der Pressevielfalt und des publizistischen Wettbewerbs aus dem Markt ausscheiden.[787] Diese Bevorzugung der kleineren und mittleren Presseunternehmen ist im Hinblick auf den Gleichbehandlungsgrundsatz kritisiert worden.[788] Die Kritik greift jedoch nicht durch, weil die betreffenden Unternehmen größtenteils nur wegen der sektorspezifischen Sonderregelung des § 38 Abs. 3 GWB überhaupt in den Anwendungsbereich der Fusionskontrolle gelangen.

227 Der **personelle Anwendungsbereich** der Regelung beschränkt sich auf Zeitungs- und Zeitschriftenverlage, wobei es sich bei dem Zielobjekt um einen *kleinen oder mittleren Verlag* handeln muss. Dies setzt erstens voraus, dass das Zielobjekt rechtlich, jedenfalls aber organisatorisch und wirtschaftlich verselbständigt ist.[789] Weiterhin muss das Zielobjekt klein oder mittelgroß sein. Im Einklang mit der Praxis bei §§ 3, 20 Abs. 1 und Abs. 3 GWB ist ein relatives, an der Branchenstruktur orientiertes Größenverständnis maßgeblich.[790] Unerheblich ist dabei, ob der zu übernehmende Verlag im Verhältnis zum Übernehmer klein oder mittelgroß ist.[791] Andernfalls wäre die Anwendung der Pressesanierungsklausel bei Zusammenschlüssen zwischen kleinen und mittleren Verlagen ausgeschlossen, was dem gesetzgeberischen Ziel der Sicherung der publizistischen Vielfalt gerade im mittelständischen Pressewesen eklatant zuwiderliefe.

228 In **sachlicher Hinsicht** beschränkt sich der Anwendungsbereich der Klausel auf die Verstärkung einer marktbeherrschenden Stellung eines Zeitungs- oder Zeitschriftenverlags durch die Übernahme eines anderen Verlags. Bei der Auslegung dieser Voraussetzungen sind verschiedene Zweifelsfragen aufgetaucht. In Bezug auf das Merkmal der Übernahme ist von mehreren Kommentatoren die These aufgestellt worden, dass hiervon nicht alle Zusammenschlusstatbestände des § 37 Abs. 1 GWB erfasst seien, sondern nur diejenigen, die zur Aufgabe der wirtschaftlichen Selbständigkeit des übernommenen Verlags führen, wobei strittig ist, ob der bisherige Eigentümer wenigstens Mitkontrolle behalten darf oder nicht.[792] Eine derartige Beschränkung des Tatbestands ist jedoch vom Wortlaut nicht gefordert und angesichts des Gesetzeszwecks auch nicht überzeugend. Die publizistische Vielfalt wird tendenziell stärker gesichert, wenn der übernommene Verlag seine Selbständigkeit (teilweise) behält und sich der erwerbende Verlag nur minderheitlich beteiligt. Ähnliches gilt für die These, dass die Sanierungsklausel nur bei wettbewerblichen Bedenken auf einem Leser- oder Anzeigenmarkt weiterhelfe, nicht aber auf einem anderen Markt (z. B. Druck).[793] Auch diese Einschränkung ist vom Wortlaut nicht gefordert, und es ist für den Fortbestand des gefährdeten Verlags gleichgültig, ob der Zusammenschluss wegen einer marktbeherrschenden Stellung des Erwerbers auf einem Pressemarkt oder einem sonstigen

---

[787] Bericht des Ausschusses für Wirtschaft und Technologie, BT-Drucks. 17/11053, S. 19.

[788] *Langen/Bunte-Kallfaß,* GWB, § 36 Rdnr. 133.

[789] BKartA, Fallbericht v. 1.12.2014, B6–89/13, S. 5 – *Ruhr-Nachrichten/Westfälischen Rundschau.*

[790] Vgl. BKartA, Fallbericht v. 1.12.2014, B6–89/13, S. 5 f. – *Ruhr-Nachrichten/Westfälischen Rundschau;* ebenso *Klumpp,* WuW 2013, 344, 350; *Langen/Bunte-Kallfaß,* GWB, § 36 Rdnr. 134; vgl. zu § 3 GWB das Merkblatt des Bundeskartellamtes über Kooperationsmöglichkeiten für kleinere und mittlere Unternehmen, 2007, Rdnr. 12.

[791] So aber *Bechtold,* ZWeR 2013, 387, 392.

[792] Für Mitkontrolle des Altverlegers *Klumpp,* WuW 2013, 344, 350; dagegen *Bechtold,* ZWeR 2013, 387, 391; *Langen/Bunte-Kallfaß,* GWB, § 36 Rdnr. 134; *Immenga/Mestmäcker-Thomas,* GWB, 5. Aufl., § 36 Rdnr. 775.

[793] *Langen/Bunte-Kallfaß,* GWB, § 36 Rdnr. 134; *Immenga/Mestmäcker-Thomas,* GWB, 5. Aufl., § 36 Rdnr. 773.

Markt untersagt werden müsste. Schließlich ist der Wortlaut des § 36 Abs. 1 Satz 2 Nr. 3 GWB auch insoweit hinterfragt worden, als er lediglich auf den Untersagungsgrund der Verstärkung einer marktbeherrschenden Stellung abstellt, nicht aber auf die Begründung einer solchen oder die sonstige Behinderung wirksamen Wettbewerbs. Nach einem „erst recht"-Schluss müssten diese Konstellationen ebenfalls erfasst werden.[794] Dieser Schluss ist jedoch zweifelhaft. Anders als bei der Verstärkung kommt es bei der Begründung einer marktbeherrschenden Stellung erstmals zu einer substanziellen Schwächung des Wettbewerbs, was im Zweifel mit gravierenderen Nachteilen für die übrigen Marktteilnehmer verbunden ist.

Wenn der personelle und sachliche Anwendungsbereich der Pressesanierungsklausel eröffnet ist, stellen die **übrigen Voraussetzungen** für die Nichtanwendung von § 36 Abs. 1 Satz 1 GWB eine erhebliche Erleichterung dar gegenüber der allgemeinen, aus dem Kausalitätserfordernis abgeleiteten Sanierungsfusion dar:[795] Im Hinblick auf das Kriterium der Sanierungsbedürftigkeit des zu übernehmenden Verlags genügt ein erheblicher Jahresfehlbetrag im Sinne des § 275 Abs. 2 Nr. 20 HGB in den letzten drei Jahren und eine sich daraus ergebende „Existenzgefährdung". Der notwendige Nachweis hierfür kann z. B. durch ein Gutachten eines im Sinne des § 319 Abs. 3 HGB unabhängigen Wirtschaftsprüfers erbracht werden.[796] Im Hinblick auf das zweite Kriterium – kein alternativer Erwerbsinteressent, der eine „wettbewerbskonformere" Lösung sichergestellt hätte – bestehen keine Unterschiede zum allgemeinen Recht.[797] Dafür verzichtet § 36 Abs. 1 Satz 2 Nr. 3 GWB ersatzlos auf das problematische Erfordernis, dass die Marktposition des Zielunternehmens auch ohne den Zusammenschluss vollständig auf den Erwerber übergehen müsste. **229**

C. Die Ministererlaubnis (§ 42 GWB)

Um die Geschlossenheit der Darstellung zu wahren, ist das Ministererlaubnisverfahren einschließlich seiner materiell-rechtlichen Teile unten in § 21 Rdnr. 145 ff. dargestellt. **230**

§ 21 Fusionskontrollverfahren

Übersicht

[794] *Klumpp,* WuW 2013, 344, 349; im Ergebnis ebenso *Bechtold,* ZWeR 2013, 387, 392; *Emmerich,* Kartellrecht, § 34 Rdnr. 52; krit. auch *Immenga/Mestmäcker-Thomas,* GWB, 5. Aufl., § 36 Rdnr. 774; offen gelassen in BKartA E. v. 1.9.2014, B6–97/14 (Fallbericht), S. 5 f. – *Westfälische Nachrichten/ Münstersche Zeitung.*
[795] Dazu oben Rdnr. 221 ff.
[796] Bericht des Ausschusses für Wirtschaft und Technologie, BT-Drucks. 17/11053, S. 19.
[797] Vgl. *Immenga/Mestmäcker-Thomas,* GWB, 5. Aufl., § 36 Rdnr. 778.

Schrifttum: Siehe vor § 18

A. Präventive Fusionskontrolle

I. Verfahrensgrundsätze

1 Das Fusionskontrollverfahren ist ein **Verwaltungsverfahren** im Sinne der §§ 54 ff. GWB. An dem Verfahren sind die an dem Zusammenschluss beteiligten Unternehmen sowie – in den Fällen des Vermögens- und Anteilserwerbs – der Veräußerer beteiligt (§ 54 Abs. 2 Nr. 2 und 4 GWB, vgl. auch § 39 Abs. 2 GWB).[1] Für das Verfahren gilt der Untersuchungsgrundsatz, d. h. das BKartA muss den Sachverhalt von Amts wegen ermitteln und dabei auch die für die Beteiligten günstigen Umstände berücksichtigen (§ 24 VwVfG). Es kann alle Ermittlungen führen und alle Beweise erheben, die erforderlich sind, einschließlich des Beweises durch Augenschein, Zeugen und Sachverständige (§ 57 GWB). Das praktisch wichtigste Ermittlungswerkzeug ist das Auskunftsverlangen, das das BKartA durch

[1] Dazu unten Rdnr. 10 ff.

Beschluss durchsetzen kann (§ 59 Abs. 6 GWB).[2] Hinzu kommt das Recht, geschäftliche Unterlagen einzusehen, zu prüfen oder heraus zu verlangen, ggf. nach Anordnung des Amtsrichters im Wege der Durchsuchung (§ 59 Abs. 5 GWB).[3]

Bei der Entscheidung über das Vorliegen der Tatbestandsvoraussetzungen einer Untersa- 2
gung (§ 36 Abs. 1 GWB) hat das BKartA **keinen Beurteilungsspielraum.** Die Entscheidung unterliegt – anders als in der europäischen Fusionskontrolle[4] – materiell uneingeschränkt der Nachprüfung durch die Gerichte.[5] Auch auf der Rechtsfolgenseite handelt es sich um eine gebundene Entscheidung. Wenn durch den Zusammenschluss wirksamer Wettbewerb erheblich behindert wird, muss das BKartA den Zusammenschluss untersagen. Es besteht **kein Ermessensspielraum.**[6]

§ 39 Abs. 1 i. V. m. Abs. 2 GWB verpflichtet die beteiligten Unternehmen sowie in der 3
Mehrzahl der Fälle den Veräußerer, einen Zusammenschluss i. S. d. § 37 GWB vor seinem Vollzug beim BKartA anzumelden. Die Anmeldung ist der Antrag auf Einleitung des Fusionskontrollverfahrens nach § 40 GWB.[7] Obwohl die Überschrift zu § 39 GWB von einer „Anmeldepflicht" spricht, können die betreffenden Personen frei entscheiden, ob und wann sie den Antrag stellen. Sie können die Anmeldung auch jederzeit zurücknehmen, solange das Verfahren noch nicht durch eine verfahrensabschließende Entscheidung des BKartA oder durch Fristablauf beendet worden ist. Dem entspricht auf der Sanktionsseite, dass nicht das Unterlassen der Anmeldung, sondern der Verstoß gegen das Vollzugsverbot sowie die unrichtige oder unvollständige Anmeldung eine Ordnungswidrigkeit darstellt (§ 81 Abs. 2 Nr. 1 und 3 GWB).[8] Die Anmeldung ist allerdings, weil das Fusionskontrollverfahren (in Abweichung von § 54 Abs. 1 GWB) der **Dispositionsmaxime** unterliegt, Voraussetzung für das Tätigwerden des BKartA.[9] Das BKartA darf deshalb ohne Anmeldung kein förmliches Fusionskontrollverfahren einleiten.[9a] Überdies werden die Fristen des § 40 Abs. 1 und 2 GWB nur durch eine vollständige Anmeldung in Gang gesetzt. Die Beteiligten können somit den Wegfall des Vollzugsverbots (§ 41 Abs. 1 GWB) nur durch die Anmeldung veranlassen, weshalb deren rechtzeitige und vollständige Vornahme in ihrem eigenen Interesse liegt. Meist wird deshalb von einer „Anmeldeobliegenheit" anstelle der

---

[2] Dazu unten Rdnr. 32.

[3] Vgl. BKartA, Presse-Mitt. v. 8.11.2006: Durchsuchung Hamburger Krankenhäuser wegen des Verdachts eines Verstoßes gegen das Vollzugsverbot; BKartA TB 2005/2006, S. 21; BKartA TB 2009/2010, S. 65 – *Nordzucker/Danisco*: Durchsuchung zur Überprüfung von Angaben der Zusammenschlussbeteiligten im Fusionskontrollverfahren.

[4] Vgl. z. B. EuGH U. v. 28.5.1998, Rs C-7/95 P, Slg. 1998 I-3111, Rdnr. 34 – *John Deere*: eingeschränkte gerichtliche Überprüfung bei komplexen wirtschaftlichen Sachverhalten; dazu *Wagemann* in § 17 Rdnr. 233.

[5] BGH WuW/E DE-R 2905, Rdnr. 90 – *Phonak/GN Store.*

[6] BGH WuW/E DE-R 1163, 1165 – *HABET/Lekkerland;* BGH WuW/E DE-R 2905, Rdnr. 90 – *Phonak/GN Store; Kleinmann/Bechtold,* Fusionskontrolle, § 24 Rdnr. 192. Fraglich ist, ob das BKartA unter dem Gesichtspunkt des Vertrauensschutzes an Aussagen über die Freigabefähigkeit eines Zusammenschlusses gebunden ist, wenn es anschließend dem widersprechende neue Erkenntnisse gewinnt (so BKartA WuW/E DE-V 553, 554 – *RWE Plus/Stadtwerke Düren*). Dies ist fraglich, weil eine Zusicherung gemäß § 38 Abs. 1 VwVfG der Schriftform bedarf und im Übrigen bei Vorliegen entsprechender Gründe gem. §§ 48, 49 VwVfG aufgehoben werden kann. In seiner neueren Praxis ist das BKartA aber ohnehin darauf bedacht, den Unternehmen vor Abschluss der Ermittlungen nur „vorläufige Einschätzungen" zur inhaltlichen Bewertung eines Zusammenschlusses mitzuteilen.

[7] BKartA WuW/E DE-V 1105, 1106 – *Deutsche Börse/London Stock Exchange;* vgl. auch KG WuW/E OLG 5495, 5496 – *Vorratsanmeldung.*

[8] § 81 Abs. 1 Nr. 7 GWB idF der 6. GWB-Novelle erklärte die nicht erfolgte oder nicht rechtzeitige Anmeldung noch zur Ordnungswidrigkeit. Dieses Redaktionsversehen wurde durch die 7. GWB-Novelle beseitigt, dazu Begr. RegE zur 7. GWB-Novelle, BT-Drucks. 15/3640, S. 66.

[9] BGH WuW/E DE-R 2905, Rdnr. 24 – *Phonak/GN Store;* aA OLG Düsseldorf WuW/E DE-R 2477, Rdnr. 21 ff. – *Phonak/ReSound II;* BKartA WuW/E DE-V 1105, 1106 – *Deutsche Börse/London Stock Exchange; Langen/Bunte-Kallfaß,* GWB, § 40 Rdnr. 5.

[9a] AA BKartA B. v. 31. 3. 2015, B2–96/14, Rdnr. 70 – *Edeka/Kaiser's Tengelmann.*

„Anmeldepflicht" gesprochen.[10] Noch treffender wäre angesichts der Dispositionsbefugnis der anmeldenden Unternehmen über das Verfahren die Bezeichnung als „Anmelderecht".

4 Bis zur 6. GWB-Novelle enthielt das Gesetz unterschiedliche Vorschriften für die nachträgliche Prüfung angezeigter und **bereits vollzogener Zusammenschlüsse** und der vorbeugenden Prüfung angemeldeter und noch nicht vollzogener Zusammenschlüsse. Diese Doppelgleisigkeit der Vorschriften wurde mit der Umstellung auf eine generell präventive Fusionskontrolle 1999 abgeschafft. Damit stellte sich die Frage, welche Verfahrensregeln zur Anwendung kommen, wenn ein Zusammenschluss trotz Vollzugsverbot bereits vollzogen worden ist. Das BKartA ging zunächst davon aus, dass auch ein vollzogener Zusammenschluss noch anmeldefähig und -pflichtig ist, und prüfte dementsprechend nachträglich angemeldete Zusammenschlüsse innerhalb des Fristenregimes des § 40 GWB.[11] Für die beteiligten Unternehmen hatte das den Vorteil, dass eine nachträgliche Freigabe (in überschaubarer Frist) das Vollzugsverbot des § 41 Abs. 1 GWB beseitigen und die Unwirksamkeit der dagegen verstoßenden Rechtsgeschäfte heilen konnte. Die Änderung des Entflechtungsregimes in § 41 Abs. 3 GWB im Zuge der 7. GWB-Novelle führte jedoch zu amtsinternen Diskussionen, die schließlich 2008 in eine Änderung der Verwaltungspraxis mündeten. Seither geht das BKartA davon aus, dass ein nicht angemeldeter und vollzogener Zusammenschluss nicht mehr in einem vorgeschalteten Untersagungsverfahren, sondern (ggf. nach Anzeige gemäß § 39 Abs. 6 GWB) unmittelbar in einem Entflechtungsverfahren nach § 41 Abs. 3 GWB zu prüfen ist. Dabei laufen keine Fristen.[12] Diese Praxisänderung stieß in der Literatur auf viel Kritik.[13] Neben der fehlenden Fristenbindung wurde beanstandet, dass nicht klar war, ob die Einstellung des Entflechtungsverfahrens (wegen Fehlens der Untersagungsvoraussetzungen) dieselbe zivilrechtliche Heilungswirkung haben sollte wie die Freigabe im Anmeldeverfahren.[14] Mit der 8. GWB-Novelle (2013) hat der Gesetzgeber diese Streitfragen im Sinne des BKartA entschieden. Die neu eingefügte Regelung des § 41 Abs. 1 Satz 3 Nr. 3 GWB legt der Entscheidung des BKartA über die Einstellung des Entflechtungsverfahrens die Wirkung der Heilung der unwirksamen Vollzugsgeschäfte bei. Aus der Regelung folgt zugleich, dass das fristgebundene Verfahren der präventiven Fusionskontrolle nach § 40 GWB nur noch auf nicht vollzogene Zusammenschlussvorhaben Anwendung findet.[15]

5 Eine Anmeldung ist gemäß § 39 Abs. 4 GWB entbehrlich, wenn ein Zusammenschluss zuvor bei der Kommission angemeldet und an das BKartA verwiesen worden ist, vorausgesetzt, die nach § 39 Abs. 3 GWB erforderlichen Angaben liegen in deutscher Sprache vor. In diesem Fall teilt das BKartA den beteiligten Unternehmen den Zeitpunkt des Eingangs der **Verweisungsentscheidung** (§ 39 Abs. 4 Satz 2 GWB) mit und unterrichtet sie zugleich darüber, inwieweit die nach § 39 Abs. 3 erforderlichen Angaben in deutscher Sprache vorliegen, wonach sich auch der Fristbeginn (§ 40 Abs. 5 GWB) richtet. Ist das Fusionskontrollverfahren bei der Kommission nicht in deutscher Sprache geführt worden, müssen die beteiligten Unternehmen eine separate, den Vorschriften des GWB genügende Anmeldung in deutscher Sprache anfertigen. Sie ist tunlichst zur Beschleunigung des Ver-

---

[10] *Bechtold,* GWB, § 39 Rdnr. 5; *Langen/Bunte-Kallfaß,* GWB, § 39 Rdnr. 8; *FK-Paschke,* GWB 2005, § 39 Rdnr. 2.

[11] Vgl. BKartA TB 2003/2004, S. 25; BKartA B. v. 27.2.2008, B5–198/07, Rdnr. 13f. – *A-TEC/Norddeutsche Affinerie;* hierfür sprach, dass vor der Entflechtung eines vollzogenen Zusammenschlusses zunächst gemäß § 41 Abs. 3 Satz 1 GWB idF der 6. GWB-Novelle ein separates Untersagungsverfahren durchgeführt werden musste.

[12] BKartA TB 2007/2008, S. 20f.; TB 2005/2006, S. 12, 21.

[13] Kritisch *Stauber,* WuW 2009, 20ff.; *Werner/Sachse,* WuW 2009, 1138ff.; Vorauflage § 21 Rdnr. 142ff.; vgl. auch bereits *Hahn,* WuW 2007, 1084ff.

[14] Vgl. *Mayer/Miege,* BB 2008, 2031ff.; *Lettl,* WuW 2009, 249ff.; *Colbus/Marquier,* EWS 2012, 305ff.; Vorauflage § 21 Rdnr. 142ff.

[15] Dazu unten Rdnr. 163f. Das Verfahren der präventiven Kontrolle bleibt jedoch anwendbar auf Zusammenschlüsse, die im Einklang mit § 41 Abs. 1a oder Abs. 2 GWB vollzogen worden sind, vgl. unten Rdnr. 56ff. und Rdnr. 62ff.

fahrens vorzubereiten, sobald die Bundesrepublik Deutschland gemäß Art. 9 FKVO tätig geworden ist. Die deutschsprachige Anmeldung ist dann unverzüglich beim BKartA einzureichen, wenn die Kommission die Beteiligten über die erfolgte Verweisung informiert. Fraglich ist jedoch, ob eine Anmeldung beim BKartA auch dann entbehrlich ist, wenn die Kommission einen Zusammenschluss nach Art. 4 Abs. 4 FKVO – also noch vor einer Anmeldung – an das BKartA verwiesen hat. Die Begründung des RegE zur 7. GWB-Novelle scheint in solchen Fällen eine Anmeldung beim BKartA als erforderlich anzusehen.[16] Der eindeutige Wortlaut des § 39 Abs. 4 GWB steht einer solchen Ansicht allerdings entgegen. Diese Vorschrift stellt für das Entfallen einer Anmeldepflicht lediglich auf eine Verweisung durch die Kommission und das Vorliegen der erforderlichen Angaben in deutscher Sprache ab. Auch bei einer Verweisung nach Art. 4 Abs. 4 FKVO können dem BKartA aber die nach deutschem Recht erforderlichen Angaben vorliegen. Bei der Stellung des Verweisungsantrages haben die Zusammenschlussbeteiligten nämlich das Formblatt RS zu verwenden, nach welchem weitestgehend die auch nach § 39 Abs. 3 GWB erforderlichen Informationen anzugeben sind. Nachzutragen dürften lediglich die Angabe des im Inland Zustellungsbevollmächtigten bei ausländischen Beteiligten (§ 39 Abs. 3 Satz 2 Nr. 6 GWB) und die Angaben zum Veräußerer (§ 39 Abs. 3 Satz 3 GWB) sein. Insofern findet die Vorschrift des § 39 Abs. 4 GWB auf alle Verweisungsentscheidungen der Kommission Anwendung.

II. Anmeldung

1. Zeitpunkt der Anmeldung. Für die Anmeldung eines Zusammenschlusses ist kein 6
bestimmter Zeitpunkt vorgeschrieben; das Gesetz verlangt lediglich die Anmeldung **vor Vollzug.** Die Beteiligten können den Zeitpunkt der Anmeldung beliebig bestimmen, wenn sie nur bis zum Abschluss des Fusionskontrollverfahrens das Vollzugsverbot des § 41 Abs. 1 GWB beachten. Wegen des Vollzugsverbotes liegt aber eine frühzeitige Anmeldung in der Regel im wirtschaftlichen Interesse der Unternehmen.

Der **früheste Zeitpunkt,** an dem man sich an das BKartA wenden kann, um eine ver- 7
bindliche Entscheidung zu erhalten, war bis zur 6. GWB-Novelle durch den Begriff des **Zusammenschlussvorhabens**[17] definiert. Mit der Ersetzung des Begriffs „Zusammenschlussvorhaben" durch „Zusammenschluss" bezweckte der Gesetzgeber keine inhaltliche Änderung,[18] so dass dessen Auslegung auch weiterhin zu beachten ist. Unter einem Vorhaben in diesem Sinne ist jeder Plan zu verstehen, der konkret genug ist, um einen Tatbestand i. S. d. § 37 Abs. 1 GWB alsbald zu verwirklichen. Das Vorhaben muss zumindest hinsichtlich der beteiligten Unternehmen und der Form nach hinreichend konkretisiert sein.[19] Dafür müssen nicht alle Einzelheiten wie z. B. der exakte Zeitpunkt des Zusammenschlusses, die exakte Beteiligungshöhe oder der Kaufpreis feststehen; auch ein verbindlicher Vertragsabschluss der Parteien oder die Zustimmung aller mitwirkungsberechtigten Organe und Gremien ist nicht erforderlich.[20] Jedoch muss das Vorhaben vom Vollzugswillen derer getragen werden, die die Umsetzung verantworten, um die Prüfungskapazitäten des BKartA nicht unnützerweise in „Sandkastenspielen" zu binden.[21] Ausreichend dafür ist jedenfalls eine grundsätzliche Einigung von Veräußerer und Erwerber, den in seiner Form hinreichend konkretisierten Zusammenschluss vollziehen zu wollen. Im Falle eines öffentlichen

[16] BT-Drucks. 15/3640 S. 58 (zu § 39 Abs. 4 S. 2).

[17] § 24a GWB aF.

[18] Begr. RegE zur 6. GWB-Novelle, BT-Drucks. 13/9720, S. 58 (zu § 39 Abs. 1).

[19] So auch *Langen/Bunte-Kallfaß,* GWB, § 39 Rdnr. 3; vgl. OLG Düsseldorf WuW/E DE-R 1845, 1847 – *SES/DPC.*

[20] Vgl. KG WuW/E OLG 5364, 5370 – *HaGE Kiel; Langen/Bunte-Kallfaß,* GWB, § 39 Rdnr. 3; *Bechtold,* GWB, § 39 Rdnr. 6.

[21] KG WuW/E OLG 2561 f. (kein anmeldungsfähiges Vorhaben, wenn die Realisierbarkeit gänzlich ungewiss ist); vgl. auch den Fall *Bahlsen/Brandt,* WuW 1988, 364, in dem *Brandt* sich tatsächlich nicht einmal bewusst darüber war, Ziel von (theoretischen) Übernahmeüberlegungen zu sein.

Übernahmeangebots genügt bereits die Absicht zur Abgabe eines solchen Angebots.[22] Ist hingegen ausgeschlossen, dass sich das Vorhaben realisieren lässt, fehlt es an einem prüffähigen Vorhaben.[23] Dass der notwendige Vollzugswille vorliegt, wird in der Regel indiziert, wenn, wie in der Praxis üblich, der Erwerber das Vorhaben anmeldet und dies explizit auch „im Einverständnis des Veräußerers" tut. Der Vollzugszeitpunkt darf darüber hinaus nicht so weit in die Zukunft verlegt sein, dass zwischenzeitlich eintretende Marktwirkungen nicht mehr vorhersehbar sind.[24] Die äußerste zeitliche Grenze wird durch den Prognosezeitraum definiert, den das BKartA seiner materiellen Prüfung zugrunde legt, und der in der Regel bei drei bis fünf Jahren liegt, wenn nicht die Besonderheiten der betroffenen Märkte im Einzelfall eine kürzere oder längere Zeitspanne nahelegen.[25] Doch auch bei Vorhaben, die noch innerhalb des Prognosezeitraums liegen, stellt sich die Frage, ob ihr Vollzug hinreichend wahrscheinlich ist, um die Prüffähigkeit zu bejahen. Das BKartA lehnt dies regelmäßig ab, wenn der geplante Vollzug noch mehr als 24 Monate aussteht. Wird ein Vorhaben, dessen geplanter Vollzugszeitpunkt außerhalb des relevanten Zeitraums liegt, dennoch angemeldet, wird das BKartA die Anmeldung zurückweisen. Erkennt das BKartA die fehlende Prüffähigkeit nicht, weil ihm der Vollzugszeitpunkt nicht mitgeteilt wurde, ist der spätere Vollzug von der Freigabe nicht mehr gedeckt. Es muss dann erneut angemeldet werden, um einen Verstoß gegen das Vollzugsverbot zu vermeiden.[26]

8 Bei **„gestaffelten Transaktionen"**, deren Umsetzung sich auf einen längeren Zeitraum erstreckt (z.B. Erwerb erst von Mit-, dann von Alleinkontrolle), stellt sich entsprechend die Frage, ob die Gesamttransaktion als einheitlicher Zusammenschluss angemeldet werden kann oder ob die einzelnen Erwerbsvorgänge nur gesondert anmeldefähig sind. Nach der Praxis des BKartA ist die Anmeldung als einheitliches Vorhaben möglich, wenn zwischen den einzelnen Erwerbsvorgängen ein hinreichend enger inhaltlicher und zeitlicher Zusammenhang besteht.[27]

9 Der **späteste Zeitpunkt,** bis zu dem angemeldet werden muss, ergibt sich aus dem Begriff des „Vollzugs", denn der Zusammenschluss muss gemäß § 39 Abs. 1 GWB vor Vollzug angemeldet werden. Ein bereits vollzogener Zusammenschluss kann nicht mehr angemeldet werden.[28] Wenn bereits Vollzug eingetreten ist, z.B. wegen Verkennung der Rechtslage, besteht die Verpflichtung, den Zusammenschluss unverzüglich dem BKartA zur Kenntnis zu bringen. Es ist dann gemäß § 39 Abs. 6 GWB eine Vollzugsanzeige zu erstatten. Bei Vollzug nach Anmeldung, aber vor Abschluss des Verfahrens erledigt sich das Verfahren.[29] Etwas anderes gilt, wenn der Vollzug im Einklang mit den Regelungen des § 41 Abs. 1a (Ausnahme für bestimmte Börsentransaktionen) oder Abs. 2 GWB (Befreiung auf Antrag)[30] erfolgt. Dann bleibt eine Anmeldung möglich. Ebenso wenig darf der Zugang zum Anmeldeverfahren verwehrt werden, wenn die Unternehmen zwar unter Verstoß gegen § 41 Abs. 1 Satz 1 GWB einzelne Vollzugshandlungen vorgenommen haben, der Vollzug der Gesamttransaktion jedoch noch aussteht. Es wäre unbillig, den Verstoß gegen das Vollzugsverbot über § 41 Abs. 1 Satz 2 (Unwirksamkeit) und § 81 Abs. 2 Nr. 1 (Geldbuße) GWB hinaus mit dem Verlust der Entscheidungsfristen zu sanktionieren, weil die beteiligten Unternehmen den Vollzug des restlichen Vorhabens bis zum Abschluss des Fusionskontrollverfahrens aufschieben müssen und deshalb – anders als bei einem bereits erfolgten Gesamtvollzug – des Schutzes durch die Fristen des § 40 Abs. 1 Satz 1 und Abs. 2 Satz 2 GWB bedürfen.

---

[22] Vgl. für die europäische Fusionskontrolle Art. 4 Abs. 1 Unterabs. 2 FKVO.

[23] Vgl. BKartA TB 2005/2006, S. 97, 98 – *Eco-Bat/Metaleurop*.

[24] KG WuW/E OLG 5495, 5496 – *Vorratsanmeldung*.

[25] Zum Prognosezeitraum oben § 20 Rdnr. 198.

[26] *Bechtold,* GWB, § 39 Rdnr. 8; vgl. auch unten Rdnr. 85f.

[27] BKartA B. v. 7.9.2006, B3–1000/06, S. 7 – *Helios Kliniken/Humaine Kliniken;* BKartA WuW/E DE-V 483, 484 – *Lufthansa/Eurowings;* vgl. auch Komm., Konsolidierte Mitteilung zu Zuständigkeitsfragen, ABl. 2009 C 43/10, Rdnr. 34.

[28] Dazu oben Rdnr. 4.

[29] *Langen/Bunte-Kallfaß,* GWB, § 40 Rdnr. 20.

[30] Dazu unten Rdnr. 56ff. und 62ff.

2. Adressatenkreis. Der Wortlaut von § 39 Abs. 2 GWB „verpflichtet" jedes am Zusammenschluss beteiligte Unternehmen sowie – in den Fällen des Vermögens- und Anteilserwerbs (§ 37 Abs. 1 Nr. 1 und 3 GWB) – zusätzlich den Veräußerer zur Anmeldung. Da es keine Anmeldepflicht im Rechtssinne gibt, ist diese Formulierung verunglückt. Sie beruht darauf, dass die Regelung dem Kontext der grundsätzlich anders strukturierten nachträglichen Anzeigepflicht entnommen wurde.[31] In Wirklichkeit definiert § 39 Abs. 2 GWB den Kreis der **zur Anmeldung berechtigten Personen.**[32] Dabei ist klar, dass die Anmeldung eines Unternehmens durch den Inhaber bzw. im Falle von juristischen Personen oder Personengesellschaften durch die nach Gesetz oder Satzung zur Vertretung berufenen Personen vorgenommen werden muss, auch wenn der Gesetzeswortlaut dies seit der 6. GWB-Novelle nicht mehr ausdrücklich erwähnt.[33] Bei verbundenen Unternehmen (§ 36 Abs. 2 GWB) kann die Anmeldung auch durch ein Konzernunternehmen erfolgen. Dies entspricht vielfach der Praxis, weil bei der Konzernleitung typischerweise alle Informationen zusammenlaufen, die für die Erstellung einer vollständigen Anmeldung erforderlich sind.[34] Für die Wirksamkeit der Anmeldung ist es im Übrigen nicht erforderlich, dass jedes am Zusammenschluss beteiligte Unternehmen und ggf. zusätzlich der Veräußerer gemeinsam oder einzeln das Vorhaben beim BKartA anmelden. Vielmehr hindert die Nichtabgabe durch ein einzelnes beteiligtes Unternehmen nicht die Vollständigkeit der Anmeldung und damit nicht den Lauf der Untersagungsfristen, wenn nur irgendein Beteiligter vollständig anmeldet. Die Freigabe oder Untersagung des Zusammenschlusses wirkt dann für alle Beteiligten, weil das Vollzugsverbot nur insgesamt beseitigt oder aufrechterhalten werden kann. Dies ist im Ergebnis einhellige Meinung.[35] Andernfalls könnte ein beteiligtes Unternehmen, das kein eigenes Interesse an dem Zusammenschluss hat (z. B. das Zielunternehmen bei einer feindlichen Übernahme oder der an der Transaktion nicht beteiligte Mitgesellschafter mit 25% der Anteile bei einem Anteilserwerb, § 37 Abs. 1 Nr. 3 Satz 3 GWB), dessen Verwirklichung durch Nichtabgabe der Anmeldung torpedieren, was nicht dem Zweck von § 39 Abs. 2 GWB entspräche. 10

Eine andere Frage ist, welchen Verfahrensstatus ein an dem Zusammenschluss beteiligtes Unternehmen oder der Veräußerer, der unter § 39 Abs. 2 Nr. 2 GWB fällt, erlangt, wenn der Zusammenschluss nur von anderen Beteiligten angemeldet wird. Die Rechtsprechung unterscheidet hier zu recht zwischen den „am Verfahren beteiligten Unternehmen", zu denen mindestens der Personenkreis des § 39 Abs. 2 GWB gehört (§ 54 Abs. 2 Nr. 2 und Nr. 4 GWB), und den **„anmeldenden Unternehmen",** die einzeln oder gemeinsam die Anmeldung beim BKartA bewirkt haben.[36] Im Falle der Verweisung eines Zusammenschlusses an das BKartA durch die Kommission ist „anmeldendes Unternehmen", wer den Verweisungsantrag (Art. 4 Abs. 4 FKVO) oder die Anmeldung (im Falle des Art. 9 FKVO) bei der Kommission eingereicht hat (vgl. § 80 Abs. 1 Satz 2 Nr. 1 GWB). Die Unterscheidung ist bedeutsam, weil die anmeldenden Unternehmen gegenüber den übrigen Verfahrensbeteiligten erweiterte Verfahrensrechte (Einleitung des Hauptprüfverfahrens, Zustellung der Entscheidung, Verfahrensfristen, § 40 Abs. 1 und 2 GWB), aber auch besondere Pflichten haben (Gebühren, Verantwortung für die Richtigkeit und Vollständigkeit der Anmel- 11

[31] Vgl. Begr. RegE zur 6. GWB-Novelle zu § 39 Abs. 2, BT-Drucks. 13/9720, S. 58.

[32] Vgl. dazu oben Rdnr. 3.

[33] Ausweislich der Begr. RegE zur 6. GWB-Novelle, BT-Drucks. 13/9720, S. 58, war die Gesetzesänderung von Vereinfachungsmotiven getragen.

[34] Vgl. OLG Düsseldorf WuW/E DE-R 1881 – *E. I. du Pont/Pedex* (Anmeldung durch Mutter der erwerbenden Konzerngesellschaft); vgl. auch dazu bereits Begr. RegE zur 2. GWB-Novelle, BT-Drucks. VI/2520, S. 28.

[35] OLG Düsseldorf WuW/E DE-R 1881 – *E. I. du Pont/Pedex* (Fristlauf durch Anmeldung der Konzernmutter trotz fehlender Anmeldung der erwerbenden Tochtergesellschaft); *Bechtold,* GWB, § 39 Rdnr. 11 („Gesamtschuld"); *Langen/Bunte-Kallfaß,* GWB, § 39 Rdnr. 9; *A. Wagner,* WuW 2010, 38, 45; *Kleinmann/Bechtold,* Fusionskontrolle, § 24 Rdnr. 208.

[36] OLG Düsseldorf WuW/E DE-R 1881, 1882 – *E. I. du Pont/Pedex;* zust. *Langen/Bunte-Kallfaß,* GWB, § 39 Rdnr. 9; aA *A. Wagner,* WuW 2010, 38ff.

dung, §§ 80 Abs. 1 Satz 2 Nr. 1, 81 Abs. 2 Nr. 3 GWB). Diese exponierte Stellung der anmeldenden Unternehmen entspricht der Dispositionsmaxime, weil die Anmelder das Verfahren in Gang gesetzt und dessen vorzeitige Beendigung (durch Rücknahme) oder Verlängerung (durch die in § 40 Abs. 2 Satz 4 und 7 genannten Handlungen) in der Hand halten. Wegen der Vorteile, die die Stellung als anmeldendes Unternehmen mit sich bringt, geben in der Praxis bisweilen mehrere Beteiligte eine gemeinsame Anmeldung durch einen gemeinsamen Bevollmächtigten (Rechtsanwalt) ab. Meist übernimmt aber der Erwerber die Aufgabe der Anmeldung. Auch wenn er dies „in Erfüllung der Anmeldeverpflichtungen sonstiger Beteiligter" tut, werden die übrigen Beteiligten hierdurch nicht zu anmeldenden Unternehmen.[37] Der Veräußerer und andere Beteiligte können sich der Anmeldung jedoch in einem kurzen Schreiben an das BKartA anschließen mit der Folge, dass sie selbst den Status eines anmeldenden Unternehmens erwerben.

12 Mit der Erweiterung der Anmeldepflicht auf den **Veräußerer** (§ 39 Abs. 2 Nr. 2 GWB) wollte der Gesetzgeber ursprünglich, d. h. mit Blick auf die nachträgliche Anzeigepflicht, sicherstellen, dass dem BKartA auch Zusammenschlüsse mit Auslandsbezug bekannt gemacht werden, namentlich für den Fall, dass ein ausländischer Erwerber Anteile an einem inländischen Unternehmen erwirbt, das von der Transaktion nichts weiß.[38] Dieser Gesetzeszweck ist heute im System der präventiven Kontrolle hinfällig geworden, weil der Veräußerer ein eigenes Interesse an der Beseitigung des Vollzugsverbots hat (§§ 41 Abs. 1, 81 Abs. 2 Nr. 1 GWB). Die Funktion von § 39 Abs. 2 Nr. 2 GWB ist nunmehr, dem Veräußerer – im Unterschied insbesondere zum europäischen Recht (vgl. Art. 4 Abs. 2 FKVO) – ein eigenes Anmelderecht zu geben. Wenig sinnvoll erscheint, dass das Gesetz den Veräußerer nur für die Fälle des Vermögens- und Anteilserwerbs in den Kreis der Normadressaten aufnimmt, während der Kontrollerwerb, der typischerweise ebenfalls mit einem Veräußerungsakt einhergeht, ausgespart bleibt.[39] Die praktische Bedeutung dieser Differenzierung ist jedoch gering, weil ein Kontrollerwerb meist zugleich den Tatbestand des Anteilserwerbs verwirklicht.

13 **3. Inhalt der Anmeldung.** Die Anmeldung ist **nicht an bestimmte Formvorgaben** – wie etwa gemäß dem Formblatt CO bei der FKVO – **gebunden.**[40] In der Praxis erfolgt sie schriftlich. Der mit der 8. GWB-Novelle eingefügte § 39 Abs. 1 Satz 2 GWB erlaubt auch die elektronische Anmeldung, wenn sie an die zentrale De-Mail-Adresse des BKartA oder per E-Mails mit qualifizierter elektronischer Signatur an die zentrale E-Mail-Adresse des BKartA gesandt wird. Im August 2006 hat das BKartA ein **Formular zur Anmeldung von Zusammenschlüssen** veröffentlicht, das den Unternehmen die Zusammenstellung der für die Anmeldung erforderlichen Angaben erleichtern soll.[41] Neben den Pflichtangaben nach § 39 Abs. 3 GWB fragt das BKartA hierin auch nach anderen, für die wettbewerbliche Beurteilung eines Vorhabens regelmäßig erforderlichen Angaben, die das BKartA von den beteiligten Unternehmen mittels eines Auskunftsersuchens nachträglich anfordern könnte. Nachdem das Formular aber in der Praxis kaum genutzt wurde, ist es neuerdings nicht mehr unter der Rubrik „Fusionskontrolle/Materialien" auf der Internetseite des BKartA zu finden.

14 Voraussetzung für eine wirksame Anmeldung ist, dass das anmeldende Unternehmen seinen **Anmeldewillen** klar zum Ausdruck bringt. Eine beiläufige Unterrichtung in einem anderen Zusammenhang genügt nicht[42] und kann daher auch nicht den Lauf der Fristen auslösen. Auch wenn dies nicht zwingend notwendig ist, empfiehlt sich deshalb in der Praxis die

---

[37] Vgl. BKartA WuW/E DE-V 853, 854 f. – *Lhoist.*

[38] Begr. RegE zur 2. GWB-Novelle, BT-Drucks. VI/2520, S. 27.

[39] So auch *Bechtold,* GWB, § 39 Rdnr. 10.

[40] *Langen/Bunte-Kallfaß,* GWB, § 39 Rdnr. 10; *Bechtold,* GWB, § 39 Rdnr. 12; OLG Düsseldorf WuW/E DE-R 1845, 1847 – *SES/DPC.*

[41] BKartA TB 2005/2006, S. 13.

[42] Vgl. BGH WuW/E BGH 1763, 1770 – *Bituminöses Mischgut;* KG WuW/E OLG 3875, 3879 – *Südkurier/Singener Wochenblatt.*

Bezugnahme auf § 39 GWB. An dem erforderlichen Willen fehlt es, wenn das Amt lediglich ersucht wird, die fehlende Anmeldepflicht einer Transaktion zu bestätigen („No Jurisdiction Letter").[43] Da die Anmeldung nach seiner Ansicht bedingungsfeindlich ist, akzeptiert das BKartA die früher übliche Praxis nicht mehr, die Bitte um die Bestätigung der fehlenden Anmeldepflicht mit einer „hilfsweisen" Anmeldung für den Fall zu kombinieren, dass das BKartA zur gegenteiligen Auffassung gelangt.[44] Ist das Bestehen der Anmeldepflicht zweifelhaft, müssen die beteiligten Unternehmen also wählen zwischen der gebührenfreien, aber fristungebundenen Bitte um Auskunft und der gebührenpflichtigen und fristgebundenen Anmeldung.[45] Der Fristenlauf und die höhere Rechtssicherheit geben hier oftmals den Ausschlag für die Anmeldung, die meist als „vorsorglich" gekennzeichnet wird, um den Rechtsstandpunkt der Beteiligten über das Fehlen der Kontrollpflichtigkeit hervorzuheben.

Beim **notwendigen Inhalt** einer Anmeldung ist zu unterscheiden: Vollständig ist eine Anmeldung einerseits nur, wenn die in § 39 Abs. 3 GWB aufgeführten Angaben vorliegen. Selbst wenn diese Angaben objektiv betrachtet nicht entscheidungserheblich sind, löst nur eine Anmeldung mit den gesetzlich vorgesehenen Pflichtangaben die Fristen des § 40 Abs. 1 und 2 GWB aus.[46] Andererseits genügt es für die Anmeldung in ihrer Funktion als Antrag auf Eröffnung des Verwaltungsverfahrens, dass die Anmeldung die Form des Zusammenschlusses und die beteiligten Unternehmen konkretisiert.[47] Zwar löst eine derart unvollständige Anmeldung keine Fristen aus, sie berechtigt das BKartA aber zum Tätigwerden und ggf. zur Freigabe des Zusammenschlusses. Dies ist in der Praxis eine erhebliche Erleichterung, wenn einzelne Pflichtangaben offensichtlich nicht entscheidungserheblich sind und von dem anmeldenden Unternehmen nicht oder nicht rechtzeitig beschafft werden können. Die Unternehmen können sich im Hinblick auf bestimmte Angaben auch auf eine in der Vergangenheit erfolgte Anzeige/Anmeldung beziehen oder auf Angaben in den sog. Konzernakten, die beim BKartA von großen, häufig mit Fusionskontrollverfahren befassten Unternehmen geführt werden. Es ist bei einer Bezugnahme auf die Konzernakte allerdings darauf zu achten, dass diese aktualisiert ist, da die betreffende Anmeldung ansonsten trotz einer Bezugnahme unvollständig sein kann. 15

Die Anmeldung muss gemäß § 39 Abs. 3 Satz 1 GWB die **Form des Zusammenschlusses** angeben. Notwendig ist hierfür eine Darstellung der Transaktion und die Angabe, welcher Zusammenschlusstatbestand des § 37 Abs. 1 GWB hierdurch verwirklicht wird. Werden formal mehrere Zusammenschlusstatbestände erfüllt, sind diese alle anzugeben. Beim Anteilserwerb sind die Höhe der erworbenen und der insgesamt gehaltenen Beteiligung und nicht nur das Erreichen der im Gesetz genannten Schwellen anzugeben (§ 39 Abs. 3 Satz 2 Nr. 5 GWB). Ferner ist nach Ansicht des BKartA anzugeben, wer die restlichen Anteile hält.[48] Außerdem müssen die Firma und der Ort der Niederlassung bzw. der Sitz der **beteiligten Unternehmen** (§ 39 Abs. 3 Satz 2 Nr. 1) angegeben werden. Notwendig ist grundsätzlich, dass die am Zusammenschluss unmittelbar beteiligten natürlichen oder juristischen Personen genannt werden.[49] Steht bei einer Unternehmensgruppe auf der Erwerberseite die handelnde Gesellschaft noch nicht fest oder muss diese erst noch gegründet werden, genügt in der Praxis jedoch die Angabe, dass die Obergesellschaft „mittels einer oder mehrerer unmittelbarer oder mittelbarer Tochtergesellschaften" den Zusammenschluss durchführen wird. Hinsichtlich der **Art des Geschäftsbetriebes** (Nr. 2) ist 16

[43] *Burholt/Schaper,* WuW 2010, 1217, 1224.

[44] *Langen/Bunte-Kallfaß,* GWB, § 39 Rdnr. 12.

[45] Zu berücksichtigen ist weiterhin, dass das Amt den Umstand, dass eine Anmeldung erfolgt ist, auf seiner Internetseite veröffentlicht, vgl. dazu unten Rdnr. 48.

[46] Vgl. BGH WuW/E BGH 1533, 1534 – *Erdgas Schwaben;* OLG Düsseldorf WuW/E DE-R 1033, 1034 – *Sanacorp/ANZAG;* anders noch KG WuW/E OLG 1712, 1713 – *Hygiene-Artikel.*

[47] OLG Düsseldorf WuW/E DE-R 1845, 1847 – *SES/DPC.*

[48] BKartA, Merkblatt zur deutschen Fusionskontrolle (2005), S. 8.

[49] BKartA B. v. 24.3.2015, B2–112/14, Rdnr. 12 – *GoodMills/Pfalzmühle Mannheim* (Unvollständigkeit der Anmeldung, weil statt der erwerbenden Tochter- deren alleinige Muttergesellschaft als Erwerberin angegeben war).

die Angabe der Branche und der Wirtschaftsstufe erforderlich, wobei die Branche möglichst genau zu bezeichnen ist.[50] Das OLG Düsseldorf fordert hier sogar eine exakte und verlässliche Aussage, in welcher Sparte und auf welchem konkreten Markt das betreffende Unternehmen tätig ist.[51] Schließlich empfiehlt das BKartA, der Anmeldung eine Übersicht über die Verflechtungen der Beteiligten und, sofern der Zusammenschluss auf Verträgen beruht, beglaubigte Abschriften oder Ablichtungen dieser Dokumente beizufügen.[52]

17 Die **Umsatzerlöse** sind gemäß § 39 Abs. 3 Satz 2 Nr. 3 GWB getrennt nach Umsätzen im Inland, in der EU und weltweit anzugeben. Damit soll das BKartA in die Lage versetzt werden zu prüfen, ob die Umsatzschwellen nach § 35 Abs. 1 GWB oder § 35 Abs. 3 GWB i. V. m. Art. 1 FKVO erfüllt sind. Anstelle der Umsatzerlöse haben Kreditinstitute, Finanzinstitute und Bausparkassen die Erträge gemäß § 38 Abs. 4 GWB, Versicherungsunternehmen die Prämieneinnahmen anzugeben.[53] Handels-, Presse- und Rundfunkumsätze sollten gesondert ausgewiesen werden, um dem BKartA die Berechnungen nach § 38 Abs. 2 und 3 GWB zu erlauben.[54] Anzugeben sind die Umsätze für das letzte abgeschlossene Geschäftsjahr vor der Anmeldung, auch wenn für die spätere Entscheidung des BKartA ggf. Zahlen für ein späteres Geschäftsjahr maßgeblich[55] sein mögen. Denn die Vollständigkeit der Anmeldung kann nicht von Umständen abhängen, die zum Zeitpunkt der Anmeldung noch nicht feststehen.[56]

18 Die Angabe der **Marktanteile** hat gemäß § 39 Abs. 3 Satz 2 Nr. 4 GWB unabhängig davon zu erfolgen, ob der Zusammenschluss Einfluss auf die betreffenden Märkte hat.[57] Die Praxis beschränkt sich allerdings regelmäßig auf Angaben zu den vom Zusammenschluss (horizontal, vertikal oder konglomerat) betroffenen Märkten, was vom BKartA ebenso regelmäßig nicht gerügt wird. Zwar ist die Angabe der Marktanteile nur obligatorisch, wenn die beteiligten Unternehmen (einzeln oder insgesamt) in Deutschland oder in einem wesentlichen Teil davon mindestens 20% erreichen.[58] Dabei sieht die Rechtsprechung in einem regionalen Markt einen „wesentlichen Teil" Deutschlands, „wenn sich in einem bestimmten Wirtschaftsbereich die entscheidenden Wettbewerbsvorgänge wegen der in diesem Bereich herrschenden Markt- oder Unternehmensstrukturen wesentlich auf regionalen Märkten abspielen".[59] In jenem Fall sah der BGH den Pressemarkt in Hamburg als „wesentlichen Teil" Deutschlands an. Für die Praxis empfiehlt es sich jedoch, Angaben zu den Marktanteilen auf allen horizontal und vertikal betroffenen Märkten und ggf. benachbarten Märkten auch dann zu machen, wenn die Schwelle von 20% nicht erreicht oder der räumlich relevante Marktes als nicht wesentlich eingeschätzt wird.[60] Denn andernfalls wird das BKartA die entsprechenden Informationen, die für seine Prüfung regelmäßig unerlässlich sind, gemäß § 39 Abs. 5 GWB anfordern, was unnötige Verfahrensverzögerungen nach sich ziehen kann.

19 Bei den Marktanteilen sind möglichst die neuesten verfügbaren Daten[61] und außerdem die **Grundlagen für deren Berechnung oder Schätzung** anzugeben. Dazu werden i. d. R.

---

50 BKartA, Merkblatt zur deutschen Fusionskontrolle (2005), S. 8.

51 OLG Düsseldorf WuW/E DE-R 1033, 1034 – *Sanacorp/ANZAG.*

52 BKartA, Merkblatt zur deutschen Fusionskontrolle (2005), S. 8.

53 Vgl. dazu oben § 19 Rdnr. 148 ff.

54 BKartA, Merkblatt zur deutschen Fusionskontrolle (2005), S. 13 f.

55 Dazu oben § 19 Rdnr. 137 ff.

56 AA BKartA B. v. 14.5.2014, B3–135/13, Rdnr. 43 – *Klinikum Esslingen/Kreiskliniken Esslingen* (bei Anmeldung im November 2013 müssen Umsatzangaben für das Jahr 2013 vorgelegt werden).

57 *Langen/Bunte-Kallfaß,* GWB, § 39 Rdnr. 18; *Bechtold,* GWB, § 39 Rdnr. 15; *Kleinmann/Bechtold,* Fusionskontrolle, § 23 Rdnr. 410; vgl. BGH WuW/E BGH 1533, 1534 – *Erdgas Schwaben;* aA *FK-Paschke,* GWB 2005, § 39 Rdnr. 26.

58 Bechtold § 39 Rdnr. 15; *Langen/Bunte-Kallfaß,* GWB, § 39 Rdnr. 18; vgl. Begr. RegE zur 5. GWB-Novelle, BT-Drucks. 11/4610, S. 20.

59 BGH WuW/E BGH 1685, 1686 – *Springer/Elbe-Wochenblatt.*

60 Vgl. Formular zur Anmeldung eines Zusammenschlusses beim Bundeskartellamt, Abschnitt 4.

61 BKartA, Merkblatt zur deutschen Fusionskontrolle (2005), S. 14.

das geschätzte wert- und/oder mengenmäßige Gesamtvolumen des Marktes einschließlich der Importe und unter Herausrechnung der Exporte, die entsprechenden Verkäufe der beteiligten Unternehmen auf den betroffenen Märkten und der sich daraus ergebende prozentuale Marktanteil angegeben.[62] Soweit möglich, sollten auch die geschätzten Marktanteile der wichtigsten Konkurrenten auf den betroffenen Märkten angegeben werden. Besondere Probleme können auftreten, wenn die Marktabgrenzung zweifelhaft ist. Im Interesse der Verfahrensbeschleunigung empfiehlt es sich vielfach (unter deutlicher Hervorhebung des eigenen Standpunkts) Angaben zu allen plausiblen Marktabgrenzungsalternativen zu machen, oder jedenfalls zu der für die beteiligten Unternehmen nachteiligsten Abgrenzung, wenn offenkundig ist, dass selbst in diesem Fall keine Wettbewerbsbedenken bestehen.

§ 39 Abs. 3 Satz 2 Nr. 4 GWB wirft seit der 7. GWB-Novelle (2005) ein Problem auf, 20 das seine Ursache in dem Versäumnis des Gesetzgebers findet, in § 39 Abs. 3 GWB das in § 18 Abs. 2 GWB niedergelegte Bekenntnis zum **ökonomisch relevanten Markt** zu reflektieren: Während dort der über das Inland hinausreichende Markt räumlich relevant und als Bezugsgröße für die Volumensbemessung und die Errechnung der Marktanteile ist, gibt § 39 Abs. 3 Satz 2 Nr. 4 GWB unmissverständlich auf, alle Positionen in der Anmeldung darzustellen, die durch einen mindestens 20% erreichenden Anteil am Inlands- oder Inlandsteilvolumen gekennzeichnet sind. Der in diesem Zusammenhang vom Gesetz verwandte Begriff „Marktanteil" macht das Dilemma deutlich: Wird ein 20% erreichender Anteil an einem über die politischen Grenzen der Bundesrepublik Deutschland hinausreichenden Markt angegeben, könnte die Anmeldung unvollständig sein. Wird bei einem über das Inland hinausgehenden Markt ein 20% erreichender oder übersteigender Anteil am inländischen Marktsegment angegeben, könnte die Anmeldung dasselbe Schicksal erleiden, da die Angabe nicht den Marktanteil i. S. d. § 39 Abs. 3 Satz 2 Nr. 4 GWB wiedergibt. Weil der Widerspruch im Gesetz angelegt ist, empfiehlt es sich, im Rahmen der Anmeldung die Bezugsgröße der Prozentangabe klarzustellen.

Wenn sich der Sitz eines beteiligten Unternehmens im Ausland befindet, ist gemäß § 39 21 Abs. 3 Satz 2 Nr. 6 GWB eine **zustellungsbevollmächtigte Person im Inland** anzugeben. Damit sollen Unsicherheiten im Zusammenhang mit der Zustellung von Entscheidungen vermieden werden.[63] Ohne diese Angabe ist die Anmeldung unvollständig, so dass die Fristen nicht in Gang gesetzt werden. Als weitere Sanktion kann der Zusammenschluss auch nach Fristablauf gemäß § 40 Abs. 2 Satz 4 Nr. 3 GWB untersagt werden, wenn ein inländischer Zustellungsbevollmächtigter im Laufe des Verfahrens nicht mehr erreichbar („benannt") ist,[64] wobei die Nichterreichbarkeit allerdings kausal für die Überschreitung der Untersagungsfrist sein muss.

Die Pflichtangaben sind gemäß § 39 Abs. 3 Satz 4 GWB grundsätzlich **für alle verbundenen Unternehmen** vorzunehmen. Die Angaben hinsichtlich Firma, Niederlas- 22 sung/Sitz und Art des Geschäftsbetriebs müssen für jedes einzelne verbundene Unternehmen, die Angaben zu Marktanteilen und Umsatzerlösen für den Konzernverbund als Ganzes gemacht werden. Zusätzlich sind die Konzernbeziehungen, Abhängigkeits- und Beteiligungsverhältnisse mitzuteilen. In der Praxis wird häufig auf die Angaben in den Geschäftsberichten verwiesen, wobei jedoch darauf zu achten ist, dass die diesbezüglichen Aussagen der Geschäftsberichte auch hinreichend genau sind, um ihnen die erforderlichen Informationen entnehmen zu können.[65] Fehlende Angaben zum Konzernverbund führen nicht selten dazu, dass das BKartA die Anmeldung als unvollständig beanstandet, insbesondere, wenn sich die Prüfung des Falles als aufwändig erweist oder die zuständige Beschlussabteilung überlastet ist.

---

[62] Zu den Einzelheiten der Berechnung oben § 20 Rdnr. 93ff.

[63] Siehe Begr. RegE zur 6. GWB-Novelle, BT-Drucks. 13/9720, S. 59 (zu § 39 Abs. 3 GWB).

[64] Siehe Begr. RegE zur 6. GWB-Novelle, BT-Drucks. 13/9720, S. 59 (zu § 40 Abs. 2 GWB).

[65] OLG Düsseldorf WuW/E DE-R 1033, 1034f. – *Sanacorp/ANZAG*: In diesem Fall ließen sich den vorgelegten Geschäftsberichten, auf die in der Anmeldung verwiesen worden war, keine näheren Angaben zum geschäftlichen Betätigungsfeld von Verbundunternehmen entnehmen.

23 Die Angaben nach § 39 Abs. 3 Satz 2 GWB müssen für **jedes am Zusammenschluss beteiligte Unternehmen** gemacht werden. Hierzu gehören nicht nur die unmittelbar an der Transaktion beteiligten Unternehmen, sondern im Falle des Erwerbs von Mitkontrolle auch die mitkontrollierenden Unternehmen (§ 37 Abs. 1 Nr. 2 GWB) und im Falle des Anteilserwerbs jeder Mitgesellschafter mit wenigstens 25% der Anteile (§ 37 Abs. 1 Nr. 3 Satz 3 GWB). Gemäß § 39 Abs. 2 Satz 3 GWB sind im Falle des Vermögens- oder Anteilserwerbs die Angaben über Firma und Niederlassung bzw. Sitz sowie die Angabe einer zustellungsbevollmächtigten Person im Inland zusätzlich für den **Veräußerer** zu machen. Wenn der Veräußerer wenigstens 25% der Anteile an dem Zielunternehmen zurückbehält, müssen zudem – auch wenn z.B. nur ein Erwerb wettbewerblich erheblichen Einflusses vorliegt – die Angaben nach § 39 Abs. 3 Satz 2 und Satz 4 GWB wegen § 38 Abs. 5 Satz 2 GWB auch für seine Person gemacht werden.[66]

24 Das BKartA empfiehlt, dass die Anmelder eine Übersicht über die Verflechtungen der Beteiligten zur Verfügung stellen, „d.h. aller Unternehmen, an denen die Beteiligten einzeln oder gemeinsam 10% oder mehr der Stimmrechte oder der Anteile halten. Daneben sollten diejenigen Unternehmen benannt werden, die an den Beteiligten derart beteiligt sind." Darüber hinaus bittet das Amt, dass die Anmeldung angibt, in welchen anderen Staaten eine Anmeldung bzw. Prüfung des Zusammenschlussvorhabens geplant oder bereits erfolgt ist.[67] Zur Klarstellung sei festgehalten, dass diese Anregungen für den Fall, dass die Anmelder ihnen nicht nachkommen, keine negative Auswirkungen auf die Vollständigkeit der Anmeldung zeitigen.

25 **4. Zuständigkeit.** Zuständig für die Zusammenschlusskontrolle ist – abgesehen vom Verfahren der Ministererlaubnis – ausschließlich das **BKartA.**[68] Die Entscheidungen werden durch **Beschlussabteilungen** getroffen (§ 51 Abs. 2 GWB). Von den zwölf Beschlussabteilungen beim BKartA sind neun jeweils für unterschiedliche Branchen zuständig. Die genaue Zuordnung der einzelnen Branchen lässt sich dem Organisationsplan des Amtes entnehmen.[69] Die 10., 11. und 12. Beschlussabteilung sind ohne Branchenbeschränkung ausschließlich für Ordnungswidrigkeiten in Verbindung mit Verstößen gegen § 1 GWB und gegen Art. 101 AEUV zuständig. Die Prüfung des Falles liegt im Wesentlichen in der Hand des Berichterstatters, der auch die Ermittlungen durchführt.

26 Die Beschlussabteilungen sind gegenüber dem Präsidenten des BKartA weisungsunabhängig. Die Spitze des BKartA kann also eine Beschlussabteilung nicht anweisen, in Bezug auf einen konkret zu prüfenden Zusammenschluss eine Untersagung oder Freigabe zu erlassen.[70] Umstritten ist, ob die **Weisungsunabhängigkeit** auch im Verhältnis zum BMWi besteht. Dies wird vielfach unter Hinweis auf die Einbindung des BKartA in den Geschäftsbereich des BMWi (§ 51 Abs. 1 Satz 2 GWB) verneint.[71] Gegen eine Einzelweisungsbefugnis des BMWi spricht jedoch, dass die Beschlussabteilungen gemäß § 51 Abs. 3 GWB in der Besetzung mit einem oder einer Vorsitzenden und zwei Beisitzenden entscheiden. Das Kollegialprinzip darf nicht durch Einzelweisungen des BMWi ausgehebelt werden. Hinzu kommt, dass das Gesetz die Rolle des Bundeswirtschaftsministers bereits in § 42 GWB umfassend definiert. Eine darüber hinausgehende Einflussnahme des BMWi auf die Fusionskontrolle ist abzulehnen.[72]

---

[66] Vgl. oben § 19 Rdnr. 174.

[67] BKartA, Merkblatt zur deutschen Fusionskontrolle (2005), S. 9.

[68] Siehe Begr. RegE zur 6. GWB-Novelle, BT-Drucks. 13/9720, S. 63; die früher in § 44 Abs. 1 Nr. 1 lit. c GWB idF vor der 6. GWB-Novelle enthaltene Zuständigkeitszuordnung für die Fusionskontrolle findet sich heute in den Einzelvorschriften, zB in §§ 36 Abs. 1, 39 Abs. 1, 40 Abs. 1 GWB usw.

[69] Der Organisationsplan des BKartA wird regelmäßig im TB des Amtes abgedruckt sowie auf der Internetseite des BKartA (www.bundeskartellamt.de) veröffentlicht.

[70] *Bechtold,* § 52 Rdnr. 4.

[71] So *Bechtold,* § 52 Rdnr. 2f.; *Wiedemann* in § 1 Rdnr. 47; ähnlich *Immenga/Mestmäcker-Klaue,* GWB, 5. Aufl., § 51 Rdnr. 11 (allerdings gegen eine Weisungsgebundenheit bei gebundenen Entscheidungen wie in der Fusionskontrolle).

[72] So auch *Langen/Bunte-Schneider,* GWB, § 51 Rdnr. 16; *Loewenheim/Meessen/Riesenkampff-Becker,* GWB, § 52 Rdnr. 2f.

5. Sanktionen. Wer bei der Anmeldung vorsätzlich oder fahrlässig **unrichtige oder unvollständige Angaben** macht, begeht eine **Ordnungswidrigkeit** nach § 81 Abs. 2 Nr. 3 i. V. m. § 39 Abs. 1 GWB, die gemäß § 81 Abs. 4 Satz 5 GWB mit einer Geldbuße bis zu hunderttausend Euro geahndet werden kann.[73] Das Tatbestandsmerkmal der „Unvollständigkeit" kann hier nicht an § 39 Abs. 3 GWB gemessen werden.[74] Dies ginge an der *ratio legis* und an der Rechtswirklichkeit vorbei, in der unvollständige Anmeldungen (insbes. bei den Marktanteilen) an der Tagesordnung sind. Da die Regelung dazu dient, die Prüfungskompetenz des BKartA abzusichern, sind nur Sachverhalte erfasst, in denen die gemachten Angaben objektiv den Eindruck der Vollständigkeit erwecken, tatsächlich aber unvollständig sind (z. B. fehlende Angaben über eine Mehrheitsbeteiligung an einem Unternehmen, wenn im Übrigen Angaben zu den verbundenen Unternehmen gemacht werden).[75] Ist das Fehlen der Angaben hingegen offensichtlich (z. B. überhaupt keine Angaben zu verbundenen Unternehmen, obwohl es sich bei dem anmeldenden Unternehmen erkennbar um ein Konzernunternehmen handelt), wird der Tatbestand des § 81 Abs. 2 Nr. 3 GWB nicht verwirklicht. Die Unvollständigkeit geht in diesem Fall aber mit der **verwaltungsrechtlichen Sanktion** einher, dass die Fristen des § 40 Abs. 1 und Abs. 2 GWB nicht ausgelöst werden. Das BKartA kann darüber hinaus alle zur Prüfung des Zusammenschlusses notwendigen Informationen, auch über § 39 Abs. 3 GWB hinaus, von den beteiligten Unternehmen abfragen (§§ 39 Abs. 5, 59 GWB) und deren Übermittlung ggf. nach § 86a GWB i. V. m. §§ 6 ff. VwVG erzwingen.[76] 27

Ein gesonderter Ordnungswidrigkeitentatbestand erfasst den Fall, dass die unrichtigen oder unvollständigen Angaben in der **Absicht** gemacht oder benutzt werden, das BKartA von der Einleitung des Hauptprüfverfahrens oder von der Untersagung des Zusammenschlusses abzuhalten (§ 81 Abs. 3 Nr. 3 i. V. m. § 39 Abs. 3 Satz 5 GWB). In diesem Fall ist die Bußgelddrohung deutlich höher. Die Geldbuße ist gemäß § 81 Abs. 4 Satz 1 bis 4 GWB bis zu eine Million Euro oder bis zu 10% des im vorausgegangenen Geschäftsjahr erzielten weltweiten Gesamtumsatzes der betreffenden „wirtschaftlichen Einheit". 28

Die Bußgeldvorschriften des § 81 Abs. 2 Nr. 3 und Abs. 3 Nr. 3 GWB wenden sich an den, der **für die Anmeldung verantwortlich** ist. Nach § 39 Abs. 2 GWB sind dies die am Zusammenschluss beteiligten Unternehmen bzw. der Veräußerer. Im Falle von juristischen Personen oder Personengesellschaften liegt die Verantwortung bei den nach Gesetz oder Satzung zur Vertretung berufenen Personen bzw. bei deren Bevollmächtigten. Sie können gemäß §§ 9, 14 OWiG Adressaten des Bußgelds sein. Zugleich kann gemäß § 30 OWiG gegen die juristische Person oder die Personenvereinigung vorgegangen werden. 29

Gesonderte Sanktionen greifen, wenn ein Zusammenschlusses ohne Anmeldung oder Freigabe vollzogen wird.[77] 30

III. Verfahren nach Anmeldung

1. Prüfung und Ermittlung. Das Fusionskontrollverfahren nach § 40 GWB wird durch die Anmeldung eines Zusammenschlusses eingeleitet. Wegen der das Verfahren beherrschenden **Dispositionsmaxime** darf das BKartA einen Zusammenschluss nur freigeben oder untersagen, wenn dieser zuvor bei ihm angemeldet und die Anmeldung zwischenzeitlich nicht wirksam zurückgenommen worden ist.[78] 31

Das BKartA kann nach § 39 Abs. 5 GWB von den am Zusammenschluss beteiligten Unternehmen **Auskünfte** über Marktanteile sowie über Umsatzerlöse bestimmter Waren oder Leistungen verlangen. Dieses spezielle für die Zwecke der Fusionskontrolle normierte 32

[73] Ein Beispiel ist BKartA TB 2011/2012, S. 54 – *Tönnies* (Bußgeld von 90 000 Euro).
[74] So aber *Bechtold,* GWB, § 81 Rdnr. 19; *Langen/Bunte-Raum,* GWB, § 81 Rdnr. 132.
[75] Vgl. BKartA TB 2011/2012, S. 54 – *Tönnies.*
[76] Dazu unten Rdnr. 32.
[77] Zum Verstoß gegen das Vollzugsverbot näher unten Rdnr. 67 ff.
[78] Vgl. oben Rdnr. 3.

Auskunftsrecht geht über das allgemeine Auskunftsrecht des § 59 GWB hinaus, weil kein Anfangsverdacht erforderlich ist. Es gilt aufgrund von § 36 Abs. 2 GWB auch gegenüber den mit den am Zusammenschluss beteiligten Unternehmen verbundenen Unternehmen. Bei Informationen der beteiligten Unternehmen außerhalb des Anwendungsbereichs von § 39 Abs. 5 GWB und gegenüber dritten Unternehmen (z. B. Wettbewerbern, Kunden, Lieferanten) und Verbänden hat das BKartA die **Ermittlungsbefugnisse** nach § 59 GWB, die in der Praxis wegen des geringeren amtsinternen Aufwands überwiegend im Wege des nicht förmlichen Auskunftsersuchens, nicht aber durch förmliche Auskunftsbeschlüsse (§ 59 Abs. 6 GWB), die zugestellt werden müssten, umgesetzt werden. Die Auskunftspflicht der Unternehmen nach § 39 Abs. 5 GWB kann auch verwaltungsvollstreckungsrechtlich erzwungen werden, was allerdings die Anforderung der Auskünfte in Beschlussform voraussetzt.

33 **2. Entscheidungsfristen.** *a) Erste und zweite Phase.* Nach Eingang der Anmeldung prüft das BKartA zunächst, ob das angemeldete Vorhaben wettbewerbliche Bedenken aufwirft und eine Untersagung in Betracht kommt (Vorverfahren, sog. **„erste Phase"**). Ist dies der Fall, tritt es in die Prüfung des Zusammenschlussvorhabens ein (Hauptprüfverfahren, sog. „zweite Phase"). Den Eintritt in das Hauptprüfverfahren muss das BKartA den anmeldenden Unternehmen innerhalb eines Monats nach Eingang der vollständigen Anmeldung, bei evidenter Faktenlage ggf. schon nach wenigen Tagen, mitteilen (sog. „Monatsbrief"), andernfalls ist eine Untersagung nicht mehr möglich (§ 40 Abs. 1 Satz 1 GWB). Der Monatsbrief ist an die anmeldenden Unternehmen zu richten, d. h. an die Unternehmen, die (einzeln oder gemeinsam) die Anmeldung bewirkt haben,[79] oder an deren Bevollmächtigte. Er ist mangels verfahrensabschließender Wirkung kein Verwaltungsakt, nicht anfechtbar und bedarf keiner Begründung.[80] Er bedarf auch keiner besonderen Form.[81] Notwendig ist jedoch gemäß § 40 Abs. 1 Satz 1 GWB eine Mitteilung des Inhalts, dass das BKartA in das Hauptprüfverfahren eingetreten ist. Die bloße Ankündigung der zweiten Phase oder die Aussage, dass die Beschlussabteilung das Vorhaben „sehr kritisch" sehe, genügt nicht.[82] Die Frist des § 40 Abs. 1 Satz 1 GWB ist zwar nicht verlängerbar. Die anmeldenden Unternehmen können ihre Anmeldung aber jederzeit zurücknehmen und in unveränderter Form später wieder einreichen. Die Fristen des § 40 GWB beginnen dann erneut zu laufen, was zu einer faktischen Fristverlängerung führt.[83]

34 Wenn die **„zweite Phase"** eingeleitet ist, muss das BKartA gemäß § 40 Abs. 2 Satz 1 durch Verfügung entscheiden, ob es den Zusammenschluss untersagt oder freigibt. Die Frist hierfür beträgt vier Monate nach Eingang der vollständigen Anmeldung (§ 40 Abs. 2 Satz 2 GWB). Sie verlängert sich um einen Monat, also auf insgesamt fünf Monate, wenn ein anmeldendes Unternehmen dem BKartA Vorschläge für Bedingungen oder Auflagen (sog. „Zusagen") unterbreitet, wobei die Verlängerung nur einmal, nämlich durch den ersten derartigen Vorschlag ausgelöst wird (§ 40 Abs. 2 Satz 7 GWB).[84] Bei einer freiwilligen Vereinigung von Krankenkassen nach § 172a SGB V verkürzt sich die Frist auf sechs Wochen, wenn eine der betroffenen Krankenkassen Insolvenz angezeigt hat (§ 172a Abs. 2 Satz 2 SGB V). Die Einleitung des Hauptprüfverfahrens ist durch das BKartA nach § 43 Abs. 1 GWB unverzüglich im Bundesanzeiger bekannt zu machen. Seit März 2012 macht

[79] Dazu oben Rdnr. 11.

[80] Begr. RegE zur 6. GWB-Novelle zu § 40 Abs. 1 GWB, BT-Drucks. 13/9720, S. 59; dazu *Bechtold,* GWB, § 40 Rdnr. 7; *Kleinmann/Bechtold,* Fusionskontrolle, § 24a Rdnr. 78; *FK-Rieger,* GWB, § 40 GWB 1999 Rdnr. 7; *Langen/Bunte-Kallfaß,* GWB, § 40 Rdnr. 10.

[81] OLG Düsseldorf WuW/E DE-R 1845, 1847 f. – *SES/DPC;* Düsseldorf WuW/E DE-R 2477, Rdnr. 25 – *Phonak/ReSound II* (mündliche Mitteilung ausreichend).

[82] AA BKartA B. v. 14.5.2014, B3–135/13, Rdnr. 21, 56 – *Klinikum Esslingen/Kreiskliniken Esslingen.*

[83] BGH WuW/E DE-R 2905, Rdnr. 24 ff. – *Phonak/GN Store.*

[84] Bei dieser mit der 8. GWB-Novelle eingefügten Regelung diente Art. 10 Abs. 1 Unterabs. 2 und Abs. 3 Unterabs. 1 FKVO als Vorlage, s. Begr. RegE zur 8. GWB-Novelle, BT-Drucks. 17/9852 S. 30.

das BKartA die Eröffnung des Hauptprüfverfahrens zusätzlich auf seiner Internetseite bekannt. Eine Untersagung muss den anmeldenden Unternehmen bzw. ihren Bevollmächtigten[85] innerhalb der gesetzlichen Prüfungsfrist zugestellt werden, andernfalls gilt der Zusammenschluss als freigegeben. Die Zustellung an die übrigen Verfahrensbeteiligten bleibt zwar gemäß § 61 Abs. 1 GWB erforderlich, hat aber keinen Einfluss auf die Frist.[86] Diese sind gemäß § 40 Abs. 2 Satz 3 GWB unverzüglich über den Zeitpunkt der Zustellung zu unterrichten, so dass sie beurteilen können, ob ggf. die Freigabefiktion eingetreten ist oder die Rechtsmittelfrist für die anmeldenden Unternehmen in Gang gesetzt wurde.[87] Eine Mindestfrist für eine Untersagung gibt es nicht. Ist das Vorliegen der Untersagungsvoraussetzungen offensichtlich, kann die Untersagung gegebenenfalls vor Ablauf der Monatsfrist, allerdings nur nach Versendung des Monatsbriefs erfolgen.[88]

Für die **Fristberechnung** gelten gemäß § 31 Abs. 1 VwVfG grundsätzlich die Rege- **35**
lungen in §§ 187 bis 193 BGB.[89] Die nach Monaten bestimmten Fristen des § 40 GWB enden gemäß §§ 187 Abs. 1, 188 Abs. 2 BGB mit dem Ablauf desjenigen Tages des letzten Monats der Frist, welcher durch seine Zahl dem Tage entspricht, an dem die vollständige Anmeldung beim BKartA eingegangen ist. Fällt das Fristende auf einen Sonntag, einen gesetzlichen Feiertag oder einen Sonnabend, endet die Frist gemäß § 31 Abs. 3 Satz 1 VwVfG mit dem Ablauf des nächstfolgenden Werktags. Gesetzliche Feiertage sind der Tag der Deutschen Einheit und die durch die Sonn- und Feiertagsgesetze der Länder bestimmten Tage. Nicht dazu gehören Heiligabend, Sylvester und Rosenmontag. Bei nicht bundeseinheitlichen Feiertagen (z.B. Fronleichnam, Allerheiligen) sind die Verhältnisse an dem Ort maßgebend, an dem die Frist zu wahren ist.[90] Entscheidend ist somit die Rechtslage an dem Ort, an dem der jeweilige Adressat der Mitteilung bzw. der Verfügung seinen Sitz hat, nicht der Sitz des BKartA (Bonn).

Die Fristen der ersten und zweiten Phase beginnen im Fall einer **Verweisung** des Zu- **36**
sammenschlusses durch die Kommission (§ 39 Abs. 4 GWB) mit dem Eingang der Verweisungsentscheidung beim BKartA, sofern die gesetzlichen Pflichtangaben in deutscher Sprache vorliegen, andernfalls ab deren Vorliegen (§ 40 Abs. 5 GWB).

Wird eine im Hauptprüfverfahren ergangene Freigabeverfügung des BKartA auf die Be- **37**
schwerde eines Dritten **vom Gericht aufgehoben,** so beginnt die Frist für die zweite Phase mit dem Eintritt der Rechtskraft des Urteils gemäß § 40 Abs. 6 GWB von neuem, ohne dass es der Versendung eines weiteren Monatsbriefs bedürfte.

b) Ausnahmen. Eine Untersagung nach mehr als vier oder fünf Monaten kann erfolgen, **38**
wenn eine Anmeldung nicht alle Pflichtangaben gemäß § 39 Abs. 3 GWB enthält, weil dann die Fristen des § 40 Abs. 1 und Abs. 2 GWB gar nicht erst zu laufen beginnen. Dabei kommt es nicht darauf an, ob die fehlenden Pflichtangaben für die Beurteilung des Vorhabens objektiv erheblich sind oder nicht.[91] Die **Unvollständigkeit der Anmeldung** braucht nicht ursächlich für das Nicht-Versenden des Monatsbriefs bzw. das Nicht-Zustellen der Untersagungsverfügung gewesen zu sein. Besonders problematisch ist dies mit Blick auf die Angabe der Marktanteile (§ 39 Abs. 3 Satz 2 Nr. 4 GWB), weil die Marktabgrenzung eine oftmals umstrittene Wertungsfrage und eine vollständige Angabe für alle vom

---

[85] Die Vertretungsbefugnis muss im Zeitpunkt der Zustellung noch vorliegen, vgl. § 40 Abs. 2 Satz 4 Nr. 3 GWB.

[86] Bis zur 7. GWB-Novelle musste die Verfügung sämtlichen Verfahrensbeteiligten innerhalb der Frist zugestellt werden, was bei Verfahren mit vielen Beigeladenen zu praktischen Schwierigkeiten führte, vgl. dazu Begr. RegE 7. Novelle, BT-Drucks. 15/3640, S. 58f.

[87] Dazu unten Rdnr. 135.

[88] Begr. RegE zur 6. GWB-Novelle, BT-Drucks. 13/9720, S. 59 (zu § 40 Abs. 1); *Langen/Bunte-Kallfaß,* GWB, § 40 Rdnr. 12.

[89] Vgl. OLG Düsseldorf WuW/E DE-R 2477, Rdnr. 20 – *Phonak/ReSound II.*

[90] *Stelkens/Bonk/Sachs-Kallerhoff,* VwVfG, § 31 Rdnr. 36; OVG Frankfurt NJW 2004, 3795.

[91] BGH WuW/E BGH 1533, 1534 – *Erdgas Schwaben;* OLG Düsseldorf WuW/E DE-R 3173, 3177 – *Anzeigengemeinschaft;* dazu auch oben Rdnr. 15.

Zusammenschluss betroffenen und nicht-betroffenen Märkte in der Praxis vielfach nicht erreichbar ist.[92] Das BKartA ist allerdings gemäß § 25 Abs. 2 Satz 2 VwVfG gehalten, die Anmelder unverzüglich auf die Unvollständigkeit der Anmeldung hinzuweisen und die Ergänzung der noch fehlenden Angaben anzuregen. Fraglich kann sein, ob eine Anmeldung auch dann als unvollständig anzusehen ist, wenn sie zwar alle Angaben des § 39 Abs. 3 GWB enthält, diese Angaben aber teilweise unrichtig sind. Im Hinblick auf die Sonderregelungen in § 40 Abs. 2 Satz 4 Nr. 2 und Abs. 3a Satz 1 GWB, die bei unrichtigen Angaben eine Untersagung des Zusammenschlusses unter bestimmten Voraussetzungen auch noch nach Fristablauf erlauben, wird man dies verneinen müssen. Die Unrichtigkeit steht der Vollständigkeit damit zwar nicht entgegen, der Fristablauf lässt die Untersagungsbefugnis des BKartA aber nicht notwendigerweise untergehen. Entscheidend ist, dass es im Falle der Unrichtigkeit – anders als bei der Unvollständigkeit – darauf ankommt, ob die betreffenden Informationen entscheidungserheblich sind.[93] Bestätigt das BKartA die Vollständigkeit der Anmeldung oder erweckt es den Eindruck, die mitgeteilten Angaben reichten aus, so begründet dies zugunsten der Unternehmen einen Vertrauenstatbestand, der eine spätere Berufung auf die (objektive) Unvollständigkeit der Anmeldung ausschließt. Die Fristen beginnen in diesem Fall zu laufen, sobald das BKartA den Beteiligten zu erkennen gibt, dass es eine Vervollständigung nicht erwartet.[94] Nicht zur Vollständigkeit der Anmeldung gehört, dass der gesamte Adressatenkreis des § 39 Abs. 2 GWB die Anmeldung vornimmt. Die Fristen des § 40 Abs. 1 und Abs. 2 GWB stellen auf den Eingang der vollständigen Anmeldung ab, nicht aber auf das Handeln einzelner Unternehmen.[95]

39 Unter bestimmten Voraussetzungen darf das BKartA auch nach Ablauf der Fristen für die erste und zweite Phase eine Untersagung aussprechen. Diese sind in § 40 Abs. 2 Satz 4 GWB abschließend genannt. Redaktionell ist Satz 4 missglückt, ist doch die **nachfristige Untersagung** in den Rahmen der Regelungen zum Hauptprüfverfahren gesetzt, obwohl sie auch Vorfälle aus dem Vorverfahren erfasst. Die sprachliche Fehlleistung findet ihren Ausgangspunkt in dem ersten Wort („Dies") des den Katalog einleitenden Satzes 4, das den Eindruck erweckt, als würde er sich auf die Unterrichtungspflicht des vorhergehenden Satzes beziehen. Gemeint ist aber vielmehr die Frist für die zweite Phase in Satz 2. Wie § 40 Abs. 2 Satz 4 Nr. 2 GWB zeigt, ist aber auch dies nicht vollständig richtig, denn auch das Unterlassen der rechtzeitigen Versendung des Monatsbriefs, verursacht durch unrichtige Angaben oder nicht rechtzeitige Auskünfte, berechtigt das Amt zur Weiterführung des Fusionskontrollverfahrens. In diesem Fall bezieht sich § 40 Abs. 2 Satz 4 GWB also auch auf die Frist der ersten Phase in § 40 Abs. 1 Satz 1 GWB. In der Praxis lässt das BKartA die Frist der ersten Phase allerdings kaum jemals verstreichen, ohne die anmeldenden Unternehmen durch einfaches Verwaltungsschreiben über das Nichtvorliegen der Untersagungsvoraussetzungen zu informieren. § 40 Abs. 2 Satz 4 Nr. 2 GWB hat deshalb auch die Funktion, die Wirkung des freigebenden Verwaltungsschreibens zu beseitigen und die Untersagungskompetenz des BKartA wieder aufleben zu lassen.[96] Die 8. GWB-Novelle hat es leider versäumt, eine entsprechende redaktionelle Klarstellung in § 40 Abs. 2 Satz 4 GWB herbeizuführen.

40 Zum Katalog des § 40 Abs. 2 Satz 4 GWB im Einzelnen:

Die wichtigste Ausnahme ist die **Fristverlängerung durch Zustimmung** der anmeldenden Unternehmen gemäß § 40 Abs. 2 Satz 4 Nr. 1 GWB. Dabei können die anmeldenden Unternehmen sich u. U. zu einem Einverständnis mit einer Fristverlängerung gedrängt sehen, wenn das BKartA eine ungünstige Entscheidung andeutet und keine Zeit für weitere Marktuntersuchungen mehr zur Verfügung steht. Dies kann z. B. der Fall sein,

---

[92] Dazu oben Rdnr. 18.
[93] Vgl. dazu unten Rdnr. 41.
[94] KG WuW/E OLG 4737, 4745 – *Pinneberger Tageblatt; Langen/Bunte-Kallfaß,* GWB, § 40 Rdnr. 13; vgl. zum Vertrauensschutz auch BGH WuW/E BGH 1685, 1686 – *Springer/Elbe Wochenblatt.*
[95] Dazu oben Rdnr. 10 f.
[96] Dazu unten Rdnr. 82.

wenn ein Beigeladener erst kurz vor Fristablauf einen Schriftsatz einreicht, aus dem das BKartA erstmals die Untersagungsvoraussetzungen ableitet, so dass die Anmelder hierauf in der Kürze der verbleibenden Zeit nicht mehr eingehen können.[97] Zur Fristverlängerung ist gemäß § 40 Abs. 2 Satz 4 Nr. 1 GWB nur die Zustimmung der anmeldenden Unternehmen, nicht aller Verfahrensbeteiligten nötig.[98] Der Veräußerer muss der Fristverlängerung deshalb nur zustimmen, wenn er das Vorhaben selbst (mit-)angemeldet hat und er zum Adressatenkreis des § 39 Abs. 2 Nr. 2 GWB gehört, also ein Vermögens- oder Anteilserwerb vorliegt (§ 37 Abs. 1 Nr. 1 oder Nr. 3 GWB).[99] Die Zustimmung von Beigeladenen ist nicht erforderlich.

Nach § 40 Abs. 2 Satz 4 Nr. 2 GWB darf das BKartA den Zusammenschluss trotz Fristablauf untersagen, wenn es wegen **unrichtiger Angaben** den Versand des Monatsbriefs oder die Untersagung eines Zusammenschlusses unterlassen hat. Das Gleiche gilt, wenn die Verweigerung oder zu späte Erteilung von nach § 39 Abs. 5 GWB oder § 59 GWB angeforderten Auskünften Ursache für diese Unterlassung war. In beiden Fällen muss das BKartA die Kausalität zwischen den unrichtigen Angaben oder der nicht rechtzeitigen Auskunft einerseits und seinem Nicht-Einschreiten andererseits nachweisen. Unerheblich ist, ob ein Verschulden vorliegt. Liegen diese Voraussetzungen vor, so lebt die Untersagungskompetenz des BKartA ungeachtet von § 40 Abs. 1 Satz 1 und Abs. 2 Satz 2 GWB wieder auf und die Fristen für die erste und zweite Phase verlieren ihre Bedeutung; das BKartA ist an gar keine Fristen mehr gebunden. Jedenfalls aus grundrechtlichen Überlegungen ist das Amt jedoch verpflichtet, unverzüglich nach Bekanntwerden der richtigen Angaben bzw. verspäteten Auskünfte über den Erlass einer Untersagungsverfügung zu entscheiden.[100] Praktisch relevant kann § 40 Abs. 2 Satz 4 Nr. 2 GWB eigentlich nur für die Freigabe in der ersten Phase werden, weil das BKartA hier typischerweise eine formlose Mitteilung versendet, durch die die Wirkungen des Fristablaufs nach § 40 Abs. 1 Satz 1 GWB vorweggenommen werden.[101] Demgegenüber spielt der Fristablauf in der zweiten Phase keine Rolle, weil diese in der Praxis immer durch rechtzeitige Verfügung abgeschlossen wird. Beruht die in der zweiten Phase ergangene Freigabeverfügung auf unrichtigen Angaben, greift aber § 40 Abs. 3a Satz 1 GWB, der das BKartA zum nachträglichen Widerruf oder zur nachträglichen Änderung der Verfügung ermächtigt.[102] § 40 Abs. 2 Satz 4 Nr. 2 GWB gilt zudem nicht für den Fall, dass in der Anmeldung unvollständige Angaben gemacht wurden, weil dann die Untersagungsfristen gar nicht erst zu laufen beginnen.[103] **41**

Trotz der fehlenden ausdrücklichen Erwähnung in § 40 Abs. 2 Satz 4 Nr. 2 GWB können auch **unrichtige Angaben oder verspäteten Auskünfte von Dritten** bei entsprechender Kausalität den Fristablauf verhindern.[104] Strittig ist, ob sich das BKartA auf unrichtige, verweigerte oder verspätete Angaben eines Dritten auch berufen darf, wenn diese Mängel den beteiligten Unternehmen nicht zuzurechnen sind. Dafür spricht das öffentlich-rechtliche Interesse an der Vermeidung falscher Entscheidungen.[105] Dagegen spricht, dass das Wiederaufleben der kartellbehördlichen Untersagungsbefugnis u. U. einen schweren Eingriff in die Freiheitsrechte der beteiligten Unternehmen darstellt.[106] Allerdings **42**

---

[97] Vgl. BKartA WuW/E DE-V 923, 929 – *Agrana/Atys.*

[98] Vgl. dazu oben Rdnr. 11. Bei der in § 24a Abs. 2 Satz 2 Nr. 1 GWB idF vor der 6. GWB-Novelle geregelten einvernehmlichen Fristverlängerung war noch die Zustimmung aller am Zusammenschluss beteiligten Unternehmen erforderlich.

[99] Dazu auch oben Rdnr. 12.

[100] *FK-Rieger,* GWB, § 40 GWB 1999 Rdnr. 27.

[101] Dazu unten Rdnr. 80 f.

[102] Dazu unten Rdnr. 95.

[103] Vgl. oben Rdnr. 38; ähnlich *Bechtold,* GWB, § 40 Rdnr. 18.

[104] § 24a Abs. 2 Satz 2 Nr. 5 GWB idF vor der 6. GWB-Novelle regelte dies noch ausdrücklich („oder eines anderen").

[105] *Immenga/Mestmäcker-Mestmäcker/Veelken,* GWB, 4. Aufl., § 40 Rdnr. 29; *Langen/Bunte-Kallfaß,* GWB, § 40 Rdnr. 16.

[106] *Bechtold,* 40 Rdnr. 18.

schafft die Freigabefiktion für die beteiligten Unternehmen nur dann einen schutzwürdigen Vertrauenstatbestand, wenn sie die Unrichtigkeit der betreffenden Angaben bzw. die Entscheidungserheblichkeit der unterlassenen Auskünfte weder kannten noch kennen konnten. Im Hinblick auf den öffentlich-rechtlichen Charakter des Fusionskontrollverfahrens ist es den Betroffenen in diesen Grenzen zuzumuten, die negativen Konsequenzen des Handelns oder Unterlassens eines Dritten zu tragen, ohne dass es auf die Zurechenbarkeit ankommt.

43 Eine Untersagung nach Fristablauf ist schließlich möglich, wenn eine **zustellungsbevollmächtigte Person im Inland,** die gemäß § 39 Abs. 3 Satz 2 Nr. 6 GWB angegeben wurde, nicht mehr benannt ist (§ 40 Abs. 2 Satz 4 Nr. 3 GWB). Damit soll gewährleistet werden, dass während des gesamten Verfahrens ein inländischer Zustellungsbevollmächtigter wirksam bestellt ist.[107]

44 Wenn der Zusammenschluss **anders als angemeldet vollzogen** wird, ist ebenfalls eine Untersagung noch nach Ablauf der Fristen des § 40 Abs. 1 und Abs. 2 GWB möglich. Dies ergibt sich zwar nun nicht mehr aus dem Gesetzeswortlaut;[108] es folgt jedoch aus dem Umstand, dass der Zusammenschluss bei substanziellen Abweichungen nicht mehr von der Freigabe gedeckt ist, der Vollzug also gegen das Vollzugsverbot verstößt.[109] Erforderlich ist allerdings eine solche Abweichung, die aus materiell-rechtlichen Gründen zu einer anderen als der erfolgten Beurteilung führt. Dies ist z. B. nicht der Fall, wenn statt des angemeldeten Erwerbs von 100% der Anteile sämtliche Vermögensgegenstände desselben Zielunternehmens erworben werden, sowie generell bei Abweichungen, die ein Minus im Verhältnis zum angemeldeten Sachverhalt darstellen. Ähnliches kann gelten, wenn der Zusammenschluss noch nicht vollzogen ist und die Freigabe durch **Zeitablauf** oder infolge einer wesentlichen Änderung der zugrundeliegenden Marktverhältnisse ihre Wirksamkeit verloren hat.[110] Schließlich gelten die Fristen des § 40 Abs. 1 und Abs. 2 GWB nicht, wenn gegen das Vollzugsverbot verstoßen wurde, sei es dass ein bereits vollzogener Zusammenschluss dem BKartA nachträglich angezeigt wird, sei es dass ein Vorhaben zunächst angemeldet und dann vor Verfahrensabschluss vollzogen wird. Denn der Nichtvollzug ist Voraussetzung für das fristgebundene Verfahren nach § 40 GWB.[111]

45 *c) Fristhemmung.* Seit der 8. GWB-Novelle wird die Frist für die zweite Phase gemäß § 40 Abs. 2 Satz 5 GWB gehemmt, wenn das BKartA von einem am Zusammenschluss beteiligten Unternehmen eine **Auskunft nach § 59 GWB** erneut anfordern muss, weil das Unternehmen ein vorheriges Auskunftsverlangen aus Umständen, die von ihm zu vertreten sind, nicht rechtzeitig oder nicht vollständig beantwortet hat. Vorbild für diese Ergänzung war Art. 10 Abs. 4 FKVO.[112] Ebenso wie bei der Ausnahme des § 40 Abs. 2 Satz 4 Nr. 2 GWB geht es darum, dass Verzögerungen bei der Beantwortung von Auskunftsersuchen nicht zulasten des Zeitkontingents des BKartA gehen sollen. Im Unterschied zu § 40 Abs. 2 Satz 4 Nr. 2 GWB greift die Fristenhemmung jedoch bereits vor Ablauf der Untersagungsfrist und erfordert nicht, dass die verspätete Auskunft ursächlich für eine Verfahrensverzögerung ist. Dies verspricht eine effektivere Absicherung der Prüfungskompetenz des BKartA bei unkooperativen Auskunftsverpflichteten.[113] Problematisch ist dies freilich, wenn ein Beteiligter den Zusammenschluss aus wettbewerbsfremden Motiven ablehnt (z. B. bei einer feindlichen Übernahme). In einem solchen Fall ist das BKartA gehalten, Auskünfte per Beschluss einzufordern und das Verfahren ggf. mit Hilfe der ihm zur Verfügung stehenden Zwangsmittel zu befördern.

---

[107] Siehe Begr. RegE zur 6. GWB-Novelle, BT-Drucks. 13/9720, S. 59 (zu § 40 Abs. 2).

[108] Anders noch § 24a Abs. 2 Satz 2 Nr. 3 GWB idF vor der 6. GWB-Novelle.

[109] Begr. RegE zur 6. GWB-Novelle, BT-Drucks. 13/9720, S. 59 f. (zu § 40 Abs. 2); *Bechtold,* GWB, § 40 Rdnr. 14; *Langen/Bunte-Kallfaß,* GWB, § 40 Rdnr. 21.

[110] Dazu unten Rdnr. 85 f.

[111] *Langen/Bunte-Kallfaß,* GWB, § 40 Rdnr. 20; dazu oben Rdnr. 4.

[112] Begr. RegE zur 8. GWB-Novelle, BT-Drucks. 17/9852 S. 30.

[113] *Langen/Bunte-Kallfaß,* GWB, § 40 Rdnr. 17.

3. Kosten. Die Anmeldung eines Zusammenschlusses – auch eine lediglich vorsorgliche[114] – ist nach § 80 Abs. 1 Nr. 1 GWB gebührenpflichtig. Dazu ergeht ggf. ein gesonderter **Kostenbeschluss.** In der Praxis des Amtes werden die Kosten den Unternehmen allerdings bei Verfahrensabschluss in der ersten Phase im Rahmen des Freigabeschreibens formlos aufgegeben (ein Beschluss wird in solchen Fällen nur auf ausdrückliches Verlangen ausgefertigt). Die Höhe der Gebühr bestimmt sich nach dem personellen und sachlichen Aufwand der Kartellbehörde (sehr gering, gering, durchschnittlich, groß) unter Berücksichtigung der wirtschaftlichen Bedeutung, die der Gegenstand der Anmeldung hat (gemessen am relevanten erworbenen/erwarteten Inlandsumsatz und am wirtschaftlichen Interesse der Beteiligten auf einer fünfstufigen Skala von „sehr gering" bis „sehr groß"), und seiner Untersagungsnähe (§ 80 Abs. 2 GWB). Die Gebührensätze für die Anmeldung und für Entscheidungen des Amtes im Fusionskontrollverfahren dürfen 50 000 Euro nicht übersteigen (§ 80 Abs. 2 Nr. 1 GWB). Gemäß § 80 Abs. 2 Satz 3 und 4 GWB kann die so ermittelte Gebühr aber im Einzelfall bis auf das Doppelte erhöht[115] bzw. aus Gründen der Billigkeit bis auf ein Zehntel ermäßigt werden. Bei der Gebührenfestsetzung kommt der wirtschaftlichen Bedeutung des Falles maßgebliches Gewicht zu.[116] Sie ergibt sich grundsätzlich aus der Höhe der inländischen Umsätze der beteiligten Unternehmen auf den vom Zusammenschluss betroffenen Märkten und den erwarteten betriebswirtschaftlichen Vorteilen der künftigen Zusammenarbeit auf den Inlandsmärkten. Bei durchschnittlicher wirtschaftlicher Bedeutung ist in der Regel die Hälfte des normalen Höchstbetrages (sog. Regeldurchschnittsgebühr von 25 000 Euro) angemessen.[117] Bei geringerer Bedeutung wird der Mittelwert entsprechend herabgesetzt, bei überdurchschnittlicher Bedeutung durch Zuschläge erhöht. Der personelle und sachliche Aufwand des BKartA wirkt sich nur dann auf die Gebührenhöhe aus, wenn der Aufwand im Einzelfall deutlich größer oder geringer ist als das der wirtschaftlichen Bedeutung entsprechende Niveau,[118] etwa wenn das BKartA für die Prüfung des Zusammenschlusses nicht zuständig ist.[119] Gebührenschuldner ist nach § 80 Abs. 6 Nr. 1 GWB das anmeldende Unternehmen, wobei im Innenverhältnis zu den übrigen Zusammenschlussbeteiligten die dort getroffenen Vereinbarungen zivilrechtlich entscheidend sind. 46

Neben den Gebühren für die Anmeldung werden als **Auslagen** die Kosten der öffentlichen Bekanntmachungen im Bundesanzeiger erhoben (§§ 80 Abs. 1 Satz 3, 43 GWB), die allerdings im Normalfall gegenüber den Gebühren wirtschaftlich kaum von Bedeutung sind.[120] Seit der 7. GWB-Novelle (2005) ist die Anzeige des Vollzugs eines Zusammenschlusses nicht mehr im Bundesanzeiger bekanntzumachen. Entsprechend fallen dafür auch keine Gebühren mehr an. 47

4. Bekanntmachung/Publizität. Die Anmeldung eines Zusammenschlusses wird zwar nicht im Bundesanzeiger bekanntgemacht. Jedoch veröffentlicht das Amt auf seiner Internetseite eine **Liste der laufenden Fusionskontrollverfahren,** einschließlich (mit * versehen) der bereits vollzogenen und nachträglich angezeigten Zusammenschlüsse, unter Angabe 48

---

114 KG WuW/E DE-R 470, 472 – *HapagLloyd/TUI;* OLG Düsseldorf WuW/E DE-R 514, 522 – *Tequila.*

115 Vgl. BKartA TB 2011/2012, S. 27 – *BHP Billiton/Rio Tinto* (Gebühr von 100 000 Euro angesichts weit überdurchschnittlicher wirtschaftlicher Bedeutung, hoher gemeinsamer Marktanteile, erheblichem Ermittlungsaufwand durch Befragung von über 100 Nachfragern und Auseinandersetzung mit zahlreichen ökonomischen Gutachten und Stellungnahmen, neun Beiladungsanträgen, aufwändiger Aktenführung und überdurchschnittlicher Verfahrensdauer).

116 KG WuW/E OLG 4995, 4997 – *Geringe Anmeldegebühr;* KG WuW/E OLG 5287, 5288 – *Finanzbeteiligung Gebühr.*

117 KG WuW/E OLG 4143, 4146 – *Objektgesellschaft;* KG WuW/E OLG 5287, 5288 – *Finanzbeteiligung Gebühr;* OLG Düsseldorf WuW/E DE-R 514, 519 – *Tequila.*

118 OLG Düsseldorf WuW/E DE-R 514, 520 f. – *Tequila.*

119 Vgl. KG WuW/E DE-R 564, 565 – *Ufa.*

120 Anders bei BKartA TB 2011/2012, S. 27 – *BHP Billiton/Rio Tinto* (Auslagen von ca. 8 000 Euro für externe Übersetzungen).

von Anmelde- bzw. Anzeigedatum, Aktenzeichen, beteiligten Unternehmen, betroffenen Produktbereichen und Bundesländern sowie – wenn bereits erfolgt – Datum und Ergebnis des Verfahrensausgangs.[121] Die Liste reicht etwa zehn Wochen zurück und wird im Schnitt zweimal wöchentlich aktualisiert, meist dienstags und freitags. Zu beachten ist, dass die Liste keinen Anspruch auf Vollständigkeit erhebt und einige (sehr wenige) Vorhaben nicht auf diese Weise öffentlich gemacht werden.[121a] Wettbewerbern, Kunden und Lieferanten kann das Vorhaben darüber hinaus bekannt werden, wenn die zuständige Beschlussabteilung bei ihnen Ermittlungen anstellt. Insbesondere im Rahmen von schriftlichen Auskunftsersuchen nennt das Amt den Adressaten den Grund der Ermittlungen. Geheimhaltungsinteressen der beteiligten Unternehmen, die sich auf die Tatsache einer Zusammenschlussabsicht richten, lässt das Amt stets hinter dem öffentlichen Aufklärungsinteresse zurücktreten.[122] Möglich ist allerdings, dass die beteiligten Unternehmen dem BKartA das Vorhaben vor einer Anmeldung informell zur Kenntnis bringen, um eine erste Einschätzung über die Erfolgsaussichten zu erhalten und ggf. durch Beiträge zur Sachverhaltsaufklärung das nachfolgende formelle Anmeldeverfahren abzukürzen. Derartige Vorgespräche kann das BKartA bis zur Anmeldung vertraulich behandeln. Zusammenfassungen zu ausgewählten Zusammenschlüssen veröffentlicht das BKartA schließlich in seinem zweijährigen Tätigkeitsbericht (§ 53 GWB) und vorab in **Fallberichten,** die es auf seiner Internetseite zum Download bereitstellt.[123] **Verfügungen,** die ein Hauptprüfverfahren abschließen (§ 40 Abs. 2 Satz 1 GWB), veröffentlicht das BKartA um Geschäftsgeheimnisse bereinigt, aber im Übrigen im vollen Wortlaut auf seiner Internetseite.[124]

IV. Vollzugsverbot

49 **1. Inhalt des Vollzugsverbots.** Die **Sicherung des präventiven Charakters** der deutschen Fusionskontrolle erfolgt durch das Vollzugsverbot des § 41 Abs. 1 GWB.[125] Es verbietet, einen kontrollpflichtigen Zusammenschluss zu vollziehen oder an seinem Vollzug mitzuwirken, es sei denn der Zusammenschluss wurde vom BKartA freigegeben oder die durch vollständige Anmeldung in Gang gesetzten Untersagungsfristen des § 40 Abs. 1 Satz 1 und Abs. 2 Satz 2 GWB sind abgelaufen. Mit diesem Verbot schützt der Gesetzgeber die formale Prüfungskompetenz des BKartA für alle kontrollpflichtigen Zusammenschlüsse unabhängig davon, ob ein Zusammenschluss im Einzelfall wettbewerblich bedeutsam ist oder nicht. Zugleich soll das auch nur zeitweilige Entstehen von mit § 36 Abs. 1 GWB unvereinbaren Marktstrukturen verhindert und die mit der nachträglichen Auflösung solcher Strukturen verbundenen Schwierigkeiten vermieden werden.[126]

50 Der BGH hat den **Anwendungsbereich** über den Gesetzeswortlaut hinaus in zweifacher Weise **erweitert:** Erstens gilt das Vollzugsverbot nach seiner Rechtsprechung nicht

[121] Das Amt ist aufgrund seines Ermittlungsauftrags zu dieser Information der Öffentlichkeit befugt, so auch *Loewenheim/Meessen/Riesenkampff-Riesenkampff/Lehr,* GWB, § 43 Rdnr. 7; *Langen/Bunte-Kallfaß,* GWB, § 43 Rdnr. 3; *Bechtold,* GWB, § 43 Rdnr. 2; aA *Burholt/Schaper,* WuW 2010, 1217, 1228; differenzierend *Sturm,* WuW 2008, 1177 ff. (Anspruch der betroffenen Unternehmen auf ermessensfehlerfreie Entscheidung über die Veröffentlichung unter Berücksichtigung ihrer wirtschaftlichen Interessen).

[121a] Die in den Tätigkeitsberichten des BKartA bekanntgegebene Zahl der Anmeldungen war bislang immer höher als die Gesamtzahl der Anmeldungen gemäß der Liste der laufenden Fusionskontrollverfahren. Seit 2010 liegt die Differenz im Jahresmittel bei knapp 15 Fällen.

[122] Dagegen *Sturm,* WuW 2008, 1177, 1181.

[123] Gegen die Zulässigkeit von Fallberichten bei Freigaben in der ersten Phase *Steger,* ZWeR 2013, 179, 183 ff.

[124] § 43 Abs. 3 GWB definiert nur Mindestanforderungen für die Bekanntmachung der Verfügungen, verbietet also nicht die weitergehende Veröffentlichung in geeigneter Form, s. Begr. RegE zur 7. GWB-Novelle, BT-Drucks. 15/3640, S. 60 (zu § 43 Abs. 2); ebenso *Bechtold,* GWB, § 43 Rdnr. 2; *Langen/Bunte-Kallfaß,* GWB, § 43 Rdnr. 7.

[125] Vgl. Begr. RegE zur 6. GWB-Novelle, BT-Drucks. 13/9720, S. 60.

[126] Begr. RegE zur 7. GWB-Novelle, BT-Drucks. 15/3640, S. 80 f.

nur für das Verwaltungsverfahren vor dem BKartA, sondern auch für die sich daran ggf. anschließenden gerichtlichen Verfahren vor dem OLG Düsseldorf und dem BGH. Wenn das BKartA einen Zusammenschluss untersagt, gilt das (vorläufige) Vollzugsverbot des § 41 Abs. 1 GWB fort, bis die Untersagungsverfügung bestandskräftig geworden oder rechtskräftig aufgehoben worden ist.[127] Dies ist relevant für den Fall, dass das OLG Düsseldorf die Untersagungsverfügung aufhebt, weil die Beteiligten den Zusammenschluss dann erst mit Rechtskraft der Entscheidung vollziehen dürfen, sie den Ausgang einer etwaigen Rechtsbeschwerde beim BGH also abwarten müssen. Außerdem führt die Anordnung der aufschiebenden Wirkung gemäß § 65 Abs. 3 Satz 3 GWB nicht dazu, dass das Vollzugsverbot seine Wirkung verliert, so dass ein entsprechender Antrag unstatthaft ist.[128] Zweitens hat der BGH den Anwendungsbereich des Vollzugsverbotes auf alle angemeldeten Vorhaben ausgedehnt, und zwar unabhängig davon, ob die Umsatzschwellen des § 35 GWB tatsächlich überschritten und die Voraussetzungen des Zusammenschlusstatbestands des § 37 GWB tatsächlich erfüllt sind. Begründet hat er dies mit dem Wesen des Vollzugsverbots, das dem Vollzug eines angemeldeten Vorhabens während des laufenden Fusionskontrollverfahrens ungeachtet der Frage, ob es letztlich untersagt werden könne oder nicht, grundsätzlich entgegenstehe.[129] Ob für diese Erweiterungen eine praktische Notwendigkeit bestand, darf in Zweifel gezogen werden, denn die wenigsten Unternehmen werden einen Zusammenschluss angesichts der damit verbundenen Risiken vor dem endgültigen Abschluss des Fusionskontrollverfahrens vollziehen, erst recht, wenn sie ihn freiwillig zur Klärung der Zweifel über das Vorliegen der Aufgreifkriterien angemeldet haben.[130] Jedenfalls kann das richterrechtlich geschaffene Vollzugsverbot wegen des Analogieverbots in Art. 103 Abs. 2 GG nicht Grundlage für ordnungswidrigkeitenrechtliche Sanktionen sein.

„Vollzug" im Sinne des § 41 Abs. 1 Satz 1 GWB bedeutet die **Verwirklichung eines der Zusammenschlusstatbestände des § 37 Abs. 1 GWB.**[131] Das Vollzugsverbot erfasst somit jedenfalls den Erwerb wesentlicher Vermögensteile des Zielunternehmens (§ 37 Abs. 1 Nr. 1 GWB), das Ausüben eines bestimmenden Einflusses auf dessen Tätigkeit (Nr. 2) sowie der Erwerb von Gesellschaftsanteilen des Zielunternehmens, wenn die Anteilsschwellen von 25% oder 50% erreicht werden (Nr. 3) oder ein wettbewerblich erheblichen Einfluss auf seine Tätigkeit ausgeübt wird (Nr. 4). Abzulehnen ist die vom BKartA vertretene Auffassung, dass auch Vollzugshandlungen unterhalb der Schwelle zum Zusammenschluss den Tatbestand des § 41 Abs. 1 GWB verletzen können.[132] Durch eine solche Auslegung wären dem Vollzugsverbot jegliche Konturen genommen, was nicht zuletzt mit Blick auf die Bußgelddrohung des § 81 Abs. 2 Nr. 2 GWB bedenklich ist.[133] In der Praxis sind zur Umsetzung eines angemeldeten Zusammenschlusses allerdings vielfach mehrere Handlungen erforderlich (z. B. beim Grundstückserwerb: Auflassung, Eintragung in das Grundbuch, Besitzerwerb). Zu beachten ist dann, dass das Vollzugsverbot nicht (erst) den abschließenden Vollzug umfasst, sondern jede einzelne Vollzugshandlung, wenn sie für sich genommen einen Zusammenschlusstatbestand des § 37 Abs. 1 GWB erfüllt[134] (z. B. Besitzerwerb und/oder Grundbucheintragung beim Grundstückserwerb, nicht bereits die Auflas- 51

---

[127] BGH WuW/E DE-R 2507, Rdnr. 10 – *Faber/Basalt;* OLG Düsseldorf WuW/E DE-R 2069, 2071 – *Phonak/ReSound I;* zust. *Langen/Bunte-Kallfaß,* GWB, § 41 Rdnr. 1; aA *Bechtold,* GWB, § 41 Rdnr. 2.

[128] BGH WuW/E DE-R 2507, Rdnr. 7 ff. – *Faber/Basalt;* vgl. zur früheren Rechtslage auch bereits KG WuW/E OLG 2571 – *Gaslöschanlagen;* zur Beschwerde gegen die Untersagung unten Rdnr. 107 f.

[129] BGH WuW/E DE-R 2507, Rdnr. 14 ff. – *Faber/Basalt.*

[130] Krit. auch *Bechtold,* GWB, § 41 Rdnr. 3.

[131] *Bechtold,* GWB, § 41 Rdnr. 5. Dies gilt auch, wenn der Vollzug unter der auflösenden Bedingung der Untersagung durch das BKartA erfolgt, s. BKartA NJW 1976, 1280.

[132] Offen gelassen in BGH WuW/E DE-R 2579, Rdnr. 9 f. – *G+J/RBA;* weitergehend *KK-Röhling,* Bd. 2 GWB, § 41 Rdnr. 16 (Verbot sämtlicher Maßnahmen, „welche auf die Verwirklichung eines Zusammenschlusses gerichtet" seien und die „wirtschaftliche Unabhängigkeit" des Zusammenschlussobjekts beendeten).

[133] Ähnlich *Bosch/Marquier,* EWS 2010, 113, 115.

[134] *Langen/Bunte-Kallfaß,* GWB, § 41 Rdnr. 4; vgl. auch BKartA TB 2003/2004, S. 25.

sung).[135] Darüber hinaus stellt beispielsweise der Erwerb eines Grundstücks vor Freigabe einen Vollzugsverbotsverstoß dar, selbst wenn das angemeldete Vorhaben deutlich weitergeht.[136] Insoweit besteht ein Unterschied zum Vollzugsbegriff des § 39 Abs. 6 GWB: Während das Vollzugsverbot bereits die erste Vollzugshandlung verbietet, entsteht die Pflicht zur unverzüglichen Vollzugsanzeige erst, wenn der gesamte Zusammenschluss so wie angemeldet vollzogen worden ist (also z. B. beim Grundstückserwerb nicht bereits mit dem Besitzerwerb, sondern erst ab der Eintragung in das Grundbuch).

52 Nicht vom Vollzugsverbot erfasst werden bloße **Vorbereitungsmaßnahmen** wie insbesondere der Abschluss des (obligatorischen) Kaufvertrags. Auch gemeinsame Überlegungen von Erwerber und Veräußerer für die Zeit nach dem Vollzug wie etwa das Ausloten von Synergiepotenzialen, die Konzeption gemeinsamer Marketing- oder Integrationspläne, die Aufstellung von Personalplänen und die Vorbereitung von Kündigungen/Sozialplänen sowie allfällige (auch gemeinsame) Informationsveranstaltungen für Mitarbeiter und Belegschaften sind als vorbereitende Maßnahmen zulässig, solange die ins Auge gefassten Pläne noch nicht realisiert werden. Die Abgrenzung zwischen zulässigen Vorbereitungsmaßnahmen und verbotenen Vollzugshandlungen kann im Einzelfall schwierig sein. Mit Blick auf den Tatbestand des Kontrollerwerbs (§ 37 Abs. 1 Nr. 2 GWB), der auch rein tatsächliche Vorgänge erfasst,[137] kann ein Verstoß gegen das Vollzugsverbot ungeachtet der Herbeiführung der erforderlichen Rechtsakte auch schon in der tatsächlichen Übernahme des Zusammenschlusssubstrats liegen (z. B. faktische Übernahme der Geschäftsführung durch den Erwerber, Zusammenlegung von Produktion, Einkauf, Vertrieb o. ä.).[138] Besonders problematisch sind vor diesem Hintergrund Maßnahmen, die gegenüber Dritten den Eindruck erwecken, als sei der Zusammenschluss bereits vollzogen (z. B. Angleichung von Internetseite, Briefköpfen oder der sonstigen Außendarstellung von Zielunternehmen und Erwerber, gemeinsamer Auftritt gegenüber Kunden und Lieferanten). Darüber hinaus bleiben die beteiligten Unternehmen (wenigstens) bis zum Vollzug unabhängige Unternehmen und unterliegen damit den allgemeinen kartellrechtlichen Verboten wettbewerbsbeschränkender Vereinbarungen und abgestimmter Verhaltensweisen (§ 1 GWB, Art. 101 AEUV). Wenn es sich bei den beteiligten Unternehmen um Wettbewerber handelt, können sich daraus Schranken für den Austausch wettbewerblich sensibler Informationen ergeben (z. B. bzgl. des Austausches von geplanten oder aktuellen Daten über Preise, Mengen, Kosten, Vertragsbedingungen u. ä. in Bezug auf einzelne Kunden oder Kundengruppen).[139]

53 Ein in der Praxis vielfach diskutiertes Problem ist, ob Vereinbarungen zwischen Erwerber und Veräußerer über die Führung des Zielunternehmens in der **„Schwebezeit"** zwischen Vertragsunterzeichnung („Signing") und Vollzug („Closing") gegen das Vollzugsverbot verstoßen. Als Vollzug wird man es werten müssen, wenn der Veräußerer verpflichtet wird, bereits vor der Freigabe des Zusammenschlusses durch das BKartA sämtliche wesentlichen Geschäftsführungsmaßnahmen nur mit Zustimmung des Erwerbers vorzunehmen bzw. bei deren Verweigerung zu unterlassen.[140] Auf diese Weise lenkt der Erwerber die

---

135 Vgl. *Kapp/v. Goldbeck/Morlock,* DB 2004, 2567, 2570.

136 Vgl. BKartA TB 2009/2010, S. 68 – *ZG Raiffeisen/Standort Appenweier der Wurth Agrar.*

137 Zweifelhaft ist, ob das Vollzugsverbot durch faktische Maßnahmen verletzt werden kann, die einen wettbewerblich erheblichen Einfluss begründen (so *Bosch/Marquier,* EWS 2010, 113, 115 f.; *Bechtold,* GWB, § 41 Rdnr. 5). Dagegen spricht, dass der Tatbestand des § 37 Abs. 1 Nr. 4 GWB das Bestehen einer Unternehmensverbindung gesellschaftsrechtlicher oder vergleichbarer rechtlicher Art voraussetzt, dazu oben § 19 Rdnr. 98.

138 Vgl. BKartA B. v. 31.3.2015, B2–96/14, Tenor 2 bis 5 und Rdnr. 71, 943 ff. – *Edeka/Kaiser's Tengelmann:* Maßnahmen zur gemeinsamen Warenbeschaffung und Warenverrechnung, zu Veränderungen bei Teilen des Filialnetzes, Lagern und Fleischwerken sowie damit zusammenhängende personelle Maßnahmen.

139 Dazu ausführlich *Schubert,* ZWeR 2013, 54 ff.

140 So zB in der Bußgeldentscheidung des DOJ v. 22.11.2010 in Sachen *Smithfield Foods/Premium Standard Farms*; vgl. auch *von Landenberg-Roberg,* WuW 2010, 877 ff. zur Bedeutung rechtsunverbindlicher Vereinbarungen in diesem Sinne.

marktrelevanten Geschicke des Zielunternehmens schon verantwortlich vor der Freigabe. Umgekehrt ist anerkannt, dass die Verpflichtung des Erwerbers, das Geschäft im gewohnten Geschäftsgang („ordinary course of business") weiterzuführen und bis zum Vollzug keine wesentlichen Änderungen vorzunehmen, nicht gegen das Vollzugsverbot oder § 1 GWB verstößt.[141] Eine solche Grundvereinbarung determiniert die Geschäftsführung zwar ebenfalls. Sie bedarf jedoch keiner gegenseitigen Abstimmung im Einzelfall und ist zur Definition zivilrechtlicher Schadensersatzpflichten für die Durchführung der Transaktion unverzichtbar. Auch Zustimmungsvorbehalte zugunsten des Erwerbers für wesentliche Maßnahmen außerhalb des üblichen Geschäftsbetriebs, die das Wesen des Unternehmens berühren (z. B. Vetorechte bzgl. Änderung des Unternehmensgegenstands, sonstige Satzungsänderungen, Kapitalveränderungen), verstoßen angesichts des Umstands, dass die Begründung derartiger Rechte typischerweise keine Kontrolle begründet,[142] in der Regel nicht gegen das Vollzugsverbot.[143]

Bei internationalen Transaktionen stellt sich bisweilen die Frage, ob es mit dem deut- 54
schen Vollzugsverbot vereinbar ist, einen Zusammenschluss unter Aussparung des „deutschen Teils" vor der Freigabe durch das BKartA teilweise zu vollziehen, wenn alle Vollzugshindernisse für den „ausländischen Teil" bereits beseitigt sind (sog. **„Carve-out"**). Entscheidend für die Zulässigkeit eines derart „geteilten" Zusammenschlusses ist, ob der Vollzug des ausländischen Teils für sich gesehen in Deutschland kontrollpflichtig ist. Maßgeblich für die Beurteilung sind die Teilbarkeit des Zusammenschlusses, die Umsatzschwellen des § 35 Abs. 1 GWB und das Auswirkungsprinzip des § 130 Abs. 2 GWB.[144] An der Teilbarkeit fehlt es beispielsweise, wenn die Wettbewerbsposition auf den betroffenen Märkten in Deutschland durch das zu übertragende ausländische Geschäft geprägt wird (z. B. aufgrund einheitlicher Markenrechte, Rezepturen und Produktionsmöglichkeiten).[145]

Problematisch vor dem Hintergrund des Vollzugsverbots ist schließlich das sog. **„Ware-** 55
housing", das darauf abzielt, dem *Veräußerer* vor dem Abschluss eines möglicherweise langwierigen und komplizierten Fusionskontrollverfahrens die schnelle Trennung von dem zu veräußernden Unternehmen zu ermöglichen. Zu diesem Zweck soll das zu veräußernde Unternehmen vorübergehend bei einem Zwischenerwerber „geparkt" werden, bis der endgültige Erwerber die notwendigen fusionskontrollrechtlichen oder sonstigen regulatorischen Verfahren durchlaufen hat. Wenn aber durch eine solche Konstruktion – wie in der Praxis meist der Fall – tatsächlich bereits der überwiegende Teil des unternehmerischen Risikos auf den Erwerber übergeht, liegt hierin ein Anteilserwerb im Wege der Treuhandschaft (§ 37 Abs. 1 Nr. 3 Satz 2 GWB) und damit ein Verstoß gegen das Vollzugsverbot.[146] Das BKartA sieht auch in der Zahlung des vollen Kaufpreises bei gleichzeitiger Übertragung der Geschäftsanteile an einen vom Erwerber benannten (und mit diesem unverbundenen) Dritten „in fast allen Konstellationen" einen Verstoß gegen das Vollzugsverbot, weil nicht zu erwarten sei, dass der Dritte andere Interessen als die des Erwerbers verfolgen werde, und die wirtschaftlichen Risiken bereits auf den Erwerber übergingen. Mit der Zahlung des Kaufpreises seien jedenfalls die Interessen des Verkäufers „abgegolten".[147] Etwas anderes gilt – selbst wenn dies in der Praxis höchst selten vorkommen wird –,wenn der Veräußerer den Kaufpreis vereinnahmt, das Unternehmen wie bislang weiterführt oder

---

[141] Vgl. zum europäischen Recht Komm., Bekanntmachung über Einschränkungen des Wettbewerbs, die mit der Durchführung von Unternehmenszusammenschlüssen unmittelbar verbunden und für diese notwendig sind, ABl. 2005 C 56/24, Rdnr. 14.

[142] Dazu oben § 19 Rdnr. 58.

[143] Vgl. dazu *Mielke/Welling,* BB 2007, 277, 279 ff.

[144] Dazu oben § 19 Rdnr. 176 ff.

[145] Vgl. BKartA TB 2007/2008, S. 69 – *Mars/Nutro Products.*

[146] Vgl. BKartA TB 1983/1984, S. 76 – *Honeywell/Centra-Bürkle und Weber & Freund* (Deutsche Bank als Zwischenerwerber); dazu auch oben § 19 Rdnr. 88 ff.

[147] BKartA B. v. 22.6.2006, B10–155/05, Rdnr. 16 f. – *Remondis/AWISTA.*

einem weisungsunabhängigen Treuhänder übergibt, der das Geschäft durch das bestehende Management wie bislang weiterführen lässt, und verpflichtet ist oder – im Falle eines Treuhänders – angewiesen ist, das Zielunternehmen dann, wenn der „Erwerber" nicht erwerben darf, eigenständig und im Zweifel „at any price" an einen Dritten zu veräußern und den erzielten Preis an den „Erwerber" auszukehren. In diesen Fällen wird man zwar auch nicht leugnen können, dass der „Erwerber" im Wesentlichen schon das Veräußerungsrisiko genommen hat. Dies sollte jedoch für einen Vollzug nicht ausreichen, weil der „Erwerber" mit Zahlung des Kaufpreises sich dem marktrelevanten unternehmerischen Potenzial des Zielunternehmens nicht stärker nähert als ein Konkurrent, der eine Wette in Höhe des Kaufpreises darauf abschließt, dass der „Erwerber" erwerben oder nicht erwerben darf.[148]

56 **2. Ausnahmen vom Vollzugsverbot (§ 41 Abs. 1a GWB).** Die **8. GWB-Novelle** (2013) hat § 41 GWB um einen Absatz 1a erweitert, der im Zuge der Angleichung an das europäische Recht den wesentlichen Inhalt des Art. 7 Abs. 2 FKVO in die deutsche Fusionskontrolle übernimmt und bestimmte Ausnahmen vom Vollzugsverbot regelt. Die Regelung schafft ein Privileg für öffentliche Übernahmeangebote und andere sukzessive Erwerbsvorgänge über die Börse, wenn mehrere Veräußerer beteiligt sind. Dabei erfasst sie, im Gegensatz zur Vorbildregelung des Art. 7 Abs. 2 FKVO und entsprechend den deutschrechtlichen Besonderheiten, nicht nur den Kontrollerwerb, sondern sämtliche Zusammenschlusstatbestände des GWB bis hinunter zum Erwerb wettbewerblich erheblichen Einflusses (§ 37 Abs. 1 Nr. 4 GWB). Bei öffentlichen Übernahmeangeboten hatte sich immer wieder gezeigt, dass die teilweise sehr kurzen Fristen des Übernahmerechts nicht mit den Zeitplänen der Fusionskontrolle in Einklang zu bringen waren. Dies galt erst recht, wenn das anwendbare Übernahmerecht es nicht oder nur unter erschwerten Bedingungen erlaubte, die fusionskontrollrechtliche Freigabe zur aufschiebenden Bedingung des Übernahmeangebots zu machen.[149] Mit der Neuregelung des § 41 Abs. 1a GWB sollte hier Abhilfe geschaffen werden. Das erklärte Ziel des Gesetzgebers war es, Transaktionen für börsennotierte Unternehmen über die Börse zu erleichtern und die Rechtsunsicherheit zu vermeiden, die sich aus der schwebenden Unwirksamkeit für Massengeschäfte an der Börse ergeben konnte.[150]

57 § 41 Abs. 1a GWB gilt für zwei Arten von Erwerbsvorgängen an der Börse: In den Genuss der Ausnahme vom Vollzugsverbot kommen erstens Zusammenschlüsse, die unter Involvierung mehrerer Veräußerer im Wege eines **öffentlichen Übernahmeangebots** verwirklicht werden sollen. Erfasst werden hiervon das freiwillige oder das Pflichtangebot nach §§ 29 ff., 35 ff. WpÜG.[151] Ebenso erfasst sind Übernahmeangebote bei Gesellschaften, die an ausländischen Börsen notiert sind, vorausgesetzt die anwendbaren Vorschriften des ausländischen Rechts entsprechen dem deutschen Übernahmerecht.[152] In den Genuss der Ausnahme kommen aber zweitens auch Zusammenschlüsse, die durch eine **Reihe von Wertpapiergeschäften** mit mehreren Veräußerern über eine Börse vollzogen werden. Dies ist erstaunlich, weil der Erwerb von Aktien über die Börse in der Regel gut steuerbar ist und der Erwerber es ebenso gut in der Hand hat, Zusammenschlusstatbestände nicht zu

---

148 Allein die Zahlung des Kaufpreises wird man nicht als vom Vollzugsverbot erfasst ansehen können, ebenso *Riesenkampff,* WuW 1996, 5, 10.

149 So z. B. der City Code on Takeovers and Mergers für börsennotierte Gesellschaften im Vereinigten Königreich, auf den Kanalinseln und der Isle of Man.

150 Begr. RegE zur 8. GWB-Novelle, BT-Drucks. 17/9852 S. 31. *Bechtold,* GWB, § 41 Rdnr. 12 sieht darüber hinaus im Schutz der Geheimhaltung solcher Transaktionen eine Motivation des Gesetzgebers.

151 Zu beachten ist, dass der übernahmerechtliche Kontrollbegriff (Halten von mindestens 30% der Stimmrechte, § 29 Abs. 2 WpÜG) nicht mit dem Kontrollbegriff der Fusionskontrolle (§ 37 Abs. 1 Nr. 2 GWB) übereinstimmt, vgl. dazu oben § 19 Rdnr. 56 ff.

152 Letzteres ist jedenfalls innerhalb der EU der Fall, weil das deutsche WpÜG maßgeblich auf europäischem Recht beruht, *Bechtold,* GWB, § 41 Rdnr. 14.

verwirklichen, wie dies allgemein bei außerbörslichen Erwerbsgeschäften von jedem Erwerber erwartet wird und werden kann. Angesichts des gesetzlichen Wortlauts und des gesetzgeberischen Ziels (erhöhte Rechtssicherheit für Massengeschäfte) ist aber in jedem Fall erforderlich, dass auf der Veräußererseite eine Mehrheit von Personen steht. Die Ausnahme des § 41 Abs. 1a GWB findet deshalb keine Anwendung, wenn der Erwerber (im Zusammenhang mit einem öffentlichen Übernahmeangebot) von einem einzelnen Veräußerer einen Block an Aktien erwirbt, der für sich genommen bereits (rechtlich oder tatsächlich) Kontrolle über das Zielunternehmen verleiht.[153] Aus dem Umstand, dass § 41 Abs. 1a GWB auch Wertpapiere nennt, die in andere zum Handel an einer Börse oder an einem ähnlichen Markt zugelassene Wertpapiere konvertierbar sind, lassen sich im Übrigen keine Rückschlüsse für das Vorliegen eines Zusammenschlusses gewinnen. Im Normalfall begründet der Erwerb von Optionsrechten keinen Zusammenschlusstatbestand, sondern erst ihre Ausübung. Etwas anderes gilt ausnahmsweise, wenn die Optionsrechte dem Erwerber bereits vor der Ausübung – zusammen mit anderen Umständen – die Möglichkeit verleihen, die Kontrolle oder einen wettbewerblich erheblichen Einfluss auf das Zielunternehmen auszuüben.[154] Es ist nicht ersichtlich, dass der Gesetzgeber an dieser Rechtslage mit der Neuregelung des § 41 Abs. 1a GWB etwas ändern wollte.[155] Die Erwähnung der konvertierbaren Wertpapiere dient insoweit nur der Herstellung größtmöglicher Rechtssicherheit für die Massengeschäfte an der Börse.

Voraussetzungen für die Erlangung einer Befreiung vom Vollzugsverbot nach § 41 Abs. 1a GWB sind (1) das Verbot der Stimmrechtsausübung und (2) die unverzügliche Anmeldung beim BKartA: 58

In dem **Stimmrechtsausübungsverbot** wirkt das Vollzugsverbot (abgeschwächt) weiter. Übt der Erwerber, der § 41 Abs. 1a GWB in Anspruch nehmen will, sein Stimmrecht gleichwohl aus, entfällt eine Voraussetzung für die Ausnahme, und das Vollzugsverbot lebt wieder auf.[156] Dies bedeutet, dass seine Stimmrechtsabgabe wegen § 41 Abs. 1 Satz 2 GWB zivilrechtlich unwirksam ist. Fraglich ist, ob das Stimmrechtsausübungsverbot auch für Stimmrechte im „Altbesitz" des Erwerbers gilt, die er vor Inanspruchnahme der Ausnahme rechtmäßig erworben hat. Dies wird man jedenfalls dann bejahen müssen, wenn der Erwerber durch die Neutralisierung der neuerworbenen Anteile das Stimmgewicht seiner Altanteile aufwertet und hierdurch einen Zusammenschlusstatbestand verwirklicht.[157] Sollen die Stimmrechte zur Erhaltung des vollen Werts der Investition ausgeübt werden (§ 41 Abs. 1a a. E. GWB), geht dies nur, wenn das BKartA zuvor eine Befreiung nach § 41 Abs. 2 GWB erteilt. Hierbei handelt es sich um eine Rechtsfolgenverweisung, so dass wichtige Gründe, etwa in der Form schwerer drohender Schäden, nicht nachgewiesen werden müssen. Das BKartA prüft aber restriktiv, ob die beantragte Befreiung zum Investorenschutz wirklich erforderlich ist.[158] 59

Voraussetzung für § 41 Abs. 1a GWB ist des Weiteren die **unverzügliche Anmeldung** des Erwerbs beim BKartA. In (scheinbarer) Abkehr vom Grundsatz, dass das Verfahren der präventiven Fusionskontrolle nur für nicht-vollzogene Zusammenschlüsse gilt, stipuliert § 41 Abs. 1a GWB ausdrücklich die „Anmeldung" des Erwerbsvorgangs gemäß § 39 GWB. Allerdings liegt ein (vollständiger) Vollzug auch tatsächlich nicht vor, weil ihm das Stimmrechtsausübungsverbot entgegensteht. Jedenfalls steht außer Frage, dass eine vollständige Anmeldung die Fristen des § 40 Abs. 1 Satz 1 und Abs. 2 Satz 2 GWB in Gang setzt. Fraglich ist hingegen, welches Ereignis das Erfordernis der unverzüglichen Anmeldung auslöst und wie lang die Frist nach diesem Ereignis maximal bemessen sein darf, um noch 60

---

153 Vgl. Komm. E. v. 23.7.2014, COMP/M.7184, Rdnr. 100 ff. – *Marine Harvest/Morpol.*

154 Dazu oben § 19 Rdnr. 76, 86 und 103.

155 Vgl. Begr. RegE zur 8. GWB-Novelle, BT-Drucks. 17/9852 S. 19, 31.

156 Ebenso *Bechtold,* GWB, § 41 Rdnr. 16.

157 Ebenso *Langen/Bunte-Kallfaß,* GWB, § 41 Rdnr. 5; *Lettl,* WM 2012, 1061, 1065; aA *Bechtold,* GWB, § 41 Rdnr. 16.

158 Vgl. *Langen/Bunte-Kallfaß,* GWB, § 41 Rdnr. 5; *Lettl,* WM 2012, 1061, 1066.

als „unverzüglich" im Sinne des Gesetzes zu gelten. Teilweise wird das fristauslösende Ereignis in dem Bekanntwerden des Übernahmeangebots gesehen.[159] Diese Auslegung findet jedoch im Gesetzeswortlaut keine Stütze und passt auch nicht für die Fälle der sukzessiven Erwerbsvorgänge, die nicht notwendigerweise bekannt gemacht werden. Darüber hinaus ist vielfach bereits die Entscheidung zur Abgabe eines öffentlichen Übernahmeangebots zu veröffentlichen (§ 10 WpÜG), so dass diese Ansicht dazu zwingen könnte, die Anmeldung bereits vor der Angebotsabgabe und damit noch vor dem Erwerb durchzuführen. Alternativ könnte man das auslösende Moment in dem Vollzug des Zusammenschlusses sehen, wofür spricht, dass „Zusammenschluss" das letzte Substantiv vor dem Wort „unverzüglich" in § 41 Abs. 1a GWB ist. Allerdings ist der Vollzugszeitpunkt bei börslichen Erwerbsvorgängen oftmals schwer bestimmbar und auch zu beliebig, als dass er als sinnvoller Anknüpfungspunkt für das Verhalten der Beteiligten dienen könnte. Vorzugswürdig erscheint vielmehr, an dem von § 41 Abs. 1a GWB ebenfalls verwandten Begriff des „Erwerbsvorgangs" anzuknüpfen. Der Auslöser für Anmeldeerfordernis ist danach der Zeitpunkt, in dem der Erwerbsvorgang eingeleitet wird, was bei einem öffentlichen Übernahmeangebot die Veröffentlichung der Angebotsunterlage und bei sonstigen sukzessiven Rechtsgeschäften das erste Erwerbsgeschäft ist. Für die Unverzüglichkeit lässt sich in Anlehnung an die zur Legaldefinition des § 121 Abs. 1 Satz 1 BGB entwickelte Praxis vertreten, dass die Anmeldung innerhalb einer nach den Umständen des Einzelfalls zu bemessenden Frist von höchstens zwei Wochen vorgenommen werden muss.[160] Das BKartA hält demgegenüber in unveröffentlichter Praxis 24 bis 48 Stunden für den maximal zulässigen Zeitraum. Für die Praxis empfiehlt sich jedenfalls eine erste Kontaktaufnahme mit dem Amt binnen 48 Stunden unter Angabe der wesentlichen Informationen zu Unternehmen und Märkten, selbst wenn eine vollständige Anmeldung erst einige Tage später nachgereicht wird. Ein Überschreiten dieser Frist begründet die Gefahr, dass das Amt die Anmeldung nicht mehr als unverzüglich ansieht.

61 Die **Rechtsfolge** des § 41 Abs. 1a GWB besteht darin, dass die privilegierten Vollzugshandlungen vorgenommen werden dürfen und keinen zivil- oder bußgeldrechtlichen Sanktionen unterliegen. Dadurch unterscheiden sich die in Abs. 1a geregelten Sachverhalte von denen in § 41 Abs. 1 Satz 3 GWB, die zwar die zivilrechtliche Unwirksamkeitsfolge nicht eintreten lassen, aber dennoch den Tatbestand einer Ordnungswidrigkeit (§ 81 Abs. 2 Nr. 1 GWB) verwirklichen können. Die Möglichkeit der Auflösung gemäß § 41 Abs. 3 GWB wird hingegen von § 41 Abs. 1a GWB nicht berührt und bleibt ein Risiko für den Erwerber, wenn das BKartA nach Prüfung des Zusammenschlusses feststellt, dass die Untersagungsvoraussetzungen des § 36 Abs. 1 GWB vorliegen.[161]

62 **3. Befreiungen vom Vollzugsverbot (§ 41 Abs. 2 GWB).** § 41 Abs. 2 GWB verleiht dem BKartA die Befugnis, Befreiungen vom Vollzugsverbot zu erteilen, wenn die beteiligten Unternehmen hierfür „wichtige Gründe" geltend machen, „insbesondere um schweren Schaden von einem beteiligten Unternehmen oder von Dritten abzuwenden". Die Einführung dieser Regelung erfolgte mit der **6. GWB-Novelle** in Anlehnung an Art. 7 Abs. 3 FKVO,[162] weshalb bei ihrer Auslegung auch die Entscheidungspraxis der Kommission berücksichtigt werden kann.[163] Die Befreiung ist eine rechtsmittelfähige und zu begründende Verfügung, für deren Widerruf oder Abänderung durch Beigabe von Bedingungen oder Auflagen § 40 Abs. 3a GWB gilt (§ 41 Abs. 2 Satz 3 GWB). Antrag und Erteilung der Befreiung sind jederzeit, auch vor der Anmeldung, möglich (§ 41 Abs. 2 Satz 2 GWB). Im Rechtsmittelzug geht die Kompetenz des BKartA zum Erlass einer Be-

---

[159] *Bechtold,* GWB, § 41 Rdnr. 15.

[160] Vgl. zur Unverzüglichkeit der Vollzugsanzeige unten Rdnr. 141; so auch *Bechtold,* GWB, § 41 Rdnr. 15.

[161] Vgl. unten Rdnr 65.

[162] Begr. RegE zur 6. GWB-Novelle zu § 41 Abs. 2 GWB, BT-Drucks. 13/9720, S. 60.

[163] Vgl. OLG Düsseldorf B. v. 29.4.2009, VI-Kart 18/07 (V), Rdnr. 30f. – *Faber/Basalt II.*

freiung vom Vollzugsverbot auf das Beschwerdegericht über. Dieses kann die Befreiung im Rahmen einer einstweiligen Anordnung erteilen.[164]

Die Befreiung setzt voraus, dass die Zusammenschlussbeteiligten hierfür wichtige Gründe geltend machen und insbesondere dartun, dass sie – auch im Hinblick auf die Dauer des Fusionskontrollverfahrens – geboten ist, um schweren Schaden von ihnen oder von Dritten abzuwenden. Die Befreiung ist als Ausnahme vom Grundsatz der präventiven Fusionskontrolle eng auszulegen und auf **besondere Ausnahmesituationen** begrenzt. Sie erfordert eine Abwägung, bei der das BKartA unter Berücksichtigung des Verhältnismäßigkeitsgrundsatzes die von den Fusionsbeteiligten geltend gemachten Individualinteressen mit dem öffentlichen Interesse an der Aufrechterhaltung des gesetzlichen Vollzugsverbots abzuwägen hat.[165] Dabei legt die Rechtsprechung einen strengen Maßstab an und lässt keine Nachteile genügen, die sich üblicherweise aus dem gesetzlichen Vollzugsverbot ergeben.[166] Keine schweren Schäden i. S. d. § 40 Abs. 2 GWB sind danach Mehrkosten für den Erwerber (z. B. wegen der Finanzierung des Kaufpreises), Kursverluste beim Zielunternehmen, enttäuschte Investorenerwartungen oder die Befürchtung des Veräußerers, bei der Veräußerung des Unternehmens an einen Dritten einen weitaus niedrigeren Kaufpreis zu erlösen, die fehlende Möglichkeit, fusionsbedingt erstrebte Synergieeffekte zu realisieren, sowie Nachteile wegen Überschreitens der im Erwerbsvertrag vereinbarten Vollzugsfrist.[167] Ebenso wenig genügt die Abwanderung von Mitarbeitern des Zielunternehmens in Schlüsselfunktionen[168] oder die drohende Schließung des Standortes,[169] wenn dies das Überleben des Zielunternehmens nicht gefährdet. Notwendig sind vielmehr außergewöhnliche irreparable Schäden, wie sie typischerweise bei einer Insolvenz des Zielunternehmens (Sanierungsfusion) drohen.[170] Doch auch eine Insolvenz des Zielunternehmens ist keine Garantie für eine Befreiung, wenn sich nicht darlegen lässt, dass das Vollzugsverbot ursächlich für einen Schadenseintritt ist.[171] 63

Die Befreiung vom Vollzugverbot kann mit **Bedingungen und Auflagen** verbunden werden. Diese sind nicht auf strukturelle Maßnahmen beschränkt, sondern können auch einen verhaltensbezogenen Inhalt haben (z. B. Nichtausübung von Stimmrechten). Das BKartA nutzt die Nebenbestimmungskompetenz regelmäßig, um im Sinne einer Trennungsanordnung („Hold separate order“) sicherzustellen, dass das Zielunternehmen trotz des (teilweisen) Vollzuges weiter als selbständiger Wettbewerber am Markt auftritt. Ziel des BKartA ist es dabei, zum Schutz des Wettbewerbspotenzials des Zielunternehmens zu verhindern, dass Vermögenswerte, Know-how, Kunden oder Personal schleichend vom Zielunternehmen auf den Erwerber übertragen werden.[172] Die teilweise sehr umfangreichen Auflagen in wettbewerblich kritischen Fällen machen die Befreiung mitunter wirtschaftlich 64

---

[164] BGH WuW/E DE-R 2507, 2511 – *Faber/Basalt; Bechtold,* GWB, § 60 Rdnr. 5, § 64 Rdnr. 9; *Immenga/Mestmäcker-Mestmäcker/Veelken,* GWB, 4. Aufl., § 41 Rdnr. 24 und 31; *Schnelle/Denzel,* WuW 2009, 632 ff.; aA noch OLG Düsseldorf WuW/E DE-R 2069 – *Phonak/GN ReSound I.*

[165] OLG Düsseldorf WuW/E DE-R 2069, 2075 f. – *Phonak/ReSound I;* vgl. auch BGH WuW/E DE-R 2507, Rdnr. 24 – *Faber/Basalt.*

[166] OLG Düsseldorf WuW/E DE-R 2069, 2075 f. – *Phonak/ReSound I;* OLG Düsseldorf B. v. 29.4.2009, VI-Kart 18/07 (V), Rdnr. 43 – *Faber/Basalt II.*

[167] OLG Düsseldorf WuW/E DE-R 2069, 2076 ff. – *Phonak/ReSound I.*

[168] KG WuW/E OLG 2571, 2572 – *Gaslöschanlagen;* OLG Düsseldorf WuW/E DE-R 2069, 2077 – *Phonak/ReSound I.*

[169] OLG Düsseldorf B. v. 29.4.2009, VI-Kart 18/07 (V), Rdnr. 40 – *Faber/Basalt II.*

[170] Vgl. Begr. RegE zur 6. GWB-Novelle, BT-Drucks. 13/9720, S. 60; BKartA B. v. 26.9.2001, B9–100/01, S. 5 f. – *Deutsche Post/trans-o-flex;* BKartA TB 2007/2008, S. 91 – *Richter + Frenzel/Schulte.* Der in der Begr. des RegE ebenfalls genannte Fall eines Auslandszusammenschlusses, bei dem die nach § 39 Abs. 3 GWB erforderlichen Pflichtangaben nicht beschafft werden können, spielt – soweit ersichtlich – in der Praxis keine Rolle, zumal das BKartA nicht gehindert ist, das Vorhaben trotz Unvollständigkeit der Anmeldung zu prüfen und ggf. freizugeben, vgl. dazu oben Rdnr. 15.

[171] OLG Düsseldorf B. v. 20.7.2010, VI-Kart 6/10 (V), Rdnr. 51 ff. – *Magna/Karmann.*

[172] BKartA B. v. 26.9.2001, B9–100/01, S. 6 f. – *Deutsche Post/trans-o-flex;* BKartA TB 2005/2006, S. 95 – *Strabag/Züblin/Roba* (Treuhänderbestellung zur Verhinderung der Einflussnahme).

unattraktiv und haben bereits dazu geführt, dass ein Vorhaben aufgegeben wurde.[173] Darüber hinaus lässt sich feststellen, dass das BKartA von der Möglichkeit des § 41 Abs. 2 GWB nur sehr zurückhaltend Gebrauch macht.[174] Oftmals legt das BKartA den Unternehmen nahe, gleich eine Anmeldung einzureichen, wobei es dann eine schnelle Freigabe signalisiert und darauf verweist, dass dieses Vorgehen genauso lange dauert wie eine Vorabentscheidung über die Aufhebung des Vollzugsverbots.

65 Die **Rechtsfolge** von § 41 Abs. 2 GWB ist, ebenso wie bei § 41 Abs. 1a GWB, dass die Zusammenschlussbeteiligten die dispensierten Vollzugshandlungen vornehmen dürfen, ohne dass zivilrechtliche Unwirksamkeit eintritt oder der Tatbestand einer Ordnungswidrigkeit verwirklicht wird. Die Möglichkeit der nachträglichen Auflösung gemäß § 41 Abs. 3 GWB bleibt hingegen bestehen.[175]

66 In der Vergangenheit hat das BKartA die Regelung des § 41 Abs. 2 GWB genutzt, um ein vereinfachtes Fusionskontrollverfahren für bestimmte Zusammenschlüsse einzuführen. So gewährte das BKartA bei Sale-and-Lease-Back-Transaktionen im Immobilienbereich auf Antrag eine generelle Befreiung vom Vollzugsverbot für die Gründung abstrakt unbedenklicher Objektgesellschaften, verbunden mit einer nachträglichen Sammelanmeldung.[176] Diese Praxis wurde nach Einführung der zweiten Inlandsumsatzschwelle in § 35 Abs. 1 Nr. 2 GWB aufgegeben.[177]

67 **4. Sanktionen bei Verstoß gegen das Vollzugsverbot.** Die zentrale Bedeutung des Vollzugsverbots im System der deutschen Fusionskontrolle wird dadurch unterstrichen, dass das Gesetz es mit einem Dreiklang möglicher Sanktionen absichert. Die möglichen Folgen einer Verletzung sind ordnungswidrigkeiten- (Bußgeld), zivil- (Unwirksamkeit) und verwaltungsrechtlicher (Entflechtung) Art. Zusätzlich kann das BKartA nach § 60 GWB einstweilige Anordnungen treffen, um zu verhindern, dass ein anmeldepflichtiges Zusammenschlussvorhaben vor Abschluss der Prüfung durch das BKartA vollzogen wird.[178]

68 *a) Ordnungswidrigkeit.* Wer vorsätzlich oder fahrlässig gegen das Vollzugsverbot verstößt, begeht eine **Ordnungswidrigkeit** (§ 81 Abs. 2 Nr. 1 GWB). Mit der 7. GWB Novelle wurden die Regeln zur Bußgeldhöhe auch für Verstöße gegen das Vollzugsverbot deutlich verschärft (§ 81 Abs. 4 Satz 1 bis 4 GWB). Die Geldbuße beträgt seither bis zu eine Million Euro oder – bei Unternehmen oder Unternehmensvereinigungen – bis zu 10% des im vorausgegangenen Geschäftsjahr erzielten weltweiten Gesamtumsatzes der betreffenden „wirtschaftlichen Einheit". Auch Zusammenschlüsse nach § 37 Abs. 1 Nr. 4 GWB („wettbewerblich erheblicher Einfluss") sind – trotz der Unschärfe dieses Tatbestandes[179] und des Widerspruchs zu dem im Straf- und Ordnungswidrigkeitenrecht herrschenden Bestimmtheitsgrundsatz (Art. 103 Abs. 2 GG) – seit der 6. GWB-Novelle nicht mehr vom Ordnungswidrigkeitstatbestand des § 81 Abs. 2 Nr. 1 GWB ausgenommen. Allerdings ist zu beobachten, dass das BKartA bei der Ahndung von Verstößen im Zusammenhang mit dem Zusammenschlusstatbestand des § 37 Abs. 1 Nr. 4 GWB eine gewisse Vorsicht walten lässt.[180]

69 Das Vollzugsverbot des § 41 Abs. 1 Satz 1 GWB gilt nicht für jedermann, sondern nur für **Unternehmen.** Dabei ist allerdings unerheblich, ob die betreffenden Unternehmen am Zusammenschluss beteiligt sind oder nicht. Tauglicher Täter ist auch der Veräußerer.

---

[173] Vgl. BKartA TB 2007/2008, S. 91 – *Cordes & Graefe/Schulte.*

[174] Vgl. BKartA TB 2001/2002, S. 26: zwei Befreiungen gewährt bei insgesamt drei Anträgen im Jahr 2001, fünf Befreiungen im Jahr 2002; neuere Statistiken zur Praxis des BKartA sind nicht bekannt.

[175] Vgl. BKartA TB 2005/2006, 156 – *DPAG/trans-o-flex.*

[176] BKartA TB 1999/2000, S. 169f.

[177] BKartA TB 2009/2010, S. 131; vgl. dazu oben § 19 Rdnr. 55.

[178] BKartA B. v. 31.3.2015, B2–96/14, Rdnr. 72 – *Edeka/Kaiser's Tengelmann.* Zu etwaigen zivilrechtlichen Beseitigungs- oder Schadensersatzansprüchen von Wettbewerbern aus § 33 GWB *Kühnen/Kizil,* ZWeR 2010, 268ff.

[179] Dazu oben § 19 Rdnr. 95ff.

[180] Vgl. BKartA TB 2007/2008, S. 80 – *Xella.*

Dies ergibt sich daraus, dass der Wortlaut der Vorschrift insoweit keine Eingrenzung vornimmt und neben dem Vollzug auch die Mitwirkung am Vollzug verbietet. Bei juristischen Personen oder Personengesellschaften liegt die Verantwortung bei deren vertretungsberechtigten Organen bzw. Gesellschaftern (§ 9 OWiG). Andere Personen (z.B. Rechtsanwalt, Notar) können gemäß § 14 Abs. 1 Satz 1 OWiG wegen Beteiligung verfolgt werden,[181] wobei es für die Beteiligung an einer fremden Tat unerheblich ist, ob der Handelnde als „Unternehmen" zu qualifizieren ist (§ 14 Abs. 1 Satz 2 OWiG).[182] Schließlich kann gegen die juristische Person oder Personenvereinigung wegen der Ordnungswidrigkeit ihres vertretungsberechtigten Organs bzw. Gesellschafters eine Geldbuße nach § 30 OWiG festgesetzt werden.

Bei der **Festsetzung der Höhe der Geldbuße** hat das BKartA die Schwere und Dauer der Zuwiderhandlung zu berücksichtigen (§ 81 Abs. 4 Satz 6 GWB) ebenso wie die Bedeutung der Ordnungswidrigkeit, den Vorwurf, der den Täter trifft, und seine wirtschaftlichen Verhältnisse (§ 17 Abs. 3 OWiG). Soweit ersichtlich hat das BKartA die bislang höchste Geldbuße wegen eines vorsätzlichen Verstoßes gegen das Vollzugsverbot im Fall *Mars/Nutro Products* verhängt (4,5 Mio. Euro).[183] Ist dem Täter nur Fahrlässigkeit vorzuwerfen, halbiert sich die Bußgeldobergrenze (§ 17 Abs. 2 OWiG). Nachdem der BGH entschieden hat, dass die 10%-Grenze des § 81 Abs. 4 Satz 2 GWB eine umsatzbezogene Bußgeldobergrenze ist,[184] hat das BKartA seine frühere Bußgeldpraxis geändert. Seither gibt es für Verstöße im Bereich der Fusionskontrolle keine Bußgeldleitlinien mehr.[185] Die Schwere der Ordnungswidrigkeit hängt entscheidend von der „Untersagungsnähe" des Zusammenschlusses ab. Wenn dem Zusammenschluss keine wettbewerblichen Bedenken entgegenstehen, rechtfertigt dies regelmäßig eine niedrigere Geldbuße.[186] Zugunsten der Unternehmen ist es ebenfalls zu werten, wenn der Verstoß freiwillig zur Anzeige gebracht wird.[187] Strafschärfend wirkt es demgegenüber, wenn sich die Beteiligten bewusst über die Bestimmungen der Fusionskontrolle hinwegsetzen.[188] Hinsichtlich des Zumessungskriteriums der Dauer verbieten sich schematische Ansätze. So wäre es insbesondere verfehlt, einen für den Verstoß gegen das Vollzugsverbot ermittelten Betrag mit der Anzahl der Monate zwischen Vollzug und Anzeige zu multiplizieren.[189] Auch ein kurzfristiger Verstoß gegen das Vollzugsverbot kann vorwerfbar sein, insbesondere wenn er „sehenden Auges" in Kenntnis der Kontrollpflichtigkeit begangen wird.[190] 70

Umstritten ist, wann bei Verstößen gegen das Vollzugsverbot **Verjährung** eintritt. Das BKartA vertritt den Standpunkt, dass die vorsätzliche oder fahrlässige Vornahme einer ver- 71

---

181 Vgl. BKartA TB 1976, S. 88 – *Mitwirkung eines Rechtsanwalts und Notars;* Begr. RegE zur 6. GWB-Novelle, BT-Drucks. 13/9720, S. 60.

182 AA *KK-Röhling,* Bd. 2 GWB, § 41 Rdnr. 15.

183 BKartA TB 2007/2008, S. 69. Weitere Beispiele sind BKartA TB 2007/2008, S. 21, 70f. – *Nordwest-Mediengruppe* (Bußgelder von 2,5 Mio. Euro gegen das Unternehmen und von 200 000 Euro gegen den ehemaligen Geschäftsführer); BKartA TB 2009/2010, S. 68 – *ZG Raiffeisen/Standort Appenweier der Wurth Agrar* (Bußgeld von ca. 400 000 Euro nach Settlement); BKartA TB 2011/2012, S. 84f. – *Interseroh* (Bußgeld von 206 000 Euro). Den Bußgeldbescheid über 4,13 Mio. Euro im Fall BKartA, Presse-Mitt. v. 13.2.2009 – *Druck- und Verlagshaus Frankfurt/Frankfurter Stadtanzeiger* musste das Amt nach Einspruch aufheben.

184 BGH WuW/E DE-R 3861, Rdnr. 55 – *Grauzementkartell.*

185 BKartA, Leitlinien für die Bußgeldzumessung in Kartellordnungswidrigkeitenverfahren, 2013, Rdnr. 1. Die früheren Bußgeldleitlinien von 2006 fanden demgegenüber noch ausdrücklich auf die Fusionskontrolle Anwendung (dort Rdnr. 1, 3, 12), vgl. dazu BKartA TB 2007/2008, S. 21; BKartA TB 2011/2012, S. 85 – *Interseroh.*

186 Vgl. BKartA TB 2011/2012, S. 85 – *Interseroh;* BKartA TB 1985/1986, S. 89.

187 Vgl. BKartA TB 2011/2012, S. 85 – *Interseroh.*

188 BKartA, Presse-Mitt. v. 13.2.2009 – *Druck- und Verlagshaus Frankfurt/Frankfurter Stadtanzeiger* (Bußgeldbescheid später aufgehoben).

189 Vgl. Kritik an der Praxis der Komm. in BKartA TB 1997/1998. S. 63 – *Samsung/AST* und *A. P. Møller.*

190 Vgl. BKartA TB 2007/2008, S. 89f. – *Everest/Sulzer.*

botenen Vollzugshandlung den Tatbestand der Ordnungswidrigkeit zwar vollende, nicht aber beende, so dass die Verjährungsfrist noch nicht zu laufen beginne. Es handele sich um ein Dauerdelikt, bei dem der „Angriff auf das geschützte Rechtsgut" nicht abgeschlossen sei, solange das unter Verstoß gegen das Vollzugsverbot zusammengeschlossene Unternehmen tatsächlich am Markt auftrete. Die Verjährung könne deshalb frühestens mit der Beendigung des rechtswidrigen Zustands einsetzen.[191] Diese Auffassung ist abzulehnen.[191a] Sie widerspricht dem im Straf- und Ordnungswidrigkeitenrecht verbindlichen Gesetzeswortlaut, der auf das „vollziehen" bzw. „mitwirken" am Vollzug abstellt (§ 81 Abs. 2 Nr. 1 i. V. m. § 41 Abs. 1 Satz 1 GWB), nicht auf das Aufrechterhalten eines Zustands. Vollzug in diesem Sinne ist das Umsetzen eines der in § 37 Abs. 1 GWB aufgeführten Zusammenschlusstatbestände, die jeweils einen punktuellen Erwerbsvorgang beschreiben, keinen Dauerzustand. Darüber hinaus ist die Prämisse, dass der Marktauftritt des gegen das Vollzugsverbot zusammengeschlossenen Unternehmens *per se* der Rechtsordnung widerspricht, nicht richtig. Denn gemäß § 41 Abs. 3 GWB ist der Zusammenschluss nur aufzulösen, wenn die Untersagungsvoraussetzungen vorliegen. Die Verjährung setzt demnach in dem Zeitpunkt ein, in dem ein Zusammenschlusstatbestand des § 37 Abs. 1 GWB (letztmalig) vollständig verwirklicht wird. Dies ist derselbe Zeitpunkt, der für die Entstehung der Anzeigepflicht (§ 39 Abs. 6 GWB) maßgeblich ist.

72 Neben dem Verstoß gegen das Vollzugsverbot prüft das BKartA auch, ob ein Bußgeld wegen Verstoßes gegen die **Pflicht zur unverzüglichen Anzeige** des Zusammenschlusses nach § 39 Abs. 6 GWB zu verhängen ist (§ 81 Abs. 2 Nr. 4 GWB).[192] Die Geldbuße ist in diesen Fällen jedoch deutlich geringer (bis zu 100 000 Euro, § 81 Abs. 4 Satz 5 GWB).

73 *b) Unwirksamkeit.* **Rechtsgeschäfte,** die gegen das Vollzugsverbot verstoßen, sind gemäß § 41 Abs. 1 Satz 2 GWB **unwirksam.** Die Unwirksamkeit betrifft nicht nur den abschließenden Vollzug, sondern alle Rechtsgeschäfte, die für sich gesehen einen Zusammenschlusstatbestand des § 37 Abs. 1 GWB verwirklichen.[193] Da die Unwirksamkeit durch das BKartA oder den zuständigen Minister rückwirkend geheilt werden kann (§ 41 Abs. 1 Satz 3 Nr. 3 GWB), handelt es sich zunächst nur um eine schwebende Unwirksamkeit. Hierin zeigt sich, dass die Unwirksamkeitsfolge nicht bezweckt, den Vollzugsverbotsverstoß dauerhaft zu sanktionieren. Vielmehr geht es darum die Prüfungskompetenz des BKartA abzusichern. Das Unrecht eines rechtswidrigen und schuldhaften Verstoßes gegen das Vollzugsverbot kann durch eine Geldbuße geahndet werden (§ 81 Abs. 2 Nr. 1 GWB), die Störung des Wettbewerbs bei Vorliegen der Untersagungsvoraussetzung kann durch die Auflösung des Zusammenschlusses (§ 41 Abs. 3 GWB) beseitigt werden.[194]

74 Die Unwirksamkeitsfolge des § 41 Abs. 1 Satz 2 GWB betrifft nur **privatrechtliche Rechtsgeschäfte.** Öffentlich-rechtliche Vollzugshandlungen können gemäß § 40 Abs. 1 oder Abs. 2 Nr. 5 VwVfG nichtig sein.[195] Bei Rechtsgeschäften im Ausland ist entscheidend, ob deutsches Recht zu Anwendung kommt. Dies ist typischerweise dann der Fall, wenn Anteile an einer Gesellschaft übertragen werden, die ihren Sitz in Deutschland hat (Sitztheorie) oder hier gegründet wurde (Gründungstheorie). Andernfalls kommt es darauf an, ob das anwendbare ausländische Recht das deutsche Vollzugsverbot beachtet, was eher selten der Fall sein wird.[196]

---

[191] BKartA TB 2005/2006, S. 20 f., 43, 80 – *Lanio/Weiss/SW-Verlag.*

[191a] Ebenso *von Schreitter,* ZWeR 2015, 118, 126 ff.

[192] Vgl. BKartA TB 1993/1994, S. 101 – *Edeka/Frapan* (noch zur Rechtslage vor der 6. GWB-Novelle); zur Vollzugsanzeige unten Rdnr. 138 ff.

[193] Dazu oben Rdnr. 51.

[194] BKartA TB 2007/2008, Stellungnahme der BReg., S. VI; Begr. RegE zur 8. GWB-Novelle, BT-Drucks. 17/9852, S. 30 f.

[195] *Kleinmann/Bechtold,* Fusionskontrolle, § 24a Rdnr. 121; *Langen/Bunte-Kallfaß,* GWB, § 41 Rdnr. 2.

[196] *Bechtold,* GWB, § 41 Rdnr. 7.

§ 41 Abs. 1 Satz 3 GWB, der im Rahmen der 8. GWB-Novelle (2013) teils neu gefasst, teils neu geordnet wurde, bestimmt für drei Fallgruppen eine Ausnahme von der Unwirksamkeitsfolge. Die ersten beiden Fälle betreffen Verträge über Grundstücksgeschäfte sowie Verträge über die Umwandlung, Eingliederung oder Gründung eines Unternehmens und Unternehmensverträge im Sinne der §§ 291 und 292 des Aktiengesetzes, sobald diese **durch Eintragung in das jeweilige Register wirksam** geworden sind (§ 41 Abs. 1 Satz 3 Nr. 1 und 2 GWB). Hier geht es darum, die Publizitätsfunktion des Grundbuchs bzw. des Handels- oder Genossenschaftsregisters zu schützen.[197] 75

Neu in das Gesetz aufgenommen wurde mit der 8. GWB-Novelle die Regelung des § 41 Abs. 1 Satz 3 Nr. 3 GWB. Die Regelung erlaubt die **rückwirkende Heilung sonstiger, unter Verstoß gegen das Vollzugsverbot vorgenommener Rechtsgeschäfte** in drei Varianten: (1) nachträgliche Anzeige des bereits vollzogenen Zusammenschlusses und anschließende Einstellung des Entflechtungsverfahrens wegen Nichtvorliegens der Untersagungsvoraussetzungen, (2) Beseitigung der Wettbewerbsbeschränkung infolge einer Auflösungsanordnung und (3) Erteilung einer Ministererlaubnis nach § 42 GWB. Mit Einführung der ersten Variante ist eine breit ausgetragene und kontroverse Diskussion beendet worden, die durch die Änderung der Praxis des BKartA in Bezug auf die nachträgliche Prüfung vollzugsverbotswidrig vollzogene Zusammenschlüsse ausgelöst worden war. § 41 Abs. 1 Satz 3 Nr. 3 Var. 1 GWB stellt nunmehr klar, dass das BKartA vollzogene Zusammenschlüsse nicht mehr im fristgebundenen Verfahren des § 40 GWB prüft, sondern im fristungebundenen Entflechtungsverfahren des § 41 Abs. 3 GWB und dass die Einstellung des Entflechtungsverfahrens dieselbe heilende Wirkung hat wie die bis zur 7. GWB-Novelle (2005) üblichen nachträglichen Freigabeentscheidungen des BKartA.[198] Zu beachten ist, dass die Heilungswirkung eine Anzeige des Zusammenschlusses beim BKartA erfordert.[199] In Fällen, in denen das BKartA das Entflechtungsverfahren von Amts wegen einleitet, empfiehlt es sich für die Beteiligten deshalb, zusätzlich eine Vollzugsanzeige einzureichen, um (bei Vorliegen der sonstigen Voraussetzungen) in den Genuss der Heilungswirkung zu kommen. Die dritte Variante liegt auf derselben Linie wie die erste, indem sie an die auch im Entflechtungsverfahren mögliche Ministererlaubnis (§ 42 Abs. 3 GWB) anknüpft. Als missglückt muss hingegen die zweite Variante bezeichnet werden. Nach ihrem Wortlaut tritt die Heilungswirkung erst ein, wenn die Wettbewerbsbeschränkung infolge einer Auflösungsanordnung des BKartA bereits beseitigt worden ist. Typischerweise ordnet das BKartA zur Auflösung an, dass der Erwerber die verbotswidrig erworbenen Anteile entweder zurück an den Veräußerer oder weiter auf einen Dritten übertragen muss.[200] Wegen der fortwirkenden Unwirksamkeit des Ausgangserwerbs ist der Erwerber jedoch an einer zivilrechtlich wirksamen Weiterübertragung gehindert. § 41 Abs. 1 Satz 3 Nr. 3 Var. 2 GWB hilft zu diesem Zeitpunkt nicht weiter, weil mangels Auflösung die Wettbewerbsbeschränkung noch nicht beseitigt ist. Man wird die Regelung deshalb wohl korrigierend so auslegen müssen, dass die Heilungswirkung alle Maßnahmen erfasst, die das BKartA zur Umsetzung der Auflösung anordnet.[201] 76

§ 41 Abs. 1 Satz 3 GWB ist als **abschließende Regelung zur Überwindung der** in § 41 Abs. 1 Satz 2 GWB angeordneten **Unwirksamkeit** zu sehen. Nach den Gesetzesmaterialien zu § 41 Abs. 1 Satz 3 Nr. 3 GWB soll das Privileg der Beendigung der schwebenden Unwirksamkeit allein solchen Beteiligten zugutekommen, die sich freiwillig 77

[197] Begr. RegE zur 7. GWB-Novelle, BT-Drucks. 15/3640, S. 59; *Langen/Bunte-Kallfaß,* GWB, § 41 Rdnr. 2.

[198] Begr. RegE zur 8. GWB-Novelle, BT-Drucks. 17/9852 S. 30 f.; vgl. zur früheren Rechtslage BGH WuW/E BGH 1556, 1559 – *Weichschaum III;* dazu auch oben Rdnr. 4.

[199] So ausdrücklich Begr. RegE zur 8. GWB-Novelle, BT-Drucks. 17/9852 S. 30 f.

[200] Vgl. BKartA B. v. 27.2.2008, B5–198/07, Tenor II. und III sowie Rdnr. 172 – *A-TEC/Norddeutsche Affinerie;* dazu auch unten Rdnr. 177 f.

[201] *Bechtold,* GWB, § 41 Rdnr. 11 geht demgegenüber davon aus, dass bereits der Erlass der Auflösungsanordnung genügt, um die zivilrechtliche Wirksamkeit herzustellen.

der Fusionskontrolle unterwerfen.[202] Die Regelungen in § 41 Abs. 1 Satz 3 Nr. 1 und Nr. 2 GWB rechtfertigt sich daneben aus der besonderen Publizitätsfunktion der entsprechenden Register.[203] Aus dem Umstand, dass diese Vorschriften nur einige wenige registerpflichtige Rechtsgeschäfte in Bezug nehmen, wird man schließen müssen, dass das Gesetz dem Schutz der Prüfungsbefugnis des BKartA bei Rechtsgeschäften außerhalb von § 41 Abs. 1 Satz 3 Nr. 1 und Nr. 2 GWB Vorrang vor dem Verkehrsschutz einräumt. Deshalb kann es dem Erwerber vollzugsverbotswidrig erworbener Unternehmensanteile oder Vermögensgegenstände auch nicht möglich sein, einem gutgläubigen Dritten gemäß §§ 932ff. BGB, § 67 AktG oder § 16 Abs. 3 HGB das Eigentum an diesen Gegenständen zu verschaffen.[204] Die Weiterveräußerung wird vielmehr erst gemäß § 41 Abs. 1 Satz 3 Nr. 3 Var. 1 oder 2 GWB wirksam, wenn sich das BKartA mit dem Vorerwerb befasst hat.

78 *c) Entflechtung.* Ein kontrollpflichtiger Zusammenschluss, der unter Verstoß gegen das Vollzugsverbot vollzogen wurde, ist gemäß § 41 Abs. 3 Satz 1 GWB aufzulösen, wenn er die **Untersagungsvoraussetzungen** nach § 36 Abs. 1 GWB erfüllt und wenn nicht der Bundesminister für Wirtschaft und Technologie nach § 42 GWB die Erlaubnis zu dem Zusammenschluss erteilt. Das Entflechtungsverfahren nach § 41 Abs. 3 GWB knüpft damit – anders als die Sanktionen der Geldbuße und der Unwirksamkeit – nicht allein an die formelle Rechtswidrigkeit (Verstoß gegen das Vollzugsverbot) des Zusammenschlusses an, sondern setzt dessen materielle Rechtswidrigkeit (erhebliche Behinderung wirksamen Wettbewerbs) voraus. Damit handelt es sich tatsächlich weniger um eine Sanktion wegen des Verstoßes gegen das Vollzugsverbot als um ein Instrument zur Herstellung des Zustandes, der bei ordnungsgemäßer Durchführung der präventiven Fusionskontrolle ohnehin eingetreten wäre. Die weiteren Einzelheiten werden in dem Abschnitt über das Entflechtungsverfahren dargestellt.[205]

IV. Abschluss des Verfahrens

79 **1. Vorprüfverfahren (erste Phase).** *a) Freigabe.* In der ganz überwiegenden Zahl der Fälle (über 90%) endet das Fusionskontrollverfahren mit einer Freigabe des Zusammenschlusses bereits in der ersten Phase.[206] Die erste Phase dient als „Grobraster", mit dem **wettbewerblich unbedenkliche Fälle,** die keiner vertieften Prüfung bedürfen (vgl. § 40 Abs. 1 Satz 2 GWB), rasch erkannt und freigegeben werden können.[207] In nahezu allen diesen Fällen versendet das BKartA innerhalb der Monatsfrist des § 40 Abs. 1 Satz 1 GWB an das anmeldende Unternehmen ein formloses Verwaltungsschreiben, in dem es mitteilt, dass das Vorhaben nicht die Untersagungsvoraussetzungen des § 36 Abs. 1 GWB erfüllt und vollzogen werden darf. Zusätzlich weist es auf die Anzeigepflicht des § 39 Abs. 6 GWB hin und fordert die Verwaltungsgebühr[208] an, die typischerweise innerhalb eines Monats unter Angabe des Kassenzeichens auf das Konto der Bundeskasse Trier bei der Deutschen Bundesbank zu überweisen ist. Theoretisch kann die Freigabe auch allein durch den Ablauf der Monatsfrist erfolgen. Praktische Bedeutung hat diese Möglichkeit jedoch kaum, weil das Amt auch bei Versäumnis der Monatsfrist ein formloses Freigabeschreiben verschickt und die beteiligten Unternehmen sich in der Regel nicht auf den Fristablauf

---

[202] Begr. RegE zur 8. GWB-Novelle, BT-Drucks. 17/9852 S. 30f.; ebenso *Langen/Bunte-Kallfaß,* GWB, § 41 Rdnr. 3.

[203] Vgl. Begr. RegE zur 7. GWB-Novelle, BT-Drucks. 15/3640, S. 59 (zu § 41 Abs. 1 Satz 3).

[204] AA *KK-Röhling,* Bd. 2 GWB, § 41 Rdnr. 26.

[205] Dazu unten Rdnr. 162.

[206] Im Jahr 2012 schloss das BKartA 1.131 Fusionskontrollverfahren ab, wovon 1046 Freigaben in der 1. Phase (92,5%) waren. In 20 Fällen wurde die 2. Phase eingeleitet (1,8%). Die übrigen Verfahren erledigten sich bereits in der 1. Phase durch Rücknahme der Anmeldung oder mangels Kontrollpflichtigkeit, s. BKartA TB 2011/2012, S. 126.

[207] Begr. RegE zur 6. GWB-Novelle, BT-Drucks. 13/9720, S. 44 (Punkt ff).

[208] Dazu oben Rdnr. 46f.

verlassen werden, können sie sich doch der Vollständigkeit der Anmeldung[209] nicht gewiss sein.

80 Umstritten ist, ob die Freigabemitteilung des BKartA in der ersten Phase eine Verfügung i.S.d. §§ 61 Abs. 1, 63 Abs. 1 GWB oder lediglich eine **schlichte Verwaltungsmitteilung** ohne regelnden Charakter ist, die keiner Begründung bedarf, nicht zugestellt werden muss und nicht anfechtbar ist. Die h.M. verneint den Verfügungscharakter mit der Erwägung, dass der Zusammenschluss nicht aufgrund der Freigabemitteilung des BKartA, sondern kraft Gesetzes als freigegeben gilt, weil das BKartA nicht innerhalb der Monatsfrist die Mitteilung über die Eröffnung des Hauptprüfverfahrens verschickt hat (§ 40 Abs. 1 Satz 1 GWB).[210] Die Freigabemitteilung informiert die beteiligten Unternehmen nach dieser Ansicht lediglich darüber, dass das BKartA keinen Monatsbrief verschicken wird. Gerechtfertigt wird der nicht justiziable Entscheidungsspielraum, der dem BKartA auf diese Weise eingeräumt wird, mit der Intention des Gesetzgebers, ein Instrumentarium für die rasche und unbürokratische Freigabe angemeldeter Zusammenschlüsse zur Verfügung zu stellen, damit das BKartA die große Zahl von Anmeldungen, die bei ihm eingehen, bewältigen kann und damit dem grundrechtlich geschützten Interesse der Zusammenschlussbeteiligten an einem raschen Vollzug ihrer Vorhaben Rechnung getragen wird.[211] Soweit der Freigabemitteilung eine regelnde Funktion zugestanden wird, weil sie den Beteiligten bereits vor Ablauf der Monatsfrist den Vollzug gestattet und insoweit das Vollzugsverbot beseitigt,[212] führt dies im Ergebnis nicht zur gerichtlichen Überprüfbarkeit der Entscheidung. Denn spätestens im Zeitpunkt der Gerichtsentscheidung ist die Monatsfrist unheilbar abgelaufen, so dass für die Aufhebung der Freigabemitteilung das Rechtsschutzbedürfnis fehlt.[213]

81 Auch wenn das praktische Bedürfnis für ein Instrumentarium zur raschen und unbürokratischen Bewältigung der großen Masse an unproblematischen Fällen nicht von der Hand zu weisen ist, verkennt die h.M. den **regelnden Charakter der Freigabemitteilung,** der über die Beseitigung des vorläufigen Vollzugsverbot hinausreicht. Denn wenn die Mitteilung die Wirkungen des § 40 Abs. 1 Satz 1 GWB vorwegnimmt,[214] stellt sie sogleich die Vollständigkeit der Anmeldung fest, was Voraussetzung für das Ingangsetzen der Monatsfrist ist. Angesichts der Schwierigkeiten, die mit der Beurteilung der Vollständigkeit verbunden sind, ist diese Feststellung für die beteiligten Unternehmen von kaum zu überschätzender Bedeutung. Dies gilt natürlich erst recht, wenn in der Anmeldung unter Hinweis auf die fehlende Entscheidungserheblichkeit einzelne Pflichtangaben weggelassen worden sind (z.B. Konzernbeteiligungen im Ausland, Angaben zu nicht-betroffenen Märkten) und das BKartA mit der Freigabemitteilung zu erkennen gibt, dass es dies nicht beanstandet.[215] Wollte man der Freigabemitteilung in diesen Fällen den regelnden Charakter absprechen, wären die beteiligten Unternehmen sowohl hinsichtlich des Vollzugsverbots als auch mit Blick auf die fortbestehende Untersagungskompetenz des BKartA schutzlos gestellt, was dem Gedanken der raschen und unbürokratischen Verfahrensbeendigung zuwiderlaufen würde. Doch trotz der Qualifizierung als Verwaltungsakt lässt die am gesetzgeberischen Willen orientierte Auslegung von § 40 Abs. 1 Satz 1 GWB den Schluss zu, dass Freigabemitteilungen in der ersten Phase grundsätzlich nicht den Regelungen der §§ 61 Abs. 1, 63 Abs. 1 GWB unterfallen.

---

[209] Dazu oben Rdnr. 38.

[210] BGH WuW/E DE-R 1571, 1572 – *Ampere;* Begr. RegE zur 6. GWB-Novelle, BT-Drucks. 13/9720, S. 44 (Punkt ff); *Immenga/Mestmäcker-Mestmäcker/Veelken,* GWB, 4. Aufl., § 40 Rdnr. 20; *Bechtold,* GWB, § 40 Rdnr. 8; *Langen/Bunte-Kallfaß,* GWB, § 40 Rdnr. 28; *KK-Bergmann/Burholt,* Bd. 2 GWB, § 40 Rdnr. 35, 37; vgl. auch Vorauflage § 21 Rdnr. 81 ff.

[211] Vgl. OLG Düsseldorf WuW/E DE-R 1293, 1294 ff. – *tv kofler;* vgl. auch Begr. RegE zur 6. GWB-Novelle, BT-Drucks. 13/9720, S. 44 (Punkt ff).

[212] So KG WuW/E OLG 5849, 5850 – *Großverbraucher;* KG WuW/E DE-R 644, 645 – *tobaccoland III;* offen gelassen in OLG Düsseldorf WuW/E DE-R 1293, 1297 – *tv kofler.*

[213] KG WuW/E DE-R 644, 645 – *tobaccoland III;* OLG Düsseldorf WuW/E DE-R 1293, 1297 – *tv kofler.*

[214] So BGH WuW/E DE-R 1571, 1572 – *Ampere.*

[215] Vgl. dazu oben Rdnr. 15.

Neben der Gesetzgebungsgeschichte spricht für dieses Ergebnis insbesondere die Regelung des § 40 Abs. 6 GWB, die einen neuen Fristenlauf nur für den Fall vorsieht, dass das Gericht eine im Hauptprüfverfahren erfolgte Freigabe aufhebt.[216] Diese Entscheidung des Gesetzgebers für die Unanfechtbarkeit der Freigabe in der ersten Phase ist mit der verfassungsrechtlichen Garantie effektiven Rechtsschutzes (Art. 19 Abs. 4 GG) vereinbar, solange – wie im Regelfall – subjektive Rechte Dritter nicht verletzt werden.[217]

82 Der Grundsatz der **Unaufhebbarkeit** der Freigabe in der ersten Phase gilt allerdings **nicht absolut.** Ausdrücklich geregelt ist der Fall, dass das BKartA die Versendung des Monatsbriefs wegen unrichtiger Angaben oder wegen einer nicht rechtzeitig erteilten Auskunft (§§ 39 Abs. 5, 59 GWB) unterlassen hat. Dann verliert der Fristablauf gemäß § 40 Abs. 2 Satz 4 Nr. 2 GWB seine Wirkung, und das Amt kann den Zusammenschluss erneut prüfen und ggf. untersagen.[218] Mangels anderweitiger Regelung ist davon auszugehen, dass in diesem Fall die Fristen des § 40 Abs. 1 Satz 1 und Abs. 2 Satz 2 GWB überhaupt nicht mehr laufen und das BKartA deshalb durch Verfügung gemäß § 40 Abs. 2 Satz 1 GWB entscheiden muss. Der Sache nach stellt § 40 Abs. 2 Satz 4 Nr. 2 GWB eine spezialgesetzliche Regelung zur Aufhebung eines Verwaltungsaktes dar, die angesichts der erhöhten Bestandskraft, die der Freigabe in der ersten Phase zukommen soll, die allgemeinen Regelungen der §§ 48, 49 VwVfG verdrängt. Auch der Widerruf nach § 40 Abs. 3a GWB kann nach der gesetzgeberischen Intention und der Systematik des Gesetzes auf die Freigabe in der ersten Phase keine Anwendung finden.[219] Unzulässig wäre deshalb insbesondere ein Widerruf wegen nachträglich geänderter Tatsachen, die eine abweichende wettbewerbliche Beurteilung erlauben würden (vgl. § 49 Abs. 2 Satz 1 Nr. 3 VwVfG).[220]

83 Die schnelle Freigabe in der ersten Phase bietet dem Amt und den beteiligten Unternehmen daher Vorteile. Die am Zusammenschluss beteiligten Unternehmen führen gelegentlich vor der beabsichtigten Anmeldung des Zusammenschlusses **informelle Vorgespräche** beim BKartA, wie dies in der europäischen Fusionskontrolle seit jeher üblich ist. Durch ein solches Prozedere mag sich im Einzelfall die Einleitung des Hauptprüfverfahrens vermeiden lassen. Dies ist jedoch im Normalfall nicht zu beanstanden, auch wenn dadurch die Transparenz des Verfahrens und die Rechtsschutzmöglichkeiten Dritter verkürzt werden. Bedenklich erscheint es allerdings, wenn die Unternehmen nach Einleitung der zweiten Phase und mehrmonatiger Prüfung die Anmeldung zurücknehmen und das BKartA auf eine anschließende erneute Anmeldung hin das Vorhaben binnen Tagen in der ersten Phase freigibt.[221] Selbst wenn in einem solchen Fall Dritte nicht beteiligt sind, wäre es unter dem Gesichtspunkt der Transparenz vorzugswürdig, wenn das BKartA unmittelbar nach der zweiten Anmeldung das Hauptprüfverfahren einleiten würde, um das Vorhaben anschließend durch Verfügung freizugeben.

84 Eine Durchbrechung der Bestandskraft könnte theoretisch aus der **Rechtsweggarantie des Art. 19 Abs. 4 GG** folgen. Denn wenn die Freigabe ein subjektives öffentliches Recht verletzt, ist die Gewährung gerichtlichen Rechtsschutzes geboten.[222] Ob dieser Fall jemals praktisch relevant wird, erscheint indes fraglich. Die Freigabe beseitigt den durch das Vollzugsverbot bewirkten (temporären) Eingriff in die Grundrechte (Art. 12, 14 GG) der betroffenen Unternehmen und Personen und erweitert damit deren Handlungsfreiheit. Auch wenn einzelne Beteiligte, wie etwa bei einer feindlichen Übernahme, dem Zusam-

[216] BGH B. v. 13.11.2007, KVZ 10/07, Rdnr. 5.

[217] So im Ergebnis auch BGH WuW/E DE-R 1571, 1572 – *Ampere.*

[218] Dazu auch oben Rdnr. 41.

[219] Ebenso *Immenga/Mestmäcker-Mestmäcker/Veelken,* GWB, 4. Aufl., § 40 Rdnr. 37.

[220] Dies auch deshalb, weil die bis 1999 in § 24a Abs. 2 Satz 2 Nr. 4 GWB aF enthaltene Möglichkeit der Untersagung im Falle einer wesentlichen Änderung der Verhältnisse nach Fristablauf mit der 6. GWB-Novelle gestrichen wurde; vgl. auch unten Rdnr. 96 zu der ähnlichen Problematik beim Widerruf der Freigabe in der zweiten Phase.

[221] So geschehen in BKartA E. v. 12.11.2014, B3–187/14 (Fallbericht) – *Klinikum Friedrichshafen/ Klinik Tettnang.*

[222] Offen gelassen in BGH WuW/E DE-R 1571, 1572 – *Ampere.*

menschluss ablehnend gegenüber stehen, verletzt die Freigabe sie nicht in einem subjektiven öffentlichen Recht. Denn es nicht Aufgabe der Fusionskontrolle, einen Zusammenschluss zu verhindern, der von einem der Beteiligten aus kartellrechtsfremden Gründen nicht gewollt wird.[223] Noch unwahrscheinlicher ist es, dass die Freigabe eigene Rechte Dritter verletzt. Allein der Umstand, dass der Zusammenschluss für Dritte erhebliche wirtschaftliche Nachteile mit sich bringt, begründet jedenfalls keinen Anspruch auf gerichtlichen Rechtsschutz.[224] In Betracht käme allenfalls eine Verletzung von **Art. 3 Abs. 1 GG,** wenn das BKartA den Rechtsschutz Dritter willkürlich verkürzen würde, indem es eine eigentlich gebotene Eröffnung des Hauptprüfverfahrens aus sachfremden Motiven unterließe. Dann wäre ein in seinen Interessen erheblich betroffener Dritte gegenüber Unternehmen in anderen Verfahren, die bei ordnungsgemäßer Verfahrensführung klagen können (§§ 54 Abs. 2 Nr. 3, 63 Abs. 2 GWB), ungerechtfertigt diskriminiert.[225]

Die Wirksamkeit der Freigabe wird schließlich dadurch begrenzt, dass sie immer nur für 85 das angemeldete Vorhaben gilt. Falls der Vollzug wesentlich von der Anmeldung abweicht, liegt keine wirksame Freigabe vor, und der Vollzug verstößt daher gegen das Vollzugsverbot.[226] Dies ist unproblematisch, soweit die Abweichungen sachlicher Natur sind (z.B. Austausch eines Zusammenschlussbeteiligten). Deutlich problematischer und umstritten ist es hingegen, ob die Wirksamkeit der Freigabe auch **zeitlich begrenzt** ist. Die Rechtsprechung bejaht dies unter Hinweis auf den Prognosezeitraum, der der Freigabe zugrunde liege.[227] Da ein Vorhaben überhaupt nur prüffähig sei, wenn sein Vollzug innerhalb des Prognosezeitraums erfolgen solle, müsse das BKartA eine Anmeldung bei einem zu weit in die Zukunft hinausgeschobenen Vollzugsdatum zurückweisen. Geschehe das nicht, weil das Vollzugsdatum der Behörde nicht mitgeteilt werde, ergebe sich daraus kein schutzwürdiger Besitzstand.[228] Die Wirksamkeit der Anmeldung soll mit anderen Worten implizit auf den Prognosezeitraum begrenzt sein, der, abhängig von den Besonderheiten der betroffenen Märkte, in der Regel bei drei bis fünf Jahren gesehen wird.[229] Das OLG Düsseldorf hat diesen Ansatz im Fall *Deutsche Börse/London Stock Exchange* aufgegriffen und zusätzlich eingeschränkt, dass die Freigabe bereits vor Ablauf des Prognosezeitraums unwirksam werde, wenn sich die zugrundgelegten Rahmenbedingungen insbesondere im Hinblick auf die Struktur der von der Fusion betroffenen Märkte bereits während dieser Zeitspanne entscheidend änderten.[230] Vor diesem Hintergrund vertritt das BKartA die Ansicht, dass ein freigegebenes, aber nicht-vollzogenes Vorhaben nach Ablauf von zwei Jahren „grundsätzlich" neu anzumelden sei.[231]

Gegen diese Ansicht ist einzuwenden, dass das GWB, im Unterschied etwa zum Bau- 86 oder Immissionsschutzrecht, keine Befristung der Wirksamkeit von Verwaltungsakten kennt und die Definition des Prognosezeitraums mit bedenklichen Rechtsunsicherheiten verbunden ist. Da dem Empfänger der Freigabe die Dauer des Prognosezeitraums nicht mitgeteilt wird und er sie auch nicht anderweitig in Erfahrung bringen kann, kann er den Zeitpunkt,

---

[223] OLG Düsseldorf WuW/E DE-R 3723, 3725f. – *Untersagungsbegehren;* bestätigt durch BGH B. v. 9.10.2012, KVZ 27/12.

[224] BGH WuW/E DE-R 1857, Rdnr. 21 – *pepcom;* aA *Steinberger,* WuW 2000, 345ff.; vgl. zur Verletzung der Rechte Dritter unten Rdnr. 134.

[225] *Schalast/Rößner,* WuW 2007, 589, 595 wollen einem Dritten aufgrund europarechtlicher Vorgaben auch dann Rechtsschutz gewähren, wenn es sich um einen Zusammenschluss von gemeinschaftsweiter Bedeutung handelt, der an das BKartA verwiesen wurde und der den Dritten unmittelbar und individuell betrifft.

[226] Begr. RegE zur 6. GWB-Novelle, BT-Drucks. 13/9720, S. 59f. (zu § 40 Abs. 2). Bis zur 6. GWB-Novelle war dies noch ausdrücklich in § 24a Abs. 2 Satz 2 Nr. 3 GWB aF geregelt.

[227] KG WuW/E OLG 5495, 5497 – *Vorratsanmeldung;* OLG Düsseldorf WuW/E DE-R 1835, 1836 – *Deutsche Börse/London Stock Exchange.*

[228] KG WuW/E OLG 5495, 5497 – *Vorratsanmeldung.*

[229] Vgl. dazu § 20 Rdnr. 198.

[230] OLG Düsseldorf WuW/E DE-R 1835, 1836 – *Deutsche Börse/London Stock Exchange.*

[231] So z.B. Schreiben vom 7.1.2014, B8–117/12 (unveröff.).

ab dem die Freigabewirkung entfallen soll, nicht bestimmen, was im Hinblick auf das Vollzugsverbot (§ 41 Abs. 1 Satz 1 GWB) nicht hinnehmbar ist.[232] Erst recht nicht zugestimmt werden kann dem noch weitergehenden Ansatz des OLG Düsseldorf,[233] wonach sich die Freigabe bereits *vor* Ablauf des Prognosezeitraums erledigen soll, wenn sich die der Freigabe zugrundeliegenden Rahmenbedingungen und insbesondere die Struktur der betroffenen Märkte wesentlich ändern.[234] Das BKartA hat im System der deutschen Fusionskontrolle die Aufgabe, eine möglichst belastbare Entscheidung über das Vorliegen der Untersagungsvoraussetzungen auf der Grundlage einer Prognose über die mittelfristige Entwicklung der Wettbewerbsverhältnisse zu treffen. Das Risiko, dass sich diese Prognoseentscheidung im Nachhinein als unrichtig erweist, kann nicht auf die beteiligten Unternehmen abgewälzt werden, die diese Verhältnisse nicht beeinflussen können. Es wäre unzumutbar, von ihnen zu fordern, dass sie die Freigabe nicht mehr nutzen, wenn sich die tatsächlichen Verhältnisse wesentlich anders als vom BKartA prognostiziert entwickelt haben, zumal sie diese Prognose gar nicht kennen. Da die Freigabe ihre Wirksamkeit ohne einen rechtsgestaltenden Akt des BKartA verlieren würde, wäre das mit diesem Ansatz geschaffene Maß an Rechtsunsicherheit unzumutbar. Gegen ein Erlöschen der Wirksamkeit der Freigabe *ipso iure* spricht außerdem, dass das Gesetz heute – anders als bis zur 6. GWB-Novelle – keine Regelung mehr kennt, die bei nachträglicher Änderung der Verhältnisse eine nachträgliche Untersagung des (noch nicht vollzogenen) Zusammenschlussvorhabens erlaubt.[235] Bis zur 6. GWB-Novelle konnten die Beteiligten auf die Wirksamkeit der Anmeldung vertrauen, solange das BKartA nicht eingeschritten ist. Der Wegfall dieser besonderen Eingriffsermächtigung kann nicht dazu führen, dass die Bestandskraft der Freigabe heute im Vergleich zu früher stärker eingeschränkt ist.

87 Als Alternative zur Unwirksamkeit durch Zeitablauf ist die Möglichkeit eines Widerrufs der Freigabe (in unmittelbarer oder analoger Anwendung von § 49 Abs. 2 Nr. 3 VwVfG) vorgeschlagen worden, vorausgesetzt die der Freigabe zugrundeliegenden Marktverhältnisse haben sich nachträglich wesentlich geändert und das BKartA weist nach, dass ohne den Widerruf das öffentliche Interesse gefährdet würde.[236] Gegen diesen Lösungsansatz spricht indes, dass sich die Freigabe in der ersten Phase nach der Systematik des § 40 GWB einem Widerruf verschließt, sei es, weil die Freigabe nach h. M. kein Verwaltungsakt ist, sei es nach der hier vertretenen Ansicht, weil das BKartA die besondere Bestandskraft der Freigabe nur in dem Ausnahmefall des § 40 Abs. 2 Satz 4 Nr. 2 GWB durchbrechen darf. Insgesamt ist daher zu konstatieren, dass eine einmal rechtmäßig erteilte Freigabe weder durch Zeitablauf noch durch Widerruf ihre Wirksamkeit verliert, solange die Beteiligten an dem Vorhaben festhalten und dieses nicht derart modifizieren, dass es wesentlich von der Darstellung in der Anmeldung abweicht.

88 Auf eine einmal erhaltene Freigabe können die Anmelder nicht mehr vertrauen, wenn sie dem Amt mitgeteilt haben, dass sie das Vorhaben **aufgegeben** haben, oder das Abstandnehmen von der Verwirklichung des Vorhabens auf andere Weise offenkundig geworden ist.[237] Gleiches gilt, wenn der Vollzug des Vorhabens **unmöglich** wird, beispielsweise weil die zu erwerbenden Unternehmensanteile anderweitig verkauft oder notwendige Zustimmungen endgültig versagt worden sind.[238] Ändert sich diese Sachlage anschließend erneut und die Beteiligten streben wieder einen Zusammenschluss an, handelt es sich um ein neues Vorhaben, das vor Vollzug erneut angemeldet und freigegeben werden muss.

---

[232] *Richter,* Fs. Canenbley, S. 381, 387 ff.

[233] OLG Düsseldorf WuW/E DE-R 1835, 1836 – *Deutsche Börse/London Stock Exchange.*

[234] Krit. ggü. dem OLG Düsseldorf auch *Immenga/Mestmäcker-Thomas,* GWB, 5. Aufl., § 39 Rdnr. 45 ff.; *Langen/Bunte-Kallfaß,* GWB, § 40 Rdnr. 30.

[235] § 24a Abs. 2 Satz 2 Nr. 4 GWB aF.

[236] *Wiedemann,* Fs. Hirsch, S. 341, 349; vgl. auch *Richter,* Fs. Canenbley, S. 381, 394 f.

[237] Vgl. OLG Düsseldorf WuW/E DE-R 1835, 1836 – *Deutsche Börse/London Stock Exchange;* KG WuW/E OLG 5364, 5370 – *HaGE Kiel.*

[238] Vgl. KG WuW/E OLG 2561, 2562.

Die Freigabe in der ersten Phase kann zwar nicht mit **Auflagen oder Bedingungen** verbunden werden, so dass entsprechende Zusagen der Unternehmen zur Beseitigung von Wettbewerbsbedenken in diesem Stadium des Verfahrens nicht möglich sind. Ein wirtschaftlich vergleichbares Ergebnis kann jedoch im Einzelfall dadurch erzielt werden, dass die beteiligten Unternehmen das Vorhaben in Abstimmung mit dem BKartA modifizieren und, nach Rücknahme der Erstanmeldung, in der modifizierten Form neu anmelden.[239] 89

b) Monatsbrief. Wenn das BKartA in der ersten Phase erkennt, dass sich das Vorliegen der Untersagungsvoraussetzungen nicht ausschließen lässt, wird es zur weiteren Prüfung des Zusammenschlusses das Hauptprüfverfahren einleiten (§ 40 Abs. 1 Satz 2 GWB). Zu diesem Zweck verschickt es innerhalb der Monatsfrist des § 40 Abs. 1 Satz 1 GWB eine entsprechende Mitteilung an die anmeldenden Unternehmen. Seit der 6. GWB-Novelle (1999) geschieht dies nur noch bei einem kleinen Teil der beim BKartA angemeldeten Zusammenschlüsse; in den letzten Jahren bei etwa 1 bis 2%.[240] Wenn diese nicht bereits vorliegt, fordert das BKartA mit dem „Monatsbrief" regelmäßig eine Vollmacht der Verfahrensbevollmächtigten an. 90

c) Sonstige Verfahrensbeendigung. Die anmeldenden Unternehmen können das Prüfverfahren jederzeit beenden, indem sie ihre Anmeldung **zurücknehmen.** Da das Verfahren der Dispositionsmaxime unterliegt, muss das BKartA das Verfahren nach der Rücknahme einstellen.[241] Die Rücknahme innerhalb der Monatsfrist hat zugleich die Folge, dass sich die Gebühr für die Anmeldung gemäß § 80 Abs. 5 Satz 2 GWB halbiert. 91

Eine Verfahrenseinstellung kommt ebenfalls in Betracht, wenn das Vorhaben während des Verfahrens **endgültig aufgegeben oder unmöglich** wird. Dafür genügt nicht jede Verschlechterung der Realisierungswahrscheinlichkeiten. Notwendig ist vielmehr, dass eine oder mehrere Parteien von dem angemeldeten Vorhaben verbindlich Abstand genommen haben oder dass sonstige Hindernisse eingetreten sind, die der Verwirklichung objektiv und dauerhaft endgegenstehen.[242] 92

2. Hauptprüfverfahren (zweite Phase). *a) Freigabe.* Die Freigabeentscheidung im Hauptprüfverfahren hat gemäß § 40 Abs. 2 Satz 1 GWB als Verfügung zu ergehen. Es handelt sich dabei unstreitig um einen **Verwaltungsakt,**[243] der zu begründen und zuzustellen ist (§ 61 Abs. 1 GWB) und von Dritten, soweit diese beschwerdebefugt und materiell beschwert sind, gerichtlich angefochten werden kann (§§ 63ff. GWB).[244] Die Verfügung kann mit Bedingungen und Auflagen verbunden werden (§ 40 Abs. 3 GWB)[245] und ist im Bundesanzeiger bekannt zu machen (§ 43 Satz 2 Nr. 1 GWB). Auf diese Weise ist die Transparenz der Verfahren, die durch Freigaben abgeschlossen werden, im Vergleich zur Rechtslage vor der 6. GWB-Novelle (1999), als eine Bekanntmachungs- und Begründungspflicht nur für Untersagungen vorgesehen war, deutlich erhöht worden. Alle förmlichen Verfügungen seit der 6. GWB-Novelle sind im Volltext, um Geschäftsgeheimnisse, bereinigt auf der Internetseite des BKartA (www.bundeskartellamt.de) abrufbar. Seit März 2012 macht das BKartA die Eröffnung des Hauptprüfverfahrens nicht mehr nur im Bundesanzeiger, sondern auch auf seiner Internetseite bekannt. 93

---

[239] Dazu unten Rdnr. 122.

[240] In den Jahren 2011 und 2012 lag die Quote der Hauptprüfverfahren bei 0,7% bzw. 1,8% (bezogen auf alle in den jeweiligen Jahren abgeschlossenen Verfahren), BKartA TB 2011/2012, S. 126. Vor der 6. GWB-Novelle wurde der Monatsbrief noch in mehr als 15% der Fälle verschickt, vgl. BKartA TB 1997/1998, S. 170.

[241] BGH WuW/E DE-R 2905, Rdnr. 24 – *Phonak/GN Store;* dazu auch oben Rdnr. 3 und 33.

[242] Vgl. zur Aufgabe des Vorhabens: KG WuW/E OLG 5364, 5369f. – *HaGE Kiel;* OLG Düsseldorf WuW/E DE-R 1835, 1836 – *Deutsche Börse/London Stock Exchange;* zur Unmöglichkeit: KG WuW/E OLG 2561, 2562.

[243] Statt vieler *Emmerich,* Kartellrecht, § 36 Rdnr. 24.

[244] Siehe dazu unten Rdnr. 130ff.

[245] Siehe dazu näher unten Rdnr. 110ff.

94 Wenn das BKartA nach Versendung des Monatsbriefes die Frist für die zweite Phase verstreichen lässt, gilt der Zusammenschluss als freigegeben (§ 40 Abs. 2 Satz 2 GWB). Im Gegensatz zur Regelung des § 40 Abs. 1 Satz 1 GWB und zur Rechtslage für die zweite Phase vor der 6. GWB-Novelle, erklärt das Gesetz ausdrücklich, dass der Zusammenschluss als „freigegeben" gilt. Mit dieser Formulierung wollte der Gesetzgeber klarstellen, dass es als förmliche Freigabeentscheidung gilt, wenn das BKartA nicht fristgemäß über den Zusammenschluss entschieden haben sollte.[246] **§ 40 Abs. 2 Satz 2 GWB fingiert damit eine Freigabeverfügung,** für die die Vorschriften über die Bestandskraft und die Rechtsmittel ebenso gelten wie für eine förmliche Freigabeentscheidung des BKartA (§ 42a Abs. 1 Satz 2 VwVfG).[247] Beschwerdebefugte Dritte können die fingierte Freigabe anfechten, soweit sie durch sie materiell beschwert sind. Im Beschwerdeverfahren kann das BKartA eine Begründung für die Freigabe nachholen (§ 45 Abs. 1 Nr. 2 VwVfG). Hält das Gericht die Freigabe für materiell rechtswidrig, muss es sie aufheben; der Zusammenschluss ist dann erneut vom BKartA zu prüfen (§ 40 Abs. 6 GWB). Die gerichtliche Überprüfbarkeit der ausdrücklichen wie der fingierten Freigabe in der zweiten Phase – im Unterschied zu der grundsätzlich fehlenden Justiziabilität der Freigabe in der ersten Phase[248] – entspricht dem Willen des Gesetzgebers der 6. GWB-Novelle, das Hauptprüfverfahren mit mehr Transparenz und stärkeren Rechten Dritter auszugestalten.[249] Damit wäre es unvereinbar, die Rechtsschutzmöglichkeiten Dritter davon abhängig zu machen, ob das BKartA die Untersagungsfrist verstreichen lässt oder nicht. Die Praxis der Fusionskontrolle seit 1973, in der Fristabläufe dieser Art keine Rolle gespielt haben, zeigt indes, dass es sich hierbei um eine theoretische Fragestellung handelt.

95 Die **Bestandskraft der Freigabe** ist aufgrund der Möglichkeit der Drittanfechtung deutlich stärker eingeschränkt, wenn sie in der zweiten statt in der ersten Phase erfolgt. Erfolgt eine Drittanfechtung, so kann das BKartA die Freigabe während des laufenden Beschwerdeverfahrens aufheben oder ändern, um den wettbewerblichen Einwänden der Beschwerdeführer Rechnung zu tragen.[250] Zusätzlich erlaubt das Gesetz die behördliche Durchbrechung in zwei Fällen: Erstens verliert der Fristablauf – ebenso wie bei der Freigabe in der ersten Phase – seine Wirkung, wenn das BKartA eine fristgemäße Untersagung des Zusammenschlusses wegen unrichtiger Angaben oder wegen einer nicht rechtzeitig erteilten Auskunft unterlassen hat (§ 40 Abs. 2 Satz 4 Nr. 2 GWB). Diese Möglichkeit besitzt jedoch keine praktische Relevanz, weil das BKartA die zweite Phase in der Praxis immer mit einer fristgerechten Verfügung abschließt.[251] Zweitens erlaubt § 40 Abs. 3a Satz 1 GWB den **Widerruf oder die Änderung der Freigabe,** wenn sie auf unrichtigen Angaben beruht, arglistig herbeigeführt worden ist oder die beteiligten Unternehmen einer mit ihr verbundenen Auflage zuwiderhandeln. Der Widerruf ist gemäß § 43 Abs. 2 Nr. 3 GWB bekanntzumachen. Mit der Verwendung des Terminus „Widerruf" stellt das Gesetz klar, dass die Freigabe nur mit Wirkung für die Zukunft aufgehoben werden kann (vgl. § 49 Abs. 1 VwVfG). Etwaige Vollzugshandlungen der beteiligten Unternehmen verstoßen also nicht rückwirkend gegen das Vollzugsverbot und werden nicht gemäß § 41 Abs. 1 Satz 2 GWB unwirksam. Allerdings besteht die Möglichkeit der Entflechtung. Das Machen oder Benutzen unrichtiger Angaben in der Absicht, das BKartA zu einer Freigabe zu veranlassen, ist zudem eine Ordnungswidrigkeit nach § 81 Abs. 3 Nr. 3 i. V. m. § 39 Abs. 3 Satz 5 GWB.[252] Sofern

[246] Begr. RegE zur 6. GWB-Novelle, BT-Drucks. 13/9720, S. 44 (zu § 40 Abs. 2).

[247] Ebenso im Ergebnis *Immenga/Mestmäcker-Mestmäcker/Veelken,* GWB, 4. Aufl., § 40 Rdnr. 41; aA *Bechtold,* GWB, § 40 Rdnr. 27; *Immenga/Mestmäcker-K. Schmidt,* GWB, 4. Aufl., § 63 Rdnr. 19 (ohne Begründung).

[248] Dazu oben Rdnr. 80 ff.

[249] Begr. RegE zur 6. GWB-Novelle, BT-Drucks. 13/9720, S. 44.

[250] Rechtsgedanke des § 50 VwVfG; vgl. BKartA TB 2009/2010, S. 28, 76 – *Werhahn/Norddeutsche Mischwerke.*

[251] Dazu oben Rdnr. 41 und 82.

[252] Dazu oben Rdnr. 28.

gegen vollziehbare Auflagen verstoßen wurde, kann das BKartA zur deren Durchsetzung auch Maßnahmen des Verwaltungszwangs ergreifen und ein Bußgeldverfahren nach § 81 Abs. 2 Nr. 5 GWB einleiten.

Strittig ist, ob § 40 Abs. 3a Satz 1 GWB eine **abschließende Regelung** für die Aufhebung der Freigabe ist oder ob darüber hinaus die allgemeinen Vorschriften über die Rücknahme und den Widerruf von Verwaltungsakten (§§ 48, 49 VwVfG) Anwendung finden. Gegen die Anwendung der allgemeinen Rücknahmeregeln spricht, dass § 40 Abs. 3a Satz 1 GWB in der ersten (unrichtige Angaben) und zweiten (Arglist) Variante bereits Sachverhalte regelt, die im VwVfG zur Rücknahme eines Verwaltungsakts berechtigen. Eine Aufhebung aus sonstigen Rechtswidrigkeitsgründen (z.B. Fehlbewertung des BKartA) dürfte schon wegen des dann in Betracht kommenden Entschädigungsanspruchs (§ 48 Abs. 3 VwVfG) kaum praktisch relevant werden. Allerdings kann eine Rücknahme wegen der in § 40 Abs. 3a Satz 1 Var. 1 und Var. 2 GWB genannten Sachverhalte nach allgemeinem Recht auch mit Wirkung für die Vergangenheit, der Widerruf hingegen nur für die Zukunft erfolgen. Eine rückwirkende Aufhebung der Freigabe wäre jedoch unverhältnismäßig wegen der damit verbundenen zivilrechtlichen Folgen (§ 41 Abs. 1 Satz 2 GWB) auch für Dritte, die womöglich schutzwürdiges Vertrauen in den Bestand der Freigabeverfügung hatten, zumal mit der Entflechtung nach § 41 Abs. 3 GWB ein hinreichendes Instrumentarium zur Beseitigung von Vollzugsfolgen zur Verfügung steht.[253] Ebenso zweifelhaft ist die Anwendung der allgemeinen Regeln über den Widerruf. Die dritte Variante von § 40 Abs. 3a Satz 1 GWB (Zuwiderhandlung gegen Auflagen) ist auch im allgemeinen Verwaltungsrecht ein Widerrufsgrund (§ 49 Abs. 2 Satz 1 Nr. 2 VwVfG). Ein darüber hinaus gehendes Bedürfnis für den Widerruf nach allgemeinem Recht wird für den Fall gesehen, dass das BKartA aufgrund nachträglich eingetretener Tatsachen berechtigt wäre, die Freigabe nicht zu erlassen, und wenn ohne den Widerruf das öffentliche Interesse gefährdet würde (§ 49 Abs. 2 Satz 1 Nr. 3 VwVfG).[254] Gegen die Zulassung eines solchen Widerrufsgrunds spricht jedoch, dass damit das BKartA das Prognoserisiko, das es im System der deutschen Fusionskontrolle zu tragen hat, auf die beteiligten Unternehmen abwälzen könnte.[255] Da der Widerrufsgrund nicht auf den Fall beschränkt wäre, dass die Begünstigten von der Freigabe noch keinen Gebrauch gemacht haben, könnte das BKartA die Freigabe bei entsprechender Änderung der Marktverhältnisse auch noch nach Jahren widerrufen.[256] Ungeachtet dessen dürfte bereits der Entschädigungsanspruch nach § 49 Abs. 6 VwVfG dafür sorgen, dass das BKartA einen Widerruf nach § 49 Abs. 2 Satz 1 Nr. 3 VwVfG vermeiden wird. **96**

b) Untersagung. aa) Inhalt und Umfang der Untersagungsverfügung. Nur ein sehr geringer Bruchteil der vom BKartA geprüften Zusammenschlüsse wird untersagt. Seit Einführung der Fusionskontrolle im Jahr 1973 bis Ende 2014 hat das BKartA bei über vierzigtausend Prüfverfahren in nur 187 Fällen eine Untersagung[257] ausgesprochen. Der Anteil der Untersagungen an der Gesamtheit aller Entscheidungen des BKartA liegt seit Jahren bei weniger als 1%.[258] Diese Zahlen sollten jedoch nicht dazu verleiten, die Wirksamkeit der Fusionskontrolle zu unterschätzen. Nur unzureichend statistisch erfasst ist nämlich die deutlich **97**

---

[253] Gegen die Anwendung von § 48 VwVfG auch *Loewenheim/Meessen/Riesenkampff-Riesenkampff/Lehr,* GWB, § 40 Rdnr. 27; *Immenga/Mestmäcker-Mestmäcker/Veelken,* GWB, 4. Aufl., § 40 Rdnr. 98; *Wiedemann,* Fs. Hirsch, S. 341, 350.

[254] So z.B. *FK-Rieger,* GWB 2005, § 40 Rdnr. 33.

[255] Vgl. oben Rdnr. 86.

[256] Gegen die Anwendung von § 49 VwVfG auch *Loewenheim/Meessen/Riesenkampff-Riesenkampff/Lehr,* GWB, § 40 Rdnr. 27; *Immenga/Mestmäcker-Mestmäcker/Veelken,* GWB, 4. Aufl., § 40 Rdnr. 98; *Wiedemann,* Fs. Hirsch, S. 341, 347f. (allerdings mit einer Rückausnahme bei Zeitablauf, S. 349); aA *Langen/Bunte-Kallfaß,* GWB, § 40 Rdnr. 22.

[257] Vgl. BKartA TB 2013/2014, S. 17; ein Teil der Untersagungen wurde anschließend aufgehoben oder für erledigt erklärt (bis Ende 2014 in 55 Fällen).

[258] Die in jüngerer Vergangenheit höchste Untersagungsquote war 2004 erreicht, als das Amt bei insgesamt 1356 Entscheidungen 12 Untersagungen (0,9%) aussprach, BKartA TB 2003/2004, S. 216.

größere Zahl an Fällen, in denen die Unternehmen ein Zusammenschlussvorhaben wegen wettbewerblicher Bedenken nach anwaltlicher Beratung oder aufgrund einer Vorprüfung durch das BKartA aufgegeben oder modifiziert angemeldet haben (sog. **„Vorfeldwirkung“**).[259] Hinzu kommt, dass ein erheblicher Anteil von Zusammenschlüssen nur deshalb nicht untersagt wird, weil die Beteiligten dem BKartA Zusagen zur Beseitigung der aufgeworfenen wettbewerblichen Bedenken anbieten[260] oder sie die Anmeldung zurücknehmen.[261]

98 Eine Untersagungsverfügung setzt eine Mitteilung des BKartA an die anmeldenden Unternehmen über die Einleitung des Hauptprüfverfahrens innerhalb eines Monats nach Eingang der Anmeldung **(Monatsbrief)** voraus. Die Untersagungsverfügung muss innerhalb von vier Monaten nach Eingang der vollständigen Anmeldung ergehen (§ 40 Abs. 2 Satz 2 GWB), wenn nicht der Fristenlauf außer Kraft gesetzt oder die Frist verlängert oder gehemmt wird (§ 40 Abs. 2 Satz 4 bis 7 GWB).[262]

99 Vor Erlass einer Untersagungsverfügung hat das BKartA den Beteiligten Gelegenheit zur Stellungnahme zu geben (§ 56 Abs. 1 GWB). Regelmäßig ergeht daher vor einer Untersagungsverfügung eine schriftliche **„Abmahnung“** mit den vorläufigen Untersagungsgründen, zu denen sich die beteiligten Unternehmen äußern können. Außerdem muss das BKartA vor einer Untersagung nach § 40 Abs. 4 GWB den obersten Landesbehörden, in deren Gebiet die beteiligten Unternehmen ihren Sitz haben (d.h. den Landeswirtschaftsministerien), Gelegenheit zur Stellungnahme geben. Diese Regelung soll es den Ländern ermöglichen, regional-politische Aspekte des Zusammenschlusses zur Geltung zu bringen;[263] sie dient damit lediglich öffentlichen Belangen, weshalb die beteiligten Unternehmen aus einer Verletzung dieser Vorschrift keine Rechte herleiten können.[264] Bei einer freiwilligen Vereinigung von Krankenkassen nach § 172a SGB V muss das BKartA zusätzlich vor der Verfügung einer Untersagung das Benehmen mit den nach § 90 SGB IV zuständigen Aufsichtsbehörden herzustellen (§ 40 Abs. 4 Satz 2 GWB). Dies hindert das Amt allerdings nicht, sich über von dort geäußerte Gegenvorstellungen hinwegzusetzen.[265]

100 Die Untersagungsverfügung muss mit einer ausreichenden **Begründung** und einer Rechtsmittelbelehrung versehen sein (§ 61 Abs. 1 Satz 1 GWB). Sie muss sich auf einen konkreten Zusammenschluss beziehen. Der Grundsatz der Bestimmtheit erfordert es, dass der Verfügungstenor eine klare Beschreibung des Zusammenschlusses enthält. Die Verfügung darf nicht lediglich allgemein einen Zusammenschluss zwischen zwei Unternehmen untersagen.[266] In der Praxis bezieht sich die Untersagungsverfügung regelmäßig auf den angemeldeten Zusammenschlusstatbestand.

101 Umstritten ist, ob § 36 Abs. 1 GWB die **Teiluntersagung** eines Zusammenschlusses erlaubt oder gar gebietet, etwa wenn der Zusammenschluss nur auf einzelnen von mehreren betroffenen Märkten die Untersagungsvoraussetzungen erfüllt. Die h.M. lehnt dies mit der Begründung ab, dass das BKartA bei der Untersagung keinen Ermessenspielraum habe, dass eine Teiluntersagung in unzulässiger Weise in die Gestaltungsfreiheit der beteiligten Unternehmen eingreife und dass die Möglichkeit, (bei Mitwirkung der Beteiligten) eine Freigabe mit Bedingungen und Auflagen zu versehen, dem Verhältnismäßigkeitsgrundsatz ausrei-

---

[259] Allein das BKartA hat seit 1973 mehr als 500 Vorfeldfälle registriert, vgl. BKartA TB 2003/2004, S. 18f.; TB 2013/2014, S. 20 (allerdings mit sich widersprechenden Zahlen).

[260] Dazu unten Rdnr. 110ff.

[261] So gab es z.B. im Jahr 2014 nur eine Untersagung, aber eine Freigabe mit Nebenbestimmungen, und zehn Hauptprüfverfahren wurden durch Rücknahme der Anmeldung beendet, BKartA Jahresbericht 2014, S. 21.

[262] Dazu oben Rdnr. 33ff.

[263] Begr. RegE zur 2. GWB-Novelle, BT-Drucks. VI/2520, S. 32, 41.

[264] BGH WuW/E BGH 2150, 2153 – *Edelstahlbestecke;* KG WuW/E OLG 3577, 3580 – *Hussel/Mara; Kleinmann/Bechtold,* Fusionskontrolle, § 24 Rdnr. 234.

[265] Ebenso *Bechtold,* NZKart 2013, 263, 269; *Langen/Bunte-Kallfaß,* GWB, § 35 Rdnr. 9.

[266] *Bechtold,* GWB, § 40 Rdnr. 44.

chend Rechnung trage.[267] Allerdings wird von diesem Grundsatz bei Auslandszusammenschlüssen eine Ausnahme gemacht. Aus völkerrechtlichen Gründen müsse die Untersagung bei Teilbarkeit des Zusammenschlusses auf diejenigen Zusammenschlussteile beschränkt werden, die sich im Inland auswirken.[268] Diese Ausnahme belegt jedoch, dass das von der h.M. stipulierte grundsätzliche Verbot der Teiluntersagung nicht stimmig ist. Denn wenn es bei teilbaren Auslandszusammenschlüssen völkerrechtliche Prinzipien sind, die eine Teiluntersagung gebieten, lässt sich diese Rechtsfolge bei teilbaren Inlandszusammenschlüssen ohne weiteres aus dem verfassungsrechtlichen Übermaßgebot herleiten.[269] Aus der Sicht der betroffenen Unternehmen ist eine Teiluntersagung regelmäßig gegenüber einer vollständigen Untersagung vorzugswürdig, zumal für die Untersagung des wettbewerblich unbedenklichen Zusammenschlussteils kein sachlicher Grund besteht. In die Gestaltungsfreiheit der Unternehmen wird hierdurch nicht eingegriffen, weil die Unternehmen nicht gezwungen sind, von der Teilfreigabe in Form des Vollzugs Gebrauch zu machen.

Der Streit hat zwar seit Inkrafttreten der 6. GWB-Novelle (1999) an Bedeutung verlo- **102**
ren, denn § 40 Abs. 3 GWB erlaubt es seither, Freigaben mit Bedingungen und Auflagen zu versehen, wodurch das BKartA in Zusammenarbeit mit den beteiligten Unternehmen gezielt wettbewerbliche Bedenken in Teilbereichen des Zusammenschlusses adressieren kann, um eine Gesamtuntersagung abzuwenden.[270] Die Möglichkeit der Teiluntersagung kann aber dennoch in Fällen relevant werden, in denen sich ein beim BKartA angemeldeter Vorgang in **mehrere rechtliche klar getrennte Vorgänge** unterteilen lässt.[271] Gleiches muss gelten, wenn mehrere Erwerbsvorgänge, die innerhalb von zwei Jahren zwischen denselben Personen oder Unternehmen getätigt werden, nach § 38 Abs. 5 Satz 3 GWB zu einem einzigen Zusammenschluss zusammengefasst werden.[272]

Unklar ist, ob eine Untersagungsverfügung mit **Bedingungen** verbunden werden kann. **103**
Das Kammergericht befand noch unter der 5. GWB-Novelle, dass die Berechtigung zur bedingten Untersagung mit dem Fristenregime der präventiven Fusionskontrolle nicht in Einklang zu bringen sein. Dies bedeutete, dass die Untersagung eines Zusammenschlusses nicht unter die Bedingung des Vollzugs eines anderen Zusammenschlusses gestellt werden durfte, wenn der erste Zusammenschluss in der Einschätzung des Amtes zwar nicht für sich, aber zusammen mit dem zweiten Zusammenschluss die Untersagungsvoraussetzungen erfüllte.[273] Ob diese Einschätzung heute noch Bestand hat, mag auf sich beruhen, weil das BKartA seit Einführung der Nebenbestimmungskompetenz in § 40 Abs. 3 GWB das gleiche Ergebnis erreichen kann, wenn es den ersten Zusammenschluss unter der Bedingung freigibt, dass der zweite nicht vollzogen wird.

Die Untersagungsverfügung ist auf den angemeldeten Zusammenschluss bezogen und **104**
gilt **zeitlich unbegrenzt.** Den Unternehmen steht es jedoch frei, zu einem späteren Zeitpunkt ein neues Zusammenschlussvorhaben in ähnlicher oder gar derselben Form anzu-

---

[267] *Immenga/Mestmäcker-Mestmäcker/Veelken,* GWB, 4. Aufl., § 40 Rdnr. 40; *Langen/Bunte-Kallfaß,* GWB, § 40 Rdnr. 7; ebenso im Ergebnis *Loewenheim/Meessen/Riesenkampff-Riesenkampff/Lehr,* GWB, § 40 Rdnr. 12; *Bechtold,* GWB, § 40 Rdnr. 43; BKartA WuW/E BKartA 1647, 1651 – *Erdgas Schwaben;* BKartA WuW/E DE-V 1442, Rdnr. 136 – *Kalmar/CVS Ferrari;* offen gelassen in BGH WuW/E BGH 1854, 1861 – *Zeitungsmarkt München;* vgl. allerdings BKartA WuW/E BKartA 2713, 2721 – *Stromversorgung Aggertal* (möglicherweise Trennung verschiedener Stufen zur Verwirklichung eines Gemeinschaftsunternehmens).

[268] KG WuW/E OLG 3051, 3054 – *Morris/Rothmans;* vgl. auch BGH WuW/E BGH 2731, 2734 – *Inlandstochter;* zu Inlandsauswirkungen oben § 19 Rdnr. 187ff und *Wiedemann* in § 5 Rdnr. 45ff.

[269] *Kleinmann/Bechtold,* Fusionskontrolle, § 24 Rdnr. 194ff.; *Richter,* FIW Bd. 125, S. 41ff.; vgl. auch *KK-Schütz,* Bd. 2 GWB, § 36 Rdnr. 219ff.

[270] Dazu unten Rdnr. 110ff.

[271] Vgl. zu diesem Kriterium BGH WuW/E BGH 2731, 2734 – *Inlandstochter;* BGH WuW/E BGH 1854, 1861 – *Zeitungsmarkt München.*

[272] Dazu oben § 19 Rdnr. 165.

[273] KG WuW/E OLG 5601, 5614 – *Stromversorgung Aggertal;* zust. *Langen/Bunte-Kallfaß,* GWB, § 40 Rdnr. 7; offen gelassen in BGH WRP 1998, 194, 199 – *Stromversorgung Aggertal* (insoweit nicht abgedruckt in WuW/E DE-R 24).

melden; über den angemeldeten Zusammenschluss muss dann erneut entschieden werden, wobei die dann aktuellen Wettbewerbsverhältnisse zugrunde zu legen sind.

105 Wenn das BKartA erkennt, dass es die Untersagungsvoraussetzungen zu Unrecht angenommen hat oder die Untersagungsvoraussetzungen durch nachfolgende Ereignisse weggefallen sind, muss es die Untersagungsverfügung **zurücknehmen.**[274] Da die Sonderregelung des § 40 Abs. 3a GWB (auch i.V.m. §§ 41 Abs. 2, 42 Abs. 2 GWB) Sperrwirkung nur für begünstigende Verwaltungsakte in der Fusionskontrolle entfaltet, kann ohne weiteres auf die Vorschriften des allgemeinen Verwaltungsrechts über die Rücknahme und den Widerruf belastender Verwaltungsakte zurückgegriffen werden. Die Rücknahme der Untersagungsverfügung muss nicht im Bundesanzeiger bekanntgemacht werden (Umkehrschluss aus § 43 Abs. 2 Nr. 3 GWB).

106 Bei **vollzogenen Zusammenschlüssen** war die Untersagungsverfügung jedenfalls bis zur 7. GWB-Novelle Rechtsgrundlage für das Entflechtungsverfahren nach § 41 Abs. 3 GWB. Mit der 8. GWB-Novelle hat der Gesetzgeber nun klargestellt (vgl. § 41 Abs. 1 Satz 3 Nr. 3 und § 42 Abs. 3 Satz 1 GWB), dass das Verfahren der präventiven Fusionskontrolle nach § 40 GWB nur auf nicht-vollzogene Zusammenschlüsse Anwendung findet[275] und die Auflösung ohne vorherige Untersagung in einem einstufigen Verfahren betrieben werden kann, indem das Vorliegen der Untersagungsvoraussetzungen inzident geprüft wird.[276]

107 *bb) Rechtsmittel.* Die Untersagungsverfügung kann mit der **Beschwerde** nach § 63 GWB angefochten werden.[277] Die Beschwerde muss innerhalb eines Monats schriftlich beim BKartA eingelegt werden (§ 66 Abs. 1 Satz 1 GWB); allerdings genügt zur Fristwahrung auch der rechtzeitige Eingang beim Beschwerdegericht (§ 66 Abs. 1 Satz 4 GWB). Durch die Einlegung beim BKartA soll die Behörde die Gelegenheit bekommen, die Beschwerde vorab zu überprüfen und ihr ggf. durch Rücknahme oder Änderung der Untersagung ganz oder teilweise abzuhelfen.[278] Fehlt der Untersagungsverfügung eine ordnungsgemäße Rechtsmittelbelehrung, verlängert sich die Beschwerdefrist entsprechend § 58 Abs. 2 VwGO auf ein Jahr.[279] Wird ein Antrag auf Ministererlaubnis gestellt, so beginnt die Beschwerdefrist erst mit der Zustellung der Verfügung des Bundeswirtschaftsministers (§ 66 Abs. 1 Satz 3 GWB). Umgekehrt beginnt bei Anfechtung der Untersagung die Frist für die Ministererlaubnis erst in dem Moment, in dem die Untersagung unanfechtbar wird (§ 42 Abs. 3 Satz 2 GWB). Beschwerde und Antrag auf Ministererlaubnis können parallel verfolgt werden,[280] oder mit dem einen wird gewartet, bis über das andere entschieden worden ist; insofern besteht ein Wahlrecht.[281] Gegen die Entscheidung des Beschwerdegerichts ist die **Rechtsbeschwerde**[282] statthaft, wenn sie von diesem zugelassen worden ist (§ 74 Abs. 1 GWB), wenn ein schwerer Verfahrensmangel vorliegt und gerügt wird (§ 74 Abs. 4 GWB) oder wenn die Nichtzulassung erfolgreich vor dem BGH angefochten worden ist (§ 75 GWB). Die Zulassungspraxis des früher zuständigen KG war – im Hinblick auf das Erfordernis der Klärung von Grundsatzfragen – großzügig. Seit dem Umzug des BKartA nach Bonn ist das OLG Düsseldorf das zuständige Beschwerdegericht; seine Praxis ist deut-

---

[274] Vgl. BKartA TB 1975, S. 35 – *Bitumen-Verkaufsgesellschaft.*

[275] Dazu oben Rdnr. 4.

[276] Dazu unten Rdnr. 163ff.

[277] Zu Einzelheiten des Beschwerdeverfahrens siehe unten *Klose,* § 54 Rdnr. 1ff.

[278] *Immenga/Mestmäcker-K.Schmidt,* GWB, 4. Aufl., § 66 Rdnr. 8; *Bechtold,* GWB, § 66 Rdnr. 3.

[279] OLG Düsseldorf WuW/E DE-R 1545, 1546 – *VDZ-Wettbewerbsregeln; Immenga/Mestmäcker-K.Schmidt,* GWB, 4. Aufl., § 66 Rdnr. 8.

[280] BMWi V. v. 22.5.2006, I B 2 - 221410/2, Rdnr. 31f. – *Rhön-Grabfeld;* BMWi WuW/E DE-V 1692, Rdnr. 32 – *Universitätsklinikum Greifswald;* Monopolkommission, 45. Sondergutachten (2006), Rdnr. 100 – *Rhön-Grabfeld.*

[281] Begr. RegE zur 2. GWB-Novelle, BT-Drucks. VI/2520, S. 31; BKartA TB 1981/1982, S. 75 – *Burda/Springer; Langen/Bunte-Kallfaß,* GWB, § 42 Rdnr. 16; *Bechtold,* GWB, § 40 Rdnr. 49f.; *Emmerich,* Kartellrecht, § 36 Rdnr. 25; aA *Kleinmann/Bechtold,* Fusionskontrolle, § 24 Rdnr. 271.

[282] Dazu unten *Klose* in § 54 Rdnr. 136ff.

lich restriktiver. Die Bedeutung der Nichtzulassungsbeschwerde an den BGH hat daher zugenommen.[283]

Die Beschwerde gegen die Untersagung hat keine aufschiebende Wirkung (vgl. § 64 Abs. 1 GWB). Zwar könnte das Beschwerdegericht die aufschiebende Wirkung nach § 65 Abs. 3 Satz 3 GWB anordnen, insbesondere wenn ernstliche Zweifel an der Rechtmäßigkeit der angefochtenen Verfügung bestehen (§ 65 Abs. 3 Satz 1 Nr. 2). Nach der Rechtsprechung gilt das vorläufige Vollzugsverbot des § 41 Abs. 1 GWB jedoch über das behördliche Verfahren hinaus auch für die gesamte Dauer des kartellgerichtlichen Verfahrens.[284] Dies bedeutet, dass die Anordnung der aufschiebenden Wirkung nicht dazu führen würde, dass die beteiligten Unternehmen den Zusammenschluss vollziehen dürften, so dass ein entsprechender Antrag unstatthaft ist.[285] **Einstweiligen Rechtsschutz** können die Unternehmen daher ausschließlich dadurch erlangen, dass das Beschwerdegericht auf Antrag nach §§ 64 Abs. 3 Satz 1, 60 GWB eine einstweilige Anordnung erlässt, mit der eine Befreiung vom Vollzugsverbot nach § 41 Abs. 2 GWB ausgesprochen wird.[286] Da das Beschwerdegericht ohnehin dazu berufen ist, über die Rechtmäßigkeit der Untersagungsverfügung zu befinden, ist es gerechtfertigt, ihm auch die Kompetenz für die Entscheidung über die Befreiung vom Vollzugsverbot zu übertragen, die u. a. eine Prognose über den Ausgang des Beschwerdeverfahrens erfordert.[287] Im Gegensatz zur Anordnung der aufschiebenden Wirkung nach § 65 Abs. 3 Satz 3 GWB genügt es für die Befreiung nach § 41 Abs. 2 GWB jedoch noch nicht, dass das Gericht ernstliche Zweifel an der Rechtmäßigkeit der angefochtenen Verfügung hat. Vielmehr müssen die beteiligten Unternehmen zusätzlich wichtige Gründe geltend machen und insbesondere dartun, dass die Befreiung geboten ist, um schweren Schaden von ihnen oder von Dritten abzuwenden.[288] **108**

Besondere Zuständigkeiten gelten für die freiwillige Vereinigung von **Krankenkassen** nach § 172a SGB V. Hier führt der Rechtsweg gegen die Entscheidungen des BKartA zum LSG Nordrhein-Westfalen in Essen bzw. zum Bundessozialgericht in Kassel (§ 63 Abs. 4 Satz 3 GWB, §§ 29 Abs. 3 Nr. 4, 202 Satz 3 SGG). **109**

c) Freigabe mit Nebenbestimmungen. aa) Inhalt und Umfang der Nebenbestimmungen. **Vor der 6. GWB-Novelle** ließ das Gesetz für die abschließende Entscheidung über einen Zusammenschluss nur die Wahl zwischen der Untersagung oder der Nichtuntersagung. Auflagen und andere Nebenbestimmungen, wie sie etwa in der europäischen Fusionskontrolle seit jeher geläufig sind, kannte das GWB nicht. Rechtstechnisch ging dies auch deshalb nicht, weil die Nichtuntersagung nicht in Form eines Verwaltungsakts erging, sondern mit Fristablauf ohne jede Äußerung oder – wie in den allermeisten Fällen – mit einem formlosen Freigabeschreiben des Amtes erfolgte. Einem Nicht-Verwaltungsakt konnten keine Nebenbestimmungen beigegeben werden. Dennoch bildete sich *praeter legem* als Alternative zur Untersagung eine **Zusagenpraxis** heraus, die darauf fußte, dass das BKartA bei der Prüfung der Wirkungen eines Zusammenschlusses auch glaubwürdige Zusagen der beteiligten Unternehmen über strukturelle Maßnahmen (z. B. Verkauf bestimmter Produktionsanlagen) berücksichtigen musste.[289] Mit der 6. GWB-Novelle wurden die untersagungsabwendenden Zusagen schließlich Gegenstand einer ausdrücklichen gesetzlichen Regelung (§ 40 **110**

---

[283] Siehe nur BGH WuW/E DE-R 1571 – *Ampere;* BGH WuW/E DE-R 703 – *Puttgarden II.*

[284] BGH WuW/E DE-R 2507, Rdnr. 10 – *Faber/Basalt;* OLG Düsseldorf WuW/E DE-R 2069, 2071 – *Phonak/ReSound I;* zust. *Langen/Bunte-Kallfaß,* GWB, § 41 Rdnr. 1; aA *Bechtold,* GWB, § 41 Rdnr. 2.

[285] BGH WuW/E DE-R 2507, Rdnr. 7 ff. – *Faber/Basalt;* ebenso zur früheren Rechtslage bereits KG WuW/E OLG 2571 – *Gaslöschanlagen.*

[286] BGH WuW/E DE-R 2507, Rdnr. 17 ff. – *Faber/Basalt;* aA OLG Düsseldorf WuW/E DE-R 2069, 2071 – *Phonak/ReSound I.*

[287] BGH WuW/E DE-R 2507, Rdnr. 23 – *Faber/Basalt; Immenga/Mestmäcker-Mestmäcker/Veelken,* GWB, 4. Aufl., § 41 Rdnr. 24; *MüKo-Mäger,* GWB, § 41 Rdnr. 29.

[288] Zu den Voraussetzungen der Befreiung oben Rdnr. 62 f.

[289] Einzelheiten in der Vorauflage § 21 Rdnr. 51 ff.

Abs. 3 GWB).[290] Da Freigaben seither im Hauptprüfverfahren durch Verfügungen ergehen (§ 40 Abs. 2 Satz 1 GWB), bilden sie rechtstechnisch eine geeignete Grundlage für Nebenbestimmungen in Form von Auflagen und Bedingungen. Das BKartA kann damit die von den Unternehmen im Verfahren gemachten Zusagen rechtlich absichern. Die Regelung befreit das Amt von der bis dahin vermeintlich vorgegebenen Alternative der Untersagung des gesamten Zusammenschlussvorhabens oder seiner gesamthaften Freigabe.

111 § 40 Abs. 3 Satz 1 GWB eröffnet dem BKartA die Befugnis, die Freigabe im Hauptprüfverfahren mit Bedingungen und Auflagen zu verbinden. Bezogen auf die Fusionskontrolle ist eine **Bedingung** eine Bestimmung, nach der die Wirksamkeit der Freigabe eintritt oder wegfällt, sobald ein ungewisses zukünftiges Ereignis eintritt (vgl. § 36 Abs. 2 Nr. 2 VwVfG). Eine **Auflage** ist in diesem Kontext eine Bestimmung, durch die den beteiligten Unternehmen ein Tun, Dulden oder Unterlassen vorgeschrieben wird (vgl. § 36 Abs. 2 Nr. 4 VwVfG). Mit der 8. GWB-Novelle hat der Gesetzgeber in Anlehnung an das europäische Recht[291] präzisiert, dass Bedingungen und Auflagen allein dazu dienen dürfen, dass die beteiligten Unternehmen tatsächlich den Verpflichtungen („Zusagen") nachkommen, die sie gegenüber dem BKartA eingegangen sind, um eine Untersagung des Zusammenschlusses abzuwenden. Eine Bedingung darf also nicht ein Ereignis zum Gegenstand haben, auf dessen Verwirklichung die beteiligten Unternehmen keinen Einfluss haben.

112 Hinsichtlich der Frage, ob ein Zusammenschluss zu untersagen oder unter Beifügung von Bedingungen und Auflagen freizugeben ist, hat das BKartA **kein Ermessen.**[292] Die Freigabe unter Nebenbestimmungen ist nur zulässig, wenn dadurch der Eintritt der Untersagungsvoraussetzungen des § 36 Abs. 1 GWB wirksam verhindert werden kann. Ist dies der Fall, ist die Freigabe unter Nebenbestimmungen zugleich geboten.[293] Auch Umfang und Inhalt der Zusagen stehen nicht im Ermessen des BKartA. Vielmehr ist es die Aufgabe der anmeldenden Unternehmen, Zusagenvorschläge zu erarbeiten, die das Amt darauf hin prüft, ob sie die identifizierten Wettbewerbsprobleme wirksam beseitigen können. Der Gesetzgeber der 8. GWB-Novelle hat mit der Neufassung von § 40 Abs. 3 Satz 1 GWB und der Einfügung von § 40 Abs. 2 Satz 7 GWB die frühere Praxis des BKartA bestätigt, dass eine Freigabe unter der Beifügung von Nebenbestimmungen nur erfolgen kann, wenn die anmeldenden Unternehmen dem BKartA entsprechende Vorschläge machen. Das BKartA ist allerdings gehalten, die anmeldenden Unternehmen bei der Erarbeitung geeigneter Zusagenvorschläge zu unterstützen (§ 25 VwVfG), auch wenn es die Möglichkeit einer Freigabe mit Nebenbestimmungen nicht von Amts wegen prüfen muss.[294] Für eine Abstimmung zwischen BKartA und anmeldenden Unternehmen besteht ohnedies eine praktische Notwendigkeit, weil sich nur so eine sachgerechte, durchführbare und für die Beteiligten akzeptable Lösung finden lässt.[295] Wenn die Anmelder geeignete Zusagen angeboten haben, steht dem BKartA allerdings ein **Auswahlermessen** hinsichtlich der Frage zu, ob die Zusagen mittels Bedingungen oder Auflagen durchzusetzen sind.[296]

113 Nach § 40 Abs. 3 Satz 2 GWB dürfen die Nebenbestimmungen nicht darauf gerichtet sein, die beteiligten Unternehmen einer laufenden Verhaltenskontrolle zu unterstellen. Aus dieser Regelung lässt sich eine Präferenz der deutschen Fusionskontrolle für **Maßnahmen struktureller Art** herauslesen, d. h. Maßnahmen, die an der Marktstruktur ansetzen, in-

---

[290] Vgl. Begr. RegE zur 6. GWB-Novelle, BT-Drucks. 13/9720, S. 60.

[291] Art. 6 Abs. 2 Unterabs. 2 und Art. 8 Abs. 2 Unterabs. 2 FKVO, dazu Begr. RegE zur 8. GWB-Novelle, BT-Drucks. 17/9852, S. 30 (zu Nr. 23 Buchst. b)).

[292] BGH WuW/E DE-R 2905, Rdnr. 90 – *Phonak/GN Store; Langen/Bunte-Kallfaß,* GWB, § 40 Rdnr. 33; aA noch Vorauflage § 21 Rdnr. 105 (allerdings mit weitreichender Einschränkung durch den Verhältnismäßigkeitsgrundsatz).

[293] BGH aaO.

[294] *Langen/Bunte-Kallfaß,* GWB, § 40 Rdnr. 34; *Bechtold,* GWB, § 40 Rdnr. 30.

[295] Vgl. OLG Düsseldorf WuW/E DE-R 926, 940 – *E.ON/Ruhrgas; Herfarth,* WuW 2004, 584, 585; *Rust,* ZWeR 2004, 477, 485.

[296] *Bechtold,* GWB, § 40 Rdnr. 29; vgl. auch BGH WuW/E DE-R 1163, 1165 – *Habet/Lekkerland.*

dem sich die beteiligten Unternehmen zur Veräußerung von Unternehmensteilen oder Vermögenswerten verpflichten. Derartige Maßnahmen gelten als besonders effektiv, weil sie im Regelfall nur eine einmalige Intervention des BKartA erfordern, und sie dominieren deshalb die Entscheidungspraxis des BKartA.[297] Zulässig sind allerdings auch bestimmte (punktuelle) Verhaltenszusagen.[298] Damit eine **Veräußerungszusage** vom BKartA akzeptiert wird, muss sichergestellt sein, dass sie hinreichend wirksam und nachhaltig ist, um die wettbewerbsrechtlichen Bedenken zu beseitigen, und dass sie hinreichend leicht und schnell umsetzbar ist, um eine Verschlechterung der Vermögenswerte in der Zeit bis zur Veräußerung zu verhindern. In der Praxis des BKartA hat sich eine Reihe von Grundsätzen für die Beurteilung von Veräußerungszusagen herauskristallisiert, die im Folgenden zu beleuchten sind:

Was zunächst Art und Umfang des **Veräußerungsgegenstands** anbelangt, so präferiert das BKartA rechtlich selbständige Unternehmen oder klar separierbare Unternehmensteile, die sich ohne größere Friktionen auf einen unabhängigen Dritten übertragen lassen. Im Normalfall sollte das zu veräußernde Geschäft alle Vermögenswerte umfassen, die für seine wirtschaftliche Überlebensfähigkeit und Wettbewerbsfähigkeit erforderlich sind, z. B. Grundstücke, Mietverträge, Marken, Lizenzen, Vertragsbeziehungen mit Lieferanten und Kunden, Mitarbeiter, behördliche Genehmigungen usw.[299] Entscheidend ist, dass der Zuschnitt des zu veräußernden Geschäfts aus der Sicht eines potenziellen Erwerbers ein strategisch sinnvolles Paket bildet und die Veräußerung vor dem Hintergrund der Verhältnisse auf dem jeweils betroffenen Markt einen effektiven Übergang der Marktposition des Veräußerers auf den Erwerber verspricht. Das kann bedeuten, dass der Veräußerungsgegenstand größer sein muss, als es zur Beseitigung der Wettbewerbsbedenken eigentlich erforderlich wäre, weil nur die größere Einheit überlebens- und wettbewerbsfähig ist.[300] Die Eignung der vorgeschlagenen Zusagen prüft das BKartA im Regelfall über die Befragung potenzieller Erwerber und sonstiger Marktteilnehmer.[301] 114

Auch wenn Veräußerungszusagen in den allermeisten Fällen darauf abzielen, eine erhebliche Wettbewerbsbehinderung durch den Zusammenschluss (§ 36 Abs. 1 Satz 1 GWB) zu verhindern, ist dies nicht der einzige Weg, um die Freigabefähigkeit des Zusammenschlusses zu erreichen. In Betracht kommt vielmehr auch, dass durch Veräußerungen an anderer Stelle Verbesserungen der Wettbewerbsbedingungen dargestellt werden, die die Behinderung des Wettbewerbs überwiegen (§ 36 Abs. 1 Satz 2 Nr. 1 GWB).[302] Bei derart **kompensatorischen Verbesserungen** fordert das BKartA allerdings entsprechend dem Wortlaut von § 36 Abs. 1 Satz 2 Nr. 1 GWB ein klares Überwiegen der Verbesserungs- gegenüber den Verschlechterungswirkungen des Zusammenschlusses.[303] Dies lässt sich an folgendem Beispiel illustrieren: Erwirbt ein marktbeherrschender Lieferant A eine Minderheitsbeteiligung an einem Nachfrager B, kann der mit dem Zusammenschluss verbundene Absicherungseffekt eine Untersagung begründen. Eine geeignete Zusage wäre dann die Veräußerung einer qualitativ und quantitativ ebenbürtigen Beteiligung an einem auf demselben Markt nachfragenden Unternehmen C. Alternativ könnte sich A auch von der Beteiligung an einem Unternehmen D trennen, das auf einem anderen, von A ebenfalls be- 115

[297] *Langen/Bunte-Kallfaß,* GWB, § 40 Rdnr. 35; *Bechtold,* GWB, § 40 Rdnr. 31; *Krueger,* NZKart 2013, 130, 131.

[298] Dazu unten Rdnr. 118.

[299] *Krueger,* NZKart 2013, 130, 133; vgl. Komm., Mitteilung über zulässige Abhilfemaßnahmen, ABl. 2008 C 267/1, Rdnr. 23 ff.

[300] BKartA B. v. 30.6.2008, B2–333/07 – *Tengelmann/EDEKA,* S. 134, 135 f.

[301] *Krueger,* NZKart 2013, 130, 134; s. auch OLG Düsseldorf WuW/E DE-R 2462, 2471 f. – *A-TEC/Norddeutsche Affinerie.*

[302] Beispiele sind BKartA WuW/E DE-V 301, 312 – *RWE/VEW;* BKartA WuW/E DE-V 831, 835 f. – *RWE/Wuppertaler Stadtwerke;* BKartA B. v. 29.4.2002, B10–219/01, S. 32 f. – *Trienekens/Entsorgungsbetriebe Essen;* zustimmend *Rust,* ZWeR 2004, 477, 499 ff.; kritisch *Langen/Bunte-Kallfaß,* GWB, § 40 Rdnr. 37.

[303] Dazu oben § 20 Rdnr. 213 f.

herrschten Markt nachfragt. In diesem Fall müsste die Beteiligung an D jedoch in Bezug auf die Beteiligungsqualität und den Umfang der Nachfragetätigkeit deutlich über die zu erwerbende Beteiligung an B hinausgehen.[304]

116 Bei der **rechtlichen Ausgestaltung der Zusage** verfügt das BKartA über ein Auswahlermessen, das allerdings durch den Verhältnismäßigkeitsgrundsatz begrenzt wird. Bei der Ermessensausübung muss das Amt eine Abwägung vornehmen zwischen den Belangen des Wettbewerbsschutzes und den Interessen der beteiligten Unternehmen. Hier zeigt die jüngere Praxis des BKartA eine Präferenz für aufschiebende Bedingungen, die den Vollzug des Zusammenschlusses erst erlauben, wenn die beteiligten Unternehmen ihre Veräußerungszusagen umgesetzt haben.[305] Dies gilt insbesondere dort, wo die praktische und fristgerechte Umsetzung einer Zusage nicht gesichert ist.[306] Begründet wird dies mit dem präventiven Charakter der Fusionskontrolle, die bereits das zeitweilige Entstehen eines wettbewerbsbeschränkenden Zustands verhindern soll.[307] Im Gegensatz dazu dürfen die Zusammenschlussbeteiligten das Vorhaben bei einer auflösenden Bedingung[308] oder einer Veräußerungsauflage[309] sogleich vollziehen (müssen aber mit Entflechtungsmaßnahmen rechnen, wenn sie ihre Zusagen nicht oder nicht rechtzeitig umsetzen können). Auflagen oder aufschiebende Bedingungen sind insbesondere dort gerechtfertigt, wo die frühzeitige Durchführung des Zusammenschlusses die Umsetzung der Zusagen überhaupt erst ermöglicht oder jedenfalls erleichtert.[310] Wo die von dem frühen Vollzug ausgehenden wettbewerbsschädlichen Wirkungen hingenommen werden, wird versucht, diese Wirkungen durch enge Veräußerungsfristen auf das unbedingt notwendige Maß zu begrenzen.[311] Bisweilen werden aufschiebende und auflösende Bedingungen auch kombiniert.[312] Die Veräußerungszusage wird typischerweise auch bei aufschiebenden Bedingungen an enge Veräußerungsfristen geknüpft, um den Werterhalt der zu übertragenden Vermögensgegenstände sicherzustellen. Flankierend kommen ein (befristetes) Rückerwerbsverbot und Anforderungen an die Unabhängigkeit und unternehmerischen Geeignetheit des Erwerbers hinzu.[313]

117 Um schließlich die Umsetzung und Überwachung der Veräußerungszusagen sicherzustellen, setzt das BKartA im Regelfall einen **Sicherungstreuhänder** und, für den Fall, dass bei einer Auflage oder auflösenden Bedingung die Veräußerungsverpflichtungen nicht fristgerecht umgesetzt werden, einen **Veräußerungstreuhänder** ein. Der Treuhänder muss von den beteiligten Unternehmen unabhängig sein. Wenn an der Unabhängigkeit Zweifel aufkommen, z.B. weil der Treuhänder während der Umsetzung der Zusage weitere Mandate für die Zusammenschlussbeteiligten übernommen hat, kann das BKartA seine Aus-

---

304 Beispiel angelehnt an BKartA TB 2007/2008, S. 105f.

305 BKartA TB 2007/2008, S. 20; BKartA TB 2009/2010, S. 27; Beispiele: BKartA B. v. 23.10. 2007, B8–93/07, Rdnr. 43 – *RWE/Stadtwerke Krefeld Neuss;* BKartA B. v. 30.6.2008, B2–333/07, S. 138 – *Tengelmann/EDEKA;* BKartA B. v. 5.3.2009, B8–163/08, S. 19f. – *SaarFerngas/Energie Südwest;* BKartA B. v. 28.10.2010, B2–52/10, S. 149 – *EDEKA/trinkgut;* BKartA B. v. 27.12.2010, B2–71/10, Rdnr. 277 – *Van Drie/Alpuro.*

306 BKartA B. v. 22.12.2006, B4–1002/06, Rdnr. 96 – *Remondis/SAS Schwerin;* dazu auch BKartA TB 2005/2006, S. 175.

307 BKartA B. v. 30.6.2008, B2–333/07, S. 138 – *Tengelmann/EDEKA;* OLG Düsseldorf WuW/E DE-R 2496, 2498 – *Globus/Distributa.*

308 Beispiele für auflösende Veräußerungsbedingungen: BKartA WuW/E DE-V 1376, 1380 – *Douglas/Hela;* BKartA B. v. 8.2.2007, B5–1003/06, Rdnr. 135ff. – *Atlas Copco/ABAC;* BKartA B. v. 5.12.2007, B9–125/07, Rdnr. 164ff. – *Globus/Distributa.* Mit Eintritt der auflösenden Bedingung verwandelt sich die bedingte Freigabeentscheidung in eine Untersagungsentscheidung, OLG Düsseldorf WuW/E DE-R 2894, Rdnr. 22 – *Bauen und Garten.*

309 Beispiele für Veräußerungsauflagen: BKartA B. v. 6.7.2009, B8–96/08 – *EnBW/EWE;* BKartA B. v. 9.3.2009, B1–243/08 – *Werhahn.*

310 Vgl. BKartA B. v. 6.7.2009, B8–96/08, Rdnr. 133 – *EnBW/EWE;* BKartA B. v. 24.8.2009, B8–67/09, Rdnr. 84 – *EnBW/VNG.*

311 OLG Düsseldorf WuW/E DE-R 2496, 2498 – *Globus/Distributa.*

312 BKartA B. v. 17.2.2009, B2–46/08 – *Nordzucker/Danisco Sugar,* Rdnr. 371ff.

313 *Krueger,* NZKart 2013, 130, 133f.

wechslung veranlassen.[314] Das BKartA hat **Mustertexte** für Nebenbestimmungen (aufschiebende/auflösende Bedingungen und Auflagen) und für einen Treuhändervertrag auf seiner Internetseite (www.bundeskartellamt.de) veröffentlicht, die auf der Zusagenpraxis des BKartA beruhen. Die Muster enthalten keine starren Vorgaben, sondern sind offen für Anpassungen im Einzelfall. Auch wenn sie nicht verbindlich sind, empfiehlt das Amt ihre Verwendung, um Verhandlungen über Nebenbestimmungen zu beschleunigen.[315]

Trotz der Präferenz für strukturelle Zusagen sind durch § 40 Abs. 3 Satz 2 GWB **Verhaltenszusagen** nicht ausgeschlossen, vorausgesetzt sie sind ebenso geeignet und wirksam wie Veräußerungszusagen und führen zu keiner „laufenden Verhaltenskontrolle".[316] Verhaltenszusagen eignen sich besonders für vertikale und konglomerate Zusammenschlüsse, bei denen die Wettbewerbsbedenken nicht aus Marktanteilsadditionen resultieren, sondern aus geänderten Verhaltensanreizen für die beteiligten Unternehmen.[317] Maßnahmen die hier in Betracht kommen sind etwa Marktöffnungszusagen,[318] Einflussbegrenzungen,[319] Belieferungsverpflichtungen[320] oder der Abschluss von Know-how-Verträgen.[321] In der Praxis wird § 40 Abs. 3 Satz 2 GWB nicht übermäßig streng ausgelegt.[322] Auch wenn Verhaltenszusagen ihre Wirkung durch eine wiederholte Beeinflussung des Marktverhaltens der beteiligten Unternehmen zu erreichen suchen, bedeutet dies nicht notwendigerweise, dass die beteiligten Unternehmen im Sinne des § 40 Abs. 3 Satz 2 GWB einer laufenden Verhaltenskontrolle unterstellt werden. Entscheidend für die Zulässigkeit von Verhaltenszusagen ist nach Ansicht des BGH vielmehr, ob durch sie ein struktureller Effekt erzielt wird, der hinreichend wirksam und nachhaltig ist, um eine Verschlechterung der Wettbewerbsbedingungen durch den Zusammenschluss zu verhindern oder zu kompensieren.[323] So hat der BGH Nebenbestimmungen, die die beteiligten Unternehmen verpflichten, Verkehrsleistungen über Ausschreibungen zu vergeben, als mit § 40 Abs. 3 Satz 2 GWB vereinbar angesehen, wenn die Nebenbestimmungen geeignet sind, über die unmittelbare Steuerung des Angebots- oder Nachfrageverhaltens der Marktbeteiligten hinaus nachhaltigen Einfluss auf die Bedingungen wirksamen Wettbewerbs auf den betroffenen Märkten zu nehmen.[324] 118

Keine geeigneten Zusagen sind normalerweise Verpflichtungen, die Preise nicht anzuheben oder die Produktpalette einzuschränken.[325] Das gilt – entgegen einzelner Entscheidun- 119

---

[314] *Krueger,* NZKart 2013, 130, 134.

[315] BKartA TB 2007/2008, S. 20.

[316] Begr. RegE zur 8. GWB-Novelle, BT-Drucks. 17/9852, S. 30 (zu Nr. 23 Buchst. b); BGH WuW/E DE-R 1681, Rdnr. 58f. – *DB Regio/üstra.*

[317] Vgl. Komm., Mitteilung über zulässige Abhilfemaßnahmen, ABl. 2008 C 267/1, Rdnr. 17.

[318] Siehe dazu BKartA WuW/E DE-V 195, 196 und 200 – *Westfälische Ferngas* (Reduktion der Laufzeiten und Liefermengen in Kundenverträgen); BKartA WuW/E DE-V 395 – *Schwäbisch Gmünd* (Zugang zum Gasversorgungsnetz für Wettbewerber, Sonderkündigungsrechte für Kunden); BKartA WuW/E DE-V 444 – *Stadtwerke Viersen* (Zugang zum Gasversorgungsnetz, Sonderkündigungsrechte); BKartA WuW/E DE-V 460 – *Fair Energie* (Zugang zum Gasversorgungsnetz, Sonderkündigungsrechte); BKartA WuW/E DE-V 483 – *Lufthansa/Eurowings* (Abgabe von Start- und Landerechten, sog. „Slots"); BKartA B. v. 3.7.2002, B9–164/01 – *ÖPNV Göttingen* (Vergabe von Verkehrsleistungen im Wettbewerb; nicht vollständig abgedruckt in WuW/E DE-V 603); s. ferner BMWi WuW/E DE-V 573, Rdnr. 151ff. und WuW/E DE-V 643, Rdnr. 76 (Auktionsverfahren zur Freigabe von kontrahierten Gasimporten).

[319] BKartA WuW/E DE-V 707, 711 – *Stadtwerke Eberswalde;* BKartA WuW/E DE-V 772 – *Werhahn.*

[320] BKartA WuW/E DE-V 1669 – *Stihl/ZAMA.*

[321] BKartA WuW/E DE-V 801 – *BASF/Bayer.*

[322] Vgl. zB BKartA B. v. 22.1.2002, B8–111/01, S. 4ff. – *RWE Plus AG/Stadtwerke Düren* (Zusagen zur Öffnung des Gasnetzes zur Durchleitung); BKartA WuW/E DE-V 669, 676 – *Getinge/Heraeus* (10jähriger Verzicht auf Direktvertrieb an Krankenhäuser); BKartA B. v. 3.7.2002, B9–164/01 – *ÖPNV Göttingen* (Verzicht auf personenbeförderungsrechtliche Linienverkehrsgenehmigungen; insoweit nicht abgedruckt in WuW/E DE-V 603).

[323] BGH WuW/E DE-R 1681, Rdnr. 58f. – *DB Regio/üstra.*

[324] BGH WuW/E DE-R 1681, Rdnr. 60 – *DB Regio/üstra.*

[325] Vgl. Komm., Mitteilung über zulässige Abhilfemaßnahmen, ABl. 2008 C 267/1, Rdnr. 17.

gen des BKartA[326] – auch für **Stilllegungszusagen,** die die Abschmelzung von zu hohen Marktanteilen sicherstellen sollen. Derartige Zusagen sind untauglich, den erhofften prokompetitiven Effekt zu erreichen, weil die stillzulegende Kapazität dem Markt entzogen wird. Dies ist besonders augenfällig, wenn der durch die Stilllegung bewirkte Kapazitätsabbau zu Preiserhöhungen führt.

120 Wenn ein anmeldendes Unternehmen erstmals Vorschläge für Bedingungen oder Auflagen unterbreitet, **verlängert sich die Frist** der zweiten Phase nach § 40 Abs. 2 Satz 7 GWB **um einen Monat.** Diese mit der 8. GWB-Novelle in das Gesetz eingefügte Regelung trägt dem Umstand Rechnung, dass die Beurteilung von Zusagenvorschlägen, einschließlich der Markttests und etwaiger Nachverhandlungen, normalerweise nicht innerhalb der Viermonatsfrist des § 40 Abs. 2 Satz 2 GWB zu bewältigen ist.[327] Erfordern die Zusagenverhandlungen mehr Zeit, bleibt den anmeldenden Unternehmen die Möglichkeit der Fristverlängerung nach § 40 Abs. 2 Satz 4 Nr. 1 GWB. Das Amt darf sich, da es insoweit über kein Ermessen verfügt, Zusagenangeboten auch in einem späten Verfahrensstadium nicht verschließen, wenn – ggf. nach Zustimmung der anmeldenden Unternehmen zu einer Fristverlängerung – ausreichend Zeit für einen Markttest bleibt. Dies gilt selbst dann, wenn die Anmelder immer wieder neue Vorschläge machen und sich die Verhandlungen über Monate hinziehen. Auch das Beschleunigungsgebot rechtfertigt es bei einem solchen Sachverhalt – entgegen der Ansicht des BKartA[328] – nicht, die Entgegennahme weiterer Zusagen zu verweigern und den Zusammenschluss zu untersagen, solange die Anmelder den notwendigen Fristverlängerungen zustimmen.

121 Wenn die beteiligten Unternehmen einer **Auflage zuwiderhandeln,** eröffnet § 40 Abs. 3a Satz 1 GWB dem BKartA die Möglichkeit für einen Widerruf oder eine Änderung der Freigabe. Zur Durchsetzung der Auflage kann das Amt zusätzlich nach § 40 Abs. 3a Satz 2 i. V. m. § 41 Abs. 4 GWB die Ausübung von Stimmrechten untersagen und einen Treuhänder bestellen, um eine zugesagte Veräußerung herbeizuführen. Daneben besteht die Möglichkeit der Durchsetzung mit den Mitteln des Verwaltungszwangs (§ 86a GWB).[329] Da § 40 Abs. 3a Satz 1 GWB eine abschließende Spezialregelung enthält, sind daneben die Vorschriften des allgemeinen Verwaltungsrechts über die Rücknahme und den Widerruf von Verwaltungsakten (§§ 48, 49 VwVfG) nicht anwendbar.[330] Wird die Freigabe von den beteiligten Unternehmen oder Dritten angefochten, kann das BKartA die Nebenbestimmungen jedoch während des laufenden Beschwerdeverfahrens ändern oder ergänzen, um neu erkannten Wettbewerbsbedenken Rechnung zu tragen.[331] Umgekehrt kann das BKartA die Nebenbestimmungen jederzeit nachträglich ganz oder teilweise aufheben oder zugunsten der Zusammenschlussbeteiligten ändern, wenn die Gründe für ihre Anordnung weggefallen sind.[332] Bisweilen fügt das BKartA den Nebenbestimmungen auch ausdrücklich einen entsprechenden Aufhebungsvorbehalt bei.[333]

122 Eine Alternative zur Freigabe mit Nebenbestimmungen kann es sein, dass die beteiligten Unternehmen das **Zusammenschlussvorhaben** noch vor der Anmeldung in Abstim-

---

[326] BKartA B. v. 6.5.2003, B1–80/02, S. 30 – *Basalt-Actien-Gesellschaft/Deutsche Asphalt* (Schließung oder Veräußerung von Asphaltmischanlagen); BKartA WuW/E DE-V 853, 857 f. – *Lhoist* (endgültige Stilllegung von drei Öfen und dauerhafte Begrenzung der Produktionskapazität der verbleibenden Öfen).

[327] Begr. RegE zur 8. GWB-Novelle, BT-Drucks. 17/9852 S. 30 (zu Nr. 23 Buchst. a).

[328] BKartA B. v. 12.3.2007, B8–62/06, S. 47 ff. – *RWE Energy/Saar Ferngas.*

[329] BKartA B. v. 7.8.2002, B9–75/02 – *Deutsche Lufthansa* (Androhung von Zwangsgeld wegen Nichtbefolgung einer Auflage); *Bechtold,* GWB, § 40 Rdnr. 40.

[330] Dazu oben Rdnr. 96.

[331] Vgl. BKartA TB 2009/2010, S. 28, 76 – *Werhahn/Norddeutsche Mischwerke* (Ergänzung einer Freigabe um zusätzliche Auflagen im Beschwerdeverfahren, um einer nachträglichen Fortentwicklung der Rechtsprechung Rechnung zu tragen); dazu auch oben Rdnr. 95.

[332] BKartA TB 2007/2008, S. 127 – *Praktiker/Max Bahr* (Aufhebung einer Veräußerungsverpflichtung wegen zwischenzeitlich eingetretener erheblicher Änderung der Marktstruktur).

[333] BKartA WuW/E DE-V 122, 125 f. – *WITASS;* BKartA WuW/E DE-V 777 – *Ajinomoto/Orsan.*

mung mit dem BKartA so **modifizieren,** dass alle wettbewerblichen Bedenken im Vorfeld ausgeräumt werden. Wurde das Vorhaben bereits angemeldet, lässt sich dieses Ergebnis auch noch durch Rücknahme und Neu-Anmeldung erreichen. Ist beispielsweise der Erwerb eines Einzelhandelsunternehmens mit diversen Standorten angemeldet und das BKartA identifiziert nur bei einigen Standorten Wettbewerbsprobleme, können die Anmelder das Vorhaben in Absprache mit dem Amt um den Erwerb der als problematisch identifizierten Standorte verkürzen, die ursprüngliche Anmeldung zurücknehmen und das modifizierte Vorhaben neu anmelden.[334] Das BKartA wird dann den verkürzten Sachverhalt unkonditioniert freigegeben. Das Vorhaben darf also nur im freigegebenen Umfang vollzogen werden; ein darüber hinausgehender Vollzug würde gegen das bußgeldbewehrte Vollzugsverbot verstoßen und der Entflechtung unterliegen.

bb) Rechtsmittel. Gegen eine Freigabe unter Bedingungen oder Auflagen können die beteiligten Unternehmen[335] Anfechtungsbeschwerde nach §§ 63 ff. GWB **mit dem Ziel** einlegen, die **Freigabe** ihres Zusammenschlussvorhabens **ohne Nebenbestimmungen** zu erreichen.[336] Dabei steht die Tatsache, dass die betreffenden Nebenbestimmungen (notwendigerweise) von den beteiligten Unternehmen vorgeschlagen wurden, einer Anfechtung nicht entgegen.[337] Voraussetzung für die Zulässigkeit der Beschwerde ist allerdings, dass die Beteiligten die betreffenden Nebenbestimmungen nicht bereits endgültig erfüllt haben (z.B. durch die Veräußerung von Unternehmensteilen). Andernfalls tritt Erledigung ein, und die Unternehmen können nur noch unter den (engen) Voraussetzungen eines Fortsetzungsfeststellungsinteresse die Feststellung der Rechtswidrigkeit beantragen.[338] 123

d) Sonstige Verfahrensbeendigung. Ebenso wie in der ersten Phase kann das Verfahren auch in der zweiten Phase durch **Rücknahme der Anmeldung** oder durch **Aufgabe oder Unmöglichwerden des Vorhabens** beendet werden.[339] Zu beachten ist, dass eine Rücknahme gemäß § 80 Abs. 5 Satz 2 GWB nur dann zur Halbierung der Anmeldegebühr führt, wenn sie innerhalb von drei Monaten nach Eingang beim BKartA erfolgt. 124

V. Rechte Dritter

1. Beiladung oder informelle Mitwirkung. Personen und Personenvereinigungen (dazu zählen auch Unternehmen), deren Interessen durch eine kartellbehördliche Entscheidung „erheblich berührt" werden, kann das BKartA auf ihren Antrag zu dem Verfahren beiladen.[340] Der Beigeladene erhält gemäß § 54 Abs. 2 Nr. 3 GWB die Stellung eines Beteiligten mit allen Verfahrensrechten. Dazu gehören das Recht, in dem Verfahren vorzutragen, das Recht auf Schriftsatz- und Entscheidungsabschriften, das Beschwerderecht (§ 63 Abs. 2 GWB) sowie das Recht, auf Antrag Zugang zu den Verfahrensunterlagen zu bekommen, soweit nicht Geschäftsgeheimnisse betroffen sind (§ 29 VwVfG).[341] Zweck der Beiladung ist jedoch nicht in erster Linie der Schutz der individuellen Interessen Dritter, sondern die **Förderung des Verfahrens.** Die Beiladung soll der Sachaufklärung dienen 125

[334] Vgl. BKartA B. v. 15.2.2011 und 1.3.2011, B2–125/10 2 bzw. B2–27, B2–30, B2–31/11 – *EDEKA/RATIO; Krueger,* NZKart 2013, 130.

[335] Zur Möglichkeit der Drittbeschwerde *Rust,* ZWeR 2004, 477, 508.

[336] BGH WuW/E DE-R 1681, Rdnr 13 ff. – *DB Regio/üstra; Immenga/Mestmäcker-Mestmäcker/Veelken,* GWB, 4. Aufl., § 40 Rdnr. 103; *Rust,* ZWeR 2004, 477, 506 f.

[337] BGH WuW/E DE-R 1681, Rdnr. 14 – *DB Regio/üstra;* OLG Düsseldorf WuW/E DE-R 1397, 1398 f. – *ÖPNV Hannover; Immenga/Mestmäcker-Mestmäcker/Veelken,* GWB, 4. Aufl., § 40 Rdnr. 105; *Schroeder,* FIW Bd. 196, S. 83, 102; *Rust,* ZWeR 2004, 477, 504 f.; aA *Uhlig,* WuW 2000, 574, 581 f.

[338] Vgl. OLG Düsseldorf WuW/E DE-R 2630 Rdnr. 17 ff. – *EDEKA/Plus.*

[339] Dazu oben Rdnr. 91 f.

[340] Dazu näher unten *Klose* in § 53 Rdnr. 72 ff.

[341] Vgl. KG WuW/E OLG 2603 (Schutz von Geschäftsgeheimnissen); *Canenbley/Moosecker,* Fusionskontrolle, S. 140.

und es dem BKartA ermöglichen, seine Entscheidung auf eine breitere, den Interessen der anderen Marktbeteiligten Rechnung tragende Grundlage zu stellen.[342]

126 Voraussetzung der Beiladung ist eine **erhebliche Interessenberührung,** wobei nicht nur rechtliche, sondern auch wirtschaftliche Interessen und nicht nur unmittelbare, sondern auch mittelbare Auswirkungen berücksichtigt werden.[343] Es genügt, wenn es möglich erscheint, dass sich die Freigabe oder Untersagung des Zusammenschlusses auf die wirtschaftlichen Verhältnisse des Beiladungspetenten bzw. dessen Wettbewerbslage auswirken wird. Ein Wettbewerbsverhältnis zwischen den Zusammenschlussbeteiligten und dem Antragsteller ist regelmäßig ausreichend, aber nicht erforderlich. Auch die Stellung als Nachfrager der von den sich zusammenschließenden Unternehmen angebotenen Waren und Leistungen kann genügen, insbesondere wenn nur ein begrenzter Kreis von Marktteilnehmern vorhanden ist.[344] Die Interessenberührung muss allerdings einen gewisser Grad an „Erheblichkeit" aufweisen.[345] Sie muss so gewichtig sein, dass es bei wertender Betrachtung angemessen erscheint, dem Beiladungspetenten die Rechte auf Beteiligung am Kartellverfahren einzuräumen.[346] Hierfür ist es nicht ausreichend, wenn lediglich geltend gemacht wird, dass das Beiladung beantragende Unternehmen selbst am Erwerb des Zielunternehmens interessiert ist oder man sich über die Beiladung das Beschwerderecht sichern möchte.

127 Die Beiladung ist eine **Ermessensentscheidung** des BKartA, auf die kein Rechtsanspruch besteht.[347] Im Rahmen seiner Ermessensausübung verlangt das BKartA regelmäßig, dass der Beiladungspetent zu erkennen gibt, das Verfahren und die Aufklärung des Sachverhalts fördern zu wollen. In Fällen, in denen die Beiladung erst kurz vor Beendigung des Verfahrens beantragt wird, kann das BKartA den Antrag unter Hinweis darauf ablehnen, dass die Ermittlungen bereits abgeschlossen und die Interessen, deren Berührung geltend gemacht wird, schon hinreichend berücksichtigt sind. Wenn bereits andere Unternehmen mit ähnlichen, mehr oder weniger gleichgerichteten Interessen beigeladen worden sind, kann die Beiladung ebenfalls abgelehnt werden.[348] Umgekehrt steht das Interesse der beteiligten Unternehmen an der Wahrung ihrer Geschäftsgeheimnisse einer Beiladung grundsätzlich nicht entgegen. Der Sachaufklärung wird in der Praxis des Amtes tendenziell Vorrang vor dem Geheimhaltungsinteresse eingeräumt.[349] Die Entscheidung über die Beiladung ist eine Verfügung, die mit der Beschwerde angegriffen werden kann. Wettbewerber (oder andere Betroffene) sind jedoch nicht auf eine Beiladung angewiesen, um ihre Interessen zu artikulieren. Auch **informelle Stellungnahmen** dritter Unternehmen werden vom BKartA berücksichtigt.

128 Der Beiladungsantrag ist nur zulässig, wenn er **vor Abschluss des kartellbehördlichen Verfahrens** gestellt wird.[350] Das BKartA wird dem Beiladungsantrag auch nur ent-

---

[342] BGH WuW/E DE-R 1857, Rdnr. 12 – *pepcom.*

[343] OLG Düsseldorf WuW/E DE-R 1545, 1546 – *VDZ-Wettbewerbsregeln; Bechtold,* GWB, § 54 Rdnr. 10; *Langen/Bunte-Schneider,* GWB, § 54 Rdnr. 26; *Klose* in § 53 Rdnr. 75; vgl. auch *Immenga/Mestmäcker-K.Schmidt,* GWB, 4. Aufl., § 54 Rdnr. 38f. und *Immenga/Mestmäcker-Bach,* GWB, 5. Aufl., § 54 Rdnr. 35f. (jedes Interesse, wenn es „rechtserheblich" betroffen ist).

[344] Vgl. OLG Düsseldorf WuW/E DE-R 523, 525ff. – *SPNV.*

[345] Vgl. OLG Düsseldorf WuW/E DE-R 1029, 1030 – *E.ON/Ruhrgas: Greenpeace* (Belange des Umwelt- und Klimaschutzes für Fusionskontrolle unerheblich).

[346] OLG Düsseldorf WuW/E DE-R 523, 527 – *SPNV;* OLG Düsseldorf WuW/E DE-R 1545, 1546f. – *VDZ-Wettbewerbsregeln.*

[347] BGH WuW/E DE-R 1857, Rdnr. 12 – *pepcom;* KG WuW/E OLG 1071, 1072 – *Triest-Klausel;* KG WuW/E OLG 2356, 2359 – *Sonntag Aktuell; Langen/Bunte-Schneider,* GWB, § 54 Rdnr. 42; *FK-Bracher,* GWB 2005, § 54 GWB Rdnr. 69.

[348] BGH WuW/E DE-R 1857, Rdnr. 13 – *pepcom.*

[349] KG WuW/E OLG 2686, 2689; *FK-Bracher,* GWB 2005, § 54 Rdnr. 71; *Kleinmann/Bechtold,* Fusionskontrolle, § 24 Rdnr. 242; Monopolkommission, 4. Hauptgutachten 1980/1981, Rdnr. 697.

[350] BGH WuW/E DE-R 2728 – *Versicherungsgemeinschaft;* BGH WuW/E DE-R 1544 – *Zeiss/Leica;* KG WuW/E OLG 2970, 2971 – *Coop-Supermagazin;* vgl. für das Ministererlaubnisverfahren auch BGH WuW/E DE-R 2725 – *Universitätsklinikum Greifswald;* kritisch zu der Rechtsprechung *Stancke,* WuW 2010, 642ff.

sprechen, wenn die Ermittlungen nicht abgeschlossen und noch keine Personen beigeladen worden sind, die anstelle des Beiladungspetenten die vorgetragenen Interessen im Verfahren hinreichend zur Geltung bringen können. Ein rechtzeitiger Beiladungsantrag ist zudem Voraussetzung für das Recht Dritter, eine Verfügung des Amtes mit der Beschwerde angreifen zu können.[351] Es empfiehlt sich aus allen diesen Gründen, den Beiladungsantrag so früh wie möglich nach Einleitung des Fusionskontrollverfahrens zu stellen. Die Beiladung kann in der ersten wie in der zweiten Phase erfolgen. Faktisch wird die Beteiligung in der ersten Phase jedoch dadurch erschwert, dass die Anmeldung regelmäßig erst mit Verzögerung bekannt wird. Zwischen dem Eingang der Anmeldung beim BKartA und der Bekanntgabe des Verfahrens auf seiner Internetseite vergehen meist mehrere Tage. Ein dann noch gestellter Beiladungsantrag wird vom BKartA meist abschlägig beschieden, es sei denn, es hält die Einleitung der zweiten Phase noch für ausreichend wahrscheinlich. Zu Beginn des Hauptprüfverfahrens ist die Beiladung typischerweise leichter zu erreichen, weil das BKartA in diesem Verfahrensstadium in der Regel stärker an der Unterstützung durch Dritte mit herausgehobenen Marktkenntnissen interessiert ist. Von der Eröffnung des Hauptprüfverfahrens erfahren Dritte aus dem Bundesanzeiger (§ 43 Abs. 1 GWB) sowie, praxisrelevanter, auf der Internetseite des BKartA.

„Dritte", die den Zusammenschluss ablehnen, sind auch dann am Fusionskontrollverfahren zu beteiligen, wenn sie im **materiell-rechtlichen Sinne am Zusammenschluss beteiligt** sind. Dies ist relevant für ein außerhalb der Transaktion stehendes Unternehmen, das aufgrund von Mitkontrollrechten (§ 37 Abs. 1 Nr. 2 GWB) oder als Inhaber von 25% der Kapitalanteile oder Stimmrechte am Zielunternehmen (§ 37 Abs. 1 Nr. 3 Satz GWB) als Zusammenschlussbeteiligter gilt. Dieses Unternehmen ist Verfahrensbeteiligter nach § 54 Abs. 2 Nr. 2 GWB. Es darf deshalb im kartellbehördlichen Verwaltungsverfahren umfassend seine Interessen vorbringen. Ändert sich jedoch die Beteiligung des Mitgesellschafters an dem Zusammenschluss während des kartellbehördlichen Verfahrens, etwa weil er seine Beteiligung veräußert, so verliert er auch seine Stellung als Verfahrensbeteiligter. Will er weiter am Verfahren beteiligt bleiben, so muss er dies beantragen und vom BKartA beigeladen werden. So kann das BKartA entscheiden, ob es eine weitere Mitwirkung des ursprünglich „geborenen" Beteiligten für sinnvoll erachtet.[352] 129

2. Rechtsmittel. *a) Rechtsmittel gegen Verfügungen im Hauptprüfverfahren.* Durch die **6. GWB-Novelle** (1999) wurde der Rechtsschutz Dritter in der Fusionskontrolle gestärkt, indem die Freigabe im Hauptprüfverfahren ausdrücklich als Verfügung ausgestaltet wurde. Dritte haben somit, bei Vorliegen der weiteren Voraussetzungen, die Möglichkeit der Beschwerde nach § 63 GWB gegen Freigaben, aber auch gegen Untersagungen im Hauptprüfverfahren. 130

Die **Beschwerdebefugnis** steht den gemäß § 54 Abs. 2 und 3 GWB am Verfahren vor der Kartellbehörde Beteiligten zu (§ 63 Abs. 2 GWB). Hierzu gehören auch die Beigeladenen des kartellbehördlichen Verfahrens. Strittig war lange Zeit, ob darüber hinaus auch ein nicht zum Fusionskontrollverfahren beigeladener Dritter beschwerdebefugt sein kann.[353] Diese Frage hat der BGH mit seinem *pepcom*-Beschluss (eingeschränkt) bejaht. Danach darf ein Dritter in ergänzender Auslegung des § 63 Abs. 2 GWB gegen eine in der Hauptsache ergangene Entscheidung des BKartA Beschwerde einlegen, wenn er die subjektiven Voraussetzungen der Beiladung erfüllt, sein Beiladungsantrag vom BKartA allein aus Gründen der Verfahrensökonomie abgelehnt worden ist und er geltend machen kann, dass ihn diese Entscheidung unmittelbar und individuell betrifft. Dies begründete der BGH mit Hinweis auf die europäische Rechtslage, die bei der Erweiterung der Beschwerdemög- 131

---

[351] Dazu unten Rdnr. 131.

[352] So angedeutet, aber letztlich offen gelassen in BGH WuW/E DE-R 2138, Rdnr. 23 – *Anteilsveräußerung.*

[353] Vgl. dazu *Bunte,* DB 1998, 1748, 1754; *Baron,* WuW 1998, 651; bejahend *Kahlenberg,* BB 1998, 1593, 1599; *K. Schmidt* DB 2004, 527, 528f.

lichkeiten Dritter durch die 6. GWB-Novelle Vorbild gestanden habe, und der verfassungsrechtlich gebotenen Gleichbehandlung aller Beiladungspetenten, die nicht davon abhängen könne, welchen Antragsteller das BKartA in Ausübung seines Ermessens ausgewählt hat.[354] Die Beschränkung der Beschwerdebefugnis auf Personen, die noch während des Verwaltungsverfahrens einen Beiladungsantrag gestellt haben, ist nach Ansicht des BGH notwendig, um den Kreis der Beschwerdeberechtigten zu bestimmen und es dem BKartA zu ermöglichen, den Beiladungspetenten die Verfügung zuzustellen, und auf diese Weise ein Hinauszögern der formellen Bestandskraft der kartellbehördlichen Entscheidung zu verhindern.[355] Von dem Erfordernis des rechtzeitigen Beiladungsantrags macht der BGH nur dann eine Ausnahme, wenn der Drittbetroffene den Beiladungsantrag deshalb nicht stellen konnte, weil das BKartA den Bescheid erlassen hat, ohne dass das Verfahren in der Öffentlichkeit bekannt geworden ist.[356]

132 Für die in § 63 Abs. 2 GWB genannten Beteiligten ist die Beschwerdebefugnis ein formalisiertes Merkmal, das allein von der Verfahrensbeteiligung abhängig. Die Verletzung eines subjektiven öffentlichen Rechts ist nicht erforderlich.[357] Ein Rechtsschutzbedürfnis haben die Beteiligten jedoch nur, wenn sie durch die Entscheidung des BKartA auch materiell beschwert sind.[358] Ob eine **materielle Beschwer** gegeben ist, ist nach dem Zweck der Fusionskontrolle zu bestimmen. Sie liegt deshalb bei einem Verfahrensbeteiligten, der sich gegen die Freigabe eines Zusammenschlusses wendet, nur vor, wenn er durch diese Freigabe in seinem eigenen unternehmerischen und wettbewerblichen Betätigungsfeld auf dem relevanten Markt nachteilig betroffen ist.[359] Wenn der Beschwerdeführer auf mehreren Märkten tätig ist, beschränkt die Beschwer den Gegenstand der Überprüfung auf diejenigen Märkte, auf denen er durch den Zusammenschluss nachteilig betroffen ist.[360] Darüber hinaus kann das Rechtsschutzbedürfnis nach dem Gebot von Treu und Glauben entfallen, wenn sich der Beschwerdeführer in einen unvereinbaren Widerspruch zu seinem eigenen früheren Verhalten setzt. Dies ist etwa der Fall, wenn er ein Angebot auf Übernahme seiner Anteile am Zielunternehmen angenommen hat.[361] Eine materielle Beschwer fehlt auch regelmäßig bei beigeladenen Unternehmensverbänden, die nicht selbst auf den relevanten Märkten tätig sind. Aus einer wettbewerblichen Betroffenheit ihrer Mitglieder können sie keine eigene materielle Beschwer herleiten. Vielmehr müssen die nachteilig betroffenen Verbandsmitglieder selbst während des Verwaltungsverfahrens die Beiladung beantragen, um sich nach der *pepcom*-Rechtsprechung die Beschwerdebefugnis zu sichern.[362]

133 Zu den **Beteiligten des Beschwerdeverfahrens** gehören – neben dem am behördlichen Verfahren möglicherweise nicht beteiligten Beschwerdeführer (siehe oben) – immer auch die vom BKartA beigeladenen Dritten (§ 67 Abs. 1 GWB). Darüber hinaus kann der Kreis der Verfahrensbeteiligten im kartellgerichtlichen Verfahren nicht erweitert werden. Eine gerichtliche Beiladung entsprechend § 65 Abs. 1 VwGO ist nicht zulässig.[363]

---

[354] BGH WuW/E DE-R 1857, Rdnr. 18 ff. – *pepcom.*

[355] BGH WuW/E DE-R 2728, Rdnr. 14 – *Versicherergemeinschaft;* BGH WuW/E DE-R 1857, Rdnr. 18 ff. – *pepcom.*

[356] BGH WuW/E DE-R 2728, Rdnr. 15 – *Versicherergemeinschaft.*

[357] BGH WuW/E DE-R 1163, 1164 f. – *HABET/Lekkerland;* aA *Dormann,* WuW 2000, 245, 253 ff.; kritisch hierzu: *Immenga/Mestmäcker-K.Schmidt,* GWB, 4. Aufl., § 63 Rdnr. 21; *FK-Meyer-Lindemann,* GWB 2005, § 63 Rdnr. 33.

[358] BGH WuW/E DE-R 1163, 1165 – *HABET/Lekkerland;* BGH WuW/E DE-R 3284, 3285 – *Presse-Grossisten; FK-Meyer-Lindemann,* GWB 2005, § 63 Rdnr. 38; *Immenga/Mestmäcker-K.Schmidt,* GWB, 4. Aufl., § 63 Rdnr. 27.

[359] BGH WuW/E DE-R 2138, Rdnr. 16, 23 – *Anteilsveräußerung;* BGH WuW/E DE-R 3284, Rdnr. 4 – *Presse-Grossisten;* OLG Düsseldorf AG 2014, 50, 51 – *Signalmarkt (Liberty Global/Kabel BW)* (insoweit nicht abgedruckt in WuW/E DE-R 4050).

[360] BGH WuW/E DE-R 1163, 1165 – *HABET/Lekkerland.*

[361] BGH WuW/E DE-R 2138, Rdnr. 25 ff. – *Anteilsveräußerung.*

[362] BGH WuW/E DE-R 3284, Rdnr. 5 und 7 – *Presse-Grossisten;* aA *Boekhoff/Franßen,* WuW 2002, 668 ff.

[363] BGH WuW/E DE-R 2728, Rdnr. 11 – *Versicherergemeinschaft.*

Die Beschwerde hat **keine aufschiebende Wirkung,** wie sich durch Umkehrschluss aus § 64 Abs. 1 GWB ergibt. Das OLG Düsseldorf kann jedoch nach § 65 Abs. 3 Satz 3 GWB die aufschiebende Wirkung unter bestimmten Voraussetzungen anordnen. Das Vollzugsverbot lebt durch die Anordnung der aufschiebenden Wirkung wieder auf. Hat das BKartA zuvor eine Befreiung vom Vollzugsverbot nach § 41 Abs. 2 GWB erteilt, muss der Dritte zusätzlich die Befreiung anfechten und auch insoweit die Anordnung der aufschiebenden Wirkung beantragen. Ist der Zusammenschluss jedoch – wie üblich – bereits kurz nach der Freigabe bzw. der Befreiung vollzogen worden, kann die spätere Anordnung der aufschiebenden Wirkung keine Wirkung mehr entfalten. Seit der 7. GWB-Novelle ist nach § 65 Abs. 3 Satz 4 GWB für die Anordnung der aufschiebenden Wirkung bei einer Drittbeschwerde gegen eine Freigabeverfügung zusätzlich eine **Verletzung** des Beschwerdeführers **in eigenen Rechten** erforderlich. Diese Änderung geht auf die in der Vergangenheit recht großzügige Praxis des OLG Düsseldorf zurück, bei Drittbeschwerden gegen Zusammenschlüsse die aufschiebende Wirkung der Beschwerde und gleichzeitig einstweilige Maßnahmen anzuordnen.[364] Diese Praxis ist in der Literatur zu Recht auf Kritik gestoßen.[365] Zusammenschlüsse können nicht für die gesamte Länge des Beschwerdeverfahrens (zusätzlich zur Dauer der kartellbehördlichen Prüfung) ausgesetzt werden, ohne dadurch ihre Verwirklichung insgesamt zu gefährden. Der Gesetzgeber hat deshalb das Erfordernis der eigenen Rechtsverletzung eingeführt, um unnötige Blockaden von (freigegebenen) Zusammenschlüssen künftig zu vermeiden.[366] Zweifelhaft ist aber, ob eine Freigabeverfügung des BKartA überhaupt eigene (subjektiv öffentliche) Rechte Dritter verletzten kann. § 36 Abs. 1 GWB begründet jedenfalls keine subjektiven öffentlichen Rechte, weil die Fusionskontrolle nicht spezifisch einzelne Marktteilnehmer schützen, sondern den Wettbewerb im Interesse der Allgemeinheit aufrechterhalten soll.[367] Allein der Umstand, dass ein Zusammenschluss für einzelne Dritte erhebliche wirtschaftliche Nachteile mit sich bringt, führt deshalb nicht zu einer Rechtsverletzung.[368] Dies ist auch der Grund, warum die Beschwerdebefugnis nach § 63 Abs. 2 GWB, anders als sonst im öffentlichen Recht (vgl. § 42 Abs. 2 VwGO), keine Rechtsbetroffenheit erfordert.[369] Eine Rechtsverletzung Dritter durch die (und nicht nur anlässlich der) Freigabe eines Zusammenschlusses dürfte deshalb regelmäßig nicht in Betracht kommen. 134

Die Beschwerde ist **innerhalb eines Monats ab Zustellung** der Verfügung einzulegen (§ 66 Abs. 1 Satz 1 und 2 GWB). Nach § 40 Abs. 2 Satz 2 GWB ist zwar eine Zustellung an die anmeldenden Unternehmen ausreichend, dies aber nur insoweit, als die Freigabefiktion dann nicht ausgelöst wird. Die Zustellung der Verfügung an die übrigen Beteiligten wird dadurch nicht entbehrlich.[370] Ist einem beschwerdebefugten Dritten (insbesondere dem Beiladungspetenten nach der *pepcom*-Rechtsprechung) die Verfügung nicht zugestellt 135

[364] Vgl. OLG Düsseldorf WuW/E DE-R 665 – *NetCologne;* OLG Düsseldorf WuW/E DE-R 681, 682 und 687 – *Trienekens;* OLG Düsseldorf WuW/E DE-R 885 f. und 893 – *E.ON/Ruhrgas;* OLG Düsseldorf WuW/E DE-R 943, 944 – *E.ON/Ruhrgas;* OLG Düsseldorf WuW/E DE-R 1013, 1014 f. – *E.ON/Ruhrgas.*

[365] Vgl. *Baron,* FIW Bd. 196, S. 105, 108 f.; *Bechtold,* NJW 2001, 3159, 3165 f.; *Bechtold,* BB 2003, 1021, 1023 ff.; *Bechtold/Buntscheck,* NJW 2003, 2866, 2873 f.; *Zöttl,* WuW 2004, 474, 480.

[366] Begr. RegE 7. Novelle, BT-Drucks. 15/3640, S. 41; krit. hierzu Monopolkommission, 41. Sondergutachten (2004), Rdnr. 101 ff.

[367] OLG Düsseldorf WuW/E DE-R 1293, 1296 – *tv kofler;* OLG Düsseldorf WuW/E DE-R 1462, 1464 – *Argenthaler Steinbruch;* OLG Düsseldorf WuW/E DE-R 1644, 1645 f. – *Werhahn;* zust. *Deichfuß* WRP 2008, 1397, 1404; *Uechtritz,* Fs. Bechtold, S. 575, 590; aA *Säcker/Boesche,* ZNER 2003, 76, 78 und 85; *Steinberger,* WuW 2000, 345, 346 und 349 ff.; *Veelken,* WRP 2003, 207, 211 ff.; *Dormann,* Drittklagen, 2000, 127 ff. Gegen die drittschützende Wirkung von § 36 Abs. 1 GWB spricht auch ein Vergleich mit der ausdrücklich gegenteiligen Regelung in § 1 UWG.

[368] BGH WuW/E DE-R 1571, 1572 – *Ampere;* BGH WuW/E DE-R 1857, Rdnr. 21 – *pepcom.*

[369] Vgl. BGH WuW/E DE-R 1163, 1164 f. – *HABET/Lekkerland;* BGH WuW/E DE-R 1857, Rdnr. 19 – *pepcom.*

[370] *Bechtold,* GWB, § 40 Rdnr. 12; *Langen/Bunte-Kallfaß,* GWB, § 40 Rdnr. 14; *Immenga/Mestmäcker-Mestmäcker/Veelken,* GWB, 4. Aufl., § 40 Rdnr. 25; aA *FK-Rieger,* GWB 2005, § 40 Rdnr. 17.

worden, so wird die Verfügung ihm gegenüber nicht wirksam (§ 43 Abs. 1 VwVfG, 3 2 Abs. 1 VwZG) und die Beschwerdefrist beginnt für ihn nicht zu laufen.[371]

136 Der Drittbeschwerde ist nicht nur die förmliche Freigabeentscheidung des BKartA, sondern auch die **nach § 40 Abs. 2 Satz 2 GWB fingierte Freigabe** zugänglich.[372] Für letztere gelten die Vorschriften über die Bestandskraft und die Rechtsmittel entsprechend (§ 42a Abs. 1 Satz 2 VwVfG). Beschwerdebefugte Dritte können die fingierte Freigabe somit anfechten, soweit sie durch sie materiell beschwert sind. Im Beschwerdeverfahren kann das BKartA eine Begründung für die Freigabe nachholen (§ 45 Abs. 1 Nr. 2 VwVfG). Hält das Gericht die Freigabe für materiell rechtswidrig, muss es sie aufheben, und der Zusammenschluss ist erneut vom BKartA zu prüfen (§ 40 Abs. 6 GWB). Da die Wirksamkeit der Freigabefiktion nicht von ihrer Bekanntgabe abhängt, ist keine Zustellung notwendig. Die einmonatige Beschwerdefrist des § 66 Abs. 1 GWB muss deshalb bereits mit Ablauf der Untersagungsfrist des § 40 Abs. 2 Satz 2 GWB zu laufen beginnen. Ein solch früher Fristbeginn entspricht dem gesetzgeberischen Willen, den beteiligten Unternehmen in der Fusionskontrolle in kurzer Zeit Gewissheit über die Zulässigkeit des Zusammenschlusses zu verschaffen und sie nach Ablauf der Untersagungsfrist vor weiteren Verzögerungen zu schützen.

137 *b) Rechtsmittel gegen Freigaben im Vorverfahren.* Die Möglichkeit für Dritte, Rechtsmittel gegen Freigaben einzulegen, ist auf Freigaben, einschließlich fingierter Freigaben[373] im Hauptprüfverfahren beschränkt. Bei den anderen Arten der Verfahrensbeendigung ohne Untersagung bestehen keine Rechtsschutzmöglichkeiten für Dritte: Freigaben in der ersten Phase sind nach der Konzeption des § 40 GWB nicht anfechtbar, und zwar ungeachtet der Streitfrage, ob sie die Qualität eines Verwaltungsakts besitzen, und unabhängig davon, ob eine Freigabemitteilung versandt wird oder die Freigabewirkung durch den Ablauf der Monatsfrist eintritt.[374] Ebenso wenig haben Dritte einen Anspruch auf ein Weiterführen des Fusionskontrollverfahrens, wenn es durch Rücknahme der Anmeldung oder wegen Aufgabe oder Unmöglichwerden des Vorhabens beendet worden ist.[375]

B. Nachträgliche Vollzugsanzeige

I. Inhalt der Anzeigepflicht

138 Ein Zusammenschluss ist dem BKartA gemäß § 39 Abs. 6 GWB unverzüglich nach dem Vollzug anzuzeigen. Zum **Adressatenkreis** der Vorschrift gehören ausschließlich die beteiligten Unternehmen, also – im Gegensatz zur Anmeldung beim Vermögens- oder Anteilserwerb (§ 39 Abs. 2 Nr. 2 GWB) – nicht der Veräußerer, es sei denn er ist selbst im materiell-rechtlichen Sinne am Zusammenschluss beteiligt.[376] Nicht erforderlich ist, dass sämtliche beteiligten Unternehmen die Anzeige erstatten; es genügt vielmehr die Anzeige durch einen Beteiligten.[377]

139 In der ganz überwiegenden Zahl der Fälle erfolgt die Anzeige nach Anmeldung und Freigabe des Zusammenschlusses. Die Vorschrift hat dann lediglich den Zweck, das BKartA (aus statistischen Gründen) über den tatsächlichen Vollzug des angemeldeten Zusammenschlusses zu unterrichten.[378] Die Anzeigepflicht besteht indes **unabhängig von einer**

---

[371] Vgl. BGH WuW/E DE-R 1857, Rdnr. 22 – *pepcom;* zum Mangel der Zustellung: OLG Düsseldorf WuW/E DE-R 1545, 1546 – *VDZ-Wettbewerbsregeln; Immenga/Mestmäcker-K.Schmidt,* GWB, 4. Aufl., § 66 Rdnr. 8.

[372] Dazu näher oben Rdnr. 94.

[373] Dazu oben Rdnr. 94.

[374] BGH WuW/E DE-R 1571, 1572 – *Ampere;* dazu näher oben Rdnr. 80 f.

[375] Dem steht bereits die Dispositionsmaxime entgegen, dazu oben Rdnr. 3.

[376] *Bechtold,* GWB, § 39 Abs. 25.

[377] Ebenso *Bechtold,* GWB, § 39 Rdnr. 26.

[378] Begr. RegE zur 6. GWB-Novelle, BT-Drucks. 13/9720, S. 59 (zu § 39 Abs. 6); vgl. auch BGH WuW/E BGH 1613, 1615 – *Organische Pigmente.*

vorherigen Anmeldung. Anzuzeigen ist auch der Vollzug unter Nutzung einer Ausnahme oder Befreiung nach § 41 Abs. 1a und Abs. 2 GWB[379] sowie der Vollzug unter Verletzung des Vollzugsverbots. Im letzteren Fall ist die Anzeige regelmäßig Anlass für die Einleitung eines Entflechtungsverfahrens nach § 41 Abs. 3 GWB, in dem das BKartA ohne Bindung an die Fristen des § 40 Abs. 1 Satz 1 und Abs. 2 Satz 2 GWB die Vereinbarkeit des Zusammenschlusses mit § 36 Abs. 1 GWB prüft.[380] Bei Nutzung einer Ausnahme oder Befreiung vom Vollzugsverbot lässt sich die Anzeige ggf. mit der weiterhin möglichen nachträglichen Anmeldung verbinden.

Die Anzeigepflicht entsteht mit dem **Vollzug** eines kontrollpflichtigen Zusammen- 140
schlusses i. S. v. § 37 Abs. 1 GWB. Dies gilt auch dann, wenn der Zusammenschluss später wieder aufgelöst wird. Für den Vollzug kommt es bei rechtsgeschäftlichen Vollzugsakten auf die zivilrechtliche Wirksamkeit bzw. bei registerpflichtigen Zusammenschlüssen auf die Handelsregistereintragung an.[381] Noch nicht anzeigepflichtig sind aufschiebend bedingte Übertragungen und solche Transaktionen, deren Wirksamkeit noch von einer öffentlich-rechtlichen Genehmigung abhängen.[382] Im Gegensatz zum Vollzugsverbot des § 41 Abs. 1 GWB, das bereits auf einzelne Vollzugsakte anwendbar ist, setzt die Anzeigepflicht den abschließenden Vollzug des gesamten Zusammenschlusses voraus[383] (z. B. beim Immobilienerwerb nicht bereits mit Besitzerwerb, sondern erst nach zusätzlicher Grundbucheintragung).

Die Anzeige muss **unverzüglich** erstattet werden. Der Begriff der Unverzüglichkeit lässt 141
sich unter Rückgriff auf die Definition des § 121 Abs. 1 Satz 1 BGB („ohne schuldhaftes Zögern") und die dazu entwickelte Praxis auslegen.[384] Demzufolge ist eine Handlung noch unverzüglich, wenn sie nach Kenntniserlangung innerhalb einer nach den Umständen des Einzelfalls zu bemessenden Prüfungs- und Überlegungszeit vorgenommen wird.[385] Dabei ist bei der Vollzugsanzeige auch zu berücksichtigen, dass die Vollzugsanzeige im Normalfall lediglich der Konzentrationsbeobachtung dient und dass die Unternehmen jedenfalls bei komplexeren Transaktionen zur Beurteilung des Vollzugstatbestands ggf. noch den Rat eines Rechtskundigen einholen müssen. „Unverzüglich" ist danach nicht mit „sofort" gleichzusetzen. Typischerweise wird ein Zeitraum von zwei Wochen[386] noch ausreichen. In der Praxis beanstandet das BKartA auch Anzeigen nach mehreren Monaten nicht.

Inhaltlich genügt für die Vollzugsanzeige die knappe schriftliche Mitteilung, dass der Zu- 142
sammenschluss wie angemeldet vollzogen worden ist, wenn zwischen Freigabe und Vollzug keine Änderungen des angemeldeten Zusammenschlusses eingetreten sind. In Absprache mit dem BKartA können im Rahmen der Vollzugsanzeige auch **Abweichungen vom angemeldeten Vorhaben** „repariert" werden unter Ersparung eines neuen Fusionskontrollverfahrens, solange die vom Amt in Bezug auf den angemeldeten Transaktionsplan angestellte Prüfung sich materiell nicht ändert. Man wird dies bei rein formalen Änderungen (z. B. statt 100%iger Tochter A erwirbt 100%ige Tochter B), aber auch dann für zulässig und erwünscht zu halten haben, wenn die Anmelder den zentralen geprüften Zusammenschlusstatbestand nur anders als angemeldet vollziehen (z. B. wenn der 40%-Gesellschafter nicht – wie

---

379 So zur Befreiung Begr. RegE zur 6. GWB-Novelle, BT-Drucks. 13/9720, S. 59 (zu § 39 Abs. 6).

380 Dazu oben Rdnr. 4 und unten Rdnr. 163 ff.

381 *Immenga/Mestmäcker-Mestmäcker/Veelken,* GWB, 4. Aufl., § 39 Rdnr. 37.

382 *Langen/Bunte-Kallfaß,* GWB, § 39 Rdnr. 26; *Immenga/Mestmäcker-Mestmäcker/Veelken,* GWB, 4. Aufl., § 39 Rdnr. 37.

383 *Immenga/Mestmäcker-Mestmäcker/Veelken,* GWB, 4. Aufl., § 39 Rdnr. 35.

384 Vgl. zum Vergaberecht BGH NJW-RR 1994, 1108, 1109; OLG Düsseldorf WuW/E Verg 223 – *Restabfallbehandlungsanlage.*

385 BGH NJW 2012, 3305, 3306 mwN.

386 Vgl. BGH NJW 2012, 3305, 3306 (Versicherungsrecht); BAG NJW 1991, 2723, 2725 (Arbeitsrecht); OLG Düsseldorf WuW/E Verg 223 – *Restabfallbehandlungsanlage* (Vergaberecht); vgl. auch *Bechtold,* GWB, § 39 Rdnr. 26 (6–8 Wochen); *Langen/Bunte-Kallfaß,* GWB, § 39 Rdnr. 26 (nicht mehr fristgemäß nach „mehreren Wochen").

angemeldet – Alleinkontrolle durch Satzungsänderung erwirbt, sondern seinen Anteilsbesitz auf 100% aufstockt). Hierzu zählt auch der Fall, in dem statt des Erwerbs von 75% der Anteile vom alleinigen Alteigentümer nunmehr 76% erworben wurden und dadurch die Gemeinschaftsunternehmensfiktion nicht mehr ausgelöst wurde. Die Grenze dieses Ansatzes wird dort erreicht, wo andere Zusammenschlusstatbestände erfüllt werden (z.B. Erwerb einer Mehrheit statt der Minderheit der Anteile) oder zwar derselbe Tatbestand, aber in anderer Form (Erwerb gemeinsamer Kontrolle statt des angemeldeten Erwerbs der alleinigen Kontrolle), wenn offensichtlich ist, dass das Amt wesentliche Aspekte der vollzogenen Transaktion nicht geprüft hat (im Beispiel die Auswirkungen der Mitkontrollmöglichkeit des zweiten Beteiligten). Der im Vollzug herbeigeführte Wechsel des Tatbestands bleibt dort zulässig, wo der herbeigeführte Zustand vom Amt inzident geprüft wurde (z.B. Verwirklichung der Nr. 4 statt der angemeldeten und freigegebenen Nr. 3 lit. b).

143 Entgegen der früheren Rechtslage werden die angezeigten Zusammenschlüsse seit der 7. Novelle (2005) nicht mehr im Bundesanzeiger bekanntgemacht (vgl. § 43 GWB).

II. Sanktion bei Verstoß gegen die Anzeigepflicht

144 Wird die Anzeige vorsätzlich oder fahrlässig nicht, nicht richtig, nicht vollständig oder nicht rechtzeitig erstattet, ist dies nach § 81 Abs. 2 Nr. 4 GWB eine **Ordnungswidrigkeit,** die nach § 81 Abs. 4 Satz 5 GWB mit einer Geldbuße bis zu hunderttausend Euro bewehrt ist.

C. Ministererlaubnis (§ 42 GWB)

I. Überblick

145 Der Bundesminister für Wirtschaft und Technologie kann einen vom BKartA untersagten Zusammenschluss erlauben, wenn erstens entweder die Wettbewerbsbeschränkung von gesamtwirtschaftlichen Vorteilen des Zusammenschlusses aufgewogen wird oder der Zusammenschluss durch ein überragendes Interesse der Allgemeinheit gerechtfertigt ist und zweitens durch das Ausmaß der Wettbewerbsbeschränkung die marktwirtschaftliche Ordnung nicht gefährdet wird (§ 42 Abs. 1 Satz 1 und Satz 3 GWB). Voraussetzung ist ein fristgemäßer Antrag nach Erlass einer Untersagung oder einer Auflösungsanordnung gemäß § 41 Abs. 3 Satz 1 GWB ohne vorherige Untersagung (§ 42 Abs. 3 GWB). Der Minister soll binnen vier Monaten über den Antrag entscheiden (§ 42 Abs. 4 Satz 1 GWB) und muss zuvor eine Stellungnahmen der Monopolkommission einholen und den zuständigen obersten Landesbehörden Gelegenheit zur Stellungnahme geben (§ 42 Abs. 4 Satz 2 GWB). Seit der 7. GWB-Novelle ist klargestellt, dass der Antrag auf Erteilung einer Ministererlaubnis unverzüglich im Bundesanzeiger bekanntzumachen ist (§ 43 Abs. 1 GWB) und das Wirtschaftsministerium und nicht der Minister selbst eine öffentliche mündliche Verhandlung durchzuführen hat (§ 56 Abs. 3 GWB). Dass ein Ministererlaubnisantrag auch gestellt werden kann, wenn ein Zusammenschluss nicht untersagt, sondern eine Auflösungsanordnung nach § 41 Abs. 3 GWB verfügt worden ist, wurde durch die 8. GWB-Novelle (2013) in § 42 Abs. 3 GWB eingeführt. Die Entscheidung des Ministers kann nach denselben Regeln wie eine Freigabeverfügung des BKartA mit Nebenbestimmungen verbunden oder widerrufen oder geändert werden (§ 42 Abs. 2 GWB).[387]

146 § 42 Abs. 1 GWB ist Ausdruck einer **Funktionsteilung** zwischen dem Bundeswirtschaftsminister und dem BKartA. Der Minister kann die Untersagungsentscheidung des BKartA (nur) aus übergeordneten wirtschaftspolitischen Gründen kassieren. Dabei soll die personenbezogene Formulierung („Bundesminister" statt „Bundesministerium") die persönliche politische Verantwortung des Ministers unterstreichen.[388] Diese Funktionsteilung

[387] Zum Widerruf oben Rdnr. 95f., zu den Nebenbestimmungen oben Rdnr. 110ff.
[388] Begr. RegE zur 6. GWB-Novelle, BT-Drucks. 13/9720, S. 61 (zu § 42 Abs. 1).

erlaubt es, Zielkonflikten zwischen dem Schutz des Wettbewerbs und davon abweichenden Gemeinwohlinteressen Rechnung zu tragen, ohne die Prüfung durch das BKartA mit außerwettbewerblichen Elementen zu belasten.[389] Das BKartA kann sich auf die wettbewerblichen Aspekte eines Zusammenschlusses konzentrieren, wodurch politischer Druck von der Behörde genommen wird. Allerdings ist in § 42 Abs. 1 GWB eine Tendenz zur Bevorteilung von Großunternehmen, die es kraft Masse leichter haben, relevante übergeordnete Gesichtspunkte nachzuweisen, und zur Bevorteilung von Unternehmen im Bundesbesitz angelegt. Dem versucht das Gesetz entgegenzuwirken: Insbesondere das Prinzip der mündlichen Verhandlung (§ 56 Abs. 3 GWB), die Einschaltung der Monopolkommission und die Justiziabilität der Erlaubnisentscheidung schaffen eine weitgehende Transparenz und Objektivität der Entscheidung.

In der **Praxis** hat es seit der Einführung der Fusionskontrolle (1973) nur vierzehn Ministererlaubnisverfahren mit Entscheidungen gegeben: 147
- *VEBA/Gelsenberg* (1.2.1974, WuW/E BWM 147),*
- *VAW/Kaiser* (26.6.1975, WuW/E BWM 149),
- *Babcock/Artos* (17.10.1976, WuW/E BWM 155),*
- *Thyssen/Hüller* (1.8.1977, WuW/E BWM 159),*
- *Veba/BP* (5.3.1979, WuW/E BWM 165),*
- *IBH/Wibau* (9.12.1981, WuW/E BWM 177),*
- *VEW/Ruhrkohle* (20.2.1986, WuW/E BWM 185),
- *Daimler/MBB* (6.9.1989, WuW/E BWM 191),*
- *MAN/Sulzer* (24.1.1990, WuW/E BWM 207),
- *BayWA AG/WLZ Raiffeisen AG* (16.6.1992, WuW/E BWM 213),
- *Kali + Salz/PCS* (22.7.1997, WuW/E BWM 225),
- *E.ON/Ruhrgas* (5.7.2002, WuW/E DE-V 573, und 18.9.2002, WuW/E DE-V 643),*
- *Landkreis Rhön-Grabfeld/Rhön Klinikum AG* (22.5.2006, nicht in WuW/E veröffentlicht),
- *Universitätsklinikum Greifswald/Kreiskrankenhaus Wolgast* (17.4.2008, WuW/E DE-V 1692).*

Der Minister hat in sechs Fällen die Anträge abschlägig entschieden und in acht Fällen (in der obigen Aufstellung mit * versehen) den Anträgen stattgegeben, dabei zum Teil nur unter schwerwiegenden Nebenbestimmungen. Angesichts der Gesamtzahl der Untersagungen, die seit Existenz der deutschen Fusionskontrolle vom BKartA verfügt worden sind, hat die Ministererlaubnis nur eine untergeordnet Bedeutung erlangt.[390]

II. Verfahren

148 Aus § 42 Abs. 3 GWB ergibt sich, dass Voraussetzung für das Erlaubnisverfahren eine **Untersagungsverfügung** oder eine **Auflösungsanordnung** ohne vorherige Untersagung des BKartA ist. Damit ist sichergestellt, dass der Minister sich nicht mit wettbewerbsrechtlich unbedenklichen Zusammenschlüssen beschäftigen muss.

149 Das Erlaubnisverfahren wird eingeleitet mit einem **Antrag,** den jedes am Zusammenschluss beteiligte Unternehmen stellen kann. Ein gemeinsamer Antrag aller Zusammenschlussbeteiligten ist nach h. M. nicht erforderlich. Die Antragsberechtigung leitet sich aus der Beschwer durch die Untersagungsverfügung her. Jeder, dessen Beteiligung am Zusammenschluss untersagt wurde, ist im Rahmen des Rechtsschutzbedürfnisses antragsberechtigt.

150 Der Antrag ist **innerhalb eines Monats** nach Zustellung der Untersagungsverfügung oder der Auflösungsanordnung ohne vorherige Untersagung des BKartA schriftlich und unterzeichnet (§ 126 BGB) beim Bundesminister für Wirtschaft und Technologie zu stellen (Ausschlussfrist). Werden die Untersagungsverfügung oder die Auflösungsanordnung (bin-

---

389 Begr. RegE zur 6. GWB-Novelle, BT-Drucks. 13/9720, S. 44 (Buchst. hh).

390 Insgesamt wurde in weniger als jedem zwanzigsten Fall eine vom BKartA verfügte Untersagung durch den Minister aufgehoben.

nen gleicher Frist, § 66 Abs. 1 GWB) mit Beschwerde angefochten, läuft die Frist für den Erlaubnisantrag erst ab Rücknahme/Abweisung der Beschwerde oder der Rechtsbeschwerde (§ 42 Abs. 3 Satz 2 GWB). Da § 66 Abs. 1 Satz 2 GWB umgekehrt auch die Beschwerdefrist verlängert, können die Beteiligten wählen, ob sie erst das eine oder das andere Verfahren zu betreiben. Auch wenn die Vorgreiflichkeit des Untersagungsverfahrens oder des Entflechtungsverfahrens der Gesetzessystematik besser entsprochen hätte, kann nach dem Wortlaut des Gesetzes das Ministererlaubnisverfahren parallel zum Beschwerdeverfahren betrieben werden.[391] In der Praxis wurde bislang freilich meist anders verfahren (i. d. R. Durchführung des Ministererlaubnisverfahrens vor oder ohne Beschwerdeverfahren).

151 Nach § 42 Abs. 4 Satz 2 GWB hat der Minister die **Monopolkommission** mit der Erstattung eines Gutachtens zu dem Fall zu beauftragen und den obersten Landesbehörden, in deren Gebiet die Beteiligten domiziliert sind, Gelegenheit zur Stellungnahme zu geben. An diese Stellungnahmen ist der Minister nicht gebunden. Das Abweichen von der Empfehlung der Monopolkommission hat sich aber als politisch schwierig erwiesen.

152 Die den Minister bindenden Verfahrensregeln sind den §§ 48 ff. GWB und subsidiär dem VwVfG zu entnehmen. Der Minister soll nach öffentlicher **mündlicher Verhandlung** (§ 56 Abs. 3 Sätze 3 GWB i. V. m. 1 und 2) entscheiden. § 56 Abs. 3 GWB spricht seit der 7. GWB-Novelle (2005) nur noch davon, dass das „Bundesministerium" – nicht aber der „Bundesminister" – eine öffentliche mündliche Verhandlung durchzuführen hat. Hiermit sollte gegenüber der Rechtsprechung des OLG Düsseldorf[392] klargestellt werden, dass die Anwesenheit des Entscheiders in der mündlichen Verhandlung nicht erforderlich ist.[393] Aus dem neuen § 56 Abs. 4 GWB ergibt sich außerdem, dass eine Heilung von Verfahrensfehlern über §§ 45, 46 VwVfG auch im Ministererlaubnisverfahren möglich ist.[394] Die Entscheidung soll innerhalb von **vier Monaten** seit Eingang des Erlaubnisantrags erfolgen (§ 42 Abs. 4 Satz 1 GWB). Versäumt der Minister die Viermonatsfrist, so ist die Unterlassung der Verfügung einer Ablehnung des Antrags gleichzuachten (§ 63 Abs. 3 Satz 3). Hiergegen kann sich der Antragsteller mit einer Untätigkeitsbeschwerde wehren (§ 63 Abs. 3 Satz 2 GWB). In der Praxis wird die Frist jedoch regelmäßig eingehalten.

153 Die Erlaubnis ist zu **begründen** (§ 61 Abs. 1 Satz 1 GWB). Ihre Wirksamkeit tritt mit **Zustellung** ein (ebendort). Ihr Erlass oder ihre Verweigerung ist **gebührenpflichtig** (§ 80 Abs. 1 Satz 2 Nr. 2 GWB), wobei die Gebühr 50.000 Euro (§ 80 Abs. 2 Satz 2 Nr. 1 GWB) bzw. 100.000 Euro (§ 80 Abs. 2 Satz 3 GWB) nicht übersteigen darf. Bleibt die Untersagungsverfügung bestehen, entstehen danach sowohl im Untersagungs- wie im Erlaubnisverfahren gegenseitig nicht anrechenbare Gebühren.[395] Wird die mit dem Antrag auf Erteilung einer Ministererlaubnis angegriffene Untersagungs- oder Auflösungsverfügung des BKartA außerhalb des Ministererlaubnisverfahrens aufgehoben oder zurückgenommen,[396] wird das Verfahren gegenstandslos, weshalb in diesem Fall für die Amtshandlungen des Ministers keine Gebühren mehr erhoben werden dürfen (§ 80 Abs. 4 Nr. 3 GWB). Der positive Ausgang des Erlaubnisverfahrens wird ebenso wie schon der Antrag auf Erteilung einer Ministererlaubnis, ihre Ablehnung oder Änderung und ihre Rücknahme bzw. Widerruf **im Bundesanzeiger veröffentlicht** (§ 43 Abs. 1, Abs. 2 Nr. Nr. 2 und 3

---

[391] BMWi V. v. 22.5.2006, I B 2-221410/2, Rdnr. 31 f. – *Rhön-Grabfeld.*

[392] OLG Düsseldorf WuW/E DE-R 885, 888 f. – *E.ON/Ruhrgas;* OLG Düsseldorf WuW/E DE-R 926, 933 ff. – *E.ON/Ruhrgas.*

[393] Begr. RegE zur 7. GWB-Novelle, BT-Drucks. 15/3640 S. 41; zu dem früheren Meinungsstreit, ob sich der Minister im Erlaubnisverfahren von einem Staatssekretär vertreten lassen darf, s. die Vorauflage § 21 Rdnr. 133.

[394] Begr. RegE zur 7. GWB-Novelle, BT-Drucks. 15/3640, S. 63; vor der 7. Novelle wurde dies vom OLG Düsseldorf bezweifelt, s. WuW/E DE-R 1013, 1016 ff. – *E.ON/Ruhrgas;* dazu die Vorauflage § 21 Rdnr. 133.

[395] *Immenga/Mestmäcker-Stockmann,* GWB, 5. Aufl., § 80 Rdnr. 12.

[396] Die Rücknahme steht der Aufhebung gleich, s. Begr. RegE zur 2. GWB-Novelle, BT-Drucks. VI/2520, S. 37; *Bechtold,* GWB, § 80 Rdnr. 4.

GWB). Die Erlaubnis kann nach näherer Maßgabe des § 42 Abs. 2 GWB i. V. m. §§ 40 Abs. 3 und Abs. 3a GWB durch den Minister widerrufen, geändert oder zurückgenommen werden.

Die Entscheidung, mit der eine Erlaubnis verweigert wird, ist mittels **Verpflichtungsbeschwerde** angreifbar (§ 63 Abs. 3 Satz 1 GWB).[397] Bei Fristversäumnis kann Untätigkeitsbeschwerde eingelegt werden (§ 63 Abs. 3 Satz 2 und 3 GWB). Auflagen können selbständig gemäß § 63 Abs. 1 GWB mit dem Ziel angefochten werden, eine unbeschränkte Erlaubnis zu erhalten.[398] Rechtsmittelberechtigt sind sämtliche Antragsberechtigten, auch wenn sie keinen Erlaubnisantrag gestellt haben. Das Beschwerdegericht darf allerdings nur bei einer Untätigkeitsbeschwerde eine eigene Würdigung der gesamtwirtschaftlichen Vorteile und überragenden Allgemeininteressen vornehmen. Andernfalls hat es insoweit nur eingeschränkte Prüfungskompetenz (§ 71 Abs. 5 Satz 2 GWB).[399] 154

Dritte können sich nach § 54 Abs. 2 Nr. 3 GWB zu dem Ministererlaubnisverfahren beiladen lassen. Voraussetzungen sind ein Beiladungsantrag und eine erhebliche Interessenberührung des Dritten.[400] Die Beiladung steht im Ermessen des Ministers, der bei der Ausübung des Ermessens berücksichtigt, ob der Dritte zur Sachaufklärung beitragen und das Verfahren fördern kann.[401] Erfolgt die Beiladung, so kann der Dritte eine das Verfahren abschließende Ministererlaubnis gemäß § 63 Abs. 2 GWB mit der Anfechtungsbeschwerde angreifen. Es gelten hierfür dieselben Regeln wie für die Drittbeschwerde gegen eine Freigabeverfügung im Hauptprüfverfahren.[402] In Bezug auf die Beschwerdebefugnis Dritter gilt entsprechend die *pepcom*-Rechtsprechung des BGH. Ein Dritter kann somit gegen eine Ministererlaubnis auch dann Beschwerde einlegen, wenn er die subjektiven Voraussetzungen für eine Beiladung erfüllt, sein (rechtzeitig gestellter) Beiladungsantrag vom Minister allein aus Gründen der Verfahrensökonomie abgelehnt worden ist und er geltend machen kann, von der Entscheidung unmittelbar und individuell betroffen zu sein.[403] 155

III. Materiell-rechtliche Voraussetzungen der Entscheidung

Der Minister muss bei seiner Entscheidungsfindung abwägen zwischen den vom BKartA festgestellten, nicht durch Verbesserungen i. S. d. des § 36 Abs. 1 Satz 2 Nr. 1 GWB kompensierten Wettbewerbsbeschränkungen einerseits und den in § 42 Abs. 1 Satz 1 und Satz 2 GWB genannten Gemeinwohlgründen andererseits. Die **gesamtwirtschaftlichen Vorteile** bilden eine Untergruppe der Interessen der Allgemeinheit; sie sollen vorab die wirtschaftlichen Aspekte der allgemeinen Interessen zusammenfassen. Gemeint sind damit Rationalisierungsvorteile, die Erhaltung von Arbeitsplätzen, die Erhaltung von Unternehmen und der in ihnen angelegten gesamtwirtschaftlichen Werte wie Fertigungs-Know-how etc., die Sicherung der nationalen Energieversorgung und der Versorgung mit anderen Rohstoffen sowie die in § 42 Abs. 1 Satz 2 GWB ausdrücklich erwähnte Wettbewerbsfähigkeit der Unternehmen auf ausländischen Märkten. Stets ist zu beachten, dass es sich um gesamt- und nicht bloß einzelwirtschaftliche Vorteile handeln muss,[404] die mindestens mittel-, kei- 156

[397] *Immenga/Mestmäcker-Thomas,* GWB, 5. Aufl., § 42 Rdnr. 171; aA *Loewenheim/Meessen/Riesenkampff-Riesenkampff/Lehr,* GWB, § 42 Rdnr. 22 (Anfechtungsbeschwerde nach § 63 Abs. 1).

[398] Es gelten dieselben Grundsätze wie bei der Freigabe unter Bedingungen oder Auflagen, dazu oben Rdnr. 123.

[399] *Bunte,* BB 2002, 2393, 2400 f., aA *Möschel,* BB 2002, 2077, 2083 f.

[400] Vgl. dazu oben Rdnr. 125 ff.

[401] Vgl. dazu oben Rdnr. 127.

[402] Dazu oben Rdnr. 130 ff.

[403] BGH WuW/E DE-R 2725, Rdnr. 10, 12 – *Universitätsklinikum Greifswald;* zu der *pepcom*-Rechtsprechung ferner oben Rdnr. 131.

[404] Vgl. Begr. RegE zur 2. GWB-Novelle, BT-Drucks. VI/2520, S. 31; BMWi WuW/E BWM 225, 227 f. – *Kali + Salz/PCS* (betriebswirtschaftliche Vorteile wie Kosteneinsparungen bei Lieferungen auf außereuropäische Märkte genügten hier nicht).

nesfalls aber nur kurzfristig wirken müssen,[405] deren gesamtwirtschaftlicher Wert jedoch durchaus zeit- und situationsgebunden sein kann. Gesamtwirtschaftliche Vorteile können auch bei Zusammenschlüssen gegeben sein, die bloß regionale Auswirkungen haben.[406]

157 Die **überragenden Interessen der Allgemeinheit** umfassen einen sehr weiten Kanon von Aspekten, der sich über alle wirtschaftlichen, rechtlichen, ethischen, politischen und sozialen Bereiche erstreckt. Umweltschutz kann hier ebenso eine Rolle spielen wie die Gesundheits-, Sozial- oder Verteidigungspolitik. Die Erhaltung kultureller Werte ist ebenso anzuerkennen wie die Schaffung der Möglichkeit, ein geschlossenes Boden-Luft-Abwehrsystem aus einer (nationalen) Hand herstellen lassen zu können. Das Attribut „überragend" schließt wegen Nichterkennbarkeit des *tertium comparationis* lediglich geringfügige, untergeordnete Interessen aus.

158 In der Praxis werden an den Nachweis der Gemeinwohlgründe **hohe Anforderungen** gestellt.[407] Auch im Rahmen des § 42 GWB ist der Schutz des Wettbewerbs die Regel und die Erteilung einer Erlaubnis die Ausnahme, wie die Worte „im Einzelfall" verdeutlichen sollen.[408] Erforderlich ist, dass die Verwirklichung eines Gemeinwohlgrundes aufgrund eines bestehenden Erfahrungssatzes oder – sofern es an einem derartigen Erfahrungssatz fehlt – aufgrund einer plausiblen Prognose auf der Basis gegenwärtig gesicherter Tatsachen wahrscheinlich ist.[409] Nach h. M. ist es zudem erforderlich, dass der jeweilige Gemeinwohlgrund nicht mit weniger wettbewerbsbeschränkenden Mitteln erreichbar ist.[410]

159 Die vom BKartA festgestellten Wettbewerbsbeschränkungen müssen nach dem Wortlaut des Gesetzes von den gesamtwirtschaftlichen Vorteilen oder überragenden Allgemeininteressen **„aufgewogen"**, also nicht notwendig überwogen werden. Die Anforderungen, die an das Gewicht der Gemeinwohlvorteile zu stellen sind, ergeben sich dabei aus der Schwere der Wettbewerbsbeschränkung.[411] Bei der Abwägung berücksichtigt der Minister nicht nur das Gewicht der widerstreitenden Vor- und Nachteile in quantitativer und qualitativer Hinsicht, sondern auch, wann mit deren Verwirklichung zu rechnen ist. So spricht es gegen die Erteilung einer Erlaubnis, wenn die Wettbewerbsbeschränkungen zeitlich bereits unmittelbar nach dem Vollzug des Zusammenschlusses eintreten werden, die Gemeinwohlvorteile sich aber erst in mittel- bis langfristiger Perspektive realisieren lassen.[412] Die Erteilung der Erlaubnis darf zudem nach § 42 Abs. 1 Satz 3 GWB nicht die marktwirtschaftliche Ordnung gefährden. Gemeint ist hiermit nicht die Ordnung auf einzelnen Märkten, sondern die marktwirtschaftliche Gesamtordnung.[413]

160 Nach h.M. ist der Minister rechtlich und tatsächlich an die **Feststellungen des BKartA** zu den Wettbewerbsbeschränkungen gebunden.[414] Dem Minister zufolge findet

[405] Begr. RegE aaO.

[406] BMWi V. v. 22.5.2006, I B 2-221410/2, Rdnr. 42 – *Rhön-Grabfeld,* dort allerdings verneint. Im Fall *Greifswald/Wolgast* wurden die nur regionalen Auswirkungen durch den bundesweit einmaligen Forschungsschwerpunkt „Community Medicine" mit Bedeutung für die Volksgesundheit in den Stand der Gemeinwohlgründe befördert.

[407] BMWi WuW/E DE-V 1692, Rdnr. 58 – *Universitätsklinikum Greifswald.*

[408] Begr. RegE zur 2. GWB-Novelle, BT-Drucks. VI/2520, S. 31.

[409] BMWi WuW/E DE-V 573, Rdnr. 104 – *E.ON/Ruhrgas;* BMWi WuW/E DE-V 1692, Rdnr. 58 – *Universitätsklinikum Greifswald.*

[410] BMWi WuW/E DE-V 1692, Rdnr. 58, 85 – *Universitätsklinikum Greifswald;* Monopolkommission, 2. Sondergutachten (1975), Rdnr. 26 und 3. Sondergutachten (1975), Rdnr. 110ff. S. zu den Nachweisanforderungen und der Berücksichtigung weniger wettbewerbsbeschränkender staatlicher Abhilfemaßnahmen auch *Möschel* BB 2002, 2077, 2080ff; *Baron,* FIW Bd. 196, S. 105, 115ff.; *Bunte,* BB 2002, 2393, 2398; *Kellner,* ZNER 2002, 275, 278.

[411] KG WuW/E OLG 1937, 1939 – *Thyssen/Hüller-Hille.*

[412] BMWi V. v. 22.5.2006, I B 2 - 221410/2, Rdnr. 117 – *Rhön-Grabfeld.*

[413] *Bechtold,* GWB, § 42 Rdnr. 11.

[414] Vgl. KG WuW/E OLG 1937, 1938 – *Thyssen/Hüller;* BMWi WuW/E BWM 207, 208 – *MAN/Sulzer;* BMWi WuW/E BWM 191, 199 – *Daimler-Benz/MBB;* BMWi WuW/E BWM 177, 178, 182 – *IHB/Wibau; Langen/Bunte-Kallfaß,* GWB, § 42 Rdnr. 2; krit. dazu *Bechtold,* GWB, § 42 Rdnr. 5.

diese Bindung aber dort ihre Grenze, wo die Ausführungen des BKartA *offensichtlich unplausibel, spekulativ oder widersprüchlich* sind.[415] Zusätzlich kann der Minister auch neue entscheidungserhebliche Sachverhalte einbeziehen[416] und ggf. eigene Ermittlungen anstellen.[417]

Ist der dem Antrag zugrundeliegende Zusammenschluss nur in Teilen erlaubnisfähig, darf der Minister nach pflichtgemäßem Ermessen **Auflagen und Bedingungen** verfügen, die allerdings keine laufende Verhaltenskontrolle bewirken dürfen (§ 42 Abs. 2 GWB i. V. m. § 40 Abs. 3 Satz 2 GWB).[418] Es gelten dieselben Regeln wie bei Freigabeverfügungen des BKartA, auch hinsichtlich der (gesonderten) Anfechtbarkeit.[419] 161

D. Entflechtungsverfahren (§ 41 Abs. 3 und 4 GWB)

I. Verfahrensgrundsätze

Ob die Fusionskontrolle die ihr zugedachten Aufgaben erfüllt, hängt auch davon ab, ob und wie vollzogene Zusammenschlüsse wieder aufgelöst werden können, wenn sie nicht vom BKartA freigegeben worden sind. Zu diesem Zweck ermächtigt § 41 Abs. 3 Satz 2 GWB das BKartA dazu, die zur Auflösung eines vollzogenen Zusammenschlusses erforderlichen Maßnahmen anzuordnen, wenn die Voraussetzungen des § 41 Abs. 3 Satz 1 GWB vorliegen. Das Entflechtungsverfahren nach § 41 Abs. 3 GWB ist wie das Verfahren der präventiven Fusionskontrolle nach § 40 GWB ein Verwaltungsverfahren im Sinne der §§ 54 ff. GWB. Da das Verfahren aber regelmäßig gegen den Willen der betroffenen Unternehmen durchgeführt wird, kann es nicht von einem Antrag abhängen. Es gilt vielmehr die **Offizialmaxime:** Das BKartA wird von Amts wegen tätig, sei es, dass es durch eine Anzeige der beteiligten Unternehmen, sei es, dass es auf andere Weise von dem vollzogenen Zusammenschluss Kenntnis erlangt. 162

Bis zur **7. GWB-Novelle** (2005) durfte das BKartA die Auflösung nach § 41 Abs. 3 GWB erst nach Durchführung eines vorgeschalteten Untersagungsverfahrens betreiben. Nach dem damaligen Wortlaut § 41 Abs. 3 Satz 1 GWB fand die Entflechtung nur Anwendung auf einen vollzogenen Zusammenschluss, „den das Bundeskartellamt untersagt oder dessen Freigabe es widerrufen hat". Der Gesetzgeber der 7. GWB-Novelle empfand diese Formulierung als unzureichend, weil sie nicht alle Fallgestaltungen eines materiellen Verstoßes gegen § 36 Abs. 1 GWB abdeckte. Die Auflösung sei vielmehr auch beim fehlenden Eintritt einer aufschiebenden oder beim Eintritt einer auflösenden Bedingung sowie für den Fall geboten, dass ein nicht angemeldeter Zusammenschluss vollzogen worden sei.[420] Daraufhin ersetzte die 7. GWB-Novelle die zitierten Worte durch die Formulierung „der die Untersagungsvoraussetzungen nach § 36 Abs. 1 erfüllt", wodurch § 41 Abs. 3 Satz 1 GWB seine heutige Gestalt erhielt. Diese Wortlautänderung bewirkte jedoch nicht lediglich die nach der Gesetzesbegründung beabsichtigte Ausdehnung des Anwendungsbereichs, sondern verdrehte zugleich eine Stellschraube im Zusammenspiel von Untersagungs- und Entflechtungsverfahren. Die vorgeschaltete Untersagung war nun (vermeintlich) keine Entflechtungsvoraussetzung mehr. Allerdings knüpfte § 41 Abs. 3 Satz 1 GWB die Auflösung weiterhin an die Voraussetzung, dass keine Ministererlaubnis erteilt worden war – wobei eine Ministererlaubnis nur beantragt werden konnte, wenn das BKartA zuvor eine Untersagung verfügt hatte. Angesichts dieser unklaren Gesetzeslage ist es nicht verwunderlich, dass innerhalb und außerhalb des BKartA eine Kontroverse darüber entbrann- 163

---

[415] BMWi WuW/E BMW 225, 226 – *Kali + Salz/PCS;* BMWi WuW/E DE-V 573, 581 – *E.ON/Ruhrgas.*

[416] BMWi WuW/E DE-V 573, 581 – *E.ON/Ruhrgas.*

[417] Ebenso *Bechtold,* GWB, § 42 Rdnr. 5; *Kleinmann/Bechtold,* Fusionskontrolle, § 24 Rdnr. 292.

[418] Zur Nebenbestimmungskompetenz des Ministers s. auch *Veelken,* WRP 2003, 692, 697; *Klaue,* Fs. Immenga, S. 223, 228 f.

[419] Dazu oben Rdnr. 110 ff.

[420] Begr. RegE zur 7. GWB-Novelle, BT-Drucks. 15/3640, S. 59.

te, ob die 7. GWB-Novelle tatsächlich den Übergang zum einstufigen Entflechtungsverfahren gebracht hatte.[421] Am 13. Mai 2008 veröffentlichte das BKartA schließlich auf seiner Internetseite eine Mitteilung über die Behandlung nachträglich angemeldeter Zusammenschlüsse. Darin bekannte es sich zu dem einstufigen Entflechtungsverfahren und erklärte, bereits vollzogene Zusammenschlüsse künftig ausschließlich im Entflechtungsverfahren zu prüfen. Wenn sich ergebe, dass der Zusammenschluss keinen wettbewerblichen Bedenken begegne, werde es das Verfahren einstellen und dies den beteiligten Unternehmen – formlos oder in einer förmlichen Entscheidung – mitteilen.[422] Diese Praxisänderung führte freilich zu der weiteren Rechtsunsicherheit, ob die Einstellung des Entflechtungsverfahrens in Bezug auf die Unwirksamkeitssanktion des § 41 Abs. 1 Satz 2 GWB dieselbe Heilungswirkung hat wie die bis zur 7. GWB-Novelle gebräuchlichen nachträglichen Freigabeentscheidungen.

164 Die Konfusion, die der Gesetzgeber der 7. GWB-Novelle angerichtet hatte, ist im Rahmen der **8. GWB-Novelle** (2013) aufgelöst worden.[423] Wenngleich der Wortlaut des § 41 Abs. 3 GWB unter der 8. GWB-Novelle unverändert geblieben ist, machen flankierende Gesetzesänderungen das Konzept nunmehr stimmig. § 42 Abs. 3 Satz 1 GWB bestimmt nunmehr, dass ein Antrag auf Ministererlaubnis nicht nur nach Zustellung einer Untersagungsverfügung, sondern auch dann gestellt werden kann, wenn eine Auflösungsanordnung (ohne Untersagung) nach § 41 Abs. 3 Satz 2 GWB ergangen ist. § 41 Abs. 1 Satz 3 Nr. 3 GWB regelt die Wirkungen der Entscheidungen im Auflösungsverfahren auf die schwebende Unwirksamkeit.[424]

165 Der Erlass einer Auflösungsanordnung nach § 41 Abs. 3 Satz 2 GWB ist nach der neuen Rechtslage auf der Tatbestandseite an folgende **Voraussetzungen** geknüpft:

1. Es liegt ein Zusammenschluss gemäß § 37 GWB vor;
2. die Umsatzschwellen des § 35 GWB werden erreicht;[425]
3. der Zusammenschluss ist (zumindest teilweise) vollzogen worden;
4. die Untersagungsvoraussetzungen des § 36 Abs. 1 GWB sind erfüllt,
5. der Bundeswirtschaftsminister hat keine (noch wirksame) Erlaubnis nach § 42 GWB erteilt; und
6. der Zusammenschluss ist nicht nach § 40 GWB freigegeben worden, sei es durch eine (noch wirksame) Freigabeentscheidung des BKartA, sei es durch Ablauf der Untersagungsfristen des § 40 Abs. 1 und Abs. 2 GWB.

166 Die zuletzt genannte Voraussetzung wird in § 41 Abs. 3 Satz 1 GWB nicht ausdrücklich erwähnt, sie ergibt sich aber aus einer **impliziten Bezugnahme auf § 41 Abs. 1 Satz 1 GWB.** Wenn das BKartA einen Zusammenschluss nicht untersagen darf (infolge Fristablaufs oder aufgrund einer bestandskräftigen und wirksamen Freigabeentscheidung), darf es ihn erst recht nicht auflösen. Das Auflösungsverfahren erfasst somit Fälle des unzulässigen Vollzugs (§ 41 Abs. 1 Satz 1 GWB) wie des zulässigen Vollzugs, wenn im Vollzugszeitpunkt die materielle Prüfung noch nicht abgeschlossen war (Ausnahme oder Befreiung vom Vollzugsverbot, § 41 Abs. 1a und Abs. 2 GWB) oder die Untersagungskompetenz nachträglich wieder auflebt (Wegfall der Freigabe oder Ministererlaubnis durch Widerruf, gerichtliche Aufhebung oder Eintritt der Bedingung bei auflösend bedingter Freigabe bzw. Ministererlaubnis).[426]

---

[421] Vgl. BKartA TB 2005/2006, S. 12, 21; TB 2007/2008, S. 20f.

[422] Kritisch dazu *Stauber* WuW 2009, 20ff.; *Werner/Sachse,* WuW 2009, 1138ff.; vgl. auch bereits *Hahn,* WuW 2007, 1084ff.

[423] S. dazu die Vorschläge in der Vorauflage § 21 Rdnr. 148af.

[424] Begr. RegE zur 8. GWB-Novelle, BT-Drucks. 17/9852 S. 30.

[425] Die Voraussetzungen des § 35 GWB müssen sowohl im Zeitpunkt des ursprünglichen Zusammenschlusses als auch im Zeitpunkt der Auflösungsentscheidung erreicht sein, dazu oben § 19 Rdnr. 137ff.; *Langen/Bunte-Kallfaß,* GWB, § 41 Rdnr. 10.

[426] Vgl. Begr. RegE zur 7. GWB-Novelle, BT-Drucks. 15/3640, S. 59; *Langen/Bunte-Kallfaß,* GWB, § 41 Rdnr. 9.

Die negative Voraussetzung der **fehlenden Ministererlaubnis** erfordert nicht, dass das BKartA vor Erlass eine Auflösungsanordnung den beteiligten Unternehmen zunächst die Möglichkeit zur Durchführung des Verfahrens nach § 42 GWB gibt. Andernfalls könnte das BKartA nie im einstufigen Verfahren nach § 41 Abs. 3 GWB entscheiden, weil das Ministererlaubnisverfahren seinerseits eine Entscheidung des BKartA voraussetzt. Dieses Dilemma ist dadurch aufzulösen, dass das BKartA die Auflösungsanordnung unter die aufschiebende Bedingung stellt, dass (innerhalb der Monatsfrist des § 42 Abs. 3 GWB) kein Antrag auf Ministererlaubnis gestellt und keine Ministererlaubnis erteilt wird.[427] 167

Mit der 8. GWB-Novelle hat der Gesetzgeber auch klargestellt, dass das BKartA im Auflösungsverfahren **keinen Fristen** unterliegt.[428] Das Privileg der kurzen Fristen haben Unternehmen, die gegen das Vollzugsverbot verstoßen, verwirkt. Da der bereits eingetretene Vollzug definitionsgemäß nicht mehr aufgeschoben werden muss, besteht selbst in den Fällen, in denen der Vollzug ohne Gesetzesverstoß erfolgt ist (§ 41 Abs. 1a und Abs. 2 GWB), kein Grund für eine besondere Eile. Dennoch ist das BKartA nicht zuletzt aufgrund grundrechtlicher Erwägungen gehalten, das Entflechtungsverfahren und die damit für die beteiligten Unternehmen verbundene Rechtsunsicherheit kurz zu halten. 168

Zuständig für das Entflechtungsverfahren ist – vorbehaltlich der Möglichkeit, dass der zuständige Minister die Auflösung durch Erteilung einer Erlaubnis verhindert (§ 42 GWB) – allein das BKartA (§ 41 Abs. 3 Satz 2 GWB).[429] Seit der 7. GWB-Novelle kann das BKartA auch während des Auflösungsverfahrens einstweilige Anordnungen nach § 60 Nr. 1 GWB erlassen. 169

Beteiligte des Entflechtungsverfahrens sind jedenfalls die am Zusammenschluss beteiligten Unternehmen sowie – in den Fällen des Vermögens- oder Anteilserwerbs (§ 37 Abs. 1 Nr. 1 oder 3 GWB) – der Veräußerer (§ 54 Abs. 2 Nr. 2 und Nr. 4 GWB). Richtet sich die Auflösung gegen Dritte, etwa weil deren Duldung oder Zustimmung für die Durchführung der Auflösung erforderlich ist, sind diese ebenfalls am Verfahren zu beteiligen (§ 54 Abs. 2 Nr. 2 GWB). Hinzu kommt die Möglichkeit der Beiladung auf Antrag (§ 54 Abs. 2 Nr. 3 GWB). Soweit das Verfahren mit einer Verfügung abgeschlossen wird, ist diese zu begründen und samt Rechtsmittelbelehrung sämtlichen Verfahrensbeteiligten zuzustellen (§ 61 Abs. 1 GWB). Eine verfahrensabschießende Mitteilung ist an sämtliche Verfahrensbeteiligte zu adressieren (§ 61 Abs. 1 GWB). Ist die Zustellung der Verfügung gegenüber einem Verfahrensbeteiligten unterblieben, so beginnt ihm gegenüber die Beschwerdefrist des § 66 Abs. 1 GWB nicht zu laufen.[430] 170

Das Entflechtungsverfahren löst regelmäßig eine **Gebührenpflicht** aus. Dies gilt für die verfahrensabschließende Verfügung (§ 80 Abs. 1 Satz 2 Nr. 2 GWB) ebenso wie für die Einstellung des Entflechtungsverfahrens (§ 80 Abs. 1 Satz 2 Nr. 3 GWB). Der Gebührenrahmen beträgt, wie im Falle der Anmeldung, bis zu 50000 Euro, bei außergewöhnlich hohem Aufwand das Doppelte (§ 80 Abs. 2 Satz 2 Nr. 1 und Satz 3 GWB). Die Höhe der Gebühr bestimmt sich nach dem personellen und sachlichen Aufwand des BKartA und der wirtschaftlichen Bedeutung des Zusammenschlusses.[431] Mit der Einfügung von § 80 Abs. 1 Satz 2 Nr. 3 GWB in den Katalog der gebührenpflichtigen Handlungen hat der Gesetzgeber der 8. GWB-Novelle sichergestellt, dass die Beteiligten nicht gebührenrechtlich von dem Unterlassen der Anmeldung profitieren. Allerdings entfällt die Rechtfertigung für die Gebührenpflicht, wenn das BKartA von Amts wegen und ohne Veranlassung der beteilig- 171

---

[427] Begr. RegE zur 8. GWB-Novelle, BT-Drucks. 17/9852 S. 31; vgl. auch OLG Düsseldorf WuW/E DE-R 2462, 2476 – *A-TEC/Norddeutsche Affinerie*.

[428] Begr. RegE zur 8. GWB-Novelle, BT-Drucks. 17/9852 S. 31; so schon zuvor BKartA B. v. 24.9.2003, B4–136/01, Rdnr. 29 – *Homag* (insoweit nicht abgedruckt in WuW/E DE-V 864).

[429] Vgl. OLG Düsseldorf WuW/E DE-R 1013, 1018f. – *E.ON/Ruhrgas* (keine Zuständigkeit des Ministers für die Auflösung); vgl. zum Verfahren der präventiven Kontrolle oben Rdnr. 25.

[430] OLG Düsseldorf WuW/E DE-R 1545, 1546 – *VDZ-Wettbewerbsregeln; Immenga/Mestmäcker-K.Schmidt*, GWB, 4. Aufl., § 66 Rdnr. 8.

[431] Zu den Bemessungskriterien oben Rdnr. 46.

ten Unternehmen tätig wird und es das Verfahren einstellt, weil die Aufgreifkriterien der §§ 35, 37 GWB nicht erfüllt sind, kein Vollzug vorliegt oder der Vollzug durch eine frühere Freigabe gedeckt ist.[432] In einem solchen Fall liegt von vornherein kein Verstoß gegen das Vollzugsverbot vor, und es wäre unbillig, die beteiligten Unternehmen für die Ermittlungen des BKartA gebührenrechtlich zur Verantwortung zu ziehen.

172 Das Entflechtungsverfahren findet keine Anwendung auf vollzogene Zusammenschlüsse **Gesetzlicher Krankenkassen** (§ 172a Abs. 2 Satz 5 SGB V). Der Gesetzgeber begründet dies damit, dass auch die zuständigen Aufsichtsbehörden im Gesundheitsbereich genehmigen müssten und im Übrigen eine einmal vollzogene Vereinigung von Kassen nicht mehr rückgängig gemacht werden könne.[433]

II. Einstellung

173 Wenn das BKartA das Entflechtungsverfahren nach § 41 Abs. 3 GWB eingeleitet hat und anschließend feststellt, dass die Voraussetzungen für eine Auflösung[434] nicht vorliegen, stellt es das Verfahren ein. Diese Entscheidung entfaltet keine besonderen Rechtswirkungen, wenn die Einstellung darauf beruht, dass die Aufgreifkriterien der §§ 35, 37 GWB nicht vorliegen, kein Vollzug vorliegt (§ 41 Abs. 3 Satz 1 GWB) oder der Vollzug durch eine frühere Anmeldung gedeckt ist (§ 40 GWB). Dies ist auch nicht notwendig, weil in diesen Fällen kein Verstoß gegen das Vollzugsverbot festzustellen ist. Nur für den Fall, dass das BKartA das Verfahren einstellt, weil die wettbewerbliche Würdigung des Zusammenschlusses ergibt, dass die **Untersagungsvoraussetzungen des § 36 Abs. 1 GWB nicht vorliegen,** *und* der nicht angemeldete Zusammenschluss zuvor angezeigt wurde, enthält § 41 Abs. 1 Satz 3 Nr. 3 Alt. 1 GWB eine besondere Regelung. Danach bewirkt die Einstellung des Verfahrens, dass alle rechtsgeschäftlichen Vollzugshandlungen, die gegen das Vollzugsverbot verstoßen haben, rückwirkend wirksam werden.

174 Unklar ist, welche **Rechtsqualität eine Einstellungsentscheidung** hat, die die Rechtswirkungen des § 41 Abs. 1 Satz 3 Nr. 3 Alt. 1 GWB auslöst. Das BKartA nimmt für sich in Anspruch, selbst bestimmen zu können, ob es die Einstellung den beteiligten Unternehmen formlos oder im Wege einer förmlichen Entscheidung mitteilt.[435] Diese Unterscheidung soll sich offenbar daran orientieren, ob der Zusammenschluss wettbewerblich kritisch ist und, wäre über ihn im Verfahren der präventiven Fusionskontrolle zu entscheiden, die Eröffnung der zweiten Phase gerechtfertigt wäre. Im Unterschied zum Verfahren der präventiven Fusionskontrolle laufen im Entflechtungsverfahren jedoch keine Entscheidungsfristen, so dass einem formlosen Einstellungsschreiben der Charakter als Verfügung mit dem Argument abgesprochen werden kann, die Freigabe des Zusammenschlusses bzw. der Wegfall des Vollzugsverbots ergebe sich aus dem Gesetz.[436] Die Einstellungsentscheidung ist vielmehr eine Verfügung, weil sie als verfahrensabschließende Maßnahme der Kartellbehörde für die beteiligten Unternehmen eine verbindliche Rechtsfolge setzt (vgl. § 35 VwVfG), nämlich die Feststellung, dass die Untersagungsvoraussetzungen nicht vorliegen, wodurch die Heilungswirkung des § 41 Abs. 1 Satz 3 Nr. 3 GWB ausgelöst wird.

175 Da es sich bei der Mitteilung über die Einstellung wegen Nichtvorliegens der Untersagungsvoraussetzungen somit um eine **Verfügung** handelt, ist sie gemäß § 61 Abs. 1 GWB zu begründen, mit einer Rechtsmittelbelehrung zu versehen und den Verfahrensbeteiligten zuzustellen. Wenn das BKartA die Einstellungsmitteilung lediglich als formloses Schreiben verschickt, fehlt es an der ordnungsgemäßen Bekanntgabe, und der Ver-

[432] Dazu unten Rdnr. 173.
[433] Begr. RegE zur 8. GWB-Novelle, BT-Drucks. 17/9852 S. 37 aE.
[434] Dazu oben Rdnr. 165.
[435] BKartA TB 2007/2008, S. 21; ebenso wohl Begr. RegE zur 8. GWB-Novelle, BT-Drucks. 17/9852 S. 30 (zu Nr. 24 Buchst. a).
[436] Vgl. oben Rdnr. 80 f.

waltungsakt wird nicht wirksam (§ 43 Abs. 1 VwVfG, § 2 Abs. 1 VwZG).[437] Die Einstellungsverfügung kann nach §§ 63 ff. GWB gerichtlich angefochten werden, insbesondere von Beigeladenen und Dritten, deren Beiladungsantrag aus Gründen der Verfahrensökonomie abgewiesen wurde,[438] und das BKartA kann sie nur bei Vorliegen besonderer Gründe aufheben. In Betracht kommt der Widerruf analog § 40 Abs. 3a GWB, wenn die Verfahrenseinstellung auf unrichtigen Angaben beruht oder arglistig herbeigeführt worden ist.

III. Auflösungsanordnung

1. Inhalt und Umfang. Die in § 41 Abs. 3 Satz 1 GWB ausgesprochene Auflösungspflicht bedarf der Konkretisierung durch eine Auflösungsanordnung des BKartA, bevor sie den beteiligten Unternehmen gegenüber durchgesetzt werden kann.[439] Die Anordnung ist eine **Verfügung,** die zu begründen und den Beteiligten mitsamt einer Rechtsmittelbelehrung zuzustellen ist (§ 66 Abs. 1 GWB), im Bundesanzeiger bekannt gemacht werden muss (§ 43 Abs. 2 Nr. 4 GWB)[440] und gerichtlich angefochten werden kann (§§ 63 ff. GWB). Um den Beteiligten die Möglichkeit zu geben, eine Ministererlaubnis nach § 42 GWB zu beantragen, ist die Auflösungsanordnung regelmäßig unter die aufschiebende Bedingung zu stellen, dass kein Antrag auf Ministererlaubnis gestellt oder keine Ministererlaubnis erteilt wird.[441] 176

§ 41 Abs. 3 Satz 3 GWB bestimmt, dass das **Ziel der Auflösung** die Beseitigung der durch den Zusammenschluss bewirkten Wettbewerbsbeschränkung ist, wobei diese Beseitigung durch „Wiederherstellung des früheren Zustands" oder „auf andere Weise" erfolgen kann. „Wettbewerbsbeschränkung" ist gleichbedeutend mit den Untersagungsvoraussetzungen des § 36 Abs. 1 GWB. Beseitigt ist die Wettbewerbsbeschränkung demnach, wenn entweder ein kontrollpflichtiger Zusammenschluss (§§ 35, 37 GWB) beseitigt wird oder eine erhebliche Behinderung wirksamen Wettbewerbs nicht mehr zu prognostizieren ist (§ 36 Abs. 1 Satz 1 GWB) oder ein Ausnahmetatbestand nach § 36 Abs. 1 Satz 2 GWB geschaffen wird. Die Entflechtung des Zusammenschlusses durch das BKartA hat ihre Grenzen demnach erreicht, wenn eines der vorgenannten drei Elemente entfällt. Bei einem vollzogenen Anteilserwerb entfällt beispielsweise die wettbewerbsbeschränkende Wirkung im Sinne des § 41 Abs. 3 Satz 3 GWB, wenn die Beteiligung auf ein Maß zurückgeführt wird, das unterhalb der Eingriffsschwellen des § 37 Abs. 1 GWB liegt (z. B. 24,99% der Anteile, wenn Kontrollrechte und ein wettbewerblich erheblicher Einfluss ausgeschlossen sind).[442] 177

Inhalt und Umfang einer Auflösungsanordnung werden durch das **Verhältnismäßigkeitsprinzip** bestimmt. Bis zur 6. GWB-Novelle sah das Gesetz noch ausdrücklich vor, dass das BKartA unter Wahrung der Belange Dritter diejenigen Maßnahmen anzuordnen hat, die mit dem geringsten Aufwand und der geringsten Belastung für die Beteiligten zum Ziele führen.[443] Zwar wird diese Vorgabe heute nicht mehr im Gesetz erwähnt. Sie gilt 178

---

[437] Die Heilung von Zustellungsmängeln gemäß § 8 VwZG kommt nur in Betracht, wenn die Behörde wenigstens den Willen hat, das Dokument förmlich zuzustellen, s. BVerwGE 16, 165; *Engelhardt/App/Schlatmann-Schlatmann,* § 8 VwZG Rdnr. 2; ebenso zur parallelen Regelung in § 189 ZPO BGH NJW 2003, 1192, 1193.

[438] Dazu oben Rdnr. 130 ff.

[439] Ebenso *Bechtold,* GWB, § 41 Rdnr. 28; vgl. auch BGH WuW/E BGH 2211, 2217 – *Morris/Rothmans;* BGH WuW/E BGH 2031, 2032 – *Springer/Elbe Wochenblatt II;* BGH WuW/E BGH 1655, 1661 – *Zementmahlanlage II.*

[440] Zur weitergehenden Öffentlichkeitsarbeit des BKartA oben Rdnr. 48.

[441] Begr. RegE zur 8. GWB-Novelle, BT-Drucks. 17/9852 S. 31; vgl. auch OLG Düsseldorf WuW/E DE-R 2462, 2476 – *A-TEC/Norddeutsche Affinerie.*

[442] Vgl. BGH WuW/E BGH 2031, 2032 – *Springer/Elbe Wochenblatt II;* BKartA TB 1991/1992, S. 130 – *WDR/Radio NRW.*

[443] § 24 Abs. 6 Satz 3 GWB aF.

gleichwohl als allgemeiner, die gesamte Eingriffsverwaltung bestimmender Rechtsgrundsatz weiter.[444] Auch die Vorgabe des § 41 Abs. 3 Satz 3 GWB, dass das Auflösungsziel durch Wiederherstellung des früheren Zustands oder auf andere Weise erreicht werden kann, ist Ausfluss des Verhältnismäßigkeitsprinzips. Die Auflösungsverpflichteten haben danach ein **Wahlrecht** zwischen der Restitution und allen sonstigen gleichgeeigneten Mitteln. So können die beteiligten Unternehmen bei einem aufzulösenden Anteilserwerb wählen zwischen der Rückübertragung der erworbenen Anteile an den Veräußerer und deren Weiterübertragung an einen oder mehrere wettbewerblich unbedenkliche Dritte. Das Rückgängigmachen des Erwerbs ist eine valide Auflösungsmaßnahme, selbst wenn nach Einschätzung des BKartA die Veräußerung an einen dritten industriellen Investor wettbewerblich vorzugswürdig wäre.[445] Entscheiden sich die Auflösungsverpflichteten demgegenüber für die Weiterveräußerung der Anteile, darf das BKartA zwar Vorkehrungen treffen, um die wettbewerbliche Unabhängigkeit der auflösungsbeteiligten Dritten sicherzustellen und das Einschalten von Strohleuten auszuschließen.[446] Unverhältnismäßig wären jedoch darüber hinausgehende Vorgaben, etwa zu besonderen fachlichen Kenntnissen oder unternehmerischen Erfahrungen der erwerbsbereiten Dritten.[447]

179 Dem Verhältnismäßigkeitsprinzip entspricht es ferner, der **freiwilligen Auflösung** den Vorzug vor dem Erlass einer Auflösungsanordnung zu geben.[448] Auch können die beteiligten Unternehmen im Entflechtungsverfahren geeignete „Austauschmittel“ anbieten, um eine zwangsweise anderer Auflösungsmaßnahmen abzuwenden.[449] Haben die Zusammenschlussbeteiligten die mit dem Zusammenschluss eingetretene Wettbewerbsbeschränkung hinreichend beseitigt, insbesondere durch Rückführung des Zusammenschlusses auf das zulässige Maß, ist das Entflechtungsverfahren einzustellen.[450] Bei der Auflösung vollzugsverbotswidrig vollzogener Zusammenschlüsse ist in Rechnung zu stellen, dass vermutlich für die meisten freiwilligen Auflösungsmaßnahmen außerhalb einer Rückabwicklung unter ausschließlicher Beteiligung der am Zusammenschluss beteiligten Unternehmen die Mithilfe des BKartA erforderlich sein dürfte. Erst eine Auflösungsanordnung des BKartA kann ggf. die schwebende Unwirksamkeit der Vollzugsakte beseitigen (§ 41 Abs. 1 Satz 3 Nr. 3 Var. 2 GWB) und den Beteiligten die notwendige Verfügungsbefugnis wieder verschaffen, um z. B. Anteile auf einen nicht-fusionskontrollpflichtigen Ersatz-Erwerber freiwillig wirksam übertragen zu können.[451]

180 **2. Durchsetzung der Auflösungsanordnung.** § 41 Abs. 4 GWB gibt dem BKartA ein Instrumentarium zur Durchsetzung seiner Auflösungsverfügung an die Hand, das in einer oder mehreren zusätzlichen Erzwingungsverfügungen genutzt werden kann. Auch diese **Verfügungen** sind zu begründen, mit einer Rechtsmittelbelehrung zu versehen und zuzustellen (§ 66 Abs. 1 GWB), im Bundesanzeiger bekanntzumachen (§ 43 Abs. 2 Nr. 4 GWB) und gerichtlich anfechtbar (§§ 63 ff. GWB). Die praktische Bedeutung dieser Vorschrift ist jedoch sehr gering.

---

[444] Vgl. Begr. RegE zur 6. GWB-Novelle, BT-Drucks. 13/9720, S. 60 (zu § 41 Abs. 3 GWB); OLG Düsseldorf WuW/E DE-R 1149, 1151 – *trans-o-flex.*

[445] OLG Düsseldorf WuW/E DE-R 1149 1151 – *trans-o-flex.*

[446] Vgl. BKartA B. v. 27.2.2008, B5–198/07, S. 6 f. (Tenor III.4) – *A-TEC/Norddeutsche Affinerie* (insoweit nicht abgedruckt in WuW/E DE-V 1553): keine personelle oder kapitalmäßige Beteiligung, kein wettbewerblich erheblicher Einfluss, kein Handeln für fremde Rechnung, keine Übertragung des wirtschaftlichen Risikos des Kaufs.

[447] OLG Düsseldorf WuW/E DE-R 1370, 1374 – *Professor von S.*

[448] BGH WuW/E BGH 2031, 2032 – *Springer/Elbe Wochenblatt II.*

[449] Ebenso *Bechtold,* GWB, § 41 Rdnr. 30.

[450] Beispiele: BKartA TB 1991/1992, S. 130 – *WDR/Radio NRW;* BKartA TB 2009/2010, Dokumentenband, S. 77 – *Universitätsklinikum Tübingen/Zollernalbkreis;* BKartA E. v. 5.12.2007, B9–125/07 und 165/08 (Fallbericht) – *Globus/HELA;* BKartA E. v. 10.1.2012, B4–29/11 (Fallbericht) – *Tönsmeier/Holtmeyer;* BKartA E. v. 3.4.2013, B3–32/11 und 49/12 (Fallbericht), S. 3 – *Marienhaus/Barmherzige Brüder Trier.*

[451] Zur zivilrechtlichen Heilung oben Rdnr. 76.

Die vor der 7. GWB-Novelle noch in § 41 Abs. 4 Nr. 1 GWB enthaltene Möglichkeit zur Festsetzung von **Zwangsgeldern** bis 500 000 Euro besteht nach § 86a GWB i. V. m. den Vorschriften des VwVG weiterhin, wobei nunmehr ein Höchstbetrag von 10 Mio. Euro vorgesehen ist. Nach § 41 Abs. 4 Nr. 2 GWB können ferner **Stimmrechtsbeschränkungen** angeordnet werden (die Ausübung kann untersagt oder von der Erlaubnis des BKartA abhängig gemacht werden). Ferner kann das BKartA nach Nr. 3 einen **Treuhänder** bestellen, der die Auflösung des Zusammenschlusses herbeiführen soll. Die im früheren Recht vorgesehene Möglichkeit, den Zusammenschluss bewirkende Verträge für unwirksam zu erklären,[452] ist durch die 6. GWB-Novelle gestrichen worden. Der Gesetzgeber meinte, wegen des generellen Vollzugsverbots hierauf verzichten zu können.[453] Da die Unwirksamkeitsfolge des § 41 Abs. 1 Satz 2 GWB aber durch § 41 Abs. 1 Satz 3 GWB eingeschränkt ist und nicht für Zusammenschlüsse gilt, die erlaubterweise (§ 41 Abs. 1a und Abs. 2 GWB) oder vor Widerruf einer Freigabe vollzogen wurden, ist dem BKartA insoweit ein Durchsetzungsmittel genommen worden. 181

3. Rechtsmittel. Die beteiligten Unternehmen können eine Auflösungsanordnung des BKartA mit der Beschwerde anfechten (§§ 63 ff. GWB). Die Beschwerde hat zwar keine aufschiebende Wirkung (§ 64 Abs. 1 GWB), diese kann aber vom Beschwerdegericht angeordnet werden (§ 65 Abs. 3 GWB). Das BKartA kann auch von sich aus die Vollziehung aussetzen (§ 65 Abs. 3 Satz 2 GWB). Die Beschwerde muss innerhalb eines Monats eingelegt werden (§ 66 Abs. 1 Satz 1 GWB). Wird ein Antrag auf Ministererlaubnis gestellt, so beginnt die Beschwerdefrist erst mit der Zustellung der Verfügung des Bundeswirtschaftsministers (§ 66 Abs. 1 Satz 3 GWB). Umgekehrt beginnt bei Anfechtung der Auflösungsanordnung die Frist für die Ministererlaubnis erst in dem Moment, in dem die Auflösungsanordnung unanfechtbar wird (§ 42 Abs. 3 Satz 3 GWB). Beschwerde und Antrag auf Ministererlaubnis können hier ebenso wie bei einer Untersagung parallel oder nacheinander verfolgt werden.[454] 182

---

[452] § 24 Abs. 7 Nr. 3 GWB idF vor der 6. GWB-Novelle.
[453] Vgl. Begr. RegE zur 6. GWB-Novelle, BT-Drucks. 13/9720, S. 60 (zu § 41 Abs. 4).
[454] Vgl. zu den Rechtsmitteln bei einer Untersagung oben Rdnr. 107 f.

6. Kapitel. Der Missbrauch marktbeherrschender Stellungen

§ 22 Das Verbot des Missbrauchs marktbeherrschender Stellungen im EU-Kartellrecht (Art. 102 AEUV)

Übersicht

Schrifttum: *Ahlborn/Bailey,* Discounts, Rebates and Selective Pricing by Dominant Firms, European Competition Journal (Special Issue on Article 82) 2006, 101 ff.; *Akman,* The Concept of Abuse in EU Competition Law, 2012; *Albaek/Claici,* The Velux case – an indepth look at rebates and more, Competition Policy Newsletter 2009/2, S. 44 ff.; *Arowolo,* Application of the Concept of Barriers to Entry Under Article 82 of the EC Treaty: Is there a Case for Review?, E. C. L. R. 2005, 247 ff.; *Bechtold/Bosch/Brinker,* EU-Kartellrecht, 3. Aufl., 2014; *Bergmann/Lübbig,* Art. 82, in: Loewenheim/Meessen/Riesenkampff, Kartellrecht, 2. Aufl., München 2009; *Bodenstein,* Kartellrechtliche Bewertung von Rabatten marktbeherrschender Unternehmen, 2013; *Bronett,* Der „More Economic Approach" bei der Anwendung des europäischen Kartellverwaltungsrechts und Kartellstrafrechts, EWS 2013, 1 ff.; *ders.,* „Unternehmen" als „wirtschaftliche Einheiten" – Das neue EU-Kartellrecht nach der Rechtsprechung des EuGH in der Rechtssache C-97/08 Akzo Nobel, EWS 2012, 113 ff.; *Bunte,* 6. GWB-Novelle und Missbrauch wegen Verweigerung des Zugangs zu einer „wesentlichen Einrichtung", WuW 1997, 302 ff.; *Cardoso,* Strategic Patenting and Antitrust, Law Boletin Latinoamericano de Competencia, 2008, 95 ff.; *Colley/Burnside,* Margin Squeeze Abuse, European Competition Journal (Special Issue on Article 82) 2006, 185 ff.; *Daskin/Wu,* Observations on the Multiple Dimensions of Market Power, Antitrust magazine 2005, 53 ff.; *Dethmers/Dodoo,* The abuse of Hoffmann-La Roche: the meaning of dominance under EC Competition Law, E. C. L. R. 2006, 537 ff.; *Bulst,* Artikel 102, in: *Langen/Bunte,* Kartellrecht, Band 2 Europäisches Kartellrecht, 12. Aufl., 2014; *Dreher,* Die Kontrolle des Wettbewerbs in Innovationsmärkten – Marktabgrenzung und Marktbeherrschung in innovationsgeprägten Märkten, ZWeR 2009, 149 ff.; *Drexl,* Abuse of Dominance in Licensing and Refusal to License: A ‚More Economic Approach' to Competition by Imitation and to Competition by Substitution, in: Ehlermann/Atanasiu (Hrsg.), European Competition Law Annual, 2005: The Interaction between Competition Law an Intellectual Property Law, 2007, S. 647 ff.; *Editorial Comments,* Towards a more judicial approach? EU antitrust fines under the scrutiny of fundamental rights, CMLR 2011, 1405, 1415; *Eilmansberger,* How to Distinguish Good from Bad Competition under Article 82 EC: In Search of Clearer and More Coherent Standards for Anticompetitive Abuses, CMLR 2005, 129 ff.; *ders.;* How Effect-based Rules Could and Should Change Dominance Analysis, European Competition Journal (Special Issue on Article 82) 2006, 15 ff.; *ders.,* Art. 82 EG, in: Münchener Kommentar, Europäisches und Deutsches Wettbewerbsrecht, 2007; *Erhard,* Wohlstand für alle, 1957; *Eucken,* Grundsätze der Wirtschaftspolitik, 6. Aufl., 1990; *Fjell/Sørgard,* How to Test for Abuse of Dominance?, European Competition Journal (Special Issue on Article 82) 2006, 69 ff.; *Forrester,* Article 82: Remedies in Search of Theories?, in: Hawk (Hrsg.), Fordham International Law Journal 1995, 167 ff.; *Frenz,* Ausdehnung der Essential-facilities-Doktrin auf Immaterialgüterrechte?, WuW 2014, 282 ff.; *Fuchs,* Der „ebenso effiziente Wettbewerber" als Maßstab für die Missbrauchskontrolle über marktbeherrschende Unternehmen – eine kritische Würdigung, in: Bechtold/Jickeli/Rohe (Hrsg.), Recht, Ordnung und Wettbewerb, Fs. Möschel (2011), 241 ff.; *Fuchs/Möschel* in: Immenga/Mestmäcker (Hrsg.), Wettbewerbsrecht, 5. Aufl., 2012, Art. 102 AEUV; *Gauß,* Die Anwendung des kartellrechtlichen Missbrauchsverbot nach Art. 82 EG (Art. 102 AEUV) in innovativen Märkten, 2010; *Geradin,* Standards, Intellectual Property and European Competition Policy, in: Govaere/Hanf (Hrsg.), Scrutinizing Internal and External Dimensions of European Law, 2. Bd., 2013, 589 ff.; *Gerber,* Constitutionalizing The Economy: German Neo-Liberalism, Competition Law And The „New" Europe, American Journal of Comparative Law, 1994, 25 ff.; *González-Días/Snelders* (Hrsg.), Abuse of dominance under Article 102 TFEU, EU Competition Law, Bd. V, 2013; *Grabitz,* Die verfassungsorientierte Konkretisierung wettbewerbsrechtlicher Generalklauseln, ZHR 1985, 263 ff.; *Groeben/Mestmäcker,* Ziele und Methoden der europäischen Integration, 1972; *Hovenkamp,* Competition in information technologies: standards-essential patents, non-practicing entities and FRAND bidding, in: Hawk

(Hrsg.), Fordham Competition Law Institute 2013, 439 ff.; *Hawk,* A propos de la „concurrence par les mérites": regards croises´ sur l'article 82 CE et la section 2 du Sherman Act, Concurrence No. 3–2005, 33 ff.; *Ibáñez Colomo,* Judicial review in Article 102 TFEU, in: Etro/Kokkoris (Hrsg)., Competition Law and the Enforcement of Article 102, 2010; *ders.* Exclusionary discrimination under Article 102 TFEU, CMLRev 2014, 141 ff.; *Jebsen/Stevens,* Assumptions, Goals and Dominant Undertakings: The Regulation of Competition under Article 86 of the European Union, Antitrust Law Journal 1996, 443 ff.; *Klein,* SSNIP-Test und Bedarfsmarktkonzept?, WuW 2010, 169 ff.; *König/Engelmann,* Parallelhandelsbeschränkungen im Arzneimittelbereich auf dem Prüfstand des Art. 82 EG, GRUR 2005, 304 ff.; *Körber,* Standardessentielle Patente, FRAND-Verpflichtungen und Kartellrecht, 2013; *Langen/Bunte,* Kartellrecht, Band 2, Europäisches Kartellrecht, 12. Aufl., 2014; *Liberatore/Murphy,* Abuse of Regulatory Procedures – The AstraZeneca Case, European Competition Law Review 2010, 289 ff., 314 ff.; *Lugard,* Eternal Sunshine on a Spotless Policy? Exclusive Dealing under Article 82 EC, European Competition Journal (Special Issue on Article 82) 2006, 163 ff.; *Madero Villarejo/Banasevic,* Standards and Market Power, Global Competition Policy, May-08, 1; *Markert,* Die Verweigerung des Zugangs zu „wesentlichen Einrichtungen" als Problem der kartellrechtlichen Missbrauchsaufsicht, WuW 1995, 560 ff.; *Mastromanolis,* Predatory Pricing Strategies in the European Union: A Case for Legal Reform, EGLR 1998, 211 ff.; *Maier-Rigaud,* Switching Costs in Retroactive Rebates – What's Time Got to Do With it?, European Competition Law Review 2005, 72 ff.; *ders.,* Article 82 Rebates: Four Common Fallacies, European Competition Journal (Special Issue on Article 82) 2006, 85 ff.; *Mestmäcker,* Zum Begriff des Missbrauchs in Art. 86 des Vertrages über die Europäische Gemeinschaft, in: Unternehmen, Recht und Wirtschaftsordnung, Fs. Raisch, 1995, 441 ff.; *Mestmäcker/Schweitzer,* Europäisches Wettbewerbsrecht, 3. Auflage 2014; *Möschel,* Der Missbrauch marktbeherrschender Stellungen nach Art. 82 EG-Vertrag und der „More Economic Approach", JZ 2009, 1040 ff.; *ders.* Kartellrecht in Deutschland seit Stein-Hardenberg – Eine Reminiszenz, NZKart 2014, 42 ff.; *Monti,* The Concept of Dominance in Article 82, European Competition Journal (Special Issue on Article 82) 2006, 31 ff.; *ders.,* Structure and effects in EU competition law. in: Basedow/Wurmnest (Hrsg.), Structure and effects in EU competition law (2011), S. 57 ff.; *Moritz,* Grenzen des zulässigen Wettbewerbs mit Unterkostenpreisen und selektiven Preisen, in: Schwerpunkte des Kartellrechts 1993/1994 (FIW-Schriftenreihe Heft 163), S. 71 ff.; *Müller,* Wettbewerb und Unionsverfassung, 2014; *Nazzini,* Abuse beyond exclusion: exploitation and discrimination under Article 102 TFEU, in: Hawk (Hrsg.), Fordham Competition Law Institute 2013, 459 ff.; *O'Donoghue/Padilla,* The Law and Economics of Article 102 TFEU, 2. Aufl., 2013; *OECD,* The Essential Facilities Concept (Proceedings of a roundtable held by Working Party No. 2 of the Committee on Competition Law and Policy), 1996; *Petit,* The oligopoly problem in EU competition law, in: Lianos/Geradin (Hrsg.), Handbook on European Competition Law, Bd. 1, 2013, 259 ff.; *Roth,* Der rechtliche Rahmen der Wirtschafts- und Währungsunion, in: Everling, Von der Europäischen Gemeinschaft zur Europäischen Union, EuR Beiheft 1/1994, 45 ff.; *Schröter,* Le concept de position dominante dans l'application des articles 66, paragraphe 7, du traité CECA et 86 du traité CEE, in: Van Damme, La réglementation du comportement des monopoles et entreprises dominantes en droit communautaire/Regulating The Behaviour Of Monopolies And Dominant Undertakings In Community Law, 1977, 434 ff.; *Schröter/Jacob/Klotz/Mederer* (Hrsg.), Europäisches Wettbewerbsrecht, 2. Aufl., 2014; *Schulte/Just* (Hrsg.), Kartellrecht, 2012; *Spector,* From Harm to Competitors to Harm to Competition: One More Effort, Please!, European Competition Journal (Special Issue on Article 82) 2006, 145 ff.; *Temple Lang,* Defining Legitimate Competition: Companies' Duties to Supply Competitors and Access to Essential Facilities, in: Hawk (Hrsg.), Fordham International Law Journal 1994, 437 ff.; *ders.,* European competition law and intellectual property rights – a new analysis, ERA Forum 2010, 411 ff.; *Tirole,* The Analysis of Tying, Competition Policy International 2005, 1 ff. (mit Anm. von *Carlton/Waldman* und *Nalebuff); Ullrich/Heinemann* in: Immenga/Mestmäcker (Hrsg.), Wettbewerbsrecht, 5. Aufl., 2012, GRUR B; *Vickers,* Market Power in Competition Cases, European Competition Journal (Special Issue on Article 82) 2006, 3 ff.; *Vijver,* Objective justification and Article 102 TFEU, World competition 2012, 55 ff.; *Volkmann,* Patenterwerb und Marktmachtmissbrauch, 2013; *Weizsäcker,* Wettbewerb in Netzen, WuW 1997, S. 572 ff.; *Werden,* Competition Policy on Exclusionary Conduct: Toward an Effect-based Analysis?, European Competition Journal (Special Issue on Article 82) 2006, 53ff; *Wernicke,* Das Intel-Urteil des EuG – ein Lehrstück dogmatischer Kontinuität, EuZW 2015, 19ff; *Wurmnest,* Marktmacht und Verdrängungsmissbrauch, 2. Aufl., 2012.

A. Einleitung

I. Die Grundlagen

Im Dritten Teil des AEUV, der mit „Die internen Politiken und Maßnahmen der Union" überschrieben ist, bilden Art. 102 zusammen mit den Art. 101 und 106 die für Unter- 1 nehmen geltenden **materiellen Wettbewerbsregeln.** Ergänzt durch die Art. 103 bis 105 AEUV, die Ermächtigungs-, Übergangs- und Verfahrensvorschriften darstellen, sind sie ein Teil der im Titel VII, Kapitel 1, dieses Vertrags niedergelegten „Gemeinsamen Regeln betreffend Wettbewerb“. Die übrigen den Wettbewerb betreffenden Gemeinsamen Regeln des AEUV beziehen sich auf staatliche Beihilfen (Art. 107 bis 109). Art. 101 Abs. 1 und 102 AEUV enthalten **unmittelbar an Unternehmen gerichtete Verbote** abgestimmten wettbewerbsbeschränkenden Verhaltens (falls die Voraussetzungen des Art. 101 Abs. 3 AEUV nicht vorliegen) und des Missbrauchs wirtschaftlicher Macht. Die Bestimmungen über die Wettbewerbspolitik dienen ebenso der Verfolgung der in Art. 3 EUV angeführten Ziele der EU wie die ebenfalls grundlegenden Bestimmungen des AEUV über den freien Waren-, Dienstleistungs- und Kapitalverkehr, die Freizügigkeit, die Unionsbürgerschaft und den Raum der Freiheit, der Sicherheit und des Rechts. Diese Bestimmungen, die sich in den Rahmen eines unionseigenen Systems einfügen, sind so strukturiert, dass jede von ihnen in ihrem speziellen Bereich und mit ihren besonderen Merkmalen zur Verwirklichung des Integrationsprozesses beiträgt, der die Daseinsberechtigung der Union selbst darstellt.[1] Bei einer Kollision der Wettbewerbspolitik mit anderen Zielen der Gründungsverträge (Querschnittsklauseln), zB der Sozialpolitik, muss eine Abwägung stattfinden, die u. U. zur Nichtanwendung der Kartellverbote führen kann.[2]

2 Ein zentrales Mittel, um die wirtschaftlichen Ziele der EU zu erreichen, ist ein Binnenmarkt, der auf einer „sozialen Marktwirtschaft“ beruht (Art. 3 Abs. 3 AEUV). Art. 101 und 102 AEUV sind wesentliche Teile eines Systems, das den unternehmerischen Wettbewerb im EU-Binnenmarkt vor Verfälschungen schützt (Protokoll Nr. 27 zum AEUV).[3] Art. 102 AEUV gehört somit zu den Wettbewerbsregeln iSv Art. 3 Abs. 1 lit. b AEUV, die für das Funktionieren des Binnenmarktes erforderlich sind.[4] Sie sollen insbesondere verhindern, dass anstelle staatlicher Hemmnisse private unternehmerische Maßnahmen den freien Austausch von Waren und Dienstleistungen behindern und Märkte innerhalb der EU gegeneinander abschirmen. Diese Finalität der Wettbewerbsvorschriften des AEUV wurde bereits im „Messina-Bericht“[5] und danach wiederholt von der Kommission[6] und der Rechtsprechung[7] hervorgehoben. Zur Förderung des in Art. 3 Abs. 1 EUV angesprochenen **Wohlergehens der Völker der EU** ist die bestmögliche Ressourcenallokation und somit die volkswirtschaftlich kostengünstigste Bereitstellung von Gütern und Dienstleistungen erforderlich, was insbesondere dadurch erreicht wird, dass Verfälschungen des Wettbewerbs zum Schaden der sich wettbewerbskonform verhaltenen **Unternehmen** und der **Verbraucher** verboten sind.[8] Art. 119 Abs. 1 AEUV konkretisiert diesen Zusammenhang: Die „Wirtschaftspolitik“ der EU und ihrer Mitgliedstaaten ist dem Grundsatz einer „offenen Marktwirtschaft mit freiem Wettbewerb“ verpflichtet. Dies ist die **Wirtschaftsverfassung der EU.** Der Binnenmarkt soll durch Wettbewerb geordnet sein. Die materiellen Wettbewerbsregeln des AEUV stellen die rechtliche Grundlage dar, um diese Verfassung durchzusetzen. Das System gegen private Wettbewerbsbeschränkungen im Binnenmarkt, wird primärrechtlich von den Art. 101, 102 und 106 AEUV sowie sekundärrechtlich von der Kontrolle von Unternehmenszusammenschlüssen aufgrund der VO Nr. 139/2004 ge-

---

[1] EuGH Gutachten v. 18.12.2014, C-2/13, Rdnr. 172.

[2] EuGH U. v. 4.12.2014, C-413/13, ECLI:EU:C:2014:2411, Rdnr. 22 – *FNV/Staat der Nederlanden;* vgl. auch *Müller,* Wettbewerb und Unionsverfassung, 2014, 164 ff.

[3] EuGH U. v. 14.10.2010, Slg. 2010, I-9555, Rdnr. 170 – *Deutsche Telekom/Komm.*

[4] EuGH U. v. 17.2.2011, Slg. 2011, 527, Rdnr. 21 – *Konkurrensverket/TeliaSonera Sverige.*

[5] Bericht der Delegationsleiter des von der Konferenz von Messina eingesetzten Regierungsausschusses vom 21.4.1956 an die Außenminister, (französischer Text: http://aei.pitt.edu/996/1/Spaak_report_french.pdf, zuletzt besucht am 2.1.2015), S. 16 f., 53 ff.

[6] 1. WB, 1971, Einleitung; 23. WB, 1993, Rdnr. 4; *Komm.* E. v. 8.5.2001, ABl. 2001 Nr. L 302/1 – *Glaxo Wellcome* – Rdnr. 127 ff.

[7] EuGH U. v. 13.7.1966, Slg. 1966, 322, 386 ff., 388 – *Consten u. Grundig/Komm.;* EuG U. v. 22.3.2012, Rs T-458/09 u. T-171/10, ECLI:EU:T:2012:145, Rdnr. 37 – *Slovak Telekom.*

[8] EuGH U. v. 21.9.1989, Slg. 1989, 2859, Rdnr. 25 – *Hoechst/Komm.*

bildet. Alle Bestandteile dieses Systems haben denselben Zweck, nämlich jede spürbare Beschränkung eines wirksamen Wettbewerbs im Binnenmarkt zu verhindern,[9] es sei denn, dass diese wirtschaftlich positive Wirkungen entfaltet, die die wirtschaftlichen Nachteile der Wettbewerbsbeschränkung überwiegen.

II. Der historische Zusammenhang

Der EWG-Vertrag, Vor-Vorgänger des AEUV, wurde am 25. März 1957 geschlossen. 3
Zu diesem Zeitpunkt war die Wirtschaft in den sechs Gründerstaaten sehr unterschiedlich geordnet. Keine dieser Regelungen kann als unmittelbares Vorbild für das europäische Kartellrecht angesehen werden.[10] Die vorbereitenden Arbeiten zu dem EWG-Vertrag fielen aber mit der in Deutschland geführten Erörterung eines zu erlassenen Gesetzes gegen Wettbewerbsbeschränkungen (GWB) zusammen. Dieses Gesetz trat am 1. Januar 1958 in Kraft. Die dem GWB zugrunde liegenden Ideen, insbesondere des **Ordo-Liberalismus**[11] und das **Konzept der „sozialen Marktwirtschaft"**[12] (Art. 3 Abs. 3 AEUV), sind in die europäische Regelung eingeflossen.[13] Darüber hinaus konnten die Autoren der Wettbewerbsregeln des EWG-Vertrags die Rechtslage in den USA berücksichtigen, die mit Section 2 des 1890 erlassenen **Sherman Act** eine Regelung enthält, die der Regelung des heutigen Art. 102 AEUV verwandt ist. Schließlich lagen die Erfahrungen vor, die mit der Anwendung von Art. 66 § 7 des am 18. April 1950 geschlossenen (und inzwischen außer Kraft getretenen) EGKS-Vertrags gemacht wurden.

III. Die Struktur des Art. 102 AEUV

Art. 102 AEUV enthält ein **hoheitliches Verbot** bestimmter unternehmerischer Verhal- 4
tensweisen, die ebenso wie die unter das entsprechende Verbot des Art. 101 Abs. 1 AEUV fallenden Verhaltensweisen mit dem EU-Binnenmarkt unvereinbar sind. Die Aufzählung der missbräuchlichen Verhaltensweisen in Art. 102 Abs. 2 AEUV ist nicht abschließend.[14] Sämtliche Verhaltensweisen marktbeherrschender Unternehmen sind grundsätzlich nach Art. 102 AEUV verboten, wenn sie den in Art. 3 AEUV niedergelegten und in den Art. 101 und 102 AEUV näher ausgeführten wirtschaftspolitischen und sozialen Zielen der EU zuwiderlaufen.[15] Dieses Verbot ist unmittelbar geltendes Unionsrecht, das in allen Mitgliedstaaten ohne weiteres anwendbar ist.[16] Das Verbot ist absolut. Es besteht keine dem Art. 101 Abs. 3 AEUV entsprechende Freistellungsregelung.[17] Weitere Unterschiede zur Struktur des

---

[9] EuGH U. v. 11.11.1997, Slg. 1997, I-6265, Rdnr. 34 – *Komm./Ladbroke;* 17.2.2011, Slg. 2011, 527, Rdnr. 50 – *Konkurrensverket/TeliaSonera Sverige;* EuG U. v. 29.3.2012, Rs T-336/07, ECLI:EU:T:2012:172, Rdnr. 329 – *Telefónica/Komm.* (bestätigt durch EuGH U. v. 10.7.2014, Rs C-295/12 P, ECLI:EU:C:2014:2062 – *Telefónica/Komm.*

[10] Vgl. Bericht im Namen des Binnenmarktausschusses des EP *(„Deringer-Bericht"),* Rdnr. 37 ff., EP Sitzungsdokumente, September 1961, Dokument 57.

[11] Vgl. *Eucken,* Grundsätze der Wirtschaftspolitik, 6. Aufl., 1990.

[12] Vgl. *Erhard,* Wohlstand für alle, 1957.

[13] Vgl. *Müller,* Wettbewerb und Unionsverfassung, 2014, 143 ff.; aA *Akman,* The Concept of Abuse in EU Competition Law, 2012, 55 ff.

[14] EuGH U. v. 14.10.2010, Slg. 2010, I-9555, Rdnr. 173 – *Deutsche Telekom/Komm.;* 17.2.2011, Slg. 2011, I-527, Rdnr. 26 – *Konkurrensverket/TeliaSonera Sverige.*

[15] EuGH U. v. 21.2.1973, Slg. 1973, 215, Rdnr. 26 – *Europemballage u. Continental Can/Komm.;* 6.3.1974, Slg. 1974, 223, Rdnr. 25 – *ICI u. Commercial Solvents/Komm.;* 14.11.1996, Slg. 1996, I-5951, Rdnr. 37 – *Tetra Pak/Komm.;* 16.3.2000, Slg. 2000, I-1365 Rdnr. 112; 15.3.2007, Slg. 2007, I-2331, Rdnr. 57 – *British Airways/Komm.;* 17.2.2011, Slg. 2011, 527, Rdnr. 27 – *Konkurrensverket/TeliaSonera Sverige.*

[16] EuGH U. v. 30.01.1974, Slg. 1974, 51, Rdnr. 15/17 – *BRT/SABAM;* 10.07.1980, Slg. 1980, 2481, Rdnr. 13 – *Marty/Estee Lauder;* 28.02.1991, Slg. 1991, I-935, Rdnr. 45 – *Delimitis/Henninger;* 20.09.2001, Slg. 2001, I-6297, Rdnr. 22 f. – *Courage/Crehan.*

[17] Vgl. jedoch zur Möglichkeit, bestimmtes unternehmerisches Verhalten objektiv zu rechtfertigen, das seiner Art nach missbräuchlich ist, Mitteilung der *Komm.,* Erläuterungen zu den Prioritäten der

Art. 101 AEUV bestehen darin, dass sich Art. 102 AEUV wegen der einseitigen Natur des verbotenen Verhaltens nicht an **Unternehmensvereinigungen** richtet und die zivilrechtlichen Folgen des Missbrauchs einer beherrschenden Stellung im Gegensatz zur Regelung des Art. 101 Abs. 2 AEUV unionsrechtlich nicht bestimmt sind. Die Frage einer eventuellen **zivilrechtlichen Nichtigkeit** von Vereinbarungen, deren Abschluss ein missbräuchliches Verhalten seitens eines beherrschenden Unternehmens darstellt, ist somit nach nationalem Recht zu beantworten.[18] Die Interessenlage hinsichtlich der zivilrechtlichen Nichtigkeit von Verträgen, die auf einem missbräuchlichen Verhalten eines beherrschenden Unternehmens beruhen, ist jedoch nicht immer eindeutig. Zwar sollte volkswirtschaftlich schädlichen Verträgen die rechtliche Anerkennung versagt werden. Im Allgemeinen hat der Vertragspartner aber ein legitimes Interesse, die Leistung des beherrschenden Unternehmens zu angemessenen Bedingungen zu erhalten und behalten zu dürfen.[19]

IV. Rechtsfolgen eines Verstoßes gegen Art. 102 AEUV

5 Gem. Art. 104 AEUV entscheiden die **Behörden der Mitgliedstaaten** im Einklang mit den nationalen Rechtsvorschriften aufgrund von Art. 102 AEUV über die Zulässigkeit von Verhaltensweisen marktbeherrschender Unternehmen. Art. 105 AEUV enthält die ursprüngliche Regelung für die diesbezügliche Zuständigkeit der Kommission. Die VO Nr. 1/2003 hat in diese **parallelen Zuständigkeiten** der nationalen Behörden und der Kommission nur insoweit eingegriffen, als die Kommission gem. Art. 11 Abs. 6 dieser Verordnung durch Eröffnung des Verfahrens im Einzelfall die Zuständigkeit der nationalen Behörden für die Anwendung des Art. 102 AEUV beenden kann.[20] Die in Art. 104 AEUV iVm Art. 5 und 35 VO Nr. 1/2003 den Behörden der Mitgliedstaaten übertragenen Aufgaben nimmt in Deutschland das **Bundeskartellamt** aufgrund nationalen Verfahrensrechts wahr. Die Kommission führt ihre Verfahren aufgrund der VO Nr. 1/2003 durch. Sie kann feststellen, dass Unternehmen gegen Art. 102 AEUV verstoßen und bei andauernder Zuwiderhandlung die (zwangsgeldbewehrte) **Abstellung** des wettbewerbswidrigen Verhaltens anordnen (Art. 7 Abs. 1 iVm Art. 24 VO Nr. 1/2003). Bei schuldhaften Verstößen gegen Art. 102 AEUV hat die Kommission darüber hinaus die Befugnis, gegen die betreffenden Unternehmen gem. Art. 23 Abs. 2 VO Nr. 1/2003 **Geldbußen** festsetzen.[21] Wie die Sachen *Microsoft*[22] und *Intel*[23] illustrieren, können solche Geldbußen selbst für größte Unternehmen fühlbare Sanktionen darstellen.

6 Das Verbot des Art. 102 AEUV kann auch von Personen durchgesetzt werden, die durch Zuwiderhandlungen gegen die Kartellverbote betroffenen sind **(„private enforcement").** Hierfür steht ihnen zum einen die Beschwerde bei der Kommission aufgrund von Art. 7 Abs. 2 VO Nr. 1/2003 offen. Zum anderen sind die nationalen Gerichte als Organ der Mitgliedstaaten aufgrund der unmittelbaren Geltung des Art. 102 AEUV berufen, die Rechte zu schützen, die das Unionsrecht den Einzelnen verleiht.[24] Zu den nationalen **zivilrechtlichen Sanktionen** gehören in Deutschland insbesondere die Nichtigkeit gemäß § 134 BGB sowie gemäß § 33 GWB Unterlassungs- und Schadensersatzansprüche (dazu näher *Topel* in § 50). Es ist grundsätzlich Sache der internen Rechtsordnung eines jeden

---

Kommission bei der Anwendung von Art. 82 des EG-Vertrags (jetzt: Art. 102 AEUV) auf Fälle von Behinderungsmissbrauch durch marktbeherrschende Unternehmen, ABl. 2009 Nr. C 45/7, Rdnr. 28 ff.

[18] EuGH U. v. 27.3.1974, Slg. 1974, 313, Rdnr. 12/14 – *BRT/SABAM u. Fonior;* 11.4.1989, Slg. 1989, 803, Rdnr. 45 – *Ahmed Saeed u. Silver Line/Zentrale.*

[19] Vgl. zu unangemessenen Preisen und sonstigen Geschäftsbedingungen Rdnr. 60 ff.

[20] Vgl. Bekanntmachung der *Komm.* über die Zusammenarbeit innerhalb des Netzes der Wettbewerbsbehörden, ABl. 2004 Nr. C 101/43.

[21] Vgl. auch Rdnr. 7.

[22] *Komm.* E. v. 24.3.2004, vgl. EuG U. v. 17.9.2007, Slg. 2007, I-3601 – *Microsoft/Komm.*

[23] *Komm.* E. v. 13.5.2009, vgl. EuG U. v. 12.6.2014, Rs T-286/09, ECLI:EU:T:2014:547 – *Intel/Komm.*

[24] EuGH U. v. 9.3.1978, Slg. 1978, 629, Rdnr. 14/16 – *Finanzverwaltung/Simmenthal.*

Mitgliedstaats, die **Verfahrensmodalitäten** der Klagen – einschließlich derjenigen in Bezug auf die Beweislast unter Beachtung des Art. 2 VO Nr. 1/2003 – zu regeln, die den Schutz der dem Einzelnen aus der unmittelbaren Wirkung von Art. 102 AEUV erwachsenden Rechte gewährleisten. Diese Modalitäten dürfen weder ungünstiger sein als bei entsprechenden Klagen, die innerstaatliches Recht betreffen (Äquivalenzprinzip), noch die Ausübung der durch die Unionsrechtsordnung verliehenen Rechte praktisch unmöglich machen oder übermäßig erschweren (Effizienzprinzip).[25] Wesentliche Bestimmungen dieses Verfahrensrechts sind in der Richtlinie Nr. 2014/104/EU vom 26. November 2014 über bestimmte Vorschriften für Schadensersatzklagen nach nationalem Recht wegen Zuwiderhandlungen gegen wettbewerbsrechtliche Bestimmungen der Mitgliedstaaten und der EU vorgegeben.[26] Für bürgerliche Rechtsstreitigkeiten vor nationalen Gerichten, die sich aus Art. 102 AEUV ergeben, gelten die nationalen Zuständigkeitsregelungen (dazu näher *Ollerdißen* in §§ 59ff.).

B. Die Tatbestandsvoraussetzungen des Art. 102 AEUV

I. Allgemeines

Art. 102 AEUV verbietet bestimmte Verhaltensweisen bestimmter Normadressaten, so- 7
weit diese Verhaltensweisen dazu führen können, den Handel zwischen Mitgliedstaaten zu beeinträchtigen. Normadressaten sind Unternehmen in beherrschender Stellung auf dem Binnenmarkt oder auf einem wesentlichen Teil desselben. Das verbotene Verhalten ist die missbräuchliche Ausnutzung dieser Stellung. „Unternehmen in beherrschender Stellung" und „missbräuchliche Ausnutzung" sind **unbestimmte Rechtsbegriffe.** Der hohe Grad der Unbestimmtheit dieser Begriffe führte zu Zweifeln, ob das in Art. 102 AEUV enthaltene Verbot mit den gemeinsamen Verfassungsüberliefungen der Mitgliedstaaten vereinbar ist, die für Verbotsnormen eine klare Bestimmung des verbotenen Verhaltens fordern *(nulla poena sine lege),* ein Grundrecht, das nunmehr in Art. 49 Abs. 1 GRCh verankert ist. Der EuGH hat jedoch entschieden, dass die Rechtsbegriffe dieser Norm hinreichend bestimmt sind.[27] Bei der Anwendung derart offener Begriffe müssen sich die zuständigen Behörden und Gerichte aber davor hüten, eigene rechts- und wirtschaftspolitische Vorstellungen in die Auslegung des Art. 102 AEUV einzuführen. Dies gilt insbesondere dann, wenn erwogen wird, den Anwendungsbereich des Verbots auf neue Tatbestände auszudehnen[28] bzw. die Auslegungsmethoden zu verändern (zB von einem quasi *per se*-System zu einem System wirtschaftlicher Wirkungen[29] zu wechseln). In jedem Fall sind solche Umstände bei der Verhängung von **Bußgeld** (Art. 23 Abs. 2 VO Nr. 1/2003) zu berücksichtigen. Grundsätzlich ist die Verhängung von Bußgeld nur bei Verhaltensweisen rechtmäßig, die Wettbewerbsbeschränkungen bezwecken (*per se* – Zuwiderhandlungen).[30]

---

[25] EuGH U. v. 17.7.1997, Slg. 1997, I-4449, Rdnr. 27 – *GT-Link/DSB.*

[26] ABl. 2014 Nr. L 349/1; vgl. diesbezüglich auch *Komm.,* Weißbuch – Schadenersatzklagen wegen Verletzung des EG-Wettbewerbsrechts [Dokument Kom(2008) 165 endgültig].

[27] EuGH U. v. 13.2.1979, Slg. 1979, 461, Rdnr. 130 – *Hoffmann-La Roche/Komm.*

[28] Vgl. zu „wesentlichen Einrichtungen" Rdnr. 64ff.

[29] Generaldirektion Wettbewerb der *Komm.,* Diskussionspapier über die Anwendung des (jetzt) Art. 102 AEUV auf Behinderungsmissbräuche, Dezember 2005, http://ec.europa.eu/competition/antitrust/art82/discpaper2005.pdf (zuletzt besucht am 18.12.2014); Mitteilung der Komm., Erläuterungen zu den Prioritäten der Kommission bei der Anwendung von Art. 82 des EG-Vertrags (jetzt: Art. 102 AEUV) auf Fälle von Behinderungsmissbrauch durch marktbeherrschende Unternehmen, ABl. 2009 Nr. C 45/7.

[30] Vgl. zu „bewirkten" Wettbewerbsbeschränkungen Bekanntmachung der *Komm.,* Leitlinien zur Anwendung von (jetzt) Art. 101 Abs. 3 AEUV, ABl. 2004 Nr. C 101/97, Rdnr. 21ff.; dazu allgemein *Bronett,* Der „More Economic Approach" bei der Anwendung des europäischen Kartellverwaltungsrechts und Kartellstrafrechts, EWS 2013, 1ff.

7a Sind komplexe, wirtschaftliche Gesichtspunkte für die Frage entscheidend, ob ein Verhalten die Tatbestandsmerkmale des Art. 102 AEUV erfüllt („bewirkte" Wettbewerbsbeschränkungen),[31] ist es nicht möglich, *ex ante* zu bestimmen, ob das Verhalten legal oder illegal ist. Zwar können die Kommission oder eine nationale Wettbewerbsbehörde in einem Verwaltungsverfahren *ex post* feststellen, dass ein Verhalten eine bewirkte Zuwiderhandlung gegen Art. 102 AEUV darstellt und das betreffende Unternehmen verpflichten, die Zuwiderhandlung abzustellen. Die Beweiskraft wirtschaftlicher Analysen reicht jedoch in der Regel nicht aus, um auf einer solchen Grundlage schuldhaftes Verhalten anzunehmen und strafrechtliche oder *quasi*-strafrechtliche Sanktionen wie Bußgelder nach Art. 23 Abs. 2 VO Nr. 1/2003 zu verhängen. Diese Schlussfolgerung drängt sich insbesondere auch deshalb auf, weil sich die **gerichtliche Kontrolle** komplexer wirtschaftlicher Beurteilungen, wie sie die Kommission oftmals bei der Anwendung des Art. 102 AEUV vornehmen muss, auf die Prüfung beschränkt, ob die Vorschriften über das Verfahren und die Begründung eingehalten wurden, ob der Sachverhalt zutreffend festgestellt wurde (ob die angeführten Beweise zuverlässig und kohärent sind, ob diese Beweise alle relevanten Daten darstellen, die bei der Beurteilung der komplexen Situation heranzuziehen waren, und ob sie die aus ihnen gezogenen Schlüsse untermauern können) und ob kein offensichtlicher Beurteilungsfehler oder Ermessensmissbrauch vorliegt („judicial deference").[32]

II. Die Normadressaten – Unternehmen in beherrschender Stellung

8 **1. Unternehmen.** Das durch Art. 102 AEUV begründete Verbot richtet sich an „Unternehmen". Dieser Begriff ist im EU-Recht nicht definiert. Seine Klärung wurde vielmehr durch die Anwendungspraxis herbeigeführt, die ihm einen **funktionalen Inhalt** zuweist. Danach umfasst der Begriff des „Unternehmens" iSd Wettbewerbsrechts der EU jede eine wirtschaftliche Tätigkeit ausübende „Einheit" unabhängig von ihrer Rechtsform und der Art ihrer Finanzierung.[33] Die „wirtschaftliche Tätigkeit" wird durch das Anbieten von Gütern oder Dienstleistungen auf einem bestimmten Markt gekennzeichnet.[34] Die Art des Rechts, aufgrund dessen ein Unternehmen organisiert ist und das auf seine zu prüfende Betätigung Anwendung findet, bleibt außer Betracht.[35] Art. 102 AEUV gilt somit auch für das Marktverhalten der **öffentlichen Hand** und **öffentlicher Unternehmen** (Art. 106 Abs. 2 AEUV).[36] Der Einstufung einer „Einheit" als Unternehmen iSv Art. 102 AEUV steht auch nicht entgegen, dass diese für einen Teil ihrer Tätigkeiten über **hoheitliche Gewalt** verfügt.[37] Vom Anwendungsbereich des europäischen Kartellrechts sind jedoch alle Formen der Ausübung hoheitlicher Befugnisse ausgenommen,[38] insbesondere solche, die auf eine Reg-

---

[31] Vgl. dazu Bekanntmachung der *Komm.*, Leitlinien zur Anwendung von (jetzt) Art. 101 Abs. 3 AEUV, ABl. 2004 Nr. C 101/97, Rdnr. 24 ff.

[32] EuGH U. v. 28. 05 1998, Slg. 1998, I-3111, Rdnr. 34 – *Deere/Kommission;* 15.2.2005, Slg. 2005, I-987, Rdnr. 39 – *Komm./Tetra Laval;* 8.12.2011, Slg. 2011, I-13085, Rdnr. 54 – *Chalkor/Komm.*

[33] EuGH U. v. 23.4.1991, Slg. 1991, I-1979, Rdnr. 21 – *Höfner u. Elser/Macrotron;* EuG U. v. 10.3.1992, Slg. 1992, II-1403, Rdnr. 358 – *SIV u. a./Komm.;* ausführlich dazu *Wiedemann* in § 4 Rdnr. 1 ff.

[34] EuGH U. v. 18.6.1998, Slg. 1998, I-3886, Rdnr. 36 – *Komm./Italien.*

[35] EuGH U. v. 16.3.2004, Slg. 2004, I-2493, Rdnr. 46 ff. – *AOK u. a/Ichthyol u. a.*

[36] EuGH U. v. 12.7.2012, Rs C-138/11, ECLI:EU:C:2012:449, Rdnr. 35 – *Compass-Datenbank/Österreich;* 11.7.2006, Slg. 2006, I-6295, Schlussanträge GA *Poiares Maduro,* Rdnr. 10 ff. – *FENIN/Komm.*

[37] EuGH U. v. 24.10.2002, Slg. 2002, I-9297, Rdnr. 74 – *Aéroports de Paris/Komm.;* 12.7.2012, Slg. 2012, Rs C-138/11, ECLI:EU:C:2012:449, Rdnr. 36 – *Compass-Datenbank/Österreich.*

[38] EuGH U. v. 12.7.2012, Rs C-138/11, ECLI:EU:C:2012:449, Rdnr. 47 – *Compass-Datenbank/Österreich.*

lementierung der Märkte und nicht auf eine Teilnahme an diesem abzielen.[39] Für jede der Tätigkeiten solcher Einrichtungen ist daher zum einen zu prüfen, ob sie sich von den Tätigkeiten trennen lässt, die zu den öffentlichen Aufgabe gehören, und zum anderen, ob sie wirtschaftliche Tätigkeiten darstellen.[40] So kann zB ein öffentliches Unternehmen, das Eigentümer eines Verkehrshafens ist und deshalb in diesem Hafen das Recht hat, Hafenabgaben für die Benutzung der Hafeneinrichtungen zu erheben, bezüglich der Zurverfügungstellung der Hafeneinrichtungen eine beherrschende Stellung iSv Art. 102 AEUV innehaben.[41]

An dem einen Rand der Gruppe der möglichen Normadressaten des Art. 102 AEUV befinden sich somit natürliche Personen, die einen **freien Beruf** ausüben.[42] Am anderen Rand sind nach einer neuen Rechtsprechung des EuGH zum Bußgeldrecht u. U. ganze **Unternehmensgruppen** ein (einziges) „Unternehmen".[43] Nach dieser Rechtsprechung sind Mutter- und Tochtergesellschaften, die demselben Konzern angehören, dann ein einziges „Unternehmen", wenn sie eine **wirtschaftliche Einheit** bilden, in deren Rahmen die Tochtergesellschaften aufgrund interner Aufgabenverteilung ihr Vorgehen auf dem Markt nicht autonom bestimmen können.[44] 9

2. Die beherrschende Stellung. *a) Allgemeines.* Normadressaten des Art. 102 AEUV sind nur solche Unternehmen, die eine beherrschende Stellung auf dem EU-Binnenmarkt oder auf einem wesentlichen Teil desselben innehaben. Es ist somit offensichtlich, dass Art. 102 AEUV weder das Erlangen noch das Innehaben einer marktbeherrschenden Stellung verbietet, weil diese Verbotsnorm voraussetzt, dass Unternehmen eine solche Stellung besitzen.[45] So ist zB das Bestehen eines **Monopols** zugunsten eines Unternehmens, dem ein Mitgliedstaat ausschließliche Rechte gewährt, als solches mit Art. 102 AEUV vereinbar.[46] Allerdings ist es den Mitgliedstaaten gem. Art. 4 Abs. 3 EUV iVm. Art. 102 AEUV untersagt, durch die Gewährung von besonderen oder ausschließlichen Rechten beherrschende Unternehmen zu schaffen, die zumindest voraussichtlich die sich daraus ergebenen Vorteile im Wettbewerb in missbräuchlicher Weise nutzen.[47] Das Erlangen einer beherrschenden Stellung durch externes Wachstum unterliegt darüber hinaus den Regelungen der europäischen oder der nationalen **Fusionskontrolle.**[48] Der Begriff der „beherrschenden Stellung" des Art. 102 AEUV stimmt jedoch nicht notwendigerweise mit dem des Art. 2 Abs. 2 und 3 VO Nr. 139/2004 (europäische Fusionskontrolle) überein. Dies ergibt sich aus den unterschiedlichen Gesetzeszwecken (Repression/Prävention) dieser Normen.[49] Der Unterschied liegt allerdings eher in der Beweisführung als in materieller Hinsicht; die 10

---

[39] EuGH U. v. 12.12.2013, Rs C-327/12, ECLI:EU:C:2013:827, Rdnr. 27 – *Ministero dello Sviluppo economico/SOA;* 28.2.2013, Rs 1/12, ECLI:EU:C:2013:127, Rdnr. 40 – *Ordem dos Técnicos Oficiais de Contas/Autoridade da Concorrência;* 12.7.2012, Rs C-138/11, ECLI:EU:C:2012:449, Rdnr. 36 – *Compass-Datenbank/Österreich;* 11.7.2006, Slg. 2006, I-6295, Schlussanträge GA *Maduro,* Rdnr. 15 – *FENIN/Komm.*

[40] EuG U. v. 12.12.2006, Slg. 2006, II-4797, Rdnr. 55 – *Selex/Komm.*

[41] EuGH U. v. 17.7.1997, Slg. 1997, I-4449, Rdnr. 35 – *GT-Link/DSB.*

[42] EuGH U. v. 18.6.1998, Slg. 1998, I-3886, Rdnr. 36 ff. – *Komm./Italien;* 19.2.2002, Slg. 2002, I-1577, Rdnr. 45 ff. – *Wouters u.a/Orde van Advocaten.*

[43] Vgl. *Bronett,* „Unternehmen" als „wirtschaftliche Einheiten" – Das neue EU-Kartellrecht nach der Rechtsprechung des EuGH in der Rs. C-97/08 *Akzo Nobel,* EWS 2012, 113 ff.

[44] EuGH U. v. 10.9.2009, Slg. 2009, I-8237, Rdnr. 55 ff. – *Akzo Nobel/Komm.;* vgl. dazu *Wiedemann* in § 4 Rdnr. 1 ff.

[45] EuGH U. v. 9.11.1983, Slg. 1983, 3461, Rdnr. 57 – *Michelin/Komm.;* 27.3.2012, Rs C-209/10, ECLI:EU:C:2012:172, Rdnr. 21 – *Post Danmark/Konkurrencerådet.*

[46] EuGH U. v. 30.4.1974, Slg. 1974, 409, Rdnr. 14 – *Sacchi.*

[47] EuGH U. v. 13.12.1991, Slg. 1991, I-5941, Rdnr. 23 ff. – *GB-INNO-BM/Belgacom;* 14.10.2008, Slg. 2010, I-9555, Rdnr. 45 – *Deutsche Telekom.*

[48] S. dazu §§ 15 ff. für das EU-Recht und §§ 18 ff. für das deutsche Kartellrecht.

[49] EuG U. v. 25.3.1999, Slg. 1999, II-753, Rdnr. 277 – *Gencor/Komm.*

Kontrolle aufgrund Art. 102 AEUV ist vergangenheits-, die Fusionskontrolle zukunftsorientiert.[50]

11 Die „beherrschende Stellung" ist nach ständiger Rechtsprechung ein objektiver Begriff, der auf eine **tatsächliche wirtschaftliche Lage** verweist.[51] Die Marktbeherrschung kann sowohl auf der Angebots-, als auch auf der Nachfrageseite bestehen. Im Allgemeinen gilt jedoch, dass **Nachfragemonopole**[52] den Wettbewerb weniger gefährden als Angebotsmonopole, weil sich die letzteren nicht zwangsläufig auf den nachgelagerten Markt auswirken. Zudem hat ein Unternehmen, das ein Nachfragemonopol innehat, kein Interesse daran, seine Lieferanten so unter Druck zu setzen, dass diese aus dem vorgelagerten Markt gedrängt werden.[53] Bei der Prüfung, ob eine beherrschende Stellung besteht, ist zwangsläufig der Umfang der wirtschaftlichen Macht des betreffenden Unternehmens auf dem **relevanten Markt** zu ermitteln, der sowohl in sachlicher Hinsicht als auch in räumlicher Hinsicht der Abgrenzung bedarf.[54]

12 *b) Der relevante Markt.* Bei der Anwendung des Art. 102 AEUV hat die Abgrenzung des relevanten Marktes notwendig jeder kartellrechtlichen Beurteilung eines angeblich wettbewerbswidrigen Verhaltens vorauszugehen, da die Verhaltenskontrolle aufgrund der Existenz einer beherrschenden Stellung auf einem bestimmten Markt erfolgen muss.[55] Die Prüfung hat anhand der Eigenschaften des relevanten Erzeugnisses/der relevanten Dienstleistung und für einen abgegrenzten räumlichen Bereich zu erfolgen, in dem es/sie angeboten wird und in dem die Wettbewerbsbedingungen hinreichend homogen sind, um eine Einschätzung der wirtschaftlichen Macht des betreffenden Unternehmens zu ermöglichen.[56] Die Definition des relevanten Marktes, der sich aus dem (sachlich relevanten) **Produktmarkt** und dem **geographischem Markt** zusammensetzt, erfordert eine wirtschaftliche Beurteilung.[57] Art. 102 AEUV stellt auf die wirtschaftliche Macht eines Unternehmens auf dem EU-Binnenmarkt zum Zeitpunkt der Begehung der angeblich missbräuchlichen Zuwiderhandlung ab.[58] Die Anwendung der Wettbewerbsregeln kann jedoch nicht davon abhängen, ob der in Rede stehende Markt bereits eine bestimmte **Entwicklungsstufe** erreicht hat. Ganz besonders bei einem in starkem Wachstum begriffenen Markt gebietet Art. 102 AEUV nämlich, so früh wie möglich einzugreifen, um zu verhindern, dass sich auf diesem Markt oder auf einem mit diesem eng verbundenen, benachbarten Markt durch die missbräuchliche Strategie eines Unternehmens in beherrschender Stellung eine wettbewerbs-

---

[50] EuG v. 13.7.2006, Slg. 2006, II-2289, Rdnr. 251 f. – *Impala/Komm.* (aus anderen Gründen aufgehoben durch EuGH U. v. 10.7.2008, Slg. 2008, I-4951).

[51] EuG U. v. 8.10.1996, Slg. 1996, II-1201, Rdnr. 81 – *Compagnie Maritime Belge u. a./Komm.* (insoweit bestätigt durch EuGH U. v. 16.3.2000, Slg. 2000, I-1365).

[52] EuGH U. v. 28.3.1985, Slg. 1985, 1105, Rdnr. 21 ff. – *CICCE/Komm.;* EuG U. v. 17.12.2003, Slg. 2003, II-5917, Rdnr. 22 – *British Airways/Komm.* (bestätigt durch EuGH U. v. 15.3.2007, Slg. 2007, I-2331); *Komm.* E. v. 17.6.1998, ABl. 1998 Nr. L 252/47, Rdnr. 29 – *AAMS; Komm.,* 3. WB, 1973, Rdnr. 68 f. – *Eisenbahnmaterial; Komm.,* 19. WB, 1989, Rdnr. 61 – *Filtrona/Tabacalera;* zur gemeinsamen beherrschenden Stellung als Abnehmer vgl. *Komm.,* 21. WB, 1991, Rdnr. 107 – *Kleine Kohlengruben im Vereinigten Königreich.*

[53] EuGH U. v. 11.7.2006, Slg. 2006, I-6295, GA *Poiares Maduro,* Schlussanträge, Rdnr. 66 – *FENIN/Komm.*

[54] Ständ. Rechtsprechung seit EuGH U. v. 21.2.1973, Slg. 1973, 215, Rdnr. 32 – *Europemballage u. Continental Can/Komm.;* s. zur EU-Fusionskontrolle *Wagemann* in § 16, zur deutschen Missbrauchskontrolle *Wiedemann* in § 23 Rdnr. 9 ff.

[55] EuG U. v. 10.3.1992, Slg. 1992, II-1403, Rdnr. 159 – *SIV u. a./Komm.;* 21.2.1995, Slg. 1995, II-289, Rdnr. 74 – *SPO u. a./Komm.;* 6.7.2000, Slg. 2000, II-2707, Rdnr. 230 – *Volkswagen/Komm.;* 21.1.2015, Rs T-355/13, ECLI:EU:T:2015:36, Rdnr. 54, - *easyJet Airline/Komm.*

[56] EuGH U. v. 14.2.1978, Slg. 1978, 207, Rdnr. 10/11 – *United Brands/Komm.;* EuG U. v. 6.10.1994, Slg. 1994, II-755, Rdnr. 43 ff., 86 ff. – *Tetra Pak/Komm.* (bestätigt durch EuGH U. v. 14.11.1996, Slg. 1996, I-5951).

[57] EuG U. v. 12.6.1997, Slg. 1997, II-923, Rdnr. 102 – *Ladbroke/Komm.*

[58] EuGH U. v. 16.12.1975, Slg. 1975, 1663, Rdnr. 450 – *Suiker Unie u. a./Komm.;* EuG U. v. 30.1.2007, Slg. 2007, II-107, Rdnr. 152 – *France Télécom/Komm.*

widrige Struktur bildet und verfestigt. Insbesondere Wettbewerbsbehörden müssen also einzugreifen, bevor sich die wettbewerbswidrigen Auswirkungen einer solchen Strategie entfalten können.[59]

Marktanteile sind in der Regel ein zuverlässiger Indikator für wirtschaftliche Macht. Je höher der Marktanteil und je länger dieser Marktanteil gehalten wird, desto wahrscheinlicher ist dies erfahrungsgemäß ein erstes Anzeichen für das Vorliegen einer marktbeherrschenden Stellung.[60] Dies schließt auch Verhaltensweisen ein, die vor dem Erwerb der beherrschenden Stellung begonnen haben und nach dem Erwerb dieser Stellung andauern. Beherrschende Stellungen können auch punktuell entstehen, so zB im Zusammenhang mit den Vermarktungsrechten an einem wichtigen Sportereignis. Zwischen beherrschender Stellung und deren Missbrauch muss eine zeitliche Kongruenz bestehen („zeitlicher relevanter Markt“).[61] Die *Economic Advisory Group on Competition Policy,* die die Kommission in Wirtschaftsfragen berät, forderte in ihrem Bericht vom Juli 2005, dass das Verbot des Art. 102 AEUV nur dann gelten sollte, wenn in einem Einzelfall eine wesentliche Schädigung der Verbraucherwohlfahrt nachgewiesen werde, was Marktabgrenzungen erübrige.[62] Diese Meinung hat sich nicht durchgesetzt.[63] 13

In ihrer *Bekanntmachung über die Definition des relevanten Marktes* im Sinne des Kartellrechts der EU hat die Kommission erläutert, wie sie die Begriffe des sachlich und räumlich relevanten Marktes bei der Durchsetzung des EU-Wettbewerbsrechts ausfüllt.[64] Bezugspunkt sind die aktuellen oder potentiellen wirtschaftlichen Bedürfnisse der Nachfrageseite, die jeweils durch bestimmte aus der Sicht der Abnehmer substituierbare Erzeugnisse/Dienstleistungen befriedigt werden können. Erzeugnisse werden je nach Sachverhalt im Interbrand- und/oder Intrabrandwettbewerb angeboten. Nachahmererzeugnisse gehören sowohl zum Intra- als auch zum Interbrandwettbewerb, da sich die relevanten Wettbewerbsverhältnisse auf gleiche Produkte beziehen, die von unterschiedlichen Unternehmen hergestellt werden. Die Angebotsseite und die Nachfrageseite eines Produktmarktes können jeweils aus einem einzigen Unternehmen bestehen (Monopol/Monopson). Ein Unternehmen auf einem Markt mit substituierbaren Erzeugnissen wird jedoch gegenüber einem bestimmten Käufer nicht deshalb zu einem Monopolisten, weil dieser vertraglich oder gesetzlich gezwungen ist, ausschließlich bei diesem Unternehmen zu beziehen. 14

Nach ständiger Rechtsprechung liegt dann ein gesonderter **Produktmarkt** vor, wenn eine bestimmte Ware/Dienstleistung durch besondere Merkmale gekennzeichnet ist, durch die sie sich von anderen Dienstleistungen oder Waren so unterscheidet, dass sie mit ihnen *nicht* oder nur in geringem Maß *austauschbar* und somit ihrem Wettbewerb nicht oder nur in wenig spürbarer Form ausgesetzt ist.[65] Die Wettbewerbsbedingungen und die Struktur 15

---

[59] EuGH U. v. 17.2.2011, Slg. 2011, 527, Rdnr. 108 – *Konkurrensverket/TeliaSonera Sverige.*

[60] Mitteilung der Komm., Erläuterungen zu den Prioritäten der Kommission bei der Anwendung von Art. 82 des EG-Vertrags (jetzt: Art. 102 AEUV) auf Fälle von Behinderungsmissbrauch durch marktbeherrschende Unternehmen, ABl. 2009 Nr. C 45/7, Rdnr. 13 ff.

[61] EuGH U. v. 6.12.2012, Rs C-457/10 P, ECLI:EU:C:2012:770, Rdnr. 37 ff. – *AstraZeneca/Komm.*

[62] Report by the Economic Advisory Group on Competition Policy (EAGCP), An economic approach to Article 82, http://ec.europa.eu/dgs/competition/economist/eagcp_july_21_05.pdf (zuletzt besucht am 18.12.2014), S. 4.

[63] Vgl. zum Diskussionsstand *Wurmnest,* Marktmacht und Verdrängungsmissbrauch, 2. Aufl., 2012, S. 259 ff.

[64] ABl. 1997 Nr. C 372/5; s. auch Generaldirektion Wettbewerb der *Komm.,* Diskussionspapier über die Anwendung des (jetzt) Art. 102 AEUV auf Behinderungsmissbräuche, Dezember 2005, http://ec.europa.eu/competition/antitrust/art82/discpaper2005.pdf (zuletzt besucht am 18.12.2014), Rdnr. 11ff; und Generaldirektion Wettbewerb der *Komm.,* Market definition in a globalised world, Competition policy brief, 2015-2, http://ec.europa.eu/competition/publications/cpb/2015/002_en.pdf (zuletzt besucht am 19.3.2015).

[65] EuGH U. v. 21.2.1973, Slg. 1973, 215, Rdnr. 32 – *Europemballage u. Continental Can/Komm.;* 9.11.1983, Slg. 1983, 3461, Rdnr. 37 – *Michelin/Komm.;* EuG U. v. 19.12.1991, Slg. 1991, II-1439, Rdnr. 64 – *Hilti/Komm.;* 21.10.1997, Slg. 1997, II-1689, Rdnr. 54 – *Deutsche Bahn/Komm.* (bestätigt

der Nachfrage und des Angebots sind maßgebliche Kriterien bei der Prüfung, ob dies der Fall ist.[66] Die Beurteilung der Substituierbarkeit der Nachfrage erfordert eine Bestimmung derjenigen Produkte, die von den Abnehmern als austauschbar angesehen werden. Eine Möglichkeit, diese Bestimmung vorzunehmen, besteht darin, von einer geringen, nicht vorübergehenden Änderung der relativen Preise auszugehen und eine Bewertung der wahrscheinlichen Reaktion der Kunden vorzunehmen *(SSNIP-Test).*[67] Aus der wahrscheinlichen Reaktion der Kunden lassen sich Hinweise für die Definition von Märkten gewinnen. Die zu beantwortende Frage lautet, ob die Kunden als Reaktion auf eine angenommene kleine, bleibende Erhöhung der relativen Preise (im Bereich zwischen 5% und 10%) für das betreffende Produkt/die betreffende Dienstleistung und das relevante Gebiete auf Substitute ausweichen würden.[68] Bei der Bewertung der wahrscheinlichen Reaktion der Kunden auf Preiserhöhungen eines beherrschenden Unternehmens ist jedoch zu berücksichtigen, dass die tatsächlichen Preise eines beherrschenden Unternehmens wahrscheinlich über den Preisen liegen, die unter normalen Wettbewerbsbedingungen zu erreichen wären *(„cellophane fallacy").*[69] In solchen Fällen besteht besonderer Anlass, die Ergebnisse des *SSNIP-Tests* mit den Ergebnissen weiterer Methoden zur Marktabgrenzung zu vergleichen.[70] Desgleichen können die Ergebnisse dieses Tests verfälscht sein, wenn Kampfpreise[71] untersucht werden. Kann ein Erzeugnis zu **unterschiedlichen Zwecken** verwandt werden und entsprechen diese unterschiedlichen Verwendungen auch unterschiedlichen wirtschaftlichen Bedürfnissen, so kann dieses Erzeugnis je nach Fall getrennten Märkten angehören, die möglicherweise ihrerseits sowohl nach der Wettbewerbsstruktur wie nach den Wettbewerbsbedingungen unterschiedliche Merkmale aufweisen. Diese Feststellung rechtfertigt jedoch nicht den Schluss, dass ein solches Erzeugnis gemeinsam mit allen anderen Erzeugnissen, mit denen es in seinen möglichen unterschiedlichen Verwendungen austauschbar ist und gegebenenfalls in Wettbewerb steht, einen einzigen einheitlichen Markt bildet.[72]

16 Der **geographische Markt** ist ein Gebiet, in dem für alle Wirtschaftsteilnehmer Wettbewerbsbedingungen gelten, die einander gleichen oder hinreichend homogen sind.[73] Eine Abgrenzung des räumlichen Marktes, die nicht von vornherein das Ziel verfolgt, ein beherrschtes Gebiet ausfindig zu machen, ist nicht sachgerecht.[74] Es ist nämlich unmöglich, dass sich der räumliche Markt in Gebiete aufteilt, in denen ein Unternehmen beherrschend, und andere Gebiete, in denen es nicht beherrschend ist, und dennoch die Schlussfolgerung gezogen wird, dass die Wettbewerbsbedingungen im gesamten räumlichen Markt

---

durch EuGH B. v. 27.4.1999, Slg. 1999, I-2387); 28.2.2002, Slg. 2002, II-1011, Rdnr. 48 – *Compagnie générale maritime/Komm.;* 9.9.2009, Slg. 2009, II-3155, Rdnr. 48 – *Clearstream/Komm.;* 21.1.2015, Rs T-355/13, ECLI:EU:T:2015:36, Rdnr. 54, - *easyJet Airline/Komm.*

[66] EuGH U. v. 14.11.1996, Slg. 1996, I-5951, Rdnr. 13 – *Tetra Pak/Komm.;* EuG U. v. 30.1.2007, Slg. 2007, II-107, Rdnr. 78 – *France Télécom/Komm.*

[67] *S dazu González-Días/Snelders,* Abuse of dominance under Article 102 TFEU, EU Competition Law, Bd. V, 2013, Rdnr. 1.14ff; *Ewald* in § 7.

[68] *Komm.,* Bekanntmachung über die Definition des relevanten Marktes, ABl. 1997 Nr. C 372/5, Rdnr. 15ff.

[69] Vgl. dazu Generaldirektion Wettbewerb der *Komm.,* Diskussionspapier über die Anwendung des (jetzt) Art. 102 AEUV auf Behinderungsmissbräuche, Dezember 2005, http://ec.europa.eu/competition/antitrust/art82/discpaper2005.pdf (zuletzt besucht am 18.12.2014), Rdnr. 13ff.

[70] Vgl. zB Generaldirektion Wettbewerb der *Komm.,* Diskussionspapier über die Anwendung des (jetzt) Art. 102 AEUV auf Behinderungsmissbräuche, Dezember 2005, http://ec.europa.eu/competition/antitrust/art82/discpaper2005.pdf (zuletzt besucht am 18.12.2014), Rdnr. 18f.

[71] Vgl. Rdnr. 114ff.

[72] EuG U. v. 30.1.2007, Slg. 2007, II-107, Rdnr. 79 – *France Télécom/Komm.*

[73] EuGH U. v. 14.2.1978, Slg. 1978, 207, Rdnr. 11 – *United Brands/Komm.;* EuG U. v. 12.6.1997, Slg. 1997, II-923, Rdnr. 102 – *Ladbroke/Komm.*

[74] Vgl. EuGH U. v. 17.7.1997, Slg. 1997, I-4449, Rdnr. 36 – *GT-Link/DSB;* 26.11.1998, Slg. 1998, I-7791, Rdnr. 32 – *Bronner/Mediaprint.*

hinreichend homogen sind, um eine Einschätzung der wirtschaftlichen Macht des betroffenen Unternehmens zu ermöglichen.[75]

c) Wesentlicher Teil des Binnenmarktes. Gem. Art. 102 AEUV muss die beherrschende Stellung auf dem gesamten EU-Binnenmarkt oder einem wesentlichen Teil desselben bestehen. Diese Tatbestandsvoraussetzung erfordert eine doppelte Prüfung: Es wird nach einem Gebiet gesucht, in dem ein Unternehmen „beherrschend" ist (geographischer Markt), und dieses Gebiet muss mindestens einen wesentlichen Teil des Binnenmarktes darstellen.[76] Ein bestimmtes Gebiet stellt dann „einen **wesentlichen Teil des Binnenmarktes**" iSv Art. 102 AEUV dar, wenn es für die Verwirklichung der Ziele der EU von hinreichender Bedeutung ist. Die hinreichende Bedeutung für die Verwirklichung der Ziele der Gründungsverträge kann sowohl wirtschaftlich als auch politisch begründet sein. Bei der wirtschaftlichen Prüfung dieses Tatbestandsmerkmals sind vor allem Struktur und Umfang der Produktion und des Verbrauchs des in Betracht kommenden Erzeugnisses bzw. der Dienstleistung sowie die Gewohnheiten und die wirtschaftlichen Möglichkeiten der Anbieter und Abnehmer zu berücksichtigen.[77] Bestimmte **Regionen** innerhalb der EU (zB Süddeutschland) können wirtschaftlich so bedeutsam sein, dass sie einen „wesentlichen Teil des Gemeinsamen Marktes" iSv Art. 102 AEUV darstellen.[78] Das gleiche gilt für **Städte,** die den Abflugs- und den Ankunftsort von Flugstrecken darstellen,[79] und für wichtige **Flug-**[80] und **Seehäfen.**[81] Wesentliche Teile des EU-Binnenmarktes sind in jedem Fall die **Mitgliedstaaten.**[82] 17

Normadressaten des Art. 102 AEUV sind Unternehmen in beherrschender Stellung **im EU-Binnenmarkt.** Reicht die beherrschende Stellung über das Gebiet der EU hinaus, muss diese Stellung im Binnenmarkt zumindest in einem **wesentlichen Teil** desselben bestehen.[83] Unternehmen in beherrschenden Stellungen nur außerhalb der EU sind keine Normadressaten des Art. 102 AEUV. Allerdings ist diese Annahme insoweit unbefriedigend, als beherrschende Stellung und Missbrauch nicht notwendigerweise denselben Markt betreffen müssen.[84] Art. 102 AEUV sollte eigentlich auch auf beherrschende Stellungen Anwendung finden, die nur **außerhalb der EU** bestehen, wenn sich ein missbräuchliches Verhalten dieser Unternehmen auf einem Markt innerhalb der Gemeinschaft auswirkt, der nicht beherrscht wird. Der Ort der Niederlassung eines Unternehmens ist für die Anwendung dieser Vorschrift jedoch in jedem Fall ohne Bedeutung.[85] Art. 102 AEUV beruht somit grundsätzlich auf dem **Territorialitätsprinzip,** also dem Gebiet, in dem sich das Verhalten auswirkt.[86] 18

[75] EuGH U. v. 14.2.1978, Slg. 1978, 207, Rdnr. 10f. – *United Brands/Komm.;* EuG U. v. 6.10.1994, Slg. 1994, II-755 Rdnr. 43ff. – *Tetra Pak/Komm.* (bestätigt durch EuGH U. v. 14.11.1996, Slg. 1996, I-5951).

[76] EuGH U. v. 14.2.1978, Slg. 1978, 207, Rdnr. 44 – *United Brands/Komm.*

[77] EuGH U. v. 16.12.1975, Slg. 1975, 1663, Rdnr. 371 f. – *Suiker Unie u. a./Komm.*

[78] EuGH U. v. 16.12.1975, Slg. 1975, 1663, Rdnr. 444 – *Suiker Unie u. a./Komm.*

[79] EuG U. v. 19.5.1994, Slg. 1994, II-323, Rdnr. 83 – *Air France/Komm.*

[80] EuGH U. v. 24.10.2002, Slg. 2002, I-9297, Rdnr. 96 – *Aéroports de Paris/Komm.; Komm.* E. v. 28.5.1995, ABl. 1995 Nr. L 216/8 – *Flughafen Brüssel-National/Zaventem;* 14.1.1998, ABl. 1998 Nr. L 72/30 – *Flughafen Frankfurt/Main.*

[81] EuGH U. v. 10.12.1991, Slg. 1991, I-5889, Rdnr. 15 – *Porto di Genova/Siderurgica Gabrielli;* 17.5.1994, Slg. 1994, I-1783, Rdnr. 41 – *Corsica Ferries/Porto di Genova; Komm.* E. v. 21.12.1993, ABl. 1994 Nr. L 55/52 – *Rödby.*

[82] EuGH U. v. 9.11.1983, Slg. 1983, 3461, Rdnr. 103 – *Michelin/Komm.*

[83] EuG U. v. 6.10.1994, Slg. 1994, II-755, Rdnr. 97 – *Tetra Pak/Komm.* (bestätigt durch EuGH U. v. 14.11.1996, Slg. 1996, I-5951).

[84] S. zur Lokalisierung der beherrschenden Stellung und des Missbrauchs Rdnr. 129ff.

[85] Vgl. zB bezüglich eines Schweizer Unternehmens EuG U. v. 6.10.1994, Slg. 1994, II-755 – *Tetra Pak/Komm.* (bestätigt durch EuGH U. v. 14.11.1996, Slg. 1996, I-5951).

[86] Zur territorialen Anwendung der EU-Wettbewerbsregeln vgl. EuGH U. v. 27.9.1988, Slg. 1988, 5193 Rdnr. 18 – *Alhstroem u. a./Komm.;* EuG U. v. 25.3.1999, Slg. 1999, II-753, Rdnr. 48ff. – *Gencor/Komm.*

19 *d) Die wirtschaftliche Stärke.* Die „beherrschende Stellung“ iSv Art. 102 AEUV ist durch die Marktmacht eines Unternehmens gekennzeichnet, die dieses in die Lage ver-setzt, die Aufrechterhaltung eines wirksamen Wettbewerbs auf dem relevanten Markt zu verhindern.[87] Es geht um die **Feststellung einer tatsächlichen Situation.**[88] Diese Situation weist die Besonderheit auf, dass es dem Unternehmen möglich ist, sich seinen Wettbewerbern und seinen Abnehmern bzw. Lieferanten gegenüber in einem nennenswerten Umfang **unabhängig zu verhalten.**[89] Eine solche Machtstellung besteht dann letztlich auch gegenüber den Verbrauchern.[90] Die Abnehmer und die Lieferanten eines Unternehmens, das auf der Angebots- oder Nachfrageseite beherrschend ist, sind von diesem **wirtschaftlich abhängig.**[91] Marktmacht äußert sich in der Möglichkeit, Preise über dem Wettbewerbsniveau für eine erhebliche Zeitspanne (mehr als ein Jahr) durchzusetzen. Der Grund der wirtschaftlichen Stärke ist irrelevant, wobei die wirtschaftliche Effizienz im Allgemeinen zumindest einer der Gründe sein wird. Allerdings steht die Tatsache, dass in einem Markt mehrere Unternehmen konkurrieren, deren wirtschaftlich Effizienz gleichwertig ist („as efficient competitors“), grundsätzlich der Annahme nicht entgegen, dass eines von ihnen im Sinne von Art. 102 AEUV beherrschend ist. Im Gegenteil, die Kommission hat bekanntgegeben, dass sie prioritär solche Fälle aufgreifen wird, in denen ebenso effiziente Wettbewerber wie das vermutlich beherrschende Unternehmen durch dessen Verhaltensweisen vom Markt ausgeschlossen werden könnten.[92]

20 Eine beherrschende Stellung kann sich auch aus einem **Ausschließlichkeitsrecht** ergeben, das ein Unternehmen vertraglich[93] oder aufgrund eines Gesetzes[94]/eines Verwaltungsakts erworben hat bzw. aus den Wirkungen bestimmter Gesetze, die das Fehlen von Wettbewerb oder die Beschränkung des Wettbewerbs begünstigen.[95] Ein Unternehmen kann in eine beherrschende Stellung selbst gegen seinen Willen geraten, wenn es nämlich über Güter verfügt, die es zwar nicht selbst vermarktet, die aber für einen Dritten so wesentlich sind, dass dieser ohne sie nicht wettbewerbsfähig ist.[96]

21 Die wirtschaftliche Macht eines Unternehmens misst sich nicht nach seinem Ertrag. Eine geringe **Gewinnspanne** oder sogar (vorübergehende) **Verluste** sind, obwohl in solchen Zusammenhängen atypisch, mit einer beherrschenden Stellung vereinbar.[97] Negative Betriebsergebnisse weisen ebenso wenig auf die Wirksamkeit des Wettbewerbs, wie hohe Gewinne das Vorliegen wirksamen Wettbewerbs ausschließen. Die Tatsache, dass Abnehmer von einem bestimmten Unternehmen mehr Waren kaufen als von seinen Wettbe-

---

[87] St. Rechtsp. seit EuGH U. v. 16.12.1975, Slg. 1975, 1663, Rdnr. 381/382 – *Suiker Unie u. a./Komm.;* so auch Mitteilung der Komm., Erläuterungen zu den Prioritäten der Kommission bei der Anwendung von Art. 82 des EG-Vertrags (jetzt: Art. 102 AEUV) auf Fälle von Behinderungsmissbrauch durch marktbeherrschende Unternehmen, ABl. 2009 Nr. C 45/7, Rdnr. 9ff, 10.

[88] EuGH U. v. 4.5.1988, Slg. 1988, 2479, Rdnr. 27 – *Bodson/Pompes Funèbres.*

[89] EuGH U. v. 14.2.1978, Slg. 1978, 207, Rdnr. 65 – *United Brands/Komm.;* 9.11.1983, Slg. 1983, 3461, Rdnr. 30 – *Michelin/Komm.*

[90] EuGH U. v. 13.2.1979, Slg. 1979, 461, Rdnr. 38 – *Hoffmann-La Roche/Komm.;* 15.12.1994, Slg. 1994, I-5641, Rdnr. 41f. – *LAG/DLG;* EuG U. v. 12.12.1991, Slg. 1991, II-1439, Rdnr. 90 – *Hilti/Komm.* (bestätigt durch EuGH U. v. 2.3.1994, Slg. 1994, I-667).

[91] EuGH U. v. 11.11.1986, Slg. 1986, 3263, Rdnr. 9 – *British Leyland/Komm.*

[92] Mitteilung der Komm., Erläuterungen zu den Prioritäten der Kommission bei der Anwendung von Art. 82 des EG-Vertrags (jetzt: Art. 102 AEUV) auf Fälle von Behinderungsmissbrauch durch marktbeherrschende Unternehmen, ABl. 2009 Nr. C 45/7, Rdnr. 23ff.

[93] EuG U. v. 8.10.1996, Slg. 1996, II-1201, Rdnr. 80 – *Compagnie Maritime Belge u. a./Komm.* (insoweit bestätigt durch EuGH U. v. 16.3.2000, Slg. 2000, I-1365).

[94] EuGH U. v. 18.6.1991, Slg. 1991, I-2925, Rdnr. 31 – *Elliniki Radiphonia u. a./Dimotiki Etairia Pliroforissis.*

[95] EuGH U. v. 3.10.1985, Slg. 1985, 3261, Rdnr. 18 – *Tele-Marketing/Telediffusion u. a.;* 4.5.1988, Slg. 1988, 2479, Rdnr. 26 – *Bodson/Pompes Funèbres.*

[96] S. zu „wesentlichen Einrichtungen“ Rdnr. 83ff.

[97] EuGH U. v. 14.2.1978, Slg. 1978, 207, Rdnr. 126/128 – *United Brands/Komm.;* vgl. jedoch auch EuGH U. v. 3.7.1991, Slg. 1991, I-3359, Rdnr. 70ff. – *Akzo/Komm.*

werbern, ist jedenfalls für eine beherrschende Stellung kennzeichnender als der Hinweis auf seine Ertragskraft.[98]

Eine beherrschende Stellung schließt im Gegensatz zu einem **Monopol** einen gewissen Wettbewerb nicht aus, versetzt aber das betreffende Unternehmen in die Lage, die Bedingungen, unter denen sich dieser Wettbewerb entwickelt, zu bestimmen oder wenigstens merklich zu beeinflussen, jedenfalls aber weitgehend in seinem Verhalten hierauf keine Rücksicht nehmen zu müssen, ohne dass ihm dies zum Schaden gereichte.[99] Ferner ist eine beherrschende Stellung von oligopolistischen Situationen dadurch zu unterscheiden, dass sich die Verhaltensweisen in einem **Oligopol** gegenseitig beeinflussen, während das Verhalten eines Unternehmens in beherrschender Stellung in großem Umfang einseitig festgelegt wird.[100] Eine Monopolstellung begründet in jedem Fall eine beherrschende Stellung iSv Art. 102 AEUV.[101] Dies gilt insbesondere für Unternehmen, die auf einem wesentlichen Teil des EU-Binnenmarktes mit **gesetzlichen Monopolen** ausgestattet sind.[102] Ansonsten beruht eine solche Stellung oftmals auf einer Kombination mehrerer Faktoren, die, für sich allein genommen, nicht notwendigerweise auf das Vorliegen einer beherrschenden Stellung hindeuten mögen, im Verein mit anderen Faktoren aber eine solche beherrschende Stellung begründen.[103] Die Kommission ist der Auffassung, dass ein Unternehmen, das über einen längeren Zeitraum seine Preise gewinnbringend auf ein Niveau über dem Wettbewerbspreis erhöhen kann, keinem ausreichend wirksamen Wettbewerbsdruck ausgesetzt ist und somit im Allgemeinen als marktbeherrschend betrachtet werden kann.[104] Die Möglichkeit, „Preise zu erhöhen", beinhaltet die Fähigkeit, Preise auf einem Niveau über dem Wettbewerbspreis zu halten, und bezieht sich auf die verschiedenen Arten und Weisen, wie Wettbewerbsparameter (zB Preis, Output, Innovation oder Qualität der Waren bzw. Dienstleistungen) zugunsten des marktbeherrschenden Unternehmens und zum Schaden der Verbraucher beeinflusst werden können. 22

Ein wichtiges Maß für die wirtschaftliche Stärke eines Unternehmens ist sein Marktanteil[105] der allerdings unter Berücksichtigung der jeweiligen Marktbedingungen und insbesondere der Dynamik auf dem betreffenden Markt und des Umfangs der Produktdifferenzierung beurteilt werden muss.[106] Ein Unternehmen kann nur dann eine beherrschende Stellung auf einem Markt haben, wenn es über einen erheblichen Anteil dieses Marktes verfügt.[107] Besonders **hohe Marktanteile** liefern, von außergewöhnlichen Umständen abgesehen, den Beweis für das Vorliegen einer beherrschenden Stel- 23

[98] EuGH U. v. 14.2.1978, Slg. 1978, 207, Rdnr. 126/128– *United Brands/Komm.*

[99] EuGH U. v. 13.2.1979, Slg. 1979, 461, Rdnr. 39 – *Hoffmann-La Roche/Komm.*

[100] EuGH U. v. 13.2.1979, Slg. 1979, 461, Rdnr. 39 – *Hoffmann-La Roche/Komm.;* s. zur gemeinsamen beherrschenden Stellung von Oligopolisten Rdnr. 32.

[101] EuGH U. v. 13.2.1979, Slg. 1979, 461, Rdnr. 67 – *Hoffmann-La Roche/Komm.;* 13.11.1975, Slg. 1975, 1367, Rdnr. 7/9 – *General Motors/Komm.;* 23.4.1991, Slg. 1991, I-1979, Rdnr. 28 – *Hoefner u. Elser/Macrotron;* 18.6.1991, Slg. 1991, I-2925, Rdnr. 31 – *Elliniki Radiphonia u. a./Dimotiki Etairia Pliroforissis.*

[102] EuGH U. v. 17.5.1994, Slg. 1994, I-1783, Rdnr. 40 – *Corsica Ferries/Porto di Genova;* EuG U. v. 21.10.1997, Slg. 1997, II-1689, Rdnr. 57 – *Deutsche Bahn/Komm.* (bestätigt durch EuGH B. v. 27.4.1999, Slg. 1999, I-2387).

[103] EuGH U. v. 13.2.1979, Slg. 1979, 461, Rdnr. 39 – *Hoffmann-La Roche/Komm.;* 15.12.1994, Slg. 1994, I-5641, Rdnr. 48 – *LAG/DLG.*

[104] Mitteilung der Komm., Erläuterungen zu den Prioritäten der Kommission bei der Anwendung von Art. 82 des EG-Vertrags (jetzt: Art. 102 AEUV) auf Fälle von Behinderungsmissbrauch durch marktbeherrschende Unternehmen, ABl. 2009 Nr. C 45/7, Rdnr. 11.

[105] EuGH U. v. 13.2.1979, Slg. 1979, 461, Rdnr. 41 – *Hoffmann-La Roche/Komm.;* 5.10.1988, Slg. 1988, 5987, Rdnr. 19 – *Alsatel u. a./Novasam.*

[106] Mitteilung der Komm., Erläuterungen zu den Prioritäten der Kommission bei der Anwendung von Art. 82 des EG-Vertrags (jetzt: Art. 102 AEUV) auf Fälle von Behinderungsmissbrauch durch marktbeherrschende Unternehmen, ABl. 2009 Nr. C 45/7, Rdnr. 13.

[107] EuGH U. v. 14.2.1978, Slg. 1978, 207, Rdnr. 107 – *United Brands/Komm.*

lung.[108] Marktanteile von ungefähr 90% verschafften einem Unternehmen eindeutig eine Stellung auf dem Markt, die es zu einem unumgänglichen Partner für die Abnehmer (bzw. Lieferanten) werden lässt und ihm die für eine beherrschende Stellung charakteristische **Unabhängigkeit des Verhaltens** ermöglicht.[109] In der Sache *Hilti*[110] führte das EuG diesbezüglich aus: *„Vorliegend steht fest, dass die Klägerin auf dem relevanten Markt einen Anteil von 70 bis 80% hält. Ein solcher Marktanteil stellt für sich genommen bereits ein klares Indiz für eine beherrschende Stellung auf dem relevanten Markt dar"*.[111] In der Sache *Akzo*[112] befand der EuGH, dass unter normalen Umständen ein Marktanteil von 50% ausreicht, um auf das Vorliegen einer Marktbeherrschung schließen zu können. Ein Marktanteil, der zwischen 40% und 45% liegt, gestattet jedoch nicht ohne weiteres die Schlussfolgerung, dass ein Unternehmen **den Markt kontrolliert.**[113] Umgekehrt ist erfahrungsgemäß eine Marktbeherrschung unwahrscheinlich, wenn ein Unternehmen weniger als 40% des relevanten Marktes einnimmt.[114] Aber selbst in Marktanteil von 32% schließt eine beherrschende Stellung nicht generell aus.[115] Marktanteile, die 25% nicht überschreiten, sind jedoch kaum geeignet, eine beherrschende Stellung zu begründen.[116] Eine differenzierte Beurteilung von relativ niedrigen Marktanteilen erfordern Märkte, auf denen Erzeugnisse/Dienstleistungen angeboten werden, die zwar substituierbar sind, dennoch aber eine hohe Verbraucherpräferenz genießen, wie zB Markenprodukte.[117] Ein Marktanteil zweier Unternehmen von zusammen ungefähr 60%, der sich aus jeweils 37% und 23% Marktanteilen ergibt, kann dagegen für sich genommen keinen maßgeblichen Anhaltspunkt für das Vorliegen einer **kollektiven beherrschenden Stellung** dieser Unternehmen darstellen.[118]

24 Ein Unternehmen, das während längerer Zeit einen besonders hohen Marktanteil innehat, befindet sich allein durch den **Umfang seiner Produktion** und seines Angebots in einer Position der Stärke, die es zu einem nicht zu übergehenden Geschäftspartner macht

---

[108] EuGH U. v. 13.2.1979, Slg. 1979, 461, Rdnr. 41 – *Hoffmann-La Roche/Komm.;* EuG U. v. 8.10.1996, Slg. 1996, II-1201, Rdnr. 76 – *Compagnie Maritime Belge u. a./Komm.* (insoweit bestätigt durch EuGH U. v. 16.3.2000, Slg. 2000, I-1365); 23.10.2003, Slg. 2003, II-4653, Rdnr. 154 – *Van den Bergh Foods/Komm.* (bestätigt durch EuGH B. v. 28.9.2006, Slg. 2006, I-9091 – *Unilever Bestfood/Komm.*); 30.1.2007, Slg. 2007, II-107, Rdnr. 100 – *France Télécom/Komm.*

[109] EuGH U. v. 16.12.1975, Slg. 1975, 1663, Rdnr. 379/380 – *Suiker Unie u. a./Komm.;* EuG U. v. 6.10.1994, Slg. 1994, II-755, Rdnr. 109 – *Tetra Pak/Komm.* (bestätigt durch EuGH U. v. 14.11.1996, Slg. 1996, I-5951); 23.10.2003, Slg. 2003, II-4653, Rdnr. 156 – *Van den Bergh Foods/Komm.* (bestätigt durch EuGH B. v. 28.9.2006, Slg. 2006, I-9091 – *Unilever Bestfood/Komm.*).

[110] EuG U. v. 12.12.1991, Slg. 1991, II-1439, Rdnr. 92 f. – *Hilti/Komm.* (bestätigt durch EuGH U. v. 2.3.1994, Slg. 1994, I-667).

[111] So bereits EuGH U. v. 13.2.1979, Slg. 1979, 461, Rdnr. 56 u. 60 – *Hoffmann-La Roche/Komm.*

[112] EuGH U. v. 3.7.1991, Slg. 1991, I-3359, Rdnr. 60 – *Akzo/Komm.;* s. auch EuG U. v. 28.2.2002, Slg. 2002, II-875, Rdnr. 223 – *Atlantic Container Line u. a./Komm.*

[113] EuGH U. v. 14.2.1978, Slg. 1978, 207, Rdnr. 108/110 – *United Brands/Komm.*

[114] Mitteilung der Komm., Erläuterungen zu den Prioritäten der Kommission bei der Anwendung von Art. 82 des EG-Vertrags (jetzt: Art. 102 AEUV) auf Fälle von Behinderungsmissbrauch durch marktbeherrschende Unternehmen, ABl. 2009 Nr. C 45/7, Rdnr. 14.

[115] EuGH U. v. 15.12.1994, Slg. 1994, I-5641, Rdnr. 48 – *LAG/DLG;* in ihrer Mitteilung, Erläuterungen zu den Prioritäten bei der Anwendung von (jetzt) Art. 102 AEUV auf Fälle von Behinderungsmissbrauch durch marktbeherrschende Unternehmen, ABl. 2009 Nr. C 45/7, Rdnr. 14, kündigt die *Komm.* an, dass sie unter Umständen auch Fälle untersuchen wird, in den Unternehmen Marktanteile von weniger als 40 % haben.

[116] 32. Erwägungsgrund VO Nr. 139/2004.

[117] Generaldirektion Wettbewerb der *Komm.*, Diskussionspapier über die Anwendung des (jetzt) Art. 102 AEUV auf Behinderungsmissbräuche, Dezember 2005, http://ec.europa.eu/competition/antitrust/art82/discpaper2005.pdf (zuletzt besucht am 18.12.2014), Rdnr. 33.

[118] EuGH U. v. 31.3.1998, Slg. 1998, I-1375, Rdnr. 226 – *Frankreich u. a./Komm.;* vgl. diesbezüglich auch EuG U. v. 25.3.1999, Slg. 1999, II-753, Rdnr. 207 ff. – *Gencor/Komm.*, u. allg. zur gemeinsamen beherrschenden Stellung Rdnr. 29 ff.

und ihm bereits deswegen, jedenfalls während relativ langer Zeit, die Unabhängigkeit des Verhaltens sichert, die für eine beherrschende Stellung kennzeichnend ist.[118A] Die Inhaber von geringeren Marktanteilen sind nämlich im Allgemeinen nicht in der Lage, kurzfristig die **Nachfrage** zu befriedigen, falls sich Abnehmer in erheblichem Maße vom Marktführer abwenden würden.[119] Folglich stehen auch Marktanteile, die während eines bestimmten Zeitraums trotz eines allmählichen Abbröckelns hoch geblieben sind, der Annahme einer beherrschenden Stellung nicht entgegen,[120] auch wenn sinkende Marktanteile regelmäßig wesentlichen Wettbewerb indizieren. Kein Indiz für das Bestehen einer beherrschenden Stellung ist die Feststellung, dass ein Unternehmen während eines bestimmten **Zeitraums** seine Marktanteile aufrechterhalten konnte. Diese Tatsache kann ebenso gut die Folge eines wirksamen Wettbewerbsverhaltens wie die einer Stellung sein, die dem fraglichen Unternehmen ein wettbewerbsunabhängiges Verhalten ermöglicht. Liegt jedoch eine beherrschende Stellung vor, dann kann die **Erhaltung der Marktanteile** die Erhaltung der beherrschenden Stellung belegen.[121] Der **Abstand zwischen den Marktanteilen** eines Unternehmens und denen seiner nächstkleineren Wettbewerber ist eine Größe, die sich umgekehrt proportional zur Wettbewerbsfähigkeit der Wettbewerber des betreffenden Unternehmens verhält.[122] Ist die Struktur des relevanten Marktes **oligopolistisch,** belegt der Marktanteil eines Unternehmens, der gleich der Summe der Anteile seiner beiden nächstkleineren Wettbewerber ist, dass dieses Unternehmen über eine besondere Handlungsfreiheit bei der Bestimmung seines Wettbewerbsverhaltens verfügt.[123] Beträgt der Abstand zwischen dem Marktführer und seinem wichtigsten Wettbewerber jedoch nur 20%, ist diese Tatsache kein Indiz für eine beherrschende Stellung.[124] Historische und aktuelle Marktanteile lassen allerdings **potentiellen Wettbewerb** unberücksichtigt. Falls Anhaltspunkte für einen solchen Wettbewerb vorliegen, ist darauf besonders zu achten und ggf. die Aussagekraft von hohen Marktanteilen zu relativieren.[125] Insbesondere hohe Marktanteile in „neuen Märkten" sind oftmals nur vorübergehend, so dass keine beherrschenden Stellungen iSv Art. 102 AEUV entstehen.[126]

Grundsätzlich ist es möglich, dass die Annahme einer beherrschenden Stellung durch das **Verhalten** des betreffenden Unternehmens auf dem relevanten Markt widerlegt wird. So ist es in der Regel mit der Unabhängigkeit des Verhaltens, die für eine beherrschende Stellung charakteristisch ist, unvereinbar, wenn ein Unternehmen unter dem Druck von **Preissenkungen** seiner Wettbewerber ebenfalls die Preise senken muss[127] oder – bei gestiegenen eigenen Kosten – seine Preise nicht erhöhen kann. Stehen Preisschwankungen mit dem Wettbewerb nicht im Zusammenhang, weil das betreffende Unternehmen die Rolle des **Preisführers** spielt oder kommt es durch solche Maßnahmen den Absichten 25

[118A] EuGH U. v. 6.10.2015, RS. 23/14, ECLI:EU:C:2015:651, Rdnr. 40 – Pest-Danmark/Konkurrencerådet.

[119] EuGH U. v. 13.2.1979, Slg. 1979, 461, Rdnr. 41 – *Hoffmann-La Roche/Komm.*

[120] EuG U. v. 8.10.1996, Slg. 1996, II-1201, Rdnr. 77 – *Compagnie Maritime Belge u. a./Komm.* (insoweit bestätigt durch EuGH U. v. 16.3.2000, Slg. 2000, I-1365); 30.1.2007, Slg. 2007, II-107, Rdnr. 104 – *France Télécom/Komm.*

[121] EuGH U. v. 13.2.1979, Slg. 1979, 461, Rdnr. 44 – *Hoffmann-La Roche/Komm.*

[122] EuGH U. v. 14.2.1978, Slg. 1978, 207, Rdnr. 111/120 – *United Brands/Komm.;* 13.2.1979, Slg. 1979, 461, Rdnr. 48 u. 63 – *Hoffmann-La Roche/Komm.;* EuG U. v. 8.10.1996, Slg. 1996, II-1201, Rdnr. 78 – *Compagnie Maritime Belge u. a./Komm.* (insoweit bestätigt durch EuGH U. v. 16.3.2000, Slg. 2000, I-1365); 23.10.2003, Slg. 2003, II-4653, Rdnr. 155 – *Van den Bergh Foods/Komm.* (bestätigt durch EuGH B. v. 28.9.2006, Slg. 2006, I-9091 – *Unilever Bestfood/Komm.*); 30.1.2007, Slg. 2007, II-107, Rdnr. 109 – *France Télécom/Komm.*

[123] EuGH U. v. 13.2.1979, Slg. 1979, 461, Rdnr. 51 u. 66 – *Hoffmann-La Roche/Komm.*

[124] EuGH U. v. 13.2.1979, Slg. 1979, 461, Rdnr. 58 – *Hoffmann-La Roche/Komm.*

[125] EuG U. v. 30.1.2007, Slg. 2007, II-107, Rdnr. 110ff. – *France Télécom/Komm.*

[126] In diesem Sinne Mitteilung der *Komm.,* Leitlinien zur Anwendbarkeit von Art. 101 des Vertrags über die Arbeitsweise der Europäischen Union auf Vereinbarungen über horizontale Zusammenarbeit, ABl. 2011 C 11/1, Rdnr. 138.

[127] EuGH U. v. 13.2.1979, Slg. 1979, 461, Rdnr. 71 – *Hoffmann-La Roche/Komm.*

möglicher Wettbewerber zuvor, auf dem Markt vorzudringen, sprechen diese Tatsachen eher für als gegen das Bestehen einer beherrschenden Stellung.[128] Der Annahme einer solchen Stellung steht nicht entgegen, dass ein Unternehmen Rohstoffe von einem Hersteller bezieht, der selbst das Endprodukt herstellt und folglich Konkurrent ist.[129] Desgleichen schließt **lebhafter Restwettbewerb** auf einem Markt eine beherrschende Stellung nicht aus,[130] da eine solche Stellung wesentlich durch die Fähigkeit gekennzeichnet ist, dass man sein Marktverhalten ohne Rücksichtnahme auf diesen Wettbewerb bestimmen kann, ohne aufgrund dieser Haltung Nachteile hinnehmen zu müssen.[131] Das gleiche gilt, wenn es Unternehmen trotz intensiver Bemühungen nicht gelingt, ihren Marktanteil gegenüber dem Marktbeherrscher spürbar zu vergrößern.[132]

26 Bilden bestimmte Waren eine Gruppe eigenständiger Erzeugnisse, die spezifische Investitionen erfordern und jeweils eigene Märkte bilden **(„Portfolio“)**, so kann der Tatsache, dass ein Unternehmen über ein breiteres Warensortiment als seine Wettbewerber verfügt, kein Beweiswert für die Bestimmung der wirtschaftlichen Macht dieses Unternehmens zuerkannt werden.[133] Auch bietet der Umfang der Gesamtproduktion unterschiedlicher Erzeugnisse keinen Wettbewerbsvorteil gegenüber Wettbewerbern, die ebenfalls unterschiedliche Erzeugnisse herstellen und die gleichen Möglichkeiten haben, wie sie eine beträchtliche Gesamtproduktion von verschiedenen Erzeugnissen insgesamt bietet.[134] Taugliche Indizien für eine beherrschende Stellung stellen dagegen zB eine weltweite Marktführerschaft für bestimmte Erzeugnisse,[135] ein technologischer Vorsprung,[136] der Besitz von Patenten und Urheberrechten,[137] eine durch langjährige Tätigkeit erworbene Erfahrung,[138] ein erstklassiges Vertriebs-[139] bzw. ein ausgebreitetes Streckennetz,[140] der Besitz vertraglicher ausschließlicher Rechte,[141] der Umfang der Kapazitäten,[142] die Häufigkeit angebotener Dienstleistungen[143] sowie die quantitative und qualitative Unterstützung seitens eines starken Mutterunternehmens[144] dar. Die Tatsache, dass ein Unternehmen über erhebliche finanziellen Ressourcen verfügt, wie sie sich zB aus der Zugehörigkeit zu einem starken Zusammenschluss von Unternehmen oder einer Unternehmensgruppe ergeben können, ist

---

[128] EuGH U. v. 13.2.1979, Slg. 1979, 461, Rdnr. 78 – *Hoffmann-La Roche/Komm.*

[129] EuGH U. v. 13.2.1979, Slg. 1979, 461, Rdnr. 52 – *Hoffmann-La Roche/Komm.*

[130] EuGH U. v. 14.2.1978, Slg. 1978, 207, Rdnr. 111/120– *United Brands/Komm.*

[131] EuGH U. v. 13.2.1979, Slg. 1979, 461, Rdnr. 70 – *Hoffmann-La Roche/Komm.*

[132] EuGH U. v. 14.2.1978, Slg. 1978, 207, Rdnr. 111/120 – *United Brands/Komm.*

[133] EuGH U. v. 13.2.1979, Slg. 1979, 461, Rdnr. 45 – *Hoffmann-La Roche/Komm.*

[134] EuGH U. v. 13.2.1979, Slg. 1979, 461 Rdnr. 46 – *Hoffmann-La Roche/Komm.*

[135] EuGH U. v. 6.3.1974, Slg. 1974, 223, Rdnr. 61 – *ICI u. Commercial Solvents/Komm.*

[136] EuGH U. v. 14.2.1978, Slg. 1978, 207, Rdnr. 82/84 – *United Brands/Komm.;* 13.2.1979, Slg. 1979, 461, Rdnr. 48 – *Hoffmann-La Roche/Komm.;* 6.3.1974, Slg. 1974, 223, Rdnr. 61 – *ICI u. Commercial Solvents/Komm.*

[137] EuG U. v. 12.12.1991, Slg. 1991, II-1439, Rdnr. 93 – *Hilti/Komm.* (bestätigt durch EuGH U. v. 2.3.1994, Slg. 1994, I-667); allerdings folgt aus der Ausschließlichkeit eines geistigen Eigentumsrechts nicht, dass der Inhaber auf dem betreffenden Markt eine beherrschende Stellung einnimmt, s. Rdnr. 27.

[138] EuG U. v. 8.10.1996, Slg. 1996, II-1201, Rdnr. 78 – *Compagnie Maritime Belge u. a./Komm.* (insoweit bestätigt durch EuGH U. v. 16.3.2000, Slg. 2000, I-1365).

[139] EuGH U. v. 14.2.1978, Slg. 1978, 207, Rdnr. 69ff. – *United Brands/Komm.;* 6.3.1974, Slg. 1974, 223, Rdnr. 61 – *ICI u. Commercial Solvents/Komm.;* 13.2.1979, Slg. 1979, 461, Rdnr. 48 u. 51 – *Hoffmann-La Roche/Komm.*

[140] EuG U. v. 8.10.1996, Slg. 1996, II-1201, Rdnr. 78 – *Compagnie Maritime Belge u. a./Komm.* (insoweit bestätigt durch EuGH U. v. 16.3.2000, Slg. 2000, I-1365).

[141] EuG U. v. 8.10.1996, Slg. 1996, II-1201, Rdnr. 78 – *Compagnie Maritime Belge u. a./Komm.* (insoweit bestätigt durch EuGH U. v. 16.3.2000, Slg. 2000, I-1365).

[142] EuG U. v. 8.10.1996, Slg. 1996, II-1201, Rdnr. 78 – *Compagnie Maritime Belge u. a./Komm.* (insoweit bestätigt durch EuGH U. v. 16.3.2000, Slg. 2000, I-1365).

[143] EuG U. v. 8.10.1996, Slg. 1996, II-1201, Rdnr. 78 – *Compagnie Maritime Belge u. a./Komm.* (insoweit bestätigt durch EuGH U. v. 16.3.2000, Slg. 2000, I-1365).

[144] EuG U. v. 30.1.2007, Slg. 2007, II-107, Rdnr. 113ff. – *France Télécom/Komm.*

ebenfalls ein relevanter Umstand.[145] Als Faktoren zur Ermittlung der Marktmacht in Technologiemärkten berücksichtigt die Kommission zB „Netzwerkeffekte",[146] die Dichte konkurrierender Netze („Angebotsumstellungsflexibilität) und das Bestehen eines bevorrechtigten Zugangs zu Einrichtungen,[147] die aus rechtlichen oder tatsächlichen Gründen innerhalb angemessener Zeit nicht dupliziert werden können. Ein weiterer, für eine beherrschende Stellung kennzeichnender Faktor sind hohe **Kosten des Marktzutritts** für Dritte. Diese Kosten setzen sich insbesondere aus den festen Kosten des Eindringens in einen Markt zusammen, zB für die Errichtung eines geeigneten Handelsnetzes und für Werbekampagnen, die bei einem Scheitern des Marktzutritts verloren gehen. Selbst wenn Wettbewerber dieselben Produktions- und Vertriebsmethoden wie ein beherrschendes Unternehmen anwenden können, stoßen sie im Zusammenhang mit dem Eintritt in beherrschte Märkte regelmäßig auf fast unüberwindliche praktische und finanzielle Hindernisse.[148] Das Fehlen von potentiellem Wettbewerb deutet in der Regel auf bedeutende Schranken gegen das Auftreten neuer Wettbewerber auf dem Markt hin.[149] **Marktzutrittsschranken,** wie zB hohe Kosten eines Marktzutritts, und Schranken, die Unternehmens daran hindern, im Markt zu wachsen, verstärken die wirtschaftliche Macht von großen Unternehmen gegenüber ihren aktuellen und potentiellen Wettbewerbern.[150]

Ausschließliche **Immaterialgüterrechte** begründen für deren Inhaber nicht ohne weiteres beherrschende Stellungen, selbst nicht für Inhaber von *Standard Essential Patents.*[151] 27
Auch in solchen Zusammenhängen ist die wirtschaftliche Stärke auf den betreffenden Märkten entscheidend. Dabei ist zwischen dem Markt der **Verwertung des Rechts** und dem Markt der **Waren oder Dienstleistungen** zu unterscheiden, die unter Nutzung des Rechts geschaffen werden. Zwar genießt zB der Inhaber eines **Warenzeichenrechts** innerhalb des Gebiets, in dem das Schutzrecht besteht, eine Sonderstellung. Daraus folgt jedoch insbesondere dann nicht das Bestehen einer beherrschenden Stellung iSv Art. 102 AEUV, wenn mehrere Unternehmen von ähnlicher wirtschaftlicher Macht wie der Warenzeicheninhaber im Markt der betreffenden Erzeugnisse tätig sind und mit ihm wirksam zu konkurrieren vermögen.[152] Ein Hersteller von Tonträgern, der ein dem **Urheberrecht** verwandtes Schutzrecht innehat, nimmt ebenfalls nicht schon deshalb eine beherrschende Stellung iSv Art. 102 AEUV ein, weil er von seinem ausschließlichen Recht, die geschützten Gegenstände allein in Verkehr zu bringen, Gebrauch macht.[153] In der Sache *Magill* hatten Fernseh- und Rundfunkanstalten aber bezüglich der Programmlisten ihrer eigenen zukünftigen Programme, für die ein Urheberrecht bestand, eine gemeinsame beherrschende Stellung inne.[154] Desgleichen kann ein Hersteller von technischen Geräten das **Monopol** an neuen Ersatzteilen besitzen, wenn aus wirtschaftlichen oder rechtlichen Gründen

---

[145] EuGH U. v. 4.5.1988, Slg. 1988, 2479, Rdnr. 29 – *Bodson/Pompes Funèbres.*

[146] EuG U. v. 17.9.2007, Slg. 2007, II-3601, Rdnr. 562 – *Microsoft/Komm.*

[147] Mitteilung der *Komm.* über die Anwendung der Wettbewerbsregeln auf Zugangsvereinbarungen im Telekommunikationsbereich, ABl. 1998 C 265/2, Rdnr. 70 ff.

[148] EuGH U. v. 14.2.1978, Slg. 1978, 207, Rdnr. 121/124 – *United Brands/Komm.*

[149] EuGH U. v. 13.2.1979, Slg. 1979, 461, Rdnr. 48 u. 51 – *Hoffmann-La Roche/Komm.*

[150] Vgl. Generaldirektion Wettbewerb der *Komm.,* Diskussionspapier über die Anwendung des (jetzt) Art. 102 AEUV auf Behinderungsmissbräuche, Dezember 2005, http://ec.europa.eu/competition/antitrust/art82/discpaper2005.pdf (zuletzt besucht am 18.12.2014), Rdnr. 34 ff.

[151] Vgl. Schlussanträge GA *Wathelet* v. 20.11.2014 in der Rs C-170/13, Rdnr. 57 – *Huawei Technologies/ZTE.*

[152] EuGH U. v. 18.2.1971, Slg. 1971, 69, Rdnr. 17 – *Sirena/Eda u. a.;* 15.6.1976, Slg. 1976, 913, Rdnr. 19 – *EMI/CBS;* vgl. im Übrigen zur Bedeutung eines Warenzeichenrechts im Rahmen der Anwendung des Art. 102 AEUV EuGH U. v. 16.7.2009, Slg. 2009, I-6155, Rdnr. 124 ff. – *Der Grüne Punkt/Komm.*

[153] EuGH U. v. 8.6.1971, Slg. 1971, 487, Rdnr. 16 – *Deutsche Grammophon/Metro.*

[154] *Komm.* E. v. 21.12.1988, ABl. 1989 L 78/43 (bestätigt durch EuGH U. v. 6.4.1995, Slg. 1995, I-743); diese Frage wurde vom EuG U. v. 12.6.1997, Slg. 1997, II-923. Rdnr. 109 ff. – *Ladbroke/Komm.,* offengelassen.

eine konkurrierende Herstellung von Ersatzteilen unterbleibt.[155] In einem solchen Fall ist zu prüfen, ob die Zerlegung von gebrauchten Geräten eine alternative Bezugsquelle für Ersatzteile bildet, die geeignet ist, eine beherrschende Stellung des Herstellers auszuschließen.[156]

28 Die wirtschaftliche Macht eines Unternehmens bestimmt sich nicht nur aufgrund seiner Stellung im Verhältnis zu seinen Wettbewerbern, sondern auch anhand der wirtschaftlichen Stärke seiner Lieferanten und Abnehmer. Selbst Unternehmen mit hohen Marktanteilen können nicht weitgehend unabhängig von Abnehmern vorgehen, die über eine ausreichende **Nachfragemacht** verfügen. Die Nachfragemacht von Abnehmern richtet sich nach ihrer wirtschaftlichen Bedeutung für das marktbeherrschende Unternehmen; ihrer Fähigkeit, schnell zu konkurrierenden Lieferanten zu wechseln, Markteintritte zu fördern oder sich vertikal zu integrieren, bzw. mit der Ausübung dieser Fähigkeiten zu drohen.[157] Ein Monopolist, dessen gesamtes Angebot von einem einzigen Unternehmen abgenommen wird, ist von diesem ebenso abhängig wie der Abnehmer von ihm;[158] auf der betreffenden Vertriebsstufe heben sich die die Marktmacht des Anbieters und die Marktmacht des Abnehmers gegenseitig auf. Da die Nachfrageseite jedoch in der Regel nicht homogen ist, ist auch im Allgemeinen die wirtschaftliche Stärke eines Unternehmens gegenüber seinen Abnehmern unterschiedlich. Es ist sogar möglich, dass sich in einem bestimmten relevanten Markt gewisse Abnehmer der Marktmacht eines im Übrigen beherrschenden Unternehmens entziehen können, weil sie anders als die übrigen Abnehmer über (potentielle) **Bezugsquellen** außerhalb des beherrschten Gebiets verfügen, und diese Tatsache das beherrschende Unternehmen veranlasst, diesen Abnehmern gegenüber wettbewerbskonforme Leistungen anzubieten.[159] Darüber hinaus kann auf einem Markt, auf dem der Preis der Erzeugnisse von dem Auftragsvolumen abhängt, ein großes Einkaufsvolumen eines Abnehmers ein bedeutsames Gegengewicht zu der Marktmacht des Anbieters bilden und einem wirksamen Wettbewerb förderlich sein.[160] Dennoch ist Nachfragemacht im Allgemeinen kein entscheidendes Element bei der Bestimmung einer beherrschenden Stellung ist.[161] So hat der EuGH entschieden, dass eine missbräuchliche Ausnutzung einer beherrschenden Stellung nicht dadurch ausgeschlossen wird, dass der Vertragspartner des beherrschenden Unternehmens selbst ein mächtiges Unternehmen ist.[162]

29 **3. Die gemeinsame beherrschende Stellung.** *a) Allgemeines.* Das Missbrauchsverbot des Art. 102 AEUV richtet sich nicht nur an Unternehmen, die einzeln beherrschend sind, sondern auch an Unternehmen, die gemeinsam eine beherrschende Stellung innehaben. Wie die individuelle kann auch die **gemeinsame Marktbeherrschung** sowohl auf der

---

[155] EuGH U. v. 31.5.1979, Slg. 1979, 1869, Rdnr. 9 – *Hugin/Komm.;* 5.10.1988, Slg. 1988, 6039, Rdnr. 16 – *Consorzio Italiano u. Maxicar/Renault;* 5.10.1988, Slg. 1988, 6211, Rdnr. 8f. – *Volvo/Veng.*

[156] EuGH U. v. 31.5.1979, Slg. 1979, 1869, Rdnr. 9 – *Hugin/Komm.*

[157] Mitteilung der Komm., Erläuterungen zu den Prioritäten der Kommission bei der Anwendung von Art. 82 des EG-Vertrags (jetzt: Art. 102 AEUV) auf Fälle von Behinderungsmissbrauch durch marktbeherrschende Unternehmen, ABl. 2009 Nr. C 45/7, Rdnr. 18.

[158] Vgl. zB EuGH U. v. 10.12.1991, Slg. 1991, I-5889 – *Porto di Genova/Siderurgica Gabrielli* (Die Hafenbetriebsgesellschaft des Hafens hatte das ausschließliche Recht, Hafenarbeiten, zB Schiffe zu entladen, durchzuführen, musste sich jedoch zur Durchführung dieser Arbeiten der ausschließlich aus inländischen Arbeitnehmern bestehenden Hafenbetriebsgesellschaft bedienen).

[159] Die in der *Komm.* E. v. 14.5.1997, ABl. 1997 L 258/1, Rdnr. 136ff. – *Irish Sugar* (bestätigt durch EuG U. v. 7.10.1999, Slg. 1999, II-2969, u. EuGH Beschluss v. 10.7.2001, Slg. 2001, I-5333) beanstandeten „Ausfuhrrabatte" hatten u.a. das Ziel, Produktionsverlagerungen der Abnehmer ins Ausland vorzubeugen.

[160] EuGH U. 10.3.1992, Slg. 1992, II-1403, Rdnr. 366 – *Società Italiana Vetro;* 15.12.1994, Slg. 1994, I-5641, Rdnr. 32 – *Gottrup-Klim.*

[161] Vgl. EuG U. v. 7.10.1999, Slg. 1999, II-2969, Rdnr. 101 – *Irish Sugar/Komm.* (bestätigt durch EuGH Beschluss v. 10.7.2001, Slg. 2001, I-5333).

[162] EuGH U. v. 13.2.1979, Slg. 1979, 461, Rdnr. 120 – *Hoffmann-La Roche/Komm.;* 9.11.1983, Slg. 1983, 3461, Rdnr. 56 – *Michelin/Komm.*

Angebots-, als auch auf der Nachfrageseite bestehen.[163] Trotz nunmehr mehr als 50-jähriger Geltung des europäischen Missbrauchsverbots sind die Voraussetzungen, die erfüllt sein müssen, um in der Praxis auf eine gemeinsame beherrschende Stellung schließen zu können, noch nicht bis in alle Einzelheiten geklärt.[164] Die europäischen Gerichte haben zwar wiederholt Entscheidungen geprüft, in denen die Kommission gemeinsame beherrschende Stellungen annahm[165] bzw. ausschloss.[166] Die Schwierigkeiten der Rechtsanwendung aber liegen darin, die **Tatbestände** derart zu konkretisieren, dass sie unter den unbestimmten Rechtsbegriff „gemeinsame Marktbeherrschung" subsumiert werden können. Die europäische Fusionskontrolle, in deren Rahmen die Kommission bereits mehrmals die Begründung, Verstärkung bzw. das Nichtbestehen gemeinsamer beherrschender Stellungen zu beurteilen hatte,[167] ist bei der diesbezüglichen Anwendung des Art. 102 AEUV zu berücksichtigen.[168] In diesem Zusammenhang wurde zwecks Feststellung einer kollektiven beherrschenden Stellung geprüft werden, ob Unternehmen wegen zwischen ihnen bestehenden verbindenden Faktoren zusammen die Macht zu einheitlichem Vorgehen auf dem Markt besitzen, um aus einer wirtschaftlichen Machtstellung Nutzen ziehen zu können, ohne dass die tatsächlichen oder potenziellen Wettbewerber oder die Kunden und Verbraucher wirksam reagieren können.[169] Zwar deckt sich wegen des unterschiedlichen Gesetzeszwecks (Repression/Prävention) die „gemeinsamen Marktbeherrschung" des Art. 102 AEUV nicht notwendigerweise mit der „[gemeinsamen] Marktbeherrschung", deren Begründung oder Verstärkung gem. Art. 2 Abs. 3 VO Nr. 139/2004 (Fusionskontrolle) mit dem Binnenmarkt unvereinbar ist.[170] Der Unterschied liegt allerdings eher in der Beweisführung als in materieller Hinsicht.[171]

b) Wirtschaftseinheit/Unternehmenseinheit. Der Begriff „gemeinsame Marktbeherrschung" **30**
ist vom Unternehmensbegriff zu trennen. Bereits der Wortlaut des Art. 102 AEUV spricht von einem oder mehreren „Unternehmen".[172] Die Frage, ob im Rahmen des Art. 102 AEUV die Marktanteile mehrerer **Konzerngesellschaften** zusammengezählt bzw. die Verhaltensweisen einer Konzerngesellschaft anderen Konzerngesellschaften zuzurechnen sind, bezieht sich auf den Unternehmensbegriff und nicht auf die Unterscheidung zwischen individueller und gemeinsamer Marktbeherrschung. Eine „Wirtschaftseinheit" ist ein **einziges Unternehmen,** dessen Marktanteil die Summe der Marktanteile der Konzerngesellschaften ist, und dem das Verhalten dieser Gesellschaften zugerechnet wird.[173] Eine „Wirtschaftseinheit" kann somit nur eine individuelle beherrschende Stellung innehaben.

---

[163] Zur gemeinsamen beherrschenden Stellung als Abnehmer vgl. *Komm.,* 21. WB, 1991, Rdnr. 107 – *Kleine Kohlengruben im Vereinigten Königreich.*

[164] Manche Kommentatoren des Art. 102 sehen daher ganz von einer Erörterung des Rechtsinstituts der „gemeinsamen Marktbeherrschung" ab, vgl. zB *González-Dias/Snelders* (Hrsg.), Abuse of dominance under Article 102 TFEU, EU Competition Law, Bd. V (2013), S. 61, Fn. 1.

[165] Vgl. zB EuG U. v. 10.3.1992, Slg. 1992, II-1403, Rdnr. 358 ff. – *SIV u. a./Komm.*

[166] Vgl. zB EuG v. 13.7.2006, Slg. 2006, II-2289 – *Impala/Komm.* (aus anderen Gründen aufgehoben durch EuGH U. v. 10.7.2008, Slg. 2008, I-4951).

[167] Zum ersten Mal in *Komm.* E. v. 25.3.1992, ABl. 1992 L 356/1 – *Nestlé/Perrier;* vgl. zum Stand der Rechtsprechung EuGH U. v. 10.7.2008, Slg. 2008, I-4951, Rdnr. 120 ff. – *Bertelmann u. Sony/Impala.*

[168] Vgl. EuGH U. v. 31.3.1998, Slg. 1998, I-1375, Rdnr. 219 ff. – *Frankreich u. a./Komm.;* EuG U. v. 25.3.1999, Slg. 1999, II-753, Rdnr. 160 ff. – *Gencor/Komm.;* EuG U. v. 6.6.2002, Slg. 2002, II-2585, Rdnr. 56 ff. – *Airtours/Komm.*

[169] EuGH U. v. 31.3.1998, Slg. 1998, I-1375, Rdnr. 221 – *Frankreich u. a./Komm.;* 10.7.2008, Slg. 2008, I-4951, Rdnr. 120 – *Bertelmann u. Sony/Impala.*

[170] EuGH U. v. 31.3.1998, Slg. 1998, I-1375, Schlussanträge GA *Tesauro,* Rdnr. 102 – *Frankreich u. a./Komm.*

[171] EuG v. 13.7.2006, Slg. 2006, II-2289, Rdnr. 251 f. – *Impala/Komm.* (aus anderen Gründen aufgehoben durch EuGH U. v. 10.7.2008, Slg. 2008, I-4951).

[172] S. zum Unternehmensbegriff Rdnr. 8f; ausführlich *Wiedemann* in § 4 ff.

[173] EuGH U. v. 4.5.1988, Slg. 1988, 2479, Rdnr. 20 f. – *Bodson/Pompes Funèbres.*

Die Sache *Metro* illustriert diesen Zusammenhang. Der EuGH ließ in dieser Sache die Frage offen, ob die *Thomson-Brandt-Gruppe* marktbeherrschend war. In Ermangelung des Nachweises, dass die Gesellschaften dieser Gruppe nicht nur auf der **Kapitalebene** miteinander verbunden waren, sondern auch eine abgestimmte Marktstrategie nach den Richtlinien ihrer **Muttergesellschaft** oder einen von ihnen vereinbarten Geschäftsplan verfolgten, konnten die Marktanteile der Konzerngesellschaften nicht zusammengerechnet werden.[174] Wäre dagegen der Nachweis geführt worden, dass die Konzerngesellschaften eine „wirtschaftliche Einheit" iSd Unternehmensbegriffs bildeten, hätte die *Thomson-Brandt-Gruppe* als ein einziges Unternehmen gegolten.[175] In der Sache *Almelo* verwendet der EuGH zwar fälschlicher Weise den Begriff „kollektive beherrschende Stellung" in Bezug auf eine Unternehmensgruppe.[176] Es ist jedoch offensichtlich, dass der EuGH in dieser Sache zum Unternehmensbegriff Stellung nahm.[177]

31 Traditionell wird die gemeinsame Marktbeherrschung auf Unternehmen bezogen, die auf der **gleichen Vertriebsstufe** stehen. Ein entscheidendes Element für die Beurteilung der gemeinsamen Marktbeherrschung ist die Antwort auf die Frage, ob der Wettbewerb zwischen den betreffenden Unternehmen beschränkt oder sogar ausgeschlossen ist. In der Sache *Irish Sugar* hat die Kommission dagegen eine gemeinsame beherrschende Stellung zweier Unternehmen angenommen, die zueinander in einem **vertikalen Verhältnis** standen. Hersteller und Händler beherrschten hiernach gemeinsam einen relevanten Markt, weil der Hersteller über seine Kapitalbeteiligung am Händler dessen Marktverhalten zwar nicht entscheidend, aber in weitgehendem Maße beeinflussen konnte und wirtschaftlich das **Risiko** des beurteilten Verhaltens (die Rabattgewährung des Händlers) trug.[178] Auch in diesem Fall ging es somit im Grunde um die Anwendung des Rechtsbegriffs „wirtschaftliche Einheit"/„Unternehmen", wobei die **Zurechnung** eines bestimmten Verhaltens im Mittelpunkt des Interesses stand.[179]

32 *c) Oligopole.* Märkte ohne wirksamen Wettbewerb sind oftmals durch einen hohen Konzentrationsgrad der Marktstruktur gekennzeichnet. Eine solche Marktform, bei der sich nur wenige Anbieter auf einem Markt befinden, ist das Oligopol. Im Oligopol besteht eine hohe Reaktionsverbundenheit der Oligopolisten untereinander, die es diesen u. U. ratsam erscheinen lässt, einander zu respektieren und das Vergeltungsrisiko aggressiven Wettbewerbsverhaltens zu meiden. Der Wettbewerb büßt dann an Dynamik ein, um schließlich in einen Zustand des friedlichen Oligopolverhaltens zu enden.[180] Diese **Reaktionsverbundenheit im Oligopol,** in dessen Rahmen Unternehmen insbesondere im Hinblick auf Marktkonzentration, Transparenz und Homogenität des Erzeugnisses in der Lage sind, ihre jeweiligen Verhaltensweisen vorherzusehen, erzeugt einen starken Druck, das Marktverhalten einander anzupassen, um insbesondere Gewinne durch Erhöhung der Preise, Beschränkung der Produktion, des Angebots oder der Qualität von Gütern und Dienstleistungen, Verringerung der Innovation oder Beeinflussung der Wettbewerbsfaktoren auf andere Weise zu maximieren. In einem solchen Kontext weiß nämlich jeder Marktbeteiligte, dass eine stark wettbewerbsorientierte Maßnahme seinerseits eine Reaktion seitens der anderen auslösen würde, so dass er keinerlei Vorteil aus seiner Initiative ziehen könnte. Eine kollektive beherrschende Stellung, durch die

---

[174] EuGH U. v. 22.10.1986, Slg. 1986, 3021, Rdnr. 84 – *Metro/Komm.*

[175] Vgl. diesbezüglich EuGH U. v. 4.5.1988, Slg. 1988, 2479, Rdnr. 20f., 27 – *Bodson/Pompes Funèbres.*

[176] EuGH U. v. 27.4.1994, Slg. 1994, I-1477, Rdnr. 41f. – *Gemeente Almelo u. a./Energiebedrijf Ijsselmij.*

[177] EuGH U. v. 31.3.1998, Slg. 1998, I-1375, GA *Tesauro* Schlussanträge, Rdnr. 102 – *Frankreich/Komm.,* lässt sich zB von dieser Begriffswahl in die Irre leiten,

[178] *Komm.* E. v. 14.5.1997, ABl. 1997 L 258/1, Rdnr. 111ff. – *Irish Sugar* (bestätigt durch EuG U. v. 7.10.1999, Slg. 1999, II-2969, u. EuGH B. v. 10.7.2001, Slg. 2001, I-5333).

[179] Vgl. zu einem ähnlichen Fall EuG U. v. 11.12.2003, Slg. 2003, II-5515, Rdnr. 79ff. – *Minoam Lines/Komm.*

[180] Vgl. Leitlinien der *Komm.* zur Bewertung horizontaler Zusammenschlüsse, ABl. 2004 C 31/5, Rdnr. 39ff.

wirksamer Wettbewerb im EU-Binnenmarkt behindert wird, besteht dann, wenn aufgrund der Merkmale des relevanten Marktes jedes Mitglied des betreffenden Oligopols es in Wahrnehmung der gemeinsamen Interessen für möglich, wirtschaftlich vernünftig und daher ratsam hält, dauerhaft einheitlich auf dem Markt vorzugehen, um zu höheren als den Wettbewerbspreisen zu verkaufen, ohne zuvor eine Vereinbarung im Sinne von Art. 101 Abs. 1 AEUV treffen oder auf eine abgestimmte Verhaltensweise im Sinne dieser Vorschrift zurückgreifen zu müssen und ohne dass die tatsächlichen oder potenziellen Wettbewerber oder die Kunden und Verbraucher wirksam reagieren können.[181]

Die Unternehmen, die ihr Verhalten stillschweigend koordinieren, müssen jedoch in der Lage sein, in hinreichendem Maße zu überwachen, ob die Modalitäten ihrer Koordinierung eingehalten werden. Die Annahme des Bestehens einer kollektiven beherrschende Stellung setzt somit voraus, dass der Markt so transparent ist, dass jedes beteiligte Unternehmen mit hinreichender Genauigkeit und Schnelligkeit die Entwicklung des Verhaltens aller anderen an der Koordinierung Beteiligten auf dem Markt in Erfahrung bringen kann. Zudem muss es aus Gründen der Disziplin eine Art Abschreckungsmechanismus geben, der glaubwürdig ist, um im Fall eines abweichenden Verhaltens ausgelöst werden zu können. Überdies dürfen die Reaktionen von Unternehmen, die sich nicht an der Koordinierung beteiligen und die Reaktionen von Kunden nicht geeignet sein, den voraussichtlichen Effekt der Koordinierung nicht in Frage stellen.[182] Für das Bestehen einer kollektive beherrschende Stellung aufgrund eines Oligopols müssen somit nach der Rechtsprechung drei Voraussetzungen kumulativ erfüllt sein: Erstens muss jedes Mitglied des beherrschenden Oligopols das Verhalten der anderen Mitglieder in Erfahrung bringen können, um festzustellen, ob sie einheitlich oder individuell vorgehen **(Transparenz);** zweitens muss der Zustand der stillschweigenden Koordinierung auf Dauer aufrechterhalten werden können, d. h., es muss einen Anreiz geben, nicht vom gemeinsamen Vorgehen auf dem Markt abzuweichen, insbesondere durch die Furcht vor wirtschaftlichen Repressalien der übrigen Oligopolisten wie zB der Unterbietung von Preisen, was zu einem Preiskrieg führen kann **(Abschreckung);** drittens darf die voraussichtliche Reaktion der tatsächlichen und potenziellen Konkurrenten sowie der Verbraucher nicht die erwarteten Ergebnisse des gemeinsamen Vorgehens in Frage stellen können.[183] Eine oligopolistische Marktstruktur macht die in diesem Markt tätigen Unternehmen daher nicht ohne weiteres zu Normadressaten des Art. 102 AEUV.[184] So ist es bereits schwierig, oligopolistische Marktformen von anderen Marktformen mit der für die Rechtsanwendung erforderlichen Bestimmtheit zu unterscheiden. Darüber hinaus ist es ohne einschlägige gesetzliche Regelung kaum möglich, zu bestimmen, welches Unternehmen in einem oligopolistischen Markt als **Oligopolist** zu gelten hat. Schließlich ist nicht ausgeschlossen, dass selbst in sehr engen Oligopolen tatsächlich wirksamer Wettbewerb besteht. In der Sache *Europäische Zuckerindustrie* hat die Kommission daher trotz eines **Duopols** auf zusätzliche Faktoren abgestellt, die das einheitliche Auftreten gegenüber Abnehmern, und damit die gemeinsame Marktbeherrschung, begründeten.[185] Auch im Oligopol kann nur dann eine gemeinsame beherrschende Stellung bestehen, wenn zwischen den Oligopolisten besondere „verbindende Faktoren", [186] 32a

---

[181] EuGH U. v. 10.7.2008, Slg. 2008, I-4951, Rdnr. 121 f. – *Bertelmann u. Sony/Impala.*

[182] EuGH U. v. 10.7.2008, Slg. 2008, I-4951, Rdnr. 123 – *Bertelmann u. Sony/Impala.*

[183] EuG U. v. 6.6.2002, Slg. 2002, II-2585, Rdnr. 62 – *Airtours/Komm.;* 8.7.2003, Slg. 2003, II-2275, Rdnr. 121 – *Verband der freien Rohrwerke u. a./Komm.;* 26.1.2005; Slg. 2005, II-209, Rdnr. 111 – *Piau/Komm.;* 13.7.2006, Slg. 2006, II-2289, Rdnr. 165ff, 245 ff. – *Impala/Komm.* (aus anderen Gründen aufgehoben durch EuGH U. v. 10.7.2008, Slg. 2008, I-4951).

[184] Anders Mitteilung der *Komm.* über die Anwendung der Wettbewerbsregeln auf Zugangsvereinbarungen im Telekommunikationsbereich, ABl. 1998 C 265/2, Rdnr. 79.

[185] *Komm.* E. v. 2.1.1973, ABl. 1973 L 140/17, Abs. II E 2 – *Europäische Zuckerindustrie.* Der EuGH hat zu dieser Beurteilung nicht Stellung genommen, weil die *Komm.* bereits das missbräuchliche Verhalten nicht beweisen konnte – U. v. 16.12.1975, Slg. 1975, 1663, Rdnr. 420 – *Suiker Unie u. a./Komm.*

[186] EuGH U. v. 31.3.1998, Slg. 1998, I-1375, Rdnr. 221 – *Frankreich/Komm.*

wie zB ein bindender Beschluss einer Unternehmensvereinigung, [187] bzw. „wirtschaftliche Bande“[188] bestehen.

33 *d) Kartelle.* Märkte ohne wirksamen Wettbewerb können auch durch Kartellbildung entstehen. Es lag daher nahe, dass die Kommission Unternehmen als gemeinsame Marktbeherrscher ansah, die durch Vereinbarungen oder abgestimmte Verhaltensweisen den Wettbewerb untereinander beschränkten und im relevanten Markt gemeinsam über soviel **wirtschaftliche Macht** verfügten, dass dort wegen des Kartells wirksamer Wettbewerb ausgeschlossen wurde.[189] Die Rechtsprechung wandte sich jedoch dagegen, Teilnehmer an Kartellen, die wirksamen Wettbewerb ausschließen, ohne weiteres als gemeinsame Marktbeherrscher anzusehen. Sie forderte den Nachweis, dass die betreffenden Unternehmen durch **„wirtschaftliche Bande“**[190] bzw. **„verbindende Faktoren“**[191] verknüpft seien, infolge derer die Kartellmitglieder eine beherrschende Stellung im Verhältnis zu den anderen Marktteilnehmern einnähmen. Dies könne beispielsweise der Fall sein, wenn zwei oder mehr unabhängige Unternehmen gemeinsam aufgrund Vereinbarung oder **Lizenzvergabe** über einen technologischen Vorsprung verfügten, der ihnen in spürbarem Maße die Möglichkeit zu unabhängigem Verhalten gegenüber ihren Wettbewerbern, Kunden und letztlich den Verbrauchern gebe.[192] Der EuGH hat die Rechtsprechung des EuG weiter entwickelt. Danach kann Art. 102 AEUV nur dann auf Kartelle angewandt werden, wenn diese sich gegenüber ihren Konkurrenten, ihren Geschäftspartnern und den Verbrauchern auf einem bestimmten Markt als eine **kollektive Einheit** darstellen, wie es bei **maritimen Linienkonferenzen** der Fall ist. Erst wenn dies bejaht wird, sei zu prüfen, ob diese kollektive Einheit tatsächlich eine beherrschende Stellung einnimmt und ob sie diese missbraucht.[193] Ein Kartell, das mit einer maritimen Linienkonferenz verglichen werden kann, bestand zwischen *DSB* und *Deutsche Bundesbahn,* die beide die Seeverbindung *Rödby-Puttgarden* über Fährschiffe betrieben. Die Zusammenarbeit zwischen diesen beiden Unternehmen erstreckte sich auf den gemeinsamen Verkauf von Fahrscheinen, die Festlegung von Zeitplänen und Tarifen sowie das Angebot identischer Ermäßigungen. Die Kommission nahm an, dass *DSB* und *Deutsche Bundesbahn* als kollektive Einheit im Markt auftraten. Auf dieser Grundlage kam sie zu dem Schluss, dass eine gemeinsame Marktbeherrschung vorlag.[194]

34 Die Grenze zwischen strukturierten Kartellen und **Unternehmensvereinigungen** ist fließend. So sind maritime Linienkonferenzen ähnlich wie Genossenschaften Organisationsformen, die eine Zwitterstellung einnehmen: im Innenverhältnis „Unternehmensvereinigungen“ und im Außenverhältnis „Unternehmen“. Die Tatsache, dass Personengemeinschaften im Markt „als Einheit“ auftreten, spricht jedoch eher dafür, dass diese Gemeinschaften als „Unternehmen“ handeln, als für das Bestehen einer gemeinsamen Marktbeherrschung.[195] Ein einheitliches Marktverhalten ist für eine wirtschaftliche Einheit, also ein einzelnes Unternehmen, kennzeichnend. Kartellmitglieder, auch solche in gemeinsam beherrschender Stellung, treten allenfalls abgestimmt, in jedem Fall nach außen aber individuell auf. So handelten zB in der Sache *CEWAL* entweder die Linienkonferenzen selbst (als „Unternehmen“) oder ihre Mitglieder zwar abgestimmt, nach außen jedoch in-

---

[187] EuG U. v. 26.1.2005; Slg. 2005, II-209, Rdnr. 113 f. – *Piau/Komm.*

[188] EuG U. v. 10.3.1992, Slg. 1992, II-1403, Rdnr. 358 – *SIV u. a./Komm.;* 3.3.1999, Slg. 1999, II-753, Rdnr. 276 – *Gencor/Komm.*

[189] *Komm.* E. v. 7.12.1988, ABl. 1989 L 33/44 – *Flachglas;* vgl. zum Konkurrenzverhältnis zwischen Art. 101 Abs. 1 und Art. 102 AEUV Rdnr. 136 ff.

[190] EuG U. v. 10.3.1992, Slg. 1992, II-1403, Rdnr. 358 ff. – *SIV u. a./Komm.*

[191] EuGH U. v. 31.3.1998, Slg. 1998, I-1375, Rdnr. 221 – *Frankreich/Komm.*

[192] EuG U. v. 10.3.1992, Slg. 1992, II-1403, Rdnr. 358 ff. – *SIV u. a./Komm.*

[193] EuGH U. v. 16.3.2000, Slg. 2000, I-1365, Rdnr. 39 – *Compagnie maritime belge u. a./Komm.*

[194] *Komm.* E. v. 21.12.1993, ABl. 1994 L 55/52, Rdnr. 11 – *Rödby.*

[195] Vgl. jedoch auch EuGH U. v. 31.3.1998, Slg. 1998, I-1375, Rdnr. 221 ff. – *Frankreich u. a./Komm.* („Macht zu einheitlichem Vorgehen“).

dividuell.[196] Bezüglich der in Art. 101 Abs. 1 AEUV enthaltenen Handlungsform des „Beschlusses" geht das EuG davon aus, dass die Durchführung einer solchen Handlung, wie zB des Spielervermittler-Reglements der *FIFA,* dazu führen kann, dass sich die Mitglieder dieser Unternehmensvereinigung (die Fußballvereine) hinsichtlich ihres Verhaltens auf einem bestimmten Markt so gebunden haben, dass sie auf diesem ihren Konkurrenten, ihren Geschäftspartnern und den Verbrauchern gegenüber als kollektive Einheit auftreten und somit eine gemeinsame beherrschende Stellung iSv Art. 102 AEUV innehaben.[197]

Die uneinheitliche Rechtsprechung zur gemeinsamen Marktbeherrschung von Unter- 35
nehmen, die sich in Kartellen oder Unternehmensvereinigungen abstimmen, überzeugt nicht. Es ist zwar richtig, dass Kartelle, die im relevanten Markt wirksamen Wettbewerb verhindern, nicht *per se* gegen Art. 102 AEUV verstoßen, weil die Bildung einer marktbeherrschenden Stellung (des Kartells) keinen Missbrauch iSv dieser Norm darstellt. Dies gilt aber für die Schaffung jeder marktbeherrschenden Stellung. Der von der Rechtsprechung bezüglich der Anwendung des Art. 102 AEUV offensichtlich gemachte Unterschied zwischen, einerseits, offenen (nicht geheimen), insbesondere von der Anwendung des Art. 101 Abs. 1 AEUV gem. Abs. 3 dieser Vorschrift freigestellten, und, andererseits, (in der Regel rechtswidrigen) geheimen Kartellen, die nicht als solche im Markt auftreten, leuchtet aber nicht ein. So waren zB in den Fällen *Rödby-Puttgarden* sowie der maritimen Linienkonferenzen keine anderen „wirtschaftlichen Bande" bzw. „verbindende Faktoren" als die Kartellvereinbarungen und im Fall der *FIFA-Spielervermittlung* der Beschluss einer Unternehmensvereinigung ersichtlich. Für die Begründung einer gemeinsamen beherrschenden Stellung muss daher der Nachweis der Abstimmung ausreichenden, wenn das Kartell über die erforderliche Marktmacht verfügt. Auf dieser Basis ist dann im Innenverhältnis das Verhalten an Art. 101 AEUV und im Außenverhältnis an 102 AEUV zu messen. Ob diese Unterscheidung privat- und öffentlich-rechtlich einen Mehrwert darstellt, ist im jeweiligen Einzelfall zu entscheiden. Die Verhinderung bzw. die Bestrafung von Missbräuchen der Marktmacht, die auch vom Kartellverbot nach Art. 101 Abs. 3 AEU freigestellte Kartelle gewähren können, ist zweifelsohne ein solcher rechtpolitischer Mehrwert.

e) Sonstige rechtliche und wirtschaftliche Zusammenhänge. Im Falle einer allgemeinen Ver- 36
knappung von Waren kann es zur Ausschaltung des Wettbewerbs zwischen den Anbietern dieser Waren kommen. Zu einer solchen Versorgungskrise mit Mineralölerzeugnissen kam es, als wichtige Erdölerzeugerländer 1973 beschlossen, ihre Produktion einzuschränken. Die Kommission nahm an, dass in einer solchen Situation die Anbieter zwangsläufig den Markt gemeinsam beherrschten.[198] Ebenfalls ohne durch wirtschaftliche Bande verknüpft zu sein, haben Fernsehanstalten wegen ihres **faktischen Monopols** an den Grundinformationen über den Sendekanal, den Tag, die Uhrzeit und den Titel ihrer Sendungen eine gemeinsame beherrschende Stellung auf dem Markt für Fernsehwochenzeitschriften.[199] Eine besondere Funktion hat der EuGH dem Begriff „gemeinsame Marktbeherrschung" in der Sache *„Besamungsstationen"* zugeschrieben. Der Betrieb dieser Stationen ist genehmigungspflichtig, und jeder Station ist ein bestimmtes Gebiet ausschließlich zugewiesen. Die so geschaffenen **Gebietsmonopole** sind in den ihnen zugewiesenen Gebieten individuell „beherrschend". Diese Gebiete stellten jedoch keine wesentlichen Teile des EU-Binnenmarktes dar. Der EuGH ist über die „gemeinsame beherrschende Stellung" dieser Stationen bezüglich des gesamten Hoheitsgebiets des betreffenden Mitgliedstaats zur An-

---

196 *Komm.* E. v. 23.12.1992, ABl. 1993 Nr. L 34/20 – *Cewal* (teilweise bestätigt durch EuGH U. v. 16.3.2000, Slg. 2000, I-1365).

197 EuG U. v. 26.1.2005; Slg. 2005, II-209, Rdnr. 113f. – *Piau/Komm.*

198 *Komm.* E. v. 19.4.1977, ABl. 1977 L 117/1 – *A. B. G./in den Niederlanden tätige Mineralölgesellschaften.* Der EuGH hat zu dieser Beurteilung nicht Stellung genommen, weil bereits das von der *Komm.* beanstandete Verhalten keinen Missbrauch iSv Art. 82 EG (jetzt: Art. 102 AEUV) darstellte; U. v. 29.6.1978, Slg. 1978, 1513 – *Benzine en Petrokeum Handelsmaatschappij u. a./Komm.*

199 EuGH U. v. 6.4.1995, Slg. 1995, I-743, Rdnr. 47 – *RTE u. ITP/Komm.*

wendung des Art. 102 AEUV gekommen.[200] Dagegen befinden sich Unternehmen, die gesetzlichen Regelungen ihrer Geschäftsbedingungen unterliegen (wie zB die behördliche Tarifierung des Güterkraftverkehrs)[201] oder deren Niederlassung von einer behördlichen Erlaubnis abhängt (Einzelhandelsgeschäfte, die einer Erlaubnis des zuständigen Bürgermeisters bedürfen),[202] wegen dieser Umstände in keiner gemeinsamen beherrschenden Stellung.

III. Das verbotene Verhalten – der Missbrauch einer beherrschenden Stellung

37 **1. Grundzüge.** *a) Allgemeines.* Art. 102 AEUV schränkt als Vorschrift des europäischen Wirtschaftsordnungsrechts die grundrechtlich garantierte Freiheit wirtschaftlicher Betätigung (Art. 16 GRCh) beherrschender Unternehmen ein. Aufgrund dieser Bestimmung des primären Unionsrechts sind bestimmte Verhaltensweisen solcher Unternehmen verboten. Das verbotene Verhalten hat der Gesetzgeber als „Missbrauch einer beherrschenden Stellung" bezeichnet, ohne es zu definieren. Der Inhalt des Rechtsbegriffs „Missbrauch", und somit die Art der von Art. 102 AEUV erfassten Verhaltensweisen, können nicht allein aufgrund der **Wortauslegung** erschlossen werden. Bereits die Wortauslegung ergibt jedoch, dass das vom Gesetzgeber verbotene Verhalten beherrschender Unternehmen von ihren sonstigen wirtschaftlichen Tätigkeiten abzugrenzen ist. Der Begriff „Missbrauch" bezeichnet kein bestimmtes, als Typ konkretisierbares Verhalten (wie zB die in Art. 101 Abs. 1 AEUV abschließend genannten Verhaltensweisen: Vereinbarung, Beschluss, abgestimmtes Verhalten), sondern allgemein unternehmerische Tätigkeiten, deren Gemeinsamkeit darin besteht, dass sie der Gesetzgeber als mit dem EU-Binnenmarkt unvereinbar ansieht. Der EuGH hat dies als die **besondere Verantwortung** eines jeden beherrschenden Unternehmens bezeichnet, durch sein Verhalten einen wirksamen und unverfälschten Wettbewerb nicht zu beeinträchtigen.[203] Daher sind der **systematische Zusammenhang,** in den der Gesetzgeber Art. 102 AEUV gestellt hat, und der mit der Verbotsnorm verfolgte Zweck für die Auslegung dieser Vorschrift entscheidend.

38 Bezugspunkt des von Art. 102 AEUV verbotenen Verhaltens ist die beherrschende Stellung, die definitionsgemäß allein in einem Markt bestehen kann, auf dem **kein wirksamer Wettbewerb** besteht.[204] Der Zweck dieser Vorschrift ist der Schutz des Binnenmarktes (Art. 3 Abs. 3 EUV), für dessen Funktionieren **Wettbewerbsregeln** erforderlich sind (Art. 3 Abs. 1 lit. b AEUV), die den Wettbewerb in diesem Markt vor Verfälschungen schützen (Protokoll 27 zum AEUV). Dieses System des unverfälschten, freien Wettbewerbs (Art. 119 Abs. 1 AEUV) soll gewährleiten, dass Verhaltensweisen marktbeherrschender Unternehmen Verbraucher weder unmittelbar schaden **(Ausbeutungsmissbrauch)**[205] noch ihnen durch Eingriffe in die Struktur des Wettbewerbs mittelbar Schaden zufügen

---

[200] EuGH U. v. 5.10.1994, Slg. 1994, I-5077, Rdnr. 17 – *Centre d'insemination/Cooperative d'elevage et d'insemination artificielle;* vgl. auch EuGH U. v. 4.5.1988, Slg. 1988, 2479 – *Bodson/Pompes Funèbres;* 27.4.1994, Slg. 1994, I-1477 – *Gemeente Almelo u. a./Energiebedriff Ijsselmij* und *Komm.* E. v. 21.10.1997, ABl. 1997 L 301/17, Rdnr. 20 – *Italienische Hafenarbeitsgesetze.*

[201] EuGH U. v. 5.10.1995, Slg. 1995, I-2883, Rdnr. 32 f. – *Centro Servizi Spediporto/Spedizioni Marittima.*

[202] EuGH U. v. 17.10.1995, Slg. 1995, I-3257, Rdnr. 25 f. – *DIP u. a./Comune di Chioggia.*

[203] EuGH U. v. 9.11.1983, Slg. 1983, 3461, Rdnr. 57 – *Michelin/Komm.;* 14.11.1996, Slg. 1996, I-5951, Rdnr. 24 – *Tetra Pak/Komm.;* 2.4.2009, Slg. 2009, I-2369, Rdnr. 105 – *France Télécom/Komm.;* 17.2.2011, Slg. 2011, I-527, Rdnr. 84) – *Konkurrensverket/TeliaSonera Sverige;* 6.12.2012, Rs C-457/10 P, ECLI:EU:C:2012:770, Rdnr. 98 – *AstraSeneca/Komm.;* vgl. auch Mitteilung der Komm., Erläuterungen zu den Prioritäten der Kommission bei der Anwendung von Art. 82 des EG-Vertrags (jetzt: Art. 102 AEUV) auf Fälle von Behinderungsmissbrauch durch marktbeherrschende Unternehmen, ABl. 2009 Nr. C 45/7, Rdnr. 1, 9.

[204] S. dazu Rdnr. 10 ff.

[205] S. dazu Rdnr. 43.

(Behinderungsmissbrauch).[206] Art. 102 AEUV sorgt dafür, dass wettbewerbswidriges Verhalten beherrschender Unternehmen die Verwirklichung der in Art. 3 Abs. 3 EUV beschriebenen wirtschaftlichen und sozialen Aufgaben nicht gefährdet. Diese Vorschrift stellt sicher, dass auch in beherrschten Märkten trotz Fehlens wirksamen Wettbewerbs eine optimale Verteilung der volkswirtschaftlichen Ressourcen stattfindet und die wirtschaftlichen Tätigkeiten beherrschender Unternehmen somit ihren angemessenen Beitrag zu der Verwirklichung der wirtschaftlichen und sozialen Ziele der EU leisten. Die funktionale Bedeutung des Missbrauchsverbots hat zur Folge, dass die Art und die Rechtsnatur der wirtschaftlichen Betätigung beherrschender Unternehmen für die Frage der Anwendung des Art. 102 AEUV irrelevant sind. Gehört unternehmerisches Verhalten aufgrund einer bestimmten Rechtsordnung zum **öffentlichen Recht,** darf dieses Verhalten ebenso wenig wie **zivilrechtliche wirtschaftliche Tätigkeiten** die Tatbestandsvoraussetzungen dieser Norm erfüllen.[207] Ähnliches gilt für die Ausübung nationaler **gewerblicher Schutzrechte,** deren Bestand durch die Unionsrechtsordnung gewährleistet wird (Art. 345 AEUV).[208]

Das Verbot des Art. 102 AEUV umfasst zum einen Verhaltensweisen beherrschender 39
Unternehmen, die in einem **System unverfälschten freien Wettbewerbs** unterblieben, weil anderenfalls Lieferanten bzw. Abnehmer unter den vom beherrschenden Unternehmen angebotenen Bedingungen auf die Waren und Dienstleistungen von Wettbewerbern ausweichen würden. Bei solchen Verhaltensweisen nutzt ein Unternehmen die sich aus seiner beherrschenden Stellung ergebenden Möglichkeiten aus, um in einem Markt geschäftliche Vorteile zu erlangen, die er bei einem normalen und hinreichend wirksamen Wettbewerb nicht erhalten würde.[209] Solche Verhaltensweisen zielen auf die **Ausbeutung** der Vertragspartner, die zB jedoch nach dem US-amerikanischem *Sherman Act* nicht verboten sind. Zum anderen gewährleistet Art. 102 AEUV, dass ein beherrschendes Unternehmen im Wettbewerb mit seinen verbleibenden oder potentiellen Konkurrenten nur Mittel des Leistungswettbewerbs einsetzt. Die am Ende eines jeden Wettbewerbsprozesses bewirkte Konsolidierung oder Veränderung der Marktstrukturen darf nur unter dieser Bedingung zugunsten eines beherrschenden Unternehmens ausschlagen **(Konzept des Leistungswettbewerbs).**[210] Die Beeinträchtigung der Wettbewerbsstrukturen mit anderen Mitteln als dem Leistungswettbewerb widerspricht dem Ordnungsprinzip des freien Wettbewerbs. Eine solche Behinderung der Wettbewerber des beherrschenden Unternehmens ist wie die Ausbeutung von Lieferanten und Verbrauchern gem. Art. 102 AEUV verboten. Der EuGH hat dieses Nebeneinander von Ausbeutungs- und Behinderungsmissbrauch, wie folgt beschrieben: Art. 102 AEUV zielt *„sowohl auf Praktiken, durch die die Verbraucher unmittelbar geschädigt werden können, als auch auf Verhaltensweisen, die sie mittelbar dadurch benachteiligen, dass sie einen Zustand wirksamen Wettbewerbs … beeinträchtigen“*.[211]

---

[206] S. dazu Rdnr. 44ff.; EuGH U. v. 21.2.1973, Slg. 1973, 215, Rdnr. 26 – *Europemballage und Continental Can/Komm.;* 15.3.2007, Slg. 2007, I-2331, Rdnr. 106 – *British Airways/Komm.;* 2.4.2009, Slg. 2009, I-2369, Rdnr. 105 – *France Télécom/Komm.*

[207] EuGH U. v. 20.3.1985, Slg. 1985, 873, Rdnr. 18ff. – *Italien/Komm.;* vgl. in diesem Zusammenhang EuGH U. v. 11.7.2006, Slg. 2006, I-6295, Schlussanträge GA *Poiares Maduro,* Rdnr. 10ff. – *FENIN/Komm.*

[208] EuGH U. v. 29.2.1968, Slg. 1968, 85, 112 – *Parke, Davis & Co./Probel u. a.*

[209] EuGH U. v. 14.2.1978, Slg. 1978, 207, Rdnr. 248/257 – *United Brands/Komm.*

[210] EuGH U. v. 13.2.1979, Slg. 1979, 461, Rdnr. 91 – *Hoffmann-La Roche/Komm.;* 9.11.1983, Slg. 1983, 3461, Rdnr. 70 – *Michelin/Komm.;* 3.7.1991, Slg. 1991, I-3359, Rdnr. 69f. – *Akzo/Komm.;* 17.5.1994, Slg. 1994, I-1783, Rdnr. 42 – *Corsica Ferries/Porto di Genova;* 5.10.1994, Slg. 1994, I-5077, Rdnr. 18 – *Centre de la Crespelle/Cooperative de la Mayenne;* 15.12.1994, Slg. 1994, I-5641, Rdnr. 49 – *LAG/DLG;* 11.12.2008, , Slg. 2008, I-9275, Rdnr. 25 – *Kanal 5 u. TV 4;* 2.4.2009, Slg. 2009, I-2369, Rdnr. 106 – *France Télécom/Komm.;* 14.10.2010, Slg. 2010, I-9555, Rdnr. 170 – *Deutsche Telekom/Komm.;* 17.2.2011, Slg. 2011, I-527, Rdnr. 27 – *Konkurrensverket/TeliaSonera Sverige;* 6.12.2012, Rs C-457/10 P, ECLI:EU:C:2012:770, Rdnr. 75f. – *AstraZeneca/Komm.;* 16.7.2015, Rs C-170/13, ECLI:EU:C:2015:477; Rdnr. 45 – *Huawei Technologies/ZTE.*

[211] EuGH U. v. 6.3.1974, Slg. 1974, 223, Rdnr. 32 – *ICI u. Commercial Solvents/Komm.;* als dritte Kategorie wird auch auf Diskriminierungsmissbräuche verwiesen, vgl. Generaldirektion Wettbewerb

40 Zusätzlich zur Kontrolle **abgestimmten** wirtschaftlichen Verhaltens aufgrund von Art. 101 AEUV ist Art. 102 AEUV gesetzliche Grundlage für die Kontrolle **einseitigen** unternehmerischen Verhaltens.[212] Diese Unterscheidung darf jedoch die Tatsache nicht verdecken, dass auch beherrschende Unternehmen grundsätzlich nur vertraglich wettbewerbsrelevant handeln können,[213] was die Anbahnung vertraglicher Beziehungen durch (missbräuchliche) **Angebote** bzw. die Ablehnung jeder vertraglichen Beziehung einschließt **(Lieferverweigerung).**[214] Die Umstände eines Vertragsschlusses, die in der **Sphäre des Vertragspartners** des beherrschenden Unternehmens liegen, und insbesondere die Frage, ob der Vertragsschluss auf seinen Wunsch geschehen bzw. ob er sich seiner Ausbeutung oder Diskriminierung bewusst ist, bleiben bei der Beurteilung des Verhaltens beherrschender Unternehmen aufgrund von Art. 102 AEUV außer Betracht.[215] Diese Norm stellt auf das Verhalten jedes einzelnen beherrschenden Unternehmens auch dann ab, wenn es eine solche Stellung zusammen mit anderen Unternehmen innehat.[216] Im Gegensatz zur gemeinsamen beherrschenden Stellung gibt es nämlich keinen **„gemeinsamen" Missbrauch** dieser Stellung. Stellt das Verhalten eines von mehreren gemeinsam beherrschenden Unternehmen einen Missbrauch dar, ist dieses Verhalten gem. Art. 102 AEUV auch dann verboten, wenn sich die anderen beherrschenden Unternehmen gesetzeskonform verhalten.[217] Desgleichen haften die anderen Unternehmer nicht für missbräuchliches Verhalten eines mit ihnen gemeinsam beherrschenden Unternehmens.

41 Das Nebeneinander von missbräuchlicher Weigerung, wettbewerbskonforme Geschäftsbeziehungen aufzunehmen, und missbräuchlichem Abschluss von wettbewerbswidrigen Vereinbarungen nimmt oftmals der Abgrenzung der **versuchten** von der **vollendeten Zuwiderhandlung** gegen Art. 102 AEUV ihre praktische Bedeutung. Bezweckt ein Unternehmen in beherrschender Stellung mit seinem tatsächlichen Verhalten die Ausschaltung eines Konkurrenten, ist die Zuwiderhandlung gegen Art. 102 AEUV selbst dann vollendet, wenn das angestrebte Ziel nicht erreicht wird.[218] Bietet ein beherrschendes Unternehmen Waren oder Dienstleitungen nur zu unangemessenen oder diskriminierenden Bedingungen an,[219] so verweigert es gleichzeitig Geschäftsbeziehungen zu angemessenen[220] bzw. nicht diskriminierenden[221] Bedingungen, was einen Missbrauch darstellen kann. In der Sache *Telemarketing* war nicht das Angebot eines Koppelungsgeschäfts missbräuchlich, sondern die Weigerung, das Hauptgeschäft ohne das Zusatzgeschäft abzuschließen.[222] Ist ein **Unterlas-**

---

der *Komm.*, Diskussionspapier über die Anwendung des (jetzt) Art. 102 AEUV auf Behinderungsmissbräuche, Dezember 2005, http://ec.europa.eu/competition/antitrust/art82/discpaper2005.pdf (zuletzt besucht am 18.12.2014), Rdnr. 3, 53.

[212] EuGH U. v. 21.2.1973, Slg. 1973, 215, Rdnr. 25 – *Europemballage u. Continental Can/Komm.;* 13.2.1979, Slg. 1979, 461, Rdnr. 39 – *Hoffmann-La Roche/Komm.;* EuG U. v. 10.7.1990, Slg. 1990, II-309, Rdnr. 22 – *Tetra Pak/Komm.*

[213] Vgl. zum Konkurrenzverhältnis zwischen Art. 101 Abs. 1 und Art. 102 AEUV Rdnr. 137f.

[214] Vgl. dazu Rdnr. 77ff.

[215] EuGH U. v. 13.2.1979, Slg. 1979, 461, Rdnr. 89f, 115 – *Hoffmann-La Roche/Komm.;* 9.11. 1983, Slg. 1983, 3461, Rdnr. 71 – *Michelin/Komm.;* 3.7.1991, Slg. 1991, I-3359, Rdnr. 149 – *Akzo/Komm.;* 27.4.1994, Slg. 1994, I-1477, Rdnr. 44 – *Gemeente Almelo u. a./Energiebedrijf Ijsselmij;* B. v. 28.9.2006, Slg. 2006, I-9091, Rdnr. 129 – *Unilever Bestfood/Komm.;* EuG U. v. 1.4.1993, Slg. 1993, II-389, Rdnr. 68 – *BPB Industries u. British Gypsum/Komm.* (bestätigt durch EuGH U. v. 6.4.1995, Slg. 1995, I-865).

[216] Vgl. zur gemeinsamen beherrschenden Stellung Rdnr. 29ff.

[217] Mitteilung der *Komm.* über die Anwendung der Wettbewerbsregeln auf Zugangsvereinbarungen im Telekommunikationsbereich, ABl. 1998 C 265/2, Rdnr. 129.

[218] EuGH U. v. 6.12.2012, Rs C-457/10 P, ECLI:EU:C:2012:770, Rdnr. 111 – *AstraZeneca/Komm.;* EuG U. v. 8.10.1996, Slg. 1996, II-1201, Rdnr. 149 – *Compagnie Maritime Belge u. a./Komm.* (insoweit bestätigt durch EuGH U. v. 16.3.2000, Slg. 2000, I-1365); 7.10.1999, Slg. 1999, II-2969, Rdnr. 191 – *Irish Sugar/Komm.* (bestätigt durch EuGH B. v. 10.7.2001, Slg. 2001, I-5333).

[219] Vgl. zB bzgl. Ausschreibungsbedingungen *Komm.*, 3. WB, 1973, Rdnr. 68f. – *Eisenbahnmaterial.*

[220] Vgl. dazu Rdnr. 60ff.

[221] Vgl. dazu Rdnr. 88ff.

[222] EuGH U. v. 3.10.1985, Slg. 1985, 3261, Rdnr. 26 – *Telemarketing/CLT.*

sen missbräuchlich, ist der Verstoß gegen Art. 102 AEUV vollendetet, wenn eine Pflicht zum positiven Handeln besteht. Verhaltensweisen, die nur geplant sind, stellen keine Vollendung des Tatbestands des Art. 102 AEUV dar.[223]

Das Problem, die versuchte von der vollendeten Handlung abzugrenzen, stellt sich in einem anderen Zusammenhang, wenn allein das Unterlassen gesetzeskonform ist. Dies gilt zB für die missbräuchliche Gewährung wirtschaftlicher Vorteile als Vergütung für ausschließlichen Bezug[224] bzw. den missbräuchlichen Erwerb von ausschließlichen Rechten oder sonstigem Vermögen.[225] In diesen Fällen ist die **Zuwiderhandlung vollendet,** wenn das Verhalten geeignet ist, die wettbewerbsrelevanten Entscheidungen der Vertragspartner des beherrschenden Unternehmens zu beeinflussen. Worauf es ankommt, ist die auf einem Verhalten des beherrschenden Unternehmens begründete Erwartung der Abnehmer, einen Vorteil zB nur bei Alleinbezug zu erhalten.[226] Die Anwendung des Art. 102 AEUV muss nämlich dann geschehen, sobald die Gefahr einer Ausbeutung von Lieferanten oder Abnehmern bzw. einer wettbewerbswidrigen Behinderung von Wettbewerbern besteht. Das von dieser Vorschrift verfolgte Ziel, einen unverfälschten Wettbewerb zu erhalten, erlaubt es nicht, zu warten, bis der mit dem EU-Binnenmarkt nicht zu vereinbarende Erfolg des Verhaltens eines beherrschenden Unternehmens tatsächlich eingetreten ist.[227] Bei missbräuchlichem Abbruch von Geschäftsbeziehungen genügt zur Vollendung somit bereits die Androhung.[228] Beseitigt ein beherrschendes Unternehmen aus eigenem Antrieb die Wirkungen seines mit dem Binnenmarkt nicht zu vereinbarenden Verhaltens, indem es zB den unangemessenen Teil eines Preises zurückbezahlt, gilt das Verhalten nicht mehr als missbräuchlich.[229] Stellt sich dagegen bei Vorteilsgewährung für ausschließlichen Bezug heraus, dass damit für den Abnehmer eigentlich kein Vorteil verbunden war, berührt dieser Umstand die Qualifizierung des Verhaltens als missbräuchlich nicht.[230] 42

b) Der Ausbeutungsmissbrauch. Die Einstufung eines Verhaltens als Ausbeutungsmissbrauch setzt voraus, dass ein beherrschendes Unternehmen den Erwerb oder Absatz bestimmter Waren oder Dienstleistungen zum eigenen Vorteil zu nicht wettbewerbskonformen Bedingungen erlangt, d. h. dass bei wirksamen Wettbewerb entweder die vom beherrschenden Unternehmen angebotene Leistung oder die von diesem geforderte Gegenleistung für den betreffenden Abnehmer oder Lieferant günstiger gewesen wären. Die Frage, ob dies der Fall ist, beantwortet sich aufgrund eines **Vergleichs der wirtschaftlichen Werte von Leistung und Gegenleistung.**[231] Es ist allerdings ein schwieriges Unterfangen, den Wert von Leistungen und damit die Frage, ob der Wertunterschied zwischen Leistung und Gegenleistung wettbewerbskonform ist, von anderen als den freien Kräften des Wettbewerbs beantworten zu lassen. Ein wesentliches Element des freien Wettbewerbs ist nämlich, dass sich die Art und Weise des Verhaltens von Wettbewerbern, Abnehmern und Lieferanten einer objektiven Bewertung entzieht. Darüber hinaus sind die Entscheidungen der Nachfrageseite für das eine oder andere Angebot komplex und oft irrational und widersprüch- 43

---

[223] EuG U. v. 1.4.1993, Slg. 1993, II-389. Rdnr. 98 – *BPB Industries u. British Gypsum/Komm.* (bestätigt durch EuGH U. v. 6.4.1995, Slg. 1995, I-865).

[224] Vgl. dazu Rdnr. 105 ff.

[225] Vgl. Rdnr. 124 ff.

[226] EuGH U. v. 16.12.1975, Slg. 1975, 1663, Rdnr. 513 – *Suiker Unie u. a./Komm.*

[227] EuGH U. v. 14.11.1996, Slg. 1996, I-5951, Rdnr. 44 – *Tetra Pak/Komm.*

[228] EuGH U. v. 3.7.1991, Slg. 1991, I-3359, Rdnr. 76 ff. – *Akzo/Komm.; Komm.* E. v. 14.5.1997, ABl. 1997 L 258/1, Rdnr. 120 ff. – *Irish Sugar* (bestätigt durch EuG U. v. 7.10.1999, Slg. 1999, II-2969, u. EuGH B. v. 10.7.2001, Slg. 2001, I-5333).

[229] EuGH U. v. 13.11.1975, Slg. 1975, 1367, Rdnr. 20/23 – *General Motors/Komm.*

[230] EuG U. v. 1.4.1993, Slg. 1993, II-389, Rdnr. 94 – *BPB Industries u. British Gypsum/Komm.* (bestätigt durch EuGH U. v. 6.4.1995, Slg. 1995, I-865).

[231] EuGH U. v. 13.11.1975, Slg. 1975, 1367, Rdnr. 12, 16 – *General Motors/Komm.;* EuG U. v. 24.5.2007, Slg. 2007, II-1691, Rdnr. 121 – *Der Grüne Punkt/Komm.*

lich. In der Praxis ist es daher nur in Ausnahmefällen möglich, bezüglich bestimmter Preise oder sonstiger Geschäftsbedingungen (Art. 102 Satz 2 lit. a AEUV)[232] mit der für die Rechtsanwendung notwendigen Bestimmtheit nachzuweisen, dass sie nicht „wettbewerbskonform" sind. Insbesondere muss man sich davor hüten, eigene Gerechtigkeitsvorstellungen in die Wertung mit einzubeziehen. Weitere Ausbeutungstatbestände können die Diskriminierung (Art. 102 Satz 2 lit. c AEUV)[233] und das Kopplungsgeschäft (Art. 102 Satz 2 lit. d AEUV)[234] sein. Es bedarf keiner besonderen Erwähnung, dass die Bereitschaft von Lieferanten und Abnehmern, von beherrschenden Unternehmen geforderte Bedingungen für Waren oder Dienstleistung anzunehmen, und damit die Möglichkeit zur Ausbeutung, zwar je nach den Umständen des Einzelfalles unterschiedlich, in jedem Fall aber selbst gegenüber Monopolisten begrenzt ist. Es kommt dann zum Verzicht („deadweight loss").

44 *c) Der Behinderungsmissbrauch.* Wegen der schwierigen Beweisführung bezüglich der Einstufung eines Verhaltens als Ausbeutungsmissbrauch hat in der Anwendungspraxis das Konzept des Behinderungsmissbrauchs die größere Bedeutung erlangt.[235] Nach ständiger Rechtsprechung stellen die Verhaltensweisen von Unternehmen in beherrschender Stellung eine missbräuchliche Ausnutzung dieser Stellung und somit einen Verstoß gegen Art. 102 AEUV dar, die die Struktur eines Marktes durch den Einsatz von Mitteln, die von den Mitteln eines normalen Produkt- oder Dienstleistungswettbewerbs auf der Grundlage der Leistung der Wirtschaftsteilnehmer abweichen, zu ihren Gunsten beeinflussen können und somit zur Folge haben, die Aufrechterhaltung des auf dem Markt bestehenden Wettbewerbs oder dessen Entwicklung zu beeinträchtigen.[236] „Die Struktur eines Marktes zu seinen Gunsten zu beeinflussen" bedeutet nichts anderes als den Erwerb von Marktmacht, ein Synonym für „Wettbewerbsbeschränkung" iSv Art. 101 Abs. 1 AEUV.[237] Der Unterschied zwischen dem Verbot des Behinderungsmissbrauchs nach Art. 102 AEUV und dem Kartellverbot des Art. 101 Abs. 1 AEUV im Hinblick auf das Verhalten besteht darin, dass die Begriffe „Vereinbarung", „abgestimmte Verhaltensweise" und „Beschluss einer Unternehmensvereinigung" in Art. 101 Abs. 1 AEUV als alleinige Abweichungen vom „normalen" Produkt- oder Dienstleistungswettbewerb gesetzlich bestimmt sind, während im Art. 102 AEUV sämtliche Verhaltensweisen, die diese Eigenschaft aufweisen, in den Anwendungsbereich diese Norm fallen. Dieses Konzept beruht auf der Einsicht, dass **Strukturveränderungen** zugunsten beherrschender Unternehmen die Möglichkeit zur Ausbeutung erhöhen und die Rückkehr der beherrschten Märkte zu wirksamen Wettbewerb, dem **Ordnungsprinzip des EU-Binnenmarktes,** erschweren. Volkswirtschaftlich und für die Verwirklichung der Ziele des EUV/AEUV ist es jedoch irrelevant, ob ein beherrschendes Unternehmen seine Stellung konsolidiert, solange die optimale Verteilung der volkswirtschaftlichen Ressourcen und somit die Bereitstellung dieser Güter und Leistungen zu geringstmöglichen Kosten gewährleistet bleibt. Das Verbot des Behinderungswettbewerbs hat somit eine **präventive Funktion:** Die Möglichkeiten zu Ausbeutungsmissbräuchen sollen quantitativ und qualitativ verringert werden. Der EuGH hat dies folgendermaßen verdeutlicht: *„Ein beherrschendes Unternehmen hat … nur dann ein Interesse, [Kampf-]Preise zu prakti-*

---

[232] S. dazu ausführlich Rdnr. 60 ff.

[233] S. dazu ausführlich Rdnr. 88 ff.

[234] S. dazu ausführlich Rdnr. 98 ff.

[235] Dies entgegen der Entstehungsgeschichte des jetzigen Art. 102 AEUV, der nach der Absicht der Autoren des EWG-Vertrags den Ausbeutungsmissbrauch zum Gegenstand hatte, vgl. *Wurmnest,* Marktmacht und Verdrängungsmissbrauch, 2. Aufl., 2012, S. 71 f.; *Akman,* The Concept of Abuse in EU Competition Law, 2012, S. 63 ff., 84.

[236] EuGH U. v. 6.12.2012, Rs C-457/10 P, ECLI:EU:C:2012:770, Rdnr. 74 – *AstraSeneca/Komm.;* 6.10.2015, Rs C-23/14, ECLI:EU:C:2015:651, Rdnr. 26 – Post Danmark/Konkurrencerådet.

[237] EuGH U. v. 11.11.1997, Slg. 1997, I-6265, Rdnr. 34 – *Komm./Ladbroke;* 17.2.2011, Slg. 2011, 527, Rdnr. 50 – *Konkurrensverket/TeliaSonera Sverige;* EuG U. v. 29.3.2012, Rs T-336/07, ECLI:EU:T:2012:172, Rdnr. 329 – *Telefónica/Komm.* (bestätigt durch EuGH U. v. 10.7.2014, Rs C-295/12 P, ECLI:EU:C:2014:2062 – *Telefónica/Komm.*

zieren, wenn es seine Konkurrenten ausschalten will, um danach unter Ausnutzung seiner Monopolstellung seine Preise wieder anzuheben".[238]

Das Konzept des Behinderungsmissbrauchs hat gegenüber dem Konzept des Ausbeutungsmissbrauchs bei der **praktischen Anwendung** des Art. 102 AEUV allerdings nur scheinbare Vorteile. Das grundsätzliche Problem, das vom Gesetzgeber verbotene Verhalten beherrschender Unternehmen von ihren gesetzmäßigen wirtschaftlichen Tätigkeiten abzugrenzen, stellt sich auch in diesem Zusammenhang. Zwar ist die Beurteilung von Strukturveränderungen zugunsten beherrschender Unternehmen durch **externes Wachstum,** insbesondere wenn die Art des Verhaltens und die Beurteilungskriterien wie bei der Fusionskontrolle definiert sind, konzeptionell einsichtig. Konzeptionelle Schwierigkeiten bestehen jedoch bei der Anwendung des Art. 102 AEUV auf Verhalten, das eine beherrschende Stellung durch **internes Wachstum** konsolidiert oder verstärkt. Es liegt auf der Hand, dass nicht jedes Verhalten eines beherrschenden Unternehmens, das durch internes Wachstum seine Marktstellung sichert oder verstärkt, einen Missbrauch iSv Art. 102 AEUV darstellen kann. Der Einsatz von Mitteln eines normalen Produkt- oder Dienstleistungswettbewerbs auf der Grundlage der Leistungen der Marktbürger **(„Leistungswettbewerb")** ist auch bei beherrschenden Unternehmen nicht nur zulässig,[239] sondern erwünscht. Beherrschende Unternehmen dürfen sowohl im vorstoßenden, als auch im abwehrenden Wettbewerb die auf ihrer wirtschaftlichen Leistungsfähigkeit beruhenden Vorteile ausspielen:[240] **Qualitätswettbewerb** in jeder Art und Weise, nicht selektiver **Preiswettbewerb** unterhalb der Ausbeutung[241] und oberhalb von Kampfpreisen.[242] Wirksamer Wettbewerb ist nur ein Mittel, um leistungsorientiertes wirtschaftliches Handeln von Unternehmen, das volkswirtschaftliche Ziel des **Ordnungsprinzips des Binnenmarktes,** zu erzwingen. Wenn sich Unternehmen auch ohne einen solchen Zwang, wie es bei beherrschenden Unternehmen der Fall ist, derart verhalten, ist die Frage nach dem Grund irrelevant. Ein Unternehmen in beherrschender Stellung hat somit grundsätzlich das Recht, mit Mitteln eines normalen Produkt- oder Dienstleistungswettbewerbs seine eigenen **geschäftlichen Interessen** zu wahren, wenn diese angegriffen werden, so zB innerhalb des zulässigen Preiswettbewerbs in niedrigere Preise von Wettbewerber einzusteigen **(„to meet competition").**[243] Man muss ihm auch in vernünftigem Maße die Möglichkeit einräumen, so vorzugehen, wie es dies zum Schutze dieser Interessen für richtig hält.[244] Ein solches Unternehmen trägt jedoch eine **besondere Verantwortung** dafür, dass es durch sein Verhalten einen wirksamen und unverfälschten Wettbewerb nicht beeinträchtigt.[245] Maßnahmen eines beherrschenden 45

---

[238] EuGH U. v. 9.11.1983, Slg. 1983, 3461, Rdnr. 57 – *Michelin/Komm.;* 3.7.1991, Slg. 1991, I-3359, Rdnr. 71 – *Akzo/Komm.*

[239] EuGH U. v. 13.2.1979, Slg. 1979, 461, Rdnr. 91 – *Hoffmann-La Roche/Komm.;* 9.11.1983, Slg. 1983, 3461, Rdnr. 70 – *Michelin/Komm.;* 17.5.1994, Slg. 1994, I-1783, Rdnr. 42 – *Corsica Ferries/Porto di Genova;* 5.10.1994, Slg. 1994, I-5077, Rdnr. 18 – *Centre d'insemination/Cooperative d'elevage et d'insemination artificielle;* 15.12.1994, Slg. 1994, I-5641, Rdnr. 49 – *LAG/DLG;* 16.7.2015, Rs C-170/13, ECLI:EU:C:2015:477; Rdnr. 45 – *Huawei Technologies/ZTE;* EuG U. v. 6.10.1994, Slg. 1994, II-755, Rdnr. 124 ff. – *Tetra Pak/Komm.* (bestätigt durch EuGH U. v. 14.11.1996, Slg. 1996, I-5951).

[240] Vgl. zB *Komm.* E. v. 14.5.1997, ABl. 1997 L 258/1, Rdnr. 134 – *Irish Sugar* (bestätigt durch EuG U. v. 7.10.1999, Slg. 1999, II-2969, u. EuGH B. v. 10.7.2001, Slg. 2001, I-5333).

[241] Vgl. hierzu Rdnr. 60 ff.

[242] Vgl. hierzu Rdnr. 114 ff.

[243] *Komm.* E. v. 29.7.1983, ABl. 1983 L 252/13, Rdnr. 31 – *ECS/Akzo: Einstweilige Anordnungen;* vgl. jedoch EuGH U. v. 16.3.2000, Slg. 2000, I-1365, Rdnr. 117 ff. – *Companie maritime belge u. a./Komm.*

[244] EuG U. v. 1.4.1993, Slg. 1993, II-389, Rdnr. 69 – *BPB Industries u. British Gypsum/Komm.* (bestätigt durch EuGH U. v. 6.4.1995, Slg. 1995, I-865).

[245] EuGH U. v. 9.11.1983, Slg. 1983, 3461, Rdnr. 57 – *Michelin/Komm.;* 14.11.1996, Slg. 1996, I-5951, Rdnr. 24 – *Tetra Pak/Komm.;* 2.4.2009, Slg. 2009, I-2369, Rdnr. 105 – *France Télécom/Komm.;* 17.2.2011, Slg. 2011, I-527, Rdnr. 84 – *Konkurrensverket/TeliaSonera Sverige;* 6.12.2012, Rs C-457/10 P, ECLI:EU:C:2012:770, Rdnr. 98 – *AstraSeneca/Komm.*

Unternehmens zum Schutz seiner geschäftlichen Interessen müssen daher unter Berücksichtigung der **wirtschaftlichen Macht** der beteiligten Unternehmen in einem angemessenen Verhältnis zu der Bedrohung stehen. Der AEUV fordert von marktbeherrschenden Unternehmen ein Verhalten, das die wirtschaftliche Macht als Mittel des Wettbewerbs außer Betracht lässt.[246] Es darf zB keine wirtschaftlichen Maßnahmen ergreifen, die als **Vergeltung** für Handelspraktiken von Wettbewerbern dienen, die das beherrschende Unternehmen als rechtswidrig oder unlauter ansieht.[247] Die diesbezügliche Rechtsanwendung gleicht einer Gratwanderung: eine zu strenge Anwendung führt zur (verordneten) Schwächung des aktuellen Wettbewerbs in der Hoffnung, dass die (geschützten) Wettbewerber dem beherrschenden Unternehmen in Zukunft wirtschaftlich gewachsen sein werden („gentleman competition"), eine zu laxe Anwendung ermöglicht es beherrschenden Unternehmen, Wettbewerber zu beseitigen, die den heutigen Marktbeherrschern zukünftig wirksamen Wettbewerb entgegen setzen könnten. Kurzfristig wird der Verbraucher im Allgemeinen Nutznießer des ungehinderten aktuellen Behinderungswettbewerbs sein. Die richtige Mitte zu finden, d.h. nur dann das aktuelle Wettbewerbsverhalten beherrschender Unternehmen zu beschneiden, wenn mittel- bzw. langfristig ohne das repressive Einschreiten die volkswirtschaftliche Bilanz negativ sein würde, ist die Herausforderung, der sich die Wettbewerbsbehörden und Gerichte stellen müssen.

46 Der Grundsatz, dass ein beherrschendes Unternehmen mit **Mitteln des Leistungswettbewerbs** seine eigenen geschäftlichen Interessen wahren darf (was notwendigerweise die Verdrängung von Wettbewerbern und somit die Konsolidierung der beherrschenden Stellung einschließt), ist der Ausgangspunkt für eine Unterscheidung zwischen missbräuchlichem und wettbewerbskonformem Verhalten beherrschender Unternehmen iSv Art. 102 AEUV. Es ist also nicht, wie GA *Kokott* unter Berufung auf die Rechtsprechung meint, zu prüfen, ob das Verhalten eines marktbeherrschenden Unternehmens eine Verdrängungswirkung entfalten kann, d.h., ob es geeignet ist, den Wettbewerbern des marktbeherrschenden Unternehmens den Zugang zum Markt und den Vertragspartnern des marktbeherrschenden Unternehmens die Wahl zwischen mehreren Bezugsquellen oder Handelspartnern zu erschweren oder gar unmöglich zu machen.[248] „Verdrängung" mit Mittel des Leistungswettbewerbs ist Sinn und Zweck des Wettbewerbs. Eindeutige Kriterien, aufgrund derer unternehmerisches Verhalten der Kategorie „Mittel des Leistungswettbewerbs" zugeordnet und somit von anderen Mitteln, die als Behinderungsmissbrauch anzusehen sind, unterschieden werden kann, sind nicht ersichtlich.[249] Insbesondere führt eine Analyse unternehmerischen Verhaltens in Märkten mit wirksamem Wettbewerb nicht weiter. Die Verhaltensweisen von Unternehmen in Märkten mit wirksamem Wettbewerb unterscheiden sich grundsätzlich nicht von Verhaltensweisen beherrschender Unternehmen. In der Sache *BPB Industries und British Gypsum* war das EuG zB der Auffassung, dass die Klägerinnen zu Recht auf dem Standpunkt standen, dass die Zahlung von Zuschüssen zur Absatzförderung an Käufer im Rahmen einer geschäftlichen Zusammenarbeit zwischen einem Lieferanten und seinen Abnehmern eine übliche Praxis darstelle, und dass es bei einer derartigen geschäftlichen Zusammenarbeit oftmals vorkomme, dass der Empfänger dieser Zahlungen oder Vorteile seinem Lieferanten gegenüber eine Alleinbezugsverpflichtung eingehe. Solche Alleinbezugsverpflichtungen könnten grundsätzlich nicht untersagt

[246] EuGH U. v. 9.11.1983, Slg. 1983, 3461, Rdnr. 57 – *Michelin/Komm.;* EuG U. v. 1.4.1993, Slg. 1993, II-389, Rdnr. 67 – *BPB Industries u. British Gypsum/Komm.* (bestätigt durch EuGH U. v. 6.4.1995, Slg. 1995, I-865).

[247] EuG U. v. 1.4.1993, Slg. 1993, II-389, Rdnr. 118 – *BPB Industries u. British Gypsum/Komm.* (bestätigt durch EuGH U. v. 6.4.1995, Slg. 1995, I-865).

[248] EuGH U. v. 15.3.2007, Slg. 2007, I-2331. Schlussanträge GA *Kokott,* Rdnr. 42 – *British Airways/Komm.*

[249] EuG U. v. 1.4.1993, Slg. 1993, II-389, Rdnr. 67 ff. – *BPB Industries u. British Gypsum/Komm.* (bestätigt durch EuGH U. v. 6.4.1995, Slg. 1995, I-865).

werden.[250] Bei beherrschenden Unternehmen gelten sie jedoch ebenso grundsätzlich als missbräuchlich.[251]

Ein weiterer Ansatzpunkt, zwischen missbräuchlicher Behinderung von Wettbewerbern und wettbewerbskonformem Verhalten beherrschender Unternehmen zu unterscheiden, kann in einem **ungeschriebenen subjektiven Tatbestandsmerkmal** des Art. 102 AEUV gesehen werden, nämlich „einer Absicht, den Wettbewerb zu beschränken",[252] bzw. einem Plan zur Verdrängung" von Wettbewerbern. In der Sache *British Gypsum* führt das EuG hierzu aus: *„Zwar kann das Vorliegen einer beherrschenden Stellung einem Unternehmen, das sich in dieser Stellung befindet, nicht das Recht nehmen, seine eigenen geschäftlichen Interessen zu wahren, wenn diese bedroht sind, und es hat auch in angemessenem Umfang die Möglichkeit, so vorzugehen, wie es dies zum Schutz seiner Interessen für richtig hält; jedoch ist ein derartiges Verhalten nicht zulässig, wenn es auf eine Verstärkung dieser beherrschenden Stellung und ihren Missbrauch abzielt".*[253] Zum einen ist jedoch eine „Verdrängungsabsicht" jedem Wettbewerb inhärent. Darüber hinaus ist es nicht sachgerecht, im materiellen Wirtschaftsordnungsrecht außerhalb der Sanktionsfrage auf subjektive Elemente abzustellen. Es kommt allein darauf an, objektiv volkswirtschaftlich schädliche von unschädlichen oder sogar nützlichen Verhaltensweisen zu unterscheiden, und schädliche zu unterbinden. Die **Motivation** eines solchen Verhaltens ist irrelevant. Gegen volkswirtschaftlich schädliches Verhalten beherrschender Unternehmen ist auch dann vorzugehen, wenn es auf keiner Ausbeutungs-/Behinderungsabsicht beruht. Dagegen besteht kein Bedürfnis, den untauglichen Versuch zu verbieten, also ein Verhalten eines beherrschenden Unternehmens, das zwar subjektiv aber nicht objektiv einen Missbrauch darstellt. „Missbrauch" iSv Art. 102 AEUV ist ein **objektiver Begriff.**[254] Somit kann weder ein bestimmtes Verhalten nur wegen der hiermit verfolgten Absicht zum Missbrauch werden, noch wird ein Missbrauch einer beherrschenden Stellung wegen des Fehlens einer Verdrängungsabsicht zum wettbewerbsrechtlich neutralen Verhalten.[255] Diese Kritik verkennt nicht, dass Art. 102 AEUV ein **Gefährdungsdelikt** ist.[256] Der Tatbestand des Art. 102 AEUV ist vollendet, sobald eine konkrete Gefahr einer Ausbeutung von Lieferanten oder Abnehmern bzw. einer rechtswidrigen Behinderung von Wettbewerbern besteht. Das von dieser Vorschrift verfolgte Ziel, einen unverfälschten Wettbewerb zu erhalten, erlaubt es nicht zu warten, bis der mit dem Binnenmarkt nicht zu vereinbarende 47

[250] EuG U. v. 1.4.1993, Slg. 1993, II-389, Rdnr. 65 f. – *BPB Industries u. British Gypsum/Komm.* (bestätigt durch EuGH U. v. 6.4.1995, Slg. 1995, I-865).

[251] EuGH 13.2.1979, Slg. 1979, 461, Rdnr. 90 – *Hoffmann-La Roche/Komm.;* EuG U. v. 1.4.1993, Slg. 1993, II-389 (Rdnr. 67) – *BPB Industries u. British Gypsum/Komm.* (bestätigt durch EuGH U. v. 6.4.1995, Slg. 1995, I-865); 9.9.2010, Slg. 2010, II-4361, Rdnr. 209 – *Tomra Systems/Komm.* (bestätigt durch EuGH U. v. 19.4.2012, Rs C-549/10 P, ECLI:EU:C:2012:221 – *Tomra Systems/Komm.*); 12.6.2014, Rs T-286/09, ECLI:EU:T:2014:547, Rdnr. 77 – *Intel/Komm.;* vgl. dazu *Wernicke,* Das Intel-Urteil des EuG – ein Lehrstück dogmatischer Kontinuität, EuZW 2015, 19 ff.

[252] EuGH U. v. 13.2.1979, Slg. 1979, 461, Rdnr. 115 – *Hoffmann-La Roche/Komm.*

[253] EuG U. v. 1.4.1993, Slg. 1993, II-389, Rdnr. 69 f. – *BPB Industries u. British Gypsum/Komm.* (bestätigt durch EuGH U. v. 6.4.1995, Slg. 1995, I-865); so auch EuGH U. v. 3.7.1991, Slg. 1991, I-3359, Rdnr. 72, 148 – *Akzo/Komm.;* EuG U. v. 8.10.1996, Slg. 1996, II-1201, Rdnr. 146 ff. – *Compagnie Maritime Belge u. a./Komm.* (insoweit bestätigt durch EuGH U. v. 16.3.2000, Slg. 2000, I-1365); *Komm.* E. v. 21.5.1996, nicht veröff., Rdnr. 28 – *ITT Promedia/Belgacom,* vgl. EuG U. v. 17.7.1998, Slg. 1998, II-2941, Rdnr. 30 – *Promedia/Komm.*

[254] EuGH U. v. 13.2.1979, Slg. 1979, 461, Rdnr. 91 – *Hoffmann-La Roche/Komm.;* 11.12.1980, Slg. 1980, 3775, Rdnr. 27 – *L'Oréal/AMCK;* 3.7.1991, Slg. 1991, I-3359, Rdnr. 69 – *Akzo/Komm.;* 6.12.2012, Rs C-457/10 P, ECLI:EU:C:2012:770, Rdnr. 74 – *AstraSeneca/Komm.;* 16.7.2015, Rs C-170/13, ECLI:EU:C:2015:477; Rdnr. 45 – *Huawei Technologies/ZTE.*

[255] EuG U. v. 1.4.1993, Slg. 1993, II-389, Rdnr. 70 – *BPB Industries u. British Gypsum/Komm.* (bestätigt durch EuGH U. v. 6.4.1995, Slg. 1995, I-865).

[256] EuGH U. v.14.11.1996, Slg. 1996, I-5951, Rdnr. 44 – *Tetra Pak/Komm.;* EuG U. v. 8.10.1996, Slg. 1996, II-1201, Rdnr. 149 – *Compagnie Maritime Belge u. a./Komm.* (insoweit bestätigt durch EuGH U. v. 16.3.2000, Slg. 2000, I-1365); 7.10.1999, Slg. 1999, II-2969, Rdnr. 191 – *Irish Sugar/Komm.* (bestätigt durch EuGH B. v. 10.7.2001, Slg. 2001, I-5333); 12.6.2014, Rs T-286/09, ECLI:EU:T:2014:547, Rdnr. 209 – *Intel/Komm.*

Erfolg des Verhaltens eines beherrschenden Unternehmens tatsächlich eintritt.[257] Von der materiellen Rechtslage ist das Verfahrensrecht, insbesondere die Beweisführung zu unterscheiden. Ist erwiesen, dass ein Unternehmen in beherrschender Stellung mit seinem Verhalten bezweckt, den Wettbewerb zu beschränken, so kann vermutet werden, dass dieses Verhalten auch geeignet ist, eine solche Wirkung zu entfalten.[258]

48 Eine weitere Möglichkeit, iSv Art. 102 AEUV missbräuchliches von nicht missbräuchlichem Verhalten beherrschender Unternehmen zu unterscheiden, besteht in einer Beurteilung der wirtschaftlichen Wirkungen des untersuchten Verhaltens. Danach ist ein Verhalten beherrschender Unternehmen, das Wettbewerbsbeschränkungen bewirkt, grundsätzlich ein Missbrauch iSv Art. 102 AEUV[259] **(bewirkte Missbräuche).** Zwar ist es schwierig, bestimmte **volkswirtschaftliche Vorgänge** auf ein bestimmtes unternehmerisches Verhalten zurückzuführen.[260] Gegen eine an das Tatbestandsmerkmal „bewirkte Wettbewerbsbeschränkung" des Art. 101 Abs. 1 AEUV angelehnte Auslegung des Begriffs „Missbrauch" ist jedoch nichts einzuwenden, wenn es darum geht, innerhalb der Vielzahl von Verhaltensweisen von beherrschenden Unternehmen diejenigen zu bestimmten, die gemäß Art. 102 AEUV verboten sind. In diesem Zusammenhang stellt sich die Rechtsfrage, ob die Annahme eines Missbrauchs gemäß Art. 102 AEUV voraussetzt, dass **tatsächliche** und **substanzielle Auswirkungen** des Verhaltens des marktbeherrschenden Unternehmens auf seine Wettbewerber nachgewiesen werden. Grundsätzlich ist jedoch anzunehmen, dass nur der Nachweis der **tatsächlichen Eignung** des jeweiligen Verhaltens, die Aufrechterhaltung des auf dem Markt noch bestehenden Wettbewerbs oder dessen Entwicklung durch andere Mittel als die des Leistungswettbewerbs zu behindern und so das Ziel eines wirksamen und unverfälschten Wettbewerbs auf dem EU-Binnenmarkt zu beeinträchtigen, erforderlich ist.[261] Der Nachweis einer potenziellen Eignung des Verhaltens, wettbewerbswidrige Wirkung zu entfalten, genügt.[262] Wie nach Art. 101 Abs. 1 AEUV[263] kann das Verhalten von marktbeherrschenden Unternehmen aber auch **seinem Wesen nach** geeignet sein, den Wettbewerb zu beschränken,[264] und somit „missbräuchlich" iSv Art. 102 AEUV sein **(bezweckte Missbräuche).**

---

[257] EuGH U. v. 14.11.1996, Slg. 1996, I-5951, Rdnr. 44 – *Tetra Pak/Komm.*

[258] EuG U. v. 30.9.2003, Slg. 2003, II-4071, Rdnr. 241 – *Michelin/Komm.;* 12.6.2014, Rs T-286/09, ECLI:EU:T:2014:547, Rdnr. 77 – *Intel/Komm.*

[259] Vgl. Generaldirektion Wettbewerb der *Komm.,* Diskussionspapier über die Anwendung des (jetzt) Art. 102 AEUV auf Behinderungsmissbräuche, Dezember 2005, http://ec.europa.eu/competition/antitrust/art82/discpaper2005.pdf (zuletzt besucht am 18.12.2014).

[260] EuG U. v. 8.10.1996, Slg. 1996, II-1201, Rdnr. 149 – *Compagnie Maritime Belge u. a./Komm.* (insoweit bestätigt durch EuGH U. v. 16.3.2000, Slg. 2000, I-1365); in der Sache *Tetra Pak* (U. v. 6.10.1994, Slg. 1994, II-755, Rdnr. 191, bestätigt durch EuGH U. v. 14.11.1996, Slg. 1996, I-5951) hat das EuG dagegen angenommen, dass erhebliche Steigerungen von Marktanteilen auf ein Verhalten zurückgeführt werden konnten, das in „Verdrängungsabsicht" geschah.

[261] EuGH U. v. 6.12.2012, Rs C-457/10 P, ECLI:EU:C:2012:770, Rdnr. 106 – *AstraSeneca/Komm.;* 6.10.2015, Rs C-23/14 ECLI:EU:C:2015:651, Rdnr. 67 – Post Danmark/Konkurrencerådet. EuG U. v. 30.9.2003, Slg. 2003, II-4071, Rdnr. 239 – *Michelin/Komm.;* vgl. auch EuGH U. v. 15.3.2007, Slg. 2007, I-2331, Schlussanträge GA *Kokott,* Rdnr. 71 – *British Airways/Komm.*

[262] EuGH U. v. 17.2.2011, Slg. 2011, I-527, Rdnr. 64 – *Konkurrensverket/TeliaSonera Sverige;* 6.12.2012, Rs C-457/10 P, ECLI:EU:C:2012:770, Rdnr. 112 – *AstraSeneca/Komm.;* 10.7.2014, Rs C-295/12 P, ECLI:EU:C:2014:2062, Rdnr. 124 – *Telefónica/Komm.*

[263] Vgl. Mitteilung der Kommission, Leitlinien zur Anwendbarkeit von Art. 101 des Vertrags über die Arbeitsweise der Europäischen Union auf Vereinbarungen über horizontale Zusammenarbeit, ABl. 2011 Nr. C 11 S. 1, Rdnr. 24; Commission staff working document – Guidance on restrictions of competition „by object" for the purpose of defining which agreements may benefit from the De Minimis Notice, http://ec.europa.eu/competition/antitrust/legislation/de_minimis_notice_annex.pdf (zuletzt besucht am 7.1.2015).

[264] EuG U. v. 12.6.2014, Rs T-286/09, ECLI:EU:T:2014:547, Rdnr. 85 ff., 203, 209 ff. – *Intel/Komm.*

Eine Unterscheidung zwischen missbräuchlicher Behinderung von Wettbewerbern und legitimen Wettbewerbsverhalten beherrschender Unternehmen aufgrund der **Regelbeispiele** des Art. 102 Satz 2 AEUV ist abschließend nicht möglich. Allerdings begeht ein Unternehmen ohne weiteres einen Verstoß gegen Art. 102 AEUV, wenn sein Handeln die Tatbestandsmerkmale der in lit. a) bis d) dieser Vorschrift beschriebenen Verhaltensweisen erfüllt und dies dazu führt, den Handel zwischen Mitgliedstaaten zu beeinträchtigen. Im Übrigen ist das Problem, innerhalb der Vielzahl von Verhaltensweisen mit aktuellen oder potentiellen Wirkungen auf die Wettbewerbsstruktur zugunsten des beherrschenden Unternehmens diejenigen zu bestimmten, die keine angemessenen Mittel des Leistungswettbewerbs bzw. keine Mitteln eines normalen Produkt- oder Dienstleistungswettbewerbs auf der Grundlage der Leistung der Wirtschaftsteilnehmer[265] darstellen und deshalb als Missbrauch gelten, insbesondere **deduktiv zu lösen.** Von bestimmten, vom Gesetzgeber als typische Missbräuche angesehenen Tatbeständen ausgehend, wird der Missbrauchsbegriff durch die Verwaltungspraxis der Kommission und die Rechtsprechung der nationalen und europäischen Gerichte[266] verdeutlicht und durch Variation einzelner Elemente fortentwickelt. **49**

Ende 2005 hatte die Kommission ein Diskussionspapier über die Anwendung des Art. 85 EG (jetzt: Art. 102 AEUV) auf Behinderungs-Missbrauchstatbestände veröffentlicht.[267] Ein Ziel dieser Initiative war eine Harmonisierung der Anwendungspraxis aller europäischen Wettbewerbsbehörden und Gerichte, die Art. 102 AEUV anwenden. Nach Überzeugung der Kommission konnte nur eine wirtschaftliche Beurteilung des Verhaltens von Unternehmen darüber Aufschluss geben, ob und in welchem Grad unternehmerisches Verhalten die europäischen Verbraucher schädigt *(more economic approach).*[268] Sie machte sich somit die Kritik zu eigen, die aufgrund von wirtschaftlichen Analysen zum Ergebnis gelangte, dass unternehmerisches Verhalten nur aufgrund seiner tatsächlichen **Auswirkungen** und nicht nach seinem **Zweck** *(per se)* wettbewerbsrechtlich beurteilt werden sollten. So forderte die „Economic Advisory Group on Competition Policy", die die Kommission in Wirtschaftsfragen berät, in ihrem Bericht vom Juli 2005, dass das Missbrauchsverbot des Art. 102 AEUV nur dann gelten sollte, wenn in einem Einzelfall eine Schädigung der Verbraucherwohlfahrt nachgewiesen werde.[269] **50**

Im Februar 2009 schloss die Kommission ihre Arbeit an der „Modernisierung" der Anwendung des Art. 102 AEUV mit einer Mitteilung („Prioritätsmitteilung") ab.[270] Der Titel dieser Mitteilung- „Erläuterungen zu den Prioritäten der Kommission bei der Anwendung von Art. 82 des EG-Vertrags (jetzt: Art. 102 AEUV) auf Fälle von Behinderungsmissbrauch durch marktbeherrschende Unternehmen" – weist bereits darauf hin, dass die Kommission ihre ursprüngliche Ambition, die Auslegung des materiellen Rechts zu ändern („bezweckte" v. „bewirkte" Zuwiderhandlungen), aufgegeben hatte. Weder werden in der Prioritätsmitteilung Beurteilungskriterien vom Schutz des Wettbewerbs „an sich" hin zu Effizienzkriterien verschoben, noch wird der *„form based approach"* (*per se* – bzw. „bezweckte" Zuwiderhandlungen) der Rechtsprechung der Unionsgerichte in Frage gestellt. In diesem Sinne bestätigte die Kommission in der Sache *Intel* ausdrücklich, dass es zB für Treuerabatte nicht erforderlich sei, aktuelle oder potentielle Marktverschließungswirkungen nachzuweisen.[271] Insbesondere stellt die Kommission in ihrer Prioritätsmitteilung ausdrücklich klar, **51**

[265] EuGH U. v. 6.12.2012, Rs C-457/10 P, ECLI:EU:C:2012:770, Rdnr. 74 – *AstraSeneca/Komm.*

[266] Vgl. zB zu dieser Methode EuG U. v. 14.12.2005, Slg. 2005, II-5575, Rdnr. 306) – *General Electric/Komm.*

[267] Http://ec.europa.eu/competition/antitrust/art82/discpaper2005.pdf; vgl. dazu IP/05/1626.

[268] Vgl. dazu *Bronett,* Der „More Economic Approach" bei der Anwendung des europäischen Kartellverwaltungsrechts und Kartellstrafrechts, EWS 2013, S. 1 ff.

[269] Report by the Economic Advisory Group on Competition Policy (EAGCP), An economic approach to Article 82, http://ec.europa.eu/dgs/competition/economist/eagcp_july_21_05.pdf (zuletzt besucht am 18.12.2014), S. 7 ff.

[270] ABl. 2009 Nr. C 045/7.

[271] S. EuG v. 12.6.2014, Rs T-286/09, ECLI:EU:T:2014:547, Rdnr. 71 – *Intel/Komm.*

dass sie in dieser Mitteilung „keine Aussage über die Rechtslage" treffe (Rdnr. 3). Konkret liefert die Prioritätsmitteilung „Prüfungsraster"[272]/"Analysemaßstäbe"[273] für bestimmte Typen von Behinderungsmissbräuchen und den **„ebenso effizienten Wettbewerber" (*as efficient competitor*") -Test**[274] (Rdnr. 23ff.). Dieser Test stellt die Frage, ob das behinderte Unternehmen die Bedingungen des beherrschenden Unternehmens wirtschaftlich „überleben" könnte, wenn es ebenso effizient wäre wie der Marktbeherrscher.[275] Die von der Kommission in der Prioritätsmitteilung bezüglich der Behinderungsmissbräuche gehandhabte Unterscheidung zwischen „Marktverschließung zum Schaden des Verbrauchers"[276] und „Preisbezogenem Behinderungsmissbrauch"[277] ist nicht hilfreich, da der Preis der vom beherrschenden Unternehmen angebotenen Waren oder Dienstleistungen in jedem Fall ein wichtiger Maßstab der kartellrechtlichen Beurteilung ist. Mit *Wurmnest* ist somit davon auszugehen, dass das EU-Missbrauchsverbot keiner „ökonomischen Revolution" bedarf.[278]

52 Ganz allgemein ist es verwunderlich, dass die Kommission ihre Verfolgungsprioritäten danach auszurichtet, ob der Verstoß gegen das Missbrauchsverbot „bezweckt" oder „bewirkt" wurde. Der Schluss, dass ein beherrschendes Unternehmen eine „bewirkte" Zuwiderhandlung gegen Art. 102 AEUV begangen hat, ist in der Regel erst nach Durchführung umfangreicher und kostspieliger Ermittlungen möglich. Sollte sich während dieser Ermittlungen herausstellen, dass es sich um einen „bezweckten" Verstoß gegen Art. 102 AEUV handelt, wäre sowohl eine Entscheidung, die Ermittlungen zwecks Feststellung von wettbewerbsbeschränkenden Wirkungen fortzusetzen, als auch die Verfahrenseinstellung wegen bis zu diesem Zeitpunkt nicht nachweisbarer wettbewerbsbeschränkender Wirkungen abwegig. Dies kann auch der Kommission nicht verborgen geblieben sein. Es drängt sich somit der Eindruck auf, dass die fehlgeleiteten langjährigen Arbeiten der Kommission an diesem Projekt, dem der Gerichtshof der EU schon früh eine Absage erteilte,[279] schlicht und einfach nicht ohne ein Ergebnis beendet werden konnten.

53 *d) Die Rechtfertigung von Verhaltensweisen, die ihrer Art nach missbräuchlich sind.* Verhaltensweisen, die als Missbräuche iSv Art. 102 AEUV gelten, sind nur dann verboten, wenn sie nicht **objektiv gerechtfertigt** sind.[280] Eine solche Rechtfertigung kann insbesondere dann bestehen, wenn entweder das Verhalten objektiv notwendig ist[281] oder wenn, analog zu Art. 101 Abs. 3 AEUV, die dadurch hervorgerufene Verdrängungswirkung durch Effizienz-

[272] *Möschel,* Der Missbrauch marktbeherrschender Stellungen nach Art. 82 EG-Vertrag und der „More Economic Approach". JZ 2009, 1040ff., 1045.

[273] *Wurmnest,* Marktmacht und Verdrängungsmissbrauch, 2. Aufl., 2012, S. 205ff., 206.

[274] S. dazu *Fuchs,* Der „ebenso effiziente Wettbewerber" als Maßstab für die Missbrauchskontrolle über marktbeherrschende Unternehmen – eine kritische Würdigung, in: Bechtold/Jickeli/Rohe (Hrsg.), Recht, Ordnung und Wettbewerb, Fs. Möschel (2011), S. 241ff.; *Akman,* The Concept of Abuse in EU Competition Law (2012), S. 274ff.

[275] S. dazu ausführlich EuGH U. v. 6.10.2015, Rs C-23/14, ECLI:EU:C:2015:651, Rdnr. 51ff. – Post Danemark/Konkurrencerådet EuG U. v. 12.6.2014, Rs T-286/09, ECLI:EU:T:2014:547, Rdnr. 30, 140ff. – *Intel/Komm.*

[276] Rdnr. 19ff.

[277] Rdnr. 23ff.

[278] *Wurmnest,* Marktmacht und Verdrängungsmissbrauch, 2. Aufl. 2012, S. 621.

[279] EuG U. v. 9.9.2010, Slg. 2010, II-4361, Rdnr. 208ff., 219 – *Tomra Systems/Komm.* (bestätigt durch EuGH U. v. 19.4.2012, Rs C-549/10 P, ECLI:EU:C:2012:221 – *Tomra Systems/Komm.*); 12.6.2014, Rs T-286/09, ECLI:EU:T:2014:547, Rdnr. 140ff, 143 – *Intel/Komm.;* vgl. dazu *Wernicke,* Das Intel-Urteil des EuG – ein Lehrstück dogmatischer Kontinuität, EuZW 2015, 19ff.

[280] Vgl. EuGH U. v. 14.2.1978, Slg. 1978, 207, Rdnr. 184/194 – *United Brands/Komm.;* 21.1. 1999, 1999, I-135, Rdnr. 59 – *Bagnasco/Banca Populare.;* EuG U. v. 12.12.1991, Slg. 1991, II-1439, Rdnr. 118 – *Hilti/Komm.* (bestätigt durch EuGH U. v. 2.3.1994, Slg. 1994, I-667); 6.10.1994, Slg. 1994, II-755 Rdnr. 83f, 138 – *Tetra Pak/Komm.* (bestätigt durch EuGH U. v. 14.11.1996, Slg. 1996, I-5951); *Komm.* E. v. 14.1.1998, ABl. 1998 L 72/30, Rdnr. 73ff. – *Flughafen Frankfurt/ Main.*

[281] EuGH U. v. 3.10.1985, Slg. 1985, 3261, Rdnr. 27 – *CBEM.*

vorteile ausgeglichen oder sogar übertroffen wird, die auch dem Verbraucher zugutekommen.[282] Steht die Verdrängungswirkung des untersuchten Verhaltens in keinem Zusammenhang mit Vorteilen für die Verbraucher oder geht es über dasjenige hinaus, was zur Erreichung solcher Vorteile erforderlich ist, so ist die Tätigkeit des beherrschenden Unternehmens missbräuchlich.[283] Die Frage der wirtschaftlichen Rechtfertigung ist stets anhand aller Umstände des Einzelfalls zu beantworten.[284] Verhaltensweisen, mit denen in angemessener Weise auf Wettbewerbsvorstöße anderer Unternehmen geantwortet wird („meeting competition defence"), sind wirtschaftlich gerechtfertigt.[285] Es obliegt dem marktbeherrschenden Unternehmen, alle Beweise zu erbringen, die notwendig sind, um nachzuweisen, dass sein Verhalten objektiv gerechtfertigt ist. Anschließend obliegt es der Kommission zu prüfen, ob das betreffende Verhalten tatsächlich objektiv gerechtfertigt ist und nach Abwägung der etwaigen wettbewerbsbeschränkenden Auswirkungen und der vorgebrachten und substantiierten Effizienzvorteile zu beurteilen, ob diese den möglichen Schaden der Verbraucher aufwiegen.[286]

Beherrschende Unternehmen dürfen ihr Verhalten an kommerziellen oder technischen 54
Notwendigkeiten ausrichten. Aus diesem Grund ist zB eine grundsätzlich missbräuchliche **Lieferverweigerung** dann gerechtfertigt, wenn der Abnehmer die vorangehenden Leistungen des beherrschenden Unternehmens nicht bezahlt hat. Ebenso sind Lieferverweigerungen bzw. Liefereinschränkungen beherrschender Unternehmen während Versorgungskrisen objektiv gerechtfertigt und deshalb nicht gem. Art. 102 AEUV verboten.[287] Das Gleiche gilt zB für ein **Koppelungsgeschäft,** das einem Handelsbrauch entspricht oder sachlich notwendig ist.[288] Inhaber ausschließlicher Immaterialgüterrechte dürfen für geschützte Produkte Preise verlangen, die für ungeschützte Produkte als „unangemessen" gelten würden.[289] Sind Preise eines beherrschenden Unternehmens in einem bestimmten Mitgliedstaat jedoch erheblich höher als die von ihm in den übrigen Mitgliedstaaten angewandten Preise, so ist diese Differenz als Anzeichen für einen Missbrauch der beherrschenden Stellung anzusehen. Es obliegt in diesem Falle dem betreffenden Unternehmen, die Differenz unter Hinweis auf etwaige objektive Unterschiede zwischen den Verhältnissen in den Mitgliedstaaten zu rechtfertigen.[290] Beherrschenden Vermietern technischer Anlagen ist es erlaubt, sich entgegen dem sonst geltenden Verbot von Koppelungsgeschäften die Ausführung von Änderungen an den vermieteten Sachen vorzubehalten.[291]

---

[282] EuGH U. v. 15.3.2007, Slg. 2007, I-2331, Rdnr. 84ff. – *British Airways;* 27.3.2012, Rs C-209/10, ECLI:EU:C:2012:172, Rdnr. 40f. – *Post Danmark/Konkurrencerådet;* 17.2.2011, Slg. 2011, I-527 (Rdnr. 76) – *Konkurrensverket/TeliaSonera Sverige;* 6.10.2015, Rs C-23/14, ECLI:EU:C:2015:651, Rdnr.48 – Post Danmark/Konkurrencerådet. Mitteilung der *Komm.*, Erläuterungen zu den Prioritäten der Kommission bei der Anwendung von Art. 82 des EG-Vertrags (jetzt: Art. 102 AEUV) auf Fälle von Behinderungsmissbrauch durch marktbeherrschende Unternehmen, ABl. 2009 Nr. C 45/7, Rdnr. 28ff.

[283] EuGH U. v. 15.3.2007, Slg. 2007, I-2331, Rdnr. 86 – *British Airways/Komm.*

[284] EuGH U. v. 9.11.1983, Slg. 1983, 3461, Rdnr. 73 – *Michelin/Komm.*

[285] EuGH U. v. 14.2.1978, Slg. 1978, 207 Rdnr. 189ff. – *United Brands/Komm.;* EuG U. v. 1.4.1993, Slg. 1993, II-389, Rdnr. 69 – *BPB Industries u. British Gypsum/Komm.* (bestätigt durch EuGH U. v. 6.4.1995, Slg. 1995, I-865); 7.10.1999, Slg. 1999, II-2969, Rdnr. 112 – *Irish Sugar/Komm.* (bestätigt durch EuGH B. v. 10.7.2001, Slg. 2001, I-5333).

[286] Mitteilung der *Komm.*, Erläuterungen zu den Prioritäten der Kommission bei der Anwendung von Art. 82 des EG-Vertrags (jetzt: Art. 102 AEUV) auf Fälle von Behinderungsmissbrauch durch marktbeherrschende Unternehmen, ABl. 2009 Nr. C 45/7, Rdnr. 31.

[287] Vgl. dazu Rdnr. 80.

[288] Vgl. dazu Rdnr. 53ff.

[289] EuGH U. v. 29.2.1968, Slg. 1968, 85, 113 – *Parke, Davis & Co./Probel u.a.;* 5.10.1988, Slg. 1988, 6039, Rdnr. 16 – *Consorzio Italiano u. Maxicar/Renault.*

[290] EuGH U. v. 14.2.1978, Slg. 1978, 207, Rdnr. 261/266) – *United Brands/Komm.;* 13.7.1989, Slg. 1989, 2811, Rdnr. 25 – *Lucazeau u. a.*/SACEM; 13.7.1989, Slg. 1989, 2525, Rdnr. 38 – *Ministère public/Tournier.*

[291] EuGH U. v. 5.10.1988, Slg. 1988, 5987, Rdnr. 10 – *Alsatel u. a./Novasam.*

55 Als Ausnahme von der Regel sind die Rechtfertigungsgründe restriktiv zu handhaben. Die Gewährung eines Preisnachlasses darf nicht von der **subjektiven Beurteilung** durch das Unternehmen in beherrschender Stellung abhängen, ob der Händler seine Verpflichtungen, die Anspruch auf die Ermäßigung eröffnen, eingehalten hat. Eine solche Beurteilung der Einhaltung der Verpflichtungen ermöglicht es dem Unternehmen in beherrschender Stellung, die Händler unter Druck zu setzen und den Mechanismus gegebenenfalls auf diskriminierende Weise zu nutzen.[292] Auch steht es einem Unternehmen in beherrschender Stellung nicht frei, aus eigener Initiative Maßnahmen zu ergreifen, um Produkte zu eliminieren, die es zu Recht oder zu Unrecht im Vergleich zu eigenen Erzeugnissen für qualitativ minderwertig ansieht.[293] Dieser Grundsatz gilt auch für Wartungs- und Reparaturdienste, die sich ein Hersteller deshalb vorbehält, weil er der Meinung ist, nur er selber könne erstklassige diesbezügliche Dienste erbringen.[294] Die Weigerung von Fernsehanstalten, Herausgebern umfassender wöchentlicher Programmführer die Grundinformationen über den Sendekanal, den Tag, die Urzeit und den Titel der Sendungen zur Verfügung zu stellen, ist weder durch die Tätigkeit der Ausstrahlung von Fernsehsendungen, noch durch die der Herausgabe eigener Fernsehzeitschriften gerechtfertigt.[295]

56 *e) Die Ausübung ausschließlicher Immaterialgüterrechte.* Die Voraussetzungen und Modalitäten des Schutzes von Immaterialgüterrechten und damit die Art und Weise von Verhaltensweisen, die den Rechtsinhabern vorbehalten sind, bestimmen sich mangels einer umfassenden Rechtsvereinheitlichung oder -angleichung innerhalb der EU noch weitgehend[296] nach nationalem Recht. So sind zB Inhaber von Patenten und geschützten Mustern befugt, Dritten die Herstellung und den Verkauf oder die Einfuhr der diese Rechte verkörpernden Erzeugnisse zu verbieten. Ebenso gehört zB das ausschließliche Recht der Vervielfältigung zu den Vorrechten von Urhebern. Daraus folgt, dass eine dem Inhaber eines Immaterialgüterrechts auferlegte Verpflichtung, Dritten eine **Lizenz** für die Herstellung und den Vertrieb von Erzeugnissen, die ein solches Recht verkörpern, zu erteilen, diesem Inhaber selbst dann, wenn er bezüglich der geschützten Güter über eine beherrschende Stellung verfügt und die Lizenzerteilung gegen angemessene Vergütung erfolgen würde, in der Regel die nach Art. 17 GRCh und Art. 345 AEUV geschützte **Substanz seines ausschließlichen Rechts** nehmen würde. Die Weigerung eines marktbeherrschenden Unternehmens,[297] eine Lizenz für die Nutzung eines geistigen Eigentumsrechts zu erteilen, stellt somit grundsätzlich keinen Missbrauch iSv Art. 102 AEUV dar.[298] Desgleichen verhält sich der marktbeherrschende Inhaber eines Warenzeichenrechts nicht missbräuchlich, wenn er die Einfuhr von Waren in das geschützte Gebiet verhindert, die mit einem identischen Warenzeichen versehen sind.[299] Jede Einschränkung der Ausübung eines Eigentumsrechts muss

---

[292] EuG U. v. 30.9.2003, Slg. 2003, II-4071, Rdnr. 140 – *Michelin/Komm.*

[293] EuG U. v. 12.12.1991, Slg. 1991, II-1439, Rdnr. 118 – *Hilti/Komm.* (bestätigt durch EuGH U. v. 2.3.1994, Slg. 1994, I-667).

[294] EuGH U. v. 31.5.1979, Slg. 1979, 186, Rdnr. 12 – *Hugin/Komm.*

[295] EuGH U. v. 6.4.1995, Slg. 1995, I-743, Rdnr. 55 – *RTE und ITP/Komm.*

[296] Urheberrechte sind national; für Gemeinschaftsmarken, Gemeinschaftsgeschmacksmuster und Pflanzenschutzrechte bestehen Regelungen des sekundären EU-Rechts; nach dem Europäischen Patentübereinkommen haben Europäische Patente die gleichen Wirkungen wie nationale Patente; mit dem Inkrafttreten des am 19.2.2013 durch 25 EU-Mitgliedstaaten unterzeichneten Übereinkommens über ein einheitliches Patentgericht wird es auch Europäische Patente mit einheitlicher Wirkung geben.

[297] S. zu den Voraussetzungen, unter denen der Inhaber eines geistigen Eigentumsrechts eine marktbeherrschende Stellung einnimmt, Rdnr. 27.

[298] EuGH U. v. 29.2.1968, Slg. 1968, 85, 112 – *Parke, Davis & Co./Probel u. a.;* 5.10.1988, Slg. 1988, 6039, Rdnr. 16 – *Consorzio Italiano u. Maxicar/Renault;* 5.10.1988, Slg. 1988, 6211, Rdnr. 8f. – *Volvo/Veng;* 6.4.1995, Slg. 1995, I-743, Rdnr. 49 – *RTE u. ITP/Komm.;* 29.4.2004, Slg. 2004, I-5039, Rdnr. 34 – *IMS/NCD.*

[299] EuGH U. v. 15.6.1976, Slg. 1976, 871, Rdnr. 34 – *EMI/CBS.*

gesetzlich vorgesehen sein und den Wesensgehalt des Eigentumsrechts achten (Art. 52 Abs. 1 iVm Art. 17 GRCh).

Grundsätzlich kann die Ausübung des Rechts auf Unterlassen im Fall einer Verletzung eines geistigen Eigentumsrechts für sich genommen kein Missbrauch einer beherrschenden Stellung sein.[300] Dieses Recht ist nämlich für den Eigentümer ein wesentliches Mittel, um sein in Art. 17 Abs. 2 GRCh ausdrücklich geschütztes geistiges Eigentum geltend zu machen. Hieraus folgt, dass jede Beschränkung des Rechts auf Geltendmachung dieses Unterlassungsanspruchs zwangsläufig eine erhebliche Beschränkung des geistigen Eigentums darstellt und somit nur unter außergewöhnlichen und genau bestimmten Umständen zugelassen werden kann.[301] Liegen diese Umstände vor, kann auch die Ausübung eines ausschließlichen **Immaterialgüterrechts** durch ein Unternehmen, das eine beherrschende Stellung innehat, nach Art. 102 AEUV verboten sein.[302] So stellt der zwölfte Erwägungsgrund der Richtlinie 2004/48[303] fest, dass „[d]iese Richtlinie ... die Anwendung der Wettbewerbsvorschriften, insbesondere der Artikel [101 AEUV und 102 AEUV] nicht berühren [darf]. Die in dieser Richtlinie vorgesehenen Maßnahmen dürfen nicht dazu verwendet werden, den Wettbewerb entgegen den Vorschriften des Vertrags unzulässig einzuschränken." **57**

Ob die Ausübung eines geistigen Eigentumsrechts durch ein marktbeherrschendes Unternehmen nach Art. 102 AEUV verboten ist, hängt von den konkreten Umständen des Falles ab.[304] Diese eigentlich selbstverständliche Erwägung[305] hat zu Missverständnissen geführt. Es wird zB geprüft, ob sich ein beherrschendes Unternehmen, das sich weigert, einen bestimmten Abnehmer mit Waren zu beliefern, rechtswidrig auf ein vom nationalen Recht verliehenes Urheberrecht beruft.[306] In solchen Fällen muss erst die Rechtmäßigkeit der **Lieferverweigerung** ohne Bezug auf die Rechtmäßigkeit der Ausübung des Immaterialgüterrechts geprüft werden. Ebenso liegt ein „unechter" Fall der Ausübung von Immaterialgüterrechten zB vor, wenn sich der Inhaber eines Musters für Kraftfahrzeugkarosserieteile, der diese Karosserieteile herstellt und verwendet, weigert, unabhängige Reparaturwerkstätten überhaupt oder nur zu unangemessenen Preisen mit Ersatzteilen zu beliefern.[307] Auch hier ist die Rechtmäßigkeit der Lieferverweigerung Gegenstand der Prüfung. Das Musterrecht kann in einem solchen Fall allenfalls für die Frage der Marktbeherrschung bzw. der Rechtfertigung der ansonsten rechtswidrigen Lieferverweigerung, von Bedeutung sein. Anders ist es, wenn ein Abnehmer die Ware nicht vom Inhaber des Rechts/den Lizenznehmern bezieht, sondern diese selbst herzustellen bzw. (bei Urheberrechten) zu vervielfältigen beabsichtigt. Weigern sich Fernsehanstalten, die ein **Urheberrecht** an den Grundinformationen über den Sendekanal, den Tag, die Uhrzeit und den Titel ihrer Sendungen besitzen und sie in eigenen wöchentlichen Programmführern verwerten, diese Informationen anderen Unternehmen, die umfassende wöchentliche Programmführer her- **57a**

---

300 EuGH U. v. 31.10.1974, Slg. 1974, 1147, Rdnr. 9 – *Centrafarm u. de Peijper/Sterling Drug;* 5.10.1988, Slg. 1988, 6211, Rdnr. 8 – *Volvo/Veng;* 6.4.1995, Slg. 1995, I-743, Rdnr. 33 – *RTE u. ITP/Komm.;* 29.4.2004, Slg. 2004, I-5039, Rdnr. 34 – *IMS/NCD;* 4.10.2011, Slg. 2011, I-9083, Rdnr. 107 – *Football Association Premier League/QC Leisure.*

301 Schlussanträge GA *Wathelet* v. 20.11.2014 in der Rs C-170/13, Rdnr. 61 – *Huawei Technologies/ZTE;* s. ausführlich zur Durchsetzung von Standard-Essential Patents Rdnr. 70.

302 EuGH U. v. 18.2.1971, Slg. 1971, 69, Rdnr. 5 – *Sirena/Eda;* 15.6.1976, Slg. 1976, 871, Rdnr. 23 f. – *EMI/CBS;* 6.4.1995, Slg. 1995, I-743, Rdnr. 48 – *RTE u. ITP/Komm.*

303 Richtlinie 2004/48/EG des Europäischen Parlaments und des Rates v. 29.4.2004 zur Durchsetzung der Rechte des geistigen Eigentums, ABl. 2004 Nr. L 157/45.

304 EuGH U. v. 5.10.1988, Slg. 1988, 6211, Rdnr. 9 – *Volvo/Veng;* 6.4.1995, Slg. 1995, I-743, Rdnr. 50 – *RTE u. ITP/Komm.;* 29.4.2004, Slg. 2004, I-5039, Rdnr. 35 – *IMS/NDC.*

305 EuGH U. v. 6.4.1995, Slg. 1995, I-743, Rdnr. 50 – *RTE u. ITP/Komm.*

306 So aber zB EuGH U. v. 6.4.1995, Slg. 1995, I-743, Rdnr. 51, 54 – *RTE u. ITP/Komm.*

307 EuGH U. v. 29.2.1968, Slg. 1968, 85, 112 – *Parke, Davis & Co./Probel u. a.;* 5.10.1988, Slg. 1988, 6039, Rdnr. 16 – *Consorzio Italiano u. Maxicar/Renault;* 5.10.1988, Slg. 1988, 6211, Rdnr. 8f – *Volvo/Veng.*

ausgeben wollen, zur Verfügung zu stellen, verhindern sie die Vervielfältigung der Information, die nur durch Lizenzerteilung rechtmäßig wäre. Hat ein solches Verhalten zur Folge, dass ein neues Erzeugnis, nämlich ein umfassender wöchentlicher Fernsehprogrammführer, vom Markt ferngehalten wird, kann es einen Missbrauch gem. Art. 102 Satz 2 lit. b) AEUV darstellen.[308] Wenn sich ein beherrschendes Unternehmen auf seine geistigen Eigentumsrechte beruft, um die industrielle Verwendung bestimmter Schnittstellenspezifikationen seiner Computerprogramme durch Wettbewerber und somit die Interoperabilität mit konkurrierenden Computerprogrammen zu verhindern, verhält es sich u. U. ebenfalls missbräuchlich.[309]

58 Ein beherrschendes Unternehmen, das ein Recht des geistigen Eigentums ausübt, um die Vermarktung von konkurrierenden Waren oder Dienstleistungen zu verhindern, handelt grundsätzlich missbräuchlich, wenn vier Bedingungen kumulativ erfüllt sind: Die Weigerung muss (1) die Entwicklung eines **neuen Erzeugnisses** verhindern, nach dem eine potenzielle Nachfrage der Verbraucher besteht, (2) die Nutzung des geistigen Eigentums muss unerlässlich sein, um das Produkt/die Dienstleistung zu vermarkten, (3) sie darf nicht gerechtfertigt sein, und (4) sie muss geeignet sein, wirksamen Wettbewerb auf einem abgeleiteten Markt auszuschließen.[310] Die missbräuchliche Ausnutzung von Patent- und anderen Immaterialgüterrechten im Zusammenhang mit einer **Normung** (Verweigerung von *Standard Essential Patents, patent ambushes*) bildet eine weitere Fallgruppe.[311] Die Verwaltungspraxis der Kommission und die Rechtsprechung der europäischen Gerichte zur Ausübung von immateriellen Eigentumsrechten legt nahe, dass die Weigerung eines beherrschenden Unternehmens, bestimmte **Geschäftsgeheimnisse** (wie zB das „*Coca-Cola-Rezept*") offenzulegen, – unabhängig davon, ob ein solches Geheimnis ein geistiges Eigentumsrecht (zB ein Urheberrecht) darstellt – u. U. einen Verstoß gegen Art. 102 AEUV darstellen kann.[312] In solchen Fällen ist aber ganz besonders sorgfältig zu prüfen, ob tatsächlich die Entwicklung neuer Produkte/Dienstleistungen durch die Offenlegung der fraglichen Informationen entstehen würden, oder ob nicht vielmehr nur die Vermarktung von **Nachahmerprodukten** angestrebt wird. Im letzteren Fall würde die Anwendung des Art. 102 AEUV in den Bestand des Eigentumsrechts eingreifen, was unrechtmäßig wäre. Die Grenzlinie zwischen dem geistigen Eigentumsrecht und dem Kartellrecht ist deckungsgleich mit der Grenzlinie zwischen imitierendem und substitutivem Wettbewerb.[313] Nur hinsichtlich eines imitierenden Wettbewerbs schließt ein Recht des geistigen Eigentums die Anwendung des Kartellrechts grundsätzlich aus. Darüber hinaus können Verfahrensmissbräuche zur Erlangung von geistigen Eigentumsrechten, zB von ergänzenden Schutzzertifikaten für Arzneimittel oder die missbräuchliche Erlangung von Genehmigungen für das Inverkehrbringen von genehmigungspflichtigen Erzeugnissen, wie zB Arzneimitteln, Zuwiderhandlungen gegen Art. 102 AEUV darstellen.[314]

---

[308] EuGH U. v. 6.4.1995, Slg. 1995, I-743 (Rdnr. 51 ff.) – *RTE u. ITP/Komm.;* vgl. auch EuG U. v. 12.6.1997, Slg. 1997, II-923 (Rdnr. 124) – *Ladbroke/Komm.*

[309] *Komm.* E. v. 24.3.2004, COMP/37.792. Website-Veröffentlichung, Rdnr. 709ff, vgl. EuG U. v. 17.9.2007, Slg. 2007, I-3601, Rdnr. 332 f. – *Microsoft/Komm.*

[310] EuGH U. v. 6.4.1995, Slg. 1995, I-743 (Rdnr. 50 ff.) – *RTE u. ITP/Komm.;* 29.4.2004, Slg. 2004, I-5039 (Rdnr. 38) – *IMS/NDC.*

[311] Vgl. dazu ausführlich Rdnr. 70 f.

[312] *Komm.* E. v. 24.3.2004, COMP/37.792. Website-Veröffentlichung, Rdnr. 709 ff. – *Microsoft,* vgl. EuG U. v. 17.9.2007, Slg. 2007, I-3601, Rdnr. 332 f. – *Microsoft/Komm.*

[313] S. dazu *Ullrich/Heinemann* in Immenga/Mestmäcker, 5. Aufl., 2012, GRUR B Rdnr. 42; *Drexl,* Abuse of Dominance in Licensing and Refusal to License: A ‚More Economic Approach' to Competition by Imitation and to Competition by Substitution, in Ehlermann/Atanasiu (Hrsg.), European Competition Law Annual 2005: The Interaction between Competition Law an Intellectual Property Law, 2007, 647 ff., 653 f.

[314] EuGH U. v. 6.12.2012, Rs C-457/10 P, ECLI:EU:C:2012:770, Rdnr. 61 ff., 114 ff. – *Astra-Zeneca/Komm.*

Eine besondere Fallgruppe möglicher missbräuchlicher Ausübung von Immaterialgüterrechten bildet ihre gerichtliche Durchsetzung.[315] Zu dieser Fallgruppe gehören insbesondere Patentverletzungsklagen von Inhabern von *Standard Essential Patents,* die sich zur Erteilung von Lizenzen zu FRAND-Bedingungen verpflichtet haben.[316] Das Recht auf Zugang zu den Gerichten und die Möglichkeit, seine Rechte vor einem Gericht geltend zu machen, sind in Art. 47 GRCh anerkannt. Ungeachtet dessen, dass die Charta für die von ihr anerkannten Grundrechte – abgesehen von der Würde des Menschen, die ohne Ausnahme unantastbar ist – keine Hierarchie aufstellt, kann die gerichtliche Geltendmachung eines Unterlassungsanspruchs angesichts der Bedeutung des Rechts auf Zugang zu den Gerichten nur unter außergewöhnlichen Umständen einen Missbrauch einer marktbeherrschenden Stellung darstellen.[317] **Gerichtliche Klagen** zwecks Durchsetzung von Immaterialgüterrechten sind nur dann missbräuchlich, wenn zwei Bedingungen kumulativ erfüllt sind: Die Klage muss willkürlich, d. h. sie muss offensichtlich von vornherein unbegründet sein (kein *fumus boni iuris*), und sie muss Teil eines Unternehmensplans sein, der auf das Verdrängen des mit der Klage angegriffenen Wettbewerbers abzielt (zB wegen der hohen Prozesskosten).[318] Unter den gleichen Umständen kann auch die **Vollstreckung** eines vorläufigen gerichtlichen Titels über ein ausschließliches Recht missbräuchlich sein.[319] 59

2. Die Missbrauchstatbestände in der Anwendungspraxis. *a) Die unmittelbare oder mittelbare Erzwingung von unangemessenen Einkaufs- oder Verkaufspreisen oder sonstigen Geschäftsbedingungen (Art. 102 Satz 2 lit. a AEUV). aa) Allgemeines.* Die Erzwingung unangemessener Preise oder sonstiger Geschäftsbedingungen (nachfolgend „Geschäftsbedingungen") ist der typische Tatbestand des Ausbeutungsmissbrauchs nach EU-Kartellrecht. Der Begriff „Erzwingung" verweist auf die wirtschaftliche Macht des beherrschenden Unternehmens. Es handelt sich jedoch um kein eigenständiges Tatbestandsmerkmal, dessen Vorliegen nachgewiesen werden müsste. Bei geschäftlichen Beziehungen mit einem beherrschenden Unternehmen wird **unwiderlegbar vermutet,** dass unangemessene Geschäftsbedingungen dem Vertragspartner „aufgezwungen" werden, weil dieser wegen des Fehlens von wirksamen Wettbewerbs, und somit günstigeren Alternativen, auf das Angebot des beherrschenden Unternehmens verwiesen ist.[320] Deshalb kommt es auch nicht auf das Verhandlungsgeschick eines Handelspartners oder sogar seine bewusste Zustimmung zu den unangemessenen Geschäftsbedingungen an.[321] Dies folgt bereits aus dem öffentlichen Interesse an der Verhinderung solchen Verhaltens. Die Tatsache, dass sich ein beherrschendes Unternehmen gegenüber einem Dritten verpflichtet hat, seinen Abnehmern bestimmte Preise zu berechnen, schließt nicht aus, dass die tatsächlich angewandten Preise den Abnehmern gegenüber „erzwungen" sind.[322] Aus dem Begriff „Geschäftsbedingung" ergibt sich, dass dieser Missbrauchstatbestand nur in **vertikalen Beziehungen** auftritt. Selbstverständlich ist es mög- 60

[315] EuG U. v. 17.7.1998, Slg. 1998, II -2937, Rdnr. 60 – *Promedia/Komm.*

[316] Vgl. Schlussanträge GA *Wathelet* v. 20.11.2014 in der Rs C-170/13, Rdnr. 57 – *Huawei Technologies/ZTE;* s. dazu Rdnr. 70.

[317] Schlussanträge GA *Wathelet* v. 20.11.2014 in der Rs C-170/13, Rdnr. 67 – *Huawei Technologies/ZTE.*

[318] *Komm.* E. v. 21.5.1996 – *Promedia/Belgacom* (nicht veröffentlichte Beschwerdeabweisung); s. *Komm.,* 27. WB, 1997, Rdnr. 67, Pressemitteilung IP/97/292, EuG U. v. 17.7.1998, Slg. 1998, II-2937 – *Promedia/Komm.;* 29.4.2014, Sache COMP/39.986, noch nicht veröff. – *Motorola – Enforcement of ITU/ISO/IEC and IEEE standard essential patents,* vgl. dazu IP/14/489 u. MEMO/14/322; 29.4.2014, Sache COMP/39.939, ABl. 2014 Nr. C 350/8 (Zusammenfassung) – *Samsung – Enforcement of UMTS standards essential patents,* vgl. dazu IP/14/490 u. MEMO/14/322.

[319] Vgl. *Komm.,* E. v. 29.4.2014 in der Sache COMP/39.986, noch nicht veröff. – *Motorola – Enforcement of ITU/ISO/IEC and IEEE standard essential patents;* vgl. dazu IP/14/489 u. MEMO/14/322.

[320] Zur „Erzwingung" von Treuerabatten vgl. EuG U. v. 8.10.1996, Slg. 1996, II-1201, Rdnr. 183 – *Compagnie Maritime Belge u. a./Komm.* (insoweit bestätigt durch EuGH U. v. 16.3.2000, Slg. 2000, I-1365).

[321] EuGH U. v. 3.7.1991, Slg. 1991, I-3359, Rdnr. 76 ff. – *Akzo/Komm.*

[322] EuGH U. v. 4.5.1988, Slg. 1988, 2479, Rdnr. 32 – *Bodson/Pompes Funèbres.*

lich, dass unangemessene Geschäftsbedingungen das Ergebnis von Vereinbarungen zwischen Wettbewerbern sind,[323] bzw. – wie bei überhöhten Gebühren für Lizenzen – **horizontale Wirkungen** haben.[324] Solche Sachverhalte sind sowohl nach Art. 101 als auch nach Art. 102 AEUV zu beurteilen.[325]

61 „Unangemessen" sind Preise und sonstige Geschäftsbedingungen, wenn sie bei einem normalen und hinreichend wirksamen Wettbewerb nicht zu erreichen wären, und zwar gegenüber Lieferanten besonders niedrige **Einkaufspreise** oder sonstige für diese besonders unvorteilhafte Bedingungen, gegenüber Abnehmern besonders hohe **Verkaufspreise** oder sonstige für das beherrschende Unternehmen besonders vorteilhafte Bedingungen.[326] Es ist also zu prüfen, ob der Inhaber einer marktbeherrschenden Stellung die sich daraus ergebenden Möglichkeiten benutzt hat, seine Geschäftsbedingungen dem Leistungswettbewerb zu entziehen. Die zivilrechtliche Nichtigkeit **sittenwidriger Verträge** hat gewisse Berührungspunkte mit dem für beherrschende Unternehmen geltenden Verbot unangemessener Geschäftsbedingungen. Weil ein (harmonisierter) europäischer Standard für den Begriff „Sittenwidrigkeit" fehlt, sind für die „Unangemessenheit" iSd Art. 102 AEUV wettbewerbskonforme Geschäftsbedingungen der Maßstab. Die „Sittenwidrigkeit", die sich aus dem **groben Missverhältnis** zugunsten des beherrschenden Unternehmens zwischen vertraglicher Leistung und Gegenleistung ergibt, ist in der Regel aber auch „unangemessen" im Sinne von Art. 102 AEUV. Die mögliche zivilrechtliche Nichtigkeit unangemessener Preise und sonstiger Geschäftsbedingungen analog zu Art. 101 Abs. 2 AEUV bzw. aufgrund ausdrücklicher nationaler Regelung (§ 134 BGB) ist jedoch keine angemessene Abhilfe für das missbräuchliche Verhalten, weil der Lieferant/Abnehmer in der Regel auf die Leistung des beherrschenden Unternehmens angewiesen ist.

62 *bb) Unangemessene Preise.* Das europarechtliche Verbot unangemessener Preise beherrschender Unternehmen ist nicht Ausdruck hoheitlicher Preislenkung, in deren Rahmen die befugten staatlichen Stellen in Ausübung ihres politischen Ermessens den volkswirtschaftlich günstigsten Preis für Waren und Leistungen bestimmen. Art. 102 AEUV zieht lediglich eine obere Grenze für volkswirtschaftlich nicht tragbare Preise beherrschender Unternehmen. Beherrschende Unternehmen werden durch Art. 102 AEUV grundsätzlich nicht gehindert, ihren Kunden Preise berechnen, die höher sind als ihre tatsächlichen **Kosten,** aber unterhalb der Schwelle der Unangemessenheit bleiben. Bleiben zB Preise für Dienstleistungen, die für die Einfuhr von Waren berechnet werden, unterhalb dieser Schwelle, sind sie nicht deshalb „unangemessen", weil sich hierdurch die Kosten der Waren erhöhen und aus diesem Grund die Einfuhr behindert wird oder sogar unterbleibt.[327] Unternehmen, denen Mitgliedstaaten ausschließliche Rechte gewähren, und die deshalb verpflichtet sind, auf Verlangen eines Kunden Waren aus einem anderen Mitgliedstaat einzuführen und bis zur Auslieferung zu bewahren, dürfen dagegen nur ihre Kosten in Rechnung stellen.[328] Besteht eine gesetzliche oder behördliche Preisregelung, ist diese bei der Auslegung des Begriffs „unangemessen" iSv Art. 102 AEUV zu berücksichtigen.[329] Von nationalen **Regulierungsbehörden** erlassene Preisentscheidungen können jedoch die Anwendung des Art. 102 AEUV nicht berühren. Auch ist die Kommission in solchen Fällen nicht gehalten, das Vorliegen außergewöhnlicher Umstände nachzuweisen, um das Missbrauchsverbot dieser Norm zu vollziehen. Selbst wenn nationale Regulierungsbehör-

---

[323] EuGH U. v. 11.4.1989, Slg. 1989, 803 – *Ahmed Saeed u. Silver Line/Zentrale.*

[324] *Komm.* E. v. 22.12.1987, ABl. 1988 L 65/19, Rdnr. 78 – *Eurofix-Bauco/Hilti* (bestätigt durch EuG U. v. 12.12.1991, Slg. 1991, II-1439 u. EuGH U. v. 2.3.1994, Slg. 1994, I-667).

[325] S. zum Konkurrenzverhältnis dieser beiden Normen Rdnr. 136 ff.

[326] EuGH U. v. 14.2.1978, Slg. 1978, 207, Rdnr. 248/257 – *United Brands/Komm.*

[327] Vgl. EuGH U. v. 13.11.1975, Slg. 1975, 1367 (Rdnr. 11/12) – *General Motors/Komm.*, als Beispiel unangemessener Preise, die die Einfuhr behindern.

[328] EuGH U. v. 5.10.1994, Slg. 1994, I-5077 (Rdnr. 26 f.) – *Centre de la Crespelle/Cooperative de la Mayenne.*

[329] EuGH U. v. 11.4.1989, Slg. 1989, 803, Rdnr. 43 – *Ahmed Saeed u. Silver Line/Zentrale.*

den das betreffende Verhalten nach nationalem Regulierungsrecht ausdrücklich genehmigen, hinderte das die Kommission, wie bei Entscheidungen nationaler Wettbewerbsbehörden, nicht daran, eine denselben Fall betreffende Zuwiderhandlung gegen Art. 102 AEUV festzustellen.[330]

Der Preis ist der vertragliche Wert der angebotenen Leistung des beherrschenden Unternehmens bzw. der diesem angebotenen Waren oder Dienstleistungen. Der objektive wirtschaftliche Wert dieser Leistung muss ermittelt werden. Die „Unangemessenheit" des Preises bezieht sich auf die Differenz dieser beiden Werte. Ein Preis ist „unangemessen" iSv Art. 102 Satz 2 lit. a AEUV, wenn er in keinem angemessenen Verhältnis zu dem wirtschaftlichen Wert der vom beherrschenden Unternehmen erbrachten Leistung[331] bzw. in keinem vernünftigen Zusammenhang mit dem wirtschaftlichen Wert der erbrachten Leistung steht,[332] also im Vergleich zum objektiven wirtschaftlichen Wert der erbrachten Leistung übertrieben hoch ist.[333] Dies gilt insbesondere wenn dem Preis überhaupt keine Leistung gegenüber steht.[334] Das Missverhältnis muss erheblich sein. Man kann davon ausgehen, dass bei einem Preis, der nicht mehr als 10% über dem objektiven wirtschaftlichen Wert der Leistung liegt, die **Erheblichkeitsschwelle** nicht erreicht ist.[335] 63

Eine Möglichkeit, den objektiven wirtschaftlichen Wert einer angebotenen Leistung zu bestimmen, besteht darin, diesen Wert als Summe der Herstellungskosten des beherrschenden Unternehmens und eines angemessenen Gewinns zu definieren.[336] Die Unverhältnismäßigkeit zwischen Preis und Leistung kann sich dann u. U. aus der **Gewinnspanne,** der Differenz zwischen dem Verkaufspreis und den Gesamtkosten, ergeben.[337] Im Fall *Deutsche Telekom* hat die Kommission angenommen, dass unangemessene Verkaufspreise gemäß Art. 102 lit. a AEUV erzwungen werden, wenn die Differenz zwischen Entgelten, die das beherrschende Unternehmen auf einem nachgelagerten Markt erzielt, und dem Preis, den es seinen Wettbewerbern für Leistungen in Rechnung stellt, entweder negativ ist oder nicht ausreicht, die eigenen spezifischen Kosten des beherrschenden Unternehmens zu decken.[338] Missbräuchliches Preisverhalten lässt sich grundsätzlich nicht anhand von Durchschnittspreisen nachweisen, sondern es ist auf den Preis jeder einzelnen Leistung abzustellen.[339] In der Sache *Deutsche Post* zog die Kommission jedoch den Schluss, dass der Preis, den die *Deutsche Post* für eingehende grenzüberschreitende Post erhob, um mindestens 25% höher war als der durchschnittliche wirtschaftliche Wert dieses Dienstes. Unter Berücksichtigung der Stellung der *Deutsche Post* als Monopolist und unter Einbeziehung von Besonderheiten der Postdienste, ging die Kommission davon aus, dass der von der *Deutsche Post* erhobene Tarif in keiner 64

---

[330] EuG U. v. 10.4.2008, Slg. 2008, II-477, Rdnr. 120 – *Deutsche Telekom/Komm.* (bestätigt durch EuGH U. v. 14.10.2010, Slg. 2010, I-9555); 29.3.2012, Rs T-336/07, ECLI:EU:T:2012:172, Rdnr. 300f. – *Telefónica/Komm.* (bestätigt durch EuGH U. v. 10.7.2014, Rs C-295/12 P, ECLI:EU:C:2014:2062 – *Telefónica/Komm.*); vgl. zum Verfahrensrecht *Bronett,* Europäisches Kartellverfahrensrecht, 2. Aufl. 2012, Art. 16 Rdnr. 12.

[331] EuGH U. v. 14.2.1978, Slg. 1978, 207, Rdnr. 248/257 – *United Brands/Komm.*

[332] EuGH U. v. 11.12.2008, Slg. 2008, I-9275, Rdnr. 28 – *Kanal 5 u. TV 4/STIM;* 27.2.2014, Rs C-351/12, ECLI:EU:C:2014:110, Rdnr. 88 – *OSA/Léčebné lázně.*

[333] EuGH U. v. 13.11.1975, Slg. 1975, 1367, Rdnr. 11/12 – *General Motors/Komm.;* 11.11.1986, Slg. 1986, 3263, Rdnr. 27ff. – *British Leyland/Komm.;* 16.7.2009, Slg. 2009, I-6155, Rdnr. 142 – *Der Grüne Punkt/Komm.*

[334] EuGH U v. 16.7.2009, Slg. 2009, I-6155, Rdnr. 143 – *Der Grüne Punkt/Komm.*

[335] EuGH U. v. 14.2.1978, Slg. 1978, 207, Rdnr. 261/266 – *United Brands/Komm.*

[336] *Komm.* E. v. 21.5.1996 – *Promedia/Belgacom* (nicht veröffentlichte Beschwerdeabweisung); s. *Komm.,* 27. WB, 1997, Rdnr. 67, Pressemitteilung IP/97/292, EuG U. v. 17.7.1998, Slg. 1998, II-2937 – *Promedia/Komm.*

[337] EuGH U. v. 14.2.1978, Slg. 1978, 207, Rdnr. 248/257 – *United Brands/Komm.*

[338] Komm. E. v. 21.5.2003, ABl. 2003 Nr. L 263/9, Rdnr. 107 – *Deutsche Telekom AG,* vgl. dazu EuGH U. v. 14.10.2010, Slg. 2010, I-9555. Rdnr. 172ff. – *Deutsche Telekom/Komm.;* solche Sachverhalte werden im Allgemeinen unter dem Gesichtspunkt des „margin squeeze" beurteilt, vgl. Rdnr. 121ff.

[339] EuGH U. v. 28.3.1985, Slg. 1985, 1105, Rdnr. 24 – *C. I. C. C. E./Komm.*

„ausreichenden oder sinnvollen Beziehung" zu den tatsächlichen Kosten bzw. dem tatsächlichen Wert des erbrachten Dienstes stand. Die *Kommission* war deshalb der Meinung, dass die Preissetzung von *Deutsche Post* eine übermäßige Ausnutzung der Kunden und somit einen unangemessenen Verkaufspreis i. S. von Art. 82 EG (jetzt: Art. 102 AEUV) darstellte.[340]

65 Der objektive wirtschaftliche Wert von Waren und Dienstleitungen kann jedoch kaum bestimmt werden. Dieser Wert ist nämlich unterschiedlich, je nachdem ob er aus der Sicht eines anbietenden Unternehmens oder aus der Sicht eines Nachfragers ermittelt wird. Aus ersterer Sicht stellen in der Regel die Kosten die untere Grenze des Wertes dar, aus letzterer Sicht ist die obere Grenze der Gebrauchs-/Genusswert. Der tatsächliche Wert bildet sich unter normalen Umständen im freien Wettbewerb. Dieser Mechanismus ist in beherrschten Märkten gestört und muss daher durch die Kontrolle missbräuchlichen Verhaltens beherrschender Unternehmen ersetzt werden. Die zur Kontrolle berufenen Instanzen müssen sich aber in jedem Fall davor hüten, die Frage, ob ein Preis unangemessen ist, aufgrund subjektiver Gerechtigkeitsvorstellungen zu beantworten.

66 Die Wirtschaftswissenschaft hat Methoden zur Ermittlung der Kosten von Waren und Dienstleistungen entwickelt. Dennoch bestehen erhebliche und gelegentlich sogar unüberwindliche Schwierigkeiten, diese Kosten eindeutig zu bestimmen. Dies beruht auf der manchmal **willkürlichen Aufteilung** der mittelbaren Kosten und der allgemeinen Betriebskosten, die je nach der Bedeutung des Unternehmens, seinem Geschäftsgegenstand, seiner Organisation, seinem räumlichen Tätigkeitsbereich, der Einheitlichkeit oder Verschiedenartigkeit seiner Produktion, der Zahl seiner Tochtergesellschaften und deren Verflechtung große Unterschiede aufweisen kann.[341] Selbst wenn eine überzeugende **Kostenanalyse** gelingt, erweist sich, dass dadurch das Problem nur verlagert wird. Dann ist nämlich die Unangemessenheit der **Gewinnspanne** zu prüfen. Dies wird insbesondere deutlich, wenn die Rechtsprechung für die Anwendung des Art. 102 AEUV zusätzlich zur Schlussfolgerung, dass ein übertriebener Gewinn erzielt wurde, den Nachweis verlangt, dass ein Preis erzwungen wurde, der, sei es absolut, sei es im Vergleich zu den Konkurrenzprodukten, unangemessen ist.[342] Eine weitere Schwachstelle der dargestellten Methode besteht darin, dass die Höhe der Kosten ebenfalls bewertet werden muss. Es ist klar, dass **besonders hohe Kosten** nicht in jedem Fall hohe Preise rechtfertigen. Hat ein Unternehmen in beherrschender Stellung zB wegen der Schwerfälligkeit seines Verwaltungsapparats hohe Kosten, so ist es möglich, dass sich dieser Umstand gerade durch den Mangel an Wettbewerb auf dem Markt erklärt und die hierdurch verursachten hohen Preise „unangemessen" iSv Art. 102 Satz 2 lit. a AEUV sind.[343] Entsprechend erlauben **besonders niedrige Kosten** eines sehr effizienten beherrschenden Unternehmens diesem, Gewinne zu erzielen, die in anderen Zusammenhängen als unangemessen gelten würden. Es zeigt sich somit, dass die Bewertung der Angemessenheit eines Preises aufgrund einer Kosten-/Gewinnanalyse mit vielen Unsicherheiten verbunden ist, die u. U. eine eindeutige Schlussfolgerung mit der für die Rechtsanwendung erforderlichen Bestimmtheit nicht zulassen.

67 Zur Beantwortung der Frage, ob die von einem Unternehmen in beherrschender Stellung geforderten Preise angemessen sind, wird gelegentlich auch ein Vergleich zwischen den von diesem Unternehmen geforderten und anderweitig praktizierten Preisen herangezogen **(Vergleichsmarktkonzept).**[344] Ein eventueller Preisvergleich hat grundsätzlich im gleichen Produktmarkt zu erfolgen. In Ausnahmefällen kann jedoch auch ein Vergleich in benachbarten Produktmärkten zu überzeugenden Ergebnissen führen. Ein solcher Ver-

---

[340] *Komm.* E. v. 25.7.2001, ABl. 2001 Nr. L 331/40, Rdnr. 166 f. – *British Post/Deutsche Post.*
[341] EuGH U. v. 14.2.1978, Slg. 1978, 207, Rdnr. 248/257 – *United Brands/Komm.*
[342] EuGH U. v. 14.2.1978, Slg. 1978, 207, Rdnr. 248/257 – *United Brands/Komm.*
[343] EuGH U. v. 13.7.1989, Slg. 1989, 2525, Rdnr. 42 – *Ministère public/Tournier.*
[344] EuGH U. v. 14.2.1978, Slg. 1978, 207, Rdnr. 258/260 – *United Brands/Komm.;* 11.11.1986, Slg. 1986, 3263, Rdnr. 30 – *British Leyland/Komm.;* 4.5.1988, Slg. 1988, 2479, Rdnr. 31 – *Bodson/Pompes Funèbres;* vgl. zu einer Kombination von Vergleichsmethoden *Komm.* E. v. 23.7.2004, COMP/36.568, *Komm.* Website-Veröffentlichung, Rdnr. 98 ff. – *Scandlines Sverige/Port of Helsingborg.*

gleich ist darüber hinaus sowohl in unterschiedlichen geographischen Märkten[345] als auch im selben geographischen Markt bezüglich verschiedener Zeiträume (vor und nach Erreichen der Marktbeherrschung) zielführend. Vergleichsobjekt sind in erster Linie die eigenen Preise des beherrschenden Unternehmens. Erzwingt zB ein Unternehmen, das eine beherrschende Stellung innehat, für die von ihm in einem bestimmten Mitgliedstaat erbrachten Dienstleistungen Preise, die nach einem auf einheitlicher Grundlage vorgenommenen Vergleich „erheblich" höher sind als die von ihm in den übrigen Mitgliedstaaten angewandten Tarife, so ist diese Differenz als Indiz für einen Missbrauch der beherrschenden Stellung anzusehen.[346] In einem solchen Fall wird vermutet, dass die günstigeren Preise aufgrund **wirksamen Wettbewerbs** zustande gekommen sind. Es obliegt dann dem betreffenden beherrschenden Unternehmen, die Differenz unter Hinweis auf **objektive Unterschiede** zwischen den Verhältnissen in dem in Rede stehenden Mitgliedstaat und denen in allen übrigen Mitgliedstaaten zu rechtfertigen.[347] Schließlich ist der Nachweis unangemessener Preise eines beherrschenden Unternehmens aufgrund eines Vergleichs mit Preisen anderer Unternehmen möglich.[348] Auch in diesem Zusammenhang gilt der Preis des beherrschenden Unternehmens als unangemessen iSv Art. 102 AEUV, wenn er „erheblich" höher ist als die Preise, die andere Unternehmen im gleichen Produktmarkt berechnen, wenn das beherrschende Unternehmen den Preisunterschied nicht rechtfertigen kann.[349] Es liegt allerdings auf der Hand, dass ein Vergleich von eigenen Preisen des beherrschenden Unternehmens eine überzeugendere **Vergleichsgrundlage** darstellt, als Preise, die andere Unternehmen berechnen, wenn der niedrigste Preis des beherrschenden Unternehmens noch kostendeckend ist. In beiden Fällen sind jedoch, ähnlich wie bei der Bestimmung der Unangemessenheit eines Preises aufgrund einer Kostenanalyse, in erheblichem Umfange **Wertungen** vorzunehmen.

Das Vergleichsmarktkonzept überschneidet sich mit **Diskriminierungstatbeständen,**[350] wenn unterschiedliches Verhalten des beherrschenden Unternehmens im selben Markt verglichen wird. *General Motors* hatte zB für Übereinstimmungsprüfungen bezüglich parallel eingeführter Fahrzeuge eine fast sechsmal höhere Gebühr berechnet als für solche Prüfungen von nationalen Vertragshändlern erworbenen Autos.[351] Zu derartigen Diskriminierungen im Zusammenhang mit unangemessenen Preisen kommt es auch, wenn bestimmte Abnehmer des beherrschenden Unternehmens, die mit anderen Abnehmern auf **nachgelagerten Märkten** in Wettbewerb stehen, die Waren oder Dienstleistungen außerhalb des beherrschten Gebiets beziehen können. Gewährt das beherrschende Unternehmen daraufhin den betreffenden Abnehmern **günstigere Konditionen** als anderen Handelspartnern, lässt diese Tatsache den Schluss zu, dass die begünstigten Abnehmer angemessene (wettbewerbskonforme), die diskriminierten Abnehmer unangemessene Preise erhalten.[352] 68

[345] EuGH U. v. 14.2.1978, Slg. 1978, 207, Rdnr. 261/266 – *United Brands/Komm.;* 13.7.1989, Slg. 1989, 2811, Rdnr. 25 – *Lucazeau u. a.*/SACEM; 13.7.1989, Slg. 1989, 2525, Rdnr. 38 – *Ministère public/Tournier;* 27.2.2014, Rs C-351/12, ECLI:EU:C:2014:110, Rdnr. 87 – *OSA/Léčebné lázně.*

[346] EuGH U. v. 18.2.1971, Slg. 1971, 69. Rdnr. 17 – *Sirena/Eda;* 28.6.1971, Slg. 1971, 487, Rdnr. 19 – *Deutsche Grammophon/Metro;* 13.7.1989, Slg. 1989, 2811, Rdnr. 25 – *Lucazeau*/SACEM.

[347] EuGH U. v. 14.2.1978, Slg. 1978, 207, Rdnr. 261/266 – *United Brands/Komm.;* 13.7.1989, Slg. 1989, 2811, Rdnr. 25 – *Lucazeau/SACEM;* 13.7.1989, Slg. 1989, 2525. Rdnr. 38 – *Ministère public/Tournier;* vgl. allg. zur Rechtfertigung von Verhalten, das seiner Art nach missbräuchlich ist, Rdnr. 53ff.

[348] EuGH U. v. 14.2.1978, Slg. 1978, 207, Rdnr. 261/266 – *United Brands/Komm.;* 13.7.1989, Slg. 1989, 2811, Rdnr. 25 – *Lucazeau/SACEM;* 13.7.1989, Slg. 1989, 2525, Rdnr. 38 – Ministère public/Tournier; 27.2.2014, Rs C-351/12, ECLI:EU:C:2014:110, Rdnr. 87 – *OSA/Léčebné lázně.*

[349] *Komm.* IP/98/430 – *Deutsche Telekom* (Vergleich der Gebühren für bestimmte Telekommunikationsleistungen von 35 europäischen Betreibern).

[350] Vgl. dazu ausführlich Rdnr. 88ff.

[351] EuGH U. v. 13.11.1975, Slg. 1975, 1367, Rdnr. 11/12 – *General Motors/Komm.*

[352] Die *Komm.* sieht diese Fälle als reine Diskriminierungstatbestände an, vgl. *Komm.* E. v. 22.12. 1987, ABl. 1988 Nr. L 65/19, Rdnr. 35ff. – *Eurofix-Bauco/Hilti* (bestätigt durch EuG U. v. 12.12.

69 Soweit es um den Unterschied zwischen den Preisen von Waren geht, die in bestimmten Gebieten durch Patente oder andere **ausschließliche Rechte** geschützt sind, in anderen jedoch nicht, liegt ein Missbrauch einer beherrschenden Stellung nicht notwendigerweise schon deswegen vor, weil der Verkaufspreis in den geschützten Gebieten höher ist als in den Gebieten ohne ausschließlichem Recht. Inhaber solcher Rechte können berechtigterweise einen **Ausgleich für die Kosten** beanspruchen, die ihnen aus Anlass der Entwicklung der geschützten Produkte entstanden sind.[353] Setzt ein Unternehmen, das eine beherrschende Stellung einnimmt, für ein Erzeugnis, an dem es ein ausschließliches Recht besitzt, jedoch einen Preis fest, der den wirtschaftlichen Wert des Erzeugnisses zuzüglich eines angemessenen Aufschlags für den Ausgleich der Entwicklungskosten übersteigt, ist dieser Preis gem. Art. 102 Satz 2 lit. a AEUV unangemessen und verboten. Desgleichen kann die Kennzeichnung bestimmter Abfallbehälter mit der Marke des beherrschenden Abfallbeseitigungsunternehmens nicht dazu führen, dass die Verursacher des Abfalls auch dann für die Beseitigung bezahlen müssen, wenn die Beseitigung durch andere Unternehmen vorgenommen wird.[354] Eine solche Preisregelung ist missbräuchlich. Das Missbrauchsverbot greift in solchen Zusammenhängen nicht in den Bestand des ausschließlichen Rechts ein, sondern unterbindet lediglich seine missbräuchliche Ausübung.[355]

70 **Normenorganisationen** verlangen in der Regel von ihren Mitgliedern, dass diese sich verpflichten, für ihre als unerlässlich für bestimmte Standards erklärten Patente (*Standard-Essential Patents* – SEP), Lizenzen zu FRAND[356]-Preisen und Bedingungen zu erteilen.[357] Zweck einer solchen Verpflichtungserklärung ist es, allen Marktteilnehmern die Verwendung des Standards aufgrund entsprechender Lizenzierung zu ermöglichen und zu verhindern, dass ein einzelner SEP-Inhaber den Standard blockiert *(hold-up),* insbesondere durch missbräuchliche Lizenzgebühren.[358] Ohne den Zugang zu diesen Patenten, die für den Gebrauch des betreffenden Standards unerlässlich sind, kann ein Unternehmen keine interoperabelen Produkte auf dem Markt anbieten. Ein solcher Zugang gewährleistet somit, dass die Verbraucher eine größere Auswahl an standardisierten Produkten haben. Gleichzeitig ist sichergestellt, dass SEP-Inhaber angemessen für den Gebrauch ihres geistigen Eigentums durch Dritte vergütet werden.

– Motorola

Am 29.4.2014 hat die Kommission einen Beschluss erlassen, demzufolge *Motorola* durch die Beantragung und Vollstreckung einer gerichtlichen Unterlassungsverfügung gegen *Apple* auf der Grundlage eines SEP ihre marktbeherrschende Stellung missbraucht und somit gegen Art. 102 AEUV verstoßen habe. Gemäß Art. 7 Abs. 1 VO Nr. 1/2003 hat sie *Motorola* verpflichtet, den Verstoß zu beenden und dessen nachteilige Auswirkungen zu beseitigen. Die Kommission war in diesem Fall der Auffassung, dass die Beantragung einer gerichtlichen Unterlassungsverfügung gegen *Apple* auf der Grundlage des betreffenden SEP

1991, Slg. 1991, II-1439 u. EuGH U. v. 2.3.1994, Slg. 1994, I-667); 14.5.1997, ABl. 1997 Nr. L 258/1, Rdnr. 136 ff. – *Irish Sugar* (bestätigt durch EuG U. v. 7.10.1999, Slg. 1999, II-2969, u. EuGH B. v. 10.7.2001, Slg. 2001, I-5333).

[353] EuGH U. v. 29.2.1968, Slg. 1968, 85, 113 – *Parke, Davis & Co./Probel;* 5.10.1988, Slg. 1988, 6039, Rdnr. 16 – *Consorzio Italiano u. Maxicar/Renault.*

[354] EuG U. v. 24.5.2007, II-1691. Rdnr. 156 ff. – *Der Grüne Punkt/Komm.*

[355] EuGH U. v. 5.10.1988, Slg. 1988, 6039, Rdnr. 16 – *Consorzio Italiano u. Maxicar/Renault;* vgl. allg. zur missbräuchlichen Ausübung von ausschließlichen Immaterialgüterrechten Rdnr. 56 ff.

[356] „Fair, reasonable and non-discriminatory".

[357] Beschlüsse von Normenorganisationen mit diesem Inhalt sind in der Regel iSv Art. 101 Abs. 1 AEUV nicht wettbewerbsbeschränkend, vgl. Mitteilung der *Komm.,* Leitlinien zur Anwendbarkeit von Art. 101 des Vertrags über die Arbeitsweise der Europäischen Union auf Vereinbarungen über horizontale Zusammenarbeit, ABl. 2011 Nr. C 11/1, Rdnr. 257 ff., 277 ff., 285.

[358] Zur Lizenzierung von für eine Normung „notwendigen Patenten" (standard-essential patents) im Allgemeinen vgl. *Komm.,* IP/02/1651 v. 12.11.2002 in der Sache Nr. 237920 – *3G Patent Platform+18;* allgemein zur missbräuchlichen gerichtlichen Durchsetzung von Immaterialgüterrechten Rdnr. 59.

eine missbräuchliche Ausnutzung einer marktbeherrschenden Stellung darstellte, weil *Motorola* sich verpflichtet hatte, seine SEP-Lizenzen zu FRAND-Bedingungen zu erteilen, und *Apple* bereit war, eine Lizenzvereinbarung zu diesen FRAND-Bedingungen zu schließen. Die Kommission stellte ferner fest, dass es wettbewerbswidrig war, dass *Motorola* unter Androhung der Vollstreckung der Unterlassungsverfügung darauf bestand, dass *Apple* seine Rechte auf gerichtliche Prüfung der Gültigkeit von Motorola-SEP oder des Verstoßes gegen diese SEP durch Apple-Mobilgeräte aufgibt.[359]

– *Samsung*

Ebenfalls am 29.4.2014 hat die *Komm.* mit Beschluss nach Art. 9 VO Nr. 1/2003 Verpflichtungszusagen von *Samsung* für bindend erklärt. *Samsung* hatte der Kommission diese Zusagen angeboten, um die wettbewerbsrechtlichen Bedenken der Kommission bezüglich ihrer Anträge bei Gerichten mehrerer Mitgliedstaaten auszuräumen, Unterlassungsverfügungen gegen *Apple* auf der Grundlage ihrer SEP für die UMTS-Technologie zu erwirken. Samsung hatte sich im Zuge der Normungstätigkeit des Europäischen Instituts für Telekommunikationsnormen verpflichtet, diese Patente zu FRAND-Bedingungen zu lizenzieren.[360] Als außergewöhnliche Umstände, die zur Folge hatten, dass diese Ausübung der Patentrechte von *Samsung* vom Missbrauchsverbot des Art. 102 AEUV erfasst wurde, sah die *Komm.* den UMTS-Normungsprozess und die Zusage von *Samsung* an, die Lizenzen für seine UMTS-SEP zu FRAND-Bedingungen zu vergeben. Da *Apple* gewillt war, einen Lizenzvertrag zu FRAND-Bedingungen einzugehen, fehlte dem Vorgehen von *Samsung* die objektive Rechtfertigung.[361]

– *Huawei*

Im April 2013 hatte das Landgericht Düsseldorf den EuGH ersucht, Art. 102 AEUV im Hinblick auf eine bei ihm anhängige Rechtssache auszulegen, in deren Mittelpunkt die Verletzung eines SEP stand. Der EuGH hatte zu prüfen, ob und gegebenenfalls unter welchen Voraussetzungen die Patentverletzungsklage von *Huawei,* einer SEP-Inhaberin, gegen ein Unternehmen, das Erzeugnisse herstellt, die den genannten Standard ausführen, einen Missbrauch einer beherrschenden Stellung darstellt.[362] *Huawei* verlangte mit ihrer Patentverletzungsklage Unterlassung, Rechnungslegung, Rückruf und Schadensersatzfeststellung. In seinen Schlussanträgen wies GA *Wathelet* insbesondere darauf hin, dass die gerichtliche Geltendmachung eines Unterlassungsanspruchs angesichts der Bedeutung des Rechts auf Zugang zu den Gerichten nur unter außergewöhnlichen Umständen einen Missbrauch einer marktbeherrschenden Stellung darstellen könne.[363] Er war jedoch der Ansicht, dass *Huaweis* Verpflichtungszusage, Lizenzen zu FRAND-Bedingungen zu erteilen, den Ablauf des Standardisierungsverfahrens und den Inhalt des Standards beeinflusst hätten. Die Aufnahme der Lehre des streitigen Patents in den Standard und die sich daraus ergebende Unerlässlichkeit einer Lizenz würden ein Abhängigkeitsverhältnis zwischen dem SEP-Inhaber und den Unternehmen schaffen, die Erzeugnisse und Dienstleistungen entwickeln, die diesem Standard entsprechen. Diese Abhängigkeit technologischer Art führe zu einer wirtschaftlichen Abhängigkeit.[364] Unter Umständen wie diesen stelle die Geltendmachung eines Unterlassungsanspruchs den Einsatz von Mitteln dar, die von den Mitteln eines normalen Wettbewerbs abweichen, und den Wettbewerb zum Nachteil der Verbraucher und der

---

[359] Vgl. *Komm.*, E. v. 29.4.2014 in der Sache COMP/39.986, noch nicht veröff. – *Motorola – Enforcement of ITU/ISO/IEC and IEEE standard essential patents;* vgl. dazu IP/14/489 u. MEMO/14/322.

[360] *Komm.*, IP/14/490 u. MEMO/14/322 v. 29.4.2014 in der Sache COMP/39.939 – *Samsung – Enforcement of UMTS standards essential patents.*

[361] Vgl. Zusammenfassung des Beschlusses der Kommission vom 29.4.2014, ABl. 2014 Nr. C 350/8, Rdnr. 13.

[362] EuGH U. v. 16.7.2015, Rs C-170/13, ECLI:EU:C:2015:477 – *Huawei Technologies.*

[363] Schlussanträge GA *Wathelet* v. 20.11.2014 in der Rs C-170/13, ECLI:EU:C:2014:2391, Rdnr. 67 – *Huawei Technologies;* s. dazu allgemein Rdnr. 59.

[364] Schlussanträge GA *Wathelet* v. 20.11.2014 in der Rs C-170/13, ECLI:EU:C:2014:2391, Rdnr. 71 – *Huawei Technologies.*

Unternehmen beeinträchtigen, die in die Vorbereitung, Annahme und Anwendung des Standards investiert haben, was als Missbrauch einer beherrschenden Stellung iSv Art. 102 AEUV zu werten sei.[365]

Auf die Fragen des vorlegenden Gerichts, soweit sie gerichtlich geltend gemachte **Unterlassungs- und Rückrufansprüche** betrafen, antwortete der EuGH, dass Art. 102 AEUV dahin auszulegen sei, dass der Inhaber eines SEP, der sich gegenüber einer Standardisierungsorganisation unwiderruflich verpflichtet hat, jedem Dritten eine Lizenz zu FRAND-Bedingungen zu erteilen, seine marktbeherrschende Stellung nicht im Sinne dieser Vorschrift dadurch missbraucht, dass er eine Patentverletzungsklage auf Unterlassung der Beeinträchtigung seines Patents oder auf Rückruf der Produkte, für deren Herstellung dieses Patent benutzt wurde, erhebt, wenn

– er den angeblichen Verletzer vor Erhebung der Klage auf die Patentverletzung, die ihm vorgeworfen wird, hingewiesen hat und dabei das fragliche SEP bezeichnet und angegeben hat, auf welche Weise es verletzt worden sein soll, sowie, nachdem der angebliche Patentverletzer seinen Willen zum Ausdruck gebracht hat, einen Lizenzvertrag zu FRAND-Bedingungen zu schließen, dem Patentverletzer ein konkretes schriftliches Lizenzangebot zu diesen Bedingungen unterbreitet und insbesondere die Lizenzgebühr sowie die Art und Weise ihrer Berechnung angegeben hat,
– dieser Patentverletzer, während er das betreffende Patent weiter benutzt, auf dieses Angebot nicht mit Sorgfalt, gemäß den in dem betreffenden Bereich anerkannten geschäftlichen Gepflogenheiten und nach Treu und Glauben, reagiert, was auf der Grundlage objektiver Gesichtspunkte zu bestimmen ist und u. a. impliziert, dass keine Verzögerungstaktik verfolgt wird.[366]

Der EuGH anwortete auf die Frage, die gerichtlich geltend gemachte Ansprüche auf **Rechnungslegung** oder **Schadensersatz** betraf, dass Art. 102 AEUV dahin auszulegen sei, dass er es einem Unternehmen in beherrschender Stellung, das Inhaber eines SEP ist und sich gegenüber der Standardisierungsorganisation verpflichtet hat, zu FRAND-Bedingungen Lizenzen für dieses Patent zu erteilen, unter Umständen wie denen des Ausgangsverfahrens, die keine unmittelbaren Auswirkungen darauf hatten, ob von Wettbewerbern hergestellte Produkte, die dem betreffenden Standard entsprechen, auf den Markt gelangen oder auf dem Markt bleiben, nicht verbiete, gegen den angeblichen Verletzer seines SEP eine Verletzungsklage auf Rechnungslegung über die vergangenen Benutzungshandlungen in Bezug auf das SEP oder auf Schadensersatz wegen dieser Handlungen zu erheben.[367]

71 **Gebühren für Patentlizenzen,** für deren Preis bestimmend ist, dass das Bestehen der betreffenden Patente im Rahmen einer Normung verschwiegen wurde *(patent ambush),* obwohl sie als SEP für die Anwendung der Normung erforderlich sind, können aus diesem Grund „unangemessen" iSv Art. 102 AEUV sein.[368] In der Sache *Qualcomm* hatte die Kommission 2007 aufgrund von Beschwerden ein Ermittlungsverfahren wegen des Verdachts auf einen *patent ambush* eingeleitet.[369] Die Kommission prüfte, ob wegen eines Verstoßes gegen eine *FRAND*-Verpflichtung die von *Qualcomm* geforderten Gebühren „unangemessen" i. S. von Art. 102 AEUV waren. Das Verfahren gegen *Qualcomm* stellte die Kommission jedoch 2009 insbesondere deshalb ein, weil alle Beschwerdeführer ihre Eingaben entweder bereits zurückgezogen oder eine entsprechende Absicht angekündigt hatten.[370]

---

365 Schlussanträge GA *Wathelet* v. 20.11.2014 in der Rs C-170/13, ECLI:EU:C:2014:2391, Rdnr. 74 – *Huawei Technologies.*

366 EuGH U. v. 16.7.2015, Rs C-170/13, ECLI:EU:C:2015:477, Rdnr. 71 – *Huawei Technologies.*

367 EuGH U. v. 16.7.2015, Rs C-170/13, ECLI:EU:C:2015:477, Rdnr. 76 – *Huawei Technologies.*

368 Vgl. *Komm.* E. v. 9.12.2009, COMP/38636 – *Rambus.*

369 S. http://ec.europa.eu/competition/antitrust/cases/dec_docs/39247/39247_523_9.pdf (zuletzt besucht am 9.1.2015); *Komm.,* MEMO/07/389.

370 Vgl. *Komm.* MEMO/09/516.

cc) Unangemessene sonstige Geschäftsbedingungen. Bezüglich des Rechtsbegriffs „unangemessene sonstige Geschäftsbedingung" ist die Nähe von **Sittenwidrigkeit** und Ausbeutungsmissbrauch besonders deutlich. Ein solcher Missbrauch liegt vor, wenn Geschäftsbedingungen **unbillig** sind.[371] So müssen Satzungsbestimmungen beherrschender Urheberrechtsgesellschaften allen beteiligten Interessen so Rechnung tragen, dass ein ausgewogenes Verhältnis zwischen dem Höchstmaß an Freiheit für Textdichter, Komponisten und Verleger, über ihre Werke zu verfügen, und einer wirkungsvollen Verwaltung der Rechte dieser Personen entsteht.[372] Schreibt ein beherrschendes Unternehmen einen Entwicklungsauftrag aus, ist es unangemessen, wenn es den Zuschlag nur unter der Bedingung erteilt, dass ihm ein unbeschränktes Benutzungsrecht an den Zeichnungen, technischen Spezifikationen, Patenten und anderen Schutzrechten, die sich aus den Entwicklungsarbeiten ergeben können, eingeräumt wird.[373] In der Sache *Alsatel* entschied der EuGH, dass Klauseln in Mietverträgen, wonach die Mietbedingungen einseitig vom Vermieter geändert werden können, wenn eventuell notwendig gewordene Arbeiten an der Mietsache vorgenommen werden müssen, die sich der Vermieter im Übrigen vorbehält, unangemessene Geschäftsbedingungen darstellen.[374] 72

b) Die Einschränkung der Erzeugung, des Absatzes oder der technischen Entwicklung zum Schaden der Verbraucher (Art. 102 Satz 2 lit. b AEUV) und der Zugang zu „wesentlichen Einrichtungen". aa) Allgemeines. Die in der Präambel und in Art. 3 Abs. 3 EUV genannten wirtschaftlichen und sozialen Ziele der EU können nur verwirklicht werden, wenn Waren und Dienstleistungen nach den Gesetzen des freien Wettbewerbs ungehindert erzeugt, abgesetzt und ständig verbessert werden. Die Einschränkung der Erzeugung, des Absatzes oder der technischen Entwicklung ist daher grundsätzlich mit dem EU-Binnenmarkt unvereinbar. Dies hat zur Folge, dass es einem beherrschenden Unternehmen verboten ist, die Erzeugung, den Absatz oder die technische Entwicklung seiner eigenen Erzeugnisse einzuschränken, wenn hierdurch Lieferanten oder Abnehmer ausgebeutet oder Wettbewerber behindert werden. Ein solches Unternehmen darf darüber hinaus durch sein Verhalten nicht bewirken, dass seine Lieferanten, Abnehmer, Wettbewerber oder andere dritte Unternehmen Waren und Dienstleistungen frei erzeugen, absetzen oder entwickeln können. Allerdings ist zu beachten, dass das Recht, den Handelspartner auszuwählen und über das Eigentum frei zu verfügen, allgemeine anerkannte Grundsätzen der Rechtsordnungen der EU-Mitgliedstaaten sind, in manchen Fällen mit verfassungsrechtlichem Status. Eingriffe in diese Rechte sind daher sorgfältig zu begründen.[375] 73

Die Einschränkung der eigenen wirtschaftlichen Tätigkeit des beherrschenden Unternehmens kann zur **Verknappung des Angebots** und folglich zu **höheren Preisen** und **Gewinnen** führen, wenn Wettbewerber die Angebotslücke nicht oder nicht vollständig ausfüllen können, was in beherrschten Märkten definitionsgemäß der Fall ist. Werden vorhandene Kapazitäten stillgelegt, ohne dass dies einen aktuellen oder potentiellen Effekt auf dem Markt bewirkt, ist das Verhalten ohne Bedeutung für die Anwendung der Wettbewerbsregeln. Allerdings wird in der Regel jede Einschränkung der wirtschaftlichen Tätigkeit eines Unternehmens in der einen oder anderen Art und Weise die Wettbewerbsverhältnisse beeinflussen. Die entsprechenden internen Entscheidungen des beherrschenden Unternehmens sind somit dann wettbewerbsrelevant, wenn sie sich nach außen manifestieren. So stellte in der Sache *AstraZeneca* unter den besonderen Umständen des Falles der Widerruf der Zulassung eines Medikaments einen Missbrauch iSv Art. 102 AEUV dar.[376] 74

[371] EuGH U. v. 30.4.1974, Slg. 1974, 409, Rdnr. 17 – *Sacchi.*

[372] EuGH U. v. 27.3.1974, Slg. 1974, 313, Rdnr. 6/8 – *BRT/SABAM u. Fonior.*

[373] *Komm.,* 3. WB, 1973, Rdnr. 68f. – *Eisenbahnmaterial.*

[374] EuGH U. v. 5.10.1988, Slg. 1988, 5987, Rdnr. 10 – *Alsatel u. a./Novasam.*

[375] EuGH U. v. 26.11.1998, Slg. 1998, 7791, Schlussanträge GA *Jacobs,* Rdnr. 56 – *Bronner/Mediaprint.*

[376] Vgl. EuGH U. v. 6.12.2012, Rs C-457/10 P, ECLI:EU:C:2012:770, Rdnr. 149ff. – *AstraZeneca/Komm.*

75 Eine Lieferverweigerung wird in vielen Fällen darauf abzielen, ein bestimmtes Preisniveau zu halten/erlangen. Ist dieses Niveau unter der **Ausbeutungsschwelle,** kann dagegen aufgrund vonArt. 102 AEUV aus dem Gesichtspunkt der Angemessenheit des Preises grundsätzlich nicht eingeschritten werden. Die Entscheidung des Fahrzeugherstellers *Volvo,* für ein bestimmtes Modell keine **Ersatzteile** mehr herzustellen, kam einer absoluten Lieferverweigerung gleich, weil noch viele Fahrzeuge des betroffenen Modells im Einsatz waren. Dadurch wurden nicht nur Verbraucher mit Altwagen des betreffenden Models unmittelbar geschädigt, sondern die Maßnahme hatte darüber hinaus die Zielrichtung, diese Verbraucher zum Kauf von Neuwagen zu bewegen.[377] Die Lieferverweigerung hatte somit auch die Merkmale eines Ausbeutungsmissbrauchs, die bei wirksamem Wettbewerb unterblieben.

76 Wie bei der Erzwingung unangemessener Geschäftsbedingungen[378] stößt die Rechtsanwendung aber auch in diesem Zusammenhang auf erhebliche Schwierigkeiten. Die Frage, für welche Erzeugnisse die Produktionskapazität eines beherrschenden Unternehmens zur Verfügung stehen, wie hoch die Auslastung dieser **Kapazitäten** sein bzw. welche Beträge ein solches Unternehmen in die Forschung und Entwicklung investieren muss, um dem Missbrauchsverbot zu entgehen, ist, ohne den Unterschied zwischen Anwendung des Kartellrechts und hoheitlicher Marktregulierung zu verwischen, kaum zu beantworten. Insbesondere würde es zu weit gehen, über Art. 102 AEUV ein beherrschendes Unternehmen zu Investitionen zwingen zu wollen, die aus der Sicht von Wettbewerbsbehörden/Gerichten das volkswirtschaftlich günstigste Ergebnis erzielten. Die Anwendung des Art. 102 AEUV auf die Teilnahme eines beherrschendes Unternehmen an Vereinbarungen, die die Einschränkung unternehmerischer Tätigkeiten der Parteien oder Dritter bezwecken oder bewirken, stößt dagegen auf keine derartigen Bedenken. Zu dieser Gruppe von Verhaltensweisen zählen Verträge, in denen beherrschende Unternehmen ihre Abnehmer verpflichten, die erworbenen Erzeugnisse bestimmten Empfängern oder bestimmten Zwecken vorzubehalten und ggf. diese Beschränkung ihren Kunden aufzuerlegen (sog. **Verwendungsbeschränkungen**).[379] Ist ein Unternehmen in einem bestimmten relevanten Markt auf der Großhandelsebene sowohl als Abnehmer fremder als auch als Lieferant eigener Erzeugnisse beherrschend, darf es in den mit Lieferanten geschlossenen Vertriebsverträgen keine Klauseln vereinbaren, die den Absatz der eigenen vor dem Wettbewerb der fremden Erzeugnisse schützen. Ein solches Verhalten behindert den Handel mit Erzeugnissen und schränkt somit ihren Absatz im relevanten Markt ein.[380] Selbst gegen horizontale Vereinbarungen zwischen einem beherrschenden Unternehmen und seinen (potentiellen) Wettbewerbern, die eine Aufteilung der Märkte herbeiführen, schreitet die Kommission aufgrund von Art. 102 AEUV mit der Erwägung ein, dass hierdurch der technische und wirtschaftliche Fortschritt behindert wird.[381]

77 *bb) Die Liefer-/Abnahmeverweigerung.* Von den drei in Art. 102 Satz 2 lit. b AEUV genannten Fallgestaltungen hat die Einschränkung des Absatzes in der Form der Lieferverweigerung die größte praktische Bedeutung. Solche Verhaltensweisen beherrschender Unternehmen gehören zu den **kartellrechtlichen Prioritäten** der Kommission[382] Grundsätzlich steht es Unternehmen, auch solchen die beherrschend sind, aber frei, Ge-

---

[377] EuGH U. v. 5.10.1988, Slg. 1988, 6211, Rdnr. 9 – *Volvo/Veng.*

[378] Vgl. Rdnr. 60 ff.

[379] EuGH U. v. 16.12.1975, Slg. 1975, 1663, Rdnr. 398/399 – *Suiker Unie u. a./Komm.*

[380] *Komm.* E. v. 17.6.1998, ABl. 1998 L 252/47, Rdnr. 32 ff. – *AAMS* (bestätigt durch EuG U. v. 22.11.2001, Slg. 2001, II-3413 – *AAMS/Komm.*).

[381] *Komm.* E. v. 21.12.1988, ABl. 1989 L 43/27, Rdnr. 100 ff. – *Decca Navigator System.*

[382] Vgl. Mitteilung der Komm., Erläuterungen zu den Prioritäten der Kommission bei der Anwendung von Art. 82 des EG-Vertrags (jetzt: Art. 102 AEUV) auf Fälle von Behinderungsmissbrauch durch marktbeherrschende Unternehmen, ABl. 2009 Nr. C 45/7, Rdnr. 75 ff.

schäftsbeziehungen aufzunehmen oder zu beenden.[383] Eine Lieferverweigerung richtet sich zwar *prima facie* gegen die eigenen wirtschaftlichen Interessen des beherrschenden Unternehmens, das hierdurch Umsatz und in der Regel auch Gewinn einbüßt. Wenn es sich nicht um ein rein willkürliches Verhalten handelt, strebt ein beherrschendes Unternehmen durch eine Lieferverweigerung aber **wirtschaftliche Vorteile** an, die aus seiner Sicht den Umsatzverlust übertreffen. Auf dieser Grundlage kann man Lieferverweigerungen in drei Gruppen einteilen. Bei der ersten Gruppe ist die Lieferverweigerung ein Mittel zur **Erzwingung unangemessener Geschäftsbedingungen,** auf deren Grundlage das beherrschende Unternehmen zur Lieferung bereit ist. Die zweite Art solchen Verhaltens ist dadurch gekennzeichnet, dass beherrschende Unternehmen aus unmittelbarem Eigeninteresse nicht bereit sind, Geschäftsbeziehungen zu bestimmten Lieferanten oder Abnehmern aufzunehmen bzw. zu unterhalten; insbesondere wenn diese **Wettbewerber** in nachgelagerten Märkten sind. Das typische Verhalten, das die dritte Gruppe bildet, schützt die Interessen der dem beherrschenden Unternehmen wirtschaftlich verbundenen Unternehmen, in der Regel die seiner **traditionellen Händler,** und somit mittelbar auch seine eigenen. Die erste Gruppe dieser Missbrauchstatbestände überschneidet sich mit dem Ausbeutungsmissbrauch,[384] die letztere mit missbräuchlicher **Diskriminierung.**[385] Das Konzept der Lieferverweigerung deckt somit eine große Bandbreite von Verhaltensweisen ab, wie zB die Weigerung, Produkte an bereits vorhandene oder neue Abnehmer zu liefern, die Weigerung eine Lizenz für Rechte an geistigem Eigentum zu erteilen oder die Weigerung, den Zugang zu einer wesentlichen Einrichtung (essential facility) zu gewähren.[386]

Die rechtliche Beurteilung einer Lieferverweigerung, die **bestimmte Geschäftsbedingungen** zu erzwingen beabsichtigt, ist der Beurteilung der angestrebten Geschäftsbedingungen akzessorisch. Wäre die Verwirklichung der angestrebten Geschäftsbedingungen missbräuchlich iSv Art. 102 AEUV, weil das beherrschende Unternehmen zu unangemessenen bzw. diskriminierenden Geschäftsbedingungen lieferte, ist auch die Weigerung, zu anderen als diesen Bedingungen zu liefern, rechtswidrig. In solchen Zusammenhängen ist nicht vorab zu prüfen, ob das beherrschende Unternehmen überhaupt zur Lieferung verpflichtet ist. Selbst wenn ein anderes Angebot nicht erzwungen werden kann, ist das beherrschende Unternehmen nicht berechtigt, mittels Lieferverweigerungen missbräuchliche Geschäftsbedingungen durchzusetzen. Die Weigerung eines Unternehmens, das ein Monopol zur Organisation von Hafenarbeiten hat, zur Durchführung dieser Arbeiten Hafenbetriebsgesellschaften zu beauftragen, die nicht ausschließlich inländische Arbeitnehmer beschäftigen, gilt daher als missbräuchlich iSv Art. 102 AEUV.[387] Ein vom beherrschenden Unternehmen angestrebter Vorteil kann auch ein **Kopplungsgeschäft** sein.[388] So verweigerte *Hugin* die Lieferung von Ersatzteilen, um sich die Wartungs- und Reparaturarbeiten an ihren Kassen vorzubehalten.[389] *SABENA* verweigerte einer anderen Fluggesellschaft die Aufnahme in ihr elektronisches Reservierungssystem, um sie zum Abschluss eines „Groundhandling"-Vertrags zu bewegen.[390] Einen durch rechtswidrige Lieferverweigerung angestrebten Vorteil stellt auch die **Erzwingung ausschließlichen Bezugs** dar, der die Konsolidierung der beherrschenden Stellung durch Schwächung des verbliebenen Rest- 78

---

[383] EuGH U. v. 26.11.1998, Slg. 1998, 7791, Schlussanträge GA *Jacobs,* Rdnr. 56 – *Bronner/Mediaprint.*

[384] Vgl. dazu Rdnr. 43.

[385] Vgl. dazu Rdnr. 88 ff.

[386] Vgl. Mitteilung der Komm., Erläuterungen zu den Prioritäten der Kommission bei der Anwendung von Art. 82 des EG-Vertrags (jetzt: Art. 102 AEUV) auf Fälle von Behinderungsmissbrauch durch marktbeherrschende Unternehmen, ABl. 2009 Nr. C 45/7, Rdnr. 78.

[387] EuGH U. v. 10.12.1991, Slg. 1991, I-5889, Rdnr. 24 – *Porto di Genova/Siderurgica Gabrielli.*

[388] S. zu Kopplungsgeschäften Rdnr. 98 ff.

[389] *Komm.* E. v. 8.12.1977, ABl. 1978 L 22/23 – *Hugin/Lipton* (aus anderen Gründen aufgehoben durch EuGH U. v. 31.5.1979, Slg. 1979, 186, Rdnr. 12).

[390] *Komm.* E. v. 4.11.1988, ABl. 1988 L 317/47 – *London European/Sabena.*

wettbewerbs oder die Unterdrückung neuen Wettbewerbs bezweckt. In diesem Zusammenhang gilt als Regel, dass Lieferverweigerungen als Sanktion für Abnehmer, die Geschäftsbeziehungen zu Wettbewerbern des beherrschenden Unternehmens aufnehmen, das Maß dessen übersteigen, was hingenommen werden kann.[391] Einen Fall der Erzwingung ausschließlicher Geschäftsbeziehung stellte das Verhalten von *Irish Sugar* gegenüber einem Spediteur dar, dem der Abbruch der Geschäftsbedingungen angedroht wurde, wenn er auch für Wettbewerber Transportleistungen erbringen würde.[392] Ein beherrschendes Unternehmen darf darüber hinaus die Lieferung seiner Erzeugnisse nicht davon abhängig machen, dass es die Kontrolle über den Weiterverkauf der Waren behält.[393] Ein solches Verhalten ist ebenso missbräuchlich wie die **Verweigerung von Dienstleistungen,** bis ein diese Dienstleistungen nachfragendes Unternehmen seine Preise in einem nachgelagerten Markt erhöht, in dem beide im Wettbewerb stehen.[394]

79 Eine zweite Gruppe von missbräuchlichen Lieferverweigerungen stellen **Beendigungen von bestehenden Geschäftsbeziehungen** dar. Ein Unternehmen, das eine beherrschende Stellung auf bestimmten Rohstoff-, Zwischenprodukt- oder Dienstleistungsmärkten inne hat, behindert seine Abnehmer in missbräuchlicher Weise, wenn es sich mit ihnen auf nachgelagerten Märkten im Wettbewerb befindet und sie ohne objektive Rechtfertigung mit Erzeugnissen oder Leistungen nicht (mehr) versorgt, die **unerlässlich für den Verbleib** der Abnehmer auf den nachgelagerten Märkten sind.[395] Das gleiche gilt, wenn ein beherrschendes Unternehmen **neuen Wettbewerbern,** mit denen bisher keine Geschäftsbeziehungen bestanden, Waren oder Dienstleistungen verweigert,[396] bzw. wenn ein solches Unternehmen es ablehnt, Waren oder Dienstleistungen eines neuen Wettbewerbers auf der Grundlage der Gegenseitigkeit (mit) anzubieten, falls in dem betreffenden Wirtschaftszweig eine solche Zusammenarbeit eine „lang geübte Gepflogenheit" ist.[397] Hat ein Unternehmen eine beherrschende Stellung auf dem Markt einer Dienstleistung, die für die Tätigkeit eines Abnehmers auf einem anderen Markt unerlässlich ist, so stellt die Bedingung für den Verkauf der beherrschten Dienstleistung, die Tätigkeiten auf dem anderen Markt nicht selbst auszuüben, sondern hiermit das den ersteren Markt beherrschende oder ein mit diesem verbundenes Unternehmen zu beauftragen, eine missbräuchliche Weigerung dar, die beherrschte Dienstleistung zu erbringen, um sich den nicht beherrschten Markt vorzubehalten.[398] Ist ein Unternehmen als Abnehmer bestimmter Waren beherrschend, wird es durch Art. 102 AEUV aber nicht gehindert, den Bezug dieser Waren einzustellen, wenn es eine eigene Produktion solcher Erzeugnisse beginnt.[399]

80 Lieferverweigerungen bzw. -einschränkungen beherrschender Unternehmen sind jedoch während **Versorgungskrisen** unter bestimmten Umständen objektiv gerechtfertigt und deshalb nicht gem. Art. 102 AEUV verboten. Bezüglich Kunden, zu denen kontinuierliche Lieferverbindungen bestanden, müssen die Einschränkungen aber *pro rata* auf der Basis ei-

---

391 EuGH U. v. 14.2.1978, Slg. 1978, 207, Rdnr. 184/194 – *United Brands/Komm.; Komm.* E. v. 29.7.1987, ABl. 1987 L 286/36 – *BBI/Boosey & Hawkes: einstweilige Maßnahmen;* 22.12.1987, ABl. 1988 L 65/19, Rdnr. 41, 77 – *Eurofix-Bauco/Hilti* (bestätigt durch EuG U. v. 12.12.1991, Slg. 1991, II-1439 u. EuGH U. v. 2.3.1994, Slg. 1994, I-667).

392 E. v. 14.5.1997, ABl. 1997 L 258/1, Rdnr. 120 ff. – *Irish Sugar* (bestätigt durch EuG U. v. 7.10.1999, Slg. 1999, II-2969, u. EuGH B. v. 10.7.2001, Slg. 2001, I-5333).

393 EuGH U. v. 16.12.1975, Slg. 1975, 1663, Rdnr. 398/399 – *Suiker Unie u. a./Komm.; Komm.,* 13. WB, 1983 Rdnr. 155 ff. – *Polaroid/SSI Europe.*

394 *Komm.* E. v. 4.11.1988, ABl. 1988 L 317/47 – *London European/Sabena.*

395 EuGH U. v. 6.3.1974, Slg. 1974, 223, Rdnr. 25 – *ICI u. Commercial Solvents/Komm.; Komm.* E. v. 18.7.1988, ABl. 1988 L 284/41, Rdnr. 61 ff. – *Napier Brown/British Sugar;* vgl. auch *Komm.* E. v. 22.12.1987, ABl. 1988 L 65/19 – *Eurofix-Bauco/Hilti* (bestätigt durch EuG U. v. 12.12.1991, Slg. 1991, II-1439 u. EuGH U. v. 2.3.1994, Slg. 1994, I-667).

396 *Komm.* E vom 4.11.1988, ABl. 1988 L 317/47 – *London European/Sabena.*

397 *Komm.* E. v. 26.2.1992, ABl. L 96/34 – *British Midland/Aer Lingus.*

398 EuGH U. v. 3.10.1985, Slg. 1985, 3261, Rdnr. 26 – *Telemarketing/CLT u. a.*

399 *Komm.,* 19. WB, 1989, Rdnr. 61 – *Filtrona/Tabacalera.*

nes Bezugszeitraums vorgenommen werden, der der Krise vorausgeht. Gelegenheitskunden darf ein beherrschendes Unternehmen während einer solchen Krise eine weniger zuvorkommende Behandlung angedeihen lassen als seinen Stammkunden.[400] Das gleiche gilt bei Kapazitäts- und Lieferengpässen.[401] Auch in solchen Zusammenhängen müssen aber die Kriterien, die über die vorrangige Erledigung der Aufträge entscheiden, objektiv und nicht diskriminierend sein.[402]

cc) Die Beschränkung von Parallelhandel. Ein Unternehmen schützt unmittelbar die Interes- 81
sen der ihm wirtschaftlich verbundenen Unternehmen und mittelbar seine eigenen Interessen, wenn es Händler in Mitgliedstaaten mit niedrigen Preisen nicht oder nicht in dem gewünschten Umfang beliefert (Lieferquoten aufgrund der regionalen/nationalen Nachfrage), um Händler in Mitgliedstaaten mit höheren Preisen vor Wettbewerb zu schützen. Eine solche Behinderung von **Parallelhandel** durch marktbeherrschende Unternehmen stellt jedoch nicht in jedem Fall einen Missbrauch iSv Art. 102 AEUV dar. Zwar wäre eine Vereinbarung, gelieferte Waren ausschließlich zur Deckung der regionalen/nationalen Nachfrage zu verwenden, im Grundsatz eine Zuwiderhandlung gegen Art. 101 AEUV.[403] Das Verbot von Verwendungsbeschränkungen gelieferter Waren kann jedoch nicht mit einem Gebot gleichgesetzt werden, Waren in unbeschränkten Mengen zur unbeschränkten Verwendung zu liefern.[404] Eine Praxis, mit der ein Unternehmen in beherrschender Stellung eine **Beschränkung des Parallelhandels** mit den von ihm vertriebenen Erzeugnissen anstrebt, stellt jedoch dann eine missbräuchliche Ausnutzung dieser beherrschenden Stellung dar, wenn ein Parallelhandel behindert wird, der ein in anderen Verkaufsgebieten der EU bestehendes günstigere Preisniveau ausgleicht,[405] oder wenn dadurch Reimporte, die mit dem Vertriebsnetz dieses Unternehmens in Wettbewerb treten, behindert werden.[406] Die Interessenlage ist vergleichbar, wenn ein beherrschendes Unternehmen bestimmten Händlern Informationen und Dienstleistungen verweigert, die für die **Einfuhr von Waren** aus anderen Mitgliedstaaten erforderlich sind und über die nur das beherrschende Unternehmen verfügt. Wie in den vorstehenden Fallgestaltungen werden Importeure behindert, mit Händlern in Intrabrandwettbewerb zu treten, denen das beherrschende Unternehmen in dem betreffenden Mitgliedstaat den **Vertrieb** seiner Waren übertragen hat.[407] Allerdings hat das beherrschende Unternehmen in solchen Fällen bereits die betreffenden Waren vermarktet und die Wettbewerbsmöglichkeit selbst geschaffen, während in den ersteren Fallgestaltungen das beherrschende Unternehmen gezwungen wird, gegen seinen Willen Waren in bestimmten Mitmitgliedstaaten zu dem Zweck zu vermarkten, Intrabrandwettbewerb in anderen Mitgliedstaaten zu ermöglichen. *British Leyland* hatte Importeuren Informationen und Dienstleistungen gewährt, die zur Einfuhr ihrer Fahrzeuge aus anderen Mitgliedstaaten erforderlich waren und somit die Entstehung eines vom Fahrzeugmarkt unterschiedlichen Dienstleistungsmarktes ermöglicht. Auf Drängen der nationa-

[400] EuGH U. v. 29.6.1978, Slg. 1978, 1513, Rdnr. 29/34 – *Benzine en Petroleum Handelsmaatschappij u. a./Komm.*

[401] Vgl. dazu Rdnr. 80.

[402] EuGH U. v. 6.3.1974, Slg. 1974, 223, Rdnr. 27 f. – *ICI u. Commercial Solvents/Komm.;* EuG U. v. 1.4.1993, Slg. 1993, II-389, Rdnr. 94 – *BPB Industries u. British Gypsum/Komm.* (bestätigt durch EuGH U. v. 6.4.1995, Slg. 1995, I-865); vgl. zur Anwendung dieser Grundsätze auf „wesentliche Einrichtungen" Rdnr. 83 ff.

[403] EuGH U. v. 6.1.2004, Slg. 2004, I-23 – *Bundesverband der Arzneimittel-Importeure u. Komm./Bayer.*

[404] EuGH U. v. 31.5.2005, Slg. 2005, I-4609, Schlussanträge GA *Jacobs* – *Syfait u. a./GlaxoSmithKline.*

[405] EuGH, U. v. 13.11.1975, Slg. 1975, Slg. 1975, 1367, Rdnr. 12 – *General Motors Continental/Komm.;* 16.9.2008, Slg. 2008, I-7139, Rdnr. 37 – *Lelos/GlaxoSmithKline;* 6.12.2012, Rs C-457/10 P, ECLI:EU:C:2012:770, Rdnr. 130 – *AstraZeneca/Komm.*

[406] EuGH U. v. 11.11.1986, Slg. 1986, 3263, Rdnr. 24 – *British Leyland/Komm.*

[407] EuGH U. v. 11.11.1986, Slg. 1986, 3263, Rdnr. 24 – *British Leyland/Komm.;* vgl. diesbezüglich auch *Komm.,* 19. WB, 1989, Rdnr. 45 – *Akzo Coatings.*

len Händler, die dadurch dem Wettbewerb eingeführter Fahrzeuge ausgesetzt wurden, stellte *British Leyland* diese Leistungen an Importeure ein und beseitigte somit diesen selbst geschaffenen Markt, was missbräuchlich iSv (jetzt) Art. 102 AEUV war.[408] Auch die Weigerung eines Fahrzeugherstellers, zwar seine konzessionierten, aber keine unabhängige Reparaturwerkstätten mit **Ersatzteilen** zu beliefern, kann einen Missbrauch darstellen.[409] Ein ebenfalls taugliches Mittel, um im eigenen und im Interesse eigener Vertriebshändler Märkte durch Behinderung von Parallelhandel aufzuteilen, ist die **Verweigerung von Garantieleistungen** für technische Waren, die in einem anderen Mitgliedstaat erworben wurden.[410] Zu dieser Gruppe von Lieferverweigerungen gehören auch Verhaltensweisen nationaler Urheberrechts-Verwertungsgesellschaften, die beinhalten, ihre Geschäftstätigkeiten allein auf Künstler mit Wohnsitz im **eigenen Mitgliedstaat** zu beschränken.[411] Wenn Unternehmen, die ein Monopol für das **Werbefernsehen** besitzen, Unternehmen aus anderen Mitgliedstaaten diese Dienstleitung verwehren, verhalten sie sich ebenfalls missbräuchlich iSv Art. 102 AEUV.[412] Vereinbarungen oder abgestimmte Verhaltensweisen zwischen einem beherrschenden Unternehmen und seinen Vertriebshändlern, die Ausfuhren aus den Vertriebsgebieten verhindern, sind ebenfalls missbräuchlich.[413] So hat der EuGH in der Sache *United Brands* bestätigt, dass ein Weiterverkaufsverbot für grüne Bananen die Wirkung hatte, die nationalen Märkte voneinander abzuschotten und deshalb gem. (nunmehr) Art. 102 AEUV mit dem Binnenmarkt unvereinbar war.[414] Aus dem gleichen Grund stellte die Kommission in der Sache *British Telecommunications* fest, dass ein den Nutzern des britischen Fernmeldenetzes auferlegtes Verbot, Nachrichten aus dem Ausland weiterzuleiten, einen Missbrauch iSv Art. 102 AEUV darstellte.[415]

82 *dd) Die Einschränkung der technischen Entwicklung.* Die Entwicklung von neuen Waren und Dienstleistungen beruht im Allgemeinen auf Forschung, deren Verwendung und Verwertung durch **geistige Eigentumsrechte** geschützt ist, was einen wesentlichen Anreiz für den technischen Fortschritt darstellt. Die Ausübung von geistigen Eigentumsrechten ist jedoch u. U. geeignet, die weitere Entwicklung neuer Waren und Dienstleistungen zu behindern. Die Grenze zwischen legitimer und missbräuchlicher Ausübung geistigen Eigentums hat der EuGH im Hinblick auf Urheberrechte in der Sache *Magill* verdeutlicht. Zwar gehöre die Ausübung geistiger Eigentumsrechte zu den Vorrechten ihrer Inhaber. Die Verweigerung einer Lizenz, in der der Eigentümer, in der Regel gegen Vergütung, in dem vertraglich festgelegten Umfang und zu den übereingekommenen Bedingungen dem Vertragspartner gegenüber auf die Ausübung seiner Rechte verzichtet, stellt auch für Unternehmen in beherrschender Stellung grundsätzlich keinen Verstoß gegen EU-Kartellrecht dar.[416] Die Ausübung eines ausschließlichen Rechts durch den Inhaber kann jedoch unter **außergewöhnlichen Umständen** ein missbräuchliches Verhalten iSv Art. 102 AEUV sein.[417] Solche außergewöhnlichen Umstände liegen vor, wenn die Weigerung (a) eine Ware/Dienstleistung betrifft, die für den Eintritt in einen Nachbarmarkt unbedingt erforderlich ist, (b) wirksamen Wettbewerb in diesem Nachbarmarkt ausschließt, (c) die Entwicklung einer neuen Ware/Dienstleistung verhindert und (d) objek-

---

408 EuGH U. v. 11.11.1986, Slg. 1986, 3263, Rdnr. 13 ff. – *British Leyland/Komm.*

409 EuGH U. v. 5.10.1988, Slg. 1988, 6211, Rdnr. 9 – *Volvo/Veng.*

410 *Komm.* E. v. 22.12.1987, ABl. 1988 L 65/19, Rdnr. 44, 79 – *Eurofix-Bauco/Hilti* (bestätigt durch EuG U. v. 12.12.1991, Slg. 1991, II-1439 u. EuGH U. v. 2.3.1994, Slg. 1994, I-667).

411 EuGH U. v. 2.3.1983, Slg. 1983, 483, Rdnr. 54 ff. – *GVL/Komm.*

412 EuGH U. v. 30.4.1974, Slg. 1974, 409, Rdnr. 17 – *Sacchi.*

413 *Komm.* E. v. 22.12.1987, ABl. 1988 L 65/19, Rdnr. 35ff, 76 – *Eurofix-Bauco/Hilti* (bestätigt durch EuG U. v. 12.12.1991, Slg. 1991, II-1439, u. EuGH U. v. 2.3.1994, Slg. 1994, I-667).

414 EuGH U. v. 14.2.1978, Slg. 1978, 207, 294 ff. – *United Brands/Komm.*

415 *Komm.* E. v. 10.12.1982, ABl. 1982 L 360/36 – *British Telecom* (bestätigt durch EuGH U. v. 20.3.1985, Slg. 1985, 873 – *Italien/Komm.*).

416 EuGH U. v. 6.4.1995, Slg. 1995, I-743, Rdnr. 49 – *RTE u. ITP/Komm;* s. dazu allgemein Rdnr. 56 ff.

417 EuGH U. v. 6.4.1995, Slg. 1995, I-743, Rdnr. 50 – *RTE u. ITP/Komm.*

tiv nicht gerechtfertigt ist.[418] Der Begriff „Nachbarmarkt" bzw. „nachgelagerter Markt" bezeichnet den Markt, auf dem der verweigerte Input benötigt wird, um eine Ware zu produzieren bzw. eine Dienstleistung zu erbringen. Die Kommission hat aufgrund dieser Rechtsprechung *Microsoft* verpflichtet, allen Unternehmen, die ein Interesse daran haben, Betriebssysteme für Arbeitsgruppenserver zu entwickeln und zu vertreiben, **Interoperabilitätsinformationen** zur Verfügung zu stellen und diesen Unternehmen zu angemessenen und nicht diskriminierenden Bedingungen die Nutzung der Interoperabilitätsinformationen für die Entwicklung und den Vertrieb von Betriebssystemen für Arbeitsgruppenserver zu gestatten.[419]

ee) Wesentliche Einrichtungen. Die Weigerung eines Unternehmens, eigenes geistiges und physisches Eigentum anderen Unternehmen, und insbesondere Wettbewerbern, zur Verfügung zu stellen, ist eine Form von Lieferverweigerung, die aufgrund der Eigentums- und Wirtschaftsordnung der EU grundsätzlich legitim ist. Ausnahmen von diesem Grundsatz bedürfen besonderer Rechtfertigung.[420] Unter besonderen Umständen stellen „Einrichtungen", ohne die andere Unternehmen ihre Geschäftstätigkeit nicht ausüben können, eine solche Ausnahme dar **(„wesentliche Einrichtungen").** Unternehmen, die wesentliche Einrichtungen kontrollieren, gelten diesbezüglich als beherrschend iSv Art. 102 AEUV.[421] Ähnlich wie im US-amerikanischen Kartellrecht aufgrund des **„Essential Facilities Concept",**[422] können aufgrund von Art. 102 AEUV Inhaber wesentlicher Einrichtungen gezwungen werden, diese als Ware oder Dienstleistung zu verwerten. Die Kommission weist seit 1995 auf die Bedeutung des „Essential Facilities Concept" für die Anwendung des Missbrauchsverbots hin. Sie sieht es insbesondere als ihre Aufgabe an, die durch Gesetzgebung erreichte **Liberalisierung** der bisher durch staatliche Monopole gekennzeichneten Sektoren vor *„missbräuchlichen Verhaltensweisen der traditionellen Marktteilnehmer gegenüber Neuzugängen – zB durch Verweigerung eines nicht diskriminierenden Zugangs zu wesentlichen Einrichtungen"* – zu schützen.[423] Darüber hinaus ist sie sich der zunehmenden Bedeutung von Missbräuchen beherrschender Anbieter „wesentlicher Einrichtungen" bewusst, die auch in anderen Sektoren den Marktzutritt behindern können.[424] Betroffen sind vor allem die **Infrastrukturnetze** von Bahnunternehmen, Stromerzeugern und Telekommunikationsunternehmen.[425] Keine Anwendung des „Essential Facilities Concept" kommt dagegen bei vertraglichen Bedingungen in Betracht, die die ausschließliche Nutzung von Sachen oder Rechten durch Dritte regeln. Solche Vertragsbestimmungen unterliegen der traditionellen Anwendung der Art. 101 und 102 AEUV auf Ausschließlichkeitsvereinbarungen.[426] 83

---

418 EuGH U. v. 29.4.2004, Slg. 2004, I-5039, Rdnr. 52 – *IMS/NDC;* EuG U. v. 17.9.2007, Slg. 2007, I-3601, Rdnr. 332 f. – *Microsoft/Komm.;* vgl. auch Komm. 14. WB, 1984, Rdnr. 94 ff. – *IBM* (Schnittstelleninformation).

419 *Komm.* E. v. 24.3.2004, COMP/37.792. Website-Veröffentlichung, Art. 2 lit. a – *Microsoft;* bestätigt durch EuG U. v. 17.9.2007, Slg. 2007, I-3601 – *Microsoft/Komm.*

420 EuGH U. v. 26.11.1998, Slg. 1998, I-7791, Schlussanträge GA *Jacobs,* Rdnr. 56 – *Bronner/Mediaprint.*

421 Mitteilung der *Komm.* über die Anwendung der Wettbewerbsregeln auf Zugangsvereinbarungen im Telekommunikationsbereich, ABl. 1998 C 265/2, Rdnr. 68 f.

422 Vgl. *OECD,* The Essential Facilities Concept (Proceedings of a roundtable held by Working Party No. 2 of the Committee on Competition Law and Policy), February 1996; EuGH U. v. 26.11.1998, Slg. 1998, I-7791, Schlussanträge GA *Jacobs,* Rdnr. 46 f. – *Bronner/Mediaprint.*

423 25. WB, 1995, Rdnr. 8.

424 25. WB, 1995, Rdnr. 40.

425 Mitteilung der *Komm.* über die Anwendung der Wettbewerbsregeln auf Zugangsvereinbarungen im Telekommunikationsbereich, ABl. 1998 C 265/2, Rdnr. 69.

426 EuG U. v. 23.10.2003, Slg. 2003, II-4653 – *Van den Bergh Foods/Komm.* (bestätigt durch EuGH B. v. 28.9.2006, Slg. 2006, I-9091 – *Unilever Bestfood/Komm.*); zu Konkurrenzfragen bezüglich Art. 101 und 102 AEUV vgl. Rdnr. 136 ff.

84 Das „Essential Facilities Concept" erfordert rechtspolitische Wertungen bei der Anwendung der Wettbewerbsregeln, die nicht ohne weiteres als vom EU-Gesetzgeber gewollt angesehen werden können. Es ist daher zu begrüßen, dass der deutsche Gesetzgeber in den Katalog der Regeltatbestände einen diesbezüglichen speziellen Tatbestand aufgenommen hat (§ 19 Abs. 2 Ziff. 4 GWB).[427] Man muss in diesem Zusammenhang auch beachten, dass die durch Anwendung des Wettbewerbsrechts möglichen **Eingriffe in die unternehmerische Wirtschaftsfreiheit** nicht in jeder Hinsicht volkswirtschaftlich vorteilhaft sind. Das Gebot, eigenes Vermögen der Nutzung anderer zu öffnen, führt u. U. zu Unternehmensstrategien, die durch Unterlassen oder Einschränkungen von Investitionen von vornherein eine solche Pflicht vermeiden.[428] Es ist daher sachgerecht, die mit dem Zugang zu „wesentlichen Einrichtungen" verbundenen allgemeinen Probleme zuerst und vor allem sektoriell im Rahmen besonderer **Liberalisierungsgesetzgebung** zu lösen.

85 Für die auf Art. 102 AEUG gestützte Praxis bezüglich des Zugangs zu „wesentlichen Einrichtungen" werden insbesondere drei Entscheidungen der Kommission, die die **Nutzung von Hafenanlagen** betreffen, als grundlegend angesehen.[429] Materiell-rechtlich stellte die Kommission diese Entscheidungen als Fortentwicklung der traditionellen Anwendung des Art. 102 AEUV auf **Lieferverweigerungen** dar, die im Fall *Commercial Solvents*[430] begründete wurde.[431] Daraus wird eine Pflicht beherrschender Unternehmen abgeleitet, Wettbewerber selbst dann zu nicht diskriminierenden und angemessenen Bedingungen zu beliefern, wenn die Güter von deren Besitzer nur selbst verwendet werden. Es ist jedoch nicht zu übersehen, dass die Anwendung von Art. 102 AEUV auf Sachverhalte, die sich auf „wesentliche Einrichtungen" beziehen, nicht ohne weiteres als in einer Reihe mit der traditionellen *Commercial Solvents*-Praxis angesehen werden kann. Ein rechtspolitisches Anliegen in den bisher überwiegend durch staatliche Monopole gekennzeichneten Sektoren ist es, die Struktur der Monopolmärkte aufzubrechen. Dafür ist Zugang zu bestimmten wesentlichen Einrichtungen der bisherigen Monopolisten erforderlich. In *Commercial Solvents* war dagegen der Inhaber der „wesentlichen Einrichtung" der *Newcomer* im Markt des abgeleiteten Produkts.[432] Bedenklich ist, wenn man nicht darauf abstellt, ob beherrschendes und nachfragendes Unternehmen auf den der wesentlichen Einrichtung nachgelagerten Märkten Wettbewerber sind.[433] Die Grundsätze, die Lieferverweigerungen bzw. Liefereinschränkungen beherrschender Unternehmen bei **Kapazitäts-** und **Lieferengpässen** rechtfertigen, sind im vorliegenden Zusammenhang analog anzuwenden. Reicht die Kapazität des beherrschenden Unternehmens nicht aus, um sowohl sich selbst als auch nachfragende Unternehmen mit den wesentlichen Einrichtungen zu versorgen, haben die nachfragende Unternehmen als **Gelegenheitskunden** zu gelten, die hinter den eigenen Bedürfnissen des beherrschenden Unternehmens zurücktreten müssen.[434]

86 Besitzer „wesentlicher Einrichtungen" können sich nur dann missbräuchlich iSv Art. 102 AEUV verhalten, wenn sie Unternehmen in beherrschender Stellung sind. Für

---

[427] Dazu näher *Wiedemann* in § 23 Rdnr. 230 ff.

[428] EuGH U. v. 26.11.1998, Slg. 1998, I-7791, Schlussanträge GA *Jacobs,* Rdnr. 57 – *Bronner/Mediaprint.*

[429] *Komm.* E. v. 21.12.1993, ABl. 1994 Nr. L 15/8 – *Sea Containers gegen Stena Sealink;* 21.12.1993, ABl. 1994 Nr. L 55/52 – *Hafen von Rødby;* vgl. auch *Komm.,* 22. WB, 1992, Rdnr. 219 – *B&I/Sealink, Holyhead;* den Begriff „wesentliche Leistungen" hat die *Komm.* zum ersten Mal in der Sache *AKZO Coatings* gebraucht, vgl. 19. WB, 1989, Rdnr. 45.

[430] EuGH U. v. 6.3.1974, Slg. 1974, 223 – *ICI u. Commercial Solvents/Komm.*

[431] EuGH U. v. 26.11.1998, , Slg. 1998, I-7791, Rdnr. 38 – *Bronner/Mediaprint.*

[432] Der EuGH hat in seinem U. v. 6.3.1974, Slg. 1974, 223 – *ICI u. Commercial Solvents/Komm.,* diesem Gesichtspunkt möglicherweise zu wenig Aufmerksamkeit geschenkt; vgl. EuGH U. v. 26.11.1998, Slg. 1998, I-7791, Schlussanträge GA *Jacobs,* Rdnr. 58 ff. – *Bronner/Mediaprint.*

[433] So aber Mitteilung der *Komm.* über die Anwendung der Wettbewerbsregeln auf Zugangsvereinbarungen im Telekommunikationsbereich, ABl. 1998 C 265/2, Rdnr. 85 ff.

[434] Vgl. Rdnr. 80.

Bahnunternehmen, Stromerzeuger und Telekommunikationsunternehmen, die bisher **staatliche Monopole** waren, trifft dies in zweierlei Hinsicht zu: Sie sind in ihren jeweiligen traditionellen Märkten beherrschend (Bahntransporte, Lieferung von Strom, Telekommunikationsleistungen) und sie verfügen über solche Stellungen im Hinblick auf die potentiellen Märkte, die durch die Zurverfügungstellung (Angebot) ihrer Infrastrukturnetze, den „wesentlichen Einrichtungen", entstehen. Das „Essential Facilities Concept" hat in solchen Zusammenhängen somit einen doppelten Ansatzpunkt. Die Weigerung, Zugang zu den „wesentlichen Einrichtungen" in den neuen Märkten zu gewähren, kann einen Missbrauch der beherrschenden Stellung im **traditionellen Markt** darstellen, weil das Verhalten die beherrschende Stellung in diesem Markt konsolidiert. Darüber hinaus kann die Weigerung ggf. das Entstehen **neuer Märkte** verhindern, wenn eine „besondere, ständige und regelmäßige potentielle Nachfrage"[435] nach den auf den „wesentlichen Einrichtungen" beruhenden Waren oder Dienstleistungen nicht befriedigt wird. Im Wesentlichen kommen diesbezüglich die Grundsätze zur Anwendung, die auch für die Nutzung fremden geistigen Eigentums gelten.[436] Es genügt in solchen Fällen somit nicht, dass für den potentiellen Wettbewerber die Duplizierung der „wesentlichen Einrichtung" **unrentabel** wäre. Nur wenn es sich um ein natürliches Monopol handelt, dass innerhalb angemessener Zeit (wirtschaftlich) nicht dupliziert werden kann, ist aufgrund von Art. 102 AEUV Zugang zu gewähren.[437]

So hatte zB *Clearstream Banking* auf dem Dienstleitungsmarkt für Clearing- und Ab- **86a**
rechnungsleistung eine faktische Monopolstellung inne und war damit ein unumgänglicher Handelspartner im relevanten Markt. Die Weigerung dieses Unternehmens, einem Wettbewerber auf einen nachgelagerten Markt primäre Clearing- und Abrechnungsleistungen zu erbringen, war missbräuchlich.[438] In der Sache *Magill* verfügten Fernsehanstalten bezüglich der Grundinformationen über den Sendekanal, den Tag, die Uhrzeit und den Titel ihrer Sendungen über **faktische Monopole,** die sie zur Herausgabe wöchentlicher auf ihre eigenen Sendungen ausgerichteter Programmübersichten verwerteten. Die Ausübung ihrer **geistigen Eigentumsrechte** an den Informationen ermöglichte es den betreffenden Fernsehanstalten, das Vermarkten eines neues Erzeugnis, nach dem eine potentielle Nachfrage bestand, und somit einen wirksamen Wettbewerb auf dem potentiellen Markt für Fernsehwochenzeitschriften mit umfassender Information zu verhindern.[439] Eine vergleichbare **Interessenlage** hatte auch *Tetra Pak,* ein beherrschender Hersteller von Verpackungsmaschinen und Verpackungsmaterial. Dieses Unternehmen verweigerte konkurrierenden Herstellern von Verpackungsmaterial die **Informationen über die technischen Merkmale,** die das Verpackungsmaterial aufweisen musste, um mit seinen Maschinen kompatibel zu sein. Das Verhalten war missbräuchlich iSv (jetzt) Art. 102 AEUV, weil dadurch die beherrschende Stellung auf dem Markt für Verpackungsmaterial konsolidiert wurde.[440] Den Zugang zu einem Telekommunikationsnetz öffnete die Kommission in der Sache *SWIFT.*[441] Diese Vereinigung von Banken bot weltweit Datenübertragungs- und Datenverarbeitungsdienste an. *SWIFT* beherrschte diesen Dienstleistungsmarkt im EWR, gewährte seine Dienste aber nur seinen Mitgliedern. Die Kommission sah das betreffende Telekommunikationsnetz als „wesentliche Einrichtung" an und beurteilte die Weigerung von *SWIFT,* anderen Finanzinstituten als ihren

---

[435] EuGH U. v. 6.4.1995, Slg. 1995, I-743, Rdnr. 47 ff., 52 – *RTE u. ITP/Komm.*

[436] EuGH U. v. 26.11.1998, Slg. 1998, I-7791, Rdnr. 41 – *Bronner/Mediaprint;* 29.4.2004, Slg. 2004, I-5039, Rdnr. 52 – *IMS/NDC.*

[437] EuGH U. v. 26.11.1998, Slg. 1998, I-7791, Rdnr. 46 f. – *Bronner/Mediaprint.*

[438] EuG U. v. 9.9.2009, Slg. 2009, II-3155, Rdnr. 149 – *Clearstream Banking u. Clearstream International/Komm.*

[439] EuGH U. v. 6.4.1995, Slg. 1995, I-743, Rdnr. 47 ff., 52 – *RTE u. ITP/Komm.*

[440] EuG U. v. 6.10.1994, Slg. 1994, II-755, Rdnr. 84 – *Tetra Pak/Komm.* (bestätigt durch EuGH U. v. 14.11.1996, Slg. 1996, I-5951).

[441] *Komm.,* 27 WB, 1997, Rdnr. 67 – *La Post/SWIFT u. GUF.*

Mitgliedern die Nutzung dieses Netzes zu gestatten, als missbräuchlich iSv Art. 102 AEUV.[442] Die Sache *FAG*[443] verdeutlicht in besonderem Maße, in welchem Umfang das „Essential Facilities Concept" das Eigentumsrecht berührt. Diese Gesellschaft war Eigentümerin des Flughafens *Frankfurt/Main* und nutzte ihr Eigentum gewerblich. Da der Flughafen ein relevanter geographischer Markt war, hatte *FAG* zwangsläufig bezüglich der Vorfeldabfertigungsleistungen eine beherrschende Stellung inne. Die Kommission nahm an, dass *FAG „ihre Macht als ausschließlicher Bereitsteller von Flughafeneinrichtungen benutzte, um potentiellen Wettbewerbern auf dem Markt für Vorfeldabfertigungsleistungen den Zugang zum Vorfeld zu verwehren, wodurch diese gehindert wurden, solche Leistungen zu erbringen."*[444] Dieses Verhalten wertete die Kommission als Missbrauch einer beherrschenden Stellung iSv Art. 102 AEUV.

87 Das Eigentumsrecht wird in der Unionsrechtsordnung aufgrund von Art. 17 GRCh und Art. 345 AEUV gewährleistet. Generell hat jedes Unternehmen, ob marktbeherrschend oder nicht, das Recht, seine Handelspartner frei zu wählen und frei über sein Eigentum zu entscheiden. Jedes Eingreifen aus kartellrechtlichen Gründen muss daher sorgfältig erwogen werden, wenn die Anwendung von Art. 102 AEUV dazu führen würde, dem marktbeherrschenden Unternehmen eine Lieferpflicht aufzuerlegen.[445] In Art. 17 GRCh und den Verfassungen aller Mitgliedstaaten ist zwar anerkannt, dass die **Ausübung des Eigentumsrechts** im Allgemeininteresse und im dafür erforderlichen Maße eingeschränkt werden kann.[446] In keinem Fall darf aber in die **Substanz des Eigentumsrechts** eingegriffen werden.[447] Das „Essential Facilities Concept" ist mit der Unionsrechtsordnung vereinbar, wenn die Leistung für die Ausübung einer bestimmten wirtschaftlichen Tätigkeit anderer Unternehmen in dem Sinne „wesentlich" ist, dass es hierfür keinen tatsächlichen oder potentielle Ersatz gibt, und diese wirtschaftliche Tätigkeit entweder der Deckung einer potentiellen spezifischen, ständigen und regelmäßigen Nachfrage dient[448] oder die Konsolidierung einer aktuellen beherrschenden Stellung verhindert..[449] Entscheidend ist, dass zwei verschiedene (aktuelle oder potentielle) Märkte bestehen, die dadurch miteinander verbunden sind, dass der Zugang zu einem Erzeugnis/einer Dienstleistung im vorgelagerten Markt eine unerlässliche Voraussetzung für den Wettbewerb im nachgelagerten Markt ist[450] und eine Weigerung des den vorgelagerten Markt beherrschenden Unternehmens, das den Zugang gewähren kann, nicht objektiv gerechtfertigt ist.[451]

88 *c) Die Anwendung unterschiedlicher Bedingungen bei gleichwertigen Leistungen gegenüber Handelspartnern, wodurch diese im Wettbewerb benachteiligt werden (Art. 102 Satz 2 lit. c AEUV). aa) Allgemeines.* Das Diskriminierungsverbot des Art. 102 Satz 2 lit. c AEUV ist Ausdruck

---

[442] Vgl. die Veröffentlichung der von *SWIFT* gegenüber der *Komm.* eingegangenen Verpflichtungen im ABl. 1997 Nr. C 335/3.

[443] *Komm.* E. v. 14.1.1998, ABl. 1998 Nr. L 72/30 – *Flughafen Frankfurt/Main AG;* vgl. auch EuGH U. v. 24.10.2002, Slg. 2002, I-9297 – *Aéroports de Paris/Komm.*

[444] *Komm.* E. v. 14.1.1998, ABl. 1998 Nr. L 72/30, Rdnr. 72 – *Flughafen Frankfurt/Main AG.*

[445] Vgl. Mitteilung der Komm., Erläuterungen zu den Prioritäten der Kommission bei der Anwendung von Art. 82 des EG-Vertrags (jetzt: Art. 102 AEUV) auf Fälle von Behinderungsmissbrauch durch marktbeherrschende Unternehmen, ABl. 2009 Nr. C 45/7, Rdnr. 75.

[446] EuGH Urteil v. 13.12.1979, Slg. 1979, 3727, Rdnr. 17ff. – *Hauer/Land Rheinland-Pfalz.*

[447] Vgl. zum gleichen Problem bei Immaterialgüterrechten Rdnr. 56.

[448] EuGH U. v. 6.4.1995, Slg. 1995, I-743 – *RTE u. ITP/Komm.;* 26.11.1998, Slg. 1998, I-7791 – *Bronner/Mediaprint;* EuG U. v. 12.6.1997, Slg. 1997, II-923, Rdnr. 131 – *Ladbroke/Komm.;* 17.9.2007, Slg. 2007, I-3601, Rdnr. 352f. – *Microsoft/Komm.;* vgl. auch *Komm.* 14. WB, 1984, Rdnr. 94ff. – *IBM* (Schnittstelleninformation).

[449] EuGH U. v. 26.11.1998, Slg. 1998, I-7791, Rdnr. 41 – *Bronner/Mediaprint;* 29.4.2004, Slg. 2004, I-5039, Rdnr. 52 – *IMS/NDC;* EuG U. v. 6.10.1994, Slg. 1994, II-755, Rdnr. 84 – *Tetra Pak/Komm.* (bestätigt durch EuGH U. v. 14.11.1996, Slg. 1996, I-5951).

[450] EuGH U. v. 29.4.2004, Slg. 2004, I-5039, Rdnr. 40ff., 45 – *IMS/NCD.*

[451] Zur objektiven Rechtfertigung vgl. näher Rdnr. 53ff.

des allgemeinen **Grundsatzes der Gleichbehandlung** und verlangt, dass vergleichbare Sachverhalte nicht unterschiedlich und unterschiedliche Sachverhalte nicht gleich behandelt werden,[452] sofern eine solche Behandlung nicht objektiv gerechtfertigt ist. Solche Verhaltensweisen beherrschender Unternehmen gehören nicht zu den kartellrechtlichen Prioritäten der Kommission.[453] Art. 102 Satz 2 lit. c AEUV beruht auf zwei selbständigen Vergleichen: Zuerst ist zu ermitteln, ob Leistungen, die ein solches Unternehmen Abnehmern oder Lieferanten gewährt, gleichwertig sind; danach, ob für diese Leistungen unterschiedliche Bedingungen angewandt werden. Ist beides der Fall, ist ein solches Verhalten beherrschender Unternehmen grundsätzlich missbräuchlich. Analog zum Regelbeispiel können in diesem Zusammenhang auch Leistungen verglichen werden, deren Wert verschieden ist, die Ungleichbehandlung aber in keinem angemessenen Verhältnis zum Wertunterschied steht. Wie bei allen übrigen ihrer Art nach missbräuchlichen Verhaltensweisen ist auch bei der Ungleichbehandlung zu ermitteln, ob sie nicht auf objektiven Umständen beruht, die die unterschiedliche Behandlung rechtfertigen.[454] Legitime geschäftliche Erwägungen stellen solche objektiven Umstände dar, die eine unterschiedliche Behandlung von Handelspartnern durch das marktbeherrschende Unternehmen rechtfertigen können.[455] Der höchste Grad diskriminierenden Verhaltens ist die selektive Lieferverweigerung.[456] Diskriminierungen seitens marktbeherrschender Unternehmen aufgrund der **Staatsangehörigkeit** oder des Ortes der Niederlassung in der EU verstoßen gegen die grundlegenden Prinzipien des Binnenmarktes und sind daher missbräuchlich iSv Art. 102 AEUV.[457] Diskriminierende Geschäftsbedingungen können u. U. auch „unangemessen" iSv Art. 102 Satz 2 lit. a AEUV sein.[458]

Art. 102 Satz 2 lit. c AEUV setzt voraus, dass die diskriminierten **Handelspartner** wegen des Verhaltens des beherrschenden Unternehmens einen Wettbewerbsnachteil erleiden. 89
Der EuGH stellt in diesem Zusammenhang auf den Wettbewerb ab, so wie *„er hätte sein müssen"*,[459] also ohne Diskriminierung.[460] Eine Diskriminierung hat grundsätzlich Wettbewerbsnachteile beim diskriminierten Unternehmen zur Folge. Das Vorliegen dieser Voraussetzung muss somit im Einzelfall nicht nachgewiesen werden.[461] Die Diskriminierung von **Endverbrauchern** ist im Regelbeispiel des Art. 102 Satz 2 lit. c AEUV nicht genannt. Sie ist aber ebenfalls ein Verstoß gegen den Grundsatz der Gleichbehandlung und deshalb u. U. missbräuchlich. Soweit Handelspartner betroffen sind, können die vom beherrschenden Unternehmen privilegierten Wettbewerbsverhältnisse sowohl zwischen den Handelspart-

---

[452] St. Rechtspr. seit EuGH U. v. 17.7.1963, Slg. 1963, 359, 384 – *Italien/Komm.*

[453] Vgl. Mitteilung der Komm., Erläuterungen zu den Prioritäten der Kommission bei der Anwendung von Art. 82 des EG-Vertrags (jetzt: Art. 102 AEUV) auf Fälle von Behinderungsmissbrauch durch marktbeherrschende Unternehmen, ABl. 2009 Nr. C 45/7.

[454] EuG U. v. 6.10.1994, Slg. 1994, II-755, Rdnr. 207 – *Tetra Pak/Komm.* (bestätigt durch EuGH U. v. 14.11.1996, Slg. 1996, I-5951); vgl. zur Rechtfertigung von Verhaltensweisen, die ihrer Art nach missbräuchlich sind, Rdnr. 53 ff.

[455] EuGH U. v. 9.11.1983, Slg. 1983, 3461, Rdnr. 90 – *Michelin/Komm.*

[456] EuG U. v. 9.9.2009, Slg. 2009, II-3155. Rdnr. 150 ff. – *Clearstream Banking u, Clearstream International/Komm.;* vgl. näher zur Lieferverweigerung Rdnr. 77 ff.

[457] EuG U. v. 6.10.1994, Slg. 1994, II-755. Rdnr. 160 – *Tetra Pak/Komm.* (bestätigt durch EuGH U. v. 14.11.1996, Slg. 1996, I-5951); *Komm.* E. v. 5.3.2014, IP/14/2014 – *OPCOM/Romanian Power Exchange.*

[458] Vgl. Rdnr. 68.

[459] EuGH U. v. 14.2.1978, Slg. 1978, 207, Rdnr. 227/233 – *United Brands/Komm.;* 13.2.1979, Slg. 1979, 461, Rdnr. 91 – *Hoffmann La Roche/Komm.*

[460] Das EuG prüfte im U. v. 6.10.1994, Slg. 1994, II-755, Rdnr. 207 – *Tetra Pak/Komm.* (bestätigt durch EuGH U. v. 14.11.1996, Slg. 1996, I-5951) dieses Tatbestandsmerkmal gar nicht mehr; die *Komm.* hätte sich also ihre langen Ausführungen dazu in ihrer E. v. 14.5.1997, ABl. 1997 Nr. L 258/1, Rdnr. 140 ff. – *Irish Sugar* (bestätigt durch EuG U. v. 7.10.1999, Slg. 1999, II-2969, u. EuGH B. v. 10.7.2001, Slg. 2001, I-5333) sparen können.

[461] Anders EuGH U. v. 15.3.2007, Slg. 2007, I-2331, Schlussanträge GA *Kokott,* Rdnr. 120 ff. – *British Airways/Komm.*

nern des beherrschenden Unternehmens untereinander[462] als auch zwischen diesem und einem oder mehreren seiner Handelspartner bestehen. Zur letzteren Art von Diskriminierung kommt es, wenn ein beherrschendes Unternehmen bestimmte Vorprodukte, die von seinen Handelspartnern nachgefragt werden, selbst verarbeitet und auf der Handelsstufe seiner Abnehmer anbietet. Sind in einem solchen Fall die Verkaufsbedingungen ungünstiger als der Wert der eigenen Nutzung, diskriminiert das beherrschende Unternehmen. Das Motiv derartigen Verhaltens ist regelmäßig, den Wettbewerb, dem das beherrschende Unternehmen seitens der diskriminierten Abnehmer auf nachgelagerten Märkten ausgesetzt ist, zu verfälschen **(„price squeezing").**[463]

90 Es ist in jedem Fall erforderlich, dass diskriminiertes und begünstigtes Unternehmen im Nachfrage-[464] bzw. Angebotswettbewerb stehen und somit im gleichen **relevanten Markt** tätig sind, weil anders zwischen ihnen kein Wettbewerbsnachteil entstehen kann. Das Verhalten beherrschender Unternehmen in unterschiedlichen räumlichen Märkten oder Produktmärkten kann somit dem Diskriminierungsverbot nicht unterfallen.[465] Unterschiedliche Geschäftsbedingungen in unterschiedlichen Märkten aufgrund von Mischkalkulationen **(Quersubventionierungen),** die ein beherrschendes Unternehmen anwendet, gelten zwar grundsätzlich als mit dem Binnenmarkt unvereinbar.[466] Sie sind allerdings nur dann ein Missbrauch iSv Art. 102 AEUV, wenn sie Lieferanten oder Abnehmer ausbeuten bzw. Wettbewerber behindern.[467] Vom Verbot des Art. 102 AEUV werden schließlich auch Verhaltensweisen eines beherrschenden Unternehmens erfasst, die zur Anwendung unterschiedlicher Bedingungen bei gleichwertigen Leistungen seitens anderer Unternehmen führen **(„mittelbare Diskriminierung").** So missbrauchte *Deutsche Bahn* ihre beherrschende Stellung auf dem Markt der Eisenbahnleistungen in Deutschland dadurch, dass sie ihre Blockademöglichkeit innerhalb eines Gemeinschaftsunternehmens, das mit einem ihrer Konzernunternehmen im Wettbewerb stand, dazu nutzte, um Unterschiede in den Preisen dieser Unternehmen aufrechtzuerhalten.[468]

91 *bb) Gleichwertige Leistungen.* Der erste Schritt bei der Prüfung, ob ein beherrschendes Unternehmen diskriminiert, ist die Gegenüberstellung der betreffenden Leistungen des beherrschenden Unternehmens. Vergleichsgegenstände sind die individuellen Leistungen. Bietet das beherrschende Unternehmen mehrere Leistungen an, sind diese jeweils einzeln gegenüberzustellen.[469] Das Zusammenfassen mehrerer Leistungen zu Vergleichszwecken ist unzulässig. Eine Ausnahme besteht nur für rechtmäßige **Kopplungsverkäufe** (Leistungen, die sachlich oder nach dem Handelsbrauch in Beziehung stehen).[470] Der Begriff „gleichwertige Leistungen" legt nahe, dass die Bezugsgrundlage für den Vergleich der Leistungen des beherrschenden Unternehmens der objektive wirtschaftliche Wert der Leistungen ist.

---

[462] *Komm.* E. v. 22.12.1987, ABl. 1988 Nr. L 65/19, Rdnr. 45ff, 80 – *Eurofix-Bauco/Hilti* (bestätigt durch EuG U. v. 12.12.1991, Slg. 1991, II-1439 u. EuGH U. v. 2.3.1994, Slg. 1994, I-667).

[463] EuGH U. v. 18.6.1991, Slg. 1991, I-2925, Rdnr. 38) – *Elliniki Radiophonia u. a./Dimotiki Etairia Pliroforissis; Komm.* E. v. 14.5.1997, ABl. 1997 Nr. L 258/1, Rdnr. 145 ff. – *Irish Sugar* (bestätigt durch EuG U. v. 7.10.1999, Slg. 1999, II-2969, u. EuGH B. v. 10.7.2001, Slg. 2001, I-5333); vgl. zur „Kosten-Preis-Schere" ausführlich Rdnr. 121 ff.

[464] EuGH U. v. 14.2.1978, Slg. 1978, 207, Rdnr. 227/233 – *United Brands/Komm.*

[465] EuG U. v. 12.6.1997, II-923, Rdnr. 123 ff. – *Landbroke/Komm.*

[466] Vgl. zB Bekanntmachung der Kommission über die Anwendung der Wettbewerbsregeln auf den Postsektor und über die Beurteilung bestimmter staatlicher Maßnahmen betreffend Postdienste, ABl. 1998 Nr. C 39/2, Rdnr. 3.3.

[467] EuGH U. v. 24.10.2002, Slg. 2002, I-9297, Rdnr. 116 – *Aéroports de Paris/Komm.*

[468] EuG U. v. 21.10.1997, Slg. 1997, II-1689, Rdnr. 81 f. – *Deutsche Bahn/Komm.* (bestätigt durch EuGH B. v. 27.4.1999, Slg. 1999, I-2387); vgl. auch EuGH U. v. 16.12.1975, Slg. 1975, 1663, Rdnr. 398/399 – *Suiker Unie u. a./Komm.*

[469] EuG U. v. 6.10.1994, Slg. 1994, II-755, Rdnr. 162 – *Tetra Pak/Komm.* (bestätigt durch EuGH U. v. 14.11.1996, Slg. 1996, I-5951).

[470] EuG U. v. 6.10.1994, Slg. 1994, II-755, Rdnr. 208 – *Tetra Pak/Komm.* (bestätigt durch EuGH U. v. 14.11.1996, Slg. 1996, I-5951).

Für die Frage, ob Handelspartner im Wettbewerb benachteiligt werden, ist aber der objektive Wert der Leistungen des beherrschenden Unternehmens irrelevant. Entscheidend ist die Gleichwertigkeit der Leistungen zu Wettbewerbszwecken aus der Sicht der Handelspartner.[471] „Gleichwertig" sind somit Leistungen des beherrschenden Unternehmens, die zum selben Produktmarkt gehören und aus diesem Grund für die Bedarfsdeckung bei den Handelspartnern austauschbar sind. Objektive Wertunterschiede können bei der Rechtfertigung der Ungleichbehandlung berücksichtigt werden. Handelt es sich um gleiche Leistungen, wie zB unter einer Markenbezeichnung verkaufte Bananen,[472] sind sie von vornherein gleichwertig.[473]

cc) Unterschiedliche Bedingungen. Die Frage, ob ein beherrschendes Unternehmen für gleichwertige Leistungen unterschiedliche Bedingungen anwendet, beantwortet sich aufgrund eines Vergleichs der **Gegenwerte,** die es von seinen Handelspartnern für diese Leistungen fordert. Hierbei ist nicht nur das eigentliche Entgelt, sondern der Gesamtwert der Forderung zu berücksichtigen. In der Sache *Napier Brown* war der vom beherrschenden Unternehmen für die gleichwertige Leistung (Kristallzucker) geforderte Preis gleich; die Geschäftsbedingungen waren aber deshalb unterschiedlich, weil die Lagerung von Kristallzucker, der ausschließlich aus Zuckerrüben hergestellt wurde, staatliche Zuschüsse erhielt, was für Kristallzucker aus Zuckerrohr nicht galt.[474] Bei Transportleistungen, die ein beherrschendes Unternehmen erbringt, sind zB nicht die absoluten Preise, sondern die Preise pro Kilometer zu vergleichen.[475] Ein unmittelbarer Wertvergleich ist unmöglich, wenn ein beherrschendes Unternehmen aufgrund von Gegenseitigkeit bestimmten Handelspartnern Leistungen ohne direktes Entgelt gewährt. Der Wert solcher Leistungen ist das Entgelt, das diese Handelspartner normalerweise für ihre Leistungen ihren Abnehmern berechnen. Ist dieser Wert niedriger als der Preis, den das beherrschende Unternehmen für seine Leistungen von seinen übrigen Handelspartnern fordert, werden diese letzteren diskriminiert.[476] Allerdings erfüllt nicht schon jeder minimale Unterschied die Tatbestandsvoraussetzung des Art. 102 Satz 2 lit. c AEUV. Es ist erforderlich, dass der Unterschied ein Ausmaß erreicht, das unter den Umständen des konkreten Falles die Feststellung des diskriminierenden Charakters der verglichenen Geschäftsbedingungen rechtfertigt **(Erheblichkeitsschwelle).**[477] Diese Methode ist der für die Feststellung unangemessener Preise vergleichbar.[478] 92

Die Prüfung von Geschäftsbedingungen stößt auf Schwierigkeiten, wenn sich die Diskriminierung auf ein Wettbewerbsverhältnis zwischen beherrschendem Unternehmen und einem oder mehreren seiner Handelspartner bezieht. Dieses Problem entsteht zB dann, wenn ein beherrschendes Unternehmen, das Eigentümer und Betreiber eines Verkehrshafens ist, von seiner eigenen Fährlinie keine Hafengebühren erhebt. In einem solchen Fall ist das Tatbestandsmerkmal der „unterschiedlichen Bedingungen" erfüllt, wenn das beherrschende Unternehmen in seiner Buchführung die normalerweise geschuldeten Hafenabgaben nicht dem Teil seiner Tätigkeiten zuweist, der die Fährlinie betrifft.[479] Fehlt eine transparente Buchführung, so kann der Umstand, dass die von dem beherrschenden Unternehmen für 93

471 EuGH U. v. 24.10.2002, Slg. 2002, I-9297, Rdnr. 115 – *Aéroports de Paris/Komm.*
472 EuGH U. v. 14.2.1978, Slg. 1978, 207, Rdnr. 204ff. – *United Brands/Komm.*
473 Zu der Schlussfolgerung, es handele sich um keine gleichwertigen Leistungen, vgl. *Komm.* E. v. 23.7.2004, COMP/36.568, Website-Veröffentlichung, Rdnr. 252f. – *Scandlines Sverige/Port of Helsingborg.*
474 *Komm.* E. v. 18.7.1988, ABl. 1988 Nr. L 284/41, Rdnr. 73 – *Napier Brown/British Sugar.*
475 EuG U. v. 21.10.1997, Slg. 1997, II-1689, Rdnr. 84ff. – *Deutsche Bahn/Komm.* (bestätigt durch EuGH B. v. 27.4.1999, Slg. 1999, I-2387).
476 EuGH U. v. 17.7.1997, Slg. 1997, I-4449, Rdnr. 43 – *GT-Link/DSB.*
477 EuG U. v. 6.10.1994, Slg. 1994, II-755, Rdnr. 163ff. – *Tetra Pak/Komm.* (bestätigt durch EuGH U. v. 14.11.1996, Slg. 1996, I-5951).
478 Vgl. Rdnr. 63.
479 EuGH U. v. 17.7.1997, Slg. 1997, I-4449, Rdnr. 42 – *GT-Link/DSB.*

seine Fährlinie angewandten Preise gegenüber den Preisen der konkurrierenden Fährunternehmen ungewöhnlich niedrig sind, ein Indiz dafür sein, dass diese Zuweisung nicht oder nicht in ausreichendem Maße erfolgt ist.[480]

94 *dd) Wirtschaftliche Zusammenhänge.* Die Motivation des beherrschenden Unternehmens zur Diskriminierung ist vielfältig. Ein solches Verhalten wird in der Regel den geschäftlichen Interessen des beherrschenden Unternehmens dienlich sein. Dies gilt insbesondere, wenn die diskriminierten Handelspartner ausgebeutet werden[481] bzw. wenn das beherrschende Unternehmen den Wettbewerb eines Abnehmers auf einem nachgelagerten Markt behindert.[482] Insoweit überschneiden sich Diskriminierungsverbot und die Verbote „unangemessener Geschäftsbedingungen" (Art. 102 Satz 2 lit. a AEUV) sowie missbräuchlicher Lieferverweigerungen (Art. 102 Satz 2 lit. b AEUV).[483] Beherrschende Unternehmen dürfen aber nicht nehmen, *„was der Markt hergibt"*, wenn sie hierdurch Handelspartner diskriminieren.[484] Das Diskriminierungsverbot verhindert die selektive Ausbeutung; es wirkt wie eine **Meistbegünstigungsklausel.** Ein beherrschendes Unternehmen hat in Erfüllung seiner besonderen Verantwortung für die Aufrechterhaltung eines unverfälschten Wettbewerbs[485] dafür zu sorgen, dass sein Verhalten Handelspartner nicht diskriminiert. Auf das Verhandlungsgeschick eines Handelspartners oder sogar seine bewusste Zustimmung zu den diskriminierenden Geschäftsbedingungen kommt es nicht an, da wegen des Fehlens wirksamen Wettbewerbs die Handelspartner des beherrschenden Unternehmens grundsätzlich die Geschäftsbedingungen nicht entscheidend beeinflussen können.[486] Diskriminierendes Verhalten ist aber auch verboten, wenn es dem betreffenden beherrschenden Unternehmen keine unmittelbaren wirtschaftlichen Vorteile bringt. Ein solches Verhalten ist selbst dann missbräuchlich, wenn es bei diesem (vorübergehend) zu einem negativen Betriebsergebnis führt. Diese Fallgestaltung ist unter dem Stichwort **„selektive (niedrige) Preise"** bekannt.[487] So lagen die Preise, die *AKZO* von seinen traditionellen Kunden verlangte, über ihren durchschnittlichen Gesamtkosten, während die Preise, die sie den Kunden eines Wettbewerbers in der Absicht anbot, ihn vom Markt zu verdrängen, unter diesen Durchschnittskosten lagen.[488] In diesem Fall diskriminierte *AKZO* seine traditionellen Kunden.

95 Unterschiedliche Geschäftsbedingungen eines beherrschenden Unternehmens können auf dem Umstand beruhen, dass gewisse Abnehmer oder Gruppen von Abnehmern seiner Marktmacht nur teilweise oder überhaupt nicht unterliegen. Dies ist dann der Fall, wenn diese Abnehmer aus bestimmten Gründen über (potentielle) Bezugsquellen verfügen, die außerhalb des beherrschten Gebiets liegen. In solchen Fällen ist das beherrschende Unternehmen gezwungen, diesen Abnehmern gegenüber wettbewerbskonforme Geschäftsbedingungen zu handhaben. Das gleiche gilt, wenn Abnehmer in Grenzgebieten wegen des noch spürbaren Wettbewerbsdrucks von außerhalb der Staatsgrenzen vom beherrschenden

---

[480] EuGH U. v. 17.7.1997, Slg. 1997, I-4449, Rdnr. 42 – *GT-Link/DSB.*

[481] *Komm.* E. v. 22.12.1987, ABl. 1988 Nr. L 65/19, Rdnr. 81 – *Eurofix-Bauco/Hilti* (bestätigt durch EuG U. v. 12.12.1991, Slg. 1991, II-1439 und EuGH U. v. 2.3.1994, Slg. 1994, I-667).

[482] EuG U. v. 9.9.2009, Slg. 2009, II-3155, Rdnr. 150 ff. – *Clearstream Banking u. Clearstream International/Komm.*

[483] EuGH U. v. 17.7.1997, Slg. 1997, I-4449, Rdnr. 38 – *GT-Link/DSB.*

[484] EuGH U. v. 14.2.1978, Slg. 1978, 207, Rdnr. 227/233 – *United Brands/Komm.*

[485] EuGH U. v. 9.11.1983, Slg. 1983, 3461, Rdnr. 57 – *Michelin/Komm.;* 14.11.1996, Slg. 1996, I-5951, Rdnr. 24 – *Tetra Pak/Komm.;* 2.4.2009, Slg. 2009, I-2369, Rdnr. 105 – *France Télécom/Komm.;* 17.2.2011, Slg. 2011, I-527 (Rdnr. 84) – *Konkurrensverket/TeliaSonera Sverige;* 6.12.2012, Rs C-457/10 P, ECLI:EU:C:2012:770, Rdnr. 98 – *AstraSeneca/Komm.*

[486] EuGH U. v. 3.7.1991, Slg. 1991, I-3359 (Rdnr. 76 ff.) – *Akzo/Komm.*

[487] Vgl. hierzu auch EuGH U. v. 16.3.2000, Slg. 2000, I-1365 (Rdnr. 117 ff.) – *Companie maritime belge u. a./Komm.*

[488] EuGH U. v. 3.7.1991, Slg. 1991, I-3359 (Rdnr. 114) – *Akzo/Komm.;* vgl. zu Kampfpreisen Rdnr. 114 ff.

Unternehmen bevorteilt werden **(Grenzrabatte).**[489] Die diskriminierende Gewährung wirtschaftlicher Vorteile seitens beherrschender Unternehmen zwecks Behinderung oder sogar Verdrängung von eigenen Wettbewerbern ist oftmals mit dem Streben nach ausschließlichem Bezug verbunden. Ein typisches Beispiel solchen Verhaltens sind **„Treuerabatte".**[490] Gewährt ein beherrschendes Unternehmen solchen Handelspartnern wirtschaftliche Vorteile, die sich faktisch, d. h. ohne rechtliche Verpflichtung, ausschließlich bei ihm bevorraten, erfüllt es den Tatbestand des Art. 102 Satz 2 lit. c AEUV, weil hierdurch Handelspartnern gegenüber unterschiedliche Bedingungen bei gleichwertigen Leistungen angewandt werden.[491] So bot zB *Hilti* einigen Hauptkunden seiner Wettbewerber besonders günstige Bedingungen an, um deren Loyalität zu gewinnen, wobei einige Produkte sogar kostenlos gegeben wurden.[492] Einem gleichen wirtschaftlichen Zweck, der mit gegenteiligen Mitteln durchgesetzt wird, dienen Diskriminierungen als Sanktion gegenüber Handelspartnern, die Geschäftsbeziehungen zu Wettbewerbern des beherrschenden Unternehmens unterhalten.[493] Diese Art missbräuchlichen Verhaltens stellt sich auch in der Form von Lieferverweigerungen dar.[494]

Die Anwendung **diskriminierender Preise** durch ein Unternehmen in beherrschender Stellung in einem bestimmten relevanten Markt, der mehrere Mitgliedstaaten umfasst, aus Gründen der geographischen Niederlassung der Abnehmer, ist in besonderem Maße mit dem Binnenmarkt unvereinbar.[495] Das gleiche gilt, wenn ein solches Unternehmen für bestimmte Dienste unterschiedliche Tarife anwendet, je nachdem ob die Abnehmer diese Dienste für die Erbringung von inländischen oder von Leistungen in anderen Mitgliedstaaten verwenden.[496] Schließlich kann das wirtschaftliche Interesse eines beherrschenden Unternehmens mit dem bestimmter Handelspartner, insbesondere mit dem Interesse seiner Vertriebshändler, übereinstimmen. Eine solche Lage ergibt sich zB, wenn die Vertragspartner ein gemeinsames Interesse daran haben, Teile des EU-Binnenmarktes gegeneinander abzuschotten. Ein taugliches Mittel, um eine solche Marktaufteilung zu erreichen, ist u. a. die Verweigerung von **Garantieleistungen** für technische Waren, die sachlich oder nach dem Handelsbrauch üblicherweise mit einer derartigen zusätzlichen Leistung verbunden sind. Dies ist diskriminierend.[497] Die Gewährung eines Preisnachlasses, der von der **subjektiven Beurteilung** durch das Unternehmen in beherrschender Stellung abhängt, ob der Händler seine Verpflichtungen, die Anspruch auf den Preisnachlass eröffnen, eingehalten hat, ermöglicht es dem Unternehmen in beherrschender Stellung, die Händler unter Druck zu setzen und den Mechanismus gegebenenfalls auf diskriminierende Weise zu nutzen.[498] 96

---

[489] *Komm.* E. v. 14.5.1997, ABl. 1997 L 258/1 (Rdnr. 128 ff.) – *Irish Sugar* (bestätigt durch EuG U. v. 7.10.1999, Slg. 1999, II-2969, u. EuGH Beschluss v. 10.7.2001, Slg. 2001, I-5333).

[490] S. dazu Rdnr. 109.

[491] EuGH U. v. 16.12.1975, Slg. 1975, 1663, Rdnr. 523 – *Suiker Unie u. a./Komm.;* 13.2.1979, Slg. 1979, 461, Rdnr. 90 – *Hoffmann-La Roche/Komm.;* 9.11.1983, Slg. 1983, 3461, Rdnr. 71 – *Michelin/Komm.;* EuG U. v. 17.12.2003, Slg. 2003, II-5917, Rdnr. 233 ff. – *British Airways/Komm.* (bestätigt durch EuGH U. v. 15.3.2007, Slg. 2007, I-2331).

[492] *Komm.* E. v. 22.12.1987, ABl. 1988 Nr. L 65/19, Rdnr. 80 – *Eurofix-Bauco/Hilti* (bestätigt durch EuG U. v. 12.12.1991, Slg. 1991, II-1439 u. EuGH U. v. 2.3.1994, Slg. 1994, I-667).

[493] EuG U. v. 1.4.1993, Slg. 1993, II-389, Rdnr. 119 – *BPB Industries u. British Gypsum/Komm.* (bestätigt durch EuGH U. v. 6.4.1995, Slg. 1995, I-865).

[494] EuG U. v. 12.6.1997, Slg. 1997, II-923, Rdnr. 124 – *Ladbroke/Komm.;* vgl. näher zu Lieferverweigerungen Rdnr. 77 ff.

[495] EuG U. v. 6.10.1994, Slg. 1994, II-755, Rdnr. 160 – *Tetra Pak/Komm.* (bestätigt durch EuGH U. v. 14.11.1996, Slg. 1996, I-5951); *Komm.* E. v. 5.3.2014, COMP 39.984, ABl. 2014 Nr. C 314/7 (Zusammenfassung), Rdnr. 13 ff. – *OPCOM/Romanian Power Exchange;* vgl. dazu auch IP/14/2014.

[496] EuGH U. v. 17.5.1994, Slg. 1994, I-1783, Rdnr. 38 – *Corsica Ferries/Porto di Genova.*

[497] *Komm.* E. v. 22.12.1987, ABl. 1988 L 65/19, Rdnr. 44, 79 – *Eurofix-Bauco/Hilti* (bestätigt durch EuG U. v. 12.12.1991, Slg. 1991, II-1439 u. EuGH U. v. 2.3.1994, Slg. 1994, I-667).

[498] EuG U. v. 30.9.2003, Slg. 2003, II-4071, Rdnr. 140 – *Michelin/Komm.*

97 *ee) Die Rechtfertigung unterschiedlicher Geschäftsbedingungen.* Wendet ein beherrschendes Unternehmen im selben relevanten Markt unterschiedliche Bedingungen bei gleichwertigen Leistungen gegenüber Handelspartnern an, können objektive Umstände bewirken, dass ein solches Verhalten dem Diskriminierungsverbot entzogen ist.[499] In der Regel handelt es sich dabei um unterschiedliche Kosten, die dem beherrschenden Unternehmen im Zusammenhang mit den verglichenen Leistungen entstanden sind, und die den unterschiedlichen Geschäftsbedingungen zugrunde liegen. So hat die Kommission zB in der Sache *Lotsentarife* anhand zweier Berechnungsmethoden sehr ausführlich die Kosten analysiert und verglichen, die dem Lotsenkorps des Hafens von Genua bezüglich der Lotsendienste für verschiedene Seeschifffahrtsunternehmen entstanden waren.[500] Die Einsparung von Kosten darf an Handelspartner weitergegeben werden, die beim beherrschenden Unternehmen weniger Kosten als andere verursachen. Spart ein beherrschendes Unternehmen Finanzierungskosten, weil ein bestimmter Abnehmer eigene Garantieleistungen gewährt, dürfen diese Ersparnisse in den Geschäftsbedingungen mit den betreffenden Handelspartnern berücksichtigt werden.[501] Eine Rechtfertigung des unterschiedlichen Verhaltens ist jedoch ausgeschlossen, wenn das beherrschende Unternehmen die Kostenunterschiede selbst verursacht, indem es zB **Rationalisierungsmaßnahmen** ergreift, die nur bestimmten Abnehmern zugute kommen, ohne dass dafür eine betriebswirtschaftliche Notwendigkeit ersichtlich ist.[502] Unterschiedliche Kosten der Handelspartner eines beherrschenden Unternehmens können keine unterschiedlichen Geschäftsbedingungen des letzteren rechtfertigen.[503] So handelt ein beherrschendes Unternehmen missbräuchlich, wenn es Abnehmer, die im Nachfragewettbewerb stehen, deshalb diskriminiert, weil diese in ihren jeweiligen Absatzgebieten unterschiedlichen Marktbedingungen ausgesetzt sind.[504] Vorteile, die ein beherrschendes Unternehmen aus rechtswidrigem Verhalten erlangt, wie zB die Erfüllung von Absatzzielen seiner Abnehmer, die Rabattzahlungen auslösen **(Zielrabatte),** stellen keine objektiven Rechtsfertigungsgründe dar.[505]

98 *d) Die an den Abschluss von Verträgen geknüpfte Bedingung, dass die Vertragspartner zusätzliche Leistungen annehmen, die weder sachlich noch nach dem Handelsbrauch in Beziehung zum Vertragsgegenstand stehen (Art. 102 Satz 2 lit. d AEUV). aa) Allgemeines.* Macht ein beherrschendes Unternehmen bei der Anbahnung eines Austauschvertrags oder in einem solchen Vertrag die Gewährung einer Leistung (Hauptgeschäft) von der Abnahme einer „zusätzlichen" Leistung (Zusatzgeschäft) abhängig **(Kopplungsgeschäft),** verhält es sich grundsätzlich missbräuchlich iSv Art. 102 Satz 2 *lit. d* AEUV. Verweigert ein beherrschendes Unter nehmen den Abschluss von Verträgen, wenn eine solche zusätzliche Bedingung nicht erfüllt wird, begeht es in der Regel ebenfalls einen solchen Missbrauch.[506] Eine Leistung ist „zusätzlich", wenn die Ware oder Dienstleistung, die Gegenstand des Zusatzgeschäfts ist, zu einem anderen Produktmarkt als die Leistung des Hauptgeschäfts gehört,[507] bzw. wenn beide Erzeugnisse je nach Bedarf aus Abnehmersicht getrennt gekauft wer-

---

[499] EuG U. v. 6.10.1994, Slg. 1994, II-755, Rdnr. 163ff., 207 – *Tetra Pak/Komm.* (bestätigt durch EuGH U. v. 14.11.1996, Slg. 1996, I-5951); vgl. näher zur Rechtfertigung von Verhaltensweisen, die ihrer Art nach missbräuchlich sind, Rdnr. 53ff.

[500] *Komm.* E. v. 21.10.1997 ABl. 1997 L 301/27, Rdnr. 14ff – *Lotsentarife im Hafen von Genua.*

[501] EuGH U. v. 13.2.1979, Slg. 1979, 461, Rdnr. 96 – *Hoffmann-La Roche/Komm.*

[502] EuG U. v. 21.10.1997, Slg. 1997, II-1689, Rdnr. 88f. – *Deutsche Bahn/Komm.* (bestätigt durch EuGH B. v. 27.4.1999, Slg. 1999, I-2387).

[503] Vgl. hierzu zB EuGH U. v. 14.2.1978, Slg. 1978, 207, Rdnr. 227/233f. – *United Brands/Komm.*

[504] EuGH U. v. 14.2.1978, Slg. 1978, 207, Rdnr. 227/233 – *United Brands/Komm.*

[505] EuG U. v. 17.12.2003, Slg. 2003, II-5917, Rdnr. 239 – *British Airways/Komm.* (bestätigt durch EuGH U. v. 15.3.2007, Slg. 2007, I-2331 – *British Airways/Komm.*); vgl. Rdnr. 111.

[506] Vgl. näher zur Lieferverweigerung Rdnr. 60.

[507] EuGH U. v. 13.2.1979, Slg. 1979, 461 – *Hoffmann-La Roche/Komm.* (Vitamine verschiedener Gruppen), 14.11.1996, Slg. 1996, I-5951 – *Tetra Pak/Komm.* (Verpackungsmaschinen/Verpackungsmaterial); 2.3.1994, Slg. 1994, I-667 – *Hilti/Komm.* (Kartuschen/Bolzen).

den.[508] Dagegen gelten bei **zusammengesetzten Leistungen** die einzelnen Teile grundsätzlich nicht als selbständige Leistungen, wenn für die zusammengesetzte Leistung ein eigener Produktmarkt besteht: Ein Auto besteht aus vielen Teilen, die (als Ersatzteile) einzeln gekauft werden können. Ein Auto gehört jedoch zu einem anderen Produktmarkt als seine Einzelteile, wenn diese fest eingebaut sind. Wird eine zusammengesetzte Leistung angeboten, für die kein eigener Markt besteht, sondern die aus Waren und/oder Dienstleistungen zusammengesetzt ist, die einzeln zu verschiedenen Produktmärkten gehören, gelten die einzelnen Teile als Haupt- und Zusatzleistung, die gekoppelt werden **(technische Kopplung):** So bot *Microsoft* sein Windows-Betriebssystem nur zusammen mit seinem eigenen Mediaplayer an. Die Kommission ging davon aus, dass kein eigener Markt für Computerbetriebssysteme mit integriertem Mediaplayer bestand, so dass es sich um zwei verschiedene Leistungen handelte, die *Microsoft* koppelte.[509] Das EuG bestätigte diese Ansicht.[510] Als **Bündelung** bezeichnet man in der Regel die Art und Weise, wie das marktbeherrschende Unternehmen seine Produkte anbietet und die Preise gestaltet. Bei „reiner" Bündelung sind die Produkte nur im Bündel bzw. im Paket in festgelegten Mengenverhältnissen erhältlich. Bei „gemischter" Bündelung, oft auch als „Bündel- oder Paketrabatt" bezeichnet, werden die Produkte zwar auch separat angeboten, aber die Summe der Preise im Einzelverkauf ist höher als der Preis bei einer Produktbündelung. Kopplung und Bündelung gehören zu den **kartellrechtlichen Prioritäten** der Kommission[511] Eine Kopplung/Bündelung kann auch dann missbräuchlich sein, wenn die zusätzliche Leistung nicht gewinnbringend[512] bzw. sogar (für den Abnehmer) **kostenlos** ist.[513] Die beherrschende Stellung wird in der Regel im Markt des Hauptgeschäfts bestehen. Kopplungsgeschäfte werden jedoch auch von Unternehmen geschlossen, die eine beherrschende Stellung im Markt der zusätzlichen Leistung innehaben. In solchen Fallgestaltungen gewährt ein Unternehmen seinen Abnehmern Waren und Dienstleistungen zu besonders günstigen Bedingungen, für die es nicht beherrschend ist, unter der Voraussetzung, dass diese auch Leistungen zu desses Bedingungen beziehen, für die das Unternehmen beherrschend ist **(Lockpreise).**[514]

Es ist nicht erforderlich, dass die Abnahme der zusätzlichen Leistung in einem einzigen Vertrag oder überhaupt vertraglich vereinbart wird. Die Gewährung wirtschaftlicher Vorteile im Zusammenhang mit dem Verkauf oder der Vermietung von Gütern, für die das anbietende Unternehmen beherrschend ist, unter der Bedingung, dass die Kunden andere Waren oder Dienstleistungen ebenfalls abnehmen, ist ausreichend. Missbräuchlich sind somit zB Rabatte auf die Kosten für technische Unterstützung sowie Instandhaltung und Modernisierung von verkauften oder die teilweise Verminderung der Miete für überlassene Güter, falls solche zusätzlichen Leistungen abgenommen werden.[515] Das gleiche gilt für Rabatte und sonstige Preisnachlässe, die ein beherrschendes Unternehmen unter der Be- **99**

[508] Generaldirektion Wettbewerb der *Komm.*, Diskussionspapier über die Anwendung des (jetzt) Art. 102 AEUV auf Behinderungsmissbräuche, Dezember 2005, http://ec.europa.eu/competition/antitrust/art82/discpaper2005.pdf (zuletzt besucht am 18.12.2014).

[509] *Komm.* E. v. 24.3.2004, COMP/37.792, Website-Veröffentlichung, Rdnr. 792 ff., 794 – *Microsoft*.

[510] EuG U. v. 17.9.2007, Slg. 2007, I-3601, Rdnr. 850 ff. – *Microsoft/Komm.*

[511] Vgl. Mitteilung der Komm., Erläuterungen zu den Prioritäten der Kommission bei der Anwendung von Art. 82 des EG-Vertrags (jetzt: Art. 102 AEUV) auf Fälle von Behinderungsmissbrauch durch marktbeherrschende Unternehmen, ABl. 2009 Nr. C 45/7, Rdnr. 47 ff.

[512] Vgl. zu einem solchen Einwand EuGH U. v. 31.5.1979, Slg. 1979, 1869, Rdnr. 13 – *Hugin/Komm.*

[513] *Komm.* E. v. 24.3.2004, COMP/37.792, Website-Veröffentlichung, Rdnr. 792 ff., bestätigt durch EuG U. v. 17.9.2007, Slg. 2007, I-3601, Rdnr. 850 ff. – *Microsoft/Komm.*

[514] EuGH U. v. 3.7.1991, Slg. 1991, I-3359, Rdnr. 122 ff. – *Akzo/Komm.*; vgl. auch EuG U. v. 1.4.1993, Slg. 1993, II-389, Rdnr. 92 f. – *BPB Industries u. British Gypsum/Komm.* (bestätigt durch EuGH U. v. 6.4.1995, Slg. 1995, I-865); zu „Lockpreisen" als Kampfpreise vgl. Rdnr. 120.

[515] EuG U. v. 6.10.1994, Slg. 1994, II-755, Rdnr. 135 – *Tetra Pak/Komm.* (bestätigt durch EuGH U. v. 14.11.1996, Slg. 1996, I-5951).

dingung gewährt, dass verschiedene Produkte abgenommen werden" („Gesamtrabatte).[516] Schließlich entstehen die gleichen wettbewerbsbeschränkenden Wirkungen, wenn ein beherrschendes Unternehmen eine bestimmte Leistung nur mit einer bestimmten Zusatzleistung als Einheit (zusammengesetzte Leistung) anbietet.

100 Ein typisches Kopplungsgeschäft ist die Verbindung von Verkauf oder Vermietung technischer Geräte mit den eventuell erforderlichen Instandhaltungs- bzw. Reparaturarbeiten und der Lieferung von Ersatzteilen.[517] Auch die Verpflichtung, Material vom beherrschenden Hersteller abzunehmen, der die Geräten liefert, auf denen das Material verarbeitet werden soll, ist ein solches Geschäft.[518] Ein beherrschendes Unternehmen verstößt ebenfalls gegen Art. 102 AEUV, wenn es Waren nur frei Haus liefert und sich somit die Transportleistung vorbehält.[519] Das gleiche gilt für die Aufnahme in ein rechnergestütztes Flugreservierung-System, wenn hieran die Bedingung geknüpft wird, auch die Bodendienstabfertigung (Groundhandling) des beherrschenden Systembetreibers in Anspruch zu nehmen.[520] Wird seitens eines beherrschenden Unternehmens der Verkauf patentierter Kartuschenstreifen für Bolzenschussgeräte davon abhängig gemacht, dass eine entsprechende Menge Bolzen bestellt wird, so ist dieses Verhalten grundsätzlich missbräuchlich.[521] Beherrschende Hersteller von elektronischen Rechnern dürfen ihr Angebot nicht an die Abnahme von Hauptspeicherbausteinen oder bestimmter Software koppeln, wenn die zusätzlichen Leistungen auch von anderen Herstellern bezogen werden können.[522] *Microsoft,* ein Hersteller in beherrschender Stellung bezüglich bestimmter Software, war es aufgrund von Art. 102 AEUV verwehrt, diese nur zusammen mit anderen Rechnerprogrammen anzubieten.[523] Die Kommission untersagte *Michelin,* einem marktbeherrschenden LKW/Bus-Reifen-Hersteller, Händler mittels Preisnachlässen für Neureifen zu veranlassen, ihn als Runderneuerer zu wählen.[524] *The* Coca-*Cola Company* verpflichtete sich gegenüber der Kommission, von ihren Kunden nicht zu verlangen, neben ihren Hauptmarken auch andere von ihr vertriebenen Getränke abzunehmen **(Sortimentsverpflichtung).**[525]

101 *bb) Kopplungsgeschäfte, die sachlich in Beziehung zum Vertragsgegenstand stehen.* Die Erzwingung der Abnahme zusätzlicher Leistungen im Zusammenhang mit dem Verkauf bestimmter Waren oder Dienstleistungen stellt keinen Missbrauch dar, wenn Haupt- und Zusatzgeschäft ein **untrennbares integriertes System** bilden.[526] Lizenzen und Waren oder Dienstleistungen, die zur Herstellung der geschützten Güter erforderlich sind, bilden solche „Systeme". Beherrschende Inhaber von Immaterialgüterrechten dürfen demnach grundsätzlich Lizenzen unter einer solchen Bedingung erteilen.

102 Kopplungsgeschäfte rechtfertigen sich in der Regel nicht aus Gesichtspunkten des Gesundheitsschutzes oder sonstiger öffentlicher Interessen. Es ist nicht Sache von Unter-

---

[516] EuGH U. v. 13.2.1979, Slg. 1979, 461, Rdnr. 111 – *Hoffmann-La Roche/Komm.;* vgl. auch *Komm.* E. v. 22.12.1987, ABl. 1988 L 65/19, Rdnr. 33ff, 75 – *Eurofix-Bauco/Hilti* (bestätigt durch EuG U. v. 12.12.1991, Slg. 1991, II-1439 und EuGH U. v. 2.3.1994, Slg. 1994, I-667).

[517] EuG U. v. 6.10.1994, Slg. 1994, II-755, Rdnr. 135 – *Tetra Pak/Komm.* (bestätigt durch EuGH U. v. 14.11.1996, Slg. 1996, I-5951); vgl. auch *Komm.* E v 8.12.1977, ABl. 1978 Nr. L 22/23 – *Hugin/Lipton* (aus anderen Gründen aufgehoben durch EuGH U. v. 31.5.1979, Slg. 1979, 1869); 27. WB, 1997, Rdnr. 69 – *Digital.*

[518] EuGH U. v. 14.11.1996, Slg. 1996, I-5951, Rdnr. 34ff. – *Tetra Pak/Komm.*

[519] *Komm.* E. v. 18.7.1988, ABl. 1988 Nr. L 284/41, Rdnr. 69ff. – *Napier Brown/British Sugar.*

[520] *Komm.* E. v. 4.11.1988, ABl. 1988 Nr. L 317/47, Rdnr. 31 – *London European/Sabena.*

[521] *Komm.* E. v. 22.12.1987, ABl. 1988 Nr. L 65/19, Rdnr. 30ff., 75 – *Eurofix-Bauco/Hilti* (bestätigt durch EuG U. v. 12.12.1991, Slg. 1991, II-1439 u. EuGH U. v. 2.3.1994, Slg. 1994, I-667).

[522] *Komm.,* 14. WB, 1984, Rdnr. 94f. – *IBM.*

[523] EuG U. v. 17.9.2007, Slg. 2007, II-3601, Rdnr. 850ff. – *Microsoft/Komm.*

[524] EuG U. v. 30.9.2003, Slg. 2003, II-4071, Rdnr. 163, 221ff. – *Michelin/Komm.*

[525] Vgl. *Komm.* E. v. 22.6.2005, ABl. 2005 Nr. L 253/21, Rdnr. II. A. 5. der Verpflichtungszusage – *Coca-Cola.*

[526] EuG U. v. 6.10.1994, Slg. 1994, II-755, Rdnr. 82f. – *Tetra Pak/Komm.* (bestätigt durch EuGH U. v. 14.11.1996, Slg. 1996, I-5951).

nehmen zu entscheiden, dass Verbrauchsgüter wie zB Kartons zur Abfüllung von Lebensmitteln, um Anforderungen des Allgemeininteresses zu genügen, zusammen mit den Abfüllmaschinen ein untrennbares integriertes System bilden.[527] Jedem Unternehmen steht es nämlich in Ermangelung zwingender Rechtsnormen und allgemeiner Regeln frei, Verbrauchsgüter herzustellen, die zur Verwendung in von anderen Unternehmen hergestellten Geräten bestimmt sind, es sei denn, dass es damit ein dem Schutz des geistigen Eigentums dienenendes Recht eines Wettbewerbers verletzt.[528] Einem Unternehmen in beherrschender Stellung ist ebenfalls verwehrt, Maßnahmen zu ergreifen, um Produkte zu eliminieren, die es zu Recht oder Unrecht im Vergleich zu eigenen Erzeugnissen aus **technischen Gründen** für qualitativ minderwertig hält.[529] Bei hochwertigen technischen Geräten, wie zB bei Autos, wird die Verwendung von **Originalersatzteilen** während der Garantiezeit jedoch regelmäßig als sachlich gerechtfertigt anzusehen sein.

cc) Kopplungsgeschäfte, die nach dem Handelsbrauch in Beziehung zum Vertragsgegenstand stehen. **103**
Ein beherrschendes Unternehmen darf sich „normal" verhalten.[530] Hierzu gehört grundsätzlich auch ein Verhalten, das an den im Handelsverkehr geltenden **Gewohnheiten und Gebräuchen,** und somit am Handelsbrauch, ausgerichtet ist. Das Bestehen eines Handelsbrauchs ist dann anzunehmen, wenn sich Unternehmen in bestimmten Lagen im Allgemeinen gleich verhalten und das abweichende Verhalten allgemein als Zuwiderhandlung gegen eine **„faktische" Norm** angesehen wird. Werden bestimmte Waren oder Dienstleistungen durchweg nur in Verbindung mit zusätzlichen Leistungen vermarktet, kann dieser Umstand auf einen Handelsbrauch hinweisen. Gibt es aber Unternehmen, die allein die zusätzlichen Leistungen anbieten, ist diese Vermutung widerlegt.[531] Das Bestehen eines Handelsbrauchs genügt aber nicht in jedem Fall, um Kopplungsverkäufe eines Unternehmens in beherrschender Stellung zu rechtfertigen. Da die Aufzählung der missbräuchlichen Verhaltensweisen in Art. 102 Satz 2 AEUV nicht abschließend ist,[532] kann in Ausnahmefällen ein Handelsbrauch, der **auf einem von Wettbewerb geprägten Markt** erlaubt ist, in einem Markt, in dem der Wettbewerb wegen der beherrschenden Stellung bereits eingeschränkt ist, verboten sein.[533] Folglich kann ein Kopplungsverkauf von zwei Erzeugnissen auch dann einen Missbrauch iSv Art. 102 AEUV darstellen, wenn er dem Handelsbrauch entspricht, es sei denn, dass er objektiv gerechtfertigt ist.[534] In einem monopolistischen Markt kann jedoch von vornherein kein „Handelsbrauch" iSv Art. 102 AEUV bestehen.[535] Geben marktbeherrschende Unternehmen ihre durch die Kopplungs- und Bündelungspraxis ermöglichten Kosteneinsparungen in Produktion und/oder Vertrieb an die Verbraucher weiter

[527] EuG U. v. 6.10.1994, Slg. 1994, II-755, Rdnr. 82f. – *Tetra Pak/Komm.* (bestätigt durch EuGH U. v. 14.11.1996, Slg. 1996, I-5951).

[528] EuG U. v. 12.12.1991, Slg. 1991, II-1439, Rdnr. 68 – *Hilti/Komm.* (bestätigt durch EuGH U. v. 2.3.1994, Slg. 1994, I-667).

[529] EuG U. v. 12.12.1991, Slg. 1991, II-1439, Rdnr. 118 – *Hilti/Komm.* (bestätigt durch EuGH U. v. 2.3.1994, Slg. 1994, I-667); 6.10.1994, Slg. 1994, II-755, Rdnr. 138 – *Tetra Pak/Komm.* (bestätigt durch EuGH U. v. 14.11.1996, Slg. 1996, I-5951).

[530] EuGH U. v. 13.2.1979, Slg. 1979, 461, Rdnr. 91 – *Hoffmann-La Roche/Komm.;* 9.11.1983, Slg. 1983, 3461, Rdnr. 70 – *Michelin/Komm.;* 16.7.2015, Rs C-170/13, ECLI:EU:C:2015:477; Rdnr. 45 – *Huawei Technologies/ZTE;* EuG U. v. 6.10.1994, Slg. 1994, II-755, Rdnr. 124ff. – *Tetra Pak/Komm.* (bestätigt durch EuGH U. v. 14.11.1996, Slg. 1996, I-5951).

[531] EuG U. v. 6.10.1994, Slg. 1994, II-755, Rdnr. 82 – *Tetra Pak/Komm.* (bestätigt durch EuGH U. v. 14.11.1996, Slg. 1996, I-5951).

[532] EuGH U. v. 14.10.2010, Slg. 2010, I-5999, Rdnr. 173 – *Deutsche Telekom/Komm.;* 17.2.2011, Slg. 2011, I-527, Rdnr. 26 – *Konkurrensverket/TeliaSonera Sverige.*

[533] EuGH U. v. 13.2.1979, Slg. 1979, 461, Rdnr. 89f. – *Hoffmann-La Roche/Komm.;* 3.7.1991, Slg. 1991, I-3359, Rdnr. 149 – *Akzo/Komm.;* EuG U. v. 1.4.1993, Slg. 1993, II-389, Rdnr. 68 – *BPB Industries u. British Gypsum/Komm.* (bestätigt durch EuGH U. v. 6.4.1995, Slg. 1995, I-865); 6.10.1994, Slg. 1994, II-755, Rdnr. 137 – *Tetra Pak/Komm.* (bestätigt durch EuGH U. v. 14.11.1996, Slg. 1996, I-5951).

[534] EuGH U. v. 14.11.1996, Slg. 1996, I-5951, Rdnr. 37 – *Tetra Pak/Komm.*

[535] EuG U. v. 17.9.2007, Slg. 2007, II-3601, Rdnr. 910 – *Microsoft/Komm.*

bzw. verringern solche Verhaltensweisen die Transaktionskosten der Abnehmer wesentlich, die andernfalls die einzelnen Komponenten separat kaufen müssten, kann dies unter anderen Umständen missbräuchliche Verhalten wegen überwiegender Effizienzvorteile (objektiv) gerechtfertigt sein. Das Gleiche gilt, wenn die Zusammenstellung zweier separater Produkte zu einem neuen einzigen Produkt die Vermarktung eines solchen neuen Produkts erleichtert, was den Wettbewerb zum Vorteil der Verbraucher stärkt.[536]

104 *e) Ausschließlichkeitsbindungen. aa) Allgemeines.* Kaufverträge zwischen Nicht-Wettbewerbern sind kartellrechtlich neutrale vertikale Bezugsvereinbarungen.[537] Sie „verdrängen" zwar den im Wettbewerb unterliegenden Wettbewerber; in ihnen erfüllt sich aber die Funktion des Wettbewerbs. Kartellrechtlich relevant werden Bezugsvereinbarungen dann, wenn die Parteien über die Befriedigung eines konkreten, eindeutig überschaubaren Bedürfnisses hinaus die Erfüllung zukünftiger ungewisser Bedürfnisse sichern, für die wegen der noch bestehenden Ungewissheit der Produkt- bzw. Dienstleistungswettbewerb (noch) nicht zum Zuge kommt. Marktbeherrschende Unternehmen können versuchen, ihre Wettbewerber vom Markt auszuschließen, indem sie mit ihren Abnehmern Ausschließlichkeitsbindungen wie Alleinbezugsbindungen oder Rabatte vereinbaren, die bei tatsächlichem Alleinbezug gewährt werden. Die Wettbewerber des beherrschenden Unternehmens sind dann gehindert, an diese Abnehmer zu verkaufen. In solchen Fallgestaltungen wird der Produkt- bzw. Dienstleistungswettbewerb durch Wettbewerb zwecks Erlangung von vertraglicher oder tatsächlicher Ausschließlichkeit ersetzt. Das Einverständnis der Abnehmer zum ausschließlichen Bezug kann auf sehr unterschiedlichen Erwägungen beruhen. In der Regel gewährt das marktbeherrschende Unternehmen solchen Abnehmern jedoch wirtschaftliche Vorteile wie bedingte Rabatte, die es den Abnehmern, die nach eigener Entscheidung auch bei Wettbewerbern des beherrschenden Unternehmens beziehen, vorenthält. Eine selektive Vorteilsgewährung erfüllt somit u. U. auch den Diskriminierungstatbestand des Art. 102 Satz 2 lit. c AEUV. Die Anwendung des Art. 102 AEUV auf Ausschließlichkeitsbindungen zugunsten eines marktbeherrschenden Unternehmens ist gerechtfertigt, wenn diese für einen wettbewerbsrelevanten („erheblichen")[538] Teil der Umsätze eine Behinderung des Zugangs zum betroffenen Markt bedeuten. Das Vorgehen gegen Alleinbezugsbindungen und bedingte Rabatte gehört zu den **kartellrechtlichen Prioritäten** der *Kommission.*[539]

105 *bb) Alleinbezugsbindungen.* Nach ständiger Rechtsprechung nutzt ein beherrschendes Unternehmen seine Stellung iSv Art. 102 AEUV missbräuchlich aus, wenn es Abnehmer durch vertragliche Verpflichtung, ihren gesamten Bedarf oder einen Teil davon ausschließlich bei ihm zu beziehen, an sich bindet. In diesem Zusammenhang kommt es nicht darauf an, ob die fragliche Verpflichtung oder Zusage ohne weiteres oder gegen eine Vorteilsgewährung eingegangen worden ist.[540] Das gleiche gilt, wenn eine dem Wortlaut

---

[536] Vgl. Mitteilung der Komm., Erläuterungen zu den Prioritäten der Kommission bei der Anwendung von Art. 82 des EG-Vertrags (jetzt: Art. 102 AEUV) auf Fälle von Behinderungsmissbrauch durch marktbeherrschende Unternehmen, ABl. 2009 Nr. C 45/7, Rdnr. 62.

[537] Zu Kaufverträgen zwischen Wettbewerbern vgl. *Komm.* E. v. 22.2.2006, COMP/38.381, ABl. 2006 Nr. L 205/24 (Zusammenfassung) – *De Beers;* vgl. dazu EuGH U. v. 29.6.2010, Slg. 2010, I-5944 – *Komm./Alrosa.*

[538] EuG U. v. 9.9.2010, Slg. 2010, II-4361, Rdnr. 243 – *Tomra Systems/Komm.*: „… durch die Praktiken der Klägerinnen … im Durchschnitt ein beträchtlicher Teil – zwei Fünftel – der gesamten Nachfrage abgeschottet wurde", (bestätigt durch EuGH U. v. 19.4.2012, Rs C-549/10 P, ECLI:EU:C:2012:221 – *Tomra Systems/Komm.*); 12.6.2014, Rs T-286/09, ECLI:EU:T:2014:547, Rdnr. 72 f. – *Intel/Komm.*

[539] Mitteilung der Komm., Erläuterungen zu den Prioritäten der Kommission bei der Anwendung von Art. 82 des EG-Vertrags (jetzt: Art. 102 AEUV) auf Fälle von Behinderungsmissbrauch durch marktbeherrschende Unternehmen, ABl. 2009 Nr. C 45/7, Rdnr. 32 ff.

[540] EuG U. v. 1.4.1993, Slg. 1993, II-389, Rdnr. 68 – *BPB Industries u. British Gypsum/Komm.* (bestätigt durch EuGH U. v. 6.4.1995, Slg. 1995, I-865); vgl. zB auch *Komm.* E. v. 19.12.1990, ABl.

nach schwächere vertragliche Bindung durch die Gewährung von Rabatten verstärkt wird, die eigens zu diesem Zweck vereinbart werden.[541] In der Sache *Hoffmann-La Roche* teilte der EuGH die missbräuchlichen Alleinbezugsverträge, was den Umfang der von den Abnehmern eingegangenen **Bezugsverpflichtungen** betraf, in verschiedene Gruppen ein. In einem Teil der Verträge verpflichteten sich die Abnehmer, ihren gesamten oder nahezu **gesamten Bedarf** an Vitaminen oder alle Vitamine mit Ausnahme von bestimmten Vitaminspezialitäten, ihren Gesamtbedarf an bestimmten ausdrücklich bezeichneten Vitaminen, einen im Vertrag angegebenen **Prozentsatz des Gesamtbedarfs** oder des Bedarfs an bestimmten bezeichneten Vitaminen bzw. den überwiegenden Teil ihres Gesamtbedarfs oder ihres Bedarfs an bestimmten Vitaminen beim beherrschenden Unternehmen zu beziehen. In anderen Verträgen verpflichteten sich die Abnehmer, *Roche* als Lieferanten zu privilegieren, oder versprachen, ihren Tochtergesellschaften den ausschließlichen Bezug zu empfehlen.[542] Sämtliche diese Vertragsgestaltungen sah der EuGH als missbräuchlich iSv Art. 102 AEUV an.[543]

Das Recht zur **Kündigung** eines ausschließlichen Bezugsvertrages bleibt bei seiner Be- **106**
urteilung aufgrund von Art. 102 AEUV im Allgemeinen außer Betracht.[544] Ein solches Recht steht nämlich der effektiven Durchführung des Vertrages nicht entgegen, solange von der Kündigungsmöglichkeit kein Gebrauch gemacht wurde.[545] Darüber hinaus ist ein Unternehmen in beherrschender Stellung in der Lage, seinen Kunden nicht nur den Abschluss solcher Verträge, sondern auch deren Weiterführung aufzuzwingen, so dass die rechtliche Möglichkeit der Kündigung in Wirklichkeit oftmals illusorisch ist.[546] Aus diesen Gründen schließt auch eine kurze Bindungsfrist nicht aus, eine Ausschließlichkeitsvereinbarung als Missbrauch iSv Art. 102 AEUV zu werten.[547] Desgleichen bewirkt eine **„Englische Klausel"** keine merkliche Milderung der Wettbewerbsverzerrung, welche ausschließliche Bezugsverpflichtungen beinhalten. Eine solche Klausel räumt zwar den Kunden das Recht ein, bei günstigeren Preisen von Dritten zu kaufen, wenn der Lieferant nicht in das Angebot einsteigt. Sie verpflichtet die Kunden aber, dem beherrschenden Unternehmen die günstigeren Angebote der Konkurrenz offen zu legen, so dass diesem die Identifizierung der Wettbewerber und ihrer Angebote erleichtert wird. Damit aber gelangt das beherrschende Unternehmen ohne weiteres in den Besitz von Informationen über die Marktlage sowie über die Möglichkeiten und das Vorgehen der Wettbewerber, die für ihre Marktstrategie außerordentlich wertvoll sein können.[548] Dieses Wettbewerbsproblem entsteht jedoch nicht, wenn ein zur Vertraulichkeit verpflichteter Dritten zwischengeschaltet wird. Schließlich muss ein Unternehmen in beherrschender Stellung, dem ein Ausschließ-

---

1991 Nr. L 152/21, Rdnr. 56ff. – *Soda-Solvay* (aus verfahrensrechtlichen Gründen aufgehoben durch EuG U. v. 29.6.1995, Slg. 1995, II-1825).

541 EuGH U. v. 13.2.1979, Slg. 1979, 461, Rdnr. 109 – *Hoffmann-La Roche/Komm.*

542 EuGH U. v. 13.2.1979, Slg. 1979, 461, Rdnr. 82ff. – *Hoffmann-La Roche/Komm.;* ähnlich EuGH U. v. 19.4.2012, Rs C-549/10 P, ECLI:EU:C:2012:221, Rdnr. 12ff. – *Tomra Systems/Komm.*

543 EuGH U. v. 13.2.1979, Slg. 1979, 461, Rdnr. 82ff. – *Hoffmann-La Roche/Komm.*

544 Vgl. jedoch *Komm.* E. v. 22.6.2005, ABl. 2005 Nr. L 253/21, Rdnr. II. C. der Verpflichtungszusage – *Coca-Cola.*

545 Vgl. zur diesbezüglichen Anwendung des Art. 81 EG (jetzt: Art. 101 AEUV) EuG U. v. 23.10.2003, Slg. 2003, II-4653, Rdnr. 159 – *Van den Bergh Foods/Komm.* (bestätigt durch EuGH B. v. 28.9.2006, Slg. 2006, I-9091 – *Unilever Bestfood/Komm.*).

546 EuG U. v. 1.4.1993, Slg. 1993, II-389, Rdnr. 73 – *BPB Industries u. British Gypsum/Komm.* (bestätigt durch EuGH U. v. 6.4.1995, Slg. 1995, I-865).

547 Die *Komm.* lässt diese Frage in ihrer E. v. 19.12.1990, ABl. 1991 Nr. L 152/21, Rdnr. 59 – *Soda-Solvay* (aus verfahrensrechtlichen Gründen aufgehoben durch EuG U. v. 29.6.1995, Slg. 1995, II-1825), offen.

548 EuGH U. v. 13.2.1979, Slg. 1979, 461, Rdnr. 107 – *Hoffmann-La Roche/Komm.; Komm.* E. v. 19.12.1990, ABl. 1991 Nr. L 152/21, Rdnr. 60f. – *Soda-Solvay* (aus verfahrensrechtlichen Gründen aufgehoben durch EuG U. v. 29.6.1995, Slg. 1995, II-1825); *Komm.*, 19. WB, 1989, Rdnr. 62 – *Industriegase.*

lichkeitsrecht zusteht, das mit seiner Zustimmung Abweichungen zulässt, von diesem Recht hinsichtlich des Marktzugangs Dritter angemessenen Gebrauch machen.[549] Die Vereinbarung ausschließlichen Bezugs zugunsten eines beherrschenden Unternehmens kann selbst dann einen Missbrauch darstellen, wenn das Angebot zum Abschluss der Vereinbarung vom Abnehmer ausgegangen ist.[550] Ausschließliche Liefer- und Andienungspflichten zugunsten beherrschender Unternehmen sind das Spiegelbild ausschließlicher Bezugspflichten. Die möglicherweise hiermit verbundenen Ausschlusswirkungen beruhen auf der wirtschaftlichen Bedeutung der gebundenen Lieferungen. Sichert sich ein beherrschendes Unternehmen bestimmte Werbeträger für ausschließlich eigenen Gebrauch, ist der Erwerb eines derartigen Rechts dann missbräuchlich, wenn dieser Werbeträger eine hinreichende wirtschaftliche Bedeutung hat.[551] Ausschließlichkeitswirkung können auch Vereinbarungen über die Gewährung von Verkaufsflächen entfalten.[552]

107 Im Fall *Tomra* ging es um ein Unternehmen, das Geräte zur Rücknahme gebrauchter Getränkeverpackungen (Reverse Vending Machines – RVM) herstellte, die die zugeführte Verpackung anhand bestimmter Parameter wie der Form und/oder des Strichcodes erkennen und das dem Kunden zu erstattende Pfand berechnen. Der Marktanteil von *Tomra* belief sich auf ein Vielfaches der Marktanteile ihrer Wettbewerber. *Tomra* hatte mit zahlreichen Supermarktketten Vereinbarungen geschlossen, die u.a. ausdrückliche oder *de facto* bestehende Ausschließlichkeitsbestimmungen, Verpflichtungen oder Zusagen der Kunden zur Abnahme von Mengen, die einem erheblichen Teil ihres Gesamtbedarfs entsprachen, oder auf den Bedarf der Kunden abgestimmte rückwirkende Rabattpläne beinhalteten bzw. mehrere dieser Elemente kombinierten. Das EuG stellte fest, dass die von *Tomra* geschlossenen Vereinbarungen einen beträchtlicher Teil (zwei Fünftel) der Gesamtnachfrage im relevanten Markt dem Wettbewerb entzogen und damit die Intensität des Wettbewerbs auf dem gesamten Markt beschränkt haben. Es bestätigte somit den Beschluss der Kommission, dass *Tomra* ihre beherrschende Stellung iSv Art. 102 AEUV missbraucht hatte. Der EuGH teilte diese Ansicht. Er fügte hinzu, dass die Abschottung eines erheblichen Teils des Marktes durch ein beherrschendes Unternehmen nicht mit dem Nachweis gerechtfertigt werden kann, dass der Teil des Marktes, der gewonnen werden kann, noch ausreichend Platz für eine begrenzte Zahl von Wettbewerbern biete.[553]

108 Ausschließlichen Bezug kann ein Unternehmen nicht nur vertraglich durch Verpflichtung oder Zusage, sondern auch **faktisch** durch Gewährung wirtschaftlicher Vorteile unter der Bedingung erlangen, dass sich seine Abnehmer ausschließlich bei ihm bevorraten.[554] Von Ausnahmefällen abgesehen zielen solche Fallgestaltungen darauf ab, wegen des Werts der in Aussicht gestellten Vorteile den Abnehmern die Wahl zwischen mehreren Bezugsquellen wirtschaftlich unmöglich zu machen oder zu erschweren und somit anderen Herstellern den Zugang zum Markt zu verwehren.[555] Der wirtschaftliche Druck, der von einem Unternehmen in beherrschender Stellung, das Vorteile mit solchen Merkmalen gewährt, auf die Händler ausgeübt, wird noch verstärkt, wenn dieses Unternehmen sehr

---

[549] EuG U. v. 8.10.1996, Slg. 1996, II-1201, Rdnr. 108 – *Compagnie Maritime Belge u. a./Komm.* (insoweit bestätigt durch EuGH U. v. 16.3.2000, Slg. 2000, I-1365).

[550] EuGH U. v. 13.2.1979, Slg. 1979, 461, Rdnr. 89, 115) – *Hoffmann-La Roche/Komm.;* 3.7.1991, Slg. 1991, I-3359, Rdnr. 149 – *Akzo/Komm.;* 27.4.1994, Slg. 1994, I-1477, Rdnr. 44 – *Gemeente Almelo u. a./Energiebedrijf Ijsselmij;* EuG U. v. 6.10.1994, Slg. 1994, II-755, Rdnr. 137 – *Tetra Pak/Komm.* (bestätigt durch EuGH U. v. 14.11.1996, Slg. 1996, I-5951).

[551] EuG U. v. 6.10.1994, Slg. 1994, II-755, Rdnr. 212 – *Tetra Pak/Komm.* (bestätigt durch EuGH U. v. 14.11.1996, Slg. 1996, I-5951).

[552] Vgl. *Komm.* E. v. 22.6.2005, ABl. 2005 Nr. L 253/21, Rdnr. II. B: 1. der Verpflichtungszusage – *Coca-Cola.*

[553] EuGH U. v. 19.4.2012, Rs C-549/10 P, ECLI:EU:C:2012:221, Rdnr. 42 – *Tomra Systems/Komm.*

[554] Vgl. *Komm.* E. v. 22.6.2005, ABl. 2005 Nr. L 253/21, Rdnr. II. A: 1. u. 2. der Verpflichtungszusage – *Coca-Cola.*

[555] EuGH U. v. 13.2.1979, Slg. 1979, 461, Rdnr. 89f. – *Hoffmann-La Roche/Komm.*

viel höhere Marktanteile hält als seine Wettbewerber.[556] Für die Wettbewerber dieses Unternehmens ist es insbesondere dann besonders schwierig, die vom beherrschenden Unternehmen gewährten wirtschaftlichen Vorteile zu überbieten, wenn diese am gesamten Umsatzvolumen orientiert sind. Aufgrund seines deutlich höheren Marktanteils ist das Unternehmen in beherrschender Stellung nämlich in der Regel ein **unumgänglicher Handelspartner** auf dem Markt. Um die Vertragspartner des Unternehmens in beherrschender Stellung auf ihre Seite zu ziehen oder von ihnen jedenfalls ein ausreichendes Auftragsvolumen zu erhalten, müssten diese Wettbewerber ihnen deutlich höhere Rabatte oder Prämien anbieten.[557] Zwar darf ein beherrschendes Unternehmen seine „treue" Kunden belohnen, allerdings ohne jedoch darauf abzustellen, ob sie auch mit Konkurrenten in Geschäftsverbindung stehen.[558] Die negative Bewertung der Gewährung wirtschaftlicher Vorteile für faktischen ausschließlichen Bezug ist nicht auf Geldzahlungen oder Preisnachlässe beschränkt. Andere Vorteile wie zB Lieferprioritäten für bestimmte, nicht notwendigerweise zum beherrschten Markt gehörende Waren oder Dienstleistungen im Falle von Lieferengpässen[559] stellen ebenso solche Vorteile dar.[560] Aus der Sicht der Abnehmer werden die **wirtschaftlichen Vorteile** durchweg den Nachteil des Alleinbezugs übertreffen und folglich die Erfüllung der an diese Vorteile geknüpften Bedingung des Alleinbezugs ihren wirtschaftlichem Interesse entsprechen.[561] In der Sache *Van den Bergh Foods* stellte die Leihe von Kühltruhen für die ausschließliche Lagerung und den Verkauf von Speiseeis des Verleihers einen Anreiz dar, Speiseeis insgesamt ausschließlich vom beherrschenden Speiseeishersteller zu beziehen, weil der Ankauf und die Wartung eigener Kühltruhen für den Speiseeisverkauf für die Abnehmer aufwendig gewesen wäre. Der Vorteil bestand darin, dass die Kühltruhen vom beherrschenden Unternehmen gewartet wurden, und dass die Leihe Einzelhändler von Kapitalerfordernissen – einschließlich des mit einer solchen Investition verbundenen Risikos – befreite.[562]

cc) Bedingte Rabatte, insbesondere Treuerabatte. An Bedingungen geknüpfte Rabatte werden Abnehmern gewährt, um sie für ein bestimmtes Abnahmeverhalten zu belohnen. Am häufigsten werden solche Rabatte eingeräumt, wenn die Abnahmemenge in einem vorgegebenen Zeitraum eine bestimmte Schwelle übersteigt; dabei ist zu unterscheiden zwischen Rabatten für die gesamte Bezugsmenge (rückwirkende Rabatte) und Rabatten, die erst für die Mengen oberhalb der Rabattschwelle gewährt werden (stufenweise Rabatte).[563] Sie sind ein typisches Beispiel von Vorteilsgewährung für faktischen ausschließlichen Bezug. So gewährte *Hoffmann-La Roche* **Treuerabatte,** die ausdrücklich an die Bedingung geknüpft waren, dass der jeweilige Vertragspartner während eines Referenzzeitraums seinen gesamten Bedarf an bestimmten Vitaminen oder jedenfalls den überwiegenden Teil davon bei diesem Unternehmen deckte. Ein solches Rabattsystem hat der EuGH als Missbrauch einer markt- 109

---

[556] EuGH U. v. 9.11.1983, Slg. 1983, 3461, Rdnr. 82 – *Michelin/Komm.*

[557] EuGH U. v. 9.11.1983, Slg. 1983, 3461, Rdnr. 82 – *Michelin/Komm.;* 15.3.2007, Slg. 2007, I-2331, Rdnr. 75 – *British Airways/Komm.*

[558] EuGH U. v. 29.6.1978, Slg. 1978, 1513, Rdnr. 32 – *BP u. a./Komm.*

[559] Vgl. Rdnr. 80.

[560] EuG U. v. 1.4.1993, Slg. 1993, II-389, Rdnr. 78 ff. – *BPB Industries u. British Gypsum/Komm.* (bestätigt durch EuGH U. v. 6.4.1995, Slg. 1995, I-865); zur Lieferpflicht bei Versorgungskrisen und Lieferengpässen vgl. Rdnr. 80.

[561] EuGH U. v. 13.2.1979, Slg. 1979, 461, Rdnr. 89 f. – *Hoffmann-La Roche/Komm.;* 9.11.1983, Slg. 1983, 3461, Rdnr. 71 – *Michelin/Komm.;* 6.4.1995, Slg. 1995, I-865, Rdnr. 11 (iVm Schlussanträge GA *Léger,* Rdnr. 52) – *BPB Industries u. British Gypsum/Komm.*

[562] EuG U. v. 23.10.2003, Slg. 2003, II-4653, Rdnr. 159 – *Van den Bergh Foods/Komm.* (bestätigt durch EuGH B. v. 28.9.2006, Slg. 2006, I-9091 – *Unilever Bestfood/Komm.*); vgl. auch *Komm.* E. v. 22.6.2005, ABl. 2005 Nr. L 253/21, Rdnr. II. E. 1. der Verpflichtungszusage – *Coca-Cola.*

[563] EuGH U. v. 6.10.2015, Rs C-23/14, ECLI:EU:C:2015:651, Rdnr. 22 ff. – Post Danmark/Konkurrencerådet; Mitteilung der Komm., Erläuterungen zu den Prioritäten der Kommission bei der Anwendung von Art. 82 des EG-Vertrags (jetzt: Art. 102 AEUV) auf Fälle von Behinderungsmissbrauch durch marktbeherrschende Unternehmen, ABl. 2009 Nr. C 45/7, Rdnr. 37.

beherrschenden Stellung angesehen und ausgeführt, dass *„die Gewährung von Treuerabatten, die die Abnehmer zum ausschließlichen Bezug bei dem Unternehmen in beherrschender Stellung veranlassen soll, … mit dem Ziel eines unverfälschten Wettbewerbs auf dem Gemeinsamen Markt unvereinbar"* sei.[564] Auch *CEWAL* gewährte Verladern einen Rabatt, wenn sie die Beförderung der Gesamtheit ihrer Waren durch diese Linienkonferenz akzeptierten.[565] Um eine Form von Treuerabatten handelt es sich auch, wenn Verträge einen Nachlass vorsehen, dessen Prozentsatz sich je nach dem erhöht, wie groß der Prozentsatz des Bedarfs des Abnehmers ist, der im Laufe eines bestimmten Zeitraums gedeckt wird.[566] Bei allen Treuerabatten ist es ohne Bedeutung, ob sie nachträglich oder bei jeder einzelnen Rechnung unmittelbar vergütet werden. Worauf es ankommt, ist die auf einem Verhalten des beherrschenden Unternehmens beruhende Erwartung des Abnehmers, einen Vorteil nur bei Alleinbezug zu erhalten.[567] **„Gruppenverpflichtungsrabatte“,** die an Einkaufsgemeinschaften unter der Bedingung gewährt werden, dass alle Mitglieder ausschließlich beim beherrschenden Unternehmen beziehen, verstärken die Wirkung von Treuerabatten.[568] Bei der Prüfung der Frage, ob ein Rabatt faktisch dem Abnehmer die Wahl zwischen mehreren Bezugsquellen unmöglich macht oder erschwert und somit anderen Herstellern den Zugang zum Markt verwehrt, ist danach zu unterscheiden, ob es sich um einen einheitlichen oder steigenden Rabatt handelt.[569] **Mengenrabatte,** die ausschließlich an den Umfang der bei einem Unternehmen in beherrschender Stellung getätigten Käufe anknüpfen, haben im Allgemeinen keine nach Art. 102 AEUV verbotene Abschottungswirkung.[570] Wenn die Erhöhung der Liefermenge zu einer Kostensenkung für den Lieferanten führt, darf dieser die Senkung nämlich durch einen günstigeren Preis an seinen Kunden weitergeben. Insoweit spiegeln Mengenrabatte den Zugewinn an Effizienz und Größenvorteilen wider, die vom Unternehmen in beherrschender Stellung erzielt werden.[571] So gewährte *Velux* allen Abnehmern in 20 Stufen dieselben Rabatte in Höhe von maximal 5%. Derartige Rabattsysteme sind im Allgemeinen nicht wettbewerbswidrig.[572] Unter besonderen Umständen können jedoch auch Mengenrabatte beherrschender Unternehmen missbräuchlich sein.[573] Die Berechnung solcher Rabatte darf nicht durch die Anwendung unterschiedlicher Bedingungen bei gleichwertigen Leistungen gegenüber Handelspartnern zu einem Verstoß gegen Art. 102 Abs. 2 lit. c AEUV führen.[574] Es ist zwar das Wesen von Mengenrabatten, dass den bedeutendsten Käufern oder Nutzern eines Erzeugnisses oder einer Dienstleistung die niedrigsten Stückpreise zugute kommen oder dass sie, was auf das Gleiche hinausläuft, höhere Ermäßigungen erhalten, als sie weniger bedeutenden Käufern oder Nutzern gewährt werden. Der bloße Umstand, dass Mengenrabatte im Ergebnis dazu führen, dass bestimmten Kunden bei bestimmten Mengen ein im Verhältnis zum unterschiedlichen Umfang der jeweiligen Käufe **höherer Ermäßigungssatz** zugute kommt als anderen, ist Teil eines solchen Systems und lässt für sich allein nicht den Schluss zu, dass das Rabattsystem **diskriminierend** ist.[575]

[564] EuGH U. v. 13.2.1979, Slg. 1979, 461, Rdnr. 89 f. – *Hoffmann-La Roche/Komm.*

[565] EuG U. v. 8.10.1996, Slg. 1996, II-1201, Rdnr. 183 ff. – *Companie Maritime Belge u. a./Komm.* (insoweit bestätigt durch EuGH U. v. 16.3.2000, Slg. 2000, I-1365).

[566] EuGH U. v. 13.2.1979, Slg. 1979, 461, Rdnr. 97 f. – *Hoffmann-La Roche/Komm.*

[567] EuGH U. v. 16.12.1975, Slg. 1975, 1663, Rdnr. 513 – *Suiker Unie u. a./Komm.*

[568] *Komm.* E. v. 18.7.1988, ABl. 1988 Nr. L 284/41, Rdnr. 74 ff. – *Napier Brown/British Sugar;* vgl. auch *Komm.* E. v. 19.12.1990, ABl. 1991 Nr. L 152/21, Rdnr. 62 ff. – *Soda-Solvay* (aus verfahrensrechtlichen Gründen aufgehoben durch EuG U. v. 29.6.1995, Slg. 1995, II-1825).

[569] EuGH U. v. 13.2.1979, Slg. 1979, 461, Rdnr. 93 ff. – *Hoffmann-La Roche/Komm.*

[570] EuGH U. v. 9.11.1983, Slg. 1983, 3461, Rdnr. 71 – *Michelin/Komm.;* 29.3.2001, Slg. 2001, I-2613, Rdnr. 50 – *Portugal/Komm:* 6.10.2015, Rs C-23/14, ECLI:EU:C:2015:651, Rdnr. 27 f. – Post Danmark/Konkurrencerådet.

[571] EuG U. v. 30.9.2003, Slg. 2003, II-4071, Rdnr. 58 – *Michelin/Komm.*

[572] Vgl. zur diesbezüglichen Vorgehensweise der Kommission *Albaek/Claici,* The Velux case – an indepth look at rebates and more, Competition Policy Newsletter 2009/2, S. 44 ff.

[573] EuG U. v. 30.9.2003, Slg. 2003, II-4071, Rdnr. 67 ff. – *Michelin/Komm.*

[574] EuGH U. v. 29.3.2001, Slg. 2001, I-2613, Rdnr. 50 – *Portugal/Komm.*

[575] EuGH U. v. 29.3.2001, Slg. 2001, I-2613, Rdnr. 51 – *Portugal/Komm.*

Mengenrabatte führen jedoch zu Diskriminierungen, sofern die Schwellen für die Auslösung unterschiedlicher, an festgelegte Umsätze geknüpfte Rabattstufen dazu führen, die Inanspruchnahme der Rabatte bestimmten Handelspartnern vorzubehalten und diesen nicht objektiv gerechtfertigte wirtschaftliche Vorteile verschaffen.[576] Einheitliche Rabatte, die nicht wie Mengenrabatte an den Umfang der Käufe anknüpfen, sondern vielmehr den jeweiligen **Bedarf** oder einen Bruchteil davon betreffen, gelten grundsätzlich als missbräuchliche Treuerabatte.[577] Dies gilt umso mehr für Rabatte, deren Höhe progressiv mit der Abnahmemenge steigt **(„Spitzenrabatte“).** Solche Preisnachlässe bewirken u. U., dass Lieferungen anderer Anbieter zusätzlich zu den Lieferungen des beherrschenden Unternehmens wirtschaftlich unmöglich werden.[578]

Wenn ein Rabatt für die Gesamtbezüge verschiedener Produktgruppen gewährt wird **110** **(„Gesamtumsatzrabatt“),** ist der Kunde gehindert, sich wegen eines Teils der Bezüge an einen konkurrierenden Lieferanten zu wenden, weil er dadurch auch den Rabatt für alle anderen, weiterhin bei dem beherrschenden Unternehmen bezogenen Produkte verlöre.[579] Die Bindung der Vertragspartner an das marktbeherrschende Unternehmen ist in einem solchen Zusammenhang besonders stark. Auf diese Weise können bereits geringe diesbezügliche Umsatzveränderungen mit einem Produkt überproportionale Auswirkungen für den jeweiligen Vertragspartner haben.[580] Wettbewerber des marktbeherrschenden Unternehmens können solche am Gesamtumsatz orientierten Rabatte nur schwierig in gleicher absoluter Höhe anbieten bzw. überbieten. Um die Vertragspartner des marktbeherrschenden Unternehmens auf ihre Seite zu ziehen, müssten dessen Konkurrenten diesen höhere Rabatte bieten als das beherrschende Unternehmen, was selbst für gleich effiziente Wettbewerber häufig unwirtschaftlich ist.[581] Gesamtumsatzrabatte sind sowohl unter dem Gesichtspunkt der Absatzbindung als auch unter dem eines Koppelungsgeschäfts[582] zu beurteilen.

Preisnachlässe, die ein beherrschendes Unternehmen unter der Bedingung gewährt, dass **111** Abnehmer besondere Umsatzziele erfüllen, verstoßen gegen Art. 102 AEUV, weil sie diese Abnehmer aus rein finanziellen Gründen zum Bezug beim beherrschenden Unternehmen anhalten **(„Zielrabatte“).**[583] *Michelin* gewährte zB Zielrabatte in der Form variabler Jahresrabatte. Um in ihren Genuss zu kommen, mussten die Vertragspartner individualisierte Verkaufsziele erreichen. Diese Verkaufsziele orientierten sich am Umsatz, den die jeweiligen Vertragspartner im Vorjahr mit *Michelin*-Reifen erzielt hatten. Unter Berücksichtigung eines Bündels von Faktoren (langer Referenzzeitraum, intransparente Funktionsweise des Systems, große Abstände zwischen den Marktanteilen von *Michelin* und seinen wichtigsten Wettbewerbern) war der EuGH der Meinung, dass das von *Michelin* gehandhabte Rabattsystem einen Missbrauch einer marktbeherrschenden Stellung darstellte.[584] Die Kommission ist jedoch in jüngerer Zeit zu der Überzeugung gelangt, dass die Beurteilung von wett-

---

[576] EuGH U. v. 29.3.2001, Slg. 2001, I-2613, Rdnr. 52 – *Portugal/Komm.*

[577] EuGH U. v. 13.2.1979, Slg. 1979, 461, Rdnr. 93 ff. – *Hoffmann-La Roche/Komm.; Komm.* E. v. 20.3.2001, ABl. 2001 Nr. L 125/27, Rdnr. 33 f. – *Deutsche Post.*

[578] *Komm.* E. v. 19.12.1990, ABl. 1991 Nr. L 152/21, Rdnr. 62 ff. – *Soda-Solvay* (aus verfahrensrechtlichen Gründen aufgehoben durch EuG U. v. 29.6.1995, Slg. 1995, II-1825).

[579] EuGH U. v. 13.2.1979, Slg. 1979, 461, Rdnr. 110 f. – *Hoffmann-La Roche/Komm.*

[580] EuGH U. v. 9.11.1983, Slg. 1983, 3461, Rdnr. 81 – *Michelin/Komm.;* EuG U. v. 17.12.2003, Slg. 2003, II-5917, Rdnr. 23, 272 f. – *British Airways/Komm.* (bestätigt durch EuGH U. v. 15.3.2007, Slg. 2007, I-2331 – *British Airways/Komm.*).

[581] EuG U. v. 17.12.2003, Slg. 2003, II-5917, Rdnr. 276 f. *British Airways/Komm.* (bestätigt durch EuGH U. v. 15.3.2007, Slg. 2007, I-2331 – *British Airways/Komm.*).

[582] Vgl. ausführlich zu Kopplungsgeschäften Rdnr. 98 ff.

[583] *Komm.* E. v. 14.5.1997, ABl. 1997 Nr. L 258/1, Rdnr. 151 ff. – *Irish Sugar* (bestätigt durch EuG U. v. 7.10.1999, Slg. 1999, II-2969, u. EuGH Beschluss v. 10.7.2001, Slg. 2001, I-5333); 22.6.2005, ABl. 2005 L 253/21, Rdnr. II. A: 4. der Verpflichtungszusage – *Coca-Cola.*

[584] EuGH U. v. 9.11.1983, Slg. 1983, 3461, Rdnr. 81 ff. – *Michelin/Komm.;* vgl. auch EuG U. v. 30.9.2003, Slg. 2003, II-4071, Rdnr. 287 – *Michelin/Komm.*

bewerbsbeschränkenden Wirkungen von Rabatten, und insbesondere von Zielrabatten nicht aufgrund ihrer Art, sondern aufgrund des spezifischen **wirtschaftlichen Gesamtzusammenhanges** zu erfolgen hat, in dem ein beherrschendes Unternehmen sein Rabattsystem betreibt. Der den Wettbewerbern des beherrschenden Unternehmens potentiell offen stehende Marktanteil und die Auswirkungen des Rabattsystems auf diesen Teil sind die Eckpunkte dieser Beurteilung. Danach ist eine Rabattgewährung insbesondere dann missbräuchlich, wenn als Folge der Rabattgewährung der für Wettbewerber offen stehende Marktanteil und der tatsächliche Preis des betreffenden Erzeugnisses die durchschnittlichen Gesamtkosten des beherrschenden Unternehmens nicht mehr deckt.[585] Rabatte, die Werbeanstrengungen vergüten (zB **„Einführungsrabatte"**)[586] oder die Förderung des Absatzes durch Händler bezuschussen, führen zwar beim beherrschenden Unternehmen zur Einsparung anderweitig erforderlicher Kosten für Werbung. Solche Rabatte können jedoch Ausschlusswirkungen gegenüber den aktuellen oder potentiellen Wettbewerbern des beherrschenden Unternehmens entfalten und aus diesem Grund missbräuchlich sein.[587]

111a Das Urteil des EuG vom 13. Mai 2009 in der Sache *Intel,* in der die Kommission die bisher höchste individuelle Geldbuße in einem Kartellfall auferlegt hat, hat wichtige Fragen über die kartellrechtliche Beurteilung von bedingten Rabatten beantwortet.[588] Die Kommission stellte fest, dass *Intel* ihre beherrschende Stellung auf dem weltweiten Markt für bestimmte Computerchips (x86 CPU) dadurch missbrauchte, dass sie Abnehmern **bedingte Rabatte** für ausschließlichen oder mengenmäßig vereinbarten Bezug gewährte.[589] Das besondere Interesse an dieser Entscheidung war darin begründet, dass die *Kommission* die festgestellte Zuwiderhandlung gegen Art. 102 AEUV sowohl auf die traditionelle *„per se"*-Rechtsprechung des EuGH, als auch auf den wirtschaftlichen Ansatz ihrer **Prioritätsmitteilung** stützte.[590] Das EuG entschied diese Sache aufgrund der traditionellen *„per se"*-Rechtsprechung des EuGH zu Ausschließlichkeitsbindungen.[591] Die von der *Kommission* herangezogenen wirtschaftlichen Analysen zwecks Beweises von konkreten wettbewerbswidrigen Wirkungen und die damit verbundenen erheblichen Kosten, waren vom Recht nicht geforderte Belastungen des EU-Steuerzahlers und des betroffenen Unternehmens *(„elaborate decorum")*.[592]

112 Alleinbezugsbindungen und bedingte Rabatte sind kein Mittel des Leistungswettbewerbs. Setzt ein beherrschendes Unternehmen derartige Mittel ein, verhält es sich daher grundsätzlich missbräuchlich.[593] Wie jedes seiner Art nach missbräuchliche Verhalten können aber auch ausschließliche Bezugsrechte zu Gunsten eines beherrschenden Unternehmens objektiv gerechtfertigt sein und deshalb keine Zuwiderhandlungen gegen Art. 102 AEUV darstellen.[594] In **industriellen Lieferverträgen** kann die ausschließliche Bezugsverpflichtung des Abnehmers durch Investitionen des beherrschenden Lieferanten gerechtfertigt sein, die auf bestimmten Besonderheiten des Bedarfs des Abnehmers beruhen. So stellten in der Sache *Industriegase* beherrschende Lieferanten den Abnehmern besonders

---

585 Generaldirektion Wettbewerb der *Komm.,* Diskussionspapier über die Anwendung des (jetzt) Art. 102 AEUV auf Behinderungsmissbräuche, Dezember 2005, http://ec.europa.eu/competition/antitrust/art82/discpaper2005.pdf (zuletzt besucht am 18.12.2014), Rdnr. 154.

586 Vgl. EuGH U. v. 13.2.1979, Slg. 1979, 461, Rdnr. 96 – *Hoffmann-La Roche/Komm.*

587 EuG U. v. 1.4.1993, Slg. 1993, II-389, Rdnr. 65 ff. – *BPB Industries u. British Gypsum/Komm.* (bestätigt durch EuGH U. v. 6.4.1995, Slg. 1995, I-865).

588 EuG U. v. 12.6.2014, Rs T-286/09, ECLI:EU:T:2014:547 – *Intel/Komm.*

589 *Komm.* E. v. 13.5.2009, COMP/37.990, Website-Veröffentlichung, Rdnr. 926 ff. – *Intel.*

590 S. dazu näher Rdnr. 51 f.

591 EuG U. v. 12.6.2014, Rs T-286/09, ECLI:EU:T:2014:547, Rdnr. 80 ff. – *Intel/Komm.*

592 *Editorial Comments,* Towards a *more judicial approach*? EU antitrust fines under the scrutiny of fundamental rights, CMLR 48 (2011), 1405, 1415; *Bronett,* Der „More Economic Approach" bei der Anwendung des europäischen Kartellverwaltungsrechts und Kartellstrafrechts, EWS 2013, S. 1 ff.

593 EuGH U. v. 13.2.1979, Slg. 1979, 461, Rdnr. 89 – *Hoffmann-La Roche/Komm.;* vgl. zur Bedeutung des Leistungswettbewerbs im Rahmen des Missbrauchsbegriffs Rdnr. 39.

594 Vgl. dazu Rdnr. 53 ff.

gesicherte Lagerbehälter zur Verfügung, für die sie rechtmäßig ein Alleinrecht zum Füllen vereinbarten.[595] Ergibt sich jedoch aus den Besonderheiten einer solchen Vertragsgestaltung, dass die vom Abnehmer übernommene ausschließliche Bezugsverpflichtung zum Ziel hat, dem beherrschenden Lieferanten von Anfang an einen gesicherten Absatzmarkt für eine Produktionsausweitung zu sichern und zumindest einen nicht erheblichen Teil dieser zusätzlichen Produktion den Risiken des Wettbewerbs zu entziehen, so stellt dies eine missbräuchliche Ausnutzung der beherrschenden Stellung iSv Art. 102 AEUV dar.[596]

Die Beurteilung der **objektiven wirtschaftlichen Rechtfertigung**[597] einer Aus- **113**
schließlichkeitsbindung zugunsten eines Unternehmens in beherrschender Stellung erfolgt anhand sämtlicher Umstände des Einzelfalls.[598] So sind Satzungen beherrschender Einkaufsgenossenschaften, durch die den Mitgliedern die Beteiligung an anderen Formen der organisierten Zusammenarbeit in unmittelbarer Konkurrenz zu diesen Genossenschaften untersagt wird, mit Art. 102 AEUV nur vereinbar, sofern die Regelungen auf das beschränkt sind, was notwendig ist, um das ordnungsgemäße Funktionieren der betreffenden Genossenschaften sicherzustellen und ihre Vertragsgestaltungsmacht gegenüber den Anbietern zu erhalten.[599] Eine Verpflichtung zur Globalabtretung von Urheberrechten (die Verpflichtung, Verwertungsleistungen ausschließlich von der Verwertungsgesellschaft zu beziehen) kann ebenfalls gerechtfertigt sein, wenn sie zur Funktionsfähigkeit der Verwertungsgesellschaft erforderlich ist.[600] Auch die Gewährung wirtschaftlicher Vorteile unter der Bedingung, dass sich Abnehmer ausschließlich bevorraten, ist nur dann als missbräuchlich anzusehen, wenn die Vorteile nicht auf einer sie rechtfertigenden wirtschaftlichen Leistung beruhen.[601]

f) Kampfpreise. Preiswettbewerb ist der Kern eines freien und offenen Wettbewerbs, des- **114**
sen Verwirklichung auf dem Binnenmarkt das Ziel der Unionspolitik ist.[602] Preiswettbewerb ist im Allgemeinen ein Mittel des **Leistungswettbewerbs,**[603] dem einzigen Mittel, das beherrschende Unternehmen im Wettbewerb einsetzen dürfen.[604] Wie alle anderen Unternehmen dürfen auch beherrschende Unternehmen nicht nur, sondern sollen sogar, sowohl im vorstoßenden als auch im abwehrenden Wettbewerb die auf ihrer wirtschaftlichen Leistungsfähigkeit beruhenden Vorteile ausspielen.[605] Ein Unternehmen in beherrschender Stellung hat somit grundsätzlich das Recht, seine eigenen **geschäftlichen Interessen** zu wahren, wenn diese angegriffen werden, so zB in niedrigere Preise von Wettbewerber einzusteigen **(„to meet competition")**[606] bzw. wenn es dies zum Schutze

---

[595] *Komm.* E., 19. WB, 1989, Rdnr. 62 – *Industriegase.*
[596] EuGH U. v. 13.2.1979, Slg. 1979, 461, Rdnr. 115 – *Hoffmann-La Roche/Komm.*
[597] Vgl. dazu näher Rdnr. 53ff.
[598] EuGH U. v. 9.11.1983, Slg. 1983, 3461, Rdnr. 73 – *Michelin/Komm.*
[599] EuGH U. v. 15.12.1994, Slg. 1994, I-5641, Rdnr. 52 – *LAG/DLG.*
[600] EuGH U. v. 27.3.1974, Slg. 1974, 313, Rdnr. 6ff. – *BRT/SABAM u. Fonior.*
[601] EuGH U. v. 13.2.1979, Slg. 1979, 461, Rdnr. 90 – *Hoffmann-La Roche/Komm.;* 9.11.1983, Slg. 1983, 3461, Rdnr. 85 – *Michelin/Komm.*
[602] EuGH U. v. 16.3.2000, Slg. 2000, I-1365, Schlussanträge GA *Fennelly,* Rdnr. 117 – *Compagnie Maritime Belge/Komm.*
[603] Vgl. dazu Rdnr. 39.
[604] EuGH U. v. 13.2.1979, Slg. 1979, 461, Rdnr. 91 – *Hoffmann-La Roche/Komm.;* 9.11.1983, Slg. 1983, 3461, Rdnr. 70 – *Michelin/Komm.;* 17.5.1994, Slg. 1994, I-1783, Rdnr. 42 – *Corsica Ferries/Porto di Genova;* 5.10.1994, Slg. 1994, I-5077, Rdnr. 18 – *Centre d'insemination/Cooperative d'elevage et d'insemination artificielle;* 15.12.1994, Slg. 1994, I-5641, Rdnr. 49 – *LAG/DLG;* 16.7.2015, Rs C-170/13, ECLI:EU:C:2015:477; Rdnr. 45 – *Huawei Technologies/ZTE;* EuG U. v. 6.10.1994, Slg. 1994, II-755, Rdnr. 124ff. – *Tetra Pak/Komm.* (bestätigt durch EuGH U. v. 14.11.1996, Slg. 1996, I-5951).
[605] Vgl. zB *Komm.* E. v. 14.5.1997, ABl. 1997 Nr. L 258/1, Rdnr. 134 – *Irish Sugar* (bestätigt durch EuG U. v. 7.10.1999, Slg. 1999, II-2969, u. EuGH Beschluss v. 10.7.2001, Slg. 2001, I-5333).
[606] *Komm.* E. v. 29.7.1983, ABl. 1983 Nr. L 252/13, Rdnr. 31 – *ECS/Akzo: Einstweilige Anordnungen;* vgl. jedoch EuGH U. v. 16.3.2000, Slg. 2000, I-1365, Rdnr. 117ff. – *Companie maritime belge u. a./Komm.*

seiner Interessen für richtig hält,[607] durch niedrige Preise im Markt vorzustoßen. Strukturveränderungen zugunsten beherrschender Unternehmen, d. h. die Konsolidierung oder Verstärkung der beherrschenden Stellung durch erfolgreichen Preiswettbewerb **(internes Wachstum),** können jedoch je nach den Umständen des Einzelfalles legitim oder missbräuchlich iSv Art. 102 AEUV sein. Ein derartiges Verhalten ist kartellrechtlich nicht zulässig, wenn es gerade auf eine Verstärkung dieser beherrschenden Stellung und deren Missbrauch abzielt.[608] Aus der Natur der in Art. 102 AEUV verankerten Pflichten folgt nämlich, dass Unternehmen in beherrschender Stellung unter besonderen Umständen das Recht zu bestimmten Verhaltensweisen oder Maßnahmen abzusprechen ist, die für sich genommen nicht missbräuchlich sind und die sogar nicht zu beanstanden wären, wenn sie von nicht beherrschenden Unternehmen vorgenommen würden.[609]

115 Das Konzept der **„Kampfpreise"** ist ein zentrales Element der Gruppe der Behinderungsmissbräuche[610] und gehört zu den **kartellrechtlichen Prioritäten** der Kommission[611] Kurzfristig wird der Verbraucher im Allgemeinen Nutznießer des ungehinderten Preiswettbewerbs, und somit von Kampfpreisen sein. Wenn deswegen jedoch Wettbewerber aus dem Markt ausscheiden und somit die Marktmacht des beherrschenden Unternehmens wächst, kann u. U. die volkswirtschaftliche Bilanz negativ ausfallen. Der ungeordnete Wettbewerb hat die Tendenz, sich selber abzuschaffen. Deshalb kann nicht jeder Preiswettbewerb eines beherrschenden Unternehmens zulässig sein.[612] Allerdings greift die Annahme, dass ein Missbrauch vorliegt, wenn das beherrschende Unternehmen seine Preise zwecks Verdrängung von Wettbewerbern einsetzt,[613] zu kurz, weil jeder Wettbewerb zwischen Unternehmen auf Verdrängung gerichtet und der Erwerb einer Monopolstellung mit Mitteln des Leistungswettbewerbs zulässig ist.[614] Die Kommission hat deshalb angekündigt, dass sie nur die Fälle aufgreifen wird, bei denen das fragliche Preisverhalten **genauso effiziente Wettbewerber** („as efficient competitors") wie das marktbeherrschende Unternehmen daran hindert, am Wettbewerb teilzunehmen.[615] Soweit nämlich ein Unternehmen in beherrschender Stellung seine Preise in einer Höhe festlegt, die die Kosten für die Herstellung und den Vertrieb der betreffenden Ware oder für die Erbringung der betreffenden Dienstleistung im Wesentlichen deckt, hat ein ebenso leistungsfähiger Wettbewerber wie dieses Unternehmen grundsätzlich die Möglichkeit, mit solchen Preisen zu konkurrieren, ohne Verluste zu erleiden, die langfristig untragbar wären.[616]

116 Die Rechtsprechung des EuGH, die darauf abstellt, ob Verlustverkäufe **„Verdrängungspraktiken"** darstellen, beruht auf der Erwägung, dass das Kartellrecht der EU zwar

---

[607] EuG U. v. 1.4.1993, Slg. 1993, II-389, Rdnr. 69 – *BPB Industries u. British Gypsum/Komm.* (bestätigt durch EuGH U. v. 6.4.1995, Slg. 1995, I-865).

[608] EuGH U. v. 14.2.1978, Slg. 1978, 207, Rdnr. 189 – *United Brands/Komm.;* EuG U. v. 1.4.1993, Slg. 1993, II-389, Rdnr. 117 – *BPB Industries und British Gypsum/Komm.* (bestätigt durch EuGH U. v. 6.4.1995, Slg. 1995, I-865); 8.10.1996, Slg. 1996, II-1201, Rdnr. 146 – *Compagnie Maritime Belge u. a./Komm.* (insoweit bestätigt durch EuGH U. v. 16.3.2000, Slg. 2000, I-1365).

[609] EuG U. v. 17.7.1998, Slg. 1998, II-2937, Rdnr. 139 – *ITT Promedia/Komm.;* 30.1.2007, Slg. 2007, II-107, Rdnr. 186 – *France Télécom/Komm.*

[610] Vgl. dazu allgemein Rdnr. 44 ff.

[611] Vgl. Mitteilung der Komm., Erläuterungen zu den Prioritäten der Kommission bei der Anwendung von Art. 82 des EG-Vertrags (jetzt: Art. 102 AEUV) auf Fälle von Behinderungsmissbrauch durch marktbeherrschende Unternehmen, ABl. 2009 Nr. C 45/7, Rdnr. 63 ff.

[612] EuGH U. v. 3.7.1991, Slg. 1991, I-3359, Rdnr. 70 – *Akzo/Komm.*

[613] So aber EuGH U. v. 3.7.1991, Slg. 1991, I-3359, Rdnr. 74 – *Akzo/Komm.*

[614] EuGH U. v. 27.3.2012, Rs C-209/10, ECLI:EU:C:2012:172, Rdnr. 21 – *Post Danmark/ Konkurrencerådet.*

[615] Vgl. Mitteilung der Komm., Erläuterungen zu den Prioritäten der Kommission bei der Anwendung von Art. 82 des EG-Vertrags (jetzt: Art. 102 AEUV) auf Fälle von Behinderungsmissbrauch durch marktbeherrschende Unternehmen, ABl. 2009 Nr. C 45/7, Rdnr. 67 ff.

[616] EuGH U. v. 27.3.2012, Rs C-209/10, ECLI:EU:C:2012:172, Rdnr. 38 – *Post Danmark/ Konkurrencerådet.*

in vernünftigem Maß das Recht eines Unternehmens in beherrschender Stellung anerkennt, seine geschäftlichen Interessen zu wahren, es aber ein Verhalten nicht zulässt, das gerade auf eine Verstärkung der beherrschenden Stellung und ihren Missbrauch abzielt.[617] Danach sind zB Beförderungstarife beherrschender Luftfahrtunternehmen missbräuchlich, wenn sie „übermäßig niedrig" festgesetzt werden, um andere Luftfahrtunternehmen vom Markt auszuschließen.[618] Eine solche Auslegung des Missbrauchsbegriffs, die auf die Motivation des Verhaltens abstellt, überzeugt jedoch nicht. Auch bei der Beurteilung von Kampfpreisstrategien aufgrund von Art. 102 AEUV kommt es allein darauf an, in objektiver Weise Preise als Mittel des Leistungswettbewerbs von missbräuchlichen Preisen zu unterscheiden.[619] Ein Vergleich von gegenwärtigen volkswirtschaftlichen Gewinnen mit möglichen zukünftigen volkswirtschaftlichen Verlusten (nach Verdrängung der Werbewerber erhöht das beherrschende Unternehmen seine Preise auf ein monopolistisches Niveau)[620] ist allerdings derart spekulativ, dass er zur Abgrenzung von legitimem und verbotenem Verhalten ungeeignet ist. Ein solcher Vergleich wird von der Rechtsprechung auch nicht gefordert.[621] Eher ist anzunehmen, dass ein beherrschendes Unternehmen in der Regel nicht durch Wettbewerb gezwungen wird, unter einem bestimmten Kostenniveau zu verkaufen und somit ein „vermeidbares Opfer" erbringt. Zur Beurteilung der Frage, ob ein marktbeherrschendes Unternehmen „vermeidbare Verluste" in Kauf nimmt, zieht die Kommission die **durchschnittlichen vermeidbaren Kosten** heran. Berechnet ein marktbeherrschendes Unternehmen Preise, die die Kosten nicht decken, die hätte vermieden werden können, wenn die betreffende Menge nicht produziert worden wäre, entsteht dem betreffenden beherrschenden Unternehmen ein „vermeidbarer Verlust".[622] In der Verwaltungspraxis der Kommission und in der Rechtsprechung gilt daher eine widerlegbare Vermutung, dass Verkäufe unter Kosten missbräuchlich iSv Art. 102 AEUV sind.[623]

Steht fest, dass ein beherrschendes Unternehmen seine Leistungen zu Preisen anbietet, **117**
die bei ihm nicht nur zu negativen Nettospannen (unter Herstellungskosten), sondern auch zu negativen Bruttospannen (unter variablen Kosten) führen, ist in rechtlich hinreichender Weise dargetan, dass dieses Verhalten einen Missbrauch darstellt.[624] Das gleiche gilt bei negativen Halbbruttospannen, die dadurch bestimmt werden, dass vom Verkaufspreis die unmittelbaren oder durchschnittlichen variablen Kosten der einzelnen Produktionseinheit abgezogen werden.[625] Es gilt die Vermutung, dass ein beherrschendes Unternehmen nur dann ein Interesse hat, Preise, die unter den durchschnittlichen variablen Kosten liegen, an-

---

617 EuGH U. v. 14.2.1978, Slg. 1978, 207, Rdnr. 189 – *United Brands/Komm.;* vgl. zur Kritik an dieser Rechtsprechung Rdnr. 46.

618 EuGH U. v. 11.4.1989, Slg. 1989, 803, Rdnr. 43 – *Ahmed Saeed u. Silver Line/Zentrale.*

619 EuGH U. v. 3.7.1991, Slg. 1991, I-3359, Rdnr. 70 – *Akzo/Komm.;* EuG U. v. 6.10.1994, Slg. 1994, II-755, Rdnr. 147 – *Tetra Pak/Komm.* (bestätigt durch EuGH U. v. 14.11.1996, Slg. 1996, I-5951).

620 Vgl. die Definition von „Kampfpreisen" in der Mitteilung der Komm., Erläuterungen zu den Prioritäten der Kommission bei der Anwendung von Art. 82 des EG-Vertrags (jetzt: Art. 102 AEUV) auf Fälle von Behinderungsmissbrauch durch marktbeherrschende Unternehmen, ABl. 2009 Nr. C 45/7, Rdnr. 63.

621 EuGH U. v. 14.11.1996, Slg. 1996, I-5951, Rdnr. 44 – *Tetra Pak/Komm.;* EuG U. v. 30.1. 2007, Slg. 2007, II-107, Rdnr. 227 – *France Télécom/Komm.*

622 Vgl. Mitteilung der Komm., Erläuterungen zu den Prioritäten der Kommission bei der Anwendung von Art. 82 des EG-Vertrags (jetzt: Art. 102 AEUV) auf Fälle von Behinderungsmissbrauch durch marktbeherrschende Unternehmen, ABl. 2009 Nr. C 45/7, Rdnr. 64f.

623 Grundlegend dazu EuGH U. v. 3.7.1991, Slg. 1991, I-3359, Rdnr. 91 – *Akzo/Komm.*

624 EuG U. v. 6.10.1994, Slg. 1996, I-5951, Rdnr. 149 – *Tetra Pak/Komm.* (bestätigt durch EuGH U. v. 14.11.1996, Slg. 1996, I-5951); 30.1.2007, Slg. 2007, II-107, Rdnr. 130 – *France Télécom/Komm.*

625 EuG U. v. 6.10.1994, Slg. 1996, I-5951, Rdnr. 148 – *Tetra Pak/Komm.* (bestätigt durch EuGH U. v. 14.11.1996, Slg. 1996, I-5951).

zuwenden, wenn es seine Konkurrenten ausschalten will, um danach unter Ausnutzung seiner Monopolstellung seine Preise wieder anzuheben.[626] Jeder derartige Verkauf bringt nämlich für das Unternehmen einen Verlust in Höhe seiner gesamten Fixkosten (d. h. der Kosten, die ungeachtet der produzierten Menge konstant bleiben) und des Teils der variablen Kosten mit sich, die vom Preis nicht gedeckt werden. Ein solches Verhalten kann nicht als Mittel des Leistungswettbewerbs angesehen werden und gilt als mit dem EU-Binnenmarkt unvereinbar.

118 Im Fall *Deutsche Post* erzielte das Unternehmen im Bereich der Paketdienste für den Versandhandel Erlöse unterhalb der **leistungsspezifischen Zusatzkosten** dieses Dienstes. Dies bedeutete, dass jeder zusätzliche Verkauf neben dem Verlust zumindest eines Teils dieser Zusatzkosten keinen Deckungsbeitrag zu den Kapazitäts-Vorhaltungskosten des Unternehmens leistete. Diese Preispolitik behinderte Wettbewerber, die imstande waren, diesen Dienst kostendeckend anzubieten und war daher missbräuchlich.[627] Wie bei der Bestimmung unangemessener (hoher) Preise[628] liegt jedoch eine Schwierigkeit der praktischen Anwendung dieser Grundsätze darin, dass die genauen Kosten eines bestimmten Erzeugnisses mit der für die Rechtsanwendung erforderlichen Bestimmtheit schwer festzustellen sind.[629] Dies gilt insbesondere, wenn ein beherrschendes Unternehmen Mischkalkulationen **(Quersubventionierungen)** anwendet.[630]

119 Bei positiver Bruttospanne aber negativer Nettospanne, d. h. bei Preisen, die unter den **durchschnittlichen Gesamtkosten** (Fixkosten und variable Kosten), jedoch über den durchschnittlichen variablen Kosten liegen, geht die Anwendungspraxis dann von einem missbräuchlich Verhalten aus, wenn die Preise im Rahmen eines Plans festgelegt wurden, der die Ausschaltung eines Konkurrenten bezweckt.[631] In den Sachen *Akzo*[632] und *France Télécom*[633] ergab sich ein solcher Plan unmittelbar aus den Geschäftsunterlagen der betreffenden Unternehmen. Ein Indizienbeweis ist jedoch auch möglich. So kann sich eine **Verdrängungsabsicht,** die im Einzelfall nachgewiesen werden muss,[634] insbesondere aus der Dauer, der Beständigkeit und dem Umfang sowie der Planmäßigkeit der Verluste ergeben.[635] Der Nachweis einer Verdrängungsabsicht kann auch aufgrund des Zusammenhangs geführt werden, in dem die Verlustgeschäfte stehen. Werden von einem beherrschenden Unternehmen alte Maschinen von Mitbewerbern, die nahezu keinen Restwert mehr besitzen, zu überzogenen Preisen, ja sogar zum Preis dieser Maschinen in neuwertigem Zustand, aufgekauft, wird deutlich, dass eine Verdrängungsabsicht besteht.[636] Selbst punktuelle Verlustverkäufe, die ein Unternehmen in beherrschender Stellung tätigt, können missbräuchlich sein, wenn hinreichend dargetan ist, dass sie auf Verdrängung ausgerichtet

---

[626] EuGH U. v. 3.7.1991, Slg. 1991, I-3359, Rdnr. 71 – *Akzo/Komm.;* EuG U. v. 6.10.1994, Slg. 1996, I-5951, Rdnr. 148 – *Tetra Pak/Komm.* (bestätigt durch EuGH U. v. 14.11.1996, Slg. 1996, I-5951).

[627] *Komm.* E. v. 20.3.2001, ABl. 2001 Nr. L 125/27, Rdnr. 35 f. – *Deutsche Post.*

[628] Vgl. dazu Rdnr. 65 f.

[629] Vgl. zB EuG U. v. 30.1.2007, Slg. 2007, II-107, Rdnr. 131 ff. – *France Télécom/Komm.*

[630] Generaldirektion Wettbewerb der *Komm.,* Diskussionspapier über die Anwendung des (jetzt) Art. 102 AEUV auf Behinderungsmissbräuche, Dezember 2005, http://ec.europa.eu/competition/antitrust/art82/discpaper2005.pdf (zuletzt besucht am 18.12.2014), Rdnr. 103, verweist auf bestimmte Beweiserleichterungen.

[631] EuGH U. v. 3.7.1991, Slg. 1991, I-3359, Rdnr. 72, 140, 146 – *Akzo/Komm.;* EuG U. v. 6.10.1994, Slg. 1996, I-5951, Rdnr. 190 – *Tetra Pak/Komm.* (bestätigt durch EuGH U. v. 14.11.1996, Slg. 1996, I-5951); 30.1.2007, Slg. 2007, II-107, Rdnr. 130 – *France Télécom/Komm.;* zu den subjektiven Elementen bei der Auslegung des Missbrauchsbegriffs vgl. Rdnr. 47.

[632] EuGH U. v. 3.7.1991, Slg. 1991, I-3359, Rdnr. 72, 140, 146 – *Akzo/Komm.*

[633] Vgl. zB EuG U. v. 30.1.2007, Slg. 2007, II-107, Rdnr. 199 ff. – *France Télécom/Komm.*

[634] EuGH U. v. 14.11.1996, Slg. 1996, I-5951, Rdnr. 41 – *Tetra Pak/Komm.*

[635] EuG U. v. 6.10.1994, Slg. 1996, I-5951, Rdnr. 190 – *Tetra Pak/Komm.* (bestätigt durch EuGH U. v. 14.11.1996, Slg. 1996, I-5951).

[636] EuG U. v. 6.10.1994, Slg. 1996, I-5951, Rdnr. 202 – *Tetra Pak/Komm.* (bestätigt durch EuGH U. v. 14.11.1996, Slg. 1996, I-5951).

sind.[637] Von hier ist es nur ein kleiner Schritt, jede Preisgestaltung als missbräuchlich anzusehen, wenn sie in Verdrängungsabsicht vorgenommen wurde.[638] Damit würde jedoch objektiver und subjektiver Tatbestand der Verbotsnorm vermischt.

Kampfpreise werden im Allgemeinen bei den Abnehmern angewandt, die einen wirksamen **Restwettbewerb** nutzen können.[639] So lagen die Preise, die *AKZO* von seinen traditionellen Kunden verlangte, über ihren durchschnittlichen Gesamtkosten, während die Preise, die sie den Kunden eines Wettbewerbers in der Absicht anbot, ihn vom Markt zu verdrängen, unter diesen Durchschnittskosten lagen. Nimmt eine Linienkonferenz in beherrschender Stellung eine selektive Senkung der Preise vor, um sie gezielt denen eines Konkurrenten anzugleichen **(„Kampfschiffe“),** kann sie von den Nutzern für Dienste, die nicht von dieser Konkurrenz bedroht sind, weiterhin höhere Preise verlangen.[640] Die Anwendung des Art. 102 AEUV auf (selektive) Kampfpreise überschneidet sich somit u. U. mit dem Diskriminierungsverbot.[641] Eine besondere Art von Kampfpreisen sind „Lockpreise“, die wegen ihrer Kopplungswirkung auch einen Verstoß gegen Art. 102 Satz 2 lit. d AEUV darstellen können.[642] Eine objektive Rechtfertigung von Kampfpreisen scheidet in der Regel aus.[643] 120

g) Kosten-Preis-Schere. Das Spiegelbild von Kampfpreisen für Abnehmer,[644] um die ein beherrschendes Unternehmen wirbt, sind zu hohe Preise für Abnehmer, die in nachgelagerten Märkten Wettbewerber des beherrschenden Unternehmens sind. Einen solchen als „Kosten-Preis-Schere“ bezeichneten Missbrauchstatbestand **(margin squeeze)** hat die Kommission früher als Missbrauch aufgrund eines unangemessenen Verkaufspreises gemäß Art. 102 lit. a AEUV eingeordnet.[645] Die Aufzählung der missbräuchlichen Praktiken in Art. 102 AEUV ist jedoch keine erschöpfende Wiedergabe der Arten der nach dem Unionsrecht verbotenen Ausnutzung einer beherrschenden Stellung.[646] Die Kommission hat daher jetzt einen anderen Ansatz für „Kosten-Preis-Schere“-Missbräuche gewählt. Sie untersucht, ob das marktbeherrschende Unternehmen für das betreffende Produkt den Preis auf dem **vorgelagerten Markt** gegenüber seinem Preis auf dem nachgelagerten Markt so ansetzt, dass es für einen **ebenso effizienten Wettbewerber** nicht möglich wäre, auf dem **nachgelagerten Markt** langfristig rentabel zu bleiben. Als Maßstab legt die Kommission bei der Ermittlung der Kosten eines ebenso effizienten Wettbewerbers grundsätzlich die langfristigen durchschnittlichen Grenzkosten (long-run average incremental cost — LRAIC) der auf dem nachgelagerten Markt tätigen Einheit des integrierten marktbeherrschenden Unternehmens zugrunde.[647] Das Vorgehen gegen „Kosten-Preis-Schere“- 121

---

[637] EuG U. v. 6.10.1994, Slg. 1996, I-5951, Rdnr. 200 – *Tetra Pak/Komm.* (bestätigt durch EuGH U. v. 14.11.1996, Slg. 1996, I-5951).

[638] EuGH U. v. 16.3.2000, Slg. 2000, I-1365, Rdnr. 117 ff. – *Companie maritime belge u. a./ Komm.*

[639] Vgl. Mitteilung der Komm., Erläuterungen zu den Prioritäten der Kommission bei der Anwendung von Art. 82 des EG-Vertrags (jetzt: Art. 102 AEUV) auf Fälle von Behinderungsmissbrauch durch marktbeherrschende Unternehmen, ABl. 2009 Nr. C 45/7, Rdnr. 72.

[640] EuGH U. v. 16.3.2000, Slg. 2000, I-1365, Rdnr. 117 ff. – *Companie maritime belge u. a./ Komm.*

[641] Vgl. allg. zur Diskriminierung Rdnr. 88 ff.

[642] Vgl. zu Lockpreisen Rdnr. 98.

[643] Vgl. Mitteilung der Komm., Erläuterungen zu den Prioritäten der Kommission bei der Anwendung von Art. 82 des EG-Vertrags (jetzt: Art. 102 AEUV) auf Fälle von Behinderungsmissbrauch durch marktbeherrschende Unternehmen, ABl. 2009 Nr. C 45/7, Rdnr. 74.

[644] Vgl. dazu Rdnr. 114 ff.

[645] *Komm.* E. v. 21.5.2003, ABl. 2003 Nr. L 263/9, Rdnr. 201 – *Deutsche Telekom AG;* ohne besondere Qualifikation *Komm.* E. v. 18.7.1988, ABl. 1988 Nr. L 284/41, Rdnr. 65 ff. – *Napier Brown/ British Sugar.*

[646] EuGH U. v. 14.10.2010, Slg. 2010, I-5999, Rdnr. 173 – *Deutsche Telekom/Komm.;* 17.2.2011, Slg. 2011, I-527, Rdnr. 26 – *Konkurrensverket/TeliaSonera Sverige.*

[647] Vgl. Mitteilung der Komm., Erläuterungen zu den Prioritäten der Kommission bei der Anwendung von Art. 82 des EG-Vertrags (jetzt: Art. 102 AEUV) auf Fälle von Behinderungsmissbrauch durch marktbeherrschende Unternehmen, ABl. 2009 Nr. C 45/7, Rdnr. 80.

Missbräuche beherrschender Unternehmen gehört zu **kartellrechtlichen Prioritäten** der Kommission.[648]

122 Der EuGH hat das „margin squeezing" angesichts der möglichen Verdrängungswirkung auf zumindest ebenso effiziente Wettbewerber wie das beherrschende Unternehmen als selbständigen Missbrauchstatbestand iSv Art. 102 AEUV anerkannt.[649] Im Fall *TeliaSonera,* der den traditionellen schwedischen Telefon-Festnetzbetreiber in beherrschender Stellung auf diesem Markt betrifft, ging es um die Bedingungen, zu denen *TeliaSonera* ihren Wettbewerbern Zugang zum Ortsanschlussnetz, an das nahezu sämtliche schwedischen Haushalte angebunden waren, und zu den Teilnehmeranschlüssen gewährte, d. h. den Teil des Telefonnetzes, der die einzelnen Haushalte mit der nächsten Ortsvermittlungsstelle verbindet. Nach Ansicht der schwedischen Wettbewerbsbehörde (Konkurrensverket) missbrauchte *TeliaSonera* in der Zeit von April 2000 bis Januar 2003 ihre marktbeherrschende Stellung durch eine Preisgestaltung für den Zugang zu ihrem Telefonnetz, bei der die Spanne zwischen dem Preis für ADSL-Vorleistungsprodukte und dem Endkundenpreis für die angebotenen Dienste nicht ausreichend war, um ihre eigenen Kosten für die Erbringung dieser Dienste an die Endkunden zu decken. In einem Vorlageverfahren die Sache *TeliaSonera* betreffend bestätigte der EuGH, dass ein „margin squeezing" angesichts der möglichen Verdrängungswirkung auf zumindest ebenso effiziente Wettbewerber wie das beherrschende Unternehmen einen Missbrauch iSv Art. 102 AEUV darstellen könne.[650]

123 Nach der in der Rechtssache *Deutsche Telekom*[651] begründeten und in der Rechtssache *TeliaSonera*[652] fortgeführten Rechtsprechung, die der EuGH auch in der Sache *Telefónica*[653] bestätigte, liegt ein missbräuchliches „margin squeezing" vor, wenn die Differenz zwischen den Vorleistungspreisen des beherrschenden Unternehmens und den Endkundenpreisen negativ ist und somit nicht ausreicht, um die spezifischen Kosten der Vorleistungen zu decken, die das beherrschende Unternehmen zur Erbringung seiner eigenen Leistungen an Endkunden tragen muss. Ein Wettbewerber, der ebenso effizient wie das beherrschende Unternehmen ist, hat somit keine Möglichkeit, mit diesem bei den Leistungen an Endkunden ohne die Gefahr in Wettbewerb zu treten, auf dem Endkundenmarkt nur mit Verlust oder mit künstlich eingeschränkter Rentabilität operieren zu können.[654] Für diese Beurteilung sind lediglich die Preise für solche den Wettbewerbern erbrachten Leistungen in Betracht zu ziehen, die mit den Leistungen vergleichbar sind, die das beherrschende Unternehmen für vergleichbare Leistungen an Endkunden selbst in Anspruch nimmt, um Zugang zum Endkundenmarkt zu finden.[655] Im Rahmen der Beurteilung der möglichen Missbräuchlichkeit eines „margin squeezing" ist jedoch grundsätzlich ohne Bedeutung,

- in welchem Grad dieses Unternehmen den betreffenden Markt beherrscht;
- dass das genannte Unternehmen auf dem Endkundenmarkt keine beherrschende Stellung hat;

---

[648] Vgl. Mitteilung der Komm., Erläuterungen zu den Prioritäten der Kommission bei der Anwendung von Art. 82 des EG-Vertrags (jetzt: Art. 102 AEUV) auf Fälle von Behinderungsmissbrauch durch marktbeherrschende Unternehmen, ABl. 2009 Nr. C 45/7, Rdnr. 75 ff., 80 ff.; in ihrer E. v. 18.7.1988, ABl. 1988 Nr. L 284/41, Rdnr. 65 ff. – *Napier Brown/British Sugar,* hatte die *Komm.* die Differenz zwischen dem Preis, den das beherrschende Unternehmen für sein Endprodukt berechnet, und den eigenen Verarbeitungskosten herangezogen.

[649] EuGH U. v. 14.10.2010, Slg. 2010, I-5999. Rdnr. 183 – *Deutsche Telekom/Komm.;* 17.2.2011, Slg. 2011, I-527, Rdnr. 31 – *Konkurrensverket/TeliaSonera Sverige.*

[650] EuGH U. v. 17.2.2011, Slg. 2011, I-527 – *Konkurrensverket/TeliaSonera Sverige.*

[651] EuGH U. v. 14.10.2010, Slg. 2010, I-5999 – *Deutsche Telekom/Komm.*

[652] EuGH U. v. 17.2.2011, Slg. 2011, I-527 – *Konkurrensverket/TeliaSonera Sverige.*

[653] EuGH U. v. 10.7.2014, Rs C-295/12 P, ECLI:EU:C:2014:2062 – *Telefónica/Komm.*

[654] EuGH U. v. 14.10.2010, Slg. 2010, I-5999, Rdnr. 183 – *Deutsche Telekom/Komm.;* 17.2.2011, Slg. 2011, I-527, Rdnr. 31 ff. – *Konkurrensverket/TeliaSonera Sverige.*

[655] EuGH U. v. 17.2.2011, Slg. 2011, I-527, Rdnr. 38 ff. – *Konkurrensverket/TeliaSonera Sverige.*

– ob die Kunden, denen gegenüber eine derartige Preispolitik zur Anwendung kommt, neue oder alte Kunden des betreffenden Unternehmens sind;
– in welchem Grad die betreffenden Märkte sich entwickelt haben und ob auf diesen Märkten eine neue Technologie zur Anwendung gelangt, die sehr hohe Investitionen erfordert.[656]

Die Feststellung der Missbräuchlichkeit einer Preispolitik, die auf ein „margin squeezing" hinausläuft, setzt aber den Nachweis voraus, dass dieses Verhalten zumindest potenziell eine wettbewerbswidrige Wirkung auf den Endkundenmarkt haben könnte, ohne dass es eine objektive wirtschaftliche Rechtfertigung dafür gäbe.[657] Da die „Kosten-Preis-Schere" eine eigenständige Form des Missbrauchs darstellt, die sich von einem Missbrauch in der Form der Lieferverweigerung[658] unterscheidet,[659] gelten für sie nicht die Kriterien der Lieferverweigerung, und insbesondere nicht die Unentbehrlichkeit des Inputs und die Verpflichtung zur Erbringung von Vorleistungen auf dem vorgelagerten Markt, auf dem die beherrschende Stellung besteht.[660]

h) Die Verstärkung der beherrschenden Stellung durch den Erwerb von Vermögensrechten. Ein missbräuchliches Verhalten iSv Art. 102 AEUV kann vorliegen, wenn ein Unternehmen in beherrschender Stellung diese durch den Erwerb von Vermögensrechten dergestalt verstärkt, dass der erreichte Beherrschungsgrad den noch bestehenden Restwettbewerb wesentlich behindert.[661] So kann der Erwerb einer **Mehrheitsbeteiligung** an einem konkurrierenden Unternehmen durch ein Unternehmen in beherrschender Stellung dann eine missbräuchliche Ausnutzung dieser Stellung darstellen, wenn die beherrschende Stellung im Wege dieses **Unternehmenszusammenschlusses** derart verstärkt wird, dass der tatsächliche oder potentielle Wettbewerb für die betroffenen Waren in einem wesentlichen Teil des Binnenmarktes praktisch ausgeschaltet wird **(„*Continental Can* – Doctrine").** Ein solches Verhalten ist missbräuchlich, wenn die hierdurch bewirkte Änderung der Angebotsstruktur die Handlungsfreiheit der Abnehmer und letztlich der Verbraucher ernstlich gefährdet („Marktstrukturmissbrauch").[662] Seit dem Inkrafttreten der europäischen Fusionskontrolle aufgrund der VO Nr. 4064/89[663] hat die Anwendung des Art. 102 AEUV auf Unternehmenszusammenschlüsse jedoch jede praktische Bedeutung verloren. Zwar kann mit Rücksicht auf die Grundsätze der Normenhierarchie dieser Akt des abgeleiteten Gemeinschaftsrechts die Anwendung des Art. 102 AEUV nicht ausschließen. Wie bereits früher Art. 22 Abs. 2 VO Nr. 4064/89 bestimmt nunmehr auch Art. 22 Abs. 1 VO Nr. 139/2004, dass die Durchführungsverordnungen zu den Art. 101 und 102 AEUV (früher VO Nr. 17, nunmehr VO Nr. 1/2003) auf Unternehmenszusammenschlüsse keine Anwendung finden. Darüber hinaus hat die Kommission erklärt, dass sie normalerweise nicht beabsichtigt, Art. 102 AEUV auf solche Tatbestände anzuwenden.[664] Ein möglicher Konflikt zwischen der Kommission, die gem. Art. 2 Abs. 2 VO Nr. 139/2004 einen Zusammenschluss als mit dem EU-Binnenmarkt vereinbar erklärt, und einer nationalen Behörde oder einem nationalen Gericht, die/das aufgrund der „*Continental Can* – Doktrine" einen Unternehmenszusammenschluss als missbräuchlich iSv Art. 102 AEUV ansieht, ist allerdings nicht von vornherein ausgeschlossen. 124

Der Erwerb von Vermögensrechten, deren Substanz in der Befugnis besteht, die Nutzung der erworbenen Güter dem Inhaber vorzubehalten und somit durch unbefugte Dritte 125

---

[656] EuGH U. v. 17.2.2011, Slg. 2011, I-527, Rdnr. 114 – *Konkurrensverket/TeliaSonera Sverige.*
[657] EuGH U. v. 17.2.2011, Slg. 2011, I-527, Rdnr. 77 – *Konkurrensverket/TeliaSonera Sverige.*
[658] S. dazu Rdnr. 77 ff.
[659] EuGH U. v. 17.2.2011, Slg. 2011, I-527, Rdnr. 56 – *Konkurrensverket/TeliaSonera Sverige.*
[660] EuGH U. v. 10.7.2014, Rs C-295/12 P, ECLI:EU:C:2014:2062, Rdnr. 96 – *Telefónica/Komm.*
[661] EuGH U. v. 21.2.1973, Slg. 1973, 215, Rdnr. 26 – *Europemballage u. Continental Can/Komm.*
[662] EuGH U. v. 21.2.1973, Slg. 1973, 215, Rdnr. 28 f. – *Europemballage u. Continental Can/Komm.*
[663] Ersetzt durch VO Nr. 139/2004.
[664] Anhang zur VO (EWG) Nr. 4064/89, Anmerkung der *Komm.* zu Art. 22.

zu untersagen (Eigentum an Sachen und Immaterialgütern), ist selbstverständlich auch für beherrschende Unternehmen grundsätzlich kein missbräuchliches Verhalten iSv Art. 102 AEUV.[665] Der Erwerb solcher **ausschließlicher Rechte** stellt deshalb nur unter besonderen Umständen einen Missbrauch iSv Art. 102 AEUV dar.[666] Der Erwerb einer ausschließlichen Patentlizenz durch ein Unternehmen in beherrschender Stellung stellt jedoch wegen seiner Auswirkungen auf die Wettbewerbsstruktur dann einen Missbrauch iSv Art. 102 AEUV dar, wenn hierdurch nicht nur eine bereits beträchtliche wirtschaftliche Vormachtstellung gestärkt wird, sondern der Erwerb auch zur Folge hat, dass der Eintritt neuer Wettbewerber behindert oder zumindest erheblich verzögert wird. In solchen Fällen kann insbesondere der Umstand entscheidend sein, dass zum maßgeblichen Zeitpunkt die Befugnis, das durch die Lizenz geschützte Eigentum anwenden zu können, einem potentiellen Wettbewerber die Mittel an die Hand geben könnte, um mit dem beherrschenden Unternehmen wirksam konkurrieren zu können.[667] So erwarb das marktbeherrschende Pharmaunternehmen *Servier* für eine bestimmte Gruppe von Arzneimitteln die fortschrittlichste Technologie und erzwang damit den Abbruch einer Reihe von Generika-Projekten, was den Markteintritt von potentiellen Wettbewerbern verzögerte.[668] Ein beherrschendes Unternehmen verhält sich ebenfalls missbräuchlich, wenn es sich vertraglich den Erwerb des ausschließlichen geistigen Eigentums an allen von seinen Lizenznehmern vorgenommenen technischen Verbesserungen seiner geschützten Güter vorbehält.[669]

126 Besondere Umstände, die eine Anwendung des Missbrauchsverbots nach Art. 102 AEUV rechtfertigen, liegen vor, wenn ein beherrschendes Unternehmen durch **irreführende Angaben** gegenüber einer geistige Eigentumsrechte erteilenden Behörde oder einem Gericht ein solches Recht erwirbt. So hatte zB *AstraZeneca* durch irreführende Darstellungen und einem offenkundigen Mangel an Transparenz hinsichtlich des Bestehens bestimmter Tatsachen Patentämter und Gerichte vorsätzlich getäuscht, um durch den Erwerb von patentähnlichen Schutzzertifikaten ihr Monopol auf einem bestimmten Markt möglichst lang zu wahren. Der EuGH urteilte, dass ein solches Verhalten dem Leistungswettbewerb fremd sei und der besonderen Verantwortung zuwiderlaufe, die ein beherrschendes Unternehmen dafür trägt, dass es durch sein Verhalten einen wirksamen und unverfälschten Wettbewerb in der Union nicht beeinträchtigt.[670] Ein solches Verhalten verstößt gegen Art. 102 AEUV.

127 *i) Sonstige Missbrauchstatbestände.* Zusätzlich zu den Regelbeispielen, die der Gesetzgeber in Art. 102 Satz 2 AEUV aufgenommen hat, und den vorstehend dargestellten, hierauf aufbauenden bzw. durch Auslegung des Missbrauchsbegriffs in der Anwendungspraxis herausgearbeiteten Tatbeständen, gelten u. U. folgende Verhaltensweisen beherrschender Unternehmen als Missbrauch:

– der Aufkauf von Erzeugnissen von Wettbewerbern zu dem Zweck, sie aus dem Markt zu nehmen („Produktaustausch");[671]

---

[665] EuGH, 5.10.1988, Slg. 1988, 6039, Rdnr. 15 – *Consorzio Italiano u. Maxicar/Renault;* vgl. zur Ausübung solcher Rechte Rdnr. 56 ff.

[666] EuG U. v. 10.7.1990, Slg. 1990, II-309, Rdnr. 23 – *Tetra Pak/Komm.* (bestätigt durch EuGH U. v. 14.11.1996, Slg. 1996, I-5951).

[667] EuG U. v. 10.7.1990, Slg. 1990, II-309, Rdnr. 23 – *Tetra Pak/Komm.; Komm.*, 27. WB, 1997, Rdnr. 66 – *Swedish Match.*

[668] *Komm.* E. v. 9.7.2014, COMP/39.612, vgl. IP/14/799; EuG Rs T-691/14 (anhängig) – *Servier/Komm.*

[669] EuG U. v. 6.10.1994, Slg. 1994, II-755, Rdnr. 135 – *Tetra Pak/Komm.*

[670] EuGH U. v. 9.11.1983, Slg. 1983, 3461, Rdnr. 57 – *Michelin/Komm.;* 14.11.1996, Slg. 1996, I-5951, Rdnr. 24 – *Tetra Pak/Komm.;* EuG U. v. 30.1.2007, Slg. 2007, II-107, Rdnr. 186 – *France Télécom/Komm.;* 17.2.2011, Slg. 2011, I-527, Rdnr. 84 – *Konkurrensverket/TeliaSonera* Sverige; 6.12.2012, Rs C-457/10 P, ECLI:EU:C:2012:770, Rdnr. 98 – *AstraSeneca/Komm.*

[671] EuG U. v. 6.10.1994, Slg. 1996, I-5951, Rdnr. 212 – *Tetra Pak/Komm.; Komm.* E. v. 14.5. 1997, ABl. 1997 Nr. L 258/1 (Rdnr. 124) – *Irish Sugar* (bestätigt durch EuG U. v. 7.10.1999, Slg. 1999, II-2969, u. EuGH B. v. 10.7.2001, Slg. 2001, I-5333).

– die Erlangung der Zusage eines Abnehmers, Maschinen, die er bei Konkurrenten des beherrschenden Unternehmens erworben hat, nicht mehr zu benutzen;[672]
– die Verdrängung fast sämtlicher Maschinen eines bestimmten Typs in einem Mitgliedstaat, die von einem Wettbewerber des beherrschenden Unternehmens stammen;[673]
– das Einholen von Auskünften bei Abnehmern über Angebote anderer Lieferquellen, wenn dies Teil eines Plans zur Verdrängung eines Konkurrenten ist;[674]
– die unnötige Verlängerung eines gesetzlichen Lizenzerteilungsverfahrens durch Forderung einer überhöhten Lizenzgebühr;[675]
– die Behinderung der Zulassung eines Arzneimittels eines (potentiellen) Wettbewerbers;[676]
– Anreize, die mit einer Händlerclub-Mitgliedschaft verbunden sind, wobei die Mitgliedschaft Verpflichtungen begründet (bestimmte Geschäftsanteile an Produkten des beherrschenden Unternehmens, Herausstellen der Marke, Verbot der Umleitung spontaner Nachfrage, ausreichende Lagerbestände zwecks umgehender Befriedigung von spontaner Nachfrage);[677]
– Auskunftspflichten zugunsten eines beherrschenden Unternehmen, die darauf abzielen, Händler zu kontrollieren und sie somit an dieses Unternehmen zu binden und den Wettbewerb anderer Hersteller auszuschalten;[678]
– der Abschluss einer Vertriebsvereinbarung mit dem wichtigsten Wettbewerber des beherrschenden Unternehmens.[679]

IV. Die Beziehung zwischen beherrschender Stellung und Missbrauch

1. Kausalität. Das Verhalten beherrschender Unternehmen ist seiner Art nach nicht vom Verhalten sonstiger Unternehmen zu unterscheiden. Beherrschende wie nicht beherrschende Unternehmen gebrauchen Mittel des normalen Produkt- oder Dienstleistungswettbewerbs; beide Unternehmensgruppen setzen im Wettbewerb auch Mittel ein, die nicht zu dieser Kategorie gehören. Da somit kein spezifisches Verhalten beherrschender Unternehmen besteht, ist es in einem Rechtssystem ohne erschöpfende gesetzliche Bestimmung von missbräuchlichen Verhaltensweisen – wie es nach Art. 102 AEUV besteht – notwendig, Kriterien zu entwickeln, die missbräuchliches von wettbewerbsrechtlich neutralem Verhalten unterscheiden.[680] Ein solches Kriterium könnte die kausale Beziehung zwischen beherrschender Marktstellung und dem Verhalten sein. Dem Wortlaut des Art. 102 AEUV lässt sich nicht entnehmen, in welchem Zusammenhang ein Verhalten zur beherrschenden Stellung stehen muss, um als „Missbrauch" i. S. dieser Vorschrift zu gelten. Man könnte annehmen, dass nur das Verhalten verboten sei, das durch die beherrschende Stellung (als *conditio sine qua non*) ermöglicht wird oder auf sie zurückzuführen ist. Der **Normzweck** des Art. 102 AEUV, seine funktionale Bedeutung für den europäischen Einigungsprozess sowie für die Verwirklichung der wirtschaftlichen und sozialen Ziele der 128

---

672 EuG U. v. 6.10.1994, Slg. 1996, I-5951, Rdnr. 212 – *Tetra Pak/Komm.*

673 EuG U. v. 6.10.1994, Slg. 1996, I-5951, Rdnr. 212 – *Tetra Pak/Komm.*

674 EuGH U. v. 3.7.1991, Slg. 1991, I-3359, Rdnr. 148 – *Akzo/Komm.*

675 EuG U. v. 12.12.1991, Slg. 1991, II-1439, Rdnr. 99 – *Hilti/Komm.* (bestätigt durch EuGH U. v. 2.3.1994, Slg. 1994, I-667).

676 EuGH U. v. 6.12.2012, Rs C-457/10 P, ECLI:EU:C:2012:770, Rdnr. 114 ff. – *AstraSeneca/Komm.;* vgl. in diesem Zusammenhang auch die nach Art. 101 AEUV beurteilten „pay for delay"-Fälle: *Komm.* E. v. 19.6.2013, COMP/39.226 – *Lundbeck,* noch nicht veröff. (dazu IP/13/563); 10.12.2013, COMP/39.685 – *Fentanyl,* noch nicht veröff. (dazu IP/13/1233).

677 EuG U. v. 30.9.2003, Slg. 2003, II-4071, Rdnr. 210 – *Michelin/Komm.*

678 EuG U. v. 30.9.2003, Slg. 2003, II-4071, Rdnr. 220 – *Michelin/Komm.*

679 *Komm.* E. v. 22.2.2006, COMP/38.381, ABl. 2006 Nr. L 205/24 (Zusammenfassung) – *De Beers;* vgl. dazu EuGH U. v. 29.6.2010, Slg. 2010, I-5944 – *Komm./Alrosa.*

680 Vgl. dazu Rdnr. 37 ff.

EU,[681] schließt jedoch jedes Kriterium aus, das den Anwendungsbereich dieser Norm ohne Bezug auf ihren Zweck einschränkt. Die Rechtsprechung hat daher seit Beginn der Anwendung des Verbots missbräuchlichen Verhaltens marktbeherrschender Stellungen klargestellt, dass es beim Sinn und bei der Tragweite dieser Regelung auf den ursächlichen Zusammenhang zwischen der beherrschenden Stellung und der missbräuchlichen Ausnutzung nicht ankommt.[682] Allerdings muss entweder die beherrschende Stellung in dem Markt bestehen, in dem sich das Verhalten auswirkt, oder es muss zwischen den Märkten, in dem die beherrschende Stellung besteht und in dem sich das Verhalten auswirkt, eine **besondere Verbindung** vorhanden sein, ohne die das Verhalten nicht als missbräuchlich iSv Art. 102 AEUV angesehen werden kann.[683]

129 **2. Die Lokalisierung der beherrschenden Stellung und des Missbrauchs.** Art. 102 AEUV enthält keine ausdrückliche Regelung bezüglich der Frage, ob ein Unternehmen in marktbeherrschender Stellung missbräuchlich nur in dem Markt handeln kann, in dem es die beherrschende Stellung innehat. Der sachliche Geltungsbereich der besonderen Verantwortung, die ein Unternehmen in beherrschender Stellung dafür trägt, dass es durch sein Verhalten einen wirksamen und unverfälschten Wettbewerb nicht beeinträchtigt,[684] ist aufgrund der spezifischen Umstände des jeweiligen Einzelfalls zu ermitteln, die eine Situation geschwächten Wettbewerbs erkennen lassen. Allerdings liegt es auf der Hand, dass das Verhalten eines Unternehmens in einem bestimmten Markt nicht nur deshalb strengeren Anforderungen als den allgemeinen unterliegen kann, weil es in irgendeinem anderen Markt eine beherrschende Stellung innehat. Die Anwendung von Art. 102 AEUV setzt in jedem Fall einen Zusammenhang zwischen der beherrschenden Stellung und dem angeblich missbräuchlichen Verhalten voraus, der grundsätzlich nicht gegeben ist, wenn sich ein Verhalten auf einem von dem beherrschten Markt verschiedenen Markt auswirkt.

130 Problemlos sind die Fallgestaltungen, bei denen das Verhalten eines beherrschenden Unternehmens im beherrschten Markt auch dort seine Wirkungen entfaltet. Aus den Regeltatbeständen des Art. 102 Satz 2 AEUV ergibt sich jedoch, dass bestimmte Verhaltensweisen beherrschender Unternehmen auch dann mit dem EU-Binnenmarkt unvereinbar sein können, wenn sie **Wirkungen in anderen Märkten** als dem beherrschten entfalten: so zB die Benachteiligung diskriminierter Handelspartner (Art. 102 Satz 2 lit. c AEUV)[685] und die „zusätzlichen Leistungen" bei Kopplungsgeschäften (Art. 102 Satz 2 lit. d AEUV).[686] In der Anwendungspraxis ist in sämtlich möglichen Fallgestaltungen Verhalten beherrschender Unternehmen als missbräuchlich iSv Art. 102 AEUV angenommen worden: Verhalten im beherrschten Markt mit Wirkungen auf diesem Markt, Verhalten im beherrschten Markt mit Wirkungen auf einem nicht beherrschten Markt, Verhalten in einem nicht beherrschten Markt mit Wirkungen auf dem beherrschten Markt und schließlich Verhalten in einem nicht beherrschten Markt mit Wirkungen nur auf diesem Markt.[687]

---

681 S. dazu Rdnr. 1 f.

682 EuGH U. v. 21.2.1973, Slg. 1973, 215, Rdnr. 27 – *Europemballage u. Continental Can/Komm.;* 13.2.1979, Slg. 1979, 461, Rdnr. 91 – *Hoffmann-La Roche/Komm.;* zur Kausalität im Rahmen des § 19 Abs. 1 GWB vgl. *Wiedemann* in § 23 Rdnr. 55.

683 Vgl. Mitteilung der *Komm.* über die Anwendung der Wettbewerbsregeln auf Zugangsvereinbarungen im Telekommunikationsbereich, ABl. 1998 C 265/2, Rdnr. 81.

684 EuGH U. v. 9.11.1983, Slg. 1983, 3461, Rdnr. 57 – *Michelin/Komm.;* 14.11.1996, Slg. 1996, I-5951, Rdnr. 24 – *Tetra Pak/Komm.;* 2.4.2009, Slg. 2009, I-2369, Rdnr. 105 – *France Télécom/Komm.;* 17.2.2011, Slg. 2011, I-527, Rdnr. 84 – *Konkurrensverket/TeliaSonera Sverige;* 6.12.2012, Rs C-457/10 P, ECLI:EU:C:2012:770, Rdnr. 98 – *AstraSeneca/Komm.*

685 Vgl. allg. zu Diskriminierung Rdnr. 88 ff.

686 Vgl. dazu allg. Rdnr. 98 ff.

687 Vgl. EuGH U. v. 14.11.1996, Slg. 1996, I-5951, Schlussanträge GA *Colomer,* Rdnr. 34 ff. – *Tetra Pak/Komm.*

In der Sache *Commercial Solvents* hat der EuGH entschieden, dass die Voraussetzungen des Missbrauchsverbots erfüllt sein können, wenn ein bestimmtes Verhalten auf einem beherrschten Rohstoffmarkt wettbewerbsbeschränkende Wirkungen auf dem (nicht beherrschten) Markt hat, auf dem die aus dem Rohstoff gewonnenen Derivate verkauft werden.[688] Eine solche Feststellung gilt auch für Dienstleistungen beherrschender Unternehmen, die für die Tätigkeit anderer Unternehmen auf anderen Märkten unerlässlich sind.[689] Für eine weitere im vorliegenden Zusammenhang relevante Gruppe missbräuchlicher Verhaltensweisen ist die Sache *BPB Industries und British Gypsum* beispielhaft. In dieser Sache hat das EuG die Anwendung des Art. 102 AEUV auf eine Vorteilsgewährung bestätigt, die das betreffende Unternehmen, das eine beherrschende Stellung auf dem Markt für Gipskartonplatten innehatte, auf dem hiervon **unterschiedlichen Markt** für Gips nur den Kunden gewährte, die sich auf dem Markt für Gipskartonplatten ausschließlich bei ihm eindeckten.[690] Das EuG fügte jedoch hinzu, dass die Verhaltensweisen auf dem Gipsmarkt nur dann eine Beeinträchtigung des Wettbewerbs auf dem Markt für Gipskartonplatten bezwecken und bewirken könnten, wenn andere Wirtschaftsteilnehmer als *British Gypsum* selbst, insbesondere die den Verhaltensweisen zum Opfer gefallenen Händler, auf beiden Märkten tätig seien und wenn die Funktionsweise des Gipsmarktes bestimmte Besonderheiten aufweise.[691] Zu dieser Gruppe gehören auch „Lockpreise", die ein beherrschendes Unternehmen seinen Abnehmern bezüglich Waren und Dienstleitungen, für die es nicht beherrschend ist, unter der Voraussetzung gewährt, dass diese auch Leistungen beziehen, für die das Unternehmen beherrschend ist.[692] Das Gleiche gilt für die Androhung, gewisse Transportleistungen nicht mehr abzunehmen, für deren Abnahme das betreffende Unternehmen nicht beherrschend ist, um Wettbewerber im beherrschten Markt, die ebenfalls die Transportleistungen in Anspruch nehmen und wegen der Drohung des beherrschenden Unternehmens nicht mehr angeboten bekommen, zu behindern.[693] *Microsoft* missbrauchte seine beherrschende Stellung auf dem Markt für Computerbetriebssysteme dadurch, dass es in diese seinen Mediaplayer integrierte, für den ein eigener (nicht beherrschter) Markt bestand.[694] 131

Bei **verbundenen Märkten** können besondere Umstände zu einer Anwendung von Art. 102 AEUV auf ein Verhalten im nicht beherrschten Markt führen, das sich auch nur dort auswirkt.[695] Einen Anwendungsfall des Art. 102 AEUV, der dieser Gruppe zuzuordnen ist, stellt die Sache *Tetra Pak* dar.[696] Ein Verhalten des den Markt der nichtaseptischen Verpackungsmaschinen beherrschenden Unternehmens im hiervon verschiedenen Markt der für diese Verpackungsmaschinen bestimmten Kartons, bezüglich dessen keine beherrschende Stellung nachgewiesen war, wirkte sich nur auf diesem letzteren Markt aus. Dennoch bestätigten die Europäischen Gerichte die Schlussfolgerung der Kommission, dass es sich um ein missbräuchliches Verhalten handelte, weil dieser Markt und der beherrschte Markt wirtschaftlich sehr eng verbunden waren.[697] Dabei ist auch zu berücksichtigen, dass 132

---

[688] EuGH U. v. 16.3.1974, Slg. 1974, 223, Rdnr. 22 – *ICI u. Commercial Solvents/Komm.*

[689] EuGH U. v. 3.10.1985, Slg. 1985, 3261, Rdnr. 26 – *Tele-Marketing/Telediffusion u. Information Publicité.*

[690] EuG U. v. 1.4.1993, Slg. 1993, II-389, Rdnr. 92ff. – *BPB Industries u. British Gypsum/Komm.* (bestätigt durch EuGH U. v. 6.4.1995, Slg. 1995, I-865).

[691] EuG U. v. 1.4.1993, Slg. 1993, II-389, Rdnr. 93 – *BPB Industries u. British Gypsum/Komm.* (bestätigt durch EuGH U. v. 6.4.1995, Slg. 1995, I-865).

[692] EuGH U. v. 3.7.1991, Slg. 1991, I-3359, Rdnr. 122ff. – *Akzo/Komm.*

[693] *Komm.* E. v. 14.5.1997, ABl. 1997 Nr. L 258/1, Rdnr. 120ff. – *Irish Sugar* (bestätigt durch EuG U. v. 7.10.1999, Slg. 1999, II-2969, u. EuGH B. v. 10.7.2001, Slg. 2001, I-5333).

[694] *Komm.* E. v. 24.3.2004, COMP/37.792, Website-Veröffentlichung, Rdnr. 792ff., bestätigt durch. EuG U. v. 17.9.2007, Slg. 2007, I-3601 – *Microsoft/Komm.*

[695] EuGH U. v. 3.10.1985, Slg. 1985, 3261, Rdnr. 26 – *Tele-Marketing/Telediffusion u. Information Publicité;* 14.11.1996, Slg. 1996, I-5951, Rdnr. 27 – *Tetra Pak/Komm.;* 17.2.2011, Slg. 2011, I-527, Rdnr. 86 – *Konkurrensverket/TeliaSonera Sverige;* EuG U. v. 30.5.2013, Rs T-74/11, ECLI:EU:T:2013:283, Rdnr. 62 – *Omnis Group/Komm.*

[696] EuGH U. v. 14.11.1996, Slg. 1996, I-5951, Rdnr. 27 – *Tetra Pak/Komm.*

[697] EuGH U. v. 14.11.1996, Slg. 1996, I-5951, Rdnr. 28ff. – *Tetra Pak/Komm.*

Tetra Pak auf dem nichtaseptischen Verpackungsmarkt über eine Stellung verfügte, die einer beherrschenden Stellung gleichkam.[698] Wie in der Sache *Tetra Pak* sind insbesondere im Telekommunikationsbereich eine Reihe von Fällen denkbar, in denen es eng verbundene Märkte mit hohem Grad an Marktmacht eines Betreibers gibt. In solchen Fällen kann der Schluss angezeigt sein, dass sich der einen dieser Märkte beherrschende Betreiber in einer Lage befindet, die einer beherrschenden Stellung auf der Gesamtheit der betreffenden Märkte gleichkommt.[699]

V. Die Zwischenstaatlichkeitsklausel

133 Das Tatbestandsmerkmal der Beeinträchtigung des Handels zwischen Mitgliedstaaten ist den Art. 101 Abs. 1 und 102 AEUV gemeinsam.[700] Diese „Zwischenstaatlichkeitsklausel" hat in beiden Vorschriften dieselbe Funktion, d.h. es ist zu prüfen, ob das fragliche Verhalten für die EU relevant ist.[701] Dies gilt auch für das ungeschriebene Tatbestandsmerkmal der „Spürbarkeit", das aufgrund der wirtschaftlichen Stellung des beherrschenden Unternehmens zu beurteilen ist.[702] Auslegung und Anwendung der in den Art. 101 Abs. 1 und 102 AEUV hinsichtlich der Auswirkungen auf den Handel zwischen Mitgliedstaaten genannten Voraussetzung müssen von dem Zweck dieser Voraussetzung ausgehen, nämlich auf dem Gebiet des Kartellrechts den **Geltungsbereich des Unionsrechts** von dem des innerstaatlichen Rechts abzugrenzen.[703] Unter den Geltungsbereich des Unionsrechts fällt somit ein Verhalten, das geeignet ist, die Freiheit des Handels zwischen Mitgliedstaaten in einer Weise zu gefährden, die der Verwirklichung der Ziele eines Binnenmarktes nachteilig sein kann. Dagegen fallen Verhaltensweisen, deren Auswirkungen sich auf das Gebiet eines einzigen Mitgliedstaats beschränken, unter den Geltungsbereich der nationalen Rechtsordnungen.[704]

134 Nach ständiger Rechtsprechung ist ein unternehmerisches Verhalten geeignet, den Handel zwischen Mitgliedstaaten zu beeinträchtigen, wenn sich anhand einer Gesamtheit objektiver rechtlicher oder tatsächlicher Umstände mit hinreichender Wahrscheinlichkeit voraussehen lässt, dass es den Warenverkehr zwischen Mitgliedstaaten unmittelbar oder mittelbar, tatsächlich oder potentiell in einem der Erreichung der Ziele des EU-Binnenmarktes nachteiligen Sinne beeinflussen kann.[705] Es ist nicht erforderlich, dass das beanstandete Verhalten den Handel zwischen Mitgliedstaaten tatsächlich spürbar beeinträchtigt bzw. seine tatsächliche Auswirkung auf den Umfang dieses Handels konkret festgestellt wird. Es genügt der Nachweis, dass dieses Verhalten *geeignet* ist, eine derartige Wirkung zu entfalten. Es ist somit jeweils zu fragen, ob davon ausgegangen werden kann, dass die betreffenden Güter zwischen den Mitgliedstaaten gehandelt bzw. ob die betreffenden Dienstleistungen über die Grenzen eines Mitgliedstaates hinaus gewährt worden wären, wenn im betreffenden Markt

---

698 EuGH U. v. 14.11.1996, Slg. 1996, I-5951, Rdnr. 31 – *Tetra Pak/Komm.*

699 Vgl. Mitteilung der *Komm.* über die Anwendung der Wettbewerbsregeln auf Zugangsvereinbarungen im Telekommunikationsbereich, ABl. 1998 Nr. C 265/2, Rdnr. 65ff.

700 Leitlinien der Komm. über den Begriff der Beeinträchtigung des zwischenstaatlichen Handels in den Art. 81 und 82 (jetzt: Art. 101 und 102) des Vertrags, ABl. 2004 Nr. C 101/81.

701 EuGH U. v. 31.5.1979, Slg. 1979, 1869, Rdnr. 14 – *Hugin/Komm.*

702 EuGH U. v. 14.2.1978, Slg. 1978, 207, Rdnr. 198/202 – *United Brands/Komm.;* 9.11.1983, Slg. 1983, 3461, Rdnr. 104 – *Michelin/Komm.;* 1.4.1993, Slg. 1993, II-389, Rdnr. 138 – *BPB Industries u. British Gypsum/Komm.* (bestätigt durch EuGH U. v. 6.4.1995, Slg. 1995, I-865); 6.4.1995, Slg. 1995, I-743, Rdnr. 69f. – *RTE u. ITP/Komm.;* 21.1.1999, 1999, I-135, Rdnr. 53, 60 – *Bagnasco/Banca Populare.*

703 EuGH U. v. 13.7.1966, Slg. 1966, Rdnr. 322, 389) – *Consten u. Grundig/Komm.;* 6.3.1974, Slg. 1974, 223, Rdnr. 31 – *Commercial Solvents/Komm.;* 25.10.2001, Slg. 2001, I-8089, Rdnr. 47 – *Ambulanz Glöckner/Landkreis Südwestpfalz;* 23.11.2006, Slg. 2006, I-11125, Rdnr. 33 – *Asnef-Equifax/Ausbanc;* 23.4.2009, Slg. 2009, I-3205, Rdnr. 50f. – *AEPI/Komm.*

704 EuGH U. v. 31.5.1979, Slg. 1979, 1869, Rdnr. 17 – *Hugin/Komm.*

705 EuGH U. v. 15.12.1994, Slg. 1994, I-5641, Rdnr. 54 – *LAG/DLG;* EuG U. v. 14.7.1994, Slg. 1994, II-549, Rdnr. 39 – *Parker Pen/Komm.;* 13.7.2011, Slg. 2011, II-5129, Rdnr. 55 – *ThyssenKrupp Liften Ascenseurs/Komm.*

keine restriktiven Praktiken bestehen würden.[706] Es bedarf auch keiner Klärung der Frage, ob zum fraglichen Zeitpunkt Wettbewerber des beherrschenden Unternehmens tatsächlich und konkret darauf aus waren, im relevanten Markt tätig zu werden oder ihre Verkäufe auszuweiten.[707] Verhaltensweisen beherrschender Unternehmen, die die Wettbewerbsstruktur im EU-Binnenmarkt verändern, erfüllen regelmäßig dieses Tatbestandsmerkmal des Art. 102 AEUV.[708] Praktiken, mit denen beherrschende Unternehmen versuchen, den größten der im EU-Binnenmarkt noch tätigen Wettbewerber vom Markt zu verdrängen, sind ihrer Art nach geeignet, die Wettbewerbsstruktur im Binnenmarkt und damit den Handel zwischen Mitgliedstaaten iSd Art. 102 AEUV zu beeinträchtigen.[709]

Bei Fällen mit **Drittlandsbezug** ist entscheidend, ob das untersuchte Verhalten den **135**
Wettbewerb nicht nur in dem Einfuhrland berührt. Werden allerdings Waren aus Drittländern in einen Mitgliedstaat eingeführt und verbraucht, ohne in anderen Mitgliedstaaten in den Verkehr gebracht worden zu sein bzw. haben sie diese nur im Transit durchquert, beeinträchtigen missbräuchliche Verhaltensweisen beherrschender Unternehmen dennoch den Handel zwischen Mitgliedstaaten, wenn sie die Wettbewerbsverhältnisse im Binnenmarkt verfälschen.[710] Dies war zB bei missbräuchlichen Praktiken einer Linienkonferenz der Fall, die in mehreren Mitgliedstaaten Seeverkehrsdienstleistungen mit Drittländern anbot.[711]

C. Die Konkurrenzverhältnisse zwischen Art. 102 und den anderen für Unternehmen geltenden Wettbewerbsvorschriften des AEUV

I. Das Verbot abgestimmten Verhaltens nach Art. 101 AEUV

1. Allgemeines. Die Art. 101 und 102 AEUV ergänzen einander. Zwar stellen diese **136**
Vorschriften im System des AEUV zwei voneinander unabhängige Rechtsinstrumente dar. Sie verfolgen jedoch ein gemeinsames Ziel, die Gewährleistung unverfälschten Wettbewerbs im EU Binnenmarkt.[712] Die Frage, ob die Feststellung eines Missbrauchs einer beherrschenden Stellung im Rahmen einer Vereinbarung allein auf Umstände gestützt werden kann, die auch als unter Art. 101 Abs. 1 AEUV fallende Verhaltensweisen verboten wären, beantwortet sich aus dem systematischen Zusammenhang, in dem Art. 101 Abs. 1 und Art. 102 AEUV stehen. Wie schon aus dem Wortlaut von Art. 101 Abs. 1 lit. a, b, d und e AEUV sowie von Art. 102 lit. a bis d AEUV hervorgeht, kann dasselbe Verhalten zu einer Zuwiderhandlung gegen beide Bestimmungen führen. Die mit diesen beiden Bestimmungen jeweils verfolgten Ziele sind jedoch voneinander zu unterscheiden. Art. 101 Abs. 1 AEUV gilt für bestimmte Formen abgestimmten Verhaltens (Vereinbarungen, Be-

---

[706] EuGH U. v. 31.5.1979, Slg. 1979, 1869, Rdnr. 22 – *Hugin/Komm.;* 2.3.1983, Slg. 1983, 483, Rdnr. 34 ff. – *GVL/Komm.;* 4.5.1988, Slg. 1988, 2479, Rdnr. 24 – *Bodson/Pompes Funèbres;* 6.4.1995, Slg. 1995, I-743, Rdnr. 69 – *RTE u. ITP/Komm.;* EuG U. v. 1.4.1993, Slg. 1993, II-389, Rdnr. 134 – *BPB Industries u. British Gypsum/Komm.* (bestätigt durch EuGH U. v. 6.4.1995, Slg. 1995, I-865).

[707] EuG U. v. 1.4.1993, Slg. 1993, II-389, Rdnr. 136 – *BPB Industries u. British Gypsum/Komm.* (bestätigt durch EuGH U. v. 6.4.1995, Slg. 1995, I-865).

[708] EuGH U. v. 2.3.1983, Slg. 1983, 483, Rdnr. 37 – *GVL/Komm.;* 4.5.1988, Slg. 1988, 2479, Rdnr. 24 – *Bodson/Pompes Funèbres;* vgl. allg. zum Behinderungsmissbrauch Rdnr. 44 ff.

[709] EuG U. v. 8.10.1996, Slg. 1996, II-1201, Rdnr. 203 – *Compagnie Maritime Belge u. a./Komm.* (insoweit bestätigt durch EuGH U. v. 16.3.2000, Slg. 2000, I-1365).

[710] EuGH U. v. 16.3.1974, Slg. 1974, 223, Rdnr. 22 – *ICI u. Commercial Solvents/Komm.;* 14.2.1978, Slg. 1978, 207, Rdnr. 197 – *United Brands/Komm.;* 15.12.1994, Slg. 1994, I-5641, Rdnr. 54 ff. – *LAG/DLG;* EuG U. v. 1.4.1993, Slg. 1993, II-389, Rdnr. 137 – *BPB Industries u. British Gypsum/Komm.* (bestätigt durch EuGH U. v. 6.4.1995, Slg. 1995, I-865).

[711] EuG U. v. 8.10.1996, Slg. 1996, II-1201, Rdnr. 205 – *Compagnie Maritime Belge u. a./Komm.* (insoweit bestätigt durch EuGH U. v. 16.3.2000, Slg. 2000, I-1365).

[712] EuGH U. v. 21.2.1973, Slg. 1973, 215 (Rdnr. 25) – *Europemballage u. Continental Can/Komm.;* EuG U. v. 10.7.1990, Slg. 1990, II-309 (Rdnr. 22) – *Tetra Pak/Komm.*

schlüsse und aufeinander abgestimmte Verhaltensweisen), ohne dass es auf die Marktstellung der betreffenden Unternehmen ankommt, wenn das Verhalten „spürbar" ist. Art. 102 AEUV betrifft dagegen das Verhalten eines oder mehrerer Unternehmen, das sich als missbräuchliche Ausnutzung einer wirtschaftlichen Machtstellung manifestiert. Die Anwendung von Art. 101 Abs. 1 AEUV auf abgestimmte Verhaltensweisen gegenüber den daran beteiligten Parteien steht der gleichzeitigen Anwendung von Art. 102 AEUV gegenüber einer oder mehrerer daran beteiligten marktbeherrschenden Partei(en) nicht entgegen, sofern die Voraussetzungen für die Anwendung beider Bestimmung vorliegen **(Idealkonkurrenz).**[713]

137 **2. Das Kartellverbot (Art. 101 Abs. 1 AEUV).** *a) Die Normadressaten.* Normadressaten sowohl des Art. 101 Abs. 1 AEUV als auch des Art. 102 AEUV sind „Unternehmen".[714] Die besondere wirtschaftliche Stellung, die Unternehmen zu Normadressaten des Art. 102 AEUV macht, kann u. U. auch auf koordiniertem Verhalten beruhen.[715] Es liegt daher nahe, Unternehmen als gemeinsame Marktbeherrscher anzusehen, die durch Vereinbarungen, Beschlüsse[716] oder abgestimmte Verhaltensweisen den Wettbewerb untereinander beschränkten und dadurch im relevanten Markt gemeinsam über soviel wirtschaftliche Macht verfügten, dass dort wegen des Kartells wirksamer Wettbewerb ausgeschlossen wird. Das EuG wandte sich jedoch dagegen, Teilnehmer an **Kartellen,** die wirksamen Wettbewerb ausschließen, ohne weiteres als gemeinsame Marktbeherrscher anzusehen.[717] Der EuGH hat diese Auffassung bestätigt und präzisiert. Danach kann Art. 102 AEUV nur dann auf mehrere Unternehmen angewandt werden, wenn diese gegenüber ihren Konkurrenten, ihren Geschäftspartnern und den Verbrauchern auf einem bestimmten Markt eine kollektive Einheit darstellen. Erst wenn dies bejaht werde, sei zu prüfen, ob diese kollektive Einheit tatsächlich eine beherrschende Stellung einnehme und ob sie diese missbrauche.[718] Diese Rechtsprechung, die im Übrigen nicht immer gradlinig durchgehalten wurde,[719] ist als rein formalistisch abzulehnen. Es ist zwar richtig, dass Kartelle, die im relevanten Markt wirksamen Wettbewerb verhindern, nicht *per* se gegen Art. 102 AEUV verstoßen, weil die Bildung einer marktbeherrschenden Stellung (des Kartells) keinen Missbrauch iSv Art. 102 AEUV darstellt. Es gibt aber kein überzeugendes Argument dafür, dass das Verhalten der Mitglieder solcher Kartelle gegenüber Abnehmern und Lieferanten nur dann an den Voraussetzungen des Art. 102 AEUV zu messen sei, wenn das Kartell nach außen als solches auftritt.[720]

138 *b) Das verbotene Verhalten.* Die Abgrenzung der Anwendungsbereiche der Art. 101 Abs. 1 und 102 AEUV danach, ob es sich um (zwei- bzw. mehrseitig) abgestimmtes oder einseitiges Verhalten handelt,[721] ist oberflächlich. Es wird übersehen, dass auch beherrschende Unternehmen grundsätzlich nur durch Vereinbarungen (horizontal und vertikal) wettbewerbsrelevant handeln können.[722] Die Ausnahme von diesem Grundsatz ist die Weigerung des beherrschenden Unternehmens, mit Lieferanten oder Abnehmer Geschäftsbeziehungen aufzunehmen. Missbräuchliches Verhalten iSv Art. 102 AEUV besteht

---

713 EuGH U. v. 16.3.2000, Slg. 2000, I-1365, Rdnr. 33 f., 130 – *Compagnie maritime belge u. a./ Komm.* ; EuG U. v. 23.10.2003, Slg. 2003, II-4653, Rdnr. 159ff – *Van den Bergh Foods/Komm.* (bestätigt durch EuGH B. v. 28.9.2006, Slg. 2006, I-9091 – *Unilever Bestfood/Komm.*).

714 S. zum Unternehmensbegriff Rdnr. 8f, sowie ausführlich *Wiedemann* in § 4, Rdnr. 1 ff.

715 Vgl. Rdnr. 33 ff.

716 EuG U. v. 26.1.2005, Slg. 2005, II-209 (Rdnr. 112 ff.) – *Piau/Komm.*

717 EuG U. v. 10.3.1992, Slg. 1992, II-1403 (Rdnr. 358 ff.) – *SIV u. a./Komm.*

718 EuGH U. v. 16.3.2000, Slg. 2000, I-1365 (Rdnr. 39) – *Compagnie maritime belge u. a./Komm.*

719 Vgl. Rdnr. 33 ff., 35.

720 Vgl. Rdnr. 35.

721 So zB EuGH U. v. 21.2.1973, Slg. 1973, 215, Rdnr. 25 – *Europemballage u. Continental Can/ Komm.;* 13.2.1979, Slg. 1979, 461, Rdnr. 39 – *Hoffmann-La Roche/Komm.;* EuG U. v. 10.7.1990, Slg. 1990, II-309, Rdnr. 22 – *Tetra Pak/Komm.*

722 Anders EuGH U. v. 13.7.2006, Slg. 2006, I-6585, Schlussanträge GA *Tizzano,* Rdnr. 48 – *Komm./Volkswagen.*

somit überwiegend in der Anbahnung, im Abschluss und der Durchführung von Vereinbarungen mit Wettbewerbern, Lieferanten oder Abnehmern.[723] Insoweit solche Vereinbarungen mit Unternehmen (im Gegensatz zu Endverbrauchern) geschlossen werden, kommt eine parallele Anwendung von Art. 101 und 102 AEUV in Betracht.[724] So hat der EuGH bereits in der Sache *Hoffmann-La Roche* entschieden, dass der Umstand, dass eine vertikale Vereinbarung möglicherweise die Tatbestandsmerkmale des (jetzigen) Art. 101 Abs. 1 AEUV erfüllt, nicht die Anwendung von Art. 102 AEUV ausschließt.[725] In der Sache *Ahmed Saeed* stellte der EuGH klar, dass u. U. die (jetzigen) Art. 101 und 102 AEUV auf horizontale Beziehungen gleichzeitig anwendbar sind. Dies sei zB der Fall, wenn eine horizontale wettbewerbsbeschränkende Vereinbarung lediglich die formelle Bestätigung einer wirtschaftlichen Realität darstelle.[726] Die Rechtsprechung macht die Anwendung von Art. 102 AEUV auf abgestimmtes Verhalten von der Existenz eines über die Tatbestandsvoraussetzungen des Art. 101 Abs. 1 AEUV hinausgehenden zusätzlichen Elements abhängig. Ein solches zusätzliches Element könne beispielsweise der Umstand sein, dass der Erwerb einer ausschließlichen Lizenz die praktische Folge habe, dass alle Wettbewerber auf dem relevanten Markt ausgeschlossen würden.[727] Die Forderung nach dem Vorliegen eines zusätzlichen Elements stellt im Grunde jedoch lediglich klar, dass bei einer parallelen Anwendung der Art. 101 und 102 AEUV das Vorliegen der **Tatbestandsvoraussetzungen** beider Vorschriften nachgewiesen werden muss.[728] Die Frage, welche der beiden in **Idealkonkurrenz** zueinander stehenden Verbotsnormen in einem bestimmten Fall tatsächlich angewandt wird, entscheidet sich nach Gesichtspunkten der Zweckmäßigkeit und der Überzeugung, welche der beiden Normen den Unrechtsgehalt des Verhaltens am umfassendsten ausschöpft. Auf vertikale Vereinbarungen, an denen ein beherrschendes Unternehmen beteiligt ist, und die die Tatbestandsvoraussetzungen beider Verbotsnormen erfüllen, kommt in der Regel Art. 102 AEUV zur Anwendung. In solchen Beziehungen des beherrschenden Unternehmens zu Lieferanten und Abnehmer manifestiert sich die wirtschaftliche Macht des beherrschenden Unternehmens. Auch ist oftmals in einem solchen Zusammenhang eine Feststellung nicht sachgerecht, dass die Vertragspartner des beherrschenden Unternehmens eine Zuwiderhandlung gegen Art. 101 AEUV begangen haben. Bei horizontalen Vereinbarungen des beherrschenden Unternehmens mit Wettbewerbern erfasst dagegen Art. 101 AEUV den Unrechtsgehalt des abgestimmten Verhaltens in einer Weise, die über den Anwendungsbereich des Art. 102 AEUV hinausgeht, der nur auf das Verhalten des marktbeherrschenden Kartellmitglieds anwendbar wäre.

3. Die Freistellung vom Kartellverbot (Art. 101 Abs. 3 AEUV). Bezüglich der 139
Frage, ob Verhaltensweisen beherrschender Unternehmen, die von der Anwendung des Art. 101 Abs. 1 AEUV aufgrund von Abs. 3 dieser Vorschrift einzeln oder durch Gruppenfreistellungsverordnung freigestellt sind, Zuwiderhandlungen gegen Art. 102 AEUV darstellen können, weist die Rechtsprechung darauf hin, dass im Vertrag für die miss-

[723] Vgl. zB EuG U. v. 22.11.2001, Slg. 2001, II-3413, Rdnr. 55ff, 73ff. – *AAMS/Komm.;* 23.10.2003, Slg. 2003, II-4653, Rdnr. 159ff. – *Van den Bergh Foods/Komm.* (bestätigt durch EuGH B. v. 28.9.2006, Slg. 2006, I-9091 – *Unilever Bestfood/Komm.*).

[724] Vgl. zB EuG U. v. 22.11.2001, Slg. 2001, II-3413, Rdnr. 55ff, 73ff) – *AAMS/Komm.;* 23.10.2003, Slg. 2003, II-4653, Rdnr. 162 – *Van den Bergh Foods/Komm.;* (bestätigt durch EuGH B. v. 28.9.2006, Slg. 2006, I-9091 – *Unilever Bestfood/Komm.*); *Komm.* E., 27. WB, 1997, Rdnr. 66 – *Swedish Match; Komm.* E. v. 22.2.2006, COMP/38.381, ABl. 2006 Nr. L 205/24 (Zusammenfassung) – *De Beers;* vgl. dazu EuGH U. v. 29.6.2010, Slg. 2010, I-5944, Rdnr. 88 – *Komm./Alrosa.*

[725] EuGH U. v. 13.2.1979, Slg. 1979, 461, Rdnr. 116 – *Hoffmann-La Roche/Komm.*

[726] EuGH U. v. 11.4.1989, Slg. 1989, 803, Rdnr. 37 – *Ahmed Saeed u. Silver Line/Zentrale.* Vgl. auch. *Komm.* E. v. 21.12.1988, ABl. 1989 L 43/27 – *Decca Navigator System;* 23.12.1992, ABl. 1993 Nr. L 34/20 – *CEWAL* (bestätigt durch EuG U. v. 8.10.1996, Slg. 1996, II-1201 – *Compagnie Maritime Belge u. a./Komm.* und teilweise aufgehoben durch EuGH U. v. 16.3.2000, Slg. 2000, I-1365).

[727] EuG U. v. 10.7.1990, Slg. 1990, II-309, Rdnr. 24 – *Tetra Pak/Komm.*

[728] EuG U. v. 10.3.1992, Slg. 1992, II-1403, Rdnr. 360 – *SIV u. a./Komm.*

bräuchliche Ausnutzung einer beherrschenden Stellung keine Freistellung vorgesehen ist.[729] Erfüllt ein Verhalten beherrschender Unternehmen die Tatbestandsvoraussetzungen einer **Gruppenfreistellungsverordnung,** findet der Grundsatz der Normenhierarchie Anwendung. Danach kann die Gewährung einer Freistellung vom Kartellverbot durch einen Akt des abgeleiteten Gemeinschaftsrechts die Anwendung des Art. 102 AEUV nicht ausschließen.[730] Bezüglich **Einzelfreistellungen** hat sich seit dem Inkrafttreten der VO Nr. 1/2003 die in diesem Zusammenhang einschlägige Rechtslage gegenüber der Rechtslage nach der VO Nr. 17 jedoch insoweit geändert, als gemäß Art. 1 Abs. 2 dieser Verordnung die Anwendung des Art. 101 Abs. 3 AEUV keiner vorherigen Entscheidung der Kommission bedarf. Da Art. 101 und Art. 102 AEUV in Idealkonkurrenz zueinander stehen und das gleiche Ziel verfolgen,[731] ist ein Konflikt zwischen der Anwendung des Art. 101 und Art. 102 AEUV von vornherein ausgeschlossen. Es ist nämlich nicht anzunehmen, dass einerseits ein mit anderen Unternehmen koordiniertes Verhalten eines beherrschenden Unternehmens die von Art. 101 Abs. 3 AEUV vorausgesetzten positiven volkswirtschaftlichen Wirkungen entfaltet und deshalb mit dem EU-Binnenmarkt vereinbar ist, andererseits jedoch für das teilnehmende beherrschende Unternehmen gemäß Art. 102 AEUV verboten wäre. Dies bedeutet, dass die Beteiligung beherrschender Unternehmen an Vereinbarungen, Beschlüssen und abgestimmten Verhaltensweisen, die aufgrund von Art. 101 Abs. 3 AEUV vom europäischen Kartellverbot freigestellt sind, nicht „missbräuchlich" iSv Art. 102 AEUV sein kann.[732] Freistellung nach Art. 101 Abs. 3 und „objektive Rechtfertigung" eines „an sich" missbräuchlichen Verhaltens eines beherrschenden Unternehmens wegen Effizienzvorteilen, die die wettbewerbswidrigen Wirkungen des Verhaltens ausgleichen oder sogar übertreffen,[733] sind zwei Seiten derselben Medaille.

II. Öffentliche Unternehmen, Unternehmen mit besonderen oder ausschließlichen öffentlichen Rechten und Unternehmen, die mit Dienstleistungen von allgemeinem wirtschaftlichem Interesse betraut sind (Art. 106 AEUV)

140 Zweck der Abs. 1 und 2 des Art. 106 AEUV ist die nähere Festlegung der Voraussetzungen für die Anwendung des Art. 102 AEUV auf öffentliche Unternehmen, auf Unternehmen, denen Mitgliedstaaten besondere oder ausschließliche Rechte gewähren, und auf Unternehmen, die mit Dienstleistungen von allgemeinem wirtschaftlichem Interesse betraut sind.[734] Diese Normen beinhalten einerseits für Unternehmen geltendes materielles Kartellrecht. Sie richten sich andererseits auch an die EU-Mitgliedstaaten. Die nach Art. 106 Abs. 3 AEUV erlassenen Richtlinien und an Mitgliedstaaten gerichteten Beschlüsse[735] bilden einen Teil des rechtlichen Rahmens für die **Liberalisierung** der bisher durch staatliche Monopole gekennzeichneten Sektoren. Die Regelungen der Art. 106 Abs. 1 und Abs. 2 AEUV sowie des Art. 102 AEUV ergänzen einander. Es kann daher zu keinen Konkurrenzproblemen kommen. Das für beherrschende Unternehmen geltende Missbrauchsverbot des Art. 102 AEUV hat auch im Rahmen des Art. 106 AEUV unmittelbare Wirkung und begründet Rechte der

---

[729] EuGH U. v. 11.4.1989, Slg. 1989, 803, Rdnr. 32 – *Ahmed Saeed u. Silver Line/Zentrale.*

[730] EuG U. v. 1.4.1993, Slg. 1993, II-389, Rdnr. 75 – *BPB Industries u. British Gypsum/Komm.* (bestätigt durch EuGH U. v. 6.4.1995, Slg. 1995, I-865); EuG U. v. 10.7.1990, Slg. 1990, II-309, Rdnr. 27 ff. – *Tetra Pak/Komm.*

[731] Vgl. Rdnr. 137 f.

[732] EuG U. v. 26.1.2005, Slg. 2005, II-209, Rdnr. 119 – *Piau/Komm.*

[733] Vgl. Mitteilung der Komm., Erläuterungen zu den Prioritäten der Kommission bei der Anwendung von Art. 82 des EG-Vertrags (jetzt: Art. 102 AEUV) auf Fälle von Behinderungsmissbrauch durch marktbeherrschende Unternehmen, ABl. 2009 Nr. C 45/7, Rdnr. 28 ff.; s. Rdnr. 53 ff.

[734] EuGH U. v. 4.5.1988, Slg. 1988, 2479, Rdnr. 16 – *Bodson/Pompes Funèbres.*

[735] Vgl. zB *Komm.,* B. v. 20.10.2004, Sache COMP/38.74 – *BdKEP/Deutsche Post* u. *Bundesrepublik Deutschland;* 7.10.2008, Sache COMP/39.562 – *Slovakisches Postgesetz.*

Einzelnen gegen die Mitgliedstaaten, welche die nationalen Gerichte zu wahren haben.[736] Es steht somit der Kommission frei, aufgrund von Art. 102 AEUV und Art. 106 Abs. 1 AEUV parallele Verfahren gegen das beherrschende Unternehmen und den betreffenden Mitgliedstaat durchzuführen. In Verfahren gegen Unternehmen ist zu beachten, dass Art. 106 Abs. 2 AEUV eine Legalausnahme von der Anwendung des Art. 102 AEUV darstellt.[737] **Verwertungsgesellschaften für Urheberrechte** können sich zB jedoch im Allgemeinen nicht auf Art. 106 Abs. 2 AEUV berufen. Solche Verwertungsgesellschaften nehmen Privatinteressen wahr, auch wenn es dabei um gesetzlich geschützte Rechte des geistigen Eigentums geht.[738] Eine staatliche Regelung der Verwertung von Urheber- oder anderen geistigen Eigentumsrechten kann aber unter Art. 106 Abs. 1 AEUV fallen, wenn der Verwertungsgesellschaft im Gebiet des betreffenden Mitgliedstaats ausschließliche Rechte gewährt werden, die anderen Verwertungsgesellschaften daran hindern, eine solche wirtschaftliche Tätigkeit in diesem Gebiet auszuüben.[739] Was die Auslegung von Art. 102 AEUV in einem solchen Kontext angeht, ist nach ständiger Rechtsprechung die bloße Schaffung einer beherrschenden Stellung durch die Gewährung ausschließlicher Rechte iSv von Art. 106 Abs. 1 AEUV als solche nicht mit Art. 102 AEUV unvereinbar.[740]

Ein Mitgliedstaat verstößt dann gegen seine Pflicht nach Art. 106 Abs. 1 AEUV iVm dem **140a** in Art. 102 AEUV enthaltenen Missbrauchsverbot, wenn er eine Lage schafft, in der ein Unternehmen, dem er besondere oder ausschließliche Rechte verliehen hat, durch die bloße Ausübung der ihm übertragenen Vorzugsrechte seine beherrschende Stellung missbräuchlich ausnutzt.[741] Das Gleiche gilt, wenn staatliche Maßnahmen es einem Unternehmen ermöglichen, Preise zu erzwingen, die nach einem auf einheitlicher Grundlage vorgenommenen Vergleich erheblich höher sind als die in den übrigen Mitgliedstaaten angewandten Tarife. Eine solche Differenz ist als Anzeichen für einen Missbrauch der beherrschenden Stellung iSv Art. 102 AEUV anzusehen, was einen Verstoß des betreffenden Mitgliedstaats gegen Art. 106 Abs. 1 AEUV zur Folge hat.[743] Für die Anwendung des Art. 106 Abs. 1 AEUV auf hoheitliches Handeln der Mitgliedstaaten ist nämlich der Nachweis einer tatsächlichen Zuwiderhandlung gegen Art. 102 AEUV, der nur in einem gegen das betreffende Unternehmen zu führenden Verfahren zu erbringen wäre, keine Voraussetzung.[744] Die Gefahr eines solchen Missbrauchs reicht aus.[745] Nach der Rechtsprechung des EuGH kann ein System nicht verfälschten Wettbewerbs nur gewährleistet

---

[736] EuGH U. v. 30.4.1974, Slg. 1974, 409, Rdnr. 18 – *Sacchi.*

[737] Vgl. zB EuGH U. v. 20.3.1985, Slg. 1985, 873, Rdnr. 28 ff. – *Italien/Komm.;* dazu ausführlich *Dohms* in § 35.

[738] EuGH U. v. 27.2.2014, Rs C-351/12, ECLI:EU:C:2014:110, Rdnr. 81 – *OSA/Léčebné lázně.*

[739] EuGH U. v. 25. 10 2001, Slg. 2001, I-8089, Rdnr. 24 – *Ambulanz Glöckner/Landkreis Südwestpfalz;* 27.2.2014, Rs C-351/12, ECLI:EU:C:2014:110, Rdnr. 82 – *OSA/Léčebné lázně.*

[740] EuGH U. v. 22. 5. 2003, Slg. 2003, I-5197, Rdnr. 84 – *Connect Austria/ Telekom-Control-Kommission;* 17.7.2014, Slg. 2014, Rs C-553/12 P, ECLI:EU:C:2014:2083, Rdnr. 45 – *Komm./DIE.*

[741] EuGH U. v. 3.3.2011, Slg. 2011, I-973, Rdnr. 68 – *AG2R Prévoyance/Beaudout;* 27.2.2014, Rs C-351/12, ECLI:EU:C:2014:110, Rdnr. 83 – *OSA/Léčebné lázně;* 22. 5. 2003, Slg. 2003, I-5197, Rdnr. 89 f. – *Connect Austria/Telekom-Control-Kommission;* 1.7.2008, Slg, 2008, I-4863, Rdnr. 49 – *MOTOE/Elliniko Dimosio;* 17.7.2014, Rs C-553/12 P, ECLI:EU:C:2014:2083, Rdnr. 41 – *Komm./DIE;* EuG U. v. 25.3.2015, Rs T-556/08, ECLI:EU:T:2015:189, Rdnr. 97 - *Slovenská pošta/Komm.*

[743] EuGH U. v. 27.2.2014, Rs C-351/12, ECLI:EU:C:2014:110, Rdnr. 87 – *OSA/Léčebné lázně.*

[744] EuGH U. v. 13.12.1991, Slg. 1991, I-5941, Rdnr. 23ff – RTT/*GB-Inno-BM;* 12.2.1998, Slg. 1998, I-533, Rdnr. 31 – *Raso;* 1.7.2008, Slg, 2008, I-4863, Rdnr. 49 – *MOTOE/Elliniko Dimosio;* 3.3.2011, Slg. 2011, I-973, Rdnr. 68 – *AG2R Prévoyance/Beaudout;* 27.2.2014, Rs C-351/12, ECLI:EU:C:2014:110, Rdnr. 83 – *OSA/Léčebné lázně;* 17.7.2014, Rs C-553/12 P, ECLI:EU:C:2014:2083, Rdnr. 41 – *Komm./DIE.*

[745] EuGH U. v. 1.7.2008, Slg, 2008, I-4863, Rdnr. 50 – *MOTOE/Elliniko Dimosio;* 17.7.2014, Rs C-553/12 P, ECLI:EU:C:2014:2083, Rdnr. 42, 46 – *Komm./DIE;* EuG U. v. 25.3.2015, Rs T-556/08, ECLI:EU:T:2015:189, Rdnr. 98 - *Slovenská pošta/Komm.*

werden, wenn die Chancengleichheit der einzelnen Wirtschaftsteilnehmer sichergestellt ist. Beruht die Ungleichheit der Chancen von Wirtschaftsteilnehmern, also der verfälschte Wettbewerb, auf einer staatlichen Maßnahme, so verstößt diese Maßnahme gegen Art. 106 I AEUV iVm Art. 102 AEUV.[746]

§ 23 Das Verbot des Missbrauchs marktbeherrschender Stellungen im deutschen Kartellrecht (§ 19 GWB)

Übersicht

[746] EuGH U. v. 22.5.2003, Slg. 2003, I-5197, Rdnr. 83f – *Connect Austria/Telekom-Control-Kommission;* EuG U. v. 25.3.2015, Rs T-556/08, ECLI:EU:T:2015:189, Rdnr. 100 – *Slovenská pošta/Komm.*

Schrifttum: *J. F. Baur,* Der Missbrauch im deutschen Kartellrecht, 1972; *Bechtold,* GWB, 7. Aufl. 2013, § 19 Rdnr. 1 ff.; *Becker/Blau,* Die Preismissbrauchsnovelle in der Praxis, 2010; Bundeskartellamt, Leitfaden zur Marktbeherrschung in der Fusionskontrolle (Stand: 29.3.2012); *Burkert,* Die Zulässigkeit von Kopplungsgeschäften aus wettbewerbsrechtlicher Sicht, 1992; *Dreher,* Die Verweigerung des Zugangs zu einer wesentlichen Einrichtung als Missbrauch der Marktbeherrschung, DB 1999,

833 ff.; *ders.,* Die Kontrolle des Wettbewerbs in Innovationsmärkten, ZWeR 2009, 149 ff.; *Emmerich,* Kartellrecht, 13. Aufl. 2014, S. 302 ff., 361 ff.; *Rob. Fischer,* Der Missbrauch einer marktbeherrschenden Stellung (§ 22 GWB) in der Rechtsprechung des BGH, ZGR 1978, 235; *Haus,* Zugang zu Netzen und Infrastruktureinrichtungen, FIW-Schriftenreihe Heft 190, 2002; *Haus/Jansen,* Zum Preismissbrauch marktbeherrschender Unternehmen nach dem Urteil des Bundesgerichtshofs im Fall Stadtwerke Mainz, ZWeR 2006, 77 ff.; *Herrlinger,* Das „Netz" in § 19 Abs. 4 Nr. 4 GWB, FIW-Schriftenreihe Heft 194, 2003; *Hölzler/Satzky,* Wettbewerbsverzerrungen durch nachfragemächtige Handelsunternehmen, 1980; *Hohmann,* Die essential facility doctrine im Recht der Wettbewerbsbeschränkungen, 2001; *Immenga/Mestmäcker-Bearbeiter,* Wettbewerbsrecht Band 1 EU/Teil 1, 5. Aufl. 2012; *Immenga/Mestmäcker-Bearbeiter,* Wettbewerbsrecht Band 2 GWB/Teil 1, 5. Aufl. 2014; *Jaeger/Kokott/Pohlmann/Schroeder (Hrsg.),* Frankfurter Kommentar zum Kartellrecht, Stand 83. Ergänzungslieferung (April 2015), bei § 19 GWB 2005 Stand Mai 2010 (zur Marktbeherrschung) und Stand Oktober 2005 (zum Missbrauch); *Kleinmann/Bechtold,* Kommentar zur Fusionskontrolle, 2. Aufl. 1989, § 22 Rdnr. 8 ff. (zur Marktbeherrschung); *Kling/Thomas,* Kartellrecht, 2007, S. 596 ff., 663 ff.; *Köhler,* Wettbewerbsbeschränkungen durch Nachfrager, 1977; *Körber,* Standardessentielle Patente, FRAND-Verpflichtungen und Kartellrecht, 2013; *Langen/Bunte,* Kartellrecht, Band 1 – Deutsches Kartellrecht, 12. Aufl. 2014; *Markert,* Die Wettbewerberbehinderung im GWB, 1982; *Meier-Beck,* Orange Book Standard revisited, in Fs. Tolksdorf, 2014, S. 115 ff.; Monopolkommission, Missbräuche der Nachfragemacht und Möglichkeiten zu ihrer Kontrolle im Rahmen des GWB, Sondergutachten 7, 1977; Monopolkommission 5. Hauptgutachten 1982/83, Ökonomische Kriterien für die Rechtsanwendung, BT-Drucks. 10/1791 (1984); *Peeperkorn/Heimann,* Keine Neuigkeiten für Drittplattformverbote, GRUR 2014, 1175 ff.; *Pohlmann, P.,* Die Marktbeherrschungsvermutungen des GWB im Zivilprozess, ZHR 164 (2000), S. 589 ff.; *Pohlmann, M./Vasbender,* Preismissbrauchsverfahren des BKartA nach § 29 GWB – Ausgewählte Probleme aus Sicht der Praxis, KSzW 2011, 268 ff.; *Rittner/Dreher/Kulka,* Wettbewerbs- und Kartellrecht, 8. Aufl. 2014; *Ruppelt,* Die Marktabgrenzung im Lebensmittelhandel, WuW 2012, 27 ff.; *Steinvorth,* Probleme der geographischen Marktabgrenzung, WuW 2014, 924 ff.; *Strohn,* Die Rechtsprechung des Bundesgerichtshofs zum Wasser-Kartellrecht, in Fs. Tolksdorf, 2014, 563 ff.; *Thomas,* Die verfahrensrechtliche Bedeutung der Marktbeherrschungsvermutungen des § 19 Abs. 3 GWB, WuW 2002, 470 ff.; *ders.,* Die kartellrechtliche Bewertung des sog. kapitalmarktrechtlichen „cornering", ZWeR 2014, 119 ff.; *Ulmer,* Der Begriff „Leistungswettbewerb" und seine Bedeutung für die Anwendung von GWB und UWG-Tatbeständen, GRUR 1977, 565; *ders.,* Schranken zulässigen Wettbewerbs marktbeherrschender Unternehmen, 1977; *Wagemann,* Missbrauchsaufsicht im Bereich der Elektrizitätswirtschaft, in: Schwerpunkte des Kartellrechts 2002, FIW-Schriftenreihe Heft 196, 2003.

A. Einleitung

I. Normzweck

1 Nach der Konzeption des GWB gehört die Missbrauchsaufsicht über marktbeherrschende Unternehmen – neben dem Verbot wettbewerbsbeschränkender Vereinbarungen etc. (§§ 1 ff.) und der Zusammenschlusskontrolle (§§ 35 ff.) – zu den zentralen materiellrechtlichen Vorschriften des Gesetzes; sie stellt gleichsam seine „dritte Säule" dar[1] und bildet – als Kontrolle überragender wirtschaftlicher Machtstellungen – zugleich eine der vornehmsten Aufgaben der Kartellbehörden. Dabei ist die mehr als fünfzigjährige Rechtspraxis von der Diskussion über die dahinterstehenden wettbewerbspolitischen Konzepte relativ wenig beeinflusst worden. Erst unter dem Eindruck der in den letzten Jahren von der Kommission verstärkt praktizierten „Ökonomisierung" der Wettbewerbspolitik, die sich freilich der Missbrauchsaufsicht erst als letztem Thema zugewandt hat, ist hier eine Änderung festzustellen.[2] Eine Akzentverschiebung vom überkommenen, eher auf den Institutionenschutz bzw. den Schutz der Marktstruktur abstellenden Leitbild in Richtung eines Schutzes der Konsumentenwohlfahrt und einer Orientierung an den konkreten Auswirkungen eines

[1] So *Immenga/Mestmäcker-Fuchs/Möschel,* GWB, § 18 Rdnr. 1.

[2] S. dazu BKartA Die Zukunft der Missbrauchsaufsicht in einem ökonomisierten Wettbewerbsrecht, Hintergrundpapier für die Tagung des Arbeitskreises Kartellrecht am 20.9.2007, veröffentlicht auf der Homepage des BKartA sowie in WuW 2008, 44 ff. Dazu *Dreher,* Die Zukunft der Missbrauchsaufsicht in einem ökonomisierten Kartellrecht, WuW 2008, 23 ff. S. ferner *Ewald,* § 7 Rdnr. 1 ff., 174 ff.

(missbräuchlichen) Verhaltens ist aber nicht erkennbar und vor dem Hintergrund des EuGH-Urteils i.S. *British Airways* vom 15.3.2007[3] zu Art. 82 EG (jetzt: Art. 102 AEUV) auch nicht wahrscheinlich. Dies dürfte, obwohl der EuGH sie in seine Analyse einbezogen hat, wohl auch für die Berücksichtigung von Effizienzvorteilen bei der Auslegung des Missbrauchstatbestandes gelten. Das BKartA geht jedenfalls weiterhin davon aus, dass (gerade) wettbewerblich strukturierte Märkte „effizient" sind und Konsumenteninteressen nachhaltig schützen.[4] Dieses Konzept ist allerdings besser auf die Fusionskontrolle und das Verbot wettbewerbsbeschränkender Vereinbarungen zugeschnitten als auf § 19 GWB, denn die Missbrauchsaufsicht greift gerade dann ein, wenn die Märkte nicht mehr wettbewerblich strukturiert sind. Jedenfalls nimmt das deutsche Kartellrecht (ebenso wie die Wettbewerbsregeln des AEU-Vertrages, insbes. der inhaltlich weitgehend identische Art. 102 AEUV) die Entstehung marktbeherrschender Stellungen durch *internes* Unternehmenswachstum, also aufgrund besonders tüchtiger wirtschaftlicher oder technischer Leistungen, hin und sieht auch keine Entflechtungsregelungen vor. Entsprechendes gilt für die parallelen Behinderungs- und Diskriminierungsverbote nach § 20 GWB für Unternehmen mit relativer oder überlegener Marktmacht. Ansatzpunkte für kartellrechtliche Eingriffe bieten sich insoweit also nur bei der missbräuchlichen Ausnutzung der so erlangten wirtschaftlichen Machtstellung. Die Entstehung (und Verstärkung) marktbeherrschender Stellungen durch *externes* Unternehmenswachstum wird dagegen im Rahmen des sog. SIEC-Testes durch die Zusammenschlusskontrolle unterbunden.[5] Für marktbeherrschende Unternehmen gelten daher **strengere Maßstäbe** als für andere (kleinere) Unternehmen. Sie müssen nicht nur die für alle geltenden Regeln beachten – also z.B. das UWG –, sondern ihnen kann unter Umständen (insbes. vorbehaltlich einer sachlichen Rechtfertigung)[6] ein Verhalten untersagt werden, das marktschwächere Unternehmen praktizieren dürfen. Als wettbewerbspolitisches Dilemma des § 19 wird es angesehen, dass Eingriffe der Kartellbehörden in das Marktverhalten der Normadressaten, namentlich bei der Erzwingung niedriger Preise, die Chancen für den Wettbewerb kleinerer Anbieter mittelbar verschlechtern. Die Missbrauchsaufsicht sollte deshalb nur ein „letzter Notbehelf" im Verhältnis zu einer auf Offenhaltung der Märkte[7] gerichteten Wettbewerbspolitik sein.[8] Mit der Ende 2007 in das GWB eingefügten Gewinnbegrenzungsregelung des § 29 hat der Gesetzgeber diesen Kurs allerdings verlassen und sich – mit den Worten von *Möschel* – in einen „juristischen Sumpf" begeben[9] (diese Bewertung wird freilich dadurch relativiert, dass das BKartA wegen der offensichtlichen Schwierigkeiten des Ansatzes auf eine Anwendung dieser Alternative des Preismissbrauchs bisher verzichtet hat).

Die **Struktur des § 19** ist vergleichsweise einfach: Normadressaten sind Unternehmen[10] mit einer **marktbeherrschenden Stellung** iSd § 18 GWB, und verboten ist ein **missbräuchliches Verhalten.** Diese beiden Tatbestandsmerkmale werfen jedoch – ähnlich wie der grundsätzlich vorrangige Art. 102 AEUV (dazu Rdnr. 282ff.) – eine Reihe schwieriger Fragen auf. Dies gilt insbes. für die Definition des sachlich und räumlich relevanten Marktes, die den Ausgangspunkt für die sich anschließende Messung des „Monopolgrades" bei der Marktbeherrschung bildet (s. dazu die Legaldefinitionen in § 18 GWB). Auch die Schaffung operabler Maßstäbe bei der Auslegung des unbestimmten Rechtsbegriffes Missbrauch hat sich in der Praxis zT als schwierig erwiesen. Der Gesetzgeber hat versucht, diese Probleme durch die Einfügung von Regeltatbeständen in das Gesetz zu 2

[3] EuGH U. v. 15.3.2007, Rs C 95/04 P, Slg. 2007 I – 2331 ff.
[4] BKartA Presse-Mitt. v. 21.9.2007 zur Tagung des Arbeitskreises Kartellrecht.
[5] S. dazu *Richter/Steinvorth* in §§ 18ff. sowie zum EU-Recht *Wagemann/Wiedemann* in §§ 15ff.
[6] S. dazu noch näher bei Rdnr. 152ff.
[7] S. § 1 Rdnr. 4.
[8] So namentlich *Möschel* aaO § 19 Rdnr. 12 sowie speziell für die Preismissbrauchsaufsicht auch *Emmerich,* Kartellrecht, § 27 Rdnr. 115 und *Rittner/Dreher/Kulka* aaO Rdnr. 1234.
[9] *Möschel,* FAZ v. 5.11.2007, S. 13.
[10] Dazu näher § 4 Rdnr. 9ff. und § 8 Rdnr. 1ff.

reduzieren. Inzwischen hat die Rechtsprechung in weiten Teilen zu einer Konkretisierung durch die Bildung von Fallgruppen geführt, ohne freilich alle Auslegungsfragen lösen zu können.

3 Anders als Art. 102 AEUV[11] war § 19 früher, d. h. vor der 6. GWB-Novelle 1998 (seinerzeit als § 22 GWB a. F.), kein Verbotstatbestand, sondern lediglich eine Ermächtigungsgrundlage für den Erlass von Missbrauchsverfügungen durch die Kartellbehörde. Erst für die Zeit ab Zustellung einer Verfügung sah das Gesetz zivilrechtliche und ordnungswidrigkeitenrechtliche Sanktionen vor. Mit Wirkung zum 1.1.1999 wurde § 19 durch die 6. GWB-Novelle in einen **Verbotstatbestand** umgestaltet, entsprach also insoweit den Diskriminierungs- und Behinderungsverboten des § 20 a. F. Das durch diese Umgestaltung verursachte Nebeneinander der weitgehend redundanten Regelungen in § 19 und § 20 Abs. 1 stellte jedoch einen Missstand dar, der 2013 durch die 8. GWB-Novelle beseitigt worden ist. Seitdem enthält § 19 alle für marktbeherrschende Unternehmen geltende Missbrauchstatbestände, während § 20 nur noch missbräuchliches Verhalten von Unternehmen mit relativer oder überlegener Marktmacht regelt.[12]

II. Die Novellierungen seit 1998

4 § 19 GWB (§ 22 a. F.) wurde im Rahmen der **6. GWB-Novelle (1998)**[13] in einen unmittelbar geltenden **Verbotstatbestand** umgestaltet (Abs. 1). Dahinter stand das (später weitgehend preisgegebene) Ziel der Novelle, das GWB – soweit dies als sinnvoll angesehen wurde – an das EU-Kartellrecht anzupassen (hier also an Art. 82 EG, jetzt: Art. 102 AEUV). Die Bundesregierung erklärte in der Begründung zum RegE, dass sich die Marktbeherrschungsdefinition des bisherigen § 22 a. F. bewährt habe und beibehalten werden solle. Die Novelle führte im Katalog der Regel-Missbrauchstatbestände in Absatz 4 (jetzt: Absatz 2) zur Einfügung einer **neuen Nr. 4.** Danach liegt ein Missbrauch vor, wenn ein marktbeherrschendes Unternehmen einem anderen Unternehmen den **Zugang zu Netzen oder anderen Infrastruktureinrichtungen verweigert,** es sei denn, die Mitbenutzung ist nicht möglich oder nicht zumutbar.[14] Eine zivilrechtliche Sanktion für Verstöße gegen das neue Verbot wurde in § 33 eingeführt, der § 35 Abs. 1 GWB a. F. entsprach. Aus der Begründung des RegE[15] ging hervor, dass die Bundesregierung § 19 als Schutzgesetz im Sinne des § 33 a. F. ansah (diese Bewertung hat sich freilich mit der Umgestaltung des § 33 durch die 7. Novelle – dazu Rdnr. 5 – erledigt). Eine Anpassung erfuhr auch die Bußgeldsanktion. Gemäß § 81 Abs. 1 Nr. 1 a. F. (jetzt: § 81 Abs. 2 Nr. 1) handelte ordnungswidrig, wer vorsätzlich oder fahrlässig der Vorschrift des § 19 Abs. 1 zuwiderhandelt. Darin lag eine grundlegende Änderung der Rechtslage, weil die Unternehmen – wie früher schon nach Art. 82 EG (jetzt: Art. 102 AEUV) – seitdem bei einem Verstoß gegen § 19 auch beim Ausbeutungsmissbrauch mit der Durchführung eines Bußgeldverfahrens rechnen müssen. Wegen der fortbestehenden Schwierigkeiten bei der Definition der relevanten Märkte bzw. der inhaltlichen Ausfüllung des Missbrauchsbegriffs ist jedoch insoweit weiterhin eine zurückhaltende Handhabung durch die Kartellbehörden festzustellen.

5 Am 1.7.2005 trat die **7. GWB-Novelle**[16] in Kraft. Mit ihr wurde der Wortlaut des § 19 Abs. 2 Satz 1 a. F. (jetzt: § 18 Abs. 1) durch den Zusatz „auf dem sachlich und räumlich relevanten Markt" ergänzt; ferner wurde in Absatz 2 ein neuer Satz 3 (jetzt: § 18 Abs. 2) angefügt, der klarstellt, dass der räumlich relevante Markt im Sinne des Gesetzes weiter sein kann als der Geltungsbereich des Gesetzes. Mit dieser Regelung sollte zum einen (erneut)

---

[11] S. dazu *de Bronett* in § 22.
[12] Dazu näher *Lübbert/Schöner* in §§ 24 ff.
[13] BGBl. I 2546 v. 2.9.1998.
[14] Näher dazu unten Rdnr. 230 ff.
[15] BT-Drucks. 13/9720, S. 35/36.
[16] BGBl. I 1954 v. 12.7.2005.

die *Backofenmarkt*-Entscheidung des BGH korrigiert werden, in der der normative Markt auf das Inland beschränkt worden war. Zum anderen sollte mit der Bezugnahme auf den Markt im Sinne des Gesetzes deutlich gemacht werden, dass die Klarstellung eine grundsätzliche Wertung enthält, die nicht nur für den Bereich der Missbrauchsaufsicht gilt, sondern generell bei der Anwendung des Gesetzes, insbes. auch im Rahmen der Zusammenschlusskontrolle und bei der Beurteilung von wettbewerbsbeschränkenden Vereinbarungen etc.[17] Darüber hinaus wurden durch die 7. Novelle die verwaltungsrechtlichen und zivilrechtlichen Sanktionen (§§ 32ff.) erheblich modifiziert bzw. erweitert, insbes. bei der Tenorierung von Verfügungen der Kartellbehörden (§ 32) und durch die Abschaffung des Schutzgesetzverstoßes als Voraussetzung für einen Schadensersatzanspruch (§ 33 n. F.). Wegen der Einzelheiten wird auf die Erläuterungen in Rdnr. 260ff. verwiesen. Beachtung verdient ferner der 2005 eingeführte § 22 Abs. 3 GWB, der das Verhältnis zum – grundsätzlich vorrangigen – Art. 102 AEUV betrifft (dazu Rdnr. 282/283).

Das **Gesetz zur Bekämpfung von Preismissbrauch im Bereich der Energieversorgung und des Lebensmittelhandels,** das am 22.12.2007 in Kraft getreten ist[18] (sog. „Preismissbrauchsnovelle"), hat durch seinen Art. 1 zu verschiedenen Änderungen des GWB geführt (Art. 2 betraf Änderungen des EnWG.). Dazu zählt die Einführung eines neuen § 29, mit dem die Missbrauchsaufsicht im Energiesektor verschärft wurde. Diese Neuregelung galt nur bis Ende 2012 (siehe § 131 Abs. 7 a. F.), wurde aber mit der 8. Novelle[19] mit Wirkung zum 30.6.2013 – freilich wiederum befristet – wieder eingeführt. Sie gilt neben den §§ 19, 20 GWB. § 29 stellt nach der Begründung zum RegE „eine Schärfung des kartellrechtliche Instrumentariums zur Bekämpfung missbräuchlich überhöhter Energiepreise mittels einer auf den Energiesektor zugeschnittenen Ausprägung der Generalklausel des § 19 Abs. 1 GWB" dar. Wegen des in § 111 EnWG geregelten Vorrangs der Preisregulierung durch die BNetzA für Netze entfaltet § 29 nur für die vor- und nachgelagerten Energiemärkte Wirkung. Eine *Preisregulierung* auf bisher nicht regulierten Märkten soll damit aber nach dem RegE nicht eingeführt werden; es bleibe bei einer in das Aufgreifermessen der Kartellbehörde gestellten ex-post-Kontrolle über marktbeherrschende Unternehmen im Einzelfall; erleichterte Missbrauchsverfahren seien erforderlich, solange sich der Wettbewerb in der Energiewirtschaft noch nicht voll entfaltet habe.[20] Der neue § 29 war zwar wettbewerbspolitisch umstritten,[21] wurde aber dennoch – nach Änderungen und Klarstellungen durch den Wirtschaftsausschuss – vom Bundestag beschlossen. Darüber hinaus sah die Preismissbrauchsnovelle in § 20 Abs. 4 a. F. (jetzt: § 20 Abs. 3) eine Verschärfung des Verbotes unbilliger Behinderungen für sog. marktstarke Unternehmen vor. Mit dieser Neuregelung sollten insbes. Niedrigpreisstrategien großer Handelsunternehmen bekämpft werden. Von Bedeutung für die Preismissbrauchsaufsicht war bzw. ist schließlich die Abschaffung der aufschiebenden Wirkung von Beschwerden gegen Verfügungen der Kartellbehörden gemäß §§ 19–21 GWB (Aufhebung des § 64 Abs. 1 Nr. 1 a. F.). 6

Die am 30.6.2013 in Kraft getretene **8. GWB-Novelle**[22] führte zu einer Beseitigung der Redundanzen in §§ 19, 20 Abs. 1 und zu einer systematischen Bereinigung im Hinblick auf die jeweiligen Adressatenkreise. Die Neufassung gestaltete die Verbote „systematisch einfacher, anwenderfreundlicher und verständlicher"; eine Änderung des materiellen Gehalts der Vorschriften sollte damit jedoch nicht erfolgen, so dass die bisherige umfangreiche Rechtsprechung weiterhin maßgeblich bleibt.[23] Die Novelle verlagerte die Definition der Marktbeherrschung und die Marktbeherrschungsvermutungen (ebenfalls grundsätzlich 7

---

[17] S. Begründung zum RegE, BT-Drucks. 15/3640, S. 45.
[18] BGBl. 2007 Teil I Nr. 66 S. 2965ff.
[19] S. dazu Rdnr. 7.
[20] Begründung zum RegE der Preismissbrauchsnovelle, S. 9 (BT-Drucks. 2007 16/5847).
[21] S. dazu die Stellungnahmen der Sachverständigen in Beschlussempfehlung und Bericht des Ausschusses für Wirtschaft und Technologie zu dem Gesetzentwurf, BT-Drucks. 16/7156, S. 7ff.
[22] Dazu näher § 1 Rdnr. 406.
[23] Begründung RegE 8. Novelle, BT-Drucks. 17/9852, S. 20.

ohne materiellrechtliche Änderung) aus § 19 Abs. 2 und 3 a.F. in den neuen § 18; dabei wurde allerdings die Schwelle der Einzelmarktbeherrschung auf 40% angehoben. § 19 regelt (weiterhin) nur die Missbrauchsverbote für marktbeherrschende Unternehmen, wobei die Insbesondere-Aufzählung mit den verschiedenen Fallgruppen von Abs. 4 in Abs. 2 überführt wurde. § 20 fasst die entsprechenden Regelungen für Unternehmen mit relativer oder überlegener Marktmacht zusammen.[24] Die Trennung der beiden Missbrauchskataloge führte dazu, dass der Diskriminierungstatbestand des § 20 Abs. 1 a.F. für marktbeherrschende Unternehmen nunmehr Teil des neuen § 19 Abs. 2 Nr. 1 wurde. Die dafür erforderliche Anpassung des Wortlauts (insbes. die Streichung des Erfordernisses einer „erheblichen Beeinträchtigung" durch die Behinderung oder die Diskriminierung) soll nach dem RegE „keine Änderung des materiellen Gehalts" bewirken,[25] so dass auch insoweit die alte Rechtsprechung herangezogen werden kann. Nach dem gleichen Grundsatz bleibt – so der RegE – auch die Drittmarktbeherrschung erfasst. Die **Erheblichkeit der Beeinträchtigung** sei in Zukunft (wie schon bei § 20 Abs. 1 a.F.) im Rahmen der Interessenabwägung zu berücksichtigen.[26] Das bisherige Tatbestandsmerkmal des § 20 Abs. 1 a.F. „in einem Geschäftsverkehr, der gleichartigen Unternehmen üblicherweise zugänglich ist" wurde im Zuge der Zusammenführung der Verbote in § 19 Abs. 2 Nr. 1 gestrichen. Grund hierfür war dessen vor allem durch die Rechtsprechung verursachter kontinuierlicher Bedeutungsverlust.[27] Der früher in § 20 Abs. 3 a.F. für marktbeherrschende Unternehmen geregelte Tatbestand der Aufforderung oder Veranlassung zur Gewährung sachlich nicht gerechtfertigter Vorteile findet sich jetzt als neue Nr. 5 in § 19 Abs. 2. Der neue § 19 Abs. 3 übernimmt schließlich die früher in § 20 Abs. 1 a.F. geregelte Erweiterung des Adressatenkreises auf freigestellte Kartelle nach den §§ 2, 3 und § 28 Abs. 1 und auf preisbindende Unternehmen i.S.v. § 28 Abs. 2 oder § 30 Abs. 1 Satz 1 GWB.[28] Auch insoweit ergibt sich inhaltlich keine Änderung der Rechtslage.[29]

III. Praktische Bedeutung

8 Die praktische Bedeutung des § 19 GWB war – ebenso wie die des § 22 a.F. – trotz seines hohen wettbewerbspolitischen Ranges lange Zeit gering; seit den 90er-Jahren hat sie allerdings zugenommen, was vor allem auf die Verfahren auf den liberalisierten Märkten zurückzuführen ist.[30] Die Gründe sind vielfältiger Art: Erstens konnten die von einem Behinderungsmissbrauch betroffenen Unternehmen schon immer über § 20 Abs. 1 GWB a.F. bzw. dessen Vorgängerregelung § 26 Abs. 2 GWB a.F. selbst zivilrechtlich gegen marktbeherrschende Unternehmen vorgehen.[31] Für ein Eingreifen der Kartellbehörden fehlt daher im Rahmen der Ermessensprüfung insoweit regelmäßig das öffentliche Interesse.[32] Zweitens war bzw. ist der Adressatenkreis eng begrenzt. Infolge der wettbewerblichen Struktur der meisten deutschen (und internationalen) Märkte sind marktbeherrschende Stellungen

---

[24] Dazu näher *Lübbert/Schöner* in §§ 24ff.

[25] Begründung RegE aaO S. 20, 23.

[26] Begründung RegE aaO S. 23.

[27] So Begründung RegE aaO; zu dem alten Tatbestandsmerkmal s. *Lübbert,* in diesem Handbuch, 2. Aufl., § 26.

[28] S. dazu unten Rdnr. 43ff.

[29] Begründung RegE aaO S. 23.

[30] S. *Möschel* aaO § 19 Rdnr. 4; *FK-Baur/Weyer* (Altauflage), § 22 a.F. Tz. 510. Das BKartA hat zwar in den Jahren 2011 und 2012 18 bzw. 20 neue Verfahren nach § 19 eingeleitet (bei den Landeskartellbehörden waren es nur 9 bzw. 33 neue Verfahren); nur in einem dieser sowie der bereits anhängigen Verfahren erfolgte jedoch ein Abschluss durch eine Missbrauchsverfügung; es überwogen somit die Aufgabe des beanstandeten Verhaltens durch Verpflichtungszusagen nach § 32b oder eine Verfahrenseinstellung aus anderen Gründen (BKartA TB 2011/2012, S. 132ff.). Ein ähnliches Bild ergab sich bei den LKartB (aaO S. 136ff.). S. ferner die Übersichten im XIX. Hauptgutachten der Monopolkommission, 2012, S. 252ff. sowie im XVIII. Hauptgutachten, 2010, S. 207ff.

[31] S. bereits Rdnr. 3.

[32] Zum Ermessen bei der Verfahrenseinleitung s. noch Rdnr. 261.

eine eher seltene Ausnahme.[33] Drittens ergaben sich bei der Missbrauchsaufsicht früher eine Reihe von rechtlichen Schwierigkeiten, die die praktische Tragweite der Vorschrift reduzierten.[34] Zum Teil haben sich diese Probleme bei der Ermittlung des wettbewerbsanalogen Preises im Rahmen der Preiskontrolle durch andere Rechtsentwicklungen erledigt. Dies gilt zunächst für Arzneimittel, die seit 1989 nach dem SGB V der Festbetragsregelung unterliegen. Ferner hatte in den 90er Jahren die Missbrauchsaufsicht über Unternehmen der leitungsgebundenen Energieversorgung gemäß § 103 Abs. 5 und 7 GWB a. F. größere Bedeutung erlangt. Dort galten freilich einige Besonderheiten.[35] Nachdem der Ausnahmebereich für Energieversorgungsunternehmen durch die Energierechtsreform vom April 1998 gestrichen worden war,[36] galt seitdem auch für diesen Sektor die allgemeine Missbrauchsaufsicht des GWB. Dies führte sowohl bei der Höhe der Entgelte für Durchleitungen als auch bei den Gaspreisen zu einer Reihe neuer Verfahren und Gerichtsentscheidungen.[37] Die Kontrolle der Transportentgelte liegt allerdings seit der EnWG-Novelle 2005 bei der Bundesnetzagentur (§§ 20ff. EnWG). Darüber hinaus hat der Gesetzgeber im Rahmen der sog. Preismissbrauchsnovelle 2007 und mit der 8. Novelle 2013 wieder ein Sonderrecht für die Energiewirtschaft (Elektrizität und leitungsgebundenes Gas) eingeführt. Daher hat die Bedeutung der allgemeinen Missbrauchsaufsicht nach § 19 zu Gunsten der etwas strengeren Neuregelung des § 29 GWB abgenommen. Der mit der VO Nr. 1/2003 (Art. 3 Abs. 1 und 2) verschärfte **Vorrang des EU-Rechts** (Art. 102 AEUV) hat die praktische Bedeutung des § 19 GWB nicht wesentlich beeinflusst (zur Ausnahme vom Vorrang bei einseitigen Handlungen s. Rdnr. 283). Dies gilt – auch bei § 29 GWB – schon wegen der vielen Fälle ohne Handelsbeeinträchtigung (z. B. bei der Preiskontrolle über lokale EVU). Im Übrigen ist die deutsche Kasuistik mittelbar auch für die Anwendung von Art. 102 AEUV durch deutsche Kartellbehörden relevant.

B. Adressatenstellung (marktbeherrschende Unternehmen gemäß § 18 und Adressaten nach § 19 Abs. 3 GWB)

Das Missbrauchsverbot des § 19 Abs. 1 und 2 richtet sich in erster Linie gegen marktbe- **8a**
herrschende Unternehmen (dazu Rdnr. 9ff.). Zu seinem Adressatenkreis zählen außerdem Preisbinder und legalisierte Kartelle (s. § 19 Abs. 3, dazu Rdnr. 43ff.).

I. Abgrenzung des relevanten Marktes

1. Einleitung. Für das Tatbestandsmerkmal der marktbeherrschenden Stellung ent- **9**
hält § 18 in seinen Absätzen 1–3 und 5 Legaldefinitionen, die **für das GWB insgesamt** gelten, also auch für die Fusionskontrolle. Ergänzt werden diese Regelungen durch Marktbeherrschungsvermutungen in § 18 Abs. 4, 6 und 7, die allerdings in der Praxis der Missbrauchsaufsicht kaum Bedeutung erlangt haben. Wegen der dort größeren praktischen Bedeutung werden die Tatbestandsvoraussetzungen der marktbeherrschenden Stellung auch und vor allem im Kapitel über die Fusionskontrolle behandelt.[38] Im Folgenden werden lediglich die wichtigsten Grundsätze des § 18 zur Definition der relevanten Märkte (dazu Rdnr. 10ff.) und der Marktbeherrschung (dazu Rdnr. 25ff.) zusammengefasst.

2. Der sachlich relevante Markt. Die Feststellung einer marktbeherrschenden Stel- **10**
lung eines *Unternehmens*[39] durch die Kartellbehörde setzt voraus, dass zuvor der relevante

---

[33] S. auch BKartA TB 1995/96, S. 19.

[34] So auch BKartA TB 1995/96, S. 19 („methodische Probleme").

[35] S. dazu z. B. BGH WuW/E BGH 3140 – *Gaspreis* sowie *Scholz* in § 34.

[36] EnergiewirtschaftsG (EnWG) v. 28.4.1998, BGBl. I 1 730, dazu auch *Scholz* in § 34.

[37] S. dazu im Einzelnen bei *Scholz* in § 34 sowie unten bei Rdnr. 201.

[38] S. dazu *Richter/Steinvorth* in § 20 Rdnr. 1ff. Vgl. ferner BKartA Leitfaden zur Marktbeherrschung in der Fusionskontrolle (Stand: 29.3.2012).

[39] Zum Unternehmensbegriff des GWB s. *Wiedemann* in § 4 Rdnr. 9ff. und *Lübbig* in § 8 Rdnr. 1ff.

Markt in sachlicher und räumlicher (dazu Rdnr. 17 ff.) Hinsicht definiert wird (in Ausnahmefällen auch in zeitlicher Hinsicht, dazu Rdnr. 22). Das Gesetz hebt insoweit in § 18 Abs. 1 auf die Funktion des betroffenen Unternehmens „als Anbieter oder Nachfrager einer bestimmten Art von Waren oder gewerblichen Leistungen" ab. Soweit das betroffene Unternehmen als Beliehener oder aufgrund umfassender öffentlich-rechtlicher Regulierung gleichsam hoheitlich tätig wird, kann es im Einzelfall an den für die Anwendung der Vorschrift erforderlichen **gewerblichen Leistungen** fehlen. So hat z. B. die Kommission die Regelungen der EG-Fusionskontrolle nicht auf die öffentlich-rechtlich geregelte Mauterhebung des Gemeinschaftsunternehmens *Toll Collect* auf den deutschen Autobahnen angewendet, sondern nur auf die übrigen gewerblichen Tätigkeiten der beteiligten Unternehmen im Bereich der Verkehrstelematik.[40] Die deutsche Rechtsprechung hat sich diesem Ansatz gegenüber sowohl beim ÖPNV als auch im Krankenhaussektor ablehnend gezeigt,[41] obwohl in diesen Bereichen aufgrund öffentlich-rechtlicher Regulierungen praktisch kein Spielraum für Wettbewerb besteht. Von einem **Markt** kann man außerdem nur sprechen, wenn die betreffende Ware oder Leistung zumindest von einem Unternehmen allgemein **entgeltlich** angeboten oder – bei Nachfragemärkten – nachgefragt wird.[42] Daher gibt es z. B. für unentgeltlich angebotene Zeitungen und Zeitschriften keinen Lesermarkt iSd Gesetzes (wohl aber u. U. einen Anzeigenmarkt). Umstritten ist, was das Erfordernis der Entgeltlichkeit für Internet-Suchmaschinen bedeutet, deren Leistungen gegenüber den Endverbrauchern unentgeltlich angeboten werden.[43] Das BKartA hält insoweit – zutreffend – an der traditionellen, auf die Entgeltlichkeit abstellenden Begriffsbildung fest und spricht daher z. B. bei *Google* von einem „Nutzungsanteil".[44] Dadurch entstehen auch keine gesetzlichen Schutzlücken, weil die betreffenden Unternehmen regelmäßig Erlöse auf (Werbe-)Märkten erzielen. Dies gilt insbes. für die Internet-Suchmaschine von *Google,* die auf dem Markt für Internetwerbung einen hohen Marktanteil bzw. möglicherweise auch eine marktbeherrschende Stellung hält, die ggf. nach den dafür geltenden allgemeinen Grundsätzen auch auf einem benachbarten Markt missbraucht werden könnte. Nach allgemeiner Ansicht gehören auch die **Eigenfertigung** oder konzernintern erbrachte Dienstleistungen (sog. captive use) regelmäßig nicht zum Marktvolumen.[45] Das Erfordernis eines Marktes für die Anwendung der Missbrauchsaufsicht des § 19 kann ferner dann von Bedeutung sein, wenn das Verhalten eines Unternehmens geprüft wird, das die fragliche Ware oder Leistung bisher generell Dritten nicht angeboten hat. Entgegen der h. M. kann es dann an einem Markt im Sinne des

[40] Komm. E. v. 30.4.2003, COMP/M. 2903, Rdnr. 19, 42 ff.

[41] OLG Düsseldorf WuW/E DE-R 1397, 1402 – *ÖPNV Hannover;* bestätigt durch BGH WuW/E DE-R 1681, 1684 – *DB Regio/üstra;* OLG Düsseldorf WuW/E DE-R 1958, 1960 – *Rhön-Grabfeld* (zum Krankenhaussektor), bestätigt durch BGH WuW/E DE-R 2327 ff.

[42] OLG Düsseldorf WuW/E DE-R 4575 ff., Rdnr. 43 – *HRS;* BKartA B. v. 15.12.2011 – *Liberty Global Europe/Kabel Baden-Württemberg,* Rdnr. 54 (veröff. auf der Homepage des BKartA); BKartA TB 1999/2000, S. 101 – *Zeitschriften für Briefmarkenkunde; FK-Paschke,* § 19 Tz. 29, 36.

[43] Die Praxis der Kommission ist nicht einheitlich. Im Fall *Google/Doubleclick* (E. v. 11.3.2008, M.4731, Rdnr. 44 ff.) ging sie nur auf die (entgeltlichen) „Werbemärkte" ein; im Fall *Microsoft/Skype* (E. v. 7.10.2011, COMP/M.6281. Rdnr. 10 ff.) bejahte sie schlicht das Vorliegen verschiedener Märkte, und zwar auch für unentgeltliche Konsumenten-Kommunikationsdienste; auch *Körber,* WRP 2012, 761 ff. und WuW 2015, 120, 125 sowie *Podzun/Franz,* NZKart 2015, 121 ff. stellen nicht auf die Entgeltlichkeit ab. Es ist aber zweifelhaft, ob eine solche „Erneuerung des Marktbegriffes" (so *Podzun/Franz* aaO) eine sachgerechte Lösung des Problems namentlich für Internetplattformen darstellt. Anstatt hier die traditionellen und bewährten Grundsätze der Marktbegrenzung aufzugeben, dürfte es sinnvoller sein, für derartige Sachverhalte Sonderregelungen im GWB oder andernorts zu schaffen (zu den diesbezüglichen Vorhaben der Kommission s. z. B. FAZ v. 25.4.2015, S. 20 und FAZ v. 4.5.2015, S. 17).

[44] BKartA TB 2011/2012, S. 90.

[45] Unstr., s. BGH WuW/E BGH 1501, 1503 – *Kfz-Kupplungen;* BKartA B. v. 15.12.2011 aaO Fn. 42, Rdnr. 55; BKartA WuW/E DE-V 1113 ff., 1115 – *Railion/RBH; Bechtold,* GWB, § 18 Rdnr. 34; *FK-Paschke,* § 19 Tz. 36 mwN.

Gesetzes fehlen.[46] Setzt man sich über dieses Erfordernis hinweg, so wird § 19 zu einem Instrument des Zugriffs auf unternehmensinterne Ressourcen umgestaltet, der sonst nur in gesetzlichen Sondertatbeständen geregelt ist (z. B. § 24 PatG für Zwangslizenzen auf Patente, § 22 MarkenG für die Möglichkeit der Nutzung der vom Inhaber nicht benutzten Marken, § 14 Allgemeines EisenbahnG für den Zugang zum Schienenverkehr der Bundesbahn, §§ 33 ff. TKG für den Zugang zu Telekommunikationsnetzen sowie §§ 20 ff. EnWG für den Zugang zu Strom- und Gasnetzen). Dass § 19 Abs. 2 Nr. 4 vom Gesetzgeber mit dieser Intention geschaffen worden ist, hat allerdings der BGH in seinem *Mainova/Arealnetz*-Beschluss vom 28.6.2005 ausdrücklich entschieden. Er hat dort ausgeführt, dass im Rahmen dieser Vorschrift der für den Behinderungswettbewerb nach § 19 Abs. 1 und § 20 Abs. 1 GWB a. F. von der Rechtsprechung entwickelte Grundsatz eingeschränkt werde, wonach auch der Normadressat nicht verpflichtet sei, einen Wettbewerber zum eigenen Nachteil zu fördern und es ihm grundsätzlich freistehe, eine bestimmte Ware oder Leistung Dritten gegenüber überhaupt nicht anzubieten. Vielmehr sei es erklärtes Ziel des § 19 Abs. 4 Nr. 4 (jetzt: Abs. 2 Nr. 4), den Spielraum des Normadressaten in der besonderen Situation weiter einzuschränken, in der Wettbewerb nur möglich ist, wenn bestehende Infrastruktureinrichtungen von mehreren Wettbewerbern genutzt werden können.[47]

BKartA und Rechtsprechung gehen bei der Definition des sachlich relevanten Marktes 11
vom sog. **Bedarfsmarktkonzept** aus. Danach ist jeweils auf die **Sicht der Marktgegenseite** abzustellen. Zu einem (sachlichen) Markt gehören danach alle Produkte, die sich nach dem Urteil des verständigen Verbrauchers (oder des für ihn handelnden Verbrauchsdisponenten, z. B. der Arzt bei der Verschreibung von Arzneimitteln) nach ihren Eigenschaften, ihrem Verwendungszweck und ihrer Preislage so nahestehen, dass sie ohne weiteres miteinander **austauschbar** sind.[48] Die Bezugnahme auf den „verständigen Verbraucher" bedeutet nach Rechtsprechung und Verwaltungspraxis, dass auf einen „vernünftigen durchschnittlichen Abnehmer" abzustellen ist.[49] Trotz dieser allgemein anerkannten Formel von der **funktionellen Austauschbarkeit** handelt es sich bei der Marktabgrenzung bis heute um eine der schwierigsten Fragen des Kartellrechts. Für eine Reihe von Produkten ist die Marktabgrenzung durch die höchstrichterliche Rechtsprechung geklärt, für die meisten ist sie jedoch noch offen bzw. wird von den Kartellbehörden offengelassen.[50] Die Kartellbehörden tendieren regelmäßig zu einer engen Marktabgrenzung. Zum Teil werden sogar aus dem (beanstandeten) Verhalten des Unternehmens Rückschlüsse auf die Marktabgrenzung bzw. die Marktbeherrschung gezogen.[51] Außerdem kommt es jeweils auf den konkreten Bedarf an. **Substitutionsgüter** fallen nicht in den relevanten Markt,[52] sind aber bei der

---

[46] Anders die h. M., z. B. im Hinblick auf den Zugang zu Gasleitungen eines Energieversorgungsunternehmens bei § 103 Abs. 5 Satz 2 Nr. 4 a. F. BGH WuW/E BGH 2953 ff. – *Gasdurchleitung* sowie OLG Düsseldorf U. v. 2.9.1997, U (Kart) 20/94, S. 17, für die Bereitstellung von Antennenmasten der *Deutsche Telekom AG* für Dritte bei § 26 Abs. 2 a. F.

[47] BGH WuW/E DE-R 1520, 1527.

[48] BGH WuW/E BGH 2150, 2153 – *Rheinmetall/WMF;* KG WuW/E OLG 995 f. – *Handpreisauszeichner;* KG WuW/E OLG 3124, 3128 – *Milchaustauschfuttermittel;* s. ferner *Richter/Steinvorth* in § 20 Rdnr. 16 ff. mwN.

[49] OLG Düsseldorf WuW/E DE-R 1397, 1403 – *ÖPNV Hannover;* BKartA B. i. S. *Fährhafen Puttgarden,* insoweit in WuW/E DE-V 253 ff. nicht abgedruckt (BA, S. 24, wonach ein „Randbereich der Nachfrage" bei der Marktbetrachtung außer Acht gelassen werden kann.); BKartA B. v. 30.9.2005 i. S. *Deutsche Bahn/RBH,* Rdnr. 15.

[50] Dies gilt vor allem für die Verwaltungspraxis der Kommission, aber auch für das BKartA. S. dazu z. B. TB 2011/2012, S. 75 – *Fahrräder* (Gesamtmarkt oder eigener Markt für elektrische Fahrräder), S. 79 – *Strahlentherapie,* S. 79 – *Dentalkeramik* und S. 90 – *Online-Werbung;* s. ferner TB 2009/2010, S. 66 – *Feinkostprodukte;* S. 102 – *Versandapotheken;* S. 109 – *Software;* TB 2005/2006, S. 72 – *Zuckeraustauschstoffe;* S. 74 – *Bonbons;* S. 74 – *tiefgefrorener Fisch;* S. 76 – *Inkjetpapiere;* S. 84 – *Bucheinzelhandel;* S. 104 – *Kompressoren;* S. 105/106 – *Satellitensubsysteme.*

[51] S. *Möschel* aaO § 19 Rdnr. 20 mwN.

[52] S. dazu z. B. *von Gamm,* Einf. A Rdnr. 27; *Bechtold,* GWB, § 18 Rdnr. 35.

gebotenen Gesamtwürdigung der Wettbewerbsverhältnisse, insbes. des Verhaltensspielraums, zu berücksichtigen.[53] Zusätzliche Probleme ergeben sich daraus, dass die Praxis eine Reihe von **Ausnahmen** oder Einschränkungen bei der Anwendung des Bedarfsmarktkonzeptes zulässt. Dies betrifft namentlich die Zusammenfassung verschiedener, an sich aus der Sicht der Marktgegenseite nicht austauschbarer Einzelprodukte zu einem gemeinsamen Markt, wenn dies unter dem Gesichtspunkt der **Produktions- oder Angebotsumstellungsflexibilität** des Herstellers sachgerecht ist. Als Beispiele hierfür lassen sich unterschiedliche Größen von Nägeln und Schrauben oder Lacke mit verschiedenen Farben anführen. Das BKartA hat eine entsprechend weite Betrachtung auch auf den Märkten für Maschinen und Anlagen zur Geflügelverarbeitung[54] sowie für Taschenbücher[55] und bei juristischen Fachbüchern[56] vorgenommen, lehnt denselben Ansatz jedoch bei Publikumszeitschriften[57] und bei Cabrio-Dachsystemen[58] ab. Auch im Groß- und Einzelhandel wird vielfach nicht auf die einzelnen Produkte, sondern auf das entsprechende **Warensortiment** abgestellt.[59] Ferner erfolgt im Telekommunikationssektor eine Korrektur des Bedarfsmarktkonzeptes, weil streng genommen keine Verbindung mit einer anderen austauschbar ist; die Praxis geht daher z. B. von separaten Märkten für Orts- und für Ferngespräche aus.[60] Diese differenzierte und nicht immer stimmige Praxis hat im Schrifttum zu der Forderung geführt, insgesamt „Abschied vom Bedarfsmarktkonzept" zu nehmen und statt dessen auf den „Wirtschaftsplan" der Unternehmen abzustellen.[61] Eine grundsätzliche Abkehr vom Bedarfsmarktkonzept ist allerdings nicht erforderlich; es kann nur um punktuell sachgerechte Einschränkungen gehen, deren Anwendungsbereich allerdings noch nicht ausgeschöpft zu sein scheint. Auch die Bundesregierung hält das Gesetz für hinreichend flexibel; sie hat sich dafür ausgesprochen, den Marktentwicklungen durch eine „sachgerechte Anpassung" Rechnung zu tragen, für die Anstöße aus der Rechtsanwendungspraxis kommen sollten.[62] Der vor allem zum EU-Kartellrecht diskutierten Forderung, bei der Anwendung des Missbrauchsverbots stärker als bisher auch ökonomische Erwägungen zu berücksichtigen (more economic approach),[63] steht das BKartA zurückhaltend gegenüber.[64] Es hat ihm 2007 aber durch die Schaffung eines „Referates für Ökonomische Grundsatzfragen" Rechnung getragen, das die Beschlussabteilungen bei ihren Aufgaben unterstützt.

---

[53] BGH WuW/E BGH 2425, 2430 – *Niederrheinische Anzeigenblätter;* OLG Düsseldorf i. S. *ÖPNV Hannover,* Umdruck S. 25, insoweit in WuW/E DE-R 1397 ff. nicht abgedruckt; *Möschel,* aaO § 19 Rdnr. 28; *Bechtold* aaO § 18 Rdnr. 35.

[54] TB 2005/2006, S. 102/103.

[55] B. v. 24.11.2003 i. S. *Random House/Heyne.*

[56] BKartA B. v. 9.11.1999 i. S. *Beck/Nomos.*

[57] BKartA WuW/E DE-V 947, 953 – *National Geographic II,* bestätigt v. BGH in WuW/E DE-R 1925, 1927 ff.

[58] BKartA B. v. 21.5.2010, S. 37 – *Magna Car Top Systems/Karmann.*

[59] Zum Lebensmitteleinzelhandel s. BGH WuW/E 2231 ff. – *Metro/Kaufhof,* KG WuW/E 3917, 3919 – *Coop/Wandmaker* sowie BKartA WuW/E 2441, 2442 – *Tengelmann/Gottlieb* und BKartA TB 2013/2014, S. 55 – *Edeka/Kaiser's Tengelmann;* zum Möbel-Einzelhandel TB 2001/2002, S. 179; zum Unterhaltungselektronik-Einzelhandel BGH WuW/E BGH 2771 ff. – *Kaufhof/Saturn;* zum Sortimentsmarkt für Drogeriewaren s. BKartA TB 2001/2002, S. 183 – *Schlecker/Sconti;* zum Sortimentsmarkt für den Sanitär-, Heizungs- und Klima-Großhandel BKartA TB 2013/2014, S. 69.

[60] S. dazu BKartA TB 2001/2002, S. 203.

[61] *Säcker,* ZWeR 2004, 1 ff.; *ders.,* WuW 2003, 1135. Ablehnend dazu aus der Sicht des BKartA *Siebert,* WuW 2004, 399 ff., der insbes. den von *Säcker* geäußerten Vorwurf einer widersprüchlichen Gesetzesanwendung für nicht gerechtfertigt hält; ebenso im Ergebnis *Haucap,* WuW 2012, 3.

[62] Bundesregierung, Stellungnahme zum TB 2003/2004 des BKartA, S. X sowie nochmals speziell für den Medienbereich Stellungnahme zum TB 2005/2006 des BKartA, S. VII.

[63] S. dazu die von der Komm. in Auftrag gegebene Studie „An economic approach to Art. 82" (Juli 2005), veröffentlicht auf der Homepage der Komm.

[64] Dazu bereits oben Rdnr. 1; s. ferner BKartA TB 2003/2004, S. 67 sowie das Arbeitspapier für die Tagung des Arbeitskreises Kartellrecht (September 2004); *Ewald,* Paradigmenwechsel bei der Abgrenzung relevanter Märkte?, ZWeR 2004, 512 ff., sowie in § 7 Rdnr. 192.

Bei der Feststellung der funktionellen Austauschbarkeit stehen in der Praxis der **Verwendungszweck und die Eigenschaften** der Waren und Dienstleistungen im Vordergrund; die Preislage tritt demgegenüber zurück.[65] Große Preisunterschiede können allerdings ein Indiz dafür sein, dass insoweit keine disziplinierenden Einflüsse im Wettbewerb vorhanden sind und für die Zwecke des § 19 von getrennten Märkten auszugehen ist.[66] **Werkstoffwettbewerb** wird vom Amt zwar anerkannt;[67] vielfach werden jedoch für die betroffenen Produkte unterschiedliche sachlich relevante Märkte angenommen.[68] Original-Ersatzteile bilden einen separaten Markt, auf dem die Hersteller idR eine beherrschende Stellung halten.[69] Bei der Nachfrage nach Aktien u. ä. ist im Rahmen der erforderlichen typisierenden Betrachtung auf einen Markt für Unternehmensbeteiligungen abzustellen, nicht aber auf die Anteile an einem bestimmten Unternehmen.[70] Das gilt auch im Zusammenhang mit dem kapitalmarktrechtlichen „cornering".[71] 12

Preisunterschiede spielen auch eine Rolle bei der Frage, ob (relativ teure) Markenprodukte und (günstigere) **Eigenmarken des Handels** (Handelsmarken) zu einem einheitlichen Markt gehören. Bejaht wurde dies in den Fällen *Henkel/Luhns* für Waschmittel,[72] *Heiner Kamps/Homann/Nadler* für Feinkostprodukte[73] und *HK Food/Homann/Rügen Feinkost* für gekühlte Feinkostsalate und Fischfeinkost,[74] offengelassen im Fall *DMK Eis GmbH/Roseneis-Gruppe* für Speiseeis, das über den Lebensmitteleinzelhandel unter deren Eigenmarken vertrieben wird,[75] und verneint – für einen Zusammenschluss auf Handelsebene – z. B. in der Sache *Edeka/Tengelmann* für den Lebensmitteleinzelhandel.[76] Diese Praxis des BKartA, bei Herstellern einen einheitlichen Markt anzunehmen, auf der Beschaffungsseite dagegen idR zwei getrennte Märkte, ist im Schrifttum verschiedentlich kritisiert worden.[77] 13

Gelegentlich ermittelt das BKartA die Austauschbarkeit der Produkte oder Dienstleistungen durch Befragung der Marktteilnehmer, wobei vereinzelt auch der **SSNIP-Test** herangezogen wird.[78] Dabei ergibt sich freilich wiederum die Schwierigkeit, dass das nach 14

---

[65] *Möschel,* aaO § 19 Rdnr. 29; *Bechtold,* aaO § 18 Rdnr. 12, 13.

[66] S. KG WuW/E OLG 926 f. – *Handpreisauszeichner;* BKartA WuW/E DE-V 385 ff., Rdnr. 17 – *Richemont/LMH,* für hochpreisige Uhren (über 3000,00 DM) und Luxusuhren (über 10 000,– DM Einzelhandelspreis); BKartA B. v. 8.3.2011, Rdnr. 64 ff. – *Xella/H+H* (Porenbetonsteine u. a. wegen großer Preisunterschiede nicht austauschbar mit Kalksandsteinen oder Ziegeln); *Möschel,* aaO § 19 Rdnr. 29 mwN.

[67] So z. B. zu Rohren zur Trinkwasserversorgung in TB 1999/2000, S. 115 – *Duktilgußrohre,* bei Dacheindeckungen und Dachentwässerungssystemen in TB 1999/2000, S. 115, bei Abwasserrohren in TB 2011/2012, S. 65, sowie bei Türen und Zargen in TB 2011/2012, S. 70.

[68] So z. B. BKartA TB 2003/2004, S. 115 – *Federkerne und andere Stützmaterialien* und B. v. 8.3.2011, Rdnr. 67 ff. – *Xella/H+H* (für Wandbausteine).

[69] S. z. B. BGH WuW/E DE-R 357 ff. – *Feuerwehrgeräte,* dort mwN.

[70] KG WuW/E DE-R 165, 167 ff. – *BVS,* dort für die von der *BVS* gehaltenen Unternehmensbeteiligungen.

[71] So auch *Thomas,* ZWeR 2014, 119 ff., 126 ff. und jetzt wohl auch LG Hannover in einem von Hedgefonds gegen *Porsche* angestrengten Schadensersatzprozess, s. FAZ v. 15.10.2014, S. 22 (maßgebend sei nicht das Angebot an *VW*-Aktien, sondern der gesamte Finanzmarkt); aA *Fleischer/Bueren,* ZIP 2013, 1253, 1259 f.

[72] BKartA WuW/E DE-V 177 ff., Rdnr. 14 ff. – *Look-Alikes.*

[73] BKartA B. v. 12.4.2010, S. 21 ff.

[74] BKartA B. v. 6.7.2011, S. 15.

[75] BKartA B. v. 27.3.2013, Rdnr. 30 ff. sowie TB 2013/2014, S. 50 (mit Tendenz zur Annahme getrennter Märkte).

[76] BKartA B. v. 30.6.2008, S. 30 ff.

[77] So insbes. *Ruppelt,* WuW 2012, 27, 35 ff. und *Möschel,* WuW 2013, 568 ff. Zur Praxis der Komm. s. z. B. *Buitenfood/AD Van Geloren Holding/JV,* E. v. 13.1.2012, Fall COMP/M.3621, dort betreffend *Tütensnacks.* Zur Bedeutung von Handelsmarken im heutigen Lebensmitteleinzelhandel s. BKartA, Sektoruntersuchung Lebensmitteleinzelhandel, Abschlussbericht September 2014, S. 101 ff.

[78] So im Fall *Deutsche Bahn/RBH* für die Austauschbarkeit zwischen den Verkehrsträgern Bahn und Lkw im Hinblick auf den Transport trockener Massengüter, B. v. 30.9.2005, S. 25; so ferner *Ewald,*

der Rechtsprechung maßgebliche Bedarfsmarktkonzept eigentlich einen anderen Ansatz verfolgt als der SSNIP-Test.[79] Es bleibt abzuwarten, ob die Praxis – zunächst des BKartA und später möglicherweise auch der Gerichte – hier zu einer Art praktischer Konkordanz führen wird.[80]

15 Im Übrigen ist die Verwaltungspraxis zur Marktabgrenzung inzwischen nahezu unüberschaubar geworden. Ergänzend kann dazu auf die Darstellungen in den Großkommentaren[81] und auf die Ausführungen von *Richter/Steinvorth* in § 20 verwiesen werden. Interessante Einzelfragen werden vom BKartA regelmäßig in seinen Tätigkeitsberichten behandelt, wobei es auch auf die entspr. Diskussionen mit der BNetzA über die Bewertung der regulierten Sektoren (Telekom, Post etc.) eingeht. Die Schwierigkeit liegt jeweils darin, dass sachgerechte, d.h. am tatsächlichen Nachfrageverhalten der Marktgegenseite orientierte Lösungen gefunden werden müssen, wobei ergänzend auch die jeweiligen Wettbewerbsbedingungen zu beachten sind. Wettbewerb liegt aber nicht nur dann vor, wenn die Kunden tatsächlich (ständig) die Lieferanten wechseln (was in der Praxis selten anzutreffen ist), sondern auch dann, wenn ein Lieferant durch die Existenz alternativer Anbieter in seinem (Preis-)Verhalten kontrolliert wird.[82] Ohnehin darf die sog. „Messung des Monopolgrades" nicht vorgezogen werden auf die Stufe der Marktabgrenzung (dazu noch Rdnr. 17).

16 Im Personen- und Güterverkehr fallen sachlicher und räumlicher Markt regelmäßig zusammen, soweit es um streckenbezogene Beförderungsleistungen geht.[83] Im Güterverkehr wird in Gestalt des Schienengüter-Einzelwagenverkehrs und des Transportes mit LKW auch eine sog. multimodale Marktabgrenzung anerkannt.[84] Anders als das BKartA beim Luftverkehr[85] und beim ÖPNV[86] neigt die Rechtsprechung bei der räumlichen Marktabgrenzung zu einem streckenbezogenen Ansatz.[87] Inhaltliche Verschränkungen können ferner zwischen sachlicher und zeitlicher Marktabgrenzung bestehen. Zeitlich unterschiedlich gelegene Messen dienen regelmäßig der Befriedigung eines unterschiedlichen Bedarfs. Auch die Teilnahme an bestimmten Sportveranstaltungen – z.B. einer Olympiade oder einem Fußball-Europapokalspiel – bezieht sich auf eigenständige sachlich relevante Märkte.[88]

17 Nach ständiger Rechtsprechung des BGH gilt aus prozessualer Sicht, dass die Abgrenzung des sachlich und räumlich relevanten Markts nach dem Bedarfsmarktkonzept als Einzelfallentscheidung in erster Linie dem Tatrichter obliegt, da sie von den – tatrichterlich festzustellenden – tatsächlichen Gegebenheiten des Markts abhängt; sie kann vom Rechts-

---

§ 7 Rdnr. 76ff. Zurückhaltend zu dem Ansatz BGH WuW/E DE-R 2268ff., Rdnr. 18/19 mwN. – *Soda-Club II:* „Modellerwägung, die für die Marktabgrenzung eine Hilfestellung liefern (…) kann"; Anwendung im Streitfall aber „mehr als fragwürdig".

[79] S. dazu z.B. *FK-Paschke,* § 19 Tz. 44ff. und *Klein,* WuW 2010, 169ff., 174 („Widerspruch zum Bedarfsmarktkonzept").

[80] S. dazu bereits *Dreher,* ZWeR 2009, 149, 157f., der den SSNIP-Test als Ergänzung des Bedarfsmarktkonzepts ansieht. S. ferner BGH WuW/E DE-R 2905ff., Rdnr. 43 – *Phonak/GN Store,* Test erwähnt ohne Distanzierung.

[81] S. z.B. *FK-Paschke,* § 19 Tz. 89ff.; *Immenga/Mestmäcker-Fuchs/Möschel,* GWB, § 18 Rdnr. 73.

[82] So wohl auch BKartA B. v. 15.12.2011, Rdnr. 59/61 bzw. dortige Fn. 40 – *Liberty Global Europe/Kabel Baden-Württemberg.*

[83] S. dazu BKartA WuW/E BKartA 2875, 2878ff. – *Flugpreis Berlin – Frankfurt/M.,* unter Ausklammerung des Landverkehrs (ICE); insoweit bestätigt durch KG WuW/E DE-R 124, 126. Eine umfassendere Abgrenzung erforderte dagegen z.B. der Fall *NDX Intermodal B. V.,* TB 1995/96, S. 136, der den Tür-zu-Tür-Verkehr mit Containern in Westeuropa betraf. Zur sachlichen Marktabgrenzung im ÖPNV OLG Düsseldorf WuW/E DE-R 1397ff. – *ÖPNV Hannover.*

[84] BKartA TB 2009/2010, S. 126.

[85] BKartA WuW/E DE-V 483ff. – *Lufthansa/Eurowings,* dort vorsorglich mit einer „dualen" Betrachtung (Netz und Strecke).

[86] BKartA WuW/E DE-V 891ff. – *ÖPNV Hannover.*

[87] S. BGH WuW/E DE-R 375ff. – *Flugpreisspaltung;* OLG Düsseldorf WuW/E DE-R 1397ff. – *ÖPNV Hannover.*

[88] S. dazu auch noch Rdnr. 23 mwN.

beschwerdegericht nur begrenzt überprüft werden. Einwände der Parteien dagegen und Zweifel des Gerichts sind daher kein Anlass zur Zulassung der Rechtsbeschwerde/Revision bzw. eine Nichtzulassungsbeschwerde wird dann zurückgewiesen.[89]

3. Der räumlich relevante Markt. Eine marktbeherrschende Stellung kann jeweils nur in einem bestimmten Gebiet bestehen. Die räumliche Abgrenzung des Marktes erfolgt dabei grundsätzlich nach den gleichen Kriterien wie beim sachlich relevanten Markt. Maßgebend für den räumlich relevanten Anbietermarkt ist also die **funktionelle Austauschbarkeit aus der Sicht der Nachfrager;**[90] dabei darf nicht pauschaliert werden, sondern es sind die tatsächlichen Verbrauchergewohnheiten zu berücksichtigen[91] bzw. es ist auf den verständigen durchschnittlichen Verbraucher abzustellen.[92] Die Austauschbarkeit wiederum richtet sich auch nach der Gleichheit der Wettbewerbsbedingungen in einem bestimmten Gebiet.[93] Die Anwendung dieser Grundsätze bereitet (wenngleich weniger als bei der sachlichen Marktabgrenzung) vielfach Probleme. Deshalb bleibt die genaue Abgrenzung auch hier in der Praxis vielfach offen.[94] Für die meisten (Industrie-)Produkte bildet (zumindest) das gesamte Bundesgebiet, vielfach aber auch die EU den räumlich relevanten Markt. Es gibt allerdings auch Fälle, in denen der Markt enger, also auf bestimmte Regionen oder lokale Gebiete begrenzt werden muss. Dabei muss es keine exakt gegeneinander abgegrenzten (räumlich relevanten) Märkte geben.[95] Räumliche Märkte können sich daher auch überlappen. 18

Ausgangspunkt der Prüfung im Rahmen des Bedarfsmarktkonzepts ist zunächst die Frage nach den betroffenen Nachfragern, wobei als Marktgegenseite auf die Anbieter abzustellen ist. Ergänzend können bei der Marktabgrenzung nach dem GWB auch die im EU-Kartellrecht entwickelten Grundsätze herangezogen werden.[96] Dies bedeutet, dass auch auf die Bekanntmachung der Kommission über die Definition des relevanten Markts[97] zurückgegriffen werden kann. Dort wird das Merkmal der homogenen Wettbewerbsbedingungen (innerhalb des räumlich relevanten Markts) durch die Kriterien der Nachfrage- und der Angebotssubstituierbarkeit ausgefüllt. Im Vordergrund stehen aber erneut die (geographischen) Ausweichmöglichkeiten der Marktgegenseite.[98] Die Kommission beurteilt die Austauschbarkeit jedoch nicht aus der Sicht eines verständigen Verbrauchers, sondern stellt auf den sog. SNIPP-Test[99] bzw. den Preiserhöhungsspielraum eines hypothetischen Monopolisten ab.[100] Die entscheidende Frage ist dann, ob die in dem Gebiet, in dem die fraglichen Produkte angeboten werden, ansässigen Kunden bei einer geringen und nicht nur vorübergehenden Preiserhöhung im Bereich von 5–10% (= SNIPP) auf Anbieter in anderen Gebieten ausweichen würden. Ist die Substitution so groß, dass durch den damit einhergehenden Absatzrückgang die Preiserhö- 19

[89] BGHZ 170, 299 Rdnr. 15 = WuW/E DE-R 1925ff. – *National Geographic II;* BGH U. v. 20 4. 2010, KVR 35/09, Rdnr. 9 – *Sauermilchkäse;* BGH WuW/E DE-R 25ff., Rdnr. 25 – *Total/OMV* mwN.

[90] S. dazu aus der BGH-Rechtsprechung z. B. WuW/E DE-R 1302f. – *Sanacorp/ANZAG;* BGH WuW/E BGH 2483, 2487f. – *Sonderungsverfahren;* WuW/E BGH 3037, 3042 – *Raiffeisen;* aus der neueren Literatur *Steinvorth,* WuW 2014, 924ff. Zum Nachfragemarkt s. Rdnr. 24/25.

[91] BGH WuW/E DE-R 1206, 1207 – *Strom und Telefon I;* BGH WuW/E DE-R 1302, 1303 – *Sanacorp/ANZAG.*

[92] S. dazu z. B. *Klein,* WuW 2010, 169ff.

[93] Zum EU-Recht s. EuGH U. v. 14.2.1978, Slg. 1978, 207, 284 – *United Brands* (zu Art. 86 EGV, jetzt: Art. 102 AEUV) und Art. 9 Abs. 7 EG-FKVO.

[94] So z. B. BKartA TB 2011/2012, S. 65/66 – *Abwasserrohre;* S. 75 – *PKW-Vertrieb;* S. 78 – *Labordiagnostik;* TB 2009/2010, S. 102 – *Versandapotheken;* S. 103 – *Labordiagnostik;* s. ferner BKartA TB 2005/2006, S. 96/97 – *Rohre für Betonpumpen;* S. 97 – *Herstellung von Blei;* S. 101 – *Wasserbehandlung;* S. 119 – *Schienenbefestigungssysteme.*

[95] So schon BGH WuW/E BGH 1655, 1658 – *Zementmahlanlage.*

[96] BGH WuW/E DE-R 2327, Rdnr. 69 – *Kreiskrankenhaus Bad Neustadt.*

[97] ABl. EG 1997 C 372/5ff.

[98] S. dazu näher *de Bronett,* § 22 Rdnr. 14ff. des Handbuchs.

[99] S. dazu *Ewald,* § 7 Rdnr. 76ff. sowie oben Rdnr. 14.

[100] Komm. aaO Rdnr. 16ff.

hung für den hypothetischen Monopolisten nicht mehr einträglich wäre, werden in den (räumlich) relevanten Markt solange weitere Gebiete eingezogen, bis kleine, dauerhafte Erhöhungen der relativen Preise einen Gewinn einbrächten.[101] Die Schwäche dieses Ansatzes liegt darin, dass es sich nur um ein „gedankliches Experiment" handelt[102] und dass eine praktische Anwendung mangels einschlägiger empirischer Daten zumeist nicht möglich ist.[103] Der BGH hat daher den SNIPP-Test nur als eine „Modellerwägung" bezeichnet, die im damaligen Streitfall „mehr als fragwürdig" war.[104] Die Haltung des BKartA dazu ist nicht einheitlich.[105] Letztlich sind regelmäßig mehrere Kriterien für die räumliche Abgrenzung maßgeblich, nämlich z. B. die Frage nach nationalen oder regionalen Präferenzen der Kunden, das Erfordernis einer Gebietspräsenz, regulatorische Schranken, die Transportkosten, das gegenwärtige Käuferverhalten und die tatsächlichen Handelsströme.[106] Gelegentlich kann die räumliche Abgrenzung auch mit der sachlichen zusammenfallen, wenn nämlich die räumliche Reichweite eines Produkts durch seine sachlichen Eigenschaften vorgegeben ist.[107] Hauptanwendungsfall sind die Medien, so z. B. bei den regionalen Tageszeitungen, Anzeigenblättern oder beim Rundfunk, wo das Gebiet der Lokalberichterstattung bzw. der Verbreitung die Grenze des betroffenen Marktes definiert. Ferner gibt es Fälle, in denen bestimmte **Eigenschaften der Produkte oder Dienstleistungen** (z. B. bei Transportbeton oder Krankenhausdienstleistungen) oder **Transportkosten** (z. B. bei Zement oder Gleisschwellen) für einen begrenzten räumlich relevanten Markt sprechen.[108] Schließlich sind im Bereich des Einzelhandels typischerweise lokale Märkte anzunehmen, z. B. bei Lebensmitteln,[109] bei Büchern[110] und bei Bau- und Heimwerkerbedarf.[111] In den meisten dieser Fälle wird die Verfügbarkeit der Ausweichalternativen von der Entfernung zum Nachfrager bestimmt. Diese lässt sich einerseits nicht schematisch festlegen, andererseits aber auch empirisch nur mit Schwierigkeiten ermitteln. Letzteres hat das BKartA z. B. im Fusionskontroll-Fall *Tönnies/Tummel*[112] versucht. Dabei muss freilich jeweils eine bestimmte regionale Grenzlinie gezogen werden, die – auch wenn sie eine empirische Basis hat – letztlich ein gewisses diskretionales Element aufweist. Dies zeigt sich auch an der Praxis des BKartA zum Einzelhandel, wo bestimmte Fahrtzeiten der Verbraucher verwendet werden, die dann in Entfernungen bzw. Radien um die Anbieter umgerechnet werden.[113] Der BGH hat in diesem Zusam-

---

[101] Komm. aaO Rdnr. 17, 29.

[102] Komm. aaO Rdnr. 15.

[103] Dazu *Ewald,* § 7 Rdnr. 77.

[104] S. BGH WuW/E DE-R 2268 Rdnr. 18 f. – *Sodaclub.*

[105] Einerseits B. v. 2.7.2008, S. 35 – *Loose/Poelmeyer* („allgemein anerkanntes Mittel der Marktabgrenzung"); anderseits kritisch in B. v. 24.8.2009, Rdnr. 70 – *EnBW/VNG* („erforderlicher Aufwand außer Verhältnis zu etwaigen zusätzlichen Erkenntnissen"). Kritisch auch *Ewald,* ZWeR 2004, 512 ff.

[106] S. dazu Komm., Bekanntmachung aaO Rdnr. 30, 31 und 45 ff.

[107] Dazu *Bechtold,* aaO § 18 Rdnr. 23.

[108] S. dazu z. B. BKartA TB 1999/2000, S. 113 und TB 2005/2006, S. 120 – *Gleisschwellen;* TB 2003/2004, S. 100 – *Innenputze;* S. 142 – *Getränkefachgroßhandel;* B. v. 6.6.2007, Rdnr. 76 ff. – *LBK/Maria Hilf* (Markt für Krankenhausdienstleistungen nach Postleitzahlgebieten) sowie die Nachw. bei *Möschel,* aaO § 19 Rdnr. 38, *Langen/Bunte-Bardong,* § 18 Rdnr. 49, *Bechtold,* aaO § 18 Rdnr. 24 und *Steinvorth,* WuW 2014, 924, 930 ff.

[109] S. dazu z. B. KG WuW/E OLG 3591, 3597 – *Coop/Schleswig-Holstein-Deutscher Supermarkt* und OLG Düsseldorf WuW/E DE-R 781, 786 – *WalMart* (zu § 20 Abs. 4 a. F.), bestätigt durch BGH WuW/E DE-R 1043. Aus der jüngeren Praxis des BKartA WuW/E DE-V 911, 913 – *Fotoarbeitstasche* (20 km-Radius bzw. 20 Autominuten um das jeweilige regionale Oberzentrum); ebenso TB 2001/2002, S. 183 für Drogeriewaren. Im Möbeleinzelhandel wird ein größerer Radius verwendet, s. BKartA TB 2001/2002, S. 179.

[110] BKartA TB 2005/2006, S. 84.

[111] BKartA TB 2005/2006, S. 141.

[112] BKartA B. v. 16.11.2011, Rdnr. 121 ff. – *Tönnies/Tummel;* es ging dort um den Nachfragemarkt für lebende Sauen durch Schlachthöfe und die Ermittlung des Erfassungsradius der Schlachthöfe.

[113] So z. B. 20 km beim Lebensmitteleinzelhandel (BKartA B. v. 25.8.2005, S. 9 f. – *Edeka/Spar*), 60 km bei Möbeln (BKartA B. v. 19.9.2001, Rdnr. 13 – *Lutz/Möbel Engelhardt;* B. v. 7.12.2001,

menhang „gewisse Pauschalierungen" nicht beanstandet; so hat er z. B. im Tankstellengeschäft mit Mineralölprodukten die Verwendung einer Fahrtzeit von 30 Minuten im städtischen Umfeld mit der Begründung akzeptiert, dass es einen eindeutigen Grenzwert nicht gebe und Gründe für eine andere Grenzziehung nicht ersichtlich seien.[114] Der BGH hat auch akzeptiert, dass das BKartA nicht auf die Bedingungen bei jeder einzelnen erworbenen Tankstelle abgestellt, sondern für jede der betroffenen Regionen (dort: Dresden, Erfurt etc.) jeweils nur einen gemeinsamen räumlich relevanten Markt um den geographischen Ortsmittelpunkt angenommen hatte.[115] Eine bundesweite Marktabgrenzung scheide aus, weil die Kraftfahrer ihren Kraftstoffbedarf erfahrungsgemäß (nur) in einem gewissen Umkreis um ihren Wohn- oder Arbeitsort abdeckten; daran änderten auch die sog. Kettensubstitutionseffekte nichts, wonach sich Preisänderungen von einer Tankstelle aus fortpflanzen können, denn dieser Effekt schwäche sich mit zunehmender räumlicher Entfernung ab.[116]

Eine noch komplexere Dimension erreicht die Fragestellung bei sich gegenseitig **überschneidenden bzw. überlappenden Märkten.** Das BKartA hat diesem Umstand im *Total/OMV*-Fall (für den Tankstellenmarkt) z. B. dadurch Rechnung getragen, dass es unter Verwendung des sog. Erreichbarkeitsmodells des Bundesamts für Bauwesen und Raumordnung die Umsätze der Tankstellen nach ihrer Entfernung zum Mittelpunkt des räumlichen Markts gewichtet hat. Bei Tankstellen, die innerhalb von fünf Minuten erreichbar waren, wurden die Umsätze mit dem Faktor 4 multipliziert, bei weiter entfernt liegenden Tankstellen verringerte sich dieser Faktor von 3 auf 2 und auf 1, je nachdem, ob die Fahrtzeit unter 10, unter 20 oder unter 30 Minuten lag. Der BGH hat die Zulässigkeit dieses Ansatzes zwar offengelassen, aber doch zu erkennen gegeben, dass er die vom Amt vorgenommene Gewichtung kritisch sieht.[117] Schwierigkeiten mit sich überschneidenden räumlich relevanten Märkten haben sich auch in den Krankenhausfällen (im Rahmen der Fusionskontrolle) ergeben. Ursache dafür ist der Umstand, dass Patienten regelmäßig verschiedene Krankenhäuser als Angebotsalternative wahrnehmen (zum Teil nur in näherer, zum Teil aber auch in weiterer Entfernung von ihrem Wohnsitz), wobei es zu „asymmetrischen" Märkten kommen kann. Leitfall ist hier der geplante Erwerb des Kreiskrankenhauses *Bad Neustadt* durch die *Rhön AG,* die in *Bad Neustadt* und im angrenzenden *Bad Kissingen* bereits mehrere Krankenhäuser betrieb. Hier stellte sich u. a. die Frage, ob Krankenhäuser außerhalb des engen Versorgungsgebiets eines engeren geographischen Raums (stets) zu berücksichtigen sind oder nur dann, wenn im Sinne einer wechselseitigen Marktdurchdringung auch Patienten von *außerhalb* in den fraglichen Raum „einpendeln". Der BGH hat – entgegen dem BKartA – eine solche wechselseitige Marktdurchdringung nicht für erforderlich gehalten, sondern auf eine Wettbewerbsbeziehung auch hinsichtlich der außerhalb gelegenen Krankenhäuser abgestellt. Er hat daraus allerdings nicht den Schluss gezogen, dass die benachbarten Krankenhäuser in den räumlich relevanten Markt einzubeziehen sind. Es genüge vielmehr, wenn die Umsätze mit Behandlungsleistungen der benachbarten Krankenhäuser in Bezug auf Patienten aus den betroffenen Städten der Zusammenschlussbeteiligten bei der Ermittlung der Marktanteile im Kerngebiet berücksichtigt würden.[118] Eine (umfassende) Ausdehnung des Markts auf die benachbarten Gebiete komme nur in Betracht, wenn die dort wohnhaften Patienten „in relevantem Umfang" in das andere Gebiet (dort: *Bad Neustadt/Bad Kissingen*) 20

Rdnr. 9 – *Kurt Krieger/Möbel Walther*), 100 km beim *Landhandel* (BKartA TB 2009/2010, S. 68/69) und 150 km beim *Chemikalien-Großhandel* (BKartA TB 2009/2010, S. 82). Zur Radiusbetrachtung s. auch OLG Düsseldorf WuW/E DE-R 2798 ff., Rdnr. 58 – *Bau- und Heimwerkermarkt* (20 km um den Standort).

[114] BGH WuW/E DE-R 3591, Rdnr. 43 – *Total/OMV* (Bestätigung der entsprechenden Marktabgrenzung durch das BKartA in dem B. v. 29.4.2009 – *Total/OMV*).

[115] BGH aaO Rdnr. 40.

[116] BGH aaO Rdnr. 39.

[117] BGH WuW/E DE-R 3591, Rdnr. 44 – *OMV/Total.*

[118] Dazu im einzelnen BGH WuW/E DE-R 2327, 2336 f. – *Kreiskrankenhaus Bad Neustadt;* s. ferner *Steinvorth,* WuW 2014, 924, 935 f.

pendelten, woran es bei einer Größenordnung von nur ca. 5% fehlte. Auch hier gilt also, dass gewisse **Pauschalierungen unvermeidlich** sind.

21 Eine Einschränkung der Maßgeblichkeit der tatsächlichen räumlichen Ausweichmöglichkeiten der Marktgegenseite hält der BGH für möglich, wenn diese Austauschmöglichkeiten aus objektiven Gründen regional begrenzt sind. Vor diesem Hintergrund hat der BGH in den Fällen *„Strom und Telefon I und II“*[119] trotz des Vorhandenseins einer Mehrzahl bundesweit tätiger Stromanbieter und trotz Nutzung dieses Angebots durch – freilich nur wenige – Nachfrager einen lediglich regionalen Markt für die Versorgung von Kleinverbraucher mit elektrischer Energie bejaht. Er begründete diese Einschränkung mit der Funktion der Marktabgrenzung als „Hilfskriterium“ für die Ermittlung von Marktmacht bzw. der Wettbewerbskräfte, denen sich die beteiligten Unternehmen zu stellen haben. Wenn daher regional noch kein nennenswerter Wettbewerb stattfinde, weil die Nachfrager das überregionale Angebot „praktisch nicht wahrnehmen“ (dort bei 96% Marktanteil des örtlichen EVU), sei es gerechtfertigt, weiterhin von einem regionalen Markt auszugehen. Diese Bewertung ist nicht unproblematisch, weil sie Aspekte des Marktergebnisses auf die Ebene der Marktabgrenzung vorzieht.[120] Im konkreten Fall begrenzten nicht nur die Besonderheiten des betroffenen Produktes, sondern ausdrücklich auch „eher geringe Preisunterschiede“ der verschiedenen Anbieter die Wechselbereitschaft der privaten Verbraucher. Wenn aber die Preise des örtlichen Anbieters nicht nennenswert von denjenigen der bundesweit tätigen Anbieter abweichen, dürfte die mangelnde Flexibilität der Nachfrage auch darauf zurückzuführen sein, dass der Wettbewerb seine verhaltenskontrollierende Funktion erfüllt.

22 Probleme haben sich zeitweise auch bei der zutreffenden Erfassung von **internationalen Märkten** ergeben, die (aus ökonomischer Sicht) über das Bundesgebiet hinausreichen. Für viele Produkte bestehen infolge der EU-rechtlichen Regelungen des Europäischen Binnenmarktes oder der Nachfragepraxis der Kunden räumlich relevante Märkte, die die ganze Union bzw. Europa umfassen.[121] Für mehrere Produkte gibt es sogar Weltmärkte (z.B. für große Zivilflugzeuge oder den Schiffbau).[122] Das BKartA behandelte vor der 6. Novelle grundsätzlich den Geltungsbereich des GWB als Obergrenze für die Definition des geographisch relevanten Marktes;[123] die Rechtsprechung folgte ihm darin, insbes. der BGH mit seinem Beschluss i.S. *„Backofenmarkt“*.[124] Mit der 6. GWB-Novelle unternahm der Gesetzgeber in Gestalt der Erwähnung von Unternehmen mit Sitz im Ausland den Versuch, diese BGH-Rechtsprechung zu korrigieren; durch die Änderung sollte klargestellt werden, dass bei der Prüfung der Marktbeherrschung die Wettbewerbsverhältnisse „auf dem **ökonomisch relevanten Markt** berücksichtigt werden müssen“.[125] Da dies im Wortlaut des

---

[119] BGH WuW/E DE-R 1206, 1207f. – *Strom und Telefon I* bzw. WuW/E DE-R 1210, 1211 – *Strom und Telefon II;* zustimmend dazu *Oechsler* ZWeR 2004, 423, 425.

[120] Kritisch dazu – wenngleich bezogen auf eine Kommissionsentscheidung – auch *Dreher,* ZWeR 2009, 149, 165.

[121] So z.B. BKartA B. v. 21.5.2010, S. 41–43 – *Magna Car Top Systems/Karmann,* für Cabrio-Dachsysteme; TB 2011/2012, S. 95 – *Mobile Navigationsgeräte;* TB 2009/2010, S. 83 – *CFT-Granulate.*

[122] Zu Weltmärkten s. ferner BKartA TB 2001/2002, S. 129 – *Einlegestoffe für die Bekleidungsindustrie,* TB 2003/2004, S. 119 – *Computer-Datenbank-Kassetten;* B. v. 25.10.2006 i.S. *Coherent/Excel Technology,* dort zu Lasergeräten; TB 2005/2006, S. 117f. – *Fenstersysteme für die Luftfahrt;* BKartA B. v. 24.10.2013 – *Precision Castparts/Permaswage Holding SAS* (zu Flüssigkeitsarmaturen für Flugzeuge); BKartA TB 2011/2012. S. 79 – *Nadelschutzvorrichtungen für Fertigspritzen.*

[123] S. z.B. BKartA WuW/E BKartA 263ff. – *Linde-Lansing;* WuW/E BKartA 2405, 2407 – *MAN/Sulzer;* anders die Stellungnahme in TB 1995/96, S. 18 zum *Backofenmarkt*-Beschluss des BGH (dazu noch Fn. 124).

[124] BGH WuW/E BGH 3026, 3029ff. – *Backofenmarkt;* kritisch dazu *Schütz,* WuW 1996, 286ff.; *Bechtold,* NJW 1997, 1959, 1962; zustimmend *Werner,* in Fs. Lieberknecht, S. 607ff. Das Kammergericht sprach in seinem *Imax*-B. v. 4.6.1997 (WuW/E DE-R 35, 37 – *Großbildfilmprojektoren*) von einem „ökonomischen Weltmarkt“, der „rechtlich“ auf das Gebiet der Bundesrepublik Deutschland begrenzt sei (zu § 26 Abs. 2 a.F.).

[125] Begründung zum RegE, BRats-Drucks. 852, S. 37 (zu § 19 Abs. 2 Satz 1 Nr. 2).

§ 19 a. F. (jetzt: § 18 Abs. 2) so deutlich nicht zum Ausdruck kam und die „Klarstellung" sich auch nur auf einen der Marktbeherrschungstatbestände bezog, blieb die Praxis im Wesentlichen bei dem normativ engen Ansatz. Nachdem der RegE der 7. GWB-Novelle das Thema erneut aufgriff (s. dazu bereits oben Rdnr. 4), gab der BGH in seinem *Staubsaugerbeutelmarkt*-Beschluss vom 5.10.2004[126] seine Rechtsprechung auf und stellte klar, dass der räumlich relevante Markt zwar nach ökonomischen Gesichtspunkten abzugrenzen sei, dieser Markt aber nicht notwendig auf den Geltungsbereich des Gesetzes beschränkt sei. Mit dem Inkrafttreten der 7. GWB-Novelle und der Aufnahme eines neuen Satzes 3 in § 19 Abs. 2 (jetzt: § 18 Abs. 2) ist dieses Konzept nunmehr auch ausdrücklich im Gesetz verankert. Es besteht daher auch insoweit kein wesentlicher Unterschied mehr zwischen der räumlichen Marktabgrenzung im EU-Kartellrecht und im GWB.

4. Der zeitlich relevante Markt. Während die Abgrenzung des sachlich und des räumlich relevanten Marktes in jedem Fall durchzuführen ist, kommt es auf den zeitlichen Aspekt nur in Ausnahmefällen an. Es muss dann Anlass für die Prüfung der Frage bestehen, ob die Wettbewerbsverhältnisse nur für einen bestimmten Zeitraum relevant sind. Die zeitliche Komponente kommt insbes. dann ins Spiel, wenn Waren oder gewerbliche Leistungen nur zu einem bestimmten Zeitpunkt oder für einen kurzen Zeitraum angeboten werden. Beispiele hierfür sind die Veranstaltung von Messen,[127] der Verkauf von Eintrittskarten für bestimmte Sportveranstaltungen[128] oder beschränkte Ausschreibungen.[129] Allerdings dürfte es sich auch in diesen Fällen letztlich um eine Frage der sachlichen Marktabgrenzung handeln.[130] **23**

5. Besonderheiten von Nachfragemärkten. Die §§ 18, 19 GWB gelten auch für marktbeherrschende Nachfrager. Die sachliche Marktabgrenzung erfolgt dort ebenso wie beim Anbietermarkt – freilich spiegelbildlich – nach dem Bedarfsmarktkonzept. Maßgebend ist daher die **Austauschbarkeit** (der Nachfrage) **aus der Sicht der Anbieter.**[131] Es ist zu ermitteln, welche Absatzmöglichkeiten dem Anbieter für die von ihm hergestellten Produkte oder angebotenen Dienstleistungen zur Verfügung stehen bzw. inwieweit ihm bei verständiger Betrachtung alternative Absatzwege als Ausweichmöglichkeit offenstehen. Da es auf den Absatz schlechthin ankommt, umfasst der sachlich relevante Markt alle Nachfrager nach den betreffenden Produkten, unabhängig davon, ob die Nachfrager diese Produkte – einzeln oder kombiniert mit anderen Produkten – weiterveräußern, sie konsumieren oder weiterverarbeiten.[132] Dieses Konzept beruht auf der Erwägung, dass die Annahme von Nachfragemacht für ein Unternehmen ausgeschlossen ist, wenn die nachgefragte Produktqualität oder die Nachfragestruktur dergestalt sind, dass jederzeit ein anderer Nachfrager an seine Stelle treten kann.[133] Weitergehend wird von der h. M. Nachfragemacht aber auch dann verneint, wenn dem Hersteller (Anbieter) **Umstellungsmöglichkeiten** in der Produktion und entsprechende Absatzmöglichkeiten für die neuen Produkte zur Verfügung stehen. Es ist also im Rahmen der Marktabgrenzung zusätzlich zu prüfen, inwieweit ein **24**

[126] BGH WuW/E DE-R 1355 ff. – *Staubsaugerbeutelmarkt* = BGHZ 160, 321; dazu zust. Anmerkung von *Beninca,* WuW 2005, 43 ff.

[127] S. dazu BGH WuW/E BGH 1027, 1030 – *Sportartikelmesse II;* OLG Frankfurt GRUR 1992, 554 ff. – *Kunstmesse ART Frankfurt II.*

[128] S. dazu BGH WuW/E BGH 2406 ff., 2408 f. – *Inter Mailand-Spiel;* BKartA TB 1993/94, S. 131 – *DER/Olympiade in Barcelona;* TB 1999/2000, S. 180 f. – *Eishockey-WM 2001.*

[129] BGH WuW/E DE-R 349, 350 – *Beschränkte Ausschreibung,* dort betr. ein Versteigerungsverfahren zur Verwertung eines einzelnen Grundstücks oder Unternehmens.

[130] So auch *FK-Paschke,* § 19 Tz. 147; *Möschel,* aaO § 19 Rdnr. 39; *Bechtold,* aaO § 18 Rdnr. 28. S. bereits oben Rdnr. 16.

[131] BGH WuW/E BGH 2483, 2487 f. – *Sonderungsverfahren;* KG WuW/E OLG 3124 – *Milchaustauschfuttermittel;* KG WuW/E OLG 3577, 3585 – *Hussel/Mara;* KG WuW/E OLG 3917, 3927 f. – *Coop/Wandmaker;* BKartA, Sektoruntersuchung Lebensmitteleinzelhandel, Abschlussbericht September 2014, S. 118; *Langen/Bunte-Bardong,* § 18 Rdnr. 41.

[132] So auch KG WuW/E OLG 3927 f. – *Coop/Wandmaker; Langen/Bunte-Bardong,* § 18 Rdnr. 42 („alle Nachfrager"). S. auch *Richter/Steinvorth* in § 20 Rdnr. 55 ff.

[133] So *Möschel,* aaO § 19 Rdnr. 41.

Anbieter dem Verhalten eines Nachfragers oder einer Nachfragergruppe dadurch ausweichen kann, dass er seine Produktion unter zumutbaren Bedingungen ohne größere Schwierigkeiten auf ein anderes Erzeugnis umstellt.[134] Eine solche Produktionsflexibilität und Programmelastizität dürfte allerdings nur selten vorliegen;[135] in manchen Bereichen kommt sie von vornherein nicht in Betracht (so z.B. bei der Förderung von Erdöl und Erdgas oder bei der landwirtschaftlichen „Urproduktion" bzw. Schlachtvieh und Milch).[136]

25 Auch beim **räumlich relevanten Markt** ist in Zusammenhang mit einer Nachfragemachtprüfung eine im Verhältnis zum Anbietermarkt spiegelbildliche Betrachtung vorzunehmen. Maßgebend sind daher die räumlichen Ausweichmöglichkeiten des oder der Anbieter.[137] Nach diesem Konzept kommen lokale, regionale und nationale, aber auch internationale Märkte in Betracht.[138] Enge räumlich relevante Märkte können z.B. aus rechtlichen Gründen (Gebietsmonopol von Molkereien) oder aus tatsächlichen Gründen (wie entfernungsbezogenen Kosten) bestehen.[139] Für Industrieprodukte sind die Absatzmöglichkeiten im Ausland, d.h. die Exporte, einzubeziehen, und zwar je nach der Art des Produktes u.U. die weltweite ausländische Nachfrage.[140] Dies setzt allerdings gelegentlich Referenzverkäufe voraus, namentlich bei technisch anspruchsvollen bzw. aufwendigen Anlagen. Ein inländisches Nachfragemonopol besagt daher noch nichts über das Bestehen eines national abzugrenzenden räumlich relevanten Marktes und daher auch nichts über das Bestehen einer marktbeherrschenden Stellung, sofern der Anbieter seine Produkte typischerweise auch in anderen Ländern absetzt. Von praktischer Bedeutung ist dies z.B. für Lokomotiven, die von der *Deutsche Bahn AG* oder Vermittlungsanlagen, die von der *Deutsche Telekom AG* nachgefragt werden, soweit diese Produkte auch im Ausland abgesetzt werden können. Als weiteres Beispiel kann das internationale Öl- und Erdgasgeschäft genannt werden, für das – entsprechend den Absatz- und Transportmöglichkeiten – weltweite oder zumindest europaweite Nachfragemärkte bestehen. Bei militärischen Produkten ergeben sich Einschränkungen aufgrund der gesetzlichen Exportrestriktionen; in Deutschland kommt daher dem Nachfragemonopol des BMVg[141] besonderes Gewicht zu. Die vorstehenden Grundsätze gelten entsprechend für die Nachfrage nach Dienstleistungen, soweit diese grenzüberschreitend erbracht bzw. nachgefragt werden (z.B. auf den internationalen Geld- und Kapitalmärkten[142] oder bei Beratungsdienstleistungen von Investment-Banken).

---

[134] KG WuW/E OLG 3917, 3927 – *Coop/Wandmaker* mwN; OLG Düsseldorf WuW/E OLG 2274, 2277 – *Errichtung von Fernmeldetürmen; Möschel,* aaO § 19 Rdnr. 41; Monopolkommission, 5. Hauptgutachten, 1982/83, Rdnr. 668 sowie Sondergutachten 7, 1977, Rdnr. 46ff.; BKartA, Sektoruntersuchung Lebensmitteleinzelhandel, Abschlussbericht September 2014, S. 119; *Kleinmann/Bechtold,* Kommentar zur Fusionskontrolle, § 22 Rdnr. 102ff.; *Langen/Bunte-Bardong,* § 18 Rdnr. 42; *Markert,* Schwerpunkte des Kartellrechts 1978/79, S. 87, 103; ablehnend *Benisch* WuW 1977, 619, 626ff.; *Hölzler/Satzky,* Nachfragemacht, S. 85ff.; *GK-Harms,* 4. Aufl., § 24 Rdnr. 290; s. auch *Richter/Steinvorth,* § 20 Rdnr. 57.

[135] Verneint im Fall *Errichtung von Fernmeldetürmen* für bestimmte Bauplanungsleistungen durch OLG Düsseldorf aaO Fn. 134. Praktisch relevant könnten insbes. Zulieferer in der Automobilbranche sein, wenn sie in der Lage sind, ihre Produktion auf den Bedarf anderer Nachfrager umzustellen. Die Monopolkommission nennt als konkretes Beispiel für eine kurzfristige Angebotsumstellung aus der Sicht eines Waggonherstellers Reisezugwagen und Schlafwagen (s. 5. Hauptgutachten, 1982/83, Rdnr. 667ff., 672).

[136] S. BGH WuW/E BGH 613, 616 – *Werkmilchabzug;* KG WuW/E OLG 3124 – *Milchaustauschfuttermittel.*

[137] KG WuW/E OLG 3577, 3588 – *Hussel/Mara;* Monopolkommission, 7. Sondergutachten 1977, Rdnr. 103; *Kleinmann/Bechtold* aaO § 22 Rdnr. 104; *FK-Paschke,* § 19 Tz. 163.

[138] *FK-Paschke,* § 19 Tz. 127.

[139] S. z.B. BGH WuW/E BGH 2483, 2488 – *Sonderungsverfahren; Möschel,* aaO § 19 Rdnr. 43 mwN.

[140] KG WuW/E OLG 3917, 3928 – *Coop/Wandmaker,* dort für Produkte der Nahrungs- und Genussmittelindustrie.

[141] S. dazu z.B. BKartA WuW/E BKartA 2335, 2340ff., 2348 – *Daimler-MBB.*

[142] So auch *FK-Paschke,* § 19 Tz. 164.

II. Die marktbeherrschende Stellung

1. Die Einzelmarktbeherrschung (§ 18 Abs. 1–4). § 18 Abs. 1 enthält mehrere **Legaldefinitionen** für die Marktbeherrschung durch ein einzelnes Unternehmen.[143] Gemäß Abs. 1 Nr. 1 und Nr. 2 ist ein Unternehmen marktbeherrschend, soweit es als Anbieter oder Nachfrager einer bestimmten Art von Waren oder gewerblichen Leistungen **ohne Wettbewerber oder keinem wesentlichen Wettbewerb** ausgesetzt ist. Daneben steht der Tatbestand des Abs. 1 Nr. 3. Danach ist ein Unternehmen auch dann marktbeherrschend, wenn es eine im Verhältnis zu seinen Wettbewerbern **überragende Marktstellung** hat. Für die Prüfung dieser Tatbestandsalternative sind nach § 18 Abs. 3 insbes. der Marktanteil des Unternehmens, seine Finanzkraft, sein Zugang zu den Beschaffungs- oder Absatzmärkten sowie weitere Faktoren, darunter der tatsächliche oder potentielle Wettbewerb anderer Unternehmen, zu berücksichtigen (sog. „Komplexbetrachtung“).[144] 26

Die sehr seltenen Fälle, in denen ein Unternehmen auf dem relevanten Markt ohne Wettbewerber – also **Monopolist** – ist,[145] werfen regelmäßig keine Subsumtionsprobleme auf. Monopole bestehen entweder aufgrund rechtlicher Rahmenbedingungen oder wegen faktischer Marktmacht. Eine Gemengelage aus beiden Umständen besteht bei Unternehmen, die kraft eines Patentes ein (gesetzliches) ausschließliches Recht auf die Nutzung einer Erfindung haben. Die bloße Inhaberschaft an einem Patent (und das daraus resultierende „Monopol“) begründet jedoch regelmäßig noch keine marktbeherrschende Stellung, sondern kann lediglich eine seiner Voraussetzungen sein.[146] Unter bestimmten qualifizierten Umständen kann allerdings die Vergabe von Lizenzen an einem Patent sachlich einen eigenen Markt bilden, auf dem der Inhaber des Patentes eine beherrschende Stellung hält. Dies beurteilt sich – wie sonst beim Bedarfsmarktkonzept – danach, ob die Lizenz auf das Patent mit anderen technischen Lösungen (bzw. Lizenzen) austauschbar ist. Im *Spundfaß*-Fall war das Patent aufgrund einer Vereinbarung der deutschen Chemieindustrie als Nachfrager der Industriefässer (d. h. als Marktgegenseite) zu einer Industrienorm geworden; die Erlangung einer Lizenz an dem entsprechenden Patent war damit für die Unternehmen, die das „Normprodukt“ herstellen oder vertreiben wollten, „unersetzlich“. Die sonst bei Patenten regelmäßig vorhandene Substituierbarkeit der technischen Lehre fehlte also.[147] Auch dem *Orange Book-Standard*-Urteil des BGH lag ein Patent zugrunde, das – allerdings kraft faktischer Durchsetzung am Markt – einen Standard verkörperte, ohne dessen Nutzung handelsübliche CD-R und CD-RW nicht hergestellt werden konnten; deswegen hatte das Berufungsgericht auch dort die Vergabe von Lizenzen auf das Patent als einen Markt und die Klägerin als marktbeherrschend angesehen.[148] Es ging dort um ein sog. Grundlagenpatent, weil eine CD-R oder eine CD-RW in einem handelsüblichen Rekorder nur dann funktionierte, wenn sie nach dem streitgegenständlichen *Orange Book-Standard* gefertigt ist.[149] Ähnliche Erwägungen gelten, wenn sich gewerbliche Schutzrechte im Rahmen der Tätigkeit von Standardisierungsorganisationen (gelegentlich im Wettbewerb mit anderen technischen Lösungen) durchsetzen bzw. nach dem dafür vorgesehenen Verfahren zur Norm erhoben werden, so dass dann jedes Unternehmen, das die betreffenden 27

---

[143] Zum marktbeherrschenden Oligopol s. § 18 Abs. 5 bzw. unten Rdnr. 38.

[144] So Bundesregierung, Entwurf der 5. GWB-Novelle, WuW 1990, 341.

[145] S. dazu z. B. OLG München, NZKart 2015, 198, 199 – *Claudia Pechstein* (Markt des Angebots von Weltmeisterschaften im Eisschnelllaufsport); BKartA TB 2009/2010, S. 115 – *Fernwärme* sowie S. 125 – *Trinkwasserversorgung;* s. ferner B. v. 22.11.2012 i. S. *Lenzing/Kelkheim Hygiene Filters* zur Entstehung eines Monopols auf dem Markt für Tamponfasermaterial aus Viskose.

[146] BGH WuW/E DE-R 1329, 1330 – *Standard Spundfaß II.*

[147] BGH WuW/E DE-R 1329, 1331 – *Standard Spundfaß II.* Zu der Folgefrage, ob und unter welchen Bedingungen der Patentinhaber Dritte durch Verweigerung einer Lizenz diskriminiert, s. unten Rdnr. 166 ff.

[148] BGH WuW/E DE-R 2613, 2614 – *Orange Book-Standard.*

[149] OLG Karlsruhe, GRUR RR 2007, 177, 179.

Produkte herstellen will, die fraglichen Schutzrechte nutzen muss. Die Schaffung solcher **Standard-essentiellen Patente** (SEP's) durch branchenweite Industrievereinbarungen kann zwar begrifflich eine Wettbewerbsbeschränkung iSd Art. 101 Abs. 1 AEUV darstellen, ist jedoch typischerweise gemäß Art. 101 Abs. 3 AEUV freigestellt, weil die Beschränkung regelmäßig zu erheblichen Effizienzgewinnen führt und dies auch den Verbrauchern zugutekommt.[150] Die Inhaber der zur Industrienorm erklärten Schutzrechte erlangen dabei insoweit – d. h. betreffend die Nachfrage nach der Nutzung der konkreten Erfindung, nicht aber für das Endprodukt – zumeist eine marktbeherrschende Stellung. Deshalb erfolgt dieser Qualifizierungsprozess in aller Regel nur gegen die Zusage (Verpflichtung) der Patentinhaber, dass bzw. unter welchen Voraussetzungen sie Dritten die Benutzung der Patente gestatten werden.[151] Zumeist wird dabei auf die sog. FRAND-Grundsätze abgestellt, d. h. der Patentinhaber verpflichtet sich, Lizenzen zu Bedingungen zu erteilen, die fair, reasonable and non-discriminatory sind. SEP's sind insbes. in der Elektronik- und der Telekommunikations-Industrie weit verbreitet. Inzwischen sind dazu vor den Zivilgerichten und den Kartellbehörden mehrere Verfahren anhängig, in denen es um die Anwendung der Missbrauchsaufsicht auf derartige marktbeherrschende Stellungen geht, insbes. um Einschränkungen der patentrechtlichen Unterlassungsansprüche zu Lasten des marktbeherrschenden Unternehmens, die Voraussetzungen eines etwaigen Zwangslizenzeinwandes durch interessierte Lizenznehmer und um die Ausgestaltung der FRAND-Grundsätze.[152]

28 Wenn – wie meistens – Konkurrenten existieren, kommt es auf die Frage an, ob der potentielle Normadressat **keinem wesentlichem Wettbewerb** i. S. des § 18 Abs. 1 Nr. 2 ausgesetzt ist oder im Sinne des Abs. 1 Nr. 3 über eine **überragende Marktstellung** verfügt. Streitig war zunächst das Verhältnis dieser beiden Tatbestandsalternativen zueinander. Die Rechtsprechung geht inzwischen davon aus, dass die Marktbeherrschung in beiden Varianten durch einen vom Wettbewerb **nicht hinreichend kontrollierten Verhaltensspielraum** gekennzeichnet ist.[153] In der Entscheidungspraxis des Amtes verschwimmen die Konturen der beiden Tatbestandsalternativen, indem an die Stelle der getrennten Untersuchung die Anwendung der vorgenannten Formel tritt.[154] Der BGH hat dies mit den Worten umschrieben, dass es sich bei den beiden Tatbestandsalternativen um zwei verschiedene Betrachtungsweisen des Marktgeschehens handelt, die sich in gewissem Maße ergänzen und gegenseitig beeinflussen.[155] Mit der 6. GWB-Novelle (1998) wurde die Fragestellung

---

[150] S. dazu das Kapitel „Vereinbarungen über Normen" in der sog. Horizontal-Bekanntmachung der Kommission, ABl. EG 2011 C 11/1 ff., Rdnr. 257 ff., 277 ff. (dort zu wettbewerbsbeschränkenden Auswirkungen) bzw. zum Fehlen solcher Auswirkungen bei einer FRAND-Zusage (Rdnr. 280) sowie zur Würdigung nach Art. 101 Abs. 3 AEUV (Rdnr. 308 ff.).

[151] S. auch dazu Komm., Horizontal-Bekanntmachung, Rdnr. 277 ff., 280, 283. Zur Frage einer marktbeherrschenden Stellung bei SEP s. auch Schlussanträge des GA *Wathelet* v. 20.11.2014 in der Rs C 170/13, ECLI:EU:C:2014:2391, Rdnr. 53 ff. – *Huawei/ZTE* (vom EuGH in seinem Urteil vom 16. 7. 2015, ECLI:EU:C:2015:477 in dieser Sache nicht behandelt) sowie OLG Düsseldorf, U. v. 26. 3. 2015 i. S. *Brevet France ./. HTC*, BA S. 42 ff. (dort marktbeherrschende Stellung des Inhabers eines SEP verneint und daher Unterlassungsklage stattgegeben, weil die Bekl. auf andere Standards ausweichen konnte).

[152] Dazu noch unten bei Rdnr. 58 (zur Generalklausel des Missbrauchs), Rdnr. 166 ff. (zum Behinderungs- bzw. Diskriminierungstatbestand) sowie Rdnr. 207 (zur Preishöhenkontrolle). S. ferner *Meier-Beck,* in Fs. Tolksdorf, 2014, 115 ff.

[153] S. z. B. – alle noch zu § 19 Abs. 2 a. F. – BGH WuW/E DE-R 2905 ff., Rdnr. 43 – *Phonak/GN Store;* BGH WuW/E BGH 2771, 2774 – *Kaufhof/Saturn;* WuW/E BGH 1749, 1754 – *Klöckner/Becorit;* BGH WuW/E BGH 1533 ff., 1536 – *Erdgas Schwaben;* KG WuW/E DE-R 94, 96 ff. – *Hochtief/Philip Holzmann;* OLG Düsseldorf WuW/E DE-R 1987, 1989 – *Sanacorp/ANZAG.*

[154] S. z. B. BKartA TB 1999/2000, S. 123 – *Kontaktlinsen* sowie aaO S. 126 f. – *Militärfahrzeuge;* B. v. 22.12.2003, Rdnr. 28 – *Bonduelle/Vita Holding;* Auslegungsgrundsätze 2005, S. 9; TB 2005/2006, S. 99/100 – *Industrial Boilers and Plants;* S. 168 – *Krankenhäuser der Region Hannover.*

[155] BGH WuW/E BGH 1749 ff., 1754 – *Klöckner/Becorit* (ebenfalls zu § 19 Abs. 2 a. F.). Für die Berücksichtigung des Wettbewerbsverhaltens bei der Nr. 2 a. F. (jetzt: § 18 Abs. 1 Nr. 3) *Langen/Bunte-Bardong,* § 18 Rdnr. 67; weitergehend – keine überragende Marktstellung bei Feststellung wesentlichen Wettbewerbs – *FK-Paschke,* § 19 Tz. 232/233 und 240.

endgültig entschärft. Durch sie wurde in den Kriterienkatalog des § 19 Abs. 2 Nr. 2 a. F. (jetzt: § 18 Abs. 3 Nr. 6) auch „der tatsächliche oder potenzielle Wettbewerb durch innerhalb oder außerhalb des Geltungsbereichs dieses Gesetzes ansässige Unternehmen" aufgenommen. Dahinter steckte das Bestreben nach einer Angleichung an Art. 2 Abs. 1a der EG-Fusionskontroll-VO. Materiell stellt diese Ergänzung klar, dass auch die Existenz von Wettbewerb gegen die Bejahung einer überragenden Marktstellung spricht. Damit wird bestätigt, dass keine überragende Marktstellung vorliegen kann, wenn der Verhaltensspielraum des Unternehmens durch Wettbewerb kontrolliert wird[156] (s. dazu auch den Widerlegungstatbestand der Marktbeherrschungsvermutung in § 18 Abs. 7 Nr. 1 für Binnenwettbewerb im Oligopol, der ebenfalls ausdrücklich auf die Existenz von (wesentlichem) Wettbewerb abhebt). Trotz der Unterscheidung in zwei Tatbestandsalternativen des § 18 Abs. 1 Nr. 2 und 3 wird bei der Prüfung der Marktmacht des Unternehmens – abgesehen von echten Monopolen i. S. der Nr. 1 – jeweils eine **Gesamtbetrachtung** vorgenommen, die regelmäßig auch die Faktoren des Abs. 3 einbezieht.[157]

Umstritten und von den Gerichten noch nicht geklärt ist die Frage, ob auf einem Markt **29** *mehrere Unternehmen* parallel zueinander *einzeln marktbeherrschend* sein können. Das BKartA hat diese Auffassung in seiner Sektoruntersuchung Stromerzeugung vertreten und zur Begründung u. a. auf die ökonomischen Prinzipien der sog. **Pivotal-Analyse** verwiesen,[158] die sich mit der Frage befasst, ob bestimmte Unternehmen ein „unvermeidlicher Handelspartner" ihrer Abnehmer bzw. der Verbraucher sind. Es leuchtet allerdings schon begrifflich nicht ein, dass die Einzel-Marktbeherrschung in vielfacher Gestalt auftreten können soll.[159] Der vom BKartA bei Strom angeführte Gesichtspunkt der Unverzichtbarkeit eines Anbieters mit seinem Produkt, aus der dann eine besondere Marktmacht resultieren solle, klingt zwar zunächst plausibel, hält allerdings einer näheren Prüfung nicht stand. Die meisten Märkte sind von einem Gleichgewicht aus Angebot und Nachfrage gekennzeichnet. Wenn dann ein größerer Anbieter mit seinem Angebot im Umfang von 20–30% Marktanteil gedanklich entfernt wird, gerät jeder Markt in Turbulenzen, d. h. die verbleibenden Anbieter verfügen dann über größere Marktmacht, ebenso wie man umgekehrt annehmen könnte, dass dies die besondere Marktmacht des „weggedachten" Unternehmens unterstreicht. Wäre allein diese Betrachtung maßgebend, so würden auf vielen Märkten mehrere einzeln marktbeherrschende Unternehmen existieren. Dies kann nicht richtig sein und entspricht auch nicht dem Konzept des Gesetzes. Es erkennt zwar marktbeherrschende Stellungen mehrerer Unternehmen an, jedoch nur unter den Voraussetzungen des marktbeherrschenden Oligopols gemäß § 18 Abs. 5 GWB. Soweit sich das BKartA ergänzend auf vereinzelte Urteile zum EU- und deutschen Kartellrecht stützt, kann dies ebenfalls nicht überzeugen. Der vom BKartA genannte *Magill*-Fall[160] betraf eine Leistung des marktbeherrschenden Unternehmens, die mit der seiner Wettbewerber nicht austauschbar war; es ging dort nämlich um die Verweigerung der Überlassung von (inhaltlich unterschiedlichen) Programmübersichten der Sender. Von daher lag es nahe, jedem der die Übermittlung der Informationen verweigernden Unternehmen eine insoweit beherrschende Stellung zuzuweisen. Eine ähnliche Konstellation war im Urteil *Reisestellenkarte* des BGH für die erforderliche Gestattung der *Lufthansa* zum Zwecke der Ermöglichung des Umsatzsteuerausweises gege-

[156] S. z. B. KG WuW/E DE-R 94, 96 ff. – *Hochtief/Philipp Holzmann;* BKartA TB 1995/96, S. 96 – *Polyesterharze* und S. 111 – *Umweltsimulationsgeräte; FK-Paschke* aaO Tz. 232/233; differenzierend *von Gamm,* § 22 Rdnr. 26. Enger noch (zu § 22 a. F.) BGH WuW/E BGH 2783, 2791 – *Warenzeichenerwerb* (marktbeherrschende Stellung auch bei wesentlichem Wettbewerb). *Rittner/Dreher/Kulka* aaO Rdnr. 1157 sprechen von einer „gesetzgeberischen Inkonsequenz".

[157] So z. B. zu § 19 Abs. 2 a. F. BGH WuW/E BGH 1824, 1827 – *Blei- und Silberhütte Braubach;* KG WuW/E DE-R 94, 96 ff. – *Hochtief/Philipp Holzmann* sowie BKartA, Leitfaden aaO Rdnr. 23; s. ferner BKartA B. v. 11.4.2007, Rdnr. 274 ff. – *Phonak/GN ReSound.*

[158] BKartA, Abschlussbericht vom Januar 2011, S. 96 ff.

[159] Ablehnend daher auch *Stadler,* Fs. Canenbley, 2012, 441 ff.; *Rittner/Dreher/Kulka,* aaO Rdnr. 1117 und 1164; *Bechtold,* GWB, § 18 Rdnr. 56.

[160] EuGH U. v. 6.4.1995, Slg. 1995 I-743, Rdnr. 47 – *Magill.*

ben.[161] Auch dort bezog sich die Weigerung speziell auf die Verarbeitung ihrer Produkte, so dass auch insoweit keine Austauschbarkeit mit Dienstleistungen Dritter gegeben war.

30 Die Prüfung, ob ein Unternehmen als Anbieter **keinem wesentlichem Wettbewerb** i. S. der Nr. 2 ausgesetzt ist, setzt als Ausgangspunkt bei seinem **Marktanteil** an. Dabei wird untersucht, ob die Marktanteile Größenordnungen erreichen, die den Schluss auf Marktbeherrschung, also auf einen vom Wettbewerb nicht hinreichend kontrollierten Verhaltensspielraum, zulassen.[162] Die widerlegliche (und in den meisten Fällen[163] widerlegte) **Einzelmarktbeherrschungsvermutung** in § 18 Abs. 4 (Marktanteil von 40%) gibt einen Hinweis darauf, an welche Größenordnungen der Gesetzgeber denkt. Dabei handelt es sich jedoch um eine willkürliche Festlegung. Es gibt keine volkswirtschaftlich gesicherten Erkenntnisse, wonach Wettbewerb durch eine bestimmte Marktanteilsschwelle ausgeschlossen wird.[164] (Ein Beispiel dafür lieferten die Verhältnisse im deutschen Stromgeschäft nach der Liberalisierung im Jahre 1998, als trotz Marktanteilen von 100% der EVU in ihren Netzgebieten heftiger Preiswettbewerb durch in- und ausländische Anbieter zu erheblichen Preissenkungen führte.) Die strukturelle Betrachtung wird ergänzt durch einen **Marktverhaltenstest,** bei dem geprüft wird, wie die Unternehmen auf dem relevanten Markt die ihnen zu Gebote stehenden Aktionsparameter einsetzen. Dabei kommt der Entwicklung der Marktanteile und der wettbewerblichen Verhaltensweisen eine große Bedeutung zu. Zurückgehende Marktanteile sind auch bei hohen Werten ein Indiz für wesentlichen Wettbewerb;[165] entsprechendes gilt für die Steigerung des Marktanteils ausländischer Unternehmen durch preisgünstige Importe. Generell können **Marktanteilsschwankungen** bzw. Kundenverluste und -gewinne als Ausdruck wesentlichen Wettbewerbs angesehen werden;[166] umgekehrt kann eine über längere Zeit verfestigte Marktstruktur ohne Marktanteilsverschiebungen auf fehlenden Wettbewerb deuten.[167]

31 Aktueller Wettbewerb liegt auch dann vor, wenn ausländische Unternehmen die betroffenen Produkte im Inland anbieten, jedoch noch keine Verkäufe erzielt haben. Ein Unternehmen mit einem hohen inländischen Marktanteil kann also durch Wettbewerbsangebote ausländischer Konkurrenten auch dann in seinem Verhaltensspielraum hinreichend kontrolliert sein, wenn diese Konkurrenten (noch) keinen Marktanteil (im Inland) halten und die inländischen Nachfrager aufgrund seiner wettbewerbsfähigen Angebote den deutschen Hersteller bevorzugen. Eine solche Konstellation kann selbst bei hohen Marktanteilen gegen eine marktbeherrschende Stellung sprechen.[168] Daneben ist nach allgemeiner Ansicht auch potentieller Wettbewerb von Unternehmen zu berücksichtigen, die noch nicht in den

---

161 BGH WuW/E DE-R 2708 ff., Rdnr. 25 ff. – *Reisestellenkarte.*

162 Zum Zusammenhang zwischen hohem Marktanteil und Marktmacht s. BGH WuW/E BGH 2575, 2580 – *Kampffmeyer/Plange* und WuW/E DE-R 1301, 1303 – *Sanacorp/ANZAG* (ein über mehrere Jahre hinweg unangefochten bestehender hoher Markanteil sei ein „besonders aussagekräftiges und bedeutsames Indiz" für eine marktbeherrschende Stellung). S. ferner *Bechtold,* § 18 Rdnr. 33; *Langen/Bunte-Bardong,* § 18 Rdnr. 85 ff.; *Möschel,* aaO § 19 Rdnr. 50 mwN. Zur Relativierung auch hoher Marktanteile bei Ausschreibungswettbewerb s. *Immenga,* WuW 1998, 809, 811 ff., 818.

163 Dazu noch Rdnr. 40 mwN.

164 Das zeigt auch die Heraufsetzung der Marktanteilsfälle von 33 1/3 % auf 40 % durch die 8. GWB-Novelle, s. oben Rdnr. 7.

165 S. dazu z. B. BGH WuW/E BGH 2783, 2791 – *Warenzeichenerwerb;* OLG Düsseldorf WuW/E DE-R 1397, 1405 – *ÖPNV Hannover* (für SPNV-Ausschreibungen); *Bechtold,* § 18 Rdnr. 33.

166 BGH WuW/E DE-R 3067 ff., Rdnr. 35 – *Springer/Pro Sieben II;* BGH WuW/E DE-R 2905 ff., Rdnr. 64 ff. – *Phonak/GN Store.* Das soll nach dem OLG Düsseldorf nicht gelten, wenn sich wanderungsbedingt eintretende Umsatzverluste und Umsatzgewinne praktisch saldieren (WuW/E DE-R 1987, 1990 – *Sanacorp/ANZAG* bzw. die Erläuterungen dazu in BKartA TB 2005/2006, S. 87). Diese Auffassung ist problematisch, weil solche Wanderungsbewegungen regelmäßig Ausdruck von Wettbewerb sind. Eine andere Frage ist es, ob dieser Wettbewerb im Rahmen der Gesamtbewertung ausreicht.

167 BGH WuW/E DE-R 1301, 1303 – *Sanacorp/ANZAG;* ähnlich *FK-Paschke,* § 19 Tz. 258 und *Bechtold,* aaO § 18 Rdnr. 33.

168 BKartA B. v. 18.1.1999, Rdnr. 3.3./3.7. – *Deutsche Babcock/Steinmüller.*

Markt eingetreten sind, dies aber bei einem attraktiven Preisniveau in naher Zukunft tun könnten.[169] Auch **Substitutionswettbewerb** ist zu berücksichtigen, denn auch er kann im Einzelfall den Verhaltensspielraum auf dem betroffenen Markt hinreichend begrenzen und kontrollieren.[170]

Bei der Einzelmarktbeherrschung durch **überragende Marktstellung** gemäß § 18 **32**
Abs. 1 Nr. 3 ist ebenfalls eine Gesamtbetrachtung („Komplexbetrachtung") aller maßgeblichen Umstände einschließlich der auf dem relevanten Markt herrschenden Wettbewerbsverhältnisse erforderlich.[171] Wichtigstes Strukturkriterium ist auch hier der Marktanteil, und zwar neben seiner absoluten Größe auch der Abstand zu den Marktanteilen der Wettbewerber.[172] In einem durch einige Besonderheiten gekennzeichneten Fall hat das KG eine überragende Marktstellung schon bei einem Marktanteil von rund 12% und starker Zersplitterung der übrigen Wettbewerber angenommen.[173] Bei der Ermittlung des Marktanteils bevorzugt die Rechtsprechung den Umsatz (wertmäßige Betrachtung) als Ermittlungsgrundlage.[174] In der Praxis ist den Unternehmen aber das wertmäßige Marktvolumen zumeist nicht genau bekannt,[175] so dass auf den Gesamtabsatz abgestellt werden muss. Vielfach ergeben sich ohnehin keine signifikanten Abweichungen. Bei der Ermittlung des Marktvolumens ist der **Eigenbedarf** (captive use) des Herstellers regelmäßig nicht einzubeziehen (wohl aber bei der Gesamtwürdigung der Wettbewerbsverhältnisse unter dem Aspekt, ob von ihm Wettbewerbsdruck auf die Anbieter ausgeht).[176]

Weitere für die Prüfung relevante Gesichtspunkte können ein **besserer Zugang zu** **33**
den Absatzmärkten (s. § 18 Abs. 3 Nr. 3) wegen eines umfassenderen Produktsortiments,[177] wegen der herausragenden Marktgeltung von Marken[178] oder wegen eigener Vertriebsfilialen[179] sowie entsprechende Vorteile auf der Beschaffungsseite[180] sein. In diesem Zusammenhang sind auch rechtliche oder tatsächliche **Schranken für den Marktzutritt** anderer Unternehmen (s. § 18 Abs. 3 Nr. 5) zu würdigen.[181] Zu den insoweit maßgeblichen Faktoren gehören staatliche Zulassungsbeschränkungen bzw. -verfahren, die patent-

---

[169] Zur Präzisierung der Anforderungen an die Qualifizierung als potentieller Wettbewerber s. BGH WuW/E DE-R 3695, 3698 – *Haller Tagblatt* sowie Komm., Leitlinien zur Bewertung horizontaler Zusammenschlüsse, ABl. EG 2004 Nr. C 31/5 ff., Rdnr. 60 (danach müssen von dem potentiellen Wettbewerber bereits spürbare, den Verhaltensspielraum begrenzende Wirkungen ausgehen, oder es müssen Anhaltspunkte dafür vorliegen, dass dieser sich zu einer wirksamen Wettbewerbskraft entwickelt).

[170] S. dazu aus der Rechtsprechung LG Hannover WuW/E DE-R 975, 976 – *Unterkunftsverzeichnis,* dort für Wettbewerb gegenüber einem als Alleinanbieter auftretenden Hotelführer, und zwar durch andere Printmedien und Internetwerbung; s. ferner *Möschel,* aaO § 19 Rdnr. 55; *Kleinmann/Bechtold,* § 22 Rdnr. 137; *Harms,* in GK, 4. Aufl., § 24 Rdnr. 243, 816.

[171] BGH WuW/E BGH 1905 ff., 1908 – *Münchener Wochenblatt.* S. auch schon Rdnr. 28.

[172] *Bechtold,* § 18 Rdnr. 33.

[173] KG WuW/E OLG 2862, 2863 f. – *REWE/Florimex,* für den Blumengroßhandel.

[174] BGH WuW/E BGH 1678, 1681 – *Valium II;* aA – für Berechnung eher nach Absatzmengen – *FK-Paschke,* § 19 Tz. 252.

[175] Das BKartA akzeptiert daher auch Berechnungen auf der Grundlage der Absatzmengen, s. Leitfaden aaO Rdnr. 28/29. Auch das Formblatt CO der Kommission lässt in Abschnitt 7 beide Ermittlungsmethoden zu. Zur Behandlung von Unsicherheiten auch nach Ermittlungen des BKartA s. KG WuW/E DE-R 94, 96 ff. – *Hochtief/Philipp Holzmann.*

[176] BGH WuW/E BGH 1501, 1503 – *Kfz-Kupplungen;* OLG Düsseldorf WuW/E DE-R 2463, 2469 – *A-Tec/Norddeutsche Affinerie;* BKartA B. v. 15.12.2011, Rdnr. 55 – *Liberty Global Europe/Kabel Baden-Württemberg.*

[177] S. dazu z. B. KG WuW/E OLG 3759 ff. – *Pillsbury/Sonnen-Bassermann.* Verneint z. B. im Fall *Alfa Laval/Dover Corporation* für den Beschaffungsmarkt für Industrietitan, BKartA TB 2005/2006, S. 100/101.

[178] S. BKartA TB 1999/2000, S. 104 f. – *Henkel/Luhns,* für Universalwaschmittel; Leitfaden aaO Rdnr. 43.

[179] S. dazu BGH WuW/E BGH 2150 ff. – *Edelstahlbestecke (WMF);* BKartA, Leitfaden aaO Rdnr. 51.

[180] S. dazu BKartA WuW/E BKartA 1571 ff. – *Kaiser/VAW* sowie Leitfaden aaO Rdnr. 50.

[181] S. dazu näher BKartA, Leitfaden aaO Rdnr. 62 ff. sowie BKartA TB 1999/2000, S. 104 f. – *Henkel/Luhns,* ferner *Langen/Bunte-Bardong,* § 18 Rdnr. 131 ff. und *FK-Paschke,* § 19 Tz. 300 ff.

rechtliche Absicherung von Innovationen,[182] technisch bedingte Kapazitätsgrenzen oder ein hoher Kapitalbedarf, auch im Zusammenhang mit technisch erforderlichen Mindestkapazitätsgrößen für neue Produktionsanlagen. Zwischen Marktzutrittsschranken und **potenziellem Wettbewerb** als Mittel der Begrenzung wettbewerblicher Verhaltensspielraum besteht eine Wechselbeziehung, denn niedrige Marktzutrittsschranken erhöhen die Wahrscheinlichkeit eines Marktzutritts.[183] Wenn ein Markt durch die Existenz von vertikal integrierten Wettbewerbern geprägt ist, bei denen die fraglichen Produkte von diesen Unternehmen selbst hergestellt werden und die „frei gehandelte" Menge daher gering ist, muss dies als verhaltenskontrollierendes Element der **Nachfragemacht** der Marktgegenseite berücksichtigt werden.[184] Unabhängig vom Eigenbedarfsaspekt ist die Existenz **starker Nachfrager** ein Umstand, der gegen Marktbeherrschung spricht.[185] Auch **freie Kapazitäten** sind ein Faktor, der im Rahmen der Gesamtbetrachtung für das Bestehen von wesentlichem Wettbewerb sprechen kann.[186]

34 In § 18 Abs. 3 Nr. 2 wird als relevanter Faktor auch die **Finanzkraft** des Unternehmens genannt. Trotz verschiedentlich geäußerter Einwände[187] hat die Rechtsprechung für die Feststellung der Finanzkraft früher vor allem auf den Umsatz abgehoben.[188] Die wettbewerbliche Bedeutung der Finanzkraft wird darin gesehen, dass sie kleinere aktuelle oder potentielle Konkurrenten in ihrem Marktverhalten entmutigen und von wettbewerbsaktiven Maßnahmen abschrecken könnte (Abschreckungstheorie). Ob eine solche Wirkung zu erwarten ist, hängt jedoch von den Umständen des Einzelfalles ab.[189] Das OLG Düsseldorf hat sich inzwischen dafür ausgesprochen, nicht nur den Umsatz, sondern auch den Gewinn für die Bemessung der Finanzkraft heranzuziehen.[190] Ohnehin wird man die (ältere) Festlegung des BGH auf den Umsatz im Hinblick auf die inzwischen verbesserten Publizitäts- und Transparenzanforderungen für Kapitalgesellschaften (§ 325 Abs. 1 Satz 1 HGB) sowie die besonderen Umstände des *WMF*-Falles (mittelständisch geprägter Anbietermarkt) würdigen müssen. Das BKartA stellt inzwischen je nach den Umständen des Einzelfalles, d. h. der Markttransparenz und der Versiertheit der Wettbewerber, auf den Cash Flow oder den Jahresüberschuss ab.[191]

---

[182] Dazu z. B. BKartA TB 2005/2006, S. 103 – *RUAG/MEN* und S. 199 – *Schienenbefestigungssysteme.*

[183] Verneint vom BKartA in B. v. 27.3.2013, Rdnr. 104 ff. – *DMK Eis GmbH/Rosen Eiscreme GmbH.*

[184] So z. B. BKartA TB 2005/2006, S. 73 – *Schokolade und Kakaomasse,* s. auch oben Fn. 176.

[185] S. dazu BKartA, Leitfaden aaO Rdnr. 79 sowie aus der jüngeren Praxis BKartA B. v. 21.5.2010, S. 84 ff. – *Magna Car Top Systems/Karmann* (dort für die Nachfrage nach Cabrio-Dachsystemen verneint); BKartA TB 2011/2012, S. 78 – *Bluttransfusionstechnologie;* B. v. 27.3.2013, Rdnr. 132 ff. – *DMK Eis GmbH/Rosen Eiscreme GmbH* (für die Nachfragemacht des LEH); BKartA B. v. 23.10.2013, Rdnr. 101 ff. – *Precision Castparts/Permaswage Holding* SAS (Nachfragemacht der großen Flugzeughersteller bei Flüssigkeitsarmaturen für Flugzeuge); BKartA TB 2011/2012, S. 63 – *Spezialfaser für Vliesstoffe;* BKartA TB 2011/2012, S. 79 – *Fertigspritzen;* TB 2005/2006, S. 101 – *Wasserbehandlung;* S. 104/105 – *Fehlerprüfgeräte;* S. 105/106 – *Satellitensubsysteme;* S. 116/117 – *Steckrelais für Kraftfahrzeuge;* S. 117 – *Autorückspiegel;* ferner BKartA B. v. 14.11.2007, Rdnr. 266 – *Phonak/GN ReSound.*

[186] BKartA B. v. 27.3.2013, Rdnr. 92 ff. – *DMK Eis GmbH/ Rosen Eiscreme GmbH;* BKartA TB 2011/2012, S. 79 – *Dentalkeramik;* BKartA TB 2009/2010, S. 77 – *Transportbeton;* BKartA TB 2005/2006, S. 73 – *Schokolade und Kakaomasse;* S. 77 – *Tee- und Kaffeefiltermaterialien,* dort bei einem Marktanteil von 60 % der fusionierten Unternehmen (zur EG-FKVO). Aus der EG-FKVO-Praxis s. ferner Komm. E. v. 13.7.2011, COMP/M.6101, Rdnr. 128 ff. – *UPM/Myllykoski* (freie Kapazität bei Zeitschriftenpapier).

[187] S. dazu z. B. *FK-Paschke,* § 19 Tz. 270; *Langen/Bunte-Bardong,* aaO § 18 Rdnr. 120; *Bechtold,* § 18 Rdnr. 44.

[188] BGH WuW/E BGH 2150, 2157 – *Rheinmetall/WMF;* KG WuW/E OLG 4167, 4171 – *Kampffmeyer/Plange;* offengelassen von BGH WuW/E BGH 2575, 2582 – *Kampffmeyer/Plange.*

[189] Verneint v. KG im Fall *Hochtief/Philipp Holzmann,* WuW/E DE-R 94, 106.

[190] OLG Düsseldorf WuW/E DE-R 1159, 1162 – *BASF/NEPG.*

[191] BKartA Leitfaden aaO Rdnr. 56; s. ferner B. v. 27.3.2013, Rdnr. 158 ff., 162 ff. – *DMK Eis GmbH/Rosen Eiscreme GmbH.* Für Cash Flow auch *FK-Paschke,* § 19 Tz. 274.

Eine zusammenfassende Darstellung der von den Kartellbehörden und -gerichten entschiedenen **Einzelfälle** kann an dieser Stelle nicht erfolgen. Insoweit ist auf andere Veröffentlichungen[192] sowie auf die Ausführungen von *Richter/Steinvorth* im Kapitel über die deutsche Fusionskontrolle[193] zu verweisen. Ergänzend kann die Entscheidungspraxis zu Art. 102 AEUV herangezogen werden, denn soweit eine Marktbeherrschung in der Union insgesamt vorliegt, gilt dies entsprechend auch für Deutschland als wesentlichen Teil dieses Gebietes.[194] Selbst wenn aber deutsche Kartellgerichte für einzelne Unternehmen rechtskräftig eine marktbeherrschende Stellung festgestellt haben, kann sich der Sachverhalt im Laufe der Zeit (aufgrund neuer Wettbewerbsbedingungen) geändert haben. Starke Marktpositionen, die auf gewerblichen Schutzrechten beruhen, können nach dem Ablauf dieser Schutzrechte – z. B. im Pharmabereich aufgrund des Generika-Wettbewerbs – erodieren.[195] Ein weiteres Beispiel für die Überholung der Bewertung des BKartA durch Marktentwicklungen bildet der Fall *„Messer Griesheim/Buse"*; über die Beschwerde gegen die fusionsrechtliche Untersagung wurde nicht mehr entschieden, weil das BKartA sie wegen einer Verschiebung der Marktgewichte aufhob.[196] Für die *Deutsche Bahn AG* nahm das BKartA auf dem Markt für Traktionsleistung (noch) eine überragende Marktstellung der *DB* an, hielt es jedoch für möglich, dass z. B. Privatwagen-Einsteller sich eigene Lokomotiven anschaffen und damit auf diesem Gebiet nicht mehr auf die *DB* angewiesen wären.[197] Relativ stabile Verhältnisse bestehen dagegen in weiten Bereichen des Pressegeschäftes, insbes. bei regionalen Tageszeitungen und (lokalen) Anzeigenblättern.[198] **35**

Die Legaldefinitionen des § 18 Abs. 1 gelten auch für **Nachfragemacht.** Wegen der Schwierigkeiten bei der Erfassung dieses Phänomens und zum Zwecke einer „angemessenen Berücksichtigung von Nachfragemacht" wurden schon mit der 5. GWB-Novelle 1980 die beiden Strukturmerkmale der **Umstellungsflexibilität** und der **Ausweichmöglichkeit der Marktgegenseite** zusätzlich in § 19 Abs. 2 Satz 1 Nr. 2 (jetzt: § 18 Abs. 3 Nr. 7 und Nr. 8) eingefügt.[199] In der Begründung des Entwurfes wurde außerdem die Ansicht vertreten, dass Marktbeherrschung auf der Nachfrageseite schon bei Marktanteilen vorliegen kann, die deutlich unterhalb der für Angebotsmacht richtungweisenden Beherrschungsvermutung von einem Drittel (jetzt: 40%) liegen.[200] Der Gesetzgeber hat aber darauf verzichtet, sich mittels einer Verschärfung der Kriterien für die Nachfragemacht (d. h. im Sinne einer „Abkoppelung") von dem allgemeinen Konzept der funktionellen Austauschbarkeit zu lösen. Maßgebend ist nach wie vor die „Komplexbetrachtung" des § 18 Abs. 1 Nr. 3,[201] wobei diese freilich auch auf die eingangs genannten Vertikalkriterien gestützt werden soll. **36**

Die Besonderheiten der Nachfragemärkte führen dazu, dass nur in seltenen Ausnahmefällen marktbeherrschende Stellungen angenommen worden sind. Dies schließt es nicht aus, dass vielfach (unter dieser Schwelle) erhebliche Nachfragemacht besteht und auf wirtschaftlich unangemessene Weise ausgeübt wird. Dabei handelt es sich jedoch regelmäßig um bilaterale Machtpositionen, denen rechtlich zum Teil über den Abhängigkeitstatbestand **37**

---

[192] S. insbes. *FK-Paschke,* § 19 Tz. 208 ff., 297 ff. und 304 ff.; *GK-Harms,* 4. Aufl., § 24 Rdnr. 385 ff.; *Möschel* aaO § 19 Rdnr. 52 ff.

[193] § 20 Rdnr. 68 ff.

[194] S. dazu z. B. die Fälle *TetraPak II* und *Hilti,* dazu *de Bronett* in § 22 Rdnr. 17 ff.

[195] S. dazu z. B. das Verfahren iSv. *Adalat,* BKartA TB 1987/88, S. 70.

[196] BKartA WuW/E BKartA 2319, 2320 ff. und 2487.

[197] BKartA TB 1995/96, S. 136.

[198] S. dazu z. B. BGH WuW/E DE-R 3695 ff. – *Haller Tagblatt;* WuW/E BGH 1854 ff. – *Zeitungsmarkt München;* WuW/E BGH 2425 ff. – *Niederrheinische Anzeigenblätter;* WuW/E BGH 2443 ff. – *Singener Wochenblatt;* BKartA TB 1995/96, S. 89 ff.

[199] S. dazu Begründung zum Regierungsentwurf 1989, S. 17 = WuW 1990, S. 340 f.

[200] AaO; so bereits Monopolkommission, Sondergutachten 7, 1977, Rdnr. 51; ähnlich BGH WuW/E BGH 2483, 2489 – *Sonderungsverfahren.* Kritisch dazu *Möschel,* aaO § 19 Rdnr. 76.

[201] Einen Überblick über die vom Gesetzgeber erwogenen, aber verworfenen Konzeptionen gibt *Möschel,* aaO § 19 Rdnr. 72.

des § 20 Abs. 1 begegnet werden kann.[202] Bei den von der Praxis geprüften **Einzelfällen** ging es überwiegend um Sachverhalte, bei denen die Nachfrager über sehr hohe Marktanteile verfügten, insbes. bei gesetzlich begründeten Monopolen.[203] Mehrere Verfahren hat das BKartA im Hinblick auf die Nachfragemarktbeherrschung der öffentlichen Hand und von Sozialversicherungsträgern geführt.[204] Häufig untersuchte Sachverhaltskomplexe betrafen ferner die Nachfragemacht großer industrieller Abnehmer gegenüber ihren Zulieferern sowie großer Handelsunternehmen gegenüber ihren industriellen Lieferanten. Im Einzelhandelsbereich sind mehrere Entscheidungen des BKartA durch die Gerichte aufgehoben worden.[205] Trotz der schwierigen (bilateralen)[206] Probleme im Lebensmitteleinzelhandel ist dieser Sektor weiterhin von (Nachfrage-)Wettbewerb geprägt. Die Kontrolltätigkeit des BKartA hat sich dort auf die Prüfung der regionalen Angebotsmärkte verlagert.[207] Die Nachfragemacht auf den Beschaffungsmärkten ist allerdings in den letzten Jahren in einer Sektoruntersuchung geprüft worden, zu der das BKartA im September 2014 seinen Bericht vorgelegt hat. Ziel dieser Untersuchung war es, die aktuellen Diskussionen zum Thema Nachfragemacht „auf eine solide Datenbasis zu stellen und die kartellrechtliche Bewertung (…) weiter zu präzisieren".[208]

38 **2. Das marktbeherrschende Oligopol (§ 18 Abs. 5).** Gemäß § 18 Abs. 5 sind auch zwei oder mehr Unternehmen marktbeherrschend, soweit (1) zwischen ihnen für eine bestimmte Art von Waren oder gewerblichen Leistungen ein wesentlicher Wettbewerb nicht besteht und (2) soweit sie in ihrer Gesamtheit die Voraussetzungen des § 18 Abs. 1 erfüllen. Das Vorliegen einer Einzelmarktbeherrschung schließt die Annahme eines marktbeherrschenden Oligopols im Sinne des Abs. 5 aus.[209] Der gesetzliche Tatbestand umfasst zwei Elemente: Zunächst muss zwischen den Oligopolisten Wettbewerb im **Innenverhältnis** fehlen; ob dies auf tatsächlichen oder rechtlichen Gründen beruht, ist gleichgültig. Für die Feststellung von (wesentlichem) Wettbewerb gelten die zu § 18 Abs. 1–3 entwickelten Grundsätze. Indizien dafür sind die Gleichförmigkeit des Verhaltens über längere Zeit hinweg und langfristige Reaktionsverbundenheit, insbes. im Hinblick auf das Preisverhalten.[210] Die Schwierigkeiten im Umgang mit dieser Regelung liegen darin, dass gerade in engen Oligopolen der

---

[202] Ähnlich – noch zu § 20 Abs. 2 a. F. – BKartA TB 1978, 36 und *Kleinmann/Bechtold,* § 22 Rdnr. 103. Zu § 20 Abs. 1 GWB s. *Lübbert/Schöner,* § 24 Rdnr. 8 ff.

[203] S. dazu die Nachw. aus der Entscheidungspraxis bei *Möschel,* aaO § 19 Rdnr. 42 und 77; *FK-Paschke,* § 19 Tz. 356 ff. Aus der Rechtsprechung der jüngeren Zeit s. OLG Düsseldorf WuW/E DE-R 4342, 4348, Rdnr. 63 ff. – *Einspeisung von Fernsehprogramminformationen* (marktbeherrschende Stellung verneint).

[204] S. dazu BGH WuW/E DE-R 839, 841 – *Privater Pflegedienst* sowie die Nachw. bei *FK-Paschke,* § 19 Tz. 363 ff.; ferner BKartA TB 1995/96, S. 28 f. sowie KG WuW/E Verg 111, 114 – *Tariftreueerklärung* und BGH WuW/E Verg 297 ff. – *Tariftreueerklärung II,* jeweils für das Land Berlin als Nachfrager von Straßenbauleistungen.

[205] S. z. B. KG WuW/E OLG 3917 – *Coop/Wandmaker;* eine Bestätigung der Untersagungsverfügung erfolgte dagegen im Fall *Hussel/Mara,* KG WuW/E OLG 3577 ff., dort bezogen auf die Nachfrage auf dem Handelsmarkt für hochwertige Kosmetika und Parfums; die Untersagung wurde später aus anderen Gründen aufgehoben (BGH WuW/E BGH 2337).

[206] S. dazu bereits oben bei Fn. 202.

[207] S. dazu z. B. BKartA B. v. 30.6.2008, WuW/E DE-V 1607 ff. – *Edeka/Tengelmann;* BKartA TB 2009/2010, S. 70 – *REWE/Tengelmann;* BKartA TB 2003/2004, S. 143 ff. sowie TB 1995/96, S. 128 ff.

[208] BKartA TB 2011/2012, S. 61. Die Untersuchung bzw. ihre wesentlichen Ergebnisse sind am 24.9.2014 auf der Homepage des BKartA veröffentlicht worden. Im Fall *Edeka/Tengelmann,* B. v. 1.4.2015, hat das Amt seine fusionskontrollrechtliche Untersagung auch auf die Erfüllung der Eingriffsvoraussetzungen auf dem Beschaffungs-Bereich gestützt, s. Presse-Mitt. v. 1.4.2015 sowie Fallbericht v. 22.5.2015, S. 3. Aus ökonomischer Sicht zur Bestimmung von Nachfragemacht im Lebensmitteleinzelhandel s. *Haucap/Heimeshoff/Klein/Rickert/Wey,* WuW 2014, 946 ff.

[209] KG WuW/E OLG 3759, 3765 – *Pillsbury/Sonnen-Bassermann* (noch zu § 19 Abs. 2 Satz 2 a. F.); *Bechtold,* § 18 Rdnr. 56; *Möschel,* aaO § 19 Rdnr. 79.

[210] *Bechtold,* § 18 Rdnr. 61; *Möschel,* aaO § 19 Rdnr. 80 mwN.

Wettbewerb besonders scharf sein kann, er sich jedoch nicht notwendigerweise in vorstoßendem Wettbewerb zeigen muss.[211] Das zweite Element des § 18 Abs. 5 hebt darauf ab, dass die Oligopolisten in ihrer Gesamtheit, also im **Außenverhältnis,** gegenüber den anderen Unternehmen die Voraussetzungen des § 18 Abs. 1 erfüllen. Sie müssen also zumindest insgesamt über eine „überragende Marktstellung" i. S. des § 18 Abs. 1 Nr. 3 verfügen.

In der **Entscheidungspraxis** spielen marktbeherrschende Oligopole keine große Rolle. **39**
Dies gilt auch für die Nachfragemärkte.[212] Der Versuch des BKartA, ein marktbeherrschendes bundesweites Nachfrageoligopol der führenden Lebensmitteleinzelhandelsunternehmen zu begründen, scheiterte schon früh vor den Gerichten .[213] Das BKartA hat diese Problematik aber weiterhin auf seiner Agenda.[214] Es bleibt abzuwarten, welche Schlussfolgerungen das BKartA aus den Ergebnissen seiner Sektoruntersuchung zum LEH ziehen wird.[215] Aber auch in den meisten Anbieter-Fällen haben sich das BKartA und die Rechtsprechung insgesamt zurückhaltend bei der Annahme marktbeherrschender Oligopole gezeigt; in mehreren Fällen kam es auf die Entscheidung der Frage wegen anderer rechtlicher Probleme allerdings nicht an.[216] Immerhin sah es der BGH im Fall *Texaco/Zerssen* als möglich an, dass ein marktbeherrschendes (Anbieter-)Oligopol aus bis zu 16 Unternehmen (der Mineralölindustrie) bestehen könnte.[217] In den letzten Jahren hat das Amt allerdings in mehreren Fusionskontrollfällen marktbeherrschende Anbieteroligopole bejaht.[218] Der BGH ist dabei dem BKartA zumeist gefolgt. Hervorzuheben ist insbes. sein Beschluss v. 11.11.2008 i. S. *E.ON/Stadtwerke Eschwege,*[219] in dem der BGH sich hinsichtlich der maß-

---

[211] S. dazu BGH WuW/E BGH 2025, 2028 ff. – *Texaco/Zerssen.*

[212] S. KG WuW/E OLG 3917, 3927 – *Coop/Wandmaker* (Verneinung eines Nachfrageoligopols auf dem Lebensmittel- Einzelhandelsmarkt); BGH WuW/E DE-R 1139 ff. – *Wiederverwendbare Hilfsmittel* (Verneinung eines Nachfrageoligopols sächsischer Krankenkassen).

[213] KG WuW/E OLG 3917, 3934 – *Coop/Wandmaker.*

[214] BKartA TB 2009/2010, S. 69, 71 f. – *Edeka/Trinkgut* („starke Anhaltspunkte für ein marktbeherrschendes Oligopol auf dem Beschaffungsmarkt für Herstellermarken im Bereich alkoholfreier Getränke sowie Wasser").

[215] BKartA TB 2011/2012, S. 61.

[216] Tendenziell positiv in jüngster Zeit BGH WuW/E DE-R 3591 ff. – *Total/OMV. Bejaht* in BGH WuW/E BGH 2199 ff., 2197 – *Abwehrblatt II* (dort allerdings aufgrund einer gesellschaftsrechtlichen Verbindung der Oligopolisten); OLG Düsseldorf WuW/E DE-R 4050 ff. – *Liberty Global/Kabel BW;* KG WuW/E OLG 2053, 2054 f. – *Valium II* (auf dem Markt für Benzodiazepine), KG WuW/E OLG 5907, 5914 f. – *Rheinpfalz/Medien Union* (wegen familiärer und geschäftlicher Verflechtungen zwischen zwei Zeitungsverlegern) und v. BKartA im Fall *Magna Car Top Systems/Karmann,* B. v. 21.5.2010, S. 115 f., ferner im Fall *TUI/LTU,* TB 1993/94, S. 118 (für den Markt für Pauschalreisen); *verneint* in BGH WuW/E DE-R 2905 ff. – *Phonak/GN Store,* in BGH WuW/E BGH 2025 ff. – *Texaco/Zerssen* sowie in KG WuW/E OLG 4640, 4643 f. – *Hamburger Benzinpreise;* BKartA (und RegTP) für *T-Mobil (D1)* und *Mannesmann Mobilfunk (D2)* wegen wesentlichen Binnenwettbewerbs auf den Mobilfunkmärkten, TB 2001/2002, S. 207; *offengelassen* vom BKartA für die führenden Kreditinstitute der Region Berlin im Verfahren wegen des Verdachts missbräuchlicher Festsetzung des Spareckzinses, BKartA TB 1991/92, S. 136 f.

[217] BGH WuW/E BGH 2025, 2026 f. (dort im Ergebnis irrelevant, weil der Nachweis fehlenden Binnenwettbewerbs nicht erbracht war). Das BKartA geht seit 2008 wieder von einem marktbeherrschenden Fünfer-Oligopol auf dem Kraftstoffmarkt aus (B. v. 7.3.2008, Rdnr. 31 ff. – *Shell/HPV*); tendenziell positiv dazu BGH WuW/E DE-R 3591 ff. – *Total/OMV.*

[218] So z. B. in den Fällen BKartA B. v. 21.5.2010 – *Magna Car Top Systems/Karmann* und *Phonak/ReSound* B. v. 11.4.2007 (veröff. auf der Homepage des Amtes); s. ferner die Fälle *RWE/VEW,* TB 1999/2000, S. 132 ff. und *E.ON/Stadtwerke Eschwege,* WuW/E DE-V 823 ff. (jeweils für den bundesweiten Strommarkt der Belieferung von Stadtwerken bzw. den Markt für den Erstabsatz von Strom); *Agrana/Atys* (für Fruchtzubereitungen), WuW/E DE-V 923 ff.; *Schneider & Söhne/Classen* (für den Papiergroßhandel); TB 2003/2004, S. 93 ff.; BKartA B. v. 17.2.2009 – *Nordzucker/Danisco* (für Verarbeitungszucker); TB 2009/2010, S. 74 – Markt für langfristig seegehandeltes Feinerz betr. Zusammenschlussvorhaben *BHP Billiton/Rio Tinto.* Abgelehnt wurde ein marktbeherrschendes Duopol trotz hoher Marktanteile bei *LFT-Granulaten,* s. BKartA TB 2009/2010, S. 83; s. ferner BKartA Leitfaden aaO Rdnr. 91 ff.

[219] BGH WuW/E DE-R 2451 ff., Rdnr. 39, dort betr. ein marktbeherrschendes Strom-Duopol in der Fusionskontrolle; gegen das BKartA später BGH WuW/E DE-R 2905 ff. – *Phonak/GN Store.*

gebenden Kriterien auch am *Airtours*-Urteil des EuG[220] orientiert. Maßgebend ist demnach eine **Gesamtbetrachtung** aller relevanten Umstände,[221] wobei – im Rahmen der Fusionskontrolle – den die Marktstruktur bestimmenden Merkmalen eine besondere Bedeutung zukomme. Es sei zu untersuchen, ob aufgrund der Marktstruktur mit einem dauerhaft einheitlichen Verhalten der Mitglieder des möglichen Oligopols zu rechnen ist. Das sei anzunehmen, wenn zwischen den beteiligten Unternehmen eine enge Reaktionsverbundenheit bestehe („implizite Kollusion"). Entscheidende Indizien dafür seien die Markttransparenz und die Abschreckungs- und Sanktionsmittel bei abweichendem Verhalten. Es müsse ein Anreiz bestehen, nicht von dem gemeinsamen Vorgehen abzuweichen. Davon sei dann auszugehen, wenn jedes beteiligte Unternehmen wisse, dass eine auf Vergrößerung seines Marktanteils gerichtete, wettbewerbsorientierte Maßnahme die gleiche Maßnahme seitens der anderen Unternehmen auslösen würde, so dass es keinerlei Vorteil aus seiner Initiative ziehen könne. Darüber hinaus seien die Symmetrie der beteiligten Unternehmen hinsichtlich der Produktpalette, der verwendeten Technologie und der Kostenstruktur, etwaige Marktzutrittsschranken, die Nachfragemacht der Marktgegenseite und die Preiselastizität der Nachfrage zu berücksichtigen. Von Bedeutung könne auch sein, ob aufgrund der Homogenität des vertriebenen Produkts ein Produkt- und Qualitätswettbewerb nur eingeschränkt oder gar nicht in Betracht komme oder ob die Mitglieder des möglichen Oligopols gesellschaftsrechtlich miteinander verflochten sind. Daneben sei das tatsächliche Wettbewerbsverhalten der beteiligten Unternehmen auf dem betreffenden Markt zu berücksichtigen. Dabei könne eine geringe Kundenwechselquote ein Anzeichen für einen fehlenden Wettbewerb sein.[222]

40 **3. Die Marktbeherrschungsvermutungen (§ 18 Abs. 4, 6 und 7).** § 18 enthält mehrere Marktbeherrschungsvermutungen, die auch für die Fusionskontrolle gelten. Entgegen dem Wortlaut der Vorschriften handelt es sich bei einer Anwendung im **Verwaltungsverfahren** (§ 32 GWB) wegen des Amtsermittlungsgrundsatzes nicht um Vermutungen im zivilrechtlichen Sinne, sondern um eine Art qualifizierter verwaltungsrechtlicher **Aufgreiftatbestände.**[223] Entscheidend ist, dass die Vermutungen widerlegt werden können und in der Praxis zumeist auch widerlegt werden.[224] Seit der 6. Novelle enthält das Gesetz zwei Vermutungen mit unterschiedlicher rechtlicher Qualität: in § 18 Abs. 4 für die Einzelmarktbeherrschung eine schlichte und in Abs. 6 und 7 für Oligopole eine qualifizierte Vermutung mit Beweislastumkehr.

41 § 18 Abs. 4 enthält eine Vermutung für die **Einzelmarktbeherrschung** gemäß Abs. 1–3. Als Kriterium wird eine **Marktanteilsschwelle** von **40%** (vor der 8. Novelle: ein Drittel) verwendet. Ihre praktische Bedeutung liegt weniger in der Funktion als Vermutung als in der Vorgabe einer Leitlinie für die Wertungen des Gesetzgebers. Im Verwaltungsverfahren haben die Kartellbehörden die Vermutungsvoraussetzungen nachzuweisen; sie tragen die formelle Beweislast in dem Sinne, dass sie nach dem Amtsermittlungsgrundsatz die materiellen Voraussetzungen der Marktbeherrschung festzustellen versuchen müssen.[225] Nur

---

[220] EuG U. v. 6.6.2002, Slg. 2002 II-2585, Rdnr. 61 f.

[221] So auch BGH WuW/E DE-R 3591 ff., Rdnr. 48 – *Total/OMV.*

[222] BGH WuW/E DE-R 2905 ff., Rdnr. 39 – *Phonak/GN Store.*

[223] So zu § 22 Abs. 3 a. F. *Möschel,* aaO § 19 Rdnr. 92 mwN; ferner *Bechtold,* § 18 Rdnr. 69. Zu § 19 Abs. 3 a. F. differenzierend *Bechtold,* NJW 1998, 2771.

[224] S. dazu auch die Zwischenbilanz von *Markert* zu § 23a Abs. 2 GWB a. F., BB 1986, 1660. Aus der jüngeren Praxis s. z. B. BKartA TB 2013/2014, S. 77 – *Kontaktlinsen;* TB 2011/2012, S. 61 – *Drogerie- und Kosmetikhandel;* aaO S. 65 – *Transportbeton;* TB 2009/2010, S. 77 – *Transportbeton;* 2005/2006, S. 72 – *Fruchtzubereitungen;* S. 78 – *Papiergroßhandel;* S. 91 – *Polyestergarn;* S. 98 – *Lebensmitteldosen;* S. 102/103 – *Maschinen und Anlagen zur Geflügelverarbeitung;* TB 2001/2002, S. 125 – *Schokolade;* S. 131 – *Selbstklebematerialien;* S. 137 – *Schulbuchverlage;* S. 141 – *Druckfarben;* S. 142 – *Vitamine;* S. 145 f. – *Kunststoffdichtungen;* S. 152 – *Aufzüge;* TB 1999/2000, S. 117 – *Aufzüge;* S. 119 – *Büromaschinen;* S. 126 – *Militärfahrzeuge.*

[225] BGH WuW/E BGH 1749, 1754 – *Klöckner/Becorit;* WuW/E BGH 2231, 2237 – *Metro/Kaufhof.*

wenn nach Ausschöpfung aller Erkenntnismittel und entsprechender Würdigung des gesamten Verfahrensergebnisses ein non liquet verbleibt, trifft die materielle Beweislast das betroffene Unternehmen. In diesem Falle gilt es, wenn ihm der Gegenbeweis nicht gelingt, als marktbeherrschend.[226] § 18 Abs. 6 und 7 enthalten **qualifizierte Oligopolvermutungen** in Bezug auf den Tatbestand des § 18 Abs. 5. Maßgebend sind Marktanteilsschwellen von 50% für drei (oder weniger) Unternehmen und von zwei Dritteln für fünf (oder weniger) Unternehmen. Werden diese Schwellenwerte erreicht, obliegt den Unternehmen der Nachweis, „dass (1) die Wettbewerbsbedingungen zwischen ihnen wesentlichen Wettbewerb erwarten lassen oder (2) die Gesamtheit der Unternehmen im Verhältnis zu den übrigen Wettbewerbern keine überragende Marktstellung hat." Auch diese Beweislastumkehr hebt jedoch im Verwaltungsverfahren nicht das Amtsermittlungsprinzip (§ 57 Abs. 1) auf.[227] Vielfach können sogar nur Ermittlungen der Behörde die relevanten Tatsachen zu Tage fördern, weil sie für die betroffenen Unternehmen (bei Dritten) nicht zugänglich sind. Den Oligopolisten obliegt es aber dann, entsprechende Anregungen zu geben.

Die Einzelmarktbeherrschungsvermutung des § 18 Abs. 5 ist auch im **Zivilprozess** anwendbar.[228] Die Vorschrift bewirkt dort aber keine Beweislastumkehr. Der Gesetzgeber hat anlässlich der Einführung der Vorgängernorm des § 22 Abs. 3 GWB a.F. durch die 2. GWB-Novelle ausdrücklich klargestellt, dass es sich nicht um eine echte zivilprozessuale Vermutung (§ 292 ZPO) handelt.[229] Der Einzelmarktbeherrschungsvermutung kommt im Zivilprozess daher nach der Rechtsprechung des BGH lediglich die Bedeutung eines **Anscheinsbeweises** zu.[230] Sofern § 18 Abs. 5 erfüllt ist, muss der Gegner die Marktbeherrschung also qualifiziert bestreiten[231] (sekundäre Darlegungslast). Andernfalls bleibt sein Bestreiten nach § 138 Abs. 3 ZPO unberücksichtigt. Auch die Oligopolvermutung ist im Zivilprozess anwendbar.[232] Insoweit ist mit der Rechtsprechung des BGH zur alten (nicht qualifizierten) Vermutung des § 22 Abs. 3 a.F.[233] davon auszugehen, dass sie – wie die Monopolvermutung – lediglich einen Anscheinsbeweis begründet. Teile der Literatur vertreten hingegen die Ansicht, dass die Einführung der qualifizierten Oligopolvermutung, die den Unternehmen die Widerlegung ausdrücklich auferlegt, zu einer (formellen und materiellen) Beweislastumkehr im Zivilprozess geführt hat.[234] Schließt man sich dieser Ansicht an, muss im Rahmen der formellen Beweislast jedenfalls für Umstände, die außerhalb der Einflusssphäre des betreffenden Unternehmens liegen, eine Ausnahme gemacht werden und eine Darlegung der für das Unternehmen günstigen Umstände ausreichen.[235] Im **Ordnungswidrigkeitenverfahren** greifen die Vermutungen wegen des in dubio pro reo-Grundsatzes nicht.[236] 42

[226] S. BGH WuW/E BGH 1749, 1754 – *Klöckner/Becorit;* WuW/E BGH 2231, 2237 f. – *Metro/Kaufhof; Bechtold,* § 18 Rdnr. 69; *Möschel,* § 19 Rdnr. 92; *Thomas,* WuW 2002, 470 ff.

[227] OLG Düsseldorf WuW/E DE-R 1625, 1628 – *Rethmann/GfR Köthen* mwN.; *Bechtold* aaO § 18 Rdnr. 74.

[228] Hans. OLG WuW/E OLG 3195, 3197 – *Metall-Lösungsmittel;* OLG Celle WuW/E OLG, 2723, 2724 – *Vermittlung von Pauschalreisen I;* LG Hamburg WuW/E LG/AG 579, 580 – *Polen-Zement* (zu § 22 Abs. 3 a.F.); *Thomas,* WuW 2002, 470, 476 ff.; *Pohlmann,* ZHR 164 (2000), 589 ff.; *Bechtold* aaO § 18 Rdnr. 70.

[229] Bericht des Wirtschaftsausschusses zur 2. GWB-Novelle 1973, WuW 1973, S. 581, 588.

[230] BGH WuW/E BGH 2483, 2488 – *Sonderungsverfahren* (zur Vorgängernorm des § 22 Abs. 3 a.F.); *Thomas,* WuW 2002, 470, 479.

[231] BGH WuW/E BGH 2483, 2488 – *Sonderungsverfahren; Thomas,* WuW 2002, 470, 479.

[232] OLG München WuW/E DE-R 1106 ff. – *Kleinstadtkino.*

[233] BGH WuW/E BGH 2483, 2489 – *Sonderungsverfahren.*

[234] *Bechtold,* § 18 Rdnr. 74; *Thomas,* WuW 2002, 470, 481; im Ergebnis auch *Pohlmann,* ZHR 164 (2000), 589 ff.

[235] In diesem Sinne auch *Bechtold,* GWB, 6. Aufl. § 19 Rdnr. 58.

[236] *Bechtold,* aaO § 18 Rdnr. 70, 74; *Thomas,* WuW 2002, 470, 476.

III. Erweiterung des Normadressatenkreises nach § 19 Abs. 3 GWB

43 Der Anwendungsbereich des Behinderungs- und Diskriminierungsverbotes in § 19 Abs. 2 Nr. 1 GWB (dazu Rdnr. 61 ff.) und der passiven Diskriminierung in § 19 Abs. 2 Nr. 5 GWB (dazu Rdnr. 245 ff.) wird durch § 19 Abs. 3 Satz 2 GWB auf bestimmte Preisbinder und durch § 19 Abs. 3 Satz 1 GWB auf legale Kartelle ausgeweitet.

44 **1. Preisbinder.** Normadressaten des Behinderungs- und Diskriminierungsverbotes nach § 19 Abs. 2 Nr. 1 GWB sind gemäß § 19 Abs. 3 Satz 2 GWB auch Unternehmen, die von ihrem Recht zur Preisbindung Gebrauch machen. Das betrifft namentlich vertikale Preisbindungen, die die Sortierung, Kennzeichnung und Verpackung landwirtschaftlicher Erzeugnisse betreffen (§ 28 Abs. 2 GWB), Preisbindungen bei Zeitungen und Zeitschriften (§ 30 Abs. 1 Satz 1 GWB) sowie Höchstpreisbindungen zwischen Wasserversorgungsunternehmen (§ 31 Abs. 1 Nr. 3 GWB).

45 *a) Presseunternehmen.* Unternehmen, die von ihrem Recht zur Preisbindung Gebrauch machen, sind namentlich die Zeitungs- und Zeitschriftenverlage (§ 30 Abs. 1 Satz 1 GWB), und zwar unabhängig von ihrer Stellung im Markt und der Bedeutung ihrer Produkte. Preisbinder unterliegen dem Diskriminierungsverbot jedoch nur für die Produkte, deren Preise sie binden.[237] Verlage, die für ihre Erzeugnisse die Preise binden, sind deshalb nicht auch zugleich Normadressat im Anzeigen-, Verlagsabonnement- oder Lesezirkelgeschäft. Hier fehlt es an einer „zweiten Hand“, die die Presseerzeugnisse weiterverkauft. Ebenso wenig unterliegen dem Diskriminierungsverbot nationale Vertriebsgesellschaften, die Presseerzeugnisse im Auftrag meist kleinerer oder ausländischer Verlage vertreiben, es sei denn, dass nicht der Verlag, sondern dass sie selbst im Rahmen ihrer Vertriebsaufgabe stellvertretend die Abgabepreise binden.[238]

46 *b) Keine Anwendung auf Buchverlage und -importeure.* Im Gegensatz zu den Zeitungs- und Zeitschriftenverlegern müssen Buchverlage und -importeure nach § 5 des Buchpreisbindungsgesetzes 2002 (BuchPrG) den Endverkaufspreis binden. Die Buchpreisbindung ist vom Wortlaut des § 19 Abs. 3 Satz 2 GWB aber nicht erfasst. Vor Einführung des BuchPrG unterlagen auch Buchverlage und -importeure den Regelungen des GWB (vgl. § 15 GWB a. F.). Das spricht dafür, dass Buchverlage und -importeure keine Normadressaten des § 19 Abs. 3 Satz 2 GWB sein sollen. § 19 Abs. 3 GWB betrifft lediglich Fälle der vertraglichen und nicht der gesetzlichen Preisbindung.[239] Buchverlage unterliegen kraft Gesetzes zum Schutze des *Kulturgutes Buch* und zur Sicherung einer großen Vertriebsdichte gemäß § 6 BuchPrG speziellen Diskriminierungsverboten (keine rein umsatzorientierte Rabattierung und keine Preis- oder Konditionendiskriminierung des Buchhandels zugunsten branchenfremder Händler).[240] Daran hat sich auch im Zuge der 8. GWB-Novelle nichts geändert. § 19 Abs. 3 Satz 2 GWB wurde nicht um den Buchhandel erweitert.

47 *c) Keine Anwendung bei Preisempfehlung und Höchstpreisfestsetzung.* Lieferanten, die eine Preisempfehlung aussprechen oder Höchstpreise festsetzen (vgl. Art. 4 lit. a Vertikal-GVO Nr. 330/2010), sind Preisbindern nicht durch analoge Anwendung des § 19 Abs. 3 GWB gleichgestellt.[241] Der Preisbinder unterliegt dem Diskriminierungsverbot, weil der Ausschluss von Intra-brand-Preiswettbewerb auf den nachgelagerten Absatzstufen eine gewisse Marktstärke indiziert.[242] Preisempfehlungen und Höchstpreisfestsetzungen sind dagegen

[237] BGH WuW/E BGH 886, 888 – *Jägermeister.*

[238] Vgl. BGH WuW/E DE-R 134 – *Bahnhofbuchhandel.*

[239] *Bechtold,* aaO § 19 Rdnr. 93; vgl. auch *Loewenheim/Meessen/Riesenkampff-Loewenheim,* § 20 Rdnr. 13.

[240] *Loewenheim/Meessen/Riesenkampff-Loewenheim,* § 20 Rdnr. 13.

[241] *Immenga/Mestmäcker-Markert,* GWB, § 19 Rdnr. 393.

[242] BGH WuW/E BGH 886, 890 – *Jägermeister.*

vom grundsätzlichen Preisbindungsverbot in § 1 GWB entweder als einseitige Maßnahmen nicht erfasst oder u. U. gemäß § 2 GWB freigestellt. Voraussetzung einer einseitigen Maßnahme ist, dass zu ihrer Durchsetzung kein wirtschaftlicher oder sonstiger Druck eingesetzt oder keine Anreize gewährt werden (Art. 4 lit. a Vertikal-GVO Nr. 330/2010). Die Absatzmittler als Empfänger der Empfehlung bzw. Höchstpreisfestsetzung sind anders als bei der Preisbindung, die zu ihrer Wirksamkeit nach wie vor der schriftlichen Vertragsform über die gebundenen Wiederverkaufspreise bedarf (§ 30 Abs. 2 GWB), also frei, den empfohlenen Preis bzw. den Höchstpreis zu unterschreiten, ohne dass der Lieferant dies sanktionieren darf.

d) Preisbindungsstufen. Preisbinder sind die Zeitschriften- und Zeitungsverlage, die die Wiederverkaufspreise nach § 30 GWB über alle Absatzstufen festlegen. Eine durchlaufende Preisbindung ist bei Zeitschriften und Zeitungen jedoch nicht erforderlich. Es genügt die Preisbindung einer Absatzstufe, also etwa des Einzelhändlers beim Verkauf an den Endverbraucher. Geschützt ist dann auch der Großhändler, weil er in das Preisbindungssystem einbezogen ist (§ 30 Abs. 1 Satz 1 Alt. 2 GWB). Er ist in seiner Preisgestaltungsfreiheit gegenüber dem Einzelhändler zwar nicht unmittelbar beschränkt, wohl aber mittelbar, weil der Verlag ihm auferlegt, den Wiederverkaufspreis des Einzelhändlers zu binden, so dass sein eigener Preissetzungsspielraum gegenüber dem Einzelhändler begrenzt ist.[243] Normadressat gegenüber dem Einzelhändler ist auch der Preisbinder, der umgekehrt nur den Wiederverkaufspreis auf der Großhandelsstufe bindet, nicht aber auf der Einzelhandelsstufe, und bestimmte Einzelhandelstypen direkt beliefert, andere davon aber ausschließt.[244] Verfolgt der Verlag einen mehrgleisigen preisgebundenen Vertrieb, z. B. über den Großhandel (Grosso), den direkt belieferten Bahnhofsbuchhandel und den Werbenden Buch- und Zeitschriftenhandel (WBZ) oder zweigleisig durch Vertrieb desselben Presseproduktes durch den Handel und als Lizenzausgabe (Sonderausgabe), dann findet das Diskriminierungsverbot auf jeden Vertriebsweg Anwendung, auf dem der Verlag die Preise bindet. Das ist vor allem von Bedeutung für die Frage der Zulässigkeit einer unterschiedlichen Preisgestaltung auf den verschiedenen Vertriebswegen. Preisspaltung kann nämlich nicht nur ein Missbrauch der Preisbindung nach § 30 Abs. 3 GWB darstellen, sondern auch eine unbillige Behinderung der Absatzmittler eines Vertriebsweges. Das BKartA hat früher selbst bei unterschiedlichen Vertriebswegen, wie preisgebundenem Einzelhandelsvertrieb und Verlagsabonnementvertrieb, vom Verlag bei der Abonnementpreisgestaltung eine Rücksichtnahme auf den gebundenen Absatzmittler verlangt und ließ nur einen Preisunterschied von 15% zu.[245] Dem ist der BGH in seiner Grundsatzentscheidung *Probeabonnement* mit Preisunterschieden von über 40% zum gebundenen Preis mit der Begründung entgegengetreten, der Verlag könne den für ihn günstigeren Vertriebsweg fördern.[246] Die Mehrgleisigkeit des Vertriebs spielt auch dann eine Rolle, wenn der Verlag sein Vertriebssystem umstellt und einen Vertriebsweg aufgibt.[247] Die Anwendung des Diskriminierungsverbots beschränkt sich nicht auf die Geschäftsbeziehungen des Preisbinders zu den gebundenen Absatzstufen. Der Preisbinder ist auch Normadressat gegenüber dem ungebundenen Außenseiter, dessen Belieferung er verweigert. Der Außenseiter muss aber gleichartig sein mit den anderen Unternehmern derselben Marktstufe, für die eine Preisbindung besteht.[248] 48

---

[243] Vgl. BGH WuW/E BGH 886, 888 – *Jägermeister;* OLG Stuttgart WuW/E OLG 3791, 3792 – *Verlagsauslieferer.*

[244] KG WuW/E OLG 877, 881 – *Zigaretten-Einzelhandel.*

[245] BKartA TB 1987/88, 33 und 94; vgl. auch LG Hamburg WRP 1995, 1068 – *Zeitschriftenabonnements* (zu § 1 UWG a. F.); zum zweigleisigen Vertrieb: BGH WuW/E BGH 1073 – *Schallplatten II;* OLG Frankfurt WuW/E OLG 3609.

[246] BGH WuW/E DE-R 1779, 1783 – *Stern-Probeabonnement* (gegen Vorinstanz des Hans. OLG AfP 2005, 180).

[247] Vgl. BGH WuW/E BGH 2360, 2363 – *Freundschaftswerbung.*

[248] BGH WuW/E BGH 1584 – *Anwaltsbücherdienst;* WuW/E BGH 1527 – *Zeitschriften-Grossisten.*

49 *e) Landwirtschaftliche Erzeugnisse und Wasserversorgung.* Das Behinderungs- und Diskriminierungsverbot gilt auch für Unternehmen, die Preise binden, welche die Sortierung, Kennzeichnung oder Verpackung landwirtschaftlicher Erzeugnisse betreffen, § 19 Abs. 3 Satz 2 iVm. § 28 Abs. 2 GWB. Im Rahmen der 8. GWB-Novelle neu aufgenommen in den Katalog der Normadressaten des Behinderungs- und Diskriminierungsverbots nach § 19 Abs. 3 Satz 2 GWB ist die Höchstpreisbindung zwischen Wasserversorgungsunternehmen nach § 31 Abs. 1 Nr. 3 GWB. Damit soll gewährleistet werden, dass Wasserversorgungsunternehmen – entsprechend dem mit der 8. GWB-Novelle in Bezug auf die Wasserwirtschaft verfolgten Zweck einer 1:1-Umsetzung der bisherigen Übergangsvorschriften – weiterhin der kartellrechtlichen Missbrauchsaufsicht unterliegen.[249]

50 **2. Legale Kartelle.** Durch § 19 Abs. 3 Satz 1 GWB werden auch legalisierte Kartelle in den Normadressatenkreis der Verbote nach § 19 Abs. 2 Nr. 1 und Nr. 5 GWB einbezogen. Schon vor der 7. GWB-Novelle unterlagen die legalisierten Kartelle dem Diskriminierungs- und Behinderungsverbot; mit der Einführung des Systems der Legalausnahme sollte daran nichts geändert werden, weshalb eine Anpassung des damaligen § 20 Abs. 1 GWB a.F. (jetzt: § 19 Abs. 3 Satz 1 GWB) erforderlich wurde.[250] Normadressaten sind insoweit Unternehmen, die sich an Wettbewerbsbeschränkungen im Horizontalverhältnis beteiligen, die nach §§ 2, 3 GWB (Mittelstandskartelle), § 28 GWB (landwirtschaftliche Betriebe) bzw. seit der 8. GWB-Novelle § 30 Abs. 2a GWB (Branchenvereinbarungen für den Pressevertrieb, Presse-Grosso) oder § 31 Abs. 1 Nr. 1, 2 und 4 GWB (Gebietsschutz-, Demarkations-, Konzessions- oder Verbundverträge in der Wasserwirtschaft) legalisiert sind.[251] Solche legalen Kartelle unterliegen generell dem Behinderungs- und Diskriminierungsverbot, da Kartellverträge zwischen den beteiligten Unternehmen Marktmacht gegenüber der Marktgegenseite, aber auch gegenüber Wettbewerbern begründen können.[252] Auf die tatsächliche Marktmacht der Unternehmensvereinigung kommt es hier ebenso wenig an wie auf die Marktmacht des Preisbinders. Normadressat ist nach dem Wortlaut der Bestimmung aber nur die Unternehmensvereinigung, die das Kartell durchführt, nicht jedes Mitglied des Kartells. Deshalb erfasst die Bestimmung auch nur Verhaltensweisen, die auf der vereinbarten Wettbewerbsbeschränkung des Kartells beruhen, die die Machtstellung der Unternehmensvereinigung begründet.[253] Es genügt jedoch, dass die vom Kartell veranlassten und von den Mitgliedern gegenüber Außenseitern ausgeführten Behinderungsmaßnahmen sich im Geschäftsverkehr auswirken, dessen Marktverhältnisse vom Kartell durch Beschränkung des Wettbewerbs beeinflusst werden.[254] Auch können Kartellmitglieder selbst in Anspruch genommen werden, soweit sie ihr Geschäftsverhalten entsprechend den Beschlüssen von Kartellen gestalten.[255] Ein nicht freigestelltes oder legalisiertes Kartell ist ohnehin verboten und unterliegt dem Diskriminierungsverbot daher nicht, es sei denn, es ist unabhängig davon Verbotsadressat, weil es marktbeherrschend oder relativ marktstark ist.[256] Ebenso sind wirtschaftliche Vereinigungen ohne Kartellcharakter, die nicht gegen § 1 GWB verstoßen und deshalb auch nicht legalisiert werden können, insoweit nicht Normadressat, sondern nur bei entsprechender Marktstellung. Von praktischer Bedeutung sind hier die Taxizentralen, die an ihre Mitglieder Funkaufträge vermitteln, ohne dass ein Be-

---

249 Beschlussempfehlung und Bericht des Ausschusses für Wirtschaft und Technologie, BT-Drucks. 17/11053, 23.

250 Vgl. *Loewenheim/Meessen/Riesenkampff-Loewenheim,* § 20 Rdnr. 11 mwN.

251 Vgl. weiter *Bechtold,* aaO § 19 Rdnr. 92, wonach der Vorschlag, § 19 Abs. 3 GWB auch auf spezialgesetzlich erlaubte Kooperationen in der Energiewirtschaft, der Personenbeförderung, des Eisenbahnwesens und der Mineralölwirtschaft anzuwenden, gestrichen wurde.

252 OLG Celle WuW/E OLG 2379, 2380 – *Tapeten-Globalprämie.*

253 KG WuW/E OLG 4907, 4912 – *Offizieller Volleyball.*

254 BGH WuW/E BGH 1175, 1179 – *Ostmüller.*

255 WuW/E BGH 1200, 1201 für die Verweigerung eines Mitglieds des internationalen IATA-Kartells der Fluggesellschaften, einem Reisebüro Provisionen auf Flugpassagen zu zahlen.

256 KG WuW/E OLG 4907, 4913f. – *Offizieller Volleyball.*

zugszwang besteht. Sie sind aber zuweilen nicht nur nach § 3 zulässige Mittelstandskartelle, sondern auch marktbeherrschende Unternehmen.[257]

(nicht belegt) 51/52

C. Der Missbrauch

I. Die Generalklausel (§ 19 Abs. 1)

§ 19 Abs. 1 GWB sieht in Verbindung mit §§ 32ff. Eingriffsbefugnisse der Kartellbehörde zunächst auf der Grundlage einer Generalklausel vor, die vor der Neufassung (1998) in § 22 Abs. 4 Satz 1 GWB a. F. enthalten war. Eine inhaltliche Änderung war damit nicht beabsichtigt, sondern lediglich eine Anpassung an den Aufbau des Art. 82 EG (jetzt: Art. 102 AEUV).[258] Verboten ist danach „die missbräuchliche Ausnutzung einer marktbeherrschenden Stellung durch ein oder mehrere Unternehmen". Ergänzt wird die Generalklausel durch fünf konkretisierende Regeltatbestände in Abs. 2.[259] Der Missbrauch schließt begriffsnotwendig ein **Unwerturteil** im Sinne eines unangemessenen oder ungerechtfertigten Verhaltens ein, und zwar orientiert am Prinzip der Wettbewerbsfreiheit und losgelöst von subjektiver Vorwerfbarkeit.[260] Die Frage, ob das Verhalten eines Marktbeherrschers ein missbräuchliches Ausnutzen der marktbeherrschenden Stellung darstellt, ist – ebenso wie bei § 20 Abs. 1 (§ 20 Abs. 2 a. F.) – anhand einer umfassenden Würdigung und **Abwägung der** betroffenen **Interessen** zu beantworten.[261] Offengelassen hat der BGH die Frage, ob im Rahmen des § 22 Abs. 4 (dort: Satz 2 Nr. 2) a. F. nicht nur auf die Ordnungsprinzipien einer Wettbewerbswirtschaft, sondern auch auf die allgemeinen Gerechtigkeitsvorstellungen abzustellen ist, wie sie dem dispositiven Recht, insbes. dem AGBG, zugrundeliegen.[262] 53

Mangels operabler Leitlinien für die Ausfüllung des unbestimmten Rechtsbegriffes „Missbrauch" bereitete die **Konkretisierung** der Generalklausel zunächst Schwierigkeiten; nahezu alle Einzelfragen blieben über viele Jahre hinweg kontrovers.[263] Inzwischen besteht Einvernehmen darüber, dass die Maßstäbe, nach denen die Missbräuchlichkeit eines Verhaltens zu beurteilen sind, aus den Ordnungsprinzipien einer Wettbewerbswirtschaft abzuleiten sind und daher nicht den Makel der Sittenwidrigkeit iSd § 138 BGB voraussetzen.[264] Durchgesetzt hat sich ferner schon zu § 19 a. F. bzw. zu § 22 a. F. die Unterscheidung zwischen **Behinderungsmissbrauch** im Verhältnis zu Wettbewerbern (d. h. der Verschlechterung der Marktstruktur) und **Ausbeutungsmissbrauch** gegenüber der vor- und nachgelagerten Marktstufe (d. h. der Durchsetzung nicht wettbewerbsgerechter Marktergebnisse).[265] Mit der 8. Novelle (2013) wurde dem Behinderungstatbestand in § 19 Abs. 2 Nr. 1 die (verbotene) **Diskriminierung** zur Seite gestellt, die früher in § 20 Abs. 1 (dort 54

---

[257] BGH WuW/E BGH 2341 – *Taxizentrale Essen;* OLG Frankfurt WuW/E OLG 3366; OLG Celle WRP 1995, 35; OLG Bremen WuW/E OLG 3867.

[258] Begründung zum RegE 6. Novelle aaO S. 35.

[259] Die ursprüngliche Fassung des GWB enthielt noch keine Generalklausel; sie wurde erst durch die 1. Novelle 1965 eingeführt, seinerzeit unter Ersetzung der ursprünglichen Einzeltatbestände. Mit der 4. GWB-Novelle 1980 wurden in § 22 Abs. 4 a. F. die Regeltatbestände des Satzes 2 eingeführt, um den Missbrauchsbegriff zu konkretisieren. Zur Entstehungsgeschichte der Vorschrift s. z. B. *Langen/Bunte-Nothdurft,* § 19 Rdnr. 6ff.; *FK-Weyer,* § 19 Tz. 809/810; *Möschel,* aaO § 19 Rdnr. 2.

[260] BGH WuW/E BGH 1965, 1966 – *Gemeinsamer Anzeigenteil.*

[261] BGH WuW/E BGH 1965, 1967; OLG Düsseldorf WuW/E DE-R 4342, 4351 – *Einspeisung von Fernsehprogrammsignalen.*

[262] BGH WuW/E BGH 2103, 2107 – *Favorit.*

[263] So zutr. *Langen/Bunte-Schultz,* Kartellrecht, 10. Aufl. § 19 Rdnr. 87.

[264] BGH WuW/E BGH 1966 – *Gemeinsamer Anzeigenteil;* KG WuW/E OLG 1767, 1772 – *Kombinationstarif; Möschel,* § 19 Rdnr. 100; *FK-Weyer,* § 19 Tz. 926, 928.

[265] S. dazu z. B. *FK-Weyer,* § 19 Tz. 806, 831; *Langen/Bunte-Nothdurft,* aaO § 19 Rdnr. 90; *Möschel,* aaO § 19 Rdnr. 100ff.

ebenfalls neben der unbilligen Behinderung) geregelt war. Auch die Diskriminierung bezieht sich (vorwiegend) auf die vor- oder die nachgelagerte Marktstufe (dazu näher Rdnr. 87 ff.). Das Kammergericht hat die Aufgabe der Missbrauchsaufsicht mit den Worten zusammengefasst, es solle verhindert werden, dass „ein marktbeherrschendes Unternehmen durch Ausnutzung seines vom Wettbewerb nicht wirksam kontrollierten Gestaltungsspielraums zu Lasten Dritter ein Verhalten zeigt, das zu einer Verschlechterung der Marktstruktur oder zu nicht wettbewerbsgerechten Ergebnissen führt".[266] Diese Formel bietet freilich nur eine erste Orientierung. Das Kernproblem des § 19, nämlich die Abgrenzung zulässiger von unzulässigen Maßnahmen der Normadressaten, lässt sich nur durch die Bildung von Fallgruppen lösen, wobei als Leitlinie (namentlich beim Behinderungsmissbrauch) vielfach auch auf die Unterscheidung zwischen erlaubten Maßnahmen des Leistungswettbewerbs und verbotenen des Nicht-Leistungswettbewerbs abgestellt wird.[267] Insbes. seit der Einführung der gesetzlichen Regeltatbestände durch die 4. GWB-Novelle stellt die Praxis vor allem auf diese – nicht abschließende – Aufzählung in § 19 Abs. 2 GWB (= § 19 Abs. 4 a. F.) ab. Die 6. Novelle (1998) hatte daran nichts geändert, sondern im Gegenteil das Gewicht der Regelbeispiele durch die Ergänzung des Essential-Facilitiev-Tatbestandes in § 19 Abs. 4 Nr. 4 (jetzt: § 19 Abs. 2 Nr. 4) noch verstärkt. Dabei verbietet sich aus systematischen und teleologischen Gründen ein Rückgriff auf die Generalklausel, wenn ausdrücklich normierte Tatbestandsvoraussetzungen eines Regeltatbestandes fehlen. Die praktische Bedeutung der Generalklausel ist daher – abgesehen von den allgemeinen Vorgaben, die auch für die Regeltatbestände gelten – gering.

55 Aus dem Wortlaut der Generalklausel („Ausnutzung") wird von der h. M. abgeleitet, dass gerade die Marktbeherrschung Instrument des Handelns ist, so dass eine (normative) **Kausalität** zwischen Marktbeherrschung und dem Verhalten des Normadressaten bestehen muss.[268] Erforderlich ist also ein Zusammenhang zwischen dem zu untersagenden Verhalten und der Marktbeherrschung. Er ist jedenfalls dann zu bejahen, wenn der Normadressat nur deswegen so handeln kann, weil er marktbeherrschend ist. Beim Behinderungsmissbrauch geht es allerdings vielfach um Verhaltensweisen, die auch nicht-marktbeherrschende Unternehmen praktizieren oder praktizieren können; sie haben dann lediglich nicht die besonders schädlichen Auswirkungen des Verhaltens marktmächtiger Normadressaten. Auch dieser Zusammenhang zwischen der Marktbeherrschung und dem (behindernden) Erfolg reicht aus.[269]

56 **Entscheidungspraxis:** Einer der seltenen auf der Grundlage der Generalklausel entschiedenen Fälle betraf die missbräuchliche **Kopplung** des Eintrittskartenverkaufs für ein Europapokal-Spiel durch den *1. FC Köln* an den gleichzeitigen Erwerb von Eintrittskarten für ein (unattraktives) Bundesliga-Spiel.[270] Die Zuordnung zur Generalklausel ergab sich aus dem besonderen lokalen Bezug des Falles; üblicherweise werden Kopplungen als Variante des Behinderungsmissbrauchs[271] behandelt. Einen eigenständigen Regeltatbestand für Kopplungsmissbräuche enthält § 19 seit 1965 (anders als Art. 102 Satz 2 AEUV) nicht mehr. Ferner hat der BGH den Fall einer (Preis-)Diskriminierung von privaten Erdgas-

---

[266] KG WuW/E OLG 1983, 1985 – *Rama-Mädchen.*

[267] Dazu statt aller *Langen/Bunte-Nothdurft,* GWB, § 19 Rdnr. 90.

[268] *Möschel,* aaO § 19 Rdnr. 117; *Bechtold,* § 19 Rdnr. 5 („Ergebniskausalität"); *FK-Weyer,* § 19 Tz. 891 ff. S. ferner zum Kausalitätserfordernis im Hinblick auf die Nichtigkeitssanktion BGH WuW/E DE-R 4499, 4502, Rdnr. 50/51 – *Stromnetz Olching* sowie OLG Frankfurt, NZKart 2015, 107, 108 – *Kabel Deutschland* bzw. WuW/E DE-R 4640, 4645 – *Breitbandkabelnetze,* dort für die Entstehung einer marktbeherrschenden Stellung erst durch das auf einen Missbrauch zu prüfende Rechtsgeschäft; zur Marktabgrenzung bei solchen „Systemmärkten" bzw. zur Entscheidung der Vorinstanz s. *Dreher/Glöckle,* ZWeR 2014, 233 ff.

[269] KG WuW/E OLG 2403, 2410 f. – *Fertigfutter; Langen/Bunte-Nothdurft,* § 19 Rdnr. 365 mwN.

[270] BGH WuW/E BGH 2406 ff. – *Inter Mailand.* Nach denselben Grundsätzen beanstandete das BKartA eine Kopplung beim Verkauf von Eintrittskarten zur Eishockey-WM 2001 (TB 1999/2000, S. 180 f.).

[271] S. dazu unten Rdnr. 79 ff.

Endkunden durch ein EVU unter die Generalklausel subsumiert, weil sich sonst eine „nicht hinnehmbare Schutzlücke" ergeben würde (denn in § 20 Abs. 1 a. F. und § 19 Abs. 2 Nr. 1 wird nur die Diskriminierung von *Unternehmen* geregelt).[272]

Die Generalklausel kann außerdem eine Vielzahl sonstiger missbräuchlicher Verhaltens- 57
weisen erfassen. So bewertet das BKartA z. B. die Androhung einer Einstellung der Energieversorgung gegenüber Tarifkunden, die unter Berufung auf fehlende Billigkeit des Tarifes nach § 315 BGB die Rechnungen gekürzt haben, als Missbrauch, solange keine richterliche Leistungsbestimmung erfolgt ist.[273] Ferner stellen **UWG-Verstöße** durch marktbeherrschende Unternehmen (erst Recht) einen Missbrauch im Sinne des § 19 Abs. 1 dar und können damit Anlass zum Einschreiten der Kartellbehörde geben.[274] Die praktischen Auswirkungen dieser Bewertung sind jedoch gering, da die betroffenen Unternehmen nach Maßgabe des UWG selbst gegen den Gesetzesverstoß vorgehen können. Darüber hinaus wird als Beispiel die sog. geplante Obsoleszenz diskutiert,[275] also Fälle, bei denen der Hersteller seinen Qualitätsspielraum nicht ausschöpft, z. B. bei der Lebensdauer von Glühbirnen. Praktische Bedeutung hat dies jedoch nicht erlangt. *Möschel* weist außerdem zutreffend darauf hin, dass eine Marktergebniskontrolle im Hinblick auf die Qualität von Leistungen letztlich eine Aufgabe des bürgerlichen Rechts bleibt.[276]

Auch **gewerbliche Schutzrechte/Patente,** die unter bestimmten Umständen zu einer 58
marktbeherrschenden Stellung des Rechtsinhabers führen können,[277] bergen ein Missbrauchspotential. Unternehmen, die auf eine Lizenz an Standard-essentiellen Patenten (SEP's) angewiesen sind, können durch die Verweigerung dieser Benutzungsrechte oder durch das Fordern überhöhter Gebühren iSd § 19 Abs. 2 Nr. 1 unbillig behindert oder – bei einer Ungleichbehandlung im Verhältnis zu anderen Lizenznehmern – diskriminiert werden (dazu Rdnr. 166 ff.). Denkbar ist auch ein Verstoß gegen das Verbot des Preishöhenmissbrauchs nach § 19 Abs. 2 Nr. 2 (dazu Rdnr. 207). Ein Rückgriff auf die Generalklausel ist daher zumeist nicht veranlasst. Eine Anwendung des Essential Facilities-Tatbestands in § 19 Abs. 2 Nr. 4 scheidet aus, weil die Vorschrift ausweislich ihres Wortlautes und ihrer Entstehungsgeschichte nicht für gewerbliche Schutzrechte gelten soll.[278] Vielfach ist außerdem auch Art. 102 AEUV anwendbar.[279]

Die Missbrauchsaufsicht erstreckt sich auch auf **marktbeherrschende Nachfrager.** 59
Aufgrund der dort bestehenden Besonderheiten ist § 19 bzw. § 22 a. F. allerdings in den ersten zwanzig Jahren seiner Geltung auf Nachfrager nicht angewendet worden.[280] Ob die gesetzlichen Regeltatbestände des Abs. 2 Nr. 2 und 3 auch für den Missbrauch von Nachfragemacht gelten oder ob dafür auf die Generalklausel zurückgegriffen werden muss, ist unklar. Der erste Halbsatz von Abs. 2 stellt zwar auf marktbeherrschende Unternehmen „als Anbieter oder Nachfrager einer bestimmten Art von Waren oder gewerblichen Leistungen" ab; die Regeltatbestände in Nr. 2 und Nr. 3 betreffen jedoch nach ihrem Wortlaut nur Anbietermärkte.[281] Hinzu kommt, dass § 19 Abs. 2 Nr. 5 Sondertatbestände für das

---

272 BGH WuW/E DE-R 3145 ff., Rdnr. 54 ff. – *Entega II,* dort bezogen auf eine willkürliche Segmentierung des beherrschten Markts in einen herkömmlichen Vertriebsweg (mit höheren Preisen) und eine günstigere Bezugsmöglichkeit (wie bei einer „Billigmarke"), die nur räumlich beschränkt angeboten wird und die die Verbraucher in dem Teil des Gebiets diskriminiert, in dem die Zweitmarke nicht verfügbar ist (aaO Rdnr. 53).

273 BKartA TB 2005/2006, S. 132 f.

274 S. BKartA WuW/E BKartA 1433 – *DFB* sowie *Raisch,* Wettbewerb als Aufgabe, 1968, 357, 392; kritisch *Möschel,* aaO § 19 Rdnr. 230.

275 S. dazu z. B. *I. Schmidt,* WuW 1971, 866 ff.; *Möschel,* aaO § 19 Rdnr. 229.

276 *Möschel,* aaO § 19 Rdnr. 229.

277 S. dazu Rdnr. 27.

278 S. dazu unten Rdnr. 234 mit Nachw.

279 Dazu näher *de Bronett,* § 22 Rdnr. 56 ff.

280 So die Feststellung der Monopolkommission, Sondergutachten 7, 1977, Rdnr. 195.

281 Gemäß Nr. 2 muss der Normadressat ein bestimmtes Entgelt „fordern"; ein Nachfrager bietet jedoch ein Entgelt; entsprechendes gilt für die Nr. 3.

Verhalten marktbeherrschender Nachfrager enthält.[282] Wegen des sachlichen Zusammenhangs werden die missbräuchlichen Verhaltensweisen marktbeherrschender Nachfrager hier im Zusammenhang mit den Fallgruppen „Behinderungsmissbrauch", „Diskriminierung" und „Ausbeutungsmissbrauch" behandelt.[283]

60 Anders als § 22 Abs. 4 Satz 1 a. F. stellt § 19 Abs. 1 nicht mehr auf die Ausnutzung der marktbeherrschenden Stellung „auf dem Markt für diese oder andere Waren" ab. Vergeblich sucht man in den Materialien zur 6. Novelle nach einer Erläuterung dieser Streichung. Dem Hinweis auf die Anpassung an Art. 82 Satz 1 EG (jetzt: Art. 102 Satz 1 AEUV) wird man jedoch entnehmen können, dass insoweit keine Änderung beabsichtigt war,[284] denn auch dort werden Missbräuche auf Drittmärkten erfasst.[285] Der BGH hat dies im Fall *„Strom und Telefon I"*[286] bestätigt, und in der Begründung des RegE zur 8. GWB-Novelle wird dies für den Fall der Drittmarktbehinderung bekräftigt.[287] Der Missbrauch muss sich daher nicht auf den Markt beziehen, auf dem der Normadressat eine marktbeherrschende Stellung hält, sondern es können bei der erforderlichen Kausalität auch Verhaltensweisen auf einem **Drittmarkt** erfasst werden. Das Kammergericht hat daraus (zu § 22 a. F.) gefolgert, dass Missbräuche auf Drittmärkten auch im Rahmen der „ergänzenden Norm" des Satzes 2 (jetzt: Abs. 2) erfasst werden können und sich dabei auf die Entstehungsgeschichte bzw. die frühere Praxis zur Generalklausel gestützt.[288] Auch dieser Aspekt der Missbrauchsaufsicht ist daher in erster Linie den Regeltatbeständen zuzuordnen.[289]

II. Die Regeltatbestände (§ 19 Abs. 2)

61 **1. Der Behinderungsmissbrauch (Nr. 1, 1. Alt.).** *a) Allgemeines.* Im Rahmen der 8. GWB-Novelle wurden die Behinderungstatbestände aus § 19 Abs. 4 Nr. 1 GWB a. F. und aus § 20 GWB a. F. durch § 19 Abs. 2 Nr. 1, 1. Alt. GWB in einer Regelung zusammengefasst. Behinderung ist jede objektive Beeinträchtigung der Betätigungs- und Wettbewerbsmöglichkeiten anderer Unternehmen.[290] Das allein ist aber noch kein Indiz für die Unbilligkeit der Behinderung.[291] Das Kammergericht hatte schon vor 1980 zur Konkretisierung des Behinderungsmissbrauchs ein im Schrifttum entwickeltes Konzept[292] aufgegriffen. Danach sind als missbräuchlich (bzw. unbillig) insbes. Verhaltensweisen des Nichtleistungswettbewerbs einzustufen.[293] Das Kammergericht hat an diesem Ansatz unter Bezugnahme auf die Materialien auch nach der 4. GWB-Novelle festgehalten,[294] und auch

---

282 S. dazu *Lübbert/Schöner,* § 23 Rdnr. 245 ff.

283 S. dazu Rdnr. 61 ff., 87 ff. und Rdnr. 200 ff.

284 So auch BKartA B. v. 17.12.1999, Rdnr. 23 – *Rinderzuchtverband Mecklenburg-Vorpommern.*

285 S. dazu z. B. den Fall *Tetra-Pak II,* Komm. E. v. 24.7.1991, ABl. EG 1992 L 1/22.

286 BGH WuW/E DE-R 1206 ff.; dort wurde jedoch das Vorliegen eines missbräuchlichen Kopplungsangebotes verneint. S. ferner BGH WuW/E DE-R 1555, 1557 – *Friedhofsruhe* (I. Senat) sowie OLG Celle WuW/E DE-R 1592 f. – *Einkauf Aktuell;* aA allerdings OLG Frankfurt WuW/E DE-R 1589 ff. – *Fernsehzeitschrift.*

287 Begr. RegE, BT-Drucks. 17/9852, S. 23.

288 KG WuW/E OLG 3124, 3129 – *Milchaustauschfuttermittel.*

289 Das BKartA verlangt zumindest eine „sachliche Verbindung" zu dem beherrschten Markt, TB 2003/2004, S. 155 – *IATA Reisebüros.* Dass der notwendige Kausalzusammenhang auch fehlen kann, zeigt der Fall *„Einkauf Aktuell",* in dem ihn das OLG Celle verneinte und den Marktzutritt der *DT* auch unter Einsatz von Mitteln aus dem Monopolbereich nicht als Missbrauch ansah (WuW/E DE-R 1592 ff.).

290 Vgl. BGH WuW/E BGH 2762, 2768 – *Amtsanzeiger.*

291 Vgl. BGH aaO.

292 S. dazu insbes. *P. Ulmer,* GRUR 1977, 565 ff. sowie *ders.,* Schranken zulässigen Wettbewerbs marktbeherrschender Unternehmen, S. 100; *ders.,* in Fs. Kummer, 1980, S. 565 ff.; *von Gamm,* NJW 1980, 2489 ff.

293 S. KG WuW/E KG 1767, 1772 – *Kombinationstarif;* WuW/E OLG 1983, 1985 – *Rama-Mädchen.*

294 KG WuW/E OLG 2403, 2407 – *Fertigfutter.*

der BGH und das OLG Düsseldorf legen ihn ihrer Rechtsprechung zugrunde.[295] Die Gerichte sehen Verhaltensweisen, die dem Bereich leistungsfremder Praktiken angehören, grundsätzlich als sachlich nicht gerechtfertigt bzw. unbillig an. Sie seien darauf angelegt, den Abnehmer in der Möglichkeit einzuschränken, jederzeit das unter den konkreten Gegebenheiten für ihn günstigste Angebot frei auszuwählen und ohne wirtschaftliche Nachteile den Marktpartner zu wechseln. Zulässig seien dagegen die Mittel des eigentlichen Leistungswettbewerbs, die der Überflügelung von Mitbewerbern durch verbesserte Produkt- und Servicequalität oder durch Weitergabe der Kostenvorteile der Massenproduktion in Form von Preissenkungen dienen, und an dem marktbeherrschende Unternehmen unabhängig von den Auswirkungen auf die Marktstruktur teilnehmen dürfen.[296] Das Konzept vom Nichtleistungswettbewerb ist im Schrifttum verschiedentlich auf Kritik gestoßen.[297] Da die Rechtsprechung aber auch auf eine **Interessenabwägung** abstellt, hat sich die Kontroverse in ihren praktischen Auswirkungen entschärft, freilich um den Preis einer geringeren Vorhersehbarkeit der kartellrechtlichen Bewertung. Aufgewogen wird dies durch die inzwischen erfolgte Konkretisierung durch Fallgruppen. Für die (unbillige) Behinderung von Wettbewerbern durch marktbeherrschende Unternehmen nach § 19 Abs. 2 Nr. 1 GWB bedarf es darüber hinaus der **Erheblichkeit** der Beeinträchtigung. Das folgt aus dem Wortlaut des Missbrauchsverbots in § 19 Abs. 4 Nr. 1 GWB a. F., der ausdrücklich eine Beeinträchtigung der Wettbewerbsmöglichkeiten „in einer für den Wettbewerb auf dem Markt erheblichen Weise" verlangte. Die Zusammenfassung der beiden Tatbestände des Missbrauchs (Behinderung und Diskriminierung) in § 19 Abs. 2 Nr. 1 GWB sollte den materiellen Gehalt des Behinderungsmissbrauchs unverändert lassen; die Erheblichkeit der Beeinträchtigung ist – gemäß der Begründung des Gesetzesentwurfs der Bundesregierung – ausdrücklich weiterhin zu berücksichtigen.[298] Die Erheblichkeit ist anzunehmen, wenn das in Rede stehende Verhalten objektiv geeignet ist, die Funktionsfähigkeit des Marktes zu beeinträchtigen.[299] Mit dem Erfordernis der Erheblichkeit der Beeinträchtigung wird die „Behinderung" von Wettbewerbern durch Leistungswettbewerb des Normadressaten von vornherein ausgeklammert, ohne dass es auf eine Interessenabwägung unter dem Gesichtspunkt der Billigkeit ankäme. Eine Unlauterkeit des Mittels oder der Zielsetzung der Behinderung im Sinne des UWG ist nicht erforderlich. Die Beurteilung des Unwerts erfolgt im Rahmen des Merkmals der Unbilligkeit.[300]

b) Behinderung auf dem beherrschten Markt. Entsprechend der Zielsetzung der Norm, die wettbewerbliche Handlungsfreiheit gegenüber dem Normadressaten dort zu gewährleisten, wo die Steuerungsfunktionen des Wettbewerbs durch Marktmacht beeinträchtigt sind, beschränkt sich ihr Anwendungsbereich auf Verhaltensweisen auf dem beherrschten Markt[301] bzw. – bei § 20 Abs. 1 GWB – auf dem Markt, auf dem das Abhängigkeitsverhältnis besteht. Das Verbot gilt jedoch nicht nur für den Markt, auf dem das marktbeherrschende Unternehmen unmittelbar tätig ist, sondern auch für den Markt, auf dem sich die Behin- **62**

[295] BGH WuW/E BGH 2195, 2100 ff. – *Abwehrblatt II* (zu § 26 Abs. 2 a. F.); WuW/E DE-R 1206, 1209 – *Strom und Telefon I;* OLG Düsseldorf WuW/E DE-R 1935, 1939, 1943 – *Soda Club;* BKartA WuW/E DE-V 1177 ff. – *Soda Club.*

[296] KG WuW/E OLG 2403, 2407 – *Fertigfutter.*

[297] S. z. B. *Möschel,* aaO § 19 Rdnr. 103; *Immenga/Mestmäcker-Markert,* GWB, § 19 Rdnr. 133 ff. mwN (wegen fortbestehender Unbestimmtheit des Maßstabes). Grundsätzlich bejahend zur Differenzierung nach Leistungswettbewerb/leistungsfremden Praktiken *FK-Weyer,* § 19 Tz. 935 ff. (freilich unter Hinweis auf eine Grauzone von Verhaltensweisen, in denen auf die Interessenabwägung ausgewichen werden muss).

[298] BT-Drucks. 17/9852, 23: „Die Zusammenführung (…) bewirkt aber keine Änderung des materiellen Gehalts des Behinderungsmissbrauchs. Für die Auslegung des Tatbestands ist weiterhin die (…) Rechtsprechung zu § 19 Abs. 1, Abs. 4 Nr. 1 (a. F.) GWB maßgeblich".

[299] KG WuW/E OLG 3124, 3129 – *Milchaustauschfuttermittel.*

[300] BGH aaO.

[301] BGH WuW/E BGH 2483, 2490 – *Sonderungsverfahren.*

derung darüber hinaus mittelbar **auswirkt.**[302] So kann eine Diskriminierung seitens eines Anbieters auf einem von ihm beherrschten Beschaffungsmarkt zugleich eine unbillige Behinderung eines Nachfragers gegenüber seinen Wettbewerbern auf dem nachgelagerten Absatzmarkt begründen, auf dem der diskriminierende Anbieter nicht tätig ist. In diesem Fall verzerrt die Diskriminierung auf dem Beschaffungsmarkt zugleich die wettbewerbliche Stellung des Nachfragers auf seinem Absatzmarkt. Voraussetzung ist aber, dass der Behinderte auch auf dem beherrschten Markt als Nachfrager oder Wettbewerber auftritt.[303] Ebensowenig darf ein Marktbeherrscher seine Marktstellung auf dem beherrschten Markt nicht dazu einsetzen, die Marktgegenseite zur Abnahme von Waren auf einem benachbarten, von ihm nicht beherrschten Markt zu veranlassen.[304] Relativ überlegene Wettbewerber, die auch auf dem vorgelagerten Markt tätig sind, dürfen mittelständische Konkurrenten nicht dadurch mittelbar behindern, dass sie von ihnen bei der Belieferung einen höheren Preis fordern, als sie ihn selbst auf dem nachgelagerten Markt verlangen (sog. Preisscherenmissbrauch, ausdrücklich geregelt in § 20 Abs. 3 Satz 2 Nr. 3 GWB).[305] Ebenso kann die Ungleichbehandlung von Abnehmern eines marktbeherrschenden Unternehmens mittelbar dessen Konkurrenten behindern, etwa durch vertragliche Ausschließlichkeitsbindung der Abnehmer, die den Wettbewerbern des Lieferanten den Zugang zum Absatzmarkt versperren.[306] Eine Behinderung kann auch dann vorliegen, wenn ein Vermieter eines Veranstaltungsortes dem Mieter verbietet, Bier anderer Unternehmen als dem des unselbständigen Wirtschaftsunternehmens des Vermieters auszuschenken.[307] Die Behinderung kann auch dadurch erfolgen, dass der Normadressat zur Absicherung seiner marktbeherrschenden Stellung versucht, gegenüber Abnehmern eine faktische Ausschließlichkeitsbindung durchzusetzen, indem er die Zusammenarbeit mit Vertragspartnern aussetzt, die auch für Konkurrenten tätig werden.[308] Ebenso behindert die Forderung eines Wechselentgelts seitens eines marktbeherrschenden Stromversorgers von Stromkunden, die zu einem anderen Stromlieferanten wechseln, mittelbar die konkurrierenden Stromlieferanten.[309] Solche Zusammenhänge sind nicht nur für die Verwirklichung des Tatbestandes, sondern auch für die Ermittlung des Schadenumfangs erheblich. Erforderlich ist eine Verknüpfung zwischen der durch die Marktmacht eines Unternehmens eingetretenen verminderten Steuerungsfunktion des Wettbewerbs auf einem Markt und der Vornahme der Behinderung auf diesem Markt.[310] Ein solcher Kausalzusammenhang ist dann anzunehmen, wenn das angegriffene Verhalten durch die Marktmacht erst ermöglicht oder zumindest begünstig wird.[311]

63 *c) Behinderung auf einem Drittmarkt.* Verhaltensweisen eines Marktbeherrschers auf dem beherrschten Markt sind abzugrenzen von solchen Verhaltensweisen auf einem Drittmarkt, auf dem er nicht über eine marktbeherrschende Stellung verfügt. Hier unterliegt der Marktbeherrscher aus § 19 Abs. 2 Nr. 1 GWB ebenso wenig besonderen Verhaltenspflichten wie seine Wettbewerber. Mittelbar betroffene Unternehmen können sich gegen Behinderungsauswirkungen nicht wehren, die von einem beherrschenden Unternehmen auf

[302] Vgl. BGHZ 33, 259, 263 ff. – *Molkereigenossenschaft;* BGH WuW/E BGH 1911, 1914 – *Meierei-Zentrale;* OLG Frankfurt WuW/E DE-R 1589, 1590 – *Fernsehzeitschrift „einkauf aktuell";* zur Behinderung auf einem Drittmarkt sogleich in Rdnr. 63.

[303] BGH WuW/E BGH 2483, 2490 – *Sonderungsverfahren;* OLG Düsseldorf WuW/E DE-R 1307, 1309 – *GETECnet.*

[304] BGH WuW/E BGH 1911, 1914 – *Meierei-Zentrale.*

[305] Vgl. dazu *Lübbert/Schöner,* § 24 Rdnr. 53 ff.

[306] BGH WuW/E BGH 1829, 1831 ff. – *Original-VW-Ersatzteile II.*

[307] OLG München WuW/E DE-R 3901, 3905 – *Münchener Residenz.*

[308] KG WuW/E DE-R 1595, 1596 – *Blumendistanzhandel.*

[309] OLG Naumburg WuW/E DE-R 805, 807 – *MEAG.*

[310] OLG Düsseldorf WuW/E DE-R 3788, 3791 – *Schilderprägeunternehmen;* OLG Düsseldorf WuW/E DE-R 2287, 2292 – *Stadtwerke Düsseldorf* mit Verweis auf BGH WuW/E DE-R 1206 – *Strom und Telefon I* mwN.

[311] OLG Düsseldorf WuW/E DE-R 3788, 3792 – *Schilderprägeunternehmen.*

einem Markt ausgehen, auf dem der Betroffene nicht als Anbieter oder Nachfrager tätig ist. Die Drittmarktbehinderung unterfällt nur dann dem Verbotstatbestand des § 19 Abs. 2 Nr. 1 GWB, wenn das behinderte Unternehmen ebenfalls auf dem beherrschten Markt tätig ist.[312] Unzulässig ist es, wenn der Normadressat seine Marktmacht auf dem beherrschten Markt dazu ausnutzt, seine Marktstellung auf dem Drittmarkt zu sichern oder auszubauen, z. B. durch Kopplungsbindung zweier Produkte, die er auf dem beherrschten Markt und dem Drittmarkt anbietet.[313] Voraussetzung ist auch hier, dass der erforderliche Kausalzusammenhang zwischen der Marktbeherrschung und dem missbilligten Verhalten oder seiner wettbewerbsbeeinträchtigenden Wirkung gegeben ist[314] und das behinderte Unternehmen auf dem beherrschten Markt tätig ist.[315]

d) Formen der Behinderung. aa) Abgrenzung zur ungleichen Behandlung (2. Alt.). § 19 Abs. 2 **64**
Nr. 1 GWB erfasst die Behinderung und die Ungleichbehandlung bzw. Diskriminierung. Das Behinderungsverbot der Alt. 1 schützt vor allem Wettbewerber, das Diskriminierungsverbot der Alt. 2 hingegen Lieferanten und Abnehmer gegen Benachteiligung im Verhältnis zu ihren Wettbewerbern.[316] Eine scharfe, gegensätzliche Abgrenzung beider Tatbestandsalternativen ist nicht möglich.[317] So kann z. B. die Lieferverweigerung gegenüber einem Facheinzelhändler nicht nur eine Diskriminierung im Verhältnis zu den belieferten Facheinzelhändlern darstellen, sondern zugleich eine mittelbare Behinderung des Wettbewerbs der Facheinzelhändler untereinander. Praktische Bedeutung hat die Differenzierung im Zivilprozess. Für die Unbilligkeit der Behinderung ist der Behinderte darlegungs- und beweispflichtig, weil die Behinderung als Marktverhalten, das sich objektiv nachteilig für den Betroffenen auswirkt, noch keine Indizwirkung für die Rechtswidrigkeit begründet.[318] Für die sachliche Rechtfertigung der Ungleichbehandlung trägt dagegen der Normadressat die Darlegungs- und Beweislast.[319]

bb) Niedrigpreispolitik. Zunächst können bestimmte Formen der Niedrigpreispolitik als **65**
Behinderungsmissbrauch angesehen werden. Grundsätzlich gilt allerdings, dass das Unterbieten der Konkurrenzpreise für sich genommen zulässig ist und geradezu als ein „wesentliches Element gesunden Wettbewerbs" anzusehen ist; dies gilt auch dann, wenn auf diese Weise Konkurrenten aus dem Markt gedrängt werden, solange das Unternehmen sich dabei der Mittel des Leistungswettbewerbs bedient (z. B. günstigere Preise aufgrund einer Kostendegression).[320] Grundsätzlich zulässig ist daher auch der bloße **Eintritt in Konkurrenzangebote.**[321] Hier sind jedoch zwei **Ausnahmen** zu beachten. Zum einen hat der BGH bei § 20 Abs. 3 GWB eine Untereinstandspreis-Strategie eines marktmächtigen Un-

---

[312] BGH WuW/E DE-R 1283, 1284 – *Der Oberhammer;* OLG Düsseldorf WuW/E DE-R 3788, 3791 – *Schilderprägeunternehmen;* im Verfahren gegen Compandor (Briefsortiermaschinen) wegen Behinerung eines privaten Postdienstleisters hielt das BKartA allerdings die Beteiligung des Marktbeherrschers DPAG an Compandor im Rahmen der Interessenabwägung für relevant. (B9–18/13) Vgl. dazu BKartA TB 2013/2014, S. 114.

[313] BGH WuW/E DE-R 1283 – *Der Oberhammer.*

[314] BGH WuW/E DE-R 1210 Rdnr. 22 m. w. Nachw. – *Strom und Telefon II.*

[315] BGH WuW/E DE-R 1283, 1284 – *Der Oberhammer;* OLG Düsseldorf WuW/E DE-R 3788 – *Schilderprägerunternehmen;* offen gelassen in BGH WuW/E DE-R 1210 Rdnr. 22 – *Strom und Telefon II.*

[316] BGH WuW/E BGH 502 – *Treuhandbüro;* BGH WuW/E BGH 613 – *Werkmilchabzug;* WuW/E BGH 886 – *Jägermeister;* WuW/E BGH 1027, 1031 – *Sportartikelmesse II.*

[317] BGH WuW/E BGH 864, 868 – *Rinderbesamung II.*

[318] BGH WuW/E BGH 509, 517 – *Originalersatzteile I;* WuW/E BGH 2762, 2768 – *Amtsanzeiger;* OLG Frankfurt WuW/E DE-R 3163, 3168 – *Arzneimittelpreise;* Hans. OLG WuW/E DE-R 2831, 2837 – *CRS/Lufthansa.*

[319] BGH WuW/E BGH 2683, 2687 – *Zuckerrübenanlieferungsrecht;* auch *Ollerdißen,* § 61, bei D.

[320] BGH WuW/E BGH 2195, 2199 – *Abwehrblatt II.*

[321] BKartA TB 1993/94, S. 147; *Markert,* RdE 1996, 211. Bericht des Abgeordneten *Uldall* zu den Beratungen des Entwurfs des Gesetzes zur Neuregelung des Energierechts, BT-Drucks. 13/9211, S. 25 (zu § 22 Abs. 4 Satz 2 Nr. 3 a. F.).

ternehmens grundsätzlich als verboten angesehen, selbst wenn dies allein den Zweck verfolgt, die Folgen rechtswidriger (Niedrigpreis-)Praktiken von Wettbewerbern abzuwehren.[322] Dies dürfte – erst recht – auch bei § 19 Abs. 2 Nr. 1 GWB gelten. Zum anderen kann der Eintritt in niedrigere Preise eines Wettbewerbers eine Behinderung darstellen, wenn es sich bei einer Würdigung der in dem Preis inbegriffenen Mehrleistungen wirtschaftlich bzw. faktisch um eine Preisunterbietung handelt. Das OLG Düsseldorf hat daher eine Verfügung des BKartA (weitestgehend) bestätigt, in der der *Lufthansa* im Wettbewerb zur *Germania* aufgegeben wurde, für ihren Flugtarif (bzw. das entsprechende „Leistungsbündel") auf der Strecke Frankfurt/Main-Berlin einen Preisabstand oberhalb des *Germania*-Preises einzuhalten.[323] Bis zur 6. GWB-Novelle (1998) wurde allgemein akzeptiert, dass der schlichte – insbes. vorübergehende – **Verkauf unter Einstandspreisen** regelmäßig weder unlauter noch missbräuchlich ist; entsprechendes galt für die Sondersituation eines Einführungspreises, mit dem neue Nachfrage erschlossen werden soll. Insoweit hat sich durch den mit der 6. GWB-Novelle (1998) eingefügten § 20 Abs. 3 Satz 2 GWB eine neue Rechtslage ergeben. Wenn es bereits Normadressaten des § 20 Abs. 3 GWB (also Unternehmen unterhalb der Marktbeherrschungsschwelle) verboten ist, ihre Waren „nicht nur gelegentlich unter Einstandspreis" anzubieten (vorbehaltlich einer sachlichen Rechtfertigung), so muss dies wiederum erst recht für marktbeherrschende Unternehmen i. S. des § 18 GWB gelten.[324]

66 Bisher betrachten die Gerichte sog. **Kampfpreise**[325] nur in sehr engen Grenzen als Missbrauch bzw. unbillige Behinderung im Sinne des §§ 19, 20 GWB.[326] Die klassische Variante des Vernichtungswettbewerbs aufgrund von Kampfpreisen ist ohnehin selten. Dies gilt auch für das EU-Kartellrecht, wo der EuGH im *Akzo-ECS*-Urteil Leitlinien für die Bewertung von Unterkostenverkäufen entwickelt hat.[327] Auf diese Leitlinien greift auch das BKartA bei §§ 19, 20 GWB zurück.[328] Zu berücksichtigen ist ferner die Mitteilung der Kommission zu ihren Prioritäten bei der Anwendung des Art. 102 AEUV (2009/C 45/02).

67 *cc) Preis-Kosten-Schere.* Ein Missbrauch kann ferner beim Ansetzen einer Preis-Kosten-Schere *(price squeezing)* vorliegen. Ein Unternehmen, das sowohl Lieferant eines Vorproduktes als auch Anbieter des daraus resultierenden Endproduktes ist, versucht dabei, Konkurrenten durch Fordern eines hohen Verkaufspreises für das Vorprodukt bei gleichzeitiger Niedrigpreispolitik für das Endprodukt vom Markt zu verdrängen.[329] Für marktstarke Unternehmen ist mit dem PreismissbrauchsbekämpfungsG 2007 der Sondertatbestand der Preis-Kosten-Schere in § 20 Abs. 3 Satz 2 Nr. 3 GWB eingeführt worden.[330]

---

[322] BGH WuW/E DE-R 1042 ff. – *Eintritt in Untereinstands-Preise (Walmart);* s. dazu auch ausführlich *Lübbert/Schöner,* § 24 Rdnr. 41 ff.

[323] OLG Düsseldorf WuW/E DE-R 867 ff. – *Germania;* s. ferner BKartA B. v. 18.2.2002, B 9 – 144/01 sowie TB 2001/2002, S. 189 f. *(„Verlustpreisstrategie");* dazu *Ewald,* WuW 2003, 1165 ff.

[324] Vgl. zu Verkäufen unter Einstandspreis ausführlich *Lübbert/Schöner,* § 24 Rdnr. 41 ff.

[325] Vgl. dazu ausführlich *Lübbert/Schöner,* § 24 Rdnr. 42.

[326] S. dazu BGH WuW/E BGH 2977, 2981 f. – *Hitlistenplatten* (zu § 20 Abs. 4 a. F.); WuW/E BGH 2195, 2199 – *Abwehrblatt II;* WuW/E BGH 2762, 2767 f. – *Amtsanzeiger* sowie den berühmten *Benrather Tankstellenfall* RGZ 134, 342.

[327] EuGH U. v. 3.7.1991, Slg. 1991 I-3359, 3453 ff. S. dazu näher *de Bronett,* § 22 Rdnr. 114 ff.

[328] BKartA TB 2003/2004, S. 166 – *DPAG/"Einkauf Aktuell"*, dort Missbrauch verneint.

[329] Dazu allgemein *Möschel,* § 19 Rdnr. 122, *B. Bergmann,* WuW 2001, 234, 240 ff. sowie die Monographie von *Henk-Merten,* Die Kosten-Preis-Schere im Kartellrecht, Heft 200 der FIW-Schriftenreihe 2004. Aus der Praxis der EG-Komm. s. die Mitteilung über die Anwendung der Wettbewerbsregeln auf Zugangsvereinbarungen im Telekommunikations-Bereich, ABl. EG 1998 C 265/2 ff., Rdnr. 117 ff. (dort „Zweifacher Preisdruck" genannt) und Komm. E. v. 4.7.2007 gegen die spanische *Telefonica* (dazu Presse-Mitt. IP/07/1011) sowie *Haag/Klotz,* Competition Policy Newsletter 1998, No. 2, S. 35, 37 und unter § 22 Rdnr. 94.

[330] Vgl. zur Preis-Kosten-Schere ausführlich *Lübbert/Schöner,* § 24 Rdnr. 53.

dd) Behinderung durch Bindung – Ausschließlichkeitsbindungen, Vertriebsbindungen, Verwendungsbindungen, Kopplungsbindungen. (1) Grundsatz. Nach ständiger Rechtsprechung des BGH ist auch ein marktbeherrschendes Unternehmen nicht daran gehindert, seine geschäftliche Tätigkeit und seinen Absatz nach eigenem Ermessen so zu gestalten, wie es das für wirtschaftlich richtig und sinnvoll erachtet.[331] Bindet ein marktstarkes Unternehmen bestimmte Lieferanten oder Abnehmer an sich oder bindet es den Vertrieb oder die Verwendung seines Produkts, kann sich das allerdings negativ auf die Handlungsmöglichkeiten dritter Unternehmen auswirken und den Wettbewerb, insbes. den Marktzugang beeinträchtigen. Die Auswirkungen einer Ausschließlichkeitsbindung hängen insbes. von ihrer Laufzeit ab. Es ist fraglich, ob jederzeit mit kurzer Frist kündbare Verträge über den ausschließlichen Bezug bestimmter Dienstleistungen bei einem Anbieter überhaupt als Wettbewerbsbeschränkung anzusehen sind. Das ist nicht der Fall, wenn aufgrund von Besonderheiten der in Rede stehenden Verträge und Umstände mit ihnen keine erhebliche marktabschottende Wirkung verbunden ist.[332] Ausschließlichkeitsbindungen werden vor allem als Bestandteil von **Alleinbezugsverträgen** oder **Alleinvertriebsverträgen** vereinbart. Beide Formen der Bindung schränken den Intra-Brand-Wettbewerb ein. Sie sind bei ausreichendem Inter-Brand-Wettbewerb unproblematisch und können bis zur Marktanteilsgrenze von 30% durch die Vertikal-GVO Nr. 330/2010 freigestellt sein.[333] Bei deutlich höheren Marktanteilen kann sich ein Missbrauch der Marktmacht ergeben. Beim **Alleinbezug** ist der Wiederverkäufer verpflichtet, bestimmte Erzeugnisse nur von einem Lieferanten zu beziehen, beim **Alleinvertrieb** ist der Lieferant verpflichtet, seine Erzeugnisse zum Weiterverkauf in einem bestimmten Gebiet nur an einen Wiederverkäufer zu liefern. Beide Formen der Ausschließlichkeit werden in Verträgen zwischen Lieferanten und Abnehmern vielfach wechselseitig vereinbart. Typische Alleinbezugsverträge sind die Bierlieferungsverträge der Brauereien mit Gaststätten, typische Alleinvertriebsverträge die Vertragshändlerverträge der Automobilhersteller mit den Kfz-Händlern, denen ein Marktgebiet zugewiesen wird. Das Wesen der ausschließlichen Bezugsbindung besteht darin, dass sie den Wiederverkäufer hindert, zur Befriedigung seines Bedarfs identische oder gleichartige Waren von den Konkurrenten des Lieferanten zu beziehen; das Wesen der ausschließlichen Vertriebsbindung darin, dass sie den Lieferanten hindert, seine Ware durch andere als den Wiederverkäufer abzusetzen. In beiden Fällen werden die Konkurrenten in ihren Wettbewerbsmöglichkeiten beeinträchtigt: Im Falle der Alleinbezugsbindung ist den Konkurrenten des alleinberechtigten Lieferanten der Marktzugang zu den gebundenen Wiederverkäufern versperrt; dagegen bleibt der Lieferant frei, Konkurrenten des Gebundenen zu beliefern. Im Falle der Alleinvertriebsbindung können die Wettbewerber des alleinberechtigten Absatzmittlers keine Geschäftsbeziehung mit dem gebundenen Lieferanten aufnehmen, wohl aber kann der Absatzmittler die Produkte von Konkurrenten des gebundenen Lieferanten vertreiben, es sei denn, ihm ist ein Wettbewerbsverbot auferlegt. Sind – wie regelmäßig – Alleinbezug und Alleinvertrieb wechselseitig vereinbart, kann weder der Lieferant andere als seinen Wiederverkäufer beliefern noch kann der Wiederverkäufer von anderen als seinem Lieferanten beziehen. In diesem Fall ist also der Marktzugang auf beiden Absatzstufen eingeengt. 68

(2) Abgrenzung von Ausschließlichkeitsbindung zur Verwendungs- und zur Vertriebsbindung. Abzugrenzen ist die Ausschließlichkeitsbindung von der Verwendungsbindung und der Vertriebsbindung. Beide können nur ausnahmsweise eine Behinderung begründen. 69

Die **Verwendungsbindung (Verwendungsbeschränkung)** umfasst jede Beschränkung des Verpflichteten in der Verwertung der gelieferten Ware oder Leistung, so z. B. die Verpflichtung eines ausschließlich berechtigten Fernsehsenders, eine Sportveranstaltung nur 70

---

[331] BGH WuW/E DE-R 4261, 4266 – *VBL-Versicherungspflicht.*

[332] BGH WuW/E DE-R 4261, 4267 – *VBL-Versicherungspflicht;* EuGH U. v. 4.12.2014, Rs C-384/13, ECLI:EU:C:2014:2425 – *Estaciôn de Servicio* Pozuelo 4.

[333] OLG Düsseldorf WuW/E DE-R 4730, 4738, 4741, 4747 – *Laborchemikalien.*

in einem bestimmten Zeitfenster zu übertragen, oder das von einem Adressenverlag seinen Kunden auferlegte Verbot, die verkauften Adressen mehr als einmal zu verwenden.[334]

71 Die **Vertriebsbindung** verpflichtet den Wiederverkäufer, die gelieferte Ware nur an bestimmte Abnehmer zu verkaufen, so z. B. die Verpflichtung des Alleinimporteurs eines Markenartikels, die gelieferte Ware nur an vertraglich autorisierte Facheinzelhändler weiterzuverkaufen.

72 Verwendungs- und Vertriebsbindung beschränken den Verpflichteten nur in der Freiheit der Verwertung bzw. des Vertriebs der gelieferten Ware, ohne die Konkurrenten der Lieferanten von einer Geschäftsbeziehung mit dem Gebundenen auszuschließen. Solche Bindungen betreffen nur den Intra-Brand Wettbewerb und sind deshalb in der Regel keine relevanten Behinderungen.

73 *(3) Ausschließlichkeitsbindungen.* Ausschließlichkeitsbindungen können bei einer marktbeherrschenden Stellung des Normadressaten gegen § 19 Abs. 2 Nr. 1 GWB verstoßen. Dabei ist zu beachten, dass die Rechtsprechung Fälle mit Ausschließlichkeitsbindungen in der Vergangenheit zumeist im Lichte des Verbotes aus § 1 GWB entschieden hat, so z. B. die Entscheidung im Fall *Pauschalreiseveranstalter,* welche die Marktzugangsbehinderung von Wettbewerbern führender Reiseveranstalter zum Gegenstand hatte, die eine Ausschließlichkeitsbindung praktizierten.[335] Da die betroffenen Reiseveranstalter zu den stärksten Unternehmen auf dem Markt für Pauschalreisen gehörten, hätte das Urteil auch auf das Verbot des Marktmissbrauchs aus §§ 19, 20 GWB gestützt werden können. Das aber haben weder das BKartA[336] noch das Kammergericht[337] oder der BGH[338] getan. Gleiches gilt für die Entscheidung des BGH im Fall *Globalvertrag,* welche ebenfalls inhaltlich auf das Behinderungsverbot übertragbar ist: Ein Fernsehveranstalter behindert den Zugang zur Übertragung von Sportveranstaltungen auf dem Programmbeschaffungsmarkt, wenn er sich durch einen Globalvertrag mit 38 Spitzenverbänden für sämtliche Veranstaltungen bedeutender Sportarten das ausschließliche Übertragungsrecht einräumen lässt.[339] Aufgrund des Vorrangs des europäischen Kartellrechts (§ 22 GWB) sind nunmehr auch die Regeln der nach § 2 Abs. 2 GWB entsprechend anwendbaren Vertikal-GVO Nr. 330/2010 zu berücksichtigen. Alleinbezugsbindungen und Alleinbelieferungsverpflichtungen sind danach vom Verbot des § 1 GWB bzw. des Art. 101 Abs. 1 AEUV grundsätzlich freigestellt, wenn der Marktanteil des Lieferanten bzw. des Nachfragers den Anteil von 30 % nicht überschreitet (Art. 3 Abs. 1 und 2 Vertikal-GVO Nr. 330/2010). Aufgrund der Definition des **Wettbewerbsverbots** in Art. 1 lit. d Vertikal-GVO Nr. 330/2010 gilt dasselbe für Bezugsbindungen, die eine Deckung von mehr als 80 % des jährlichen Bedarfs zum Gegenstand haben. Lieferanten bzw. Nachfrager mit einem Marktanteil von 30 % oder weniger profitieren von der Freistellung jedoch nur, wenn die Bindungen eine Dauer von fünf Jahren nicht überschreiten (Art. 5 lit. a Vertikal-GVO Nr. 330/2010). Die Rechtsprechung des BGH in den sog. Schilderpräger-Fällen berücksichtigt diese Maßstäbe, indem sie bei der Vermietung von Gewerbeflächen an Schilderprägeunternehmen in der Nachbarschaft zu Kfz-Zulassungsstellen eine Ausschließlichkeitsbindung nur für die Dauer von fünf Jahren gestattet und in diesen Abständen Neuausschreibungen verlangt.[340]

74 Eine Freistellung von Ausschließlichkeitsverträgen eines Unternehmens mit einem Marktanteil von nicht mehr als 30 % nach Art. 101 AEUV bzw. § 1 GWB kann einem Verstoß gegen §§ 19, 20 GWB entgegenstehen.[341] Zunächst ist der Vorrang des EU-Rechts zu berücksichtigen, der in § 22 Abs. 2 Satz 2 GWB seine Bestätigung findet. Die Vorschrift ist

---

[334] Vgl. BGH WuW/E BGH 2290, 2291 – *Mehrfachverwendung von Adressen.*
[335] BGH WuW/E BGH 2668 ff. – *Pauschalreiseveranstalter.*
[336] WuW/E BKartA 2283 – *Touristik Union und NUR.*
[337] Vgl. BKartA TB 1991/1992, 123 f.
[338] BGH WuW/E BGH 2668 – *Pauschalreiseveranstalter* (Aufhebung und Zurückverweisung).
[339] BGH WuW/E BGH 2627, 2640 ff. – *Sportübertragungen.*
[340] BGH WuW/E DE-R 1099, 1100 – *Konkurrenzschutz für Schilderpräger* mwN.
[341] Vgl. die Gesetzesbegründung zur 7. GWB-Novelle, BT-Drucks. 15/3640, 46.

aber restriktiv dahingehend auszulegen, dass der Vorrang des EU-Rechts nur bei einseitigem Verhalten aufgehoben ist und wenn dieses nicht vom Anwendungsbereich des Art. 102 AEUV erfasst wird.[342] Zwar kommt eine Normadressateneigenschaft bei Anwendung des § 19 Abs. 2 Nr. 1 GWB wegen des Marktanteils von unter 40% (vgl. § 18 Abs. 4 GWB) weniger in Betracht, wohl aber die Anwendung des § 19 Abs. 2 Nr. 1 iVm. § 20 Abs. 1 GWB, der nicht auf die absolute Marktmacht, sondern auf die relative Abhängigkeit abstellt. Wirkt sich die Ausschließlichkeitsbindung auf den Abhängigen als unbillige Behinderung aus oder versperrt sie aufgrund des kumulativen Effekts in einem Netz von Ausschließlichkeitsbindungen Wettbewerbern den Marktzugang, dann kann sie **im Einzelfall** Wirkungen zeigen, die mit den Bedingungen der Freistellung nach § 2 Abs. 1 GWB bzw. Art. 101 Abs. 3 AEUV nicht vereinbar sind. Demgegenüber ist die bloße Existenz einer zweiseitig vereinbarten und freigestellten Ausschließlichkeitsbindung nicht geeignet, gegen §§ 19, 20 GWB zu verstoßen.[343] Erst wenn eine solche Vereinbarung Wirkungen zeigt, die in einem erheblichen Ausmaß zu unbilligen Behinderungen führt, spricht das gegen eine Freistellung. Die Kartellbehörde kann ggf. den Rechtsvorteil der Freistellung nach § 32d GWB bzw. Art. 29 VO Nr. 1/2003 entziehen. Beruht die unbillige Behinderung des Abhängigen auf einseitigen Maßnahmen des Normadressaten außerhalb des Ausschließlichkeitsvertrages, greift § 20 GWB ohne weiteres (Art. 3 Abs. 2 VO Nr. 1/2003). Die Einzelheiten des Verhältnisses zwischen EU-Freistellung und Anwendung der §§ 19, 20 GWB sind durch die Rechtsprechung noch nicht abschließend geklärt.

Mehrfach Gegenstand der Rechtsprechung waren die **ausschließlichen Ersatzteilbezugsbindungen** der Kfz-Vertragshändler an die Automobilhersteller. Solche Bindungen beeinträchtigen die Absatzmöglichkeiten von Teileherstellern, die nicht nur den Kfz-Hersteller, sondern auch den Teilehandel mit den Originalteilen oder gleichen Teilen (sog. Identteile) beliefern, oder solchen, die zwar keine Zulieferer des Automobilherstellers sind, die Originalersatzteile aber zulässigerweise nachbauen (sog. Nachbauteile). In beiden Fällen hat der BGH das Interesse des Kfz-Herstellers als schutzwürdiger angesehen, wenn er im Interesse der Förderung und Sicherung des Neuwagenabsatzes den Vertragshändlern und -werkstätten nur die Benutzung von solchen Ersatz- und Austauschteilen gestattet, die sie von ihm beziehen, nachdem er die Qualität der Teile durch Eingangskontrolle überprüft und fehlerhafte Teile ausgesondert hat.[344] Die Entscheidungen waren aufgrund der Entwicklungen im vorrangigen EG-Kartellrecht zwischenzeitlich überholt. So stellte Art. 2 Abs. 1 iVm. Art. 4 Abs. 1 lit. k und Art. 1 Abs. 1 lit. u Kfz-GVO Nr. 1400/2002[345] die quantitativ-selektiven Vertriebssysteme der Kfz-Hersteller von Art. 81 Abs. 1 EG (jetzt: Art. 101 AEUV) nur frei, wenn sie dem Vertragshändler nicht mehr als den Bezug oder die Verwendung qualitativ nicht gleichwertiger Ersatzteile verbot. Verstießen danach ausschließliche Bezugsbindungen für qualitativ gleichwertige Ident- oder Nachbauteile an den Kfz-Hersteller gegen Art. 81 Abs. 1 EG (jetzt: Art. 101 AEUV), stellten solche Bindungen eine unbillige Behinderung dar.[346] Allerdings unterliegen seit In-Kraft-Treten der Kfz-GVO Nr. 461/2010 am 1.6.2010[347] die Bedingungen, unter denen die beteiligten Unternehmen Kfz-Ersatzteile beziehen, verkaufen oder weiterkaufen, regelmäßig der doppelten Kontrolle 75

[342] *Immenga/Mestmäcker-Rehbinder,* GWB, § 22 Rdnr. 14.

[343] *MüKo-Böge/Bardong* EU Kartellrecht, Art. 3 VO 1/2003, Rdnr. 99 ff.; aA OLG Stuttgart, U. v. 9.12.2013, Az. 2 U 148/12 mit der nicht überzeugenden Begründung, das streitgegenständliche selektive Vertriebssystem für Neufahrzeuge wirke sich behindernd auf einen gesonderten Tuningmarkt aus, so dass auch der klagende Tuner mit Neufahrzeugen zu seinen Zwecken zu beliefern sei; teilweise aufgehoben durch BGH U. v. 6.10.2015, Az. KZR 87/13 – *Porsche Tuning;* der BGH geht in Rdnr. 60 von einem einseitigen Verhalten der Bekl. aus.

[344] BGH WuW/E 509, 515 – *Originalersatzteile;* BGH WuW/E BGH 1233, 1234 – *Original-VW-Ersatzteile;* BGH WuW/E BGH 1829, 1834 ff. – *Original-VW-Ersatzteile II.*

[345] ABl. EG Nr. L 203 vom 1.8.2002, 30 ff.; dazu *Kirchhoff,* § 11 Rdnr. 475 ff.

[346] Vgl. BGH WuW/E BGH 2875, 2880 – *VW-Herstellerleasing;* EuGH U. v. 24.10.1995, Slg. 1995, I-3439 und 3477 – *Bayerische Motorenwerke/ALD* und *BKartA/Volkswagen und VAG-Leasing.*

[347] ABl. EG Nr. L 129 v. 28.5.2010, 53 ff.

nach der Kfz-GVO Nr. 461/2010 und der Vertikal-GVO Nr. 330/2010 (vgl. Art. 4 Kfz-GVO Nr. 461/2010). Da die schwarze Klausel in Art. 4 lit. k Kfz-GVO Nr. 1400/2002 nach den Erkenntnissen der Europäischen Kommission in der Praxis ihre Aufgabe nicht erfüllt hat,[348] ist sie mit Geltung der Kfz-GVO Nr. 461/2010 wieder weggefallen.

76 Eine unbillige Behinderung wegen Verstoßes gegen Art. 101 Abs. 1 AEUV stellte die von *VAG*-Händlern verlangte Bindung dar, Leasingverträge ausschließlich an die *VW*-eigenen Leasinggesellschaften, und nicht an unabhängige Leasinggesellschaften zu vermitteln.[349]

77 Die neuere Rechtsprechung hat einen Verstoß gegen das Behinderungsverbot in Fällen abgelehnt, die die Zulassung freier Werkstätten zum Werkstattnetz von Nutzfahrzeugherstellern[350] bzw. Personenkraftwagen[351] betrafen: Nach Auffassung der Rechtsprechung scheiterte ein Zulassungsanspruch aus dem Diskriminierungsverbot und dem Verbot unbilliger Behinderung nach § 19 Abs. 2 Nr. 1 GWB an der fehlenden Normadressateneigenschaft der beklagten Hersteller, da diese – nach Auffassung der Gerichte – nicht marktbeherrschend waren. Wie der BGH ausführt, betrifft das Klagebegehren nämlich nicht den Endkundenmarkt für die Inanspruchnahme von Instandsetzungs- und Wartungsdienstleistungen für Nutzfahrzeuge, sondern einen vorgelagerten Markt, auf dem sich die Werkstätten als Nachfrager und die Hersteller von Nutzfahrzeugen und andere Unternehmen als Anbieter von Ressourcen gegenüberstehen, die zur Erbringung von Instandsetzungs- und Wartungsarbeiten eingesetzt werden.[352] Dieser vorgelagerte Markt soll alle Produkte, Dienstleistungen und Rechte umfassen, die den Zutritt auf den nachgelagerten Markt erleichtern, wie etwa das Angebot von Ersatzteilen, Diagnosegeräten und Spezialwerkzeugen.[353]

78 *ee) Rabatte.* Eine unbillige Behinderung kann auch dann vorliegen, wenn das marktbeherrschende Unternehmen zwar auf Ausschließlichkeitsbindungen seiner Kunden verzichtet, dafür aber Surrogate einsetzt, die eine vergleichbare Wirkung erzielen. In der Praxis ist dies insbes. für Treuerabatte, für Gesamtumsatzrabatte sowie für entsprechende Bonussysteme bejaht worden.[354] Unbedenklich sind derartige Rabatte und Bonussysteme, wenn sie sich nur auf eine kurze Referenzperiode (z. B. ein Quartal) beziehen.[355] Bei der Beurteilung von Rabattpraktiken muss freilich – in Zusammenhang mit der Prüfung der sachlichen Rechtfertigung – neben der konkreten Ausgestaltung die Branchenüblichkeit bzw. das Verhalten der Wettbewerber berücksichtigt werden.[356] Dies kann im Einzelfall zu einer differenzierenden rechtlichen Bewertung führen (zulässig gegenüber dem großen Wettbewerber A, unzulässig gegenüber dem kleinen Wettbewerber B).[357] Unbedenklich sind normale Mengenrabatte, die lediglich an die Größe eines erteilten Auftrages oder einer erfolgten Lieferung anknüpfen, ferner echte Funktionsrabatte.[358]

---

[348] Vgl. *Immenga/Mestmäcker-Ellger,* EU WbR, Einl Kfz-GVO Rdnr. 29 mwN.

[349] BGH aaO; EuGH WuW/E EWG/MUV 1023, 1026 – *VW-Herstellerleasing.*

[350] BGH WuW/E DE-R 3303 – *Vertragswerkstätten;* BGH GRUR-RR 2011, 391 – *Nutzfahrzeug-Servicenetz.*

[351] OLG Düsseldorf U. v. 21.12.2011, VI-1 U (Kart) 19/11.

[352] BGH WuW/E DE-R 3303, 3304 – *Vertragswerkstätten*

[353] OLG Düsseldorf U. v. 21.12.2011, VI-1 U (Kart) 19/11, Rdnr. 43; BGH WuW/E DE-R 3303, 3305 – *Vertragswerkstätten.*

[354] BKartA WuW/E BKartA 1805 – *International Harvester;* WuW/E BKartA 1817 – *Fertigfutter,* bestätigt durch KG WuW/E OLG 2403 ff. – *Fertigfutter;* TB 1999/2000, S. 129 – *Spielwaren* (Treuerabatt für SB-Warenhaus-Kunden). Aus der jüngeren Literatur s. *Meßmer/Bernhard,* BB 2014, 2499 ff.

[355] S. dazu Monopolkommission, 4. Hauptgutachten 1980/81, Rdnr. 494; zu Treuerabatten auch *Möschel,* aaO § 19 Rdnr. 129. Zur Bewertung der verschiedenen Rabattarten s. *Kleinmann,* EWS 2002, 466 ff.

[356] Vgl. dazu ausführlich *Lübbert/Schöner,* § 23 Rdnr. 138 ff..

[357] So die Bewertung des Rabattsystems „*Miles & More*" der *Lufthansa,* das für den Wettbewerber *Eurowings* geöffnet werden musste, nicht aber für Flüge des Wettbewerbers *Deutsche BA (British Airways),* BKartA Presse-Mitt. v. 26.9.1997.

[358] S. dazu statt aller *Möschel,* aaO § 19 Rdnr. 128; s. ferner KG WuW/E OLG 3656 ff. – *TUI-Partnerschaftsbonus* (zur Zulässigkeit aaO eines – geringfügigen – Bonus für führende Reiseagenturen).

ff) Sonderfall der Kopplungsbindungen. (1) Begriff. Eine Legaldefinition der Kopplungsbindung enthielt bereits das Missbrauchsverbot in § 22 Abs. 3 Nr. 2 in der ersten Fassung des GWB von 1957 bis 1965. Sie fand sich weiterhin in § 16 Nr. 4 GWB a. F.[359] Danach liegt eine Kopplungsbindung bei einer mit einem Vertrag verbundenen Bindung vor, die den Vertragspartner verpflichtet, sachlich oder handelsüblich nicht zugehörige Waren oder gewerbliche Leistungen abzunehmen. Als Beispiel für einen Missbrauch wird die Kopplungsbindung auch in Art. 102 Satz 2 lit. d AEUV genannt, wobei die Definition der obigen weitestgehend entspricht.[360] Einen Ausschluss der Freistellung bei nicht sachgerechter Kopplung enthielt Art. 3 lit. c der früheren GVO Nr. 1984/83 für Alleinbezugsverträge. In der Vertikal-GVO Nr. 2790/1999 und der aktuellen Vertikal-GVO Nr. 330/2010 findet er sich nicht mehr. 79

Eine unzulässige Kopplungsbindung liegt nicht vor, wenn ein Kfz-Hersteller Neuwagenkäufern den Abschluss eines unentgeltlichen Service-Vertrages bietet; denn die zusätzliche Service-Leistung steht sachlich in Beziehung zum Vertragsgegenstand „Kraftfahrzeugkauf". [361] Ein rechtlicher Zwang zum Bezug der gekoppelten Ware ist indes nicht erforderlich. Es genügt eine **Sogwirkung** aufgrund tatsächlicher Umstände.[362] Kennzeichen der Kopplungsbindung ist die Ausnutzung der Marktstärke der „Hauptware" zur Durchsetzung des Bezugs einer „Nebenware", die der Abnehmer ansonsten nicht kaufen würde. Die begehrte Leistung wird vorgespannt, um eine nicht gefragte mitzuziehen.[363] 80

Lauterkeitsrechtlich ist die Abgabe einer bestimmten Ware oder Leistung nur gekoppelt mit einer anderen Ware oder Leistung für sich genommen nicht zu beanstanden,[364] und zwar selbst dann nicht, wenn die Kopplung verdeckt erfolgt.[365] Insbesondere kann nach Aufhebung der ZugabeVO der Verkauf einer Ware mit einer Gratiszugabe gekoppelt werden. Derlei Verknüpfungen in einem Austauschvertrag begegnen deshalb nicht von vornherein kartellrechtlichen Bedenken. Verlangt jedoch ein marktbeherrschender Lieferant den Bezug einer anderen Ware, die der Abnehmer eigentlich nicht zu erwerben wünscht, nutzt er seine marktbeherrschende Stellung als Lieferant für einen anderen Markt aus, den er (noch) nicht beherrscht. Ein solches Verhalten könnte er bei wirksamem Wettbewerb nicht durchsetzen. Für eine relevante Sogwirkung genügt der **Zusammenhang zwischen Marktmacht und Marktwirkung.**[366] Die Kopplung muss nicht notwendig durch vertragliche Bindungen erfolgen. Eine Sogwirkung zu Gunsten des Marktbeherrschers kann auch durch wirtschaftliche Anreize erfolgen, so wenn eine marktbeherrschende Molkereigenossenschaft die Abnahme bestimmter Mindestmengen des von ihr angebotenen Milchaustauschfuttermittels mit einer Prämie auf den Milchauszahlungspreis der von ihr von den Landwirten abgenommenen Milchmengen belohnt.[367] Die tatsächliche Bindung kann auch dann entstehen, wenn das Kopplungsangebot den Adressaten rechtlich nicht verpflichtet, beim Erwerb des Erstproduktes auch das gekoppelte Angebot abzunehmen, von ihm aber aufgrund der Umstände eine solche Sogwirkung ausgeht, dass ein Großteil der Kunden für die Wettbewerber des Anbieters des gekoppelten Produktes praktisch verloren ist, so z. B. wenn die auf dem Markt für Festnetzanschlüsse beherrschende *Deutsche Telekom* ISDN- 81

---

[359] Zuvor in § 18 Abs. 1 Nr. 4 GWB a. F. (z. B. noch in der Fassung des GWB von 1992).

[360] Vgl. Wortlaut des Art. 102 Satz 2 lit. d AEUV: „Die an den Vertragsabschluss geknüpfte Bedingung, dass der Vertragspartner zusätzliche Leistungen annehmen muss, die weder sachlich noch nach dem Handelsbrauch in Beziehung zum Vertragsgegenstand stehen."

[361] OLG Düsseldorf WuW/E DE-R 1865, 1868 – *5-Sterne-Premium-Paket.*

[362] BGH WuW/E DE-R 1283, 1286 – *Der Oberhammer* (für die Kopplung eines ISDN-Telefonanschlusses mit einem Internetzugang).

[363] Dazu näher *Kirchhoff,* § 13 Rdnr. 7 ff.

[364] BGH WuW/E DE-R 1006, 1008 – *Fernwärme Börnsen.*

[365] BGH WRP 1996, 286 – *Saustarke Angebote.*

[366] Vgl. KG WuW/E OLG 1767, 1771 – *Kombinationstarif;* OLG 2148 – *Sonntag aktuell* (beide zu § 22 GWB a. F.); BKartA WuW/E DE-V 1177, 1185 – *Soda-Club;* OLG Düsseldorf WuW/E DE-R 2287, 2292 – *Stadtwerke Düsseldorf.*

[367] KG WuW/E OLG 3124, 3125 – *Milchaustauschfuttermittel.*

Anschlüsse gekoppelt mit einem T-Online Internetzugang anbietet und den Bestellern von ISDN-Anschlüssen zugleich die Registrierung und die Software für den Internetzugang liefert.[368] Im Fall *„Soda Club"* beanstandete das BKartA die Kopplung des Vertriebs von Besprudelungsgeräten und ihrer Nachfüllung über ein Mietsystem für die CO_2-Zylinder als missbräuchlich, was von den Gerichten bestätigt wurde.[369]

82 *(2) Grundsätzliche Zulässigkeit von Kopplungsbindungen.* Eine Kopplungsbindung ist nur dann verboten, wenn sie zu einer erheblichen Beeinträchtigung des Wettbewerbs führt. Das GWB erlaubt den Gebrauch von Marktmacht auch durch solche Verhaltensweisen, die sich als Maßnahme des Nichtleistungswettbewerbs im Vorfeld unlauteren Verhaltens bewegen. Erst wenn sich die Maßnahme aufgrund der Marktmacht des Kopplers, des Ausmaßes der Kopplung und ihrer Auswirkungen auf die Wettbewerber als (Behinderungs-)Missbrauch von Marktmacht darstellt, d. h. die Wettbewerbsmöglichkeiten anderer Unternehmen iSd § 19 Abs. 2 Nr. 1 GWB unbillig behindert oder wenn sie ohne sachlich gerechtfertigten Grund diskriminiert werden,[370] kann sie auch eine kartellrechtlich relevante Behinderung darstellen. So sind Angebotskopplungen in Verbindung mit Preisreduzierungen im Grundsatz nicht zu beanstanden, da sie oftmals Rationalisierungs- und Synergieeffekte mit sich bringen, die vom Anbieter (ggf. teilweise) als Preisvorteil an den Nachfrager weitergegeben werden können.[371] Insoweit wird auch einem marktbeherrschenden Unternehmen ein unternehmerischer Gestaltungsspielraum eingeräumt, die Art seiner wirtschaftlichen Betätigung zu bestimmen und zu entscheiden, mit welchen Angeboten es am Markt auftreten will. Der Widerspruch zur Zielsetzung des Gesetzes kann sich aber aus den Auswirkungen des vom Marktbeherrscher an den Tag gelegten wettbewerblichen Verhaltens ergeben, wenn dadurch auf dem Drittmarkt Marktzutrittsschranken für Wettbewerber errichtet werden oder solche, sollten sie auf jenem Markt bereits bestehen, aufrechterhalten, verfestigt oder sogar vertieft werden.[372] Behindert werden bei der Kopplungsbindung also nicht nur der zum Bezug sachlich nicht zugehöriger Waren gezwungene Abnehmer, sondern auch die Konkurrenten des Lieferanten, weil ihnen damit der Zugang zu den Käufern der aufgedrängten Ware auf dem nicht beherrschten Markt versperrt wird.

83 *(3) Einzelfall: Etikettenbezug.* Grundlegend ist der vom Kammergericht zu § 22 GWB a. F. (jetzt: § 19 Abs. 2 Nr. 1 GWB) zur Kopplungsbindung entschiedene Fall *Handpreisauszeichner.*[373] Ein Hersteller solcher Geräte missbrauchte seine marktbeherrschende Stellung mit über 90% Marktanteil, um seinen Kunden eine fünfjährige, ausschließliche Bezugspflicht für Haftetiketten zur Preisauszeichnung aufzuerlegen, die 30% teurer als die Etiketten seiner Konkurrenten waren. Benutzte der Kunde Fremdetiketten, verweigerte der Hersteller nicht nur den Kundendienst, sondern auch die weitere Belieferung mit Handpreisauszeichnern.[374] Für den sachgemäßen Gebrauch der Geräte und zur Wahrung der Herstellergarantie war die Etikettenbezugsbindung nicht erforderlich. Eine Bindung von sechs Monaten hatte das BKartA jedoch zugelassen.[375]

84 *(4) Einzelfall: Anzeigenkombination.* Mit der Kopplung durch Kombination der Anzeigenbelegung in mehreren Pressetiteln ohne das alternative Recht zur Einzelbelegung musste

[368] BGH WuW/DE-R 1283, 1286 – *Der Oberhammer.*

[369] BKartA B. v. 9.2.2006, WuW/E DE-V 1177 ff. – *Soda Club;* OLG Düsseldorf WuW/E DE-R 1935 ff. – *Soda Club;* BGH WuW/E DE-R 2268ff; vgl. zum zweiten Verfahren aus dem Jahr 2015 gegen Soda Club (jetzt SodaStream), das auf einem Verstoß gegen die Verfügung beruhte: BKartA TB 2014/2015 S. 68 f.

[370] Vgl. BGH WuW/E DE-R 1283, 1286 f. – *Der Oberhammer.*

[371] OLG Düsseldorf WuW/E DE-R 2287, 2292 – *Stadtwerke Düsseldorf.*

[372] OLG Düsseldorf WuW/E DE-R 2287, 2292 – *Stadtwerke Düsseldorf.*

[373] KG WuW/E OLG 995 – *Handpreisauszeichner.*

[374] KG aaO 995, 998.

[375] WuW/E BKartA 1189, 1195 – *Handpreisauszeichnungsgerät.*

sich die Rechtsprechung mehrfach befassen.[376] Der BGH sieht eine solche Anzeigenkombination von Titeln dann als zulässig an, wenn sie das Anzeigengeschäft der konkurrierenden Verlage nicht erheblich beeinträchtigen und der Kombinationstarif günstiger ist als die Summe der Einzelpreise.[377] Dem Inserenten werde mit der unverzichtbaren Leistung zwar eine unerwünschte mit aufgedrängt; das sei aber durch das Rationalisierungsinteresse des Marktbeherrschers sachlich gerechtfertigt. Ein vom Kammergericht entschiedener Fall betraf einen freiwilligen Kombinationstarif für Anzeigen in der *„Berliner Morgenpost"* und *„Die Welt"* sowie für *„Die Welt"* und *„Welt am Sonntag"*, der das Anzeigengeschäft der *„Welt"* fördern sollte. Nach Auffassung des Kammergerichts richtet sich das Behinderungsverbot nicht gegen jegliche Maßnahmen von Nichtleistungswettbewerb, sondern greift nur ein, wenn der Wettbewerb auf dem Markt **schwerwiegend** beeinträchtigt zu werden droht.[378] Diese restriktive Auslegung wurde durch die Verschärfung des Missbrauchstatbestandes im Rahmen der 4. GWB-Novelle überholt. Danach reichte bereits eine **erhebliche** Beeinträchtigung der Wettbewerbsmöglichkeiten anderer Unternehmen.[379] Auf das Kriterium der Erheblichkeit soll es auch in Zukunft ankommen.[380]

(5) Einzelfall: Zeitungsabgabe. Die unentgeltliche Abgabe einer Sonntagszeitung in Verbindung mit einem Wochentagsabonnement von Tageszeitungen im Stuttgarter Raum hatte die Kammergerichtsentscheidung *Sonntag Aktuell* zum Gegenstand.[381] Das Kammergericht verneinte schon die Behinderung, weil die Sonntagszeitung das Angebot unter der Woche ergänzte und es darüber hinaus kostenlos erfolgte, so dass die Maßnahme insgesamt eine Steigerung der bisherigen Leistung darstellte.[382] 85

e) Unmittelbarkeit oder Mittelbarkeit. Der Wortlaut des § 19 Abs. 2 Nr. 1 GWB stellt klar, dass sich die Behinderung nicht unmittelbar gegen Wettbewerber des Normadressaten richten muss, sondern sich auch als Drittwirkung der Maßnahme gegenüber der Marktgegenseite mittelbar ergeben kann. Hierzu gehören alle Fälle der rechtlichen Bindungen zwischen Unternehmen, die den Konkurrenten des Bindenden den Marktzugang verschließen oder erschweren, wie z. B. die Alleinvertriebs- und Alleinbezugsbindungen sowie die Kopplungsbindungen, aber auch die wirtschaftlichen Bindungen, die eine ähnlich marktabschottende Sogwirkung entfalten, wie z. B. Gesamtumsatz- und Treuerabatte, die auf eine lange Referenzperiode ausgelegt sind.[383] Mittelbar behindert wird auch ein Parallelimporteur von Kraftfahrzeugen aus den USA, der sie an inländische markengebundene Vertragshändler und an andere verkauft, wenn der deutsche Hersteller derselben Marke die Garantierückabwicklung nur gegenüber seinen Vertragshändlern übernimmt, nicht aber gegenüber dem Importeur.[384] Ebenso mittelbar behindert die öffentliche Hand einen Kfz-Schilderpräger, wenn sie einen Raum im Gebäude ihrer Kfz-Zulassungsstelle an einen Konkurrenten vermietet[385] oder es duldet, dass die Mieterin eines Cafés in ihrem Gebäude beim Verkauf von Kfz-Kennzeichen an die Kunden der Kfz-Zulassungsstelle in wettbewerblich wirksamer Weise mit einem Schilderprägebetrieb zusammenarbeitet.[386] Die Erfassung mittelbarer Auswirkungen bedeutet, dass auch Unternehmen auf Drittmärkten geschützt sein können.[387] 86

---

376 BGH WuW/E BGH 1965 – *Gemeinsamer Anzeigenteil;* KG WuW/E OLG 1767 – *Kombinationstarif.*

377 BGH WuW/E BGH 1965, 1966 und 1968 – *Gemeinsamer Anzeigenteil.*

378 KG WuW/E OLG 1767, 1773 – *Kombinationstarif.*

379 Kritisch schon *Ulmer* in seiner Anmerkung BB 1977, 559.

380 Gesetzesentwurf der Bundesregierung, BT-Drucks. 17/9852, 23.

381 KG WuW/E OLG 2148 – *Sonntag Aktuell I.*

382 KG WuW/E OLG 2148, 2150 – *Sonntag Aktuell I.*

383 Dazu näher *Lübbert/Schöner,* § 23 Rdnr. 138 ff.; vgl. auch oben Rdnr. 78.

384 OLG Düsseldorf WuW/E OLG 5105 – *Parallelimport von Ford-Kfz aus den USA.*

385 OLG Stuttgart DE-R 48, 51 – *Kfz-Schilderpräger (Nagold);* differenzierter das OLG Düsseldorf WuW/E DE-R 3787, 3792 ff. – *Schilderprägerunternehmen.*

386 OLG Düsseldorf WuW/E DE-R 1991 – *Schilderpräge-Café.*

387 Zur Behinderung auf einen Drittmarkt *Lübbert/Schöner,* § 23 Rdnr. 63.

87 **2. Das Diskriminierungsverbot (Nr. 1, 2. Alt.).** *a) Anwendungsbereich. aa) Gesetzessystematik und Fallgruppen.* Seit der Neufassung des GWB im Zuge der 8. GWB-Novelle von 2013 ist das zuvor in § 20 Abs. 1 GWB verankerte Diskriminierungsverbot in § 19 Abs. 1 iVm. Abs. 2 Nr. 1 Alt. 2 GWB normiert. Durch den zusätzlichen Verweis in § 20 Abs. 1 Satz 1 GWB entspricht die Gesetzessystematik damit der in der Praxis ohnehin geltenden Handhabung:[388] Das Verbot der (sachlich nicht gerechtfertigten) Ungleichbehandlung gilt gleichermaßen für marktbeherrschende Unternehmen wie für solche mit relativer Marktmacht.

88 Die Tatbestandsalternative der Ungleichbehandlung des § 19 Abs. 2 Nr. 1 Alt. 2 GWB erfasst die Verweigerung des Abschlusses und die Beendigung von Liefer- und Bezugsverträgen, die Verweigerung der Aufnahme in und des Ausschlusses aus Unternehmensvereinigungen sowie die Anwendung unterschiedlicher Preise und Geschäftsbedingungen im Rahmen bestehender Geschäftsbeziehungen im Vergleich der Marktteilnehmer untereinander. Hauptanwendungsgebiet ist die Liefersperre, d. h. die Verweigerung der Aufnahme oder die Beendigung von Lieferbeziehungen.

89 *bb) Bedeutung.* Das Verbot der Ungleichbehandlung ohne sachlich gerechtfertigten Grund[389] bedeutet nicht generell ein Gebot zur Gleichbehandlung der Marktgegenseite. Unterschiedliche Marktbedingungen erlauben eine differenzierende Behandlung, insbes. wenn sie das Ergebnis des Verhandlungsgeschicks der Marktgegenseite sind. Auch ein marktbeherrschender oder marktstarker Nachfrager darf ein auf dem Markt vorhandenes Preisgefälle nutzen und seinen Bedarf bei den jeweils preisgünstigsten Anbietern decken. Die unterschiedliche Preisbemessung darf sich jedoch nicht allein als Folge der unterschiedlichen Abhängigkeit ergeben. § 19 Abs. 2 Nr. 1 Alt. 2 GWB will nur dem Missbrauch von Marktmacht entgegenwirken, so dass es darauf ankommt, ob die relative Schlechterstellung nach Art und Ausmaß auf Willkür beruht.[390] Verboten ist eine Ungleichbehandlung nur dann, wenn sich das beanstandete Verhalten nachteilig auf die Wettbewerbsposition des anderen Unternehmens auswirkt.[391] Das Verbot gilt nur für die aktive und nicht für die passive Diskriminierung. Das folgt aus § 19 Abs. 1 iVm. Abs. 2 Nr. 5 GWB, der nicht die diskriminierende Gewährung von Vorteilen an das marktbeherrschende Unternehmen verbietet, sondern die Aufforderung oder die Veranlassung dazu durch das marktbeherrschende Unternehmen. Das Verbot gilt auch nur für gleichartige, nicht für verschiedene Unternehmen.[392] Das Verbot kann sich zum Gleichbehandlungsgebot verdichten, wenn zur Beseitigung der Ungleichbehandlung nur ein bestimmtes Verhalten in Betracht kommt. Bei Lieferbeziehungen kann dies zur Verpflichtung, einen Vertrag mit bestimmtem Inhalt abzuschließen, führen (sog. **Kontrahierungszwang**). In diesem Fall stehen sich Verbot der Ungleichbehandlung und Gebot zur Gleichbehandlung spiegelbildlich gegenüber.[393]

90 *cc) Gleichartigkeit der Unternehmen. (1) Bedeutung.* Bis zur 8. GWB-Novelle verlangte sowohl ein Verstoß gegen das Behinderungsverbot als auch gegen das Diskriminierungsverbot in § 20 Abs. 1 GWB a. F. einen Geschäftsverkehr, der gleichartigen Unternehmen üblicherweise zugänglich sein musste. Im Zuge der Neuordnung des Missbrauchstatbestandes durch die 8. GWB-Novelle in § 19 GWB entfiel das Tatbestandsmerkmal des „gleichartigen Unternehmen üblicherweise zugänglichen Geschäftsverkehrs"; damit sollte – gemäß dem Gesetzentwurf der Bundesregierung – dem vor allem durch die Rechtsprechung verursachten, kontinuierlichen Bedeutungsverlust des Tatbestandsmerkmals Rechnung ge-

---

[388] *Bechtold,* § 19 Rdnr. 33.
[389] Vgl. dazu *Lübbert/Schöner,* § 23 Rdnr. 152 ff.
[390] BGH WuW/E BGH 3058, 3065 – *Pay-TV-Durchleitung.*
[391] BGH NJW 2012, 773, 775 – *Grossistenkündigung.*
[392] BGH WuW/E BGH 502, 508 – *Treuhandbüro.*
[393] BGH WuW/E BGH 2951 – *Weigerungsverbot.*

tragen werden.[394] Die Gleichartigkeit und die dazu ergangene Rechtsprechung hat allerdings weiterhin Bedeutung für das Diskriminierungsverbot (§ 19 Abs. 2 Nr. 1 Alt. 2 GWB).

Das Merkmal der fehlenden Gleichartigkeit grenzt ungleiche Sachverhalte von der Anwendung des Diskriminierungsverbots aus. Unternehmen, die nicht vergleichbar sind, dürfen unterschiedlich behandelt und behindert werden, ohne dass es dafür einer Rechtfertigung bedarf. Um nicht die differenzierende und interessenabwägende Betrachtung vorwegzunehmen, die im Rahmen der Prüfung der Unbilligkeit bzw. der Rechtfertigung für die Diskriminierung geboten ist, wird das Merkmal von der Rechtsprechung nur als Instrument einer „groben Sichtung" verstanden.[395] Es genügt, dass der Normadressat die Ware überhaupt an Wiederverkäufer oder gewerbliche Verwender abgibt oder aber bei der Marktgegenseite ein Bedarf für diese Produkte besteht, dessen Befriedigung der Verkehr im Interesse einer Verbreiterung des Angebots erwartet.[396] 91

(2) Grundfunktion. Die Gleichartigkeit ist nicht allgemein zu beurteilen, sondern nach objektiven Gesichtspunkten für den in Frage stehenden Geschäftsverkehr.[397] Streiten die Beteiligten etwa um die Verlängerung eines bestehenden Vertragsverhältnisses, so sind nur die Händler, bei denen es ebenfalls um eine Verlängerung des bestehenden Vertragsverhältnisses geht, als gleichartige Unternehmen anzusehen.[398] Unternehmen sind gleichartig, wenn sie nach ihrer unternehmerischen Tätigkeit und wirtschaftlichen Funktion im Verhältnis zum Normadressaten dieselben Aufgaben erfüllen.[399] Dabei ist zunächst darauf abzustellen, ob beide Unternehmensgruppen nach ihrer unternehmerischen Tätigkeit und wirtschaftlichen Funktion dieselben Aufgaben erfüllen.[400] Es ist also zu untersuchen, ob sie auf einer Wirtschaftsstufe tätig sind, d. h. der Produktion, dem Großhandel oder dem Einzelhandel zuzuordnen sind. Die Zuordnung zu verschiedenen Wirtschaftsstufen führt in aller Regel zur Ungleichartigkeit. Es gibt aber Ausnahmen: Auch Unternehmen, die verschiedenen Wirtschaftsstufen angehören, können im Einzelfall nach ihrer Tätigkeit dieselbe wirtschaftliche Funktion ausüben und damit gleichartig sein, so z. B. die Teilehersteller, Werksvertreter und Teilegroßhändler beim Vertrieb von Ersatzteilen für die Reparatur an bestimmten Fahrzeugen einer Automarke.[401] Auch sind Hersteller und Großhändler mit oder ohne Direktvertrieb an Verbraucher gleichartig, sofern sie ihre Zulassung zu Messeveranstaltungen nachfragen.[402] Sodann ist zu prüfen, ob Unterschiede bestehen, die sich auf den Absatz der konkreten Ware „wesentlich auswirken". Dabei ist nicht auf die Bereitschaft und die Bedingungen des Geschäftsverkehrs des Normadressaten abzustellen, sondern auf die Üblichkeit der persönlichen und sachlichen Ausstattung der nachfragenden Unterneh- 92

[394] BT-Drucks. 17/9852, 23.

[395] BGH WuW/E BGH 1587 – *Modellbauartikel I;* BGH 1671 – *Robbe Modellsport;* BGH 1829, 1833 – *Original VW-Ersatzteile II;* BGH 1885, 1887 – *adidas;* BGH 2399, 2403 – *Krankentransporte;* BGH 2535, 2539 – *Lüsterbehangsteine;* BGH 2683, 2686 – *Zuckerrübenanlieferungsrecht;* BGH 3058, 3063 – *Pay-TV-Durchleitung;* BGH WuW/E DE-R 357, 358 – *Feuerwehrgeräte;* BGH WuW/E DE-R 1203, 1204 – *Depotkosmetik im Internet;* BGH WuW/E DE-R 1951, 1952 – *Bevorzugung einer Behindertenwerkstatt.*

[396] BGH WuW/E DE-R 357, 358, 359 – *Feuerwehrgeräte.*

[397] BGH WuW/E BGH 2491, 2494 – *Opel-Blitz-Vertragshändler.*

[398] BGH aaO 2494.

[399] BGH WuW/E BGH 2665, 2666 – *physikalisch therapeutische Behandlung;* BGH WuW/E BGH 3058 – *Pay-TV-Durchleitung;* BGH WuW/E DE-R 134, 135 – *Bahnhofsbuchhandel;* BGH WuW/E DE-R 1951, 1952 – *Bevorzugung einer Behindertenwerkstatt;* BGH WuW/E DE-R 1954, 1955 – *PET-CYCLE;* OLG Düsseldorf WuW/E DE-R 1184, 1185 – *IntraCard-Tarif;* BGH WuW/E DE-R 3967–3971 – *Rabattstaffel* („Gleichartige Funktion im Verhältnis zur Marktgegenseite").

[400] BGH WuW/E BGH 1530, 1531 – *Fassbierpflegekette;* WuW/E BGH 2134 – *Schufa;* BGH aaO – *Bahnhofsbuchhandel;* WuW/E DE-R 1203, 1204 – *Depotkosmetik im Internet;* WuW/E DE-R 1251, 12521 – *Galopprennenübertragung.*

[401] BGH WuW/E BGH 1829, 1833 – *Original VW-Ersatzteile II.*

[402] BGH WuW/E BGH 1027, 1030 – *Sportartikelmesse II.*

men in der Branche.[403] Für den Fall eines Selbstbedienungsgroßhändlers, der im Vergleich zum Bedienungsgroßhandel einen Teil seiner Funktion auf den Abnehmer verlagert, hat der BGH eine solche wesentliche Auswirkung verneint.[404] Ebenso im Falle eines Versandhändlers im Vergleich zum ortsgebundenen Facheinzelhändler, weil der Versandhändler trotz der Strukturunterschiede bei der Präsentation der Ware sowie bei Information und Beratung der Kunden aufgrund seiner Fachkunde als Fachhandel anzuerkennen war. Dabei stellt der BGH darauf ab, ob die Verbraucher beide Vertriebswege als gleichwertige Alternativen ansehen.[405] Dementsprechend bejaht der BGH auch die Gleichartigkeit zwischen Internethandel und stationärem Handel.[406] Die Einräumung von Nutzungsrechten an Text- und Bildbeiträgen mit Programminformationen betrifft einen Geschäftsverkehr, der Printverlagen als auch Betreibern elektronischer Programmführer als gleichartigen Unternehmen zugänglich ist.[407] Die Gleichartigkeit zwischen einem Großversandhaus mit dem stationären Facheinzelhandel und den Warenhäusern mit Fachabteilung soll selbst dann gegeben sein, wenn der Versandhändler (noch) nicht über die erforderliche Sachkunde zum Verkauf des Produktes verfügt, es also an der branchenüblichen personellen Ausstattung mangelt.[408] Dagegen fehlt es an einer Gleichartigkeit zwischen Kreditvermittlern und Kreditgebern im Falle der Kreditvermittler im Verhältnis zur Schutzgemeinschaft für allgemeine Kreditsicherung, weil Kreditinstitute das Darlehen selbst gewähren und damit das Risiko der Rückzahlung tragen, während der Kreditvermittler die Kreditvergabe nur vorbereiten und daher keine Mitteilungen über den Verlauf des Kreditverhältnisses einbringen kann.[409] In Zweifel gezogen hat der BGH die Gleichartigkeit auch dann, wenn der Nachfrager nicht als Absatzmittler fungiert, sondern nur als Einkäufer für seine Gesellschafter.[410] Während der Einzelhandel die Verbraucher allgemein versorgt, hat die Einkaufsgemeinschaft nur die preisgünstige Versorgung ihrer Gesellschafter zum Zweck. Es schadet aber nicht, wenn der Nachfrager im Rahmen des Absatzes auch seine eigenen Gesellschafter beliefert.[411]

93 *(3) Abgrenzung.* Die verglichenen Unternehmen müssen weder Wettbewerber sein[412] noch gleichen Wettbewerbsbedingungen unterliegen.[413] Einzelne Verkaufsstätten einer SB-Warenhauskette, die nach Auffassung des Normadressaten belieferungsunwürdig sind, weil sie dessen Fachhandelskriterien nicht erfüllen, beseitigen die Gleichartigkeit des SB-Warenhauses mit den belieferten Fachgeschäften und Warenhäusern mit Fachabteilungen nicht. Ebenso sind gleichartig Presseverkaufsstellen auf U- und S-Bahnhöfen mit Bahnhofsbuchhandlungen auf Fernbahnhöfen, da beide im Wege des Einzelhandels Presseerzeugnisse an Reisende verkaufen.[414] Buchmacher und Wettannahmestellen sind gleichartig, weil sie auf demselben Markt der Annahme von Pferdewetten und dem zugehörigen Nebenmarkt der Nachfrage von Fernsehbildern der Galopprennen tätig sind.[415] Die Besonderheiten des Geschäftsverkehrs zwischen den Beteiligten, insbes. die Frage, ob das betroffene Unternehmen den Ansprüchen des Adressaten genügt, sind erst bei der notwendigen Interessen-

[403] BGH WuW/E BGH 1527, 1529/1530 – *Zeitschriften-Grossisten;* BGH aaO – *Faßbierpflegekette;* BGH WuW/E BGH 1587, 1588 – *Modellbauartikel;* BGH aaO – *VW-Originalersatzteile II;* WuW/E BGH 2351, 2356 – *Belieferungsunwürdige Verkaufsstätten II.*
[404] BGH WuW/E BGH 1530, 1531 – *Fassbierpflegekette.*
[405] BGH WuW/E BGH 1629, 1631 – *Modellbauartikel II.*
[406] WuW/E DE-R 1203, 1204 – *Depotkosmetik im Internet.*
[407] BGH WuW/E DE-R 3657, 3661 – *Elektronischer Programmführer.*
[408] Vgl. Hans. OLG WuW/E OLG 4195 – *Otto-Versand/Märklin.*
[409] BGH WuW/E BGH 2134 – *Schufa.*
[410] WuW/E BGH 1584, 1585 – *Anwaltsbücherdienst.*
[411] BGH WuW/E BGH 1527 – *Zeitschriften-Grossisten.*
[412] Vgl. *Immenga/Mestmäcker-Markert,* GWB, § 19 Rdnr. 109 mwN.
[413] WuW/E BGH 1633, 1637 – *Plaza SB-Warenhaus;* aA im konkreten Einzelfall wohl BGH WuW/E 1493 – *medizinischer Badebetrieb.*
[414] BGH WuW/E DE-R 134 – *Bahnhofsbuchhandel.*
[415] BGH WuW/E DE-R 1251, 1252 – *Galopprennenübertragung.*

abwägung zu berücksichtigen.[416] Ebenso wenig kommt es auf Unterschiede der Wettbewerber im Marktauftritt an, etwa hinsichtlich Standortwahl, Präsentation der Ware oder Qualität der Beratung.[417] Von dem Vergleich auszuklammern sind Unternehmen, die mit dem Normadressaten verbunden und auf derselben Marktstufe tätig sind wie das betroffene Unternehmen. Sie bilden eine **unternehmerische Einheit** und sind deshalb nicht gleichartig.[418] Gleichartigkeit bei verbundenen Unternehmen wird ausnahmsweise dann bejaht, wenn eine ausdrückliche gesetzliche Verpflichtung besteht, verbundene und fremde Unternehmen gleich zu behandeln.[419] Für die Gleichartigkeit kommt es vorrangig auf die wirtschaftliche Funktion der beteiligten Unternehmen an.[420] Unerheblich kann es dagegen im Einzelfall sein, ob an der Klägerin als Gesellschafter Unternehmen und natürliche Personen verschiedener Wirtschaftsstufen beteiligt sind;[421] so war es im Fall der *Zeitschriften-Grossisten* ohne Bedeutung, dass die gegen einen Verleger klagende Buch-Großhandel-Kommanditgesellschaft einerseits aus Zeitungs- und Zeitschriften-Einzelhändlern (als Kommanditisten) und andererseits aus einem Verlag (als Komplementärin) bestand.[422] Außer Betracht bleiben Tätigkeiten auf anderen Märkten.[423] Auch kommt es für die verglichenen Unternehmen nicht darauf an, ob sie die Ware als Eigenhändler, als Kommissionsagent oder als Handelsvertreter vertreiben, solange sie auf derselben Wirtschaftsstufe tätig sind. So entfällt die Gleichartigkeit eines autorisierten Facheinzelhändlers mit anderen Facheinzelhändlern nicht, wenn er bisher beliefert worden ist, aber künftig nicht mehr beliefert werden soll, weil er nicht bereit ist, mit dem Hersteller einen Handelsvertretervertrag abzuschließen.[424] Die Gleichartigkeit entfällt auch dann nicht, wenn Eisenbahnverkehrsunternehmen langfristig geplante Güterverkehre betreiben, während Wettbewerber sich durch kurzfristige, zum Teil erst wenige Stunden vor der geplanten Fahrt erfolgende Bestellungen auszeichnen.[425]

dd) Abgrenzung zur Behinderung (1. Alt.). (1) Unterschiede. Während beim Behinderungsverbot iSd § 19 Abs. 2 Nr. 1 Alt. 1 GWB der Schutz der Konkurrenten gegen unbillige Beeinträchtigungen im Vordergrund steht, schützt das Verbot der Ungleichbehandlung in erster Linie die Marktgegenseite vor Wettbewerbsverzerrung durch diskriminierende Behandlung. Beide Tatbestände lassen sich nicht klar gegeneinander abgrenzen, zumal beide Alternativen nicht nur das unmittelbare, sondern auch das mittelbare Verhalten verbieten.[426] Verweigert z. B. ein Hersteller die Belieferung eines Händlers, so behindert er ihn zugleich mittelbar in seinem Wettbewerb mit anderen Händlern. Der weite Behinderungsbegriff umfasst also auch die Ungleichbehandlung.[427] 94

(2) Folgen. Die Abgrenzung beider Tatbestände spielt angesichts desselben normativen Bewertungsmaßstabs bei der Unbilligkeit und der fehlenden sachlichen Rechtfertigung[428] keine praktische Rolle, kommt aber im Rahmen der zivilprozessualen Geltendmachung 95

[416] BGH WuW/E BGH 2351, 2356 – *Belieferungsunwürdige Verkaufsstätten II (Allkauf/Saba).*
[417] BGH WuW/E BGH 1635 – *Fernsehgeräte II (Plaza SB-Warenhaus/Telefunken).*
[418] BGH WuW/E BGH 2360, 2365 – *Freundschaftswerbung;* WuW/E DE-R 1003, 1004 – *kommunaler Schilderprägebetrieb* mwN; OLG Frankfurt WuW/E DE-R 826 – *StAZ;* WuW/E DE-R 1901, 1904 – *Bahnstrom;* BGH WuW/E DE-R 3447, 3451 – *Grossistenkündigung;* BGH WuW/E DE-R 3549, 3551 – *Werbeanzeigen.*
[419] OLG Düsseldorf WuW/E DE-R 2806, 2809 – *Trassennutzungsänderung.*
[420] BGH WuW/E BGH 1527 – *Zeitschriften-Grossisten.*
[421] BGH WuW/E BGH 1527 – *Zeitschriften-Grossisten.*
[422] BGH WuW/E BGH 1527 – *Zeitschriften-Grossisten.*
[423] BGH WuW/E BGH 2399, 2404 – *Krankentransporte;* Beispiele für Gleichartigkeit: *Bechtold,* § 20 Rdnr. 35 und *Immenga/Mestmäcker-Markert,* GWB, § 19 Rdnr. 110ff.
[424] BGH WuW/E BGH 2238, 2246 – *Telefunken-Partnervertrag.*
[425] OLG Düsseldorf WuW/E DE-R 2806, 2808 – *Trassennutzungsänderung.*
[426] Vgl. BGH WuW/E BGH 864, 868 – *Rinderbesamung II;* BGH 886, 888 – *Jägermeister;* BGH 1027, 1031 – *Sportartikelmesse.*
[427] BGH WuW/E BGH 2762, 2767 – *Amtsanzeiger.*
[428] Vgl. dazu *Lübbert/Schöner* § 23 Rdnr. 152ff.

der Ansprüche zum Tragen. Grundsätzlich trägt das behinderte Unternehmen für die unbillige Behinderung oder die Ungleichbehandlung die Darlegungs- und Beweislast.[429] Die Darlegung der sachlichen Rechtfertigung trifft wiederum den Normadressaten.[430] Eine Ungleichbehandlung gleichartiger Sachverhalte indiziert bereits eine negative Bewertung im Rahmen der Interessenabwägung. Bei einer Behinderung fehlt eine solche Indizwertung, soweit sie nicht im Einzelfall aus einer unterschiedlichen Behandlung gleichartiger Unternehmen resultiert.[431]

96 *b) Formen der Ungleichbehandlung.* Die vielfältigen Formen der Ungleichbehandlung reichen von der Abschlussverweigerung über die Anwendung unterschiedlicher Geschäftsbedingungen bis zur Beendigung der Lieferbeziehung. Nachfolgend werden die Lieferverweigerung, insbes. bei selektiven Vertriebssystemen (aa)), die Beendigung von Lieferbeziehungen, insbes. die Kündigung von Vertriebsverträgen (bb)), die Nichtzulassung auf Märkten, Messen und Ausstellungen (cc)), die Anzeigenverweigerung (dd)), die Behinderung durch Vereinigungen (ee)), die Preis- und Konditionendiskriminierung (ff)) und die Bezugssperre (gg)) behandelt.

97 *aa) Lieferverweigerung, insbes. in selektiven Vertriebssystemen. (1) Grundsatz.* Der unternehmerische Freiraum bei der Gestaltung und Pflege seines Vertriebssystems berechtigt den Hersteller grundsätzlich nicht nur, den Vertriebsweg seiner Ware frei zu bestimmen, sondern auch deren Absatz über ausgewählte Mittler der vorgesehenen Vertriebswege ein- oder mehrstufig zu binden (selektive Vertriebsbindung).[432] In der Festlegung der Selektionskriterien ist der Marktbeherrscher ohne weiteres frei, solange sie (a) sachgerecht, angemessen und zumutbar sind und (b) einheitlich nach objektiven Kriterien festgelegt und ohne Diskriminierung gehandhabt werden.[433] Mangelnde Präzision geht zu Lasten des Vertriebsbinders. Lässt er bei der Formulierung seiner Selektionskriterien einen Beurteilungsspielraum, so ist das Gericht befugt, das streitige Kriterium selbständig auszulegen.[434] Ein selektives Vertriebssystem, das vorstehenden Kriterien genügt, fällt grundsätzlich schon nicht in den Anwendungsbereich von § 1 GWB oder Art. 101 AEUV, ohne dass es einer Freistellung nach § 2 GWB oder der Vertikal-GVO Nr. 330/2010 unter Berücksichtigung der Marktstruktur bedarf.

98 *(2) Selektionskriterien.* Die Kriterien können qualitativer oder quantitativer Natur sein.

99 **Qualitative Selektionskriterien** im Handel sind etwa die Lage des Geschäftes, das geschäftliche Umfeld der Verkaufsstätte, das Vorhandensein von Schaufenstern, ihre Position und Qualität, das äußere Erscheinungsbild der Verkaufsstätte, die Geschäftseinrichtung und Innenausstattung, die Verkaufsfläche, die Art und Qualität der Produktpräsentation, das wettbewerbliche Produktumfeld, die Sortimentsbreite und -tiefe, die Vorratshaltung, die Art der Vermarktung (Massenvermarktung durch Selbstbedienung oder personalisierte Vermarktung durch beratenden Einzelverkauf), Beratung durch fachlich geschultes Verkaufspersonal, Vorführung des Produktes und schließlich die Gewährleistung eines vertraglichen und nachvertraglichen Kundendienstes. Für den Verweis auf das Internet sind äquivalente Kriterien festzulegen.[435] **Quantitative Selektionskriterien** sind etwa eine Mindestgröße des Geschäftes, ein Mindestbezug an Vertragsware, eine Mindestbevorratung und ein Mindestlagerumschlag oder die Beschränkung der Anzahl der Verkaufsstätten nach

---

429 BGH WuW/E BGH 1620, 1621 – *Revell Plastics.*

430 BGH WuW/E BGH 1814, 1819 – *Allkauf/SABA;* BGH 2762, 2767 – *Amtsanzeiger;* Hans. OLG WuW/E DE-R 2831.

431 *Immenga/Mestmäcker-Markert,* GWB, § 19 Rdnr. 233.

432 Dazu *Kirchhoff,* § 11 Rdnr. 342 ff.

433 BGH WuW/E BGH 2351, 2357 – *Belieferungsunwürdige Verkaufsstätten II (Allkauf/SABA);* s. auch Komm., Vertikalleitlinien 2010, ABl. EG 2010 C 130/01, Rdnr. 175.

434 BGH aaO 2358.

435 Vgl. Komm., Vertikalleitlinien, aaO Rdnr. 52 und 54.

Einwohnerzahl und Kaufkraft der Bevölkerung. Die quantitative Selektion bedarf grundsätzlich der Freistellung.[436]

(3) Angemessenheit. Ob bestimmte Selektionskriterien sachgerecht, angemessen und zumutbar sind, lässt sich nicht allgemein feststellen. Ihre Berechtigung hängt von der Art des in Frage stehenden Produktes und der Verbrauchererwartung ab. Der Vertrieb hochwertiger, technisch komplizierter vorführungs- und beratungsbedürftiger Produkte, aber auch exklusiver Prestigeartikel gestattet höhere Leistungsanforderungen als der Verkauf von Massenartikeln.[437] Sofern die Vertikal-GVO Nr. 330/2010 eingreift, kommt es grundsätzlich nicht auf die Art des Produkts und die Art der Auswahlkriterien an.[438] 100

Bei erklärungsbedürftigen technischen Geräten ist die Forderung **nach Beratung und Vorführung** der Geräte durch fachlich geschultes Personal sowie die Bereitstellung eines Kundendienstes während und nach der Garantiezeit angemessen.[439] Das gilt auch für Modellbauartikel, soweit sie potentiell gefährlich sind. Dasselbe gilt für Luxusparfums und Luxuskosmetik, weil diese Produkte in einem exklusiven Umfeld präsentiert werden und dem Kunden Gelegenheit gegeben werden muss, das Produkt auszuprobieren und sich von kundigem Fachpersonal beraten zu lassen.[440] Für Modelleisenbahnen soll eine Beratung nicht erforderlich sein.[441] Auch der Vertrieb von Schulranzen kann qualitativen Kriterien unterliegen. Es genügt, dass der Hersteller gedenkt, seine Marke mit dem Image eines hochpreisigen Spitzenproduktes zu positionieren und das Produkt dafür geeignet ist.[442] 101

Der Vertriebsbinder kann eine angemessene **Warenpräsentation** verlangen. Bei Nachfragern, die nur die Belieferung mit den umsatzstarken Produkten einer Marke verlangen (sog. Renner), fehlt es bereits an der sortimentsbedingten Abhängigkeit.[443] Zur angemessenen Warenpräsentation genügt es, wenn sie nicht in Schaufenstern, sondern in den Verkaufsräumen erfolgt. Dafür kann verlangt werden, dass entsprechende Verkaufstheken vorhanden sind, die eine Beratung durch geschultes Personal ermöglichen.[444] Verlangt der Vertriebsvertrag für Geräte der Unterhaltungselektronik eine Darbietung der Ware in repräsentativen Verkaufsräumen, ist die Lieferverweigerung gerechtfertigt, wenn die Verkaufsräume den Eindruck eines Warenlagers erwecken.[445] Bei exklusiven Prestigeobjekten, wie Luxusparfums und -kosmetik, kann eine Präsentation im Schaufenster verlangt werden, ebenso eine entsprechende **Sortimentsbreite** im wettbewerblichen Umfeld.[446] Solche qualitativen Anforderungen sind aber nicht allein im Bereich des stationären Handels möglich, sondern können und müssen in äquivalenter Form auch an den Internetvertrieb gestellt werden.[447] Insofern kann der Ausschluss des Vertriebes über Auktionsplattformen wie *eBay* ein zulässiges qualitatives Selektionskriterium darstellen,[448] da statt der gesamten Angebotspalette nur der einzelne Artikel gezeigt wird.[449] Im Rahmen selektiver Vertriebssys- 102

---

[436] Komm., Vertikalleitlinien aaO, Rdnr. 175.

[437] Vgl. *Kirchhoff,* § 11 Rdnr. 352 ff.

[438] Komm., Vertikalleitlinien, aaO Rdnr. 176.

[439] BGH WuW/E BGH 1814, 1820 – *Allkauf/SABA;* BGH 2351, 2357 – *Belieferungsunwürdige Verkaufsstätten II.*

[440] BGH WuW/E DE-R 1203, 1204 – *Depotkosmetik im Internet.*

[441] Hans. OLG WuW/E OLG 4195, 4197 – *Märklin;* KG WuW/E OLG 3501, 3503.

[442] OLG Karlsruhe GRUR-RR 2010, 109, 110; KG WuW/E DE-R 4019 ff. – *Schulranzen und -rucksäcke.*

[443] BGH WuW/E BGH 1620 – *Allkauf/Revell Plastics.*

[444] BGH WuW/E BGH 1793, 1798 – *SB-Verbrauchermarkt (Allkauf/Carrera).*

[445] OLG Düsseldorf WuW/E OLG 2294 – *Telefunken/Plaza II;* vgl. auch BGH aaO – *SB-Verbrauchermarkt.*

[446] Vgl. OLG Düsseldorf WuW/E OLG 2500, 2503 – *Stendhal-Kosmetik.*

[447] LG Mannheim GRUR-RR 2008, 253, 256; vgl. zu den Anforderungen der Praxis an Homepage und Shopangebot im Parfümerie-Internethandel: *Haslinger,* WRP 2009, 279, 282 ff.

[448] OLG Karlsruhe GRUR-RR 2010, 109, 110.

[449] *Haslinger,* aaO 279, 281 zu LG Mannheim, WuW/E DE-R 2322, 2326 (so im Grundsatz auch das nachgehende Urteil des OLG Karlsruhe, GRUR-RR 2010, 109, 110).

teme spielen vor allem Aspekte der Qualitätssicherung, der Sicherung des korrekten Gebrauches und des Schutzes des Produktimages eine vorrangige Rolle.[450] Umstritten ist, ob und ggf. unter welchen Umständen der Vertrieb über Drittplattformen ausgeschlossen werden darf. Die Leitlinien der Kommission für vertikale Beschränkungen von 2010 lassen dies im Grundsatz zu.[451] Wie im Bereich des stationären Handels kann der Lieferant im Rahmen eines selektiven Vertriebs[452] verlangen, dass der Händler die Waren in seinem eigenen Shop vertreibt und nicht über Vertriebsflächen Dritter, die außerhalb seiner Kontrolle liegen. Das stärkt sowohl die Vertriebsnähe des Lieferanten als auch die Beziehung zwischen dem Einzelhandel und den Endkunden und begrenzt dementsprechend die zunehmende Marktmacht von Plattformen. Darüber hinaus kann ein Verbot des Verkaufs auf Plattformen, die den tatsächlichen Verkäufer nicht unmittelbar erkennbar machen, der leichteren Identifikation des tatsächlichen Verkäufers durch die Kunden dienen.[453] Entscheidend ist, dass die Kriterien für den stationären Vertrieb mit den Kriterien für den online Vertrieb gleichwertig sind und entsprechend angewendet werden.[454] Ein pauschales Plattformverbot, das von der Ausgestaltung der jeweiligen Plattform unabhängig ist, mit den produktbezogenen Kriterien für den stationären Vertrieb nicht gleichwertig ist oder diskriminierend gehandhabt wird, kann zu einer unbilligen Behinderung führen.[455] Wohl vor dem Hintergrund der Ungleichbehandlung kam das BKartA im Fall *Sennheiser* zu dem vorläufigen Ergebnis, dass der Hersteller standardisierter Elektronik einem autorisierten Händler den Online-Vertrieb über eine Drittplattform dann nicht verbieten kann, wenn dieser Dritte selbst zum Kreis der zugelassenen Händler gehört und seine für das eigene Angebot und die Angebote Dritter Händler betriebene Plattform den Anforderungen von Sennheiser an Effizienzsteigerung, Produktpräsentation und Servicequalität gerecht wird.[456]

103 Werden die Aufnahmekriterien von dem Nachfrager erfüllt, kann er nicht deshalb ausgeschlossen werden, weil er einer bestimmten **Handelsform** zuzurechnen ist, die sich besonders preisaktiv verhält. So sind Warenhäuser mit Fachabteilungen den Einzelfachhandelsgeschäften grundsätzlich gleichzustellen. Selbst Verbrauchermärkte können qualifiziert sein, wenn sie über entsprechende Fachabteilungen verfügen.[457]

104 *(4) Diskriminierungsfreie Anwendung.* Selektive Vertriebssysteme von marktbeherrschenden Unternehmen verstoßen nur dann nicht gegen § 19 Abs. 2 Nr. 1 Alt. 2 GWB, wenn die sachgerechten, angemessenen und zumutbaren Selektionskriterien auch diskriminierungsfrei angewendet werden.[458]

105 Von daher ist zunächst der **lückenlose Abschluss** von Vertriebsbindungsverträgen mit allen Absatzmittlern zumindest innerhalb des EWR[459] geboten, ohne dass die Schriftform gewahrt sein muss. Im Rahmen des Vertriebsvertrages muss sich der Hersteller verpflichten, nur vertraglich gebundene Absatzmittler zu beliefern. Der Absatzmittler darf nur berechtigt

---

[450] OLG Schleswig WuW/E DE-R 4293, 4299 betreffend *Casio* Digitalkameras.

[451] Vgl. Rdnr. 54 der Vertikalleitlinien, ABl. EG 2010 C 130/1 ff.; kritisch KG WRP 2013, 1517, 1520 f.; LG Frankfurt WuW DE-R 4409, 4414 betreffend Funktionsrucksäcke; vgl. auch *Kiani,* BB 2013, 2768, 2772.

[452] Vgl. OLG Schleswig aaO betreffend *Casio* Digitalkameras.

[453] Plattformen weisen mehr oder weniger deutlich darauf hin, dass nicht der Plattformbetreiber, sondern ein Dritter der Vertragspartner wird. Hier kam es inzwischen zu Verbesserungen.

[454] Vgl. Rdnr. 56 der Vertikalleitlinien, ABl. EG 2010 C 130/1 ff.

[455] LG Frankfurt WuW DE-R 4409, 4415 betreffend Funktionsrucksäcke; die Beklagte hatte offenbar nicht zu produktbezogenen Erfordernissen des Plattformverbots vorgetragen.

[456] Vgl. Fallbericht BKartA v. 24.10.2013, Az. B7-1/13–35 – *Sennheiser;* s. auch die parallel geführten Verfahren *ASICS* und *Adidas,* Presse-Mitt. des BKartA vom 28.4.2014 u. 27.8.2015; Fallbericht v. 19.8.2014.

[457] Vgl. BGH WuW/E BGH 1793, 1796 – *SB-Verbrauchermarkt;* WuW/E BGH 1814, 1820 – *Allkauf/SABA;* WuW/E BGH 2145, 2146 – *Nordmende;* WuW/E BGH 2351, 2357 – *Belieferungsunwürdige Verkaufsstätten II.*

[458] BGH aaO – *Belieferungsunwürdige Verkaufsstätten II* mwN.

[459] BGH WuW/E BGH 2609, 2613 – *Metro/Cartier.*

sein, die vertriebsgebundenen Erzeugnisse an Endverbraucher oder an andere autorisierte Absatzmittler zu verkaufen. Die Aufnahmekriterien müssen in dem Vertriebsvertrag nicht enthalten sein. Für die selektiven Vertriebssysteme der Parfumhersteller hat die Kommission gefordert, dass die Aufnahmekriterien für die Autorisierung von Depots als „Allgemeine Geschäftsbedingungen" Bestandteil des Depotvertrages sind. Demgegenüber hat der EuGH entschieden, dass es mit Blick auf ein freigestelltes selektives Vertriebssystem nicht zwingend erforderlich ist, dass die Auswahlkriterien veröffentlicht und unterschiedslos auf alle Bewerber angewendet werden.[460]

Voraussetzung für die Zulassung ist, dass der Nachfrager die sachlichen und personellen **106** Voraussetzungen bereits geschaffen hat, um die **Aufnahmekriterien** zu erfüllen. Die Bereitschaft zum Ausbau der Verkaufsstätte und zur Anpassung an die Kriterien genügt nicht, weil dadurch die Belieferungspflicht vorverlegt würde.[461] Sind nur einzelne Verkaufsstätten des Nachfragers belieferungswürdig, beschränkt sich der Belieferungsanspruch auf diese Verkaufsstätten, und der Nachfrager muss sicherstellen, dass die vertriebsgebundene Ware nicht in den übrigen Verkaufsstätten angeboten wird.[462]

Eine diskriminierungsfreie Anwendung verlangt, dass der Hersteller sein Vertriebsbin- **107** dungssystem **aktiv daraufhin überwacht,** ob die Selektionskriterien und die Vertriebsbindung eingehalten werden. Insbesondere kann es beim Auftauchen von Vertragsware auf dem sog. Graumarkt geboten sein, die Ware durch einen Vertriebscode zu kennzeichnen und den Absatzweg der Ware auf jeder Stufe zu dokumentieren, um so den Lieferweg zurückverfolgen und ggf. Löcher stopfen zu können. Das ist nicht wettbewerbswidrig. Diese Kontrolle wird vielfach dadurch unterlaufen, dass die Außenseiter den Vertriebscode zerstören. Das kann der Vertriebsbinder marken- und wettbewerbsrechtlich verhindern, es sei denn, das Vertriebsbindungssystem ist noch nicht theoretisch lückenlos eingerichtet.[463] Etwas anderes gilt aber, wenn Herstellungsnummern oder Vertriebscodes nach § 4 der Kosmetikverordnung der Vertriebskontrolle dienen: Die Lückenlosigkeit der Vertriebsbindung spielt hier keine Rolle, da die Herstellernummern dem „höherwertigen Gut der Volksgesundheit" dienen.[464] Der Hersteller muss die Entfernung eines Vertriebscodes hier selbst im Falle eines lückenhaften Systems nicht hinnehmen. Der angemessenen Kontrolle des Vertriebssystems dient auch die Vorlage von Rechnungen über Lieferungen des Vertragshändlers an andere Händler der Vertriebsorganisation, wenn Anhaltspunkte bestehen, dass Vertragsware an Händler außerhalb des Vertriebssystems gelangt ist, die der Vertriebsbinder an den Vertragshändler geliefert hat.

Die diskriminierungsfreie Handhabung bedeutet nicht nur, dass grundsätzlich alle geeigneten Nachfrager auf Verlangen in das selektive Vertriebsbindungssystem aufzunehmen sind, sondern auch, dass Vertragshändler, die einzelne Kriterien nicht mehr erfüllen, aus dem System zu entfernen sind. Hier genügt in der Regel die ordentliche **Kündigung** mit angemessener Auslauffrist. Bei Verletzung der Vertriebsbindung etwa durch Belieferung von Außenseitern ist jedenfalls im Wiederholungsfall nach einer Abmahnung eine fristlose Kündigung des untreuen Händlers aus wichtigem Grund geboten, sobald der Hersteller von dem Verstoß Kenntnis erlangt hat und ihn nachweisen kann; bei einer Duldung solcher Lücken ist die Wirksamkeit des Vertriebsbindungssystems gefährdet.

Das Diskriminierungsverbot verlangt nicht, dass das selektive Vertriebsbindungssystem **108** theoretisch und praktisch **lückenlos** ist. Diese früher für das Vorgehen gegen Außenseiter nach § 1 UWG a. F. verlangte Voraussetzung hat der BGH für die kartellrechtliche Wirk-

---

[460] EuGH U. v. 14.6.2012, Rs C-158/11, ECLI:EU:C:2012:351 = WuW/E EU-R 2394, 2397 – *Auto 24 SARL/Land Rover France SAS.*

[461] BGH WuW/E BGH 1814 – *Belieferungsunwürdige Verkaufsstätten I (Allkauf/SABA).*

[462] BGH aaO.

[463] BGH WuW/E BGH 2529, 2533 – *Kontrollnummern III;* WuW/E BGH 2451, 2454 – *Cartier-Uhren.*

[464] OLG Stuttgart WRP 1995, 973; OLG Karlsruhe WuW/E OLG 5652 – *Davidoff Cool Water.*

samkeit aufgegeben.[465] Eine solche Forderung wäre praktisch nicht zu erfüllen, weil Außenseiter ihre Bezugsquellen, ggf. durch Zerstörung des Vertriebscodes, meist verschleiern und dem Vertriebsbinder die Verfolgung damit praktisch unmöglich machen. Auch gibt es Drittstaaten, in denen die Rechtsprechung dem Vorgehen gegen Außenseiter den Erfolg versagt.[466] Praktische Lücken sind deshalb hinzunehmen, solange der Hersteller seine Vertriebsbindung nicht notleidend werden lässt und der Vertrieb seiner Ware auf dem Graumarkt kein bedrohliches Ausmaß annimmt. Unter Umständen kann die Normadressateneigenschaft des Vertriebsbinders entfallen, wenn sich der Außenseiter die Ware unschwer und regelmäßig zu gleichen Kosten auf dem Graumarkt besorgen kann, so dass er auf Direktbelieferung nicht mehr angewiesen ist und ausreichend und zumutbar ausweichen kann.[467] Die Möglichkeit, auf einem Nebenmarkt Waren zu beziehen, muss dabei aber hinreichend abgesichert sein.[468] Daneben ist der Schleichbezug in der Regel wegen eines Verstoßes gegen § 4 Nr. 10 UWG unzumutbar.

109 Ebenso wenig ist es kartellrechtlich erforderlich, dass die Vertriebsbindung auch in Drittländern außerhalb des EWR, wie etwa der Schweiz, vertraglich abgesichert und praktisch eingehalten wird. Der EuGH hat für Art. 101 AEUV entschieden, dass einer EU-Vertriebsbindung die Rechtswirksamkeit nicht deshalb zu versagen ist, weil keine vollkommene Lückenlosigkeit besteht.[469] Für das deutsche Diskriminierungsverbot kann deshalb nichts anderes gelten. Es ist aber aus übergeordneten Gründen darauf zu achten, dass auch die Kartellrechte der Drittstaaten eingehalten werden. Insoweit sind jedenfalls pauschale Verbote, die Vertragswaren aus dem EWR zu exportieren,[470] zu vermeiden.

110 Ein Normadressat muss auch die Anforderungen an den **Internetvertrieb** diskriminierungsfrei anwenden. Unter anderem darf ein vertriebsbindender Normadressat seine Begründung für ein Selektionskriterium nicht an anderer Stelle selbst ignorieren. Daraus folgt, dass der Ausschluss des *eBay*-Vertriebes von Schulranzen dann unzulässig ist, wenn der Normadressat die Produkte selbst als Billigware über Discounterketten absetzt und insofern sein Streben nach einem Qualitätsimage nicht stringent verfolgt.[471] Denn sofern der Verkauf im Discounter nicht ausdrücklich als „Restposten-Absatz" gekennzeichnet wird, birgt er das gleiche Risiko eines Imageverlustes wie der Verkauf über Internetplattformen, so dass eine diskriminierende Handhabung des eigenen Vertriebssystems gegeben ist.[472]

111 *(5) EU-Recht.* Für die Vorschriften des EU-Rechts besteht grundsätzlich ein Anwendungsvorrang, was nach Art. 3 Abs. 1 Satz 2 VO Nr. 1/2003 dazu führt, dass deutsche Kartellbehörden bei Zwischenstaatlichkeit den Art. 102 AEUV zumindest auch anzuwenden haben.[473] Bedeutsam ist hier insbes. die Regelung des § 22 Abs. 2 Satz 2 GWB, wonach der Vorrang des EU-Rechts bei einseitigem Verhalten aufgehoben ist.[474] Dabei bleibt die Pflicht zur parallelen Anwendung im Anwendungsbereich des Art. 102 AEUV bestehen.[475] Prüft die deutsche Kartellbehörde die Anwendbarkeit europäischen Kartellrechts,

---

[465] BGH GRUR 2000, 724 – *Außenseiteranspruch II;* GRUR 2001, 448, 449 – *Kontrollnummernbeseitigung II;* GRUR 2001, 841, 844 – *Entfernung der Herstellungsnummer II;* vgl. zu den früheren wettbewerbsrechtlichen Voraussetzungen BGH WuW/E BGH 2183 – *Grundig-Vertriebsbindungssystem;* BGH WuW/E BGH 2653, 2657 – *Schweizer Außenseiter.*

[466] BGH aaO Fn. 464 – *Schweizer Außenseiter.*

[467] OLG München WuW/E OLG 5116, 5118 – *Importparfümerie* (zumutbar, wenn kein Einschreiten des Herstellers zu befürchten ist und Einkaufspreise nicht höher sind als beim Direktbezug).

[468] KG WuW/E OLG 2425, 2427 – *Levi's Jeans.*

[469] EuGH U. v. 13.1.1994, Slg. 1994-I, 15 = WuW/E EWG/MUV 1006, 1010 – *Metro/Cartier.*

[470] Vgl. Entscheidungen der Schweizer Wettbewerbskommission zur Unzulässigkeit von Exportverbotsklauseln der *BMW AG* (E. v. 7.5.2012, Medienmitteilung v. 24.5.2012) und der *Nikon AG* (Medienmitteilung vom 15.12.2011).

[471] KG WuW/E DE-R 4019, 4026 f. – *Schulranzen und -rucksäcke.*

[472] KG aaO.

[473] *Loewenheim/Meessen/Riesenkampff-Meessen,* Einführung Rdnr. 83 f.

[474] Vgl. die Gesetzesbegründung zur 7. GWB-Novelle, BT-Drucks. 15/3640, 46.

[475] Vgl. zum Ganzen auch *Lübbert/Schöner,* § 24 Rdnr. 7, § 26 Rdnr. 10.

nimmt diese an, stellt aber keine Verletzung des Art. 102 AEUV fest, kann sie nach § 19 und § 20 GWB vorgehen.[476] Die mögliche Überlagerung von § 19 Abs. 1 und 2 (ggf. iVm. § 20) GWB durch das EU-Recht ist u. a. bei der Prüfung der Wirksamkeit eines Vertriebsbindungssystems zu beachten:[477] Unabhängig von einer Freistellung sind mit Art. 101 und 102 AEUV vereinbar **Fachhandelssysteme/selektive Vertriebssysteme,** wenn (a) die Eigenschaften des fraglichen Erzeugnisses zur Wahrung der Qualität und zur Gewährleistung seines richtigen Gebrauchs einen derartigen Vertrieb erfordern und (b) die Auswahl der Wiederverkäufer aufgrund objektiver Gesichtspunkte **qualitativer** Art diskriminierungsfrei erfolgt, die sich auf die fachliche Eignung des Wiederverkäufers, seines Personals und seiner sachlichen Ausstattung beziehen.[478] Auswahlkriterien, wie z. B. Mindestabnahme, Mindestlagerhaltung, Mindestumschlag, sowie sonstige **quantitative Selektionskriterien,** d. h. Merkmale für die Auswahl der Absatzmittler, die deren Zahl unmittelbar begrenzen, bedürfen im Fall einer spürbaren Wettbewerbsbeschränkung der Freistellung.[479]

bb) Liefersperre und Beendigung von Geschäftsbeziehungen. (1) Freiheit der Vertriebsgestaltung 112 *und Vertragsausübung.* Aus dem schützenswerten Interesse des Herstellers, den Vertrieb seiner Erzeugnisse und seine Vertragsbeziehungen nach eigenem Ermessen frei zu gestalten und zu pflegen, folgt, dass selbst langfristige Beziehungen eines marktbeherrschenden Unternehmens beendet werden dürfen, wenn der Hersteller seinen Vertrieb umstellt, etwa von Eigenhändlervertrieb auf Vertrieb durch Handelsvertreter,[480] von der Direktbelieferung auf den Vertrieb durch den Großhandel[481] oder vom Vertrieb durch Dritte auf Eigenvertrieb.[482]

Von daher kann der Normadressat auch von seinem vereinbarten, ordentlichen **Kün-** 113 **digungsrecht** Gebrauch machen, ohne dass er die Kündigung zur Überprüfung ihrer Berechtigung unter betrieblichen und unternehmerischen Gesichtspunkten begründen müsste. Auch die Beendigung langjähriger Geschäftsbeziehungen erfordert aus kartellrechtlicher Sicht grundsätzlich keine besondere Rechtfertigung.[483] Jedoch wird bei der Umstellung von Drittvertrieb auf Eigen- oder Handelsvertretervertrieb die Gewährung einer **angemessenen Umstellungsfrist** nötig sein.[484] Dabei ist zu beachten, dass trotz der Fristgewährung ein kartellrechtlich relevantes Verhalten vorliegen kann, wenn die Vertriebsumstellung zur Entstehung eines Monopols auf einem nachgelagerten Markt führt, auf dem unabhängige Unternehmen eigene, erhebliche Leistungsergebnisse anbieten.[485]

Die Kündigung bedarf außer dem Hinweis auf die vertragliche Vereinbarung keiner wei- 114 teren Begründung, und zwar weder für die Frage einer unbilligen Behinderung noch für die Frage der unterschiedlichen Behandlung von Vertragspartnern. Eine nähere Begründung läuft im Gegenteil Gefahr, dass sie vom Gericht nachgeprüft und als unbillige Behin-

---

[476] *Bechtold,* § 19 Rdnr. 100.

[477] Dazu *Kirchhoff,* § 11.

[478] EuGH v. 25.10.1977, Slg. 1977, 1905 – *Metro/SABA;* EuGH v. 11.9.1980, Slg. 1980, 3775, Entscheidungsgrund 16 – *L'Oreal;* näher dazu *Kirchhoff,* § 11 Rdnr. 352 ff.

[479] Vgl. etwa Entscheidung der Kommission vom 16.12.1991, ABl. EG Nr. L 12, S. 24 – *Yves Saint Laurent Parfums;* EuGH U. v. 12.12.1996, Slg. 1996 – II, 1891 und 1961 – *Yves Saint Laurent Parfums;* vgl. die Definition quantitativer selektiver Vertriebssysteme in den Vertikalleitlinien, ABl. EG 2010 C 130/01, Rdnr. 175, sowie in den Kfz-Leitlinien der Kommission, Rdnr. 44, welche die Kfz-GVO Nr. 461/2010 und Vertikal-GVO Nr. 330/2010 ergänzen. Einzelfreistellungen sind seit dem 1.5.2004 weder erforderlich noch möglich; der Vertriebsbinder muss sich nach Art. 101 Abs. 3 AEUV selbst einschätzen; s. dazu *Immenga/Mestmäcker-Ellger,* EU WbR, Art. 101 Abs. 3 AEUV Rdnr. 22.

[480] BGH WuW/E BGH 2238, 2246 – *Telefunken-EH-Partner.*

[481] BGH WuW/E DE-R 134 – *Bahnhofsbuchhandel;* BGH DE-R 220 f. – *U-Bahn-Buchhandlungen.*

[482] BGH WuW/E BGH 2360, 2366 – *Freundschaftswerbung;* BGH WuW/E DE-R 3549 ff. – *Werbeanzeigen.*

[483] BGH WuW/E BGH 2983, 2988 – *Citroën-Vertragshändler;* BGH WuW/E DE-R 220 – *U-Bahn-Buchhandlungen.*

[484] BGH WuW/E DE-R 3549 ff. – *Werbeanzeigen.*

[485] BGH WuW/E DE-R 3549 ff. – *Werbeanzeigen.*

derung bewertet wird.[486] Im Rahmen der inzwischen außer Kraft getretenen Kfz-GVO Nr. 1400/2002 bestand zwar noch eine Begründungspflicht für ordentliche Kündigungen;[487] diese ist jedoch weder in der geltenden Kfz-GVO Nr. 461/2010 noch in den ergänzenden Kfz-Leitlinien oder in der allgemeinen Vertikal-GVO Nr. 330/2010 enthalten. Dies ist dem Ziel der Kommission geschuldet, den Kfz-Handel zu deregulieren.[488] Eine Begründungspflicht kann sich im Einzelfall unmittelbar aus §§ 19 und 20 GWB ergeben,[489] muss dann aber nicht den Anforderungen an einen wichtigen, außerordentlichen Kündigungsgrund genügen.[490] Der Grundsatz der freien ordentlichen vertragsgemäßen Kündigung mit angemessener Frist und ohne Begründungszwang wird durchbrochen, wenn der Normadressat einem Kontrahierungszwang (Belieferungspflicht oder Bezugspflicht) unterliegt. In diesem Fall müssen für die Kündigung besondere, wenn auch nicht wichtige Gründe vorliegen; denn ggf. wäre der Normadressat zum sofortigen erneuten Abschluss verpflichtet.[491] Das gilt auch für den Fall der Diskriminierung. Hat der Normadressat die Auswahl unter den potentiellen Vertragspartnern nach fairen und objektiven Auswahlkriterien, ggf. im Wege der Ausschreibung, zu treffen,[492] ist es ihm verwehrt, den Vertrag aus Gründen zu beenden, die die Ablehnung des Vertragsschlusses nicht gerechtfertigt hätten. Anderenfalls würde er das bei der Auswahl der Vertragspartner geltende Diskriminierungsverbot verletzen.[493] Nichts anderes gilt, wenn der Normadressat beschließt, den Vertrieb zukünftig sowohl durch konzernzugehörige als auch durch dritte Unternehmen durchzuführen.[494] Die Folgen einer geschäftlichen Fehlentscheidung, eine Lieferbeziehung nicht durch ein Vertragsverhältnis mit ordentlicher Kündigungsfrist abzusichern, hat der Betroffene jedoch selbst zu tragen.[495] Verletzt ein Vertragshändler seine Ausschließlichkeitsbindung oder Vertriebsbindung, ist u. U. sogar eine fristlose Kündigung anzuerkennen.[496] Dabei ist u. U. eine vorherige Abmahnung erforderlich, was sich nach dem Inhalt des Vertrages richtet[497] bzw. nach der Regelung des § 314 Abs. 2 BGB.[498]

115 *(2) Kündigungsfrist.* Vom Kündigungsrecht zu trennen ist die Frage der unangemessenen **Dauer** einer ordentlichen Kündigungsfrist. Sie kann durch das Diskriminierungsverbot verlängert werden, wenn die vereinbarte **Frist zur Umstellung** unangemessen kurz ist.[499] Die angemessene Frist ist ggf. vom Gericht festzustellen.[500]

116 Besteht aufgrund einer Ausschließlichkeitsbindung im Rahmen eines Vertragshändlervertrages eine unternehmensbedingte Abhängigkeit, insbes. auch weil der Hersteller – wie regelmäßig bei den Kfz-Händler-Verträgen – im Rahmen der Geschäftsbeziehung von dem Händler erhebliche **Investitionen** erwartet, die anderweitig nicht zu verwenden sind, hat der Abhängige ein schutzwürdiges Interesse daran, die auch im Interesse des Herstellers

---

[486] BGH WuW/E DE-R 1144, 1145 – *Schülertransporte.*

[487] Vgl. Art. 3 Abs. 4 der Kfz-GVO Nr. 1400/2002.

[488] Vgl. dazu *Nolte,* BB 2013, 1667, 1674.

[489] *Nolte,* BB 2013, 1667, 1671.

[490] *Ströbl/Schäfer,* WRP 2013, 600, 601.

[491] BGH WuW/E BGH 2584 – *Lotterievertrieb;* DE-R 1144, 1146 – *Schülertransporte;* Hans. OLG WuW/E DE-R 211, 212 – *Honda;* OLG Celle WuW/E DE-R 581, 583 – *VAG-Vertrieb.*

[492] BGH WuW/E DE-R 1099 – *Konkurrenzschutz für Schilderpräger.*

[493] BGH aaO – *Schülertransporte;* BGH WuW/E DE-R 134, 136 – *Bahnhofsbuchhandel;* BGH WuW/E DE-R 220 f. – *U-Bahn-Buchhandlungen.*

[494] LG Hannover WuW/E DE-R 2735.

[495] BGH WuW/E BGH 2855, 2857 – *Flaschenkästen.*

[496] OLG Köln WuW/E OLG 3480 – *Zweitvertretung durch Renault-Vertragshändler;* vgl. auch BGH WuW/E BGH 1455, 1456 – *BMW-Direkthändler.*

[497] Vgl. dazu OLG Düsseldorf U. v. 10.3.2006, Az. VI-2 U (Kart) 10/04.

[498] *Wendel/Ströbl,* WRP 2004, 1340, 1346.

[499] OLG Stuttgart WuW/E OLG 3415, 3416 – *Daimler-Benz;* OLG München WuW/E OLG 4203 – *Besamungsvertrag.*

[500] Hans. OLG WuW/E OLG 3795, 3804 – *Freundschaftsabonnement.*

erbrachten Ausgaben wenigstens zum Teil wieder zu erwirtschaften.[501] Das gilt jedenfalls dann, wenn der Hersteller bei Vertragsbeendigung nicht zur Rücknahme von Spezialwerkzeugen verpflichtet ist.[502] Ist der Vertrag mit fester Laufzeit abgeschlossen, ist ein Interesse auf Fortsetzung des Vertrages zu berücksichtigen, wenn die Parteien bei Vertragsschluss von einer längeren Geschäftsbeziehung mit periodischen Fortsetzungsverträgen ausgegangen sind.[503] Ist der Vertragshändlervertrag auf unbestimmte Zeit abgeschlossen, kann die vereinbarte ordentliche Kündigungsfrist mit Rücksicht auf die Amortisation der Investition unangemessen kurz sein. Eine Verlängerung der Kündigungsfrist bis zur vollständigen Amortisation aller für den gekündigten Vertrieb getätigten Investitionen wird von der Rechtsprechung jedoch als einseitig unbilliger Maßstab nicht zugestanden.[504] Der Händler kann umgekehrt sogar gegen eine ordentliche Kündigung geschützt sein, wenn sie ohne besonderen Grund erfolgt, der Händler erhebliche Investitionen getätigt hat und die Kündigung nach kurzer Vertragslaufzeit erfolgt.[505] Deshalb ist das Interesse des Händlers an einer **ausreichenden Umstellungsfrist** durch Gewährung einer angemessenen Kündigungsfrist regelmäßig anzuerkennen.[506] Eine Kündigungsfrist von zwei Jahren hielt das Hans. OLG für angemessen, insbes. wenn die Kfz-GVO nicht anwendbar ist.[507] Verschärft ein Herstellerverband im Wege der Verbandsempfehlung das Anforderungsprofil an direkt belieferte Händler, dann soll ein Anspruch auf Weiterbelieferung selbst bei mehrjähriger Kündigungsfrist zumindest für die in der Empfehlung vorgesehene Übergangszeit bestehen.[508] Dabei ist im Kfz-Sektor der Wegfall der durch das EU-Recht vorgegebenen Mindestlaufzeit von Vertragshändlerverträgen zu beachten: Während die Frist nach der früheren Kfz-GVO Nr. 1400/2002 unter bestimmten Voraussetzungen noch bestand,[509] ist sie in der aktuellen Kfz-GVO Nr. 461/2010 nicht mehr vorgesehen und auch nicht in den Kfz-Leitlinien oder der allgemeinen Vertikal-GVO Nr. 330/2010 enthalten.

(3) Zweithändler. Zu berücksichtigen ist das Interesse des Vertragshändlers an einem Schutz vor der Einsetzung weiterer Händler in seinem zugewiesenen Vertragsgebiet, da dies seine Existenz bedrohen kann. Die Verkleinerung des Vertragsgebiets oder die Einsetzung weiterer Händler im Vertragsgebiet ist deshalb nur dann zulässig, wenn entweder schwerwiegende Gründe vorliegen oder dem Händler eine angemessene Übergangszeit und ein angemessener Ausgleich eingeräumt werden.[510] Von daher ist der Händler auch gegen einseitige Änderungsvorbehalte des Herstellers geschützt, die seine Verdienstmöglichkeiten so einschränken, dass die Erreichung des von ihm angestrebten Vertragszwecks gefährdet wird.[511] Anders dagegen, wenn der Hersteller sein Vertriebskonzept von vornherein so anlegt, dass er in einem Gebiet mehrere Absatzmittler einsetzen will und sich dies im Vertrag vorbehält.[512] Ein schwerwiegender Grund für die Einsetzung weiterer Absatzmittler ist dann anzunehmen, wenn der Händler die Jahreszielvorgaben nachhaltig nicht erfüllt, d. h. 117

[501] BGH WuW/E BGH 2983, 2985 – *Kfz-Vertragshändler (Citroën);* vgl. auch BGH WuW/E BGH 4515 – *Peugeot/Talbot-Vertragshändler;* OLG München WuW/E OLG 5091, 5096 – *nicht amortisierte Investition;* OLG Stuttgart WuW/E OLG 3415 – *Daimler Benz.*

[502] Zur Rücknahmepflicht BGH NJW 1995, 524 – *Suzuki;* OLG Frankfurt BB 1982, 209.

[503] BGH WuW/E BGH 2491, 2495 – *Opel-Blitz.*

[504] BGH WuW/E BGH 2360, 2362 – *Freundschaftswerbung.*

[505] OLG Stuttgart WuW/E OLG 2103 – *Porsche-Vertragshändler.*

[506] BGH WuW/E DE-R 134 – *Bahnhofsbuchhandel.*

[507] So noch iRd. GVO Nr. 1983/83: Hans. OLG WuW/E DE-R 211, 212 – *Händlervertrag für Honda-Motorräder.*

[508] KG WuW/E OLG 5875 – *U-Bahn-Buchhandlungen;* offengelassen vom BGH aaO Fn. 505 – *Bahnhofsbuchhandel.*

[509] Vgl. Art. 3 Abs. 5 der Kfz-GVO Nr. 1400/2002.

[510] Zu § 9 AGBG a. F.: BGHZ 89, 206, 211 – *Ford-Händlervertrag;* BGH WuW/E BGH 2515, 2521 – *Peugeot/Talbot-Vertragshändler.*

[511] Zu § 9 AGBG a. F.: BGH NJW 1994, 1060 – *Daihatsu.*

[512] BGH WuW/E BGH 2515, 2520 – *Peugeot/Talbot-Vertragshändler.*

fortlaufend mindestens mehr als 10% unterschreitet.[513] Wird das Vertragsverhältnis wirksam durch ordentliche Kündigung beendet, kann der neue Vertragshändler nicht schon mit der Kündigungserklärung eingesetzt werden, sondern erst nach Freiwerden des Vertragsgebiets.[514]

118 *(4) Zweitmarke.* Das Interesse des ausschließlich an einen Hersteller gebundenen Vertragshändlers an der Übernahme einer Zweitvertretung ist nicht ohne weiteres schützenswert; denn die Zweitvertretung begründet die Gefahr, dass der Händler seine Absatzbemühungen von der Erst- auf die Zweitmarke verlagert und dabei die Beziehungen zu den Kunden der Erstmarke ausnutzt. Das Interesse an der Zweitvertretung kann aber zu berücksichtigen sein, wenn die Investitionen zugunsten des Herstellers nur durch die Übernahme einer Zweitvertretung amortisiert werden können, weil anderenfalls die Existenz gefährdet ist.[515]

119 Für Kfz-Vertragshändler sah die frühere Kfz-GVO Nr. 1400/2002 noch weitgehende Freiheiten vor:[516] Der Händler durfte in seinem Unternehmen mit demselben Verkaufspersonal in denselben Geschäftsräumen konkurrierende Marken vertreiben und musste lediglich die Verkaufsbereiche abgrenzen. Nach der aktuellen Gesetzeslage bestehen diese Freiheiten nicht mehr. Die Regelungen zum Kfz-Handel[517] wurden an die übrigen Vertragsverhältnisse iSd allgemeinen Vertikal-GVO Nr. 330/2010 angeglichen.

120 *cc) Nichtzulassung auf Märkten, Messen, Ausstellungen. (1) Abgrenzung.* Märkte, Messen und Ausstellungen bieten für Aussteller und Besucher eine konzentrierte Leistungsschau zur Repräsentation, Eigeninformation, Fremdinformation und zum Erwerb der angebotenen Erzeugnisse. Aufgrund ihrer meist zeitlichen Begrenztheit bilden solche Veranstaltungen unter Umständen einen eigenständigen, relevanten **Kurzzeitmarkt.**[518] Zum Schutze der Marktfreiheit begründet § 70 Abs. 1 GewO einen **allgemeinen Anspruch** auf Teilnahme an solchen Veranstaltungen, ohne dass es auf eine marktbeherrschende Stellung des Veranstalters ankommt. Beschränkungen auf bestimmte Aussteller-, Anbieter- und Besuchergruppen müssen diskriminierungsfrei erfolgen (§ 70 Abs. 2 GewO); der Ausschluss einzelner Teilnehmer, insbes. aus Platzgründen, muss sachlich gerechtfertigt sein (§ 70 Abs. 3 GewO).

121 Ist eine Leistungsschau für die Branche repräsentativ, ist sie marktbeherrschend, wenn vergleichbare Ausstellungen im relevanten Einzugsgebiet nicht stattfinden. Vielfach sind Veranstalter von Messen jedenfalls marktstarke Unternehmen iSv. § 20 Abs. 1 Satz 1 GWB, weil interessierte Aussteller nicht zumutbar ausweichen können.[519] Ist die Ausstellung von internationaler Bedeutung, sind auch vergleichbare Veranstaltungen im Ausland heranzuziehen. Marktbeherrschend iSv. § 18 GWB können auch **Regionalmessen** sein, die das Marktangebot für die örtliche Nachfrage zusammenfassen. Bei sog. **Hausmessen** eines oder mehrerer Veranstalter oder bei verbandsinternen Ausstellungen haben Dritte grundsätzlich keinen Anspruch auf Zulassung, sofern sich die Veranstalter auf der Leistungsschau nur selbst präsentieren. Schließen sich die führenden Fachhändler einer Region zu einer solchen Leistungsschau zusammen, kann bei entsprechender Marktbedeutung ein Anspruch

---

513 OLG München WuW/E OLG 5206, 5209 – *Vertragshändlerkündigung.*

514 OLG München aaO.

515 Vgl. BGH WuW/E BGH 1624 – *BMW-Direkthändler III;* vorangegangenes Revisionsurteil WuW/E BGH 1455; Anschlussurteil des OLG Stuttgart WuW/E OLG 1846; ebenso OLG Köln WuW/E OLG 3480 – *Zweitvertretung durch Renault-Vertragshändler;* vgl. auch OLG Düsseldorf WuW/E OLG 3036 betreffend die *Übernahme der Peugeot-Vertretung durch einen Talbot-Vertragshänd-ler.*

516 Vgl. Art. 5 Abs. 1 lit. a iVm. Art. 1 Abs. 1 lit. b Satz 2 Kfz-GVO Nr. 1400/2002.

517 Kfz-GVO Nr. 461/2010 und ergänzende Kfz-Leitlinien der Kommission. Dazu näher *Kirchhoff* in § 11.

518 OLG Frankfurt WuW/E OLG 4455 – *Art Frankfurt.*

519 OLG Düsseldorf WuW/E DE-R 619, 622 – *Fetting;* WuW/E DE-R 994, 995 – *Stefanelli* (beide betreffend die Kunstmesse *Art Cologne*).

auf Mitveranstaltung gegeben sein, wenn der Nachfrager bereit ist, das wirtschaftliche Risiko der Veranstaltung mitzutragen. Hausmessen von Händlern und verbandsinterne Ausstellungen verlieren den Charakter einer internen Leistungsschau ihrer Veranstalter, wenn sie eine Vielzahl von Herstellern und Alleinvertriebsberechtigten als Aussteller zulassen, die in den Sortimenten der einzelnen Veranstalter nur teilweise vertreten sind.[520] Indiz für eine solche Marktöffnung ist es auch, wenn sich der Besucherkreis nicht auf die Kunden der Veranstalter bzw. bei Verbänden nicht auf die Kunden der Mitglieder beschränkt.[521]

(2) Gestaltung. In der Gestaltung von Art und Charakter der Messe, der Zahl der Aussteller, der Ausstellungsfläche und damit der Aufstellung der Zulassungsbedingungen sind die Veranstalter grundsätzlich ebenso frei wie die Hersteller in der Gestaltung ihres Vertriebskonzeptes. Der Spielraum des Veranstalters wird jedoch durch den Grad der Bedeutung der Veranstaltung für die wettbewerblichen Entfaltungsmöglichkeiten der Interessenten begrenzt.[522] 122

Die **Zulassungskriterien** müssen **objektiv** und **nachvollziehbar** sein und dürfen nicht willkürlich gehandhabt werden.[523] Ändert sich der Charakter der Messe von einer Darstellung der Leistungsfähigkeit des Fachhandels zu einer umfassenden repräsentativen Vorstellung der Hersteller und ihrer Produkte, sind auch solche Hersteller zuzulassen, die nicht ausschließlich mit dem veranstaltenden Fachhandel zusammenarbeiten.[524] Willkürlich ist die Bindung einer Beteiligung an einen bestimmten Einzelhandelsumsatz[525] oder an die Umsatzerzielung im Einzugsgebiet der Messe.[526] Kartellrechtswidrig ist ein solches Umsatzschwellenkriterium auch dann, wenn es allein anhand einer Selbstauskunft beurteilt wird; daran ändert auch eine Vertragsstrafe für den Fall unrichtiger Angaben nichts.[527] Dagegen soll die Beschränkung der Zulassung auf Hersteller, die von den veranstaltenden Fachhändlern vertreten werden, sachgerecht sein, wenn mit der Veranstaltung die Leistungsfähigkeit der Fachhändler dargestellt werden soll.[528] Dem ist entgegenzuhalten, dass der Ausschluss von der Messe das betroffene Unternehmen zur Vermeidung von Wettbewerbsnachteilen zwingt, den Vertriebsweg zu den veranstaltenden Fachhändlern zu suchen. Damit wird der Bewerber seinerseits nicht nur in der Freiheit der Wahl seiner Vertriebswege beeinträchtigt, sondern auch in der Auswahl der Fachhändler innerhalb der von ihm gewählten Vertriebsschiene des Fachhandels.[529] Mit Blick auf die Zielsetzung der Vorschrift ist der Offenhaltung des Messezugangs und der Vertriebsweggestaltung der Vorrang einzuräumen. Kein Zulassungskriterium darf es deshalb auch sein, ob der Bewerber ausschließlich den Fachhandel beliefert.[530] Im Hinblick auf den offenzuhaltenden Zuliefermarkt ist auch die Bindung der Aussteller durch den kommunalen Veranstalter unzulässig, die angebotenen Erzeugnisse ausschließlich von Gewerbebetrieben am Ort der Veranstaltung zu beziehen.[531] Ebenso wenig darf die Teilnahme an einer Ausstellung davon abhängig gemacht werden, 123

---

[520] Hans. OLG WuW/E DE-R 2 und DE-R 213, 214 – *Dentalmesse.*

[521] Vgl. BGH WuW/E BGH 1027, 1028 – *Sportartikelmesse II.*

[522] BGH aaO – *Sportartikelmesse II;* OLG Frankfurt WuW/E OLG 3347, 3353 – *Kürschnerhandwerk;* OLG Celle WuW/E OLG 3897 – *Kunstmesse;* OLG Düsseldorf WuW/E OLG 4173 – *Art Cologne;* DE-R 619 – *Fetting;* DE-R 994 – *Stefanelli;* OLG München WuW/E OLG 4348 – *Deutsche Kunst- und Antiquitätenmesse;* Hans. OLG WuW/E OLG 5703, 5709 – *fachdental nord 1994;* DE-R 213, 214 – *Dentalmesse.*

[523] OLG Frankfurt WuW/E OLG 5027, 5030 – *Art Frankfurt 1992;* Hans. OLG aaO – *Dentalmesse;* OLG Düsseldorf WuW/E DE-R 2897 – *Infodental Düsseldorf.*

[524] Hans. OLG WuW/E DE-R 213, 214 f. – *Dentalmesse;* anders noch Hans. OLG WuW/E OLG 5703 – *fachdental nord 1994.*

[525] OLG Frankfurt aaO – *Kürschnerhandwerk.*

[526] OLG Düsseldorf WuW/E DE-R 2897 – *Infodental Düsseldorf.*

[527] OLG Düsseldorf WuW/E DE-R 2897 – *Infodental Düsseldorf.*

[528] Hans. OLG WuW/E OLG 5703, 5709 – *fachdental nord 1994.*

[529] Vgl. BGH WuW/E BGH 1027, 1032 – *Sportartikelmesse II.*

[530] BGH aaO 1032 – *Sportartikelmesse II.*

[531] OLG Koblenz WuW/E OLG 4517, 4520 – *Bad Dürkheimer Wurstmarkt.*

dass der Aussteller dem veranstaltenden Verband als Mitglied beitritt.[532] Wenn ein Teilnehmer trotz einer Abmahnung die Ausstellungsbedingungen missachtet, ist es sachlich gerechtfertigt, wenn der Veranstalter die Zulassung zur nächsten Ausstellung von einer vorbeugenden strafbewehrten Unterlassungserklärung abhängig macht, um die Veranstaltung gegen Sortimentsverstöße und Handverkäufe zu schützen.[533] Sofern die gewünschte Messeausrichtung dies gebietet, ist es auch zulässig, die Messeteilnahme an die Voraussetzung des Großhandelsvertriebes, z.B. in Form von Dental-Depots, zu knüpfen.[534] Sollte der Veranstalter aber gegenüber einigen Bewerbern auf das Vorliegen eben jener Großhandelsvoraussetzung verzichtet haben, stellt die Nichtzulassung eines Dritten unter Bezugnahme auf dessen Direktvertrieb eine ungerechtfertigte Ungleichbehandlung dar.[535] Nicht diskriminierend ist die Nichtzulassung von Auktionatoren zu einer Kunstmesse, die als Verkaufsmesse von Kunsthändlern veranstaltet wird.[536] Der Ausrichter einer Handwerksmesse kann im Rahmen seiner Gestaltungsfreiheit auch ein bestimmtes Handwerk generell ausschließen.[537]

124 *(3) Repartierung, Rotation, Losverfahren.* Bei Platzmangel besteht eine Pflicht zur Repartierung, d.h. die Ausstellungsflächen sind in vertretbarem Maße so zu begrenzen, dass möglichst viele der berechtigten Bewerber einen Stand erhalten.[538] Sofern dies nicht möglich ist, kann eine Auswahl nach Marktbedeutung und Qualitätsniveau der Bewerber erfolgen. Dabei steht dem Veranstalter ein **weiter Ermessensspielraum** zu.

125 Bei Kunstmessen kann für die qualitative Auswahl die Heranziehung einer Jury hilfreich sein. Ihr Ermessensspielraum kann nur auf offenbare Unrichtigkeiten überprüft werden.[539] An qualitätsschwächere Bewerber kann ein Teil der Ausstellungsflächen im Wege der Rotation vergeben werden.[540] Das ist einer Verlosung von Standplätzen vorzuziehen, weil die Berücksichtigung nicht vom Zufall abhängt. Der Ermessensspielraum des Veranstalters besteht nicht nur bei der Auswahl der Teilnehmer, sondern auch bei der Zuteilung des Standplatzes.[541]

126 *dd) Anzeigenverweigerung.* Regionale Presseerzeugnisse sind in ihrem Verbreitungsgebiet vielfach marktbeherrschend, so dass sie unter dem Gesichtspunkt des Diskriminierungsverbots zum Abdruck von Informations-, Werbe- oder Stellenanzeigen verpflichtet sein können.

127 *(1) Eignung.* Zunächst ist zu prüfen, ob das Presseerzeugnis aufgrund des typischen Inhalts der Anzeige als geeignete Informationsquelle in Betracht kommt. Das ist bei Stellenanzeigen zur Veröffentlichung in Anzeigenblättern in der Regel zu verneinen. Sie werden – sofern inzwischen nicht ohnehin elektronische Medien (Internet) verwendet werden – typischerweise in Tageszeitungen veröffentlicht.[542] Etwas anderes mag für Heiratsanzeigen gegolten haben, die sich früher auch verbreitet in Anzeigenblättern fanden.[543] Ein privates Schülerinternat ist nicht auf die Veröffentlichung seiner Anzeigen in einem bundesweit

---

[532] *Immenga/Mestmäcker-Markert,* GWB, § 19 Rdnr. 157.

[533] OLG Frankfurt WuW/E OLG 4441 – *Internationale Automobilausstellung.*

[534] OLG Düsseldorf WuW/E DE-R 2379, 2382 – *Dentalmesse.*

[535] OLG Düsseldorf WuW/E DE-R 2379, 2382 – *Dentalmesse.*

[536] OLG München WuW/E OLG 4348 – *Deutsche Kunst- und Antiquitätenmesse,* auch zu § 70 Abs. 2 GewO.

[537] OLG München WRP 1977, 431 betreffend den Ausschluss des Schneiderhandwerks.

[538] KG WuW/E OLG 907, 915 – *Sportartikelmesse*; OLG Celle WuW/E OLG 3897, 3899 – *Kunstmesse.*

[539] OLG Düsseldorf WuW/E OLG 4173, 4176 – *Art Cologne;* vgl. OLG Frankfurt WuW/E OLG 4455 – *Art Frankfurt.*

[540] OLG Düsseldorf aaO – *Art Cologne;* OLG Frankfurt aaO – *Art Frankfurt.*

[541] OLG München WuW/E OLG 2479 – *Bau 76.*

[542] BGH WuW/E BGH 1783, 1784 – *Neue Osnabrücker Zeitung.*

[543] OLG Stuttgart WuW/E OLG 3560 – *Internationale Ehevermittlung.*

verbreiteten Ärzteblatt angewiesen, da solche Anzeigen in überregionalen Tageszeitungen und Wochenzeitschriften veröffentlicht werden.[544] Ebenso wenig ist ein Mietwagenunternehmen von Inseraten in einer Verbandszeitschrift für Fahrlehrer abhängig.[545]

(2) Abdruckverpflichtung. In der Regel ist eine Abdruckverpflichtung zu bejahen, wenn ähnliche, brauchbare Werbemittel nicht zur Verfügung stehen; denn die Anzeigenverweigerung beeinträchtigt den freien Wettbewerb der beworbenen Dienstleistungen oder Produkte.[546] Stadtwerke, die private Installateurunternehmen zur Installation von Kundenanlagen durch Eintragung in ein Installateurverzeichnis zulassen, müssen deshalb alle qualifizierten Betriebe in ihr Verzeichnis aufnehmen.[547] Eine sachliche Differenzierung der akzeptierten Werbeinhalte ist jedoch zulässig.[548] Der Abdruck muss bedingungsfrei erfolgen. Er darf z. B. nicht von einer reproreifen Vorlage abhängig gemacht werden;[549] Vorkasse darf verlangt werden. **128**

(3) Interessen- und Güterabwägung. Berührt die Anzeigenveröffentlichung die eigenen Interessen des Verlages, sind seine Interessen gegen die des Inserenten abzuwägen.[550] Es kann eine unbillige Behinderung sein, wenn ein Verlag für Telefonanbieter und Branchenverzeichnisse sein Vertriebssystem dahin umstellt, dass Werbeanzeigen nur noch direkt oder durch eigene Handelsvertreter akquiriert werden und nicht mehr (auch) über externe Werbeagenturen.[551] Eine Güterabwägung ist typischerweise auch bei Konkurrenzverhältnissen erforderlich. So ist das Interesse einer Tageszeitung, keine Stellenanzeigen für einen Setzer eines Werbeateliers abzudrucken, zwar zu beachten, weil auf diese Weise die Setzer des eigenen Betriebes zum Wechsel veranlasst werden könnten. Dem freien Arbeitsmarkt kommt jedoch größeres Gewicht zu. Deshalb darf der Abdruck auch nicht mit der Bedingung der Zustimmung des Verlages zu einem Arbeitsplatzwechsel eigener Arbeitnehmer verknüpft werden; denn dies käme einer unzulässigen Sperrabrede zwischen Arbeitgebern gleich.[552] **129**

Bei den Publikumszeitschriften hat sich der Abdruck von Werbeanzeigen konkurrierender Verlage mittlerweile als üblich herausgebildet, sofern der beworbene Titel nicht unmittelbar in Wettbewerb steht. Ein marktbeherrschender Zeitungsverlag dürfte daher jedenfalls in der Einführungsphase verpflichtet sein, Werbeanzeigen einer Programmzeitschrift abzudrucken, die ihren neuen regionalen Programmteil bewerben will, auch wenn das den Interessen der eigenen Programmzeitschriften und der regionalen Programmveröffentlichungen in der Tageszeitung des Verlagskonzerns zuwiderläuft.[553] Dagegen muss eine Handelskammer in ihrer Zeitschrift für die Wirtschaft ihres Bezirks keine Anzeigen zugunsten anderer Wirtschaftsregionen aufnehmen.[554] **130**

Werden mit der Anzeige politische Ziele verfolgt, ist eine Güterabwägung zwischen Presse- und Wettbewerbsfreiheit vorzunehmen. Bei politischen Wahlanzeigen hat die Zeitung das Recht, die Anzeigen auch dann abzulehnen, wenn die Zeitung über ein lokales Monopol verfügt und anderen politischen Meinungen bereits Raum für die Veröffentlichung gegeben hat.[555] Ebenso wenig muss ein Verlag Anzeigen entgegennehmen, die seinen publizistischen Zielen zuwiderlaufen, wie etwa die Annonce eines unseriös erscheinenden Ehevermittlers in einer regionalen Tageszeitung.[556] **131**

---

[544] BGH WuW/E BGH 1993 – *Privatschule.*
[545] OLG Stuttgart WuW/E OLG 2447 – *Fahrschulpraxis.*
[546] BGH aaO – *Neue Osnabrücker Zeitung.*
[547] OLG Düsseldorf WuW/E OLG 4692 – *Installateurverzeichnis.*
[548] OLG München WuW/E OLG 5744 – *Gastgeberverzeichnis.*
[549] OLG Koblenz WuW/E OLG 3893 – *reproreife Anzeige.*
[550] Siehe allgemein zur Interessenabwägung Rdnr. 152 ff.
[551] BGH WuW/E DE-R 3549, 3553 – *Werbeanzeigen.*
[552] BGH aaO – *Neue Osnabrücker Zeitung.*
[553] Offengelassen von KG WuW/E OLG 4628 – *Berlin-Ausgabe des Gong.*
[554] LG Hamburg WuW/E LG/AG 582 – *Hamburger Wirtschaft.*
[555] Vgl. BVerfG NJW 1976, 1627; OLG Stuttgart WuW/E OLG 2498.
[556] OLG Stuttgart WuW/E OLG 3560, 3561 – *Internationale Ehevermittlung.*

132 *ee) Verweigerung der Mitgliedschaft und Behinderung durch Vereinigungen. (1) Anwendungsbereich.* Auch Unternehmensvereinigungen können dem Diskriminierungsverbot unterliegen. Als Ungleichbehandlung kommen die Verweigerung der Aufnahme, der Ausschluss oder die Auferlegung unbilliger Bedingungen in Betracht. Für die Aufnahme in wirtschafts- und berufspolitische Verbände sowie Gütezeichengemeinschaften gilt als Spezialnorm § 20 Abs. 5 GWB.[557]

133 *(2) Voraussetzungen.* Das Diskriminierungsverbot findet auf Unternehmensvereinigungen Anwendung, wenn der Außenseiter aufgrund der Marktstellung der Vereinigung und ihrer Leistungsbedingungen für eine ungehinderte Betätigung im Geschäftsverkehr auf eine Mitgliedschaft angewiesen ist, weil dem Außenseiter die wettbewerbliche Entfaltung mangels gleichwertiger Ausweichmöglichkeiten anderweitig unmöglich ist.[558] Dies ist insbes. der Fall, wenn die Leistungen der Vereinigung von einer Mitgliedschaft abhängig sind[559] und die Nicht-Aufnahme folglich unzumutbar wäre, weil sie mit erheblichen wirtschaftlichen Nachteilen einherginge.[560] Dies wurde für eine Taxigemeinschaft angenommen, weil ohne die Mitgliedschaft der bestmögliche Einsatz des Kfz und die wirtschaftliche Verwertung der Konzession verwehrt sei.[561] Ferner fließt in die Bewertung mit ein, ob der Mitgliedschaft erhebliche wirtschaftliche[562] und organisatorische Interessen der Vereinigung entgegenstehen oder ob die Leistungsfähigkeit der Vereinigung gefährdet ist.[563] Die Aufnahme ist jedenfalls dann nicht erforderlich, wenn die Vereinigung ihre Leistungen gegen angemessenes Entgelt auch gegenüber Außenseitern erbringt.[564] Adressat des Diskriminierungsverbotes sind auch die Sportverbände des Bundes und der Länder, wenn ein wesentliches oder grundlegendes Interesse am Erwerb der Mitgliedschaft besteht.[565]

134 Unabhängig davon, ob eine Mitgliedschaft erforderlich ist, dürfen die **Vertragsbedingungen** die Teilnehmer nicht unbillig behindern, insbes. nicht durch gegen § 1 GWB verstoßende Bestimmungen. Deshalb darf die Satzung einer Taxigenossenschaft den Mitgliedern das Mietwagengeschäft oder die Mitgliedschaft in einer anderen Taxivereinigung nicht verbieten[566] oder die Mitglieder in der Anzahl ihrer Konzessionen beschränken.[567] Ebenso wenig darf eine Vereinigung ihre Aufnahmegebühren prohibitiv erhöhen, um die Altmitglieder und ihre Verdienstchancen zu schützen[568] oder die Teilnahme am Funkverkehr durch Nichtmitglieder durch verlorene Eintrittsgelder behindern.[569] Sofern ein Verband über seine Satzung hinausgehende Aufnahmeanforderungen praktiziert, sind jene wie Teile der Satzung zu beurteilen.[570] Wettbewerbsbeschränkende Maßnahmen einer Genossenschaft sind nur zulässig, soweit sie genossenschaftsimmanent zur Sicherung des Zwecks oder der Funktionsfähigkeit der Genossenschaft notwendig sind. So darf ein Verband für Fachgroßhändler im Rahmen der Verbandsautonomie, dessen Mitglieder ihre Produkte schwerpunktmäßig lokal vertreiben, die Aufnahme eines Versandhändlers verweigern, der

557 Vgl. dazu *Lübbert/Schöner,* § 24 Rdnr. 60 ff.

558 Hans. OLG WuW/E OLG 4669, 4671 – *Blumengroßmarkt.*

559 Hans. OLG WuW/E OLG 4669, 4671 – *Blumengroßmarkt.*

560 BGH WuW/E DE-R 1983 – *Autorufgenossenschaft II;* OLG München WuW/E OLG 1473, 1475 – *Reformhausgenossenschaft.*

561 OLG Koblenz WRP 1989, 266, 267.

562 OLG Koblenz WRP 1989, 266, 267.

563 OLG Düsseldorf WuW/E OLG 2719 – *Taxistände Flughafen Düsseldorf.*

564 BGH WuW/E BGH 407, 410 – *Molkereigenossenschaft;* WuW/E BGH 1494 – *Autorufgenossenschaft;* WuW/E DE-R 1983 – *Autorufgenossenschaft II;* Hans. OLG WuW/E OLG 3000, 3002 – *Funk-Taxiruf Harburg.*

565 OLG Frankfurt WuW/E DE-R 2648 – *Handballverband;* OLG München WuW/E DE-R 2697.

566 BGH WuW/E BGH 2271, 2272 – *Stuttgarter Taxi-Genossenschaft;* WuW/E BGH 2828, 2830 – *Düsseldorfer Taxi-Genossenschaft;* WuW/E BGH 2341, 2342 – *Taxizentrale Essen.*

567 BGH WuW/E BGH 1707 – *Taxi-Besitzervereinigung.*

568 OLG Bremen WuW/E OLG 3867 – *Nordsee-Taxen;* OLG Celle WRP 1995, 35.

569 OLG München WuW/E DE-R 178, 179 – *Taxizentrale Würzburg.*

570 OLG Frankfurt WuW/E DE-R 2648 – *Handballverband.*

seine Produkte größtenteils bundesweit vertreibt.[571] Bei mehreren Möglichkeiten muss die Vereinigung die am geringsten wettbewerbsbeschränkende Maßnahme wählen.[572] Die Satzungsautonomie des Verbandes soll aber selbst dann eine Satzungsänderung zulassen, wenn sich die geänderten Aufnahmekriterien gegen die Antragstellerin richten.[573] Demgegenüber kann eine an sich zulässige Satzungsgestaltung kartellrechtswidrig sein, wenn der Zweck der entsprechenden Klausel mittels einer „milderen", die Mitgliedschaft des Bewerbers ermöglichenden Gestaltung erreichbar wäre.[574]

Im Ergebnis kann die Marktstellung der Vereinigung bedeuten, dass die Diskriminierung nur durch **Aufnahme** in die Vereinigung oder Abschluss eines Teilnehmervertrages ohne behindernde Bedingungen beseitigt werden kann.[575] Will ein Außenseiter Leistungen in Anspruch nehmen, ohne Mitglied zu werden, kann die Vereinigung den Zugang zu Einzelleistungen verweigern, wenn sie auch ihren Mitgliedern nur eine Vielzahl von Leistungen gegen einheitliche Beträge zur Verfügung stellt.[576] Kann der Teilnehmer Einzelleistungen in Anspruch nehmen, darf die Vereinigung einen dadurch eintretenden Verlust durch höhere Anschlussgebühren ausgleichen.[577] Die Nichterfüllung übernommener Vertragsverpflichtungen, wie z.B. die Hinterlegung einer Kaution, rechtfertigt den Ausschluss aus der Vereinigung. 135

ff) Preis- und Konditionendiskriminierung. (1) Grundsätze. Ebenso wie dem Normadressaten des Diskriminierungsverbots bei der Gestaltung seiner Vertriebswege ein Ermessensspielraum zusteht, ist er auch in der **Gestaltung seiner Preise und Konditionen grundsätzlich frei.** Da der Wettbewerb auf geschäftlichen Kontakt zielt, sind Liefersperren ihm zwar grundsätzlich fremd; das Streben nach vorteilhaften Konditionen auf der Anbieter- und Abnehmerseite ist hingegen wettbewerbskonform.[578] Insofern besteht hier ein Ermessensspielraum, der richterlich nur beschränkt überprüfbar ist.[579] 136

Die Gründe für unterschiedliche Preise und Bedingungen können vielfältiger Natur sein, so dass aus einer **Differenzierung** als solcher nicht ohne weiteres ein Verstoß gegen das Diskriminierungsverbot hergeleitet werden kann.[580] Beispielsweise kann der Normadressat nach dem individuellen Nutzen des Nachfragers differenzieren.[581] Marktmächtigen Unternehmen ist eine differenzierte Preisgestaltung gegenüber Nachfragern jedoch nur insoweit gestattet, als sie nach Ausmaß und Höhe nicht ungerechtfertigt oder gar willkürlich ist. Dabei können der Preisbildungsfreiheit durch gesetzliche Regelungen Grenzen gesetzt sein.[582] Zu prüfen ist aber nicht nur die Angemessenheit der Differenzierung,[583] sondern auch ihr Ausmaß und ihre Auswirkung auf das Marktgeschehen.[584] Nach allgemeinen Grundsätzen trägt dafür der Anspruchsteller die Darlegungs- und Beweislast. Maßgebend ist, ob die relative Schlechterbehandlung als Ergebnis wettbewerbskonformen Inte- 137

---

571 OLG Düsseldorf WuW/E DE-R 3841 – *Haustechnik Großhändler* (zweifelhaft wegen der damit verbundenen Vertriebsbeschränkung der Mitglieder).

572 BGH aaO – *Taxizentrale;* auch BGH WuW/E BGH 1495, 1496 – *Autoruf-Genossenschaft.*

573 OLG Düsseldorf WuW/E DE-R 3841 – *Haustechnik Großhändler* (zweifelhaft, anders noch OLG Düsseldorf WuW/E OLG 4698ff. – *Gütegemeinschaft Kachelöfen*).

574 OLG München WuW/E DE-R 2695, 2696 – *Taekwondo.*

575 BGH WuW/E BGH 2828 – *Taxigenossenschaft II;* WuW/E BGH 2951 – *Weigerungsverbot;* OLG Frankfurt WuW/E OLG 3011 – *Funktaxi-Zentrale Langen.*

576 OLG Düsseldorf WuW/E OLG 2719 – *Taxistände Flughafen Düsseldorf.*

577 OLG München WuW/E OLG 2287 – *Münchener Taxiunternehmer.*

578 BGH WuW/E BGH 3058, 3064 – *Pay-TV-Durchleitung;* nachfolgend Hans. OLG WuW/E DE-R 403, 406.

579 BGH WuW/E BGH 1429,1435 – *Asbach-Fachgroßhändlervertrag.*

580 BGH WuW/E BGH 3058, 3064f. – *Pay-TV-Durchleitung.*

581 BGH WuW/E DE-R 1597, 1601, 1602 – *Hörfunkrechte.*

582 OLG Düsseldorf WuW/E DE-R 1184, 1187 – *InfraCard-Tarif* (unter Hinweis auf die Eisenbahninfrastruktur–Benutzungsverordnung); vgl. auch § 6 BuchpreisbindungsG.

583 Vgl. dazu *Lübbert/Schöner* § 23 Rdnr. 154, 192.

584 Vgl. BGH WuW/E BGH 1200 – *Vermittlungsprovision für Flugpassagen;* BGH aaO 1432 – *Asbach-Fachgroßhändlervertrag;* KG WuW/E OLG 3656 – *TUI-Partnerschaftsbonus.*

ressenausgleichs erscheint, der sich aus Angebot und Nachfrage im Einzelfall ergibt, oder auf Willkür und Missbrauch beruht.[585] Wird die Differenzierung dabei als Diskriminierung eingestuft, kommt es auf die sachliche Rechtfertigung (dazu näher Rdnr. 152ff.) an, die vom Normadressaten darzulegen und zu beweisen ist.[586] Dabei sind die Anforderungen zur Rechtfertigung einer Preis- und Konditionendiskriminierung allerdings geringer als z.B. zur Rechtfertigung einer grundsätzlichen Geschäftsverweigerung.[587] Das Diskriminierungsverbot enthält keine Meistbegünstigungsklausel, die den Marktbeherrscher verpflichtet, allen Abnehmern die gleichen – günstigsten – Bedingungen einzuräumen.[588] Eine unterschiedliche Behandlung ist grundsätzlich unproblematisch, wenn die Preisdifferenzierung auf verschiedenen örtlich relevanten Märkten stattfindet[589] oder die Sondervergünstigung das Marktgeschehen nicht wettbewerbsverzerrend stört.[590] Missbräuchlich sind Preisdifferenzierungen, wenn Preisvorteile willkürlich vorenthalten werden oder mit sachfremden Bedingungen verknüpft werden. So darf ein Marktbeherrscher bestimmten Abnehmern aufgrund ihrer geballten Nachfragemacht Vorzugspreise einräumen, ohne dass er verpflichtet ist, anderweitige Vertragsabschlüsse nachträglich zu revidieren. Er muss dies insbes. dann nicht, wenn sich die bevorzugte Behandlung einiger Abnehmer für andere Abnehmer nicht nachteilig auswirkt, die unterschiedliche Behandlung weder auf Willkür noch auf wirtschaftsfremden unternehmerischen Entscheidungen beruht oder nicht Ausfluss einer marktbeherrschenden Stellung ist.[591]

138 *(2) Preisnachlässe und Vorzugsbedingungen.* **Verkehrsübliche Preisnachlässe** und sonstige Leistungsentgelte aller Art, wie Mengenrabatte, Umsatzboni, Skonti, die entsprechend der Nachfrageleistung des Abnehmers gewährt werden, sind grundsätzlich nicht als Behinderung zu bewerten, ohne dass im Einzelnen eine Prüfung ihrer Angemessenheit vorzunehmen ist. Das bestätigt ein Umkehrschluss aus § 20 Abs. 1 Satz 2 GWB, der die Vermutung der nachfragebedingten Abhängigkeit an den Missbrauch durch Erlangung **zusätzlicher Sondervergünstigungen** knüpft. Was der marktstarke Nachfrager nicht erlangen darf, darf der marktstarke Anbieter auch nicht gewähren. Eine unbillige Behinderung kann von leistungsfremden Sondervergünstigungen ausgehen, wenn sie eine Sogwirkung entfalten, die darauf zielt, die erreichte Marktmacht durch missbräuchliche Verhaltensweisen zu stärken. An sich zulässige Preisdifferenzierungen durch unterschiedliche Rabatte dürfen jedenfalls nicht ein Ausmaß erreichen, das kaufmännisch nicht zu vertreten ist und konkurrierende Nachfrager massiv behindert.[592]

139 Produkt- und auftragsbezogene **Mengen- und Umsatzrabatte,** die ausschließlich an die abgenommenen Mengen bzw. Werte anknüpfen, sind ebenso wenig zu beanstanden[593] wie angemessene **Funktionsrabatte.**[594] Solche Funktionsrabatte dürfen indes nicht zu einem Doppelpreissystem führen, bei dem der Rabatt nicht auf Ware gewährt wird, die im Internet verkauft werden soll.[595] Gleichermaßen sind an sich zulässige umsatzbezogene Rückvergütungen diskriminierend, wenn ihre Gewährung davon abhängig gemacht wird, dass der Abnehmer entgegen dem Verbot der vertikalen Preisbindung in § 1 GWB be-

---

585 BGH WuW/E BGH 3058, 3065 – *Pay-TV-Durchleitung;* BGH WuW/E BGH 1405, 1409f. – *Grenzmengenabkommen.*

586 *Bechtold,* § 19 Rdnr. 44.

587 *Loewenheim/Meessen/Riesenkampff-Loewenheim,* § 20 Rdnr. 102.

588 BGH WuW/E BGH 3058, 3065 – *Pay-TV-Durchleitung.*

589 BGH WuW/E BGH 1299, 1301f. – *Strombezugspreis.*

590 KG WuW/E OLG 3656 – *TUI-Partnerschaftsbonus.*

591 BGH WuW/E BGH 1405, 1410 – *Grenzmengenabkommen.*

592 OLG Hamm WuW/E OLG 4425, 4426 – *60% Theaterrabatt.*

593 BGH WuW/E BGH 502, 508 – *Treuhandbüro;* WuW/E BGH 1413, 1415 – *Mehrpreis von 11%.*

594 BGH WuW/E BGH 2429 – *Asbach-Fachgroßhändlervertrag;* vgl. dazu auch mit Blick auf die schutzwürdigen Interessen Rdnr. 160ff.

595 BKartA (B5–100/10), Fallbericht v. 13.12.2011 betreffend *Dornbracht.*

stimmte empfohlene Preise nicht überschreitet.[596] Das unternehmerische Ziel, eine Stärkung des Fachhandels herbeizuführen, darf nicht zu einseitigen wettbewerbswidrigen Vorteilen führen.[597] Das BKartA hat im Jahr 2012 ein **Rabattsystem** untersagt, das Firmenkunden Vergünstigungen gegen die Weiterleitung von Informationen über Fluggastdaten gewähren wollte:[598] Durch die zur Verfügung gestellten Daten erhalte der Luftverkehrskonzern Einblicke in die Verkaufsdaten der Wettbewerber und sei dadurch in der Lage den Wettbewerb, bspw. durch konkrete Preissenkungen, zu verfälschen. Die künstlich erschaffene Markttransparenz ermögliche kurzfristiges und gezieltes Vorgehen zum Nachteil der Wettbewerber und könne damit einen Missbrauch der Marktmacht darstellen.[599] Eine ungerechtfertigte Diskriminierung ist auch eine Rabattstaffel, die eine unzulässige Exklusivitätsbindung aufrecht erhalten will, indem nur ein einzelner Abnehmer aufgrund des hohen Umsatzvorsprunges in den Genuss des Bonus kommen kann.[600] Im Gegensatz zum auftragsbezogenen Mengenrabatt ist wettbewerbsfremd daher auch das Jahresbonussystem eines Marktbeherrschers, wenn es die Rabattierung nicht allein nach der abgenommenen Menge bemisst, sondern auch danach, ob der Nachfrager den gesamten Bezug bei einem Anbieter konzentriert.[601]

Wie bei der Kopplungsbindung werden verkehrsübliche Preisnachlässe leistungsfremd, 140
wenn ein marktstarker Lieferant die Rabattierung von Umsätzen mit Produkten auf verschiedenen Märkten verkoppelt und die Rabattstaffel für die Gesamtmengen so auslegt, dass die Abnehmer ihre Nachfrage bei diesem Hersteller konzentrieren müssen, wenn sie keine erheblichen Preisnachteile in Kauf nehmen wollen, da die Konkurrenten nicht in der Lage sind, die Sogwirkung des Gesamtumsatzrabatts durch eigene Preisnachlässe auszugleichen. Eine solche wirtschaftliche Bezugsbindung war Gegenstand der Missbrauchsverfügung des vom BKartA untersagten Ein-Jahres-Bonus-Systems eines Herstellers von Hunde- und Katzenfertigfutter.[602] Gesamtumsatzrabatte und die wirtschaftlich vergleichbaren Treuerabatte sind jedoch nur leistungsfremd, wenn sie sich auf eine lange Referenzperiode beziehen.[603] Verpflichtet ein Anzeigenblattvertreiber seine Kunden, ausschließlich bei ihm Anzeigen zu schalten, um an einen Preisnachlass zu gelangen, stellt dies einen unter dem Gesichtspunkt einer Wettbewerbsbeschränkung zu prüfenden Treuerabatt dar. Dabei spielt insbes. die Laufzeit des Vertrages eine Rolle; bei Laufzeiten zwischen ein bis fünf Jahren ist nach dem OLG Jena eine Abwägung mit den rechtfertigenden Gründen geboten.[604] Die Bindung von Kunden unter Ausschluss der Wettbewerber lasse indes nur den Schluss zu, dass die Vereinbarung einzig dazu diene, die Wettbewerber gezielt zu behindern. Der Unterlassungsanspruch lasse sich dabei sowohl auf § 1 GWB als auch auf § 4 Nr. 10 UWG stützen.[605]

Wegen der bescheidenen Größenordnung von DM 3000 bis 6000,– pro Jahr hatte das 141
Kammergericht den **Partnerschaftsbonus** der *TUI* mangels gravierender Sogwirkung nicht als behindernd beurteilt, obwohl die Sondervergünstigung allein an die langjährige Geschäftsbeziehung und das Erreichen eines bestimmten Umsatzaufkommens geknüpft war.[606] Keine Behinderung bewirken auch **Sonderpreise,** die ein Automobilhersteller an seine autorisierten Vertragshändler für den Weiterverkauf seiner Fahrzeuge an konzern-

596 BGH WuW/E BGH 2647, 2651 – *Nora-Kunden-Rückvergütung;* das ist nach Art. 4 lit. a der Vertikal-GVO Nr. 330/2010 ohnehin eine Kernbeschränkung.

597 OLG Düsseldorf NZKart 2014, 68 ff. – *Fachhandelsvereinbarung Sanitär.*

598 BKartA (B9–96/09), NJW 2013, 1857, 1858; BKartA TB 2011/2012, 69.

599 Vgl. BKartA TB 2011/2012, 114.

600 BKartA (B3–139/10), NJW 2013, 1857, 1858; BKartA TB 2011/2012, 69.

601 Zu § 22 GWB a. F.: KG WuW/E OLG 2403 – *Fertigfutter.*

602 Zu § 22 GWB a. F.: KG WuW/E OLG 2403 – *Fertigfutter.*

603 Vgl. dazu BGH GRUR 1981, 202, 204 – *Rama-Mädchen;* OLG Frankfurt GRUR 1980, 804 – *Danone-Treuepunkte-Aktion.*

604 OLG Jena, GRUR-RR 2010, 113 ff. – *Anzeigen-Treuerabatt.*

605 OLG Jena, GRUR-RR 2010, 113, 114 – *Anzeigen-Treuerabatt.*

606 WuW/E OLG 3656 = KG ZIP 1989, 800 ff.

oder vertragshändlereigene Leasingunternehmen einräumt, insbes., wenn an dem konkurrierenden, herstellerunabhängigen Leasingunternehmen Vertragshändler einer konkurrierenden Automarke beteiligt sind.[607] Behindernd wegen übermäßiger Bindung von Abnehmern ist dagegen ein **Großkundenrabatt** in Höhe von 20%, wenn er keine Mengenstaffel und nur diesen einen relativ hohen Rabattsatz von 20% ausweist und die Berechtigungsscheine für den Rabatt jeweils nur für ein Quartal gültig sind.[608]

142 Die Kartellbehörden widmen sich in jüngerer Zeit verstärkt dem Missbrauch auf **Plattformmärkten.** In den Fokus geraten sind dabei Preisparitätsklauseln von Plattformbetreibern, die Anbieter bzw. Händler verpflichten, ihre angebotenen Produkte nicht auf anderen Plattformen zu einem günstigeren Preis zu verkaufen.[609] Die Anbieter passen dadurch ihre Preise in sonstigen Vertriebskanälen an den Preis auf der Plattform an und verlieren die Möglichkeit, auf verschiedenen Vertriebswegen unterschiedliche und ggf. günstigere Preise zu verlangen. Damit können die Anbieter insbes. die Vorteile aus niedrigen Gebühren von Newcomer-Plattformen nicht an ihre Abnehmer weitergeben. Das erschwert den Marktzutritt oder macht ihn unmöglich.[610] Missbräuchlich iSd §§ 19, 20 GWB kann das wiederum nur sein, wenn die Plattformbetreiber auch eine marktbeherrschende oder marktstarke Stellung innehaben.

143 *(3) Weitere Einzelfälle.* Die Betreiber von Gemeinschaftsanlagen zur Übertragung von Rundfunkprogrammen sind berechtigt, von einzelnen Fernsehveranstaltern für die Durchleitung ihrer Programme an die Empfänger ein Entgelt zu verlangen, ohne dass dies einheitlich gegenüber allen Fernsehsendern erfolgen muss, und zwar selbst dann nicht, wenn ein Teil der Programme unentgeltlich durchgeleitet wird.[611] Ebenso wenig muss ein Normadressat allen Abnehmern die gleichen Ausgangspreise und Rabattstaffeln gewähren, wenn von vornherein erhebliche Unterschiede in der Abnahme zu erwarten sind.[612]

144 Ein Markenartikelhersteller darf im Rahmen der Pflege seines Absatzsystems den Verkauf seiner Produkte durch Aktionsbeträge fördern, die er nur seinen Vertragshändlern und nicht anderen Unternehmen zahlt, die einer Konkurrenzmarke nahestehen.[613] Ebenso darf ein Normadressat Abnehmern Preisvorteile einräumen, die aufgrund ihrer Struktur die Vermarktung des Produktes durch zusätzliche Leistungen unterstützen.[614]

145 Hat ein Normadressat den Vertriebsweg für seine Produkte so gestaltet, dass er für bestimmte Gebiete einen Absatzmittler einsetzt, sich zugleich aber die Direktbelieferung vorbehält, darf die Direktbelieferung nicht zu niedrigeren Preisen oder günstigeren Bedingungen erfolgen als der Normadressat sie dem Absatzmittler anbietet, sog. **Preisschere.**[615] Sonderrabatte für bestimmte zusätzliche Absatzleistungen dürfen nicht mit dem Abschluss eines Vertriebsvertrages verknüpft werden, der den Absatzmittler verpflichtet, ausschließlich eine bestimmte Kategorie von Wiederverkäufern zu beliefern, wenn gleichartige Absatz-

---

[607] BGH WuW/E BGH 2755, 2757 ff. – *Ford-Aktionsbeiträge.*

[608] OLG Düsseldorf WuW/E OLG 4601, 4609 – *interlining.*

[609] Bsp. *Amazon*-Marketplace. Hier (B6–46/12) wurde das Verfahren eingestellt, nachdem Amazon für den Marketplace die Preisparitätsklausel endgültig aufgab (s. Presse-Mitt. v. 27.8.2013 und Fallbericht vom 9.12.2013). Neben dem BKartA führen auch Kartellbehörden in mehreren EU-Mitgliedstaaten, der Schweiz, Kanada und in Australien Verfahren, in denen sie einen kartellrechtlichen Verstoß durch die von Internet-Buchungsportalen angewandte Meistbegünstigungsklausel prüfen (s. zusammenfassend BKartA TB 2013/2014, S. 120).

[610] *Heyers,* GRUR-Int 2013, 409, 412; Hintergrundpapier des BKartA vom 10.10.2013 „Vertikale Beschränkungen in der Internetökonomie", S. 27; dazu auch Beschluss des BKartA vom 20.12.2013 (B9 – 66/10) – *HRS;* bestätigt durch OLG Düsseldorf B. v. 9.1.2015, WuW/E DE-R 4575 ff. – *HRS-Bestpreisklauseln;* im Dezember 2013 hat das Bundeskartellamt auch Verfahren gegen die Bestpreisklauseln von *Booking* und *Expedia* eröffnet (dazu Presse-Mitt. v. 20.12.2013).

[611] Für Entgeltforderungen für Pay-TV-Programm: BGH WuW/E BGH 3058 – *Pay-TV-Durchleitung;* auch nachfolgend Hans. OLG WuW/E DE-R 403 – *Pay-TV-Durchleitung.*

[612] BGH WuW/E BGH 1413, 1415 – *Mehrpreis von 11 %.*

[613] BGH WuW/E BGH 2755, 2758 – *Ford-Aktionsbeträge.*

[614] BGH WuW/E BGH 2665, 2666 f. – *Physikalisch-therapeutische Behandlung.*

[615] Vgl. BGH NJW 1987, 628 – *Bierverleger.*

mittler dieselben Zusatzleistungen erbringen.[616] Dasselbe gilt für die Verweigerung der Teilnahme an einem für den Absatz wesentlichen zentralen Abrechnungssystem, wenn die Teilnahme von dem Abschluss eines Vertrages abhängig gemacht wird, der nach § 30 GWB nichtige Preisvereinbarungen enthält.[617] Ebenso wenig darf die Auszahlung von Boni für bestimmte Verkäufe daran gebunden werden, dass der Einzelhändler bei seiner Preisgestaltung die vom Normadressaten empfohlenen Preise nicht überschreitet.[618] Verfügt der Nachfrager über ein Gebietsmonopol, kann dies bedeuten, dass er die Produktion ausnahmsweise abnehmen und dem Anbieter eine angemessene Vergütung zahlen muss, ohne dass diese den vermiedenen Kosten zu entsprechen hat, die er bei Direktbezug oder eigener Bereitstellung aufwenden müsste. Das kann im öffentlichen Interesse ausnahmsweise geboten sein.[619]

gg) Bezugssperre durch Nachfrager. (1) Grundsätze. Grundsätzlich können auch marktbeherrschende oder marktstarke **Nachfrager**[620] ihre Bezugswege und -bedingungen nach eigener kaufmännischer Entscheidung bestimmen. Sie dürfen das preisgünstigere Angebot wählen und müssen nicht das teurere Erzeugnis beziehen.[621] Sie können die Zahlung eines verlangten höheren, aber nicht geschuldeten Entgelts vom Abschluss eines langfristigen Vertrages abhängig machen.[622] Insbesondere trifft marktstarke Nachfrager im allgemeinen keine Verpflichtung zur quotenmäßigen Beschaffung, d. h. die Verpflichtung, bei der Vergabe ihrer Aufträge die Anbieter so zu berücksichtigen, dass jeder einen Anteil erhält, der seiner Leistungsfähigkeit oder Größe im Verhältnis zu seinen Mitbewerbern entspricht.[623] Da sich die angebotenen Waren und Leistungen auch bei grundsätzlicher Gleichwertigkeit meist in einer Reihe von Punkten unterscheiden und sich Vorteile beim Bezug von einem Anbieter aus der Bündelung von Aufträgen oder bewährter Zusammenarbeit ergeben können, folgt aus der Berücksichtigung solcher Interessen ein größerer Ermessensspielraum als für den marktstarken Anbieter.[624] 146

Eine unmittelbare **Bezugsverpflichtung** kommt nur ganz ausnahmsweise in Betracht. Eher ist der Normadressat verpflichtet, Anbieter in den engeren Kreis der Unternehmen einzubeziehen, die im Einzelfall bei der Auswahl nach bestimmten Kriterien zu berücksichtigen sind.[625] Für die öffentliche Hand kann dies bei der Vergabe umfangreicher Beschaffungsaufträge bedeuten, den Auftrag nach den Grundsätzen des öffentlichen Auftragswesens auszuschreiben, ohne dass die Aufträge nach einem bestimmten Schlüssel zu verteilen sind.[626] Einen Bezugszwang bejaht die Rechtsprechung nur dann, wenn die Maßnahme des marktbeherrschenden Nachfragers darauf zielt, bestimmte Anbieter zugunsten anderer vom Marktzugang auszuschließen, so dass deren wirtschaftliche Existenz bedroht ist.[627] 147

---

[616] BGH WuW/E BGH 1429,1433 – *Asbach-Fachgroßhändlervertrag.*

[617] BGH WuW/E BGH 1911, 1913 – *Meierei-Zentrale.*

[618] BGH WuW/E BGH 2642, 2649 – *Nora-Kundenrückvergütung.*

[619] BGH WuW/E BGH 2805, 2809 – *Stromeinspeisung* (unter Bezugnahme auf § 103 Abs. 5 Satz 2 Nr. 3 GWB a. F.; dazu mit Blick auf die Energiewirtschaft *Scholz* in § 34.

[620] Zur Bestimmung der Nachfragemacht *Wiedemann,* § 23 Rdnr. 24, 25.

[621] BGH WuW/E BGH 2370, 2373 – *Importierte Fertigarzneimittel;* WuW/E BGH 2919, 2922 – *Orthopädisches Schuhwerk.*

[622] Für einen Stromkonzessionsvertrag: OLG Karlsruhe WuW/E OLG 5665, 5674 – *Stromversorgung Umkirch* (Revision vom BGH nicht angenommen).

[623] BGH NJW 1977, 628, 630 – *Abschleppunternehmen;* BGH WuW/E BGH 3104 – *Zuckerrübenanlieferungsrecht II;* OLG Celle WuW/E DE-R 430, 432 – *Zuckerrüben II.*

[624] BGH WuW/E BGH 2399, 2405 – *Krankentransporte;* WuW/E BGH 2686, 2687 – *Zuckerrübenanlieferungsrecht.*

[625] BGH aaO – *Krankentransporte.*

[626] BGH aaO – *Krankentransporte* (mit Verweis auf die Nichtannahme der Revision des OLG Düsseldorfs WuW/E OLG 2274, 2280 f. – *Fernmeldetürme*); auch OLG Karlsruhe WuW/E OLG 5615, 5620 – *Schilderprägebetrieb;* OLG München WuW/E OLG 5735 – *Biomüll.*

[627] BGH WuW/E BGH 2707, 2716 – *Krankentransportunternehmen II;* WuW/E BGH 2990, 2997 – *Importarzneimittel.*

148 *(2) Praxis.* Die von der Rechtsprechung entschiedenen Fälle der sachlich nicht gerechtfertigten Bezugsverweigerung betrafen zumeist regulierte Märkte, auf denen dem Nachfrager aufgrund gesetzlicher Regelung eine besonders starke Stellung zukam.

149 So müssen **Sozialversicherungsträger** als Nachfrager von Sachleistungen die Hersteller von Heil- und Hilfsmitteln zur Belieferung der Versicherten zulassen, ohne dass eine Abnahmeverpflichtung besteht.[628] Der Bezug darf nicht verweigert werden, weil der Anbieter es ablehnt, eine überflüssige Nebenleistung ohne Erstattung der dabei anfallenden Kosten zu erbringen.[629]

150 Kommunen, die als Träger der Krankenkasse für die Patienten die Auswahl des **Krankentransports** treffen, dürfen bei der Vergabe von Aufträgen private Dienste ablehnen und einseitig ihre Berufsfeuerwehr einsetzen,[630] es sei denn der Patient wünscht ausdrücklich ein bestimmtes privates Krankentransportunternehmen.[631] Während öffentliche Krankenversicherungsträger den Einzug des Eigenanteils der Transportkosten des Versicherten für öffentliche Rettungsdienste durchführen, dürfen sie dies für private Krankentransportunternehmen ablehnen.[632]

151 Ebenso dürfen öffentliche Krankenversicherungsträger mit Apothekervereinen die Abgabe preiswerter importierter namensgleicher **Fertigarzneimittel** vereinbaren, auch wenn die pharmazeutische Industrie dadurch im Absatz ihrer Inlandsprodukte und damit in ihrer Forschungs- und Entwicklungstätigkeit behindert wird.[633] Dementsprechend dürfen Pharmagroßhandelsunternehmen den Importeuren von Fertigarzneimitteln nicht durch Bezugsverweigerung den Marktzugang erschweren.[634]

152 *c) Unbilligkeit und fehlende sachliche Rechtfertigung. aa) Bedeutung.* Die normativen Tatbestandsmerkmale der „Unbilligkeit" und der fehlenden „sachlichen Rechtfertigung" sind die ausschlaggebenden Kriterien, die über den Unwert der Behinderung bzw. der Ungleichbehandlung entscheiden.

153 Eine allgemeine Definition hat sich nicht entwickelt, sondern nur eine methodische Regieanweisung, welche Umstände auf welche Weise zu berücksichtigen sind und welche nicht. So kommt es nach ständiger Rechtsprechung für die Frage der Unbilligkeit und der fehlenden sachlichen Rechtfertigung auf eine **Gesamtwürdigung und Abwägung aller beteiligten Interessen** unter Berücksichtigung der auf die Freiheit des Wettbewerbs gerichteten Zielsetzung des GWB an.[635] Ein Abwägungsgrundsatz, der generalisierend für alle Fälle maßgeblich ist, lässt sich nicht festlegen.[636] Die Interessenabwägung kann nur einzelfallbezogen vorgenommen werden.[637] Zu ermitteln sind zunächst die beiderseitigen Individualinteressen, die sodann anhand des Maßstabs der Wettbewerbsfreiheit, insbes. der Öffnung des Marktzugangs, abzuwägen und zu bewerten sind.

154 Berücksichtigt werden nur Interessen, die von der Rechtsprechung anerkannt sind und nicht gegen gesetzliche Wertungen verstoßen.[638] Dabei sind nicht nur die rechtlichen Wertungen des GWB, das insbes. die Offenheit der Marktzugänge sichern soll, sondern vor allem auch die des Art. 101 AEUV, die dazu ergangenen Einzelentscheidungen und Gruppenfreistellungsverordnungen der Kommission sowie §§ 3, 4 UWG und §§ 307–309 BGB

---

[628] BGH WuW/E BGH 442 – *Gummistrümpfe;* WuW/E BGH 1423 – *Sehhilfen.*

[629] BGH WuW/E BGH 2919, 2922 – *Orthopädisches Schuhwerk.*

[630] BGH WuW/E BGH 2399 – *Krankentransporte.*

[631] Zu § 1 UWG a.F.: BGH WuW/E BGH 2521 – *Krankentransportbestellung.*

[632] Hans. OLG WuW/E DE-R 13 – *Eigenanteileinzug.*

[633] BGH WuW/E BGH 2370, 2374 – *Importierte Fertigarzneimittel.*

[634] BGH WuW/E BGH 2990, 2997 – *Importarzneimittel.*

[635] Ständige Rechtsprechung seit BGH WuW/E BGH 502, 508 – *Treuhandbüro;* BGH 1429 – *Asbach-Fachgroßhändlervertrag;* BGH 2479, 2482 – *Reparaturbetrieb;* BGH 1027, 1031 – *Sportartikelmesse;* BGH 2707, 2715 – *Krankentransportunternehmen II;* BGH WuW/E DE-R 357, 359 – *Feuerwehrgeräte;* BGH WuW/E DE-R 1983, 1985 – *Autoruf-Genossenschaft II.*

[636] BGH WuW/E BGH 2513, 2514 – *Sportartikel-Fachgeschäft.*

[637] Vgl. etwa BGH WuW/E DE-R 1983, 1985 – *Autoruf-Genossenschaft II.*

[638] BGH WuW/E BGH 2707, 2716 – *Krankentransportunternehmen II.*

zu beachten. Auch rechtfertigt die Schutzwürdigkeit von Interessen nicht alle Formen der zu seinem Schutz erfolgenden Behinderung; sie muss vielmehr ein angemessenes und vertretbares Mittel der Interessenwahrung sein[639] **(Verhältnismäßigkeitsprinzip).**

Die Interessenabwägung entfällt nicht, wenn das Unternehmen aufgrund seiner gesell- **155** schaftsrechtlichen Organisation verpflichtet ist, etwa durch Bereitstellung besonderer Einrichtungen, die wirtschaftlichen Interessen ihrer Gesellschafter zu fördern. Ist das Unternehmen Normadressat, kann allein ein genossenschaftsrechtlich zulässiges Verhalten die Anwendung des Kartellrechts nicht ausschließen.[640] Eine Genossenschaft kann die Inanspruchnahme von Leistungen aber von einer Mitgliedschaft abhängig machen, wenn deren Bedingungen dem Behinderten zuzumuten sind.[641] Dies gilt auch für die Aufnahme in einen Landessportbund.[642]

Es handelt sich stets um eine Beurteilung des **Einzelfalles,**[643] nicht um eine generalisie- **156** rende oder gesamtwirtschaftliche Betrachtungsweise, die wirtschaftspolitische Überlegungen zugrunde legt.[644] Deshalb sind die konkreten Auswirkungen von Marktmacht und Abhängigkeit zu ermitteln und in die Abwägung einzubeziehen.[645] Welche Gesichtspunkte im Einzelnen zu berücksichtigen sind, hängt von der Ware, der Branchenübung, dem Geschäftszuschnitt und den allgemeinen Vertriebsgewohnheiten ab.[646] Bei einer Lieferverweigerung ist deshalb kein genereller Systemvergleich zwischen verschiedenen Vertriebsformen durchzuführen, etwa zwischen Bedienungsfachhandel, Versandhandel und Selbstbedienungshandel, sondern auf die konkreten Unternehmensstrukturen der Beteiligten abzustellen.[647] Verweigert der Normadressat als Anbieter von Waren oder gewerblichen Leistungen den Vertragsabschluss („Liefersperre") und verwehrt er dem Nachfrager damit praktisch den Marktzutritt, sind bei der Abwägung an die Interessen des Adressaten verschärfte Anforderungen zu stellen.[648] Umgekehrt greift ein Kontrahierungszwang in besonderer Weise in den Rechtskreis des Normadressaten und seine wirtschaftliche Entscheidungsfreiheit ein, so dass ein solcher Eingriff nur dann zu rechtfertigen ist, wenn die Interessen des Normadressaten jedenfalls nicht überwiegen.[649]

Wettbewerbsrelevante Zielsetzungen verwirklichen sich auch in gesetzlichen Bestim- **157** mungen außerhalb des GWB. So sollten nach § 129 SGB V in der Fassung von 1991 neben den Original-Medikamenten auch Importarzneimittel erhältlich sein, um dem Verbraucher die Wahl zwischen teureren und preiswerten Medikamenten gleicher Herkunft zu ermöglichen.[650] § 52b AMG dient der Sicherung der Arzneimittelversorgung in Deutschland. Nicht belieferten Apotheken oder Arzneimittelgroßhandlungen steht daraus ein direkter Belieferungsanspruch zu. Zum Schutz der endlichen Primärenergien verpflichtet § 5 des Gesetzes für den Vorrang von Erneuerbarer Energien (EEG) die Netzbetreiber, Anlagen zur Erzeugung von Strom aus regenerativen Energien unverzüglich zuvörderst anzuschließen. Ebenso bezweckte § 103 Abs. 5 Satz 2 Nr. 4 GWB a. F., der die unbillige Behinderung in der Form der Durchleitungsverweigerung regelte, im energiewirtschaftlichen Interesse einen unwirtschaftlichen parallelen Leitungsbau zu verhindern.[651] § 20 des Geset-

---

[639] BGH WuW/E BGH 1783, 1785 – *Neue Osnabrücker Zeitung;* OLG Düsseldorf WuW/E DE-R 2806, 2811 – *Trassennutzungsänderung.*
[640] BGH WuW/E DE-R 1983, 1985 – *Autoruf-Genossenschaft II* mwN.
[641] BGH aaO.
[642] OLG Frankfurt WuW/E DE-R 2648, 2649 – *Handballverband.*
[643] BGH WuW/E BGH 2513, 2516 – *Sportartikelfachgeschäft.*
[644] BGH WuW/E BGH 1629, 1632 – *Modellbauartikel II;* BGH WuW/E BGH 2707 – *Krankentransportunternehmen II.*
[645] BGH WuW/E BGH 3058, 3063 – *Pay-TV-Durchleitung.*
[646] BGH WuW/E BGH 2513, 2514 – *Sportartikel-Fachgeschäft.*
[647] BGH WuW/E BGH 1793, 1796 – *SB-Verbrauchermarkt (Allkauf/Carrera).*
[648] BGH WuW/E DE-R 1377, 1379 – *Sparberaterin I.*
[649] BGH WuW/E DE-R 357, 359 – *Feuerwehrgeräte.*
[650] BGH WuW/E BGH 2990, 2997 f. – *Import-Arzneimittel.*
[651] BGH WuW/E BGH 2953, 2963 – *Gasdurchleitung.*

zes über die Elektrizitäts- und Gasversorgung (EnWG 2005)[652] statuiert einen Anspruch auf diskriminierungsfreien Zugang zu den Energieversorgungsnetzen nach sachlich gerechtfertigten Kriterien. Die Konzessionsvergabe der Gemeinden muss diskriminierungsfrei gehandhabt werden, § 46 EnWG.[653] Dagegen ist die europäische Agrarmarktordnung durch eine Begrenzung des Angebots und durch Abnahme- und Preisgarantien geprägt und damit auf Erhaltung der landwirtschaftlichen Strukturen gerichtet. Dem Ziel des Behinderungsverbots, die Marktzutrittsschranken für neue Anbieter und Nachfrager niedrig zu halten, soll hier deshalb nicht dieselbe Bedeutung zukommen wie in einem ungeregelten Markt.[654]

158 Soweit die öffentliche Hand Hilfsgeschäfte zur Erfüllung ihrer Aufgaben der Daseinsvorsorge tätigt, erfolgt über §§ 19, 20, 130 Abs. 1 Satz 1 GWB eine Grundrechtsbindung, namentlich zur Anwendung des Gebots der Gleichbehandlung aus Art. 3 GG.

159 *bb) Ermittlung der Individualinteressen. (1) Interessen des Normadressaten. (i) Grundsatz.* Das GWB untersagt nicht die durch eigene Wettbewerbsanstrengungen gewonnene Marktmacht und deshalb auch nicht ihren Gebrauch, wenn er sich im Rahmen leistungsgerechter, jedenfalls nicht leistungsfremder Praktiken hält. Zu berücksichtigen sind grundsätzlich alle auf diese Weise verfolgten wirtschaftlichen Individualinteressen des marktstarken Unternehmens, auch wenn sie darauf gerichtet sind, die eigene Marktstellung auszubauen. So sind auch marktstarke Hersteller grundsätzlich berechtigt, ihre Gewinne zu maximieren, insbes. Gewinne in einer Höhe zu erzielen, die sie für ihre Entwicklungs- und Forschungsarbeit oder für die Sanierung eines Teilbetriebes[655] als erforderlich ansehen.[656] Sie sind nicht verpflichtet, die Interessen der Wettbewerber zum eigenen Schaden zu fördern[657] oder unwirtschaftliche Maßnahmen durchzuführen[658] oder gar unentgeltliche Leistungen zu erbringen.[659] Vor diesem Hintergrund stellt ferner das Führen von Prozessen gegen einen Wettbewerber grundsätzlich keinen Missbrauch dar; anders kann es sich verhalten, wenn die Klagen nur dazu dienen können, den Gegner zu belästigen und wenn das Vorgehen Teil eines Planes ist, mit dem der Wettbewerb beseitigt werden soll.[660] Demgegenüber darf ein Normadressat seine Marktmacht nicht zugleich auf dem nachgelagerten Markt derart ausüben, dass auch dort seine Gewinninteressen in den Vordergrund rücken.[661] Einem Marktbeherrscher werden keine Maßnahmen abverlangt, die für ihn mit der unmittelbaren Gefahr eines Kundenverlustes an den begünstigten Wettbewerber verbunden sind.[662] Danach steht es auch einem marktstarken Unternehmen grundsätzlich frei, den Vertrieb und den Preis seiner Erzeugnisse oder Dienstleistungen nach eigenem Ermessen so zu gestalten, wie es dies für wirtschaftlich sinnvoll und richtig erachtet.[663] Demgemäß können Normadressaten ihren Vertrieb in Spar-

---

[652] In der Fassung vom 7.5.2005, BGBl. I 2005, 1970.

[653] BGH NZKart 2014, 151 ff. – *Stromnetz Berkenthin;* LG Düsseldorf WuW/E DE-R 4207 ff. – *Strom-und Gaskonzessionsverträge;* OLG Schleswig EnWZ 2013, 76 ff.

[654] OLG Karlsruhe WuW/E OLG 5505, 5514 – *Quote folgt Fläche.*

[655] BGH WuW/E BGH 1965, 1968 – *Gemeinsamer Anzeigenteil.*

[656] BGH WuW/E BGH 2370, 2374 – *Importierte Fertigarzneimittel.*

[657] BGH WuW/E BGH 2755 – *Aktionsbeträge* (für Verkäufe an *Ford*-eigene Leasinggesellschaften); OLG Düsseldorf WuW/E DE-R 4097, 4099 – *Frankiermaschinen II;* BGH U. v. 6.10.2015, Az. KZR 87/13, Rdnr. 102 – *Porsche Tuning.*

[658] BGH WuW/E BGH 1805, 1808 – *Privatgleisanschluss.*

[659] Hans. OLG WuW/E DE-R 403, 407 – *Pay-TV-Durchleitung.*

[660] So zu Art. 82 EG (jetzt: Art. 102 AEUV) EuG U. v. 17.7.1998, Slg. 1998 II – 2937 ff., 2961, Rdnr. 60 ff. – *ITT Promedia.*

[661] OLG München WuW/E DE-R 3901, 3905 – *Münchener Residenz.*

[662] BGH WuW/E BGH 2953, 2964 – *Gasdurchleitung;* OLG Düsseldorf WuW/E DE-R 1577, 1579 – *SIM-Karten.*

[663] BGH WuW/E BGH 1793, 1797 – *SB-Verbrauchermarkt;* WuW/E BGH 1995, 1996 – *Modellbauartikel III;* WuW/E BGH 2351, 2359 – *Belieferungsunwürdige Verkaufsstätten II;* WuW/E BGH 2535, 2539 f. – *Lüsterbehangsteine;* BGH WuW/E DE-R 1051, 1053 – *Vorleistungspflicht;* BGH WuW/E DE-R 134, 136 – *Bahnhofsbuchhandel;* BGH WuW/E DE-R 1377, 1378 – *Sparberaterin;* BGH WuW/E DE-R 1832, 1834 – *Lesezirkel II;* BGH U. v. 6.10.2015, Az. KZR 87/13, Rdnr. 59 – *Porsche Tuning.*

ten aufteilen und sachliche Voraussetzungen für deren Belieferung aufstellen.[664] Ebenso können Kfz-Hersteller den Kauf eines Neuwagens ihrer Marke mit einer produktbezogenen, unentgeltlichen Serviceleistung verbinden und bei diesem Service durch ihre Vertragshändler die Verwendung vom Hersteller bezogener Ersatzteile vorschreiben, ohne den unabhängigen Teilehandel unbillig zu behindern.[665] Zur Preisbildungsfreiheit gehört das Recht zur differenzierenden Preisgestaltung, wenn sie nach Ausmaß und Höhe durch hinreichende Gründe gerechtfertigt ist.[666] Kabelnetzbetreibermonopole dürfen die Programme von einem Teil der Fernsehveranstalter unentgeltlich durchleiten, von anderen dagegen ein Entgelt verlangen.[667] Dasselbe gilt umgekehrt für marktstarke Nachfrager beim Einkauf von Waren und Dienstleistungen.[668] Handelt es sich um ein nicht diskriminierendes Preisverhalten, ist bei der Annahme als unbillige Wettbewerbsbehinderung besondere Zurückhaltung geboten. Die **Preisbildungsfreiheit** hat für das bei der Interessenabwägung besonders zu berücksichtigenden Freiheitsschutzziel des GWB eine überragende Bedeutung.[669] Die **Vertriebsgestaltungsfreiheit** umfasst die Freiheit, den Absatz ausschließlich über Tochtergesellschaften zu organisieren.[670] Dasselbe gilt u. U. für die Wartung von Geräten ausschließlich durch den Hersteller.[671] Die Gestaltungsfreiheit gilt gleichermaßen für marktbeherrschende Verbände. Im Rahmen der durch Art. 9 Abs. 1 GG gewährleisteten Verbandsautonomie ist es ihre Sache, eigenverantwortlich ihren Zweck und ihre Aufnahmebedingungen festzulegen. Satzungsgemäße Einschränkungen für die Aufnahme müssen allerdings sachlich gerechtfertigt sein.[672] Für Wirtschafts- und Berufsvereinigungen sowie Gütezeichengemeinschaften folgt dies bereits aus der Spezialregelung in § 20 Abs. 5 GWB.[673] Mit zunehmender Abhängigkeit der Marktgegenseite vom Angebot des Normadressaten sind an die Schutzwürdigkeit seiner Interessen in gleichem Maße steigende Anforderungen zu stellen.[674] Das Recht zur freien Gestaltung der geschäftlichen Tätigkeit umfasst grundsätzlich auch das **Recht zur Abwehr** von Maßnahmen marktstarker Wettbewerber.[675] Bei der Gestaltung des Vertriebskonzeptes darf das Unternehmen generalisierende Abgrenzungsmerkmale festlegen.[676] Auch ist es einem marktbeherrschenden Unternehmen grundsätzlich nicht verwehrt, die Nachfrage in möglichst großem Umfang auf sich zu ziehen.[677]

(ii) Schutzwürdige Interessen. Ein Automobilhersteller kann seinen markengebundenen Kfz-Händlern zur Förderung des eigenen Leasinggeschäftes und das seiner Vertragshändler Zuschüsse auf die Abgabepreise gewähren, die der Kfz-Händler beim Verkauf an dritte Leasinggesellschaften nicht erhält.[678] Anzuerkennen ist auch das Interesse eines Markenartikelherstellers, eine bisher nicht bediente Vertriebsform nicht zu beliefern, wenn 160

---

[664] Vgl. BGH WuW/E DE-R 1832, 1835 – *Lesezirkel II.*

[665] OLG Düsseldorf WuW/E DE-R 1865, 1866 – *5-Sterne-Premium-Paket.*

[666] OLG Düsseldorf WuW/E DE-R 1184, 1187 – *IntraCard-Tarif.*

[667] BGH WuW/E BGH 3058, 3064 f. – *Pay-TV-Durchleitung;* vgl. die weitere Rechtsprechung zu Einspeiseentgelten in Breitbandkabelnetze: LG Stuttgart WuW/E DE-R 3952 ff. – *Einspeisung in Breitbandkabelnetze;* OLG München WuW/E DE-R 4180 ff. – *Einspeiseentgelt;* BGH U. v. 16.6.2015, Az. KZR 3/14.

[668] BGH WuW/E DE-R 839, 841 – *Privater Pflegedienst.*

[669] OLG Düsseldorf U. v. 1.10.2008, Az. VI-U (Kart) 5/08 – *Formular-Händlervertrag.*

[670] BGH WuW/E DE-R 1377, 1379 – *Sparberaterin.*

[671] OLG Düsseldorf WuW/E DE-R 1825 – *Primus.*

[672] BGH WuW/E BGH 1726, 1728 – *Deutscher Landseer Club;* WuW/E BGH 2191, 2194 – *Schwarzbuntzüchter;* OLG München WuW/E DE-R 1527, 1529 – *Apothekenumschau;* OLG Düsseldorf WuW/E DE-R 3841, 3843 f. – *Haustechnik-Großhändler.*

[673] Vgl. dazu *Lübbert/Schöner,* § 24 Rdnr. 60 ff.

[674] BGH WuW/E DE-R 357, 359 – *Feuerwehrgeräte.*

[675] Bekanntmachung des BKartA Nr. 124/2003 v. 4.8.2003 (zum Angebot unter Einstandspreis, § 20 Abs. 4 Satz 2 GWB a. F.); BGH WuW/E BGH 2547, 2552 – *Preiskampf;* BGHZ 111, 188, 199 – *Anzeigenpreis I;* EuGH U. v. 14.10.1996 Slg. 1996, I-5951, 6012 – *Tetra Pak.*

[676] BGH WuW/E DE-R 134, 137 – *Bahnhofsbuchhandel.*

[677] BGH WuW/E BGH 2399, 2404 – *Krankentransporte.*

[678] BGH WuW/E BGH 2755, 2758 – *Aktionsbeträge.*

er befürchten muss, dadurch in die Abhängigkeit des aufgezwungenen Abnehmers zu geraten.[679] Es kommt auf den Einzelfall an, ob Markenartikelhersteller ein berechtigtes Interesse haben, ihren Vertriebshändlern einen Verkauf über **Internetauktionsplattformen** wie *eBay* oder über **Drittplattformen** wie *Amazon Marketplace* zu untersagen.[680] Zumindest in einem selektiven Vertriebssystem kann dies aufgrund der Qualitätssicherung, zur Gewährleistung des richtigen Gebrauchs oder auch zur Erhaltung des Markenimages durch „Schutz vor Verramschung" zulässig sein, solange die Anforderungen für den Internetvertrieb und die Anforderungen an den stationären Vertrieb gleichwertig sind und diskriminierungsfrei gehandhabt werden.[681] Verbietet der Hersteller im Rahmen eines selektiven Vertriebssystems den Verkauf über Internetplattformen unter Hinweis auf sein zu erhaltendes Markenimage und vertreibt die Ware dann selbst über einen Discounter, kann das Argument zur Rechtfertigung nicht durchgreifen.[682] Zulässig ist es demgegenüber, **Funktionsrabatte** auf der Grundlage der Distributionsleistung zu erbringen, etwa für bestimmte offline erbrachte Marketingleistungen – solange kein verbotenes **Doppelpreissystem** vorliegt, bei dem danach rabattiert wird, ob bestimmte Waren offline oder online verkauft werden.[683] Ein marktstarker Verlag kann die Belieferung von Lesezirkelbetreibern verweigern, die keine Wahlmappen anbieten, sich an einen bestimmten Werbepartner binden, die die Lesemappen als Instrument der Kundenbindung einsetzen wollen und sich auf die Gewinnung von Gewerbetreibenden beschränken. Da der Verlag die Lesezirkelhefte unter Selbstkosten verkauft und damit eine Reichweitensteigerung für das Anzeigengeschäft beabsichtigt, hat er ein berechtigtes Interesse an einer möglichst breiten Leserschaft ohne Beeinträchtigung seines Anzeigengeschäfts.[684] Zu berücksichtigen ist das Interesse eines Herstellers, seinen wirtschaftlichen Ruf zu schützen, etwa gegen unsachgemäße Reparaturarbeiten einer ungebundenen Werkstatt. Die **Rufgefährdung** muss jedoch unmittelbar, ernsthaft und konkret gegeben sein.[685] Eine Rufbeeinträchtigung ist nicht zu befürchten, wenn die Kunden erkennen können, dass der Reparaturbetrieb nicht in das Kundendienstsystem des Herstellers eingebunden ist.[686] Schützenswert ist gleichermaßen das Interesse eines Herstellers, im Rahmen seiner Werksgarantie die Kosten der Garantieleistungen nur für solche Waren zu erstatten, die er selbst geliefert hat, und nicht für parallel aus Ländern außerhalb der EU importierte Ware.[687] Für einen marktstarken Nachfrager ist schützenswert sein Interesse, solche Anbieter zu beauftragen, mit denen er bereits in der Vergangenheit zuverlässig und zufriedenstellend zusammengearbeitet hat. Das gilt auch für Unternehmen der öffentlichen Hand.[688] Die Ungleichbehandlung durch die Sendeunternehmen zwischen der unentgeltlichen Zurverfügungstellung von Programm- und inhaltlichen Begleitinformationen über die auszustrahlenden Sendungen gegenüber den Verlegern von Programmzeitschriften und der entgeltlichen Zurverfügungstellung gegenüber den Betreibern von elekt-

---

[679] BGH WuW/E BGH 1793, 1797 – *SB-Verbrauchermarkt (Allkauf/Carrera);* BGH WuW/E BGH 1885, 1888 – *Divi/adidas.*

[680] Vgl. Fallbericht BKartA vom 24.10.2013, Az. B7-1/13–35 – *Sennheiser;* Presse-Mitt. des BKartA vom 28.4.2014 – *ASICS; Bonacker,* GRUR-Prax 2012, 4, 6f.; *Pichler/Hertfelder* NZKart 2014, 47ff; *Peeperkorn/Heimann,* GRUR 2014, 1175, 1177–1178.

[681] OLG Karlsruhe WuW/E DE-R 2789, 2793f. – *Schulranzen;* KG WuW/E DE-R 4019 – *Schulranzen und -rucksäcke;* Vertikalleitlinien, ABl. EG 2010 C 130/01 Rdnr. 54ff.; a.A. Mäger/Schreitter NZKart 2015, 68.

[682] Einen Verstoß gegen Art. 4 lit. b Vertikal-GVO Nr. 330/2010 bejahend: KG WuW/ E DE-R 4019, 4027 – *Schulranzen und -rucksäcke.*

[683] Vgl. zur Preisdifferenzierung nach dem individuellen Nutzen des Nachfragers BGH WuW/E DE-R 1597, 1601, 1602 – *Hörfunkgeräte;* zum Doppelpreissystem BKartA (B5–100/10), Fallbericht v. 13.12.2011 betreffend *Dornbracht.*

[684] Vgl. BGH WuW/E DE-R 1832, 1835 – *Lesezirkel II;* und nachfolgend, klageabweisend, Hans. OLG GRUR-RR 2009, 32ff.

[685] BGH WuW/E DE-R 357, 360 – *Feuerwehrgeräte.*

[686] BGH WuW/E BGH 2479, 2482 – *Reparaturbetrieb für Gabelstapler.*

[687] OLG Düsseldorf WuW/E OLG 5105 – *Garantierückabwicklung.*

[688] BGH WuW/E BGH 2399, 2405 – *Krankentransporte.*

ronischen Programmführern kann laut BGH gerechtfertigt sein, weil die Sendeunternehmen ihre Programme zwar selbst nicht in Printmedien, ohne weiteres jedoch im Internet darstellen können und zudem die Nutzungsmöglichkeit gezielter Werbung bei elektronischen Programmführern weit über denjenigen im Printbereich liegen.[689] Die Sache wurde zur neuen Verhandlung und Entscheidung an das OLG Dresden zurückverwiesen.

Im Rahmen seiner **Vertriebsgestaltungsfreiheit** kann der marktbeherrschende Hersteller frei entscheiden, ob er den Einzelhandel direkt oder über den Großhandel beliefert,[690] ob er nur bestimmte Einzelhändler direkt beliefert, wie z.B. die Verlage die Bahnhofsbuchhandlungen auf Personenbahnhöfen,[691] ob er nur den Bedienungsfachhandel und nicht den Selbstbedienungshandel beliefert oder ob er nur den Depotvertrieb autorisiert oder Absatzmittler als Eigenhändler, Kommissionsagenten oder Handelsvertreter einsetzt. Ebenso kann der Hersteller frei entscheiden, ob er seine Absatzmittler selektiert und den Vertriebsweg seiner Ware bindet, sein Vertriebskonzept auf Warenpräsentation, Luxusimage, fachliche Eignung des Personals, sachliche Ausstattung der Verkaufsräume, persönliche Kundenberatung und zuverlässigen Kundendienst abstellt[692] und schließlich, ob er eine Vertriebsschiene überhaupt eröffnet oder schließt.[693] Rechtfertigen die Eigenschaften des Produkts keine Einschränkung des Vertriebs im Hinblick auf den Internethandel, kann zur Rechtfertigung einzig die Erhaltung des Prestigecharakters nicht genügen.[694] Die Vertriebsgestaltungsfreiheit stößt weiterhin an ihre Grenzen, wenn eine Vertriebsbeschränkung auf die Begründung eines Monopols hinausläuft.[695] Räumt der Hersteller, wie im Verlagswesen üblich, den nachfolgenden Wirtschaftsstufen das Remissionsrecht ein, so dass er das Absatzrisiko trägt, besteht bei der Gestaltung des Vertriebssystems ein größerer Freiraum.[696] 161

Zur Ausschöpfung des betriebswirtschaftlichen Optimums liegt eine **Preisdifferenzierung nach Vertriebswegen** im legitimen Interesse des Normadressaten. Das Streben eines Marktteilnehmers nach möglichst günstigen Bedingungen und Preisen ist grundsätzlich wettbewerbskonform. Unterschiedliches Durchsetzungsvermögen und unterschiedliche Marktbedingungen führen dazu, dass dieses Streben nicht in jedem Fall ein gleiches wirtschaftliches Ergebnis in Form eines übereinstimmenden Verhältnisses von Leistung und Gegenleistung erreicht. Deshalb muss auch ein Normadressat weder gegenüber allen Marktpartnern gleiche Konditionen verlangen noch sie gegenüber allen gleichermaßen durchsetzen.[697] Erbringen die Abnehmer besondere tatsächliche Leistungen, wie Lagerhaltung, Service oder Sortimentierung (insbes. im Großhandel), kann ihnen im Gegenzug eine Preisreduzierung in Form eines sogenannten Funktionsrabatts gewährt werden.[698] Funktionsrabatte, die diskriminierungsfrei gehandhabt werden, einer angemessenen Höhe entsprechen und nicht an sachfremde Bedingungen geknüpft sind, stehen mit dem Diskriminierungsverbot im Einklang.[699] 162

Das Recht zur Konditionen- und Preisdifferenzierung besteht gleichermaßen für **Preisbinder** im Rahmen der Gestaltung ihrer verschiedenen Vertriebswege. Preisbindende Zeit- 163

689 BGH WuW/E DE-R 3657, 3661 – *Elektronischer Programmführer;* vorgehend OLG Dresden ZUM 2010, 362ff., welches eine kartellrechtliche Prüfung erst gar nicht in Betracht zog.

690 KG WuW/E OLG 3288, 3290 – *Rohrnetzarmaturen.*

691 BGH WuW/E DE-R 134, 136 – *Bahnhofsbuchhandel.*

692 BGH WuW/E BGH 2351, 2356f. – *Belieferungsunwürdige Verkaufsstätten II;* BGH WuW/E BGH 2535 – *Lüsterbehangsteine;* OLG München WuW/E OLG 5659 – *Versandparfümerie* und WuW/E OLG 5760, 5764 – *Graumarkt-Parfümerie;* OLG Frankfurt WuW/E DE-R 73 – *Guerlain.*

693 BGH WuW/E BGH 2360, 2366 – *Freundschaftswerbung;* BGH WUW/E DE-R 3549, 3553 – *Werbeanzeigen.*

694 EuGH U. v. 13.10.2011, Slg. 2011 I – 9419ff. = WuW/E EU-R 2163, 2169 – *Pierre Fabre Dermo-Cosmétique SAS.*

695 BGH WuW/E DE-R 3549, 3554 – *Werbeanzeigen.*

696 OLG Karlsruhe WuW/E OLG 2289, 2290 – *Zeitschriftengrossisten.*

697 BGH WuW/E BGH 3058, 3064f. – *Pay-TV-Durchleitung.*

698 *Immenga/Mestmäcker-Markert,* GWB, § 19 Rdnr. 178; *FK-Rixen,* § 20 GWB Rdnr. 249.

699 BGH WuW/E BGH 1429, 1433f – *Asbach-Fachgroßhändlervertrag.*

schriftenverlage, die ihren Abgabepreis im direkten Abonnementvertrieb um mehr als 15% niedriger festsetzen als den gebundenen Einzelverkaufspreis der Händler, sollen nach Auffassung des BKartA allerdings ihre Preisbindungsbefugnis missbrauchen.[700] Eine Abweichung der gebundenen Preise von bis zu 15% des Einzelverkaufspreises soll wegen der unterschiedlichen Vertriebsstruktur dagegen gerechtfertigt sein.[701] Für ein Probeabonnement mit über 40% Preisvorteil gegenüber dem Einzelverkaufspreis hat der BGH dagegen entschieden, dass es dem Verleger nicht verwehrt ist, die Vertriebsschiene des Abonnements gegenüber der Vertriebsschiene des Einzelverkaufs zu fördern, weil der Abonnementvertrieb für Verleger aus kaufmännischer Sicht eindeutig vorzugswürdig ist. Dies kann dem Verleger weder aus kartellrechtlichen noch aus preisbindungsrechtlichen oder lauterkeitsrechtlichen Gründen untersagt werden. Die Wettbewerbsregeln von BDZV und VDZ haben dabei für die Frage der Unlauterkeit – und damit auch der Unbilligkeit – allenfalls indizielle Bedeutung. Die Anerkennung dieser Regeln durch die Kartellbehörden begründet keine Rechtsnormqualität, sondern nur eine Selbstbindung der Behörde. Schon aus verfassungsrechtlichen Gründen können sie nicht zur Konkretisierung unbestimmter Rechtsbegriffe herangezogen werden.[702]

164 Solange ein Nachfrager die sachlichen und personellen Voraussetzungen der Fachhandel-**Vertriebsanforderungen** des Normadressaten nicht erfüllt, darf dieser die Belieferung verweigern.[703] Aufgrund der technischen Komplexität eines Produktes und einer damit einhergehenden potentiellen Gefährlichkeit kann eine besondere, gesteigerte Beratungsbedürftigkeit gerechtfertigt sein.[704] Zu berücksichtigen ist auch das Interesse eines Herstellers, den Facheinzelhandel für den Vertrieb seiner Produkte zu erhalten. Dieses Interesse kann verletzt sein, wenn ernsthaft damit zu rechnen ist, dass sich bei Belieferung des Nachfragers ein großer Teil des Facheinzelhandels vom Hersteller lossagt. Die bloße Befürchtung reicht nicht. Es müssen konkrete Anhaltspunkte gegeben sein.[705] Dabei müssen erhebliche Vermögensnachteile drohen, die jedoch nicht darauf beruhen dürfen, dass sich der Nachfrager im Rahmen seiner freien Preisgestaltung den Preisvorstellungen des Herstellers nicht anschließt.[706] Auch Vereinigungen von Unternehmen dürfen die Vermittlung ihrer Dienstleistungen durch Agenten auf ausgewählte leistungsfähige Unternehmen konzentrieren und müssen Vermittlungsprovisionen nur während der Zulassungsprüfung zahlen.[707] Darf der Normadressat den Wiederverkaufspreis nach § 30 GWB binden, ist sein Interesse schutzwürdig, die Preisbindung gegen Umgehungen durch Einkaufsgesellschaften zu sichern, die ihre Gewinne entsprechend dem Umsatzanteil an die Gesellschafter ausschütten.[708]

165 Schützenswert ist grundsätzlich auch das Interesse des Normadressaten, sein **Vertriebssystem umzustellen,** etwa vom Vertrieb durch Eigenhändler zum Vertrieb durch Handelsvertreter, um die Absatzmittler einer stärkeren Weisungsgebundenheit zu unterwerfen,[709] durch Herstellung der Lückenlosigkeit eines lückenhaften Vertriebsbindungssystems,[710] durch Beschränkung des Direktvertriebs zu Vorzugskonditionen über unbeschränkt geöffnete Verkaufsstellen auf Personenbahnhöfen,[711] durch eigene Übernahme des Absatzes in

---

[700] Vgl. BKartA TB 1987/88, 33 und 94; vgl. auch LG Hamburg WRP 1995, 1068.

[701] BKartA aaO.

[702] BGH WuW/E DE-R 1779, 1782 – *Probeabonnement.*

[703] BGH WuW/E BGH 1814, 1819 – *Belieferungsunwürdige Verkaufsstätten I (Allkauf/SABA).*

[704] BGH WuW/E BGH 1995, 1998 – *Modellbauartikel III (Robbe).*

[705] BGH WuW/E BGH 1793, 1797 – *SB-Verbrauchermarkt (Carrera);* BGH WuW/E BGH 1885, 1888 – *Sportschuhe (Divi/adidas);* vgl. auch OLG Karlsruhe WuW/E OLG 2289 – *Zeitschriftengrossisten.*

[706] BGH WuW/E BGH 2351, 2359 – *Belieferungsunwürdige Verkaufsstätten II (Allkauf/SABA).*

[707] BGH WuW/E BGH 1646 – *Vermittlungsprovision für Flugpassagen II.*

[708] BGH WuW/E BGH 1584, 1585 – *Anwaltsbücherdienst.*

[709] BGH WuW/E BGH 2238, 2246 – *Telefunken-EH-Partner.*

[710] BGH WuW/E BGH 1885, 1887 – *Sportschuhe (Divi/adidas).*

[711] BGH WuW/E DE-R 134, 136 – *Bahnhofsbuchhandel.*

eine besondere Vertriebsform[712] oder durch Erbringung einer nachgefragten Leistung durch eigene Kräfte.[713] Im Rahmen dieser Freiheit der Gestaltung und Pflege des Vertriebssystems ist das Interesse des Herstellers zu berücksichtigen, solche Nachfrager nicht zu beliefern, die seinem Vertriebskonzept nicht (mehr) entsprechen, gleich ob die Lieferbeziehung beendet **(Liefersperre)** oder ihre Aufnahme verweigert wird **(Lieferverweigerung).** Der Umstand allein, dass das abhängige Unternehmen für seine Fortexistenz auf den Normadressaten angewiesen ist, verpflichtet ihn nicht, seine Vertragspraxis fortzusetzen, wenn ihm dadurch der Übergang auf das von ihm für betriebswirtschaftlich sinnvoll erachtete Vertriebskonzept erschwert oder unmöglich gemacht wird.[714] Deshalb kann der Normadressat auch in diesem Fall von seinem vereinbarten, ordentlichen Kündigungsrecht Gebrauch machen.[715] Davon zu trennen ist die Frage der Dauer einer ordentlichen Kündigungsfrist. Sie kann durch das Diskriminierungsverbot verlängert werden, wenn die vereinbarte Frist zur Umstellung unangemessen kurz ist.[716] Der Normadressat bleibt auch zur fristlosen Kündigung aus wichtigem Grund berechtigt, wenn ein Abnehmer durch schwerwiegende Vertragsverletzungen die Vertrauensbasis zerstört hat, die auch für eine nach § 19 Abs. 2 Nr. 1 bzw. § 20 GWB erzwingbare Geschäftsbeziehung erforderlich ist.[717]

Die Ausübung von **gewerblichen Schutzrechten** ist grundsätzlich wettbewerbskonform. Die Herausforderung im Zusammenspiel mit den kartellrechtlichen Regelungen ist es vor allem, die Vertragsgestaltungsfreiheit des Schutzrechtsinhabers und seinen durch den Gewerblichen Rechtsschutz gewährten Imitationsschutz mit dem Schutzzweck des GWB, jedem Wettbewerber ungehinderten Zugang zum Markt zu ermöglichen, in Einklang zu bringen. Deshalb kann es bei der Ausübung eines gewerblichen Schutzrechts insbes. zu berücksichtigen sein, ob das gewerbliche Schutzrecht seinem Inhaber eine Monopolstellung in kartellrechtlicher Hinsicht eröffnet. Davon ist auszugehen, wenn sich der Gegenstand des Schutzrechts am Markt als Standard durchgesetzt hat (*de facto* Standard) oder wenn der Gegenstand des Schutzrechts von Unternehmen und/oder Verbänden als Industriestandard am Markt festgeschrieben worden ist. Das gilt insbes. für sog. **standard-essentielle Patente (SEPs).**[718] Aufgrund der positiven Wirkung von Industriestandards sind Standardisierungsvereinbarungen nicht vom Kartellverbot erfasst,[719] wenn die Standardisierungsvereinbarung die FRAND-Grundsätze[720] enthält, d.h. die Reglungen müssen den effektiven Zugang zum Schutzrecht zu fairen, zumutbaren und diskriminierungsfreien Bedingungen gewährleisten. **166**

Der BGH hat 2004 in seiner *Standard-Spundfass*-Entscheidung[721] die Möglichkeit, einem patentrechtlichen Schadensersatzanspruch einen kartellrechtlichen Zwangslizenzeinwand entgegen zu halten, anerkannt. Chemieunternehmen und Fasshersteller hatten sich über den Verband der chemischen Industrie auf einen einheitlichen Standard von Kunststofffässern geeinigt. Der Verband legte das dahinterstehende Patent als „Rahmenbedingung" und damit als Industriestandard für die Branche fest. Der BGH hat klargestellt, dass ein kartell- **167**

---

[712] BGH WuW/E BGH 2360, 2366 – *Freundschaftswerbung.*

[713] BGH WuW/E BGH 863, 872 – *Rinderbesamung II.*

[714] BGH WuW/E DE-R 2363, 2367 – *Post-Wettannahmestelle;* BGH WuW/E BGH 2360, 2367 f. – *Freundschaftswerbung;* BGH WuW/E DE-R 220, 221 – *U-Bahn-Buchhandlungen.*

[715] BGH WuW/E DE-R 3446, 3448 – *Grossistenkündigung;* BGH WuW/E BGH 2983, 2988 – *Citroën-Vertragshändler.*

[716] Vgl. BGH WuW/E DE-R 3549, 3553 – *Werbeanzeigen;* BGH WuW/E BGH 2360, 2368 – *Freundschaftswerbung;* OLG Stuttgart WuW/E OLG 3415, 3416 – *Daimler-Benz;* OLG Düsseldorf WuW/E OLG 4458 – *Toyota;* OLG München WuW/E OLG 4203 – *Besamungsvertrag;* dazu näher *Lübbert/Schöner,* § 23 Rdnr. 115 ff.

[717] BGH WuW/E BGH 1455, 1457; WuW/E BGH 1624 – *BMW-Direkthändler III.*

[718] *Rittner/Dreher/Kulka,* Wettbewerbs- und Kartellrecht, Rdnr. 1219 ff. S. dazu auch oben Rdnr. 27.

[719] Horizontalleitlinien, ABl. EG 2011 C 11/1 ff., Rdnr. 277 ff.

[720] FRAND steht für fair, reasonable and non-discriminatory.

[721] BGH WuW/E DE-R 1329 ff. – *Standard-Spundfass II.*

rechtlicher Anspruch aus §§ 19, 20 GWB auf Einräumung einer Lizenz nicht durch die nach § 24 PatG dem Patentgericht eingeräumte Befugnis zur Erteilung einer Zwangslizenz ausgeschlossen wird. Beide Ansprüche dienen unterschiedlichen Interessen. Die Einräumung einer Zwangslizenz durch das Patentgericht verfolgt, unabhängig von einer missbräuchlichen Ausnutzung, Ziele des Allgemeinwohls, z.B. technische, wirtschaftliche, sozialpolitische und medizinische Interessen. Demgegenüber dient ein kartellrechtlicher Anspruch auf Lizenzierung der Durchsetzung des gegenüber jedem Marktteilnehmer geltenden Verbots, eine marktbeherrschende Stellung zu missbrauchen.[722] Bei der Anwendung von § 19 GWB muss zugunsten des Patentinhabers berücksichtigt werden, dass eine unterschiedliche Behandlung von Interessenten bei der Gestattung der Benutzung eines Patentes, eines anderen gewerblichen Schutzrechts oder eines Urheberrechts ein wesentliches Element der Ausschließungswirkung des Schutzrechts selbst ist und dies auch einem marktbeherrschenden Unternehmen nicht versagt werden kann. Gleichzeitig gilt zulasten des Patentinhabers, dass im Fall von Industriestandards die marktbeherrschende Stellung nicht allein aus dem Gegenstand des Schutzrechts und dessen Durchsetzung auf dem Markt resultiert, sondern dass der durch das Schutzrecht beschränkte Zugang zum nachgelagerten Produktmarkt auch der Absprache über die Standardisierung geschuldet ist. Ein Verstoß gegen § 19 GWB liegt deshalb vor, wenn der Inhaber eines zum Industriestandard erhobenen Schutzrechts dieses dazu ausnutzt, um bei der Vergabe von Lizenzen den Zutritt zu diesem Markt nach Kriterien zu beschränken, die der auf die Freiheit des Wettbewerbs gerichteten Zielsetzung des Gesetzes gegen Wettbewerbsbeschränkungen widersprechen.[723]

168 2009 hat der BGH in seiner Entscheidung *Orange Book Standard*[724] seine Ausführungen zur Geltendmachung eines kartellrechtlichen Zwangslizenzeinwands auch gegenüber einem Unterlassungsanspruch aus einem Patent, das sich als *de facto* Standard durchgesetzt hatte, bestätigt. Mit dem Unterlassungsanspruch des Schutzrechtsinhabers würde dieser etwas verlangen, was sogleich in Form der Lizenzerteilung über Art. 102 AEUV oder §§ 19, 20 GWB zurück gewährt werden müsse. Dies stelle einen Verstoß gegen den Grundsatz von Treu und Glauben dar, § 242 BGB *(dolo agit)*. Allerdings hat der BGH den Zwangslizenzeinwand gegenüber dem Schutzrechtsinhaber unter zwei weitere Voraussetzungen gestellt: Erstens müsse der Lizenzsucher ein unbedingtes Angebot auf Abschluss eines Lizenzvertrages abgeben, welches der Schutzrechtsinhaber nicht ohne gegen § 19 Abs. 2 Nr. 1 GWB zu verstoßen ablehnen kann,[725] und zweitens müsse er, wenn er den Gegenstand des Schutzrechts bereits benutzt, diejenigen Verpflichtungen erfüllen, die der abzuschließende Lizenzvertrag ihm auferlegt; dazu zählt insbes. die Zahlung oder zumindest Hinterlegung der Lizenzgebühr.

169 Wie der Lizenzsucher die vom BGH geforderten Voraussetzungen erfüllen kann, ist noch nicht abschließend geklärt.[726] Das gilt insbes. für folgende Fragen: Inwieweit muss der Lizenzsucher die Initiative ergreifen? Wann muss der Lizenzsucher dem Patentinhaber ein Angebot unterbreiten? Welchen Bestimmtheitsanforderungen unterliegt das Angebot, reicht ein Angebot über „angemessene" Lizenzgebühren, die nicht konkretisiert sind?[727] Wie ermittelt man eine FRAND-konforme Höhe der Lizenzgebühr?

170 Die Ausübung des Schutzrechts ist kein Missbrauch einer marktbeherrschenden Stellung, wenn der Lizenzsucher nur ein bedingtes Lizenzangebot abgibt, insbes. den Vertrags-

---

[722] BGH WuW/E DE-R 1329, 1330 – *Standard-Spundfass II.*

[723] BGH WuW/E DE-R 1329, 1333 – *Standard-Spundfass II.*

[724] BGH WuW/E DE-R 2613 ff. – *Orange Book Standard.*

[725] BGH WuW/E DE-R 2613, 2616 – *Orange Book Standard;* LG Düsseldorf WuW/E DE-R 3638, 3651 – *FRAND-Erklärung.*

[726] Vgl. OLG Karlsruhe GRUR 2012, 736 ff.; OLG Düsseldorf GRUR-RR 2010, 368; LG Mannheim U. v. 2.5.2012, Az. 2 O 240/11 sowie OLG Karlsruhe, WuW/E DE-R 4185 ff. – *Zwangslizenzeinwand und Zwangsvollstreckung.* S. ferner *Meier-Beck,* in Fs. Tolksdorf, 2014, 115 ff.

[727] Anstatt vieler vgl. *Körber,* NZKart 2013, 87 ff. sowie *Meier-Beck,* in Fs. Tolksdorf, 2014, 115, 119 ff.

schluss unter die Bedingung stellt, dass das Verletzungsgericht die von ihm geleugnete Verletzung des Klagepatents durch die angegriffene Ausführungsform bejaht.[728] Das OLG Karlsruhe hat die Voraussetzung der Unbedingtheit insoweit konkretisiert, dass das Lizenzvertragsangebot so gefasst sein muss, dass im Falle der Annahme des Angebots durch den Patentinhaber solche Einwendungen des Lizenzsuchers abgeschnitten sind, mit denen die Pflicht zur Unterlassung oder zum Schadensersatz bestritten wird. Der kartellrechtliche Zwangslizenzeinwand könne nur durchgreifen, wenn das Lizenzvertragsangebot so gefasst ist, dass die Pflicht zur Zahlung von Lizenzgebühren dem Grunde nach akzeptiert wird.[729] Der Lizenzsucher wird somit ohne die tatsächliche Rechtslage geklärt zu haben zum Abschluss eines verbindlichen Lizenzvertrages verpflichtet. In der Literatur werden ein großzügigerer Maßstab und u. a. Sonderkündigungsrechte oder ex nunc auflösende Bedingungen diskutiert.[730]

Die *Orange Book*-Entscheidung unterscheidet sich von der Entscheidung *Standard-Spundfass* insofern, dass es sich im Fall *Orange Book* um eine Lizenz für einen ***de facto* Standard** handelte, also einen solchen, der sich tatsächlich am Markt durchgesetzt hatte. 171 Unterinstanzliche Gerichte haben die durch die *Orange Book*-Entscheidung gestellten hohen Anforderungen an einen willigen Lizenzsucher auch auf Fälle mit standard-essentiellen Patenten angewendet.[731] Die Frage, ob dies mit der wettbewerbsrechtlichen Zielsetzung des Art. 102 AEUV in Einklang steht, hat das LG Düsseldorf dem EuGH im März 2013 vorgelegt.[732] Die Kommission hat in der Zwischenzeit zwei Entscheidungen erlassen, die die engen Voraussetzungen der *Orange Book*-Entscheidung nicht auf Fälle mit SEPs übertragen. Die Kommission geht davon aus, dass die Verfolgung von Unterlassungsklagen durch den Schutzrechtsinhaber gegen Art. 102 AEUV verstoßen kann, wenn sich der Schutzrechtsinhaber zu einer FRAND-Erklärung verpflichtet hat und der Lizenzsucher nach den dort genannten Bedingungen eine Lizenz ersucht. Einen Widerspruch zur *Orange Book*-Entscheidung des BGH sieht die Kommission nicht, da es sich bei diesem Urteil um einen *de facto* Standard handelte und nicht um ein SEP.[733] Dem ist zuzustimmen. Standardtechnologien dienen der Interoperabilität von Anwendungen und Produkten, davon profitiert auch der Verbraucher. Es ist aber ein Unterschied, ob das Schutzrecht einen Standard schützt, der sich tatsächlich im Markt durchgesetzt hat oder erst durch Vereinbarung zum Standard geworden ist. Bei ersterem hat der Schutzrechtsinhaber seine Leistungsfähigkeit unter Beweis gestellt und dadurch einen Wettbewerbsvorsprung errungen, der nur unter besonderen Kriterien zu einer Zwangslizenzierung führen sollte. Bei SEPs hat sich der Standard nicht allein auf Grundlage seiner Leistungsfähigkeit im Markt durchgesetzt, sondern durch eine Vereinbarung über eine entsprechende Normierungsorganisation und ist damit weniger schutzwürdig. Hat sich der Lizenzgeber eines SEP darüber hinaus der FRAND-Selbstverpflichtung unterworfen und zeigt sich der Lizenzsucher bereit, die Regelungen zu erfüllen, ist für beide Seiten hinreichend geklärt, ob und wie ein Marktzutritt erfolgen kann. Dem Gesuch nun weitere Kriterien abzuverlangen, wie sie die *Orange Book*-Entscheidung fordert („unbedingtes Angebot"), würde den Lizenzsucher über Gebühr benachteiligen und dem Lizenzgeber im Widerspruch zur FRAND-Selbstverpflichtung die Möglichkeit in die Hand geben, durch Unterlassungsverfügungen den Wettbewerb zu blockieren. Ist ein Patentverletzer also grundsätzlich willens und fähig, einen der FRAND-Selbstverpflichtung entsprechenden Lizenzvertrag abzu-

[728] BGH WuW/E DE-R 2613, 2616 – *Orange Book Standard.*

[729] OLG Karlsruhe GRUR 2012, 736, 738; eine Ausnahme macht das Gericht für die Höhe der Lizenzgebühr.

[730] *Körber,* NZKart 2013, 87, 95 mwN.

[731] Vgl. LG Mannheim U. v. 9.12.2011, Az. 7 O 122/11; LG Düsseldorf U. v. 7.6.2011, Az. 4b O 31/20.

[732] LG Düsseldorf WuW/E DE-R 3922 = WRP 2013, 681 ff. – *LTE-Standard;* s. dazu die Schlussanträge des GA *Wathelet* v. 20.11.2014 in der Rs C 170/13 sowie EuGH U. v. 16.7.2015 in dieser Sache, ECLI:EU:C:2015:477. Vgl. auch die Ausführungen zu Art. 102 AEUV von *de Bronett,* § 22 Rdnr. 56 ff.

[733] Komm. MEMO/14/322 v. 29.4.2014.

schließen, muss der Inhaber eines SEPs konkrete Schritte unternehmen, um seiner Verpflichtungszusage zu entsprechen, bevor er einen Unterlassungsanspruch gerichtlich geltend machen kann. Insoweit obliegt es dem SEP-Inhaber, ein Lizenzvertragsangebot zu FRAND-Bedingungen zu unterbreiten, das den in dieser Branche üblichen Bedingungen entspricht und insbesondere die Höhe der Lizenzgebühr und ihre Berechnungsmethode enthält. Macht der SEP-Inhaber dagegen einen Unterlassungsanspruch geltend, ohne vorher ein solches Lizenzvertragsangebot unterbreitet zu haben, so liegt ein Missbrauch der marktbeherrschenden Stellung nach Art. 102 AEUV vor.[734]

172 Die für die Registrierung von **Domain-Namen** zuständige DENIC ist als Normadressatin des kartellrechtlichen Behinderungsverbots im Interesse einer grundsätzlich höher zu bewertenden effektiven Vergabepraxis nicht zur Prüfung angemeldeter Namen auf ihrer Vereinbarkeit mit Rechten Dritter verpflichtet, es sei denn, die Verletzung von Rechten Dritter durch den Anmelder ist offenkundig und ohne Weiteres feststellbar.[735]

173 Das Registrierungsverfahren der DENIC, zu einem bestimmten Stichtag Registrierungsanträge für ein- und zweistellige Domains nach dem Prioritätsprinzip zuzulassen, stellt keine ungerechtfertigte Ungleichbehandlung dar.[736] Nach dem OLG Frankfurt steht dem auch nicht entgegen, dass die DENIC die Zahl der Anträge pro Minute für jeden Provider auf vier Anträge per E-Mail beschränkt, um eine Überlastung ihres Systems zu vermeiden, denn dies betreffe alle Antragsteller gleichermaßen. Da es sich im Bereich der Domainanmeldungen um sog. Massenverfahren handelt, sei der DENIC eine individuelle Prüfung vorrangiger möglicher Registrierungsanträge sowohl aufgrund ihrer beschränkten Prüfungspflicht als auch aufgrund ihrer geringen personellen und sachlichen Mittel nicht zumutbar.

174 Besonderheiten gelten im **Pressevertrieb** mit seinem nach wie vor vorherrschenden System des ausschließlichen Gebietsgrosso. Jeweils ein Gebietsgroßhändler grossiert meist sämtliche Zeitungen und Zeitschriften der in- und ausländischen Verlage. Verlagen und Gebietsgrossisten steht das **Dispositionsrecht** zu, d. h. das Recht zu bestimmen, welche Titel der Absatzmittler unter Beachtung einer angemessenen Remissionsquote in welcher Menge abzunehmen hat. Um den Absatzmittler von den Folgen einer Fehldisposition freizustellen, ist den Grossisten und Einzelhändlern als Äquivalent das **Remissionsrecht** eingeräumt, d. h. das Recht, unverkaufte Titel gegen Gutschrift zurückzugeben. In Hinblick auf diesen wirtschaftlichen Ausgleich ist die Beschränkung der Dispositionsfreiheit der Absatzmittler keine unbillige Behinderung.[737] Gebietskonzentration sowie Dispositions- und Remissionsrecht sichern den freien Marktzugang für alle Presseerzeugnisse und damit die Pressevielfalt als wesentliche Voraussetzung verfassungsrechtlich geschützter Informationsfreiheit.[738] Diese Monopolstellung und Dispositionsbefugnis des Grosso schränken seine Vertriebsfreiheit ein. Es ist zur Neutralität und Belieferung auch kleinerer Presseverkaufsstellen mit Titeln verpflichtet, die eine hohe Remissionsquote ausweisen und deren Absatz die Kosten der Belieferung nicht decken.[739] Dementsprechend kann der Zeitungsgroßhändler die Aufnahme eines Presseerzeugnisses in seinen Vertrieb nicht wegen des Inhaltes oder der wirtschaftlichen Konzeption des Verlegers verweigern.[740] Dagegen können die Verlage die Belieferung eines neuen Pressegroßhändlers ablehnen, wenn durch Beteiligung eines anderen Verlages und von Einzelhändlern dessen Neutralität gegenüber nicht beteiligten Verlagen und Einzelhändlern beeinträchtigt ist und die Marktöffnung zugunsten des neuen Großhandelsunter-

---

[734] Schlussanträge des GA Wathelet v. 20.11.2014 in der Rs C 170/13, ECLI:EU:C:2014:2391, Rdnr. 80, 103 – *Huawei/ZTE* sowie das Urteil des EuGH v. 16.7.2015 in dieser Sache, ECLI:EU:C:2015:477.

[735] BGH WuW/E DE-R 741, 746 – *ambiente.de.*

[736] OLG Frankfurt GWR 2011, 68.

[737] BGH WuW/E BGH 1879, 1881 – *Dispositionsrecht.*

[738] BGH aaO – *Dispositionsrecht;* OLG Frankfurt WuW/E OLG 4038 – *Remissionsquote.*

[739] OLG Frankfurt aaO – *Remissionsquote.*

[740] LG Köln WuW/E LG/AG 521 – *Offertenblatt.*

nehmens das bestehende, funktionierende Absatzsystem des Gebiets-Allein-Grossisten zusammenbrechen lassen würde.[741] Der BGH hat allerdings in einem Urteil zum Pressegrosso dessen Strukturen in Frage gestellt. Ein Verlag hatte mehrere bestehende Vertriebsverträge ordentlich gekündigt, um die Distribution über eine Tochtergesellschaft fortzuführen.[742] Die betroffenen Grossisten sind vor dem BGH mit einem Anspruch auf Weiterbelieferung gem. § 19 Abs. 2 Nr. 1, 3 GWB (§ 20 Abs. 1 GWB a. F.) mangels Ungleichbehandlung gescheitert. Die beanstandete Bevorzugung wirke sich nicht nachteilig auf die Wettbewerbsposition der anspruchsstellenden Grossisten aus. Ein **Vergleich zur Tochtergesellschaft** scheide aus, da sie aufgrund der wirtschaftlichen Verknüpfung nicht als gleichartiges Unternehmen iSd § 19 Abs. 2 Nr. 1 GWB anzusehen sei. Die Belieferung der anderen in Deutschland tätigen Pressegrossisten könne ebenfalls nicht als Vergleichsmaßstab herangezogen werden. Aufgrund der Gebietsmonopole im Grosso-System bestehe kein Wettbewerbsverhältnis, welches die wettbewerbsrechtlichen Chancen der nicht mehr belieferten Grossisten beschränken könne.[743] Die Einhaltung des Diskriminierungsverbots ist Anwendungsvoraussetzung für § 30 Abs. 2a GWB. Nach § 30 Abs. 2a GWB können Vereinigungen von Presseverlagen, die Preise für Zeitungen und Zeitschriften binden, und Vereinigungen von Presse-Grossisten, die im Preis gebundene Zeitschriften und Zeitungen mit Remissionsrecht beziehen und mit Remissionsrecht an Letztverkäufer veräußern, für die von ihnen vertretenen Unternehmen Branchenvereinbarungen aufstellen, ohne unter den Anwendungsbereich von § 1 GWB bzw. Art. 101 AEUV zu fallen.[744] Die Bedeutung des Pressegrossos hebt der Gesetzgeber auch durch die Bezugnahme auf Art. 106 Abs. 2 AEUV in § 30 Abs. 2a Satz 2 GWB hervor. Jedenfalls soll der flächendeckende und diskriminierungsfreie Pressevertrieb als „Dienstleistung von allgemeinem wirtschaftlichem Interesse" eine Bereichsausnahme des EU-Rechts begründen. Über § 30 Abs. 3 GWB bleibt eine Missbrauchskontrolle möglich. Demgegenüber hat das OLG Düsseldorf entschieden,[745] dass die Befugnis des *Bundesverbandes Presse-Grosso,* für seine Mitglieder einheitliche Konditionen mit den Verlagen zu verhandeln, trotz der gesetzlichen Neuregelung in § 30 Abs. 2a GWB gegen Art. 101 Abs. 1 AEUV verstoße und auch die Sonderregelung des Art. 106 Abs. 2 Satz 1 AEUV nicht greife. Die Presse-Grossisten seien keine „betraute Unternehmen" im Sinne dieser Norm. Der BGH hat das Urteil des OLG Düsseldorf aufgehoben und die Klage gegen den *Bundesverband Presse-Grosso* abgewiesen. Dieser kann daher weiterhin die Verhandlungen mit den Verlagen für seine Mitglieder führen.[746]

(iii) Schutzunwürdige Interessen. Die Schutzunwürdigkeit von Interessen kann sich aus den rechtlichen Wertungen des GWB, aber auch anderen Normen ergeben. 175

So ist das Interesse, das **Vertriebskonzept** vom Eigenhändlervertrieb auf Handelsvertretervertrieb **umzustellen,** unbeachtlich, wenn die dadurch gewonnene Weisungsbefugnis des Prinzipals dazu dienen soll, das Verbot der vertikalen Preisbindung in § 1 GWB zu umgehen.[747] Ebenso nicht anzuerkennen ist das Interesse des Normadressaten an der Durchsetzung eines selektiven Vertriebskonzeptes, wenn die Lieferverweigerung gegenüber Warenhäusern mit Vollsortiment dazu dient, das Preisniveau des Fachhandels entsprechend 176

---

741 OLG Karlsruhe WuW/E OLG 2289 – *Zeitschriftengrossisten;* vgl. auch BGH WuW/E BGH 1527 – *Zeitschriftengrossisten.*

742 BGH WuW/E DE-R 3446 ff. – *Grossistenkündigung.*

743 BGH WuW/E DE-R 3446, 3451 – *Grossistenkündigung,* vgl. auch *Guggenberger/Ulmer,* AfP 2013, 183, 184 f.

744 Anlass der Regelung war ein Urteil des LG Köln (WuW/E DE-R 3532, 3543 – *Presse-Grosso*), welches die einheitliche Koordinierung von Preis- und Konditionenverhandlungen durch einen Verband von Presse-Grossisten mit den Verlagen oder Nationalvertrieben als Wettbewerbsbehinderung gem. Art. 101 Abs. 1 AEUV eingestuft hatte.

745 OLG Düsseldorf WuW/E DE-R 4242 = NZKart 2014, 154 ff. – *Presse-Grosso II* (nicht rechtskr.).

746 BGH U. v. 6.10.2015, Az. KZR 17/14.

747 BGH WuW/E BGH 2238, 2246 – *Telefunken-EH-Partnervertrag* (dort aber verneint).

den Vorstellungen des Herstellers zu erhalten[748] oder gar die vom Hersteller gewünschten, in den Preislisten empfohlenen Wiederverkaufspreise durchzusetzen.[749] Das folgt schon aus dem Umgehungsverbot des § 21 Abs. 2 GWB. Eine an sich legitime Stärkung der eigenen Vertriebsstruktur durch Handelsvertreter darf nicht dazu führen, dass dadurch in Wettbewerbsverhältnisse auf dem vorgelagerten Markt eingegriffen wird.[750] Das Marktverhalten einer Werbeagentur, deren Geschäft auf die Vermittlung kostengünstiger Anzeigen in einem marktbeherrschenden Telefonbuchverlag gerichtet ist, rechtfertigt keine Ablehnung eingeworbener Inserate.[751] Dagegen kann der Telefonbuchverlag sich weigern, Werbeanzeigen von Telefonauskunft-Dienstanbietern zu veröffentlichen, die mit der Muttergesellschaft konkurrieren, die im Telefonbuch ihren Auskunftsdienst bewirbt; denn kein Wettbewerber ist verpflichtet, einen Konkurrenten zum eigenen Schaden zu fördern.[752] Verschafft sich der Telefonbuchverlag durch eine Vertriebssystemumstellung auf eigene Akquise eine Monopolstellung auf dem nachgelagerten Markt, kann dies trotz gewährter Umstellungsfrist eine unbillige Behinderung darstellen.[753] Ein Hersteller darf die Belieferung eines Nachfragers nicht mit der Begründung verweigern, die Belieferung würde zu einer „Kannibalisierung" des Wettbewerbs mit einem Kunden führen, die nach der Insolvenz eines der Abnehmer den Ruf des Herstellers schädigen könnte.[754] Der Normadressat darf die Freiheit der Gestaltung des Vertriebs nicht missbräuchlich ausnutzen, d.h. er muss die Voraussetzungen für den Warenbezug nach einheitlichen und objektiven Kriterien festlegen und diskriminierungsfrei handhaben.[755] So darf ein Hersteller von Reparaturbetriebs-Ersatzteilen die Angabe der Seriennummer der gewünschten Ersatzteile verlangen, nicht aber die Seriennummer des defekten Gerätes und den Namen des Kunden.[756] Die Besorgnis einer unsachgemäßen Verwendung von Ersatzteilen für Feuerwehrtechnik bei Wartung und Reparatur kann allein eine Liefersperre nicht rechtfertigen.[757] Die Abwehr von Gefahren für die Benutzer technischer Einrichtungen ist nicht primär Aufgabe der am Wettbewerb teilnehmenden Unternehmen. Eine Pharmagroßhandlung, die sich als Normadressat weigert, Importarzneimittel zu vertreiben, hat kein schützenswertes Interesse, den Importeur solcher Medikamente von der Großhandelsstufe auszuschließen, um auf diese Weise höhere Gewinne aus dem Handel mit den teureren Original-Medikamenten zu ziehen.[758] Die Gewährung von Rückvergütungen darf nicht von der Einhaltung einer Preisempfehlung des Lieferanten abhängig gemacht werden; denn Preisempfehlungen stellen nach §§ 1, 2 GWB ggf. iVm. Art. 4 lit. a Vertikal-GVO Nr. 330/2010 nur dann keine unzulässige Wettbewerbsbeschränkung dar, wenn zu ihrer Durchsetzung keine Vorteile versprochen und kein wirtschaftlicher Druck angewendet wird.[759]

177 Besonders zu berücksichtigen sind die **Rechtsprechung des EuGH** zum EU-Wettbewerbsrecht und die Wertungen der EU-Gruppenfreistellungsverordnungen, insbes. die Vertikal-GVO Nr. 330/2010 für vertikale Vereinbarungen. So hat der EuGH das Recht des Einzelhändlers zum Internetvertrieb bestätigt, wenn er daneben einen stationären Handel betreibt; denn der Internethandel gilt als „passiver Verkauf", der grundsätzlich nicht beschränkt werden darf, da andernfalls ein absoluter Gebietsschutz besteht. Der Einzel-

---

[748] BGH WRP 1987, 381, 385 – *Belieferungsunwürdige Verkaufsstätten II.*
[749] OLG Frankfurt WuW/E OLG 2564 – *Robbe-Modellsport;* OLG München WuW/E OLG 2134 – *Bergsportausrüstung;* OLG Stuttgart WuW/E OLG 3343 – *Skibindungen;* OLG Düsseldorf WuW/E OLG 2732 – *Elektrowerkzeuge.*
[750] BGH WuW/E DE-R 1377, 1380 – *Sparberaterin.*
[751] BGH WuW/E DE-R 1541, 1543 – *Sparberaterin II.*
[752] OLG Düsseldorf WuW/E DE-R 1615, 1616 – *Das Telefonbuch.*
[753] BGH WuW/E DE-R 3549, 3554 f. – *Werbeanzeigen.*
[754] KG WuW/E DE-R 35, 37 – *Großbildfilmprojektoren.*
[755] BGH WRP 1987, 381, 384 – *Belieferungsunwürdige Verkaufsstätten II (Allkauf/SABA).*
[756] OLG Stuttgart WuW/E DE-R 6, 8 – *Kennzeichnungsgeräte.*
[757] BGH WuW/E DE-R 1111 – *Feuerwehrgeräte.*
[758] BGH WiB 1995, 969 f.
[759] Vgl. auch BGH WuW/E BGH 2647, 2652 – *Nora-Kunden-Rückvergütung.*

händler muss die Möglichkeit haben, auch außerhalb seines physischen Einzugsgebiets an den Endverbraucher zu verkaufen.[760] Vor Inkrafttreten der aktuellen Gruppenfreistellungsverordnung im Kfz-Bereich Nr. 461/2010 hat der EuGH entschieden, dass die Verpflichtung der markengebundenen Kfz-Händler, das Leasinggeschäft ausschließlich an das herstellereigene Leasingunternehmen zu vermitteln[761] bzw. die Kfz-Händler zu verpflichten, herstellerunabhängige Leasingunternehmen dann nicht mit Kraftfahrzeugen zu beliefern, wenn sie für Leasingnehmer außerhalb des Vertragsgebietes bestimmt sind,[762] nicht freigestellt werden können. Dies spricht gegen einen Vorrang des wirtschaftlichen Interesses des Herstellers, Absatz und Gewinn aus dem Leasinggeschäft zu steigern.[763]

Das festgestellte wirtschaftliche Interesse des Normadressaten ist stets unbeachtlich, wenn 178
die beanstandete Maßnahme **rechtswidrig** ist. Das gilt z. B. für einen systematischen Verkauf unter Einstandspreis, der auf die Vernichtung eines bestimmten Wettbewerbers zielt.[764] Sind die Preise nach kaufmännischen Grundsätzen vertretbar kalkuliert, reicht allein der Umstand, dass die Preisgestaltung gezielt gegen Mitbewerber eingesetzt wird, nicht aus, um einen Wettbewerbsverstoß zu begründen.[765] Der Normadressat muss bei rechtswidrigen **Untereinstandspreisverkäufen** seiner Mitbewerber selbst Rechtsschutz suchen, bevor er zu eigenen Abwehrmaßnahmen in Form von Untereinstandsverkäufen greift; andernfalls würde der Gesetzeszweck des § 20 Abs. 3 Satz 2 GWB in umso größerem Maße verfehlt, je nachhaltiger andere marktmächtige Unternehmen als Folgereaktion das gesetzliche Verbot missachten und ihrerseits unter Einstandspreis verkaufen.[766] Das gilt nur dann nicht, wenn dieser Adressat darlegen kann, dass er seinerseits aus Gründen des Selbstschutzes gezwungen war, das fragliche Produkt unter Einstandspreis zu verkaufen, und der durch die Verlustpreisstrategie der Wettbewerber entstandene Schaden so groß ist, dass es ihm nicht zuzumuten ist, auf die kleinen und mittleren Wettbewerber Rücksicht zu nehmen, und er nicht den behördlichen oder gerichtlichen Rechtsschutz abwarten konnte.[767] Wirtschaftliche Schwierigkeiten oder Zweifel an der Bonität des Nachfragers rechtfertigen keine Geschäftsverweigerung. Dem Normadressaten ist es zuzumuten, sich gegen solche Risiken durch Vorkasse zu schützen.[768] Eine unbillige Behinderung durch sog. **Preisscheren** *(price squeezing)* setzt voraus, dass sie eine Qualität in der Nähe eines durch Kampfpreisunterbietungen geführten, gem. §§ 3, 4 Nr. 10 UWG wettbewerbswidrigen und von daher ohne weiteres unbilligen Verdrängungswettbewerb erreichen.[769] Daran ändert auch das Verbot der Preis-Kosten-Schere in § 20 Abs. 3 Satz 2 Nr. 3 GWB nichts.[770] Es stellt auf einen Vergleich zwischen Lieferpreis des marktmächtigen Lieferanten auf dem Beschaffungsmarkt und seinem Abgabepreis auf dem nachgelagerten Markt ab. Der vom mittelständischen Abnehmer verlangte höhere Lieferpreis bewirkt dessen mittelbare Behinderung in seinem Wettbewerb gegenüber dem marktmächtigen Lieferanten auf dem nachgelagerten Markt, wenn er durch dessen Verhalten gezwungen wird, unter Einstandspreis zu verkaufen.[771]

---

760 EuGH WuW/E EU-R 2163, 2170 – *Pierre Fabre Dermo-Cosmétique SAS;* vgl. dazu auch Leitlinien für vertikale Beschränkungen, ABl. EG 2010 C 130/01, Rdnr. 52.

761 EuGH WuW/E EWG/MUV 1023, 1026 – *VW-Herstellerleasing;* BGH WuW/E BGH 2875 – *VW-Herstellerleasing.*

762 EuGH ZIP 1995, 1766, 1768 f. – *BMW/ALD Leasing;* BGH DB 1993, 979 (Vorlagebeschluss).

763 So aber die Vorinstanz KG WuW/E OLG 4753, 4762.

764 BGH WuW/E BGH 2195, 2199 – *Abwehrblatt II.*

765 BGH NJW 2006, 2120, 2121 – *10 % billiger;* BGH GRUR 2009, 416, 417 – *Küchentiefstpreis-Garantie.*

766 BGH WuW/E DE-R 1042, 1047 – *WalMart.*

767 BGH WuW/E DE-R 1042, 1046 f. – *WalMart;* BKartA WuW/E DE-V 911 – *Fotoarbeitstasche;* BKartA WuW/E DE-V 1481, 1485 – *Netto-Marken-Discount;* Bekanntmachung des BKartA Nr. 124/2003, Rdnr. 4.

768 BGH WuW/E DE-R 1541, 1543 – *Sparberaterin II.*

769 OLG Düsseldorf WuW/E DE-R 829, 836 – *Freie Tankstellen.*

770 Vgl. zur Preis-Kosten-Schere: *Lübbert/Schöner,* § 24 Rdnr. 53.

771 Vgl. dazu *Lübbert/Schöner,* § 24 Rdnr. 54.

Treuerabattaktionen sind aus lauterkeitsrechtlicher Sicht grundsätzlich zulässig, da auch eine erhebliche Wertreklame nur noch ausnahmsweise unlauter ist (§ 4 Nr. 1 UWG).[772] Nicht schutzwürdig, weil unlauter, ist das Interesse eines Krankenhauses, die Vermittlung von Aufträgen an andere Dienstleister als das vom Patienten gewünschte private Krankentransportunternehmen weiter zu leiten.[773] Erst recht nicht zu berücksichtigen ist das Wirtschaftsinteresse eines Krankenhauses, durch administrative Maßnahmen die Transportaufträge der Patienten auf öffentliche Rettungsdienste zu beschränken, um deren Kosten zu decken und private Transportunternehmen vom Markt zu verdrängen.[774] Nicht schutzwürdig ist das Verlangen eines Nachfragers gegenüber einem Marktbeherrscher auf Belieferung mit Kristallsteinen, wenn er Kristallfiguren des Anbieters unter Verstoß gegen §§ 3, 4 Nr. 9 UWG (§ 1 UWG a. F.) nahezu identisch nachahmt.[775] Unbillig ist die Behinderung der Konkurrenten durch irreführende Werbung, die die Nachfrage aufgrund von unwahren Behauptungen allein auf den Normadressaten lenkt.[776] Rechtswidrig ist auch eine Liefersperre, die in Wahrheit darauf zielt, den Nachfrager abzustrafen, etwa durch Abbruch der kostenlosen Versorgung einer Programmzeitschrift mit Programmplänen eines Fernsehsenders wegen kritischer Berichterstattung[777] oder wenn dies in der Absicht erfolgt, das Preisverhalten des Wiederverkäufers zu beeinflussen.[778]

179 *(2) Interessen des Diskriminierten bzw. Behinderten. (i) Grundsätze.* Auch für den Diskriminierten bzw. Behinderten gilt, dass grundsätzlich alle seine wirtschaftlichen Interessen schutzfähig sind, seine wettbewerblichen Betätigungsmöglichkeiten frei zu entfalten, d. h. Geschäftsbeziehungen anzuknüpfen, zu erhalten und zu ändern und den Gegenstand seines Angebots bzw. seiner Nachfrage frei zu gestalten.[779] Das gilt insbes. dann, wenn er Newcomer ist, der eine neue Vertriebsform[780] oder eine neue gewerbliche Leistung einführt.[781] Das Diskriminierungsverbot verschafft jedoch weder einen Anspruch auf Existenzsicherung noch auf **Sozialschutz**[782] oder auf Meistbegünstigung.[783] Persönliche und sachliche Anforderungen des Normadressaten an den Nachfrager als Voraussetzung für die Belieferung sind zulässig, sofern sie objektiv festgelegt sind und diskriminierungsfrei gehandhabt werden. Sie dürfen jedoch nicht zu hoch gestellt werden und müssen für den Nachfrager **zumutbar** sein.[784] An sich berechtigte Interessen des Diskriminierten können dadurch entwertet werden, dass sich das Unternehmen als unzuverlässig erweist, was eine Behinderung rechtfertigt.[785]

180 *(ii) Einzelfälle.* Die Gewährung von Zusatzrabatten darf nicht davon abhängig gemacht werden, dass der Großhändler ausschließlich einen bestimmten Vertriebsweg beliefert.[786]

---

[772] Vom BGH in *Rama Mädchen* nach altem Recht verneint (vgl. GRUR 1981, 202, 204); vgl. auch BGH WRP 2002, 1133, 1134 – *Testbestellung;* BGH GRUR 2003, 637 – *Riegel extra.*

[773] BGH WuW/E BGH 2521, 2524 – *Krankentransportbestellung.*

[774] BGH WuW/E BGH 2707, 2715 – *Krankentransportunternehmen II.*

[775] BGH WuW/E BGH 2535, 2540 – *Lüsterbehangsteine.*

[776] BGH WuW/E DE-R 352, 356 – *Kartenlesegerät.*

[777] Hans. OLG WuW/E OLG 5861, 5863 – *Programmvorschau* (*TV Today/Pro Sieben* und *Kabel 1*).

[778] KG WuW/E OLG 1394, 1396 f. – *Japanischer Fotoimport.*

[779] Vgl. BGH WuW/E BGH 1567, 1570 – *Nordmende;* WuW/E BGH 1211, 1215 – *Kraftwagen-Leasing;* WuW/E BGH 1646 – *Vermittlungsprovision für Flugpassagen II.*

[780] BGH WuW/E BGH 1567 ff. – *Nordmende;* WuW/E BGH 1635 f. – *Plaza SB-Warenhaus;* KG WuW/E OLG 2425 – *Levi's Jeans.*

[781] BGH WuW/E BGH 1238 – *Ersatzteile für Registrierkassen;* WuW/E BGH 2589 – *Reparaturbetrieb;* OLG Karlsruhe WuW/E DE-R 79 – *Feuerwehr-Drehleitern.*

[782] BGH WuW/E BGH 2491, 2495 – *Opel-Blitz;* BGH WRP 1998, 783 – *Bahnhofsbuchhandel.*

[783] BGH WuW/E BGH 3058, 3065 – *Pay-TV-Durchleitung.*

[784] BGH WuW/E BGH 1629, 1632 – *Modellbauartikel II;* WuW/E BGH 2479, 2482 – *Reparaturbetrieb.*

[785] Z. B. schwerwiegende Vertragsverletzungen, OLG Frankfurt WuW/E OLG 5767, 5772 – *Koordinierte Vergabesperre.*

[786] BGH WuW/E BGH 1429, 1433 – *Asbach-Fachgroßhändlervertrag.*

Der marktbeherrschende Hersteller von Modelleisenbahnen kann trotz der fehlenden Präsentation und Vorführung der Ware im Geschäft die Belieferung eines Versandhändlers nicht verweigern, wenn der von ihm geltend gemachten persönlichen Kundenberatung eine gesteigerte Bedeutung nicht zukommt.[787] Ein Selbstbedienungsgroßhändler kann von einer Brauerei neben der Belieferung mit Flaschenbieren die Belieferung mit Fassbier verlangen, auch wenn er nicht die besonderen Pflegeleistungen des Bedienungsfachgroßhandels erbringt.[788] Ein Nachfrager muss sich Wettbewerbsverstöße in der Vergangenheit nur dann entgegenhalten lassen, wenn die Verstöße die Besorgnis rechtfertigen, dass er auch nach Aufnahme vertraglicher Beziehungen vertragswidriges Verhalten fortsetzen werde.[789] Insbesondere darf der Nachfrager keine Belieferung mit Vorprodukten geltend machen, die er dazu benutzt, um die Fertigprodukte des Lieferanten in unlauterer Weise nachzuahmen.[790] Es kommt nicht darauf an, dass der Wettbewerbsverstoß bereits gerichtlich festgestellt ist.[791] Es dürfen aber nicht nur Verstöße einzelner Verkäufer vorliegen, die in ihrer Gesamtheit nicht schwer wiegen.[792]

Berechtigte Zweifel an der wirtschaftlichen Leistungsfähigkeit eines Nachfragers kann der Betroffene dadurch ausräumen, dass er Vorkasse oder Sicherheiten anbietet.[793] Schwere Vertragsverletzungen des Diskriminierten muss der Normadressat indes ebenso wenig hinnehmen wie ein geschäftsschädigendes Verhalten.[794] Bei Beendigung der Geschäftsbeziehung ist das betroffene Unternehmen grundsätzlich verpflichtet, sich umzustellen, auch wenn dies eine erhebliche Härte bedeutet. Die Folgen einer geschäftlichen Fehlentscheidung, eine Lieferbeziehung nicht durch ein Vertragsverhältnis mit ordentlicher Kündigungsfrist abzusichern, hat der Betroffene selbst zu tragen.[795] Ein wirtschaftliches Interesse an unveränderter Fortsetzung der Vertragsbeziehung wird nur ausnahmsweise geschützt, wenn die Diskriminierung nur durch einen Kontrahierungszwang beseitigt werden kann. Dagegen ist das Interesse an einer angemessenen Übergangsfrist, die dem betroffenen Unternehmen die Umstellung ermöglicht, regelmäßig zu berücksichtigen. Je nach Stärke der Abhängigkeit können weiterreichende Interessen schutzwürdig sein.[796] **181**

cc) Drittinteressen. (1) Grundsatz. Dritte Unternehmen sind an der Interessenabwägung nur zu beteiligen, soweit sich das Verhalten des Normadressaten auf sie ebenfalls unmittelbar oder mittelbar auswirkt. Das sind vor allem die Fälle, in denen Marktteilnehmer durch das Verhalten des Normadressaten begünstigt sind. Verbandsinteressen bleiben dagegen unberücksichtigt. Das gilt auch, falls sie in Wettbewerbsregeln ihren Niederschlag gefunden haben, die eine Kartellbehörde anerkannt hat. Sie haben für die Unbilligkeit allenfalls indizielle Bedeutung.[797] **182**

(2) Einzelfälle. So sind schutzwürdig die Interessen einer Rettungsleitstelle der öffentlichen Hand, zur Auslastung der vorhandenen Kapazitäten auch Aufträge für einfache Krankentransporte zu erhalten, damit die Einsatzbereitschaft auch in Notfällen gesichert bleibt, auch wenn dadurch private Krankentransportunternehmen von den Krankenhäusern keine Transportaufträge erhalten.[798] Ebenso anzuerkennen ist das Interesse von Fachhändlern, bei einer von ihnen getragenen Ausstellung nur Fachhändler und nicht auch direkt liefernde **183**

---

[787] Hans. OLG WuW/E OLG 4195; KG WuW/E OLG 3501 – *Märklin.*

[788] BGH WuW/E BGH 1530; OLG Frankfurt WuW/E OLG 2575 – *Faßbierpflegekette.*

[789] BGH WuW/E DE-R 206, 210 – *Depotkosmetik (für fortgesetzten Versandhandel).*

[790] BGH WuW/E BGH 2535, 2539 – *Lüsterbehangsteine.*

[791] BGH WuW/E BGH 1629, 1632 – *Modellbauartikel II (Henke/Multiplex);* vgl. auch BGH WuW/E BGH 1391 – *Rossignol,* mit Anm. *Lübbert* BB 1976, 240.

[792] OLG Stuttgart WuW/E OLG 3343 – *Skibindungen.*

[793] OLG Stuttgart aaO.

[794] BGH WuW/E BGH 1624, 1625 – *BMW-Direkthändler III.*

[795] BGH WuW/E BGH 2855, 2857 – *Flaschenkästen.*

[796] Wegen der Einzelheiten *Lübbert/Schöner,* § 23 Rdnr. 159.

[797] BGH WuW/E DE-R 1779, 1781, 1782 – *Probeabonnement;* s. auch *Lübbert/Schöner,* § 23 Rdnr. 163.

[798] BGH WuW/E BGH 2399, 2406 – *Krankentransporte.*

Hersteller und Großhändler zuzulassen.[799] Die Interessen der Verbraucher an der Zuverlässigkeit von Reparaturen können es rechtfertigen, dass ein Kfz-Hersteller von seinen Händlern verlangt, nur bestimmte Teile zu verwenden.[800]

184 Besonders zu beachten ist, ob die Drittinteressen gesetzlich geschützt sind oder nicht. So hat das verfassungsrechtlich garantierte Recht des Arbeitnehmers auf freie Wahl seines Arbeitsplatzes Vorrang vor dem Interesse eines Arbeitgebers, von einem nachfragenden konkurrierenden Arbeitgeber zur Erhaltung seiner Mitarbeiter bei dem Abdruck einer Stellenanzeige die Einstellung eines seiner Mitarbeiter von seiner Zustimmung abhängig zu machen, weil dies auf eine nach § 75f. HGB unzulässige Sperrabrede hinausläuft.[801] Ebenso vorrangig ist das Interesse der Mitglieder einer nachfragestarken Theaterorganisation, sich im Rahmen ihres Grundrechtes aus Art. 5 Abs. 1 GG ungehindert aus allgemein zugänglichen Quellen zu informieren, so dass der Organisation bei der Auswahl der Theaterveranstaltungen ein freier künstlerischer Beurteilungsraum zusteht und sie nicht zur gleichmäßigen Abnahme von Karten aller Schauspielbühnen verpflichtet ist.[802] Aufgrund der wirtschaftspolitischen Zielsetzung, den Wettbewerb auf dem Strommarkt zu fördern und gleichzeitig die Energieversorgung kostengünstig sicherzustellen, sind auch bei einem Verfahren zwischen Netzbetreiber und Stromlieferant die Interessen der Stromkunden miteinzubeziehen.[803] Dagegen können Kosteneinsparungen Dritter nicht als eigenes schutzwürdiges Interesse berücksichtigt werden, wenn der Normadressat mit dem Dritten nicht verbunden ist. Die gesetzlichen Krankenkassen[804] können sich zur Rechtfertigung der Verweigerung der Kostenerstattung gegenüber privaten Krankentransportunternehmen deshalb nicht darauf berufen, dass dadurch eine erwünschte Kapazitätsauslastung der öffentlichen Rettungsdienste eintritt.[805] Ebenso wenig kann sich der Pharmagroßhandel für die Abnahmeverweigerung gegenüber einem Importeur von Arzneimitteln darauf berufen, dies entspreche dem Interesse der Pharmaindustrie, den Preiswettbewerb von Original- und Importarzneimitteln zu verhindern.[806]

185 *dd) Öffentliche Interessen. (1) Grundsatz.* Ist bei der Interessenabwägung auf die Individualinteressen abzustellen, sind öffentliche Interessen und Interessen der Allgemeinheit bei der Ermittlung der schutzwürdigen Interessen der Beteiligten nicht zu prüfen. Sie können unter Umständen bei der anschließenden normativen Bewertung und Abwägung der ermittelten Interessen eine Rolle spielen, namentlich wenn Unternehmen der öffentlichen Hand Normadressat sind. Interessen der Allgemeinheit sind aber auch dort nicht generell zu berücksichtigen. So ist für eine gesamtwirtschaftliche Betrachtungsweise, die im Ergebnis auf wirtschaftspolitische Überlegungen hinausläuft, im Rahmen des Behinderungs- und Diskriminierungsverbots kein Raum.[807] Ebenso wenig darf das Ziel einer bürgerfreundlichen Verwaltung durch Verschaffung von Standortvorteilen oder sonstigen Vorzugsbedingungen zugunsten privater Unternehmen verfolgt werden.[808] Ordnet eine gültige gesetzliche Vorschrift eine Ungleichbehandlung an, dann ist diese sachlich gerechtfertigt und schließt zugleich auch eine unbillige Behinderung aus.[809]

---

799 BGH WuW/E BGH 1027, 1032 – *Sportartikelmesse II.*

800 BGH WuW/E BGH 1829, 1834 – *Original VW-Ersatzteile II.*

801 BGH WuW/E BGH 1783, 1785 – *Neue Osnabrücker Zeitung.*

802 BGH WuW/E BGH 1142, 1145 – *Volksbühne II.*

803 OLG München WuW/E DE-R 790, 797.

804 Zur Anwendung der §§ 19, 20 GWB s. § 69 Abs. 2 SGB V.

805 BGH WuW/E BGH 2707, 2714 – *Krankentransportunternehmen II.*

806 BGH WuW/E BGH 2990, 2996 – *Importarzneimittel.*

807 BGH WuW/E BGH 1629 – *Modellbauartikel II;* WuW/E BGH 2707, 2714 – *Krankentransportunternehmen II.*

808 OLG Stuttgart WuW/E DE-R 48, 51 – *Kfz-Schilderpräger (Nagold);* aA OLG Frankfurt WuW/E DE-R 55 – *Kfz-Schilderpräger (Villingen-Schwenningen).*

809 BVerfG WuW/E VERG 1273, 1278 zur Wirksamkeit der Tariftreueerklärung nach Berliner Vergaberecht.

(2) Einzelfälle. Das an sich legitime Interesse der gesetzlichen Krankenkassen an einer Kostendämpfung durch Verbesserung der Auslastung der Kapazitäten der öffentlichen Rettungsdienste ist unbeachtlich.[810] Ebenso wenig berechtigt die gesetzliche Verpflichtung der Kassen der Sozialversicherung, die freien Wohlfahrtsverbände bei ihrer Tätigkeit zu unterstützen, zur Zahlung unterschiedlicher Preise bei gleichem Angebot.[811] Allerdings darf die öffentliche Hand bei der Vermietung von Gewerberaum soziale Belange berücksichtigen, etwa die Beschäftigung von behinderten Menschen durch den Mieter; denn nach § 141 Satz 1 SGB IX soll die öffentliche Hand Aufträge bevorzugt anerkannten Werkstätten für behinderte Menschen anbieten. Im Hinblick auf den Grundsatz der sparsamen und rationellen Verwendung öffentlicher Mittel auch bei Vergabe öffentlicher Aufträge berechtigt dies aber nicht zum Verzicht auf eine Ausschreibung, um anhand des günstigsten Angebots zu ermitteln, ob der Behindertenwerkstatt der Vorzug zu geben ist.[812] Es ist auch sachlich gerechtfertigt, im Interesse der Kostendeckung einer Kunstausstellung Gruppenführungen durch kommerzielle Konkurrenten auszuschließen, für eigene Führungen oder Führungen von nicht kommerziellen Einrichtungen mit einem gesellschaftlichen Bildungsauftrag aber Ausnahmen zuzulassen.[813] Unbeachtlich sind arbeitsmarktpolitische Zielsetzungen der öffentlichen Hand, bei der Vergabe von Aufträgen nur solche Unternehmen zu berücksichtigen, die Lehrlinge ausbilden[814] oder sich verpflichten, bestimmte tarifvertragliche Löhne einzuhalten,[815] oder wirtschaftliche Zielsetzungen, Sozialstationen für ihre Anpassung an Marktstrukturen eine Übergangszeit einzuräumen.[816] Das gilt für die öffentliche Hand auch, wenn sie im Rahmen der Daseinsvorsorge privatwirtschaftlich-beschaffend tätig wird, es sei denn es handelt sich um generell verfolgte Interessen des Gemeinwohls, die die öffentliche Hand im Rahmen ihrer Tätigkeit zu beachten hat.[817] Die Wahrnehmung des öffentlichen Bildungsauftrags rechtfertigt es, dass eine städtische Musikschule keine kostendeckenden Gebühren erhebt.[818] Am Interesse des Gemeinwohls fehlt es wiederum, wenn die öffentliche Hand bei der Vermietung von Aufstellplätzen für Außenwerbung von dem Mieter die Verpflichtung verlangt, die Werbeflächen nicht für Tabak- und Alkoholerzeugnisse weiterzuvermieten, da eine solche gesundheitspolitische Zielsetzung allgemein nicht verfolgt wird.[819] Daran fehlt es auch, wenn ein Träger öffentlicher Gewalt die beherrschende Stellung, über die er in dem durch die Hoheitsverwaltung eröffneten Markt verfügt, in der Weise ausnutzt, dass er die durch die Verwaltungstätigkeit erzeugte Nachfrage nach Gütern unter Verdrängung leistungsbereiter privater Wettbewerber nur deswegen selbst befriedigt, um für sich den größten wirtschaftlichen Vorteil zu erzielen.[820] Andererseits hat eine Gemeinde, die zum Schutz der Umwelt ein gasbetriebenes Blockheizkraftwerk errichtet hat, ein berechtigtes Interesse, den Verkauf ihrer Baugrundstücke mit einer Verpflichtung zum Bezug der von ihr bereitgestellten Fernwärme zu koppeln, auch wenn den konkurrierenden Gas- und Heizölversorgern dadurch der Zugang versperrt wird.[821] Eine Gemeinde handelt grundsätzlich nicht kartellrechtswidrig, wenn sie ihren gewerblichen Bestattungsdienst auf dem Gelände des städtischen Friedhofs unterbringt.[822] Eine Veranstalterabgabe durch einen Sportverband darf über den eigenen Finanzbedarf hinaus auch zur gezielten Sportförderung herangezogen werden. Dafür können private Wettkampfveranstal- **186**

[810] BGH aaO – *Krankentransportunternehmen II.*
[811] BGH WuW/E DE-R 839, 842 – *Privater Pflegedienst.*
[812] BGH WuW/E DE-R 1951, 1952f. – *Bevorzugung einer Behindertenwerkstatt.*
[813] OLG Frankfurt GRUR Prax 2010, 302.
[814] BKartA WuW/E BKartA 2150 – *Bevorzugung von Ausbildungsbetrieben.*
[815] BKartA WuW 1998, 1036.
[816] BGH WuW/E DE-R 839, 843 – *Privater Pflegedienst.*
[817] BKartA aaO; LG Hamburg WuW/E LG/AG 615 – *Großflächenwerbung.*
[818] OLG Nürnberg GRUR-RR 2010, 99, 102 – *Städtische Musikschule.*
[819] LG Hamburg aaO – *Großflächenwerbung.*
[820] BGH WuW/E DE-R 1003, 1005 – *Kommunaler Schilderprägebetrieb.*
[821] BGH WuW/E DE-R 1006, 1009 – *Fernwärme Börnsen.*
[822] BGH WuW/E DE-R 1555, 1557 – *Friedhofsruhe.*

ter herangezogen werden, denn diese profitieren von einer gesteigerten Popularität und Attraktivität der Sportart, für welche sich der jeweilige Sportverband zweckgebunden einsetzt.[823] Zu berücksichtigen ist auch die sozial-kulturpolitisch verfolgte Zielsetzung eines städtischen Theaterbetriebes, durch einen Rabatt von 60% auf die Eintrittskarten zu Gunsten einer Theaterorganisation im Rahmen ihrer Daseinsvorsorge den Bürgern ein breites und preiswertes kulturelles Angebot darzubringen, allerdings nur wenn dieser Preisnachlass auch allen anderen Theaterorganisationen eingeräumt wird.[824] Das Interesse der Allgemeinheit ist auch zu beachten, wenn es um den Vertrieb gefahrgeneigter Produkte geht. Dies kann eine so gründliche individuelle Beratung der Kaufinteressenten im Ladengeschäft verlangen, dass eine Belieferung des Versandhandels ausgeschlossen ist.[825] Hörfunksender sind bei der Ausstrahlung von Werbung zur weltanschaulichen Neutralität verpflichtet und dürfen deshalb keine Werbung für Lebensmittel eines Unternehmens ablehnen, hinter dem eine Glaubensgemeinschaft steht.[826]

187 *ee) Verbraucherinteressen. (1) Grundsatz.* Ebenso wenig wie die Allgemeinheit sind auch die Verbraucher bei der Ermittlung der Interessen der Beteiligten einzubeziehen. Das Verbraucherinteresse ist nur im Rahmen der normativen Bewertung und Abwicklung der Individualinteressen der Beteiligten zu berücksichtigen.[827] Es fließt in die Zielsetzung ein, die Märkte offenzuhalten und dadurch die Verbraucher preisgünstig mit einem breiten Angebot zu versorgen. Die fortschreitende Angleichung des deutschen Kartellrechts an die europarechtlichen Regelungen wird die Verbraucherinteressen stärker in den Fokus rücken. Die Kommission verfolgt seit einiger Zeit auch im Rahmen der Missbrauchskontrolle den Grundsatz des *more economic approach,* der u.a. die Konsumentenwohlfahrt und deren effiziente Durchsetzung als Leitziele definiert.[828]

188 *(2) Einzelfälle.* Eine dem markengebundenen Kfz-Händler auferlegte Bindung, Ersatzteile ausschließlich über den Kfz-Hersteller zu beziehen, berührt das Interesse der Verbraucher nicht negativ, wenn nicht festgestellt werden kann, dass der Hersteller die Bezugsbindung zur Kalkulation überhöhter Gewinnspannen missbraucht.[829] Dagegen sind bei der Frage der Zulassung von bestimmten Vertriebsformen zu einer Fachhandelsmesse auch die Interessen der Hersteller und Großhändler zu berücksichtigen, die unmittelbar an die Verbraucher liefern.[830] Bei der Prüfung der Lieferung von Ersatzteilen an Reparatur- und Wartungsunternehmen, die konkurrierende Hersteller vertreten, ist zu beachten, dass die Ersatzteilorganisation im Wesentlichen auch im Interesse der Besitzer der Produkte erforderlich ist.[831]

189 Die Interessen der Verbraucher sind zu berücksichtigen, wenn sie in einer spezialgesetzlichen Regelung ihren Niederschlag gefunden haben. Dies war der Fall in § 129 SGB V in der Fassung von 1991, wonach Importarzneimittel für den Verbraucher zugänglich sein sollten, um ihm die Wahl zwischen teuren und preiswerteren Medikamenten gleicher Her-

---

823 OLG Düsseldorf NZKart 253, 254 – *Triathlon;* zur kulturpolitischen Förderung eines mittelständischen Theaterbetriebes: OLG Hamm WuW/E OLG 4425 – *Theaterrabatt.*

824 OLG Hamm WuW/E OLG 4425 – *Theaterrabatt.*

825 BGH WuW/E BGH 1995, 1997 – *Modellbauartikel III (Robbe);* mit Blick auf Modellbauartikel möglicherweise durch die kartellbehördliche und gerichtlich bestätigte Förderung des Internetvertriebs überholt.

826 OLG München WuW/E DE-R 313, 316 – *Hörfunkwerbung.*

827 So etwa die Versorgung der Bevölkerung mit Reisebedarf, wie z.B. Presseerzeugnissen, BGH WuW/E DE-R 220, 221 – *U-Bahn-Buchhandlungen.*

828 *Immenga/Mestmäcker-Fuchs/Möschel,* EU WbR, Art. 102 AEUV Rdnr. 8f.; mit der 8. GWB-Novelle hat der Gesetzgeber die Stellung der Verbraucherverbände gestärkt, welche nun einen eigenen Unterlassungsanspruch (§ 33 Abs. 2 Nr. 2 GWB) und einen Anspruch auf Vorteilsabschöpfung (§ 34a GWB) geltend machen können.

829 BGH WuW/E BGH 1829, 1837 – *Original-VW-Ersatzteile II.*

830 BGH WuW/E BGH 1027, 1032 – *Sportartikelmesse II.*

831 BGH WuW/E BGH 1891, 1892 – *Ölbrenner II;* WuW/E BGH 2589, 2591 – *Frankiermaschinen.*

kunft und Wirkstoffzusammensetzung zu ermöglichen.[832] Der Grundgedanke wurde bei der Gesetzesnovellierung im Jahr 1999 wieder aufgenommen und die Abgabepflicht mit dem Gesetz zur Modernisierung der gesetzlichen Krankenversicherung von 2003 an konkrete Voraussetzungen geknüpft, die bestimmen, wann ein Importarzneimittel deutlich preiswerter ist als das Bezugsarzneimittel.[833] Ein öffentlicher Krankenversicherungsträger kann Zahnärzte oder Patienten durch Empfehlung bestimmter zahntechnischer Betriebe auf kostengünstige Bezugsmöglichkeiten hinweisen.[834] Die Interessen der Sozialversicherungsträger als Nachfrager von Heil- und Hilfsmitteln stehen dem Recht der Versicherten entgegen, sich den Lieferanten frei auswählen zu können; denn die Sozialversicherungsträger schließen nur Rahmenverträge, in denen die Lieferanten zur Belieferung der Versicherten zugelassen werden. Übt der Versicherte sein Wahlrecht aus, können sich die Versicherungsträger darüber nicht hinwegsetzen.[835]

ff) Normative Bewertung und Abwägung der Interessen. (1) Grundsätze. Nach der Ermittlung **190**
aller schutzwürdigen Interessen sind diese zu bewerten und gegeneinander abzuwägen. Dabei ist eine Gesamtwürdigung aller geltend gemachten Interessen vorzunehmen. Gründe, die für sich allein etwa eine Lieferverweigerung nicht zu rechtfertigen vermögen, wie z.B. frühere Wettbewerbsverstöße, können im Zusammenhang und in Verbindung mit weiteren Gründen und Begleitumständen ein solches Gewicht erhalten, das ihnen allein nicht zukommt, und dadurch eine Lieferverweigerung rechtfertigen.[836] Geht es nicht um eine Lieferpflicht, sondern um die Modalitäten der Belieferung, ist zu prüfen, wie sich die beanstandete Maßnahme in das gesamte Gefüge der Geschäftsbeziehung eingliedert und ob bei einer Würdigung der beiderseitigen Rechte und Pflichten die Handlungsweise des betroffenen Unternehmens zur Durchsetzung der eigenen Interessen im unangemessener Weise eingeschränkt werden soll.[837] Eine gerechtfertigte Ungleichbehandlung liegt dann vor, wenn der Normadressat die bisherige Lieferung in der Annahme vorgenommen hat, hierzu gesetzlich verpflichtet zu sein,[838] insbes. wegen eines Urteils oder eines Prozessvergleichs.[839] Ein für alle Fälle maßgebender Abwägungsgrundsatz lässt sich nicht aufstellen. Welche Gesichtspunkte im Rahmen der Interessenabwägung im Einzelnen zu berücksichtigen und wie sie zu gewichten sind, ist eine Frage des Einzelfalles. Die Fragestellung ist abhängig von der Art der Waren, Branchenübungen, Geschäftszuschnitt und allgemeinen Vertriebsgewohnheiten.[840] Verfassungsrechtliche Wertungen werden vor allem bei Maßnahmen im Bereich Presse-Grosso[841] oder im Zusammenhang mit der verfassungsrechtlich verbürgten Verbandsautonomie[842] relevant. Sind die vom Normadressaten geltend gemachten Interessen nicht anzuerkennen, weil sie gegen gesetzliche Wertungen verstoßen, ist eine normative Bewertung entbehrlich. Dasselbe gilt, wenn der Normadressat sein schutzwürdiges Interesse mit Mitteln verfolgen kann, die das betroffene Unternehmen weniger einschneidend beeinträchtigen.[843]

(2) Normative Wertung. Die Interessenabwägung ist vor dem Hintergrund der allgemei- **191**
nen Marktsituation in der Branche vorzunehmen, insbes. mit Blick darauf, ob das Verhalten des Normadressaten der Übung widerspricht, die sich in natürlicher wirtschaftlicher

---

[832] BGH WuW/E BGH 2990, 2997 f. – *Importarzneimittel.*
[833] BT-Drucks. 15/1525, 121 und BT-Drucks. 17/3698, 53.
[834] BGH WuW/E DE-R 487, 489 – *Zahnersatz aus Manila.*
[835] BGH WuW/E BGH 2399, 2405 – *Krankentransporte.*
[836] BGH WuW/E BGH 1629, 1632 – *Modellbauartikel II (Henke/Multiplex).*
[837] BGH WuW/E BGH 1879, 1883 – *Dispositionsrecht.*
[838] BGH WuW/E DE-R 1203, 1205 – *Depotkosmetik im Internet.*
[839] OLG Düsseldorf NZKart 2014, 35, 36 – *Weiterbelieferung des Handelsvertreters.*
[840] BGH WuW/E BGH 2513, 2514 – *Sportartikel-Fachgeschäfte.*
[841] BGH WuW/E DE-R 3446, 3452 f. – *Grossistenkündigung.*
[842] OLG Düsseldorf NZKart 2013, 125, 126 – *Großhandelsverband Haustechnik.*
[843] BGH WuW/E BGH 1200, 1204 – *Vermittlungsprovision für Flugpassagen;* WuW/E BGH 1829, 1834 – *Original-VW-Ersatzteile II* mwN.

Entwicklung rechtmäßig herausgebildet hat und von den beteiligten Wirtschaftskreisen als angemessen empfunden wird, so z. B. die Belieferung von Reparaturunternehmen mit Ersatzteilen, obwohl diese überwiegend Neugeräte von Konkurrenten verkaufen.[844] Ist das Angebot des Normadressaten, wie es etwa bei Ersatzteilen der Fall sein kann, nicht zu substituieren, rechtfertigt die Vertriebsgestaltungsfreiheit allein die Lieferverweigerung nicht, weil dies anderenfalls auf die Begründung eines Monopols auf dem Reparaturmarkt hinausliefe.[845] Maßstab für die Bewertung ist dabei die auf die Freiheit des Wettbewerbs gerichtete Zielsetzung des GWB. Das ist namentlich die **Sicherung des Leistungswettbewerbs** und die **Offenhaltung der Märkte.**[846] Das bedeutet einerseits, dass Wettbewerbsmaßnahmen als solche nicht zu missbilligen sind, auch wenn sie wegen ihres Erfolges sich auf den Betroffenen nachteilig auswirken; andererseits muss sich die Behinderung bzw. Ungleichbehandlung daran messen lassen, ob sie dem Prinzip des freien und lauteren Wettbewerbs entspricht, mit Güte und Preiswürdigkeit der angebotenen Leistung zu werben.[847] Wertungen anderer Gesetze sind bei der Bewertung der Interessen insoweit zu beachten, als sie anerkennenswerte Gründe für das beanstandete Verhalten bspw. der Verweigerung eines Netzanschlusses[848] darstellen können. Gegen einen kartellrechtlichen Anspruch können sie sich aber nur durchsetzen, wenn der Normadressat bei Erfüllung des Anspruchs seinen aufgrund des Gesetzes zu beachtenden Verpflichtungen nicht nachkommen könnte.[849] Wettbewerbsregeln von Verbänden, die das BKartA anerkannt hat, wirken nur als Empfehlungen. Die Anerkennung verleiht den Regeln keine Rechtsnormqualität.[850]

192 *(3) Verhältnismäßigkeit.* Bei der Abwägung gilt das Verhältnismäßigkeitsprinzip. Die Interessenwahrung darf nur mit sachgemäßen, angemessenen und vertretbaren Mitteln erfolgen.[851] Bei der Gewichtung der Interessen ist zu berücksichtigen, ob gegen den Normadressaten ein Anspruch auf Kontrahierung geltend gemacht wird; denn ein Kontrahierungszwang greift in besonders nachhaltiger Weise in den Rechtskreis des Adressaten und seine wirtschaftliche Entscheidungsfreiheit ein. Besondere Anforderungen sind zu stellen, wenn ein (marktmächtiger) Nachfrager zur Kontrahierung verpflichtet werden soll; denn während ein Anbieter meist bereit ist, mit jedem Nachfrager abzuschließen, ist ein Nachfrager schon aufgrund der Vorteile einer bewährten Zusammenarbeit oder gebündelter Auftragsvergabe im allgemeinen nicht verpflichtet, jeden Anbieter im Verhältnis zu dessen Konkurrenten anteilsmäßig zu berücksichtigen.[852] Handelt es sich bei dem Nachfrager um ein Unternehmen der öffentlichen Hand, unterliegt dieses gem. § 130 Abs. 1

---

844 BGH WuW/E BGH 1729, 1730 – *Ölbrenner I;* WuW/E BGH 2479, 2481 – *Reparaturbetrieb;* WuW/E BGH 2589, 2590 – *Frankiermaschinen.*

845 BGH WuW/E DE-R 357, 359 – *Feuerwehrgeräte;* BGH WuW/E DE-R 3549, 3555 – *Werbeanzeigen.*

846 BGH WuW/E BGH 502 – *Treuhandbüro;* WuW/E BGH 863, 870 – *Rinderbesamung;* BGH 1629, 1632 – *Modellbauartikel II;* WuW/E BGH 2370, 2376 – *Importierte Fertigarzneimittel;* WuW/E BGH 2491, 2495 – *Opel-Blitz;* WuW/E BGH 2584, 2588 – *Lotterievertrieb;* WuW/E BGH 2702, 2715 – *Krankentransportunternehmen II;* BGH WuW/E DE-R 357, 359 – *Feuerwehrgeräte;* WuW/E DE-R 1372, 1379 – *Sparberaterin.*

847 BGH WuW/E BGH 1829, 1837 – *VW-Original-Ersatzteile II.*

848 OLG Düsseldorf WuW/E DE-R 1307, 1311 – *GETECnet.*

849 OLG Düsseldorf WuW/E DE-R 1307, 1311 – *GETECnet;* vgl. auch BGH WuW/E DE-R 1119, 1125 – *Verbundnetz II.*

850 BGH WuW/E DE-R 1779, 1782 – *Probeabonnement.*

851 BGH WuW/E BGH 1646, 1647 – *Vermittlungsprovision für Flugpassagen II;* WuW/E BGH 1783, 1785 – *Neue Osnabrücker Zeitung;* OLG Düsseldorf WuW/E DE-R 2806, 2811 – *Trassennutzungsänderung.*

852 BGH WuW/E BGH 2399, 2405 – *Krankentransporte;* BGH WuW/E BGH 2683, 2686 – *Zuckerrübenanlieferungsrecht;* BGH WuW/E BGH 3104 – *Zuckerrübenanlieferungsrecht II;* bejaht vom OLG Düsseldorf WuW/E DE-R 1058, 1061 ff. für die nationale Vermarktung von Hörfunk-Werbezeiten durch Hörfunksender-Zusammenschluss – *„100,eins Radio Aachen".*

GWB auch den wettbewerbsrechtlichen Regelungen.[853] Einschränkungen aufgrund der kommunalrechtlich verankerten Pflicht zur sparsamen Haushaltsführung greifen nicht durch.[854] Das Vergaberecht (§§ 97 ff. GWB) versucht die wirtschaftliche Machtposition der öffentlichen Hand als Nachfrager zu begrenzen, um Transparenz und Chancengleichheit zu gewährleisten. Eine Verpflichtung zu einer quotenmäßigen Aufteilung von Beschaffungsaufträgen besteht aber selbst für die öffentliche Hand nicht.[855] Zwischen dem Gewicht der gegenseitigen Interessen besteht eine Wechselbeziehung. Je stärker die Behinderung in die wettbewerblichen Entfaltungsmöglichkeiten des betroffenen Unternehmens eingreift, desto weniger schutzwürdig sind die Interessen des diskriminierenden Unternehmens anzusehen.[856] So kann der Hersteller eines anspruchsvollen Produktes für den Vertrieb seiner Produkte an die Händler zwar hohe Anforderungen stellen; die Bedingungen für die Belieferung müssen im Lichte der Zielsetzung der Norm jedoch zumutbar sein.[857]

(nicht belegt) 193–199

3. Der Ausbeutungsmissbrauch (§ 19 Abs. 2 Nr. 2 und 3, § 29 und § 31 Abs. 4 und 5). *a) Missbräuchliche Preise und Geschäftsbedingungen (§ 19 Abs. 2 Nr. 2).* Der missbräuchlichen Gestaltung von Preisen und Geschäftsbedingungen widmet § 19 zwei Regeltatbestände (§ 19 Abs. 2 Nr. 2 und Nr. 3). Gemäß Nr. 2 liegt ein Missbrauch vor, wenn ein marktbeherrschendes Unternehmen als Anbieter oder Nachfrager einer bestimmten Art von Waren oder gewerblichen Leistungen „Entgelte oder sonstige Geschäftsbedingungen fordert, die von denjenigen abweichen, die sich bei wirksamem Wettbewerb mit hoher Wahrscheinlichkeit ergeben würden; hierbei sind insbesondere die Verhaltensweisen von Unternehmen auf vergleichbaren Märkten mit wirksamem Wettbewerb zu berücksichtigen". Daneben tritt gemäß Nr. 3 die sog. Preisspaltung.[858] Beide Tatbestände wurden durch die 6. und die 7. Novelle nicht geändert. Dies gilt auch für die sog. Preismissbrauchsnovelle 2007; durch sie wurde allerdings in § 29 GWB für Energieversorgungsunternehmen (Strom und Erdgas) eine schärfere Sonderregelung für Preis- und Kostenmissbräuche geschaffen.[859] Die 8. Novelle (2013) führte im Rahmen der Neuordnung des Missbrauchsrechts lediglich zu einer (inhaltlich neutralen) Verschiebung der Tatbestände von Abs. 4 a. F. in Abs. 2. Das Gesetz bezweckt mit den beiden Regelungen den Schutz der Marktgegenseite gegen Ausbeutung durch das marktbeherrschende Unternehmen und will insoweit missbräuchliche Marktergebnisse allein wegen der unmittelbaren Nachteile für die Marktgegenseite[860] verhindern. Der Regeltatbestand des § 19 Abs. 2 Nr. 2 definiert die missbräuchlichen Marktergebnisse durch einen Vergleich mit den Preisen und Geschäftsbedingungen, die sich bei wirksamem Wettbewerb ergeben würden. Wegen dieses Vergleiches spricht man vom **Konzept des Als-ob-Wettbewerbs,** auch Vergleichsmarktmethode genannt, das in der Praxis dominiert. Da weder die Aufzählung der Regeltatbestände in Abs. 2 noch die Berücksichtigung von Verhaltensweisen von Unternehmen auf vergleichbaren Märkten (Nr. 2, 2. Halbsatz) eine abschließende Regelung enthalten, sind auch andere Methoden für die Bestimmung des Missbrauchs zulässig. Als Alternative ist hier das 200

---

[853] Ausnahme für öffentliche Gebühren und Beiträge in § 130 Abs. 1 Satz 2 GWB seit der 8. GWB-Novelle; kritisch hierzu: BKartA TB 2013/2014 S. 111.

[854] BGHZ 152, 347, 352 – *Feuerlöschzüge.*

[855] Vgl. BGH NJW 1977, 628, 630 – *Abschleppunternehmen.*

[856] BGH WuW/E BGH 1783, 1785 – *Neue Osnabrücker Zeitung,* vgl. auch BGH WuW/E DE-R 357, 359 – *Feuerwehrgeräte:* Je größer die Abhängigkeit der Marktgegenseite von dem Angebot des marktstarken oder marktbeherrschenden Unternehmens ist, desto höhere Anforderungen sind an die Schutzwürdigkeit der vom Normadressaten verfolgten Belange zu stellen.

[857] BGH WuW/E BGH 2351, 2357 – *Belieferungsunwürdige Verkaufsstätten II (Allkauf/SABA).*

[858] S. dazu unten Rdnr. 211 ff.

[859] S. dazu Rdnr. 215 ff. sowie *Scholz* in § 34.

[860] *Langen/Bunte-Schultz,* GWB, 10. Aufl., § 19 Rdnr. 92.

sog. Gewinnbegrenzungskonzept[861] zu nennen, das auf eine extrem hohe Differenz zwischen Herstellungskosten und Verkaufserlös abstellt. Praktische Bedeutung hat dieses Konzept aber nach § 19 bzw. § 22 a.F. nicht erlangt. Ferner hat das Amt ab 2001 gelegentlich eine **Kostenkontrolle** vorgenommen,[862] die ebenfalls nicht nachrangig gegenüber dem Vergleichsmarktkonzept ist und deshalb sinnvoll sein kann, weil damit ein reiner Monopolpreisvergleich vermieden werden kann.[863] Den Versuch des BKartA, bereits die Verwendung *einzelner Kostenpositionen* als Preishöhenmissbrauch zu bewerten,[864] hat das OLG Düsseldorf im *Teag*-Verfahren (betreffend Kalkulation der Durchleitungsentgelte für Strom) u.a. mit der zutreffenden Begründung abgelehnt, dass das Gesetz nicht eine bestimmte Preiskalkulation, sondern das Fordern missbräuchlich überhöhter Entgelte verbietet. Maßgebend sei daher die Höhe des (Gesamt-)Preises, nicht aber die Kalkulation als solche oder einzelne Preisbildungsfaktoren. Außerdem sah das Gericht eine rechtswidrige präventive Kontrolle darin, dass die angefochtene Verfügung das Unternehmen indirekt dazu anhielt, seine Preise vor einer Markteinführung der Kartellbehörde zur Billigung vorzulegen.[865] Zum Bereich der leitungsgebundenen Energieversorgung und der dort nach **§ 29 S. 1 Nr. 2** möglichen Kostenkontrolle („Entgelte fordert, die die Kosten in unangemessener Weise überschreiten") wird auf die Ausführungen von *Scholz* in § 34 verwiesen.[866]

201 Die **Praxis der Kartellbehörden** zu § 19 widmet(e) sich in erster Linie dem Vorwurf missbräuchlich überhöhter Preise durch marktbeherrschende **Anbieter,**[867] und zwar zunächst mit wechselndem Erfolg.[868] Die Verfahren gegen Unternehmen der Mineralölindustrie scheiterten zumeist schon an der fehlenden Normadressatenstellung nach § 19 Abs. 2.[869] Derzeit dürfte dies freilich kein Hindernis (mehr) sein, nachdem der BGH im Fusionskontrollfall *Total/OMV* tendenziell (d.h. durch Aufhebung und Rückverweisung einer Entscheidung des OLG Düsseldorf) die Haltung des BKartA unterstützt hat, dass die fünf größten Mineralölunternehmen ein marktbeherrschendes Oligopol darstellen.[870] Auch die älteren Verfahren gegen Unternehmen der pharmazeutischen Industrie waren im Wesentlichen erfolglos, was zum einen an der fehlenden marktbeherrschenden Stellung, zum anderen an den Problemen bei der Ermittlung des wettbewerbsanalogen Preises lag. Das BKartA hat in dieser Branche seit mehreren Jahren keine Verfahren mehr eingeleitet. Dies dürfte auf den verschärften Generika-Wettbewerb und auf die Einführung der Festbetragsregelungen im SGB V zurückzuführen sein. In verschiedenen anderen Branchen hat es Fälle gegeben, in

---

[861] S. dazu *Knöpfle* DB 1974, 862ff.; 1975, 1608; als denkbarer Ansatz bestätigt vom KG WuW/E OLG 2892, 2895 – *Euglucon*. Das Gewinnbegrenzungskonzept ist vom EuGH im *United Brands-Fall* verwendet worden, s. EuGH U. v. 14.2.1978, Slg. 1978, 207, 305.

[862] So z.B. in Verfahren betr. Strom-Durchleitungsentgelte, TB 2001/2002, S. 167. Eine Kostenprüfung erfolgte ferner im Verfahren gegen die *DTAG* wegen der Entgelte für Teilnehmerdaten, BKartA TB 2003/2004, S. 157 und im Fall *Wasserpreise Calw* durch die LKartB Baden-Württemberg (bestätigt durch BGH WuW/E DE-R 3632, 3634 – *Wasserpreise Calw*).

[863] BGH aaO Fn. 859 – *Wasserpreise Calw;* BKartA TB 2001/2002,S. 167 – *Envia,* bestätigt durch OLG Düsseldorf WuW/E DE-R 914, 916 – *Netznutzungsentgelt.* S. ferner BKartA TB 2003/2004, S. 105 – Verneinung eines Missbrauchs nach Kostenkontrolle für neues Arzneimittel, weil die Kosten höher lagen als die Erlöse.

[864] BKartA TB 2003, 2004, S. 131f.

[865] OLG Düsseldorf WuW/E DE-R 1239ff. – *Teag* (rkr.)

[866] S. ferner unten Rdnr. 215ff.

[867] S. dazu den Überblick über die Entscheidungspraxis bei *Möschel,* aaO § 19 Rdnr. 153 und bei *FK-Baur/Weyer,* § 22 a.F. Tz. 619.

[868] Von einer negativen Erfolgsbilanz sprach das BKartA im TB 1991/92, S. 30. S. auch *Emmerich,* Kartellrecht, § 27 Rdnr. 114/115.

[869] S. dazu z.B. KG WuW/E OLG 4640ff. – *Hamburger Benzinpreise*. Die im Jahre 2000 nach § 20 Abs. 4 erlassene (indirekte) Preissenkungsverfügung für Mineralölprodukte wurde vom OLG Düsseldorf u.a. wegen unzureichender Ermittlungen aufgehoben (WuW/E DE-R 829ff. – *Freie Tankstellen*).

[870] BGH WuW/E DE-R 3591ff. – *Total/OMV* bzw. BKartA B. v. 29.4.2009 (veröff. auf der Homepage des BKartA). Zu jüngeren Verfahren gegen Mineralölunternehmen s. zuletzt BKartA TB 2011/2012, S. 106 und TB 2009/2010, S. 123, dort wohl noch nach § 20 Abs. 4 a.F.

denen die Unternehmen nach Abmahnung durch die Kartellbehörden ihre Preise oder Gebühren gesenkt haben.[871] Darüber hinaus sind seit etwa Mitte der 90er Jahre verstärkte Aktivitäten der Kartellbehörden gegen die Preisgestaltung von Strom- und Erdgasversorgungsunternehmen zu nennen. Dies erfolgte zunächst auf der Grundlage des inzwischen für diese Adressaten aufgehobenen Spezialtatbestandes in § 103 Abs. 5 Satz 2 Nr. 2 GWB a. F.[872] Seit 1998 gilt auch im Energiesektor § 19 (seit Ende 2007 bzw. mit der 8. GWB-Novelle wiederum flankiert durch den Sondertatbestand des § 29, dazu unten Rdnr. 215 ff.). Die Behörden führten namentlich ab 2004 zahlreiche Verfahren gegen Gasversorger.[873] Vor dem Inkrafttreten des neuen EnWG im Juli 2005, das diese Thematik in die Zuständigkeit der BNetzA überführte (§ 111 EnWG), wurden ferner mehrere Verfahren wegen des Vorwurfs missbräuchlich überhöhter Durchleitungsentgelte für Strom betrieben, darunter der bereits zitierte *Teag*-Fall und der *Stadtwerke Mainz*-Fall.[874] Im Fernwärmesektor, der von § 29 GWB nicht erfasst wird, hat das BKartA im Anschluss an eine Sektoruntersuchung[875] Anfang 2013 gegen sieben Unternehmen Preismissbrauchsverfahren eingeleitet, die Ende 2014 noch andauerten.[876] Erfolgreich waren auch die Preismissbrauchsverfahren des BKartA (und zum Teil auch der LKartB) gegen Wasserversorgungsunternehmen (WVU).[877] Nach dem von der LKartB Hessen in der Sache *„Wasserpreise Wetzlar"* geführten Pilotverfahren und der dazu ergangenen Grundsatzentscheidung des BGH[878] sind Verfahren gegen mehrere kommunale WVU geführt worden, die zu Preissenkungen geführt haben. Am bedeutendsten ist dabei das Verfahren gegen die *Berliner Wasserbetriebe (BWB),* wo die Preissenkungen einen Umfang von 440 Mio. € erreichten.[879] Die Kommunen entziehen sich allerdings zum Teil der kartellrechtlichen Preismissbrauchsaufsicht durch eine „Flucht in das Gebührenrecht". Dies wird dadurch begünstigt, dass in der 8. GWB-Novelle (§ 130 Abs. 1 Satz 2 GWB) auf Druck der Bundesländer klargestellt wurde, dass die §§ 19, 20 und 31b Abs. 5 auf öffentlich-rechtliche Gebühren keine Anwendung finden.[880] Nur sehr selten sind Verfahren gegen marktbeherrschende **Nachfrager** geführt worden. Auch insoweit kommt zwar an sich eine missbräuchliche Preisgestaltung in Betracht. Der Preis ist dann missbräuchlich niedrig, wenn er von einem marktbeherrschenden Nachfrager nur aufgrund seiner Marktmacht unter das bei wirksamem Nachfragewettbewerb mögliche Niveau gedrückt wird; es liegt dann eine Ausbeutung der Anbieterseite vor.[881] Die Anwendung dieses Ansatzes bereitet jedoch kaum lösbare praktische Schwierigkeiten.[882] So wurde z. B. das gegen mehrere Berliner Kreditinstitute geführte Verfahren wegen zu niedriger Spareinlagen-Zinsen vom BKartA eingestellt.[883] Die

---

[871] Z. B. BKartA TB 1972, 82 – *Deutsche Städtereklame GmbH* (Plakatwerbung während der Olympiade 1972); TB 1977, 23, 76 f. – *TÜV;* TB 1995/96, S. 116 – *Naturfederbälle;* TB 2003/2004, S. 157 – *Deutsche Telekom* (für Teilnehmerdaten).

[872] S. dazu näher *Zinow,* Handbuch des Kartellrechts, 1. Aufl., § 34 Rdnr. 70 ff.

[873] S. dazu BKartA TB 2003/2004, S. 139 f. und TB 2005/2006, S. 131 sowie für die Jahre vorher TB 2001/2002, S. 172 (auf der Basis von Musterabnahmefällen).

[874] S. dazu BKartA TB 2001/2002, S. 166 ff. und TB 2003/2004, S. 131 ff. sowie *Wagemann,* in Schwerpunkte des Kartellrechts, 2002, FIW-Heft 196, S. 59, 74 ff.

[875] Dazu BKartA Presse-Mitt. vom 16.9.2009 sowie TB 2009/2010, S. 119.

[876] S. dazu BKartA TB 2011/2012, S. 103/104, Jahresbericht 2013, S. 33 sowie TB 2013/2014, S. 109.

[877] S. dazu z. B. BKartA TB 2011/2012, S. 107 f. S. zur Missbrauchsaufsicht über WVU auch *Strohn,* in Fs. Tolksdorf, 2014, 563 ff.

[878] WuW/E DE-V 1487 ff. – *Wasserversorgung Wetzlar;* BGH WuW/E DE-R 2841 ff. – *Wasserpreise Wetzlar.*

[879] S. dazu Presse-Mitt. des BKartA vom 7.5.2014.

[880] Dazu noch unten in Rdnr. 227.

[881] S. dazu *Langen/Bunte-Schultz,* aaO 10. Aufl. 2006, § 19 Rdnr. 94; Monopolkommission, Sondergutachten 7, 1977, Rdnr. 204; BKartA TB 1978, S. 34.

[882] S. *Langen/Bunte-Nothdurft,* aaO § 19 Rdnr. 147.

[883] BKartA TB 1991/92, S. 136 – *Spareckzins.* Zurückhaltend gegenüber der Missbrauchsaufsicht im Nachfragebereich schon BKartA TB 1978, S. 34 und jetzt auch *Langen/Bunte-Nothdurft,* aaO § 19 Rdnr. 146 ff.

Provisionskürzung der *Lufthansa* für die Vermittlung von Inlandsflügen gegenüber den Reisebüros wurde vom BKartA auch unter dem Gesichtspunkt des Nachfragemachtmissbrauchs geprüft, aber nicht beanstandet. Das gleiche gilt für die 2004 erfolgte völlige Streichung dieser Provisionen unter Wegfall der Vertriebspflichten der Reisebüros.[884] Eine unbillige Behinderung durch Zahlung zu niedriger Strom-Einspeiseentgelte wurde in der Zeit vor der Energierechtsreform (1998) in Zivilprozessen nach § 26 Abs. 2 a. F. iVm. § 103 Abs. 5 Satz 2 Nr. 3 GWB a. F. geprüft. Diese Fragestellung hat sich inzwischen durch die gesetzlichen Regelungen der Einspeiseentgelte im Erneuerbare-Energien-Gesetz (EEG) erledigt. Es gibt außerdem inzwischen einige **Zivilprozesse,** in denen Anspruchsteller Schadensersatzansprüche nach § 33 iVm. § 19 Abs. 2 Nr. 2 (früher: Abs. 4 Nr. 2) gegen marktbeherrschende Unternehmen geltend gemacht haben.[885]

202 Schwierigkeiten bereitet bei den in der Praxis dominierenden Fällen mit **marktbeherrschenden Anbietern** vor allem die Ermittlung des (hinreichend vergleichbaren) wettbewerbsanalogen Preises. Die Praxis verwendet dabei in erster Linie das **räumliche Vergleichsmarktkonzept.** Dabei wird der Preis des Normadressaten für seine Produkte mit den Preisen anderer Anbieter auf demselben sachlichen, aber einem anderen räumlich relevanten Markt verglichen. Möglich – wenngleich sehr selten praktiziert – ist aber auch die Heranziehung eines **zeitlichen Vergleichsmarkts,**[886] wobei auf die früheren (niedrigeren) Preise des marktbeherrschenden Unternehmens abgestellt wird.[887] Nach dem Konzept des Als-ob-Wettbewerbs soll es sich bei dem Vergleichsmarkt um einen Wettbewerbsmarkt handeln, was freilich in der Praxis – namentlich früher im Energiesektor – vielfach nicht machbar war (dazu noch Rdnr. 205). Wenn die Preisgestaltung eines Anbieters untersucht wird, für den das gesamte Bundesgebiet den räumlich relevanten Markt darstellt, muss auf Vergleichsmärkte im Ausland zurückgegriffen werden.[888] Einfacher verhält es sich bei regionalen oder lokalen Märkten, wo auf andere deutsche Anbieter abgestellt werden kann (so z. B. bei Strom und Erdgas, dort aber – s. oben – zumindest früher in Gestalt anderer Monopolanbieter). Den regelmäßig vorliegenden **Unterschieden der verglichenen Märkte** ist durch **Korrekturzuschläge** auf den Vergleichspreis (bei Anbietermärkten) bzw. **-abschläge** (bei Nachfragemärkten) Rechnung zu tragen. Das Erfordernis von Korrekturen kann sich dabei aus unterschiedlichen Faktoren rechtlicher oder tatsächlicher Art ergeben. Im *Valium/Librium*-Verfahren ging es z. B. um einen abweichenden Rahmen des Arzneimittelrechts, unterschiedliche Packungsgrößen und einen Forschungskostenzuschlag.[889] Grundsätzlich sind für Korrekturen nur solche kostenrelevante Umstände zu berücksichtigen, mit denen auch die Vergleichsunternehmen konfrontiert wären (sog. strukturelle Unterschiede); interne, unternehmensindividuelle Faktoren (wie Finanzkraft und Umsatz) sollen dagegen irrelevant sein.[890] Im Energiesektor ist dies insbes. die Struktur des Versorgungsgebietes, angefangen bei der Leitungslänge je Kunde oder kWh bis hin zu geologi-

---

[884] BKartA Presse-Mitt. v. 26.7.2004 sowie TB 2003/2004, S. 155.

[885] S. dazu die Nachw. im Abschnitt „Sanktionen", Rdnr. 269.

[886] Auch Sockeltheorie genannt; s. dazu *Langen/Bunte-Schultz,* GWB, 10. Aufl., § 19 Rdnr. 99; ablehnend insbes. *Möschel,* aaO § 19 Rdnr. 168.

[887] So z. B. OLG Frankfurt WuW/E DE-R 3163, 3167 – *Arzneimittelpreise* (dort betr. Preise für eine Lohnherstellung, die um 400 % erhöht worden waren). Das BKartA griff bei den Missbrauchsverfahren gegen verschiedene Gasversorgungsunternehmen 2004/2005 auf die Sockeltheorie zurück. Dort wurde bei der Rechtfertigung von Gaspreiserhöhungen vor allem geprüft, ob sie (lediglich) durch erhöhte Erdgasbezugskosten bedingt waren (BKartA TB 2003/2004, S. 139).

[888] So z. B. im Fall *Valium/Librium,* BKartA WuW/E BKartA 1526 ff. (für mehrere andere EU-Staaten). Zur Praxis der Komm. s. z. B. *Haag/Klotz,* Competition Policy Newsletter 1998, No. 2, S. 35 ff.

[889] S. dazu KG WuW/E OLG 2053 ff.

[890] So BGH WuW/E BGH 1221, 1223 ff. – *Stromtarif,* dort für die Stromversorgung und § 104 GWB a. F.; BGH WuW/E DE-R 1513, 1518 – *Stadtwerke Mainz;* BGHZ 68, 23, 33 = WuW/E BGH 1445 ff. – *Valium I* (zu § 22 Abs. 4 a. F.); *Langen/Bunte-Nothdurft,* aaO § 19 Rdnr. 118, 119; *Möschel,* aaO § 19 Rdnr. 164.

schen Erschwernissen beim Leitungsbau. Im Fall *„Stadtwerke Mainz"*[891] hat der BGH entschieden, dass auch ein Vergleich der Erlöse eines EVU je km Leitungslänge ein vertretbares Konzept für die Kontrolle von Durchleitungsentgelten darstellt. Die Abgrenzung zwischen strukturellen und individuellen Faktoren ist bisweilen schwierig. Dies zeigt das Beispiel unterschiedlicher Einkaufspreise für die betr. Produkte, die nach richtiger Auffassung beim Preisvergleich berücksichtigt werden müssen.[892] Ferner sind bei dem Vergleich unterschiedliche Geschäftsbedingungen, die sich ggf. ermäßigend auf den Preis auswirken, in Ansatz zu bringen (dazu noch Rdnr. 209). Auch in der Vergangenheit getroffene vertretbare Entscheidungen für bestimmte technische Konzepte können Korrekturen erforderlich machen.[893] Zu berücksichtigen ist ferner die Vertragssituation, die die Grundlage für die Tätigkeit des Normadressaten bildet.[894] Sind die Korrekturen mittels Zu- oder Abschlägen insgesamt zu groß – z. B. bei einem Anteil von mehr als 50% des wettbewerbsanalogen Preises –, so führt dies zur Unbrauchbarkeit des Maßstabes.[895]

Die Rechtsprechung hat allerdings den Kartellbehörden die Ermittlung des Vergleichspreises bei beschränktem Vergleichsmaterial inzwischen erheblich erleichtert. Bereits im *Valium*-Verfahren hatte es der BGH grundsätzlich akzeptiert, dass der **Vergleich nur mit einem Unternehmen** vorgenommen wird.[896] Im Fall *Glockenheide* bestätigte der BGH, dass es grundsätzlich nicht zu beanstanden sei, dass lediglich auf die Preise eines einzigen Vergleichsunternehmens abgestellt wird; es müsse sich dabei jedoch „um geeignetes und ausreichend sicheres Vergleichsmaterial" handeln.[897] Diese Forderung wurde vom BGH im Fall *„Stadtwerke Mainz"* (2005) bekräftigt. Dafür muss der Vergleichspreis aber „möglichst genau ermittelt, statt in erheblichem Umfang lediglich geschätzt" werden. Außerdem muss bei der Feststellung der Erlösobergrenze durch die Einbeziehung von **Sicherheitszuschlägen** auf den ermittelten wettbewerbsanalogen Preis die Unsicherheit der schmalen Vergleichsbasis ausgeglichen werden.[898] Die meisten Kartellbehörden stellen ohnehin nicht (mehr) auf ein einziges Vergleichsunternehmen ab, son-dern auf eine Gruppe der günstigsten Anbieter oder auf einen Durchschnittswert.[899] Darüber hinaus hat der BGH im Fall *„Glockenheide"* anerkannt, dass auch ein Preisvergleich mit einem anderen *Monopolunternehmen* zulässig sein kann. Zwar sei nach dem Gesetz insbes. das Verhalten auf vergleichbaren Märkten *mit wirksamem Wettbewerb* zu berücksichtigen. Bei Fehlen anderer Vergleichsmöglichkeiten berechtige dies jedoch dazu, auch das Preisverhalten von Monopolbetrieben auf anderen (räumlichen) Märkten heranzuziehen.[900] Dies entspricht dem 203

---

[891] BGH WuW/E DE-R 1513ff. (Heute erledigt, weil die Kontrolle der Durchleitungsentgelte ausschließlich der BNetzA obliegt.)

[892] So die Praxis des BKartA gegenüber Energieversorgungsunternehmen bei § 103 Abs. 5 a. F. (eigene Angabe); s. dazu auch BGH WuW/E DE-R 1513, 1518 – *Stadtwerke Mainz.*

[893] S. dazu z. B. die Berücksichtigung der Nachteile aus Braunkohleverstromung für die Strompreisgestaltung der *Veag,* BKartA TB 1995/96, S. 122f. (ebenfalls zu § 103 Abs. 5 a. F.).

[894] BGH WuW/E BGH 2309, 2312 – *Glockenheide* (kostenerhöhende Faktoren aufgrund des Pachtvertrages eines Fernwärmeunternehmens mit dem Eigentümer des Heizwerkes).

[895] BGH WuW/E BGH 1678, 1682f. – *Valium II* (das Übergewicht der auf reinen Schätzungen beruhenden Zu- oder Abschläge sowie der den betroffenen Unternehmen zusätzlich zuzubilligenden Bandbreite führte zu einem letztlich nur noch fiktiven Wettbewerbspreis ohne sachliche Grundlage).

[896] BGH WuW/E BGH 1445, 1452 – *Valium;* im konkreten Fall war allerdings aufgrund seiner geringen Größe das Vergleichsunternehmen *Centrapharm* keine geeignete Vergleichsbasis.

[897] BGH WuW/E 2309, 2311 – *Glockenheide* (dort jedoch für den Vergleich mit einem anderen Fernwärmeunternehmen verneint).

[898] BGH WuW/E DE-R 1513, 1517. Zur Anerkennung von Sicherheitszuschlägen auch bei der Kostenkontrolle s. BGH WuW/E DE-R 3632, 3636 – *Wasserpreise Calw.*

[899] S. dazu BKartA B. v. 4.6.2012, Rdnr. 162ff. – *BWB* (betr. vergleichbare WVU in den Großstädten Köln, Hamburg und München; der Fall wurde nach § 103 a. F. und nach § 19 GWB geprüft, s. BKartA aaO Rdnr. 465/466.); s. ferner BKartA TB 2003/2004, S. 139f.; Bayer. LKartB, Presse-Mitt. Nr. 324/97 v. 30.12.1997.

[900] BGH WuW/E BGH 2309, 2311.

Ansatz, den der Gesetzgeber in § 103 Abs. 5 Satz 2 Nr. 2 GWB a. F. für Versorgungsunternehmen gewählt hat(te); daran hat die Rechtsprechung auch für § 19 GWB festgehalten, der seit der 6. Novelle (1998) auch für EVU maßgebend ist. Seit 22.12.2007 bzw. erneut ab Inkrafttreten der 8. GWB-Novelle 2013 gilt für die leitungsgebundene Energieversorgung jedoch zusätzlich das etwas strengere Sonderrecht des § 29 GWB.

204 Allerdings begründet die Überschreitung des wettbewerbsanalogen Preises für sich noch nicht den Vorwurf der missbräuchlichen Ausnutzung der marktbeherrschenden Stellung.[901] Zunächst ist ein Ausbeutungsmissbrauch nur dann gegeben, wenn eine **erhebliche Überschreitung** des wettbewerbsanalogen Preises vorliegt.[902] Von *Rob. Fischer* ist dies damit begründet worden, dass der Erheblichkeitszuschlag aus dem Begriff des Missbrauchs abzuleiten sei, der – wie bei jedem Rechtsmissbrauch – eine erhebliche Abweichung von der Norm voraussetze.[903] Auch aus den Gesetzesmaterialien der 4. GWB-Novelle ergibt sich, dass trotz eines Verzichts auf eine Klarstellung im Wortlaut der Vorschrift entsprechend der früheren Rechtsprechung nur solche Abweichungen von den Entgelten auf Vergleichsmärkten als missbräuchlich anzusehen sind, die spürbar und erheblich sind.[904] Beim Spezialtatbestand des § 103 Abs. 5 Satz 2 Nr. 2 GWB a. F. hatte der BGH das Erfordernis eines Erheblichkeitszuschlages dagegen abgelehnt.[905] Diese Rechtsprechung konnte aber wegen der Besonderheiten der leitungsgebundenen Energieversorgung[906] in der Zeit vor der Energierechtsreform nicht auf § 19 Abs. 4 GWB übertragen werden.[907] Die Höhe des Erheblichkeitszuschlages ist in erster Linie vom Tatrichter zu ermitteln.[908] Die Praxis verwendet Spannen zwischen 5 % und 15 %.[909] Der Umstand, dass eine natürliche Monopolsituation vorliegt, kann dabei „unter Umständen" in der Weise berücksichtigt werden, dass ein Missbrauch bereits bei einem geringeren Zuschlag bejaht werden kann, als er unter normalen Marktgegebenheiten erforderlich ist.[910] Davon zu unterscheiden ist die Frage, ob im Einzelfall ein **Sicherheitszuschlag** erforderlich ist. Eine solche Korrektur kann geboten sein, wenn Unsicherheiten bei der Einschätzung des herangezogenen Vergleichsmaterials verbleiben.[911] So hat der BGH z. B. einen pauschalen 5 %-(Sicherheits-)Abschlag bei der

---

[901] BGHZ 68, 23, 36 – *Valium I* (= WuW/E BGH 1445 ff.).

[902] So bereits BGH WuW/E BGH 1445, 1454 – *Valium I;* bestätigt durch BGH WuW/E DE-R 375, 379 – *Flugpreisspaltung,* und inzwischen – gegen die Position der Kartellbehörden – auch für den Energiesektor BGH WuW/E DE-R 1513, 1519 – *Stadtwerke Mainz;* s. ferner BGH B. v. 14.7.2015, Rdnr. 63 – *Wasserpreise Calw II* = NZKart 2015, 448 ff. KG WuW/E OLG 4640, 4644 – *Hamburger Benzinpreise; Möschel,* aaO § 19 Rdnr. 160; *Bechtold,* § 19 Rdnr. 55, 61; *von Gamm,* § 22 Rdnr. 45; ablehnend *Langen/Bunte-Nothdurft,* aaO § 19 Rdnr. 122.

[903] ZGR 1978, 235, 248.

[904] Bericht des wirtschaftspolitischen Ausschusses, WuW 1980, 366, 370 und Stellungnahme des Rechtsausschusses, WuW 1980, 381.

[905] BGH WuW/E BGH 2967, 2974 – *Strompreise Schwäbisch-Hall,* unter Nichtberücksichtigung der Gesetzesmaterialien, weil diese im Wortlaut des Gesetzes keinen hinreichenden Ausdruck gefunden hätten.

[906] BGH aaO: „unter den Monopolverhältnissen" des § 103 Abs. 5.

[907] Nunmehr klargestellt durch BGH aaO – *Stadtwerke Mainz;* dazu *Haus/Jansen,* ZWeR 2006, 77, 91 ff.

[908] BGH WuW/DE-R 375, 379 f. – *Flugpreisspaltung;* WuW/E DE-R 1513, 1519 – *Stadtwerke Mainz.*

[909] OLG Düsseldorf WuW/E DE-R 1239, 1246 – *Teag* (kein Missbrauch bei Abweichungen von unter 10 %); BKartA TB 2001/2002, S. 191 – *Lufthansa:* 9–11 %; LG Frankfurt/Main U. v. 12.8.2003, Az. 3/11 O 158/01: unter 15 %.

[910] BGH WuW/E DE-R 1513, 1519 – *Stadtwerke Mainz* sowie BGH B. v. 14.7.2015, Rdnr. 64 – *Wasserpreise Calw II* = NZKart 2015, 448 ff. (ggf. 3%). S. auch OLG Düsseldorf WuW/E DE-R 4189, 4205 – *Berliner Wasserbetriebe* (Verringerung des Erheblichkeitszuschlages auf 0 %, wenn bei der Feststellung der Überschreitung des Wettbewerbspreises durchweg Annahmen zu Gunsten des Anbieters getroffen wurden).

[911] BGH WuW/E BGH 2967, 2975 – *Strompreis Schwäbisch-Hall* und BGH B. v. 14.7.2015, Rdnr. 63 – *Wasserpreise Calw II* = NZKart 2015, 448 ff.; s. ferner oben Rdnr. 203. Unzutreffend daher *Emmerich,* aaO § 27 Rdnr. 117, der Erheblichkeits- und Sicherheitszuschlag gleichsetzt.

Ermittlung des angemessenen Entgelts für Stromeinspeisungen gemäß § 26 Abs. 2 a. F. (jetzt: § 20 Abs. 1) iVm. § 103 Abs. 5 Satz 2 Nr. 3 GWB a. F. anerkannt.[912]

Obwohl der Wortlaut der Nr. 2 dies (anders als bei Nr. 1 und Nr. 3) nicht vorsieht, 205
kann auch bei einer Überschreitung des wettbewerbsanalogen Preises ein Missbrauch wegen einer **sachlichen Rechtfertigung** ausgeschlossen sein.[913] Der BGH verweist darauf, dass der Missbrauch begriffsnotwendig ein Unwerturteil im Sinne eines unangemessenen oder ungerechtfertigten Verhaltens mit einschließt, und zwar orientiert am Prinzip der Wettbewerbsfreiheit und losgelöst von subjektiver Vorwerfbarkeit. Der Marktbeherrscher müsse auch gegenüber der Marktgegenseite seine wirtschaftlichen Möglichkeiten nutzen können, soweit besondere Gründe vorliegen und die Abwägung der widerstreitenden Interessen ergebe, dass sein Verhalten zum Schutz vorrangiger Interessen sachlich gerechtfertigt sei. Dies sei schon vor der Neufassung des § 22 Abs. 4 GWB a. F. (durch die 4. Novelle) in der Rechtsprechung anerkannt gewesen, und es seien keine Anhaltspunkte dafür vorhanden, dass der Gesetzgeber insoweit die Rechtslage habe ändern wollen.[914] Im *Valium-I-*Beschluss verwies der BGH auf die Möglichkeit einer Rechtfertigung der (erheblich) höheren Preise auf Grund „individueller Besonderheiten der betroffenen Unternehmen", und zwar im Hinblick auf Nebenleistungen oder den leistungsbedingten besonderen Ruf des Marktbeherrschers.[915]

Höchstrichterlich entschieden ist inzwischen auch die lange umstrittene Frage, ob die 206
Missbrauchsaufsicht zu einer Preissenkung unter die Selbstkosten des Normadressaten führen darf bzw. ob **Verluste** des Normadressaten als eine sachliche Rechtfertigung für das Überschreiten des wettbewerbsanalogen Preises angeführt werden können. Das BKartA hatte schon früh die Auffassung vertreten, die Kostendeckung sei als Grenze der Preismissbrauchsaufsicht nach § 19 (= § 22 a. F.) ungeeignet, da es auch für ein im Wettbewerb stehendes Unternehmen keine Garantie für volle Kostendeckung gebe.[916] Im Fall *„Flugpreis Berlin-Frankfurt/M."* bekräftigte das BKartA diese Auffassung.[917] Der Sachverhalt war dadurch gekennzeichnet, dass Verluste für bestimmte Flugstrecken geltend gemacht wurden, nicht jedoch für das Unternehmen insgesamt. Sowohl das KG als auch der BGH entschieden jedoch (in Zusammenhang mit § 19 Abs. 4 Nr. 3 a. F., jetzt: Abs. 2 Nr. 3), dass grundsätzlich ein Anspruch auf Kostendeckung besteht. Das höhere Entgelt sei gerechtfertigt, wenn es nicht einmal die Selbstkosten des marktbeherrschenden Unternehmens decke, dieses vielmehr Verluste erleide. Bei der Prüfung des Bestehens einer Verlustsituation finden jedoch solche Kosten keine Berücksichtigung, die ausschließlich auf unternehmensindividuelle Entscheidungen zurückzuführen sind,[918] d. h. es gilt das Prinzip der effizienten

---

[912] BGH WuW/E BGH 2805, 2811 – *Stadtwerke Reutlingen.* Zum Erfordernis eines Sicherheitsaufschlages, um sicherzugehen, dass der ermittelte Vergleichspreis auch tatsächlich an der Grenze der im Wettbewerb durchsetzbaren Preise liegt, s. auch *FK-Weyer,* § 19 Tz. 1232.

[913] BGHZ 68, 23, 36 f. – *Valium I;* BGH WuW/E BGH 1965, 1966 ff. – *Gemeinsamer Anzeigenteil,* im Anschluss an OLG Stuttgart WuW/E OLG 2624. S. auch KG WuW/E OLG 2617, 2619 – *Regional unterschiedliche Tankstellenpreise* und OLG Frankfurt U. v. 9.12.2014, NZKart 2015, 107 ff. – *Kabel Deutschland* (für den Sonderfall der Beanstandung des Preises in einem langfristigen Nutzungsvertrag, der im Zusammenhang mit einem (Teil-)Unternehmenskaufvertrag geschlossen worden war). Zustimmend *Möschel,* aaO § 19 Rdnr. 160, *FK-Weyer,* § 19 Tz. 1236 ff., 1240 ff. und *Haus/Jansen,* ZWeR 2006, 77, 93; zurückhaltend bzw. differenzierend *Langen/Bunte-Nothdurft,* aaO § 19 Rdnr. 124 ff., *Rittner/Dreher/Kulka,* aaO Rdnr. 1241 und *Markert,* WuW/E BGH 1971; ablehnend BKartA im Fall *„Stadtwerke Mainz",* B. v. 17.4.2003 (veröff. auf der Homepage des BKartA).

[914] BGH WuW/E BGH 1966. Im konkreten Fall sah der BGH eine sachliche Rechtfertigung für eine Anzeigen-Zwangskombination eines Tageszeitungsverlages darin, dass er ohne diese Maßnahme aus wirtschaftlichen Gründen gezwungen gewesen wäre, eine der Tageszeitungen einzustellen.

[915] BGHZ 68, 23, 35/37 – *Valium I.*

[916] BKartA WuW/E BKartA 1482, 1493 – *Vitamin B 12;* ähnlich später LKartB Brandenburg WuW/E LKartB 297, 311 ff. – *Stadtgaspreise Potsdam.*

[917] BKartA WuW/E BKartA 2875, 2882; zustimmend Monopolkommission, 12. Hauptgutachten, 1998, Rdnr. 316 ff.

[918] BGH WuW/E DE-R 375, 379 – *Flugpreisspaltung;* KG WuW/E DE-R 124 ff.

Leistungserbringung. Auch das Schrifttum geht überwiegend davon aus, dass bei einem nicht die Kosten deckenden Preis im allgemeinen nicht von einem Missbrauch ausgegangen werden kann.[919] Nach der hier vertretenen Auffassung ist nach den Ursachen für die Verluste zu differenzieren. Wenn die mangelnde Kostendeckung auf schlechtes Wirtschaften (z. B. auf das „Produzieren" von Kosten) zurückzuführen sein sollte, wird man dies im Rahmen der Interessenabwägung zu Lasten des Normadressaten berücksichtigen müssen. So dürften die Fälle jedoch kaum einmal liegen; ohnehin müssen schon recht atypische Umstände gegeben sein, wenn ein marktbeherrschendes Unternehmen keine kostendeckenden Preise erzielt. Regelmäßig wird es dafür außerhalb des Unternehmens liegende Ursachen geben, so dass die Verluste auch bei wirksamem Wettbewerb eingetreten wären (z. B. bei sog. „stranded investments"). Das Unternehmen darf dann nicht mittels staatlicher Verfügungen noch weiter in die Verlustzone gedrückt werden. Sachlich gerechtfertigt ist die Überschreitung des Vergleichspreises daher auch dann, wenn das Vergleichsunternehmen ebenfalls keine kostendeckenden Preise erzielt, aber aus strategischen oder politischen Gründen bereit ist, Verluste hinzunehmen.

207 Noch weitgehend ungeklärt ist die Frage, nach welchen Kriterien auch Unternehmen, die auf einem Markt für die Erteilung von (unverzichtbaren) Lizenzen eine beherrschende Stellung halten,[920] bei der Forderung oder Vereinbarung **überhöhter Lizenzgebühren** einer Preishöhenkontrolle unterliegen. Grundsätzlich gilt auch insoweit § 19 Abs. 2 Nr. 2 bzw. Nr. 3 GWB.[921] Die Thematik hat in letzter Zeit im Zusammenhang mit Standard-essentiellen Patenten (SEP's) namentlich in der Telekommunikationsindustrie praktische Bedeutung erlangt. Dabei geht es vor allem um die Bemessung von Lizenzgebühren nach den sog. FRAND-Grundsätzen (fair, reasonable and non-discriminatory). Da FRAND nur ein Prinzip beschreibt, ist seine Ausfüllung im Einzelfall schwierig, jedenfalls bisher – soweit ersichtlich – nicht in dem Sinne befriedigend gelöst, dass klare operable Vorgaben existieren. Dies mag auch daran liegen, dass die zustande gekommenen Vereinbarungen regelmäßig der Öffentlichkeit nicht bekannt sind (insbes. solche aufgrund von Vergleichen). Auch die Kommission, die die FRAND-Grundsätze in ihren Horizontal-Leitlinien[922] zu Art. 101 AEUV im Zusammenhang mit Normen-Vereinbarungen, die den Wettbewerb normalerweise nicht beschränken, erörtert, hat sich dazu bisher nicht erklärt. In den letzten Entscheidungen der Kommission i. S. *Motorola*[923] und *Samsung*[924] vom 29.4.2014 wird das Problem lediglich einer „Verfahrenslösung" zugeführt: Dort wird für die SEP's den an einer Lizenz – nach einem Vorbehalt für das Erfordernis einer Prüfung im Einzelfall – interessierten Unternehmen nur dann ein Schutz vor Unterlassungsansprüchen der Patentinhaber zuerkannt, wenn sie sich als „willing licensees" verhalten und sich bei Streit über die Höhe der Lizenzgebühr einer Entscheidung durch ein (staatliches) Gericht oder einem Schiedsgericht unterwerfen.[925] Die Kommission bleibt daher bei ihrer schon in den Hori-

---

[919] So z. B. *FK-Weyer,* § 19 Tz. 1248; *Baur,* Missbrauch, S. 226 ff., 234 ff.; *Schoening,* BB 1993, 1463, 1464; *von Gamm,* Kartellrecht, § 22 Rdnr. 48; *Möschel,* aaO § 19 Rdnr. 161; aA *Langen/Bunte-Nothdurft,* aaO § 19 Rdnr. 127; Monopolkommission, 4. Hauptgutachten 1980/81, Rdnr. 510 sowie Sondergutachten 21, 1977, Rdnr. 21; *Kramm,* BB 1990, 436, 439.

[920] S. dazu oben Rdnr. 27.

[921] So auch *Langen/Bunte-Nothdurft,* aaO § 19 Rdnr. 364 („Korrektur der Lizenzentgelte und -bedingungen").

[922] ABl. EG 2010 C 11/1 ff., Rdnr. 257 ff., 280 ff.

[923] S. dazu Presse-Mitt. der Komm. Nr. IP/14/489 vom 29.4.2014 betr. Art. 7-Entscheidung gegen *Motorola Mobility.*

[924] S. dazu ABl. EG 2014 C 350/8 ff. sowie Presse-Mitt. der Komm. Nr. IP/14/490 vom 29.4.2014 betr. Art. 9-Entscheidung gegen *Samsung Electronics.*

[925] Komm., Memo/14/322 v. 29.4.2014 – Frequently asked questions zu den Entscheidungen v. 29.4.2014 *Motorola Mobility* und *Samsung Electronics,* S. 2. Anders wohl BGH WuW/E DE-R 2613, 2618 – *Orange Book-Standard,* wonach der Lizenznehmer anbieten muss, eine vom Lizenzgeber nach billigem Ermessen zu bestimmende Gebühr zu zahlen, dafür aber ggf. den Einwand, dass die festgesetzte Gebühr unbillig ist, geltend machen kann; dazu näher *Meier-Beck,* in Fs. Tolksdorf, 2014, 115, 124 ff.; zu dem Themenkreis jetzt auch Schlussanträge des GA *Wathelet* v. 20.11.2014 in

zontal-Leitlinien zu Art. 101 AEUV eingenommenen Linie, sich materiell nicht näher zu den Kriterien für die Ausfüllung des FRAND-Grundsatzes zu äußern.[926] Der Versuch des LG Mannheim vom November 2013, in einem Rechtsstreit von der Kommission Auskünfte zur Bemessung der FRAND-Gebührensätze einzuholen, scheiterte zwar nicht etwa an einer mangelnden Bereitschaft der Kommission, sich dazu zu erklären,[927] dürfte sich aber mit der Beendigung des Ausgangsrechtsstreits durch einen Vergleich erledigt haben.[928] Wenn eine Kartellbehörde ein entsprechendes Missbrauchsverfahren führt, hat sie im Rahmen des Untersuchungsgrundsatzes ggf. unter Einsatz ihrer Ermittlungsbefugnisse ein tragfähiges Bemessungskonzept zu entwickeln.[929] Hierfür ist u. U. ein Vergleich mit Lizenzgebühren in anderen Lizenzverträgen des Patentinhabers vorzunehmen, ggf. auch und gerade solcher aus der Zeit vor der Qualifizierung als Standard-essentiell.[930] Ein weiteres Problem liegt darin, dass namentlich im Telekom-Sektor gelegentlich für ein Endprodukt (z. B. Smartphones) tausende von Patenten verwendet werden müssen und dass dafür eine *angemessene Gesamtlizenzgebühr* gefunden werden muss.[931] Im Übrigen stellt sich die Frage, ob der vom BGH im Fall *Standard Spundfaß II* angewendete, relativ großzügige Maßstab für differenzierte Patentlizenzgebühren[932] – dort für ein Grundlagenpatent – auch für SEP-Fälle gilt. *Bornkamm* vertritt hierzu offenbar die Ansicht, dass in der letztgenannten Fallgruppe strengere Maßstäbe anwendbar sein können.[933] Angesichts der Vielzahl auch tatsächlicher Probleme wäre es wünschenswert, wenn die Standardisierungs-Organisationen im Zusammenwirken mit den Patentinhabern Empfehlungen für angemessene Lizenzgebühren ausarbeiten würden; diese müssten allerdings die Anforderungen des Art. 101 bzw. des Art. 102 AEUV beachten (was im Zweifel ein informelles Verfahren auch bei der Kommission erfordert).

Theoretisch denkbar ist auch ein Ausbeutungsmissbrauch aufgrund von **Nachfragemacht.** Hier ist freilich besondere Zurückhaltung geboten. Die Monopolkommission hält ein solches Einschreiten nur in „außergewöhnlichen Einzelfällen" für möglich,[934] und das BKartA sieht es nicht als seine vorrangige Aufgabe an, „ein Gleichgewicht zwischen vertraglichen Leistungen und Entgelten sicherzustellen".[935] Außerdem wird analog zum Erheblichkeitszuschlag bei der Prüfung zu niedriger Preise marktmächtiger Nachfrager ein entsprechender „Missbrauchsabschlag" erforderlich.[936] 208

Die vorstehenden Grundsätze zur Missbrauchsaufsicht über Preise gelten entsprechend für die Prüfung von **Geschäftsbedingungen.** Dies ergibt sich sowohl für § 19 Abs. 2 Nr. 2 als auch für Nr. 3 aus dem Wortlaut der Vorschriften. Dementsprechend gelten dort auch die Ausführungen zum Vergleichsmarktkonzept. Nach der Rechtsprechung des BGH kann al- 209

Rs C-170/13, ECLI:EU:C:2014:2391 – *Huawei/ZTE* sowie das Urteil des EuGH v. 16.7.2015, ECLI:EU:C:2015:477, Rdnr. 44 ff. = WuW/E EU-R 3321 ff. in dieser Sache.

[926] S. dazu Horizontal-Leitlinien, aaO Rdnr. 289/290, dort unter Bezugnahme auf die überkommene Rechtsprechung des EuGH zum Preishöhenmissbrauch, insbes. in den Fällen *United Brands* und *Sacem.* S. dazu auch Komm., Memo/14/322, S. 3.

[927] S. dazu die Ankündigung einer Auskunft der Komm. im Memo/14/322, S. 3.

[928] S. dazu die *Reuters*-Meldung vom 16.5.2014 „Apple, Google Settle Smartphone Patent Litigation" (*Motorola Mobility* ist eine Tochtergesellschaft von *Google*).

[929] *Langen/Bunte-Nothdurft,* aaO § 19 Rdnr. 364.

[930] So auch *Barthelmeß/Gauß,* WuW 2010, 626, 632.

[931] Sog. royalty stacking, s. dazu z. B. *Armstrong/Mueller/Syrett,* The Smartphone Royalty Stack, Working paper, veröff. im Internet, mit rechtstatsächlichen Angaben zur Höhe von Lizenzgebühren für einzelne Komponenten von Smartphones; aus rechtlicher Sicht LG Düsseldorf U. v. 13.2.2007, Az. 4a O 124/05 Rdnr. 72 ff. – *GSM Standard* sowie *Körber,* Standardessentielle Patente, 2013, S. 95 ff. und *Heusch,* DB 2009, 127 ff.

[932] BGH WuW/E DE-R 1329, 1333 – *Standard Spundfaß II.*

[933] S. dazu *Bornkamm,* Vortrag vom 5.4.2014 vor der Studienvereinigung Kartellrecht, veröff. auf der Homepage der Studienvereinigung.

[934] Sondergutachten 7, 1977, Rdnr. 204; s. auch BKartA TB 1978, S. 34 ff.

[935] TB 1978, S. 34. S. dazu auch den Fall *Lufthansa*-Provisionskürzung (oben Rdnr. 201).

[936] *Möschel,* aaO § 19 Rdnr. 177.

lerdings die Frage, welche Leistung für einen Abnehmer günstiger oder ungünstiger ist, nicht auf der Grundlage des Vergleichs einzelner Geschäftsbedingungen beantwortet werden, denn die ungünstige Wirkung einer Klausel kann durch die günstige Wirkung anderer Konditionen oder durch die Preisgestaltung ausgeglichen werden. Bei der Prüfung von Geschäftsbedingungen ist daher bei der Anwendung des Vergleichsmarktkonzeptes eine **Gesamtbetrachtung des Leistungsbündels** (d. h. des Preises und der AGB insgesamt) geboten.[937] Diese Prüfung ist zwar schwierig, im Einzelfall aber durchaus handhabbar. Insbes. ist es möglich, preisrelevante Geschäftsbedingungen hinsichtlich ihrer wirtschaftlichen Wirkungen zu quantifizieren.[938] Dies führt ggf. zu (weiteren) Zu- bzw. Abschlägen. Die Frage, ob bei der Prüfung von Geschäftsbedingungen auch auf die „allgemeinen Gerechtigkeitsvorstellungen" bzw. die Wertungen des AGBG (jetzt: §§ 305 ff. BGB) abzustellen ist, hat der BGH seinerzeit offengelassen.[939] Im Schrifttum wird sie – wohl zu Recht – bejaht,[940] wobei dann die Orientierung auch anhand der Differenzierung nach § 310 BGB bzgl. AGB gegenüber Endverbrauchern und gegenüber Unternehmen erfolgen müsste.

210 Eine gewisse praktische Bedeutung hat die Kontrolle von Geschäftsbedingungen bei der **Nachfragemacht der öffentlichen Hand** erlangt. So hat das BKartA z. B. von den Grundsätzen der VOB und VOL abweichende Vergabekriterien beanstandet, darunter die in verschiedenen Bundesländern bei der Vergabe von Bauaufträgen geforderte sog. „Tariftreueerklärung".[941] Ebenfalls beanstandet wurden generelle Auftragssperren, die von sämtlichen Vergabestellen eines Bundeslandes gegenüber Unternehmen wegen deren Beteiligung an Preisabsprachen ausgesprochen wurden. Das BKartA hielt einen landesweiten Ausschluss von der Vergabe weiterer Aufträge auf der Grundlage des § 20 Abs. 1 (= § 26 Abs. 2 GWB a. F.) nur unter bestimmten einschränkenden Voraussetzungen für zulässig.[942] Gegenstand weiterer Verfahren waren die Vergabegrundsätze der *Deutsche Bahn AG* (DB AG) im Zusammenhang mit der Verteilung von Aufträgen für Gleisbauarbeiten,[943] eine Vertragsstrafenregelung der *DB AG* für den Fall einer Teilnahme von Bietern an Submissionskartellen[944] sowie generell das Nachfrageverhalten der *DB AG* einschl. ihrer Allgemeinen Einkaufsbedingungen.[945] Ähnliche Verfahren waren früher auch schon gegen die *Deutsche Bundespost* wegen der Ausgestaltung von Ausschreibungsverfahren auf Einzelmärkten geführt worden.[946] Das OLG München hat ferner einen Missbrauch darin gesehen, dass ein (marktbeherrschender) Sportverband die Zulassung zu einem von ihm ausgerichteten Wettkampf von der Zustimmung zu einer Schiedsvereinbarung zugunsten des *CAS* abhängig macht, weil die Vorgaben für die Besetzung des zuständigen *CAS*-Kollegiums ein strukturelles Übergewicht der Verbände begründeten, das die Neutralität des *CAS* grundlegend in Frage stellte.[947]

211 *b) Die Preis- und Konditionenspaltung (§ 19 Abs. 2 Nr. 3).* Die in § 19 Abs. 2 Nr. 3 geregelte Preis- und Konditionenspaltung stellt eine Unterart des Ausbeutungsmissbrauchs dar[948] und

---

937 BGH WuW/E BGH 2103, 2105 – *Favorit.*

938 So insbes. das Vorgehen des BKartA in den Preismissbrauchsverfahren gegen regionale Stromversorgungsunternehmen in den neuen Bundesländern für Baukostenzuschüsse, s. BKartA Presse-Mitt. v. 21.5.1997. AA *Emmerich,* aaO § 27 Rdnr. 121.

939 BGH WuW/E BGH 2107 – *Favorit.*

940 So *Langen/Bunte-Nothdurft,* § 19 Rdnr. 144, *Möschel,* aaO § 19, Rdnr. 174 und *Emmerich,* aaO § 27 Rdnr. 121.

941 BKartA TB 1995/96, S. 28, bestätigt durch KG WuW/E Verg. 111 ff. und BGH WuW/E Verg. 297 ff. – *Tariftreueerklärung II.*

942 BKartA TB 1995/96, S. 29.

943 BKartA TB 1993/94, S. 28.

944 TB 1981/82, S. 33.

945 BKartA TB 2003/2004, S. 34.

946 BKartA TB 1976, S. 58 und TB 1977, S. 58 für die Märkte der Ortsamts- und Fernvermittlungstechnik; TB 1977, S. 58 und TB 1978, S. 58 für Standard-Fernsprechapparate; s. ferner *Möschel,* § 19 Rdnr. 175 ff.

947 OLG München NZKart 2015, 198 ff. – *Claudia Pechstein* (n. rkr.).

948 So auch *FK-Weyer,* § 19 Tz. 1260; *v. Gamm,* Kartellrecht, § 22 Rdnr. 44.

hat daher auch verbraucherschützende Funktion.[949] Auch dieser Regeltatbestand wurde durch die 6. und die 7. Novelle nicht geändert; er wurde aber durch die 8. Novelle von Abs. 4 in Abs. 2 überführt. Die Vorschrift betrifft das Verhältnis des marktbeherrschenden Unternehmens selbst zur jeweiligen Marktgegenseite. Ein Missbrauch liegt danach vor, wenn der Normadressat „ungünstigere Entgelte oder sonstige Geschäftsbedingungen fordert, als sie das marktbeherrschende Unternehmen selbst auf vergleichbaren Märkten von gleichartigen Abnehmern fordert, es sei denn, dass der Unterschied sachlich gerechtfertigt ist". Das Regelbeispiel unterscheidet sich vom Normalfall des Ausbeutungsmissbrauchs also dadurch, dass nicht ein – ggf. über Vergleichsmärkte festzustellender – fiktiver Wettbewerb auf dem betreffenden Markt, sondern *das eigene Verhalten* des Unternehmens auf vergleichbaren (Zweit-)Märkten den Maßstab für den Missbrauch bildet. Der Tatbestand vereint also Elemente des Ausbeutungsmissbrauchs und der Diskriminierung;[950] dabei ist das Preisverhalten verschiedener Konzernunternehmen nach § 36 Abs. 2 GWB einheitlich zu betrachten (weil jene Vorschrift nicht nur für die Fusionskontrolle, sondern für den gesamten Anwendungsbereich des GWB gilt).[951] Ebenso wie bei der Nr. 2 muss der vergleichbare Markt kein Wettbewerbsmarkt sein; der Normadressat kann also auch auf dem Vergleichsmarkt eine marktbeherrschende Stellung halten.[952] Der Sache nach handelt es sich um eine Diskriminierung von (auch privaten) Kunden im Verhältnis zu Zweitmärkten.[953] Trotz der weiten Fassung des ersten Halbsatzes von § 19 Abs. 2 gilt die Vorschrift nach ihrem Wortlaut („Entgelte … von … Abnehmern") nur für marktbeherrschende Anbieter.[954]

Nach dem Wortlaut der Nr. 3 muss die Preisspaltung **„auf vergleichbaren Märkten"** 212
erfolgen. Dieses Tatbestandsmerkmal dient nur einer „groben Sichtung"; es entspricht damit dem Tatbestandsmerkmal der Gleichartigkeit in § 103 Abs. 5 Satz 2 Nr. 2 GWB 1990, so dass die dazu entwickelten Grundsätze auch im Rahmen des § 19 Abs. 2 Nr. 3 herangezogen werden können.[955] Vergleichbarkeit ist zwischen dem Erst- und dem Zweitmarkt danach schon dann anzunehmen, wenn zwischen den verglichenen Märkten auf erste Sicht keine so signifikanten bzw. wesentlichen Unterschiede bestehen, dass sich ihre Einordnung als vergleichbar verbietet.[956] Einzelne Unterschiede der Struktur der verglichenen Versorgungsgebiete sind für die Vergleichbarkeit ohne Bedeutung; sie können jedoch bei der Prüfung der sachlichen Rechtfertigung ungünstigerer Preise Berücksichtigung finden.[957] Die Nr. 3 gilt jedenfalls bei verschiedenen Erst- und Zweitmärkten; ob ein Vergleichsmarkt im Sinne der Vorschrift auch ein Teil des Erstmarktes (mit abweichenden Entgelten) sein kann, hat der BGH offengelassen; nach seiner Ansicht liegt aber jedenfalls ein Missbrauch i. S. v. § 19 Abs. 1 GWB vor, wenn ein Normadressat auf dem von ihm beherrschten Markt private Endkunden durch Preisspaltung diskriminiert.[958] Das Tatbestandsmerkmal **„gleichartige Abnehmer"** in Nr. 3 hat bisher soweit ersichtlich keine Probleme aufgeworfen. Es liegt nahe, auch insoweit – wie bei den gleichartigen Unternehmen im Diskriminierungstatbestand des § 19 Abs. 2 Nr. 1 (bzw. § 20 Abs. 1 a. F.) – nur eine funktionale Grobsichtung vorzunehmen und etwaige Einzelheiten über Korrekturzu- bzw. -abschläge zu erfassen.

---

[949] BGH WuW/E DE-R 3145 ff., Rdnr. 55 – *Entega II.*
[950] BGH aaO Rdnr. 24 – *Entega II.*
[951] BGH WuW/E DE-R 2739 ff., Rdnr. 13 ff. – *Entega I.*
[952] *Langen/Bunte-Nothdurft,* aaO § 19 Rdnr. 134.
[953] BGH WuW/E DE-R 3145 ff., Rdnr. 56 – *Entega II.*
[954] *Möschel* aaO § 19, Rdnr. 170; *Langen/Bunte-Nothdurft,* aaO § 19 Rdnr. 135.
[955] BGH WuW/E DE-R 3145 ff., Rdnr. 18 iVm. Rdnr. 54 – *Entega II.*
[956] BGH aaO Rdnr. 18 – *Entega II,* dort für die leitungsgebundene Gasversorgung an Endkunden bejaht.
[957] BGHZ 129, 37, 47 – *Weiterverteiler;* BGH WuW/E DE-R 3145 ff., Rdnr. 18 f. – *Entega II.*
[958] BGH aaO Rdnr. 54 – *Entega II;* dies folgt daraus, dass § 20 Abs. 1 a. F. und § 19 Abs. 2 Nr. 1 jeweils nur für die Diskriminierung *von Unternehmen* gelten.

213 Das Tatbestandsmerkmal der **sachlichen Rechtfertigung** ist ebenso wie in § 19 Abs. 2 Nr. 1 (früher: § 20 Abs. 1 a. F.) zu interpretieren.[959] Aus dem Wortlaut der Vorschrift („es sei denn") resultiert eine abgeschwächte Form der Umkehr der materiellen Beweislast.[960] Der BGH spricht von einer „Mitwirkungspflicht" des betroffenen Unternehmens;[961] im *Entega II*-Beschluss hat er beim Vorliegen einer Preisspaltung eine **Obliegenheit** des Normadressaten angenommen, sein Verhalten sachlich zu rechtfertigen.[962] In der Sache werden sich die Rechtfertigungsgründe für die Preisdifferenzen vielfach mit den **Korrekturzu- oder -abschlägen** decken, die auch im Rahmen des Regelbeispiels gemäß Nr. 2 zu berücksichtigen sind. In Betracht kommen dafür namentlich besondere Kostenlagen auf dem vom Normadressaten beherrschten Markt bzw. sonstige Sachverhaltsbesonderheiten, die die konkrete Preisgestaltung wirtschaftlich zu rechtfertigen vermögen,[963] einschl. einer Verlustsituation (s. Rdnr. 206). Denkbar ist aber auch eine Rechtfertigung wegen eines versuchten Marktzutritts mittels Ausdehnung der Tätigkeit in einen anderen räumlichen Markt, der anders als durch eine vorübergehende, signifikante Unterbietung des dort vorgefundenen Preisniveaus nicht möglich erscheint.[964] Schließlich ist wie bei Nr. 2 auch bei der Nr. 3 ggf. ein **Erheblichkeitszuschlag** vorzunehmen, weil der mit einem Unwerturteil verbundene Missbrauchsvorwurf einen deutlichen Abstand zwischen den Preisen aus den verglichenen Märkten voraussetzt und völlig identische Märkte, bei denen auch eine geringfügige Marktdifferenz nicht ohne konkrete sachliche Rechtfertigung hingenommen werden könnte, praktisch niemals vorliegen werden,[965] u. U. vorher bei der Ermittlung der Vergleichspreise auch ein **Sicherheitszuschlag.**[966]

214 **Einzelfälle:** Bereits vor der Einführung des Regelbeispiels der Nr. 3 hatten die Kartellbehörden gelegentlich Fälle der Preisspaltung aufgegriffen.[967] Am bekanntesten wurde der *Valium/Librium*-Fall, in dem die Missbrauchsverfügung zunächst auf unterschiedliche Preise des Normadressaten in Deutschland und in anderen EU-Staaten gestützt wurde.[968] 1997 erließ das BKartA wegen der Flugpreise der *Deutsche Lufthansa AG* auf der Strecke Berlin-Frankfurt/M. eine Missbrauchsverfügung.[969] Das BKartA untersagte der *Lufthansa,* auf dieser Strecke für Flugtickets für die einzelne Strecke Preise zu verlangen, die um mehr als 10 DM über den für die Strecke Berlin-München verlangten Entgelten liegen. Das BKartA sah dabei als relevanten Markt die Personenbeförderung im Linienflugverkehr an und grenzte ihn streckenbezogen ab. Der Missbrauch wurde darin gesehen, dass die *Lufthansa* auf der Strecke Berlin-Frankfurt um zwischen 25 und 30% höhere Preise und damit ungünstigere Entgelte forderte als auf der (längeren) Flugstrecke Berlin-München. Der Grund für die Preisspaltung lag vor allem darin, dass die *Lufthansa* auf der Strecke Berlin-München Wettbewerb durch die *Deutsche BA* ausgesetzt war, auf der Strecke Berlin-Frankfurt jedoch

---

959 BGH WuW/E DE-R 3145 ff., Rdnr. 23 – *Entega II;* so auch *Bechtold,* aaO § 19 Rdnr. 64.

960 *Bechtold,* aaO § 19 Rdnr. 65; *Langen/Bunte-Nothdurft,* aaO § 19 Rdnr. 136 (aber „nicht … in vollem Umfang"); *Möschel,* aaO § 19 Rdnr. 173.

961 BGH WuW/E DE-R 375, 378 – *Flugpreisspaltung.*

962 BGH WuW/E DE-R 3145 ff., Rdnr. 57 – *Entega II.*

963 BGH WuW/E DE-R 3145 ff., Rdnr. 18, 19 – *Entega II;* BKartA WuW/E BKartA 2875, 2881 ff. – *Flugpreis Berlin – Frankfurt/M.* Aus der Praxis zu Art. 82 EG (jetzt: Art. 102 AEUV) s. EuGH U. v. 14.2.1978, Slg. 1978, 207 ff., Rdnr. 189, 228, 229 u. 233 – *United Brands;* EuG U. v. 6.10.1994, Slg. 1994 II – 755, 831, Rdnr. 160 – *TetraPak* (Rechtfertigung durch Unterschiede in den Absatzbedingungen und die Intensität des Wettbewerbs).

964 BGH WuW/E DE-R 3145 ff. – *Entega II;* dazu noch näher Rdnr. 214.

965 BGH WuW/E DE-R 3145 ff., Rdnr. 32, 47 – *Entega II,* dort wurden 5 % vom BGH akzeptiert; s. ferner BGH WuW/E DE-R 375 ff., dort bei Ziff. 5. – *Flugpreisspaltung.*

966 Ausdrücklich anerkannt in BGH WuW/E DE-R 375 ff., dort bei Ziff. III.5. – *Flugpreisspaltung,* mwN.; offengelassen in BGH WuW/E DE-R 3145 ff., Rdnr. 50 – *Entega II.*

967 S. dazu z. B. TB 1973, 85 – *Elektrorasierer;* WuW/E BKartA 1482 – *Vitamin B 12.* S. ferner LKartB NRW WuW/E LKartB 267 – *Eishockey-Meisterschaft.*

968 BKartA WuW/E BKartA 1526, 1535 – *Valium-Librium.*

969 BKartA B. v. 19.2.1997, WuW/E BKartA 2875 ff., aufgehoben durch KG WuW/E DE-R 124 ff.

nicht. Die Verfügung wurde aus den in Rdnr. 206 genannten Gründen (Verlustsituation der *Lufthansa*) vom KG bzw. vom BGH aufgehoben. Das Verfahren endete ohne abschließende Gerichtsentscheidung, nachdem die *Lufthansa* die Preise gesenkt hatte und die verbleibenden Preisunterschiede im Umfang von 9–11% nach Ansicht des Amtes die Erheblichkeitsschwelle für einen Missbrauch nicht mehr überschritten.[970] Weitere Klärungen zum Anwendungsbereich der Vorschrift hat sodann – in einem Zivilprozess zwischen einem privaten Gas-Endverbraucher und einem EVU – der Fall *Entega II* gebracht. Dort fühlte sich der Kunde u.a. deshalb diskriminiert, weil das EVU in einem benachbarten Gebiet, das von einem anderen Versorger beherrscht wurde, niedrigere Preise verlangte als in dem von ihm selbst beherrschten Markt. Der BGH hielt das Verhalten des EVU jedoch unter dem Gesichtspunkt eines **Marktzutritts** für sachlich gerechtfertigt. Er entschied, dass eine Preisspaltung sachlich gerechtfertigt sein könne, wenn ein beherrschendes Unternehmen seine Tätigkeit auf einen anderen (räumlichen) Markt ausdehnen will, auf dem ein erfolgversprechender Marktzutritt anders als durch eine vorübergehende, signifikante Unterbietung des dort vorzufindenden Preisniveaus nicht möglich erscheine, weil funktionierender Wettbewerb auf diesem Markt bisher nicht bestehe. Dies beruhe u.a. darauf, dass der Marktzutritt auf dem von einem anderen Versorger beherrschten Kleinkundenmarkt nur erfolgversprechend erscheine, wenn die mangelnde Wechselbereitschaft der Kunden überwunden werden kann; dies sei wiederum bei einem homogenen Gut wie Erdgas in erster Linie durch einen signifikant günstigeren Preis möglich. Der neue Anbieter müsse den etablierten Versorger deutlich unterbieten, um hinreichend Kunden akquirieren zu können. Da als konkurrierender Anbieter nicht zuletzt Gasversorger aus benachbarten Versorgungsgebieten in Betracht kämen, hieße es, bestehende Marktzutrittsschranken zu verfestigen, wollte man diesen von vorneherein untersagen, in dem Zweitmarkt vorübergehend günstigere Preise zu verlangen als in ihrem angestammten Versorgungsgebiet.[971] In einer solchen Situation sei es als *wettbewerbskonform* anzusehen, wenn ein neu in einen regionalen Gasmarkt eintretendes Versorgungsunternehmen vorübergehend Preise anbiete, die sich in gewissem Umfang unterhalb der Preise bewegen, die das Unternehmen von gleichartigen Abnehmern in seinem traditionellen Versorgungsgebiet fordere, sofern der Preisunterschied verhältnismäßig sei und auf die Phase des Marktzutritts beschränkt bleibe.[972] Welchen Zeitraum die Marktzutrittsphase umfasse und welche Preisdifferenz gerechtfertigt sein könne, richte sich nach dem Wettbewerbsverhalten auf dem Zweitmarkt.[973] Im konkreten Fall hielt der BGH selbst einen gegenüber dem beherrschten Markt um bis zu 15% günstigeren Preis auf dem Zweimarkt für unbedenklich.[974]

c) Der Sondertatbestand für missbräuchlich überhöhte Energiepreise (§ 29). § 29 GWB wurde durch die Preismissbrauchsnovelle 2007 in das Gesetz aufgenommen. Die Vorschrift trat wegen einer Befristung Ende 2012 außer Kraft, wurde dann aber durch die 8. GWB-Novelle unverändert wieder eingeführt, allerdings erneut befristet (gemäß § 131 Abs. 1 bis zum 31.12.2017). Nach § 29 Satz 1 ist es einem Unternehmen verboten, „als Anbieter von Elektrizität oder leitungsgebundenem Gas (Versorgungsunternehmen) auf einem Markt, auf dem es allein oder zusammen mit anderen Versorgungsunternehmen eine marktbeherrschende Stellung hat, diese Stellung missbräuchlich auszunutzen, indem es 1. Entgelte oder sonstige Geschäftsbedingungen fordert, die ungünstiger sind, als diejenigen anderer Versorgungsunternehmen oder von Unternehmen auf vergleichbaren Märkten, es sei denn, das Versorgungsunternehmen weist nach, dass die Abweichung sachlich gerechtfertigt ist, wobei die Umkehr der Darlegungs- und Beweislast nur in Verfahren vor den Kartellbehörden 215

[970] BKartA TB 2001/2003, S. 191.
[971] BGH aaO Rdnr. 26/27 – *Entega II.*
[972] BGH aaO Rdnr. 28 – *Entega II.*
[973] BGH aaO Rdnr. 29 – *Entega II,* auch zur maßgebenden Wahrnehmung durch die Kunden und zur notwendigen Abgrenzung von nicht lohnenden Lockangeboten mit einem nur kurzfristigen Preisvorteil.
[974] BGH aaO Rdnr. 31 – *Entega II.*

gilt, oder 2. Entgelte fordert, die die Kosten in unangemessener Weise überschreiten." § 29 Satz 3 stellt klar, dass die §§ 19 und 20 unberührt bleiben. Dementsprechend können die Kartellbehörden entweder jene Vorschriften oder das spezielle Verbot anwenden. Da der Gesetzgeber den Kartellbehörden mit der neuen Vorschrift verbesserte Eingriffsmöglichkeiten verschaffen wollte, ist davon auszugehen, dass im Bereich der leitungsgebundenen Energieversorgung während der bis Ende 2017 begrenzten Laufzeit der Regelung die Missbrauchsaufsicht in der leitungsgebundenen Energieversorgung vorwiegend auf der Grundlage des neuen § 29 GWB stattfinden wird. Die Verschärfung liegt vor allem in der Darlegungs- und Beweislastumkehr in Satz 1 Nr. 1 für Fälle missbräuchlich überhöhter Entgelte. Diese Regelung entspricht der Sache nach § 103 Abs. 5 GWB a. F., der mit der Energierechtsreform vom April 1998 abgeschafft worden war. Relativiert wird die Neuerung dadurch, dass im Kartellverwaltungsverfahren generell der Amtsermittlungsgrundsatz gilt. Die Darlegungs- und Beweislastumkehr entfaltet ihre Wirkung daher nur und erst dann, wenn die Ermittlungen der Kartellbehörde nicht zu einem die Unternehmen entlastenden Ergebnis führen (non liquet). Darüber hinaus gilt die Beschränkung der Beweislastumkehr nur für Satz 1 Nr. 1. Für die Frage, ob und wieweit die Voraussetzungen eines Missbrauchs einer marktbeherrschenden Stellung nach Satz 1 Nr. 2 (Gewinnbegrenzungskonzept) erfüllt sind, gelten die allgemeinen Beweisregelungen. Dementsprechend haben die Kartellbehörden nachzuweisen, dass die geforderten Entgelte die Kosten in unangemessener Art und Weise überschreiten.[975]

216 Die wettbewerbspolitische Zweckmäßigkeit der Vorschrift ist umstritten. Das BKartA hält die Regelung für sinnvoll: Die Vorschrift setze ein wichtiges Signal zur Bekämpfung des Preishöhenmissbrauchs auf dem Energiesektor; kurzfristig wirkende Eingriffsmöglichkeiten seien in der gegenwärtigen Situation unverzichtbar, um einer nachhaltigen Beeinträchtigung der wettbewerblichen Situation der nachgelagerten Marktstufen wie auch der Endverbraucher wirksam zu begegnen. Dagegen haben sich namentlich in der Anhörung vor dem Ausschuss für Wirtschaft und Technologie mehrere Sachverständige kritisch geäußert.[976] Die Kritiker, darunter die Monopolkommission und *Möschel,* meinen insbes., dass die neue Missbrauchsaufsicht nicht geeignet sei, den Wettbewerb im Energiesektor zu beleben. Es sei im Gegenteil zu befürchten, dass die Einführung des § 29 den Wettbewerb signifikant schwächen werde.[977] In der Tat muss damit gerechnet werden, dass eine strikte Preiskontrolle dazu führen wird, den Anreiz potentieller Wettbewerber, mit eigenen Angeboten in den Markt einzutreten, verringern wird. Problematisch könnte es auch sein, dass die Verbraucher es vorziehen könnten, auf korrigierende Eingriffe der Kartellbehörden zu warten, statt selbst aktiv die (Wechsel-)Möglichkeiten der Energiemärkte zu nutzen.[978] Das BKartA erklärte bei Einführung der Vorschrift allerdings, dass es auf der Grundlage des § 29 „nur krasse Extremfälle" aufgreifen werde; es bleibe bei einer in das Aufgreifermessen der Kartellbehörden gestellten **ex-post-Kontrolle im Einzelfall.**[979]

217 Die **Praxis** zu § 29 GWB ist bisher spärlich geblieben. Zwar hat das Amt schon kurz nach dem Inkrafttreten der Vorschrift 35 Missbrauchsverfahren gegen Gasversorger eingeleitet und im Dezember 2008 mit (Rück-)Zahlungszusagen von 29 Gasversorgern gemäß § 32b GWB im Umfang von ca. 130 Mio. € abgeschlossen; durch diese Verfahren wurden außerdem Gasbezugskostensteigerungen im Umfang von ca. 230 Mio. € nicht an die End-

---

[975] So Beschlussempfehlung und Bericht des Ausschusses für Wirtschaft und Technologie, BT-Drucks. 16/7156, S. 11.

[976] Zur Position des Amtes und der Kritiker s. Beschlussempfehlung und Bericht des Ausschusses für Wirtschaft und Technologie zum dem Gesetzentwurf der Bundesregierung, BT-Drucks. 16/7156, S. 8 ff. Kritisch auch *Börner,* Versorgungswirtschaft 2008, 77 ff., 84 f.

[977] So Monopolkommission, in Beschlussempfehlung und Bericht aaO S. 9. S. auch den Hinweis von *Mestmäcker* in WuW 2008, 6, 18 auf die gleichartige Diskussion vor Schaffung des GWB.

[978] So *Pohlmann/Vasbender,* KSzW 2011, 268, 276.

[979] So *Heitzer,* WuW 2007, 854, 857 sowie *Ritter/Lücke,* WuW 2007, 698, 702.

kunden weitergegeben.[980] Ferner leitete das Amt Ende 2009 Verfahren gegen 18 Heizstromanbieter ein; auch dort wurde die Mehrzahl der Fälle durch Zusagenentscheidungen (mit Marktöffnungszusagen und Rückerstattungen an die Kunden) nach § 32b GWB abgeschlossen.[981] Auch von LKartBs wurden zahlreiche Preismissbrauchsverfahren betrieben.[982] Allerdings ist bisher noch keine förmliche Entscheidung von Kartellbehörden allein nach § 29 GWB ergangen.[983] Dies dürfte vor allem – sowohl im Strom- als auch im Gasbereich – auf den inzwischen verschärften Wettbewerb bzw. die Vielzahl der Wechselmöglichkeiten für die Kunden zurückzuführen sein.[984]

Der **Tatbestand des § 29 Satz 1 Nr. 1** kodifiziert – wie § 19 Abs. 2 Nr. 2 – das **Vergleichsmarktkonzept.** Der Sache nach handelt es sich um eine Übernahme der bereits zu § 19 vorliegenden Rechtsprechung, soweit nämlich als Vergleichsmaßstab nicht notwendigerweise ein Unternehmen herangezogen werden muss, das seinerseits wesentlichem Wettbewerb ausgesetzt ist. Grundsätzlich kommen daher alle Energieversorgungsunternehmen als Vergleichsunternehmen in Betracht, was ebenfalls schon der bisherigen Rechtsprechung zu § 19 entsprach. Anders als § 103 Abs. 5 a. F. lässt die Nr. 1 es zu, als Vergleichsmaßstab auch Unternehmen heranzuziehen, die nicht dem Energiesektor angehören, sondern „auf vergleichbaren Märkten“ tätig sind. Dafür werden im Schrifttum vor allem Märkte genannt, die ebenfalls ganz oder teilweise von Netzstrukturen geprägt sind.[985] Überzeugender dürfte es sein, auf andere Energiemärkte (HEL, HS, Kohle) oder Energie-affine Märkte abzustellen. Ein Vergleich z. B. mit Telekom-Unternehmen dürfte jedenfalls deutlich schwieriger sein als der mit einem anderen EVU. Ohnehin fragt man sich, ob die Kartellbehörden ein Wahlrecht hinsichtlich der Vergleichsunternehmen haben sollen, wenn genügend Strom- oder Gas-Versorger existieren. Es liegt näher, sie dann als verpflichtet anzusehen, einen brancheninternen Vergleich vorzunehmen. Die eigentliche „Akzentverschiebung“[986] des § 29 Satz 1 Nr. 1 besteht darin, dass die Darlegungs- und Beweislast für eine sachliche Rechtfertigung der Abweichung von den Preisen der Vergleichsunternehmen bei dem Normadressaten liegt, was freilich an der grundsätzlichen Geltung des Amtsermittlungsgrundsatzes im Verwaltungsverfahren nichts ändert (s. oben Rdnr. 215). Die Vorschrift stellt also bei der Sachverhaltsermittlung im Zusammenhang mit den regelmäßig erforderlichen Zu- oder Abschlägen wegen mangelnder Vergleichbarkeit erhöhte Mitwirkungsanforderungen an die Normadressaten. Da die entsprechenden wirtschaftlichen Kenndaten der Vergleichsunternehmen aber von den Adressaten selbst nicht ermittelt werden können (sie stellen regelmäßig Geschäftsgeheimnisse der Dritten dar), wird es insoweit ganz wesentlich auf Ermittlungen der Kartellbehörden ankommen.[987] Wegen dieser Anpassung an die Kosten- und Erlössituation anderer EVU ist die Preiskontrolle auch bei § 19 bzw. war sie bei § 103 a. F. mit praktischen Problemen verbunden. Eine gewisse Erleichterung hat sich freilich dadurch ergeben, dass nach Maßgabe des neuen EnWG seit Mitte 218

[980] S. dazu Presse-Mitt. des BKartA vom 1.12.2008 und Fallbericht B10–16/08 bis 56/08; s. ferner BKartA TB 2007/2008, S. 107 sowie *Langen/Bunte-Nothdurft,* GWB, § 29 Rdnr. 2 und *Pohlmann/Vasbender,* KSzW 2011, 268.

[981] BKartA Presse-Mitt. vom 29.9.2010. Dazu auch *Langen/Bunte-Nothdurft,* aaO; *Becker/Blau,* aaO Rdnr. 122 ff.; *Pohlmann/Vasbender,* KSzW 2011, 268 f.

[982] S. z. B. Presse-Mitt. der *MVV Energie AG* vom 11.12.2008 betr. Einigung mit der LKartB Baden-Württemberg.

[983] So *Langen/Bunte-Nothdurft,* aaO § 29 Rdnr. 2. Die Verfügung im Fall *Entega,* B. v. 19.3.2012 betr. Heizstrom erging nach § 19 *und* § 29 GWB (aaO Rdnr. 35 ff.).

[984] So schon *Pohlmann/Vasbender,* KSzW 2011, 269.

[985] So *Langen/Bunte-Nothdurft,* aaO § 29 Rdnr. 19; ferner *Ritter/Lücke,* WuW 2007, 698, 701. Die vorgenannten Autoren meinen außerdem, dass auch Rohstoffmärkte, für deren Preisbildung der Handel über Warenbörsen eine zentrale Rolle spiele, als Vergleichsmärkte in Betracht kommen. Dies mag für die Produktionsstufe für Strom angehen, weil es dort einen Börsenpreis gibt; für die Endverbraucherversorgung dürfte es an der Vergleichbarkeit fehlen.

[986] So *Heitzer,* WuW 2007, 857.

[987] Ähnlich *Ritter/Lücke,* WuW 2007, 698, 703 und *Lotze/Thomale,* WuW 2008, 257, 261 f. *Heitzer* aaO 858 spricht in diesem Zusammenhang von einem „verfahrensrechtlichen Korrektiv“.

2005 die BNetzA für die Kontrolle der *Netzkosten* der EVU zuständig ist und dass gemäß § 111 Abs. 3 EnWG in Verfahren gemäß den §§ 19, 20 GWB von den Kartellbehörden die nach Maßgabe des EnWG veröffentlichen Tarife zu Grunde zu legen sind. Strukturelle Unterschiede der Netzinfrastruktur sind also in Höhe des dafür genehmigten Entgeltes bereits berücksichtigt. Aber auch die Konzessionsabgabe und Umsatz- sowie Heizgassteuern werden vom BKartA als strukturelle Komponenten vom Endpreis abgezogen (subtrahiert) und dann aus der Prüfung eliminiert.[988] Dieser Ansatz (Erlösvergleich bzw. Subtraktionsmethode) bedeutet, dass sich die Kartellbehörden in Verfahren nach § 29 (aber auch nach § 19) auf die Vergleichbarkeit der übrigen Strukturdaten konzentrieren, also vor allem betr. unterschiedliche Bezugskosten für Energie und Vertriebskosten[989] im engeren Sinne. Es bleibt aber dabei, dass wegen unterschiedlicher Kunden- und Abnahmestrukturen bzw. unterschiedlicher wirtschaftlicher Ausgangsbedingungen von Unternehmen in den alten und in den neuen Bundesländern Zu- oder Abschläge erforderlich sein können. Unterschiede können sich auch aus der Größe der Netze oder durch den Anteil von Kraftwerksgas und Heizgas ergeben.[990]

219 Ebenso wie bei § 19 Abs. 2 Nr. 2 und 3 GWB liegt auch ein Missbrauch nach § 29 Satz 1 Nr. 1 nur bei einer **erheblichen Abweichung** von den Entgelten des Vergleichsunternehmens vor.[991] Dies ergibt sich aus der Entstehungsgeschichte der Vorschrift. Der RefE hatte ursprünglich vorgesehen, dass ein Missbrauch auch bei einer nicht erheblichen Abweichung vorliegt. Diese weitere Verschärfung wurde im Entwurf der Bundesregierung gestrichen. Es gelten daher die oben (Rdnr. 204) beschriebenen Grundsätze. Aufgrund der vom BKartA in seinen Verfahren nach § 32b praktizierten Subtraktionsmethode beim Preisvergleich (s. oben Rdnr. 218) wird allerdings die Tragweite des Erheblichkeitszuschlages „nach unten" verzerrt.[992] Ob die Gerichte diesem Ansatz folgen, ist mangels einschlägiger Entscheidungen bzw. Rechtsmittelverfahren noch offen.

220 Der **Gewinnbegrenzungstatbestand in § 29 Satz 1 Nr. 2** („Entgelte …, die die Kosten in unangemessener Weise überschreiten") enthält lediglich eine Klarstellung.[993] Wie in Zusammenhang mit § 19 Abs. 2 Nr. 2 bereits dargelegt wurde (Rdnr. 200), war eine solche Kontrolle auch schon vor der Preismissbrauchsnovelle 2007 im Gesetz angelegt. Sie wurde jedoch wegen der damit verbundenen praktischen Schwierigkeiten nicht angewendet. (Im CO_2-Verfahren 2007 gegen *RWE* wurde der Missbrauchsvorwurf zwar auch, aber nicht nur auf das Gewinnbegrenzungskonzept gestützt; das Verfahren wurde aber durch eine Verfügung nach § 32b GWB abgeschlossen.) Das Gesetz stellt außerdem in Satz 2 klar, dass Kosten, die sich ihrem Umfang nach im Wettbewerb nicht einstellen würden, bei der Feststellung eines Missbrauchs im Sinne des Satzes 1 nicht berücksichtigt werden dürfen. Auch dies entspricht letztlich der BGH-Rechtsprechung zu § 19 Abs. 4 Nr. 2 a. F. (jetzt: Abs. 2 Nr. 2),[994] d. h. es gilt das Prinzip der effizienten Leistungserbringung.[995] Der Wirtschaftsausschuss hat außerdem angemerkt, dass bei der Überprüfung der Kosten und somit der inhaltlichen Ausfüllung des Kostenbegriffs die Kartellbehörden anerkannte ökonomische Theorien zu beachten haben, z. B. den Grundsatz, dass bei vollkommenem Wettbewerb die Preise den Grenzkosten entsprechen.

221 Das Gesetz lässt offen, welcher **inhaltliche Maßstab** bei der Ausfüllung der Kostenkontrolle gelten soll, d. h. unter welchen Voraussetzungen eine unangemessene Überschreitung der Kosten vorliegt. Auf Erfahrungen bei § 19 bzw. § 22 a. F. kann nicht zurückgegriffen

---

988 Kritisch dazu *Pohlmann/Vasbender,* KSzW 2011, 268, 271 ff.

989 Dazu z. B. BKartA B. v. 19.3.2012, Rdnr. 59 ff., 97 ff. – *Entega.*

990 BKartA B. v. 19.3.2013, Rdnr. 59 ff. – *Entega* (betr. Heizstrom); TB 2005/2006, S. 132.

991 So auch *Heitzer,* WuW 2007, 854, 858. AA *Markert,* ZNER 2007, 365, 368.

992 Kritisch dazu *Pohlmann/Vasbender,* aaO S. 274.

993 *Heitzer,* WuW 2007, 854, 858. So auch *Ritter/Lücke,* WuW 2007, 678, 701 und wohl auch *Markert,* aaO 366 („keine revolutionäre Neuerungen").

994 S. dazu BGH WuW/E DE-R 375, 378 – *Flugpreisspaltung.*

995 So auch *Ritter/Lücke,* aaO S. 704.

werden, weil bisher im deutschen Recht keine Kostenkontrolle praktiziert worden ist. Obwohl auch Art. 102 AEUV beim Missbrauch auf die Erzwingung „unangemessener" Preise abstellt, bietet ein Rückgriff auf die Erfahrungen im EU-Kartellrecht (bisher) wegen der spärlichen Fallpraxis ebenfalls keine konkreten Anhaltspunkte.[996] Die Kommission hat sich zuletzt anlässlich einer Beschwerde gegen die Gebühren des *Hafens von Helsingborg* mit diesem Thema befasst.[997] Die Beschwerdeführerin *Scandlines* hatte vorgetragen, dass die durchschnittliche ROCE-Verzinsung des Hafeneigentümers 94% betragen habe, während der entsprechende Durchschnittswert der Mitglieder des schwedischen Industrieverbandes lediglich bei 11,8 bis 14,8% gelegen habe. *Scandlines* folgerte daraus, dass eine solche Preisfestsetzung bereits als solche missbräuchlich nach Art. 82 EG (jetzt: Art. 102 AEUV) sei. Die Kommission verwies jedoch unter Bezugnahme auf die EuGH-Rechtsprechung darauf, dass auch bei Feststellung eines „überhöhten" Preises auf einer zweiten Prüfungsstufe untersucht werden müsste, ob ein Preis erzwungen wird, der – sei es absolut oder im Vergleich zu den Konkurrenzprodukten – „unangemessen" ist. Dies wurde von der Kommission für die Hafengebühren verneint.[998] Zwar kann das deutsche Recht grundsätzlich strenger ausgestaltet sein als Art. 102 AEUV, soweit es um „einseitige Handlungen" iSd Art. 3 Abs. 2 Satz 2 VO-Nr. 1/2003 geht (woran es bei der Preiskontrolle allerdings fehlen dürfte, dazu Rdnr. 283). Eine deutliche Abweichung vom Prüfungsmaßstab des EU-Rechts wäre jedoch wettbewerbspolitisch nicht erstrebenswert. Es bleibt daher abzuwarten, welche Konkretisierung die deutschen Kartellbehörden für das Tatbestandsmerkmal der unangemessenen Überschreitung der Kosten vornehmen werden. § 29 Satz 1 Nr. 2 dürfte in erster Linie auf eine Kontrolle der Strompreise auf der Erzeugerstufe zielen (sog. Markt für den Erstabsatz von Strom). Dabei ergibt sich allerdings schon im Ansatz die Schwierigkeit, dass sich dieser Preis an der Strombörse bildet. Unabhängig von den sonstigen Problemen einer Gewinnbegrenzung ist es schwer vorstellbar, dass einzelnen Marktteilnehmern mittels einer Verfügung aufgegeben wird, Strom unter dem Marktpreisniveau abzugeben; dann müssten nämlich auch entsprechende „Bezugsrechte" zugeteilt werden, weil sonst der Einkauf zu einem künstlich reduzierten Preis den Käufer in die Lage versetzen würde, die Differenz zum Marktpreis als Gewinn zu realisieren.[999] Soweit im Schrifttum darauf hingewiesen wird, dass zur Ausfüllung Erfahrungswerte aus anderen Branchen zur Beurteilung der Angemessenheit des Preis-Kosten-Verhältnisses herangezogen werden können,[1000] ist dies zwar ein naheliegender Ansatz. Die Erwägungen des EuGH und der Kommission in der Praxis zu Art. 102 AEUV zeigen allerdings, dass dies die Problemstellung nicht erschöpft. Aus rechtstatsächlicher Sicht gilt, dass – soweit ersichtlich – die ROCE-Werte der großen deutschen Energieversorger nicht wesentlich von denen anderer DAX-Unternehmen wie z.B. *Continental, Deutsche Bank* oder *Siemens* abweichen bzw. nach der Energiewende eher darunter liegen. Freilich ist ein solcher Vergleich bei Mehrproduktunternehmen nur von begrenztem Wert, weil es kartellrechtlich auf die Bewertung der Kosten und Entgelte auf dem relevanten Markt ankommt.

Die Frage, ob eine Missbrauchskontrolle auch an einzelnen Kostenelementen (im Gegensatz zum Gesamtentgelt) ansetzen kann, ist durch § 29 nicht entschieden worden, obwohl das BKartA eine solche Klarstellung angeregt hatte. Allerdings nannte der RefE v. 8.11.2006 in § 29 Satz 1 Nr. 1 ausdrücklich auch „Entgeltbestandteile". Dieses Tatbestandsmerkmal ist aber in den RegE nicht übernommen worden. Es bleibt daher bei der 222

[996] So auch *Markert* aaO S. 369. Zur Preismissbrauchsaufsicht nach Art. 102 AEUV s. *de Bronett,* § 22 Rdnr. 60ff., der u.a. auf das *United Brands*-Urteil des EuGH (Slg. 1978, 207, Rdnr. 248ff.) verweist.

[997] Schreiben der Kommission v. 23.7.2004 an *Scandlines Sverige AB,* veröff. auf der Homepage der Kommission.

[998] Komm. aaO Rdnr. 246ff.

[999] Dazu instruktiv *v. Weizsäcker,* Stellungnahme vor dem Wirtschaftsausschuss zur Preismissbrauchsnovelle, zu BT-Drucks. 16/5847.

[1000] So *Ritter/Lücke,* aaO 703.

Rechtsprechung des OLG Düsseldorf zu den §§ 19, 20 Abs. 1 GWB a. F., wonach nicht eine bestimmte Preiskalkulation, sondern das Fordern missbräuchlich überhöhter Entgelte verboten ist. Gegenstand der kartellbehördlichen Kontrolle ist danach ausschließlich der geforderte Preis (bzw. das Entgelt), nicht aber seine Kalkulation als solche oder einzelne Preisbildungsfaktoren. Dies folgt daraus, dass unberechtigte oder überhöhte Kostenansätze dadurch neutralisiert werden können, dass im Rahmen der Preiskalkulation gerechtfertigte Kostenpositionen nicht oder nicht in voller Höhe angesetzt werden. Dementsprechend darf die Kartellbehörde die Preiskontrolle nicht auf die Überprüfung einzelner preisbildender Faktoren beschränken, sondern sie muss auch und vor allem überprüfen, ob der geforderte Preis missbräuchlich übersetzt ist.[1001] Es ist nicht ersichtlich, dass bei § 29 Satz 1 Nr. 2 etwas anderes gelten sollte, zumal die Vorschrift – ebenso wie Satz 1 Nr. 1 – jeweils auf die „Entgelte" abstellt, die von dem EVU gefordert werden, nicht aber auf einzelne Kostenelemente. Im Übrigen gilt auch bei der Kostenkontrolle gemäß Nr. 2, dass eine Unangemessenheit im Sinne der Regelung nur dann vorliegt, wenn eine **erhebliche Abweichung** von dem (noch) zulässigen Preis vorliegt (s. dazu bereits oben Rdnr. 204).

223 *d) Die Missbrauchsaufsicht in der Wasserwirtschaft (§ 31 Abs. 3 bis 5).* Die Freistellung der Wasserwirtschaft von der Geltung des allgemeinen Kartellrechts (z. B. bzgl. der Freistellung von Gebietsschutzabreden vom Kartellverbot) und dessen Ausnahmevorschriften (§ 103 a. F.) waren seit der 6. GWB-Novelle in einer Übergangsvorschrift (§ 131 Abs. 6 a. F.) geregelt. Diese Vorschriften wurden durch die 8. GWB-Novelle (2013) in den aktuellen Gesetzestext aufgenommen, und zwar in die neuen §§ 31–31b. Die Wasserversorgung unterliegt damit weiterhin einer besonderen kartellrechtlichen Missbrauchsaufsicht, wobei die Rechtsprechung zu der Übergangsvorschrift weiterhin maßgeblich bleibt.[1002] Die Übernahme der Sonderregelungen für die Wasserwirtschaft verfolgte ausweislich der Begründung zum RegE mehrere Ziele: Zum einem sei die praktische Bedeutung der kartellrechtlichen Wassermissbrauchs-Vorschriften nach der Grundsatzentscheidung des BGH i. S. *Wasserpreise Wetzlar* vom 2.2.2010[1003] gestiegen. Zum anderen stelle insbes. die Wasserversorgung der Endkunden ein natürliches Monopol dar. Die Entgeltgestaltung der Wasserversorgung bedürfe daher einer effektiven staatlichen Kontrolle, die durch die konsequente Anwendung der Vorschriften der besonderen kartellrechtlichen Missbrauchsaufsicht gewährleistet werden könne. Die Überführung der bisherigen Übergangsregelungen in das aktuelle GWB erfolge schließlich deshalb, um die Systematik des Gesetzes zu verbessern und die Anwendbarkeit für die Vollzugsbehörden zu erleichtern.[1004]

224 Das besondere Missbrauchsverbot für Wasserversorgungsunternehmen (WVU) ist in § 31 Abs. 3–5 geregelt. In der Begr. zum RegE wird diese Regelung als „notwendiges Korrektiv für den fehlenden Wettbewerb im Wassersektor" bezeichnet.[1005] Besonders hervorzuheben im Zusammenhang mit dem Thema **Ausbeutungsmissbrauch** ist § 31 Abs. 4 Nr. 2 GWB, wonach ein Missbrauch der Freistellung insbes. dann vorliegt, wenn ein WVU von seinen Abnehmern ungünstigere Preise oder Geschäftsbedingungen fordert als gleichartige WVU, es sei denn, das WVU weist nach, dass der Unterschied auf abweichenden Umständen beruht, die ihm nicht zurechenbar sind. Ferner liegt gemäß Abs. 4 Nr. 3 ein Missbrauch vor, wenn ein WVU Entgelte fordert, die die Kosten in unangemessener Weise überschreiten; anzuerkennen sind dabei (nur) die Kosten, die bei einer rationellen Betriebsführung anfallen. Auf Vorschlag des Bundesrates wurde in § 31 außerdem ein Abs. 5 aufgenommen, in dem klargestellt wird, dass ein Missbrauch nicht vorliegt, wenn ein WVU sich insbes. aus technischen oder hygienischen Gründen weigert, mit einem anderen Unternehmen Verträge über die Einspeisung von Wasser in sein Versorgungs-

1001 OLG Düsseldorf WuW/E DE-R 1239 ff. – *Teag.*

1002 Begr. RegE 8. Novelle, BT-Drucks. 17/9852, S. 21.

1003 BGH WuW/E DE-R 2841 ff. Dazu auch *Strohn,* Fs. Tolksdorf, 2014, 563 ff.

1004 Begr. RegE aaO S. 25.

1005 Begr. RegE aaO S. 25.

gebiet abzuschließen, und eine damit verbundene Entnahme (Durchleitung) verweigert. Um den Missbrauchsvorwurf der Kartellbehörde wegen überhöhter Entgelte zu widerlegen, hat das WVU aufgrund der **Beweislastumkehr** („es sei denn") nachzuweisen, dass sein ungünstigeres Entgelt auf abweichenden Umständen beruht, die ihm nicht zurechenbar sind. Im Rahmen der Rechtfertigung hat das Unternehmen auch seine Rationalisierungsbemühungen darzulegen.[1006] Flankiert werden die materiellrechtlichen Neuregelungen durch die entsprechenden Ermächtigungen für Eingriffsbefugnisse der Kartellbehörden. So können die Behörden gemäß § 31b Abs. 3 bei einem Missbrauch (der Freistellung) insbes. Abstellungsverfügungen erlassen.

Die spezielle Missbrauchsaufsicht über WVU betrifft allerdings nicht nur den Missbrauch 225
von Freistellungen nach § 31 Abs. 1 GWB. § 31b Abs. 5 ordnet an, dass die Befugnisse der Kartellbehörde zum Erlass von Missbrauchsverfügungen entsprechend gelten, soweit ein WVU eine marktbeherrschende Stellung innehat. Auch insoweit übernimmt die neue Regelung diejenige des früheren § 103 Abs. 7 GWB 1990. Die Vorschrift stellt die Gleichbehandlung aller Versorgungsunternehmen der Branche sicher und erfasst damit sowohl den Freistellungs- als auch den Marktmachtmissbrauch. Es ist daher nach Ansicht der Bundesregierung unerheblich, ob die WVU von der Freistellungsmöglichkeit des § 31 Abs. 1 Gebrauch gemacht haben oder nicht. Die Bundesregierung verweist insoweit auf die erhöhte Missbrauchsgefahr bereits aufgrund der monopolistischen Strukturen, die unabhängig von der tatsächlichen Inanspruchnahme der Freistellungsmöglichkeit gegeben sei.[1007] Darüber hinaus stellt § 31b Abs. 6 klar, dass die allgemeine Missbrauchskontrolle des § 19 GWB durch die Anwendung der Sondervorschrift in §§ 31, 31b nicht ausgeschlossen wird. Im Gegensatz zu der speziellen Missbrauchsaufsicht im Wasserbereich liegt bei der Anwendung des § 19 der Schwerpunkt der Beweislast allerdings bei der Kartellbehörde; zudem sind dort – auf der Grundlage von § 32 GWB – Feststellungen auch bzgl. der Vergangenheit und Rückerstattungsanordnungen möglich.

Die **Praxis der Kartellbehörden** gegenüber WVU hat in den letzten Jahren erhebliche 226
Bedeutung gewonnen. Zuvor war die Wasserwirtschaft jahrzehntelang von der Missbrauchsaufsicht nach dem GWB (§ 103 Abs. 5 GWB 1990) nicht betroffen. Die hessische LKartB führte zwar in den 90er-Jahren mehrere Verfahren,[1008] die allerdings – soweit ersichtlich – alle informell abgeschlossen wurden. Eine neue Initiative der LKartB Hessen führte 2010 zu einer Grundsatzentscheidung des BGH im Fall *Wasserpreise Wetzlar,*[1009] die die Anwendbarkeit der Preismissbrauchsaufsicht nach § 103 Abs. 5 a. F. auf WVU auch und gerade für die Fälle bestätigte, in denen das Unternehmen von der Freistellungsmöglichkeit des § 103 Abs. 1 GWB 1990 (also auf der Basis von Gebietsschutzverträgen etc.) keinen Gebrauch macht; der BGH stellte auch klar, dass die Anwendbarkeit der allgemeinen Missbrauchsaufsicht nach den §§ 19, 32 GWB durch die Vorschrift (ohnehin) nicht ausgeschlossen wird. Darüber hinaus wurden betr. die verfahrensgegenständliche Verfügung der LKartB Hessen vom 9.5.2007 mehrere materiellrechtliche Auslegungsfragen entschieden, so insbes. im Hinblick auf die Anforderungen an das Tatbestandsmerkmal der zum Vergleich herangezogenen gleichartigen Unternehmen i. S. v. § 103 Abs. 5 Satz 2 Nr. 2 GWB 1990, die im Rahmen des Preisvergleichs vorzunehmenden Zu- und Abschläge, die Anforderungen an den Nachweis der WVU bzgl. „abweichender Umstände" iSd § 103 Abs. 5 Satz 2 Nr. 2 GWB 1990 (jetzt: § 31 Abs. 4 Nr. 2 GWB) sowie die Anforderungen an den Nachweis der Umstände, die einen ungünstigeren Preis rechtfertigen können. Schließlich wurde in diesem Verfahren (erneut) die Frage thematisiert, ob ein Adressat der (Preis-) Missbrauchsaufsicht sich darauf berufen kann, dass die in den Vergleich einbezogenen

---

1006 Begr. RegE aaO S. 25.

1007 Begr. RegE aaO S. 26.

1008 S. dazu *Daiber,* WuW 2000, S. 352 ff. mwN. zur damaligen Entscheidungspraxis der Kartellbehörden.

1009 WuW/E DE-R 2841 ff. – *Wasserpreise Wetzlar;* dazu auch *Strohn* in Fs. Tolksdorf, 2014, 563 ff.

gleichartigen Unternehmen mit niedrigeren Preisen teilweise nicht kostendeckend arbeiten. Der BGH bestätigte zwar seine hierzu in der Sache *Flugpreisspaltung* ergangene Rechtsprechung.[1010] Er hielt jedoch auch an der Einschränkung fest, dass der Einwand mangelnder Kostendeckung der Herabsetzung von Preisen durch eine Missbrauchsverfügung nur dann erfolgreich entgegengehalten werden könne, wenn das Unternehmen sämtliche Rationalisierungsreserven ausgeschöpft habe. In der Folge haben mehrere LKartB, aber auch das BKartA weitere Verfahren gegen WVU geführt. Dazu zählt auch eine neuere Verfügung der hessischen LKartB vom 23.12.2010, mit der ein Hinweis des BGH aufgegriffen wurde, dass auf der Grundlage von § 19 GWB die Missbräuchlichkeit von Entgelten auch rückwirkend festgestellt werden könnte, und (erstmals) die Rückerstattung der überhöhten Entgelte gegenüber den Endkunden angeordnet wurde.[1011] Das wirtschaftlich wichtigste Verfahren betraf die *Berliner Wasserbetriebe (BWB),* gegen die das BKartA am 4.6.2012 eine Preissenkungsverfügung sowohl nach § 103 Abs. 5 GWB 1990 als auch nach § 19 Abs. 4 Nr. 2 GWB (jetzt: § 19 Abs. 2 Nr. 2) erließ.[1012] Mit dieser Verfügung wurde angeordnet, dass die abgabenbereinigten Erlöse aus der Versorgung mit Trinkwasser in Berlin für das Jahr 2012 um 18% und für die Jahre 2013–2015 um durchschnittlich 17% jeweils im Vergleich zu 2011 gesenkt werden müssen. Dies lief auf eine Absenkung der Erlöse um insgesamt ca. 254 Mio. € hinaus.[1013] Das OLG Düsseldorf wies die Beschwerde der *BWB* gegen die Verfügung zurück.[1014] In einem Anschlussverfahren erklärte sich *BWB* im Mai 2014 bereit, die Preissenkungen über 2015 hinaus auch für die Jahre bis 2018 fortzusetzen; im Gegenzug verzichtete das BKartA auf entsprechende Verfügungen nach § 32 Abs. 2 für die Jahre 2009 bis 2011. Dies führte zu weiteren Entlastungen der Kunden im Umfang von (weiteren) 185 Mio. €.[1015] Auch in *Frankfurt* und in *Mainz* setzten die Kartellbehörden Preissenkungen durch,[1016] und im Fall der *Energie Calw GmbH* bestätigte der BGH zweimal eine Preismissbrauchsverfügung der LKartB Baden-Württemberg.[1017] Die Besonderheit dieses Falles lag darin, dass der Preishöhenmissbrauch allein auf der Grundlage der §§ 19, 32 Abs. 1 und 2 GWB bejaht wurde, und zwar nicht aufgrund einer Vergleichsmarktprüfung, sondern einer Überprüfung der Preisbildungsfaktoren (also einer Art Kostenkontrolle).[1018] Auch im Fall *Calw* ordnete die LKartB an, dass überhöhte Preise an die Kunden zurückzuerstatten sind, was – schon vor der 8. GWB-Novelle – durch den BGH bestätigt wurde.[1019] Aus jüngster Zeit ist das Verfahren des BKartA gegen die *Wuppertaler Stadtwerke* zu nennen, das im Oktober 2015 mit einem Vergleich (Verfahrenseinstellung gegen Rückzahlung von 15 Mio. € an die Kunden) beendet wurde. In diesem Verfahren erkannte das BKartA mehrere Faktoren (u.a. Höhenunterschiede im Stadtgebiet, mehrere Talsperren und Wasserwerke, Reservekapazitäten, Bevölkerungsrückgang) als Rechtfertigung für höhere Preise als bei den Vergleichsunternehmen an (s. Presseerklärung des BKartA vom 19.10.2015).

227 Die zunehmende Anwendung der Preismissbrauchsaufsicht hat bei den betroffenen Stadtwerken und Kommunen verbreitet Unruhe ausgelöst. Als Ausweg bot sich aus der

---

1010 BGH WuW/E DE-R 2841 ff., Rdnr. 80-72 unter Hinweis auf BGHZ 142, 239, 248 – *Flugpreisspaltung.*

1011 S. dazu OLG Frankfurt WuW/E DE-R 2328 ff. – *Wasserversorgung O1.*

1012 BKartA B. v. 4.6.2012, veröff. auf der Homepage des BKartA; dazu u. a. *Markert,* ZNER 2013, 7 ff. sowie BKartA TB 2013/2014, S. 111 f.

1013 BKartA Presse-Mitt. vom 5.6.2012.

1014 OLG Düsseldorf WuW/E DE-R 4189 ff. – *Berliner Wasserbetriebe* (rkr. nach Rücknahme der Rechtsbeschwerde).

1015 Presse-Mitt. des BKartA vom 7.5.2014 sowie TB 2013/2014, S. 112.

1016 S. dazu den Bericht in der FAZ vom 5.5.2014, S. 19.

1017 BGH WuW/E DE-R 3632 ff. – *Wasserpreise Calw* sowie BGH B. v. 14. 7. 2015, NZKart 2015, 448 ff. – *Wasserpreise Calw II.*

1018 S. dazu bereits oben, Rdnr. 200 bzw. 220/221 (dort zu § 29).

1019 BGH WuW/E DE-R 3632, 3637 unter Bezugnahme auf BGH WuW/E DE-R 2538 – *Stadtwerke Uelzen* sowie BGH B. v. 14. 7. 2015 – *Wasserpreise Calw II* aaO.

Sicht der Betroffenen die sog. **„Flucht ins Gebührenrecht"** an. Dahinter steckt der Umstand, dass öffentlich-rechtlich organisierte und mit Gebühren operierende Tätigkeiten von Kommunen in Deutschland traditionell nicht als unternehmerisches Handeln iSd GWB eingestuft werden, so dass das Kartellrecht dann nicht gilt. Daher haben z. B. die *Stadtwerke Wetzlar* nach der sie betreffenden BGH-Entscheidung ihre Wasserversorgung umstrukturiert bzw. betreiben sie heute in öffentlich-rechtlicher Organisationsform.[1020] Dem „Vorbild" der *Stadtwerke Wetzlar* sind inzwischen andere Stadtwerke gefolgt, u. a. *Wiesbaden, Gießen* und *Kassel.* Allerdings hat inzwischen das *Gießener* Regierungspräsidium eine öffentlich-rechtliche Prüfung der dortigen Wasserpreise eingeleitet.[1021] Diese Strategie der Kommunen ist verschiedentlich unter rechtspolitischen Gesichtspunkten kritisiert worden.[1022] Nachdem der BGH in einem Rechtsbeschwerdezulassungsbeschluss angedeutet hatte, dass das Kartellrecht auch auf Gebühren anwendbar sein könnte, weil bzw. wenn die öffentlich-rechtliche und die private Ausgestaltung der Leistungsbeziehung wie im Fall der Wasserversorgung weitgehend austauschbar sind,[1023] machte sich der Bundesrat im Zuge der Beratungen der 8. GWB-Novelle das Petitum der Kommunen zu eigen. Nach der Anrufung des Vermittlungsausschusses gegen die vom Bundestag verabschiedete 8. GWB-Novelle[1024] setzte er im Vermittlungsausschuss durch, dass in § 130 Abs. 1 Satz 2 eine „Klarstellung" aufgenommen wurde, wonach die §§ 19, 20 und 31b Abs. 5 keine Anwendung auf öffentlich-rechtliche Gebühren und Beiträge finden. Nach der Begründung des Bundesrates soll es insoweit bei dem kommunalabgabenrechtlichen Kostendeckungsprinzip bleiben, aus dem sich „Limitierungen hinsichtlich der Gebührenhöhe" ergäben; Kalkulation und Abrechnung unterlägen (außerdem) der kommunal-aufsichtlichen und verwaltungsgerichtlichen Kontrolle, so dass für eine kartellrechtliche Prüfung kein Raum bestehe.[1025] Die Ausnahme in § 130 Abs. 1 Satz 2 GWB schließt allerdings nach ihrem klaren Wortlaut nur die Anwendung von § 31b Abs. 5 auf Gebühren aus, nicht aber die Anwendung von § 31b Abs. 3. Dies bedeutet, dass zwar eine „entsprechende Anwendung" von § 31b Abs. 3 auf WVU mit einer marktbeherrschenden Stellung ausgeschlossen ist, nicht aber eine direkte Anwendung bei einem Missbrauch der Freistellung.[1026] Außerdem dürfte die inhaltlich beschränkte Ausnahme bedeuten, dass zivilrechtliche Ansprüche bei Verstößen gegen § 31a Abs. 3 GWB (also beim Missbrauch der Freistellung) möglich sind. Es bleibt daher und auch wegen weiterer Initiativen gegen die Rekommunalisierung abzuwarten, ob § 130 Abs. 1 Satz 2 GWB die Diskussion über die kartellrechtliche Kontrolle von Gebühren de lege lata wirklich beendet hat.

(nicht belegt) 228/229

4. Die Verweigerung des Zugangs zu Netzen oder anderen Infrastruktureinrichtungen (§ 19 Abs. 2 Nr. 4). *a) Einleitung und rechtspolitische Bewertung.* Durch die 6. GWB-Novelle (1998) wurde der Katalog der Regeltatbestände in § 19 Abs. 4 (jetzt: Abs. 2) um eine **neue Nr. 4** ergänzt. Es handelt sich auch dabei um eine normative Konkretisierung der Generalklausel in § 19 Abs. 1. Ein Missbrauch liegt nach der Nr. 4 auch dann vor, wenn ein marktbeherrschendes Unternehmen „sich weigert, einem anderen Unternehmen gegen angemessenes Entgelt Zugang zu den eigenen Netzen oder anderen Infrastruktureinrichtungen zu gewähren, wenn es dem anderen Unternehmen aus rechtlichen 230

[1020] Das OLG Frankfurt hat in einem B. v. 20.9.2011, WuW/E DE-R 3525 ff. – *Rekommunalisierung* anerkannt, dass die Kommune deshalb nicht mehr als Unternehmen anzusehen ist und eine Anwendung des GWB ausscheidet. Ebenso OLG Düsseldorf B. v. 8.12.2010, WuW/E DE-R 3170 ff. – *Wasserversorger* (Aufhebung einer Auskunftsverfügung des BKartA). S. dazu auch die Presseerklärung des BKartA v. 19. 10. 2015 im Verfahren gegen die *Wuppertaler Stadtwerke.*

[1021] FAZ v. 5.5.2014, S. 19.

[1022] So z. B. von *Haucap/Kühling,* FAZ v. 24.6.2011, S. 12. S. auch *Strohn* aaO S. 563, 574.

[1023] BGH B. v. 18.6.2012, ZNER 2012, 487.

[1024] BR-Drucks. 641/12 v. 23.11.2012, Ziff. 2.

[1025] Bundesrat, aaO Ziff. 2.

[1026] So auch *Schmidt/Weck,* NZKart 2013, 343, 345 f.

oder tatsächlichen Gründen ohne die Mitbenutzung nicht möglich ist, auf dem vor- oder nachgelagerten Markt als Wettbewerber des marktbeherrschenden Unternehmens tätig zu werden; dies gilt nicht, wenn das marktbeherrschende Unternehmen nachweist, dass die Mitbenutzung aus betriebsbedingten oder sonstigen Gründen nicht möglich oder nicht zumutbar ist.“ Am Anfang der **Entstehungsgeschichte** stand ein entspr. Vorschlag des BKartA.[1027] Es meinte, dass „wesentlichen Einrichtungen“ **(„essential facilities“)** – die zunächst im Entwurf genannt wurden – in einer zunehmenden Zahl von Wirtschaftsbereichen zentrale wettbewerbliche Bedeutung zukomme. Es sei daher zu begrüßen, wenn dem Problem der Zugangsverweigerung über die spezialgesetzlichen Regelungen hinaus[1028] durch eine branchenübergreifende Regelung Rechnung getragen würde. In der Begründung zum RegE griff die Bundesregierung diesen Hinweis auf. Ergänzend wurde auf das *Magill*-Urteil des EuGH[1029] und die Verwaltungspraxis der Kommission zu wesentlichen Einrichtungen bei Art. 82 EG (jetzt: Art. 102 AEUV), insbes. den *Holyhead*-Fall,[1030] verwiesen. (Das allgemein als Restriktion dieses Ansatzes verstandene EuGH-Urteil i. S. *Oscar Bronner* vom 26.11.1998 konnte in diesem Zusammenhang nicht mehr berücksichtigt werden). Die Ersetzung des Begriffes „wesentliche Einrichtungen“ durch „andere Infrastruktureinrichtungen“ ging auf einen Vorschlag des Bundesrates zurück; er wurde von der Bundesregierung auch deswegen aufgegriffen, weil dadurch deutlicher zum Ausdruck kommt, dass der Tatbestand nicht darauf abzielt, Ansprüche auf Nutzung fremder gewerblicher Schutzrechte zu begründen.[1031] Den Vorschlag des Bundesrates, Verfügungen nach Nr. 4 stets für sofort vollziehbar zu erklären, lehnte die Bundesregierung unter Hinweis auf die mit dem Tatbestand verbundenen neuen Rechtsfragen ab.[1032] (Dieses Thema hat sich mit der generellen Abschaffung der aufschiebenden Wirkung von Beschwerden gegen Verfügungen der Kartellbehörden durch die Preismissbrauchsnovelle 2007 erledigt.) In der Begründung des RegE[1033] wurde außerdem klargestellt, dass ein Missbrauch i. S. des neuen Tatbestandes nicht vorliegt, wenn das Verhalten aufgrund spezialgesetzlicher Regelungen zulässig ist.

231 Der neue Regeltatbestand war von Anfang an **rechtspolitisch umstritten.**[1034] Die Vorschrift ist als „Signal“ wettbewerbspolitisch verfehlt.[1035] Darüber hinaus ist sie ausweislich der mageren Praxis[1036] nach mehr als 16 Jahren überflüssig.[1037] Soweit relevante Fälle existieren, konnten bzw. könnten sie – wie im Unionsrecht – auch über die Generalklausel (hier: § 19 Abs. 1) oder über den parallelen Behinderungstatbestand in § 20 Abs. 1 GWB a. F. (jetzt: § 19 Abs. 2 Nr. 1) oder mittels der spezialgesetzlichen Regelungen der Sektoren

---

[1027] S. insbes. BKartA TB 1995/96, S. 24.

[1028] Gemeint war insbes. der Telekommunikations- und Bahnsektor (§ 14 Allgemeines Eisenbahngesetz und §§ 33 ff. Telekommunikationsgesetz), dazu bereits Rdnr. 7.

[1029] EuGH U. v. 6.4.1995, Slg. 1995 I-743 ff.

[1030] Komm., 22. WB 1992, Rdnr. 219.

[1031] Bundesregierung, Gegenäußerung, BT-Drucks. 13/9720, S. 79.

[1032] Bundesregierung, Gegenäußerung, aaO S. 82/83, unter Hinweis auf eine möglicherweise häufigere Heranziehung der Anwendung der sofortigen Vollziehbarkeit im Einzelfall nach § 63a (a. F.).

[1033] WuW-Sonderheft 1998, S. 72 und S. 92.

[1034] Kritisch insbes. *Bunte,* WuW 1997, 302 ff. mwN, *Möschel,* aaO § 19 Rdnr. 183, 186 („ordnungspolitische Probleme“), BDI, Stellungnahme zum RefE der 6. GWB-Novelle v. 17.9.1997, S. 5 f., *Dreher,* DB 1999, 833 ff. („Konzept nicht ausgereift“) sowie *FK-Weyer,* § 19 Tz. 1035 („negative Wirkungen auf Investitionen und Innovationen“). S. auch den Bericht *Klimisch/Lange,* WuW 1998, 15, 26 über die Diskussion im „Arbeitskreis Kartellrecht“ beim BKartA.

[1035] AA *Langen/Bunte-Nothdurft,* aaO § 19 Rdnr. 340.

[1036] S. dazu auch *Langen/Bunte-Nothdurft,* aaO Rdnr. 341 („Zahl der Fälle … überschaubar“).

[1037] Soweit in Ausnahmefällen ein Anspruch auf Mitbenutzung veranlasst ist, hat die Rechtsprechung bereits über den Verbotstatbestand des § 26 Abs. 2 a. F. Abhilfe geschaffen, s. z. B. OLG Düsseldorf U. v. 2.9.1997, U (Kart) 20/94, S. 17, für die Bereitstellung von Antennenmasten der *DT* für Dritte. *Schwintowski,* WuW 1999, 842, 851 hält § 19 Abs. 4 Nr. 4 für „deckungsgleich“ mit dem Behinderungstatbestand des Abs. 4 Nr. 1 a. F., was allerdings dem Wortlaut und der Funktion der Tatbestände widerspricht.

Bahn, Telekom und Energie gelöst werden. Außerdem wirft der komplizierte Tatbestand eine Vielzahl schwieriger Auslegungsprobleme auf.[1038] Kennzeichnend für diesen Befund ist es, dass das BKartA bisher nur vier Verfügungen auf dieser neuen Rechtsgrundlage erlassen hat, von denen zwei aus dem Stromsektor stammen, für den inzwischen Sonderregelungen bestehen; auf seine Rechte aus den beiden anderen Verfügungen betr. den *Fährhafen von Puttgarden* hat das Amt in den Rechtsmittelverfahren verzichtet.[1039] Zwar ist die Regelung außerhalb des Energiesektors auch in einigen Zivilprozessen herangezogen worden;[1040] der Ertrag dieser Verfahren war allerdings gering und hätte sich wohl auch über § 19 Abs. 1 erzielen lassen. Auch die Erwartung der Bundesregierung, die Vorschrift werde einer „weiteren Sektoralisierung des Kartellrechts" entgegenwirken,[1041] hat sich wegen der Aufwertung der RegTP/BNetzA nicht erfüllt. Ein konzeptioneller Mangel liegt bereits darin, dass es sich um einen Regeltatbestand für missbräuchliches Verhalten nach § 19 Abs. 2 handelt, die Vorschrift also das Bestehen einer marktbeherrschenden Stellung voraussetzt. Bei der Öffnung des Zugangs zu bestimmten Infrastruktureinrichtungen (oder Netzen) ergibt sich jedoch zunächst die Frage, ob der Inhaber überhaupt auf einem **Markt** tätig ist und daher als **Normadressat** in Betracht kommt. In den einschlägigen spezialgesetzlichen Regelungen[1042] wird dies berücksichtigt, bei § 19 nicht. Der Hinweis in der Begründung des RefE, wonach die Tatsache einer fehlenden Öffnung des Zuganges „unerheblich" sei,[1043] ist eine rechtspolitische Behauptung, die das systematische Problem ignoriert.[1044] Wenn der Gesetzgeber eine Verpflichtung unabhängig von einer Markttätigkeit statuieren wollte, hätte er dies außerhalb des § 19 regeln müssen. Warum dieser Weg nicht gegangen wurde, ist nicht bekannt. Darüber hinaus lässt die Vorschrift wegen ihres unklaren Anwendungsbereichs entgegen den Vorstellungen ihrer Verfasser[1045] eher negative Auswirkungen auf den Wettbewerb sowie auf Innovationen und Investitionen befürchten.[1046] Wenn es richtig ist, dass Infrastruktureinrichtungen in einer größeren Zahl von Wirtschaftsbereichen anzutreffen sind (so der RefE zu „wesentlichen Einrichtungen"), könnten über die inzwischen ohnehin spezialgesetzlich geregelten Netze der *DB,* der *Telekom* und der Energieversorger hinaus auch unternehmerische Ressourcen wie Tankstellen, Tiefkühltruhen-Systeme oder Einzelhandelsgeschäfte ins Visier potentieller „Petenten" geraten.[1047] Wenn alle Unternehmen mit attraktiven „Einrichtungen" davon ausgehen müssten, diese auch Wettbewerbern zur Verfügung stellen zu müssen, wird dies ihre Bereitschaft zu entsprechenden Investitionen mindern. Dies gilt unabhängig davon, ob im Einzelfall wegen der Möglichkeit der Schaffung eigener Einrichtungen (sog. „Duplizierbarkeit") ein Missbrauch

---

[1038] So selbst Bundesregierung, Gegenäußerung, aaO S. 83 („in hohem Maße auslegungs- und ausfüllungsbedürftig").

[1039] Zum zweiten Verfahren s. BKartA, TB 2013/2014, S. 118.

[1040] S. dazu die Nachw. in Rdnr. 234 zum Infrastrukturbegriff.

[1041] Begr. zum RegE, WuW-Sonderheft, S. 73.

[1042] Dazu oben Rdnr. 10.

[1043] Ähnlich Begründung zum RegE, BR-Drucks. 852/97, S. 52, wonach es unerheblich sein soll, ob das im Besitz einer wesentlichen Einrichtung befindliche Unternehmen den Zugang Dritten bereits eröffnet hatte oder ob der aktuelle Petent der erste ist, der Zugang begehrt.

[1044] S. dazu auch oben Rdnr. 10. Zurückhaltend insoweit bereits *Markert,* in Fs. Mestmäcker, 1996, S. 661, 670 sowie *Oechsler,* ZHR 164 (2000), 469, 496, 499. Der BGH (WuW/E DE-R 1520, 1523 – *Arealnetz*) sieht sich indessen an diese Vorgabe des Gesetzgebers gebunden; *Bechtold,* § 19 Rdnr. 71, spricht insoweit von einem „gesetzlichen Konstruktionsfehler".

[1045] S. dazu Bundesrat aaO S. 73 re. Sp.: Der wettbewerbspolitische Grundsatz, Pioniergewinne als Innovationsanreiz zu akzeptieren, solle nicht in Frage gestellt werden.

[1046] So auch *Möschel,* aaO § 19 Rdnr. 186. Ähnlich GA *Jacobs* im Fall *„Oscar Bronner",* Slg. 1998 I-7791 ff., Rdnr. 54 ff., 57 und – freilich unausgesprochen – das folgende Urteil des EuGH zur Auslegung des Art. 82 EG (jetzt: Art. 102 AEUV), dazu noch unten Rdnr. 232.

[1047] Kritisch dazu schon *Klaue,* BB 1992, 1937 ff., 1939 (zur Mitbenutzung von Tankstellen oder Produktionsanlagen marktbeherrschender Unternehmen) und BB 1993, 740 ff.; ferner *Bunte,* WuW 1997, 315 und *Bechtold,* BB 1997, 1853, 1855. Nach *Markert,* WuW 1995, 560 ff., 570 werden die einschlägigen Fälle bereits de lege lata von §§ 22, 26 Abs. 2 a. F. erfasst.

ausscheidet. Schließlich ist auf die **verfassungsrechtlichen Probleme** hinzuweisen, die sich aus der Indienstnahme unternehmerischer Ressourcen durch Wettbewerber ergeben.[1048]

232 Der rechtfertigende Hinweis auf **parallele Entwicklungen im EU-Kartellrecht** überzeugte schon 1998 nicht, weil Art. 82 EG (jetzt: Art. 102 AEUV) keinen entsprechenden Regeltatbestand enthält; darüber hinaus beruht er auf einer unzulänglichen Analyse der einschlägigen Entscheidungen.[1049] Bei näherer Betrachtung zeigt sich nämlich, dass es sich in den meisten Fällen im Kern um Diskriminierungen handelte, nicht aber um die Verweigerung des Zugangs zu bestimmten Einrichtungen schlechthin.[1050] In der vielfach zur Rechtfertigung der Fallgruppe angeführten *Holyhead*-Entscheidung[1051] war der Inhaber der Hafenanlage bereit, dem Beschwerdeführer Zugang zu gewähren; der Streit betraf die Art und Güte der angebotenen Zeitnischen bei Kapazitätsengpässen und Verzögerungen aus verschiedenen technischen Gründen. In ihrer Entscheidung wies die Kommission die Beschwerde des Antragstellers zurück; sie wurde wegen Erledigung der Hauptsache nicht vor den europäischen Kartellgerichten angefochten. Im Rechtsstreit *Oscar Bronner/Mediaprint* sah der EuGH – im Anschluss an GA *Jacobs* – bei einem Fall ohne Hinzutreten weiterer Faktoren (wie Ungleichbehandlung von Kunden, Abbruch von Lieferungen oder die Verknüpfung von Verkäufen) die schlichte Verweigerung des Zugangs zu einem (möglicherweise marktbeherrschenden) Zeitungszustelldienst nicht als Missbrauch an und wendete dabei die Grundsätze des *Magill*-Urteils – deren Übertragung auf einen Fall körperlichen Eigentums ausdrücklich offenlassend – eher restriktiv an (vor allem im Hinblick auf die Unverzichtbarkeit der Mitbenutzung).[1052] Diese restriktive Tendenz findet sich auch in den **USA,** dem Ursprungsland des Konzeptes von den essential facilities. Dort wurde das Konzept vor allem von den Instanzgerichten aufgegriffen. Der Supreme Court erinnerte jedoch 2004 in seinem viel beachteten Urteil i. S. *Verizon ./. Trinko*[1053] daran, dass er sich dieses Konzept nie zu eigen gemacht habe und keine Veranlassung sehe, daran etwas zu ändern.[1054] Das als Beleg für die Doktrin angeführte *Aspen Skiing*-Urteil habe einem Grenz- bzw. Sonderfall gegolten, in dem der Inhaber die fragliche Dienstleistung zuvor freiwillig dem Wettbewerber zur Verfügung gestellt, den Vertrag dann aber beendet habe. Außerdem hatte der Supreme Court *Aspen Skiing* ausdrücklich ohne Rückgriff auf die essential facilities-Doktrin entschieden.[1055] Demgegenüber ging es in dem *Trinko*-Fall um Telekom-

---

[1048] S. dazu bereits den Hinweis des BGH in WuW/E BGH 2953, 2964 – *Gasdurchleitung;* ferner GA *Jacobs,* aaO Fn. 1043, Rdnr. 56, *Schmidt-Preuß,* AG 1996, 1, 5 ff., *Langer,* et 1994, 158 ff., *GK-Leo,* 5. Aufl., § 19 Rdnr. 2300 ff., *Dreher,* DB 1999, 833, 838 f. sowie eingehend (kritisch) *Haus,* Zugang zu Netzen und Infrastruktureinrichtungen, 2002, S. 179 ff. Keine verfassungsrechtlichen Probleme sieht *Möschel,* aaO § 19 Rdnr. 188.

[1049] Ähnlich *Bunte,* WuW 1997, 309 ff.; *Haus,* Zugang zu Netzen und Infrastruktureinrichtungen, S. 13 ff.

[1050] So auch Komm. 25. WB, S. 30 (für kollektive Zahlungssysteme). S. dazu ferner Komm. E. v. 4.11.1988, ABl. EG 1988 L 317/1 ff. – *Sabena (CRS Saphir)/London-European* sowie Komm. E. v. 26.2.1992, ABl. EG 1992 L 96/34 – *Aer Lingus.* Im *Magill*-Fall gingen die TV-Veranstalter *BBC* und *ITP* nicht gegen Programmzeitschriften-Verlage auf dem Kontinent vor, die ihre Programme veröffentlichten (Komm. E. v. 21.12.1988, ABl. EG 1988 L 78/43 ff., Rdnr. 15). Zum Diskriminierungsaspekt s. ferner BKartA TB 1995/96, S. 22, 143 (Verweigerung des Zugangs zum TV-Kabelnetz der *Telekom* in Berlin gegenüber der *Vebacom*) sowie die divergierenden Begründungen des OLG Düsseldorf (WuW/E DE-R 2184 ff.) – Anwendung der Essential Facilities-Grundsätze des EuGH aus dem Fall *Oscar Bronner* – einerseits und des LG Köln in der Vorinstanz – Diskriminierung – andererseits im Fall *„Reisestellenkarte"* (dazu *Deselaers,* Willenserklärung als „Essential Facility", WuW 2008, 179 ff.).

[1051] Komm. E. v. 21.12.1993, ABl. EG 1994 L 15/8 ff. – *Sea Containers* gegen *Stena Sealink.*

[1052] Slg. 1998 I – 7791 ff., insbes. Rdnr. 41, 44 ff.

[1053] U. v. 13.1.2004, 124 S. Ct. 872 (2004) = GRURInt 2004, 674 mit Anm. *von Merveldt* sowie *Haus,* N&R 2004, 143 ff.

[1054] Zur Entwicklung der US-Rechtsprechung zu diesem Themenkreis s. die instruktive Darstellung bei *Immenga/Mestmäcker-Fuchs/Möschel,* GWB, § 19 Rdnr. 296 ff. und *Haus,* Zugang zu Netzen etc., S. 7 ff.

[1055] 472 U. S. 585, 611, Rdnr. 44 (1985); *Haus,* Zugang zu Netzen etc., S. 10.

Dienstleistungen, die keinem Dritten angeboten wurden. Hier müsse es bei dem Grundsatz bleiben, dass es keine kartellrechtliche Verpflichtung gebe, seine Wettbewerber zu unterstützten („... no duty to aid competitors"). Dies gelte erst recht, wenn der fragliche Sektor – wie dort – Gegenstand spezialgesetzlicher Regulierung sei. Der Supreme Court verwies zur Begründung für seine Haltung auch auf die anderenfalls entstehenden kontraproduktiven Effekte („... can readily result in „false positive" mistaken inferences that chill the very conduct the antitrust laws are designed to protect"). Angesichts der behaupteten Einbettung des § 19 Abs. 2 Nr. 4 in das EU-Recht und die dort von der Kommission wiederum ausdrücklich vorgenommene „Anleihe" aus dem US-Kartellrecht wäre es wünschenswert, dass auch die deutsche Rechtsprechung die Regelung nur zurückhaltend anwendet, was angesichts der diversen spezialgesetzlichen Zugangsregelungen für Netze und Infrastruktureinrichtungen leichtfallen sollte.

b) Die Tatbestandsmerkmale. aa) Netze und andere Infrastruktureinrichtungen. Das Tatbe- 233
standsmerkmal **Netze und andere Infrastruktureinrichtungen** im ersten Halbsatz der Nr. 4 wird weder im Gesetz noch in den Materialien näher definiert. Orientiert man sich am Wortlaut und am allgemeinen Sprachgebrauch, so handelt es sich um Anlagen, Einrichtungen und Gegebenheiten, die den Wirtschaftseinheiten als Grundlage ihrer Aktivitäten vorgegeben sind, nämlich Verkehrs-, Nachrichten- und Energieversorgungseinrichtungen sowie Einrichtungen der öffentlichen Verwaltung, des Bildungs- und Gesundheitswesens.[1056] In der Rechtswissenschaft wird der Begriff zT ähnlich definiert,[1057] zT aber auch enger (d.h. ohne die letztgenannten Bereiche der öffentlichen Verwaltung etc.).[1058] Für weite Teile dieser Einrichtungen ergibt sich kein kartellrechtliches Problem, weil der Zugang ohnehin offen ist (so bei Straßen, Flughäfen und zumeist auch bei Seehäfen) oder weil insoweit spezialgesetzliche Zugangsregelungen vorliegen (so bei Bahntrassen und Bahnhöfen, Telekomnetzen sowie Elektrizitätsnetzen und Gasleitungen). Für die vorgenannten Anlagen steht die Bewertung als Netz oder Infrastrukturanlage außer Streit. Umgekehrt folgt aus diesem Ansatz, dass „normale" gewerbliche Einrichtungen (namentlich Produktionsanlagen) nicht erfasst werden.[1059] Der Anwendungsbereich der Vorschrift ist also nach dem Wortsinn des Tatbestandsmerkmals sehr eng. Die *Entstehungsgeschichte der Vorschrift* liefert zu diesem Thema sonst wenig Erhellendes. Die Begründung zum RegE[1060] passt nur noch teilweise zu der Gesetz gewordenen Fassung, weil der Wortlaut im späteren Gesetzgebungsverfahren zweimal geändert wurde. Es hieß zunächst, dass nach objektiven Kriterien bestimmt werden soll, ob eine Einrichtung für die Aufnahme von Wettbewerb „wesentlich" ist. Seien diese Bedingungen erfüllt, komme es grundsätzlich nicht auf die Art des betroffenen Marktes oder des betroffenen Wirtschaftszweiges an. Die im Tatbestand genannten Netze stellten nur einen Unterfall des Begriffs der wesentlichen Einrichtung dar. In der Formulierung des Gesetzes ist dieses Auslegungsproblem entfallen, weil der Begriff „Infrastruktureinrichtungen" verwendet wird. Aus den oben (Rdnr. 230) zitierten Materialien ergibt sich allerdings, dass der Tatbestand keine Ansprüche Dritter auf Nutzung frem-

---

[1056] Der Große Brockhaus, Kompaktausgabe, 18. Aufl. 1983, Bd. 10 S. 217.

[1057] BVerfGE 38, 258, 270f.; *Stober,* Handbuch des Wirtschaftsverwaltungs- und Umweltrechts, 1989, S. 598. Die Kommission bewertet z.B. den *Eurotunnel* als Infrastruktur (s. Komm. E. v. 13.12.1994, ABl. EG 1994 L 354/66 Rdnr. 51). S. ferner Art. 3 EG-Richtlinie 91/440/EWG zur Entwicklung der Eisenbahnunternehmen der Gemeinschaft (ABl. EG 1991 L 237/25 ff.).

[1058] So insbes. die grundlegende Untersuchung von *Hermes,* Staatliche Infrastrukturverantwortung, 1998, S. 162ff., der sich im Wesentlichen auf die Sektoren des Verkehrs, der Beförderungs- und Transportdienste und der Telekommunikation beschränkt und die Gesamtheit der sächlichen, personellen und organisatorischen Vorkehrungen, die diese Raum und Entfernung überwindenden Vermittlungsfunktionen erfüllen, unter dem Begriff der Infrastruktur zusammenfasst. Dabei wird unterschieden zwischen den netzförmigen Infrastrukturen wie Autobahnen, Schienennetzen, Wasser- und Elektrizitätsnetzen einerseits und den – damit in Zusammenhang stehenden – „punktförmigen" Infrastrukturen wie Flughäfen, Bahnhöfen oder Elektrizitätswerken (*Hermes,* aaO S. 167 mwN).

[1059] *Bechtold,* GWB, § 19 Rdnr. 69; *Immenga/Mestmäcker-Fuchs/Möschel,* GWB, § 19 Rdnr. 321.

[1060] BT-Drucks. 13/9720, S. 51, zu § 19 Abs. 4 a. F.

der gewerblicher Schutzrechte erfassen soll.[1061] In der Literatur wird der Begriff zT weit ausgelegt, indem über materielle Anlagen hinaus auf die Gesamtheit aller Einrichtungen abgestellt wird, die eine entfernungsüberwindende transport- oder raumintegrierende Logistikfunktion besitzen.[1062] Dementsprechend werden nicht nur körperliche Netze (für Strom, Gas, Fernwärme,[1063] Rohölfernleitungen,[1064] Telefon, Wasser und Abwasser etc.), sondern auch Kombinationen aus materiellen Einrichtungen und Dienstleistungen und Know-how (Post-, Bank-, Müllabfuhr-, Zeitungszustellungs- und sonstige Vertriebsnetze, z. B. Kühltruhen für Speiseeis), Produktplattformen und sogar virtuelle Netze, z. B. Buchungs- und Reservierungssysteme für Bahn-, Flug- und Hotelreisen sowie Überweisungssysteme für den bargeldlosen Auslandszahlungsverkehr unter den Begriff subsumiert.[1065] Hier zeigt sich allerdings eine bedenkliche Tendenz zur Überdehnung des Wortsinns der Vorschrift. So bleibt offen, welche Anforderungen an eine Infrastruktureinrichtung bestehend aus Müllabfuhr-Fahrzeugen (z. B. mit welcher örtlichen Ausdehnung?) gelten sollen; dasselbe Problem ergibt sich bei den „sonstigen Vertriebsnetzen" hinsichtlich der Anforderungen an Zahl und Verbreitung z. B. von Kühltruhen. Eine Kühltruhe ist ohnehin keine Infrastruktureinrichtung, und der verbreitete Einsatz eines solches Gutes an mehreren Stellen macht daraus noch kein „Netz". Anderenfalls müssten alle gewerblich genutzten Gegenstände, die in größerer Zahl und ortsübergreifend von Unternehmen selbst genutzt oder vermietet werden, die Anforderungen des Tatbestandsmerkmals erfüllen (also insbes. LKW-Flotten, verleaste Pkw und Lkw etc.), was wenig überzeugend erschiene. Allerdings ist eine weite Abgrenzung dieses ersten Tatbestandsmerkmals unproblematisch, wenn auf der zweiten Ebene bei der Prüfung der Duplizierbarkeit (dazu Rdnr. 236) der erforderliche strenge Maßstab angelegt wird.

234 Die **Entscheidungspraxis** der ersten 16 Jahre ist spärlich geblieben. Den Schwerpunkt bildeten zunächst Verfahren auf Durchleitung durch Strom- oder Gasnetze, wobei den Petenten im Stromsektor[1066] von Anfang an auch der gesetzliche Durchleitungsanspruch gemäß § 6 EnWG a. F. (heute: § 20 EnWG) als Anspruchsgrundlage diente; im Gassektor[1067] erfolgte die Einführung der Sonderregelung durch das 1. Änderungsgesetz zum EnWG vom 20.5.2003.[1068] Auch die Arealnetz-Thematik betrifft die Nutzung von Stromleitungen, wenngleich es dort in erster Linie um die Herstellung eines Netzanschlusses zwecks

---

[1061] LG Düsseldorf WuW/E DE-R 2120, 2122 – *MPEG2-Standard; Bechtold,* GWB, § 19 Rdnr. 69; *Dreher,* DB 1999, 833, 834; *L/M/R-Götting,* aaO § 19 Rdnr. 90. Zur missbräuchlichen Ausübung dieser Rechte s. oben Rdnr. 58 ff. (zu § 19 Abs. 1) sowie in Rdnr. 166 ff. (zum Behinderungsmissbrauch des § 19 Abs. 2 Nr. 1).

[1062] So namentlich *Möschel,* aaO § 19 Rdnr. 196; ähnlich *Bechtold,* aaO § 19 Rdnr. 69 (auch ein Vertriebsnetz); *Hohmann,* Essential Facilities, S. 216 ff.; *Bunte,* WuW 1997, 302, 315; *Schwarz van Berk,* Der Zugang zu wesentlichen Einrichtungen, 2003, S. 160 f. Ebenso, jedoch kritisch wegen der damit verbundenen Unbestimmtheit, *Haus,* Zugang zu Netzen etc., S. 77, 209 ff.; enger *FK-Weyer,* § 19 Tz. 1039.

[1063] Dazu *Körber,* RdE 2012, 372; *Bechtold,* aaO § 19 Rdnr. 69.

[1064] BKartA TB 2013/2014, S. 111 – *Transalpine Ölleitung (TAL).*

[1065] *Möschel,* aaO Rdnr. 197; *Hohmann,* aaO; *Bechtold,* § 19 Rdnr. 69.

[1066] S. dazu z. B. die Fälle *Berliner Stromdurchleitung,* BKartA WuW/E DE-V 149 ff. sowie diverse zivilgerichtliche Verfahren, z. B. OLG München WuW/E DE-R 964 ff. – *Stromdurchleitung Erlangen;* OLG Brandenburg GRUR-RR 2002, 399 ff. – *Prioritätenklausel;* LG Dortmund, einstw. Vfg. v. 28.2.2002, Az. 13 O 21/02 Kart – *DSA ./. RWE Net;* LG Potsdam, U. v. 4.7.2001, Az. 2 O 362/00 – *Fortum ./. e.dis;* LG Hannover, U. v. 6.9.2001, Az. 21 O 3703/01 (84) Kart. – *Ares ./. EWE;* LG Leipzig RdE 2002, 24 ff. S. ferner BKartA TB 2001/2002, S. 169 sowie die Darstellung von Verwaltungsverfahren des Amtes bei *Wagemann,* in Schwerpunkte des Kartellrechts 2002, FIW-Heft 1996, S. 69, 70 und die Rechtsprechungsübersicht von *Theobald/Zenke,* WuW 2001, 19 ff.

[1067] S. dazu z. B. BKartA TB 1999/2000, S. 140 betr. *GVS* und *MVV;* OLG Düsseldorf WuW/E DE-R 847 ff. – *Linzer Gaslieferant;* OLG München GRUR-RR 2002, 181 ff. – *Erdgas-Transportnetz;* OLG Düsseldorf WuW/E DE-R 774 ff. – *Kramer Progetha* (Ablehnung einer einstw. Vfg. auf Durchleitung zur Teilversorgung eines Kunden mangels Verfügungsgrundes); LG Dortmund WuW/E DE-R 565 ff. – *Gashandel.*

[1068] BGBl. I 686 (2003).

Belieferung durch den vorgelagerten Leitungseigentümer ging, nicht notwendig auch um die Durchleitung von Strom.[1069] Um den Netzzugang der *Raffinerie Ingolstadt* zur *Transalpine Ölleitung (TAP)* zum Zwecke der Versorgung mit Erdöl aus Italien ging es in einem vom BKartA geprüften Fall, der nach Gewährung des Zugangs durch einen Vergleich der beteiligten Unternehmen ohne Verfügung abgeschlossen wurde.[1070] Außerhalb des Energiesektors sind vor allem die beiden *Puttgarden*-Entscheidungen des BKartA zu nennen, in denen ein Fährhafen als Infrastruktureinrichtung qualifiziert wurde.[1071] Zwei zivilrechtliche Fälle betrafen die Mitbenutzung einer Rennstrecke[1072] und von Messehallen.[1073] Aktuell ist beim BKartA ein Verfahren gegen die *Deutsche Bahn* anhängig, in dem es um Hindernisse für den Fahrkartenverkauf von Wettbewerbern in den Bahnhöfen der *DB* geht.[1074] Im EU-Recht hat die Kommission die Verweigerung des Zugangs zu Vorfeldabfertigungsleistungen auf dem *Flughafen Frankfurt/Main* als Missbrauch iSd Art. 82 EG (jetzt: Art. 102 AEUV) angesehen.[1075] Insgesamt ging es also vorwiegend um körperliche Einrichtungen. Vereinzelt ist die Anwendung der Vorschrift allerdings auch für **Vertriebseinrichtungen** diskutiert worden. Das Hans. OLG hat dabei die Anwendung der Vorschrift auf ein internet-basiertes bundesweites elektronisches Vertriebssystem für Veranstaltungskarten im Ergebnis deswegen abgelehnt, weil es eine Duplizierbarkeit (s. dazu Rdnr. 236) für möglich hielt.[1076] Keine Einrichtung im Sinne der Nr. 4 sind die Fahrplanmedien der *DB* (Fahrpläne, Zugbegleiter „Ihr Reiseplan" etc.), weil es sich um Informations- und Werbeträger handelt und weil es auch nicht darum geht, Anlagen des Eigentümers zu nutzen, sondern ihm die Veröffentlichung bestimmter Informationen „aufzudrängen". Dementsprechend hat das Kammergericht die Anwendung der Nr. 4 abgelehnt, die Nichtaufnahme eines Wettbewerbers in diese Medien allerdings nach § 20 Abs. 1 GWB a.F. als Diskriminierung beanstandet.[1077] In seinem *ENS*-Urteil hat das EuG anerkannt, dass Lokomotiven und Personal für Nachtzüge keine essential facilities iSd Art. 82 EG (jetzt: Art. 102 AEUV) sind.[1078] Weitere Fälle, in denen die Einordnung als essential facility iwS nach EU-Recht von deutschen Gerichten erörtert wurde, betrafen den Telekommunikations-Netzzugang mittels GSM-Wandlern[1079] und – iwS – auch die Anerkennung eines dem Markt für Reisestellenkarten (Unternehmenskreditkarten) vorgelagerten Marktes für die Gestattung des Umsatzsteuerausweises auf

---

[1069] S. dazu BGH WuW/E DE-R 1520 ff. – *Arealnetz;* OLG Düsseldorf WuW/E DE-R 1246 ff. – *Getec/net;* WuW/E DE-R 1307 ff. – *Getec/net;* LG Frankfurt/Main RdE 2003, 51; OLG Frankfurt/Main RdE 2004, 49. Anders im Fall OLG München GRUR-RR 2004, 156 *(EnBW ./. Stadtwerke München),* wo die Klägerin ihren Strom auch schon durch das vorgelagerte Hochspannungsnetz der *E.ON Energie AG* durchleitete.

[1070] S. dazu BKartA TB 2013/2014, S. 111 sowie *Zeise,* WuW 2013, 745.

[1071] BKartA WuW/E DE-V 253 ff. – *Fährhafen Puttgarden* sowie BKartA B. v. 27.1.2010, WuW/E DE-V 1879 ff. – *Scandlines.* In beiden Fällen wurden im Beschwerdeverfahren beiderseitig Erledigungserklärungen abgegeben, nachdem das BKartA – aus unterschiedlichen Gründen – auf die Rechte aus seinen Verfügungen verzichtet hatte (s. dazu zuletzt BKartA, TB 2013/2014, S. 118).

[1072] OLG Koblenz WuW/E DE-R 3727, 3741 – *Nordschleife Nürburgring.*

[1073] OLG Bremen, U. v. 3.5.2007 – 2 U 25/07, Juris-Rdnr. 237, Revision zurückgenommen nach Hinweisbeschluss des BGH vom 13.11.2007, KZR 33/07.

[1074] BKartA Presse-Mitt. vom 30.1.2014.

[1075] Komm. E. v. 14.1.1998, WuW/E EU-V 38 ff.

[1076] Hans. OLG WuW/E DE-R 1076, 1079 f. – *Online-Ticketshop.*

[1077] KG WuW/E DE-R 1321 ff.

[1078] EuG U. v. 15.9.1998, Slg. 1998 II-3146, Rdnr. 215 ff. Das EuG verneinte die Wesentlichkeit einer Dienstleistung (d.h. das Angewiesensein) auch in seinem *Ladbroke*-Urteil v. 12.6.1997, Slg. 1997 II, 969, Rdnr. 131 f., dort betreffend Fernsehübertragungen von Pferderennen für die Ausübung der Haupttätigkeit der Buchmacher (Annahme von Wetten).

[1079] BGH U. v. 29.6.2010, KZR 31/08, GRUR Int. 2011, 165 – *GSM-Wandler;* dazu *Kirchhoff,* WuW 2011, 1174, 1177; der Zugang durfte nach Art. 102 AEUV verweigert werden bzw. die Weigerung, den Zugang anders als nach § 21 TKG zu gewähren, kann eine angemessene Interessenwahrung sein (s. auch Parallelentscheidung KZR 24/08, WuW/E DE-R 2963 ff. – *GSM-Gateway*).

den Reisestellenkarten durch den BGH;[1080] auf dem vorgelagerten Markt war die *Lufthansa* marktbeherrschend, und mit ihrer Weigerung gegenüber der Klägerin verschaffte sie ihrer Tochtergesellschaft *AirPlus* eine Monopolstellung auf dem Markt für Reisestellenkarten mit Vorsteuerabzugsmöglichkeit. Die *Lufthansa* wurde daher verpflichtet, der Klägerin den Umsatzsteuerausweis zu gestatten. Allerdings gab der BGH dem Berufungsgericht auf zu prüfen, ob für die Gestattung auch sonst üblicherweise eine Gegenleistung verlangt und gezahlt werde. Der BGH ordnete den Streitfall der Fallgruppe des Behinderungsmissbrauchs in der Variante der Lieferverweigerung zu.[1081]

235 *bb) Marktbeherrschende Stellung.* Der **Anwendungsbereich** der Vorschrift ist per definitionem nur erschlossen, wenn der betroffene Inhaber der Netze bzw. Infrastruktureinrichtungen Normadressat des § 18 ist, d.h. eine **marktbeherrschende Stellung** hält. Umstritten ist allerdings, worauf sich die marktbeherrschende Stellung beziehen muss. Es kann dabei zum einen um den Markt gehen, dem die Infrastruktureinrichtung zuzuordnen ist; zum anderen kann auch der vor- oder nachgelagerte Markt, auf dem Petent tätig werden will, gemeint sein. Im Anschluss an den Wortlaut und die Zielsetzung der Vorschrift geht die wohl überwiegende Ansicht im Schrifttum davon aus, dass das in Anspruch genommene Unternehmen auf dem nachgelagerten (oder abgeleiteten) Markt über eine marktbeherrschende Stellung verfügen muss.[1082] Das BKartA hat diese Rechtsposition in seinen beiden ersten Verfügungen zu § 19 Abs. 4 Nr. 4 (jetzt: § 19 Abs. 2 Nr. 4) GWB i.S. *„Berliner Stromdurchleitung"* und *„Fährhafen Puttgarden"* zwar nicht anerkannt, sich vorsorglich jedoch ausführlich damit auseinandergesetzt und dargelegt, dass diese Voraussetzung auch in den aufgegriffenen Sachverhalten gegeben wäre.[1083] Die Rechtsprechung hat die Position der Lehre von Anfang an nicht nachvollzogen, sondern allein darauf abgestellt, ob der Eigentümer auf dem nachgelagerten überhaupt tätig ist.[1084] Der BGH hat ihr in seinem *Arealnetz*-Beschluss vom 28.6.2005 eine Absage erteilt. Nach seiner Ansicht ist es für den Tatbestand ausreichend, dass der Normadressat über eine beherrschende Stellung auf dem Markt der Infrastruktureinrichtung verfügt.[1085]

236 *cc) Fehlende Duplizierbarkeit.* Das dritte Tatbestandsmerkmal der Nr. 4 ist das sog. **Angewiesensein** des Petenten auf die Mitbenutzung (auch als **fehlende Duplizierbarkeit** oder fehlende Ausweichmöglichkeit bezeichnet). Das Gesetz spricht von rechtlichen oder tatsächlichen Gründen, aus denen es dem Petenten „nicht möglich" ist, ohne Mitbenutzung als Wettbewerber des Normadressanten tätig zu werden (auf die Unzumutbarkeit kommt

---

1080 BGH WuW/E DE-R 2708ff. – *Reisestellenkarte;* dazu *Kirchhoff,* WuW 2011, 1174, 1180; kritisch zum Urteil der Vorinstanz *Deselaers,* WuW 2008, 179ff.

1081 BGH aaO Rdnr. 35.

1082 *Immenga/Mestmäcker-Fuchs/Möschel,* GWB, § 19 Rdnr. 315; *Dreher,* DB 1999, 833, 835; *Emmerich,* Kartellrecht, 9. Aufl., S. 204 (anders – entweder/oder – 13. Aufl., § 27 Rdnr. 131); *Klimisch/Lange,* WuW 1998, 15, 23; *Bunte,* WuW 1997, 302, 314; *GK-Leo* zum GWB, 5. Aufl., § 19 Rdnr. 2335ff.; *Hohmann,* Die essential facilities doctrine, S. 173ff., 182; *Haus,* Zugang zu Netzen etc., S. 43ff., 53; *von Wallenberg,* Kommunikation & Recht, 1999, 152, 155; aA *Langen/Bunte-Nothdurft,* aaO § 19 Rdnr. 335; *Lutz,* RdE 1999, 102, 106f.; *FK-Weyer,* § 19 Tz. 1041; *Schwintowski,* WuW 1999, 842, 851 und *Bechtold,* § 19 Rdnr. 72.

1083 BKartA B. v. 30.8.1999, S. 8 – *Berliner Stromdurchleitung,* insoweit in WuW/E DE-V 149 nicht abgedruckt; BKartA WuW/E DE-V 253, 256f. – *Hafen von Puttgarden.* In den späteren Entscheidungen hat es sich dazu – unter Berufung auf das OLG Düsseldorf – kürzer gefasst, s. WuW/E DE-V 811ff. – *GETEC net,* bei E.2.1.

1084 So im Ergebnis bereits OLG Düsseldorf WuW/E DE-R 847ff. – *Linzer Gaslieferant* (dort nur indirekt, weil die beantragte einstweilige Verfügung nicht auf § 19 Abs. 4 Nr. 4 a.F., sondern auf § 20 Abs. 2 a.F. gestützt wurde); OLG München GRUR-RR 2002, 181ff. – *Erdgas-Transportnetz* (dort zu § 19 Abs. 4 Nr. 4 a.F., ohne auf den entspr. Einwand der Antragsgegnerin einzugehen); OLG Düsseldorf WuW/E DE-R 1179ff. – *Strom contracting* (= B. im Auskunftsverfahren gegen *Mainova* i.S. *GETEC net*); OLG Düsseldorf WuW/E DE-R 1246ff. – *GETEC net.*

1085 BGH WuW/E DE-R 1520, 1523f. – *Arealnetz.*

es hier – anders als im zweiten Halbsatz – nicht an).[1086] Nach der Begr. zum RegE ist für die Beantwortung der Frage, ob die Schaffung eigener Einrichtungen (für den Dritten) möglich ist, auf **objektive Kriterien** abzustellen.[1087] Geschäftspolitische Präferenzen oder Motive des anderen Unternehmens seien nicht maßgeblich. Auf die Gründe für die Unmöglichkeit komme es nicht an. Denkbar seien z.B. technische oder wirtschaftliche Hindernisse. Das Abstellen auf objektive Gründe bedeutet, dass es nicht gerade auf Probleme des Antragstellers ankommt, sondern darauf, ob die Unmöglichkeit generell besteht. Weiter heißt es in der Begründung zum RegE, es sei für die Anwendung der Nr. 4 grundsätzlich unerheblich, ob das im Besitz einer wesentlichen Einrichtung befindliche Unternehmen den Zugang bereits Dritten eröffnet hat oder ob der aktuelle Petent der erste ist, welcher Zugang begehrt.[1088] Dennoch kommt dem folgenden Nebensatz („wenn es dem anderen Unternehmen ...") in mehrfacher Hinsicht die Funktion einer **Einschränkung** zu. Zunächst muss der Antragsteller begehren, **„als Wettbewerber"** des marktbeherrschenden Unternehmens auf dem vor- oder nachgelagerten Markt tätig zu werden. Wenn z.B. einem Unternehmen Hafenanlagen gehören, es selbst aber keine Fährdienst betreibt, kann sich ein anderes Fährunternehmen bei einer Verweigerung des Zugangs nicht nach § 19 Abs. 2 Nr. 4 an den Eigentümer der Anlagen wenden. Einschlägig ist dann ggf. das Diskriminierungsverbot (§ 19 Abs. 2 Nr. 1, 2. Alt.). Es reicht aber aus, wenn der Eigentümer ein potentieller Wettbewerber des Petenten ist.[1089] Die zweite, zentrale Einschränkung liegt darin, dass die Verweigerung der Nutzung zulässig ist, wenn der Antragsteller auf die Infrastruktureinrichtung nicht angewiesen ist. Dies ist der Fall, wenn er die Einrichtungen selbst schaffen kann (es sei denn, dafür fehlt der Platz oder zusätzliche Anlagen würden nicht genehmigt) oder wenn er eine andere Chance hat, Zugang zu derartigen Anlagen zu erlangen.[1090] Eine solche Chance kann z.B. deswegen vorliegen, weil es andere Eigentümer derartiger Einrichtungen gibt, an die er sich wenden könnte. Dann ist allerdings vorrangig zu prüfen, ob der zunächst angesprochene Eigentümer überhaupt eine marktbeherrschende Stellung hält. Rechtlich stellt sich außerdem die Frage nach dem Maßstab der Unmöglichkeit. Die Praxis neigt dazu, das Tatbestandsmerkmal nicht im Sinne einer objektiven Unmöglichkeit auszulegen, sondern es durch Gesichtspunkte wirtschaftlicher Zweckmäßigkeit zu relativieren. So hat das BKartA im ersten *Puttgarden*-Fall[1091] als ein „tatsächliches Hindernis" für den Neubau eines Fährhafens auch wirtschaftliche Hindernisse angesehen, sofern sie geeignet seien, es dem Wettbewerber „unzumutbar zu erschweren", die erforderliche Infrastruktur selbst zu schaffen. Maßstab dafür sei das Verhalten eines „sorgfältigen Kaufmanns". Damit setzt sich das Amt freilich in Widerspruch zum klaren Wortlaut der Regelung, der auf Unmöglichkeit abstellt, nicht aber auf Unzumutbarkeit. Im Schrifttum heißt es zumeist, dass Unmöglichkeit nicht nur bei physikalischen oder rechtlichen Hindernissen bestehe, sondern auch dann, wenn die Schaffung eigener Netze/Einrichtungen unter Anlegung des Maßstabes kaufmännischer Vernunft weder für den Petenten noch für Dritte sinnvoll in Betracht komme.[1092] Wenn man dem folgt, dann muss jedenfalls wegen

---

[1086] Unzutreffend *Schwintowski,* WuW 1999, 842, 852, der die Duplizierbarkeit irrtümlich der Frage nach der sachlichen Rechtfertigung einer Zugangsverweigerung zuordnet und selbst dort für irrelevant hält.

[1087] Begr. RegE, aaO S. 92.

[1088] So auch BGH WuW/E DE-R 1520, 1523 – *Arealnetz.*

[1089] BGH WuW DE-R 1520, 1525 – *Arealnetz.*

[1090] So ausdrücklich noch die Formulierung in der Fassung der Gegenäußerung der Bundesregierung, aaO S. 80. Zur Substituierbarkeit durch andere Anlagen s. *Möschel,* aaO § 19 Rdnr. 200.

[1091] B. v. 21.12.1999, insoweit in WuW/E DE-V 253 ff. nicht abgedruckt.

[1092] *Bechtold,* GWB, § 19 Rdnr. 73; *Immenga/Mestmäcker-Fuchs/Möschel,* GWB, § 19 Rdnr. 327; *Bunte,* Kartellrecht, S. 208; *FK-Weyer,* § 19 Tz. 1044, 1045; ähnlich *Langen/Bunte-Nothdurft,* aaO § 19 Rdnr. 350 („Amortisation in hinreichender Zeit nicht zu erwarten"). Dabei will *Nothdurft* allerdings auch die mangelnde wirtschaftliche Leistungsfähigkeit des Petenten berücksichtigen (aaO Rdnr. 351), was nicht überzeugt. AA (nur objektive Unmöglichkeit) *Dreher,* DB 1999, 833, 835.

der Schwere des Eingriffs der Maßstab hoch angesetzt werden,[1093] um wettbewerbspolitisch unerwünschtes „Trittbrettfahren“ zu vermeiden. Ohnehin liegt eine fehlende Duplizierbarkeit regelmäßig nur in den Fällen natürlicher Monopole vor. Selbst Hafenanlagen lassen sich duplizieren, wie die Entscheidung der Kommission im Fall *„Rödby“* zeigt.[1094] Sie betraf die „doppelte Verweigerung“ gegenüber einem Petenten, entweder einen neuen Hafen in unmittelbarer Nähe des Hafens von *Rödby* zu bauen oder innerhalb der im Hafen von *Rödby* bereits bestehenden Hafenanlagen tätig zu werden. Auch im ersten Puttgarden-Verfahren hatte einer der Petenten bereits ein angrenzendes Grundstück für die Errichtung eines Hafens erworben, gab später aber einer Mitbenutzung des vorhandenen Hafens den Vorzug.[1095] In den *Puttgarden*-Fällen ging es deshalb auch um den Einwand der Infrastruktur-Eigentümerin *Scandlines,* dass die Petenten *neben* dem bestehenden Hafen nach Maßgabe einer entsprechenden öffentlich-rechtlichen Genehmigung einen neuen (eigenen) Anleger für ihren geplanten Fährdienst errichten könnten bzw. dass die *Unmöglichkeit* eines solchen Neubaus durch das BKartA nicht nachgewiesen worden sei. Die Rechtsfrage wurde (auch) im zweiten Beschwerdeverfahren wegen der Fokussierung auf die rechtliche Unmöglichkeit der Mitbenutzung (dazu noch Rdnr. 237) nicht ausgetragen. Die Auslegung des Begriffes der Unmöglichkeit in § 19 Abs. 2 Nr. 4 2. Halbsatz durch den BGH ist jedoch so formuliert, dass sie auch für den ersten Halbsatz gilt.[1096] Die Kartellbehörde muss also ggf. darlegen und nachweisen, dass der Genehmigung einer alternativen Einrichtung „ein dauerndes Rechtshindernis entgegensteht“;[1097] wenn die Rechtsfrage (lediglich) ungeklärt ist und es offen ist, ob eine Genehmigung für die Anlage erreicht werden kann, fehlt es am Nachweis des Angewiesenseins. Das Hans. OLG hat eine missbräuchliche Verweigerung des Netzzugangs verneint, wenn der Petent die Möglichkeit hat, (allein) ein eigenes, weniger aufwendiges, wenn auch erheblich weniger leistungsfähiges Netz aufzubauen.[1098] Irrelevant ist es, dass es für den Petenten (lediglich) praktischer oder für seine Kunden vorteilhafter sei, das betreffende Netz zu nutzen.[1099] Das Angewiesensein fehlt aber auch dann, wenn der Petent allein zwar zu klein für den Aufbau einer parallelen Einrichtung ist, dieses Problem aber durch eine Kooperation mit anderen Unternehmen lösen kann.[1100] Eine Kooperationsobliegenheit besteht ggf. auch dann, wenn die in Anspruch genommene Einrichtung ebenfalls eine Kooperation darstellt und der Petent – wiederum gemeinsam mit anderen – ebenfalls eine solche Kooperation praktizieren kann.

237 *dd) Unmöglichkeit oder Unzumutbarkeit der Mitbenutzung.* Der zweite Halbsatz der Nr. 4 („dies gilt nicht …“) regelt die Voraussetzungen für eine **Verweigerung des Zugangs,** obwohl der Petent auf die Infrastruktureinrichtung angewiesen und zur Zahlung des Entgelts (dazu Rdnr. 240) bereit ist. Das Gesetz hebt – anders als im ersten Halbsatz – auf die **Unmöglichkeit oder Unzumutbarkeit** der Mitbenutzung beim Inhaber der Einrichtung

---

1093 So auch ausdrücklich *Möschel,* aaO § 19 Rdnr. 200 und *GK-Leo,* § 19 Rdnr. 2355; in der Tendenz auch *GA Jacobs,* Schlussanträge im Fall *„Oscar Bronner“,* der auf einen „wagemutigen Unternehmer“ abstellt (Slg. 1998 I-7791, 7794, Rdnr. 68).

1094 Komm. E. v. 21.12.1993, ABl. EG 1994 Nr. L 55/52 ff.

1095 S. BKartA B. v. 21.12.1999, S. 7 unter F., insoweit in WuW/E DE-V 253 ff. – *Fährhafen Puttgarden* nicht abgedruckt.

1096 BGH WuW/E DE-R 3821, 3823 – *Fährhafen Puttgarden II;* so auch *Langen/Bunte-Nothdurft,* aaO § 19 Rdnr. 350 („nach den gleichen Maßstäben“).

1097 BGH aaO Rdnr. 20.

1098 Hans. OLG WuW/E DE-R 1076 ff. – *Online Ticketshop,* für ein Internet-basiertes bundesweites elektronisches Vertriebssystem für Veranstaltungskarten, und zwar unter Bezugnahme auf das EuGH-Urteil i. S. *Oscar Bronner.*

1099 Hans. OLG aaO.

1100 Dazu bei Art. 82 EG (jetzt: Art. 102 AEUV) EuGH, Slg. 1998 I 7791, 7817, 7831 = WuW/E EU-R 127 ff. – *Oscar Bronner,* Rdnr. 44 ff.: Es kommt im Rahmen der Unverzichtbarkeit der Mitbenutzung von essential facilities nicht auf das möglicherweise kleine Potential des Petenten an, sondern auf das Geschäftsvolumen des marktbeherrschenden Unternehmens. Der Petent muss ggf. mittels einer Zusammenarbeit mit anderen Unternehmen ein entsprechendes Geschäftspotential aufbauen.

ab. Der Wortlaut des RegE stellte dafür noch auf eine „sachliche Rechtfertigung“ ab. Sie sollte sich nach der Begr. nach den Kriterien bestimmen, die von den Kartellbehörden und Gerichten zum Behinderungsmissbrauch entwickelt worden sind, d.h. einer Interessenabwägung. Dabei sei insbes. der Einwand des Inhabers (einer wesentlichen Einrichtung) zu prüfen, seine Kapazitäten seien für eine Drittnutzung nicht ausreichend; der Bundesrat nannte zusätzlich „mögliche Störungen im Betriebsablauf“.[1101] Die Gesetz gewordene Fassung stellt aber als Einwendung nicht mehr auf die sachliche Rechtfertigung, sondern auf die Unmöglichkeit oder Unzumutbarkeit für den Eigentümer ab. Diese neue Formulierung wurde vom Wirtschaftsausschuss nicht erläutert, so dass unklar bleibt, ob damit eine Abweichung von dem sonst geltenden Erfordernis der Interessenabwägung gewollt war. Nach richtiger Auffassung[1102] wird man zwischen den beiden Alternativen einer zulässigen Mitbenutzungsverweigerung differenzieren müssen. Für die Unmöglichkeit gilt (wie beim ersten Halbsatz) ein objektiver Maßstab, für die **Unzumutbarkeit** dagegen die **Interessenabwägung.**[1103] Die Rechtsprechung prüft aber inzwischen beide Tatbestandsalternativen am **Maßstab der sachlichen Rechtfertigung.**[1104] Die Unmöglichkeit kann sich aus wirtschaftlichen oder rechtlichen Gründen ergeben. Sind zur Umsetzung der Mitbenutzung öffentlich-rechtliche Genehmigungen erforderlich, so liegt *rechtliche Unmöglichkeit* der Mitbenutzung allerdings nur dann vor, wenn das Vorhaben des Petenten nach den maßgeblichen Vorschriften bereits von vornherein nicht genehmigungsfähig ist oder aber die erforderlichen behördlichen Genehmigungen endgültig nicht mehr zu erlangen sind bzw. die Durchführung eines erforderlichen Planfeststellungs- oder Entwidmungsverfahrens (nach dem AEG) nicht zu einem das Mitbenutzungsvorhaben erlaubenden Ergebnis führen.[1105] Das dürfte nur selten der Fall sein. Die für die Praxis wohl wichtigste Variante der *wirtschaftlichen Unmöglichkeit* der Mitbenutzung stellen **fehlende freie Kapazitäten** dar.[1106] Der Eigentümer der Einrichtung darf also – ohne Interessenabwägung – die vorhandene Kapazität voll für sich in Anspruch nehmen, wenn er einen entspr. Bedarf hat.[1107] Schwierigkeiten kann die Bemessung der freien Kapazität bereiten, da die Ausschöpfung der Kapazität auch von einer effektiven Selbstorganisation des Eigentümers abhängt und das Gesetz insofern offen lässt, welchen Vorgaben der Eigentümer genügen muss.[1108] Umgekehrt besteht keine Repartierungspflicht, die ohnehin aus verfassungsrechtlichen Gründen problematisch wäre.[1109] Der BGH hat außerdem bei einem Rechtsstreit um die Benutzung von

---

1101 Stellungnahme des Bundesrates v. 8.12.1997 zum RegE, BT-Drucks. 13/9720, S. 73 re. Sp.

1102 BKartA WuW/E DE-V 253, 257 – *Puttgarden; GK-Leo,* § 19 Rdnr. 2362, 2374; *Bechtold,* aaO § 19 Rdnr. 77 und 79.

1103 So der Sache nach auch BGH WuW/E DE-R 1520, 1525 ff. – *Arealnetz* (ohne Eingehen auf die Alternative der Unmöglichkeit), im Anschluss an BKartA WuW/E DE-V 811, 818 ff. – *GETEC net,* unter 2.3., weil es dort nur um die Unzumutbarkeit ging. Für die Interessenabwägung ansonsten auch *Möschel,* aaO § 19 Rdnr. 206; *Haus,* Zugang zu Netzen etc., S. 111 und – bei der Alternative der Unzumutbarkeit – auch *Zimmermann,* ZWeR 2014, 318, 325/327, 333.

1104 BGH WuW/E DE-R 3821, 3824, Rdnr. 20 – *Fährhafen Puttgarden II;* so zuvor schon OLG Düsseldorf WuW/E DE-R 3467, 3470 – *Fährhafen Puttgarden.*

1105 Zur Anerkennung der rechtlichen Unmöglichkeit s. BGH WuW/E DE-R 3821, 3824 ff. – *Fährhafen Puttgarden II* und die Besprechung dieses Beschlusses von *Zimmermann,* ZWeR 2014, 318 ff.

1106 BGH WuW/E DE-R 3821, 3826, Rdnr. 29 – *Fährhafen Puttgarden II; Langen/Bunte-Nothdurft,* aaO § 19 Rdnr. 356; *Bechtold,* aaO § 19 Rdnr. 77; *Dreher,* DB 1999, 833, 834, 839; *Möschel,* aaO § 19 Rdnr. 207 (freilich im weiteren wieder einschränkend); *Schwarz von Berk* aaO S. 197; *Montag,* EuZW 1997, 71, 76; *Klimisch/Lange,* WuW 1998, 15, 26; *FK-Weyer,* § 19 Tz. 1055.

1107 *Bechtold,* aaO Rdnr. 77/78. Anders noch BKartA WuW/E DE-V 149, 153 – *Berliner Stromdurchleitung.* Der Fall erledigte sich in der Rechtsmittelinstanz durch eine neue Sachverhaltsentwicklung, so dass das KG über die Frage nicht mehr entscheiden musste.

1108 Näher hierzu *Haus,* Zugang zu Netzen etc., S. 122 ff.

1109 *Bechtold,* aaO Rdnr. 77; *GK-Leo,* § 19 Rdnr. 2364, 2365; aA *Langen/Bunte-Nothdurft,* aaO § 19 Rdnr. 356 und *Möschel,* aaO § 19 Rdnr. 207 a.E., dort unter Hinweis auf die Entscheidung des BKartA im Fall *„Berliner Stromdurchleitung“,* die freilich durch energierechtliche Besonderheiten geprägt war. In Betracht kommt eine Repartierung u.U. bei freien Kapazitäten, um die sich mehrere Petenten bewerben.

Messehallen eine Art von Vorrang des Eigentümers bejaht, die Einrichtung in Zukunft selbst und ggf. mit einem anderen Messekonzept zu nutzen, wenn man nicht sicher sein könne, dass der Markt zwei Messen derselben Art in einem Jahr annehmen würde.[1110] Das Gesetz sieht auch keine Pflicht des Eigentümers vor, fehlende Kapazitäten durch Investitionen zu erhöhen oder auszubauen.[1111] Jede andere Auslegung würde sich in Widerspruch zum Wortlaut der Regelung setzen, der auf die Unmöglichkeit der Mitbenutzung abstellt; diese Einschränkung des Tatbestandes darf nicht durch die Konstruktion einer Pflicht zu einem – theoretisch regelmäßig möglichen Ausbau- und Umbau umgangen werden. Ohnehin bleibt es dem Inhaber unbenommen, mit seinem Eigentum nach eigenem Gutdünken zu verfahren, d.h. er darf die Anlage auch beseitigen oder Kapazitäten abbauen.[1112] Im Einzelfall – z.B. bei nur gelegentlich genutzten Messehallen – kann eine Nutzung im zeitlichen Wechsel in Betracht kommen.[1113] Bei den die Praxis der ersten Jahre prägenden Fällen im Strom- und Gassektor spielten fehlende Kapazitäten allerdings keine Rolle. Vielfach handelt es sich bei Kapazitätsengpässen aber auch um ein Scheinproblem. Wenn nämlich der Petent dem Eigentümer einen Kunden abgeworben hat und dafür auf einer Strom- oder Gasleitung Transportkapazität benötigt, wird diese Kapazität beim Eigentümer der Einrichtung ohnehin frei. Engpässe können sich jedoch bei neu akquirierten Kunden ergeben. Im Fall *„Fährhafen Puttgarden"* wurde vom Eigentümer *Scandlines* eingewandt, dass die Kapazität des Hafens bzw. der Hafenzufahrt trotz eines freien Hafenbeckens erschöpft sei bzw. nicht für den Betrieb eines zweiten hochfrequenten Fährdienstes reiche;[1114] abgeworbene Kunden konnten unter den dort gegebenen Umständen auch keine Kapazitäten für die Dritten freimachen.

238 Ein weiteres Problem beim Begehren nach einer Mitbenutzung liegt in der Frage, ob oder in welchem Umfang der Eigentümer **Anschlussinvestitionen oder Umbaumaßnahmen** vornehmen muss, um einem Dritten die Mitbenutzung zu ermöglichen. Hier geht es im Kern um Fragen der Zumutbarkeit und damit einer Interessenabwägung. Das BKartA vertrat im ersten *Puttgarden*-Fall[1115] die Ansicht, dass der Eigentümer gegen Kostenerstattung „bauliche Veränderungen" der Hafenstrukturen vornehmen bzw. entsprechende „Vorkehrungen" treffen müsse, soweit sie weder „den Bestand des Fährhafens in Frage stellen noch seinen Charakter ändern würden". Dies geht zu weit,[1116] wie die Umstände des Falles belegten. Wenn für die Mitbenutzung Umbaumaßnahmen im Werte von mehreren Millionen Euro einschließlich des Baus neuer Straßenverbindungen erbracht werden müssen, greift dies auch unabhängig von der Störung der Betriebsabläufe unzumutbar in die Sphäre des Eigentümers ein. Das OLG Düsseldorf musste sich mit dieser Thematik nicht näher befassen, weil es die (erste) Verfügung des Amtes bereits wegen mangelnder Bestimmtheit aufgehoben hatte.[1117] Richtigerweise wird man differenzieren müssen zwischen der schlichten Herstellung des Zugangs (regelmäßig zumutbar) und Umbaumaßnahmen in erheblichem Umfang (regelmäßig unzumutbar). Der Petent hat insbes. keinen Anspruch auf eine wesentliche Veränderung der betroffenen Einrichtung. Einfache **Anschlussmaßnahmen** sind dagegen idR zumutbar. Eine Verweigerung des Zugangs

---

[1110] BGH Hinweis-B. v. 13.11.2007, KZR 33/07, S. 5.

[1111] *Bechtold,* § 19 Rdnr. 70 (lehnt bereits eine Verpflichtung zu Umbau- oder sonstigen Anpassungsmaßnahmen ab); *GK-Leo,* aaO Rdnr. 2366; so im Grundsatz auch *Möschel,* aaO § 19 Rdnr. 207, später jedoch wieder einschränkend.

[1112] So ausdrücklich *Möschel,* aaO § 19 Rdnr. 207.

[1113] BGH Hinweis-B. v. 13.11.2007, KZR 33/07, S. 5.

[1114] S. dazu BKartA WuW/E DE-V 1879, 1881 – *Scandlines.*

[1115] BKartA WuW/E DE-V 253, 258f.

[1116] So auch *Bechtold,* § 19 Rdnr. 70.

[1117] OLG Düsseldorf WuW/E DE-R 569ff. – *Puttgarden II.* Der BGH hob diese Entscheidung zwar auf (WuW/E DE-R 977ff. – *Puttgarden III*); die Sache wurde dann aber nicht mehr ausgetragen, weil das BKartA später auf die Rechte aus der Verfügung verzichtete (s. TB 2003/2004, S. 152 bzw. zum zweiten Verfahren TB 2013/2014, S. 118). Kritisch gegenüber dem BKartA auch *Bechtold,* aaO Rdnr. 70 und *Haus,* NVwZ 2002, 432, 433ff.

kommt auch in Betracht, wenn die technischen Vorfragen nicht geklärt sind (was jedoch nicht vom Inhaber schuldhaft herbeigeführt worden sein darf).

Bei der im Rahmen der **Unzumutbarkeit** vorzunehmenden **Interessenabwägung** 239 streiten ansonsten das Eigentums-, Nutzungs- bzw. Absatzinteresse (d.h. die unternehmerischen Belange) des Eigentümers gegen die Interessen des Dritten an der Mitbenutzung und der daraus resultierenden Marktöffnung. Dabei ist auch hier – wie bei § 19 Abs. 2 Nr. 1 bzw. § 20 Abs. 1 a.F. – die auf die Freiheit des Wettbewerbs gerichtete Zielsetzung des GWB einzubeziehen.[1118] Ob und inwieweit ergänzend auch öffentliche Interessen in die Abwägung einzustellen sind, ist zweifelhaft.[1119] Nach Ansicht des BKartA sind unternehmerische Pläne des Eigentümers zur eigenen Nutzung der Infrastruktur wegen „des öffentlichen" Interesses an der Aufnahme der Tätigkeit eines zusätzlichen Wettbewerbs „nachrangig".[1120] Das überzeugt nicht, weil dann ein zeitlicher Zufall (nämlich die konkrete Umsetzung einer geplanten Eigennutzung iVm. dem Wegfall der freien Kapazität) über die Rechtfertigung entscheiden würde. Allerdings findet der sonst bei den §§ 19, 20 geltende Grundsatz, dass der Normadressat nicht den Wettbewerb Dritter fördern muss, hier eine Einschränkung.[1121] Dabei wird es – wie bei § 19 Abs. 2 Nr. 1 bzw. § 20 Abs. 1 GWB a.F. – auf die Umstände des Einzelfalles ankommen. Aus den Gesetzesmaterialien geht im Übrigen hervor, dass eine **(dauerhafte) Störung des Betriebsablaufes** regelmäßig unzumutbar ist.[1122] Zugunsten des Eigentümers kann ggf. ein Interesse an einer zeitlich befristeten alleinigen Nutzung einer innovativen unternehmerischen Leistung bestehen.[1123] Eine normative Anerkennung hat dieses Thema in der Ausnahme für den Netzzugang bei neuen Gasleitungen gemäß Art. 22 der Gas-Binnenmarktrichtlinie (bzw. § 28a EnWG) gefunden. Allgemein anerkannt sind auch **Gründe in der Sphäre des Petenten,** also z.B. Zahlungsverweigerung, mangelnde Kreditwürdigkeit oder schwerwiegende Vertragsverletzungen.[1124] Der Umstand, dass ein zu beliefernder Kunde noch beim Eigentümer der Einrichtung unter Vertrag steht, wird nicht als zulässiger Verweigerungsgrund angesehen.[1125] Anders kann es sich verhalten, wenn der Petent die fraglichen Kunden zum Vertragsbruch verleitet hat.[1126] Für die Mitbenutzung von Gasleitungen sind im Rahmen der Interessenabwägung nach § 19 und § 20 (jetzt: § 19 Abs. 2 Nr. 1) auch die Besonderheiten dieses Energieträgers, insbes. die take-or-pay-Verpflichtungen der Gasimporteure, zu berücksichtigen.[1127] Auch Wertungen anderer gesetzlicher Regelungen können gegen die Zumutbarkeit der Mitbenutzung sprechen.[1128] Anders als bei den übrigen Tatbestandsmerkmalen der

---

1118 BGH Hinweis-B. v. 13.11.2007, KZR 33/07, S. 4/5 – *Messehallen;* OLG Düsseldorf WuW/E DE-R 1307, 1311 – *Gtecnet; Bechtold,* aaO § 19 Rdnr. 79; *Langen/Bunte-Nothdurft,* aaO § 19 Rdnr. 357.

1119 Bejahend BKartA WuW/E DE-V 149, 152 – *Berliner Stromdurchleitung* (für Wertungen des EnWG) und *Bechtold,* aaO § 19 Rdnr. 79.

1120 So BKartA B. v. 21.12.1999, S. 56 – *Puttgarden* = WuW/E DE-V 253ff.

1121 BGH WuW/E DE-R 1520, 1527 – *Arealnetz.*

1122 S. dazu Stellungnahme des Bundesrates, WuW-Sonderheft, S. 123. Davon geht inzwischen wohl auch das BKartA aus, wie sich aus einem Vergleich seiner beiden Verfügungen im Fall *„Puttgarden"* zum landseitigen Mitbenutzungskonzept ergibt.

1123 *Möschel,* aaO § 19 Rdnr. 208; *Bechtold,* aaO § 19 Rdnr. 80; s. dazu auch schon *GA Jacobs,* Schlussanträge im Fall *Oscar Bronner,* Slg. 1998 I-7791ff., Rdnr. 64.

1124 OLG Düsseldorf U. v. 2.10.2002, Az. U (Kart) 9-02 = MMR 2003, 108, 109; *Möschel,* aaO § 19 Rdnr. 209; *Langen/Bunte-Nothdurft,* aaO § 19 Rdnr. 358 („nicht bediente Verträge" u.a.); s. auch Bericht des Abgeordneten *Uldall* aaO BT-Drucks. 13/9211, S. 24, dort zur Durchleitungsverweigerung bei § 6 EnWG. Zu weiteren Abwägungskriterien *Haus,* Zugang zu Netzen etc., S. 119ff.

1125 *Möschel* aaO § 19 Rdnr. 207; ähnlich LG Dortmund WuW/E DE-R 565, 568 – *Gashandel* (für Abnehmer von Kunden des Leitungsinhabers).

1126 So auch *Möschel,* aaO § 19 Rdnr. 207.

1127 Bundesregierung, Gegenäußerung, aaO S. 80. Inzwischen für die Praxis durch die Sondertatbestände des EnWG erledigt.

1128 So z.B. Hans. OLG U. v. 30.7.2009, 3 U 53/09, Rdnr. 51, zit. nach Juris, dort für die Herstellung einer Schnittstelle zur Einspeisung von Lotto-Dauerspielaufträgen.

Vorschrift liegt die **Beweislast** für die Unmöglichkeit oder Unzumutbarkeit der Mitbenutzung beim Normadressaten. Dies gilt auch für die rechtliche Unmöglichkeit wegen denkbarer oder zu erwartender Schwierigkeiten bei der Erlangung der erforderlichen öffentlich-rechtlichen Genehmigungen für die Umgestaltung der beanspruchten Infrastruktur.[1129]

240 *ee) Angemessenes Entgelt.* Die Zugangsverweigerung ist gerechtfertigt, wenn der Petent sich weigert, ein **angemessenes Entgelt** für die Benutzung zu zahlen.[1130] Falls der Eigentümer sich bzw. verbundenen Unternehmen selbst ein Entgelt berechnet, darf er den Petenten insoweit grundsätzlich nicht diskriminieren (Grundsatz der „Gleichbehandlung mit sich selbst").[1131] Umgekehrt ist der Inhaber der Infrastruktureinrichtung grundsätzlich nicht verpflichtet, einem Wettbewerber bessere Bedingungen als sich selbst einzuräumen.[1132] Zwecks Vermeidung einer Verlagerung von Gewinnen durch überhöhte Vorleistungskosten ist freilich ergänzend ein wettbewerbsbezogener Maßstab anzulegen; dabei können die Kriterien des § 19 Abs. 2 Nr. 2 herangezogen werden.[1133] Vergleichbare Sachverhalte dürften aber nicht immer zur Verfügung stehen. *Möschel* spricht deshalb zutreffend davon, dass man sich bei der Entgeltbemessung in den „Sumpf der Kostenkontrolle" begeben müsse, weil vergleichbare marktgängige Leistungen regelmäßig fehlten.[1134] Wegen der Einzelheiten kann daher auf die Erläuterungen zum Preishöhenmissbrauch verwiesen werden. Ebenso wie bei § 19 Abs. 2 Nr. 2 sind dabei jedoch nicht alle Kosten schlechthin in Ansatz zu bringen, sondern es gilt der Grundsatz der effizienten Leistungserbringung.[1135] Im EU-Kartellrecht wird dem Eigentümer zugestanden, einen angemessenen Teil seiner Kosten auf die beanspruchte Leistung umzulegen und mit seiner Investition einen angemessenen Ertrag zu erzielen.[1136] Dabei müssen alle durch die Inanspruchnahme verursachten Kosten abgedeckt werden.[1137] Ein bestimmtes angemessenes Entgelt gibt es ohnehin nicht; es gibt also für die Entgeltforderung eine gewisse Bandbreite.[1138] Dennoch kann es für die Kartellbehörde in komplexen Fällen schwierig sein, die relevanten Kosten zu ermitteln.[1139] Der BGH hat daher den Kartellbehörden die Befugnis zugebilligt, das Problem sukzessive anzugehen und auf einer ersten Stufe auch ohne konkretes Entgelt nur die Verpflichtung zur Durchführung von Verhandlungen über den Zugang anzuordnen.[1140] Auf der zweiten Stufe muss dann aber ggf. zumindest eine Obergrenze bestimmt werden, falls sich die Unternehmen nicht ohnehin einigen.[1141] Die **Beweislast** für das Tatbestandsmerkmal (d. h. die Bereitschaft des Petenten) liegt wie bei den anderen Elementen des ersten Halbsatzes der

---

1129 BGH WuW/E DE-R 3821, 3824 – *Fährhafen Puttgarden II,* insoweit gegen OLG Düsseldorf WuW/E DE-R 3467, 3472 ff. – *Fährhafen Puttgarden;* dazu auch BKartA TB 2011/2012, S. 116.

1130 S. dazu OLG Düsseldorf U. v. 2.10.2002, U (Kart) 8/02 = MMR 2003, 108, 109.

1131 Begr. RegE 1998, BT-Drucks. 13/9720, S. 74; *Langen/Bunte-Nothdurft,* aaO § 19 Rdnr. 352.

1132 BGH Hinweis-B. v. 13.11.2007, KZR 33/07, S. 4 – *Messehallen.*

1133 BKartA *Teag*-B., S. 33, insoweit in WuW/E DE-V 722, 730 nicht abgedruckt. So auch *Langen/Bunte-Nothdurft,* aaO § 19 Rdnr. 354; *Baur/Henk-Merken,* Kartellbehördliche Preisaufsicht über den Netzzugang, 2002, S. 87 ff. 91; *Gerstner,* WuW 202, 131, 136.

1134 *Möschel,* aaO § 19 Rdnr. 205.

1135 S. dazu BGH WuW/E DE-R 375 ff. – *Flugpreisspaltung; Möschel,* aaO § 19 Rdnr. 205.

1136 GA *Jacobs,* Schlussanträge in der Rs C 7/97, *Oscar Bronner ./. Mediaprint,* Slg. 1998 I-7791 ff., Rdnr. 64; *Immenga/Mestmäcker-Fuchs/Möschel,* EU WbR, Art. 102 AEUV Rdnr. 338; zurückhaltender *Klimisch/Lange,* WuW 1998, 15, 24. Zur Ermittlung des Entgelts für Stromdurchleitungen s. die sog. Verbändevereinbarung II plus, die inzwischen durch die Entgeltregulierung nach dem neuen EnWG ersetzt worden ist.

1137 Monopolkommission, X. Hauptgutachten, 1994, Rdnr. 802, 804 (dort für die Stromdurchleitung).

1138 So auch *Langen/Bunte-Nothdurft,* aaO § 19 Rdnr. 353.

1139 So z. B. in der ersten *Puttgarden*-Verfügung des BKartA WuW/E DE-V 253 ff.

1140 BGH WuW/E DE-R 979, 982 f. – *Fährhafen Puttgarden I;* umgesetzt vom BKartA in der zweiten *Puttgarden*-Verfügung, WuW/E DE-V 1879 ff. – *Scandlines.*

1141 So auch *Langen/Bunte-Nothdurft,* aaO § 19 Rdnr. 353; *Immenga/Mestmäcker-Fuchs/Möschel,* GWB, § 19 Rdnr. 349.

Nr. 4, also bei der Infrastruktureinrichtung und beim Angewiesensein, im Zivilprozess beim Kläger (Antragsteller), im Verwaltungsverfahren bei der Kartellbehörde.[1142]

c) Besonderheiten bei der Durchsetzung der Mitbenutzung. Bei der **Durchsetzung** eines Mitbenutzungsanspruches nach § 19 Abs. 2 Nr. 4 ergeben sich sowohl im Verwaltungsverfahren als auch im Zivilprozess eine Reihe von Besonderheiten (zu den Rechtsfolgen bei § 19 s. ferner unten Rdnr. 260ff.). Für das **Verwaltungsverfahren** bietet § 32 GWB seit der 7. Novelle der Kartellbehörde die Möglichkeit, nicht nur eine Unterlassung zu tenorieren, sondern eine positive – erforderliche und verhältnismäßige – Mitbenutzungsanordnung auszusprechen. Die Behörde kann außerdem die Möglichkeit der verbindlichen Zusagenregelung (§ 32b GWB) einsetzen, wenn der Normadressat zur Abgabe einer entsprechenden Zusage bereit ist. Wenn jedoch ein Mitbenutzungsanspruch vom Eigentümer schon dem Grunde nach nicht anerkannt wird, kann die Kartellbehörde nach Maßgabe eines Zweistufen-Konzeptes vorgehen (dazu schon Rdnr. 240). Sie ist dann nach Ansicht des BGH nicht genötigt, die Bedingungen festzulegen, zu denen der Zugang zu gewähren ist; wird der Zugang von dem marktbeherrschenden Unternehmen anderen Unternehmen schlechthin verweigert, kann sich die Kartellbehörde „im ersten Zugriff" darauf beschränken, dies zu verbieten.[1143] Es bleibt damit erforderlichenfalls einem weiteren kartellbehördlichen Verfahren oder auch einer zivilrechtlichen Auseinandersetzung vorbehalten, zu klären, ob die von dem Normadressaten letztlich angebotenen Bedingungen tatsächlich angemessen sind oder nicht. Eine solche im Sinne eines „ersten Zugriffs" auszulegende kartellbehördliche Verfügung genüge dem Erfordernis einer hinreichenden Bestimmtheit einer Verfügung, weil anderenfalls die Umsetzung des gesetzlichen Regelungsauftrages praktisch unmöglich gemacht würde. Mit dieser Anerkennung von Teilverwaltungsakten im Kartellverwaltungsrecht widersprach der BGH dem restriktiveren Ansatz des OLG Düsseldorf, das bei der Tenorierung nach § 32 a.F. die üblichen Anforderungen an das Bestimmtheitsgebot beachtet wissen wollte.[1144] Noch nicht gerichtlich geklärt ist die Frage, ob die Kartellbehörde eine Mitbenutzungsverfügung auf unbestimmte **Dauer** erlassen darf oder sie zeitlich befristen muss. Das BKartA verneint letzteres für den Regelfall unter Hinweis auf Abhilfemöglichkeiten bei Änderungen der Sach- und Rechtslage gemäß § 51 Abs. 1 Satz 1 VwVfG.[1145] Ebenso hat sich der BGH im Fall *„Stadtwerke Mainz"* zu § 19 Abs. 4 Nr. 2 (jetzt: Abs. 2 Nr. 2) geäußert.[1146] Eine Übertragung dieser Position auf die Nr. 4 ist jedoch problematisch, weil dies die zukünftige vollständige Nutzung der Einrichtung durch ihren Eigentümer unverhältnismäßig erschwert. Umgekehrt muss bei einem begründeten Mitbenutzungsbegehren die Dauer der Verfügung so bemessen sein, dass sich die Investition für den Petenten rechnet. Im Fall *„Berliner Stromdurchleitung"* hatte das Amt zwar nur eine befristete Durchleitung angeordnet; dies erfolgte aber vor dem Hintergrund konkreter Planungen für die Errichtung einer weiteren Leitung zwischen West- und Ost-Berlin. Im *Schrifttum* wird von einigen wegen der Schwere des Eingriffs und der schwierigen Prognosen zu Recht gefordert, dass die Behörden (und auch die Zivilgerichte) verpflichtet seien, eine Zugangsgewährung zeitlich zu befristen; andere lehnen dies ab.[1147] 241

[1142] *Bechtold,* GWB, § 19 Rdnr. 76.

[1143] S. BGH WuW/E DE-R 977ff. – *Puttgarden III.* So umgesetzt in der zweiten *Puttgarden*-Verfügung des BKartA WuW/E DE-V 1879ff. – *Scandlines.*

[1144] OLG Düsseldorf WuW/E DE-R 569ff. – *Puttgarden II.*

[1145] BKartA WuW/E DE-V 722, 731 – *Teag;* auch in der ersten *Puttgarden*-Verfügung war keine zeitliche Befristung vorgesehen (WuW/DE-V 253ff.); im zweiten Verfahren (BKartA WuW/E DEV 1879ff.) hatten die Petenten eine Mitbenutzung nur zeitlich begrenzt – bis zur Inbetriebnahme des Tunnels durch den Fehmarnbelt – geltend gemacht.

[1146] BGH WuW/E DE-R 1513, 1516.

[1147] Bejahend *Möschel,* aaO § 19 Rdnr. 201; *Hohmann,* aaO S. 246; aA *Klaue,* in: Schwerpunkte des Kartellrechts 1998, FIW-Schriftenreihe, 1999, S. 23, 29 und *Haus,* Zugang zu Netzen etc., S. 154f. (der jedoch wegen der Weite des Eingriffstatbestandes die Verfassungswidrigkeit der Norm bejaht, aaO S. 215ff.).

242 Sowohl im Verwaltungsverfahren als auch im Zivilprozess stellt sich weiter die Frage, ob der Petent – über einen bloßen Kontrahierungszwang hinaus – Anspruch auf schlichten Zugang zu der Einrichtung hat oder ob die Mitbenutzung in Gestalt eines **Nutzungsvertrages** tenoriert werden muss. Das BKartA hat diese Frage in seinen Verfügungen bisher nicht thematisiert; in seiner zweiten *Puttgarden*-Verfügung hat es die Eigentümerin *Scandlines* allerdings verpflichtet, einen „Zugangsvorschlag" vorzulegen, in dem sie die aus ihrer Sicht angemessenen Bedingungen einer diskriminierungsfreien Zugangsgewährung formulieren sollte;[1148] dies wäre in der Sache auf den Abschluss eines Nutzungsvertrages hinausgelaufen. Eine Mitbenutzung erfordert zumeist die Regelung einer Reihe von Einzelfragen. Ohne eine Bindung auch des Petenten wird der Eigentümer insoweit rechtlos gestellt, als er die betroffene Kapazität freihalten muss, während der Petent lediglich eine Option auf Nutzung hat, auf die er u. U. auch kurzfristig verzichten kann. Dies spricht für das Erfordernis eines auch den Petenten bindenden Vertrages.[1149] Die Praxis zeigt allerdings, dass die Parteien über Einzelheiten des Vertrages unterschiedlicher Auffassung sein können. Die Lösung könnte darin liegen, dass der Petent sich zunächst auf die Forderungen des Eigentümers bei den Nutzungsbedingungen einlässt und Einschränkungen, z.B. im Hinblick auf die Wirksamkeit einzelner Klauseln, in einem separaten Verfahren austrägt. Die Gerichte sind diesem schwierigen Thema gelegentlich ausgewichen. Das OLG Düsseldorf hat in seinem eine Gasdurchleitung betreffenden Urteil i. S. *„Linzer Gaslieferant"* die Durchleitung im Verfügungsverfahren ohne Vertragsschluss angeordnet, freilich auf der Grundlage von § 20 Abs. 1 GWB a. F. (jetzt: § 19 Abs. 2 Nr. 1).[1150] Der BGH löste das Problem (in einem Verwaltungsverfahren) durch seinen zweistufigen Ansatz.[1151] Die Gerichte setzen letztlich darauf, dass die Parteien sich einigen werden, wenn über das „Ob" des Zugangs entschieden worden ist.[1152] Spezifische Fragen ergeben sich im Zivilprozess auch bei der Formulierung des **Klageantrages.** Bei Leistungsverfügungen oder Leistungsklagen muss der Tenor die vollstreckungsrechtlichen Anforderungen erfüllen. Ein Antrag ist daher unzulässig, wenn die Gegenleistung nur als „Zahlung eines angemessenen Entgelts" definiert wird; zulässig ist dagegen ein bezifferbarer Höchstbetrag iVm. dem Vorbehalt einer teilweisen Rückforderung.[1153] Nach Ansicht des OLG Düsseldorf reicht ferner die Angabe der Hauptleistungspflichten bei einer Durchleitung, während Neben- und Mitwirkungspflichten zur Durchführung des Transportes nicht der Festlegung im Antrag bedürfen. Auch bei den Anforderungen an einen **Verfügungsgrund** bei Durchleitungen im Verfügungsverfahren zeigt(e) sich die gerichtliche Praxis überwiegend großzügig.[1154]

243 Trotz der Neuordnung der Verbotstatbestände bleibt die Frage, ob § 19 Abs. 2 Nr. 4 betr. die Zugangsverweigerung bei Netzen und anderen Infrastruktureinrichtungen als lex specialis im Verhältnis zu § 19 Abs. 2 Nr. 1 (Behinderungsverbot) anzusehen ist. Die Pra-

---

1148 BKartA WuW/E DE-V 1879, Ziff. 3 des Tenors. Vom BKartA im weiteren Verfahren als korrekt umgesetzt anerkannt.

1149 So neben dem *Scandlines*-Fall (aaO Fn. 1142) für das Hauptsacheverfahren auch LG Nürnberg/Fürth RdE 2003, 244; *Hohmann,* aaO S. 307 ff. AA für das Verfügungsverfahren LG Dortmund WuW/E DE-R 565 ff. – *Gashandel.* Ausdrücklich für Durchleitung ohne Vertragsschluss OLG Düsseldorf RdE 2004, 171 ff. mit kritischer Anm. von *Köhler,* dort auch mwN zum Streitstand. Auch im EnWG 2005 erfolgt die Umsetzung des Zugangsanspruchs durch Verträge (§ 20 Abs. 1a bis 1c).

1150 OLG Düsseldorf WuW/E DE-R 847, 852, 853 f. – *Linzer Gaslieferant.* Maßgebend dafür war seine Einschätzung, dass der Mustervertrag des Leitungseigentümers eine nach seiner Auffassung unangemessene Klausel enthielt (aaO 852, 853 f.). Kritisch dazu *Köhler,* BB 2002, 584 ff. (für Anspruch auf Abschluss eines Durchleitungsvertrages).

1151 BGH WuW/E DE-R 977 – *Puttgarden III.*

1152 Kritisch gegen eine Überantwortung der Ausgestaltung des Nutzungsverhaltens an die Gerichte *Dreher,* DB 1999, 833, 838.

1153 OLG Düsseldorf WuW DE-R 847, 848 ff. – *Linzer Gaslieferant;* auch dazu kritisch *Köhler,* aaO.

1154 S. dazu wiederum OLG Düsseldorf aaO 849 f. – *Linzer Gaslieferant;* OLG München GRUR-RR 2002, 181 ff. – *Erdgas-Transportnetz;* anders OLG Düsseldorf aaO – *Kramer Progetha* (für Teillieferungen) und OLG Frankfurt RdE 2004, 49, 50 (betr. Belieferung aus Mittelspannungsnetz).

xis hat sich dazu nach altem Recht (d. h. zu § 20 Abs. 1 a. F.) überwiegend ablehnend geäußert.[1155] Eine parallele Anwendung führt aber zu ungereimten Ergebnissen. Der Gesetzgeber hat die Zugangsregelung des § 19 Abs. 2 Nr. 4 auf bestimmte Gegenstände beschränkt und auch im Übrigen für einen Anspruch auf Mitbenutzung gewisse Hürden vorgesehen (dazu oben Rdnr. 236 ff.). Wenn man im Falle rechtlicher oder tatsächlicher Schwierigkeiten mit diesem Spezialtatbestand ohne weiteres auf § 19 Abs. 2 Nr. 1 GWB ausweichen könnte, liefen diese Einschränkungen leer. Dies gilt unbeschadet des Umstandes, dass die Maßstäbe für die Interessenabwägung keine wesentlichen Unterschiede aufweisen.[1156] Entsprechendes gilt für ein „Ausweichen" auf die Generalklausel des § 19 Abs. 1.

(nicht belegt) 244

5. Das Verbot der Veranlassung zur Vorteilsgewährung (Nr. 5). *a) Allgemeines.* 245
Das Regelbeispiel des § 19 Abs. 2 Nr. 5 GWB betrifft das Verbot der Veranlassung zur Vorteilsgewährung. Dieses Verbot der sog. passiven Diskriminierung oder des sog. **Anzapfens** war vor der 8. GWB-Novelle (2013) in § 20 Abs. 3 a. F. GWB geregelt. Geändert hat sich durch die Novellierung allein der Standort des Verbotes: Es ist jetzt in § 19 Abs. 1 iVm. Abs. 2 Nr. 5 GWB normiert und damit innerhalb der Regelungen für marktbeherrschende Unternehmen verortet. Das Verbot gilt aber über die Verweisung in § 20 Abs. 2 GWB ebenso für Unternehmen mit relativer Marktmacht. Zwar fiel im Zuge der 8. GWB-Novelle das Tatbestandsmerkmal des „Geschäftsverkehrs" weg, inhaltlich ergibt sich aber keine Änderung zur Vorgängernorm des § 20 Abs. 3 Satz 1 GWB a. F. Die Vorschrift ergänzt als **Anstiftungstatbestand** § 19 Abs. 1 und Abs. 2 Nr. 1 GWB. Daneben kommt eine Anwendung des § 4 Nr. 10 UWG in Betracht, soweit der Vorwurf der Unlauterkeit nicht allein auf dem kartellrechtlichen Verstoß gründet.[1157]

b) Normzweck. Der Gesetzgeber verfolgte mit der Einführung des besonderen Diskrimi- 246
nierungstatbestandes die Verhinderung von Wettbewerbsbeschränkungen durch die unbillige Ausübung von **Nachfragemacht.**[1158] Es geht nach der Gesetzesbegründung um den Schutz der Wettbewerber vor marktbeherrschenden oder marktstarken Nachfragern.[1159] Marktmächtige Nachfrager sollten nicht durch erzwungene sachlich ungerechtfertigte Vorzugsbedingungen Vorteile gegenüber ihren Wettbewerbern erlangen.

Daneben sieht das BKartA die Gefahr, dass die Anbieter bzw. Lieferanten kleineren 247
Handelsunternehmen keine besseren Vertriebskonditionen einräumen, da sie davon ausgehen müssen, dass der marktmächtige Nachfrager bei möglichen künftigen Übernahmen kleinerer Handelsunternehmen die günstigsten Vertriebskonditionen für den gesamten Unternehmensverbund einfordert.[1160]

Der BGH hat im Jahr 2002 in seinem Urteil *Konditionenanpassung*[1161] bestätigt, dass es 248
zwar in erster Linie um die Verhinderung von horizontalen Wettbewerbsverzerrungen durch unbillige Ausübung von Nachfragemacht geht. Der Vorschrift könne aber in besonderen Ausnahmefällen auch ein Schutzzweck für das Vertikalverhältnis zwischen Nachfrager und Anbieter beigemessen werden.[1162] Aus praktischer Sicht wäre das zu begrüßen, denn anders als die Wettbewerber des marktmächtigen Nachfragers sind die Anbieter un-

---

1155 S. dazu insbes. OLG Düsseldorf WuW/E DE-R 847, 851 – *Linzer Gaslieferant;* so wohl auch *Immenga/Mestmäcker-Markert,* GWB, § 19 Rdnr. 159. Offengelassen durch BGH WuW/E DE-R 1520, 1527 – *Arealnetz.*

1156 In diesem Sinne wohl auch BGH WuW/E DE-R 1520, 1525 ff. – *Arealnetz,* noch zu § 20 a. F.

1157 S. dazu *Lübbert/Schöner,* § 26 Rdnr. 8.

1158 BT-Drucks. 8/ 2136, 24 f.

1159 BT-Drucks. 8/2136, 25; *Emmerich,* Kartellrecht, § 27 Rdnr. 137.

1160 Vgl. Presse-Mitt. des BKartA vom 24.7.2013 wg. *Hochzeitsrabatten.*

1161 BGH WuW/E DE-R 984, 990 – *Konditionenanpassung.*

1162 Ebenso *Emmerich,* Kartellrecht, § 27 Rdnr. 139; *Köhler,* WRP 2006, 139, 140; aA *Bechtold,* GWB, § 19 Rdnr. 84; *Immenga/Mestmäcker-Markert,* GWB, § 19 Rdnr. 368.

mittelbar von dem Missbrauch betroffen und haben die notwendigen Informationen, um dagegen vorzugehen.[1163]

249 *c) Normadressaten.* Die Normadressateneigenschaft kann sich aus § 19 Abs. 1 oder aus § 20 Abs. 2 GWB ergeben. Normadressat kann nur ein nachfragendes Unternehmen sein. Die Eingliederung in § 19 Abs. 2 GWB durch die 8. GWB-Novelle hat daran nichts geändert. Zwar spricht der Wortlaut auch von „marktbeherrschenden Unternehmen als Anbieter", Gesetzeshistorie und Sinn und Zweck der Vorschrift sprechen jedoch gegen eine Anwendung auf anbietende Unternehmen.

250 *d) Tatbestand.* Die Regelung in § 19 Abs. 2 Nr. 5 GWB betrifft nicht die Gestaltung der eigenen Preise und Konditionen, sondern die Beeinflussung der Preise und Konditionen der Marktgegenseite. Verboten ist nicht die diskriminierende Gewährung von Vorteilen durch den Abhängigen, sondern, dass der Normadressat den Abhängigen veranlasst, ihm diskriminierende Vorteile zu gewähren. Der Vorteilsbegriff erfasst neben den Preisen auch die Konditionen eines konkreten Geschäftes, z.B. das Zahlungsziel, und darüber hinaus alle weiteren Leistungen und Absprachen, soweit sie mit dem Geschäft in einer irgendwie gearteten Verbindung stehen.[1164] Die Forderung solcher Vorteile stand in der Vergangenheit insbes. im Zusammenhang mit Unternehmenszusammenschlüssen. Diese werden auch als **„Hochzeitsrabatte"** bezeichnet. Im Grundsatz lassen sich drei Fallgruppen unterscheiden:

251 Grundsätzlich unzulässig ist es, wenn ein nachfragestarkes Unternehmen, ohne dass hierfür ein zivilrechtlicher Anspruch besteht, seine Lieferanten dazu bewegt, für in der Vergangenheit abgeschlossene Sachverhalte **rückwirkend** günstigere Lieferkonditionen zu vereinbaren oder Ausgleichszahlungen zu leisten Der BGH geht dementsprechend von einer widerleglichen Vermutung aus, dass rückwirkende Konditionen nicht sachlich gerechtfertigt werden können.[1165] Das BKartA bewertete mit Blick auf Forderungen nach „Hochzeitsrabatten" durch *EDEKA* nach der *Plus*-Übernahme **rückwirkende Forderungen** ohne Gegenleistung als einen Verstoß gegen das Anzapfverbot.[1166] Das OLG Düsseldorf hat den entsprechenden Beschluss des BKartA indes aufgehoben, weil es sich um Verhandlungen zwischen annähernd gleichstarken Partnern gehandelt habe.

252 Schwieriger ist der Fall zu beurteilen, wenn der Normadressat **laufende Verträge für die Zukunft** ändern will, z.B. weil er durch den Zusammenschluss erfahren hat, das einem der beiden zusammengeschlossenen Unternehmen bessere Preise bzw. Konditionen eingeräumt wurden als dem anderen. Hier gilt der Grundsatz, dass Verträge einzuhalten sind und der Normadressat keine Forderungen nach Konditionenanpassungen auf das jeweils bessere Niveau erheben darf.

253 Demgegenüber steht es dem Normadressaten frei, im Rahmen von Verhandlungen neuer Verträge **für die Zukunft** bessere Preise/Konditionen zu fordern. Wenn dabei die günstigsten Konditionen eines im Rahmen einer „Hochzeit" zusammengeschlossenen Unternehmens nun für den gesamten Unternehmensverbund zu Grunde gelegt werden, ist das im Grundsatz unproblematisch. Auch ein marktmächtiger Nachfrager kann sich seine durch eine Übernahme gewonnenen neuen Erkenntnisse zu Nutze machen.

254 Seit der 7. GWB-Novelle (2005) erfasst § 19 Abs. 2 Nr. 5 GWB nicht nur die **Veranlassung** zur Vorteilsgewährung, sondern im Sinne eines Gefährdungstatbestandes bereits die **Aufforderung** hierzu. Dadurch wurde die Regelung an das EU-Recht angeglichen.[1167] Anders als im Falle der Veranlassung ist das tatsächliche Gewähren von Vorteilen

---

[1163] *Langen/Bunte-Nothdurft,* § 19 Rdnr. 153.

[1164] *Säcker/Mohr,* WRP 2010, 1, 5.

[1165] BGH WuW/E DE-R 984, 990 – *Konditionenanpassung.*

[1166] Vgl. OLG Düsseldorf B. v. 18.11.2015, Az. VI-Kart 6/14(V); zur Position des BKartA Presse-Mitt. v. 24.7.2013 und Fallbericht v. 28.8.2014, zuletzt BKartA TB 2013/2014, S. 57; *Langen/Bunte-Nothdurft,* § 19 Rdnr. 173.

[1167] *Bechtold,* § 19 Rdnr. 85.

durch den Anbieter bei der Aufforderungsalternative nicht zwingend, d. h. auf den Erfolg der Aufforderung kommt es gerade nicht an.[1168]

Das **Ausnutzen** der Marktstellung erfordert einen Kausalzusammenhang zwischen der Marktbeherrschung bzw. Marktstärke und der Vorteilsgewährung. Es genügt jedoch nicht, dass der Normadressat die Gewährung von Vorteilen verlangt; er muss auf den Abhängigen auch dahin einwirken, dass er seinen Wettbewerbern diesen Vorteil vorenthält.[1169] Beide Vorteile muss der Normadressat zielgerichtet verfolgen.[1170] 255

e) Sachliche Rechtfertigung. Eine Aufforderung oder Veranlassung zur Vorteilsgewährung ist kartellrechtwidrig, wenn sie ohne sachliche Rechtfertigung erfolgt. Ob die Vorteile sachlich gerechtfertigt sind, ist im Rahmen einer Interessenabwägung festzustellen, wobei es insbes. darauf ankommt, ob die Vorteile auch einem Vertragspartner gewährt worden wären, der keine Marktmacht oder -stärke aufweist.[1171] Miteinzubeziehen sind auch die berechtigten Interessen des Normadressaten.[1172] Auch die Normadressaten dürfen im Grundsatz ihre Verhandlungsmacht nutzen, um für sich die günstigsten Bedingungen zu erreichen. 256

Laut der Gesetzesbegründung sind nicht leistungsgerechte Bedingungen,[1173] bei denen sich der Normadressat eine weder markt- noch vertragsbedingte Vorzugsstellung gegenüber den marktschwächeren Wettbewerbern verschaffen will, grundsätzlich sachlich nicht gerechtfertigt. Entscheidend ist, ob dem Vorteil auch eine Gegenleistung zugrunde liegt. In seinem Urteil *Schaufensteraktion*[1174] aus dem Jahre 1976 hat der BGH eine Schaufensterprämie als Verstoß gegen das Anzapfverbot (§ 1 UWG a. F.) gesehen. Ein Hersteller bot einem Elektrofachhändler an, pro Verkauf eine Prämie zu zahlen, wenn dieser ein bestimmtes Elektrogerät prominent in sein Schaufenster integrierte. Dem Urteil lag das Verständnis zu Grunde, dass der Fachhandel auch die Funktion erfülle, dem Verbraucher aufklärend und schützend zur Seite zu stehen. Der Verbraucher gehe davon aus, dass die herausgestellten Produkte nach Qualität und Preis ausgewählt würden und nicht nach einer zusätzlichen Vergütung. Auch das OLG München hat noch 1992 in seinem Urteil *Besonders platzierte Arzneimittel*[1175] den Barrabatt eines Arzneimittelherstellers für die Platzierung von rezeptfreien Arzneimitteln im Schaufenster als wettbewerbswidrig eingestuft und sich auf das *Schaufensteraktions*-Urteil des BGH berufen. Diese Rechtsprechung ist inzwischen überholt. Der verständige Verbraucher muss damit rechnen, dass der Fachhandel margenorientiert handelt und dabei auch besondere Gegenleistungen für besondere Vertriebsleistungen einfordert.[1176] Sachlich gerechtfertigt sind ausgehandelte Konditionen, die nicht allein durch das Machtgefälle zwischen Nachfrager und Anbieter bedingt sind. Darunter fallen Werbekostenzuschüsse, Aktionsrabatte, um ein Produkt gezielt in den Markt zu bringen oder es punktuell zu bewerben, oder Prämien für besondere und herausragende Platzierungen (Schaufensterprämien, Regalmiete).[1177] Auch Eröffnungs- oder Jubiläumsprämien können gerechtfertigt sein.[1178] Ein Entgelt für die Listung neuer Produkte kann inhaltlich eine Preisermäßigung sein, die sich aufgrund der wirtschaftlichen Risiken bei Einführung eines neuen Produkts rechtfertigen lässt.[1179] 257

(nicht belegt) 258–259

[1168] *Bechtold,* § 19 Rdnr. 85.
[1169] KG WuW/E DE-R 367, 368 – *Schulbuchbeschaffung.*
[1170] OLG Düsseldorf U. v. 22.1.2004, Az. VI-2 U (Kart) 3/04.
[1171] *Bechtold,* GWB, § 19 Rdnr. 90.
[1172] S. dazu *Lübbert/Schöner,* § 23 Rdnr. 159.
[1173] BT-Drucks. 8/2136, 25.
[1174] BGH WuW/E BGH 1485 ff. – *Unzulässige Schaufenstermiete.*
[1175] OLG München GRUR 1992, 712 ff. – *Besonders platzierte Arzneimittel.*
[1176] Vgl. zu der Thematik *Säcker/Mohr,* WRP 2010, 1, 7 ff. mwN.
[1177] *Langen/Bunte-Nothdurft,* § 19 Rdnr. 170 mwN; siehe zu Vorauszahlungen für den Zugang auch die Leitlinien für vertikale Beschränkungen (ABl. 2010/C 130/01), Rdnr. 203 ff..
[1178] BGH WuW/E BGH 1943, 1946 – *Markenverband-Deschauer.*
[1179] OLG Hamm GRUR-RR 2003, 888.

D. Sanktionen und Verfahren

I. Abstellungsverfügungen der Kartellbehörden (§ 32 GWB)

260 **1. Verwaltungsverfahren.** Gemäß § 32 Abs. 1 kann die Kartellbehörde Unternehmen und Vereinigungen von Unternehmen verpflichten, eine Zuwiderhandlung gegen eine Vorschrift des GWB abzustellen. Die Regelung wurde durch die 7. Novelle umgestaltet und in den §§ 32aff. durch flankierende verwaltungsrechtliche Befugnisse (z. B. einstweilige Maßnahmen sowie Verpflichtungszusagen, dazu *Klose* in § 51) ergänzt. Dies erfolgte im Wesentlichen in Anlehnung an die entsprechenden EU-kartellrechtlichen Regelungen der Verfahrens-VO Nr. 1/2003 (s. dort Art. 7 ff.). Die erste Sanktion gegen missbräuchliche Verhaltensweisen bildet daher die Abstellungsverfügung der Kartellbehörde. Das früher in § 22 Abs. 5 a. F. enthaltene Recht der Kartellbehörde, Verträge für unwirksam zu erklären, entfiel durch die 6. GWB-Novelle, ohne dass dies in den Materialien erläutert wurde. Ohnehin gilt § 134 BGB (s. Rdnr. 270).

261 Über die Einleitung eines Verfahrens entscheidet die Kartellbehörde nach pflichtgemäßem Ermessen („kann").[1180] Auch nach Feststellung der Tatbestandsvoraussetzungen des § 19 Abs. 1 oder 2 kann die Kartellbehörde im Rahmen ihres Entschließungsermessens ausnahmsweise vom Erlass einer Missbrauchsverfügung absehen[1181] oder im Beschwerdeverfahren auf die Geltendmachung der Rechte aus der Verfügung verzichten.[1182] Verfügungen, bei denen eine sachgerechte Ermessensausübung unterblieben ist, sind schon deshalb rechtswidrig.[1183] Einen **Anspruch Dritter gegen die Kartellbehörde auf Einschreiten** nach § 22 Abs. 5 a. F. hat die Rechtsprechung[1184] unter weitgehender Zustimmung des Schrifttums[1185] grundsätzlich abgelehnt; dasselbe gilt erst Recht für § 19 iVm. § 32 GWB, weil die Dritten seit 1999 ggf. selbst zivilrechtlich gegen den Normadressaten vorgehen können (dazu Rdnr. 269).

262 Sobald die Kartellbehörde (vom Amts wegen oder auf Antrag) ein Verfahren gegen ein Unternehmen eingeleitet hat, gelten die allgemeinen Vorschriften des GWB für Verwaltungsverfahren (§§ 54 ff.).[1186] Die Kartellbehörde verfügt dabei über die im Gesetz vorgesehenen Ermittlungsrechte (insbes. die Befugnis für Auskunftsverfügungen nach § 59). Bestätigt sich der Anfangsverdacht, so hat die Behörde den betroffenen Unternehmen Gelegenheit zur Stellungnahme zu geben (§ 56 Abs. 1). Dies erfolgt regelmäßig auf der Grundlage einer **Abmahnung,** bei der es sich um einen Entwurf der angekündigten Verfügung handelt. Während früher nur für die Missbrauchsaufsicht nach § 19 (und – obligatorisch – für die Ministererlaubnis) die Möglichkeit einer **öffentlichen mündlichen Verhandlung** vorgesehen war, ist dieser Verfahrensschritt seit der 7. Novelle in § 56 Abs. 3 als Kann-Regelung für alle Verwaltungsverfahren vorgesehen. In der Praxis wird darauf allerdings meistens verzichtet.

[1180] *Langen/Bunte-Bornkamm,* aaO § 32 Rdnr. 9 sowie *Langen/Bunte-Nothdurft,* aaO § 19 Rdnr. 369.

[1181] *Langen/Bunte-Nothdurft,* aaO § 19 Rdnr. 369; *FK-Baur/Weyer,* § 22 a. F. Tz. 668; aA wohl *Rittner/Dreher/Kulka,* aaO Rdnr. 1246.

[1182] S. dazu OLG Düsseldorf WuW/E DE-R 829 ff. – *Freie Tankstellen II* sowie das Vorgehen des BKartA in den beiden *Fährhafen Puttgarden*-Fällen, s. dazu BKartA TB 2003/2004, S. 152 und TB 2013/2014, S. 118.

[1183] KG WuW/E DE-R 124, 129 – *Flugpreis Berlin/Frankfurt/M.;* dazu BGH WuW/E DE-R 375, 380 – *Flugpreisspaltung,* wo der BGH zwar im konkreten Fall einen Ermessensfehler verneinte, den Ansatz des KG aber nicht verwarf.

[1184] BGH WuW/E BGH 2058 – *Internord;* BGH WuW/E BGH 995, 998 – *Taxiflug;* WuW/E BGH 1556, 1560 – *Weichschaum III;* OLG Düsseldorf WuW/E OLG 1171, 1172; KG WuW/E OLG 1637, 1638 – *Weichschaum.*

[1185] Zustimmend insbes. *FK-Baur/Weyer,* § 22 a. F. Tz. 668; *Rittner/Dreher/Kulka,* aaO Rdnr. 1246; *Möschel,* § 19 Rdnr. 241 f. mwN; *Langen/Bunte-Bornkamm,* § 32 Rdnr. 9; aA *K. Schmidt,* Kartellverfahrensrecht, S. 578 ff.

[1186] Zum Verwaltungsverfahren s. *Klose* in § 53.

2. Inhalt der Abstellungsverfügung (§ 32). Die Kartellbehörde kann nach § 32 Abs. 2 Satz 1 den Unternehmen in der Verfügung alle Maßnahmen vorschreiben, die gegenüber der festgestellten Zuwiderhandlung verhältnismäßig und für eine wirksame Abstellung der Zuwiderhandlung erforderlich sind. Abs. 2 Satz 1 und 2 lassen – seit der 8. Novelle – auch ausdrücklich Abhilfemaßnahmen struktureller Art zu. Außerdem kann die Kartellbehörde, soweit ein berechtigtes Interesse daran besteht, auch eine Zuwiderhandlung feststellen, nachdem diese beendet ist (§ 32 Abs. 3). Mit diesen, überwiegend schon durch die 7. Novelle geschaffenen Neuregelungen erhielten die Kartellbehörden erstmals das Recht, im Verwaltungsverfahren auch eine **positive Tenorierung** vorzunehmen. Dabei schließt die Abstellung der Zuwiderhandlung die Unterlassung ein.[1187] In der Begr. zum RegE der 7. Novelle wurde ausgeführt, dass der im neuen § 32 Abs. 2 aufgeführte **Verhältnismäßigkeitsgrundsatz** insbes. bei evtl. Eingriffen in die Unternehmenssubstanz (sog. strukturelle Maßnahmen) von Bedeutung sei. Orientierungshilfe gäben dabei die Kriterien, die im Rahmen der Vorbildregelung des Art. 7 VO Nr. 1/2003 vorgegeben sind. Danach können Abhilfemaßnahmen struktureller Art nur festgelegt werden, wenn es keine verhaltensorientierte Abhilfemaßnahmen von gleicher Wirksamkeit gibt oder wenn letztere im Vergleich zu Abhilfemaßnahmen struktureller Art mit einer größeren Belastung für die beteiligten Unternehmen verbunden wäre.[1188] In der 8. Novelle wurden die Maßnahmen struktureller Art ausdrücklich in den Gesetzeswortlaut übernommen. Bei Missbrauchsverfügungen haben sie aber – soweit ersichtlich – bisher keine praktische Bedeutung erlangt, und es ist auch nicht ersichtlich, dass in diesem Zusammenhang Eingriffe in die Unternehmenssubstanz verhältnismäßig sein könnten.[1189] Durch die 8. Novelle eingefügt wurde auch Abs. 2a des § 32. Danach kann die Kartellbehörde in der Abstellungsverfügung eine **Rückerstattung** der aus dem kartellrechtswidrigen Verhalten erwirtschafteten Vorteile anordnen, wobei die in den erwirtschafteten Vorteilen enthaltenen Zinsvorteile geschätzt werden können. Bei der Neuregelung handelt es sich um eine Kodifizierung der Rechtsprechung des BGH im Fall *Stadtwerke Uelzen.*[1190] Die Praxis zu der neuen Regelung ist noch spärlich. Allerdings wurden Rückerstattungen auch schon vor der 8. Novelle auf der Grundlage der *Stadtwerke Uelzen*-Entscheidung des BGH angeordnet, z. B. im Fall *Wasserpreise Calw*[1191] und im Fall *Entega.*[1192] Außerdem geben Unternehmen gelegentlich Verpflichtungszusagen über „freiwillige" Rückerstattungen ab, die dann nach § 32b von der Kartellbehörde für bindend erklärt werden.[1193] 263

Auch nach der 7. Novelle wird man davon ausgehen müssen, dass das Gesetz die Kartellbehörde nur ermächtigt, die als missbräuchlich angesehene **konkrete Verletzungsform** zu untersagen.[1194] Die Verletzungshandlung muss eingetreten sein oder jedenfalls 264

[1187] Begr. zum RegE, BT-Drucks. 15/3640, S. 51. Erste Verfahren mit umfassender „positiver" Tenorierung waren die Verfügungen in den Fällen *„E.ON Ruhrgas"* (wg. langfristiger Gaslieferverträge) v. 13.1.2006 und *„Soda Club"* (wg. eines Mietsystems für CO_2-Zyliner) v. 9.2.2006; im zweiten Verfahren (Fn. 366) hat sich Soda Club i. R. e. Settlements zudem verpflichten an die Zyliner Banderolen anzubringen, die hervorheben, dass sie auch von anderen Unternehmen unter Beachtung der gesetzlichen Vorschriften befüllt werden dürfen.

[1188] Begr. RegE, aaO S. 51.

[1189] Zur Tragweite des durch die 8. Novelle neugestalteten § 32 Abs. 2 Satz 1 und Satz 2 s. auch *Klose,* § 51 Rdnr. 17 ff.

[1190] BGH U. v. 10.12.2008, WuW/E DE-R 2538 ff.; s. dazu auch Begr. RegE, BT-Drucks. 17/9852, S. 26/27.

[1191] BGH WuW/E DE-R 3632, 3636.

[1192] BKartA Presse-Mitt. vom 20.3.2012 (Rückerstattung an Heizstromkunden).

[1193] So z. B. BKartA TB 2007/2008, S. 114 ff., 117 f. (dort nicht nur Gutschriften zugunsten der Kunden, sondern auch andere „preiswirksame Maßnahmen" wie die Verschiebung von Preiserhöhungen oder Preissenkungen). S. ferner BKartA Presse-Mitt. vom 7.5.2014 i. S. *BWB.*

[1194] S. z. B. BGH WuW/E BGH 1435, 1437 – *Vitamin B 12; FK-Weyer,* § 19 Tz. 1286 mwN. Näher dazu *Langen/Bunte-Bornkamm,* § 32 Rdnr. 43/44.

unmittelbar bevorstehen und hinreichend konkretisiert sein.[1195] Das OLG Düsseldorf hat es im Fall *„Langfristige Gaslieferverträge"* als rechtmäßig angesehen, dass die Kartellbehörde dem Normadressaten bei Wiederholungsgefahr Vorgaben auch hinsichtlich des Abschlusses künftiger Verträge (sog. Neuverträge) macht.[1196] Es ist jedoch zweifelhaft, ob Anordnungen zulässig, insbes. verhältnismäßig sind, die generell jeden künftigen gleichartigen Vertrag untersagen, selbst wenn im Einzelfall eine GVO anwendbar sein oder die Spürbarkeit der Wettbewerbsbeschränkung fehlen könnte. Es können also nur solche Verhaltensweisen untersagt werden, deren Vornahme in der Zukunft eine Zuwiderhandlung darstellen würde.[1197] Im Fall des Preismissbrauchs lässt die Rechtsprechung die Untersagung über die konkrete Verletzungsform hinaus für den gesamten Bereich bis zu der ermittelten Missbrauchsgrenze zu, damit das marktbeherrschende Unternehmen sich dem Verbot nicht durch geringfügige Preisänderungen entziehen kann.[1198] Das in der Verfügung ausgesprochene **Verbot** gilt nur **mit ex nunc-Wirkung,** eine Rückwirkung der (Abstellungs-) Verfügung ist ausgeschlossen[1199] (s. aber § 32 Abs. 2a betr. Rückerstattung sowie § 34 zur Vorteilsabschöpfung). Ferner kann die Kartellbehörde gemäß § 32a in dringenden Fällen, wenn die Gefahr eines ernsten nicht wieder gutzumachenden Schadens für den Wettbewerb besteht, von Amts wegen **einstweilige Maßnahmen** anordnen.

265 Die Untersagungsverfügung muss außerdem den Anforderungen an das **Bestimmtheitsgebot** genügen, wobei der Inhalt der Verfügung unter Heranziehung der Gründe durch Auslegung zu ermitteln ist.[1200] Zweifel an der Bestimmtheit der Verfügung können sich daraus ergeben, dass die Reichweite im Hinblick auf bestimmte Sachverhaltselemente unklar ist, z. B. hinsichtlich der Rückwirkung auf noch nicht abgerechnete Lieferungen.[1201] Der BGH sieht es bei der Zugangsverweigerung gemäß § 19 Abs. 2 Nr. 4 als zulässig an, dass die Kartellbehörde einen zweistufigen Ansatz wählt, also zunächst „im ersten Zugriff" die Zugangsverweigerung untersagt und die daraus resultierenden Folgefragen (konkrete Vorkehrungen für den Zugang bzw. Entgelt) später regelt.[1202]

266 Bisher weitgehend ungeklärte Rechtsfragen verbinden sich mit dem Erlass von Missbrauchsverfügungen, die ohne **zeitliche Begrenzung** ergehen.[1203] Bei der Festlegung

---

[1195] So KG WuW/E OLG 5165, 5181 – *Gasdurchleitung,* bestätigt durch BGH WuW/E BGH 2953, 2965 – *Gasdurchleitung.*

[1196] OLG Düsseldorf WuW/E DE-R 1757 ff. – *E.ON Ruhrgas;* so auch *Langen/Bunte-Bornkamm,* aaO 11. Aufl., § 32 GWB, Rdnr. 26, 28. Einschränkend dazu *Thomas,* RdE 2007, 1, 15 f., der zu Recht darauf hinweist, dass nicht angeordnet werden darf, dass in Zukunft z. B. überhaupt keine Ausschließlichkeitsverträge abgeschlossen werden dürfen, weil ein einzelner Vertrag dieser Art noch keine Wettbewerbsbeschränkung darstelle.

[1197] S. dazu die Rechtsprechung des EuGH zur parallelen Vorschrift der (alten) VO Nr. 17/62, U. v. 1.10.1998, Slg. 1998 I-5609, Rdnr. 74 – *Langnese/Iglo;* Schlussanträge GA *Colomer* zu EuGH aaO Slg. 1998 I-5611, Rdnr. 39 – *Langnese/Iglo.*

[1198] BGH WuW/E BGH 1435, 1437 – *Vitamin B 12;* zustimmend *Möschel,* § 19 Rdnr. 243; *Langen/Bunte-Nothdurft,* aaO § 19 Rdnr. 368 und wohl auch *FK-Weyer,* § 19 Tz. 1287.

[1199] Hans. OLG WuW/E OLG 2838, 2840 – *Saarberg Fernwärme* (mwN).

[1200] BGH WuW/E BGH 2406, 2407 – *Inter Mailand;* WuW/E BGH 2953, 2957 – *Gasdurchleitung;* WuW/E BGH 2990, 2992 – *Arzneimittelimporte* (zu § 26 Abs. 2 a. F.).

[1201] S. dazu BGH WuW/E BGH 3021 ff. – *Stadtgaspreise* und OLG Koblenz WuW/E DE-R 1905 ff. – *Gemeindewerke in Rheinland-Pfalz.* Weitere Beispiele bei *Langen/Bunte-Bornkamm,* § 32 Rdnr. 50 ff.

[1202] BGH WuW/E DE-R 977 ff. – *Puttgarden III.* S. auch *Langen/Bunte-Bornkamm,* § 32 Rdnr. 50 mit Hinweis auf die Bestimmtheit als „eine Funktion des Machbaren"; dazu schon oben Rdnr. 240.

[1203] So z. B. im Fall *Valium/Librium* die Neufassung des Beschlusses durch das KG WuW/E OLG 1645, 1646 – *Valium/Librium* und im Fall *Soda-Club II* durch den BGH WuW/E DE-R 2268 ff., Rdnr. 51 (Beschränkung eines Teils der Verfügung auf drei Jahre); s. ferner die Preissenkungsverfügungen des BKartA im *SpreeGas*-Verfahren, WuW/E BKartA 2843, und im Verfahren gegen die *Lufthansa,* WuW/E BKartA 2875 – *Flugpreis Berlin-Frankfurt/M.* Keine Probleme ergeben sich, wenn die Missbrauchsverfügung in ihrer Laufzeit zeitlich begrenzt wird, so z. B. in den Fällen LKartB Bayern WuW/E LKartB 355 ff. – *Gaspreisvergleich* und LKartB Brandenburg WuW/E LKartB 297 ff. – *Stadtgaspreise Potsdam.* S. ferner oben Rdnr. 241. Zur parallelen Rechtsfrage bei Zivilprozessen s.

einer konkreten Missbrauchsgrenze in Gestalt eines absoluten Betrages ergibt sich vor allem die Frage, ob und unter welchen Voraussetzungen der Verfügungsadressat seine Preisgestaltung an die weitere Markt- und Kostenentwicklung anpassen kann. Da verwaltungsrechtlich dafür wohl eine Änderung des Tenors durch die Kartellbehörde erforderlich wäre, würde dies zu einer unzweckmäßigen und wettbewerbspolitisch fragwürdigen Dauerkontrolle führen.[1204] Die Praxis der Kartellbehörden ging zuletzt – im Anschluss an den BGH-Beschluss im Fall *„Strompreise Schwäbisch-Hall"*[1205] – allerdings dahin, dem Normadressaten (nach § 103 Abs. 5 a. F.) eine Abweichung von den Preisen des Vergleichsunternehmens zu untersagen. Dies hat zwar den Nachteil, dass der Normadressat die Preise des anderen Unternehmens ständig beobachten und – ggf. unter Umrechnung der relevanten Parameter – übernehmen muss; von Vorteil ist es dagegen, dass Marktentwicklungen (z. B. bei den Preisen von Vorprodukten) ohne zusätzlichen verwaltungsrechtlichen Aufwand durch „parallele" Preisanpassungen aufgefangen werden können. Darüber hinaus kann der Verfügungsadressat bei veränderter Sach- oder Rechtslage nach Maßgabe des § 49 VwVfG den Widerruf des (unanfechtbaren) Verwaltungsaktes beantragen, und es besteht die Möglichkeit eines Wiederaufgreifens des Verfahrens gemäß § 51 Abs. 1 Nr. 1 VwVfG, was u. U. auch zu einem modifizierten „Zweitbescheid" führen kann.[1206] Soweit ersichtlich, sind diese Alternativen aber noch nicht praktisch geworden. Auf Märkten, die Veränderungen ihrer Strukturen erwarten lassen oder in denen die Maßnahme der Kartellbehörde sogar darauf abzielt, ist es nach dem Verhältnismäßigkeitsprinzip ohnehin geboten, die Laufzeit der Verfügung zu befristen.[1207]

3. Rechtsmittel. Gegen die Abstellungsverfügung kann **Beschwerde** beim zuständigen OLG eingelegt werden. Früher hatte die Beschwerde aufschiebende Wirkung. Mit dem Inkrafttreten der Preismissbrauchsnovelle am 22.12.2007 ist § 64 Abs. 1 Nr. 1 GWB a. F. jedoch entfallen und damit die aufschiebende Wirkung auch bei Verfügungen nach den §§ 19 bis 21 GWB grundsätzlich abgeschafft worden (eine Ausnahme gilt für Fälle des § 32 Abs. 2a, s. § 64 Abs. 1 Nr. 2). Dies stellt eine bemerkenswerte Kehrtwendung der Bundesregierung bzw. des Gesetzgebers dar, weil in der Begründung zum RegE der 7. Novelle[1208] noch hervor gehoben worden war, dass sich diese Fälle „wegen der vielfach schwierigen Rechts- und Tatfragen" und der „teilweise weit reichenden Wirkungen solcher Entscheidungen" für den Sofortvollzug nicht eigneten. Nunmehr gilt jedoch grundsätzlich der **Sofortvollzug.** Die Unternehmen sind daher auf den **Eilrechtsschutz** des § 65 Abs. 3 Satz 2 GWB angewiesen, wenn sie eine Aussetzung des Vollzugs erreichen wollen. In diesem (summarischen) Eilverfahren ist seit der 7. Novelle (2005) die **Rechtsbeschwerde** zum BGH statthaft.[1209] Wegen der Vorschriften für das Rechtsmittelverfahren sei ergänzend auf die Ausführungen von *Klose* in § 54 verwiesen.[1210] 267

4. Vorteilsabschöpfung (§ 34). Gemäß § 34 Abs. 1 iVm. Abs. 5 kann die Kartellbehörde für maximal fünf Jahre seit Beendigung der Zuwiderhandlung die Abschöpfung des wirtschaftlichen Vorteils anordnen und dem Unternehmen die Zahlung eines entsprechen- 268

OLG Düsseldorf WuW/E DE-R 2184, 2194 – *Reisestellenkarte* (zu § 33 GWB iVm. Art. 82 EG, jetzt: Art. 102 AEUV).

[1204] Ablehnend gegenüber einer „präventiven" Kontrolle ohne jede zeitliche Begrenzung bei Netznutzungsentgelten auch OLG Düsseldorf WuW/E DE-R 1239, 1242 f. – *Teag.*

[1205] BGH WuW/E BGH 2967 ff.

[1206] Die Anwendbarkeit des § 51 Abs. 1 Nr. 1 VwVfG hat das BKartA in seiner *Teag*-Verfügung (BA, S. 36) ausdrücklich anerkannt, s. WuW/E DE-V 722 ff. So später der Sache nach („bei unveränderter Sachlage") auch BGH WuW/E DE-R 1513, 1515 – *Stadtwerke Mainz;* kritisch dazu wegen der fehlenden Befristung *Haus/Jansen,* ZWeR 2006, 77, 94.

[1207] So BKartA B. v. 13.1.2006, WuW/E DE-V 1147 ff. – *E.ON Ruhrgas (Langfristige Gaslieferverträge).*

[1208] BT-Drucks. 15/3640, S. 64.

[1209] Zum eingeschränkten Prüfungsmaßstab – rechtliche Plausibilität bzw. Vertretbarkeit – s. BGH WuW/E DE-R 2035, 2037 f. – *Lotto im Internet.*

[1210] S. unter § 54 Rdnr. 1 ff.

den Geldbetrages auferlegen, wenn es schuldhaft gegen eine Vorschrift des GWB (also auch gegen § 19 sowie § 29) oder eine Verfügung der Kartellbehörde (z. B. gemäß § 32 iVm. § 19, § 29) verstoßen und dadurch einen wirtschaftlichen Vorteil erlangt hat. Diese Ermessensvorschrift ermöglicht also (ebenso wie bei Schadenersatzansprüchen Dritter) auch einen rückwirkenden Eingriff. Sie ist aber bisher – soweit ersichtlich – noch nicht angewendet worden. Die Vorgängervorschrift (seinerzeit noch: Mehrerlösabschöpfung) wurde in das Gesetz eingefügt, um zu verhindern, dass ein Rechtsmittel gegen die Verfügung vor allem deswegen eingelegt wird, um dem Unternehmen die wirtschaftlichen Vorteile zu erhalten, die in der Zwischenzeit durch die Nichtbeachtung der (noch nicht bestandskräftigen) Verfügung erlangt werden. Eine Abschöpfung findet nicht statt, soweit der Vorteil durch Schadensersatzleistungen nach § 33, durch Geldbuße, durch Anordnung des Verfalls oder durch Rückerstattung nach § 32 Abs. 2a (dazu oben Rdnr. 263) ausgeglichen ist (§ 34 Abs. 2). Die alte Sanktion vor der 7. Novelle hatte keine praktische Bedeutung erlangt. Im Fall „*Strompreise Schwäbisch-Hall*"[1211] verzichtete die LKartB auf eine Abschöpfung, weil das betroffene EVU den Mehrerlös seinen Kunden erstattet hatte. Zu solchen „freiwilligen" Erstattungen kommt es gelegentlich auch bei Zusagenentscheidungen nach § 32b GWB. In der Versorgungswirtschaft mit der dort gegebenen Erfassung der Kunden- und Leistungsdaten ist dies die beste Alternative. Eine Vorteilsabschöpfung kommt aber in solchen Fällen in Betracht, in denen die Vertragsbeziehungen nicht rekonstruiert werden können. Ungeklärt ist, unter welchen Voraussetzungen bei offenen Rechtsfragen das erforderliche vorsätzliche oder fahrlässige Verhalten des Verfügungsadressaten fehlen könnte.[1212]

II. Zivilrechtliche Sanktionen

269 Die **zivilrechtlichen Ansprüche** bei Verletzung kartellrechtlicher Verbotsvorschriften sind durch die 7. Novelle (1999) in erheblichem Umfang umgestaltet, insbes. erweitert worden. Auf die Schutzgesetz-Qualität der Verbote kommt es seitdem nicht mehr an. Für Verstöße gegen § 19 haben sich allerdings keine grundlegenden Änderungen ergeben, weil hier die Schutzgesetzqualität anerkannt war. Der durch die 7. Novelle neu gefasste § 33 sieht in Abs. 1 Satz 1 einen Anspruch des Betroffenen auf Beseitigung und bei Wiederholungsgefahr auf Unterlassung vor, wobei der **Unterlassungsanspruch** bereits dann besteht, wenn eine Zuwiderhandlung droht.[1213] Betroffener ist, wer als Mitbewerber oder sonstiger Marktbeteiligter durch den Verstoß beeinträchtigt ist. Dazu zählen auch private Endabnehmer. Gemäß § 33 Abs. 3 Satz 1 besteht bei vorsätzlichen oder fahrlässigen Verstößen (gegen § 19) ein **Schadensersatzanspruch.** Wegen der Einzelheiten zu den zivilrechtlichen Sanktionen sei auf die Erläuterungen von *Topel* in § 50 verwiesen. Die Geltendmachung von Schadensersatzansprüchen nach § 33 a. F. iVm. § 19 war früher selten geblieben,[1214] was an den vielfach schwierigen Rechts- und Tatfragen gelegen haben dürfte. In letzter Zeit haben die Gerichte Betroffenen aber gelegentlich Schadensersatz zugesprochen, so z. B. in den Fällen *Nürburgring*[1215], *Arzneimittelpreise,*[1216] *Teilleistungsangebot* (Verfah-

---

[1211] BGH WuW/E BGH 2967 ff.

[1212] Es liegt nahe, insoweit auf die Grundsätze zum schuldausschließenden Verbotsirrtum abzustellen, s. dazu BGH WuW/E BGH 3121, 3127 – *Bedside-Testkarten.* Nach *Langen/Bunte-Bornkamm,* § 34 Rdnr. 10, sind an das Verschulden „keine hohen Anforderungen zu stellen"; der Handelnde trage das Risiko der zweifelhaften Rechtslage.

[1213] Ein Unterlassungsanspruch wurde dem Kläger zuerkannt im Fall *Entega II* (BGH WuW/E DE-R 3145 ff., Rdnr. 51 ff.), dort wegen einer Diskriminierung nach § 19 Abs. 1 GWB.

[1214] S. allerdings OLG Düsseldorf U. v. 5.5.2004, Az. VI – U – (Kart) 29/03 betr. Gewährung eines Schadensersatzanspruches bei verweigerter Stromdurchleitung; s. ferner U. v. 27.6.2007, WuW/E DE-R 2109, 2117 – *DARED* (für missbräuchlich überhöhte Teilnehmerdaten).

[1215] OLG Koblenz WuW/E DE-R 3727 ff. – *Nürburgring,* dort zu § 19 Abs. 2 Nr. 4.

[1216] LG Frankfurt NZKart 2013, 510 bzw. OLG Frankfurt WuW/E DE-R 3163 ff. – *Arzneimittelpreise,* dort wegen eines Preishöhenmissbrauchs nach § 19 Abs. 2 Nr. 2; dazu kritische Anmerkung *Wiemer,* WuW 2011, 723 ff.

ren gegen die *DP AG*)[1217] und i.S. *Telegate ./. DT.*[1218] Dabei kann den Normadressaten trotz der beim Anspruchsteller liegenden Darlegungs- und Beweislast für die fehlende sachliche Rechtfertigung einer Ungleichbehandlung eine sekundäre Darlegungslast bzgl. der von ihm in tatsächlicher Hinsicht in Anspruch genommenen rechtfertigenden Umstände treffen. Es ist dann Sache des Anspruchstellers, zum Nachweis eines Missbrauchs etwaige vom Anspruchsgegner vorgetragene tatsächliche Umstände zu widerlegen.[1219] In anderen Fällen wurden Klagen gegen Normadressaten als unzulässig oder unbegründet abgewiesen.[1220] Unabhängig davon sind in vielen Fällen von Kunden Einwendungen nach § 315 BGB geltend gemacht worden.[1221] Gemäß § 33 Abs. 1 Satz 1 sind auch Verstöße gegen (Abstellungs-)Verfügungen gemäß §§ 19, 32 relevant. Auch bei einem (schuldhaften) Verstoß gegen die (unanfechtbare) Verfügung steht den Betroffenen daher ein Schadensersatzanspruch gemäß § 33 Abs. 3 zu.

Da es sich bei § 19 um ein Verbotsgesetz handelt, gilt für missbräuchliche Rechtsgeschäfte ganz oder teilweise die **Nichtigkeitssanktion** des § 134 BGB.[1222] Da die Kartellbehörde keine Befugnis zur Unwirksamkeitserklärung von Verträgen (mehr) hat (s. Rdnr. 260), muss die zivilrechtliche Tragweite der Verfügung im Streitfall durch die Parteien des Rechtsgeschäfts vor den Zivilgerichten geklärt werden. Diese sind – anders als bei der Geltendmachung von Schadenersatz, wo dies in § 33 Abs. 4 GWB ausdrücklich vorgesehen ist – nicht an die Feststellung eines Verstoßes durch die Kartellbehörde gebunden. Die Verfügung bindet also das Zivilgericht hinsichtlich der materiellen Wertungen (anders als bei Entscheidungen der Komm. nach Art. 16 der VO Nr. 1/2003) nicht.[1223] Zu beachten ist, dass vielfach keine Gesamtnichtigkeit, sondern nur Teilnichtigkeit in Betracht kommt. Dies gilt namentlich bei missbräuchlich überhöhten Preisen, wo regelmäßig salvatorische Klauseln (mit Ersetzungsteil) über das Schicksal des Gesamtvertrages entscheiden.[1224] Ferner kommt die Anpassung eines missbräuchlich überhöhten Preises oder – ausnahmsweise – auch nichtiger Vertragsklauseln (AGB) an das gesetzlich noch zulässige Ausmaß in Betracht.[1225] Dies gilt auch für Fälle missbräuchlich hoher Bezugsquoten oder zu langer ausschließlicher Bezugsbindungen.[1226] Im Falle der Nichtigkeit von Preisregelun- **270**

[1217] OLG Düsseldorf U. v. 30.9.2009, Az. IV-U (Kart) 17/08, s. dazu BKartA TB 2009/2010, S. 93, dort betr. Schadensersatzanspruchs des Klägers gegen die *DP AG* wegen Verweigerung eines Teilleitungsangebots im Briefgeschäft (rechtskr.).

[1218] OLG Düsseldorf U. v. 8.6.2011, Az. VI-U (Kart) 2/11, dazu Presse-Mitt. vom 8.6.2011, betr. Schadensersatzanspruch wegen überhöhter Entgelte (ein Fall aus dem *DARED*-Komplex), dort betr. unbillige Behinderung, heute § 19 Abs. 2 Nr. 1.

[1219] Dazu OLG Frankfurt WuW/E DE-R 3163, 3168 – *Arzneimittelpreise;* s. auch Hans. OLG WuW/E DE-R 2831 ff., Rdnr. 54 – *CRS-Betreiber/Lufthansa,* dort für einen Unterlassungsanspruch. Zu einem Akteneinsichtsrecht eines Dritten bei der Kartellbehörde zwecks Geltendmachung von Schadensersatzansprüchen (dort: wegen überhöhter Wasserpreise) OLG Frankfurt WuW/E DE-R 4505 ff. – *Akteneinsichtsrecht.*

[1220] So z.B. OLG Frankfurt WuW/E DE-R 4640 – *Breitbandkabelnetze;* LG Köln WuW/E DE-R 4032 – *Telegate/DT.*

[1221] Das Verhältnis von Ansprüchen nach §§ 19, 20 GWB zu § 315 BGB behandelt *Hirsch,* in Fs. *Carl Baudenbacher,* 2007, 405, 415.

[1222] Offengelassen von BGH U. v. 29.6.2010, Az. KZR 9/08, Rdnr. 26 – *Teilnehmerdaten IV.* In einem weiteren Fall aus dem *DARED*-Komplex (*Telegate ./. DT*) hat der BGH in einem Hinweisbeschluss v. 10.2.2009, S. 5 (KZR 41/07) angedeutet, dass bei einem Verstoß gegen Verbotsgesetze wie § 12 TKG und § 19 GWB die betreffende „Vergütungsvereinbarung in dem Umfang nichtig ist, in dem der zulässige Preis überschritten wird."

[1223] So auch *Klose,* § 53 Rdnr. 136; aA *Bornkamm,* ZWeR 2003, 73, 80 ff. (zum alten Recht, d.h. vor der Klarstellung in § 33 Abs. 4 GWB durch die 7. GWB-Novelle).

[1224] S. dazu soeben Fn. 1219.

[1225] *Palandt-Ellenberger,* BGB, 73. Aufl. 2014, § 134 Rdnr. 27; für AGB: BGH WuW/E DE-R 4037, 4049 – *VBL Gegenwert.* AA OLG Düsseldorf WuW/E DE-R 2109, 2116 – *DARED* sowie *Immenga/Mestmäcker-Fuchs,* GWB, § 19 Rdnr. 79.

[1226] S. dazu BGH WuW/E DE-R 1305, 1306, zur Bindungswirkung eines Altvertrages über Stromlieferungen, dort allerdings in Zusammenhang mit einem Verstoß gegen das Kartellverbot:

gen tritt an die Stelle des vertraglichen Anspruchs des Normadressaten ggf. ein Bereicherungsanspruch (§§ 812ff. BGB). Auch Kündigungen können ggf. nichtig sein.[1227] Wegen weiterer Einzelheiten sei auf die Ausführungen von *Topel* in § 50 verwiesen.

III. Ordnungswidrigkeiten (§ 81 Abs. 2 Nr. 1 und Nr. 2 GWB)

271 Gemäß § 81 Abs. 2 Nr. 1 GWB handelt ordnungswidrig, wer vorsätzlich oder fahrlässig § 19 GWB zuwiderhandelt. Daneben wird auch die Zuwiderhandlung gegen entsprechende Missbrauchsverfügungen der Kartellbehörde nach § 32 bußgeldrechtlich sanktioniert (§ 81 Abs. 2 Nr. 2a). Der Bußgeldrahmen wurde mit der 7. Novelle vom Mehrerlössystem auf ein Umsatzsystem (maximal 10%, wie im EU-Kartellrecht) umgestellt (s. § 81 Abs. 4). Praktische Bedeutung hat diese ordnungswidrigkeitenrechtliche Flankierung der verwaltungsrechtlichen Missbrauchsaufsicht nicht erlangt, weil die Kartellbehörden im allgemeinen die besonderen Schwierigkeiten bei der Feststellung einer marktbeherrschenden Stellung und beim Missbrauch zugunsten der Unternehmen berücksichtigen. Wegen der Einzelheiten sei im Übrigen auf die Erläuterungen von *Klusmann* in § 55 verwiesen.

E. Verhältnis zu anderen Vorschriften

I. Die Diskriminierungs- und Behinderungsverbote für Unternehmen mit relativer oder überlegener Marktmacht nach § 20 GWB

272 Bis zur 8. Novelle (2013) konnten § 19 und § 20 Abs. 1 und 3 GWB a. F. aufgrund ihrer redundanten Ausgestaltung nebeneinander Anwendung finden. Die 8. Novelle schaffte dieses verwirrende Nebeneinander ab und ordnete die Verbote im Hinblick auf die verschiedenen Normadressaten neu. Seitdem gelten die Verbote des § 20 GWB nur noch für Unternehmen mit relativer Marktmacht (Abs. 1 und Abs. 2) und für Unternehmen mit überlegener Marktmacht (Abs. 3 und Abs. 4), während § 19 nur für marktbeherrschende Unternehmen gilt. Dabei nehmen allerdings § 20 Abs. 1 und 2 auf Verbotstatbestände des § 19 Bezug: § 20 Abs. 1 enthält ein Behinderungs- und Diskriminierungsverbot iSd § 19 Abs. 2 Nr. 1 auch für sog. marktstarke Unternehmen, von denen andere Unternehmen **abhängig** sind, und § 20 Abs. 2 ordnet die Geltung des Veranlassungsverbots in § 19 Abs. 2 Nr. 5 für denselben Adressatenkreis an.[1228]

II. Das Verbot wettbewerbsbeschränkender Vereinbarungen (§§ 1ff. GWB bzw. Art. 101 AEUV)

273 Das Missbrauchsverbot des § 19 gilt grundsätzlich neben dem Verbot wettbewerbsbeschränkender Vereinbarungen in § 1. Dies ist eine Konsequenz der 7. GWB-Novelle, die zur Abschaffung der Sonderregelungen der früheren §§ 14ff. GWB a. F. geführt hat und vertikale vertragliche Wettbewerbsbeschränkungen nunmehr – wie bei Art. 101 AEUV – nach denselben Maßstäben bewertet wie horizontale vertragliche Wettbewerbsbeschrän-

„Eine Bezugsbindung, die allein ihrer übermäßig langen Dauer wegen Bedenken begegnet, ist nicht insgesamt unwirksam, sondern in entsprechender Anwendung des § 139 BGB mit einer dem tatsächlichen oder vermuteten Parteiwillen entsprechenden geringeren Laufzeit aufrechtzuerhalten. Zeitliche Beschränkungen, die unter das Kartellverbot fallen, sind auf das zulässige Maß zurückzuführen …". S. ferner die Stellungnahme des BKartA v. 10.10.2003 an den BGH im Rechtsstreit *Thyssengas./. Stawag,* S. 23 (dort zur Anwendung des Prinzips der geltungserhaltenden Reduktion bei der Anpassung der Laufzeit eines Gasliefervertrages). Das OLG Düsseldorf war in demselben Verfahren noch von Gesamtnichtigkeit ausgegangen (WuW/E DE-R 854ff. – *Stadtwerke Aachen*).

[1227] S. OLG Düsseldorf WuW/E DE-R 4342, 4348, Rdnr. 61 – *Einspeisung von Fernsehprogramminformationen* (dort mangels Missbrauchs verneint), insoweit bestätigt durch BGH WuW/E DE-R 4773ff. – *Einspeiseentgelt*.

[1228] Dazu näher *Lübbert/Schöner* in § 24.

kungen. Der früher geltenden Privilegierung von Ausschließlichkeitsbindungen (über die in § 16 a. F. geregelte Missbrauchsaufsicht) war von der Praxis auch eine Ausstrahlungswirkung im Hinblick auf die Auslegung des § 19 zugesprochen worden.[1229] Zwar können vertragliche Ausschließlichkeitsbindungen, die den §§ 1 ff. unterfallen, nach dem dort geltenden Prinzip der Legalausnahme oder nach einer Gruppenfreistellungsverordnung zulässig sein. Derartige Freistellungen nach § 2 können die Anwendung des § 19 allerdings nicht verdrängen. Insoweit gilt nichts anderes als bei den parallelen Vorschriften des EU-Kartellrechts, d. h. beim Verhältnis zwischen Art. 101 und Art. 102 AEUV.[1230] Zu beachten ist allerdings, dass § 19 kein per se-Verbot für Ausschließlichkeitsbindungen enthält, die durch marktbeherrschende Unternehmen praktiziert werden.[1231] Es ist insbes. nicht ersichtlich, warum nicht auch ein marktbeherrschendes Unternehmen Alleinvertriebsverträge mit Absatzmittlern abschließen können sollte. Wenn marktbeherrschende Unternehmen ihren Kunden langfristige ausschließliche Bezugsbindungen auferlegen, kann darin u. U. eine unbillige Behinderung ihrer (kleineren) Wettbewerber liegen.[1232]

III. Die Sonderregelungen im EnWG

1. Die Aufhebung der §§ 103, 103a GWB a. F. hinsichtlich der Versorgung mit 274 **Elektrizität und Gas.** Die früheren Ausnahmeregelungen im GWB für die Versorgung mit Elektrizität und Gas sind durch das Gesetz zur Neuregelung des Energiewirtschaftsrechts vom 28.4.1998[1233] (die sog. Energierechtsreform) aufgehoben worden (§ 103b GWB a. F.). § 103 Abs. 5 GWB a. F. enthielt bis zu seiner Aufhebung für Versorgungsunternehmen eine besondere Missbrauchsaufsicht, die an den Abschluss von Vereinbarungen im Sinne des § 103 Abs. 1 GWB a. F. anknüpfte. Ein Tätigwerden der Kartellbehörden auf der Grundlage von § 22 Abs. 4, Abs. 5 GWB a. F. war dadurch aber nicht ausgeschlossen.[1234] Nach dem Wegfall des § 103 durch die Energierechtsreform richtete sich die Missbrauchsaufsicht über Unternehmen der leitungsgebundenen Energiewirtschaft zunächst nur nach § 19 GWB. Dies hatte mehrere praxisrelevante Änderungen zur Folge, weil § 103 Abs. 5 a. F. von einem anderen Missbrauchsbegriff ausging.[1235] Seit dem 22.12.2007 gilt zusätzlich der neue § 29 GWB, der zunächst bis Ende 2012 und dann erneut mit der 8. Novelle (Juni 2013) befristet bis Ende 2017 wiederum ein Sonderrecht für diesen Sektor geschaffen hat (dazu oben Rdnr. 215 ff. sowie *Scholz* in § 34).

2. Sonderregelungen im EnWG. Das 2005 stark veränderte neue EnWG[1236] geht 275 zwar grundsätzlich von einem Nebeneinander der energierechtlichen und der kartellrechtlichen Vorschriften aus. Es stellt jedoch in § 111 Abs. 1 S. 1 klar, dass die §§ 19, 20 und 29 GWB nicht anzuwenden sind, „soweit durch dieses Gesetz oder aufgrund dieses Gesetzes erlassener Rechtsverordnungen ausdrücklich abschließende Regelungen getroffen werden". In § 111 Abs. 2 werden sodann die Bestimmungen des Teiles 3 (d. h. die §§ 11–35 betreffend den **Netzbetrieb,** insbes. den **Netzzugang**) und die Rechtsverordnungen, die aufgrund von Bestimmungen des Teiles 3 erlassen worden sind, als **„abschließende Rege-**

[1229] S. dazu z. B. BGH WuW/E BGH 1269, 1275 – *Fernost-Schiffahrtskonferenz,* mwN aus der Rechtsprechung.

[1230] S. noch zu den Vorgängernormen Art. 81 und 82 EG z. B. EuGH, Slg. 1989, 803, 838 ff. Rdnr. 37 – *Ahmed Saeed;* EuG Slg. 1990 II-309, Rdnr. 27 ff. – *TetraPak,* unter Hinweis auf den Vorrang des Primärrechts vor dem Sekundärrecht einer GVO. S. im Übrigen die Erläuterungen von *de Bronett* in § 22 Rdnr. 136 ff.

[1231] So zutr. *Möschel,* aaO § 19 Rdnr. 132.

[1232] Dazu oben Rdnr. 68 ff.

[1233] BGBl. I Nr. 23 v. 28.4.1998, S. 730 ff.

[1234] S. dazu z. B. BGH WuW/E 1221, 1226 – *Stromtarif;* WuW/E BGH 1648, 1650 – *Baukostenzuschuß; FK-Baur/Weyer,* § 22 a. F. Rdnr. 707; *Möschel,* aaO § 19 Rdnr. 253 mwN.

[1235] BGH WuW/E BGH 3140, 3142 – *Gaspreis.* S. dazu *Möschel,* VIK-Mitteilungen 1998, 133 und *Baur,* in Fs. Lieberknecht, 1997, S. 239 ff.

[1236] BGBl. I 2005, 1970 v. 12.7.2005.

lungen" iSd Abs. 1 Satz 1 genannt.[1237] Dies bedeutet, dass die Kartellbehörden grundsätzlich für die Missbrauchsaufsicht über Strom- und Gaspreise nach § 19 GWB zuständig bleiben (s. dazu auch § 111 Abs. 1 Satz 2 EnWG). Da die Sondervorschriften des EnWG für die Kontrolle der Entgelte für den Netzzugang jedoch ein Kostenelement für die Energiepreise der Versorgungsunternehmen darstellen, enthält § 111 Abs. 3 EnWG insoweit eine zusätzliche Abgrenzungsregelung. Die Vorschrift ordnet an, dass in Verfahren der Kartellbehörden nach den §§ 19, 20 und 29 GWB, die Preise von EVU für die Belieferung von Letztverbrauchern betreffen, deren tatsächlicher oder kalkulatorischer Bestandteil Netzzugangsentgelte iSd § 20 Abs. 1 EnWG sind, die von den Betreibern von Energieversorgungsnetzen nach § 20 Abs. 1 veröffentlichten Netzzugangsentgelte als rechtmäßig zugrunde zu legen sind, soweit nicht ein anderes durch eine sofort vollziehbare oder bestandskräftige Entscheidung der Regulierungsbehörde oder ein rechtskräftiges Urteil festgestellt worden ist. Mit dieser Regelung soll eine Doppelregulierung vermieden werden. Der früher in § 111 Abs. 3 EnWG enthaltene Vorrang auch gegenüber Art. 82 EG (jetzt: Art. 102 AEUV) ist durch die Preismissbrauchsnovelle vom 21.12.2007 gestrichen worden, weil die Zuständigkeit für die Anwendung dieser Vorschrift gemäß § 50 Abs. 1 GWB iVm. Art. 35 VO Nr. 1/2003 beim BKartA liegt und nicht der BNetzA (s. § 54 EnWG) übertragen worden ist. Darüber hinaus sieht § 58 EnWG – entsprechend dem Vorbild anderer regulierter Sektoren – eine Zusammenarbeit der Regulierungsbehörde mit dem BKartA vor. In bestimmten Punkten, die sich auf wettbewerbliche Beurteilungen beziehen, muss die Behörde das **Einvernehmen** mit dem BKartA herstellen (§ 58 Abs. 1 Satz 1 EnWG). Trifft die BNetzA Entscheidungen nach den Bestimmungen des Teiles 3 (Regulierung des Netzbetriebs), so muss sie dem BKartA und der nach Landesrecht zuständigen Behörde, in deren Bundesland der Sitz des betroffenen Netzbetreibers gelegen ist, rechtzeitig vor Abschluss des Verfahrens **Gelegenheit zur Stellungnahme** geben (§ 58 Abs. 1 Satz 2 EnWG). Umgekehrt muss die nach dem GWB zuständige Kartellbehörde im Bereich der leitungsgebundenen Versorgung mit Elektrizität und Gas bei Verfahren nach den §§ 19, 20 und 29 GWB, Art. 102 AEUV oder nach § 40 Abs. 2 GWB in ihren Verfahren der BNetzA rechtzeitig vor Abschluss des Verfahrens Gelegenheit zur Stellungnahme geben (§ 58 Abs. 2 EnWG). Generell verpflichtet § 58 Abs. 3 EnWG die BNetzA und das BKartA, auf eine einheitliche und den Zusammenhang mit dem GWB wahrende Auslegung des EnWG hinzuwirken. § 130 Abs. 3 GWB ordnet an, dass die Vorschriften des EnWG der Anwendung der §§ 19, 20 und 29 GWB nicht entgegenstehen, soweit in § 111 EnWG keine andere Regelung getroffen ist.

IV. Die Sonderregelungen des TKG

276 Am 26.6.2004 trat das neue Telekommunikationsgesetz (TKG) in Kraft, das den seit Anfang des Jahres 2002 geltenden europäischen Rechtsrahmen im Telekommunikationsbereich in nationales Recht umsetzte.[1238] Dieser europäische Rechtsrahmen ermöglicht einen flexibleren Einsatz der Regulierungsinstrumente, indem er den nationalen Regulierungsbehörden (NRB, in Deutschland die BNetzA) einen weiteren Ermessensspielraum bei der Auswahl der Maßnahmen, die für die Herstellung von Wettbewerb angemessen sind, einräumt. Zugleich räumt er der Kommission eine starke Einflussnahme auf die einzelnen Regulierungsverfahren ein.[1239] Die Telekommunikationsmärkte wurden bereits mit der Aufhebung der staatlichen Monopolgarantie für den Sprachtelefondienst über das Festnetz zum 1.1.1998 liberalisiert. Kennzeichen der speziellen Regulierung nach dem TKG sind die Verpflichtung zur Gewährung von Netzzugang und Netzzusammenschaltung sowie die

[1237] Die Netzzugangs-VO Strom und die Netzzugangs-VO Gas erklären sich in § 1 Satz 2 insoweit jeweils für „abschließend" iSd § 111 Abs. 2 Nr. 2 bzw. des Abs. 1 EnWG.

[1238] Am 3.5.2012 wurde das TKG erneut in zahlreichen Punkten novelliert (BGBl. 2012 Teil 1 Nr. 19, S. 958); s. dazu aus wettbewerblicher Sicht BKartA TB 2011/2012, S. 93.

[1239] So BKartA TB 2003/2004, S. 26.

Preisregulierung. Betreiber von Telekommunikationsnetzen, die über „beträchtliche Marktmacht" verfügen, sind nach § 21 TKG verpflichtet, anderen Unternehmen Zugang zu gewähren. Außerdem unterliegen derartige Anbieter von Telekommunikationsdienstleistungen einer Regulierung ihrer Entgelte durch die Regulierungsbehörde (§§ 27 ff. TKG). Ziel dieser Regulierung ist es, eine missbräuchliche Ausbeutung, Behinderung oder Diskriminierung von Endnutzern oder Wettbewerbern zu verhindern.

Schon unter dem alten TKG war das **Verhältnis zum GWB** nicht endgültig geklärt. Das 277
BKartA wurde zumeist nicht nach dem GWB tätig, wenn für ein konkretes Verhalten eine Rechtsgrundlage für Eingriffe der RegTP (jetzt: BNetzA) nach dem TKG zur Verfügung stand. Allerdings war die RegTP schon früher bei der Anwendung ihrer spezifischen Rechtsgrundlagen verpflichtet, die Normen und Wertungen des GWB, insbes. der §§ 19, 20 zu berücksichtigen. Ein Verhalten, das gegen das GWB verstößt, war daher nach Ansicht des Amtes auch nach dem TKG nicht genehmigungsfähig.[1240] Das **TKG** sieht heute in § 2 Abs. 4 vor, dass die Vorschriften des GWB anwendbar bleiben, soweit nicht durch das TKG ausdrücklich abschließende Regelungen getroffen werden.[1241] Diese Vorschrift lässt die in § 111 EnWG anzutreffende Klarheit darüber, welche Regelungen abschließend sind, vermissen. Es ist daher weder für das alte noch für das neue bzw. novellierte TKG geklärt, ob z. B. die besondere Missbrauchsaufsicht nach § 42 TKG eine abschließende Regelung darstellt. In der Praxis kommen in den regulierten Telekommunikationsmärkten in erster Linie die sektorspezifischen Regelungen des TKG zur Anwendung. Märkte, die im Marktanalyseverfahren als nicht regulierungsbedürftig eingestuft werden, unterliegen dagegen der allgemeinen Missbrauchsaufsicht nach dem GWB.[1242] Im Übrigen gelten auch im TKG bestimmte Beteiligungsrechte des BKartA bei Regulierungsverfahren der BNetzA. Bei der sachlichen und räumlichen Marktabgrenzung (§ 10 TKG) sowie bei der Feststellung beträchtlicher Marktmacht (§ 11 TKG) ist das **Einvernehmen mit dem BKartA** herzustellen (§ 123 Abs. 1 Satz 1 TKG). Die Bedeutung des Einvernehmens wird jedoch durch die Beteiligungs- und Vetorechte der Kommission in den Marktanalyseverfahren, in denen diese Feststellungen getroffen werden, relativiert. Bei Maßnahmen im Bereich der Regulierung von Unternehmen mit beträchtlicher Marktmacht (Zugangs- und Entgeltregulierung gemäß §§ 16 ff., 27 ff. sowie besondere Missbrauchsaufsicht nach § 42 TKG) ist dem BKartA **Gelegenheit zur Stellungnahme** zu geben. Umgekehrt hat die BNetzA bei Verfahren des BKartA gemäß §§ 19, 20 Abs. 1 und 2 GWB oder Art. 102 AEUV bzw. § 40 Abs. 2 GWB im Bereich der Telekommunikation ein Stellungnahmerecht (§ 123 Abs. 1 Satz 3 TKG). In seiner Verwaltungspraxis hat das BKartA weitgehend einen Vorrang des TKG akzeptiert.[1243] Es führt aber im Einzelfall in Abstimmung mit der BNetzA auch Missbrauchsverfahren nach § 19 GWB gegen Telekommunikationsunternehmen. Als Beispiel aus dem Jahr 2003 sei das Verfahren gegen die *Deutsche Telekom AG* wegen erhöhter Entgelte für die Überlassung von Teilnehmerdaten an Anbieter von Auskunftsdiensten und Herausgeber von Telefonverzeichnissen genannt. Das Verfahren wurde eingestellt, nachdem die *DTAG* sich bereit erklärt hatte, rückwirkend eine erhebliche Senkung der Entgelte vorzunehmen.[1244]

V. Die Sonderregelungen des PostG

§ 32 PostG sieht eine sektorspezifische Aufsicht über das Verhalten marktbeherrschender 278
Postdienstleistungsunternehmen vor.[1245] Die Vorschrift wirft zwei systematische Fragen auf:

[1240] BKartA TB 2001/2002, S. 34.

[1241] Näher dazu *Säcker,* in Berliner Kommentar zum TKG, 2005, § 2 Rdnr. 16 ff.

[1242] BKartA TB 2003/2004, S. 27 f.

[1243] S. dazu zuletzt BKartA TB 2011/2012, S. 98 f. sowie TB 2013/2014, S. 99 f.

[1244] BKartA TB 2003/2004, S. 28, 157 f. (Die Einstellung erfolgte auch im Hinblick auf den bevorstehenden Übergang der Zuständigkeit für diesen Bereich an die RegTP.)

[1245] S. dazu z. B. *Habersack,* K&R 2001, 121 ff. und K&R 2001, 177 ff. sowie *Habersack/Holznagel/Lübbig,* Behördliche Auskunftsrechte und besondere Missbrauchsaufsicht im Postrecht, 2002, S. 112 ff.; nach Ansicht des OLG Düsseldorf WuW/E DE-R 1473 ff. – *Konsolidierer* besteht aber eine

Zum einen ist fraglich, ob sie eine Missbrauchsaufsicht der BNetzA[1246] nur bzgl. des im 6. Abschnitt des PostG genannten Zugangs zu Teilleistungen (§ 28 PostG) und des Zugangs zu Postfachanlagen und Adressänderungen (§ 29 PostG) begründet oder für sämtliche Leistungen nach dem PostG. Zum anderen stellt sich die Frage, ob in dem Anwendungsbereich des § 32 PostG die Anwendbarkeit des GWB ausgeschlossen ist. Beide Fragen sind auch für die Auslegung des GWB von Relevanz: Besteht ein Vorrang des § 32 PostG, so kann das GWB in dessen Geltungsbereich nicht zur Anwendung kommen. Bei Bejahung eines solchen Vorrangs ist im Hinblick auf das GWB ferner von Relevanz, ob dieser sich auch über den Regelungsbereich des 6. Abschnitts des PostG hinaus erstreckt. Auch wenn kein Vorrang, sondern eine konkurrierende Anwendbarkeit von GWB und PostG besteht, ist die Reichweite dieser Regelungskonkurrenz von Bedeutung. Nachfolgend wird zunächst die Reichweite von § 32 PostG innerhalb des PostG erörtert und sodann das Verhältnis dieser Vorschrift zum GWB bestimmt.

279 Die Praxis der BNetzA deutet darauf hin, dass sie den Anwendungsbereich des § 32 PostG weit auslegt. So erwähnte die ehemalige RegTP in ihrem 2. Tätigkeitsbericht unter der Überschrift „Besondere Missbrauchsaufsicht" einen Beschluss vom 16.8.2000, in welchem sie erstmals Treuerabatte beanstandete, welche die *Deutsche Post AG* ihren Großkunden gewährt hatte.[1247] Dabei handelte es sich der Sache nach um ein Entgeltregulierungsverfahren, bei welchem der Maßstab für die Bewertung der Rabatte § 20 Abs. 2 Satz 1 Nr. 2 und 3 PostG war und damit eine Vorschrift außerhalb des 6. Abschnitts des PostG. Dies lässt erkennen, dass die BNetzA auch jenseits der Zugangsgewährung zu Teilleistungen, Postfachanlagen oder Adressänderungen eine Missbrauchsaufsicht nach § 32 PostG praktiziert. Auch die sonstige Praxis der Behörde vermittelt den Eindruck, dass sie § 32 PostG weit auslegt: So hat sich die ehemalige Regulierungsbehörde bei der Überprüfung des Verhaltens der *Deutschen Post AG* betreffend die Rückführung sog. „Fundbriefe" auf § 32 PostG gestützt. Ferner hat sie unter Berufung auf diese Vorschrift Missbrauchsverfahren u. a. bzgl. der Haftungsbeschränkungen der *Deutschen Post AG* beim Versand von Paketen sowie des Patentschutzes von Tagesstempeln im Hinblick auf die Gestaltung und den Inhalt von Einwilligungstexten auf Nachsendeformularen der *Deutschen Post AG* durchgeführt.[1248]

280 Diese Praxis der BNetzA begegnet allerdings rechtlichen Bedenken. In § 2 Abs. 3 PostG ist ausdrücklich geregelt, dass die Vorschriften des GWB durch das PostG unberührt bleiben. Die aus dieser Vorschrift sprechende gesetzgeberische Intention wird durch die Erweiterung des Anwendungsbereichs des § 32 PostG über den 6. Abschnitt des PostG hinaus konterkariert, da diese auch sämtliche nicht spezialgesetzlich geregelten missbräuchlichen Verhaltensweisen auf den Märkten für Postdienstleistungen einer besonderen, sektorspezifischen Missbrauchsaufsicht durch die BNetzA unterwirft und für die allgemeine Missbrauchsaufsicht durch das BKartA letztlich kein Raum bleibt.

281 Die Frage der parallelen Anwendbarkeit der §§ 19, 20 GWB durch das BKartA neben der sektoriellen Aufsicht nach § 32 PostG wird kontrovers diskutiert. Insbesondere unter Hinweis auf die Gesetzesbegründung zu § 2 Abs. 3 PostG[1249] wird die Ansicht vertreten, § 32 PostG begründe eine umfassende Aufsichtsbefugnis der BNetzA über missbräuchliches Verhalten des marktbeherrschenden Lizenznehmers, die eine, auch nur subsidiäre,

---

konkurrierende Zuständigkeit von BKartA und RegTP nach § 32 PostG und §§ 19, 20 GWB (dazu noch Rdnr. 282).

[1246] Seit dem 13.7.2005 ist die Regulierungsbehörde für Telekommunikation und Post (RegTP), die aus dem Bundesministerium für Post und Telekommunikation (BMPT) und dem Bundesamt für Post und Telekommunikation (BAPT) hervorging, umbenannt in Bundesnetzagentur (BNetzA).

[1247] S. den 2. Tätigkeitsbericht der ehemaligen Regulierungsbehörde für Telekommunikation und Post 2000/2001, S. 243.

[1248] S. den 3. Tätigkeitsbericht der ehemaligen Regulierungsbehörde für Telekommunikation und Post 2002/2003, S. 302.

[1249] BT-Drucks. 13/774 v. 30.5.1997, S. 19.

Zuständigkeit des BKartA nach den allgemeinen Missbrauchsvorschriften des GWB verdränge.[1250] Nach anderer Ansicht wird hingegen eine Parallelzuständigkeit von BNetzA und BKartA wie bei der gleichen Problematik im Verhältnis zwischen GWB und TKG befürwortet.[1251] Das OLG Düsseldorf[1252] hat sich inzwischen der letztgenannten Ansicht angeschlossen und sie auf das Verhältnis von GWB und PostG übertragen. Nach Auffassung des OLG Düsseldorf ist den Vorschriften des PostG eine umfassende Spezialzuständigkeit, die zum Ausschluss der allgemeineren Vorschriften des GWB und damit auch der Zuständigkeit des BKartA führen müsste, nicht zu entnehmen. Als Hauptargument gegen eine spezialgesetzliche Zuständigkeit wird die Regelung über die Zusammenarbeit der BNetzA mit dem BKartA in § 48 PostG genannt. Dort ist in Satz 1 eine Einvernehmensverpflichtung im Hinblick auf die Abgrenzung sachlich und räumlich relevanter Märkte und die Feststellung einer marktbeherrschenden Stellung im Rahmen des PostG vorgesehen. Nach Satz 2 muss die BNetzA bei Entscheidungen nach den Abschnitten 5 und 6 des PostG dem BKartA Gelegenheit zur Stellungnahme geben. Gem. § 48 S. 3 PostG gilt § 82 S. 4–6 TKG entsprechend; diese Verweisung ist inzwischen überholt, weil dieser Aspekt der Zusammenarbeit mit dem BKartA seit 2004 in § 123 Abs. 1 Satz 3–5 TKG geregelt ist.[1253] Satz 3 verpflichtet das BKartA dazu, bei der Durchführung von Verfahren nach §§ 19 und 20 Abs. 1 und 2 GWB im Bereich der Telekommunikation der BNetzA vor Abschluss des Verfahrens Gelegenheit zur Stellungnahme zu geben. Dies wird als gesetzliche Grundlage dafür interpretiert, dass das BKartA auch im Bereich des Postwesens Verfahren nach §§ 19 und 20 Abs. 1 und 2 GWB durchführen kann. Aufgrund der Besonderheiten dieses Marktes habe das BKartA dabei die BNetzA zu informieren und zu hören. Soweit das PostG Vorschriften, Zuständigkeitsregelungen oder Eingriffsmöglichkeiten für die BNetzA enthält, die keine korrespondierende Regelung im GWB finden, beispielsweise die Entgeltgenehmigung oder die Lizenzierung, ergebe sich aus § 48 PostG eine abschließende Zuständigkeitsregelung zugunsten der BNetzA. Vor diesem Hintergrund hat das OLG Düsseldorf in einem Verfahren auf vorläufigen Rechtsschutz die Auffassung des BKartA bestätigt, dass es befugt sei, wegen der gesetzlichen Verpflichtung der *DPAG,* konkurrierenden Anbietern von Postdienstleistungen den Zugang zu Teilleistungen gemäß § 28 PostG zu gewähren, eine Verfügung gemäß § 19 zu erlassen.[1254] Das BKartA leitete außerdem 2012 auf Beschwerden alternativer Postdienstleister wegen des Verdachts von Niedrigpreisstrategien bzw. Treuerabatten bei Großkunden ein Missbrauchsverfahren gegen die *DPAG* ein,[1255] obwohl die BNetzA zuvor die betroffenen Großkundenpreise der *DPAG* schon geprüft und keine Hinweise auf illegales Verhalten gefunden hatte.[1256] Das Verfahren wurde im Juli 2015 durch eine Feststellungsentscheidung abgeschlossen, weil die *DPAG* das beanstandete Verhalten eingestellt, aber weiter die Auffassung vertreten hatte, dass das beanstandete Verhalten zulässig sei.[1257] Im Übrigen kann zu den Stellungnahmen des BKartA nach § 48

[1250] *Gerstner,* in: Beck'scher PostG Kommentar, 2. Aufl.; § 32 Rdnr. 6 und 20; *Habersack,* in K&R 2001 S. 121 (129); K&R 2001, 177 ff.; *ders.* in: *Habersack/Holznagel/Lübbig,* Behördliche Auskunftsrechte und besondere Missbrauchsaufsicht im Postrecht, S. 1, 14 ff.

[1251] *Gramlich,* in: VerwArch 1997, S. 598 (614); *Geppert,* in: Beck'scher TKG Kommentar, 2. Aufl., § 82 Rdnr. 15; *Piepenbrock/Schuster,* CR 2002, S. 98 (102 f.); *Schroeder,* WuW 1999, S. 14 f.; *Chr. Säcker,* Der Einfluss der sektorspezifischen Regulierung auf die Anwendung des deutschen und gemeinschaftlichen Kartellrechts, 2006, S. 183; OVG NRW, B. v. 3.2.2003, Az. 13 B 2130/02, S. 10 (11); offengelassen von OLG Düsseldorf B. v. 19.12.2001, Az. U (Kart) 47/01, S. 22.

[1252] WuW/E DE-R 1473, 1475 – *Konsolidierer.*

[1253] § 123 Abs. 1 TKG entspricht weitgehend § 82 TKG-alt (so *Scheurle/Mayen-Gramlich,* TKG, 2. Aufl. 2008, § 123 Rdnr. 1 unter Bezugnahme auf die Materialien).

[1254] OLG Düsseldorf B. v. 13.4.2005, WuW/E DE-R 1473 ff. Dazu auch BKartA TB 2005/2006, S. 27.

[1255] BKartA TB 2011/2012, S. 110 sowie TB 2013/2014, S. 114 f. („*DPAG* – Großkundenverfahren").

[1256] Dazu FAZ v. 19.5.2014, S. 17.

[1257] BKartA, B. v. 2.7.2015, Az. B 9 – 128/12 sowie Presse-Mitt. v. 7.7.2015, „Marktmachtmissbrauch der *Deutsche Post AG* im Bereich der Großkundentarife".

Satz 2 PostG auf die einschlägigen Abschnitte seiner Tätigkeitsberichte verwiesen werden.[1258]

VI. Das Verhältnis zu Art. 102 AEUV

282 Die Wettbewerbsregeln des AEU-Vertrages können nach den allgemeinen Grundsätzen[1259] neben § 19 GWB Anwendung finden. Ein Konflikt, der zum Vorrang des Art. 102 AEUV führt, kann sich bei missbräuchlichen Verhaltensweisen schwerlich ergeben, weil es keine greifbaren Wertungsunterschiede gibt.[1260] Gelegentlich hat das BKartA schon vor dem Inkrafttreten der VO Nr. 1/2003 bzw. vor der 7. Novelle statt auf § 19 direkt auf Art. 82 EG (jetzt: Art. 102 AEUV) zurückgegriffen[1261] oder Art. 82 (jetzt: Art. 102 AEUV) und § 19 GWB parallel angewendet.[1262]

283 Die missbräuchliche Ausnutzung einer marktbeherrschenden Stellung nach Art. 102 AEUV wird im Wesentlichen übereinstimmend mit § 19 Abs. 2 GWB beurteilt.[1263] Ein materiellrechtlicher Unterschied besteht jedoch darin, dass § 19 Abs. 2 Nr. 4 im 2. Halbsatz eine **Beweislastumkehr** zu Lasten des Normadressaten vorsieht (die freilich durch den Amtsermittlungsgrundsatz begrenzt wird).[1264] Außerdem verlangt Art. 102 Abs. 1 AEUV zusätzlich eine Eignung zur Handelsbeeinträchtigung (zwischen den Mitgliedstaaten der Gemeinschaft). Fehlt eine solche Eignung zur Handelsbeeinträchtigung, unterliegt die Anwendung von § 19 keinen gemeinschaftsrechtlichen Restriktionen. Liegt sie vor, so muss gemäß Art. 3 Abs. 1 Satz 2 VO Nr. 1/2003 neben § 19 auch Art. 82 EG (jetzt: Art. 102 AEUV) angewendet werden. Gemäß § 22 Abs. 3 GWB kann sich die Kartellbehörde dann jedoch auf die Anwendung von Art. 102 AEUV beschränken. Im Falle der parallelen Anwendung ergibt sich die Frage, ob das Verbot des § 19 angewendet werden kann, wenn die Prüfung nach Art. 102 AEUV ausnahmsweise ergeben sollte, dass keine marktbeherrschende Stellung[1265] oder kein Missbrauch vorliegt. Eine Sperrwirkung könnte hier Art. 3 Abs. 1 Satz 1 VO Nr. 1/2003 entfalten, wonach die Anwendung des einzelstaatlichen Wettbewerbsrechts nicht zum Verbot von Vereinbarungen zwischen Unternehmen führen darf, welche den Handel zwischen Mitgliedstaaten zu beeinträchtigen geeignet sind, aber den Wettbewerb im Sinne des Art. 81 Abs. 1 EG (jetzt: Art. 101 Abs. 1 AEUV) nicht einschränken oder die die Bedingungen einer Freistellung erfüllen. Allerdings enthält **Art. 3 Abs. 2 Satz 2 VO Nr. 1/2003** eine **Ausnahme** von diesem Grundsatz. Danach wird es den Mitgliedstaaten durch die Verordnung nicht verwehrt, in ihrem Hoheitsgebiet strengere innerstaatliche Vorschriften zur Unterbindung oder Ahndung „einseitiger Handlungen von Unternehmen" zu erlassen oder anzuwenden. Die – unionsrechtliche – Rechtsfrage geht in diesen Fällen somit dahin, ob eine Anwendung von § 19 (oder § 20) GWB dieser Ausnahmeregelung unterfällt. Dies ist deswegen schwierig zu beantworten, weil missbräuchliche Verhaltensweisen zwar auch in einseitigen Handlungen bestehen können (ins-

---

[1258] S. z. B. TB 2009/2010, S. 93, TB 2011/2012, S. 110 f. sowie TB 2013/2014, S. 115.

[1259] S. § 6 Rdnr. 3 ff.

[1260] So auch BKartA TB 2003/2004, S. 165 – *Dt. Post,* zum Verhältnis des § 20 Abs. 1 a. F. zu Art. 82 EG (jetzt: Art. 102 AEUV).

[1261] So TB 1995/96, S. 135 – *Hamburger Hafenbahn/EVB.*

[1262] So z. B. in den Fällen *„Fährhafen Puttgarden",* WuW/E DE-V 253 ff. und WuW/E DE-V 1879 ff.

[1263] So auch OLG Düsseldorf WuW/E DE-R 3467, 3478 – *Fährhafen Puttgarden; FK-Baur/Weyer,* § 22 a. F. Tz. 712. Ebenso für die unbillige Behinderung auch BGH WuW/E DE-R 4261 ff., Rdnr. 46 – *VBL-Versicherungspflicht.*

[1264] Zur unionsrechtlichen Verpflichtung des Normadressaten, Rechtfertigungsgründe vorzutragen und zur Verpflichtung der Kommission, diese Gründe auf Stichhaltigkeit zu prüfen s. EuG U. v. 17.9.2007, Slg. 2007 II-3601 ff., 3830, Rdnr. 688 bzw. Leitsatz 12 – *Microsoft.*

[1265] Dies kommt in Betracht, wenn die Kommission den sachlich oder räumlich relevanten Markt weiter abgrenzt als das BKartA (z. B. Wärmemarkt statt Erdgasmarkt), wobei offen ist, ob das BKartA bei der Anwendung des § 19 GWB und des Art. 102 AEUV wirklich zwei verschiedene Marktabgrenzungen anwenden würde.

bes. bei Liefer- oder Zugangsverweigerungen), typischerweise aber in Vereinbarungen geregelt sind (z. B. bei der Gewährung missbräuchlicher Rabatte oder bei der Preisdiskriminierung). Während der Wortlaut der Verordnung also eng gefasst ist, spricht ihre 8. Begründungserwägung eher für eine weite Auslegung; sie nimmt auf bestehende nationale Regelungen im Hinblick auf „wirtschaftlich abhängige Unternehmen" Bezug und meint damit ersichtlich (auch) § 20 Abs. 2 GWB a. F. (jetzt: § 20 Abs. 1).[1266] Da aber auch in der Begründungserwägung nur „einseitige Maßnahmen" genannt werden, muss es wohl bei der engen Auslegung bleiben. Darüber hinaus ergeben sich Abgrenzungsprobleme, wenn ein bestimmtes Verhalten nicht nur von Art. 102, sondern – als Vereinbarung – auch von Art. 101 AEUV erfasst wird. Jedenfalls dann sollte Art. 3 Abs. 2 Satz 2 VO Nr. 1/2003 zurücktreten.[1267]

[1266] So z. B. *Loewenheim/Meessen/Riesenkampf-Zuber,* Kartellrecht, Bd. 1, VerfO Art. 3 Rdnr. 10; *Weitbrecht,* EuZW 2003, 69, 72; *Harte-Bavendamm/Kreutzmann,* WRP 2003, 682, 688; *Jung,* EuR – Beiheft 1–2005, 7, 21. Generell für ein weites Verständnis der „einseitigen Handlungen", das auch Vereinbarungen im Interesse des marktbeherrschenden Unternehmens erfasst, *Bechtold,* GWB, § 22 Rdnr. 8. Enger *MüKo-Böge/Bardong,* EU-WbR, Art. 3 VO Nr. 1/2003, Rdnr. 99.

[1267] So wohl auch *MüKo-Böge/Bardong,* EU-WbR, Art. 3 VO Nr. 1/2003, Rdnr. 99; s. zum Meinungsstand auch *Langen/Bunte-Schneider,* aaO § 22 Rdnr. 20.

7. Kapitel. Verbotenes Verhalten von Unternehmen mit relativer oder überlegener Marktmacht (§ 20 GWB)

§ 24 Das Missbrauchsverbot für marktstarke Unternehmen (§ 20 GWB) – Anspruchsvoraussetzungen

Übersicht

Schrifttum: *Alexander,* Die Neuordnung der kartellrechtlichen Missbrauchsaufsicht, WuW 2012, 1025; *Bechtold,* Kartellgesetz – Gesetz gegen Wettbewerbsbeschränkungen, 7. Aufl. 2013; *Bornkamm/Montag/Säcker,* Münchener Kommentar Europäisches und Deutsches Wettbewerbsrecht, Band 1: Europäisches Wettbewerbsrecht (Müko-Kartellrecht), 2. Aufl. 2015; *Busche/Röhling,* Kölner Kommentar, Band 2: Deutsches Kartellrecht, 1. Aufl. 2012; *Fischötter,* Zum erweiterten Diskriminierungsverbot nach § 26 Abs. 2 GWB, WuW 1974, 379; *Fischötter/Lübbert,* Zum Belieferungsanspruch des Außenseiters im Kartellrecht, GRUR 1980, 180; *Gronemeyer/Slobodenjuk,* Die 8. GWB-Novelle – Ein Überblick, WRP 2013, 1279; *Harte-Bavendamm/Henning-Bodewig,* UWG, 3. Aufl. 2013; *Immenga/Mestmäcker,* Wettbewerbsrecht Band 1 EU/Teil 1, 5. Aufl. 2012; *Immenga/Mestmäcker,* Wettbewerbsrecht Band 2 GWB/Teil 1, 5. Aufl. 2014; *Jaeger/Kokott/Pohlmann/Schroeder,* Frankfurter Kommentar zum Kartellrecht (FK) (jeweilige Lfg. in Fn.); *Kersting,* Behandlung des unvermeidbaren Verbotsirrtums im europäischen Kartellrecht, WuW 2013, 845; *Keßler,* Was lange währt, wird endlich gut? – Annotationen zur 8. GWB-Novelle, WRP 2013, 1116; *Langen/Bunte,* Kartellrecht Band 1 Deutsches Kartellrecht, 12. Aufl. 2014; *Loewenheim/Meessen/Riesenkampff,* Kartellrecht, 2. Aufl. 2009; *Lübbert,* Anmerkungen zu BGH Az. KZR 1/75, Anwendung des Diskriminierungsverbotes auf Markenartikelhersteller, BB 1976, 240; *Müller-Henneberg/Schwartz,* Gemeinschaftskommentar, Gesetz gegen Wettbewerbsbeschränkungen und Europäisches Kartellrecht (GK), 4. Aufl. 1981; *Piper/Ohly/Sosnitza,* Gesetz gegen den unlauteren Wettbewerb, 5. Aufl. 2010; *Sack,* Lauterer und leistungsgerechter Wettbewerb durch Wettbewerbsregeln von Verbänden, §§ 24ff. GWB, WRP 2001, 595; *Ströbl/Schäfer,* Zur Zulässigkeit der ordentlichen Kündigung eines Servicepartnervertrages im Rahmen eines qualitativ selektiven Vertriebssystems, WRP 2013, 600; *Ullmann/Bär,* JurisPraxiskommentar-UWG, 3. Aufl. 2013.

A. Bedeutung der Norm

I. Schutzzweck, Systematik und Gesetzeshistorie

1 **1. Schutzzweck.** Zweck des mit der 7. GWB-Novelle 2005 und der 8. GWB-Novelle 2013 im Wesentlichen unverändert gebliebenen Verbots des Missbrauchs von Marktmacht in § 20 GWB ist es, Unternehmen mit relativer oder überlegener Marktmacht gegenüber bestimmten Wettbewerbern, Anbietern und Nachfragern dieselben Verhaltensbindungen aufzuerlegen wie marktbeherrschenden Unternehmen. Auch beim Vorliegen relativer oder überlegener Marktmacht soll durch Ausgleich der unterschiedlichen Stärke der am Markt beteiligten Unternehmen ein funktionierender Wettbewerb geschützt und erhalten werden.[1] Im Interesse der Entfaltungsmöglichkeit und Startgleichheit anderer Unternehmen ist die Vertragsfreiheit (Abschluss- und Gestaltungsfreiheit) marktbeherrschender Unternehmen eingeschränkt.[2] Nichts anderes gilt im Fall relativer oder überlegener Marktmacht. § 20 GWB bezweckt die Sicherung der Freiheit des Wettbewerbs als Institution durch Aufrechterhaltung des Leistungswettbewerbs und der Chancengleichheit der Wettbewerber.[3] Die Vorschrift statuiert indes kein allgemeines Diskriminierungsverbot. Sie enthält auch **keine Meistbegünstigungsklausel,** die Normadressaten allgemein verpflichtet, allen Unternehmen der Marktgegenseite die gleichen – günstigsten – Bedingungen und Preise einzuräumen.[4] Umgekehrt besteht für den marktstarken Nachfrager auch keine allgemeine Verpflichtung zur quotenmäßigen Beschaffung.[5] Ebenso wenig ist ein einseitiger **Sozial-**

[1] Für Marktbeherrschung: BGH WuW/E DE-R 839, 841 – *Privater Pflegedienst.*
[2] BGH WuW/E BGH 1495, 1496 – *Autorufgenossenschaft.*
[3] BGH WuW/E BGH 2584, 2587 – *Lotterievertrieb;* BGH WuW/E BGH 2875, 2878 – *VW-Herstellerleasing.*
[4] Für Marktbeherrschung: BGH WuW/E BGH 3058, 3065 – *Pay-TV-Durchleitung;* BGH aaO. – *Privater Pflegedienst;* Hans. OLG Hamburg WuW/E DE-R 403, 407 – *Pay-TV-Durchleitung.*
[5] BGH NJW 1977, 628, 630 – *Abschleppunternehmen.*

schutz kleiner und mittlerer Unternehmen bezweckt.[6] Je größer aber die Marktstärke, desto strenger ist die Verhaltensbindung und desto geringer ist der wettbewerbliche Gestaltungsspielraum **(Marktmachtkonzept).**[7]

2. Systematik und Gesetzeshistorie. Die Vorschrift ergänzt die Missbrauchsaufsicht über marktbeherrschende Unternehmen in § 19 GWB. Durchgesetzt wird § 20 GWB nicht nur durch die Kartellbehörden. Vor allem den verletzten Unternehmen stehen nach § 33 GWB Unterlassungs-, Beseitigungs- und Schadenersatzansprüche zu.[8] Das Verbot des Missbrauchs von Marktmacht in § 20 GWB reicht beim Adressatenkreis weiter als § 19 GWB und hat in der Praxis deshalb eine größere Bedeutung. § 20 Abs. 1 und 2 GWB erfasst zusätzlich Unternehmen, deren Marktmacht nur **relativ** auf der fehlenden Möglichkeit von Nachfragern oder Anbietern beruht, auf andere Anbieter oder Nachfrager auszuweichen. Diese Ausdehnung ist bereits mit der 2. GWB-Novelle im Jahre 1973 im Zusammenhang mit der Abschaffung der Preisbindung für Markenartikel erfolgt. Preisbinder unterlagen bis dahin – wie heute die preisbindenden Verlage (§ 19 Abs. 3 iVm. § 30 Abs. 1 Satz 1 GWB) – einem Diskriminierungsverbot unabhängig von ihrer Marktstellung. Mit der Beschränkung der Absatzmittler in ihrer Preisgestaltungsfreiheit können Preisbinder punktuell den intra-brand-Preiswettbewerb ausschalten und so über eine ähnliche Marktmacht verfügen wie ein marktbeherrschendes Unternehmen. Nach Aufhebung der Preisbindung sollten Markenartikler die entstehende Lücke nicht dazu nutzen können, durch Gestaltung ihrer Vertriebswege, durch Preisempfehlungen und durch eine Lieferverweigerung bzw. Drohung mit der Einstellung der Belieferung gegenüber preisaktiven Absatzmittlern rechtlich unzulässige oder bedenkliche Bindungen durchzusetzen. Auch ohne marktbeherrschende Stellung ihrer Lieferanten können Absatzmittler aufgrund der Verkehrsgeltung einer Marke auf die Belieferung durch den Markenartikelhersteller angewiesen sein, um ihren Kunden ein wettbewerbsfähiges Sortiment anzubieten.[9] Nachdem die Bestimmung zu zahlreichen Prozessen großer Handelsketten gegen kleinere Markenartikler geführt hatte, ist sie mit der 5. GWB-Novelle von 1989 auf den Schutz kleinerer und mittlerer Unternehmen beschränkt worden, um Markenartikler von der Belieferungspflicht gegenüber Großunternehmen zu befreien.[10] Für das verbotene Verhalten kommt es seitdem nicht mehr allein auf die Abhängigkeit des Betroffenen an, sondern zusätzlich auf das Machtgefälle zwischen dem Normadressaten und den Betroffenen.[11] Damit schränkte der Gesetzgeber seinen ursprünglich in § 20 Abs. 1 GWB verfolgten Ansatz ein, ohne Rücksicht auf den Begriff des marktbeherrschenden Unternehmens den Kreis der Normadressaten zu erweitern,[12] und berücksichtigte wieder verstärkt das Marktmachtkonzept. Ergänzend hat der Gesetzgeber zum Schutz mittelständischer Unternehmen mit der 6. GWB-Novelle von 1998 in § 20 Abs. 4 Satz 1 und 2 GWB a. F. (jetzt: § 20 Abs. 3 Satz 1 und 2 GWB) mit einem **horizontalen Behinderungsverbot** gegenüber kleinen und mittleren Unternehmen gegen missbräuchliche Machtausnutzung durch nur **überlegene Unternehmen** eine spezielle Sicherung gegen nicht nur gelegentliche Untereinstandspreisangebote, Preisscherenmissbrauch sowie Konditionen- und Rabattspreizungen eingeführt. Damit hat er die Eingriffsschwelle zugunsten mittelständischer Unternehmen weiter abgesenkt.[13] Befristet bis 31.12.2017 ist beim Angebot von Lebensmittel sogar jede (auch nur 2

---

[6] BGH WuW/E BGH 2491, 2495 – *Opel-Blitz;* BGH WuW/E DE-R 220, 221 – *U-Bahn-Buchhandlungen;* OLG Celle WuW/E DE-R 581, 583 – *VAG-Vertrieb.*

[7] Zu § 19 GWB a. F.: BGH WuW/E DE-R 1283, 1286 – *Der Oberhammer.*

[8] Siehe dazu *Lübbert/Schöner,* § 25 Rdnr. 3 ff.

[9] Vgl. BGH WuW/E BGH 886, 888 – *Jägermeister;* BGH WuW/E BGH 1391, 1392 – *Rossignol-Ski;* BGH WuW/E DE-R 481, 484 – *Designer-Polstermöbel.*

[10] Begründung zum RegE WuW 1990, 332, 346.

[11] BGH WuW/E BGH 2875 – *VW-Herstellerleasing.*

[12] Vgl. BGH WuW/E BGH 1993 – *Rossignol-Ski.*

[13] Vgl. Bericht des Wirtschaftsausschusses zur 5. GWB-Novelle von 1989, BT-Drucks. 11/5949, 20 f. und Begründung zum RegE, BT-Drucks. 13/9720, 37.

gelegentliche) Unterschreitung des Einstandspreises eine unbillige Behinderung. Mit der 8. GWB-Novelle ist der Behinderungs- und Diskriminierungstatbestand des § 20 Abs. 1 GWB a. F. für marktbeherrschende Unternehmen in den § 19 Abs. 2 Nr. 1 GWB überführt worden. Der neue § 20 Abs. 1 GWB dient nunmehr nur noch als Erweiterung der Normadressatenstellung. Eigenständige Normqualität verbleibt den § 20 Abs. 3 und Abs. 5 GWB.

II. Anwendungsbereich

3 **1. Praxis.** Dem Verbot des Missbrauchs von Marktmacht gemäß § 20 GWB kommt in der Praxis große kartell-zivilrechtliche Bedeutung zu. Die Rechtsprechung leitet aus der Verpflichtung zum Schadenersatz durch Naturalrestitution unter bestimmten Umständen die Verpflichtung zur Belieferung bzw. zum Bezug und damit zum Abschluss von Verträgen[14] ab. Dieser **Kontrahierungszwang** wird in der Praxis in erheblichem Umfang durch Klagen auf Belieferung geltend gemacht. Normadressaten sind marktstarke Unternehmen. Von Bedeutung ist auch das in § 20 Abs. 3 GWB geregelte Behinderungsverbot, das für Wettbewerber gilt, die kleineren und mittleren Unternehmen relativ überlegen sind. Es wird primär durch kartellbehördliche Verwaltungsverfahren durchgesetzt.[15]

4 **2. EU-Recht.** *a) Verhältnis zu Art. 101 AEUV.* Der Vorrang des europäischen Wettbewerbsrechts gilt nicht für die Missbrauchskontrolle über einseitig wettbewerbsbeschränkendes Verhalten.[16] Die sog. deutsche Klausel in Art. 3 Abs. 2 Satz 2 VO Nr. 1/2003 erlaubt strengere innerstaatliche Vorschriften zur Unterbindung und Ahndung einseitiger Handlungen. Davon hat der deutsche Gesetzgeber insbesondere durch das Verbot missbräuchlichen Verhaltens auch gegenüber wirtschaftlich abhängigen kleinen und mittleren Unternehmen in § 20 Abs. 1 GWB und durch das Verbot des Verkaufs unter Einstandspreis und des Preisscherenmissbrauchs in § 20 Abs. 3 GWB gegenüber kleinen und mittleren Wettbewerbern Gebrauch gemacht.[17] § 22 Abs. 2 Satz 2 GWB bestimmt dementsprechend, dass der Vorrang des EU-Kartellrechts die Vorschriften des zweiten Abschnitts unberührt lässt. Die Übernahme der Vorschrift aus dem EU-Recht (Art. 3 Abs. 2 Satz 2 VO Nr. 1/2003) im Zuge der 7. GWB-Novelle ist indes nicht ganz eindeutig.[18] Sie ist entsprechend Art. 3 Abs. 2 Satz 2 VO Nr. 1/2003 restriktiv dahin auszulegen, dass die Vorrangregelung nur bei einseitigem Verhalten aufgehoben ist,[19] wenn dieses Verhalten nicht vom Anwendungsbereich des Art. 102 AEUV erfasst wird.[20] Ob sich eine Handlung als einseitig oder zweiseitig darstellt, kann im Einzelfall eine schwierige Abgrenzung erfordern. Dabei ist die weite Auslegung des Begriffs „Vereinbarungen" iSd. Art. 101 AEUV durch die europäischen Gerichte zu berücksichtigen.[21] Von Bedeutung ist diese Frage insbesondere bei dem Verlangen von Außenseitern gegenüber autorisierten Absatzmittlern, die in ein selektives Vertriebssystem eingebunden sind, mit vertriebsgebundenen Produkten beliefert zu werden, obwohl der Vertriebsvertrag des Absatzmittlers mit dem Hersteller die Belieferung untersagt. Die Lieferverweigerung ist damit eine Verpflichtung der zweiseitigen Vertriebsvereinbarung. Entsprechendes gilt für die Verweigerung der Aufnahme eines Händlers in ein Vertriebssystem.[22] Der BGH hat in seinem Urteil *Rabattstaffel* daher zu Recht angedeutet,

---

[14] Dazu *Lübbert/Schöner,* § 25 Rdnr. 8.

[15] Dazu näher *Lübbert/Schöner,* § 25 Rdnr. 11 ff.

[16] Vgl. die Begründung zum RegE für die 7. GWB-Novelle, 2 und 16 (BGBl. Teil 1 2005 Nr. 42, 12.7.2005, 1954).

[17] Vgl. die Begründung zum RegE für die 7. GWB-Novelle, aaO.

[18] *Loewenheim/Meessen/Riesenkampff-Loewenheim,* § 22 GWB Rdnr. 10; FK (Lfg. 80, Mai 2014)-*Jaeger,* § 22 Rdnr. 16.

[19] Vgl. die Gesetzesbegründung zur 7. GWB-Novelle, BT-Drucks. 15/3640, 46.

[20] *Immenga/Mestmäcker-Rehbinder,* EU WbR, Art. 3 VO Nr. 1/2003, Rdnr. 32.

[21] Vgl. statt vieler: *Immenga/Mestmäcker-Rehbinder,* EU WbR, VO Nr. 1/2003 Rdnr. 35 f.

[22] EuGH NJW 1984, 1281, 1283 f. – *AEG Telefunken;* vgl. auch MüKo-Kartellrecht-*Bardong,* Art. 3 VO Nr. 1/2003, Rdnr. 100.

dass Absprachen in einem selektiven Vertriebssystem durch die dem Hersteller auferlegte verpflichtende Gleichbehandlung zweiseitig sind.[23] Der BGH fordert in seiner Rechtsprechung jedenfalls, dass die Wertungen des europäischen Kartellrechts in die Anwendung des § 20 Abs. 1 GWB einzubeziehen sind.[24] Sofern eine Lieferverweigerung allein auf den Interessen des Lieferanten beruht, ist sie allerdings einseitig.[25]

Hinsichtlich der Lieferverweigerung eines KFZ-Herstellers gegenüber einem unterneh- 5
mensbedingt abhängigen Tuner hat der BGH die Auffassung vertreten, sie erfolge nicht auf Grundlage einer Vereinbarung der Parteien eines Vertriebsbindungssystems, sondern sei ein einseitiges Verhalten.[26]

Ist ein Vertriebssystem jedenfalls nach dem EU-Kartellrecht wirksam freigestellt, dann ist 6
die Beschränkung Gegenstand einer wirksamen Vereinbarung zwischen Hersteller und Absatzmittler, die durch einen Außenseiter nicht einseitig durch Geltendmachung eines Belieferungsanspruchs aus § 20 Abs. 1 GWB durchbrochen werden kann.[27] Außenseiter können nicht in EU-kartellrechtlich unbedenkliche Vertriebssysteme auf der Grundlage strengeren nationalen Rechts einbrechen.[28]

b) Verhältnis zu Art. 102 AEUV. Art. 102 AEUV enthält für marktbeherrschende Un- 7
ternehmen ein unmittelbar geltendes Missbrauchsverbot, das neben dem Preis- und Konditionenmissbrauch (lit. a) u. a. die Diskriminierung (lit. c) und den Kopplungsmissbrauch (lit. d) verbietet. Es setzt jedoch eine marktbeherrschende Stellung mindestens in einem wesentlichen Teil des Gemeinsamen Marktes und eine Eignung des missbräuchlichen Verhaltens zur Beeinträchtigung des zwischenstaatlichen Handels voraus.[29] Ggf. ist § 19 GWB und Art. 102 AEUV auch von den deutschen Kartellbehörden nebeneinander anzuwenden, Art. 3 Abs. 1 Satz 2 VO Nr. 1/2003. Geht es lediglich um einseitiges Verhalten und reicht § 20 GWB weiter, steht der Vorrang des EU-Kartellrechts nicht entgegen (§ 22 Abs. 3 Satz 3 GWB).

B. Normadressaten und verbotenes Verhalten (§ 20 GWB)

I. Relativ marktstarke Unternehmen (§ 20 Abs. 1 und 2 GWB)

1. Relativ marktstarke Unternehmen als Normadressaten (§ 20 Abs. 1 GWB). 8
a) Relative Marktstärke aufgrund Abhängigkeit kleiner oder mittlerer Unternehmen. § 20 Abs. 1 GWB bezieht sich auf Verhaltensweisen marktstarker, aber nicht notwendigerweise marktbeherrschender Unternehmen gegenüber kleinen und mittleren Unternehmen, die von dem Normadressaten abhängig sind, weil ihnen ein Ausweichen auf andere Bezugsquellen oder Absatzkanäle nicht zuzumuten ist.

aa) Kleine und mittlere Unternehmen. Der BGH berücksichtigt bei der Klassifizierung 9
von Unternehmen als kleine oder mittlere Unternehmen auch die Art der in Rede ste-

[23] BGH WuW/E DE-R 3967, 3970 f. – *Rabattstaffel.*
[24] BGH WuW/W DE-R 2514, 2516 – *Bau und Hobby.*
[25] OLG Frankfurt, Urt. v. 29.7.2014, Az. 11 U 6/16 (Kart), Rdnr. 60; zur Zulässigkeit der Verweigerung von Anträgen auf Aufnahme in qualitativ selektive Vertriebssysteme EuGH, Urt. v. 22.11.1986, Rs 75/84 – *Metro/Kommission,* Slg. 1986, 3021, 3091, Rdnr. 72 und EuGH, Urt. v. 25.10.1983, Rs 107/82 – *AEG/Kommission,* Slg. 1983, 3151, Rdnr. 39. Vgl. dazu auch *Ströbl/Schäfer,* WRP 2013, 600, 604 und BGH WuW/E DE-R 206, 208 – *Depotkosmetik,* dazu auch *Lübbert/Schöner,* § 25 Rdnr. 4.
[26] BGH U. v. 6.10.2015, Az. KRZ 87/13, Rdnr. 60 – *Porsche Tuning.*
[27] So auch *Bechtold,* § 20 Rdnr. 67.
[28] *Bechtold,* GWB, 6. Aufl. 2010, § 20 Rdnr. 46.
[29] Dazu im Einzelnen *de Bronett,* § 22 Rdnr. 1 ff.

henden Abhängigkeit. Danach ist bei der in erster Linie **nachfragebedingten Abhängigkeit** kleiner und mittlerer Anbieter nach § 20 Abs. 1 GWB, die nicht zugleich unternehmensbedingt ist, primär der horizontale Vergleich zur Klassifizierung als kleines oder mittleres Unternehmen von Bedeutung. Der Gesetzgeber hat nur die kleinen und mittleren Unternehmen in den Schutzbereich der Norm einbezogen, weil er angenommen hat, größere Unternehmen könnten sich auch ohne diesen Schutz behaupten. Maßgeblich ist daher regelmäßig das Horizontalverhältnis des Anbieters zu seinen Wettbewerbern und nur ausnahmsweise auch das Vertikalverhältnis zu den nachfragestarken Unternehmen.[30]

10 Anders liegt der Fall bei in erster Linie **unternehmensbedingter Abhängigkeit** im **Vertikalverhältnis** iSd. § 20 Abs. 1 GWB. Im Fall *Herstellerleasing* hat der BGH nicht auf einen horizontalen Größenvergleich zwischen dem behinderten Unternehmen und seinen Wettbewerbern abgestellt. Bei unternehmensbedingter Abhängigkeit ist in aller Regel nicht entscheidend, wie groß das abhängige Unternehmen im Gegensatz zur eigenen Konkurrenz ist, bedeutend ist vielmehr das Größenverhältnis zu dem relativ marktstarken Unternehmen.[31] Trotz der Größe einiger Händler (Umsatzmilliardäre) hat der BGH die Ausgleichsfähigkeit für alle *VAG*-Händler wegen der besonderen Rechtsbeziehung im Vertikalverhältnis (Exklusivbindung an eine Marke) verneint, und so für alle Händler eine unternehmensbedingte Abhängigkeit festgestellt.[32] Im Fall *Importarzneimittel* hat der BGH ebenfalls das Vertikalverhältnis betrachtet und eine **Spitzengruppenabhängigkeit** eines Arzneimittelimporteurs mit € 25 Mio. Umsatz gegenüber einer Apothekergenossenschaft mit € 1,75 Mrd. Jahresumsatz bejaht.[33]

11 Die Größe der kleinen und mittleren Unternehmen ist nicht schematisch nach bestimmten Umsatzgrößen zu definieren. Allein für die Abhängigkeit kommt es zunächst auf das vertikale Machtgefälle zwischen Adressat und Betroffenem an, weniger auf die Marktstellung des Betroffenen im horizontalen Vergleich zu seinen Wettbewerbern auf demselben Markt.[34] Das gilt für die verschiedenen Fallgruppen der Abhängigkeit nach § 20 Abs. 1 Satz 1 GWB, insbesondere für die sog. sortimentsbedingte sowie für die sog. unternehmensbedingte Abhängigkeit.[35] Entscheidend sind nicht die Umsatzgröße und der Marktanteil des Betroffenen, sondern die Frage, ob der Betroffene trotz an sich gegebener Abhängigkeit in der Lage ist, die Wirkungen der Behinderung bei seiner Geschäftstätigkeit auszugleichen. Richtigerweise bedarf es einer differenzierteren Betrachtung. Unternehmensbedingte Abhängigkeit, die sich bereits aus der Eigenart der relevanten Rechtsbeziehung ergeben kann, und nachfragebedingte Abhängigkeit sind deshalb nicht gleichzusetzen.[36]

12 Bei der Prüfung der Fähigkeit zum Ausgleich der Behinderung ist zunächst die Stärke der Abhängigkeit zu ermitteln, die in ihren typischen Formen unterschiedlich ausgeprägt ist. So ist ein Großunternehmen des Handels eher in der Lage, auf eine bestimmte Marke in seinem Sortiment zu verzichten, als ein mittelständisches Unternehmen, das aufgrund eines Vertriebsvertrages exklusiv an eine Marke gebunden war und seine Kunden an diese Marke gewöhnt hat. Die Prüfung beschränkt sich deshalb nicht auf die Produkte des relevanten Marktes, dessen Bezug oder Absatz der Betroffene begehrt. Vielmehr sind auch die Auswirkungen der Behinderung auf die Wettbewerbsfähigkeit des Unternehmens insgesamt einzubeziehen. Bei der Prüfung der Ausgleichsfähigkeit bildet das im GWB verwendete **absolute Größenkriterium** für Kleinunternehmen (§ 35 Abs. 2 Nr. 1 GWB: weniger als € 10 Mio.) und die Schwelle für die Fusionskontrolle (§ 35 Abs. 1 Nr. 1

---

[30] BGH WuW DE-R 984, 987 – *Konditionenanpassung.*

[31] BGH WuW/E BGH 2875, 2879 – *Herstellerleasing;* ebenso BGH U. v. 6.10.2015, Az. KZR 87/13, Rdnr. 56 – *Porsche Tuning.*

[32] BGH aaO.

[33] BGH WuW/E BGH 2990, 2993 – *Importarzneimittel.*

[34] BGH WuW/E BGH 2875, 1879 – *VW-Herstellerleasing.*

[35] BGH aaO.

[36] BGH WuW DE-R 984, 988 – *Konditionenanpassung.*

GWB: € 500 Mio.) sowie der Größenvergleich mit Konkurrenten jedenfalls eine Orientierungshilfe.[37]

bb) Abhängigkeit. Die Abhängigkeit wird in § 20 Abs. 1 Satz 1 GWB als mangelnde Fähigkeit des betroffenen Unternehmens definiert, auf andere Bezugsquellen oder Absatzkanäle ausreichend und zumutbar ausweichen zu können. 13

(1) Ausreichende Ausweichmöglichkeiten. Die ausreichenden Ausweichmöglichkeiten sind objektiv zu ermitteln. Das Angebot einer Vielfalt gleichartiger Waren durch eine größere Anzahl Lieferanten, die untereinander im wesentlichen Wettbewerb stehen, steht der Abhängigkeit eines Nachfragers von einem bestimmten Lieferanten als Bezugsquelle nicht zwingend entgegen.[38] Maßgeblich ist eine Einzelfallbetrachtung; es besteht kein allgemeiner Grundsatz, wonach eine **sortimentsbedingte Abhängigkeit** zu verneinen ist, wenn der Bezug des Produktes anderweitig möglich ist.[39] Es kommt auf die Marktbedeutung des Herstellerproduktes an.[40] Beispielsweise ist der Verband von Anbietern wiederverwendbarer Heil- und Hilfsmittel nicht von der Nachfrage einer gesetzlichen Krankenkasse abhängig, wenn seine Mitglieder 96% der Versicherten über andere Krankenkassen versorgen können.[41] 14

(2) Zumutbarkeit. Die Zumutbarkeit ist aus der Sicht und Interessenlage des Betroffenen anhand seiner individuellen Verhältnisse zu beurteilen.[42] Dabei ist eine generalisierende Betrachtungsweise im Vergleich zu den Wettbewerbern des Betroffenen anzulegen. Ein Ausweichen ist nicht erst dann unzumutbar, wenn dadurch der Existenzverlust droht.[43] Nutzt der Betroffene reguläre anderweitige Bezugsmöglichkeiten für das fragliche Produkt, zeigt dies, dass ihm ein Ausweichen zuzumuten ist.[44] Dies ist jedoch nicht schon dann der Fall, wenn sich ein Außenseiter einen begehrten Markenartikel, der über ein selektives Vertriebsnetz verkauft wird, aufgrund der praktischen Lückenhaftigkeit des Vertriebsbindungssystems auf dem Graumarkt beschaffen kann, auch wenn die Ausnutzung eines Vertragsbruchs eines vertriebsgebundenen Händlers keine unlautere Wettbewerbshandlung ist.[45] Die Bezugsmöglichkeit muss **hinreichend abgesichert** sein.[46] Unlauteres Handeln in der Form eines Schleichbezuges oder durch Verleitung Vertriebsgebundener zum Vertragsbruch ist dem Außenseiter in keinem Fall zuzumuten,[47] denn dem Vertriebsbinder steht wegen Verschleierung von Wettbewerbshandlungen und unbilliger Behinderung (§§ 3, 4 Nr. 3 und Nr. 10 UWG) sowohl gegen solche Art der Beschaffung als auch gegen den Weiterverkauf auf diese Weise erlangter Ware ein Unterlassungsanspruch zu.[48] Die Ausweichmöglichkeit muss zu den gleichen Voraussetzungen und Bedingungen in Anspruch genommen werden können, wie sie den nicht behinderten Wettbewerbern zur Verfügung stehen.[49] Höhere Einstandskosten oder ein Bezug bei verschiedenen Lieferanten sind aller- 15

---

[37] BGH WuW DE-R 984 – *Konditionenanpassung;* LG Nürnberg-Fürth WuW/E DE-R 1659, 1661 – *Schuh-Einzelhandel.*

[38] BGH WuW/E BGH 1507, 1569 – *Fernsehgeräte I (Allkauf/Nordmende).*

[39] BGH WuW/E DE-R 3967 – *Rabattstaffel.*

[40] Vgl. dazu *Lübbert/Schöner,* § 24 Rdnr. 19 ff.

[41] BGH WuW/E DE-R 1139, 1142 – *Wiederverwendbare Hilfsmittel.*

[42] BGH WuW/E BGH 2491, 2494 – *Opel Blitz-Vertragshändler;* BGH WuW/E DE-R 3967, 3970 – *Rabattstaffel.*

[43] BGH WuW/E BGH 2990, 2994 – *Importarzneimittel.*

[44] Anders beim Direktvertrieb an Apotheken: BGH WuW/E BGH 2990, 2994 – *Importarzneimittel.*

[45] OLG München WuW/E OLG 5116 – *Importparfümerie;* vgl. auch OLG Düsseldorf WuW/E OLG 2731, 2733 – *Diebels Alt.*

[46] OLG München GRUR-RR 2002, 207, 208; bestätigt durch BGH WuW/E DE-R 1203, 1204 – *Depotkosmetik im Internet.*

[47] Vgl. BGH WuW/E BGH 2479, 2481 – *Reparaturbetrieb.*

[48] BGH GRUR 1992, 171, 173 f. – *Vorgetäuschter Vermittlungsauftrag.*

[49] BGH WuW/E BGH 1620, 1623 – *Revell Plastics.*

dings zuzumuten, wenn die alternativen Bezugsmöglichkeiten von denen der Mitbewerber nicht so wesentlich abweichen, dass die Wettbewerbsfähigkeit des Nachfragers ernsthaft gefährdet ist.[50]

16 Grundsätzlich kann ein Hersteller vom Großhandel nicht auf den Direktvertrieb zum Einzelhandel verwiesen werden, wenn der Großhandel aufgrund der Bevorratungspflicht des Einzelhandels vollsortiert ist und über ein engmaschiges Netz an Niederlassungen verfügt, sodass der Direktvertrieb zu Absatzschwierigkeiten führt.[51] Umgekehrt kann ein Nachfrager nicht auf den Bezug über den Großhandel verwiesen werden, wenn der Hersteller den Einzelhandel überwiegend direkt beliefert und die Bedingungen des Bezugs vom Großhandel ungünstiger sind.[52] Der nur sporadisch auf Umwegen mögliche Reimport genügt ebenfalls nicht.[53] Eine äußerliche Beschädigung der Ware auf der Umverpackung durch Zerstörung des Vertriebscodes, der der Überwachung der Vertriebswege dient, muss der Außenseiter jedoch hinnehmen, wenn dies branchenüblich ist. Einer Irreführung der Verbraucher über die einwandfreien Zustand der Ware (§ 5 UWG) kann er durch einen entsprechenden, aufklärenden Hinweis im Ladengeschäft und in der Werbung vorbeugen.[54] Ein zumutbares Ausweichen kann auch darin bestehen, dass der Nachfrager entsprechend der Veränderung der Marktverhältnisse sein Geschäft umstrukturiert.[55] Durch unternehmerische Fehlentscheidung entstandene Abhängigkeit wird nicht geschützt.[56] Für die Abhängigkeit kommt es nicht darauf an, ob die Beteiligten schon einmal in Geschäftsbeziehung gestanden haben und der Betroffene auf dem relevanten Markt bisher tätig war. Die Norm schützt auch den **Newcomer,** der in den Markt eintreten will.[57] Zumutbar ist auch die Verweisung auf die Möglichkeit des Vertriebs in einem eigenen Online-Shop, wenn ein Internet-Auktionshaus, das kein marktbeherrschendes Unternehmen ist, Bekleidungsartikel des Inhabers einer Wortmarke, die als Erkennungsmerkmal für Rechtsextreme dient, auf eine sogenannte „Blacklist" setzt mit der Folge, dass laufende Auktionen gelöscht und keine neuen Auktionen zugelassen werden.[58]

17 *b) Typische Formen der Abhängigkeit kleiner oder mittlerer Unternehmen aufgrund relativer Marktmacht.* In der Praxis haben sich als typische Formen der Abhängigkeit iSv. § 20 Abs. 1 GWB die **sortimentsbedingte Abhängigkeit** (Spitzenstellungs- und Spitzengruppenabhängigkeit), die **unternehmensbedingte Abhängigkeit,** die **nachfragebedingte Abhängigkeit** und die **mangelbedingte Abhängigkeit** herausgebildet. Die Feststellung nachfragebedingter Abhängigkeit wird durch eine gesetzliche Vermutung in § 20 Abs. 1 Satz 2 GWB unterstützt, die an die regelmäßige Erlangung besonderer Vergünstigungen geknüpft ist. Die sortimentsbedingte Abhängigkeit ist für jeden Markt gesondert festzustellen.[59]

18 *aa) Spitzenstellungsabhängigkeit.* Spitzenstellungsabhängigkeit bedeutet, dass ein Absatzmittler die Produkte eines bestimmten Herstellers in seinem Sortiment führen muss, weil der Hersteller auf dem Markt aufgrund der Qualität und Exklusivität seiner Produkte über ein solches Ansehen und über eine solche Geltung verfügt, dass der Händler bei seinen Kunden ohne die Produkte derart an Ansehen und an Anziehungskraft verliert, dass seine

[50] OLG Frankfurt WuW/E DE-R 73, 74 – *Guerlain/Alrodo;* KG WuW/E OLG 4951, 4971 f. – *Kälteanlagen-Ersatzteile.*

[51] BGH WuW/E BGH 2990, 2994 – *Importarzneimittel,* allerdings bei atypischer Nachfragekonstellation.

[52] BGH WuW/E BGH 1620, 1623 – *Revell Plastics;* OLG Karlsruhe WuW/E DE-R 2213, 2214 f. – *BGB-Kommentar.*

[53] BGH WuW/E BGH 2419, 2423 – *Primus/SABA.*

[54] Hans. OLG Hamburg GRUR 1993, 765 ff. (Revision nicht angenommen).

[55] OLG Celle WuW/E DE-R 327, 331 – *Unfallersatzwagen.*

[56] BGH WuW/E BGH 2855, 2856 – *Flaschenkästen;* OLG Celle aaO – *Unfallersatzwagen.*

[57] BGH WuW/E BGH 1620, 1623 – *Revell Plastics;* WuW/E BGH 1885, 1886 – *Adidas.*

[58] LG Nürnberg GRURPrax 2013, 300.

[59] BGH WuW/E DE-R 3967, 3970 – *Rabattstaffel* (verweist auf WuW/E BGH 2419 – *Saba*).

Wettbewerbsfähigkeit gewichtig beeinträchtigt wird.[60] Das gilt gleichermaßen für gewerbliche Dienstleistungen, wie etwa die Anzeigengestaltung durch Werbeagenturen in den klassischen Telefonbüchern.[61] Bei Markenartikeln ist danach in **objektiv-genereller** Weise die allgemeine Stellung des Anbieters auf den Absatzstufen und sodann **hypothetisch-individuell** die Stellung des Nachfragers im Verhältnis zu seinen Wettbewerbern aus der Sicht der Kunden bei Nichtbelieferung zu prüfen. Die Relevanz der Marktgeltung des Anbieters folgt aus der selektiven Übernahme von Vertriebsfunktionen durch den Markenartikelhersteller, der die Nachfragegewinnung nicht allein dem Handel überlässt, sondern durch Sprungwerbung, Verkaufsförderung, Preisempfehlung usw. vorverkauft. Je nach Intensität der Marktgeltung des Produktes sind die Möglichkeiten des Absatzmittlers beschränkt, die Nachfrage durch ein von ihm autonom zusammengestelltes Sortiment zu decken und so seine Wettbewerbsfähigkeit herzustellen und zu erhalten.

(1) Marktgeltung. Bei der Marktgeltung sind Verkehrsbekanntheit und Ruf der Marke, Markenbindung und Markenbewusstsein der Verbraucher, der Marktanteil des Herstellers und die Distributionsrate, d. h. der Verbreitungsgrad des Produkts und der Marke im Vergleich zu den Wettbewerbern im Handel, zu untersuchen.[62] Besondere Qualität, aufwendige Qualitätswerbung zur Imagepflege und günstiges Abschneiden in Warentests sowie starke lokale Verbreitung im wettbewerblichen Umfeld reichen allein nicht aus, weil dies auf anderen Umständen als dem besonderen Ansehen der Marke beruhen kann.[63] Die Angebotsstruktur des relevanten Marktes und die Stellung des begehrten Markenerzeugnisses sind vielmehr umfassend zu prüfen. Im *Technics*-Urteil fordert der BGH für die **Marktgeltung** die Unverzichtbarkeit einer „berühmten Marke“, die ein Ausweichen auf andere Marken ausschließt.[64] **Berühmtheit** im markenrechtlichen Sinne kann damit nicht gemeint sein.[65] Diese verlangt eine weit überragende Verkehrsgeltung von über 80%, Alleinstellung der Kennzeichnung sowie eine besondere Wertschätzung des Publikums.[66] Ebenso wenig ist eine **Verkehrsdurchsetzung** im Sinne von § 8 Abs. 3 MarkenG (50% Durchsetzungsgrad als Untergrenze) zu fordern, die die mangelnde ursprüngliche Unterscheidungskraft überwindet. Entstehung des Markenschutzes durch Verkehrsdurchsetzung oder Verkehrsgeltung (§ 4 Nr. 2 MarkenG) bilden aber ebenso einen wichtigen Anhaltspunkt wie die Feststellung der **Bekanntheit** im Sinne von § 14 Abs. 2 Nr. 3 MarkenG als Voraussetzung für den Schutz gegen die Verwendung ähnlicher Zeichen für branchenfremde Waren. Der markenrechtlichen Bekanntheit wohnt nämlich sowohl das quantitative Kriterium der Verkehrsbekanntheit als auch das qualitative Kriterium des „guten Rufs“ inne. Beide Kriterien geben gleichermaßen über die Marktbedeutung einer Marke wie über ihr Ansehen Aufschluss. Bestimmte Prozentsätze der Verkehrsbekanntheit lassen sich nicht allgemein festlegen. Es kommt auf die Marktverhältnisse an, d. h. die Anzahl der angebotenen Marken, ihre Bekanntheit und Marktbedeutung im Verhältnis zueinander. Eine gewisse Bekanntheit dürfte in der Regel nicht 19

---

[60] BGH WuW/E BGH 1391, 1394 – *Rossignol-Ski* = BB 1976, 240ff. mit Anm. *Lübbert;* BGH WuW/E BGH 2125, 2127 – *Technics;* BGH WuW/E DE-R 481, 482 – *Designer-Postermöbel* mwN; OLG Düsseldorf WuW/E DE-R 1480, 1482 – *R-Uhren;* LG Nürnberg WuW/E DE-R 3079, 3082 – *JPG LeMale;* nachfolgend dazu OLG Nürnberg, WRP 2011, 117, 119.

[61] BGH WuW/E DE-R 1377, 1378 – *Sparberaterin.*

[62] BGH WuW/E BGH 1391, 1393 – *Rossignol-Ski;* WuW/E BGH 1429, 1431 – *Asbach-Fachgroßhändlervertrag;* WuW/E BGH 1671, 1673 – *Robbe Modellsport;* WuW/E BGH 1793, 1795 – *SB-Verbrauchermarkt/Carrera;* WuW/E BGH 1885, 1886 – *Adidas;* WuW/E BGH 2351 – *Belieferungsunwürdige Verkaufsstätten II (Allkauf/SABA);* WuW/E BGH 2419, 2423 – *Primus/SABA;* WuW/E BGH 1629, 1630 – *Modellbauartikel II;* WuW/E BGH 1635, 1636 – *Plaza SB Warenhaus;* WuW/E BGH DE-R 481, 483 – *Designer-Polstermöbel.*

[63] BGH WuW/E BGH 2125 – *Technics.*

[64] BGH aaO, 2127 – *Technics.*

[65] BGH WuW/E BGH 1391, 1393f. – *Rossignol-Ski*: In diesem Fall lag der Marktanteil von *Rossignol* seinerzeit nur bei rund 8%, die Marke galt aber als „weltbekannt“.

[66] BGH GRUR 1991, 863, 866 – *Avon.*

reichen. Etwaige richterliche Feststellungen in jenem Zusammenhang können hier einen wichtigen Anhaltspunkt bieten. Ein hoher Marktanteil kann ein Indiz für eine Spitzenstellung sein. Bei entsprechender Intensität der Markenwerbung kann auf Teilmärkten aber auch schon bei relativ niedrigen Marktanteilen von 8 bis 10% die Normadressateneigenschaft erfüllt sein.[67] Indes stellt ein Marktanteil von 4 bis 5% absolut gesehen selbst bei einer zersplitterten Marktstruktur keinen besonders hohen Marktanteil dar.[68] Wird ein Produkt nicht über ein selektives Vertriebssystem abgesetzt, spielt die sog. **Distributionsrate** eine besondere Rolle. Eine hohe Präsenz von Produkten eines Herstellers in spezialisierten Fachgeschäften deutet darauf hin, dass diese Produkte von den meisten Fachhändlern als nahezu unverzichtbarer Bestandteil eines entsprechenden Sortiments angesehen werden, selbst wenn die Lücke auf andere Weise geschlossen werden könnte.[69] Demgegenüber lässt eine geringe Distributionsdichte allein noch keine verneinende Aussage über eine Spitzenstellung zu; denn die geringe Distributionsdichte kann auf der strengen, quantitativen Selektion des Normadressaten beruhen.[70] Hinsichtlich des sachlich relevanten Marktes ist nicht auf breite Sortimente, wie etwa „Unterhaltungselektronik" oder „Spielwaren", sondern auf den aus der Sicht der Nachfrage relevanten Markt abzustellen (Farbfernseher, HiFi-Geräte, Uhrenradios[71] bzw. Modellbauartikel, Modelleisenbahnen,[72] Depot-Kosmetik,[73] Designer-Möbel,[74] Anzeigenschaltung in Telefonbüchern,[75] Luxusuhren,[76] Schulranzen und Schulrucksäcke).[77] Dabei kommt es ggf. auch auf die Bedürfnisse der Nachfrage durch den Handel an. Beispielsweise mag ein Online-Händler wegen der leichteren Auffindbarkeit einer bekannten Marke im Internet von dieser Marke stärker abhängig sein als ein stationärer Händler.

20 *(2) Stellung des Nachfragers.* Bei der Stellung des Nachfragers sind dessen Marktposition im Verhältnis zu seinen Wettbewerbern, seine Qualifikation als Absatzmittler, d. h. Großhändler, Facheinzelhändler, Warenhaus mit Fachabteilung, SB-Verbrauchermarkt mit Fachabteilung, Fachmarkt usw. sowie seine Sortimentsbreite und -tiefe zu berücksichtigen. Insbesondere ist zu prüfen, ob vergleichbare Handelsunternehmen über ein Vollsortiment oder Teilsortiment verfügen oder ob sich der Nachfrager auf den Vertrieb einzelner Spitzenartikel beschränkt, die sich „schnell drehen" (sog. Renner).[78] Die Sortimentsbreite ist ggf. durch eine Marktuntersuchung über die Markenpräsenz im Handel zu ermitteln.[79] Eine umfassende Markterhebung, welcher Händler welche Marken führt, wird jedoch nicht verlangt, wenn dies die Möglichkeiten eines Händlers überschreitet.[80] Geringe Markenpräsenz ist nicht maßgebend, wenn dieses Erscheinungsbild durch Lieferverweigerung fast aller bekannten Hersteller geprägt ist.[81] Auch einem Außenseiter darf nicht von vornherein die Möglichkeit genommen werden, seinen Geschäftsbetrieb zu verändern und fortzuentwickeln.[82]

---

[67] BGH WuW/E BGH 1567, 1570 – *Fernsehgeräte I (Normende);* BGH WuW/E BGH 1635, 1636 f. – *Plaza SB-Warenhaus;* BGH WuW/E BGH 1391, 1393 f. – *Rossignol-Ski.*

[68] LG Nürnberg WuW/E DE-R 3078, 3082 f. – *JPG LeMale.*

[69] BGH WuW/E DE-R 481, 483 – *Designer-Polstermöbel.*

[70] OLG Düsseldorf WuW/E DE-R 1480, 1483 – *R-Uhren.*

[71] BGH WuW/E BGH 2419, 2420 – *SABA/Primus.*

[72] BGH WuW/E BGH 1629 – *Modellbauartikel II;* Hans. OLG Hamburg WuW/E OLG 4195; KG WuW/E OLG 3501 – *Märklin.*

[73] BGH WuW/E DE-R 1203, 1204 – *Depotkosmetik im Internet.*

[74] BGH WuW/E DE-R 481, 482 – *Designer-Polstermöbel.*

[75] BGH WuW/E DE-R 1377, 1378 – *Sparberaterin.*

[76] OLG Düsseldorf WuW/E DE-R 1480, 1481 – *R-Uhren.*

[77] Für Spitzengruppenabhängigkeit: LG Mannheim WuW/E DE-R 2322, 2324 – *Schulranzen.*

[78] Vgl. BGH WuW/E BGH 1620, 1623 – *Revell Plastics.*

[79] Vgl. BGH WuW/E BGH 2419, 2423 – *SABA/Primus.*

[80] BGH WuW/E DE-R 481, 484 – *Designer-Polstermöbel.*

[81] BGH WuW/E BGH 1567 – *Fernsehgeräte I (Allkauf/Nordmende).*

[82] BGH aaO.

bb) Spitzengruppenabhängigkeit. Verfügt der Handel branchenüblich nur über ein Teilsortiment, weil er aufgrund der Angebotsvielfalt typischerweise nur einige bedeutende Marken führt, jedoch kein vollständiges Sortiment, so kann es sein, dass er zwar keine bestimmten, aber mehrere allgemein anerkannte Markenprodukte führen muss, um wettbewerbsfähig zu sein.[83] Im Gegensatz zur Spitzenstellungsabhängigkeit wird diese Abhängigkeit als Spitzengruppenabhängigkeit bezeichnet.[84] Entsprechendes gilt, wenn sämtliche nachfragende Unternehmen einer Handelsstufe einem lieferwilligen Unternehmen der Marktgegenseite den Zutritt zu dieser Handelsstufe verweigern.[85] Bei einer solchen Spitzengruppenabhängigkeit ist **jedes Mitglied der Gruppe Normadressat,** wenn der Nachfrager auf die Belieferung mit allen Marken der Spitzengruppe bzw. der Anbieter auf den Vertrieb seiner Produkte durch die größten Absatzmittler angewiesen ist. Umfasst das für die Wettbewerbsfähigkeit erforderliche Sortiment branchenüblich jedoch nicht sämtliche Spitzenmarken, dann besteht von einer bestimmten Marke der Spitzengruppe keine Abhängigkeit, wenn der Nachfrager Zugang zu den übrigen anerkannten Marken, einschließlich derjenigen der Spitzengruppe, hat.[86] Sind jedoch auch die anderen Anbieter der Spitzenerzeugnisse nicht bereit, die Nachfrage des Händlers zu befriedigen, ist er von allen Spitzenmarken solange abhängig, bis die zur Wettbewerbsfähigkeit erforderliche Sortimentsbreite hergestellt ist.[87] Dabei ist der Nachfrager nicht verpflichtet, alle Anbieter der Spitzengruppe gleichzeitig oder nacheinander in Anspruch zu nehmen.[88] Dem Außenseiter steht insoweit das **Wahlrecht** zu. Das kann bedeuten, dass der Nachfrager, der bereits teilweise über ein konkurrenzfähiges Teilsortiment verfügt, zur Vervollständigung des Angebots nur kleinere Anbieter der Spitzengruppe in Anspruch nimmt, während die marktstärkeren Anbieter frei bleiben. Eine Erfüllungsgemeinschaft bilden die Anbieter der Spitzengruppe aufgrund der fehlenden Leistungsidentität nicht. Die Abhängigkeit bleibt, wenn der Nachfrager von einem Anbieter der Spitzengruppe beliefert wird und entfällt erst dann, wenn das wettbewerbsfähige Teilsortiment hergestellt ist. Der Belieferungsanspruch beschränkt sich auf die Spitzengruppe auch dann, wenn die Anzahl der Anbieter dieser Gruppe nicht ausreichen sollte, das wettbewerbsfähige Teilsortiment herzustellen. Anderenfalls würde der Nachfrager besser stehen als bei der Spitzenstellungsabhängigkeit von einzelnen, bedeutenden Marken. Die Spitzengruppenabhängigkeit besteht nicht, wenn der Händler bereits über ein wettbewerbsfähiges Teilsortiment bekannter Marken verfügt oder in der Lage wäre, dies durch Bezug von Marken lieferbereiter Anbieter herzustellen.[89] Der Belieferungsanspruch ist nicht darauf gerichtet, dem Händler das Führen eines vollständigen Sortiments zu ermöglichen; er setzt vielmehr voraus, dass der Händler von keinem Hersteller der Spitzengruppe beliefert wird oder nicht über ein ausreichendes Sortiment an anerkannten Waren verfügt.[90] Bei der Prüfung der Spitzengruppenabhängigkeit ist nicht nur zu ermitteln, wie viele Marken ein Fachgeschäft im Durchschnitt führt, sondern wie viele davon welche Spitzenmarken der Spitzengruppe sind und ob der Normadressat dazugehört. Die Marktanteile und Distributionsraten der Anbieter sind dabei auch hier wesentliche Kriterien, aber 21

[83] BGH WuW/E BGH 1567 – Fernsehgeräte I *(Allkauf/Nordmende)* = GRUR 1979, 650 mit Anm. *Fischötter/Lübbert;* BGH WuW/E BGH 1635 – *Plaza SB Warenhaus;* BGH WuW/E BGH 1814, 1817 – *Allkauf/SABA I;* BGH WuW/E DE-R 481, 482 f. – *Designer-Polstermöbel;* BGH WuW/E DE-R 1203, 1204 – *Depotkosmetik im Internet;* OLG Düsseldorf WuW/E DE-R 1480, 1484 – *R-Uhren;* LG Nürnberg WuW/E DE-R 3079, 3082 – *JPG LeMale.*

[84] BGH WuW/E DE-R 481, 482 und 483 – *Designer-Polstermöbel.*

[85] BGH WuW/E BGH 2990, 2993 – *Importarzneimittel.*

[86] BGH WuW/E BGH 2125 – *Technics.*

[87] BGH WuW/E BGH 1567 – *Fernsehgeräte I (Allkauf/Nordmende).*

[88] BGH WuW/E BGH 1635, 1636 – *Fernsehgeräte II (Plaza SB Warenhaus/Telefunken)* mit Anm. *Fischötter/Lübbert,* GRUR 1980, 180; BGH WuW/E BGH 2419, 2420 – *SABA/Primus.*

[89] BGH WuW/E BGH 1620, 1623 – *Revell Plastics;* BGH WuW/E BGH 2125, 2128 – *Technics;* BGH WuW/E BGH 2419, 2420 – *SABA/Primus.*

[90] OLG Nürnberg WRP 2011, 117 ff.

nicht die einzigen. Ebenso ist zu untersuchen, welche und wie viele Marken der Spitzengruppe dem Nachfrager bereits zugänglich sind.[91] Dabei kann ggf. auf Feststellungen in einem früheren Rechtsstreit zurückgegriffen werden, wenn sich die Marktverhältnisse zwischenzeitlich nicht geändert haben.[92]

22 *cc) Abhängigkeit aufgrund Unternehmensbeziehung. (1) Lieferantenbedingte Abhängigkeit.* Wenn ein Abnehmer seinen Betrieb aufgrund langjähriger Geschäftsbeziehung auf einen Lieferanten ausgerichtet hat, kann er so in Abhängigkeit von diesem geraten, dass ein Verzicht auf die Geschäftsbeziehung existenzbedrohend wäre. Bei einer solchen lieferantenbedingten Abhängigkeit ist ein Ausweichen auf einen anderen Lieferanten nur unter Inkaufnahme schwerwiegender Wettbewerbsnachteile möglich. Eine solche Abhängigkeit findet sich aber jedenfalls dort, wo sich Abnehmer an einen Lieferanten binden und zu diesem Zweck ihre Betriebs- und Marktinvestitionen auf die Produkte des Lieferanten abstellen. So kann ein Vertragshändler von einem Markenartikelhersteller[93] und ein Franchisenehmer von einem Franchisegeber[94] abhängig sein. Die Abhängigkeit folgt nicht schon daraus, dass ein Abnehmer für seine wirtschaftliche Tätigkeit zugunsten eines bestimmten Lieferanten Betriebsgelände und Räume bereitstellt. Solche Vermögenswerte können meist auch für andere Zwecke verwendet oder verwertet werden.[95] Die Abhängigkeit ergibt sich aus dem Absatzanteil,[96] aus der (marken-)spezifischen Ausgestaltung der Geschäftsräume und der Betriebsausstattung, der produktmäßigen oder räumlichen Spezialisierung und aus den meist erheblichen, im Interesse des Lieferanten erbrachten Investitionen, die außerhalb der Geschäftsbeziehung nicht oder nur unter Schwierigkeiten zu verwenden sind. Dem abhängigen Abnehmer muss deshalb Gelegenheit gegeben werden, durch Einräumung einer angemessenen Übergangsfrist zumindest einen Teil dieser Ausgaben durch Fortsetzung der Geschäftsbeziehung zu erwirtschaften.[97] Ein ausschließliches Vertragsverhältnis ist für die unternehmensbedingte Abhängigkeit nicht erforderlich; es genügt eine tatsächliche Bezugs- oder Lieferkonzentration.[98]

23 *(2) Nachfragebedingte Abhängigkeit.* Eine unternehmensbedingte Abhängigkeit kann auch gegenüber marktstarken Nachfragern bestehen. So kann ein industrieller Zulieferer von einem Hersteller,[99] aber auch ein Hersteller von einem Handelsunternehmen abhängig sein, dem er den Alleinvertrieb seiner Ware übertragen hat.[100] Bei Konsumgütern wird eine solche nachfragebedingte Abhängigkeit vom Schrifttum z. T. bejaht, wenn der Hersteller 10% seiner Produktion an ein Großunternehmen des Handels liefert und der Verlust des Deckungsbeitrages, der durch diesen Produktionsanteil erzielt wird, seine wirtschaftliche Grundlage gefährdet.[101] In den von der Rechtsprechung entschiedenen Fällen lag der Ab-

---

[91] BGH WuW/E BGH 2419, 2423 – *SABA/Primus.*

[92] BGH WuW/E BGH 1814, 1817 – *Belieferungsunwürdige Verkaufsstätten I (Allkauf/SABA).*

[93] BGH WuW/E BGH 2491, 2493 – *Opel-Blitz;* WuW/E 2875, 2878 ff. – *Herstellerleasing;* WuW/E 2983, 2988 – *Kfz-Vertragshändler;* WuW/E DE-R 1621, 1623 – *Qualitative Selektion.*

[94] BKartA WuW/E DE-V 1235, 1239 – *Praktiker Baumärkte.*

[95] BGH WuW/E BGH 2983, 2985/86 – *Citroën-Vertragshändler.*

[96] Eine Bezugsquote von 85% reicht allein nicht für eine lieferantenbedingte Abhängigkeit, OLG Koblenz MMR 2013, 715, 716.

[97] BGH aaO – *Citroën-Vertragshändler;* BGH WuW/E BGH 2515 – *Peugeot/Talbot-Vertragshändler;* BGH WuW/E BGH 2491, 2493 – *Opel-Blitz;* BGH WuW/E BGH 2858 – *Fremdleasing bei Boykott;* BGH WuW/E BGH 2875 – *VW-Leasing;* BGH WuW/E BGH 1455, 1457 – *BMW-Direkthändler;* OLG Frankfurt WuW/E OLG 4507 und 4688 – *Neuform;* OLG Düsseldorf WuW/E OLG 5105, 5111 – *Ford;* OLG Stuttgart WuW/E OLG 2103 – *Porsche-Vertragshändler;* BGH WuW/E DE-R 134 – *Bahnhofsbuchhandel.*

[98] *Langen/Bunte-Nothdurft,* § 20 Rdnr. 51; BGH U. v. 6.10.2015, Az. KZR 87/13, Rdnr. 54 – *Porsche Tuning.*

[99] *Bechtold,* § 20 Rdnr. 24.

[100] *Immenga/Mestmäcker-Markert,* GWB, § 20 Rdnr. 71; *Bechtold,* § 20 Rdnr. 24.

[101] Vgl. *Bechtold,* § 20 Rdnr. 24; *Immenga/Mestmäcker-Markert,* GWB, § 20 Rdnr. 48.

satzanteil bei 50%[102] oder 21%.[103] Jedenfalls lässt sich die Abhängigkeit nicht schematisch allein nach Absatzanteilen beurteilen, sondern es kommt darauf an, ob für den Anbieter auf dem Beschaffungsmarkt ausreichend andere Absatzmöglichkeiten bestehen, auf die er ggf. durch Umstellung seines Angebots ohne gewichtige Beeinträchtigung seiner Wettbewerbsfähigkeit ausweichen kann **(Angebotsumstellungskonzept).**[104] Für die Bestimmung des Marktes aus Anbietersicht ist, anders als bei der Ermittlung von Angebotsmacht, das **Bedarfsmarktkonzept,** das auf den Verwendungszweck aus der Sicht der Nachfrager abstellt, nicht anzuwenden.[105] Für die Frage nach den Ausweichmöglichkeiten des **Anbieters** ist es nämlich jedenfalls dann unerheblich, ob das Produkt von ganz bestimmten Abnehmern für ihre besonderen Bedarfszwecke als mit anderen funktionell austauschbar angesehen wird, wenn noch genügend andere Abnehmer vorhanden sind, die dasselbe Produkt für andere Bedarfszwecke nachfragen.[106] Für die Marktdefinition sind im Grundsatz alle Absatzmöglichkeiten für ein bestimmtes Produkt oder eine Dienstleistung heranzuziehen.

(3) Umstellungsfrist. Die unternehmensbedingte Abhängigkeit entfällt nicht, wenn das abhängige Unternehmen seine Investitionen amortisiert hat. Die Amortisation kann aber für die weitere Dauer der Abhängigkeit nach Kündigung der Geschäftsbeziehung für die Berechnung der angemessenen Umstellungsfrist von Gewicht sein. Längerfristige Verträge mit Ausschließlichkeitsverpflichtung und Verhaltensbindungen des Unternehmens zugunsten des anderen Marktpartners begründen meist schon für sich eine Abhängigkeit des schwächeren Partners.[107] 24

dd) Abhängigkeit aufgrund Mangellage. Die Fallgruppe der mangelbedingten Abhängigkeit soll die Situation der Knappheit von Bezugs- oder Absatzmöglichkeiten erfassen, ohne dass die betroffenen Unternehmen zu konkurrenzfähigen Bedingungen auf andere Unternehmen ausweichen können. Die Begründung zum Regierungsentwurf der 2. GWB-Novelle von 1973 hatte bei dieser Abhängigkeit die Verknappung von Mineralöl anlässlich der ersten Ölkrise im Auge, die auch die Gerichte beschäftigte.[108] Die Abhängigkeit kann aber auch rechtlich durch Marktordnungsregelungen begründet sein, die auf eine Begrenzung des Angebots zielen und deshalb die Lieferrechte zuteilen.[109] Betrifft die Knappheit nicht den gesamten Bedarf, sondern nur einen Teil, der die Wettbewerbsfähigkeit beeinträchtigt, so kann eine **partielle Abhängigkeit** bestehen.[110] Die Verknappung kann die Position einzelner Marktteilnehmer so stärken, dass zwischen ihnen und gegenüber Dritten kein wesentlicher Wettbewerb mehr stattfindet, d. h. eine marktbeherrschende Stellung entsteht. **Knappheitsbedingte Abhängigkeit** setzt grundsätzlich das Bestehen einer Geschäftsbeziehung voraus. Bei der besonderen Marktsituation der generellen Warenverknappung gebietet es der Schutzzweck des Diskriminierungsverbots nicht, auch Newcomer zu schützen, die nur in den Markt eintreten, um die Warenknappheit auch für sich preislich auszunutzen. Die anteilige Befriedigung der Nachfrage solcher „Trittbrettfahrer" verschärft die Warenknappheit und geht zu Lasten der bereits belieferten Unternehmen, die zusätzlich auf ihre ohnehin schon repartierten Bezüge verzichten müssten.[111] 25

---

[102] BGH WuW/E BGH 1423, 1425 – *Sehhilfen.*

[103] OLG Düsseldorf WuW/E OLG 2071, 2072 – *Volksbühne;* siehe auch BKartA, Hintergrundpapier „Nachfragemacht im Kartellrecht" vom 18.9.2008, 7.

[104] Vgl. BKartA, Leitfaden zur Marktbeherrschung in der Fusionskontrolle, Rdnr. 125 und 126.

[105] KG WuW/E OLG 3917, 3927 – *Coop-Wandmaker;* OLG Düsseldorf WuW/E OLG 2274, 2277 – *Fernmeldetürme; Immenga/Mestmäcker-Markert,* GWB, § 20 Rdnr. 45 f. mwN.

[106] *Immenga/Mestmäcker-Markert,* GWB, § 20 aaO.

[107] BGH WuW/E BGH 2983, 2988 – *Citroën-Vertragshändler.*

[108] KG WuW/E OLG 1499, 1502 – *AGIP II.*

[109] Vgl. BGH WuW/E BGH 2683 – *Zuckerrübenanlieferungsrecht;* OLG Karlsruhe WuW/E OLG 5504, 5514 – *Quote folgt Fläche.*

[110] KG WuW/E OLG 3917, 3927 – *Coop-Wandmaker.*

[111] Im Ergebnis ebenso KG WuW/E OLG 1499, 1502 – *AGIP II; Fischötter,* WuW 74, 386; ähnlich für Zuckerrübenanlieferungsrechte OLG Karlsruhe WuW/E OLG 5505, 5514 – *Quote folgt Fläche;* a. A. *Immenga/Mestmäcker-Markert,* GWB, § 20 Rdnr. 76 und 169 mwN.

26 Von der Situation der generellen Verknappung einer Warenkategorie sind die Fälle der **punktuellen Knappheit** eines einzelnen Produktes zu unterscheiden, etwa bei Kapazitätsengpässen des Herstellers, die nachfragebedingt sind oder auf höherer Gewalt beruhen.[112] Die punktuelle Knappheit kann auch auf einer willkürlichen Begrenzung der Produktmenge beruhen, wie es z. B. vor der allgemeinen Digitalisierung der Kinos der Fall war, als die Filmverleiher den Filmtheatern aus Kostengründen nur eine begrenzte Anzahl analoger Filmkopien zur Verfügung stellten.[113] Eine solche punktuelle Abhängigkeit ist bei Filmtheatern gegenüber den marktstarken Filmverleihern, die Spitzenfilme anbieten, gegeben.[114] Ein weiteres Beispiel ist die Beschränkung der Anzahl von Gewerberäumen zur Vermietung von Kfz-Schilderprägebetrieben in der Nähe von Kfz-Zulassungsstellen.[115] Ist mit der Zuteilung des knappen Gutes aus Gründen der Wirtschaftlichkeit eine längerfristige Gebrauchsüberlassung verbunden, dann ist keine Repartierung, sondern eine angemessene Auswahl, u. U. durch Ausschreibung und zeitliche Begrenzung der Vergabe auf fünf Jahre, vorzunehmen.[116]

27 *ee) Vermutung der Abhängigkeit gegenüber Nachfragern (§ 20 Abs. 1 Satz 2 GWB). (1) Bedeutung.* Die Vorschrift enthält für die Abhängigkeit von Anbietern gegenüber Nachfragern einen Vermutungstatbestand. Er gilt nicht nur für das kartellbehördliche Untersagungsverfahren, sondern auch für den Zivilprozess,[117] nicht aber im Bußgeldverfahren.[118] Die Regelung knüpft für die Abhängigkeitsvermutung nicht an eine bestimmte Marktstellung an, sondern an ein Missbrauchsverhalten in Form der regelmäßigen Erlangung besonderer, nicht verkehrsüblicher und nicht leistungsbezogener Vergünstigungen. Welche Fallgruppe der Abhängigkeit nach Abs. 1 Satz 2 vermutet wird, ist weder der Vorschrift noch der Gesetzesbegründung zu entnehmen. Aus dem Zusammenhang ist zu schließen, dass es sich um die **unternehmensbedingte Abhängigkeit** handelt, d. h. die Regelung soll Lieferanten schützen, die sich so auf den Absatzmittler eingerichtet haben, dass sie sich aufgrund dessen Marktstärke und der daraus resultierenden Verhandlungsmacht der regelmäßigen Hergabe missbräuchlicher Preisvorteile nicht entziehen können, ohne ihren Absatzkanal zu verlieren und damit ihre Marktstellung erheblich zu beeinträchtigen. § 20 Abs. 1 Satz 2 GWB betrifft nur die Abhängigkeit; die Vermutung gilt nicht für das Verbot der Veranlassung diskriminierender Vorteilsgewährung. Wegen der Verweisung auf § 20 Abs. 1 Satz 1 GWB kann die Vermutung nur greifen, wenn der Anbieter im Verhältnis zum Nachfrager ein kleines oder mittleres Unternehmen ist; denn Satz 2 spricht eine Vermutung nur für die Abhängigkeit aus, nicht für die Unternehmensgröße des Anbieters, die nicht vermutet werden kann.

28 *(2) Abgrenzung.* Sondervergünstigungen indizieren die Abhängigkeit nur, wenn der Nachfrager vom Anbieter zusätzlich, regelmäßig und ohne Leistungsbezug Sondervorteile erlangt und der Anbieter sie seinen sonstigen Abnehmern nicht gewährt. Die Tatsache, dass der Nachfrager Sondervorteile auch von anderen Lieferanten erlangt, schließt die Vermutung nicht aus; denn es kommt nur auf die unternehmensbedingte Abhängigkeit

---

112 Vgl. *Bechtold,* § 20 Rdnr. 26; BGH WuW/E BGH 1027, 1031 – *Sportartikelmesse;* KG WuW/E OLG 3957 – *Straß;* vom BGH wegen sachlicher Rechtfertigung aufgehoben: BGH WuW/E BGH 2535 – *Lüsterbehangsteine.*

113 Hans. OLG Hamburg WuW/E OLG 3871 – *Otto Der Film II,* ausführlicher in GRUR 1987, 556; OLG München WuW/E OLG 4990 – *Herr der Gezeiten;* WUW/E DE-R 1106, 1108 – *Kleinstadtkino.*

114 OLG München WuW/E DE-R 1106, 1108 – *Kleinstadtkino.*

115 KG WuW/E OLG 5787 – *Angebot eines knappen Gutes;* OLG Frankfurt WuW/E DE-R 55 – *Kfz-Schilderpräger (Kassel).*

116 Vgl. Rspr. zu den Schilderprägerfällen: BGH WuW/E DE-R 1099, 1102 – *Konkurrenzschutz für Schilderpräger* mwN; KG WuW/E OLG 5787, 5792 – *Angebot eines knappen Gutes;* BGH WuW/E DE-R 201 – *Schilderpräger im Landratsamt.*

117 Begründung zum RegE WuW 1990, 346.

118 *Bechtold,* § 20 Rdnr. 20; Kölner Kommentar-*Schöner,* § 81 GWB Rdnr. 48.

des zu schützenden Anbieters an, die auch bei anderen kleinen und mittleren Lieferanten des Nachfragers bestehen mag. Die unternehmensbedingte Abhängigkeit mehrerer Lieferanten von demselben Nachfrager kann ein Indiz dafür sein, dass der Nachfrager über eine marktbeherrschende Stellung im Sinne von § 18 Abs. 1 GWB verfügt. Gewährt der kleinere oder mittlere Anbieter auch allen anderen oder den meisten gleichartigen Nachfragern dieselben Sondervorteile, z.B. eine Regalmiete, entfällt die Vermutung schon deshalb.[119]

(3) Verkehrsübliche Leistungsentgelte. Verkehrsübliche Leistungsentgelte stellen, selbst wenn sie für den Nachfrager besonders vorteilhaft sind, keine Sondervergünstigungen im Sinne von § 20 Abs. 1 Satz 2 GWB dar, solange sie eine Leistung des Nachfragers honorieren. Auf die Angemessenheit kommt es insoweit nicht an, sodass auch unangemessene Leistungsentgelte noch keine Sondervergünstigungen sind. Verkehrsübliche Leistungsentgelte sind nach dem Wortlaut der Vorschrift zunächst die üblichen Preisnachlässe. Dazu gehören Mengenrabatte, Aktionsrabatte, Treuerabatte, Boni, Skonti und Jahresumsatzvergütungen. Sonstige Leistungsentgelte sind etwa Werbekostenzuschüsse. Um Zahlungen als Gegenleistung für Werbung zu qualifizieren genügt es, dass der Nachfrager eine Verbundwerbung für mehrere Produkte durchführt, sofern die Produkte des Anbieters unter Hervorhebung seines Markennamens darin einbezogen sind, wie z.B. bei Katalogen, Prospekten usw. 29

(4) Sondervergünstigungen. Sondervergünstigungen sind danach nur die nicht leistungsbezogenen, deshalb meist auch im Sinne von §§ 3, 4 UWG unlauteren Zuwendungen von Vorteilen. Entscheidend ist das Verhältnis von Leistung und Gegenleistung. Typische Fallgruppen, bei denen das angemessene Verhältnis von Leistung und Gegenleistung fehlen kann, aber nicht muss, sind Eintrittsgelder,[120] Regal-, Schaufenster- und Platzmieten,[121] Verlagerungen von Handelsfunktionen auf den Hersteller, wie z.B. unentgeltliche Preisauszeichnung durch den Hersteller,[122] Einrichtungszuschüsse, Listungsgebühren, Überlassung von Arbeitskräften (Inventurhilfen) und Deckungsbeiträge für Umsatzausfälle.[123] Entsprechende Hinweise geben insoweit die nach § 24 GWB vom BKartA anerkannten und bekannt gemachten Wettbewerbsregeln der verschiedenen Branchenvereinigungen und Spitzenverbände, soweit sie Verhaltensweisen betreffen, die der Wirksamkeit eines leistungsgerechten Wettbewerbs zuwider laufen. Von praktischer Bedeutung sind in diesem Zusammenhang die Wettbewerbsregeln des Markenverbandes,[124] das sog. „Sündenregister" des Bundeswirtschaftsministeriums[125] und die „Gemeinsame Erklärung" der Spitzenorganisationen der gewerblichen Wirtschaft.[126] Im Ergebnis ist zu berücksichtigen, dass es im Einzelfall schwierig sein mag, eine bestimmte Kondition als Sondervergütung zu qualifizieren und darauf aufbauend die Erfüllung des Vermutungstatbestandes des § 20 Abs. 1 Satz 2 GWB zu begründen. 30

(5) Wirkung. Bei der Rechtsfolge der Vermutung ist zu unterscheiden, in welchem Verfahren sie Anwendung findet. Im Bußgeldverfahren hat sie keine Bedeutung, denn hier hat die verfassungsrechtlich abgesicherte Unschuldsvermutung Vorrang.[127] Im kartellbehördlichen Verwaltungsverfahren hat sie die Wirkung eines „Aufgreiftatbestandes", d.h. ihr Vorliegen begründet den **Anfangsverdacht** einer nachfragebedingten Machtstellung, wie sie das kartellbehördliche Auskunftsverlangen nach § 59 GWB voraussetzt.[128] Zum Ende eines 31

[119] FK (Lfg. 65, April 2008) – *Rixen,* § 20 GWB Rdnr. 112.
[120] BGH WuW/E BGH 1466.
[121] Vgl. BGH WuW/E BGH 1485.
[122] Vgl. OLG Saarbrücken WuW/E OLG 1837 – *Globus.*
[123] Vgl. dazu *Lübbert/Schöner,* § 23 Rdnr. 136ff.
[124] WuW/E BKartA 1633f.; vgl. auch *Immenga/Mestmäcker-Kellermann,* GWB, § 24 Rdnr. 24ff.
[125] WRP 1975, 24ff.
[126] WuW 1984, 712ff.; vgl. *Sack,* WRP 2001, 595, 605ff.
[127] Kölner Kommentar-*Schöner,* § 81 GWB Rdnr. 48.
[128] KG WuW/E OLG 1463, 1464 zu § 22 Abs. 3 GWB a.F.

Verwaltungsverfahrens ist der Regelung dann bindende Wirkung beizumessen, wenn die Kartellbehörde (bzw. in einem gerichtlichen Verfahren das Gericht) nach Würdigung des gesamten Verfahrensergebnisses eine nachfragebedingte Abhängigkeit weder auszuschließen noch zu bejahen vermag.[129] Im Hinblick auf die wenig gesicherte Grundlage eines funktionellen Zusammenhangs zwischen der Erlangung von Sondervorteilen und relativer Marktmacht wird im Schrifttum die Auffassung vertreten, dass der Vermutung nicht die Qualität einer Vermutung im zivilrechtlichen Sinne mit formeller und materieller Darlegungs- und Beweislastwirkung zukomme.[130] Laut Begründung zum Regierungsentwurf[131] soll die Vorschrift im Zivilprozess Vermutungswirkung entfalten und damit die Beweissituation des Klägers verbessern. Dabei wird zugleich darauf hingewiesen, dass der Bundesgerichtshof im Urteil *Sonderungsverfahren*[132] die Frage, ob die Marktbeherrschungsvermutung des § 18 Abs. 4 GWB (§ 19 Abs. 3 GWB a.F.) im Rahmen des Diskriminierungsverbots echte Vermutungswirkung entfalte, offen gelassen habe. Für die Beweisführungslast im Zivilprozess soll sich die Bedeutung der Vorschrift deshalb darauf beschränken, dass sich der Nachfrager nicht auf ein unsubstantiiertes Bestreiten seiner relativen Marktmacht gegenüber dem Anbieter zurückziehen kann, sondern substantiiert darlegen muss, weshalb er trotz Erfüllung der Vermutung tatsächlich nicht über die relative Marktmacht verfügt.[133] *Markert* will ihr nur die Wirkung eines schwachen ersten Anscheins zukommen lassen.[134] Das steht schwerlich im Einklang mit dem Wortlaut der Vorschrift und lässt sich auch nicht mit einem Verweis auf die Rechtsprechung zu der Marktbeherrschungsvermutung nach § 18 Abs. 4 GWB (§ 19 Abs. 3 a.F. bzw. 22 Abs. 3 a.F.) rechtfertigen, die sich auf die Auslegung einer Norm bezog, die nur eine Missbrauchsaufsicht anordnete. Es ist auch nicht einzusehen, warum bei einem kleinen Unternehmen, das 10% seiner Produktion an ein Großunternehmen des Handels liefert, dafür regelmäßig ohne erkennbare Gegenleistung Eintrittsgelder, Listungsgebühren und Regalmieten zahlt und dies im Prozess substantiiert darlegt und unter Beweis stellt, nicht die Vermutung einer unternehmensbedingten Abhängigkeit erfüllt sein soll. Die Vermutung ist widerleglich, d.h. der in Anspruch genommene Nachfrager kann darlegen und muss ggf. beweisen, dass der Anbieter solche Sondervorteile in erheblichem Umfang auch an andere Nachfrager zahlt oder seine Produkte auch über andere Handelsunternehmen absetzen kann. Es ist nicht anzunehmen, dass es Wille des Gesetzgebers war, dass durch die von der herrschenden Lehre vertretene restriktive Auslegung die Vermutung zur praktischen Bedeutungslosigkeit verurteilt wird.[135]

32 **2. Anwendung von § 19 Abs. 1 iVm. Abs. 2 Nr. 1 GWB auf relativ marktstarke Unternehmen (§ 20 Abs. 1 GWB).** § 20 Abs. 1 GWB verweist auf das in § 19 Abs. 1 in Verbindung mit Abs. 2 Nr. 1 GWB ausgesprochene Behinderungsmissbrauchs- und Diskriminierungsverbot: Dieses findet nach § 20 Abs. 1 GWB auch auf relativ marktstarke Unternehmen Anwendung, soweit von ihnen kleinere oder mittlere Unternehmen als Anbieter oder Nachfrager abhängig sind.[136] Somit ist es den relativ marktstarken Unternehmen verboten, diese abhängigen Unternehmen unbillig zu behindern oder ohne sachlich gerechtfertigten Grund anders zu behandeln als gleichartige Unternehmen.[137] Der Begriff der Behinderung ist dabei weit zu verstehen und erfasst jedes Marktverhalten, das

[129] Vgl. BGH WuW/E BGH 1749, 1754 – *Klöckner-Becorit.*

[130] *Immenga/Mestmäcker-Markert,* GWB, § 20 Rdnr. 51; *Bechtold,* § 20 Rdnr. 26.

[131] Gesetzesentwurf der Bundesregierung zur 5. GWB-Novelle, BT-Drucks. 11/4610 22; WuW 1990, 347.

[132] WuW/E BGH 2483.

[133] BGH WuW/E BGH 2483, 2489 – *Sonderungsverfahren.*

[134] *Immenga/Mestmäcker-Markert,* GWB, § 20 Rdnr. 51.

[135] Ähnlich wie hier GK-*Benisch* § 26 Rdnr. 56; kritisch zur Bedeutung der Vermutung *Langen/Bunte-Nothdurft,* GWB, § 20 Rdnr. 67.

[136] Vgl. dazu *Lübbert/Schöner,* § 24 Rdnr. 8ff.

[137] Vgl. dazu *Lübbert/Schöner,* § 23, Rdnr. 87ff.

objektiv nachteilige Auswirkungen für den Betroffenen hat. Die Feststellung einer Behinderung besitzt insoweit aber keine Indizwirkung dafür, dass das beanstandete Marktverhalten auch rechtswidrig ist.[138]

3. Anwendung von § 19 Abs. 1 iVm. Abs. 2 Nr. 5 GWB auf relativ marktstarke Unternehmen (§ 20 Abs. 2 GWB). § 20 Abs. 2 GWB bezieht sich auf § 19 Abs. 1 in Verbindung mit Abs. 2 Nr. 5 GWB, d.h. auf das Verbot der Veranlassung zur Vorteilsgewährung. Dieses Verbot der sog. passiven Diskriminierung oder des sog. Anzapfens gilt über die Verweisung in § 20 Abs. 2 GWB auch für Unternehmen mit relativer Marktmacht.[139] Dabei ist der Schutzbereich der Norm nicht auf kleine oder mittlere Unternehmen beschränkt. Seinen Hauptanwendungsbereich hat die Norm im Verhältnis zwischen nachfragemächtigen Händlern und deren Lieferanten.[140] 33

II. Unternehmen mit überlegener Marktmacht (§ 20 Abs. 3 und 4 GWB)

1. Unternehmen mit überlegener Marktmacht als Normadressaten (§ 20 Abs. 3 GWB). § 20 Abs. 3 GWB konstituiert ein Behinderungsverbot im Horizontalverhältnis für Unternehmen, die gegenüber kleinen und mittleren Wettbewerbern über eine überlegene Marktmacht verfügen. Zur Klassifizierung von Wettbewerbern als kleine oder mittlere Unternehmen muss auf ihre Position im Vergleich zu ihren Wettbewerbern abgestellt werden.[141] Die Vorschrift zielt auf die Erhaltung bzw. die Schaffung der Vielfalt der Unternehmen auf der Anbieter- und Nachfragerseite[142] ab und wirkt damit schon in einem frühen Stadium der Konzentration entgegen.[143] Das Verbot beschränkt sich auf den Schutz **mittelständischer Wettbewerber,** d.h. das behindernde und das behinderte Unternehmen müssen im selben Markt tätig sein.[144] 34

Anders als für die Marktbeherrschung nach § 18 GWB genügt für die Überlegenheit eine **relative Übermacht.** Es reicht aus, wenn die Überlegenheit nur im Verhältnis zu einem Teil der Wettbewerber, nämlich den kleineren und mittleren Unternehmen,[145] gegeben ist. Unerheblich ist, ob neben dem Normadressaten weitere große oder gar größere Unternehmen auf dem relevanten Markt als Wettbewerber tätig sind.[146] Auch mehrere Unternehmen können nebeneinander über überlegene Marktmacht verfügen, wie zum Beispiel die größten Anbieter bzw. Nachfrager im Lebensmitteleinzelhandel.[147] Es kommt daher weniger auf den Marktanteil als auf die Ressourcen an, wie sie zum Teil auch in § 18 Abs. 3 GWB genannt sind (Finanzmittel, Zugang zu den Beschaffungs- oder Absatzmärkten, Konzernverbund, Warensortiment, Fähigkeit zum Durchstehen von Verlustpreisstrategien).[148] Selbst ein überlegener Wettbewerber, der seinerseits in Gefahr ist, von noch marktstärkeren Konkurrenten in unfairer Weise an den Rand gedrückt zu werden, kann 35

---

[138] BGH WuW/E DE-R 2762, 2768 – *Amtsanzeiger* zu § 26 Abs. 2 GWB a. F.

[139] Vgl. dazu *Lübbert/Schöner,* § 24 Rdnr. 8ff.

[140] OLG Düsseldorf B. v. 18.11.2015, Az. VI – Kart 6/14 (V); zur Position des BKartA Fallbericht vom 28.8.2014 und BKartA TB 2013/2014, S. X: Verstoß gegen das „Anzapfverbot" durch die EDEKA Zentrale AG & Co. KG, Hamburg (B2–58/09); vgl. zuletzt im Verfahren gegen Amazon auf Beschwerde des Börsenvereins: BKartA TB 2013/2014, S. 91f.

[141] Begründung zum RegE WuW 1990, 346, 339.

[142] KG WuW/E DE-R 380, 381 – *Einstandsgelder für Milchlieferverträge.*

[143] BGH WuW/E DE-R 1042, 1044 – *WalMart.*

[144] BGH WuW/E DE-R 1006, 1009 – *Fernwärme Börnsen.*

[145] Vgl. dazu *Lübbert/Schöner,* § 24 Rdnr. 9ff.

[146] Zur Anwendung des § 20 Abs. 4 Satz 2 GWB a.F. (Angebot unter Einstandspreis): Vgl. Bekanntmachung des BKartA Nr. 124/2003, B.1., 3.

[147] BKartA WuW/E DE-V 1481, 1482 – *Netto Marken-Discount;* BGH WuW/E DE-R 1042 – *WalMart.*

[148] BGH WuW/E DE-R 1042, 1044 – *WalMart.*

deshalb Normadressat sein.[149] Das OLG Düsseldorf hat eine überlegene Marktmacht der großen Mineralölkonzerne gegenüber freien Tankstellen mit Jahresumsätzen von über € 50 Mio. bejaht.[150]

36 Die Vermutungsregelung in § 20 Abs. 4 GWB erleichtert die Feststellung der überlegenen Marktmacht nicht: Wenn sich aufgrund bestimmter Tatsachen nach allgemeiner Erfahrung der Anschein der Ausnutzung der Marktmacht durch ein Unternehmen ergibt, so obliegt es diesem Unternehmen, dies zu widerlegen. Diese Vorschrift greift als Anscheinsvermutung der unbilligen Behinderung also erst dann, wenn die Marktmacht dargelegt ist und der Anschein der Ausnutzung besteht.

37 **2. Behinderung von Wettbewerbern durch Unternehmen mit überlegener Marktmacht (§ 20 Abs. 3 und 4 GWB).** *a) Allgemeines.* Die unbillige Behinderung kleinerer und mittlerer Wettbewerber durch Unternehmen mit überlegener Marktmacht[151] kann insbesondere durch die **Preis- und Konditionengestaltung** eines marktmächtigen Unternehmens erfolgen.

38 Zwar sind auch marktmächtige Unternehmen grundsätzlich in ihrer Preis- und Konditionengestaltung frei, so dass unterschiedliche Preise und Bedingungen an sich noch keine Diskriminierung darstellen müssen. Entscheidend ist der Einzelfall. Für die Beurteilung der Niedrigpreisstrategien, Rabattdiskriminierungen oder Kopplungsmaßnahmen gelten dieselben Grundsätze wie bei der Beurteilung solcher Maßnahmen nach § 19 Abs. 2 Nr. 1 GWB.[152]

39 Wettbewerbswidrig kann auch eine sog. **Quersubventionierung** sein. Sie kann vorliegen, wenn Gewinne auf beherrschten Märkten dazu benutzt werden, die Kosten für ein Produkt auf einem anderen Markt zu decken, um dort Wettbewerber durch „Kampfpreise" auszuschalten, die nicht auf der Effizienz der Leistungserbringung, sondern auf derartigen Kostenverlagerungen beruhen. Gerichtsentscheidungen hierzu sind selten. Das BKartA hat festgestellt, dass das Preisverhalten der *Deutsche Post AG* im Frachtbereich durch eine anhaltende spürbare Kostenunterdeckung die Wettbewerbsmöglichkeiten der privaten Paketdienste beeinträchtigt. Dabei werde Dritten der Marktzutritt, insb. im Marktsegment des Versandhandels, erschwert; außerdem unterbiete die Post die privaten Anbieter außerhalb des Versandhandelsgeschäfts mit Preisen, zu denen selbst durchrationalisierte Unternehmen nicht mehr kostendeckend arbeiten könnten. Die von der Post dauerhaft institutionalisierte Preisunterbietung wirke objektiv wettbewerbsverzerrend. Die sachliche Rechtfertigung für die Beeinträchtigung der Paketdienste fehle, weil auch aufgrund der vorgelegten Prognosen zur Entwicklung von Kosten und Erlösen im Frachtbereich nicht belegt werden könne, dass zumindest mittelfristig Vollkostendeckung zu erwarten sei.[153] Entschieden ist aber, dass der Einsatz von Ressourcen des monopolistischen Bereichs der Post für den liberalisierten Bereich für sich gesehen nicht missbräuchlich ist.[154]

40 Der Gesetzgeber hat für eine Behinderung kleinerer und mittlerer Wettbewerber in § 20 Abs. 3 Satz 2 GWB **Regelbeispiele** statuiert. Sie betreffen Preisunterbietungen, Untereinstandspreis-Angebote und Preis-Kosten-Scheren.[155]

41 *b) Angebote unter Einstandspreis (§ 20 Abs. 3 Satz 1, 2 Nr. 1 und 2 GWB). aa) Systematik und Gesetzeshistorie.* Angesichts der grundlegenden Bedeutung des Parameters „Preis" für den Leistungswettbewerb gerade auf beherrschten Märkten besteht selbst für marktstarke Unternehmen ein weiter Gestaltungsspielraum, der auch ihnen den Verkauf unter Ein-

---

[149] BGH aaO – *WalMart.*

[150] OLG Düsseldorf WuW/E DE-R 589, 591 – *Freie Tankstellen.*

[151] Vgl. dazu *Lübbert/Schöner,* § 24 Rdnr. 34 ff.

[152] Vgl. dazu *Lübbert/Schöner,* § 23 Rdnr. 64 ff.

[153] BKartA TB 1995/96, S. 145.

[154] OLG Frankfurt WuW/E DE-R 1589, 1590 f. – *Fernsehzeitschrift;* OLG Celle WuW/E DE-R 1592, 1594 – *Einkauf aktuell.*

[155] Vgl. dazu im Folgenden Rdnr. 41 ff.

standspreis nicht grundsätzlich verbietet.[156] Selbst das Bestreben eines Marktbeherrschers, durch seine Preisgestaltung einen Wettbewerber aus dem Markt zu drängen, ist für sich genommen keine Behinderung, wenn er als Folge einer Kostendegression günstiger kalkulieren kann.[157] So stellen Einstandsgelder zwecks Ablösung eines Abnehmers nach Auslaufen eines Liefervertrages ein erlaubtes Mittel des Leistungswettbewerbs und keine Behinderung dar.[158] Schutz vor **systematischen Untereinstandspreisverkäufen** durch marktmächtige Unternehmen bietet die mit der 5. GWB-Novelle eingefügte, nun in § 20 Abs. 3 Satz 1 GWB verortete Regelung, die im Rahmen der 6. GWB-Novelle durch die Hinzufügung eines ausdrücklichen Verbots in **Satz 2** ergänzt[159] und durch Einführung von drei Regelbeispielen in Nr. 1, 2 und 3 durch das Gesetz zur Bekämpfung von Preismissbrauch im Bereich der Energieversorgung und des Lebensmitteleinzelhandels vom 18. Dezember 2007[160] verschärft worden ist. Die 8. GWB-Novelle hat die Regelung inhaltlich unverändert gelassen. Allerdings soll das Verbot des Verkaufs von Lebensmitteln unter Einstandspreis in Nr. 1 zunächst nur bis zum 31.12.2017 gelten.[161]

Die Vorschrift statuiert ein Behinderungsverbot für Unternehmen gegenüber **kleinen** 42
und mittleren Wettbewerbern, auch wenn sie nicht marktbeherrschend sind, sondern nur relativ zu ihren kleineren und mittleren Wettbewerbern eine **überlegene Marktmacht** besitzen.[162] Die Anwendung der Vorschrift ist nicht auf einen Behinderungsmissbrauch durch Anbieter beschränkt, sondern erfasst auch Nachfrager mit überlegener Marktmacht.[163] Die überlegene Marktmacht wird allein anhand eines Vergleichs zu kleinen und mittleren Unternehmen auf der gleichen Wettbewerbsstufe festgestellt.[164] Daher ist § 20 Abs. 3 GWB auch nicht auf Drittmarktbehinderungen anwendbar.[165] In der Praxis ist zu beachten, dass das Verbot des § 20 Abs. 3 GWB mit §§ 3, 4 Nr. 10 UWG konkurriert, die keine marktbeherrschende Stellung voraussetzen, sondern in ihrer Ausformung durch die Rechtsprechung die gezielte Kampfpreisunterbietung in Vernichtungsabsicht[166] und den systematischen Verkauf unter Einstandspreis bei konkreter Gefährdung des allgemeinen Leistungswettbewerbs[167] verbieten. Da es in diesen Fällen sowohl für das Merkmal der Unbilligkeit nach § 20 Abs. 3 GWB als auch für die Frage der Unlauterkeit auf die Abgrenzung zum Leistungswettbewerb ankommt, kann auf die zu §§ 3, 4 UWG entwickelten Grundsätze zurückgegriffen werden.[168] Verfügt der Preiskämpfer über Marktmacht und liegt ein Wettbewerbsverstoß gegen §§ 3, 4 Nr. 10 UWG vor, dann ist gegenüber den kleineren Unternehmen in der Regel bzw. erst recht auch eine (Mittelstands-) Behinderung iSv § 20 Abs. 3 GWB verwirklicht. Eine Preisunterbietung verletzt das Behinderungsverbot nicht nur, wenn sie unlauter ist, etwa weil das Unternehmen systematische Unterpreisverkäufe in der Absicht der Verdrängung einsetzt, sondern im Falle des § 20 Abs. 3 GWB unabhängig davon auch dann, wenn sie geeignet ist, in Ausnutzung der Marktmacht durch Behinderung kleiner und mittlerer Wettbewerber deren wettbewerbli-

---

[156] BGH GRUR 2009, 416, 417 – *Küchentiefstpreis-Garantie;* BGH WuW/E BGH 2977 – *Hitlisten-Platten* (zu § 26 Abs. 4 GWB a. F.) unter Hinweis auf BGH WuW/E BGH 2547, 2549 – *Preiskampf* (zu § 1 UWG a. F.).

[157] BGH WuW/E BGH 2195, 2199 – *Abwehrblatt II;* vgl. auch *Lübbert/Schöner,* § 23 Rdnr. 65.

[158] Vgl. Bekanntmachung des BKartA Nr. 124/2003 zur Anwendung des § 20 Abs. 4 Satz 2 GWB a. F.

[159] Vgl. KG WuW/E DE-R 380, 382 – *Milchlieferverträge.*

[160] BGBl. 2007, Teil I, Nr. 66 vom 21.12.2007, 2966.

[161] Vgl. BT-Drucks. 17/9852, 21.

[162] Vgl. dazu näher § 24 Rdnr. 34.

[163] KG WuW/E DE-R 380, 381 – *Milchlieferverträge.*

[164] BKartA WuW/E DE-V 911, 912 – *Fotoarbeitstasche.*

[165] *Immenga/Mestmäcker-Markert,* GWB, § 20 Rdnr. 78; vgl. dazu *Lübbert/Schöner,* § 23 Rdnr. 63 u. § 24 Rdnr. 34.

[166] BGH NJW 1979, 2611 – *Verkauf unter Einstandspreis.*

[167] Bspw. aufgrund eines auf den weiteren Einzelhandel ausstrahlenden ruinösen Preiskampfes: BGH WuW/E BGH 2547, 2550 – *Preiskampf* mwN; OLG Karlsruhe WRP 2002, 750, 751.

[168] BGH WuW/E BGH 2195, 2199 – *Abwehrblatt II.*

che Betätigungsmöglichkeiten und damit die strukturellen Voraussetzungen für einen wirksamen Wettbewerb nachhaltig zu beeinträchtigen.[169] In dem ersten vom BGH zu § 20 Abs. 3 Satz 1 GWB entschiedenen Fall *Hitlisten-Platten* hatte ein nicht marktbeherrschendes Einzelhandelsunternehmen für Unterhaltungselektronik, das einem großen Konzern angehörte, innerhalb von sechs Monaten neunmal für CD-Platten mit Hits aus den Top 100 zu Preisen geworben, die unter seinen eigenen Großhandelseinstandspreisen lagen. Der BGH hat sowohl einen Verstoß gegen § 20 Abs. 4 GWB a. F. als auch gegen § 1 UWG a. F. verneint. Durch systematische Angebote unter Einstandspreis ohne besondere Umstände werde die Gefahr einer nachhaltigen Beeinträchtigung der strukturellen Wettbewerbsvoraussetzung noch nicht begründet. Sie müssen vielmehr so häufig oder so intensiv erfolgen, dass eine solche Gefahr für den Wettbewerb konkret droht. Auch im Fall *Abwehrblatt II* hat der BGH einen Wettbewerbsverstoß verneint, weil die objektive Behinderung durch die Unterbietung bei den Anzeigenpreisen eines zur Abwehr gegründeten Anzeigenblattes durch einen überragend marktstarken Oligopolisten nicht unbillig sei, wenn das marktbeherrschende Unternehmen einen nachhaltig erzielbaren Preis setzt, der zwar in der Anlaufphase Verluste bringt, im Hinblick auf das angestrebte Umsatzziel aber kaufmännisch vertretbar ist.[170]

43 *bb) 6. GWB-Novelle.* Im Jahre 1999 hat der Gesetzgeber das Behinderungsverbot für überlegene Wettbewerber aus § 20 Abs. 4 Satz 1 GWB a. F. um einen neuen Satz 2 dahin ergänzt, wonach eine Behinderung im Sinne dieser Vorschrift insbesondere dann vorliegt, wenn ein Unternehmen Waren oder gewerbliche Leistungen **„nicht nur gelegentlich unter Einstandspreis“** anbietet. Diese Präzisierung sollte in höherem Maße dem Gebot der Normenklarheit entsprechen.[171] Das Verbot ist auf das Anbieten von Waren oder Dienstleistungen beschränkt. Es gilt damit nicht für selbst hergestellte Waren oder Dienstleistungen, wie z. B. die Vorführung von Filmen durch Filmtheater.[172] Praktische Bedeutung hat die Vorschrift bisher vor allem im Lebensmitteleinzelhandel erlangt.[173] Die in seinen Verfahren gewonnenen Erkenntnisse hat das BKartA in seiner Bekanntmachung Nr. 124/2003 zur Anwendung des § 20 Abs. 4 Satz 2 GWB a. F. zusammengefasst. Der BGH hat die Praxis des Amtes in der Entscheidung *WalMart* weitgehend bestätigt.[174] Der Begriff Einstandspreis ist nicht deckungsgleich mit Selbstkostenpreis. Einstandspreis bedeutet Einkaufspreis, d. h. Listenpreis des Lieferanten abzüglich aller preiswirksamen Konditionen (Jahresboni, Werbekostenzuschüsse, Umsatzvergütung) und zuzüglich der Bezugskosten (sog. Netto-Netto-Einstandspreis).[175] Ein Angebot erfolgt unter Einstandspreis, wenn der Verkaufspreis der Ware abzüglich Mehrwertsteuer (Netto-Verkaufspreis) unter dem Netto-Netto-Einstandspreis liegt. Das OLG Düsseldorf geht in seinem Urteil *Drogerie-Markenartikel*[176] davon aus, dass es für den Umfang der preiswirksamen Konditionen entscheidend auf die Warenbezugsverträge ankommt. Seit Jahrzehnten gewähren die Drogerieproduktehersteller den Drogerieketten Werbekostenzuschüsse. Diese werden nicht nur gezielt und individuell für einzelne Produkte oder Produktgruppen verwendet, sondern im Rahmen der Jahresgespräche zwischen Hersteller und Drogeriemarktbetreiber – ähnlich einem Rabatt oder Bonus – verhandelt, vereinbart und auf die Rechnungspreise der Her-

---

[169] BGH WuW/E BGH 2977 – *Hitlisten-Platten.*

[170] BGH WuW/E BGH 2195, 2200 ff. – *Abwehrblatt II.*

[171] Begründung zum RegE, BT-Drucks. 13/9720, 37.

[172] KG WuW/E DE-R 727, 728 – *Dienstagspreise.*

[173] Vgl. *Lübbert/Schöner,* § 24 Rdnr. 44 ff. Der Sondertatbestand betreffend den Verkauf von Lebensmitteln unter Einstandspreis ist erst 2007 durch das PreismissbrauchsbekämpfungsG eingeführt worden.

[174] BGH WuW/E DE-R 1042 ff. – *WalMart.*

[175] KG WuW/E DE-R, 728 – *Dienstagspreise;* Bekanntmachung des BKartA Nr. 124/2003 unter B.3; BKartA WuW/E DE-V 1481, 1482,1483 – *Netto-Marken-Discount;* Hierzu zuletzt im Fall A. T. U.: B9-1/14–100, S. BKartA TB 2013/2014, S. 73.

[176] Urt. v. 12.11.2009: OLG Düsseldorf BB 2009, 2489 = GRURPrax 2010, 208.

steller angerechnet. Dabei wird der jährliche Gesamtumsatz der Drogeriemarktbetreiber bei den jeweiligen Herstellern zugrunde gelegt.[177] Die Hersteller versprechen sich von den Werbekostenzuschüssen die Förderung des eigenen Absatzes durch die Förderung des Umsatzes der Drogeriemarktketten.[178] Als Teil der Warenbezugsverträge können solche Werbekostenzuschüsse als preiswirksame Kondition für die Berechnung des Einstandspreises miteinbezogen werden. Entscheidend ist, was im Einzelnen vereinbart worden ist.[179]

Die weite Formulierung „nicht nur gelegentlich" besagt, dass damit systematische Un- **44**
tereinstandspreisverkäufe über einen längeren Zeitraum erfasst werden sollen, auch ohne dass eine konkrete Gefährdung der strukturellen Wettbewerbsvoraussetzungen droht[180] und ohne dass die Marktverhältnisse spürbar beeinträchtigt werden.[181] Einzelaktionen, wie z. B. Einführungs-, Sonder- und Lockvogelangebote, erfasst der Verbotstatbestand nicht.[182] Fortlaufende oder diskontinuierliche Angebote über (insgesamt) mindestens drei Wochen, z. B. als Sonderangebote jeweils zum Wochenende, stuft das BKartA nicht mehr als „nur gelegentliche" Werbeaktionen ein.[183] Ein Wechsel der Untereinstandspreis-Artikel kann unerheblich sein, wenn die Wirkung vergleichbar ist. Die wiederkehrenden Angebote müssen sich dafür auf denselben sachlichen und räumlichen Markt beziehen.[184] Der BGH sieht in der Regelung einen **Paradigmenwechsel,** den der Gesetzgeber in bewusster Abkehr von der früheren Rechtslage und der Rechtsprechung vollzogen hat.[185] Das systematische Angebot unter Einstandspreis ist danach Regelbeispiel für eine unbillige Behinderung kleiner und mittlerer Unternehmen, an welches das GWB die gesetzliche Vermutung knüpft, dass der Normadressat unter Einsatz seiner überlegenen Marktmacht eine Strategie zu Lasten der geschützten Wettbewerbergruppe verfolgt. Damit wird zugleich unwiderlegbar die kausale Verknüpfung zwischen der Ausübung überlegener Marktmacht durch Untereinstandspreisangebote und der wettbewerblichen Gefährdung der kleinen und mittleren Unternehmen vermutet.[186] Im Bußgeldverfahren kann der Vermutung keine Bedeutung zugemessen werden, da § 81 Abs. 2 Nr. 1 GWB eben gerade nur auf § 20 Abs. 3 Satz 1 GWB Bezug nimmt.[187] Andernfalls läge ein Verstoß gegen den im Bußgeldverfahren geltenden Grundsatz *in dubio pro reo* vor. Gleichwohl werden Untereinstandspreisverkäufe regelmäßig mit Bußgeldern geahndet. Dem BKartA genügen zum Teil schon Vermutungen kleiner und/oder mittlerer Wettbewerber, um Ermittlungen aufzunehmen.[188]

cc) Preismissbrauchsbekämpfungsgesetz 2007. Das PreismissbrauchsbekämpfungsG 2007 hat **45**
zwei Regelbeispiele für die unbillige Behinderung durch Untereinstandspreis-Angebote in Nr. 1 und Nr. 2 des § 20 Abs. 4 GWB a. F. eingeführt (jetzt § 20 Abs. 3 Nr. 1 und Nr. 2 GWB). Während die Nr. 1 den Normadressaten im **Lebensmitteleinzelhandel** jedes Untereinstandspreisangebot verbietet, d. h. auch nur das gelegentliche Angebot von Unter-

---

[177] OLG Düsseldorf aaO.

[178] OLG Düsseldorf aaO.

[179] Das BKartA hat sich dazu sehr kritisch geäußert, da die praktische Anwendbarkeit des § 20 Abs. 4 S. 2 GWB a. F. dadurch gefährdet sei; Zwischenbericht Sektorenuntersuchung Milch, 12/2009, 95, 128, 136.

[180] So noch BGH WuW/E BGH 2977 – *Hitlisten-Platten.*

[181] BGH WuW/E DE-R 1042, 1050 – *WalMart.*

[182] Vgl. Bekanntmachung des BKartA Nr. 124/2003 unter B.2.

[183] Vgl. Bekanntmachung des BKartA Nr. 124/2003 unter B.2.

[184] BKartA WuW/E DE-V 1481, 1483 – *Netto-Marken-Discount.*

[185] BGH WuW/E DE-R 1042, 1045 – *WalMart.*

[186] BGH WuW/E DE-R 1042, 1045, 1050 – *WalMart.*

[187] Vgl. Hans. OLG Hamburg Magazindienst 2004, 1244 ff.

[188] Zum Mineralölsektor BKartA TB 2011/2012, BT-Drucks. 17/13675, 106 (das BKartA hat das Verfahren unter dem 19.10.2015 angesichts des schwer zu ermittelnden und rechtlich schwer einzuordnenden Sachverhalts eingestellt); siehe ferner *Langen/Bunte-Nothdurft,* § 20 Rdnr. 153 mwN; vgl. dazu auch BGH WuW/E DE-R 1042 – *WalMart;* BKartA WuW/E DE-V 911 – *Fotoarbeitstaschen.*

einstandspreisen, verbleibt es für alle anderen Waren nach Nr. 2 bei dem Verbot von systematischen, d.h. nicht nur gelegentlichen, Untereinstandsangeboten.

46 Mit der weiteren Verschärfung durch das Preismissbrauchsbekämpfungsgesetz sollten kleine und mittlere Betriebe des Lebensmitteleinzelhandels, die im Allgemeinen deutlich ungünstiger als große Handelsunternehmen einkaufen, gegen ruinöse Preiskämpfe und Niedrigpreisstrategien mit Untereinstandspreisverkäufen großer Handelsunternehmen vor Verdrängung geschützt werden. Damit sollte zugleich die breite Versorgung vor allem in ländlichen Räumen sowie die Qualität von Lebensmitteln gesichert werden.[189]

47 Dem Normadressaten bleibt zur Verteidigung von Lebensmittelpreisen unter Einstandspreis nur der Nachweis, dass sein wettbewerbsschädliches Verhalten ausnahmsweise sachlich gerechtfertigt ist (§ 20 Abs. 3 Satz 2: *es sei denn …*).[190] Keine Änderungen ergaben sich mit Blick auf schon bisher „offenkundig" sachlich gerechtfertigten Untereinstandspreisverkäufe, wie z.B. die Notverkäufe verderblicher Waren.[191]

Neu eingeführt in Satz 2 Nr. 3 wurde die unbillige Behinderung durch **Preisscheren.**[192]

48 *dd) 8. GWB-Novelle.* Die 8. GWB-Novelle hat in § 20 Abs. 3 GWB inhaltlich die Regelungen des § 20 Abs. 4 GWB a.F. übernommen. Der Verkauf von Lebensmitteln unter Einstandspreis ist weiterhin als besonderer Fall der unbilligen Behinderung verboten. Hier bleibt es auch bei den speziellen Regelungen zur Rechtfertigung, § 20 Abs. 3 Satz 3 und 4 GWB. Der Gesetzgeber schreibt dem Verbot eine hohe präventive Vorfeldwirkung zu, die es trotz weniger Anwendungsfälle rechtfertige, die Regelung bis zum 31.12.2017 zu verlängern.[193] Damit wird der politische Charakter des Maßnahmengesetzes deutlich. Auch das Verbot des Verkaufs anderer Waren oder gewerblicher Leistungen unter Einstandspreis ist unverändert geblieben.

49 *ee) UWG.* Die höchstrichterliche Rechtsprechung zu Verboten von Verkäufen unter Einstandspreis auf der Grundlage von §§ 3, 4 Nr. 10 UWG ist zurückhaltend. Einen Behinderungswettbewerb unter dem Gesichtspunkt des Verdrängungs- oder Vernichtungsunterbietens hat der BGH bisher nur in zwei Fällen von **Preiskämpfen** bejaht. So hat er in seiner Entscheidung zum *Kölner Schallplattenmarkt*[194] darauf abgestellt, dass die beiden Hauptwettbewerber (darunter einer mit einem Marktanteil von 50%) sich über die Dauer von drei Monaten sechsmal wechselseitig unterboten hatten. Zugleich hat er klargestellt, dass die erste Preissenkung ungeachtet der Unterschreitung des Einstandspreises und der zu erwartenden Reaktion des marktstarken Wettbewerbers wettbewerbsrechtlich unbeachtlich sei, weil solche Maßnahmen des marktschwächeren Wettbewerbers im Interesse des Wettbewerbs lägen.[195] Der zweite Fall betraf einen Anzeigenblatt-Verlag mit einem Marktanteil von 76%, der seine Anzeigenpreise auf Dauer um 30% bis 40% unterhalb des Kostenpreises festgesetzt hatte.[196] Nach Auffassung des BGH ist aber das Angebot kostenunterschreitender Preise nur dann nicht mit den Grundsätzen des Leistungswettbewerbs zu vereinbaren, wenn ein Unternehmen aufgrund seiner starken Marktstellung nicht nur kurzfristig und ohne besonderen Anlass kaufmännische Kalkulationsgrundsätze missachtet, um Mitbewerber vom Markt zu verdrängen. Die Preisgestaltung muss objektiv geeignet sein, einen oder mehrere Wettbewerber vom Markt zu verdrängen oder den Bestand des

---

[189] Begründung zum RegE BR-Drucks. 278/07, 9f. und BT-Drucks. 16/5847, 9f.

[190] Vgl. die Ausführungen zur sachlichen Rechtfertigung *Lübbert/Schöner,* § 24 Rdnr. 51.

[191] Begründung zum RegE, BT-Drucks. 13/9720, 37; dazu näher *Lübbert/Schöner,* § 24 Rdnr. 51; zur gesetzlichen Regelung der sachlichen Rechtfertigung in § 20 Abs. 3 Satz 3 GWB siehe *Lübbert/Schöner,* § 24 Rdnr. 51.

[192] Dazu näher *Lübbert/Schöner,* § 24 Rdnr. 53.

[193] Begründung zum RegE, BT-Drucks. 17/9852, 21.

[194] BGH WuW/E BGH 2547ff. – *Preiskampf.*

[195] BGH WuW/E BGH 2547, 2550 – *Preiskampf.*

[196] BGH WRP 1990, 830ff. – *Anzeigenpreis I.*

Wettbewerbs zu gefährden. Eine lediglich abstrakte Gefährdung genügt nicht.[197] Deshalb ist es auch grundsätzlich weder unlauter iSd. §§ 3, 4 Nr. 10 UWG noch kartellrechtlich unbillig iSd. § 20 Abs. 3 Satz 1, 2 GWB, wenn im Preiswettbewerb ein Produkt vorübergehend unter Einstands- oder Selbstkostenpreis abgegeben wird, etwa weil das Unternehmen während der Anlaufphase oder in einer Phase der Bedrängung zur Auslastung des Betriebs nicht kostendeckend arbeitet. Nur wenn die nicht kostengerechte Preiskalkulation auf Dauer angelegt ist und es das Ziel des marktstarken Unternehmens ist, bestimmte Wettbewerber vom Markt zu verdrängen, liegt darin eine unlautere Behinderung oder missbräuchliche Ausnutzung von Marktmacht und Wettbewerbsfreiheit im Sinne von §§ 3, 4 Nr. 10 UWG.[198] In diesem Falle kann zugleich auch der Tatbestand der Behinderung nach § 20 Abs. 3 Satz 1, 2 GWB verwirklicht sein; denn er setzt weder eine Verdrängungsabsicht noch eine Gefährdung des Wettbewerbsbestandes oder gar spürbare Wettbewerbsbeschränkung voraus.[199] Die bestehenden Wechselwirkungen zwischen UWG und GWB besagen aber nicht, dass die Ansprüche nicht getrennt voneinander geltend gemacht werden können. Ein wertungsmäßiger Gleichklang ist nur bei der Beurteilung der Unbilligkeit erforderlich.[200] Allerdings ist in Fällen, in denen sich der Vorwurf der Unlauterkeit allein auf die Verletzung eines kartellrechtlichen Tatbestandes stützt, eine zivilrechtliche Anspruchsverfolgung über das UWG ausgeschlossen.[201] Fehlt es an hinreichenden Tatsachen zur Normadressateneigenschaft nach § 20 GWB, ist die Anwendung von § 4 Nr. 10 UWG gleichwohl möglich. Die gleichzeitige Marktstrukturkontrolle durch §§ 3, 4 Nr. 10 UWG und §§ 19, 20 GWB betont der BGH in seiner Entscheidung zum *Kölner Zeitungskrieg,* bei dem es um Fragen der allgemeinen Marktbehinderung durch die unentgeltliche Abgabe von Tageszeitungen ging, die ausschließlich durch Anzeigen finanziert waren.[202] Die lauterkeitsrechtliche Beurteilung müsse stets die Zielsetzung des GWB berücksichtigen und beachten, dass einem lauterkeitsrechtlichen Verbot nicht die Wirkung der Erhöhung von Marktzutrittsschranken und damit einer Marktabschottung zukommt, insbesondere dann nicht, wenn die bisherigen Anbieter über eine Monopolstellung verfügen. Verfassungsrechtlich gewähre Art. 5 Abs. 1 GG der Presse keinen unterschiedlichen Schutz danach, ob die Tageszeitungen durch die Leser oder die Anzeigen (mit-)finanziert würden. Erforderlich sei, dass die Gratisverteilung den Bestand der Tagespresse als verfassungsrechtlich garantierte Institution konkret gefährde. Die Untergerichte sind bei **Programmzeitschriften** zum Teil strenger verfahren und haben die vorübergehende Preissenkungsaktion eines Außenseiters schon mit der ersten Ankündigung der Preissenkung dauerhaft als Verstoß gegen § 1 UWG a.F. verboten,[203] ohne die Oligopol-ähnliche Struktur der marktbeherrschenden Konkurrenten zu berücksichtigen und die Marktentwicklung abzuwarten. Bei Wahrung zeitlicher Grenzen kann aber selbst eine deutliche Preisunterbietung ein zulässiges Mittel sein, mit dem sich ein auflagenschwächeres Presseerzeugnis gegen auflagenstärkere Titel zur Geltung bringen will. Abzustellen ist auf die Struktur des relevanten Marktes, das Gewicht und die Dauer der beabsichtigten Preismaßnahme sowie die geplante Marktanteilserweiterung.[204] Eine aggressive

---

[197] BGH WRP 2006, 888, 889 – *10% billiger.*

[198] BGH aaO – *10% billiger* mwN; kritisch zum Merkmal der Verdrängungsabsicht: *Harte-Bavendamm/Henning-Bodewig,* § 4 Nr. 10 Rdnr. 155.

[199] Beschlussempfehlung und Bericht des Ausschusses für Wirtschaft, BT-Drucks. 13/10633, 72; BGH WuW/E DE-R 1042, 1049f. – *WalMart;* BKartA WuW/E DE-V 314, 315 – *Aldi-Nord*

[200] OLG Jena GRUR-RR 2010, 113, 115 – *Anzeigen-Treuerabatt.*

[201] BGH WuW/DE-R 1779, 1781 – *Probeabonnement.*

[202] BGHZ 157, 55, 61 betreffend die Gratiszeitungen *„20 Minuten Köln", „Kölner Morgen" und „Köln Extra";* vgl. auch BGH WRP 2004, 746 – *Zeitung am Sonntag;* zur Kritik der Fallgruppe „allgemeine Marktbehinderung": *Piper/Ohly/Sosnitza,* § 4 UWG Rdnr. 10.97.

[203] LG Hamburg Urt. v. 25.2.1996, Az. 316 O 28/96 – *TV movie/TV Today;* LG München Urt. v. 21.2.1996, Az. 9 HKO 3486/96 – *Bild + Funk/TV Today;* LG Halle Urt. v. 26.4.1996, Az. 11 O 56/96 – *Hör Zu/TV Today.*

[204] OLG München WRP 1996, 1216, 1219 – *Zeitschriften-Preiskampf.*

Preispolitik eines Unternehmens, auf welche die Mitbewerber durch Preissenkungen reagieren, ist nicht *per se* unlauter.[205]

50 **Kurzfristige Preisaktionen** begründen nicht die ernstliche Gefahr der dauerhaften Einschränkung des Leistungswettbewerbs. Die dadurch bei den Wettbewerbern ausgelösten Unsicherheiten sind Auswirkungen des grundsätzlich freien Preiskampfes.[206] Speziell im Zeitschriftenbereich ist das Interesse des Verlages anzuerkennen, durch einen zeitlich begrenzten Verkauf unter Selbstkosten nicht nur die Auflage, sondern auch die Reichweite und damit die Anzeigenerlöse zu steigern. Da der Selbstkostenpreis bei marktschwachen Titeln höher liegt als bei hochauflagigen Titeln mit entsprechend höheren Anzeigenerlösen, kann der Außenseiter nicht schon bei der ersten Preissenkung unter Selbstkostenpreis gezwungen werden, das Risiko der Unterbietung seines Niedrigpreises durch die Mitbewerber zu berücksichtigen; denn dann wäre der Außenseiter stets gehindert, gegenüber marktstarken Unternehmen in aktiven Preiswettbewerb zu treten.[207] Eine Verletzung von § 20 GWB a. F. hatten die Kläger in jenen Verfahren nicht geltend gemacht.

51 *ff) Sachliche Rechtfertigung und fehlende Unbilligkeit von unter Einstandspreis angebotenen Lebensmitteln (§ 20 Abs. 3 Satz 3 und 4 GWB).* Die **sachliche Rechtfertigung** einer Wettbewerberbehinderung durch das Anbieten von Lebensmitteln unter Einstandspreis ist ausdrücklich in § 20 Abs. 3 Satz 3 GWB geregelt. Danach muss das Angebot geeignet sein, den Verderb oder die drohende Unverkäuflichkeit der Lebensmittel beim Händler durch rechtzeitigen Verkauf zu verhindern. Erfasst sind damit saisonale und zu einem bestimmten Ereignis hergestellte Produkte, wenn sie nach Ablauf der Saison bzw. nach Ablauf des Ereignisses unverkäuflich werden.[208] „Vergleichbar schwerwiegende Fälle" sind gleichgestellt. Die Begründung zum Regierungsentwurf nennt hier das Anbieten von Ausschuss- oder beschädigter Ware. Nach Satz 4 liegt bei der Abgabe von Lebensmitteln an gemeinnützige Einrichtungen von vornherein **keine unbillige Behinderung** vor. Mit dem Ende der Gültigkeit des Verbots eines Verkaufs von Lebensmitteln unter Einstandspreis zum 31.12.2017 entfällt auch die Regelung zu deren Rechtfertigung, Satz 3 und 4.

52 Als sachliche Rechtfertigung für Untereinstandspreis-Angebote aller Waren und gewerblicher Dienstleistungen kommen ansonsten eine wirtschaftliche Notlage des marktstarken Unternehmens oder die Verkaufsförderung bestimmter Produkte in Betracht, an der das Handelsunternehmen und sein Lieferant ein gemeinsames Interesse haben.[209] Die wettbewerbliche Reaktion auf eine Niedrigpreisstrategie anderer (marktmächtiger) Wettbewerber stellt dagegen keine sachliche Rechtfertigung dar, wenn es sich bei den Wettbewerbspreisen ebenfalls um rechtswidrige Untereinstandspreise handelt; denn dann würde sich die Behinderungswirkung noch verschärfen. Dies soll selbst dann gelten, wenn der Normadressat mit seinem Unter-Einstandspreis auf einen rechtmäßigen Übereinstandspreis eines Wettbewerbers einsteigt, es sei denn, es bestünde die Gefahr unzumutbar starker Umsatzeinbrüche.[210] Für die Unbilligkeit von Preisscheren (§ 20 Abs. 3 Satz 2 Nr. 3 GWB) dürften diese Grundsätze entsprechend gelten.[211]

---

[205] BGH WRP 2006, 888, 890 – *10% billiger.*

[206] So zutreffend Hans. OLG Hamburg Urt. v. 10.5.1996, Az. 3 W 32/96 – *TV movie/TV Today;* und schon LG Hamburg Urt. v. 23.2.1996, Az. 416 O 32/96 – *TV Spielfilm/TV Today;* bestätigt durch Hans. OLG Hamburg WRP 1997, 212 – *1,00 DM für TV Today.*

[207] So zutreffend OLG Naumburg WRP 1997, 222 – *Hör Zu/TV Today.*

[208] Begründung zum RegE, BT-Drucks. 16/5847, 10.

[209] Bekanntmachung des BKartA Nr. 124/2003, Rdnr. 4; BKartA WuW/E DE-V 1481, 1485 – *Netto-Marken-Discount.*

[210] BGH WuW/E DE-R 1042, 1047 – *WalMart;* Bekanntmachung des BKartA Nr. 124/2003, Rdnr. 4; BKartA WuW/E DE-V 1481, 1485 – *Netto-Marken-Discount.*

[211] Vgl. dazu *Lübbert/Schöner,* § 24 Rdnr. 55 ff.

c) Preisscheren (§ 20 Abs. 3 Satz 2 Nr. 3 GWB). aa) Gesetzeshistorie. Auf Beschlussempfehlung des Wirtschaftsausschusses[212] wurde mit dem PreismissbrauchsbekämpfungsG 2007 ein weiteres Regelbeispiel der unbilligen Behinderung von kleinen und mittleren Wettbewerbern aufgenommen, das Verbot der Preis-Kosten-Schere **(„price-squeezing")** in § 20 Abs. 3 Satz 2 Nr. 3 GWB. Durch die 8. GWB-Novelle ist diese Regelung beibehalten worden und gilt seitdem unbefristet. § 20 Abs. 3 Satz 2 Nr. 3 GWB entfaltet laut Gesetzgeber eine für den Wettbewerb positive Vorfeldwirkung und erleichtert es den kleinen und mittleren Unternehmen, ihre Ansprüche zivilrechtlich durchzusetzen.[213] § 20 Abs. 3 Satz 1 GWB kann direkt als Anspruchsgrundlage herangezogen werden und dient nicht nur als Grundlage für Abstellungs- und Bußgeldentscheidungen der Verfolgungsbehörden.[214] Die Regelung ist in erster Linie politisch motiviert. Fälle, in denen ein solcher Missbrauch nachgewiesen werden konnte, gab es bisher nicht. 53

bb) Normadressaten und Schutzrichtung. Das Verbot der Preis-Kosten-Schere richtet sich gegen Lieferanten auf dem Beschaffungsmarkt, die mit dem gelieferten Produkt zugleich selbst auf dem nachgelagerten Markt tätig sind und dort marktmächtig sind. Sie dürfen von ihrem Abnehmer keinen höheren Lieferpreis fordern als sie ihn gleichzeitig auf dem nachgelagerten Markt selbst verlangen. Die Bestimmung richtet sich also gegen vertikal integrierte Unternehmen, die auf mehreren Absatzstufen tätig sind.[215] Darunter fallen auch solche Unternehmen, die ihre Infrastruktureinrichtungen entgeltlich zur Verfügung stellen.[216] Anlass für die Aufnahme des Regelbeispiels war das Preisscherenmissbrauchsverfahren gegen große Mineralölunternehmen im Jahre 2000, mit dem das BKartA[217] vor dem OLG Düsseldorf u. a. deshalb gescheitert ist, weil das OLG § 20 Abs. 3 GWB in seiner damaligen Fassung als Wettbewerbernorm im reinen Vertikalverhältnis zwischen Groß- und Einzelhandel nicht für anwendbar hielt.[218] An dieser Rechtsprechung hat sich allerdings durch die Einfügung des Regelbeispiels nichts geändert. Die Norm schützt die kleineren und mittleren Unternehmen nach wie vor im Horizontalverhältnis. Für das vertikale Belieferungsverhältnis gilt ggf. § 20 Abs. 1 iVm. § 19 Abs. 2 Nr. 1 GWB. Das folgt aus dem unveränderten Wortlaut von Absatz 3 Satz 1 (nicht: kleine und mittlere „Unternehmen", sondern: kleine und mittlere „Wettbewerber").[219] Kleinere und mittlere Wettbewerber sollen nicht durch marktmächtige Wettbewerber zum Verkauf unter Einstandspreis gezwungen und so vom Markt verdrängt werden. Auf eine Marktmacht des marktmächtigen Wettbewerbers auf dem vorgelagerten Markt kommt es deshalb nicht an. Ist das Unternehmen dort marktbeherrschend (wie es das BKartA inzwischen für die vertikal integrierten Mineralölunternehmen auf dem Tankstellenmarkt annimmt),[220] kann ihm ggf. der Vorwurf einer Preis-Kosten-Schere nach Art. 102 AEUV oder § 19 Abs. 2 Nr. 1 GWB gemacht werden.[221] 54

cc) Gesetzessystematik und Einzelfälle. Nach der Rechtsprechung konnte der behinderte Wettbewerber vor Inkrafttreten des PreismissbrauchsbekämpfungsG nur Unterlassung der Preisunterbietung verlangen, nicht aber die Anordnung seiner Belieferung zu günstigeren 55

212 Beschlussempfehlung und Bericht des Ausschusses für Wirtschaft und Technologie, BT-Drucks. 16/7156, 3 und 11.

213 Begründung zum RegE, BT-Drucks. 17/9852, 24; vgl. dazu auch *Alexander,* WuW 2012, 1025, 1034.

214 *Bechtold,* § 20 Rdnr. 29.

215 Wiederholt rückt die Mineralölbranche in den Fokus des BKartA: Vgl. TB 2011/2012, S. 106; Vgl. zuletzt auch das Verfahren gegen die DPAG (B9–128/12, S. BKartA TB 2013/2014, S. 115).

216 Vgl. unter dem Gesichtspunkt der Preisspaltung bei Marktbeherrschung: BGH WuW/E DE-R 3145 ff. – *Entega II.*

217 BKartA WuW/E DE-V 289 ff. – *Freie Tankstellen;* vgl. auch OLG Düsseldorf EWiR 2011, 73; OLG Düsseldorf WuW/E DE-R 3799 ff.

218 OLG Düsseldorf WuW/E DE-R 829, 833 – *Freie Tankstellen.*

219 OLG Düsseldorf WuW/DE-R 829, 833 – *Freie Tankstellen;* KG WuW/E OLG 2620, 2623 – *Vergaserkraftstoff-Abgabepreise.*

220 Vgl. dazu BKartA WuW/E DE-V 1719, 1723 – *Total/OMV.*

221 Vgl. BKartA WuW/E DE-V 1769 ff. – *MABEZ-Dienste.*

Preisen durch das BKartA, um seinen Einstandspreis zu verbessern.[222] Gegenüber dem bezweckten Schutz vor unbilliger Behinderung im Wettbewerbsverhältnis scheint das durch das PreismissbrauchsbekämpfungsG eingeführte Regelbeispiel in Nr. 3 auf den ersten Blick systemwidrig. Es verwendet im Gegensatz zu Nr. 1 und Nr. 2 den Begriff des Einstandspreises nicht und stellt auch nicht ab auf die Preisunterbietung der kleinen und mittleren Wettbewerber durch den marktmächtigen Wettbewerber, sondern auf den im Vergleich zum eigenen Endverbraucherpreis höheren Preis im vertikalen Belieferungsverhältnis zu den kleinen oder mittleren Wettbewerbern.[223] Ein niedrigerer eigener Abgabepreis des Lieferanten auf dem nachgelagerten Markt indiziert indes nicht zwingend ein Angebot unter Kosten, so etwa, wenn der Lieferant die Ware für sein Einzelhandelsgeschäft zu einem früheren Zeitpunkt gegenüber seinem aktuellen Verkaufspreis auf dem Beschaffungsmarkt günstiger eingekauft hat. Betroffene Wettbewerber sollen von marktmächtigen Lieferanten nunmehr gemäß § 33 Abs. 1 GWB Unterlassung der Belieferung zu einem Preis verlangen können, der höher ist als der eigene Abgabepreis des Lieferanten auf dem nachgelagerten Markt. Schon das BKartA hatte in seinem Beschluss *Freie Tankstellen* den vertikal integrierten Mineralölunternehmen untersagt, von mittelständischen Tankstellenbetreibern Kraftstoffpreise (zuzüglich Frachtkostenzuschlag, aber ohne Mehrwertsteuer) zu verlangen, die ihre Endkundenpreise an den Tankstellen ihres Tankstellennetzes überschreiten. Damit sollte den mittelständischen Tankstellenbetreibern eine ihrer Wettbewerbssituation angepasste Belieferung verschafft werden.[224] Dieser Ansatz lässt sich nur rechtfertigen, wenn man den höheren Preis im Lieferverhältnis als **mittelbare Behinderung** des mittelständischen Unternehmens im Wettbewerb zu dem Lieferanten auf dem nachgelagerten Markt versteht. Erforderlich ist dann das systematische Verlangen von höheren Lieferpreisen, die die strukturellen Marktvoraussetzungen gefährden. Das punktuelle Fordern höherer Preise von verschiedenen Abnehmern reicht nicht.[225] Dabei sind unmittelbare und mittelbare Lieferverhältnisse zu berücksichtigen, um das wirtschaftliche Geschehen sachgerecht abzubilden.[226] Vergleichsmaßstab ist der Lieferpreis, bei mittelbaren Lieferverhältnissen ist dies der vom marktmächtigen Lieferanten gegenüber dem Zwischenhändler verlangte Preis.[227] Er umfasst den Abgabepreis ab Werk oder Lager (ohne Mehrwertsteuer, aber inklusive sonstigen Abgaben wie Mineralölsteuer und Erdölbevorratungsbeitrag) zuzüglich etwaiger Frachtkostenzuschläge.[228] Für den Preisvergleich ist der Zeitpunkt des Angebots des Lieferanten auf dem Beschaffungsmarkt zugrunde zu legen und mit seinem Angebotspreis für dasselbe Produkt in demselben Zeitpunkt auf dem nachgelagerten Markt zu vergleichen.[229] Höhere Lieferpreise in der Vergangenheit, zu denen sich der kleinere oder mittlere Wettbewerber eingedeckt hat, reichen als Vergleichsmaßstab nicht. Auch sie müssen das Risiko tragen, dass sich nach dem Einkauf der Ware auf dem nachgelagerten Markt aufgrund intensiven Wettbewerbs Verkaufspreise bilden, die ihre Beschaffungskosten nicht mehr decken. Das gilt insbesondere, wenn gegenüber dem Beschaffungspreis der vom Mittelständler angebotenen Ware deren Wiederbeschaffungspreis nach deren Einkauf fällt, sodass der Lieferant seinen Abgabepreis auf dem Absatzmarkt senken kann, ohne dass eine Preisschere entsteht. Umgekehrt fehlt es an einer unbilligen Wettbewerberbehinderung, wenn der Lieferant bei gestiegenen Preisen auf seinem Beschaffungsmarkt zur Deckung seiner Wiederbeschaffungskosten gehalten ist,

---

[222] OLG Düsseldorf WuW/DE-R 829, 834 – *Freie Tankstellen.*

[223] Zurückgegriffen wird dabei aber maßgeblich auf die Grundsätze zur Berechnung des Einstandspreises, *Langen/Bunte-Nothdurft,* § 20 Rdnr. 147; *Bechtold,* § 20 Rdnr. 47.

[224] B. v. 9.8.2000: WuW/E DE-V 289 (Tenor in WuW nicht veröffentlicht).

[225] So schon OLG Düsseldorf WuW/DE-R 829, 836 – *Freie Tankstellen* (für § 20 Abs. 4 a. F.).

[226] Ausdrücklich entgegen dem Wortlaut der Norm BKartA Sektoruntersuchung Kraftstoffe (B8–200/09), Abschlussbericht, Tz. 4.1.3.3.

[227] BKartA Sektoruntersuchung Kraftstoffe (B8–200/09), Abschlussbericht, Tz. 4.1.3.3.

[228] So das BKartA im Beschluss *Freie Tankstellen* WuW/E DE-V 289; im Ergebnis ebenso BKartA Sektoruntersuchung Kraftstoffe (B8–200/09), Abschlussbericht, Tz. 4.1.3.4., wobei die Einbeziehung von Frachtkosten vom Wortlaut der Norm nicht gedeckt ist.

[229] BKartA Sektoruntersuchung Kraftstoffe (B8–200/09), Abschlussbericht, Tz. 4.1.3.4.

seine Lieferpreise anzuheben, während seine Wettbewerbssituation auf dem nachgelagerten Markt eine Preiserhöhung nicht erlaubt, ohne dass er dadurch erhebliche Absatzverluste hinnehmen müsste. Auch marktmächtige Unternehmen können nicht gezwungen sein, mittelständische Abnehmer zu Verlustpreisen zu beliefern, damit diese auf dem nachgelagerten Markt auch bei scharfem Preiswettbewerb noch kostendeckende Erlöse erzielen. Das Regelbeispiel greift deshalb nur, wenn der Lieferant von dem mittelständischen Unternehmen systematisch höhere Lieferpreise verlangt, die nicht durch entsprechende Wiederbeschaffungskosten gerechtfertigt sind, und er sich damit bei seiner Preisgestaltung auf dem nachgelagerten Markt einen Handlungsspielraum verschafft, von ihm belieferte mittelständische Wettbewerber nachhaltig zu unterbieten, ohne selbst unter Einstand zu verkaufen.

Noch nicht Gegenstand der richterlichen Überprüfung ist die für die Mineralöl-Wirtschaft relevante Frage, wie damit umzugehen ist, dass Lieferanten regelmäßig Monatskontrakte abschließen, bei dem der Lieferpreis auf der Grundlage des Durchschnitts der Tagespreise des Liefermonats gebildet wird. Bei diesen Kontrakten steht erst aus der *ex-post*-Perspektive fest, ob eine Preis-Kosten-Schere bestand. Richtigerweise ist die Norm auf solche Fälle nicht anwendbar. **56**

Der relevante Beschaffungsmarkt muss geografisch den nachgelagerten Markt versorgen und das Lieferunternehmen muss auf demselben geografisch relevanten nachgelagerten Markt wie der mittelständische Wettbewerber tätig sein.[230] Ansonsten fehlt es an einer Wettbewerberbehinderung.[231] **57**

Die praktische Anwendung des Regelbeispiels wird schwierig, wenn der Lieferant gegenüber dem betroffenen Wettbewerber zwar eine überlegene Marktmacht besitzt, seinerseits auf dem relevanten Beschaffungsmarkt und/oder dem nachgelagerten Markt aber lebhaftem Preiswettbewerb ausgesetzt ist, der von dritten Wettbewerbern ausgeht, und der Lieferant gezwungen ist, seine Abgabepreise auf dem nachgelagerten Markt unter seine Großhandelsabgabepreise zu senken. Besteht wirksamer Preiswettbewerb auf dem Beschaffungsmarkt, kann der kleinere oder mittlere Abnehmer den Lieferanten wechseln, es sei denn, er ist nach § 20 Abs. 1 Satz 1 GWB abhängig. Besteht wirksamer Preiswettbewerb auf dem nachgelagerten Markt, muss auch das marktmächtige (Liefer-)Unternehmen in der Lage bleiben, auf Preismaßnahmen der Wettbewerber zu reagieren. Solch **nachstoßender Wettbewerb** ist grundsätzlich nicht unbillig.[232] Nach der Entscheidungspraxis zu Untereinstandspreis-Angeboten im Lebensmitteleinzelhandel[233] dürfte das jedoch dann nicht gelten, wenn die Wettbewerber dabei ebenfalls eine missbräuchliche Preisschere anwenden, die ihrerseits rechtwidrig ist. Dann soll der Normadressat das behördliche Einschreiten gegen den preisaktiven Wettbewerber abwarten müssen oder selbst rechtliche Schritte einleiten. Von praktischer Relevanz ist das jedenfalls bei Preis-Kosten-Scheren in der Mineralöl-Wirtschaft nicht, denn die Preis-Kosten-Schere ist nur schwer nachweisbar, insbesondere im Zivilprozess. Ein nachstoßender Wettbewerb ist jedenfalls dann zulässig, wenn der Wettbewerbspreis des Dritten rechtmäßig ist, weil er entweder über Einstand liegt oder der dritte Wettbewerber kein Normadressat ist (z. B. ein Supermarkt mit Tankstelle). Denn selbst vertikal integrierten Unternehmen ist es dann nicht zuzumuten, durch eine Preiserhöhung auf dem nachgelagerten Markt erhebliche Absatzverluste hinzunehmen, um die mittelständischen Wettbewerber zu schützen. **58**

d) Beweiserleichterung (§ 20 Abs. 4 GWB). Für die von Absatz 3 geschützten kleinen und mittleren Wettbewerber wurde die Beweiserleichterung des § 20 Abs. 5 GWB a. F. durch die 8. GWB-Novelle beibehalten, aber in § 20 Abs. 4 GWB überführt. Besteht der Anschein, dass ein Unternehmen seine Marktmacht iSd. § 20 Abs. 3 GWB ausgenutzt hat, **59**

[230] BKartA Sektoruntersuchung Kraftstoffe (B8–200/09), Abschlussbericht, Tz. 4.1.3.2.

[231] Anders für eine Preis-Kosten-Schere im Rahmen von Art. 102 AEUV bzw. § 19 Abs. 2 Nr. 1 GWB: BKartA WuW/E DE-V 1769, 1773 f. – *MABEZ-Dienste*: „Die Marktbeherrschung auf dem Vorleistungsmarkt ist erforderlich, aber auch ausreichend. Das folgt schon aus den allgemeinen Grundsätzen zur Drittmarktbehinderung und zur Übertragung von Marktmacht".

[232] Vgl. OLG Düsseldorf aaO, 838.

[233] Vgl. dazu *Lübbert/Schöner,* § 24 Rdnr. 51.

muss dieses Unternehmen den Anschein widerlegen. Entscheidend ist, dass der Anschein aufgrund bestimmter Tatsachen nach allgemeiner Erfahrung besteht. Beispielsweise reicht allein der Umstand, dass ein Angebotspreis des marktstarken Unternehmens unter dem Einstandspreis eines kleinen oder mittleren Wettbewerbers liegt, zur Begründung eines solchen Anscheins nicht aus.[234]

III. Wirtschafts- und Berufsvereinigungen sowie Gütezeichengemeinschaften (§ 20 Abs. 5 GWB)

60 **1. Wirtschafts- und Berufsvereinigungen sowie Gütezeichengemeinschaften als Normadressaten (§ 20 Abs. 5 GWB).** Der spezielle Diskriminierungstatbestand der Verweigerung der Aufnahme in Wirtschafts- und Berufsvereinigungen wurde mit der 8. GWB-Novelle unverändert aus § 20 Abs. 6 GWB a. F. übernommen und in § 20 Abs. 5 GWB überführt. Normadressaten sind Wirtschafts- und Berufsvereinigungen sowie Gütezeichengemeinschaften.[235]

61 In Berufs- und Wirtschaftsvereinigungen schließen sich Unternehmen freiwillig zusammen, um ihre wirtschaftlichen, berufsständischen und sozialen Interessen gemeinschaftlich nach außen zu vertreten.[236] Die rechtsgeschäftliche Ausgestaltung bspw. als Verein oder Genossenschaft ist dabei nicht entscheidend. Wichtig ist allein, dass die Berufs- und Wirtschaftsvereinigungen nicht selbst wirtschaftlich tätig sein dürfen. Deshalb unterfallen Taxigenossenschaften,[237] Molkereigenossenschaften[238] oder die Betreiberin eines Flaschenrücknahmesystems[239] nicht dem Anwendungsbereich des § 20 Abs. 5 GWB. Neben den verbandspolitischen Interessen können auch andere Zwecke verfolgt werden.[240] Rein sozialpolitische Motive, wie z. B. bei Arbeitgebervereinigungen oder Gewerkschaften, können zur Begründung der Normadressateneigenschaft nicht genügen.

Normadressaten des § 20 Abs. 5 GWB sind auch Gütezeichengemeinschaften. Diese definieren Qualitätsmerkmale für bestimmte Waren und verleihen ihren Mitgliedern bei Erfüllen dieser Merkmale das Recht, ein Gütezeichen zu führen.[241] Unerheblich ist dabei, ob die Gütezeichengemeinschaft ihre Zeichen auch an Nichtmitglieder vergibt.[242]

62 **2. Ablehnung der Aufnahme in Wirtschafts- und Berufsvereinigungen sowie Gütezeichengemeinschaften (§ 20 Abs. 5 GWB).** § 20 Abs. 5 GWB statuiert einen Sonderfall des Diskriminierungsverbotes betreffend die Aufnahme in Wirtschafts- und Berufsvereinigungen sowie in Gütezeichengemeinschaften.[243] Bereits die erste Fassung des GWB enthielt eine entsprechende Vorschrift. Nach dem Gesetzgeber ist es für jedes Unternehmen von wesentlicher Bedeutung, ob es Mitglied einer Berufs- und Wirtschaftsvereinigung ist. Denn diese Vereinigungen sind das Sprachrohr der darin zusammengefassten Unternehmen gegenüber der Allgemeinheit und der Verwaltung.[244]

63 § 20 Abs. 5 GWB wird durch die in Art. 9 GG geschützte Koalitionsfreiheit eingeschränkt. Das ist insbesondere bei der Interessenabwägung zu berücksichtigen. Art. 9 GG gewährleistet den Vereinigungen die Freiheit zur Selbstbestimmung ihrer Organisation, des

[234] OLG Frankfurt GRUR 2005, 611, 612.
[235] Siehe auch *Lübbert/Schöner,* § 23 Rdnr. 132, 159.
[236] BGH WuW/E BGH 2191, 2194 – *Schwarzbuntzüchter.*
[237] BGH WuW/E BGH 1495–1497 – *Autoruf-Genossenschaft;* LG Magdeburg WuW/E DE-R 973, 974 – *Taxivermittlung.*
[238] BGHZ 33, 259, 260 – *Molkereigenossenschaft.*
[239] OLG Koblenz WuW/E DE-R 1695 – *Petcycle.*
[240] BGH WuW/E BGH 1725, 1727 – *Deutscher Landseer Club.*
[241] LG Köln WuW/E DE-R 2090, 2091 – *Hundezuchtverband.*
[242] LG Köln WuW/E DE-R 2388, 2390 – *Pressfitting.*
[243] Vgl. zu den Besonderheiten des Vereinigungs- und Gemeinschaftsbegriffs die Ausführungen zum Normadressaten, § 24 Rdnr. 61.
[244] Begründung zum RegE des GWB, BT-Drucks. 2/1158, 43.

Verfahrens ihrer Willensbildung und der Führung ihrer Geschäfte.[245] Davon umfasst ist auch die Frage des Beitritts zu einer Vereinigung. Der Beitritt wird bei den meisten Vereinigungen durch Aufnahmevoraussetzungen geregelt, die in der jeweiligen Vereinssatzung festgeschrieben sind. Erfüllt ein Bewerber die satzungsmäßigen Voraussetzungen zur Aufnahme und wird ihm diese dennoch verwehrt, so stellt dies regelmäßig eine unter die Verbotsnorm des § 20 Abs. 5 GWB fallende sachlich nicht gerechtfertigte Ungleichbehandlung und unbillige Benachteiligung im Wettbewerb dar.[246] Ändert der Normadressat im Laufe des Aufnahmeverfahrens seine Satzung, um den Aufnahmeantrag eines Bewerbers ablehnen zu können, vermag die Rechtsprechung darin allein keinen Grund für einen Verstoß gegen § 20 Abs. 5 GWB zu erkennen. Dies würde die Satzungsautonomie unverhältnismäßig einschränken und es einer Wirtschaftsvereinigung verwehren, ihre Statuten während eines laufenden Aufnahmeverfahrens in zulässiger Weise zu ändern. Der Bewerber besitze kein berechtigtes und schutzwürdiges Vertrauen, dass die Satzungslage bis zum Abschluss seines Aufnahmeverfahrens unver-ändert bleibt und sie nicht in einem zulässigen Umfang zu seinem Nachteil verändert wird.[247]

Neben den statuierten Satzungsvoraussetzungen können auch andere Gründe gegen die 64
Aufnahme eines Bewerbers sprechen. Im Interesse der Vereinigung an ihrem Bestand und ihrer Funktionsfähigkeit können nicht nur die Interessen des Bewerbers an der Mitgliedschaft und der damit verbundenen Rechte und Vorteile in den Vordergrund gerückt werden. Auch die Interessen des Vereins, die im Einzelfall dahin gehen können, den Bewerber von der Mitgliedschaft fernzuhalten, sind in die Interessenabwägung miteinzubeziehen.[248] Besondere Berücksichtigung ist auf den Verbandszweck zu legen. Eine Aufnahmebeschränkung nach der Zugehörigkeit eines bestimmten Wirtschaftszweiges, einer bestimmten Wirtschaftsstufe oder einer Vertriebsart, wie z. B. stationärer Handel oder Versandhandel, kann nach Auffassung des OLG Düsseldorf gerechtfertigt sein.[249] Dabei ist allerdings auch zu berücksichtigen, ob der Satzungszweck mit dem Schutzzweck des GWB im Einklang steht. Eine Versagung der Mitgliedschaft gegenüber schwerpunktmäßigen Versand- oder Onlinehändlern ist kaum zu rechtfertigen, da damit eine Beschränkung des Versand- und Internethandels verbunden ist. Das ist eine Kernbeschränkung des Wettbewerbs.[250] Die Aufnahme darf darüber hinaus nicht von unzumutbaren Kriterien abhängig gemacht werden[251] oder unverhältnismäßig verzögert werden.[252]

Einen Aufnahmezwang, wie er in § 20 Abs. 5 GWB geregelt ist, enthalten die 65
Art. 101 und 102 AEUV grundsätzlich nicht. Er ist jedoch dann denkbar, nicht aber zwingend, wenn die Vereinigung iSd. Art. 102 AEUV ein marktbeherrschendes Unternehmen ist oder wenn die Ablehnung der Aufnahme iSd. Art. 101 AEUV kollektiv beschlossen wurde.[253] Daneben kann sich ein Aufnahmeanspruch auch aus § 826 BGB ergeben.[254]

---

245 BVerfG NJW 1990, 37, 38.

246 *Loewenheim/Meessen/Riesenkampff-Dorß,* § 20 Rdnr. 197 mwN.

247 OLG Düsseldorf WuW/E DE-R 3841, 3844 – *Haustechnik-Großhändler;* a. A. OLG Düsseldorf WuW/E OLG 4698 ff. – *Gütegemeinschaft Kachelöfen.*

248 BGHZ 63, 282, 285; OLG Frankfurt WuW/E DE-R 2648, 2649 – *Handballverband.*

249 OLG Düsseldorf WuW/E DE-R 3841, 3844 – *Haustechnik-Großhändler.*

250 Bemerkenswert ist in diesem Zusammenhang, dass der Beklagte im Fall *Haustechnik-Großhändler* nach der Entscheidung des OLG Düsseldorf vom BKartA wegen des Verdachts auf Preisabsprachen zwischen den Großhändlern durchsucht worden ist; dazu ohne Nennung des durchsuchten Verbandes BKartA Pressemitteilung vom 7.3.2013.

251 BGHZ 21, 1, 7 – *Darmimporteure;* BKartA WuW/E 2185, 2186 – *Latex.*

252 KG WuW/E OLG 2028, 2030 – *Deutscher Landseer Club.*

253 *Bechtold,* § 20 Rdnr. 69.

254 Vgl. BGH WuW/E BGH 2226 ff. – *Aikido-Verband;* OLG Düsseldorf WuW/E DE-R 3841, 3849 – *Haustechnik Großhändler.*

§ 25 Rechtsfolgen des § 20 GWB

Übersicht

Schrifttum: S. bei § 24

A. Zivilrecht

I. Abgrenzung

1 § 20 Abs. 1 Satz 1, Abs. 2, Abs. 3 Satz 1 und Abs. 5 GWB sind „Vorschriften" im Sinne von § 33 GWB[1] und Verbotsgesetze im Sinne von § 134 BGB. Je nach Zielrichtung des Verstoßes ergeben sich daraus für den Verletzten unterschiedliche Rechtsfolgen. So berührt z.B. die Diskriminierung eines Nachfragers durch Lieferverweigerung nicht die Wirksamkeit der Rechtsgeschäfte mit den belieferten Unternehmen, sondern kann einen Anspruch auf Gleichbehandlung durch Aufnahme der Belieferung begründen. Die ungerechtfertigte Kündigung eines Vertragshändlervertrages bewirkt dagegen die Nichtigkeit der Kündigung, so dass der Gekündigte Anspruch auf Fortsetzung des Vertrages hat.[2] Auch ohne vorangegangene Vertragsbeziehung kann sich eine Belieferungspflicht aus einer unternehmensbedingten Abhängigkeit ergeben.[3] Aus einer GVO lassen sich zivilrechtlich durchsetzbare Verhaltenspflichten weder unmittelbar noch mittelbar über § 19 oder § 20 GWB herleiten. Eine Kfz-Werkstatt kann von einem Kfz-Hersteller deshalb auf der Grundlage einer freigestellten qualitativen Selektion keinen Anspruch auf Zulassung als Vertragswerkstatt geltend machen.[4]

II. Nichtigkeit (§ 134 BGB)

2 Bei der Prüfung der Reichweite der Nichtigkeitsfolge ist danach zu differenzieren, inwieweit sich der Verstoß unmittelbar aus dem Rechtsgeschäft ergibt. Klauseln, die unter Verstoß gegen §§ 19, 20 GWB auf die Behinderung Dritter zielen, wie z.B. Ausschließlichkeits- oder Kopplungsbindungen, oder den Vertragspartner diskriminieren, sind nichtig.[5] Die Nichtigkeit reicht nur soweit, wie die Voraussetzungen des GWB erfüllt sind. Die Rechtsfolgen

[1] Zur prozessualen Durchsetzung der Ansprüche: Vgl. *Ollerdißen,* § 61 Rdnr. 1 ff., 42 ff.
[2] Vgl. BGH WuW/E BGH 2584, 2587 – *Lotterievertrieb.*
[3] BGH U. v. 6.10.2015, Az. KZR 87/13, Rdnr. 54 – *Porsche Tuning.*
[4] BGH WuW/E DE-R 1621, 1624 – *Qualitative Selektion* (unter Verweis auf BGH WuW/E DE-R 1335, 1338 f. – *CITROEN).*
[5] Vgl. OLG Düsseldorf WuW/E DE-R 1184, 1185 – *InfraCard-Tarif.*

beschränken sich auf die gegen das GWB verstoßenden Vertragsbestimmungen, während die übrigen Teile von der Nichtigkeit nach § 134 BGB nicht erfasst werden.[6] Ob auch der Vertrag im Übrigen unwirksam ist, bestimmt sich ggf. nach § 139 BGB. Darlegungs- und beweispflichtig für das Aufrechterhalten eines teilnichtigen Geschäfts ist gemäß § 139 BGB grundsätzlich der, der sich darauf beruft. Diese Darlegungs- und Beweislast kehrt sich allerdings um, wenn eine salvatorische Klausel vereinbart wurde.[7] Die Nichtigkeit eines Vertrages erstreckt sich ggf. auch auf einen Folgevertrag zwischen dem Normadressaten und einem Dritten, wenn der Dritte an dem vorgelagerten Kartellrechtsverstoß mitgewirkt hat.[8] Sofern das kartellrechtswidrige Verhalten erst im Laufe eines Vertragsverhältnisses verwirklicht wird, führt dies zu einer Nichtigkeit mit Wirkung *ex nunc.*[9] Verstößt die Beendigung eines Liefervertrages durch Kündigung oder die Ausschließung eines Mitglieds aus einer Vereinigung gegen § 20 Abs. 1 iVm. § 19 Abs. 1 und 2 GWB, ist die darauf gerichtete Erklärung nichtig.[10] Ist dagegen lediglich die Kündigungsfrist unangemessen, führt dies nicht zur Nichtigkeit der Kündigung, sondern zu einer angemessenen Verlängerung der Kündigungsfrist, um dem Betroffenen die Umstellung zu ermöglichen. Sie wird ggf. vom Gericht festgesetzt.[11] Ergibt sich der Verstoß nicht unmittelbar aus dem Gegenstand des betreffenden Rechtsgeschäfts, sondern aus dem damit in Verbindung stehenden Verhalten, ist der Verletzte auf die Ansprüche aus § 33 GWB beschränkt.[12] Denn die Nichtigkeit nach § 134 BGB setzt voraus, dass eine vertragliche Bestimmung oder Klausel als solche selbst den Kläger unbillig behindert oder ungerechtfertigt diskriminiert. Im Fall *Biomüll* war deshalb ein zunächst geschlossener Vertrag wirksam, weil sich der Missbrauch des Beklagten allein aus dem späteren Verhalten – hier dem Abschluss eines zweiten Vertrages ohne vorherige öffentliche Ausschreibung – ergeben konnte. Im Ergebnis lehnte das OLG München eine unbillige Behinderung ab, da der bereits geschlossene Vertrag als Rahmenvertrag die Bedingungen der Abfallbeseitigung regelte und damit auch den Gegenstand des zweiten Vertrages, die streitgegenständliche Biomüllentsorgung, miteinschloss.[13]

III. Unterlassung, Beseitigung, Kontrahierungszwang, Schadenersatz (§ 33 GWB)

§ 33 Abs. 1 und Abs. 3 GWB gewähren dem Verletzten einen Anspruch auf Unterlassung, 3
Beseitigung und Schadenersatz. Verletzt ist jeder Betroffene, d. h. jeder Marktbeteiligte, der durch den Verstoß beeinträchtigt wird (§ 33 Abs. 1 Satz 3 GWB). Verletzt ist deshalb nicht nur der betroffene Mitbewerber, Anbieter oder Nachfrager auf dem beherrschten Markt, sondern auch der Betroffene auf einem Drittmarkt, den der Normadressat beeinträchtigt, indem er seine Marktmacht einsetzt, um seine Marktstellung auf einem anderen Markt zu sichern oder auszubauen, so z. B. durch Kopplung zweier Produkte, die auf verschiedenen Märkten angeboten werden.[14] Aufgrund des im Zuge der 8. GWB-Novelle geänderten Wortlautes des § 33 Abs. 2 GWB stehen die Ansprüche aus Abs. 1 nun auch rechtsfähigen Verbänden der Marktgegenseite zu, § 33 Abs. 2 Nr. 1 GWB.[15] Darüber hinaus wurde § 33 Abs. 2 GWB um die jetzige Nr. 2 erweitert, sodass nun neben Betroffenem und Verbänden auch eingetragene Einrichtungen iSd. Unterlassungsklagengesetzes und -verzeichnisses an-

---

[6] OLG Frankfurt U. v. 16.9.2014, ZVertriebsR 2015, 264, 266 – *unwirksame Preisbindungsklausel.*
[7] OLG Frankfurt aaO.
[8] *Bechtold,* § 19 Rdnr. 99.
[9] OLG Düsseldorf WuW/E DE-R 2522.
[10] BGH WuW/E BGH 2584, 2587 – *Lotterievertrieb;* BGH WuW/E BGH 1707, 1708 – *Taxi-Besitzervereinigung.*
[11] Hans. OLG Hamburg WuW/E OLG 3795, 3804 – *Freundschaftswerbung,* bestätigt durch BGH WuW/E BGH 2360, 2368; vgl. dazu im Einzelnen *Lübbert/Schöner,* § 23 Rdnr. 116.
[12] OLG München WuW/E OLG 5735, 5741 – *Biomüll.*
[13] OLG München aaO – *Biomüll.*
[14] Zur Anwendung auf Drittmärkte: BGH WuW/E DE-R 1283 – *Der Oberhammer.*
[15] *Keßler,* WRP 2013, 1116, 1120.

spruchsberechtigt sind. Ob es letzteren tatsächlich selbst gelingt, den Marktmissbrauch des Anspruchsgegners schlüssig darzulegen, wird z. T. kritisch gesehen und die Relevanz der Erweiterung insofern bezweifelt.[16] Da § 33 Abs. 2 GWB allein auf Abs. 1 verweist, steht der in § 33 Abs. 3 GWB vorgesehene Schadensersatzanspruch weiterhin allein dem Betroffenen zu.[17] In Fällen des § 20 Abs. 3 GWB besteht eine Aktivlegitimation nur, wenn das Anspruch erhebende Unternehmen Wettbewerber des Normadressaten ist.[18]

4 **1. Unterlassung, Beseitigung, Kontrahierungszwang (§ 33 Abs. 1 GWB).** *a) Grundsatz.* Der Unterlassungsanspruch gebietet dem Normadressaten, eine bestimmte behindernde oder diskriminierende Verletzungshandlung künftig nicht fortzusetzen. Auf welche Weise der Normadressat dem Rechnung trägt, bleibt ihm überlassen. Ein Anspruch auf Vornahme bestimmter Handlungen besteht nicht, es sei denn, das kartellrechtswidrige Verhalten kann nur durch ein bestimmtes positives Tun vermieden werden.[19] Verweigert etwa ein Hersteller zu Unrecht die Belieferung eines Einzelhändlers, kann er die Ungleichbehandlung nicht nur dadurch beseitigen, dass er die Belieferung aufnimmt, sondern auch dadurch, dass er den Vertriebsweg der Direktbelieferung gänzlich aufgibt und nur über den Großhandel vertreibt. Ein Anspruch kann dann nur noch auf den Behinderungstatbestand gestützt werden. Ebenso kann ein Normadressat des § 20 Abs. 3 Satz 2 Nr. 3 GWB dem Vorwurf des Preisscheren-Missbrauchs des konkurrierenden Nachfragers ausweichen, indem er dessen Belieferung verweigert, es sei denn, er ist zugleich Normadressat nach § 20 Abs. 1 iVm. § 19 Abs. 1 und 2 GWB. Sind die §§ 19, 20 GWB nicht einschlägig, so kann bei einem qualitativ selektiven Vertriebssystem einem einzelnen Petenten die Aufnahme durch einseitige Entscheidung, die nicht Ausdruck eines planmäßigen Verhaltens ist, verweigert werden, ohne dass ein Verstoß gegen § 1 GWB und Art. 101 AEUV vorliegt.[20] Folglich besteht dann – unabhängig von der Frage, ob aus einem solchen Verstoß überhaupt ein Kontrahierungszwang abgeleitet werden kann[21] – kein entsprechender Anspruch auf Zulassung zu dem qualitativ selektiven Vertriebssystem.

5 *b) Der Kontrahierungszwang und seine Durchsetzung.* Ein Anspruch auf Abschluss oder Gestaltung eines Vertrages mit einem bestimmten Inhalt (sog. **Kontrahierungszwang**) kommt nur dann in Betracht, wenn sich das Ermessen des Normadressaten zur Beseitigung der Diskriminierung bzw. Behinderung dahin verdichtet, dass wirtschaftlich vernünftigerweise nur die Kontrahierung bzw. die verlangte Leistung die Ungleichbehandlung bzw. Behinderung ausräumt. Es ist insoweit eine Leistungsklage auf Abschluss eines Vertrages erforderlich, d. h. auf Annahme eines im Antrag konkretisierten und dem Bestimmtheitsgebot des § 253 Abs. 2 Nr. 2 ZPO genügenden Angebots, oder auf Lieferung bestimmter Waren Zug um Zug gegen Zahlung des Kaufpreises.[22] Das gilt auch im einstweiligen Verfügungsverfahren.[23] Ein Verfügungsgrund ist aber nur anzunehmen, wenn ohne das geforderte Verhalten eine wirtschaftliche Notlage iSv. nicht nur unerheblichen Wettbewerbsnachteilen bestünde.[24] In der Praxis werden Belieferungsansprüche zuweilen auch als Unterlassung der Belieferungsverweigerung tituliert, ohne den genauen Gegenstand der Belieferung, deren Menge und deren Preise zu präzisieren und ohne die Verpflichtung zur Zahlung des Kaufpreises anzuspre-

[16] *Keßler,* WRP 2013, 1116, 1120.

[17] *Gronemeyer/Slobodenjuk,* WRP 2013, 1279, 1284.

[18] LG Düsseldorf, MMR 2009, 216.

[19] BGH WuW/E DE-R 1724, 1726 – *Hinweis auf konkurrierende Schilderpräger.*

[20] OLG Frankfurt, Urt. v. 29.7.2014, 11 U 6/14 (Kart), Rdnr. 60; EuGH, Urt. v. 22.10.1986, Rs 75/84 – *Metro/Kommission,* Slg. 1984, 3021, 3091, Rdnr. 72; EuGH, Urt. v. 25.10.1983, Rs 107/82 – *AEG/Kommission,* Slg. 1983, 3151, Rdnr. 39.

[21] Verneinend BGH WuW/E DE-R 206, 208 – *Depotkosmetik.*

[22] BGH WuW/E BGH 1885, 1886 – *adidas;* BGH WuW/E BGH 2125, 2126 – *Technics;* KG WuW/E OLG 5775, 5776 – *U-Bahn-Buchhandlung;* WuW/E OLG 4524, 4525 – *Rock- und Pop-Konzerte;* siehe dazu insgesamt *Ollerdißen,* § 61.

[23] OLG Düsseldorf WuW/E OLG 3787, 3789.

[24] LG Düsseldorf GRUR-Prax 2013, 169 – *Online-Reiseportale.*

chen.[25] Das verstößt gegen das Gebot des bestimmten Antrags im Sinne des § 253 Abs. 2 Nr. 2 ZPO. Wird allgemein eine Belieferungspflicht geltend gemacht, ist Klageziel die Festsetzung des Bestehens eines Rechtsverhältnisses, für das nur der Weg der Feststellungsklage nach § 256 ZPO eröffnet ist. Ein Anspruch auf Abgabe eines Angebots durch den Normadressaten ist aus dem Kontrahierungszwang nicht zu begründen.[26] Bei einem marktbeherrschenden Patentinhaber kann auch ein Anspruch auf Lizenzerteilung gegeben sein.[27] Dogmatisch folgt der Kontrahierungszwang aus einem **Unterlassungsanspruch.**[28] Diese Begründung wird durch die 7. GWB-Novelle gestützt. § 33 Abs. 1 Satz 2 GWB gewährt den Unterlassungsanspruch bereits vorbeugend, wenn eine Zuwiderhandlung droht. Das ist deshalb von Bedeutung, weil der Kontrahierungszwang bei dieser Herleitung kein Verschulden des Normadressaten voraussetzt. Demgegenüber scheint der BGH auf die Zukunft gerichtete Leistungsverpflichtungen jedenfalls dann mit dem ebenfalls verschuldensunabhängigen **Beseitigungsanspruch** begründen zu wollen, wenn die Diskriminierung bzw. Behinderung als rechtswidriger Störungszustand fortwirkt.[29] Die vom BGH entschiedenen Fälle betrafen jedoch allein Nachzahlungsklagen auf angemessene Vergütung für Stromeinspeisung unter dem Gesichtspunkt unbilliger Behinderung, nicht der Diskriminierung. Der geltend gemachte Ausgleichsanspruch stimmte also als Beseitigungsanspruch mit dem Inhalt des Schadenersatzanspruchs überein.[30]

c) Ausschreibungspflicht. Zur Vermeidung einer unbilligen Diskriminierung bzw. Behinderung kann bei einem nur begrenzt zur Verfügung stehenden Angebot eine Verpflichtung zur Auswahl der Interessenten unter angemessenen und fairen Bedingungen durch eine Ausschreibung und eine Begrenzung der Vergabe auf einen bestimmten Zeitraum (z.B. fünf Jahre) geboten sein, um den Marktzutritt für aktuelle und potentielle Wettbewerber nicht zu blockieren.[31] Auch interessierte, gemeindeeigene Betriebe müssen sich an der Ausschreibung beteiligen[32] und dürfen nicht ohne Ausschreibung berücksichtigt werden. Die ungerechtfertigte Bevorzugung des eigenen Stadtwerkes durch eine Gemeinde ohne transparentes Auswahlverfahren bewirkt deshalb die Kartellrechtswidrigkeit der Konzessionsvergabe.[33] Die Gemeinden können sich insbesondere weder auf einen „Konzernprivileg" noch auf (vergaberechtlich anerkannte) Grundsätze des „In-House-Geschäfts" stützen.[34] 6

d) Kontrahierungszwang i. R. d. § 20 Abs. 5 GWB. Einen speziellen Kontrahierungszwang in der Form des Verbots diskriminierender **Aufnahmeverweigerung** begründet § 20 Abs. 5 GWB für Wirtschafts- und Berufsvereinigungen sowie Gütezeichengemeinschaften, auch wenn sie weder marktbeherrschend noch unternehmerisch tätig sind.[35] Die Ablehnung der Aufnahme in eine solche Vereinigung ist sachlich gerechtfertigt, wenn der Be- 7

---

[25] So OLG Stuttgart U. v. 9.12.2013, Az. 2 U 148/12 (überwiegend bestätigt durch BGH U. v. 6.10.2015, Az. KZR 87/13).

[26] OLG München WuW/E DE-R 313, 314 – *Hörfunkwerbung.*

[27] BGH WuW/E DE-R 1329, 1330 – *Standard-Spundfass II.*

[28] OLG Karlsruhe WuW/E OLG 2085, 2091 f. – *Multiplex;* BGHZ 36, 91, 100 – *Gummistrümpfe;* offengelassen von BGH WuW/E BGH 2451, 2457 – *Cartier-Uhren;* wie hier *Immenga/Mestmäcker-Markert,* GWB, § 20 Rdnr. 231 mwN.

[29] BGH WuW/E BGH 2805, 2811 – *Stromeinspeisung I;* BGH WuW/E BGH 3074, 3076 – *Kraft-Wärme-Kopplung.*

[30] So ausdrücklich BGH WuW/E BGH 3074, 3078 – *Kraft-Wärme-Kopplung.*

[31] So die BGH-Rechtsprechung zu den Schilderprägerfällen: WuW/E DE-R 1099, 1101 – *Konkurrenzschutz für Schilderpräger;* DE-R 201 – *Schilderpräger im Landratsamt* mwN; vgl. zur Ausschreibung: BGH WuW/E DE-R 1951 – *Bevorzugung einer Behindertenwerkstatt;* OLG Düsseldorf WuW/E DE-R 1991, 1992 – *Schilderpräge-Café;* vgl. zu einer nichtigen Option auf Verlängerung eines 5-Jahres-Vertrages: OLG Saarbrücken WuW/E DE-R 2025 – *Mietvertrag mit Schilderpräger.*

[32] BGH WuW/E DE-R 1003 – *Kommunaler Schilderprägebetrieb.*

[33] BGH WuW/E-DE-R 4139 ff. – *Stromnetz Heiligenhafen.*

[34] BGH aaO.

[35] *Loewenheim/Meessen/Riesenkampff-Loewenheim,* § 20 Rdnr. 151 ff.; vgl. dazu auch *Lübbert/Schöner,* § 24 Rdnr. 59 ff.

werber die in der Satzung vorgeschriebenen Voraussetzungen nicht erfüllt und die Satzungsbestimmung zulässig ist. Dabei ist das Recht der Vereinigungen zu berücksichtigen, ihren Zweck autonom zu bestimmen.[36] Auf Vereinigungen von Wettbewerbern findet dagegen § 20 Abs. 1 iVm. § 19 Abs. 1 und 2 GWB Anwendung.[37]

8 **2. Schadensersatz (§ 33 Abs. 3 GWB).** *a) Allgemeines.* § 33 Abs. 3 Satz 1 GWB gewährt bei schuldhaftem Handeln des Normadressaten von § 20 GWB dem Verletzten einen Schadensersatzanspruch. Dieser kann z. B. in dem Ersatz entgangenen Gewinns,[38] z. B. ausgebliebene Einnahmen durch Bewirtung und Sponsoring, bestehen.[39] Die Bezifferung des Schadens stellt in diesem Zusammenhang weiterhin ein wesentliches Problem dar. Das BKartA sowie Teile der Rechtsprechung stehen daher einer Pauschalierung im Rahmen von AGB offen gegenüber. [40] Im Falle des verbotenen Verhaltens nach § 20 Abs. 2 iVm. § 19 Abs. 1 und 2 Nr. 5 GWB besteht der Anspruch allein gegen den Normadressaten, nicht gegen das den Vorteil gewährende Unternehmen.[41] Unter dem Gesichtspunkt des Schadensersatzes durch Naturalrestitution gemäß § 249 Abs. 1 BGB begründete vor allem die ältere Rechtsprechung den Kontrahierungszwang.[42] Diese Konstruktion ist dogmatisch verfehlt.[43] Der Schadensersatz leistet nur den Ausgleich der Nachteile, die der Behinderte in der Vergangenheit erlitten hat, meist durch Entschädigung in Geld (§ 251 Abs. 1 BGB). Er setzt zudem Verschulden voraus. Die Konstruktion ist überflüssig, weil § 33 Abs. 1 Satz 2 seit der 7. GWB-Novelle ausdrücklich einen vorbeugenden Unterlassungsanspruch gewährt. Soweit der Nachteilsausgleich auch auf Beseitigung eines fortdauernden Störungszustandes gestützt werden kann, [44] ist der Verschuldensnachweis entbehrlich. Eine Naturalrestitution kommt nicht in Betracht, wenn der Normadressat die gebotene Leistung nicht ohne Verletzung anderer Verträge erbringen kann.[45]

9 Geändert hat sich durch die 8. GWB-Novelle die Zuständigkeitsregelung für die Geltendmachung des Anspruches: Mit der ausdrücklichen Ausnahme in § 95 Abs. 2 Nr. 1 GVG ist der kartellrechtliche Schadensersatz keine Handelssache (mehr), sondern ausschließlich den Zivilkammern zugewiesen. Im Übrigen sind Klagen aus § 33 und § 32 Abs. 2a GWB weiterhin auf Antrag an die Kammer für Handelssachen zu verweisen.[46]

10 *b) Verschulden.* Bei der Feststellung des Verschuldens legt die Rechtsprechung keinen strengen Maßstab an. Obwohl die rechtliche Beurteilung eines missbräuchlichen Verhaltens vielfach schwierig ist, trägt der Normadressat das Risiko einer falschen Beurteilung. Eine fehlerhafte Beurteilung ist nicht schon dann entschuldigt, wenn der fehlerhafte Rechtsstandpunkt ernsthaft vertreten werden kann, sondern nur dann, wenn der Irrende bei Anwendung der im Verkehr erforderlichen Sorgfalt mit einer anderen Beurteilung durch die Gerichte nicht rechnen konnte.[47] Hat das betroffene Unternehmen den Rat eines im Kartellrecht erfahrenen Rechtsanwalts befolgt, ist auf nationaler Ebene die Verhängung eines Bußgeldes wegen Unvermeidbarkeit des Irrtums ausgeschlossen.[48] Hingegen soll auf es eu-

---

[36] LG Köln WuW/E DE-R 2090, 2092 – *Hundezuchtverband;* OLG Düsseldorf WuW/E DE-R 3841 ff. – *Haustechnik-Großhändler.*

[37] BGH WuW/E DE-R 1954 – *PETCYCLE.*

[38] Vgl. z. B. LG Köln, GWR 2013, 301.

[39] Vgl. zu nichtigen Exklusivbewirtungsklauseln: OLG München WuW/E DE-R 3901, 3909.

[40] Vgl. hierzu BKartA TB 2013/2014, S. 35, wonach ein Schaden zwischen fünf und 15 Prozent als „angemessen" erachtet wird.

[41] *Langen/Bunte-Nothdurft,* § 20 GWB Rdnr. 221.

[42] BGH WuW/E BGH 442, 448 – *Gummistrümpfe;* BGH WuW/E BGH 886, 892 – *Jägermeister;* BGH WuW/E DE-R 206, 208 – *Depotkosmetik.*

[43] Vgl. *Lübbert/Schöner,* § 25, Rdnr. 5.

[44] Vgl. dazu *Lübbert/Schöner,* § 25 Rdnr. 4 ff.

[45] OLG Koblenz WuW/E OLG 4733, 4736 – *Aktuelle Tipps.*

[46] *Keßler,* WRP 2013, 1116, 1121.

[47] BGH WuW/E BGH 2341, 2344 – *Taxizentrale Essen.*

[48] BGH WuW/E BGH 1891 – *Ölbrenner II;* vgl. Kölner Kommentar-*Reher,* Vorb. zu § 81 Rdnr. 105.

ropäischer Ebene einer Geldbuße iRd. Art. 101 AEUV nicht entgegenstehen, wenn die Zuwiderhandlung auf einem Irrtum des betreffenden Unternehmens über die Rechtmäßigkeit seines Verhaltens beruht, dem wiederum der Rechtsrat eines Anwalts oder die Entscheidung einer nationalen Wettbewerbsbehörde zugrunde liegt.[49]

B. Verwaltungsverfahren

I. Abstellungsverfügung (§ 32 GWB)

Im Rahmen ihres pflichtgemäßen Ermessens[50] können die Kartellbehörden nach § 32 **11** Abs. 1 und 2 GWB diskriminierendes oder behinderndes Verhalten durch eine Abstellverfügung untersagen und die zur Abstellung des Verstoßes erforderlichen, verhältnismäßigen Maßnahmen aufgeben.[51] Die Abstellungsverfügung ist damit die erste Sanktion bei einem Missbrauch der Marktmacht bzw. -stärke.[52] Im Fall des § 20 Abs. 3 GWB, der sich gegen die Behinderung im Horizontalverhältnis richtet, darf die Kartellbehörde die Abstellungsverfügung nicht auf das Vertikalverhältnis des Normadressaten beziehen.[53]

II. Verpflichtungs- sowie Feststellungsverfügung (§ 32 GWB)

§ 32 GWB erweitert seit der 7. GWB-Novelle (2005) die Befugnis der Kartellbehörden **12** um das Recht, den betroffenen Unternehmen alle geeigneten Maßnahmen zur Abstellung des verbotenen Verhaltens aufzugeben. Vorher konnten die Kartellbehörden nur ein bestimmtes Verhalten untersagen (repressive Verhaltenskontrolle).[54] Die Befugnis umfasst nach § 32 Abs. 2 Satz 1 GWB das Recht zu einer positiven Generierung in Form einer **Verpflichtungsverfügung.** Jedoch ist seit der 8. GWB-Novelle (2013) eine Einschränkung für Abhilfemaßnahmen struktureller Art in § 32 Abs. 2 Satz 2 GWB vorgesehen. Sie können nur in Ermangelung einer gleich wirksamen verhaltensorientierten Abhilfemaßnahme festgelegt werden, oder wenn letztere zu einer größeren Belastung der Beteiligten führte. Neu ist auch die Möglichkeit, die Rückerstattung erwirtschafteter Vorteile nach § 32 Abs. 2a GWB anzuordnen. Diese Regelung dient der Legitimation der durch den BGH ausdrücklich gebilligten Praxis der Kartellbehörden.[55] Zu berücksichtigen ist dabei die (ausnahmsweise) aufschiebende Wirkung der Beschwerde gegen eine Rückerstattungsverfügung gemäß § 64 Abs. 1 Nr. 2 GWB. Weiterhin können die Kartellbehörden mit einer **Feststellungsverfügung** nach § 32 Abs. 3 GWB beendete Zuwiderhandlungen ahnden. Dies ist von Bedeutung für den nachfolgenden Schadensersatzprozess eines Behinderten oder Diskriminierten, weil das Gericht durch eine bestandskräftige Feststellung des Verstoßes gebunden wird (§ 33 Abs. 4 GWB). Schließlich können die Kartellbehörden bei schuldhaften Verstößen die **Abschöpfung des wirtschaftlichen Vorteils** anordnen, den der Normadressat durch die Diskriminierung bzw. Behinderung erlangt hat (§ 34 Abs. 1 GWB). In der Regel verneinen die Kartellbehörden bei § 20 GWB für die Einleitung eines Verwaltungsverfahrens das öffentliche Interesse, wenn dem Beschwerdeführer der Zivilrechtsweg offensteht. Auf § 20 GWB gestützte Verwaltungsverfahren kamen deshalb

---

[49] EuGH, Urt. v. 18.6.2013, Rs C-681/11, ECLI:EU:C:2013:404, NJW 2013, 3083 – *Schenker & Co. AG;* dazu kritisch *Kersting,* WuW 2013, 845 ff. (unter Annahme eines argumentativen Versehens des EuGH).

[50] BGH WuW/E BGH 2058, 2059 f. – *Internord.*

[51] Bsp. einer Abstellverfügung mit Verpflichtung in BKartA WuW/E DE-R 1177 – *Soda-Club.*

[52] Vgl. auch *Wiedemann,* § 23 Rdnr. 260 ff.

[53] OLG Düsseldorf WuW/E DE-R 589, 593 und WuW/E DE-R 829, 831 – *Freie Tankstellen.*

[54] BGH WuW/E BGH 1345, 1346 – *Polyestergrundstoffe;* OLG Düsseldorf WuW/E DE-R 1239, 1242 – *TEAG.*

[55] BGH WRP 2009, 453, 455 – *Stadtwerke Uelzen; Keßler,* WRP 2013, 1116, 1120.

bisher nicht häufig vor.[56] Ein Rechtsanspruch auf Einschreiten der Kartellbehörden besteht nicht.[57] Die Möglichkeit individuellen Rechtsschutzes nach § 33 GWB ist aber bei der für die Einleitung des Verwaltungsverfahrens nötigen Abwägung zu berücksichtigen, denn das behördliche Ermessen unterliegt dem Grundsatz der Verhältnismäßigkeit.[58] Da dem Individualinteresse die begrenzte Bedeutung des Verstoßes sowie die begrenzten Kapazitäten der Behörde gegenüber stehen können,[59] blieben Untätigkeitsbeschwerden regelmäßig ohne Erfolg.[60]

C. Bußgeldverfahren

13 Vorsätzliche oder fahrlässige Verstöße gegen § 20 Abs. 1 bis Abs. 3 Satz 1 oder Abs. 5 GWB begründen zugleich eine Ordnungswidrigkeit nach § 81 Abs. 2 Nr. 1 GWB. Die Ordnungswidrigkeit kann gegenüber einer natürlichen Person mit einer Geldbuße bis zu einer Million Euro geahndet werden (§ 81 Abs. 4 Satz 1 GWB). Gegenüber einem Unternehmen oder einer Unternehmensvereinigung ist eine höhere Geldbuße möglich; die Bußgeldobergrenze liegt bei 10% des Gesamtumsatzes der betroffenen wirtschaftlichen Einheit (d. h. des Konzerns) des als Nebenbetroffene handelnden Unternehmens.[59] Wegen der umfassenden und vielfältigen Interessenabwägung bei den Merkmalen „Unbilligkeit" und „sachliche Rechtfertigung" scheidet eine sichere Schuldfeststellung regelmäßig aus, es sei denn die Voraussetzungen sind bereits gerichtlich festgestellt.[60] Im Zuge der 8. GWB-Novelle wurde mit § 81a GWB eine Auskunftspflicht für juristische Personen und Personenvereinigungen normiert.[61] Für natürliche Personen gilt diese Regelung im Hinblick auf den *nemo-tenetur*-Grundsatz nicht. Dementsprechend ist in § 81a Abs. 3 GWB ein Auskunftsverweigerungsrecht der für die juristische Person handelnden natürlichen Person vorgesehen, über welches die natürliche Person belehrt werden muss.[62]

§ 26 Konkurrenzen zu § 20 GWB

Übersicht

Schrifttum: S. bei § 24

[56] Vgl. z. B. BGH WuW/E BGH 1429 – *Asbach-Fachhändlervertrag;* BGH WuW/E 1829 – *Original VW-Ersatzteile;* BGH WuW/E BGH 2990 – *Importarzneimittel;* BKartA WuW/E DE-R 289 – *Freie Tankstellen* (aufgehoben durch OLG Düsseldorf WuW/E DE-R 589 und 829); BKartA WuW/E DE-V 24 – *Milchlieferverträge* (aufgehoben durch KG WuW/E DE-R 380); BGH WuW/E DE-R 1042 – *WalMart.*

[57] KG WuW/E OLG 1813, 1816 – *medizinischer Badebetrieb.*

[58] *Loewenheim/Meessen/Riesenkampff-Rehbinder,* Kartellrecht, § 32 GWB Rdnr. 8.

[59] *Loewenheim/Meessen/Riesenkampff-Rehbinder,* aaO.

[60] KG WuW/E OLG 4973, 4976 – *Verbandsbeschwerde;* KG WuW/E OLG 4988, 4989 – *Besteckversand.*

[59] BGH WuW/E DE-R 3861, 3871 – *Grauzementkartell.*

[60] BGH WuW/E BGH 2145 – *Nordmende;* KG WuW/E OLG 3169.

[61] Vgl. dazu ausführlich Kölner Kommentar-*Schöner,* § 81a GWB Rdnr. 29 ff.

[62] Das Selbstbelastungsverbot wird verfassungsrechtlich aus Art. 1 Abs. 1 GG, Art. 1 iVm. Art. 2 Abs. 1 GG sowie aus Art. 20 Abs. 3 GG hergeleitet.

A. GWB

I. § 1 GWB

§ 1 GWB umfasst das Verbot von Wettbewerbsbeschränkungen durch koordiniertes Verhalten. §§ 19, 20 GWB erfassen hingegen einseitige Verhaltensweisen, d. h. solche, die gerade nicht in Vereinbarungen, Beschlüssen und Abstimmungen iSd. § 1 GWB ihren Ausdruck finden.[1] Die Abgrenzung von § 1 zu §§ 19, 20 GWB ergibt sich auch aus der Gesetzessystematik, da die Regelungen in verschiedenen Abschnitten des GWB verortet sind. Jedoch kann im Einzelfall eine parallele Anwendung möglich sein, wenn einseitige Maßnahmen auf nach § 1 GWB verbotenen Verhaltensweisen beruhen.[2] Die Abgrenzung kann schwierig sein.[3] In seinem Urteil *Abwehrblatt II* lehnte der BGH es ab, die Niedrigpreisstrategie eines Oligopols, bestehend aus drei Unternehmen und einem von ihnen gegründeten Gemeinschaftsunternehmen, als unbillige Behinderung einzustufen, da nicht leistungsgerechte Kampfpreise mit Verdrängungs- und/oder Vernichtungsabsicht nicht ausreichend nachgewiesen wurden. Gleichzeitig prüfte der BGH einen Verstoß gegen § 1 GWB, den er aber mangels Schutzfunktion ebenfalls ablehnte. Bei einer Anwendung von § 1 GWB wäre lediglich die Erhaltung des Wettbewerbs zwischen den Unternehmen, die an der Gründung des Gemeinschaftsunternehmens beteiligt waren, Gegenstand des Verfahrens gewesen und nicht das beanstandete Verhalten des Oligopols gegenüber Mitbewerbern.[4] 1

II. § 19 GWB, § 30 Abs. 3 GWB

Im Rahmen der 8. GWB-Novelle wurden alle Verbote gegenüber marktbeherrschenden Unternehmen in § 19 GWB zusammengefasst. Für § 20 Abs. 1 GWB verblieb die Funktion, den Anwendungsbereich des Behinderungs- und Diskriminierungstatbestandes auf Unternehmen mit überlegener Marktmacht zu erweitern. Gleiches gilt für die Aufforderung oder Veranlassung zur Gewährung von Vorteilen in § 20 Abs. 2 GWB. § 19 GWB und § 20 GWB bleiben nebeneinander anwendbar.[5] Auch marktbeherrschende Unternehmen können zu kleinen und mittleren Unternehmen konkrete Abhängigkeitsverhältnisse aufbauen, die ihnen neben dem Einfluss durch die allgemeine Marktbeherrschung auch den Einfluss auf die konkrete Geschäftsbeziehung ermöglicht. Im Zivilprozess kann es einfacher sein, eine Abhängigkeit darzulegen als eine Marktbeherrschung. 2

Ebenso ist das allgemeine Behinderungs- und Diskriminierungsverbot aus § 19 GWB neben dem Behinderungsverbot bei überlegender Marktmacht (§ 20 Abs. 3 GWB) anzuwenden. Insbesondere der Missbrauch in Form einer Preis-Kosten-Schere in § 20 Abs. 3 Nr. 3 GWB kann sich mit den Regelbeispielen aus § 19 Abs. 2 Nr. 3 und 4 überschneiden. 3

Nicht geändert hat sich auch das Verhältnis der §§ 19, 20 GWB zu § 30 Abs. 3 GWB: Die Regelungen bleiben nebeneinander anwendbar. Auf Preisbinder mit marktbeherrschender Stellung ist § 19 Abs. 1 GWB direkt anzuwenden; für Preisbinder ohne Marktmacht gelten die Verbote aus § 19 Abs. 2 Nr. 1 und 5 GWB über Verweisungen in § 19 Abs. 3 GWB bzw. § 30 Abs. 2a Satz 3 GWB.[6] Dabei kann sich der Missbrauch iSd. § 30 Abs. 3 GWB aus Verstößen gegen § 19 Abs. 2 Nr. 1 und 5 GWB ergeben.[7] Das BKartA 4

---

[1] *Bechtold,* Vor § 18 Rdnr. 1.

[2] *Immenga/Mestmäcker-Markert,* § 20 Rdnr. 238.

[3] Vgl. dazu *Lübbert/Schöner,* § 24 Rdnr. 4 ; BGH WuW/E DE-R 3967, 3970 f. – *Rabattstaffel.*

[4] BGH WuW/E BGH 2195, 2201 – *Abwehrblatt II.*

[5] BGH WuW/E DE-R 1283 – *Der Oberhammer;* OLG Düsseldorf WuW/E DE-R 1307, 1314 – *GETECnet* (für § 19 Abs. 4 GWB a. F.); *Immenga/Mestmäcker-Fuchs,* § 19 Rdnr. 43.

[6] *Bechtold,* § 30 Rdnr. 48.

[7] *Bechtold,* § 30 Rdnr. 26.

kann aber im Rahmen von § 30 Abs. 3 GWB nur die Preisbindung an sich verbieten und nicht weitergehende Maßnahmen zu deren Abstellung veranlassen. Die Kartellbehörde kann die Preisbindung mit sofortiger Wirkung oder zu einem von ihr zu bestimmenden künftigen Zeitpunkt für unwirksam erklären, nicht aber rückwirkend.[8]

III. Boykott (§ 21 Abs. 1 GWB)

5 Der Tatbestand des **Boykottaufrufs** aus § 21 Abs. 1 GWB kann auch dann verwirklicht sein, wenn der Verrufer zugleich Normadressat des § 19 oder des § 20 GWB ist und er die Behinderung des Verrufenen durch Aufforderung eines Dritten bewirkt, der dem Aufruf folgt, so z.B. wenn ein Hersteller seine Vertragshändler auffordert, Außenseiter des Vertriebssystems nicht mit Originalersatzteilen zu Reparaturzwecken zu beliefern.[9] In diesem Fall liegt zugleich eine mittelbare Behinderung vor. Gleiches gilt für den Fall, dass ein Hersteller Einzelhändler seines selektiven Vertriebssystems „sperrt" und die Großhändler auffordert, an diese auch nicht mehr zu liefern, um die teilweise für kleinere Einzelhändler nicht wirtschaftliche Bestellung von Sortimentspaketen durchzusetzen.[10]

IV. Nachteilsandrohung etc. (§ 21 Abs. 2 GWB)

6 Liefersperren, die nicht endgültig erfolgen, sondern in der erklärten Absicht, die Belieferung fortzusetzen, wenn der Gesperrte den Preisvorstellungen des Adressaten beim Weiterverkauf entspricht, verstoßen zugleich gegen das **Nachteilszufügungsverbot** des § 21 Abs. 2 GWB. Der Adressat verhängt die Sperre in diesem Falle nicht im Rahmen der freien Gestaltung seines Vertriebs, sondern veranlasst mit der Nachteilszufügung ein unerlaubtes Preisverhalten.[11] Ein Lieferant, der über die Mitteilung einer unverbindlichen Preisempfehlung hinaus mit seinem Händler Kontakt aufnimmt, um mit diesem ein Gespräch über dessen Preisgestaltung und deren betriebswirtschaftlichen Folgen zu führen, übt unzulässigen Druck iSd. § 21 Abs. 2 GWB aus.[12] Schon die nachträgliche und erneute Thematisierung der unverbindlichen Preisempfehlung kann ein Versuch der Einflussnahme sein, der die Unverbindlichkeit der Empfehlung in Frage stellt und damit als unzulässige Druckausübung zu werten ist.[13]

7 Seit der 8. GWB-Novelle (2013) erstreckt sich das Verbot sonstigen wettbewerbsbeschränkenden Verhaltens auch ausdrücklich auf Art. 101 und 102 AEUV sowie auf Verfügungen der Europäischen Kommission, vgl. § 21 Abs. 2 Nr. 2 und Nr. 3 GWB.

B. Behinderung von Mitbewerbern (§ 4 Nr. 10 UWG)

8 Die kartellrechtlichen Anspruchsgrundlagen in § 33 Abs. 1 GWB sind abschließend. Der BGH hat seine frühere Rechtsprechung, wonach kartellrechtliche Verstöße unter dem Gesichtspunkt des Rechtsbruchs lauterkeitsrechtlich (§ 4 Nr. 11 UWG) verfolgt werden konnten, nach der Anspruchserweiterung durch die 7. GWB-Novelle aufgegeben.[14] Der Vorrang der §§ 33, 34a GWB beschränkt sich allerdings auf die Sachverhalte, in denen sich der Vorwurf der Unlauterkeit allein aus dem kartellrechtlichen Verstoß speist.[15] Bei einem

---

[8] BGHZ 38, 90, 100 – *Grote-Revers.*

[9] Vgl. BGH WuW/E BGH 509, 513 – *Original-Ersatzteile;* BGH WuW/E BGH 1211, 1216 – *Kraftwagen-Leasing.*

[10] BKartA, Fallbericht v. 6.5.2014 – Aufruf zu Liefersperren durch die *WALA Heilmittel GmbH,* B2–52/14.

[11] BGH WuW/E BGH 704 – *Saba;* BGH WuW/E BGH 1246 – *Feuerwehrschutzanzüge.*

[12] BGH NZKart 2013, 84 – *UVP für Rucksäcke.*

[13] BKartA WuW/E DE-V 1813, 1817 – *Kontaktlinsen.*

[14] BGH WuW/E DE-R 1779, 1781 – *Probeabonnement* mwN; anders auch noch BGH WuW/E DE-R 1042 – *WalMart.*

[15] jurisPK-UWG-*Müller-Bidinger/Siechter,* § 4 Nr. 10 Rdnr. 21.

zugleich gegebenen, eigenständigen lauterkeitsrechtlichen Tatbestand stehen die zivilrechtlichen Ansprüche aus Kartellrecht und aus Lauterkeitsrecht gleichberechtigt nebeneinander.[16] Die unbillige Behinderung von Wettbewerbern kann deshalb gegen das Verbot der gezielten Behinderung von Marktbewerbern des § 4 Nr. 10 UWG verstoßen, ohne dass es auf die von § 19 und § 20 GWB vorausgesetzte Marktmacht ankommt.[17]

C. EU-Recht

Grundsätzlich ist europarechtliches und mitgliedstaatliches Wettbewerbsrecht parallel 9
anwendbar, Art. 3 Abs. 1 VO Nr. 1/2003. Ist der Anwendungsbereich des europäischen Kartellrechts eröffnet, besteht aber dann zwingende Ergebnisidentität (Art. 3 Abs. 2 Satz 1 VO Nr. 1/2003). Nur bei einseitigem Verhalten ist der Anwendungsvorrang aufgehoben, Art. 3 Abs. 2 Satz 2 VO Nr. 1/2003.[18] Die Ausnahmeregelung gilt insbesondere für die §§ 20, 21 GWB, die auf europarechtlicher Ebene kein Pendant haben.

Ein eigenständiges Behinderungs- und Diskriminierungsverbot enthält Art. 102 AEUV, 10
das dem § 19 GWB inhaltlich weitestgehend entspricht. Die in Art. 102 Satz 2 AEUV aufgezählten Fallgruppen sind nicht abschließend. Gestützt auf die Grundnorm des Art. 102 Satz 1 AEUV sind u. a. die *essential-facilities doctrine,* das *price squeezing* und das *predatory pricing* als missbräuchliche Verhaltensweisen anerkannt, die im GWB bereits überwiegend eigenständig verortet sind (Missbrauch durch Zugangsverweigerung: § 19 Abs. 2 Nr. 4 GWB; Preis-Kosten-Schere: § 20 Abs. 3 Nr. 3 GWB oder Verkauf unter Einstandspreis: § 20 Abs. 3 Nr. 1 und 2 GWB). Zivilrechtliche Folgen resultieren aus einem Verstoß gegen Art. 102 AEUV nicht unmittelbar, da es an einer dem Art. 101 Abs. 2 AEUV entsprechenden Regelung fehlt. Es ist deshalb auf nationale Vorschriften wie § 134 BGB und § 33 GWB zurückzugreifen.[19]

§§ 27–31 *(zur Zeit unbelegt)*

---

[16] *Harte/Henning-Omsels,* § 4 Nr. 10 Rdnr. 21.
[17] Vgl. dazu ausführlich *Lübbert/Schöner,* § 24 Rdnr. 49.
[18] Vgl. ausführlich zum Verhältnis zwischen § 19 GWB und Art. 102 AEUV *Wiedemann,* § 23 Rdnr. 282 ff.
[19] *Immenga/Mestmäcker-Fuchs/Möschel,* EuWbR, Art. 102 AEUV Rdnr. 415 f.

8. Kapitel. Sonderregelungen für bestimmte Sektoren

§ 32 Landwirtschaftliche Erzeugnisse

Übersicht

Schrifttum: *Adam* in: Schröter/Jakob/Klotz/Mederer, Europäisches Wettbewerbsrecht, 2. Aufl., 2014; *Buccirossi/Marette/Schiavina,* Competition policy and the agribusiness sector in the European Union, European Review of Agricultural Economics 2002, 373 ff.; *de Cockborne,* Les regles communautaires de concurrence applicables aux entreprises dans le domaine agricole, RTDE 1988, 293 ff.; *Dorß* in: Loewenheim/Meessen/Riesenkampff, Kartellrecht, 2. Auf., 2009; *Erhart* in Münchener Kommentar zum Europäischen und Deutschen Wettbewerbsrecht (Kartellrecht), Band 1: Europäisches Wettbewerbsrecht, 2. Aufl., 2015; *Gleiss/Kleinmann,* Anpassung der Begriffe „landwirtschaftliche Erzeugnisse" und „Erzeugerbetrieb" im deutschen Kartellgesetz (§ 100 GWB) an das europäische Recht (Verordnung Nr. 26 des Rates), NJW 1970, 1485 ff.; *Jacobi/Vesterdorf,* Co-operative societies and the Community rules on competition, ELR 1993, 271 ff.; *Jestaedt* in Langen/Bunte, Kartellrecht, Band 2, Europäisches Kartellrecht, 12. Aufl., 2014; *Martinez,* Landwirtschaft und Wettbewerbsrecht: Bestandsaufnahme und Perspektiven, EuZW 2010, 368 ff.; *Ottervanger,* Antitrust and agriculture in the common market, Fordham Corporate Law Institute 1989, 203 ff.; *Ries/Guida,* L'application des règles de concurrence du Traite CEE à l'agriculture, Cahiers du droit européen 1968, 60 ff.; *Schulze-Hagen,* Die landwirtschaftlichen Zusammenschlüsse nach deutschem und europäischem Wettbewerbsrecht, 1977.

A. Vorbemerkung

1 Die Produktion von und der Handel mit landwirtschaftlichen Erzeugnisses ist in der EU in hohem Maße reguliert. Mit wenigen Ausnahmen unterliegt dieser wirtschaftliche Sektor Marktordnungen der **„Gemeinsamen Agrarpolitik"** (Art. 38 ff. AEUV). Gemäß Art. 38 Abs. 2 iVm Art. 42 Abs. 1 AEUV finden die Wettbewerbsregeln des AEUV auf die Produktion landwirtschaftlicher Erzeugnisse und den Handel mit diesen nur insoweit Anwendung, als das Europäische Parlament und der Rat dies unter Berücksichtigung der Ziele der EU-Agrarpolitik (Art. 39 AEUV) bestimmen. Der darin zum Ausdruck kommende

Vorrang der EU-Agrarpolitik gegenüber den Zielen der EU-Wettbewerbspolitik[1] gilt zwangsläufig auch gegenüber den kartellrechtlichen Regelungen der EU-Mitgliedstaaten. Allerdings schaffen die gemeinsamen Marktorganisationen für landwirtschaftliche Erzeugnisse keinen wettbewerbsfreien Raum.[2] Die Aufrechterhaltung eines wirksamen Wettbewerbs auf den Märkten für landwirtschaftliche Erzeugnisse zählt nämlich zu den Zielen der EU-Agrarpolitik.[3]

2 Die für den Agrarsektor geltenden besonderen Wettbewerberegeln befinden sich in drei Verordnungen:

- Verordnung (EU) Nr. 1308/2013 des Europäischen Parlaments und des Rates v. 17. Dezember 2013 über eine gemeinsame Marktorganisation für landwirtschaftliche Erzeugnisse,[4] die die meisten landwirtschaftlichen Erzeugnisse mit Ausnahme von insbesondere der Fischerei und der Aquakultur umfasst;
- Verordnung (EU) Nr. 1379/2013 des Europäischen Parlaments und des Rates vom 11. Dezember 2013 über die gemeinsame Marktorganisation für Erzeugnisse der Fischerei und der Aquakultur;[5]
- Verordnung (EG) Nr. 1184/2006 des Rates vom 24. Juli 2006 zur Anwendung bestimmter Wettbewerbsregeln auf die Produktion bestimmter landwirtschaftlicher Erzeugnisse und den Handel mit diesen Erzeugnissen,[6] die Vorschriften über die Anwendbarkeit der Art. 101 bis 106 sowie des Art. 108 Abs. 1 und 3 AEUV auf die Produktion der in Anhang I AEUV aufgeführten landwirtschaftlichen Erzeugnisse enthält, die nicht unter die Verordnung Nr. 1308/2013 und die Verordnung Nr. 1379 /2013 fallen.

Diese 2013 im Rahmen der Reform der EU-Agrarpolitik geschaffene Rechtslage hat die Anwendung des EU-Kartellrechts im Agrarsektor kompliziert (drei Rechtsquellen mit unterschiedlichen Regelungen) und bürokratisiert (Widerspruchsverfahren nach Art. 210 Verordnung Nr. 1308/2013).

3 Gemäß Art. 206 Abs. 1 Verordnung Nr. 1308/2013, Art. 40 Verordnung Nr. 1379/2013 und Art. 1a Verordnung Nr. 1184/2006 finden die Art. 101 und 102 AEUV grundsätzlich auf wettbewerbswidrige Verhaltensweisen von Unternehmen/Unternehmensvereinigungen Anwendung, die die Produktion von und den Handel mit landwirtschaftlichen Erzeugnissen betreffen sowie den Handel zwischen Mitgliedstaaten beeinflussen. Wie auch in allen übrigen Wirtschaftsbereichen gilt Art. 101 Abs. 1 AEUV jedoch nicht für solche unternehmerischen Verhaltensweisen, die einzeln oder gruppenweise gemäß Art. 101 Abs. 3 AEUV **von der Anwendung des Art. 101 Abs. 1 AEUV freigestellt** sind. Darüber hinaus bestehen besondere Ausnahmen für die Anwendung des Art. 101 Abs. 1 AEUV gemäß Art. 209f der Verordnung Nr. 1308/2013, Art. 41 Verordnung Nr. 1379/2013 und Art. 2 Verordnung Nr. 1184/2006. Das Verbot **missbräuchlichen Verhaltens** von Unternehmen in beherrschenden Stellungen (Art. 102 AEUV) kommt dagegen auch im Bereich der Landwirtschaft ausnahmslos zur Anwendung. **Unternehmenszusammenschlüsse** auf Agrarmärkten von unionsweiter Bedeutung müssen den allgemeinen Regeln der EU-Fusionskontrolle nach der Verordnung Nr. 139/2004 entsprechen. Die Regeln des AEUV-Vertrags über **staatliche Beihilfen** (Art. 107 und 108 AEUV) gelten wiederum nur eingeschränkt (Art. 211 ff. Verordnung Nr. 1308/2013, Art. 3 Verordnung Nr. 1184/2006).[7] Die besonderen landwirtschaftlichen Ausnahmeregelungen vom Kartellverbot des Art. 101

---

[1] EuGH U. v. 29.10.1980, Slg. 1980, 3393, Rdnr. 23 – *Maizena/Rat;* 9.9.2003, Slg. 2003, I-7975, Rdnr. 81 – *The Queen/The Competition Commission.*

[2] EuGH U. v. 1.10.2009, Slg. 2009, I-8963, Schlussanträge GA *Kokott,* Rdnr. 83 – *Compañía Española de Comercialización de Aceite.*

[3] EuGH U. v. 9.9.2003, Slg. 2003, I-7975, Rdnr. 57 – *The Queen/The Competition Commission.*

[4] ABl. 2013 Nr. L 347/671.

[5] ABl. 2013 Nr. L 354/1.

[6] ABl. 2006 Nr. L 214/7, zuletzt geändert durch Verordnung Nr. 1379/2013; diese VO ist zwar noch eine leere Schale.

[7] S. dazu Rahmenregelung der EU für staatliche Beihilfen im Agrar- und Forstsektor und in ländlichen Gebieten 2014–2020, ABl. 2014 Nr. C 204/01.

Abs. 1 AEUV haben bisher beim Vollzug des EU-Kartellrechts keine praktische die Bedeutung erlangt. Die Wahrscheinlichkeit, dass Verhaltensweisen zwar nicht die Voraussetzungen des Art. 101 Abs. 3 AEUV oder einer Gruppenfreistellungsverordnung (zB Verordnung Nr. 1218/2010),[8] aber einen der Tatbestände der besonderen landwirtschaftlichen Ausnahmeregelungen erfüllen, ist gering. Das Bestehen der landwirtschaftlichen Ausnahmeregelungen ist allein darin begründet, dass keine politische Mehrheit dafür besteht, Art. 42 Abs. 1 AEUV mit der Folge zu streichen, dass auch der Agrarsektor der universellen Anwendung der für Unternehmen geltenden Wettbewerbsvorschriften des AEUV unterliegt. Obwohl sich dadurch die tatsächliche Rechtslage nicht ändern würde, ist offensichtlich an dem in Art. 42 Abs. 1 AEUV zum Ausdruck gebrachten,[9] wenn auch in Wirklichkeit nicht bestehenden **Primat der Landwirtschaftspolitik** gegenüber der Wettbewerbspolitik politisch nicht zu rütteln.

B. Der Vollzug des EU-Kartellrechts im Agrarsektor

Landwirtschaftliche Erzeugnisse sind die Erzeugnisse, die in der dem AEUV als Anhang I beigefügten Liste aufgeführt sind (Art. 38 Abs. 3 AEUV). „Produktion" landwirtschaftlicher Erzeugnisse bedeutet sowohl die Erzeugung, als auch die Be- und Verarbeitung landwirtschaftlicher Urprodukte zu neuen landwirtschaftlichen Produkten. „Handel" ist der Ankauf und/oder Verkauf (fremder bzw. eigener landwirtschaftlicher) Erzeugnisse. Der Rat hatte am 4. April 1962 mit der Verordnung Nr. 26[10] Bestimmungen bezüglich der Anwendung der Wettbewerbsvorschriften des EWG-Vertrags auf landwirtschaftliche Tatbestände erlassen. Am 24. Juli 2006 erließ der Rat mit der Verordnung Nr. 1184/2006[11] eine Fassung der Verordnung Nr. 26, die die bis dahin durchgeführten Änderungen dieser Verordnung berücksichtigte. Die Verordnung Nr. 26 wurde aufgehoben (Art. 4 Verordnung Nr. 1184/2006). Bestimmungen über die Anwendung der Wettbewerbsvorschriften des AEUV-Vertrags auf Vereinbarungen, Beschlüsse und Verhaltensweisen, die die Produktion landwirtschaftlicher Erzeugnisse und den Handel mit diesen betreffen, sind ebenfalls in den Verordnungen Nr. 1308/2013 und Nr. 1379/2013 enthalten, die **europäische Marktordnungen** begründen. Solche besonderen Bestimmungen gehen den Regelungen der Verordnung Nr. 1184/2006 vor. 4

Art. 206 Abs. 1 Verordnung Nr. 1308/2013, Art. 40 Verordnung Nr. 1379/2013 und Art. 1a Verordnung Nr. 1184/2006 sind verweisende Rechtssätze, die im Bereich der Landwirtschaft zur Anwendung der Wettbewerbsvorschriften für Unternehmen des AEUV führen. Bezüglich Art. 101 Abs. 1 AEUV gilt dies jedoch nur dann, wenn keiner der Ausnahmetatbestände des Art. 209f Verordnung Nr. 1308/2013, Art. 41 Verordnung Nr. 1379/2013 bzw Art. 2 Abs. 1 Verordnung Nr. 1184/2006 durchgreift. Ansonsten erfolgt die Subsumtion eines Sachverhalts bezüglich der Produktion von und des Handels mit landwirtschaftlichen Erzeugnissen unter die Tatbestandsvoraussetzungen der Art. 101, 102 und 106 AEUV wie bei der Anwendung dieser Vorschriften auf unternehmerisches Verhalten in allen übrigen Wirtschaftsbereichen. Das **Verfahren** zwecks Anwendung der Art. 101, 102 und 106 AEUV erfolgt nach den für die Durchführung dieser Vorschriften des AEUV ergangenen Regeln. Hiermit ist insbesondere auf die Verordnung Nr. 1/2003 verwiesen. Besondere **Verfahrensvorschriften** für bestimmte Ausnahmetatbestände der Agrarverordnungen befinden sich dagegen in Art. 209f Verordnung Nr. 1308/2013 und Art. 2 Abs. 1, 5

[8] Verordnung (EU) Nr. 1218/2010 der Kommission vom 14. Dezember 2010 über die Anwendung von Artikel 101 Absatz 3 des Vertrags über die Arbeitsweise der Europäischen Union auf bestimmte Gruppen von Spezialisierungsvereinbarungen, ABl. 2010 Nr. L 335/43.

[9] EuGH U. v. 9.9.2003, Slg. 2003, I-7975, Rdnr. 81 – *The Queen/The Competition Commission.*

[10] Verordnung zur Anwendung bestimmter Wettbewerbsregeln auf die Produktion landwirtschaftlicher Erzeugnisse und den Handel mit diesen Erzeugnissen (ABl. 1962 Nr. 30/993).

[11] ABl. 2006 Nr. L 214/7, zuletzt geändert durch Verordnung Nr. 1379/2013.

1. Unterabs., 2 und 3 Verordnung Nr. 1184/2006.[12] Schließlich kann die Kommission gemäß Art. 222 Verordnung Nr. 1308/2013 während schwerer **Ungleichgewichte auf den Märkten** für Vereinbarungen und Beschlüsse von anerkannten Erzeugerorganisationen, ihren Vereinigungen und anerkannten Branchenverbänden, die der Regulierung nach der Verordnung Nr. 1308/3013 unterliegen, zeitlich begrenzt die Anwendung des Art. 101 Abs. 1 AEUV aussetzen.

C. Die Anwendung der Art. 101 Abs. 1 und 102 AEUV

I. Allgemeines

6 Nach dem 172. Erwägunggrund der Verordnung Nr. 1308/2013 muss in Anbetracht der besonderen Merkmale des landwirtschaftlichen Sektors und dessen Abhängigkeit vom guten Funktionieren der gesamten Lebensmittelversorgungskette der Anwendung der Wettbewerbsregeln gemäß Art. 42 AEUV besondere Aufmerksamkeit geschenkt werden. Zu diesem Zweck bedarf es einer engen Zusammenarbeit zwischen der Kommission und den Wettbewerbsbehörden der Mitgliedstaaten. Überdies sind gegebenenfalls von der Kommission diesbezüglich Leitlinien zu erlassen (Art. 206 Abs. 4 Verordnung Nr. 1308/2013), um Unternehmen und anderen betroffenen Beteiligten eine Orientierungshilfe zu bieten.[13] Für die Durchsetzung der in den Wettbewerbsvorschriften des AEUV für Unternehmen enthaltenen Verbote (Art. 101 Abs. 1 und 102 AEUV) im Bereich der Landwirtschaft sind grundsätzlich wegen ihrer durch Art. 206 Abs. 1 Verordnung Nr. 1308/2013, Art. 40 Verordnung Nr. 1379/2013 und Art. 1a Verordnung Nr. 1184/2006 in diesem Bereich bewirkten unmittelbaren Geltung[14] Kommission, nationale Gerichte und nationale Behörden gleichermaßen zuständig (Art. 4ff. Verordnung Nr. 1/2003). Das europäische Kartellverbot (Art. 101 Abs. 1 AEUV) ist jedoch nicht anwendbar, wenn in dem betreffenden Fall die Voraussetzungen der in den Agarverordnungen vorgesehenen besonderen Ausnahmeregelungen vorliegen. Art. 209 Verordnung Nr. 1308/2013 und Art. 40 Verordnung Nr. 1379/2013 sind wie Art. 101 Abs. 3 AEUV Gesetzesvorbehalte, die ohne Weiteres von der Kommission sowie den nationalen Gerichten und nationalen Behörden beachtet werden müssen. Dagegen ist die Kommission ausschließlich befugt, eine solche Feststellung nach Art. 210 Verordnung Nr. 1308/2013 sowie Art. 2 Abs. 1, 1. Unterabs., und Abs. 2 Verordnung Nr. 1184/2006 zu treffen.[15]

7 Die früher von Art. 1 Verordnung Nr. 26 und Art. 1 Verordnung Nr. 1184/2006 (alter Fassung) sowie jetzt von Art. 206 Abs. 1 Verordnung Nr. 1308/2013, Art. 40 Verordnung Nr. 1379/2013 und Art. 1a Verordnung Nr. 1184/2006 im Bereich der Landwirtschaft ermöglichte Anwendung der für Unternehmen geltenden Kartell- und Missbrauchsverbote des AEUV hat zu einer umfangreichen Verwaltungspraxis der Kommission und Rechtsprechung der europäischen Gerichte geführt.[16] In diesem Rahmen hat die Anwendung von

[12] Vgl. Rdnr. 36.

[13] Vgl. *Komm.*, Öffentliche Anhörung, Guidelines on the application of the specific rules set out in Articles 169, 170 and 171 of the CMO Regulation for the olive oil, beef and veal and arable crops sectors (http://ec.europa.eu/competition/consultations/2015_cmo_regulation/index_en.html, zuletzt besucht am 26.1.2015); Leitlinien für die Anwendung der besonderen Vorschriften der Artikel 169, 170 und 171 der GMO-Verordnung für den Olivenöl-, den Rindfleisch- und den Kulturpflanzensektor, ABl. 2015 Nr. C 431/1; vgl. dazu *Italianer,* Generaldirektor für Wettbewerb, Co-operating to Compete: The New Agriculture Antitrust Guidelines, Brüssel, 4.3.2015 (http://ec.europa.eu/competition/speeches/text/sp2015_02_en.pdf, zuletzt besucht am 11.3.2015).

[14] Vgl. zur unmittelbaren Anwendung des Kartell- und Missbrauchsverbot EuGH U. v. 21.3.1974, Slg. 1974, 51, Rdnr. 15/17 – *BRT/SABAM.*

[15] EuGH U. v. 12.12.1995, Slg. 1995, I-4471, Rdnr. 25 – *Dijkstra/Friesland.*

[16] Vgl. EuGH U. v. 3.12.1987, Slg. 1987, 4789 – *BNIC/Aubert;* 15.12.1994, Slg. 1994, I-5641 – *Goettrup-Klim/DLG;* 12.12.1995, Slg. 1995, I-4471 – *Dijkstra/Friesland;* 12.12.1995, Slg 1995, I-4515 – *Luttikhuis/Coberco;* 9.9.2003, Slg. 2003, I-7975, Rdnr. 57 – *The Queen/The Competition Commission;*

Art. 101 Abs. 1 AEUV auf Satzungsbestimmungen von **Genossenschaften**[17] und **Branchenorganisationen**[18] eine besondere Bedeutung erlangt. Die Anwendung dieser Vorschrift auf die Beziehungen zwischen Genossenschaften und ihren Mitgliedern hat zur Folge, dass die Beschränkungen, die den Mitgliedern durch die Satzung einer Genossenschaft auferlegt werden, nicht über das hinausgehen dürfen, was erforderlich ist, um das ordnungsgemäße Funktionieren der Genossenschaft und insbesondere eine ausreichend breite wirtschaftliche Grundlage und eine gewisse Stabilität des Mitgliederbestands sicherzustellen.[19] In der Sache *Campina* konnte z.B. die Länge der Kündigungsfrist für den Austritt aus der Genossenschaft aus den vorgenannten Erwägungen nicht gerechtfertigt werden.[20]

Die Anwendung von Art. 102 AEUV auf missbräuchliche Verhaltensweisen von marktbeherrschenden Agar-Unternehmen weist keine Besonderheiten gegenüber der Anwendung des Missbrauchsverbots in anderen Wirtschaftssektoren auf. Insbesondere bestehen im Agrarsektor keine Ausnahmeregelungen für das Missbrauchsverbot. Darüber hinaus ist nicht anzunehmen, dass die gesetzliche Definition der „beherrschenden Stellung" nach Art. 208 Verordnung Nr. 1308/2013 von der Bedeutung dieses Begriffs im Tatbestand des Art. 102 AEUV abweicht, die die Rechtsprechung des EuG und des EuGH herausgearbeitet hat.[21] 8

20.11.2008, Slg. 2008, I-8637 – *Competition Authority/Beef Industry Development Society Ltd u. Barry Brothers;* 1.10.2009, Slg. 2009, I-8963, – *Compañía Española de Comercialización de Aceite; Komm.* E. v. 16.12.1971, ABl. 1972 L 13/44 – *SAFCO;* 2.1.1973, ABl. 1973 L 140/17 – *Europäische Zuckerindustrie* (EuGH U. v. 16.12.1975, Slg. 1975, 1663 – *Suiker Unie/Komm.*); 25.7.1974, ABl. 1974 L 237/16 – *FRUBO* (EuGH U. v. 15.5.1975, Slg. 1975, 563 – *FRUBO/Komm.*); 8.1.1975, ABl. 1975 L 29/26 – *Pilzkonserven;* 17.12.1975, ABl. 1976 L 95/1 – *Chiquita* (EuGH U. v. 14.2.1978,Slg. 1978, 207 – *United Brands/Komm.*); 26.7.1976, ABl. 1976 L 231/24 – *Pabst & Richarz/BNIA;* 2.12.1977, ABl. 1978 L 21/23 – *Blumenkohl;* 21.12.1977, ABl. 1978 L 53/20 – *Gewürze;* 21.9.1978, ABl. 1978 L 286/23 – *Sortenschutzrecht: Maissaatgut* (EuGH U. v. 8.6.1982, Slg. 1982, 2015 – *Nungesser u. Eisele/Komm.*); 7.12.1979, ABl. 1980 L 39/64 – *Vereinbarungen über Rohzuckerlieferungen;* 10.12.1982, ABl. 1982 L 360/31 – *Cafeteros de Colombia;* 15.12.1982, ABl. 1982 L 379/1 – *UGEL/BNIC;* 7.12.1984, ABl. 1985 L 35/35 – *Milchförderungsfonds;* 13.12.1985, ABl. 1985 L 369/9 – *Sortenschutzrecht: Rosen;* 26.11.1986, ABl. 1986 L 348/50 – *MELDOC;* 18.12.1987, ABl. 1988 L 59/25 – *Frühkartoffeln;* 18.7.1988, ABl. 1988 L 284/41 – *Napier Brown/British Sugar;* 26.7.1988, ABl. 1988 L 262/27 – *Bloemenveilingen Aalsmeer* (bestätigt durch EuGH U. v. 30.3.2000, Slg. 2000, I-2135 – *Bloemenveilingen Aalsmeer/Florimex u. VGB*); 19.12.1989, ABl. 1990 L 31/32 – *Zuckerrüben;* 12.4.1991, 21. WB (1991) Rdnr. 83f. – *Campina;* 30.7.1992, ABl. 1992 L 246/37 – *Scottish Salmon Board;* 7.10.1992, ABl. 1992 L 305/16 – *CSM Zucker;* 14.5.1997, ABl. 1997 L 258/1 – *Irish Sugar* (bestätigt durch EuGH U. v. 10.7.2001, Slg. 2001, I-5333 – *Irish Sugar/Komm.*); 14.10.1998, ABl. 1999 Nr. L 76/1 – *British Sugar* (bestätigt durch EuGH U. 29.4.2004, Slg. 2004, I-4933 – *British Sugar/Komm.*); 2.4.2003, ABl. 2003 Nr. L 209/12 – *Französisches Rindfleisch* (bestätigt durch EuGH U. 18.12.2008, Slg. 2008, I-10193 – *Coop de France bétail et viande* u. a./*Komm*).; 20.10.2004, ABl. 2007 Nr. L 102/14 – *Rohtabak Spanien* (bestätigt durch EuGH U. v. 19.7.2012, Rs C-628/10 P u. C-14/11 P, ECLI:EU:C:2012:479 – *Alliance One International/Komm.*); 20.10.2005, ABl. 2006 Nr. L 353/45– *Rohtabak Italien* (bestätigt durch EuGH B. v. 13.12.2012, Rs C-593/11 P, ECLI:EU:C:2012:804 – *Alliance One International/Komm.*); 15.10.2008, ABl. 2009 Nr. C 189/12 – *Bananen* (bestätigt durch EuG U. v. 14.3.2013, Rs T-587/08, ECLI:EU:T:2013:129 – *Fresh Del Monte Produce/Komm.;* Rechtsmittel C-293/13 P).

[17] EuGH U. v. 12.12.1995, Slg 1995, I-4515 – *Luttikhuis/Coberco.*

[18] EuGH U. v. 3.12.1987, Slg. 1987, 4789 – *BNIC/Aubert; Komm.* E. v. 26.7.1976, ABl. 1976 L 231/24 – *Pabst & Richarz/BNIA;* 15.12.1982, ABl. 1982 L 379/1 – *UGEL/BNIC.*

[19] EuGH U. v. 15.12.1994, Slg. 1994, I-5641 Rdnr. 35 – *Goettrup-Klim/DLG;* 12.12.1995, Slg 1995, I-4515, Rdnr. 14 – *Luttikhuis/Coberco.*

[20] *Komm.*, 21. WB (1991) Nr. 83f.; vgl. zur Anwendung von Art. 81 Abs. 1 AEUV auf Genossenschaften und Branchenorganisationen außerhalb der Landwirtschaft iSd Gemeinschaftsrechts EuGH U. v. 25.3.1981, Slg. 1981, 851 – *Stremsel- en Kleurselfabriek/Komm.*; 3.12.1987, Slg. 1987, 4789 – BNIC/Aubert; 15.12.1994, Slg. 1994, I-5641 – Goettrup-Klim/DLG; EuG U. v. 2.7.1992, Slg. 1992, II-1931 – *Dansk Pelsdyravlerforening/Komm.*

[21] Vgl. dazu ausführlich *Bronett* in § 22, Rdnr. 10ff.

II. Die Besonderheiten der Anwendung des Art. 101 Abs. 1 AEUV

9 **1. Das Kommissionsverfahren.** Im Laufe eines Verfahrens nach Art. 101 AEUV, das Vereinbarungen, Beschlüsse oder abgestimmte Verhaltensweisen bezüglich der Produktion von und den Handel mit landwirtschaftlichen Erzeugnissen zum Gegenstand hat und an dessen Ende die Kommission einen Beschluss erlässt, in der sie gemäß Art. 7 Abs. 1 Verordnung Nr. 1/2003 eine Zuwiderhandlung gegen Art. 101 Abs. 1 AEUV feststellt, muss die Kommission zur Überzeugung gelangt sein, dass je nach Art des Erzeugnisses die Tatbestandsvoraussetzungen keiner der Ausnahmen des Art. 209f Verordnung Nr. 1308/2013, des Art. 41 Verordnung Nr. 1379/2013 oder des Art. 2 Verordnung Nr. 1184/2006 erfüllt sind. Allerdings gibt es kein spezielles Verfahren zwecks **Feststellung des Fehlens der Voraussetzungen** dieser Ausnahmetatbestände.[22] Die Kommission ist jedoch verpflichtet, in einem aufgrund von Art. 101 Abs. 1 AEUV im Bereich der Landwirtschaft erlassenen Beschluss gemäß Art. 296 Abs. 2 AEUV die Nichtanwendung der besonderen Ausnahmereglungen zu begründen.[23] Aus einem anderen Gesichtspunkt besteht eine diesbezügliche **Begründungspflicht,** wenn bei der Kommission gemäß Art. 2 Abs. 3 Verordnung Nr. 1184/2006 ein Antrag auf Feststellung der Anwendung des Art. 2 Abs. 1 dieser Verordnung gestellt wurde. Solche Anträge müssen (wie alle übrigen formellen Anträge des Kartellrechts)[24] von der Kommission innerhalb angemessener Fristen beschieden werden. Gibt die Kommission einem solchen Antrag nicht statt und erlässt sie einen Beschluss, in der sie gemäß Art. 7 Abs. 1 Verordnung Nr. 1/2003 eine Zuwiderhandlung gegen Art. 101 Abs. 1 AEUV feststellt, erfolgt die Abweisung des Antrags durch diesen Beschluss.[25]

10 Wegen der unmittelbaren Geltung des Art. 101 Abs. 1 AEUV ist unternehmerisches Verhalten auch im Agrarbereich verboten, sobald es die Tatbestandsvoraussetzungen dieser Vorschrift erfüllt und das Verhalten nicht aufgrund von Art. 101 Abs. 3 AEUV oder der besonderen landwirtschaftlichen Regelungen vom Kartellverbot freigestellt ist. Beschlüsse der Kommission, die aufgrund der Verordnung Nr. 1/2003 eine Zuwiderhandlung gegen Art. 101 Abs. 1 AEUV feststellen, haben bezüglich einer solchen Feststellung nur eine deklaratorische Wirkung. Art. 42 Abs. 1 AEUV ermächtigt den Rat jedoch, im Hinblick auf Vereinbarungen, Beschlüsse und abgestimmte Verhaltensweisen, die die Produktion von landwirtschaftlichen Erzeugnissen und den Handel mit diesen betreffen, auch den **Zeitpunkt der Anwendung des Kartellverbots** zu bestimmen. Eine solche Regelung enthält Art. 210 Abs. 5, 2. Unterabs., Verordnung Nr. 1308/2013. Die Folge davon ist, dass bezüglich der Produktion von und des Handels mit landwirtschaftlichen Erzeugnissen, die in den Anwendungsbereich dieser Bestimmung fallen, die Feststellung der Zuwiderhandlung gegen Art. 101 Abs. 1 AEUV durch die Kommission konstitutive Wirkungen entfaltet. Die **zivilrechtliche Nichtigkeit** des betreffenden unternehmerischen Verhaltens gemäß Art. 101 Abs. 2 AEUV tritt erst mit Bestandskraft des Beschlusses der Kommission ein und die Kommission kann keine Geldbußen gemäß Art. 23 Abs. 2 Verordnung Nr. 1/2003 als Sanktion derartigen Verhaltens verhängen, das vor dem Zeitpunkt der Bestandskraft ihres Beschlusses liegt. Darüber hinaus hat die Kommission eine besondere Zuständigkeit, bei Vertragverhandlungen von Erzeugerorganisationen über bestimmte landwirtschaftliche Erzeugnisse, die mehr als einen Mitgliedstaat zum Gegenstand haben, repressiv einzuschreiten, wenn sie dies als erforderlich erachtet, um den Wettbewerb aufrechtzuerhalten (Art. 149 Abs. 5, 169 Abs. 5, 170 Abs, 5 und 171 Abs. 5 Verordnung Nr. 1308/2013).

---

[22] EuGH U. v. 15.5.1975, Slg. 1975, 563, Rdnr. 11 – *FRUBO/Komm.;* EuGH U. v. 16.12.1975, Slg. 1975, 1663, Schlussanträge GA *Mayras,* 2062, 2081 – *Suiker Unie/Komm.*

[23] EuGH U. v. 12.12.1995, Slg. 1995, I-4471, Rdnr. 24 – *Dijkstra/Friesland;* vgl. z. B. *Komm.* E. v. 15.10.2008, ABl. 2009 Nr. C 189/12, Rdnr. 344 ff. – *Bananen.*

[24] EuG U. v. 22.10.1997, Slg. 1997, II-1739, Rdnr. 56 – *SCK u. a./Komm.*

[25] So hätte eigentlich im Tenor der *Komm.* E. v. 25.7.1974, ABl. 1974 L 237/16 – *FRUBO* die Abweisung des gemäß Art. 2 Abs. 3 Verordnung 26 gestellten Antrags erfolgen müssen.

2. Die Verfahren vor nationalen Gerichten. Art. 209 Verordnung Nr. 1308/2013 und Art. 40 Verordnung Nr. 1379/2013 sind wie Art. 101 Abs. 3 AEUV Gesetzesvorbehalte, die ohne weiteres von den nationalen Gerichten und nationalen Behörden beachtet werden müssen. Diesbezüglich ist bei Kartellfällen im Allgemeinen folgendes Prüfungsschema sachgerecht: Zuerst ist dieser Fall nach einer unmittelbar anwendbaren landwirtschaftlichen Ausnahmeregelung (Art. 209 Verordnung Nr. 1308/2013; Art. 40 Verordnung Nr. 1379/2013), danach nach einer möglichen allgemeinen Gruppenfreistellung (zB Verordnung Nr. 1218/2010)[26] und schließlich nach Art. 101 Abs. 1 und 3 AEUV zu beurteilen. 11

Die ausschließliche Zuständigkeit der Kommission, gemäß Art. 210 Verordnung Nr. 1308/2013 und Art. 2 Verordnung Nr. 1184/2006 festzustellen, welche Vereinbarungen, Beschlüsse oder abgestimmten Verhaltensweisen die Voraussetzungen dieser Ausnahmetatbestände erfüllen, wirft besondere Fragen bei der Anwendung von Art. 101 Abs. 1 AEUV durch nationale Gerichte auf, die sich analog zu den Verfahrensfragen beantworten, die nach der früheren Rechtslage aufgrund der Verordnung Nr. 17[27] die Beziehung zwischen Art. 81 Abs. 1 und 3 EG betrafen.[28] Wegen Art. 16 Verordnung Nr. 1/2003 beinhaltet die parallele Zuständigkeit der nationalen Gerichte und der Kommission zur Anwendung des Art. 101 AEUV zwar grundsätzlich keine Gefahr sich widersprechender Entscheidungen. Erkennt ein nationales Gericht jedoch gemäß Art. 101 Abs. 2 AEUV auf die Nichtigkeit des unternehmerischen Verhaltens und erklärt die Kommission danach aufgrund von Art. 210 Verordnung Nr. 1308/2013 bzw. Art. 2 Verordnung Nr. 1184/2006 Art. 101 Abs. 1 AEUV in demselben Fall für nicht anwendbar, entsteht ein **Rechtskonflikt.** Aus Gründen der Rechtssicherheit müssen solche Konflikte vermieden werden.[29] In der Rechtssache *Dijkstra* hat der EuGH diesbezügliche Verfahrensregeln aufgestellt.[30] Hält ein nationaler Richter die Anwendung einer landwirtschaftlichen Ausnahmeregelung für möglich, hat er sein Verfahren auszusetzen, um es den Parteien zu ermöglichen, bei der Kommission den Erlass eines entsprechenden Beschlusses zu beantragen. Ansonsten hat der nationale Richter wie die Kommission bei der Anwendung des Art. 101 Abs. 1 AEUV zu begründen, dass die Tatbestandsvoraussetzungen der Ausnahme nicht vorliegen; er kann sich nicht darauf beschränken, das Fehlen eines entsprechenden Beschlusses der Kommission festzustellen. Erlässt die Kommission einen Beschluss, in der sie die Anwendung eines Ausnahmetatbestands feststellt, führt dies zur Rechtswidrigkeit des widersprechenden Gerichtsurteils. In den Fällen, in denen ein Beschluss der Kommission wie nach Art. 210 Abs. 5 Verordnung Nr. 1308/2013 konstitutive Wirkungen für die Anwendung des Art. 101 Abs. 1 AEUV hat, entsteht die Zuständigkeit der nationalen Gerichte für die Anwendung des Art. 101 AEUV auf Vereinbarungen, Beschlüsse und abgestimmte Verhaltensweisen, die die Produktion der betreffenden landwirtschaftlichen Erzeugnisse und den Handel mit diesen betreffen, erst mit der Bestandskraft eines solchen Beschlusses der Kommission. 12

3. Die Verfahren der nationalen Wettbewerbsbehörden. Bei der Prüfung der Rechtmäßigkeit möglicher landwirtschaftlicher Kartellfälle verfahren die nationalen Wettbewerbsbehörden (Art. 35 Verordnung Nr. 1/2003) bezüglich der Anwendung des Art. 101 AEUV grundsätzlich wie die nationalen Richter. Allerdings kann ihnen die 13

---

[26] Verordnung (EU) Nr. 1218/2010 der Kommission vom 14. Dezember 2010 über die Anwendung von Artikel 101 Absatz 3 des Vertrags über die Arbeitsweise der Europäischen Union auf bestimmte Gruppen von Spezialisierungsvereinbarungen, ABl. 2010 Nr. L 335/43.

[27] Am 1.5.2004 von Art. 43 Verordnung Nr. 1/2003 aufgehoben.

[28] EuGH U. v. 1.10.2009, Slg. 2009, I-8963, Schlussanträge GA *Kokott,* Rdnr. 87 – *Compañía Española de Comercialización de Aceite.*

[29] EuGH U. v. 12.12.1995, Slg. 1995, I-4471, Rdnr. 28 – *Dijkstra/Friesland.*

[30] EuGH v. 12.12.1995, Slg. 1995, I-4471, Rdnr. 30 ff. – *Dijkstra/Friesland;* vgl. zur Anwendung nationalem Kartellrechts im Bereich der Landwirtschaft EuGH U. v. 9.9.2003, Slg. 2003, I-7975 – *The Queen/The Competition Commission u. a.*

Kommission durch Verfahrenseröffnung gemäß Art. 11 Abs. 6 Verordnung Nr. 1/2003 die Zuständigkeit zur Anwendung des Art. 101 AEUV entziehen, wenn sie sich von Amts wegen oder auf Antrag mit demselben Verfahrensgegenstand befasst. Anders als im Verhältnis zu nationalen Gerichten ist es bei **parallelen Verfahren** daher ausgeschlossen, dass Beurteilungskonflikte zwischen der Kommission und nationalen Behörden entstehen.[31] Darüber hinaus haben die nationalen Wettbewerbsbehörden eine besondere Zuständigkeit, bei Vertragverhandlungen von Erzeugerorganisationen über bestimmte landwirtschaftliche Erzeugnisse, die nur einen Mitgliedstaat zum Gegenstand haben, repressiv einzuschreiten, wenn sie dies als erforderlich erachten, um den Wettbewerb zu schützen (Art. 149 Abs. 5, 169 Abs. 5, 170 Abs, 5 und 171 Abs. 5 Verordnung Nr. 1308/2013).

D. Die Nichtanwendung des Art. 101 Abs. 1 AEUV

I. Allgemeines

14 Art. 209f Verordnung Nr. 1308/2013, Art. 41 Verordnung Nr. 1379/2013 und Art. 2 Abs. 1 Verordnung Nr. 1184/2006 enthalten die materiellen Voraussetzungen, unter denen Art. 101 Abs. 1 AEUV nicht anwendbar ist. Diese Vorbehalte beruhen auf der Erwägung, dass die universelle Anwendbarkeit des Kartellverbots im Bereich der Landwirtschaft auf Grenzen stößt, die letztlich sämtlich auf das Erfordernis zurückgehen, die Verwirklichung der **Ziele der EU-Agrarpolitik nicht zu gefährden.**[32] Die in den drei genannten Verordnungen enthaltenen Ausnahmetatbestände – das betreffende unternehmerische Verhalten ist zur Verwirklichung der Ziele des Art. 39 AEUV notwendig[33] bzw. fällt unter das Genossenschaftsprivileg[34] – gelten alternativ.[35] Darüber hinaus schließt die Tatsache, dass im Hinblick auf einen bestimmten Sachverhalt keiner der Ausnahmetatbestände Anwendung findet, eine **Freistellung vom Kartellverbot** gemäß Art. 101 Abs. 3 AEUV nicht aus. Es ist deshalb gegebenenfalls auch zu prüfen, ob das fragliche Verhalten unter eine Gruppenfreistellungsverordnung (zB Verordnung Nr. 1218/2010)[36] fällt.

15 Die in Art. 209f Verordnung Nr. 1308/2013, Art. 41 Verordnung Nr. 1379/2013 und Art. 2 Abs. 1 Verordnung Nr. 1184/2006 enthaltenen Ausnahmetatbestände sind eigenständig. Insbesondere ist das Genossenschaftsprivileg kein Unterfall der „Gefährdung" der Ziele der EU-Agrarpolitik.[37] Die Normadressaten und das privilegierte Verhalten sind je nach Ausnahmetatbestand verschieden. Während sich sämtliche Normadressaten des Art. 101 Abs. 1 AEUV (Unternehmen und Unternehmensvereinigungen) auf den Ausnahmetatbestand der „Gefährdung" der Ziele der EU-Agrarpolitik berufen können, gilt das **Genossenschaftsprivileg** nur für eine Untergruppe dieser Normadressaten (landwirtschaftliche Erzeugerbetriebe und ihre Vereinigungen). Das von den Ausnahmen begünstigte Verhalten ist in allen Fällen seiner Form nach das von Art. 101 Abs. 1 AEUV erfasste Verhalten (Vereinbarungen, Beschlüsse und aufeinander abgestimmte Verhaltensweisen). Dem Inhalt nach muss es sich auf die Produktion von und den Handel mit eigenen oder fremden landwirtschaftlichen Erzeugnissen beziehen. Hiervon abweichend erstreckt sich

---

[31] Zur Anwendung nationalen Kartellrechts im Bereich der Landwirtschaft vgl. EuGH U. v. 1.10.2009, Slg. 2009, I-8963, Rdnr. 49 ff. – *Compañía Española de Comercialización de Aceite.*

[32] EuGH U. v. 12.12.1995, Slg. 1995, I-4471, Schlussanträge GA *Tesauro,* Rdnr. 14 – *Dijkstra/Friesland.*

[33] Vgl. dazu Rdnr. 17 ff.

[34] Vgl. dazu Rdnr. 21 ff.

[35] Der Ausnahmetatbestand „wesentlicher Bestandteil einer einzelstaatlichen Marktordnung" des Art. 2 Abs. 1 Verordnung Nr. 1184/2006 wird wegen seiner praktischen Bedeutungslosigkeit nicht weiter erörtert.

[36] Verordnung (EU) Nr. 1218/2010 der Kommission vom 14. Dezember 2010 über die Anwendung von Artikel 101 Absatz 3 des Vertrags über die Arbeitsweise der Europäischen Union auf bestimmte Gruppen von Spezialisierungsvereinbarungen, ABl. 2010 Nr. L 335/43.

[37] EuGH U. v. 12.12.1995, Slg. 1995, I-4471, Schlussanträge GA *Tesauro,* Rdnr. 16 – *Dijkstra/Friesland.*

das Genossenschaftsprivileg nur auf die Erzeugung von und den Handel („Absatz") mit eigenen landwirtschaftlichen Erzeugnissen. Die gemeinsame Lagerung, Be- und Verarbeitung landwirtschaftlicher Erzeugnisse, auf die das Genossenschaftsprivileg ausdrücklich auch anwendbar ist, sind Tätigkeiten, die Unterfälle der Produktion von und des Handels mit landwirtschaftlichen Erzeugnissen sind.

Die Rechtsfolge aller Ausnahmetatbestände tritt nur unter der Bedingung ein, dass das 16 geprüfte Verhalten den Wettbewerb nicht ausschließt. Dieses absolute Verbot kommt auch im Art. 101 Abs. 3 AEUV zum Ausdruck. Die privaten Wettbewerbsbeschränkungen, die das EU-Recht unter bestimmten Voraussetzungen zulässt, finden in den Zielsetzungen des Binnenmarktes ihre Grenzen.[38] Die negative Tatbestandsvoraussetzung des Ausschlusses des Wettbewerbs in den Ausnahmeregelungen wird nicht durch den Grundsatz des **Vorrangs der Agrarpolitik** gegenüber den Zielen auf dem Gebiet der Wettbewerbspolitik, der vom EuGH in der Sache *Maizena* bestätigt worden ist,[39] in Frage gestellt. Das Urteil in der Sache *Maizena* bestätigt, dass für privates Handeln auch im Rahmen der Agrarpolitik der Ausschluss des Wettbewerbs unter keinen Umständen zulässig ist. Die Aufrechterhaltung eines wirksamen Wettbewerbs auf den Märkten für landwirtschaftliche Erzeugnisse zählt zu den Zielen der EU-Agrarpolitik.[40]

II. Verwirklichung der Ziele der EU-Agrarpolitik

Vereinbarungen, Beschlüsse und aufeinander abgestimmte Verhaltensweisen der Norm- 17 adressaten des Art. 101 Abs. 1 AEUV im Bereich der Landwirtschaft, die zur Verwirklichung der Ziele des Art. 39 Abs. 1 AEUV *notwendig* sind, sind dem Anwendungsbereich des Art. 101 Abs. 1 AEUV entzogen. Diese Regelung hat in der bisherigen Praxis die meiste Bedeutung erlangt. Die Bedeutung der genannten Vorschrift beruht jedoch nicht auf ihrer positiven Anwendung, sondern auf ihrer Nichtanwendung, was Voraussetzung für die zahlreichen auf Art. 101 Abs. 1 AEUV gestützten repressiven Maßnahmen der Kommission im Agrarsektor war.[41] Dagegen hat die Kommission auf dieser Rechtsgrundlage Art. 101 Abs. 1 AEUV bisher nur in zwei Fällen für nicht anwendbar erachtet: Sie hat 1979 darauf ein Negativattest gemäß Art. 2 Verordnung Nr. 17[42] und 1992 eine (später für nichtig erklärte) Beschwerdeabweisung[43] auf diese Ausnahme gestützt.

Die praktische Bedeutungslosigkeit dieses Ausnahmetatbestands beruht auf seiner restrik- 18 tiven Auslegung. Das fragliche Verhalten muss erforderlich sein, um die **Gesamtheit** der dort genannten Ziele zu erreichen.[44] So hielt der EuGH in der Sache *FRUBO* die Weigerung der Kommission für gerechtfertigt, auf eine Vereinbarung diese Ausnahme anzuwenden. Die betreffende Vereinbarung förderte zwar die Stabilisierung des Marktes, die Sicherstellung der Versorgung und die Belieferung der Verbraucher zu angemessenen Preisen, also drei der in Art. 39 Abs. 1 AEUV genannten Ziele. Es fehlte jedoch der Nachweis, dass sie notwendig war, um die Produktivität der Landwirtschaft zu steigern und der landwirtschaftlichen Bevölkerung eine angemessene Lebenshaltung zu gewährleisten, der beiden übrigen Ziele der EU-Agrarpolitik.[45]

---

[38] EuGH U. v. 21.2.1973, Slg. 1973, 215, Rdnr. 24 – *Europemballage u. Continental Can/Komm.*

[39] EuGH U. v. 29.10.1980, Slg. 1980, 3393, Rdnr. 23 – *Maizena/Rat;* 9.9.2003, Slg. 2003, I-7975, Rdnr. 81 – *The Queen/The Competition Commission u. a.*

[40] EuGH U. v. 9.9.2003, Slg. 2003, I-7975, Rdnr. 57 – *The Queen/The Competition Commission u. a.*

[41] Vgl. Rdnr. 14ff.

[42] E. v. 7.12.1979, ABl. 1980 Nr. L 39/64 – *Vereinbarungen über Rohrzuckerlieferungen.*

[43] EuGH U. v. 30.3.2000, Slg. 2000, I-2135 – *Bloemenveilingen Aalsmeer/Florimex u. VGB.*

[44] EuGH U. v. 12.12.1995, Slg 1995, I-4515, Rdnr. 25 – *Luttikhuis/Coberco;* EuG U. v. 14.5.1997, Slg. 1997, II-693, Rdnr. 153 – *Florimex u. VGB*/Kommission (bestätigt durch EuGH U. v. 30.3.2000, Slg. 2000, I-2135 – *Bloemenveilingen Aalsmeer/Florimex u. VGB*).

[45] EuGH U. v. 15.5.1975, Slg. 1975, 563, Rdnr. 22ff. – *FRUBO/Komm.*; vgl. auch EuGH U. v. 16.12.75, Slg. 1975, 1663, Rdnr. 211ff. – *Suiker Unie/Komm.*; 8.6.1982, Slg. 1982, 2015, Rdnr. 17ff. – *Nungesser u. Eisele/Komm.*, und – in einem anderen Zusammenhang – 22.9.1988, Slg. 1988, 5075, Rdnr. 18 – *Unilec/Larroche.*

19 Einer Anwendung dieses Ausnahmetatbestands steht auch entgegen, dass es nicht ausreicht, dass das geprüfte Verhalten geeignet ist, einen Beitrag zur Erreichung der in Art. 39 Abs. 1 AEUV genannten Ziele zu leisten, sondern es muss dafür **notwendig** sein. Diese Voraussetzung führt wegen der strengen Anforderungen, die die Rechtsprechung an den Nachweis dieses Tatbestandsmerkmals stellt,[46] in der Praxis zu einem weitgehenden Leerlauf des Ausnahmetatbestandes. Zum einen stehen die in den Zielen des Art. 39 Abs. 1 AEUV genannten Interessen der **Landwirte** und der **Verbraucher** in einem gewissen Widerspruch zueinander; zum anderen werden gemäß Art. 40 AEUV die Ziele des Art. 39 Abs. 1 AEUV grundsätzlich durch **europäische Marktordnungen** erreicht. Wenn eine solche Marktordnung besteht, was durchweg der Fall ist, hat die Kommission das fragliche Verhalten stets erst anhand der Bestimmungen dieser Marktordnung daraufhin zu prüfen, ob diese die zur Verwirklichung der Ziele der gemeinsamen Agrarpolitik notwendigen Maßnahmen bereits enthält.

20 Unter diesem Gesichtspunkt hat die Kommission in der Regel festgestellt, dass das zu beurteilende Verhalten nicht zu den in der entsprechenden Verordnung über die europäische Marktordnung vorgesehenen Instrumenten gehörte und dass zusätzlich zu den in der Marktordnung vorgesehenen keine weiteren Maßnahmen für die Verwirklichung der Ziele des Art. 39 AEUV notwendig waren.[47] Die restriktive Auslegung des Tatbestandsmerkmals „notwendig" beruht auf der Erwägung, dass die fortschreitende Verwirklichung der EU-Agrarpolitik nicht außer acht gelassen werden kann. Nur wenn der Ausnahmetatbestand im Zusammenhang mit den Vorschriften der jeweiligen einschlägigen europäischen Marktordnung gesehen wird, kann festgestellt werden, welcher Raum für wettbewerbsbeschränkendes unternehmerisches Verhalten zusätzlich zu den Instrumenten verbleibt, die in der betreffenden Marktordnung ausdrücklich zugelassen oder vorgeschrieben sind.[48]

III. Das Genossenschaftsprivileg

21 **1. Allgemeines.** Nach Art. 209 Abs. 1, 2. Unterabs., Verordnung Nr. 1308/2013 findet Art. 101 Abs. 1 AEUV auf bestimmte Vereinbarungen, Beschlüsse und aufeinander abgestimmte Verhaltensweisen von *landwirtschaftlichen Erzeugerbetrieben, Vereinigungen von landwirtschaftlichen Erzeugerbetrieben* oder *Vereinigungen dieser Erzeugervereinigungen* sowie von anerkannten *Erzeugerorganisationen* oder *anerkannten Vereinigungen von Erzeugerorganisationen* keine Anwendung. Entsprechend richtet sich Art. 41 Verordnung Nr. 1379/2013 an *Erzeugerorganisationen*. Art. 2 Abs. 2, 2. Unterabs., Verordnung Nr. 1184/2006 hat *landwirtschaftliche Erzeugerbetriebe, Vereinigungen von landwirtschaftlichen Erzeugerbetrieben* und *Vereinigungen von solchen Erzeugervereinigungen* als Normadressaten. Es ist anzunehmen, dass sich zwecks Anwendung oder Nichtanwendung des EU-Kartellverbots die Begriffe „Vereinigungen von landwirtschaftlichen Erzeugerbetrieben" und „Erzeugerorganisationen" decken. So wie „Erzeugerbetriebe" „Unternehmen" iSv Art. 101 Abs. 1 AEUV sein müssen, muss es sich bei diesen Organisationen und Vereinigungen um „Unternehmensvereinigungen" iS dieser Norm handeln. Das vom Kartellverbot freigestellte unternehmerische Verhalten ist die „Erzeugung oder der Absatz landwirtschaftlicher Erzeugnisse oder die Benutzung gemeinschaftlicher Einrichtungen für die Lagerung, Be- oder Verarbeitung landwirtschaftlicher

---

[46] EuG U. v. 14.5.1997, Slg. 1997, II-693, Rdnr. 133 ff. – *Florimex u. VGB/Komm.* (bestätigt durch EuGH U. v. 30.3.2000, Slg. 2000, I-2135 – *Bloemenveilingen Aalsmeer/Florimex u. VGB*).

[47] Vgl. Kommission E. v. 2.1.1973, ABl. 1973 Nr. L 140/17, Abschnitt III – *Europäische Zuckerindustrie;* 25.7.1974, ABl. 1974 Nr. L 237/16, Abschnitt III – *FRUBO;* 8.1.1975, ABl. 1975 Nr. L 29/26, Abschnitt II, 4. – *Pilzkonserven;* 2.12.1977, ABl. 1978 Nr. L 21/23, Abschnitt III – *Blumenkohl;* 7.12.1984, ABl. 1985 Nr. L 35/35. Rdnr. 16 ff. – *Milchförderungsfonds;* 26.11.1986, ABl. 1986 Nr. L 348/50, Rdnr. 52 ff. – *MELDOC;* 26.7.1988, ABl. 1988 Nr. L 262/27, Rdnr. 135 ff. – *Bloemenveilingen Aalsmeer;* 19.12.1989, ABl. 1990 Nr. L 31/32, Rdnr. 88 ff. – *Zuckerrüben.*

[48] EuGH U. v. 12.12.1995, Slg. 1995, I-4471, Schlussanträge GA *Tesauro,* Rdnr. 15 – *Dijkstra/Friesland;* EuG U. v. 14.5.1997, Slg. 1997, II-693, Rdnr. 148 ff. – *Florimex u. VGB/Komm.* (bestätigt durch EuGH U. v. 30.3.2000, Slg. 2000, I-2135 – *Bloemenveilingen Aalsmeer/Florimex u. VGB*).

Erzeugnisse" (Art. 209 Abs. 1, 2. Unterabs., Verordnung Nr. 1308/2013; Art. 2 Abs. 2, 2. Unterabs., Verordnung Nr. 1184/2006), bzw. „die Erzeugung oder den Verkauf von Fischerei- und Aquakulturerzeugnissen oder die Nutzung gemeinsamer Einrichtungen für die Lagerhaltung und Be- oder Verarbeitung von Fischerei- und Aquakulturerzeugnissen", was das Gleiche ist. Diese als **„Genossenschaftsprivileg"** bezeichneten Regelungen hatte der Rat 1962 auf Vorschlag des EP, der offensichtlich unter Berücksichtigung einer entsprechenden Regelung des GWB zustande gekommen war, in die Verordnung Nr. 26 aufgenommen. Die vom EP vorgeschlagene Regelung hatte den erklärten Zweck, die landwirtschaftlichen Genossenschaften vor der Anwendung des europäischen Kartellverbots zu schützen.[49] Aus dem jeweils einschlägigen Erwägungsgrund der Verordnungen Nr. 1184/2006, 1379/2013 und 1308/2013 geht hervor, dass der Unionsgesetzgeber diesen Zweck auch weiterhin verfolgt.

In der Sache *Dijkstra* hat der EuGH entschieden, dass die Nichtanwendbarkeit des Kartellverbots auf Vereinbarungen, Beschlüsse und abgestimmte Verhaltensweisen von landwirtschaftlichen Erzeugerbetrieben, Vereinigungen von landwirtschaftlichen Erzeugerbetrieben oder Vereinigungen von solchen Erzeugervereinigungen, die die Erzeugung oder den Absatz landwirtschaftlicher Erzeugnisse einschließlich der Benutzung gemeinschaftlicher Einrichtungen für die Lagerung, Be- oder Verarbeitung ihrer landwirtschaftlicher Erzeugnisse betreffen, ausschließlich von den in den besonderen Ausnahmeregelungen enthaltenen Voraussetzungen abhängt.[50] 22

2. Die Normadressaten. Aus dem Kreis der Normadressaten des Art. 101 Abs. 1 AEUV können sich nur solche Unternehmen und Unternehmensvereinigungen auf das Genossenschaftsprivileg berufen, die „landwirtschaftliche Erzeugerbetriebe" bzw. „Vereinigungen von landwirtschaftlichen Erzeugerbetrieben" ersten und höheren Grades sind. Die Wortauslegung des Begriffs **„Erzeugerbetriebe"** ergibt bereits, dass es sich um Unternehmen handelt, die Waren herstellen. Unternehmen, die Dienstleitungen anbieten oder mit Waren handeln, fallen nicht unter diesen Begriff. Aus dem systematischen Zusammenhang, in dem das „Genossenschaftsprivileg" steht, folgt weiter, dass die betreffenden Unternehmen dann als „landwirtschaftlich" gelten, wenn sie Waren herstellen („erzeugen"), die in der dem AEUV-Vertrag als Anhang I beigefügten Liste aufgeführt sind. „Landwirtschaftliche Erzeugerbetriebe" können somit sowohl Unternehmen sein, die Erzeugnisse des Bodens, der Viehzucht und der Fischerei **(landwirtschaftliche Urprodukte)** hervorbringen, als auch Unternehmen, die aus eigenen landwirtschaftlichen Urprodukten neue landwirtschaftliche Erzeugnisse herstellen (ein Unternehmen stellt aus Milch Käse her). Keine Normadressaten sind dagegen Unternehmen, die aus fremden landwirtschaftlichen Produkten landwirtschaftliche Produkte der ersten oder einer weiteren Verarbeitungsstufe oder aus landwirtschaftlichen Erzeugnissen **industrielle Waren** herstellen. Schließlich ist es für den Status als Normadressat des Genossenschaftsprivilegs irrelevant, ob die wirtschaftliche Tätigkeit des betreffenden Erzeugerbetriebs auf der Bodennutzung beruht. Es gibt keinen Anhaltspunkt dafür, dass der Gesetzgeber das Genossenschaftsprivileg den landwirtschaftlichen Betrieben vorenthalten wollte, deren Erzeugung bodenunabhängig geschieht (Aufzucht von Schlachtvieh im Stall oder auf der Weide; Produktion von Eiern in Legebatterien oder mit Hühnern mit freiem Auslauf). 23

Aus dem 174. Erwägungsgrund der Verordnung Nr. 1308/2013, den 4. bis 7. Erwägungsgründen der Verordnung Nr. 1379/2013 und dem 4. Erwägungsgrund der Verordnung Nr. 1184/2006 ergibt sich, dass die Ausnahmeregelung den Zweck hat, die Bildung landwirtschaftlicher **Erzeugervereinigungen** zu fördern. Das gemeinschaftliche Handeln landwirtschaftlicher Erzeugerbetriebe steht im Mittelpunkt der Regelung. Diesem Zweck liegt die Erkenntnis zugrunde, dass in der EU das Angebot landwirtschaftlicher Erzeugnisse einen strukturellen Nachteil aufweist. Das Angebot wird nämlich von einer großen Anzahl 24

[49] EuGH U. v. 12.12.1995, Slg. 1995, I-4471, Rdnr. 19 – *Dijkstra/Friesland.*
[50] EuGH U. v. 12.12.1995, Slg. 1995, I-4471, Rdnr. 24 – *Dijkstra/Friesland.*

kleiner Betriebe getätigt, die wegen der Besonderheiten der landwirtschaftlichen Urproduktion, insbesondere des Einflusses des Wetters und anderer äußerer Umstände auf Qualität und Menge der Erzeugung, im Gegensatz zu Herstellern verarbeiteter landwirtschaftlicher Produkte oder industrieller Waren gehindert sind, sich in kurzen Zeiträumen veränderten Marktlagen anzupassen. Dieser **Strukturnachteil** gefährdet die Verwirklichung der in Art. 39 Abs. 1 AEUV genannten Ziele. Abhilfe kann dadurch erreicht werden, dass sich landwirtschaftliche Betriebe zusammenschließen und mit Hilfe gemeinsamer Maßnahmen, die darauf gerichtet sind, das Angebot zu konzentrieren und die Produktion und den Absatz den Erfordernissen des Marktes anzupassen, in den Wirtschaftsprozess eingreifen.[51] Hieraus folgt, dass Vereinigungen von Unternehmen, die landwirtschaftliche Urprodukte anderer Erzeuger als ihrer Mitglieder verarbeiten, keine Adressaten des Genossenschaftsprivilegs sind,[52] weil das Angebot verarbeiteter landwirtschaftlicher Erzeugnisse nicht die gleichen strukturelle Nachteile aufweist, die das Angebot landwirtschaftlicher Urprodukte kennzeichnen und auf deren Beseitigung der Gesetzgeber erkennbar abzielt. Erzeugervereinigungen verlieren ihr Privileg nach Art. 2 Abs. 1 Satz 2 Verordnung Nr. 1184/2006 jedoch nicht dadurch, dass sie die eigenen landwirtschaftlichen Urprodukte ihrer Mitglieder verarbeiten, solange die verarbeiteten Produkte ebenfalls landwirtschaftliches Erzeugnisse sind.

25 Die Begriffe „landwirtschaftlicher Erzeugerbetrieb“ und „Vereinigung landwirtschaftlicher Erzeugerbetriebe“ sind verhaltensbezogen. Es kommt nicht darauf an, das kartellrechtlich relevant handelnde Unternehmen oder die Vereinigung abstrakt zu beschreiben, sondern sie sind in Bezug auf ihr zu prüfendes Verhalten zu typisieren. Daher sind Vereinigungen von Unternehmen, die sowohl aus eigenen als auch aus landwirtschaftlichen Urprodukten anderer Betriebe landwirtschaftliche Erzeugnisse der ersten oder einer weiteren Verarbeitungsstufe herstellen, Normadressaten des Genossenschaftsprivilegs nur bezüglich der verarbeiteten landwirtschaftlichen Erzeugnisse, die sie aus **eigenen Urprodukten** ihrer Mitglieder herstellen. Vermarktet eine Vereinigung landwirtschaftliche Urprodukte nur eines Teils ihrer Mitglieder oder aus diesen hergestellten landwirtschaftliche Erzeugnisse, kann sie sich insoweit auf das Genossenschaftsprivileg berufen. Werden verarbeitete Waren sowohl aus eigenen Urprodukten als auch aus fremden landwirtschaftlichen Erzeugnissen hergestellt, sind landwirtschaftliche Betriebe und ihre Vereinigungen keine Normadressaten, wenn die fremden Produkte einen überwiegenden Beitrag zur Herstellung der verarbeiteten Waren darstellen. Das gleiche gilt, wenn beim Verarbeitungsprozess industrielle (im Gegensatz zu „landwirtschaftlichen“) Zutaten in einem Umfang verwendet werden, die die Natur des Erezugnisses verändern. Dies folgt aus dem Erfordernis, die Ausnahmeregelungen restriktiv auszulegen.[53]

26 Im Mittelpunkt des Genossenschaftsprivilegs stehen nicht die einzelnen Erzeugerbetriebe, sondern ihre Vereinigungen. Die Regelung wäre nämlich nicht gerechtfertigt, wenn die Nichtanwendung des Art. 101 Abs. 1 AEUV auf Vereinbarungen oder aufeinander abgestimmtes Verhalten landwirtschaftlicher Erzeugerbetriebe außerhalb ihrer Vereinigungen ein wesentlicher Gesichtspunkt der Gesetzgebung wäre. Solches Verhalten wird in der Regel wegen der geringen wirtschaftlichen Bedeutung nur selten die Tatbestandsvoraussetzungen des europäischen Kartellverbots erfüllen. Die „Erzeugervereinigungen“ ersten und höheren Grades sind jedoch nicht in jedem Fall **„Unternehmensvereinigungen“** iSv Art. 101 Abs. 1 AEUV. Diese Vereinigungen können wirtschaftliche Tätigkeiten ausüben (erzeugen, lagern, be- und verarbeiten sowie absetzen), die sie nach außen zu **„Unternehmen“** iSv Art. 101 Abs. 1 AEUV machen.[54] Handelt es sich dagegen um einen Tatbe-

[51] Vgl. hierzu die Erwägungsgründe der Verordnung (EG) Nr. 952/97 des Rates vom 20.5.1997 betreffend die Erzeugergemeinschaften und ihre Vereinigungen, ABl. 1997 Nr. L 142/30 (aufgehoben durch Art. 55 Verordnung Nr. 1257/1999, ABl. 1999 Nr. L 160/80).

[52] Vgl. EuGH U. v. 1.10.2009, Slg. 2009, I-8963, Schlussanträge GA *Kokott,* Rdnr. 58 – *Compañía Española de Comercialización de Aceite.*

[53] EuGH U. v. 12.12.1995, Slg 1995, I-4515, Rdnr. 23 – *Luttikhuis/Coberco.*

[54] EuG U. v. 2.7.1992 Slg. 1992, II-1931, Rdnr. 50 – *Dansk Pelsdyravlerforening/Komm.*

stand der internen Willensbildung, die für „Unternehmensvereinigungen“ iSv Art. 101 Abs. 1 AEUV kennzeichnend ist und die sich in der Handlungsform des „Beschlusses“ äußert, sind die Erzeugervereinigungen „Unternehmensvereinigungen“.

Die Ausnahmeregelungen des Art. 209 Abs. 1, 2. Unterabs., Verordnung Nr. 1308/ 27
2013, Art. 41 Verordnung Nr. 1379/2013 und Art. 2 Abs. 2, 2. Unterabs., Verordnung Nr. 1184/2006 sind am Modell der **Genossenschaft** ausgerichtet. Im Zwischenbericht zur Konsultation durch den Rat über den Entwurf der Kommission zu der späteren Verordnung Nr. 26 forderte das EP, dass die Anwendung der Wettbewerbsvorschriften „die Arbeit der landwirtschaftlichen Genossenschaften“ nicht beeinträchtigen dürfe. Das EP erinnerte in diesem Dokument daran, dass es „wiederholt die Bedeutung des landwirtschaftlichen Genossenschaftswesens für alle Bereiche der Landwirtschaft unterstrichen (habe) und … sich stets darin einig (war), dass dem Genossenschaftswesen auf dem Lande die umfassende Förderung der Organe der EWG zugute kommen müsse.“[55] Der Gesetzgeber wollte somit nur solche unternehmerischen Organisationsformen privilegieren, die wie die traditionelle Genossenschaft zur Verbesserung der Angebotsstruktur landwirtschaftlicher Erzeugnisse mittels gemeinschaftlichem Geschäftsbetrieb eine **Bündelung der wirtschaftlichen Tätigkeiten** der beteiligten Erzeugerbetriebe herbeiführen, und die vor allem darauf gerichtet sind, den Bestand der beteiligten Erzeugerbetriebe zu erhalten. Die Auflösung des Widerspruchs zwischen dem Bestehen vieler kleiner und mittlerer Erzeugerbetriebe und der Notwendigkeit, die strukturellen Nachteile des Angebots landwirtschaftlicher Urprodukte zu beheben, ist in der genossenschaftlichen Organisationsform möglich. **Kapitalgesellschaften** sind zwar geeignet, den Strukturmangel zu beheben, bezüglich der wirtschaftlichen Tätigkeiten ihrer Gesellschafter sind sie in der Regel aber neutral und leisten somit keinen Beitrag zur Erfüllung des Grundanliegens des Gesetzgebers. Kapitalgesellschaften sind daher nur dann eine „Vereinigung von landwirtschaftlichen Erzeugerbetrieben“, wenn sie einen entscheidenden Beitrag zum Bestand ihrer Gesellschafter als landwirtschaftliche Erzeugerbetriebe leisten.

Art. 2 Abs. 1, 2. Unterabs., Verordnung Nr. 1184/2006 enthält eine Beschränkung des 28
Kreises privilegierter Normadressaten auf solche **„aus einem Mitgliedstaat“.** Dies könnte bedeuten, dass sämtliche beteiligten Erzeugerbetriebe in demselben Mitgliedstaat niedergelassen sein müssen. Der Gesetzgeber könnte aber auch lediglich beabsichtigt haben, landwirtschaftliche Erzeugerbetriebe und deren Vereinigungen aus **Drittländern** auszuschließen (alle Parteien müssen in einem, wenn auch nicht in demselben Mitgliedstaat niedergelassen sein). Diese letztere Auslegung ist die einzig überzeugende. Eine Auslegung iSd ersten Möglichkeit hätte nämlich zur Folge, dass Satzungen von Erzeugervereinigungen mit **Mitgliedern aus mehreren Mitgliedstaaten,** die ansonsten als Vereinbarungen zwischen Erzeugerbetrieben anzusehen sind, dem Anwendungsbereich des Genossenschaftsprivilegs entzogen würden. Eine derartige Auslegung des Art. 2 Abs. 1, 2. Unterabs., Verordnung Nr. 1184/2006 würde den allgemeinen Zielen des AEUV entgegenstehen, die darauf gerichtet sind, die nationalen Märkte durch den Wettbewerb zwischen Genossenschaften zu integrieren, wozu der grenzüberschreitende Wettbewerb um Rohstoffquellen (Mitglieder) gehört. Würden Vereinigungen von landwirtschaftlichen Erzeugerbetrieben nur deshalb das „Genossenschaftsprivileg“ verlieren, weil sie im Wettbewerb mit ausländischen Genossenschaften erfolgreich sind und deren Mitglieder aufnehmen, würde die von der Kommission und dem EuGH angestrebte Liberalisierung der Mitgliedschaftsbedingungen von Genossenschaften[56] gefährdet und die diesbezügliche Vollendung des Binnenmarktes ins Leere laufen.

Für eine andere Auslegung kann nicht angeführt werden, dass alle übrigen Lösungsvor- 29
schläge infolge der Zwischenstaatlichkeitsklausel des Art. 101 Abs. 1 AEUV die praktische

---

[55] EP, Sitzungsdokumente 1960 – 1961, Dokument 107, S. 3.

[56] EuGH U. v. 12.12.1995, Slg. 1995, I-4471 – *Dijkstra/Friesland;* 12.12.1995, Slg 1995, I-4515 – *Luttikhuis/Coberco; Komm.* E., 21. WB 1991, Rdnr. 83f. – *Campina.*

Bedeutung des Genossenschaftsprivilegs entleeren würden. Diese Einschätzung des europäischen Kartellrechts war zwar in den Anfangsjahren weit verbreitet und hatte ihren Niederschlag z.B. im Art. 4 Abs. 2 Ziff. 1 der (außer Kraft getretenen) Verordnung Nr. 17 gefunden (dort allerdings mit einer weiteren Qualifizierung). Diesbezüglich sehr anschaulich ist auch der vierte Erwägungsgrund der (außer Kraft getretenen) Gruppenfreistellungsverordnung Nr. 67/67/EWG der Kommission vom 22.3.1967.[57] Dort hieß es: „Da Alleinvertriebsverträge innerhalb eines Mitgliedstaats nur ausnahmsweise geeignet sind, den Handel zwischen Mitgliedstaaten zu beeinträchtigen, besteht kein Bedürfnis, sie in diese Verordnung einzubeziehen.“ Es ist also davon auszugehen, dass der Rat im Jahre 1962 der (unzutreffenden)[58] Meinung war, dass Kartelle mit Beteiligten, die sämtlich im selben Mitgliedstaat niedergelassen sind, in der Regel von Art. 101 Abs. 1 AEUV nicht erfasst werden und deshalb keiner Freistellung bedürften. Aus diesem historischen Zusammenhang ergibt sich, dass das geographische Element im Tatbestand des Art. 2 Abs. 1, 2. Unterabs., Verordnung Nr. 1184/2006 nicht auf eine Unterscheidung der in der AEUV niedergelassenen Normadressaten abzielt. Es schließt somit lediglich Erzeuger und Erzeugervereinigungen aus Drittstaaten von der Privilegierung aus. Dementsprechend ist diese Einschränkung in den Verordnungen Nr. 1308/2013 und 1379/2013 nicht mehr enthalten.

30 **3. Das privilegierte Verhalten.** Art. 209 Abs. 1, 2. Unterabs., Verordnung Nr. 1308/2013, Art. 41 Abs. 1 Verordnung Nr. 1379/2013 und Art. 2 Abs. 1, 2. Unterabs., Verordnung Nr. 1184/2006 beziehen sich auf unternehmerisches Verhalten in der Form der von Art. 101 Abs. 1 AEUV erfassten Handlungen (Vereinbarungen, Beschlüsse und aufeinander abgestimmte Verhaltensweisen). Dem Inhalt nach muss das Verhalten auf „die Erzeugung oder den Absatz landwirtschaftlicher Erzeugnisse oder die Benutzung gemeinschaftlicher Einrichtungen für die Lagerung, Be- oder Verarbeitung landwirtschaftlicher Erzeugnisse“ (Art. 209 Abs. 1, 2. Unterabs., Verordnung Nr. 1308/2013; Art. 2 Abs. 1, 2. Unterabs., Verordnung Nr. 1184/2006) bzw. „die Erzeugung oder den Verkauf von Fischerei- und Aquakulturerzeugnissen oder die Nutzung gemeinsamer Einrichtungen für die Lagerhaltung und Be- oder Verarbeitung von Fischerei- und Aquakulturerzeugnissen“ (Art. 41 Abs. 1 Verordnung Nr. 1379/2013) gerichtet sein. Aus den Merkmalen, die Unternehmen zu Normadressaten des Genossenschaftsprivilegs machen, folgt zusätzlich, dass die Tätigkeit eigene landwirtschaftliche Urprodukte oder landwirtschaftliche Erzeugnisse, die aus eigenen Urprodukten hergestellt wurden, zum Gegenstand haben muss.[59] Die wegen des Ausnahmecharakters erforderliche **restriktive Auslegung** dieser Bestimmungen[60] führt darüber hinaus zu der Bedingung, dass sich das Kartell unmittelbar auf die Erzeugung, den Absatz oder die Benutzung gemeinschaftlicher Einrichtungen für die Lagerung, Be- oder Verarbeitung der genannten landwirtschaftlicher Erzeugnisse zu beziehen hat. Von der Regelung sind Maßnahmen ausgeschlossen, die nur mittelbar diese Tätigkeiten berühren, wie z.B. ein gemeinsames Vorgehen gegen Dritte zum Schutz des Absatzes eigener Erzeugnisse.[61]

31 **4. Preisbindung.** Enthalten die in der in Art. 209 Abs. 1, 2. Unterabs., Verordnung Nr. 1308/2013, Art. 41 Abs. 1 Verordnung Nr. 1379/2013 und Art. 2 Abs. 1, 2. Unterabs., Verordnung Nr. 1184/2006 genannten Verhaltensweisen eine „Preisbindung“, tritt die Rechtsfolge des Genossenschaftsprivilegs, die Nichtanwendung von Art. 101 Abs. 1 AEUV, nach ihrem Wortlaut[62] nicht ein. Es handelt sich hier um einen Anwendungsfall der in

---

57 ABl. 1967 Nr. 57/849.

58 Der EuGH hat in seinem U. v. 3.2.1976, Slg. 1976, 111 – *Roubaix/Roux,* den Anwendungsbereich der Verordnung Nr. 67/67 an die praktischen Bedürfnisse angepasst.

59 Vgl. Rdnr. 23f.

60 EuGH U. v. 12.12.1995, Slg 1995, I-4515, Rdnr. 23 – *Luttikhuis/Coberco.*

61 Vgl. z.B. *Komm.* E. v. 26.11.1986, ABl. 1986 L 348/50 – *MELDOC.*

62 „… nicht für Vereinbarungen, Beschlüsse und aufeinander abgestimmte Verhaltensweisen, die zu einer Preisbindung verpflichten …“ (Art. 209 Abs. 1, 2. Unterabs., Verordnung Nr. 1308/2013); „… nicht die Verpflichtung beinhalten, einheitliche Preise zu fordern“ (Art. 41 Abs. 1 Verordnung

Art. 101 Abs. 1 *lit.* a) AEUV ausdrücklich genannten **Preiskartelle** („die unmittelbare oder mittelbare Festsetzung der An- und Verkaufspreise"). Da der Handel mit landwirtschaftlichen Erzeugnissen nur insoweit privilegiert ist, als es sich um den Absatz eigener Urprodukte oder aus eigenen Urprodukten hergestellter Waren handelt,[63] hat die Regelung für die Festsetzung von **Ankaufspreisen** seitens der Genossenschaften („Erzeugervereinigungen") keine Bedeutung. Dies gilt auch für die Vergütungen, die Genossenschaften ihren Mitgliedern für die Lieferung von Waren gewähren, die sie unverarbeitet oder nach Verarbeitung absetzen. Zwar könnte die Festsetzung einer solchen Vergütung als Beschluss einer Unternehmensvereinigung angesehen werden, die die Festsetzung von Ankaufspreisen zum Gegenstand hat. Die Privilegierung des gemeinsamen Absatzes und der gemeinsamen Verarbeitung erfordert jedoch zwangsläufig, die Festsetzung der Bezugsbedingungen ebenfalls vom Kartellverbot auszunehmen, die die Lieferungen der Mitglieder an ihre Vereinigung betreffen.

Auch bezüglich der Festsetzung der **Verkaufspreise** der Genossenschaften ist die Rück- 32
ausnahme für eine Fallgestaltung von vornherein ausgeschlossen, nämlich die Festsetzung der Preise, zu denen eine Vereinigung die Waren ihrer Mitglieder bzw. die aus diesen Waren hergestellten landwirtschaftlichen Produkte anbietet. Dabei handelt es sich wie bei der entsprechenden Festsetzung der Ankaufspreise um eine interne Beschlussfassung, ohne die die Vereinigung ihr ausdrücklich privilegiertes Verhalten nicht durchführen kann. Ansonsten unterliegen sämtlich horizontale bzw. vertikale Vereinbarungen oder abgestimmte Verhaltensweisen über Preise, an denen Normadressaten des Genossenschaftsprivilegs beteiligt sind, der Anwendung des Art. 101 Abs. 1 AEUV. Dies gilt insbesondere für Preisabsprachen zwischen Erzeugervereinigungen, die miteinander in Wettbewerb stehen.

5. Ausschluss des Wettbewerbs. Die Auslegung des zweiten negativen Tatbestands- 33
merkmals des Genossenschaftsprivilegs, wonach das privilegierte Verhalten den Wettbewerb nicht ausschließen darf, hat im systematischen Zusammenhang mit der Verwirklichung der wirtschaftspolitischen und sozialen Aufgabe der EU zu erfolgen. Das Mittel, um die wirtschaftlichen Ziele der EU zu erreichen, ist ein Binnenmarkt, der auf einer „soziale Marktwirtschaft" beruht (Art. 3 Abs. 3 EUV). Das Anliegen der Verfasser des AEUV, auch in den Fällen, in denen Wettbewerbsbeschränkungen unter bestimmten Voraussetzungen zugelassen sind, auf dem Markt einen **Restwettbewerb** zu gewährleisten, hat in Art. 101 Abs. 3 *lit.* b) AEUV seinen ausdrücklichen Niederschlag gefunden.[64] Das zweite negative Tatbestandsmerkmal des Genossenschaftsprivilegs hat somit den gleichen Inhalt wie die vierte Tatbestandsvoraussetzung des Art. 101 Abs. 3 AEUV.[65]

6. Gefährdung der Ziele der EU-Agrarpolitik. Liegen alle übrigen Tatbestandsvor- 34
aussetzungen des Genossenschaftspriviliegs vor, sind die betreffenden Vereinbarungen, Beschlüsse oder abgestimmte Verhaltensweisen dann von der Anwendung des Art. 101 Abs. 1 AEUV ausgenommen, wenn sie die Ziele der EU-Agrarpolitik (Art. 39 Abs. 1 AEUV) „nicht gefährden" [66] bzw. „zur Verwirklichung der Ziele des Artikels 39 AEUV erforderlich sind".[67] Zusätzlich zu den beiden ersten Rückausnahmen,[68] die zur gemeinschaftlichen **Wettbewerbspolitik** gehören, bestimmen diese Voraussetzungen die Grenzen des Genossenschaftsprivilegs aus dem Gesichtspunkt der **EU-Landwirtschaftspolitik.** Im Zusam-

---

Nr. 1379/2013); „… soweit sie ohne Preisbindung …" (Art. 2 Abs. 1, 2. Unterabs., Verordnung Nr. 1184/2006).

[63] Vgl. Rdnr. 23 f.

[64] EuGH U. v. 21.2.1973, Slg. 1973, 215, Rdnr. 25 – *Europemballage und Continental Can/Komm.*

[65] Zur Anwendung der vierten Tatbestandsvoraussetzung des Art. 81 Abs. 3 AEUV auf ein Verhalten einer Genossenschaft vgl. EuGH U. v. 25.3.1981, Slg. 1981, 851, Rdnr. 17 f. – *Stremselen Kleurselfabriek/Komm.*; ausführlich dazu *Lübbig* in § 8 Rdnr. 78.

[66] Art. 209 Abs. 1, 2. Unterabs., Verordnung Nr. 1308/2013; Art. 2 Abs. 1, 2. Unterabs., Verordnung Nr. 1184/2006.

[67] Art. 41 Abs. 1 Verordnung Nr. 1379/2013.

[68] Vgl. Rdnr. 31 f.; 33.

menhang mit Austrittsregelungen in Genossenschaftssatzungen hat der EuGH in der Sache *Luttikhuis* ausgeführt, dass durch Satzungsbestimmungen, die die Genossen langfristig an die Vereinigung binden, u. U. eines der Ziele der gemeinsamen Agrarpolitik gefährdet wird, nämlich die Erhöhung des Pro-Kopf-Einkommens der in der Landwirtschaft tätigen Personen, da diese nicht den Wettbewerb zwischen den einzelnen Verarbeitungsunternehmen bei den Einkaufspreisen für das Ausgangserzeugnis nutzen könnten.[69]

IV. Das Verfahren

35 Art. 209 Abs. 2 Verordnung Nr. 1308/2013 bestimmt: „Vereinbarungen, Beschlüsse und aufeinander abgestimmte Verhaltensweisen, die die Voraussetzungen des Absatzes 1 des vorliegenden Artikels erfüllen, sind nicht verboten, ohne dass dies einer vorherigen Entscheidung bedarf". Diese Formulierung ist offensichtlich dem Art. 1 Abs. 2 Verordnung Nr. 1/2003 nachempfunden: „Vereinbarungen, Beschlüsse und aufeinander abgestimmte Verhaltensweisen im Sinne von Artikel 81 (jetzt: 101) Absatz 1 des Vertrags, die die Voraussetzungen des Artikels 81 (jetzt: 101) Absatz 3 des Vertrags erfüllen, sind nicht verboten, ohne dass dies einer vorherigen Entscheidung bedarf". Dies bedeutet, dass die landwirtschaftlichen Ausnahmen vom Katellverbot Gesetzesvorbehalte sind und somit unmittelbar gelten. Dasselbe ist für Art. 41 Verordnung Nr. 1379/2013 anzunehmen, obwohl in dieser Bestimmung eine diesbezügliche ausdrückliche Regelung fehlt.

36 Dagegen besteht die ursprüngliche ausschließliche Zuständigkeit der Kommission der Verordnung Nr. 26, konstitutiv die landwirtschaftlichen Ausnahmeregelungen anzuwenden, in Art. 2 Abs. 2 Verordnung Nr. 1184/2006 fort. Solche Beschlüsse kann die Kommission sowohl **von Amts wegen,** als auch **auf Antrag** zu erlassen (Art. 2 Abs. 2, 2. Unterabs., Verordnung Nr. 1184/2006). Für Anträge nach dieser Bestimmung bestehen **keine Ausführungsvorschriften** bezüglich der Form, des Inhalts und der möglichen anderen Einzelheiten. Die Kommission kann aber verlangen, dass die Anträge alle für den Erlass des Beschlusses notwendigen Informationen enthalten, die dem jeweiligen Antragsteller verfügbar oder deren Sammlung ihm zumutbar ist. Die Aktivlegitimation, bei der Kommission eine entsprechende Feststellung zu beantragen, ist den „Beteiligten" und den „zuständigen Behörden eines Mitgliedstaates" vorbehalten. Die Regelung der Zuständigkeit der nationalen Behörden überlässt die Verordnung Nr. 1184/2006 der nationalen Gesetzgebung. Beim Fehlen einer solchen Gesetzgebung ist davon auszugehen, dass die Aktivlegitimation bei der Regierung des betreffenden Mitgliedstaats liegt.[70] Ausgangspunkt für die Beantwortung dieser Frage ist somit die **Verfahrensautonomie der Mitgliedstaaten.** Danach obliegt es den Mitgliedstaaten, die zur Umsetzung von Gemeinschaftsrecht zuständigen nationalen Stellen zu bestimmen und über die Ausgestaltung der anwendbaren Verfahren zu befinden, wobei sie die Grundsätze der Effektivität und der Äquivalenz zu beachten haben.[71] Die Fristen, innerhalb welcher solche Anträge von der Kommission zu bescheiden sind, bestimmen sich nach einem allgemeinen Grundsatz, wonach die Kommission diesbezüglich eine „angemessene" Frist nicht überschreiten darf.[72] Anträge gemäß Art. 2 Abs. 2 Verordnung Nr. 1184/2006 bewirken keine Immunität gegen Bußgeld aufgrund von Art. 23 Abs. 2 Verordnung Nr. 1/2003.

37 Die Kommission kann in jedem Verfahren, in dem landwirtschaftliche Ausanhmeregelungen relevant sind, die in der Verordnung Nr. 1/2003 vorgesehenen **Ermittlungshandlungen** (Auskunftsverlangen und Nachprüfungen) und Verfahrensschritte vornehmen. Unnötigerweise, weil bereits in der Verordnung Nr. 1/2003 vorgesehen, bestimmt Art. 206 Abs. 2 Verordnung Nr. 1308/2013, dass diesbezügliche die Kommission und die Wettbe-

---

[69] EuGH U. v. 12.12.1995, Slg 1995, I-4515, Rdnr. 28 – *Luttikhuis/Coberco.*

[70] Vgl. *Komm.* E. v. 18.12.1987, ABl. 1988 L 59/25 – *Frühkartoffeln.*

[71] EuGH U. v. 1.10.2009, Slg. 2009, I-8963, Schlussanträge GA *Kokott,* Rdnr. 67 – *Compañía Española de Comercialización de Aceite.*

[72] EuGH U. v. 21.9.2006, Slg. 2006, I-8831, Rdnr. 35 ff. – *Technische Unie/Komm.*

werbsbehörden „eng zusammenarbeiten". Ebenso überflüssig sind die Beweisregeln in Art. 206 Abs. 2, 2. Unterabs., Verordnung Nr. 1308/2013, die bereits in Art. 2 Verordnung Nr. 1/2003 enthalten sind.

Die Pflicht der Kommission, vor dem Erlass eines Beschlusses über die Anwendung von Art. 101 Abs. 1 AEUV auf die Produktion von oder den Handel mit landwirtschaftlichen Erzeugnisses die Mitgliedstaaten anzuhören, ergibt sich bereits allgemein aus Art. 4 Abs. 3 EUV und im Besonderen aus Art. 14 Verordnung Nr. 1/2003. Die Anhörung der an einem solchen Verfahren Beteiligten sowie jeder anderen natürlichen oder juristischen Person, deren Anhörung die Kommission für erforderlich hält, geschieht nach Art. 27 Verordnung Nr. 1/2004.[73] **38**

Der **Rechtsschutz** gegen Freistellungen vom Kartellverbot der Kommission folgt den allgemeinen Verfahrensregeln. Klagen der Antragsteller wegen Untätigkeit der Kommission (Art. 265 Abs. 3 AEUV) bzw. die Anfechtung von Beschlüssen durch unmittelbar und individuell betroffene Dritte wegen Rechtswidrigkeit (Art. 263 Abs. 4 AEUV) sind beim EuG einzureichen. Wegen der wenigen Entscheidungen der Kommission, die aufgrund einer landwirtschaftlichen Ausnahmeregelung ein Kartell vom Verbot freistellte, konnte sich bisher keine ständige Rechtsprechungspraxis zum Rechtsschutz gegen solche Entscheidungen entwickeln. Bisher wurde nur in einem einzigen (atypischen) Fall die Rechtmäßigkeit einer solchen Entscheidung der gerichtlichen Prüfung unterworfen.[74] **39**

E. Die Bereichsausnahme in § 28 GWB

§ 28 GWB begründet eine Bereichsausnahme vom Kartellverbot des deutschen Rechts (§ 1 GWB). Der Inhalt dieser Regelung deckt sich weitgehend mit dem **Genossenschaftsprivileg** des EU-Rechts.[75] In beiden Fällen sind „landwirtschaftliche Erzeugerbetriebe" sowie „Vereinigungen von landwirtschaftlichen Erzeugerbetrieben und Vereinigungen von solchen Erzeugervereinigungen" die **Normadressaten.** § 28 Abs. 1 letzter Satz und Abs. 3 GWB erweitern aber den Kreis der begünstigten Unternehmen gegenüber der EU-Regelung. Das privilegierte **Verhalten** ist ebenfalls in beiden Rechtsordnungen weitgehend, aber wegen der Anwendung auf nicht „landwirtschaftliche" Erzeugnisse iSd EU-Rechts durch § 28 Abs. 3 GWB nicht voll deckungsgleich. Bereits die Wahrscheinlichkeit, dass Verhaltensweisen zwar nicht die Voraussetzungen des § 2 GWB, aber die des § 28 GWB erfüllen, ist jedoch gering.[76] **40**

Die Anwendung der landwirtschaftlichen Bereichsausnahme **des deutschen Wettbewerbsrechts** (§ 28 GWB) ist auch aus Gründen des EU-REchts von untergeordneter praktischer Bedeutung. Art. 3 Abs. 1 Verordnung Nr. 1/2003 schreibt nämlich die parallele Anwendung von nationalem und EU-Wettbewerbsrecht vor, wenn das unternehmerische Verhalten den Handel zwischen Mitgliedstaaten beeinflussen kann. Wegen der weiten Auslegung dieses Tatbestandsmerkmals[77] und der Regelung des Art. 3 Abs. 2 Verordnung Nr. 1/2003 gilt letztendlich immer das EU-Recht: Weder greifen in solchen Fällen nationale Kartellverbote bei Tatbeständen, die die übrigen Voraussetzungen des Art. 101 Abs. 1 AEUV nicht erfüllen, noch kann ein nationaler Ausnahmetatbestand den betreffenden Tatbestand dem gemeinschaftlichen Kartellverbot entziehen. **41**

Es besteht weitgehende Einigkeit darüber, dass insbesondere aufgrund der Regelungen der Verordnung 1/2003 kaum ein Spielraum für die landwirtschaftliche Bereichsausnahme **42**

---

[73] Vgl. zum früheren Recht *Komm.* Bekanntmachung, ABl. 1987 Nr. C 159/2 *(Frühkartoffeln)*, ABl. 1987 Nr. C 203/4 *(Bloemenveiligen Aalsmeer)* und ABl. 1989 Nr. C 83/3 *(Bloemenveiligen Aalsmeer II)*.

[74] EuG U. v. 14.5.1997, Slg. 1997, II-693 – *Florimex u. VGB*/Kommission (bestätigt durch EuGH U. v. 30.3.2000, Slg. 2000, I-2135 – *Bloemenveilingen Aalsmeer/Florimex u. VGB*).

[75] Vgl. dazu ausführlich Rdnr. 21 ff.

[76] Vgl. diesbezüglich zum EU-Recht Rdnr. 3.

[77] Leitlinien der Kommission über den Begriff der Beeinträchtigung des zwischenstaatlichen Handels in den Art. 81 und 82 EG-Vertrag (jetzt: Art. 101 und 102 AEUV), ABl. 2004 Nr. C 101/81.

im deutschen Kartellrecht besteht. Die seit dem 1. Mai 2004 zwingende parallele Anwendung des europäischen und nationalen Kartellrechts auf Vereinbarungen, die geeignet sind, den zwischenstaatlichen Handel zu berühren (Art. 3 Verordnung Nr. 1/2003), sowie der **Vorrang des europäischen Kartellrechts** vor dem nationalen Recht[78] führen dazu, dass nationale Ausnahmebereiche nur noch für die wenigen Fälle gelten, die sich ausschließlich im Inland auswirken.[79] Unternehmerische Verhaltensweisen bezüglich „landwirtschaftlicher Erzeugnisse" iSv § 28 Abs. 3 GWB, die nicht nach Art. 38 Abs. 3 AEUV im Anhang I zum AEUV enthalten sind, fallen in den Bereich der universellen Anwendbarkeit der Art. 101 und 102 AEUV.

§ 33 Versicherungen und Banken

Übersicht

---

[78] Vgl. zur Anwendung von nationalem Kartellrecht im Bereich der Landwirtschaft EuGH U. v. 1.10.2009, Slg. 2009, I-8963 – *Compañía Española de Comercialización de Aceite.*

[79] *BKartA,* Wettbewerbsexperten diskutieren kartellrechtliche Ausnahmebereiche, Pressemitteilung v. 30.9.2003.

Schrifttum: *Altemöller,* Europäische Fusionskontrolle auf liberalisierten und deregulierten Versicherungsmärkten: Die Entscheidungspraxis der Europäischen Kommission und Perspektiven einer zukünftigen Marktabgrenzung, ZVersWiss 1999, 335; *Bader,* Der einheitliche Bankenmarkt 1992, Die Bank 1988, 252; *Barth/Gießelmann,* Die wettbewerbsrechtliche Beurteilung von Mitversicherungsgemeinschaften; zugleich Anmerkung zum Beschluss des OLG Düsseldorf vom 17.9.2008 (VI-Kart 11/07), VersR 2009, 1420, VersR 2009, 1454; *Brinker/Schädle,* Kartellrechtliche Marktabgrenzung in der Versicherungswirtschaft, VersR 2004, 673; *dies.,* Versicherungspools und EG-Kartellrecht: Erste praktische Erfahrungen mit der neuen Gruppenfreistellungsverordnung für den Versicherungssektor, VersR 2003, 1475; *Brittan,* Der europäische Binnenmarkt der Versicherungen: Was noch zu tun bleibt, VersW 1990, 754; *Bunte,* Die Auswirkungen der 5. GWB-Novelle auf die Kreditwirtschaft, WM 1990, 829; *ders.,* Anmerkung zum Urteil des OLG München vom 17.6.2010, Az. U (K) 1607/10 – Zur Zulässigkeit der Beschränkung des Zugangs zu Geldautomaten für konkurrierende Banken, EWiR 2011, 541; *ders.,* Die Ergebnisse der Sektorenuntersuchung im Retail-Bankgeschäft für Bezahlkartensysteme, WM 2007, 2041; *ders.,* Eine Gruppenfreistellung für die Versicherungswirtschaft, WuW 1992, 893; *ders.,* GVO-Versicherungswirtschaft – praktische Erfahrungen bei der Umsetzung aus deutscher und aus Brüsseler Sicht, VR 1995, Heft 7 – 8, 6; *ders.,* Sektorenuntersuchung im Retail-Bankgeschäft, WM 2007, 1197; *Bunte/Stancke,* Leitfaden Versicherungskartellrecht, 3. Aufl. 2011; *Dreher,* Das europäische Kartellrecht der Mitversicherungsgemeinschaften, in: Fs. für Immenga, 2004, 93; *ders.;* Das Versicherungskartellrecht nach der Sektoruntersuchung der EG-Kommission zu den Unternehmensversicherungen, VersR 2008, 15; *ders.,* Die kartellrechtliche Beurteilung identifizierender Marktinformationssysteme in der Versicherungswirtschaft, Fs. Schirmer, 2005, 71; *Dreher/Baubkus,* Neuartige Risiken bei der kartellrechtlichen Beurteilung der Mitversicherung, VersR 2010, 1389; *Dreher/Hoffmann,* Kartellrechtsverstöße durch Informationsaustausch, WuW 2011, 1181; *Dreher/Hoffmann/Kling,* Kartell- und Wettbewerbsrecht der Versicherungsunternehmen, 2. Aufl., 2015; *Emmerich,* Die Kreditwirtschaft in dem Regierungsentwurf einer 5. GWB-Novelle, FLF 1989, 123; *Esser-Wellié/Hohmann,* Die kartellrechtliche Beurteilung von Mitversicherungsgemeinschaften nach deutschem und europäischem Recht, VersR 2004, 1211; *von Fürstenwerth,* EG-Gruppenfreistellungsverordnungen für die Versicherungswirtschaft, WM 1994, 365; *Gaßner/Eggert,* Wettbewerb in der GKV; Kartellrecht versus Sozialrecht, NZS 2011, 249; *Gronemeyer/Jorias,* Mit(-Rück)versicherungsgemeinschaften und Kartellrechts-Compliance, WuW 2014, 18; *Heitzer,* Banken zwischen Fusionen und staatlicher Rettung – Auswirkungen auf den Wettbewerb, Orientierungen zur Wirtschafts- und Gesellschaftspolitik 120 (2/2009), 34; *Hess,* Kontrahierungszwang und Preiskontrolle bei der Geldautomatennutzung?, WM 2010, 1971; *Heyers,* Kartellrechtliche Beurteilung sog. Vorversichereranfragen, WuW 2012, 557; *Hoffmann,* Die gesetzlichen Krankenkassen im Anwendungsbereich des deutschen Kartellrechts, WuW 2011, 472; *Hofmann,* Wettbewerb bei VISA und Mastercard: Kartellrechtliche Beurteilung der Vereinheitlichung in den Kreditkarten-Systemen, WuW 2006, 17; *von Hülsen/Manderfeld,* Neue Rahmenbedingungen des Versicherungskartellrechts: Die neue Gruppenfreistellungsverordnung für den Versicherungssektor, VersR 2010, 559; *Jaeger,* Die gesetzlichen Krankenkassen als Nachfrager im Wettbewerb, ZWeR 2005, 31; *Jansen/Johannsen,* Die Anwendbarkeit des deutschen Kartellrechts auf die Tätigkeit der gesetzlichen Krankenversicherungen de lege lata und de lege ferenda, PharmR 2010, 576; *Jestaedt/Wiemann,* Anwendung des EU-Beihilfenrechts in der Finanzmarktkrise – Wettbewerbspolitisches Regulativ, Hemmschuh oder Feigenblatt?, WuW 2009, 606; *Kahlenberg,* Die EG-Gruppenfreistellungsverordnung für die Versicherungswirtschaft, WuW 1994, 985; *Kapp/Rauhut,* Sperrung von Geldautomaten für Kreditkarten: Ein wettbewerbsrechtliches

Problem? – Zugleich eine Besprechung des Urteils des LG München I vom 8.12.2009, WM 2010, 1111; *Kersting/Faust,* Die Krankenkassen im Anwendungsbereich des Europäischen Kartellrechts, WuW 2011, 6; *Klaue,* Zur Problematik der kartellrechtlichen Mißbrauchsaufsicht über Versicherungsunternehmen, WuW 1975, 5; *Körber,* Kartellrecht in der Krise, WuW 2009, 873; *Langenbucher/ Bliesener/Spindler,* Bankrechtskommentar, 1. Aufl. 2013; *Lübbig,* Staatliche Unfallversicherungsanstalt kein Unternehmen im Sinne von Art. 81 EG, EuZW 2002, 149; *Markert,* Die Anwendung des § 102 GWB auf die Versicherungswirtschaft vor dem Hintergrund des EuGH-Urteils im Fall „Feuerversicherung", VersR 1998, 101; *ders.,* Die Anwendung des deutschen Kartellrechts auf die Versicherungswirtschaft vor dem Hintergrund des entstehenden europäischen Binnenmarktes, VersR 1989, 1342; *Materne/Seemayer,* Die kartellrechtliche Behandlung der Praxis der Meistbegünstigung in der EU-Sektoruntersuchung, VersR 2009, 1326; *Müller/Zweifel,* Deregulierung der Versicherungsmärkte durch die EG?, WuW 1990, 907; *Pauer,* Die Abgrenzung hoheitlicher und wirtschaftlicher Tätigkeiten im Europäischen Wettbewerbsrecht: Eine Analyse der Entscheidungspraxis des EuGH, WuW 2013, 1080; *Pohlmann,* Musterversicherungsbedingungen nach Wegfall der GVO: Paradise Lost? WuW 2010, 1106; *dies.;* Update: Musterversicherungsbedingungen nach Wegfall der GVO: Paradise Regained?, WuW 2011, 379; *Reysen/Bauer,* Health Insurance and European Competition Law. Anmerkung zu EuGH, U. v. 16.3.2004, Rs C-264/01, C-306/01, C-354/01, C-355/01 – AOK Bundesverband u. a., ZWeR 2004, 568; *Saller,* Die neue Gruppenfreistellungsverordnung der Europäischen Kommission für den Versicherungssektor, VersR 2010, 417; *Schimansky/Bunte/Lwowski,* Bankrechtshandbuch in 2 Bänden, 4. Aufl. 2011; *Schwennicke/Auerbach,* Kreditwesengesetz mit Zahlungsdiensteaufsichtsgesetz, 2. Aufl., 2013; *Soltész,* Von der Beihilfekontrolle zur Neugestaltung des Marktes – Schafft die Kommission eine „bessere Bankenwelt"?, WuW 2010, 743; *Stancke,* Vorsicht beim Informationsaustausch! – Mitversicherungslösungen in der kartellrechtlichen Praxis, VW 2004, 1458; *ders.,* Schadensregulierung und Kartellrecht, VersR 2005, 1324; *ders.,* Versicherungsvertrieb und Kartellrecht, VersR 2009, 1168; *ders.,* Marktinformation, Benchmarking und Statistiken; Neue Anforderungen an Kartellrechts-Compliance, BB 2009, 912; *Thomas,* Aktuelle Entwicklungen des Versicherungskartellrechts: Relevanter Markt und hypothetische Marktverhältnisse im Rahmen der neuen Versicherungs-GVO und in § 33 GWB n. F.; in: Körber/Rauh, Aktuelle Entwicklungen im Versicherungskartellrecht, 2011, 57 ff.; *Voet van Vormizeele,* Möglichkeiten und Grenzen von Benchmarking nach europäischem und deutschem Kartellrecht, WuW 2009, 143; *Zimmer/Blaschczok,* Die Banken-Beihilfenkontrolle der Europäischen Kommission: Wettbewerbsschutz oder Marktdesign?, WuW 2010, 142.

A. Grundlagen

I. Begriffsklärung und relevante Bereiche

1 Im Hinblick auf die kartellrechtliche Marktabgrenzung geht die Kommission systematisch davon aus,[1] dass der **„Financial Services Sector"** – der sich im Deutschen am treffendsten als Finanzdienstleistungssektor bezeichnen lässt – drei Bereiche umfasst, nämlich

- die **„Banking Markets"**, im Deutschen als Bankwesen oder Kreditwirtschaft zu bezeichnen (die Begriffe werden im Folgenden synonym verwendet),
- die **„Insurance Markets"**, im Deutschen synonym als Versicherungswirtschaft oder Versicherungssektor zu bezeichnen, und
- die **„Capital Markets"**, im Deutschen als Kapitalmärkte zu bezeichnen.

2 Die **Kapitalmärkte** in diesem Sinne, die als Teil des Finanzdienstleistungssektors eng mit der Kredit- und der Versicherungswirtschaft verflochten sind und zum Teil äußerst komplexe Strukturen aufweisen, bleiben in der folgenden Betrachtung weitgehend ausgeblendet, weil hier zwar auch, aber eben bei Weitem nicht nur Banken oder Versicherungen als Akteure beteiligt sind)

3 Abzugrenzen ist die **spezifisch kartellrechtliche Begriffsbildung,** die sich aus der Abgrenzung sachlich und räumlich relevanter Märkte ergibt, von der Begriffsverwendung in anderen Rechtsbereichen, etwa im Aufsichtsrecht. So verwendet und definiert etwa das Kreditwesenrecht Begriffe wie „Kreditinstitut"[2] als Oberbegriff für Unternehmen, die „Bankgeschäfte"[3] betreiben, oder den im Verhältnis hierzu subsidiären Begriff des „Finanz-

[1] Vgl. http://ec.europa.eu/competition/sectors/financial_services/overview_en.html.
[2] § 1 Abs. 1 S. 1 KWG, hierzu *Schwennicke/Auerbach,* § 1 KWG, Rdnr. 1 ff.
[3] § 1 Abs. 1 S. 2 KWG, hierzu *Schwennicke/Auerbach,* § 1 KWG, Rdnr. 5 ff.

dienstleistungsinstituts“[4] in Abgrenzung zu dem des „Finanzunternehmens“,[5] der wiederum als Oberbegriff für Unternehmen fungiert, die weder eine Erlaubnis nach dem KWG benötigen noch der Solvenzaufsicht der BaFin unterliegen. Diese Begriffsbildung erfolgt indes allein für die mit dem KWG verfolgten Aufsichtszwecke, kann darüber hinaus aber keine allgemeine Gültigkeit beanspruchen und hat mithin höchstens eine mittelbare Auswirkung auf die kartellrechtliche Begriffsbildung, soweit sie nämlich im Einzelfall für die sachliche oder räumliche Marktabgrenzung relevant wird.[6] Aus der Perspektive des Versicherungs- oder Bankrechts kann es daher auf den ersten Blick zu **Inkonsistenzen** mit der insoweit spezifisch kartellrechtlichen Begriffsbildung für das Bankwesen und den Versicherungssektor kommen. Eine andere Frage ist, in welchem (Rang-)Verhältnis das jeweils einschlägige Aufsichtsrecht und das Kartellrecht zueinander stehen und wie etwaige Normkonflikte zu lösen sind.[7]

II. Wettbewerbsrelevante Ausgangsbedingungen

1. Versicherungssektor. Die wirtschaftliche Bedeutung des Versicherungssektors wurde von der Kommission im Jahre 2007 im Rahmen des Abschlussberichts der Sektoruntersuchung der Unternehmensversicherungen nach Art. 17 VO Nr. 1/2003 herausgestellt:[8] 4

- Demnach sind Versicherungen sowohl für große als auch für kleine Unternehmen in der gesamten EU von **essentieller Bedeutung.** Unternehmerische Aktivitäten in vielen Branchen – wie etwa der Luftfahrt, Schifffahrt oder Immobilienentwicklung – sind angesichts spezifischer Risiken auf das Angebot entsprechender Versicherungspolicen angewiesen. Wenn die Versicherungsmärkte keine Kapazität haben, um Risiken zu versichern, wirkt sich dies somit auf die gesamte Wirtschaft aus.
- Die EU-Versicherer erhalten jedes Jahr allein ca. **375 Mrd. € an Nichtlebensversicherungsprämien.** Die europäischen Versicherer und Rückversicherer sind auf den internationalen Märkten sehr aktiv und fungieren als **Großinvestoren** auf den Kapitalmärkten. Deshalb ist die wettbewerbliche Funktionsfähigkeit nicht nur für die Versicherungsbranche als solche, sondern auch für die **Gesamtwirtschaft** ausschlaggebend.
- Zwar wurde eine Vielzahl komplexer Faktoren festgestellt, die die Versicherungsmärkte **fragmentieren.** Die vorläufigen Resultate der Sektoruntersuchung lassen gleichwohl darauf schließen, dass die **Rentabilität** zumindest bei den Unternehmensversicherungen in den meisten Mitgliedstaaten im Laufe der Jahre aufrecht erhalten wurde, wenn auch sowohl im Hinblick auf die Versicherungssparten als auch in Bezug auf die Mitgliedstaaten mit erheblichen Schwankungen.
- Die Rentabilität der Versicherer schwankt auch erheblich in Abhängigkeit davon, ob **Kunden** KMUs oder große Unternehmen sind. In einigen wenigen Fällen scheinen bestimmte Mitgliedstaaten kontinuierlich eine höhere Rentabilität bei den Abschlüssen im KMU-Segment aufzuweisen.

Im Jahr 2014 stellte die Monopolkommission[9] unter Bezugnahme auf die Statistik der Bundesanstalt für Finanzdienstleistungsaufsicht fest, dass die unkonsolidierten Beitragseinnahmen (gebuchte Bruttobeiträge) aller Erst- und Rückversicherungsunternehmen in **Deutschland** im Jahr 2012 ca. 242 Mrd. Euro betrugen. Dabei lagen die unkonsolidierten Beitragseinnahmen der zehn größten Versicherungskonzerne bei ca. 143,1 Mrd. Euro. Die **zehn größten Versicherungskonzerne** in Deutschland hatten somit an den nominalen Beitragseinnahmen aller Versicherungsunternehmen in Deutschland einen **Anteil von ca.** 5

---

[4] § 1 Abs. 1a KWG, hierzu *Schwennicke/Auerbach,* § 1 KWG, Rdnr. 78 ff.
[5] § 1 Abs. 3 KWG, hierzu *Schwennicke/Auerbach,* § 1 KWG, Rdnr. 170 ff.
[6] Ähnlich *MüKo-Esser/Stappert,* SB Versicherungswirtschaft, Rdnr. 185 mwN.
[7] Hierzu unten Rdnr. 43.
[8] Vgl. Komm. Abschlussbericht v. 25.9.2007, KOM (2007) 556 endgültig, abrufbar unter: http://eur-lex.europa.eu/legal-content/DE/TXT/HTML/?uri=CELEX:52007DC0556&from=EN.
[9] MK, Hauptgutachten XX (2012/2013), Rdnr. 450.

59,1%. 20 Jahre zuvor (im Jahre 1992) lag dieser Anteil noch bei ca. 46,7%. Die Unternehmenskonzentration im deutschen Versicherungswesen hat somit in den letzten Jahren deutlich zugenommen, ist aber wettbewerbsrechtlich gesehen (noch) nicht per se besorgniserregend.

6 Abgesehen von der Unternehmenskonzentration weist die deutsche Versicherungswirtschaft im internationalen Vergleich **keine strukturellen oder sonstigen Besonderheiten** auf, die wettbewerbsrechtlich relevant wären.

7 **2. Bankensektor.** Zur wirtschaftlichen Bedeutung des Bankwesens äußerte sich die Kommission – ebenfalls im Jahre 2007 – im Rahmen des Abschlussberichts[10] der Sektoruntersuchung des Retail-Bankgeschäfts nach Art. 17 VO Nr. 1/2003:

- Seit den 90er Jahren hat der europäische Bankensektor ein beträchtliches **Wachstum** und eine starke **Diversifizierung** erlebt; in der gesamten EU bietet er über drei Millionen Arbeitsplätze.
- Das **Retail-Bankgeschäft** – das Dienstleistungen für Verbraucher sowie KMU umfasst – ist mit mehr als 50% des gesamten Bankgeschäfts in der EU (gemessen an den Bruttoerträgen) die **wichtigste Sparte** im Bankenwesen. Schätzungen zufolge wurden in der EU im Jahre 2004 mit Retail-Banking 2004 **Bruttoeinnahmen von 250 bis 275 Mrd. EUR** erzielt, was rund 2% des gesamten BIP der EU entspricht.

8 Die Monopolkommission[11] stellte im Jahr 2014 unter Bezugnahme auf die Bankenstatistik der Deutschen Bundesbank fest, dass die Summe der konsolidierten inländischen Bilanzsummen der zehn größten Kreditinstitute in **Deutschland** – allerdings unter Berücksichtigung der KfW und der Landesbanken – im Jahr 2012 insgesamt ca. 3843 Mrd. Euro betrug, während die unkonsolidierte Bilanzsumme dieser zehn Kreditinstitute bei ca. 5230 Mrd. Euro lag. Hingegen betrug die unkonsolidierte Bilanzsumme aller deutschen Kreditinstitute im Jahr 2012 nur knapp doppelt so viel, nämlich insgesamt ca. 9294 Mrd. Euro. Damit entfällt – bezogen auf die unkonsolidierten inländischen Bilanzsummen – einen **Anteil von ca. 56,3%** auf die **zehn größten deutschen Kreditinstitute.** 20 Jahre zuvor (im Jahre 1992) lag dieser Anteil noch bei ca. 38%. Somit hat auch die Unternehmenskonzentration im deutschen Bankensektor in den letzten Jahren deutlich zugenommen, ist aber ebenfalls (noch) nicht besorgniserregend, was im Vergleich zu einigen anderen europäischen Ländern vor allem an der nach wie vor breit gefächerten Anbieterstruktur (Sparkassen und Genossenschaftsbanken, die neben die privaten Geschäftsbanken treten) liegt.[12] In der Gruppe der TOP 10 befinden sich neben der KfW auch fünf Landesbanken, über die Hälfte dieser Spitzengruppe ist also öffentlich-rechtlich organisiert.

9 Unterschiedliche Marktstrukturen im Retail-Banking wirken sich beispielsweise auf die zwischen den einzelnen Mitgliedstaaten sehr unterschiedlichen Gewinnspannen, Preise und Vertriebsstrukturen aus.[13] Im internationalen Vergleich gilt der deutsche Bankensektor als **wenig rentabel,** was weniger auf mangelnde Kosteneffizienz, sondern überwiegend auf eine relative Ertragsschwäche zurückgeführt wird; zudem weist das deutsche Bankwesen im internationalen Vergleich einige weitere – insbesondere strukturelle – **Besonderheiten** auf, die wettbewerbsrechtlich relevant sind.[14]

10 Zunächst kommt den deutschen Banken eine bedeutende Rolle bei der Kapitalallokation zu; die deutschen Kapitalmärkte sind in dieser Hinsicht eher unterentwickelt. In Deutschland besteht vielmehr ein **bankbasiertes Finanzsystem,** das heißt die Außenfinanzierung deutscher Unternehmen erfolgt überwiegend über die Kreditvergabe durch

---

[10] Vgl. Komm. Abschlussbericht v. 31.1.2007, KOM (2007) 33 endgültig, abrufbar unter: http://ec.europa.eu/competition/sectors/financial_services/inquiries/sec_2007_106.pdf.

[11] MK Hauptgutachten XX (2012/2013), Rdnr. 448, abrufbar unter: http://www.monopolkommission.de/index.php/de/gutachten/hauptgutachten.

[12] Hierzu unter Rdnr. 11.

[13] Vgl. Komm. Abschlussbericht v. 31.1.2007, KOM (2007) 33 endgültig.

[14] Ausführlich zu den folgenden Aspekten MK, Hauptgutachten XX (2012/2013), Rdnr. 1336ff.; siehe auch die Feststellungen in BKartA E. v. 21.10.2010, B4–45/10 – *SK Karlsruhe/SK Ettlingen.*

Banken; Anleihen werden nur von wenigen größeren Unternehmen begeben. Typisch für das deutsche Bankensystem ist auch das sogenannte **Hausbankprinzip,** wonach die Geschäftsbeziehung zwischen Banken und Kunden langfristig angelegt ist. Diese langfristige Geschäftsbeziehung führt zum Abbau von Informationsasymmetrien und ermöglicht es Banken, die Situation ihrer Schuldner besser einzuschätzen und die Geschäftsbeziehung unter Umständen auch in Krisenzeiten aufrechtzuerhalten.

Die Anbieterstruktur im Bereich von Bankdienstleistungen ist in Deutschland eher heterogen. Die Struktur des deutschen Bankensystems entspricht einem **Drei-Säulen-System,** in dem die privaten Geschäftsbanken die erste, die öffentlich-rechtlichen Banken die zweite und die Genossenschaftsbanken die dritte Säule bilden. 11

- Die **privaten Geschäftsbanken** (auch „Kreditbanken") in Deutschland haben eine private Rechtsform und sind meist als Universalkreditinstitute tätig. Die Privatbanken umfassen wenige Großbanken sowie einige private Regionalbanken und Privatbankiers. Zudem sind Tochtergesellschaften und Zweigstellen ausländischer Banken sowie Realkreditinstitute in Deutschland tätig, z. B. die privaten Hypothekenbanken.[15]
- Die **öffentlich-rechtlichen Banken** sind vorrangig als Anstalten des öffentlichen Rechts organisiert und haben einen öffentlichen Auftrag. Hierzu gehören die Sparkassen-Finanzgruppe – Sparkassen, Landesbanken und Spezialinstitute wie z. B. Landesbausparkassen – und staatliche Banken mit Sonderaufgaben, insbesondere die staatlichen Förderbanken (z. B. KfW Bankengruppe).[16] Es gelten besondere (landes-)gesetzliche Regeln, die wettbewerbsrechtlich problematisch sind; z. B. sollen die Sparkassen zumeist vorrangig oder nur im Gebiet ihres Trägers tätig sein **(Regionalprinzip).**[17]
- Die **Genossenschaftsbanken** geben Mitgliedsanteile mit personengebundenem Stimmrecht aus, das sich nicht nach der Höhe der Beteiligung bemisst. Hierher gehören die genossenschaftliche Finanzgruppe – *VR*-Banken, *WGZ*-Bank, *DZ*-Bank und deren Tochterunternehmen, z. B. die Bausparkasse *Schwäbisch-Hall* – sowie die *Sparda*-Banken, *PSD* Banken, Kirchenbanken, die *Badische Beamtenbank* und weitere Sonderinstitute.[18]

Die meisten deutschen Kreditinstitute bieten alle oder zumindest die meisten Bankgeschäfte sowohl im Privatkunden- als auch im Gewerbekundenbereich an (sog. **Universalbanksystem**). Als Universalkreditinstitute werden Banken bezeichnet, die grundsätzlich sämtliche Bankgeschäfte betreiben, also sowohl das Einlagen- als auch das Kreditgeschäft, aber auch das Wertpapier-, das Depot und das Emissionsgeschäft.[19] Der Umstand, dass diese Bankgeschäfte häufig aus einer Hand angeboten werden, bedeutet selbstverständlich nicht, dass all diese Geschäftssparten zu einem einheitlichen sachlichen Markt zusammenzufassen wären.[20] Im Gegensatz zu den Universalbanken bieten Spezialanbieter wie die Bausparkassen, Realkreditinstitute, sog. Autobanken und Leasinggesellschaften nur bestimmte Arten von Bankdienstleistungen an. 12

Je nach geographischer Ausrichtung der Tätigkeit kann für kartellrechtliche Zwecke weiter zwischen **regionalen** Kreditinstituten (insbesondere die *Volks-* und *Raiffeisenbanken* sowie die Sparkassen), **überregional** tätigen Kreditinstituten (insbesondere die Großbanken) und **Direktbanken** unterschieden werden.[21] 13

III. Bereichsausnahmen, Privilegierung und Freistellung

1. Entwicklung des deutschen Banken- und Versicherungskartellrechts. *a) Frühere Bereichsausnahmen.* Seit **Inkrafttreten des GWB im Jahre 1958** waren neben der Verkehrswirtschaft (§ 99 GWB a. F.), der Land- und Forstwirtschaft (§ 100 GWB a. F.), der 14

[15] S. *Schimansky/Bunte/Lwowski-Rümker/Winterfeld,* Band 2, S. 2366 ff. mwN.
[16] Ausführlich *Schimansky/Bunte/Lwowski-Rümker/Winterfeld,* Band 2, S. 2369 ff. mwN.
[17] S. *Schimansky/Bunte/Lwowski-Rümker/Winterfeld,* Band 2, S. 2373 ff. mwN.
[18] Vgl. hierzu *Schimansky/Bunte/Lwowski-Rümker/Winterfeld,* Band 2, S. 2375 f. mwN.
[19] Hierzu *Schimansky/Bunte/Lwowski-Rümker/Winterfeld,* Band 2, S. 2364 f. mwN.
[20] Zur Marktabgrenzung siehe unten Rdnr. 187 ff.
[21] Vgl. *Schimansky/Bunte/Lwowski-Rümker/Winterfeld,* Band 2, S. 2366 ff. mwN.

Kohle- und Stahlwirtschaft (§ 101 Nr. 3 GWB a. F.) sowie der Elektrizitäts-, Gas- und Wasserwirtschaft (§ 103f GWB a. F.) auch die **Kreditwirtschaft und die Versicherungswirtschaft** (§ 102 GWB a. F.) von der Geltung des GWB weitgehend ausgenommen; diese Wirtschaftsbereiche unterlagen zunächst einer bloßen Missbrauchsaufsicht durch die Kartellbehörden, die keine durchschlagende Wirkung entfalten konnte.[22]

15 Rechtspolitisch wurde in Bezug auf Versicherungsunternehmen und Banken zur Begründung dieser Ausnahmen unter anderem angeführt, dass sich die **bewährte Fachaufsicht** schon lange zugleich auch immer um eine gewisse Wettbewerbspflege bemüht habe und dass dies ausreiche.[23] Auch wurde die **Vertrauenssensibilität** des Banken- und Versicherungssektors angeführt; ungehinderter Wettbewerb könne gerade angesichts der Unkalkulierbarkeit von Versicherungsrisiken und -prämien zu Unternehmenszusammenbrüchen führen. Insolvenzrisiken wiederum könnten das Vertrauen der Versicherungsnehmer in die Versicherungsunternehmen erschüttern mit nachteiligen Folgen für die gesamte Wirtschaft;[24] um die dauerhafte Erfüllbarkeit der Versicherungsverträge zu gewährleisten, seien Versicherungsunternehmen vor einem ruinösen Wettbewerb zu schützen.[25] Entsprechendes gelte für das Bankwesen.[26] Zudem sei auch im Interesse der Bank- und Versicherungskunden die **Rentabilität** dieser Unternehmen zu sichern.[27] Schließlich erhöhe die Vereinheitlichung der Bank- und Versicherungskonditionen die **Transparenz** des Marktes, was letztlich auch dem Schutz der Verbraucher diene.[28]

16 Durch Sondergesetz außerhalb des GWB waren auch andere Bereiche wettbewerbsrechtlich privilegiert, etwa die **Bundesbank** und die **Kreditanstalt für Wiederaufbau;**[29] diese Privilegierung dauert bis heute an, wenn auch dogmatisch nicht mehr außerhalb des GWB verankert, sondern in § 130 Abs. 1 S. 3 GWB.[30]

17 *b) Sukzessiver Abbau der Privilegierungen.* Der **5. GWB-Novelle** im Jahre 1990 gingen intensive Diskussionen über die Beibehaltung oder Einschränkung der früheren Ausnahmebereiche voraus. Insbesondere angesichts des von der EU ausgehenden **Deregulierungsdrucks** setzte sich die Erkenntnis durch, dass die Ausnahmebereiche nicht mehr im bisherigen Umfang zu rechtfertigen waren.[31] Vor diesem Hintergrund wurde mit der 5. GWB-Novelle im Ausnahmebereich Kreditwirtschaft und Versicherungswirtschaft anstelle des bisherigen Missbrauchsprinzips das **Verbotsprinzip** eingeführt; jedoch bestand die Möglichkeit, Kartelle und Empfehlungen etwa im Bereich der Versicherungswirtschaft durch Anmeldung zu legalisieren (§ 102 GWB a. F., der letztlich als eine Sonderform des Rationalisierungskartells galt).[32] Dadurch sollten insbesondere branchenspezifische Angebote ermöglicht werden, die sinnvoll nur kooperativ erbracht werden konnten.[33] Für den Bereich des Bankwesens waren dies etwa **zur Freistellung angemeldete** wettbewerbsbeschränkende **Vereinbarungen und Empfehlungen** über die Einführung neuer Dienstleistungen (electronic-cash-System, point-of-sale-System), über Zahlungsverkehrsabkommen zwischen verschiedenen Bankengruppen, über Einlagensicherungssysteme und Empfehlungen der Ver-

---

22 S. *Klaue* WuW 1975, 5 ff.; *Langen/Bunte-Bunte,* Vorb. zu §§ 28 ff. GWB, Rdnr. 2; *Langen/Bunte-Bunte,* Syst. VII, Rdnr. 4 mwN.

23 Ausschuss für Wirtschaftspolitik, BT-Drucks. 2/3644, 45; *Langen/Bunte-Bunte,* Syst. VIII, Rdnr. 1; *Schimansky/Bunte/Lwowski-Bunte,* Band 2, S. 2737 mwN.

24 Bericht der Bundesregierung, BT-Drucks. 7/3206, Tz. 55.

25 Vgl. *Dreher/Hoffmann/Kling,* S. 3 ff.; *Langen/Bunte-Bunte,* Syst. VIII, Rdnr. 1.

26 Hierzu *Emmerich,* FLF 1989, 123.

27 Bericht der Bundesregierung, BT-Drucks. 7/3206, Tz. 17.

28 Bericht der Bundesregierung, BT-Drucks. 7/3206, Tz. 98 ff.; *Langen/Bunte-Bunte* Syst. VIII, Rdnr. 1.

29 *Langen/Bunte-Bunte,* Vorb. zu §§ 28 ff. GWB, Rdnr. 3.

30 Hierzu unten Rdnr. 20.

31 *Markert,* VersR 1989, 1342 ff.; *Langen/Bunte-Bunte,* Vorb. zu §§ 28 ff. GWB, Rdnr. 4.

32 *Bunte,* WM 1990, 829, 830; *Langen/Bunte-Bunte,* Vorb. zu §§ 28 ff. GWB, Rdnr. 5; *Langen/Bunte-Bunte,* Syst. VII, Rdnr. 7.

33 S. *Schimansky/Bunte/Lwowski-Bunte,* Band 2, S. 2737 f.; *Langen/Bunte-Bunte,* Syst. VIII, Rdnr. 3.

bände hinsichtlich der – häufig produktbeschreibenden – Bedingungen (AGB-Banken und AGB-Sparkassen sowie zahlreiche Sonderbedingungen); im Bereich der ad-hoc-Kooperationen waren von Bedeutung die Emissionskonsortien und das Konsortialkreditgeschäft.[34]

Im Rahmen der **6. GWB-Novelle** im Jahre 1998 wurden die Ausnahmeregelungen vom Gesetzgeber kritisch überprüft, um eine Annäherung an das europäische Recht zu vollziehen,[35] das in den damals geltenden Art. 85 und 86 EG-Vertrag keine generalisierten Ausnahmen für bestimmte Wirtschaftsbereiche enthielt.[36] Besondere Vorschriften für Banken und Versicherungen blieben zwar bestehen (§ 29 GWB a. F.), wurden aber in einen fünften Abschnitt des ersten Teils des GWB als **„Sonderregeln für bestimmte Wirtschaftsbereiche"** zusammengefasst. Dadurch sollte gesetzessystematisch klargestellt werden, dass es sich bei diesen Sonderregeln nicht um echte „Ausnahmen" vom Anwendungsbereich des GWB, sondern um inhaltlich eng begrenzte Spezialregelungen handele, die wegen der Besonderheiten einzelner Wirtschaftsbereiche – noch – notwendig seien,[37] etwa betreffend Zahlungsverkehrsvereinbarungen oder Provisions- und Gebührenempfehlungen in der Kreditwirtschaft.[38] 18

Mit der **7. GWB-Novelle** im Jahre 2005 wurde eine weitere Angleichung des GWB an das europäische Kartellrecht vorgenommen, das nach wie vor keine generellen Ausnahmebereiche kannte und das daher ohnehin prinzipiell uneingeschränkt auf die Versicherungswirtschaft und auch das Bankwesen anwendbar war und damit abweichendes deutsches Recht überlagerte.[39] Folgerichtig wurden mit § 29 GWB a. F. die bislang bestehenden deutschen **Sonderregeln** unter anderem für die Kredit- und Versicherungswirtschaft ohne Übergangsregelung[40] **gestrichen.**[41] Die §§ 1 und 2 GWB wurden dadurch uneingeschränkt auch im Bereich der Versicherungswirtschaft und des Bankwesens anwendbar.[42] 19

c) Gesetzliche Sonderfälle. aa) Bundesbank und Kreditanstalt für Wiederaufbau. Die Vorschriften des 1. bis 3. Teils des GWB, das heißt alle materiellen und Verfahrensrechtsnormen des deutschen Kartellrechts, finden gemäß § 130 Abs. 1 S. 3 GWB auf die Bundesbank und die Kreditanstalt für Wiederaufbau keine Anwendung; zur Begründung wird häufig angeführt, dass beide Institute im Rahmen ihres gesetzlichen Auftrages **nicht in einer Wettbewerbsbeziehung** zu anderen Marktteilnehmern stünden.[43] Dies vermag aus mehreren Gründen nicht zu überzeugen. 20

Soweit die **Bundesbank** rein hoheitlich tätig wird (vgl. § 3 BBankG), ist die Ausnahmeregelung konsequent. Aber auch wenn sich die Bundesbank im Einzelfall privatwirtschaftlich – wie ein Unternehmen – betätigt, soll diese Tätigkeit angesichts des insoweit nicht differenzierenden Wortlauts des § 130 Abs. 1 S. 3 GWB nicht in den Anwendungsbereich des GWB fallen;[44] dies ist zumindest de lege ferenda kritisch zu hinterfragen.[45] Gleiches gilt gemäß § 130 Abs. 1 S. 3 GWB für die deutsche **Kreditanstalt für Wiederaufbau.**[46] Soweit die KfW als Körperschaft des öffentlichen Rechts hoheitlich tätig wird (vgl. §§ 1, 2 GKfW), ist auch diese Ausnahme vom Anwendungsbereich des deutschen Kartellrechts konsequent,[47] ansonsten indes nicht. 21

---

[34] Vgl. *Langen/Bunte-Bunte,* Syst. VII, Rdnr. 6.
[35] Hierzu *Markert,* VersR 1998, 101 ff.
[36] BegrRegE, BT-Drucks. 13/9720, S. 20; *Langen/Bunte-Bunte,* Syst. VIII, Rdnr. 3.
[37] *Langen/Bunte-Bunte,* Vorb. zu §§ 28 ff. GWB, Rdnr. 6.
[38] *Langen/Bunte-Bunte,* Syst. VII, Rdnr. 8.
[39] EuGH U. v. 27.1.1987, Slg. 1987, 447 – *Feuerversicherung.*
[40] Kritisch hierzu *Langen/Bunte-Bunte,* Syst. VII, Rdnr. 10.
[41] *Langen/Bunte-Bunte,* Vorb. zu §§ 28 ff. GWB, Rdnr. 7 *Langen/Bunte-Bunte* Syst. VII, Rdnr. 9.
[42] *Schimansky/Bunte/Lwowski-Bunte,* Band 2, S. 2738 f. mwN; *Langen/Bunte-Bunte,* Syst. VIII, Rdnr. 4.
[43] *Langen/Bunte-Stadler,* § 130 GWB, Rdnr. 115.
[44] *Langen/Bunte-Stadler,* § 130 GWB, Rdnr. 115.
[45] Zweifelnd auch *Langen/Bunte-Bunte,* Vorb. zu §§ 28 ff. GWB, Rdnr. 21.
[46] Hierzu *Schimansky/Bunte/Lwowski-Rümker/Winterfeld,* Band 2, S. 2377 mwN.
[47] *Langen/Bunte-Bunte,* Vorb. zu §§ 28 ff. GWB, Rdnr. 22.

22 Vor allem aber kann § 130 Abs. 1 S. 3 GWB schon aus systematischen Gründen die Anwendung der vorrangigen **Art. 101 und 102 AEUV** sowie der europäischen Fusionskontrolle nicht hemmen; diese Vorschriften können nur aus sich selbst heraus in ihrem Anwendungsbereich beschränkt werden. Für den Vollzug der Art. 101 und 102 AEUV sind gemäß Art. 5 VO Nr. 1/2003 und § 50 GWB auch die deutschen Wettbewerbsbehörden zuständig.[48] Die Ausschlussregelung des § 130 Abs. 1 S. 3 GWB läuft daher zumindest insoweit leer, wie das fragliche Verhalten der Bundesbank oder der Kreditanstalt für Wiederaufbau die Zwischenstaatlichkeitsklausel[49] erfüllt und auch im Übrigen als nicht rein hoheitliche, sondern (auch) unternehmerische Tätigkeit in den materiellen Anwendungsbereich der Art. 101, 102 AEUV fällt.

23 *bb) Sozialversicherungen.* Auch betreffend die Sozialversicherungen gelten Ausnahmen vom Anwendungsbereich des deutschen Kartellrechts. So gelten im Bereich der **Gesetzlichen Krankenversicherungen** weitgehende Ausnahmen von der Anwendung des GWB;[50] der Weg zu den Kartellgerichten ist nach Lesart der Sozialgerichte ohnehin versperrt, soweit die deutschen Sozialversicherungen Tätigkeiten nach den Vorschriften des SGB ausüben und dabei nicht unternehmerisch tätig werden.[51] Der insoweit einschlägige § 69 SGB V wurde nach kontroverser Diskussion und Handhabung allerdings in den letzten Jahren mehrfach geändert.[52] Zwar gelten nach § 69 Abs. 2 S. 1 SGB V unter anderem die **§§ 1 ff. sowie 19 ff. GWB** für die in § 69 Abs. 1 SGB V genannten Rechtsbeziehungen – auch, soweit durch diese Rechtsbeziehungen Rechte Dritter betroffen sind – **entsprechend,** das heißt für die

- Rechtsbeziehungen der Krankenkassen und ihrer Verbände zu Ärzten, Zahnärzten, Psychotherapeuten, Apotheken sowie sonstigen Leistungserbringern und ihren Verbänden, einschließlich der Beschlüsse des Gemeinsamen Bundesausschusses und der Landesausschüsse, und für die
- Rechtsbeziehungen der Krankenkassen und ihrer Verbände zu den Krankenhäusern und ihren Verbänden.

Hintergrund für die nur „entsprechende" Geltung der §§ 1 ff. sowie 19 ff. GWB ist, dass auch das europäische Kartellrecht angesichts des europarechtlichen Unternehmensbegriffs im Bereich der Sozialversicherungen nur sehr eingeschränkt gilt.[53]

24 In § 69 Abs. 2 S. 2 und 3 SGB V wird der entsprechende Anwendungsbereich des deutschen Kartellrechts indes gleich wieder eingeschränkt; demnach gelten unter anderem die **§§ 1 ff. sowie 19 ff. GWB nicht**

- für Verträge und sonstige Vereinbarungen von Krankenkassen oder deren Verbänden mit Leistungserbringern oder deren Verbänden, zu deren Abschluss die Krankenkassen oder deren Verbände gesetzlich verpflichtet sind sowie nicht
- für Beschlüsse, Empfehlungen, Richtlinien oder sonstige Entscheidungen der Krankenkassen oder deren Verbände, zu denen sie gesetzlich verpflichtet sind, sowie für Beschlüsse, Richtlinien und sonstige Entscheidungen des Gemeinsamen Bundesausschusses, zu denen er gesetzlich verpflichtet ist.

25 Als **nationales Recht** kann das deutsche Sozialrecht zwar nicht die Anwendbarkeit des vorrangigen europäischen Kartellrechts regeln, dieses beschränkt sich indes im Bereich der Sozialversicherungen über eine enge Auslegung des Unternehmensbegriffs selbst.[54]

26 *d) Dynamische Verweisung auf europäische Gruppenfreistellungen.* Nach **§ 2 Abs. 2 GWB** gelten die Gruppenfreistellungsverordnungen bei der Anwendung nationalen Kartellrechts ent-

---

[48] S. dazu z. B. *Dieckmann,* § 41.
[49] Hierzu unten Rdnr. 251.
[50] *Hoffmann,* WuW 2011, 472 ff.; *Gaßner/Eggert,* NZS 2011, 249 ff.; *Jaeger,* ZWeR 2005, 31 ff.; *Jansen/Johannsen,* PharmR 2010, 576 ff.
[51] *Langen/Bunte-Bunte,* Syst. VIII, Rdnr. 7 sowie Syst. V, Rdnr. 23 ff.
[52] *Langen/Bunte-Bornkamm,* § 87 GWB, Rdnr. 2 ff. mwN.
[53] S. dazu unten Rdnr. 33.
[54] S. unten Rdnr. 33 sowie *Wiedemann* in § 4.

sprechend, auch wenn die Zwischenstaatlichkeitsklausel im Einzelfall nicht erfüllt ist. Dies betrifft im Zusammenhang mit dem Bankwesen und der Versicherungswirtschaft vor allem die **Versicherungs-GVO,**[55] aber auch allgemeine Gruppenfreistellungen wie die Vertikal-GVO[56] sind in diesen beiden Sektoren anwendbar. § 2 Abs. 2 GWB enthält insoweit eine globale und dynamische Verweisung,[57] das heißt die Versicherungs-GVO oder ggf. auch eine andere einschlägige GVO gelten in ihrer jeweils aktuellen Fassung auch für rein nationale Sachverhalte, in denen die Zwischenstaatlichkeitsklausel nicht erfüllt ist, wenn also die dort genannten Vereinbarungen, Beschlüsse und Verhaltensweisen nicht geeignet sind, den Handel zwischen den Mitgliedstaaten der Europäischen Union zu beeinträchtigen.[58]

2. Entwicklung des europäischen Banken- und Versicherungskartellrechts. 27
a) Anerkannte Besonderheiten. Das europäische Kartellrecht kennt – anders als das frühere deutsche Kartellrecht[59] – in Bezug auf die Versicherungswirtschaft und das Bankwesen seit jeher **keine Bereichsausnahmen.** Allerdings sind spezifische Merkmale dieser beiden Sektoren anerkannt, die zum Teil zu einer besonderen Praxis führen.

aa) Bankwesen. Da es keine Bereichsausnahme für das Bankwesen gibt, sind – bei Erfül- 28
lung der Zwischenstaatlichkeitsklausel – wettbewerbsbeschränkende Abreden auch in diesem Wirtschaftsbereich grundsätzlich nach Art. 101 Abs. 1 AEUV verboten. **Art. 101 AEUV** gilt im Bankwesen **unmittelbar und uneingeschränkt,**[60] auch wenn der Bankensektor als solcher eine besondere volkswirtschaftliche Bedeutung hat.[61] Wie in anderen Wirtschaftbereichen auch ist grundsätzlich davon auszugehen, dass der Marktaustritt unprofitabler Banken wünschenswert ist; daher ist auch keine besondere kartellrechtliche Privilegierung dieses Bereichs angezeigt. Dies gilt zumindest solange, wie es dadurch nicht zu einer von den Mitgliedstaaten unbeherrschbaren Systemkrise kommt.[62]

Anders als in der Versicherungswirtschaft wurde für wettbewerbsbeschränkende Verein- 29
barungen im Bereich des Bankwesens bislang **keine Gruppenfreistellung** vom Kartellverbot vorgesehen. Wie die Entscheidungspraxis der Kommission und die Rechtsprechung der europäischen Gerichte zeigt, besteht insoweit auch kein praktisches Bedürfnis, weil die spezifischen kartellrechtlichen Probleme des Bankensektors mit dem allgemeinen kartellrechtlichen Instrumentarium – **Einzelfreistellungen** nach Art. 101 Abs. 3 AEUV sind möglich – befriedigend zu lösen sind.[63]

Erst recht findet **Art. 106 Abs. 2 AEUV** keine Anwendung auf die Kreditwirtschaft.[64] 30
Denn weder sind Banken hoheitlich betraut,[65] vielmehr werden sie hoheitlich beaufsichtigt, noch können sie als Ausführungsorgan staatlicher Finanz- und Geldpolitik angesehen werden. Eine Ausnahme ist in dieser Hinsicht nur denkbar, wenn es um Maßnahmen geht, die den Kreditinstituten – etwa von den Notenbanken – zwangsweise auferlegt werden.[66]

bb) Versicherungswirtschaft. Die **Besonderheiten der Versicherungsbranche** waren – 31
anders als im Bankenbereich – schon früh in der kartellrechtlichen Verwaltungspraxis der Kommission anerkannt; man versuchte ihrer im Rahmen des alten Freistellungssystems[67] mit einer Flut von Freistellungsverfahren Herr zu werden:

---

55 Hierzu unten Rdnr. 129.
56 Dazu näher *Kirchhoff* und *Seeliger* in § 11.
57 Näher hierzu *Langen/Bunte-Schneider,* § 2 GWB, Rdnr. 65 ff. mwN.
58 *Langen/Bunte-Schneider,* § 2 GWB, Rdnr. 63 ff.
59 Hierzu oben Rdnr. 14.
60 So auch *Langen/Bunte-Bunte,* Syst. VII, Rdnr. 18.
61 EuGH U. v. 14.7.1981, Slg. 1981, 2021, 2032 – *Züchner;* Komm. E. v. 11.6.2002, COMP 36.571 – *Lombard Club.*
62 Vgl. EuGH, 14.7.1981, Slg. 1981, 2021, 2032 – *Züchner.*
63 Ähnlich *Bader,* Bank 1988, S. 242 ff.; *Langen/Bunte-Bunte,* Syst. VII, Rdnr. 17.
64 EuGH U. v. 14.7.1981, Slg. 1981, 2021, 2030 – *Züchner.*
65 Komm. E. v. 10.12.1984, ABl. 1985 L 35/43, 48 – *Einheitliche eurocheques I.*
66 Ebenso *Langen/Bunte-Bunte,* Syst. VII, Rdnr. 19 mwN.
67 *Brittan,* VersW 1990, 754 ff.; *Müller/Zweifel,* WuW 1990, 907 ff.

- Versicherte Risiken und die mit ihnen verbundenen Kosten sind ex ante nur schwer zu quantifizieren und vorherzusagen; die **Risiko- und Kostenkalkulation** bei Versicherungsprodukten ist daher ein wesentliches Element der Preissetzung; es unterscheidet den Versicherungssektor von anderen Wirtschaftsbereichen, dass ein Zugang zu empirisch erhobenen, **statistischen Daten** für die Kostenkalkulation von Risiken benötigt wird.
- Der genaue **Leistungsumfang** verschiedener Angebote ist oft schwer einzuschätzen, wenn insoweit im Detail verschiedene Versicherungsbedingungen gelten. **Musterversicherungsbedingungen** können hier als Orientierungshilfe beim Vergleich dienen und damit Markttransparenz schaffen. Außerdem erleichtern sie den Marktzutritt insbesondere für kleine und mittlere Unternehmen und die Einhaltung versicherungsprivatrechtlicher Vorgaben.
- **Hohe Risiken** können oft nur in Versicherungsgemeinschaften getragen werden; insoweit besteht im Vergleich zu anderen Wirtschaftsbereichen de facto ein erhöhter **Kooperationsbedarf.**[68]

32 Auch diese Besonderheiten haben zwar – anders als im älteren deutschen Kartellrecht[69] – letztlich zu keiner europäischen Bereichsausnahme geführt, immerhin aber zu einer entsprechenden **Gruppenfreistellung** von bestimmten Vereinbarungen in der Versicherungswirtschaft.[70]

33 *b) Sozialversicherungen und Unternehmensbegriff.* Das europäische Kartellrecht ist bei der Ausnahme für Aktivitäten im Bereich der Sozialversicherungen noch großzügiger als das deutsche Recht.[71] Denn **Art. 101 und 102 AEUV** setzen tatbestandlich eine unternehmerische Tätigkeit voraus; diese wird bei Sozialversicherungen unter bestimmten Bedingungen verneint, und der **Unternehmensbegriff** hierdurch im Ergebnis recht eng ausgelegt.

34 So wurde beispielsweise die zuvor kontrovers diskutierte Frage entschieden, ob die Bundesverbände der **gesetzlichen Krankenversicherungen** als Unternehmen oder Unternehmensvereinigungen anzusehen sind, wenn sie die Festbeträge festsetzen, bis zu deren Erreichen die Krankenkassen die Kosten von Arzneimitteln übernehmen. Obwohl ein solches Verhalten überaus marktrelevant ist, weil es die (unternehmerisch tätige) pharmazeutische Industrie unmittelbar betrifft, und in anderen Wirtschaftsbereichen als hardcore-Vereinbarung eingestuft worden wäre, hat der EuGH[72] diese Frage letztlich verneint. Denn nach der gefestigten europäischen Rechtsprechung[73] erfasst der Unternehmensbegriff keine Einrichtungen, die mit der Verwaltung gesetzlicher Kranken- oder Rentenversicherungssysteme betraut sind, einen rein sozialen Zweck verfolgen und dabei keine wirtschaftliche Tätigkeit[74] ausüben; diese Voraussetzungen müssen allerdings kumulativ erfüllt sein.[75]

35 *c) Gruppenfreistellung betreffend die Versicherungswirtschaft.* Um den erwähnten **Besonderheiten** des Versicherungssektors nachzukommen, wurde im europäischen Kartellrecht statt einer Bereichsausnahme schon früh eine Gruppenfreistellungsverordnung für das Versicherungswesen – anders als betreffend den Bankensektor – eingeführt.

---

[68] Vgl. zum Ganzen *Langen/Bunte-Bunte,* Syst. VIII, Rdnr. 9.

[69] S. oben Rdnr. 14.

[70] Hierzu unten Rdnr. 129.

[71] S. oben Rdnr. 23.

[72] EuGH U. v. 16.3.2004, Slg. 2004, I-2493 – *AOK Bundesverband;* hierzu *Reysen/Bauer,* ZWeR 2004, 568 ff.

[73] EuGH U. v. 17.2.1993, C-159/91, C-160/91, Slg. 1993, I-637 – *Poucet und Pistre;* EuGH U. v. 22.1.2002, C-218/00, Slg. 2002, I-691 – *Cisal;* im Gegensatz dazu vgl. aber EuGH U. v. 16.11.1995, C-244/94, Slg. 1995, I-4013 – *Fédération française des sociétés d'assurance;* EuGH U. v. 21.9.1999, C-67/96, Slg. 1999, I-5863 – *Albany.*

[74] Hierzu *Pauer,* WuW 2013, 1080 ff.

[75] Ausführlich *MüKo-Säcker/Mohr,* Einleitung Band 1, Rdnr. 1460 ff. mwN; siehe auch *Kersting/Faust,* WuW 2011, 6 ff.; *Lübbig,* EuZW 2002, 149 ff.

Im Jahr 1991 erließ der Rat eine **Ermächtigungsverordnung,**[76] welche der Kommission die Befugnis erteilte, im Hinblick auf das Kartellverbot eine Gruppenfreistellung versicherungsrechtlicher Kooperationstatbestände vorzusehen. Hintergrund dieser Ermächtigung war insbesondere, dass sich eine Flut von mehreren hundert Anmeldungen zur Freistellung bestimmter Vereinbarungen im Versicherungssektor bei der Kommission angesammelt hatte.[77] Die Kommission hat diese Ermächtigungsverordnung bis heute durch Erlass von **drei Gruppenfreistellungsverordnungen** für die Versicherungswirtschaft genutzt, von denen die letzte – aus dem Jahr 2010 – derzeit in Kraft ist.[78] 36

IV. Ineinandergreifen des deutschen und europäischen Versicherungs- und Bankenkartellrechts

1. Rechtsgrundlagen und Normsystematik. Die Arbeitsteilung zwischen der Kommission und dem BKartA im Bereich der **Fusionskontrolle** ist durch die §§ 35 ff. GWB und die europäische Fusionskontrollverordnung anhand der einschlägigen Schwellenwerte klar umrissen. Allerdings gelten für Banken und Versicherungen sowohl in der deutschen als auch in der europäischen Fusionskontrolle einige Besonderheiten. 37

Die praktische Bedeutung der ausschließlich nach deutschem Kartellrecht geführten Verfahren zur **Kartellverfolgung und Missbrauchsaufsicht** in den Bereichen der Versicherungswirtschaft und des Bankwesens hat spätestens mit der 7. GWB-Novelle deutlich abgenommen.[79] Da die Zwischenstaatlichkeitsklausel im europäischen Kartellrecht seit jeher weit ausgelegt wird,[80] fallen viele Sachverhalte in diesen Bereichen nicht nur unter das deutsche, sondern auch unter das vorrangige europäische Kartellrecht, das nach Art. 3 Abs. 2 VO Nr. 1/2003 in Bezug auf Art. 101 AEUV sogar einen erweiterten Vorrang genießt.[81] 38

Die abnehmende praktische Bedeutung des deutschen Kartellrechts für die Versicherungswirtschaft und das Bankwesen zugunsten des europäischen Kartellrechts geht allerdings nicht mit einem Bedeutungsverlust der **deutschen Kartellbehörden** in diesen Bereichen einher. Denn diese sind nicht nur zum Vollzug des deutschen Kartellrechts, sondern gemäß Art. 3 Abs. 1 VO Nr. 1/2003 auch des europäischen Kartellrechts berufen,[82] solange nicht die Kommission ein Verfahren einleitet bzw. den Fall gemäß Art. 11 Abs. 6 VO Nr. 1/2003 an sich zieht[83] **(System paralleler Zuständigkeiten).** Das BKartA führt daher seine einschlägigen Verfahren in den Bereichen der Versicherungswirtschaft und des Bankwesens grundsätzlich parallel nach Art. 101, 102 AEUV sowie nach deutschem Kartell- und Missbrauchsrecht. Dies ist auch in § 22 GWB[84] sowie in § 50 Abs. 1 GWB[85] ausdrücklich so vorgesehen. Der Schwerpunkt verschiebt sich aus den genannten Gründen zunehmend weg vom deutschen hin zum europäischen Kartellrecht. Gemäß der dynamische Verweisung in § 2 Abs. 2 GWB gelten zudem die einschlägigen europäischen Gruppenfreistellungsverordnungen im Rahmen der Anwendung der §§ 1 und 2 GWB selbst dann entsprechend, wenn die Zwischenstaatlichkeitsklausel nicht erfüllt ist.[86] 39

2. Besonderheiten beim behördlichen Informationsaustausch. Betreffend den Banken- und Versicherungssektor enthält das Wettbewerbsrecht einige besondere Vor- 40

---

[76] VO Nr. 1534/91 v. 31.5.1991, ABl. 1991 L 143/1.
[77] *Langen/Bunte-Bunte,* Syst. VIII, Rdnr. 10.
[78] Einzelheiten unten Rdnr. 129.
[79] Ebenso betreffend die Versicherungswirtschaft *Langen/Bunte-Bunte,* Syst. VIII, Rdnr. 6; siehe auch *Dreher/Hoffmann/Kling,* S. 22 ff. mwN.
[80] S. dazu *Lübbig,* § 8 Rdnr. 30 ff.
[81] *MüKo-Bardong,* Art. 3 VO Nr. 1/2003, Rdnr. 68 ff. mwN.
[82] *MüKo-Bardong,* Art. 3 VO Nr. 1/2003, Rdnr. 49 ff. mwN.
[83] *MüKo-Bardong,* Art. 11 VO Nr. 1/2003, Rdnr. 129 ff. mwN.
[84] *Langen/Bunte-Schneider,* § 22 GWB, Rdnr. 5 ff. mwN.
[85] *Langen/Bunte-Schneider,* § 50 GWB, Rdnr. 9 ff. mwN.
[86] S. dazu *Lübbig,* § 8 Rdnr. 83.

schriften zur behördlichen Zusammenarbeit. Nach § 50c Abs. 1 GWB können die Kartellbehörden sowie die zuständigen Behörden im Sinne des § 2 VSchDG, also z. B. mit der BaFin in ihrem durch § 2 Nr. 2 VSchDG definierten Zuständigkeitsbereich, unabhängig von der jeweils gewählten Verfahrensart – das heißt nicht nur im Verwaltungsverfahren, sondern auch im Bußgeldverfahren – untereinander **Informationen** einschließlich personenbezogener Daten und Betriebs- und Geschäftsgeheimnisse **austauschen,** soweit dies zur Erfüllung ihrer jeweiligen Aufgaben erforderlich ist.[87] Auch dürfen diese Informationen von den genannten Behörden in ihren Verfahren unter Beachtung der geltenden Beweisverwertungsverbote **verwertet** werden.[88]

41 Zudem **arbeiten** die Kartellbehörden gemäß § 50c Abs. 2 GWB im Rahmen der Erfüllung ihrer Aufgaben unter anderem mit der BaFin – außerhalb ihres durch § 2 Nr. 2 VSchDG definierten Zuständigkeitsbereichs – und der Deutschen Bundesbank **zusammen,**[89] indem auf Anfrage gegenseitig **Erkenntnisse ausgetauscht** werden können, soweit dies für die Erfüllung ihrer jeweiligen Aufgaben erforderlich ist.[90] Dies gilt nicht für vertrauliche Informationen, insbesondere Betriebs- und Geschäftsgeheimnisse sowie für Informationen, die nach § 50a GWB oder nach Art. 12 VO Nr. 1/2003 – also innerhalb des ECN[91] – erlangt worden sind.

42 Bei den genannten Befugnissen aus § 50c GWB handelt es sich um einen Sonderfall der (nationalen) Informationshilfe und damit der behördlichen **Amtshilfe.** Die allgemeinen Vorschriften (z. B. BDSG oder VwVfG) bleiben subsidiär anwendbar; Art. 35 GG gilt vorrangig. § 50c GWB enthält **Offenbarungsbefugnisse** hinsichtlich bestehender Datenschutz- und Geheimnisschutzrechte. Soweit die Weitergabe von Informationen aus Bußgeldverfahren betroffen ist, stellt § 50c eine spezialgesetzliche Übermittlungsregelung i. S. d. §§ 49a und 49b OWiG iVm. § 480 StPO dar.[92]

V. Allgemeiner Rechtsrahmen im Banken- und Versicherungsrecht und Verhältnis zum Kartellrecht

43 **1. Versicherungs- und Bankenaufsichtsrecht.** Solange es nicht zu Normkonflikten kommt, bilden die Vorschriften des Banken- und Versicherungsaufsichtsrechts gewissermaßen einen **regulatorischen Rahmen,** in dem sich der unternehmerische Wettbewerb im Banken-und Versicherungssektor abspielt;[93] so können aufsichtsrechtliche Normen, ggf. konkretisiert durch Verfügungen der Aufsichtsbehörden, beispielsweise eine sachliche Rechtfertigung für eine Ungleichbehandlung bestimmter Kunden der Banken oder Versicherungen darstellen, die ansonsten möglicherweise gegen die §§ 19, 20 GWB verstoßen würde.

44 Soweit es um **Normkonflikte** geht, ist allerdings zu berücksichtigen, dass das Hierarchie-Verhältnis der einzelnen Normen zueinander nicht immer unmittelbar klar erkennbar ist. So können Normen des deutschen einfachen Rechts – auch des Banken- oder Versicherungsaufsichtsrechts – durchaus den kartellrechtlichen Vorschriften des GWB systematisch **nachgelagert** sein.[94] Dies ist im Einzelfall durch Auslegung zu ermitteln; in einem solchen Fall bildet nicht das Aufsichtsrecht den Rahmen für die Auslegung und Anwendung des Wettbewerbsrechts, sondern das Wettbewerbsrecht bildet umgekehrt den Rahmen für die Auslegung und Anwendung des einschlägigen Aufsichtsrechts, das dann am

---

[87] *Langen/Bunte-Schneider,* § 50c GWB, Rdnr. 6 ff. mwN.
[88] *Langen/Bunte-Schneider,* § 50c GWB, Rdnr. 14 ff. mwN.
[89] *Langen/Bunte-Schneider,* § 50c GWB, Rdnr. 22.
[90] *Langen/Bunte-Schneider,* § 50c GWB, Rdnr. 23 f.
[91] *Langen/Bunte-Schneider,* § 50a GWB, Rdnr. 6 ff.
[92] *Langen/Bunte-Schneider,* § 50c GWB, Rdnr. 4 mwN.
[93] Ähnlich MK, Hauptgutachten XX (2012/2013), Rdnr. 2068 ff.
[94] Entschieden beispielsweise für das haushaltsrechtliche Sparsamkeitsgebot gem. § 6 Abs. 1 HGrG, das gegenüber dem Kartellverbot des § 1 GWB systematisch nachgelagert ist; vgl. BGH U. v. 12.11.2002, KZR 11/01 – *Ausrüstungsgegenstände für Feuerlöschzüge.*

Wettbewerbsprinzip seine Grenzen findet. Das europäische Kartellrecht der **Art. 101, 102 AEUV** ist als Primärrecht in seinem Anwendungsbereich ohnehin **vorrangig** gegenüber allen deutschen aufsichtsrechtlichen Normen und auch gegenüber allen sekundärrechtlichen europäischen Normen des Banken- und Versicherungsaufsichtsrechts, die entweder unmittelbar in Deutschland gelten oder die in deutsches Recht umgesetzt werden. Mit anderen Worten setzt sich zumindest das europäische Kartellrecht der Art. 101, 102 AEUV im Falle eines Normkonflikts grundsätzlich gegen aufsichtsrechtliche Vorschriften gleich welchen Ursprungs durch.[95] In diesem Zusammenhang ist aber auch auf die fusionskontrollrechtliche Sonderregelung in Art. 21 Abs. 4 FKVO hinzuweisen, wonach die nationalen Aufsichtsregeln ein berechtigtes Interesse darstellen, auf das die Mitgliedstaaten sich im Rahmen der europäischen Fusionskontrolle berufen können.[96]

2. Single Euro Payments Area (SEPA). Das seit dem Jahre 2008 von der europäischen Bankwirtschaft – und nicht etwa vom europäischen Gesetzgeber – initiierte Projekt **SEPA (Single Euro Payments Area)** verfolgt insbesondere das Ziel, grenzüberschreitende Zahlungsvorgänge einfach, zu transparenten Bedingungen und sicher durch das hierzu neu zu etablierende SEPA-Lastschriftverfahren (SDD, SEPA Direct Debit) abzuwickeln und damit einheitliche Verfahren und Standards im Euro-Zahlungsverkehr zu setzen.[97] Aus wettbewerblicher Sicht ist dieses Vorhaben im Ergebnis zu begrüßen. Zwar kooperieren im Rahmen von SEPA mit den europäischen Baken und Bankverbänden unmittelbare **Wettbewerber** miteinander (problematisch im Hinblick auf den Verbotstatbestand nach Art. 101 Abs. 1 AEUV), jedoch profitieren Verbraucher und Unternehmen in Europa direkt von dem damit verbundenen Abbau alter nationaler Hürden bei Zahlungsvorgängen (Freistellungsvoraussetzung im Sinne des Art. 101 Abs. 3 AEUV). 45

Daher haben die Kommission, die EZB und die nationalen Kartellbehörden das SEPA-Projekt nach entsprechender Prüfung dem Grunde nach unterstützt.[98] Mit der **Verordnung Nr. 924/2009**[99] wurde in einem ersten Schritt ein entsprechender Rechtsrahmen geschaffen, vor allem um die wettbewerbsrechtlich heiklen Fragen betreffend multilaterale Interbankenentgelte (Multilateral Interchange Fees – MIF) für die entsprechenden Zahlungsvorgänge vorläufig zu regeln.[100] 46

Vor allem dieses Thema griff die Kommission in einem **Arbeitspapier**[101] wieder auf, dem im November 2010 eine öffentliche Konsultation folgte.[102] Dem BKartA war in diesem Zusammenhang unter anderem daran gelegen, dass das Elektronische Lastschriftverfahren (ELV) als dauerhaftes Wettbewerbsprodukt im Markt erhalten bleibt und dementsprechende Übergangsregelungen vorgesehen werden, um technische Anpassungen zu ermöglichen. Zudem sieht das BKartA die Anforderungen des **European Payments Council (EPC)** kritisch, mittels derer über rechtlich zwingende technische Anforderungen hinaus weitere Anforderungen als Standard definiert werden. Der EPC, in dem die wesentlichen in Europa tätigen Kreditinstitute als Anbieter von Zahlungsverkehrsleistungen vertreten sind, verhindert dadurch die Entstehung von Wettbewerbsprodukten auch bankunabhängiger Anbieter.[103] 47

[95] Vgl. zum Ganzen auch *Dreher/Hoffmann/Kling,* S. 16 ff.

[96] Hierzu unten Rdnr. 99.

[97] S. *Schimansky/Bunte/Lwowski-Bunte,* Band 2, S. 2786 f. mwN.

[98] Vgl. http://ec.europa.eu/competition/sectors/financial_services/sepa_en.html.

[99] VERORDNUNG (EG) Nr. 924/2009 DES EUROPÄISCHEN PARLAMENTS UND DES RATES vom 16. September 2009 über grenzüberschreitende Zahlungen in der Gemeinschaft und zur Aufhebung der Verordnung (EG) Nr. 2560/2001, ABl. Nr. L 266/11 vom 9.10.2009.

[100] S. gemeinsame Pressemitteilung der Komm. und der EZB vom 24.3.2009, abrufbar unter: http://ec.europa.eu/competition/sectors/financial_services/sepa_direct_debit_de.pdf.

[101] Arbeitspapier der Komm. zur „Anwendbarkeit des Artikels 81 EG-Vertrag auf multilaterale Interbankenentgelte im SEPA-Lastschriftverfahren" vom 30.10.2009, abrufbar unter: http://ec.europa.eu/competition/sectors/financial_services/SEPA_working_document_de.pdf.

[102] S. Pressemitteilung der Komm. vom 3.11.2009, IP/09/ 1666, abrufbar unter: http://europa.eu/rapid/press-release_IP-09-1666_de.htm.

[103] TB 2011/2012, S. 80.

48 Der politische Prozess mündete in die **Verordnung Nr. 260/2012 (SEPA-Verordnung),**[104] die am 31.3.2012 in Kraft trat und für auf Euro lautende Überweisungen und Lastschriften innerhalb der Union gilt. Mit ihr wurden die meisten noch offenen und teilweise politisch umstrittenen Fragen in Bezug auf SEPA geklärt, etwa zur Interoperabilität und zu den Anforderungen an Überweisungen und Lastschriften. Gemäß Art. 8 SEPA-Verordnung finden betreffend Lastschriften endgültig weder **multilaterale Interbankenentgelte** pro Lastschrift noch andere vereinbarte Vergütungen mit vergleichbarem Ziel oder vergleichbarer Wirkung Anwendung, es sei denn es treten Komplikationen bei einem konkreten Zahlungsvorgang auf (sog. R-Transaktionen, etwa bei Irrtümern oder mangelnder Deckung). Damit setzten sich die **wettbewerbsrechtlichen Bedenken** gegen MIF bei grenzüberschreitenden Zahlungsvorgängen im Ergebnis durch; dies liegt auf einer Linie mit der neueren Entscheidungspraxis der Kommission hierzu.

49 **3. Beihilfen-Regime am Beispiel der Finanzmarktkrise.** Gerade anlässlich der Finanzmarktkrise kam es seit dem Jahr 2008 zu **massiven staatlichen Maßnahmen** zur Stabilisierung der Finanzmärkte, welche die Frage aufwarfen, inwieweit Markt und Wettbewerb als Ordnungsprinzipien noch Geltung beanspruchen können.[105] Es setzte sich die Erkenntnis durch, dass Konjunkturkrisen die Kartellrechtsanwendung zwar beeinflussen können, indem sie die Wettbewerbssituation auf den Märkten verändern; dies stellt indes keine Legitimation von Kartellrechtsverstößen dar.[106] Die erwähnten staatlichen Maßnahmen gerieten indes mit diesem wettbewerbspolitischen Leitsatz in ein gewisses Spannungsverhältnis, auf das die Kommission mit einem überaus **großzügigen Beihilfen-Regime** nach Art. 107f. AEUV reagierte,[107] das seinerseits – unter anderem durch die Verhinderung von Insolvenzen – deutliche Auswirkung auf die faktische Wettbewerbssituation in der ganzen EU hatte.[108] Aus isolierter Sicht des deutschen und europäischen Kartellrechts sind solche staatlich veranlassten und von der Kommission nicht unterbundenen, sondern geförderten Eingriffe in das Marktgeschehen **systemfremd und fragwürdig,** im Ergebnis aber hinzunehmen, weil sie als solche mit Mitteln des Kartellrechts nicht angreifbar sind. Die Finanzmarktkrise hat insoweit paradigmatisch aufgezeigt, dass das jeweils herrschende Beihilfen-Regime erheblichen Einfluss auf die Wettbewerbssituation in den jeweils betroffenen Märkten und damit auch Auswirkungen auf die Anwendung des nationalen und europäischen Kartellrechts im Sinne eines allgemeinen Rechtsrahmens haben kann.[109]

VI. Erkenntnisse aus einschlägigen Marktuntersuchungen

50 **1. Sektoruntersuchung Unternehmensversicherungen.** Die Kommission beschloss im Jahr 2005, eine Sektoruntersuchung nach Art. 17 VO Nr. 1/2003 im Bereich der Unternehmensversicherungen einzuleiten. **Unternehmensversicherungen** umfassen unter anderem die Deckung von Vermögensrisiken und Betriebsunterbrechungen, Schiffs- und Kfz-Versicherungen, allgemeine, Berufs- sowie Umwelthaftpflichtversicherungen sowie Insassenunfall- und Kreditrisikoversicherungen.[110] Die Sektoruntersuchung wurde am 25.9.

---

[104] VERORDNUNG (EU) Nr. 260/2012 DES EUROPÄISCHEN PARLAMENTS UND DES RATES vom 14. März 2012 zur Festlegung der technischen Vorschriften und der Geschäftsanforderungen für Überweisungen und Lastschriften in Euro und zur Änderung der Verordnung (EG) Nr. 924/2009, ABl. Nr. L 94/22 vom 30.3.2012.

[105] Vgl. *Heitzer,* OWG 120 (2/2009), 34ff.

[106] S. nur *Körber,* WuW 2009, 873ff. mwN.

[107] S. etwa Komm. IP/08/1589 vom 28.10.2008 sowie MEMO/09/111 vom 17.3.2009, abrufbar unter: http://europa.eu/rapid/press-release_MEMO-09-111_de.pdf.

[108] Hierzu *Jestaedt/Wiemann,* WuW 2009, 606 ff. mwN; *Zimmer/Blaschczok,* WuW 2010, 142ff.

[109] Vgl.etwa *Soltész,* WuW 2010, 743ff. mwN.

[110] Vgl. *Dreher,* VersR 2008, 15ff.

2007 abgeschlossen[111] und enthält Bedenken nach Art. 101 und 102 AEUV vor allem in Bezug auf folgende Bereiche der Unternehmensversicherung:[112]

a) Mit-Rückversicherung und Mitversicherung. Sowohl die Mit-Rückversicherung als auch die Mitversicherung ermöglichen die Versicherbarkeit von Großrisiken.[113] Die Existenz von Mechanismen, die es mehreren (Rück-)Versicherern gestatten, jeweils einen Teil eines bestimmten Risikos zu übernehmen, führen zu einer größeren Kapazität und Risikodiversifizierung sowie zu niedrigeren Preisen und besseren Bedingungen für die Kunden. Allerdings sind in dieser Branche seit vielen Jahren unter dem Stichwort **„Best terms and conditions"** (BTC-Klausel)[114] Praktiken weit verbreitet, die zu höheren Preisen bei Großrisikoversicherungen kommerzieller Anbieter führen können. Hierzu gehört auch die herrschende Marktpraxis, die Teilnehmer des nachgelagerten Marktes durch de facto-Anpassung der Prämien und anderen Deckungsbedingungen daran **hindert, niedrigere Prämien** als der Hauptversicherer anzubieten. Diese Praktiken sind im Hinblick auf Art. 101 AEUV bedenklich.[115] Die Versicherungsunternehmen wurden daher von der Kommission dazu aufgefordert, die Vereinbarkeit der fraglichen Geschäftspraktiken mit dem Wettbewerbsrecht, insbesondere ihre Unerlässlichkeit im Sinne des Art. 101 Abs. 3 AEUV, nachzuweisen oder diese zu ändern.[116] Es ist davon auszugehen, dass die Kommission oder die nationalen Wettbewerbsbehörden die Befolgung dieser Aufforderung anhand geeigneter Einzelfälle überprüfen werden. 51

b) Vertrieb von Unternehmensversicherungen. Die Kommission äußert Bedenken im Hinblick auf Interessenkonflikte bei der Vermittlung von Versicherungen und die fehlende Transparenz bei der allgemeinen Vergütung von Versicherungsvermittlern (Maklern). Makler fungieren in einer **Doppelrolle** einerseits als Kundenberater und andererseits als Vertriebskanal für die Versicherer. Hierin ist ein Interessenkonflikt zwischen einer objektiven Kundenberatung und eigenen geschäftlichen Interessen angelegt. In diesem Zusammenhang kommt es zu weiteren Praktiken, mit denen Makler dazu angehalten werden sollen, Abschlüsse mit bestimmten Versicherern zu tätigen; dies kann zu **Wettbewerbsverzerrungen** führen, weil die Kunden entsprechend interessengeleitet beraten und beeinflusst werden.[117] 52

c) Horizontale Zusammenarbeit zwischen Versicherern. Die Feststellungen der Kommission zur horizontalen Zusammenarbeit zwischen Versicherern[118] mündete in der **Verlängerung der Gruppenfreistellungsverordnung** für Versicherungen im Jahr 2010; diesbezüglich hatte die Kommission im Jahr 2007 noch Zweifel geäußert. 53

d) Lange Laufzeiten der Unternehmensversicherungsverträge. Im Rahmen der Untersuchung analysierte die Kommission auch die Laufzeit von Verträgen sowie die Klauseln für ihre Erneuerung und Verlängerung und untersuchte entsprechende **Marktabschottungseffekte** durch übermäßig lange Kundenbindung. Relevant wird dies vor allem im Zusammenspiel mit **anderen Faktoren,** wie der Anzahl vergleichbarer Verträge, ihrer Dauer, dem Marktanteil dieser Art von Verträgen, der Marktsättigung und der Kundentreue. Bedenken ergaben sich insbesondere im Hinblick auf Österreich und Italien.[119] 54

---

[111] S. Komm. Abschlussbericht v. 25.9.2007, KOM (2007) 556 endgültig, abrufbar unter: http://eur-lex.europa.eu/legal-content/EN/ALL/?uri=CELEX:52007DC0556; ausführlich zu den Ergebnissen der Sektoruntersuchung *Langen/Bunte-Bunte,* Syst. VIII, Rdnr. 12 ff.

[112] Vgl. Komm. Staff Working Document vom 25.9.2007, SEC(2007) 1231, abrufbar unter: http://ec.europa.eu/competition/sectors/financial_services/inquiries/final_report_annex.pdf.

[113] Vgl. *Dreher/Hoffmann/Kling,* S. 105 ff.; *Esser-Wellié/Hohmann,* VersR 2004, 1211 ff.

[114] Komm. Staff Working Document vom 25.9.2007, SEC(2007) 1231, S. 23 ff.

[115] Hierzu *Materne/Seemayer,* VersR 2009, 1326 ff.; siehe auch *Gronemeyer/Jorias,* WuW 2014, 18 ff.

[116] Komm. Staff Working Document vom 25.9.2007, SEC(2007) 1231, S. 39.

[117] Komm. Staff Working Document vom 25.9.2007, SEC(2007) 1231, S. 40 ff.

[118] Komm. Staff Working Document vom 25.9.2007, SEC(2007) 1231, S. 76 ff.

[119] Komm. Staff Working Document vom 25.9.2007, SEC(2007) 1231, S. 79 ff.

55 **2. Sektoruntersuchung Retail-Banking.** Im Rahmen ihres Abschlussberichts[120] zur Sektoruntersuchung des Retail-Bankgeschäfts nach Art. 17 VO Nr. 1/2003 stellte die Kommission im Jahr 2007 fest, dass eine Reihe von Indikatoren wie **Marktzersplitterung,** Preisstarrheiten und eine **unzureichende Kundenmobilität** darauf schließen lassen, dass der Wettbewerb im europäischen Retail Banking möglicherweise nicht wirksam funktioniert. Zudem bestehen im Bankensektor aus wettbewerblicher Sicht sehr unterschiedliche (potentielle) **Zugangsschranken,** beispielweise Netz- und Standardisierungsanforderungen bei bestimmten Infrastrukturen, regulatorische Schranken oder marktverhaltensbedingte Hindernisse.[121]

56 Die Kommission identifizierte vor diesem Hintergrund vier wettbewerbliche **Haupt-Problemfelder** im Bereich des Retail-Banking, die nach ihrer Auffassung in Bezug auf Art. 101 AEUV bzw. Art. 102 AEUV relevant sind:

- **Zahlungssysteme,** einschließlich Kartenzahlungssysteme;
- **Kreditauskunftssysteme;**
- **Zusammenarbeit** zwischen Banken, vor allem Sparkassen und genossenschaftliche Banken, sowie
- **Festlegung** von Preisen und Geschäftsstrategien.

Die Kommission kündigte im Zusammenhang mit der Veröffentlichung des Abschlussberichts an, in diesen Problemfeldern einen teils dringenden Handlungsbedarf für sich oder die nationalen Wettbewerbsbehörden zu sehen;[122] es bleibt abzuwarten, inwieweit in den nächsten Jahre noch entsprechende **Durchsetzungsmaßnahmen** ergriffen werden.

57 *a) Zahlungssysteme.* Die Sektoruntersuchung hat mehrere aus Sicht der Kommission bedeutende Wettbewerbsprobleme im Hinblick auf Art. 101 bzw. Art. 102 AEUV im europäischen **Zahlungskartenmarkt** identifiziert:[123]

- Hierzu gehören deutliche Unterschiede – bis zum Faktor drei – bei der Höhe der **Kartengebühren** für Händler, Karteninhaber und Banken (Interbankenentgelte) innerhalb der EU, wobei Probleme mit den Interbankenentgelten – Multilateral Interchange Fees (MIF), die typischerweise vom Acquirer an den Issuer (Kartenaussteller) gezahlt werden – weniger im Bereich der Debitkarten als vielmehr im Bereich der Kreditkarten bestehen.
- Auch stellte die Kommission **strukturelle Zugangsschranken in den Zahlungskartennetzen** fest, weil das Acquiring von Kreditkartentransaktionen in einigen Mitgliedstaaten durch einen Monopolisten erfolgt, der als Gemeinschaftsunternehmen von etablierten Banken agiert, die wiederum auf diesem Markt gleichzeitig als Issuer tätig sind. Dies hat unter anderem unangemessen hohe Händlergebühren zur Folge.
- Die Kommission bemängelte, dass bestimmte **Zugangs und Governance-Regeln** unter anderem künstliche Marktbarrieren schaffen. So ist in den Mitgliedsbedingungen internationaler Kreditkartennetze und mancher nationaler Kartenzahlungssysteme vorgesehen, dass das Recht auf Issuing und Acquiring auf bestimmte Unternehmen beschränkt ist. Auch ist der Zugang zu Infrastrukturen in einigen Mitgliedstaaten dadurch eingeschränkt, dass ausländische Markteinsteiger durch Gründung einer lokalen Zweigstelle bzw. lokalen Tochtergesellschaft vor Ort präsent sein müssen, was mit entsprechenden Kosten einhergeht. Zudem werden in einigen Fällen die an das Kartensystem angeschlossenen Mitglieder nach den geltenden Governance-Regeln verpflichtet, sensible Geschäftsinformationen an die Hauptmitglieder weiterzuleiten, erhalten von diesen ihrerseits aber keine Informationen, was letztlich den Wettbewerbsdruck auf die Hauptmitglieder verringert.

---

[120] Vgl. Komm. Abschlussbericht v. 31.1.2007, KOM (2007) 33 endgültig; abrufbar unter: http://eur-lex.europa.eu/legal-content/EN/ALL/?uri=CELEX:52007DC0033; hierzu *Bunte,* WM 2007, 1197 ff.; sowie *Bunte,* WM 2007, 2041 ff.

[121] Vgl. *Schimansky/Bunte/Lwowski-Bunte,* Band 2, S. 2768 ff. mwN.

[122] S. auch MK Hauptgutachten XX (2012/2013), Rdnr. 2110 ff.

[123] Vgl. Komm. Staff Working Document vom31.1.2007, SEC(2007) 106, S. 79 ff., abrufbar unter: http://ec.europa.eu/competition/sectors/financial_services/inquiries/sec_2007_106.pdf.

- Die **Beitrittsgebühren** der Zahlungskartennetze in der EU variieren stark und sind in einigen Mitgliedstaaten besonders hoch, wodurch neue Anbieter von einem Beitritt abgeschreckt werden.
- Durch den Abschluss und die Anwendung von (bilateralen) **Vereinbarungen über vergünstigte Interbankenentgelte** (Entgelte für gruppeninterne Transaktionen), wie sie in einigen Mitgliedstaaten üblich sind, können Unternehmen, die über eine Monopolstellung verfügen und sowohl im Issuing als auch im Acquiring tätig sind, indirekt den Markteintritt anderer Unternehmen behindern, indem sie diesen nicht die gleichen günstigen Bedingungen gewähren und damit die mit dem Markteintritt verbundenen Kosten erhöhen. Wettbewerblich problematisch sind nach Ansicht der Kommission auch die in manchen Mitgliedstaaten geschlossenen **bilateralen Clearing-Vereinbarungen** zwischen lokalen Banken, die dazu führen, dass Markteinsteigern, die als potenzielle Wettbewerber kaum eine etablierte Trägerbank für das Clearing finden können, der Marktzutritt erschwert wird.

Auch im Bereich der **nicht auf Zahlungskarten gestützten Zahlungssysteme** identifizierte die Kommission in ihrem Abschlussbericht zur Sektoruntersuchung bestimmte Wettbewerbsprobleme.[124] Hierbei ging es der Kommission vor allem um den Zugang zu Clearing- und Abwicklungssystemen für Banken, die einen Markteintritt im Retail-Banking-Sektor erwägen. Die Kommission benannte unterschiedliche Markteintrittsschranken, die von Betreibern der etablierten Infrastrukturen (nationale Clearing-Systeme) in manchen Mitgliedstaaten errichtet wurden: 58

- unterschiedliche **Mitgliedskategorien** und besondere Anforderungen an direkte Mitglieder;
- die **ausschließliche** Zulassung von **Banken;**
- **Mitgliedsbeiträge** und Gebührenstruktur;
- Zwang zur Anpassung an **unterschiedliche nationale Standards;**
- **Interbankenentgelte** für Überweisungen und Lastschriften.

b) Kreditauskunftssysteme. Weiter bemängelte die Kommission[125] insbesondere im Hinblick auf Art. 101 AEUV, dass in vielen Mitgliedstaaten aus rechtlichen Gründen oder auch wegen unzureichender Entwicklung der Kreditdatenmärkte **keine umfassenden Kreditdaten verfügbar** sind, das heißt statistische Daten über Art, Höhe, Laufzeit und Schuldner der von Banken vergebenen Kredite. Dies behindert den Marktzutritt von Banken, die Kernprodukte des Retail Banking (zB. Hypothekarkredite, Verbraucherkredite oder Kreditkarten) anbieten wollen und daher auf einen offenen und erschwinglichen Zugang zu verlässlichen Kreditdaten angewiesen sind. Zudem vermutet die Kommission, dass in manchen Mitgliedstaaten gegen Art. 102 AEUV verstoßende diskriminierende Bedingungen für den Zugang zu Kreditregistern gelten, die dort als Gemeinschaftsunternehmen inländischer Banken geführt werden. 59

c) Zusammenarbeit zwischen Banken. Die Kommission stellte fest,[126] dass Retail-Banken typischerweise in verschiedenen Bereichen zusammenarbeiten, so bei der **Festlegung von Standards,** der **Einrichtung von Infrastrukturen** oder dem **Betrieb von Zahlungssystemen.** Insbesondere rechtlich unabhängige Sparkassen und Genossenschaftsbanken haben eine Neigung, in verschiedenen Bereichen besonders intensiv zusammenzuarbeiten, z.B. beim Betrieb von Zahlungsinfrastrukturen, beim gemeinsamen Risikomanagement- und Einlagensicherungssystem oder einer gemeinsamer Geschäfts- und Marketingstrategie einschließlich einer gemeinsamen Marke. Bedenken in Bezug auf Art. 101 AEUV bestehen laut Kommission dann, wenn es sich bei den kooperierenden Banken nicht um KMU handelt, sondern diese zusammen über einen bedeutenden Marktanteil verfügen und die Zusammenarbeit dazu führt, dass der Wettbewerb unter ihnen eingeschränkt wird oder keine 60

[124] Vgl. Komm. Staff Working Document vom 31.1.2007, SEC(2007) 106, S. 156ff.
[125] Vgl. Komm. Staff Working Document vom 31.1.2007, SEC(2007) 106, S. 25ff.
[126] Vgl. Komm. Staff Working Document vom 31.1.2007, SEC(2007) 106, S. 39ff.

neuen Wettbewerber in den Markt eintreten. In solchen Fällen sei auch zu fragen, ob ein indiziertes wettbewerbswidriges Verhalten durch Rechtsvorschriften oder andere staatliche Maßnahmen verursacht oder aufgrund dieser beibehalten wird; dies betrifft etwa bestimmte Regelungen in den deutschen **Landessparkassengesetzen.**

61 *d) Festlegung von Preisen und Geschäftsstrategien.* Schließlich machte die Kommission Bedenken im Hinblick auf Art. 101 und Art. 102 AEUV geltend, soweit es um die **Produktkopplung**[127] und **Kosten für den Wechsel** der Bank[128] geht. Der Wettbewerb der Banken um Retail-Kunden wird auch durch Faktoren wie **Informationsasymmetrien,** also einem Mangel an transparenten Verbraucherinformationen, und die mit einem Bankenwechsel verbundenen hohen Kosten beeinträchtigt, die z. B. durch Produktkopplungen oder hohe Kontoschließungsgebühren verursacht werden. Im Ergebnis ist die Kundenmobilität im Markt für Giro- und Kontokorrentkonten allgemein gering; Banken können bei geringer Kundenmobilität größere Gewinnspannen erzielen. Die Preise für Retail-Banking-Produkte sind in den einzelnen Mitgliedstaaten sehr unterschiedlich. Innerhalb der Mitgliedstaaten weichen die Verhaltensweisen bei der Festlegung von Preisen und Geschäftsstrategien für Kernprodukte des Retail-Banking jedoch nicht maßgeblich voneinander ab. Auch bei der Produktkopplung agieren die Banken in den meisten Mitgliedstaaten ähnlich.

62 **3. Grünbuch zur weiteren Integration der Zahlungsverkehrsmärkte.** Im Jahr 2012 veröffentlichte die Kommission ein **Grünbuch** zur weiteren Integration der Karten-, Internet- und mobilen Zahlungsverkehrsmärkte.[129] Die Kommission thematisierte hier Wettbewerbsdefizite in der europäischen Zahlungsverkehrslandschaft, vor allem in den Bereichen

- **Standardzahlungsinstrumente** (Überweisungen und Lastschriften),
- **Zahlungskarten,**
- Zahlungen über das Internet **(E-Zahlungen)** sowie
- Mobile Zahlungssysteme **(M-Zahlungen).**

Die Kommission thematisierte hier unter anderem die Marktfragmentierung, den Marktzugang und den grenzüberschreitender Markteintritt, transparente und kosteneffiziente Preise von Zahlungsdienstleistungen für Verbraucher, Einzelhändler und andere Unternehmen, Standardisierungsfragen, die Interoperabilität zwischen Dienstanbietern sowie die Zahlungssicherheit und leitete hieraus entsprechende Fragen ab.[130] Die Antworten aus interessierten Kreisen wurden noch im Jahr 2012 zusammenfassend veröffentlicht.[131] Insbesondere das BKartA wies im Rahmen der Konsultation auf die Bedeutung des Wettbewerbs durch **bankunabhängige Anbieter** – wie etwa das Elektronische Lastschriftverfahren (ELV) – hin, die verdrängt zu werden drohen.[132] Weitere Schlussfolgerungen aus dem Grünbuch bleiben abzuwarten.

63 **4. Untersuchung zu den Kosten von Bar-und Kartenzahlungen.** Im Jahr 2012 vergab die Kommission einen Auftrag zur Untersuchung der **Kosten,** die bei Händlern durch die Annahme von **Bar- oder Kartenzahlungen** entstehen. Nachdem im Jahr 2014

[127] Vgl. Komm. Staff Working Document vom 31.1.2007, SEC(2007) 106, S. 49 ff.

[128] Vgl. Komm. Staff Working Document vom 31.1.2007, SEC(2007) 106, S. 65 ff.

[129] Komm. 11.1.2012, KOM(2011) 941 endgültig, abrufbar unter: http://eur-lex.europa.eu/legal-content/DE/TXT/PDF/?uri=CELEX:52011DC0941&from=EN.

[130] Vgl. hierzu auch Komm. DAF/COMP/WD(2012)66, Zusammenfassung für einen OECD-Roundtable vom 18.10.2012; abrufbar unter: http://ec.europa.eu/competition/international/multilateral/2012_oct_payment_systems_en.pdf.

[131] Komm. 27.6.2012, Feedback statement on European Commission Green Paper „Towards an integrated European market for card, internet and mobile payments", abrufbar unter: http://ec.europa.eu/competition/sectors/financial_services/payments_consultation_feedback_en.pdf.

[132] Stellungnahme des BKartA vom 11.4.2012 zum Grünbuch der Kommission, abrufbar unter: http://www.bundeskartellamt.de/SharedDocs/Publikation/DE/Stellungnahmen/Stellungnahme%20-%20Gr%C3%BCnbuch%20der%20Kommission.pdf?__blob=publicationFile&v=5.

erste Zwischenergebnisse präsentiert wurden,[133] wurde der Abschlussbericht im Jahr 2015 vorgelegt,[134] brachte allerdings belastbare Erkenntnisse vor allem in Bezug auf größere Händler mit entsprechenden Umsätzen, weniger in Bezug auf verhältnismäßig kleine Händler. Die Kommission beabsichtigt, die Erkenntnisse aus dieser Untersuchung bei der Entscheidung zukünftiger Einzelfälle zu berücksichtigen.

B. Versicherungswirtschaft und Kartellrecht

I. Normadressaten

Hinsichtlich der Stellung als Normadressaten gelten kaum Besonderheiten für die Versicherungswirtschaft. Privatrechtlich verfasste Versicherungen sind als **Unternehmen** Normadressaten des deutschen und europäischen Kartellrechts; dies gilt auch für Captive-Versicherer, die in der Regel ausschließlich oder überwiegend Konzernrisiken erst- und rückversichern.[135] Auch Versicherungsvermittler sind Normadressaten. Im Hinblick auf die öffentlich-rechtlich organisierten Sozialversicherungen gelten unter bestimmten Voraussetzungen die bereits erwähnten[136] Ausnahmen. Die Verbände der Versicherungswirtschaft und die Gemeinschaftseinrichtungen dieser Verbände sind **Unternehmensvereinigungen** im Sinne des deutschen und europäischen Kartellrechts.[137] 64

II. Marktabgrenzung

Die sachliche und die räumliche Marktabgrenzung richten sich auch im Versicherungssektor nach den **allgemeinen kartellrechtlichen Grundsätzen.**[138] Anhaltspunkte bietet insoweit insbesondere die Bekanntmachung der Kommission über die Definition des relevanten Marktes.[139] 65

1. Sachliche Marktabgrenzung. *a) Angebotssubstituierbarkeit.* Zum gleichen sachlich relevanten Markt gehören demnach alle Versicherungsprodukte, die von der jeweiligen Marktgegenseite – etwa den Verbrauchern – als austauschbar oder substituierbar angesehen werden (Bedarfsmarktkonzept).[140] Eine besondere Rolle bei der Marktabgrenzung in Bezug auf Versicherungsprodukte spielt allerdings die tatsächliche oder zumindest potenzielle **Angebotssubstituierbarkeit.** Denn die Konditionen von Versicherungsverträgen hängen in der Regel von konkreten Risiken und von anderen besonderen Faktoren ab, die häufig individuell, wenn nicht gar einzigartig sind; die **Nachfragesubstituierbarkeit** kann daher in Einzelfällen gleich Null sein.[141] Nach den allgemeinen Grundsätzen kann der Angebotssubstituierbarkeit bei der Definition der Märkte ebenfalls Rechnung getragen werden, wenn sie sich genauso wirksam und unmittelbar auswirkt wie die Nachfragesubstituierbarkeit. Dies setzt voraus, dass die Anbieter in Reaktion auf kleine, dauerhafte Änderungen bei den relativen Preisen in der Lage sind, ihre Produktion auf die relevanten Erzeugnisse umzustellen und sie kurzfristig auf den Markt zu bringen, ohne spürbare Zusatzkosten oder 66

---

[133] Survey on Merchants' Costs of Processing Cash and Card Payments; Preliminary Results, February 2014, abrufbar unter: http://ec.europa.eu/competition/sectors/financial_services/presentation_results_en.pdf.

[134] Survey on merchants' costs of processing cash and card payments; Final results, March 2015, abrufbar unter: http://ec.europa.eu/competition/sectors/financial_services/dgcomp_final_report_en.pdf.

[135] Ebenso *MüKo-Esser/Stappert,* SB Versicherungswirtschaft, Rdnr. 5 ff. mwN.

[136] S. oben Rdnr. 23, 33.

[137] So auch *MüKo-Esser/Stappert,* SB Versicherungswirtschaft, Rdnr. 15 mwN.

[138] Ebenso *Langen/Bunte-Bunte,* Syst. VIII, Rdnr. 73.

[139] ABl. Nr. C 372 vom 9.12.1997 S. 5; s. dazu auch *de Bronett,* § 22 Rdnr. 14.

[140] S. dazu *de Bronett,* § 22 Rdnr. 12 ff. und *Wiedemann,* § 23 Rdnr. 7 ff.

[141] So auch *Langen/Bunte-Bunte,* Syst. VIII, Rdnr. 74 mwN; vgl *Körber/Rauh-Thomas,* S. 62 f.

Risiken zu gewärtigen, denn dann üben die zusätzlich auf den Markt gelangenden Produkte eine disziplinierende Wirkung auf das Wettbewerbsgebaren der auf diesem Markt agierenden Unternehmen aus.[142]

67 *b) Angebotsumstellungsflexibilität.* Im konkreten Einzelfall können bestimmte Faktoren die **Angebotsumstellungsflexibilität begrenzen,** was dann tendenziell gegen eine Zusammenfassung der entsprechenden Versicherungsprodukte zu einem sachlich einheitlichen Markt sprechen kann;[143] hierzu gehören ein unterschiedliches Entwicklungsniveau der Produkte, deutliche Unterschiede in Zusammensetzung und Marktanteil der anbietenden Versicherer, abweichende regulatorische Rahmenbedingungen, unterschiedliche Vertriebsstrukturen, unterschiedliche Bedeutung der Markenwiedererkennung und der sie bestimmenden Faktoren sowie signifikante Unterschiede in Bezug auf Art und Umfang von Leistungen im Schadenfall.[144]

68 *c) Abgrenzung anhand der Nachfrage nach unterschiedlichen Versicherungsprodukten.* Nach Auffassung der Kommission lassen sich die Versicherungsmärkte vor diesem Hintergrund im Sinne einer groben Dreiteilung[145] zunächst wie folgt sachlich abgrenzen:

- Erstversicherungsmärkte für **Nicht-Lebensversicherungen;**
- Erstversicherungsmärkte für **Lebensversicherungen** und
- **Rückversicherungsmärkte.**

69 Typische Unterschiede zwischen Lebens- und Nicht-Lebensversicherungen sind die Personenbezogenheit und der Umstand, dass die Lebensversicherungen in der Regel langfristig geschlossen werden und neben der eigentlichen Versicherung eine zusätzliche Ansparfunktion haben; auch die Vertriebsstrukturen unterscheiden sich deutlich.[146] Die Kommission hat diese Bereiche in ihrer bisherigen Entscheidungspraxis nicht abschließend sachlich abgegrenzt;[147] sie hat allerdings ausdrücklich in Betracht gezogen, dass die Bereiche Lebensversicherungen und Nicht-Lebensversicherungen jeweils in ebenso viele verschiedene sachlich relevante Märkte unterteilt werde könnten, wie unterschiedliche **Risiken** abgesichert werden.[148] Da sich die Eigenschaften, Prämien und Verwendungsmöglichkeiten der einzelnen Versicherungspolicen deutlich voneinander unterscheiden, sind diese aus Nachfragesicht nur schwer austauschbar.[149]

70 Hinzu treten die Märkte für den **Vertrieb und die Vermittlung** von Versicherungen, die sachlich von den oben genannten Bereichen abzugrenzen sind,[150] sowie die Märkte für **Risikozeichnungs- und Verwaltungsdienstleistungen** für Erst-und Rückversicherer[151] als ebenfalls eigenständige sachliche Märkte.

71 *aa) Erstversicherungsmärkte für Nicht-Lebensversicherungen.* Die Erstversicherungsmärkte für **Nicht-Lebensversicherungen** sind nach Auffassung der Kommission grundsätzlich orientiert an dem jeweils zu versichernden **Risiko** weiter zu unterteilen, soweit sich Eigen-

---

[142] Vgl. Ziffer 20 der Bekanntmachung Kommission über die Definition des relevanten Marktes; s. ferner *Richter/Steinvorth,* § 2 Rdnr. 29ff.

[143] Vgl. *MüKo-Esser/Stappert,* SB Versicherungswirtschaft, Rdnr. 189 mwN; *Körber/Rauh-Thomas,* S. 64f.

[144] Komm. E. v. 17.6.2008, Comp/M.5075 – *Vienna Insurance Group.*

[145] Komm. E. v. 28.2.2003, COMP/M.3035 – *Berkshire Hathaway/Converium/Gaum JV;* Komm. E. v. 28.6.2004 COMP/M.3446 – *UNIQA/Mannheimer;* Komm. E. v. 3.4.1995, M.539 – *Allianz/Elvia/Lloyd Adreatico.*

[146] So auch *MüKo-Esser/Stappert,* SB Versicherungswirtschaft, Rdnr. 196 mwN.

[147] Komm. E. v. 17.6.2008, Comp/M.5075 – *Vienna Insurance Group;* Komm. E. v. 19.7.2001, COMP/M.2431 – *Allianz/Dresdner;* Komm. E. v. 19.1.2005, COMP/M.3556 – *FORTIS/BCP.*

[148] Kritisch *MüKo-Esser/Stappert,* SB Versicherungswirtschaft, Rdnr. 188, die von der Gefahr einer Atomisierung der Erstversicherungsmärkte sprechen.

[149] Vgl. ausführlich zum Ganzen *Brinker/Schädle,* VersR 2004, 673ff.

[150] Komm. E. v. 23.9.2013, COMP/M.6957 – *IF P&C/ Topdanmark;* Komm. E. v. 23.10.1998, IV/M.1307 – *Marsh & McLennan/Sedgwick;* Komm. E. v. 24.8.1998, IV/M.1280 – *KKR/Willis Corroon.*

[151] Komm. E. v. 28.2.2003, COMP/M.3035 – *Berkshire Hathaway/Converium/Gaum JV.*

schaften, Prämien und Verwendungsmöglichkeiten der einzelnen Versicherungen deutlich voneinander unterschieden und sie daher für den Versicherungsnehmer nicht oder nur schwer austauschbar sind.[152] Es können demnach aus Sicht der Nachfrager – zumindest theoretisch – so viele unterschiedliche Produktmärkte angenommen werden, wie es Versicherungen für unterschiedliche Risiken gibt.[153] Allerdings sind sich beispielsweise in der Schadensversicherung die Versicherungsbedingungen selbst bei verschiedenen Risiken recht ähnlich; auch bieten die meisten großen Versicherungsunternehmen Schadensversicherungen für mehrere Risiken an. Dies sind im Hinblick auf die Angebotsumstellungsflexibilität Indizien dafür, dass verschiedene Arten der Schadensversicherung einem **weit zu fassenden** einheitlichen Produktmarkt angehören könnten.[154]

Dies führt zu dem Ansatz, den Nicht-Lebensversicherungssektor sachlich in folgende **Segmente** zu differenzieren, wobei sich wiederum hinter diesen Segmenten mehrere verschiedene sachlich abzugrenzende Produktmärkte verbergen können:[155] 72

- **Unfall- und Krankenversicherung** (accident and sickness),
- **Kfz-Versicherung** (motor vehicle),
- **Sachversicherung** (property),
- **See-, Luft- und Transportversicherung** (marine, aviation and transport, MAT)
- **Haftpflichtversicherung** (liability),
- **Kredit- und Kautionsversicherung** (credit and suretyship) und
- **Reiseversicherung** (travel).

Bestimmte Faktoren können hingegen auf einen noch **enger zu fassenden,** separaten sachlichen Markt – etwa für Pharma-Haftpflichtversicherungen[156] – hinweisen, wie beispielsweise ein besonders hohes Schadenpotenzial, die Gefahr von Serienschäden, ein latentes Spätschadenpotenzial, die Beschränkung auf Personenschäden, die Notwendigkeit medizinischen Spezialwissens bei der Risikoeinschätzung, haftungsrechtliche Besonderheiten sowie die Existenz etwa des Pharma-Pools als spezieller Mit-Rückversicherungsgemeinschaft. Daher hatte die Kommission bereits in ihrer älteren Spruchpraxis erwogen, die Märkte enger zu definieren, z.B. im Zusammenhang mit Kredit- und Gewährleistungsversicherungen[157] und einigen anderen spezialisierten Versicherungen, typischerweise für große Risiken.[158] 73

Die Enge oder Weite der sachlichen Marktabgrenzung hängt aus Sicht der Komm aber offenbar auch von den anzuwendenden kartellrechtlichen Vorschriften ab; so ist die sachliche Marktabgrenzung der Kommission im Rahmen der Anwendung des **Art. 101 AEUV tendenziell enger** als für die Zwecke der Fusionskontrolle nach der FKVO. Im Zusammenhang mit Art. 101 AEUV hat die Kommission etwa folgende Märkte abgegrenzt:[159] Maschinenbetriebsunterbrechungsversicherungen und Raumfahrtversicherungen, Luftfahrtversicherungen, Feuerindustrie- bzw. Feuerindustrie- und Betriebsunterbrechungsversicherungen, Haftpflichtversicherungen, nukleare Sachversicherung und nukleare Haftpflichtversicherung, Maschinenbetriebs- und Montageversicherungen, Seeschiffsversicherungen für die Deckung von Sachschäden an Schiffen (Schiffskörper, Maschinen etc.), Seeschiffsversicherungen gesetzlicher und vertraglicher Haftpflichtschäden und Schiffskaskoversicherungen. 74

---

[152] Komm. E. v. 5.4.2006, IV/M.4055 – *Talanx/Gerling*.

[153] Komm. E. v. 17.6.2008, Comp/M.5075 – *Vienna Insurance Group;* vgl. *Dreher/Hoffmann/Kling,* S. 265 sowie *Altenmöller* ZVersWiss 1999, 335 ff.

[154] So auch *Langen/Bunte-Bunte,* Syst. VIII, Rdnr. 75; Komm. E. v. 17.6.2008, Comp/M.5075 – *Vienna Insurance Group.*

[155] Ebenso *MüKo-Esser/Stappert,* SB Versicherungswirtschaft, Rdnr. 203 mwN.

[156] Komm. E. v. 5.6.2006, Comp/M.4055 – *Talanx/Gerling.*

[157] Komm. E. v. 11.12.2001, COMP/M.2602 – *Gerling/NCM;* Komm. E. v. 29.3.2006, COMP/M.3786 – *BPI/EulerHermes/COSEC;* Komm. E. v. 5.6.2006, COMP/M.4055 – *Talanx/Gerling;* Komm. E. v. 5.3.2008, COMP/M.4990 – *Euler Hermes/OeKB/JV.*

[158] S. Komm. E. v. 28.2.2003, COMP/M.3035 – *Berkshire Hathaway/Converium/Gaum JV;* Komm. E. v. 5.6.2006, Comp/M.4055 – *Talanx/Gerling.*

[159] Beispiele nach *MüKo-Esser/Stappert,* SB Versicherungswirtschaft, Rdnr. 204 mwN.

75 Eine im Jahr 2008 anlässlich eines Einzelfalles angestellte Marktuntersuchung[160] hat ergeben, dass die genaue sachliche Marktabgrenzung im Bereich der Nicht-Lebensversicherung **für jeden Mitgliedsstaat einer gesonderten Betrachtung** bedarf, und zwar aus folgenden Gründen:

- Die Unterschiede im Hinblick auf das **Entwicklungsniveau** der jeweiligen Versicherungsmärkte in den Mitgliedstaaten sind zum Teil erheblich. So ist insbesondere in den neuen Mitgliedstaaten die Versicherungsdichte im Bereich der spezialisierteren Arten von Versicherungen noch sehr niedrig.
- Hinsichtlich der **regulatorischen Rahmenbedingungen** für verschiedene Arten von Versicherungen bestehen zahlreiche nationale Besonderheiten.
- Auch bezüglich der **Vertriebsstruktur** und der Bedeutung der Markenwiedererkennung bestehen signifikante Unterschiede zwischen den Mitgliedsstaaten, die die Austauschbarkeit auf der Angebotsseite begrenzen können.

76 Dieser nach Mitgliedstaaten differenzierende Ansatz der Kommission zur sachlichen Marktabgrenzung führt zwar zu einem recht unübersichtlichen Gesamtergebnis, erscheint aber aus den oben genannten Gründen durchaus als sachgerecht; im Bankenkartellrecht[161] gilt eine ähnliche Herangehensweise. Die Unübersichtlichkeit steigt dadurch, dass die Kommission viele Einzelfragen bis heute ausdrücklich nicht entschieden hat. So wurde beispielsweise offengelassen, ob die **Kfz-Kasko-** und die **Kfz-Haftpflichtversicherung** in Rumänien zwei eigenständige sachlich relevante Märkte darstellen oder ob sie Teil eines einheitlichen rumänischen Marktes für Kfz- Versicherungsprodukte sind.[162] Ein anderes Beispiel: obwohl die Kommission in früheren Entscheidungen den Markt für **Kreditversicherungen** in fünf Segmente (Delcredereversicherung, Investitionsgüterkreditversicherung, Konsumentenkreditversicherung, Vertrauensschadensversicherung und Kautions- bzw. Gewährleistungsversicherung) unterteilt hatte,[163] entschied sie im Jahre 2008, dass – wiederum im Fall von Rumänien – als sachlich relevanter Markt der **Gesamtmarkt für Garantieprodukte** anzusehen ist, unabhängig davon, ob diese Produkte von Banken oder Versicherern angeboten werden.[164]

77 Für Deutschland hat beispielsweise das OLG Düsseldorf[165] einen einheitlichen Markt für die **Vermögensschaden-Haftpflichtversicherung** von rechts-, steuer- und wirtschaftsberatenden Berufen angenommen; tragende Gründe waren die Vergleichbarkeit der Kalkulationsgrundlagen für die zu versichernden Risiken, das erforderliche Know-how bei der Schadenbearbeitung und die gleichen Vertriebsstrukturen.[166]

78 *bb) Erstversicherungsmärkte für Lebensversicherungen.* In Bezug auf den **Lebensversicherungsbereich** hatte die Kommission in ihrer älteren Spruchpraxis in Betracht gezogen,[167] Lebensversicherungsprodukte in drei klar separierte sachliche Märkte für

- **Schutzprodukte,**
- **Altersvorsorgeprodukte** und
- **Veranlagungsprodukte**

zu unterteilen.

79 Allerdings sollen analog zu den Erstversicherungsmärkten für Nicht-Lebensversicherungen in Bezug auf bestimmte räumliche Märkte die Altersvorsorge- und Veranlagungspro-

---

[160] Komm. E. v. 17.6.2008, Comp/M.5075 – *Vienna Insurance Group.*

[161] Hierzu unten Rdnr. 193 ff.

[162] Komm. E. v. 17.6.2008, Comp/M.5075 – *Vienna Insurance Group.*

[163] Komm. E. v. 29.3.2006, COMP/M.3786 – *BPI/EulerHermes/COSEC;* Komm. E. v. 5.3.2008, COMP/M.4990 – *Euler Hermes/OeKB/JV.*

[164] Komm. E. v. 17.6.2008, COMP/M.5075 – *Vienna Insurance Group.*

[165] OLG Düsseldorf U. v. 17.9.2008, WuW/E DE-R 2540 – *Wirtschaftsprüferhaftpflicht.*

[166] Hierzu *Langen/Bunte-Bunte,* Syst. VIII, Rdnr. 78.

[167] Komm. E. v. 19.1.2005, COMP/M.3556 – *Fortis/BCP;* Komm. E. v. 20.1.2006, COMP/M.4047 – *Aviva/ARK Life;* Komm. E. v. 28.8.2006, COMP/M.4284 – *Axa/Winterthur;* Komm. E. v. 3.12.2007, COMP/M.4701 – *Generali/PPF Insurance Business.*

dukte zu einem einheitlichen sachlich relevanten Markt zusammengefasst sein.[168] **Nicht** zu den Lebensversicherungen gehören hingegen die privaten **Krankenversicherungen**[169] und die **Unfallversicherungen,** obwohl auch sie personenbezogen sind und langfristig abgeschlossen werden.[170]

cc) Rückversicherungsmärkte. Bei Rückversicherungen wird typischerweise die Deckung für ein Einzelrisiko oder Risikoportefeuille von dem Erstversicherer ganz oder teilweise an eine Rückversicherungsgesellschaft weitergegeben; dadurch wird der Erstversicherer in der Lage versetzt, das **Risiko zu streuen.**[171] Die Rückversicherung ist daher unabhängig von der Natur der Erstversicherung immer eine Schadenversicherung.[172] 80

Ob auch bei Rückversicherungen eine risikobezogene Marktabgrenzung vorzunehmen ist,[173] erscheint eher zweifelhaft. Denn Rückversicherer können ohne größere Umstellung jedes erdenkliche Risiko decken, was eher dafür spricht, dass Rückversicherungen einen **einheitlichen Produktmarkt** bilden.[174] 81

dd) Versicherungsvertrieb. Die Kommission grenzt die Märkte für den Vertrieb und die Vermittlung von Versicherungen, insbesondere durch Versicherungsmakler, als **eigenständige** sachliche Märkte ab.[175] Hierbei ist zwischen dem Vertrieb von Erstversicherungsprodukten und demjenigen von Rückversicherungsprodukten zu unterscheiden.[176] Beim Vertrieb von Erstversicherungen ist weiter in die Bereiche Lebens- und Nicht-Lebensversicherungen zu differenzieren.[177] Bislang hat die Kommission die weitere sachliche Marktabgrenzung beim Vertrieb von Nicht-Lebensversicherungen offen gelassen,[178] etwa zu der Frage, ob eine weitere Untergliederung der Märkte nach betroffenen Industrien oder versicherten Risiken angezeigt ist.[179] Auch zum Vertrieb von Rückversicherungsprodukten hat die Kommission offengelassen, ob Rückversicherer und Makler bei der Vermittlung von Policen an Erstversicherer auf einem einheitlichen Markt miteinander im Wettbewerb stehen.[180] 82

ee) Dienstleistungen an Versicherer. Die Bereitstellung von externen Risikozeichnungs- und Verwaltungsdienstleistungen gegenüber Erst- und Rückversicherern (insbesondere in Form von Versicherungspools), die klassischerweise von den nachfragenden Erst- und Rückversicherungsunternehmen selbst erbracht werden, stellt nach Auffassung der Kommission einen sachlich **eigenständigen** Markt dar, der von den eigentlichen Versicherungsmärkten zu trennen ist.[181] 83

---

[168] Komm. E. v. 17.6.2008, COMP/M.5075 – *Vienna Insurance Group.*

[169] Komm. E. v. 19.1.2005, COMP/M.3556 – *Fortis/BCP;* Komm. E. v. 28.6.2004 COMP/M.3446 – *UNIQA/Mannheimer.*

[170] Vgl. *MüKo-Esser/Stappert,* SB Versicherungswirtschaft, Rdnr. 202 mwN.

[171] So auch *MüKo-Füller,* Einleitung, Rdnr. 1119 mwN.

[172] So auch *MüKo-Esser/Stappert,* SB Versicherungswirtschaft, Rdnr. 212.

[173] Offen gelassen in Komm. E. v. 18.9.1998, IV/M.1306 – *Berkshire Hathaway/General RE.*

[174] Vgl. Komm. E. v. 28.2.2003, COMP/M.3035 – *Berkshire Hathaway/Converium/Gaum JV;* Komm. E. v. 28.6.2004 COMP/M.3446 – *UNIQA/Mannheimer;* zustimmend *MüKo-Füller,* Einleitung, Rdnr. 1119; *Brinker/Schädle,* VersR 2004, 678.

[175] Komm. E. v. 23.9.2013, COMP/M.6957 – *IF P&C/ Topdanmark;* Komm. E. v. 23.10.1998, IV/M.1307 – *Marsh & McLennan/Sedgwick;* Komm. E. v. 24.8.1998, IV/M.1280 – *KKR/Willis Corroon.*

[176] Komm. E. v. 23.10.1998, IV/M.1307 – *Marsh & McLennan/Sedgwick;* zustimmend *MüKo-Esser/Stappert,* SB Versicherungswirtschaft, Rdnr. 220.

[177] Komm. E. v. 28.4.2004, COMP/M.3395 – *Sampo/IF Skadeförsäkrin;* Komm. E. v. 23.10.1998, IV/M.1307 – *Marsh & McLennan/Sedgwick.*

[178] Komm. E. v. 23.7.2012, COMP/M.6649 – *Allianz/Insurance Portfolio and Brokerage Services of Gan Eurocourtage;* Komm. E. v.19.1.2011, COMP/M.6053 – *CVC/Apollo/Brit Insurance.*

[179] Komm. E. v. 23.10.1998, IV/M.1307 – *Marsh & McLennan/Sedgwick;* siehe hierzu *MüKo-Esser/Stappert,* SB Versicherungswirtschaft, Rdnr. 225.

[180] Komm. E. v. 23.10.1998, IV/M.1307 – *Marsh & McLennan/Sedgwick;* hierzu *MüKo-Esser/Stappert,* SB Versicherungswirtschaft, Rdnr. 223.

[181] Komm. E. v. 28.2.2003, COMP/M.3035 – *Berkshire Hathaway/Converium/Gaum JV;* Komm. E. v. 19.1.2011, COMP/M.6053 – *CVC/Apollo/Brit Insurance;* Komm. E. v. 23.7.2012, COMP/M.6649 – *Allianz/Insurance Portfolio and Brokerage Services of Gan Eurocourtage.*

84 Zwar dienen Risikozeichnungs- und Verwaltungsdienstleistungen unterschiedlichen Zwecken, gleichwohl handelt es sich aus Nachfragersicht um stark **komplementäre** Leistungen, die sich zudem nicht danach unterscheiden, ob sie für Erst- oder für Rückversicherer erbracht werden; aus Anbietersicht besteht eine hohe **Umstellungsflexibilität.**[182] Daher geht die Kommission von einem **einheitlichen** sachlichen Markt aus, der sämtliche Risikozeichnungs- und Verwaltungsdienstleistungen für Erst- und Rückversicherer einschließt.[183]

85 **2. Räumliche Marktabgrenzung.** *a) Erstversicherungsmärkte für Nicht-Lebensversicherungen.* In Bezug auf die geographische Dimension der **Nicht-Lebensversicherungsmärkte** geht die Kommission davon aus, dass es sich um **nationale** Märkte handelt.[184] Denn dieser Bereich wird nach wie vor geprägt durch nationale Vertriebskanäle, etablierte Marktstrukturen und Konsumentengewohnheiten, Sprachbarrieren, finanzielle Zwänge und unterschiedliche gesetzliche Rahmenbedingungen.[185]

86 Eine mögliche **Ausnahme** bilden insoweit aber See-, Luft- und Raumfahrt- und Transportversicherungen,[186] sonstige Versicherungen für große kommerzielle Risiken und Rückversicherungen;[187] die Kommission kommt zu dem Ergebnis, dass die Versicherung bestimmter größerer Risiken im Bereich der Nicht-Lebensversicherungen ein **weltweiter** Markt ist.[188]

87 Auch die **Untersuchung der Unternehmensversicherungen** – also eines volkswirtschaftlich sehr bedeutsamen Teils der Nicht-Lebensversicherungen – nach Art. 17 VO Nr. 1/2003 stellte heraus,[189] dass mit Ausnahme der Großkunden und Großrisiken die Primärversicherungsmärkte dazu tendieren, sich eher auf das **nationale** Betätigungsfeld zu beschränken, auch wenn sie in erster Linie von konsolidierten multinationalen Versicherungsgruppen bedient werden. Dies liegt unter anderem daran, dass Versicherungsverträge im Rahmen des allgemeinen nationalen Vertragsrechts sowie auch des spezifischen Versicherungsrechts unterzeichnet werden und diesem unterliegen, und dass Haftungsfragen ebenfalls im Rahmen des nationalen Rechts erwachsen, das von einer Jurisdiktion zur anderen erheblich variieren kann. Darüber hinaus bedarf es einer gewissen Form von lokaler Präsenz, die oftmals für den Vertrieb, immer aber für die Schadenregulierung erforderlich ist, und Sprachfragen können ebenfalls eine Rolle spielen. Wettbewerbsdruck durch grenzübergreifende Dienstleister kommt daher häufig nicht zustande.[190] Der Modus für den Marktzugang von Versicherern zu neuen Märkten bestand bislang üblicherweise im Erwerb einer lokalen Gesellschaft, die eine Tochtergesellschaft oder (in einigen wenigen Fällen) eine Zweigniederlassung des Erwerbers wurde. Folglich tendieren die nationalen Märkte dazu, relativ konzentriert zu sein, insbesondere in den wichtigsten Risikokategorien.

88 *b) Erstversicherungsmärkte für Lebensversicherungen.* Für die Märkte im Bereich der **Lebensversicherungen** gilt in räumlicher Hinsicht aus den oben zum Bereich der Nicht-Lebensversicherungsmärkte genannten Gründen ebenfalls der Grundsatz, dass es sich um **nationale** Märkte handelt.[191]

---

182 So auch *MüKo-Esser/Stappert,* SB Versicherungswirtschaft, Rdnr. 230.

183 Komm. E. v. 28.2.2003, COMP/M.3035 – *Berkshire Hathaway/Converium/Gaum JV.*

184 Komm. E. v. 3.12.2007, COMP/M.4701 – *Generali/PPF Insurance Business;* Komm. E. v. 28.8. 2006, COMP/M.4284 – *Axa/Winterthur;* Komm. E. v. 17.6.2008, Comp/M.5075 – *Vienna Insurance Group.*

185 Komm. E. v. 28.4.2004, COMP/M.3395 – *Sampo/IF Skadeförsäkring;* Komm. E. v. 20.12.1996, IV/M.862 – *AXA/UAP;* zustimmend *MüKo-Esser/Stappert,* SB Versicherungswirtschaft, Rdnr. 209 mwN.

186 Komm. E. v. 5.6.2006, Comp/M.4055 – *Talanx/Gerling;* Komm. E. v. 18.12.2001, COMP/ M.2676 – *Sampo/Varma Sampo/IF Holding/JV.*

187 Komm. E. v. 17.6.2008, Comp/M.5075 – *Vienna Insurance Group.*

188 Komm. E. v. 28.6.2004, COMP/M.3446 – *Uniqa/Mannheimer.*

189 Vgl. Komm. Abschlussbericht v. 25.9.2007, KOM (2007) 556 endgültig, abrufbar unter: http://eur-lex.europa.eu/legal-content/DE/TXT/HTML/?uri=CELEX:52007DC0556&from=EN

190 Ähnlich *MüKo-Esser/Stappert,* SB Versicherungswirtschaft, Rdnr. 210 mwN.

191 Komm. E. v. 17.6.2008, Comp/M.5075 – *Vienna Insurance Group.*

c) Rückversicherungsmärkte. Der Markt für **Rückversicherungen** ist hingegen nach Auffassung der Kommission ein **weltweiter** Markt,[192] denn die Policen werden von Branchenspezialisten mit einem großen räumlichen Aktionsradius gehandelt und die regulatorische Kontrolle der Rückversicherungen ist nicht so intensiv wie für andere Versicherungsarten.[193] 89

d) Versicherungsvertrieb. Der Markt für die Vermittlung von **Nicht-Lebensversicherungen** ist nach Auffassung der Kommission national abzugrenzen,[194] wobei eine Tendenz zu einer großräumigeren Abgrenzung bei großen und multinationalen Kunden besteht.[195] Der Markt für den Vertrieb von **Lebensversicherungen** ist ebenfalls national.[196] Entsprechend der weltweiten Marktabgrenzung für **Rückversicherungen** wurde auch für die Vermittlung von Rückversicherungen ein weltweiter Wettbewerb angenommen.[197] 90

e) Dienstleistungen an Versicherer. Der Markt für die Bereitstellung von Risikozeichnungs- und Verwaltungsdienstleistungen gegenüber Erst- und Rückversicherern ist **mindestens EWR-weit,** wenn nicht weltweit abzugrenzen.[198] 91

III. Fusionskontrolle in der Versicherungswirtschaft

Bisher haben die Kommission oder das BKartA noch **kein** Zusammenschlussvorhaben im Versicherungssektor **untersagt.** Zuständig ist angesichts der enormen Umsätze, die in der Branche typischerweise erzielt werden, ohnehin zumeist die Kommission; sie prüft angemeldete Zusammenschlussvorhaben im Versicherungssektor nach der FKVO. In einigen dieser Fälle der letzten Jahre kam es allerdings zu Zusagen der Versicherungsunternehmen, um die Freigabe des Vorhabens zu erreichen.[199] Da der Konzentrationsgrad in der Versicherungswirtschaft nicht sonderlich hoch ist, ist die Untersagungswahrscheinlichkeit entsprechend gering. Vor diesem Hintergrund sind die Besonderheiten bei der Anwendung der **materiellen Untersagungskriterien** der deutschen (§ 36 Abs. 1 GWB) und europäischen Zusammenschlusskontrolle (Art. 2 FKVO) auf die Versicherungswirtschaft auch noch nicht abschließend herausgearbeitet worden; insoweit können lediglich einzelne Gesichtspunkte benannt werden. Als Besonderheit zu berücksichtigen ist etwa, dass die Marktanteile der Versicherungsunternehmen oftmals Ergebnis bereits länger abgeschlossener Verträge sind, welche die aktuelle Leistungsfähigkeit der Anbieter nicht vollständig widerspiegeln; daher kommt es insoweit vor allem auf das aktuelle und prognostisch zu erwartende Neugeschäft an. Auch spielen Marktzutrittsschranken – etwa aufgrund aufsichtsrechtlicher Maßnahmen, aufgrund des Verbraucherverhaltens oder aufgrund der vorhandenen Vertriebskanäle – eine besondere Rolle für die fusionskontrollrechtliche Bewertung in der Versicherungswirtschaft.[200] 92

1. Europäische Fusionskontrolle. *a) Umsatzberechnung.* Art. 5 Abs. 3 FKVO enthält besondere Regeln für die Berechnung des Umsatzes von Kredit- und Finanzinstituten so- 93

---

[192] Komm. E. v. 28.2.2003, COMP/M.3035 – *Berkshire Hathaway/Converium/Gaum JV;* Komm. E. v. 28.6.2004 COMP/M.3446 – *UNIQA/Mannheimer;* Komm. E. v. 30.10.1996, IV/M.828 – *Schweizer Rück/Mercantile & General Reinsurance;* Komm. E. v. 18.9.1998, IV/M.1306 – *Berkshire Hathaway/General RE.*

[193] So auch *MüKo-Füller,* Einleitung, Rdnr. 1119 mwN; *MüKo-Esser/Stappert,* SB Versicherungswirtschaft, Rdnr. 219 mwN.

[194] Komm. E. v. 23.9.2013, COMP/M.6957 – *IF P&C/ Topdanmark;* Komm. E. v. 23.10.1998, IV/M.1307 – *Marsh & McLennan/Sedgwick.*

[195] Komm. E. v. 23.10.1998, IV/M.1307 – *Marsh & McLennan/Sedgwick.*

[196] So auch *MüKo-Esser/Stappert,* SB Versicherungswirtschaft, Rdnr. 226.

[197] Komm. E. v. 23.10.1998, IV/M.1307 – *Marsh & McLennan/Sedgwick.*

[198] Komm. E. v. 28.2.2003, COMP/M.3035 – *Berkshire Hathaway/Converium/Gaum JV;* Komm. E. v.19.1.2011, COMP/M.6053 – *CVC/Apollo/Brit Insurance.*

[199] Vgl. *MüKo-Esser/Stappert,* SB Versicherungswirtschaft, Rdnr. 232 mwN.

[200] S. zum Ganzen *Dreher/Hoffmann/Kling,* S. 269 mwN.

wie von Versicherungen. Soweit es um die Umsatzberechnung im Versicherungsgeschäft geht, tritt an die Stelle des Umsatzes die **Summe der Bruttoprämien.** Diese Summe umfasst gemäß Art. 5 Abs. 3 S. 2 lit. b FKVO alle vereinnahmten sowie alle noch zu vereinnahmenden Prämien aufgrund von Versicherungsverträgen, die von diesen Unternehmen oder für ihre Rechnung abgeschlossen worden sind, einschließlich etwaiger Rückversicherungsprämien.[201] Dabei ist gemäß Art. 5 Abs. 3 lit. b S. 3 FKVO **geografisch** auf diejenigen Bruttoprämien abzustellen, die von in der Gemeinschaft bzw. in einem Mitgliedstaat ansässigen Personen gezahlt werden.

94 Für die Zwecke der europäischen Fusionskontrolle werden von der Summe der Bruttoprämien die aufgrund des Betrags der Prämie oder des gesamten Prämienvolumens berechneten **Steuern** und sonstigen Abgaben **abgezogen.**[202] Zudem wird die Summe der Bruttoprämien um die Beiträge aus der **Rückstellung** für die Rückerstattung in der Lebensversicherung **bereinigt,** weil es sich hierbei um Überschüsse handelt, die den Versicherungsnehmern jährlich gutgeschrieben werden.[203] Die Summe der Bruttoprämien umfasst nicht nur diejenigen Prämien, die aufgrund von im betreffenden Geschäftsjahr abgeschlossenen Versicherungsverträgen gezahlt werden, sondern auch diejenigen Prämien, die aufgrund von Verträgen gezahlt werden, die in den zurückliegenden Jahren abgeschlossen wurden und in dem betreffenden Zeitraum noch laufen.[204]

95 Unberücksichtigt bei der Umsatzberechnung im Rahmen des Art. 5 Abs. 3 S. 2 lit. b FKVO bleiben hingegen die aus der **Anlage der Prämien** erwirtschafteten Erträge, die das Versicherungsunternehmen als institutioneller Anleger erzielt. Denn Versicherungsunternehmen sind gesetzlich verpflichtet, die aus den Versicherungsverträgen eingenommenen Prämien anzulegen, um geeignete Rücklagen für Entschädigungsleistungen zu bilden.[205] Die Erträge aus dem entsprechenden Portfolio stehen somit bei wirtschaftlicher Betrachtung letztlich den Versicherungsnehmern zu und verbleiben nicht beim Versicherungsunternehmen; sie wirken sich somit für die Zwecke der europäischen Fusionskontrolle auch nicht umsatzerhöhend aus.

96 Soweit aber – über die bloße Kapitalanlage hinaus – ein bestimmender Einfluss des Versicherungsunternehmens auf eine **Beteiligungsgesellschaft** besteht, handelt es sich gemäß Art. 5 Abs. 4 FKVO um ein verbundenes Unternehmen; die Umsätze des verbundenen Unternehmens sind nach den allgemeinen Regeln zu bestimmen und dem Versicherungsunternehmen zuzurechnen.[206] Auch wenn das Versicherungsunternehmen – außerhalb der gesetzlich vorgesehenen Prämienanlage – Umsätze in **anderen Geschäftsbereichen** erzielt, etwa im Immobiliengeschäft, so sind diese Umsätze nicht nach Art. 5 Abs. 3 S. 2 lit. b FKVO, der sich ausschließlich auf die Umsatzberechnung im Versicherungsgeschäft bezieht, sondern wie üblich zu berechnen.[207] Insoweit werden also bei Versicherungsunternehmen verschiedene Umsatzberechnungsmethoden **kombiniert,**[208] wenn unterschiedliche Geschäftsaktivitäten oder Beteiligungsverhältnisse vorliegen.

97 *b) Zusammenschlusstatbestände.* Bei Fusionen im Versicherungswesen gelten einige Besonderheiten in Bezug auf die Zusammenschlusstatbestände. Die bei der Unternehmenssanierung und Restrukturierung bedeutsame **Bestandsübertragung von Versicherungsver-**

---

201 Die Vorschrift wurde durch die Verordnung (EG) Nr. 1310/97 des Rates vom 30.6.1997 geändert; ursprünglich war gemäß Art. 5 Abs. 3 lit. a S. 2 und 3 FKVO aF für die Berechnung des weltweiten Gesamtumsatzes bei Kredit- und Finanzinstituten ein Zehntel der Bilanzsumme maßgeblich; vgl. hierzu *MüKo-Wessely,* Art. 5 FKVO, Rdnr. 40.

202 *MüKo-Wessely,* Art. 5 FKVO, Rdnr. 48.

203 Komm. E. v. 10.9.1992, IV/M 251 – *Allianz/DKV;* Komm. E. v. 27.9.1996, IV/M.813 – *Allianz/Hermes;* zustimmend *Dreher/Hoffmann/Kling,* S. 261.

204 Komm., Konsolidierte Mitteilung, Rdnr. 215; *MüKo-Wessely,* Art. 5 FKVO, Rdnr. 48.

205 *MüKo-Wessely,* Art. 5 FKVO, Rdnr. 51; Komm., Konsolidierte Mitteilung, Rdnr. 216.

206 Komm. E. v. 21.11.1990, ABl. 1990 C 304/27 – *Groupe AG/Amev;* Komm., Konsolidierte Mitteilung, Rdnr. 216; *MüKo-Wessely,* Art. 5 FKVO, Rdnr. 51.

207 Komm. E. v. 21.11.1990, ABl. 1990 C 304/27 – *Groupe AG/Amev.*

208 Ebenso *MüKo-Wessely,* Art. 5 FKVO, Rdnr. 49.

hältnissen kann einen Zusammenschlusstatbestand in Form eines Kontrollerwerbs gemäß Art. 3 Abs. 1 lit. b FKVO verwirklichen.[209] Hingegen begründet die **Mitbenutzung des Vertriebsnetzes** eines anderen Unternehmens (zB der Vertrieb von Versicherungen über das Filialnetz der Kreditinstitute) regelmäßig keine (Mit-)Kontrolle über diese Unternehmen.[210]

c) Vorübergehender Anteilserwerb zum Zweck der Veräußerung. Gemäß Art. 3 Abs. 5 lit. a FKVO (**Durchgangsbeteiligungsklausel**)[211] handelt es sich nicht um einen Zusammenschluss im Sinne der FKVO, wenn Kreditinstitute, sonstige Finanzinstitute oder Versicherungsgesellschaften, deren normale Tätigkeit Geschäfte und den Handel mit Wertpapieren für eigene oder fremde Rechnung einschließt, **vorübergehend** Anteile – das heißt frei handelbare Wertpapiere im Sinne von Aktien einer AG oder KGaA, nicht aber GmbH-Geschäftsanteile oder Anteile an Personengesellschaften[212] – an einem Unternehmen zum Zweck[213] der Veräußerung erwerben, sofern sie die mit den Anteilen verbundenen Stimmrechte nicht ausüben, um das Wettbewerbsverhalten des Unternehmens zu bestimmen,[214] oder sofern sie die Stimmrechte nur ausüben, um die Veräußerung der Gesamtheit oder von Teilen des Unternehmens oder seiner Vermögenswerte oder die Veräußerung der Anteile vorzubereiten, und sofern die Veräußerung **innerhalb eines Jahres** nach dem Zeitpunkt des Erwerbs erfolgt; andernfalls ist anzumelden.[215] Eine Ausnahme besteht nur insoweit, als dass diese Frist von der Kommission auf Antrag verlängert werden kann, wenn die genannten Institute oder Gesellschaften nachweisen, dass die Veräußerung innerhalb der vorgeschriebenen Frist unzumutbar war; hierzu reicht aber beispielsweise ein drohender geringfügiger Kursverlust nicht aus.[216] 98

Die Ausnahme nach Art. 3 Abs. 5 lit. a FKVO gilt auch, soweit die Anteile im Rahmen einer **Emission** durch die jeweiligen Kreditinstitute, sonstigen Finanzinstitute oder Versicherungsgesellschaften übernommen werden.[217] Bilden die anteilsübernehmenden Unternehmen hierzu ein **Konsortium,** so stellt dieses regelmäßig – mangels hinreichender Dauerhaftigkeit – keinen Zusammenschluss im Sinne des Art. 3 FKVO dar und dürfte im Hinblick auf die komplementäre Prüfung nach Art. 101 AEUV zumeist keine spürbare Beeinträchtigung des Wettbewerbs verursachen.[218] 99

d) (Versicherungs-)aufsichtsrechtliche Maßnahmen der Mitgliedstaaten (Art. 21 Abs. 4 FKVO). Nach Art. 21 Abs. 4 FKVO kann ein Mitgliedstaat einen Zusammenschluss ausnahmsweise unter Berufung auf den Schutz berechtigter staatlicher Interessen **untersagen** oder ihn von zusätzlichen **Bedingungen oder Auflagen** abhängig machen. Umgekehrt können die Mitgliedstaaten allerdings einen Zusammenschluss, den die Kommission untersagt, nicht freigeben.[219] Zu den berechtigten staatlichen Interessen gehören unter anderem die nationalen Aufsichtsregeln und damit auch die vergleichsweise strengen Vorschriften der Versicherungsaufsicht.[220] Die Vorschrift hat kaum praktische Bedeutung. 100

Unter den Begriff der **Aufsichtsregel** im Sinne des Art. 21 Abs. 4 FKVO fallen nach Auffassung der Kommission solche Regelungen, die in den Mitgliedstaaten gelten und sich 101

---

[209] Ebenso *MüKo-Esser/Stappert,* SB Versicherungswirtschaft, Rdnr. 180 mwN.
[210] *MüKo-Esser/Stappert,* SB Versicherungswirtschaft, Rdnr. 182 mwN.
[211] *Dreher/Hoffmann/Kling,* S. 260.
[212] So auch *MüKo-Wessely/Wegner,* Art. 3 FKVO, Rdnr. 173 mwN; *Bechtold/Bosch/Brinker,* Art. 3 FKVO, Rdnr. 32.
[213] Das heißt in der festen und ggf. darzulegenden Absicht der Veräußerung, vgl. *MüKo-Wessely/Wegner,* Art. 3 FKVO, Rdnr. 175 mwN.
[214] Einzelheiten hierzu bei *MüKo-Wessely/Wegner,* Art. 3 FKVO, Rdnr. 176 ff. mwN.
[215] *Bechtold/Bosch/Brinker,* Art. 3 FKVO, Rdnr. 35.
[216] So auch *MüKo-Wessely/Wegner,* Art. 3 FKVO, Rdnr. 182 f. mwN.
[217] Vgl. *Langenbucher/Bliesener/Spindler-Groß,* S. 2494 f.
[218] Ebenso *Langenbucher/Bliesener/Spindler-Groß,* S. 2494 mwN.
[219] So auch *MüKo-Esser/Stappert,* SB Versicherungswirtschaft, Rdnr. 243 mwN.
[220] *MüKo-Esser/Stappert,* SB Versicherungswirtschaft, Rdnr. 244 mwN.

insbesondere auf die Erbringung finanzieller Dienstleistungen beziehen.[221] Die Mitgliedstaaten dürfen sich bei der Berufung auf die Regeln ihrer Aufsichtsregeln nicht auf wettbewerbliche und marktstrukturelle Überlegungen stützen, die von der Kommission im Rahmen der fusionskontrollrechtlichen Prüfung nach der FKVO berücksichtigt werden, weil ansonsten die ausschließliche Zuständigkeit der Kommission und der europäischen Gerichte nach der FKVO unterlaufen würde.[222]

102 **2. Deutsche Fusionskontrolle.** *a) Umsatzberechnung.* Nach § 38 Abs. 4 S. 2 GWB sind bei Versicherungsunternehmen im Hinblick auf die Schwellenwerte die **Prämieneinnahmen** des letzten abgeschlossenen Geschäftsjahres maßgebend. Prämieneinnahmen sind gemäß § 38 Abs. 4 S. 3 GWB die Einnahmen aus dem Erst- und Rückversicherungsgeschäft einschließlich der in Rückdeckung gegebenen Anteile.

103 *b) Zusammenschlusstatbestände.* Auch in der deutschen Fusionskontrolle kann eine **Bestandsübertragung von Versicherungsverhältnissen** einen Zusammenschlusstatbestand verwirklichen, und zwar einen Kontrollerwerb gemäß § 37 Abs. 1 Nr. 2 GWB oder einen Vermögenserwerb gemäß § 37 Abs. 1 Nr. 1 GWB.[223]

104 *c) Vorübergehender Anteilserwerb zum Zweck der Veräußerung.* Gemäß § 37 Abs. 3 GWB **(Bankenklausel)** – der weitgehend der Regelung in Art. 3 Abs. 5 lit. a FKVO entspricht[224] – handelt es sich nicht um einen kontrollpflichtigen Zusammenschluss im Sinne der §§ 35 ff. GWB, wenn Kreditinstitute, Finanzinstitute oder Versicherungsunternehmen Anteile an einem anderen Unternehmen **zum Zwecke der Veräußerung** erwerben, solange sie das Stimmrecht aus den Anteilen nicht ausüben und sofern die Veräußerung innerhalb eines Jahres erfolgt; diese Frist kann vom BKartA auf Antrag verlängert werden, wenn glaubhaft gemacht wird, dass die Veräußerung innerhalb der Frist unzumutbar war. Auch wenn im Wortlaut der Norm die Einschränkung fehlt, dass der Anteilserwerb nur vorübergehend (so ausdrücklich Art. 3 Abs. 5 lit. a FKVO) erfolgen darf, gelten insoweit doch die gleichen Grundsätze wie nach europäischen Fusionskontrollrecht.[225]

105 Die Ausnahme nach § 37 Abs. 3 GWB gilt auch, soweit die Anteile im Rahmen einer **Emission** durch die jeweiligen Kreditinstitute, Finanzinstitute oder Versicherungsunternehmen übernommen werden.[226] Bilden die anteilsübernehmenden Unternehmen hierzu ein **Konsortium,** so stellt dieses regelmäßig – mangels hinreichender Dauerhaftigkeit – keinen Zusammenschluss im Sinne des § 37 GWB dar und dürfte im Hinblick auf die komplementäre Prüfung nach § 1 GWB bzw. Art. 101 AEUV zumeist keine spürbare Beeinträchtigung des Wettbewerbs darstellen[227] oder zumindest unter den im deutschen Kartellrecht entwickelten Arbeitsgemeinschaftsgedanken fallen.[228]

IV. Verbot wettbewerbsbeschränkender Vereinbarungen im Bereich der Versicherungswirtschaft

106 **1. Verbot nach Art. 101 Abs. 1 AEUV.** *a) Spürbare Beeinträchtigung des zwischenstaatlichen Handels.* Wie allgemein müssen die fraglichen Vereinbarungen auch im Versicherungssektor **spürbare** Auswirkungen auf den **zwischenstaatlichen** Handel haben, um über-

[221] Vgl. *MüKo-Esser/Stappert,* SB Versicherungswirtschaft, Rdnr. 245 mwN.
[222] So auch *Dreher/Hoffmann/Kling,* S. 262; *MüKo-Esser/Stappert,* SB Versicherungswirtschaft, Rdnr. 247.
[223] *MüKo-Esser/Stappert,* SB Versicherungswirtschaft, Rdnr. 180 mwN.
[224] Hierzu oben Rdnr. 97.
[225] Vgl. *Langen/Bunte-Kallfaß,* § 37 GWB, Rdnr. 67 ff. mwN.
[226] Vgl. *Langenbucher/Bliesener/Spindler-Groß,* S. 2494 f.; siehe auch oben Rdnr. 97.
[227] Ebenso *Langenbucher/Bliesener/Spindler-Groß,* S. 2494 mwN.
[228] So auch *Schimansky/Bunte/Lwowski-Bunte,* Band 2, S. 2743 mwN.

haupt vom Kartellverbot des Art. 101 Abs. 1 AEUV erfasst zu sein,[229] andernfalls ist ausschließlich nationales Kartellrecht anwendbar. Allerdings findet in Deutschland gemäß § 2 Abs. 2 GWB die GVO zum Versicherungssektor auch auf rein nationale Fälle entsprechende Anwendung. In Anbetracht der häufig hohen Umsätze von Versicherungsunternehmen, ihrer oftmals länderübergreifenden gesellschaftsrechtlichen Verflechtungen und der Art ihrer Geschäftstätigkeit ist das Spürbarkeitskriterium aber in der Praxis oft erfüllt.[230] Vor diesem Hintergrund ist der zwischenstaatliche Handel bei kooperativen Absprachen von Versicherungsunternehmen regelmäßig tangiert.[231]

b) Wettbewerbsbeschränkendes Verhalten. Eine ungeschriebene Voraussetzung für das Vorliegen einer Wettbewerbsbeschränkung ist ihre **Spürbarkeit,** die von der Spürbarkeit der Beeinträchtigung des zwischenstaatlichen Handels zu unterscheiden ist.[232] Nach den allgemeinen Regeln kommen als wettbewerbsbeschränkendes **Verhalten** im Sinne des Art. 101 Abs. 1 AEUV Vereinbarungen zwischen Unternehmen, Beschlüsse von Unternehmensvereinigungen und aufeinander abgestimmte Verhaltensweisen in Betracht.[233] Auch für den Versicherungssektor gelten die allgemeinen kartellrechtlichen Grundsätze,[234] die allerdings um einige branchenspezifische Besonderheiten ergänzt werden. 107

Vor dem Erlass der ersten GVO für den Versicherungssektor hatte die Kommission verschiedene Kooperationsmaßnahmen der Versicherungswirtschaft als wettbewerbsbeschränkend beanstandet, in den meisten Fällen jedoch individuell freigestellt; diese **ältere Spruchpraxis der Kommission** ist weiterhin von Bedeutung, weil die in den Entscheidungen herausgearbeiteten Grundsätze in die GVOen eingegangen sind und auch außerhalb der GVOen nach wie vor gesetzliche Freistellungen auf der Grundlage der bisherigen Entscheidungspraxis in Betracht kommen.[235] Als wettbewerbsbeschränkend im Sinne des Verbotstatbestandes qualifiziert wurden in der älteren Spruchpraxis der Kommission Vereinbarungen oder Empfehlungen von Prämien[236] oder Prämienberechnungsgrundlagen;[237] weiter die Empfehlung einheitlicher Versicherungsbedingungen[238] und die Kooperation in Form gemeinschaftlicher Erst- oder Rückversicherung.[239] Als wettbewerbsrelevante, aber teilweise freistellungsfähige Vereinbarungen wurden auch angesehen Absprachen über Absatzmengen, Umsätze, Vertriebsgebiete, Vielfalt der angebotenen Versicherungsverträge, die Qualität der Schadenregulierung oder die Werbung.[240] Ebenfalls freigestellte Beschränkungen[241] lagen in einer umfassenden Gruppenvereinbarung in der Seeversicherung zur Ausschaltung von Binnenwettbewerb der Versicherer,[242] einem Pool mit faktischer Konditionen- und Prämienbindung in der Umweltversicherung[243] sowie in einem respect-of-lead-Abkommen, nach dem die Konkurrenten dem Erstunterzeichner einer Police auch bei 108

[229] *Langen/Bunte-Bunte,* Syst. VIII, Rdnr. 23.
[230] *Langen/Bunte-Bunte,* Syst. VIII, Rdnr. 23.
[231] Komm. E. v. 14.1.1992, ABl. 1992 L 37/16, 22 – *Assurpool; Langen/Bunte-Bunte,* Syst. VIII, Rdnr. 24.
[232] S. *Lübbig,* § 8 Rdnr. 41.
[233] S. dazu *Lübbig,* § 8 Rdnr. 9 ff.
[234] S. etwa die „klassischen" Kartellabsprachen im Fall BKartA B 4-82/02 – *Industrieversicherer.*
[235] *Langen/Bunte-Bunte,* Syst. VIII, Rdnr. 25.
[236] Komm. E. v. 5.12.1984, ABl. 1985 L 35/20, 20 f. – *Feuerversicherung;* bestätigt durch EuGH U. v. 27.1.1987, Slg. 1987, 447 – *Feuerversicherung;* Komm. E. v. 30.3.1984, ABl. 1984 L 99/29, 34 – *Nuovo Cegam;* Komm. E. v. 20.12.1989, ABl. 1990 L 15/25, 27 – *Concordato Incendio; Langen/Bunte-Bunte,* Syst. VIII, Rdnr. 26.
[237] Komm. E. v. 20.12.1989, ABl. 1990 L 13/34, 37 – *TEKO.*
[238] Komm. E. v. 20.12.1989, ABl. 1990 L 15/25 – *Concordato Incendio.*
[239] Komm. E. v. 20.12.1989, ABl. 1990 L 13/34 – *TEKO;* Komm. E. v. 30.3.1984, ABl. 1984 L 99/29 – *Nuovo Cegam.*
[240] *Langen/Bunte-Bunte,* Syst. VIII, Rdnr. 26.
[241] Beispiele aus *Langen/Bunte-Bunte,* Syst. VIII, Rdnr. 27.
[242] Komm. E. v. 16.12.1985, ABl. 1985 L 376/2, 6 f. – *P & I-Clubs.*
[243] Komm. E. v. 14.1.1992, ABl. 1992 L 37/16, 20 ff. – *Assurpool.*

ihren Verlängerungen den Vortritt lassen sollen.[244] Ob diese Entscheidungen auch heute noch so getroffen würden, darf bezweifelt werden, denn sie stellen Vereinbarungen frei, die in anderen Branchen zumindest teilweise als klare hardcore-Verstöße gelten würden.

109 *aa) Informationsaustausch.* Der Austausch von Informationen zwischen Konkurrenten kann den Wettbewerb zwischen ihnen beschränken.[245] Bestimmte wettbewerbsbeschränkende Formen des Informationsaustausches zwischen Versicherern sind nach der **Versicherungs-GVO** freigestellt, z. B. der Informationsaustausch zur Erstellung gemeinsamer Schadenbedarfsstatistiken, Sterbetafeln und Studien zum Zwecke der Risikobewertung.[246] Erfüllt der fragliche Informationsaustausch indes im Einzelfall den Verbotstatbestand des Art. 101 Abs. 1 AEUV und zugleich nicht die Voraussetzungen der Versicherungs-GVO, so ist zu prüfen, ob eine Freistellung nach Art. 101 Abs. 3 AEUV in Betracht kommt.

110 *aaa) Vorversichereranfrage.* Bei einer Vorversichereranfrage werden Vertragsdaten von Versicherungsnehmern ausgetauscht; der Versicherer, der sich in Vertragsverhandlungen mit einem potentiellen Kunden befindet, wendet sich an dessen aktuellen Versicherer (sog. Vorversicherer), um risikorelevante Informationen zu erhalten.[247] Vorversichereranfragen treten daher in ein **Spannungsverhältnis zum Geheimwettbewerb** und dürfen nicht zu einer wettbewerbsbeschränkenden Koordination des unternehmerischen Verhaltens im Sinne des Art. 101 Abs. 1 AEUV führen, sondern sind auf Informationen zu **beschränken,** die zur Beurteilung eines aktuellen Risikos **erforderlich** sind.[248] Wird die Anfrage in diesem Sinne beschränkt, so kann sie insbesondere dem vorstoßenden Wettbewerber zur Erstellung seines Angebots dienen und ist dann in einem gewissen Maße sogar wettbewerbsfördernd.[249]

111 Unter welche genauen Voraussetzungen Vorversichereranfragen kartellrechtlich unbedenklich sind, wird im Schrifttum teilweise kontrovers diskutiert,[250] wurde indes von der Kommission oder dem BKartA bislang **nicht abschließend entschieden.** Keinesfalls dürfen Vorversichereranfragen Rückschlüsse auf die individuelle Unternehmensstrategie gewähren, sich also nicht auf Prämien und sonstige Angebotsbedingungen erstrecken; im Einzelnen sind nach Art. 101 Abs. 1 AEUV verboten die Abfrage und Weitergabe von Informationen zu Prämien, Prämienbestandteilen, Prämienberechnungen und Bedingungs- oder Prämienkonditionen der Vergangenheit oder Zukunft, vereinbarten Ausschlüssen, Zuschlägen, Maklerprovisionen, Auskömmlichkeit der bisherigen Prämie, Schadenquoten, Renditeberechnungen, Rückstellungserträgen sowie Erwägungen hinsichtlich der zukünftigen Behandlung des betreffenden Vertrages, etwa zu geplanten Sanierungsmaßnahmen und Sanierungsprämienhöhen.[251] Erlaubt sind demnach lediglich Anfragen zu individuell auf den konkreten Kunden bezogenen Informationen, die zur Beurteilung des aktuell mit diesem Kunden verbundenen Risikos erforderlich sind, ohne in den Bereich der oben aufgezählten verbotenen Anfragen zu fallen.

112 *bbb) Informationsaustausch in der Mitversicherung.* Innerhalb eines Versicherungskonsortiums[252] ist der Austausch wettbewerblich relevanter Informationen zwischen den beteiligten

---

[244] Komm. E. v. 4.12.1992, ABl. 1993 L 4/26, 30 – *Lloyd's Underwriters.*

[245] EuGH U. v. 2.10.2003, Slg. 2003 I-10821 – *Thyssen Stahl/Kommission;* EuGH U. v. 8.6.1992, Slg. 1999 I-4125 – *Anic Partecipazioni;* siehe auch den Überblick bei *Dreher/Hoffmann,* WuW 2011, 1181 ff. mwN sowie *Dreher/Hoffmann/Kling,* S. 63 ff.

[246] Hierzu unten Rdnr. 137 ff.

[247] Ausführlich *Heyers,* WuW 2012, 557 ff.; vgl. auch *MüKo-Esser/Stappert,* SB Versicherungswirtschaft, Rdnr. 75 mwN.

[248] So auch *MüKo-Esser/Stappert,* SB Versicherungswirtschaft, Rdnr. 75 mwN; vgl. auch *Dreher/Hoffmann/Kling,* S. 86 f.

[249] Vgl. *Heyers,* WuW 2012, 557 ff.

[250] S. Nachweise bei *MüKo-Esser/Stappert,* SB Versicherungswirtschaft, Rdnr. 76.

[251] So auch *MüKo-Esser/Stappert,* SB Versicherungswirtschaft, Rdnr. 77 mwN; vgl. auch *Stancke,* VersR 2009, 1168 ff. mwN.

[252] Ausführlich *Dreher/Hoffmann/Kling,* S. 105 ff.; *Langen/Bunte-Bunte,* Syst. VIII, Rdnr. 108 ff. mwN; *Dreher/Baubkus,* VersR 2010, 1389 ff.

Versicherern im Hinblick auf Art. 101 AEUV nur insoweit zulässig, wie er für das Funktionieren des Konsortiums **erforderlich** ist.[253] Zudem darf das **Konsortium selbst** nicht unter den Verbotstatbestand des Art. 101 AEUV fallen (z.B. mangels Spürbarkeit) oder muss zumindest freigestellt sein. Wettbewerblich bedenklich sind Fälle, in denen es zu einem umfassenden Informationsfluss im Falle einer (zulässigen) **Mehrfachmitgliedschaft** von Versicherern in verschiedenen Mitversicherungsgemeinschaften auf demselben oder auf benachbarten Märkten kommt.[254]

Die **Erforderlichkeit** und damit die Zulässigkeit des Informationsflusses ist zu vernei- **113** nen, wenn wettbewerblich relevante Informationen ausgetauscht werden oder wenn gar Vereinbarungen oder Verständigungen getroffen werden, die über den konkreten Zweck des (zulässigen) Konsortiums hinausgehen.[255] Das Bestehen einer wettbewerbsrechtlich zulässigen Mitversicherungsgemeinschaft ist demnach kein Freibrief für die Ausschaltung des Geheimwettbewerbs.

ccc) Austausch von Tarifen und Versicherungsbedingungen. **Identifizierende Informations-** **114** **verfahren,** in deren Rahmen sich Wettbewerber über eine Preismeldestelle gegenseitig darüber informieren, zu welchen Preisen und Konditionen Geschäfte abgeschlossen oder Vertragsangebote abgegeben wurden und zugleich die Lieferanten oder Abnehmer benannt werden, sind nach Art. 101 Abs. 1 AEUV als abgestimmte Verhaltensweise oder im Einzelfall auch als Vereinbarung verboten.[256] Derartige Marktinformationsverfahren und Preismeldesysteme sind grundsätzlich wettbewerbswidrig, weil sie die beteiligten Unternehmen durch Ausschaltung des Geheimwettbewerbs um Preise und Rabatte veranlassen, ihren **Preiswettbewerb einzuschränken** und stattdessen die Preise gemeinsam auf hohem Niveau zu halten.[257]

Einen Grenzfall entschied das OLG Düsseldorf[258] im Jahr 2002 in Abweichung zur dies- **115** bezüglich strengeren Auffassung des BKartA;[259] das OLG hielt ein **Marktinformationsverfahren** für zulässig, weil nach seiner Auffassung die Weitergabe von Gesamtliefermengen und Durchschnittserlösen im konkreten Fall keinen Rückschluss auf individuelle Angaben zugelassen habe, weil der Kreis der meldenden – und miteinander nicht verflochtenen – Unternehmen groß genug gewesen sei.

Sind die fraglichen Informationen indes bereits **öffentlich bekannt,** so kann auch der **116** Geheimwettbewerb insoweit nicht mehr in Mitleidenschaft gezogen werden; in diesem Fall ist der Austausch von Angaben über Tarife und Versicherungsbedingungen kartellrechtlich unbedenklich. Öffentlich bekannt sind Marktdaten, wenn sie – auch gegen Entgelt – für Versicherungsnehmer oder Makler und andere Versicherer frei zugänglich sind bzw. ohne Weiteres ermittelt werden können.[260]

ddd) Vergleichsstudien (Benchmarking). Auch im Rahmen des Benchmarking – Vergleich **117** von Leistungen, Prozessen und Praktiken verschiedener Unternehmen mit dem Ziel der Auffindung von Defiziten[261] – dürfen keine wettbewerblich sensiblen Informationen zwischen den teilnehmenden Versicherungsunternehmen ausgetauscht werden. Benchmarking ist im Hinblick auf Art. 101 AEUV unbedenklich, wenn eine hinreichend große Zahl an Wettbewerbern teilnimmt und die gelieferten betriebsinternen Daten durch einen externen

---

[253] Vgl. *Stancke,* VW 2004, 1459ff.; *MüKo-Esser/Stappert,* SB Versicherungswirtschaft, Rdnr. 79; *Saller* VersR 2010, 419.

[254] So auch *MüKo-Esser/Stappert,* SB Versicherungswirtschaft, Rdnr. 79.

[255] *Bunte/Stancke,* S. 35; ähnlich *MüKo-Esser/Stappert,* SB Versicherungswirtschaft, Rdnr. 86 mit Beispielen.

[256] S. *Voet van Vormizeele,* WuW 2009, 152; *MüKo-Esser/Stappert,* SB Versicherungswirtschaft, Rdnr. 91 mwN; *Dreher,* Fs. Schirmer, S. 71ff.

[257] So auch *MüKo-Esser/Stappert,* SB Versicherungswirtschaft, Rdnr. 91 mwN.

[258] OLG Düsseldorf E. v. 26.7.2002, VI-Kart 37/01 (V) – *Transportbeton Sachsen.*

[259] BKartA E. v. 9.8.2001, B1–63/00 – *Transportbeton Sachsen.*

[260] S. *Bunte/Stancke,* S. 27; *MüKo-Esser/Stappert,* SB Versicherungswirtschaft, Rdnr. 92f..

[261] Vgl. *Voet van Vormizeele,* WuW 2009, 145ff.

Dienstleister, der als Clearingstelle fungiert und zur **Vertraulichkeit** verpflichtet ist, derart aggregiert und **anonymisiert** werden, dass sie sich keinem spezifischen Wettbewerber mehr zuordnen lassen.[262]

118 *eee) Sonstige Kontakte mit Wettbewerbern.* Es versteht sich von selbst, dass das Wettbewerbsverhalten der Versicherungsunternehmen beispielsweise im Rahmen der **Verbandsarbeit** nicht abgestimmt werden darf und dass bei derartigen Anlässen auch wettbewerblich sensible Informationen nicht ausgetauscht werden dürfen.[263] Demnach dürfen nur generalisierte Informationen, Erfahrungen, Meinungen und Materialien zur Statistikarbeit sowie bereits veröffentlichte Informationen beispielsweise im Rahmen von Arbeitskreisen oder anderen Zusammenkünften von Wettbewerbern ausgetauscht werden.[264]

119 *bb) Versicherungsvertrieb.* Der Versicherungsvertrieb kann – je nach Ausgestaltung – in vertikaler Hinsicht problematisch in Bezug auf Art. 101 AEUV sein.[265] Der Absatz von Versicherungsprodukten in der EU erfolgt im Wege

- des **Direktvertriebs,**
- durch **Vertreter** (Agenturvertrieb),
- durch von Versicherern unabhängige **Makler** sowie
- durch **andere Versicherungsvermittler** (wie etwa Banken, Wirtschaftsprüfer oder Finanzberater).[266]

120 Im Rahmen des **Direktvertriebs** stehen die Versicherer mit ihrer eigenen Vertriebsorganisation – soll heißen mit sich selbst – in keinem Wettbewerbsverhältnis; insoweit kann es auch nicht zu Verstößen gegen Art. 101 AEUV im Vertikalverhältnis kommen. Im (horizontalen) Außenverhältnis zu anderen Versicherungsunternehmen und ihrem Vertrieb gelten natürlich die allgemeinen Regeln; insoweit weist die Versicherungsbranche keine Besonderheiten auf.

121 Treten im Rahmen des Vertriebs externe **Versicherungsvertreter** auf, die kein oder ein nur unbedeutendes finanzielles oder geschäftliches Risiko hinsichtlich der von ihnen übernommenen Aufgaben tragen und die daher risikotechnisch dem Lager des Versicherers zuzurechnen sind, so kann es insoweit ebenfalls kaum zu vertikalen wettbewerbsbeschränkenden Vereinbarungen im Sinne des Art. 101 Abs. 1 AEUV kommen.[267]

122 Vereinbaren Versicherer und **Makler oder andere Versicherungsvermittler** erfolgsabhängige Zusatzvergütungen miteinander (contingent commissions), so wird ein wirtschaftliche Anreiz für die Makler gesetzt, den Vertragspartner gegenüber anderen Versicherern bei der Vermittlung von Versicherungsverträgen zu bevorzugen.[268] Diesen **Interessenkonflikt** zwischen einer objektiv angemessenen und hinreichend neutralen Kundenberatung einerseits und eigenen wirtschaftlichen Interessen andererseits hat die Kommission in ihrem Abschlussbericht zur Sektoruntersuchung der Unternehmensversicherungen[269] benannt.

123 *cc) Risikomanagement.* Im Bereich des Risikomanagements ist vor allem die **gemeinsame Bewertung von Sicherheitsvorkehrungen** durch Versicherer problematisch im Hinblick auf Art. 101 Abs. 1 AEUV.[270] Zwar ermöglichen es gemeinsame Bewertungen, den genauen Risikoumfang im Einzelfall und damit die technische Prämie besser zu errechnen. Vereinbarungen und Verhaltensabstimmungen der Versicherer über Sicherheitsvorkehrungen

---

[262] So auch *Bunte/Stancke,* S. 29; *Stancke,* BB 2009, 912 ff.; vgl. *Dreher/Hoffmann/Kling,* S. 99 ff.; ferner Lübbig, § 9 Rdnr. 241.

[263] Vgl. *MüKo-Esser/Stappert,* SB Versicherungswirtschaft, Rdnr. 88; ausführlich *Bunte/Stancke,* S. 73 ff.

[264] So auch *Stancke,* VersR 2005, 1324 ff.; *Bunte/Stancke,* S. 33 f.; *MüKo-Esser/Stappert,* SB Versicherungswirtschaft, Rdnr. 89.

[265] S. *Dreher/Hoffmann/Kling,* S. 228 ff.

[266] Vgl. *MüKo-Esser/Stappert,* SB Versicherungswirtschaft, Rdnr. 99.

[267] Ausführlich hierzu *MüKo-Esser/Stappert,* SB Versicherungswirtschaft, Rdnr. 103 ff. mwN.

[268] S. *MüKo-Esser/Stappert,* SB Versicherungswirtschaft, Rdnr. 113 ff.

[269] S. oben Rdnr. 50 ff.

[270] Vgl. *Dreher/Hoffmann/Kling,* S. 185 ff.

können aber gemäß Art. 101 Abs. 1 AEUV den Wettbewerb der Versicherer sowie der Anbieter von Sicherheitsvorkehrungen beschränken.[271] Im Zuge der Neufassung der dritten Versicherungs-GVO wurde die alte Gruppenfreistellung für Sicherheitsvorkehrungen nicht verlängert, weil es sich insoweit um kein Spezifikum des Versicherungssektors handelt.[272]

dd) Schadenabwicklung. **Schadenteilungsabkommen** sind Vereinbarungen zwischen Versicherern zu der Frage, welcher Versicherer in welchem Umfang und mit welchen Regressmöglichkeiten einen künftigen Schaden reguliert.[273] Hierzu gibt es kaum Spruchpraxis des BKartA oder der Kommission;[274] unbedenklich sind derartige Vereinbarungen im Hinblick auf Art. 101 AEUV vor allem dann,[275] wenn der Arbeitsgemeinschaftsgedanke durchschlägt, wenn also durch die Kooperation im Bereich der Schadenteilung ein Angebot ermöglicht wird, das ansonsten nicht zustande gekommen wäre. 124

Zwischen Versicherern kommt es seit langem zur horizontalen **Zusammenarbeit bei der Betrugsbekämpfung;** hierzu werden zentrale Hinweis- und Informationssysteme betrieben, die es den Versicherern durch Mitteilung risikoerhöhender Umstände erleichtern, missbräuchliche Verhaltensweisen der Versicherungsnehmer im Rahmen der Vertragsanbahnung und Schadenregulierung zu identifizieren.[276] Hiergegen ist solange kein Einwand nach Art. 101 AEUV zu erheben, wie es zu keinem darüber hinausgehenden Informationsaustausch oder einer Koordinierung des wettbewerblichen Verhaltens kommt, wie beispielsweise Empfehlungen, bestimmte Risiken nicht zu versichern, etwa weil ein Versicherungsnehmer in der Vergangenheit bereits durch Missbrauch oder Verdacht auf Missbrauch auffällig geworden ist, oder Abstimmungen und Vereinbarungen, dass bestimmte in einem Register enthaltene Personen zukünftig nicht mehr oder nur gegen höhere Prämien versichert werden.[277] 125

ee) Fronting. Zu Fronting-Vereinbarungen zwischen zwei Erst- oder Rück-Versicherern kommt es, wenn ein Versicherer, der **materiell** ein bestimmtes Risiko tragen soll, aus tatsächlichen oder rechtlichen Gründen an der Risikozeichnung gegenüber dem Versicherungsnehmer gehindert ist. Der nach außen gegenüber dem Versicherungsnehmer auftretende Versicherer (der sog. Fronter) reicht das gezeichnete Risiko und die daraus erzielten Versicherungsprämien typischerweise vollständig an seinen Vertragspartner weiter, tritt aber **formal** gegenüber dem Versicherungsnehmer als Versicherer und Anspruchsgegner im Schadenfall auf. Materieller Risikoträger ist hingegen der Vertragspartner aus dem Fronting-Geschäft.[278] 126

Soweit beide Versicherer auf dem gleichen sachlich und räumlich relevanten Versicherungsmarkt auftreten, stehen sie in einem **horizontalen Wettbewerbsverhältnis** zueinander. Im Rahmen der Fronting-Vereinbarung dürfen dann im Hinblick auf Art. 101 Abs. 1 AEUV keine wettbewerbsrelevanten Informationen ausgetauscht werden, die über das konkrete Fronting-Verhältnis hinausgehen.[279] Selbstverständlich darf das Fronting-Verhältnis auch nicht zu einer Abstimmung des sonstigen Wettbewerbsverhaltens der beteiligten Versicherer über den Einzelfall hinaus führen. 127

2. Verbot nach § 1 GWB. Die eigenständige Bedeutung des nationalen Verbotstatbestandes in § 1 GWB im Kontext mit Versicherungsdienstleistungen nimmt seit Jahren ab, weil die meisten einschlägigen Vereinbarungen einen zwischenstaatlichen Bezug aufweisen 128

[271] So auch *MüKo-Esser/Stappert,* SB Versicherungswirtschaft, Rdnr. 118 mwN.
[272] S. oben Rdnr. 133 ff.
[273] Vgl. *Dreher/Hoffmann/Kling,* S. 195 ff.; *MüKo-Esser/Stappert,* SB Versicherungswirtschaft, Rdnr. 121 mwN.
[274] S. aber Komm. E. v. 12.4.1999, ABl. 1999 L 125/12, Rdnr. 66, 117 – *P&I-Clubs II.*
[275] Vgl. *Stancke,* VersR 2005, 1330; *Bunte/Stancke,* S. 54 ff.
[276] Hierzu *Langen/Bunte-Bunte,* Syst. VIII, Rdnr. 114 ff. mwN.
[277] So auch *MüKo-Esser/Stappert,* SB Versicherungswirtschaft, Rdnr. 131 mwN.
[278] Vgl. *MüKo-Esser/Stappert,* SB Versicherungswirtschaft, Rdnr. 147 f.
[279] So auch *MüKo-Esser/Stappert,* SB Versicherungswirtschaft, Rdnr. 151.

und daher – auch – unter den (vorrangigen) **Art. 101 Abs. 1 AEUV** fallen. Das nationale Recht wird in solchen Fällen zwar in der Regel parallel angewendet, darf aber im Hinblick auf Art. 3 Abs. 2 VO Nr. 1/2003 nicht zu abweichenden Ergebnissen führen.[280] Es gelten daher in Bezug auf § 1 GWB die obigen Ausführungen zu Art. 101 Abs. 1 AEUV weitgehend sinngemäß.

V. Gruppenfreistellung im Bereich der Versicherungswirtschaft (VO Nr. 267/2010)

129 **1. VO Nr. 267/2010 im Legalausnahmesystem.** Wie die vorhergehenden Gruppenfreistellungsverordnungen für den Versicherungssektor enthält die VO Nr. 267/2010 typisierte Beispiele für Verhaltensweisen, die zwar dem Verbotstatbestand des Art. 101 Abs. 1 AEUV unterfallen, die der europäische Gesetzgeber aber auch **ohne Einzelfallprüfung** für freigestellt erklärt. Nach Erwägungsgrund 5 soll die VO Nr. 267/2010 den Versicherungsunternehmen gerade im Legalausnahmesystem **Rechtssicherheit** bieten, indem sie von den Risiken der Selbsteinschätzung bei der Freistellung entlastet werden.[281] Das Self Assessment im Legalausnahmesystem beschränkt sich also insoweit auf die Frage, ob das fragliche Verhalten die Privilegierung der Gruppenfreistellung in Anspruch nehmen kann oder nicht.[282] Soweit dies der Fall ist, gilt das Verhalten als freigestellt; soweit dies nicht der Fall ist, bleibt immer noch die **Einzelfreistellung** nach Art. 101 Abs. 3 AEUV zu prüfen.

130 *a) Erste und zweite GVO für das Versicherungswesen.* Die VO Nr. 267/2010 beruht wie ihre Vorgänger-Regelungen auf der **Ermächtigungs-VO** Nr. 1534/91, deren materiellen Rahmen sie allerdings nicht vollständig ausschöpft.[283] Von der eingeräumten Ermächtigung machte die Kommission zunächst mit der **ersten GVO** für die Versicherungswirtschaft Gebrauch,[284] die bereits am 31.3.2003 auslief.[285] Sie wurde am 27.2.2003 durch die **zweite GVO** für die Versicherungswirtschaft[286] ersetzt, die bis zum 31.3.2010 in Kraft war. Auch diese beiden GVOen schöpften die Ermächtigung des Rates nicht voll aus, weil sie keine Regelungen zur „Abwicklung von Schadensfällen" und zur „Erstellung von Verzeichnissen erhöhter Risiken und den Austausch der entsprechenden Informationen" enthielten.[287]

131 *b) Legalausnahmesystem und Sektoruntersuchung.* Mit der Einführung des **Systems der Legalausnahme**[288] in das europäische Kartellrecht durch Art. 1 VO Nr. 1/2003 stellte sich allgemein die Frage nach dem Schicksal der damals geltenden GVOen.[289] Denn nach dem Legalausnahmesystem obliegt es den Unternehmen grundsätzlich selbst zu prüfen, ob die von ihnen abgeschlossenen Vereinbarungen, die unter den Verbotstatbestand des Art. 101 Abs. 1 AEUV fallen, den Freistellungsvoraussetzungen des Art. 101 Abs. 3 AEUV entsprechen. Im Hinblick auf das absehbare Auslaufen der zweiten GVO für den Versicherungssektor[290] am 31.3.2010 führte dies zu einer grundsätzlichen Prüfung der Notwendigkeit einer spezifischen Gruppenfreistellung im Versicherungssektor, unter anderem durch eine **Sektoruntersuchung** zur Unternehmensversicherung nach Art. 17 VO Nr. 1/2003, die am 25.9.2007 abgeschlossen wurde.[291] Diese Untersuchung führte zur Identifikation von

---

[280] *Langen/Bunte-Sura,* Art. 3 VO Nr. 1/2003, Rdnr. 14 ff. mwN.
[281] *Langen/Bunte-Bunte,* Syst. VIII, Rdnr. 28.
[282] S. dazu näher *Wiedemann,* § 1 Rdnr. 22 sowie *Lübbig,* § 8 Rdnr. 65.
[283] So auch *Langen/Bunte-Bunte,* Syst. VIII, Rdnr. 29; vgl. *Bechtold/Bosch/Brinker,* Einführung VO 267/2010, Rdnr. 1 ff.
[284] GVO Nr. 3932/92, ABl.1992 L 398/7; hierzu *von Fürstenwerth,* WM 1994, 365 ff.; *Kahlenberg,* WuW 1994, 985 ff.
[285] Bericht der Komm. über die Anwendung der GVO 3932/92 vom 12.5.1999.
[286] GVO Nr. 358/2003, ABl. 2003 L 53/8.
[287] Hierzu *Langen/Bunte-Bunte,* Syst. VIII, Rdnr. 11.
[288] Dazu *Lübbig,* § 8 Rdnr. 61 ff.
[289] *Langen/Bunte-Bunte,* Syst. VIII, Rdnr. 12.
[290] GVO 358/2003, ABl. 2003 L 53/8.
[291] S. oben Rdnr. 50 ff.

drei Problemfeldern im Versicherungssektor: die Prämienanpassung in den zweistufigen Verfahren der Mitversicherung und der Mit-Rückversicherung in den Fällen der Einbeziehung eines führenden und mehrere beteiligter Versicherer, die marktabschottende Wirkung langfristiger Versicherungsverträge sowie wettbewerbliche Probleme bei der Versicherungsvermittlung.[292] Zudem hielt die Kommission fest, dass man sich in Versicherungskreisen zwar eindeutig für die Verlängerung der alten Versicherungs-GVO[293] nach ihrem Ablauf im Jahr 2010 ausgesprochen habe, allerdings ohne angemessene Berücksichtigung der Gegebenheiten des neuen Legalausnahmesystems der VO Nr. 1/2003[294] sowie des Umstandes, dass die Versicherungsbranche auch ohne Versicherungs-GVO weiterhin von den allgemeinen GVOen[295] profitieren würde.

Zwei Jahre später veröffentlichte die Kommission nach Abschluss ihrer ausführlichen Überprüfung der alten Versicherungs-GVO ihren diesbezüglichen **Bericht**[296] an das Europäische Parlament und den Rat sowie ein dazugehörendes Arbeitspapier.[297] Hiermit ebnete sie trotz der im Jahr 2007 betonten Bedenken den Weg für eine Neufassung der Versicherungs-GVO. Zur Begründung führte die Kommission an, dass die Kosten eines Versicherungsprodukts zu dem Zeitpunkt, zu dem der Preis vereinbart und das Risiko abgedeckt werden, nicht bekannt sei. Die **Risikokalkulation** stelle bei allen Versicherungsprodukten ein wesentliches Element der Preisfestsetzung dar und unterscheide darüber hinaus den Versicherungssektor von anderen Branchen, einschließlich des Bankensektors. Der Zugang zu empirischen statistischen Daten, die für die Kostenkalkulation von Risiken benötigt würden, sei damit von entscheidender Bedeutung. Horizontale Kooperationen in diesem Bereich seien für die Versicherungswirtschaft **sowohl spezifisch als auch notwendig,** um die Kosten von Risiken kalkulieren zu können.[298] 132

c) Dritte GVO für das Versicherungswesen. Ergebnis dieser Überlegungen war, dass die Kommission mit der **dritten GVO** für die Versicherungswirtschaft[299] aus dem Jahre 2010 (nur) zwei Gruppenfreistellungstatbestände verlängerte: 133

- Die Gruppenfreistellung von Vereinbarungen über die gemeinsame **Erhebung von Daten,** Tabellen und Studien (Statistikarbeit); hierdurch kann die Kenntnis von Risiken verbessert und die Risikobewertung für einzelne Versicherer erleichtert werden; dies wiederum kann Markteintritte erleichtern und nutzbringend für die Verbraucher sein.[300]
- Die Gruppenfreistellung von Vereinbarungen über **Versicherungsgemeinschaften;** die hieran beteiligten Versicherungsunternehmen können leichter die notwendige Erfahrung in der betreffenden Versicherungssparte sammeln und von Kosteneinsparungen oder günstigeren Bruttoprämien dank gemeinsamer Rückversicherung zu vorteilhaften Konditionen profitieren.[301]

Die VO Nr. 267/2010 enthält keine Freistellung von Kooperationen bei der **Abwicklung von Schadensfällen** und beim **Informationsaustausch über erhöhte Risiken.** Auch sind Vereinbarungen über **Musterversicherungsbedingungen**[302] und Vereinbarun- 134

---

[292] *Langen/Bunte-Bunte,* Syst. VIII, Rdnr. 18 mwN.
[293] Verordnung (EG) Nr. 358/2003, ABl. Nr. L 53 S. 8.
[294] S. dazu Lübbig, § 8 Rdnr. 61.
[295] S. Wiedemann, § 1 Rdnr. 23ff.
[296] Vgl. http://eur-lex.europa.eu/LexUriServ/LexUriServ.do?uri=CELEX:52009DC0138:EN:NOT.
[297] http://ec.europa.eu/competition/sectors/financial_services/insurance_ber_working_document.pdf.
[298] Vgl. Mitteilung der Kommission über die Anwendung von Artikel 101 Absatz 3 des Vertrags über die Arbeitsweise der Europäischen Union auf Gruppen von Vereinbarungen, Beschlüssen und abgestimmten Verhaltensweisen im Versicherungssektor, ABl. C 82/20 vom 30.3.2010.
[299] VO Nr. 267/2010 ABl. 2010 L 83/1.
[300] *Langen/Bunte-Bunte,* Syst. VIII, Rdnr. 21.
[301] *Langen/Bunte-Bunte,* Syst. VIII, Rdnr. 21 mwN.
[302] Hierzu ausführlich *Pohlmann,* WuW 2010, 1106ff. sowie *Pohlmann,* WuW 2011, 379ff.

gen über **Sicherheitsvorkehrungen** nicht (mehr) freigestellt, wenngleich diese Fallgruppen in die neuen Horizontalleitlinien aufgenommen wurden.[303] Zur Begründung führt die Kommission an, dass die letztgenannten Vereinbarungstypen keine Besonderheit des Versicherungssektors darstellten, so dass ihre Aufnahme in ein so spezielles Rechtsinstrument eine ungerechtfertigte Diskriminierung gegen andere, nicht den Schutz einer GVO genießende Sektoren bewirken könnte.[304] Ferner habe die Überprüfung ergeben, dass diese beiden Formen der Zusammenarbeit zwar nutzbringend für die Verbraucher sein, aber auch Anlass zu wettbewerbsrechtlichen Bedenken geben könnten. Deshalb sei es angemessener, dass sie der Selbstveranlagung unterliegen.[305]

135 Die VO Nr. 267/2010 ist am **1. April 2010** in Kraft getreten und gilt gemäß Art. 9 VO Nr. 267/2010 zunächst sieben Jahre lang bis zum 31. März 2017. Nach der **Übergangsvorschrift** des Art. 8 VO Nr. 267/2010 gilt das Verbot des Art. 101 Abs. 1 AEUV vom 1. April 2010 bis zum 30. September 2010 nicht für Vereinbarungen, die am 31. März 2010 bereits in Kraft waren und die Voraussetzungen für eine Freistellung nach der alten GVO für den Versicherungssektor erfüllen, nicht aber für eine Freistellung nach der neuen VO Nr. 267/2010.

136 **2. Begriffsbestimmungen (Kapitel I VO Nr. 267/2010).** Kapitel I der VO Nr. 267/2010 enthält in Art. 1 **Bestimmungen der Begriffe** „Vereinbarung", „beteiligte Unternehmen", „verbundene Unternehmen" „Mitversicherungsgemeinschaften", „Mit-Rückversicherungsgemeinschaften", „neuartiges Risiko" und „Bruttoprämien", die bei der Anwendung der VO Nr. 267/2010 zugrundezulegen sind.[306]

137 **3. Gemeinsame Erhebungen, Tabellen und Studien (Kapitel II VO Nr. 267/2010).** *a) Tatbestände (Art. 2 VO Nr. 267/2010).* Gemäß Art. 2 lit. a VO Nr. 267/2010 gelten Vereinbarungen zwischen zwei oder mehr Unternehmen des Versicherungssektors über die gemeinsame Erhebung und Verbreitung von Daten als freigestellt, die für folgende Zwecke erforderlich sind:

- Berechnung von Durchschnittskosten für die Deckung eines genau beschriebenen Risikos in der Vergangenheit **(„Erhebungen");** ein Beispiel hierfür stellen die vom *GDV* erstellten und bekannt gegebenen Schadenbedarfsstatistiken dar;[307]
- Erstellung von Sterbetafeln und Tafeln über die Häufigkeit von Krankheiten, Unfällen und Invalidität im Bereich der Versicherungen, die ein **Kapitalisierungselement** beinhalten **(„Tabellen").**

138 Ein **Kapitalisierungselement** im Sinne der 2.Variante des Art. 2 lit. a VO Nr. 267/2010 enthalten Versicherungen, bei denen ein Teil der Prämie nicht nur der Risikodeckung dient, sondern einen kapitalbildenden Charakter hat. Dies trifft auf kapitalbildende Lebensversicherungen und alle Arten von Summenversicherungen zu, bei denen im Fall der genannten Ereignisse Tod, Krankheit, Invalidität oder Unfall, unabhängig von dem tatsächlich eingetretenen Schaden, eine bestimmte Geldsumme auszuzahlen ist.[308] Ein Kapitalisierungselement enthalten auch Versicherungen, bei welchen der Versicherer die gezahlte Prämie zurückgewährt, falls ein eingetretener Schaden nicht geltend gemacht wird.[309]

139 Nach Art. 2 lit. b VO Nr. 267/2010 gelten Vereinbarungen zwischen zwei oder mehr Unternehmen des Versicherungssektors über die gemeinsame **Durchführung von Studien** sowie die **Verbreitung der Ergebnisse** solcher Studien als freigestellt, soweit diese Studien

---

[303] Vgl. Mitteilung der Kommission, Leitlinien zur Anwendbarkeit von Art. 101 AEUV auf Vereinbarungen über horizontale Zusammenarbeit, ABl. 2011 Nr. C 11 vom 14.1.2011.

[304] *Langen/Bunte-Bunte,* Syst. VIII, Rdnr. 20.

[305] Vgl. Mitteilung der Kommission über die Anwendung von Artikel 101 Absatz 3 des Vertrags über die Arbeitsweise der Europäischen Union auf Gruppen von Vereinbarungen, Beschlüssen und abgestimmten Verhaltensweisen im Versicherungssektor, ABl. C 82/20 vom 30.3.2010.

[306] Vgl. im Einzelnen *Bechtold/Bosch/Brinker,* Art. 1 VO Nr. 267/2010, Rdnr. 2ff.

[307] So auch *Langen/Bunte-Bunte,* Syst. VIII, Rdnr. 35; vgl. *Bechtold/Bosch/Brinker,* Art. 2 VO Nr. 267/2010, Rdnr. 2ff.

[308] Vgl. *Bechtold/Bosch/Brinker,* Art. 2 VO Nr. 267/2010, Rdnr. 6f.

[309] Ebenso *Langen/Bunte-Bunte,* Syst. VIII, Rdnr. 39.

die wahrscheinlichen Auswirkungen allgemeiner Umstände betreffen, die außerhalb des Einflussbereichs der betreffenden Unternehmen liegen,[310] wobei Auswirkungen auf die Häufigkeit oder das Ausmaß von künftigen Forderungen bei einem bestimmten Risiko oder einer bestimmten Risikosparte oder auf den Ertrag verschiedener Anlageformen gemeint sind („Studien"). Gegenstand der Studien können beispielsweise künftige Schadenentwicklungen, technische Entwicklungen bei der Schadenbeseitigung oder in den versicherten Gegenständen, die Kostenentwicklung von Faktoren, die auf die Schadenentwicklung Einfluss nehmen, und die Folgen von Gesetzesänderungen für die Schadenhöhe sein.[311]

Im 12. Erwägungsgrund wird betont, dass im Interesse der Verlässlichkeit der gemeinsamen Erhebungen, Tabellen und Studien auch die Daten der Versicherungsunternehmen mit **hohen Marktanteilen** einbezogen werden dürfen. Wegen der Besonderheit des Versicherungssektors sei es nicht gerechtfertigt, eine Freistellung der gemeinsamen Erhebungen, Tabellen und Studien an Marktanteilschwellen zu knüpfen.[312] **140**

b) Freistellungsvoraussetzungen (Art. 3 VO Nr. 267/2010). Aus Art. 3 Abs. 2 VO Nr. 267/2010 ergeben sich bestimmte **allgemeine Voraussetzungen,** die für eine Freistellung kumulativ erfüllt sein müssen und die insbesondere der allgemeinen Verfügbarkeit, dem Schutz des Geheimwettbewerbs sowie dem Ziel dienen, dass die Kooperation der Versicherungsunternehmen nicht zu einer Einengung der autonomen Preisfindung führt.[313] Die Voraussetzungen des Art. 3 Abs. 2 VO Nr. 267/2010 gelten gleichermaßen für Vereinbarungen betreffend **Erhebungen** und **Tabellen** im Sinne von Art. 2 lit. a VO Nr. 267/2010 sowie betreffend **Studien** und deren Verbreitung im Sinne von Art. 2 lit. b VO Nr. 267/2010. Demnach gilt die Freistellung nur, wenn die Erhebungen, Tabellen und Studienergebnisse **141**

- **nicht** die beteiligten Versicherungsunternehmen oder einen Versicherungsnehmer **identifizieren** (Art. 3 Abs. 2 lit. a VO Nr. 267/2010); es sind also entsprechende Anonymisierungen vorzunehmen, um zu verhindern, dass die Datensammlung gleichzeitig als Marktinformationssystem benutzt wird;[314]
- bei der Erstellung und Verbreitung einen Hinweis auf ihre **Unverbindlichkeit** enthalten (Art. 3 Abs. 2 lit. b VO Nr. 267/2010);[315]
- **keinen Hinweis auf die Höhe von Bruttoprämien** enthalten (Art. 3 Abs. 2 lit. c VO Nr. 267/2010);
- **allen Versicherungsunternehmen,** auch solchen, die noch nicht auf dem räumlichen oder sachlichen Markt tätig sind (potenzielle Neuanbieter),[316] auf den sich diese Erhebungen, Tabellen oder Studienergebnisse beziehen, die ein Exemplar erbitten, zu angemessenen und diskriminierungsfreien Konditionen[317] und erschwinglichen Preisen **zur Verfügung** gestellt werden (Art. 3 Abs. 2 lit. d VO Nr. 267/2010);[318]

---

[310] So auch *Bechtold/Bosch/Brinker,* Art. 2 VO Nr. 267/2010, Rdnr. 11.

[311] So auch *Langen/Bunte-Bunte,* Syst. VIII, Rdnr. 40.

[312] Zustimmend *Langen/Bunte-Bunte,* Syst. VIII, Rdnr. 37.

[313] Ähnlich *Bechtold/Bosch/Brinker,* Art. 3 VO Nr. 267/2010, Rdnr. 15; enger *Langen/Bunte-Bunte* Syst. VIII, Rdnr. 41; vgl. schon *Bunte,* VR 1995, 6, 9.

[314] Ähnlich, aber großzügiger im Hinblick auf seltene, nicht anonymisierbare (Groß-)Schadensereignisse, bei denen eine mittelbare Identifizierung einzelner beteiligter Unternehmen hinzunehmen sei: *Langen/Bunte-Bunte,* Syst. VIII, Rdnr. 43; vgl. schon *Bunte,* VR 1995, 6, 10. Diese Haltung ist abzulehnen; es kommt aber insoweit ggf. eine Einzelfreistellung nach Art. 101 Abs. 3 AEUV in Betracht; vgl. auch *Bechtold/Bosch/Brinker,* Art. 3 VO Nr. 267/2010, Rdnr. 16ff. sowie *MüKo-Stappert/Johannsen,* Art. 3 GVO Nr. 267/2010, Rdnr. 7.

[315] Hierzu *Bechtold/Bosch/Brinker,* Art. 3 VO Nr. 267/2010, Rdnr. 19.

[316] Vgl. Erwägungsgrund 11 der VO Nr. 267/2010.

[317] Hierzu kann z.B. die Selbstverpflichtung eines Newcomers gehören, im Falle eines Markteintritts statistische Informationen über Schadensfälle vorzulegen, sowie unter Umständen die Mitgliedschaft in dem für die Erstellung der Erhebungen verantwortlichen Versicherungsverband; vgl. Erwägungsgrund 11 der VO 267/2010.

[318] Vgl. *Bechtold/Bosch/Brinker,* Art. 3 VO Nr. 267/2010, Rdnr. 20f.

- **Verbraucher- und Kundenorganisationen,** die aus ordnungsgemäß gerechtfertigten Gründen[319] – für die wegen der Nichtidentifizierbarkeit der beteiligten Versicherungsunternehmen (vgl. Art. 3 Abs. 2 lit. a VO Nr. 267/2010) keine hohen Anforderungen[320] gelten – spezifische und präzise Zugangsanträge stellen, zu angemessenen und diskriminierungsfreien Konditionen und erschwinglichen Preisen **zur Verfügung** gestellt werden, ausgenommen wenn die Nichtoffenlegung aus Gründen der öffentlichen Sicherheit objektiv gerechtfertigt ist (Art. 3 Abs. 2 lit. e VO Nr. 267/2010); dies kann beispielsweise der Fall sein, wenn die Daten die Sicherheitssysteme von Kernkraftwerken oder die Schwachstellen von Hochwasserschutzsystemen betreffen.[321]

142 Die Freistellung von Vereinbarungen betreffend **Erhebungen** und **Tabellen** im Sinne von Art. 2 lit. a VO Nr. 267/2010 steht gemäß Art. 3 Abs. 1 VO Nr. 267/2010 unter **drei weiteren speziellen Voraussetzungen,** die zu denen des Art. 3 Abs. 2 VO Nr. 267/2010 hinzutreten müssen:

143 Nach der ersten Voraussetzung müssen die Erhebungen und Tabellen gemäß Art. 3 Abs. 1 lit. a VO Nr. 267/2010 auf der **Zusammenstellung von Daten** beruhen, das heißt nicht auf Vergleichen, Schätzungen oder ähnlichem.[322] Diese Daten müssen sich auf eine als Beobachtungszeitraum gewählte Anzahl von – bereits vergangenen[323] – Risiko-Jahren beziehen und identische oder vergleichbare Risiken in ausreichender Zahl betreffen, damit eine **statistisch auswertbare Größe** entsteht und unter anderem (also keine abschließende Aufzählung)[324] Folgendes beziffert werden kann:
- die Anzahl der Schadensfälle in dem genannten Zeitraum;
- die Zahl der in dem Beobachtungszeitraum in jedem Risiko-Jahr versicherten einzelnen Risiken;
- die Gesamtheit der innerhalb dieses Zeitraums aufgrund der aufgetretenen Schadensfälle geleisteten oder geschuldeten Zahlungen;
- der Gesamtbetrag der Versicherungssummen pro Risiko-Jahr während des gewählten Beobachtungszeitraums.

144 Zweitens dürfen die Erhebungen und Tabellen gemäß Art. 3 Abs. 1 lit. b VO Nr. 267/2010 hinsichtlich der verfügbaren Statistiken **nur so detailliert** sein, wie es versicherungsstatistisch angemessen ist.[325] Denn je enger die Kategorien für Statistiken über die in der Vergangenheit entstandenen Kosten für die Deckung eines genau beschriebenen Risikos gefasst werden, umso mehr Spielraum haben die Versicherungsunternehmen, wenn sie bei der Berechnung der Bruttoprämien eine Staffelung vornehmen wollen.[326]

145 Schließlich dürfen die Erhebungen und Tabellen gemäß der dritten Voraussetzung nach Art. 3 Abs. 1 lit. c VO Nr. 267/2010 **unter keinen Umständen den Geheimwettbewerb aushebeln,** indem sie Sicherheitszuschläge, Erträge aus Rückstellungen, Verwaltungs- oder Vertriebskosten oder Steuern und sonstige Abgaben beinhalten oder Investitionserlöse oder erwartete Gewinne berücksichtigen. Mit anderen Worten dürfen nur Nettoprämien ausgewiesen werden **(Nettoprämienprinzip),** nicht hingegen die dem Versicherungsnehmer in Rechnung gestellten Bruttoprämien im Sinne des Art. 1 Nr. 7 VO Nr. 267/2010 oder Risikoprämien, also Nettoprämien zu- oder abzüglich von Sicherheitszuschlägen oder -abschlägen.[327]

---

[319] Kritisch hierzu *MüKo-Stappert/Johannsen,* Art. 3 GVO Nr. 267/2010, Rdnr. 16.

[320] Für eine knappe, präzise und nachvollziehbare Begründung *Bechtold/Bosch/Brinker,* Art. 3 VO Nr. 267/2010, Rdnr. 23; aA *von Hülsen/Manderfeld,* VersR 2010, 559, 562, die hohe Anforderungen an das berechtigte Interesse stellen wollen; kritisch insoweit zu Recht *Langen/Bunte-Bunte,* Syst. VIII, Rdnr. 45.

[321] Vgl. Erwägungsgrund 11 der VO Nr. 267/2010.

[322] Ebenso *Langen/Bunte-Bunte,* Syst. VIII, Rdnr. 42 mwN.

[323] So auch *Langen/Bunte-Bunte,* Syst. VIII, Rdnr. 42.

[324] Ebenso *Bechtold/Bosch/Brinker,* Art. 3 VO Nr. 267/2010, Rdnr. 5.

[325] Hierzu *MüKo-Stappert/Johannsen,* Art. 3 GVO Nr. 267/2010, Rdnr. 5.

[326] Vgl. Erwägungsgrund 10 der VO Nr. 267/2010.

[327] Ebenso *Langen/Bunte-Bunte,* Syst. VIII, Rdnr. 42.

146 *c) Abstimmungstatbestände (Art. 4 VO Nr. 267/2010).* Gemäß Art. 4 VO Nr. 267/2010 gilt die Freistellung nach Art. 2 VO Nr. 267/2010 nicht (Freistellungsausschlussgründe),[328] wenn und soweit die an ihnen beteiligten Unternehmen sich verpflichten oder es anderen Unternehmen auferlegen, keine anderen Erhebungen oder Tabellen als die in Art. 2 lit. a VO Nr. 267/2010 genannten zu verwenden oder nicht von den Ergebnissen der Studien nach Art. 2 lit. b VO Nr. 267/2010 abzuweichen. Art. 4 VO Nr. 267/2010 gewährleistet somit die **Unverbindlichkeit** der Erhebungen, Tabellen und Studien[329] und entzieht (nur) denjenigen Unternehmen die Möglichkeit, sich auf die Freistellung zu berufen, die an den in Art. 4 VO Nr. 267/2010 genannten Abstimmungshandlungen beteiligt sind, denn dies müssen nicht notwendig alle an den Erhebungen etc. beteiligten Versicherungsunternehmen sein.[330]

147 *d) Entzug der Freistellung im Einzelfall.* Soweit die **Kommission** in einem bestimmten Einzelfall feststellt, dass eine Vereinbarung, die nach der VO Nr. 267/2010 freigestellt ist, dennoch Wirkungen entfaltet, die mit Art. 101 Abs. 3 AEUV unvereinbar sind, kann sie den Rechtsvorteil der Freistellung gemäß Art. 29 Abs. 1 VO Nr. 1/2003 entziehen.[331] Nach Art. 29 Abs. 2 VO Nr. 1/2003 kann auch die **Wettbewerbsbehörde eines Mitgliedstaats** den Rechtsvorteil im Gebiet des betreffenden Mitgliedstaats oder in einem Teilgebiet dieses Mitgliedstaats entziehen, wenn im Einzelfall eine Vereinbarung, die nach der VO Nr. 267/2010 freigestellt ist, dennoch im Gebiet des betreffenden Mitgliedstaats oder in einem Teilgebiet dieses Mitgliedstaats – wenn das Gebiet alle Merkmale eines gesonderten räumlichen Marktes aufweist – Auswirkungen hat, die mit Art. 101 Abs. 3 AEUV unvereinbar sind.[332] Die Vorschriften über den Entzug der Freistellung im Einzelfall sind – soweit bekannt – bislang nicht praxisrelevant geworden.

148 Bei der Prüfung, ob der Rechtsvorteil nach Art. 29 VO Nr. 1/2003 zu entziehen ist, sind etwaige **wettbewerbsschädigende Auswirkungen** aufgrund von Verbindungen zwischen einer Mitversicherungs- oder Mit-Rückversicherungsgemeinschaft und/oder ihren beteiligten Unternehmen und anderen Versicherungsgemeinschaften und/oder deren beteiligten Unternehmen auf demselben relevanten Markt von besonderer Bedeutung.[333]

149 **4. Versicherungsgemeinschaften (Kapitel III VO Nr. 267/2010).** Kapitel III der VO Nr. 267/2010 betrifft Mitversicherungsgemeinschaften und Mit-Rückversicherungsgemeinschaften. Die diesbezügliche Freistellung ist für die Praxis besonders bedeutsam, weil Versicherungsgemeinschaften eine echte **Besonderheit des Versicherungssektors** darstellen, indem sie die Streuung von Risiken ermöglichen und es den einzelnen beteiligten Versicherungsunternehmen erlauben, mehr Risiken in Deckung zu nehmen.[334]

150 Nach Art. 1 Nr. 4 VO Nr. 267/2010 sind **Mitversicherungsgemeinschaften** unmittelbar oder über einen Makler oder einen bevollmächtigten Vertreter von Versicherungsunternehmen gegründete Gemeinschaften, die sich entweder verpflichten, im Namen und für Rechnung aller Beteiligten Versicherungsverträge für eine bestimmte Risikosparte abzuschließen (Art. 1 Nr. 4 lit. a VO Nr. 267/2010) oder die den Abschluss und die Abwicklung der Versicherung einer bestimmten Risikosparte in ihrem Namen und für ihre Rechnung durch eines der Versicherungsunternehmen, einen gemeinsamen Makler oder eine zu diesem Zweck geschaffene gemeinsame Organisation vornehmen lassen (Art. 1 Nr. 4 lit. b VO Nr. 267/2010). Rückversicherer dürfen sich hier nicht beteiligen.[335]

---

[328] So auch *Bechtold/Bosch/Brinker,* Art. 4 VO Nr. 267/2010, Rdnr. 1 mwN.

[329] Dies war auch schon bei der Vorgängerregelung der VO Nr. 358/2003 der Fall, vgl. hierzu *Bunte,* WuW 1992, 893, 899.

[330] So auch *Langen/Bunte-Bunte,* Syst. VIII, Rdnr. 47 mwN.

[331] Vgl. Erwägungsgrund 20 der VO Nr. 267/2010.

[332] Vgl. Erwägungsgrund 21 der VO Nr. 267/2010.

[333] Vgl. Erwägungsgrund 22 der VO Nr. 267/2010.

[334] So auch *Bechtold/Bosch/Brinker,* Art. 5 VO Nr. 267/2010, Rdnr. 1 f.; *Langen/Bunte-Bunte,* Syst. VIII, Rdnr. 50; vgl. *Barth/Gießelmann,* VersR 2009, 1454 ff.

[335] Ebenso *Langen/Bunte-Bunte,* Syst. VIII, Rdnr. 61; anders *Bechtold/Bosch/Brinker,* Art. 1 VO Nr. 267/2010, Rdnr. 13.

151 **Mit-Rückversicherungsgemeinschaften** sind gemäß Art. 1 Nr. 5 VO Nr. 267/2010 unmittelbar oder über einen Makler oder einen bevollmächtigten Vertreter von Versicherungsunternehmen gegründete Gemeinschaften, die – eventuell mit der Unterstützung von einem oder mehreren Rückversicherungsunternehmen – wechselseitig alle oder Teile ihrer Verpflichtungen hinsichtlich einer bestimmten Risikosparte rückversichern (Art. 1 Nr. 5 lit. a VO Nr. 267/2010) oder die gelegentlich für dieselbe Risikosparte Rückversicherungsschutz im Namen und für Rechnung aller Beteiligten anbieten (Art. 1 Nr. 5 lit. b VO Nr. 267/2010).[336]

152 Art. 5 ff. VO Nr. 267/2010 betreffen nur **auf Dauer angelegte** Versicherungsgemeinschaften.[337] In Art. 1 Nr. 4 bzw. Nr. 5 VO Nr. 267/2010 sowie in ihrer Mitteilung[338] zur VO Nr. 267/2010 stellt die Kommission klar, dass **ad hoc** gebildete Versicherungsgemeinschaften zur Deckung eines bestimmten, zeitlich begrenzten Risikos auf dem Zeichnungsmarkt, bei denen ein Teil des jeweiligen Risikos von einem Hauptversicherer und der verbleibende Teil von Nebenversicherern gedeckt wird, nicht unter die VO Nr. 267/2010 fallen. Soweit die Anpassung der Prämien zwischen Mit-(Rück-)Versicherern im Wege von Ad-hoc-Mit-(Rück-)Versicherungsvereinbarungen überhaupt unter den Verbotstatbestand des Art. 101 Abs. 1 AEUV fällt,[339] kann sie jedenfalls im Einzelfall gemäß Art. 101 Abs. 3 AEUV freigestellt sein.

153 *a) Wettbewerbsbeschränkung durch die Versicherungsgemeinschaft.* Versicherungsgemeinschaften **können** zu Wettbewerbsbeschränkungen wie der Vereinheitlichung von Vertragsbedingungen oder von Versicherungssummen und Prämien führen.[340] Zwangsläufig ist dies nicht; die jeweilige Versicherungsgemeinschaft muss daher – im Rahmen der Selbstveranlagung (Legalausnahmeprinzip)[341] – in den zutreffenden kartellrechtlichen Zusammenhang gestellt werden; zu unterscheiden ist wie folgt.[342]

154 Zunächst ist die Privilegierung der VO Nr. 267/2010 für solche Versicherungsgemeinschaften nicht erforderlich, die den Wettbewerb nicht verfälschen, weil es nur mit einer solchen Versicherungsgemeinschaft überhaupt möglich ist, die fragliche Versicherung anzubieten, weil die beteiligten Versicherungsunternehmen das Risiko **alleine nicht decken** könnten, sondern sich zu diesem Zweck im Rahmen einer Gemeinschaft zusammenschließen müssen.[343] Bei derartigen Versicherungsgemeinschaften schlägt der **Arbeitsgemeinschaftsgedanke**[344] durch. Diese Art von Versicherungsgemeinschaften führt somit im Allgemeinen schon zu **keiner Wettbewerbsbeschränkung** im Sinne des Art. 101 Abs. 1 AEUV; auch nach Auffassung der Kommission fallen diese Gemeinschaften somit gar nicht erst unter den Verbotstatbestand.[345] Auf eine Abgrenzung des sachlich und räumlich relevanten Marktes kommt es daher insoweit nicht an. Durchaus wettbewerbsbeschränkend nach Art. 101 Abs. 1 AEUV können hingegen Versicherungsgemeinschaften sein, die auf ausdrücklichen individuellen **Kundenwunsch** oder aufgrund eines **Maklerkonzeptes** zustande kommen; solche Versicherungsgemeinschaften können sich nicht per se auf den Arbeitsgemeinschaftsgedanken berufen, selbst wenn hinter dem Kundenwunsch der Ge-

---

336 Hierzu *Bechtold/Bosch/Brinker,* Art. 1 VO Nr. 267/2010, Rdnr. 21 ff.

337 Vgl. Study on co(re)insurance pools and on ad-hoc co(re)insurance agreements on the subscription market, New Edition July 2014, die im Auftrag der DG COMP erstellt wurde, abrufbar unter: http://ec.europa.eu/competition/sectors/financial_services/KD0414707ENN.pdf.

338 Vgl. Mitteilung der Komm. über die Anwendung von Artikel 101 Absatz 3 des Vertrags über die Arbeitsweise der Europäischen Union auf Gruppen von Vereinbarungen, Beschlüssen und abgestimmten Verhaltensweisen im Versicherungssektor, ABl. C 82/20 vom 30.3.2010.

339 Verneinend *Langen/Bunte-Bunte,* Syst. VIII, Rdnr. 54 sowie 58 mwN; ebenso *Bechtold/Bosch/Brinker,* Art. 1 VO Nr. 267/2010, Rdnr. 16.

340 Vgl. Erwägungsgrund 14 der VO Nr. 267/2010; *Brinker/Schädle,* VersR 2003, 1475 ff.

341 Dazu *Lübbig,* § 8 Rdnr. 68 sowie *Wiedemann,* § 1 Rdnr. 22.

342 Vgl. Erwägungsgründe 14 und 15 der VO Nr. 267/2010.

343 Komm. E. v. 12.4.1999, ABl. 1999 L 125/12, Rdnr. 66, 117 – *P&I-Clubs II.*

344 So auch *Langen/Bunte-Bunte,* Syst. VIII, Rdnr. 59 mwN.

345 Vgl. Erwägungsgrund 13 der VO Nr. 267/2010.

danke steckt, ein Risiko auf verschiedene Risikoträger aufzuteilen und so der Gefahr eines Ausfalls des Versicherers vorzubeugen.[346] Denn allein der Umstand, dass ein Kunde im Vertikalverhältnis eine wettbewerbsbeschränkende Vereinbarung wünscht oder veranlasst, oder der Umstand, dass sich ein Ausfallrisiko reduziert, nimmt dieser Vereinbarung nicht ihren wettbewerbsbeschränkenden Charakter, vor allem nicht, soweit das Horizontalverhältnis betroffen ist. Vielmehr kommt es für die Anwendung des Arbeitsgemeinschaftsgedankens darauf an, ob das Risiko tatsächlich nicht anders als durch die fragliche Versicherungsgemeinschaft abgedeckt werden kann; greift der Arbeitsgemeinschaftsgedanke im Einzelfall nicht durch, so bedeutet dies indes nicht automatisch, dass auch eine Gruppen- oder Einzelfreistellung ausscheiden würde.

Eine zweite Kategorie bilden Versicherungsgemeinschaften, die zwar als wettbewerbs- 155
beschränkend unter Art. 101 Abs. 1 AEUV fallen, aber den Voraussetzungen der **Gruppenfreistellung** nach §§ 5ff. VO Nr. 267/2010 entsprechen. In dieser Fallgruppe ist eine genaue Definition des sachlich und räumlich relevanten Marktes erforderlich, weil die **Marktabgrenzung** eine Grundvoraussetzung für die Feststellung ist, ob die Marktanteilsschwellen des Art. 6 VO Nr. 267/2010 eingehalten werden.

In eine dritte Kategorie gehören Versicherungsgemeinschaften, die zwar unter den Ver- 156
botstatbestand des Art. 101 Abs. 1 AEUV fallen und die Voraussetzungen der VO Nr. 267/2010 nicht erfüllen, aber gleichwohl für eine **Einzelfreistellung** nach Art. 101 Abs. 3 AEUV in Frage kommen. Auch in diesem Zusammenhang ist eine **Marktabgrenzung** erforderlich.

b) Gegenstand der Freistellung (Art. 5 VO Nr. 267/2010). Gemäß Art. 5 VO Nr. 267/ 157
2010 gelten **Vereinbarungen** zwischen zwei oder mehr Unternehmen des Versicherungssektors als freigestellt, welche die **Bildung** und die **Tätigkeit** von Gemeinschaften von Versicherungsunternehmen oder Gemeinschaften von Versicherungsunternehmen und Rückversicherungsunternehmen mit dem **Ziel** der gemeinsamen Abdeckung bestimmter Risikosparten betreffen, sei es in der Form der Mitversicherung oder der Mit-Rückversicherung.

Die **Bildung** einer Versicherungsgemeinschaft beginnt bereits dann, wenn ein Versiche- 158
rungsunternehmen mit einem entsprechenden Petitum an ein anderes herantritt und dies in der Folge tatsächlich zu einem gemeinschaftlichen Vorgehen führt.[347] Der Bildungsprozess in diesem Sinne ist somit vom Begriff der (in der Regel vertraglichen) Gründung der Versicherungsgemeinschaft (vgl. etwa Art. 6 Abs. 1 VO Nr. 267/2010) zu unterscheiden. Die gemeinschaftliche **Tätigkeit** umfasst typischerweise – aber jeweils nicht zwingend – Vereinbarungen über die Beteiligungsquoten, die Bedingungen für die Aufnahme und das Ausscheiden einzelner Versicherer, die Verteilung der Kosten, die Bedingungen und Tarife für die zu übernehmenden Risiken, den Informationsaustausch über die Beurteilung der zu übernehmenden Risiken, über Verhandlungen mit Versicherungsnehmern und über den Schadensverlauf eines übernommenen Risikos sowie ggf. Absprachen über die Rückversicherung übernommener Risiken.[348]

c) Marktanteilsschwellen (Art. 6 VO Nr. 267/2010). aa) Abdeckung neuartiger Risiken (Art. 6 159
Abs. 1 VO Nr. 267/2010). Soweit es ausschließlich um die Deckung **neuartiger Risiken**[349] geht, zu deren Zweck die Mitversicherungs- oder Mit-Rückversicherungsgemeinschaften gegründet werden, gilt die Freistellung gemäß Art. 6 Abs. 1 VO Nr. 267/2010 **unabhängig vom Marktanteil** der Gemeinschaft ab dem Tag ihrer erstmaligen Gründung für eine Dauer von drei Jahren.

---

[346] Ebenso *Dreher,* Fs. Immenga, S. 93, 97; aA *Langen/Bunte-Bunte,* Syst. VIII, Rdnr. 60.

[347] Ähnlich *MüKo-Stappert/Johannsen,* Art. 5 GVO Nr. 267/2010, Rdnr. 1; *Langen/Bunte-Bunte,* Syst. VIII, Rdnr. 63.

[348] So auch *Langen/Bunte-Bunte,* Syst. VIII, Rdnr. 63.

[349] Hierzu *MüKo-Stappert/Johannsen,* Art. 6 GVO Nr. 267/2010, Rdnr. 2f.; *Bechtold/Bosch/Brinker,* Art. 6 VO Nr. 267/2010, Rdnr. 7f.

160 Als **neuartig** gilt ein Risiko gemäß Art. 1 Nr. 6 lit. a VO Nr. 267/2010 dann, wenn es zuvor nicht existierte und nur durch ein völlig neuartiges Versicherungsprodukt gedeckt werden kann, nicht aber durch Ergänzung, Verbesserung oder Ersatz eines vorhandenen Versicherungsprodukts; in der Praxis treten diese Voraussetzungen nur sehr selten ein.[350] In Ausnahmefällen gilt ein Risiko gemäß Art. 1 Nr. 6 lit. b VO Nr. 267/2010 auch dann als neuartig, wenn es sich einer objektiven Analyse zufolge so wesentlich verändert hat, dass nicht vorhersehbar ist, welche Zeichnungskapazität zur Risikodeckung erforderlich ist.[351] Daher erfolgt in Art. 6 Abs. 1 VO Nr. 267/2010 eine **pauschale** Freistellung für drei Jahre[352] ohne Blick auf die Marktanteile der Versicherungsgemeinschaft. Nach Ablauf dieser drei Jahre muss das gesammelte Datenmaterial mithin ausreichen, um zu beurteilen, ob weiterhin ein Bedarf an der Versicherungsgemeinschaft besteht, insbesondere, ob sie alle beteiligten Versicherungsunternehmen umfassen muss.[353]

161 *bb) Abdeckung sonstiger Risiken (Art. 6 Abs. 2 VO Nr. 267/2010).* Unter der Voraussetzung, dass der von den beteiligten Unternehmen gehaltene **gemeinsame Marktanteil** bestimmte Werte nicht überschreitet, werden Mitversicherungs- und Mit-Rückversicherungsgemeinschaften, die keine neuartigen Risiken abdecken und damit nicht unter Art. 6 Abs. 1 VO Nr. 267/2010 fallen, gemäß Art. 6 Abs. 2 VO Nr. 267/2010 für die gesamte Geltungsdauer der VO Nr. 267/2010 freigestellt. Die Schwellen liegen:

- bei **Mitversicherungsgemeinschaften** bei **20 %** eines der relevanten Märkte (Art. 6 Abs. 2 lit. a VO Nr. 267/2010);
- bei **Mit-Rückversicherungsgemeinschaften** bei **25 %** eines der relevanten Märkte (Art. 6 Abs. 2 lit. b VO Nr. 267/2010).

162 Der Anknüpfung an Marktanteilsschwellen liegt der Rechtsgedanke des Art. 101 Abs. 3 AEUV zugrunde: Zwar können die an den Versicherungsgemeinschaften beteiligten Unternehmen leichter die notwendige Erfahrung in der betreffenden Versicherungssparte sammeln oder von Kosteneinsparungen oder günstigeren Bruttoprämien dank gemeinsamer Rückversicherung zu vorteilhaften Konditionen profitieren; gleichwohl soll es aber ausgeschlossen werden, dass der **Wettbewerb** betreffend einen wesentlichen Teil der fraglichen Produkte **ausgeschaltet** wird. Die genannten Marktanteilsschwellen sollen gewährleisten, dass die Versicherungsgemeinschaft einem wirksamen tatsächlichen oder potenziellen Wettbewerb seitens an ihr unbeteiligter Unternehmen ausgesetzt bleibt.[354]

163 *aaa) Marktabgrenzung.* Um zu ermitteln, ob die in Art. 6 VO Nr. 267/2010 genannten **Marktanteilsschwellen** unterschritten werden oder nicht, ist der jeweils betroffene Markt sachlich und räumlich abzugrenzen. Im Hinblick auf die Marktabgrenzung bei Versicherungsprodukten und entsprechenden Dienstleistungen gelten die allgemeinen Regeln.

164 *bbb) Marktanteilsermittlung (Art. 6 Abs. 3 und 4 VO Nr. 267/2010).* Der jeweilige Marktanteil der beteiligten Unternehmen im Sinne des Art. 6 Abs. 2 VO267/2010 basiert gemäß Art. 6 Abs. 3 und 4 VO Nr. 267/2010 auf der Gesamtheit der auf demselben relevanten Markt inner- und außerhalb dieser Versicherungsgemeinschaft im vorangegangenen Kalenderjahr **eingenommenen Bruttoprämien.**[355] Bruttoprämien sind gemäß Art. 1 Nr. 7 VO Nr. 267/2010 diejenigen Prämien, die den Versicherungsnehmern in Rechnung gestellt werden.

---

[350] Ähnlich *Bechtold/Bosch/Brinker,* Art. 6 VO Nr. 267/2010, Rdnr. 8; *Langen/Bunte-Bunte,* Syst. VIII, Rdnr. 67.

[351] Vgl. auch Erwägungsgrund 15 der VO Nr. 267/2010.

[352] *Langen/Bunte-Bunte,* Syst. VIII, Rdnr. 68 hält diesen Zeitraum für zu kurz, weil sich die abgedeckten Risiken innerhalb dieser Zeitspanne oft noch nicht realisieren; dem ist entgegenzuhalten, dass nach Ablauf der drei Jahre immer noch eine Einzelfreistellung in Betracht kommt, wenn eine Gruppenfreistellung auch nach den anderen Fallgruppen der VO Nr. 267/2010 dann endgültig ausscheidet.

[353] So auch *Langen/Bunte-Bunte,* Syst. VIII, Rdnr. 66 und 68; kritisch *MüKo-Stappert/Johannsen,* Art. 6 GVO Nr. 267/2010, Rdnr. 3.

[354] Vgl. Erwägungsgrund 17 der VO Nr. 267/2010.

[355] Vgl. auch Erwägungsgrund 18 der VO Nr. 267/2010.

Um zu bestimmen, ob eine Versicherungsgemeinschaft die Marktanteilsschwellen erreicht, sind die **Gesamtmarktanteile der einzelnen Mitglieder zu aggregieren;**[356] damit ist die ältere Rechtsprechung zu dieser Frage – Auslegung der Vorgängervorschrift in Art. 7 Abs. 2 VO 358/2003 in dem Sinne, dass es nur auf die entsprechenden Umsätze der Versicherungsgemeinschaft selbst, nicht aber auf diejenigen seiner Mitglieder ankam[357] – überholt. 165

Bei der Berechnung des Anteils eines beteiligten Unternehmens an dem relevanten Markt wird gemäß Art. 6 Abs. 3 VO Nr. 267/2010 im Einzelnen berücksichtigt:[358] 166

- der Marktanteil des beteiligten Unternehmens **innerhalb** der fraglichen Versicherungsgemeinschaft (Art. 6 Abs. 3 lit. a VO Nr. 267/2010);
- der Marktanteil des beteiligten Unternehmens **innerhalb anderer** Versicherungsgemeinschaften auf demselben relevanten Markt wie die fragliche Versicherungsgemeinschaft, an der das beteiligte Unternehmen beteiligt ist (Art. 6 Abs. 3 lit. b VO Nr. 267/2010); und
- der Marktanteil des beteiligten Unternehmens **außerhalb** jeglicher Versicherungsgemeinschaft auf demselben relevanten Markt wie die fragliche Versicherungsgemeinschaft (Art. 6 Abs. 3 lit. c VO Nr. 267/2010).

Für die Anwendung der in Art. 6 Abs. 2 VO Nr. 267/2010 genannten Marktanteilsschwellen gelten gemäß Art. 6 Abs. 4 VO Nr. 267/2010 folgende Regeln: 167

- der Marktanteil wird auf der Grundlage der **Bruttobeitragseinnahmen** der an der Versicherungsgemeinschaft beteiligten Unternehmen berechnet;[359] falls diese Zahlen nicht erhältlich sind, können Schätzungen anhand anderer verlässlicher Marktinformationen zur Errechnung des Marktanteils des betreffenden Unternehmens herangezogen werden, u. a. Risikodeckung oder Versicherungswert (Art. 6 Abs. 4 lit. a VO Nr. 267/2010);
- der Marktanteil wird anhand der Angaben für das **vorangegangene Kalenderjahr** ermittelt (Art. 6 Abs. 4 lit. b VO Nr. 267/2010).

ccc) Toleranzgrenzen (Art. 6 Abs. 5 bis 10 VO Nr. 267/2010). Hinsichtlich der genannten Marktanteilsschwellen gelten gemäß Art. 6 Abs. 5 bis 10 VO Nr. 267/2010 bestimmte **Toleranzgrenzen** – jeweils weitere 5% – für den Fall des Überschreitens der Schwellenwerte des Art. 6 Abs. 2 VO Nr. 267/2010 **(Korridorlösung);**[360] wird die Toleranzgrenze eingehalten, führt dies zu einer befristeten Fortgeltung der Freistellung; wird sie überschritten, verkürzt sich die Befristung. Die Korridorlösung hat damit den Vorzug, dass es auf letzte Unsicherheiten bei der Ermittlung der Marktanteile im Sinne des Art. 6 Abs. 2 VO Nr. 267/2010 zunächst nicht ankommt. Innerhalb der befristeten Freistellungsphase kann der Versuch unternommen werden, solche Unsicherheiten auszuräumen; falls die Schwellenwerte danach nicht eingehalten werden, können die beteiligten Unternehmen sich innerhalb der Frist auf den Wegfall der Gruppenfreistellung einstellen.[361] 168

Wird die in Art. 6 Abs. 2 lit. a VO Nr. 267/2010 für **Mitversicherungsgemeinschaften** genannte Marktanteilsschwelle von 20% erst im Laufe der Zeit überschritten 169

- und wird dabei ein Wert **von höchstens 25 %** erreicht, so gilt die Freistellung gemäß Art. 6 Abs. 5 VO Nr. 267/2010 im Anschluss an das Jahr, in dem die Schwelle von 20% zum ersten Mal überschritten wird, für **weitere zwei** aufeinander folgende Kalenderjahre;

---

[356] Vgl. *Bechtold/Bosch/Brinker,* Art. 6 VO Nr. 267/2010, Rdnr. 16 ff.; kritisch hierzu *Langen/Bunte-Bunte,* Syst. VIII, Rdnr. 69 und 72 mwN.

[357] BGH U. v. 23.6.2009, WuW/E DE-R 2732 – *Versicherergemeinschaft.*

[358] Vgl. *MüKo-Stappert/Johannsen,* Art. 6 GVO Nr. 267/2010, Rdnr. 6.

[359] S. *Bechtold/Bosch/Brinker,* Art. 6 VO Nr. 267/2010, Rdnr. 19 f.; *MüKo-Stappert/Johannsen,* Art. 6 GVO Nr. 267/2010, Rdnr. 7.

[360] Vgl. *MüKo-Stappert/Johannsen,* Art. 6 GVO Nr. 267/2010, Rdnr. 8; *Langen/Bunte-Bunte,* Syst. VIII, Rdnr. 85.

[361] So auch *Langen/Bunte-Bunte,* Syst. VIII, Rdnr. 87.

- wird dabei hingegen ein Wert von **mehr als 25 %** erreicht, so gilt die Freistellung gemäß Art. 6 Abs. 6 VO Nr. 267/2010 im Anschluss an das Jahr, in dem die Schwelle von 25% zum ersten Mal überschritten wird, für **ein weiteres** Kalenderjahr.

Allerdings dürfen die sich hieraus ergebenden Vorteile gemäß Art. 6 Abs. 7 VO Nr. 267/2010 nicht in der Weise miteinander verbunden werden, dass insgesamt ein Zeitraum von zwei Kalenderjahren überschritten wird.

170 Wird die in Art. 6 Abs. 2 lit. b VO Nr. 267/2010 für **Mit-Rückversicherungsgemeinschaften** genannte Marktanteilsschwelle von 25% erst im Laufe der Zeit überschritten

- und wird dabei ein Wert **von höchstens 30 %** erreicht, so gilt die Freistellung gemäß Art. 6 Abs. 8 VO Nr. 267/2010 im Anschluss an das Jahr, in dem die Schwelle von 25% zum ersten Mal überschritten wird, für **weitere zwei** aufeinander folgende Kalenderjahre;
- wird dabei hingegen ein Wert von **mehr als 30 %** erreicht, so gilt die Freistellung gemäß Art. 6 Abs. 9 VO Nr. 267/2010 im Anschluss an das Jahr, in dem die Schwelle von 30% zum ersten Mal überschritten wird, für **ein weiteres** Kalenderjahr.

Auch hier dürfen die sich ergebenden Vorteile gemäß Art. 6 Abs. 10 VO Nr. 267/2010 nicht in der Weise miteinander verbunden werden, dass insgesamt ein Zeitraum von zwei Kalenderjahren überschritten wird.

171 *d) Freistellungsvoraussetzungen (Art. 7 VO Nr. 267/2010).* Nach Art. 7 VO Nr. 267/2010 gilt die in Art. 5 VO Nr. 267/2010 vorgesehene Freistellung für alle Varianten des Art. 6 VO Nr. 267/2010 nur unter **bestimmten Voraussetzungen,** die sicherstellen sollen, dass das die Wettbewerbsbeschränkungen unter den Mitgliedern der Versicherungsgemeinschaft auf ein Mindestmaß beschränkt werden.[362]

172 *aa) Sanktionen für das Ausscheiden aus der Gemeinschaft (Art. 7 lit. a VO Nr. 267/2010).* So setzt Art. 7 lit. a VO Nr. 267/2010 voraus, dass jedes beteiligte Unternehmen auch ohne einen wichtigen Grund[363] das Recht hat, nach einer angemessenen Kündigungsfrist aus der Versicherungsgemeinschaft **auszuscheiden,** ohne dass dies irgendwie geartete Sanktionen zur Folge haben darf.[364]

173 *bb) Pflicht zur Versicherung bestimmter Risiken über die Gemeinschaft (Art. 7 lit. b VO Nr. 267/2010).* Nach Art Art. 7 lit. b VO Nr. 267/2010 ist ferner Voraussetzung der Freistellung, dass die Regeln der Versicherungsgemeinschaft die daran beteiligten Unternehmen **nicht verpflichten,** Risiken der von der Versicherungsgemeinschaft gedeckten Art ganz oder teilweise über die Versicherungsgemeinschaft zu versichern oder rückzuversichern, **und** ihnen **nicht untersagen,** diese Risiken außerhalb der Versicherungsgemeinschaft zu versichern oder rückzuversichern. Die Verpflichtung, sämtliche Risiken in die Gemeinschaft einzubringen (obligation d'apport) oder sie ihr zumindest anzudienen,[365] stellt sich somit als unverhältnismäßige und nicht freigestellte Wettbewerbsbeschränkung dar.[366]

174 *cc) Gebietsaufteilungen, Produktions- und Vertriebsbeschränkungen und Zuteilung von Märkten oder Kunden (Art. 7 lit. c bis e VO Nr. 267/2010).* Art. 7 lit. c VO Nr. 267/2010 versagt die Freistellung, wenn die Regeln der Versicherungsgemeinschaft die Tätigkeit der Versicherungsgemeinschaft oder der beteiligten Unternehmen auf die Versicherung oder Rückversicherung von Risiken **in bestimmten geografischen Gebieten** der Union **beschränken.**[367] Dies umfasst auch mittelbare Beschränkungen durch entsprechende Anreiz- oder

---

[362] S. *Bechtold/Bosch/Brinker,* Art. 7 VO Nr. 267/2010, Rdnr. 1; *Langen/Bunte-Bunte,* Syst. VIII, Rdnr. 88.

[363] So auch *Langen/Bunte-Bunte,* Syst. VIII, Rdnr. 90.

[364] Ausführlich *Bechtold/Bosch/Brinker,* Art. 7 VO Nr. 267/2010, Rdnr. 2ff.

[365] Komm. E. v. 14.1.1992, ABl. Nr. L 37/16 – *Assurpol; vgl. auch Bechtold/Bosch/Brinker,* Art. 7 VO Nr. 267/2010, Rdnr. 7 mwN.

[366] Zustimmend *Langen/Bunte-Bunte,* Syst. VIII, Rdnr. 92 mwN.

[367] S. *Bechtold/Bosch/Brinker,* Art. 7 VO 267/2010, Rdnr. 8.

Druckmittel.[368] Die Entscheidung der Versicherungsgemeinschaft oder der beteiligten Unternehmen, in welchen Mitgliedstaaten oder Regionen sie tätig werden möchte, muss frei von derartigen Beschränkungen allein nach vernünftigen kaufmännischen Überlegungen getroffen werden.

Außerdem entzieht Art. 7 VO Nr. 267/2010 bestimmte **Kernbeschränkungen** der 175
Freistellung, nämlich die Einschränkung von Produktion und Absatz (Art. 7 lit. d VO Nr. 267/2010) sowie die Aufteilung von Märkten oder Kunden (Art. 7 lit. e VO Nr. 267/2010).[369]

dd) Vereinbarung von Bruttoprämien im Direktversicherungsgeschäft (Art. 7 lit. f VO Nr. 267/ 176
2010). Schließlich ist auch die Vereinbarung von Bruttoprämien – also nach der Legaldefinition des Art. 1 Nr. 7 VO Nr. 267/2010 derjenigen Prämien, die den Versicherungsnehmern in Rechnung gestellt werden – für die Direktversicherung im Rahmen einer **Mit-Rückversicherungsgemeinschaft** nicht freigestellt (Art. 7 lit. f VO Nr. 267/2010), denn die unmittelbare gemeinsame Haftung gegenüber dem Versicherungsnehmer ist der Natur nach nicht Gegenstand einer Mit-Rückversicherungsgemeinschaft, so dass sich die Freistellung auch nicht auf derartige Vereinbarungen beziehen kann.[370]

ee) Doppelmitgliedschaft in konkurrierenden Versicherungsgemeinschaften. Das frühere Verbot[371] 177
der Doppelmitgliedschaft in konkurrierenden Versicherungsgemeinschaften, das den Wettbewerb zwischen verschiedenen Versicherungsgemeinschaften aufrechterhalten und verhindern sollte, dass über die Mitgliedschaft von Unternehmen oder das Ausüben von bestimmendem Einfluss mehrere Gemeinschaften auf dem Markt koordiniert werden,[372] ist in der VO Nr. 267/2010 **ersatzlos entfallen.** Kartellrechtlich unbedenklich ist eine derartige Doppelmitgliedschaft indes nicht. Die Streichung des früheren speziellen Verbots führt lediglich dazu, dass diesbezügliche Bedenken neuerdings an den allgemeinen Maßstäben zu messen sind;[373] mit einer Doppelmitgliedschaft verbundene Wettbewerbsbeschränkungen können im Einzelfall ohne weiteres unter den allgemeinen Verbotstatbestand des Art. 101 Abs. 1 AEUV fallen.

e) Entzug der Freistellung im Einzelfall. Es gelten die obigen Ausführungen[374] zum Entzug 178
der Freistellung bei gemeinsamen Erhebungen, Tabellen und Studien (Kapitel II VO Nr. 267/2010) sinngemäß.

VI. Einzelfreistellung im Bereich der Versicherungswirtschaft

1. Einzelfreistellung nach Art. 101 Abs. 3 AEUV. Kooperationen, die nicht in den 179
Anwendungsbereich der Versicherungs-GVO fallen oder deren tatbestandliche Voraussetzungen nicht vollständig erfüllen, können gleichwohl im Einzelfall nach Art. 101 Abs. 3 AEUV freigestellt sein (**Einzelfreistellung** mittels Selbsteinschätzung).[375]

Zur Anwendung der Einzelfreistellungsvoraussetzungen nach Art. 101 Abs. 3 AEUV 180
gelten in Bezug auf die Versicherungswirtschaft keine grundlegenden Besonderheiten; die Vereinbarung, der Beschluss oder die abgestimmte Verhaltensweise müssen demnach kumulativ die allgemeinen **vier Voraussetzungen** der Einzelfreistellung erfüllen:[376]

---

[368] So auch *Langen/Bunte-Bunte,* Syst. VIII, Rdnr. 93; aA *MüKo-Stappert/Johannsen,* Art. 7 GVO Nr. 267/2010, Rdnr. 4.

[369] Vgl. *Bechtold/Bosch/Brinker,* Art. 7 VO Nr. 267/2010, Rdnr. 11.

[370] Ähnlich *Langen/Bunte-Bunte,* Syst. VIII, Rdnr. 96; ebenso *Bechtold/Bosch/Brinker,* Art. 7 VO Nr. 267/2010, Rdnr. 12 ff.; vgl. *MüKo-Stappert/Johannsen,* Art. 7 GVO Nr. 267/2010, Rdnr. 7.

[371] Vgl. Art. 8 lit. g VO Nr. 358/2003.

[372] Hierzu *Langen/Bunte-Bunte,* Syst. VIII, Rdnr. 97 mwN.

[373] Vgl. *MüKo-Stappert/Johannsen,* Art. 7 GVO Nr. 267/2010, Rdnr. 8.

[374] S. oben Rdnr. 147 f.

[375] So auch *Langen/Bunte-Bunte,* Syst. VIII, Rdnr. 99 f.

[376] Dazu näher *Lübbig,* § 8 Rdnr. 71 ff.

- Beitrag zur **Verbesserung** der Warenerzeugung, -verteilung oder zur Förderung des technischen oder wirtschaftlichen Fortschritts;
- angemessene Beteiligung der **Verbraucher** an dem entstehenden Gewinn;
- die Wettbewerbsbeschränkungen sind zur Erreichung der beiden vorgenannten Ziele **unerlässlich;**
- es werden keine Möglichkeiten eröffnet, für einen **wesentlichen** Teil der betroffenen Waren oder Leistungen den **Wettbewerb** auszuschließen.

181 So kann die Verwendung von **Mustern Allgemeiner Versicherungsbedingungen** – die bis zur letzten Novelle unter die Versicherungs-GVO fiel – nach Art. 101 Abs. 3 AEUV freigestellt sein, soweit sich dies nicht auf den Preiswettbewerb auswirkt, etwa durch Hinweise auf Bruttoprämien oder Prämienelemente wie z. B. Rabatte, Sicherheitszuschläge, Verwaltungs- und Vertriebskosten, Steuern und Gewinne.[377]

182 Auch die alte Gruppenfreistellung von **einheitlichen Modellen zur Darstellung von Überschussbeteiligungen** wurde gestrichen. Kartellrechtliche Bedenken nach Art. 101 AEUV können sich insoweit unter dem Gesichtspunkt der Vereinheitlichung wesentlicher Wettbewerbsparameter ergeben. Es ist aber davon auszugehen, dass die Aufstellung und Bekanntgabe unverbindlicher Modelle zur Darstellung von Überschussbeteiligungen nach Art. 101 Abs. 3 AEUV freigestellt ist, wenn diese lediglich in Form von unverbindlichen Hinweisen aufgestellt und bekannt gegeben werden.[378]

183 Auch weitere für die Versicherungswirtschaft typische, je nach Ausgestaltung im Hinblick auf Art. 101 Abs. 1 AEUV problematische Verhaltensweisen können **unter bestimmten Voraussetzungen** nach Art. 101 Abs. 3 AEUV freigestellt sein, etwa Verzeichnisse erhöhter Risiken[379] insbesondere zur Betrugsbekämpfung, Vorversichereranfragen[380] oder Absprachen im Schadenmanagement.[381]

184 **2. Einzelfreistellung nach §§ 2, 3 GWB.** Die eigenständige Bedeutung der nationalen Freistellung vom Verbot wettbewerbsbeschränkender Verhaltensweisen nach §§ 2 und 3 GWB im Kontext mit Versicherungsdienstleistungen **nimmt seit Jahren ab.** Denn die meisten einschlägigen Vereinbarungen haben einen zwischenstaatlichen Bezug. Es gelten daher die obigen Ausführungen zu Art. 101 Abs. 3 AEUV weitgehend sinngemäß.[382]

VII. Missbrauchsaufsicht im Bereich der Versicherungswirtschaft

185 Die Spruchpraxis der Kommission und des BKartA zu Art. 102 AEUV sowie die des BKartA zu §§ 19, 20 GWB im Bereich des Versicherungswesens ist **äußerst spärlich,**[383] schon weil es angesichts der spezifischen Marktstrukturen kaum marktbeherrschende Unternehmen gibt. Insoweit sind bislang auch kaum versicherungsspezifische Besonderheiten zu Tage getreten;[384] es gelten die **allgemeinen Regeln.**

C. Bankwesen und Kartellrecht

I. Normadressaten

186 Banken sind als **Unternehmen** Normadressaten des deutschen und europäischen Kartellrechts, denn sie betreiben Bankgeschäfte in einem Umfang, der einen in kaufmännischer Weise eingerichteten Gewerbebetrieb erfordert (vgl. § 1 Abs. 1 KWG). Damit fallen

---

377 Vgl. *Langen/Bunte-Bunte,* Syst. VIII, Rdnr. 101 ff. mwN.
378 So auch *Langen/Bunte-Bunte,* Syst. VIII, Rdnr. 106.
379 S. oben Rdnr. 123; vgl. *Langen/Bunte-Bunte,* Syst. VIII, Rdnr. 114 mwN.
380 Hierzu oben Rdnr. 110 f.; vgl. *Langen/Bunte-Bunte,* Syst. VIII, Rdnr. 118 mwN.
381 S. Rdnr. 124; vgl. *Langen/Bunte-Bunte,* Syst. VIII, Rdnr. 123 mwN.
382 S. oben Rdnr. 179 ff.
383 S. z. B. Komm. E. v. 12.4.1999, ABl. 1999 L 125/12, Rdnr. 66, 117 – *P&I-Clubs II.*
384 Vgl. *Dreher/Hoffmann/Kling,* S. 251 ff.

alle Banken einschließlich der öffentlich-rechtlichen Banken, Sparkassen und Volks- und Raiffeisenbanken sowie die Bausparkassen unter den kartellrechtlichen Unternehmensbegriff. Die Spitzenverbände der Kreditwirtschaft, also der Bundesverband deutscher Banken, der Bundesverband öffentlicher Banken Deutschland, der Deutsche Sparkassen- und Giroverband und der Bundesverband der deutschen Volks- und Raiffeisenbanken sowie der Zentrale Kreditausschuss (ZKA) als Gemeinschaftseinrichtung der Verbände der Kreditwirtschaft sind **Unternehmensvereinigungen** im Sinne des deutschen und europäischen Kartellrechts.[385]

II. Marktabgrenzung

1. Grobeinteilung der Bereiche. Das Bankwesen (im kartellrechtlichen Zusammenhang synonym mit „Kreditwirtschaft" oder auch mit „Banking Sector") umfasst nach den Feststellungen der Kommission[386] im Sinne einer **Grobeinteilung** verschiedene sachlich relevante Produktmärkte in den Bereichen 187

- des **Retail Banking** (Privatkundengeschäft mit Verbrauchern und KMU als Nachfragern),
- des **Corporate Banking** (Firmenkundengeschäft mit großen Unternehmen, die nicht selbst Banken sind, als Nachfragern) und
- des **Wholesale Banking** (mit institutionellen Kunden als Nachfragern).

Hinzu tritt nach Lesart der Kommission der **Payment Sector,** der als Teil des Banksektors begriffen wird. Der Payment Sector umfasst sehr unterschiedliche Dienstleistungen wie beispielsweise Interbanken-Bezahlsysteme, Corporate Payments und Retail Payments sowie den praktisch sehr bedeutsamen Bereich der Bezahlkarten (Payment Cards). Zudem grenzt die Kommission von den genannten Bereichen noch einerseits das **Investmentbanking** und andererseits das **Geld- und Wertpapiergeschäft** ab; diese Bereiche gehen allerdings in einzelnen Produktsegmenten ineinander über, beispielsweise im Bereich der privaten Vermögensverwaltung.[387] 188

Dieser **Grobeinteilung** der Kommission liegt die Annahme zugrunde, dass sich in den genannten Bereichen die Zusammensetzung der Nachfrageseite, die Art und Zusammensetzung der typischerweise angebotenen Leistungen, die Vertriebskanäle und die Wettbewerbsparameter (wie etwa Präferenz für lokale Anbieter, physische Präsenz der beauftragten Banken in räumlicher Nähe des Kunden, Bedeutung des Filialnetzes, Transaktionskosten) unterscheiden und eine unterschiedliche Bedeutung haben.[388] Soweit die Banken als Universalbanken auftreten, sind sie unabhängig von der Frage, welcher Säule im Sinne des deutschen Bankensystems sie angehören[389] und ob sie unterschiedliche Schwerpunkte in ihrer Geschäftstätigkeit haben, grundsätzlich gleich zu behandeln. 189

Zudem ist auch nach Auffassung der Kommission davon auszugehen, dass die genannten Bereiche sachlich weiter nach **relevanten Produktmärkten** zu unterteilen sind, etwa im Bereich des Privatkundengeschäfts die Segmente für das Einlagengeschäft, das Kreditgeschäft und die Zahlungsverkehrsabwicklung,[390] etwa im Bereich des Geldmarkt- und Wertpapiergeschäfts die Segmente für den Handel mit Aktien, Anleihen und Derivaten sowie 190

[385] So auch *Schimansky/Bunte/Lwowski-Bunte,* Band 2, S. 2742.

[386] Komm. E. v. 14.11.2000, COMP/M.2125 – *Hypo-Vereinsbank/Bank Austria;* Komm. E. v. 11.3.1997, IV/M.873 – *Bank Austria/Creditanstalt;* Komm. E. v. 10.4.2000, COMP/M.1910 – *Meritanordbanken/Unidanmark;* Komm. E. v. 22.4.1999, IV/M.1384 – *Deutsche Bank/Bankers Trust;* vgl. auch http://ec.europa.eu/competition/sectors/financial_services/banking.html.

[387] Vgl. auch *MüKo-Füller,* Einleitung, Rdnr. 1111 mwN, der insoweit etwas unpräzise bereits von *„fünf sachlich relevanten Märkten"* spricht; in Wirklichkeit verbergen sich hinter den genannten Bereichen im Sinne einer Grobeinteilung auch nach Auffassung der Komm. deutlich mehr sachlich relevante Märkte.

[388] So auch *Schimansky/Bunte/Lwowski-Bunte,* Band 2, S. 2789.

[389] Hierzu oben Rdnr. 7 ff.

[390] Vgl. *MüKo-Füller,* Einleitung, Rdnr. 1112 f. mwN.

für Devisen- und Valutageschäfte[391] oder etwa im Bereich des Investmentbankings die Segmente für die Vermögensverwaltung (Asset Management), für die Anleihen-und Aktienplatzierung (Underwriting) sowie für Dienstleistungen bei Zusammenschlussvorhaben (Mergers and Acquisitions). [392] Allerdings hat die Kommission die genaue **sachliche Marktabgrenzung** im Rahmen der Fusionskontrolle bislang weitgehend **offengelassen,** weil sich die Aktivitäten der beteiligten Unternehmen in den entschiedenen Einzelfällen jeweils nur geringfügig überschnitten oder die Marktanteilsadditionen im unkritischen Bereich lagen.[393] Besondere sachliche Märkte hat die Kommission abgegrenzt für **Außenhandelsfinanzierungen** von Import- und Exportgeschäften,[394] für die Finanzierung von **Großinvestitionen** (zB Leasing von Flugzeugen, Schiffen und Industrieanlagen)[395] sowie für die Bereitstellung von Finanzierungen für Leasing, Miete oder Kauf von **landwirtschaftlichen** Maschinen.[396]

191 Eher unscharf ist auch die bisherige Praxis der Kommission zur **räumlichen Marktabgrenzung** im Bankensektor;[397] oftmals wurde diese im Rahmen entsprechender Einzelfallentscheidungen ebenfalls ausdrücklich offengelassen.[398] Gleichwohl lässt sich erkennen, dass die relevanten Märkte im Bereich des Privatkundengeschäfts[399] und des Firmenkundengeschäfts[400] nach Auffassung der Kommission eher national ausgerichtet sind, während beispielsweise die Produktmärkte im Bereich des Geldmarkt- und Wertpapiergeschäfte räumlich gesehen wohl europaweit[401] abzugrenzen sind, wobei der Aktienhandel wegen der nationalen Zulassungsvoraussetzungen ausnahmsweise national abzugrenzen sein soll.[402]

192 Ausgehend von dieser nach seiner Einschätzung weitgehend zutreffenden Grobeinteilung der Kommission hat das **BKartA** in den letzten Jahren – vor allem im Rahmen der Fusionskontrolle im Bereich der Sparkassen – einige Marktabgrenzungsfragen betreffend das deutsche Bankwesen näher untersucht, die im Zusammenhang mit den Entscheidungen[403] über Fusionen im Bereich der Großbanken *Deutsche Bank AG/Deutsche Postbank AG* und *Commerzbank AG/Dresdner Bank AG* sowie der Fusion *DZ Bank AG/WGZ Bank AG* in den Jahren 2008 und 2009 noch offengelassen worden waren.[404] Angesichts der **Besonderheiten im deutschen Bankwesen**[405] wurde anlässlich dieser Sparkassenfälle zwischen 2010 und 2013 sehr gründlich in Bezug auf den gesamten deutschen Bankensektor ermittelt und im Vergleich zur oben dargestellten Grobeinteilung der Kommission, die viele Fragen offenlässt, teilweise genauer differenziert. Zwar sind auch insoweit noch nicht alle Detailfragen zur Marktabgrenzung entschieden worden, gleichwohl lässt sich Folgendes festhalten.

---

[391] Komm. E. v. 14.11.2000, COMP/M.2125 – *Hypo-Vereinsbank/Bank Austria* mwN.

[392] S. *MüKo-Füller,* Einleitung, Rdnr. 1116 mwN.

[393] Vgl. zum Ganzen auch *Schimansky/Bunte/Lwowski-Bunte,* Band 2, S. 2789.

[394] Komm. E. v. 6.2.1997, IV/M.850 – *Forties/Meespierson.*

[395] Komm. E. v. 2.5.1996, IV/M.710 – *BHF-Bank/Crédit Commercial de France.*

[396] Komm. E. v. 7.10.1996, IV/M.823 – *John Deere Capital Corp./Lombard Nord Central plc.*

[397] So auch *MüKo-Füller,* Einleitung, Rdnr. 1115 sowie Rdnr. 1116 mwN.

[398] Vgl. etwa Komm. E. v. 11.4.1995, IV/M.573 – *ING/Barings.*

[399] Vgl. nur Komm. E. v.11.3.1997, IV/M.873 – *Bank Austria/Creditanstalt;* Komm. E. v. 10.4.2000, COMP/M.1910 – *Meritanordbanken/Unidanmark.*

[400] Komm. E. v. 11.3.1997, IV/M.873 – *Bank Austria/Creditanstalt;* Komm. E. v. 10.4.2000, COMP/M.1910 – *Meritanordbanken/Unidanmark;* Komm. E. v. 22.4.1999, IV/M.1384 – *Deutsche Bank/Bankers Trust.*

[401] Komm. E. v. 14.11.2000, COMP/M.2125 – *Hypo-Vereinsbank/Bank Austria;* Komm. E. v. 11.3.1997, IV/M.873 – *Bank Austria/Creditanstalt;* Komm. E. v. 10.4.2000, COMP/M.1910 – *Meritanordbanken/Unidanmark;* Komm. E. v. 22.4.1999, IV/M.1384 – *Deutsche Bank/Bankers Trust.*

[402] Komm. E. v. 22.4.1999, IV/M.1384 – *Deutsche Bank/Bankers Trust.*

[403] S. Fallbericht zu den Zusammenschlussfällen B4–133/08, B4–29/09, B4–134/08 und B4–177/08, Entscheidungen vom 14.11.2008, 10.12.2008, 28.1.2009 und 18.2.2009, abrufbar unter: http://www.bundeskartellamt.de/SharedDocs/Entscheidung/DE/Fallberichte/Fusionskontrolle/2009/B4-133-08.pdf?__blob=publicationFile&v=4.

[404] Hierzu etwa *Schimansky/Bunte/Lwowski-Bunte,* Band 2, S. 2761 f.

[405] S. oben Rdnr. 7 ff.

2. Sachliche Marktabgrenzung. *a) Abgrenzung von Privatkunden und Gewerbekunden.* Im deutschen Bankensektor sind zunächst Produkte für **Privatkunden** von Produkten für **Gewerbekunden** sachlich zu unterscheiden, weil sich das Nachfrageverhalten beider Gruppen und in der Folge auch die jeweils angebotenen Bankprodukte erheblich voneinander unterscheiden.[406] Das Privatkundengeschäft entspricht dabei einem Teil des Retail Banking im Sinne der hierzu analogen Praxis der Kommission.[407] 193

Zwar haben viele der von diesen Kundengruppen nachgefragten Produkte grundsätzlich dieselbe **Funktionsweise.** Es bestehen jedoch erheblich Unterschiede insbesondere zwischen Privatkunden und Gewerbekunden bei den typischerweise eingeräumten **Konditionen,** die u.a. darauf zurückzuführen sind, dass Gewerbekunden mit Blick auf ihre Liquidität im Geschäftsverkehr häufiger und in größerem Umfang (höhere Volumina) Bankdienstleistungen in Anspruch nehmen als Privatkunden. Häufig unterscheiden sich Bankdienstleistungen für Privatkunden auch betreffend ihres **Verwendungszwecks** von Bankdienstleistungen für Gewerbekunden (Beispiel: privater Ratenkredit unabhängig von einem bestimmten Verwendungszweck versus Investitionskredit zu Finanzierung von Anlagevermögen). In der Konsequenz unterscheiden sich Privatkunden von Gewerbekunden auch aus Anbietersicht, etwa im Hinblick auf die **Kreditwürdigkeitsprüfung** im Vorfeld der Kreditvergabe oder im Hinblick auf die Bestellung und Verwertung von **Sicherheiten.** Auf Grund dieser sehr unterschiedlichen Anforderungen trennen deutsche Banken das Privatkundengeschäft typischerweise vom Gewerbekundengeschäft und betreiben insoweit separate Betreuungs- und Beratungsstrukturen.[408] Die Anbieter für Bankdienstleistungen an Privatkunden und an Gewerbekunden sind im Übrigen nicht identisch; einige – vor allem genossenschaftlich – Institute und auch bestimmte Direktbanken bieten beispielsweise die Führung von Girokonten für Gewerbekunden grundsätzlich nicht an.[409] 194

Weiter sind bei den **Gewerbekunden** im Hinblick auf die sachliche Marktabgrenzung die Produkte für kleine und mittlere Unternehmen **(Geschäftskunden)** zu unterscheiden von den Produkten für große Kunden mit höheren Umsatz- oder Kreditvolumina **(Firmenkunden),** denn diese beiden Gruppen zeigen ein deutlich unterschiedliches Nachfrageverhalten.[410] Dies schätzt im Ergebnis auch die Kommission so ein, wobei sie allerdings das Geschäftskundensegment noch zusammen mit dem Privatkundensegment unter der Überschrift Retail Banking zusammenfasst, während das Firmenkundensegment in der Lesart der Kommission dem Corporate Banking entspricht. Regelmäßig sind die den Geschäftskunden angebotenen Produkte **standardisiert** und ihr Leistungsumfang im Preis- und Leistungsverzeichnis definiert, während für Firmenkunden zumeist **maßgeschneiderte Lösungen** erstellt werden, die deren spezifischen Bedürfnissen nachkommen. Anders als Geschäftskunden benötigen Firmenkunden beispielsweise häufig Cash-Management-Verfahren zur Steuerung ihrer liquiden Mittel auf zentralen Firmenkonten; die Entgelte für derartige Dienstleistungen werden individuell ausgehandelt. Firmenkunden nehmen auch andere Finanzierungsformen in Anspruch als Geschäftskunden, insbesondere können sie Finanzierungsmittel über den Kapitalmarkt beschaffen, z.B. durch die Ausgabe von Aktien, Begebung von Anleihen, oder Beteiligungskapital außerhalb des klassischen Kapitalmarktes mobilisieren. Auf Grund ihres größeren Finanzierungsbedarfs erhöht sich die Komplexität der Finanzierung und steigt der Beratungsbedarf.[411] 195

[406] BKartA E. v. 3.6.2013, B4–20/13 – *KSK Rhein-Pfalz/SK Vorderpfalz/KSK Speyer;* BKartA E. v. 28.2.2012, B4–51/11 – *HASPA/KSK Lauenburg;* BKartA E. v. 21.10.2010, B4–45/10 – *SK Karlsruhe/SK Ettlingen.*

[407] Komm. E. v. 3.10.2007, COMP/M.4844 – *Fortis/ABN Amro Assets;* Komm. E. v. 8.11.2001, COMP/M.2567– *Nordbanken/Postgirot.*

[408] Ausführlich hierzu BKartA E. v. 28.2.2012, B4–51/11 – *HASPA/KSK Lauenbur;g* BKartA E. v. 21.10.2010, B4–45/10 – *SK Karlsruhe/SK Ettlingen.*

[409] BKartA E. v. 28.2.2012, B4–51/11 – *HASPA/KSK Lauenburg.*

[410] BKartA E. v. 3.6.2013, B4–20/13 – *KSK Rhein-Pfalz/SK Vorderpfalz/KSK Speyer;* BKartA E. v. 28.2.2012, B4–51/11 – *HASPA/KSK Lauenburg.*

[411] BKartA E. v. 28.2.2012, B4–51/11 – *HASPA/KSK Lauenburg.*

196 Die unterschiedlichen Finanzierungsbedürfnisse von Geschäftskunden und Firmenkunden spiegeln sich auch regelmäßig in der **internen Organisation** der Banken als Anbieter wider; beide Geschäftsbereiche werden zumeist klar voneinander getrennt. Zur Einordnung der Gewerbekunden verwenden Kreditinstitute in der Praxis verschiedene Kriterien, z. T. auch in Kombination miteinander, wie etwa die Umsatzerlöse der Kunden, die in Anspruch genommenen Kreditvolumina – Einzelkreditvolumina gehen bei Geschäftskunden selten über 10 bis 15 Mio. Euro hinaus[412] – und die Produktnutzung (z. B. Fremdfinanzierung nur über Kredite oder auch über Kapitalmarktprodukte).[413]

197 *b) Sortimentsgedanke nicht anwendbar.* Bankdienstleistungen, die typischerweise von einer der skizzierten Kundengruppen – beispielsweise von Privatkunden – in Anspruch genommen werden, lassen sich in unterschiedliche Dienstleistungsgruppen einteilen, die jeweils einem eigenen, klar definierten **Bedarf** gerecht werden.

- So dienen **Giro- und Gehaltskonten** der Zahlungsverkehrsabwicklung,
- während **Kredite** einen Finanzierungsbedarf für größere Anschaffungen (z. B. ein Auto oder eine Immobilie) abdecken, die nicht durch die laufenden Gehalts- oder sonstigen Zahlungseingänge bestritten werden können,
- und mit **Einlagen** sollen Zinserträge erzielt werden.[414]
- **Weitere Produkte** sind etwa die Verwaltung von Wertpapierdepots und Anlageberatung, auch die individuelle, maßgeschneiderte Vermögens- und Anlageberatung, die nur vermögenden Privatkunden oder Geschäftskunden angeboten wird, die Stellung von Bürgschaften, die Vermietung von Bankschließfächern sowie die Vermittlung verschiedener Dienstleistungen Dritter wie Altersvorsorgeprodukte oder zweckgebundene Darlehen (Förderkredite etc.).[415]

198 Die Zusammenfassung aller Privatkunden angebotenen typischen Bankdienstleistungen zu einem **Sortimentsmarkt** im Sinne etwa eines umfassenden Privatkundenmarktes wäre indes auch bei Universalkreditinstituten **nicht sachgerecht,** weil dies die Wettbewerbsverhältnisse in den einzelnen Produktbereichen nicht angemessen widerspiegeln würde.[416] Dies gilt sinngemäß auch für Gewerbekunden.

199 *c) Keine Abgrenzung anhand des Vertriebskanals.* Zudem ist davon auszugehen, dass insbesondere im Privatkundenbereich Produkte, die stationär, und Produkte, die über Telefon oder Internet **vertrieben** werden, (noch) einem einheitlichen Markt zuzurechnen sind.[417] Zwar gibt es Anzeichen dafür, dass das filialgebundene Geschäft zu Gunsten von Internet- und Telefonvertrieb an Bedeutung verliert.[418] So ist nach den Beobachtungen des BKartA die Anzahl der Bankfilialen in den letzten Jahren rückläufig, während der **Fernabsatz** von Bankdienstleistungen zugenommen hat, mit einem deutlichen Zuwachs insbesondere beim Internetvertrieb. Den weitaus größten Anteil des Vertriebs über Internet und Telefon stellen derzeit allerdings die weniger komplexen Bankdienstleistungen mit eher geringem Beratungsbedarf dar; ihnen kommt daher vornehmlich eine **komplementäre** Funktion zu.[419] Sinngemäß gilt dies nach wie vor auch für die Marktabgrenzung im Bereich der Gewerbekunden.

---

[412] BKartA E. v. 28.2.2012, B4–51/11 – *HASPA/KSK Lauenburg.*

[413] BKartA E. v. 21.10.2010, B4–45/10 – *SK Karlsruhe/SK Ettlingen;* siehe auch Komm. E. v. 3.10.2007, COMP/M.4844 – *Fortis/ABN Amro Assets.*

[414] BKartA E. v. 21.10.2010, B4–45/10 – *SK Karlsruhe/SK Ettlingen.*

[415] BKartA E. v. 28.2.2012, B4–51/11 – *HASPA/KSK Lauenburg;* BKartA E. v. 21.10.2010, B4–45/10 – *SK Karlsruhe/SK Ettlingen.*

[416] BKartA E. v. 21.10.2010, B4–45/10 – *SK Karlsruhe/SK Ettlingen;* siehe auch Komm. E. v. 3.10.2007, COMP/M.4844 – *Fortis/ABN Amro Assets.*

[417] BKartA E. v. 3.6.2013, B4–20/13 – *KSK Rhein-Pfalz/SK Vorderpfalz/KSK Speyer;* BKartA E. v. 28.2.2012, B4–51/11 – *HASPA/KSK Lauenburg.*

[418] BKartA E. v. 28.2.2012, B4–51/11 – *HASPA/KSK Lauenburg;* BKartA E. v. 21.10.2010, B4–45/10 – *SK Karlsruhe/SK Ettlingen.*

[419] BKartA E. v. 28.2.2012, B4–51/11 – *HASPA/KSK Lauenburg.*

d) Abgrenzung anhand der Nachfrage nach unterschiedlichen Bankprodukten. Für jede der genannten Nachfrager-Gruppen dient als weiterer Anknüpfungspunkt für die sachliche Marktabgrenzung die aus Sicht all dieser Gruppen relevante Unterscheidung zwischen verschiedenen **typischen Bankprodukten,** die unterschiedliche Bedürfnisse befriedigen, insbesondere **200**

- **Zahlungsverkehrsleistungen** (z.B. Führung von Girokonten, Abwicklung von Überweisungsaufträgen),
- **Geldanlageleistungen** (z.B. Tagesgelder, Termineinlagen, Spareinlagen) und
- **Finanzierungsleistungen** (z.B. Kreditgewährungen).[420]

aa) Bankprodukte für Privatkunden. Zu den **Privatkunden** als Nachfragern zählen grundsätzlich alle Personen, die kein Einkommen aus wirtschaftlich selbständiger Tätigkeit erzielen (Arbeiter, Angestellte, Beamte, Rentner und Pensionäre und Personen ohne eigenes Einkommen).[421] **201**

aaa) Girokonten einschließlich Dispositionskredite. Im Privatkundenbereich sind Girokonten mit ihrem gesamten Leistungsspektrum einem **einheitlichen sachlichen Markt** zuzuordnen.[422] Einem Girokonto liegt zivilrechtlich ein Zahlungsdiensterahmenvertrag gemäß § 675f Abs. 2 BGB zugrunde.[423] In diesem Rahmen werden über das Girokonto typischerweise eingehende und ausgehende **Zahlungen** gebucht sowie Dauer- oder Einzel-**Überweisungsaufträge**[424] und Lastschriften[425] ausgeführt. Der Kontoinhaber kann sich regelmäßig durch **Kontoauszüge** über den Kontostand und die Buchungen auf seinem Girokonto informieren. Die Bank stellt eine **Debitkarte**[426] für bargeldlose Zahlungen – in Deutschland zumeist die sog. Girocard – sowie für die Beschaffung von Bargeld an **Geldausgabeautomaten**[427] zur Verfügung. Als Zusatzleistung – teilweise gegen eine separate Gebühr – werden **Kreditkarten**[428] angeboten, die dem Inhaber innerhalb eines Verfügungsrahmens bargeldlose Zahlungen ermöglichen. Als Gebührenmodell sind bei Privatkunden Pauschalpreise üblich.[429] **202**

Nach **Kontomodellen** – etwa nach Gebührenmodellen oder nach mit dem Girokonto verknüpften Leistungen – ist **nicht** weiter sachlich zu differenzieren; so bilden z.B. lediglich dem Zahlungsverkehr dienende Konten und sog. Mehrwertkonten, die mit weiteren Dienstleistungen verbunden sind (etwa mit Versicherungsleistungen für erworbene Gegenstände oder mit Rückvergütungen im Fall der Bezahlung von über bestimmte online-Portale gebuchten touristischen Reisen) einen einheitlichen sachlichen Markt.[430] Aus Sicht der Verbraucher sind die von den Kreditinstituten angebotenen Produkte insoweit austauschbar, weil das Girokonto unabhängig von etwaigen Zusatzleistungen im Kern ein Produkt zur Abwicklung des bargeldlosen Zahlungsverkehrs ist, das über die jeweiligen Gebührenmodelle lediglich unterschiedlich bepreist wird.[431] **203**

Der **Dispositionskredit**[432] – als typischerweise aus Verbrauchersicht mit dem Girokonto verbundene Leistung – ist sachlich nicht eigenständig, sondern mit einzubeziehen; Girokonto und Dispositionskredit bilden demnach ein **einheitliches Produkt,** das einem ein- **204**

[420] BKartA E. v. 21.10.2010, B4–45/10 – *SK Karlsruhe/SK Ettlingen.*

[421] BKartA E. v. 21.10.2010, B4–45/10 – *SK Karlsruhe/SK Ettlingen.*

[422] BKartA E. v. 3.6.2013, B4–20/13 – *KSK Rhein-Pfalz/SK Vorderpfalz/KSK Speyer;* BKartA E. v. 28.2.2012, B4–51/11 – *HASPA/KSK Lauenburg.*

[423] Näher hierzu *Langenbucher/Bliesener/Spindler-Herresthal,* S. 85ff. mwN.

[424] S. hierzu *Langenbucher/Bliesener/Spindler-Langenbucher,* S. 119ff. mwN.

[425] Vgl. näher *Langenbucher/Bliesener/Spindler-Werner,* S. 201ff. mwN.

[426] S. *Langenbucher/Bliesener/Spindler-Herresthal,* S. 482ff. mwN.

[427] Hierzu *Schimansky/Bunte/Lwowski-Maihold,* Band 1, S. 1338ff. mwN.

[428] Näher hierzu *Langenbucher/Bliesener/Spindler-Jungmann,* S. 413ff. mwN.

[429] BKartA E. v. 28.2.2012, B4–51/11 – *HASPA/KSK Lauenburg.*

[430] BKartA E. v. 3.6.2013, B4–20/13 – *KSK Rhein-Pfalz/SK Vorderpfalz/KSK Speyer;* BKartA E. v. 28.2.2012, B4–51/11 – *HASPA/KSK Lauenburg.*

[431] BKartA E. v. 28.2.2012, B4–51/11 – *HASPA/KSK Lauenburg.*

[432] Vgl. hierzu *Langenbucher/Bliesener/Spindler-Steffek,* S. 710 mwN.

heitlichen Markt zuzuordnen ist.[433] Der Dispositionskredit in Verbindung mit dem Girokonto ist aus Verbrauchersicht nicht austauschbar mit anderen Kreditformen, auch nicht mit solchen, die einen vergleichbaren Finanzierungsbedarf abdecken und eine höhere Flexibilität im Hinblick auf Inanspruchnahme und Tilgung als die typischen Abzahlungsdarlehen mit festgelegten Tilgungsraten bieten. Denn im Unterschied zu sonstigen Verbraucherkrediten[434] wird bei einem bestehenden Girokonto der Dispositionskredit teilweise standardmäßig eingeräumt oder die Einrichtung ist jedenfalls für den Verbraucher mit keinem größeren Aufwand verbunden.[435]

205 Ob es, wie das **OLG München** noch im Jahr 2010 meinte,[436] einen eigenen sachlich relevanten Markt für die zwischen den konkurrierenden Banken und Sparkassen nachgefragte Dienstleistung der Vorhaltung von Geldautomaten für *Visa*-Kartenkunden im Sinne eines Interbankenmarktes gibt, darf angesichts der oben geschilderten Ermittlungsergebnisse des BKartA, die das OLG München allerdings noch nicht kennen konnte, bezweifelt werden.[437] Das OLG München war davon ausgegangen, dass Banken – auf dem von Gericht angenommenen Interbankenmarkt, dessen angebliche Existenz und unterstellte Ausprägung allerdings im Rahmen des geführten Zivilrechtsstreits nicht fundiert ermittelt wurde – eine Dienstleistung bei anderen Banken und Sparkassen nachfragen, nämlich Auszahlungen mittels Geldautomaten dieser anderen Banken und Sparkassen an Kunden der nachfragenden Banken.

206 *bbb) Einlagen.* Die den Privatkunden von den Kreditinstituten angebotenen Produkte im Einlagengeschäft[438] sind einem sachlich **einheitlichen Markt der Geldanlage** auf Konten zuzuordnen. Hierbei handelt es sich um spezielle Konten (Tagesgeldkonten, Festgeld und Spareinlagen),[439] die im Unterschied zu Girokonten nicht dem Zahlungsverkehr dienen, und bei denen der Zinssatz insbesondere von der Laufzeit und dem Anlagevolumen abhängt. Über Verfügbarkeit und Verzinsung hinaus unterscheiden sich die Einlagen im Hinblick auf ihre konkrete Ausstattung, z. B. Möglichkeit der Verfügungen am Geldautomaten durch Ausgabe einer Karte oder die insbesondere von Sparkassen angebotene Vereinbarung regelmäßiger Einzahlungen in Sparverträge. Aus Verbrauchersicht sind diese Anlageformen weitgehend austauschbar.[440]

207 *ccc) Kredite.* Darlehen für Privatkunden dienen unterschiedlichen Verwendungszwecken und werden unterschiedlich besichert und ausgestaltet. Nach den Feststellungen des BKartA stellen Kredite für den Wohnungsbau einen sachlich anderen Markt dar als sonstige Ratenkredite an Privatpersonen (Verbraucherkredite).[441] Der im Zusammenhang mit einem Girokonto gewährte Dispositionskredit ist hingegen dem Girokonto zuzuordnen.[442]

208 *aaaa) Kredite zur Finanzierung von Immobilien.* Kreditinstitute gewähren Privatkunden typischerweise Darlehen zur privaten Wohnungsbaufinanzierung in Form von **Annuitätendarlehen,** bei denen der Kreditnehmer die Darlehenssumme zu Beginn erhält, oder in Form von **Bauspardarlehen** mit Ansparphase bis zur Zuteilung des Bauspardarlehens, häufig aber in der Kombination mit einem tilgungsfreien Vorausdarlehen.[443] Die Angebote von Bausparkassen in Kombination mit einem Vorausdarlehen sind somit genau wie An-

---

433 BKartA E. v. 3.6.2013, B4–20/13 – *KSK Rhein-Pfalz/SK Vorderpfalz/KSK Speyer;* BKartA E. v. 28.2.2012, B4–51/11 – *HASPA/KSK Lauenburg.*

434 Näher hierzu *Langenbucher/Bliesener/Spindler-Roth,* S. 802 ff. mwN.

435 BKartA E. v. 28.2.2012, B4–51/11 – *HASPA/KSK Lauenburg.*

436 OLG München U. v. 17.6.2010, U (K) 1607/10 – *Visa-Kartensperre.*

437 Zu Recht kritisch etwa *Hess,* WM 2010, 1971 ff.; *Bunte,* EWiR 2011, 541 f.; vgl. auch *Kapp/Rauhut,* WM 2010, 1111 ff. mwN.

438 Hierzu *Langenbucher/Bliesener/Spindler-Servatius,* S. 2126 ff. mwN.

439 Näher hierzu *Langenbucher/Bliesener/Spindler-Servatius,* S. 2176 ff. mwN.

440 BKartA E. v. 28.2.2012, B4–51/11 – *HASPA/KSK Lauenburg.*

441 BKartA E. v. 28.2.2012, B4–51/11 – *HASPA/KSK Lauenburg.*

442 S. oben Rdnr. 202 ff.

443 S. hierzu *Langenbucher/Bliesener/Spindler-Steffek,* S. 704 ff. mwN.

nuitätendarlehen zur sofortigen Finanzierung geeignet und damit gegeneinander austauschbar. Langfristige Zinsfestschreibung ist bei beiden Darlehensformen gleichermaßen möglich. Beide Kreditformen sind **zweckgebunden** für die Finanzierung im Zusammenhang mit baulichen Maßnahmen oder einem Immobilienkauf zu verwenden. Wohnungsbaukredite sind regelmäßig durch **Grundpfandrechte** gesichert.[444] Kreditnehmer müssen häufig einen gewissen Anteil an Eigenkapital einbringen, d. h. der Darlehensbetrag ist geringer als der Verkehrswert der zu finanzierenden Immobilie. Im Ergebnis besteht ein einheitlicher sachlicher Markt für Baufinanzierungen.[445]

bbbb) Verbraucherkredite. Verbraucherkredite werden privaten Darlehensnehmern für die 209
Finanzierung des Erwerbs von Gütern oder Dienstleistungen **zur persönlichen Nutzung** gewährt. Die Gewährung erfolgt entweder mit oder ohne Zweckbindung. Es handelt sich um ein standardisiertes Bankprodukt mit **standardisierter Überprüfung der Bonität,** das schnell bereitgestellt werden kann.[446] Auf eine Besicherung wird häufig verzichtet. Die Rückzahlung erfolgt regelmäßig in gleich hohen monatlichen Raten, Produkte mit einer flexibleren Gestaltung der Auszahlung oder Tilgung werden aber ebenfalls angeboten. Verbraucherkredite bilden daher einen einheitlichen sachlichen Markt.[447]

Neben den klassischen Kreditinstituten gibt es auch einige auf Verbraucherdarlehen spe- 210
zialisierte Anbieter, bei denen es sich teilweise um Tochtergesellschaften von Universalkreditinstituten oder etwa von Automobilherstellern handelt, teilweise auch um aus Tochtergesellschaften von Einzelhandelsunternehmen hervorgegangene Spezialkreditinstitute. Die Frage, ob allgemeine Verbraucherkredite und **gebundene Verbraucherkredite**[448] – etwa für die Finanzierung von Neu- oder Gebrauchtwagen – einem einheitlichen sachlichen Markt zuzuordnen sind, wurde bislang nicht abschließend entschieden.[449]

bb) Bankprodukte für Geschäftskunden (KMU). Geschäftskunden sind in aller Regel **mittel-** 211
ständische Unternehmen, die – anders als Firmenkunden – grundsätzlich nicht ohne Weiteres in der Lage sind, Finanzierungsmittel über den Kapitalmarkt zu beschaffen, z. B. durch die Ausgabe von Aktien oder die Begebung von Anleihen, und die daher gerade im Bereich der Finanzierungsleistungen auf Kreditinstitute angewiesen sind.

Anbieter von Produkten für Geschäftskunden sind in erster Linie Sparkassen, Volks- 212
und Raiffeisenbanken und die Niederlassungen der Großbanken; Sparkassen und Volks- und Raiffeisenbanken sind nach ihrem Selbstverständnis die Hauptkreditgeber für Geschäftskunden.[450] Die Frage, inwieweit hier auf bestimmte Gruppen von Geschäftskunden spezialisierte Anbieter – beispielsweise spezialisierte Banken im Bereich der Heilberufe – (vollständig) zu berücksichtigen sind, wurde bislang offen gelassen, weil ihr Marktanteil keine Größenordnung erreicht, die eine abweichende wettbewerbliche Beurteilung erforderlich machen würde.[451]

aaa) Girokonten ohne Kontokorrentkredite. Auch im Geschäftskundenbereich sind Girokon- 213
ten als Zahlungsdiensterahmen-verträge gemäß § 675f Abs. 2 BGB mit ihrem typischen Leistungsspektrum einem **einheitlichen sachlichen Markt** zuzuordnen.[452] Ebenso wie Privatkunden fragen Geschäftskunden für die Abwicklung ihrer laufenden Geschäftsbeziehungen Zahlungsverkehrsdienstleistungen nach, welche die Führung des Kontos nebst Auskünften über seine Entwicklung, den Empfang von Zahlungen sowie ausgehende Transaktionen zugunsten von Gläubigern umfassen. Auch eine oder mehrere Debit- bzw.

[444] Vgl. *Langenbucher/Bliesener/Spindler-Haertlein,* S. 1437 ff. mwN.
[445] BKartA E. v. 28.2.2012, B4–51/11 – *HASPA/KSK Lauenburg;* vgl auch BKartA E. v. 19.6.2002, B4-37/02 – *Eurohypo.*
[446] S. hierzu *Langenbucher/Bliesener/Spindler-Roth,* S. 802 ff. mwN.
[447] BKartA E. v. 28.2.2012, B4–51/11 – *HASPA/KSK Lauenburg.*
[448] Hierzu *Langenbucher/Bliesener/Spindler-Roth,* S. 900 mwN.
[449] BKartA E. v. 28.2.2012, B4–51/11 – *HASPA/KSK Lauenburg.*
[450] BKartA E. v. 28.2.2012, B4–51/11 – *HASPA/KSK Lauenburg.*
[451] BKartA E. v. 3.6.2013, B4–20/13 – *KSK Rhein-Pfalz/SK Vorderpfalz/KSK Speyer.*
[452] BKartA E. v. 28.2.2012, B4–51/11 – *HASPA/KSK Lauenburg.*

Kreditkarten gehören regelmäßig zu einem Girokonto für Geschäftskunden. Teilweise gehen die von Geschäftskunden nachgefragten Dienstleistungen über die im Rahmen von Privatgirokonten üblichen Dienstleistungen hinaus (Beispiel: Einreichung von Lastschriftdateien zum Einzug über das Konto). Auch dass es anders als bei Privatkunden üblich ist, einem Geschäftskunden im Rahmen des Gebührenmodells Postengebühren zu berechnen, um eine angemessene Bepreisung der Leistungen des Kreditinstituts zu erreichen, stützt die Abgrenzung eines sachlich eigenständigen Marktes.[453]

214 Abweichend vom Privatkundenbereich[454] ist in den Girokontomarkt für Geschäftskunden der **Kontokorrentkredit nicht einzubeziehen.**[455] Denn diese Kredite sind mit dem Konto nicht in derselben typisierten Weise wie Dispositionskredite im Privatkundenbereich verbunden. Die Art der Bereitstellung des Kontokorrentkredits für Geschäftskunden ist variabler und hängt vom konkreten Finanzierungsbedarf ab; häufig wird beispielsweise die Bereitstellung von Liquidität mit weiteren Dienstleistungen etwa im Hinblick auf den Schutz des Kreditnehmers vor Forderungsausfällen verknüpft. Kernbestandteil ist die Bereitstellung einer Kontokorrentlinie auf einem gesonderten Girokonto zur Vorfinanzierung offener Forderungen des gewerblichen Kreditnehmers gegen seine Abnehmer. Als Sicherheit werden diese Forderungen etwa in Form einer Globalzession abgetreten. Das Produktpaket kann auch das Debitorenmanagement und die Versicherung gegen Forderungsausfälle umfassen. Teilweise werden auch Produkte nachgefragt, die die Bereitstellung einer variabel verzinsten Kontokorrentkreditlinie mit einem fest verzinsten Darlehen verknüpfen. Ein nicht unerheblicher Teil der Geschäftskunden nimmt auch gar keinen Kontokorrent-Kredit in Anspruch.[456]

215 *bbb) Einlagen.* Ähnlich wie im Privatkundenbereich umfasst das Einlagengeschäft auch bei Geschäftskunden die Annahme von Kundengeldern mit unterschiedlichen Fälligkeiten. Aufgrund ihres häufig **spontanen Liquiditätsbedarfs** fragen Geschäftskunden allerdings in höherem Maße täglich fällige Einlagen oder solche mit kürzeren Laufzeiten nach als Privatkunden, so dass der Markt jedenfalls in Richtung Privatkunden sachlich abzugrenzen ist. Ob auch zwischen dem Nachfrageverhalten von Geschäftskunden und Firmenkunden sachlich zu differenzieren ist, oder ob der Gewerbekundenbereich insoweit einheitlich abzugrenzen ist, musste noch nicht abschließend entschieden werden.[457]

216 *ccc) Kredite (ohne Leasing und Factoring).* Bankkredite für Geschäftskunden zur Deckung ihres jeweiligen Finanzierungsbedarfs stellen unabhängig von ihrer konkreten Ausprägung einen **einheitlichen sachlich relevanten Markt** dar.[458] Üblicherweise werden zur Finanzierung des Umlaufvermögens Betriebsmittelkredite in Form von Kontokorrentkonten[459] nachgefragt und Investitionskredite zur Finanzierung von Anlagevermögen. Hinzu kommen Kredite zur Immobilienfinanzierung mit Grundpfandrechten als Sicherungsmittel. Aus Sicht der nachfragenden Geschäftskunden sind diese Kreditformen zwar nur eingeschränkt austauschbar. Dies führt insoweit aber nicht zur Annahme sachlich getrennter Märkte. Denn die im Geschäftskundenbereich tätigen Kreditinstitute bieten durchweg ein ganzes Spektrum verschiedener Standardprodukte an, zu denen etwa Kredite zur kurzfristigen Finanzierung, meist als Kontokorrentkredite, längerfristige Kredite zur Finanzierung von Investitionen und Kredite zur Finanzierung von für den Geschäftsbetrieb genutzten Immobilien gehören. Im Vordergrund stehen die Analyse des konkreten Finanzierungsbedarfs des Kunden und die Einschätzung seiner Kapitaldienstfähigkeit sowie der Besicherungsmög-

[453] BKartA E. v. 28.2.2012, B4–51/11 – *HASPA/KSK Lauenburg.*

[454] Hierzu oben Rdnr. 202 ff.

[455] BKartA E. v. 3.6.2013, B4–20/13 – *KSK Rhein-Pfalz/SK Vorderpfalz/KSK Speyer;* BKartA E. v. 28.2.2012, B4–51/11 – *HASPA/KSK Lauenburg.*

[456] BKartA E. v. 28.2.2012, B4–51/11 – *HASPA/KSK Lauenburg.*

[457] BKartA E. v. 28.2.2012, B4–51/11 – *HASPA/KSK Lauenburg.*

[458] BKartA E. v. 28.2.2012, B4–51/11 – *HASPA/KSK Lauenburg.*

[459] Hierzu oben Rdnr. 214.

lichkeiten. Anhand dieser Kriterien wird dann das passende Finanzierungsprodukt aus dem vorgehaltenen Produktspektrum ausgewählt.[460]

Die Unternehmensfinanzierung über **Leasing** und **Factoring** kann auf Grund der spezifischen Produktmerkmale dieser Finanzierungsformen nicht mit Krediten zu einem einheitlichen sachlichen Markt zusammengefasst werden.[461] Dies schließt indes nicht aus, dass im Rahmen des **Substitutionswettbewerbs** der von diesen alternativen Finanzierungsformen ausgehende Wettbewerbsdruck zu würdigen ist. Insbesondere kann eine Leasingfinanzierung eine Alternative zu einem Investitionsdarlehen sein.[462] 217

Beim **Leasing** werden an Stelle eines kreditfinanzierten Erwerbs Gegenstände des Betriebsvermögens auf Grundlage eines Miet- oder Pachtvertrages genutzt.[463] In der Ausgestaltung gibt es unterschiedliche Formen von Leasingverträgen, etwa im Hinblick auf die weiteren über die reine Finanzierungsfunktion hinausgehenden Dienstleistungen und die Laufzeit im Hinblick auf die Nutzungsdauer des Leasingobjekts mit entsprechender Teil- oder Vollamortisation.[464] Eine Sonderform stellt der Mietkauf dar. Leasinggeber übernehmen neben der Finanzierungsfunktion vielfach weitere unterschiedlich ausgestaltbare Dienstleistungen, wie etwa die Beschaffung des Leasinggutes (Einkaufsfunktion) oder Wartung und Reparatur, Versicherungen aber auch Projektsteuerung oder -planung.[465] Gerade diese Dienstleistungsfunktionen sind untypisch für das Kreditgeschäft und werden in dessen Rahmen von Geschäftskunden auch nicht nachgefragt. 218

Beim **Factoring** werden künftig fällige Forderungen gegen sofortige Bereitstellung von Liquidität an den Factor verkauft.[466] Die Dienstleistungen beim Factoring umfassen jedoch mehr als die reine Finanzierungsfunktion. Insbesondere übernimmt der Factoring-Anbieter regelmäßig ganz oder teilweise das Ausfallrisiko (Delkredere). Darüber hinaus werden auch optional mit dem Forderungsmanagement zusammenhängende Dienstleistungen wie Mahn- und Inkassowesen angeboten (Full Service Factoring). Die Factoring-Gebühr deckt entsprechend die Vorfinanzierung, den Forderungsausfallschutz und die weiteren Dienstleistungen ab. Durch Factoring wird in erster Linie ein kurzfristiger Liquiditätsbedarf abgedeckt, der sich häufig aus der Einräumung langer Vorfinanzierungszeiten an Abnehmer ergibt. Regelmäßig kommt Factoring in Betracht, wenn große Volumina an Forderungen aus Lieferung und Leistung bestehen. Schon aus diesem Grund ist Factoring für Geschäftskunden mit regelmäßig kleineren Forderungsvolumina typischerweise nicht austauschbar mit einem Betriebsmittelkredit zur Deckung eines kurzfristigen Liquiditätsbedarfs. Vor diesem Hintergrund treten beim Factoring spezialisierte Anbieter am Markt auf, die z. T. mit Kreditinstituten im Rahmen der Unternehmensfinanzierung zusammenarbeiten.[467] 219

Vom Markt für Bankkredite sind die von **Autobanken** bereitgestellten Finanzierungen abzugrenzen. Die Autobanken sind Teil des jeweiligen Herstellerkonzerns und betreiben Bankgeschäfte – zumeist vermittelt über die Fahrzeughändler – vorrangig mit dem Ziel der Absatzförderung der vom Konzern hergestellten Automarken. Als Nachfrager treten zwar im geringfügigen Umfang auch Privatkunden, vor allem aber Gewerbekunden – sowohl Geschäftskunden als auch Firmenkunden – auf. Im gewerblichen Bereich bieten die Autobanken insbesondere **Leasingfinanzierungen** an (im Jahr 2010: ca. 85% des Finanzierungsvolumens), Kreditfinanzierungen haben hier weniger Bedeutung (im Jahr 2010: ca. 15% des Finanzierungsvolumens).[468] Auf Grund ihrer Produktbezogenheit sind die herstel- 220

[460] BKartA E. v. 28.2.2012, B4–51/11 – *HASPA/KSK Lauenburg.*
[461] Komm. E. v. 3.10.2007, COMP/M.4844 – *Fortis/ABN Amro Assets.*
[462] BKartA E. v. 28.2.2012, B4–51/11 – *HASPA/KSK Lauenburg.*
[463] Näher hierzu *Langenbucher/Bliesener/Spindler-Sester,* S. 1225 ff. mwN.
[464] S. hierzu *Langenbucher/Bliesener/Spindler-Sester,* S. 1228 mwN.
[465] BKartA E. v. 28.2.2012, B4–51/11 – *HASPA/KSK Lauenburg.*
[466] Näher hierzu *Langenbucher/Bliesener/Spindler-Sester,* S. 1258 ff. mwN.
[467] BKartA E. v. 28.2.2012, B4–51/11 – *HASPA/KSK Lauenburg.*
[468] BKartA E. v. 28.2.2012, B4–51/11 – *HASPA/KSK Lauenburg.*

lergestützten Fahrzeugfinanzierungen nicht dem allgemeinen Markt für Gewerbekredite zuzurechnen.[469]

221 *cc) Bankprodukte für Firmenkunden (große Unternehmen).* Die von Firmenkunden nachgefragten und entsprechend zur Verfügung gestellten komplexen Lösungen zum **Zahlungsverkehrsmanagement** sind von den standardisierten Girokonten, die Geschäftskunden zur Verfügung gestellt werden, sachlich abzugrenzen; sie gehören nicht zum selben sachlichen Markt.[470]

222 Ob das **Einlagengeschäft** mit Firmenkunden sich so deutlich von demjenigen mit Geschäftskunden unterscheidet, dass es angezeigt wäre, hier jeweils eigenständige sachliche Märkte anzunehmen, musste bisher noch nicht abschließend entschieden werden.[471]

223 Die Firmenkunden gewährten **Bankkredite** sind wegen der Ausweichmöglichkeiten dieser Kundengruppe auf andere Finanzierungsformen und wegen ihres regelmäßig größeren Volumens nicht mit in den Kreditprodukte-Markt für Geschäftskunden einzubeziehen, sondern sachlich von diesem abzugrenzen.[472]

224 *dd) Zahlungsverkehr mit Zahlungskarten.* Beim bargeldlosen Zahlungsverkehr mit Debitkarten – der vornehmlich, aber nicht ausschließlich Privatkunden betrifft – ist von einem einheitlichen sachlichen Markt für die Akzeptanz von Zahlungen mit der *Girocard* auszugehen. Auf diesem Markt fragen kartenakzeptierende Händler Autorisierungs- und Garantieleistungen der Anbieter für **electronic cash** bzw. **elektronische Lastschriftverfahren (ELV)** nach.[473] Im Wesentlichen entscheidet der Kunde über die Wahl des Zahlungsmittels, weil der Händler den Kunden nur in sehr beschränktem Umfang zur Wahl eines anderen Zahlungsmittels wie Bargeld veranlassen kann. Nicht in diesen Markt einzubeziehen sind die Debitkarten-Produkte internationaler Kartenzahlungssysteme wie *Maestro (Mastercard)* oder *V-PAY (Visa),* mit denen die *Girocard* regelmäßig im Rahmen des Co-Badging ausgestattet ist; diese Systeme haben zumindest in Deutschland nach wie vor nur eine marginale Bedeutung.[474]

225 **3. Räumliche Marktabgrenzung.** *a) Bankprodukte für Privatkunden.* Aus den vom BKartA angestrengten Marktuntersuchungen ergaben sich Anhaltspunkte dafür, dass der **Girokontomarkt** für Privatkunden regional abzugrenzen ist.[475] Denn der Hauptvertriebskanal für Girokonten für Privatkunden ist weiterhin die Bankfiliale und nicht das Internet; zudem sind die Privatkunden nur eingeschränkt mobil, und die Nachfrage nach Girokonten für Privatkunden ist preisunelastisch. Dies schlägt sich auch im Anteil der reinen Direktbanken an der Gesamtzahl der privaten Girokonten nieder; sie ist nach wie vor sehr gering.[476]

226 Bei **Sparkassen** in kommunaler Trägerschaft ist das regionale Gebiet de facto oder teilweise auch einfach-gesetzlich durch das Gebiet des Trägers definiert; die freien Sparkassen orientieren sich ebenfalls an den Grenzen der jeweiligen Gebietskörperschaften und vermeiden es zumeist, durch Gründung von Niederlassungen in das Gebiet angrenzender kommunaler Sparkassen vorzudringen.[477] Ähnliches gilt faktisch zumindest für die kleineren **genossenschaftlichen Kreditinstitute** (Regionalprinzip).

227 Obwohl der Anteil der Vertragsabschlüsse über das Internet im durch eine hohe Transparenz und Vergleichbarkeit geprägten **Einlagengeschäft** für Privatkunden vergleichsweise

---

[469] BKartA E. v. 28.2.2012, B4–51/11 – *HASPA/KSK Lauenburg.*

[470] BKartA E. v. 28.2.2012, B4–51/11 – *HASPA/KSK Lauenburg.*

[471] Hierzu oben Rdnr. 215.

[472] BKartA E. v. 28.2.2012, B4–51/11 – *HASPA/KSK Lauenburg.*

[473] S. näher unten Rdnr. 279 ff.

[474] BKartA E. v. 8.4.2014, B4–9/11 – *electronic cash.*

[475] BKartA E. v. 3.6.2013, B4–20/13 – *KSK Rhein-Pfalz/SK Vorderpfalz/KSK Speyer;* BKartA E. v. 28.2.2012, B4–51/11 – *HASPA/KSK Lauenburg;* BKartA E. v. 21.10.2010, B4–45/10 – *SK Karlsruhe/SK Ettlingen.*

[476] BKartA E. v. 28.2.2012, B4–51/11 – *HASPA/KSK Lauenburg.*

[477] BKartA E. v. 28.2.2012, B4–51/11 – *HASPA/KSK Lauenburg.*

hoch ist, bestehen Anhaltspunkte dafür, dass es sich auch hier (noch) um ein filialgebundenes Geschäft handelt. Allerdings sind in diesem Bereich die Anzeichen für eine Ausweitung des räumlichen Marktes recht deutlich;[478] denn es ist zu erwarten, dass das ortsungebundene online-Geschäft in diesem Bereich noch weiter zunehmen wird.

Bei der **privaten Immobilienfinanzierung** bestehen aufgrund des hohen Beratungsbedarfs der Privatkunden – etwa zu staatlichen Förderungsmöglichkeiten, Zinsbindung, Sondertilgung oder Produktvergleich – nach wie vor starke Anhaltspunkte für regionale Märkte, weil dies eine Präsenz vor Ort unverzichtbar macht.[479] Kredite zur Wohn- und Baufinanzierung stellen eine relativ beratungsintensive Bankdienstleistung dar, auch wenn die Verträge weitgehend standardisiert sind.[480] 228

Dagegen ist der Beratungsbedarf bei **Verbraucherkrediten** geringer. Im Bereich der Raten- oder Konsumentenkredite finden sich vermehrt Internetangebote; teilweise werden dabei Kreditangebote Dritter vertrieben, teilweise handelt es sich um eigene Produkte. Darüber hinaus bieten immer mehr Internethändler in Zusammenarbeit mit Kreditinstituten bereits in ihrem Online-Shop den Abschluss eines Ratenkredites an. Auf dem Markt für Ratenkredite ist zudem eine Vielzahl spezialisierter und auch ausländischer Anbieter tätig, die ihre Produkte mangels eigenen (flächen-deckenden) Filialnetzes in Deutschland vornehmlich über das Internet oder andere Vertriebskanäle im Fernabsatz vertreiben. Daher bestehen hier Anzeichen für einen räumlich weiteren (bundesweiten) Markt.[481] 229

b) Bankprodukte für Gewerbekunden. **Geschäftskunden** im Bereich Zahlungsverkehrsabwicklung werden in der Regel dezentral in der Zweigstelle bzw. Filiale betreut. Dieser Markt ist filialgebunden und damit regional abzugrenzen.[482] Das **Girokonto** dient hier häufig als Einstiegsprodukt für den Aufbau einer Geschäftsbeziehung im Hinblick auf spätere Kreditgewährungen. Zwar handelt es sich bei der Zahlungsverkehrsabwicklung für Geschäftskunden eher um standardisierte Produkte. Dennoch stehen bei den Geschäftskunden der persönliche Kontakt zum Finanzberater und der Aufbau einer möglichst dauerhaften Geschäftsbeziehung im Vordergrund.[483] 230

Firmenkunden hingegen werden in diesem Geschäftsbereich häufiger in überregional eingerichteten Zentralstellen oder direkt in den eigenen Geschäftsräumen betreut, so dass in diesem Kundensegment der **Zahlungsverkehrsabwicklung** vieles für einen überregionalen bzw. bundesweiten Markt spricht;[484] allerdings musste diese Frage bislang noch nicht entschieden werden. 231

Ob die Marktabgrenzung beim **Einlagengeschäft** für Firmen- und Geschäftskunden regional oder bundesweit zu erfolgen hat, wurde bislang ebenfalls offengelassen. Die Annahme eines bundesweiten Marktes liegt aber unter anderem aufgrund der hohen Transparenz in diesem Geschäftsbereich nicht fern.[485] 232

Der Markt für **Kredite** an **Geschäftskunden** ist aus den oben für den Zahlungsverkehr genannten Gründen ebenfalls regional abzugrenzen, weil dieses Geschäftsfeld generell die filialgebundenen Beziehung zwischen Finanzberater und Geschäftskunden erfordert.[486] 233

---

[478] BKartA E. v. 21.10.2010, B4–45/10 – *SK Karlsruhe/SK Ettlingen.*

[479] BKartA E. v. 28.2.2012, B4–51/11 – *HASPA/KSK Lauenburg.*

[480] BKartA E. v. 19.6.2002, B4–37/02 – *Eurohypo;* BKartA E. v. 21.10.2010, B4–45/10 – *SK Karlsruhe/SK Ettlingen* mit einer Tendenz zur bundesweiten Marktabgrenzung.

[481] BKartA E. v. 21.10.2010, B4–45/10 – *SK Karlsruhe/SK Ettlingen.*

[482] BKartA E. v. 28.2.2012, B4–51/11 – *HASPA/KSK Lauenburg.*

[483] BKartA E. v. 3.6.2013, B4–20/13 – *KSK Rhein-Pfalz/SK Vorderpfalz/KSK Speyer;* BKartA E. v. 28.2.2012, B4–51/11 – *HASPA/KSK Lauenburg;* BKartA E. v. 21.10.2010, B4–45/10 – *SK Karlsruhe/SK Ettlingen.*

[484] BKartA E. v. 21.10.2010, B4–45/10 – *SK Karlsruhe/SK Ettlingen.*

[485] BKartA E. v. 21.10.2010, B4–45/10 – *SK Karlsruhe/SK Ettlingen.*

[486] BKartA E. v. 3.6.2013, B4–20/13 – *KSK Rhein-Pfalz/SK Vorderpfalz/KSK Speyer;* BKartA E. v. 28.2.2012, B4–51/11 – *HASPA/KSK Lauenburg;* BKartA E. v. 21.10.2010, B4–45/10 – *SK Karlsruhe/SK Ettlingen.*

Direktbanken sowie der Internet- und Telefonvertrieb spielen eine noch geringere Rolle als im Privatkundenbereich, die Geschäftsbeziehungen sind in der Regel langfristig angelegt und basieren auf persönlichen Kontakten.[487]

234 Bei **Firmenkunden** dürfte hingegen analog zum Zahlungsverkehrsgeschäft eher von einer überregionalen oder bundesweiten Marktabgrenzung im **Kreditgeschäft** auszugehen sein.

235 *c) Zahlungsverkehr mit Zahlungskarten.* Beim bargeldlosen Zahlungsverkehr mit Debitkarten ist von einem deutschlandweiten Markt für die Akzeptanz von Zahlungen mit der ***Girocard*** auszugehen.[488] Ansonsten waren hierzu mangels Entscheidungsrelevanz bislang – etwa in Bezug auf Kreditkarten – keine weiteren abschließenden Feststellungen erforderlich.

III. Fusionskontrolle im Bereich des Bankwesens

236 Anders als in Bezug auf die Versicherungswirtschaft[489] kam es in der Vergangenheit bei der fusionskontrollrechtlichen Beurteilung von Zusammenschlussvorhaben im Bereich des Bankwesens durch die Kommission oder das BKartA nicht nur zu Freigaben,[490] sondern auch zu Untersagungen.[491] Bei Zusammenschlussvorhaben im Bereich der privaten Geschäftsbanken ist angesichts der typischerweise hohen Umsätze in der Regel die Kommission zuständig, während die Vorhaben im Bereich der Sparkassen und Volksbanken häufig vom BKartA fusionskontrollrechtlich geprüft werden. Die angemeldeten Zusammenschlussvorhaben im Bankwesen weisen nur wenige Besonderheiten bei der Anwendung der **materiellen Untersagungskriterien** der deutschen (§ 36 Abs. 1 GWB) und europäischen Zusammenschlusskontrolle (Art. 2 FKVO) auf. Zu erwähnen ist insoweit die nach wie vor eher schwach ausgeprägte Wechselbereitschaft vieler Bankkunden; zudem laufen auch in der Bankwirtschaft die abgeschlossener Verträge in der Regel über längere Zeiträume; dies hängt allerdings von den jeweils konkret betroffenen Bankdienstleistungen ab, die von den Zusammenschlussbeteiligten erbracht werden. Auch spielen im Bereich des Bankwesens Marktzutrittsschranken – etwa aufgrund aufsichtsrechtlicher Maßnahmen – eine gewisse Rolle für die fusionskontrollrechtliche Bewertung.

237 **1. Europäische Fusionskontrolle.** Der Anwendungsbereich der europäischen Fusionskontrolle – Zusammenschlusstatbestand (Art. 3 FKVO) bzw. Schwellenwerte für eine gemeinschaftsweite Bedeutung (Art. 1 FKVO) – weist keine bankspezifischen Besonderheiten auf, abgesehen von der Regelung des nur **vorübergehenden Anteilserwerbs zum Zweck der Veräußerung** (Art. 3 Abs. 5 lit. a FKVO). Besonderheiten gibt es – ähnlich wie in Bezug auf die Versicherungswirtschaft – auch bei der **Umsatzberechnung** von Kredit- und sonstigen Finanzinstituten. Im Hinblick auf Art. 21 Abs. 4 FKVO **(aufsichtsrechtliche Maßnahmen der Mitgliedstaaten)** ist lediglich festzustellen, dass die Vorschrift aus Sicht der Praxis im Bereich des Bankwesens noch exotischer ist als im Bereich des Versicherungskartellrechts.[492]

238 *a) Begriff des Kredit- und Finanzinstituts.* Unter einem Kreditinstitut bzw. Finanzinstitut sind für die Zwecke der europäischen Fusionskontrolle Unternehmen zu verstehen, die von der Richtlinie über die Aufnahme und Ausübung der Tätigkeit der Kreditinstitute erfasst werden.[493] Ein **Kreditinstitut** ist demnach ein Unternehmen, dessen Tätigkeit darin

[487] BKartA E. v. 28.2.2012, B4–51/11 – *HASPA/KSK Lauenburg*.

[488] BKartA E. v. 8.4.2014, B4–9/11 – *electronic cash;* s. auch Fallbericht B4 – 94/14 vom 9.3.2015 – *electronic cash Verpflichtungszusagen,* abrufbar unter www.bundeskartellamt.de.

[489] Hierzu oben Rdnr. 92.

[490] Vgl. etwa BKartA E. v. 3.6.2013, B4–20/13 – *KSK Rhein-Pfalz/SK Vorderpfalz/KSK Speyer;* BKartA E. v. 21.10.2010, B4–45/10 – *SK Karlsruhe/SK Ettlingen*.

[491] S. nur BKartA E. v. 28.2.2012, B4–51/11 – *HASPA/KSK Lauenburg*.

[492] S. oben Rdnr. 99f.

[493] Konsolidierte Mitteilung, Rdnr. 207.

besteht, Einlagen oder andere rückzahlbare Gelder des Publikums entgegenzunehmen und Kredite für eigene Rechnung zu gewähren.[494]

Hingegen ist ein **Finanzinstitut** ein Unternehmen, das kein Kreditinstitut ist und dessen Haupttätigkeit darin besteht, **Beteiligungen zu erwerben** und/oder eines oder mehrere der folgenden Geschäfte zu betreiben:[495] **239**

- **Ausleihungen** (unter anderem Konsumentenkredite, Hypothekendarlehen, Factoring);
- **Finanzierungsleasing,** nicht hingegen Operating-Leasing;[496]
- Dienstleistungen zur Durchführung des **Zahlungsverkehrs;**
- Ausgabe und Verwaltung von **Zahlungsmitteln** (Kreditkarten, Reiseschecks und Bankschecks);
- **Bürgschaften** und Eingehung ähnlicher Verpflichtungen;
- **Handel** für eigene Rechnung oder im Auftrag der Kundschaft **in folgenden Bereichen:** Geldmarktinstrumente, Geldwechsel, Termin- und Optionsgeschäfte, Wechselkurs- und Zinssatzinstrumente und Wertpapiergeschäfte;
- Teilnahme an der **Wertpapieremission** und den diesbezüglichen Dienstleistungen;
- **Beratung** von Unternehmen über Kapitalstruktur, industrielle Strategie und damit verbundene Fragen sowie Beratung und Dienstleistungen auf dem Gebiet des Zusammenschlusses und der Übernahme von Unternehmen;
- **Geldmarktgeschäfte** im Interbankenmarkt;
- **Portfolioverwaltung** und -beratung;
- **Wertpapieraufbewahrung** und -verwaltung.

b) Umsatzberechnung. Gemäß Art. 5 Abs. 3 S. 1 lit. a FKVO tritt bei Kredit- und sonstigen Finanzinstituten die **Summe bestimmter Ertragsposten**[497] an die Stelle des Umsatzes: **240**

- **Zinserträge** und ähnliche Erträge,
- **Erträge aus Wertpapieren,** das heißt Erträge aus Aktien, anderen Anteilsrechten und nicht festverzinslichen Wertpapieren, Erträge aus Beteiligungen und Erträge aus Anteilen an verbundenen Unternehmen,
- **Provisionserträge,**
- Nettoerträge aus **Finanzgeschäften,**
- **sonstige** betriebliche Erträge.

Soweit **Mehrwertsteuer** oder sonstige Steuern[498] direkt auf die genannten Ertragspositionen erhobenen werden, sind diese – wie bei der allgemein geltenden Umsatzbestimmung – gemäß Art. 5 Abs. 3 S. 1 lit. a FKVO von den Erträgen **abzuziehen,** fließen also nicht in die Umsatzberechnung ein (Nettoumsatzprinzip).[499] **241**

Um die vorgenannten Ertragsposten zu ermitteln, zieht die Kommission regelmäßig die von den Kredit- bzw. Finanzinstituten veröffentlichten **Jahresabschlüsse** heran;[500] in Bezug auf die Umsatzschwellen führt dies zumeist zu eindeutigen Ergebnissen. Zu materiellen Abweichungen kann es aber kommen, wenn sich aus den für die Jahresabschlüsse relevanten nationalen Rechnungslegungsvorschriften keine Grundlage für eine sachgerechte Ermittlung der für Art. 5 Abs. 3 S. 1 lit. a FKVO relevanten Ertragspositionen ergibt und wenn im Einzelfall die Anwendbarkeit der FKVO von dieser Berechnung abhängt.[501] **242**

---

[494] Art. 1 Abs. 1 RL (EG) 2000/12, ABl. 2000, L 126/1.

[495] Konsolidierte Mitteilung, Rdnr. 208; Art. 1 Abs. 5 iVm. Ziffern 2–12 des Anhangs 1 der RL (EG) 2000/12, ABl. 2000, L 126/1.

[496] Konsolidierte Mitteilung, Rdnr. 211 ff.; Komm. E. v. 15.7.1992, M.234 – *GECC/Avis Lease;* hierzu *MüKo-Wessely,* Art. 5 FKVO, Rdnr. 42.

[497] Art. 5 Abs. 3 S. 1 lit. a FKVO verweist insoweit auf RL 86/635, ABl. 1986 L 372/1, zuletzt geändert durch die RL 2006/46/EG, ABl. 2006 L 224/1.

[498] *Bechtold/Bosch/Brinker,* Art. 5 FKVO, Rdnr. 17.

[499] Vgl. *Schimansky/Bunte/Lwowski-Bunte,* Band 2, S. 2788.

[500] Konsolidierte Mitteilung, Rdnr. 219 f.

[501] Konsolidierte Mitteilung, Rdnr. 219 f.; *MüKo-Wessely,* Art. 5 FKVO, Rdnr. 46.

243 In **geografischer Hinsicht** sieht Art. 5 Abs. 3 lit. a S. 2 FKVO vor, dass der Umsatz eines Kredit- oder Finanzinstituts in der Gemeinschaft oder in einem Mitgliedstaat aus den genannten Ertragsposten besteht, die eine in der Gemeinschaft oder dem betreffenden Mitgliedstaat errichtete Zweig- oder Geschäftsstelle des Instituts verbucht. Anknüpfungspunkt für die räumliche Zuordnung der Umsätze ist insoweit also ausnahmsweise nicht der Sitz des jeweiligen Kunden.[502]

244 Falls ein Kredit- oder Finanzinstitut neben solchen Bankgeschäften im Sinne des Art. 5 Abs. 3 S. 1 lit. a FKVO noch sonstige Geschäfte betreibt, kommt es ähnlich wie bei entsprechend tätigen Versicherungsunternehmen[503] zu einer **Kombination** verschiedener Umsatzberechnungsmethoden; die sonstigen Umsätze werden nach Art. 5 Abs. 1 FKVO berechnet und mit der sich aus Art. 5 Abs. 3 FKVO ergebenden Summe addiert.[504]

245 Eine kombinierte Umsatzberechnung gilt beispielsweise in Bezug auf **Finanzholdings.** Eine Finanzholding ist ein Finanzinstitut im Sinne des Art. 5 Abs. 3 S. 1 lit. a FKVO, weil sie Unternehmensbeteiligungen erwirbt und verwaltet. Umsatzrelevante Ertragsposten sind insoweit Dividenden und sonstige Erträge aus den von der Finanzholding gehaltenen Beteiligungen. Da aber gleichzeitig auch die Verbundklausel nach Art. 5 Abs. 3 FKVO gilt, sind die Umsätze der kontrollierten Tochtergesellschaften dem Umsatz der Finanzholding hinzuzurechnen, und zwar nach den üblichen Maßstäben des Art. 5 Abs. 1 FKVO, wobei dann allerding die Dividenden und sonstigen Erträge abzuziehen sind, um sie nicht doppelt zu berücksichtigen. Wenn es sich bei den Tochtergesellschaften der Finanzholding allerdings ihrerseits um Kredit- oder Finanzinstitute im Sinne des Art. 5 Abs. 3 S. 1 lit. a FKVO handelt, so werden deren Umsätze nicht nach Art. 5 Abs. 1 FKVO, sondern wiederum nach Art. 5 Abs. 3 S. 1 lit. a FKVO berechnet.[505]

246 *c) Vorübergehender Anteilserwerb zum Zweck der Veräußerung.* Zur europäischen **Bankenklausel** gelten die oben[506] zum Versicherungskartellrecht gemachten Ausführungen sinngemäß.

247 **2. Deutsche Fusionskontrolle.** *a) Umsatzberechnung.* Nach § 38 Abs. 4 S. 1 GWB tritt im Hinblick auf die Umsatzschwellen im Rahmen der Fusionskontrolle bei Kreditinstituten, Finanzinstituten, Bausparkassen sowie bei externen Kapitalverwaltungsgesellschaften im Sinne des § 17 Abs. 2 Nr. 1 KAGB an die Stelle der Umsatzerlöse der Gesamtbetrag der in § 34 Abs. 2 S. 1 Nr. 1 lit. a bis e RechKredV in der jeweils geltenden Fassung genannten **Erträge abzüglich der Umsatzsteuer** und sonstiger direkt auf diese Erträge erhobener Steuern (Nettoumsatzprinzip). Bis zur 6. GWB-Novelle war vorgesehen, dass an die Stelle der Umsatzerlöse für Kreditinstitute und Bausparkassen ein Zehntel der Bilanzsumme tritt.[507] In § 34 Abs. 2 S. 1 Nr. 1 lit. a bis e RechKredV werden zurzeit in Anlehnung an Art. 5 Abs. 3 S. 1 lit. a FKVO folgende Erträge genannt, die für die im Hinblick auf die fusionskontrollrechtlichen Schwellenwerte zu summieren sind:

- **Zinserträge,**
- laufende **Erträge** aus Aktien und anderen nicht festverzinslichen **Wertpapieren,** Beteiligungen, Anteilen an verbundenen Unternehmen,
- **Provisionserträge,**
- Nettoertrag des **Handelsbestands** und
- **sonstige** betriebliche Erträge.

248 In der fusionskontrollrechtlichen Spruchpraxis des BKartA nach §§ 35 ff. GWB zum deutschen Bankwesen stehen im Hinblick auf die Umsatzschwellen[508] naturgemäß nicht

---

502 *MüKo-Wessely,* Art. 5 FKVO, Rdnr. 47; anders *Bechtold/Bosch/Brinker,* Art. 5 FKVO, Rdnr. 20.

503 S. oben Rdnr. 93 ff.

504 Komm. E. v. 21.5.1992, M.213, Rdnr. 7, 9 und 11 – *Hong Kong & Shanghai Bank/Midland; MüKo-Wessely* Art. 5 FKVO, Rdnr. 44.

505 Konsolidierte Mitteilung, Rdnr. 218; *MüKo-Wessely,* Art. 5 FKVO, Rdnr. 45.

506 Vgl. oben Rdnr. 97.

507 *Schimansky/Bunte/Lwowski-Bunte,* Band 2, S. 2761.

508 S. dazu *Richter/Steinvorth* in § 19.

Fusionen von Großbanken, die überwiegend in Brüssel nach der FKVO geprüft werden, sondern die **Sparkassenfusionen** und Fusionen **kleinerer Kreditinstitute** im Vordergrund.[509] Bei Zusammenschlüssen unter Beteiligung von (Kreis-)Sparkassen sind diesen die **Umsätze ihres Trägers zuzurechnen,** wenn der Träger aufgrund seiner Rechte in der Trägerversammlung und im Verwaltungsrat sowie seiner wirtschaftlichen Stellung die Sparkasse beherrscht (§ 36 Abs. 2 S. 1 GWB, § 17 Abs. 1 AktG);[510] dies ist stets eine Frage der konkreten Umstände des Einzelfalls.

b) Vorübergehender Anteilserwerb zum Zweck der Veräußerung. Auch zur deutschen **Bankenklausel** gelten die oben[511] zum Versicherungskartellrecht gemachten Ausführungen sinngemäß. 249

c) Sonstiges. Im Rahmen der fusionskontrollrechtlichen Spruchpraxis des BKartA zur **Übernahme von Kreditportfolien** hat sich gezeigt, dass die in der Vergangenheit zeitweise vorgenommene pauschale Bewertung,[512] Kredittransaktionen mit einem Wert von unter einer Mrd. Euro hätten im Verhältnis zu den insgesamt am Markt gehandelten Volumina ein so geringes Gewicht, dass derartige Transaktionen regelmäßig keinen Zusammenschlusstatbestand erfüllten, nicht aufrechterhalten werden kann.[513] Vielmehr ist insoweit eine Einzelfallprüfung angezeigt. 250

IV. Verbot wettbewerbsbeschränkender Vereinbarungen im Bereich des Bankwesens

1. Verbot nach Art. 101 Abs. 1 AEUV. *a) Spürbare Beeinträchtigung des zwischenstaatlichen Handels.* Das von Art. 101 AEUV vorausgesetzte Tatbestandsmerkmal der Zwischenstaatlichkeit ist auch bezogen auf wirtschaftliche Aktivitäten der Kreditwirtschaft grundsätzlich **weit auszulegen.**[514] Einen zwischenstaatlichen Bezug weisen zum Beispiel grundsätzlich solche Fälle auf, in denen zwar nur das Gebiet eines Mitgliedstaates von einer bestimmten wettbewerbsbeschränkenden Vereinbarung betroffen ist, an dieser aber auch **ausländische Banken beteiligt** sind.[515] 251

Allerdings setzt die Zwischenstaatlichkeitsklausel nicht unbedingt eine Beteiligung ausländischer Banken an der fraglichen Vereinbarung voraus. Werden beispielsweise flächendeckende Vereinbarungen zu **Zinsen und Konditionen** ausschließlich zwischen den Banken ein und desselben Mitgliedsstaates getroffen, so ist die Zwischenstaatlichkeitsklausel gleichwohl erfüllt, wenn hierdurch die Wettbewerbsbedingungen im gesamten Mitgliedstaat und damit auch **potentielle** Markteintrittsentscheidungen ausländischer Banken beeinflusst werden.[516] In solchen Fällen ist Art. 101 AEUV somit anwendbar. 252

Bestimmte Bankdienstleistungen stellen **ihrer Natur nach** auch dann eine grenzüberschreitende Dienstleistung dar, wenn an ihr nur Banken eines Mitgliedstaates beteiligt sind, etwa der **Sortenumtausch.** Kommt es insoweit zu wettbewerbsbeschränkenden Vereinbarungen ausschließlich zwischen Banken desselben Mitgliedstaates über die Erhebung von Umtauschprovisionen, so ist die Zwischenstaatlichkeitsklausel ohne weiteres erfüllt und 253

---

509 Vgl. etwa BKartA E. v. 3.6.2013, B4–20/13 – *KSK Rhein-Pfalz/SK Vorderpfalz/KSK Speyer;* BKartA E. v. 28.2.2012, B4–51/11 – *HASPA/KSK Lauenburg;* BKartA E. v. 21.10.2010, B4–45/10 – *SK Karlsruhe/SK Ettlingen.*

510 BKartA E. v. 21.10.2010, B4–45/10 – *SK Karlsruhe/SK Ettlingen;* vgl. *Schimansky/Bunte/Lwowski-Bunte,* Band 2, S. 2762.

511 S. oben Rdnr. 103f.

512 TB 2005/2006, S. 159f.

513 TB 2011/2012, S. 81.

514 *Schimansky/Bunte/Lwowski-Bunte,* Band 2, S. 2778ff. mwN; *Langen/Bunte-Bunte,* Syst. VII, Rdnr. 21.

515 So betreffend Frankreich Komm. E. v. 17.10.2007, COMP 38.606 – *Groupement CB.*

516 So für das *Lombard*-Netzwerk in Österreich Komm. E. v. 11.6.2002, COMP 36.571 – *Lombard Club.*

Art. 101 AEUV anwendbar.[517] Dies gilt entsprechend bei wettbewerbsbeschränkenden Vereinbarungen über Gebühren für die Überweisung von Geldbeträgen im **grenzüberschreitenden Scheckverkehr,**[518] über Gebühren für **Devisengeschäfte**[519] oder bei Absprachen zu einheitlichen **Reiseschecks.**[520] Gemeinsames Element ist hier jeweils, dass die fragliche Vereinbarung den grenzüberschreitenden Zahlungsverkehr betrifft.[521]

254 Geht es hingegen um Vereinbarungen zwischen Banken ein und desselben Mitgliedstaates, die nicht den grenzüberschreitenden Zahlungsverkehr betreffen, so ist in der Regel auch die **Zwischenstaatlichkeitsklausel nicht erfüllt** mit der Folge, dass ausschließlich nationales Kartellrecht auf entsprechende wettbewerbsbeschränkende Vereinbarungen zwischen Banken anwendbar ist. Dies gilt etwa für Vereinbarungen zur Einführung eines **rein nationalen Bankautomatensystems**[522] oder zu einheitlichen Geschäftsbedingungen bei der Vermietung von Bankschließfächern.[523]

255 Doch auch unabhängig von der Frage, ob der grenzüberschreitende Zahlungsverkehr tangiert wird oder nicht, kann der Einfluss einer wettbewerbsbeschränkenden Vereinbarung zwischen Banken auf den zwischenstaatlichen Handel so **wenig spürbar** sein, dass die Zwischenstaatlichkeitsklausel im Ergebnis nicht erfüllt ist. So kann einer **Lastschriftvereinbarung** zwischen den Banken eines Mitgliedstaates der von Art. 101 AEUV vorausgesetzte spürbare Einfluss auf den zwischenstaatlichen Handel fehlen, wenn es sich um ein rein inländisches Zahlungsverfahren mit eher geringer wirtschaftlicher Bedeutung handelt.[524] Auch eine Klausel über eine **Generalbürgschaft** beeinträchtigt den zwischenstaatlichen Handel nicht spürbar, wenn die betreffende Bankdienstleistung nur sehr beschränkten Einfluss auf den zwischenstaatlichen Handel hat und auch die Beteiligung von Tochtergesellschaften und Zweigstellen ausländischer Finanzinstitute gering ist.[525]

256 *b) Wettbewerbsbeschränkendes Verhalten.* Ungeschriebene Voraussetzung für das Vorliegen einer **Wettbewerbsbeschränkung** im Sinne des Art. 101 Abs. 1 AEUV[526] – das heißt mittels Vereinbarungen zwischen Unternehmen, Beschlüssen von Unternehmensvereinigungen oder aufeinander abgestimmten Verhaltensweisen – ist auch im Bankenbereich ihre **Spürbarkeit,** die von der Spürbarkeit der Beeinträchtigung des zwischenstaatlichen Handels zu unterscheiden ist.

257 *aa) Geschäftsverhältnis zum eigenen Bankkunden.* Die meisten Entscheidungen zum Wettbewerb im Bankensektor betreffen nicht den Interbankenverkehr, sondern die Vereinheitlichung von Bedingungen und Vergütungen für Bankdienstleistungen im Kundenverhältnis.[527] Wettbewerbsbeschränkend sind Maßnahmen im Kundenverhältnis, wenn sie die Freiheit der Banken einschränken, ihre Gebühren, Dienstleistungen und sonstige Bedingungen **selbst festzulegen.**[528]

258 *aaa) Vereinbarungen zwischen Banken über preisrelevante Konditionen.* Treffen Banken beispielsweise Vereinbarungen über die Höhe vom Kunden zu erhebender **Gebühren,** etwa

[517] Komm. E. v. 11.12.2001, ABl. 2003 L 15/1, 27 – *Deutsche Banken;* wegen unzureichender Beweisführung aufgehoben durch EuG U. v. 14.10.2004, Slg. 2004 II-3572 – *Bankgebühren.*
[518] EuGH U. v. 14.7.1981, Slg. 1981, 2021, 2032 – *Züchner.*
[519] Komm. E. v. 11.12.1986, ABl. 1987 L 7/27, 32 – *Belgische Bankenvereinigung.*
[520] Komm. E. v. 12.12.1986, ABl. 1987 L 43/51, 57 – *ABI.*
[521] So auch *Langen/Bunte-Bunte,* Syst. VII, Rdnr. 24.
[522] Komm. E. v. 12.12.1986, ABl. 1987 L 43/51, Rdnr. 37, 56 – *ABl.*
[523] Komm. E. v. 30.8.1989, ABl. 1989 L 253/58 – *Niederländische Banken.*
[524] Komm. IP/99/683.
[525] EuGH U. v. 21.1.1999, Slg. 1999, I-135 Rdnr. 51 – *Bagnasco/Banca Popolare di Novara;* Komm. E. v. 12.12.1986, ABl. 1987 L 43/51, Rdnr. 37, 56 – *ABl;* Komm. E. v. 30.8.1989, ABl. 1989 L 253/58 – *Niederländische Banken.*
[526] Dazu *Lübbig,* § 8 Rdnr. 20 ff.
[527] Vgl. *Langen/Bunte-Bunte,* Syst. VII, Rdnr. 29.
[528] So auch *Schimansky/Bunte/Lwowski-Bunte,* Band 2, S. 2776; *Langen/Bunte-Bunte,* Syst. VII, Rdnr. 32.

für Auslandsüberweisungen,[529] so erfüllt dies den Verbotstatbestand des Art. 101 Abs. 1 AEUV. Auch Vereinbarungen zwischen Banken, eine bestimmte **Provision** einzubehalten, zum Beispiel bei der Einlösung von *eurocheques* durch angeschlossene Händler,[530] fallen unter Art. 101 Abs. 1 AEUV. Wettbewerbswidrig sind regelmäßig auch die Kooperationen von Banken im Bereich sonstiger preisrelevanter Konditionen und **Zinsen** im Verhältnis zum Bankkunden.[531] Typisch für das deutsche Bankwesen sind auch ausgesprochene Empfehlungen der Spitzenverbände an die Kreditinstitute betreffend Zinsen,[532] Gebühren oder Provisionen. Absprachen, abgestimmte und veröffentlichte Empfehlungen oder andere abgestimmte Verhaltensweisen betreffend Zinsen, Gebühren (etwa Umtauschgebühren) und ähnliche Wettbewerbsparameter fallen grundsätzlich unter Art. 101 Abs. 1 AEUV.[533] Dies wurde wiederholt bestätigt, etwa betreffend die Vereinbarung von Höchstzinssätzen für Spareinlagen.[534] Da es sich bei preisrelevanten Vereinbarungen etc. um Kernbeschränkungen handelt, kommt eine Freistellung nach Art. 101 Abs. 3 AEUV kaum in Betracht.

bbb) Empfehlungen der Spitzenverbände. In Deutschland sprechen die Spitzenverbände im- **259**
mer wieder Empfehlungen an die Kreditinstitute zur Verwendung bestimmter allgemeiner, teilweise produktbeschreibender **Geschäftsbedingungen** und **Sonderbedingungen** (beispielsweise Scheckbedingungen, Wertpapierbedingungen, Anderkontenbedingungen etc.) sowie zur Verwendung von **Mustervordrucken** und Formularen aus, die dann im gesamten deutschen Bankgewerbe weitgehend identisch zur Anwendung kommen; so verwenden beispielsweise die Volks- und Raiffeisenbanken allgemeine Geschäftsbedingungen, die mit denen der privaten Banken nahezu textidentisch sind.[535]

Die Verabschiedung derartiger Empfehlungen kann als **Beschluss einer Unterneh- 260**
mensvereinigung unter den Verbotstatbestand des Art. 101 AEUV fallen; die Spitzenverbände sind insoweit Normadressaten;[536] die Empfehlungen bezwecken (oder bewirken zumindest), das Marktverhalten der Verbandsmitglieder zu koordinieren. Allerdings ist es eine Frage des Einzelfalls, ob die von der Fassung der Empfehlung ausgehenden Wettbewerbsbeschränkungen **spürbar** sind.[537] Für eine Spürbarkeit im Einzelfall kann der Umstand sprechen, dass die Empfehlungen beispielsweise nicht als unverbindlich gekennzeichnet sind. Sind sie spürbar, so können sie zwar den Verbotstatbestand erfüllen; es stellt sich dann aber noch die Frage nach einer etwaigen **Einzelfreistellung** (Art. 101 Abs. 3 AEUV), deren Beantwortung ebenfalls von den konkreten Umständen und Inhalten der Empfehlung im Einzelfall abhängt. So kann es für eine Freistellung sprechen, wenn beispielsweise die einheitliche Orientierung von Geschäftsbedingungen an der zu ihrem Regelungsgegenstand ergangenen zivilrechtlichen Rechtsprechung die Kalkulierbarkeit von Geschäftsrisiken erleichtert und die Rechtssicherheit für Banken und Kunden erhöht; zudem ermöglichen einheitliche Standards bei den Bedingungen unter Umständen die Vergleichbarkeit der Bankprodukte aus Sicht des Verbrauchers und können insoweit auch eine wettbewerbsfördernde Facette haben.[538]

Auch die tatsächliche **Befolgung** von Empfehlungen der Spitzenverbände durch die **261**
Kreditinstitute kann unter Art. 101 Abs. 1 AEUV fallen; hierin kann eine **aufeinander**

---

[529] EuGH U. v. 14.7.1981, Slg. 1981, 2021, 2033 – *Züchner.*

[530] Komm. E. v. 25.3.1992, ABl. 1992 L 95/50, 59 – *Helsinki-Vereinbarung;* bestätigt durch EuGH, U. v. 23.2.1994, Slg. 1994, 54 – *Helsinki-Vereinbarung.*

[531] EuG U. v. 14.12.2006, Rs T 259/02 – T 264/02 und T 271/02, Slg 2006, II-5169 – *Lombard-Club;* Komm. E. v. 11.6.2002, COMP/36.571/D-1 – *Lombard Club.*

[532] Zur Entwicklung der kartellrechtlichen Behandlung von Zinsempfehlungen vgl. *Schimansky/Bunte/Lwowski-Bunte,* Band 2, S. 2749 mwN.

[533] EuGH U. v. 14.7.1981, Slg. 1981, 2021, 2032 – *Züchner.*

[534] EuGH U. v. 21.9.1988, Slg. 1988, 4769, 4791 f. – *Van Eycke/Aspa;* siehe auch Komm. E. v. 11.6.2002, COMP 36.571 – *Lombard Club.*

[535] *Schimansky/Bunte/Lwowski-Bunte,* Band 2, S. 2742 mwN.

[536] S. oben Rdnr. 186.

[537] Ähnlich *Schimansky/Bunte/Lwowski-Bunte,* Band 2, S. 2743, 2774 f.

[538] So auch *Schimansky/Bunte/Lwowski-Bunte,* Band 2, S. 2750 f. mwN, 2774 f.

abgestimmte Verhaltensweise der ihr folgenden Kreditinstitute liegen,[539] soweit dieses Verhalten die Grenzen des bloßen bewussten Parallelverhaltens der Empfehlungsempfänger überschreitet, das als solches noch keine abgestimmten Verhaltensweisen darstellen würde.[540]

262 Da dem Konditionenwettbewerb zwischen den Banken regelmäßig keine bloß geringfügige wirtschaftliche Bedeutung zukommt, ist häufig davon auszugehen, dass es sich bei der Befolgung durch die Verbandsmitglieder auch um eine **spürbare** Wettbewerbsbeschränkung handelt. Die Durchsetzung von Sonderbedingungen für das Online-Banking (als Teil der Muster-Banken-AGB), die Bankkunden die Nutzung von **Online-Bezahldiensten** pauschal verbieten, soweit diese nicht explizit erlaubt sind, verstößt beispielsweise spürbar gegen Art. 101 AEUV; eine sicherheitsrechtliche, zivilrechtliche, datenschutzrechtliche oder urheberrechtliche Rechtfertigung für ein solch pauschales Verbot ist nicht erkennbar.[541] Auch auf Verbands-Empfehlungen oder (multilaterale) Vereinbarungen zwischen Banken betreffend **grenzüberschreitende Überweisungssysteme** sind die Wettbewerbsregeln grundsätzlich anwendbar; hierzu hat die Kommission bereits im Jahr 1995 eine Bekanntmachung veröffentlicht.[542] Die Befolgung derartiger Empfehlungen oder Vereinbarungen stellt eine spürbare Wettbewerbsbeschränkung dar und kann demnach unter das Verbot des Art. 101 Abs. 1 AEUV fallen, kann aber im Einzelfall nach Art. 101 Abs. 3 AEUV freigestellt sein.[543]

263 Betreffend die Spürbarkeit gibt es aber auch Gegenbeispiele: so stellen vereinheitlichte Bankbedingungen, die bezogen auf Kontokorrentkreditverträge vorsehen, dass der Zinssatz jederzeit aufgrund der allgemeinen Entwicklung auf den Geldmärkten geändert werden kann **(Geldmarkt-Kopplung),** zwar eine Wettbewerbsbeschränkung dar, diese war aber zumindest im entschiedenen Einzelfall nicht spürbar.[544] Auch Vereinbarungen über Banköffnungszeiten oder Absprachen zwischen den Banken über ein optimales **Verrechnungs- und Abbuchungssystem** stellen Wettbewerbsbeschränkungen dar, die allerdings wiederum im entschiedenen Einzelfall nicht spürbar waren.[545] Die Spürbarkeit wurde ebenfalls verneint in Einzelfällen betreffend die Vereinbarung einer Kostenpflicht bei **Wertstellungsverzögerungen**[546] sowie betreffend Vereinbarungen über das Verfahren der bankgeschäftlichen Bearbeitung, über die Festsetzung von **Referenzdevisenkursen** und über die Gewährung unbedeutender Nebenleistungen an den Bankkunden.[547] Allerdings spielten hier die jeweiligen Umstände des Einzelfalls eine entscheidende Rolle, so dass insoweit vor pauschalen Schlussfolgerungen zu warnen ist.

264 Wird hingegen Spürbarkeit und somit eine relevante Wettbewerbsbeschränkung im Sinne des Art. 101 Abs. 1 AEUV angenommen, so stellt sich die **Freistellungsfrage** nach Art. 101 Abs. 3 AEUV; wird sie für die Verabschiedung der Empfehlung bejaht, wird sie in der Regel für deren tatsächliche Befolgung durch die Verbandsmitglieder nicht verneint werden können.

265 *ccc) Zahlungsverkehrsabkommen mit Kundenbezug.* Die nationalen Zahlungsverkehrsabkommen wie etwa Überweisungs-, Scheck-, Lastschrift- oder Wechselabkommen oder z. B. das Abkommen über Verfahren zur Online-Personalisierung von Terminals (OPT-Verfahren),

---

[539] Vgl. *KöKo-Krimphove* Band 4, Syst. VI, Rdnr. 32 mwN; *Schimansky/Bunte/Lwowski-Bunte,* Band 2, S. 2742, 2774 f.

[540] Ebenso *Schimansky/Bunte/Lwowski-Bunte,* Band 2, S. 2774 f.; vgl. auch *KK-Krimphove,* Band 4, Syst. VI, Rdnr. 28 ff.

[541] Das Verfahren des BKartA ist noch nicht abgeschlossen, vgl. TB 2011/2012, S. 82 f.

[542] Komm. Bek. ABl. 1995 C 251/3.

[543] So auch *Langen/Bunte-Bunte,* Syst. VII, Rdnr. 28.

[544] EuGH U. v. 21.1.1999, Slg. 1999, I-135 – *Bagnasco/Banca Popolare di Novara;* kritisch hierzu *Schimansky/Bunte/Lwowski-Bunte,* Band 2, S. 2777.

[545] Komm. E. v. 30.9.1986, ABl. 1986 L 295/28, 30 – *Irish Banks.*

[546] Komm. E. v. 12.12.1986, ABl. 1987 L 43/51, 56 f. – *ABI.*

[547] Komm. E. v. 19.7.1989, ABl. vom 30.8.1989 Nr. L 253/1 – *Niederländische Banken.*

werden von den Spitzenverbänden der Kreditwirtschaft namens der ihnen angeschlossenen Kreditinstitute geschlossen und von diesen in der Praxis befolgt und umgesetzt; es handelt sich daher um **Vereinbarungen** im Sinne des Art. 101 Abs. 1 AEUV bzw. § 1 GWB.[548] Auch wenn diese Abkommen lediglich Fragen der technischen Abwicklung betreffen, die sich auf den ersten Blick nur auf das Verhältnis der Kreditinstitute untereinander beziehen, kann gleichwohl eine Wettbewerbsbeschränkung vorliegen, weil sich die Kreditinstitute verpflichten, bestimmte Verfahren und Formen gegenüber dem Kunden einzuhalten.[549]

Gerade der beleglose Zahlungsverkehr und die dabei auftretenden Sicherheitsrisiken erfordern indes eine gewisse Vereinheitlichung in der Abwicklung und teilweise auch Standardisierungsmaßnahmen zur Rationalisierung. Vereinbarungen über technische Spezifikationen und Verfahrensabläufe ermöglichen zudem die Kompatibilität zwischen den Systemen der Banken und damit eine gesteigerte Effizienz und Verbraucherfreundlichkeit. Derartige Vereinbarungen können daher im Einzelfall nach Art. 101 Abs. 3 AEUV bzw. § 2 GWB **freigestellt** sein. 266

bb) Zahlungskarten. Eine besondere Rolle in der Spruchpraxis der Kommission und des BKartA spielen seit einigen Jahren Debit- und Kreditkartensysteme, also Vereinbarungen zwischen Kartenunternehmen, Banken und Händlern über Gebühren und Konditionen bei entsprechenden (bargeldlosen) Kartenzahlungen.[550] Hierbei nahm die Kommission einerseits die **Interbankenentgelte** in den Fokus, also Entgelte, die der Acquirer (Bank, die Handelsunternehmen als Akzeptanzstellen anwirbt) an den Issuer (Bank, die die Kreditkarte ausstellt) entrichtet, andererseits aber auch die innerhalb der Kreditkartensysteme geltenden **Akzeptanzregeln.** 267

aaa) Visa I und Visa II. Die Kommissions-Praxis zu Wettbewerbsbeschränkungen im Zahlungskartensektor war zunächst recht großzügig. Im Jahr 2001 hatte die Kommission Vereinbarungen der am *Visa*-System beteiligten Unternehmen über die **Nichtdiskriminierung** von Inhabern bestimmter Kreditkarten durch Händler sowie über die Zulassung zu einem bestimmten Kreditkarten-System zunächst als unbedenklich eingestuft bzw. freigestellt.[551] 268

Im Jahr 2002 wurde – kurz vor Einführung des Legalausnahmesystems[552] – eine einschlägige Absprache über ein Interbankenentgelt **(MIF – multilateral interchange fee)** freigestellt, allerdings erst nachdem sich das betroffene Kreditkartenunternehmen ***Visa*** zu einer Reduzierung der Gebührenhöhe verpflichtet hatte.[553] Bei den MIF handelt es sich um kollektiv festgesetzte Gebühren, die sich die Mitgliedsbanken eines Zahlungskartensystems untereinander in Rechnung stellen, die aber wirtschaftlich letztlich auf die Verbraucher abgewälzt werden. 269

bbb) Morgan Stanley/Visa. In der Folgezeit hat die Kommission die Interbankenentgelte im Rahmen der **Sektoruntersuchung** des Retail-Bankgeschäfts nach Art. 17 VO Nr. 1/2003 gründlich untersucht, deren Ergebnisse Anfang des Jahres 2007 veröffentlicht wurden.[554] Eines dieser Ergebnisse war die Erkenntnis, dass die Ausgabe von Kreditkarten in der Mehrzahl der Mitgliedstaaten auch ohne ein Interbankenentgelt profitabel sein kann. Zudem wurden Diskriminierungsfragen betreffend den Zugang zu etablierten Kartenzahlungssystemen aufgeworfen. Dies sollte sich unmittelbar danach – noch im Jahr 2007 – in der Spruchpraxis der Kommission zum Bereich der Kartenzahlungssysteme niederschlagen, indem diese sich durch mehrere bedeutsame Einzelfall-Entscheidungen entsprechend verschärfte. 270

---

548 Kritisch *Schimansky/Bunte/Lwowski-Bunte,* Band 2, S. 2751.
549 BKartA, TB 1981/1982, S. 80.
550 Vgl. *Hofmann,* WuW 2006, 17 ff.; *Langen/Bunte-Bunte,* Syst. VII, Rdnr. 34.
551 Komm. E. v. 9.8.2001, ABl. 2001 L 293/24 – *Visa I.*
552 Dazu *Lübbig,* § 8 Rdnr. 61 ff.
553 Komm. E. v. 24.7.2002, ABl. 2002 L 318/17 – *Visa II.*
554 Abschlussbericht vom 31.1.2007, Komm. [2007] 33, abrufbar unter: http://eur-lex.europa.eu/legal-content/DE/TXT/PDF/?uri=CELEX:52007DC0033&from=de; näher hierzu oben Rdnr. 55 ff.

271 Zunächst bewertete die Kommission im Oktober 2007 im Fall *Morgan Stanley/Visa* die **Verweigerung der Mitgliedschaft** in einer Kreditkartenorganisation – da keine sachliche Rechtfertigung hierfür erkennbar war – als wettbewerbswidriges Verhalten im Sinne des Art. 101 AEUV auf dem Acquiring-Markt, auf dem Händlern Dienstleistungen angeboten werden, die es ihnen ermöglichen, Transaktionen mit Zahlungskarten anzunehmen.[555] Wenn die Mitglieder einer etablierten (Kredit-)Kartenorganisation Regeln über die Aufnahme weiterer Mitglieder vereinbaren, aus denen sich die Verweigerung der Aufnahme neuer Mitglieder ergibt, so ist diese Vereinbarung demnach als **wettbewerbsbeschränkend** verboten, es sei denn,

- die Vereinbarung steht mit den Grundsätzen der **Verhältnismäßigkeit** und der **Nichtdiskriminierung** in Einklang und
- sie ist für die Tätigkeit der Organisation **notwendig** (es stehen also keine milderen Mittel wie Vertraulichkeitsregeln oder Beschränkungen der Befugnisse eines neuen Mitglieds zur Verfügung).

Die Kommission verhängte mit ihrer Entscheidung eine Geldbuße in zweistelliger Millionenhöhe gegen *Visa,* die im Jahr 2011 vom EuG bestätigt wurde.[556]

272 *ccc) Mastercard.* Im Dezember 2007 bewertete die Kommission Vereinbarungen über **MIF für grenzüberschreitende Zahlungstransaktionen** innerhalb des EWR mit Debit- und Kreditkarten im *Mastercard*-System ebenfalls als Verstoß gegen Art. 101 AEUV und untersagte diese.[557] Die Kommission stellte fest, dass die MIF zur Festlegung einer Mindesthöhe der den Händlern berechneten Kosten führen, ohne objektiv erforderlich zu sein, und daher eine Beschränkung des Preiswettbewerbs zu deren Lasten darstellen. Effizienzsteigerungen waren nach Auffassung der Kommission nicht nachgewiesen. Die Komm gab daher ***Mastercard* als Unternehmensvereinigung** auf, den festgestellten Verstoß dadurch zu beenden, dass die MIF binnen sechs Monaten förmlich aufgehoben werden.[558] Das in der Sache angerufene EuG hat dies im Jahr 2012 im Ergebnis bestätigt und unter anderem festgestellt, dass in der durch das Kreditkartensystem etablierten Zahlungsorganisation eine institutionalisierte Form der Verhaltensabstimmung zwischen den Banken zu sehen ist.[559] Der EuGH[560] bestätigte im Jahr 2014 das Urteil des EuG. Ein sachlich parallel gelagertes Verfahren betreffend inländische Interbankenentgelte für *Mastercard*- und *Visa*-Kreditkartentransaktionen in Deutschland stellte das Bundeskartellamt im Jahr 2015 ein.[561]

273 *ddd) Groupement des cartes bancaires.* Im Oktober 2008 bewertete die Kommission **drei beschlossene Preismaßnahmen** des 1984 in Frankreich gegründeten *Groupement des cartes bancaires* als wettbewerbsbeschränkend im Sinne des Art. 101 AEUV.[562] Die Inhaber einer von einem Mitglied des *Groupement* ausgegebenen CB-Karte konnten Zahlungen bei angeschlossenen Händlern tätigen bzw. Bargeld an Geldautomaten der Mitglieder des *Groupement* abheben; bei den drei von der Kommission aufgegriffenen drei Tarifmaßnahmen aus dem Jahr 2002 ging es um:

- den **MERFA** („Mechanismus zur Regulierung der Acquiring-Funktion") genannten Beitrag, der von den Mitgliedern des *Groupement* zu zahlen war, die mehr CB-Karten ausgaben, als sie neue Händler warben, die dem System beitraten,
- eine Reform des Mitgliedsbeitrags für die **neuen Mitglieder,** der einen Festbetrag sowie einen Zusatzmitgliedsbeitrag für die Mitglieder umfasste, deren Zahl vorrätiger CB-Karten eine bestimmte Schwelle zu einem gegebenen Zeitpunkt überstieg, und

---

[555] Komm. E. v. 3.10.2007, COMP/37.860 – *Morgan Stanley/Visa.*

[556] EuG U. v. 14.4.2011, Slg. 2011 II-1729 – *Morgan Stanley/Visa.*

[557] Komm. E. v. 19.12.2007, COMP/34.579 (*Mastercard*), COMP/36.518 (*EuroCommerce*) und COMP/38.580 (*Commercial Cards) – Mastercard.*

[558] Vgl. *Langen/Bunte-Bunte* Syst. VII, Rdnr. 35.

[559] EuG U. v. 24.5.2012, T-111/08, WuW/E EU-R 2399 – *Mastercard.*

[560] EuGH U. v. 11.9.2014, C-382/12 P, ECLI:EU:C:2014:2201 – *Mastercard.*

[561] Vgl. Fallbericht B4 – 22/06 vom 12.6.2015, abrufbar unter www.bundeskartellamt.de.

[562] Komm. E. v. 17.10.2008, COMP/D1/38.606 – *Groupement des cartes bancaires.*

- einen Beitrag pro ausgegebener CB-Karte, der von den **„schlafenden" Mitgliedern** zu zahlen war, d. h. den vor dem Inkrafttreten der neuen Tarifmaßnahmen inaktiven oder wenig aktiven Mitgliedern des *Groupement*.

Die Kommission kam zu dem Schluss, dass **Zweck** und **Wirkung** dieser Maßnahmen darin bestanden, den Wettbewerb zum Vorteil der großen französischen Banken, die die Vereinigung kontrollierten, zu beschränken. Durch Erhöhung der Kosten der von neuen Marktteilnehmern ausgegebenen Karten wurde der Kartenpreis auf einem Niveau über dem normalen Wettbewerbspreis gehalten und die Anzahl der zum Wettbewerbspreis ausgegebenen Karten begrenzt. Eine Geldbuße wurde nicht verhängt, sondern es wurde lediglich die Abstellung der Zuwiderhandlung verlangt. **274**

Das hiergegen angerufene EuG bestätigte im Jahr 2012 die Entscheidung der Kommission[563] und bewertete die Preismaßnahmen als wettbewerbswidrigen Beschluss einer Unternehmensvereinigung im Sinne des Art. 101 Abs. 1 AEUV, stützte sich dabei aber ausschließlich auf dessen wettbewerbswidrigen **Zweck** und vertrat die Auffassung, dass die **Wirkungen** dieser Maßnahmen auf den Markt daher nicht mehr eigens zu prüfen seien. Hiergegen legte das *Groupement* wiederum Rechtsmittel zum EuGH ein. Dieser gab der Klage statt;[564] zur Begründung führte er an, dass das EuG das Vorliegen einer bezweckten Wettbewerbsbeschränkung nicht ordnungsgemäß geprüft habe, weil hierzu eine Koordinierung des Wettbewerbsverhaltens festgestellt werden müsse, die schon ihrer Natur nach eine hinreichend schädliche Beeinträchtigung des Wettbewerbs erkennen lasse. Das Urteil des EuG wurde daher aufgehoben und die Rechtssache zur erneuten Prüfung **zurückverwiesen,** wo es derzeit wieder anhängig ist. **275**

eee) Visa MIF I und Visa MIF II. Nach intensiven Ermittlungen wegen Bedenken nach Art. 101 AEUV erklärte die Kommission im Jahr 2010 die Verpflichtungszusage von ***Visa,*** ihre MIF für **Debitkartenzahlungen** für die Dauer von vier Jahren deutlich zu senken, nach Art. 9 VO Nr. 1/2003 für rechtlich bindend.[565] Die gewichteten durchschnittlichen MIF für grenzüberschreitende Debitkartenzahlungen sowie für inländische Debitkartenzahlungen in Ländern, in denen *Visa* die MIF selbst direkt festsetzt, wurden so auf 0,2% des Zahlungsbetrags beschränkt. Auch verpflichtete sich *Visa,* mehr Transparenz und Wettbewerb auf dem Zahlungskartenmarkt zu gewährleisten, indem die Händlergebühren nicht zusammengefasst und alle MIF-Sätze registriert und veröffentlicht werden; zudem müssen Firmenkundenkarten optisch eindeutig und elektronisch erkennbar sein und die Händler das Recht haben, mit verschiedenen Acquirern Transaktionen durchzuführen. Außerdem bleibt es der freien Entscheidung der Händler überlassen, ob sie *Visa*-Debitkarten akzeptieren. **276**

Im Jahr 2014 nahm die Kommission erneut Verpflichtungszusagen von *Visa* für einen Zeitraum von vier Jahren an.[566] Hier ging es um die von ***Visa*** festgesetzten MIF für innerhalb des EWR getätigte Kreditkarten-Transaktionen, für inländische Kreditkarten-Transaktionen, für in zum *Visa*-Europe-Gebiet gehörenden Nicht-EWR-Ländern durchgeführte Transaktionen mit Kredit- und Debitkarten und für internationale Transaktionen sowie hinsichtlich der Regeln von *Visa* über die beim grenzüberschreitenden Acquiring geltenden MIF. Demnach werden die jährlichen gewichteten durchschnittlichen MIF-Sätze für mit Privatkunden-**Kreditkarten** getätigte Transaktionen auf 0,3% begrenzt. Zudem gilt die MIF-Obergrenze von 0,2% für mit *Visa*-Privatkunden-**Debitkarten** getätigte Transaktionen. Ferner sind zusätzliche Transparenz und Vergleichbarkeit zu schaffen; Acquirer müssen den Händlern gegen Entrichtung einer Verwaltungsgebühr die Zusammensetzung der Händlergebühren darlegen (Aufschlüsselung der MIF, der anderen anwendbaren Zahlungssystemgebühren und der Gebühr des Acquirers); auch soll die MIF-Struktur vereinfacht werden (Reduzierung der Zahl der Gebührenkategorien um mindestens 25%). **277**

---

[563] EuG U. v. 29.11.2012, Rs T-491/07, ECLI:EU:T:2012:633 – *CB/Komm.*
[564] EuGH U. v. 11.9.2014, Rs C-67/13 P, ECLI:EU:C:2014:2204 – *CB.*
[565] Komm. E. v. 8.12.2010, COMP/D-1/39.398 – *Visa MIF I.*
[566] Komm. E. v. 26.2.2014, AT.39398 – *Visa MIF II.*

278 *fff) Gesetzgeberische Aktivitäten.* Die in den genannten Kommissions-Verfahren zu Tage getretenen Wettbewerbsprobleme lösten auch gesetzgeberische Aktivitäten aus. Im Jahr 2013 veröffentlichte die Kommission einen **Vorschlag für eine Verordnung über Interbankenentgelte** für kartengebundene Zahlungsvorgänge,[567] um Effizienz und Innovation im Bereich der Kartenzahlungsinstrumente und der kartengestützten Zahlungsvorgänge in einer Offline- und Online- sowie mobilen Umgebung durch Rechtsklarheit und gleiche Wettbewerbsbedingungen zu gewährleisten.[568] Am selben Tag veröffentlichte die Kommission einen Vorschlag für eine **Richtlinie über Zahlungsdienste im Binnenmarkt,**[569] um die Entwicklung eines EU-weiten Marktes für elektronische Zahlungen zum Nutzen von Verbrauchern, Einzelhändlern und anderen Marktakteuren weiter voranzubringen. Der diesbezügliche politische Prozess ist allerdings noch nicht abgeschlossen.[570]

279 *ggg) Electronic Cash und Elektronisches Lastschriftverfahren.* Auch das BKartA war in den letzten Jahren in Bezug auf Zahlungskarten aktiv. Im Jahr 2013 erhob das BKartA Bedenken nach Art. 101 AEUV und § 1 GWB gegen die damalige Vereinbarung der Spitzenverbände der deutschen Banken zu dem mit einem Transaktionsvolumen von 128 Mrd. € jährlich (Stand 2012) in Deutschland führenden Debitkartenzahlungssystem **electronic-cash.**[571] Bei diesem System zur bargeldlosen Zahlung an Verkaufsstellen im Handel mit der *Girocard* (früher: *EC-Karte*) mussten die Händler (Akzeptanzstellen) für jeden Zahlungsvorgang nicht ein individuell ausgehandeltes, sondern ein einheitliches, von den Bankenverbänden gemeinsam festgesetztes Entgelt entrichten (3% des jeweiligen Umsatzes, mindestens aber 0,08 Euro). Große Handelsketten und Mineralölkonzerne mit ihren Tankstellen hatten hingegen schon vor Abschluss der Ermittlungen Rabatte für Transaktionen an ihren Kassen mit den Banken ausgehandelt. Zudem bestand ein generelles Verbot, Karten einzelner Emittenten zurückzuweisen.[572]

280 Zudem drohten mit der Ersetzung von Kontonummer und Bankleitzahl im Magnetstreifen bzw. Chip der *Girocard* durch Kartennummern, die für das **Elektronische Lastschriftverfahren (ELV)** nicht nutzbar gewesen wären, technische Änderungen, die die Nutzung des ELV als einzigem ernsthaften Konkurrenzprodukt zum electronic cash unmöglich gemacht hätten.[573] In die gleiche Richtung gingen Änderungen an den Interbanken-Abkommen und Geschäftsbedingungen zum **Lastschriftverkehr** der Deutschen Kreditwirtschaft mit dem Ziel der Einführung einer Vorabautorisierung der Lastschrift durch Weisung des Zahlungspflichtigen gegenüber seiner Bank (Zahlstelle). Diese Weisung trat neben die bereits bislang erteilte Ermächtigung des Zahlungsempfängers, den Forderungsbetrag über seine Bank (Inkassostelle) einziehen zu lassen; zu den Autorisierungsdaten gehörte nunmehr auch ausdrücklich der Name des Kunden. Im Rahmen des ELV wurden indes auch Lastschriften abgewickelt, in denen der Zahlungspflichtige ausschließlich über seine Bankverbindungsdaten (Kontonummer und Bankleitzahl) identifiziert wurde; nur diese Daten waren auf der Girocard in elektronisch auslesbarer Weise hinterlegt, nicht dagegen der Name des Karteninhabers.[574]

281 Auf die Ermittlungen des BKartA hin lenkten die Spitzenverbände der Kreditwirtschaft durch das Angebot entsprechender **Verpflichtungszusagen** ein, die das BKartA gemäß

---

[567] Komm. Vorschlag vom 24.7.2013, COM(2013) 550 final, abrufbar unter: http://eur-lex.europa.eu/legal-content/DE/TXT/PDF/?uri=CELEX:52013PC0550&from=EN.

[568] Vgl. Verordnung (EU) Nr. 2015/751, die zum 8.6.2015 in Kraft getreten ist.

[569] Komm. Vorschlag vom 24.7.2013, COM(2013) 547 final, abrufbar unter: http://eur-lex.europa.eu/legal-content/DE/TXT/PDF/?uri=CELEX:52013PC0547&from=EN.

[570] Vgl. IP/14/2767, abrufbar unter: http://europa.eu/rapid/press-release_STATEMENT-14–2767_en.htm.

[571] Vgl. Presse-Mitt. des BKartA vom 28.5.2013, abrufbar unter: http://www.bundeskartellamt.de/SharedDocs/Meldung/DE/Pressemitteilungen/2013/28_05_2013_EC-Cash.html.

[572] BKartA, TB 2011/2012, S. 82.

[573] BKartA, TB 2011/2012, S. 82; vgl. *Langen/Bunte-Bunte,* Syst. VII, Rdnr. 16 mwN.

[574] BKartA, TB 2011/2012, S. 82.

§ 32b GWB für bindend erklärte.[575] Die angebotenen Zusagen umfassten die Verpflichtung, das einheitliche Händlerentgelt bis zum 1. November 2014 abzuschaffen und ausschließlich ausgehandelte Händlerentgelte abzurechnen. Hierdurch wurde auch kleinen Händlern die Möglichkeit individueller Verhandlungen mit den kartenausgebenden Banken über ihre jeweiligen Netzbetreiber eingeräumt, so dass insoweit erstmalig die Voraussetzungen für Preiswettbewerb geschaffen werden konnten.[576] Zudem erklärte die Deutsche Kreditwirtschaft öffentlich, eine Änderung der bisherigen Praxis zum Lastschriftverkehr sei nicht beabsichtigt, so dass Lastschriften im ELV wie bisher auch ohne Nennung des Namens des Zahlungspflichtigen abgewickelt werden können.[577]

cc) Entgelte für Barverfügungen an fremden Geldautomaten. Das BKartA leitete im Jahre 2010 ein Kartellverwaltungsverfahren nach § 1 GWB und Art. 101 AEUV gegen die Spitzenverbände der Deutschen Kreditwirtschaft zur Überprüfung der Vereinbarung über das ***Deutsche Geldautomatensystem*** sowie die bestehenden Geldautomatenverbünde ein.[578] In diesem Zusammenhang wurde auch der Verdacht auf Verstöße durch **überhöhte Entgelte** einzelner Kreditinstitute für Verfügungen mit der *Girocard* nach Art. 102 AEUV und §§ 19, 20 GWB aufgegriffen.[579] Daraufhin gingen die Bankenverbände im Jahr 2011 dazu über, ein direktes Kundenentgelt für Fremdverfügungen einzuführen und die Kunden jeweils vor einer Verfügung über den Preis der Dienstleistung zu informieren. Für Fremdverfügungen an Geldautomaten von Banken aus dem Bundesverband deutscher Banken e. V. wird seitdem maximal 1,95 Euro in Rechnung gestellt. Die Lage ist aber nach wie vor unübersichtlich, auch was Bar-Verfügungsmöglichkeiten an Geldautomaten mit institutsfremden *Visa*-Karten anbelangt; das Verfahren wurde noch nicht abgeschlossen.[580] 282

dd) Interbankenverkehr. Beim Interbankenverkehr handelt es sich um den Geschäftsverkehr zwischen Banken ohne direkte Beteiligung des Bankkunden.[581] Soweit Vereinbarungen im Interbankenverkehr in Form von **(multilateralen) Bündelverträgen** den beteiligten Banken die Möglichkeit nehmen, durch individuelle Verhandlungen günstigere Konditionen zu erlangen, sind diese Vereinbarungen als wettbewerbsbeschränkend einzustufen,[582] auch wenn es den beteiligten Banken grundsätzlich gestattet ist, im Rahmen von Interessenvertretungen zusammenarbeiten.[583] 283

Schwerwiegende Wettbewerbsbeschränkungen im Interbankenverkehr stellten der sog. ***LIBOR-*** und der ***EURIBOR-Skandal*** dar. Im Jahr 2013 verhängte die Kommission gegen acht Großbanken Geldbußen in Höhe von insgesamt ca. **1,71 Mrd. Euro** für die Teilnahme an illegalen Kartellen auf den Märkten für Finanzderivate im EWR. Vier dieser Finanzinstitute beteiligten sich an einem Kartell in Bezug auf Zinsderivate in Euro, sechs von ihnen nahmen an einer oder mehreren bilateralen Absprachen in Bezug auf Zinsderivate in japanischen Yen teil. Weltweit vermarktete Zinsderivate wie beispielsweise Forward Rate Agreements, Zinsswaps, Zins-Futures oder Zinsoptionen, die als OTC-Derivate im Freiverkehr und teilweise auch an der Börse gehandelt werden, werden von Banken und Unternehmen für die Handhabung der Risiken von Zinsschwankungen verwendet. Ihr 284

---

575 BKartA E. v. 8.4.2014, B4–9/11 – *electronic cash;* s. auch Fallbericht B4 – 94/14 vom 9.3.2015 *-electronic cash Verpflichungszusagen,* abrufbar unter www.bundeskartellamt.de.

576 Vgl. Presse-Mitt. des BKartA vom 8.4.2014, abrufbar unter: http://www.bundeskartellamt.de/SharedDocs/Meldung/DE/Pressemitteilungen/2014/08_04_2014_EC-Cash.html.

577 BKartA, TB 2011/2012, S. 82.

578 BKartA, TB 2009/2010, S. 91.

579 Ausführlich *Schimansky/Bunte/Lwowski-Bunte* Band 2, S. 2754 ff. mwN; *Hess* WM 2010, 1971 ff.; *Bunte* EWiR 2011, 541 f.; *Kapp/Rauhut* WM 2010, 1111 ff. mwN.

580 BKartA, TB 2011/2012, S. 83.

581 Vgl. *Langen/Bunte-Bunte* Syst. VII, Rdnr. 29.

582 Komm. E. v. 10.12.1984, ABl. 1985 L 35/43, 48 – *Einheitliche eurocheques I;* Komm. E. v. 11.12.1986, ABl. 1987 L 7/27, 32 – *Belgische Bankenvereinigung;* Komm. 12.12.1986, ABl. 1987 L 43/51, 57 – *ABI;* Komm. E. v. 19.7.1989, ABl. 1989 L 253/1, 9 – *Niederländische Banken.*

583 So auch *Langen/Bunte-Bunte* Syst. VII, Rdnr. 31.

Wert richtet sich nach der Höhe eines Referenzzinssatzes wie den *LIBOR* (London Interbank Offered Rate), der für verschiedene Währungen verwendet wird, oder den *EURIBOR* (Euro Interbank Offered Rate) für den Euro. Diese Referenzzinssätze spiegeln einen Mittelwert der Kurse wider, die täglich durch eine Reihe von Banken berechnet werden, die Mitglieder eines Panels sind (Panel-Banken). Sie sollen die Kosten der Interbankenfinanzierung in einer bestimmten Währung wiedergeben und dienen als Grundlage für verschiedene Finanzderivate. Investmentbanken stehen beim Handel mit diesen Derivaten – eigentlich – miteinander im Wettbewerb.[584]

285 Vor diesem Hintergrund schlug die Kommission im Jahr 2013 eine **Verordnung über Indizes** vor, die bei Finanzinstrumenten und Finanzkontrakten als Benchmark wie LIBOR oder *EURIBOR* verwendet werden.[585] Die geplanten Maßnahmen sollen dazu beitragen, das Vertrauen in die Integrität der Benchmarks nach dem *LIBOR*- und dem *EURIBOR* Skandal wieder herzustellen.

286 Davon abzugrenzen sind Vereinbarungen zwischen Banken, die den Interbankenverkehr – beispielsweise durch eine Zentralisierung der Verfahren – vereinfachen sollen und sich dabei auf das Notwendige beschränken. Hier kann es je nach den Umständen schon an einer **spürbaren Wettbewerbsbeschränkung** und damit am Verbotstatbestand des Art. 101 Abs. 1 AEUV fehlen, dies gilt jedoch nicht pauschal.[586] Führt die Vereinfachung aber zu einer Standardisierung bzw. Rationalisierung der Bankleistungen und damit zu effizienteren Leistungen unter angemessener Verbraucherbeteiligung, insbesondere durch Kostensenkung für die Kunden, so können die entsprechenden Vereinbarungen im Einzelfall nach Art. 101 Abs. 3 AEUV **freigestellt** sein. Einzelfragen des Interbankenverkehrs spielen auch in den Komplex der kartellrechtlichen Bewertung bestimmter Regelungen innerhalb der Zahlungskartensysteme hinein.

287 **2. Verbot nach § 1 GWB.** Die eigenständige Bedeutung des nationalen Verbots wettbewerbsbeschränkender Vereinbarungen in § 1 GWB im Kontext mit Bankdienstleistungen nimmt seit Jahren ab, weil die meisten einschlägigen Vereinbarungen einen zwischenstaatlichen Bezug aufweisen und daher – auch – unter den (vorrangigen) **Art. 101 Abs. 1 AEUV** fallen. Das nationale Recht wird in solchen Fällen zwar in der Regel parallel angewendet, darf aber im Hinblick auf Art. 3 Abs. 2 VO Nr. 1/2003 nicht zu abweichenden Ergebnissen führen.[587] Es gelten daher in Bezug auf § 1 GWB die obigen Ausführungen zu Art. 101 Abs. 1 AEUV weitgehend sinngemäß.

V. Einzelfreistellung im Bereich des Bankwesens

288 **1. Einzelfreistellung nach Art. 101 Abs. 3 AEUV.** Anders als im Versicherungssektor[588] kommen mangels einschlägiger Gruppenfreistellung betreffend das Bankwesen für eine Freistellung von Verhaltensweisen, die unter den Verbotstatbestand des Art. 101 Abs. 1 AEUV fallen, nur entweder die Regelungen der **allgemeinen Gruppenfreistellungen** – also insbesondere die Vertikal-GVO[589] in ihrem Anwendungsbereich – oder eine **Einzelfreistellung** nach Art. 101 Abs. 3 AEUV in Betracht.

289 Zur Anwendung der Einzelfreistellungsvoraussetzungen nach Art. 101 Abs. 3 AEUV gelten in Bezug auf das Bankwesen keine grundlegenden Besonderheiten; die Vereinba-

---

584 Vgl. Komm. IP/13/1208, abrufbar unter: http://europa.eu/rapid/press-release_IP-13–1208_de.htm; hierzu *Langen/Bunte-Bunte* Syst. VII, Rdnr. 27 mwN.

585 S. Komm. IP/13/841, abrufbar unter: http://europa.eu/rapid/press-release_IP-13–841_de.htm; sowie Memo/13/774, abrufbar unter: http://europa.eu/rapid/press-release_MEMO-13–774_en.htm; und Memo/13/799,abrufbar unter http://europa.eu/rapid/press-release_MEMO-13–799_en. htm.

586 Weitergehend *Langen/Bunte-Bunte,* Syst. VII, Rdnr. 30, der davon ausgeht, dass in solchen Fällen „in der Regel" keine Wettbewerbsbeschränkung vorliegt.

587 *Langen/Bunte-Sura,* Art. 3 VO Nr. 1/2003, Rdnr. 14 ff. mwN.

588 Hierzu oben Rdnr. 129 ff.

589 Dazu näher *Seeliger,* § 11 Rdnr. 64 ff.

rung, der Beschluss oder die abgestimmte Verhaltensweise müssen demnach kumulativ die allgemeinen **vier Voraussetzungen** der Einzelfreistellung erfüllen:[590]

- Beitrag zur **Verbesserung** der Warenerzeugung, -verteilung oder zur Förderung des technischen oder wirtschaftlichen Fortschritts;
- angemessene Beteiligung der **Verbraucher** an dem entstehenden Gewinn;
- die Wettbewerbsbeschränkungen sind zur Erreichung der beiden vorgenannten Ziele **unerlässlich;**
- es werden keine Möglichkeiten eröffnet, für einen **wesentlichen** Teil der betroffenen Waren oder Leistungen den **Wettbewerb** auszuschließen.

In der älteren Spruchpraxis der Kommission – vor der Einführung des Legalausnahmesystems[591] – wurden Einzelfreistellungen für Vereinbarungen im Bankwesen etwa betreffend folgende Geschäftsfelder erteilt:[592] 290

- Vereinheitlichung von Verfahrensweisen und Interbanken-Gebühren im **Scheckverkehr;**[593]
- Einführung des ***eurocheque***-Verfahrens;[594]
- Vereinbarung fester **Wertstellungszeitpunkte;**[595]
- **Verteilungsschlüssel für Provisionen** bei Wertpapiergeschäften und Auslandszahlungen;[596]
- **organisatorische Zusammenarbeit** und **Austausch von Informationen**[597]
- Zusammenarbeit im Rahmen von **Kreditkartensystemen.**[598]

Diese Freistellungsentscheidungen wurden maßgeblich damit begründet, dass die Maßnahmen angesichts der für das Bankwesen spezifischen Kooperationsbedürfnisse der Verbesserung insbesondere des **Interbankenverkehrs** durch Standardisierung oder Rationalisierung und damit letztlich den Verbrauchern dienten, ohne den Wettbewerb um den Kunden nachhaltig zu behindern.[599] 291

Die Einzelfreistellung nach Art. 101 Abs. 3 AEUV ist hingegen deutlich **restriktiver** zu handhaben betreffend **preisrelevante Vereinbarungen,** etwa über Provisionen, Gebühren und sonstige preisbildende Faktoren für Dienstleistungen, die **unmittelbar** den Wettbewerb gegenüber dem Kunden beeinträchtigten.[600] Keinesfalls dürfen die Absprachen die Freiheit der einzelnen Kreditinstitute einschränken, auf Grund ihrer eigenen Kosten- und Rentabilitätssituation und im Rahmen ihrer eigenen Geschäftspolitik selbstständig die Preise und Bedingungen zu bestimmen.[601] 292

Vor diesem Hintergrund wurden daher im Rahmen des alten Freistellungssystems beispielsweise folgende Verhaltensweisen nach Art. 101 Abs. 3 AEUV **nicht freigestellt:** 293

- Empfehlungen zur **Vereinheitlichung von Provisionen und Gebühren** für die Erbringung bestimmter Bankdienstleistungen;[602]

---

[590] S. dazu *Lübbig,* § 8 Rdnr. 71 ff.

[591] Dazu Lübbig, § 8 Rdnr. 61 ff.

[592] Vgl. zum Ganzen *Schimansky/Bunte/Lwowski-Bunte,* Band 2, S. 2782 ff.; *Langen/Bunte-Bunte,* Syst. VII, Rdnr. 37.

[593] Komm. E. v. 12.12.1986, ABl. 1987 L 43/51, 58 ff. – *ABI.*

[594] Komm. E. v. 10.12.1984, ABl. 1985 L 35/43, 50 – *Einheitliche eurocheques I;* Komm. E. v. 19.12.1988, ABl. 1989 L 36/16 – *Einheitliche eurocheques II.*

[595] Komm. E. v. 19.7.1989, ABl. 1989 L 253/1, 11 – *Niederländische Banken.*

[596] Komm. E. v. 11.12.1986, ABl. 1987 L 7/27, 34 f. – *Belgische Banken.*

[597] Komm. E. v. 24.6.1996, ABl. 1996 L 188/37 – *Banque Nationale de Paris/Dresdner Bank.*

[598] Komm. E. v. 9.8.2001, ABl. 2001 L 293/24 – *Visa I;* hierzu oben Rdnr. 267 ff.

[599] Zusammenfassend *Langen/Bunte-Bunte,* Syst. VII, Rdnr. 37; *Schimansky/Bunte/Lwowski-Bunte,* Band 2, S. 2782 ff.

[600] Vgl. zur alten Freistellungspraxis Komm. E. v. 19.7.1980, ABl. 1989 L 253/1, 11 – *Niederländische Banken;* siehe auch Komm. Bek. ABl. 1995 C 251/3; hierzu *Langen/Bunte-Bunte,* Syst. VII, Rdnr. 36 f.

[601] So auch *Schimansky/Bunte/Lwowski-Bunte,* Band 2, S. 2782 mwN.

[602] Komm. E. v. 12.12.1986, ABl. 1987 L 43/51, 57 – *ABI.*

294 • **Vereinbarung einer Höchstgebühr** bei der Annahme von Auslands-Euroschecks;[603]
• Vereinbarung zwischen Banken zur Erhebung von **Gebühren für einen Umtausch** von Banknoten bei der Euroeinführung im Sinne eines Zielpreises.[604]

2. Einzelfreistellung nach §§ 2, 3 GWB. Auch die eigenständige Bedeutung der nationalen Freistellung vom Verbot wettbewerbsbeschränkender Verhaltensweisen nach §§ 2 und 3 GWB im Kontext mit Bankdienstleistungen nimmt seit Jahren ab, weil die meisten einschlägigen Vereinbarungen einen zwischenstaatlichen Bezug aufweisen. Es gelten daher die obigen Ausführungen zu Art. 101 Abs. 3 AEUV weitgehend sinngemäß.[605]

VI. Missbrauchsaufsicht im Bereich des Bankwesens

295 Das Missbrauchsverbot nach Art. 102 AEUV sowie §§ 19, 20 GWB hat in der Spruchpraxis zum Bankwesen bislang kaum eine eigenständige, sondern vor allem eine **komplementäre Bedeutung** erlangt; die Vorschriften des Missbrauchsrechts wurden in diesem Rahmen – wenn überhaupt – neben Art. 101 AEUV bzw. § 1 GWB angewendet. Das hat allerdings weniger dogmatische oder branchenspezifische Gründe, sondern lag vor allem daran, dass die Kommission und das BKartA im Rahmen ihres Aufgreifermessens bislang de facto vor allem in Bezug auf wettbewerbsbeschränkende Verhaltensweisen im Sinne von Art. 101 AEUV bzw. § 1 GWB ermittelt haben; dies kann sich natürlich jederzeit ändern. Ob und inwieweit in einzelnen – räumlich ggf. lokal abzugrenzenden – Märkten für bestimmte Bank- und Zahlungsverkehrsdienstleistungen marktbeherrschende Stellungen vorliegen oder nicht, ist im jeweiligen Einzelfall zu prüfen.

§ 34 Energiewirtschaft

Übersicht

[603] Komm. E. v. 25.3.1992, ABl. 1992 L 95/50, 59 – *Helsinki-Vereinbarung;* bestätigt durch EuG U. v. 23.2.1994, Slg. 1994, II-49, 54 – *CB und Europay.*

[604] Komm. E. v. 11.12.2001, COMP/E-1/37.919 – *Bankgebühren Euro-Gebiet;* für nichtig erklärt im Hinblick auf Fehler bei der Beweisführung durch die Komm. durch EuG U. v. 27.9.2006, Slg. 2006 II-3567 – *Dresdner Bank.*

[605] S. oben Rdnr. 288 ff.

Schrifttum: *Bartsch/Röhling/Salje/Scholz* (Hrsg.), Stromwirtschaft, Ein Praxishandbuch, 2. Aufl. 2008; *Baur,* Zur künftigen Rolle der Kartellbehörden in der Energiewirtschaft, RdE 2004, 277 ff.; *Baur/Salje/Schmidt-Preuß* (Hrsg.), Regulierung in der Energiewirtschaft, 2011; *Bechtold,* GWB, Kartellgesetz, Kommentar, 7. Aufl. 2013; *Bechtold/Bosch/Brinker,* EU-Kartellrecht, 3. Aufl. 2014; *Becker/Zapfe,* Energiekartellrechtsanwendung in Zeiten der Regulierung, ZWeR 2006, 419 ff.; *Bornkamm/Montag/Säcker* (Hrsg.), Münchener Kommentar zum Europäischen Wettbewerbsrecht (Kartellrecht), Bd. 1, 2. Aufl. 2015; *Britz/Hellermann/Hermes,* EnWG, Energiewirtschaftsgesetz, Kommentar, 2. Aufl. 2010; *Broomhall/Nagel/Scholz,* The application of competition law to the energy sector: An overview and comparison of recent practice by the Bundeskartellamt and the EU Commission, Concurrences 2013, No. 3, 1 ff.; *Danner/Theobald,* Energierecht, Loseblatt, Stand 78. Ergänzungslieferung Sept. 2013; *Däuper/Couval,* Die Ölpreisbindung aus kartellrechtlicher (Markt-)Sicht, ZNER 2010, 224 ff.; *Dreher,* Deutsche Ministererlaubnis in der Zusammenschlußkontrolle und europäisches Kartellrecht – Zugleich ein Beitrag zur Abgrenzung von Art. 81, 82 EG und FKVO, WuW 2002, 828 ff.; *Ehricke/Pellmann,* Zur EG-kartellrechtlichen Bewertung der Unzulässigkeitskriterien langfristiger Gaslieferungsverträge, WuW 2005, 1104, 1108 ff.; *Greb/Wegner,* Die Vergabe von Konzessionen im Energiebereich, Ein Leitfaden für die kommunale Praxis, 2012; *Gundel/Germelmann,* Kein Schlussstein für die Liberalisierung der Energiemärkte: Das Dritte Binnenmarktpaket, EuZW 2009, 763 ff.; *Haellmigk/Pelka,* Was ändert sich durch die 8. GWB-Novelle für die Energie-, Wasser- und Fernwärmewirtschaft?, RdE 2013, 1 ff.; *Haus,* Entflechtung nach der KartellVO? WuW 2001, 659 ff.; *ders.,* Zugang zu Netzen und Infrastruktureinrichtungen, 2003; *Haus/Jansen,* Zum Preismissbrauch marktbeherrschender Unternehmen, ZWeR 2006, 77 ff.; *Hiller,* Europäisches Energiekartellrecht, 2001; *Hirsch/Montag/Säcker* (Hrsg.), Münchener Kommentar zum Europäischen Wettbewerbsrecht (Kartellrecht), Bd. 2, 1. Aufl. 2008; *Hohmann/Knecht/Neidert,* Vereinbarkeit des organisatorischen Unbundling mit dem Gesellschafts-, EG- und Verfassungsrecht, et 2004, 822 ff.; *Immenga/Mestmäcker,* Wettbewerbsrecht, Bd. 1 EU-Wettbewerbsrecht, 5. Aufl. 2012/Bd. 2 GWB, Kommentar zum Deutschen Kartellrecht, 5. Aufl. 2014; *Klees,* Europäisches Kartellverfahrensrecht, 2005; *Klees/Gent* (Hrsg.), Energie – Wirtschaft – Recht, Festschrift für Peter Salje, 2013; *Kühne/Brodowski,* Das neue Energiewirtschaftsrecht nach der Reform 2005, NVwZ 2005, 849 ff.; *Kühne/Brodowski,* Die Reform des Energiewirtschaftsrechts nach der Novelle 2003, NVwZ 2003, 769 ff.; *Langen/Bunte,* Kartellrecht, Kommentar, Bd. 1 und 2, 12. Aufl. 2014; *Lecheler/Gundel,* Ein weiterer Schritt zur Vollendung des Energie-Binnenmarktes: Die Beschleunigungs-Rechtsakte für den Binnenmarkt für Gas und Strom, EuZW 2003, 621 ff.; *Merk,* Aktuelle Probleme im Gasnetzzugang, RdE 2013, 349 ff.; *Michaelis/Kemper,* Die Umsetzung des sog. ITO-Modells des 3. EU-Energie-Binnenmarktpakets in Deutschland und Frankreich; *Pippke/Gaßner,* Neuabschluss, Verlängerung und Änderung von Konzessionsverträgen nach dem neuen EnWG, RdE 2006, 33 ff.; *Ronda,* Die Fusionskontrolle in der Energiewirtschaft, 2006; *Säcker* (Hrsg.), Berliner Kommentar zum Energierecht, Bd. 1 TBd. 1 und 2 und Bd. 2, 3. Aufl. 2014; *Säcker/Mohr/Wolf,* Konzessionsverträge im System des europäischen und deutschen Wettebewerbsrechts, 2011; *Schmidt-Preuß,* Das Neue Energierecht, emw 2005, 70 f.; *Schneider/Theobald,* Recht der Energiewirtschaft, Praxishandbuch, 4. Aufl. 2013; *Schnichels,* Marktabschottung durch langfristige Gaslieferverträge, EuZW 2003, 171 ff.; *Scholz,* Eigentumsschutz und Entflechtung – zu den Unbundling-Plänen der Europäischen Kommission, et 12/2007, 76; *Scholz/Purps,* The Application of EU Competition Law in the Energy Sector, Journal of European Competition Law & Practice, 2013, Vol. 4, No. 1/2010, Vol. 1, No.1; *Scholz/Strohe,* Unbundling – aktueller Rechtsrahmen und neuer Richtlinienentwurf der Kommission, et 2003, 80 ff.; (Wettbewerbsschutz in der Energiewirtschaft durch das Kartellrecht, in: Gundel/Lange, Die Energiewirtschaft als Instrumentenmix, 2013); *Scholtka,* Das neue Energiewirtschaftsgesetz, NJW 2005, 2421 ff.; *Schröter/Jakob/Klotz/Mederer,* Europäisches Wettbewerbsrecht, Großkommentar, 2. Aufl. 2014; *Stumpf/Gabler,* Netzzugang, Netznutzungsentgelte und Regulierung in Energienetzen nach der Energierechtsnovelle, NJW 2005, 3174 ff.; *Tegethoff/Büdenbender/Klinger,* Das Recht der öffentlichen Energieversorgung, Loseblattkommentar; *Theobald/Gey-Kern,* Das dritte Energiebinnenmarktpaket der EU und die Reform des deutschen Energiewirtschaftsrechts 2011, EuZW 2011, 896 ff.; *Theobald/Theobald,* Grundzüge des Energiewirtschaftsrechts, Die Liberalisierung der Strom- und Gaswirtschaft, 2. Aufl. 2008; *Zapfe/Mecke,* Evaluierung der Beschlüsse zu langfristigen Gaslieferverträgen, WuW 2011, 944 ff.

A. Allgemeine Grundlagen

I. Überblick

Die Energiewirtschaft hat über Jahrzehnte eine kartellrechtliche Sonderbehandlung erfahren.[1] Bis zur Abschaffung der kartellrechtlichen Ausnahmeregelungen durch die vom europäischen Unionsrecht angestoßene Liberalisierung seit Inkrafttreten des Gesetzes zur 1

[1] Siehe zur früheren Rechtslage *Zinow* in der 1. Auflage, § 34 Rdnr. 2 ff. Zu zwischenzeitlichen Änderungen *Kühne/Brodowski,* NVwZ 2003, 769.

Neuregelung des Energiewirtschaftsrechts am 29.4.1998 (NeuregelungsG 1998) erfolgte die Versorgung mit Strom und Gas in Deutschland innerhalb eines Systems geschlossener Versorgungsgebiete unter weitgehendem Ausschluss brancheninternen Wettbewerbs. Mit dem Inkrafttreten des NeuregelungsG 1998 wurden die kartellrechtlichen Sonderbestimmungen für Elektrizität und Gas aufgehoben. Der Energiesektor wurde damit dem allgemeinen Anwendungsbereich des GWB unterstellt. Veranlasst durch neue Binnenmarktrichtlinien ist das EnWG von 1998 (EnWG 1998) mit Wirkung vom 13.7.2005 durch das Zweite Gesetz zur Neuregelung des Energiewirtschaftsrechts vom 7. Juli 2005 (EnWG 2005) umfassend neugestaltet worden.[2] Mit dem Inkrafttreten des EnWG 2005 wurde insbesondere die Nutzung der Infrastruktur Netz dem allgemeinen Kartellrecht weitgehend entzogen und stattdessen sektorspezifischen regulatorischen Regelungen unterworfen. Ähnlich den Märkten für Telekommunikations- und Postdienstleistungen unterlag die Energiewirtschaft in wesentlichen Wettbewerbsfragen seitdem der Bundesnetzagentur für Elektrizität, Gas, Telekommunikation, Post und Eisenbahnen (BNetzA). An diesem System wurden im Grundsatz auch keine Veränderungen durch das Gesetz vom 26.7.2011, welches das sog. „Dritte Liberalisierungspaket" der EU von 2009 umsetzte, vorgenommen. Hauptthemen dieser Reform waren weitergehende Entflechtungsvorschriften sowie die Förderung grenzüberschreitender Zusammenarbeit zur Verwirklichung des europäischen Binnenmarktes für Energie.

2 Indes führte auch das 2005 eingeführte Regime weder zu einer vollständigen Verdrängung materieller kartellrechtlicher Regelungen noch begründete es eine Allzuständigkeit der BNetzA für die Energiewirtschaft. In sachlicher Hinsicht beschränkt sich die Energienovelle 2005 auf die Regelungen der Bereiche Elektrizität und Gas (unter Einschluss des Flüssiggases, sofern es der leitungsgebundenen Versorgung der Allgemeinheit dient, vgl. § 3 Nr. 14, 19a EnWG), so dass z. B. die Sektoren Kohle, Fernwärme und Öl (sowie Flüssiggas im Übrigen) weiter dem allgemeinen Kartellrecht unterfallen. In rechtlicher Hinsicht bleibt es auch in der Elektrizitäts- und Gaswirtschaft bei einer kartellrechtlichen Aufsicht in den Bereichen der Fusionskontrolle und der Energielieferung einschließlich des Preismissbrauchs.[3]

II. Deregulierung und Re-Regulierung in der Energiewirtschaft

3 Die Versorgung mit Strom und Gas erfolgt leitungsgebunden. Das EnWG definiert seinen Anwendungsbereich dementsprechend: Gemäß § 3 Nr. 14 EnWG ist Energie im Sinne des Gesetzes Elektrizität und Gas, soweit diese zur leitungsgebundenen Energieversorgung verwendet werden. Vor der Liberalisierung der Strom- und Gasmärkte war die Energiewirtschaft geprägt von dem Grundsatz der geschlossenen Versorgungsgebiete. Danach konnten Energieversorgungsunternehmen im Wege von Gebietsschutzverträgen (Konzessions- und Demarkationsverträge) ihr Versorgungsgebiet weitgehend vor brancheninternem Wettbewerb schützen. In der Folge stand dem Kunden in der Regel nur ein Lieferant gegenüber, der im Gegenzug u. a. besonderen Anschluss- und Versorgungspflichten unterlag; als volkswirtschaftlich unerwünscht angesehene Doppelinvestitionen wurden bei Aufrechterhaltung der Versorgungssicherheit vermieden.[4]

---

[2] Dazu *Büdenbender,* et 2005, 642 ff.; *Stumpf/Gabler,* NJW 2005, 3174 ff.; *Scholtka,* NJW 2005, 2421 ff.; *Kühne/Brodowski,* NVwZ 2005, 849 ff.; *Pritzsche/Klauer,* emw 2005, 22 ff.; *Schmidt-Preuß,* emw 2005, 70 f.

[3] Näher *Schmidt-Preuß,* WuW 2004, 1113.

[4] BGH WuW/E BGH 1405, 1407 – *Grenzmengenabkommen;* WuW/E BGH 3145 = GRUR 1997, 770 – *Erdgasdurchgangsleitung.* Dementsprechend untersagte das BKartA einen Demarkationsvertrag für ein Gebiet, in dem die Parteien bereits parallele Leitungen verlegt hatten, eine Doppelinvestition also nicht mehr vermieden werden konnte, s. BKartA WuW/E BKartA 2813 = RdE 1995, 209 – *Parallel-Leitungen I,* im Ergebnis nach dem GWB idF der 6. GWB-Novelle aufrechterhalten von BGH WuW/E DE-R 399 = NJW-RR 2000, 256 – *Verbundnetz.*

Aufgrund des sich zunehmend durchsetzenden politischen Willens, auch in netzgebundenen Wirtschaftszweigen mehr Wettbewerb zu realisieren, hat eine – in der EU maßgeblich von der unionsrechtlichen Wettbewerbs- und Binnenmarktgesetzgebung initiierte – Deregulierung des Energiemarktes stattgefunden. Wesentliche Merkmale dieser Deregulierung waren der Abbau von Marktzutrittsschranken im zwischenstaatlichen Handel mit Energie und die Einführung des Netzzugangs, damit Strom- und Gasanbieter in die Lage versetzt werden, Kunden im Wege der Nutzung fremder Leitungen mit Energie zu versorgen **(Wettbewerb im Netz).** Grundlage dieses Systems war also ein diskriminierungsfreier Zugang für Energieanbieter zu den Leitungen von Netzmonopolisten. Zugleich wurden die Möglichkeiten für den Bau von Direktleitungen verbessert, um den **Wettbewerb von Netzen** zu intensivieren. 4

Den entscheidenden Anstoß für diese Deregulierung gaben die Richtlinie 96/92/EG des Europäischen Parlaments und des Rates vom 19.12.1996 betreffend gemeinsame Vorschriften für den Elektrizitätsbinnenmarkt (Elektrizitätsbinnenmarktrichtlinie 1996) einerseits und die Richtlinie 98/30/EG des Europäischen Parlaments und des Rates vom 22.6.1998 betreffend gemeinsame Vorschriften für den Erdgasbinnenmarkt (Erdgasbinnenmarktrichtlinie 1998) andererseits,[5] die mittlerweile durch Nachfolgerichtlinien – zunächst durch die sog. „Beschleunigungsrichtlinien" 2003/54/EG und 2003/55/EG und später durch die Richtlinien 2009/72/EG und 2009/73/EG des sog. „Dritten Liberalisierungspakets" – ersetzt worden sind.[6] Während Art. 17 Elektrizitätsbinnenmarktrichtlinie 1996 und Art. 15 Erdgasbinnenmarktrichtlinie 1998 mit dem in §§ 6, 6a EnWG 1998 umgesetzten System des sog. **verhandelten Netzzugangs** eine auf den Vorrang der Privatautonomie setzende Lösung für den Wettbewerb in der Energiewirtschaft favorisierten, ließen sich die Nachfolgerichtlinien 2003/54/EG des Europäischen Parlaments und des Rates vom 26.6.2003 über gemeinsame Vorschriften für den Elektrizitätsbinnenmarkt (Elektrizitätsbinnenmarktrichtlinie 2003) und 2003/55/EG des Europäischen Parlaments und des Rates vom 26.6.2003 über gemeinsame Vorschriften für den Erdgasbinnenmarkt (Erdgasbinnenmarktrichtlinie 2003) als ein Schritt zur Re-Regulierung charakterisieren.[7] Eine wesentliche Neuerung lag in der von Art. 23 Elektrizitätsbinnenmarktrichtlinie 2003 (nunmehr Art. 35 bzw. 37 der Elektrizitätsbinnenmarktrichtlinie 2009) und Art. 25 Erdgasbinnenmarktrichtlinie 2003 (nunmehr Art. 39 bzw. 41 der Erdgasbinnenmarktrichtlinie 2009) an die Mitgliedstaaten gestellten Forderung, den Zugang zu Elektrizitäts- bzw. Gasnetzen als Schlüssel für den Wettbewerb innerhalb der vorhandenen Infrastrukturen nun unmittelbarer **staatlicher Netzzugangsregulierung** zu unterwerfen. Allein der Zugang zu Gasspeicheranlagen und sog. vorgelagerten Rohrleitungsnetzen konnte dem früheren System des sog. verhandelten Netzzugangs vergleichbar nach Art. 19 Erdgasbinnenmarktrichtlinie 2003 (nunmehr Art. 33 Erdgasbinnenmarktrichtlinie 2009) **ausgehandelt** werden.[8] 5

Die dergestalt verdichtete Netzzugangsregulierung wurde flankiert durch unternehmensstrukturelle Vorgaben für Energieversorger. Das bereits im EnWG 1998 statuierte Gebot getrennter Rechnungslegung für den Netzbetrieb eines Energieversorgungsunternehmens einerseits und die übrigen Unternehmensbereiche andererseits (vgl. § 4 Abs. 4 EnWG 1998) wurde von den neuen Binnenmarktrichtlinien zu einem umfassenden Gebot **vertikaler Entflechtung (Unbundling)** erweitert; danach müssen Organisation, Rechtsform und Entscheidungsgewalt des Netzbetreibers von den übrigen Wertschöpfungsstufen des Energieversorgers unabhängig sein (vgl. insb. §§ 6–7b EnWG). Anlass für diese – für die betroffenen Unternehmen mit nicht unerheblichem Aufwand verbundenen – Anforderungen ist die Vorstellung des Richtlinien- sowie des deutschen Gesetzgebers, dass ein diskriminierungsfreier ungehinderter Netzzugang, der wiederum für einen funktionierenden 6

---

[5] ABl. 1996 L 27/20 und ABl. 1998 L 204/1.

[6] Zum wesentlichen Inhalt der Richtlinien von 1996 und 1998 näher unten Rdnr. 14 ff.

[7] ABl. 2003 L 176/37 und ABl. 2003 L 176/57. Dazu *Lecheler/Gundel,* EuZW 2003, 621.

[8] Zum Speicherzugang s. *Held/Ringwald,* IR 2005, 244 ff.

Wettbewerb auf den nachgelagerten Versorgungsmärkten erforderlich ist, im Falle einer Verquickung von Netz- und Vertriebsinteressen nur schwer zu gewährleisten ist. Einer mangelnden Kostentransparenz und Einwirkungen der unternehmensinternen Vertriebs- oder Erzeugungssparte auf Netzzugangsentscheidungen der Netzsparte wird insoweit ein gewisses Behinderungspotenzial zugeschrieben.[9] Damit blieb der Gesetzgeber zunächst hinter den – verfassungsrechtlich nicht unbedenklichen – Plänen zur Einführung der Entflechtung der Eigentumsverhältnisse zurück (siehe aber noch unten Rdnr. 7, 24).[10]

7 Mit dem „Dritten Liberalisierungspaket" des Europäischen Parlaments und des Rates vom 13.7.2009, welches insgesamt aus den bereits genannten beiden Richtlinien und drei Verordnungen besteht, wurde weiter das Ziel verfolgt, einen Energiebinnenmarkt in der Europäischen Union zu etablieren und auszubauen.[11] Hindernisse für den Verkauf von Strom und Gas zu gleichen Bedingungen innerhalb der Union, ein noch nicht diskriminierungsfreier Netzzugang sowie divergierende Effizienz der Regulierungsaufsicht in den Mitgliedstaaten bildeten den Grund für weitere strukturändernde Regularien[12] wie der **eigentumsrechtlichen Entflechtung im Übertragungs- und Fernleitungssektor** ***(Ownership Unbundling).*** Die Übertragungsnetze (Strom) bzw. Fernleitungsnetze (Gas) sind hiernach aus dem Eigentum vertikal integrierter Energieversorgungsunternehmen heraus zu lösen, um sie von Versorgungs- und Erzeugungsinteressen unabhängig zu machen. Danach soll eine völlige Trennung zwischen Stromproduzenten und Gashändlern einerseits und den Übertragungs- bzw. Fernleitungsnetzen andererseits vollzogen werden. Im Gegensatz zu einem teilweise insbesondere von der Kommission angedachten sog. „Full-Ownership-Unbundling" – also einer völligen eigentumsrechtlichen Entflechtung – wurde jedoch aufgrund massiver Kritik – insbesondere im Hinblick auf die Verhältnismäßigkeit einer solchen Maßnahme und deren Vereinbarkeit mit dem Schutz des Eigentums[13] – ein Wahlmodell aus drei Optionen eingeführt.[14] Diese Regelungen wurden in die §§ 8, 9 und 10–10e EnWG überführt.

III. Energiewirtschaftliche Grundbegriffe

8 § 3 EnWG enthält in Umsetzung des sekundären Unionsrechts eine Vielzahl von **Legaldefinitionen** teils neuer, teils traditioneller energiewirtschaftlicher Grundbegriffe. Die wichtigsten seien nachfolgend genannt:

9 **Energieversorgungsunternehmen** im Sinne des Gesetzes sind natürliche oder juristische Personen, die andere mit Energie versorgen, ein Energieversorgungsnetz betreiben oder an einem Energieversorgungsnetz als Eigentümer Verfügungsbefugnis innehaben (§ 3 Nr. 18 EnWG).

10 Den Sonderregelungen des EnWG ist **allein** die **leitungsgebundene Energie** in Form von Elektrizität und Gas unterworfen. Der – nicht physikalisch-technisch zu verstehende[15] – Transport der Energie erfolgt in Höchst- und Hochspannung über sog. Übertragungsnetze, die den überregionalen Stromtransport gewährleisten. Den Stromtransport im regionalen und lokalen Bereich gewährleisten Verteilernetze mit hoher, mittlerer oder niedriger Spannung.[16] Endverbraucher sind je nach ihrem Abnahmeverhalten bzw. ihren „Klemmei-

[9] *Haus,* Zugang zu Netzen und Infrastruktureinrichtungen, S. 131, 151 f. mwN.

[10] S. mwN *Kühne/Brodowski,* NVwZ 2005, 850 ff. Strukturelle Abhilfemaßnahmen können allerdings auf Grundlage des Art. 7 Abs. 1 S. 2 VO Nr. 1/2003 angeordnet werden: dazu eingehend *Klees,* Europäisches Kartellverfahrensrecht, § 6 Rdnr. 75 ff.; *Haus,* WuW 2001, 659 ff. Siehe auch unten bei Fn. 33.

[11] Vgl. Erwägungsgrund Nr. 11 Elektrizitätsbinnenmarktrichtlinie 2009.

[12] Vgl. Erwägungsgründe Nr. 1 und Nr. 4 der Elektrizitäts- und Erdgasbinnenmarktrichtlinien 2009.

[13] Vgl. *Müller-Terpitz/Weigl,* EuR 2009, 348, 353 ff.; *Scholz,* et 12/2007, 76 f.; *Kahle,* RdE 2007, 293; *Storr,* EuZW 2007, 232, 237; *Schmidt-Preuß,* EuR 2006, 463, 484 f.

[14] S. auch unten Rdnr. 24. Für einen Überblick insbesondere über die Positionen der einzelnen Unionsorgane im Rechtssetzungsverfahren *Bourwieg/Antoni,* et 9/2008, 36, 39 f.

[15] S. unten Rdnr. 79; s. auch Präambel der Verbändevereinbarung II v. 13.12.1999.

[16] Vgl. auch Art. 2 Nr. 3, 5 Elektrizitätsbinnenmarktrichtlinie 2009.

genschaften" in diesen verschiedenen Spannungsebenen an die Netze angeschlossen. Der Transport von Gas erfolgt bei langer Distanz über Fernleitungsnetze und im regionalen oder lokalen Bereich über Gasverteilernetze. Diese Transportebenen unterfallen gemeinsam mit LNG-Anlagen[17] und Speicheranlagen dem Begriff der Gasversorgungsnetze (§ 3 Nr. 20 EnWG).[18] LNG-Anlagen werden zu der für den Transport notwendigen Verflüssigung oder Verdampfung des Gases genutzt, Speicheranlagen zur Bevorratung des Gases. Sogenannte vorgelagerte Rohrleitungsnetze sind Transporteinrichtungen im Bereich der Gasgewinnung.[19] Die Bedeutung dieser Differenzierung liegt in den unterschiedlichen Rechtsfolgen: Zugang zu den vorgelagerten Rohrleitungsnetzen, zu Speicheranlagen und weiteren Leistungen erfolgt abweichend vom allgemeinen (regulierten) Zugang zu Energieversorgungsnetzen auf der Basis des verhandelten Netzzugangs (§§ 26ff. EnWG).

Im Hinblick auf die mit Energie versorgten Abnehmer unterscheidet das Energierecht 11 traditionell zwischen Tarifkunden und Sonderkunden: Diese Unterscheidung wurde mit dem EnWG 2005 unter Einfluss der Binnenmarktrichtlinien 2003/54/EG und 2003/55/EG weiter ausdifferenziert.[20] Nach § 10 EnWG 1998 war Tarifkunde derjenige, der auf der Grundlage der allgemeinen Anschluss- und Versorgungspflicht zu öffentlich bekannt gegebenen Tarifpreisen und zu den – vom Bundesverordnungsrecht vorgegebenen – sogenannten Allgemeinen Bedingungen (siehe dazu Rdnr. 64) versorgt wurde. Sonderkunde war demgegenüber in negativer Abgrenzung jedermann, der nicht Tarifkunde war. Im heutigen EnWG wird in §§ 3 Nr. 21f., 24f. zunächst zwischen Großhändlern, Letztverbrauchern und Unternehmen, die Energie kaufen – insgesamt als **Kunden** bezeichnet – unterschieden. Letztverbraucher, die Energie überwiegend für den Eigenverbrauch im Haushalt oder für den einen Jahresverbrauch von 10 kWh nicht übersteigenden Eigenverbrauch für berufliche oder gewerbliche Zwecke kaufen, werden dabei als **Haushaltskunden** bezeichnet (§ 3 Nr. 22 EnWG).[21]

IV. Die Vorgaben und Eingriffsbefugnisse des europäischen Unionsrechts

12 **1. Primärrechtliche Vorgaben.** Durch den **Vertrag von Lissabon,** der zum 1.12.2009 in Kraft trat, wurde die Energiepolitik als eigenständige Unionspolitik anerkannt. Dies spiegelt sich in einem eigenen Titel im Vertrag über die Arbeitsweise der Europäischen Union (AEUV)[22] im Teil der internen Politiken und Maßnahmen der Union wider (Titel XXI, Art. 194 AEUV).[23] Sie ist gleichzeitig Teil der mit den Mitgliedstaaten „geteilten Zuständigkeit" der Union gem. Art. 4 Abs. 2 lit. i) AEUV. Die Energiepolitik wird dabei ausdrücklich in die Binnenmarkt- und die Umweltpolitik eingebettet. Unter dieser Prämisse setzt der AEUV der Energiepolitik vier wesentliche Ziele: Sicherstellung des Funktionierens des **Energiemarktes,** Gewährleistung der **Energieversorgungssicherheit** in der EU, Förderung der **Energieeffizienz** und von Energieeinsparungen sowie Entwicklung **neuer und erneuerbarer Energiequellen** sowie die Förderung **der Interkonnektion** der Energienetze.[24] Dieser Verwirklichung dient die Ermächtigungsgrundlage

---

[17] LNG steht für *„liquified natural gas"*.

[18] In Bezug auf Speicheranlagen gilt dies gem. § 3 Nr. 20 EnWG nur, soweit diese für den Zugang zur Fernleitung, Verteilung und zu LNG-Anlagen erforderlich sind.

[19] Vgl. § 3 Nr. 26, 31, 39 EnWG.

[20] Näher *Hempel,* ZNER 2004, 117ff.

[21] Zur Grundversorgung nach aktuellem Recht *Bartsch/Kästner,* et 2005, 837.

[22] Im Folgenden wird aus Gründen der Verständlichkeit – soweit nicht anders gekennzeichnet – stets auf Artikel des AEUV Bezug genommen, auch wenn Entscheidungen noch zum EG-Vertrag getroffen wurden.

[23] Näher zum neuen Energiekompetenztitel *Schmidt-Preuß,* in: Baur/Salje/ders., Regulierung in der Energiewirtschaft, Kap. 10, Rdnr. 7ff.

[24] Durch diese Zielbestimmung und dem Zusatz „im Geiste der Solidarität" in Abs. 1 erfuhr der AEUV gegenüber der Regelung im gescheiterten Verfassungsvertrag eine Erweiterung.

in Art. 194 Abs. 2 AEUV, auf deren Grundlage das Europäische Parlament und der Rat nach dem ordentlichen Gesetzgebungsverfahren der Union (Art. 289, 294 AEUV) Maßnahmen erlassen können. Mit diesen Regelungen ist eine erhebliche Aufwertung der Energiepolitik verbunden, die im EG-Vertrag nur marginal erwähnt wurde. So hieß es in Art. 3 Abs. 1 lit. u) EG, dass die Tätigkeit der Gemeinschaft auch „Maßnahmen in dem Bereich der Energie umfasse". Titel XV des EG-Vertrages bezog sich außerdem auf den Auf- und Ausbau **transeuropäischer Netze,** worunter auch die Energieinfrastruktur fiel, was lediglich eine begleitende Kompetenz enthielt. Diese ehemals schmale primärrechtliche Basis hat die Union jedoch nicht von einer tiefgreifenden Umgestaltung der nationalen Energierechtsordnungen auf der Grundlage der **Binnenmarktkompetenzen** (ehemals Art. 95 EG bzw. Art. 100 EG) abgehalten (dazu unter Rdnr. 14ff.).

13 Auf der Grundlage der **Wettbewerbskompetenzen** der Art. 101ff. AEUV iVm der VerfahrensVO Nr. 1/2003 bzw. der FusionskontrollVO Nr. 139/2004 hat auch die **Einzelfallpraxis** der Kommission den Energiesektor geprägt.[25] Mit Erlass der VO Nr. 1/2003 erfolgte auch eine Aufwertung der – gemäß Art. 17 der Verordnung die Besorgnis der Einschränkung oder Verfälschung des Wettbewerbs voraussetzenden – **Sektoruntersuchungen.** Die erste Sektoruntersuchung nach der Modernisierung zum 1.5.2004 wurde im Juni 2005 aufgenommen und betraf – neben dem Finanzsektor – die europäische Energiewirtschaft.[26] Die Sektoruntersuchung sollte sich dabei auf das Verhalten unter regulierten Bedingungen, die Bedingungen für die Ausübung von Marktmacht und den Großhandel mit Elektrizität und Gas konzentrieren, während die Untersuchung der Endkundenmärkte den nationalen Regulierungsbehörden vorbehalten blieb.[27] Wie sich schon im Zwischenbericht Anfang 2006 angedeutet hatte, gelangte die Kommission im Abschlussbericht vom 10. Januar 2007[28] u.a. zur Feststellung von Marktkonzentrationserscheinungen, vertikalen Integrations- und Abschottungseffekten, ungenügender Binnenmarktintegration sowie fehlender Transparenz und Informationsdefiziten bei Marktteilnehmern. Preisbildung und Preisentwicklung sowie die Wettbewerbssituation auf den *nachgelagerten* Märkten wurden von der Kommission ebenfalls kritisch analysiert. Im Ergebnis der Sektoruntersuchung kündigte die Kommission an, die Wettbewerbsaufsicht über den Energiesektor zu intensivieren. Besonderes Augenmerk werde sie dabei auf vertikale Integration und Abschottung von Märkten legen, wobei die Kommission auf eine „wirksamere Entflechtung" der Bereiche Versorgung und Netzbetrieb hinzuwirken beabsichtigte, was sich schließlich in den Richtlinien des dritten Liberalisierungspakets von 2009 manifestiert hat.

14 **2. Sekundärrechtliche Vorgaben.** *a) Die Binnenmarktrichtlinien von 1996 und 1998.* Mit den Binnenmarktrichtlinien Elektrizität und Gas aus den Jahren 1996 bzw. 1998 sind auf Unionsebene die wesentlichen Vorgaben für die Intensivierung des Wettbewerbs innerhalb der leitungsgebundenen Energieversorgung geschaffen worden. Die Umsetzung der genannten Binnenmarktrichtlinien brachte wesentliche Änderungen des deutschen Energiewirtschaftsrechts mit sich.

15 Die **Elektrizitätsbinnenmarktrichtlinie 1996** trat am 19.2.1997 in Kraft und war bis zum 19.2.1999 in nationales Recht umzusetzen. Ziel der Richtlinie war es, EU-weit die Stromversorgung für Wettbewerb zu öffnen und gleiche Marktchancen zu sichern. Das in der Richtlinie verankerte Konzept der **Marktöffnung** setzte auf Öffnung der Elektrizitäts-

---

[25] Dazu im Einzelnen bei den nachfolgend zu behandelnden Sachfragen.

[26] Komm., COMP/B-1/39.172 und COMP/B-1/39.173, IP/05/716 v. 17.6.2005 – *Sektoruntersuchung Elektrizität und Erdgas;* Mitteilung (undatiert) „Untersuchung des europäischen Elektrizitäts- und des europäischen Gasmarktes gemäß Artikel 17 der Verordnung (EG) Nr. 1/2003, COMP/B-1/39172 (Untersuchung des Elektrizitätssektors) und COMP/B-1/39173 (Untersuchung des Gassektors)".

[27] Siehe im einzelnen *Grave/Trafkowski,* RdE 2005, 209ff.; *Linsmeier,* et 2005, 712ff.

[28] DG Competition Report on Energy Sector Inquiry – SEC(2006) 1724; Commission's Communication COM(2006) 851 – Inquiry pursuant to Article 17 of Regulation (EC) No 1/2003 into the European gas and electricity sectors (Final report).

versorgungsnetze, um die Belieferung von zugelassenen Kunden im Wege der Durchleitung von Strom durch fremde Leitungsnetze zu ermöglichen. Hinsichtlich des Netzzugangs konnten die Mitgliedstaaten zwischen dem System des verhandelten Netzzugangs und dem sog. Alleinabnehmersystem wählen. Die Intensität der Marktöffnung wurde über die Zahl der dergestalt zugelassenen Kunden gesteuert, die im Geltungszeitraum der Richtlinie in den einzelnen Mitgliedstaaten schrittweise zu erhöhen war (vgl. Art. 19 Elektrizitätsbinnenmarktrichtlinie 1996). Der Gesetzgeber des EnWG 1998 hat auf eine solche schrittweise Öffnung verzichtet und sämtlichen Kunden ein Netzzugangsrecht eingeräumt. Den hierdurch provozierten Ungleichgewichten zwischen dem deutschen und anderen nur teilliberalisierten Märkten sollte durch die auf Art. 19 Abs. 5 der Elektrizitätsbinnenmarktrichtlinie gestützte sogenannte **„Reziprozitätsklausel"** des Art. 4 § 2 NeuregelungsG 1998 Rechnung getragen werden. Danach konnte der Betreiber eines Elektrizitätsversorgungsnetzes den Zugang zu seinem Stromnetz für die Belieferung von Kunden verweigern, die in dem Herkunftsland des durchgeleiteten Stroms (ebenfalls) nicht über fremde Leitungsnetze hätten beliefert werden können. Dieser – den grenzüberschreitenden Stromhandel unionsrechtskonform einschränkende – Mechanismus hatte zugleich Rückwirkungen auf den Anwendungsbereich des Art. 101 AEUV in der Elektrizitätsversorgung. Wettbewerbsbeschränkungen in der Elektrizitätswirtschaft hatten danach regelmäßig keine spürbare Beeinträchtigung des zwischenstaatlichen Handels zur Folge, soweit Stromein- wie -ausfuhren aus anderen Mitgliedstaaten bereits durch die entsprechenden regulatorischen Vorgaben ausgeschlossen werden konnten.

Als Vorläufer zu den mit den Binnenmarktrichtlinien von 2003 eingeführten, weitgehenden Unbundling-Bestimmungen unterwarf die Elektrizitätsbinnenmarktrichtlinie 1996 die Erzeugungs-, Übertragungs- und Verteilungsaktivitäten sowie ggf. weitere Aktivitäten außerhalb des Elektrizitätsbereichs einer **buchhalterischen Entflechtung.** Ebenso war der Bau von (wettbewerbsbegründenden) **Direktleitungen** grundsätzlich zuzulassen, wobei die Mitgliedstaaten insoweit Einschränkungen vorsehen durften. Deutschland hat hiervon keinen Gebrauch gemacht. 16

Um etwa zweieinhalb Jahre versetzt hierzu trat die **Erdgasbinnenmarktrichtlinie 1998** am 10.8.1998 mit einer Umsetzungsfrist von zwei Jahren in Kraft. In weiten Teilen wies diese Richtlinie Parallelen zur Elektrizitätsbinnenmarktrichtlinie 1996 auf. Auch sie sah eine (zumindest) schrittweise Marktöffnung vor.[29] Beim Netzzugang Dritter begründete sie ein Wahlrecht zwischen einem verhandelten und einem regulierten Netzzugang. Eine Netzzugangsalternative des Alleinabnehmers war dabei im Unterschied zum Strom nicht vorgesehen. Ferner enthielt auch die Erdgasbinnenmarktrichtlinie Regelungen zum Unbundling, zum Direktleitungsbau und zu Service-Public-Verpflichtungen. 17

b) Die Energiemarktregulierung mit den Richtlinien von 2003. Die in einigen Mitgliedstaaten nur zögerlich vorangetriebene Marktöffnung und folglich auch nur schwache gegenseitige Durchdringung und Integration der nationalen Energiemärkte bewog die EU zu einer Novellierung der Binnenmarktrichtlinien für Strom und Gas. Die in den Richtlinien von 1996 und 1998 vorgesehenen Liberalisierungsinstrumente des verhandelten Netzzugangs sowie des regulierten Netzzugangs (jeweils Strom und Gas) und des Alleinabnehmersystems (nur Strom) wurden mit den Beschleunigungsrichtlinien von 2003 durch eine rein **staatliche Netzzugangsregulierung** ersetzt; damit wurde zugleich die Reichweite **verhaltensbezogener Aufsichtsmaßnahmen** vergrößert. Inhalt und Umfang der Nutzung von Versorgungsnetzen wurden nunmehr im Wesentlichen normativ festgelegt und unterlagen insoweit nicht mehr der privatautonomen Gestaltung von Netzbetreibern und Netznutzern. Zugleich begründeten die Richtlinien die mitgliedstaatliche Pflicht zur Einrichtung von Regulierungsbehörden, die gem. Art. 20, 23 Elektrizitätsbinnenmarktrichtlinie 2003 18

[29] Siehe näher *Schneider,* in: *ders./Theobald,* Recht der Energiewirtschaft, § 2 Rdnr. 40f.

und Art. 18, 25 Erdgasbinnenmarktrichtlinie 2003 mit weitgehenden Kompetenzen bei der Netzzugangsregulierung auszustatten waren.[30]

19 Neben der Verankerung erweiterter behördlicher Aufsichtsinstrumentarien zur Sicherstellung funktionierenden Wettbewerbs auf den Märkten für die leitungsgebundene Energieversorgung sollten die Richtlinien bzw. die nationalen Umsetzungsgesetze den Wettbewerb in den Netzen durch **strukturelle Maßnahmen** absichern. Nach den **Entflechtungsvorgaben** der Richtlinien mussten – im Strombereich – Übertragungs- oder Verteilnetzbetreiber, die zu einem vertikal integrierten Unternehmen gehörten, hinsichtlich Rechtsform, Organisation und Entscheidungsgewalt unabhängig von den Wertschöpfungsstufen Erzeugung und Vertrieb sein.[31] Im Erdgasbereich bestand die Pflicht zur Trennung der Funktionen Fernleitung, Verteilung, Betrieb einer LNG-Anlage oder Speicherung einerseits von den Wertschöpfungsstufen der Gewinnung oder Lieferung von Erdgas andererseits.[32] Der Netzbetrieb war insoweit als eine von Erzeugung und Vertrieb getrennte Gesellschaft zu führen, die in operationeller, personeller, buchhalterischer und informationeller Hinsicht selbständig ist.

20 Demgegenüber begründeten die Entflechtungsvorgaben keine Verpflichtung des vertikal integrierten Unternehmens, sich im eigentumsrechtlichen Sinne vom Netzbetrieb zu trennen; eine konzernrechtliche Verbindung zwischen Netzbetrieb und den übrigen Wertschöpfungsstufen des Energieversorgers war insoweit zulässig.[33]

21 Im Zuge der Regulierung durch die Binnenmarktrichtlinien 2003 wurden auch nach und nach die VO (EG) Nr. 1228/2003 **(StromhandelsVO)** und die VO (EG) Nr. 1775/2005 **(ErdgasfernleitungsnetzzugangsVO)** eingeführt (dazu unten Rdnr. 29 ff.).

22 *c) Versorgungssicherheitsrichtlinie.* Die Richtlinie 2005/89/EG des Europäischen Parlaments und des Rates über Maßnahmen zur Gewährleistung der Sicherheit der Elektrizitätsversorgung und von Infrastrukturinvestitionen vom 18.1.2006 verlangt von den Mitgliedstaaten, eine hohe Sicherheit der Elektrizitätsversorgung zu gewährleisten, insbesondere durch Vorkehrungen bei unternehmerischen Maßnahmen, die die grenzüberschreitenden Verbindungsleitungen betreffen, hinsichtlich der Erhaltung des Gleichgewichts zwischen Angebot und Nachfrage nach Elektrizität und hinsichtlich allgemeiner Investitionen in den Ausbau des Netzes oder der Erzeugungskapazität durch Übertragungs- oder Verteilernetzbetreiber.[34] Die *Versorgungssicherheit* wird in Art. 2b) der Richtlinie als die Fähigkeit eines Elektrizitätssystems, die Endverbraucher gemäß der Richtlinie mit Elektrizität zu versorgen, definiert. Davon zu unterscheiden ist der Begriff der *Netzsicherheit,* also der Betriebssicherheit des Netzes, womit der unterbrechungsfreie Betrieb des Übertragungs- und gegebenenfalls des Verteilernetzes gemeint ist (Art. 2c) der Richtlinie).

23 *d) Das sog. „Dritte Liberalisierungspaket" von 2009.* Die Kommission hat in ihrem Abschlussbericht über die erste Sektoruntersuchung[35] vier Gebiete benannt, auf denen – nach ihrer Auffassung – Handlungsbedarf besteht: (1) effektive Entflechtung der Bereiche Versorgung und Netzbetrieb, (2) Angleichung der verschiedenen nationalen Regularien, (3) Befassung mit der fortdauernden Marktkonzentration, (4) Transparenzsteigerung. Zeitgleich mit dem Abschlussbericht über die erste Sektoruntersuchung veröffentlichte sie am

---

[30] Näher *Schneider,* ZWeR 2003, 381 ff. Zu den verfassungsrechtlichen Grenzen *Badura,* DVBl. 2004, 1189.

[31] Art. 10, 15 Elektrizitätsbinnenmarktrichtlinie 2003.

[32] Art. 9, 13, 15 Erdgasbinnenmarktrichtlinie 2003.

[33] Zu den Einzelheiten der Entflechtung näher *Schneider/Prater,* RdE 2004, 57 ff.; *Bausch,* ZNER 2004, 332 ff.; *Säcker,* DB 2004, 691 ff.; *ders.,* RdE 2005, 85; *Hohmann/Knecht/Neidert,* et 2004, 822 ff.; zum Verhältnis der Entflechtung zu anderen Regulierungsinstrumenten *Koenig/Rasbach,* DÖV 2004, 733 ff. Das mögliche Entfallen des „Konzernprivilegs" und die Folgen für Art. 81, 82 EG (jetzt Art. 101, 102 AEUV) diskutieren *Lecheler/Herrmann,* WuW 2005, 482 ff. Siehe auch Fn. 10, 98.

[34] ABl. 2006 L 33/22. S. auch KOM(2003) 740 endg. v. 10.12.2003 sowie hinsichtlich der Stellungnahme des Parlaments P6_TA-PROV(2005)0267 v. 5.7.2005.

[35] S. Rdnr. 13.

10. Januar 2007 eine Mitteilung über die Aussichten für den Erdgas- und den Elektrizitätsbinnenmarkt.[36] Danach wollte die Kommission ihre Bemühungen in wettbewerbsrechtlicher Hinsicht verstärken und dem bereits geltenden Recht so zu mehr Durchsetzung verhelfen. Gegen Mitgliedstaaten, welche EU-Richtlinien nicht umgesetzt haben, wurden Vertragsverletzungsverfahren eingeleitet.[37] Die Kommission hielt eine Verschärfung insbesondere für erforderlich, um die Diskriminierung von Marktteilnehmern beim Netzzugang durch integrierte Energieunternehmen zu beseitigen.[38] Daher wurde das. sog. „Dritte Liberalisierungspaket" auf den Weg gebracht.[39] Zur Klarheit und Vereinfachung der neuen Regelungen wurde von dem Plan Abstand genommen, Änderungsrichtlinien und -verordnungen zu erlassen. Stattdessen wurden insgesamt zwei neue Richtlinien und drei neue Verordnungen erlassen: Richtlinie 2009/72/EG über gemeinsame Vorschriften für den Elektrizitätsbinnenmarkt, Richtlinie 2009/73/EG über gemeinsame Vorschriften für den Erdgasbinnenmarkt, Verordnung (EG) Nr. 713/2009 zur Gründung einer Agentur für die Zusammenarbeit der Energieregulierungsbehörden, Verordnung (EG) Nr. 714/2009 über die Netzzugangsbedingungen für den grenzüberschreitenden Stromhandel sowie Verordnung (EG) Nr. 715/2009 über die Bedingungen für den Zugang zu den Erdgasfernleitungsnetzen.[40] Das Paket wurde am 13. Juli 2009 verabschiedet und trat am 3. September 2009 in Kraft.

24 *aa) Die Binnenmarktrichtlinien 2009.* Die Binnenmarktrichtlinien aus dem Jahre 2009 waren von dem Bemühen getrieben, den Elektrizitätsbinnenmarkt zu vollenden und für alle Energieunternehmen in Europa gleiche Bedingungen zu schaffen. Die Neuauflegung erfolgte auch in dem Geist, dass die Mitgliedstaaten eine Modernisierung der Verteilernetze hin zu **sog. „intelligenten Netzen" bzw. „smart grids"** fördern sollen, welche so auszugestalten sind, dass dezentrale Energieerzeugung und Energieeffizienz gefördert werden. Als stärkstes Instrument zur Erreichung größeren Wettbewerbs wurde nunmehr die **eigentumsrechtliche Entflechtung der Übertragungs- bzw. Fernleitungsnetze** (vgl. bereits oben Rn. 7) eingeführt,[41] wobei gleichzeitig zwei zusätzliche Modelle eingeführt wurden, für die keine vollständige Herauslösung der Netze aus der Konzernstruktur vertikal integrierter Unternehmen erforderlich ist. Bei diesen beiden weiteren Varianten haben die Mitgliedstaaten zu gewährleisten, dass entweder jedes Unternehmen, welches Eigentümer eines Übertragungs- bzw. Fernleitungsnetzes ist, als **(unabhängiger) Übertragungs- bzw. Fernleitungsnetzbetreiber** (sog. „Independent Transmission Operator", **ITO**)[42] agiert oder für das Übertragungs-/Fernleitungsnetz ein **unabhängiger Netzbetreiber** (sog. „Independent System Operator", **ISO**)[43] benannt wird. Die beiden letztgenannten Modelle sind jedoch nur für solche Übertragungs-/Fernleitungsnetze vorgesehen, die am 3. September 2009 bereits im Eigentum eines vertikal integrierten Unternehmens standen. Das ISO-Modell sieht keine eigentumsrechtliche Abspaltung des Netzes vor. Le-

---

36 KOM(2006) 841.

37 Vgl. Monopolkommission, Sondergutachten 65, 2013, Rdnr. 36.

38 Siehe dazu Mitteilung der Kommission vom 10. Januar 2007 „Eine Energiepolitik für Europa", KOM(2007) 1 endg.

39 Freilich bot die Eile der Umsetzung der neuen Richtlinien Anlass zur Kritik, da die Kommission die Vorschläge des neuen Paketes etwa drei Monate nach Ablauf der Umsetzungsfrist der Binnenmarktrichtlinien 2003 vorlegte. Ergebnisse und Fortschritte der Marktöffnung wurden dementsprechend nicht abgewartet. Zur Kritik s. *Baur/Pritzsche/Pooschke,* DVBl 2008, 483, 484 ff.; *Scholz,* et 12/2007, 76, 77.

40 ABl. 2009 L 211/55 (2009/72/EG); L 211/94 (2009/73/EG); L 211/1 VO (EG) Nr. 713/2009; L 211/15 VO (EG) Nr. 714/2009; L 211/36 VO (EG) Nr. 715/2009.

41 Art. 9 Abs. 1 Elektrizitätsbinnenmarktrichtlinie 2009; Art. 9 Abs. 1 Erdgasbinnenmarktrichtlinie 2009.

42 Art. 9 Abs. 8 lit. b), 17 ff. Elektrizitätsbinnenmarktrichtlinie 2009; Art. 9 Abs. 8 lit. b), 17 ff. Erdgasbinnenmarktrichtlinie 2009.

43 Art. 9 Abs. 8 lit. a), 13 Elektrizitätsbinnenmarktrichtlinie 2009; Art. 9 Abs. 8 lit. a), 14 Erdgasbinnenmarktrichtlinie 2009.

diglich der Netzbetrieb wird von einem anderen konzernfremden Unternehmen durchgeführt. Das vertikal integrierte Unternehmen kann damit formal Eigentümer des Netzes bleiben. Konkret bedeutet das etwa, dass der Netzeigentümer verpflichtet ist, vom Netzbetreiber (ISO) beschlossene und von der Regulierungsbehörde genehmigte Investitionen zu finanzieren.[44] Gleichzeitig schließt dieses Modell aber eine angemessene Kapitalrendite aus den vom ISO eingenommenen Netzzugangsentgelten und die Veräußerungsbefugnis des Netzeigentümers ein.[45] Bei dem **sog. „dritten Weg"** des unabhängigen Netzbetreibers (ITO), der insbesondere auf Druck der Mitgliedstaaten Deutschland und Frankreich eingeführt wurde, liegt die Verschärfung der zur bis dahin geltenden Rechtslage in erhöhten inhaltlichen Anforderungen an die Unabhängigkeit des ITO vom Rest des vertikal integrierten Unternehmens.[46] So muss insbesondere die strikte Trennung von Vermögenswerten, Personalbestand und Unternehmensstruktur zwischen beiden sichergestellt werden.[47] Die Konzernverbindung kann hingegen aufrecht erhalten werden.

25 Zur **Verbesserung des Zugangs Dritter zu Speicherkapazitäten** im Gasbereich, wurden durch die Erdgasbinnenmarktrichtlinie 2009 bestimmten Speicheranlagenbetreibern, die Teil eines vertikal integrierten Unternehmens sind, die Entflechtungsanforderungen, die bislang schon unter dem alten Regime von 2003 für Fernleitungsnetzbetreiber galten, auferlegt.[48]

26 Für **neue Infrastrukturen** sieht das dritte Liberalisierungspaket unter bestimmten Voraussetzungen **Befreiungen von den Kernvorschriften des Regulierungsrechts** – insbesondere von den Entflechtungsvorschriften und von Zugangsrechten Dritter inklusive der Festsetzung von Tarifen – vor.[49] Ziel dieser Ausnahmevorschriften ist die Schaffung von Investitionsanreizen. Da angesichts der klimapolitischen Ziele bei Energieunternehmen ein erhöhter Investitionsbedarf zu erwarten ist, wird zum Teil eine Aushöhlung der wesentlichen Regulierungsvorschriften befürchtet.[50]

27 Die **Aufgaben und Befugnisse der nationalen Regulierungsbehörden wurden erheblich erweitert bzw. gestärkt.** So haben die Mitgliedstaaten ausdrücklich sicherzustellen, dass die nationalen Regulierungsbehörden (1) für Energieunternehmen bindende Entscheidungen treffen, (2) Untersuchungen zum Funktionieren des Marktes anstellen, (3) Informationen bzw. Auskünfte von Energieunternehmen einfordern und (4) wirksame, verhältnismäßige aber auch abschreckende Sanktionen verhängen dürfen.[51] Im Rahmen der Einführung unabhängiger Netzbetreiber (ISO) obliegt den nationalen Regulierungsbehörden auch die Überwachung, ob die Energieunternehmen ihren Verpflichtungen aus dem ISO-Modell – sofern dieses gewählt wird – nachkommen. Dabei hat die nationale Regulierungsbehörde die jährliche Investitionsplanung für den ersten 10-jährigen Netzentwicklungsplan zu genehmigen und kann sowohl bei den Netzeigentümern und unabhängigen Netzbetreibern (unangekündigte) Kontrollen vornehmen.[52] Bei Wahl des ITO-Modells

---

44 Art. 13 Abs. 5 lit. b) Elektrizitätsbinnenmarktrichtlinie 2009; Art. 14 Abs. 5 lit. b) Erdgasbinnenmarktrichtlinie 2009.

45 *Däuper,* in: *Danner/Theobald,* Energierecht, Europ. Energierecht, Rdnr. 42; *Mayen/Karpenstein,* RdE 2008, 33, 35.

46 Vgl. zum Prozess des Zustandekommens im Einzelnen: *Gundel/Germelmann,* EuZW 2009, 763, 766; *Däuper,* in: *Danner/Theobald,* Energierecht, Europ. Energierecht, Rdnr. 44ff.; auch *Michaelis/Kemper,* RdE 2012, 10, 19; *Schneider,* in: *ders./Theobald,* Recht der Energiewirtschaft, § 2 Rdnr. 55ff.; *Büdenbender,* in: Fs. Salje, S. 33, 35ff.

47 Art. 17 Abs. 1, Art. 18 Abs. 4, Art. 19 Elektrizitätsbinnenmarktrichtlinie 2009; Art. 17 Abs. 1, Art. 18 Abs. 4, Art. 19 Erdgasbinnenmarktrichtlinie 2009. Vgl. ausführlich zur Regelung des ITO *Miachelis/Kemper,* RdE 2012, 10, 11; *Säcker/Mohr,* Beilage Nr. 2 zu N&R 2/2012.

48 Art. 15 Erdgasbinnenmarktrichtlinie 2009.

49 Art. 17 StromhandelsVO (dazu unten Rdnr. 30); Art. 36 Erdgasbinnenmarktrichtlinie 2009.

50 *Däuper,* in: *Danner/Theobald,* Energierecht, Europ. Energierecht, Rdnr. 69.

51 Art. 37 Abs. 4 Elektrizitätsbinnenmarktrichtlinie 2009; Art. 41 Abs. 4; Erdgasbinnenmarktrichtlinie 2009.

52 Art. 37 Abs. 3 Elektrizitätsbinnenmarktrichtlinie 2009; Art. 41 Abs. 3 Erdgasbinnenmarktrichtlinie 2009.

sind u. a. die Verhängung von Sanktionen, die Möglichkeit zur Überprüfung des Schriftverkehrs, (unangekündigte) Kontrollen sowie die Genehmigungen sämtlicher geschäftlicher und finanzieller Vereinbarungen zwischen Netzbetreiber und vertikal integriertem Unternehmen vorgesehen. Sehr weit geht schließlich die Befugnis, die Aufgaben eines Übertragungs- oder Fernleitungsnetzbetreibers einem (unabhängigen) Netzbetreiber (ISO) zu übertragen.[53] Dies ist jedoch lediglich bei fortwährenden Verstößen unter Beachtung des Verhältnismäßigkeitengrundsatzes als ultima-ratio-Maßnahme gedacht. Bei grenzüberschreitenden Angelegenheiten müssen die nationalen Regulierungsbehörden miteinander kooperieren.[54] Hervorzuheben ist, dass das Augenmerk im Rahmen der Richtlinien 2003 noch darauf gerichtet war, die Regulierungsbehörden von den Interessen der Energiewirtschaft unabhängig zu errichten und auszugestalten. Durch die Binnenmarktrichtlinien 2009 wird jedoch festgeschrieben, dass die Regulierungsbehörden fortan zusätzlich **frei und unabhängig vom Handeln der Regierungen der nationalen Mitgliedstaaten** agieren sollen.[55] Zuletzt wurde von der Kommission die vermehrte Verfolgung nationaler Politikkonzepte der Mitgliedstaaten kritisiert; die Mitgliedstaaten müssten protektionistischen Versuchungen widerstehen.[56] Um tatsächlich der zuverlässigen Versorgung und dem Ausgleich aller damit verbundenen Interessen dienen zu können bzw. gerecht zu werden, soll so eine möglichst langfristige, von der Tagespolitik unabhängige Entwicklung gesichert und gefördert werden.

bb) ACER-VO. Teil des dritten Liberalisierungspakets war auch die Errichtung der **Agentur für die Zusammenarbeit der Energieregulierungsbehörden (ACER)**[57] mit der VO (EG) Nr. 713/2009. Ziel dieser Agentur ist es, die nationalen Regulierungsbehörden dabei zu unterstützen, die in den Mitgliedstaaten wahrgenommenen Regulierungsaufgaben auf Unionsebene zu erfüllen und ggf. die Maßnahmen der Behörden zu koordinieren. Hauptsächlich kann die Agentur Stellungnahmen abgeben, in speziellen Fällen jedoch auch selbst Einzelfallentscheidungen etwa bzgl. grenzüberschreitender Infrastrukturen treffen (Art. 4, 7 ff. ACER-VO), um somit dem Aufbau einer europäischen Netzstruktur zu dienen. Der Agentur wurde mit der VO (EU) Nr. 1227/2011[58] eine weitere wichtige Aufgabe übertragen. Fortan obliegt ihr die Überwachung der Energiegroßhandelsmärkte in Abstimmung mit den nationalen Regulierungsbehörden. Im Juni 2013 wurde mit einer Evaluation der Tätigkeiten der Agentur begonnen, die eine öffentliche Befragung beinhaltete, deren Ergebnisse bislang jedoch nicht veröffentlicht wurden. 28

cc) StromhandelsVO. Die StromhandelsVO wurde als VO (EG) Nr. 1228/2003 des Europäischen Parlaments und des Rates vom 26.6.2003 über die Netzzugangsbedingungen für den grenzüberschreitenden Stromhandel eingeführt. Die EU wollte damit den Stromhandel zwischen den Mitgliedstaaten fördern. Dazu sah die StromhandelsVO einheitliche Kalkulationsregeln für die auf grenzüberschreitende Stromflüsse anfallenden Netznutzungsentgelte und einen von der Kommission gesteuerten Ausgleichsmechanismus zwischen den Übertragungsnetzbetreibern vor.[59] Im Zuge der Liberalisierung wurde die Verordnung von 29

[53] Art. 37 Abs. 5 Elektrizitätsbinnenmarktrichtlinie 2009 ; Art. 41 Abs. 5 Erdgasbinnenmarktrichtlinie 2009.

[54] Art. 37 Abs. 1 lit. c) 5 Elektrizitätsbinnenmarktrichtlinie 2009; Art. 41 Abs. 1 lit. c) Erdgasbinnenmarktrichtlinie 2009.

[55] Vgl. Art. 35 Abs. 4, 5 Elektrizitätsbinnenmarktrichtlinie 2009; Art. 39 Abs. 4, 5 Erdgasbinnenmarktrichtlinie 2009.

[56] COM(2012) 663 final, S. 3.

[57] Agency for the Cooperation of Energy Regulators (ACER); ausführlich zum Aufbau und zu den Aufgaben nach dem ursprünglichen Kommissionsentwurf *Ehricke,* IR 2008, 122, 123 f.; *Neveling,* ZNER 2007, 378, 379 f.

[58] REMIT-VO, vgl. dazu unten Rdnr. 32.

[59] ABl. 2003 L 176/1. Dazu *Hamdorf,* IR 2004, 245 ff. Die Vorschriften der Versorgungssicherheits-Richtlinie wurden – nach der Auffassung der Bundesregierung – bereits mit dem EnWG 2005 in das deutsche Recht vollständig umgesetzt, vgl. BT-Drucks. 16/504, S. 3.

der neuen StromhandelsVO Nr. 714/2009 des Europäischen Parlaments und des Rates vom 13.7.2009 abgelöst. Neben der Beibehaltung der ursprünglichen Bestimmungen regelt die VO das nach der Elektrizitätsbinnenmarktrichtlinie 2009 erforderliche **Zertifizierungsverfahren** von Übertragungsnetzbetreibern (vgl. Art. 3 StromhandelsVO). Jedes Unternehmen, welches als Übertragungsnetzbetreiber agieren will, hat dieses Zertifizierungsverfahren zu durchlaufen. Damit soll sichergestellt werden, dass es die Entflechtungsvorgaben erfüllt. Vorgänge, die eine Neubewertung rechtfertigen könnten, sind von den Unternehmen an die nationalen Regulierungsbehörden weiter zu geben (vgl. Art. 10 Elektrizitätsbinnenmarktrichtlinie 2009). Die Übertragungsnetzbetreiber sind verpflichtet, bei Kapazitätsengpässen der Nachfrage nach Verbindungskapazität auf transparente und nichtdiskriminierende Weise zu begegnen (vgl. Art. 15f. StromhandelsVO nebst Anhang I).[60] Schließlich legt die StromhandelsVO die Grundlage für die **Gründung des Europäischen Netzes der Übertragungsnetzbetreiber (ENTSO – Strom),** um die Kooperation der Übertragungsnetzbetreiber zu erweitern. Hauptaufgabe ist dabei die Erstellung sog. Netzkodizes hinsichtlich Regeln u. a. für Netzsicherheit, Interoperabilität, Netzanschluss und Netzzugang. Alle zwei Jahre ist auch ein nicht verbindlicher zehnjähriger Netzentwicklungsplan zu verabschieden (vgl. Art. 8 Abs. 3 lit. b) StromhandelsVO).[61] Darüber hinaus soll innerhalb von ENTSO eine regionale Zusammenarbeit etabliert werden, bei der regelmäßig regionale Investitionspläne veröffentlicht werden sollen.

30 *Teilweise* vom Zugang Dritter, den Entflechtungsvorschriften und den Vorgaben der Verwendung von Einnahmen im Rahmen des Engpassmanagements *befreit* werden können **neue Verbindungsleitungen,** zumindest für eine bestimmte Dauer (Art. 17 StromhandelsVO). Über den Antrag entscheiden die nationalen Regulierungsbehörden. Dies betrifft insb. neue Gleichstrom-Verbindungsleitungen (in Ausnahmefällen auch Wechselstrom-Verbindungsleitungen). Der Voraussetzungskatalog für solche Ausnahmen in Art. 17 Abs. 1 lit. a)–f) StromhandelsVO sieht vor, dass durch die getätigten Investitionen der Wettbewerb in der Stromversorgung verbessert wird und das Risiko dieser Investitionen so hoch ist, dass sie ohne eine solche Ausnahme nicht getätigt würden. Die Verbindungsleitung muss ferner im Eigentum einer natürlichen oder juristischen Person stehen, die personenverschieden vom Netzbetreiber ist. Darüber hinaus müssen Entgelte für die Nutzung der Leitungen erhoben werden. Gleichzeitig darf sich die Ausnahme nicht nachteilig auf den Wettbewerb bzw. das Funktionieren der Regulierung auf vor- und nachgelagerten Netzen auswirken. Kapital- oder Betriebskosten der neuen Verbindungsleitungen dürfen auch nicht über Entgelte für die Nutzung von Übertragungs- oder Verteilernetzen, die durch die neuen Leitungen miteinander verbunden werden, gedeckt werden **(verbotene Quersubventionierung).**

31 *dd) ErdgasfernleitungsnetzzugangsVO.* Im Jahre 2005 schuf die Union mit der VO Nr. 1775/2005 des Europäischen Parlaments und des Rates vom 28.9.2005 über die Bedingungen für den Zugang zu den Erdgasfernleitungsnetzen zunächst eine Parallelregelung zur StromhandelsVO für den Erdgasbinnenmarkt. Durch das Liberalisierungspaket wurde die VO durch die VO (EG) Nr. 715/2009 vom 13.7.2009 ersetzt. Die VO sieht die Festlegung von Grundsätzen für die Berechnung der Netznutzungsentgelte, die Einrichtung von Dienstleistungen zur Gewährleistung des Netzzugangs Dritter, für die Kapazitätszuweisung im Rahmen des Engpassmanagements sowie Regeln für den Ausgleich von Mengenabweichungen betreffend Transparenzanforderungen und für die Erleichterung des Kapazitätshandels vor.[62] Zusätzlich zu den bereits in der VO (EG) Nr. 1775/2005 enthaltenen Regelungen sieht die ErdgasfernleitungsnetzzugangsVO parallel zur StromhandelsVO ebenfalls

[60] S. *Lecheler/Gundel,* EuZW 2003, 621, 627. Vgl. auch Monopolkommission, Sondergutachten 49, Strom und Gas, 2007, Rdnr. 277ff.; *Wawer,* ZfE 2007, 109ff.; *Kühling,* RdE 2006, 173ff.; *Urbanke/Göbel,* emw 2007, 45 zur Praxis des Engpassmanagements in der EU.

[61] Die ersten drei 10-jährigen Netzentwicklungspläne wurden am 28. Juni 2010, 5. Juli 2012 und 31. Oktober 2014 veröffentlicht.

[62] Vgl. Art. 1 ErdgasfernleitungsnetzzugangsVO.

die **Gründung eines Europäischen Netzes der Fernleitungsnetzbetreiber (ENTSO – Gas)** vor, welches die oben im Stromsektor dargelegten Aufgaben im Gasbereich übernimmt (vgl. Art. 4f. ErdgasfernleitungsnetzzugangsVO) und somit eine stärkere grenzüberschreitende Zusammenarbeit fördern soll. Auch das **Zertifizierungsverfahren** für Fernleitungsnetzbetreiber wird geregelt (Art. 3 ErdgasfernleitungsnetzzugangsVO). Außerdem legt die Verordnung Betreibern von LNG-Anlagen und von Speicheranlagen das diskriminierungsfreie Angebot ihrer Dienstleistungen an Dritte (Art. 15 ErdgasfernleitungsnetzzugangsVO) sowie besondere Transparenzanforderungen und Aufbewahrungspflichten hinsichtlich Informationen über angebotene Dienstleistungen (Art. 19f. ErdgasfernleitungsnetzzugangsVO) auf. Für Fernleitungsnetzbetreiber fällt die Möglichkeit, sich auf Vertraulichkeit von Informationen zu berufen (ehemals Art. 6 Abs. 5 VO (EG) Nr. 1775/2005), weg (siehe nunmehr Art. 18 ErdgasfernleitungsnetzzugangsVO). Diese Option besteht künftig nur noch für Speicheranlagenbetreiber und nur, sofern es lediglich einen einzigen Speicheranlagennutzer gibt (vgl. Art. 19 Abs. 4 UAbs. 2 ErdgasfernleitungsnetzzugangsVO). Wiederum ist die Verabschiedung von unionsweiten Netzentwicklungsplänen vorgesehen (Art. 8 Abs. 10 ErdgasfernleitungsnetzzugangsVO).[63] Zur Verhinderung von Marktmanipulationen wird die **Markttransparenz** hinsichtlich Netzbetrieb und Versorgung **verbessert.**

e) REMIT-VO.[64] Zur Sicherstellung von Vertrauen der Verbraucher und anderer Markt- **32**
teilnehmer in die Integrität der Strom- und Gasmärkte trat am 28. Dezember 2011 die VO (EU) Nr. 1227/2011 des Europäischen Parlaments und des Rates vom 25. Oktober 2011 über die Integrität und Transparenz des Energiegroßhandelsmarktes – REMIT – in Kraft. Sie wurde aus dem Verständnis heraus erlassen, dass sich bei einem zunehmend unionsweit bildenden Energiemarkt ein Missbrauch über die Grenzen der Mitgliedstaaten hinaus auswirkt und dieser somit einer einheitlichen Überwachung unterworfen werden muss. Die REMIT-VO bildet eine Art **Frühwarnsystem** und stellt Verbotsregelungen bzgl. missbräuchlicher Praktiken wie Insider-Handel[65] (Art. 3 REMIT-VO) oder Marktmanipulation (Art. 5 REMIT-VO) auf und überträgt der Agentur für die Zusammenarbeit der Energieregulierungsbehörden (ACER) in enger Abstimmung mit den nationalen Regulierungsbehörden die Marktüberwachung. Ferner sieht die Verordnung die Verpflichtung zur Veröffentlichung von Insiderinformationen vor (Art. 4 REMIT-VO). Zur effektiven Unterbindung von missbräuchlichen Praktiken haben Marktteilnehmer, die sich in den Mitgliedstaaten zu registrieren haben, der Agentur Aufzeichnungen der Transaktionen am Energiegroßhandelsmarkt einschließlich der Handelsaufträge zu übermitteln.

f) Energieeffizienzrichtlinie.[66] Diese Richtlinie dient der Förderung der Energieeffizienz und **33**
der Realisierung intelligenter Netze. Neben den Zielen zur Energieeffizienz beinhaltet sie insb. Vorgaben für nationale Regulierungsbehörden, bei der Erarbeitung von Netztarifen und Netzregulierung im Strombereich, Anreize für Netzbetreiber vorzusehen und im Zuge fortlaufender Realisierung intelligenter Netze Systemdienste bereitzustellen, die der Verbesserung der Energieeffizienz dienen. Stromnetztarife haben danach besondere Energieeffi-

---

[63] Bislang sind solche in den Jahren 2010, 2011, 2013 und 2015 erstellt worden.

[64] „Regulation on wholesale energy market integrity and transparency", ABl. 2011 L 326/1; eingehend dazu *Funke/Neubauer,* CCZ 2012, 6ff.; Derivate auf Strom oder Gas sind Finanzinstrumente und unterfallen bereits der Marktmissbrauchsrichtlinie 2003/6/EG („Market Abuse Directive", MAD) und werden nicht von REMIT erfasst (Art. 1 Abs. 2 REMIT-VO). Die Regelungen werden demnächst von einer allgemeinen Verordnung über strafrechtliche Sanktionen von Insider-Geschäften und Marktmanipulationen flankiert. Das Europäische Parlament hat am 13.9.2013 in erster Lesung den (geänderten) Vorschlag der Kommission für eine entsprechende Verordnung angenommen. Zum Vorschlag siehe KOM(2011) 651 endg. und zu den angenommenen Änderungen COM(2012) 421 final.

[65] Näher dazu *Höpping/Stuhlmacher,* RdE 2012, 416ff.

[66] Richtlinie 2012/27/EU des Europäischen Parlaments und des Rates vom 25. Oktober 2012 zur Energieeffizienz […], welche gem. Art. 28 Abs. 1 bis zum 5. Juni 2014 von den Mitgliedstaaten umzusetzen ist.

zienzkriterien zu erfüllen (Art. 15 Abs. 1 UAbs. 4 iVm Anhang XI Energieeffizienzrichtlinie). So sollen auch (bis zum 30. Juni 2015) die Mitgliedstaaten dafür sorgen, dass **konkrete Maßnahmen und Investitionen zur Effizienzverbesserung** in die Strom- und Gasnetzinfrastruktur getroffen und getätigt werden (Art. 16 Abs. 2 lit. b) Energieeffizienzrichtlinie).

34 *g) Ausblick.* Derzeit scheint die Kommission die Auflage eines neuen Richtlinienpaketes nicht im Blick zu haben. Der Europäische Rat verständigte sich bereits am 4. Februar 2011 auf die **Vollendung des Energiebinnenmarktes bis 2014.** Auch die Kommission kommt zu dem Schluss, dass eine Vollendung des Binnenmarktes hauptsächlich von einer effektiven Umsetzung der bereits verabschiedeten Rechtsakte abhängt und prangert die teils schleppende Umsetzung in den Mitgliedstaaten an. So wurden bislang jeweils 19 Vertragsverletzungsverfahren auf dem Strom- bzw. Gassektor eingeleitet bzw. geführt, die das dritte Richtlinienpaket betrafen.[67] Vorrangiges Ziel bleibt die **vollständige Integration der europäischen Energienetze und -systeme,** die eine optimale und gleichzeitig möglichst preisgünstige Versorgung gewährleisten. Um den Aufbau eines kohärenten Systems der europäischen Energieinfrastruktur zu ermöglichen, wurde zusätzlich zu den Europäischen Netzen ENTSO-Gas und ENTSO-Strom und der ACER eine Verordnung zu Leitlinien für die transeuropäische Energieinfrastruktur verabschiedet.[68] Ferner regt die Kommission auch die Modernisierung bestehender Leitungen und Speicherkapazitäten an, wobei der **Investitionsbedarf bei etwa einer Billion EUR** verortet wird.[69] Angegangen werden soll ferner, dass sich Netzinvestitionen bislang noch vermehrt an Subventionen und nicht an marktbezogenen Erwägungen orientieren und in einigen Mitgliedstaaten die etablierten Energieversorgungsunternehmen teilweise immer noch mehr als 80% der Stromerzeugung kontrollieren. Bedeutendes Anliegen ist zudem die vollständige Kupplung der Strom- und Gasmärkte der Mitgliedstaaten. Die beschränkten Kapazitäten der Grenzkuppelstellen hatten bislang in vielen Mitgliedstaaten eine größere räumliche Marktdefinition bei Strom- und Gasmärkten verhindert (siehe zu aktuellen Entwicklungen bei der Marktabgrenzung unten Rdnr. 221 ff., 233). Auch weist die wirtschaftliche Entwicklung der Energiemärkte regionale Unterschiede, insb. zwischen den Gasmärkten im Nordwesten und denen im östlichen Teil der EU, auf, was Anlass für künftige regionale Initiativen, wie der **Einrichtung zusätzlicher Gashubs und Strombörsen,** sein soll. Ein entsprechender, bis 2020 reichender Aktionsplan wurde ausgearbeitet, der nach und nach u. a. die Einstellung umweltschädlicher Subventionen vorsieht.[70] Im Februar 2015 verabschiedete die Kommission zudem ein **„Energy Union package“,** mit dem die bisherige Energiestrategie um Maßnahmen bis 2030 ergänzt wurde.[71] Danach soll sich die Strategie über **fünf „Dimensionen“** erstrecken: die Sicherheit der Energieversorgung, Solidarität und Vertrauen; ein vollständig integrierter europäischer Energiemarkt; Energieeffizienz als Beitrag zur Senkung der Nachfrage; Verringerung der CO_2-Emissionen der Wirtschaft; Forschung, Innovation und Wettbewerbsfähigkeit.[72] Dazu soll insbesondere auch verschärft die Umsetzung des 3. Energiebinnemarktpakets, vor allem im Hinblick auf die geforderte Entflechtung, vorangetrieben werden.[73]

35 **3. Eingriffsbefugnisse der Kommission.** *a) Überblick.* Nach der Verordnung Nr. 1/2003 des Rates vom 16. Dezember 2002 zur Durchführung der in den Artikeln 81 (jetzt Art. 101 AEUV) und 82 (jetzt Art. 102 AEUV) des Vertrages niedergelegten Wettbewerbsregeln verfügt die Kommission über Eingriffsbefugnisse, um die Einhaltung der Art. 101

[67] COM(2012) 663 final, S. 9.

[68] VO (EU) Nr. 347/2013 des Europäischen Parlaments und des Rates vom 17. April 2013 zu Leitlinien für die transeuropäische Energieinfrastruktur und zur Aufhebung der Entscheidung Nr. 1364/2006/EG und zur Änderung der Verordnungen (EG) Nr. 713/2009, (EG) Nr. 714/2009 und (EG) Nr. 715/2009, ABl. 2009 L 115/39.

[69] COM(2012) 663 final, S. 2.

[70] COM(2012) 663 final, S. 22 ff.

[71] COM(2015) 80 final.

[72] COM(2015) 80 final, S. 4.

[73] COM(2015) 80 final, S. 10.

und 102 AEUV zu gewährleisten.[74] Als in der Praxis bedeutsame Formen mit Blick auf den Energiesektor haben sich **Abstellungsverfügungen (Art. 7 VO Nr. 1/2003)** und **Verpflichtungszusagen (Art. 9 VO Nr. 1/2003)** herauskristallisiert. Elementarer Unterschied zwischen beiden Mechanismen ist, dass im Rahmen von Art. 7 eine Zuwiderhandlung gegen europäisches Kartellrecht tatsächlich festgestellt werden muss. Dahingegen sind Grundlage von Art. 9 lediglich Bedenken der Kommission im Hinblick auf die kartellrechtliche Vereinbarkeit bestimmter Praktiken, die gegen Verpflichtungszusagen der Unternehmen ausgeräumt werden können, ohne dass die Kommission weitere Ermittlungen tätigt; das Verfahren wird dann gegen die bindenden Verpflichtungszusagen eingestellt. Daraus ergeben sich bereits *per definitionem* unterschiedliche Anforderungen an die Darlegung eines möglichen Verstoßes oder Konflikts mit Kartellrecht seitens der Kommission. Darüber hinaus kann die Kommission gegen Unternehmen bei Verstößen gegen Art. 101 und 102 AEUV **Geldbußen** nach Art. 23 Abs. 2 UAbs. 1 lit. a) VO Nr. 1/2003 verhängen.

b) Praxis der Kommission. aa) Art. 9 VO Nr. 1/2003 – Verfahren. Popularität haben die 36
Art.-9-Zusagen bei der Kommission insb. im Gassektor gefunden. Die Kommission hatte diverse Verfahren eingeleitet, die von dem Verdacht eines Verstoßes gegen Art. 102 AEUV aufgrund einer **potentiellen Gasmarktabschottung durch marktbeherrschende Unternehmen** geleitet wurden.[75] Im Vordergrund stand die Auffassung der Kommission, die marktbeherrschenden Unternehmen riegelten den Gasimport- bzw. Gastransportmarkt sowie die nachfolgenden Stufen systematisch durch langfristige Kapazitätsbuchungen eigener Unternehmen ab, die Teil des vertikal integrierten Konzerns waren. Der Markt werde so durch faktische Zugangsverweigerung den Wettbewerbern gegenüber verschlossen. Die Vorwürfe reichten über Kapazitätshortung und -verschlechterung zu ineffizienten Kapazitätszuweisungsverfahren bis zur strategisch motivierten Beschränkung von Investitionen. So soll *ENI,* um die strikte Kontrolle über die Transportkapazität behalten zu können, bewusst Investitionen in weitere Fernleitungen vermieden haben, obwohl seitens dritter Transportkunden eine hohe langfristige Transportnachfrage bestand.[76] Die kartellrechtlichen Bedenken wurden in den Fällen *E.ON Gas, RWE, GdF* sowie *ENI* allesamt durch Verpflichtungszusagen nach Art. 9 ausgeräumt. Damit wurden keine Aussagen dahin gehend getroffen, ob es zuvor eine Verletzung von Kartellrecht gegeben hatte. Die Zusagen bieten außerdem die Möglichkeit, Bußgeldverfahren zu verhindern. In den Fällen *ENI* und *RWE* wurden die Bedenken durch sog. strukturelle Maßnahmen, also den Verkauf der Gasnetze bzw. entsprechender Beteiligungen, ausgeräumt.[77] *GdF* und *E.ON Gas* verpflichteten sich hingegen zur Freigabe fester Langzeitkapazitäten.

Erstaunlich ist der Ansatz der Kommission, erstmals auch **mangelnde Investitionen in** 37
den Netzausbau als Verletzung von Art. 102 AEUV anzusehen.[78] Vorherrschende Ansicht aufgrund der *„essential facilities doctrine"* war bislang, dass Art. 102 AEUV die Unternehmen nicht dazu verpflichten konnte, ihre Infrastruktur zu erweitern oder gar eine neue zu errichten, um einen Marktzutritt anderer Wettbewerber zu ermöglichen oder zu fördern.[79] Es überzeugt nicht, dass die Kommission über Art. 102 AEUV derart in unternehmerische Grundentscheidungen eingreifen will. Zweck der Regelung ist es schließlich nicht, einen eigenen möglichst wettbewerbsfreundlichen Netzentwurf durchzusetzen. Auch im Hinblick auf die gem. Art. 345 AEUV gewahrten nationalen Eigentumsordnungen erscheint diese Vorgehensweise problematisch. So wird die Entscheidungsfreiheit des

---

[74] Näher dazu *Dieckmann,* § 45

[75] Komm. E. v. 18.3.2009, COMP/39.402 – *Gasmarktabschottung durch RWE;* E. v. 3.12.2009, COMP/39.316 – *Gaz de France;* E. v. 4.5.2010, COMP/39.317 – *E.ON Gas;* E. v. 29.9.2010, COMP/39.315 – *ENI.*

[76] Vgl. Komm. E. v. 29.9.2010, COMP/39.315, Rdnr. 55 ff. – *ENI.*

[77] Siehe auch Fn. 100.

[78] Vgl. Komm. E. v. 29.9.2010, COMP/39.315, Rdnr. 55 ff. – *ENI.*

[79] *Scholz/Purps,* Journal of European Competition Law & Practice 2010, Vol. 1 No. 1, 37, 47 mwN.

Infrastruktureigentümers erheblich eingeschränkt. Vor diesem Hintergrund dürfte ausschließlich eine legislative Ermächtigung in Frage kommen, die von Art. 102 AEUV aber nicht abgedeckt wird. Darüber hinaus kann eine solche Praxis kontraproduktiv sein und dritte Anbieter davon abhalten, selbst zu investieren,[80] und damit die dominante Position des marktbeherrschenden Unternehmens letztlich noch unterstützen.[81]

38 Der Vorwurf der Zurückhaltung von Kapazität traf *E.ON* im **Stromsektor.** Die Kommission erhob in ihrer vorläufigen Einschätzung den Vorwurf, dass *E.ON* zusammen mit *RWE* und *Vattenfall Europe* auf dem deutschen Stromhandelsgroßmarkt über eine marktbeherrschende Stellung verfügte und anderen Wettbewerbern Kapazitäten im Stromnetz vorenthielte und sie gleichzeitig daran hinderte, Investitionen in Bereich der Stromerzeugung zu tätigen. Außerdem wurde die Begünstigung verbundener Unternehmen auf dem deutschen Regelenergiemarkt beanstandet sowie die mögliche Behinderung von Stromerzeugern anderer Mitgliedstaaten, Regelenergie auf den Regelenergiemärkten von *E.ON* zu verkaufen.[82] *E.ON* verpflichtete sich schließlich im Rahmen von Art. 9 VO Nr. 1/2003 neben der Veräußerung von Kraftwerken, die etwa ein 1/5 der Stromerzeugungskapazitäten des Unternehmens ausmachten, zur Veräußerung des Höchstspannungsnetzes. Kapazitätsreservierungen zu Gunsten nationalen Verbrauchs nahm die Kommission auch im Verfahren gegen *Svenska Kraftnät,*[83] der staatlichen Behörde, welche als Übertragungsnetzbetreiber in Schweden agiert, zum Anlass, Zusagen nach Art. 9 VO Nr. 1/2003 für verbindlich zu erklären, um Bedenken wegen eines Verstoßes gegen Art. 102 AEUV auszuräumen. Es bestand Anlass zur Sorge, dass der Übertragungsnetzbetreiber Kapazitäten vornehmlich und exklusiv für solche Strommengen zurückhielt, die an nationale Letztverbraucher flossen, und damit Kunden in anderen Mitgliedstaaten benachteiligte. Die Lösung bestand in der Aufspaltung des schwedischen Stromsektors in mehrere Regelzonen, um Engpässen im Netz besser begegnen zu können.

39 Angesichts des vielfachen Gebrauchs des Art. 9 VO Nr. 1/2003 steht zu befürchten, dass die Kommission dieses Mittel nutzt, um Fälle, **ohne substanzielle Beweise für einen Kartellrechtsverstoß** in der Hand zu haben, im Interesse der Durchsetzung und Fortentwicklung wettbewerbspolitischer Zielsetzungen zum Abschluss zu bringen. Die Bedenken im Rahmen von Art. 9 bedürfen nicht derselben Substanz wie ein festgestellter Verstoß im Rahmen von Art. 7. Eine Abstellungsverfügung nach Art. 7 kann von den betroffenen Unternehmen vor den Unionsgerichten angefochten werden. Im Rahmen von Art. 9 soll das Unternehmen aber selbst Verpflichtungszusagen unterbreiten, die von dem Unternehmen nach überwiegender Ansicht wohl nicht angegriffen werden können, da sie das Unternehmen freiwillig – wenn auch im Gegenzug zur Einstellung des Verfahrens – angeboten hat.[84] Bedenken sind auch hinsichtlich der **Verhältnismäßigkeit** der Verpflichtungszusagen angebracht. Art. 9 könnte von der Kommission als Mittel eingesetzt werden, um Maßnahmen durchzusetzen, die im Rahmen von Art. 7 aufgrund ihrer Unverhältnismäßigkeit nicht durchsetzbar wären. Sie könnten außerdem als probates Mittel erscheinen, eigene Wettbewerbsziele und Strategien durchzusetzen.[85] Als Druckmittel gegenüber den Unternehmen dient dabei die Durchführung eines umfangreichen Verfahrens, an dessen Ende ggf. hohe Bußgelder stehen könnten. Aufgrund dessen sind die Unternehmen offenbar eher gewillt, durch weitreichende Verpflichtungszusagen, die im Einzelnen die Verhält-

[80] *Haus,* Zugang zu Netzen und Infrastruktureinrichtungen, S. 130.

[81] *Scholz/Purps,* Journal of European Competition Law & Practice 2010, Vol. 1 No. 1, 37, 48 mwN.

[82] Komm. E. v. 26.11.2008, COMP/39.388 und COMP/39.389, Rdnr. 1 ff. – *Deutscher Stromgroßhandelsmarkt/Deutscher Regelenergiemarkt.*

[83] Komm. E. v. 14.4.2010, COMP/39.351 – *Swedish Interconnectors.*

[84] *Bechtold/Bosch/Brinker,* EU-Kartellrecht, Art. 9 VO 1/2003, Rdnr. 15; *Langen/Bunte–Sura,* Art. 9 VO Nr. 1/2003, Rdnr. 21; *Loewenheim/Meessen/Riesenkampff,* Kartellrecht, 2. Aufl. 2009, Art. 9 VerfVO, Rdnr. 39; aA *MüKo–Bauer,* Bd. 1, Art. 9 VO 1/2003, Rdnr. 57.

[85] *Scholz/Purps,* Journal of European Competition Law & Practice 2010, Vol. 1 No. 1, 37, 50; Monopolkommission, Sondergutachten 54, Rdnr. 495, 499.

nismäßigkeit von identischen Maßnahmen nach Art. 7 übersteigen würden, eine Einstellung des Verfahrens zu erreichen. Diese Beurteilung wird verstärkt durch eine jüngere Entscheidung des EuGH, in der dieser konstatiert, beide Artikel verfolgten eine unterschiedliche Zielsetzung. Es bestehe daher kein Grund, dass eine Maßnahme nach Art. 9, die über das Maß einer Abstellungsverfügung, die im Rahmen von Art. 7 auferlegt werden könnte, hinausgeht, gleich als unverhältnismäßig einzuschätzen sei, da das Unternehmen die Verpflichtungszusagen bewusst hinnehme.[86] Damit wurde die Entscheidung der Vorinstanz aufgehoben, wonach es der Systematik der Verordnung widersprochen habe, unverhältnismäßige Maßnahmen nach Art. 7 über Art. 9 einführen zu können, obwohl es für ein derartiges Vorgehen keines Nachweises eines Kartellrechtsverstoßes bedürfe.[87] Diese gerichtliche Bestätigung dürfte somit noch zur **Zunahme dieser fragwürdigen Praxis** führen.[88]

bb) Geldbußen. Im Juli 2007 leitete die Kommission gegen *E.ON Ruhrgas* und *GdF Suez* ein Verfahren wegen des Verdachts kartellrechtswidriger Absprachen im Sinne von Art. 101 AEUV bzgl. der gemeinsamen MEGAL-Pipeline, die seit 1980 eine der Hauptleitungen für die Einfuhr russischen Gases nach Deutschland und Frankreich ist, ein. Beanstandet wurde insb. eine „Marktaufteilung" mittels vertraglicher Klauseln, die den Unternehmen die Belieferung von Kunden mit Gas aus der MEGAL-Pipeline im Inlandsmarkt des jeweils anderen Unternehmens verboten.[89] Die Kommission sah einen Verstoß gegen Art. 101 AEUV als erwiesen an und erlegte erstmals im Energiesektor den betroffenen Unternehmen ein Bußgeld auf (553 Mio. €). Auf die Klage der Unternehmen reduzierte das EuG die Geldbuße auf 320 Mio. €.[90] Dies war auf Fehler der Kommission im Hinblick auf die angenommene Dauer des Verstoßes zurückzuführen. Das EuG entschied 2012, dass die Kommission für einen bestimmten Zeitraum (nämlich vor der Energierechtsreform von 1998) ebenfalls nicht nachgewiesen hatte, dass überhaupt potentieller Wettbewerb bestand, der hätte verhindert werden können.[91] **40**

Für die Prüfung von horizontalen und vertikalen Vereinbarungen im Rahmen von Art. 101 AEUV hat die Kommission jeweils **Leitlinien** erlassen, die Anhaltspunkte für ihr Vorgehen bieten.[92] Zudem existieren Leitlinien der Kommission zur Festsetzung von Geldbußen nach Art. 23 Abs. 2 VO Nr. 1/2003.[93] **41**

c) Weitere Verfahren. Nach wie vor sind Energieversorgungsunternehmen dem Vorwurf der Gasmarktabschottung ausgesetzt. Für den gesamten mittel- und osteuropäischen Marktbereich betrifft dies insb. aufgrund ihrer Belieferungsvormacht *Gazprom;* die Kommission geht auch auf dem bulgarischen Markt dem Verdacht einer Abschottung durch langfristige Kapazitätsbuchungen seitens *Bulgarian Energy Holding (BEH)* nach.[94] *BEH* bzw. deren Tochtergesellschaften stehen zusätzlich im Verdacht, den Stromgroßhandelsmarkt zu beschrän- **42**

---

[86] EuGH U v. 29.6.2010, Rs. C-441/07 P, Slg. 2010 I-5949, 6033 f. – *Alrosa/Kommission.*

[87] EuG U v. 11.7.2007, Rs. T-170/06, Slg. 2007 II-2601, 2636 – *Alrosa/Kommission.*

[88] Der Kommission wird dabei vorgeworfen als europäische Kartellbehörde die Ziele umzusetzen, die sie durch europäisches Recht nicht habe erreichen können, vgl. *Baur,* in: Fs. Salje, S. 19, 21. Für den regulierten Telekommunikationsmarkt hat der EuGH allerdings anerkannt, dass auch die Wettbewerbsvorschriften des AEUV im Wege der Ausübung einer nachträglichen Kontrolle den Rechtsrahmen für eine Vorabregulierung ergänzen können, vgl. EuGH U. v. 14.10.2010, Rs. C-280/08 P, Slg. 2010 I-9555, Rdnr. 92 (juris) – *Deutsche Telekom.*

[89] Komm. E. v. 8.7.2009, COMP/39.401 – *E.ON/GdF,* Zusammenfassung in ABl. 2009 C 248/5.

[90] EuG U. v. 29.6.2012, Rs. T-360/09, WuW/E EU-R 2479 ff. – *E.ON Ruhrgas/Kommission;* Urt. v. 29.6.2012, Rs. T-370/09, ABl. 2012 C 243/16 – *GdF Suez SA/Kommission.* Ausführlich dazu *Broomhall/Nagel/Scholz,* Concurrences No. 3–2013, 1, 15 f.

[91] EuG U. v. 29.6.2012, Rs. T-360/09, WuW/E EU-R 2479, 2489 – *E.ON Ruhrgas/Kommission.*

[92] Leitlinien zur Anwendbarkeit von Artikel 101 des Vertrages über die Arbeitsweise der Europäischen Union auf Vereinbarungen über horizontale Zusammenarbeit, ABl. 2011 C 11/01; Leitlinien für vertikale Beschränkungen, ABl. 2010 C 130/01.

[93] Leitlinien für das Verfahren zur Festsetzung von Geldbußen gemäß Artikel 23 Absatz 2 Buchstabe a) der Verordnung (EG) Nr. 1/2003, ABl. 2006 C 210/02; näher dazu *Hellmann,* § 46 Rdnr. 37 ff.

[94] Vgl. Komm., IP/12/937 – *Gazprom;* IP/13/656 – *BEH gas.*

ken, in dem sie Weiterverkaufsklauseln verwenden, in denen Strommengen lediglich in Bulgarien weiterverkauft und nicht exportiert werden dürfen.[95] Auch *EdF* ist wiederholt in das Blickfeld der Kommission geraten und steht u.a in dem Verdacht, seine marktbeherrschende Stellung dazu ausgenutzt zu haben, die Preise auf dem Stromgroßhandelsmarkt unangemessen zu erhöhen.[96] Besondere Aufmerksamkeit verdient jedoch das Verfahren gegen *Gazprom,* da neben einer möglichen Gasmarktabschottung und der Verhinderung der Diversifizierung der Gasversorgung auch die Praxis, den Gaspreis an denjenigen des Öls zu binden, Gegenstand der Untersuchung ist (zu Ölpreisbindungsklauseln siehe unten Rdnr. 147 ff.). Es bleibt abzuwarten, ob auch in diesen Fällen Verpflichtungszusagen gewählt werden, um die wettbewerbsrechtlichen Bedenken der Kommission auszuräumen. Der deutsche Markt hingegen dürfte in Zukunft von weiteren Verfahren nicht in dem bisherigen Maße betroffen sein, da durch die inzwischen getroffenen strukturellen Maßnahmen, insb. hinsichtlich der Netzentflechtung der beiden bedeutendsten vertikal integrierten Unternehmen *E.ON* und *RWE,*[97] ein wesentlicher Schritt in Richtung der Ziele des dritten Liberalisierungspakets getan ist.

V. Der nationale Rechtsrahmen für die Energiewirtschaft

43 **1. Wichtige Bestimmungen des Energiewirtschaftsgesetzes.** *a) Überblick.* Der rechtliche Rahmen für die leitungsgebundene Energieversorgung wird durch das Energiewirtschaftsgesetz einschließlich der aufgrund dieses Gesetzes erlassenen Rechtsverordnungen gesetzt. Veranlasst durch die Rechtsentwicklung auf Unionsebene ist das EnWG 2005 im Verhältnis zu seinem Vorgänger (EnWG 1998) grundsätzlich umgestaltet und in seiner Regelungsdichte substantiell erweitert worden.[98] Die – erweiterten – Ziele des Gesetzes lagen nach den Binnenmarktrichtlinien von 2003 in der möglichst sicheren, preisgünstigen, verbraucherfreundlichen, effizienten und umweltverträglichen Versorgung der Allgemeinheit mit Elektrizität und Gas. Hinzu kam die explizit betonte wettbewerbliche Zielsetzung: Gemäß § 1 Abs. 2 EnWG zielt die Regulierung auf die Sicherstellung eines wirksamen und unverfälschten Wettbewerbs bei der Versorgung mit Elektrizität und Gas ab, daneben auf die Sicherung des Betriebs der Energieversorgungsnetze. Die Umsetzung des oben unter Rdnr. 23 dargestellten Dritten Liberalisierungspaketes bzw. der Binnenmarktrichtlinien erfolgte im Jahr 2011.[99] Bei den Zielvorgaben gab es keine wesentliche Neuausrichtung. Die Etablierung eines Binnenmarktes hat oberste Priorität.

44 Das EnWG regelt im Schwerpunkt die Aufgaben des Netzbetriebs (§ 4 EnWG), die Entflechtung des Netzbetriebes vertikal integrierter Energieversorgungsunternehmen (§§ 6 ff. EnWG), Versorgungspflichten gegenüber Haushaltskunden (§§ 36 ff. EnWG), den Netzzugang (§§ 20 ff. EnWG) sowie zusätzliche Verhaltenspflichten (§§ 11 ff., 30 ff. EnWG). Weitere wichtige Bestimmungen betreffen Befugnisse der und Verfahren vor der BNetzA (§§ 54 ff., 59 ff. EnWG), das Beschwerdeverfahren vor den Oberlandesgerichten und dem BGH (§§ 75 ff. EnWG), den §§ 87 ff. GWB nachgebildete Vorschriften über bürgerliche Rechtsstreitigkeiten (§§ 102 ff. EnWG) und den **Vorrang des EnWG** vor den kartellrechtlichen Vorschriften der §§ 19, 20 und 29 GWB insb. im Bereich von Netzbetrieb und Netzzugang (§ 111 EnWG). Ergänzend zu den auf europäischer Ebene vorgesehenen Netzentwicklungsplänen sehen §§ 12b, 15a EnWG verbindliche Vorgaben für Übertragungs- und Fernleitungsnetzbetreiber zur Aufstellung von nationalen Netzentwicklungsplänen vor. Es ist jeweils zusätzlich eine Berücksichtigungspflicht der europäischen Netzpläne vorgesehen (§§ 12b Abs. 1 S. 5, 15a Abs. 1 S. 5 EnWG).

---

[95] Komm., IP/12/1307 – *BEH electricity.*

[96] Komm., MEMO/09/104 – *French electricity wholesale market.*

[97] Vgl. *Baur,* in: Fs. Salje, S. 19.

[98] S. auch Rdnr. 16 und 19 f. und bei Fn. 33. Ein Überblick auch bei *Kühne/Brodowski,* NVwZ 2005, 849 ff.; dazu auch *Scholtka,* NJW 2005, 2421 ff.; *Angenendt/Gramlich/Pawlik,* LKV 2006, 49 ff.

[99] Überblick bei *Theobald/Gey-Kern,* EuZW 2011, 896 ff.; die Umsetzung erfolgte innerhalb der durch die Atomkatastrophe von Fukushima im März 2011 ausgelösten sog. „Energiewende".

b) Entflechtung.[100] *aa) Überblick.* Durch die Entflechtung eines iSd § 3 Nr. 38 EnWG vertikal integrierten Energieversorgungsunternehmens soll die Unabhängigkeit der Netzbetreiber von anderen Tätigkeitsbereichen der Energieversorgung gewährleistet werden (§ 6 Abs. 1 EnWG). Durch die Umsetzung des Dritten Liberalisierungspakets im Jahre 2011 haben die Entflechtungsvorschriften einige Änderungen erfahren. Nach Umsetzung der Binnenmarktrichtlinien von 2003 unterfielen die Netzbetreiber einer einheitlichen Entflechtung. Nach Umsetzung des Dritten Liberalisierungspaketes in deutsches Recht im Jahre 2011 gliedern sich die Entflechtungsvorschriften zunächst in einen allgemeinen Teil, den alle vertikal integrierte Energieversorgungsunternehmen und solche Betreiber, die mit vertikal integrierten Energieversorgungsunternehmen verbunden sind, erfüllen müssen (§§ 6–6b EnWG). Dazu gehören die Vorschriften zur informationellen und buchhalterischen Entflechtung (§§ 6a, 6b EnWG). Spezifische Entflechtungsvorschriften beziehen sich einerseits auf Verteilernetzbetreiber (§§ 7–7a EnWG) sowie auf Betreiber von Speicheranlagen und Transportnetzeigentümer mit ISO-Modell (§ 7b EnWG) und andererseits nur auf Transportnetzbetreiber (§§ 8–10e EnWG). 45

bb) Informationelle und buchhalterische Entflechtung. Nach dem allgemeinen Teil trifft vertikal integrierte Unternehmen nach § 6a EnWG die Verpflichtung zur **informationellen Entflechtung.** Nach dieser Bestimmung dürfen Netzbetreiber Informationen, die sie in Ausübung ihrer Geschäftstätigkeit erlangt haben, nicht an andere Geschäftsbereiche des vertikal integrierten Energieversorgungsunternehmens weiterreichen. Eine entgegen dieser Verpflichtung vorgenommene Offenlegung von Informationen muss in nicht diskriminierender Weise erfolgen; solche Informationen dürfen insb. den Wettbewerbern der anderen Geschäftsbereiche des vertikal integrierten Energieversorgungsunternehmens nicht vorenthalten werden.[101] Nach der in § 6b EnWG vorgesehenen **buchhalterischen Entflechtung** muss die interne Rechnungslegung vertikal integrierter Energieversorgungsunternehmen getrennte Konten für die Bereiche Elektrizitätsübertragung, -verteilung, Gasfernleitung, -verteilung, -speicherung und Betrieb von LNG-Anlagen vorsehen. Zweck dieser Rechnungslegungsvorgaben ist ausweislich § 6b Abs. 3 Satz 1 EnWG die „Vermeidung von Diskriminierung und Quersubventionierung". 46

cc) Rechtliche und operationelle Entflechtung. Das EnWG unterscheidet in § 7 und § 7a zwischen der rechtlichen und der operationellen Entflechtung von Verteilernetzbetreibern. Nach § 7 Abs. 1 EnWG müssen vertikal integrierte Energieversorgungsunternehmen sicherstellen, dass mit ihnen verbundene Betreiber von Verteilernetzen hinsichtlich ihrer Rechtsform unabhängig von anderen Tätigkeitsbereichen sind **(rechtliche Entflechtung).** Dabei liegt nach § 3 Nr. 38 EnWG **vertikale Integration** dann vor, wenn ein Unternehmen – im Elektrizitätsbereich – mindestens eine der Funktionen Übertragung oder Verteilung und gleichzeitig mindestens eine der Funktionen Erzeugung oder Vertrieb oder – im Erdgasbereich – mindestens eine der Funktionen Fernleitung, Verteilung, Betrieb einer LNG-Anlage oder Speicherung und gleichzeitig mindestens eine der Funktionen Gewinnung oder Vertrieb von Erdgas wahrnimmt. Vertikale Integration ist auch dann gegeben, wenn die Tätigkeitsbereiche von verschiedenen Unternehmen, die jedoch miteinander im Sinne des Art. 3 Abs. 2 VO (EG) Nr. 139/2004 des Rates vom 20.1.2004 über die Kontrolle von Unternehmenszusammenschlüssen (FKVO) verbunden sind, abgedeckt werden. Wann eine Verbindung im vorgenannten Sinne aufgrund der Möglichkeit bestimmender Einflussnahme im Sinne des Kontrollbegriffs der FKVO vorliegt, lässt sich den entsprechenden Ausführungen zum europäischen Fusionskontrollrecht unter Art. 3 Abs. 2 FKVO entnehmen. 47

---

[100] S. dazu *Theobald/Gey-Kern,* EuZW 2011, 896, 899; *Staebe,* DVBl. 2004, 853 ff.; *Lecheler/Herrmann,* WuW 2005 ff., 482; *Säcker,* RdE 2005, 85 ff.; *Bausch,* ZNER 2004, 332 ff.

[101] Vgl. näher den Regierungsentwurf zur Vorgängerregelung des § 9 EnWG 2005, BT-Drucks. 15/3917, S. 54 f.

48 Auf vertikal integrierte Energieversorgungsunternehmen findet weiter die in § 7a EnWG normierte Pflicht zur **operationellen Entflechtung von Verteilernetzbetreibern** Anwendung. Hiernach müssen die Netzbetreiber in den Bereichen Elektrizität und Gas hinsichtlich der Organisation, der Entscheidungsgewalt und der Ausübung des Netzgeschäfts nach Maßgabe des § 7a Abs. 2 bis 6 EnWG von den anderen Tätigkeitsbereichen des vertikal integrierten Unternehmens unabhängig sein. Dies führt in erster Linie zu einer Beschränkung der Einsatzmöglichkeiten von Personen, die für den Verteilernetzbetrieb tätig sind. In abgestufter Weise sieht § 7a Abs. 2 Nr. 1 und 2 EnWG dabei vor, dass Personen mit Leitungsaufgaben oder Letztentscheidungsbefugnissen für den Netzbetrieb nicht Betriebsteilen des Energieversorgungsunternehmens angehören dürfen, die direkt oder indirekt zuständig für die Bereiche Gewinnung, Erzeugung oder Vertrieb sind. Personen, die in anderen Teilen des Unternehmens „sonstige Tätigkeiten des Netzbetriebs" ausüben, sind insoweit den fachlichen Weisungen der Leitung des Verteilernetzbetreibers zu unterstellen. Im Rahmen der operationellen Entflechtung haben die Unternehmen weiterhin sicherzustellen, dass der Netzbetrieb operative Entscheidungen betreffend den Betrieb, die Wartung und den Ausbau des Netzes unabhängig von anderen Sparten bzw. der Gesamtleitung des Unternehmens – unter weitgehendem Ausschluss von Weisungen der Muttergesellschaft – treffen kann (§ 7a Abs. 4 EnWG). Strategische Entscheidungen und solche, die die Rentabilität der Netzbetriebe und damit zugleich die Wirtschaftlichkeit des Gesamtunternehmens bzw. -konzerns betreffen, kann die Muttergesellschaft nach wie vor treffen.[102] § 7b EnWG erweitert die Pflicht zur rechtlichen und operationellen Entflechtung schließlich auf Transportnetzeigentümer mit ISO-Modell und Betreiber von Speicheranlagen, die Teil eines vertikal integrierten Energieversorgungsunternehmens sind.

49 Eine **De-minimis-Ausnahme** gilt für vertikal integrierte Energieversorgungsunternehmen, an deren Verteilernetz weniger als 100 000 Kunden unmittelbar oder mittelbar angeschlossen sind. Diese unterliegen weder der rechtlichen noch der operationellen Entflechtung (§§ 7 Abs. 2 und 7a Abs. 7 EnWG).

50 *dd) Eigentumsrechtliche Entflechtung.* Aufgrund der Vorgaben aus den Binnenmarktrichtlinien 2009 regelt § 8 EnWG nunmehr die **eigentumsrechtliche Entflechtung** von vertikal integrierten Energieversorgungsunternehmen hinsichtlich der Transportnetzbetreiber. Als Optionsmodelle stehen daneben der unabhängige Systembetreiber nach § 9 EnWG und der unabhängige Transportnetzbetreiber nach §§ 10–10e EnWG zur Verfügung. Wird die eigentumsrechtliche Entflechtung gewählt, hat der Transportnetzbetreiber unmittelbar oder mittelbar durch Beteiligung Eigentümer des Transportnetzes zu sein (§ 8 Abs. 2 S. 1 EnWG). Zur Erfüllung dieser Pflicht sieht § 8 Abs. 2 S. 7 EnWG auch die Möglichkeit der Gründung grenzüberschreitender Joint Ventures vor. Personen, die Kontrolle über ein Unternehmen ausüben, welches auf den Stufen der Gewinnung, Erzeugung oder dem Vertrieb von Energie an Kunden tätig sind, dürfen keinerlei Rechte oder Kontrolle an Transportnetzen oder Betreibern von Transportnetzen haben und umgekehrt (§ 8 Abs. 2 S. 2, 3 EnWG). Personen, die unmittelbar oder mittelbar die Kontrolle über oder Rechte an Unternehmen, welche Funktionen auf der Ebene von Gewinnung, Erzeugung oder dem Vertrieb von Energie an Kunden ausüben, dürften zudem nicht Mitglied des Aufsichtsrates bzw. der gesetzlich zur Vertretung berufenen Organe eines Betreibers von Transportnetzen sein und umgekehrt (§ 8 Abs. 2 S. 4, 5 EnWG). § 8 Abs. 3 EnWG flankiert die eigentumsrechtliche Entflechtung mit verschärften Anforderungen an Personalbestand und informationelle Entflechtung. § 9 EnWG regelt als Alternative das Modell des **unabhängigen Systembetreibers (ISO).** Die Regelungen hinsichtlich der Trennung von Kontrollbefugnissen und Leitungs- bzw. Aufsichtspersonals der eigentumsrechtlichen Entflechtung finden entsprechenden Anwendung (§ 9 Abs. 2 S. 1 EnWG). Ansonsten werden die Vorgaben der

[102] Zu den Entflechtungsvorgaben nach den ursprünglichen Regelungen im Einzelnen s. *Säcker,* RdE 2005, 85ff; *Hohmann/Knecht/Neidert,* et 2004, 822; *Scholz/Strohe,* et 2003, 80ff.; *Koenig/Spiekermann/Stelzner,* IR 2005, 242ff. Siehe auch bei Fn. 33.

Binnenmarktrichtlinien hinsichtlich Aufstellung eines Netzentwicklungsplans und der Finanzierung durch den Netzeigentümer umgesetzt. Das dritte Modell des **unabhängigen Transportnetzbetreibers (ITO)** wird in den §§ 10–10e EnWG umgesetzt. In diesem Falle kann das vertikal integrierte Unternehmen zwar Eigentümer der Transportnetze bleiben. Der ITO ist neben den allgemeinen Anforderungen bzgl. Netzanschluss und -zugang insb. aber für die Erhebung aller transportnetzbezogenen Entgelte zuständig. Dieser kann jedoch nicht mehr von Synergieeffekten profitieren, die in der Regel aus gemeinsam innerhalb des vertikal integrierten Energieversorgungsunternehmens genutzten Einrichtungen wie Rechtsabteilung oder Buchhaltung resultieren, sondern hat eigene Abteilungen zu errichten (§ 10 Abs. 1 EnWG). Die Unabhängigkeit hinsichtlich Organisation, der Entscheidungsgewalt und der Ausübung des Transportnetzgeschäftes ist nach den Maßgaben von § 10a–e EnWG sicherzustellen. Dazu gehören u. a. die finanzielle, technische und personelle Ausstattung des ITO (§ 10a EnWG) sowie die unabhängige Entscheidung über Wartung und Ausbau des Netzes (§ 10b EnWG). Es sind umfangreiche Regelungen zur personellen Trennung (§§ 10c, d EnWG) einzuhalten und Gleichbehandlungsprogramme (§ 10e EnWG) aufzulegen. Die Transportnetzbetreiber **bedürfen** nunmehr auch **gem. §§ 4a–d EnWG der Zertifizierung** durch die Regulierungsbehörde.

Die eigentumsrechtliche Entflechtung im deutschen Stromsektor hat dazu geführt, dass 51 die vier Übertragungsnetze nicht mehr (direkt) von *E.ON, RWE, Vattenfall* und *EnBW* gehalten werden. *E.ON* verkaufte bereits während der Auflage des Dritten Liberalisierungspakets sein Übertragungsnetz an das niederländische Unternehmen *TenneT,*[103] *Vattenfall* firmierte den Betrieb seines Übertragungsnetzes im Jahre 2010 zunächst auf *50 Hertz* um und verkaufte schließlich den Netzbetreiber an den belgischen Netzbetreiber *Elia* und einen australischen Fonds. *RWE* gliederte das Übertragungsnetz an *Amprion* aus, die jedoch weiter von *RWE* kontrolliert wurde. Eine eigentumsrechtliche Entflechtung erfolgte so zunächst nicht. Mittlerweile hält *RWE* an *Amprion* jedoch nur noch eine Sperrminorität. Für das Modell des ITO entschied sich *EnBW*. Der Konzern ist nach wie vor zu 100% Inhaber des Netzunternehmens *TransnetBW*. Im Gassektor verpflichtete sich *RWE* im Rahmen von Verpflichtungszusagen nach Art. 9 VO Nr. 1/2003 bereits im Jahr 2009, sein Gasfernleitungsnetz (unter dem Namen *Thyssengas*) in Deutschland zu verkaufen, um der Einleitung eines Missbrauchsverfahren nach Art. 102 AEUV zuvorzukommen.[104] Dieser Verkauf wurde schließlich 2011 abgeschlossen. Im Jahr 2012 verkaufte auch *E.ON* sein Gasfernleitungsnetz an ein Finanzkonsortium.

c) Regulierung des Netzzugangs. Ausweislich der Grundnorm des § 20 Abs. 1 EnWG haben 52 Betreiber von Energieversorgungsnetzen jedermann nach sachlich gerechtfertigten Kriterien **diskriminierungsfreien Netzzugang** zu gewähren. Die diesbezüglichen Bedingungen, Entgelte und weiteren erforderlichen Informationen müssen – teils im Internet – **transparent** gemacht werden. § 20 Abs. 2 EnWG sieht vor, dass die Verweigerung des Netzzuganges zulässig ist, wenn betriebsbedingte oder sonstige Gründe unter Berücksichtigung der Ziele des § 1 EnWG den Netzzugang unmöglich oder unzumutbar machen. Nach § 21 Abs. 1 EnWG dürfen Wettbewerber gegenüber Unternehmensteilen oder verbundenen bzw. assoziierten Unternehmen des Netzbetreibers bei Bedingungen (und Entgelten) für den Netzzugang nicht schlechter gestellt werden. § 21 Abs. 2 EnWG sieht dabei vor, dass Entgelte auf der Grundlage von Betriebsführungskosten zu bilden sind, die denen eines effizienten und strukturell vergleichbaren Netzbetreibers entsprechen müssen. Zu berücksichtigen sind hier-

---

[103] Dies geschah im Rahmen einer Art. 9 VO (EG) Nr. 1/2003 – Zusage, vgl. dazu insb. oben Rdnr. 36 ff.

[104] Vgl. Komm. E. v. 18.3.2009, COMP/39.402 – *Gasmarktabschottung durch RWE* = K(2009) 1885. Ähnlich wurde beim italienischen Energieunternehmen ENI wg. des Verdachts der Gasmarktabschottung verfahren, vgl. Komm. E. v. 29.9.2010, COMP/39.315 – *ENI* = K(2010) 6701. *E.ON* hingegen brauchte sich aufgrund des Verdachts der Gasmarktabschottung keinen sog. strukturellen Maßnahmen zu unterziehen, vgl. Komm. E. v. 4.5.2010, COMP/39.317 – *E.ON Gas* = K(2010) 2863 endg.

bei Anreize für eine effiziente Leistungserbringung und die Erfordernisse einer angemessenen, wettbewerbsfähigen und risikoangepassten Verzinsung des eingesetzten Kapitals.

53 Im **Elektrizitätsbereich** sieht die Verordnung über die Entgelte für den Zugang zu Elektrizitätsversorgungsnetzen (Stromnetzentgeltverordnung – **StromNEV**)[105] für die Ermittlung der Entgelte nach Maßgabe des § 21 Abs. 2 EnWG (sog. kostenorientierte Entgeltbildung) nähere Vorgaben vor, die von der Anreizregulierungsverordnung – **ARegV**[106] – ergänzt wurden (dazu unter Rdnr. 62). Im Unterschied zu dem ursprünglichen Konzept des verhandelten Netzzugangs (siehe oben unter Rdnr. 5) kann die BNetzA unter dem Regime des regulierten Netzzugangs nach §§ 24, 29 EnWG iVm der Verordnung über den Zugang zu Elektrizitätsversorgungsnetzen (Stromnetzzugangsverordnung – **StromNZV**)[107] hinsichtlich der **Bedingungen** konkrete Vorgaben u. a. zum Inhalt der im Zusammenhang mit dem Netzzugang abzuschließenden zivilrechtlichen Verträge machen. Gemäß den auf Vorschlag des Bundesrats während des Gesetzgebungsverfahrens ergänzten §§ 21 ff. EnWG unterliegen Entgelte für den Netzzugang überdies gem. § 23a EnWG der **Vorabgenehmigung** durch die BNetzA,[108] wenn nicht in einer Rechtsverordnung nach § 21a Abs. 6 EnWG die Bestimmung der Entgelte für den Netzzugang im Wege einer **Anreizregulierung** durch Festlegung oder Genehmigung angeordnet worden ist. Bei der Anreizregulierung gibt die BNetzA Obergrenzen für Netznutzungsentgelte oder Gesamterlöse aus Netznutzungsentgelten vor, die während einer Regulierungsperiode nicht überschritten würden dürfen, deren Unterschreitung jedoch der Gewinnmarge der Unternehmen zu Gute kommt (vgl. § 21a EnWG). Zusätzlich kann die BNetzA Methoden zur Bestimmung der Entgelte nach Maßgabe der StromNEV festlegen (dazu unter Rdnr. 59).

54 Im **Gasbereich** ist die Regulierungstiefe auf grundsätzlich vergleichbare Weise von dem Zusammenspiel zwischen EnWG, Verordnungsrecht und konkreten Regulierungsbefugnissen geprägt. Neben der vorerwähnten Regulierung der Netznutzungsentgelte hat die BNetzA aufgrund der Verordnung über den Zugang zu Gasversorgungsnetzen (Gasnetzzugangsverordnung – **GasNZV**)[109] u. a. die Befugnis, auf konkrete Bestimmungen der für den Zugang zu Gasnetzen erforderlichen zivilrechtlichen Verträge Einfluss zu nehmen. Die Verordnung über die Entgelte für den Zugang zu Gasversorgungsnetzen (Gasnetzentgeltverordnung – **GasNEV**) konkretisiert die durch das EnWG im Grundsatz vorgegebenen Entgeltbildungsmaßstäbe und enthält weitreichende Ermächtigungen der BNetzA.[110]

55 *d) Sonstige Befugnisse.* Neben den Entscheidungsbefugnissen der BNetzA auf der Grundlage des § 29 EnWG in Verbindung mit den jeweiligen Verordnungen betreffend Zugangs- und Entgeltfragen im Strom- und Gasbereich kann die BNetzA nach § 65 Abs. 1 EnWG Unternehmen und Unternehmensvereinigungen **verpflichten, ein Verhalten abzustellen,** das mit dem EnWG sowie dem Verordnungsrecht nicht in Einklang steht. Darüber hinaus besteht die Befugnis, **(positive) Maßnahmen** zur Einhaltung dieser Bestimmungen anzuordnen (§ 65 Abs. 2 EnWG). Die letztgenannte Befugnis eröffnet der BNetzA damit Handlungsspielräume, die dem BKartA nach § 32 GWB bis zum Inkrafttreten der 7. GWB-Novelle nicht zugestanden haben (nunmehr § 32 Abs. 2 GWB). Weitere Befugnisse, die insoweit denen des BKartA grundsätzlich gleichstehen, sieht § 69 EnWG mit der Möglichkeit

---

105 Verordnung über die Entgelte für den Zugang zu Elektrizitätsversorgungsnetzen v. 25.7.2005, BGBl. I, 2225; Verordnung über die Anreizregulierung der Energieversorgungsnetze v. 29.10.2007, BGBl. I, 2529.

106 Verordnung über die Anreizregulierung der Energieversorgungsnetze v. 29.10.2007, BGBl. I, 2529.

107 Verordnung über den Zugang zu Elektrizitätsversorgungsnetzen v. 25.7.2005, BGBl. I, 2243.

108 Stellungnahme des Bundesrates, BT-Drucks. 15/3917, S. 85. Kritisch dazu *Büdenbender,* RdE 2004, 289 f.

109 Verordnung über den Zugang zu Gasversorgungsnetzen v. 3.9.2010, BGBl I, 1261; alte Fassung v. 25.7.2005, BGBl I, 2210.

110 Verordnung über die Entgelte für den Zugang zu Gasversorgungsnetzen v. 25.7.2005, BGBl I, 2197.

von **Auskunftsverlangen** sowie von Betretungs- und **Durchsuchungsrechten** vor.[111] Schließlich sind auch die Befugnisse zur Beschlagnahme und zu vorläufigen Anordnungen (§§ 70, 72 EnWG) den kartellbehördlichen Befugnissen nach dem GWB nachgebildet.

Energieversorgungsunternehmen, an deren Verteilernetz gemäß der De-minimis-Ausnahme weniger als 100 000 Kunden unmittelbar oder mittelbar angeschlossen sind, werden in wesentlichen Aspekten (Netznutzungsentgelte, Entflechtungsüberwachung, Missbrauchsaufsicht) durch die **Landesbehörden** reguliert (§ 54 Abs. 2 EnWG). 56

2. Markttransparenzstelle (§§ 47a ff. GWB). Mit dem Markttransparenzstellengesetz, welches zum 12.12.2012 in Kraft trat, wurde in §§ 47a–47j GWB bei der BNetzA[112] eine Markttransparenzstelle für den Großhandel mit Strom und Gas errichtet. Diese verfolgt ähnliche Aufgaben wie diejenigen, die der Agentur für die Zusammenarbeit der Energieregulierungsbehörden in der VO (EU) Nr. 1227/2011 (oben Rdnr. 32) übertragen wurden, insbes. die laufende Beobachtung der Vermarktung und des Handels mit Elektrizität und Erdgas auf der Großhandelsstufe. Von einer Regelung der Transparenzstelle im EnWG wurde abgesehen, um klarzustellen, dass es sich bei den Bereichen Großhandel von Gas und Strom, ihrer Erzeugung und Vermarktung um Wettbewerbsmärkte handelt.[113] Die Aufgaben der Markttransparenzstelle sollen einvernehmlich mit dem BKartA wahrgenommen werden (§ 47a Abs. 2 GWB). Ziel ist die Aufdeckung von Auffälligkeiten bei der Preisbildung, die Indizien für missbräuchliches Verhalten darstellen können. Dazu sollen auch Erzeugung und Kraftwerkseinsatz beobachtet werden (§ 47b Abs. 1 GWB). Ferner übernimmt die Stelle Aufgaben, die den nationalen Regulierungsbehörden unmittelbar nach der REMIT-VO[114] übertragen wurden. Die im Wege ihrer Aufgaben gesammelten Daten sollen insb. nach Verstößen gegen die §§ 1, 19, 20, 29 GWB bzw. Art. 101, 102 AEUV untersucht werden (§ 47b Abs. 6 GWB). Bei ausreichenden Anhaltspunkten sind die Verfahren an die zuständigen Stellen abzugeben (BKartA, Kommission). § 47b Abs. 8 GWB stellt klar, dass das Gesetz dem insb. auf europäischer Ebene etablierten sog. Auswirkungsprinzip *(„effects doctrine")* folgt und die Beobachtung auf Vorgänge im Ausland erweitert, die sich auf die Preisbildung im nationalen Markt auswirken.[115] Die Markttransparenzstelle hat insb. das Recht, Auskünfte der betroffenen natürlichen und juristischen Personen zu verlangen (§ 47d Abs. 1 S. 1 iVm § 59 GWB) sowie Anhörungen und Ermittlungen durchführen (§ 47d Abs. 1 S. 6 GWB iVm §§ 56, 57 GWB); als Rechtsmittel steht die Beschwerde zur Verfügung (§ 47d Abs. 1 S. 6 GWB). § 58a Abs. 2 EnWG sieht parallel dazu zur Durchführung der REMIT-VO einen umfassenden Informationsaustausch der involvierten Regulierungs-, Wettbewerbs- und Aufsichtsbehörden vor. Schließlich wird § 95 EnWG um Ordnungswidrigkeiten bei Verstößen gegen die Verbote von Insiderhandel und Marktmanipulation nach der REMIT-VO erweitert. Durch Erlassen der REMIT-VO und der Errichtung der Markttransparenzstellte wird deutlich, dass das Risiko der Marktmanipulation an Strom- und Gasmärkten nach wie vor als hoch angesehen wird.[116] 57

3. Verordnungsrecht zum Netzzugang und zur Netznutzung.[117] *a) Stromnetzzugangsverordnung.*[118] Die Bundesregierung hat von den Ermächtigungen des § 24 EnWG 58

---

[111] Zur den Fragen der Fristsetzung, der Begründung und des Umfangs eines Auskunftsverlangen der BNetzA s. OLG Düsseldorf B. v. 20.3.2006, VI Kart. 150/06 (V), S. 5 ff.

[112] Der ursprüngliche Gesetzesentwurf der Bundesregierung sah noch eine Ansiedelung beim BKartA vor, BT-Drucks. 17/10060, S. 9 li. Spalte.

[113] Vgl. Bericht des Ausschusses für Wirtschaft und Technologie, BT-Drucks. 17/11386, S. 19 re. Spalte.

[114] Siehe oben Fn. 64.

[115] Nach der Begr. RegE. ist dies u.a. deswegen erforderlich, da im Strombereich ein grenzüberschreitender Markt zwischen Deutschland und Österreich besteht, vgl. BT-Drucks. 17/10060, S. 27 re. Spalte.

[116] So auch *Bataille/Thorwarth,* et 11/2013, 65.

[117] Dazu *Schau,* IR 2005, 74 ff.; *Theobald,* IR 2004, 137 ff.; *Witzmann,* ZNER 2005, 54 ff.

[118] Verordnung über den Zugang zu Elektrizitätsversorgungsnetzen v. 25.7.2005, BGBl. I, 2243.

zum Erlass der vorerwähnten Stromnetzzugangsverordnung Gebrauch gemacht. Die StromNZV regelt die Bedingungen für die Einspeisung elektrischer Energie in und die damit verbundene zeitgleiche Entnahme aus Elektrizitätsversorgungsnetzen. Einspeisungen und Entnahmen sollen in den gemäß der StromNZV einzurichtenden Bilanzkreisen saldiert werden. Die StromNZV bildet auch den Rahmen für die Beschaffung und den Einsatz der im Verantwortungsbereich der Übertragungsnetzbetreiber liegenden Regelenergie, enthält nähere Bestimmungen über den Netzzugang und stellt Mindestanforderungen für die Vertragsgestaltung auf. Inhaltlich setzte die Verordnung auf die bis dahin in privatwirtschaftlichen Vereinbarungen der Verbände der Elektrizitätswirtschaft und der Abnehmer – sog. Verbändevereinbarung II plus Strom – getroffenen Regelungen auf.[119]

59 *b) Stromnetzentgeltverordnung.*[120] Gestützt auf die vorzitierte Ermächtigungsgrundlage hat der Verordnungsgeber eine Verordnung über die Entgelte für den Zugang zu Elektrizitätsversorgungsnetzen (StromNEV) erlassen und dabei im Sinne einer **Methodenregulierung** ein spezifisches Vorgehen bei der Ermittlung der Netznutzungsentgelte vorgegeben.[121] Die gem. § 21 Abs. 2 Hs. 1 EnWG auf der Grundlage einer an einem effizienten und strukturell vergleichbaren Netzbetreiber ausgerichteten Betriebsführung unter Berücksichtigung von Anreizen für eine effiziente Leistungserbringung und einer angemessenen, wettbewerbsfähigen und risikoangepassten Verzinsung des eingesetzten Kapitals grundsätzlich kostenorientiert zu bemessenden Netznutzungsentgelte sind von den Unternehmen im Einzelnen nach der StromNEV zu ermitteln. Um die Orientierung an den Kriterien des § 21 Abs. 2 Hs. 1 EnWG zu überprüfen, ist die BNetzA zur Durchführung eines **Vergleichsverfahren** betreffend die Entgelte für den Netzzugang, der Erlöse oder der Kosten der Netzbetreiber nach § 21 Abs. 3 EnWG 2 iVm §§ 22ff. StromNEV befugt.

60 *c) Gasnetzzugangsverordnung.*[122] Anders als im Bereich der Stromwirtschaft hat der Gesetzgeber hinsichtlich der Ausgestaltung der Regelungen für den Zugang zu den Gasversorgungsnetzen nicht an die bisherige Praxis angeknüpft. Für die Netzzugangsregulierung im Bereich Gas ist in §§ 20 Abs. 1b EnWG bzw. §§ 3ff. GasNZV das sog. **Entry-Exit-Modell** implementiert worden.[123] Die Erdgasbinnenmarktrichtlinie 2003 forderte die Einführung des Entry-Exit-Modells nicht. Mit dem Dritten Liberalisierungspaket wurden indes Eckpunkte für ein solches Modell in Art. 13 Abs. 1 UAbs. 4 ErdgasfernleitungsnetzzugangsVO verankert. Der konzeptionelle Unterschied zu dem traditionellen „Vertragspfadmodell" lag vor allem darin, dass die Verordnung im Gegensatz zu dem bis zu ihrem Inkrafttreten praktizierten Modell nicht auf die Nutzung einer Leitungsverbindung zwischen dem Einspeise- und Ausspeisepunkt abstellte, sondern die Buchung von Kapazitäten an bestimmten Ein- und Ausspeisepunkten ermöglichte. Die räumliche Distanz zwischen Einspeise- und Ausspeisepunkt spielte damit für die Entgeltbildung grundsätzlich keine

---

[119] *Kühne/Brodowski,* NVwZ 2005, 849ff.

[120] Verordnung über die Entgelte für den Zugang zu Elektrizitätsversorgungsnetzen v. 25.7.2005, BGBl. I, 2225.

[121] Dazu *Becker,* ZNER 2005, 190ff.; *Schau,* IR 2005, 74; *Kühne/Brodowski,* NVwZ 2005, 849ff.; zur Entwurfsfassung *Schmidt-Preuß,* N&R 2004, 90ff.; *Koenig/Rasbach,* et 2004, 702f.; *Koenig/Schellberg,* RdE 2005, 1ff.; *Witzmann,* ZNER 2005, 54.

[122] Verordnung über den Zugang zu Gasversorgungsnetzen v. 3.9.2010, BGBl. I, 1261; alte Fassung v. 25.7.2005, BGBl I, 2210.

[123] Eingehend zur Entwurfsfassung *Neveling,* emw 2004, 52ff. Mit dem Entry-Exit-Modell vollzog die GasNZV die Ergebnisse des sog. *Marathon*-Verfahrens nach, in dem sich einzelne deutsche Ferngasgesellschaften in einem Vergleich mit der Kommission verpflichtet hatten, Zugang zu ihren Gasnetzen unter Verwirklichung des Entry-Exit-Modells zu gewähren (Komm., IP/04/573 v. 30.4.2004 – *Ruhrgas/Marathon;* Komm., IP/03/1129 v. 29.7.2003 – *BEB/Marathon;* ferner Komm., IP/01/1641 v. 23.11.2001 – *Thyssengas/Marathon.* Zust. *Fernández Salas/Klotz/Moonen/Schnichels,* CPN 2004, 41). Hintergrund des von der Kommission geführten Verfahrens war eine Beschwerde der norwegischen Tochtergesellschaft des US-amerikanischen Öl- und Gasunternehmens *Marathon,* dass sich in den 90er Jahren mehrere Ferngasgesellschaften geweigert hätten, *Marathon* Zugang zu ihren Leitungsnetzen zu gewähren; dazu *Klotz,* N&R 2001, 113.

Rolle. Ließ früher § 3 GasNZV noch Raum für alternative Vertragsmodelle, hatte sich bereits faktisch bis zur Novellierung 2010 allein das ebenfalls auf dem Entry-Exit-Gedanken aufbauende **Zweivertragsmodell** etabliert,[124] welches die Netzbetreiber verpflichtet, die für den marktgebietsübergreifenden Transport erforderlichen Buchungen in ihrem Innenverhältnis zu tätigen. Nunmehr ist das Zweivertragsmodell als einziges Instrument in § 3 Abs. 1 GasNZV normiert. Danach sind **alle Transportkunden verpflichtet einen Einspeise- oder Ausspeisevertrag abzuschließen.** Eine Ausnahme besteht lediglich für solche Transportkunden, die ausschließlich den Gashandel am „Virtuellen Handelspunkt" eines Marktgebietes beabsichtigen; sie haben nur mit dem Marktgebietsverantwortlichen einen Bilanzkreisvertrag abzuschließen. Die in der Praxis gängige Nomenklatur des virtuellen Handelspunktes wird damit normativ verankert und in § 2 Nr. 15 GasNZV gleichfalls legaldefiniert. Ein Marktgebiet ist dabei eine Verknüpfung von über Netzkopplungspunkte miteinander verbundenen (Teil-)Netzen, in denen ein Transportkunde gebuchte Kapazitäten an Ein- und Ausspeisepunkten flexibel nutzen kann (§ 2 Nr. 10 GasNZV). Abweichend von den Ein- und Ausspeiseverträgen sind nach der Novellierung der GasNZV im Jahre 2010 Transportkunden von Betreibern örtlicher Verteilernetze gem. § 3 Abs. 5 GasNZV sog. Lieferantenrahmenverträge anzubieten, die die Transportkunden zur Nutzung der Netze in einem Marktgebiet ab dem Virtuellen Handelspunkt und zur Ausspeisung an Punkten der örtlichen Verteilernetze berechtigen. Aus der Überzeugung heraus, dass die Anzahl der Marktgebiete Handels- und Wettbewerbbarrieren darstellen,[125] sieht § 21 Abs. 1 GasNZV eine schrittweise Reduzierung der Marktgebiete auf lediglich zwei vor. Dies wurde bereits zum 1. Oktober 2011 erreicht.[126] Zur Abwicklung netzübergreifender Transporte sind Netzbetreiber nach § 8 Abs. 6 GasNZV nunmehr verpflichtet eine **Kooperationsvereinbarung (KoV)** zu schließen, um einen diskriminierungsfreien Netzzugang zu gewährleisten.[127]

d) Gasnetzentgeltverordnung.[128] Auf der Grundlage des § 24 EnWG ist schließlich die GasNEV ergangen. Entsprechend der StromNEV bestimmt die GasNEV die Methoden zur Ermittlung der Entgelte für den Zugang zu den Gasfernleitungs- und Gasverteilernetzen. In Abweichung von der grundsätzlich kostenorientierten Entgeltfindung sieht die GasNEV auf der Ebene der überregionalen Fernleitungsnetze vor dem Hintergrund des Leitungswettbewerbs in diesen überregionalen Infrastrukturen eine wettbewerbsorientierte Entgeltbildung auf der Grundlage eines Vergleichsverfahrens vor (§§ 3 Abs. 2, 19, 26 GasNEV). Kontrollmaßstab für die Entgeltbildung ist insoweit der im Leistungswettbewerb gebildete Preis, der in regelmäßigen Abständen eine Überprüfung durch die Regulierungsbehörde erfährt. **61**

e) Anreizregulierungsverordnung.[129] Mit der Verordnung zum Erlass und zur Änderung von Rechtsvorschriften auf dem Gebiet der Energieregulierung vom 29.10.2007 hat die Bun- **62**

---

[124] Insbesondere nachdem die BNetzA in ihrem B. v. 17.11.2006, BK7-06/074 die auch zur Verwirklichung des marktübergreifenden Entry-Exit-Modells geeignete Einzelbuchungsvariante in der Kooperationsvereinbarung der Netzbetreiber als Verstoß u. a. gegen den diskriminierungsfreien Netzzugang nach § 20 Abs. 1 S. 1 EnWG untersagt hat. Siehe auch *Huber/Storr,* RdE 2007, 1 ff.

[125] S. auch Monopolkommission, Sondergutachten 59, Rdnr. 186.

[126] Vgl. BKartA B. v. 20.3.2012, B8–124/11, S. 13 Rn. 37 – *Enovos/ESW;* Monopolkommission, Sondergutachten 65, Rdnr. 41. Die beiden Marktgebiete sind nunmehr *GASPOOL* und *NetConnect Germany.* Zur Frage der Gebotenheit der Etablierung lediglich eines Marktgebietes *Merk,* RdE 2013, 349, 351 f. Dem offen gegenüber auch Monopolkommission, Sondergutachten 65, Rdnr. 43.

[127] Die Netzbetreiber haben am 28.6.2013 eine neue „Kooperationsvereinbarung zwischen den Betreibern von in Deutschland gelegenen Gasversorgungsnetzen" vorgelegt, die am 1.10.2013 in Kraft getreten ist. Zur früheren Fassung vgl. *Däuper,* ZNER 2006, 211 ff.; *Däuper/Kolf,* IR 2006, 194 ff.; *Breuer/Kreienbrock/Seidewinkel/von Kopp-Colomb,* RdE 2006, 264.

[128] Verordnung über die Entgelte für den Zugang zu Gasversorgungsnetzen v. 25.7.2005, BGBl I, 2197.

[129] BGBl. 2007 I Nr. 55, S. 2529. Dazu *Elspas/Rosin,* RdE 2007, 329 ff.; *Böwing/Franz/Soemantri,* et 6/2007, 14 ff.; *Ruge,* ZNER 2006, 200 ff.; *Balzer/Schönefuß,* RdE 2006, 213 ff.

desregierung die Verordnung über die Anreizregulierung der Energieversorgungsnetze **(Anreizregulierungsverordnung, ARegV)** erlassen. Die Verordnung beruht auf § 21a Abs. 6 Satz 1 iVm Satz 2 Nr. 1 bis 10 und § 29 Abs. 3 Satz 1 EnWG. Sie schuf die Rechtsgrundlage für die Arbeit der Regulierungsbehörden im Bereich der Anreizregulierung, die nunmehr die statische Kostenregulierung nach § 21 EnWG abgelöst hat. Kernregelungen der ARegV betreffen die Art und Weise und die Methoden und Verfahren, nach denen Anreize für eine effiziente Leistungserbringung durch die Netzbetreiber gesetzt werden. Die ARegV sieht dabei vor, dass für die Netzbetreiber vor Beginn einer Regulierungsperiode Obergrenzen für die Gesamterlöse der jeweiligen Regulierungsperiode festzulegen sind, innerhalb derer die Netzbetreiber individuelle Effizienzvorgaben im Verlaufe der Regulierungsperiode erreichen (§§ 4ff. ARegV).[130]

63 **4. Das Recht der Energieversorgung.** *a) Preisgestaltungsverordnung.* Inhalt und Aufbau der Allgemeinen Preise für im Rahmen der Grund- und Ersatzversorgung von Haushaltskunden gem. §§ 36, 38 EnWG gelieferte Energie können in einer Verordnung auf der Grundlage von § 39 Abs. 1 EnWG geregelt werden, um die tariflichen Rechte und Pflichten der Elektrizitätsversorgungsunternehmen und ihrer Haushaltskunden näher zu bestimmen. Von dieser Verordnungsermächtigung ist bislang kein Gebrauch gemacht worden.[131] Dies kann insofern begrüßt werden, als dass eine staatliche Genehmigung bzw. Festlegung von Grundversorgungspreisen sich mit einem liberalisierten Markt der Energieversorgung schwerlich vereinbaren ließe.[132]

64 *b) Grund- und Ersatzversorgung/Allgemeine Versorgungsbedingungen.* In § 36 EnWG ist eine Grundversorgungspflicht für Letztverbraucher von Strom und Gas normiert. Die **Grundversorgung** wird dabei durch das Energieversorgungsunternehmen wahrgenommen, das die meisten Haushaltskunden in einem Netzgebiet der allgemeinen Versorgung mit Energie über Niederspannungs- bzw. Niederdrucknetze beliefert (§ 36 Abs. 2 iVm § 18 Abs. 1 EnWG).[133] **Ersatzversorgung** erfasst gem. § 38 Abs. 1 EnWG Versorgungsleistungen, die keinem bestimmten Lieferverhältnis zugeordnet werden können. In diesem Fall gilt die Energie als von dem Grundversorger des betreffenden Gebiets geliefert. Auf der Grundlage des § 39 Abs. 2 EnWG wurden zur Ausgestaltung dieser Versorgung Verordnungen über Allgemeine Bedingungen für die Grundversorgung von Haushaltskunden und Ersatzversorgung im Strom- und Gasbereich erlassen.[134] Die Bestimmungen sind nach § 1 Abs. 1 S. 2 StromGVV/GasGVV *ipso iure* Bestandteil entsprechender Verträge über die Grundversorgung zwischen Grundversorgern und Haushaltskunden; ihr Regelungsbereich umfasst insb. die Ausgestaltung des Lieferverhältnisses (Zutrittsrechte, Zahlung, Kündigung etc.).[135]

---

[130] Zur Vertiefung siehe etwa *Groebel,* in: *Britz/Hellermann/Hermes,* EnWG, § 21a Rn. 1ff.

[131] Bis zum 1.7.2007 galt jedoch noch die Tarifordnung Elektrizität (BTOElt), einschließlich der durch die Landesbehörden insoweit ausgeübten Ex-ante-Preiskontrolle, an deren Stelle in § 40 Abs. 1 EnWG ursprünglich eine besondere Missbrauchsaufsicht treten sollte, auf die schließlich wegen der inhatlichen Abbildung durch das GWB verzichtet wurde (vgl. Gesetzesentwurf der Bundesregierung, BT-Drucks. 15/3917, S. 22 re. Spalte bzw. Bericht des Ausschusses für Wirtschaft und Arbeit, BT-Drucks. 15/5268, S. 121 re. Spalte).

[132] Vgl. *Eder,* in: Danner/Theobald, Energierecht, EnWG, § 39 Rdnr. 5.

[133] *Rottnauer,* RdE 2008, 105; *vom Wege/Finke,* ZNER 2007, 116; *Thomale,* et 8/2007, 61. Zur Preisanpassung in der Grundversorgung OLG Düsseldorf RdE 2012, 294ff. Ausführlich zur Grundversorgung *Scholz,* in: *Bartsch/Röhling/Salje/ders.,* Stromwirtschaft, Kap. 60 Rdnr. 1ff.

[134] Vgl. Verordnung über Allgemeine Bedingungen für die Grundversorgung von Haushaltskunden und die Ersatzversorgung mit Elektrizität aus dem Niederspannungsnetz (Stromgrundversorgungsverordnung – StromGVV) v. 26.10.2006, BGBl. I, 2391; Verordnung über Allgemeine Bedingungen für die Grundversorgung von Haushaltskunden und die Ersatzversorgung mit Gas aus dem Niederdrucknetz (Gasgrundversorgungsverordnung – GasGVV) v. 26.10.2006, BGBl. I, 2391, 2396; ferner die noch auf das AGBG gestützte Verordnung über Allgemeine Bedingungen für die Versorgung mit Fernwärme v. 20.6.1980, BGBl. I 742.

[135] Siehe zu den Vorgängerregelungen *Tüngler,* JuS 2001, 739ff.

c) Konzessionsabgabenverordnung. Für die Einräumung des Rechts zur Benutzung öffentlicher Verkehrswege für die Verlegung und den Betrieb von Leitungen, die der unmittelbaren Versorgung von Letztverbrauchern im Gebiet einer Gemeinde mit Energie dienen, entrichten die Energieversorgungsunternehmen regelmäßig Konzessionsabgaben an die kommunalen Eigentümer der Verkehrswege. Nähere Bestimmungen zur Zulässigkeit und Bemessung der Konzessionsabgaben regelt die auf der Grundlage des § 48 Abs. 2 EnWG erlassene Konzessionsabgabenverordnung (KAV). 65

5. Das Recht der Stromeinspeisung. *a) Das Kraft-Wärme-Kopplungsgesetz (KWKG).* 66
Das bereits kurz nach seinem Inkrafttreten novellierte KWKG regelt Einspeisung und Vergütung von in Kraft-Wärme-Kopplung erzeugtem Strom. Mit den für Netzbetreiber statuierten Pflichten zum Anschluss von KWK-Anlagen an ihr Netz, zur Abnahme des darin erzeugten KWK-Stroms und zur Vergütung unter Berücksichtigung gesetzlich festgelegter Zuschläge pro Kilowattstunde wird der – als energiesparend und umweltfreundlich eingestufte – KWK-Strom gefördert (§§ 4, 7 KWKG). Mit dem Ziel der gleichmäßigen Verteilung der aus den vorgenannten Pflichten für die Netzbetreiber entstehenden Lasten findet ein jährlicher Belastungsausgleich statt (§ 9 KWKG).

b) Das Erneuerbare-Energien-Gesetz (EEG). Eine dem KWKG vergleichbare Privilegierung 67
statuiert das EEG für Strom aus erneuerbaren Energien, namentlich Wasserkraft, Windenergie, solare Strahlungsenergie, Geothermie und Energie aus Biomasse. Ziel ist es, den Anteil erneuerbarer Energien an der Stromversorgung bis zum Jahre 2050 schrittweise auf 80% zu erhöhen. Das EEG wurde zu Beginn des Jahres 2009 vollständig novelliert. § 9 EEG statuierte dabei die Pflicht von Netzbetreibern, ihre Netze ggf. an die Anforderungen für die Übertragung von Strom aus erneuerbaren Energien zu optimieren und auch zu erweitern. Dies stand allerdings nach § 9 Abs. 3 EEG 2009 wiederum unter dem Vorbehalt wirtschaftlicher Zumutbarkeit. Obwohl damit die in Teilen bereits vorher existierende Norm (§ 4 Abs. 2 S. 2 EEG a. F.) an prominentere Stelle gerückt wurde, sollte damit keine Neukonzeption dergestalt verbunden sein, dass die Netzbetreiber künftig auch eine Pflicht zum Neubau von Netzen treffen sollte;[136] vielmehr waren drei wesentliche Arten der Kapazitätserweiterung zu unterscheiden: Netzoptimierung, Netzverstärkung und Netzausbau.[137] Der Förderung erneuerbarer Energien liegt der Gedanke zugrunde, dass aus regenerativen Energieträgern erzeugter Strom gegenüber aus konventioneller Erzeugung stammendem Strom regelmäßig nicht wettbewerbsfähig ist. Erzeuger erneuerbarer Energien konnten vom jeweils nächstgelegenen Netzbetreiber gem. §§ 5 ff. EEG 2009 Anschluss, Abnahme und Vergütung des privilegierten Stroms zu gesetzlich vorgeschriebenen Mindestpreisen verlangen. Ein sowohl vertikaler (im Verhältnis zum vorgelagerten Übertragungsnetzbetreiber) als auch horizontaler (im Verhältnis zwischen den Übertragungsnetzbetreibern) Belastungsausgleich sollte die gleichmäßige Verteilung der aufgrund der gesetzlichen Mindestpreise erhöhten Aufwendungen sicherstellen (§§ 34 ff. EEG 2009). Mit dem EEG und dem KWKG haben sich die in der Vergangenheit auch unter kartellrechtlichen Aspekten geführten Rechtsstreitigkeiten um vermiedene Kosten weitestgehend erledigt.[138] Mit einer weiteren Novelle, die zum 1. Januar 2012 in Kraft trat, wurde ein Alternativmodell zur Einspeisevergütung nach §§ 16 ff. EEG 2012 eingeführt. Mit der Direktvermarktung nach den §§ 33a–i EEG 2012 war es nun Anlagenbetreibern möglich, Strom aus Anlagen, die ausschließlich erneuerbare Energien einsetzten, unmittelbar an Dritte zu veräußern (§ 33a Abs. 1 EEG 2012). Ein Wechsel zwischen der Vergütung nach § 16 EEG 2012 und der Direktvermarktung nach § 33a EEG 2012 war monatlich möglich (§ 33d Abs. 1 EEG 2012). § 33e EEG 2012 stellte klar, dass – solange die Direktvermarktung gewählt wurde – Anlagenbetreiber auf den Vergütungsanspruch nach § 16 EEG 2012 verzichteten. Stattdessen gestattete § 33g EEG 2012 den Anlagenbetreibern allerdings, von den Netzbetreibern eine **sog. Marktprämie** zu verlangen. Die Marktprämie

136 *Ehricke,* in: *Frenz/Müggenborg,* EEG, § 9 Rdnr. 15.
137 Vgl. *Salje,* EEG 2012, § 9 Rdnr. 8 ff.
138 Mehr dazu bei *Zinow* in der 1. Auflage, § 34 Rdnr. 103.

ergab sich aus der Differenz der Einspeisevergütung nach § 16 EEG 2012 und des Referenzmarktwertes des Stromes (§ 33g Abs. 2 iVm Anlage 4 EEG 2012). Der Referenzmarktwert berechnete sich wiederum aus der Differenz des tatsächlichen Monatsmittelwertes der Stundenkontrakte am Spotmarkt der Strombörse und einer Managementprämie für den anfallenden Vermarktungsaufwand (Ziff. 2.1.1 Anlage 4 EEG 2012).[139] Mit dieser Regelung sollte eine verstärkte Markt- und Systemintegration der erneuerbaren Energien erreicht werden (vgl. § 1 Abs. 2 HS 2 EEG 2012). Im Jahr 2014 erfolgte eine erneute vollständige Novelle des Gesetzes. Wesentliche Punkte des EEG 2014 sind eine Absenkung der Fördersätze für EEG-Strom, die schrittweise Einführung einer Pflicht zur Direktvermarktung des EEG-Stroms, eine Beschränkung der Ausnahmen zur Zahlungspflicht der EEG-Umlage für stromintensive Unternehmen sowie die Streichung des sog. Eigenstromprivilegs, nach dem Eigenversorger für selbstproduzierten und -verbrauchten Strom von der EEG-Umlage befreit waren, für Neuanlagen.

68 *c) Kraftwerks-Netzanschlussverordnung.* Die auf § 17 Abs. 3 EnWG gestützte Kraftwerks-Netzanschlussverordnung **(KraftNAV)** dient der Erleichterung des diskriminierungsfreien Anschlusses neuer Kraftwerke an das Netz.[140] Zur Erleichterung neuer Kraftwerksprojekte bringt die KraftNAV eine **verfahrens- und kostenmäßige Entlastung neuer Kraftwerke** beim Netzanschluss. Darüber hinaus schafft sie **Planungssicherheit für Investitionen** in Kraftwerke und Netze. Anwendung findet die Verordnung auf den Netzanschluss von Anlagen zur Erzeugung von elektrischer Energie mit einer Nennleistung ab 100 Megawatt an Elektrizitätsversorgungsnetzen mit einer Spannung von mindestens 110 Kilovolt (§ 1 Abs. 1 KraftNAV). Gemäß §§ 4 ff. KraftNAV erhalten die Kraftwerksinvestoren einen Anspruch auf den Anschluss an das Stromnetz. Richtet der Anschlussnehmer ein Netzanschlussbegehren an den Netzbetreiber, so hat dieser spätestens nach Ablauf von zwei Wochen dem Anschlussnehmer eine Anschlusszusage zu erteilen, soweit er nicht den Anschluss verweigern darf (siehe §§ 3 und 4 KraftNAV). Diese beinhaltet die verbindliche Reservierung von Netzanschlussleistungen an einem Netzanschlusspunkt unbeschadet des Zustandekommens des Netzanschlussvertrags und der Anschlussnutzung und wird wirksam, wenn der Anschlussnehmer innerhalb eines Monats nach Erteilung der Anschlusszusage eine Reservierungsgebühr in Höhe von 1000 EUR pro Megawatt Netzanschlussleistung sowie die Kosten der Prüfung zahlt (§ 4 Abs. 1 Satz 3, 4 KraftNAV). Diese Reservierungsgebühr soll eine missbräuchliche Vorratsreservierung verhindern.[141]

69 Mit dem Ziel des Abschlusses eines Netzanschlussvertrages haben Netzbetreiber und Anschlussnehmer einen **sog. Verhandlungsfahrplan** zu vereinbaren (§ 4 Abs. 2 S. 3 KraftNAV). Zusammen mit dem Netzanschlussvertrag stellen die Parteien dann einen **sog. Realisierungsfahrplan** auf, welcher die einzelnen Schritte zur Errichtung des Kraftwerks vorgibt (§ 4 Abs. 5 KraftNAV). Regelungen zu der Frage der Zumutbarkeit der Gewährung des Netzanschlusses enthält § 6 KraftNAV. Danach ist der Netzanschluss unzumutbar, wenn der begehrte Netzanschlusspunkt technisch nicht zur Aufnahme des erzeugten Stroms geeignet ist und die Eignung vom Netzbetreiber nicht durch Maßnahmen zur Ertüchtigung des Netzanschlusspunktes oder zum Ausbau des Netzes bis zum nächsten Netzknoten möglich und auf zumutbare Weise hergestellt werden kann. Die Verweigerung des Netzanschlusses kann dagegen nicht mit der Begründung erfolgen, dass in einem mit dem Anschlusspunkt zumindest indirekt verbundenen Netz Kapazitätsengpässe auftreten bzw. auftreten werden (§ 6 Abs. 2 KraftNAV). Für den Fall der Anschlussverweigerung muss der Netzbetreiber einen Anschlusspunkt, der den Absichten des Anschlussnehmers im Rahmen

---

[139] Überblick bei *Gawel/Purkus,* ZUR 2012, 587, 589f; *Ekardt/Hennig,* in: *Frenz/Müggenborg,* EEG, § 33g Rdnr. 5, 12ff.

[140] Verordnung zur Regelung des Netzanschlusses von Anlagen zur Erzeugung von elektrischer Energie (Kraftwerks-Netzanschlussverordnung – KraftNAV) v. 26.6.2007, BGBl. I, S. 1187.

[141] Siehe dazu und zu der Frage, ob die Reservierungsgebühr zu hoch bemessen wurde *de Wyl/Hartmann/von Petz,* ZNER 2007, 132, 133.

des wirtschaftlich Zumutbaren bestmöglich Genüge tut, vorschlagen (§ 6 Abs. 3 KraftNAV). Schließlich wird Kraftwerken, die bis zum 31. Dezember 2007 ein Netzanschlussbegehren an den Netzbetreiber gerichtet haben und bis zum 31. Dezember 2012 oder – soweit die Verzögerung unverschuldet ist – zu einem späteren Zeitpunkt ans Netz gehen, ein bevorzugter Netzzugang auch im Fall von Engpässen gegeben (§ 7 KraftNAV). Kritisch anzumerken ist, dass diese Engpassregelung zu einer – problematischen – Privilegierung neuer Kraftwerke gegenüber bereits bestehenden Kraftwerken führen kann. Darüber hinaus stellt sich die Frage der Vereinbarkeit der Regelungen mit der Warenverkehrsfreiheit aus Art. 34 AEUV, da inländische gegenüber ausländischen Produzenten bevorzugt sein dürften.[142] Die Frage der Kostentragung regelt § 8 KraftNAV. Danach haben die Kraftwerksinvestoren die Anschlusskosten zu tragen.

VI. Kartellrechtliche Aufsicht über Energieversorgungsunternehmen – Verhältnis von Kartell- und Regulierungsbehörden

Das früher existierende System der kartellrechtlichen Aufsicht über Energieversorgungsunternehmen wurde durch die Novellierungen des Energiewirtschaftsrechts grundlegend verändert;[143] die Kontrolle wettbewerblichen Verhaltens ist zu einem wesentlichen Teil auf die BNetzA und die Landesregulierungsbehörden überführt und damit „sektoralisiert" worden. In der Vergangenheit oblag die Aufsicht über Energieversorgungsunternehmen einzig den Kartellbehörden, die Zuwiderhandlungen u. a. gegen §§ 19, 20 GWB im Rahmen ihrer Befugnisse verfolgten und sanktionierten. Der Energieaufsicht oblag daneben die Überprüfung der Einhaltung der Vorschriften des EnWG 1998 durch die Energieversorgungsunternehmen; in ihren Verantwortungsbereich fiel insb. die Genehmigung Allgemeiner Tarifpreise für die Versorgung von Letztverbrauchern mit niedergespanntem Strom (nach der 2007 außer Kraft getretenen BTOElt) sowie die Erteilung von Genehmigungen für die erstmalige Aufnahme der Versorgung Dritter mit Energie. § 130 Abs. 3 GWB a. F. regelte das Verhältnis des Energiewirtschaftsrechts zum GWB dahingehend, dass die Vorschriften des EnWG 1998 der Anwendung der §§ 19 und 20 GWB nicht entgegenstanden.[144] 70

Mit dem Erlass des EnWG 2005 hat sich die Rechtslage gewandelt. Nach § 111 Abs. 1 EnWG sind die **§§ 19, 20, 29 GWB nicht anzuwenden, soweit das EnWG** oder aufgrund des EnWG erlassene Rechtsverordnungen ausdrücklich **abschließende Regelungen treffen.** Näher konkretisiert dies insb. § 111 Abs. 2 EnWG, wonach die Regelungen des Teils 3 (§§ 11–35 EnWG) und die aufgrund dieser Paragraphen erlassenen Rechtsverordnungen abschließende Vorschriften darstellen. Netzbetreiber von Elektrizitäts- oder Gasversorgungsnetzen unterliegen insoweit nur der Aufsicht der Regulierungsbehörde unabhängig von ihrer Marktstellung; eine Doppelkontrolle marktbeherrschender Netzbetreiber durch die Kartellbehörden auf der Grundlage der Vorschriften des GWB findet demnach insoweit nicht statt (zur Kontrolle der Strom- und Gaspreise s. Rdnr. 153 ff.). 71

Diese Zuständigkeitsabgrenzung soll mit einer für die Kartellbehörden verbindlichen **Feststellungswirkung** zugunsten netzentgeltbezogener Aussagen der Regulierungsbehörde gem. § 111 Abs. 3 EnWG auch in den Fällen sichergestellt werden, in denen die Kartellbehörden §§ 19, 20, 29 GWB bei der Prüfung von Endverbraucherpreisen anwenden. 72

Während auf nationaler Ebene damit eine ausschließliche Zuständigkeit der Regulierungsbehörden jedenfalls im Bereich der Regelung des Netzzugangs und der Netznutzungsentgelte gegeben ist, kommt für die Kartellbehörden auf der Grundlage des Art. 5 VO Nr. 1/2003 (dazu *Diekmann* in § 45) eine **(Parallel-)Zuständigkeit** insb. in den 73

---

[142] Keine rechtlichen Bedenken gegen diese Regelung haben *de Wyl/Hartmann/von Petz,* ZNER 2007, 132, 133; *Ritzau/de Wyl/Hartmann,* et 2007, 87; *Kriebel/Schalle,* emw 2007, 84.

[143] So bereits *Zinow* in der 1. Auflage, § 34 Rdnr. 5 ff., 17 ff. Zum aktuellen Verhältnis von EnWG und GWB auch *Weyer,* RdE 2012, 354 f.

[144] So auch OLG Düsseldorf WuW/E DE-R 1246, 1249 – *GETEC net.*

Fällen der Durchsetzung europäischen Kartellrechts in Betracht. Eine Doppelzuständigkeit von Regulierungsbehörde und Kartellbehörden ist damit also nicht vollständig ausgeschlossen.[145] Diese Konstellation ist insoweit vergleichbar mit dem Verhältnis zwischen unionsrechtlichen Missbrauchsverbot und den telekommunikationsrechtlichen Vorgaben: Mit Blick auf das Missbrauchsverbot für marktbeherrschende Unternehmen aus Art. 102 AEUV hat sich der BGH insoweit auf den Standpunkt gestellt, dass eine telekommunikationsrechtliche Entgeltgenehmigung keine Aussage über die Vereinbarkeit des genehmigten Entgelts mit Art. 102 AEUV trifft. Das Nebeneinander von Regulierungsrecht und Kartellrecht begründete der BGH damit, dass ein Unternehmen im Regulierungsverfahren einen missbräuchlichen Tarif vorlegen und insoweit eine Genehmigung erwirken kann, weil der Missbrauch im behördlichen Verfahren unter Umständen nicht aufgedeckt wird.[146] In der Rechtssache T-271/03 hat die *Deutsche Telekom AG* eine Entscheidung der Kommission aufgrund Art. 102 AEUV unter anderem mit dem Argument angefochten, geprüfte bzw. genehmigte Entgelte könnten nicht kartellrechtswidrig sein. Das EuG hat die Kommissionsentscheidung jedoch nicht kassiert; zu dem Verhältnis nationaler Behörden untereinander konnte das EuG naturgemäß keine Stellung beziehen und befand so schließlich, dass jedenfalls die Kommission nicht an die Entscheidung einer nationalen Behörde zu Art. 102 AEUV gebunden sein könne und demnach eigene Untersuchungen anstellen könne.[147] Dies hat der EuGH auf das Rechtsmittel hin bestätigt.[148] So ist die Kommission auch im Falle ihrer vorläufigen Beurteilung der Gasmarktabschottung durch *RWE* zur Einschätzung gelangt, dass *RWE* gezielt künstlich hohe Übertragungsentgelte festgelegt haben könnte, um die Margen von Wettbewerbern zu drücken, sog. Preis-Kosten-Schere *(„margin squeeze“)*.[149] Auch hier befasste sich die Kommission also mit einem möglichen Verstoß gegen Art. 102 AEUV, obwohl die Netzentgeltregulierung grds. in den Händen der nationalen Regulierungsbehörde liegt. Das Verfahren wurde schließlich nach Art. 9 VO Nr. 1/2003 gegen die Zusage eingestellt, das Gasnetz zu veräußern. Einen ähnlichen möglichen Verstoß sah die Kommission im Falle der *DB Energie* und dem Bahnstrompreissystem.[150] In diesem System befürchtete die Kommission ebenfalls eine Preis-Kosten-Schere, was zur Beschränkung des Wettbewerbs auf Schienepersonenverkehr und -güterverkehr geführt haben soll. Auch dieses Verfahren endete mit Verpflichtungszusagen.

74 Darüber hinaus sind die **Kartellbehörden zuständig** für die Aufsicht über Energieversorgungsunternehmen, sofern Sachverhalte betroffen sind, die außerhalb des Netzbetriebs liegen.[151] Dies betrifft insb. **Erzeugung, Beschaffung und Vertrieb.** Daran ändert sich auch grds. nichts durch die Einführung der Markttransparenzstelle für den Großhandel im Bereich Strom und Gas. Diese beobachtet nach § 47b Abs. 2 GWB zwar auch Erzeugung und Vermarktung von Elektrizität und Erdgas, hat die Verfahren aber bei Anhaltspunkten für Verstöße nach §§ 1, 19, 20, 29 GWB bzw. Art. 101, 102 AEUV an die zuständige Beschlussabteilung des BKartA bzw. die Kommission abzugeben (§ 47b Abs. 7 GWB). Die Umsetzung der Entflechtungsbestimmungen wird helfen, die Aufgabenverteilung zwischen Regulierungsbehörde und Kartellbehörden deutlicher aufzuzeigen. Die Entflechtung hat aber auch zur Folge, dass das BKartA aus einer marktbeherrschenden Stellung im Bereich

---

[145] So auch *Baur,* RdE 2004, 277, 279 f.

[146] BGH WuW/E DE-R 1254, 1256 – *Verbindung von Telefonnetzen;* aA die Vorinstanz OLG Düsseldorf WuW/E DE-R 894 – *Netzzugangstarife;* näher *Haus,* N&R 2004, 143, 145.

[147] EuG U v. 10.4.2008, Rs. T-271/03, Slg. 2008, II-477 Rdnr. 119 – *DTAG;* die Kommissionsentscheidung v. 21.5.2003 findet sich unter ABl. 2003 L 263/9 – *DTAG.*

[148] EuGH U. v. 14.10.2010, Rs. C-280/08 P, Slg. 2010, I-9555, 9641 f – *Deutsche Telekom.*

[149] Komm. E. v. 18.3.2009, COMP/39.402, Rdnr. 29 ff. – *Gasmarktabschottung durch RWE.* Näher zur Gasmarktabschottung und der Praxis der Kommission siehe oben Rdnr. 36 ff.

[150] Komm. E. v. 18.12.2013, COMP/AT.39678 und COMP/AT.39731 – *Deutsche Bahn I und II;* s. auch ABl. 2013 C 237/05 – *Deutsche Bahn I – III.* Näher dazu unten Rdnr. 168.

[151] Vgl. auch *Becker/Zapfe,* ZWeR 2006, 419, 423 ff.

Netz nicht mehr ohne weiteres die Normadressateneigenschaft der vom Netzgeschäft unabhängigen Unternehmens(-teile) nach § 19 GWB wird herleiten können.[152]

Schließlich sieht § 58 EnWG u.a. zur einheitlichen und den Zusammenhang mit dem GWB wahrenden Auslegung des EnWG (vgl. § 58 Abs. 3 EnWG) **Einvernehmens- und Anhörungsregelungen** zwischen der BNetzA und dem BKartA bzw. den Landeskartellbehörden vor. Bei Aufsichtsmaßnahmen nach § 65 iVm § 25 S. 2 EnWG (Ausnahmen vom Netzzugang im Gasbereich) und § 6b EnWG (getrennte Rechnungslegung) muss die BNetzA Einvernehmen mit dem BKartA herstellen. Bei Anwendung des § 65 iVm. §§ 6, 6a, 7–7b, 9–10e EnWG (restliche Entflechtungsvorschriften) gilt dies nur hinsichtlich der Person des Verpflichteten. Bei Maßnahmen betreffend die Regulierung des Netzbetriebs bedarf es der Gelegenheit zur Stellungnahme (§ 58 Abs. 1 S. 2 EnWG). Der Bundesregierung ist es überlassen, im nachgeordneten Verordnungsrecht eine Einvernehmensregelung bei Entscheidungen zur Festlegung oder Genehmigung bzw. Änderung von Methoden oder Bedingungen zum Netzanschluss oder Netzzugang vorzusehen (§ 29 Abs. 3 S. 2 EnWG). Ähnlich verhält es sich auch nach den Regelungen über die Markttransparenzstelle (vgl. oben Rdnr. 57). Eine Verordnungsregelung zur Herstellung des Einvernehmens zwischen Markttransparenzstelle bei der BNetzA und dem BKartA aufgrund von § 47a Abs. 3 GWB steht allerdings noch aus. 75

Umgekehrt ist die BNetzA anzuhören, wenn das BKartA im Bereich Gas oder Strom §§ 19, 20, 29 GWB oder Art. 102 AEUV anwendet bzw. ein Zusammenschlussvorhaben im Hauptverfahren entscheiden will (§ 58 Abs. 2 EnWG). Nach § 58 Abs. 4 EnWG ist der Austausch erlangter Informationen zulässig, soweit dies zur Erfüllung der jeweiligen Aufgaben erforderlich ist. 76

Die Kartellbehörden sind außerdem zuständig für Fälle der missbräuchlichen Konzessionsabgaben im Rahmen der **entgeltlichen Gestattung der Nutzung öffentlicher Wege durch Gemeinden** (ausführlich unten Rdnr. 246ff.). Die Gemeinde kann einerseits nämlich als Energieversorger und Netzbetreiber Gegenstand netzentgeltlicher Regulierung durch die Regulierungsbehörde sein. Dies schließt aber andererseits ein kartellrechtliches Vorgehen gegen ein missbräuchliches Verhalten bei der entgeltlichen Gestattung der Nutzung öffentliche Wege durch die Gemeinden nicht aus, da es sich dabei nicht um den ausschließlichen Bereich der Netzentgeltregulierung handelt, von der in § 111 Abs. 1 S. 1 EnWG die Rede ist.[153] 77

B. Zugang zu Strom- und Gasnetzen

I. Die wirtschaftliche und technische Bedeutung des Netzzugangs

Der Umstand, dass Elektrizität und Gas nur über bereits bestehende Infrastruktureinrichtungen an den Endverbraucher geliefert werden können, bringt es mit sich, dass ein brancheninterner Wettbewerb im Bereich der leitungsgebundenen Energieversorgung nur dann möglich ist, wenn vorhandene Leitungen und Netze nicht nur exklusiv dem jeweiligen Eigentümer der Infrastruktureinrichtung, sondern auch Dritten zur Verfügung stehen. Aufgrund der mit der Errichtung von Versorgungsnetzen und -leitungen verbundenen hohen Investitionen sowie bau- und umweltrechtlicher Beschränkungen stellt die Errichtung paralleler Netze keine realistische Alternative dar, um in der Flächenversorgung Endverbrauchern alternative Bedarfsdeckungsmöglichkeiten zur Verfügung zu stellen.[154] Während sich 78

[152] *Baur,* RdE 2004, 277, 281.

[153] BGH WuW/E DE-R 3879, 3882 – *Gasversorgung Ahrensburg;* zustimmend *Lange,* RdE 2013, 229ff.; aA noch die Vorinstanz OLG Düsseldorf, RdE 2012, 65, 67. Ausführlich zur Konkurrenzregel des § 111 Abs. 1, Abs. 2 EnWG in Bezug auf Konzessionsabgaben *Weyer,* RdE 2012, 354ff.

[154] *Markert,* BB 1997, 1421; *Büdenbender,* EnWG, § 5 Rdnr. 28.

im Ferngasgeschäft der Ausbau paralleler Netze als wirtschaftlich erweisen kann,[155] lässt sich der Wettbewerb bei der Strom- und Gasversorgung im Endkundengeschäft wegen der Unwirtschaftlichkeit des parallelen Leitungsbaus regelmäßig nur verwirklichen, wenn eine Verpflichtung des Eigentümers besteht, Dritten die Nutzung bzw. den Zugang zu seinen Strom- und Gasnetzen einzuräumen.[156] Dieses Konzept wird in der Wirtschaftswissenschaft als **„disaggregierter Regulierungsansatz"** bezeichnet.[157]

79 Die Nutzung fremder Strom- und Gasnetze zum Zwecke der Belieferung von Kunden mit elektrischer Energie oder Gas durch einen Lieferanten, der selbst nicht Eigentümer der jeweiligen Infrastruktureinrichtungen ist, wurde in der Vergangenheit üblicherweise mit dem Terminus **„Durchleitung"** bezeichnet. Der Begriff der „Durchleitung" suggeriert, dass eine bestimmte Energiemenge an einem konkreten Punkt in das jeweilige Versorgungsnetz eingespeist wird, um dann durch einen festgelegten Transportpfad durch das Netz zu fließen und an einem anderem Punkt des Netzes, dem sog. Ausspeisepunkt, von dem Abnehmer entnommen werden zu können. Aufgrund der physikalischen Besonderheiten des Wirtschaftsgutes Elektrizität handelt es sich bei der Stromdurchleitung jedoch nicht um einen schlichten Transportvorgang; eine stoffliche Lieferung elektrischer Energie findet aufgrund der Vermaschung der Versorgungsnetze und des Umstandes, dass Strom den Weg des geringsten Widerstandes geht, nicht statt. Entsprechendes gilt im Grundsatz auch für Gas: zwar findet hier, anders als bei Strom, ein stofflicher Transport statt; eine physikalische Identität zwischen den an einem bestimmten Einspeisepunkt in das Gasnetz eingespeisten Gasmengen und den an einem Ausspeisepunkt entnommenen Erdgasmengen besteht infolge von Durchmischung mit Gasmengen, die zeitgleich in dem jeweiligen Leitungsnetz transportiert werden, jedoch nicht. Die Einspeisung von Strom und Gas und die Entnahme durch den jeweiligen Abnehmer erfolgen somit in physikalisch-technischer Hinsicht unabhängig voneinander. Der Begriff der „Durchleitung" kennzeichnet insoweit einen fiktiven wirtschaftlichen Vorgang, bei dem die Einspeisung leitungsgebundener Energie mit einer zeitgleichen Entnahme von Energie durch die vertragliche Verpflichtung des Netzbetreibers verbunden wird, Einspeisung und zeitgleiche Entnahme durch einen bestimmten Abnehmer zu gewährleisten. Um die zeitgleiche Entnahme von Elektrizitäts- und Gasmengen gewährleisten zu können, obliegt dem Netzbetreiber die Erbringung zusätzlicher sog. **Systemdienstleistungen,** wie z. B. Frequenz- und Spannungshaltung, Ausgleich von Übertragungsverlusten, Vergleichmäßigung unterschiedlicher Gasqualitäten und Speicherung. Es handelt sich bei der Durchleitung demgemäß nicht (nur) um eine rein passive Zurverfügungstellung eines Netz- oder Leitungssystems durch den jeweiligen Eigentümer. Nicht zuletzt aufgrund der dargestellten physikalisch-technischen Besonderheiten der Strom- und Gasversorgung ist der Begriff der „Durchleitung" zunehmend durch den Begriff **„Netzzugang"** ersetzt worden. Das EnWG verwendet seit 2005 allein diesen Begriff.

II. Zugang nach früherem Recht

80 **1. Rechtslage vor dem EnWG 1998.** Vor dem Inkrafttreten des EnWG 1998 erfolgte die leitungsgebundene Energieversorgung in Deutschland weitgehend innerhalb geschlossener Versorgungsgebiete unter Ausschluss brancheninternen Wettbewerbs, der durch ein

[155] Dies wird am Beispiel der *Wingas* deutlich, eines ursprünglich gemeinschaftlichen Unternehmens der *BASF*-Gruppe und der russischen *Gazprom* (die geplante Übernahme von *Wingas* durch *Gazprom* wurde von der Kommission im Dezember 2013 genehmigt, von den Unternehmen aber Ende 2014 aufgegeben). Sie hat seit 1990 ein eigenes Ferngas-Leitungsnetz errichtet und einen bedeutenden Marktanteil auf dem deutschen Gasmarkt gewonnen.

[156] Vgl. grundsätzlich zum Konzept *Eickhof/Kreikenbaum,* WuW 1998, 666 ff.; *Büdenbender,* JZ 1999, 62 ff.

[157] Dazu insb. *Blankart/Knieps,* ifo-Studien 1996, 483 ff.; *Kruse,* in: Fs. I. Schmidt, S. 247 ff.; *Basedow,* Jb. für Neue Polit. Ökon., Bd. 16 (1997), 121 f.; *Ströbele,* et 1999, 389, 392; *Eickhof/Kreikenbaum,* WuW 1998, 666, 672; *Schwarze,* in: Netzzugang für Dritte im Wirtschaftsrecht, S. 11ff; *Klimisch/Lange,* WuW 1998, 15 ff.; *Immenga/Mestmäcker–Fuchs,* Wettbewerbsrecht, GWB, § 19 Rdnr. 302.

Geflecht privatrechtlicher Gebietschutzverträge begründet wurde (vgl. auch oben Rdnr. 3 und unten Rdnr. 118ff.). Energieversorgungsunternehmen waren jedoch bereits durch Vorschriften des GWB einer **besonderen Missbrauchsaufsicht** unterworfen. Nach Inkrafttreten der 4. GWB-Novelle von 1980 wurde die Missbrauchsaufsicht auf einen beschränkten Netzzugangs erweitert. Danach konnte eine unbillige Behinderung in der Weigerung liegen, mit einem Unternehmen Verträge über die Netznutzung (etwa Ein- und Ausspeisung von Energie) zu angemessenen Bedingungen zu schließen. Allerdings sah eine Einschränkung zunächst vor, dass die Verweigerung *wettbewerbsbegründender Durchleitungen* nicht als missbräuchlich anzusehen war.[158]

Dieser Missbrauchstatbestand bzgl. des Netzzugangs wurde lediglich in einem einzigen Fall vom BKartA als Kriterium zum Zwecke der Auslegung der allgemeinen Missbrauchs- und Behinderungstatbestände des GWB im Bereich der Gasversorgung herangezogen.[159] Auf die Beschwerde des Leitungseigentümers *VNG* hin vertraten beide Gerichtsinstanzen die Ansicht, die Einordnung der Verweigerung des Netzzugangs hinge im Einzelfall von einer **Interessenabwägung** unter Berücksichtigung der auf die Freiheit des Wettbewerbs gerichteten Zielsetzung des GWB ab. Dabei wurde auch die Verpflichtung zur Gewährung eines wettbewerbsbegründenden Zugangs vom BGH nicht ausgeschlossen. Abzuwägen war dies aber mit dem Interesse des mittels der Durchleitung zu versorgenden Kunden an einer Belieferung zu einem günstigen Preis. Weil der Netzbetreiber bzw. der bisherige Lieferant allerdings in den günstigeren Lieferpreis des Netzzugangspetenten eingetreten war, entfiel der Missbrauchsvorwurf. Im Ergebnis erwies sich dieser Missbrauchstatbestand als unzureichendes Instrumentarium, um eine wettbewerbliche Öffnung des Strom- und Gasmarktes gewährleisten zu können.[160] 81

2. Rechtslage nach Inkrafttreten des EnWG 1998. *a) Spezialgesetzliche Ansprüche für den Zugang zu den Strom- und Gasnetzen. aa) Anspruchsgrundlagen.* Mit dem EnWG 1998 normierte der deutsche Gesetzgeber erstmalig einen spezialgesetzlichen, unmittelbar im Energiewirtschaftsgesetz verankerten Anspruch auf Netzzuggang, allerdings zunächst nur zu den Elektrizitätsversorgungsnetzen. § 6 Abs. 1 EnWG 1998 formulierte den Anspruch auf Zugang zu den Elektrizitätsnetzen dem Grunde nach, enthielt hinsichtlich der Entgelte und Konditionen, zu denen der Netzzugang erfolgen sollte, jedoch allenfalls abstrakte Vorgaben. Die Konkretisierung der Netzzugangsbedingungen im Einzelnen wurde vertraglichen Vereinbarungen zwischen den beteiligten Parteien – Netzbetreiber und Netzzugangspetent – überlassen (Modell des sog. **verhandelten Netzzugangs**). Alternativ zu dem System des verhandelten Netzzugangs eröffnete der Gesetzgeber in § 7 EnWG 1998 für Elektrizitätsversorgungsunternehmen die Möglichkeit, sich im Wege einer aufsichtsbehördlichen Bewilligung von der Pflicht zur Gewährung des allgemeinen Netzzugangs entbinden zu lassen. Bei diesem sog. **Alleinabnehmermodell** blieb der Alleinabnehmer Vertragspartner der in einem näher zu definierenden Gebiet ansässigen Kunden (vgl. auch oben Rdnr. 15). Erhielt ein Letztverbraucher in dem jeweiligen Gebiet ein Angebot eines konkurrierenden Drittlieferanten, war der Alleinkäufer verpflichtet, die von dem betreffenden Abnehmer bei einem anderen Versorgungsunternehmen kontrahierte Elektrizität in sein Versorgungsnetz einzuspeisen und an den jeweiligen Kunden zu den von diesem ausgehandelten Bedingungen weiterzuleiten. Über ein Dreiecksgeschäft, das dazu diente, dass der Alleinabnehmer nicht den Konkurrenzpreis des Drittlieferanten erfährt, konnte der Endverbraucher von dem günstigen Angebot des Drittlieferanten profitieren.[161] 82

---

[158] Näher dazu Vorauflage, § 34 Rdnr. 59f.

[159] BGHZ 128, 17 = WuW/E BGH 2953 = DB 1995, 468 – *Gasdurchleitung;* siehe zu dieser Entscheidung auch *Röhling,* BGH EWiR § 22 GWB 1/95, S. 265ff.; *Schroeder,* ECLR 1995, 104.

[160] Vgl. zur ausführlicheren Behandlung die Vorauflage, § 34 Rdnr. 60.

[161] Siehe dazu im einzelnen *Zinow* in der 1. Auflage, § 34 Rdnr. 141, *Börner,* in: *Bartsch/Röhling/Salje/Scholz,* Stromwirtschaft, 1. Aufl. 2002, Kap. 57ff.; *Büdenbender,* EnWG, § 7; *ders.,* RdE 1999, 1ff.; *ders.,* JZ 1999, 62ff.

83 Mit dem Änderungsgesetz vom 20.5.2003 wurde das EnWG 1998 in Umsetzung der Erdgasbinnenmarktrichtlinie 1998 um einen spezialgesetzlich geregelten **Zugang zu den Gasversorgungsnetzen** (§ 6a EnWG 1998) ergänzt. Betreiber von Gasversorgungsnetzen waren danach verpflichtet, anderen Unternehmen ihr Versorgungsnetz zu Bedingungen zur Verfügung zu stellen, die guter fachlicher Praxis entsprachen und die nicht ungünstiger waren, als sie von dem jeweiligen Netzbetreiber in vergleichbaren Fällen für Leistungen innerhalb seines eigenen Unternehmens oder gegenüber verbundenen oder assoziierten Unternehmen tatsächlich oder kalkulatorisch in Rechnung gestellt werden.[162]

84 *bb) Verweigerungsgründe.* Die Betreiber von Elektrizitäts- und Gasversorgungsnetzen treffende Verpflichtung, anderen Unternehmen Netzzugang zu gewähren, galt nicht uneingeschränkt; in eng begrenzten Ausnahmefällen war der Netzbetreiber berechtigt, den ihm gegenüber geltend gemachten Anspruch auf Netzzugang abzulehnen. So sah das EnWG 1998 in § 6 Abs. 1 S. 2 für Strom sowie (später) in § 6a Abs. 2 S. 2 für Gas unter den dort genannten Voraussetzungen einen allgemeinen **Verweigerungsgrund** vor: Der Netzzugang konnte danach verweigert werden, soweit der Netzbetreiber nachwies, dass der Netzzugang aus betriebsbedingten oder sonstigen Gründen unter Berücksichtigung der Ziele des EnWG 1998 nicht möglich oder nicht zumutbar war. Die Ablehnung des Netzzugangs war von dem Netzbetreiber schriftlich zu begründen und die Verweigerungsgründe mussten im Streitfall bewiesen werden. Der genannte Verweigerungstatbestand hat im Grundsatz auch Eingang in das aktuell geltende EnWG (§ 20 Abs. 2 EnWG) gefunden, so dass die hierzu entwickelte Praxis auch unter Geltung des neuen Rechtsrahmens Beachtung verdient.

85 Ein Fall der betriebsbedingten Unmöglichkeit liegt insb. bei **Kapazitätsengpässen** vor, wenn also die gesamte vorhandene Netzkapazität bereits zur Ermöglichung der Versorgungsaktivitäten des Netzbetreibers betreffend der mit ihm verbundenen Vertriebsgesellschaft selbst oder zur Erfüllung von Netzzugangsvereinbarungen, die der Netzbetreiber mit dritten Durchleitungsinteressenten getroffen hat, benötigt wird. Wollte man den Netzbetreiber in solchen Fällen zur Gewährung des Netzzugangs verpflichten, bedeutete dies, etwas von ihm tatsächlich Unmögliches zu verlangen oder ihn zum Bruch bereits geschlossener Transportverträge zu zwingen. Im Zuge der Beratung der Energierechtsnovelle 1998 hat insofern auch der Ausschuss für Wirtschaft die mangelnde Netzkapazität als typischen, die Transportverweigerung rechtfertigenden Grund anerkannt.[163] Eine Verpflichtung des Netzbetreibers zur Kapazitätserweiterung besteht auch im Fall von längerfristigen Kapazitätsengpässen nicht.[164]

86 Besteht ein Netzengpass, haben bereits bestehende Netznutzungsverträge Vorrang vor späteren bzw. noch im Verhandlungsstadium befindlichen Anfragen. Dies gilt zumindest immer dann, wenn die geschlossenen Netzzugangsvereinbarungen wirksam sind und auch tatsächlich praktiziert werden.[165] Durchleitungsvereinbarungen, die lediglich der Reservierung von Kapazitäten für noch nicht konkretisierte Elektrizitätsmengen dienen, sind nicht prioritär zu behandeln.[166] Umstritten war auf der Grundlage des EnWG 1998, ob und inwieweit der Netzbetreiber unabhängig von der Respektierung bereits abgeschlossener

---

[162] Dazu *Büdenbender,* RdE 2001, 165 ff.; *Kühne/Brodowski,* NVwZ 2003, 769 ff.

[163] BT-Drucks. 13/9211, S. 24 ff.

[164] Siehe auch *Scholz/Röhling,* in: *Bartsch/Röhling/Salje/Scholz,* Stromwirtschaft, 1. Aufl. 2002, Kap. 54 Rdnr. 23; *Schmidt-Preuß,* RdE 1996, 5 ff.; *Kühne,* RdE 2000, 3 ff.; abweichend: *Walther/Keussler,* RdE 1999, 224 ff.; siehe auch *Harms,* RdE 1999, 167 ff.

[165] *Scholz/Röhling,* in: *Bartsch/Röhling/Salje/Scholz,* Stromwirtschaft, 1. Aufl. 2002, Kap. 54 Rdnr. 28 mwN. Die Gasnetzzugangsverordnung vom 3.9.2010 sieht nunmehr eine Verpflichtung des Transportkunden vor, nicht genutzte Kapazitäten freizugeben, um Kapazitätsengpässe zu verhindern (§ 8 Abs. 2 GasNZV). Darüber hinaus ist gemäß § 12 GasNZV vom Fernleitungsnetzbetreiber eine Kapazitätsplattform zu errichten, über die Kapazitäten nach den in § 13 GasNZV normierten Voraussetzungen zu vergeben sind.

[166] *Scholz/Röhling,* in: *Bartsch/Röhling/Salje/Scholz,* Stromwirtschaft, 1. Aufl. 2002, Kap. 54 Rdnr. 28.

Durchleitungsverträge verpflichtet ist, seine vorhandenen Kapazitäten grundsätzlich gleichmäßig anteilig unter Einschluss des Eigentümers allen interessierten Netzzugangspetenten zur Verfügung zu stellen. Eine solche **Pflicht zur Repartierung** wurde vom BKartA in einem gegen einen Netzbetreiber geführten Kartellverwaltungsverfahren bejaht.[167] Das BKartA vertrat dabei die Auffassung, dass ein Vorrang des Netzeigentümers selbst bzw. der mit ihm verbundenen oder assoziierten Unternehmen vor den Durchleitungswünschen dritter Zugangspetenten nicht besteht. Anders als das EnWG 2005 forderte das Vorgängergesetz jedoch keine Entflechtung des Netzbetriebes von den übrigen unternehmerischen Aktivitäten des Versorgungsunternehmens und enthielt insb. keine explizite Verpflichtung des Netzbetreibers, sich gegenüber den Netznutzungswünschen seines eigenen Unternehmens ebenso neutral zu verhalten wie gegenüber dem Durchleitungsbegehren anderer Unternehmen.[168] Da das Recht des Netzeigentümers, sein Eigentum vorrangig für eigene Bedürfnisse zu nutzen, verfassungsrechtlich geschützt ist und der Netzbetreiber ohne eine hinreichend klare gesetzliche Regelung nicht die Reduzierung seiner Eigentumsposition auf eine formale Rechtsstellung in Kauf nehmen muss, blieb die Entscheidung des BKartA unter den damaligen rechtlichen Rahmenbedingungen streitig.[169] Zu einer gerichtlichen Klärung kam es im *Berliner Durchleitungsfall* nicht mehr, weil die Verfügung des BKartA aufgrund eines geänderten Sachverhalts (Errichtung einer weiteren Kuppelstelle von West- nach Ostberlin) gegenstandslos wurde und daher Erledigung des Rechtsstreits eintrat. Aufgrund der heute geltenden Entflechtungsvorschriften dürfen konzernverbundene Unternehmen bei der Kapazitätsbuchung selbstverständlich nicht mehr bevorzugt werden. Auch in der langfristigen Buchung von Kapazitäten hat die Kommission eine faktische Gasmarktabschottung gesehen und im Rahmen einer vorläufigen Beurteilung einen Verstoß gegen Art. 102 AEUV angenommen (s. oben Rdnr. 36 ff.)

Ob die Gewährung des Netzzugangs im Einzelfall unzumutbar ist, lässt sich erst auf der **87** Grundlage einer umfassenden Interessenabwägung feststellen. Die Unzumutbarkeit einer Durchleitung kann dabei sowohl in der Sphäre des Interessenten als auch des Netzbetreibers liegen.

Einen besonderen Abwägungstatbestand in Bezug auf den Zugang zu Gasversorgungs- **88** netzen statuierte § 6a Abs. 3 EnWG 1998. Danach war die Gewährung des Zugangs zu den Gasversorgungsnetzen insb. dann nicht zumutbar, „wenn einem Gasversorgungsunternehmen wegen seiner im Rahmen von Gaslieferverträgen eingegangenen **unbedingten Zahlungsverpflichtungen** ernsthafte wirtschaftliche und finanzielle Schwierigkeiten entstehen würden". Ein entsprechender Ausnahmetatbestand hat auch Eingang in den aktuellen § 25 EnWG gefunden (s. unten Rdnr. 109 f.).

Auch sonstige Gründe, die eine Unzumutbarkeit des Netzzugangs begründen können, **89** sind auf der Grundlage einer umfassenden Abwägung der Interessen von Netzbetreiber und Netzzugangspetenten festzustellen. Kontrovers wurde auf der Grundlage des EnWG 1998 diskutiert, ob ein Unzumutbarkeitsgrund auch dann besteht, wenn der Netzzugang eines dritten Stromlieferanten ermöglicht, einen Kunden zu beliefern, der insoweit gegenüber dem Netzbetreiber, einem mit dem Netzbetreiber verbundenen Unternehmen oder einem

---

[167] BKartA WuW/E DE-V 149 ff. – *Berliner Stromdurchleitung* mit Anm. *Haus,* WuW 1999, 1190.

[168] *Scholz/Röhling,* in: *Bartsch/Röhling/Salje/Scholz,* Stromwirtschaft, 1. Aufl. 2002, Kap. 54 Rdnr. 31 ff.

[169] *Scholz/Röhling,* in: *Bartsch/Röhling/Salje/Scholz,* Stromwirtschaft, 1. Aufl. 2002, Kap. 54 Rdnr. 34. Ein vorrangiges Nutzungsinteresse ist allerdings nicht für die mit dem Netzbetreiber verbundenen oder assoziierten Unternehmen anzunehmen. Dies ergibt sich aus der richtlinienkonformen Auslegung der Netzzugangsvorschriften des Energiewirtschaftsgesetzes. Danach müsste sich der Netzbetreiber jeglicher Diskriminierung gegenüber den Netzbenutzern oder den Kategorien von Netznutzern insbesondere seiner Tochterunternehmen und Aktionäre enthalten. Vor dem Inkrafttreten des Zweiten Gesetzes zur Neuregelung des Energiewirtschaftsgesetzes waren deshalb Durchleitungswünsche verbundener oder assoziierter Unternehmen dem Zugangsbegehren eines dritten Durchleitungspetenten gleichzustellen. Gegen ein „Privilegierungsverbot" im Rahmen des § 19 Abs. 2 Nr. 4 GWB *Haus,* Zugang zu Netzen und Infrastruktureinrichtungen, S. 128, 130 f.

Dritten vertraglich gebunden ist.[170] Anders als nach dem Inkrafttreten des EnWG 2005 bestand für Energieversorgungsunternehmen auf der Grundlage der alten Gesetzeslage keine Verpflichtung zu einer strikten Trennung der Interessen von Netzbetrieb und Vertrieb. Insoweit war der Netzbetreiber bei der Entscheidung bezüglich der Gewährung von Netzzugang nicht gehindert, im Rahmen der durchzuführenden Abwägung auch Vertriebsinteressen des eigenen Unternehmens oder des eigenen Konzerns einzustellen. War demnach ein Abnehmer infolge eines bestehenden Liefervertrages hinsichtlich des Strom- oder Gasbezuges an den Netzbetreiber oder dessen Vertriebsgesellschaft gebunden und führte ein evtl. Netzzugang dazu, dass der Abnehmer der insoweit bestehenden Bezugsverpflichtung nicht mehr nachkommen könnte, war der Netzbetreiber zur Verweigerung des Netzzugangs berechtigt; eine Duldung des Eingriffs in geschlossene Verträge war insoweit als unzumutbar zu bewerten. Voraussetzung war selbstverständlich, dass das Lieferverhältnis zwischen dem Energieversorger und dem Kunden Bestand hatte.[171] Nach dem Inkrafttreten des EnWG 2005 und den damit einhergehenden Vorgaben zur Entflechtung von Netzbetrieb und Vertrieb konnte dieser Unzumutbarkeitsgrund hingegen keinen Bestand mehr haben. Unabhängig davon, ob der Netzbetrieb als organisatorisch selbstständige Einheit innerhalb eines vertikal integrierten Energieversorgungsunternehmens geführt wird, darf er keine eigenständigen Vertriebsinteressen mehr verfolgen;[172] er ist nunmehr zur Neutralität gegenüber sämtlichen Netzzugangsanfragen auch dann verpflichtet, wenn diese die Vertriebsinteressen des eigenen Konzerns oder der eigenen Gesellschaft tangieren.

90 Die Gewährung von Netzzugang kann schließlich aus **Gründen in der Person** oder im Verhalten des Zugangspetenten unzumutbar sein. Verweigert dieser z. B. die Zahlung eines angemessenen Durchleitungsentgeltes, fehlt es an der erforderlichen Zuverlässigkeit oder sind erhebliche oder wiederholte Vertragsverletzungen auf Seiten des Durchleitungsinteressenten festzustellen, sind dies Gründe, die im Rahmen der Interessenabwägung regelmäßig eine Verweigerung des Netzzugangs rechtfertigen können.[173]

91 Darüber hinaus sah das EnWG 1998 zum einen spezielle Abwägungstatbestände vor, die im Rahmen der Zumutbarkeitserwägungen zu berücksichtigen waren, zum anderen normierte der Gesetzgeber Ausnahmetatbestände, bei deren Vorliegen der Netzbetreiber ohne Rücksicht auf entgegenstehende Interessen des Netzzugangspetenten zur Verweigerung des Netzzugangs berechtigt war. Die entsprechenden Ausnahmevorschriften sind mit dem Inkrafttreten der Novelle von 2005 abgeschafft worden (zu Besonderheiten bei der Zumutbarkeit unter dem EnWG 1998 vgl. Vorauflage Rdnr. 72–74).

92 *b) Netzzugang aufgrund kartellrechtlicher Bestimmungen.* Der Netzzugang konnte vor der Energierechtsnovelle von 2005 auch über den allgemeinen kartellrechtlichen Zugangsan-

---

170 Verneinend unter Berufung auf das *Unbundling*-Prinzip: KG WuW/E DE-R 533 – *Fortum;* LG Hamburg RdE 2000, 231, 232; LG Dortmund ZNER 2000, 208; *Theobald/Zenke/Dessau,* in: *Schneider/Theobald,* Recht der Energiewirtschaft, § 15 Rdnr. 105; bejahend: *Britz,* in: *Ludwig/Odenthal,* EnWG, § 6 Rdnr. 69; *Kühne,* RdE 2000, 1 ff.; *Büdenbender,* EnWG, § 6 Rdnr. 38; *Scholz/Röhling,* in: *Bartsch/Röhling/Salje/Scholz,* Stromwirtschaft, 1. Aufl. 2002, Kap. 54 Rdnr. 42 ff.

171 Vgl. BKartA B. v. 30.8.1999, B8–99/99 – *BEWAG/RWE; Schulz,* et 1999, 750 ff.; *Scholz/Röhling,* in: *Bartsch/Röhling/Salje/Scholz,* Stromwirtschaft, 1. Aufl. 2002, Kap. 54 Rdnr. 43 f. Auf die Unzumutbarkeitsregel konnte sich der Netzbetreiber nicht berufen, wenn der Netzzugang der Belieferung eines Abnehmers diente, der im Vertragsverhältnis nicht mit dem Netzbetreiber selbst, sondern mit einem dritten Lieferanten stand. Die Unzumutbarkeitsregel versetzt die Netzbetreiber nicht in die Lage, vertragliche Interessen Dritter geltend zu machen. Erst wenn der Netzbetreiber eine Beeinträchtigung seiner eigenen Interessen geltend machen konnte, war das Tatbestandsmerkmal der „Unzumutbarkeit" zu bejahen.

172 Vgl. auch *Säcker/Boesche,* in: *Säcker,* Berliner Kommentar zum Energierecht, Bd. 1 TBd. 1, § 20 EnWG Rdnr. 230.

173 Ausführlich zu den Durchleitungsverweigerungsgründen *Scholz/Röhling,* in: *Bartsch/Röhling/Salje/Scholz,* Stromwirtschaft, Kap. 54 Rdnr. 39 ff.; *Kühne,* RdE 2000, 1, 3; *Säcker/Boesche,* in: *Säcker,* Berliner Kommentar zum Energierecht, Bd. 1 TBd. 1, § 20 EnWG Rdnr. 233; *Büdenbender,* EnWG, § 6 Rdnr. 16 ff., jeweils mwN.

spruch nach § 19 Abs. 1, Abs. 4 Nr. 4 GWB a. F. bzw. § 20 Abs. 1 GWB a. F. begehrt werden. Der Netzzugangsanspruch nach § 20 Abs. 1 EnWG ist aufgrund der eindeutigen Regelung des § 111 EnWG aber nunmehr eine abschließende Regelung.[174]

Das EnWG 1998 stellte hingegen noch ausdrücklich klar, dass die spezialgesetzlich geregelten Netzzugangstatbestände sowohl das Missbrauchsverbot als auch das Behinderungs- und Diskriminierungsverbot nach GWB unberührt ließen.[175] Da die Netzzugangsansprüche in § 6 EnWG 1998 und § 19 Abs. 4 Nr. 4 GWB a. F. hinsichtlich ihrer Zugangsvoraussetzungen weitgehend parallel zueinander liefen und sich der Durchleitungspetent bei Vorliegen der Voraussetzungen der einen regelmäßig auch auf die andere Norm berufen konnte, lief ein aus energierechtlichen Bestimmungen und Wertungen abgeleitetes Netzzugangsverweigerungsrecht ins Leere, wenn es nicht in gleicher Weise auch kartellrechtlich begründeten Netzzugangsansprüchen entgegengesetzt werden konnte.[176] **93**

§ 19 Abs. 4 Nr. 4 GWB a. F. ging in der Auslegung durch den BGH über den Regelungsbereich der energiegesetzlichen Netzzugangsvorschriften aber insoweit hinaus, als er den Normadressaten nicht nur zur Einräumung des Netzzugangs zugunsten Dritter, sondern bei Vorliegen der Tatbestandsvoraussetzungen darüber hinaus auch zum **Netzanschluss** verpflichtete. Nach aktuellem EnWG sind Netzanschluss (§ 17 EnWG) und -zugang (§ 20 EnWG) separat normiert; gleichwohl enthält auch § 17 Abs. 2 EnWG ähnliche Verweigerungsgründe (s. unten Rdnr. 104). So entschied der BGH, dass ein Energieversorgungsunternehmen, das innerhalb des von ihm versorgten Gebietes Stromnetze verschiedener Spannungsebenen betreibt, den Betreiber eines der Versorgung von Neubauten oder Neuerschließungen über Privatgrundstücke dienenden Verteilnetzes (sog. **Arealnetz**) den begehrten Anschluss an sein Mittelspannungsnetz nicht verweigern darf.[177] Dem Arealnetzbetreiber ging es hierbei darum, im Wettbewerb zu dem vorgelagerten Netzbetreiber über ein auf Privatgrundstücken errichtetes Arealnetz Endkunden mit elektrischer Energie zu beliefern. Nach Auffassung des BGH fand insoweit ein Wettbewerb um den Markt des Betriebs von Arealnetzen statt, da auch der vorgelagerte Netzbetreiber zumindest als potentieller Konkurrent hinsichtlich der Errichtung solcher Netze in Betracht kam.[178] Eine ähnliche Konstellation ergab sich im Fall *Stadtwerke Dachau,* in dem der BGH einen Anschluss an das Gasnetz eines Gebietsversorgers bzw. die Belieferung mit Gas durch den Gebietsversorger zugunsten einer Gemeinde anordnete, die nach Ablauf des Konzessionsvertrags das Gemeindenetz aufgrund vertraglicher Endschaftsbestimmungen übernommen hatte und die Endkunden des Gebietsversorgers (im Wettbewerb mit diesem) beliefern wollte.[179] **94**

c) Netznutzungsentgelte. aa) Verbändevereinbarungen (VV). Die Frage, zu welchen Entgelten Betreiber von Energieversorgungsnetzen dritten Unternehmen Zugang zu ihren Netzen zu gewähren haben, wurde vor dem Inkrafttreten des EnWG 2005 vom Gesetzgeber nicht näher geregelt. Die den Zugang zu den Elektrizitäts- und Gasnetzen betreffenden Vorschriften der §§ 6 und 6a EnWG 1998 beschränkten sich insoweit auf die Forderung, dass die Zurverfügungstellung von Elektrizitäts- und Gasversorgungsnetzen zu Bedingungen zu erfolgen hat, die **guter fachlicher Praxis** entsprechen und nicht ungünstiger sind, als **95**

---

[174] Siehe auch *Sieberg,* in: *Bartsch/Röhling/Salje/Scholz,* Stromwirtschaft, Kap. 50 Rdnr. 24 mwN.

[175] Nähere Ausführungen zum Netzzugang aufgrund kartellrechtlicher Bestimmungen finden sich in der Vorauflage, § 34 Rdnr. 75 ff.

[176] *Kühne,* RdE 2000, 5 ff.; *Harms,* RdE 1999, 166 ff.; *Scholz,* RdE 1998, 209 ff.

[177] BGH WuW/E DE-R 1520 – *Arealnetz.* Dazu *Meinhold,* ZNER 2005, 196; *Strohe,* et 2005, 747; *Lippert,* CuR 2005, 79 ff.; *Schebstadt,* RdE 2005, 226ff; *Jansen/Haus,* ZWeR 2006, 412 ff. Die das Urteil angreifende Verfassungsbeschwerde wurde nicht zur Entscheidung angenommen, da das Energieversorgungsunternehmen überwiegend in öffentlicher Hand lag und somit als Beschwerdeführer nicht grundrechtsfähig war, vgl. BVerfG WuW/E DE-R 2267 ff. – *Arealnetz.*

[178] BGH WuW/E DE-R 1520 – *Arealnetz;* so auch die Vorinstanz, OLG Düsseldorf B. v. 8.12.2003, IV Kart. 35/03; so auch OLG Düsseldorf WuW/E DE-R 79 – *Stromcontracting;* BKartA WuW/E DE-V 811 – *GETEC Net.*

[179] BGH WuW/E DE-R 1726 – *Stadtwerke Dachau.*

diejenigen, die den Netzbetreibern in vergleichbaren Fällen für die Leistung innerhalb ihres Unternehmens oder gegenüber verbundenen oder assoziierten Unternehmen tatsächlich oder kalkulatorisch in Rechnung gestellt werden. Den mit der Novelle zum 24.5.2003 in das Energiewirtschaftsgesetz eingeführten Maßstab „der guten fachlichen Praxis" konkretisierte der Gesetzgeber unter Zuhilfenahme einer Vermutungsregel: Danach wurde die Erfüllung der Bedingungen guter fachlicher Praxis widerleglich vermutet, wenn die zum Zeitpunkt der Novelle jeweils geltenden **Verbändevereinbarungen für den Zugang zu den Strom- und Gasnetzen** vom Netzbetreiber eingehalten wurden. Etwas anderes galt nur dann, wenn die Anwendung der Verbändevereinbarungen insgesamt oder die Anwendung einzelner ihrer Regelungen nicht geeignet erschien, wirksamen Wettbewerb zu gewährleisten.[180] In den sog. **„Verbändevereinbarungen"** legten die Spitzenverbände der Energieversorger und der industriellen Verbraucher die Modalitäten des vom Gesetzgeber nicht im Einzelnen geregelten Netzzugangs einschließlich der Kalkulation der Netznutzungsentgelte auf privatwirtschaftlicher Basis fest. Die gesetzliche Vermutungsregelung dieser Verbändevereinbarungen war von vornherein nur **bis zum 31.12.2003 befristet** worden, wurde jedoch auch noch bis zum Inkrafttreten des EnWG 2005 zur Orientierung bzgl. guter fachlicher Praxis herangezogen (vgl. zur Entwicklung der Verbändevereinbarungen Vorauflage, Rdnr. 81–84).

96 *bb) Kartellrechtliche Missbrauchsaufsicht.* Die Statuierung eigenständiger Maßstäbe für die Preis- und Konditionengestaltung in den Regelungen der §§ 6 und 6a EnWG 1998 besagte hingegen nicht, dass daneben andere, insb. **kartellrechtliche Bewertungsmaßstäbe** nicht zur Anwendung kommen konnten. Im Gegenteil hat der Gesetzgeber in Bezug auf das EnWG 1998 explizit geregelt, dass neben den Vorschriften des Energiewirtschaftsgesetzes die §§ 19 Abs. 4 und § 20 Abs. 1 und 2 GWB a. F. unberührt blieben. Die kartellrechtliche Prüfung war daher von den energiewirtschaftlichen grundsätzlich unabhängig.[181] Die Bejahung der Anwendbarkeit der kartellrechtlichen Preismissbrauchskontrolle selbst bei Einhaltung der Vorgaben des Energiewirtschaftsgesetzes unter Einschluss der Verbändevereinbarungen war insoweit folgerichtig, als die Einhaltung der in den Verbändevereinbarungen zugrunde gelegten Kriterien den Missbrauchsvorwurf auf der Grundlage der kartellrechtlichen Bestimmungen nicht zwingend ausschloss. Auf der anderen Seite konnte entgegen der Auffassung des BKartA ein Missbrauch im Sinne der §§ 19, 20 GWB nicht allein deshalb angenommen werden, weil der jeweilige Netzbetreiber seine Netznutzungsentgelte auf der Grundlage der Preisfindungsprinzipien der Verbändevereinbarungen kalkulierte.[182] Vor dem Inkrafttreten des EnWG 2005 enthielt vor allem § 19 Abs. 4 Nr. 2 GWB a. F. (jetzt § 19 Abs. 2 Nr. 2 GWB) Vorgaben für die Ermittlung der zulässigen Höhe von Netznutzungsentgelten. Der in Rede stehenden Missbrauchvorschrift liegt das Konzept des „Als-Ob-Wettbewerbs" zugrunde; die tatsächlichen Markt- und Wettbewerbsbedingungen, die das jeweilige marktbeherrschende Unternehmen aufgrund seiner Marktposition durchsetzen kann, sind mit den hypothetischen Bedingungen bei wesentlichem Wettbewerb zu vergleichen.

97 Besondere Bedeutung für die Anwendung des Vergleichsmarktkonzepts im Bereich der Kalkulation von Netznutzungsentgelten erlangte die Grundsatzentscheidung des BGH in dem Missbrauchsverfahren *Stadtwerke Mainz.*[183] Die Entscheidung betraf den an einen

---

[180] Zur Verfassungsmäßigkeit der „Verrechtlichung" der Verbändevereinbarungen siehe bei *Säcker/Boesche,* in: *Säcker,* Reform des Energierechts, 2002, S. 3 ff.; *Schmidt/Preuß,* ZNER 2002, 262 ff.; *Kühne,* in: *Säcker,* Reform des Energierechts, 2002, S. 81 ff.

[181] BGH WRP 2006, 253, 257 = WuW/E DE-R 1617 = RdE 2006, 81 – *Stromnetznutzungsentgelt;* BGHZ 156, 379, 387 – *Strom und Telefon I;* BGH WuW/E DE-R 1513 f. = RdE 2005, 228, 231 – *Stadtwerke Mainz.*

[182] So zutr. OLG Düsseldorf, RdE 2003, 311, 312 – *HEAG.*

[183] BGH WuW/E DE-R 1513 – *Stadtwerke Mainz.* Dazu krit. *Haus/Jansen,* ZWeR 2006, 77 ff.; *Ehricke,* N&R 2006, 10; zust. *Braun,* N&R 2005, 160; Vorinstanz: OLG Düsseldorf WuW/E DE-R 1439 – *Stadtwerke Mainz* mit Anm. *Ehricke,* N&R 2004, 122.

kommunalen Netzbetreiber gerichteten Vorwurf, missbräuchlich erhöhte Entgelte für den Netzzugang zu seinen Verteilungsnetzen zu erheben. Mit Verfügung vom 17.4.2003 hatte das BKartA der *Stadtwerke Mainz AG* auf der Grundlage von § 19 Abs. 4 Nr. 2 GWB a.F. (jetzt § 19 Abs. 2 Nr. 2 GWB) untersagt, in den im Verfügungstenor näher bezeichneten Ebenen ihres Stromversorgungsnetzes Netznutzungsentgelte zu erheben, die zu einem Erlös führten, der einen vom BKartA festgelegten Betrag überschreitet. Grundlage für die Entscheidung des BKartA war ein Vergleich der Erlöse je Kilometer Leitungslänge, die von dem betroffenen Netzbetreiber sowie der als Vergleichsunternehmen herangezogenen *RWE Net* erzielt wurden.[184] Die *Stadtwerke Mainz* griffen die Verfügung des BKartA mit der Beschwerde an und erreichten vor dem OLG Düsseldorf zunächst deren Aufhebung. Auf die Rechtsbeschwerde des BKartA wurde der Beschluss des OLG Düsseldorf mit Beschluss des BGH vom 28.6.2005 aufgehoben und an die Vorinstanz zurückverwiesen.[185]

Das *Stadtwerke-Mainz*-Verfahren bildet ein Anwendungsbeispiel für das räumliche **Vergleichsmarktkonzept** bei der Ermittlung von Netznutzungsentgelten in der Energiewirtschaft. Ungeachtet des Umstandes, dass es sich bei den vergleichsweise herangezogenen räumlich relevanten Märkten im Idealfall um **wettbewerblich geprägte Märkte** handeln sollte, hatte der BGH – seiner bisherigen Rechtsprechung folgend – den Preisvergleich zwischen zwei Monopolunternehmen für zulässig befunden.[186] Da die jeweils zum Vergleich herangezogenen Märkte regelmäßig nicht identisch sind und die bestehenden Unterschiede auf den vergleichsweise betrachteten Märkten auch ein unterschiedliches Markt- und Preisverhalten bedingen, müssen solche Umstände berücksichtigt und in die Bewertung des jeweiligen Preisverhaltens einbezogen werden.[187] Den Unterschieden der miteinander verglichenen Märkte wird durch **Korrekturzu- und -abschläge** Rechnung getragen. Allerdings – auch daran hielt der BGH im Fall *Stadtwerke Mainz* fest[188] – muss bei monopolistisch geprägten Märkten angesichts der schmalen Vergleichsbasis die Vergleichsfähigkeit der Preise ausreichend sicher sein. So darf der Vergleichspreis jedenfalls nicht überwiegend auf Zuschlägen oder Schätzungen beruhen. Anderenfalls indiziert dies die mangelnde Vergleichbarkeit der betrachteten Märkte mit der Folge, dass eine taugliche Vergleichsbasis von vornherein zu verneinen ist.[189] An seiner bisherigen Rechtsprechung auch insoweit festhaltend, betonte der BGH, dass zugunsten des Normadressaten nur diejenigen Unterschiede zu berücksichtigen sind, die den Unternehmen als **objektive Strukturmerkmale** vorgegeben sind. Hierbei handelt es sich um solche Umstände, die von den Unternehmen nicht beeinflusst werden können. Hieraus resultierende Kostennachteile – z.B. gebietstrukturelle Unterschiede und historisch-politische Vorgaben – treffen alle Unternehmen in der jeweiligen Situation und würden insoweit auch von allen Unternehmen bei wirksamem Wettbewerb an ihre Abnehmer weitergegeben werden.[190] Subjektive Gegebenheiten – **sogenannte unternehmensindividuelle Umstände** – können dagegen keine Berücksichtigung mittels Zu- oder Abschlägen finden. Während dieses Postulat von der Rechtsanwendungspraxis im Wesentlichen anerkannt wird, bestehen im Einzelnen große Unsicherheiten, welche Merkmale als strukturbedingt herangezogen werden dürfen und welche Merkmale andererseits als unternehmensindividuell auszublendenden sind und insoweit nicht zugunsten des Normadressaten bei einem Preisvergleich herangezogen werden dürfen. Anders als die Vorinstanz beanstandete der BGH im Fall *Stadtwerke Mainz* nicht, dass das BKartA als Vergleichsunternehmen nicht 98

---

[184] BKartA B. v. 17.4.2003 – B11–38/01 = ZNER 2003, 263 ff.

[185] Das Verfahren wurde später einvernehmlich für erledigt erklärt.

[186] BGH WuW/E DE-R 1513, 1517; und vorher BGH WuW/E BGH 2309, 2311 – *Glockenheide;* WuW/E BGH 2967, 2969 – *Weiterverteiler.*

[187] So bereits BGHZ 59, 42, 46 – *Stromtarif;* WuW/E BGH 2309, 2311 – *Glockenheide;* WuW/E BGH 2103, 2105 – *Favorit.* Dazu näher *Wiedemann,* § 23 Rdnr. 202.

[188] BGH WuW/E BGH DE-R 1513, 1517 – *Stadtwerke Mainz.*

[189] BGH WuW/E 1678, 1684 – *Valium II;* WuW/E DE-R 1513, 1518 – *Stadtwerke Mainz.*

[190] BGH WuW/E BGH 2309, 2311 – *Glockenheide; Knöpfle/Leo,* in: *Müller-Henneberg/Schwartz/Hootz* (Hrsg.), Gemeinschaftskommentar, § 19 Rdnr. 2022 ff.

einen weiteren kommunalen Netzbetreiber, sondern den deutlich finanzstärkeren Übertragungsnetzbetreiber *RWE* herangezogen hat. Größe, Finanzkraft, Ressourcen und der Umsatz des Vergleichsunternehmens gehören nach Auffassung des BGH nicht zu den berücksichtigungsfähigen strukturellen Besonderheiten, da sie für die Bestimmung der Netzentgelte in dem Netzgebiet der Betroffenen nach Auffassung des BGH keine Bedeutung erlangen konnten. Der vom BKartA zulässigerweise gewählte Vergleichsmaßstab der Erlöse in Relation zur Leitungslänge sei insofern ohne Bezug zum Gesamtumsatz des Vergleichsunternehmens.[191] Ob die Qualifizierung unternehmensindividueller Besonderheiten durch den BGH über den konkreten Fall hinaus verallgemeinerungsfähig ist, bleibt fraglich.[192]

99 Als Gegenstand des Missbrauchsvorwurfs kommen nach § 19 Abs. 2 Nr. 2 GWB ausgehend vom Wortlaut des Gesetzestextes „Entgelte oder sonstige Geschäftsbedingungen" in Betracht. Damit sind – wie schon der Begriff des Preismissbrauchs deutlich macht – in erster Linie die Preise der verglichenen Unternehmen gemeint. Im Fall *Stadtwerke Mainz* hat sich der BGH unter anderem mit dem Verweis auf seine frühere Rechtsprechung[193] von dieser Vorgabe gelöst und es als zulässig erachtet, auch die von den jeweils miteinander verglichenen Unternehmen **erzielten Erlöse zu vergleichen.** § 19 Abs. 2 Nr. 2 GWB verbietet jedoch missbräuchlich **überhöhte Entgelte.**[194] Der durch die Erhebung von Entgelten unter Berücksichtigung der abgesetzten Produkt- oder Leistungsmengen erwirtschaftete geschäftliche Erlös ist demgegenüber nicht unmittelbar Gegenstand kartellrechtlicher Kontrolle. Selbst unverhältnismäßig hohen Erlösen kann insoweit nur eine Indizwirkung für eine möglicherweise missbräuchliche Ausnutzung einer Marktbeherrschung zukommen. „Erlös" ist stets nur eine Funktion von Preis und Absatz. Der den Erlös bestimmende Faktor Absatz unterliegt regelmäßig unterschiedlichen Einflüssen. Höhere Preise können einen niedrigen Absatz und umgekehrt niedrigere Preise einen höheren Absatz herbeiführen, ohne dass dies auf die Höhe des Erlöses Auswirkungen hätte. Führt eine Preissenkung zu deutlich höherem Absatz, kann der Erlös ohne weiteres auch über das vorhergehende Niveau hinaus steigen. Es wäre erkennbar sinnwidrig, in einem solchen Fall die Erlössteigerung zur Grundlage eines Missbrauchsvorwurfs zu machen.[195] Zudem setzt das Festhalten an Erlösen grundsätzlich falsche Anreize, da der Normadressat sich veranlasst sehen kann, eine mögliche Überschreitung ihm gesetzter Erlösgrenzen in der Folge einer Absatzsteigerung durch Preiserhöhungen mit dem Ziel der erneuten Absatzreduktion „aufzufangen".[196] Unabhängig von der Frage der Angemessenheit des Erlösvergleichs in dem konkret vom BGH entschiedenen Fall ist eine Verallgemeinerungsfähigkeit des Missbrauchsparameters „Erlös" deshalb zu verneinen.

100 Auch die Überschreitung des wettbewerbsanalogen Preises allein begründet noch nicht den Vorwurf einer missbräuchlichen Ausnutzung einer marktbeherrschenden Stellung. Voraussetzung ist stets eine *erhebliche Überschreitung* des wettbewerbsanalogen Preises.[197] An dem Erfordernis eines **Erheblichkeitszuschlags,** welcher damit begründet wird, dass der Missbrauch einer marktbeherrschenden Stellung ein Unwerturteil enthält, welches ohne erheblichen Abstand zwischen dem Vergleichspreis und dem geforderten Preis nicht gerechtfertigt erscheint, hält der BGH in *Stadtwerke Mainz* fest.[198] Einschränkend führt der BGH allerdings aus, dass in Fällen, in denen der sachliche Markt von einer natürlichen

---

[191] BGH WuW/E DE-R 1513, 1518 – *Stadtwerke Mainz.*

[192] Kritisch *Haus/Jansen* ZWeR 2006, 77, 83 ff.; siehe auch *Schebstadt,* WuW 2005, 1009, 1013.

[193] BGH WuW/E BGH 2967, 2968 – *Weiterverteiler.*

[194] So auch die Vorinstanz OLG Düsseldorf WuW/E DE-R 1439, 1444 – *Stadtwerke Mainz* mit Anm. *Schebstadt,* RdE 2004, 181.

[195] Zutreffend *Schebstadt,* WuW 2005, 1009, 1111; *Haus/Jansen,* ZWeR 2006, 77, 90 f.

[196] *Schebstadt,* aaO; *Haus/Jansen,* aaO.

[197] BGH WuW/E DE-R 375, 379 – *Flugpreisspaltung,* BGHZ 68, 23, 23 – *Valium I.* S. auch *Wiedemann,* § 23 Rdnr. 204.

[198] BGH WuW/E DE-R 1513, 1519 – *Stadtwerke Mainz.*

Monopolsituation geprägt ist, ein Missbrauch bereits bei **geringerem Zuschlag** bejaht werden kann als unter normalen Marktgegebenheiten.[199] Die Tendenz infrastrukturgebundener Märkte zum natürlichen Monopol ist jedoch ein Umstand, der bereits bei der Frage der Marktbeherrschung relevant wird und dazu führt, dass der Anwendungsbereich des § 19 GWB überhaupt eröffnet ist. Ein spezifischer Unwertgehalt kommt diesem Umstand hingegen nicht zu. Insoweit ist nicht nachvollziehbar, dass ein Preismissbrauch in netzgebundenen Märkten bereits bei geringeren Überschreitungen des wettbewerbsanalogen Preises angenommen werden darf, da nicht ersichtlich ist, weshalb der Unrechtsgehalt einer gegebenen Preisüberhöhung in einem infrastrukturgebundenen Markt ein anderer als in einem aus anderen Gründen vermachteten Markt sein soll.[200]

Die in dem Regelbeispiel des § 19 Abs. 2 Nr. 2 GWB angelegte Vergleichsmarktmetho- 101
de schließt andere Methoden für die Bestimmung des missbräuchlichen Marktverhaltens nicht aus. Eine vom BKartA angewandte und vom OLG Düsseldorf zumindest im Grundsatz anerkannte Methodik zur Feststellung eines Preismissbrauchs bei der Bildung von Netznutzungsentgelten bildet die **Kostenkontrolle.** Dabei geht es um die Überprüfung der der Ermittlung der Netzentgelte zugrundeliegenden – insb. kalkulatorischen – Kosten der Netznutzung.[201] Bedeutung hat in diesem Kontext vor allem das vom BKartA gegen den Regionalversorger *E.ON Thüringer Energie AG* eingeleitete Missbrauchverfahren erlangt. Das BKartA hatte das von dem regionalen Netzbetreiber auf der Grundlage der damals geltenden VV II plus kalkulierte Netzentgelt für überhöht erachtet und dem Netzbetreiber unter anderem untersagt, bestimmte Kalkulationsfaktoren, die sich aus den Preisfindungskriterien der VV II plus ergaben, bei der Kalkulation der Netznutzungsentgelte in Ansatz zu bringen. Die von der *E.ON Thüringer Energie AG* eingelegte Beschwerde beim OLG Düsseldorf führte zur Aufhebung der kartellamtlichen Verfügung. Das OLG Düsseldorf hat eine kostenbasierte Überprüfung der Netzentgelte im Grundsatz akzeptiert. Die Kartellbehörde könne insoweit neben oder in Einzelfällen sogar anstelle des Vergleichsmarktkonzeptes den Verdacht eines Preismissbrauchs auf der Grundlage einer Kostenkontrolle aufklären.[202] Dabei ist die Kartellbehörde allerdings nicht befugt, dem betroffenen Unternehmen eine konkrete Kalkulationsmethode vorzuschreiben. Die Netzbetreiber sind insoweit in der Auswahl der zugrunde gelegten Kalkulationskonzepte frei, soweit die praktizierte Methodik betriebswirtschaftlich vertretbar ist.[203]

Da Gegenstand der kartellbehördlichen Kontrolle von Netznutzungsentgelten gem. § 19 102
Abs. 2 Nr. 2 GWB das Fordern missbräuchlich überhöhter Entgelte, nicht aber die Kalkulation von Entgelten und die zugrundeliegenden Preisbildungsfaktoren sind, darf sich die Kartellbehörde nicht darauf beschränken, lediglich einzelne Preisbildungsfaktoren auf ihre sachliche Rechtfertigung zu überprüfen und ihre isolierte Auswirkung auf die Höhe der Netznutzungsentgelte festzustellen. Eine andere Betrachtung übersieht, dass kartellrechtlich beanstandete Kalkulationsfaktoren möglicherweise durch andere berechtigte Kostenfaktoren, die überhaupt nicht oder nicht mit dem höchstmöglichen Betrag in die Kalkulation eingeflossen sind, neutralisiert werden können und insoweit letztlich nicht zu einem überhöhten Netznutzungsentgelt führen.[204]

Im Ergebnis akzeptierte das OLG Düsseldorf die in der VV II plus niedergelegten Preis- 103
findungsprinzipien als taugliches und betriebswirtschaftlich vertretbares Konzept zur Preiskalkulation und bekräftigte in diesem Zusammenhang, dass bei der Feststellung des Missbrauchsvorwurfs auch das Interesse des betroffenen Unternehmens, eine ausreichende

---

[199] BGH, aaO.

[200] Ebenso *Haus/Jansen,* ZWeR 2006, 77, 92f.; *Haus,* Zugang zu Netz- und Infrastruktureinrichtungen, S. 160f.; aA *Markert,* RdE 2005, 233, 235.

[201] Siehe hierzu im Einzelnen *Engelsing,* RdE 2003, 249, 253; *ders.,* ZNER 2003, 111.

[202] OLG Düsseldorf WuW/E DE-R 914, 916 – *Netznutzungsentgelt;* BGH WuW/E DE-R 375, 379 – *Flugpreisspaltung.*

[203] OLG Düsseldorf, aaO; so auch BGH WuW/E BGH 2195, 2201 – *Abwehrblatt II.*

[204] OLG Düsseldorf, aaO.

Rendite zu erzielen, die den Wert einer risikofreien Anlage übersteigt und insofern das vorhandene Unternehmensrisiko abdeckt, zu berücksichtigen ist.[205]

III. Aktuelle Rechtslage nach Inkrafttreten des EnWG 2005 bzw. 2011

104 **1. Netzanschluss.** Mit dem Inkrafttreten des EnWG 2005 und dem damit verbundenen **Systemwechsel vom verhandelten zum regulierten** Netzzugang haben sowohl die materiellen Zugangskriterien – insb. soweit sie auf die Entgeltbildung Einfluss nehmen – als auch die verfahrensrechtlichen Vorgaben eine erhebliche Änderung erfahren. Das neue Energiewirtschaftsgesetz statuierte in den §§ 17, 18 EnWG erstmals auch einen umfassenden Anspruch auf Netzanschluss, an dem durch die neuen Binnenmarktrichtlinien 2009 und das deutsche Umsetzungsgesetz keine Änderungen vorgenommen wurden. So müssen Elektrizitäts- und Gasnetzbetreiber Letztverbraucher, gleich- oder nachgelagerte Netze sowie Erzeugungs- und Speicheranlagen zu angemessenen, diskriminierungsfreien und transparenten technischen und wirtschaftlichen Bedingungen an ihr Netz anschließen. Der Netzanschluss kann nur verweigert werden, soweit von Seiten des Netzbetreibers nachgewiesen wird, dass die Gewährung des Anschlusses aus betriebsbedingten oder sonstigen wirtschaftlichen oder technischen Gründen nicht möglich oder nicht zumutbar ist. Netzbetreiber, die der allgemeinen Versorgung von Letztverbrauchern dienen, insb. Niederspannungs- bzw. Niederdrucknetzbetreiber, sind verpflichtet, alle Letztverbraucher an ihr Netz zu veröffentlichten Bedingungen anzuschließen. Gegenüber der vorhergehenden Rechtslage stellt dies eine Änderung insoweit dar, als auf der Grundlage des EnWG 1998 eine allgemeine Anschlusspflicht nur an das Niederspannungs- bzw. Niederdrucknetz im Rahmen der allgemeinen Anschluss- und Versorgungspflicht bestand; hiervon nicht erfasste Sachverhalte waren auf der Grundlage des allgemeinen Kartellrechts zu beurteilen.

105 Von der Ermächtigung in § 18 Abs. 3 EnWG, durch Rechtsverordnung die allgemeinen Bedingungen für den Netzanschluss und dessen Nutzung bei den an das Niederspannungs- oder Niederdrucknetz angeschlossenen Letztverbrauchern angemessen festzusetzen, hat die Bundesregierung mit den am 8.11.2006 in Kraft getretenen **Netzanschlussverordnungen**[206] **für die Elektrizitäts- und Gasversorgung (NAV/NDAV)** Gebrauch gemacht. Diese werden Bestandteil der Verträge und Rechtsverhältnisse und regeln die Bedingungen, zu denen Netzbetreiber nach § 18 Abs. 1 EnWG jedermann an ihr Niederspannungs- bzw. Niederdrucknetz anzuschließen und den Anschluss zur Entnahme von Strom bzw. Gas zur Verfügung zu stellen haben. Die Regelungen sind auf die nach dem 12.7.2005 abgeschlossenen Netzanschlussnutzungsverhältnisse sowie auf alle vor Inkrafttreten der NAV und NDAV entstandenen Anschlussnutzungsverhältnisse anwendbar (§ 1 Abs. 1 S. 3 NAV/NDAV). Die Verordnungen unterscheiden zwischen einem **vertraglichen Netzanschlussverhältnis mit dem Anschlussnehmer** und einem **gesetzlichen Anschlussnutzungsverhältnis mit dem Anschlussnutzer.** Gemäß § 2 Abs. 1 NAV/NDAV umfasst das **Netzanschlussverhältnis** den Anschluss der elektrischen Anlage bzw. der Gasanlage über den Netzanschluss und dessen weiteren Betrieb. Es besteht zwischen Anschlussnehmer und Netzbetreiber. Anschlussnehmer ist derjenige, in dessen Auftrag ein Grundstück oder Gebäude erstmalig angeschlossen wird oder im Übrigen jeder Eigentümer oder Erbbauberechtigte des angeschlossenen Grundstücks oder Gebäudes.[207] Bei erstmaliger Herstellung eines Netzanschlusses muss der Netzanschlussvertrag schriftlich abgeschlossen werden (§ 2 Abs. 2 S. 2 NAV/NDAV). Die Anforderungen an den Inhalt des Vertrages bestimmt § 4 NAV/NDAV. Die §§ 6 bis 8 NAV/NDAV enthalten Regelungen

---

[205] OLG Düsseldorf, aaO; siehe auch Anm. *Schebstadt,* MMR 2004, 328 ff.

[206] Verordnung über Allgemeine Bedingungen für en Netzanschluss und dessen Nutzung für die Elektrizitätsversorgung in Niederspannung (NiederspannungsAnschlussVO – NAV) und Verordnung über allgemeine Bedingungen für den Netzanschluss und dessen Nutzung für die Gasversorgung in Niederdruck (NiederdruckAnschlussVO – NDAV), BGBl. I 2006, 2477.

[207] § 1 Abs. 2 NAV/NDAV.

zu Herstellung, Art und Betrieb des Netzanschlusses. Nach dem **Verursacherprinzip** müssen die notwendigen Kosten für die Herstellung sowie für die vom Anschlussnehmer veranlassten Änderungen des Netzanschlusses vom Anschlussnehmer übernommen werden.[208] § 11 Abs. 1 S. 2 NAV/NDAV beschränkt den vom Anschlussnehmer zu tragenden Anteil der Baukostenzuschüsse, die über die Netzanschlusskosten hinaus vom Anschlussnehmer für die Erstellung und Verstärkung der vor dem Netzanschluss befindlichen örtlichen Verteileranlagen verlangt werden dürfen, auf maximal 50% der Kosten.[209] Das gesetzliche **Anschlussnutzungsverhältnis** besteht zwischen dem jeweiligen Anschlussnutzer und dem Netzbetreiber und ist unabhängig vom Netzanschlussvertrag. Inhalt der Anschlussnutzung ist das Recht zur Nutzung des Netzanschlusses zur Entnahme von Strom bzw. Gas (§ 3 Abs. 1 NAV/NDAV). Nach § 1 Abs. 3 NAV/NDAV ist der Anschlussnehmer ein Letztverbraucher. Das Anschlussnutzungsverhältnis endet, wenn der Anschlussnutzer die Anschlussnutzung einstellt oder es gekündigt wird (§ 26 NAV/NDAV). Die Aufnahme und Einstellung der Anschlussnutzung muss dem Netzbetreiber unverzüglich mitgeteilt werden (§§ 3 Abs. 3 S. 1, 26 Abs. 1 S. 2 NAV/NDAV). Die Frage der Haftung für Versorgungsstörungen regelt § 18 NAV/NDAV. Danach kann der Anschlussnutzer Schadensersatzansprüche gegenüber dem Netzbetreiber der allgemeinen Versorgung geltend machen.

2. Netzzugangsregelungen. *a) Zugangsanspruch und Verweigerungsgründe.* Insoweit ver- 106
gleichbar mit dem Vorgängergesetz statuierte auch das EnWG 2005 einen spezialgesetzlich geregelten Netzzugangsanspruch, der durch die Novelle 2011 ebenfalls unangetastet blieb. Gemäß § 20 Abs. 1 EnWG sind danach Betreiber von Energieversorgungsunternehmen verpflichtet, jedermann nach sachlich gerechtfertigen Kriterien zu im Internet veröffentlichten Bedingungen und Entgelten Netzzugang zu gewähren. Eine Verweigerung der Gewährung von Netzzugang ist nur dann zulässig, wenn der Netzbetreiber nachweist, dass die Gewährung des Netzzugangs aus betriebsbedingten oder sonstigen Gründen unter Berücksichtigung der Ziele des § 1 EnWG nicht möglich oder nicht zumutbar ist. Der neue spezialgesetzlich geregelte Netzzugangsanspruch – der über § 111 EnWG die Anwendung des GWB insoweit ausschließt – gleicht insoweit den Vorgängerregelungen der §§ 6 Abs. 1, 6a Abs. 2 EnWG 1998. Dies gilt im Grundsatz auch für den allgemein formulierten Ausnahmetatbestand. Unmöglichkeits- oder Unzumutbarkeitsgesichtpunkte, die auch unter Zugrundelegung der alten Rechtslage die Verweigerung des Netzzugangs rechtfertigen konnten, haben, soweit sie nicht als spezielle Ausnahmeregelungen ersatzlos abgeschafft worden sind, auch heute noch grundsätzlich Bedeutung im Rahmen des Verweigerungstatbestandes nach § 20 Abs. 2 EnWG (siehe dazu oben Rdnr. 84 ff.). Der im EnWG verankerte spezialgesetzliche Netzzugangstatbestand ist letztlich Ausfluss der auch im Rahmen der Anwendung von Art. 102 AEUV diskutierten *Essential-facilities*-Doktrin, die mit § 19 Abs. 2 Nr. 4 GWB[210] Eingang in das deutsche Kartellrecht gefunden hat. Die *Essential-facilities*-Doktrin anerkennt die Bedeutung von Infrastruktureinrichtungen für die Aufrechterhaltung, Intensivierung und Schaffung wettbewerblich geprägter Strukturen auf den vor- und nachgelagerten Marktstufen in bestimmten netz- oder infrastrukturabhängigen Märkten.[211] Auch die spezialgesetzlichen Netzzugangsansprüche des aktuellen EnWG tragen der Erkenntnis Rechnung, dass die Mitbenutzung vorhandener Versorgungseinrichtungen vielfach Voraussetzung für das Entstehen von Wettbewerb auf den Erzeugungs- und Versorgungsmärkten ist. Immer

[208] § 9 Abs. 1 NAV/NDAV; siehe auch *Groß,* NJW 2007, 1030, 1032.

[209] Zur früheren Regelung in den AVB siehe *Groß,* aaO.

[210] Soweit auf Paragraphen und Absätze des GWB verwiesen wird, wird – wenn nicht anders gekennzeichnet – aus Gründen der Verständlichkeit auf die nach der 8. GWB-Novelle gültige Fassung Bezug genommen, auch wenn Entscheidungen die alte Fassung betreffen.

[211] S. auch unten Rdnr. 92. Näher dazu *Diekmann,* § 23 Rdnr. 230 ff. sowie *Haus,* Zugang zu Netzen und Infrastruktureinrichtungen, S. 1 ff., zu Kapazitätsengpässen S. 122 ff.; *Hohmann,* Die essential facility doctrine im Recht der Wettbewerbsbeschränkungen, S. 118 ff.

geht es dabei jedoch um die Überlassung bzw. die Zurverfügungstellung vorhandener, **nicht** aber um die **Schaffung neuer Infrastrukturen.**[212] Eine Verpflichtung des Netzbetreibers zur Kapazitätserweiterung hätte, da die damit einhergehende Investitionspflicht letztlich eine Tangierung der verfassungsrechtlich gewährleisteten Eigentums- und Berufsfreiheit darstellt, mit hinreichender Bestimmtheit normativ verankert werden müssen.[213]

107 Anders als das Vorgängergesetz macht das EnWG 2005/2011 in Verbindung mit den zugrundeliegenden Verordnungen über den Zugang zu den Elektrizitäts- und den Gasversorgungsnetzen detaillierte Vorgaben für die Ausgestaltung des Netzzugangsmodells. Für die Elektrizitätswirtschaft wurde das in der bis Ende 2003 gültigen VV II plus (genauer oben Rdnr. 95) vereinbarte Netzzugangsmodell im Wesentlichen normativ festgeschrieben. Der Netzzugangspetent muss zur Realisierung des Netzzugangs lediglich mit einem Netzbetreiber einen Netznutzungsvertrag abschließen, mit dem der Anspruch auf Zugang zum gesamten Elektrizitätsversorgungsnetz begründet wird, ohne dass zusätzliche Verträge mit weiteren zwischengeschalteten Netzbetreibern geschlossen werden müssen. Vertragspartner des Netzzugangspetenten kann sowohl der Netzbetreiber am Einspeisungsort als auch der Betreiber des Netzes sein, aus dem die Entnahme des Stroms erfolgen soll. In Anlehnung an die Praxis im Elektrizitätsbereich soll durch eine **Kooperation der Gasnetzbetreiber** erreicht werden, dass der Transportkunde im Rahmen der technischen Möglichkeiten und der wirtschaftlichen Zumutbarkeit nur einen **Einspeise- und** einen **Ausspeisevertrag** abschließen muss. Der Transportkunde kann Ein- und Ausspeisekapazitäten an verschiedenen Ein- und Ausspeisepunkten buchen, die unabhängig voneinander nutz- und handelbar sind. Transportkunden sollen damit in die Lage versetzt werden, die gebuchten Ein- und Ausspeisekapazitäten ohne Festlegung eines Transportpfades zu nutzen und das an den Einspeisepunkten eingebrachte Gas im Rahmen der kontrahierten Kapazitäten an jedem gebuchten Ausspeisepunkt zu entnehmen (**Entry-Exit-Modell,** s. auch oben Rdnr. 60). Betreiber eines örtlichen Verteilungsnetzes haben unter Zugrundelegung der detaillierteren Bestimmung der Gasnetzzugangsverordnung für alle Ausspeisepunkte ihres Netzes Netzzugang zu gewähren.

108 *b) Ausnahmen.* Spezielle **Ausnahmetatbestände** existieren im Wesentlichen noch in Bezug auf den Zugang zu Gasversorgungsnetzen. So enthält § 25 EnWG eine mit § 6a Abs. 3 EnWG 1998 vergleichbare Ausnahmebestimmung: Danach kann die Gewährung des Zugangs zu den Gasversorgungsnetzen nach wie vor unter Zumutbarkeitsgesichtspunkten abgelehnt werden, wenn einem Gasversorgungsunternehmen wegen seiner im Rahmen von Gaslieferverträgen eingegangenen unbedingten Zahlungsverpflichtungen ernsthafte wirtschaftliche und finanzielle Schwierigkeiten entstehen würden (s. oben Rdnr. 88). Des Weiteren ermöglicht § 28a EnWG bei Vorliegen mehrerer kumulativ vorliegender Voraussetzungen die Befreiung neuer Gasinfrastruktureinrichtungen von Regulierungsvorschriften.

109 *aa) Ausnahme im Zusammenhang mit unbedingten Zahlungsverpflichtungen.* Die Geltendmachung des Ausnahmetatbestandes nach § 25 EnWG setzt einen Antrag des Gasversorgungsunternehmens an die Regulierungsbehörde[214] voraus, die darüber entscheidet, ob die formellen und materiellen Voraussetzungen des Ausnahmetatbestandes vorliegen. Die Entscheidung über das Vorliegen der Voraussetzungen des § 25 EnWG trifft die Regulierungsbehörde im Einvernehmen mit dem BKartA (§ 58 Abs. 1 S. 1 EnWG). Hintergrund der

---

[212] *Diekmann,* § 23 Rdnr. 237; sowie *Haus,* Zugang zu Netzen und Infrastruktureinrichtungen, S. 122f., 125. Vgl. dazu aber die fragwürdige Praxis der Europäischen Kommission in den Fällen der behaupteten Gasmarktabschottung oben Rdnr. 37.

[213] *Schmidt-Preuß,* RdE 1996, 1ff.; *Scholz/Röhling,* in: *Bartsch/Röhling/Salje/Scholz,* Stromwirtschaft, 1. Aufl. 2002, Kap. 54 Rdnr. 26; *Haus,* Zugang zu Netzen und Infrastruktureinrichtungen, S. 129. Für Ausbaupflichten *Theobald/Zenke,* WuW 2001, 19, 28.

[214] Gemäß § 6a Abs. 3 EnWG 1998 war ein Antrag beim Bundesministerium für Wirtschaft und Arbeit erforderlich.

auf der Grundlage des neuen Energiewirtschaftsgesetzes einvernehmlich zwischen Regulierungsbehörde und BKartA zu treffenden Feststellung des Vorliegens der Voraussetzungen des Ausnahmetatbestandes ist, dass nur Gaslieferverträge, die ihrerseits kartellrechtlich wirksam sind, die Unzumutbarkeit des Netzzugangs begründen können. Die Frage der kartellrechtlichen Wirksamkeit von idR langfristigen **Take-or-Pay-Verpflichtungen** soll durch das BKartA als der diesbezüglich sachnäheren Behörde mitentschieden werden.[215] Kommen Regulierungsbehörde und BKartA zu dem Ergebnis, dass der Ausnahmetatbestand des § 25 EnWG erfüllt ist, übermittelt die Regulierungsbehörde die unter Vorbehalt ergangene Entscheidung der Kommission, die eine Abänderung oder gar den Widerruf der Entscheidung aufgeben kann. Die materiellen Voraussetzungen, die über das Vorliegen des Unzumutbarkeitstatbestandes des § 25 EnWG entscheiden, ergeben sich zum einen aus der zitierten energierechtlichen Vorschrift selbst, zum anderen aber auch aus Art. 48 der Erdgasbinnenmarktrichtlinie, auf die § 25 S. 3 EnWG verweist. Von dem antragstellenden Unternehmen nachzuweisen ist danach zum einen das Vorliegen wirksamer Gaslieferverträge mit unbedingten Zahlungsverpflichtungen (sog. Take-or-Pay-Verträge), die das antragstellende Unternehmen zur Zahlung des vereinbarten Bezugspreises für die vertraglich vereinbarte Menge oder zumindest für einen bestimmten Prozentsatz hiervon unabhängig davon verpflichten, ob die entsprechenden Gasmengen auf dem Markt abgesetzt werden können. Zum anderen ist der Nachweis erforderlich, dass die Gewährung des Netzzugangs dem antragstellenden Unternehmen ernsthafte **wirtschaftliche und finanzielle Schwierigkeiten** bereitet, die nach den Vorstellungen der Kommission derart substantiell sein müssen, dass sie die Wettbewerbsfähigkeit des Unternehmens und seine wirtschaftliche Betätigung auf dem Gasmarkt erheblich beeinträchtigen.[216] Das Vorliegen eines für den Antragsteller zu ernsthaften wirtschaftlichen und finanziellen Schwierigkeiten führenden Take-or-Pay-Vertrages allein kann die Unzumutbarkeit des Netzzugangs nicht begründen. Ergänzend sind die Abwägungsgesichtspunkte des Kriterienkataloges in Art. 48 Abs. 3 Erdgasbinnenmarktrichtlinie 2009 heranzuziehen, die sich im Wesentlichen auf allgemeine Zielvorgaben und unbestimmte Rechtsbegriffe stützen und deshalb der Ausfüllung durch die Rechtspraxis auf mitgliedsstaatlicher und unionsrechtlicher Ebene bedürfen.[217] Kriterien, anhand derer Kommission und Regulierungsbehörde ihre Entscheidung über das Vorliegen des Ausnahmetatbestandes auszurichten haben, betreffen allgemeine gaswirtschaftliche Erwägungen, wie das Ziel der Vollendung eines wettbewerbsorientierten Gasmarktes, die Versorgungssicherheit und den Grad der Interoperabilität der Gasversorgungsnetze. Wichtig sind auch wettbewerbsorientierte Gesichtspunkte, wie die Marktstellung des antragstellenden Unternehmens, die tatsächliche Wettbewerbslage sowie Auswirkungen der Netzzugangsverweigerung auf die Erreichung eines funktionierenden Erdgasbinnenmarktes, ferner solche Kriterien, die unmittelbar an die wirtschaftlichen Interessen der Beteiligten anknüpfen, indem sie auf den Ernst der aufgetretenen finanziellen und wirtschaftlichen Schwierigkeiten bei Versorgern und Kunden, die Schutzbedürftigkeit des antragstellenden Unternehmens und alternativ vorgenommene Anstrengungen zur Behebung des Problems abstellen. Ausgangspunkt der Entscheidung von Kommission und nationaler Behörde ist damit letztlich eine **umfassende Abwägung der Interessen** aller Beteiligten unter Zugrundelegung der in Art. 48 Erdgasbinnenmarktrichtlinie 2009 manifestierten Kriterien. Die Bedeutung der Norm des § 25 EnWG hat aber aufgrund der durch die Novelle 2011 eingeführten eigentumsrechtlichen Entflechtung insofern an Bedeutung verloren, als dass nunmehr ein geringeres Konfliktpotential zwischen Interessen des Vertriebs und der Netz-

---

[215] So wurden Take-or-Pay-Verpflichtungen seitens des BKartA nicht per se als kartellrechtswidrig eingestuft, s. unten Rdnr. 144.

[216] S. Arbeitsdokument der Generaldirektion Transport und Energie „Take-or-Buy-Contracts" v. 22.10.1998; im Einzelnen *Thole,* in: *Säcker,* Berliner Kommentar zum Energierecht, Bd. 1 TBd. 1, § 25 EnWG Rdnr. 26 ff.

[217] S. die Aufzählung bei *Thole,* in: *Säcker,* Berliner Kommentar zum Energierecht, Bd. 1 TBd. 1, § 25 EnWG Rdnr. 32.

zugangsverpflichtung der Netzbetreiber besteht.[218] Entscheidungen nach § 25 EnWG sind, soweit ersichtlich, noch nicht ergangen.

110 *bb) Neue Infrastrukturen.* Von Bedeutung ist zudem die **Ausnahme für neue Infrastrukturen.** § 28a EnWG sieht vor, dass **Verbindungsleitungen** – dies sind Anlagen, die zur Verbundschaltung von Elektrizitätsnetzen dienen oder Fernleitungen für Gas, die Grenzen **zwischen Mitgliedsstaaten** überqueren oder überspannen und einzig dem Zweck dienen, die nationalen Fernleitungsnetze dieser Mitgliedsstaaten zu verbinden (§ 3 Nr. 34 EnWG) – sowie Energie und Speicheranlagen unter den dort genannten Voraussetzungen von dem regulierten Netzzugang und seit der Neuregelung in 2011 auch von sämtlichen Entflechtungsvorschriften befristet ausgenommen werden können.[219] § 28a EnWG hat Bedeutung insb. für die Gaswirtschaft und dient der Umsetzung von Art. 36 Erdgasbinnenmarktrichtlinie 2009 (früher Art. 22 der Erdgasbinnenmarktrichtlinie 2003). Der Gesetzgeber erkennt mit dieser Regelung an, dass Deutschland infolge steigender Nachfrage und gleichzeitig sinkender Eigenproduktion an Erdgas zunehmend von Gasimporten abhängig sein wird und die Erschließung der dazu notwendigen Gasversorgungsquellen sowie die Errichtung der entsprechenden Infrastrukturen erhebliche Investitionen erfordern.[220] § 28a EnWG soll das Regulierungsrisiko reduzieren und damit einhergehend die Investitionsbereitschaft von Investoren und Kreditgebern zur Realisierung entsprechender Infrastrukturprojekte steigern. Das Verfahren gleicht im Wesentlichen dem des § 25 EnWG. Danach entscheidet auch hier die Regulierungsbehörde auf Antrag des betroffenen Gasversorgungsunternehmens, ob die Voraussetzungen für eine **Freistellung** der entsprechenden Infrastruktur von den regulatorischen Netzzugangsvorschriften vorliegen. Die Voraussetzungen für eine Ausnahme von den Vorschriften des regulierten Netzzugangs sind in **§ 28a Abs. 1 Nr. 1–5 EnWG** normiert. Danach muss durch die Investition in eine entsprechende Infrastruktur der Wettbewerb in der Gasversorgung und die Versorgungssicherheit verbessert werden (Nr. 1), wobei insb. keine Beeinträchtigung der effektiven Funktionsweise des Erdgasbinnenmarktes und der nachgelagerten regulierten Infrastruktur erfolgen darf (Nr. 5). Ob die Investitionsentscheidung eine Belebung des Wettbewerbs zur Folge hat, entscheidet die Regulierungsbehörde im Einvernehmen mit dem BKartA (§ 58 Abs. 1 S. 1 EnWG). Neben den genauen wettbewerbs- und marktbezogenen Voraussetzungen ist ferner erforderlich, dass ohne eine entsprechende Ausnahme vom regulierten Netzzugang die Investitionsentscheidung nicht getroffen würde (Nr. 2), von den Nutzern der Infrastruktur Entgelte erhoben werden (Nr. 4) und der Eigentümer der Infrastruktur von dem Betreiber der nachgelagerten Netze personenverschieden ist (Nr. 3). Die Regulierungsbehörde übermittelt ihre Entscheidung an die Kommission, die ihrerseits eine Prüfung des Antrags auf der Grundlage von Art. 36 Erdgasbinnenmarktrichtlinie 2009 durchführt. Im Falle von divergierenden Entscheidungen von Regulierungsbehörde und Kommission ist die Regulierungsbehörde verpflichtet, ihre Entscheidung nach Maßgabe der Vorgaben der Kommission aufzuheben oder abzuändern.[221] Neu seit 2011 ist die teilweise vorgesehene Beteiligung der Agentur für die Zusammenarbeit der Energieregulierungsbehörden (ACER), nämlich dann, wenn sich die Infrastruktur über das Hoheitsgebiet mehrerer Mitgliedstaaten erstreckt.[222] Im Strombereich wurden ähnlich ausgestaltete Ausnahmen unmittelbar in

[218] *Thole,* in: *Säcker,* Berliner Kommentar zum Energierecht, Bd. 1 TBd. 1, § 25 EnWG Rdnr. 3.

[219] Zum Zugang zu Erdgasspeichern vgl. *Weigmann,* emw 2005, 55.

[220] Vgl. Begr. RegE zu § 28a EnWG, BT-Drucks. 15/3917, S. 87 f.

[221] Ein Beispiel aus der deutschen Praxis stellt der Fall der *OPAL-Leitung* dar. Dabei handelt es sich um eine Abzweigung der Gaspipeline *Nord Stream,* die nach den Plänen von *Gazprom* zu 100% für russische Gaslieferungen von *Gazprom* reserviert werden sollte. Nachdem dies die BNetzA 2009 zunächst genehmigt hatte, forderte die Kommission in einem Änderungsverlangen – K(2009) 4694 – eine Reduktion auf höchstens 50% der Kapazität. Vgl. den abgeänderten Beschluss der BNetzA B. v. 7.7.2009, BK7–08-009 – *OPAL.*

[222] Ausführlich zur ACER-Einbeziehung *Thole,* in: *Säcker,* Berliner Kommentar zum Energierecht, Bd. 1 TBd. 1, § 28a EnWG Rdnr. 23.

Art. 17 StromhandelsVO verankert, die somit keiner Umsetzung in deutsches Recht mehr bedurften (siehe oben Rdnr. 30).

3. Netznutzungsentgelte. Mit dem EnWG 2005 wurde der Weg hin zu **detaillierten regulatorischen Vorgaben für die Entgeltbildung** insb. in der seit 2009 greifenden Anreizregulierungsverordnung bzw. den Netzentgeltverordnungen für Strom und Gas beschritten. Das System wurde auch mit der Novelle 2011 fortgeführt. Die Möglichkeit privatwirtschaftlicher Vereinbarungen des Vorgängerregimes ist ausgeschlossen. § 21 Abs. 1 EnWG konstituiert die Grundnorm für die Entgeltbildung: Danach müssen die Bedingungen und Entgelte für den Netzzugang angemessen, diskriminierungsfrei und transparent sein. Sie dürfen nicht ungünstiger sein, als die von dem jeweiligen Netzbetreiber in vergleichbaren Fällen für Leistungen innerhalb seines Unternehmens oder gegenüber verbundenen oder assoziierten Unternehmen angewendeten und tatsächlich oder kalkulatorisch in Rechnung gestellten Entgelte. Das Postulat der diskriminierungsfreien Entgeltbildung sowie der Gleichbehandlung interner und externer Kunden entspricht dem Grundsatz, der sich vor dem Inkrafttreten des EnWG 2005 aus den Netzzugangsvorschriften des EnWG 1998 ergab. Des Weiteren sieht das Gesetz unterschiedliche Regulierungsmethoden vor: 111

In einer ersten Phase erfolgte die Bildung von Netznutzungsentgelten grundsätzlich **kostenorientiert.** § 21 Abs. 2 EnWG sieht insoweit vor, dass die Entgelte auf der Grundlage der Kosten einer Betriebsführung, die denen eines effizienten und strukturell vergleichbaren Netzbetreibers entsprechen müssen, unter Berücksichtigung von Anreizen für eine effiziente Leistungserbringung und einer angemessenen wettbewerbsfähigen und risikoangepassten Verzinsung des eingesetzten Kapitals gebildet werden müssen. Der Gesetzgeber setzte damit zum großen Teil die Tradition der für den Strombereich geltenden VV II plus fort. Allerdings wurde der Grundsatz der Nettosubstanzerhaltung zumindest in Bezug auf die seit dem 1.1.2006 aktivierten Anlagen zugunsten des Prinzips der Realkapitalerhaltung aufgegeben. Die kostenorientierte Preisbildung wird ergänzt durch eine Vergleichsbetrachtung. So kann die Regulierungsbehörde in regelmäßigen zeitlichen Abständen einen Vergleich der Kosten der Netzbetreiber durchführen, § 21 Abs. 3 EnWG. Ergibt der insoweit durchgeführte Vergleich, dass die Kosten (im Falle einer nicht kostenorientierten Entgeltbildung ist auch ein Vergleich von Kosten und Erlösen zulässig) der Netzbetreiber für das Netz insgesamt oder für Umspannebenen die durchschnittlichen Kosten vergleichbarer Netzbetreiber überschreiten, besteht eine widerlegbare Vermutung zu Lasten des Netzbetreibers, dass die Preisbildungsgrundsätze des § 21 Abs. 2 EnWG nicht eingehalten worden sind, § 21 Abs. 4 EnWG. 112

Soweit eine kostenorientierte Entgeltbildung erfolgt, bedürfen alle Netzentgelte der **Ex-ante-Genehmigung durch die Regulierungsbehörde, § 23a Abs. 1 S. 1 EnWG.** Die Erteilung der Genehmigung steht nicht im Ermessen der Regulierungsbehörde. Die kalkulierten Entgelte sind vielmehr zu genehmigen, soweit sie den Anforderungen des Energiewirtschaftsgesetzes und der zugrundeliegenden Verordnungen entsprechen, § 23a Abs. 2 EnWG. Bei den genehmigten Entgelten handelt es sich um Höchstpreise, die ohne eine entsprechende Genehmigung grundsätzlich nicht überschritten werden dürfen. Etwas anderes gilt nur dann, wenn die Entgeltüberschreitung ihre Ursache nicht in der Kostensituation des beantragenden Netzbetreibers hat, sondern auf einer Weitergabe der nach Genehmigungserteilung erhöhten Kostenwälzungssätze einer vorgelagerten Netz- oder Umspannstufe erfolgt. Diese kostenorientierte Entgeltbildung führt gleichfalls nicht zu einer abschließenden Bewertung. Durch die abschließende Regelung hinsichtlich der Entgeltbildung ist den **Kartellbehörden** nach § 111 Abs. 3 EnWG eine **weitergehende Überprüfung** an kartellrechtlichen Missbrauchsmaßstäben nach dem GWB grundsätzlich **verwehrt.**[223] Der BGH hat gleichwohl entschieden, dass eine Billigkeitskontrolle der Entgelte in zivilgerichtlichen Verfahren nach § 315 BGB nicht ausgeschlossen ist, auch wenn diese 113

[223] BGH WuW/E DE-R 3625, 3627 ff. – *Stromnetznutzungsentgelt V;* dazu *Böhme/Schellberg,* N&R 2012, 284 ff. Anders u. U. für Verfahren nach Art. 102 AEUV, s. o. Rdnr. 70 ff.

die von den Behörden genehmigte Höhe nicht überschreiten. Der BGH erteilt damit denjenigen eine Absage, die in § 111 Abs. 3 EnWG ein Desiderat des Gesetzgebers bzgl. eines Überprüfungsmonopols zugunsten der Regulierungsbehörden sahen.[224] Diese Folgerung zieht der BGH zum einen daraus, dass § 111 Abs. 1 EnWG schlicht § 315 BGB nicht erwähnt. Zum anderen sei eine zivilrechtliche Billigkeitskontrolle aber schon deshalb nicht ausgeschlossen, da sich die behördliche Genehmigung in ihrer rein öffentlich-rechtlichen Wirkung zum Netzbetreiber erschöpfe.[225] Dies ermöglicht letztlich eine mittelbare Überprüfung der Netzentgelte anhand kartellrechtlicher Missbrauchsvorschriften.[226] Entgegen der Ansicht der Berufungsinstanz[227] befürwortet der BGH auch keine Umkehr der Beweislast im Rahmen von § 315 BGB. Grundsätzlich fällt demjenigen die Beweislast zu, dem das Leistungsbestimmungsrecht eingeräumt ist. Dies ist folglich im konkreten Fall der Netzbetreiber. Zum Nachweis der Billigkeit genügt allerdings die Netzentgeltgenehmigung als Grundlage.[228] Folglich ist es im Umkehrschluss Aufgabe des Netznutzers, die Beweiskraft der Genehmigung im Hinblick auf ihre Billigkeit zu erschüttern.

114 Das Modell der Ex-ante-Kostenkontrolle wurde aufgrund der gesetzlichen Möglichkeit nach § 21a Abs. 1 EnWG am 1.1.2009 durch das System der **Anreizregulierung** ersetzt (vgl. § 1 ARegV). Auf die Möglichkeit der kostenorientierten Entgeltbildung des § 21 Abs. 2 EnWG könnte jedoch in Zukunft wieder rekurriert werden; jedenfalls wurde die Ex-ante-Kostenkontrolle nicht per se abgeschafft. Die Grundzüge des Konzepts der Anreizregulierung hat der Gesetzgeber in § 21a EnWG geregelt. Die Anreizregulierung zeichnet sich durch die Vorgabe von Obergrenzen hinsichtlich der Höhe der Netznutzungsentgelte oder der Gesamterlöse aus den Netzzugangsentgelten für eine Regulierungsperiode aus, die sich über einen Zeitraum von zwei bis fünf Jahren erstrecken kann (§ 21a Abs. 3 EnWG). Ziel des Konzepts der Anreizregulierung ist es, nach Ablauf der jeweiligen Regulierungsperiode die Obergrenzen für die Höhe der Netzzugangsentgelte oder die Gesamterlöse aus den Netzzugangsentgelten bei sukzessiver Verbesserung des Effizienzniveaus zu senken und Anreize für Effizienzverbesserungen zu geben. Die Ausgestaltung der Anreizregulierung im Einzelnen hat die Bundesregierung gem. § 21a Abs. 6 EnWG in einer konkretisierenden Rechtsverordnung (mit Zustimmung des Bundesrates) vorgenommen. Die BNetzA hatte zuvor gem. § 112a EnWG ein Konzept für die Einführung der Anreizregulierung zu erarbeiten und der Bundesregierung vorzulegen. Im Zuge der Erarbeitung dieses Konzepts hat die BNetzA nach § 69 iVm § 112a EnWG insb. von allen in Deutschland tätigen Gasnetzbetreibern umfassende Auskunft über deren technische und wirtschaftliche Verhältnisse sowie Herausgabe von Unterlagen verlangt; die Auskunftspflicht erstreckte sich nach Auffassung des OLG Düsseldorf auch auf Daten, die bei den Unternehmen nicht vorhanden waren, sondern erst zusammengestellt bzw. errechnet werden mussten.[229] Den hierdurch verursachten finanziellen und zeitlichen Aufwand der Unternehmen nahm das OLG in Kauf. Der Regulierungsbehörde stehe eine umfassende planerische Einschätzungs-, Bewertungs- und Gestaltungsfreiheit bei der Konzepterstellung zu, die nur einer eingeschränkten Überprüfung durch das Beschwerdegericht unterliege.[230]

---

[224] So noch *Bork,* JZ 2006, 682, 684; *Kühne,* NJW 2006, 654, 655 f.; *Säcker,* ZNER 2007, 114, 116; *Schebstadt,* MMR 2006, 157; *Wolf,* RdE 2011, 261, 262.

[225] BGH WuW/E DE-R 3625, 3628 – *Stromnetznutzungsentgelt V.*

[226] Vgl. *Säcker,* in: *ders.,* Berliner Kommentar zum Energierecht, Bd. 1 TBd. 2, § 111 EnWG Rdnr. 33. *Säcker* weist darauf hin, dass dies dann aber dem Sinn des § 111 EnWG widerspreche, da eine Doppelzuständigkeit von Regulierungs- und Kartellbehörden gerade ausgeschlossen werden sollte.

[227] OLG Naumburg RdE 2011, 233, 236. Das Gericht kommt letztlich aber zu demselben Ergebnis, dass die Genehmigung für die Billigkeit der Entgelte streitet.

[228] BGH WuW/E DE-R 3625, 3630 f. – *Stromnetznutzungsentgelt V.*

[229] OLG Düsseldorf WuW/E DE-R 1908 – *Anreizregulierung Gas.*

[230] OLG Düsseldorf, aaO.

Gemäß § 24 S. 2 Nr. 5 EnWG a. F. konnte die Bundesregierung durch Rechtsverordnung mit Zustimmung des Bundesrates regeln, dass abweichend von dem Grundsatz der kostenorientierten Preisbildung eine Preisbildung auf der Grundlage eines **marktorientierten Verfahrens** oder im Wettbewerb erfolgen kann. Voraussetzung war allerdings, dass zumindest ein potentieller Leitungswettbewerb besteht. Umgesetzt wurde dies in den §§ 3 Abs. 2, 19, 26 GasNEV. Durch die Novellierung des EnWG im Jahre 2011 wurde § 24 S. 2 Nr. 5 EnWG ersatzlos gestrichen, weil für die Ermächtigung aufgrund der Einführung der Anreizregulierung kein praktischer Bedarf mehr gesehen wurde.[231] Die entsprechenden Regelungen des marktorientierten Verfahrens der GasNEV entbehren damit fortan einer gültigen Rechtsgrundlage und können nicht mehr angewendet werden. 115

4. Eingriffsbefugnisse der Regulierungsbehörde. Nach dem Inkrafttreten des EnWG 2005 sind Betreiber von Energieversorgungsnetzen Adressaten der in §§ 30 ff. EnWG geregelten besonderen Missbrauchs- und Sanktionsnormen, die – an §§ 32 ff. GWB orientierte – Eingriffsbefugnisse der Regulierungsbehörden sowie Abwehr- und Schadensersatzansprüche betroffener Dritter statuieren. Im Gegensatz zu dem kartellrechtlichen Missbrauchstatbestand des § 19 GWB besteht die Normadressatenstellung von Netzbetreibern auf der Grundlage des Energiewirtschaftsgesetzes unabhängig von ihrer Marktstellung. Ausweislich der Gesetzesmaterialien ist ein Anknüpfen an eine marktbeherrschende Stellung entbehrlich, da das jeweilige Netz einen eigenen Markt darstellt und idR nicht substituierbar ist.[232] Das speziell für Netzbetreiber geltende **Missbrauchsverbot des § 30 EnWG** regelt in Absatz 1 zunächst ganz allgemein ein missbräuchliches Verhalten und betrifft damit sowohl behindernde und diskriminierende Verhaltensweisen bei der Gewährung des Netzzugangs als auch missbräuchliches Verhalten bei der Entgeltgestaltung. Das allgemeine Missbrauchsverbot wird durch insgesamt sechs Regelbeispiele konkretisiert, wobei gem. § 30 Abs. 1 S. 2 Nr. 1 EnWG jeder objektive Verstoß gegen die den Netzzugang- und Netzanschluss regelnden Bestimmungen des EnWG einschließlich des dazugehörigen Verordnungsrechts den Missbrauchsvorwurf begründet, ohne dass es auf die Auswirkungen des Verstoßes ankommt. In Ermangelung einer sachlichen Rechtfertigung sind darüber hinaus missbräuchlich die Behinderung anderer Unternehmen sowie die Beeinträchtigung ihrer Wettbewerbsmöglichkeiten, die Ungleichbehandlung anderer Unternehmen, die Einräumung von Vorteilen beim Netzzugang zugunsten verbundener Unternehmen, das Fordern nicht wettbewerbskonformer Netzzugangsentgelte sowie eine diskriminierende Ausgestaltung der Nutzungsentgelte. Zum Teil ähneln die Missbrauchstatbestände des § 30 Abs. 1 S. 2 EnWG damit denen des § 19 Abs. 2 GWB. Bislang spielte die Vorschrift des § 30 EnWG nur eine untergeordnete Rolle in der Regulierungspraxis, da das Regulierungsrecht hauptsächlich auf einer Ex-ante-Regulierung beruhte.[233] Liegt danach ein Missbrauch seitens eines Netzbetreibers vor, kann die Regulierungsbehörde diesen zur **Abstellung** des Missbrauchs verpflichten und ihm alle Maßnahmen aufgeben, die erforderlich sind, um die Zuwiderhandlung wirksam abzustellen. Ergänzt wird die Missbrauchskontrolle durch die Regulierungsbehörde durch die Möglichkeit der **Vorteilsabschöpfung** gem. § 33 EnWG. Sollte insofern ein Unternehmen durch einen Verstoß gegen die den Netzzugang betreffenden Bestimmungen des EnWG oder der dazugehörigen Verordnungen einen wirtschaftlichen Vorteil erlangt haben, so ist die Regulierungsbehörde befugt, diesen Vorteil abzuschöpfen. § 33 EnWG lehnt sich insoweit an die entsprechende Vorschrift des GWB an. Zudem ist ein Missbrauch nach § 30 Abs. 1 Satz 1 EnWG bußgeldbewehrt (§ 95 Abs. 1 Nr. 4 EnWG). 116

[231] Vgl. Begr. des Gesetzesentwurfs der Fraktionen der CDU/CSU und FDP zu § 24 EnWG, BT-Drucks. 17/6072, S. 81 li. Spalte; zu den wesentlichen Regelungen siehe die Vorauflage, § 34 Rdnr. 102 f.

[232] Begr. RegE zu § 30 EnWG, BT-Drucks. 15/3917, S. 63.

[233] *Schütte*, in: *Baur/Salje/Schmidt-Preuß*, Regulierung in der Energiewirtschaft, Kap. 94 Rdnr. 4.

117 Wie auch das GWB enthält das EnWG **Unterlassung- und Schadensersatzansprüche** betroffener Dritter, die sich gegen den missbräuchlich handelnden Netzbetreiber richten. In enger Anlehnung an § 33 Abs. 1 S. 1 GWB statuiert § 32 Abs. 1 EnWG im Falle eines Verstoßes gegen die den Netzzugang regelnden Bestimmungen des EnWG und der dazugehörenden Verordnungen einen Beseitigungs- und Unterlassungsanspruch. Anspruchsberechtigt ist jeder durch den Gesetzesverstoß Betroffene, ohne dass der Personenkreis der „Betroffenen" im Wortlaut des § 32 Abs. 1 EnWG eine nähere Eingrenzung erfährt. § 32 Abs. 1 S. 3 EnWG betont in diesem Zusammenhang, dass der den Netzzugang regelnde Abschnitt des EnWG auch dann dem Schutz anderer Marktbeteiligter dient, wenn sich der Verstoß nicht gezielt gegen diese gerichtet hat. Unter den in § 32 Abs. 2 EnWG genannten Voraussetzungen sind darüber hinaus auch Verbände zur Geltendmachung des Beseitigungs- und Unterlassungsanspruchs berechtigt. Vergleichbar mit § 33 Abs. 3 GWB sieht § 32 Abs. 3 EnWG bei vorsätzlichem oder fahrlässigem Verstoß gegen die den Netzzugang regelnden Vorschriften die Möglichkeit der Geltendmachung von Schadensersatzansprüchen vor. Im Falle eines Rechtsstreits darüber ist das Gericht an die durch eine bestandskräftige Entscheidung der Regulierungsbehörde getroffene Feststellung eines Verstoßes gegen die Vorschriften des Netzzugangs gebunden, § 32 Abs. 4 EnWG. Schließlich haben Personen und Personenvereinigungen, deren Interessen durch das Verhalten eines Netzbetreibers erheblich berührt werden, die Möglichkeit, bei der Regulierungsbehörde einen Antrag auf Überprüfung dieses Verhaltens zu stellen und ein Missbrauchsverfahren gegen den jeweiligen Netzbetreiber zu initiieren. Die Einzelheiten sind in § 31 EnWG geregelt. Sowohl die materiellen Regelungen zum Netzanschluss und Netzzugang des Energiewirtschaftsgesetzes als auch die besonderen Missbrauchs- und Sanktionsnormen sind gem. § 111 Abs. 1 iVm Abs. 2 EnWG abschließend gegenüber den kartellrechtlichen Bestimmungen des GWB. Die höherrangigen Wettbewerbsvorschriften des Unionsrechts bleiben jedoch anwendbar.[234]

C. Kartellrechtliche Fragen bei der Strom- und Gaslieferung

I. Kartellrechtliche Beurteilung typischer Vertragsklauseln in Energielieferverträgen

118 **1. Überblick.** Vor der Energierechtsreform im Jahre 1998 war die Elektrizitäts- und Gasversorgung in Deutschland durch ein System geschlossener Versorgungsgebiete gekennzeichnet, das den brancheninternen Wettbewerb von Elektrizitäts- und Gaslieferanten sowohl um weiterverteilende Abnehmer als auch um Endkunden weitgehend ausschloss.[235] Begründet wurde dieses System durch ein Geflecht privatrechtlicher Verträge, den **Konzessions- und den Demarkationsverträgen.** Der durch §§ 103f. GWB a.F. legalisierte Ausschluss von Wettbewerb, darüber hinaus aber auch die wirtschaftlichen Besonderheiten der Energieversorgung – z.B. hohe Kapitalintensität der Errichtung von Erzeugungs- und Fortleitungsanlagen sowie die Notwendigkeit der Eingehung langfristiger Take-or-Pay-Verträge mit ausländischen Gasproduzenten zur Absicherung ausreichenden Gasbezugs – haben die Vertragslandschaft im Zusammenhang mit der Lieferung und dem Bezug von Elektrizität und Gas geprägt. Elektrizitäts- und Gaslieferverträge – insb. soweit sie mit weiterverteilenden Unternehmen abgeschlossen wurden – wurden üblicher-

[234] Zu dem Konkurrenzverhältnis von sektorspezifischer Regulierung und Kartellrecht sowie zu den verbleibenden Befugnissen der Kartellbehörden s.o. Rdnr. 70ff.; auch *Ludwigs,* in: *Baur/Salje/Schmidt-Preuß,* Regulierung in der Energiewirtschaft, Kap. 38, Rdnr. 16ff.; *Baur* RdE 2004, 277ff.

[235] Näher etwa *Büdenbender,* Energiekartellrecht, 1994; *Ebel,* Energielieferverträge, 1991; *Strohe,* Demarkationen und Bezugsbindungen in gewerblichen Energielieferverträgen, 2003.

weise langfristig und darüber hinaus zur Deckung des gesamten Bedarfs des jeweiligen Abnehmers unter Einbeziehung von **Ausschließlichkeits- bzw. Gesamtbedarfsdeckungsklauseln** geschlossen.[236]

Mit der **Aufhebung der Bereichsausnahme** der §§ 103f. GWB a. F. durch das NeuregelungsG 1998 unterfielen die vormals freigestellten Gebietsschutzabreden nunmehr den allgemeinen kartellrechtlichen Bestimmungen. Demarkationsverträge sind damit nach ganz überwiegender Auffassung als dem Kartellverbot des § 1 GWB unterworfene Gebietsschutzabreden unwirksam geworden.[237] Ausschließliche Konzessionsverträge unterfallen nach der Rechtsprechung des BGH ebenfalls § 1 GWB.[238] Damit hat die Beurteilung langfristiger Lieferverträge und insb. solcher mit Gesamtbedarfsdeckung neue Relevanz erfahren: Vor der Energierechtsreform schlossen Gebietsschutzverträge die Möglichkeit des Abnehmers, Energie bei einem Lieferanten seiner Wahl zu beziehen, weitgehend aus. Langfristigen Ausschließlichkeitsbindungen in Lieferverträgen konnte eine eigenständige wettbewerbsbeschränkende Wirkung kaum zukommen. Diese Situation hat sich mit dem Wegfall des kartellrechtlichen Ausnahmebereichs substantiell verändert, denn das Entfallen der Demarkationsverträge hat eine denkbare wettbewerbsbeschränkende Wirkung solcher Ausschließlichkeitsbindungen praktisch erst begründet und damit in den Fokus des Kartellrechts gerückt. Nach der Rechtsprechung des BGH ist hinsichtlich dieser nachträglich von dem Anwendungsbereich des Kartellverbots erfassten **Altverträge** jedoch eine möglichst **schonende Anpassung** geboten.[239] Dieser Befund wird durch die Rechtsprechung des EuG bestätigt.[240] Das BKartA hat bereits 1997 die Streichung der Ausschließlichkeitsbindungen in langfristigen Gaslieferverträgen durchgesetzt.[241] **119**

Ungeachtet der Freistellung von Gebietsschutzabreden und sonstigen Wettbewerbsbeschränkungen in Energielieferverträgen von §§ 1, 15, 18 GWB a. F. waren auch unter der Geltung der gesetzgeberischen Bereichsausnahme für die Energiewirtschaft schon aufgrund des Vorrangs des Unionsrechts die **Art. 101, 102 AEUV** auf Energielieferverträge im grenznahen Bereich anwendbar.[242] Aufgrund der geringen technischen Möglichkeiten für einen Import und Export von Strom sowie der historischen Trennung der Märkte wurde jedoch immer schon angenommen, dass das Merkmal der spürbaren Beeinträchtigung des zwischenstaatlichen Handels bei Energielieferverträgen außerhalb der grenznahen Versorgungsgebiete nicht erfüllt sein konnte. **120**

2. Das anwendbare Recht. *a) Unionsrecht. aa) Art. 101 AEUV. (1) Altverträge.* Die Anwendbarkeit des Art. 101 AEUV auf Energielieferverträge im Zeitraum vor dem Inkrafttreten des EnWG 1998 am 29.4.1998 war nach verbreiteter Auffassung grundsätzlich ausgeschlossen. Es fehlte insoweit an einer tatbestandsmäßig bewirkten Wettbewerbsbeschränkung bzw. an einer Beeinträchtigung des zwischenstaatlichen Handels. Eine Wettbewerbsbeschränkung gilt immer nur dann als bewirkt, wenn sie von dem jeweils zu **121**

---

236 Vgl. *Dreher,* ZWeR 2003, 3; *Slot,* J. of Network Industries, 2000, 287; *Markert*, EuZW 2000, 427; *Scholz,* RdE 1998, 209; *ders.,* in: Fs. Baur, 2002, S. 549.

237 So auch in der Gesetzesbegründung, BT-Drucks. 13/7274, S. 24; ausführlich zum Meinungsstand siehe *Zinow* in der 1. Auflage, § 34 Rdnr. 51.

238 BGH WuW/E BGH 2247, 2248ff. – *Wegenutzungsrecht;* WuW/E BGH 2777, 2779 – *Freistellungsende.*

239 BGH WuW/E DE-R 1305, 1306 = RdE 2004, 260 – *Restkaufpreis.*

240 Im Zusammenhang mit dem Beihilfenverbot des Art. 107 AEUV hat das EuG entschieden, dass *„eine Beihilferegelung für einen Markt, der ursprünglich dem Wettbewerb entzogen war, bei der Liberalisierung dieses Marktes als bereits bestehende Beihilferegelung anzusehen [ist]"*, vgl. EuG U. v. 21.9.2005, Rs. T-87/05, Slg. 2005, II-3745, Rdnr. 119 – *Energias de Portugal/Kommission* (insoweit in WuW/E EU-R 943 nicht abgedruckt).

241 BKartA, TB 1997/1998, S. 30, 120. Bei Strom bestand dazu kaum mehr Anlass, da ab 1998 zunächst überwiegend nur noch kurzfristige Lieferverträge vereinbart wurden.

242 *Scholz,* RdE 1998, 209; *Markert*, ZNER 2004, 250; *ders.,* EuZW 2000, 427.

beurteilenden Vertrag im Sinne adäquater Kausalität zumindest mit verursacht wurde.[243] Vor der Liberalisierung der Strommärkte bestand jedoch im Bereich der leitungsgebundenen Energie weder ein – zwischenstaatlicher – Anbieterwettbewerb auf der Großhandelsstufe noch ein Nachfragewettbewerb zwischen den Weiterverteilern. Der oben beschriebene, vom Gesetzgeber sanktionierte Ausschluss bracheninternen Wettbewerbs zur Gewährleistung von Versorgungssicherheit führte dazu, dass zwischen den jeweiligen Vertragsparteien eines Energielieferungsvertrags vereinbarte Klauseln den **Wettbewerb nicht kausal beschränken** konnten. Hinzu kam, dass sich bis zur Umsetzung der Elektrizitätsbinnenmarktrichtlinie 1996 ein grenzüberschreitender Stromhandel in Ermangelung eines transparenten und funktionierenden Durchleitungsregimes nicht etabliert hatte. Der Erlass der genannten Richtlinie zielte überdies ohnehin nicht auf einen uneingeschränkten, grenzüberschreitenden Stromhandel ab, sondern war, wie oben ausgeführt (Rdnr. 15) nach Maßgabe des Reziprozitätsgrundsatzes relativiert (Art. 19 Abs. 5 Elektrizitätsbinnenmarktrichtlinie 1996; Art. 4 § 2 NeuregelungsG). Obwohl es sich bei dieser Regelung um eine normative Beschränkung des Netzzugangs handelte, fehlten auch die technischen Voraussetzungen für einen Import bzw. Export von Strom. Somit wird deutlich, dass die zwischenstaatlichen Handelsströme keineswegs durch jede innerstaatliche Wettbewerbsbeschränkung auch spürbar im Sinne des Art. 101 Abs. 1 AEUV beeinträchtigt werden konnten. Dies erklärt, warum das BKartA Art. 101 AEUV (damals noch Art. 85 EGV) nur in den Ausnahmefällen angewendet hat, in denen durch Demarkations- und Konzessionsverträge **grenznahe Versorgungsgebiete** auch vor Wettbewerb durch ausländische Lieferanten geschützt worden waren.[244] Damit kam im Ergebnis die Prüfung von möglicherweise wettbewerbsbeschränkenden Klauseln in Energielieferungsverträgen am Maßstab des unionsrechtlichen Kartellverbots erst mit dem **Stichtag des 29.4.1998** in Betracht.[245]

122 *(2) Neuverträge.* Bei allen Beschränkungen der wettbewerblichen Handlungsfreiheit ist in erster Linie zu prüfen, ob sie überhaupt zu einer tatbestandsmäßigen Wettbewerbsbeschränkung iSd Art. 101 Abs. 1 AEUV führen und nicht etwa aufgrund des besonderen wirtschaftlichen Kontextes als Ausdruck der „ordnungsgemäßen Ausübung“ einer bestimmten wirtschaftlichen Tätigkeit und damit nach der Rechtsprechung des EuGH nicht als Verstoß gegen Art. 101 Abs. 1 AEUV zu werten sind.[246] Für die nach dem 29.4.1998 geschlossenen Energielieferverträge kommt es hinsichtlich der Anwendbarkeit des Art. 101 AEUV in zweiter Linie auf die Frage der **Spürbarkeit** der in einem solchen Vertrag möglicherweise enthaltenen Wettbewerbsbeschränkung sowie der Spürbarkeit der mit dieser Wettbewerbsbeschränkung tatsächlich oder potentiell bewirkten Beeinträchtigung des Handels zwischen Mitgliedstaaten an.[247] Die Kommission hat in einer Reihe von Fällen Art. 101 AEUV zur Anwendung gebracht; hier ging es indes zumeist um Verhaltensweisen auf der Ebene Erzeuger/Importeur bzw. Ferngasunternehmen.[248] Im Übrigen ist fraglich, ob wettbewerbsbeschränkende Klauseln in einzelnen Lieferverträgen in den Anwendungsbereich des Art. 101 Abs. 1 AEUV fallen. Insbesondere bei Vereinbarungen, die nur regionale oder gar lokale Märkte betreffen, darf eine **spürbare Handelsbeeinträchtigung**

---

[243] *Schröter/Jakob/Klotz/Mederer-Schröter/Voet van Vormizeele,* Europäisches Wettbewerbsrecht, AEUV Art. 101 Rdnr. 126. In diesem Sinne auch EuG U. v. 21.9.2005, Rs. T-87/05, Slg. 2005, II-3745 = WuW/E EU-R 943 Rdnr. 116ff. – *Energias de Portugal/Kommission.*

[244] BKartA WuW/E BKartA 2778, 2784 – *Ruhrgas-Thyssengas III;* WuW/E 2859, 2866 – *Stadt Nordhorn.* Näher dazu *Zinow* in der 1. Auflage, § 34 Rdnr. 54f.

[245] OLG Düsseldorf RdE 2002, 44, 48 – *Stadtwerke Aachen* (insoweit in WuW/E DE-R 854 nicht abgedruckt); OLG Stuttgart RdE 2002, 182, 187 – *Gasversorgung Süddeutschland;* aA *Schnichels,* EuZW 2003, 147, 173.

[246] So z.B. EuGH U. v. 19.2.2002, Rs. C-309/99, Slg. 2002, I-1577 Rdnr. 107 – *Wouters.* Zur neueren Rechtsprechung im Sinne der „Wouters-Doktrin“ s. *Wiedemann,* § 2 Rdnr. 3a. Zur Nichtanwendbarkeit des Art. 106 Abs. 2 AEUV auf die deutschen EVU ausführlich *Dohms,* § 35 Rdnr. 330.

[247] Vgl. dazu oben *Lübbig,* § 8 Rdnr. 40ff.

[248] *Nyssens/Cultrera/Schnichels,* CPN 2004, 48.

nicht pauschal angenommen werden. Energielieferverträge von rein lokaler Bedeutung können danach selbst dann das Merkmal der Spürbarkeit nicht erfüllen, wenn der örtliche Markt in einer Grenzregion liegt.[249] Etwas anderes könnte sich für solche oder Energielieferverträge von überregionaler Bedeutung nur aus der in der Rechtsprechung des EuGH entwickelten **Bündeltheorie** ergeben.[250] Hiernach ist bei der Beurteilung der Wirkungen einer Ausschließlichkeitsklausel der wirtschaftliche und rechtliche Gesamtzusammenhang zu betrachten, in dem der Vertrag steht und zusammen mit gleichartigen Vereinbarungen zu einer kumulativen Auswirkung auf den Wettbewerb führen kann. Nach Auffassung des EuGH ist zu prüfen, wie sich ein solcher Vertrag in Verbindung mit anderen gleichartigen Verträgen auf die Möglichkeiten der Mitbewerber aus dem Inland oder aus anderen Mitgliedstaaten, auf dem relevanten Markt Fuß zu fassen oder dort ihren Anteil zu vergrößern, auswirkt. Ein mit der Sache befasstes Gericht muss dabei konkret Art und Bedeutung aller gleichartigen Verträge prüfen, die eine bedeutende Zahl von Abnehmern an einige Lieferanten binden. Darüber hinaus sind sonstige Faktoren zu berücksichtigen, die die Möglichkeiten des Marktzugangs beeinflussen. Erst wenn sich hiernach feststellen lässt, dass der relevante Markt schwer zugänglich ist, muss beurteilt werden, inwieweit die Verträge des betroffenen Lieferanten zu der kumulativen Wirkung beitragen, die diese gleichartigen Verträge zusammen entfalten. Nur dann, wenn ein solches Bündel von Verträgen in – so der EuGH – erheblicher Weise zu einer Marktabschottung beiträgt, kann Art. 101 AEUV eingreifen. Lieferverträge, deren Beitrag zu kumulativen Wirkungen unerheblich ist, fallen danach schon nicht unter das Verbot. Für die Beurteilung dieser Frage kommt es nach Ansicht des EuGH auf die Stellung der Vertragspartner auf dem relevanten Markt sowie die Dauer der Verträge im Vergleich zu der durchschnittlichen Dauer der auf dem relevanten Markt geschlossenen Verträge an.[251] In Anwendung dieser für die Beurteilung der **Spürbarkeit der Wettbewerbsbeschränkung** maßgeblichen **Bündeltheorie** vertraten das OLG Düsseldorf im Jahr 2001 (Fall *Stadtwerke Aachen*) und das BKartA 2006 (Fall *E.ON Ruhrgas/langfristige Lieferverträge*) die Ansicht, dass der deutsche Markt für die Belieferung von Weiterverteilern mit Erdgas aufgrund des Zusammenwirkens einer Mehrzahl von Verträgen in einem erheblichen Maße abgeschottet war.[252] Der BGH hat die Entscheidung des BKartA (wie auch bereits das OLG Düsseldorf in der Vorinstanz[253] gegenüber *E.ON Ruhrgas*) bestätigt.[254] Für die Elektrizitätsmärkte fehlt es, soweit ersichtlich, an einer vergleichbaren Feststellung. Im Hinblick auf die neuen Bundesländer hatte das OLG Dresden insoweit die Eignung einer Ausschließlichkeitsbindung zur Beeinträchtigung des Handels zwischen den Mitgliedsstaaten verneint.[255] Generell gilt, dass die bloße Behauptung einer kumulativen Marktabschottung aufgrund einer Mehrzahl von Verträgen unter Heranziehung der Bündeltheorie auch in den Energiemärkten nicht genügt, um die Anwendbarkeit des Art. 101 Abs. 1 AEUV im Zivilprozess hinreichend darzulegen.[256] Während in der Vergan-

---

[249] Komm., Leitlinien über den Begriff der Beeinträchtigung des zwischenstaatlichen Handels in den Art. 81 und 82 des Vertrags, ABl. 2004 C 101/81 Rdnr. 89, 91. Dazu auch *Scholz,* in: Fs. Baur, 2002, S. 549, 552 ff.; *de Wyl/Soetebeer,* in: *Schneider/Theobald,* Recht der Energiewirtschaft, § 11 Rdnr. 173 ff.

[250] Ausführlich zur Bündeltheorie oben *Lübbig,* § 8 Rdnr. 42.

[251] EuGH U. v. 7.12.2000, Rs. C-214/99, Slg. 2000, I-11121 = WuW/E EU-R 381 Rdnr. 25 ff. – *Neste Markkinointi.*

[252] OLG Düsseldorf WuW/E DE-R 854, 858, 862 f. – *Stadtwerke Aachen;* BKartA WuW/E DE-V 1147, B. v. 13.1.2006, S. 22 – *E.ON Ruhrgas (langfristige Gaslieferverträge);* vgl. ferner OLG Stuttgart RdE 2002, 182, 186 – *Gasversorgung Süddeutschland.* Ebenso BKartA, Beurteilungsgrundsätze zu langfristigen Gasverträgen, 2005, S. 4.

[253] OLG Düsseldorf WuW/E DE-R 2197 ff – *E.ON Ruhrgas (langfristige Gaslieferverträge).*

[254] BGH WuW/E DE-R 2679, 2684 – *Gaslieferverträge;* Anmerkung bei *Dreher,* EWiR 2009, 717 f.; eine Evaluierung bisher ergangener Beschlüsse zu langfristigen Gaslieferverträgen findet sich bei *Zapfe/Mecke,* WuW 2011, 944 ff.

[255] OLG Dresden RdE 2002, 144, 148 – *ESAG Energieversorgung Sachsen Ost/Stadtwerke Görlitz.*

[256] LG Frankfurt/Main WuW/E DE-R 959, 962 = EWiR 2002, 21 – *E.DIS Energie Nord/DB Energie (Umformerwerke);* dazu *Rottnauer,* EWiR 2002, 21.

genheit die fehlende Beeinträchtigung des zwischenstaatlichen Handels einer Anwendung des Art. 101 Abs. 1 AEUV entgegenstand, kann nunmehr festgestellt werden, dass die zunehmende Vielfalt in der „Vertragslandschaft" dazu führt, dass eine schematische Anwendung der Bündeltheorie den tatsächlichen Gegebenheiten der deutschen Energiemärkte nicht (mehr) gerecht wird.

123 *bb) Art. 102 AEUV. (1) Normadressatenstellung.* Ob und inwieweit Art. 102 AEUV auf Energielieferverträge anwendbar ist, kann nicht pauschal, sondern nur in Bezug auf den jeweiligen Einzelfall beurteilt werden. Im Hinblick auf die bislang von der Rechtsprechung und den Kartellbehörden räumlich lokal bzw. regional abgegrenzten Märkte für die Belieferung von Standardlastprofil- bzw. Haushalts- und Kleingewerbekunden (s. genauer unten Rdnr. 183) – jedenfalls was den Grundversorgungs- und Heizstrommarkt angeht – ist **zweifelhaft,** ob das in Art. 102 AEUV vorausgesetzte Tatbestandsmerkmal der Erstreckung der marktbeherrschenden Stellung auf einen wesentlichen Teil des gemeinsamen Marktes erfüllt ist.[257] Allerdings hat die Kommission wegen Gasmarktabschottungen auch die Märkte für die Belieferung von Kleinkunden mit Gas als wesentlichen Teil des Binnenmarktes angesehen und dabei auf die am gesamten Binnenmarkt gemessene wirtschaftliche Bedeutung abgestellt.[258] Bei regionaler oder lokaler Marktabgrenzung ist zudem zu prüfen, ob die Anwendung des Art. 102 AEUV nicht schon mangels zwischenstaatlicher Handelsbeeinträchtigung ausscheidet. Ebenso wie bei Art. 101 AEUV war bis zum Inkrafttreten des EnWG 2005 insoweit auch die Reziprozitätsklausel des Art. 4 § 2 NeuregelungsG 1998 von Bedeutung (dazu oben Rdnr. 15), welche im Einklang mit den unionsrechtlichen Vorgaben die Einschränkung des grenzüberschreitenden Stromhandels erlaubte und damit einen Mechanismus darstellte, der nach dem Willen sowohl des europäischen als auch des deutschen Gesetzgebers privatem Handeln die Kausalität für eine zwischenstaatliche Handelsbeeinträchtigung nahm. Hinsichtlich der vorgenannten, aber auch hinsichtlich anderer Märkte ist mit dem Inkrafttreten bzw. der Umsetzung des EnWG 2005/2011 ohnehin eine Neubestimmung der wettbewerblichen Verhältnisse erforderlich.

124 *(2) Missbrauchstatbestand.* Hinsichtlich der oben zu Art. 101 AEUV diskutierten Differenzierung zwischen Alt- und Neuverträgen kann mit Blick auf Art. 102 AEUV festgehalten werden, dass – bei unterstellter Anwendbarkeit (trotz Art. 106 Abs. 2 AEUV) und Normadressateneigenschaft – wenig dafür spricht, Energielieferungsverträge als missbräuchliche Verhaltensweisen marktbeherrschender Unternehmen einzustufen, soweit diese vor Inkrafttreten der Liberalisierungsgesetzgebung im Jahr 1998 geschlossen worden sind. Auch das **bloße Festhalten** an einem rechtmäßig abgeschlossenen Vertrag kann aber im Falle nachträglicher Eröffnung des Anwendungsbereichs des Art. 102 AEUV als missbräuchlich qualifiziert werden. Im Hinblick auf die aktuelle BGH-Rechtsprechung zu langfristigen Gaslieferverträgen[259] ist mittlerweile davon auszugehen, dass Unternehmen einer Monitoringpflicht bzgl. ihrer laufenden Verträge unterliegen. Gegen diese Rechtspraxis bestehen nach wie vor Bedenken, was die Vereinbarkeit mit Art. 14 GG und den darin konkretisierten Rechtsgrundsätzen des Vertrauensschutzes und der Rechtssicherheit betrifft, die auch im Unionsrecht gelten. Der Geltungsvorrang des Art. 14 GG lässt sich nicht einfach mit dem Argument entkräften, dass die Bestimmungen des Kartellrechts „einfachgesetzliche Schranken des Eigentumsrechtes" seien, da auch bei grundsätzlichem Zugriff des Gesetz-

---

[257] Dies ist abhängig von der tatsächlichen Größe der Region. In E. v. 3.12.2009, COMP/39.316 – *Gaz de France* bezieht sich die Kommission auf ein Urteil des EuGH vom 25.10.2001, Rs. C-47599 – *Ambulanz Glöckner,* in dem das Gericht das Bundesland Rheinland-Pfalz als einen wesentlichen Teil des Binnenmarktes ansah und auf die Fläche und Einwohneranzahl abstellte, die größer als die einzelner Mitgliedstaaten sein kann.

[258] Komm. E. v. 18.3.2009, COMP/39.402, Rdnr. 20 – *Gasmarktabschottung durch RWE;* E. v. 29.9.2010, COMP/39.315, Rdnr. 38 – *ENI.*

[259] Siehe unten Rdnr. 131 ff. Siehe zur Problematik im Hinblick auf kartellrechtliche Verfügungen den Fernwärmemarkt betreffend schon *v. Steindorff,* in: Fs. Pfeiffer, S. 797 ff.

gebers auf das Eigentum durch Inhalts- und Schrankenbestimmung die verfassungsrechtliche Bestandsgarantie verlangt, dass die Ausübung wohlerworbener Rechte möglich bleibt.

Was Neuverträge anbelangt, kann auf die Wertungen der Kommission, wie sie in ihrer Entscheidungspraxis zu Ausdruck kommen, verwiesen werden. Sie hat in einer Reihe von Einzelfallentscheidungen längerfristige Energielieferverträge toleriert,[260] im Fall *Electrabel* auch unter dem Gesichtspunkt der Versorgungssicherheit.[261] Hierbei hat sich gezeigt, dass es bei der Würdigung derartiger Verträge auf die Umstände des Einzelfalls ankommt und eine pauschale Herangehensweise nicht angebracht ist. In einem gegen *Electricité de France – EdF* in Frankreich geführten Verfahren hat die Kommission jedoch in längerfristigen Stromlieferverträgen einen Verstoß gegen Art. 102 AEUV gesehen.[262] Die Kommission ermittelte als wettbewerbsrechtlich bedenkliche Praktiken solche Stromlieferverträge, die aufgrund ihrer Laufzeit und ihrer Art – insb. der abgedeckten Menge – den Markt für Lieferungen an industrielle Großkunden sowohl gegenüber Hauptlieferanten als auch gegenüber Nebenlieferanten abschotteten. Das BKartA hat im Abschluss langfristiger Gaslieferverträge wegen der hieraus resultierenden Einschränkung der Absatzmöglichkeiten Dritter eine missbräuchliche Verhaltensweise gesehen.[263] 125

b) Deutsches Kartellrecht. aa) Kartellverbot. Im Rahmen der unionsrechtlichen Vorgaben zur Anwendbarkeit des GWB kann bei unterstellter Spürbarkeit wettbewerbs- und handelsbeeinträchtigender Klauseln in Energielieferverträgen § 1 GWB keine den Art. 101, 102 AEUV entgegenstehenden Rechtsfolgen nach sich ziehen. Im Zeitraum vor dem Inkrafttreten der VO Nr. 1/2003 stellte sich bei der Beurteilung von Energielieferverträgen wiederholt die Frage, ob der allein auf Vereinbarungen horizontalen Charakters anwendbare § 1 GWB a. F. zum Verbot wettbewerbsbeschränkender Klauseln in Energielieferverträgen führen konnte. Unter der Geltung der §§ 103, 103a GWB a. F. ließ sich ein – aus dem Anwendungsbereich des § 1 GWB a. F. hinausführendes – **anerkennenswertes Interesse** an dem Abschluss von z. B. längerfristigen Lieferverträgen mit Bedarfsdeckungsklauseln regelmäßig bejahen, da das System der geschlossenen Versorgungsgebiete einen Anbieterwettbewerb insoweit nicht vorsah. Für den Zeitraum nach dem Inkrafttreten des EnWG 1998 hat der BGH mit Blick auf einen Energieliefervertrag entschieden, dass den mit der jeweiligen Vereinbarung verfolgten Interessen um so eher der Vorrang eingeräumt werden kann, je weniger ausgeprägt das Wettbewerbsverhältnis zwischen den Parteien ist. Weitere Kriterien sind hiernach die tatsächliche Intensität der Wettbewerbsbeschränkung und die mit ihr auf längere Sicht u. U. erzielbare Wettbewerbsbelebung.[264] Zutreffend hat das LG Frankfurt in diesem Sinne die Anwendbarkeit des § 1 GWB a. F. auf einen Energieliefervertrag zwischen einem Energieversorger und einem Kunden verneint, da es zwischen den Parteien des Vertrages an einem Wettbewerbsverhältnis fehlte.[265] Das OLG Düsseldorf unterzog im Fall *Stadtwerke Aachen* allerdings eine Gruppe von Klauseln einer Prüfung am Maßstab des § 1 GWB a. F. ungeachtet des Umstandes, dass nicht alle Klauseln horizontalen, sondern vielmehr teilweise vertikalen Charakter hatten.[266] Nach Angleichung des § 1 GWB an Art. 101 AEUV ist die Unterscheidung zwischen horizontalen und vertikalen Wirkungen freilich entfallen. Da § 1 GWB im Kern seines Wortlautes mit Art. 101 AEUV 126

---

[260] Komm. E. v. 30.4.1991, ABl. 1991 Nr. L 178/31 – *Scottish Nuclear;* Komm., Bekanntmachung nach Art. 19 Abs. 3 VO Nr. 17, ABl. 1996 118/7 – *REN/Turbogás;* ABl. Nr. C 138/3 – *ISAB Energy;* Komm., 23. Bericht über die Wettbewerbspolitik, 1993, Tz. 222 – *Electricidade de Portugal (EDP)/Pego-Projekt;* Komm., 30. Bericht über die Wettbewerbspolitik, 2000, S. 175 ff. – *Gas Natural/Endesa;* Komm., 27. Bericht über die Wettbewerbspolitik, 1997, Tz. 93 f. – *Electrabel.*

[261] Komm., aaO.

[262] Komm. E. v. 17.3.2010, COMP/39.386 – *Langfristige Stromlieferverträge in Frankreich (EdF).*

[263] BKartA WuW/E DE-V 1147, 1149 ff. – *E.ON Ruhrgas (langfristige Gaslieferverträge),* vom BGH bestätigt, s. o.

[264] BGH WuW/E DE-R 1119, 1123 = WRP 2003, 1131 = RdE 2003, 277 – *Verbundnetz II.*

[265] LG Frankfurt/Main WuW/E DE-R 959, 961 – *Umformerwerke.*

[266] OLG Düsseldorf WuW/E DE-R 854, 856 f. – *Stadtwerke Aachen.*

identisch ist und nach dem Willen des Gesetzgebers nunmehr den gleichen Regelungsgehalt wie Art. 101 Abs. 1 AEUV hat, ergibt sich aus einem Verstoß gegen Art. 101 AEUV regelmäßig auch ein Verstoß gegen § 1 GWB; im Gegensatz zu Art. 101 AEUV kommt es aber bei der Anwendung des § 1 GWB auf die Beeinträchtigung des zwischenstaatlichen Handels nicht an.[267]

127 *bb) Missbrauchsverbot.* Grenzen bei der Vertragsgestaltung ergeben sich für marktbeherrschende und marktstarke Unternehmen auch aus den §§ 19, 20 GWB. Im Fall *Stadtwerke Aachen* folgerte das OLG Düsseldorf die Rechtswidrigkeit von langfristigen, auf die Deckung des Gesamtbedarfs gerichteten Bezugsbindungen aus § 19 Abs. 2 Nr. 1 GWB. Besonderes Gewicht legte das Gericht dabei auf den Umstand, dass „das Beharren" auf einer vollständigen Bezugsbindung der Liberalisierungsgesetzgebung durch das EnWG 1998 zuwiderlaufe. Die auf dem Lieferanten lastenden Risiken aus **Take-or-Pay**-Verpflichtungen bildeten nach Ansicht des Gerichts kein ausreichendes Gegengewicht zum gesetzgeberischen Interesse an der Ausbildung bracheninternen Wettbewerbs nach dem 29.4.1998. Der BGH hatte bislang keine Gelegenheit, die vergleichsweise strenge Haltung des OLG Düsseldorf zu revidieren.[268] Das BKartA griff ferner eine **Rabattgestaltung** als potentiell missbräuchlich auf, derzufolge eine Gesamtbedarfsdeckung mit attraktiveren Rabatten als ein Teilmengenbezug bewertet wurde.[269]

128 **3. Einzelne typische Klauseln.** *a) Laufzeitvereinbarungen und faktische Gesamtbedarfsdeckung. aa) Rechtsprechung.* Die vergleichsweise strenge Behandlung langfristiger „Altverträge" mit rechtlichen Gesamtbedarfsdeckungsklauseln durch das OLG Düsseldorf und das OLG Stuttgart hat zu einer gewissen Unsicherheit bei der Gestaltung von neuen Energielieferverträgen geführt. Insbesondere hat das OLG Düsseldorf im Fall *E.ON Ruhrgas/langfristige Lieferverträge* angeführt, dass das Interesse an einer sicheren und preisgünstigen Energieversorgung keine hinreichende Rechtfertigung für die Absicherung von langfristigen Gasimportverträgen der Gasversorger durch entsprechende Absatzverträge sei, weil die Liberalisierung der Energiemärkte nach dem EnWG 2005 ein gleichwertiges Ziel darstelle und die zukünftige Nachfrage nach Gas seitens der Wettbewerber und Endverbraucher nicht nachlassen werde.[270] Das OLG Düsseldorf hat schließlich auch (siehe näher unten Rdnr. 130ff.) darauf abgestellt, dass **Ketten- und Stapelverträge** mit **hohem Bedarfsdeckungsgrad** ebenso wie langfristige Bezugsbindungen mit hohem Bedarfsdeckungsgrad die Entstehung hinreichender freier Liefermengen hindern, welche für einen unverfälschten Wettbewerb erforderlich wären.[271] Es hat dabei die – nachstehend unter bb) im Einzelnen erläuterte – Praxis des BKartA gestützt. Der BGH hat die Position des BKartA gebilligt und die Entscheidung des OLG Düsseldorf bestätigt.[272] Verfahrensgegenstand der Rechtsbeschwerde sollte allein die Ansicht des Kartellamtes sein, dass mehrere Verträge zwischen Lieferant und Abnehmer hinsichtlich ihrer Lieferanteile oder Laufzeiten als ein Vertrag anzusehen seien; der BGH erstreckte die Prüfung gleichwohl auf sämtliche Vorgaben bzgl. künftiger Bedarfsdeckungsquoten und Lieferzeiten.[273]

129 In seinem Beschluss ist der BGH über die sich in der Entscheidung *Verbundnetz II* abzeichnende Bewertung noch hinausgegangen. In *Verbundnetz II* hieß es, dass eine „weniger einschneidende Wettbewerbsbeschränkung [als eine Demarkationsabrede] mit einer Laufzeit von mehr als fünf Jahren nicht oder jedenfalls in aller Regel nicht" in Betracht kom-

---

[267] BKartA WuW/E DE-V 1147, 1156 – *E.ON Ruhrgas (langfristige Gaslieferverträge).*

[268] Im Fall *Stadtwerke Aachen* kam es dazu aufgrund der Revisionsrücknahme durch *Thyssengas* nicht, s. BGH, Pressemitteilung Nr. 129/2003 v. 4.11.2003 – *Stadtwerke Aachen.*

[269] BKartA, Pressemitteilung v. 21.5.2003.

[270] OLG Düsseldorf WuW/E DE-R 1757 – *E.ON Ruhrgas (langfristige Gaslieferverträge),* Verf. betr. vorläufigen Rechtsschutz.

[271] OLG Düsseldorf WuW/E DE-R 2197, 2202 – *E.ON Ruhrgas (langfristige Gaslieferverträge).*

[272] BGH WuW/E DE-R 2679 – *Gaslieferverträge.*

[273] Vgl. BGH WuW/E DE-R 2679, 2680 – *Gaslieferverträge.*

me.[274] Vor diesem Hintergrund durfte noch angenommen werden, dass die Vereinbarung eines langfristigen Liefervertrags mit hoher Bezugsquote eine weniger intensive Wettbewerbsbeschränkung als eine Demarkationsabrede zwischen Wettbewerbern darstellte und somit eine Laufzeit von bis zu fünf Jahren für erstere Vereinbarungen mit der Rechtsprechung des BGH im Einklang zu stehen schien. Bis zur Ablösung der Richtlinie 2004/67/EG des Rates vom 26.4.2004 über Maßnahmen zur Gewährleistung der sicheren Erdgasversorgung[275] durch die VO (EU) Nr. 994/2010 des Europäischen Parlaments und des Rates vom 20.10.2010[276] wurde langfristigen Verträgen bei der Sicherstellung der Gasversorgung eine eminente Rolle zugestanden (Erwägungsgrund Nr. 11). In Erwägungsgrund Nr. 26 der VO (EU) Nr. 994/2010 heißt es hingegen lediglich, dass hinreichend abgestimmte Standards für die Versorgungssicherheit eingeführt werden müssen und dabei insb. neue bzw. kleine Anbieter von Erdgas sowie Endnutzer nicht unangemessen und unverhältnismäßig belastet werden dürfen. Auf Versorgungsverträge wird nur allgemein Bezug genommen. Ob damit eine partielle Abkehr von dem Postulat der Versorgungssicherheit als Rechtfertigungsgrund für langfristige Bezugsbindungen verbunden ist, ist offen. Zur Begründung der wettbewerbsbeschränkenden Wirkung der langfristigen Lieferverträge zog der BGH auch die alte Vertikal-Gruppenfreistellungsverordnung VO (EG) Nr. 2790/99 – jetzt VO (EU) Nr. 330/2010[277] – heran. Diese nimmt in Art. 5 Abs. 1 lit. a) solche Verpflichtungen von der Freistellung nach Art. 101 Abs. 3 AEUV aus, die eine Laufzeit von mehr als fünf Jahren vorsehen. Der BGH hatte aber keine Bedenken dagegen, die **Maximallaufzeit** im konkreten Fall (bei einer Bedarfsdeckungsquote von 80%) auf **zwei Jahre** zu reduzieren. Die Laufzeiten könnten nicht unabhängig vom Grad der Bedarfsdeckung gesehen werden und rechtfertigten daher eine weitere Reduzierung der Laufzeit.[278]

bb) Amtspraxis. Die vom BKartA im Januar 2005 vorgestellten **Beurteilungsgrundsätze** 130
zu langfristigen Gasverträgen gingen davon aus, dass Gaslieferungsverträge als **unzulässig** anzusehen sind, wenn sie mit einer **Bedarfsdeckung von mehr als 80% und einer Laufzeit von mehr als zwei Jahren** oder aber mit einer Bedarfsdeckung von mehr als **50% bis** einschließlich **80% und einer Laufzeit von mehr als vier Jahren** abgeschlossen werden.[279] Das BKartA ließ sich hierbei im Wesentlichen von der Annahme leiten, dass die Verbindung von langfristiger Belieferung und hoher faktischer Bezugsquote zu einer mit Art. 101 Abs. 1 AEUV unvereinbaren Marktabschottung führe, da Kunden in einer Weise an Lieferanten gebunden würden, dass sie dritten Lieferanten als Kunden nicht mehr zur Verfügung stünden.[280] Eine Mehrzahl von Verträgen mit einem Lieferanten (Stapelung) bewertete das BKartA dabei (auch bei zeitlicher „Stapelung") als einen einheitlichen Vertrag.[281] Klauseln über die stillschweigende Verlängerung sollten als auf unbestimmte Zeit vereinbart verstanden werden; **englische Klauseln**[282] sollten in Gaslieferverträgen offenbar per se unzulässig sein.[283] Das BKartA wendete die Beurteilungsgrundsätze erstmals im Fall *E.ON Ruhrgas/langfristige Lieferverträge* an und stufte eine Reihe von Gaslieferverträgen des betroffenen Unternehmens als mit Art. 101, 102 AEUV und § 1 GWB unverein-

---

[274] BGH WuW/E DE-R 1019, 1024 – *Verbundnetz II.*

[275] ABl. 2004 L 127/92.

[276] ABl. 2010 L 295/1.

[277] ABl. 2010 L 102/1.

[278] BGH WuW/E DE-R 2679, 2685f. – *Gaslieferverträge.*

[279] BKartA, Beurteilungsgrundsätze zu langfristigen Gasverträgen, 2005, S. 10f. Siehe auch Folgepapier zum Konsultationsverfahren v. 6.4.2005. Näher zur Position des BKartA auch *Böge,* WuW 2005, 1098.

[280] BKartA, aaO, S. 4f.

[281] Siehe näher BKartA WuW/E DE-V 1147, 1158f. – *E.ON Ruhrgas (langfristige Gaslieferverträge).*

[282] Siehe oben *Kirchoff,* § 11 Rdnr. 268ff.

[283] BKartA, Beurteilungsgrundsätze zu langfristigen Gasverträgen, 2005, S. 15. Vgl. schon BKartA, TB 1997/1998, S. 120.

bar ein.[284] Auch im Hauptsacheverfahren hielt das OLG Düsseldorf die Verfügung des BKartA aufrecht (siehe oben Rdnr. 128).[285] Der BGH schloss sich schließlich der Vorinstanz an und wies die Rechtsbeschwerde zurück.

131 Im Grundsatz vernachlässigte das BKartA dabei, dass jedem Austauschvertrag im Hinblick auf die Nichtwiederholbarkeit des Veräußerungsvorgangs eine zulässige Wettbewerbsbeschränkung innewohnt,[286] also nicht jede lange Vertragsdauer und faktische Gesamtbedarfsdeckung zwangsläufig die Kartellrechtswidrigkeit zu begründen vermag.[287] Die Grenze des normalen Zeithorizonts, innerhalb dessen potentiell wettbewerbsbeschränkende Wirkungen Austauschverträgen grundsätzlich immanent sind,[288] ist bei einem Zeitraum von zwei Jahren noch nicht überschritten. Eine Bedarfsdeckung mit einer Quote zwischen 50% bis einschließlich 80% würde nach den Vorgaben der Beurteilungsgrundsätze deutlich schärfer bewertet als nach der VO (EU) Nr. 330/2010.[289] Gleichwohl bescheinigte der BGH dem BKartA, diesem Verständnis nicht zuwider gehandelt zu haben, in dem er vor der Bewertung der Rechtmäßigkeit der Vorgaben bzgl. der Laufzeiten auf die den Austauschverträgen innewohnende grds. immanente Beschränkung hinweist.[290] Hinsichtlich der Wahl eines Vertragszeitraums von zwei Jahren beruft sich der BGH auf die Rechtsprechung der Unionsgerichte.[291]

132 Im Ergebnis läuft die Auffassung des BKartA auf die Annahme eines Verstoßes gegen Art. 101 AEUV auch in den Fällen hinaus, in denen, da tatsächlich nur die Absatzmöglichkeiten Dritter beeinträchtigt werden (reine Drittbeschränkung), § 1 GWB a. F. wohl nicht verletzt gewesen wäre.[292] Außerdem sprechen die Charakteristika der Gaswirtschaft (hohe Importabhängigkeit, Angebotsmacht der regelmäßig ausländischen Erzeuger) dafür, dass langfristige Gaslieferverträge gerade aufgrund des wirtschaftlichen Kontextes Ausdruck der „ordnungsgemäßen Ausübung“ dieser wirtschaftlichen Tätigkeit und damit im Sinne der Rechtsprechung des EuGH nicht als Verstoß gegen Art. 101 Abs. 1 AEUV zu bewerten sind.[293]

133 Soweit das BKartA annimmt, dass die auf der Importstufe bestehenden Risiken und vereinbarten Laufzeiten nicht „nahezu spiegelbildlich“ auf der inländischen Absatzseite weitergegeben werden dürfen, negiert es zum einen die vorgenannten wirtschaftlichen Sachzwänge beim Import und versagt den Lieferanten zum anderen mit der überaus strengen

---

[284] BKartA WuW/E DE-V 1147, 1149 ff. – *E.ON Ruhrgas (langfristige Gaslieferverträge).*

[285] OLG Düsseldorf WuW/E DE-R 2197 ff. – *E.ON Ruhrgas (langfristige Gaslieferverträge);* dies auch schon im vorläufigen Rechtsschutz: OLG Düsseldorf WuW/E DE-R 1757 – *E.ON Ruhrgas (langfristige Gaslieferverträge);* dazu im Einzelnen *Thomas,* RdE 2007, 11 ff.

[286] Vgl. auch BGH WuW/E BGH 2627, 2635 – *Sportübertragungen; Schröter/Jakob/Klotz/Mederer-Schröter/Voet van Vormizeele,* Europäisches Wettbewerbsrecht, AEUV Art. 101 Rdnr. 85.

[287] Zutreffend BGH WuW/E DE-R 1305, 1306 – *Restkaufpreis;* LG Frankfurt/Main WuW/E DE-R 959, 962 – *Umformerwerke; Ehricke/Pellmann,* WuW 2005, 1104 f.

[288] *Schröter/Jakob/Klotz/Mederer-Schröter/Voet van Vormizeele,* Europäisches Wettbewerbsrecht, AEUV Art. 101 Rdnr. 85.

[289] *Ehricke/Pellmann,* WuW 2005, 1104, 1108 ff.

[290] Vgl. BGH WuW/E DE-R 2679, 2684 f. – *Gaslieferverträge.*

[291] BGH WuW/E DE-R 2679, 2685 f. – *Gaslieferverträge.* Die Unionsgerichte hatten in Sachen *Langnese-Iglo/Kommission* entschieden, dass einem Vertrag, mit dem der gesamte oder nahezu gesamte Bedarf eines Abnehmers gedeckt wird, eine spürbare Wettbewerbsbeschränkung zugeschrieben wird, wenn bei einer Vertragsdauer von zwei Jahren der Bindungsgrad zusammen mit gleichartigen Bindungen anderer Lieferanten 30% beträgt und erhebliche weitere Marktzutrittsschranken bestehen, s. EuG U v. 8.6.1995, Rs. T-7/93, Slg. 1995, II-1533, Tz. 102–119; EuGH U v. 1.10.1998, Rs. C-279/95 P, Slg. 1998, I-5609, Tz. 61 = WuW/E EU-R 117; teilweise wird die Wahl des Zeitraums auch als willkürlich bezeichnet, *Bechtold,* NJW 2009, 3699, 3701, der die Entscheidung im Ergebnis aus Rechtssicherheitsgesichtspunkten aber begrüßt.

[292] Vgl. *Immenga/Mestmäcker–Zimmer,* GWB, 3. Aufl. 2001, § 1 Rdnr. 180; *Markert,* ZNER 2004, 250. Für Art. 101 AEUV ist dies streitig, wird aber wohl überwiegend angenommen, s. FK *Roth/Ackermann,* Grundfragen Art. 81 Abs. 1 EGV Rdnr. 221 ff., 228 ff.

[293] Vgl. für die angesprochene Rechtsprechung EuGH U. v. 19.2.2002, Rs. C-309/99, Slg. 2002, I-1577 Rdnr. 107 – *Wouters.*

Behandlung ihrer Lieferverträge auf der Absatzseite einen angemessenen Handlungsspielraum. Dies gilt um so mehr, als das BKartA mit der in den Beurteilungsgrundsätzen zum Tragen kommenden Bewertung auch in bestehende, nach Maßgabe bislang bekannter Rahmenbedingungen vereinbarte Vertragsgefüge eingriff. Auch die vom BKartA vorgesehene quotale Beurteilung ist problematisch, da sich die Quote auf den tatsächlichen Bedarf des Gaskunden beziehen soll, nicht jedoch auf eine von den Unternehmen einvernehmlich festgelegte Referenzmenge. Dies hat zur Folge, dass der Lieferant zum Abschluss eines nach den Vorgaben des BKartA nicht angreifbaren Gasliefervertrags genaue Kenntnis von dem tatsächlichen – unterjährig witterungsbedingt ohnehin schwankenden – Bedarf des Abnehmers haben muss, um beurteilen zu können, ob einem etwaigen Zweitlieferanten ausreichende Absatzmöglichkeiten verbleiben. Der BGH hielt dies freilich für unausweichlich, um dem für die Restmenge verantwortlichen Zweitanbieter nicht das gesamte Risiko der jährlichen Schwankungen an Energiebedarfsmengen aufzubürden. Wenn als Referenz nämlich lediglich der Vorjahresbedarf und nicht der überwachte aktuelle Bedarf herhalte und ein milder auf einen vergleichsweise strengen Winter folge, hätte der Mehrheitsversorger das Recht, seine Versorgung real kräftig zu steigern, was den Zweitanbieter mitunter erheblich belaste.[294] Ungelöst bleibt bei den vom BKartA vorgelegten Eckpunkten zu einer kartellrechtskonformen Vertragsgestaltung auch, wie zu verfahren ist, wenn beide Seiten eine Gesamtbedarfsdeckung mit einer Laufzeit von mehr als zwei Jahren anstreben und sich dabei über das tatsächliche Vorliegen ausreichender Rechtfertigungsgründe, die das BKartA z.B. in („besonders umfangreichen, vertragsspezifischen") Investitionen sieht,[295] nicht im Klaren sind.

Bedenklich erscheint im Hinblick auf die Beurteilungsgrundsätze auch, dass das BKartA eine ungleiche **Risikoverteilung** zwischen Haupt- und Zweitlieferant offenbar für gerechtfertigt hält: Während die Höhe des vom Zweitlieferanten zu tragenden Anteils an dem abzudeckenden Risiko (z.B. resultierend aus der Divergenz der vorzuhaltenden Menge und der tatsächlich abgesetzten Menge) im Verhältnis die Höhe seines Anteils an der Gesamtvertragsmenge *nicht überschreiten* dürfe, solle das vom Hauptlieferanten zu tragende Risiko *mindestens* proportional der Größe seines Vertragsanteils sein.[296] Dies übersieht zum einen, dass es bei zwei Lieferanten mit je 50% der Gesamtliefermenge keinen „Hauptlieferanten" gibt und dass zum anderen eine Risikoübernahme ebenso ein Wettbewerbsparameter wie Preis und Menge ist. So kann es Ausdruck wettbewerblichen Handelns sein, wenn ein Lieferant ein überproportionales Risiko gegen entsprechende Abgeltung übernimmt.[297] Das BKartA hat die Reichweite seiner diesbezüglichen Aussagen im Fall *E.ON Ruhrgas/langfristige Lieferverträge* dahingehend eingeschränkt, dass im Falle der Belieferung des Abnehmers durch mehrere Lieferanten der Hauptlieferant dann nicht mehr zwangsläufig ein Risiko zu übernehmen hat, welches mindestens seinem Anteil entspricht, wenn sein Lieferanteil 50% nicht übersteigt.[298] 134

Die zusammenfassende Betrachtung einer Mehrzahl von Verträgen führt letztlich dazu, dass der bereits existierende Hauptlieferant für weitere Mengen kein Angebot mehr machen darf. Solange die Laufzeit des Erstvertrages über die Hauptmenge von 80% nicht abgekürzt wird, ist es dem Hauptlieferanten verwehrt, auf die freie Teilmenge von 20% mitzubieten.[299] Der BGH führt an, dass dem existierenden Hauptlieferanten damit kein Wettbewerbsbeteiligungsverbot auferlegt werde, da ihm immer noch der Abschluss von Gesamtbedarfsdeckungsverträgen für eine Laufzeit von zwei Jahren verbliebe. Im Übrigen könne der Lieferant bei vierjährigen Verträgen und einer Bedarfsdeckung von bis zu 80% 135

[294] Vgl. BGH WuW/E DE-R 2679, 2682 – *Gaslieferverträge.*
[295] So BKartA WuW/E DE-V 1147, 1154 – *E.ON Ruhrgas (langfristige Gaslieferverträge).*
[296] BKartA, aaO, S. 12f. Krit. dazu auch *Litpher/Böwing,* et 2005, 430, 433.
[297] *Litpher/Böwing,* et 2005, 430, 433.
[298] BKartA WuW/E DE-V 1147, Ziff. 3 S. 1 lit. b) des Verfügungstenors – *E.ON Ruhrgas (langfristige Gaslieferverträge).*
[299] BGH WuW/E DE-R 2679, 2686f. – *Gaslieferverträge.*

weiterhin um die restlichen 20% mitbieten, wenn die Laufzeit der vierjährigen Verträge entsprechend gekürzt werde.[300] Faktisch können bei einer Aufteilung des Liefervolumens auf zwei Anbieter über einen vom Kunden gewünschten längerfristigen Zeitraum somit nur solche Anbieter Angebote abgeben, deren Marktanteil im Bereich des *safe harbour* des Art. 3 VO (EU) Nr. 330/2010 verbleibt. Schließlich werden durch die verpflichtende Aufspaltung langfristiger Lieferbeziehungen auf verschiedene Anbieter die **Transaktionskosten** für alle Beteiligten erhöht.

136 Das BKartA hatte zunächst die Bereitschaft signalisiert, im Einklang mit der für eine möglichst schonende Anpassung plädierenden Rechtsprechung des BGH bei der Anpassung der laufenden Verträge eine **Übergangszeit** zu konzedieren und damit auf eine sofortige oder gar rückwirkende **Umsetzung** der Beurteilungsgrundsätze zu verzichten. Im Fall *E.ON Ruhrgas/langfristige Lieferverträge* wurde indes die Durchführung der den Kernpunkten der Beurteilungsgrundsätze nicht entsprechenden, laufenden Verträge mit Wirkung ab dem 30.9.2006 angeordnet. Neuverträge mit Kunden mit einem Gesamtvertriebsbedarf von über 200 GWh/a mussten den Vorgaben ab sofort bis zum Ende des Gaswirtschaftsjahres 2009/2010 entsprechen.[301]

137 In einem am 15. Juni 2010 veröffentlichten Bericht hat das BKartA eine **Evaluierung der Verfahrenspraxis** zu den langfristigen Gaslieferverträgen vorgestellt. Danach habe sich herausgestellt, dass weitere Vorgaben seitens des BKartA über den 30.9.2010 – also das Ende des Gaswirtschaftsjahres 2009/2010 – nicht erforderlich seien. Angesichts der eingetretenen **Diversifizierung,** insb. was die durchschnittliche Laufzeit sowie die Anzahl von Lieferverträgen und die durchschnittliche Bezugsquote je Vertrag angehen, erfolgten also ab Oktober 2010 bislang keine Festlegungen mehr. Das BKartA hat sich aber bei Verschlechterung der Lage ein erneutes Eingreifen vorbehalten.[302] Sämtliche Verfahren gegen andere Energieversorger wurden im Laufe der Zeit gegen (zeitlich befristete) Verpflichtungszusagen nach § 32b GWB eingestellt.

138 Auch die Kommission kam 2007 im Rahmen einer vorläufigen Bewertung im Falle *Distrigaz* zu der Einschätzung, der belgische Großkundenmarkt werde durch eine Kombination von langen Laufzeitvereinbarungen und Beschränkungen bzgl. des Weiterverkaufs von Gasmengen abgeschottet.[303] Dabei identifizierte die Kommission fünf Kriterien, die bei der Bewertung der Kartellrechtswidrigkeit von langfristigen Lieferverträgen eine hervorgehobene Rolle spielen: (1) die Marktposition des Anbieters, (2) der Anteil der nachgefragten Verbrauchsmenge, der durch die Verträge gebunden wird, (3) die Laufzeit der Verträge, (4) der Gesamtmarktanteil solcher Verträge und (5) mögliche Vorteile, die die Nachteile einer langfristigen Bindung aufwiegen können.[304] Als bis Ende 2010 bindende Zusagen wurden schließlich u.a. angenommen, jährlich angemessene Erdgasmengen an den Markt zurück zu geben, die Laufzeit der Verträge mit Industrieunternehmen auf höchstens fünf Jahre und die Laufzeit der Verträge mit Wiederverkäufern auf höchstens zwei Jahre zu begrenzen.[305]

139 Den Ausführungen des BKartA in den Untersagungsbeschlüssen *Mainova/AVG* und *E.ON/Stadtwerke Lübeck* im Rahmen der Fusionskontrolle lässt sich entnehmen, dass das Amt die in den Beurteilungsgrundsätzen zu Gaslieferverträgen niedergelegten Bewer-

---

[300] BGH, aaO.

[301] So auch BKartA WuW/E DE-V 1147, Ziff. 2 und 4 des Verfügungstenors – *E.ON Ruhrgas (langfristige Gaslieferverträge)*.

[302] BKartA, Bericht über die Evaluierung der Beschlüsse zu langfristigen Gaslieferverträgen v. 15.6.2010, S. 5ff., 9f.; bereits angedeutet in BKartA WuW/E DE-V 1827, 1833 – *Sektoruntersuchung Gasfernleitungsnetze*.

[303] Komm. E. v. 11.10.2007, COMP/B-1/37966, Rdnr. 17ff. – *Distrigaz*.

[304] Komm., „Antitrust: Commission increases competition in the Belgian gas market – frequently asked questions" – MEMO/07/407; siehe dazu auch *Scholz/Purps*, Journal of European Competition Law & Practice 2010, 37, 40. Im Fall *Statoil/Synergen* hatte die Kommission noch eine Laufzeit von **15 Jahren** nicht beanstandet: Komm., IP/02/792 v. 31.5.2002.

[305] Komm. E. v. 11.10.2007, COMP/B-1/37966, Rdnr. 34 – *Distrigaz*.

tungsmaßstäbe auch auf **Stromlieferverträge** anzuwenden gedenkt.[306] Der BGH hatte indes bei der Beurteilung eines Vertrags über Stromlieferungen eine Gesamtbedarfsdeckungsklausel in Verbindung mit einer Laufzeit von drei Jahren und vier Monaten nicht beanstandet,[307] was – angesichts der Wettbewerbsverhältnisse auf den Strommärkten auch zutreffend – dagegen spricht, die strengen Beurteilungsgrundsätze des BKartA zu Gaslieferverträgen auf Stromlieferverträge zu übertragen. In einem Verfahren vor dem LG Frankfurt/Main zur kartellrechtlichen Zulässigkeit langfristiger Stromlieferverträge neigte die Kammer sogar dazu, eine Vertragsdauer von 15 Jahren in der Regel noch als mit Art. 101 AEUV vereinbar zu qualifizieren.[308]

Im Bereich der Stromlieferverträge hat die Kommission mittlerweile den Missbrauch einer marktbeherrschenden Stellung des französischen Elektrizitätsversorgungsunternehmens *Electricité de France* nach Art. 102 AEUV durch langfristige exklusive Versorgungsverträge angenommen (vgl. schon oben Rdnr. 125).[309] Prüfungsgegenstand waren dabei exklusive Lieferverträge mit industriellen Großkunden. Diesen wurde seitens *EdF* systematisch erschwert, Strom von alternativen Anbietern zu beziehen, was zu einer Abschottung des Marktes sowohl für alternative Hauptlieferanten als auch für Nebenlieferanten zu führen drohte. Die Kommission wendete dabei die Kriterien an, die sie ihm Rahmen des Verfahrens im Gasbereich gegen *Distrigaz* entwickelt hatte.[310] Obwohl *EdF* einen Missbrauch bestritt, verpflichtete sich das Unternehmen im Rahmen von Art. 9 VO Nr. 1/2003 dazu, künftig lediglich Verträge mit einer Laufzeit von fünf Jahren abzuschließen und systematisch ihren Kunden Verträge anzubieten, die zusätzlich den Bezug bei einem dritten Lieferanten nach Wahl ermöglichen. Eine vertragliche Vereinbarung längerer Laufzeiten ist nach den Verpflichtungszusagen nur möglich, wenn den Kunden gleichzeitig ein nach Vertragslaufzeit gestaffeltes System angeboten wird, welches unentgeltliche Ausstiegsklauseln garantiert. Die Kommission berücksichtigte dabei offenbar auch Interessen von Kunden an längerfristigen Vertragslaufzeiten, um ihnen eine bessere Kostenkontrolle zu ermöglichen. Dies spielte zumindest bei der Abwägung und der letztlich verbindlichen Laufzeitregelung eine Rolle. Darüber hinaus hielt die Kommission eine Begrenzung auf eine kürzere, dreijährige Vertragslaufzeit für unverhältnismäßig. Denn es sei Sache der (alternativen) Lieferanten, ihre Bezugsquellen so zu verwalten, dass sie langfristige Lieferverträge anbieten können, oder notfalls selbst in Produktionsmittel, die ein solches Angebot ermöglichen, zu investieren.[311] 140

b) Weiterleitungs- bzw. Weiterveräußerungsverbote. Weiterleitungsverbote, die dem Abnehmer untersagen, die an ihn gelieferte Energie an Dritte weiterzuliefern, sind sowohl in Verträgen mit Weiterverteilern als auch mit Endkunden verwendet worden. § 1 GWB a. F. war erfüllt, soweit Lieferant und Abnehmer hinsichtlich des mit der potentiellen Weiterleitung versorgten (Dritt-)Abnehmers – und/oder hinsichtlich der dafür notwendigen Netznutzung bei einem Netzanbieter – miteinander in Wettbewerb standen.[312] Solche Weiterleitungsverbote waren ursprünglich in § 22 Abs. 1 AVBGasV/AVBeltV[313] vorgesehen und führten deshalb regelmäßig zur Übernahme der Energieversorger in ihre AGB. Diese Be- 141

[306] BKartA B. v. 22.7.2004, B8–27/04, Rdnr. 53 – *Mainova/AVG* (insoweit in WuW/E DE-V 983 nicht abgedruckt); B. v. 20.11.2003, B8–84/03 – *E.ON/Stadtwerke Lübeck* (insoweit in WuW/E DE-V 837 nicht abgedruckt). Ebenso *von Hammerstein,* emw 2005, 67, 68.

[307] BGH WuW/E DE-R 1305, 1306 – *Restkaufpreis.*

[308] LG Frankfurt/Main WuW/E DE-R 959, 962 – *Umformerwerke.*

[309] Komm. E. v. 17.3.2010, COMP/39.386 – *Langfristige Stromlieferverträge in Frankreich (EdF).*

[310] Siehe genauer *Scholz/Purps,* Journal of European Competition Law & Practice 2010, 37, 41.

[311] Komm. E. v. 17.3.2010, COMP/39.386, S. 19 – *Langfristige Stromlieferverträge in Frankreich (EdF).*

[312] LG Frankfurt/Main WuW/E DE-R 959, 962 – *Umformerwerke; Lukes,* BB-Beilage 1999 Nr. 8, 11.

[313] Verordnung über Allgemeine Bedingungen für die Gasversorgung von Tarifkunden v. 21.6. 1979, BGBl. I 676; Verordnung über Allgemeine Bedingungen für die Elektrizitätsversorgung von Tarifkunden v. 21.6.1979, BGBl. I, S. 684.

stimmungen wurden jedoch im Jahre 2006 durch Nachfolgeregelungen ersetzt, in welchen solche Verbote nicht mehr enthalten waren. Nunmehr fallen derartige Verwendungsbeschränkungen regelmäßig in den Anwendungsbereich des § 1 GWB bzw. Art. 101 AEUV.[314] Im Fall *EdF* hat die Kommission in der Auferlegung von Weiterverkaufsbeschränkungen einen Missbrauch eines marktbeherrschenden Unternehmens im Sinne von Art. 102 AEUV angenommen. Als Zusage im Rahmen von Art. 9 VO Nr. 1/2003 wurde die Verpflichtung angenommen, künftig auf solche Klauseln zu verzichten.[315] Eine andere Frage ist es, ob bezüglich solcher Mengen, die unter günstigen Preisregelungen als Industriegas vermarktet werden, bei einer nachträglichen „Zweckentfremdung" durch den Kunden ex-post vertragliche Preisanpassungen durchgesetzt werden dürfen.

142 *c) Gebietsbeschränkungen.* Während § 103 Abs. 1 Nr. 1 GWB a. F. Gebietsbeschränkungen vom Verbot des § 1 GWB freistellte, unterfielen solche Beschränkungen mit Inkrafttreten des NeuregelungsG 1998 ohne weiteres dem Kartellverbot, wenn die Gebietsbeschränkung nicht bei wertender Betrachtungsweise durch ein anzuerkennendes Interesse gerechtfertigt werden konnte.[316] Auch die Kommission qualifiziert Klauseln, die die Weiterleitung abgenommenen Gases an Drittabnehmer außerhalb eines vereinbarten Territoriums untersagen, als Verstoß gegen Art. 101 AEUV.[317]

143 *d) Erzeugungsverbote.* Die in Energielieferverträgen im Zusammenhang mit Bedarfsdeckungsklauseln oder Mindestabnahmeverpflichtungen nicht selten vereinbarten Eigenerzeugungsbeschränkungen oder -verbote verfolgen den Zweck, die Bezugsbindung abzusichern. Auch vor dem Inkrafttreten der 7. GWB-Novelle konnte ein solches Verbot, soweit damit die aktuelle oder potentielle Betätigung des Abnehmers als Wettbewerber des Lieferanten beeinträchtigt wurde, unter § 1 GWB fallen.[318]

144 *e) Take-or-Pay-Klauseln.* Inhalt einer Take-or-pay-Klausel[319] ist es, dass die kontrahierte Energiemenge vom Abnehmer unabhängig davon bezahlt werden muss, ob er sie wegen eines entsprechenden Bedarfs abruft oder nicht. Hiermit ist im Grunde keine eigenständige Wettbewerbsbeschränkung verknüpft,[320] da es sich bei Abnahme und Zahlung um typische Käuferpflichten handelt und auch in anderen Zusammenhängen der Käufer von seiner Zahlungspflicht nicht durch fehlende Inanspruchnahme der Leistung des Verkäufers befreit wird. So hat auch das BKartA erklärt, dass solche Klauseln an sich von ihm nicht angegriffen werden.[321] Eine hervorgehobene Rolle haben Take-or-Pay-Klauseln in der Gaswirtschaft deswegen erlangt, weil der Bezug von Gas auf der Importstufe regelmäßig von der Vereinbarung derartiger Klauseln zu Lasten der Importeure abhängig gemacht wird. Die Produzenten verlangen Take-or-Pay-Klauseln, weil sie entsprechende Absatzgarantien als Finanzierungsgrundlage für ihre Kreditgeber benötigen. Die Kredite sind erforderlich, um

---

314 Komm., COMP/E-3/38.18, später COMP/E-4/38.187 – *DONG/DUC,* IP/03/566 v. 24.4. 2003 sowie 33. Bericht über die Wettbewerbspolitik 2003, S. 45, 230 ff., 311 f. Unter Anwendung des Art. 101 AEUV widersprach die Kommission im Fall *DONG/DUC* u.a Nutzungsbeschränkungen, die dänische Gaserzeuger mit einem Großhändler vereinbart hatten. Siehe auch Rdnr. 244.

315 Komm. E. v. 17.3.2010, COMP/39.386, Rdnr. 36 ff., 48 ff. – *Langfristige Stromlieferverträge in Frankreich (EdF).* Zur Handhabung von Weiterveräußerungsverboten in Verbindung mit Take-or-Pay-Verpflichtungen siehe unten Rdnr. 145.

316 BGH WuW/E DE-R 1119, 1122 f. – *Verbundnetz II;* BGH, NJW-RR 2000, 256, 258 = WuW/E DE-R 399 – *Verbundnetz;* LG Mannheim RdE 1999, 158 f. = WuW/E DE-R 298 – *Stromversorgung* mit Anm. *Scholz.*

317 Komm., IP/05/710 v. 10.6.2005 – *Gazprom/E.ON Ruhrgas;* IP/05/195 v. 17.2.2005 – *OMV/Gazprom;* IP/04/1310 v. 26.10.2004 – *EDF/ENEL/ENI;* IP/02/1869 v. 12.12.2002 – *Nigeria LNG;* näher dazu *Nyssens/Cultrera/Schnichels,* CPN 2004, 48.

318 *Säcker/Wolf,* in: *Säcker,* Berliner Kommentar zum Energierecht, Bd. 2, 2. Aufl. 2010, Art. 101 AEUV Rdnr. 92 mwN.

319 Auch als Klausel der „unbedingten Zahlungsverpflichtung" bezeichnet.

320 AA noch *de Wyl/Essig/Holtmeier,* in: *Schneider/Theobald,* Recht der Energiewirtschaft, 1. Aufl. 2003, § 10 Rdnr. 358.

321 Vgl. BKartA B. v. 5.7.2010, B10–11/10, S. 9 – *Stadtwerke München.*

die großen Investitionen in die Erschließung der Gasfelder und die Errichtung der Infrastruktur zu finanzieren. Die Importeure haben vor diesem Hintergrund ein prinzipiell legitimes Interesse, auch bei der Weiterverteilung kontrahierter Gasmengen Take-or-Pay-Klauseln zu vereinbaren, was im übrigen der Gesetzgeber ausweislich der Materialien zur 6. GWB-Novelle erkannt und auch der Bundesminister für Wirtschaft und Arbeit bei der Ministererlaubnis im Fall *E.ON/Ruhrgas* seiner Bewertung zugrunde gelegt hat.[322] Das BKartA hingegen kritisiert in den Beurteilungsgrundsätzen die (teilweise) Weitergabe der auf Take-or-Pay-Klauseln beruhenden Lasten an die Abnehmer der Importeure/Ferngasunternehmen. Das Absatzrisiko der Ferngasunternehmen dürfe nicht „spiegelbildlich" an deren Abnehmer weitergegeben werden.[323] Der BGH hat im Fall *Verbundnetz II* das Bestehen einer Take-or-Pay-Klausel auf der vorgelagerten Marktstufe nicht als hinreichende Rechtfertigung für eine **Demarkationsabrede** in einem nachgelagerten Markt anerkannt.[324] Dies bedeutet jedoch nicht, dass Bezugsbindungen als im Verhältnis zu Gebietsschutzabreden weniger einschneidende Wettbewerbsbeschränkungen nicht durch den Verweis auf eine Take-or-Pay-Klausel begründet werden können.

In der aktuellen Praxis des BKartA haben **Weiterveräußerungsverbote insb. in Verbindung mit Take-or-Pay-Verpflichtungen in Strom- und Gaslieferverträgen** zu mehreren Verfahren (17 Verfahren im Jahr 2010) gegen Energieversorger geführt, die sämtlich gegen Verpflichtungszusagen nach § 32b GWB eingestellt wurden. Das BKartA kam zu der Auffassung, dass eine solche Klauselkombination einen Verstoß gegen § 1 GWB und Art. 101 Abs. 1 AEUV darstelle. Ob auch ein Weiterleitungs- bzw. Weiterveräußerungsverbot von Mengen, die über die Take-or-Pay-Menge hinausgehen, einen Gesetzesverstoß darstellt, ließ das BKartA ausdrücklich offen, da dies nicht Gegenstand des Verwaltungsverfahrens war. Gleichwohl deutete das BKartA an, dass auch eine von den Parteien als wahrscheinlich erwartete oder die gesamte vertragliche Menge nicht mit einem Weiterleitungsverbot verknüpft werden dürfe;[325] gleichwohl käme dann zunächst eine tiefer gehende Prüfung einer Freistellung nach der Vertikal-GVO[326] in Frage.[327] Nach Ansicht des BKartA besteht die Wettbewerbsbeschränkung in der Behinderung des Sekundärhandels mit Strom und Erdgas auf den Märkten für die Belieferung von Gasgroßkunden bzw. von Strom-Sondervertragskunden und weiteren Vertriebsmärkten, auf denen die Abnehmer die nicht benötigten Mengen sonst anbieten könnten.[328] In den von den Unternehmen angebotenen Verpflichtungszusagen finden sich insb. Erklärungen, zukünftig die vertraglich vereinbarten Take-or-Pay Mengen von einem Weiterverkaufsverbot auszunehmen, ggf. sogar gänzlich auf Weiterverkaufsverbote zu verzichten oder solchen Klauseln in aktuell laufenden Verträgen keine Geltung mehr zu verschaffen. 145

f) Reduzierungs- bzw. Anpassungsklauseln. Statt Demarkationsabreden werden gelegentlich Reduzierungsklauseln im Zusammenhang mit Take-or-Pay-Klauseln vereinbart. Danach hat der Gasabnehmer das Recht, die vom Lieferanten abgenommenen Gasmengen zu reduzieren, wenn dieser beginnt, Gas auf der Marktstufe des Abnehmers abzusetzen. Im Fall *DONG/DUC* wurde eine Reduzierungsklausel eingesetzt, um dem Abnehmer die Einhaltung der Take-or-Pay-Klausel erst zu ermöglichen: Hätte es an einer Anpassungsabrede gefehlt, hätte der Lieferant das Gas zweimal verkaufen können; einmal an den Abnehmer (auch wenn dieser es tatsächlich nicht abnimmt) und einmal an die (ehemalige) Kunden des 146

[322] Begr. RegE 6. Novelle, BT-Drucks. 13/9720, S. 80; Bundesminister für Wirtschaft und Technologie WuW/E DE-V 573, 588 – *E.ON/Ruhrgas*.

[323] BKartA, Beurteilungsgrundsätze zu langfristigen Gasverträgen, 2005, S. 9 f.

[324] BGH WuW/E DE-R 1119, 1124 f. – *Verbundnetz II*.

[325] Vgl. exemplarisch BKartA B. v. 5.7.2010, B10–11/10, S. 5 – *Stadtwerke München*. Dies dürfte auch der Einschätzung der Kommission in Komm. E. v. 17.3.2010, COMP/39.386, Rdnr. 36 ff. – *Langfristige Stromlieferverträge in Frankreich (EdF)* entsprechen.

[326] Siehe oben Fn. 275.

[327] BKartA B. v. 5.7.2010, B10–11/10, S. 9 – *Stadtwerke München*.

[328] Vgl. exemplarisch BKartA B. v. 19.8.2010, B10–12/10, S. 5 f. – *RheinEnergie AG*.

Abnehmers.[329] Kartellrechtlich bedenklich kann die Reduzierungsklausel nach Auffassung der Kommission sein, wenn der Abnehmer eine marktbeherrschende Stellung innehat.[330]

147 *g) Ölpreisbindungsklauseln.* Zuletzt sind auch Ölpreisbindungsklauseln verstärkt in den kartellrechtlichen Fokus geraten. Die mögliche Kartellrechtswidrigkeit wurde bereits vor Jahren vereinzelt diskutiert. Insbesondere die zwischen Erdgasproduzenten und Erdgasimporteuren geschlossenen langfristigen Gaslieferverträge sahen regelmäßig, wenn nicht durchgehend die Bindung des Gaspreises an die Entwicklung des Preises für Erdöl vor. Die Kommission sah in dieser Praxis eine Strategie von Erdölgesellschaften, welche gleichzeitig Erdgaslieferanten waren, den Wettbewerbsdruck seitens des Erdgases auszuschließen.[331] Historisch geht die Ölpreisbindung auf die 1960er Jahre zurück. Ihr Zweck war es, einen Absatzmarkt für den damals neuen Energieträger zu etablieren. Das war nur möglich, wenn Erdgas, das insbesondere in den Bereichen der Wärme- und Dampferzeugung auf den Endkundenmärkten in einem Substitutionswettbewerb zu den Primärenergieträgern Öl und Kohle stand, zu wettbewerbsfähigen Konditionen vermarktet werden konnte.[332] Fortan wurde die Bindung auch auf den nachgelagerten Stufen weitergereicht. Solche Klauseln können zumindest dann, wenn die vertraglich vereinbarte Ölpreisbindung die tatsächlichen Freistellungsmechanismen auf den nachgelagerten Märkten nicht mehr nachzeichnet, **mit § 1 GWB** bzw. **Art. 101 AEUV konfligieren.** So wird zu bedenken gegeben, dass eine regelmäßige Weitergabe der Bindung auf allen Absatzstufen bis zum Letztverbraucher die **Bildung von Marktpreisen** für Gas im Wettbewerb **durch Angebot und Nachfrage systematisch verhindere.**[333] Tatsächlich können Ölpreisbindungsklauseln in Kombination mit Take-or-pay-Verpflichtungen vor allem gasimportierende Unternehmen in ihrer wettbewerblichen Reaktionsfähigkeit hindern.[334]

148 Auf Letztverbraucherebene haben zwei Entscheidungen des BGH aus dem Jahre 2010 Bewegung in die Diskussion gebracht, auch wenn sie sich nicht zu kartellrechtlichen Aspekten verhalten: **Preisanpassungsklauseln in Allgemeinen Geschäftsbedingungen** eines Erdgassondervertrages, welche eine Koppelung des Preises an die Entwicklung des leichten Heizöls vorsahen, wurden im Business-2-Consumer-Verhältnis wegen Verstoßes gegen § 307 Abs. 1 BGB für unwirksam erklärt. Der BGH führte dabei aus, dass es auf dem Markt für die Lieferung leitungsgebundenen Gases an Endverbraucher an Wettbewerb fehle.[335]

149 Ferner wird die Bindung in Bezug auf unangemessene Einkaufs- oder Verkaufspreise im Rahmen von Art. 102 AEUV als äußerst bedenklich angesehen.[336] Das BKartA hatte bereits im Jahr 2004 angekündigt, Beschwerden über die Ölpreisbindung nachzugehen,[337] was vornehmlich in **Preismissbrauchsverfahren gegen Gasversorger** mündete. Diese wurden jedoch größtenteils gegen die Zusage eingestellt, in Zukunft zumindest parallel einen

---

329 Komm., COMP/E-3/38.187, später COMP/E-4/38.187 – *DONG/DUC,* IP/03/566 v. 24.4. 2003 sowie 33. Bericht über die Wettbewerbspolitik 2003, S. 231 f.

330 AaO. Siehe aber auch Komm., COMP/E-4/36.559 – *Wingas/EDF-Trading,* sowie 32. Bericht über die Wettbewerbspolitik 2002, S. 218, wo nach *Wingas* ggü. der Kommission zugestimmt hatte, von der Reduktionsklausel in seinen Gaslieferverträgen mit *EdF* keinen Gebrauch zu machen, sofern diese andere Großhändler in Deutschland beliefert.

331 Kommission, Grünbuch – Hin zu einer europäischen Strategie für Energieversorgungssicherheit, KOM (2000)769 endg., S. 43; vgl. auch *Däuper/Couval,* ZNER 2010, 224.

332 OLG Hamm U. v. 16.7.2013, 19 U 19/13, Rdnr. 31 – zitiert nach juris; *Ebbinghaus/Schröder,* RdE 2012, 228, 229; *Däuper/Couval,* ZNER 2010, 224; *Heßler/Specht,* ZNER 2010, 219. Ausführlich zur Genese *Scholz/Purps,* Journal of European Competition Law & Practice, 2013, Vol. 4 No. 1, 63, 75 f.

333 *Jaeger,* WuW 2004, 1241. Zur Feststellung der Weitergabe auf den einzelnen Vertriebsstufen etwa OLG Düsseldorf U. v. 13.4.2011, VI-2 U (Kart) 16/08, Rdnr. 75 – zitiert nach juris.

334 *Scholz/Purps,* Journal of European Competition Law & Practice, 2013, Vol. 4 No. 1, 63, 80 f.

335 BGH NJW 2010, 2789, 2792 – *Kopplung von Gas- und Ölpreis.*

336 *Däuper/Couval,* ZNER 2010, 224, 227.

337 BKartA, Pressemeldung v. 30.8.2004.

Tarif ohne Ölpreiskopplung anzubieten.[338] Damit dürften mittlerweile auf Endkundenbelieferungsebene Ölpreisbindungen unabhängig von Preisabsprachen bzw. von Ausbeutungs- oder Preishöhenmissbrauchs kartellrechtlich nicht zu beanstanden sein.

Davon ist jedoch ein möglicher **Verstoß gegen Art. 102 AEUV** (insb. Art. 102 Abs. 2 150 lit. a) AEUV) **auf höherer Stufe der Wertschöpfungskette** zu unterschieden. Die Marktkonzentration auf der **Erzeugungs-/Importstufe** im Gasbereich ist sehr hoch; es sind nur wenige Anbieter vorhanden, und die Zahl der potentiellen Wettbewerber ist begrenzt, was nicht zuletzt auf die natürliche Verteilung der Erdgasressourcen zurückzuführen ist.[339] Die für Europa wichtigsten Erdgasproduzentenländer sind Russland, Norwegen, die Niederlande, Großbritannien sowie Algerien;[340] deutsche Ferngasgesellschaften stehen dabei hauptsächlich vier Anbietern gegenüber.[341] Die hohe Marktkonzentration führt zu einer hohen Markttransparenz; die Homogenität des Produktes Gas unterstützt dabei die Transparenz. Daher ergeben sich auf dem Gasmarkt ideale Bedingungen für eine kollektive Marktbeherrschung iSv § 18 Abs. 5, Abs. 6 GWB.[342] Im gemeinsamen Monitoringbericht der BNetzA und des BKartA von 2012 wird am Rande erwähnt, dass in langfristigen Gasimportverträgen noch immer größtenteils solche Klauseln vorhanden sind, ohne dies jedoch zu bewerten.[343] Mit der Kopplung an den Ölpreis ist eine Entkopplung von den tatsächlichen Gestehungskosten für Erdgas verbunden.[344] Ansatz eines Missbrauchs nach Art. 102 Abs. 2 lit. a) AEUV ist aber gerade der Vergleich von Gestehungskosten und Verkaufspreisen; die **tatsächlichen Gestehungskosten des Erdgases** sind jedoch **bislang weitestgehend unbekannt.**[345] Die Kommission hat – wie im September 2012 offiziell verlautbart wurde – ein Verfahren gegen *Gazprom* eingeleitet, in dem auch der Vorwurf eines missbräuchlichen Verhaltens wegen der Ölpreisbindung der Erdgaspreise im Raum steht.[346] Akut ist dies insb. vor dem Hintergrund einer seit Jahren zunehmenden Liberalisierung auf dem Gasmarkt. Während die Preise im Gassektor aufgrund der einsetzenden Liberalisierung und der Etablierung eines Gas-zu-Gas-Wettbewerbs aufgrund von Hubmärkten sanken, der Ölpreis aber zunächst stetig stieg, kamen langfristig gebundene Unternehmen aufgrund der Kopplungsklauseln in Bedrängnis und konnten teilweise nicht mehr wettbewerbsfähig auf den nachgelagerten Märkten agieren. Dieser Effekt wurde speziell auf dem deutschen Markt durch die vom BGH gebilligte Praxis des BKartA gestärkt, bestimmte langfristige Gaslieferverträge auf nachgelagerten Märkten für kartellrechtswidrig zu erklären.[347] Hier dürften dann die Produzenten ebenfalls in der Pflicht stehen, ihre möglicherweise ursprünglich als kartellrechtsneutral eingestuften Klauseln zu überprüfen (vgl. zur

[338] Vgl. BKartA, Pressemeldung v. 6.4.2005.

[339] *Däuper,* Gaspreisbildung und europäisches Kartellrecht, S. 264.

[340] BKartA B. v. 31.1.2012, B8–116/11, Rdnr. 70 – *Gazprom/VNG.*

[341] Im Jahr 2010 waren dies *Gazprom* (Russland), *GasTerra* (Niederlande), *Statoil ASA* (Norwegen) und *BEB* (Deutschland), die insgesamt ca. 80% des Erdgasaufkommens in Deutschland erschlossen, förderten bzw. absetzten (vgl. BKartA B. v. 31.1.2012, B8–116/11, Rdnr. 91, 98 mwN – *Gazprom/VNG*).

[342] Die Kommission hat sich im Hinblick auf die Einschätzung einer hohen Markttransparenz gleichwohl vorsichtig gezeigt: Komm. E. v. 3.5.2007, COMP/M.4545, Rdnr. 52 – *Statoil/Hydro.* Bereits ein marktbeherrschendes Angebotsoligopol bejahend Monopolkommission, Hauptgutachten 1992/1993, Rdnr. 745.

[343] Vgl. BNetzA & BKartA, Monitoringbericht 2012, S. 6.

[344] Da die Rohölfördermenge abgesehen von der tatsächlich noch förderbaren Menge zusätzlich von der OPEC beeinflusst wird und damit die Möglichkeit besteht, den Preis künstlich auf einem hohen Niveau zu fixieren, ist die Bindung doppelt fraglich. Diese Bindung wirkt indes in beide Richtungen, denn die aktuelle (niedrige) Ölpreissituation führt zu Preiseinbußen auch der Gasproduzenten.

[345] *Scholz/Purps,* Journal of European Competition Law & Practice, 2013, Vol. 4 No. 1, 63, 79; *Däuper,* Gaspreisbildung und europäisches Kartellrecht, S. 282.

[346] Komm., Pressemitteilung IP/12/937 v. 4.9.2012 bzw. COMP/39816 – *Gasversorgung in Zentral- und Osteuropa (Gazprom).*

[347] Siehe oben Rdnr. 130 ff.

Problematik oben Rdnr. 124). So wurden in der Vergangenheit bereits Preisreduktionen gefordert. Der österreichische Stromkonzern *Verbund* etwa ist jüngst gegen *Econgas,* Gaslieferant für dessen Kraftwerk, aufgrund einer solchen Kopplung mit dem Antrag auf Abstellung eines kartellrechtswidrigen Verhaltens gerichtlich vorgegangen. *Econgas* selbst hatte *Gazprom* nach Verhandlungen eine Preisrevision abgerungen und dabei mit den aufgrund der gesunkenen Spotpreise für Gas nicht mehr wettbewerbsfähigen Gasprodukten aufgrund der Ölpreiskopplung argumentiert.[348]

151 *h) Salvatorische Klauseln.* Bei der Bewertung von „Altverträgen", aber auch beim Abschluss von neuen Energielieferverträgen nach 1998 sind salvatorische Klauseln von besonderer Bedeutung. Typischerweise vereinbaren die Parteien eines Energieliefervertrages, dass der Vertrag, sollte er mit dem ursprünglich vereinbarten Inhalt kartellrechtlichen oder anderen gesetzlichen Anforderungen nicht genügen, insoweit anzupassen ist, als etwaige rechtliche Bedenken ausgeräumt werden müssen. Damit verfolgen die Parteien im Einklang mit dem Grundsatz „pacta sunt servanda" die Aufrechterhaltung ihrer Vertragsbeziehung. Eine solche Verpflichtung zur Vertragsanpassung an den kartellrechtlich zulässigen Inhalt widerspricht weder deutschem noch europäischem Kartellrecht;[349] salvatorische Klauseln sind daher **kartellrechtsneutral.** Vor dem Hintergrund der höchstrichterlich nach wie vor ungeklärten Rechtslage bei langfristigen Energielieferverträgen tragen salvatorische Klauseln dem Bedürfnis der Vertragsparteien nach Absicherung ihrer Lieferbeziehung Rechnung.[350] Für die Bewertung von „Altverträgen" hat der BGH im Fall *Restkaufpreis* festgehalten, dass Energielieferverträge, die nachträglich in den Anwendungsbereich des Kartellverbots geraten, auf „möglichst schonende" Weise anzupassen seien. Für ein Verbot der **geltungserhaltenden Reduktion** mit der Erwägung, die Parteien einer wettbewerbsbeschränkenden Vereinbarung dürften nicht dadurch belohnt werden, dass der Vertrag in dem gerade noch zulässigen Maße aufrechterhalten werde, besteht nach zutreffender Ansicht des BGH jedenfalls bei diesen Verträgen keine Veranlassung.[351] Aber auch bei neu abgeschlossenen Energielieferverträgen spricht aus kartellrechtlicher Sicht nichts gegen eine geltungserhaltende Reduktion, die sich sowohl auf die Laufzeit eines Energieliefervertrags als auch auf die darin vereinbarte Bezugsmenge beziehen kann. Nachdem die Vertragsparteien durch Reduktion von Laufzeit und/oder Bezugsquote wettbewerblichen Bedenken Rechnung getragen haben, fehlt es an einer nach § 1 GWB oder Art. 101 Abs. 1 AEUV tatbestandsmäßigen Wettbewerbsbeschränkung. Dies spricht grundsätzlich dafür, überall dort eine geltungserhaltende Reduktion zuzulassen, wo eine quantitative Reduktion der Klauseln möglich ist.[352]

152 Die salvatorische Klausel entbindet zwar nicht von der nach § 139 BGB vorzunehmenden Prüfung, ob die Parteien ein teilnichtiges Geschäft als Ganzes verworfen hätten; sie bewirkt jedoch eine Änderung der in § 139 BGB angelegten **Darlegungs- und Beweislast.** Während bei Fehlen einer salvatorische Erhaltungsklausel die Vertragspartei, welche das teilnichtige Geschäft aufrechterhalten will, darlegungs- und beweispflichtig ist, trifft diese Verpflichtung bei Vorliegen einer entsprechenden Klausel denjenigen, der sich auf die Unwirksamkeit des Gesamtvertrages beruft. Trägt Letzterer nicht hinreichend substantiiert Umstände vor, die gegen den Willen der Vertragsparteien zum Zeitpunkt des Abschlusses

348 Energie & Management, Meldung v. 9.12.2013, abrufbar unter: http://www.energie-und-management.de/?id=84&no_cache=1&terminID=102434 (abgerufen am 18.5.2015).

349 EuGH U. v. 18.12.1986, Slg. 1986, 4071 Rdnr. 15 – *VAG France/Magne;* BGH WuW/E DE-R 1732, 1735 – *Fertigbeton;* WuW/E DE-R 1305, 1306 – *Restkaufpreis;* WuW/E DE-R 1119, 1125 – *Verbundnetz II; Markert,* WRP 2003, 356, 368.

350 So auch das BKartA in seiner Stellungnahme zum Verfahren KZR 26/02 vor dem BGH (*Thyssengas/STAWAG = Stadtwerke Aachen*), nicht veröff.

351 BGH WuW/E DE-R 1305, 1306 – *Restkaufpreis;* OLG Naumburg RdE 2003, 240, 242 (Vorinstanz). Im Ergebnis auch OLG Stuttgart RdE 2002, 186 f. – *Gasversorgung Süddeutschland.* Krit. dazu *Schnichels,* EuZW 2003, 171, 175.

352 *Loewenheim/Meessen/Riesenkampff–Nordemann,* 2. Aufl. 2009, § 1 GWB Rdnr. 251.

des Rechtsgeschäfts sprechen, an dem Vertrag bei Teilnichtigkeit im übrigen festzuhalten, so streitet eine Vermutung für den Erhaltungswillen der Parteien.[353] Können sich die Parteien über eine Vertragsänderung nicht einigen, so hat der Vertragspartner, der wegen des Wegfalls einer nichtigen Bestimmung das vertragliche Gleichgewicht als gestört und deshalb eine Anpassung als geboten erachtet, die Möglichkeit, auf Abschluss eines entsprechenden **Anpassungsvertrages** oder auf **Feststellung des angepassten zulässigen Inhalts** des Energieliefervertrags zu klagen.[354]

II. Missbrauchsaufsicht über Energiepreise

1. Überblick. Mit der Verkündung des „Gesetzes zur Bekämpfung von Preismissbrauch im Bereich der Energieversorgung und des Lebensmittelhandels" wurde am 21. Dezember 2007 eine verschärfte kartellrechtliche Missbrauchsaufsicht im Energiesektor eingeführt.[355] Hiermit hat die bereits im Gesetzgebungsverfahren zum EnWG 2005 beabsichtigte, später verworfene besondere Missbrauchsaufsicht – zunächst nur für die Allgemeinen Preise der Grundversorger für die Belieferung mit Elektrizität vorgesehen – schließlich in modifizierter Form Eingang in das GWB gefunden. Mit der Einführung dieses allein auf den Energiesektor zugeschnittenen Tatbestandes in § 29 GWB soll nach dem Willen des Gesetzgebers die Effektivität kartellbehördlicher Eingriffsmöglichkeiten gesteigert werden.[356] Danach kann der Missbrauchsverdacht entweder mittels eines Preisvergleiches der Entgelte des Versorgungsunternehmens mit den tatsächlichen Entgelten anderer Versorgungsunternehmen (§ 29 S. 1 Nr. 1 GWB) oder einer Kostenkontrolle der Entgelte des kontrollierten Versorgungsunternehmens (§ 29 S. 1 Nr. 2 GWB) begründet werden, wobei § 29 S. 1 Nr. 1, 2. HS GWB eine Beweislastumkehr zugunsten der Kartellbehörden statuiert. Die Notwendigkeit zur Verschärfung der Missbrauchsaufsicht begründete der Gesetzgeber vornehmlich mit mangelndem Wettbewerb und der Preisentwicklung auf dem Energiemarkt; die Marktergebnisse in der Energiewirtschaft seien trotz Marktöffnung hinter den Erwartungen zurück geblieben.[357] Die Frage, ob die durch § 29 GWB ermöglichte Preismissbrauchsaufsicht ihren Platz in einem liberalisierten Stromhandelsmarkt hat, der sich auf einen bereits regulierten Netzzugangsmarkt stützt, wurde im Rahmen des Gesetzgebungsverfahrens – zu Recht – kontrovers diskutiert.[358] Im Hinblick auf die Netzbetriebsregulierung stellt § 111 Abs. 1 EnWG klar, dass § 29 GWB insoweit keine Anwendung findet, als dass das EnWG im dritten Teil bzw. die dazu ergangenen Verordnungen (insb. GasNEV und StromNEV) abschließende Regelungen getroffen haben (zum Verhältnis von Kartell- und Regulierungsbehörden siehe oben Rdnr. 71). 153

Mit der expressis verbis formulierten Absicht, Sonderregelungen für einzelne Branchen zu beschränken und nur solange zuzulassen, wie sie zur Erreichung des Gesetzeszwecks erforderlich sind, hatte der Gesetzgeber zunächst eine Befristung der Geltungsdauer des § 29 GWB bis Ende 2012 vorgesehen. Durch die Neubekanntmachung und Änderung des GWB im Rahmen der 8. GWB-Novelle vom 26. Juni 2013,[359] welche zum 30. Juni 2013 in Kraft getreten ist, wurde die Geltungsdauer des § 29 GWB um fünf weitere Jahre bis Ende 2017 verlängert (§ 131 Abs. 1 GWB). In der Begründung zur Verlängerung wird konzediert, dass die Vorschrift nicht etwa (wie teilweise befürchtet) neue Marktzu- 154

[353] BGH WuW/E DE-R 1031 = NJW 2003, 347 f. – *Tennishallenpacht.*

[354] S. aber *Topel,* § 50 Rdnr. 27, die einen Anspruch auf Anpassung ablehnt, weil es mehrere Lösungen des Problems gebe.

[355] BGBl. I 2007, S. 2966. Dazu auch *Wiedemann,* § 23 Rdnr. 215 ff.

[356] Begr. RegE, BT-Drucks. 16/5847, S. 9.

[357] Siehe hierzu ebenfalls die Begr. RegE, BT-Drucks. 16/5847, S. 9.

[358] Siehe hierzu die Übersicht über die Stellungnahmen der Monopolkommission, des BDEW und des BNE in der Beschlussempfehlung und dem Bericht des Ausschusses für Wirtschaft und Technologie, BT-Drucks. 16/7156, S. 8 ff.; kritisch zum Regierungsentwurf des § 29 GWB auch *Ehricke,* EuZW 2007, 717, 718; *Stadler,* BB 2007, 60 ff.; s. ferner *Ritter/Lücke,* WuW 2007, 698.

[359] BGBl. I S. 1750, 3245.

trittsschranken für neue Wettbewerber errichtet habe, was die Zahl der neu in den Gasmarkt eingetretenen Anbieter belege. Eine Verlängerung sei vielmehr aufgrund weiterer Sicherung des Übergangs von monopolbeherrschten Märkten zu wettbewerblich geprägten Märkten, insb. im Heizstrombereich, geboten.[360] Die Monopolkommission lehnte eine Verlängerung ab.[361] In der Tat ist zu konstatieren, dass die Anwendung von § 29 GWB gegenüber §§ 19, 20 GWB keine nennenswerten Vorteile bietet; beide Vorschriften werden ohnehin regelmäßig parallel oder ergänzend herangezogen.[362] § 29 S. 1 Nr. 2 wurde bisher noch gar nicht angewendet. Eine seitens des BKartA geforderte Erweiterung des Anwendungsbereichs des § 29 GWB u. a. auf Fernwärme wurde nicht umgesetzt.[363]

155 **2. Voraussetzungen des § 29 GWB.** *a) Marktabgrenzung.*[364] Das BKartA hat wiederholt auf der Grundlage von § 29 und § 19 förmliche Missbrauchsverfahren wegen des Verdachts überhöhter **(Heiz-)Strom-** und **Gaspreise** eingeleitet.[365] In diesen Fällen kann mit Blick auf die vom BKartA vertretene enge räumliche Marktabgrenzung zunächst seine Zuständigkeit als Bundesbehörde im Verhältnis zu der für den jeweiligen Versorger zuständigen Landeskartellbehörde fraglich sein. Das BKartA ist nach § 48 Abs. 2 S. 1 GWB nur zuständig, soweit sich das wettbewerbsbeschränkende bzw. diskriminierende Verhalten über das Gebiet eines Bundeslandes hinaus erstreckt. In den Missbrauchsverfahren auf dem Gas- und Heizstrommarkt wurde aber mehrfach von § 49 Abs. 3 GWB Gebrauch gemacht, wonach die Landeskartellbehörden auf Antrag das Verfahren an das BKartA abgeben können.[366]

156 *aa) Gasmärkte.* Normadressaten des § 29 GWB sind „Anbieter von Elektrizität oder leitungsgebundenem Gas". Dies wirft die Frage auf, ob der Gesetzgeber der auch im Rahmen der Missbrauchsaufsicht stets unter Berücksichtigung der Gegebenheiten des konkreten Falles vorzunehmenden Marktabgrenzung vorgreifen wollte und eine **normative Festlegung** dahingehend getroffen hat, dass der sachlich relevante Markt im Anwendungsbereich des § 29 GWB entweder den Markt für das Angebot von Elektrizität oder den Markt für das Angebot von leitungsgebundenem Gas betreffen könne. Im Gasmarkt war dies keine rein theoretische Frage, da einige jüngere Urteile gerade in der Frage der Missbrauchsaufsicht über überhöhte Preise erkennen ließen, dass eine funktionale Austauschbarkeit von Gas mit anderen Energieträgern besteht. Im Fall *Gaspreis* konnte der BGH zwar eine Marktabgrenzung offen lassen, da die zur Anwendung gebrachte Bestimmung des § 103 Abs. 5 Satz 2 Nr. 2 GWB a. F. nicht die Marktbeherrschung des Normadressaten, sondern dessen Gebrauchmachen von der Freistellung nach § 103 Abs. 1 GWB a. F. zur Voraussetzung hatte.[367] In der BGH-Entscheidung *Fernwärme für Börnsen* wurde dann jedoch die Annahme eines **einheitlichen Wärmemarktes** für Fernwärme, Gas und leichtes Heizöl **verneint,** weil für die Marktgegenseite, also die Hausbesitzer, die sich entweder für Fernwärme oder für eine Ölheizung entschieden haben, die beiden Formen der Wärmeenergie nicht austauschbar seien.[368] Auch das BKartA hatte sich auf den Standpunkt ge-

---

360 Begr. RegE, BT-Drucks. 17/9852, S. 35 f.

361 Monopolkommission, Sondergutachten 63, 2012, Rdnr. 92 ff.

362 So auch *Haellmigk/Pelka,* RdE 2013, 1, 4. Siehe Beispiel etwa unter Rdnr. 164.

363 Stellungnahme des BKartA zum RegE zur 8. GWB-Novelle, S. 20 ff.

364 Zur Frage der sachlichen Marktabgrenzung auch *Immenga/Mestmäcker–Fuchs/Möschel,* Wettbewerbsrecht, GWB, § 18 Rdnr. 73 mit weiteren Verweisen.

365 Im Bereich der Gasversorgung wurden allein im Dezember 2008 zwölf Verfahren durch Einstellung gegen Verpflichtungszusagen abgeschlossen. Ein weiteres Missbrauchsverfahren konnte so Anfang 2009 eingestellt werden. Im Bereich der Belieferung mit Heizstrom konnten zwölf Verfahren im Oktober/November 2010 so abgeschlossen werden; in den Jahren 2011/12 jeweils ein weiteres Verfahren. Eine kurze Übersicht zu den Verfahren auf dem Heizstrommarkt bei *Broomhall/Nagel/Scholz,* Concurrences No. 3–2013, 1, 9.

366 Vgl. exemplarisch BKartA B. v. 26.9.2011, B10–31/10 – *Städtische Werke Aktiengesellschaft* (Heizstrom); BKartA B. v. 1.12.2008, B10–34/08 – *Stadtwerke Düsseldorf AG* (Gas).

367 BGH WuW/E BGH 3140 ff. – *Gaspreis.*

368 BGH WuW/E DE-R 1006 – *Fernwärme für Börnsen;* Anschluss: BGH WuW/E DE-R 2538 – *Stadtwerke Uelzen;* BGH WuW/E DE-R 2295 – *Erdgassondervertrag;* Zur Problematik eines einheitli-

stellt, dass einer Substituierbarkeit von Gas durch andere Energieträger v.a. die Unterschiedlichkeit der Heizsysteme und die erheblichen Wechselkosten zwischen den Systemen entgegenstünden.[369] Das OLG Düsseldorf befand jedoch in einem Fall behaupteter Preisüberhöhung für Fernwärme, dass der Angebotsmarkt der Energieversorgung die – aus Sicht der nachfragenden Kunden – funktional austauschbaren Energieträger Öl, Gas, Elektrizität und Fernwärme – hinzuzufügen wäre Flüssiggas – umfasse.[370] Auch das OLG München ging im Urteil *Münchener Fernwärme* von einer funktionalen Austauschbarkeit der Energieträger aus; für Neukunden bestehe ein Wärmemarkt mit Substitutionskonkurrenz.[371] Altkunden kämen ihrerseits stets in den Genuss einer „neukundenorientierten" Preis- und Konditionenpolitik von Fernwärmeversorgungsunternehmen. Aus diesem Grund hielt das OLG München eine Spaltung des Marktes zwischen Neukunden und Altkunden, die sich bereits für eine bestimmte Energieart wie Fernwärme entschieden hatten, für sachwidrig; eine Revision wurde nicht zugelassen. Indes hat der BGH im Nichtzulassungsbeschwerdeverfahren die Beschwerde zwar zurückgewiesen, in der Entscheidung gleichwohl angeführt, das OLG München habe den sachlich-relevanten Markt unzutreffend abgegrenzt.[372] Das OLG München habe nicht auf den Markt der Endverbraucher und deren Ausweichmöglichkeiten abstellen dürfen; es komme allein auf das Gut der Fernwärme an, das für die Klägerin nicht austauschbar gewesen sei, da ihre Kunden Fernwärmeanschlüsse besaßen. Auch hat sich ein anderer Kartellsenat des OLG Düsseldorf der Ansicht des BGH in Sachen *Fernwärme für Börnsen* angeschlossen. Bei der sachlichen Marktabgrenzung sei auf die Alternativen der Nachfrager abzustellen, die sich ihnen aufgrund der Wahl eines bestimmten Heizungssystems stellten. Solange die Nachfrager somit langfristig gebunden seien, könne ein einheitlicher Markt für Wärmeenergie nicht angenommen werden.[373] Aufgrund der gesetzlichen Festlegung dürfte der „klassischen" Abgrenzung nach dem Bedarfsmarktkonzept im Anwendungsbereich des § 29 GWB wohl nur eingeschränkte Bedeutung zukommen. Entschied der VIII. Zivilsenat des BGH noch am 13.6.2007, dass alle Gasversorgungsunternehmen auf dem Wärmemarkt in einem (Substitutions-)Wettbewerb mit Anbietern konkurrierender Heizenergieträger wie Heizöl, Strom, Kohle und Fernwärme stehen,[374] entschied derselbe Senat am 19.11.2008, dass auf dem sachlich und räumlich relevanten Gasversorgungsmarkt ein anderer Gasanbieter nicht zur Verfügung stehe und somit marktbeherrschend sei.[375] Der VIII. Zivilsenat bezog sich dabei ausdrücklich auf die Entscheidungen des Kartellsenats in *Fernwärme für Börnsen* und *Erdgassondervertrag*.[376]

---

chen Wärmemarktes *Kunth/Tüngler*, NJW 2005, 1313f.; *Giefers*, et 1999, 177; *Börner*, in: *Schwarze*, Netzzugang für Dritte im Wirtschaftsrecht, S. 137, 145.

[369] In BKartA WuW/E BKartA 1719, 1725 – *BP-Gelsenberg* wurde jedoch auch der Substitutionswettbewerb zwischen Gas und Heizöl anerkannt; ebenso BKartA WuW/E BKartA 2157, 2158 – *Energieversorgung Schwaben/Technische Werke Stuttgart;* die 10. Beschlussabteilung des BKartA stellte jedoch in st. Praxis auf die mangelnde Substituierbarkeit ab, vgl. exemplarisch BKartA B. v. 1.12.2008, B10–41/08 – *Thüga AG* bzw. BKartA WuW/E DE-V 1704, 1706 – *Rhein-Energie;* so auch die mittlerweile zuständige 8. Beschlussabteilung, vgl. BKartA B. v. 19.3.2012, B10–16/09, Rdnr. 21 – *Entega*.

[370] OLG Düsseldorf RdE 2005, 169, 171 = NJOZ 2005, 2184 – *Fernwärme;* ebenso LG Ulm RdE 2006, 24, 26.

[371] OLG München WuW/E DE-R 1887, 1888 – *Münchener Fernwärme*. Ebenso noch OLG Celle RdE 2008, 137, jedoch mit Verweis auf den nicht einheitlichen Wärmeenergiemarkt aufgehoben durch BGH WuW/E DE-R 2538 – *Stadtwerke Uelzen;* OLG Frankfurt RdE 2008, 139, 141 – noch unter Hinweis auf BGH WuW/E DE-R 2243 – *Einseitige Tariferhöhung eines Gasversorgers (Gaspreis)* – allerdings aufgehoben durch BGH WuW/E DE-R 2739 – *Entega* und mittlerweile der jüngsten BGH-Rechtsprechung angeglichen, siehe OLG Frankfurt WuW/E DE-R 2860 – *Entega*.

[372] BGH WuW/E DE-R 2267 – *Münchener Fernwärme*.

[373] OLG Düsseldorf WuW/E DE-R 2287, 2290 – *Stadtwerke Düsseldorf*.

[374] BGH WuW/E DE-R 2243 – *Einseitige Tariferhöhung eines Gasversorgers (Gaspreis)*.

[375] BGH RdE 2009, 54, 56.

[376] S. o. Fn. 369.

157 Obwohl damit die Frage höchstrichterlich als geklärt anzusehen ist, hat jüngst der 2. Kartellsenat des OLG Düsseldorf in zwei Entscheidungen entschieden, alle Gasversorgungsunternehmen auf dem Wärmemarkt stünden in einem Substitutionswettbewerb mit Anbietern alternativer Heizenergieträger, freilich ohne sich mit den Entscheidungen *Fernwärme für Börnsen, Erdgassondervertrag* oder anderen Anschlussentscheidungen, insb. der eigenen Entscheidung vom 16. April 2008 in Sachen *Stadtwerke Düsseldorf* auseinanderzusetzen.[377] Zur Begründung beruft sich das Gericht auf die Auffassung des Gesetzgebers und verweist auf die Begründung des Gesetzesentwurfs der Bundesregierung zur Neuregelung des Energiewirtschaftsrechts,[378] worauf sich der VIII. Zivilsenat des BGH auch noch in seiner – mittlerweile überholten – Entscheidung vom 13.6.2007 bezogen hatte.[379] Gegen eine dieser Entscheidungen des OLG Düsseldorf wurde jedoch Revision eingelegt; sofern der sachlichen Abgrenzung eine Entscheidungserheblichkeit zukommt, dürfte insoweit mit einem Urteil des BGH im bereits oben geklärten Sinne zu rechnen sein.[380]

158 Das BKartA legt mittlerweile aufgrund der gerichtlichen Entwicklung einen differenzierten Maßstab an. Soweit keine (längerfristige) Systementscheidung bei der Wärmeversorgung des Konsumenten gefallen ist, lassen die Erwägungen des BGH zumindest einen Spielraum hinsichtlich eines gemeinsamen Wärmemarktes.[381] Ist der Konsument nämlich jeweils bei der Auswahl seiner Energielieferungsart frei, kommt eine Substituierbarkeit in Betracht. Beim Endkunden im SLP-Bereich, der sich meist mit langfristigen Investitionen für ein Heizsystem entschieden hat, dürfte hingegen eine Ersetzung mit alternativen Versorgungsmethoden auch in Zukunft regelmäßig ausscheiden.

159 Im Übrigen geht die Praxis davon aus, dass innerhalb der **mehrstufigen Gaswirtschaft** die Belieferung von Regional- und Ortsgasunternehmen einen eigenständigen sachlichen Markt bildet. Dieser Markt ist dem Endkundenmarkt (Haushalte, Gewerbekunden und Industriekunden) vorgelagert und vom Markt der Belieferung von regionalen Ferngasunternehmen bzw. sonstigen großen Weiterverteilern abzugrenzen. Auf diesen sachlichen Märkten herrschen nach Auffassung der Rechtsprechung und des BKartA unterschiedliche Wettbewerbsbedingungen, Preise und auch Absatzstrategien. Die Größenordnungen der von den Regional- und Ortsgasunternehmen nachgefragten Gasmengen seien erheblich geringer als die der regionalen Ferngasunternehmen. Regionale Ferngasunternehmen würden deshalb zu günstigeren Preisen beliefert.[382]

160 *bb) Strommärkte.* Die bisherige Abgrenzung der Strommärkte folgte einer dreistufigen Gliederung in einen Verteilermarkt für Großstromerzeuger, einen Weiterverteilermarkt (regionale Stromversorgungsunternehmen und lokale Weiterverteiler) und einen – weiter untergliederten – Letztverbrauchermarkt. Im Fall *E.ON/Stadtwerke Eschwege* hat das OLG Düsseldorf jedoch von der überkommenen Marktabgrenzung Abstand genommen und die neuen Definitionen des BKartA übernommen.[383] Um den Änderungen auf dem Strommarkt Rechnung zu tragen, müsse die zweite Stufe als mehrschichtige Verteilungs- oder Distributionsstufe bezeichnet werden, auf der Weiterverteiler im herkömmlichen Sinn, Stromhandelsunternehmen und die Verbundunternehmen selbst, Regionalversorger und eigene Handelsunternehmen unabhängig davon, ob sie über eine eigene Verteilnetzstruktur verfügen, als Anbieter beim Verkauf von Elektrizität an andere, der Distributionsstufe ange-

---

[377] OLG Düsseldorf U. v. 13.4.2011, VI-2 U (Kart) 13/08 bzw. VI-2 U (Kart) 16/08, jeweils Rdnr. 55 – zitiert nach juris.

[378] Begr. RegE, BT-Drucks. 13/7274, S. 9.

[379] Vgl. BGH WuW/E DE-R 2243, 2247f. – *Einseitige Tariferhöhung eines Gasversorgers (Gaspreis).*

[380] Das Verfahren war aufgrund eines beim EuGH anhängigen Vorabentscheidungsverfahrens ausgesetzt, (vgl. BGH B. v. 27.6.2012, VIII ZR 162/11), das der EuGH mit U. v. 23.10.2014, Rs. C-359/11, C-400/11, NJW 2015, 849 entschieden hat.

[381] Vgl. BKartA, Sektoruntersuchung Fernwärme 2012, S. 75.

[382] OLG Düsseldorf WuW/E DE-R 2197, 2202 – *E.ON Ruhrgas (langfristige Gaslieferverträge).*

[383] OLG Düsseldorf WuW/E DE-R 2094, 2097 – *E.ON/Stadtwerke Eschwege.*

hörige Unternehmen und Endkunden tätig sind.[384] Als relevanter Markt wurde danach der *Markt für den Erstabsatz von Strom auf der Distributionsstufe* angesehen. Dies hat der BGH auf die eingelegte Rechtsbeschwerde hin bestätigt. Eine Marktabgrenzung sei fehlerhaft, wenn Erzeuger und Weiterverkäufer auf eine Handelsstufe gestellt werden, obwohl die gesamte gehandelte Ware von den Erzeugern in den Verkehr gebracht werde. Dies sei hier der Fall, da vor allem die vier Verbundunternehmen *E.ON, RWE, Vattenfall* und *EnBW* die Menge des in Deutschland handelbaren Stroms vorgäben.[385] Folglich ist im Rahmen eines neuen dreistufigen Modells zwischen Erzeugungsstufe, Distributionsstufe und Endkundenstufe zu unterscheiden.[386] Die Endkundenstufe unterteilt sich wiederum in Belieferung von Kleinkunden (etwa Haushalts- und Kleingewerbekunden) und Stromgroßkunden, wobei im Bereich der Kleinkunden weitere Märkte etabliert wurden, u.a. ein separater Heizstrommarkt[387] (näher dazu unten Rdnr. 181 ff.).

b) Missbrauch. § 29 GWB soll – als lex specialis – eine auf den Energiesektor zugeschnittene Ausprägung der Generalklausel des § 19 Abs. 1 GWB darstellen.[388] Beide Missbrauchstatbestände der Vorschrift sind daher im Lichte der bisherigen Rechtspraxis zu den §§ 19, 20 GWB auszulegen, wobei den Besonderheiten des Energiesektors Rechnung getragen werden soll. In Teilen kann dabei auf die Auslegung der früheren sektoralen Regelungen in § 103 GWB a.F. zurückgegriffen werden; insoweit sei auch auf die 1. Auflage dieses Handbuchs verwiesen. 161

aa) § 29 S. 1 Nr. 1 GWB. Gemäß § 29 S. 1 Nr. 1 GWB soll eine **Vergleichsbetrachtung der Entgelte** des kontrollierten Versorgungsunternehmens mit den tatsächlichen Entgelten des Vergleichsunternehmens ausreichen. Dies hat zur Folge, dass nicht mehr ein hypothetischer Wettbewerbspreis ermittelt werden muss, sondern der Missbrauch anhand einer **Gegenüberstellung der tatsächlichen Preise** festgestellt werden soll. Als Vergleichsunternehmen kommen grundsätzlich alle Versorgungsunternehmen sowie vergleichbare Unternehmen außerhalb des Energiesektors in Betracht, also unabhängig davon, ob der andere Anbieter Wettbewerb ausgesetzt ist oder nicht.[389] Der Wettbewerbsbezug wird über § 29 S. 2 GWB hergestellt. Danach darf die „Feststellung eines Missbrauchs" nicht auf Kosten gestützt werden, die sich ihrem Umfang nach im Wettbewerb nicht einstellen würden („als-ob"). In der Praxis des BKartA wird das im Vergleich günstigste Unternehmen identifiziert und anschließend ein Nettoerlösvergleich vollzogen. Dabei werden die von den Unternehmen erzielten Erlöse um die Komponenten bereinigt, welche ihrerseits unbeeinflussbar sind, wie etwa Netznutzungsentgelte, Konzessionsabgaben oder Steuern.[390] Durch eine anschließende Gegenüberstellung der bereinigten Nettoerlöse wird schließlich ermittelt, wie das jeweilige Vergleichsunternehmen in dem entsprechenden Markt agiert hätte.[391] Zu Lasten der kontrollierten Unternehmen wirkt sich aus, dass die Frage der Vergleichbarkeit der Versorgungsunternehmen – nach dem Gesetzeswortlaut – auf die Stufe der sachlichen Rechtfertigung verlagert worden ist, für die das kontrollierte Unternehmen beweisbelastet sein soll.[392] Das betroffene Unternehmen hat im Regelfall jedoch keine der Kartellbehörde vergleichbaren Aufklärungsmöglichkeiten, um über seine Sphäre hinaus reichende Tatsachen zu ermitteln. Dies gilt insb. für den Fall, dass eine 162

[384] OLG Düsseldorf WuW/E DE-R 2094, 2097 – *E.ON/Stadtwerke Eschwege.*
[385] BGH WuW/E DE-R 2451, 2453 – *E.ON/Stadtwerke Eschwege.*
[386] Vgl. auch *Ehricke,* JZ 2009, 581 ff.
[387] Der Heizstrommarkt in sachlicher und räumlicher Abgrenzung wurde gebilligt in OLG Düsseldorf B. v. 20.5.2010, VI-2 Kart 9/09 (V) – *Entega.*
[388] Begr. RegE, BT-Drucks. 16/5847, S. 9; *Ehricke,* EuZW 2007, 717, 718; *Heitzer,* WuW 2007, 854, 857.
[389] *Bechtold,* GWB, § 29 Rdnr. 12.
[390] Vgl. etwa BKartA B. v. 19.3.2012, B10–16/09, Rdnr. 37 ff. – *Entega.*
[391] Vgl. BGH WuW/E DE-R 1513, 1515 – *Stadtwerke Mainz.*
[392] Begr. RegE, BT-Drucks. 16/5847, S. 11; kritisch *Stadler,* BB 2007, 60, 61; siehe auch die Praxis, z.B. des BKartA B. v. 19.3.2012, B10–16/09, Rdnr. 37, 59 ff. – *Entega.*

erhebliche Abweichung in Umständen begründet ist, die dem Geheimnisschutz eines anderen Unternehmens unterfallen. Eine ähnliche Erschwernis hat auch § 29 S. 2 GWB zur Folge.

163 Die noch im Referentenentwurf enthaltene, im Vorfeld des Gesetzgebungsverfahrens aber – zu Recht – kritisierte Abkehr vom Erheblichkeitszuschlag wurde gestrichen. Ein Rückgriff auf die Rechtsprechung zu § 103 Abs. 5 S. 2 Nr. 2 GWB a. F. ist damit insoweit ausgeschlossen.[393]

164 *bb) § 29 S. 1 Nr. 2 GWB.* Auch der absolut überhöhte Preis kann einen Missbrauchsvorwurf begründen. Die Kodifizierung dieser bestimmten Art des **Preishöhenmissbrauchs** bringt tatsächlich keine Veränderung der materiellen Rechtslage mit sich, dient aber der ausdrücklichen Klarstellung für den Bereich der Energiewirtschaft.[394] Zweifelhaft ist, ob die Bestimmung der „angemessenen" Entgelte seitens der Kartellbehörden dem langfristigen Ziel der umfänglichen Liberalisierung des Strommarktes entgegensteht. Die bisher noch nicht angewendete Regelung könnte faktisch den **Effekt einer staatlichen Höchstpreisregelung** für den Elektrizitäts- und Gasbereich in Deutschland haben, da die Anlehnung an die Erzeugungskosten statt an den Marktpreis den Preisbildungsmechanismus am Großhandelsmarkt und insbesondere an der Strombörse aushebelt.[395] Zur Überprüfung der Verhaltensweisen marktbeherrschender Unternehmen hat sich in der Praxis des BKartA herausgebildet, dass die ursprünglich zu § 19 Abs. 2 Nr. 2 GWB entwickelte Prüfungsmethode des Erlösvergleiches nicht nur bei § 29 S. 1 Nr. 1 GWB, sondern auch im Rahmen von § 29 S. 1 Nr. 2 GWB angewendet wird.[396]

165 *cc) §§ 19, 20 GWB.* Ergänzend kann weiterhin auf die aus §§ 19, 20 GWB folgenden materiellen Maßstäbe für die kartellrechtliche Preiskontrolle (siehe unter § 23 Rdnr. 200 ff.) verwiesen werden. Dies stellt § 29 S. 3 GWB ausdrücklich klar. So ist im Rahmen des Vergleichsmarktkonzepts, welches § 29 S. 1 Nr. 1 GWB zugrunde liegt, anerkannt, dass bei der Ermittlung des wettbewerbsanalogen Preises durch den Vergleich verschiedener Märkte Zu- oder Abschläge für Strukturunterschiede der verglichenen Märkte erforderlich werden können, um den Befund abzusichern. Die von dem betroffenen Unternehmen nicht beeinflussbaren kostenrelevanten Eigenarten des Versorgungsgebietes dürfen ihm nicht nachteilig zugerechnet werden. Zu diesen strukturbezogenen Faktoren zählen u. a. die Besiedlungs-, Abnahme- und Erzeugungsstruktur.[397] Die Vergleichbarkeit verschiedener Unternehmen wird jedoch durch derartige Zu- und Abschläge ausgeschlossen, wenn diese, allein oder gemeinsam mit dem zusätzlich erforderlichen Erheblichkeitszuschlag, ein zu hohes Ausmaß erreichen.[398]

166 Vorgaben zur Höhe des Erheblichkeitszuschlages werden seitens höchstrichterlicher Rechtsprechung nicht gemacht, können sich aber insb. an der Intensität des (Rest-)Wettbewerbs orientieren.[399] Die 10. Beschlussabteilung des BKartA, welche im Zusammenhang mit dem Gesetz zur Bekämpfung des Preismissbrauchs im Bereich der Energieversorgung vom 22. Dezember 2007[400] zu Beginn des Jahres 2008 eingesetzt wurde, hat in ihren allesamt durch Verpflichtungszusagen nach § 32b GWB beendeten Gaspreisverfahren zur Messung des Wettbewerbs die abnehmerseitige Wechselquote herangezogen und wendet diesen

---

[393] Kritisch zum Referentenentwurf: *Ehricke,* WuW 2006, 1219; *Stadler,* BB 2007, 60, 61.

[394] Begr. RegE, BT-Drucks. 16/5847, S. 11.

[395] *Ehricke,* EuZW 2007, 717, 718; so insb. auch *Weizsäcker* in schriftlicher Stellungnahme zum Regierungsentwurf, Ausschussdrucksache 16 (9) 838 vom 30.10.2007.

[396] Vgl. BKartA B. v. 11.11.2010, B10–14/09 – *E.ON Thüringer Energie AG/TEN Thüringer Energie Netze GmbH.*

[397] Näher *Büdenbender,* Energiekartellrecht, 1994, Rdnr. 430.

[398] OLG Düsseldorf WuW/E DE-R 1439, 1443 = N&R 2004, 117, 119 f. – *Stadtwerke Mainz*: Zuschläge machten 50% des rechnerischen Erlöses aus. Siehe auch bei Rdnr. 98

[399] Vgl. BGH WuW/E DE-R 1513, 1515 – *Stadtwerke Mainz.*

[400] BGBl. I S. 2965.

Gradmesser auch auf dem Heizstrommarkt an.[401] Ist danach der (Rest-)Wettbewerb aufgrund einer hohen Wechselquote der Abnehmer hoch, rechtfertigte dies einen höheren Erheblichkeitszuschlag. Aufgrund der **niedrigen Wechselquote im Heizstrommarkt**[402] hat das BKartA im Fall *Entega* einen Erheblichkeitszuschlag von lediglich 2% als angemessen erachtet. Unberücksichtigt bleibt bei dieser Praxis freilich, dass die Lieferantenwechselquote keine Aussage darüber trifft, inwieweit der jeweilige Lieferant vorhandenem Wettbewerb mit dem Angebot attraktiver Tarife begegnet und dadurch einen Anbieterwechsel entbehrlich macht. Das BKartA hatte gegenüber *Entega* den Verdacht einer missbräuchlichen Forderung überhöhter Heizstrompreise für die Belieferung von Haushalts- und Kleingewerbekunden geäußert und eine entsprechende Abstellungsverfügung wegen Verstoßes gegen § 19 Abs. 2 Nr. 2 GWB und § 29 S. 1 Nr. 1 GWB erlassen. Das Amt nahm eine (quasi-)monopolistische Stellung des Anbieters aufgrund der hohen Marktzutrittsschranken an. Zum einen seien dafür die bislang nicht auf einheitliche Weise ermittelten Lastprofile im Bereich der Heizstrombelieferung verantwortlich, welche im Übrigen nur auf Anfrage verpflichtend herausgegeben werden müssten. Zum anderen sei der Eintritt auf den Heizstrommarkt aufgrund sinkender Absatzmengen und geringen Gewinnmargen wenig attraktiv.[403] In den Verfahren auf dem Heizstrommarkt setzte das Amt die höchstrichterliche Rechtsprechung, wonach die ermittelten Erlösobergrenzen eines Unternehmens nicht zu einer Kostenunterdeckung bei diesem führen dürfen, nur zum Teil um.[404] In Bezug auf die Strombeschaffungs- und Vertriebskosten wurden nämlich nur effiziente Durchschnittswerte anerkannt.[405]

Im Fall *Stadtgas*[406] hatte der BGH mit Blick auf (die Missbräuchlichkeit einer fehlenden Weitergabe von) Bezugskostensenkungen entschieden, dass für die Ausübung der Missbrauchsaufsicht über die Preisgestaltung eines Unternehmens entscheidend ist, ob der **letztlich geforderte Preis** als **missbräuchlich** beanstandet werden kann.[407] Die Höhe der eigenen Bezugspreise des betroffenen Unternehmens ist dabei stets nur ein Element des insgesamt zu würdigenden Sachverhalts. Weil die Entscheidung eines Energieversorgungsunternehmens, Preissenkungen seines Vorlieferanten nicht oder nicht vollständig an seine eigenen Abnehmer weiterzugeben, vielfältige Gründe haben kann – etwa das Ziel, einen Anstieg der eigenen Kosten aufzufangen –, wird durch die fehlende Weitergabe von Bezugskostensenkungen als solche noch nicht die Missbräuchlichkeit der geforderten Preise begründet.[408] Das OLG Düsseldorf hat im Fall *E.ON Thüringer Energie AG* beanstandet, dass das BKartA bei der Kontrolle der Netznutzungsentgelte einzelne **Kalkulationsfaktoren** des betroffenen Unternehmens geprüft hatte, ohne darüber hinausgehend zu untersuchen, ob diese Kostenansätze sich letztlich auch in einem überhöhten Entgelt niederschlagen oder aber dadurch aufgezehrt werden, dass andere Kostenfaktoren nicht oder nicht mit ihrem Maximalbetrag einkalkuliert wurden.[409] Die Feststellung eines Preismissbrauchs erfordert – abweichend von der zu § 103 Abs. 5 S. 2 Nr. 2 GWB a. F. ergangenen Rechtsprechung[410] – die Überschreitung einer **Erheblichkeitsschwelle.** Die Unsicherheiten, welche bei der Er- 167

[401] Vgl. BKartA B. v. 19.3.2012, B10–16/09, Rdnr. 51 – *Entega.*

[402] Die durchschnittliche Wechselquote im Heizstrombereich betrug laut Monitoringbericht der BNetzA (S. 79) im Jahre 2009 lediglich 0,46%.

[403] BKartA B. v. 19.3.2012, B10–16/09, Rdnr. 30ff. – *Entega.*

[404] BGH WuW/E DE-R 2841, 2851 – *Wasserpreise Wetzlar;* WuW/E DE-R 375, 380 – *Flugpreisspaltung.*

[405] BKartA, Sektoruntersuchung Heizstrom 2010, S. 14.

[406] Ein nicht mehr gebräuchliches Gas, welches durch Kohlevergasung erzeugt wird.

[407] BGH WuW/E BGH 3009, 3013 – *Stadtgaspreise* trotzdem; ebenso OLG Düsseldorf WuW/E DE-R 1239, 1243 – *E.ON Thüringer Energie AG.*

[408] BGH WuW/E BGH 3009, 3013 = NJW 1996, 193 – *Stadtgaspreis Potsdam.*

[409] OLG Düsseldorf WuW/E DE-R 1239, 1243 – *E.ON Thüringer Energie AG.* Zur Frage, ob die Erzielung geschäftlicher **Erlöse** in bestimmter Höhe Gegenstand kartellrechtlicher Kontrolle sein könne, s. o. Rdnr. 99.

[410] Siehe hierzu *Zinow* in der 1. Auflage, § 34 Rdnr. 70ff. und oben Rdnr. 100.

mittlung der Marktbeherrschung beginnen, gebieten für das Unwerturteil des Missbrauchsverbots eine erhebliche Abweichung von der Norm, da nicht jedwede Überschreitung des Wettbewerbspreises als missbräuchlich angesehen werden kann (vgl. auch oben Rdnr. 100).[411]

168 Wegen Verstoßes gegen das kartellrechtliche **Diskriminierungsverbot** gemäß § 19 Abs. 1, Abs. 2 Nr. 1 GWB (§ 20 Abs. 1 GWB a. F.) stellte ursprünglich das LG Frankfurt die Rechtswidrigkeit und Nichtigkeit des alten Bahnstrompreissystems der *DB Energie* fest. Die erforderliche Normadressatenstellung leitete das Gericht aus der Alleinstellung der *DB Energie* auf dem sachlich relevanten Markt für die Lieferung von 16,7-Hz-Bahnstrom her. Die in dem Bahnstrompreissystem vorgesehenen Rabatte kamen in erster Linie einer mit der Erbringung von Güterverkehrsleistungen befassten Konzernschwester zu Gute, blieben jedoch für die meisten ihrer Wettbewerber unerreichbar. Hierin sah das LG Frankfurt im Ergebnis zugleich einen Verstoß gegen § 19 Abs. 1, Abs. 4 Nr. 1 GWB a. F. sowie § 14 Abs. 1 AEG a. F.[412] Die Berufungsinstanz hob die Entscheidung auf. Das OLG Frankfurt bestätigte die Normadressatenstellung der *DB Energie* im Hinblick auf § 19 GWB, verneinte die Anwendung jedoch aufgrund mangelnder Gleichartigkeit der Unternehmen. § 14 AEG a. F. sei im Übrigen nicht anwendbar, da die Bestimmungen des AEG nicht für die Belieferung mit Bahnstrom gälten.[413] Allerdings geht auch die Kommission von einer beherrschenden Stellung der *DB Energie* auf dem Markt für Bahnstrom aus.[414] Die Einleitung eines Missbrauchverfahrens wg. Verstoßes gegen Art. 102 AEUV gegen die *DB Energie* wurde durch Verpflichtungszusagen vom 18. Dezember 2013 nach Art. 9 VO Nr. 1/2003 abgewendet, mit denen die *Deutsche Bahn* sich zu einem neuen Preissystem, welches die Lieferpreise für Bahnstrom und die von der Regulierungsbehörde genehmigten Netzentgelte separat ausweist, verpflichtete. Es stand auch dort der Vorwurf im Raum, dass die *Deutsche Bahn* Wettbewerbern Bahnstrompreise berechnete, die zu einer Preis-Kosten-Schere *(„margin squeeze")* auf den (nachgelagerten) Märkten für Schienenpersonenverkehr und -güterverkehr führten.

169 **c) Beweislastumkehr.** In Abweichung vom bisherigen Recht wird die Beweislast für die sachliche Rechtfertigung von Preisunterschieden im Rahmen des § 29 S. 1 Nr. 1 GWB dem marktbeherrschenden Unternehmen auferlegt. Damit reicht die Darlegung der Kartellbehörden aus, dass die von einem Unternehmen verlangten Entgelte in erheblichem Unfang ungünstiger sind als die anderer Versorgungsunternehmen. Dem belasteten Unternehmen obliegt es anschließend, die Abweichungen zu rechtfertigen.[415] Um jedoch zu verhindern, dass die Beweislast die Versorgungsunternehmen in Kartellzivilverfahren über Gebühr belastet, gilt die Beweislastumkehr nur in Verfahren vor den Kartellbehörden und den gerichtlichen Kontrollverfahren. In Kartellzivilprozessen und -bußgeldverfahren gilt sie nicht.[416] Die Versorgungsunternehmen müssen daher nunmehr Gründe vorbringen, warum sie von den zum Vergleich herangezogenen Unternehmen oder Märkten abweichen. Als Korrektiv für die Überbürdung der Beweislast dient der im kartellrechtlichen Verfahren geltende Amtsermittlungsgrundsatz. Folglich trägt das betroffene Unternehmen lediglich das Risiko der Unaufklärbarkeit sachlicher Rechtfertigungsgründe.[417] Problematisch kann dies jedoch werden, wenn die Kartellbehörde eine „unzureichende" Amt-

---

[411] BGH WuW/E DE-R 1513, 1519 – *Stadtwerke Mainz;* WuW/E DE-R 375, 379 f. = NJW 2000, 77 – *Flugpreisspaltung;* OLG Düsseldorf WuW/E DE-R 1239, 1244 f. – *E.ON Thüringer Energie AG.* Grundlegend BGH WuW/E BGH 1445, 1454 – *Valium; Knöpfle/Leo,* in: *Müller-Henneberg/Schwartz/Hootz,* Gemeinschaftskommentar, § 19 Rdnr. 1979.

[412] LG Frankfurt/Main RdE 2005, 108 – *Bahnstrom.* Dazu *Uhlenhut,* IR 2005, 59.

[413] OLG Frankfurt/Main WuW/E DE-R 1901 – *Bahnstrom.*

[414] ABl. 2013 C 237/05 – *Deutsche Bahn I–III.*

[415] OLG Düsseldorf B. v. 20.5.2010, VI-2 Kart 9/09 (V) – *Entega.*

[416] *Bechtold,* GWB, § 29 Rdnr. 22 f.

[417] *Haellmigk/Pelka,* RdE 2013, 1, 4; *Kahlenberg/Haellmigk,* BB 2008, 174, 177; *Ritter/Lücke,* WuW 2007, 698, 703.

sermittlung betreibt.[418] Nach dem Wortlaut nicht von der Beweislastumkehr erfasst ist § 29 S. 1 Nr. 2 GWB.[419]

D. Fusionskontrolle und Kooperationen in der Energiewirtschaft

I. Fusionskontrolle

170 **1. Überblick.** Die besonderen Marktstrukturen in der Energiewirtschaft haben das BKartA in der Zeit vor der Liberalisierung durch das EnWG 1998 zu einer strengen Handhabung der Fusionskontrolle (§§ 35 ff. GWB) bewogen, so dass Fusionen und Übernahmen über geraume Zeit eine weniger prominente Rolle in der Tätigkeit der zuständigen 8. Beschlussabteilung gespielt haben. Mit der Liberalisierung sind – aus wettbewerblicher Sicht – verbesserte Möglichkeiten für Zusammenschlüsse eröffnet worden, für die in der strukturell vergleichsweise stark zersplitterten Branche[420] – aus ökonomischer Sicht – aufgrund erhöhten Wettbewerbsdrucks auch zunehmende Notwendigkeiten gesehen worden sind. Dementsprechend sind die von vielen prognostizierten Konzentrationsbewegungen eingetreten und haben zu einer regen Amtspraxis geführt.[421] Vergleichbares lässt sich im Grundsatz hinsichtlich der Fusionskontrolltätigkeit der Kommission feststellen.[422] Durch die Verabschiedung der 8. GWB-Novelle, die zum 30.6.2013 in Kraft getreten ist, wurde das deutsche Recht auch im Bereich der Fusionskontrolle weiter an das europäische Recht angeglichen. Der **SIEC-Test** *(„significant impediment to effective competition")* aus Art. 2 Abs. 2 bzw. Abs. 3 FKVO ist nunmehr auch in § 36 Abs. 1 S. 1 GWB verankert. Danach kommt es wesentlich darauf an, ob ein Zusammenschluss den wirksamen Wettbewerb erheblich behindern würde. Der alte Maßstab der Begründung oder Verstärkung einer marktbeherrschenden Stellung ist nun als Regelbeispiel in § 36 Abs. 1 S. 1 GWB überführt worden. Für die Energiewirtschaft selbst dürfte die Neuerung jedoch keine wesentliche Veränderung mit sich bringen, da das BKartA bereits in der Vergangenheit nicht lediglich auf Marktanteile, sondern auf eine umfassende Prüfung der wettbewerblichen Auswirkungen abgestellt hat.[423]

171 **2. Deutsche Fusionskontrolle.** *a) Anwendungsbereich.* Der Anwendungsbereich der §§ 35 ff. GWB bestimmt sich in Abgrenzung zur europäischen Fusionskontrolle – dazu näher *Richter/Steinvorth* in § 19 Rdnr. 2 ff. – nach den Umsätzen der am Zusammenschlussvorhaben beteiligten Unternehmen. Die materiellen Maßstäbe wurden allerdings mit der 8. GWB-Novelle und der Übernahme des SIEC-Tests in § 36 Abs. 1 S. 1 GWB angeglichen. Bei den nicht selten an Zusammenschlussvorhaben in der Energiewirtschaft beteiligten kommunalen Energieversorgungsunternehmen ist die Kommune als ein im Sinne des § 36 Abs. 2 S. 1 GWB herrschendes Unternehmen anzusehen. Folglich sind in diesen Fällen die Umsätze der kommunalen Unternehmen einschließlich der rechtlich unselbständigen kommunalen Eigenbetriebe in die fusionskontrollrechtliche Umsatzberechnung einzubeziehen.[424] Ist Gegenstand eines Zusammenschlussvorhabens die Veräußerung etwa der Strom- oder Gasversorgungssparte eines Unternehmens, so ist auf Seiten des Veräußerers allein der mit diesem Unternehmensbereich generierte Umsatz zu berücksichtigen, sofern

---

418 So auch *Stadler,* BB 2007, 60, 63.

419 Anderer Ansicht offenbar *Ritter/Lücke,* aaO.

420 1998 gab es in Deutschland ca. 1000 EVU und etwa 700 GVU.

421 *Zinow* in der 1. Auflage, § 34, Rdnr. 170; *Röhling,* in: *Bartsch/Röhling/Salje/Scholz,* Stromwirtschaft, 1. Aufl. 2002, Kap. 20 Rdnr. 1; *Zenke/Neveling/Lokau,* Konzentration im Energiemarkt – Politische und rechtliche Fusionskontrolle, 2005, 34 ff.

422 Vgl. unter http://ec.europa.eu/competition/elojade/isef/index.cfm?fuseaction=dsp_result (abgerufen am 18.5.2015).

423 *Haellmigk/Pelka,* RdE 2013, 1, 3 mwN.

424 *Röhling,* in: *Bartsch/Röhling/Salje/Scholz,* Stromwirtschaft, Kap. 24 Rdnr. 1; *Langen/Bunte-Kallfaß,* Bd. 1, GWB, § 35 Rdnr. 14 ff.

der Veräußerer nicht nach der Transaktion mit einer Beteiligung von mindestens 25% der Anteile oder Stimmrechte dem Unternehmen verbunden bleibt, welches die veräußerte Sparte aufnimmt. Diese Konstellation würde als Gründung eines Gemeinschaftsunternehmens gem. § 37 Abs. 1 Nr. 3 S. 3 GWB betrachtet, mit der Folge, dass die Umsätze von Veräußerer und Erwerber insgesamt einberechnet werden müssten.[425] Eine für die Umsatzberechnung maßgebliche Beteiligtenstellung des Veräußerers ist auch dann gegeben, wenn über seine Restbeteiligung noch unmittelbare oder mittelbare Kontrolle im Sinne des § 37 Abs. 1 Nr. 2 S. 1 GWB ausgeübt werden kann.[426]

172 Vor dem Hintergrund der vom BKartA praktizierten regionalen Marktabgrenzung auf den Endkundenmärkten für Wärme, Wasser, Strom und Gas können im Einzelfall bei Unterschreiten der 15-Mio.-€-Schwelle des § 36 Abs. 1 S. 2 Nr. 2 GWB Zusammenschlüsse in solchen **Bagatellmärkten** aus der materiellen Zusammenschlusskontrolle ausscheiden; sind noch weitere Märkte mit größerem Volumen betroffen, erachtet das BKartA die Bagatellmärkte jedenfalls als nicht relevant für die materielle Bewertung eines Zusammenschlusses.[427]

173 *b) Zusammenschlusstatbestände.*[428] *aa) Erwerb des Vermögens ganz oder zu einem wesentlichen Teil.* Bei Umwandlungsvorgängen nach dem UmwG, die sich nicht in einem Formwechsel erschöpfen oder zwischen identischen Personen im Rahmen einer Umstrukturierung vollzogen werden,[429] greift § 37 Abs. 1 Nr. 1 GWB. Erfasst sind damit z.B. Auf- oder Abspaltung und Übertragung von Unternehmensteilen von einem auf ein anderes bestehendes oder neu zu gründendes Unternehmen.[430] Dieser Zusammenschlusstatbestand wäre z.B. einschlägig bei der **Einbringung der Netz- oder Vertriebssparte** eines Energieversorgungsunternehmens in ein anderes Unternehmen, wenn der zu übertragende Vermögensteil die „tragende Grundlage" der Marktstellung des Veräußerers darstellt und dem Erwerber die Möglichkeit bietet, in dessen Marktstellung einzutreten.[431] Demgegenüber ist der Abschluss eines Konzessionsvertrags gem. § 46 EnWG[432] nicht auf einen Vermögenserwerb gerichtet. Vielmehr handelt es sich lediglich um die entgeltliche Bereitstellung von Wegenutzungsrechten zur Leitungsverlegung. Ein „Versorgungsrecht", welches von den Energieversorgungsunternehmen im Sinne des § 37 Abs. 1 Nr. 2 GWB verwertet werden könnte, wird dabei nicht übertragen. Ferner wird bei der Überlassung von Versorgungseinrichtungen gem. § 46 Abs. 2 S. 2 EnWG nach Ablauf des Konzessionsvertrags an die Kommune kein Zusammenschlusstatbestand verwirklicht. Die für den Vermögenserwerb erforderliche Übertragung der Marktstellung des Veräußerers ist regelmäßig nicht Gegenstand einer Überlassung nach § 46 Abs. 2 S. 2 EnWG, da das übertragende Unternehmen im Wettbewerb nicht gehindert ist, weiterhin die Kunden im betreffenden Gebiet zu versorgen. Ein anderes kann gelten, wenn die Parteien im Rahmen eines **Gesamtplans** eine Transaktion anstreben, die über die bloße Überlassung der von dem Konzessionsvertrag betroffenen Versorgungsanlagen hinausgeht. Indizien hierfür sind neben der Zahlung eines wirtschaftlich angemessenen Entgelts die Ver-

---

[425] *Paschke,* in: *Säcker,* Berliner Kommentar zum Energierecht, Bd. 2, § 35 GWB Rdnr. 10; *Röhling,* in: *Bartsch/Röhling/Salje/Scholz,* Stromwirtschaft, Kap. 24 Rdnr. 1; *Langen/Bunte-Kallfaß,* Bd. 1, GWB, § 35 Rdnr. 22.

[426] *Paschke,* aaO.

[427] BKartA B. v. 12.9.2003, B8–21/03 – *E.ON/Stadtwerke Eschwege* (insoweit in WuW/E DE-V 823 nicht abgedruckt); B. v. 26.8.2003, B8–83/03, Rdnr. 21 – *RWE/Wuppertaler Stadtwerke* (insoweit in WuW/E DE-V 831 nicht abgedruckt).

[428] S. dazu auch *Richter/Steinvorth* in § 19 Rdnr. 43 ff.

[429] *Langen/Bunte-Ruppelt,* Bd. 1, GWB, § 37 Rdnr. 14.

[430] BKartA WuW/E DE-V 845, 846 – *RWE/Kreiswerke Heinsberg;* BKartA B. v. 3.7.2000, B8–309/99, Rdnr. 65 – *RWE/VEW* (insoweit in WuW/E DE-V 301 nicht abgedruckt).

[431] BGH WuW/E BGH 2783, 2785 f. – *Warenzeichenerwerb;* BKartA WuW/E DE-V 947, 950 – *National Geographic,* aufgehoben durch OLG Düsseldorf WuW/E DE-R 1504 – *National Geographic; Langen/Bunte-Kallfaß,* Bd. 1, GWB, § 37 Rdnr. 9.

[432] Hierzu s. Rdnr. 246 ff.

einbarung eines Wettbewerbsverbots und z.B. die Veräußerung weiterer Energieversorgungsanlagen, die von § 46 Abs. 2 S. 2 EnWG nicht erfasst sind.[433]

bb) Kontrollerwerb. Im Fall *E.ON/Ruhrgas* hat das BKartA hinsichtlich des Erwerbs der Anteile an der *Gelsenberg AG* durch die *E.ON AG* den Erwerb der Kontrolle im Sinne des § 37 Abs. 1 Nr. 2 GWB angenommen.[434] In dem Parallelverfahren *E.ON/Ruhrgas II* hat das BKartA u.a. einen Kontrollerwerb im Verhältnis zwischen *E.ON* und der *Bergemann GmbH*[435] und – in Form mittelbarer Kontrolle – im Verhältnis zwischen *E.ON* und *Ruhrgas* gesehen.[436] Über die in der genannten Vorschrift beschriebenen Kontrollmöglichkeiten hinaus wird in der Literatur diskutiert, ob auf der Grundlage von Lieferverträgen entstehende „wirtschaftliche Abhängigkeitslagen" – in Verbindung mit einer gesellschaftsrechtlichen Beteiligung[437] – für die Anwendung des Kontrolltatbestandes genügen.[438] In der bisherigen Kommissionspraxis wurden solche Einflussmöglichkeiten allenfalls im Zusammenhang mit bestimmten gesellschaftsrechtlichen Bindungen berücksichtigt, und zwar nur soweit über die Lieferverträge in Kombination mit entsprechenden Bezugsvereinbarungen ein Großteil des In- und Outputs des Unternehmens gebunden war.[439] 174

cc) Anteilserwerb und Gründung von Gemeinschaftsunternehmen. Der Zusammenschlusstatbestand des Anteilserwerbs kann einschlägig sein bei Gründung oder Ausgründung einer Gesellschaft, an der sodann verschiedene Energieversorgungsunternehmen Anteile erwerben, um als gemeinsame Mütter das neue Unternehmen mit der Erbringung nunmehr gebündelter Leistungen zu betrauen. So hatten im Fall *Easyplus* verschiedene Stadtwerke zum Zwecke der zentralisierten Abrechnung und Kundenverwaltung eine gemeinsame Tochter gegründet. Das BKartA nahm bezüglich der mit 40 bzw. 28% der Anteile an dem Gemeinschaftsunternehmen *Easyplus* beteiligten Unternehmen einen Anteilserwerb im Vertikalverhältnis im Sinne des § 37 Abs. 1 Nr. 3 S. 1 lit. b) GWB und einen Horizontalzusammenschluss im Sinne des § 37 Abs. 1 Nr. 3 S. 3 GWB an.[440] Als Gemeinschaftsunternehmen zwischen Energieversorgungsunternehmen und Kommune fallen auch Beteiligungen von Regionalverteilern an Stadtwerken unter den Zusammenschlusstatbestand des § 37 Abs. 1 Nr. 3 S. 2 GWB, wenn Anteile von 25% oder mehr des Kapitals oder der Stimmrechte an dem jeweiligen Stadtwerk erworben bzw. gehalten werden.[441] 175

dd) Wettbewerblich erheblicher Einfluss. Über die vorgenannten Zusammenschlusstatbestände hinaus liegt ein Zusammenschluss auch in jeder sonstigen Verbindung von Unternehmen, aufgrund derer ein oder mehrere Unternehmen unmittelbar oder mittelbar einen **wettbewerblich erheblichen Einfluss** auf ein anderes Unternehmen ausüben können (§ 37 Abs. 1 Nr. 4 GWB). Zwar ist die Konturenlosigkeit dieses Tatbestands vielfach kritisiert worden. Die Monopolkommission hat die Aufrechterhaltung im Vorfeld der 8. 176

[433] *Röhling,* in: *Bartsch/Röhling/Salje/Scholz,* Stromwirtschaft, Kap. 24 Rdnr. 8 mit Verweis auf BGH WuW/E DE-R 24, 26 = NJW 1998, 2440 – *Stromversorgung Aggertal.*

[434] BKartA WuW/E DE-V 511, 512 – *E.ON/Ruhrgas.*

[435] Diese hielt wesentliche Anteile an der Ruhrgas AG und übte noch weitere Stimmrechte aufgrund Vereinbarung mit der *Gelsenberg AG* aus (sog. *Bergemann*-Pool).

[436] BKartA WuW/E DE-V 533f. – *E.ON/Ruhrgas II.*

[437] S. dazu auch BGHZ 90, 381 – *BuM* (zu § 17 AktG), wonach eine sog. mitunternehmerische Verantwortung ab einem Aktienbesitz von 25% vermutet wird.

[438] Hierzu ausführlich *Wiedemann,* § 15 Rdnr. 36 (zu Art. 3 FKVO) sowie *Richter/Steinvorth,* § 19 Rdnr. 92 (§ 37 GWB); *Paschke,* in: *Säcker,* Berliner Kommentar zum Energierecht, Bd. 2, § 37 GWB Rdnr. 13; *Immenga/Mestmäcker-Thomas,* Wettbewerbsrecht, GWB, § 37 Rdnr. 126ff.

[439] Komm. E. v. 18.10.2004, COMP/M.3410 Ziff. II.7.v. – *Total/Gaz de France,* informativ dazu Anm. von *Morgan de Rivery/Guérard,* ECLR 2005, 624, 628.

[440] BKartA WuW/E DE-V 467, 469 – *Easyplus.*

[441] BKartA WuW/E DE-V 395, 396 – *EnBW/Schwäbisch Gmünd;* B. v. 28.5.2001, B8–29/01 Rdnr. 6ff. – *EnBW/Stadtwerke Schramberg;* B. v. 23.10.2000, B8–269/99 Rdnr. 5 – *Thüga/Stadtwerke Ansbach;* B. v. 20.12.2001, B8–118/01 II 1 – *EAM-Gelsenwasser/Stadtwerke Göttingen.*

GWB-Novelle gleichwohl ausdrücklich befürwortet.[442] Obschon als Auffangtatbestand konzipiert, wird eine Qualifizierung der „sonstigen Verbindung" durch gesellschaftsrechtlich vermittelte Einflussmöglichkeiten verlangt.[443] In der Fusionskontrollpraxis in der Energiewirtschaft hat dieser Zusammenschlusstatbestand in der Vergangenheit besondere Bedeutung erlangt, da einzelne Verbundunternehmen in einer Reihe von Akquisitionen Beteiligungen von weniger als 25% am Kapital oder an den Stimmrechten von Stadtwerken oder Regionalverteilern nach Auffassung des BKartA aufgrund strategischer Erwägungen erwerben wollten.[444] Die Frage des Vorliegens einer solchen Gesamtstrategie ist jedoch für die Frage, ob im konkreten Fall ein Zusammenschlusstatbestand verwirklicht wird, grundsätzlich außer Betracht zu lassen.[445] Vielmehr ist im konkreten Einzelfall zu prüfen, ob aufgrund des zwischen den Unternehmen bestehenden Beziehungsgeflechts zu erwarten ist, dass der Wettbewerb zwischen den beteiligten Unternehmen so wesentlich eingeschränkt wird, dass die Unternehmen nicht mehr unabhängig am Markt auftreten (vgl. *Richter/Steinvorth* in § 19 Rdnr. 101). Im Hinblick auf den Vorrang einer **Einzelfallbewertung** hat das BKartA die in der früheren Praxis gezogene 20%-Grenze, unterhalb der ein wettbewerblich erheblicher Einfluss nur bei Hinzutreten besonderer Gesellschafterrechte anzunehmen war,[446] im Fall *E.ON Bayern/Stadtwerke Straubing* ausdrücklich aufgegeben.[447] Im Fall *RWE/Stadtwerke Krefeld Neuss* hat das BKartA die Prüfung im Rahmen der Einzelfallbewertung dahingehend konkretisiert, dass der Anteilserwerb im Ergebnis mit sogenannten Plus-Faktoren verbunden sein müsse, die trotz der geringeren Anteilshöhe die Beteiligung als eine solche erscheinen lassen, die einem Anteilserwerb von 25% und mehr gleichzusetzen sei.[448] Dabei sind desto geringere Anforderungen an die zusätzlichen Plus-Faktoren zu stellen, je näher die Beteiligung an die 25%-Grenze heranrückt.[449] Das Kartellamt hat die Einzelfallbewertung jüngst noch einmal im Falle *Gazprom/VNG*[450] konkretisiert: Neben der Höhe der erworbenen Beteiligung (dort: 10,5%) spielten auch die Einräumung von Entsenderechten in die Organe der Gesellschaft, das unternehmerische Interesse an der Beteiligung sowie die wirtschaftlichen Beziehungen zwischen Erwerber und Beteiligungsunternehmen, insb. das Wettbewerbs-, Lieferanten- und Abnehmerverhältnis, eine Rolle.

177 § 37 Abs. 1 Nr. 4 GWB erfasst grundsätzlich sowohl horizontale als auch (für die Energiewirtschaft praktisch bedeutsam) vertikale Zusammenschlüsse.[451] Im Fall vertikaler Integration kann eine für den Zusammenschluss relevante Einflussnahmemöglichkeit im Zusammenhang mit der Wahl des sich beteiligenden Unternehmers als Vorlieferant für den

---

[442] Monopolkommission, Sondergutachten 63, 2012, Rdnr. 46; kritisch zu § 37 Abs. 1 Nr. 4 z.B. *Kuhn,* ZWeR 2011, 258 ff.

[443] So Begr. RegE. zur 6. GWB-Novelle, BT-Drucks. 13/9720, S. 57; BGH WuW/E DE-R 607 – *Springer/Stilke;* WuW/E DE-R 1419, 1420 ff. – *trans-o-flex;* OLG Düsseldorf WuW/E DE-R 1390, 1395 – *KG Wochenkurier;* zur Gesetzgebungsgeschichte *Zigelski,* WuW 2009, 1261 ff.

[444] So bereits BKartA, TB 1995/1996, S. 121 – *VEBA/SWB.*

[445] Richtig *Paschke,* in: *Säcker,* Berliner Kommentar zum Energierecht, Bd. 2, § 37 GWB Rdnr. 30; aA *Däuper,* WuW 2002, 459, 464; offenbar auch BKartA B. v. 25.2.2003, B8–144/02, S. 10 – *E.ON Bayern/Stadtwerke Straubing.*

[446] So BKartA, TB 97/98, S. 122; BKartA, Pressemitteilung v. 1.2.2002 – *RWE/GEW* („Bundeskartellamt drückt den Beteiligungserwerb von *RWE* an *GEW Rheinland* unter die Zusammenschlußschwelle").

[447] BKartA B. v. 25.2.2003, B8–144/02, S. 10 – *E.ON Bayern/Stadtwerke Straubing.* Vgl. insoweit auch BGH WuW/E DE-R 32 f. – *Stadtwerke Garbsen*: wertende Gesamtbetrachtung im Rahmen des § 23 Abs. 2 Nr. S. S. 4 GWB a. F. Vgl. auch *Emmerich,* AG 2004, 629, 635. Eine Beteiligung der *EnBW* in Höhe von 15,05% an der *MVV Energie AG* hat das BKartA indes als nicht anmeldepflichtig eingestuft.

[448] BKartA B. v. 23.10.2007, B8–93/07, S. 6 Rdnr. 19 – *RWE/Stadtwerke Krefeld Neuss.*

[449] BKartA, aaO.

[450] BKartA B. v. 31.1.2012, B8–116/11, S. 17 Rdnr. 52 – *Gazprom/VNG.*

[451] BGH WuW/E DE-R 607 – *Minderheitsbeteiligung im Zeitschriftenhandel.*

Energiebezug gegeben sein.[452] Gegen einen wettbewerblich erheblichen Einfluss iSd § 37 Abs. 1 Nr. 4 GWB spricht jedoch die grundsätzlich auf **eigenständiger Willensbildung** des Beteiligungsunternehmens beruhende Entscheidung über den Energiebezug. Dass eine solche eigenständige Willensbildung gegeben ist, lässt vor allem die gleichzeitig gegebene *Merheitsbeteiligung* eines Wettbewerbers oder eines kommunalen Gesellschafters vermuten, da beiden grundsätzlich keine Gleichausrichtung der Interessen im Verhältnis zu dem sich beteiligenden Unternehmen unterstellt werden darf. Schließlich sind die konkreten Einflussnahmemöglichkeiten auch anhand der Bestimmungen des jeweiligen Gesellschaftsvertrags zu prüfen. Nicht selten wird dort eine Einflussnahme auf Entscheidungen über den Energiebezug ausdrücklich ausgeschlossen (siehe unten Rdnr. 200). Die im Fall *Easyplus* vom BKartA vertretene Auffassung, dass wettbewerblich erheblicher Einfluss nicht nur dann vorliegt, wenn die Verbindung dazu führt, dass der Erwerber aktiv Einfluss auf Ressourcen und Marktverhalten des erworbenen Unternehmens nimmt, sondern auch dann, wenn das erworbene Unternehmen „passiv sein Wettbewerbsverhalten an den Interessen des Erwerbers ausrichtet",[453] überdehnt die Grenzen dieses Zusammenschlusstatbestandes. Das BKartA begründete indessen auch im Fall *RWE/Stadtwerke Krefeld Neuss* einen wettbewerblich erheblichen Einfluss damit, dass die übrigen Gesellschafter der *Stadtwerke Krefeld Neuss* auf die Vorstellungen der *RWE Rhein-Ruhr* Rücksicht nehmen würden und folglich die Stellung von *RWE Rhein-Ruhr* als Gesellschafter und Vorlieferantin der *Stadtwerke Krefeld Neuss* abgesichert würde; zudem wurde als relevant erachtet, dass *RWE* einer der beiden größten deutschen Energieversorger sei, der in der betroffenen Region einen Schwerpunkt seiner Tätigkeit habe.[454] Der Rechtsprechung des BGH ist insoweit nur zu entnehmen, dass tatbestandsmäßiger Einfluss gegeben ist, wenn der Mehrheitsgesellschafter – insb. ein branchenfremder – auf die Vorstellungen des anderen Gesellschafters Rücksicht nimmt oder diesem freien Raum lässt, auch wenn dies nur soweit geschieht, wie es seinen eigenen Interessen nicht zuwiderläuft.[455] Damit geht der BGH aber von dem Erfordernis einer aktiven Einflussnahme des Erwerbers aus („Vorstellungen"; „Raum lassen").[456]

Demgegenüber können für das erwerbende Unternehmen vorgesehene Vetorechte oder Vorkaufsrechte betreffend solcher Gegenstände, die für die Wettbewerbsinteressen des erwerbenden Unternehmens von Bedeutung sind, wettbewerblich erheblichen Einfluss im Sinne des § 37 Abs. 1 Nr. 4 GWB begründen.[457] Im Fall *Stadtwerke Eberswalde* sah das BKartA eine Beteiligung von 22,5% in Verbindung mit weiteren vertraglichen Rechten als eine der Stellung eines Minderheitsanteilseigners mit Sperrminorität ähnliche und daher für die Annahme wettbewerblich erheblichen Einflusses ausreichende Unternehmensverbindung an.[458] Im Fall *Easyplus* sah das BKartA bereits eine Beteiligung von 9% am Kapital und ca. 14% an den Stimmrechten als ausreichend an, da das sich beteiligende Unternehmen zugleich alleingeschäftsführender Gesellschafter war. Nach Rechtsprechung und Amtspraxis nicht erforderlich ist die Einräumung einer rechtlichen Position, mit der das sich beteiligende Unternehmen seine Wünsche und Vorstellungen durchzusetzen vermag. Hinreichend ist die tatsächliche Möglichkeit, in seinem Sinne auf das Wettbewerbsgeschehen einzuwirken und so bei der Entscheidung über den Einsatz der Ressourcen des Beteiligungsunternehmens durch Beeinflussung der internen Willensbildung die eigenen Wettbewerbsinteressen zur 178

[452] Vgl. OLG Düsseldorf WuW/E DE-R 2094 – *E.ON/Stadtwerke Eschwege.*

[453] BKartA WuW/E DE-V 467, 469 – *Easyplus; Langen/Bunte–Kallfaß,* GWB, § 37 Rdnr. 57; krit. *Paschke,* in: *Säcker,* Berliner Kommentar zum Energierecht, Bd. 2, § 37 GWB Rdnr. 31.

[454] BKartA B. v. 23.10.2007, B8–93/07, S. 6 Rdnr. 19 – *RWE/Stadtwerke Krefeld Neuss.* Im Ergebnis wurde das Zusammenschlussvorhaben unter der aufschiebenden Bedingung freigegeben, dass die *RWE Rhein-Ruhr AG* ihre Beteiligung an der *Wuppertaler Stadtwerke AG* in Höhe von 18,742% an die Stadt Wuppertal oder ein mit ihr verbundenes Unternehmen veräußert.

[455] BGH WuW/E DE-R 607, 610 – *Minderheitsbeteiligung im Zeitschriftenhandel.*

[456] Ebenso das KG in der Vorinstanz, WuW/E DE-R 270, 271 ff. – *ASV/Stilke.*

[457] BKartA WuW/E DE-V 325, 326 – *Stadtwerke Neuss.*

[458] BKartA WuW/E DE-V 707, 708 – *Stadtwerke Eberswalde.*

Geltung zu bringen.[459] Insoweit nahm das BKartA beim Zusammentreffen einer Beteiligung von über 20% und einem Lieferanten-Abnehmer-Verhältnis an, dass wegen der zu erwartenden gegenseitigen Rücksichtnahme auf die beiderseitigen wettbewerblichen Interessen ein wettbewerblich erheblicher Einfluss gegeben war.[460] Ebenso wurde bei einer Beteiligung von 24,9%, die von Aufsichtsratsmandaten begleitet war, wettbewerblich erheblicher Einfluss angenommen, obwohl der Erwerber sich vertraglich verpflichtet hatte, bei Beschlüssen über neue Geschäftsfelder und neu abzuschließende Energiebezugsverträge mit dem Mehrheitsgesellschafter zu stimmen.[461] Im Fall *Mainova/AVG* ließ das BKartA – bestätigt durch das OLG Düsseldorf – eine Beteiligung von 17,5% ausreichen. Aufgrund einer Gesamtschau der tatsächlichen und rechtlichen Umstände stellte das BKartA fest, dass die Beteiligung keine bloße Finanzbeteiligung darstellte, sondern die Unternehmen vereinbart hatten, unternehmerische Risiken gemeinsam zu tragen, und dass sie folglich nicht mehr unabhängig voneinander am Markt auftreten würden.[462] Im Fall *Gazprom/VNG* wertete das BKartA die Erhöhung der Anteile von *Gazprom* an *VNG* auf 10,52% durch Aufhebung des Verzichts auf 1,8% der Stimmrechte und den Verzicht eines Aufsichtsratmandates als einen (mit *Wintershall)* gemeinsamen wettbewerblich erheblichen Einfluss iSv § 37 Abs. 1 Nr. 4 GWB. Beide Unternehmen verfügten zusammen über eine Sperrminorität von 25%. Das Amt sah in einer zwischen den Gesellschaftern (*Gazprom* und *BASF* als Mutterkonzern von *Wintershall*) bestehenden mehr als zwanzig Jahre währenden strategischen Partnerschaft u. a. mit erheblichen gemeinsamen Investitionen eine dauerhafte Interessenübereinstimmung, die zu einem wettbewerblich erheblichen Einfluss führe.[463]

179 Im Rahmen der Einzelfallbewertung bewertete das BKartA als sog. Plus-Faktor auch den Übergang einer befristeten Beteiligung in eine unbefristete Beteiligung von *RWE* an den *Stadtwerken Unna*. Diese Umwandlung stelle trotz einer bereits vorliegenden Beteiligung von 24% eine strukturelle Veränderung der Unternehmensverbindung dar.[464]

180 *c) Marktabgrenzung. aa) Strom.* Der Absatz von Strom in Deutschland war nach der überkommenen Praxis des BKartA durch die vertikale Gliederung in überregionale Verbundunternehmen, regionale Stromversorgungsunternehmen und lokale Verteilerunternehmen (insbesondere Stadtwerke) geprägt. Eine Neuorientierung hat das BKartA im Verlaufe des Verfahrens *E.ON/Stadtwerke Eschwege* eingeleitet, welche sowohl vom OLG Düsseldorf als auch vom BGH mitgetragen wird (dazu schon Rdnr. 160).

181 *(1) Sachliche Marktabgrenzung.* Vor diesem Hintergrund hat das BKartA im Rahmen der Fusionskontrolle verschiedene sachlich relevante Strommärkte abgegrenzt. Auf der untersten Marktstufe stehen nach Auffassung des BKartA Stromversorgungsunternehmen als Lieferanten von Strom den industriellen, gewerblichen, landwirtschaftlichen und privaten Letztverbrauchern gegenüber. Auf dieser Stromletztverbraucherstufe bilden die **Belieferung von Kleinkunden** (Haushalts-, Kleingewerbe- und landwirtschaftliche Kunden) mittels Standardlastprofil aus den Niederspannungsnetzen und die Belieferung von leistungsgemessenen letztverbrauchenden industriellen/gewerblichen Kunden **(Stromgroßkunden/Sondervertragskunden)** aus dem Mittelspannungsnetz und darüber liegenden Netzebenen eigene sachlich relevante Märkte. Dies begründet das BKartA mit wesentlichen Unterschieden zwischen dem Nachfrageverhalten der Kleinkunden und der Stromgroßkunden (Preissensibilität, Wechselbereitschaft, Verhandlungspotential), den Vertriebsstrategien und schließlich bei der Preisstellung. Auf der darüber liegenden Marktstufe, dem Markt für die **Belieferung**

---

[459] Vgl. BGH WuW/E DE-R 607, 609 ff. – *Minderheitsbeteiligung im Zeitschriftenhandel.*

[460] BKartA WuW/E DE-V 786, 789 – *VNG/EMB/Gasag;* WuW/E DE-V 831, 833 – *RWE/Wuppertaler Stadtwerke.*

[461] BKartA B. v. 3.4.2001, B8–263/00, S. 4 Rdnr. 7 f.– *Neckarwerke.*

[462] BKartA WuW/E DE-V 983, 984 f. = IR 2004, 252 – *Mainova/AVG;* OLG Düsseldorf WuW/E DE-R 1639 – *Mainova/Aschaffenburger Versorgungs GmbH.*

[463] BKartA B. v. 31.1.2012, B8–116/11, S. 18 Rdnr. 56 – *Gazprom/VNG.*

[464] BKartA B. v. 8.12.2011, B8–94/11, S. 7 Rdnr. 19 – *RWE/Stadtwerke Unna.*

von Stromweiterverteilern, stehen nach überkommener Auffassung des BKartA die inländischen Stromerzeuger, Stromimporteure und Stromhändler als Anbieter den Regionalversorgern und Stadtwerken als Nachfrager gegenüber.[465] Schließlich existieren Großhandelsmärkte für an der Börse und außerbörslich („over the counter", OTC) gehandelten Strom.[466] Diese Amtspraxis hat – auch vor dem Hintergrund der diesbezüglichen Position der Kommission (siehe unten Rdnr. 212 ff.) – ab 2003 eine Änderung erfahren:

Im Fall *E.ON/Stadtwerke Eschwege* hat das BKartA eine von der überkommenen Marktabgrenzung abweichende Abgrenzung des Strommarktes vorgenommen. Zu unterscheiden waren danach – mit Billigung durch das OLG Düsseldorf und den BGH – die Märkte für den **Erstabsatz von Elektrizität** (Erzeugung und Importe) und für den Absatz von Strom an industrielle und gewerbliche Großkunden.[467] Aus der Nicht-Speicherbarkeit von Strom folgerte das OLG Düsseldorf die Abhängigkeit der der Erzeugungsstufe nachgelagerten Marktstufen. Im Ergebnis führt diese Marktbetrachtung dazu, dass das Stromhandelsgeschäft außer Acht gelassen wird. Das OLG Düsseldorf hält dies für zulässig, da die Mehrschichtigkeit der Handelsstufe und deren Marktgepflogenheiten zu unvermeidbaren Mehrfachzählungen von Absätzen führen würden, die nicht einmal in jedem Falle mit physikalischen Stromlieferungen einhergingen.[468] Dies hat auch der BGH nicht in Zweifel gezogen. Da der Stromimport – laut der tatrichterlichen Feststellung der Vorinstanz machte dieser weniger als 10% des inländischen Stromabsatzes aus – nur eine geringe Bedeutung habe, könnten Weiterverteilungsunternehmen faktisch nur den Strom zum Weiterverkauf anbieten, der zuvor von den Stromerzeugern bzw. -importeuren gekauft worden sei. 182

Beibehalten wurde demgegenüber noch die Unterscheidung von **industriellen/gewerblichen Großkunden bzw. sog. RLM-Kunden** (Kunden mit registrierter Leistungsmessung) und **Kleinkunden bzw. sog. SLP-Kunden** (Standardlastprofil-Kunden) auf der dem Erstabsatz und der Handelsstufe nachgelagerten dritten Marktstufe. Der Bedarfsmarkt der SLP-Kunden wurde allerdings aufgrund sich abzeichnender unterschiedlicher Verhältnisse, insb. hinsichtlich der Wechselbereitschaft, in **drei weitere Märkte** unterteilt: Nunmehr werden die Märkte für die Belieferung von SLP-Kunden zu Allgemeinen Preisen (Grundversorgungsmarkt), für die Belieferung außerhalb Allgemeiner Preise mit Heizstrom (Heizstrommarkt) und für die Belieferung außerhalb Allgemeiner Preise mit Haushaltsstrom (Sondervertragsmarkt) unterschieden.[469] Die Unterscheidung zwischen Grundversorgungsmarkt und Sondervertragsmarkt ist in erster Linie dem Umstand geschuldet, dass unterschiedliche rechtliche Regelungen gelten. Grundlage für die Grundversorgung ist die Stromgrundversorgungsverordnung (StromGVV);[470] der Vertrag kommt nach § 2 Abs. 2 StromGVV mit dem festgestellten Grundversorger bereits durch die Entnahme von Strom zustande. Der Sondervertragskunde ist in der Anbieter- und Vertragswahl frei. Der Bedarf zur Etablierung eines eigenständigen Bedarfsmarkts für Heizstrom resultiert aus dem grundverschiedenen Nachfrageprofil, welches erheblich von denjenigen abweicht, bei denen Elektrizität lediglich zur Versorgung von Haushaltsgeräten und zur Beleuchtung eingesetzt wird. Zusammenfassend gibt es demnach die Erzeugungs-/Importstufe (1), die Distributionsstufe (2) und die Endkundenstufe (3) (siehe auch oben Rdnr. 160). 183

---

[465] BKartA WuW/E DE-V 823 – *E.ON/Stadtwerke Eschwege;* B. v. 26.8.2003, B8–83/03, Rdnr. 23 ff. – *RWE/Wuppertaler Stadtwerke* (insoweit in WuW/E DE-V 831 nicht abgedruckt); WuW/E DE-V 467, 471 – *easyplus;* WuW/E DE-V 444, 446 – *Stadtwerke Viersen.*

[466] BKartA WuW/E DE-V 837, 838 = AG 2004, 553 – *E.ON/Stadtwerke Lübeck;* B. v. 26.8.2003, B8–83/03, Rdnr. 27 – *RWE/Wuppertaler Stadtwerke* (insoweit in WuW/E DE-V 831 nicht abgedruckt); WuW/E DE-V 511, 522 – *E.ON/Ruhrgas.*

[467] OLG Düsseldorf WuW/E DE-R 2094, 2096 – *E.ON/Stadtwerke Eschwege;* bestätigt durch BGH WuW/E DE-R 2451, 2453 – *E.ON/Stadtwerke Eschwege.* Siehe auch Besprechung bei *Klees,* in: Fs. Salje, S. 277, 279 ff.

[468] OLG Düsseldorf, aaO, 2097.

[469] BKartA B. v. 30.11.2009, B8–107/09, S. 11 Rdnr. 32 – *Integra/Thüga.*

[470] S. o. Fn. 130.

184 Das BKartA unterscheidet außerdem zwischen Märkten für Strom aus konventionellen und solchen aus erneuerbaren Energiequellen[471] und begründet dies mit den Sonderregelungen des EEG, die zu einer Verselbstständigung des Marktes für Strom aus regenerativen Energien geführt hätten.[472] Allerdings hat das BKartA unter Aufrechterhaltung getrennter Märkte für konventionell und regenerativ erzeugten Strom die Auswirkungen des EEG auf die Erzeugung von Strom aus konventioneller Erzeugung im Rahmen der materiellen Zusammenschlussprüfung berücksichtigt.[473]

185 Von der Lieferanten- ist die **Transportebene** zu unterscheiden: Im Rahmen der Missbrauchsaufsicht ist als sachlich relevanter Markt der Markt für die **Inanspruchnahme von Netzzugangsleistungen** definiert worden. Der relevante Markt wurde vom BKartA mit Blick auf die streitgegenständlichen Elektrizitätsversorgungsanlagen bestimmt.[474] In der neueren Praxis zählt das BKartA die Stromnetze (Übertragungs- und Verteilernetze) gleichfalls zum Gesamtmarkt von Stromlieferungen, die allerdings aufgrund ihrer Eigenschaft als natürliche Monopole nach dem EnWG von der BNetzA und den Landesregulierungsbehörden reguliert werden.[475]

186 Ebenfalls im Rahmen der Missbrauchsaufsicht ist der **Betrieb von Arealnetzen** als ein eigenständiger sachlich relevanter Markt angesehen worden.[476] Als Areal ist nach Ansicht des OLG Düsseldorf eine zu Wohn- und/oder gewerblichen Zwecken genutzte private Liegenschaft (bestehend aus einem Grundstück oder aus einer Mehrzahl von Grundstücken) zu verstehen, auf der in der Ebene der Niederspannung ein Verteilnetz nebst ggf. erforderlichen Umspann- und Schaltanlagen zur Versorgung eines oder mehrerer im Areal ansässiger Letztverbraucher mit Elektrizität errichtet werden soll oder besteht. Offen gelassen wurde, ob Planung und Errichtung einerseits und Betrieb andererseits separate Märkte darstellen.[477]

187 *(2) Räumliche Marktabgrenzung.* In räumlicher Hinsicht gehen Rechtsprechung und BKartA für den erstmaligen Absatz von Strom und bei der Belieferung von RLM-Kunden von **bundesweiten Märkten** aus.[478] Es bleibt jedoch die Frage, ob insoweit nicht ein grenzüberschreitender Handel möglich ist und die räumliche Marktabgrenzung daher auch Erzeuger oder Lieferanten im nahen Ausland mit erfassen muss.[479] Eine europaweite Marktabgrenzung hat die Kommission für den Stromhandelsmarkt angedeutet.[480] In seiner Entscheidung *E.ON/Stadtwerke Eschwege* ist der BGH jedoch in räumlicher Hinsicht noch von einer nationalen Marktabgrenzung ausgegangen. Eine europaweite Marktabgrenzung scheitere an einer begrenzten Kapazität der Grenzkuppelstellen. Ein ausländischer Strom-

---

471 BKartA, Sektoruntersuchung Stromgroßhandel/Stromerzeugung, 2011, S. 73 f., vgl. hierzu *Scholz,* Wettbewerbsschutz in der Energiewirtschaft durch das Kartellrecht, in: *Grundel/Lange,* Die Energiewirtschaft als Instrumentenmix, 39 f.

472 BKartA Sektoruntersuchung Stromgroßhandel/Stromerzeugung, 2011, S. 73 f., vgl. hierzu *Scholz,* Wettbewerbsschutz in der Energiewirtschaft durch das Kartellrecht, in: *Grundel/Lange,* Die Energiewirtschaft als Instrumentenmix, 39 f.

473 BKartA B. v. 8.12.2011, B8–94/11, Rn. 47 – *RWE/Stadtwerke Unna.*

474 BKartA WuW/E DE-V 149 = RdE 2000, 31 – *Berliner Stromdurchleitung* mit Anm. *Haus* WuW 1999, 1190. Ebenso BGH WuW/E DE-R 1513, 1516 – *Stadtwerke Mainz;* OLG Düsseldorf N&R 2004, 117, 119 – *Stadtwerke Mainz.*

475 BKartA B. v. 8.12.2011, B8–94/11, Rn. 23 f. – *RWE/Stadtwerke Unna.*

476 BGH WuW/E DE-R 1520 – *Arealnetz;* OLG Düsseldorf WuW/E DE-R 1307, 1303. Zusammenfassend *Wagemann,* emw 2004, 6; an einem eigenständigen Markt für den Betrieb eines Arealnetzes zweifelnd: *Jansen/Haus,* ZWeR 4/2006, 412, 421.

477 BGH WuW/E DE-R 1520, 1524 – *Arealnetz;* OLG Düsseldorf WuW/E DE-R 1307, 1308 = RdE 2004, 222 – *GETEC net;* ähnlich OLG München, GRUR-RR 2004, 156 – *Mittelspannungsanschluß;* BKartA WuW/E DE-V 811, 813 f. – *GETEC net.*

478 BGH WuW/E DE-R 2450, 2455 – *E.ON/Stadtwerke Eschwege;* OLG Düsseldorf WuW/E DE-R 2094, 2099 (Vorinstanz); BKartA WuW/E DE-V 367, 368 f. – *Heide* und die in Fn. 466 genannten Beschlüsse.

479 BGH WuW/E DE-R 1355, 1359 f. = NJW 2004, 513 – *Staubsaugerbeutelmarkt.* Zum grenzüberschreitenden Stromhandel auch oben Rdnr. 29.

480 Komm. E. v. 4.2.2002, COMP/M.2701, Rdnr. 8 – *Vattenfall/Bewag.*

anbieter könne in Deutschland nämlich keine wesentlichen Strommengen zu günstigeren als den inländischen Preisen anbieten, da er die verkauften Mengen aufgrund begrenzter Kapazitäten dieser Grenzkuppelstellen nicht aus ausländischer Erzeugung liefern könne, sondern sich mit Mengen aus dem Inland eindecken müsse.[481] Erstmals wurde dann seitens des BKartA im Jahr 2011 eine **Erweiterung des Erstabsatzmarktes auf Österreich** befürwortet.[482] In der Praxis wurde so erstmals im Falle *RWE/Stadtwerke Unna* verfahren. Eines der wesentlichen Argumente sind mangelnde Engpässe im Bereich der Grenzkuppelstellen zu Österreich bzw. zu dessen drei Regelzonen, die der BGH in seiner Entscheidung *E.ON/Stadtwerke Eschwege* aus dem Jahre 2008 noch als Hindernis gesehen hatte. Laut BKartA sind das österreichische Verbundnetz und das deutsche Stromnetz sehr eng miteinander verbunden; es gebe außerdem einen gemeinsamen Markplatz für deutschen und österreichischen Stromgroßhandel mit einem einheitlichen Börsenpreis.[483]

Der Kleinkundenmarkt wurde nach Ansicht des Amtes trotz der Liberalisierung der Strommärkte nach den Netzgebieten der jeweiligen Letztversorger zunächst generell **regional oder lokal** abgegrenzt.[484] Eine Tendenz hin zu einem Durchleitungsautomatismus sei nach wie vor nicht zu erkennen. Dies zeige sich an der niedrigen Wechselrate, welche nach Ansicht des BKartA zum einen auf der generellen Wechselträgheit der Kleinkunden im Energiebereich, zum anderen auf der Höhe der Netznutzungsentgelte auf der Niederspannungsebene beruhe.[485] Mit der im Jahre 2009 eingeführten weiteren Unterteilung des Kleinkunden- bzw. SLP-Marktes erfolgte jedoch auch hier eine Änderung. Zwar werden seitdem der Grundversorgungs- und Heizstrommarkt weiterhin regional bzw. lokal abgegrenzt. Der *Markt für Sondervertragskunden* wird hingegen nunmehr als Folge eingetretener Veränderungen der Wettbewerbsbedingungen *bundesweit* abgegrenzt.[486] Im überwiegenden Teil der Versorgungsnetze sind inzwischen 51 bis über 100 Stromlieferanten tätig, die eine große Auswahl der Sondervertragskunden ermöglichen.[487] 188

Bei Arealnetzen ist das OLG Düsseldorf von einem bundesweiten Markt für den Betrieb von Arealnetzen ausgegangen, während das OLG München den räumlich relevanten Markt auf die Grenzen des von dem konkreten Anspruchsgegner betriebenen Stromnetzes, an das Anschluss begehrt wurde, begrenzt hat.[488] Der Markt für die Inanspruchnahme von Durchleitungsleistungen wird räumlich durch die **geographische Lage der** in Anspruch genommenen **Netze** bestimmt.[489] 189

bb) Gasmärkte. (1) Sachliche Marktabgrenzung. Das BKartA unterschied bis 2014 sachliche Märkte in verschiedenen (insgesamt vier) sog. Vertriebsstufen: zunächst eine Importstufe, auf welcher aus- und inländische Produzenten überregionale Ferngasgesellschaften mit 190

[481] BGH WuW/E DE-R 2450, 2454 – *E.ON/Stadtwerke Eschwege;* auch Ende des Jahres 2009 sah das BKartA keine Veränderungen an den Grenzkuppelstellen (insb. zu Österreich), vgl. BKartA B. v. 30.11.2009, B8–107/09, S. 16 Rn. 39 – *Integra/Thüga.*

[482] Vgl. BKartA, Sektoruntersuchung Stromerzeugung/Stromgroßhandel 2011, S. 75. Davon geht auch die Monopolkommission in ihrem Sondergutachten zum Wettbewerb auf den Energiemärkten von 2013 aus, vgl. Sondergutachten 65, 2013, Rdnr. 73. Fortschritte bei der Marktkopplung könnten jedoch in Zukunft eine nochmalige Erweiterung möglich machen.

[483] BKartA B. v. 8.12.2011, B8–94/11, S. 13 Rn. 36 – *RWE/Stadtwerke Unna.*

[484] Bestätigt in OLG Düsseldorf WuW/E DE-R 2094, 2098 – *E.ON/Stadtwerke Eschwege;* auf die Rechtsbeschwerde hin hatte sich der BGH mit dieser Frage nicht mehr zu befassen.

[485] BKartA WuW/E DE-V 837, 839 = AG 2004, 553 – *E.ON/Stadtwerke Lübeck* und die in Fn. 480 genannten Beschlüsse. Zust. BGHZ 156, 379, 384f. – *Strom und Telefon I.* Tendenziell abweichend BKartA WuW/E DE-V 508, 510 – *Harz Energie.*

[486] BKartA B. v. 30.11.2009, B8–107/09, S. 16f. Rn. 40 – *Integra/Thüga.*

[487] BNetzA/BKartA, Monitoringbericht 2013, S. 124.

[488] OLG München, GRUR-RR 2004, 156 – *Mittelspannungsanschluß.* Im Fall *Arealnetz* hat der BGH die Frage der räumlichen Marktabgrenzung ausdrücklich offen gelassen, BGH WuW/E DE-R 1520ff. – *Arealnetz;* für die engere räumliche Abgrenzung des relevanten Marktes mit der Folge, dass das BKartA zumeist unzuständig wäre: *Jansen/Haus,* ZWeR 2006, 422f.

[489] BKartA WuW/E DE-V 149 = RdE 2000, 31 – *Berliner Stromdurchleitung;* ebenso OLG Düsseldorf N&R 2004, 117, 119 – *Stadtwerke Mainz.*

Erdgas beliefern; im Anschluss daran als 1. Stufe die Belieferung regionaler Weiterverteiler, regionaler Ferngasgesellschaften, aber auch industrieller Letztverbraucher und Kraftwerksbetreiber durch überregionale Ferngasunternehmen. Auf der 2. Stufe liefern die regionalen Ferngasgesellschaften und die von den überregionalen Ferngasgesellschaften belieferten großen Weiterverteiler Erdgas an regionale und lokale Weiterverteiler (in der Regel Stadtwerke, aber auch industrielle Letztverbraucher). Die Größenordnungen der von den Regional- und Ortsgasunternehmen nachgefragten Gasmengen sind erheblich geringer als die der regionalen Ferngasunternehmen. Regionale Ferngasunternehmen werden deshalb zu günstigeren Preisen beliefert.[490] Auf der 3. Stufe beliefern schließlich nach Praxis des Amtes regionale und lokale Weiterverteiler unterschiedliche Arten von Letztverbrauchern mit Erdgas.[491] Im Zusammenschlussverfahren *Gazprom/VNG* ist *E.ON* mit dem Vorschlag nicht durchgedrungen, einen einheitlichen Weiterverteilermarkt zu etablieren. Nach Ansicht des BKartA könne so der Erdgasabsatz nicht zuverlässig abgebildet werden, da es zu Mehrfachzählungen komme und die Marktabgrenzung damit fehlerhaft sei.[492] Auf der Stufe 3 sind nach Auffassung des BKartA die Märkte für die Versorgung von Endkunden, unterteilt nach letztverbrauchenden **Großkunden bzw. RLM-Kunden** und **Haushalts- und Kleingewerbekunden bzw. SLP-Kunden** zu unterscheiden.[493] Die letztere Unterscheidung wird mit den gleichen Erwägungen wie im Stromsektor begründet.[494] In der früheren Praxis des Kartellamtes wurde noch offen gelassen, ob eine weitere Unterteilung des RLM-Marktes in Industriekunden einerseits und Kraftwerkskunden andererseits in Frage kommt. Das BKartA hat in seiner Entscheidung *RWE/ExxonMobil* 2009 vor dem Hintergrund der vorgenommenen Marktermittlungen ausgeführt, dass eine weitere Differenzierung in Zukunft nicht angezeigt sei;[495] dies wurde in der Entscheidung *Gazprom/VNG* bestätigt.[496] Ob eine weitere Unterteilung der SLP-Märkte wie im Strombereich in Frage kommt, wurde bislang offen gelassen. In der ursprünglichen Praxis unterschied das BKartA – bestätigt durch das OLG Düsseldorf – klassischerweise lediglich drei Stufen: Import- und Erzeugungsstufe, Distributionsstufe und Letztverbraucherstufe. Mit der Entscheidung *EWE/VNG* hat das BKartA seine Marktabgrenzung in sachlicher Hinsicht wieder zu einer **dreistufigen Marktabgrenzung** geändert, wobei die **Importstufe und die bisherige 1. Stufe zu einem sachlichen Markt zusammengefasst** wurden (sog. Großhandelsmarkt für Erdgas).[497] Dies wurde mit der gewichtigen Präsenz der Produzenten an den virtuellen Handelspunkten und deren betriebswirtschaftlichem Interesse an einer wettbewerblichen Großhandelsstufe begründet.[498] Gleichzeitig verwarf das BKartA die noch im Verfahren *Gazprom/VNG* vergenommene Differenzierung des sachlichen Markts für die Belieferung von RLM-Kunden durch überregionalen und regionale Ferngasgesellschaften und große Weiterverteiler einerseits sowie regionale und lokale Weiterverteiler andererseits; insoweit wird von einem einheitlichen Markt ausgegangen.[499] Im Markt für die Belie-

---

[490] So OLG Düsseldorf WuW/E DE-R 2197, 2202 – *E.ON Ruhrgas (langfristige Gaslieferverträge).*

[491] BKartA B. v. 20.3.2012, B8–124/11, S. 11 Rdnr. 31 f. – *Enovos/ESW.*

[492] BKartA B. v. 31.1.2012, B8–116/11, S. 42 f. Rdnr. 138 – *Gazprom/VNG* mit Verweis auf BGH WuW/E DE-R 1355 ff. – *Staubsaugerbeutelmarkt.* Vgl. die ähnlichen Erwägungen auf dem Strommarkt oben Rdnr. 182.

[493] BKartA B. v. 12.3.2007, B8–62/06, S. 12 ff. – *RWE/Saar Ferngas;* WuW/E DE-V 983, 986 – *Mainova/AVG;* WuW/E DE-V 823, 828 – *E.ON/Stadtwerke Eschwege;* B. v. 26.8.2003, B8–83/03, Rdnr. 52 – *RWE/Wuppertaler Stadtwerke* (insoweit in WuW/E DE-V 831 nicht abgedruckt); WuW/E DE-V 553, 556 – *RWE Plus/Stadtwerke Düren;* WuW/E DE-V 511, 514 – *E.ON/Ruhrgas;* WuW/E DE-V 533 – *E.ON/Ruhrgas II* (insoweit nicht abgedruckt); WuW/E DE-V 444, 446 – *Stadtwerke Viersen;* WuW/E DE-V 395, 398 – *Schwäbisch Gmünd;* WuW/E DE-V 467, 469 – *easyplus;* WuW/E DE-V 301 – *RWE/VEW.*

[494] BKartA WuW/E DE-V 444, 447 – *Stadtwerke Viersen* und oben Rdnr. 181.

[495] Vgl. BKartA B. v. 8.5.2009, B8–34/09, S. 15 – *RWE/ExxonMobil.*

[496] Vgl. BKartA B. v. 31.1.2012, B8–116/11, S. 55 Rdnr. 173 – *Gazprom/VNG.*

[497] BKartA B. v. 23.10.2014, B8–69/14, Rdnr. 79 – *EWE/VNG.*

[498] BKartA B. v. 23.10.2014, B8–69/14, Rdnr. 90 – *EWE/VNG.*

[499] BKartA B. v. 23.10.2014, B8–69/14, Rdnr. 130 ff. – *EWE/VNG.*

ferung von **SLP-Kunden** mit Erdgas nahm das BKartA aber entsprechend dem Strombereich eine weitere **Abgrenzung nach Kunden der Grund- und Ersatzversorgung und** solchen, die **auf Grundlage von Sonderverträgen** beliefert werden, vor.[500]

Eine weitere Unterteilung in **H-Gas- und L-Gas-Netze** hat das BKartA abgelehnt.[501] 191
E.ON hatte im Verfahren *Gazprom/VNG* eingewandt, dass einerseits die unterschiedlichen Gasqualitäten und andererseits die Transportrestriktionen – die Netze sind voneinander separiert – zu einer mangelnden Substituierbarkeit führe. Vor dem Hintergrund der auch vom BGH bestätigten Einschätzung, dass es keinen einheitlichen Wärmemarkt gebe, sondern das Gut die Marktabgrenzung bestimme,[502] war dieses Argument nicht von der Hand zu weisen. Nach Ansicht des Kartellamtes könne jedoch eine virtuelle Verrechnung der Gasarten über eine Bilanzierung der Ein- und Ausspeisungen vorgenommen und folglich eine virtuelle Substitution erreicht werden, ohne dass es einer weiteren Unterteilung bedürfe.[503]

(2) Räumliche Marktabgrenzung. In räumlicher Hinsicht grenzte das BKartA bis 2014 die 192
sachlich relevanten Gasmärkte **in jahrzehntelanger Praxis regional nach den Netzgebieten der jeweiligen Unternehmen ab.**[504] Diese Praxis wurde auch für die Belieferung von regionalen und lokalen Weiterverteilern vom OLG Düsseldorf und vom BGH bestätigt.[505] Später erfolgten bestätigende Entscheidungen in Bezug auf leitungsgebundene Gasversorgung von Endkunden.[506] Einer bundesweiten Marktabgrenzung hatte sich das BKartA – entgegen der Kommission[507] – in der Vergangenheit mit dem Argument verschlossen, dass sich ungeachtet der Neuregelung des Energiewirtschaftsrechts im Jahr 1998, der Einführung des § 19 Abs. 4 Nr. 4 GWB a. F. (jetzt: § 19 Abs. 2 Nr. 4 GWB) und der Verbändevereinbarungen Gas I und II noch kein Durchleitungsmechanismus entwickelt habe, der Voraussetzung für eine räumlich weitere Marktabgrenzung wäre.[508] Dabei wird mit dem Verweis auf die Existenz divergierender Gasqualitäten auch anerkannt, dass im deutschen Gasmarkt schwierigere Bedingungen vorliegen als in anderen europäischen Ländern.[509] Zwischenzeitlich überprüfte das BKartA auch vor dem Hintergrund der Etablierung der gebietsübergreifenden Zweivertragsvariante (vgl. oben Rdnr. 60) und der Reduzierung der Marktgebiete von 28 auf zwei zwischen 2006 und 2011 die netzbezogene Marktabgrenzung in den Verfah-

---

500 BKartA B. v. 23.10.2014, B8–69/14, Rdnr. 167 ff. – *EWE/VNG.*

501 Zuletzt BKartA B. v. 23.10.2014, B8–69/14, Rdnr. 91 ff. – *EWE/VNG.*

502 Vgl. BGH WuW/E DE-R 2267 – *Münchener Fernwärme.*

503 BKartA B. v. 31.1.2012, B8–116/11, S. 24 f. Rdnr. 78 f. – *Gazprom/VNG.*

504 Zuletzt BKartA B. v. 20.3.2012, B8–124/11, S. 12 ff. Rdnr. 35 ff. – *Enovos/ESW;* B. v. 31.1.2012, B8–116/11, S. 43 f. Rdnr. 140 ff. – *Gazprom/VNG;* B. v. 24.8.2009, B8–67/09, S. 17 Rdnr. 37 ff. – *EnBW/VNG;* B. v. 23.10.2007, B8–93/07, S. 8 Rdnr. 29 – *RWE/Stadtwerke Krefeld Neuss;* B. v. 12.3.2007, B8–62/06, S. 13 – *RWE/Saar Ferngas.* Anders etwa die BNetzA noch im Fall *OPAL* zwecks Freistellung nach § 28a EnWG. Dort war sie für die Importstufe bzw. den „Produzentenmarkt" für die Tschechische Republik von einer EU-weiten Abgrenzung ausgegangen. Dem ist die Komm. aber entgegen getreten in der E. v. 12.6.2009, K(2009) 4694, Rdnr. 58 f. Davon ausgehend hat sich das BKartA im Fall *Gazprom/VNG* der Ansicht der Komm. angeschlossen.

505 BGH WuW/E DE-R 2679, 2683 – *Gaslieferverträge;* (Vorinstanz) OLG Düsseldorf WuW/E DE-R 2197, 2203 – *E.ON Ruhrgas (langfristige Gaslieferverträge);* OLG Düsseldorf, B. v. 13.10.2010, VI-2 Kart 7/09 (V), Rn. 34 ff. – zitiert nach juris. S. auch schon BGH WuW/E DE-R 1726, 1728 f. – *Stadtwerke Dachau.*

506 BGH WuW/E DE-R 3145, 3147 – *Entega II;* WuW/E DE-R 2739, 2742 – *Entega;* WuW/E DE-R 2538, 2540 – *Stadtwerke Uelzen.*

507 Komm. E. v. 4.2.2002, COMP/M.2701, Rdnr. 12 – *Vattenfall/Bewag.*

508 Vgl. etwa BKartA WuW/E DE-V 1147, 1151 – *E.ON Ruhrgas (langfristige Gaslieferverträge);* ebenso OLG Stuttgart RdE 2002, 182, 186 – *Gasversorgung Süddeutschland;* OLG Düsseldorf WuW/E DE-R 854, 860 – *Stadtwerke Aachen.*

509 BKartA B. v. 26.8.2003, B8–83/03, Rdnr. 53 – *RWE/Wuppertaler Stadtwerke* (insoweit in WuW/E DE-V 831 nicht abgedruckt); BKartA WuW/E DE-V 823, 829 – *E.ON/Stadtwerke Eschwege;* WuW/E DE-V 511, 514 – *E.ON/Ruhrgas.* Abweichende Tendenz in BKartA WuW/E DE-V 786, 790 – *NVG/EMB/Gasag.*

ren *EnBW/VNG, Integra/Thüga* und *RWE/Stadwerke Lingen/Stadtwerke Radevormwald.*[510] Eine allgemeingültige Feststellung, dass sich ein „Durchleitungsmechanismus" in einem Umfang entwickelt habe, der eine netzübergreifende oder gar bundesweite Marktabgrenzung nunmehr zulasse, konnte jedoch wiederum nicht getroffen werden.[511]

193 Allerdings kam das Amt für den Markt der Belieferung von regionalen Ferngasgesellschaften und Weiterverteilern durch überregionale Ferngasgesellschaften (Stufe 1) im Fall *Gazprom/VNG* zu der Einschätzung, dass eine **bundesweite Marktabgrenzung angemessen** sein könnte. Nach Auffassung des Amtes war eine regionale Abgrenzung dieses Marktes nämlich nur solange gerechtfertigt, wie die Austauschmöglichkeiten der Nachfrage aus objektiven Gründen wie Engpässen bei Marktgebietsübergangskapazitäten oder Anhäufung von Entry- und Exitentgelten, die für jedes Marktgebiet entstehen („Pancaking"), entgegenstanden.[512] Durch die Reduzierung der Marktgebiete von 28 im Jahre 2006 auf zwei zum 1. Oktober 2011 ist ein erhebliches Hindernis weggefallen. Auch vertraglichen Engpässen an den Marktkopplungspunkten der Marktgebiete kann durch die gesetzliche Pflicht nach § 12 Abs. 1 GasNZV zur Einrichtung einer Versteigerungsplattform von Kapazitäten entgegen gewirkt werden. Das Amt erklärte allerdings einschränkend, aus Sicherheitsgründen bzw. als Korrektiv, den Markt der ersten Stufe auch in Zukunft (zumindest über einige Jahre) zusätzlich zur bundesweiten Untersuchung in den etablierten, sprich regionalen Vertriebsgebieten zu analysieren.[513] Auch auf Stufe 2 zeigte sich das BKartA im Zusammenschlussvorhaben *Enovos/ESW* offen gegenüber einer bundesweiten räumlichen Marktabgrenzung, entzog sich aber einer Festlegung letztlich mit dem Argument, dass die wettbewerbliche Würdigung unter Zugrundelegung beider Konzepte zum selben Ergebnis führe.[514] Ausgehend von diesen Überlegungen hat das BKartA seine regionale Marktabgrenzung mit der Entscheidung *EWE/VNG* aufgegeben und geht nunmehr von überwiegend **bundesweiten Märkten auf allen drei Vertriebsstufen,** nämlich sowohl für den **Großhandel für Erdgas**[515] als auch die **Belieferung von regionalen und lokalen Weiterverteilern**[516] und die **Belieferung von** leistungsgemessenen Letztverbrauchern mit Erdgas bei **RLP-Kunden**[517] sowie **SLP-Kunden auf Grundlage von Sonderverträgen**[518] aus. Insoweit wurde auch darauf verzichtet, eine netzbezogene Marktabgrenzung weiterhin als Korrektiv vorzunehmen. Einzig für den **Markt zur Belieferung von SLP-Kunden in der Grundversorgung** geht das BKartA weiter von einem **auf das Netzgebiet beschränkten** Markt aus.[519]

194 *cc) Weitere Märkte. (1) Märkte für Fernwärme.* Die Fernwärmeversorgung wird durch das BKartA sachlich in zwei Märkte aufgeteilt: die Belieferung von Weiterverteilern und die Belieferung von Endkunden; wobei letzterer wiederum in die Belieferung von Haushaltskunden und die Belieferung von Industriekunden aufgeteilt wird. In räumlicher Sicht sind alle Märkte auf das lokale Fernwärmeverteilernetz begrenzt.[520] Da Fernwärme im Zuge von Kraft-Wärme-Kopplung in Heizkraftwerken oder als Nebenprodukt aus industriellen

---

[510] Vgl. BKartA B. v. 27.8.2009, B8–67/09 – *EnBW/VNG;* B. v. 30.11.2009, B8–67/09 – *Integra/Thüga;* B. v. 30.4.2010, B8–109/09 – *RWE/SW Lingen/SW Radevormwald.* Zur Gebotenheit der Reduzierung auf ein Marktgebiet *Merk,* RdE 2013, 349, 351 f.

[511] Vgl. insofern zusammenfassend BKartA B. v. 31.1.2012, B8–116/11, S. 45 ff. Rdnr. 143 ff. – *Gazprom/VNG* unter Hinweis auf die Ergebnisse im „Bericht über die Evaluierung der Beschlüsse zu langfristigen Lieferverträgen" des BKartA vom 15.6.2010.

[512] BKartA B. v. 31.1.2012, B8–116/11, S. 46 f. Rdnr. 148 ff. – *Gazprom/VNG.*

[513] Vgl. BKartA B. v. 31.1.2012, B8–116/11, S. 49 Rdnr. 154 – *Gazprom/VNG.*

[514] BKartA B. v. 20.3.2012, B8–124/11, S. 16 Rdnr. 43 – *Enovos/ESW.*

[515] BKartA B. v. 23.10.2014, B8–69/14, Rdnr. 97 ff. – *EWE/VNG.*

[516] BKartA B. v. 23.10.2014, B8–69/14, Rdnr. 119 ff. – *EWE/VNG.*

[517] BKartA B. v. 23.10.2014, B8–69/14, Rdnr. 159 ff. – *EWE/VNG.*

[518] BKartA B. v. 23.10.2014, B8–69/14, Rdnr. 193 ff. – *EWE/VNG.*

[519] BKartA B. v. 23.10.2014, B8–69/14, Rdnr. 191 f. – *EWE/VNG.*

[520] Vgl. BKartA B. v. 8.5.2009, S. 9 ff. – *RWE/ExxonMobil.* Umfassend zur Marktabgrenzung bei Wärmelieferung an Privatkunden BKartA, Sektoruntersuchung Fernwärme 2012, S. 74 ff.

Produktionsprozessen entsteht, gibt es keine vorgelagerten Märkte wie bei anderen Energieprodukten. Teilweise dem Fernwärmemarkt zugeordnet wird auch das **sog. Wärme-Contracting.** Dabei handelt es sich um die zeitlich abgegrenzte Übertragung von Aufgaben der Energiebereitstellung und Energielieferung auf einen Dritten, der im eigenen Namen und auf eigene Rechnung handelt.[521] Das BKartA hatte sich noch nicht abschließend damit zu befassen, tendiert aber zur Abgrenzung eines separaten Marktes für Wärme-Contracting-Dienstleistungen.[522]

(2) Märkte für Regelenergie (auch: Ausgleichsenergie). Das BKartA hat in seiner Praxis getrennte sachliche Märkte für die Bereitstellung von Regelenergie definiert.[523] Ein Bedarf an Regelenergie in Form der sog. **Minutenreserve** besteht immer dann, wenn Netznutzer (zumeist Stromhändler) weniger Energie in ihren Bilanzkreis einspeisen („durchleiten") als ihre Kunden entnehmen. Die sog. **Sekundenreserve** setzt der Übertragungsnetzbetreiber auf automatisierte Weise zur Frequenzhaltung ein.[524] Räumlich ist der Markt für Regelenergie nach Auffassung des BKartA als das Netzgebiet des Übertragungsnetzbetreibers abzugrenzen.[525] 195

(3) Märkte für Messdienstleistungen. Der vom BKartA vorgenommenen Marktabgrenzung für Eintarifzähler und Zweitarifzähler, die jeweils ein sogenanntes Leistungsbündel aus Zählerbereitstellung (Anschaffung, Installation, Wartung), Verrechnung (kaufmännische Bearbeitung inkl. Ablesen der Zähler) und Inkasso (Einziehung fälliger Forderungen) umfassen sollte, ist das OLG Düsseldorf nicht gefolgt. Nach Auffassung des Gerichts bestehen solche Teilmärkte nicht und können in dieser Form auch in Zukunft nicht entstehen.[526] Das LG Frankfurt hat – was das OLG Düsseldorf offen gelassen hatte – angenommen, dass es jedenfalls einen Markt für **Messdienstleistungen** (Zählerbereitstellung, Installation, Wartung und Ablesen) gibt, da insoweit eine isolierte Nachfrage festzustellen sei.[527] Im Fall *Viterra/Brunata* hat das BKartA einen von dem Markt für Messdienstleistungen abgegrenzten sachlichen Markt der verbrauchsabhängigen Erfassung und Abrechnung von Heiz- und Warmwasserkosten auf der Grundlage der Heizkostenverordnung (sog. **Submetering**) angenommen.[528] Nach Auffassung des BKartA sind diesem Markt nicht nur Dienstleistungen wie das Ablesen und Abrechnen der Heizkostenverteiler oder die Erstellung der Abrechnung, sondern auch der Verkauf oder Vermietung von Heizkostenverteilern zuzurechnen, da diese Leistungen von den Nachfragern idR als „Paket" nachgefragt würden.[529] Räumlich sei der Markt für Submetering bundesweit abzugrenzen.[530] 196

d) Wettbewerbliche Beurteilung.[531] Die mit der Liberalisierung der Energiemärkte im Jahr 1998 veränderten Rahmenbedingungen haben bundesweit einen Konsolidierungsprozess eingeleitet. Neben einer Reihe von größeren Zusammenschlüssen, die teils auch in die Zuständigkeit der Kommission fielen (dazu Rdnr. 234 ff.), hat eine große Zahl von Beteili- 197

---

521 Eine Legaldefinition existiert bislang nicht. Herangezogen werden kann ansatzweise die technische Normung DIN 8930-5 „Kälteanlagen und Wärmepumpen – Terminologie", Teil 5: „Contracting".

522 Vgl. BKartA, Sektoruntersuchung Fernwärme 2012, S. 77 ff.

523 Ausführlich dazu BKartA, Sektoruntersuchung Stromerzeugung/Stromgroßhandel 2011, S. 71 f.

524 BKartA WuW/E DE-V 360, 365 – *Hein Gas;* Pressemitteilung des BKartA v. 19.8.2002 und v. 21.2.2002; BKartA B. v. 3.7.2000, B8–309/99, Rdnr. 122 – *RWE/VEW* (insoweit in WuW/E DE-V 301 nicht abgedruckt).

525 BKartA, aaO.

526 OLG Düsseldorf WuW/E DE-R 1236 f. – *RWE Net.*

527 LG Frankfurt ZNER 2004, 308 f. mit Anm. *Griegoleit,* S. 310.

528 BKartA WuW/E DE-V 618, 619 f. – *Viterra/Brunata.*

529 BKartA B. v. 26.5.2002, B10–177/01, S. 7 – *Viterra/Brunata* (insoweit in WuW/E DE-V 618 nicht abgedruckt).

530 BKartA WuW DE-V 618, 620 – *Viterra/Brunata.*

531 Näher dazu auch *Möschel,* in: Fs. Sonnenschein, S. 759 ff.

gungserwerben insbesondere der überregional tätigen Unternehmen zu einer vertikalen Integration in den Strom- und Gasmärkten geführt.[532]

198 Im Jahr 2000 hat das BKartA den horizontalen Zusammenschluss der *RWE AG/VEW AG* unter Auflagen freigegeben. Zwar prognostizierte das BKartA dort das Entstehen einer duopolistischen Marktstellung durch die Gruppierungen *RWE/VEW* und *PreussenElektra AG/Bayernwerk AG* (nunmehr *E.ON AG*), die es mit übereinstimmenden unternehmensbezogenen Strukturmerkmalen, der Produkthomogenität, der Markttransparenz, der geringen Preiselastizität der Stromnachfrage und der stagnierenden Gesamtnachfrage sowie fehlendem Außenwettbewerb durch die verbleibenden Wettbewerber begründete.[533] Ebenso konstatierte das BKartA Verstärkungen marktbeherrschender Stellungen auf den Gasmärkten. Aufgrund der von den Unternehmen angebotenen **Kompensationsmaßnahmen** konnte das BKartA im Ergebnis jedoch die Untersagungsvoraussetzungen verneinen.[534] Neben einer Reihe von Veräußerungsauflagen, die auf die Schaffung einer „vierten Kraft" aus der ehemaligen VEAG, der BEWAG und der HEW im Verbundgeschäft abzielten,[535] verpflichtete das BKartA die Zusammenschlussbeteiligten zum einen, die **Beschaffung von Regelenergie auszuschreiben** und zum anderen, den **Zugang zu den Gasleitungsnetzen** der RWE-Töchter Thyssengas AG und Westfälische Ferngas AG zu erleichtern.[536] Zeitgleich und mit inhaltlich abgestimmten Zusagen hatte die Kommission den Zusammenschluss der *VEBA/Viag,* die insb. mit ihren Tochterunternehmen *PreussenElektra AG* und *Bayernwerk AG* in verschiedenen Bereichen der Energiewirtschaft tätig waren, freigegeben (dazu unten Rdnr. 209, 213).

199 Mit der Begründung, dass langfristige ausschließliche Liefer- und Konzessionsverträge vorhandene Marktstellungen stabilisieren können,[537] hat das BKartA im Fall *Westfälische Ferngas* die Freigabe mit der Auflage versehen, den von den Zusammenschlussbeteiligten belieferten Weiterverteilern die vertragliche Möglichkeit einzuräumen, bis zu 20% der jeweiligen vertraglich vereinbarten Liefermenge abweichend von den bisherigen Verträgen bei anderen Lieferanten zu beziehen.[538] Eine solche **Öffnung bestimmter Lieferverträge** kann nach Ansicht des BKartA indes – in Fusionskontrollverfahren – nur dann kompensierende Wirkung haben, wenn der entsprechende Liefervertrag im Übrigen – etwa im Hinblick auf die Laufzeit – rechtlich nicht angreifbar ist.[539] Gegen diese strenge Sicht spricht jedoch, dass auch bei umstrittener Wirksamkeit die tatsächliche Freigabe von Bezugsmengen jedenfalls zu einer faktischen Verbesserung der Angebotschancen Dritter führt.[540] Dies entspricht auch der weiterhin aktuellen Praxis des Kartellamts in Bezug auf langfristige Gaslieferverträge, als Verpflichtungszusagen die Beendigung von Verträgen zu akzeptieren, die eine Bedarfsdeckung von über 80% vorsehen.[541] Im Fall *Mainova/AVG* hat

---

[532] Z. B. BKartA B. v. 25.2.2003, B8–144/02, S. 9f. – *E.ON Bayern/Stadtwerke Straubing.*

[533] BKartA WuW/E DE-V 301, 307 – *RWE/VEW.*

[534] Zu Bedingungen und Auflagen *Bartsch/Pohlmann,* in: *Bartsch/Röhling/Salje/Scholz,* Stromwirtschaft, Kap. 26 Rdnr. 61ff.

[535] Dazu ist es später in Gestalt der *Vattenfall* auch gekommen.

[536] BKartA B. von 3.7.2000, B8–309/99, S. 4ff. – *RWE/VEW* (insoweit in WuW/E DE-V 301 nicht abgedruckt); ähnlich BKartA WuW/E DE-V 786, 790 – *VNG/EMB/Gasag;* WuW/E DE-V 553, 555f. – *RWE Plus/Stadtwerke Düren;* WuW/E DE-V 444, 448 – *Stadtwerke Viersen.*

[537] Dazu BGH WuW/E DE-R 24, 27 = NJW 1998, 2440 – *Stromversorgung Aggertal;* BKartA, TB 1997/1998, S. 120.

[538] BKartA WuW/E DE-V 195, 196 = NJWE-WettbR 2000, 126 – *Westfälische Ferngas;* abweichend BKartA WuW/E DE-V 837, 845 = AG 2004, 553 – *E.ON/Stadtwerke Lübeck;* BKartA, TB 1997/1998, S. 123, 244 – *RWE/Thyssengas.*

[539] BKartA WuW/E DE-V 983, 988 = IR 2004, 252 – *Mainova/AVG.* Die Komm. hingegen hat die Einräumung von Sonderkündigungsrechten bei langfristigen Bezugsverträgen als taugliche Zusage anerkannt, vgl. Komm. E. v. 17.12.2002, COMP/M.2822, ABl. 2003 L 248/51 Rdnr. 61ff. – *EnBW/ENI/GVS.* Anders offenbar auch das BKartA in TB 1997/1998, S. 123 für Gaslieferverträge mit Gesamtbedarfsdeckungsklauseln und S. 126 für Stromlieferverträge.

[540] So auch BKartA WuW/E DE-V 195, 200 = NJWE-WettbR 2000, 126 – *Westfälische Ferngas.*

[541] Vgl. etwa BKartA WuW/E DE-V 1389, 1391 – *Wingas.* Siehe auch oben Rdnr. 130.

das OLG Düsseldorf die Entscheidung des BKartA bestätigt und ausdrücklich ausgeführt, dass die Zusage der Freigabe von 20% allein nicht ausreiche, um die negativen Folgen der Verstärkung einer marktbeherrschenden Stellung auszugleichen.[542]

In den Fällen *Stadtwerke Eberswalde* und *RWE/Kreiswerke Heinsberg* konnte die Herabsetzung des Einflusses des sich beteiligenden Unternehmens auf **Beschaffungsentscheidungen des Weiterverteilers** Bedenken ausräumen.[543] **200**

Soweit die tatsächliche Marktsituation einen Wettbewerb der an einem Zusammenschlussvorhaben beteiligten Unternehmen bei der Belieferung mit Gas mangels Stichleitungen oder sonstiger Verbindungsleitungen von vornherein unwahrscheinlich erscheinen ließ, hat das BKartA eine iSd § 36 Abs. 1 S. 1 2. Alt. GWB tatbestandsmäßige Verstärkung einer marktbeherrschenden Stellung verneint, wenn **keine Überschneidung der Tätigkeitsgebiete** der Unternehmen gegeben war.[544] Ob diese Auffassung auch bei einer Intensivierung des Durchleitungswettbewerbs in der Gaswirtschaft aufrechterhalten werden kann, erscheint zweifelhaft. So hat das BKartA eine solche Argumentation in Bezug auf Strommärkte unter Verweis auf den möglichen Durchleitungswettbewerb nicht angewandt.[545] **201**

Im Jahr 2002 untersagte das BKartA der *E.ON AG* den – u.a. über den Erwerb der Mehrheit der Anteile an der *Gelsenberg AG* vermittelten – Zusammenschluss mit der *Ruhrgas AG*. Nach Auffassung des BKartA war von dem **Zusammenschluss *E.ON/Ruhrgas*** die Verstärkung marktbeherrschender Stellungen sowohl beim Absatz vom Gas als auch beim Absatz von Strom zu erwarten.[546] Das BKartA verwies insoweit zum einen auf den überragenden Marktanteil der *Ruhrgas AG* gegenüber anderen Ferngasunternehmen, zum anderen auf deren hervorragenden Zugang zu den Beschaffungs- und Absatzmärkten. Die im Sinne des § 36 Abs. 1 S. 1 2. Alt. GWB maßgebliche Verstärkung der marktbeherrschenden Stellung sah das BKartA in der aufgrund der Verbindung zwischen *E.ON* und *Ruhrgas* realisierbaren Sicherung und Erhöhung des Absatzes von Gas an *E.ON*-Konzern- und Beteiligungsunternehmen.[547] Auf der Ebene der Belieferung von Weiterverteilern und Gasgroßkunden sah das BKartA eine Verstärkung einer marktbeherrschenden Stellung in dem Wegfall der *Ruhrgas AG* als Wettbewerber der Unternehmen des *E.ON*-Konzerns. Auf den bundesweit abzugrenzenden Märkten der Belieferung von Weiterverteilern und Großkunden mit Strom war nach Ansicht des BKartA ebenfalls die Verstärkung, jedenfalls aber das Entstehen marktbeherrschender Stellungen als Folge des Zusammenschlusses zu erwarten. Das BKartA griff dabei die in dem oben erwähnten Fall *RWE/VEW* erörterten Aspekte auf und kam zu dem Ergebnis, dass weder hinreichender Binnen- noch Außenwettbewerb den Verhaltensspielraum des behaupteten **Duopols** begrenzen würden. Mit der gleichen Begründung untersagte das BKartA den Zusammenschluss der *E.ON AG* mit der *Bergemann AG*, der zugleich ebenfalls einen Zusammenschluss im Verhältnis *E.ON/Ruhrgas* verwirklichte *(E.ON/Ruhrgas II)*.[548] Im anschließenden Ministererlaubnisverfahren erfolgte indes in beiden *E.ON/Ruhrgas*-Fällen eine Freigabe unter Auflagen (dazu unten Rdnr. 207). **202**

Unter Verweis auf die vorgenannten Untersagungsentscheidungen untersagte das BKartA in der Folge auch den Erwerb von Geschäftsanteilen durch die *E.ON Energie AG* **203**

---

[542] OLG Düsseldorf WuW/E DE-R 1639, 1643 – *Mainova/Aschaffenburger Versorgungs GmbH.*

[543] BKartA WuW/E DE-V 707, 710f. – *Stadtwerke Eberswalde;* WuW/E DE-V 845, 847 – *RWE/Kreiswerke Heinsberg.*

[544] BKartA B. v. 20.8.1999, B8–222/98, Rdnr. 13ff. – *Saar Ferngas/Südwest Gas/VSI.* Tendenziell abweichend BKartA B. v. 15.7.2002, B8–87/01, Rdnr. 36 – *Entega/Stadtwerke München*: Liberalisierung durch Verbändevereinbarung Gas II begründet auch bei fehlender Überschneidung der Tätigkeitsgebiete ein potentielles Wettbewerbsverhältnis, welches von § 1 GWB erfasst wird.

[545] BKartA WuW/E DE-V 837, 844 = AG 2004, 553 – *E.ON/Stadtwerke Lübeck.*

[546] BKartA WuW/E DE-V 511, 513 – *E.ON/Ruhrgas.*

[547] BKartA, aaO, 516. So auch Bundesminister für Wirtschaft und Technologie WuW/E DE-V 573, 581 – *E.ON/Ruhrgas.*

[548] BKartA WuW/E DE-V 533 – *E.ON/Ruhrgas II.*

an den *Stadtwerken Eschwege* und *Lübeck.*[549] Dabei ließ das BKartA erkennen, dass es eine Freigabe bei weiteren Erwerben der *E.ON AG* einerseits und der *RWE AG* andererseits im Vertikalverhältnis nur unter strengen Auflagen erteilen wolle.[550]

204 Das OLG Düsseldorf bestätigte die Entscheidung des BKartA in der Sache *E.ON/Stadtwerke Eschwege.*[551] Der Senat sah es als erwiesen an, dass durch eine Beteiligung der *E.ON Energie AG* an der *Stadtwerke Eschwege GmbH* eine Verstärkung marktbeherrschender Stellungen von *E.ON* auf den Absatzmärkten für Elektrizität und Gas zu erwarten sei. *E.ON* und *RWE* stellten auf den Märkten für den erstmaligen Absatz von Strom[552] und für die Belieferung von industriellen und gewerblichen Großkunden mit Strom ein Duopol dar und seien somit marktbeherrschend i. S. d. § 19 Abs. 2 S. 2 GWB a. F. (jetzt: § 18 Abs. 5 GWB). Einen wesentlichen Wettbewerb zwischen diesen Unternehmen sah das OLG Düsseldorf – wie zuvor das BKartA – als nicht gegeben an.[553] Die Minderheitsbeteiligung sichere die Vorlieferantenposition der *E.ON Mitte AG* beim Stromabsatz an die *Stadtwerke Eschwege,* da davon auszugehen sei, dass die Gesellschafter der *Stadtwerke Eschwege* auf die Interessen der Konzernmütter verstärkt Rücksicht nehmen würden.[554] Es wurde zwar zugegeben, dass von dem Zusammenschlussvorhaben verhältnismäßig geringe Verstärkungswirkungen zu erwarten seien. Die den Stromabsatz beherrschende Erzeugungsstufe unterliege jedoch einer hohen Konzentration, so dass schon eine geringe Beeinträchtigung des Restwettbewerbs genüge. Als zusätzlichen Untersagungsgrund führte das OLG Düsseldorf an, dass auf dem Markt für die Belieferung lokaler Weiterverteiler mit Gas die marktbeherrschende Stellung des regionalen Weiterverteilers *Gasunion GmbH* – eines dritten Unternehmens – verstärkt werde.[555] Es stellte sich dabei auf den Standpunkt, dass auch die zu erwartenden Verstärkungswirkungen bei einem dritten Unternehmen eine Untersagung nach § 36 GWB rechtfertigen könnten. Dies gebiete der Wortlaut sowie der Zweck der Vorschrift. Unter Verweis auf den hohen Konzentrationsgrad der Gasmärkte ließ der Senat schließlich eine geringe Beeinträchtigung des potentiellen Restwettbewerbs genügen, um eine Verstärkung der marktbeherrschenden Stellung der *Gasunion GmbH* zu bejahen. Die Rechtsbeschwerde wurde vom BGH als unbegründet zurückgewiesen. Es finde kein nennenswerter Wettbewerb zwischen *E.ON* und *RWE* statt, was die Vorinstanz zutreffend aus den ermittelten geringen Wechselquoten ermittelt habe.[556] Der BGH führte aus, dass es für die Feststellung der Wettbewerbsverhältnisse stets auf eine Gesamtbetrachtung aller relevanten Umstände ankomme. In einem Oligopolmarkt sei dabei eine enge Reaktionsverbundenheit der Unternehmen in den Blick zu nehmen, deren wichtigste Indizien die Markttransparenz sowie Abschreckungs- und Sanktionsmittel bei abweichendem Marktverhalten seien.[557] Auch die angestrebte Übernahme der *Saar Ferngas AG* durch die *RWE Energy AG* untersagte das BKartA mit der Begründung, dass das Zusammenführen von Beteiligungen der Unternehmen an Weiterverteilern zu einer zusätzlichen Absicherung des Strom- bzw. Gasabsatzes geführt hätte.[558] Dabei führte das BKartA abermals an, dass zwischen *E.ON* und *RWE* kein Binnenwettbewerb bestehe und eine Verstärkung der marktbeherrschen-

---

549 BKartA WuW/E DE-V 837 = AG 2004, 553 – *E.ON/Stadtwerke Lübeck;* WuW/E DE-V 823 – *E.ON/Stadtwerke Eschwege.*

550 Vgl. insoweit das zeitlich kurz vor dem Fall *E.ON/Eschwege* freigegebene Zusammenschlussvorhaben BKartA WuW/E DE-V 831 – *Wuppertaler Stadtwerke (RWE);* ferner *Däuper,* WuW 2002, 459, 466; *Zenke/Neveling/Lokau,* Konzentration im Energiemarkt – Politische und rechtliche Fusionskontrolle, 2005, 58 f.

551 OLG Düsseldorf WuW/E DE-R 2094 – *E.ON/Stadtwerke Eschwege.*

552 Siehe oben Rdnr. 182.

553 OLG Düsseldorf WuW/E DE-R 2094, 2099 ff. – *E.ON/Stadtwerke Eschwege.*

554 OLG Düsseldorf WuW/E DE-R 2094, 2105 – *E.ON/Stadtwerke Eschwege.*

555 OLG Düsseldorf WuW/E DE-R 2094, 2106 ff. – *E.ON/Stadtwerke Eschwege.*

556 BGH WuW/E DE-R 2451, 2458 f. – *E.ON/Stadtwerke Eschwege.*

557 BGH WuW/E DE-R 2451, 2457 – *E.ON/Stadtwerke Eschwege.*

558 BKartA B. v. 12.3.2007, B8–62/06 – *RWE/Saar Ferngas.*

den Stellung von *E.ON* und *RWE* zu befürchten sei.[559] Im Gegenzug dazu gab das BKartA eine Aufstockung der *E.ON-Avacon*-Beteiligung an der *WEVG Salzgitter* im Gasmarkt unter der Bedingung frei, dass *E.ON* Anteile an stromabsatzbeteiligten Stadtwerken abgab. Wettbewerbliche Verschlechterungen auf dem Gasmarkt wurden so mit Verbesserungen auf dem Strommarkt aufgewogen und sollten so zu einem Überwiegen im Sinne einer Gesamtwürdigung nach § 36 S. 2 Nr. 1 GWB führen.[560] Auch nach Veräußerung der *Thüga* sei das Maß der vertikalen Integration *E.ONs* nach wie vor so hoch, dass weitere Zusammenschlussvorhaben vor diesem Hintergrund zu betrachten seien.[561] In der Entscheidung *RWE/Stadtwerke Unna* hat das BKartA allerdings angedeutet, dass falls dies für eine künftige Prüfung eines Zusammenschlussvorhabens Relevanz entfalten sollte, die in der Vergangenheit vollzogenen Änderungen zu einer Überprüfung des bisherigen Marktbeherrschungsbefunds zum Anlass zu nehmen.[562] Die vom BKartA in seiner Sektoruntersuchung Stromerzeugung/Stromgroßhandel 2011 angenommene parallele Einzelmarktbeherrschung – die dem im GWB normierten Kartellrecht fremd ist – dürfte jedenfalls nach jüngsten Erkenntnissen der Monopolkommission in ihrem Gutachten von 2013 nicht mehr anzunehmen sein. Diese sieht durch den Wegfall der Einzelmarktbeherrschung auch geminderte Anreize für eine kollektive Marktbeherrschung.[563] Ob damit tatsächlich eine Trendwende hin zu einer großzügigeren (Freigabe-)Praxis bei Zusammenschlüssen von großen Verbundunternehmen vollzogen wird, bleibt abzuwarten.

e) Ministererlaubnis.[564] An der insgesamt zahlenmäßig wenig ins Gewicht fallenden Praxis zur Ministererlaubnis hatten Unternehmen der Energiewirtschaft einen überdurchschnittlichen Anteil. Unter den bislang sieben nach Untersagung durch das BKartA vom Bundesminister für Wirtschaft erlaubten Zusammenschlussvorhaben waren die Fälle *VEBA/Gelsenberg* (1974),[565] *VEBA/BP* (1979)[566] und *E.ON/Ruhrgas* (2002).[567] Keine Erlaubnis wurde erteilt u. a. für das Zusammenschlussvorhaben *VEW/RAG* (1986).[568] **205**

Gemäß § 42 Abs. 1 GWB ist der Bundesminister für Wirtschaft und Energie auf Antrag berechtigt und verpflichtet, einen zuvor vom BKartA untersagten Zusammenschluss zu erlauben, wenn im Einzelfall die Wettbewerbsbeschränkung entweder von gesamtwirtschaftlichen Vorteilen des Zusammenschlusses aufgewogen wird oder aber der Zusammenschluss durch ein überragendes Interesse der Allgemeinheit gerechtfertigt ist **(Gemeinwohlvorteile).** Bei den vorgenannten materiellen Kriterien steht dem Minister ein gerichtlich nicht nachprüfbarer **Beurteilungsspielraum** zu,[569] der seine Rechtfertigung in der politischen Verantwortlichkeit des Entscheiders findet. Bei Vorliegen der Voraussetzungen erwächst den am Zusammenschluss beteiligten Unternehmen allerdings ein Rechtsanspruch auf Erteilung der Ministererlaubnis, die insoweit einen gebundenen Verwaltungsakt **206**

---

559 BKartA B. v. 12.3.2007, B8–62/06, S. 36 ff. – *RWE/Saar Ferngas.*

560 BKartA B. v. 19.12.2007, B8–123/07, S. 9 f. Rdnr. 29 f. – *E.ON/WEVG.*

561 BKartA B. v. 30.4.2010, B8–109/09, S. 19 Rdnr. 66ff. – *RWE/Stadtwerke Lingen/Stadtwerke Radevormwald.*

562 BKartA B. v. 8.12.2011, B8–94/11, S. 18 Rdnr. 50 f. – *RWE/Stadtwerke Unna.* Im der Entscheidung zugrunde liegenden Verfahren sah das BKartA hingegen keine Veranlassung zur Überprüfung der These, da das Zusammenschlussvorhaben keine Verstärkungswirkung beinhalte.

563 Monopolkommission, Sondergutachten 65, 2013, Rdnr. 125.

564 Dazu im Kontext des Falles *E.ON/Ruhrgas Dreher,* WuW 2002, 665; *Basedow,* EuZW 2003, 44; *Möschel,* BB 2002, 2077; *Bunte,* BB 2002, 2393; *Lenz,* NJW 2002, 2370.

565 Bundesminister für Wirtschaft WuW/E BWM 147 – *VEBA/Gelsenberg II.*

566 Bundesminister für Wirtschaft WuW/E BWM 165 – *VEBA/BP.*

567 Bundesminister für Wirtschaft und Technologie WuW/E DE-V 573 – *E.ON/Ruhrgas;* WuW/E DE-V 643 – *E.ON/Ruhrgas II.*

568 Bundesminister für Wirtschaft WuW/E BWM 185 – *VEW/Ruhrkohle.*

569 OLG Düsseldorf WuW/E DE-R 926, 928 – *E.ON/Ruhrgas;* KG WuW/E OLG 1937, 1938 f. – *Thyssen-Hüller; Paschke,* in: *Säcker,* Berliner Kommentar zum Energierecht, Bd. 2, § 42 GWB Rdnr. 15; *Bechtold,* GWB, § 42 Rdnr. 6.

darstellt.[570] Ausreichend ist dabei, dass die Gemeinwohlvorteile die Wettbewerbsbeschränkung lediglich aufwiegen; ein Überwiegen, wie es § 36 Abs. 1 GWB erfordert, ist nicht notwendig.[571] Der Bundesminister ist dabei berechtigt, ein ausreichendes Gewicht der Gemeinwohlvorteile durch geeignete Bedingungen und Auflagen iSd § 42 Abs. 2 GWB herbeizuführen. Es bleibt sodann den Zusammenschlussbeteiligten überlassen, den Zusammenschluss in der erlaubten Form zu vollziehen oder von ihrem Vorhaben Abstand zu nehmen.

207 Einen tatbestandsmäßigen gesamtwirtschaftlichen Vorteil hat der Bundesminister für Wirtschaft in dem Fall *VEBA/Gelsenberg* in der **langfristigen Sicherung der Mineralölversorgung** der Bundesrepublik Deutschland gesehen. Mit dem Aspekt der sicheren Energieversorgung war nach Auffassung des Bundesministers zugleich ein überragendes Interesse der Allgemeinheit an dem Zusammenschluss gegeben.[572] Mit ähnlichen Erwägungen hat der Bundesminister den Erwerb der *Gelsenberg AG* durch die *BP* im Fall *VEBA/BP* erlaubt. Die mit dem Vorhaben verfolgte Aufrechterhaltung und Umstrukturierung von Raffineriekapazitäten wurde als geeignet erachtet, der hohen Importabhängigkeit im Mineralölsektor entgegenzuwirken und damit die Versorgungssicherheit der Bundesrepublik Deutschland zu erhöhen.[573] Im Fall *E.ON/Ruhrgas* erkannte der Bundesminister in der **sicheren Versorgung mit Erdgas** einen hinreichend gewichtigen Gemeinwohlvorteil. Die Zusammenschlüsse *E.ON/Gelsenberg* und *E.ON/Bergemann* waren nach Auffassung des Bundesministers geeignet, die langfristige Bedarfsdeckung an Gas zu sichern, ein hinreichendes Angebot für Nachfragespitzen zu gewährleisten sowie kurzfristige Lieferunterbrechungen aufgrund technischer oder politisch bedingter Störungen zu beherrschen.[574] Im Hinblick auf die nach § 42 Abs. 1 Satz 2 GWB eröffnete Möglichkeit, auch die Wettbewerbsfähigkeit der am Zusammenschluss beteiligten Unternehmen auf Märkten außerhalb des Geltungsbereichs des GWB zu berücksichtigen **(internationale Wettbewerbsfähigkeit),** wurde in der Ministererlaubnis im Fall *E.ON/Ruhrgas* festgestellt, dass hierunter auch die Möglichkeit falle, dass die beteiligten Unternehmen ihre Marktposition durch vorstoßenden Wettbewerb auf ausländischen Märkten zu verbessern vermögen, sich z.B. neue Absatzmärkte erschließen.[575] Dies dürfte eine Erweiterung gegenüber der bisherigen Entscheidungspraxis darstellen, die allein darauf abhob, ob der Zusammenschluss die beteiligten Unternehmen in die Lage versetzte, überhaupt am internationalen Wettbewerb teilzunehmen.[576]

208 **3. Europäische Fusionskontrolle.** *a) Anwendungsbereich.*[577] Zusammenschlüsse unterliegen nur dann der europäischen Fusionskontrolle, wenn sie gemeinschaftsweite (unionsweite) Bedeutung iSd Art. 1 FKVO haben. Dies setzt voraus, dass die dort in Abs. 2 und 3 normierten *quantitativen Umsatzschwellen* erreicht werden. Ungeachtet des erzielten Umsatzes liegt ein Zusammenschluss von gemeinschaftsweiter Bedeutung nicht vor, wenn mehr als zwei Drittel des innerhalb der EU erzielten Umsatzes der jeweiligen Unternehmen in ein und demselben Mitgliedsstaat erzielt werden. Bei Zusammenschlüssen von Energieversorgungsunternehmen, an denen nicht konzerngebundene, nur in Deutschland tätige Un-

---

[570] OLG Düsseldorf, aaO.

[571] Bundesminister für Wirtschaft und Technologie, B. v. 18.9.2002, I B1 – 22 08 40/129, Rdnr. 66, insoweit nicht abgedruckt in WuW/E DE-V 643 – *E.ON/Ruhrgas II; Paschke,* aaO, Rdnr. 12.

[572] Bundesminister für Wirtschaft WuW/E BWM 147 f. – *VEBA/Gelsenberg II.*

[573] Bundesminister für Wirtschaft WuW/E BWM 165, 171 – *VEBA/BP.*

[574] Bundesminister für Wirtschaft und Technologie WuW/E DE-V 573, 589 – *E.ON/Ruhrgas.*

[575] Bundesminister für Wirtschaft und Technologie WuW/E DE-V 643, 649 f. – *E.ON/Ruhrgas II.*

[576] Bundesminister für Wirtschaft WuW/E BWM 225, 227 – *Kali+Salz/PCS;* Bundesminister für Wirtschaft und Technologie WuW/E DE-V 573, 584 – *E.ON/Ruhrgas; Paschke,* aaO, Rdnr. 7. Krit. hierzu *Möschel,* BB 2002, 2077, 2080 f.; gegen ihn *Bunte,* BB 2002, 2393, 2399. Zum Verfahrensrecht s. ferner *Richter/Steinvorth,* § 21 Rdnr. 148 ff.

[577] Näher dazu *Wagemann,* § 15 Rdnr. 1 ff.

ternehmen beteiligt sind, wird dies idR der Fall sein, wohingegen bei Beteiligung ausländischer Unternehmen die Zwei-Drittel-Klausel regelmäßig nicht eingreift.[578] Aufgrund der Zwei-Drittel-Klausel war die Kommission z. B. in den Fällen *RWE/VEW* und *Gas Natural/Endesa* unzuständig.[579]

209 *b) Zusammenschlusstatbestände.* Die FKVO ist nur auf Zusammenschlüsse i. S. des Art. 3 FKVO anwendbar. Die FKVO unterscheidet hierbei zunächst danach, ob es sich um einen Zusammenschluss auf der Ebene der Gleichordnung oder um einen Fall der Über-/Unterordnung handelt.[580] Zusammenschlüsse der ersten Art stellen **Fusionen** nach Art. 3 Abs. 1 lit. a) FKVO dar, was etwa bei der Verschmelzung von *VIAG* als übertragendem auf *VEBA* als übernehmendem Rechtsträger nach § 2 Abs. 1 Nr. 1 UmwG der Fall war.[581] Die weit überwiegende Zahl der bei der Kommission angemeldeten Vorhaben betraf jedoch die zweite Zusammenschlussform des **Kontrollerwerbs** nach Art. 3 Abs. 1 lit. b), 3 und 4 FKVO.[582] Kontrollerwerb ist dabei in den Formen alleiniger Kontrolle und gemeinsamer Kontrolle möglich.

210 Alleinige Kontrolle wird durch rechtliche oder faktische Stimmrechtsmehrheit begründet. Rechtlich ist die Kontrolle beim Erwerb der Mehrheit der Stimmrechte gesichert, während faktisch bereits eine gesicherte Hauptversammlungsmehrheit ausreichend sein kann.[583] Hierfür genügte im Fall *Siemens/Elektrowatt*[584] der Erwerb von 44,9% der *Elektrowatt*-Aktien durch *Siemens,* da die Hauptversammlungspräsenz im Zeitraum vor dem Vorhaben deutlich unter 70% lag und die übrigen Anteile im Streubesitz waren. Demgegenüber nahm die Kommission wegen des Fehlens alleiniger oder gemeinsamer Kontrolle die Erhöhung der Anteile des finnischen Energieunternehmen *Fortum* an dem finnischen Erdgasunternehmen *Gasum* auf 31% hin.[585] Noch 1997 hatte die Kommission den Anteil *Fortums* im Zusammenhang mit dem Zusammenschluss zwischen *Neste* und *Ivo* (nunmehr *Fortum*) auf 25% begrenzt.[586] Im Fall *Total/Gaz de France* war u. a. der von einer Beendigung **langfristiger Nutzungsverträge** ausgelöste Übergang von gemeinsamer zu alleiniger Kontrolle über Leitungsanlagen und Speicheranlagen sowie der Erwerb eines **Kundenportfolios** Grundlage für die Annahme eines Zusammenschlusses.[587]

211 Gemeinsame Kontrolle wird für mehrere Unternehmen begründet, wenn sie aufgrund der Beteiligungsverhältnisse oder auf sonstige Weise nur gemeinsam in der Lage sind, das andere **(Gemeinschafts-)Unternehmen** zu führen.[588] Im Fall *TXU Europe/EDF* legten die beteiligten Mütter die Verwaltung und den Betrieb von Versorgungsnetzen zusammen.[589] Das als *Österreichische Stromlösung* bekannt gewordene Vorhaben *Verbund/Energie-Allianz* bestand in der Zusammenlegung der Stromaktivitäten der *EnergieAllianz* und des *Verbund* in zwei für den gemeinsamen Stromvertrieb neugegründete Gemeinschaftsunternehmen, *APT* und *E&S*.[590] Bei der Feststellung des bestimmenden Einflusses der Mütter

---

578 *Röhling,* in: *Bartsch/Röhling/Salje/Scholz,* Stromwirtschaft, Kap. 25 Rdnr. 3.

579 BKartA WuW/E DE-V 301 – *RWE/VEW;* Komm. E. v. 15.11.2005, COMP/M.3986, Rdnr. 74 – *Gas Natural/Endesa,* IP/05/1425.

580 Dazu *Wiedemann,* § 15 Rdnr. 31 ff.; *Immenga/Mestmäcker–Körber,* Wettbewerbsrecht, Bd. I EU/Teil 2, Art. 3 FKVO Rdnr. 14.

581 Komm. E. v. 13.6.2000, COMP/M.1673, ABl. 2001 L 188/1 Rdnr. 7 – *VEBA/VIAG.*

582 Vgl. *Immenga/Mestmäcker–Körber,* Wettbewerbsrecht, Bd. I EU/Teil 2, Art. 3 FKVO, Rdnr. 25.

583 *Röhling,* in: *Bartsch/Röhling/Salje/Scholz,* Stromwirtschaft, Kap. 25 Rdnr. 5.

584 Komm. E. v. 18.11.1997, IV/M.913, ABl. 1999 L 88/1 Rdnr. 8 f. – *Siemens/Elektrowatt.*

585 Komm. E. v. 1.12.2004, IP/04/1425 – *Fortum/Gasum.*

586 Komm. E. v. 2.6.1998, IV/M.931, ABl. 1998 C 218/4 Rdnr. 57, 62 – *NESTE/IVO.*

587 Komm. E. v. 8.10.2004, COMP/M.3410, Rdnr. 8 – *Total/Gaz de France;* IP/04/1200 v. 11.10.2004. Dazu *Morgan de Rivery/Guérard* ECLR 2005, 624, 626 f.

588 *Röhling,* in: *Bartsch/Röhling/Salje/Scholz,* Stromwirtschaft, Kap. 25 Rdnr. 6. Zu Gemeinschaftsunternehmen siehe auch *Wiedemann,* § 15 Rdnr. 47 ff. und § 16 Rdnr. 85 ff.

589 Komm. E. v. 3.2.2000, COMP/JV.36, Rdnr. 3 ff. – *TXU Europe/EDF/London Investments.*

590 Komm. E. v. 11.6.2003, COMP/M.2947, ABl. 2004 L 92/91 Rdnr. 8 – *Verbund/Energie-Allianz.*

auf die GU war für die Kommission wesentlich, dass der Abschluss wichtiger Bezugs- und Lieferverträge durch die GU jeweils der Zustimmung beider Mütter bedurfte.

212 *c) Marktabgrenzung. aa) Strommärkte. (1) Überblick.* Die Kommission unterscheidet in ständiger Entscheidungspraxis zunächst fünf sachlich relevante Märkte: **Stromerzeugung und -großhandel** *(generation and wholesale supply of electricity),* d.h. Erzeugung von Elektrizität in Kraftwerken und Import von Elektrizität über Kupplungsleitungen (Interkonnektoren) mit anschließendem Verkauf an EVU und/oder industrielle Großabnehmer; **Übertragung** *(transmission),* d.h. den Transport von Elektrizität über Hochspannungskabel; die **Verteilung** *(distribution),* d.h. den Transport von Elektrizität über regionale Mittel- und Niederspannungsleitungen; **Weiterverteilung bzw. Versorgung von Endkunden** *(retail supply),* d.h. die Belieferung von Haushalts- und Kleingewerbekunden mit Elektrizität sowie Bereitstellung von **Regel-** bzw. **Ausgleichsenergie** *(regulating power, balancing power services).*[591] Abhängig von den jeweils betrachteten Mitgliedstaaten kommen weitere Unterteilungen der einzelnen Stufen in Betracht (vgl. unten Rdnr. 213ff.). Maßgebliche Parameter der wettbewerblichen Beurteilung bei der sachlichen sowie der räumlichen Marktabgrenzung sind hierbei die technischen, wirtschaftlichen und rechtlichen Rahmenbedingungen in den einzelnen Ländern und Regionen, die von der unterschiedlich schnell fortschreitenden Liberalisierung der Energiewirtschaft beeinflusst werden. Soweit die Versorgung von Tarifkunden mit Strom unter Geltung eines gesetzlichen Monopols erfolgte, hat die Kommission sich bei der Untersuchung der relevanten Produktmärkte grundsätzlich auf die bereits liberalisierten Marktsegmente beschränkt.[592] Jedoch strahlt gerade die Unterscheidung von zugelassenen und nicht zugelassenen Kunden auch nach vollständiger Liberalisierung weiterhin auf die Marktabgrenzung aus.[593] Die weitergehende Liberalisierung der Elektrizitätsmärkte und die sich damit weiterhin im Wandel begriffenen Marktstrukturen bedingen, dass die von der Kommission in ihren bisherigen Fusionskontrollentscheidungen jeweils zugrunde gelegte Marktabgrenzung bei einer Veränderung der Wettbewerbsbedingungen einer Überprüfung bedarf.

213 *(2) Sachliche Marktabgrenzung.* Im Fall *VEBA/VIAG*[594] ging die Kommission für den Bereich der **deutschen Elektrizitätswirtschaft**[595] von einer vertikalen Gliederung in vier Marktstufen aus und definierte auf den jeweiligen Marktstufen in Abhängigkeit von der Netzzugehörigkeit bzw. Spannungsebene sowie der hieran angeschlossenen Abnehmergruppe unterschiedliche sachliche Märkte. Die erste Ebene betrifft die Energieerzeugung und den Import von Strom. Auf der zweiten Ebene wird über Höchst- und Hoch-

---

591 Komm. E. v. 10.5.2010, COMP/M.5827, Rdnr. 10 – *Elia/IFM/50Hertz;* E. v. 16.10.2009, COMP/M.5512, Rdnr. 14 – *Electrabel/E.ON;* E. v. 20.12.2007, COMP/M.4841, Rdnr. 8 – *ENEL/EMS;* E. v. 21.12.2005, COMP/M.3696, Rdnr. 209 – *E.ON/MOL;* E. v. 30.10.2003, COMP/M.3268, Rdnr. 8ff. – *Sydkraft/Graninge;* E. v. 9.12.2004, COMP/M.3440, Rdnr. 14ff. – *ENI/EDP/GDP;* E. v. 11.6.2003, COMP/M.2947, ABl. 2004 L 92/91 Rdnr. 24ff. – *Verbund/EnergieAllianz;* E. v. 9.9.2004, COMP/M.3448, Rdnr. 9 – *EDP/Hidroeléctrica del Cantábrico;* E. v. 20.12.2001, COMP/M.2679, Rdnr. 8 – *EdF/TXU Europe/24Seven;* E. v. 20.12.2001, COMP/M.2675, Rdnr. 8 – *EdF/TXU Europe/West Burton Power Station;* E. v. 19.7.1999, IV/M.1606, ABl. 1999 L 248/9 Rdnr. 10ff. – *EdF/South Western Electricity;* E. v. 27.1.1999, IV/M.1346, ABl. 1999 L 92/10 Rdnr. 12ff. – *EdF/London Electricity.* Auch im Abschlußbericht über die Energie-Sektoruntersuchung v. 10.1.2007 (Fn. 28) wird eine ähnliche sachliche Marktabgrenzung vorgenommen, s. dort Rdnr. 321.

592 Komm. E. v. 26.9.2001, COMP/M.2434, ABl. 2004 L 48/86, Rdnr. 18ff. – *Grupo Villar Mir/EnBW/Hidroeléctrica del Cantábrico.* Zutreffend vom EuG als rechtsfehlerhaft eingestuft daher das Vorgehen der Komm. im Fall *ENI/EDP/GDP,* vgl. EuG U. v. 21.9.2005, Rs. T-87/05, Slg. 2005, II-3745 = WuW/E EU-R 943 Rdnr. 116ff. – *Energias de Portugal/Kommission.*

593 Hierzu im Einzelnen unten Rdnr. 215.

594 Komm. E. v. 13.6.2000, COMP/M.1673, ABl. 2001 L 188/1 – *VEBA/VIAG.*

595 Zuvor schon, die Marktabgrenzung teils offenlassend, Komm. E. v. 30.9.1999, IV/M.1659, ABl. 2000 L 74/6 Rdnr. 7f. – *PreussenElectra/EZH;* ebenso E. v. 5.1.2000, COMP/M.1720, ABl. 2000 C 56/9 Rdnr. 11 – *Fortum/Elektrizitätswerk Wesertal.*

spannungsnetze – sog. Übertragungsnetz (380/220 kV) – die von den überregionalen Verbundunternehmen erzeugte, sowie von Stromimporteuren eingeführte Elektrizität an verschiedene Abnehmergruppen geliefert (Regionalversorgungsunternehmen, größere Stadtwerke, Stromhändler, größere industrielle Stromabnehmer). Auf der darunter liegenden dritten Ebene beliefern Regionalversorgungsunternehmen über Mittel- und Niederspannungsleitungen (20/110 kV bzw. unter 20 kV) Stadtwerke sowie Endkunden. Auf der untersten, vierten Ebene beliefern Stadtwerke ausschließlich Endabnehmer. Ferner hat die Kommission Anhaltspunkte dafür gesehen, dass auf dieser Marktstufe die Belieferung von Kleinkunden (Anschlussleistung von weniger als 30 kW und Jahresstromverbrauch von weniger als 30 MWh aus den Niederspannungsnetzen) und die Belieferung von industriellen Sonderkunden (aus den Mittelspannungs- und darüber liegenden Netzebenen) verschiedenen sachlich relevanten Märkten zuzuordnen seien (so auch die Praxis des BKartA, vgl. oben Rdnr. 180 ff.).[596] Letzteres dürfte spätestens seit *RWE/Essent* bzw. *Vattenfall/Nuon Energy* auch als ständige Praxis der Kommission zu werten sein.[597] Dieser Betrachtung hat sich die Kommission nämlich auch jüngst im Fall *Molaris/Commerz Real/RWE/Amprion* nicht verschlossen.[598] Im Fall *RWE/Essent* hat die Kommission zudem klargestellt, dass die vom BKartA in jüngeren Entscheidungen ausdifferenzierte Importstufe (siehe oben Rdnr. 182 f.) dem *wholesale market (imports and generation for further resale)* zuzuordnen ist.[599]

Der **Stromhandel** stellt auf allen Spannungsebenen einen, wenngleich im Aufbau befindlichen, eigenen Markt dar.[600] Im Fall *Sydkraft/HEW/Hansa Energy Trading* ließ die Kommission die Frage nach einer weiteren Unterteilung des Stromhandelsmarktes in physischen Handel und Finanzhandel offen.[601] Die die **nordischen Strommärkte** betreffende Entscheidung *Sydkraft/Graninge* ließ jedoch die Tendenz erkennen, hier getrennte Märkte anzunehmen.[602] So dürfte auch noch die u. a. den **niederländischen Strommarkt** betreffende Entscheidung *RWE/Essent* zu verstehen sein. Darin ließ die Kommission eine genauere Analyse offen. Sie nahm gleichwohl Abstand von einer in der Vergangenheit angedeuteten Herausbildung eines eigenständigen Marktes des physischen Handels.[603] Zuletzt deutete sich aber eine Überholung der Abgrenzung separater Stromhandelsmärkte an. Die Kommission zieht nunmehr in Erwägung, den Stromhandelsmarkt allein dem Stromgroßhandelsmarkt *(wholesale electricity market)* zuzuordnen[604] und verfuhr so im Fall *Molaris/Commerz Real/RWE/Amprion* und bei der Bewertung weiterer Zusammenschlussvorhaben.[605] 214

Für **Großbritannien (England/Wales/Schottland)** hat die Kommission einen sowohl die inländische Stromerzeugung durch Kraftwerke als auch den physisch durch die Kuppelstellen zwischen in- und ausländischen Übertragungsnetzen importierten Strom 215

[596] Komm. E. v. 30.9.1999, COMP/M.1659, ABl. 2000 L 74/6 Rdnr. 7 – *PreussenElectra/EZH;* E. v. 13.6.2000, COMP/M.1673, Rdnr. 17 – *VEBA/VIAG.*

[597] Vgl. Komm. E. v. 23.6.2009, COMP/M.5467, Rdnr. 280 ff. – *RWE/Essent;* E. v. 22.6.2009. COMP/M.5496, Rdnr. 11 ff. – *Vattenfall/Nuon Energy;* Dort wird jeweils ausdrücklich auf die Praxis des BKartA hinsichtlich RLM- und SLP-Kunden Bezug genommen.

[598] Komm. E. v. 23.8.2011, COMP/M.6225, Rdnr. 21 f. – *Molaris/Commerz Real/RWE/Amprion;* s. zuletzt auch Komm., E. v. 10.5.2012, COMP/M.6540, Rdnr. 30 – *DONG Energy Borkum Riffgrund I Holdco/Boston Holding/Borkum Riffgrund I Offshore Windpark.*

[599] Vgl. Komm. E. v. 23.6.2009, COMP/M.5467, Rdnr. 231 ff. – *RWE/Essent;* so auch Komm. E. v. 15.12.2009, COMP/M. 5711, Rdnr. 15 f.. – *RWE/Ensys.*

[600] St. Entscheidungspraxis seit Komm. E. v. 28.9.2009, COMP/M.1557 – *EdF/Louis Dreyfus.*

[601] Komm. E. v. 30.11.1999, COMP/JV.28, Rdnr. 20 – *Sydkraft/HEW/Hansa Energy Trading.*

[602] Komm. E. v. 30.10.2003, COMP/M.3268, Rdnr. 63–66 – *Sydkraft/Graninge.*

[603] Komm. E. v. 23.6.2009, COMP/M.5467, S. 10 Fn. 28 – *RWE/Essent.*

[604] Komm. E. v. 15.12.2009, COMP/M.5711, Rdnr. 28 – *RWE/Ensys;* E. v. 12.11.2009, COMP/M.5549, Rdnr. 21 – *EdF/Segebel.*

[605] Vgl. Komm., E. v. 23.8.2011, COMP/M.6225, Rdnr. 19 – *Molaris/Commerz Real/RWE/Amprion* mit Verweis auf E. v. 22.12.2008, COMP/M.5224, Rdnr. 13 – *EdF/British Energy* und E. v. 12.11.2009, COMP/M.5549, Rdnr. 21 – *EdF/Segebel.*

umfassenden Stromerzeugungsmarkt angenommen,[606] in dem auf der Marktgegenseite die Stromversorger und Stromhändler bzw. Endkunden, denen der Direktkauf möglich ist, stünden. Die Stromversorger belieferten wiederum Endkunden, während die Stromhändler den Strom sowohl Endkunden als auch weiteren Händlern verkauften.[607] Auf der Versorgungsebene hat die Kommission – auch andere Mitgliedstaaten betreffend – wiederholt eine Unterteilung in Klein- und Großkunden angenommen bzw. erwogen.[608] Mit Blick auf die **Stromversorgung in Frankreich** und **Belgien** unterschied die Kommission vor dem Hintergrund der noch nicht abgeschlossenen Liberalisierung Märkte zur Versorgung zugelassener und nicht zugelassener Kunden.[609]

216 In der Entscheidung *TXU Europe/EDF* erörterte die Kommission einen neuen und rapide wachsenden **Markt für die Verwaltung und den Betrieb von Versorgungsnetzen,** ließ eine genauere sachliche und geographische Abgrenzung jedoch offen.[610] In einer späteren Entscheidung lehnte sie die Annahme eines eigenen **Marktes für Dienstleistungen im Zusammenhang mit dem Anschluss an die regionalen Übertragungsnetze** der Stromverteiler ab, da diese Tätigkeiten weit überwiegend von den Netzinhabern selbst durchgeführt würden. Demgegenüber bilden nach den Feststellungen der Kommission sowohl Einbau und Betrieb von Messgeräten als auch das Ablesen des Stromverbrauches und die hiermit im Zusammenhang stehende weitere Datenverarbeitung jeweils eigene sachlich relevante Märkte **(Metering).** Der Betrieb erfordere technisch versiertes und geschultes Personal und sei daher vom Ablesen zu trennen. Letzteres könne nahezu durch jedermann erfolgen und solle in naher Zukunft gänzlich automatisiert werden.[611]

217 Dem **spanischen Erzeugungs- und Großhandelsmarkt** ordnete die Kommission neben dem „regulären" Strom auch eingespeisten und importierten Strom zu, der den Verteiler- und Handelsunternehmen sowie zugelassenen Kunden angeboten werde.[612] Während die nationalen Behörden für den spanischen Erzeugungsmarkt einen speziellen Markt für die Erzeugung von Elektrizität durch Generatoren, die eine Leistung von 50 MW (meist aus erneuerbaren Energien) nicht übersteigen, abgrenzten, da diese Kapazitäten nicht frei gehandelt wurden *(„special regime"),* geht die Kommission nunmehr auch von einem einheitlichen Markt in Spanien aus.[613] Von diesem Großhandelsmarkt grenzt die Kommission den **Weiterverteilungsmarkt** *(retail supply market)* ab, der (noch) aus einem regulierten und einen freien Teil bestand, wobei (Preis-)Unterschiede zwischen beiden (Teil-)Märkten zunehmend verschwanden.[614] Im **portugiesischen** Fall *ENI/EDP/GDP* identifizierte die Kommission unterschiedliche sachliche Märkte für Erzeugung, Übertra-

606 Komm. E. v. 22.12.2008, COMP/M.5224, Rdnr. 10ff – *EdF/British Energy;* E. v. 25.7.2002, COMP/M.2890, Rdnr. 14 – *EdF/Seeboard;* E. v. 18.12.2002, COMP/M.3007, Rdnr. 11 – *E.ON/TXU Europe Group.*

607 Komm. E. v. 25.7.2002, COMP/M.2890, Rdnr. 30 ff. – *EdF/Seeboard.*

608 Komm. E. v. 22.12.2008, COMP/M.5224, Rdnr. 85 ff. – *EdF/British Energy;* E. v. 7.9.2005, COMP/M.3883, IP/05/1109 v. 8.9.2005 – *GDF/CENTRICA/SPE;* Offengelassen in Komm. E. v. 18.12.2002, COMP/M.3007, Rdnr. 14 – *E.ON/TXU Europe Group;* ferner E. v. 3.2.2000, COMP/JV.36, Rdnr. 27 – *TXU Europe/EDF/London Investments;* E. v. 17.5.2002, COMP/M.2801, Rdnr. 15 – *RWE/Innogy;* E. v. 27.1.1999, IV/M.1346, ABl. 1999 L 92/10 Rdnr. 14, 25 – *EdF/London Electricity;* den polnischen Markt betreffend jüngst Komm. E. v. 23.7.2012, COMP/M.5979, Rdnr. 11 – *KGHM/TAURON Wytwarzanie/JV.*

609 Komm. E. v. 28.9.1999, COMP/M.1557, Rdnr 23 – *EdF/Louis Dreyfus;* E. v. 7.2.2001, COMP/M.1853, ABl. 2002 L 59/1 Rdnr. 13 ff. – *EDF/EnBW;* E. v. 23.12.2002, COMP/M.2857 – *ECS/IEH.*

610 Komm. E. v. 3.2.2000, COMP/JV.36, Rdnr. 24 – *TXU Europe/EDF/London Investments.*

611 Komm. E. v. 25.7.2002, COMP/M. 2890, Rdnr. 25 f. – *EdF/Seeboard.*

612 Komm. E. v. 26.9.2001, COMP/M.2434, ABl. 2004 L 48/86, Rdnr. 19 – *Grupo Villar Mir/EnBW/Hidroeléctrica del Cantábrico.*

613 Komm. E. v. 5.7.2007, COMP/M.4685, Rdnr. 14 f. – *ENEL/Acciona/Endesa.*

614 Komm. E. v. 9.9.2004, COMP/M.3448, Rdnr. 14 – *EDP/Hidroeléctrica del Cantábrico;* so auch zuletzt E. v. 5.7.2007, COMP/M.4685, Rdnr. 17 – *ENEL/Acciona/Endesa,* wo eine endgültige sachliche Marktabgrenzung allerdings offen gelassen wurde.

gung, Verteilung und Versorgung auf Endkundenebene (unterschieden nach Industrie- und Kleinkunden) sowie Regeldienstleistungen.[615]

218 Mit der Definition der sachlich relevanten Märkte auf dem seit 2001 vollständig liberalisierten **österreichischen Elektrizitätsmarkt** setzte sich die Kommission erstmals in der Entscheidung *Verbund/EnergieAllianz* auseinander.[616] Sie unterschied verschiedene sachlich relevante Märkte für die Belieferung von Kleinkunden, die Belieferung von serviceorientierten Großkunden und kleinen Weiterverteilern sowie die Belieferung preisorientierter großer Weiterverteiler und des Stromhandels. Der Unterscheidung zwischen Groß- und Kleinkunden lagen Unterschiede im Nachfrageverhalten (Preissensibilität und Wechselbereitschaft), in der Verhandlungsmacht sowie der Netzebenen des Strombezugs zugrunde. Dabei befasste sich die Kommission auch mit der Einordnung von **Regel-** bzw. **Ausgleichsenergie,** die sie in den späteren Entscheidungen *Sydkraft/Graninge* und *E.ON/MOL* als separaten Produktmarkt betrachtete.[617] Damit gemeint ist die Bereitstellung von Elektrizität bzw. elektrischer Leistung zur Aufrechterhaltung einer bestimmten Spannungsfrequenz im gesamten Netz zwecks Gewährleistung des sicheren Netzbetriebes.[618] Der Markt für Regel- und Ausgleichsenergie, die jederzeit bereitgestellt bzw. abgerufen werden kann, umfasst jedoch nicht das sog. *„intra-day trading"*, bei dem die Unternehmen mit Überkapazitäten bzw. Unterauslastungen mit ihren Überschüssen handeln bzw. ihren Bedarf kurzfristig decken können, da bei diesem Handelssystem die Energie nicht auf konstanter Basis angeboten wird und nicht zu jeder Zeit beschafft werden kann.[619] Daher hat die Kommission den Intra-Day-Handel dem Großhandelsmarkt zugeordnet.[620] Im Hinblick auf den belgischen und deutschen Markt hat die Kommission eine weitere **Unterteilung des Regelenergiemarktes in fünf Märkte** erwogen, im Ergebnis aber bislang offen gelassen. Dabei wurden Märkte für (i) Primärreserve, (ii) Sekundärreserve, (iii) Tertiärreserve, (iv) Stromspannungs- und Blindleistungskontrolle sowie (v) Engpassmanagement und Schwarzstartservice (betreffend das Anfahren eines Kraftwerkblocks) diskutiert.[621]

219 Diese Marktabgrenzungspraxis entwickelte die Kommission im Fall *E.ON/MOL* fort und unterschied – für **Ungarn** – separate sachliche Märkte auf jeweils drei Ebenen: erstens auf der Ebene der **Infrastrukturdienstleistungen** die Märkte für i) Übertragung und ii) Verteilung von Elektrizität sowie iii) die Bereitstellung von Regel- und Ausgleichsenergie; zweitens auf der Ebene der **Stromerzeugung und des Großhandels** die Märkte für i) Belieferung der Stromhändler, ii) Belieferung der öffentlichen Stromversorgungsanstalt *MVM* und iii) Belieferung der EVU; und drittens Märkte für **Weiterverteilung von Elektrizität** an i) große und mittlere Industrieunternehmen, ii) kleine Industrieunternehmen, sowie iii) an Letztverbraucher.[622]

220 Im Bereich der Übertragungsnetzebene hat die Kommission erstmals im Fall *CASC JV* nicht ausgeschlossen, dass ein **separater sachlicher Markt für einen grenzüberschrei-**

---

615 Komm. E. v. 9.12.2004, COMP/M.3440, Rdnr. 31 ff. – *ENI/EDP/GDP;* dazu auch IP/04/1455 v. 9.12.2004.

616 Komm. E. v. 11.6.2003, COMP/M.2947, Rdnr. 24 ff. In E. v. 14.12.2001, COMP/M.2485, Rdnr. 12 – *Verbund/Estag* konnte sie eine genauere Marktabgrenzung noch dahinstehen lassen.

617 Komm. E. v. 21.12.2005, COMP/M.3696, Rdnr. 219 ff. – *E.ON/MOL;* E. v. 30.10.2003, COMP/M.3268, Rdnr. 46 – *Sydkraft/Graninge;* E. v. 11.6.2003, COMP/M.2947, ABl. 2004 L 92/91 Rdnr. 26 – *Verbund/EnergieAllianz.*

618 Komm., aaO.

619 Komm. E. v. 21.12.2005, COMP/M.3696, Rdnr. 219 ff. – *E.ON/MOL;* Ähnlich E. v. 30.10.2003, COMP/M.3268, Rdnr. 56 – *Sydkraft/Graninge.* wo der Intra-Day-Handel jedoch als *„balancing power"* (im Gegensatz zu *„regulating power"*) bezeichnet wird.

620 Komm., aaO.

621 Komm. E. v. 10.5.2010, COMP/M.5827, Rdnr. 14 ff. – *Elia/IFM/50 Hertz;* E. v. 23.8.2011, COMP/M.6225, Rdnr. 16 – *Molaris/Commerz Real/RWE/Amprion.*

622 Komm. E. v. 21.12.2005, COMP/M.3696, Rdnr. 142 ff., 277 ff. – *E.ON/MOL.*

tenden Stromfluss („cross-border flow") in Betracht zu ziehen ist.[623] Dem liegt der Gedanke zu Grunde, dass es prinzipiell für Marktteilnehmer bei der Buchung von Interkonnektoren-Kapazitäten möglich sein könnte, diese durch andere zu ersetzen. Geographisch wäre dieser Markt dann auf die jeweils spezifische Interkonnektorenleitung beschränkt. Eine genauere Analyse unterblieb gleichwohl. Den Gedanken wieder aufnehmend hat die Kommission im Fall *RWE/Essent* darauf hingewiesen, dass es eine gesteigerte Substituierbarkeit von Interkonnektoren zwischen den Niederlanden, Deutschland, Belgien und Norwegen gebe.[624]

221 *(3) Räumliche Marktabgrenzung.* Seit dem Fall *VEBA/VIAG* geht die Kommission auf der **Erzeugungs- und Importstufe in Deutschland** von einem **nationalen Markt** für die Abgabe von Elektrizität aus.[625] Gegen die Annahme eines größeren Marktes sprach nach Auffassung der Kommission u.a. die begrenzte Importkapazität der Interkonnektoren, d.h. der Kuppelstellen mit dem benachbarten Ausland. Infolge der durch die Liberalisierung der Strommärkte in Deutschland geschaffenen Rahmenbedingungen für die Durchleitung von Elektrizität durch die Netze Dritter seien die Verbundunternehmen nicht mehr auf die ehemaligen Versorgungsgebiete beschränkt. Zu berücksichtigen sei im Übrigen die zunehmende Bedeutung der Strombörsen. Im Zuge der Anpassung des Stromgroßhandelsmarkts an die Nomenklatur des BKartA („Importstufe") zeigte sich die Kommission im Fall *RWE/Essent* für eine Erweiterung auf den österreichischen Markt durchaus offen, hielt aber eine Entscheidung letztlich für nicht notwendig, da die notifizierenden Parteien die nationale Betrachtung nicht beanstandeten.[626]

222 Im Fall *Sydkraft/Graninge*[627] befasste sich die Kommission mit den **nordischen Strommärkten** Norwegens, Schwedens, Dänemarks und Finnlands. Dort ist der Markt der Stromerzeugung bzw. des **Großhandels** nach Ansicht der Kommission jedenfalls **größer als national.** Sie stellte bei ihrer Beurteilung vor allem auf die vollständige Liberalisierung, die guten Durchleitungsbedingungen und die einheitlichen Handelsbedingungen durch eine einheitliche Handelsplattform *(Nord Pool)* ab. Abhängig von Angebot und Nachfrage bestehe hier bei normaler Auslastung eine sämtliche nordischen Staaten umfassende einheitliche Preiszone. Allein bei Spitzenlast oder Überlastungen würden verschiedene Preiszonen gebildet.

223 Die **Stromerzeugungsmärkte** (Großhandelsmärkte) **anderer Mitgliedsstaaten** sind nach Ansicht der Kommission bislang **nicht größer als national.**[628] Auch dies wird

---

[623] Komm.E. v. 14.8.2008, COMP/M.5154, Rdnr. 21 – *CASC JV.* Siehe auch Komm.E. v. 14.4.2010, COMP/39.351, Rdnr. 20f. – *Swedish Interconnectors.*

[624] Komm.E. v. 23.6.2009, COMP/M.5467, Rdnr. 182ff. – *RWE/Essent;* in E. v. 4.2.2010, COMP/M.5707, Rdnr. 8 – *Tennet/E.ON* wird ebenfalls darauf verwiesen, dass eine Substituierbarkeit zwischen Interkonnektoren der Niederlande und Deutschland nicht ausgeschlossen werden kann. Eine Festlegung erfolgte gleichwohl bisher nicht.

[625] Komm.E. v. 23.6.2009, COMP/M.5467, Rdnr. 236 – *RWE/Essent;* E. v. 13.6.2000, COMP/M.1673, ABl. 2001 L 188/1 Rdnr. 22 – *VEBA/VIAG;* ebenso E. v. 19.12.2002, COMP/M.2966, Rdnr. 8 – *EnBW/Laufenburg;* dazu IP/02/1944 v. 20.12.2002.

[626] Komm.E. v. 23.6.2009, COMP/M.5467, Rdnr. 235f. – *RWE/Essent;* in der bislang letzten den deutschen Markt betreffenden E. v. 10.5.2012, COMP/M.6540, Rdnr. 24ff. – *DONG Energy Borkum Riffgrund I Holdco/Boston Holding/Borkum Riffgrund I Offshore Windpark* wird die geographische Abgrenzung offen gelassen.

[627] Komm.E. v. 30.10.2003, COMP/M.3268, Rdnr. 21–27 – *Sydkraft/Graninge.*

[628] Komm.E. v. 26.1.2011, COMP/M.5978, Rdnr. 24 – *GdF Suez/International Power;* E. v. 12.11.2009, COMP/M.5549, Rdnr. 38 – *EdF/Segebel;* E. v. 23.6.2009, COMP/M.5467, Rdnr. 235f. – *RWE/Essent;* E. v. 22.12.2008, COMP/M.5224, Rdnr. 22 – *EdF/British Energy;* E. v. 21.12.2005, COMP/M.3696, Rdnr. 25f., 223ff. – *E.ON/MOL;* E. v. 30.9.1999, COMP/M.1659, ABl. 2000 L 74/6 Rdnr. 9 – *PreussenElektra/EZH;* E. v. 28.9.1999, COMP/M.1557, Rdnr. 32f. – *EdF/Louis Dreyfus;* E. v. 7.2.2000, COMP/M.1803 Rdnr. 17–23 – *Electrabel/E.ON;* E. v. 7.2.2001, COMP/M.1853, ABl. 2002 L 59/1 Rdnr. 20–25 – *EDF/EnBW;* E. v. 5.3.2001, COMP/M.2340, Rdnr. 9f. – *EDP/Cajastur/Cáser/Hidroeléctrica del Cantábrico;* E. v. 26.9.2001, COMP/M.2434, ABl. 2004 L 48/86 Rdnr. 24–26 – *Grupo Villar Mir/EnBW/Hidroeléctrica del Cantabrico.*

vorwiegend mit niedrigen Importquoten und der begrenzten Im- und Exportkapazität der Interkonnektoren begründet. Außerdem hindere der unterschiedlich weit fortgeschrittene Liberalisierungsgrad in den verschiedenen Ländern derzeit noch eine weitere Marktintegration. Für den niederländischen Stromerzeugungs- bzw. Großhandelsmarkt wurde im Fall *RWE/Essent* aufgrund der Abgrenzung der nationalen Regulierungsbehörde bei *off-peak*-Stunden ein gemeinsamer Markt mit Deutschland erwogen, wegen mangelnder Relevanz aber offen gelassen.[629] Demgegenüber sei der Markt des **Finanzhandels** jedenfalls **weiter als national.**[630] Der Finanzhandel mit Elektrizitätsderivaten unterscheide sich unwesentlich von dem mit Derivaten anderer Erzeugnisse, so dass hier eine Analogie zu den Finanzmärkten gezogen werden könne.[631] Dort hat die Kommission Anhaltspunkte für die Annahme eines weltweiten Marktes gesehen.[632] Im Fall *Vattenfall/Bewag* deutete die Kommission erstmals generell die Annahme eines europaweiten Stromhandelsmarktes an.[633]

Die **Übertragungsnetze (Hochspannungsebene)** stuft die Kommission als natürliche Monopole ein und hat festgestellt, dass auf dieser Ebene kein Wettbewerb stattfindet. Die Kommission geht hier von einer generellen regionalen Abgrenzung aus. Der jeweilige geographische Markt wird demnach anhand der Netzausbreitung des Übertragungsnetzbetreibers bestimmt.[634] 224

Eine geographische Eingrenzung der darunter liegenden Marktstufe **(Stromabgabe auf der Mittel- und Niederspannungsebene – Distributionsstufe)** konnte die Kommission für Deutschland bislang dahinstehen lassen.[635] In der Entscheidung *EnBW/Laufenburg* sah sie jedoch Anzeichen für eine regionale oder sogar lokale Begrenzung dieser Märkte. Auf diesen Spannungsebenen seien im wesentlichen Energieversorgungsunternehmen im Umfang ihres Netzes in ihren ehemaligen Versorgungsgebieten tätig. Aus technischen und wirtschaftlichen Gründen sei ein weiträumiger Transport von Strom über diese Gebiete hinaus wenig sinnvoll und finde kaum statt.[636] Auf der Distributionsstufe **in anderen europäischen Staaten** stellt die Kommission in ständiger Praxis geographisch auf das jeweils betrachtete Verteilernetz ab, also in der Regel regional oder lokal.[637] 225

Von jeweils auf **Österreich** beschränkten Märkten für die Belieferung von Großkunden, kleinen Weiterverteilern und Kleinkunden ging die Kommission im Fall *Verbund/Energie-Allianz* aus.[638] Zwar erstrecke sich in Österreich die Liberalisierung bereits auf alle Kundengruppen; auch sei die Kuppelkapazität des Elektrizitätsaustausches zwischen Österreich und Deutschland ausreichend, um grenzüberschreitenden Stromhandel zu ermöglichen. Geringe Marktanteile, die im Vergleich zu Deutschland niedrigeren reinen Elektrizitätspreise für Endverbraucher, ausgeprägte Kundenbindungen, Marketing- und Kostenvorteile 226

---

[629] Komm. E. v. 23.6.2009, COMP/M.5467, Rdnr. 30 ff. – *RWE/Essent;* früher auch bereits Komm. E. v. 28.9.2006, COMP/M.4370, Rdnr. 25 – *EBN/Cogas.* Das BKartA ist einer solchen Bewertung jedoch entgegengetreten, Komm., aaO.

[630] Komm. E. v. 30.11.1999, COMP/JV.28, Rdnr. 23 – *Sydkraft/HEW/Hansa Energy Trading.*

[631] S. zum Stromhandel *Esslinger/Dreibus,* RdE 2004, 10; *Koopmann/Zenke,* RdE 2004, 1; *Wagner/Zenke,* et 2003, 714; *Curtius,* et 2003, 580; *Frenzel,* ZNER 2002, 304.

[632] Komm. E. v. 24.6.1998, IV/M.1172 – *Fortis/Generale de Banque.*

[633] Komm. E. v. 4.2.2002, COMP/M.2701, Rdnr. 8 – *Vattenfall/Bewag.*

[634] Für den dt. Markt etwa Komm. E. v. 4.2.2010, COMP/M.5707, Rdnr. 7 – *Tennet/E.ON;* im Übrigen E. v. 9.12.2004, COMP/M.3440, Rdnr. 75 – *EDP/ENI/GDP;* E. v. 21.12.2005, COMP/M.3696, Rdnr. 212 – *E.ON/MOL;* offen gelassen in E. v. 23.6.2009, COMP/M.5467, Rdnr. 184 – *RWE/Essent* und E. v. 10.5.2010, COMP/M.5827, Rdnr. 21, 25 – *Elia/IFM/50Hertz.*

[635] So zuletzt in Komm. E. v. 10.5.2010, COMP/M.5827, Rdnr. 23, 25 – *Elia/IFM/50Hertz.*

[636] Komm. E. v. 19.12.2002, COMP/M.2966, Rdnr. 9 – *EnBW/Laufenburg.*

[637] Komm. E. v. 19.11.2013, COMP/M.6984, Rdnr. 17 – *EPH/Stredoslovenská energetika;* E. v. 10.5.2010, COMP/M.5827, Rdnr. 23 – *Elia/IFM/50Hertz;* E. v. 21.12.2005, COMP/M.3696, Rdnr. 254 – *E.ON/MOL.*

[638] Komm. E. v. 11.6.2003, COMP/M.2947, ABl. 2004 L 92/91 Rdnr. 55 – *Verbund/Energie-Allianz.*

österreichischer Unternehmen und das Kostenrisiko für Ausgleichsenergie begründeten jedoch Marktzutrittsbarrieren. Allerdings bestünden infolge des rapide zunehmenden Strombezugs der Regionalverteiler von ausländischen Lieferanten Anhaltspunkte dafür, einen **über Österreich hinausgehenden Markt** für die **Belieferung der Regionalverteiler** anzunehmen. Auch für andere Mitgliedstaaten geht die Kommission auf dieser Ebene von einer nationalen Betrachtung aus.[639]

227 Auf der **deutschen Weiterverteiler- bzw. Versorgungsebene** hat die Kommission im Fall *Electrabel/E.ON* aus dem Jahre 2009 angedeutet, dass immer noch Anzeichen dafür bestehen, entgegen der Ansicht der notifizierenden Parteien nicht von einer nationalen, sondern von einer lokalen Abgrenzung auszugehen, zumindest was die Versorgung von SLP-Kunden angeht.[640] Begründet wurde dies insb. mit einer weiter bestehenden Dominanz einiger Stadtwerke. Dies hatte die Kommission einige Monate zuvor bereits in den Fällen *Vattenfall/Nuon Energy* und *RWE/Essent* aufgrund einer umfassenden Analyse entsprechend gesehen, konnte eine Festlegung aber wieder offen lassen.[641]

228 Im Fall *EdF/Seeboard*[642] untersuchte die Kommission die in Ablesen und Betrieb zu unterteilenden **Metering-Märkte** in Großbritannien. Der Markt für das Ablesen der Messgeräte erstrecke sich dabei auf ganz Großbritannien, denn die Anforderungen an Qualifikation, Technologie und Infrastruktur seien auf diesem Gebiet einheitlich, während der Markt für den Betrieb dieser Geräte aufgrund der dort gleichen Voraussetzungen jedenfalls England, Wales und Schottland umfasse.

229 Der in der Entscheidung *Verbund/EnergieAllianz* umrissene Markt für **Ausgleichsenergie** sei auf die jeweilige Regelzone beschränkt, denn nach den Regeln für europäische Transportnetze könne Ausgleichsenergie in Österreich nur innerhalb einer Regelzone bereitgestellt werden.[643] Demgegenüber stellte die Kommission in den Nordischen Staaten zwar einen regen grenzüberschreitenden Handel mit Ausgleichsenergie fest, konnte eine Abgrenzung jedoch offen lassen.[644] Im Fall *RWE/Essent* entschied die Kommission, dass der Markt für Regel- und Ausgleichsenergie als national anzusehen ist, wenn die Verantwortung für das Ausgleichssystem einem einzigen Übertragungsnetzbetreiber anvertraut wurde, wie es etwa für die Niederlande der Fall ist.[645] Im Fall *Tennet/E.ON* scheint die Kommission aber generell von einer **nationalen Abgrenzung des Marktes** für Ausgleichsenergie auszugehen.[646]

230 *bb) Gasmärkte.* Im Bereich der Energieversorgung von Endkunden stellen die Versorgung mit Gas und Strom aufgrund der zwar teilweise möglichen, aber nicht in ausreichendem Maße vorhandenen Austauschbarkeit im Bereich der Wärmeerzeugung nach Ansicht der Kommission weiterhin jeweils getrennte Produktmärkte dar.[647] Auch von einem einheitlichen Wärmemarkt für Gas und Heizöl und/oder Biomasse, Kohle/Koks und Holz ist die

---

[639] Komm. E. v. 23.7.2012, COMP/M.5979, Rdnr. 32 – *KGHM/Tauron Wytwarzanie/JV;* E. v. 22.12.2008, COMP/M.5224 – *EdF/British Energy;* E. v. 20.12.2007, COMP/M.4841, Rdnr. 21 – *ENEL/EMS;* E. v. 14.11.2006, COMP/M.4180 – *GdF/Suez.*

[640] Komm. E. v. 16.10.2009, COMP/M.5512, Rdnr. 17 f. – *Electrabel/E.ON.*

[641] Komm. E. v. 22.6.2009, COMP/M.5496, Rdnr. 15 ff. – *Vattenfall/Nuon Energy;* E. v. 23.6. 2009, COMP/M.5467, Rdnr. 285 ff. – *RWE/Essent;* so ebenfalls E. v. 15.12.2009, COMP/M.5711, Rdnr. 43 f. – *RWE/Ensys;* zuletzt bekräftigt in E. v. 23.8.2011, COMP/M.6225, Rdnr. 23 – *Molaris/Commerz Real/RWE/Amprion.*

[642] Komm. E. v. 25.7.2002, COMP/M.2890, Rdnr. 27 – *EDF/Seaboard.*

[643] Komm. E. v. 11.6.2003, COMP/M.2947, ABl. 2004 L 92/91 Rdnr. 102 – *Verbund/EnergieAllianz.*

[644] Komm. E. v. 30.10.2003, COMP/M.3268, Rdnr. 52 ff. – *Sydkraft/Graninge.*

[645] Komm. E. v. 23.6.2009, COMP/M.5467, Rdnr. 21 – *RWE/Essent.*

[646] Komm. E. v. 4.2.2010, COMP/M.5707, Rdnr. 9 – *Tennet/E.ON;* s. ferner Komm. E. v. 23.7.2012, COMP/M.5979, Rdnr. 38 – *KGHM/Tauron Wytwarzanie/JV;* E. v. 26.1.2011, COMP/M.5978, Rdnr. 58 – *GdF Suez/International Power;* E. v. 9.12.2004, COMP/M.3440, Rdnr. 187 – *EDP/ENI/GDP.*

[647] Komm. E. v. 9.9.2004, COMP/M.3448, Rdnr. 16 – *EDP/Hidroelectrica de Cantrabrico.*

Kommission bisher nicht ausgegangen, da die Verbrennungseinrichtungen und -technologien für die jeweiligen Energieträger mangels technischer Kompatibilität untereinander nicht austauschbar seien.[648]

(1) Sachliche Marktabgrenzung. Die Kommission unterscheidet in ständiger Praxis einen einheitlichen Markt für die **Exploration** von **Erdgas** und **Erdöl** auf der einen Seite, sowie jeweils separate Märkte für die **Raffinierung, Produktion** und den **Verkauf** dieser Produkte auf der anderen Seite.[649] Darüber hinaus hat die Kommission in der Vergangenheit eigenständige Märkte für den **Transport von Gas,** für die **Gasspeicherung** und die **Belieferung** mit Gas angenommen.[650] In diesem Zusammenhang war die Kommission im Fall *Exxon/Mobil* zu dem Schluss gelangt, dass der deutsche überregionale **Ferngastransportmarkt** einen gesonderten sachlich relevanten Markt darstellt.[651] Von diesem sachlichen Markt, der durch Langstreckentransport mittels Hochdruckpipelines gekennzeichnet sei, sei die von Kurzstreckentransport unter Verwendung von Mittel- und Niederdruckpipelines geprägte, nachgelagerte Marktstufe der regionalen Gasversorgungsunternehmen zu unterscheiden,[652] wobei beide Stufen zur Großhandelsebene zu zählen seien.[653] Außerdem geht die Kommission auf der Großhandelsebene mittlerweile zusätzlich von einem separaten Markt für LNG aus. Die nötige Verfügbarkeit von LNG-Infrastrukturen verhindere einen direkten Wettbewerb zum Gasimport über Pipelines.[654] Auf der untersten Marktstufe wiederum bildet die **lokale Verteilung** über Niederdruckrohrleitungen nach Auffassung der Kommission einen gesonderten sachlich relevanten Markt.[655] Als weitere sachliche Märkte wurden im Fall *E.ON/Midlands* die Belieferung von Haushaltskunden, von kleineren Gewerbekunden, von Industriegroßabnehmern sowie die Versorgung mit unterbrechbaren Gaslieferungen erörtert, jedoch nicht abschließend definiert.[656] Im Fall *ENI/EDP/GDP* wurde darüber hinaus ein eigenständiger Markt für die Belieferung von Stromerzeugern identifiziert.[657] Im Fall *Total/Gaz de France* grenzte die Kommission einen eigenstän- 231

---

[648] Komm. E. v. 20.1.1999, IV/M.1402, Rdnr. 26 ff., – *Gaz de France/BEWAG/GASAG.* In der E. v. 1.8.2000, IV/M.1819, Rdnr. 27 – *Rheinbraun/OMV/COKOWI* hat die Komm. den wettbewerblichen Druck von Erdgas auf dem Heizölmarkt anerkannt. Ein separater Markt für den Verkauf von Heizöl an Endkunden *(market for retail sales of fuel oils)* wird jedenfalls angenommen in Komm. E. v. 20.4.2005, COMP/M.3543, Rdnr. 26 ff. – *PKN Orlen/Unipetrol* und E. v. 11.6.2003, COMP/M.3110, Rdnr. 24. – *OMV/BP (Southern German Package);* ein deutschlandweiter Markt für leichtes Heizöl und Diesel in Komm. E. v. 28.2.2011, COMP/M.2335, Rdnr. 10 – *Michel Mineralölhandel/Thyssen-Elf Oil.* Bzgl. Biomasse s. Komm. E. v. 14.10.2002, COMP/M.2897, Rdnr. 16 f. – *SITA Sverige/Sydkraft Ecoplus.*

[649] Komm E. v. 3.12.2013, COMP/M.6910, Rdnr. 83 – *Gazprom/Wintershall/Target Companies,* Komm. E. v. 8.3.2013, COMP/M.6801, Rdnr. 12, 16 – *Rosneft/TNK-BP;* E. v. 20.11.2003, COMP/M.3294, ABl. 2004 C 8/7 = WuW/E EU-R 919 Rdnr. 11 – *ExxonMobil/BEB;* E. v. 23.1.2003, COMP/M.3052, Rdnr. 9 ff. – *ENI/Fortum Gas;* E. v. 29.9.1999, IV/M.1383, ABl. 2004 L 103/1 Rdnr. 8, 15 ff. 22 ff., 26 ff., 67 ff., 261 ff. – *Exxon/Mobil;* E. v. 17.12.2002, COMP/M.2822, ABl. 2003 L 248/51 Rdnr. 13 – *EnBW/ENI/GVS.*

[650] Komm. E. v. 29.9.1999, IV/M.1383, ABl. 2004 L 103/1 Rdnr. 69 – *Exxon/Mobil;* E. v. 25.4.2003, COMP/M.3086, Rdnr. 8 ff. – *Gaz de France/Preussag Energie;* E. v. 8.10.2004, COMP/M.3410, Rdnr. 14 ff. – *Total/Gaz de France* mwN.

[651] Komm. E. v. 29.9.1999, IV/M.1383, ABl. 2004 L 103/1 Rdnr. 111 – *Exxon/Mobil.* Ebenso E. v. 13.6.2000, COMP/M.1673, ABl. 2001 L 188/1 Rdnr. 179 ff. – *VEBA/VIAG.*

[652] Komm. E. v. 17.12.2002, COMP/M.2822, ABl. 2003 L 248/51, Rdnr. 13 ff. – *EnBW/ENI/GVS.*

[653] Komm. E. v. 20.11.2003, COMP/M.3293, Rdnr. 13 – *Shell/BEB;* vgl. auch E. v. 23.6.2009, COMP/M.5467, Rdnr. 325 – *RWE/Essent.*

[654] Komm. E. v. 16.5.2012, COMP/M.6477, Rdnr. 18 – *BP/Chevron/ENI/Sonangol/Total/JV.* So verfügt Deutschland etwa nicht über eine Infrastruktur, die die Rückführung des LNG in *„piped natural gas"* erlaubt.

[655] Komm. E. v. 29.9.1999, IV/M.1383, ABl. 2004 L 103/1 Rdnr. 70 – *Exxon/Mobil.*

[656] Komm. E. v. 16.12.2003, COMP/M.3306, Rdnr. 11 – *E.ON/Midlands;* ebenso E. v. 18.12.2002, COMP/M.3007, Rdnr. 17 – *E.ON/TXU Europe Group.*

[657] Komm. E. v. 9.12.2004, COMP/M.3440, Rdnr. 270 – *ENI/EDP/GDP.*

digen Markt für die Belieferung von zugelassenen Gaskunden ab und differenzierte dabei zwischen Weiterverteilern und sonstigen Abnehmern.[658] Im Fall *FLAGA/PROGAS* erwog die Kommission die Austauschbarkeit von Erdgas und Flüssiggas jedenfalls in den Regionen, in denen bereits Verteilnetze für Erdgas belegen sind.[659] Im Fall *E.ON/MOL* hat die Kommission diese Marktabgrenzungspraxis fortgeführt, indem sie zwei Gruppen von sachlich relevanten Märkten unterschied: erstens die **(Gas-)Infrastrukturdienstleistungen** wie i) Transport (über Hochdruckleitung, *transmission*), ii) Verteilung (über Niederdruckleitung, *distribution*) und iii) Speicherung von Gas; zweitens die Märkte für **Belieferung mit Gas,** die sich nach einzelnen Abnehmerkategorien richten: i) EVU, ii) Gasgroßhändler, iii) große Kraftwerke, iv) Industriegroßabnehmer, v) Kleingewerbekunden, vi) Haushaltskunden.[660] Abgelehnt wurde dagegen eine Unterscheidung zwischen dem regulierten und dem offenen Marktsegment sowie zwischen Abnehmern, die Gas über Hoch- bzw. über Niederdruckleitungen beziehen.[661] Im Fall *GdF/Suez* hat die Kommission schließlich eine Differenzierung zwischen H- und L-Gas auf allen (fünf) Endkundenmärkten in Belgien vorgenommen.[662] In dessen Folge hat die Kommission sodann erstmals im Fall *RWE/Essent* eine Unterscheidung der Gasqualitäten auch für den deutschen Endkundenmarkt befürwortet, eine Unterscheidung auf dem Gasspeichermarkt allerdings offen gelassen.[663]

232 Grundsätzlich kann aktuell im Bereich des Gasmarktes jenseits der Exploration/Produktion von der Aufteilung Großhandelsmarkt *(„wholesale supply")*, Speicherung *(„storage")*, Übertragung *(„transmission")*, Verteilung *(„distribution")* und Weiterverteilung bzw. Endversorgung *(„retail supply")* ausgegangen werden.[664] Teilweise wird auch die Import- bzw. Produzentenstufe[665] zusammen mit dem Großhandelsmarkt abgegrenzt.[666]

233 *(2) Räumliche Marktabgrenzung.* Der Markt für die Exploration von Erdöl und Erdgas wurde von der Kommission im Fall *BP Amoco/Arco* als **weltweiter Markt** definiert.[667] Ebenfalls einen Markt von weltweiter Ausdehnung nahm die Kommission für die Erschließung, Förderung und den Absatz von Rohöl an, während sie – in *BP Amoco/Arco* – den Markt für Erdgas auf den EWR, Algerien und Russland beschränkte;[668] gleichwohl hat sie zuletzt auch angedeutet, insofern einen weltweiten Markt annehmen zu können.[669] Auf der Ebene der Beförderung und Bearbeitung von Erdgas hat die Kommission die Gebiete „Südliche Nordsee" und „Nördliche Nordsee" als eigenständige räumliche Märkte behandelt.[670] Mit Blick auf die nachgelagerten Märkte für den Gastransport hatte die Kommission ursprünglich – vergleichbar mit der Praxis des BKartA – festgestellt, dass die Wettbe-

[658] Komm. E. v. 8.10.2004, COMP/M.3410, Rdnr. 20 ff. – *Total/Gaz de France.*

[659] Komm. E. v. 26.1.2006, COMP/M.4028, Rdnr. 11 – *FLAGA/PROGAS.*

[660] Komm. E. v. 21.12.2005, COMP/M.3696, Rdnr. 87 ff. – *E.ON/MOL;* siehe später auch E. v. 14.11.2006, COMP/M.4180, Rdnr. 63 – *GdF/Suez.*

[661] Komm. E. v. 21.12.2005, COMP/M.3696, Rdnr. 87 ff. – *E.ON/MOL.*

[662] Komm. E. v. 14.11.2006, COMP/M.4180, Rdnr. 65 ff. – *GdF/Suez;* bestätigt in E. v. 12.11. 2009, COMP/M.5549, Rdnr. 173 – *EdF/Segebel.*

[663] Komm. E. v. 23.6.2009, COMP/M.5467, Rdnr. 371, 413 – *RWE/Essent.* Dies offenbar als eine Unterscheidung auf Speicherebene befürwortend sehend E. v. 19.11.2013, COMP/M.6984, Rdnr. 24 – *EPH/Stredoslovenska energetika.*

[664] Komm. E. v. 19.11.2013, COMP/M.6984, Rdnr. 21 ff. – *EPH/Stredoslovenska energetika;* E. v. 25.4.2006, COMP/M.4110, Rdnr. 13 – *E.ON/Endesa.*

[665] Vgl. den von der Komm. in der *OPAL*-Entscheidung angesprochenen Produzentenmarkt, E. v. 12.6.2009, K(2009) 4694. Dies erfasst den Markt, auf dem die großen Ferngastransportunternehmen das Erdgas beziehen.

[666] Komm. E. v. 8.3.2013, COMP/M.6801, Rdnr. 12 – *Rosneft/TNK-BP.*

[667] Komm. E. v. 29.9.1999, IV/M.1532, ABl. 2001 L 18/1, Rdnr. 16 – *BP Amoco/Arco.*

[668] Komm., aaO, Rdnr. 16. Ebenso E. v. 25.4.2003, COMP/M.3086, Rdnr. 10 – *Gaz de France/ Preussag Energie.*

[669] Siehe unter Fn. 661.

[670] Komm. E. v. 29.9.1999, IV/M.1532, ABl. 2001 L 18/1 Rdnr. 48 – *BP Amoco/Arco.*

werbsverhältnisse insoweit (noch) eine regionale Marktabgrenzung bedingten.[671] Im Fall *ExxonMobil/BEB* kam sie sodann zu der Auffassung, dass zumindest die Märkte auf der Großhandelsstufe in Deutschland national abzugrenzen sind.[672] Auch für Ungarn sowie die Niederlande und Großbritannien hat die Kommission räumlich relevante Märkte nationaler Reichweite angenommen.[673] Im Fall *Total/Gaz de France* schloss die Kommission dagegen regionale französische Märkte nicht aus, da innerhalb Frankreichs unterschiedliche Netzzugangstarife praktiziert wurden.[674] Ähnlich sieht die Kommission den italienischen Markt auf Distributionsebene, lässt eine endgültige Entscheidung zwischen nationaler und lokaler Abgrenzung aber offen.[675] Eine mögliche Erweiterung der Großhandelsebene (Produzenten-/Importstufe) auf EWR-Niveau hat die Kommission vorerst nicht vorgenommen bzw. offen gelassen.[676] Im Fall *OPAL* (Ausnahmeregelung für neue Infrastrukturen nach § 28a EnWG) hatte die Kommission die Einschätzung der BNetzA hinsichtlich einer EU-weiten Abgrenzung der Produzentenstufe noch mit dem Hinweis auf sehr unterschiedliche Marktbedingungen in den einzelnen Mitgliedstaaten abgelehnt.[677] Im Bereich der Übertragung *(transmission)* nimmt die Kommission generell eine nationale Marktabgrenzung vor, wobei grds. das jeweilige Netz die kleinste geographische Einheit darstellt.[678]

d) Wettbewerbliche Beurteilung. Auch im Energiesektor sind die Zusammenschlussvorhaben gem. Art. 2 Abs. 2 FKVO darauf zu prüfen, ob sie den wirksamen Wettbewerb im Gemeinsamen Markt oder in einem wesentlichen Teil desselben erheblich behindern würden (*„significant impediment to effective competition"*, SIEC-Test), insbesondere durch Begründung bzw. Verstärkung einer marktbeherrschenden Stellung.[679] Unter der alten Fassung der FKVO, die allein die Marktbeherrschung als materiellen Maßstab vorsah, ließ sich in der überwiegenden Anzahl von Fusionen im Energiesektor trotz kritischer Prüfung durch die Kommission in der Regel eine Freigabe gegen Auflagen erreichen.[680] So gab die Kommission 2000 – nach Ablehnung des Verweisungsantrags des BKartA – die Fusion *VEBA/VIAG* unter weitreichenden Auflagen frei.[681] Die mit Blick auf den gleichzeitigen Zusammenschluss *RWE/VEW* entstandenen Bedenken hinsichtlich der Begründung eines marktbeherrschenden Duopols konnten u.a. durch umfangreiche Beteiligungsveräußerungen ausgeräumt werden, welche darauf abzielten, einerseits die durch diese Beteiligungen bestehenden Verbindungen zwischen den beiden Unternehmensgruppen zu lösen und andererseits eine starke „vierte Kraft" als neues Verbundunternehmen zu schaffen. Ferner wurden die Bedingungen für die Durchleitung durch das Übertragungsnetz verbessert und Importe erleichtert. Für Änderungen von Zusammenschlüssen, insb. Abhilfemaßnahmen, mit denen wettbewerbsrechtliche Bedenken der Kommission beseitigt werden können, 234

---

[671] Komm. E. v. 17.12.2002, COMP/M.2822, ABl. 2003 L 248/51, Rdnr. 20 ff. – *EnBW/ENI/GVS;* insb. für Belgien s. E. v. 19.12.2003, COMP/M.3318, Rdnr. 29 ff. – *ECS/Sibelga,* IP/03/1803 v. 19/12/2003; in Bezug auf die deutschen Märkte im Vorfeld der Liberalisierung s. auch E. v. 29.9.1999, IV/M.1383, ABl. 2004 L 103/1 Rdnr. 67 ff. – *Exxon/Mobil.*

[672] Komm. E. v. 20.11.2003, COMP/M.3294, ABl. 2004 C 8/7 Rdnr. 20 – *ExxonMobil/BEB* (insoweit in WuW/E EU-R 919 nicht abgedruckt).

[673] Komm. E. v. 21.12.2005, COMP/M.3696, Rdnr. 28 ff. – *E.ON/MOL;* E. v. 19.12.2003, COMP/M.3297, Rdnr. 14 – *Norsk Hydro Energy/Duke Energy Europe;* E. v. 18.12.2002, COMP/M.3007, Rdnr. 27 – *E.ON/TXU Europe Group.*

[674] Komm. E. v. 8.10.2004, COMP/M.3410, Rdnr. 23–25 – *Total/Gaz de France.*

[675] Komm. E. v. 24.8.2011, COMP/M.6302, Rdnr. 26 – *F2i/AXA Funds/G6 Rete Gas.*

[676] Komm E. v. 3.12.2013, COMP/M.6910, Rdnr. 86 ff. – *Gazprom/Wintershall/Target Companies,* Komm. E. v. 19.11.2013, COMP/M.6984, Rdnr. 23 – *EPH/Stredoslovenska energetika;* E. v. 16.6.2010, COMP/M.5740, Rdnr. 20 ff. – *Gazprom/A2A/JV.*

[677] Komm. E. v. 12.6.2009, K(2009) 4694, Rdnr. 58.

[678] Vgl. Komm. E. v. 19.11.2013, COMP/M.6984, Rdnr. 25 – *EPH/Stredoslovenska energetika.*

[679] S. im Einzelnen *Wagemann* in § 16 Rdnr. 1 ff.

[680] Die E. v. 9.12.2004, COMP/M.3440, ABl. 2005 L 302/69 – *ENI/EDP/GDP,* IP/04/1455 v. 9.12.2004 bildet insofern eine Ausnahme, s. Rdnr. 238.

[681] Komm. E. v. 13.6.2000, COMP/M.1673, ABl. 2001 L 188/1 – *VEBA/VIAG.*

hat die Kommission eine Orientierungshilfe herausgegeben.[682] Sie bietet Anhaltspunkte darüber, wie Zusammenschlussvorhaben von der Kommission bewertet werden bzw. zu welchen Zusagen die Unternehmen sich ggf. verpflichten müssen, um ein Zusammenschlussvorhaben vollziehen zu können. Die Kommission geht dabei davon aus, dass Abhilfemaßnahmen struktureller Art, in der Regel also die Veräußerung von anderen Unternehmensteilen bzw. Geschäftssparten, den Zielen der FKVO am ehesten gerecht würden, zumal diese keine mittel- oder langfristigen Kontrollmaßnahmen erforderten. Verhaltenszusagen wurden aber ebenfalls bereits als Verpflichtungszusagen akzeptiert (z.B. das *Gas-Release*-Programm im Fall *E.ON/MOL*).

235 Im Fall *BP Amoco/Arco* genügte der Kommission die Existenz der von großen nationalen Gastransportgesellschaften wie *Gaz de France* oder *Distrigaz* ausgeübten, beachtlichen **Marktgegenmacht,** um die Entstehung einer marktbeherrschenden Stellung auf der Seite der Erdöl-/Erdgasproduzenten zu verneinen.[683]

236 Im Fall *Gruppo Villar Mir/EnBW/Hidroeléctrica del Cantábrico*[684] stellte die Kommission eine starke Konzentration des **spanischen Elektrizitätsmarkts** auf der Großhandelsebene und auf der Anbieterseite und, infolge geringer Verbundkapazitäten, eine Abschottung von der angrenzenden französischen Verbundebene fest. Der beabsichtigte gemeinsame Kontrollerwerb der *EnBW* und der *Gruppo Villar Mir* des viertgrößten spanischen Stromerzeugers und -verteilers *Hidroeléctrica del Cantábrico* hätte die Anreize von *EdF,* den Wettbewerb durch Stromimporte zu beleben, aufgrund ihrer indirekten Beteiligung gesenkt. Erst nachdem sich *EdF* verpflichtete, das grenzüberschreitende Handelsvolumen von Frankreich nach Spanien deutlich zu erhöhen, gab die Kommission den Zusammenschluss frei. Ganz ähnlich befürchtete die Kommission, dass mit dem Zusammenschluss von *EdF* und *EnBW* einer der wichtigsten potentiellen Wettbewerber für Frankreich wegfiele und damit die marktbeherrschende Stellung der *EdF* weiter verstärkt würde.[685] Um diese Bedenken auszuräumen, ging *EdF* u.a. Verpflichtungen in Bezug auf den **Zugang zu Stromerzeugungskapazitäten** in Frankreich ein. Im Fall *Sydkraft/Graninge* prüfte die Kommission sowohl unilaterale Effekte des Zusammenschlusses als auch die mögliche Entstehung eines Oligopols. Sie kam jedoch u.a. zu dem Ergebnis, dass der Erwerb von *Graninge* durch *Sydkraft* keine wesentlichen Auswirkungen auf die bestehende Situation haben würde, weil *Graninge* nicht die Rolle und Funktion eines *maverick* im Markt hätte übernehmen können.[686] Im Fall *Total/Gaz de France* prüfte und bejahte die Kommission die Frage, ob – in Abwesenheit signifikanter Veränderungen der Marktstruktur – der Zusammenschluss *Total* den **Anreiz** und Möglichkeiten zu missbräuchlichen **Netzzugangsverweigerungen** verschafft hätte.[687] Eine Reihe von Zusagen betreffend den Netzzugang Dritter nach dem Vorbild des *Marathon*-Verfahrens (vgl. oben Fn. 119) sollte dem entgegen wirken.[688]

237 Auch den Zusammenschluss *Verbund/EnergieAllianz* gab die Kommission nur unter Bedingungen und Auflagen frei.[689] Die Kommission war zunächst zu dem Ergebnis gekommen, dass der Zusammenschluss eine beherrschende Stellung von *EnergieAllianz* und *Verbund* auf den Märkten für die Versorgung von Großkunden, kleinen Weiterverteilern und Kleinkunden in Österreich begründen bzw. verstärken würde. Die den Großkundenmarkt betreffenden Bedenken konnten u.a. durch die Zusagen seitens *Verbund,* Beteiligungen an der Stromvertriebstochter *APC* zu veräußern, sowie den mittelfristigen Strombedarf des

[682] ABl. 2008 C 267/01.

[683] Komm. E. v. 29.9.1999, IV/M.1532, ABl. 2001 L 18/1 Rdnr. 36 – *BP Amoco/Arco.*

[684] Komm. E. v. 26.9.2001, COMP/M.2434, ABl. 2004 L 48/86 Rdnr. 32ff. – *Grupo Villar Mir/EnBW/Hidroeléctrica del Cantábrico.*

[685] Komm. E. v. 7.2.2001, COMP/M.1853, ABl. 2002 L 59/1, Rdnr. 54ff. – *EdF/EnBW.*

[686] Komm. E. v. 30.10.2003, COMP/M.3268, Rdnr. 28ff. – *Sydkraft/Graninge.*

[687] Komm. E. v. 8.10.2004, COMP/M.3410, Rdnr. 53f. – *Total/Gaz de France.* Zu recht krit. *Morgan de Rivery/Guérard* ECLR 2005, 624, 634.

[688] Komm. E. v. 8.10.2004, COMP/M.3410, Rdnr. 74ff. – *Total/Gaz de France.*

[689] Komm. E. v. 11.6.2003, COMP/M.2947, ABl. 2004 L 92/91, Rdnr. 163 – *Verbund/EnergieAllianz.*

Käufers (von *APC*) und dessen Zugang zur **Regelenergie** sicherzustellen, ausgeräumt werden. Betreffend den Versorgungsmarkt für Kleinkunden wurde die **Versteigerung von strukturierten Elektrizitätslieferungen** nach dem Verbrauchsprofil österreichischer Kleinverbraucher zugesagt. Ein weiteres Zusagenpaket betraf u. a. eine Preisbegrenzung für **Ausgleichsenergie,** um das Preisrisiko als eine wesentliche Zutrittschranke für ausländische Wettbewerber in Österreich zu vermindern. Verpflichtungszusagen im Fall *EnBW/ENI/GVS* zielten darauf ab, den Gas-Weiterverteilern, die Gas bei der *GVS* bezogen hatten, **Sonderkündigungsrechte** für langfristige Bezugsverträge einzuräumen, um wesentliche Mengen der Erdgasnachfrage auf den Markt zu bringen.[690]

Den Erwerb der gemeinsamen Kontrolle über das Gasversorgungsunternehmen *Gás de Portugal* durch den Stromversorger *Energias de Portugal* und das italienische Energieversorgungsunternehmen *ENI* untersagte die Kommission Ende 2004.[691] Sie war der Ansicht, dass das Vorhaben die beherrschende Stellung von *EDP* auf dem Firmen- und Privatkundenstrommarkt in Portugal und die beherrschende Stellung von *GDP* auf dem portugiesischen Gasmarkt stärken würde und begründete dies u. a. damit, dass der Zusammenschluss den potentiellen Wettbewerb zwischen den beiden portugiesischen Energieversorgern entfallen lasse. Die Unternehmen hatten zuvor eine ganze Reihe von Abhilfemaßnahmen vorgeschlagen, die von der Kommission jedoch als nicht ausreichend bzw., zum Ende des Verfahrens hin, als verspätet bewertet wurden. Im nachfolgenden Klageverfahren bestätigte das EuG die Entscheidung der Kommission, stellte jedoch fest, dass die Kommission bei der Beurteilung des portugiesischen Gasmarktes rechtsfehlerhaft die Verstärkung einer marktbeherrschenden Stellung angenommen hatte. Die zum relevanten Zeitpunkt geltende **gesetzliche** Absicherung der **Monopolstellung** der *GDP* **schließe** eine zusammenschlussbedingte **Verschlechterung der Wettbewerbsbedingungen aus.**[692] 238

Im die **ungarischen Gas- und Strommärkte** betreffenden Fall *E.ON/MOL*[693] wendete die Kommission zum ersten Mal seit dem Erlass der FKVO 2004 den erweiterten materiellen Prüfungsmaßstab des Art. 2 Abs. 2 FKVO (SIEC-Test) explizit auf ein Fusionsvorhaben im Energiebereich an.[694] Die Kommission gelangte zu der Einschätzung, dass das infolge des Zusammenschlusses zwischen der auf den Märkten für Gaserzeugung, -transport, -speicherung und Großhandel stark präsenten *MOL* und der im Strom- und Gaseinzelhandel tätigen *E.ON* entstandene Unternehmen einen starken Anreiz zur Steigerung der Abnahmepreise für Erdgas haben könnte und somit den **Wettbewerb auf der Einzelhandelsstufe** erheblich behindern könnte, obwohl es für die Annahme einer marktbeherrschenden Stellung von *E.ON* keine Anhaltspunkte gab.[695] Der vertikale Zusammenschluss wurde schließlich unter Auflagen bewilligt, die auf eine **Entbündelung der Eigentumsverhältnisse**[696] zwischen dem bei *MOL* verbleibenden Gastransport einerseits und dem von *E.ON* übernommenen Gasgroßhandel andererseits sowie auf eine völlige **Entflechtung der Gasspeicherungssparte** von *MOL* hinausliefen.[697] Außerdem musste sich *E.ON* zur Freigabe von Gas durch jährliche öffentliche Auktionen **(Gasfreigabeprogramm)** sowie zur Abtrennung der Hälfte des Vertrags für die Lieferung von Binnengas an Dritte **(Vertragsfrei-** 239

---

[690] Komm. E. v. 17.12.2002, COMP/M.2822, ABl. 2003 L 248/51, Rdnr. 61 ff. – *EnBW/ENI/GVS.*

[691] Komm. E. v. 9.12.2004, COMP/M.3440, ABl. 2005 L 302/69 – *ENI/EDP/GDP;* dazu auch IP/04/1455 v. 9.12.2004.

[692] EuG, Slg. 2005, II-3745 = WuW/E EU-R 943 Rdnr. 116 ff. – *Energias de Portugal/Kommission.*

[693] Komm. E. v. 21.12.2005, COMP/M.3696 – *E.ON/MOL.*

[694] Zum SIEC-Test s. oben Rdnr. 234 sowie ausführlich *Wagemann* in § 16.

[695] Nach dem engeren Prüfungsmaßstab der früheren FKVO wäre die Entscheidung der Kommission wohl anders ausgefallen, vgl. *Röller/la Mano,* The Impact of the New Substantive Test in European Merger Control, 2006, S. 14 ff.

[696] Allgemein zur Entflechtung siehe auch Rdnr. 6.

[697] Komm. E. v. 21.12.2005, COMP/M.3696, Rdnr. 28 ff.; 734 ff. – *E.ON/MOL,* siehe auch MEMO/05/492.

gabe) verpflichten.[698] Ein Gasfreigabeprogramm neben der Veräußerung einer Gasspeicheranlage musste auch vom Gasversorger *DONG* als Abhilfemaßnahme zur Ausräumung der Wettbewerbsbedenken hinsichtlich der Übernahme der beiden regionalen Stromerzeuger sowie von zwei Stromversorgern in **Dänemark** im Fall *DONG/Elsam/Energi E2* eingesetzt werden.[699] Angesichts der fortgeschrittenen Liberalisierung der Energiemärkte in Dänemark und insbesondere der bereits vollzogenen Entflechtung der Eigentumsverhältnisse über das Gasleitungsnetz von *DONG* galten für das Gasfreigabeprogramm in diesem Fall niedrigere Mengen und eine kürzere Dauer als bei *E.ON/MOL* (10% statt 14% des nationalen Gasverbrauchs bzw. 7 statt 8 Jahre). In beiden Fällen strebte die Kommission die **Schaffung von neuen, zusätzlichen Marktteilnehmern** an, jeweils im Geschäft der Gasspeicherung sowie – im Fall *E.ON/MOL* – im Groß- und Einzelhandel mit Erdgas.[700]

240 Der SIEC-Test wurde auch im Fall *RWE/Essent*[701] angewandt, der die **deutschen Strom- und Gasmärkte** zum Gegenstand hatte. *RWE* beabsichtigte, die alleinige Kontrolle über das niederländische Unternehmen *Essent* auszuüben, welches hauptsächlich auf dem niederländischen, aber auch auf dem deutschen und belgischen Energieversorgungsmarkt tätig war. Die Kommission äußerte ernstliche Zweifel an dem Zusammenschlussvorhaben hinsichtlich der bereits bestehenden dominanten Stellung von *RWE* auf dem deutschen Stromerzeugungs- und -großhandelsmarkt. Außerdem befürchtete die Kommission, *RWE* könne außerdem so die Möglichkeit nutzen, den Gasgroßhandelsmarkt Wettbewerbern gegenüber abzuschotten. Die Zweifel nährten sich aus der Mehrheitsbeteiligung von *Essent* an den *Stadtwerken Bremen*. Der Zusammenschluss wurde nach Zusage von *RWE* und *Essent*, ihre **Beteiligung** an den Stadtwerken Bremen **zu veräußern,** genehmigt. Um ähnlichen Gefahren auf dem **belgischen Strommarkt** zu begegnen, wurden in einem anderen Fall *EdF* Beteiligungsveräußerungen auferlegt; so konnte schließlich das Zusammenschlussvorhaben mit *Segebel,* das die Mehrheitsbeteiligung am zweitgrößten Energieversorger in Belgien hielt, vollzogen werden.[702]

II. Kooperationen in der Energiewirtschaft

241 **1. Überblick.** Die Öffnung der Energiemärkte für den Wettbewerb mit dem NeuregelungsG 1998 hat den Energieversorgungsunternehmen neben den erweiterten Spielräumen für die Fusionskontrolle (siehe oben Rdnr. 170) auch neue Möglichkeiten für Kooperationen geschaffen. Insbesondere die Implementierung eines regulierten Netzzugangsregimes nach den Bestimmungen des GWB und des EnWG versetzt Unternehmen der Energiewirtschaft in die Lage, z.B. ihren Strombezug gemeinsam zu organisieren oder ihren auf das Bundesgebiet verteilten Vertrieb einheitlich aufzustellen. Trotz der Anwendung der Bestimmungen über die Fusionskontrolle können derartige Formen der Zusammenarbeit unter § 1 GWB bzw. Art. 101 AEUV fallen.[703] Darunter fällt auch die Kooperationsvereinbarung (KoV) zur Abwicklung netzübergreifender Transporte im Gassektor (vgl. oben Rdnr. 60 a.E.). Auch wenn das Gesetz den Abschluss der KoV in § 20 Abs. 1b S. 5 EnWG bzw. § 8 Abs. 6 S. 1 GasNZV verpflichtend vorsieht, befreit dies nicht von einer Prüfung nach § 1 GWB bzw. Art. 101 AEUV.[704] Außerdem sind dabei durchaus Kooperationen im

---

698 Komm., aaO.

699 Komm. E. v. 14.3.2006, COMP/M.3868 – *DONG/Elsam/Energi E2,* IP/06/313 und MEMO 06/125 v. 14.3.2006.

700 Komm., aaO.

701 Komm. E. v. 23.6.2009, COMP/M.5467 – *RWE/Essent.*

702 Komm. E. v. 12.11.2009, COMP/M.5549 – *EdF/Segebel.*

703 *Merk,* RdE 2013, 349, 353f.; *Köhler,* WuW 1999, 445, 456; *Salje,* et 1999, 625; *Gussone/Theobald,* in: *Schneider/Theobald,* Recht der Energiewirtschaft, § 6 Rdnr. 308ff.; *Theobald,* GRUR 2001, 482, 488; *Salje,* in: *Bartsch/Röhling/Salje/Scholz,* Stromwirtschaft, Kap. 70 Rdnr. 1ff., 26ff.; speziell zu Kooperationen beim Einkauf: *Herrmann/Dick,* WuW 1999, 1071. Zum EG-Recht s. auch *Wagemann,* § 15 Rdnr. 60, zum deutschen Recht *Lübbig,* § 9 Rdnr. *Verweis* ff.

704 *Merk,* aaO mit dem Ergebnis, dass die KoV nicht gegen das Kartellverbot verstößt.

Vertriebsbereich denkbar, die als kooperative Gemeinschaftsunternehmen nach Art. 101 AEUV und § 1 GWB nicht zu beanstanden wären,[705] z. B. reine Arbeitsgemeinschaften (näher dazu *Lübbig,* § 9 Rdnr. 228 ff.).

2. Praxis. Im Fall *Entega/Stadtwerke München* hatten die beteiligten Unternehmen vereinbart, die Belieferung von Großkunden mit bundesweiter Abnahmestruktur mit Strom und Gas in einem gemeinsamen Tochterunternehmen zu bündeln. Dieses Gemeinschaftsunternehmen sollte überdies den Energiehandel einschließlich des Bilanzkreismanagements der Muttergesellschaften übernehmen, die Stromeigenerzeugung koordinieren sowie schließlich die gemeinsame Beschaffung von Strom und Gas realisieren. Unter Zugrundelegung der oben unter Rdnr. 180 ff. dargelegten Marktabgrenzung bejahte das BKartA ein aktuelles, zumindest aber potentielles Wettbewerbsverhältnis zwischen den an der Kooperation beteiligten Unternehmen. Die betroffenen Märkte für die Belieferung von Weiterverteilern und Großkunden seien national abzugrenzen. Der Markt für die Belieferung von Endkunden mit Gas befinde sich in einem Liberalisierungsprozess, der zumindest die Annahme eines potentiellen Wettbewerbsverhältnisses zwischen den in räumlich verschiedenen Gebieten tätigen Unternehmen rechtfertige.[706] 242

Die rechtliche Würdigung der einzelnen Bestandteile einer solchen Kooperation richtet sich dabei nach den allgemein zu §§ 1 ff. GWB entwickelten Grundsätzen. Auf den vorgenannten Märkten wurde der Wettbewerb nach Auffassung des BKartA durch die Bündelung der **Energieeinkaufs-, Erzeugungs- und Vertriebsaktivitäten** in dem Gemeinschaftsunternehmen beschränkt. Im Fall *Entega/Stadtwerke München* erteilte das BKartA jedoch eine **Freistellung** als Rationalisierungskartell gem. § 5 GWB a. F. Zwar sei das Kostensenkungspotential, welches allein aus der Zusammenlegung der jeweiligen Nachfragevolumina resultiere, für sich genommen kein freistellungsfähiger Rationalisierungserfolg.[707] Die Kooperation in den Bereichen Handel und Vertrieb sicherte den beteiligten Unternehmen nach Ansicht des BKartA jedoch spürbare Synergieeffekte, da sich bei der Vergrößerung des Kundenportfolios Nachfrageschwankungen weniger stark auswirkten, Bezugs- und Lieferrisiken besser abgesichert werden würden und auch die Kosten für Reserveleistungen gesenkt werden könnten.[708] Mit Blick auf die von § 5 GWB a. F. geforderte Steigerung der Leistungsfähigkeit oder Wirtschaftlichkeit sowie der Erfordernis der Verbesserung der Bedarfsbefriedigung begrüßte das BKartA die den beteiligten Unternehmen mit der Kooperation eröffnete Möglichkeit, sich gegenüber den größeren Wettbewerbern besser zu positionieren.[709] Diese und auch die übrigen im Anwendungsbereich des § 5 GWB a. F. relevanten Überlegungen dürften der Sache nach auf eine Freistellung (Legalausnahme) nach § 2 GWB bzw. Art. 101 Abs. 3 AEUV übertragbar sein. Damit bestehen selbst für Unternehmen, die nicht mehr zum Kreis der kleinen oder mittleren Unternehmen zählen – dies hatte das BKartA im Fall *Entega/Stadtwerke München* angenommen –, gute Möglichkeiten, mit einer Kooperation und unter Inanspruchnahme der Freistellungsbestimmungen vom Kartellverbot ihre Handlungsmöglichkeiten zu erweitern. 243

Im Fall *GFU* hatte die Kommission 2001 ein förmliches Verfahren gegen rund 30 norwegische Erdgasunternehmen eingeleitet, weil deren **gemeinsamer Verkauf von Erdgas** über den norwegischen Erdgasverhandlungsausschuss *(GFU)* nach ihrer Auffassung nicht mit Kartellverbot des Art. 101 AEUV vereinbar war. Die Unternehmen *Statoil* und *Norsk Hydro* – als ständige Mitglieder des *GFU* – sagten daraufhin die Einstellung aller mit Art. 101 nicht in Einklang stehenden gemeinsamen Verkaufs- und Vermarktungstätigkeiten und den Übergang auf individuelle Verhandlungen nach Ablauf der bestehenden Liefer- 244

[705] Siehe auch *Kreibich* zur Bildung von Bildung von Mittelstandskartellen i. S. d. § 3 Abs. 1 GWB, RdE 2007, 186 (Handel, überörtlicher Vertrieb, Abrechnung, Erzeugung).

[706] BKartA B. v. 15.7.2002, B8–87/01, Rdnr. 30 ff., 34 ff. – *Entega/Stadtwerke München.*

[707] BKartA, aaO, Rdnr. 72.

[708] BKartA, aaO, Rdnr. 64 ff.

[709] BKartA, aaO, Rdnr. 74 ff., 77.

träge zu.[710] Im Fall *Corrib-Gas* hatten drei Unternehmen nach der Erschließung eines gemeinsamen Gasfeldes die Freistellung der gemeinsamen Vermarktung des geförderten Gases beantragt, von diesem Vorhaben aber nach negativen Signalen der Kommission Abstand genommen und den Antrag zurückgezogen.[711] Im Fall *DONG/DUC* setzte die Kommission eine Beendigung der gemeinsamen Absatztätigkeiten dreier dänischer Gaserzeuger durch.[712] Dabei verpflichteten sich die betroffenen Gaserzeuger gegenüber der Kommission verpflichtet, das ursprünglich mit dem Verkauf der gemeinsam erzeugten Erdgasmengen betraute GU *„Dansk Underground Consortium" (DUC)* aufzulösen, bestehende gegenseitige Informationspflichten über den Gasverkauf aufzugeben, und weiterhin grundsätzlich jeden interessierten Drittabnehmer aus dem EWR mit Erdgas zu beliefern.[713]

245 Jüngst wurden vom BKartA auch Kooperationsvereinbarungen von Kommunen bzgl. konzertierten Verhaltens beim **Rückkauf örtlicher Stromnetze** und dem künftigen Betrieb der Netze wg. eines Verdachts des Missbrauchs einer marktbeherrschenden Stellung gem. § 19 Abs. 1, Abs. 2 Nr. 1, Nr. 4 GWB bzw. wettbewerbsbeschränkender Vereinbarungen nach § 1 GWB beanstandet.[714] Dabei steht der Vorwurf der Bevorzugung kommunaler Unternehmen im Vordergrund. Einige hessische Kommunen haben nach Auslaufen der Konzessionen mit der *E.ON AG* die neuen Konzessionen zwar ausgeschrieben, im Vorfeld aber bereits einen Zuschnitt des Vergabeverfahrens auf kommunale Anbieter vorgenommen (näher unten Rdnr. 260 ff.).

E. Konzessionsverträge/Wegenutzungsrechte und Konzessionsabgaben

I. Inhalt und rechtliche Qualifizierung von Konzessionsverträgen

246 Da die Versorgung mit Strom und Gas nur über ein festes Leitungsnetz möglich ist, sind die Energieversorgungsunternehmen auf die Benutzung öffentlicher Verkehrsflächen angewiesen. Die Nutzung erfolgt auf der Grundlage vertraglicher Vereinbarungen zwischen dem Energieversorgungsunternehmen und der jeweiligen Gebietskörperschaft.

247 Solche Wegenutzungsverträge sind zivilrechtliche Verträge;[715] die Gemeinde handelt nicht in ihrer Funktion als Träger der Straßenbaulast und damit als Hoheitsträger, sondern als Inhaberin von Straßeneigentum. Vor dem Inkrafttreten des EnWG 1998 wurden Wegenutzungsverträge grundsätzlich in Gestalt von **Ausschließlichkeitsvereinbarungen** geschlossen: Das jeweilige Energieversorgungsunternehmen erhielt mittels des Konzessionsvertrages das ausschließliche Recht, öffentliche Wege zur Verlegung oder zum Betrieb von Leitungen für eine unmittelbare öffentliche Versorgung von Letztverbrauchern im Gemeindegebiet gegen Zahlung eines Wegenutzungsentgeltes, den o. g. Konzessionsabgaben, zu nutzen (vgl. § 103 Abs. 1 Nr. 2 GWB a. F.). Darüber hinaus waren regelmäßig weitere Regelungen Bestandteil von Wegenutzungsverträgen, wie z. B. Folgekostenvereinbarungen bei Baumaßnahmen, Regelungen betreffend die Rechte und Pflichten der Vertragsparteien bei Auslaufen des Konzessionsvertrages einschließlich der Vereinbarung von Bewertungsmaßstäben für die Versorgungsanlagen (sog. **Endschaftsklauseln**) im Falle der Beendigung

---

710 Komm., IP/02/1084 v. 17.7.2002 – *GFU;* dazu *Lindroos/Schnichels/Svane,* CPN 2002, 50.

711 Komm., IP/01/578 v. 20.4.2001 – *Corrib-Gas.*

712 Komm., IP/03/566 v. 24.4.2003 – *DONG/DUC.* Näher zur Bewertung verschiedener Kooperationsformen *Gunther/Rab/Belmin,* ECLR 2005, 390. S. auch Fn. 312.

713 Komm., aaO.

714 BKartA B. v. 2.12.2013, B8–180/11-1, Rdnr. 31 – *Gemeinde Cölbe/Stadtwerke Marburg.*

715 BGHZ 37, 353, 355 – *Ruhrschnellweg;* BGHZ 138, 266, 274; zuletzt OVG NRW RdE 2012, 215; exemplarisch BKartA B. v. 30.11.2012, B8–101/11, Rdnr. 54 – *Kreisstadt Mettmann; Wegner,* in: *Säcker,* Berliner Kommentar zum Energierecht, Bd. 1 TBd. 2, § 46 EnWG Rdnr. 45.

des Wegenutzungsrechts.[716] Vertragsgegenstand waren darüber hinaus auch Regelungen, die die Wegerechtsbestellung im eigentlichen Sinne nicht betrafen, wie zum Beispiel die vertragliche Bekräftigung der Anschluss- und Versorgungspflicht von Abnehmern im Gemeindegebiet sowie Preisnachlässe für die Befriedigung des Eigenverbrauchs der Gemeinde.

Nach der Rechsprechung des BGH unterfallen ausschließliche Wegenutzungsverträge 248
dem **Kartellverbot** des § 1 GWB.[717] Ausschließliche Konzessionsverträge waren aber vor dem Inkrafttreten des EnWG 1998 gemäß § 103 Abs. 1 Nr. 2 GWB a. F. vom Kartellverbot freigestellt. Dies galt allerdings gem. § 103a GWB a. F. nur, soweit sie für eine Vertragslaufzeit von nicht mehr als 20 Jahren geschlossen wurden. Mit längerer Laufzeit geschlossene Wegenutzungsverträge wurden nach Ende der gesetzlichen Höchstlaufzeit von 20 Jahren unwirksam; dies galt nach der Rechtsprechung des BGH auch dann, wenn der Vertrag nach dem Ende der Freistellung mit einem nur einfachen Wegerecht aufrechterhalten werden sollte.[718]

§ 46 Abs. 1 EnWG statuiert die allgemeine Verpflichtung der Gemeinden, ihre öffentli- 249
chen Verkehrswege für die Verlegung und den Betrieb von Leitungen zur unmittelbaren Versorgung von Letztverbrauchern im Gemeindegebiet den EVU (d. h. auch mehreren) diskriminierungsfrei durch Vertrag zur Verfügung zu stellen. Einen gesetzlichen Verweigerungsgrund nennt § 46 Abs. 1 S. 2 EnWG. Die Gemeinden können danach den Abschluss von Verträgen ablehnen, soweit eine Einigung über die Höhe der Konzessionsabgaben noch aussteht. Zielsetzung der Vorschrift ist es, den Bau paralleler Leitungen und damit den Leitungswettbewerb zu fördern. Zum Terminus der „öffentlichen Verkehrswege" hat der BGH im Fall *Neue Trift* Stellung genommen. Ein Widmungsakt, wie ihn Landesstraßen- und -wegegesetze zur Definition von öffentlichen Straßen vorsehen, ist dafür nicht erforderlich. Ansonsten könnten sich Gemeinden ihrer Pflicht aus § 46 EnWG allzu leicht entziehen und wiederum steuernd in die Energieversorgung eingreifen.[719] Tatsächlich kommt es daher auf die faktische Eröffnung für den Allgemeingebrauch an.

Wegenutzungsverträge zwischen Energieversorgungsunternehmen und Gemeinden hin- 250
sichtlich der Nutzung öffentlicher Verkehrswege für die Verlegung und den Betrieb von Leitungen zur Durchführung der allgemeinen Versorgung, d. h. die Belieferung einer unbestimmten Zahl von Abnehmern in Niederspannung oder Niederdruck zu allgemeinen Bedingungen und Tarifpreisen, durften gem. § 13 Abs. 2 EnWG 1998 nur für eine Laufzeit von 20 Jahren abgeschlossen werden. § 13 Abs. 2 EnWG 1998 stellte insoweit eine Fortführung der mit der Energierechtsnovelle 1998 abgeschafften Ausnahmevorschrift des § 103a GWB a. F. dar.[720] Ziel dieser Befristung war es, in bestimmten zeitlichen Abständen einen **Wettbewerb um** kommunale **Netze,** damit aber zugleich auch um die Versorgung von Abnehmern in bestimmten Gemeinden zu ermöglichen. Der Gesetzgeber sah die Gefahr, dass ohne eine solche zeitliche Beschränkung des Wegerechts ungeachtet der Einführung des freien Netzzugangs eine Erstarrung der Versorgungsstrukturen zu befürchten sei.

Gegenstand eines Konzessionsvertrages ist allein die **Nutzung öffentlicher Verkehrs-** 251
wege für die Verlegung und den Betrieb von Leitungen, die zu einem Energieversorgungsnetz der allgemeinen Versorgung der Gemeindegebiete gehören. Die Höchstlaufzeit solcher Verträge ist weiterhin auf **20 Jahre** beschränkt (§ 46 Abs. 2 S. 1 EnWG). Ein Recht oder eine Verpflichtung des EVU, in dem jeweiligen Gemeindegebiet zugleich auch

---

[716] Zum Streit um die Zulässigkeit der sog. Sachzeitwertklauseln s. BGHZ 143, 128 = WuW/E DE-R 409 – *Endschaftsbestimmung.* Zum Urteil *Theobald,* NJW 2000, 1389. S. a. OLG München U. v. 17.11.2005, U (K) 3325/96 – *Kaufering II.*

[717] BGH WuW/E BGH 2247, 2248 ff. – *Wegenutzungsrecht;* BGH WuW/E BGH 2777, 2779 – *Freistellungsende;* so auch die Begr. der RegE zum NeuregelungsG 1998, BT-Drucks. 13/7274, S. 24; Zur Beurteilung von Konzessionsverträgen nach europäischem Kartellrecht s. *Zinow* in der 1. Auflage, § 34 Rdnr. 39 ff. mwN.

[718] BGH WuW/E BGH 2777, 2779 – *Freistellungsende bei Wegenutzungsrecht.*

[719] BGH WuW/E DE-R 2581, 2583 – *Neue Trift.*

[720] Zur Abwicklung von alten Konzessionsverträgen nach § 13 Abs. 2 EnWG s. *Ermann,* RdE 2003, 171.

eine flächendeckende Versorgung von Abnehmern durchzuführen, ist mit dem Abschluss eines Konzessionsvertrages nicht mehr verbunden (siehe unten Rdnr. 264). Folglich werden gem. § 48 Abs. 1 S. 1 EnWG und § 1 Abs. 2 KAV von den Energieversorgungsunternehmen **Konzessionsabgaben** nur noch als **Gegenleistung für die Einräumung des Rechts zur Nutzung** öffentlicher Verkehrswege für die Verlegung und den Betrieb von Leitungen, die der unmittelbaren Versorgung von Letztverbrauchern im Gemeindegebiet mit Energie dienen, entrichtet. In der Vorläuferregelung wurden Konzessionsabgaben dagegen als Entgelte qualifiziert, die Energieversorgungsunternehmen für die Einräumung des Rechts zur Versorgung von Letztverbrauchern im Gemeindegebiet mit Energie zu entrichten haben. Die Änderung ist eine Folge der im EnWG seit 2005 manifestierten gesellschaftsrechtlichen, organisatorischen und kalkulatorischen **Entflechtung** des Netzbetriebes (siehe dazu oben Rdnr. 45 ff.). „Alt"-Konzessionsverträge, die vor dem Inkrafttreten des Zweiten Neuregelungsgesetzes geschlossen worden sind und die neben netzrelevanten auch vertriebsbezogene Regelungen enthalten, sind mit der Energierechtsnovelle 2005 nicht unwirksam geworden. Auf der Grundlage der Übergangsregelung des § 113 EnWG, wonach laufende Wegenutzungsverträge einschließlich der vereinbarten Konzessionsabgaben unbeschadet ihrer Änderungen durch die §§ 36, 46 und 48 EnWG im Übrigen unberührt bleiben, wird der Vertragsinhalt insoweit *ipso iure* an die neue Rechtslage angepasst, ohne dass es hierfür gesonderter Vereinbarungen zwischen den Vertragsparteien bedarf, jedenfalls soweit die Verträge Abweichungen von den nunmehr gesetzlichen Vorschriften enthielten.[721] Wurde früher auch vertreten, dass der gesetzliche Übereignungsanspruch der Gemeinde aus § 46 Abs. 2 S. 2 EnWG an die Stelle einer vertraglichen Übereignungsklausel aus Endschaftsbestimmungen tritt, hat sich der BGH mittlerweile der Gegenauffassung angeschlossen und ein Nebeneinander des vertraglichen und des gesetzlichen Anspruchs befürwortet.[722]

252 **Vertragspartner** eines Wegenutzungsvertrages sind gem. § 46 EnWG die Gemeinde auf der einen und das Energieversorgungsunternehmen auf der anderen Seite. § 46 EnWG fordert nicht, dass vor dem Hintergrund der Entflechtung des Netzbetriebs allein die Netzgesellschaft Vertragspartner eines Konzessionsvertrages sein kann. Sichergestellt werden muss allerdings, dass der Netzgesellschaft die Ausübung der aus dem Konzessionsvertrag fließenden Rechte dahingehend ermöglicht wird, dass sie selbstständige Entscheidungen über den Netzbetrieb und mögliche Bau- und Ausbaumaßnahmen treffen kann.

253 Werden Konzessionsverträge betreffend die Verlegung und den Betrieb von Leitungen, die zu einem Energieversorgungsnetz der allgemeinen Versorgung gehören, nach Ablauf der Vertragslaufzeit nicht verlängert, so ist der bisherige Nutzungsberechtigte **verpflichtet,** seine für den Betrieb der Netze der allgemeinen Versorgung im Gemeindegebiet notwendigen **Anlagen** dem künftigen Inhaber des Wegerechts gegen Zahlung einer wirtschaftlich angemessenen Vergütung **zu übereignen bzw. deren Besitz einzuräumen.**[723] Dabei handelt es sich um ein gesetzliches Schuldverhältnis und eine Verpflichtung iSv § 65 Abs. 2 EnWG, zu deren Einhaltung die Regulierungsbehörde Maßnahmen ergreifen kann.[724] Ein Verstoß gegen die Fristenregelung in § 46 Abs. 2 EnWG hat die Unwirksamkeit des Konzessionsvertrages gem. § 134 BGB zur Folge.[725] Unter Anwendung der regelmäßig in Wegenutzungsverträgen enthaltenen salvatorischen Klauseln ist unter Beachtung von § 139 BGB grundsätzlich von der Wirksamkeit des Restvertrages während der gesetzlich zulässigen Laufzeit von 20 Jahren auszugehen: Die Rechtsprechung des BGH, wonach eine Überschreitung der in § 103a GWB a. F. festgelegten Höchstlaufzeit zur Unwirk-

---

[721] Vgl. auch *Hellermann,* in: *Britz/ders./Hermes*, EnWG, 2. Aufl. 2010, § 113 Rdnr. 8.

[722] BGH WuW/E DE-R 2921, 2923 mwN – *Endschaftsbestimmung II.*

[723] Dazu s. unten Rdnr. 264.

[724] BGH WuW/E DE-R 2921, 2923 – *Endschaftsbestimmung II;* OLG Düsseldorf RdE 2013, 128, 130.

[725] So auch *Büdenbender,* EnWG, § 13 Rdnr. 46.

samkeit des gesamten Konzessionsvertrags führte, ist auf die neue Rechtslage nicht ohne weiteres übertragbar. Während die Befristungsregelung in § 103a GWB a. F. und auch die Bestimmung des § 13 Abs. 2 EnWG 1998 das Ziel verfolgten, in Anbetracht der Bedeutung des Wegenutzungsrechts für die tatsächliche Versorgerstellung eines Energieversorgungsunternehmens den Wettbewerb um Versorgungsgebiete und damit auch den Wechsel des allgemeinen Versorgers innerhalb der Gemeindegebiete in regelmäßigen Zeitabständen zu ermöglichen („Zäsur"), kann die Vorschrift des § 46 Abs. 2 EnWG diese Zielsetzung aufgrund der nunmehr gesetzlich angeordneten Entflechtung des Netzbetriebes nicht mehr gewährleisten. Netzbetrieb und Energieversorgung sind nach dem Inkrafttreten des EnWG 2005 zumindest operationell unabhängig voneinander zu betreiben; die Inhaberschaft von Wegenutzungsrechten entscheidet nicht darüber, welches Energieversorgungsunternehmen die Versorgung von Abnehmern innerhalb einer bestimmten Gemeinde tatsächlich durchführt. Die Fristenregelung des § 46 Abs. 2 EnWG hat im Gegensatz zu ihrer Vorläuferregelung des § 13 Abs. 2 EnWG 1998 ihre Wettbewerbsrelevanz weitgehend eingebüßt, so dass ein Verstoß gegen diese Regelung auch nicht unter Hinweis auf etwaige Marktverschließungseffekte zur Unwirksamkeit des Gesamtvertrages führen dürfte. Dieser Ansicht ist aber das OLG Düsseldorf entgegen getreten. Die durch die Energierechtsreformen herbeigeführte Liberalisierung soll nach seiner Ansicht an der Bewertung des BGH nichts ändern, dass Konzessionsverträge über 20 Jahre im Allgemeinen den Tatbestand des § 1 GWB erfüllen und folglich nichtig sind. Auch wenn nunmehr mit den Konzessionsverträgen lediglich der Netzbetrieb und nicht mehr die Versorgung der Letztverbraucher im Gebiet dieses Netzes verbunden ist, meint das OLG Düsseldorf, dass auch allein der ansonsten eingeschränkte bzw. fehlende Wettbewerb um die Konzessionsverträge in ihrer aktuellen Form an der Bewertung hinsichtlich der Folge von § 1 GWB nichts ändere und die Nichtigkeit rechtfertige. Auch wenn das Gericht noch einen Sachverhalt zu beurteilen hatte, der unter die Anwendung von § 13 Abs. 2 EnWG 1998 fiel, äußerte er sich auch zur Nachfolgeregelung in § 46 EnWG. Der Gesetzgeber habe gerade mit der Übernahme der 20-Jahre-Regelung in § 46 Abs. 2 S. 1 EnWG trotz liberalisierter Netze diese – vom Gericht ausgeurteilte – Folge angestrebt.[726] Konkret ging es in diesem Fall um eine Gemeinde, die alte Konzessionsverträge vor ihrem Ablauf – also vorzeitig – verlängerte bzw. mit dem Altkonzessionär neu verhandelte, ohne jedoch diese Absicht bekannt zu machen, wie es nach dem Gericht bereits § 13 Abs. 3 EnWG 1998 erforderte. Für **unter dem Regime des § 46 Abs. 2 S. 1 EnWG** geschlossene Verträge dürfte folglich davon auszugehen sein, dass unbefristete Verträge oder solche mit über 20 Jahren hinausgehenden Laufzeiten **von Anfang an gem. § 134 BGB als nichtig zu betrachten sind** und nicht teleologisch auf das höchstzulässige Maß reduziert werden können.[727]

II. Diskriminierungsfreie Entscheidung über die Vergabe von Wegenutzungsrechten bzw. Konzessionsverträgen

1. Sachliche und räumliche Marktabgrenzung. Die Gemeinde handelt bei der Vergabe von Wegerechten als *Unternehmen* im Sinne des Kartellrechts[728] und ist, da sie in ihrem Gemeindegebiet bei der Vergabe von Wegerechten ohne Konkurrenz und damit marktbeherrschend im Sinne von § 18 Abs. 1 Nr. 1 GWB ist, auch Normadressat des kartellrechtlichen Diskriminierungsverbotes.[729] Das Wegenutzungsrecht ist unabdingbare Vorausset- 254

[726] OLG Düsseldorf WuW/E DE-R 2518, 2521 f. – *Würselen.*

[727] *Wegner,* in: *Säcker,* Berliner Kommentar zum Energierecht, Bd. 1 TBd. 2, § 46 EnWG Rdnr. 59.

[728] BGH WuW/E BGH 2247, 2249; *Büdenbender,* EnWG, § 13 Rdnr. 90; *Hamann,* et 1992, 398, 399, mit zahlreichen Nachweisen.

[729] OLG Schleswig WuW/E DE-R 3747, 3761 – *Gemeindliche Konzessionsvergabe;* BKartA B. v. 22.6.2012, B10–16/11, Rdnr. 36; im Ergebnis wohl auch BGH WuW/E DE-R 2581, 2584 – *Neue Trift; Pippke/Gaßner,* RdE 2006, 33, 36.

zung für die Ausübung der wirtschaftlichen Tätigkeit in Form des Netzbetriebs. Somit ist sachlicher und räumlicher Markt das jeweilige Gemeindegebiet, auf dem die Kommune allein über die entgeltliche Vergabe von Wegenutzungsrechten bestimmt.[730]

255 **2. Pflichten im Verfahren.** § 46 Abs. 1 EnWG verpflichtet die Gemeinde zur diskriminierungsfreien Vergabe von Wegenutzungsrechten. Im Rahmen der dabei ggf. vorzunehmenden Interessenabwägung sind die in § 1 EnWG manifestierten Zielsetzungen des Gesetzes – die Gewährleistung einer sicheren, preisgünstigen, verbraucherfreundlichen, effizienten und umweltverträglichen Versorgung der Allgemeinheit mit Elektrizität und Gas – zu berücksichtigen. Dies bestimmt seit der Novellierung im Jahre 2011 nunmehr ausdrücklich § 46 Abs. 3 S. 5 EnWG. Die Verpflichtung zur diskriminierungsfreien Vergabe folgt auch aus dem kartellrechtlichen Behinderungs- und Diskriminierungsverbot des § 19 Abs. 1, Abs. 2 Nr. 1 GWB; § 46 Abs. 5 EnWG bestimmt ausdrücklich, dass die Aufgaben und Zuständigkeiten der Kartellbehörden nach dem Gesetz gegen Wettbewerbsbeschränkungen unberührt bleiben.

256 Das Diskriminierungsverbot erlangt insb. Bedeutung bei der Auswahlentscheidung der Gemeinde bzgl. neuer Konzessionsverträge gem. § 46 Abs. 3 EnWG.[731] Die Gemeinde hat danach zunächst den Ablauf des „Alt"-Vertrages spätestens zwei Jahre vor Vertragsende öffentlich bekannt zu machen.[732] Eine **Bekanntmachungspflicht** besteht auch, soweit laufende Verträge vorzeitig beendet werden sollen (§ 46 Abs. 3 S. 3 EnWG); Neuabschlüsse von Konzessionsverträgen dürfen in diesem Fall frühestens drei Monate nach der Bekanntgabe der vorzeitigen Beendigung erfolgen. Wenn sich mehrere Unternehmen um die Vergabe des Wegenutzungsrechtes in einem Gemeindegebiet bewerben, muss die Gemeinde nicht nur ihre Auswahlentscheidung, sondern auch die hierfür maßgeblichen Gründe öffentlich bekannt geben. Das vollständige Unterlassen der Bekanntmachung des Auslaufens eines Konzessionsvertrages stellt einen Verstoß gegen ein gesetzliches Verbot gem. § 134 BGB dar und führt zur Nichtigkeit des neu abgeschlossenen oder verlängerten Konzessionsvertrages.[733] Dies folgt aus dem Sinn und Zweck der Bekanntmachungspflicht, den Informationsfluss über den Ablauf eines Konzessionsvertrages zur verbreiten und damit anderen Anbietern die Möglichkeit zu geben, sich um die Vergabe des jeweiligen Wegenutzungsrechts zu bewerben. Eine Bewerbung Dritter – also ein tatsächlicher Wettbewerb – ist wiederum nur möglich, wenn potentielle alternative Anbieter überhaupt davon erfahren, dass ein bestehender Konzessionsvertrag ausläuft.[734] Wäre die Unterlassung der Bekanntmachung ohne Einfluss auf die Wirksamkeit des unter Verstoß gegen die in Rede stehende Verpflichtung geschlossenen Vertrages, so würde dies zu einer Zementierung der

---

[730] OLG Schleswig WuW/E DE-R 3747, 3761 f. – *Gemeindliche Konzessionsvergabe;* BKartA B. v. 30.11.2012, B8–101/11 , Rdnr. 58 – *Kreisstadt Mettmann;* Gemeinsamer Leitfaden von BKartA und BNetzA zur Vergabe von Strom- und Gaskonzessionen und zum Wechsel des Konzessionsnehmers 2010, Rdnr. 17 ff. Dies auch schon favorisierend BGH WuW/E DE-R 2581, 2584 – *Neue Trift;* siehe auch *Säcker/Mohr/Wolf,* Konzessionsverträge im System des europäischen und deutschen Wettbewerbsrechts, S. 53 ff.

[731] So auch OLG Schleswig WuW/E DE-R 3746, 3757 – *Gemeindliche Konzessionsvergabe.* Das Gericht stellt klar, dass § 46 Abs. 1 EnWG keinen Spezialtatbestand für einfache Wegenutzungsverträge, sondern einen Grundtatbestand darstellt, so dass auch für die Vergabe von Konzessionen – gem. § 46 Abs. 4 EnWG auch hinsichtlich kommunaler Eigenbetriebe – das Diskriminierungsverbot gilt.

[732] Dazu *Pippke/Gaßner,* RdE 2006, 33, 36 f.

[733] OLG Düsseldorf WuW/E DE-R 2518, 2519 – *Würselen; Albrecht,* in: *Schneider/Theobald,* Recht der Energiewirtschaft, § 9 Rdnr. 77; *Hellermann,* in: *Britz/ders./Hermes,* EnWG, § 46 Rdnr. 67; *Greb/Wegner,* Die Vergabe von Konzessionen im Energiebereich, Rdnr. 115; *Kermel,* RdE 2005, 153, 158; *Büdenbender,* EnWG, § 13 Rdnr. 85; ausführlich zu den Rechtsfolgen fehlerhafter Konzessionierungsverfahren *Höch/Stracke,* RdE 2013, 159 ff.; aA *Byok/Dierkes,* RdE 2012, 221, 226; wohl ebenfalls noch BDEW, Leitfaden Konzessionsverträge und Konzessionsabgaben in der Strom und Gasversorgung 2010, S. 17, allerdings mit dem Rat auf Einhaltung der Vorgaben, um eine Nichtigkeit zu vermeiden.

[734] OLG Düsseldorf, aaO.

Wegerechtsposition des „Alt"-Konzessionärs führen oder Vergaben der Gemeinde an eigene Betriebe ermöglichen. Wird dagegen allein die Dauer der Bekanntmachungsfrist nicht eingehalten, ohne dass damit Drittinteressenten die Möglichkeit genommen wird, sich in der ihnen zur Verfügung stehenden Zeit um die Vergabe des Wegenutzungsrechts zu bewerben, hat dies keinen Einfluss auf die Wirksamkeit des geschlossenen Konzessionsvertrages. In diesem Fall handelt es sich allein um den Verstoß gegen eine Ordnungsvorschrift, der nicht gleichzeitig zu einer Perpetuierung der jeweiligen Wegerechtssituation beiträgt.[735] Allerdings hat jüngst das OLG Celle auch aus einer fehlerhaften Bekanntmachung – die vorzeitige Beendigung nach § 46 Abs. 3 S. 3 EnWG wurde nicht im Bundesanzeiger, sondern an anderem Ort bekannt gemacht – die Gesamtnichtigkeit eines Konzessionsvertrages aus § 134 BGB gefolgert.[736]

Für den Fall eines laufenden Dienstleistungskonzessionsvertrages hat der EuGH entschieden, dass Änderungen an Bestimmungen, die dem Vertrag gegenüber der zu Beginn der Vergabeentscheidungen vorliegenden Regelungen eine andere Charakteristik geben, Maßnahmen zur Wiederherstellung von Transparenz erfordern, zu denen auch ein neues Vergabeverfahren gehört.[737] Dementsprechend muss auch in laufenden Vertragsbeziehungen darauf geachtet werden, ob Anpassungen nicht erneut Ausschreibungen nach § 46 Abs. 3 EnWG erfordern. **257**

Das **Vergaberecht der §§ 97 ff. GWB** findet hingegen auf den Neuabschluss von Konzessionsverträgen keine Anwendung, da letztere keine öffentlichen Aufträge über Liefer-, Bau- oder Dienstleistungen im Sinne von § 99 GWB enthalten.[738] Dies entspricht der Sichtweise des EuGH, der Konzessionsverträge als Dienstleistungskonzessionen einordnet, die zwar nicht in den Anwendungsbereich der Richtlinien für das öffentliche Auftragswesen fallen, bei deren Vergabe aber die Grundregeln des AEUV im Allgemeinen und das Diskriminierungsverbot bzw. Transparenzgebot im Speziellen zu beachten sind.[739] Den wesentlichen Unterschied zwischen einer Dienstleistung und einer Dienstleistungskonzession verortet der EuGH in der Gegenleistung. Während die Dienstleistung eine Gegenleistung umfasst, die vom Auftraggeber unmittelbar an den Erbringer gezahlt wird, besteht die Gegenleistung für eine Konzession in dem Recht zur Nutzung der Dienstleistung.[740] Die Monopolkommission hat jedoch in der Vergangenheit wiederholt an den Gesetzgeber appelliert, eine Unterstellung des Abschlusses von Konzessionsverträgen unter das Vergaberecht zu erwägen.[741] **258**

3. Informationsansprüche. Das BKartA und die BNetzA haben in ihrem **gemeinsamen Leitfaden zur Vergabe von Strom- und Gaskonzessionen** von 2010 (mittlerweile in zweiter, überarbeiteter Aufl. aus 2015) dargestellt, welche Daten den Bietern im Rahmen eines wettbewerbsrechtlich ordnungsgemäßen Konzessionsvergabeverfahrens zur Verfügung zu stellen sind. Dazu gehören einerseits technische Angaben zu den Anlagegütern, aber auch ein Netzplan, die Altersstruktur und insb. das Konzessionsabgabeaufkommen (nach Tarif- und Sondervertragskunden getrennt).[742] Damit die Gemeinden die An- **259**

---

[735] Im Ergebnis auch *Kermel,* RdE 2005, 153, 158; *Hellermann,* in: *Britz/ders./Hermes,* EnWG, § 46 Rdnr. 67.

[736] OLG Celle RdE 2013, 335, 336. Dabei war umstritten, ob § 46 Abs. 2 S. 3 EnWG, der nur von öffentlicher Bekanntmachung spricht, genauso wie S. 1 auszulegen ist, was das OLG im Ergebnis bejahte; so bereits schon *Pippke/Gaßner,* RdE 2006, 33, 37.

[737] EuGH U. v. 13.4.2010, Rs. C-91/08, Slg. 2010, I-2815, 2874 – *Wall.*

[738] *Hellermann,* in: *Britz/ders./Hermes,* EnWG, § 46 Rdnr. 66; *Pippke/Gaßner,* RdE 2006, 33, 36.

[739] EuGH U. v. 17.7.2008, Rs. C-437/06, Slg. 2008, I-5641, 5681 – *ASM Brescia SpA/Comune di Rodengo Saiano.*

[740] EuGH U. v. 10.11.2011, Rs. C-348/10, Slg. 2011, I-10983, Rdnr. 41 – *Norma-A und Dekom.*

[741] Vgl. Monopolkommission, Sondergutachten 65, 2013, Rdnr. 465, 473; Sondergutachten 59, 2011, Rdnr. 46 ff. Siehe dazu auch *Michaels/Kohler,* ZNER 2012, 29 ff.

[742] Gemeinsamer Leitfaden von BKartA und BNetzA zur Vergabe von Strom- und Gaskonzessionen und zum Wechsel des Konzessionsnehmers, 2. Aufl. 2015, Rdnr. 39 ff.

forderungen erfüllen können, wurde ihnen durch die Novellierung des EnWG im Jahr 2011 gleichsam ein **Informationsanspruch gegen den Altkonzessionär** nach § 46 Abs. 2 S. 4 EnWG gewährt. Danach ist der bisherige Nutzungsberechtigte verpflichtet, der Gemeinde spätestens ein Jahr vor Bekanntmachung der Gemeinde nach Abs. 3 wirtschaftliche und technische Informationen über das Netz zur Verfügung zu stellen. Die Nichterfüllung bzw. Verweigerung des Anspruchs stellt eine Wettbewerbsbeschränkung dar.[743]

260 **4. Auswahlkriterien/Missbrauch.** Welche Auswahlkriterien von der Gemeinde im Rahmen des Vergabeverfahrens angewendet werden dürfen, ist lebhaft umstritten, da sie nicht in § 46 EnWG normiert sind.[744] Vor dem Hintergrund der Novellierungen des EnWG dürfte zumindest dahingehen Einigkeit bestehen, dass die Kriterien geeignet sein sollen, den **Wettbewerb *um* das Netz zu fördern.** Auf die nunmehr bestehende gesetzliche Pflicht, sich an dem Katalog des § 1 EnWG zu orientieren, wurde bereits hingewiesen (vgl. oben unter Rdnr. 255).[745]

261 *a) Amtspraxis.* BKartA und BNetzA haben mittlerweile Fälle aufgelistet, bei denen anzunehmen ist, dass die Gemeinden gegen die Verpflichtungen aus § 19 GWB bzw. Art. 102 AEUV verstoßen: so etwa das Fordern von Gegenleistungen, die im Widerspruch zur KAV stehen (insb. unzulässige Nebenleistungen),[746] die Einwirkung auf die Vertriebstätigkeiten des Bieters oder Altkonzessionärs, keine klare Benennung bzw. Festlegung der Auswahlkriterien[747] und Gewichtung gegenüber den Bietern, die Verweigerung von bzw. der nicht diskriminierungsfreie Zugang zu netzrelevanten Daten für eine sachgerechte Bewerbung sowie die Bevorzugung insb. von Eigenbetrieben ohne sachlichen Grund.[748] Dies bietet jedenfalls teilweise Aufschluss darüber, dass die Kriterien derart ausdifferenziert sein müssen, dass es nicht zu einer verdeckten Bevorzugung kommunaler Eigenbetriebe kommt. So wurde in der jüngeren Vergangenheit von BKartA und BNetzA ein anhaltender Trend zur Rekommunalisierung beobachtet. Strom- und Gaskonzessionen wurden nach Ablauf der Verträge mit privaten EVU vermehrt an kommunale Unternehmen vergeben. Seit dem Jahr 2010 laufen zahlreiche für 20 Jahre abgeschlossene Konzessionsverträge nach und nach aus.[749] In den Fällen *Kreisstadt Mettmann* und *Stadt Pulheim* sah das BKartA Auswahlkriterien ohne Bezug zum Wegerecht oder Netz wie dem Energiehandel und -vertrieb bzw. der

---

743 Begr. des Gesetzesentwurfs der Fraktionen der CDU/CSU und FDP zu § 46 EnWG, BT-Drucks. 17/6072, S. 88 re. Spalte unter Verweis auf den gemeinsamen Leitfaden von BKartA und BNetzA.

744 Auflistung möglicher Auswahlkriterien bei *Höch,* RdE 2013, 60 ff.; *Sauer,* EWeRK 2013, 28, 40 f.; *Greb/Wegner,* Die Vergabe von Konzessionen im Energiebereich, Rdnr. 82 ff.; *Pippke/Gaßner,* RdE 2006, 33, 37 f.

745 Für die bis 2011 geltende Rechtslage aber ebenso OLG Schleswig WuW/E DE-R 3746, 3757 – *Gemeindliche Konzessionsvergabe.* Dafür, dass sich aus § 1 Abs. 1 EnWG keinerlei Beschränkungen für die kommunalwirtschaftliche Betätigung bzgl. der Energieversorgung ergeben *Fischer/Wolf/Embacher,* RdE 2012, 274 ff.

746 Siehe hierzu insbesondere Fn. 757.

747 Sind Auswahlkriterien erst einmal bekannt gegeben worden, dürfen sie anschließend nicht mehr geändert werden: VG Aachen B. v. 13.9.2011, 1 L 286/11, Rdnr. 24 – zitiert nach juris; bestätigt durch OVG NRW RdE 2012, 215, 217, gleichwohl klarstellend, dass es sich beim Abschluss eines Konzessionsvertrages um eine bürgerlich-rechtliche Streitigkeit handelt; aA bzgl. der Änderung der Auswahlkriterien *Albrecht,* in: *Schneider/Theobald,* Recht der Energiewirtschaft, § 9 Rdnr. 95.

748 Gemeinsamer Leitfaden von BKartA und BNetzA zur Vergabe von Strom- und Gaskonzessionen und zum Wechsel des Konzessionsnehmers, 2. Aufl. 2015, Rdnr. 22, 25; siehe auch BKartA B. v. 2.12.2013, B8–180/11-1, Rdnr. 36 – *Gemeinde Cölbe/Stadtwerke Marburg;* B. v. 30.11.2012, B8–101/11, Rdnr. 60, 108 ff. – *Kreisstadt Mettmann;* B. v. 22.6.2012, B10–16/11, Rdnr. 40 – *Stadt Pulheim;* B. v. 21.11.2011, B10–17/11, Rdnr. 19 – *Stadt Markkleeberg.*

749 Gemeinsamer Leitfaden von BKartA und BNetzA zur Vergabe von Strom- und Gaskonzessionen und zum Wechsel des Konzessionsnehmers, 2. Aufl. 2015, Rdnr. 1, 3. Siehe auch Monopolkommission, Sondergutachten 65, 2013, Rdnr. 457.

Straßenbeleuchtung als missbräuchlich iSv § 19 Abs. 1, Abs. 2 Nr. 1 GWB an.[750] Im Ergebnis zielten auch diese Kriterien auf eine Bevorzugung kommunaler Eigenbetriebe. Das Landesministerium für Umwelt, Klima und Energiewirtschaft Baden-Württemberg hat als Landeskartellbehörde am 9.7.2013 einen *Musterkriterienkatalog* als Orientierungshilfe für Stadtwerke herausgegeben.[751] Die Behörde führt dabei insb. fünf Hauptkriterien auf, an denen sich die Vergabe zu orientieren habe: (i) Netzsicherheit, (ii) effiziente, preisgünstige, verbraucherfreundliche Versorgung, (iii) umweltverträgliche Versorgung, (iv) sonstige Belange des Vergebenden (z.B. wirtschaftliche Teilhabe am Netzbetrieb), (v) Konzessionsvertrag (Laufzeit, Kommunalrabatt, Haftungsverteilung). Die Hauptkriterien sind mit Unterkriterien und der jeweils höchstens zulässigen, prozentualen Gewichtung versehen.

b) Rechtsprechung. Das OLG Düsseldorf entnimmt § 46 Abs. 4 EnWG das **Verbot einer sog. „Inhouse-Vergabe"**. Da auf kommunale Betriebe das Verfahren der Absätze 2 und 3 entsprechend anzuwenden ist, könne eine Vergabe nicht unmittelbar ohne Verfahren an kommunale Eigenbetriebe erfolgen.[752] In zwei Verfahren vor dem LG Kiel wurden Konzessionsverträge, die mit einem extra neu gegründeten kommunalen Eigenbetrieb abgeschlossen wurden, für kartellrechtswidrig und nichtig erklärt.[753] Das OLG Schleswig hat als Berufungsgericht die Entscheidungen bestätigt und ausgeführt, dass Gemeinden bei der Vergabe nicht darin frei seien, eine Grundsatzentscheidung dahingehend zu treffen, die Netze künftig in Hände (eigener) kommunaler Betriebe zu geben. Mit der Öffnung des Wettbewerbs um das Netz sei es sogar schlechterdings nicht vereinbar, dass eine Gemeinde ungeachtet solcher Aspekte einfach in den Betrieb des Netzes selbst eintrete.[754] Das OLG äußert sich auch zu den von der Gemeinde ausgewählten Auswahlkriterien: (i) Höhe der Konzessionsabgabe, (ii) Höhe des Kommunalrabatts, (iii) Kostenverteilung für Leitungsumlegungen, (iv) Laufzeit des Konzessionsvertrages, (v) Endschaftsregelung, (vi) Pflicht zur Erdverkabelung, (vii) Rückbau stillgelegter Leitungen. Kriterien wie (i) – (iii), die fiskalische Interessen der Kommunen widerspiegelten, könnten nur in zweiter Linie eine Rolle spielen. Vornehmlich sei auf das **Niveau der erreichbaren Netzentgelte** sowie die **Effizienz des Netzbetreibers** abzustellen; vor den kommunalen Interessen seien auch Qualitätsinteressen wie die Umweltverträglichkeit zu berücksichtigen.[755] Die Entscheidung hat schließlich auch der BGH auf die Revision hin am 17.12.2013 bestätigt. Die von den Gemeinden abgeschlossenen neuen Konzessionsverträge erklärte der BGH aufgrund eines Verstoßes gegen das Diskriminierungsgebot aus § 19 Abs. 1, Abs. 2 Nr. 1 GWB gem. § 134 BGB für nichtig, da bei den Auswahlkriterien einer Gemeinde ein zu starker Schwerpunkt auf die Ausgestaltung einer kommunalen Beteiligung an der Netzgesellschaft gelegt worden sei.[756] Der BGH hat das Erfordernis betont, die Auswahl des Netzbetreibers 262

---

[750] BKartA B. v. 30.11.2012, B8–101/11, Rdnr. 60, 108ff. – *Kreisstadt Mettmann;* B. v. 22.6.2012, B10–16/11, Rdnr. 40 – *Stadt Pulheim.*

[751] Abrufbar unter: http://www.kommunale-stadtwerke.de/fileadmin/user_upload/pdfs/Energie/Regulierung/Landesregulierungsbehoerden/2013-07-09_Musterkriterienkatalog_als_Orientierungshilfe.pdf (abgerufen am 8.6.2015).

[752] OLG Düsseldorf WuW/E DE-R 3804, 3812f.; vorher bereits BKartA B. v. 30.11.2012, B8–101/11, Rdnr. 68ff. – *Kreisstadt Mettmann.*

[753] LG Kiel RdE 2012, 263f.; bzw. RdE 2012, 260.

[754] OLG Schleswig WuW/E DE-R 3746, 3754ff. – *Gemeindliche Konzessionsvergabe.* Das Gericht führt aus, dass die *Kaufering-* bzw. *Endschaftsbestimmung*-Entscheidung des BGH insoweit keine Geltung mehr beanspruchen könne (Fn. 714). Die Parallelentscheidung ist in ZNER 2013, 403ff. abgedruckt.

[755] OLG Schleswig WuW/E DE-R 3746, 3757f. – *Gemeindliche Konzessionsvergabe.* Dies dürfte auch der Einschätzung der Monopolkommission entsprechen, s. Sondergutachten 65, Rdnr. 470. Sie sieht dafür allerdings den Gesetzgeber in der Pflicht, eine entsprechende Bestimmung im Wege einer Erlösobergrenze in § 46 EnWG aufzunehmen.

[756] BGH WuW/E DE-R 4139 – *Stromnetz Heiligenhafen;* bzw. WuW/E DE-R 4159 – *Stromnetz Berkenthin;* aA bzgl. der Nichtigkeitsfolge noch *Albrecht,* in: *Schneider/Theobald,* Recht der Energiewirtschaft, § 9 Rdnr. 96; bereits die kommunale Einflussnahme als Auswahlkriterium ablehnend

vorrangig an den Kriterien auszurichten, die die Zielsetzung des § 1 Abs. 1 EnWG konkretisieren und insoweit auf den zu der Landeskartellbehörde Baden-Württemberg aufgestellten Musterkriterienkatalog verwiesen. Im anderen Fall habe die Gemeinde das Transparenzgebot missachtet, in dem sie zugunsten eines Eigenbetriebes anderen Wettbewerbern die Entscheidungskriterien und deren Gewichtung nicht rechtzeitig mitgeteilt habe.[757] Wenn auch die einzelnen Auswahlkriterien und die Gewichtung nicht bereits zeitgleich mit der Bekanntmachung gemäß § 46 Abs. 3 EnWG den Bewerbern mitgeteilt werden müssen, so müsse eine solche Information zumindest rechtzeitig sämtlichen Bewerbern in einem gleichlautenden Verfahrensbrief offenbart werden, damit diese erkennen können, inwieweit einzelne Auswahlkrierien die Entscheidung der Gemeinde beeinflussen. In einem kommunalaufsichtsrechtlichen Verfahren wurden unlängst entschieden, dass die Ziele des § 1 EnWG zu mindestens 50% in die Vergabeentscheidung mit einfließen müssen.[758] Für den Fall des Verstoßes gegen das Nebenleistungsverbot aus § 3 Abs. 2 Nr. 1 2. HS a.E. KAV hat das OLG München zum Schutz von Mitbewerbern ebenfalls auf die Gesamtnichtigkeit des Konzessionsvertrages nach § 134 BGB erkannt.[759] Das Gericht stellte klar, dass das Verbot des § 3 Abs. 2 Nr. 1 2. HS a.E. KAV auch für Leistungen bei der Aufstellung kommunaler bzw. regionaler Energiekonzepte gilt, soweit diese in Verbindung mit dem Abschluss eines Konzessionsvertrages stehen. Damit entschied das Gericht gegen die Literaturmeinung, nach der sich die Einschränkung hinsichtlich der Verbindung mit dem Abschluss eines Vertrages nur auf Maßnahmen im Sinne von § 3 Abs. 2 Nr. 1 2. HS KAV beziehen sollte, die dem rationellen und sparsamen sowie ressourcenschonenden Umgang mit der vertraglich vereinbarten Energieart dienen. Solche Nebenleistungen dürfen folglich nicht zu Auswahlkriterien einer Vergabeentscheidung gemacht werden.

263 Festzuhalten ist, dass ein Konzessionsvertrag, der aufgrund eines unzulässigen Vergabeverfahrens abgeschlossen wurde, als **gesamtnichtig nach § 134 BGB** anzusehen ist.[760] Kriterien, die auch kommunale Belange berücksichtigen, dürften damit allerdings nicht gänzlich ausgeschlossen sein. Der BGH kritisiert letztlich nur den auf kommunale Belange ausgerichteten Schwerpunkt des Verfahrens. Damit wird zumindest in Zukunft der Praxis ein Riegel vorgeschoben werden, ein Auswahlverfahren nur *pro forma* durchzuführen, aber faktisch Eigenbetriebe aufgrund des zuvor passgenau zugeschnittenen Kriterienkatalogs zu bevorzugen. Um einen fairen Wettbewerb zu garantieren, dürfen die Kommunen auch nicht etwa zunächst Angebote von Wettbewerbern einholen und sodann ein an die Wettbewerber angepasstes, günstigeres Angebot durch Eigenbetriebe abgeben lassen. Dies würde gleichfalls gegen das Diskriminierungsverbot aus § 46 Abs. 1 EnWG bzw. § 19 Abs. 1, Abs. 2 Nr. 1 GWB verstoßen.[761] Gleichwohl wird den Kommunen ein Ermessensspielraum bei der Auswahl der Kriterien verbleiben.[762] Die Hauptkriterien sind aber an den Zielen des § 1 EnWG auszurichten.

III. Rechtsfolgen bei Beendigung des Konzessionsvertrages

264 Soweit bestehende Konzessionsverträgen für die Nutzung öffentlicher Verkehrswege und für die Verlegung und den Betrieb von zu einem Energieversorgungsnetz der allge-

Höch, RdE 2013, 60, 64f.; aA noch *Tischmacher,* IR 2011, 246, 250; *Hoch/Theobald,* KSzW 2011, 300, 307.

[757] BGH WuW/E DE-R 4139 – *Stromnetz Heiligenhafen.* Für eine transparente und diskriminierungsfreie Vergabe auch VGH Baden-Württemberg EnWZ 2013, 475, 477.

[758] OVG Lüneburg RdE 2014, 41, 45, wobei ausdrücklich offengelassen wurde, ob die Ziele des § 1 EnWG nicht sogar ausschließlich zu berücksichtigen sind; zum Teil wird die Auffassung vertreten, es müssten mindestens 75% sein: *Höch,* RdE 2013, 60, 67.

[759] OLG München RdE 2014, 82, 87f. – *Konzessionsverträge.*

[760] Vgl. auch *Säcker/Mohr/Wolf,* Konzessionsverträge im System des europäischen und deutschen Wettbewerbsrechts, S. 97.

[761] So auch *Sauer,* EWeRK 2013, 28, 40.

[762] So auch *Thomas,* RdE 2014, 46, 47.

meinen Versorgung gehörenden Leitungen nach ihrem Ablauf nicht verlängert werden, ist der bisher Nutzungsberechtigte verpflichtet, seine für den Betrieb der **Netze** der allgemeinen Versorgung im Gemeindegebiet notwendigen Verteilungsanlagen dem neuen Energieversorgungsunternehmen gegen Zahlung einer wirtschaftlich **angemessenen Vergütung** zu **übereignen.** Der Begriff der Übereignung wurde erst durch das Gesetz zur Neuregelung energiewirtschaftsrechtlicher Vorschriften vom 26.7.2011 mit Wirkung zum 4.8.2011 in § 46 Abs. 2 S. 2 EnWG eingefügt und ersetzt der Begriff der Überlassung. Voran gegangen war dem ein langwährender Streit um die Auslegung des Überlassungsbegriffs, insb. ob damit zwingend eine Übereignung der Verteilungsanlagen einherzugehen habe (so zuletzt noch vor der Änderung durch den Gesetzgeber das BKartA).[763] Jetzt ist die Übereignung als gesetzlicher Regelfall konzipiert. Gleichzeitig wurde jedoch in § 46 Abs. 2 S. 3 EnWG das Recht des Neukonzessionärs eingefügt, lediglich **die Besitzeinräumung statt der Übereignung** zu verlangen. **Gegenstand der Übereignung bzw. Besitzeinräumung** sind allein die **Netzanlagen,** die für den Betrieb der Netze der allgemeinen Versorgung im Gemeindegebiet erforderlich sind. Zur Konkretisierung führen BKartA und BNetzA aus, dass Versorgungsanlagen dann als erforderlich anzusehen sind, wenn sie nicht hinweggedacht werden können, ohne dass die Versorgung im Gemeindegebiet und damit die Versorgung bestimmter Letztverbraucher ausgeschlossen würde. So sind BKartA und BNetzA auch der Ansicht, dass sog. multifunktionale Leitungen, die sowohl der Versorgung von Letztverbrauchern als auch einem übergeordneten Zweck wie dem überörtlichen Energietransport dienen, ebenfalls zu übereignen sind, es sei denn, der überörtliche Charakter überwiegt.[764] Die Vergabepraxis mit dem daraus resultierenden neuen Konzessionsvertrag ist hinsichtlich ihrer Gesetzeskonformität innerhalb des Anspruchs des Neukonzessionärs auf Übereignung bzw. Einräumung des Besitzes zu überprüfen.[765] Mängel im Vergabeverfahren sollten nach ursprünglicher Ansicht der BNetzA dem Übereignungsanspruch des Neukonzessionärs nicht entgegen gehalten werden können. Diese sollten nur von unterlegenen Mitbewerbern bei den entsprechenden Verfahren der Kartellbehörden eingewandt werden können.[766] Dies wurde obergerichtlich inzwischen mehrfach abgelehnt. Demnach hat nur derjenige einen Übereignungs- bzw. Besitzüberlassungsanspruch, der nach einem zulässigen Vergabeverfahren hätte ausgewählt werden müssen.[767] Mit der Übertragung der öffentlichen Versorgungseinrichtungen gehen nicht zugleich auch die Vertragsverhältnisse mit den über das jeweilige kommunale Netz versorgten Tarifkunden auf den neuen Konzessionsinhaber über.[768] Dies ist die Folge der mit der Entflechtung einhergehenden operationellen Trennung zwischen Netz und Vertrieb; die Übertragung der dem Netzbetrieb zuzuordnenden Infrastrukturanlagen hat von vornherein keinen Einfluss auf bestehende Lieferverträge. Die Frage, welches Unternehmen verpflichtet ist, innerhalb eines Netzgebietes Haushaltskunden zu allgemeinen Bedin-

---

[763] Gemeinsamer Leitfaden von BKartA und BNetzA zur Vergabe von Strom- und Gaskonzessionen und zum Wechsel des Konzessionsnehmers, 1. Aufl. 2010, S. 11 Fn. 21. Schon im Rahmen der Novelle von 2005 wurde eine gesetzliche Klarstellung erhofft, da die Streitigkeit schon im Rahmen von § 13 Abs. 2 EnWG 1998 bestand, beim EnWG 2005 aber schließlich doch noch nicht umgesetzt. Das OLG Düsseldorf hat sich allerdings gegen eine Eigentumsübertragungspflicht aus § 46 Abs. 2 S. 1 a. F. ausgesprochen, RdE 2013, 128, 134.

[764] Gemeinsamer Leitfaden von BKartA und BNetzA zur Vergabe von Strom- und Gaskonzessionen und zum Wechsel des Konzessionsnehmers , 2. Aufl. 2015, Rdnr. 56.

[765] OLG München RdE 2014, 82, 84 – *Konzessionsverträge;* OLG Düsseldorf RdE 2013, 128, 134 f.; OLG Schleswig WuW/E DE-R 3746, 3754 – *Gemeindliche Konzessionsvergabe.*

[766] BNetzA B. v. 19.6.2012, BK6–11-079, S. 16 Ziff. 2.3. Den Beschluss hat die BNetzA zwar mit Beschluss vom 29.4.2013 widerrufen; sie hält aber gleichwohl daran fest, dass sie nicht befugt sei, im Rahmen eines Verfahrens zur Überprüfung des Netzübergangs nach § 65 Abs. 2 iVm § 46 Abs. 2 S. 2 EnWG die Rechtmäßigkeit des Verfahrens zu überprüfen.

[767] Siehe oben Fn. 763.

[768] Vgl. zu vor Einführung des EnWG 2005 aufgeworfenen Fragen die Vorauflage, § 34 Rdnr. 218.

gungen und allgemeinen Preisen in Niederspannung oder Niederdruck als sog. Grundversorger zu beliefern, entscheidet sich unabhängig von den bestehenden Rechtsverhältnissen an dem jeweiligen Versorgungsnetz auf der Grundlage gesetzlicher Bestimmungen allein danach, wer in einem Netzgebiet die meisten Haushaltskunden mit Energie beliefert, vgl. § 36 EnWG.

265 Zur Frage der **„angemessenen Vergütung“,**[769] die der neue Konzessionsinhaber bei Auslaufen eines Konzessionsvertrages an den „Alt-Konzessionär“ für die Überlassung der örtlichen Versorgungsanlagen zahlen muss (§ 46 Abs. 2 S. 2 EnWG), hat der BGH in einer Grundsatzentscheidung noch auf der Grundlage von § 103a GWB a. F. Stellung genommen.[770] Nach Auffassung des BGH ist eine vertragliche Vereinbarung in einem Konzessionsvertrag über die Vergütung der zu übertragenden Versorgungsanlagen in Höhe des *Sachzeitwertes* gem. §§ 1 GWB, 103a GWB a. F. dann unwirksam, wenn der Sachzeitwert den *Ertragswert* des Netzes nicht unerheblich übersteigt. Ansonsten bestehe die Gefahr, dass der vereinbarte Netzkaufpreis die Übernahme der Stromversorgung durch einen nach den Maßstäben wirtschaftlicher Vernunft handelnden Versorger ausschließt und die Gemeinde dadurch faktisch an den bisherigen Versorger bindet. Um eine solche **prohibitive Wirkung des Übernahmepreises** auszuschließen, muss der **Ertragswert die obere Grenze** der Vergütung bilden.[771] Auch wenn an der Entscheidung neuerlich Kritik geübt und die Fortgeltung in Zweifel gezogen wird, bleibt abzuwarten, ob der BGH sich in Zukunft erneut mit der Methode befassen wird.[772] Fehlt eine vertragliche Vereinbarung in Bezug auf die Vergütungshöhe, ist nach Auffassung des OLG Düsseldorf im Wege ergänzender Vertragsauslegung der objektive Wert der zu übertragenen Anlagen zu ermitteln.[773] Dem ist der BGH entgegengetreten und hat unter Aufhebung des vorinstanzlichen Urteils entschieden, dass ein Kaufvertrag wegen Einigungsmangels schon nicht wirksam zustande kommt, wenn bei den Verhandlungen über den Abschluss keine Einigung über die Höhe des Kaufpreises erzielt wird. Etwas anderes gelte nur dann, wenn die Parteien sich auf ein einseitiges Leistungsbestimmungsrecht einigen können. Ein Vertrag komme demgegenüber zu Stande, wenn sich der Käufer lediglich vertraglich vorbehält, die Angemessenheit des Kaufpreises gerichtlich überprüfen zu wollen und das Gezahlte zurückzufordern.[774] Auch bei der Beurteilung der Angemessenheit der Vergütung im Sinne des § 46 Abs. 2 EnWG kommt es darauf an, ob aus der Sicht des potentiellen Erwerbers der Kostenaufwand für die Erlangung der örtlichen Verteilnetze in Anlehnung der zu erwartenden Erlöse kaufmännisch und betriebswirtschaftlich vertretbar ist. Von besonderer Bedeutung sind dabei die regulatorischen Vorgaben sowohl der Strom- als auch der GasNEV hinsichtlich der Kalkulation der Netznutzungsentgelte. Beide Verordnungen sehen ungeachtet einer Änderung

---

[769] Ausführlich *Büdenbender/Rosin/Michaelis,* RdE 2014, 1 ff. Zur angemessenen Vergütung im Hinblick auf eine verfassungskonforme Auslegung *Papier/Schröder,* RdE 2012, 125 ff. Im Übrigen *Albrecht,* in: *Schneider/Theobald,* Recht der Energiewirtschaft, § 9 Rdnr. 140 ff.

[770] BGHZ 143, 128 = WuW/E DE-R 409 – *Endschaftsbestimmung.* Zum Beschluss *Theobald,* NJW 2000, 1389.

[771] So auch Gemeinsamer Leitfaden von BKartA und BNetzA zur Vergabe von Strom- und Gaskonzessionen und zum Wechsel des Konzessionsnehmers, 2. Aufl. 2015, Rdnr. 59 ff. unter Verweis auf BGH WuW/E DE-R 409 ff. – *Endschaftsbestimmung,* allerdings unter dem Namen *Kaufering.*

[772] Das OLG Schleswig hatte eine Fortgeltung der *Kaufering*-Grundsätze im Hinblick darauf verworfen, dass sie damals vor dem Hintergrund einer „völlig freien und ungehinderten“ Entscheidung der Gemeinde zum Selbsteintritt in den Netzbetrieb aufgestellt wurden, WuW/E DE-R 3746, 3756 f. – *Gemeindliche Konzessionsvergabe* Eine solche Entscheidung wird aber angesichts der Ziele des § 1 EnWG nunmehr abgelehnt (vgl. oben Rdnr. 262). Vgl. auch *Büdenbender/Rosin/Michaelis,* RdE 2014, 1. Der BGH hat die Entscheidung der OLG Schleswig bestätigt (WuW/E DE-R 4139 – *Stromnetz Heiligenhafen*), sich zur Frage der angemessenen Vergütung jedoch nicht geäußert. Im B. v. 3.6.2014, EnVR 10/14, Rdnr. 45 – *Stromnetz Homberg* (insoweit in WuW/E DE-R 4322 nicht abgedruckt) verweist der BGH für die Berechnung der angemessenen Vergütung indes auf die *Endschaftsbestimmung*-Entscheidung.

[773] OLG Düsseldorf ZNER 2004, 291 ff. – *RWE/Stadtwerke Lippstadt.*

[774] BGH NJW-RR 2006, 1139 = ZNER 2006, 140 – *Rückforderungsvorbehalt.*

der Eigentumsverhältnisse das Verbot der Abschreibung unter Null vor. Das hat zur Folge, dass der neue Konzessionär nur innerhalb der in der Verordnung festgelegten höchstzulässigen Abschreibungsdauer die Abschreibungen linear fortführen und zur Grundlage der Ermittlung der Netzentgelte machen kann. Nicht prohibitiv und damit angemessen im Sinne von § 46 Abs. 2 EnWG ist danach nur eine Vergütung, die der neue Konzessionär durch Netznutzungsentgelte im Rahmen des kalkulatorischen Restwertes (Ertragswert unter Berücksichtigung der Vorgaben der StromNEV und GasNEV) amortisieren kann.[775]

IV. Konzessionsabgaben

Für die Gestattung der Nutzung der Wegerechte ermöglicht § 48 Abs. 1 EnWG die Erhebung von Konzessionsabgaben. Dabei handelt es sich jedoch nicht um Abgaben im eigentlichen Sinne, sondern um privatrechtliche **Entgelte.**[776] Aufgrund der Ermächtigung von § 48 Abs. 2 EnWG werden Zulässigkeit und Bemessung dieser Entgelte in der Konzessionsabgabenverordnung (KAV)[777] geregelt. Das BKartA hat zuletzt wiederholt Verfahren gegen Verteilernetzbetreiber aufgrund erhobener Konzessionsabgaben geführt.[778] Gegenstand der Untersuchung waren Vorgänge, in denen Drittanbietern von Gas Abgaben in Rechnung gestellt wurden, die für die Versorgung von Grundversorgungskunden abgerechnet zu werden pflegen und damit um ein Vielfaches höher lagen als diejenigen für (die tatsächlich abzurechnenden) Sondervertragskunden, da in § 2 Abs. 4, Abs. 5 KAV **Obergrenzen für Sondervertragskunden** vorgesehen sind. Dabei **verringerten** die **Verteilernetzbetreiber die Margen der Drittanbieter** und hinderten diese daran, Kostenvorteile an ihre Kunden weiter zu geben. Das BKartA erkannte darin eine Markteintrittsschranke und stellte folglich den Missbrauch einer marktbeherrschenden Stellung iSv § 19 Abs. 1, Abs. 2 Nr. 1 GWB fest. Während die restlichen Fälle mittels Verpflichtungszusagen nach § 32b GWB geregelt wurden, erließ das BKartA im Fall *Gasversorgung Ahrensburg* eine Abstellungsverfügung. Konkret schloss dort die Stadt Ahrensburg mit einem Energieversorgungsunternehmen, an dem die Stadt zu 100% beteiligt war, einen Konzessionsvertrag, der die Verpflichtung enthielt, von dritten Versorgern Konzessionsabgaben in der Höhe zu verlangen, die auch bei der Versorgung von Endabnehmern durch das stadteigene Energieversorgungsunternehmen entstehen würden. Da aber der stadteigene Gasversorger gleichzeitig Grundversorger war, mussten sämtliche Drittanbieter, auch wenn es sich bei ihren Endabnehmern um Sondervertragskunden handelte, die höheren, lediglich für Grundversorgungskunden fälligen Konzessionsabgaben zahlen. Gegen einen Behinderungsmissbrauch wurde dort seitens des Versorgers eingewandt, dass die mit dem Verteilernetzbetreiber konzernverbundenen Lieferanten ebenso von den höheren Abgaben betroffen seien. Das Argument greift nach Ansicht des BKartA aber dann nicht, wenn der Verteilernetzbetreiber im alleinigen Eigentum des Konzessionsabgabengläubigers, also in diesen Fällen der Kommune, liegt. Denn der Verlust bei der Marge der Gasbelieferung werde intern durch die höheren Konzessionsabgaben, die die Kommune einnimmt, aufgefangen.[779] Die von der Kommune angefochtene Verfügung wurde sowohl in 1. Instanz vom OLG Düsseldorf als auch auf die Rechtsbeschwerde hin durch den BGH bestätigt.[780] Der BGH führte aus, dass kartellrechtliche Maßnahmen, welche den Missbrauch des kommunalen Wegerechts betreffen, ausnahmsweise auch dann gegen den Netzbetreiber 266

---

[775] Vgl. Gemeinsamer Leitfaden von BKartA und BNetzA zur Vergabe von Strom- und Gaskonzessionen und zum Wechsel des Konzessionsnehmers 2010, Rdnr. 44.

[776] Vgl. Begr. RegE, BT-Drucks. 13/7274, S. 21.

[777] Siehe bereits oben Rdnr. 65.

[778] BKartA WuW/E DE-V 1729 – *GGEW Bergstraße;* WuW/E DE-V 1803 – *Gasversorgung Ahrensburg;* B. v. 17.9.2009, B10–74/08 – *Stadtwerke Torgau;* B. v. 27.4.2010, B10–42/09 – *Stadtwerke Völklingen.*

[779] BKartA WuW/E DE-V 1803, 1807 f. – *Gasversorgung Ahrensburg.*

[780] BGH WuW/E DE-R 3879 ff. – *Gasversorgung Ahrensburg* mit Anmerkung *Lange,* RdE 2013, 229 ff.; Vorinstanz OLG Düsseldorf RdE 2012, 65 ff. mit Anmerkung *Weyer,* RdE 2012, 354 ff.

gerichtet werden können, wenn dieser eine wirtschaftliche Einheit mit der Gemeinde bildet.[781] Indem die Betroffene anderen Gaslieferanten unzulässige Beträge berechne, begrenze sie die Möglichkeiten der Wettbewerber auf dem nachgelagerten Markt, Letztverbraucher mit Gas zu beliefern.[782]

§ 35 Unternehmen nach Art. 106 AEUV

Übersicht

[781] BGH WuW/E DE-R 3879, 3883 – *Gasversorgung Ahrensburg.*
[782] BGH WuW/E DE-R 3879, 3887 f. – *Gasversorgung Ahrensburg.*

Schrifttum: *Allkemper/Jones,* Fragen zur Anwendung von Art. 36 und 37 des EWG-Vertrages, EWS 1993, 130 ff.; *Bach,* Wettbewerbsrechtliche Schranken für staatliche Maßnahmen nach europäischem Gemeinschaftsrecht, 1992; *Basedow,* Europarechtliche Grenzen des Postmonopols – Zur Öffnung des Marktes für Massensendungen, EuZW 1994, 359 ff.; *Blum/Logue,* State Monopolies under EC Law, 1998; *Dohms,* Die Entwicklung eines wettbewerblichen Elektrizitätsbinnenmarktes, in: OÖ Kraftwerke AG (Hrsg.), Aktuelle Rechtsprobleme der Elektrizitätswirtschaft 1995, Linz 1995, S. 35 ff.; *ders.,* Die Vorstellungen der Kommission zur Daseinsvorsorge, in: Schwarze (Hrsg.), Daseinsvorsorge im Lichte des Wettbewerbsrechts, 2001, S. 41 ff.; *Dohms/Levasseur,* Commentaire des arrêts de la Cour du 23.10.1997 relatifs aux monopoles d'importation et d'exportation de gaz et d'électricité, Competition Policy Newsletter 1998 Number 1, pp. 18 ff.; *Edward/Hoskins,* Art. 90: Deregulation and EC Law, reflections arising from XVI FIDE Conference, CMLRev. 1995, 157 ff.; *Ehlermann,* Managing Monopolies: The Role of the State in Controlling Market Dominance in the European Community, [1993] 2 ECLR 61 ff.; *Ehricke,* Staatliche Handelsmonopole im Recht der EU – Art. 37 EG-Vertrag: Bestandsaufnahme und Perspektiven, WuW 1995, 691; *ders.,* Der Art. 90 EWGV – eine Neubetrachtung, EuZW 1993, 211; *ders.,* Zur Anwendbarkeit des Art. 36 EG-Vertrag auf Art. 37 EG-Vertrag, EWS 1994, 186 ff.; *ders.,* Zur Konzeption von Art. 37 I und Art. 90 II, EuZW 1998, 741 ff.; *Flynn/Pesaresi/Siaterli/Van de Casteele(-Bearbeiter),* EU Competition Law, Volume IV State Aid, 2nd ed. 2015; *Gagliardi,* What Future for Member States' Monopolies?, (1998) 23 ELR

371 ff.; *Grabitz/Hilf/Nettesheim(-Bearbeiter)*, Das Recht der Europäischen Union: EUV/AEUV, Kommentar, Loseblatt (Stand: jeweils angegeben); *Hailbronner,* Öffentliche Unternehmen im Binnenmarkt – Dienstleistungsmonopole und Gemeinschaftsrecht, NJW 1991, 59 ff.; *Heinemann,* Grenzen staatlicher Monopole im EG-Vertrag, 1996; *Immenga/Mestmäcker(-Bearbeiter),* Wettbewerbsrecht, Band 1 EU/Teil 1 Kommentar zum Europäischen Kartellrecht (WbR Bd.1 EU/Teil 1), 5. Aufl. 2012; *Langen/Bunte(-Bearbeiter),* Kommentar, Band 2 Europäisches Kartellrecht (KartR Bd. 2), 12. Aufl. 2014; *Lecheler,* Die Versorgung mit Strom und Gas als „service public" und die Bedeutung der „service public-Doktrin" für Art. 90 Abs. 2 EG, RdE 1996, 212 ff.; *Lecheler/Gundel,* Die Rolle von Art. 90 Abs. 2 und 3 EG in einem liberalisierten Energiemarkt – Zur Bedeutung der EuGH –Entscheidungen vom 23. 10. 1997 für die Zukunft, RdE 1998, 92 ff.; *Loewenheim/Meessen/Riesenkampff(-Bearbeiter),* Kartellrecht, Kommentar, 2. Aufl. 2009; *Mestmäcker,* Staat und Unternehmen im europäischen Gemeinschaftsrecht, Zur Bedeutung von Art. 90 EWGV, RabelsZ 52 (1988), 526 ff.; *Mestmäcker,* Gemeinschaftsrechtliche Schranken für die Begründung und Ausübung besonderer und ausschließlicher Rechte nach Art. 90 Abs. 1 EWG-Vertrag, in: Fs. für Deringer, 1993, S. 79 ff.; Münchener Kommentar, Europäisches und Deutsches Wettbewerbsrecht (Kartellrecht), Missbrauchs- und Fusionskontrolle, Band 1 Europäisches Wettbewerbsrecht (zitiert: *MüKo-Bearbeiter*), 2. Aufl. 2015; *Pais Antunes,* L'article 90 du Traité CEE, Obligations des Etats membres et pouvoirs de la Commission, RTDE 1991, 187 ff.; *Papaconstantinou,* Free Trade and Competition in the EEC, 1988; *Schaub/Dohms,* Der wettbewerbliche Binnenmarkt für Strom und Gas – Zur Rolle von Art. 90 Abs. 2 EG, AG 1998, 566 ff.; *Schröter/Jakob/Klotz/Mederer(-Bearbeiter),* Europäisches Wettbewerbsrecht, Großkommentar, 2. Aufl. 2014; *Streinz(-Bearbeiter),* EUV/AEUV, Kommentar, 2. Aufl. 2012; *Temple Lang,* Community Antitrust Law and Government Measures relating to the Public and Privileged Enterprises: Article 90 EEC Treaty, in: Hawk (Hrsg.), 1984 Fordham Corporate Law Institute S. 543 ff.; *ders.,* Community Antitrust Law and National Regulatory Procedures, in: Hawk (Hrsg.), 1997 Fordham Corporate Law Institute S. 297 ff.; *Thiessen,* Art. 90 Abs. 2 Satz 1 EG – eine Privilegierung für deutsche Energieversorger ?, EWS 1998, 10 ff.; *von Burchard,* Die Kompetenzen der EG-Kommission nach Art. 90 III EWGV, Anmerkungen zum Urteil des EuGH vom 19. 3. 1991 zur Telekommunikationsendgeräte-Richtlinie, EuZW 1991, 339 ff.; *von der Groeben/Schwarze/Hatje(-Bearbeiter),* Europäisches Unionsrecht, 7. Aufl. 2015; *Wachsmann/Berrod,* Les critères de justification des monopoles: un premier bilan après l'affaire Corbeau, RTDE 1994, 39 ff.; *Wilms,* Das Europäische Gemeinschaftsrecht und die öffentlichen Unternehmen – Die Kompetenz der Kommission aus Art. 90 Abs. 3 EG-Vertrag und ihre Anwendung auf die Elektrizitätswirtschaft, 1996.

A. Einleitung und Grundbegriffe

I. Funktion, Aufbau und systematische Stellung des Art. 106 AEUV

1. Kurze Übersicht zu Art. 106. Art. 106 unterwirft **unterschiedliche Formen unternehmensbezogener staatlicher Interventionen in die Wirtschaft** einer Kontrolle mit dem Ziel, Verletzungen grundlegender Regeln und Freiheiten des AEUV, wie insbes. derjenigen des Wettbewerbs und des Binnenmarktes, zu verhindern und deren Einschränkungen auf ein sachlich gerechtfertigtes Maß zu begrenzen. Art. 106 trägt damit zur Verwirklichung eines Systems, das den Wettbewerb innerhalb des Binnenmarkts vor Verfälschungen schützt (Art. 3 Abs. 3 EUV iVm. Protokoll Nr. 27), und zur Verwirklichung des Binnenmarkts selbst (Art. 3 Abs. 3 EUV) bei. Die Einordnung des Art. 106 innerhalb des AEUV in den Dritten Teil *(„Die internen Politiken und Maßnahmen der Union"),* Titel VII, Kapitel 1 *(„Wettbewerbsregeln"),* Abschnitt 1 (*„Vorschriften für Unternehmen"*, Art. 101–106) erklärt sich daraus, dass das Schwergewicht der Vorschrift auf der Gewährleistung eines durch unternehmerische Initiative getragenen Wettbewerbs im Binnenmarkt beruht. Dies rechtfertigt die systematische Stellung des Art. 106 zur Abrundung am Ende der auf Unternehmensverhalten bezogenen Wettbewerbsregeln und vor den Sonderregeln über Staatseingriffe in Form von staatlichen Beihilfen. 1

Wegen der sehr unterschiedlichen Traditionen unternehmensbezogener staatlicher Eingriffe in die Wirtschaft ist Art. 106 das **Ergebnis eines politischen Kompromisses** der ursprünglichen Mitgliedstaaten bei der Abfassung des EWG-Vertrags im Jahre 1957.[1] Der 2

[1] Grabitz/Hilf/Nettesheim-*Wernicke,* Das Recht der Europäischen Union, Art. 106 AEUV Rdnr. 1 (Stand: 3/2011); Loewenheim/Meessen/Riesenkampff-*Ehricke,* Art. 86 EG Rdnr. 10; *Wilms,* S. 92–93 mwN.

Wortlaut lässt deswegen einen weiten Interpretationsspielraum, wird oft als *„bewusst unklar"* gehalten beschrieben[2] und bereitet entsprechende Anwendungsschwierigkeiten. Zahlreiche unterschiedliche Interessen waren auszugleichen:[3] Zum einen gab es die Befürchtung derjenigen Mitgliedstaaten mit überwiegend privat und wettbewerblich organisierter Wirtschaft, Nachteile im Wettbewerb ihrer Unternehmen und bei der Wahrnehmung der Binnenmarktfreiheiten gegenüber denjenigen Mitgliedstaaten zu erleiden, die über große Wirtschaftssektoren verfügten, in denen öffentliche und/oder mittels staatlich gewährter ausschließlicher oder besonderer Rechte privilegierte Unternehmen tätig waren.[4] Auf diese Problematik antwortet **Art. 106 Abs. 1** durch ein an die Mitgliedstaaten gerichtetes Verbot, bei Maßnahmen im Zusammenhang mit öffentlichen oder privilegierten Unternehmen, mit denen sie naturgemäß eine Sonderbeziehung verbindet, die Regeln des AEUV, insbes. die Wettbewerbsregeln, das allgemeine Diskriminierungsverbot und die Binnenmarktfreiheiten zu verletzen **(Verbot der mittelbaren Vertragsverletzung),** was neben diesen Zielen unterstützend auch die Wettbewerbschancen der nicht in Art. 106 Abs. 1 genannten Unternehmen in gewissem Maße fördert. Zum anderen war das Interesse der Mitgliedstaaten am Einsatz bestimmter Unternehmen als Instrument ihrer Wirtschafts- und Fiskalpolitik oder zur Wahrnehmung besonderer Aufgaben – insbes. im Lichte traditioneller Konzepte der **„Daseinsvorsorge"** oder des **„service public"** – in Einklang zu bringen mit dem Interesse der Gemeinschaft/Union an der Einhaltung der Wettbewerbsregeln und der Wahrung der Einheit des Binnenmarktes. Hiermit befasst sich **Art. 106 Abs. 2.** Schließlich galt es, neben den allgemeinen Regeln besonders **effektive Instrumente** zur Überwachung der Einhaltung und zur Durchsetzung der in Art. 106 vereinbarten Regeln und Prinzipien durch die Kommission bereitzustellen. Dies tut **Art. 106 Abs. 3.**

3 **2. Art. 106 Abs. 1: Verantwortlichkeit der Mitgliedstaaten.** Art. 106 Abs. 1 knüpft an die **besondere Beziehung an, die der Staat** kraft seines beherrschenden Einflusses zu **öffentlichen Unternehmen** oder kraft der Gewährung besonderer oder ausschließlicher Rechte zu den hierdurch **privilegierten Unternehmen** hat. Da aufgrund dieser Sonderbeziehung angenommen werden kann, dass **staatliche Maßnahmen** in Bezug auf diese Unternehmen in ihren Auswirkungen potentiell effektiver sind und damit gefährlicher sein können, unterwirft Art. 106 Abs. 1 diese Maßnahmen einer speziellen Kontrolle. Vor diesem Hintergrund verfolgt diese Vorschrift im Wesentlichen zwei eng miteinander verbundene **Ziele:**

4 **Erstens** soll Art. 106 Abs. 1 verhindern, dass die Mitgliedstaaten durch Maßnahmen in Bezug auf die in dieser Vorschrift genannten Unternehmen **die Vorschriften des AEUV verletzen,** auf die im Wortlaut des Art. 106 Abs. 1 verwiesen wird. In der Tat ist Art. 106 Abs. 1 stets eine **Verweisungsnorm,** deren materieller Verpflichtungsinhalt für den Mitgliedstaat sich nur in Verbindung mit der jeweiligen Norm, auf die Art. 106 Abs. 1 verweist und mit der zusammen der Art. 106 Abs. 1 im Einzelfall angewandt werden soll, ergibt. Auf dieser Grundlage erfüllt der Art. 106 Abs. 1 seine Aufgabe auf zwei Ebenen und hat somit eine **Doppelfunktion:** Er hat zum einen eine **Klarstellungsfunktion,** indem er die Mitgliedstaaten daran erinnert, die an sie gerichteten Vorschriften des AEUV (insbes. die Binnenmarktregeln und das allgemeine Verbot der Diskriminierung aus Gründen der Staatsangehörigkeit) auch bei Maßnahmen in Bezug auf die genannten Unternehmen zu beachten sowie diese Unternehmen nicht zu Vertragsverstößen zu instrumentalisieren. Zum anderen hat der Art. 106 Abs. 1 eine **Komplementärfunktion,** indem er iVm. den allein an Unternehmen gerichteten Art. 101 oder 102 AEUV **originär eine neue Ver-**

[2] Grabitz/Hilf/Nettesheim-*Wernicke,* Das Recht der Europäischen Union, Art. 106 AEUV Rdnr. 1 (Stand: 3/2011).

[3] Langen/Bunte-*Stadler,* KartR Bd. 2, Art. 106 AEUV Rdnr. 3.

[4] Zwecks sprachlicher Vereinfachung werden in dieser Abhandlung auch folgende Begriffe verwandt: „Sonderrechte" für „ausschließliche oder besondere Rechte", „privilegierte Unternehmen" für „Unternehmen, denen vom Staat ausschließliche oder besondere Rechte gewährt wurden".

antwortlichkeit der Mitgliedstaaten für ihre Maßnahmen begründet, die zu einem wettbewerbswidrigen, die Tatbestände des Art. 101 oder 102 erfüllenden Verhalten seitens der in Art. 106 Abs. 1 genannten öffentlichen oder mit ausschließlichen bzw. besonderen Rechten ausgestatteten Unternehmen führen oder führen können. Im Zusammenhang mit diesen Unternehmen ist **Art. 106 Abs. 1 lex specialis** zu den allgemeinen Vorschriften der **Art. 3 Abs. 3 EUV iVm. Protokoll Nr. 27, Art. 4 Abs. 3 EUV iVm. Art. 101 und 102 AEUV,** wonach die Mitgliedstaaten kraft ihrer Loyalitätsverpflichtung gegenüber der Union im Hinblick auf alle Arten von Unternehmen keine Maßnahmen treffen oder aufrechterhalten dürfen, die die praktische Wirksamkeit der für die Unternehmen geltenden Wettbewerbsregeln beeinträchtigen und das Ziel eines unverfälschten Wettbewerbs innerhalb des Binnenmarkts gefährden. Die Voraussetzungen der speziellen staatlichen Haftung aus Art. 106 Abs. 1 iVm. Art. 101/102 sind schrittweise von der Rechtsprechung entwickelt worden, inzwischen weitgehend geklärt, aber noch nicht vollständig konsolidiert.

Im Zuge des Schutzes von Wettbewerb und Binnenmarkt an sich, fördert Art. 106 Abs. 1 **zweitens** gleichzeitig auch die **Wettbewerbschancen** der nicht in Art. 106 Abs. 1 genannten Unternehmen. Zwar sind Schutz und Förderung von einzelnen Wettbewerbern als solches kein Ziel der europäischen Wettbewerbs- und Binnenmarktpolitik. Beide Politiken tragen jedoch der Tatsache Rechnung, dass funktionierender Wettbewerb und ein lebendiger Binnenmarkt zugunsten der Bürger, Kunden und Verbraucher nur gewährleistet werden können, wenn zahlreiche verschiedene Unternehmen auf dem Markt agieren und konkurrieren können. Dies wird zur **Gestaltungsaufgabe,** sobald anerkannt ist, dass der Staat im Wege der Schaffung öffentlicher Unternehmen oder der Gewährung ausschließlicher oder besonderer Rechte eine Sonderbeziehung zu bestimmten Unternehmen im Vergleich zu ihren aktuellen und potentiellen Wettbewerbern aufbauen darf. Art. 106 Abs. 1 stellt den politischen Kompromiss im Hinblick auf diese Gestaltungsaufgabe zur Gewährleistung eines unternehmensgetragenen Wettbewerbs im Binnenmarkt dar. Er stellt die Existenz öffentlicher Unternehmen nicht in Frage (Art. 345 AEUV) und akzeptiert im Prinzip auch die Existenz privilegierter Unternehmen. Jedoch unterwirft Art. 106 Abs. 1 die staatliche Gewährung und Aufrechterhaltung ausschließlicher und besonderer Rechte als solcher teilweise einer Rechtfertigungsbedürftigkeit (die u. a. auch aus Art. 106 Abs. 2 abgeleitet werden kann)[5] und kontrolliert andere staatliche Maßnahmen in Bezug auf die in Art. 106 Abs. 1 genannten Unternehmen im Hinblick auf wettbewerbs- und binnenmarktschädigende Auswirkungen. Für potentielle und aktuelle Wettbewerber dieser Unternehmen werden in diesem Maße Marktzugangsmöglichkeiten und/oder bessere Wettbewerbschancen auf dem Markt eröffnet. 5

3. Art. 106 Abs. 2: Ausnahmeregelung. Im Zusammenhang mit Unternehmen, die vom Staat **mit Dienstleistungen von allgemeinem wirtschaftlichem Interesse betraut** worden sind oder den Charakter eines staatlichen **Finanzmonopols** haben, kann Art. 106 Abs. 2 die Anwendung der Regeln des AEUV lockern, wenn und soweit dies notwendig ist, um zu vermeiden, dass die Erfüllung der diesen Unternehmen übertragenen besonderen Aufgaben **verhindert** wird. Art. 106 Abs. 2 ermöglicht nicht nur eine Lockerung der Verantwortlichkeit der **Unternehmen** nach den EU-Wettbewerbsregeln, sondern auch eine Einschränkung der Verpflichtungen, die sich aus dem AEUV direkt für die **Mitgliedstaaten** ergeben (insbes. aus den Binnenmarkt- und Beihilfenregeln). Als Rechtfertigungs- und Verteidigungsvorschrift kommt Art. 106 Abs. 2 grundsätzlich nur dann in Betracht, wenn sich die interessierten Unternehmen oder Mitgliedstaaten in gegen sie laufenden Verfahren auf diese Vorschrift berufen. **Als Ausnahmeregelung ist Art. 106 Abs. 2 Satz 1 eng auszulegen.** Des Weiteren ist das in Satz 2 dieser Vorschrift enthalte- 6

[5] Im Hinblick auf die Wettbewerbsregeln in sehr begrenztem Maße (s. hierzu unten Rdnr. 137–140 und 146–165; im Hinblick auf die Binnenmarktregeln weitergehend (s. hierzu unten Rdnr. 185–192 und 197–204).

ne Korrektiv zu beachten, wonach die Anwendung der Ausnahme den Handelsverkehr nicht in einem Ausmaß beeinträchtigen darf, das dem **Interesse der Union** zuwiderläuft. Die Anwendung des gesamten Abs. 2 untersteht außerdem dem Prinzip der **Verhältnismäßigkeit.**

7 **4. Art. 106 Abs. 3: Besondere Kompetenzen der Kommission.** Art. 106 Abs. 3 ermöglicht es der Kommission, im Wege des Erlasses von Richtlinien oder Beschlüssen die Verpflichtungen der Mitgliedstaaten aus Art. 106 Abs. 1 und ihren Gestaltungsrahmen nach Art. 106 Abs. 2 durch allgemeine Regeln oder im Einzelfall zu **präzisieren** und zu **konkretisieren.** Die Kommission kann hierbei – unter Aufsicht des Gerichtshofs – unabhängig von der Gesetzgebungstätigkeit anderer Unionsorgane und der Anwendung des Art. 106 durch nationale Behörden und Gerichte vorgehen. Im Rahmen des Anwendungsbereichs des Art. 106 Abs. 1 bietet Art. 106 Abs. 3 der Kommission ein sehr effektives **Instrument zur Liberalisierung von Wirtschaftssektoren,** in denen die Mitgliedstaaten den Wettbewerb durch Gewährung ausschließlicher oder besonderer Rechte ausgeschlossen oder beschränkt haben. Die Proportionalitätsvorschrift des Art. 106 Abs. 2 sorgt dafür, dass auch Dienstleistungen von allgemeinem wirtschaftlichem Interesse von Wettbewerbs- und Binnenmarktbeschränkungen, die zur Erfüllung der besonderen Aufgabe nicht erforderlich sind, befreit werden können.

8 An der politischen Brisanz des Art. 106 Abs. 3 liegt es, dass die Kommission dieses Instrument erst ab Ende der 1980iger Jahre eingesetzt hat. Jedoch ist die Kommission nicht das einzige Organ zur Anwendung und Durchsetzung des Art. 106. Aufgrund der Tatsache, dass Art. 106 Abs. 1 (iVm. direkt anwendbaren Normen) sowie Art. 106 Abs. 2 **direkt anwendbar** sind, können nationale Verwaltungs- und Zivilgerichte diese Vorschriften auf Antrag interessierter Parteien anwenden und durchsetzen. In der Praxis geschieht dies in nennenswertem Umfang, wie die große Zahl von Vorabentscheidungsersuchen, die nationale Gerichte zur Auslegung des Art. 106 an den EuGH richten, dokumentiert.

9 **5. Unterscheidungen und Zusammenhänge.** Die Komplexität des Art. 106 bereitet oft Schwierigkeiten. Als erster Einstieg sollten deshalb die drei Paragraphen und verschiedenen Begriffe dieser Vorschrift strikt auseinandergehalten werden, bevor die in der Praxis meist aus historischen Gründen immer noch häufig auftretenden Überschneidungen beleuchtet werden.

10 Innerhalb des **Art. 106 Abs. 1** gilt, dass privilegierte Unternehmen (d.h. solche, denen der Staat ausschließliche oder besondere Rechte gewährt) sowohl öffentliche als auch private Unternehmen sein können. Dementsprechend genießen öffentliche Unternehmen nicht notwendigerweise gleichzeitig auch vom Staat gewährte ausschließliche oder besondere Rechte. Richtig ist zwar, dass die Mitgliedstaaten auf allen Ebenen in der Vergangenheit meist vorzugsweise ihren eigenen, d.h. öffentlichen Unternehmen eine privilegierte Stellung durch Gewährung ausschließlicher oder besonderer Rechte einräumten. Im Zuge der Teil- oder Vollprivatisierung öffentlicher Unternehmen und/oder der teilweisen bzw. vollständigen Beseitigung ausschließlicher oder besonderer Rechte im Rahmen der Liberalisierung gilt dies jedoch immer weniger.

11 Innerhalb des **Art. 106 Abs. 2** gilt, dass Unternehmen, die vom Staat mit Dienstleistungen von allgemeinem wirtschaftlichem Interesse betraut worden sind, sowohl öffentliche als auch private Unternehmen sein und darüber hinaus sowohl durch ausschließliche oder besondere Rechte privilegierte als auch nichtprivilegierte Unternehmen sein können. Richtig ist auch hier, dass die Mitgliedstaaten auf allen Ebenen in der Vergangenheit meist vorzugsweise ihre eigenen, d.h. öffentlichen Unternehmen mit Dienstleistungen von allgemeinem wirtschaftlichem Interesse betrauten und diesen Unternehmen auch oft ausschließliche oder besondere Rechte bei der Erbringung dieser Dienstleistungen einräumten. Privatisierung und Liberalisierung haben jedoch auch hier das Bild diversifiziert. So bleiben z.B. ehemals öffentliche Monopolunternehmen auch nach ihrer Teil- oder Vollprivatisierung und der teilweisen oder vollständigen Liberalisierung ihrer Märkte oft

mit einer Daseinsvorsorgeaufgabe (z. B. der Gewährleistung einer als Universaldienst zu erbringenden Grundversorgung) betraut, die in verschiedenen, teils neuartigen Formen vergütet wird.

Die Rechtspflicht und Verantwortung nach **Art. 106 Abs. 1** betrifft allein die Mitgliedstaaten, nicht die in dieser Vorschrift genannten oder andere Unternehmen. Soweit Unternehmen wettbewerbswidrig handeln, ist dies allein anhand der Art. 101/102 zu prüfen und ggf. zu sanktionieren. Hingegen ist **Art. 106 Abs. 2** eine Rechtfertigungs- und Verteidigungsvorschrift, die sowohl von Mitgliedstaaten als auch von daseinsvorsorgebeauftragten Unternehmen gegen die vollständige Erfüllung jeglicher sich aus dem AEUV für sie ergebender Pflichten vorgetragen werden kann. Somit können sich die Mitgliedstaaten auf den Art. 106 Abs. 2 nicht nur angesichts ihrer Verpflichtungen aus Art. 106 Abs. 1 berufen. Unternehmen, die sich auf Art. 106 Abs. 2 berufen, müssen nicht notwendig zu den in Art. 106 Abs. 1 genannten gehören. 12

II. Der Unternehmensbegriff des Art. 106 AEUV

1. Allgemeines. Der Begriff des Unternehmens in Art. 106 AEUV entspricht demjenigen der Art. 101, 102 AEUV,[6] da die Rechtsprechung zu Art. 106 keine spezielle Definition entwickelt hat.[7] Es gilt daher der **funktionale Unternehmensbegriff,** den der EuGH insbes. in Fällen entwickelt hat, in denen es darum ging, das hoheitliche Handeln staatlicher Stellen vom unternehmerischen, allein den EU-Wettbewerbsregeln unterliegenden Handeln dieser Stellen abzugrenzen.[8] Diese Frage ist zu trennen von der Ausgestaltung des Verhältnisses zwischen öffentlicher Hand einerseits und Unternehmen andererseits, die für die Definition des öffentlichen Unternehmens nach Art. 106 Abs. 1 relevant ist.[9] 13

Seit dem EuGH-Urteil *Höfner*[10] gilt als **Grundformel des funktionalen Unternehmensbegriffs,** dass ***„jede eine wirtschaftliche Tätigkeit ausübende Einheit, unabhängig von ihrer Rechtsform und der Art ihrer Finanzierung"*** als Unternehmen im Sinne des Wettbewerbsrechts anzusehen ist. Ansatzpunkt des EuGH für die Qualifikation einer Einheit als Unternehmen ist daher die **materielle Einordnung ihrer Tätigkeit** als von wirtschaftlicher Natur,[11] unabhängig von rechtlichen Organisationsformen und Finanzierungsarten. 14

Aufgrund des funktionalen Unternehmensbegriffs kann ein und dieselbe Einheit je nach der wirtschaftlichen oder nichtwirtschaftlichen (z. B. hoheitlichen) Natur ihrer jeweiligen Tätigkeiten gleichzeitig teilweise als Unternehmen und teilweise nicht als Unternehmen iSd. des EU-Wettbewerbsrechts anzusehen sein, soweit diese unterschiedlichen Tätigkeiten trennbar sind.[12] Soweit die wirtschaftlichen Tätigkeiten einer öffentlichen Einheit dagegen 15

---

[6] Immenga/Mestmäcker-*Mestmäcker/Schweitzer,* WbR Bd. 1 EU/Teil 1, Art. 106 Abs. 1 AEUV Rdnr. 1, mwN; v. d.Groeben/Schwarze/Hatje-*Schröter,* Europäisches Unionsrecht, Vorbem. zu den Art. 101–105 AEUV Rdnr. 39 ff.; s. auch in diesem Handbuch *Wiedemann,* § 4 Rdnr. 1 ff.

[7] Instruktive Zusammenfassung der Rechtsprechung der Europäischen Gerichte und der Rechtsanwendungspraxis der Europäischen Kommission in: Mitteilung der Kommission über die Anwendung der Beihilfevorschriften der Europäischen Union auf Ausgleichsleistungen für die Erbringung von Dienstleistungen von allgemeinem wirtschaftlichem Interesse (Abschnitt 2.1. Rdnr. 8–30), ABl. 2012 C 8/4.

[8] S. hierzu Rdnr. 14–29.

[9] S. hierzu unten Rdnr. 31–40.

[10] EuGH U. v. 23.4.1991, Rs C-41/90, Slg. 1991, I-1979 Rdnr. 21 – *Höfner und Elser/Macrotron;* EuGH U. v. 11.12.1997, Rs C-55/96, Slg. 1997, I-7119 Rdnr. 21–25 – *Job Centre;* EuGH U. v. 25. 10. 2001, Rs C-475/99, Slg. 2001, I-8089 Rdnr. 19 mwN – *Ambulanz Glöckner.*

[11] Zum Begriff der wirtschaftlichen Tätigkeit s. unten Rdnr. 19 ff.

[12] EuGH U. v. 24.10.2002, Rs C-82/01 P, Slg. 2002, I-9297 Rdnr. 74–82 – *Aéroport de Paris/Kommission;* EuGH U. v. 1.7.2008, Rs C-49/07, Slg. 2008, I-4863 Rdnr. 25–26 – *MOTOE;* EuG U. v. 12.9.2013, Rs T-347/09, ECLI:EU:T:2013:418 Rdnr. 28 – *Deutschland/Kommission („Naturschutzorganisationen").*

untrennbar mit der Ausübung ihrer hoheitlichen Befugnisse verbunden sind, erfolgen alle diese Tätigkeiten in Ausübung hoheitlicher Befugnisse, so dass die öffentliche Einheit insoweit kein Unternehmen iSd. des EU-Wettbewerbsrechts sein kann.[13] Offen ist, ob die Regel von der insgesamt nichtwirtschaftlichen Natur auch dann gilt, wenn Tätigkeiten wirtschaftlicher Natur untrennbar mit Tätigkeiten verbunden sind, deren nichtwirtschaftliche Natur sich nicht aus ihrer hoheitlichen Natur, sondern aus anderen Gründen ergibt. Zumindest muss das Kriterium der Untrennbarkeit eng ausgelegt werden, um zu verhindern, dass sich Unternehmen oder Staaten durch das gezielte Hinzufügen nichtwirtschaftlicher Elemente zur Unternehmenstätigkeit der Anwendung der Vertragsregeln, insbes. der Wettbewerbs- und Binnenmarktregeln, entziehen können.

16 Für einen Mitgliedstaat bedeutet dies: Wird er oder eine seiner Untergliederungen[14] selbst unternehmerisch tätig und ist diese Tätigkeit nicht untrennbar mit hoheitlicher Tätigkeit verbunden, so unterliegt dieses Handeln der Kontrolle nach Art. 101 und 102 AEUV. Die **Verantwortlichkeit des Staates als Unternehmen**[15] **nach Art. 101/102**[16] ist somit zu trennen von der Verantwortlichkeit des Staates nach Art. 106 Abs. 1 iVm. Art. 101/102 für seine Maßnahmen in Bezug auf öffentliche oder mit ausschließlichen bzw. besonderen Rechten ausgestattete Unternehmen. Im Einzelfall kann somit eine doppelte Staatsverantwortlichkeit gegeben sein.

17 **2. Einheit unabhängig von Rechtsform und Art der Finanzierung.** Für die mögliche Qualifizierung einer Einheit als Unternehmen ist ihre Rechtsform unerheblich und eine eigenständige Rechtspersönlichkeit nicht erforderlich.[17] Selbst eine **in die staatliche Verwaltung integrierte Stelle** ist Unternehmen, wenn der Staat durch sie **wirtschaftliche Tätigkeiten ausübt.**[18]

18 Einzelpersonen wie z. B. **Freiberufler** können Unternehmen und ihre berufständischen Vereinigungen oder Berufsverbände somit Unternehmensvereinigungen iSv. Art. 101/102 AEUV sein.[19] Hingegen sind **Arbeitnehmer,** die während der Dauer ihres Arbeitsverhältnisses in ein Unternehmen eingegliedert sind und daher mit diesem eine wirtschaftliche Einheit bilden, nicht selbst „Unternehmen" im Sinne des EU-Wettbewerbsrechts.[20]

19 **3. Wirtschaftliche Tätigkeit.** *a) Tätigkeit von wirtschaftlicher Natur.* Der Begriff der wirtschaftlichen Tätigkeit ist weit auszulegen. Der EuGH versteht darunter nach ständiger Rechtsprechung **jede Tätigkeit industrieller, handwerklicher oder kommerzieller Art, die darin besteht, Güter und Dienstleistungen auf einem bestimmten Markt anzubieten**[21] und somit nicht nur der Eigenversorgung dienen.[22] „Wirtschaftliche Tätig-

---

[13] EuG U. v. 12.9.2013, Rs T-347/09, ECLI:EU:T:2013:418 Rdnr. 29 – *Deutschland/Kommission („Naturschutzorganisationen");* EuGH U. v. 26.3.2009, Rs C-113/07 P, Slg. 2009, I-2207 Rdnr. 71–80 – *SELEX;* EuGH U. v. 12.7.2012, Rs C-138/11, ECLI:EU:C:2012:449; Rdnr. 38 – *Compass-Datenbank.*

[14] Zum Begriff des Mitgliedstaats s. auch unten Rdnr. 30.

[15] Gemäß EuGH U. v. 16.6.1987, Rs 118/85, Slg. 1987, 2599 Rdnr. 3 und 8 – *Kommission/Italien („AAMS"),* ist eine rechtliche Trennung der fraglichen Einheit vom Staat nicht erforderlich, s. auch unten Rdnr. 34.

[16] S. hierzu z. B. Komm. E. v. 17.6.1998, Nr. 98/538/EG, ABl. 1998 L 252/47 – *AAMS.*

[17] EuGH U. v. 27.10.1993, Rs C-69/91, Slg. 1993, I-5335 Rdnr. 15 und 21 – *Francine Decoster;* EuGH U. v. 16.6.1987, Rs 118/85, Slg. 1987, 2599 Rdnr. 3 und 8 – *Kommission/Italien („AAMS").*

[18] Zum Begriff der wirtschaftlichen Tätigkeit s. unten Rdnr. 19 ff.

[19] EuGH U. v. 19.2.2002, Rs C-309/99, Slg. 2002, I-1577 Rdnr. 49 – *Wouters.*

[20] EuGH U. v. 16.9.1999, Rs C-22/98, Slg. 1999, I-5665 Rdnr. 26 – *Becu u. a.*

[21] EuGH U. v. 16.6.1987, Rs 118/85, Slg. 1987, 2599 Rdnr. 7 – *Kommission/Italien („AAMS");* EuGH U. v. 18.6.1998, Rs C-35/96, Slg. 1998, I-3851 Rdnr. 36 – *Kommission/Italien (Nationaler Rat der Zollspediteure – CNSD);* EuGH U. v. 25.10.2001, Rs C-475/99, Slg. 2001, I-8089 Rdnr. 19 mwN – *Ambulanz Glöckner;* EuG U. v. 12.9.2013, Rs T-347/09, ECLI:EU:T:2013:418 Rdnr. 26 mwN – *Deutschland/Kommission („Naturschutzorganisationen").*

[22] Loewenheim/Meessen/Riesenkampff-*Ehricke,* Art. 86 EG Rdnr. 98 mwN.

keit" ist jedoch präziser beschrieben mit der Formulierung „Tätigkeit von wirtschaftlicher Natur", denn weder die fehlende Erwirtschaftung von Gewinnen[23] noch die mangelnde Gewinnerzielungsabsicht[24] der betreffenden Einheit schließen ihre Unternehmenseigenschaft aus, wenn sie ihre Güter und Dienstleistungen auf Märkten anbietet und dieses Angebot im Wettbewerb mit dem von Wirtschaftsteilnehmern steht, die einen Erwerbszweck und eine Gewinnerzielungsabsicht verfolgen.[25] Deswegen sind auch Non-profit-Organisationen Unternehmen iSd. des EU-Wettbewerbsrechts, soweit ihre Tätigkeit wirtschaftlicher Natur ist.[26] Allerdings sind nichtwirtschaftlicher Natur diejenigen Tätigkeiten, in denen unter keinen Umständen ein gewinnorientierter Unternehmer tätig würde, weil die Erzielung eines Gewinns objektiv und zeitlich unbegrenzt unmöglich ist.[27]

b) Abgrenzung zur Ausübung staatlicher Hoheitsgewalt. Nichtwirtschaftlicher Natur und damit nicht den EU-Wettbewerbsregeln unterworfen ist nach der Rechtsprechung insbes. die Ausübung genuin staatlicher Hoheitsgewalt, d.h. die Ausübung von Tätigkeiten, bei denen der Staat als öffentliche Hand tätig wird bzw. staatliche Behörden als Träger öffentlicher Gewalt handeln und dabei Tätigkeiten ausüben, die Teil der wesentlichen Aufgaben des Staates sind oder ihrem Wesen, ihrem Ziel und der für sie geltenden Vorschriften nach mit diesen Aufgaben verbunden sind.[28] Dies sind Tätigkeiten, die *per se* dem Staat in Ausübung hoheitlicher Vorrechte *(„de iure imperii")*, die einer privaten natürlichen oder juristischen Person schon ihrer Natur nach in keinem Fall zustehen können, vorbehalten sind. Hiervon unterscheidet der EuGH Tätigkeiten wirtschaftlicher Natur, die – unabhängig von eventuell im Einzelfall bestehenden Exklusiv- oder Sonderrechten – grundsätzlich auch von Privaten ausgeübt werden können. **20**

Dementsprechend hat der EuGH als Tätigkeit von nichtwirtschaftlicher Natur eingestuft: die Flugsicherung und Flugverkehrskontrolle durch *Eurocontrol,* weil es sich hierbei um die Ausübung „typischerweise" hoheitlicher Vorrechte handele,[29] oder die Umweltschutzüberwachung in Seehäfen, weil dies eine im Allgemeininteresse liegende Aufgabe sei, die **21**

---

[23] EuG U. v. 12.9.2013, Rs T-347/09, ECLI:EU:T:2013:418 Rdnr. 49–50, 52 mwN – *Deutschland/Kommission („Naturschutzorganisationen").*

[24] EuGH U. v. 16.11.1995, Rs C-244/94, Slg. 1995, I-4013 Rdnr. 17 und 21 – *Fédération française des sociétés d'assurance;* s. auch EuGH U. v. 8.6.1994, Rs C-382/92, Slg. 1994, I-2435 Rdnr. 44 – *Kommission/Vereinigtes Königreich.*

[25] EuGH U. v. 10.1.2006, Rs C-222/04, Slg. 2006, I-289 Rdnr. 122–123 – *Cassa di Risparmio di Firenze;* EuGH U. v. 1.7.2008, Rs C-49/07, Slg. 2008, I-4863 Rdnr. 27 – *MOTOE;* EuG U. v. 12.9.2013, Rs T-347/09, ECLI:EU:T:2013:418 Rdnr. 43, 48, 53 mwN – *Deutschland/Kommission („Naturschutzorganisationen").*

[26] EuGH U. v. 25.10.2001, Rs C-475/99, Slg. 2001, I-8089 Rdnr. 4 und 20f. – *Ambulanz Glöckner;* EuG U. v. 12.9.2013, Rs T-347/09, ECLI:EU:T:2013:418 Rdnr. 24–57 – *Deutschland/Kommission („Naturschutzorganisationen").*

[27] Bisher nicht ausdrücklich von EuGH und EuG anerkannt, jedoch vertreten von GA *Jacobs* in seinen verbundenen Schlussanträgen vom 28.1.1999 zu EuGH U. v. 21.9.1999, Rs C-67/96 – *Albany,* Rs C-115/97 bis C-117/97 – *Brentjens' Handelsonderneming* und Rs C-219/97 Slg. 1999, I-5751 Rdnr. 311 – *Maatschappij Drijvende Bokken;* GA *Jacobs* in seinen Schlussanträgen vom 23.3.2000 zu EuGH U. v. 12.9.2000, Verb. Rs C-180/98 bis C-184/98, Slg. 2000, I-6451 Rdnr. 107 – *Pavlov;* GA *Jacobs* in seinen Schlussanträgen vom 17.5.2001 zu EuGH U. v. 25.10.2001, Rs C-475/99, Slg. 2001, I-8089 Rdnr. 67–68 – *Ambulanz Glöckner.*

[28] EuGH U. v. 16.6.1987, Rs 118/85, Slg. 1987, 2599 Rdnr. 7–8 – *Kommission/Italien („AAMS");* EuGH U. v. 4.5.1988, Rs 30/87, Slg. 1988, 2479 Rdnr. 18 – *Bodson/SA Pompes funèbres;* EuGH U. v. 19.1.1994, Rs C-364/92, Slg. 1994, I-43 Rdnr. 30 – *SAT Fluggesellschaft/Eurocontrol.* S. auch die Mitteilung der Kommission über die Anwendung der Beihilfevorschriften der Europäischen Union auf Ausgleichsleistungen für die Erbringung von Dienstleistungen von allgemeinem wirtschaftlichem Interesse (Abschnitt 2.1.2. Rdnr. 16), ABl. 2012 C 8/4.

[29] EuGH U. v. 19.1.1994, Rs C-364/92, Slg. 1994, I-43 Rdnr. 30–31 – *SAT Fluggesellschaft/Eurocontrol.* Ebenso nichtwirtschaftlicher Natur sind *Eurocontrols* Unterstützungstätigkeiten zugunsten nationaler Verwaltungen sowie die Vorbereitung und Ausarbeitung technischer Normung durch *Eurocontrol,* s. EuGH U. v. 26.3.2009, Rs C-113/07 P, Slg. 2009, I-2207 Rdnr. 71–72 und 91–92 – *SELEX.*

zu den wesentlichen Staatsaufgaben gehöre,[30] oder die Erhebung von Unternehmensdaten für öffentliche Zwecke auf der Grundlage einer den Unternehmen obliegenden Meldepflicht.[31]

22 Nach Auffassung der Kommission sind ebenfalls hoheitlich und damit nichtwirtschaftlicher Natur die Wahrung der inneren und äußeren Sicherheit, die Justizverwaltung und die Pflege der auswärtigen Beziehungen,[32] bzw. die Tätigkeiten der Armee oder Polizei, die Seeverkehrskontrolle sowie die Organisation, Finanzierung und Durchsetzung von Haftstrafen.[33] Da es auf die Natur der Tätigkeit und nicht die Rechtsform, in der sie erbracht wird, ankommt, bleiben diese Tätigkeiten grundsätzlich nichtwirtschaftlich auch dann, wenn sie zum Teil durch private, vom Staat beauftragte Gesellschaften ausgeführt werden (z. B. in Privatrechtsform geführte Gefängnisse). Dies gilt nach neuerer Kommissionsauffassung allerdings nur, *„sofern der betreffende Mitgliedstaat nicht beschlossen hat, Marktmechanismen einzuführen"*.[34]

23 Aus dem funktionalen Unternehmensbegriff folgt auch, dass eine Einheit, die wirtschaftliche Tätigkeit ausübt, selbst dann ein Unternehmen sein kann, wenn sie rechtlich nicht vom Staat getrennt ist oder keine eigene Rechtspersönlichkeit besitzt.[35] Die Unternehmenseigenschaft wird nicht dadurch gehindert, dass diese Einheit daneben auch hoheitliche Staatsaufgaben wahrnimmt.[36] Bei Eingliederung des Unternehmens in die staatliche Verwaltung wird es sich idR. um ein öffentliches Unternehmen handeln.[37] Die Entscheidung einer Behörde, Dritten die Erbringung einer bestimmten Dienstleistung nicht zu gestatten (z. B. weil sie diese Dienstleistung *„inhouse"*, d. h. intern selbst erbringen will), schließt nicht aus, dass eine Tätigkeit wirtschaftlicher Natur vorliegt, wenn andere Betreiber interessiert und in der Lage wären, diese Dienstleistung auf dem betreffenden Markt zu erbringen.[38]

24 Nach der Rechtsprechung des EuGH ist Art. 101 nicht anwendbar auf Konzessionsverträge zwischen **Gemeinden, die in ihrer Eigenschaft als Träger öffentlicher Gewalt handeln,** und Unternehmen, die mit der Wahrnehmung einer öffentlichen Aufgabe betraut werden.[39] Diese Rechtsprechung schließt jedoch nicht aus, dass Gemeinden in ande-

[30] EuGH U. v. 18.3.1997, Rs C-343/95, Slg. 1997, I-1547 Rdnr. 23 – *Diego Calí*.

[31] EuGH U. v. 12.7.2012, Rs C-138/11, ECLI:EU:C:2012:449 Rdnr. 40 – *Compass-Datenbank*.

[32] Daseinsvorsorgemitteilung KOM(2000) 580 endg. (auch veröffentlicht in ABl. 2001 C 17/4 vom 19.1.2001) Rdnr. 28.

[33] Mitteilung der Kommission über die Anwendung der Beihilfevorschriften der Europäischen Union auf Ausgleichsleistungen für die Erbringung von Dienstleistungen von allgemeinem wirtschaftlichem Interesse (Abschnitt 2.1.2. Rdnr. 16), ABl. 2012 C 8/4.

[34] Mitteilung der Kommission über die Anwendung der Beihilfevorschriften der Europäischen Union auf Ausgleichsleistungen für die Erbringung von Dienstleistungen von allgemeinem wirtschaftlichem Interesse (Abschnitt 2.1.2. Rdnr. 16), ABl. 2012 C 8/4.

[35] EuGH U. v. 16.6.1987, Rs 118/85, Slg. 1987, 2599 Rdnr. 3 und 8 – *Kommission/Italien („AAMS");* EuGH U. v. 27.10.1993, Rs C-69/91, Slg. 1993, I-5335 Rdnr. 15 und 21 – *Francine Decoster*.

[36] Im Falle des italienischen staatlichen Tabakmonopols übt die *„Amministrazione autonoma dei monopoli di Stato" (AAMS)* wirtschaftliche Tätigkeit aus (Produktion, Einfuhr, Verteilung von Tabak an den Großhandel), nimmt daneben aber auch genuine Staatsaufgaben wahr (Genehmigung der Eröffnung von Tabakläden, Kontrolle ihrer Zahl und Verteilung im italienischen Hoheitsgebiet), s. EuGH U. v. 14.12.1995, Rs C-387/93, Slg. 1995, I-4663 Rdnr. 49 – *Banchero*.

[37] S. dazu unten Rdnr. 34, 39 f.

[38] S. Mitteilung der Kommission über die Anwendung der Beihilfevorschriften der Europäischen Union auf Ausgleichsleistungen für die Erbringung von Dienstleistungen von allgemeinem wirtschaftlichem Interesse (Abschnitt 2.1.1. Rdnr. 13 mwN), ABl. 2012 C 8/4.

[39] EuGH U. v. 4.5.1988, Rs 30/87, Slg. 1988, 2479 Rdnr. 18 – *Bodson/SA Pompes funèbres*. In diesem Fall betrauten staatliche Rechtsvorschriften die Gemeinden mit der Durchführung des externen Bestattungsdienstes und erlaubten ihnen, einem Privatunternehmen eine Konzession zur Ausübung dieses Dienstes zu erteilen. Damit war eine Tätigkeit als solche den Gemeinden durch Hoheitsakt zugewiesen, und die Konzessionsverträge dienten den Gemeinden lediglich dazu, ihre hoheitlich erlangte Tätigkeitsbefugnis durch Hoheitsakt an Privatunternehmen zu übertragen. In diesem Übertragungsakt war keine wirtschaftliche Tätigkeit der Gemeinden zu sehen, da sie keine Güter oder Dienstleistungen auf dem Markt anboten.

rer Eigenschaft, so z.B. beim Abschluss der in Deutschland üblichen **Wegenutzungsverträge mit Energieversorgungsunternehmen** (sogenannte „Konzessionsverträge"), unternehmerisch tätig werden und diese Verträge deshalb dem Art. 101 AEUV unterfallen.[40]

c) Systeme der sozialen Sicherheit und Gesundheitsfürsorge.[41] Nach der Rechtsprechung des EuGH üben bestimmte Einrichtungen, die mit der Verwaltung gesetzlicher Kranken- und Rentenversicherungssysteme betraut sind und **rein soziale Zwecke** ohne Gewinnerzielungsabsicht verfolgen, keine wirtschaftliche Tätigkeit aus und sind damit **keine Unternehmen** iSd. EU-Wettbewerbsrechts. Dies ist der Fall bei **Krankenkassen, die nur die Gesetze anwenden** und keine Möglichkeit haben, auf die Höhe der Beiträge, die Verwendung der Mittel und die Bestimmung des Leistungsumfangs Einfluss zu nehmen. Denn ihre **Tätigkeit beruht zentral auf dem Grundsatz der (nationalen) Solidarität,** und die Leistungen werden von Gesetzes wegen und unabhängig von der Höhe der Beiträge erbracht.[42] Diese Tätigkeit nimmt auch dann keine wirtschaftliche Natur an, wenn der Gesetzgeber den Krankenkassen einen begrenzten Spielraum lässt, ihre Beitragssätze festzulegen und einander einen gewissen Wettbewerb um Mitglieder zu liefern, wenn dieses Wettbewerbselement das Ziel verfolgt, die Krankenkassen zu veranlassen, im Interesse des ordnungsgemäßen Funktionierens des Systems der sozialen Sicherheit ihre Tätigkeit nach den Grundsätzen der Wirtschaftlichkeit, d.h. so effizient und kostengünstig wie möglich, auszuüben.[43] 25

Gleichermaßen **kein Unternehmen** ist eine Einrichtung, die kraft Gesetzes mit einem System der **Versicherung gegen Arbeitsunfälle und Berufskrankheiten** betraut ist, weil die Höhe der Leistungen und der Beiträge letztlich vom Staat festgelegt wird und der Aspekt der Solidarität zwischen hoch bezahlten Arbeitnehmern und denjenigen, die aufgrund ihrer niedrigen Einkünfte keine angemessene soziale Absicherung hätten, im Vordergrund steht.[44] Ebenso kein Unternehmen sind Ministerien und andere Einrichtungen, die ein **staatliches Gesundheitssystem** verwalten, das nach dem Solidaritätsgrundsatz funktioniert, weil es 26

---

[40] Die entscheidenden Elemente der Situation im deutschen Energiesektor sind, dass den Gemeinden nicht durch staatliche Rechtsvorschriften die alleinige Befugnis zur Energieversorgung zugewiesen ist und sie deshalb auch nicht eine durch Hoheitsakt erlangte Tätigkeitsbefugnis durch Hoheitsakt an Dritte übertragen können. Im Rahmen des alten (EnWG 1935 und EnWG 1998) wie des neuen Energiewirtschaftsgesetzes (EnWG 2005 zuletzt geändert durch Gesetz v. 21.7.2014) konnte und kann grundsätzlich jeder die Tätigkeit der Energieversorgung aufnehmen. Die Gemeinden überlassen lediglich **im Rahmen ihrer privatrechtlichen Verfügungsmacht** ihre Wege und Plätze einem einzigen Energieunternehmen gegen Geldzahlung zum ausschließlichen Gebrauch für Einrichtung und Betrieb von Energieversorgungsanlagen (s. auch *Thiessen,* EWS 1998, 10, 11–12). Sie müssen dabei das Diskriminierungsverbot des § 46 Abs. 1 EnWG beachten (s. dazu z.B. BGH WuW/E DE-R 4139ff. – *Stromnetz Heiligenhafen* und den Leitfaden von BKartA und Bundesnetzagentur zur Vergabe von Strom- und Gaskonzessionen und zum Wechsel des Konzessionsnehmers, 2. Aufl. 2015, Tz. 11 und 19ff.). Anderen Unternehmen kann die Gemeinde die Tätigkeit der Energieversorgung nicht verbieten, und in der Praxis bleibt sie insoweit möglich als hierzu die Benutzung gemeindlicher Wege und Plätze nicht erforderlich ist (s. auch *Schaub/Dohms,* AG 1998, 566, 568–569).

[41] Näheres hierzu in der Mitteilung der Kommission über die Anwendung der Beihilfevorschriften der Europäischen Union auf Ausgleichsleistungen für die Erbringung von Dienstleistungen von allgemeinem wirtschaftlichem Interesse (Abschnitt 2.1.5. Rdnr. 17–25 mwN), ABl. 2012 C 8/4. Zu rein sozialen Aufgaben s. Rdnr. 30 der Daseinsvorsorgemitteilung KOM(2000) 580 endg. (auch veröffentlicht in ABl. 2001 C 17/4).

[42] EuGH U. v. 17.2.1993, Verb. Rs C-159/91 und C-160/91, Slg. 1993, I-637 Rdnr. 7–19 – *Poucet;* EuGH U. v. 16.3.2004, Verb. Rs C-264/01, C-306/01, C-354/01 und C-355/01, Slg. 2004, I-2493 Rdnr. 47, 51–55 – *AOK Bundesverband;* EuGH U. v. 5.3.2009, Rs C-350/07, Slg. 2009, I-1513 Rdnr. 44–59 – *Kattner Stahlbau.*

[43] EuGH U. v. 16.3.2004, Verb. Rs C-264/01, C-306/01, C-354/01 und C-355/01, Slg. 2004, I-2493 Rdnr. 47, 51–55 – *AOK Bundesverband.*

[44] EuGH U. v. 22.1.2002, Rs C-218/00, Slg. 2002, I-691 Rdnr. 38–46 – *Cisal/INAIL* hinsichtlich des italienischen *Instituto nazionale per l'assicurazione contro gli infortuni sul lavoro* (Staatliche Unfallversicherungsanstalt).

durch Sozialversicherungsbeiträge und andere staatliche Beiträge finanziert wird und unentgeltlich Dienstleistungen an seine Mitglieder auf der Grundlage eines umfassenden Versicherungsschutzes erbringt.[45] Hieraus folgern EuG und EuGH, dass diese Einrichtungen auch dann nicht als Unternehmen handeln, wenn sie den medizinischen Bedarf einkaufen, mit dem ein solches staatliches Gesundheitswesen seine kostenlosen Leistungen erbringt. Denn der Begriff der wirtschaftlichen Tätigkeit sei nicht durch die **Einkaufstätigkeit als solche,** sondern das **Anbieten** von Gütern oder Dienstleistungen auf einem bestimmten Markt gekennzeichnet. Bei der Beurteilung der Art der Tätigkeit sei der Kauf des Erzeugnisses somit nicht von dessen späterer Verwendung durch den Käufer zu trennen. Der wirtschaftliche oder nichtwirtschaftliche Charakter der späteren Verwendung des erworbenen Erzeugnisses bestimme daher zwangsläufig den Charakter der Einkaufstätigkeit.[46]

27 In diesem Zusammenhang ist jedoch zu unterstreichen, dass die Rechtsprechung des EuGH im Bereich der sozialen Sicherheit den **funktionalen Unternehmensbegriff des** ***Höfner*-Urteils**[47] **nicht revidiert** hat. Nach dem EuGH sind weder die fehlende Gewinnerzielungsabsicht[48] noch die Verfolgung sozialer Ziele oder die Existenz begrenzter Solidaritätselemente an sich ein Grund, die Unternehmenseigenschaft der handelnden Einheit zu verneinen.[49] Entscheidend ist in jedem Einzelfall die sorgfältige Identifizierung aller für und gegen die wirtschaftliche bzw. nichtwirtschaftliche Natur der Tätigkeit sprechenden Faktoren sowie deren Wertigkeit in der konkreten Ausgestaltung des untersuchten sozialen Sicherungssystems.[50]

28 Nach der Rechtsprechung des EuGH[51] ist eine Einrichtung ohne Gewinnerzielungsabsicht, die ein zur Ergänzung einer Grundpflichtversicherung durch Gesetz geschaffenes, auf **Freiwilligkeit** beruhendes Rentenversicherungssystem verwaltet, das insbes. hinsichtlich der Beitrittsvoraussetzungen, der Beiträge und der Leistungen nach dem **Kapitalisierungsprinzip**[52] arbeitet, ein Unternehmen im Sinne des EU-Wettbewerbsrechts. Denn ein solches Versicherungssystem übt eine wirtschaftliche Tätigkeit im Wettbewerb mit kommerziellen

---

[45] EuG U. v. 4.3.2003, Rs T-319/99, Slg. 2003, II-357 Rdnr. 39 – *FENIN (I),* bestätigt durch EuGH U. v. 11.7.2006, Rs C-205/03 P, Slg. 2006, I-6295 Rdnr. 26–27 – *FENIN (II).*

[46] EuG U. v. 4.3.2003, Rs T-319/99, Slg. 2003, II-357 Rdnr. 36–40 – *FENIN (I),* bestätigt durch EuGH U. v. 11.7.2006, Rs C-205/03 P, Slg. 2006, I-6295 Rdnr. 26–27 – *FENIN (II);* aA *Streinz-Kühling,* EUV/AEUV, Art. 106 AEUV Rdnr. 7, 13 mwN, sowie die bisherige Rechtsprechung und Praxis zum funktionalen Unternehmensbegriff im deutschen Kartellrecht.

[47] EuGH U. v. 23.4.1991, Rs C-41/90, Slg. 1991, I-1979 Rdnr. 21 – *Höfner und Elser/Macrotron.*

[48] EuGH U. v. 16.11.1995, Rs C-244/94, Slg. 1995, I-4013 Rdnr. 21 – *Fédération française des sociétés d'assurance (FFSA);* EuGH U. v. 21.9.1999, Rs C-67/96, Slg. 1999, I-5751 Rdnr. 81–87 – *Albany;* EuGH U. v. 21.9.1999, Rs C-115/97 , Slg. 1999, I-6025 Rdnr. 81–87 – *Brentjens;* EuGH U. v. 21.9.1999, Rs C-219/97, Slg. 1999, I-6121 Rdnr. 71–77 – *Drijvende Bokken.* Im Fall EuGH U. v. 17.2.1993, Verb. Rs C-159/91 und C-160/91, Slg. 1993, I-637 Rdnr. 17–19 – *Poucet* hatte die fehlende Gewinnerzielungsabsicht nur Bekräftigungsfunktion ohne entscheidend zu sein. Außerdem bezog sich das Urteil nur auf die Beziehungen der Sozialversicherungsträger zu ihren Mitgliedern, nicht aber auf ein Marktverhalten, z. B. als Wettbewerber neben privaten Versicherungen. Ebenso: Immenga/Mestmäcker-*Mestmäcker/Schweitzer,* WbR Bd. 1 EU/Teil 1, Art. 106 Abs. 1 AEUV Rdnr. 27.

[49] EuGH U. v. 21.9.1999, Rs C-67/96, Slg. 1999, I-5751 Rdnr. 81–87 – *Albany;* EuGH U. v. 21.9.1999, Rs C-115/97 , Slg. 1999, I-6025 Rdnr. 81–87 – *Brentjens;* EuGH U. v. 21.9.1999, Rs C-219/97, Slg. 1999, I-6121 Rdnr. 71–77 – *Drijvende Bokken.* Weiterführend kritisch sind *Streinz-Kühling,* EUV/AEUV, Art. 106 AEUV Rdnr. 12, die die strikte Eingrenzung der *Poucet*-Rechtsprechung begrüßen, allerdings nichtwirtschaftliche Tätigkeit nur bei staatlich organisierten umlagenfinanzierten Sozialversicherungssystemen anerkennen und im Übrigen alle weiteren Besonderheiten der Systeme sozialer Sicherheit unter Art. 106 Abs. 2 abhandeln wollen.

[50] S. Mitteilung der Kommission über die Anwendung der Beihilfevorschriften der Europäischen Union auf Ausgleichsleistungen für die Erbringung von Dienstleistungen von allgemeinem wirtschaftlichem Interesse (Abschnitt 2.1.3. Rdnr. 17–20 mwN), ABl. 2012 C 8/4.

[51] EuGH U. v. 16.11.1995, Rs C-244/94, Slg. 1995, I-4013 Rdnr. 17–21 – *Fédération française des sociétés d'assurance (FFSA).*

[52] D. h. die gewährten Leistungen richten sich ausschließlich nach der Höhe der von den Leistungsempfängern gezahlten Beiträge und den Erträgen der von der Einrichtung vorgenommenen Investitionen.

Lebensversicherungsgesellschaften selbst dann aus, wenn es begrenzte Solidaritätselemente[53] enthält und seine Konkurrenzfähigkeit aufgrund sozial motivierter staatlicher Auflagen eingeschränkt ist.[54] **Selbst bei staatlich vorgeschriebener Mitgliedschaft** in einem Sozialversicherungssystem kann die Verwaltung dieses Systems Unternehmenstätigkeit darstellen. Unternehmen iSd. EU-Wettbewerbsrechts ist deswegen auch ein ohne Gewinnerzielungsabsicht nach dem Kapitalisierungsprinzip unter Aufsicht der Versicherungskammer arbeitender Rentenfonds, der mit der Verwaltung eines Zusatzrentensystems betraut ist, das durch einen Tarifvertrag zwischen den Organisationen, die Arbeitgeber und Arbeitnehmer eines bestimmten Wirtschaftszweigs vertreten, geschaffen worden ist und bei dem die Mitgliedschaft für alle Arbeitnehmer dieses Wirtschaftszweigs durch den Staat verbindlich vorgeschrieben worden ist. Denn ein solcher Betriebsrentenfonds übt wirtschaftliche Tätigkeit im Wettbewerb mit kommerziellen Versicherungsgesellschaften aus, unabhängig davon, dass Solidaritätsgesichtspunkte und die Verfolgung sozialer Zielsetzungen seine Wettbewerbsfähigkeit beeinträchtigen.[55]

d) Bildungswesen und Forschungstätigkeiten.[56] Die **innerhalb des nationalen Bildungssystems organisierte öffentliche Bildung,** die ganz überwiegend vom Staat finanziert und von diesem überwacht wird, ist nach der Rechtsprechung der Europäischen Gerichte Union als nichtwirtschaftliche Tätigkeit anzusehen.[57] Hingegen sind Bildungsdienstleistungen, die weitgehend von Eltern oder Schülern oder aus kommerziellen Einnahmen finanziert werden, Tätigkeiten wirtschaftlicher Natur.[58] Im **Forschungsbereich** sind nach Auffassung der Kommission nichtwirtschaftlicher Natur (a) die Ausbildung von mehr und besser qualifizierten Humanressourcen, (b) die unabhängige Forschung und Entwicklung, auch im Verbund, zur Erweiterung des Wissens und des Verständnisses und (c) die Verbreitung der Forschungsergebnisse.[59] 29

B. Die Verantwortlichkeit der Mitgliedstaaten nach Art. 106 Abs. 1 AEUV

Art. 106 Abs. 1 verpflichtet die Mitgliedstaaten, in Bezug auf öffentliche Unternehmen und auf Unternehmen, denen sie besondere oder ausschließliche Rechte gewähren, keine dem EUV und AEUV und insbes. den Art. 18 und 101 bis 109 AEUV widersprechende Maßnahmen zu treffen oder beizubehalten. Art. 106 Abs. 1 wirkt hierbei in der oben beschriebenen[60] **Doppelfunktion** als Klarstellungsvorschrift im Zusammenhang mit den an die Mitgliedstaaten gerichteten Regeln des EUV und AEUV und als Komplementärnorm 30

[53] Eine besonders starke Begrenzung ergibt sich aus der Freiwilligkeit der Teilnahme an dem Versicherungssystem.

[54] EuGH U. v. 16.11.1995, Rs C-244/94, Slg. 1995, I-4013 Rdnr. 17–21 – *Fédération française des sociétés d'assurance (FFSA).*

[55] EuGH U. v. 21.9.1999, Rs C-67/96, Slg. 1999, I-5751 Rdnr. 80–87 – *Albany;* ebenso EuGH U. v. 21.9.1999, Rs C-115/97 bis C-117/97, Slg. 1999, I-6025 Rdnr. 80–87 *-Brentjens' Handelsonderneming,* und EuGH U. v. 21.9.1999, Rs C-219/97, Slg. 1999, I-6121 Rdnr. 70–77 – *Maatschappij Drijvende Bokken.*

[56] Näheres hierzu in der Mitteilung der Kommission über die Anwendung der Beihilfevorschriften der Europäischen Union auf Ausgleichsleistungen für die Erbringung von Dienstleistungen von allgemeinem wirtschaftlichem Interesse (Abschnitt 2.1.5. Rdnr. 26–30 mwN), ABl. 2012 C 8/4.

[57] EuGH U. v. 11.9.2007, Rs C-318/05, Slg. 2007, I-6957 Rdnr. 68 – *Kommission/Deutschland;* EuGH U. v. 27.9.1988, Verb. Rs C-263/86, Slg. 1988, 5365 Rdnr. 17–18 – *Humbel.*

[58] Mitteilung der Kommission über die Anwendung der Beihilfevorschriften der Europäischen Union auf Ausgleichsleistungen für die Erbringung von Dienstleistungen von allgemeinem wirtschaftlichem Interesse (Abschnitt 2.1.5. Rdnr. 28), ABl. 2012 C 8/4.

[59] Mitteilung der Kommission über die Anwendung der Beihilfevorschriften der Europäischen Union auf Ausgleichsleistungen für die Erbringung von Dienstleistungen von allgemeinem wirtschaftlichem Interesse (Abschnitt 2.1.5. Rdnr. 30), ABl. 2012 C 8/4.

[60] S. oben Rdnr. 4.

zur Begründung einer originären neuen Verantwortlichkeit der Mitgliedstaaten im Zusammenhang mit den an Unternehmen gerichteten Art. 101 und 102 AEUV. Der **Begriff des Mitgliedstaats** umfasst wie bei allen staatsbezogenen Normen des Unionsrechts nicht nur den Bundes- oder Zentralstaat, sondern alle mitgliedstaatlichen Hoheitsträger, insbes. öffentlich-rechtliche (Gebiets-)Körperschaften und Anstalten[61] auf den verschiedenen Ebenen.

I. Begriff des öffentlichen Unternehmens

31 Der Begriff des öffentlichen Unternehmens ist ein unionsrechtlicher.[62] Er basiert auf dem von der Rechtsprechung entwickelten unionsrechtlichen Unternehmensbegriff[63] und ist auch hinsichtlich des Kriteriums „öffentlich" im AEUV oder EUV nicht definiert. Genauso wenig lässt sich ein allgemeiner Rechtsgrundsatz des Unionsrechts im Rückgriff auf die Rechtsordnungen der Mitgliedstaaten entwickeln, da diese bereits hinsichtlich des Unternehmensbegriffs und noch mehr hinsichtlich des Begriffs des öffentlichen Unternehmens zu unterschiedlich sind.[64]

32 **1. Rückgriff auf die Transparenzrichtlinie.** Aus der sog. Transparenzrichtlinie der Kommission[65] lässt sich ableiten, welche Unternehmen in jedem Fall zu den öffentlichen Unternehmen iSd. Art. 106 Abs. 1 AEUV gehören, auch wenn eine Richtlinie den Umfang eines Vertragsartikels nicht abschließend definieren kann. Art. 2 lit. b Unterabs. 1 dieser Richtlinie **definiert als öffentliches Unternehmen** *„jedes Unternehmen, auf das die öffentliche Hand aufgrund Eigentums, finanzieller Beteiligung, Satzung oder sonstiger Bestimmungen, die die Tätigkeit des Unternehmens regeln, unmittelbar oder mittelbar einen beherrschenden Einfluss ausüben kann"*. Art. 2 lit. a dieser Richtlinie definiert als öffentliche Hand *„alle Bereiche der öffentlichen Hand, inklusive Staat sowie regionale, lokale und alle anderen Gebietskörperschaften"*. Nach Art. 2 lit. b Unterabs. 2 wird ein **beherrschender Einfluss** vermutet, wenn die öffentliche Hand unmittelbar oder mittelbar (i) die Mehrheit des gezeichneten Kapitals des Unternehmens besitzt oder (ii) über die Mehrheit der mit den Anteilen des Unternehmens verbundenen Stimmrechte verfügt oder (iii) mehr als die Hälfte der Mitglieder des Verwaltungs-, Leitungs- oder Aufsichtsorgans des Unternehmens bestellen kann. **Diese Aufzählung ist jedoch nicht abschließend.** So kann ein ehemals im Staatseigentum befindliches Unternehmen auch nach seiner Privatisierung ein öffentliches Unternehmen iSv. Art. 106 Abs. 1 bleiben, wenn der Staat beispielsweise durch eine **„goldene Aktie"** beherrschenden Einfluss behält.[66]

33 Somit unterscheiden sich die öffentlichen Unternehmen von den privaten dadurch, dass **die öffentliche Hand ihre Geschäftsführung und damit ihre wirtschaftliche Tätigkeit steuern kann, ohne auf hoheitliche Maßnahmen angewiesen zu sein.**

---

[61] EuGH U. v. 14.10.1987, Rs 248/84, Slg. 1987, 4013 Rdnr. 17 – *Deutschland/Kommission;* EuGH U. v. 4.5.1988, Rs 30/87, Slg. 1988, 2479 Rdnr. 33 – *Bodson/Pompes funèbres;* Immenga/Mestmäcker-*Mestmäcker/Schweitzer,* WbR Bd. 1 EU/Teil 1, Einl. Art. 106 AEUV Rdnr. 55; *Streinz-Kühling,* EUV/AEUV, Art. 106 AEUV Rdnr. 18 mwN.

[62] EuGH U. v. 16.6.1987, Rs 118/85, Slg. 1987, 2599 Rdnr. 11 – *Kommission/Italien („AAMS").*

[63] S. oben Rdnr. 13–29.

[64] Grabitz/Hilf/Nettesheim-*Wernicke,* Das Recht der Europäischen Union, Art. 106 AEUV Rdnr. 24 (Stand: 3/2011).

[65] Richtlinie Nr. 2006/111/EG über die Transparenz der finanziellen Beziehungen zwischen den Mitgliedstaaten und den öffentlichen Unternehmen sowie über die finanzielle Transparenz innerhalb bestimmter Unternehmen, ABl. 2006 L 318/17. Diese Richtlinie kodifiziert die ursprüngliche Transparenzrichtlinie Nr. 80/723/EWG mit ihren nachfolgenden vier Änderungen durch Richtlinien Nr. 85/413/EWG, Nr. 93/84/EWG, Nr. 2000/52/EG und Nr. 2005/81/EG. Zur Transparenzrichtlinie auch *Wilms,* S. 52ff.

[66] S. hierzu die EuGH-Rechtsprechung zum Niederlassungs- und Kapitalverkehrsrecht; Grabitz/Hilf/Nettesheim-*Wernicke,* Das Recht der Europäischen Union, Art. 106 AEUV Rdnr. 28 (Stand: 3/2011).

Hierbei genügt die bloße Möglichkeit zur Steuerung;[67] auch der (ausdrückliche) Verzicht der öffentlichen Hand auf jeglichen Eingriff in die Geschäftsführung des Unternehmens nimmt diesem nicht die Eigenschaft des öffentlichen Unternehmens.[68] Deswegen umfasst der Begriff des öffentlichen Unternehmens auch den Fall des sog. **öffentlichen Streubesitzes,** d.h. ein Unternehmen, in dem verschiedene Träger der öffentlichen Verwaltung nur zusammen beherrschenden Einfluss auf das Unternehmen ausüben können.[69] Spekulationen hinsichtlich der Übereinstimmung der Aufgaben und Interessen dieser verschiedenen Träger erübrigen sich,[70] da schon die bloße Möglichkeit zur gemeinsamen Steuerung des Unternehmens vom Schutzzweck des Art. 106 Abs. 1 erfasst ist.[71]

Für die Qualifikation als öffentliches Unternehmen unerheblich ist, ob die **Rechtsform** 34
des Unternehmens öffentlich-rechtlich oder privatrechtlich ist und welche Ausgestaltung sie hat.[72] Nach der Rechtsprechung des EuGH kommt es **nicht** darauf an, ob der Staat die wirtschaftliche Tätigkeit durch eine von ihm **getrennte Einrichtung** ausübt, auf die er nach den in Art. 2 lit. b Unterabs. 2 der Transparenzrichtlinie genannten Kriterien unmittelbar oder mittelbar einen beherrschenden Einfluss ausüben kann, oder ob er die Tätigkeit unmittelbar durch eine Stelle ausübt, die zur staatlichen Verwaltung gehört. Denn im letztgenannten Fall ist aufgrund der Tatsache, dass die Stelle in die staatliche Verwaltung eingegliedert ist, anzunehmen, dass ein beherrschender Einfluss im Sinne des Art. 2 lit. b Unterabs. 2 der Transparenzrichtlinie ausgeübt wird.[73] Außerdem ist nicht erforderlich, dass das öffentliche Unternehmen eine vom Staat getrennte **Rechtspersönlichkeit** besitzt.[74] Andernfalls würden das Ziel und die Anwendungsgleichheit der Transparenzrichtlinie dadurch gefährdet, dass die Mitgliedstaaten durch die Wahl der rechtlichen Ausgestaltung steuern könnten, ob wirtschaftliche Tätigkeiten industrieller oder kommerzieller Art bestimmter staatlicher Stellen von der Richtlinie erfasst werden.[75] Schließlich setzt auch der Begriff der finanziellen Beziehungen im Sinne der Richtlinie nicht unterschiedliche Rechtssubjekte voraus. Die Eingliederung einer Stelle, die wirtschaftliche Tätigkeiten industrieller oder kommerzieller Art ausübt, in die Verwaltung des Staates schließt finanzielle Beziehungen zwischen dem Staat und dieser Stelle nicht aus, insbes. durch die Zuweisung staatlicher Haushaltsmittel, die die Wirtschaftsführung des Unternehmens beeinflussen.[76] Mit derselben Begründung hat der EuGH im Hinblick auf den Erhalt der Wirksamkeit und Anwendungsgleichheit der Richtlinie über den Wettbewerb auf dem Markt für Telekommunikationsendgeräte[77] entschieden, dass in die öffentliche Verwaltung eingegliederte Stellen, denen der Betrieb des Netzes und der Vertrieb von Endgeräten übertragen worden ist, aufgrund dieses Umstandes nicht die Qualifikation als öffentliche Unternehmen verlieren.[78]

---

[67] S. auch: EuGH U. v. 6.7.1982, Verb. Rs 188 bis 190/80, Slg. 1982, 2545 Rdnr. 26 – *Frankreich, Italien und Vereinigtes Königreich/Kommission („Transparenzrichtlinie“).*

[68] v.d. Groeben/Schwarze/Hatje-*Klotz,* Europäisches Unionsrecht Art. 106 AEUV Rdnr. 12 Fn. 21.

[69] So auch Immenga/Mestmäcker-*Mestmäcker/Schweitzer,* WbR Bd. 1 EU/Teil 1, Art. 106 Abs. 1 AEUV Rdnr. 41.

[70] AA Grabitz/Hilf/Nettesheim-*Wernicke,* Das Recht der Europäischen Union, Art. 106 AEUV Rdnr. 29 (Stand: 3/2011).

[71] S. auch *Streinz-Kühling,* EUV/AEUV, Art. 106 AEUV Rdnr. 18 mwN.

[72] v.d. Groeben/Schwarze/Hatje-*Klotz,* Europäisches Unionsrecht, Art. 106 AEUV Rdnr. 12; Langen/Bunte-*Stadler,* KartR Bd. 2, Art. 106 AEUV Rdnr. 20.

[73] EuGH U. v. 16.6.1987, Rs 118/85, Slg. 1987, 2599 Rdnr. 8 – *Kommission/Italien („AAMS“);* EuGH U. v. 18.3.1997, Rs C-343/95, Slg. 1997, I-1547 Rdnr. 17 – *Diego Calì.*

[74] EuGH U.v. 16. 6. 1987, Rs 118/85, Slg. 1987, 2599 Rdnr. 10 – *Kommission/Italien („AAMS“).*

[75] EuGH U. v. 16.6.1987, Rs 118/85, Slg. 1987, 2599 Rdnr. 10–11 – *Kommission/Italien („AAMS“).*

[76] EuGH U. v. 16.6.1987, Rs 118/85, Slg. 1987, 2599 Rdnr. 13 – *Kommission/Italien („AAMS“).*

[77] Richtlinie Nr. 88/301/EWG, ABl. 1988 L131/73–76.

[78] EuGH U.v. 27.10.1993, Rs C-69/91, Slg. 1993, I-5335 Rdnr. 15 – *Decoster;* EuGH U. v. 27.10.1993, Rs C-92/91, Slg. 1993, I-5383 Rdnr. 14 – *Taillandier.*

35 **Beteiligungen eines öffentlichen Unternehmens** an einem anderen machen dieses zum öffentlichen Unternehmen, wenn ersteres einen beherrschenden Einfluss auf seine Wirtschaftsplanung und Geschäftsführung ausübt. Es liegt dann ein Fall der mittelbaren Beherrschung durch die öffentliche Hand iSd. Definition nach Art. 2 lit. b der Transparenzrichtlinie vor.[79]

36 **2. Weitergehende Definitionen.** Der EuGH hat in seinem Urteil zur **Transparenzrichtlinie**[80] die in ihr enthaltenen Definitionen nicht beanstandet, aber hervorgehoben, dass ihr Art. 2 nicht bezwecke, den in Art. 106 EG enthaltenen Begriff des öffentlichen Unternehmens zu definieren, sondern nur den Zwecken der Richtlinie diene. Da diese Richtlinie aber auf Art. 106 Abs. 3 AEUV gestützt ist und den Anwendungsbereich des Art. 106 weder erweitern konnte noch wollte, kann auf der Grundlage des EuGH-Urteils festgestellt werden, dass **zumindest die von Art. 2 lit. b der Transparenzrichtlinie erfassten Unternehmen unter den Begriff des öffentlichen Unternehmens iSv. Art. 106 Abs. 1 AEUV fallen**[81] und die Aussagen dieses EuGH-Urteils zum Begriff des öffentlichen Unternehmens allgemeingültig sind.

37 Eine **möglicherweise über die Transparenzrichtlinie hinausgehende Ausfüllung** des Begriffs des öffentlichen Unternehmens hat sich an Sinn und Zweck des Art. 106 Abs. 1 zu orientieren. Dieser geht über den Zweck der Transparenzrichtlinie, die im Hinblick auf die Beihilfenkontrolle allein der Transparenz der finanziellen Beziehungen zwischen öffentlicher Hand und öffentlichen Unternehmen sowie der finanziellen Transparenz innerhalb bestimmter Unternehmen dient, hinaus. Art. 106 Abs. 1 verbietet den Mitgliedstaaten umfassend, durch Maßnahmen u.a. in Bezug auf öffentliche Unternehmen den EUV oder AEUV zu verletzen. Dies ergibt sich schon aus den allgemeinen Pflichten für die Mitgliedstaaten gemäß den an sie gerichteten Vorschriften dieser Verträge einschließlich des Loyalitätsgebots nach Art. 4 Abs. 3 EUV. Vor diesem Hintergrund hat der EuGH **im Hinblick auf öffentliche Unternehmen** entschieden, dass der Grund für die Aufnahme des Art. 106 Abs. 1 in den AEUV in der besonderen Verantwortung liegt, die der Staat kraft seines Einflusses auf die kaufmännischen Entscheidungen dieser Unternehmen für sie hat. Die Einflussnahme könne entweder auf der Grundlage einer finanziellen Beteiligung oder aufgrund von Bestimmungen erfolgen, die die Unternehmensführung regeln.[82] Diese Art der Sonderbeziehung zwischen Staat und Unternehmen rechtfertigt einerseits die Existenz und Anwendung der Sondervorschrift des Art. 106 Abs. 1 gegenüber den allgemeinen Regeln und ist andererseits von der durch die Gewährung ausschließlicher und besonderer Rechte begründeten Sonderbeziehung zu unterscheiden, die ebenfalls spezifische Formen staatlicher Einflussnahme erlaubt.[83] Im Ergebnis ist daher die Existenz der Sondervorschrift des Art. 106 Abs. 1 für andere als die mit ausschließlichen und besonderen Rechten ausgestatteten Unternehmen nur sinnvoll, wenn der Staat auf sie einen **beherrschenden Einfluss** ausüben kann. Daher ist das entscheidende Merkmal des öffentlichen Unternehmens iSv. Art. 106 Abs. 1 in Übereinstimmung mit dem in Art. 2 lit. b der Transparenzrichtlinie enthaltenen Konzept darin zu sehen, dass der Staat auf diese Unternehmen beherrschenden Einfluss ausüben kann.[84] Dies gilt unabhängig davon, dass der Staat auch für Maßnahmen

---

[79] Grabitz/Hilf/Nettesheim-*Wernicke,* Das Recht der Europäischen Union, Art. 106 AEUV Rdnr. 26 (Stand: 3/2011); Immenga/Mestmäcker-*Mestmäcker/Schweitzer,* WbR Bd. 1 EU/Teil 1, Art. 106 Abs. 1 AEUV Rdnr 39 f.

[80] EuGH U. v. 6.7.1982, Verb. Rs 188 bis 190/80, Slg. 1982, 2545 Rdnr. 24–26 – *Frankreich, Italien und Vereinigtes Königreich/Kommission („Transparenzrichtlinie").*

[81] Grabitz/Hilf/Nettesheim-*Wernicke,* Das Recht der Europäischen Union, Art. 106 AEUV Rdnr. 25 (Stand: 3/2011).

[82] EuGH U. v. 6.7.1982, Verb. Rs 188 bis 190/80, Slg. 1982, 2545 Rdnr. 26 – *Frankreich, Italien und Vereinigtes Königreich/Kommission („Transparenzrichtlinie").*

[83] S. hierzu unten Rdnr. 67.

[84] Im Ergebnis ebenso: Grabitz/Hilf/Nettesheim-*Wernicke,* Das Recht der Europäischen Union, Art. 106 AEUV Rdnr. 26 mwN (Stand: 3/2011); Langen/Bunte-*Stadler,* KartR Bd. 2, Art. 106 AEUV Rdnr. 19.

in Bezug auf die in Art. 106 Abs. 1 genannten Unternehmen verantwortlich sein kann, die nicht auf seine Sonderbeziehung zu diesen Unternehmen gestützt sind.[85]

Umstritten ist, ob Art. 106 Abs. 1 auch anwendbar ist, **wenn der Staat iS. des funktionalen Unternehmensbegriffs selbst als öffentliches Unternehmen tätig wird,**[86] d.h. wirtschaftliche Tätigkeit als Anbieter von Gütern und Dienstleistungen auf einem Markt ausübt. Gegen die Anwendbarkeit des Art. 106 Abs. 1 wird angeführt, die Voraussetzung staatlicher Maßnahmen *„in Bezug auf"* öffentliche oder mit Sonderrechten ausgestattete Unternehmen schließe eine Identität von Handlungssubjekt und Handlungsobjekt aus; stattdessen seien allein die Art. 101–102 AEUV direkt anzuwenden.[87] Andererseits wird zu Recht darauf verwiesen, dass es nicht dem Staat überlassen bleiben darf, sich durch unternehmerisches Eigenhandeln dem Anwendungsbereich des Art. 106 Abs. 1 und den speziellen Kommissionsbefugnissen nach Art. 106 Abs. 3 zu entziehen.[88] Allerdings dürfte dieser Streit nur in einer begrenzten Zahl von Fällen praktische Relevanz haben. Entscheidend in diesem Zusammenhang sind Auslegung und Anwendung des Tatbestandsmerkmals der staatlichen Maßnahme *„in Bezug auf"* ein öffentliches Unternehmen. 38

Art. 106 Abs. 1 ist in jedem Fall anwendbar, sobald innerhalb der Staatsverwaltung neben der Einheit, die die wirtschaftliche Tätigkeit unmittelbar ausübt und damit öffentliches Unternehmen ist, ein anderer Teil verbleibt, der rechtlich oder tatsächlich Einfluss auf diese Einheit nimmt und somit eine staatliche Maßnahme *„in Bezug auf"* ein öffentliches Unternehmen trifft. In der Praxis wird sich dieser Nachweis regelmäßig erbringen lassen. Denn die Flexibilität des Unternehmensbegriffs,[89] der von Fragen der Rechtsform, der getrennten Rechtspersönlichkeit vom Staat[90] und der Finanzierung unabhängig ist, erleichtert es zunächst, innerhalb der Staatsverwaltung eine Abgrenzung zwischen einem öffentlichen Unternehmen und einem auf dieses einwirkenden anderen Teils des Staates vorzunehmen. Die weite Definition des Begriffs der staatlichen Maßnahme[91] erleichtert sodann die Subsumtion dieser Einwirkung unter den Tatbestand des Art. 106 Abs. 1. 39

Aber auch wenn innerhalb der Staatsverwaltung eine Abgrenzung von Einfluss nehmendem Handlungssubjekt und unternehmerisch tätigem Handlungsobjekt im Ausnahmefall nicht möglich sein und daher *Identität* bestehen sollte, gibt es keinen zwingenden Grund, die Anwendbarkeit des Art. 106 Abs. 1 auszuschließen. Mit dem Wortlaut des Art. 106 Abs. 1 vereinbar ist, dass Maßnahme des Staates (oder der handelnden staatlichen Einheit) *„in Bezug auf"* ein öffentliches Unternehmen in diesem Fall eine Maßnahme in Bezug auf sich selbst ist. Die Rechtsprechung des EuGH zu Art. 106 Abs. 1 ist davon gekennzeichnet, durch eine weite Auslegung der Tatbestandsmerkmale dieser Vorschrift und insbes. der von ihr erfassten Unternehmen, einen umfassenden Kontrollrahmen[92] hinsichtlich staatlicher Eingriffe in die Wirtschaft und staatlicher wirtschaftlicher Tätigkeit zu schaffen.[93] Dieses Ziel würde verfehlt, wenn der Staat durch unternehmerisches Eigenhandeln die 40

[85] S. hierzu unten Rdnr. 81f.

[86] S. hierzu oben Rdnr. 23, 34.

[87] Grabitz/Hilf/Nettesheim-*Wernicke,* Das Recht der Europäischen Union, Art. 106 AEUV Rdnr. 16 mwN (Stand: 3/2011).

[88] Loewenheim/Meessen/Riesenkampff-*Ehricke,* Art. 86 EG Rdnr. 39 mwN; *Streinz-Kühling,* EUV/AEUV, Art. 106 AEUV Rdnr. 14 mwN.

[89] S. hierzu oben Rdnr. 13–29.

[90] EuGH U. v. 16.6.1987, Rs 118/85, Slg. 1987, 2599 Rdnr. 10 – *Kommission/Italien („AAMS").*

[91] S. hierzu unten Rdnr. 78–82.

[92] Zu unterscheiden von dem weniger umfassenden Verbotsrahmen nach Art. 106 Abs. 1.

[93] Loewenheim/Meessen/Riesenkampff-*Ehricke,* Art. 86 EG Rdnr. 39 mwN. Deswegen vertritt der EuGH z.B. zur Kontrolle der Rechtmäßigkeit der Gewährung und/oder Aufrechterhaltung ausschließlicher und besonderer Rechte als solcher eine weite Auslegung des Tatbestandsmerkmals der staatlichen Maßnahme *„in Bezug auf"* mit diesen Sonderrechten ausgestattete Unternehmen, die den Rechtsgewährungsakt und die Maßnahme in Bezug auf die privilegierten Unternehmen in einem Akt zusammenfallen lässt (s. unten Rdnr. 116ff.).

Möglichkeit hätte, sich dem Anwendungsbereich des Art. 106 Abs. 1 und den speziellen Kommissionsbefugnissen nach Art. 106 Abs. 3 zu entziehen.[94] Eine solche Auslegung des Art. 106 Abs. 1 kollidiert nicht mit der daneben fortbestehenden Möglichkeit, Art. 101/102 auf das unternehmerische Handeln des Staates selbst direkt anzuwenden.

II. Begriff der Unternehmen, denen der Staat ausschließliche oder besondere Rechte gewährt („privilegierte Unternehmen", „Unternehmen mit Sonderrechten")

41 **1. Allgemeines.** Art. 106 Abs. 1 betrifft neben den öffentlichen Unternehmen auch Unternehmen, denen die Mitgliedstaaten *„besondere oder ausschließliche Rechte"* gewähren, definiert diese Rechte aber nicht. Als Sammelbezeichnung für die vom Staat mit ausschließlichen oder besonderen Rechten ausgestatteten Unternehmen sind die Begriffe „privilegierte Unternehmen" und „Unternehmen mit Sonderrechten" gebräuchlich und werden auch in diesem Beitrag verwandt.

42 Die **neuere Rechtsprechung des EuGH**[95] definiert als Gewährung ausschließlicher und besonderer Rechte sehr weit jede staatliche Maßnahme, die einer begrenzten Anzahl von Unternehmen einen Schutz verleiht, *„der die Fähigkeit anderer Unternehmen, die fragliche wirtschaftliche Tätigkeit im selben Gebiet zu im Wesentlichen gleichen Bedingungen auszuüben, wesentlich beeinträchtigen kann."* Diese neuere Definition deckt zunächst traditionelle Definitionen ab, bei deren Erfüllung weiterhin in jedem Fall ein ausschließliches oder besonderes Recht vorliegt.[96] Daneben geht die neuere Definition über die traditionellen Definitionen hinaus und eröffnet neue Anwendungsmöglichkeiten für Art. 106 Abs. 1.[97] Weitere Orientierung bieten verschiedene Abgrenzungen.[98]

43 Unternehmen mit Sonderrechten können **private wie öffentliche** sein. Letztere sind daher von Art. 106 Abs. 1 unter zwei Gesichtspunkten erfasst und kommen in der Praxis immer noch häufig vor. Klassisches Beispiel ist das ganz oder mehrheitlich im Staatseigentum stehende Unternehmen, dem der Staat ein Monopol durch die Gewährung eines ausschließlichen Rechts gesichert hat.

44 **2. Die traditionelle Definition der Gewährung ausschließlicher und besonderer Rechte.**[99] **Ausschließliches Recht iSv. Art. 106 Abs. 1**[100] ist ein Recht, das ein Mitgliedstaat durch diskretionären[101] Hoheitsakt im Gesetzes- oder Verwaltungswege, gleich ob mit öffentlich-rechtlichen oder privatrechtlichen Mitteln, **einem einzigen** öffentlichen oder einem privaten **Unternehmen** gewährt und das diesem eine bestimmte Produktion oder die Erbringung einer bestimmten Dienstleistung oder die Ausübung einer sonstigen bestimmten Tätigkeit in einem definierten räumlichen, zeitlichen oder sonstigen sachlichen Rahmen vorbehält. **Das ausschließliche Recht begründet damit zugunsten dieses staatlich auserwählten Unternehmens ein Monopol,**[102] das alle anderen Unterneh-

---

[94] Loewenheim/Meessen/Riesenkampff-*Ehricke,* Art. 86 EG Rdnr. 39 mwN; *Streinz-Kühling,* EUV/AEUV, Art. 106 AEUV Rdnr. 14 mwN.

[95] EuGH U. v. 25.10.2001, Rs C-475/99, Slg. 2001, I-8089 Rdnr. 24 – *Ambulanz Glöckner.*

[96] Hierzu unten Rdnr. 44 ff.

[97] Hierzu unten Rdnr. 47 ff.

[98] Hierzu unten Rdnr. 51–57. Zur rechtlich nicht verbindlichen Rolle von Kommissionsrichtlinien bei der Definition des primärrechtlichen Begriffs der ausschließlichen und besonderen Rechte iSv. Art. 106 Abs. 1 AEUV, s. unten Rdnr. 62–65.

[99] S. auch Grabitz/Hilf/Nettesheim-*Wernicke,* Das Recht der Europäischen Union, Art. 106 AEUV Rdnr. 33–35 (Stand: 3/2011).

[100] Hierzu *Dohms* in OÖ Kraftwerke AG (Hg.), Aktuelle Rechtsprobleme der Elektrizitätswirtschaft 1995, Linz 1995, S. 35 ff., 48.

[101] Zum Erfordernis der staatlichen Ermessensausübung zugunsten desjenigen Unternehmens, dem das ausschließliche Recht gewährt wird, s. unten Rdnr. 50–57, 66–70.

[102] Grabitz/Hilf/Nettesheim-*Wernicke,* Das Recht der Europäischen Union, Art. 106 AEUV Rdnr. 34 (Stand: 3/2011); Loewenheim/Meessen/Riesenkampff-*Ehricke,* Art. 86 EG Rdnr. 51 mwN.

men von dieser Tätigkeit und damit jeglichen Wettbewerb bei Ausübung dieser Tätigkeit ausschließt. Hierzu zählt die Monopolisierung eines gesamten Wirtschaftszweiges[103] landesweit[104] zugunsten eines einzigen Unternehmens, wie auch eine Monopolisierung in einer Vielzahl geographischer[105] oder zeitlicher Parzellen jeweils zugunsten eines Unternehmens. Gleichermaßen entsteht eine Vielzahl von ausschließlichen Rechten, wenn ein Wirtschaftsvorgang in seine Elemente zerlegt und jeweils hieran einem einzigen Unternehmen das alleinige Tätigkeitsrecht gewährt wird.

Besonderes Recht iSv. Art. 106 Abs. 1[106] ist ein Recht, das ein Mitgliedstaat durch diskretionären[107] Hoheitsakt im Gesetzes- oder Verwaltungswege, gleich ob mit öffentlich-rechtlichen oder privatrechtlichen Mitteln, **mehreren, zahlenmäßig begrenzten**[108] öffentlichen und/oder privaten Unternehmen gewährt und das diesen eine bestimmte Produktion oder die Erbringung einer bestimmten Dienstleistung oder die Ausübung einer sonstigen bestimmten Tätigkeit in einem bestimmten räumlichen, zeitlichen oder sonstigen sachlichen Rahmen vorbehält. **Das besondere Recht begründet damit zugunsten dieser staatlich auserwählten Unternehmen ein Oligopol,**[109] das alle anderen Unternehmen von dieser Tätigkeit ausschließt, jedoch Wettbewerb zwischen den auserwählten Unternehmen nicht von vornherein ausschließt. Wie beim ausschließlichen Recht kann sich die Oligopolisierung auf einen gesamten Wirtschaftszweig, einen Wirtschaftsvorgang oder seine Elemente und auf räumliche und zeitliche Parzellen verschiedenster Größe beziehen. 45

Beispiele ausschließlicher Rechte, in denen die Rechtsprechung von der traditionellen Definition dieser Rechte ausging, sind die exklusive Befugnis zur Ausstrahlung von Fernsehsendungen,[110] zur Regulierung von durch ausländische Kraftfahrzeuge verursachten Schäden,[111] zur Verrichtung von Bestattungsdiensten,[112] zur Organisation und zur Durchführung von Hafenarbeiten,[113] zu Einrichtung und Betrieb des öffentlichen Fernmeldenetzes,[114] zur Erbringung von Telekommunikationsdiensten,[115] zum Einsammeln und Befördern von Briefen,[116] zur Verwaltung von Flughäfen,[117] zur Vermittlung von Arbeits- 46

Ohne den Begriff des ausschließlichen Rechts ausdrücklich zu definieren setzt auch der EuGH ihn mit dem Begriff des Monopols gleich in seinem U. v. 19.3.1991, C-202/88, Slg. 1991, I-1223 Rdnr. 31–44 – *Frankreich/Kommission („Telekommunikationsendgeräte").* S. auch EuGH U. v. 3.3.2011, Rs C-437/09, Slg. 2011, I-973 Rdnr. 67 – *AG2R Prévoyance.*

[103] So z.B. in den Fällen EuGH U. v. 30.4.1974, Rs 155/73, Slg. 1974, 409 Rdnr. 14 – *Sacchi* und EuGH U. v. 9.6.1977, Rs 90/76, Slg. 1977, 1091 Rdnr. 16–25 – *van Ameyde/UCI.*

[104] So z.B. im Fall EuGH U. v. 19.5.1993, Rs C-320/91, Slg. 1993, I-2533 Rdnr. 3 – *Paul Corbeau.*

[105] So z.B. im Fall EuGH U. v. 5.10.1994, Rs C-323/93, Slg. 1994, I-5077 Rdnr. 17 – *Centre d'insémination de la Crespelle;* s. auch EuGH U. v. 10.12.1991, Rs C-179/90, Slg. 1991, I-5889 Rdnr. 9 – *Porto di Genova.*

[106] Hierzu *Dohms* in OÖ Kraftwerke AG (Hrsg.), Aktuelle Rechtsprobleme der Elektrizitätswirtschaft 1995, Linz 1995, S. 35 ff., 48.

[107] Zum Erfordernis der staatlichen Ermessensausübung zugunsten derjenigen Unternehmen, denen das besondere Recht gewährt wird, s. unten Rdnr. 50–57, 66–70.

[108] Grabitz/Hilf/Nettesheim-*Wernicke,* Das Recht der Europäischen Union, Art. 106 AEUV Rdnr. 33 (Stand: 3/2011).

[109] Loewenheim/Meessen/Riesenkampff-*Ehricke,* Art. 86 EG Rdnr. 51 mwN.

[110] EuGH U. v. 30.4.1974, Rs 155/73, Slg. 1974, 409 Rdnr. 14 – *Sacchi;* EuGH U. v. 18.6.1991, Rs C-260/89, Slg. 1991, I-2925 Rdnr. 10 – *Elliniki Radiophonia Tileorassi (ERT).*

[111] EuGH U. v. 9.6.1977, Rs 90/76, Slg. 1977, 1091 Rdnr. 18 – *van Ameyde/UCI.*

[112] EuGH U. v. 4.5.1988, Rs 30/87, Slg. 1988, 2479 Rdnr. 29 ff. – *Bodson/SA Pompes funèbres.*

[113] EuGH U. v. 10.12.1991, Rs C-179/90, Slg. 1991, I-5889 Rdnr. 9 – *Porto di Genova.*

[114] EuGH U. v. 13.12.1991, Rs C-18/88, Slg. 1991, I-5941 Rdnr. 14–16, 31 – *Régie des télégraphes et des téléphones (RTT)/GB-Inno-BM.*

[115] EuGH U. v. 17.11.1992, Verb. Rs C-271/90, C-281/90 und C-289/90, Slg. 1992, I-5833 Rdnr. 36 – *Spanien u. a./Kommission („Telekommunikationsdienste").*

[116] EuGH U. v. 19.5.1993, Rs C-320/91, Slg. 1993, I-2533 Rdnr. 8 – *Paul Corbeau;* EuGH U. v. 10.2.2000, Verb. Rs C-147/97 und C-148/97, Slg. 2000, I-825 Rdnr. 37 – *Deutsche Post.*

kräften[118] und zur Einziehung und Verwaltung der Beiträge zu einem Zusatzkrankenversicherungssystem mit Pflichtmitgliedschaft.[119] Auch ohne ausdrückliche Formulierung durch den Staat kann ein ausschließliches Recht bestehen, wenn es in einer anderen staatlichen Maßnahme **notwendigerweise impliziert** ist. So impliziert die Entscheidung des Staates, die Mitgliedschaft in einem Betriebsrentenfonds verbindlich vorzuschreiben, notwendigerweise, dass diesem Fonds das ausschließliche Recht verliehen wird, die zur Begründung von Rentenansprüchen gezahlten Beiträge zu sammeln und zu verwalten.[120] Der traditionellen Unterscheidung zwischen ausschließlichen und besonderen Rechten scheint der EuGH auch in Rs *Ahmed Saeed*[121] zu folgen, in der die staatlich gewährte Befugnis, eine Flugstrecke allein oder gemeinsam mit einigen anderen Unternehmen zu befliegen, als ausschließliches oder besonderes Recht bezeichnet wird. In der Rs *FFAD/Kobenhavns Kommune*[122] bezeichnete der EuGH abweichend von der traditionellen Definition das auf drei Unternehmen beschränkte Recht, Bauabfälle aus einer Gemeinde zur Behandlung anzunehmen, als ein diesen Unternehmen gewährtes ausschließliches Recht. Ansonsten beschränkt sich die Rechtsprechung spezifisch zum **Begriff der besonderen Rechte** auf die Kritik an der Kommission, diese in zwei Telekommunikationsrichtlinien nicht hinreichend definiert zu haben.[123] In seinem Urteil *TNT Traco*[124] unterschied der EuGH nicht mehr zwischen ausschließlichen und besonderen Rechten und bezeichnete die mit dem traditionellen Postmonopol in Italien ausgestattete *Poste Italiane* als mit *„besonderen oder ausschließlichen"* Rechten ausgestattetes Unternehmen.

47 **3. Die erweiterte Definition des EuGH in der Rs *Ambulanz Glöckner*.** Schließlich hat der EuGH in der Rs *Ambulanz Glöckner*[125] eine neue, gemeinsame Definition ausschließlicher und besonderer Rechte entwickelt. Diese deckt alle von den traditionellen Definitionen erfassten Fälle ab und **eröffnet darüber hinaus neue Anwendungsmöglichkeiten für Art. 106 Abs. 1.** Nach der neuen Definition gewährt der Staat ein besonderes oder ausschließliches Recht, wenn er eine *begrenzte Zahl* von Unternehmen mit einer Dienstleistung betraut und der Genehmigungsbehörde die Möglichkeit gibt, die Zulassung weiterer Unternehmen zu dieser Dienstleistung zu versagen, wenn mit einer erheblichen Beeinträchtigung der Funktionsfähigkeit und Wirtschaftlichkeit des den bereits tätigen Unternehmen übertragenen Dienstes zu rechnen ist. Der EuGH begründet dies mit der Tatsache, dass hier eine staatliche Maßnahme durch Rechtsvorschrift[126] einer begrenzten Anzahl von Unternehmen einen Schutz verleiht, *„der die Fähigkeit anderer Unternehmen, die fragliche*

---

117 EuGH U. v. 29.3.2001, Rs C-163/99, Slg. 2001, I-2613 Rdnr. 45 – *Portugal/Kommission.*

118 EuGH U. v. 23.4.1991, Rs C-41/90, Slg. 1991, I-1979 Rdnr. 26–34 – *Höfner;* EuGH U. v. 11.12.1997, Rs C-55/96, Slg. 1997, I-7119 Rdnr. 27–28 – *Job Centre.*

119 EuGH U. v. 3.3.2011, Rs C-437/09, Slg. 2011, I-973 Rdnr. 66–67 – *AG2R Prévoyance.*

120 EuGH U. v. 21.9.1999, Rs C-67/96, Slg. 1999, I-5751 Rdnr. 90 – *Albany;* gleichlautend EuGH U. v. 21.9.1999, Rs C-115/97 bis C-117/97, Slg. 1999, I-6025 Rdnr. 90 – *Brentjens' Handelsonderneming;* EuGH U. v. 21.9.1999, Rs C-219/97, Slg. 1999, I-6121 Rdnr. 80 – *Maatschappij Drijvende Bokken;* ebenso betreffend die Pflichtmitgliedschaft in einem Fachärztefonds hinsichtlich eines Teils des Rentensystems: EuGH U. v. 12.9.2000, Verb. Rs C-180/98 bis C-184/98, Slg. 2000, I-6451 Rdnr. 122 – *Pavlov.*

121 EuGH U. v. 11.4.1989, Rs 66/86, Slg. 1989, 803 Rdnr. 50 – *Ahmed Saeed.*

122 EuGH U. v. 23.5.2000, Rs C-209/98, Slg. 2000, I-3743 Rdnr. 54 – *FFAD/Kobenhavns Kommune.*

123 S. hierzu unten Rdnr. 48, 62, 648 und 652.

124 EuGH U. v. 17.5.2001, Rs C-340/99, Slg. 2001, I-4109 Rdnr. 40, 43 – *TNT Traco.*

125 EuGH U. v. 25. 10. 2001, Rs C-475/99, Slg. 2001, I-8089 Rdnr. 23 f. – *Ambulanz Glöckner* (in diesem Fall ging um die Zulassung neuer Anbieter zum Krankentransport, der bis dahin von zwei mit dem Rettungsdienst betrauten Sanitätsorganisationen als Teil ihrer Arbeit erbracht wurde).

126 Die Bezugnahme auf Rechtsvorschriften in der Rs *Ambulanz Glöckner* ist allein als Erinnerung daran zu verstehen, dass der Staat bei Gewährung ausschließlicher und besonderer Rechte kraft und mittels typisch staatlicher Hoheitsgewalt handeln muss. Dies muss nicht notwendigerweise durch Gesetzgebungsakte erfolgen, sondern kann auch in zahlreichen anderen Formen geschehen (s. hierzu unten zum Gewährungsakt Rdnr. 58).

wirtschaftliche Tätigkeit im selben Gebiet zu im Wesentlichen gleichen Bedingungen auszuüben, wesentlich beeinträchtigen kann.“

Ohne sich mit den traditionellen Definitionen in Widerspruch zu setzen unterscheidet diese neuere Definition nicht mehr zwischen ausschließlichen und besonderen Rechten. Im Rahmen des Art. 106 Abs. 1 hat dies wegen der für beide Rechtstypen identischen Rechtsfolgen keine Auswirkungen. Eine Abgrenzung bleibt jedoch erforderlich wegen der Befugnis der Kommission nach Art. 106 Abs. 3 auf die Anwendung des Art. 106 zu achten und *„erforderlichenfalls geeignete Richtlinien oder Beschlüsse“* an die Mitgliedstaaten zu richten. Der darin niedergelegte Grundsatz der Verhältnismäßigkeit verlangt ein abgestuftes Vorgehen, das insbes. die unterschiedlichen Auswirkungen, die der vollständige Ausschluss des Wettbewerbs in einem Monopol gegenüber der Begrenzung des Wettbewerbs in einem Oligopol haben kann, berücksichtigt. Deswegen ist im Rahmen von Richtlinien und Beschlüssen nach Art. 106 Abs. 3 eine Unterscheidung zwischen ausschließlichen und besonderen Rechten sachgerecht und vom EuGH in Urteilen zu Kommissionsrichtlinien sogar vorangetrieben worden.[127] Die Normenhierarchie steht dem nicht entgegen, solange sich Richtlinien und Beschlüsse als Akte des sekundären Unionsrechts auf Definitionen zu eigenen Zwecken beschränken und sich nicht mit den vom EuGH auf der Ebene des primären Unionsrechts festgelegten Definitionen in Widerspruch setzen. **48**

Wichtig ist, dass der EuGH in *Ambulanz Glöckner* die Begriffe des ausschließlichen und des besonderen Rechts auf Situationen **ausweitet,** in denen ein striktes Monopol oder Oligopol, das dritte Unternehmen vom Marktzugang absolut ausschließt, zwar nicht vorliegt, die bereits tätigen Unternehmen jedoch gegen den Eintritt neuer Konkurrenten in den Markt mittels der staatlichen Prognose einer negativen **Auswirkung** auf die Funktionsfähigkeit und Wirtschaftlichkeit ihres Dienstes geschützt werden können. Diese Fallgestaltung lag dem Ausgangsrechtsstreit in der Rs *Ambulanz Glöckner* zugrunde.[128] **49**

Die **Tragweite der neuen Definition** geht jedoch noch darüber hinaus. Denn iS. der Formel des EuGH in der Rs *Ambulanz Glöckner*[129] kann die Fähigkeit anderer Unternehmen, die fragliche wirtschaftliche Tätigkeit in demselben Gebiet zu im Wesentlichen gleichen Bedingungen auszuüben, noch auf zahlreiche andere Arten als durch Marktzugangsvorbehalte wesentlich beeinträchtigt werden. Letztlich kann jede Besserstellung einzelner Unternehmen bei der Ausübung einer bestimmten wirtschaftlichen Tätigkeit im Verhältnis zu aktuellen und potentiellen Wettbewerbern eine solche Wirkung haben. Auf dieser Grundlage ist somit der Begriff **ausschließliches oder besonderes Recht iSv. Art. 106 Abs. 1 zu definieren als jede staatliche Maßnahme, bei der** **50**

[127] S. hierzu auch unten Rdnr. 62, 648 und 652. Die **Richtlinie Nr. 88/301/EWG** über den Wettbewerb auf dem Markt für **Telekommunikationsendgeräte** enthielt in ihrer ursprünglichen Fassung weder eine Definition noch eine Abgrenzung ausschließlicher und besonderer Rechte. Auf Nichtigkeitsklage bestätigte der EuGH die Richtlinie hinsichtlich der Pflicht zur Abschaffung ausschließlicher Rechte und setzte diesen Begriff implizit mit dem des Monopols gleich. Hinsichtlich der Pflicht zur Abschaffung der besonderen Rechte hob der EuGH die Richtlinie jedoch auf, weil aus ihr nicht erkennbar sei, welche Art von Rechten konkret gemeint sei und inwiefern deren Bestehen den Vorschriften des EG-Vertrags zuwiderlaufe (EuGH U. v. 19.3.1991, C-202/88, Slg. 1991, I-1223 Rdnr. 31–44 – *Frankreich/Kommission („Telekommunikationsendgeräte“),* zum ausschließlichen Recht, Rdnr. 45–47 zum besonderen Recht). Die **Richtlinie Nr. 90/388/EWG** über den Wettbewerb auf dem Markt für **Telekommunikationsdienste** enthielt in ihrer ursprünglichen Fassung keine Abgrenzung ausschließlicher und besonderer Rechte. Auf Nichtigkeitsklage bestätigte der EuGH die Richtlinie hinsichtlich der Pflicht zur Abschaffung ausschließlicher Rechte und verlangte somit keine Präzisierung der darin enthaltenen Definition des ausschließlichen Rechts. Hinsichtlich der Pflicht zur Abschaffung der besonderen Rechte hob der EuGH die Richtlinie jedoch mit derselben Begründung auf wie bereits in seinem Urteil C-202/88 angeführt (EuGH U. v. 17.11.1992, Verb. Rs C-271/90, C-281/90 und C-289/90, Slg. 1992, I-5833 Rdnr. 29–32 – *Spanien u. a./Kommission („Telekommunikationsdienste“)*).

[128] EuGH U. v. 25.10.2001, Rs C-475/99, Slg. 2001, I-8089 Rdnr. 7–9, 12–13, 23–24 – *Ambulanz Glöckner.*

[129] EuGH U. v. 25.10.2001, Rs C-475/99, Slg. 2001, I-8089 Rdnr. 24 – *Ambulanz Glöckner.*

der Staat kraft und mittels typisch staatlicher Hoheitsgewalt[130] **ein Ermessen zugunsten eines Unternehmens oder einer begrenzten Anzahl von Unternehmen ausübt und hierdurch diese Unternehmen im Ergebnis im Hinblick auf die Ausübung einer bestimmten wirtschaftlichen Tätigkeit in einer Weise besserstellt, die die Fähigkeit anderer Unternehmen, die fragliche wirtschaftliche Tätigkeit im selben Gebiet zu im Wesentlichen gleichen Bedingungen auszuüben, wesentlich beeinträchtigen kann.** Auf dieser Grundlage erfüllen staatliche Maßnahmen in der Praxis den Tatbestand der Gewährung ausschließlicher oder besonderer Rechte in **zwei Hauptfallgruppen:**

51 In der **ersten Fallgruppe** wird die **diskretionäre staatliche Begünstigung** bestimmter Unternehmen dadurch bewirkt, dass der Staat kraft und mittels seiner Hoheitsgewalt **die Zahl** der zur Ausübung einer bestimmten wirtschaftlichen Tätigkeit in einem bestimmten Gebiet zugelassenen Unternehmen **künstlich auf ein einziges oder auf eine begrenzte Anzahl fixiert,** d.h. ohne dass objektive natürliche Bedingungen (wie unüberwindliche räumliche, technische, rechtliche oder wirtschaftliche Grenzen) eine solche Begrenzung erfordern oder nach sich ziehen. In der Praxis wird oft darüber hinaus das staatliche Verfahren zur Auswahl dieser Unternehmen intransparent und von subjektiven, unangemessenen oder diskriminierenden Kriterien geprägt sein, die dafür sorgen, dass nur die vom Staat bereits zuvor namentlich ausgesuchten Unternehmen oder jedenfalls nicht mehr als die vom Staat gewünschte Zahl von Unternehmen die Auswahl besteht.

52 In der ersten Fallgruppe kann der Tatbestand ausschließlicher oder besonderer Rechte iSv. Art. 106 Abs. 1 aber auch dann erfüllt sein, wenn der Staat ein oder eine begrenzte Zahl von Unternehmen im Rahmen eines transparenten Verfahrens nach transparenten, objektiven, angemessenen und nichtdiskriminierenden Kriterien (z.B. im Wege einer Ausschreibung)[131] auswählt.[132] Erweist sich nach diesen Kriterien eine größere Zahl von Unternehmen als der Staat zulassen will als befähigt, die relevante wirtschaftliche Tätigkeit auszuüben und/oder kann nicht ausgeschlossen werden, dass weitere potentielle Wettbewerber diese Befähigung hätten und hält der Staat trotzdem an der zahlenmäßigen Begrenzung fest, so liegt schon darin eine diskretionäre Begünstigung der letztlich zugelassenen Unternehmen. Dies gilt selbst dann, wenn diese Unternehmen in der Endausscheidung wiederum nach objektiven und nichtdiskriminierenden Kriterien, z.B. durch Losentscheid, ausgewählt wurden. Denn entscheidend ist, dass die **staatliche Maßnahme in ihrem Ergebnis** durch den Ausschluss ebenso kompetenter aktueller oder potentieller Wettbewerber zu dem in Rs *Ambulanz Glöckner*[133] definierten **Schutz** bzw. zu der **Besserstellung** und damit zur **Privilegierung**[134] der ausgewählten Unternehmen führt und der Staat dies durch eine anderweitige Ausübung seines Ermessens, d.h. die Zulassung dieser Wettbewerber, vermeiden könnte.

53 Umgekehrt liegt keine diskretionäre staatliche Begünstigung und kein ausschließliches oder besonderes Recht vor, wenn Rechtsvorschriften den Zugang zu einer wirtschaftlichen Tätigkeit (z.B. zu einem Beruf) zwar von der Erfüllung transparenter, objektiver und nichtdiskriminierender Voraussetzungen abhängig machen, aber alle Bewerber, die diese Voraussetzungen erfüllen, ohne weitere Begrenzung zur Ausübung dieser Tätigkeit zugelassen werden.[135]

---

[130] S. hierzu auch unten Rdnr. 58.

[131] Zu Ausschreibungsfragen s. auch unten Rdnr. 71–77.

[132] Dementsprechend finden sich im EuGH-Urteil *Ambulanz Glöckner* keine Anhaltspunkte, dass der Begriff des ausschließlichen oder besonderen Rechts iSv. Art. 106 Abs. 1 von der Nichteinhaltung objektiver, angemessener und nichtdiskriminierender Kriterien im Verfahren der Auswahl der Unternehmen und bei der Rechtsgewährung abhängig wäre.

[133] EuGH U. v. 25.10.2001, Rs C-475/99, Slg. 2001, I-8089 Rdnr. 7–9, 12–13, 23–24 – *Ambulanz Glöckner.*

[134] Zur Privilegierung gegenüber anderen Unternehmen sowie zur Sonderbeziehung zum Staat s. auch unten Rdnr. 66f.

[135] EuGH U. v. 12.12.2013, Rs C-327/12, ECLI:EU:C:2013:827 Rdnr. 42 – *SOA.*

Die **zweite Fallgruppe** betrifft Konstellationen, die oft mit dem Schlagwort **„natürliches Monopol/Oligopol"** beschrieben werden. Im Kern geht es um Situationen, in denen objektive natürliche Bedingungen (wie unüberwindliche räumliche, technische, rechtliche oder wirtschaftliche Grenzen) es erfordern oder nach sich ziehen, dass nur ein oder eine begrenzte Anzahl von Unternehmen die relevante wirtschaftliche Tätigkeit ausüben kann.[136] Diese Begrenzung ist somit nicht die Folge einer diskretionären Entscheidung des Staates. Trotzdem kann der Staat auch in dieser Situation ausschließliche und besondere Rechte iSv. Art. 106 Abs. 1 begründen, wenn er im Verfahren zur Auswahl der Unternehmen und/oder in den Modalitäten der Rechtsgewährung den ausgewählten Unternehmen eine wettbewerbsrelevante Begünstigung verschafft, die auf diskretionärer Ausübung seiner staatlichen Hoheitsgewalt beruht. 54

Dies kann sich auch in der zweiten Fallgruppe darin manifestieren, dass das **Auswahlverfahren** den Anforderungen der Transparenz und der Anwendung objektiver, angemessener und nichtdiskriminierender Kriterien nicht entspricht. Wurden hingegen diese Kriterien angewandt und erweist sich eine größere Zahl von Unternehmen als aufgrund der Kapazitätsgrenze zugelassen werden kann, als befähigt, die relevante wirtschaftliche Tätigkeit auszuüben, so gehört zur Einhaltung dieser Anforderungen auch, dass der Staat eine Endausscheidung wiederum nach objektiven und nichtdiskriminierenden Kriterien, z.B. durch Losentscheid, durchführt. Selbst bei Einhaltung aller dieser Anforderungen an das Auswahlverfahren kann eine auf staatlicher Ermessensentscheidung beruhende wettbewerbsrelevante Besserstellung der ausgewählten Unternehmen noch immer in den **Modalitäten** des ihnen gewährten Rechts zur Nutzung der begrenzten Kapazität liegen. Hierbei kommt es auf die genaue Analyse jedes Einzelfalles an. Die Nutzungsberechtigung wird jedenfalls dann als ausschließliches oder besonderes Recht iSv. Art. 106 Abs. 1 zu qualifizieren sein, wenn der Staat sein Ermessen dahingehend ausübt, sie zeitlich unbegrenzt zu gewähren. Denn der damit verbundene dauerhafte Ausschluss aktueller und potentieller Wettbewerber führt zu dem in Rs *Ambulanz Glöckner*[137] definierten **Schutz** bzw. zu der **Besserstellung** und damit zur **Privilegierung**[138] der ausgewählten Unternehmen, die der Staat durch eine anderweitige Ausübung seines Ermessens, d.h. die angemessene zeitliche Begrenzung der Nutzungsrechte und ein nachfolgendes erneutes Auswahlverfahren, das den Anforderungen der Transparenz und der Anwendung objektiver, angemessener und nichtdiskriminierender Kriterien entspricht und damit anderen Unternehmen eine angemessene Chance bietet, vermeiden könnte.[139] 55

Im Zusammenhang mit der zweiten Fallgruppe ist stets genau zu prüfen, ob der Staat tatsächlich über die Zuteilung einer begrenzten Möglichkeit zur Ausübung einer bestimmten wirtschaftlichen Tätigkeit in einem bestimmten Gebiet verfügt, oder ob er allein ein ihm zur Verfügung stehendes **begrenztes Kontingent an Mitteln („inputs") verteilt,** die zur Ausübung der relevanten Tätigkeit notwendig sind. In letzterem Fall ist auch näher zu untersuchen, ob der Staat überhaupt kraft und mittels seiner Hoheitsgewalt oder vielmehr als Unternehmen handelt.[140] Selbst wenn der Staat Hoheitsbefugnisse bei der Zuteilung ausüben sollte, genießen das oder die aus seinem Kontingent bedienten Unternehmen 56

---

[136] Diese Fallgruppe beinhaltet nicht nur die Existenz einer der Verfügungsmacht des Staates unterliegenden *essential facility* (s. hierzu unten Rdnr. 56 und 61), sondern z.B. auch Fälle, in denen die notwendigen Mittel und Einrichtungen zur Ausübung der relevanten wirtschaftlichen Tätigkeit erst noch geschaffen werden müssen.

[137] EuGH U. v. 25.10.2001, Rs C-475/99, Slg. 2001, I-8089 Rdnr. 7–9, 12–13, 23–24 – *Ambulanz Glöckner.*

[138] Zur Privilegierung gegenüber anderen Unternehmen sowie zur Sonderbeziehung zum Staat s. auch unten Rdnr. 66f.

[139] Dementsprechend finden sich im EuGH-Urteil *Ambulanz Glöckner* keine Anhaltspunkte, dass der Begriff des ausschließlichen oder besonderen Rechts iSv. Art. 106 Abs. 1 von der Nichteinhaltung objektiver, angemessener und nichtdiskriminierender Kriterien im Verfahren der Auswahl der Unternehmen und bei der Rechtsgewährung abhängig wäre.

[140] S. hierzu auch unten Rdnr. 61.

dann kein ausschließliches oder besonderes Recht iSv. Art. 106 Abs. 1, wenn sich ihre aktuellen und potentiellen Wettbewerber gleichartige Mittel anderweitig in einer Weise beschaffen können, die es ihnen ermöglicht, iS. der Formel in der Rs *Ambulanz Glöckner,*[141] die fragliche wirtschaftliche Tätigkeit in demselben Gebiet zu im Wesentlichen gleichen Bedingungen auszuüben und dies ihnen vom Staat nicht verboten wird. Die Präzisierung der Anforderungen, die diese Formel stellt, muss der zukünftigen Entscheidungspraxis der Gerichte und Behörden überlassen bleiben. Jedoch kann schon jetzt gesagt werden, dass die vom Staat unter Ausübung von Hoheitsgewalt mit Mitteln bedachten Unternehmen dann ausschließliche oder besondere Rechte genießen, wenn diese Mittel ***essential facilities* (d.h. wesentliche Einrichtungen)** iS. der Rs *Bronner* sind.[142] Dies sind zur Ausübung der relevanten wirtschaftlichen Tätigkeit unentbehrliche Mittel, für die kein tatsächlicher oder potentieller Ersatz besteht, weil sich die Wettbewerber aufgrund objektiver technischer, rechtlicher oder wirtschaftlicher Hindernisse weder allein noch gemeinsam gleichwertige Mittel überhaupt oder unter zumutbaren Bedingungen schaffen oder beschaffen könnten. Hierbei werden an die wirtschaftliche Unmöglichkeit sowie an die Unzumutbarkeit der Ersatzschaffung und -beschaffung besonders hohe Anforderungen gestellt. Deswegen gilt, dass sobald die besonders strengen Kriterien einer *essential facility* nach der Formel in der Rs *Bronner* erfüllt sind, die vom Staat an der Nutzung der *essential facility* nicht beteiligten Wettbewerber iS. der Formel in Rs *Ambulanz Glöckner* nicht mehr die Möglichkeit haben, die relevante wirtschaftliche Tätigkeit in demselben Gebiet zu im Wesentlichen gleichen Bedingungen auszuüben.

57 Eine **weite Definition** des Begriffs der ausschließlichen und besonderen Rechte iSv. Art. 106 Abs. 1 ist **rechtssystematisch begründet und rechtspolitisch wünschenswert,** soweit die Bedingung beachtet wird, dass die wettbewerbsrelevante Besserstellung eines oder einer begrenzten Anzahl von Unternehmen durch eine diskretionäre Maßnahme[143] kraft und mittels typisch staatlicher Hoheitsgewalt[144] erfolgen muss. Denn durch diesen Begriff soll lediglich der Anwendungsbereich des Art. 106 Abs. 1 AEUV festgelegt werden, ohne damit ein Urteil über die Rechtmäßigkeit bzw. Rechtfertigung der Existenz dieser Rechte zu verknüpfen. Ein solches Urteil hängt vielmehr von den Vertragsvorschriften, auf die Art. 106 Abs. 1 verweist, sowie von Art. 106 Abs. 2 ab.[145] Andererseits wäre es rechtspolitisch verfehlt, aufgrund einer unnötig engen Auslegung des Art. 106 Abs. 1 von vorneherein nicht die vollständige Bandbreite wettbewerbsrelevanter, durch diskretionäre staatliche Maßnahmen bewirkter Besserstellungen einer begrenzten Zahl von Unternehmen bei der Ausübung einer bestimmten wirtschaftlichen Tätigkeit zu erfassen. Damit würden wichtige Sachverhalte der Kontrolle anhand der Maßstäbe des Art. 106 einschließlich der besonderen Überwachungs- und Gestaltungsbefugnis der Kommission nach Art. 106 Abs. 3 entzogen. Vielmehr sollte die Gesamtheit derartiger staatlicher Eingriffe in die Wirtschaft wegen der von ihr ausgehenden aktuellen oder potentiellen Gefährdungen des Wettbewerbs oder anderer Vertragsfreiheiten einer Kontrollmöglichkeit nach Art. 106 unterworfen werden. Diese wird auf Initiative der Wirtschaftsteilnehmer im Streitfall von den Gerichten und ansonsten von der Kommission aufgrund ihrer speziellen Befugnis nach Art. 106 Abs. 3 ausgeübt, wonach sie auf die Anwendung des Art. 106 achtet und erforderlichenfalls geeignete Richtlinien oder Beschlüsse an die Mitgliedstaaten richtet.[146] Eine

---

[141] EuGH U. v. 25.10.2001, Rs C-475/99, Slg. 2001, I-8089 Rdnr. 24 – *Ambulanz Glöckner.*

[142] EuGH U.v. 26.11.1998, Rs C-7/97, Slg. 1998, I-7791 Rdnr. 37–47, insbes. 41–47 – *Oscar Bronner.* Zum Begriff der *essential facilities* (wesentliche Einrichtungen) s. auch in diesem Handbuch *de Bronett* § 22 Rdnr. 73 ff. und *Wiedemann* § 23 Rdnr. 230 ff.

[143] Hierzu auch unten Rdnr. 68.

[144] Hierzu auch unten Rdnr. 58.

[145] GA *Jacobs* in seinen Schlussanträgen zu EuGH U. v. 25.10.2001, Rs C-475/99, Slg. 2001, I-8089 Rdnr. 88 – *Ambulanz Glöckner.*

[146] So auch *Streinz-Kühling,* EUV/AEUV, Art. 106 AEUV Rdnr. 23 mwN. Hinsichtlich der unmittelbaren Anwendbarkeit des Art. 106 Abs. 1 s. unten Rdnr. 220 ff. Hinsichtlich der Kommissionsbefugnis nach Art. 106 Abs. 3 s. unten Rdnr. 489 ff.

Folge der weiten Definition ist z. B., dass Märkte, die von ausschließlichen und besonderen Rechten iS. der traditionellen Definitionen befreit worden sind, hinsichtlich bestimmter fortbestehender wettbewerbs- und binnenmarktbeschränkender Staatseingriffe weiterhin der Kontrolle des Art. 106 Abs. 1 unterliegen.

4. Der Gewährungsakt. Der **Begriff der Gewährung** umfasst die Vergabe und die Aufrechterhaltung des besonderen oder ausschließlichen Rechts. Das entscheidende Kriterium ist, dass die Gewährung der Sonderrechte durch den Mitgliedstaat bzw. seine Untergliederungen[147] **kraft und mittels typisch staatlicher Hoheitsbefugnisse** erfolgt, d. h. Befugnisse, die einer nichtstaatlichen juristischen oder natürlichen Person nicht zur Verfügung stehen. Der Gewährungsakt iSv. Art. 106 Abs. 1 verleiht somit Rechte, die eine nichtstaatliche juristische oder natürliche Person bereits ihrer Natur und Kompetenz nach nicht gewähren kann. Auf die Rechtsform des staatlichen Gewährungsaktes kommt es hingegen nicht an. Als Hoheitsakt kann er in öffentlich-rechtlicher oder (verwaltungs-) privatrechtlicher Form ausgeführt werden und richtet sich nach der Rechtsordnung des jeweiligen Mitgliedstaats.[148] 58

Soweit die Gewährung von Rechten nicht kraft und mittels typisch staatlicher Hoheitsbefugnisse erfolgt, kann sie (z. B. im Rahmen von synallagmatischen Verträgen zur entgeltlichen Gebrauchsüberlassung und Eigentumsübertragung oder von Dienst- und Werkverträgen) wirtschaftliche Tätigkeit darstellen und der das Recht Einräumende insoweit als Unternehmen zu qualifizieren sein. So kann auch der Staat z. B. als Eigentümer von Mobilien und Immobilien sowie als Anbieter und Nachfrager von Gütern und Dienstleistungen als Unternehmen handeln, soweit er bei der hiermit verbundenen Gewährung von Rechten zumindest der potentiellen Konkurrenz nichtstaatlicher natürlicher oder juristischer Personen ausgesetzt ist. Die Abgrenzung kann im Einzelfall schwierig sein. 59

Verträge, die der Staat mit einem oder einer begrenzten Anzahl von Unternehmen zur **entgeltlichen Überlassung des exklusiven Gebrauchs an in staatlichem Eigentum stehenden Gegenständen** abschließt, beinhalten an sich noch keine Gewährung eines ausschließlichen oder besonderen Rechts iSv. Art. 106 Abs. 1 an den wirtschaftlichen Tätigkeiten, zu denen diese Unternehmen diese Gegenstände einsetzen. Dies gilt zumindest dann, wenn die aktuellen oder potentiellen Wettbewerber dieser Unternehmen die Möglichkeit haben, mit anderen als dem Staat Verträge zur Überlassung des Gebrauchs an gleichwertigen Gegenständen zur Ausübung dieser Tätigkeiten abzuschließen und der Staat ihnen dies nicht verbietet. Der Staat handelt insoweit bei der entgeltlichen exklusiven Gebrauchsüberlassung als Unternehmen und unterliegt hinsichtlich der möglichen wettbewerbsbeschränkenden Auswirkungen seines Verhaltens ggf. den Art. 101/102 AEUV. 60

Fraglich könnte sein, ob sich diese Beurteilung dann ändert, wenn sich der Gegenstand, an dem der Staat einem oder einer begrenzten Anzahl von Unternehmen gegen Entgelt den Gebrauch überlässt, als ***essential facility* (wesentliche Einrichtung)** erweist. Dafür könnte sprechen, dass wenn die strengen Voraussetzungen der *essential facility* erfüllt sind,[149] sich das exklusive Recht zu ihrer Benutzung *de facto* als ein exklusives Recht zur Ausübung der wirtschaftlichen Tätigkeit erweist, für die die Benutzung der *essential facility* unverzichtbar ist. Dagegen spricht, dass bei Abschluss des exklusiven Gebrauchsüberlassungsvertrags weder für den Staat noch für andere immer vorhersehbar ist, ob sich der Gegenstand als *essential facility* erweisen wird. In einer solchen Situation ist schwer begründbar, warum ein Gebrauchsüberlassungsvertrag, der nicht kraft und mittels typisch staatlicher Hoheitsbefugnisse geschlossen wurde, seine Rechtsnatur nachträglich ändern und die Ausübung von 61

[147] Zum Begriff des Mitgliedstaats s. oben Rdnr. 30.

[148] v. d.Groeben/Schwarze/Hatje-*Klotz,* Europäisches Unionsrecht, Art. 106 AEUV Rdnr. 21.

[149] EuGH U. v. 26.11.1998, Rs C-7/97, Slg. 1998, I-7791 Rdnr. 37–47, insbes. 41–47 – *Oscar Bronner.* Zum Begriff der *essential facilities* (wesentliche Einrichtungen) s. auch in diesem Handbuch *de Bronett* § 22 Rdnr. 73 ff. und *Wiedemann* § 23 Rdnr. 230 ff.

Hoheitsgewalt darstellen sollte. Jenseits von juristischen Definitionsfragen und im Hinblick auf das übergeordnete Ziel des Wettbewerbsschutzes ist darüber hinaus die Tatsache wichtig, dass in der Praxis die Anwendung der Art. 101[150] und 102[151] des AEUV auf ein solches Verhalten des Staates als Unternehmen adäquate und effektive Eingriffsmöglichkeiten bietet.

62 **5. Abgrenzungs- und Auslegungsfragen.** *a) Richtlinien der Kommission.* Die Kommission hat ausschließliche und besondere Rechte in verschiedenen Richtlinien definiert.[152] Diese trennen zwischen ausschließlichen und besonderen Rechten und übernehmen hinsichtlich des **ausschließlichen Rechts** die oben formulierte traditionelle Definition.[153] Ein **besonderes Recht** liegt nach den genannten Richtlinien dann nicht vor, wenn sich der Mitgliedstaat bei der Gewährung des Rechts an objektive, angemessene und nichtdiskriminierende Kriterien hält. Besondere Rechte sind hiernach Rechte, die ein Mitgliedstaat durch Rechts- und Verwaltungsvorschriften einer begrenzten Zahl von Unternehmen in einem bestimmten geographischen Gebiet gewährt, wenn der Staat (1) die Zahl dieser Unternehmen auf zwei oder mehrere Unternehmen begrenzt, ohne sich dabei an objektive, angemessene und nichtdiskriminierende Kriterien zu halten, um eine Leistung zu erbringen oder eine Tätigkeit zu betreiben, oder (2) mehrere konkurrierende Unternehmen nach anderen als solchen Kriterien bestimmt, um eine Leistung zu erbringen oder eine Tätigkeit zu betreiben, oder (3) einem oder mehreren Unternehmen nach anderen als solchen Kriterien besondere/rechtliche Vorteile einräumt, die die Fähigkeit/Möglichkeit anderer Unternehmen, die gleiche Tätigkeit in demselben Gebiet unter wesentlich gleichen Bedingungen zu leisten, wesentlich/erheblich beeinträchtigen.[154]

---

[150] Z. B. auch aufgrund der kumulativen Wirkung eines Netzwerkes gleichartiger Rechtsgewährungsverhältnisse entsprechend der vom EuGH (EuGH U. v. 12.12.1967, Rs 23/67, Slg. 1967, 544, 555–556 – *Brasserie de Haecht;* EuGH U. v. 28.2.1991, Rs C-234/89, Slg. 1991, I-935 Rdnr. 19–27 – *Delimitis;* EuGH U. v. 27.4.1994, Rs C-393/92, Slg. 1994, I-1477 Rdnr. 37–39 – *Almelo*) bezüglich der zu Art. 101 AEUV entwickelten sog. Bündeltheorie. Ein Fall hierfür ist das flächendeckende Netzwerk von wettbewerbsbeschränkenden Einzelverträgen, die fast alle deutschen Gemeinden mit Energieversorgungsunternehmen zur exklusiven Benutzung gemeindlicher Straßen, Plätze und Grundstücke zwecks Errichtung und Betrieb von Strom- und Gasversorgungsinfrastruktur abgeschlossen haben.

[151] Z. B. auch unter Rückgriff auf die Rechtsfigur des Missbrauchs einer marktbeherrschenden Stellung durch Verweigerung des Zugangs zu einer *essential facility,* s. EuGH U. v. 26.11.1998, Rs C-7/97, Slg. 1998, I-7791 Rdnr. 37–47, insbes. 41–47 – *Oscar Bronner.* Zum Begriff der *essential facilities* (wesentliche Einrichtungen) s. auch in diesem Handbuch *de Bronett* § 22 Rdnr. 73 ff. und *Wiedemann* § 23 Rdnr. 230 ff.

[152] Richtlinie Nr. 88/301/EWG über den Wettbewerb auf dem Markt für **Telekommunikationsendgeräte,** ABl. 1988 L131/73 (geändert durch Richtlinie 94/46/EG, ABl. 1994 L 268/15); Richtlinie Nr. 90/388/EWG über den Wettbewerb auf dem Markt für **Telekommunikationsdienste,** ABl. 1990 L 192/10–16 (geändert durch Richtlinie 94/46/EG, ABl. 1994 L 268/15, später aufgehoben durch Richtlinie 2002/77/EG, ABl. 2002 L 249/21); Richtlinie Nr. 2002/77/EG der Kommission über den Wettbewerb auf den Märkten für **elektronische Kommunikationsnetze und -dienste,** ABl. 2002 L 249/21; Richtlinie Nr. 2006/111/EG über die **Transparenz** der finanziellen Beziehungen zwischen den Mitgliedstaaten und den öffentlichen Unternehmen sowie über die finanzielle Transparenz innerhalb bestimmter Unternehmen („Transparenzrichtlinie"), ABl. 2006 L 318/17 (Diese Richtlinie kodifiziert die ursprüngliche Transparenzrichtlinie Nr. 80/723/EWG mit ihren nachfolgenden vier Änderungen durch die Richtlinien Nr. 85/413/EWG, Nr. 93/84/EWG, Nr. 2000/52/EG und Nr. 2005/81/EG).

[153] S. oben Rdnr. 44 ff. sowie Art. 1 Abs. 1 Richtlinie Nr. 90/388/EWG (in der Fassung nach Änderung durch Richtlinie 94/46/EG, später aufgehoben und ersetzt durch Art. 1 Nr. 5 Richtlinie 2002/77/EG); Art. 2 lit. f Richtlinie Nr. 2006/111/EG („Transparenzrichtlinie"), ABl. 2006 L 318/17.

[154] Art. 1 Richtlinie Nr. 88/301/EWG (in der Fassung nach Änderung durch Richtlinie 94/46/EG); Art. 1 Abs. 1 Richtlinie Nr. 90/388/EWG (in der Fassung nach Änderung durch Richtlinie 94/46/EG, später aufgehoben und ersetzt durch Art. 1 Nr. 6 Richtlinie 2002/77/EG); Art. 2 lit. g Richtlinie Nr. 2006/111/EG („Transparenzrichtlinie"), ABl. 2006 L 318/17.

63 **Rechtssystematisch** ist es zwar möglich, im Rahmen einer Richtlinie eine solche Einschränkung des Begriffs der besonderen Rechte für die Zwecke dieser Richtlinie vorzunehmen, doch kann dies aufgrund der Normenhierarchie lediglich Hinweisfunktion aber keine rechtsverbindliche Wirkung für die Auslegung des zum primären Unionsrecht gehörenden Art. 106 AEUV entfalten.[155]

64 **Rechtspolitisch** mag es sinnvoll sein, im Rahmen der **Transparenzrichtlinie** von deren besonderen Kontrollerfordernissen im Falle der Einhaltung objektiver, angemessener und nichtdiskriminierender Kriterien bei der Rechtsgewährung abzusehen.[156] Gleichermaßen erscheint das Anliegen der **Richtlinien zur Telekommunikation/elektronischen Kommunikation** akzeptabel, im Rahmen ihres Anwendungsbereichs den Liberalisierungsprozess in diesem Sektor neben der Abschaffung aller ausschließlichen Rechte auf die Abschaffung solcher besonderen Rechte zu begrenzen, deren Gewährung aufgrund der Nichteinhaltung objektiver, angemessener und nichtdiskriminierender Kriterien ungerechtfertigt erscheint.

65 Außerhalb dieses sektorspezifischen sekundären Unionsrechts gibt es jedoch keine überzeugenden Gründe dafür, solche Beschränkungen auf Art. 106 Abs. 1 selbst zu übertragen und damit auf der Ebene des primären Unionsrechts allgemeine Wirkung zu verleihen. Im Rahmen des Art. 106 Abs. 1 widerspräche dies **rechtssystematisch** der Funktion des Begriffs der ausschließlichen und besonderen Rechte, der lediglich den Anwendungsbereich dieser Vorschrift festlegt, ohne damit ein Urteil über die Rechtmäßigkeit bzw. Rechtfertigung der Existenz dieser Rechte zu verknüpfen.[157] Außerdem wäre eine solche Beschränkung auch **rechtspolitisch verfehlt.**[158] Schließlich wird diese Analyse auch durch die neuere Rechtsprechung des EuGH bestätigt. In der Rs *Ambulanz Glöckner*[159] nimmt der EuGH die Definitionen aus den verschiedenen Richtlinien zwar zur Kenntnis und bezieht aus deren dritter Variante einer Definition besonderer Rechte auch begrenzte Inspiration, formuliert dann aber eine eigenständige, umfassend für Art. 106 Abs. 1 geltende Definition ausschließlicher und besonderer Rechte. Abweichend von den Richtlinien wird hierbei nicht mehr zwischen ausschließlichen und besonderen Rechten unterschieden. Des Weiteren haben beide Rechtstypen im Vergleich zu den Richtlinien erweiterte Inhalte. Der Begriff des ausschließlichen Rechts wird über das strikte Monopol hinaus ausgedehnt.[160] Schließlich wird der Begriff des besonderen wie auch des ausschließlichen Rechts nicht davon abhängig gemacht, dass bei der Auswahl der Unternehmen und der Rechtsgewährung objektive, angemessene und nichtdiskriminierende Kriterien nicht beachtet wurden.

66 *b) Sonderbeziehung der Inhaber ausschließlicher und besonderer Rechte zum Staat. aa) Allgemeines.* Ein **konstitutives Merkmal** ausschließlicher und besonderer Rechte besteht darin, dass die Gewährung und Aufrechterhaltung dieser Rechte **aufgrund einer diskretionären Entscheidung** des Staates zugunsten eines oder einer begrenzten Anzahl von Unternehmen diese gegenüber anderen Unternehmen *privilegiert* und sie in eine **Sonderbeziehung zum Staat** versetzt. Die allgemeine Tatsache, dass alle Unternehmen den Rechts- und Verwaltungsvorschriften sowie den Einzelmaßnahmen des Staates unterworfen sind, genügt daher für sich allein nicht.[161]

67 Aus der Gleichstellung mit den öffentlichen Unternehmen innerhalb des Art. 106 Abs. 1 wird oft geschlossen, dass die Gewährung der Sonderrechte die betreffenden Unternehmen

---

155 Grabitz/Hilf/Nettesheim-*Wernicke,* Das Recht der Europäischen Union, Art. 106 AEUV Rdnr. 33 (Stand: 3/2011).

156 So auch *Streinz-Kühling,* EUV/AEUV, Art. 106 AEUV Rdnr. 23.

157 S. hierzu oben Rdnr. 57.

158 S. hierzu oben Rdnr. 52–57.

159 EuGH U. v. 25.10.2001, Rs C-475/99, Slg. 2001, I-8089 Rdnr. 23 f. – *Ambulanz Glöckner.*

160 S. hierzu oben Rdnr. 49–57.

161 Grabitz/Hilf/Nettesheim-*Wernicke,* Das Recht der Europäischen Union, Art. 106 AEUV Rdnr. 35 (Stand: 3/2011).

in eine ähnliche **Abhängigkeitsstellung vom Staat** bringen muss, wie sie für die öffentlichen Unternehmen charakteristisch ist.[162] Auch der EuGH[163] hat ohne Unterscheidung generalisierend erklärt, dass Art. 106 Abs. 1 die Unternehmen betreffe, *„für deren Verhalten die Staaten aufgrund des Einflusses, den sie auf dieses Verhalten ausüben können, besondere Verantwortung tragen."* Dies bedeutet jedoch nicht, dass die Einflussmöglichkeit des Staates in den mit Sonderrechten ausgestatteten Unternehmen das Ausmaß erreichen muss, das ihm kraft seiner beherrschenden Stellung innerhalb öffentlicher Unternehmen zur Verfügung steht. Andernfalls würde der Begriff der ausschließlichen und besonderen Rechte und damit der Anwendungsbereich des Art. 106 Abs. 1 entgegen seiner Funktion in unzulässiger Weise verengt. Die verschiedenen in Art. 106 Abs. 1 genannten Rechtsstellungen der Unternehmen können ganz unterschiedliche Auswirkungen auf den Wettbewerb haben. Hiervon hängen der jeweilige Grad der Handlungsfreiheit der Unternehmen und das Ausmaß der Verantwortlichkeit der Mitgliedstaaten ab. Im Übrigen hat der EuGH die eigene Bedeutung jeder in Art. 106 Abs. 1 genannten Unternehmensform in seiner Rechtsprechung zu den Sonderrechten dargelegt.[164]

68 *bb) Diskretionäre Entscheidung des Staates zur Begünstigung eines Unternehmens oder einer begrenzten Anzahl von Unternehmen.* Der entscheidende Grund für die Sonderbeziehung der Inhaber ausschließlicher und besonderer Rechte zum Staat und damit konstitutives Element dieser Rechte liegt darin, dass der Staat sie **aufgrund einer Ermessensentscheidung kraft und mittels typisch staatlicher Hoheitsgewalt gegenüber anderen aktuellen oder potentiellen Wettbewerbern im Hinblick auf die Ausübung einer bestimmten wirtschaftlichen Tätigkeit begünstigt** hat. Allein diese Tatsache wird die Inhaber dieser Rechte für Beeinflussungen des Staates, die sich wettbewerbs- oder binnenmarktbeeinträchtigend auswirken können, empfänglicher machen und genügt daher als Ansatzpunkt für Art. 106 Abs. 1. Mehr ist für die von dieser Vorschrift vorausgesetzte Sonderbeziehung nicht notwendig, auch wenn stärkere Einflussmöglichkeiten des Staates z. B. aufgrund der Modalitäten der ausschließlichen und besonderen Rechte, aufgrund von Auflagen bei ihrer Vergabe oder Verlängerung oder aufgrund jederzeitiger Widerrufsmöglichkeit diese Sonderbeziehung vertiefen können.[165]

69 *cc) Fälle fehlender ausschließlicher oder besonderer Rechte.* Unternehmen, die vom Staat für eine bestimmte wirtschaftliche Tätigkeit zugelassen wurden, genießen dann kein ausschließliches oder besonderes Recht iSv. Art. 106 Abs. 1 an dieser Tätigkeit, wenn im Prinzip jedes weitere Unternehmen, das auf der Tatbestandsseite bestimmte objektive, nichtdiskriminierende und verhältnismäßige Kriterien bzw. Voraussetzungen erfüllt, auf der Rechtsfolgenseite **gegenüber dem Staat einen von dessen Ermessen unabhängigen Rechtsanspruch auf Zulassung** zu dieser Tätigkeit in demselben räumlichen, zeitlichen

---

162 Grabitz/Hilf/Nettesheim-*Wernicke,* Das Recht der Europäischen Union, Art. 106 AEUV Rdnr. 35 (Stand: 3/2011); Langen/Bunte-*Stadler,* KartR Bd. 2, Art. 106 AEUV Rdnr. 22.

163 EuGH U. v. 6.7.1982, Verb. Rs 188 bis 190/80, Slg. 1982, 2545 Rdnr. 12 – *Frankreich, Italien und Vereinigtes Königreich/Kommission („Transparenzrichtlinie");* EuGH U. v. 23.10.1997, Rs C-157/94, Slg. 1997, I-5699 Rdnr. 29 – *Kommission/Niederlande („Importmonopol Elektrizität");* EuGH U. v. 23.10.1997, Rs C-158/94, Slg. 1997, I-5789 Rdnr. 40 – *Kommission/Italien („Import- und Exportmonopol Elektrizität");* EuGH U. v. 23.10.1997, Rs C-159/94, Slg. 1997, I-5815 Rdnr. 46 – *Kommission/Frankreich („Import- und Exportmonopol Gas und Elektrizität").*

164 EuGH U. v. 19.3.1991, C-202/88, Slg. 1991, I-1223 Rdnr. 31–47 – *Frankreich/Kommission („Telekommunikationsendgeräte");* EuGH U. v. 17.11.1992, Verb. Rs C-271/90, C-281/90 und C-289/90, Slg. 1992, I-5833 Rdnr. 29–32 – *Spanien u. a./Kommission („Telekommunikationsdienste")* im Zusammenhang mit Richtlinien. Im Primärrecht inzwischen relativiert durch die einheitliche Definition von ausschließlichen und besonderen Rechten in EuGH U. v. 25.10.2001, Rs C-475/99, Slg. 2001, I-8089 Rdnr. 23 f. – *Ambulanz Glöckner* (s. auch oben Rdnr. 47 ff.), wohingegen die Abgrenzung zu den öffentlichen Unternehmen unberührt bleibt.

165 Grabitz/Hilf/Nettesheim-*Wernicke,* Das Recht der Europäischen Union, Art. 106 AEUV Rdnr. 35 (Stand: 3/2011); weitergehend: *Pais Antunes,* RTDE 1991, 187, 193.

oder sonstigen sachlichen Rahmen hat.[166] Denn in einem System **chancengleicher und zahlenmäßig unbegrenzter Markzutrittsmöglichkeiten** genießen die schon im Markt tätigen Unternehmen erstens bereits keine Exklusivität, keinen Schutz und keine anderweitige wettbewerbsrelevante Besserstellung, und zweitens beruht der staatliche Akt ihrer Zulassung zum Markt nicht auf einer Ermessensentscheidung des Staates.

Ebenfalls keine ausschließlichen oder besonderen Rechte iSv. Art. 106 Abs. 1 AEUV 70
sind **exklusive Rechtsstellungen,** auf deren Einräumung bei Erfüllung bestimmter objektiver, nichtdiskriminierender und verhältnismäßiger Kriterien bzw. Voraussetzungen **automatisch ein von staatlichem Ermessen freier Rechtsanspruch** besteht, selbst wenn diese Kriterien ihrer Natur nach nur von einem einzigen Wirtschaftsteilnehmer oder von einer begrenzten Zahl von Wirtschaftsteilnehmern gemeinsam erfüllt werden können und somit dazu führen, dass nur dieser oder diese Wirtschaftsteilnehmer allein bzw. gemeinsam diese Rechte innehaben. Hierunter fallen insbes. das alleinige oder gemeinsame **Recht am Eigentum** an Materialgütern und an Immaterialgütern (geistiges Eigentum) und die mit seiner Ausübung verbundenen Rechte.[167] Denn hier ließe sich zwar eine wettbewerbsrelevante Besserstellung der Rechtsinhaber feststellen, soweit sie ihre Rechtsstellung zur Ausübung wirtschaftlicher Tätigkeit nutzen, jedoch enthält der staatliche Akt, auf dem diese Besserstellung beruht, keine Ermessensausübung des Staates zugunsten der Rechtsinhaber.

c) Die Ausschreibung der Vergabe ausschließlicher oder besonderer Rechte. Fraglich ist, inwieweit 71
die Gewährung ausschließlicher oder besonderer Rechte nach den Regeln und der Rechtsprechung zum öffentlichen Auftragswesen auszuschreiben ist. Diese Frage ist strikt zu trennen von der Frage, ob staatliche Behörden bei der Betrauung von Unternehmen mit Dienstleistungen von allgemeinem wirtschaftlichem Interesse iSv. Art. 106 Abs. 2 AEUV die EU-Vorschriften über das öffentliche Auftragswesen zu beachten haben, auch wenn die Betrauung in der Praxis immer noch oft mit der Gewährung von ausschließlichen oder besonderen Rechten einhergeht.[168]

Für die **Betrauung iSv. Art. 106 Abs. 2** als solche hatte das EuG noch in der Rs Ol- 72
sen geurteilt, dass sich weder aus dem Wortlaut des Art. 106 Abs. 2 noch aus der Rechtsprechung hierzu ergebe, dass eine Dienstleistung von allgemeinem wirtschaftlichem Interesse („DAWI") nur nach Durchführung eines Ausschreibungsverfahrens übertragen werden dürfe.[169] Einschränkend sieht jedoch inzwischen das sog. 2012 Daseinsvorsorgepaket der Kommission für die in den Anwendungsbereich des sog. 2012 Daseinsvorsorgerahmens[170] fallenden Beihilfen vor, dass diese nur dann nach Art. 106 Abs. 2 mit dem Binnenmarkt vereinbar sein können, wenn die zuständige Behörde bei der Betrauung mit der DAWI die EU-Vorschriften über das öffentliche Auftragswesen befolgt. Und für die vorgelagerte Frage, ob staatliche Ausgleichszahlungen für Daseinsvorsorgeleistungen überhaupt eine Vorteilsgewährung und damit eine Beihilfe darstellen, hatte der EuGH bereits 2003 in der Rs *Altmark*[171]entschieden, dass die Auswahl des mit der DAWI zu betrauenden Unter-

---

[166] EuGH U. v. 12.12.1996, Rs C-302/94, Slg. 1996, I-6417 Rdnr. 39 – *British Telecommunications plc;* so auch *Streinz-Kühling,* EUV/AEUV, Art. 106 AEUV Rdnr. 23 mwN; Grabitz/Hilf/Nettesheim-*Wernicke,* Das Recht der Europäischen Union, Art. 106 AEUV Rdnr. 35 (Stand: 3/2011).

[167] Grabitz/Hilf/Nettesheim-*Wernicke,* Das Recht der Europäischen Union, Art. 106 AEUV Rdnr. 35 (Stand: 3/2011); v.d.Groeben/Schwarze/Hatje-*Klotz,* Europäisches Unionsrecht, Art. 106 AEUV Rdnr. 21.

[168] S. hierzu unten Rdnr. 328, 331.

[169] EuG U. v. 15.6.2005, Rs T-17/02, Slg. 2005, II-2031 Rdnr. 239 – *Fred Olsen/Kommission;* EuG U. v. 26.6.2008, Verb. Rs T-442/03, Slg. 2008, II-1161 Rdnr. 145 – *SIC.*

[170] Mitteilung der Kommission – Rahmen der Europäischen Union für staatliche Beihilfen in Form von Ausgleichsleistungen für die Erbringung öffentlicher Dienstleistungen, ABl. 2012 C 8/15 Rdnr. 19.

[171] EuGH U. v. 24.7.2003, Rs C-280/00, Slg. 2003, I-7747 Rdnr. 87–93 – *Altmark;* näher hierzu s. im Text unten Rdnr. 476.

nehmens in einem Verfahren zur Vergabe öffentlicher Aufträge, das die Auswahl desjenigen Bewerbers ermöglicht, der diese Dienste *„zu den geringsten Kosten für die Allgemeinheit erbringen kann"*, eines von vier kumulativen Kriterien ist, die das Vorliegen einer Beihilfe ausschließen können. Aus dem oben erwähnten Trennungsgebot[172] ergibt sich aber, dass weder aus dem *Olsen*-Urteil noch aus dem 2012 Daseinsvorsorgerahmen oder aus dem *Altmark*-Urteil eine Regel zur Ausschreibungsbedürftigkeit der Gewährung ausschließlicher oder besonderer Rechte als solcher abgeleitet werden kann.

73 Nach dem gegenwärtigen Stand des Unionsrechts ist die Ausschreibungsbedürftigkeit der **Gewährung ausschließlicher oder besonderer Rechte iSv. Art. 106 Abs. 1** nicht vollends geklärt. Im Hinblick auf **Verträge über öffentliche Dienstleistungskonzessionen** hat der EuGH in der Rs *Telaustria* entschieden, dass auch wenn diese Verträge vom Anwendungsbereich der Auftragsvergaberichtlinien 93/38/EWG[173] und 92/50/EWG[174] ausgenommen seien, der öffentliche Auftraggeber, der solche Verträge schließe, dennoch die Grundregeln des AEUV im Allgemeinen und das Verbot der Diskriminierung aus Gründen der Staatsangehörigkeit im Besonderen zu beachten habe. Das Diskriminierungsverbot schließe insbes. eine Verpflichtung zur Transparenz ein, damit festgestellt werden könne, ob es beachtet worden sei. Kraft dieser Verpflichtung zur Transparenz müsse der Auftraggeber zugunsten potentieller Bieter einen angemessenen Grad von Öffentlichkeit sicherstellen, der den Dienstleistungsmarkt und die Dienstleistungskonzession dem Wettbewerb öffne und die Nachprüfung ermögliche, ob die Vergabeverfahren unparteiisch durchgeführt wurden.[175] In der Rs *Parking Brixen*[176] erinnerte der EuGH darüber hinaus daran, dass Art. 106 Abs. 1 AEUV von den Mitgliedstaaten verlange, in Bezug auf öffentliche Unternehmen und auf Unternehmen, denen sie besondere oder ausschließliche Rechte gewähren, keine den Verträgen (AEUV und EUV) widersprechende Maßnahmen zu treffen oder beizubehalten. Demnach dürften die Mitgliedstaaten (für die außerhalb des Anwendungsbereichs der Auftragsvergaberichtlinien 93/38/EWG und 92/50/EWG stehenden öffentlichen Dienstleistungskonzessionen) keine nationale Regelung fortgelten lassen, die die Vergabe öffentlicher Dienstleistungskonzessionen ohne Ausschreibung ermöglicht, da eine solche Vergabe gegen die Art. 49 oder 56 AEUV oder gegen die Grundsätze der Gleichbehandlung, der Nichtdiskriminierung und der Transparenz verstoße.

74 Weder in der Rs *Telaustria*[177] noch in der Rs *Parking Brixen*[178] musste der EuGH direkt zu der Frage Stellung nehmen, ob die Ausschreibungsregeln auch dann gelten, wenn der Gegenstand der Ausschreibung mit der Gewährung eines ausschließlichen oder besonderen Rechts iSv. Art. 106 Abs. 1 verbunden ist. In der Rs *Telaustria* ist nicht erkennbar, dass der Gegenstand des Konzessionsvertrags, d.h. die Herstellung und Verbreitung gedruckter und elektronischer Telefonbücher in Österreich, mit dem ausschließlichen Recht hierzu verbunden war. In der Rs *Parking Brixen* kann nicht angenommen werden, dass der Vertrag über eine öffentliche Dienstleistungskonzession, mittels derer die Gemeinde *Brixen* der von ihr kontrollierten *Stadtwerke Brixen AG* den Betrieb eines gebührenpflichtigen öffentlichen Parkplatzes übertragen hatte, die Gewährung eines ausschließlichen Rechts iSv. Art. 106 Abs. 1 darstellt. Hierin ist vielmehr die Überlassung des Gebrauchs eines gemeindlichen Grundstücks zu einer bestimmten Nutzung zu sehen,[179] während die Tätigkeit des Parkplatzbetriebes in der Gemeinde an sich keineswegs der *Stadtwerke Brixen AG* vorbehalten

[172] S. Rdnr. 71.
[173] Inzwischen aufgehoben und ersetzt durch Richtlinie 2004/17/EG.
[174] Inzwischen aufgehoben und ersetzt durch Richtlinie 2004/18/EG.
[175] EuGH U. v. 7.12.2000, Rs C-324/98, Slg. 2000, I-10745 Rdnr. 60–62 – *Telaustria;* EuGH U. v. 13.10.2005, Rs C-458/03, Slg. 2005, I-8585 Rdnr. 49 – *Parking Brixen.*
[176] EuGH U. v. 13.10.2005, Rs C-458/03, Slg. 2005, I-8585 Rdnr. 51–52 – *Parking Brixen.*
[177] EuGH U. v. 7.12.2000, Rs C-324/98, Slg. 2000, I-10745 – *Telaustria.*
[178] EuGH U. v. 13.10.2005, Rs C-458/03, Slg. 2005, I-8585 – *Parking Brixen.*
[179] S. zur Abgrenzung oben Rdnr. 60f.

war, sondern z. B. auch von dem konkurrierenden Unternehmen *Parking Brixen* ausgeübt wurde.[180] Anknüpfungspunkt des im Urteil *Parking Brixen* enthaltenen Hinweises auf Art. 106 Abs. 1 ist deshalb nicht ein der *Stadtwerke Brixen AG* gewährtes ausschließliches oder besonderes Recht, sondern die Tatsache, dass dieses Unternehmen ein öffentliches ist.

Wenn und soweit der Gegenstand einer Ausschreibung, die nach den speziellen Richtlinien oder den in den Rs *Telaustria* und *Parking Brixen* niedergelegten Grundsätzen vorgeschrieben ist, die Gewährung eines ausschließlichen oder besonderen Rechts iSv. Art. 106 Abs. 1 einschließt, gibt es **keinen rechtlichen oder rechtspolitischen Grund,** warum diese Gewährung in diesem Rahmen nicht von der Ausschreibungspflicht mitumfasst sein sollte. Die Gewährung eines ausschließlichen oder besonderen Rechts iSv. Art. 106 Abs. 1 kann in zahlreichen Formen erfolgen, wozu neben einseitigen Hoheitsakten auch zweiseitige Verträge einschließlich Verträge über öffentliche Konzessionen gehören.[181] Auf dieser Grundlage ist zur Beurteilung der Sachlage dann der entscheidende rechtliche Gesichtspunkt, dass noch besser zu klären ist, wie weitreichend der Anwendungsbereich der speziellen Richtlinien und der Rechtsprechung zu den allgemeinen Grundsätzen über die öffentliche Auftragsvergabe an sich, d. h. unabhängig von der Frage der Gewährung ausschließlicher oder besonderer Rechte, ist. 75

Es ist absehbar, dass die notwendigen Klärungen selbst bei restriktiver Auslegung der Regeln und der Rechtsprechung zum öffentlichen Auftragswesen zu dem Ergebnis führen dürften, dass in der Vergangenheit zahlreiche Gewährungen ausschließlicher oder besonderer Rechte einer Ausschreibungspflicht unterlagen, diese aber nicht erfüllt wurde. Bei der Auflösung dieser Problematik werden die **Grundsätze des Bestandsschutzes** zugunsten von Rechtsverhältnissen, die vor Klärung der Rechtslage eingegangen wurden, sowie die schützenswerten Interessen der Rechtsinhaber mit dem Ziel der Herstellung rechtmäßiger Zustände abzuwägen sein. 76

Rechtspolitisch erscheint für die Zukunft eine allgemeine Pflicht zur Ausschreibung der Gewährung ausschließlicher oder besonderer Rechte selbst da wünschenswert, wo geklärt ist, dass sich aus den Regeln und der Rechtsprechung zur öffentlichen Auftragsvergabe eine solche Rechtspflicht bisher nicht ableiten lässt. Die Herstellung eines angemessenen Grades an Öffentlichkeit und die Gewährung ausschließlicher und besonderer Rechte in Verfahren mit transparenten, objektiven und nichtdiskriminierenden Kriterien würden diese Rechte nicht dem Anwendungsbereich des Art. 106 Abs. 1 und den speziellen Kommissionsbefugnissen nach Art. 106 Abs. 3 entziehen, da die Definition dieser Rechte nicht von der Nichteinhaltung dieser Kriterien bei ihrer Gewährung abhängt.[182] Die allgemeine Ausschreibungspflicht könnte zugunsten der Bürger und des Wirtschaftslebens dazu beitragen, dass für die reservierte Tätigkeit jeweils kompetente und effiziente Erbringer ausgewählt würden. Dies würde auch die Akzeptanz der wettbewerbsbeschränkenden bzw. wettbewerbsausschließenden Wirkung ausschließlicher und besonderer Rechte insgesamt und besonders dort verbessern, wo diese Wirkung einer Prüfung nach Art. 106 Abs. 1 iVm. Art. 102/101 oder Art. 106 Abs. 1 iVm. den Binnenmarktregeln einschließlich aller Rechtfertigungsmöglichkeiten standhält und damit Bestand hat.[183] 77

[180] EuGH U. v. 13.10.2005, Rs C-458/03, Slg. 2005, I-8585 Rdnr. 22–27 – *Parking Brixen*.
[181] S. oben Rdnr. 58.
[182] S. hierzu oben Rdnr. 52, 55, 65.
[183] Hierzu ausführlich unten Rdnr. 88 ff. für Art. 106 iVm. den Wettbewerbsregeln und Rdnr. 169 ff. für Art. 106 iVm. den Binnenmarktregeln.

III. Keine den Verträgen (EUV, AEUV)[184] widersprechende staatliche Maßnahmen

78 **1. Begriff der staatlichen Maßnahme.** Im Hinblick auf den Zweck des Art. 106 Abs. 1 ist der Begriff der Maßnahme weit auszulegen. Er umfasst **jede Art der rechtlichen oder tatsächlichen Einflussnahme** der Mitgliedstaaten speziell ***„in Bezug auf"*** die in dieser Vorschrift genannten Unternehmen, die zu einem unionsrechtswidrigen Verhalten des Unternehmens oder des Mitgliedstaats selbst führt oder führen kann.[185] Dies kann nur in wenigen Fällen von vornherein ganz ausgeschlossen werden. Die Einflussnahme des Staates kann sowohl in einem aktuellen Bewirken von Situationsveränderungen als auch in einem Unterlassen[186] bestehen, das den Eintritt oder die Gefahr der genannten unionsrechtswidrigen Folgen nach sich zieht.[187] Maßnahme des Mitgliedstaats kann auch das Handeln nichtstaatlicher Einheiten sein, die der Staat ermächtigt hat, rechtsverbindliche Anordnungen in Bezug auf die in Art. 106 Abs. 1 genannten Unternehmen zu treffen. Ermächtigte können auch Unternehmen iSv. Art. 106 Abs. 1 selbst sein, die in Bezug auf andere Unternehmen iSv. Art. 106 Abs. 1 handeln. Die staatliche Einwirkung kann im Neubeginn der Einflussnahme (aktives „Treffen") und/oder im Fortführen der Einflussnahme (passives „Beibehalten") bestehen.

79 Der **Rechtscharakter der staatlichen Maßnahme ist unerheblich.** Sie kann privatrechtlich oder öffentlich-rechtlich sein und in Gesetzen, Verordnungen, Verwaltungsakten und tatsächlicher Einwirkung bestehen.[188] Andernfalls könnte sich der Staat durch die Wahl der Rechtshandlungsform seiner Verantwortung nach Art. 106 Abs. 1 entziehen.

80 Die Maßnahme muss jedoch **speziell *„in Bezug auf"* die von Art. 106 Abs. 1 erfassten Unternehmen** getroffen oder beibehalten werden. Allgemeine staatliche Handlungen, die wegen ihres generellen Charakters ihrer Natur nach auch andere Unternehmen betreffen können, werden daher grundsätzlich nicht von Art. 106 Abs. 1 erfasst.[189] Hingegen sind Einzelfallgesetze sowie Gesetze und Verordnungen mit personell begrenztem Geltungsbereich, die sich speziell auf die in Art. 106 Abs. 1 genannten Unternehmen beziehen, Maßnahmen iS. dieser Vorschrift.[190] Das gleiche gilt, wenn allgemein formulierte Legislativakte oder sonstige staatliche Handlungen speziell den Schutz oder die Begünstigung der innerstaatlichen öffentlichen oder mit Sonderrechten ausgestatteten Unternehmen bezwecken oder bewirken[191] oder sich in ihrer faktischen Wirkung auf diese

---

[184] Gemäß Art. 1 Abs. 2 AEUV sind der Vertrag über die Europäische Union (EUV) und der Vertrag über die Arbeitsweise der Europäischen Union (AEUV) rechtlich gleichrangig und werden als „die Verträge" bezeichnet.

[185] v. d. Groeben/Schwarze/Hatje-*Klotz,* Europäisches Unionsrecht, Art. 106 AEUV Rdnr. 40; Langen/Bunte-*Stadler,* KartR Bd. 2, Art. 106 AEUV Rdnr. 27; *Ehricke,* EuZW 1993, 211, 212.

[186] Z. B. durch Unterlassen von Regelungsänderungen oder Versagung einer zur Wettbewerbsaufnahme erforderlichen Genehmigung.

[187] Grabitz/Hilf/Nettesheim-*Wernicke,* Das Recht der Europäischen Union, Art. 106 AEUV Rdnr. 54 (Stand: 3/2011); *Streinz-Kühling,* EUV/AEUV, Art. 106 AEUV Rdnr. 24 mwN.

[188] v. d. Groeben/Schwarze/Hatje-*Klotz,* Europäisches Unionsrecht, Art. 106 AEUV Rdnr. 42; Langen/Bunte/*Stadler,* KartR Bd. 2, Art. 106 AEUV Rdnr. 27; Grabitz/Hilf/Nettesheim-*Wernicke,* Das Recht der Europäischen Union, Art. 106 AEUV Rdnr. 54 (Stand: 3/2011); *Streinz-Kühling,* EUV/AEUV, Art. 106 AEUV Rdnr. 24 mwN.

[189] Grabitz/Hilf/Nettesheim-*Wernicke,* Das Recht der Europäischen Union, Art. 106 AEUV Rdnr. 55 (Stand: 3/2011); *Streinz-Kühling,* EUV/AEUV, Art. 106 AEUV Rdnr. 24 mwN; Langen/Bunte-*Stadler,* KartR Bd. 2, Art. 106 AEUV Rdnr. 29; v. d. Groeben/Schwarze/Hatje-*Hochbaum/Klotz,* Europäisches Unionsrecht, Art. 106 AEUV Rdnr. 40; *Pais Antunes,* RTDE 1991, 187, 198.

[190] Immenga/Mestmäcker-*Mestmäcker/Schweitzer,* WbR Bd. 1 EU/Teil 1, Art. 106 Abs. 1 AEUV Rdnr. 92.

[191] Grabitz/Hilf/Nettesheim-*Wernicke,* Das Recht der Europäischen Union, Art. 106 AEUV Rdnr. 55 (Stand: 3/2011).

Unternehmen beschränken.[192] Besteht die zu untersuchende staatliche Maßnahme in der Gewährung und/oder Aufrechterhaltung der besonderen oder ausschließlichen Rechte an sich,[193] so ist der Bezug zu den privilegierten Unternehmen automatisch gegeben. Ansonsten gelten für staatliche Maßnahmen, die alle Unternehmen rechtlich und faktisch gleichmäßig betreffen, die allgemeinen Regeln direkter Staatsverantwortlichkeit nach dem AEUV,[194] d. h. insbes. die Binnenmarktregeln (Art. 28 ff., 34 ff., 45 ff., 49 ff., 56 ff., 63 ff. AEUV) und das allgemeine Verbot der Diskriminierung aus Gründen der Staatsangehörigkeit (Art. 18 AEUV).

Während das Bestehen einer Sonderbeziehung zum Staat dem öffentlichen Unterneh- 81
men aufgrund des beherrschenden Einflusses des Staates inhärent[195] und für das privilegierte Unternehmen konstitutiv[196] ist, erfordert der Begriff der staatlichen Maßnahme *„in Bezug auf"* diese Unternehmen iSv. Art. 106 Abs. 1 **nicht, dass der Staat seine Sonderbeziehung zu diesen Unternehmen spezifisch als Instrument seiner Einflussnahme einsetzt.** Ein solcher Maßnahmebegriff wäre in der Praxis nicht nur schwer nachzuweisen und abzugrenzen, sondern würde den Anwendungsbereich des Art. 106 Abs. 1 auch in rechtspolitisch nicht zu begründender Weise beschränken.[197] Die besondere Verantwortung der Mitgliedstaaten begründet sich vielmehr damit, dass ihre Maßnahmen in Bezug auf die in Art. 106 Abs. 1 genannten Unternehmen **aufgrund der Sonderbeziehung in ihren Auswirkungen potentiell effektiver und damit gefährlicher sind.**[198] Als Maßnahme kommt daher die Gesamtheit der den Mitgliedstaaten zur Verfügung stehenden Handlungsmöglichkeiten in Betracht.[199]

Die staatliche Maßnahme iSv. Art. 106 Abs. 1 kann auch allein das **bloße Gewähren** 82
und/oder Aufrechterhalten besonderer oder ausschließlicher Rechte als solches sein, d. h. selbst wenn dies zugunsten von Unternehmen erfolgt, die weder öffentliche sind, noch zuvor bereits ausschließliche oder besondere Rechte vom Staat erhalten haben.[200] Die staatliche Maßnahme *„in Bezug auf"* privilegierte Unternehmen iSv. Art. 106 Abs. 1 fällt hier mit der Schaffung und/oder Aufrechterhaltung ihrer Privilegierung durch Gewährung und/oder Aufrechterhaltung ausschließlicher oder besonderer Rechte zusammen. Dies wirft die mit großer politischer Relevanz behaftete Frage auf, inwieweit die Gewährung und/oder Aufrechterhaltung ausschließlicher oder besonderer Rechte, d. h. die **Schaffung und/oder Aufrechterhaltung von Monopolen oder Oligopolen, als solche unionsrechtmäßig** ist.[201]

2. Überblick über die Pflichten des Mitgliedstaates. Entsprechend der **Doppel-** 83
funktion[202] des Art. 106 Abs. 1 teilen sich die Pflichten des Mitgliedstaates bei Maßnah-

---

[192] Immenga/Mestmäcker-*Mestmäcker/Schweitzer,* WbR Bd. 1 EU/Teil 1, Art. 106 Abs. 1 AEUV Rdnr. 92.

[193] S. unten Rdnr. 82.

[194] Langen/Bunte-*Stadler,* KartR Bd. 2, Art. 106 AEUV Rdnr. 29, 6.

[195] S. oben Rdnr. 31 ff.

[196] S. oben Rdnr. 41 ff.

[197] Enger jedoch wohl Grabitz/Hilf/Nettesheim-*Wernicke,* Das Recht der Europäischen Union, Art. 106 AEUV Rdnr. 54 (Stand: 3/2011) und Loewenheim/Meessen/Riesenkampff-*Ehricke,* Art. 86 EG Rdnr. 57.

[198] S. auch oben Rdnr. 3.

[199] v. d. Groeben/Schwarze/Hatje-*Klotz,* Europäisches Unionsrecht, Art. 106 AEUV Rdnr. 42.

[200] S. z. B. EuGH U. v. 19.3.1991, C-202/88, Slg. 1991, I-1223 Rdnr. 22 und 31–44 – *Frankreich/Kommission („Telekommunikationsendgeräte");* EuGH U. v. 10.12.1991, Rs C-179/90, Slg. 1991, I-5889 Rdnr. 8 ff. – *Porto di Genova;* EuGH U. v. 25.6.1998, Rs C-203/96, Slg. 1998, I-4075 Rdnr. 53–63 – *Chemische Afvalstoffen Dusseldorp.*

[201] Hinsichtlich der Beurteilung nach EU-Wettbewerbsrecht (Art. 106 Abs. 1 iVm. Art. 102 AEUV) s. unten Rdnr. 116–165; hinsichtlich der Beurteilung nach EU-Binnenmarktrecht (insbes. Warenverkehrs-, Dienstleistungs- und Niederlassungsfreiheit) s. unten Rdnr. 174–180, 184–192 und 196–204.

[202] S. oben Rdnr. 4, 30.

men in Bezug auf die in Art. 106 Abs. 1 genannten Unternehmen in Pflichten im Zusammenhang mit den an die Unternehmen gerichteten EU-Wettbewerbsregeln (insbes. **Art. 101, 102 AEUV**) einerseits und Pflichten zur Beachtung der an den Mitgliedstaat direkt gerichteten Vertragsregeln andererseits. Aus letzterer Gruppe kommen im Zusammenhang mit Art. 106 Abs. 1 insbes. in Betracht:

– Die Regeln über den **freien Warenverkehr** (Art. 28 ff. AEUV Verbot von Einfuhr- oder Ausfuhrzöllen und zollgleichen Abgaben, Art. 34 und 35 AEUV Verbot von mengenmäßigen Einfuhr- und Ausfuhrbeschränkungen und Maßnahmen gleicher Wirkung).[203]
– Die **speziellen Verbote der Diskriminierung** aufgrund der Staatsangehörigkeit (Art. 45 ff. AEUV Freizügigkeit der Arbeitnehmer, Art. 49 ff. AEUV Niederlassungsfreiheit, Art. 56 ff. AEUV Dienstleistungsfreiheit).
– Das **allgemeine Verbot der Diskriminierung** aus Gründen der Staatsangehörigkeit (Art. 18 AEUV).

84 Unter **„den Verträgen" und Vertragsregeln** sind hier – wie auch an fast allen anderen Stellen im Unionsrecht – nicht nur das primäre, sondern auch das aus dem EUV und AEUV abgeleitete sekundäre EU-Recht, insbes. Verordnungen, Richtlinien und Beschlüsse, zu verstehen.[204]

85 **3. Die Schaffung, Aufrechterhaltung oder Privatisierung öffentlicher Unternehmen.** Hinsichtlich der **Schaffung von öffentlichen Unternehmen** durch Neugründung, zwangsweise Verstaatlichung, Erwerb des Mehrheitsanteils durch den Staat zu Marktbedingungen etc. setzen weder Art. 106 Abs. 1 noch andere Vorschriften des AEUV oder EUV den Mitgliedstaaten Grenzen, da die Verträge (d. h. EUV und AEUV) gemäß **Art. 345 AEUV** die Eigentumsordnung in den Mitgliedstaaten unberührt lassen. Aus denselben Gründen verpflichtet das Unionsrecht die Mitgliedstaaten auch nicht zur **Privatisierung,** d. h. zur Aufgabe ihrer Anteile an öffentlichen Unternehmen zugunsten Privater.[205]

86 Eine Ausnahme gilt nur, wenn und soweit eine Kapitalbeteiligung der öffentlichen Hand an einem Unternehmen zu einer Verstaatlichung dieses Unternehmens führt[206] und gleichzeitig eine nach Art. 107 AEUV **verbotene staatliche Beihilfe** darstellt. Letzteres ist der Fall, wenn ein unter normalen marktwirtschaftlichen Bedingungen handelnder privater Kapitalgeber von vergleichbarer Größe in ähnlicher Lage nicht zu der fraglichen Investition bewegt werden könnte.[207] Wurde dieses Beihilfevorhaben vor Vollzug bei der Kommission nach Art. 108 Abs. 3 AEUV zur Prüfung angemeldet und kann die Kommission keine Gründe für die Vereinbarkeit dieser Beihilfe mit dem Binnenmarkt nach Art. 107 Abs. 2 oder 3 AEUV finden, so wird sie das Beihilfevorhaben untersagen und damit die Zufuhr des staatlichen Kapitals und die damit möglicherweise verbundene Verstaatlichung des Unternehmens verhindern. Wurde das mit dem Binnenmarkt unvereinbare Beihilfevorhaben bereits vor einem Beschluss der Kommission vollzogen, so wird die Kommission beschließen, dass der betreffende Mitgliedstaat die Beihilfe aufzuheben oder umzugestalten hat, was

---

[203] Hingegen wird Art. 37 AEUV in der Praxis bisher nur direkt und nicht iVm. Art. 106 Abs. 1 angewandt. Art. 37 wird deshalb unten separat abgehandelt (s. Rdnr. 249–288).

[204] EuGH U. v. 10.3.1983, Rs 172/82, Slg. 1983, 555 Rdnr. 15 – *Inter Huiles;* EuGH U. v. 14.9.2000, Rs C-343/98, Slg. 2000, I-6659 Rdnr. 23 – *Collino;* EuGH U. v. 12.7.1990, Rs C-188/89, Slg. 1990, I-3313 Rdnr. 20 – *Foster/British Gas; Streinz-Kühling,* EUV/AEUV, Art. 106 AEUV Rdnr. 25 mwN; Langen/Bunte-*Stadler,* KartR Bd. 2, Art. 106 AEUV Rdnr. 36; Loewenheim/Meessen/Riesenkampff-*Ehricke,* Art. 86 EG Rdnr. 64 mwN.

[205] Immenga/Mestmäcker-*Mestmäcker/Schweitzer,* WbR Bd. 1 EU/Teil 1, Einl. Art. 106 AEUV Rdnr. 16.

[206] Zum Begriff des „staatlichen" bzw. genauer „öffentlichen" Unternehmens s. oben Rdnr. 31 ff.

[207] S. z. B. EuGH U. v. 21.3.1990, C-142/87, Slg. 1990, I-959 Rdnr. 29 – *Belgien/Kommission („Tubemeuse");* EuGH U. v. 21.3.1991, C-305/89, Slg. 1991, I-1603 Rdnr. 18–19 – *Italien/Kommission („Alfa Romeo").*

zur Rückabwicklung der staatlichen Kapitalbeteiligung führt und ggf. die Reprivatisierung des betreffenden Unternehmens bewirkt.

4. Unionsrechtliche Schranken für die Gewährung und Aufrechterhaltung ausschließlicher und besonderer Rechte. Der Gerichtshof hat in ständiger Rechtsprechung entschieden, dass Art. 106 Abs. 1 zwar das Vorhandensein von Unternehmen, die über besondere oder ausschließliche Rechte verfügen, voraussetzt, hieraus aber noch nicht folgt, dass alle besonderen oder ausschließlichen Rechte notwendigerweise mit dem AEUV vereinbar sind. Ob letzteres der Fall ist, sei anhand der verschiedenen Vorschriften zu prüfen, auf die der Art. 106 Abs. 1 verweist.[208] Auf dieser Grundlage hat sich im Zusammenhang mit diesen Vorschriften eine differenzierte **Rechtsprechung zu den Grenzen und der Rechtfertigungsbedürftigkeit** entwickelt, die für die staatliche Befugnis zur Gewährung und/oder Aufrechterhaltung von ausschließlichen oder besonderen Rechten gelten.[209] Unter den verschiedenen Rechtfertigungsquellen ist in der Praxis Art. 106 Abs. 2 von besonderer Bedeutung; er kann eingreifen, wenn das mit Sonderrechten ausgestattete Unternehmen gleichzeitig mit einer Dienstleistung von allgemeinem wirtschaftlichem Interesse betraut ist. Art. 106 Abs. 2 wirkt hier rechtfertigend, wenn und soweit die besonderen oder ausschließlichen Rechte erforderlich sind, um es diesem Unternehmen zu ermöglichen, seine besondere Aufgabe zu erfüllen.[210] 87

5. Beachtung der an die Unternehmen gerichteten Normen (Art. 101, 102 AEUV). *a) Allgemeines.* Nach Art. 106 Abs. 1 iVm. Art. 101, 102 sind die Mitgliedstaaten verpflichtet, **jede Art der rechtlichen oder tatsächlichen Einflussnahme** speziell in Bezug auf die in Art. 106 Abs. 1 genannten Unternehmen zu unterlassen, die zu einem wettbewerbswidrigen Verhalten dieser Unternehmen führt oder führen kann.[211] Hiermit ist in erster Linie ein Unternehmensverhalten gemeint, das den Art. 101 oder 102 AEUV oder den Unternehmenspflichten nach der Fusionskontrollverordnung[212] widersprechen könnte. Parallel dazu hat der EuGH auch eine auf Art. 3 Abs. 3 EUV iVm. Protokoll Nr. 27, Art. 4 Abs. 3 EUV iVm. Art. 101/102 AEUV (ex-Art. 3 Abs. 1 lit. g, Art. 10 Abs. 2 iVm. Art. 81/82 EG) gegründete Rechtsprechung entwickelt.[213] 88

Die erwähnte Einflussnahme kann zahlreiche Formen annehmen und schließt das **staatliche Vorschlagen, Veranlassen, Fördern** genauso ein wie das unter Anwendung hoheitlicher Mittel (staatlicher Rechtsvorschriften etc erfolgende **Vorschreiben** des wettbewerbswidrigen Verhaltens. **In allen diesen Fällen ist der Staat nach Art. 106 Abs. 1 iVm. Art. 101/102 verantwortlich.** Darüber hinaus besteht in diesen Fällen gleichzeitig 89

[208] EuGH U. v. 19.3.1991, C-202/88, Slg. 1991, I-1223 Rdnr. 22 – *Frankreich/Kommission („Telekommunikationsendgeräte"); EuGH U. v. 25.7.1991, Rs C-353/89, Slg. 1991, I-4069 Rdnr. 34 – Kommission/Niederlande („Mediawet"); EuG U. v. 8. 7. 1999, Rs T-266/97, Slg. 1999, II-2329 Rdnr. 106 – *Vlaamse Televisie Maatschappij (VTM)/Kommission;* s. auch schon EuGH U. v. 10.3.1983, Rs 172/82, Slg. 1983, 555 Rdnr. 15 – *Inter Huiles.*

[209] S. auch oben Rdnr. 82. Hinsichtlich der Beurteilung nach EU-Wettbewerbsrecht (Art. 106 Abs. 1 iVm. Art. 102) s. unten Rdnr. 116–165; hinsichtlich der Beurteilung nach EU-Binnenmarktrecht (insbes. Warenverkehrs-, Dienstleistungs- und Niederlassungsfreiheit) s. unten Rdnr. 174–180, 184–192 und 196–204. S. auch Immenga/Mestmäcker-*Mestmäcker/Schweitzer,* WbR Bd. 1 EU/Teil 1, Art. 106 Abs. 1 AEUV Rdnr. 52–54; *Wachsmann/Berrod,* RTDE 1994, 39 ff.

[210] S. hierzu unten Rdnr. 190–192 und 201–204.

[211] v. d. Groeben/Schwarze/Hatje-*Klotz,* Europäisches Unionsrecht, Art. 106 AEUV Rdnr. 40; Langen/Bunte-*Stadler,* KartR Bd. 2, Art. 106 AEUV Rdnr. 27.

[212] Verordnung (EG) Nr. 139/2004 des Rates vom 20.1.2004 über die Kontrolle von Unternehmenszusammenschlüssen („EG-Fusionskontrollverordnung"), ABl. 2004 L 24/1, denn unter dem „Vertrag" und Vertragsregeln ist in Art. 106 – wie auch an fast allen anderen Stellen im Unionsrecht – nicht nur das primäre, sondern auch das aus dem AEUV und EUV abgeleitete sekundäre EU-Recht zu verstehen, s. oben Rdnr. 80; EuGH U. v. 10.3.1983, Rs 172/82, Slg. 1983, 555 Rdnr. 15 – *Inter Huiles; Streinz-Kühling,* EUV/AEUV, Art. 106 AEUV Rdnr. 25; Langen/Bunte-*Stadler,* KartR Bd. 2, Art. 106 AEUV Rdnr. 36; Loewenheim/Meessen/Riesenkampff-*Ehricke,* KartellR, Art. 86 EG Rdnr. 64, 68.

[213] S. hierzu unten Rdnr. 225–248.

auch eine Verantwortlichkeit der handelnden Unternehmen aus Art. 101 und/oder 102. Dies gilt jedoch grundsätzlich nicht in der Fallgruppe des **Vorschreibens unter Einsatz hoheitlicher Mittel.** Denn hier fehlt es an der für die Verantwortlichkeit der Unternehmen notwendigen Zurechenbarkeit der Verletzungshandlung, weil die Wettbewerbsbeschränkung ihre Ursache nicht in einem selbständigen Verhalten des Unternehmens findet.[214] Hingegen liegt kein staatliches Vorschreiben und damit gleichzeitige Eigenverantwortlichkeit des Unternehmens vor, wenn es mit dem Staat einen ausschließlichen Konzessionsvertrag abschließt, der ihm mit dem Monopol eine marktbeherrschende Stellung iSv. Art. 102 verschafft und dessen Konzessionsbedingungen die Praktizierung überhöhter Preise gegenüber den Kunden vorsehen. Dies gilt selbst dann, wenn der Staat das Unternehmen dadurch unter Druck gesetzt hat, dass er den Abschluss des Konzessionsvertrags davon abhängig machte, dass das konzessionierte Unternehmen gegenüber seinen Kunden unangemessene Preise anwendet und damit gegen Art. 102 Abs. 2 lit. a verstößt. Im Hinblick auf die Verantwortlichkeit des Staates ordnet der EuGH ein solches Verhalten als Förderungshandlung ein, die dem Art. 106 Abs. 1 iVm. Art. 102 unterfällt.[215]

90 Die staatliche Verantwortung nach Art. 106 Abs. 1 iVm. Art. 101 oder 102 hängt nicht davon ab, dass die betroffenen Unternehmen selbst nach Art. 101 oder 102 verantwortlich sind oder dass sie auch nur ein Verhalten an den Tag gelegt hätten, das diesen Vorschriften unterfallen könnte.[216] Es besteht daher **keine Akzessorietät zwischen Staatsverantwortung und Unternehmensverantwortung**[217] **bzw. dem tatsächlichen Auftreten eines wettbewerbswidrigen Unternehmensverhaltens.** Dies bedeutet im Übrigen aber auch, dass die in Art. 106 Abs. 1 genannten Unternehmen gegen Art. 101 oder 102 verstoßen können, ohne dass stets zugleich auch der Mitgliedstaat über Art. 106 Abs. 1 verantwortlich ist.[218] Dies kommt dann in Betracht, wenn der Mitgliedstaat sich im relevanten Einzelfall jeglicher Maßnahme speziell in Bezug auf das handelnde Unternehmen enthalten hat.

91 Auch im Rahmen seiner Rechtsprechung zur Beurteilung der **staatlichen Errichtung und Aufrechterhaltung von Monopolen mittels der Gewährung ausschließlicher Rechte** hat der EuGH deutlich gemacht, dass es für die Staatsverantwortung nach Art. 106 Abs. 1 iVm. Art. 102 nicht auf ein tatsächliches Missbrauchsverhalten der privilegierten Unternehmen ankommt. Dies gilt nicht nur für die Fallgruppe der Monopolerstreckung auf benachbarte Märkte,[219] sondern auch für alle anderen Fallgruppen.[220] Denn auch in

---

214 EuGH U. v. 11.11.1997, Rs C-359/95 P und C-379/95 P, Slg. 1997, II-6265 Rdnr. 33 – *Kommission/Ladbroke Racing Ltd („Ladbroke IV");* s. auch v.d. Groeben/Schwarze/Hatje-*Schröter/Voet van Vormizeele,* Europäisches Unionsrecht, Art. 101 AEUV Rdnr. 46; s. hierzu auch unten Rdnr. 289. In Verfahren, die Wettbewerbsbehörden der Mitgliedstaaten gegen Unternehmen wegen Verletzung der Art. 101/102 führen, hat der EuGH (U. v. 9.9.2003, Rs C-198/01, Slg. 2003, I-8055 – *Consorzio Industrie Fiammiferi (CIF)*) allerdings inzwischen die Möglichkeit eines Unternehmens beschränkt, sich zur Rechtfertigung der Fortführung seines Verhaltens darauf zu berufen, dieses Verhalten sei ihm durch staatliche Maßnahmen vorgeschrieben. Denn in einer solchen Situation ist die nationale Wettbewerbsbehörde gemeinschaftsrechtlich verpflichtet, die betreffenden staatlichen Maßnahmen durch einen Nichtanwendungsbeschluss zu neutralisieren.

215 EuGH U. v. 4.5.1988, Rs 30/87, Slg. 1988, 2479 Rdnr. 32–35 – *Bodson/Pompes funèbres.*

216 EuGH U. v. 13.12.1991, Rs C-18/88, Slg. 1991, I-5941 Rdnr. 23–24 – *Régie des télégraphes et des téléphones (RTT)/GB-Inno-BM;* EuGH U. v. 12.2.1998, Rs C-163/96, Slg. 1998, I-533 Rdnr. 31 – *Raso.*

217 Grabitz/Hilf/Nettesheim-*Wernicke,* Das Recht der Europäischen Union, Art. 106 EUV Rdnr. 57 (Stand: 3/2011); *Streinz-Kühling,* EUV/AEUV Art. 106 AEUV Rdnr. 27. Immenga/Mestmäcker-*Mestmäcker/Schweitzer,* WbR Bd. 1 EU/Teil 1, Art. 106 Abs. 1 AEUV Rdnr. 81 ff. und Rdnr. 101; aA *Edward/Hoskins,* CMLRev.1995, 157, 162 [Übersetzung aus dem Englischen:] *„Um zu ermitteln, ob der Mitgliedstaat gegen Art. 90 Abs. 1* [jetzt: Art. 106 Abs. 1 AEUV] *verstoßen hat, muss zuerst festgestellt werden, ob ein Verstoß gegen Art. 86* [jetzt: Art. 102 AEUV] *seitens des betreffenden Unternehmens vorliegt; erst dann ist zu prüfen, ob dieser Verstoß eine notwendige Folge des mitgliedstaatlichen Verhaltens war."*

218 S. hierzu auch unten Rdnr. 289.

219 S. unten Rdnr. 133–135.

220 S. unten Rdnr. 102 ff., 116 ff., 119 ff., 126 ff.

ihnen ist die staatliche Haftung nicht an das tatsächliche Auftreten eines bestimmten Unternehmensverhaltens geknüpft. Entscheidend ist vielmehr die Tatsache, dass der Staat mittels der ausschließlichen Rechte – schon bevor das Unternehmen überhaupt handelt – eine Situation geschaffen hat, in der ein Unternehmensverstoß gegen Art. 102 immer dann, wenn das Unternehmen handelt und unabhängig davon, wie es handelt, zwangsläufig ist, oder in der ein solcher Unternehmensverstoß erleichtert wird oder wahrscheinlich ist. Dementsprechend hat der EuGH in keinem der einschlägigen Fälle das Vorliegen eines Unternehmensverstoßes gegen Art. 102 als Voraussetzung der Staatsverantwortlichkeit geprüft oder – wenn die Unternehmensverantwortlichkeit klar bestand – zugrunde gelegt.

b) Grundvoraussetzungen der Art. 101 und 102 AEUV. Eine Staatsverantwortung nach 92
Art. 106 Abs. 1 iVm. Art. 101/102 ist nicht weiter zu prüfen, wenn bereits die Grundvoraussetzungen einer aktuellen oder potentiellen Verletzung der Art. 101 oder 102 eindeutig nicht gegeben sind. Dies gilt insbes., wenn ausgeschlossen werden kann, dass die Auswirkungen des aktuellen oder potentiellen Verhaltens der öffentlichen oder privilegierten Unternehmen oder der staatlichen Maßnahme geeignet sind, den **Handel zwischen Mitgliedstaaten** spürbar zu beeinträchtigen.[221]

Kurz zusammengefasst müssen nach der Rechtsprechung des Gerichtshofes[222] Auslegung 93
und Anwendung des Tatbestandsmerkmals der Beeinträchtigung des Handels zwischen Mitgliedstaaten in den Art. 101 und 102 AEUV von dessen Zweck ausgehen, auf dem Gebiet des Unionsrechts den **Geltungsbereich des Unionsrechts von dem des Rechts der Mitgliedstaaten abzugrenzen.** Unter den Geltungsbereich des Unionsrechts fallen somit alle Kartelle und alle missbräuchlichen oder anderweitig wettbewerbsbeschränkenden Verhaltensweisen, die geeignet sind, die Freiheit des Handels zwischen Mitgliedstaaten in einer Weise zu gefährden, die der Verwirklichung der Ziele eines einheitlichen Marktes zwischen den Mitgliedstaaten nachteilig sein kann, indem insbes. die nationalen Märkte abgeschottet werden oder die Wettbewerbsstruktur im Binnenmarkt verändert wird.[223]

Ein Beschluss, eine Vereinbarung oder eine Verhaltensweise kann den Handel zwischen 94
Mitgliedstaaten nur beeinträchtigen, wenn sich **anhand einer Gesamtheit objektiver rechtlicher und tatsächlicher Umstände** mit hinreichender Wahrscheinlichkeit voraussehen lässt, dass sie unmittelbar oder mittelbar, tatsächlich oder potentiell den Handel zwischen Mitgliedstaaten in einer Weise beeinflussen kann, die der Verwirklichung der Ziele eines einheitlichen zwischenstaatlichen Marktes nachteilig sein kann. Außerdem muss diese Beeinträchtigung **spürbar** sein, d. h. sie darf nicht nur geringfügig sein.[224]

Soweit es um **Dienstleistungen** geht, kann dieser Einfluss, darin bestehen, dass die frag- 95
lichen Tätigkeiten in einer Weise organisiert sind, dass sie eine Aufteilung des Binnenmarktes und eine Behinderung des freien Dienstleistungsverkehrs, eines der Ziele des AEUV, zur Folge haben.[225] Desgleichen kann der Handel zwischen Mitgliedstaaten durch eine Maßnahme beeinträchtigt werden, die ein Unternehmen daran hindert, in einem anderen Mitgliedstaat eine Niederlassung zu errichten, um dort auf dem fraglichen Markt Leistungen zu erbringen.[226]

---

[221] S. z. B. EuGH U. v. 17.7.1997, Rs C-242/95, Slg. 1997, I-4449 Rdnr. 44 – *GT-Link.* Zum Begriff der Beeinträchtigung des Handels zwischen Mitgliedstaaten s. in diesem Handbuch *Lübbig,* § 8 Rdnr. 30 ff. Zu anderen Grundvoraussetzungen der Art. 101 oder 102 s. auch unten Rdnr. 97 ff. und 103 ff.

[222] S. hierzu die Zusammenfassung in EuGH U. v. 25.10.2001, Rs C-475/99, Slg. 2001, I-8089 Rdnr. 47–49 – *Ambulanz Glöckner.*

[223] EuGH U. v. 25.10.2001, Rs C-475/99, Slg. 2001, I-8089 Rdnr. 47 – *Ambulanz Glöckner;* EuGH U. v. 31.5.1979, Rs 22/78, Slg. 1979, 1869 Rdnr. 17 – *Hugin/Kommission.*

[224] EuGH U. v. 25.10.2001, Rs C-475/99, Slg. 2001, I-8089 Rdnr. 48 – *Ambulanz Glöckner;* EuGH U. v. 28.4.1998, Rs C-306/96, Slg. 1998, I-1983 Rdnr. 16 – *Javico.*

[225] EuGH U. v. 4.5.1988, Rs 30/87, Slg. 1988, 2479 Rdnr. 24 – *Bodson.*

[226] EuGH U. v. 25.10.2001, Rs C-475/99, Slg. 2001, I-8089 Rdnr. 49 – *Ambulanz Glöckner;* in diesem Sinne EuGH U. v. 28.1.1986, Rs 161/84, Slg. 1986, 353 Rdnr. 26 – *Pronuptia.*

96 *c) Art. 106 Abs. 1 iVm. dem Verbot wettbewerbsbeschränkender Vereinbarungen nach Art. 101 AEUV.* Die Kommission hat in ihrer Beschlusspraxis nach Art. 106 Abs. 3 bisher noch keine Einzelfälle unter dem Gesichtspunkt von Art. 106 Abs. 1 iVm. Art. 101 aufgegriffen. Auch der Gerichtshof hatte bisher wenig Gelegenheit, direkt zu dieser Vorschriftenkombination Stellung zu nehmen.

97 Jede rechtliche oder tatsächliche Einflussnahme des Staates speziell in Bezug[227] auf öffentliche oder privilegierte Unternehmen oder Unternehmensverbände, die dazu führt oder führen kann, dass diese wettbewerbsbeschränkende Vereinbarungen eingehen oder abgestimmte Verhaltensweisen praktizieren bzw. wettbewerbsbeschränkende Beschlüsse fassen, oder die die Auswirkungen solcher Verhaltensweisen verstärkt, kann eine staatliche Verantwortung nach Art. 106 Abs. 1 iVm. Art. 101 begründen, wenn die sonstigen Voraussetzungen dieser Vorschriften erfüllt sind.[228]

98 In der Rechtssache *Ahmed Saeed*[229] ging es um Fluglinientarife, die Luftfahrtunternehmen ausgehandelt hatten, denen der Staat besondere und ausschließliche Rechte, wie z. B. das Recht, allein oder gemeinsam mit einem oder zwei Unternehmen eine bestimmte Strecke zu befliegen, gewährt hatte. Der EuGH entschied, dass Art. 106 Abs. 1 es den nationalen Behörden verbietet, den Abschluss von gegen Art. 101 Abs. 1 und gegebenenfalls gegen Art. 102 verstoßenden Tarifvereinbarungen zwischen diesen zu fördern, und dass Art. 106 Abs. 1 darüber hinaus auch der Genehmigung von sich aus solchen Vereinbarungen ergebenden Tarifen durch die nationalen Behörden entgegenstehe. Dasselbe ergebe sich auch aus dem allgemeinen Loyalitätsgebot des Art. 4 Abs. 3 EUV (ex-Art. 10 Abs. 2 EG), wonach die Mitgliedstaaten alle Maßnahmen unterlassen, welche die Verwirklichung der Ziele der Union gefährden könnten. In der Rechtssache *Porto di Genova* hielt Generalanwalt *Van Gerven*[230] die Anwendung des Art. 106 Abs. 1 iVm. Art. 101 auf staatliche Maßnahmen für möglich, die den genannten Unternehmen den Abschluss wettbewerbsbeschränkender vertikaler Vereinbarungen nahelegen oder sie hierzu veranlassen bzw. verpflichten. Kaskadische Ausschließlichkeitsrechte, d. h. den öffentlichen oder privilegierten Unternehmen vom Staat auferlegte Verpflichtungen, ausschließliche Verträge mit Unternehmen zu schließen, werden sich insgesamt einer Überprüfung nach Art. 106 Abs. 1 iVm. Art. 101 stellen müssen.

99 Die Anwendbarkeit des Art. 101 auf **Vereinbarungen oder abgestimmte Verhaltensweisen zwischen öffentlichen Unternehmen** ist nur unter bestimmten Voraussetzungen zu bejahen,[231] die sich an der Anwendung des Art. 101 im Konzern orientieren.[232] Nur wenn diese Voraussetzungen erfüllt sind, kann der Staat nach Art. 106 Abs. 1 iVm. Art. 101 für seine Einflussnahmen verantwortlich sein, die zu wettbewerbswidrigen Vereinbarungen oder abgestimmten Verhaltensweisen zwischen öffentlichen Unternehmen führen oder führen können.

100 Sollte Art. 101 nicht anwendbar sein, weil es sich um eine (staats-)konzerninterne Verhaltenskoordinierung innerhalb einer öffentlichen Unternehmensgruppe handelt, so können nachteilige Auswirkungen des Verhaltens dieser wirtschaftlichen Einheit auf die Wettbewerbsposition Dritter ggf. dem **Missbrauchsverbot des Art. 102** unterfallen, wenn dessen Voraussetzungen erfüllt sind.[233] Bei entsprechender Einflussnahme auf die wirt-

---

[227] Zu diesem Merkmal s. oben Rdnr. 78–82.

[228] Im Umkehrschluss ist damit eine Staatsverantwortlichkeit nicht gegeben, wenn z. B. ausgeschlossen werden kann, dass das aktuelle oder potentielle Unternehmensverhalten den Handel zwischen Mitgliedstaaten spürbar beeinträchtigen könnte, s. hierzu oben Rdnr. 92.

[229] EuGH U. v. 11.4.1989, Rs 66/86, Slg. 1989, 803 Rdnr. 47–52 – *Ahmed Saeed Flugreisen.*

[230] Schlussanträge zu EuGH U. v. 10.12.1991, Rs C-179/90, Slg. 1991, I-5889 Rdnr. 23–24 – *Porto di Genova.*

[231] Detailliert hierzu in der 2. Auflage dieses Handbuchs *Dohms* § 35 Rdnr. 270–274.

[232] S. hierzu in diesem Handbuch *Schroeder* in § 9 Rdnr. 1 ff.

[233] EuGH U. v. 24.10.1996, Rs C-73/95 P, Slg. 1996, I-5457 Rdnr. 16–17 – *Viho/Kommission.*

schaftliche Einheit kann wiederum der Staat nach Art. 106 Abs. 1 iVm. Art. 102 verantwortlich sein.

Der staatliche Akt der Gewährung eines ausschließlichen oder besonderen Rechts ist keine Vereinbarung zwischen Unternehmen, da der Staat hierbei nicht wirtschaftliche Tätigkeit ausübt, sondern in seiner Eigenschaft als Träger öffentlicher Gewalt hoheitlich handelt.[234] 101

d) Art. 106 Abs. 1 iVm. dem Verbot des Missbrauchs einer marktbeherrschenden Stellung nach Art. 102 AEUV. Die Kommission hat seit Ende der 1980er Jahre die sich für die Mitgliedstaaten aus Art. 106 Abs. 1 iVm. Art. 102 ergebenden Verpflichtungen durch zahlreiche Beschlüsse und Richtlinien konkretisiert. Diese werden unten[235] bei der Erläuterung des Art. 106 Abs. 3 dargestellt. Nach der Rechtsprechung des EuGH verletzt eine staatliche Maßnahme in Bezug auf öffentliche oder privilegierte Unternehmen den Art. 106 Abs. 1 iVm. Art. 102, wenn **drei Grundvoraussetzungen** erfüllt sind. **Erstens** müssen die betroffenen Unternehmen auf dem relevanten Markt eine beherrschende Stellung einnehmen und dieser Markt zumindest einen wesentlichen Teil des Binnenmarktes ausmachen. **Zweitens** muss die staatliche Maßnahme entweder (1) aktuell zu einem Missbrauch der marktbeherrschenden Stellung durch die betroffenen Unternehmen führen,[236] oder (2) deutlich das Potential besitzen, die betroffenen Unternehmen zu einem solchen Missbrauch zu verleiten,[237] oder (3) Auswirkungen haben, die den Auswirkungen eines solchen Missbrauchsverhaltens gleichgestellt werden können.[238] **Drittens** müssen die aktuellen oder potentiellen Auswirkungen des Missbrauchsverhaltens oder der staatlichen Maßnahme geeignet sein, den Handel zwischen Mitgliedstaaten zu beeinträchtigen.[239] 102

aa) Marktbeherrschende Stellung. Eine **marktbeherrschende Stellung**[240] ist nach der Rechtsprechung des EuGH[241] die wirtschaftliche Machtstellung eines Unternehmens, die dieses in die Lage versetzt, die Aufrechterhaltung eines wirksamen Wettbewerbs auf dem relevanten Markt zu verhindern, indem es ihm die Möglichkeit verschafft, sich seinen Wettbewerbern, seinen Abnehmern und letztlich den Verbrauchern gegenüber in einem nennenswerten Umfang unabhängig zu verhalten. **Gemeinsam beherrschend** sind zwei oder mehrere rechtlich voneinander unabhängige Unternehmen dann, wenn sie in wirtschaftlicher Hinsicht auf einem bestimmten Markt gemeinsam als kollektive Einheit auftreten oder handeln[242] und damit gemeinsam fähig sind, wirksamen Wettbewerb auf diesem Markt zu verhindern und sich von ihren Wettbewerbern, Abnehmern und Verbrauchern in nennenswertem Umfang unabhängig zu verhalten.[243] Dies kann auf Vereinbarungen oder anderen rechtlichen Verbindungen zwischen den Unternehmen beruhen. Die kollektive marktbeherrschende Stellung kann sich aber auch aus anderen verbindenden Faktoren ergeben und hängt von einer wirtschaftlichen Beurteilung und insbes. einer Analyse der 103

[234] S. hierzu oben Rdnr. 58; s. auch z.B. EuGH U. v. 4.5.1988, Rs 30/87, Slg. 1988, 2479 Rdnr. 18 – *Bodson/Pompes funèbres.*

[235] S. unten Rdnr. 587–635 und 636–665.

[236] S. unten Rdnr. 109ff.

[237] S. unten Rdnr. 113ff.

[238] S. unten Rdnr. 133ff.

[239] S. hierzu oben Rdnr. 92–95.

[240] Zum Begriff der marktbeherrschenden Stellung s. in diesem Handbuch *de Bronett,* § 22 Rdnr. 10ff.

[241] Ständige Rspr. seit EuGH U. v. 13.2.1979, Rs 85/76, Slg. 1979, 461 Rdnr. 38 – *Hoffmann-La Roche/Kommission;* EuGH U. v. 14.2.1978, Slg. 1978, 207 Rdnr. 63–66 – *United Brands/Kommission.*

[242] EuGH U. v. 16.3.2000, Verb. Rs C-395/96 P und C-396/96 P, Slg. 2000, I-1365 Rdnr. 36 – *Compagnie maritime belge.*

[243] EuGH U. v. 31.3.1998, Verb. Rs C-68/94 und C-30/95, Slg. 2000, I-1375 Rdnr. 221 – *Frankreich und SCPA und EMC/Kommission;* s. auch EuGH U. v. 27.4.1994, Rs C-393/92, Slg. 1994, I-1477 Rdnr. 41–43 – *Almelo;* EuGH U. v. 5.10.1995, Rs C-96/94, Slg. 1995, I-2883 Rdnr. 33–34 – *Centro Servizi Spediporto;* EuGH U. v. 17.10.1995, Verb. Rs C-140/94, C-141/94 und C-142/94, Slg. 1995, I-3257 Rdnr. 26–27 – *DIP u. a.*

Struktur des relevanten Marktes ab. In einem Oligopol hängt die gemeinsame marktbeherrschende Stellung davon ab, dass jedes Mitglied der beherrschenden Gruppe das Verhalten der anderen Gruppenmitglieder erkennen und auf Einheitlichkeit überprüfen kann, dass ein etwaiges bewusstes Parallelverhalten auf Dauer erfolgen kann, weil es Anreize gibt, nicht vom gemeinsamen Marktverhalten abzuweichen, und dass schließlich wettbewerbliche Zwänge die Durchführung des gemeinsamen Auftretens auf dem Markt nicht gefährden.[244]

104 Im Falle von öffentlichen oder privilegierten Unternehmen kann die marktbeherrschende Stellung vorbestehend oder aber auch das Ergebnis der Gewährung ausschließlicher oder besonderer Rechte oder anderweitiger Vorzugsbehandlungen durch den Staat sein.

105 Der **Inhaber eines ausschließlichen Rechts in seiner traditionellen Definition**[245] ist in dessen räumlichem und zeitlichem Anwendungsbereich bei der Produktion, Dienstleistung oder sonstigen Tätigkeit, auf die sich dieses Recht bezieht, keinerlei Wettbewerb ausgesetzt. Die Gewährung und Aufrechterhaltung des ausschließlichen Rechts kann jedoch nur dann zu einer marktbeherrschenden Stellung führen, wenn der geographische und sachliche Einzugsbereich dieses Rechts weitgehend mit dem **geographisch und sachlich relevanten Markt** übereinstimmt.[246] Bildet die monopolisierte Tätigkeit keinen eigenen Markt, sondern ist sie nur Teil eines größeren relevanten Marktes, so muss die Innehabung des ausschließlichen Rechts nicht unbedingt zu einer marktbeherrschenden Stellung führen. So wird beispielsweise das ausschließliche Recht zum Betrieb einer Flugverbindung zwischen zwei Städten nicht zu einer marktbeherrschenden Stellung der Fluggesellschaft führen, wenn der relevante Markt für Beförderungen zwischen diesen beiden Städten neben dem Flugzeug auch die Bahn und/oder das Auto umfasst, weil letztere beiden Verkehrsmittel eine praktisch häufig genutzte Alternative bieten. In seiner **neueren Rechtsprechung** legt der Gerichtshof[247] allerdings kaum noch Wert auf eine nähere ökonomische Analyse und setzt die Innehabung eines ausschließlichen Rechts weitgehend mit der Innehabung einer marktbeherrschenden Stellung gleich.[248] Nur in wenigen Fällen lokaler und regionaler ausschließlicher und besonderer Rechte nahm der EuGH eine differenziertere Haltung ein.[249]

---

244 EuG U. v. 6.6.2002, Rs T-342/99, Slg. 2002, II-2585 Rdnr. 62 – *Airtours plc.* (dort zur EG-FKVO).

245 S. hierzu oben Rdnr. 44.

246 S. auch EuGH U. v. 4.5.1988, Rs 30/87, Slg. 1988, 2479 Rdnr. 26–29 – *Bodson/Pompes funèbres.*

247 Kritisch hierzu Immenga/Mestmäcker-*Mestmäcker/Schweitzer,* WbR Bd. 1 EU/Teil 1, Art. 106 Abs. 1 AEUV Rdnr. 81; s. auch EuGH U. v. 3.10.1985, Rs 311/84, Slg. 1985, 3261 Rdnr. 15–17 – *CBEM/CLT und IPB („Télémarketing")* und EuGH U. v. 13.12.2007, Rs 250/06, Slg. 2007, 11135 Rdnr. 21 – *UPC.*

248 EuGH U. v. 23.4.1991, Rs C-41/90, Slg. 1991, I-1979 Rdnr. 28 – *Höfner und Elser/Macrotron;* EuGH U. v. 18.6.1991, Rs C-260/89, Slg. 1991, I-2925 Rdnr. 31 – *Elliniki Radiophonia Tileorassi (ERT);* EuGH U. v. 10.12.1991, Rs C-179/90, Slg. 1991, I-5889 Rdnr. 14 – *Porto di Genova;* EuGH U. v. 13.12.1991, Rs C-18/88, Slg. 1991, I-5941 Rdnr. 17 – *Régie des télégraphes et des téléphones (RTT)/GB-Inno-BM;* EuGH U. v. 17.5.1994, Rs C-18/93, Slg. 1994, I-1783 Rdnr. 39–41 – *Corsica Ferries Italia;* EuGH U. v. 5.10.1994, Rs C-323/93, Slg. 1994, I-5077 Rdnr. 17 – *Centre d'insémination de la Crespelle;* EuGH U. v. 11.12.1997, Rs C-55/96, Slg. 1997, I-7119 Rdnr. 30 – *Job Centre;* EuGH U. v. 21.9.1999, Rs C-67/96, Slg. 1999, I-5751 Rdnr. 91–92 – *Albany;* EuGH U. v. 21.9.1999, Rs C-115/97 bis C-117/97, Slg. 1999, I-6025 Rdnr. 91–92 – *Brentjens' Handelsonderneming;* EuGH U. v. 21.9.1999, Rs C-219/97, Slg. 1999, I-6121 Rdnr. 81–82 – *Maatschappij Drijvende Bokken;* EuGH U. v. 10.2.2000, Verb. Rs C-147/97 und C-148/97, Slg. 2000, I-825 Rdnr. 38 – *Deutsche Post;* EuGH U. v. 1.7.2008, Rs C-49/07, Slg. 2008, I-4863 Rdnr. 29–50 – *MOTOE* EuG U. v. 25.3.2015, Rs T-556/08, ECLI:EU:T:2015:189 Rdnr. 96–102 – *Slovenská pošta a.s/Kommission.*

249 EuGH U. v. 25.10.2001, Rs C-475/99, Slg. 2001, I-8089 Rdnr. 31–38 – *Ambulanz Glöckner;* EuGH U. v. 23.5.2000, Rs C-209/98, Slg. 2000, I-3743 Rdnr. 57–65 – *FFAD/Kobenhavns Kommune;* eingehende Prüfung in EuGH U. v. 17.7.1997, Rs C-242/95, Slg. 1997, I-4449 Rdnr. 35–37 – *GT-Link.*

Der Markt, auf dem das ausschließliche Recht seinem Inhaber eine beherrschende Stellung verschafft hat, muss einen **wesentlichen Teil des Binnenmarktes** ausmachen.[250] Dies trifft bei einem landesweiten Monopol in den flächenmäßig großen[251] und mittelgroßen[252] Mitgliedstaaten zu. Da aber gleichermaßen Bevölkerungszahl, Kaufkraft sowie Struktur und Umfang des sachlich relevanten Marktes zu berücksichtigen sind, können auch die flächenmäßig kleinen Mitgliedstaaten,[253] Teile von Mitgliedstaaten[254] und selbst einzelne Produktions- oder Dienstleistungsanlagen (z. B. ein internationaler Seehafen)[255] – bei einem wichtigen wirtschaftlichen Einzugsbereich, auch aufgrund fehlender Ausweichmöglichkeiten für die Kunden – einen wesentlichen Teil des Binnenmarktes darstellen. Schließlich können gemäß dem EuGH-Urteil *Crespelle* nationale Vorschriften, die durch die Vergabe ausschließlicher Rechte eine Vielzahl territorial begrenzter Monopole nebeneinanderstellen, die in ihrer Gesamtheit das ganze Hoheitsgebiet eines Mitgliedstaats erfassen, eine beherrschende Stellung iSv. Art. 102 AEUV auf einem wesentlichen Teil des Binnenmarktes schaffen.[256] 106

Im Falle eines **besonderen Rechts in seiner traditionellen Definition**[257] gelten für die hiervon begünstigte Gruppe hinsichtlich der Begründung einer gemeinsamen marktbeherrschenden Stellung und der Auswirkung auf einen wesentlichen Teil des Binnenmarktes *mutatis mutandis* dieselben Regeln wie im Zusammenhang mit ausschließlichen Rechten in ihrer traditionellen Definition.[258] 107

Seit der durch den EuGH **in der Rs *Ambulanz Glöckner* erweiterten Definition**[259] können Unternehmen auch dann ein ausschließliches oder besonderes Recht genießen, wenn sie nicht Inhaber eines Monopols oder Oligopols im engeren Sinn sind, sie jedoch zu einer begrenzten Anzahl von Unternehmen gehören, denen eine staatliche Maßnahme einen Schutz verleiht, *„der die Fähigkeit anderer Unternehmen, die fragliche wirtschaftliche Tätigkeit im selben Gebiet zu im Wesentlichen gleichen Bedingungen auszuüben, wesentlich beeinträchtigen kann."*[260] Hier wird im Einzelfall zu prüfen sein, ob der staatlich gewährte Schutz, bzw. die im Hinblick auf eine bestimmte wirtschaftliche Tätigkeit geschaffene Besserstellung der begünstigten Unternehmen gegenüber ihren aktuellen oder potentiellen Konkurrenten zu einer individuellen oder kollektiven marktbeherrschenden Stellung des oder der begünstigten Unternehmen führt. 108

bb) Aktueller oder potentieller Missbrauch oder gleichartige Auswirkungen. (1) Aktueller Missbrauch. In der Rechtsprechung des EuGH und der Praxis der Kommission finden sich verschiedene Beispiele für Staatsverantwortlichkeit nach Art. 106 Abs. 1 iVm. Art. 102 für 109

---

[250] Zu diesem Merkmal s. in diesem Handbuch *de Bronett,* § 22 Rdnr. 17.

[251] Z. B. Frankreich, Italien, Deutschland, Vereinigtes Königreich; weitere Nachweise bei v. d. Groeben/Schwarze/Hatje-*Schröter/Bartl,* Europäisches Unionsrecht, Art. 102 AEUV Rdnr. 160, Fn. 713.

[252] Z. B. Belgien, Niederlande, Irland; weitere Nachweise bei v. d.Groeben/Schwarze/Hatje/*Schröter/Bartl,* Europäisches Unionsrecht, Art. 102 AEUV Rdnr. 160, Fn. 714.

[253] v. d. Groeben/Schwarze/Hatje-*Schröter/Bartl,* Europäisches Unionsrecht, Art. 102 AEUV Rdnr. 161.

[254] Z. B. Süddeutschland; weitere Nachweise bei v. d. Groeben/Schwarze/Hatje-*Schröter/Bartl,* Europäisches Unionsrecht, Art. 102 AEUV Rdnr. 160, Fn. 715.

[255] EuGH U. v. 10.12.1991, Rs C-179/90, Slg. 1991, I-5889 Rdnr. 15 – *Merci convenzionali Porto di Genova;* EuGH U. v. 12.2.1998, Rs C-163/96, Slg. 1998, I-533 Rdnr. 26 – *Raso;* EuGH U. v. 18.6.1998, Rs C-266/96, Slg. 1998, I-3949 Rdnr. 38 – *Corsica Ferries France;* Komm. E. v. 21.12.1993, Nr. 94/119/EG, ABl. 1994 L 55/52 – *Hafen von Rødby.*

[256] EuGH U. v. 5.10.1994, Rs C-323/93, Slg. 1994, I-5077 Rdnr. 17 – *Centre d'insémination de la Crespelle.*

[257] S. hierzu oben Rdnr. 45.

[258] S. hierzu oben Rdnr. 44.

[259] S. hierzu oben Rdnr. 47–50, 51 ff.

[260] EuGH U. v. 25.10.2001, Rs C-475/99, Slg. 2001, I-8089 Rdnr. 23–24 – *Ambulanz Glöckner.*

tatsächlich auftretendes Missbrauchsverhalten öffentlicher oder privilegierter Unternehmen.[261]

110 **Art. 106 Abs. 1 iVm. Art. 102 Abs. 2 lit. a** verbietet es einem Mitgliedstaat, als Bedingung der ausschließlichen Gebietskonzessionierung eines Unternehmens von diesem die Anwendung unangemessener Preise zu verlangen, wenn die Vergabe des ausschließlichen Rechts dieses Unternehmen in eine einzelmarktbeherrschende oder zusammen mit den ausschließlichen Konzessionen für andere Unternehmen in eine gemeinsame marktbeherrschende Stellung versetzt.[262] Nach denselben Vorschriften ist es einem Mitgliedstaat verboten, einem mit dem ausschließlichen Recht zur Erbringung von Basispostdienstleistungen ausgestatteten Unternehmen das Recht zu verleihen, von den Erbringern von Eilkurierdienstleistungen (einschließlich der zwischen Mitgliedstaaten tätigen) eine Postgebühr zu verlangen, ohne diesen irgendeine Leistung zu erbringen.[263]

111 **Art. 106 Abs. 1 iVm. Art. 102 Abs. 2 lit. b** verbietet es einem Mitgliedstaat, ein Unternehmen, dem er landesweit das ausschließliche Recht zur Verwertung gefährlicher Abfälle gewährt hat, dadurch zu einer missbräuchlichen Beschränkung der Absatzmärkte zu veranlassen, dass er durch ein staatliches Verbot des Exports gefährlicher Abfälle dafür sorgt, dass diese von den Abfallverursachern nur noch dem inländischen Monopolunternehmen angedient werden können.[264] Ein Verstoß gegen Art. 106 Abs. 1 iVm. Art. 102 Abs. 2 lit. b kann auch in der staatlichen Verweigerung der Benutzung einer wesentlichen Einrichtung *(„essential facility“,* z. B. ein internationaler Seehafen)[265] liegen.

112 Ein Mitgliedstaat verstößt gegen **Art. 106 Abs. 1 iVm. Art. 102 Abs. 2 lit. c,** wenn er ein Unternehmen durch Genehmigung der von diesem festgesetzten Tarife dazu veranlasst, seine beherrschende Stellung missbräuchlich auszunutzen, indem es bei gleichwertigen Leistungen unterschiedliche Bedingungen gegenüber Handelspartnern anwendet.[266] Gleichermaßen ist Art. 106 Abs. 1 iVm. Art. 102 Abs. 2 lit. c verletzt, wenn staatliche Regelungen dazu führen, dass ein hafenbetreibendes Unternehmen unangemessene Hafenabgaben erhebt oder von seiner eigenen Fährlinie und auf der Basis der Gegenseitigkeit von der Fährlinie seiner Geschäftspartner nicht erhebt, soweit derartige Befreiungen die Anwendung unterschiedlicher Bedingungen bei gleichwertigen Leistungen mit sich bringen würden.[267] Ein Verstoß gegen Art. 106 Abs. 1 iVm. Art. 102 Abs. 2 lit. c kann auch in unter staatlichem Einfluss von einem öffentlichen Unternehmen festgelegten diskriminierenden Start- und Landegebühren auf einem internationalen Flughafen liegen.[268]

113 *(2) Potentieller Missbrauch.* Der Staat kann nach Art. 106 Abs. 1 iVm. Art. 102 bereits dann haftbar sein, wenn seine Maßnahmen in Bezug auf marktbeherrschende öffentliche oder privilegierte Unternehmen ein deutliches Potential besitzen, diese Unternehmen zu einem Missbrauch ihrer marktbeherrschenden Stellung zu verleiten. Auf das tatsächliche Auftreten einer Missbrauchshandlung der Unternehmen kommt es für die Staatsverantwortlichkeit nicht an.[269]

---

[261] Zu den Bedingungen der Eigenverantwortlichkeit dieser Unternehmen nach Art. 102 AEUV, s. unten Rdnr. 289.

[262] EuGH U. v. 4.5.1988, Rs 30/87, Slg. 1988, 2479 Rdnr. 30–35 – *Bodson/Pompes funèbres;* s. hierzu auch oben Rdnr. 89.

[263] EuGH U. v. 17. 5. 2001, Rs C-340/99, Slg. 2001, I-4109 Rdnr. 45–50 – *TNT Traco.*

[264] EuGH U. v. 25.6.1998, Rs C-203/96, Slg. 1998, I-4075 Rdnr. 61–63 – *Chemische Afvalstoffen Dusseldorp.*

[265] Komm. E. v. 21.12.1993, Nr. 94/119/EG, ABl. 1994 L 55/52 – *Hafen von Rødby;* hierzu auch unten Rdnr. 594–599.

[266] EuGH U. v. 17.5.1994, Rs C-18/93, Slg. 1994, I-1783 Rdnr. 43 – *Corsica Ferries Italia.*

[267] EuGH U. v. 17.7.1997, Rs C-242/95, Slg. 1997, I-4449 Rdnr. 46 – *GT-Link.*

[268] S. z. B. Komm. E. v. 28.6.1995, Nr. 95/364/EG, ABl. 1995 L 216/8–10 – *Brüssel-National (Zaventem);* hierzu auch unten Rdnr. 600–603, sowie Rdnr. 623–624.

[269] EuGH U. v. 13.12.1991, Rs C-18/88, Slg. 1991, I-5941 Rdnr. 23–24 – *Régie des télégraphes et des téléphones (RTT)/GB-Inno-BM;* EuGH U. v. 12.2.1998, Rs C-163/96, Slg. 1998, I-533 Rdnr. 31

(a) Regulatorische Befugnisse marktbeherrschender öffentlicher und/oder privilegierter Unternehmen. 114
Das von den Verträgen (EUV und AEUV) vorgesehene System eines unverfälschten Wettbewerbs[270] kann nur gewährleistet werden, wenn die **Chancengleichheit der einzelnen Wirtschaftsteilnehmer** sichergestellt ist.[271] Deswegen ist Art. 106 Abs. 1 iVm. Art. 102 verletzt, wenn der Staat marktbeherrschende öffentliche und/oder privilegierte Unternehmen, die auf einem Markt in aktuellem oder potentiellem Wettbewerb stehen,[272] mit regulatorischen Aufgaben für diesen Markt betraut. Denn hierdurch wird das betroffene Unternehmen in einen **Interessenkonflikt** zwischen seinen regulatorischen Aufgaben und seinen kommerziellen Zielen versetzt. Insbesondere besteht die **konkrete Gefahr,** dass dieses Unternehmen seine regulatorischen Befugnisse dazu missbraucht, seinen Konkurrenten Wettbewerbsnachteile zuzufügen.[273] So liegt ein Verstoß gegen Art. 106 Abs. 1 iVm. Art. 102 z.B. darin, dass eine nationale Regelung einer juristischen Person, die Motorradrennen veranstaltet und kommerziell nutzt (und insoweit Unternehmen ist), die Befugnis verleiht, gegenüber der zuständigen Behörde ihr Einverständnis zu Anträgen konkurrierender Veranstalter auf Genehmigung der Durchführung solcher Rennen zu erklären, ohne dass diese Befugnis Beschränkungen, Bindungen und einer Kontrolle unterliegt.[274] Hingegen ist Art. 106 Abs. 1 iVm. Art. 102 nicht verletzt, wenn sich die regulatorischen Befugnisse des einbezogenen Unternehmens auf die formale Feststellung von staatlichen Zulassungs- und Freistellungsvoraussetzungen beschränken und dem öffentlichen Unternehmen keinen Ermessenspielraum bei der Anordnung der Rechtsfolgen lassen.[275]

Unter dem Gesichtspunkt der **Chancengleichheit der einzelnen Wirtschaftsteilnehmer** gebieten die Aufrechterhaltung eines wirksamen Wettbewerbs und die Gewährleistung von Transparenz z.B., dass die Festschreibung der technischen Spezifikationen, die Kontrolle ihrer Anwendung und die Zulassung von einer Stelle vorgenommen werden, die von den öffentlichen oder privaten Unternehmen, die in dem so regulierten Markt Waren 115

– *Raso;* EuGH U. v. 1.7.2008, Rs C-49/07, Slg. 2008, I-4863 Rdnr. 49 – *MOTOE;* EuGH U. v. 17.7.2014, Rs C-553/12 P, ECLI:EU:C:2014:2083; Rdnr. 46 – *DEI* ; s. auch oben Rdnr. 90–91.

270 Zuvor war diese Zielsetzung in Art. 3 Abs. 1 lit. g EG festgelegt. Gleichwertig hierzu bestimmt heute Art. 3 Abs. 3 EUV, dass zu den Zielsetzungen der EU die Errichtung eines Binnenmarktes gehört, während das Protokoll Nr. 27, das dem EUV und dem AEUV beigefügt und ein integraler Bestandteil dieser beiden Verträge ist, klarstellt, dass der Binnenmarkt ein System umfasst, das den Wettbewerb vor Verfälschungen schützt. Näheres unten in Rdnr. 225 und bei v.d. Groeben/Schwarze/Hatje-*Dohms,* Europäisches Unionsrecht, Nach Art. 106 AEUV, Abschnitt B., Rdnr. 1–2, 6.

271 EuGH U. v. 19.3.1991, Rs C-202/88, Slg. 1991, I-1223 Rdnr. 51 – *Frankreich/Kommission („Telekommunikationsendgeräte-RL“);* EuGH U. v. 13.12.1991, Rs C-18/88, Slg. 1991, I-5941 Rdnr. 25 – *Régie des télégraphes et des téléphones (RTT)/GB-Inno-BM;* EuGH U. v. 27.10.1993, Rs C-69/91, Slg. 1993, I-5335 Rdnr. 19 – *Decoster;* EuGH U. v. 22.5.2003, Rs C-462/99, Slg. 2003, I-5197 Rdnr. 83 – *Connect Austria.* EuGH U. v. 1.7.2008, Rs C-49/07, Slg. 2008, I-4863 Rdnr. 51 – *MOTOE.* Zur einer weitergehenden Anwendung des Prinzips der Chancengleichheit selbst dort, wo ein marktbeherrschendes öffentliches Unternehmen keine regulatorischen Befugnisse und auch keine ausschließlichen oder besonderen Rechte genießt, s. unten Rdnr. 141–145 zu EuGH U. v. 17.7.2014, Rs C-553/12 P, ECLI:EU:C:2014:2083– *DEI.*

272 Im Falle von privilegierten Unternehmen kann Spielraum für aktuellen oder potentiellen Wettbewerb dadurch bestehen, dass diese Unternehmen zwar kein Alleinexistenzrecht auf dem relevanten Markt genießen, wohl aber iSd *Ambulanz Glöckner*-Formel (s. oben Rdnr. 47) durch staatliche Rechtsvorschriften einen Schutz genießen, *„der die Fähigkeit anderer Unternehmen, die fragliche wirtschaftliche Tätigkeit im selben Gebiet zu im Wesentlichen gleichen Bedingungen auszuüben, wesentlich beeinträchtigen kann.“*

273 EuGH U. v. 19.3.1991, Rs C-202/88, Slg. 1991, I-1223 Rdnr. 48–52 – *Frankreich/Kommission („Telekommunikationsendgeräte-RL“);* EuGH U. v. 13.12.1991, Rs C-18/88, Slg. 1991, I-5941 Rdnr. 25–28 – *Régie des télégraphes et des téléphones (RTT)/GB-Inno-BM;* EuGH U. v. 27.10.1993, Rs C-69/91, Slg. 1993, I-5335 Rdnr. 18–22 – *Decoster;* EuGH U. v. 27.10.1993, Rs C-92/91, Slg. 1993, I-5383 Rdnr. 16 – *Taillandier;* EuGH U. v. 1. 7. 2008, Rs C-49/07, Slg. 2008, I-4863 Rdnr. 51 – *MOTOE.*

274 EuGH U. v. 1. 7. 2008, Rs C-49/07, Slg. 2008, I-4863 Rdnr. 51–53 – *MOTOE.*

275 EuGH U. v. 21. 9. 1999, Rs C-67/96, Slg. 1999, I-5751 Rdnr. 112–117 – *Albany.*

oder Dienstleistungen anbieten, unabhängig ist.[276] Insoweit ergibt sich aus der Rechtsprechung, dass die kommerziellen Aktivitäten eines Staates, die er durch öffentliche Unternehmen ausübt, von den regulatorischen Funktionen des Staates zu trennen sind. Es ist Sache des Mitgliedstaats, zu entscheiden, wie er dieses Gebot umsetzt. Eine rein formale Trennung der Unternehmens- und Regulierungsfunktion z. B. in zwei Direktorate innerhalb desselben Ministeriums genügt hierfür jedenfalls nicht.[277] Unter den zahlreichen Lösungsmöglichkeiten kommt für den Staat z. B. eine Ausgliederung der Regulierungsfunktion in eine von der restlichen Staatsverwaltung unabhängige öffentliche Stelle oder aber als radikale Lösung eine Privatisierung der kommerziellen Staatsaktivitäten in einer gesellschaftsrechtlichen Unternehmensform in Betracht.

116 *(b) Die Gewährung ausschließlicher oder besonderer Rechte als solche.* Die Gewährung und/ oder Aufrechterhaltung ausschließlicher Rechte, d. h. die Schaffung bzw. Aufrechterhaltung eines **Monopols,** durch die die öffentliche Hand das begünstigte Unternehmen idR. in eine **marktbeherrschende Stellung iSv. Art. 102** versetzt bzw. in dieser hält,[278] kann bereits an sich eine gegen Art. 106 Abs. 1 iVm. Art. 102 verstoßende staatliche Maßnahme sein, wenn bestimmte weitere Voraussetzungen im Zusammenhang mit einem möglichen Missbrauch erfüllt sind. Obwohl die Rechtsprechung hierzu noch nicht explizit Stellung genommen hat, muss Gleiches gelten, wenn die Gewährung und/oder Aufrechterhaltung besonderer Rechte, d. h. die Schaffung bzw. Aufrechterhaltung eines **Oligopols,** durch die die öffentliche Hand die begünstigten Unternehmen in eine **gemeinsame marktbeherrschende Stellung iSv. Art. 102** versetzt bzw. in dieser hält.[279]

117 Hierdurch wird die mit großer politischer Relevanz behaftete Frage nach der **Rechtmäßigkeit und Rechtfertigungsbedürftigkeit** staatlich errichteter und aufrechterhaltener Monopole im Zusammenhang mit Art. 102 AEUV[280] aufgeworfen. Der gegenwärtige Stand der Rechtsprechung gibt hierzu noch keine umfassende und endgültige Antwort. Gesichert ist, dass die Gewährung und/oder Aufrechterhaltung ausschließlicher oder besonderer Rechte, durch die die öffentliche Hand die begünstigten Unternehmen in eine marktbeherrschende Stellung iSv. Art. 102 versetzt bzw. in dieser hält, dann bereits an sich gegen Art. 106 Abs. 1 iVm. Art. 102 verstößt, wenn hierdurch ein Missbrauch *unvermeidlich*[281] oder *konkret wahrscheinlich*[282] wird. Der EuGH formuliert hierzu in ständiger Rechtsprechung, ein Mitgliedstaat verstoße gegen Art. 106 Abs. 1 iVm. Art. 102, wenn das privilegierte Unternehmen durch die bloße Ausübung der ihm übertragenen ausschließlichen Rechte seine beherrschende Stellung missbräuchlich ausnutzt oder wenn durch diese Rechte eine Lage geschaffen werden könnte, in der dieses Unternehmen einen solchen Missbrauch begeht.[283] Nicht eindeutig, nach dem gegenwärtigen Stand der Rechtsprechung aber eher zu verneinen ist die Frage, ob darüber hinaus allein die abstrakte Möglichkeit des begünstigten Unternehmens, seine marktbeherrschende Stellung zu missbrauchen, mit Art. 106 Abs. 1 iVm. Art. 102 unvereinbar ist, so dass ein Verstoß gegen diese Vor-

---

[276] EuGH U. v. 19.3.1991, Rs C-202/88, Slg. 1991, I-1223 Rdnr. 51–52 – *Frankreich/Kommission („Telekommunikationsendgeräte-RL");* EuGH U. v. 27.10.1993, Rs C-69/91, Slg. 1993, I-5335 Rdnr. 19 – *Decoster.*

[277] EuGH U. v. 27.10.1993, Rs C-92/91, Slg. 1993, I-5383 Rdnr. 11, 15–16 – *Taillandier;* EuGH U. v. 27.10.1993, Rs C-69/91, Slg. 1993, I-5335 Rdnr. 12, 16, 21–22 – *Decoster.*

[278] Zu den Voraussetzungen hierfür s. oben Rdnr. 103–108.

[279] Zu den Voraussetzungen hierfür s. oben Rdnr. 103–108.

[280] Hierzu auch *Heinemann,* S. 146 ff.; *Bach,* S. 55 ff.

[281] Hierzu unten Rdnr. 119 ff.

[282] Hierzu unten Rdnr. 126 ff.

[283] EuGH U. v. 25.10.2001, Rs C-475/99, Slg. 2001, I-8089 Rdnr. 39 mwN – *Ambulanz Glöckner;* EuGH U. v. 12.9.2000, Verb. Rs C-180/98 bis C-184/98, Slg. 2000, I-6451 Rdnr. 127 mwN – *Pavlov;* EuGH U. v. 21.9.1999, Rs C-67/96, Slg. 1999, I-5751 Rdnr. 93 mwN – *Albany;* ebenso EuGH U. v. 21.9.1999, Rs C-115/97 bis C-117/97, Slg. 1999, I-6025 Rdnr. 93 mwN – *Brentjens' Handelsonderneming* und EuGH U. v. 21.9.1999, Rs C-219/97, Slg. 1999, I-6121 Rdnr. 83 mwN – *Maatschappij Drijvende Bokken.*

schriften dann nur noch durch das Vorliegen eines besonderen Rechtfertigungsgrundes abzuwenden wäre.[284] **Als Orientierungshilfe in der Fallbeurteilung dienen drei grundlegende Formeln,** die der Gerichtshof geprägt und oft, allerdings nicht in jedem der relevanten Urteile, wiederholt hat:

Die **erste Formel** erinnert daran, dass die Verträge (EUV und AEUV) die Mitgliedstaaten verpflichten, keine Maßnahmen zu treffen oder beizubehalten, die die praktische Wirkung des Art. 102 AEUV ausschalten könnten.[285] Die **zweite Formel** stellt fest, dass die Schaffung, Aufrechterhaltung oder Stärkung einer marktbeherrschenden Stellung durch die Gewährung/Aufrechterhaltung ausschließlicher oder besonderer Rechte iSv. Art. 106 Abs. 1 als solche noch nicht mit Art. 102 unvereinbar ist.[286] Die **dritte Formel** besagt, dass auch wenn Art. 106 Abs. 1 von der Existenz von Unternehmen ausgeht, die bestimmte ausschließliche und besondere Rechte innehaben, dies nicht bedeutet, dass alle ausschließlichen und besonderen Rechte notwendigerweise mit dem AEUV vereinbar sind. Dies hängt vielmehr von den einzelnen Vorschriften ab, auf die Art. 106 Abs. 1 verweist.[287] Dies ist ein Hinweis darauf, dass zumindest in bestimmten Einzelfällen die Errichtung und Aufrechterhaltung von Monopolen durch den Staat unionsrechtswidrig sein kann. Darüber hinaus schließt diese dritte Formel, wie auch die zweite Formel, nicht aus, dass sich die Auslegung der Vorschriften, auf die Art. 106 Abs. 1 verweist, so entwickelt, dass die staatliche Errichtung von Monopolen nur noch in wenigen Ausnahmefällen erlaubt ist oder stets einer besonderen unionsrechtlichen Rechtfertigung bedarf.[288] Nach der zweiten und dritten Formel des EuGH darf es allerdings nicht zu einer Situation kommen, in der alle Monopole *per se* unionsrechtlich verboten und stets nicht rechtfertigungsfähig sind und es so- 118

---

[284] Hierzu unten Rdnr. 130 und 146–165.

[285] EuGH U. v. 16.11.1977, Rs 13/77, Slg. 1977, 2115 Rdnr. 31–35 – *INNO/ATAB;* EuGH U. v. 23.4.1991, Rs C-41/90, Slg. 1991, I-1979 Rdnr. 26 – *Höfner und Elser/Macrotron;* EuGH U. v. 18.6.1991, Rs C-260/89, Slg. 1991, I-2925 Rdnr. 35 – *Elliniki Radiophonia Tileorassi (ERT);* EuGH U. v. 19.5.1993, Rs C-320/91, Slg. 1993, I-2533 Rdnr. 11 – *Paul Corbeau;* EuGH U. v. 11.12.1997, Rs C-55/96, Slg. 1997, I-7119 Rdnr. 28 – *Job Centre;* EuGH U. v. 10.2.2000, Verb. Rs C-147/97 und C-148/97, Slg. 2000, I-825 Rdnr. 39 – *Deutsche Post.*

[286] EuGH U. v. 30.4.1974, Rs 155/73, Slg. 1974, 409 Rdnr. 14 – *Sacchi;* EuGH U. v. 3.10.1985, Rs 311/84, Slg. 1985, 3261 Rdnr. 17 – *Télémarketing (CBEM);* EuGH U. v. 23.4.1991, Rs C-41/90, Slg. 1991, I-1979 Rdnr. 29 – *Höfner und Elser/Macrotron;* EuGH U. v. 18.6.1991, Rs C-260/89, Slg. 1991, I-2925 Rdnr. 32 – *Elliniki Radiophonia Tileorassi (ERT);* EuGH U. v. 10.12.1991, Rs C-179/90, Slg. 1991, I-5889 Rdnr. 16 – *Merci convenzionali Porto di Genova;* EuGH U. v. 17.11.1992, Verb. Rs C-271/90, C-281/90 und C-289/90, Slg. 1992, I-5833 Rdnr. 35 – *Spanien u. a./Kommission („Telekommunikationsdienste");* EuGH U. v. 5.10.1994, Rs C-323/93, Slg. 1994, I-5077 Rdnr. 18 – *Centre d'insémination de la Crespelle;* EuGH U. v. 14.12.1995, Rs C-387/93, Slg. 1995, I-4663 Rdnr. 51 – *Banchero;* EuGH U. v. 11.12.1997, Rs C-55/96, Slg. 1997, I-7119 Rdnr. 31 – *Job Centre;* EuGH U. v. 18.6.1998, Rs C-266/96, Slg. 1998, I-3949 Rdnr. 40 – *Corsica Ferries France;* EuGH U. v. 25.6.1998, Rs C-203/96, Slg. 1998, I-4075 Rdnr. 61 – *Chemische Afvalstoffen Dusseldorp;* EuGH U. v. 21.9.1999, Rs C-67/96, Slg. 1999, I-5751 Rdnr. 93 – *Albany;* EuGH U. v. 21.9.1999, Rs C-115/97 bis C-117/97, Slg. 1999, I-6025 Rdnr. 93 – *Brentjens' Handelsonderneming;* EuGH U. v. 21.9.1999, Rs C-219/97, Slg. 1999, I-6121 Rdnr. 83 – *Maatschappij Drijvende Bokken;* EuGH U. v. 12.9.2000, Verb. Rs C-180/98 bis C-184/98, Slg. 2000, I-6451 Rdnr. 127 – *Pavlov;* EuGH U. v. 17.5.2001, Rs C-340/99, Slg. 2001, I-4109 Rdnr. 44 – *TNT Traco;* EuGH U. v. 25.10.2001, Rs C-475/99, Slg. 2001, I-8089 Rdnr. 39 – *Ambulanz Glöckner;* EuGH U. v. 30.3.2006, Rs C-451/03, Slg. 2006, I-2941 Rdnr. 23 – *Servizi Ausiliari Dottori Commercialisti;* EuGH U. v. 1.7.2008, Rs C-49/07, Slg. 2008, I-4863 Rdnr. 48 – *MOTOE;* EuGH U. v. 17.7.2014, Rs C-553/12 P, ECLI:EU:C:2014:2083 Rdnr. 45 – *DEI.* Grenzen können sich jedoch aus Art. 106 Abs. 1 iVm. den anderen Regeln des AEUV ergeben, s. unten zur Warenverkehrsfreiheit Rdnr. 174–180, zur Dienstleistungsfreiheit Rdnr. 184–192 und zur Niederlassungsfreiheit Rdnr. 196–204.

[287] EuGH U. v. 19.3.1991, Rs C-202/88, Slg. 1991, I-1223 Rdnr. 22 – *Frankreich/Kommission („Telekommunikationsendgeräte-RL");* EuGH U. v. 25.7.1991, Rs C-353/89, Slg. 1991, I-4069 Rdnr. 34 – *Kommission/Niederlande;* EuG U. v. 8. 7. 1999, Rs T-266/97, Slg. 1999, II-2329 Rdnr. 106 – *Vlaamse Televisie Maatschappij (VTM)/Kommission.*

[288] S. hierzu die Beurteilung von Monopolen nach Binnenmarktrecht, unten Rdnr. 174–180, 184–192 und 196–204.

mit für die Mitgliedstaaten keinerlei unionsrechtskonforme Wege mehr gibt, auch nur ein Monopol zu schaffen und/oder aufrechtzuerhalten.

119 *(aa) Sich zwangsläufig ergebender Missbrauch der marktbeherrschenden Stellung.* In seiner Vorabentscheidung *Höfner*[289] urteilte der EuGH, dass ein Mitgliedstaat, der einem Unternehmen das ausschließliche Recht zur Erbringung einer bestimmten Dienstleistung in diesem Staat einräumt, gegen Art. 106 Abs. 1 verstößt, wenn er **eine Lage schafft, in der das Unternehmen zwangsläufig gegen Art. 102 verstoßen muss.**[290] Dies sei insbes. dann der Fall, wenn das Unternehmen offenkundig nicht in der Lage sei, die Nachfrage nach dieser Dienstleistung zu befriedigen, wenn die tatsächliche Ausübung der Dienstleistung anderen Unternehmen durch Gesetzesbestimmungen unmöglich gemacht werde, die diese Tätigkeiten durch die Sanktion der Nichtigkeit entsprechender Verträge verbieten, und wenn eine Auswirkung auf den zwischenstaatlichen Handel möglich sei, weil das Monopol auf einem Markt bestehe, der Angehörige oder das Gebiet anderer Mitgliedstaaten berühren könne. Hierzu wurde das Schlagwort des **versagenden Monopols** geprägt.[291]

120 In dem Ausgangsrechtsstreit, der dem Urteil *Höfner* zugrunde lag, ging es um den Zugang zum Markt für die Arbeitsvermittlung von Führungskräften, der neben dem Markt für die sonstigen Arbeitsvermittlungstätigkeiten dem umfassenden gesetzlichen Monopol der *Bundesanstalt für Arbeit (BfA)* unterlag. Der EuGH argumentierte trotz der Unterscheidbarkeit dieser beiden (Teil-)Märkte nicht mit einer wettbewerbswidrigen Ausdehnung des Monopols[292] vom Markt für die sonstigen Vermittlungstätigkeiten auf den Markt für die Vermittlung von Führungskräften, sondern allein mit der staatlichen Schaffung einer Lage, in der die *BfA* zwangsläufig versagen musste.

121 In der späteren Vorabentscheidung *Job Centre*[293] ging es im Ausgangsrechtsstreit nicht um einen Teilmarkt innerhalb des gesamten Arbeitsvermittlungsmarktes, sondern um Zugang zu diesem Gesamtmarkt, der Dritten durch ein umfassendes gesetzliches Arbeitsvermittlungsmonopol in Italien versperrt wurde. Der EuGH verwies darauf, dass es auf einem so ausgedehnten und differenzierten Markt wie dem der Arbeitsvermittlung, der überdies aufgrund der wirtschaftlichen und sozialen Entwicklungen großen Veränderungen unterliege, dazu kommen könne, dass das zur Arbeitsvermittlung allein berechtigte Unternehmen, in diesem Fall die staatlichen Stellen, einen bedeutenden Teil der Gesamtnachfrage nach Dienstleistungen nicht mehr befriedigen könne. In dieser Situation verstoße ein Mitgliedstaat dann gegen Art. 106 Abs. 1 iVm. Art. 102, wenn er eine Lage schaffe, in der das Monopolunternehmen **offenkundig nicht in der Lage** sei, für alle Arten von Tätigkeiten die auf dem Arbeitsmarkt bestehende Nachfrage zu befriedigen, und wenn darüber hinaus die tatsächliche Ausübung der Dienstleistung anderen Unternehmen durch Gesetzesbestimmungen unmöglich gemacht werde, die diese Tätigkeiten bei strafrechtlichen oder Verwaltungssanktionen verbieten, und wenn eine Auswirkung auf den zwischenstaatlichen Handel möglich sei, weil das Monopol auf einem Markt bestehe, der Angehörige oder das Gebiet anderer Mitgliedstaaten berühren könne.[294] Diese Voraussetzungen sind kumulativ, wie der EuGH im Hinblick auf das Arbeitsvermittlungsmonopol in Italien in seinem Urteil *Carra*[295] klargestellt hat.

---

[289] EuGH U. v. 23.4.1991, Rs C-41/90, Slg. 1991, I-1979 Rdnr. 34 – *Höfner und Elser/Macrotron;* bestätigt durch EuGH U. v. 11.12.1997, Rs C-55/96, Slg. 1997, I-7119 Rdnr. 38 – *Job Centre.*

[290] S. zu dieser Fallgruppe auch Immenga/Mestmäcker-*Mestmäcker/Schweitzer,* WbR Bd. 1 EU/Teil 1, Art. 106 Abs. 1 AEUV Rdnr. 84–87.

[291] Zur Anerkennung desselben Gedankens im Rahmen des Art. 106 Abs. 1 iVm. Art. 34 AEUV s. EuGH U. v. 19.3.1991, C-202/88, Slg. 1991, I-1223 Rdnr. 35 und 42 – *Frankreich/Kommission („Telekommunikationsendgeräte").*

[292] Zu dieser Fallgruppe s. unten Rdnr. 133–140.

[293] EuGH U. v. 11.12.1997, Rs C-55/96, Slg. 1997, I-7119 Rdnr. 38 – *Job Centre.*

[294] Bestätigt durch EuGH U. v. 8.6.2000, Rs C-258/98, Slg. 2000, I-4217 Rdnr. 13–14 – *Carra.*

[295] EuGH U. v. 8.6.2000, Rs C-258/98, Slg. 2000, I-4217 Rdnr. 13–14 – *Carra.*

Außerdem entschied der EuGH, dass die Anwendung des Art. 102 AEUV auf ein mit einer **Dienstleistung von allgemeinem wirtschaftlichem Interesse** iSv. Art. 106 Abs. 2 betrautes Unternehmen die Erfüllung der ihm übertragenen besonderen Aufgabe insoweit nicht verhindern könne, als das Unternehmen **offenkundig nicht in der Lage** sei, die Nachfrage auf dem für es reservierten Markt zu befriedigen.[296] 122

Die mit dem Urteil *Höfner* begründete und durch die Urteile *Job Centre* und *Carra* bekräftigte Rechtsprechung gehört zum **gesicherten Teil der Haltung des EuGH in der Monopolfrage.** Der EuGH verwies zunächst auf die oben erwähnte erste Formel[297] und leitete daraus ab, dass ein Mitgliedstaat durch eine Gesetzesbestimmung nicht eine Lage schaffen dürfe, in der ein Unternehmen zwangsläufig gegen Art. 102 verstoßen müsse.[298] Dann zitierte der EuGH die oben erwähnte zweite Formel[299] und entschied, dass ein Mitgliedstaat gegen Art. 106 Abs. 1 iVm. Art. 102 nur dann verstoße, wenn das betreffende Unternehmen **durch die bloße Ausübung** des ihm übertragenen ausschließlichen Rechts seine beherrschende Stellung missbrauche. Dies sei der Fall, wenn der Mitgliedstaat eine Lage schaffe, in der iSv. Art. 102 Abs. 2 lit. b die Leistung zum Schaden der Nachfrager beschränkt werde, weil das zur Erbringung dieser Leistung ausschließlich berechtigte Unternehmen offenkundig unfähig sei, die Nachfrage zu befriedigen.[300] Jedoch stützte der EuGH die Haftung des Mitgliedstaats nach Art. 106 Abs. 1 iVm. Art. 102 nicht ausdrücklich auf das tatsächliche Eintreten eines Unternehmensverstoßes gegen Art. 102 und stellte auch keine Akzessorietät zu einer Unternehmensverantwortung nach Art. 102 her.[301] 123

Im Vergleich zum Urteil *Höfner*[302] präzisierte der EuGH in seinem Urteil *Job Centre,*[303] dass für die Rechtmäßigkeit eines Monopols die umfassende Erfüllung der sich ständig wandelnden Kundenwünsche auf dem monopolisierten Markt notwendig sei. Andererseits schließt auch das Urteil *Job Centre* die Möglichkeit nicht aus, das **Monopolversagen anhand von Teilmärkten zu beurteilen** und dementsprechend im Bereich der Arbeitsvermittlung zu dem Ergebnis zu kommen, dass das Monopol nur in bestimmten Teilmärkten unionsrechtswidrig und damit aufhebungsbedürftig ist. Die Mitgliedstaaten können somit versuchen, die vollständige Rechtswidrigkeit eines umfassenden Arbeitsvermittlungsmonopols wie auch jedes anderen umfassenden Monopols dadurch zu verhindern, dass sie das Monopol nur in den Teilmärkten aufheben, in denen es bei der Befriedigung der Nachfrage versagt. Der Erfolg oder Misserfolg eines solchen Versuches hängt auch davon ab, ob daneben eine der nachfolgend behandelten Fallgruppen[304] einschlägig ist. 124

Wichtig für die später in der Rechtsprechung aufkommende Frage nach der allgemeinen Rechtfertigungsbedürftigkeit von staatlich errichteten und aufrechterhaltenen Monopolen[305] ist die Feststellung des EuGH, dass bei zwangsläufigem Versagen des Monopols sein Fortbestand grundsätzlich nicht durch Art. 106 Abs. 2 gerechtfertigt werden kann.[306] 125

---

[296] EuGH U. v. 23.4.1991, Rs C-41/90, Slg. 1991, I-1979 Rdnr. 25 – *Höfner und Elser/Macrotron;* EuGH U. v. 11.12.1997, Rs C-55/96, Slg. 1997, I-7119 Rdnr. 27 – *Job Centre.*

[297] S. oben Rdnr. 118.

[298] EuGH U. v. 23.4.1991, Rs C-41/90, Slg. 1991, I-1979 Rdnr. 26 f. – *Höfner und Elser/Macrotron;* EuGH U. v. 11.12.1997, Rs C-55/96, Slg. 1997, I-7119 Rdnr. 28–29 – *Job Centre.*

[299] S. oben Rdnr. 118.

[300] EuGH U. v. 23.4.1991, Rs C-41/90, Slg. 1991, I-1979 Rdnr. 29–31 – *Höfner und Elser/Macrotron;* EuGH U. v. 11.12.1997, Rs C-55/96, Slg. 1997, I-7119 Rdnr. 31–35 – *Job Centre.*

[301] S. hierzu oben Rdnr. 90 f., und auch unten Rdnr. 133, 538.

[302] EuGH U. v. 23.4.1991, Rs C-41/90, Slg. 1991, I-1979 Rdnr. 29–31 – *Höfner und Elser/Macrotron.*

[303] EuGH U. v. 11.12.1997, Rs C-55/96, Slg. 1997, I-7119 Rdnr. 31–35 – *Job Centre.*

[304] S. unten Rdnr. 126 ff., 133 ff.

[305] S. unten Rdnr. 146–165.

[306] S. oben Rdnr. 122. Hinsichtlich Situationen, in denen eine Wettbewerbsbeschränkung, die sich unmittelbar aus einem ausschließlichen Recht ergibt, nach Art. 106 Abs. 2 gerechtfertigt sein kann, s.

126 *(bb) Konkrete Wahrscheinlichkeit eines Missbrauchs der marktbeherrschenden Stellung.* Mitgliedstaaten sind bereits dann nach Art. 106 Abs. 1 iVm. Art. 102 verantwortlich, wenn durch die Gewährung und/oder Aufrechterhaltung ausschließlicher oder besonderer Rechte eine Lage geschaffen werden könnte, in der die privilegierten Unternehmen ihre marktbeherrschende Stellung missbrauchen.[307] Aus der Rechtsprechung geht hervor, dass hierzu die **konkrete Wahrscheinlichkeit** eines solchen Missbrauchs bestehen muss.

127 In der Praxis ergeben sich die wichtigsten Fälle eines konkret wahrscheinlichen Missbrauchs daraus, dass die Reservierung einer bestimmten Tätigkeit durch ausschließliche oder besondere Rechte die hierdurch privilegierten Unternehmen in **Interessenkonflikte** hinsichtlich anderer wirtschaftlicher Tätigkeiten stürzt, in denen sie im Wettbewerb mit anderen Unternehmen stehen.

128 Im ***ERT*-Fall** hatte der EuGH eine Situation zu beurteilen, in der der griechische Staat der Rundfunk- und Fernsehgesellschaft *ERT,* die selbst Rundfunk- und Fernsehsendungen produzierte, neben dem ausschließlichen Recht zur Ausstrahlung von eigenen Sendungen in Griechenland auch das ausschließliche Recht zum Empfang und zur Übertragung von Fernsehsendungen aus anderen Mitgliedstaaten einräumte.[308] Der EuGH bekräftigte zunächst seine Rechtsprechung wonach Art. 106 Abs. 1 und 2 der Einräumung eines Rundfunk- und Fernsehmonopols aus im öffentlichen Interesse liegenden Gründen nichtwirtschaftlicher Art nicht entgegenstehe. Der EuGH betonte aber auch, dass die Modalitäten der Ausgestaltung und der Ausübung eines solchen Monopols weder gegen die Vorschriften des AEUV über den freien Waren- und Dienstleistungsverkehr noch gegen die Wettbewerbsregeln verstoßen dürfe.[309] Ein Mitgliedstaat verstoße gegen Art. 106 Abs. 1 iVm. Art. 102, wenn durch zwei ausschließliche Rechte nach Art der der *ERT* gewährten eine Lage geschaffen werden könnte, in der das privilegierte Unternehmen durch eine seine eigenen Programme bevorzugende diskriminierende Sendepolitik gegen Art. 102 verstößt.[310] Dies gelte jedoch (aufgrund von Art. 106 Abs. 2) nicht, wenn die Anwendung des Art. 102 die Erfüllung einer dem Unternehmen übertragenen besonderen Aufgabe von allgemeinem wirtschaftlichem Interesse verhindere.[311]

129 Im Fall ***Raso*** urteilte der EuGH, ein Mitgliedstaat verstoße gegen Art. 106 Abs. 1 iVm. Art. 102, wenn er einem Unternehmen neben dem ausschließlichen Recht zur Überlassung von Arbeitskräften an in einem internationalen Seehafen tätige Unternehmen auch gestatte, mit diesen Unternehmen auf dem Markt für Hafenarbeiten in Wettbewerb zu treten.[312] Denn hierdurch ergebe sich für das erstere Unternehmen ein Interessenkonflikt, indem es durch die bloße Ausübung seines Monopols die Chancengleichheit der Wettbewerber auf diesem Markt beeinträchtigen könne.[313] Das privilegierte Unternehmen werde veranlasst,

---

EuGH U. v. 21.9.1999, Rs C-67/96, Slg. 1999, I-5751 Rdnr. 93–123 – *Albany;* ebenso EuGH U. v. 21.9.1999, Rs C-115/97 bis C-117/97, Slg. 1999, I-6025 Rdnr. 93–123 – *Brentjens' Handelsonderneming* und EuGH U. v. 21.9.1999, Rs C-219/97, Slg. 1999 I-6121 Rdnr. 83–113 – *Maatschappij Drijvende Bokken.*

[307] EuGH U. v. 25.10.2001, Rs C-475/99, Slg. 2001, I-8089 Rdnr. 39 mwN – *Ambulanz Glöckner;* EuGH U. v. 12.9.2000, Verb. Rs C-180/98 bis C-184/98, Slg. 2000, I-6451 Rdnr. 127 mwN – *Pavlov;* EuGH U. v. 21.9.1999, Rs C-67/96, Slg. 1999, I-5751 Rdnr. 93 mwN – *Albany;* ebenso EuGH U. v. 21.9.1999, Rs C-115/97 bis C-117/97, Slg. 1999, I-6025 Rdnr. 93 mwN – *Brentjens' Handelsonderneming* und EuGH U. v. 21.9.1999, Rs C-219/97, Slg. 1999, I-6121 Rdnr. 83 mwN – *Maatschappij Drijvende Bokken.*

[308] EuGH U. v. 18. 6. 1991, Rs C-260/89, Slg. 1991, I-2925 Rdnr. 21 – *Elliniki Radiophonia Tileorassi (ERT).*

[309] EuGH U. v. 18. 6. 1991, Rs C-260/89, Slg. 1991, I-2925 Rdnr. 10–12 – *Elliniki Radiophonia Tileorassi (ERT).*

[310] EuGH U. v. 18. 6. 1991, Rs C-260/89, Slg. 1991, I-2925 Rdnr. 37 – *Elliniki Radiophonia Tileorassi (ERT).*

[311] EuGH U. v. 18. 6. 1991, Rs C-260/89, Slg. 1991, I-2925 Rdnr. 38 – *Elliniki Radiophonia Tileorassi (ERT).*

[312] EuGH U. v. 12.2.1998, Rs C-163/96, Slg. 1998, I-533 Rdnr. 28 – *Raso.*

[313] EuGH U. v. 12.2.1998, Rs C-163/96, Slg. 1998, I-533 Rdnr. 29 – *Raso.*

seine marktbeherrschende Stellung zu missbrauchen, indem es von seinen Konkurrenten auf dem Markt für Hafenarbeiten für die Überlassung von Arbeitskräften überhöhte Preise verlangt oder ihnen für diese Arbeiten weniger geeignete Arbeitskräfte zur Verfügung stellt.[314]

Zwar betonte der EuGH in *Raso,* es spiele keine Rolle, dass das vorlegende nationale 130
Gericht keinen von dem privilegierten Unternehmen tatsächlich begangenen Missbrauch angeführt habe.[315] Die Gesamtbetrachtung der Urteile *Raso* und *ERT* ergibt jedoch, dass für die Haftung des Mitgliedstaats die mit der Gewährung ausschließlicher oder besonderer Rechte und der Schaffung einer marktbeherrschenden Stellung verbundene abstrakte Gefahr eines Missbrauchs nicht ausreicht,[316] sondern **eine sich aus dem Interessenkonflikt ergebende konkrete Gefahr** erforderlich ist. Diese Schlussfolgerung wird indirekt auch dadurch bestätigt, dass eine mögliche Rechtfertigung nach Art. 106 Abs. 2, die der EuGH im *ERT*-Urteil untersucht,[317] nicht abstrakt, sondern nur anhand der konkreten Umstände des Einzelfalls beurteilt werden kann.[318]

Dennoch kommt der EuGH-Rechtsprechung in *ERT* und *Raso* weitreichende Bedeu- 131
tung zu, denn sie kann dahingehend interpretiert werden, dass ein Mitgliedstaat durch die Gewährung eines ausschließlichen oder besonderen Rechts, das zu einer marktbeherrschenden Stellung bei einer Ware oder Dienstleistung führt, mit Art. 106 Abs. 1 iVm. Art. 102 immer dann in Konflikt gerät, wenn diese Ware oder Dienstleistung ein Input für eine nachgelagerte Ware oder Dienstleistung ist, die auf einem Markt angeboten wird, auf dem das privilegierte Unternehmen im Wettbewerb mit anderen Unternehmen steht.

Abgesehen von Interessenkonflikten können sich andere Fälle der Staatsverantwortlich- 132
keit für die konkrete Wahrscheinlichkeit eines Missbrauchs u. U. allein aus der **Anhäufung ausschließlicher Rechte** ergeben. Im *Porto di Genova*-Fall genoss das Hafenunternehmen eine Vielzahl ausschließlicher Rechte für verschiedene Hafenarbeiten.[319] Hieraus und aus den sonstigen Umständen des Einzelfalles schloss der EuGH, dass das Hafenunternehmen „*geneigt*" sein werde, bestimmte, konkret bezeichnete Missbrauchshandlungen iSv. Art. 102 zu begehen.[320] Es scheint, dass die Vielfältigkeit, Schwere und Wiederholung der in diesem Fall tatsächlich auftretenden Missbräuche den EuGH zu dem Schluss bewegte, dass durch die Existenz der verschiedenen ausschließlichen Rechte allein bereits die konkrete Gefahr eines Missbrauchs geschaffen worden war und der Mitgliedstaat schon aus diesem Grunde Art. 106 Abs. 1 iVm. Art. 102 verletzt habe.

(3) Missbrauchsgleiche Auswirkungen. (a) Ausdehnung einer marktbeherrschenden Stellung durch 133
Gewährung ausschließlicher oder besonderer Rechte. Nach ständiger Rechtsprechung des EuGH verbietet Art. 102 AEUV einem marktbeherrschenden Unternehmen, sich ohne objektives Bedürfnis eine Hilfstätigkeit, die dritte Unternehmen auf einem **benachbarten aber ge-**

[314] EuGH U. v. 12.2.1998, Rs C-163/96, Slg. 1998, I-533 Rdnr. 30 – *Raso.*

[315] EuGH U. v. 12.2.1998, Rs C-163/96, Slg. 1998, I-533 Rdnr. 31 – *Raso.*

[316] In EuGH U. v. 18.6.1991, Rs C-260/89, Slg. 1991, I-2925 Rdnr. 31–32 – *Elliniki Radiophonia Tileorassi (ERT)* stellte der EuGH noch einmal klar, dass Art. 102 nicht die Innehabung einer mit einem ausschließlichen Recht verbundenen marktbeherrschenden Stellung verbietet, sondern nur ihrem Missbrauch entgegensteht. In EuGH U. v. 12. 2. 1998, Rs C-163/96, Slg. 1998, I-533 Rdnr. 27 – *Raso* formulierte der EuGH denselben Gedanken, wonach die Schaffung einer marktbeherrschenden Stellung durch die Gewährung ausschließlicher Rechte im Sinne von Art. 106 Abs. 1 als solche noch nicht mit Art. 102 unvereinbar sei.

[317] EuGH U. v. 18.6.1991, Rs C-260/89, Slg. 1991, I-2925 Rdnr. 33, 38 – *Elliniki Radiophonia Tileorassi (ERT).*

[318] S. hierzu auch EuGH U. v. 23.10.1997, Rs C-157/94, Slg. 1997, I-5699 Rdnr. 63–64 – *Kommission/Niederlande („Importmonopol Elektrizität");* EuGH U. v. 23.10.1997, Rs C-158/94, Slg. 1997, I-5789 Rdnr. 59–60 – *Kommission/Italien („Import- und Exportmonopol Elektrizität");* EuGH U. v. 23.10.1997, Rs C-159/94, Slg. 1997, I-5815 Rdnr. 106–107 – *Kommission/Frankreich („Import- und Exportmonopol Gas und Elektrizität").*

[319] EuGH U. v. 10.12.1991, Rs C-179/90, Slg. 1991, I-5889 Rdnr. 3 – *Merci convenzionali Porto di Genova.*

[320] EuGH U. v. 10.12.1991, Rs C-179/90, Slg. 1991, I-5889 Rdnr. 19 – *Merci convenzionali Porto di Genova.*

trennten Markt ausüben könnten, vorzubehalten und damit auf diesem Markt jeglichen Wettbewerb seitens dieser dritten Unternehmen auszuschalten.[321] Deswegen würde ein Unternehmen, das – wie im Beispiel der ***RTT*** – das ausschließliche Recht zum Betrieb des öffentlichen Fernmeldenetzes innehat, den Art. 102 verletzen, wenn es sich ohne objektives Bedürfnis bzw. ohne objektive Rechtfertigung den benachbarten aber getrennten Markt der Einfuhr, des Vertriebs, des Anschlusses, der Inbetriebsetzung und der Wartung von Telekommunikationsendgeräten vorbehält und dadurch jeden Wettbewerb durch andere Unternehmen ausschaltet.[322] In seinem **Urteil *RTT*** stellte der EuGH jedoch klar, dass wenn die **Ausdehnung der marktbeherrschenden Stellung** auf eine staatliche Maßnahme zurückgeht (in diesem Falle die Gewährung oder Aufrechterhaltung eines ausschließlichen Rechts auf dem benachbarten Markt), nicht das Unternehmen, sondern der Staat nach Art. 106 Abs. 1 iVm. Art. 102 AEUV verantwortlich ist, da diese Vorschriften es dem Staat verbieten, öffentliche oder durch besondere bzw. ausschließliche Rechte privilegierte Unternehmen durch Rechtsetzungsakte oder Verwaltungsmaßnahmen in eine Situation zu versetzen, in die sich diese Unternehmen nicht ohne Verstoß gegen Art. 102 versetzen könnten.[323] Außerdem unterstrich der EuGH, dass die Verantwortlichkeit des Mitgliedstaats nach Art. 106 Abs. 1 iVm. Art. 102 nicht davon abhängt, dass er einen von dem Unternehmen tatsächlich begangenen Missbrauch gefördert hat. Vielmehr sei die **Ausdehnung** eines durch die Gewährung eines ausschließlichen Rechts in einem Markt (hier: Einrichtung und Betrieb des Fernsprechnetzes) geschaffenen Monopols auf einen benachbarten, aber getrennten Markt (hier: Fernsprechgeräte) **ohne objektive Rechtfertigung** als solche durch Art. 106 Abs. 1 iVm. Art. 102 verboten.[324] Der EuGH stellt damit nicht auf eine real stattfindende oder potentielle Missbrauchshandlung des marktbeherrschenden Unternehmens ab, sondern knüpft an die **missbrauchsgleichen Auswirkungen der staatlichen Maßnahme** an. Außerdem erteilt der EuGH damit auch in dieser Fallgruppe der Forderung nach Akzessorietät zwischen der Haftung des Mitgliedstaats nach Art. 106 Abs. 1 iVm. Art. 102 und einem tatsächlich eingetretenen Unternehmensverstoß gegen Art. 102 eine Absage.[325]

134 In einem weiteren Fall entschied der EuGH, die Ausdehnung der durch das staatlich gewährte Monopol für Einrichtung und Betrieb des Fernsprechnetzes geschaffenen marktbeherrschenden Stellung auf den Markt für **Telekommunikationsdienste** durch staatliche Gewährung/Aufrechterhaltung eines Monopols auch auf diesem Markt verstoße gegen Art. 106 Abs. 1 iVm. Art. 102.[326] Darüber hinaus ist Staatsverantwortlichkeit nach diesen Regeln z. B. auch gegeben, wenn die Ausdehnung der marktbeherrschenden Stellung auf einen benachbarten Markt nicht auf der Gewährung eines ausschließlichen Rechts in seiner traditionellen Definition (striktes Monopol)[327] beruht, sondern iS. der erweiterten Definition ausschließlicher und besonderer Rechte[328] dadurch erfolgt, dass der Staat den Zugang von weiteren Anbietern auf den benachbarten Markt davon abhängig macht, dass die Funktionsfähigkeit und Wirtschaftlichkeit der den marktbeherrschen-

---

[321] EuGH U. v. 3.10.1985, Rs 311/84, Slg. 1985, 3261 Rdnr. 27 – *CBEM/CLT und IPB („Télémarketing“);* EuGH U. v. 13.12.1991, Rs C-18/88, Slg. 1991, I-5941 Rdnr. 18 – *Régie des télégraphes et des téléphones (RTT)/GB-Inno-BM.*

[322] EuGH U. v. 13.12.1991, Rs C-18/88, Slg. 1991, I-5941 Rdnr. 19 – *Régie des télégraphes et des téléphones (RTT)/GB-Inno-BM.*

[323] EuGH U. v. 13.12.1991, Rs C-18/88, Slg. 1991, I-5941 Rdnr. 20 – *Régie des télégraphes et des téléphones (RTT)/GB-Inno-BM.*

[324] EuGH U. v. 13.12.1991, Rs C-18/88, Slg. 1991, I-5941 Rdnr. 23–24 – *Régie des télégraphes et des téléphones (RTT)/GB-Inno-BM.* Zur Gleichsetzung der Innehabung eines ausschließlichen Rechts (Monopols) mit der Innehabung einer marktbeherrschenden Stellung s. Rdnr. 17 dieses Urteils und oben Rdnr. 105.

[325] S. hierzu oben Rdnr. 90 f., 123, und auch unten Rdnr. 538.

[326] EuGH U. v. 17.11.1992, Verb. Rs C-271/90, C-281/90, C-289/90, Slg. 1992, I-5833 Rdnr. 36 – *Spanien, Belgien, Italien/Kommission („Telekommunikationsdienste“).*

[327] S. oben Rdnr. 44.

[328] S. oben Rdnr. 47 ff.

den Unternehmen im ersten Markt übertragenen Dienstleistungen nicht erheblich beeinträchtigt wird. Im Fall ***Ambulanz Glöckner*** hatten vier Sanitätsorganisationen das ausschließliche Recht zum Notfalltransport (Rettungsdienst) und damit eine beherrschende Stellung in diesem Markt. Darüber hinaus waren die Sanitätsorganisationen auch im benachbarten Markt des allgemeinen Krankentransports tätig. Der Staat unterwarf den Zugang weiterer Anbieter zum Krankentransport der Bedingung, dass dies die Funktionsfähigkeit und Wirtschaftlichkeit des den Sanitätsorganisationen übertragenen Rettungsdienstes nicht erheblich beeinträchtige. Der EuGH sah hierin nicht nur ein besonderes oder ausschließliches Recht der Sanitätsorganisationen im Krankentransportmarkt,[329] sondern auch eine durch staatliche Maßnahmen bewirkte Ausdehnung der marktbeherrschenden Stellung der Sanitätsorganisationen im Notfalltransportmarkt auf den Krankentransportmarkt.[330]

Die Doktrin von der ungerechtfertigten Ausdehnung einer marktbeherrschenden Stellung durch die Gewährung/Aufrechterhaltung ausschließlicher und besonderer Rechte ist schon seit langem eines der wichtigsten juristischen Fundamente zu der auf Art. 106 Abs. 1 iVm. Art. 102 gestützten Abschaffung ausschließlicher und besonderer Rechte im Rahmen der **Liberalisierung verschiedener Wirtschaftssektoren.**[331] **135**

(b) Ausdehnung einer marktbeherrschenden Stellung durch andere staatliche Maßnahmen. Neben der Gewährung/Aufrechterhaltung ausschließlicher und besonderer Rechte kann ein Mitgliedstaat auch durch andere Maßnahmen gegen Art. 106 Abs. 1 iVm. Art. 102 verstoßen, wenn diese Maßnahmen die marktbeherrschende Stellung öffentlicher oder privilegierter Unternehmen ohne objektive Rechtfertigung auf einen benachbarten aber getrennten Markt ausdehnen. Dies kann z.B. dann der Fall sein, wenn staatliche Regulierungsmaßnahmen bei ansonsten gleichen Bedingungen den neu in den benachbarten zweiten Markt eintretenden Unternehmen höhere Lizenzgebühren auferlegen als dem im ersten Markt beherrschenden Unternehmen, wenn dieses ebenfalls in den benachbarten zweiten Markt eintreten will.[332] **136**

(c) Objektive Rechtfertigungsgründe. Gemäß der bisherigen Rechtsprechung ist die objektive Rechtfertigung für die Ausdehnung einer marktbeherrschenden Stellung von einem ersten Markt auf einen benachbarten Markt in Art. 106 Abs. 2 AEUV zu suchen,[333] d.h. im Bestehen einer Aufgabe von allgemeinem wirtschaftlichem Interesse im ersten Markt, für deren Erfüllung die hiermit vom Staat beauftragten Unternehmen einer Erstreckung ihrer marktbeherrschenden Stellung auf den benachbarten Markt durch Einschränkung oder Ausschluss des Wettbewerbs auf letzterem Markt bedürfen.[334] Es gibt bisher keine Hinweise darauf, dass sich neben Art. 106 Abs. 2 objektive Rechtfertigungen auch noch aus anderen Quellen ergeben könnten. **137**

Dementsprechend prüfte der EuGH im *RTT*-Fall Art. 106 Abs. 2 und kam zu dem Ergebnis, dass sich der Ausschluss oder die Beschränkung des Wettbewerbs auf dem Markt für Telekommunikationsendgeräte nicht durch eine vom Unternehmen *RTT* auf dem Markt für die Bereitstellung und den Betrieb des öffentlichen Telefonnetzes zu erfüllende öffentliche Dienstleistungsaufgabe von allgemeinem wirtschaftlichem Interesse rechtfertigen lasse.[335] Mit Hinweis auf das *RTT*-Urteil einschließlich der Beurteilung nach Art. 106 Abs. 2 **138**

---

[329] EuGH U. v. 25.10.2001, Rs C-475/99, Slg. 2001, I-8089 Rdnr. 23f. – *Ambulanz Glöckner.*

[330] EuGH U. v. 25.10.2001, Rs C-475/99, Slg. 2001, I-8089 Rdnr. 40–43 – *Ambulanz Glöckner.*

[331] S. hierzu unten insbes. Rdnr. 643ff. und 648ff. zu den auf Art. 106 Abs. 3 AEUV gestützten Richtlinien der Kommission.

[332] EuGH U. v. 22.5.2003, Rs C-462/99, Slg. 2003, I-5197 Rdnr. 80–95 – *Connect Austria.* Zum Fall *DEI – Griechische Braunkohle* s. unten Punkt (4) Rdnr 141ff.

[333] Zur ausführlichen Erklärung des Art. 106 Abs. 2 s. unten Rdnr. 290ff.

[334] EuGH U. v. 25.10.2001, Rs C-475/99, Slg. 2001, I-8089 Rdnr. 51–65 – *Ambulanz Glöckner.*

[335] EuGH U.v. 13.12.1991, Rs C-18/88, Slg. 1991, I-5941 Rdnr. 16, 22–28 – *Régie des télégraphes et des téléphones (RTT)/GB-Inno-BM.* Zur auf Art. 106 Abs. 2 AEUV gestützten Rechtfertigung von Monopolen außerhalb des Bereichs von Dienstleistungen von allgemeinem wirtschaftlichem

verneinte der EuGH auch im *Telekommunikationsdienste*-Fall eine objektive Rechtfertigung der Erstreckung des Monopols für Einrichtung und Betrieb des Fernsprechnetzes auf den Markt für Telekommunikationsdienstleistungen.[336]

139 Im *Ambulanz Glöckner*-Fall erkannte der EuGH an, dass der den Sanitätsorganisationen übertragene Rettungsdienst eine Aufgabe von allgemeinem wirtschaftlichem Interesse ist und erinnerte daran, dass Art. 106 Abs. 2 den Mitgliedstaaten erlaubt, zugunsten der mit einer solchen Aufgabe beauftragten Unternehmen den Wettbewerb durch ausschließliche Rechte auszuschließen oder zu beschränken, um die Erfüllung der besonderen Aufgabe sicherzustellen.[337] Der EuGH urteilte dann, dass der allgemeine Krankentransport sich nicht von dem in allgemeinem wirtschaftlichem Interesse liegenden Notfalltransport trennen lasse und die Erstreckung des ausschließlichen Rechts auf den Markt des allgemeinen Krankentransports es den Sanitätsorganisationen gerade ermögliche, den Notfalltransport unter wirtschaftlich ausgewogenen Bedingungen zu erfüllen.[338] Die Erstreckung der ausschließlichen Rechte der Sanitätsorganisationen vom Notfalltransportmarkt auf den benachbarten Markt des allgemeinen Krankentransports sei jedoch dann nicht mit deren Aufgabe im allgemeinem wirtschaftlichem Interesse zu rechtfertigen, wenn die Sanitätsorganisationen offensichtlich nicht in der Lage wären, die Nachfrage nach Notfalltransport oder nach allgemeinem Krankentransport jederzeit zu decken. Die gesetzliche Erstreckung der marktbeherrschenden Stellung der Sanitätsorganisationen vom Notfalltransportmarkt auf den benachbarten Krankentransportmarkt sei deswegen dann nach Art. 106 Abs. 2 gerechtfertigt, wenn das Gesetz es nicht ausschließe, unabhängigen Unternehmen die Genehmigung zum allgemeinen Krankentransport zu erteilen, falls die Sanitätsorganisationen offensichtlich nicht in der Lage seien, die Nachfrage nach Leistungen des Notfall- oder des allgemeinen Krankentransports zu decken.[339]

140 Die **Beweislast** für die Rechtfertigung der Ausdehnung der marktbeherrschenden Stellung liegt bei dem handelnden Mitgliedstaat.

141 *(4) Das DEI-Urteil (Griechische Braunkohle).* In seinem *DEI*-Urteil vom 17.7.2014[340] hat der EuGH die oben dargestellte Rechtsprechung zum potentiellen Missbrauch[341] und zu missbrauchsgleichen Auswirkungen[342] bestätigt und gleichzeitig durch eine Zusammenführung verschiedener Elemente weitergehende Anwendungsmöglichkeiten des Art. 106 Abs. 1 iVm. Art. 102 AEUV aufgezeigt. In diesem Fall hatte die Kommission in ihrer Entscheidung vom 5.3.2008 festgestellt,[343] dass Griechenland dadurch gegen Art. 106 Abs. 1 iVm. Art. 102 AEUV verstoßen habe, dass es dem öffentlichen Unternehmen *Public Power Corporation SA (PPC,* griechisch: *Dimosia Epicheirisi Ilektrismou AE,* im weiteren: *DEI)* Quasi-Monopolrechte in Form eines privilegierten Zugangs zum Braunkohleabbau und somit zur Erzeugung von Strom aus Braunkohle gewährte. Diese Ungleichheit der Chancen von Wirtschaftsteilnehmern beim Zugang zum billigsten in Griechenland verfügbaren Brennstoff für die Stromerzeugung habe es der *DEI* erlaubt, ihre marktbeherrschende Stellung auf dem griechischen

---

Interesse mit Blick auf die Bedürfnisse von Monopolen zur Erbringung von Dienstleistungen von allgemeinem wirtschaftlichem Interesse in benachbarten Märkten s. unten Rdnr. 362–364 und 365–371.

[336] EuGH U. v. 17.11.1992, Verb. Rs C-271/90, C-281/90, C-289/90, Slg. 1992, I-5833 Rdnr. 36–38 – *Spanien, Belgien, Italien/Kommission („Telekommunikationsdienste").*

[337] EuGH U. v. 25.10.2001, Rs C-475/99, Slg. 2001, I-8089 Rdnr. 55 – *Ambulanz Glöckner.*

[338] EuGH U. v. 25.10.2001, Rs C-475/99, Slg. 2001, I-8089 Rdnr. 56–61 – *Ambulanz Glöckner.*

[339] EuGH U. v. 25.10.2001, Rs C-475/99, Slg. 2001, I-8089 Rdnr. 62–65 – *Ambulanz Glöckner.*

[340] EuGH U. v. 17.7.2014, Rs C-553/12 P, ECLI:EU:C:2014:2083 – *DEI.*

[341] S. hierzu oben Rdnr. 113–132.

[342] S. hierzu oben Rdnr. 133–140.

[343] Komm. E. v. 5.3.2008, Sache COMP/B-1/38.700, bekannt gegeben unter Aktenzeichen K(2008) 824, ABl. 2008 C 93/3 insbes. Rdnr. 190, 238 – *Griechische Braunkohle und Strommärkte,* für weitere Einzelheiten s. auch unten Rdnr. 156–158, 161, 164, 633, nichtvertrauliche Version der Kommissionsentscheidung in Deutsch abrufbar unter: http://ec.europa.eu/competition/antitrust/cases/dec_docs/38700/38700_515_3.pdf.

Großhandelsmarkt für Strom aufrechtzuerhalten oder noch zu stärken, indem neue Stromanbieter vom Markt ausgeschlossen oder beim Marktzugang zumindest behindert wurden. Die Kommissionsentscheidung wurde auf Klage Griechenlands mit Urteil vom 20.9.2012 vom EuG in erster Instanz aufgehoben.[344] Das Gericht urteilte, die Tatsache allein, dass ein von Art. 106 Abs. 1 erfasstes Unternehmen sich aufgrund einer staatlichen Maßnahme in einer gegenüber seinen Wettbewerbern vorteilhaften Lage befinde, stelle noch keinen Missbrauch einer marktbeherrschenden Stellung dar, und die Kommission habe es versäumt, einen solchen Missbrauch, zu dem *DEI* durch die staatliche Maßnahme gebracht wurde oder hätte gebracht werden können, konkret festzustellen und nachzuweisen.[345]

Am 17.7.2014 hob der EuGH dieses erstinstanzliche Urteil (T-169/08) in der Rechts- **142**
mittelinstanz (C-553/12 P) auf, entschied selbst über die wesentlichen von *DEI* vor dem EuG vorgebrachten Klagegründe und verwies für die restlichen Klagegründe an das EuG zurück.[346] Hierbei formulierte der EuGH als Grundsatz seiner Rechtsprechung zu Art. 106 Abs. 1 iVm. Art. 102, dass ein System des unverfälschten Wettbewerbs, wie es der Vertrag vorsehe, nur gewährleistet werden könne, wenn die **Chancengleichheit** zwischen den einzelnen Wirtschaftsteilnehmern sichergestellt sei.[347] Der EuGH verdeutlichte, dass eine staatliche Maßnahme gegen Art. 106 Abs. 1 iVm. Art. 102 verstoße, wenn eine Chancenungleichheit zugunsten der von Art. 106 Abs. 1 erfassten öffentlichen oder privilegierten Unternehmen und zulasten anderer Unternehmen und die damit verbundene Wettbewerbsverfälschung auf dieser Maßnahme beruhe.[348] Angesichts dieses weit formulierten Grundsatzes bekräftigte der EuGH iSd zweiten und ersten Formel seiner ständigen Rechtsprechung,[349] dass die Tatsache, dass ein Mitgliedstaat durch die Gewährung ausschließlicher Rechte eine marktbeherrschende Stellung geschaffen habe, für sich genommen noch nicht mit Art. 106 Abs. 1 iVm. Art. 102 unvereinbar sei, und betonte gleichzeitig die sich aus dem **Loyalitätsprinzip** ergebende Verpflichtung der Mitgliedstaaten, keine Maßnahmen zu treffen oder beizubehalten, die die praktische Wirksamkeit des Art. 102 AEUV ausschalten könnten.[350] Aus alledem folgerte der EuGH, dass ein Mitgliedstaat unabhängig vom tatsächlichen Vorliegen und Nachweis eines Missbrauchs schon dann gegen Art. 106 Abs. 1 iVm. Art. 102 verstoße, wenn eine potentielle oder tatsächliche wettbewerbswidrige Wirkung festgestellt werden könne, die sich aus der betreffenden staatlichen Maßnahme ergeben könnte. Deswegen könne ein solcher Verstoß bereits festgestellt werden, wenn die betreffenden staatlichen Maßnahmen die **Struktur des Marktes** dadurch beeinträchtigten, dass sie ungleiche Wettbewerbsbedingungen zwischen den Unternehmen schafften, indem sie es dem öffentlichen Unternehmen oder dem Unternehmen, dem besondere oder ausschließliche Rechte gewährt wurden, ermöglichten, seine beherrschende Stellung – beispielsweise durch Behinderung neuer Markteintritte – aufrechtzuerhalten oder zu stärken

---

[344] EuG U. v. 20.9.2012, Rs T-169/08, ECLI:EU:T:2012:448 – *DEI*.

[345] EuG U. v. 20.9.2012, Rs T-169/08,ECLI:EU:T:2012:448 Rdnr. 87–93, 103, 118 – *DEI*.

[346] Daneben hatte die Kommission mit einer auf Art. 106 Abs. 3 AEUV gestützten Entscheidung vom 4.8.2009 (Sache COMP/B-1/38.700, bekannt gegeben unter Aktenzeichen K(2009) 6244, ABl.2009 C 243/5, nichtvertrauliche Version in Deutsch abrufbar unter: http://ec.europa.eu/competition/antitrust/cases/dec_docs/38700/38700_519_3.pdf) gegenüber Griechenland Maßnahmen zur Beseitigung der wettbewerbswidrigen Auswirkungen der mit der Entscheidung vom 5.3.2008 festgestellten Zuwiderhandlung festgelegt. Diese Kommissionsentscheidung vom 4.8.2009 wurde vom EuG am 20.9.2012 in erster Instanz (T-421/09) aus dem einzigen Grund aufgehoben, dass an demselben Tag die Kommissionsentscheidung vom 5.3.2008 vom EuG aufgehoben worden war (T-169/08). Aufgrund desselben Sachzusammenhangs wurde das erstinstanzliche Urteil (T-421/09) vom EuGH in der Rechtsmittelinstanz (C-554/12 P) am 17.7.2014 annulliert und die Sache an das EuG zurückverwiesen, weil der EuGH in der Rs C-553/12 P an demselben Tag das erstinstanzliche Urteil (T-169/08) aufgehoben hatte.

[347] EuGH U. v. 17.7.2014, Rs C-553/12 P, ECLI:EU:C:2014:2083; Rdnr. 43 – *DEI*.

[348] EuGH U. v. 17.7.2014, Rs C-553/12 P, Slg. 20148, ECLI:EU:C:2014:2083; Rdnr. 44 – *DEI*.

[349] S. oben Rdnr. 118.

[350] EuGH U. v. 17.7.2014, Rs C-553/12 P, ECLI:EU:C:2014:2083, Rdnr. 45 – *DEI*.

oder (ohne objektive Rechtfertigung)[351] auf einen anderen (benachbarten aber getrennten)[352] Markt auszudehnen, wodurch der Wettbewerb beschränkt würde.[353]

143 Weitergehend verdeutlichte der EuGH, dass für die Feststellung eines Verstoßes gegen Art. 106 Abs. 1 iVm. Art. 102 mit der oben dargestellten Begründung die rechtliche Einordnung der *DEI* als öffentliches Unternehmen genüge. Insbesondere könne die Feststellung dieses Verstoßes auf den Aspekt der tatsächlichen oder potentiellen Ausdehnung der marktbeherrschenden Stellung des öffentlichen Unternehmens auf einen benachbarten aber getrennten Markt gestützt werden, ohne nachweisen zu müssen, dass durch die betreffende staatliche Maßnahme ausschließliche oder besondere Rechte gewährt oder verstärkt würden,[354] oder dass das öffentliche Unternehmen auf dem Ausgangsmarkt ein Monopol innehabe, oder dass dieses Unternehmen über eine irgendwie geartete Regulierungszuständigkeit verfüge.[355] Auch müsse nicht nachgewiesen werden, dass sich der Verstoß gegen Art. 106 Abs. 1 iVm. Art. 102 auf die Interessen der Verbraucher auswirke, da Art. 102 auch Verhaltensweisen erfasse, die dadurch einen Schaden verursachen, dass sie eine Struktur wirksamen Wettbewerbs beeinträchtigen.[356]

144 **Im Ergebnis** setzte der EuGH im *DEI*-Urteil seine evolutionäre Vorgehensweise fort und dehnte den praktischen Anwendungsbereich der Art. 106 Abs. 1 iVm. Art. 102 im Zusammenspiel von Wortlaut und etablierter Rechtsprechung ein Stück weit aus. Indem der EuGH seine ständige Rechtsprechung wiederholte, dass die Schaffung einer marktbeherrschenden Stellung durch staatliche Maßnahmen für sich allein noch keinen Verstoß gegen Art. 106 Abs. 1 iVm. Art. 102 darstellt, bestätigte er zunächst, dass für eine Haftung des Staates nach diesen Vorschriften die mit jeder marktbeherrschenden Stellung abstrakt verbundene Möglichkeit ihres Missbrauchs weiterhin nicht ausreicht, sondern das Bestehen einer konkreten durch die staatlichen Maßnahmen geschaffenen Missbrauchsgefahr darzulegen und nachzuweisen ist. Die Feststellung einer solchen konkreten Gefahr verlangt allerdings nicht mehr das Bestehen eines Interessenkonflikts des marktbeherrschenden Unternehmens (z. B. aufgrund regulatorischer Befugnisse) oder die Anhäufung ausschließlicher Rechte,[357] sondern erfordert lediglich, dass die *„betreffenden staatlichen Maßnahmen die Struktur des Marktes dadurch beeinträchtigen, dass sie ungleiche Wettbewerbsbedingungen zwischen Unternehmen schaffen, indem sie es dem öffentlichen Unternehmen oder dem Unternehmen, dem besondere oder ausschließliche Rechte gewährt wurden, ermöglichen, seine beherrschende Stellung – beispielsweise durch die Behinderung neuer Markteintritte – aufrechtzuerhalten oder zu stärken oder auf einen anderen Markt auszudehnen, wodurch der Wettbewerb beschränkt würde"*.[358]

145 Die Weiterentwicklung der bisherigen Rechtsprechung besteht daher jedenfalls darin,[359] dass (1) alle bisherigen Feststellungen der Rechtsprechung auch für rein öffentliche Unternehmen, die keine ausschließlichen oder besonderen Rechte genießen, gelten; (2) hinsichtlich der ohne objektive Rechtfertigung erfolgenden Ausdehnung einer marktbeherrschenden Stellung auf einen anderen (benachbarten aber getrennten) Markt bereits die konkrete Gefahr einer solchen Ausdehnung genügt;[360] und (3) die Konkretisierung der Missbrauchs-

---

[351] S. zum Fortbestehen dieser Voraussetzung: EuGH U. v. 17.7.2014, Rs C-553/12 P, ECLI:EU:C:2014:2083 Rdnr. 67 – *DEI,* s. oben Rdnr. 137.

[352] EuGH U. v. 17.7.2014, Rs C-553/12 P, ECLI:EU:C:2014:2083 Rdnr. 58, 66 – *DEI.*

[353] EuGH U. v. 17.7.2014, Rs C-553/12 P, ECLI:EU:C:2014:2083 Rdnr. 46 – *DEI.*

[354] EuGH U. v. 17.7.2014, Rs C-553/12 P, ECLI:EU:C:2014:2083 Rdnr. 58, 68 – *DEI.*

[355] EuGH U. v. 17.7.2014, Rs C-553/12 P, ECLI:EU:C:2014:2083 Rdnr. 68 – *DEI.*

[356] EuGH U. v. 17.7.2014, Rs C-553/12 P, ECLI:EU:C:2014:2083 Rdnr. 68 – *DEI.*

[357] S. oben Rdnr. 127–131 und Rdnr. 132.

[358] EuGH U. v. 17.7.2014, Rs C-553/12 P, ECLI:EU:C:2014:2083 Rdnr. 46 – *DEI.*

[359] Zur Frage weitergehender Interpretationsmöglichkeiten des *DEI*-Urteils s. unten Rdnr. 156–158, 161, 164.

[360] Zugleich wurde bestätigt, dass die Ausdehnung einer marktbeherrschenden Stellung auf einen anderen (benachbarten aber getrennten) Markt nicht vom Bestehen ausschließlicher Rechte auf dem Ausgangsmarkt und dem Erwerb ausschließlicher Rechte auf dem Zielmarkt abhängt (bisher nur vereinzelt in EuGH U. v. 22.5.2003, Rs C-462/99, Slg. 2003, I-5197 Rdnr. 80–95 – *Connect Austria*).

gefahr nur noch knapp über der Schwelle der mit dem bloßen Innehaben einer marktbeherrschenden Stellung stets verbundenen abstrakten Missbrauchsgefahr liegt.

(5) Allgemeine Rechtfertigungsbedürftigkeit der Gewährung und Aufrechterhaltung ausschließlicher und besonderer Rechte oder der Bewirkung einer Chancenungleichheit nach EU-Wettbewerbsrecht? Die ständige Rechtsprechung des Gerichtshofs formuliert als **grundlegendes Prinzip,** dass die Schaffung, Aufrechterhaltung oder Stärkung einer marktbeherrschenden Stellung durch die Gewährung/Aufrechterhaltung ausschließlicher oder besonderer Rechte als solche noch nicht mit Art. 106 Abs. 1 iVm. Art. 102 unvereinbar ist,[361] sondern nur dann, wenn weitere spezifische Voraussetzungen erfüllt sind.[362] Ein **Abweichen von diesem grundlegenden Prinzip** dahingehend, dass die Schaffung, Aufrechterhaltung oder Stärkung einer marktbeherrschenden Stellung durch die Gewährung/Aufrechterhaltung ausschließlicher oder besonderer Rechte oder durch andere staatliche Maßnahmen, die eine Chancenungleichheit zugunsten der in Art. 106 Abs. 1 genannten Unternehmen und zulasten anderer Unternehmen bewirken, immer nur dann mit Art. 106 Abs. 1 iVm. Art. 102 vereinbar ist, wenn eine spezifische Rechtfertigung vorliegt, hätte **tiefgreifende Folgen für die Befugnis der Mitgliedstaaten zur Gestaltung ihrer Wirtschaftsordnungen.** Falls der EuGH im Bereich des Wettbewerbsrechts nicht neue Rechtfertigungstatbestände entwickeln sollte, bliebe nur Art. 106 Abs. 2 und die hiermit verbundene Möglichkeit der Rechtfertigung im direkten Zusammenhang mit Dienstleistungen von allgemeinem wirtschaftlichem Interesse.[363] Das EU-Wettbewerbsrecht wäre dann insoweit sogar strenger als das EU-Binnenmarktrecht der Niederlassungs- und Dienstleistungsfreiheit, das neben dem Art. 106 Abs. 2 auch Rechtfertigungen durch weitere Vorschriften des AEUV (Art. 51, 52 ggf. iVm. Art. 62) sowie durch die in der Rechtsprechung anerkannten zwingenden Gründe des Allgemeinwohls/Allgemeininteresses kennt.[364] 146

(a) Die Rechtsprechung zur Ausdehnung einer marktbeherrschenden Stellung. In der Fallgruppe der durch staatliche Maßnahmen bewirkten Ausdehnung einer marktbeherrschenden Stellung auf einen getrennten, aber benachbarten Markt hängt die Staatshaftung nach der Rechtsprechung davon ab, dass es keine objektive Rechtfertigung für dieses Verhalten des Staates gibt. Hierin wäre ein **Infragestellen des o. g. grundlegenden** 147

---

[361] S. oben Rdnr. 116ff. und 118 (oben auch als „zweite Formel" beschrieben; EuGH U. v. 30.4.1974, Rs 155/73, Slg. 1974, 409 Rdnr. 14 – *Sacchi;* EuGH U. v. 3.10.1985, Rs 311/84, Slg. 1985, 3261 Rdnr. 17 – *Télémarketing (CBEM);* EuGH U. v. 23.4.1991, Rs C-41/90, Slg. 1991, I-1979 Rdnr. 29 – *Höfner und Elser/Macrotron;* EuGH U. v. 18.6.1991, Rs C-260/89, Slg. 1991, I-2925 Rdnr. 32 – *Elliniki Radiophonia Tileorassi (ERT);* EuGH U. v. 10.12.1991, Rs C-179/90, Slg. 1991, I-5889 Rdnr. 16 – *Merci convenzionali Porto di Genova;* EuGH U. v. 17.11.1992, Verb. Rs C-271/90, C-281/90 und C-289/90, Slg. 1992, I-5833 Rdnr. 35 – *Spanien u. a./Kommission („Telekommunikationsdienste");* EuGH U. v. 5.10.1994, Rs C-323/93, Slg. 1994, I-5077 Rdnr. 18 – *Centre d'insémination de la Crespelle;* EuGH U. v. 14.12.1995, Rs C-387/93, Slg. 1995, I-4663 Rdnr. 51 – *Banchero;* EuGH U. v. 11.12.1997, Rs C-55/96, Slg. 1997, I-7119 Rdnr. 31 – *Job Centre;* EuGH U. v. 18. 6. 1998, Rs C-266/96, Slg. 1998, I-3949 Rdnr. 40 – *Corsica Ferries France;* EuGH U. v. 25.6.1998, Rs C-203/96, Slg. 1998, I-4075 Rdnr. 61 – *Chemische Afvalstoffen Dusseldorp;* EuGH U. v. 21.9.1999, Rs C-67/96, Slg. 1999, I-5751 Rdnr. 93 – *Albany;* EuGH U. v. 21.9.1999, Rs C-115/97 bis C-117/97, Slg. 1999, I-6025 Rdnr. 93 – *Brentjens' Handelsonderneming;* EuGH U. v. 21.9.1999, Rs C-219/97, Slg. 1999, I-6121 Rdnr. 83 – *Maatschappij Drijvende Bokken;* EuGH U. v. 12.9.2000, Verb. Rs C-180/98 bis C-184/98, Slg. 2000, I-6451 Rdnr. 127 – *Pavlov;* EuGH U. v. 17.5.2001, Rs C-340/99, Slg. 2001, I-4109 Rdnr. 44 – *TNT Traco;* EuGH U. v. 25.10.2001, Rs C-475/99, Slg. 2001, I-8089 Rdnr. 39 – *Ambulanz Glöckner;* EuGH U. v. 30.3.2006, Rs C-451/03, Slg. 2006, I-2941 Rdnr. 23 – *Servizi Ausiliari Dottori Commercialisti;* EuGH U. v. 1.7.2008, Rs C-49/07, Slg. 2008, I-4863 Rdnr. 48 – *MOTOE;* EuGH U. v. 17.7.2014, Rs C-553/12 P, ECLI:EU:C:2014:2083 Rdnr. 45 – *DEI.* Grenzen können sich jedoch aus Art. 106 Abs. 1 iVm. den anderen Regeln des AEUV ergeben, s. oben zur Warenverkehrsfreiheit Rdnr. 174–180 und zur Dienstleistungsfreiheit Rdnr. 184–192, zur Niederlassungsfreiheit Rdnr. 196–204.

[362] S. oben Rdnr. 116, 119ff., 126ff., 133ff., 141ff.

[363] Zu diesem Zusammenhang s. auch unten Rdnr. 155.

[364] S. unten Rdnr. 201f. und 190f.

Prinzips[365] dann zu sehen, wenn man die mittels der Gewährung/Aufrechterhaltung ausschließlicher oder besonderer Rechte oder mittels des Bewirkens einer Chancenungleichheit vom Staat verursachte Ausdehnung einer beherrschenden Stellung auf einen getrennten, aber benachbarten Markt (d.h. eine Zwei-Märkte-Situation) der ohne Ausdehnung erfolgenden Neuschaffung einer beherrschenden Stellung auf einem separaten nicht benachbarten Markt (d.h. einer Ein-Markt-Situation) gleichstellte und damit auch denselben Rechtmäßigkeitsanforderungen unterwürfe. Folglich wäre auch die einfache Neuschaffung/Aufrechterhaltung einer marktbeherrschenden Stellung durch die genannten staatlichen Maßnahmen nur dann unionsrechtskonform, wenn eine unionsrechtliche Rechtfertigung besteht.[366] Diese wäre dann in Art. 106 Abs. 2 zu suchen,[367] solange der EuGH nicht darüberhinausgehende Rechtfertigungsgründe im EU-Wettbewerbsrecht entwickelt.[368] Im Ergebnis bedeutete dies die allgemeine Rechtfertigungsbedürftigkeit der staatlichen Gewährung/Aufrechterhaltung ausschließlicher und besonderer Rechte bzw. einer durch andere staatliche Maßnahmen zugunsten der in Art. 106 Abs. 1 genannten Unternehmen geschaffenen Chancenungleichheit als solcher. Eine Passage im *RTT*-Urteil[369] aus dem Jahr 1991 scheint dies zu bestätigen, indem der EuGH die Bereitstellung eines öffentlichen Telefonnetzes als Dienstleistung von allgemeinem wirtschaftlichem Interesse iSv. Art. 106 Abs. 2 qualifiziert und feststellt, dass die Gewährung eines ausschließlichen Rechts zur Erbringung dieser Dienstleistung nach dem *„gegenwärtigen Stand der Entwicklung"* des Unionsrechts nach Art. 106 Abs. 2 gerechtfertigt sei. Dieser Bewertung scheint somit nicht nur die Idee einer allgemeinen Rechtfertigungsbedürftigkeit von Monopolen zugrunde zu liegen, sondern auch die Erkenntnis, dass in einem sich wandelnden Sektor stets neu überprüft werden müsse, ob die Organisation der gemeinwirtschaftlichen Dienstleistung noch ein Monopol verlange und somit die Existenz des Monopols noch rechtfertige.

148 Andererseits kann nicht übersehen werden, dass der EuGH das oben zitierte **grundlegende Prinzip,**[370] wonach die Schaffung, Aufrechterhaltung oder Stärkung einer marktbeherrschenden Stellung durch die Gewährung/Aufrechterhaltung ausschließlicher oder besonderer Rechte als solche noch nicht mit Art. 106 Abs. 1 iVm. Art. 102 unvereinbar ist, selbst in seinen Urteilen zur staatlich bewirkten Ausdehnung einer marktbeherrschenden Stellung bis in jüngste Zeit **kontinuierlich bestätigt** hat. So enthalten die EuGH-Urteile im Fall *Ambulanz Glöckner*[371] aus dem Jahr 2001 oder im Fall *Griechische Braunkohle (DEI)*[372] aus dem Jahr 2014 ausdrücklich eine solche Bestätigung. Deswegen ist die Rechtsprechung zur Ausdehnung einer marktbeherrschenden Stellung nicht – oder wenigstens nicht mehr – als Entscheidung des EuGH für die allgemeine Rechtfertigungsbedürftigkeit der staatlichen Gewährung/Aufrechterhaltung ausschließlicher und besonderer Rechte oder einer sonstigen Privilegierung der in Art. 106 Abs. 1 genannten Unternehmen zu interpretieren, sondern lediglich als spezifische Fallgruppe der Staatsverantwortlichkeit nach Art. 106 Abs. 1 iVm. Art. 102 zu sehen.[373] Das Rechtfertigungserfordernis im Falle der Ausdehnung wurde vom EuGH im Rahmen dieser Staatsverantwortlichkeit nicht neu geschaffen, sondern von den Fällen übernommen, in denen das marktbeherrschende Unternehmen selbst die Ausdehnung seiner Marktbeherrschung auf einen benachbarten aber getrennten Markt

---

[365] S. oben Rdnr. 118 (zweite Formel) und 146.

[366] In diesem Sinne GA *Tesauro* in seinen Schlussanträgen zu EuGH U. v. 19.5.1993, Rs C-320/91, Slg. 1993, I-2533 Rdnr. 14 – *Paul Corbeau.*

[367] Hierzu auch *Ehlermann,* [1993] 2 ECLR 61, 66–68.

[368] Dies wäre nicht zu begrüßen, da die von der Rechtsprechung im Binnenmarktbereich entwickelten Rechtfertigungsgründe auf dem Fehlen einer EU-weiten Harmonisierung aufbauen. Dieser Gesichtspunkt ist im EU-Wettbewerbsrecht nicht relevant.

[369] EuGH U. v. 13.12.1991, Rs C-18/88, Slg. 1991, I-5941 Rdnr. 16 – *Régie des télégraphes et des téléphones (RTT)/GB-Inno-BM.*

[370] S. hierzu oben Rdnr. 118 (zweite Formel) und 146.

[371] EuGH U.v. 25.10.2001, Rs C-475/99, Slg. 2001, I-8089 Rdnr. 39 – *Ambulanz Glöckner.*

[372] EuGH U.v. 17.7.2014, Rs C-553/12 P, ECLI:EU:C:2014:2083 Rdnr. 45 – *DEI.*

[373] Zu abweichenden Interpretationen des *DEI*-Urteils s. jedoch unten Rdnr. 157–165.

durchführt und hierfür nach Art. 102 verantwortlich ist.[374] Auch einem marktbeherrschenden Unternehmen ist es nach Art. 102 erlaubt, in einem zweiten, nicht benachbarten Markt durch „normalen" Leistungswettbewerb eine beherrschende Stellung zu erlangen, ohne hierfür eine objektive Rechtfertigung anführen zu müssen. Hingegen ist eine objektive Rechtfertigung im Falle der Ausdehnung einer marktbeherrschenden Stellung auf einen benachbarten Markt deswegen erforderlich, weil sich hierdurch die wettbewerbsbeschränkenden und wettbewerbsausschließenden Effekte der beiden marktbeherrschenden Stellungen wechselseitig noch verstärken. Diese Logik hat der EuGH in seiner Rechtsprechung zur Staatsverantwortlichkeit vollständig, aber auch ohne weitergehende Zusätze übernommen. Insgesamt ist daher aus der Rechtsprechung zur staatlich bewirkten Ausdehnung einer marktbeherrschenden Stellung auf einen benachbarten aber getrennten Markt nicht zu entnehmen, dass weitergehend auch die durch die Gewährung/Aufrechterhaltung ausschließlicher oder besonderer Rechte erfolgende Neuschaffung einer marktbeherrschenden Stellung auf einem nicht benachbarten Markt einer objektiven Rechtfertigung bedarf.

(b) Vereinzelte (möglicherweise abweichende) Rechtsprechung des EuGH. Obwohl der Gerichtshof das **grundlegende Prinzip,** wonach die Schaffung, Aufrechterhaltung oder Stärkung einer marktbeherrschenden Stellung durch die Gewährung/Aufrechterhaltung ausschließlicher oder besonderer Rechte als solche noch nicht mit Art. 106 Abs. 1 iVm. Art. 102 unvereinbar ist,[375] bis in die neueste Rechtsprechung hinein ständig wiederholt,[376] gibt es **in vereinzelten Urteilen auch Aussagen, die hiervon abzuweichen scheinen.** Sie können dahingehend interpretiert werden, dass eine Unvereinbarkeit mit Art. 106 Abs. 1 iVm. Art. 102 ohne das Hinzutreten weiterer spezifischer Umstände und Voraussetzungen allein schon darin besteht, dass der Staat einem in Art. 106 Abs. 1 genannten Unternehmen eine marktbeherrschende Stellung mittels Gewährung/Aufrechterhaltung ausschließlicher oder besonderer Rechte oder durch Bewirkung einer Chancenungleichheit eingeräumt und damit *abstrakt* die Möglichkeit verschafft hat, diese Stellung zu missbrauchen. Dies würde insoweit zur **allgemeinen Rechtfertigungsbedürftigkeit** der Gewährung/Aufrechterhaltung aller ausschließlichen oder besonderen Rechte oder sonstigen staatlichen Maßnahmen, die eine marktbeherrschende Stellung iSv. Art. 102 nach sich ziehen, einschließlich der oben dargestellten Folgen[377] führen. **149**

---

[374] Dazu EuGH U. v. 3.10.1985, Rs 311/84, Slg. 1985, 3261 Rdnr. 27 – *CBEM/CLT und IPB („Télémarketing").*

[375] S. oben Rdnr. 118 (zweite Formel) und 146; EuGH U. v. 30.4.1974, Rs 155/73, Slg. 1974, 409 Rdnr. 14 – *Sacchi;* EuGH U. v. 3.10.1985, Rs 311/84, Slg. 1985, 3261 Rdnr. 17 – *Télémarketing (CBEM);* EuGH U. v. 23.4.1991, Rs C-41/90, Slg. 1991, I-1979 Rdnr. 29 – *Höfner und Elser/Macrotron;* EuGH U. v. 18.6.1991, Rs C-260/89, Slg. 1991, I-2925 Rdnr. 32 – *Elliniki Radiophonia Tileorassi (ERT);* EuGH U. v. 10.12.1991, Rs C-179/90, Slg. 1991, I-5889 Rdnr. 16 – *Merci convenzionali Porto di Genova;* EuGH U. v. 17.11.1992, Verb. Rs C-271/90, C-281/90 und C-289/90, Slg. 1992, I-5833 Rdnr. 35 – *Spanien u. a./Kommission („Telekommunikationsdienste");* EuGH U. v. 5.10.1994, Rs C-323/93, Slg. 1994, I-5077 Rdnr. 18 – *Centre d'insémination de la Crespelle;* EuGH U. v. 14. 12. 1995, Rs C-387/93, Slg. 1995, I-4663 Rdnr. 51 – *Banchero;* EuGH U. v. 11. 12. 1997, Rs C-55/96, Slg. 1997, I-7119 Rdnr. 31 – *Job Centre;* EuGH U. v. 18.6.1998, Rs C-266/96, Slg. 1998, I-3949 Rdnr. 40 – *Corsica Ferries France;* EuGH U. v. 25.6.1998, Rs C-203/96, Slg. 1998, I-4075 Rdnr. 61 – *Chemische Afvalstoffen Dusseldorp;* EuGH U. v. 21.9.1999, Rs C-67/96, Slg. 1999, I-5751 Rdnr. 93 – *Albany;* EuGH U. v. 21.9.1999, Rs C-115/97 bis C-117/97, Slg. 1999, I-6025 Rdnr. 93 – *Brentjens' Handelsonderneming;* EuGH U. v. 21.9.1999, Rs C-219/97, Slg. 1999, I-6121 Rdnr. 83 – *Maatschappij Drijvende Bokken;* EuGH U. v. 12.9.2000, Verb. Rs C-180/98 bis C-184/98, Slg. 2000, I-6451 Rdnr. 127 – *Pavlov;* EuGH U. v. 17.5.2001, Rs C-340/99, Slg. 2001, I-4109 Rdnr. 44 – *TNT Traco;* EuGH U. v. 25.10.2001, Rs C-475/99, Slg. 2001, I-8089 Rdnr. 39 – *Ambulanz Glöckner;* EuGH U. v. 30.3.2006, Rs C-451/03, Slg. 2006, I-2941 Rdnr. 23 – *Servizi Ausiliari Dottori Commercialisti;* EuGH U. v. 1.7.2008, Rs C-49/07, Slg. 2008, I-4863 Rdnr. 48 – *MOTOE.* Grenzen können sich jedoch aus Art. 106 Abs. 1 iVm. den anderen Regeln des AEUV ergeben, s. oben zur Warenverkehrsfreiheit Rdnr. 174–180, zur Dienstleistungsfreiheit Rdnr. 184–192 und zur Niederlassungsfreiheit Rdnr. 196–204.

[376] S. z. B. EuGH U. v. 17.7.2014, Rs C-553/12 P, ECLI:EU:C:2014:2083 Rdnr. 45 – *DEI.*

[377] S. oben Rdnr. 146.

150 *(aa) Die Rechtsprechung Corbeau.* Im seinem **Urteil *Corbeau***[378] wiederholt der EuGH die zweite und erste Formel seiner ständigen Rechtsprechung[379] und verweist deswegen zunächst auf das grundlegende Prinzip,[380] um sodann daran zu erinnern, dass der Vertrag die Mitgliedstaaten dennoch verpflichte, keine Maßnahmen zu treffen oder beizubehalten, die die praktische Wirksamkeit des Art. 102 AEUV ausschalten könnten.[381] Daher dürften die Mitgliedstaaten in Bezug auf Unternehmen, denen sie ausschließliche oder besondere Rechte gewähren, gemäß Art. 106 Abs. 1 keine den Wettbewerbsregeln des AEUV widersprechende Maßnahmen treffen oder beibehalten.[382] **Art. 106 Abs. 1 sei in Verbindung mit Art. 106 Abs. 2 zu lesen,** wonach für Unternehmen, die vom Staat mit Dienstleistungen von allgemeinem wirtschaftlichem Interesse betraut sind, die EU-Wettbewerbsregeln gelten, soweit deren Anwendung nicht die Erfüllung der ihnen übertragenen besonderen Aufgabe rechtlich oder tatsächlich verhindert.[383] Art. 106 Abs. 2 erlaube es den Mitgliedstaaten somit, Unternehmen, die sie mit Dienstleistungen von allgemeinem wirtschaftlichem Interesse betrauen, ausschließliche Rechte zu verleihen, soweit Wettbewerbsbeschränkungen oder sogar der Ausschluss jeglichen Wettbewerbs erforderlich seien, um die Erfüllung der den Unternehmen, die über die ausschließlichen Rechte verfügen, übertragenen besonderen Aufgabe sicherzustellen,[384] *„und zwar unter wirtschaftlich tragbaren Bedingungen"*.[385]

151 Diese Aussagen erscheinen trotz des anfänglichen Zitats des grundlegenden Prinzips nicht mehr mit diesem vereinbar. Denn der EuGH erhebt die Rechtfertigungsnorm des Art. 106 Abs. 2 zum entscheidenden und stets zu erfüllenden Maßstab der Rechtmäßigkeit ausschließlicher und besonderer Rechte. Dahinter steht somit der Ansatz, dass die Schaffung/Aufrechterhaltung einer marktbeherrschenden Stellung durch die Gewährung/Aufrechterhaltung ausschließlicher oder besonderer Rechte als solche mit Art. 106 Abs. 1 iVm. Art. 102 unvereinbar ist, wenn und soweit keine spezielle Rechtfertigungsnorm eingreift. Dass dieser Ansatz im *Corbeau*-Urteil genereller Natur ist und nicht auf ausschließliche oder besondere Rechte im Bereich der Dienstleistungen von allgemeinem wirtschaftlichem Interesse beschränkt ist, zeigen **drei Gesichtspunkte:**

152 **Erstens** meint der EuGH im Hinblick auf **spezifische Dienstleistungen** (idR. Mehrwertleistungen), die von den Dienstleistungen von allgemeinem wirtschaftlichem Interesse trennbar sind, dass der *„Ausschluss des Wettbewerbs"* für solche spezifischen Dienstleistungen nicht gerechtfertigt sei, sofern diese Dienstleistungen das wirtschaftliche Gleichgewicht der vom Inhaber des ausschließlichen Rechts übernommenen Dienstleistung von allgemeinem wirtschaftlichem Interesse nicht in Frage stellen.[386] Dies deutet darauf hin, dass der EuGH in *Corbeau* die Gewährung/Aufrechterhaltung ausschließlicher oder besonderer Rechte als solche in allen Wirtschaftsbereichen für mit Art. 106 Abs. 1 iVm. Art. 102 unvereinbar und damit stets für rechtfertigungsbedürftig hält und **als Rechtfertigungsnorm auf den Art. 106 Abs. 2 verweist.**[387]

153 **Zweitens** erwähnt und benötigt der EuGH im *Corbeau*-Urteil nicht das Hinzutreten weiterer Umstände (wie Unvermeidlichkeit oder konkrete Wahrscheinlichkeit eines Missbrauchs oder Ausdehnung einer beherrschenden Stellung auf einen benachbarten Markt), um festzustellen, dass die Gewährung/Aufrechterhaltung ausschließlicher oder besonderer

---

[378] EuGH U. v. 19.5.1993, Rs C-320/91, Slg. 1993, I-2533 – *Paul Corbeau;* der sachliche Hintergrund dieses Urteils ist unten unter Rdnr. 339 ff. beschrieben.

[379] S. oben Rdnr. 118.

[380] S. oben Rdnr. 146.

[381] EuGH U. v. 19.5.1993, Rs C-320/91, Slg. 1993, I-2533 Rdnr. 11 – *Paul Corbeau.*

[382] EuGH U. v. 19.5.1993, Rs C-320/91, Slg. 1993, I-2533 Rdnr. 12 – *Paul Corbeau.*

[383] EuGH U. v. 19.5.1993, Rs C-320/91, Slg. 1993, I-2533 Rdnr. 13 – *Paul Corbeau.*

[384] EuGH U. v. 19.5.1993, Rs C-320/91, Slg. 1993, I-2533 Rdnr. 14 – *Paul Corbeau.*

[385] EuGH U. v. 19.5.1993, Rs C-320/91, Slg. 1993, I-2533 Rdnr. 16 – *Paul Corbeau;* s. hierzu auch unten Rdnr. 339 ff. und 345 ff.

[386] EuGH U. v. 19.5.1993, Rs C-320/91, Slg. 1993, I-2533 Rdnr. 19 – *Paul Corbeau.*

[387] S. hierzu auch unten Rdnr. 155.

Rechte als solche mit Art. 106 Abs. 1 iVm. Art. 102 unvereinbar und damit rechtfertigungsbedürftig ist.[388]

Drittens liegt ein deutlicher Hinweis darauf, dass der EuGH in *Corbeau* zur allgemeinen Rechtfertigungsbedürftigkeit der Gewährung/Aufrechterhaltung ausschließlicher oder besonderer Rechte übergehen wollte, auch darin, dass in demselben Urteil die **bisher enge Auslegung der Rechtfertigungsnorm des Art. 106 Abs. 2 deutlich gelockert** wird. War bis 1993 die Anwendung des EU-Wettbewerbsrechts nur ausgeschlossen, soweit die Erfüllung der Daseinsvorsorgeaufgabe **verunmöglicht** wurde, so genügte nun bereits, dass diese nicht mehr unter ***„wirtschaftlich tragbaren Bedingungen"*** zu erfüllen sei. Der EuGH scheint somit angesichts der tiefgreifenden Folgen, die der Übergang von der grundsätzlichen Rechtmäßigkeit zur allgemeinen Rechtfertigungsbedürftigkeit ausschließlicher und besonderer Rechte für die Macht der Mitgliedstaaten zur Gestaltung ihrer Wirtschaftsordnungen mit sich brächte,[389] eine **Kompensation** durch erweiterte Rechtfertigungsmöglichkeiten (allerdings nur im Rahmen des Art. 106 Abs. 2) anbieten zu wollen. **154**

In der Praxis würde eine Generalisierung der *Corbeau*-Rechtsprechung bedeuten, dass die Gewährung/Aufrechterhaltung ausschließlicher oder besonderer Rechte und der damit verbundene Wettbewerbsausschluss, der an sich mit Art. 106 Abs. 1 iVm. Art. 102 unvereinbar ist, unter den Voraussetzungen einer Rechtfertigung nach Art. 106 Abs. 2 grundsätzlich nur noch innerhalb von Dienstleistungen von allgemeinem wirtschaftlichem Interesse möglich wäre. Denn **außerhalb von Dienstleistungen von allgemeinem wirtschaftlichem Interesse** kann die Gewährung/Aufrechterhaltung ausschließlicher oder besonderer Rechte und der damit verbundene Wettbewerbsausschluss nur im Ausnahmefall nach Art. 106 Abs. 2 gerechtfertigt sein, nämlich dann, wenn die betroffene wirtschaftliche Tätigkeit zu der Dienstleistung von allgemeinem wirtschaftlichem Interesse in einem **Näheverhältnis** steht, aufgrund dessen der Ausschluss von Wettbewerb in dieser wirtschaftlichen Tätigkeit nicht nur geeignet, sondern auch notwendig ist, um das wirtschaftliche Gleichgewicht der Dienstleistung von allgemeinem wirtschaftlichem Interesse nicht zu gefährden. Dies wird jedoch nur für eine sehr geringe Zahl von wirtschaftlichen Tätigkeiten außerhalb von Dienstleistungen von allgemeinem wirtschaftlichem Interesse zutreffen.[390] **155**

(bb) Die Rechtsprechung Griechische Braunkohle – DEI. Die Kommissionsentscheidung und das EuGH-Urteil im Fall *DEI – Griechische Braunkohle* gehen insoweit über den Fall *Corbeau* hinaus, als sie nicht auf die Gewährung/Aufrechterhaltung ausschließlicher oder besonderer Rechte Bezug nehmen, sondern weitergehend staatliche Maßnahmen betreffen, die die **Struktur des Marktes beeinträchtigen** und **ungleiche Wettbewerbsbedingungen** zugunsten der in Art. 106 Abs. 1 genannten öffentlichen oder privilegierten Unternehmen und zulasten aller anderen Unternehmen bewirken. Dies schließt einerseits Fälle ein, die ausschließliche oder besondere Rechte in ihrer erweiterten Definition[391] beinhalten, betrifft darüber hinaus aber auch Fälle, in denen rein öffentliche nicht privilegierte Unternehmen von den durch staatliche Maßnahmen geschaffenen ungleichen Wettbewerbsbedingungen profitieren. Da das Unternehmen *DEI* im konkreten Fall lediglich „Quasimonopolrechte" genoss und das Vorliegen ausschließlicher oder besonderer Rechte iSv. Art. 106 Abs. 1 nicht geklärt werden konnte, stellten Kommission und EuGH als Anknüpfungspunkt zu dieser Vorschrift auf die Eigenschaft der *DEI* als öffentliches Unternehmen ab. **156**

Verschiedene Feststellungen des *DEI*-Urteils könnten dahingehend interpretiert werden, dass die mit der Innehabung einer durch staatliche Maßnahmen erlangten marktbeherrschenden Stellung abstrakt stets verbundene Möglichkeit, diese Stellung zu missbrauchen, **157**

---

[388] S. auch GA *Tesauro* in seinen Schlussanträgen zu EuGH U. v. 19.5.1993, Rs C-320/91, Slg. 1993, I-2533 Rdnr. 14 – *Paul Corbeau.*

[389] S. hierzu auch oben Rdnr. 146.

[390] S. außerdem zur Kritik dieser Rechtsprechung unten Rdnr. 367 ff.

[391] S. hierzu auch oben Rdnr. 47 ff.

schon für sich allein immer, d.h. nicht nur in der Fallgruppe der Ausdehnung einer marktbeherrschenden Stellung auf einen benachbarten aber getrennten Markt, die Staatsverantwortlichkeit nach Art. 106 Abs. 1 iVm. Art. 102 auslöst, wenn es keine objektive Rechtfertigung für die staatlichen Maßnahmen gibt. So stellt der EuGH allgemein fest, dass wenn die Ungleichheit der Chancen von Wirtschaftsteilnehmern, also der verfälschte Wettbewerb, auf einer staatlichen Maßnahme beruht, diese Maßnahme gegen Art. 106 Abs. 1 iVm. Art. 102 AEUV verstoße.[392] Bei der Frage der Realisierung der mit der Innehabung einer marktbeherrschenden Stellung verbundenen Missbrauchsgefahr wiederholt der EuGH zunächst seine gefestigte Rechtsprechung, dass ein Verstoß gegen Art. 106 Abs. 1 iVm. Art. 102 unabhängig von einem tatsächlich erfolgenden Missbrauch vorliegen könne.[393] Unmittelbar danach wählt der EuGH dann aber eine Formulierung, die dahingehend interpretiert werden könnte, dass sie über die gefestigten Fallgruppen hinausgeht: *„Ohne dass es erforderlich wäre, das tatsächliche Bestehen einer missbräuchlichen Verhaltensweise nachzuweisen, kann demnach ein solcher Verstoß festgestellt werden, wenn die betreffenden staatlichen Maßnahmen die Struktur des Marktes dadurch beeinträchtigen, dass sie ungleiche Wettbewerbsbedingungen zwischen den Unternehmen schaffen, indem sie es dem öffentlichen Unternehmen oder dem Unternehmen, dem besondere oder ausschließliche Rechte gewährt wurden, ermöglichen, seine beherrschende Stellung – beispielsweise durch Behinderung neuer Markteintritte – aufrechtzuerhalten oder zu stärken oder auf einen anderen Markt auszudehnen, wodurch der Wettbewerb beschränkt würde.“*[394]

158 Eine Möglichkeit, dieses Zitat auszulegen, besteht darin, dass der EuGH eine konkret bestehende Missbrauchsgefahr nicht mehr als Voraussetzung der Staatsverantwortlichkeit verlangt und sich mit der abstrakt stets bestehenden Missbrauchsgefahr begnügt. Die alternative Auslegung käme hingegen zu dem Schluss, dass der EuGH an die Grenze seiner bisherigen Rechtsprechung geht, wonach die Missbrauchsgefahr sich nicht realisieren, jedoch mehr als rein abstrakt sein muss.[395] Des Weiteren deutet das Zitat darauf hin, dass die für eine Staatsverantwortlichkeit ausreichenden (abstrakten) Missbrauchsgefahren nicht auf die Ausdehnung der marktbeherrschenden Stellung auf einen anderen Markt (d.h. eine Zwei-Märkte-Situation) beschränkt sein, sondern auch die Aufrechterhaltung und Stärkung der marktbeherrschenden Stellung auf ein und demselben Markt (d.h. eine Ein-Markt-Situation) umfassen sollen.

159 *(c) Gegenwärtiger Stand der Rechtsprechung und Gesamtergebnis.* Die allgemeine Rechtfertigungsbedürftigkeit der mit marktbeherrschenden Stellungen verbundenen Gewährung/Aufrechterhaltung ausschließlicher oder besonderer Rechte wurde schon seit längerem in der Rechtslehre[396] und innerhalb des Gerichtshofs am deutlichsten von Generalanwalt *Tesauro*[397] befürwortet. Zugunsten dieser Auffassung könnte angeführt werden, dass der **gegenwärtige Stand der Rechtsprechung einige Unsicherheiten** mit sich bringt. So erscheint die im Rahmen der *Höfner*-Doktrin[398] vom zwangsläufigen Missbrauch erforderliche Beurteilung der Effizienz von Monopolen stets problematisch und könnte in Abhängigkeit von den jeweiligen Umständen in den verschiedenen Mitgliedstaaten zu ganz unterschiedlichen Ergebnissen führen. Dies widerspräche dem Prinzip der gleichen Bedingungen („level playing field“) in einem wettbewerblichen, vom freien Güter- und Dienstleistungsaustausch geprägten Binnenmarkt. Außerdem dürfte die Tatsache, dass eine marktbeherrschende Stellung durch ein staatlich gewährtes ausschließliches Recht abgesichert ist,

---

[392] EuGH U. v. 17.7.2014, Rs C-553/12 P, ECLI:EU:C:2014:2083 Rdnr. 44 – *DEI,* mwN.

[393] EuGH U. v. 17.7.2014, Rs C-553/12 P, ECLI:EU:C:2014:2083 Rdnr. 46 – *DEI.*

[394] EuGH U. v. 17.7.2014, Rs C-553/12 P, ECLI:EU:C:2014:2083 Rdnr. 46 – *DEI.*

[395] S. hierzu oben Rdnr. 114, 126 ff.

[396] *Temple Lang,* (Fordham 1984) S. 565–573; *Temple Lang,* (Fordham 1997) S. 305; *Papaconstantinou,* S. 74; *Edward/Hoskins,* CMLRev.1995, 157–186.

[397] GA *Tesauro* in seinen Schlussanträgen zu EuGH U. v. 19.5.1993, Rs C-320/91, Slg. 1993, I-2533 Rdnr. 14 – *Paul Corbeau.*

[398] S. oben Rdnr. 119–125.

ein Missbrauchsverhalten regelmäßig zumindest begünstigen und darüber hinaus oft wie eine Einladung zu einem solchen Verhalten wirken, so dass dem Staat insoweit die Schaffung einer Missbrauchswahrscheinlichkeit zuzurechnen wäre.

Nach dem *Corbeau*-Urteil aus dem Jahr 1993 schien der EuGH die dort vertretene Auffassung von der allgemeinen Rechtfertigungsbedürftigkeit allerdings wieder aufgegeben zu haben, denn über viele Jahre hinweg bestätigte der EuGH das oben beschriebene grundlegende Prinzip.[399] Vollständig der Argumentationslinie des *Corbeau*-Urteils folgte dann jedoch wieder das in demselben Wirtschaftssektor der Postdienste angesiedelte EuGH-Urteil *Deutsche Post*[400] aus dem Jahr 2000. In dem wenige Monate später folgenden Urteil *FFAD/ Kobenhavns Kommune,*[401] das den Abfall-Managementsektor betraf, scheint der EuGH die Frage, ob ein ausschließliches Recht als solches gegen Art. 106 Abs. 1 iVm. Art. 102 verstößt, offenzulassen, um sich dann ganz auf die Begründung zu konzentrieren, warum das ausschließliche Recht nach Art. 106 Abs. 2 gerechtfertigt ist. Jüngere Urteile hingegen bestätigen wieder das grundlegende Prinzip.[402] **160**

Das ***DEI*-Urteil von 2014** scheint einerseits sogar Erweiterungen der *Corbeau*-Rechtsprechung zu beinhalten, kann andererseits jedoch die Hypothese noch nicht sicher bestätigen, dass das Schaffen und Aufrechterhalten marktbeherrschender Stellungen durch den Staat allein wegen der mit solchen Stellungen abstrakt verbundenen Missbrauchsmöglichkeit einer allgemeinen Rechtfertigungsbedürftigkeit unterliegt, um eine Staatshaftung nach Art. 106 Abs. 1 iVm. Art. 102 abzuwenden. Dies auch deswegen, weil sowohl die Kommissionentscheidung als auch das EuGH-Urteil (trotz der oben dargestellten Passagen)[403] die Verantwortung des Griechischen Staates nach Art. 106 Abs. 1 iVm. Art. 102 im konkreten Fall letztlich auf die Existenz zweier benachbarter Märkte und die ohne objektive Rechtfertigung in vorliegenden Fall tatsächlich erfolgende Ausdehnung der marktbeherrschenden Stellung der *DEI* auf dem Braunkohlemarkt auf den Strommarkt für Großkunden und die Aufrechterhaltung dieser Situation stützten.[404] Deshalb ist der Auslegung zu folgen, dass der EuGH im *DEI*-Urteil an die Grenze seiner bisherigen Rechtsprechung geht, wonach die Missbrauchsgefahr sich zwar nicht realisieren, jedoch mehr als rein abstrakt sein muss, diese Grenze aber nicht überschreitet. **161**

Schließlich ist auch zu beachten, dass eine Rechtsauslegung, wonach die auf staatlichen Maßnahmen beruhende Schaffung und Aufrechterhaltung marktbeherrschender Stellungen allein schon aufgrund der abstrakten Gefahr des Missbrauchs dieser Stellungen nur dann mit Art. 106 Abs. 1 iVm. Art. 102 vereinbar sein kann, wenn eine objektive Rechtfertigung vorliegt, praktisch schwer umsetzbar wäre. Denn die einzig in Betracht kommende Rechtfertigung nach Art. 106 Abs. 2 kann nicht abstrakt, sondern nur anhand der konkreten Umstände des Einzelfalls beurteilt werden[405] und setzt somit voraus, dass eine dem **162**

---

399 S. oben Rdnr. 118 (zweite Formel) und 146.

400 EuGH U. v. 10.2.2000, Verb. Rs C-147/97 und C-148/97, Slg. 2000, I-825 Rdnr. 39 ff. – *Deutsche Post.*

401 EuGH U. v. 23.5.2000, Rs C-209/98, Slg. 2000, I-3743 Rdnr. 66 ff., 72–74 – *FFAD/Kobenhavns Kommune.*

402 So z.B. EuGH U. v. 12.9.2000, Verb. Rs C-180/98 bis C-184/98, Slg. 2000, I-6451 Rdnr. 127 – *Pavlov;* EuGH U. v. 17.5.2001, Rs C-340/99, Slg. 2001, I-4109 Rdnr. 44 – *TNT Traco;* EuGH U. v. 25.10.2001, Rs C-475/99, Slg. 2001, I-8089 Rdnr. 39 – *Ambulanz Glöckner;* EuGH U. v. 30.3.2006, Rs C-451/03, Slg. 2006, I-2941 Rdnr. 23 – *Servizi Ausiliari Dottori Commercialisti.*

403 S. oben Rdnr. 157.

404 Komm. E. v. 5.3.2008, Sache COMP/B-1/38.700, bekannt gegeben unter Aktenzeichen K(2008) 824, ABl.2008 C 93/3, insbes. Rdnr. 176, 178, 238 – *Griechische Braunkohle und Strommärkte.*; für weitere Einzelheiten s. Rdnr. 141–145, 633, nichtvertrauliche Version der Kommissionsentscheidung in Deutsch abrufbar unter: http://ec.europa.eu/competition/antitrust/cases/dec_docs/38700/38700_515_3.pdf.; EuGH U. v. 17.7.2014, Rs C-553/12 P, ECLI:EU:C:2014:2083 Rdnr. 36, 65–68 – *DEI.*

405 S. hierzu EuGH U. v. 23.10.1997, Rs C-157/94, Slg. 1997, I-5699 Rdnr. 63–64 – *Kommission/ Niederlande („Importmonopol Elektrizität");* EuGH U. v. 23.10.1997, Rs C-158/94, Slg. 1997, I-5789 Rdnr. 59–60 – *Kommission/Italien („Import- und Exportmonopol Elektrizität");* EuGH U. v. 23.10.1997,

Art. 102 unterfallende Missbrauchshandlung konkret benannt werden kann, auch wenn sich die Gefahr dieser Handlung nicht realisieren muss. Dies entspräche der auf das Vorliegen einer konkreten Missbrauchsgefahr abstellenden traditionellen Rechtsprechung der Unionsgerichte.[406]

163 Im Ergebnis kann angesichts einer nicht völlig eindeutigen Rechtsprechung nur gesagt werden, **dass der EuGH seine Haltung noch nicht endgültig und abschließend festgelegt hat.** Eine Richtungsentscheidung, das grundlegende Prinzip[407] aufzugeben und klar zur allgemeinen Rechtfertigungsbedürftigkeit der durch die Gewährung/Aufrechterhaltung ausschließlicher und besonderer Rechte oder durch sonstige staatliche Maßnahmen erfolgenden Schaffung und Aufrechterhaltung marktbeherrschender Stellungen überzugehen, ist noch nicht erfolgt. Es ist darüber hinaus schwer vorauszusagen, ob, wann und ggf. unter welchen zusätzlichen Voraussetzungen ein solcher Richtungswechsel erfolgen wird.

164 Vor diesem Hintergrund hat auch die **Kommission** einen solchen Richtungswechsel bisher nicht – und auch in ihrer *DEI*-Entscheidung vom 5.3.2008 nicht – vollzogen. Dass aus Sicht der Kommission die mit jeder marktbeherrschenden Stellung abstrakt verbundene Möglichkeit ihres Missbrauchs für eine Staatsverantwortlichkeit nach Art. 106 Abs. 1 iVm. Art. 102 nicht genügt, sondern vielmehr am Erfordernis einer konkret gegebenen Missbrauchsgefahr festzuhalten ist, ergibt sich auch aus der Zusammenfassung des Kommissionsvortrags vor dem EuGH. Hiernach betonte die Kommission, dass sie ihre Entscheidung vom 5.3.2008 nicht damit begründet habe, dass der Umstand, dass sich *DEI* aufgrund der betreffenden staatlichen Maßnahme gegenüber ihren Wettbewerbern im Vorteil befunden habe, allein schon einen Missbrauch einer marktbeherrschenden Stellung dargestellt habe. Vielmehr sei in der streitigen Entscheidung der Verstoß im Einzelnen beschrieben worden, indem dargelegt worden sei, dass die fraglichen staatlichen Maßnahmen eine Chancenungleichheit zwischen *DEI* und ihren Wettbewerbern geschaffen hätten und dass *DEI* durch die bloße Ausübung der Rechte, die ihr durch die Maßnahmen verliehen worden seien, in der Lage gewesen sei, ihre beherrschende Stellung auf dem (vorgelagerten) Markt der Lieferung von Braunkohle auf den (nachgelagerten) Strommarkt für Großkunden in Griechenland auszudehnen.[408]

165 Dementsprechend stützt die Kommission ihre Praxis des Richtlinien- und Beschlusserlasses nach Art. 106 Abs. 3 weiterhin auf die zahlreichen Fallgruppen zu Art. 106 Abs. 1 iVm. Art. 102, die vom Gerichtshof unstrittig anerkannt und konsolidiert sind, sowie auf die Binnenmarktregeln.[409] Im Hinblick auf die Binnenmarktregeln zeigen die Praxis der Kommission und die zugrundeliegende Rechtsprechung des EuGH jedoch,[410] dass diese Regeln im Hinblick auf die Rechtfertigungsbedürftigkeit und Rechtmäßigkeit der Gewährung und Aufrechterhaltung ausschließlicher und besonderer Rechte – abgesehen davon, dass sie rein innerstaatliche Sachverhalte nicht erfassen[411] – strenger sein können als Art. 106 Abs. 1 iVm. Art. 102 AEUV.

Rs C-159/94, Slg. 1997, I-5815 Rdnr. 106–107 – *Kommission/Frankreich („Import- und Exportmonopol Gas und Elektrizität“).*

[406] S. oben Rdnr. 114, 126 ff.

[407] S. oben Rdnr. 118 (zweite Formel) und 146.

[408] EuGH U. v. 17.7.2014, Rs C-553/12 P, ECLI:EU:C:2014:2083 Rdnr. 36 – *DEI.*

[409] Zur Beschlusspraxis der Kommission s. unten Rdnr. 587–635, zu ihrer Richtlinienpraxis s. unten Rdnr. 636–666.

[410] S. hierzu unten zur Warenverkehrsfreiheit Rdnr. 174–180, zur Dienstleistungsfreiheit Rdnr. 184–192 und zur Niederlassungsfreiheit Rdnr. 196–204

[411] S. unten im Hinblick auf die Dienstleistungs- und Niederlassungsfreiheit Rdnr. 213–218. S. aber auch *Edward/Hoskins,* CMLRev.1995, 157, 175–176, die insbes. darauf hinweisen, dass die Binnenmarktregeln im Gegensatz zu Art. 106 Abs. 1 iVm. Art. 102, die schon bei potentiellen Auswirkungen auf den Handel zwischen Mitgliedstaaten anwendbar sind, im Einzelfall auf rein interne Sachverhalte nicht anwendbar sind. So entschied z. B. EuGH U. v. 23.4.1991, Rs C-41/90, Slg. 1991, I-1979 Rdnr. 35–41 – *Höfner und Elser/Macrotron,* dass sich ein Personalberatungsunternehmen eines

cc) Aktuelle oder potentielle Auswirkungen auf den Handel zwischen Mitgliedstaaten. Die aktuellen oder potentiellen Auswirkungen des Missbrauchsverhaltens oder der staatlichen Maßnahme müssen geeignet sein, den Handel zwischen Mitgliedstaaten spürbar zu beeinträchtigen.[412] Es gelten insoweit die allgemeinen Regeln wie bei der direkten Anwendung des Art. 102. Der Nachweis der tatsächlichen Beeinträchtigung des zwischenstaatlichen Handels ist nicht erforderlich; es genügt vielmehr der Nachweis, dass das relevante Verhalten **geeignet** ist, eine derartige Wirkung zu entfalten.[413] 166

Auch wenn die Tätigkeit eines Unternehmens in beherrschender Stellung nur den Vertrieb von Waren in einem einzigen Mitgliedstaat umfasst, genügt dies nicht, um die Möglichkeit einer Beeinträchtigung des Handels zwischen Mitgliedstaaten auszuschließen.[414] Ein solches Verhalten kann nämlich dazu führen, dass Abschottungen auf nationaler Ebene verfestigt und somit die vom Vertrag gewollte wirtschaftliche Verflechtung behindert wird.[415] 167

Allerdings gilt, dass je stärker die räumliche, sachliche oder zeitliche Begrenzung ausschließlicher oder besonderer Rechte oder sonstiger Vorzugsbehandlungen durch den Staat ist, umso genauer zu prüfen ist, ob die von der Monopolisierung oder Oligopolisierung oder sonstigen Bevorzugung ausgehenden tatsächlichen oder möglichen Beschränkungen so stark sind, dass es zu einer aktuell oder potentiell grenzüberschreitenden Wirkung kommt oder kommen kann. Hierbei ist die **kumulative Wirkung eines Netzwerkes** gleichartiger Rechtsgewährungsverhältnisse entsprechend der vom Gerichtshof[416] im Zusammenhang mit Vereinbarungen iSv. Art. 101 entwickelten sog. **Bündeltheorie**[417] zu berücksichtigen. In der Rs *Crespelle* entschied der EuGH, dass nationale Vorschriften, die durch die Vergabe ausschließlicher Rechte eine Vielzahl territorial begrenzter Monopole nebeneinanderstellen, die in ihrer Gesamtheit das ganze Hoheitsgebiet eines Mitgliedstaats erfassen, eine beherrschende Stellung iSv. Art. 102 AEUV auf einem wesentlichen Teil des Binnenmarktes schaffen.[418] Ungeklärt blieb allerdings die Frage, ob bei einem Missbrauchsverhalten, das auf einen oder wenige Monopolisten in diesem Netzwerk beschränkt ist, eine Beeinträchtigung des Handels innerhalb der EU ohne weiteres angenommen werden kann. In jedem Falle gilt: Lässt sich jede Möglichkeit grenzüberschreitender Wirkungen auch im Rahmen eines Netzwerkes ausschließen, so liegt ein rein innerstaatlicher Sachverhalt vor, auf den Art. 106 iVm. Art. 101/102 nicht anwendbar ist. 168

6. Beachtung der an die Mitgliedstaaten gerichteten Vertragsregeln. Art. 106 Abs. 1 wiederholt und präzisiert das allgemeine **Loyalitätsgebot** des Art. 4 Abs. 3 EUV (ex-Art. 10 Abs. 2 EG), wonach die Mitgliedstaaten alle Maßnahmen unterlassen, welche die Verwirklichung der Ziele der Europäischen Union gefährden könnten. Deshalb verbietet Art. 106 Abs. 1 iVm. staatsgerichteten Normen, z.B. dem allgemeinen Diskriminierungsverbot nach Art. 18 AEUV (ex-Art. 12 EG), oder iVm. den Binnenmarktregeln nach Art. 30, 34, 35, 45, 49, 56, 63 AEUV (ex-Art. 25, 28, 29, 39, 43, 49, 56 EG) es den Mitgliedstaaten, mittels ihrer Maßnahmen in Bezug auf die öffentlichen und mit Sonderrech- 169

Mitgliedstaats für die Vermittlung von Angehörigen dieses Mitgliedstaats an Unternehmen desselben Staates nicht auf Art. 56 AEUV (oder das allgemeine Diskriminierungsverbot des Art. 18 AEUV) berufen kann.

412 S. hierzu oben Rdnr. 92ff.

413 EuGH U. v. 23.4.1991, Rs C-41/90, Slg. 1991, I-1979 Rdnr. 32 – *Höfner und Elser/Macrotron.*

414 EuGH U. v. 5.12.2006, Verb. Rs C-94/04 und C-202/04, Slg. 2006, I-11421 Rdnr. 45 – *Cipolla und Macrino;* EuGH U. v. 1.7.2008, Rs C-49/07, Slg. 2008, I-4863 Rdnr. 42 – *MOTOE.*

415 EuGH U. v. 13. 7. 2006, Verb. Rs C-295/04 bis C-298/04, Slg. 2006, I-6619 Rdnr. 45, 46 – *Manfredi u. a.;* EuGH U. v. 1.7.2008, Rs C-49/07, Slg. 2008, I-4863 Rdnr. 42 – *MOTOE.*

416 S. insbes. EuGH U. v. 12.12.1967, Rs 23/67, Slg. 1967, 544 – *Brasserie de Haecht;* EuGH U. v. 28.2.1991, Rs C-234/89, Slg. 1991, I-935 Rdnr. 19–27 – *Delimitis;* EuGH U. v. 27.4.1994, Rs C-393/92, Slg. 1994, I-1477 Rdnr. 37–39 – *Almelo.*

417 Langen/Bunte-*Hengst,* KartR Bd. 2, 101 AEUV Rdnr. 314 sowie *Lübbig,* § 8 Rdnr. 30ff., 42.

418 EuGH U. v. 5.10.1994, Rs C-323/93, Slg. 1994, I-5077 Rdnr. 17 – *Centre d'insémination de la Crespelle.*

ten ausgestatteten Unternehmen ihre mitgliedstaatlichen Verpflichtungen aus dem AEU-Vertrag zu verletzen.

170 *a) Erinnerungsfunktion.* Hierin liegt einerseits eine Erinnerung der Mitgliedstaaten, dass sie diese Pflichten anlässlich ihrer Maßnahmen in Bezug auf die genannten Unternehmen nicht verletzen dürfen. Materiellrechtlich ist dies überflüssig, weil solche Maßnahmen des Staates auch ohne Rückgriff auf Art. 106 Abs. 1 die Pflichten des Staates aus dem AEU-Vertrag verletzen würde. Deswegen wenden sowohl Kommission als auch der Gerichtshof in diesen Fällen oft allein das allgemeine Diskriminierungsverbot nach Art. 18 AEUV (ex-Art. 12 EG) oder die Binnenmarktregeln nach Art. 30, 34, 35, 45, 49, 56, 63 AEUV (ex-Art. 25, 28, 29, 39, 43, 49, 56 EG) direkt an, ohne auf die mögliche Anwendung iVm. Art. 106 Abs. 1 zurückzugreifen. Der **Mehrwert** eines solchen Rückgriffs ist letztlich allein prozeduraler Natur, indem der Kommission ermöglicht wird, das direktere Verfahren des Art. 106 Abs. 3 statt des allgemeinen Vertragsverletzungsverfahrens nach Art. 258 AEUV anzuwenden.[419] Doch selbst dies veranlasst die Kommission in der Praxis nicht, von dieser Möglichkeit systematisch Gebrauch zu machen.[420]

171 *b) Instrumentalisierungs- und Umgehungsverbot.* Darüber hinaus verbietet Art. 106 Abs. 1 den Mitgliedstaaten, auf die in dieser Vorschrift genannten Unternehmen in einer Weise **rechtlich oder tatsächlich Einfluss zu nehmen,** die zu einem Unternehmensverhalten führt oder führen kann, das, wenn der Staat unmittelbar selbst handeln würde, gegen staatsgerichtete Normen des Unionsrechts verstieße.[421] Art. 106 Abs. 1 soll somit verhindern, dass der Staat die genannten Unternehmen instrumentalisiert, um sich der staatsgerichteten AEU-Vertragsregeln zu entziehen.[422] Insoweit könnte gesagt werden, dass der materielle Gehalt dieser Regeln im Zusammenwirken mit und unter den Voraussetzungen des Art. 106 Abs. 1 eine begrenzte Ausdehnung erfährt.[423] Allerdings bleibt der Adressatenkreis dieser Regeln auf die Mitgliedstaaten beschränkt und wird nicht auf die öffentlichen oder privilegierten Unternehmen selbst ausgedehnt.[424]

172 *c) Die Regeln über den freien Warenverkehr (insbes. Art. 34–36 AEUV, ex-Art. 28–30 EG).*[425]
aa) Die Praxis der Kommission. Mit verwaltungsinternen Anweisungen an die öffentlichen oder mit Sonderrechten ausgestatteten Unternehmen, ihren Bedarf an Gütern ausschließlich oder vorwiegend aus innerstaatlichen Quellen zu decken, instrumentalisiert ein Mitgliedstaat diese Unternehmen für eine Verletzung der Warenverkehrsfreiheit und verstößt damit gegen Art. 106 Abs. 1 iVm. Art. 34ff. AEUV.[426] Denn hierdurch werden die Absatzchancen von Waren, die aus anderen Mitgliedstaaten stammen, vermindert.

---

[419] Näheres zu Art. 106 Abs. 3 unten bei Rdnr. 489ff. Zur Abgrenzung gegenüber dem Vertragsverletzungsverfahren nach Art. 258 AEUV s. unten Rdnr. 578–586.

[420] Sobald Art. 37 AEUV (staatliche Handelsmonopole) relevant wird, wählt die Kommission für Einzelverfahren in der Praxis stets den Weg des Art. 258-Verfahrens (s. unten Rdnr. 578–583). So wurde das Verfahren gegen staatlich gewährte ausschließliche Rechte zur Einfuhr und Ausfuhr von Strom und Gas von der Kommission ohne Rückgriff auf Art. 106 Abs. 1/Abs. 3 direkt nach Art. 34, 35, 37 und 258 AEUV geführt (s. unten Rdnr. 251).

[421] Immenga/Mestmäcker-*Mestmäcker/Schweitzer,* WbR Bd. 1 EU/Teil 1, Art. 106 Abs. 1 AEUV Rdnr. 93.

[422] Grabitz/Hilf/Nettesheim-*Wernicke,* Das Recht der Europäischen Union, Art. 106 AEUV Rdnr. 8 (Stand: 3/2011); *Pais Antunes,* RTDE 1991, 187, 190.

[423] Die Reichweite der Möglichkeit, z.B. den Art. 34 AEUV bei staatlichen Maßnahmen im Zusammenhang mit öffentlichen oder privilegierten Unternehmen direkt und ohne Rückgriff auf Art. 106 Abs. 1 anzuwenden, dokumentiert hingegen EuGH U. v. 23.5.2000, Rs C-209/98, Slg. 2000, I-3743 Rdnr. 31–43 – *FFAD/Kobenhavns Kommune.*

[424] Loewenheim/Meessen/Riesenkampff-*Ehricke,* Art. 86 EG Rdnr. 70; *Streinz-Kühling,* EUV/AEUV, Art. 106 AEUV Rdnr. 33.

[425] Übersicht zum Inhalt der Warenverkehrsregelungen und der einschlägigen Rechtsprechung insbes. hinsichtlich Art. 34ff AEUV. bei *Streinz-Schroeder,* EUV/AEUV, Art. 34 AEUV Rdnr. 18ff., Art. 35 AEUV Rdnr. 2ff.; zu Art. 37 AEUV s. unten Rdnr. 249ff.

[426] S. auch: Komm. 6. Bericht über die Wettbewerbspolitik (Berichtszeitraum 1976) Rdnr. 274.

In ihrer auf Art. 106 Abs. 3 gestützten Richtlinie zur Liberalisierung des Marktes für Telekommunikationsendgeräte[427] begründete die Kommission die Aufhebung aller ausschließlichen und besonderen Rechte für die Einfuhr, die Vermarktung, die Einrichtung, die Inbetriebsetzung und die Wartung von Telekommunikationsendgeräten unter anderem mit einer Verletzung der Art. 106 Abs. 1 iVm. Art. 34 und Art. 37 AEUV.[428] 173

bb) Die Rechtsprechung des Gerichtshofs.[429] Ein Mitgliedstaat verstößt gegen Art. 34 bzw. 35 AEUV genauso wie gegen Art. 106 Abs. 1 iVm. Art. 34 bzw. Art. 35 AEUV, wenn er ein öffentliches oder privilegiertes Unternehmen verpflichtet, Waren nicht oder nur in beschränktem Umfang aus anderen Mitgliedstaaten zu beziehen oder in diese zu liefern.[430] 174

In verschiedenen Entscheidungen hat die Rechtsprechung die grundlegende Frage angesprochen, wann und inwieweit die **staatliche Gewährung, Aufrechterhaltung und Ausgestaltung von ausschließlichen Rechten,** d.h. von Monopolen als solche gegen Art. 106 Abs. 1 iVm. Art. 34 bzw. Art. 35 AEUV verstoßen kann. Wichtiges Prinzip in allen Entscheidungen ist, dass die Rechtswidrigkeit dieser staatlichen Maßnahmen davon abhängt, dass sich ihre Eignung zum Verstoß gegen die Warenverkehrsfreiheit deutlich fassen lässt. 175

In den Rs *Sacchi*[431] und *ERT*[432] entschied der EuGH, dass die Gewährung eines ausschließlichen Rechts mit dem Grundsatz des freien Warenverkehrs vereinbar ist, solange dieses Recht nicht dazu benutzt wird, innerhalb der Union bestimmte Handelsströme oder Wirtschaftsunternehmen gegenüber anderen zu fördern und sich insbes. keine Diskriminierung eingeführter Produkte zugunsten der inländischen Erzeugnisse ergibt. 176

Eine innerstaatliche Vorschrift, die die **missbräuchliche Ausnutzung einer durch ausschließliche Rechte geschaffenen marktbeherrschenden Stellung begünstigt,** welche den Handel zwischen Mitgliedstaaten beeinträchtigen kann, ist *„normalerweise"* mit Art. 106 Abs. 1 iVm. Art. 34 bzw. Art. 35 AEUV (genauso wie mit Art. 34 bzw. Art. 35 direkt) unvereinbar, wenn sie die Warenein- und -ausfuhr im Verkehr mit anderen Mitgliedstaaten verteuert.[433] Dies ist zum Beispiel der Fall, wenn eine staatliche Vorschrift Schiffsunternehmen beim Entladen ihrer Waren in einem Hafen verpflichtet, die erweislich überteuerten Dienste eines mit einem entsprechenden ausschließlichen Recht ausgestatteten Unternehmens in Anspruch zu nehmen, was wegen der Auswirkungen auf den Preis der transportierten Waren deren Einfuhr beeinflussen kann.[434] 177

In seinem Urteil über die Richtlinie zum Wettbewerb auf dem Markt für **Telekommunikationsendgeräte,**[435] die die Kommission aufgrund von Art. 106 Abs. 3 erlassen hatte,[436] bestätigte der EuGH die auf Art. 106 Abs. 1 iVm. Art. 34 gestützte Pflicht der Mitgliedstaaten zur Aufhebung der ausschließlichen Rechte betreffend die Einfuhr, die 178

---

[427] Richtlinie Nr. 88/301/EWG über den Wettbewerb auf dem Markt für Telekommunikationsendgeräte, ABl. 1988 L131/73–76; Näheres hierzu unten unter Rdnr. 648 ff.

[428] Zur Haltung des EuGH hierzu s. unten Rdnr. 648.

[429] S. auch *Mestmäcker,* Fs. Deringer, 1993, S. 79 ff., 84–86.

[430] EuGH U. v. 10.3.1983, Rs 172/82, Slg. 1983, 555 Rdnr. 11–12, 15 – *Inter Huiles,* dort hinsichtlich eines staatlichen Verbots für ein mit dem ausschließlichen Recht zur Sammlung und Beseitigung von Altölen ausgestattetes Unternehmen, diese Öle zur Lieferung an ein Beseitigungs- oder Aufbereitungsunternehmen in einem anderen Mitgliedstaat auszuführen; zu Ausfuhrbeschränkungen s. auch EuGH U. v. 23.5.2000, Rs C-209/98, Slg. 2000, I-3743 Rdnr. 31–43 – *FFAD/Kobenhavns Kommune;* s. auch Loewenheim/Meessen/Riesenkampff-*Ehricke,* Art. 86 EG Rdnr. 70, 72; *Streinz-Kühling,* EUV/AEUV, Art. 106 AEUV Rdnr. 31.

[431] EuGH U. v. 30.4.1974, Rs 155/73, Slg. 1974, 409 Rdnr. 7–8 – *Sacchi.*

[432] EuGH U. v. 18.6.1991, Rs C-260/89, Slg. 1991, I-2925 Rdnr. 15–18 – *Elliniki Radiophonia Tileorassi (ERT).*

[433] EuGH U. v. 10.12.1991, Rs C-179/90, Slg. 1991, I-5889 Rdnr. 21 – *Porto di Genova;* EuGH U. v. 16.11.1977, Rs 13/77, Slg. 1977, 2115 Rdnr. 30–35 – *INNO/ATAB.*

[434] EuGH U. v. 10.12.1991, Rs C-179/90, Slg. 1991, I-5889 Rdnr. 22 – *Porto di Genova.*

[435] EuGH U. v. 19.3.1991, C-202/88, Slg. 1991, I-1223 – *Frankreich/Kommission („Telekommunikationsendgeräte").*

[436] S. hierzu unten Rdnr. 648 ff.

Vermarktung, die Einrichtung, die Inbetriebsetzung und die Wartung von Telekommunikationsendgeräten. Unter Hinweis auf die *Dassonville*-Formel[437] entschied der EuGH, das Einfuhr- und Vertriebsmonopol nehme anderen Anbietern die Möglichkeit, die Verbraucher zum Kauf ihrer Produkte zu veranlassen.[438] Außerdem sei nicht gewährleistet, dass der Monopolinhaber die gesamte Palette der auf dem Markt vorhandenen Modelle anbieten und den Kundendienst garantieren könne.[439] Das ausschließliche Recht zur Einrichtung, Inbetriebsetzung und Wartung der Endgeräte komme einem Vertriebsmonopol gleich, bei dem die ausreichende Erfüllung dieser Aufgaben durch den Monopolisten nicht gesichert sei und er auch keinen Anreiz dazu habe, diese Aufgaben gut zu erfüllen.[440]Aus allen diesen Gründen seien alle genannten ausschließlichen Rechte geeignet, die Einfuhr von Telekommunikationsendgeräten und somit den Handel innerhalb der Union entgegen dem Verbot des Art. 34 AEUV zu beschränken.

179 Hingegen war der Nachweis einer Eignung der staatlichen Maßnahmen zur Verletzung der Warenverkehrsfreiheit in der Rs *Corsica Ferries France*[441] nach Ansicht des EuGH nicht erbracht. In diesem Fall verpflichtete eine staatliche italienische Regelung italienische und ausländische Schiffe, in zwei Häfen die Dienstleistungen örtlicher Festmachergruppen, die in diesen Häfen die ausschließliche Konzession besaßen, gegen ein Entgelt in Anspruch zu nehmen, das über die tatsächlichen Kosten der erbrachten Dienstleistung hinausging und für die beförderten Waren zusätzliche Kosten von etwa 5 Promille verursachte. Der EuGH verneinte eine Verletzung des Art. 34 AEUV mit der Begründung, **die beschränkenden Wirkungen,** die die streitige Regelung auf den freien Warenverkehr haben könne, seien **zu ungewiss und zu indirekt,** als dass die in dieser Regelung aufgestellte Verpflichtung als geeignet angesehen werden könne, den Handel zwischen den Mitgliedstaaten zu behindern.

180 **Ausschließliche oder besondere Rechte,** einschließlich derjenigen im Bereich der Distribution von Waren, **sind keine Verkaufsmodalitäten** iS. der *Keck*-Rechtsprechung.[442] Dies ergibt sich daraus, dass der Gerichtshof die Rechtmäßigkeit von Warendistributionsmonopolen[443] weiterhin anhand der Art. 34–37 AEUV abhandelt, ohne seine *Keck*-Rechtsprechung zu erwähnen. Hinsichtlich ausschließlicher Rechte zum Import oder Export von Waren hat der EuGH ausdrücklich entschieden, dass sie gegen Art. 37 AEUV verstoßen[444] und die *Keck*-Rechtsprechung entweder nicht erwähnt[445] oder deren Unanwendbarkeit insbes. mit der Begründung angenommen, dass Bestimmungen, die eine Regelung des Warenverkehrs zwischen den Mitgliedstaaten bezwecken, keine Verkaufsmodalität darstellen.[446]

---

437 EuGH U. v. 11.7.1974, Rs 8/74, Slg. 1974, 837 Rdnr. 5 – *Dassonville*: Maßnahme mit gleicher Wirkung wie eine mengenmäßige Beschränkung iSv. Art. 34 (und 35) AEUV ist *„jede Handelsregelung der Mitgliedstaaten, die geeignet ist, den innergemeinschaftlichen Handel unmittelbar oder mittelbar, tatsächlich oder potentiell zu behindern"*.

438 EuGH U. v. 19.3.1991, C-202/88, Slg. 1991, I-1223 Rdnr. 33–34 – *Frankreich/Kommission („Telekommunikationsendgeräte")*.

439 EuGH U. v. 19.3.1991, C-202/88, Slg. 1991, I-1223 Rdnr. 35 – *Frankreich/Kommission („Telekommunikationsendgeräte")*.

440 EuGH U. v. 19.3.1991, C-202/88, Slg. 1991, I-1223 Rdnr. 40–44 – *Frankreich/Kommission („Telekommunikationsendgeräte")*.

441 EuGH U. v. 18. 6. 1998, Rs C-266/96, Slg. 1998, I-3949 Rdnr. 29–32 – *Corsica Ferries France.*

442 EuGH U. v. 24.11.1993, Verb. Rs C-267/91 und C-268/91, Slg. 1993, 6097 Rdnr. 16 – *Keck und Mithouard.*

443 S. z. B. EuGH U. v. 5.10.1994, Rs C-323/93, Slg. 1994, I-5077 Rdnr. 28–29 – *Centre d'insémination de la Crespelle;* EuGH U. v. 23.10.1997, Rs C-189/95, Slg. 1997, I-5909 Rdnr. 32 und 34 ff. – *Franzén.*

444 Zu Art. 37 AEUV s. unten Rdnr. 249 ff.

445 EuGH U. v. 23.10.1997, Rs C-157/94, Slg. 1997, I-5699 Rdnr. 13–23 – *Kommission/Niederlande („Importmonopol Elektrizität");* EuGH U. v. 23.10.1997, Rs C-159/94, Slg. 1997, I-5815 Rdnr. 31–40 – *Kommission/Frankreich („Import- und Exportmonopol Gas und Elektrizität")*.

446 EuGH U. v. 23.10.1997, Rs C-158/94, Slg. 1997, I-5789 Rdnr. 31 – *Kommission/Italien („Import- und Exportmonopol Elektrizität")*.

181 *d) Die Dienstleistungsfreiheit (Art. 56–62 AEUV, ex-Art. 49–55 EG).*[447] *aa) Die Praxis der Kommission.* Entsprechend der ursprünglichen Funktion der Dienstleistungsfreiheit als **spezielles Diskriminierungsverbot** hat der EuGH eine Verletzung des Art. 106 Abs. 1 iVm. Art. 56 AEUV in verschiedenen Fällen bejaht, in denen staatliche Maßnahmen in Bezug auf öffentliche oder mit Sonderrechten ausgestattete Unternehmen diese zu einer Bevorzugung innerstaatlicher Dienstleistungserbringer verpflichteten.[448]

182 In ihrer auf Art. 106 Abs. 3 gestützten Richtlinie zur Liberalisierung des Marktes für **Telekommunikationsendgeräte**[449] begründete die Kommission die Aufhebung aller ausschließlichen und besonderen Rechte für die Wartung von Telekommunikationsendgeräten auch mit einer Verletzung der Art. 106 Abs. 1 iVm. Art. 56 AEUV. Diese Dienstleistung sei untrennbar mit dem Vertrieb der Geräte verbunden und müsse frei erbracht werden können.[450]

183 Mit ihrer auf Art. 106 Abs. 3 gestützten Richtlinie über den Wettbewerb auf dem Markt für **Telekommunikationsdienste**[451] verpflichtete die Kommission die Mitgliedstaaten unter anderem, alle besonderen und ausschließlichen Rechte bei der Erbringung von Telekommunikationsdiensten mit Ausnahme des öffentlichen Sprachtelefondienstes zu beseitigen, weil diese Rechte neben Art. 106 Abs. 1 iVm. Art. 102 auch gegen Art. 106 Abs. 1 iVm. Art. 56 AEUV verstießen.[452] Die Konsolidierungsrichtlinie[453] bestätigt diese Analyse.

184 *bb) Die Rechtsprechung des Gerichtshofs.* Aufgrund der Rechtsprechung des EuGH hat sich die Dienstleistungsfreiheit ausgehend vom Verbot formell diskriminierender Beschränkungen erweitert auf ein Verbot solcher Beschränkungen, die trotz formeller Gleichbehandlung materiell diskriminieren, bis hin zum Verbot nichtdiskriminierender aber übermäßiger Beschränkungen. Diese Entwicklung hat auch die Beurteilung staatli-

---

[447] Übersicht zum Inhalt der Dienstleistungsfreiheit und der einschlägigen Rechtsprechung bei *Streinz-Müller-Graff,* EUV/AEUV, Art. 56 AEUV Rdnr. 13 ff.; v. d. Groeben/Schwarze/Hatje-*Tiedje,* Europäisches Unionsrecht, Vor Art. 56–62 AEUV Rdnr. 1ff und Art. 56 AEUV Rdnr. 1 ff.

[448] Komm., 6. Bericht über die Wettbewerbspolitik (Berichtszeitraum 1976) Rdnr. 274 (Bedarf an Dienstleistungen ausschließlich oder vorwiegend aus innerstaatlichen Quellen zu decken); Komm., 21. Bericht über die Wettbewerbspolitik (Berichtszeitraum 1991) Rdnr. 336 und 23. Bericht über die Wettbewerbspolitik (Berichtszeitraum 1993) Rdnr. 368 (Tarifermäßigungen für Bodenabfertigungsleistungen nur zugunsten inländischer Fluggesellschaften); Komm., 20. Bericht über die Wettbewerbspolitik (Berichtszeitraum 1990) Rdnr. 357 und Komm., 21. Bericht über die Wettbewerbspolitik (Berichtszeitraum 1991) Rdnr. 333 (Anweisung an Staatsbedienstete, bei Dienstreisen ausschließlich oder vorzugsweise die mehrheitlich in Staatsbesitz befindliche Fluggesellschaft zu benutzen wurde noch als Maßnahme *„in Bezug auf"* dieses Unternehmen angesehen).

[449] Richtlinie Nr. 88/301/EWG über den Wettbewerb auf dem Markt für Telekommunikationsendgeräte, ABl. 1988 L 131/73–76; Näheres hierzu unten Rdnr. 648–651.

[450] In EuGH U. v. 19.3.1991, C-202/88, Slg. 1991, I-1223 – *Frankreich/Kommission („Telekommunikationsendgeräte")* ging der Gerichtshof auf die Rüge Frankreichs, dass die Kommission auch hinsichtlich Art. 56 AEUV zu Unrecht eine Verletzung angenommen habe, nicht ein, möglicherweise weil er schon den Art. 34 AEUV für einschlägig erachtete; s. hierzu oben Rdnr. 178.

[451] Richtlinie Nr. 90/388/EWG über den Wettbewerb auf dem Markt für Telekommunikationsdienste, ABl. 1990 L 192/10–16; Näheres hierzu unten bei Rdnr. 652 ff.

[452] Erwägungsgründe Nr. 6–12 (betreffend Art. 56 AEUV) und Nr. 13–17 (betreffend Art. 102 AEUV) der Richtlinie. In der gegen die Richtlinie erhobenen Nichtigkeitsklage wurde im Zusammenhang mit Art. 56 lediglich behauptet, die Kommission habe durch eine auf Art. 106 Abs. 3 gestützte Richtlinie die sich aus Art. 56 ergebenden Verpflichtungen nicht rechtswirksam festlegen können, ohne dass zuvor eine Richtlinie des Rates ergangen sei, durch die die Tragweite dieses Artikels konkretisiert worden wäre. Der EuGH (U. v. 17.11.1992, Verb. Rs C-271/90, C-281/90 und C-289/90, Slg. 1992, I-5833 Rdnr. 18–21 – *Spanien u. a./Kommission („Telekommunikationsdienste"))* wies diese Argumentation unter Hinweis auf die unmittelbare Anwendbarkeit des Art. 56 und die praktische Wirksamkeit des Art. 106 Abs. 3 zurück. Zur Verwerfung der Aufhebungsverpflichtung hinsichtlich besonderer Rechte s. unten Rdnr. 46, 48, 652.

[453] Richtlinie 2002/77/EG der Kommission vom 16.9.2002 über den Wettbewerb auf den Märkten für elektronische Kommunikationsnetze und -dienste, ABl. 2002 L 249/21; s. hierzu unten Rdnr. 665.

cher Maßnahmen in Bezug auf öffentliche und mit Sonderrechten ausgestattete Unternehmen erfasst.[454]

185 *(1) Die Rechtfertigungsbedürftigkeit von Dienstleistungsmonopolen.* Die Rechtsprechung des Gerichtshofs wirft die Frage auf, ob und inwieweit bereits die Gewährung von ausschließlichen und besonderen Rechten als solche im Dienstleistungssektor rechtfertigungsbedürftig ist.[455] Bei einer möglichen Anwendung des Art. 106 Abs. 1 iVm. Art. 56 AEUV läge die staatliche Maßnahme *„in Bezug auf"* das öffentliche oder privilegierte Unternehmen dann in der Gewährung des ausschließlichen oder besonderen Rechts selbst. Die außerordentliche Tragweite dieser Fragestellung ergibt sich daraus, dass die Dienstleistungsfreiheit jede wirtschaftliche Tätigkeit umfassen kann.[456] Dieser Befund wird nur durch die in Art. 57 AEUV festgelegte Subsidiarität der Dienstleistungsfreiheit gegenüber der Waren-, Kapital- und Personenverkehrsfreiheit in gewissem Maße eingeschränkt. Im Übrigen hat aber die Auslegung der Niederlassungsfreiheit in der Rechtsprechung hinsichtlich der Monopolfrage eine gleichartige Entwicklung wie die der Dienstleistungsfreiheit genommen.[457]

186 Aus der Rechtsprechung ergibt sich, dass jedes einem inländischen Unternehmen durch die Gewährung eines ausschließlichen Rechts verschaffte Dienstleistungsmonopol grundsätzlich eine verbotene Beschränkung der Dienstleistungsfreiheit iSv. Art. 56 AEUV darstellt und deshalb **nur dann Bestand haben kann, wenn es unionsrechtlich gerechtfertigt ist.**

187 Diese allgemeine Rechtfertigungsbedürftigkeit hatte der EuGH bereits in der Rs *Sacchi*[458] angedeutet, indem er entschied, dass der AEU-Vertrag der Einräumung eines Fernsehmonopols durch Gewährung eines ausschließlichen Rechts aus im öffentlichen Interesse liegenden Gründen nichtwirtschaftlicher Art nicht entgegenstehe. Dem fügte der EuGH in der Rs *ERT* später hinzu, aus Art. 106 Abs. 1 und 2 AEUV gehe hervor, dass die Art und Weise, in der dieses Dienstleistungsmonopol im Fernsehsektor ausgestaltet oder ausgeübt werde, gegen die AEU-Vertragsregeln, insbes. diejenigen über den freien Warenverkehr, den freien Dienstleistungsverkehr und den Wettbewerb verstoßen könne.[459] Daher verstoße das Dienstleistungsmonopol gegen Art. 56 AEUV, wenn es die konkrete Gefahr schaffe, dass aus anderen Mitgliedstaaten stammende Fernsehsendungen gegenüber inländischen diskriminiert werden.[460]

---

[454] Hinsichtlich **formeller Diskriminierungen** s. EuGH U. v. 9.6.1977, Rs 90/76, Slg. 1977, 1091 Rdnr. 16 ff., 26–30 – *van Ameyde/UCI.* Hinsichtlich **materieller Diskriminierungen** s. EuGH U. v. 26.4.1988, Rs 352/85, Slg. 1988, 2085 Rdnr. 22–27 und 32–39 – *Band van Adverteerders;* EuGH U. v. 25.7.1991, Rs C-353/89, Slg. 1991, I-4069 Rdnr. 22–25 – *Mediawet;* EuGH U. v. 30.4.1974, Rs 155/73, Slg. 1974, 409 Rdnr. 14 – *Saachi* und EuGH U. v. 18.6.1991, Rs C-260/89, Slg. 1991, I-2925 Rdnr. 11 und 20–22 – *ERT.* Hinsichtlich **nichtdiskriminierender Beschränkungen** s. EuGH U. v. 25.7.1991, Rs C-288/89, Slg. 1991, I-4007 Rdnr. 12–15 – *Collectieve Antennevoorziening Gouda;* EuGH U. v. 25.7.1991, Rs C-353/89, Slg. 1991, I-4069 Rdnr. 16–19 – *Mediawet;* EuGH U. v. 25.7.1991, Rs C-76/90, Slg. 1991, I-4221 Rdnr. 12 f. – *Säger;* EuGH U. v. 5.6.1997, Rs C-398/95, Slg. 1997, I-3091 Rdnr. 16 – *SETTG* und EuGH U. v. 18.6.1998, Rs C-266/96, Slg. 1998, I-3949 Rdnr. 56 – *Corsica Ferries France.* Aktuelle Systematisierung bei v. d. Groeben/Schwarze/Hatje-*Tiedje,* Europäisches Unionsrecht, Art. 56 AEUV Rdnr. 35–96.

[455] Hierzu *Ehlermann,* [1993] 2 ECLR 61, 66–68; *Mestmäcker,* Fs. Deringer, S. 79 ff., 86–88; *Hailbronner,* NJW 1991, 593 ff.

[456] *Streinz-Müller-Graff,* EUV/AEUV, Art. 56 AEUV Rdnr. 15 ff.; v. d.Groeben/Schwarze/Hatje-*Tiedje,* Europäisches Unionsrecht, Vorbem. zu den Art. 56 bis 62 AEUV Rdnr. 1–21, Art. 56 AEUV Rdnr. 1 ff.

[457] S. unten Rdnr. 197 ff.

[458] EuGH U. v. 30.4.1974, Rs 155/73, Slg. 1974, 409 Rdnr. 14 – *Sacchi.*

[459] EuGH U. v. 18.6.1991, Rs C-260/89, Slg. 1991, I-2925 Rdnr. 11 – *Elliniki Radiophonia Tileorassi (ERT).*

[460] EuGH U. v. 18.6.1991, Rs C-260/89, Slg. 1991, I-2925 Rdnr. 20–22 – *Elliniki Radiophonia Tileorassi (ERT)*: die Zusammenfassung des Ausstrahlungs- und Übertragungsmonopols in demselben Unternehmen berge die Gefahr, dass das inländische Unternehmen die Ausstrahlung seiner eigenen Programme gegenüber der Übertragung der Programme aus anderen Mitgliedstaaten bevorzuge.

Generell leitet sich die allgemeine Rechtfertigungsbedürftigkeit von Dienstleistungsmonopolen inländischer Unternehmen aus dem in Art. 56 AEUV enthaltenen **Verbot der materiellen Diskriminierung** ab. Denn jedes einem inländischen Unternehmen durch die Gewährung eines ausschließlichen Rechts verschaffte Dienstleistungsmonopol schließt neben möglichen inländischen Wettbewerbern auch alle in anderen Mitgliedstaaten ansässigen Wettbewerber von der Erbringung dieser Dienstleistung aus. Diese werden damit gegenüber dem Inhaber des ausschließlichen Rechts materiell diskriminiert, auch wenn formell eine Gleichbehandlung mit den anderen inländischen Wettbewerbern, die ebenfalls ausgeschlossen wurden, vorliegen mag.[461] Diese Beurteilung ändert sich auch dann nicht, wenn das ausschließliche Recht vom Staat in einem transparenten Auswahlverfahren nach objektiven, angemessenen und nichtdiskriminierenden Kriterien (z. B. im Wege einer Ausschreibung)[462] an das inländische Unternehmen vergeben wurde. Denn unabhängig von der diskriminierungsfreien Qualität des Auswahlverfahrens besteht ein ausschließliches (oder besonderes) Recht iSv. Art. 106 Abs. 1 immer dann, wenn der Staat kraft und mittels typisch staatlicher Hoheitsgewalt mit seiner Maßnahme ein **Ermessen zugunsten eines Unternehmens ausübt** und hierdurch dieses Unternehmen **im Ergebnis** im Hinblick auf die Ausübung einer bestimmten wirtschaftlichen Tätigkeit in einer Weise **besserstellt,** die die Fähigkeit anderer Unternehmen, die fragliche wirtschaftliche Tätigkeit im selben Gebiet zu im Wesentlichen gleichen Bedingungen auszuüben, wesentlich beeinträchtigen kann.[463] Die auf diskretionärer staatlicher Entscheidung beruhende Besserstellung eines bestimmten Unternehmens gegenüber seinen aktuellen oder potentiellen Wettbewerbern ist Voraussetzung der Existenz eines ausschließlichen Rechts und begründet zugleich die materielle Diskriminierung der nicht ausgewählten Wettbewerber. 188

Darüber hinaus führt auch die Auslegung des Art. 56 AEUV als **generelles Verbot der Behinderung grenzüberschreitender Dienstleistungen** zur allgemeinen Rechtfertigungsbedürftigkeit eines Dienstleistungsmonopols, das ein inländischer Anbieter innehat. Nach ständiger Rechtsprechung seit der Rs *Säger*[464] verlangt Art. 56 die Aufhebung aller Beschränkungen, selbst wenn sie unabhängig von der Staatsangehörigkeit unterschiedslos für einheimische Dienstleistende wie für Dienstleistende anderer Mitgliedstaaten gelten, *„sofern sie geeignet sind, die Tätigkeit des Dienstleistenden, der in einem anderen Mitgliedstaat ansässig ist und dort rechtmäßig ähnliche Dienstleistungen erbringt, zu unterbinden, zu behindern oder weniger attraktiv zu machen“.*[465] 189

(2) Quellen der Rechtfertigung. Die Rechtfertigung kann ggf. auf die eng auszulegenden Art. 51 iVm. Art. 62 AEUV **(Ausübung öffentlicher Gewalt)** oder Art. 52 iVm. Art. 62 AEUV **(öffentliche Ordnung, Sicherheit oder Gesundheit)** gestützt werden oder – wenn es sich um Dienstleistungen von allgemeinem wirtschaftlichem Interesse handelt – dem **Art. 106 Abs. 2**[466] entnommen werden. In der Rechtsprechung kommt es auch zur parallelen Anwendung der genannten Rechtfertigungsgründe. In der Rs *Corsica Ferries France*[467] urteilte der EuGH, die mit dem Monopol örtlicher Festmachergruppen in italienischen Häfen verbundene Beschränkung der Dienstleistungsfreiheit könne nach Art. 106 Abs. 2 gerechtfertigt sein, da an den Festmachmanövern ein allgemeines wirtschaftliches Interesse bestehe, insbes. weil die Festmacher verpflichtet seien, aus Gründen der Sicherheit in den 190

[461] EuGH U. v. 26.4.1988, Rs 352/85, Slg. 1988, 2085 Rdnr. 22–27 – *Bond van Adverteerders;* EuGH U. v. 25.7.1991, Rs C-353/89, Slg. 1991, I-4069 Rdnr. 22–25 – *Kommission/Niederlande („Mediawet“)* (hinsichtlich der einem Monopol gleichkommenden Vorzugsstellung eines inländischen Dienstleisters).

[462] Zu Ausschreibungsfragen s. auch oben Rdnr. 71 ff.

[463] EuGH U. v. 25.10.2001, Rs C-475/99, Slg. 2001, I-8089 Rdnr. 23 f. – *Ambulanz Glöckner.* S. hierzu oben ausführlich Rdnr. 41 ff. und 47 ff.

[464] EuGH U. v. 25. 7. 1991, Rs C-76/90, Slg. 1991, I-4221 Rdnr. 12 – *Säger.*

[465] EuGH U. v. 3. 10. 2001, Rs C-58/98, Slg. 2000, I-7919 Rdnr. 33 mwN – *Corsten; Streinz-Müller-Graff,* EUV/AEUV Art. 56 AEUV Rdnr. 86–87 mwN.

[466] Zu Art. 106 Abs. 2 s. unten Rdnr. 290 ff.

[467] EuGH U. v. 18.6.1998, Rs C-266/96, Slg. 1998, I-3949 – *Corsica Ferries France.*

Hafengewässern jederzeit für alle Hafenbenutzer einen allgemeinen Festmacherdienst bereitzustellen.[468] Darüber hinaus sei die Beschränkung nach Art. 52 (iVm. Art. 62) AEUV durch **Erwägungen der öffentlichen Sicherheit** gerechtfertigt, da die Dienstleistung des Festmachens als nautische Leistung für die Sicherheit in den Hafengewässern wesentlich sei und die Merkmale eines öffentlichen Versorgungsdienstes (Allgemeinheit, Beständigkeit, Erfüllung von im öffentlichen Interesse liegenden Erfordernissen, Regelung und Aufsicht durch die Verwaltung) aufweise. Im Hinblick auf den Verhältnismäßigkeitsgesichtspunkt in Art. 52 AEUV wurde die Rechtfertigung dem Vorbehalt unterstellt, *„dass der über die tatsächlichen Kosten der Leistung hinausgehende Teil des Entgelts tatsächlich den zusätzlichen Kosten entspricht, die die Bereitstellung eines allgemeinen Festmacherdienstes mit sich bringt"*.[469]

191 Inzwischen ist auch geklärt, dass die Rechtfertigungsfigur der **zwingenden Gründe des Allgemeininteresses,** die auf nicht-wirtschaftliche und nicht-wirtschaftspolitische Erfordernisse begrenzt ist, grundsätzlich auch im Hinblick auf die materiell diskriminierende Wirkung eines Monopols, soweit sie zulasten von Unternehmen aus anderen Mitgliedstaaten geht, eingesetzt werden kann, ggf. parallel zur Prüfung anderer Rechtfertigungsgründe. Schon in seinem Urteil *Mediawet* prüfte der EuGH trotz Anerkennung der diskriminierenden Wirkung einer Vorzugsregelung, die einem ausschließlichen Recht gleichkam, deren Rechtfertigung durch zwingende Allgemeininteressen (in diesem Fall die Aufrechterhaltung eines pluralistischen nationalen Rundfunkwesens) im Rahmen des Verhältnismäßigkeitsgrundsatzes[470] und verneinte eine solche Rechtfertigung. Seit diesem Urteil legt der EuGH bei der Verhältnismäßigkeitsprüfung strenge Maßstäbe insbes. bei der Frage der Erforderlichkeit an,[471] was aber die Möglichkeit einer Rechtfertigung von Beschränkungen der Dienstleistungsfreiheit nicht ausschließt.[472]

192 Die beschriebenen Prinzipien gelten *mutatis mutandis* **grundsätzlich auch für besondere Rechte,** die allein oder im wesentlichen Inländern für die Erbringung bestimmter Dienstleistungen gewährt werden. Auch sie können zu Lasten von in anderen Mitgliedstaaten ansässigen Dienstleistern diskriminieren bzw. iSd. allgemeinen Behinderungsverbots die Tätigkeit von in anderen Mitgliedstaaten ansässigen Dienstleistern unterbinden, behindern oder weniger attraktiv zu machen. Je nach Zahl und Staatsangehörigkeit der in die Begünstigung einbezogenen Dienstleister kann die Rechtfertigung des Oligopols im Einzelfall leichter fallen als bei einem Monopol.

193 *e) Die Niederlassungsfreiheit (Art. 49–55 AEUV, ex-Art. 43–48, 294 EG).*[473] *aa) Die Praxis der Kommission.* Im Fall ***Griechische Versicherung***[474] hat die Kommission entschieden, dass

---

[468] EuGH U. v. 18.6.1998, Rs C-266/96, Slg. 1998, I-3949 Rdnr. 59 und 45 – *Corsica Ferries France.*

[469] EuGH U. v. 18.6.1998, Rs C-266/96, Slg. 1998, I-3949 Rdnr. 60 – *Corsica Ferries France.*

[470] EuGH U. v. 25.7.1991, Rs C-353/89, Slg. 1991, I-4069 Rdnr. 25 und 29–43 – *Kommission/Niederlande („Mediawet").*

[471] S. z. B. EuGH U. v. 25.7.1991, Rs C-288/89, Slg. 1991, I-4007 Rdnr. 22–25 – *Collectieve Antennevoorziening Gouda.*

[472] S. z. B. hinsichtlich eines ausschließlichen Rechts zum Betrieb von Spielautomaten: EuGH U. v. 21.9.1999, Rs C-124/97, Slg. 1999 I-6067 Rdnr. 30–43 – *Läärä;* zum aktuellen Stand der Möglichkeiten zur Rechtfertigung von Glückspielmonopolen s. EuGH U. v. 6.11.2003, Rs C-243/01, Slg. 2003 I-13031 Rdnr. 60–76 – *Gambelli;* EuGH U. v. 6.3.2007, Verb. Rs C-338/04, C-359/04 und C-360/04, Slg. 2007 I-1891 Rdnr. 40 ff. – *Placanica.*

[473] Übersicht zum Inhalt der Niederlassungsfreiheit und der einschlägigen Rechtsprechung bei *Streinz-Müller-Graff,* EUV/AEUV Art. 49 AEUV Rdnr. 9 ff.; v. d. Groeben/Schwarze/Hatje-*Tiedje,* Europäisches Unionsrecht, Vor Art. 49–55 AEUV Rdnr. 1 ff. und Art. 49 AEUV Rdnr. 1 ff. Diese Regeln einschließlich des Prinzips der Inländergleichbehandlung gelten gemäß Art. 54 AEUV *mutatis mutandis* auch für Gesellschaften, die nach den Rechtsvorschriften eines Mitgliedstaats gegründet, sowie in einem – nicht unbedingt demselben Mitgliedstaat – ansässig sind und sich sodann in einem vom Sitzstaat verschiedenen Mitgliedstaat niederlassen wollen.

[474] Komm. E. v. 24.4.1985, Nr. 85/276/EWG, ABl. 1985 L 152/25–26 – *Griechische Versicherung,* bestätigt durch EuGH U. v. 30.6.1988, Rs 226/87, Slg. 1988, 3611 – *Kommission/Griechenland;* Komm., 15. Bericht über die Wettbewerbspolitik (Berichtszeitraum 1985) Rdnr. 258.

eine gesetzliche Regelung, die einerseits die Verpflichtung aufstellt, das gesamte Vermögen der öffentlichen Hand, darunter auch das Vermögen der griechischen öffentlichen Unternehmen, ausschließlich bei griechischen **Versicherungsgesellschaften des öffentlichen Sektors** zu versichern, und andererseits die griechischen öffentlichen Kreditbanken verpflichtet, ihren Kunden zu empfehlen, sich bei einer griechischen öffentlichen Versicherungsgesellschaft zu versichern, gegen Art. 106 Abs. 1 iVm. Art. 49 AEUV verstößt. Denn dadurch, dass die griechischen öffentlichen Unternehmen die ihnen auferlegten Verpflichtungen beachteten, wurden Versicherungsgesellschaften aus anderen Mitgliedstaaten von der **Niederlassung** in Griechenland abgeschreckt.[475]

Im Fall ***VTM – Fernsehwerbung in Flandern***[476] entschied die Kommission, Belgien habe 194
dadurch gegen Art. 106 Abs. 1 iVm. Art. 49 AEUV verstoßen, dass seine Region Flandern der privaten inländischen Fernsehgesellschaft *VTM* das ausschließliche Recht zur Ausstrahlung von kommerzieller und nichtkommerzieller Werbung in Flandern übertragen hatte. Denn hierdurch wurden alle Fernsehbetreiber aus anderen Mitgliedstaaten, die sich in Flandern niederlassen wollten, um dort Fernsehwerbung zu verbreiten, ausgeschlossen. Auch wenn die fraglichen Maßnahmen unterschiedslos für belgische und nichtbelgische Wirtschaftsteilnehmer mit Ausnahme von *VTM* galten, so enthielten sie doch eine versteckte Form der Diskriminierung mit protektionistischer Wirkung.[477] Nach Auffassung der Kommission gab es auch iSd. neueren Rechtsprechung zu Art. 49 AEUV keine zwingenden Gründe des Allgemeininteresses, die als eine im Tatbestand dieser Vorschrift enthaltene Schranke deren Anwendung hätten ausschließen können. Die von der flämischen Regierung ursprünglich angeführten kulturpolitischen Gründe konnten nach Ansicht der Kommission die Verletzung der Niederlassungsfreiheit nicht rechtfertigen.[478] Art. 106 Abs. 2 war schon deswegen nicht anwendbar, weil die belgische Regierung sich auf diese Vorschrift nicht berufen hatte und auch keine Anhaltspunkte für eine *Betrauung* von *VTM* mit einer Dienstleistung von allgemeinem wirtschaftlichem Interesse vorlagen.[479] Die von *VTM* gegen die Kommissionsentscheidung erhobene Nichtigkeitsklage wurde vom EuG abgewiesen.[480]

Die auf Art. 106 Abs. 3 AEUV gestützte **Konsolidierungsrichtlinie im Bereich der** 195
elektronischen Kommunikation bestätigt nicht nur die in der Vorgängerrichtlinie festgestellten Verletzungen der Art. 106 Abs. 1 iVm. Art. 102 und Art. 106 Abs. 1 iVm. Art. 56 AEUV, sondern hebt spezifisch hervor, dass besondere oder ausschließliche Rechte, die letztlich dazu dienen, die Nutzung elektronischer Kommunikationsnetze zur Übertra-

---

[475] Die des Weiteren festgestellten Verstöße gegen das allgemeine Wettbewerbsziel nach Art. 3 Abs. 3 EUV iVm. Protokoll Nr. 27 (ex-Art. 3 Abs. 1 lit. g EG) und gegen die Loyalitätsverpflichtung nach Art. 4 Abs. 3 EUV (ex-Art. 10 Abs. 2 EG) haben keine eigenständige Bedeutung. Im Übrigen hätte die Kommission auch eine Verletzung des Art. 106 Abs. 1 iVm. Art. 56 AEUV feststellen können, da die den griechischen öffentlichen Unternehmen auferlegten Verpflichtungen Versicherungsgesellschaften aus anderen Mitgliedstaaten von der grenzüberschreitenden Erbringung von Versicherungsleistungen ohne Niederlassung in Griechenland abgeschreckten.

[476] Komm. E. v. 26.6.1997, Nr. 97/606/EG, ABl. 1997 L 244/18 – *VTM – Fernsehwerbung in Flandern;* Komm., 27. Bericht über die Wettbewerbspolitik (Berichtszeitraum 1997) Rdnr. 112–114 und Bericht der GD IV in Verbindung mit dem 27. Wettbewerbsbericht, S. 189; kritisch zu dieser Entscheidung *Gagliardi,* (1998) 23 ELR 371 ff.; zum Ausgang des Verfahrens s. auch unten Rdnr. 614.

[477] Komm. E. v. 26.6.1997, Nr. 97/606/EG, ABl. 1997 L 244/18 Rdnr. 12 – *VTM – Fernsehwerbung in Flandern.*

[478] Komm. E. v. 26.6.1997, Nr. 97/606/EG, ABl. 1997 L 244/18 Rdnr. 13 – *VTM – Fernsehwerbung in Flandern.*

[479] Komm. E. v. 26.6.1997, Nr. 97/606/EG, ABl. 1997 L 244/18 Rdnr. 14 – *VTM – Fernsehwerbung in Flandern.*

[480] EuG U. v. 8.7.1999, Rs T-266/97, Slg. 1999, II-2329 Rdnr. 105–122 – *Vlaamse Televisie Maatschappij (VTM)/Kommission* (insbes. zur Beschränkung der Niederlassungsfreiheit durch ein einem inländischen Unternehmen gewährtes ausschließliches Recht und zur fehlenden Rechtfertigung hierfür).

gung und Ausstrahlung von Fernsehsignalen einzuschränken, auch gegen Art. 106 Abs. 1 iVm. Art. 49 AEUV verstoßen.[481]

196 *bb) Die Rechtsprechung des Gerichtshofs.* Aufgrund der Rechtsprechung des EuGH hat sich die Niederlassungsfreiheit ausgehend vom Verbot formell diskriminierender Beschränkungen erweitert auf ein Verbot solcher Beschränkungen, die trotz formeller Gleichbehandlung materiell diskriminieren, bis hin zum Verbot nichtdiskriminierender, aber übermäßiger Beschränkungen. Diese Entwicklung hat auch die Beurteilung staatlicher Maßnahmen in Bezug auf öffentliche und mit Sonderrechten ausgestattete Unternehmen erfasst.[482]

197 *(1) Die Rechtfertigungsbedürftigkeit von ausschließlichen und besonderen Rechten, die die Niederlassungsfreiheit beschränken.* Diese Frage ist aus denselben Gründen relevant wie im Zusammenhang mit der Dienstleistungsfreiheit.[483] Aus der Rechtsprechung ergibt sich, dass jedes einem inländischen Unternehmen durch die Gewährung eines ausschließlichen Rechts verschaffte Monopol zur Ausübung einer wirtschaftlichen Tätigkeit grundsätzlich eine verbotene Beschränkung der Niederlassungsfreiheit iSv. Art. 49 AEUV darstellt und deshalb **nur dann Bestand haben kann, wenn es unionsrechtlich gerechtfertigt ist.**

198 Da der EuGH den Art. 49 AEUV zunächst nur auf **formell diskriminierende staatliche Maßnahmen** anwandte, waren ausschließliche Rechte solange nicht zu beanstanden, wie sie inländische wie ausländische Wirtschaftsteilnehmer gegenüber dem Monopolinhaber gleichbehandeln.[484]

199 Dies änderte sich, als die Rechtsprechung formell unterschiedslos anwendbare Maßnahmen, die (versteckt) **materiell diskriminierten,** in den Anwendungsbereich des Art. 49 einbezog.[485] Denn jedes einem inländischen Unternehmen durch die Gewährung eines ausschließlichen Rechts verschaffte Monopol für eine bestimmte Tätigkeit schließt die Niederlassung von aus anderen Mitgliedstaaten kommenden Wirtschaftsteilnehmern zum Zwecke der Ausübung dieser Tätigkeit aus und diskriminiert sie damit materiell gegenüber dem Inhaber des ausschließlichen Rechts, auch wenn formell eine Gleichbehandlung mit den anderen inländischen Wettbewerbern, die ebenfalls von der Tätigkeit ausgeschlossen wurden, vorliegen mag.[486] Aus denselben Gründen wie oben für die Dienstleistungsfreiheit dargestellt[487] ändert sich diese Beurteilung auch dann nicht, wenn das ausschließliche Recht vom Staat in einem transparenten Auswahlverfahren nach objektiven, angemessenen und nichtdiskriminierenden Kriterien (z. B. im Wege einer Ausschreibung)[488] an das inländische Unternehmen vergeben wurde.

---

[481] Richtlinie 2002/77/EG der Kommission vom 16.9.2002 über den Wettbewerb auf den Märkten für elektronische Kommunikationsnetze und -dienste, ABl. 2002 L 249/21 Rdnr. 8, s. hierzu unten Rdnr. 665.

[482] Hinsichtlich **formeller Diskriminierungen** s. z. B. EuGH U. v. 9.6.1977, Rs 90/76, Slg. 1977, 1091 Rdnr. 16 ff., 26–30 – *van Ameyde/UCI.* Hinsichtlich **materieller Diskriminierungen** s. z. B. EuGH U. v. 8.7.1999, Rs C-254/97, Slg. 1999, I-4809 Rdnr. 10 – *Société Baxter.* Hinsichtlich **nichtdiskriminierender Beschränkungen** s. z. B. EuGH U. v. 30.11.1995, Rs C-55/94, Slg. 1995, I-4165 Rdnr. 37 – *Gebhard;* EuGH U. v. 31.3.1993, Rs 19/92, Slg. 1993, I-1663 Rdnr. 32 – *Kraus.* Aktuelle Systematisierung bei v. d. Groeben/Schwarze/Hatje-*Tiedje,* Europäisches Unionsrecht, Art. 49 AEUV Rdnr. 69–135.

[483] S. oben Rdnr. 185. Bei einer möglichen Anwendung des Art. 106 Abs. 1 iVm. Art. 49 AEUV läge die staatliche Maßnahme *„in Bezug auf"* das öffentliche oder privilegierte Unternehmen dann in der Gewährung des ausschließlichen oder besonderen Rechts selbst. S. auch *Ehlermann,* [1993] 2 ECLR 61, 66–68; *Mestmäcker,* Fs. für Deringer, S. 79 ff., 86–88; *Hailbronner,* NJW 1991, 593 ff.

[484] EuGH U. v. 15.7.1964, Rs 6/64, Slg. 1964, 1251, 1273–1274 – *Costa/ENEL;* EuGH U. v. 9.6.1977, Rs 90/76, Slg. 1977, 1091 Rdnr. 26–30 – *van Ameyde/UCI.*

[485] EuGH U. v. 28.4.1977, Rs 71/76, Slg. 1977, 765 Rdnr. 13–14 – *Thieffry;* EuGH U. v. 5.12.1989, Rs C-3/88, Slg. 1989, 4035 Rdnr. 8 – *Kommission/Italien („Datenverarbeitungssyteme").*

[486] Hinsichtlich des Sportwettenmonopols in Italien: EuGH U. v. 6.11.2003, Rs C-243/01, Slg. 2003 I-13031 Rdnr. 48 – *Gambelli;* s. auch EuG U. v. 8. 7. 1999, Rs T-266/97, Slg. 1999, II-2329 Rdnr. 114 – *Vlaamse Televisie Maatschappij (VTM)/Kommission.*

[487] S. oben Rdnr. 188.

[488] Zu Ausschreibungsfragen s. auch oben Rdnr. 71 ff.

Die Rechtfertigungsbedürftigkeit solcher Monopole ergibt sich darüber hinaus daraus, dass der EuGH den Art. 49 AEUV auch wiederholt auf formell und materiell diskriminierungsfreie staatliche Maßnahmen angewandt[489] und damit zu einem allgemeinen Verbot einer übermäßigen Beschränkung der Niederlassungsfreiheit, z. B. durch ein ausschließliches Recht zugunsten eines inländischen Wirtschaftsteilnehmers, weiterentwickelt hat. Auch hier gilt nun, dass eine nationale Maßnahme, *„die zwar ohne Diskriminierung aus Gründen der Staatsangehörigkeit anwendbar ist, die aber geeignet ist, die Ausübung der durch den EG-Vertrag*[490] *garantierten grundlegenden Freiheiten durch die Gemeinschaftsangehörigen* [jetzt: Unionsangehörigen] *einschließlich der Staatsangehörigen des Mitgliedstaats, der die Regelung erlassen hat, zu behindern oder weniger attraktiv zu machen"*, grundsätzlich von Art. 49 AEUV verboten ist.[491] Aufgrund seines Normzwecks kann Art. 49 allerdings nicht das Ziel haben, jedwedes Erfordernis für eine Niederlassung zu verbieten. Er ist daher auf eine diskriminierungsfreie Regelung nur anwendbar, wenn durch sie spezifisch die Niederlassung in einem anderen Mitgliedstaat erschwert oder verunmöglicht wird.[492] 200

(2) Quellen der Rechtfertigung. Die Rechtfertigung kann ggf. auf Art. 51 AEUV **(Ausübung öffentlicher Gewalt)** oder Art. 52 AEUV **(öffentliche Ordnung, Sicherheit oder Gesundheit)** gestützt werden, was aber aufgrund der engen Auslegung dieser Ausnahmevorschriften[493] nur eine begrenzte Möglichkeit darstellt. 201

Zwingende Gründe des Allgemeininteresses scheinen in der Rechtsprechung zu Art. 49 AEUV (im Gegensatz zu Art. 56 AEUV)[494] nur zur Rechtfertigung von Niederlassungsbeschränkungen anerkannt zu sein, die sich aus formell und materiell diskriminierungsfreien staatlichen Maßnahmen ergeben. Denn auch nach neuerer Rechtsprechung im Bereich der Niederlassungsfreiheit rechtfertigen zwingende Gründe des Allgemeininteresses solche Beschränkungen nur, wenn diese in nichtdiskriminierender Weise angewandt werden und darüber hinaus geeignet sind, die Verwirklichung des mit ihnen verfolgten Zieles zu gewährleisten, und nicht über das hinausgehen, was zur Erreichung dieses Zieles erforderlich ist.[495] Der zumindest materiell diskriminierende Charakter eines einem inländischen Wirtschaftsteilnehmer gewährten Monopols für eine bestimmte Tätigkeit kann nicht geleugnet werden. Damit fiele bei Beschränkungen der Niederlassungsfreiheit eine Rechtfertigung unter dem Gesichtspunkt der zwingenden Gründe des Allgemeininteresses aus.[496] Allerdings haben Kommission[497] und EuG[498] in der Rs *VTM* im Hinblick auf die Verlet- 202

---

[489] S. insbes. die Urteile EuGH U. v. 12.7.1984, Rs 107/83, Slg. 1984, 2971 Rdnr. 17–22 – *Klopp;* EuGH U. v. 30.4.1986, Rs 96/85, Slg. 1986, 1482 Rdnr. 11 – *Kommission/Frankreich („Ärzte/Zahnärzte");* EuGH U. v. 31.3.1993, Rs 19/92, Slg. 1993, I-1663 Rdnr. 32 – *Kraus.*

[490] Seit dem 1.12.2009: AEU-Vertrag.

[491] EuGH U. v. 31.3.1993, Rs 19/92, Slg. 1993, I-1663 Rdnr. 32 – *Kraus;* EuGH U. v. 30.11. 1995, Rs C-55/94, Slg. 1995, I-4165 Rdnr. 37 – *Gebhard;* s. auch EuG U. v. 8. 7. 1999, Rs T-266/97, Slg. 1999, II-2329 Rdnr. 113 – *Vlaamse Televisie Maatschappij (VTM)/Kommission;* EuGH U. v. 1.6.2010, Verb Rs 570/07 und 571/07, Slg. 2010 I-4629 Rdnr. 53 mwN – *Blanco Pérez et al. und Principado de Asturias.*

[492] *Streinz-Müller-Graff,* EUV/AEUV Art. 49 AEUV Rdnr. 60, 62–63 mwN.

[493] Zu Art. 51 AEUV s. v. d.Groeben/Schwarze/Hatje-*Tiedje,* Europäisches Unionsrecht, Art. 51 AEUV Rdnr. 1 ff.; zu Art. 52 AEUV s. v. d.Groeben/Schwarze/Hatje-*Tiedje,* Europäisches Unionsrecht, Art. 52 AEUV Rdnr. 1 ff.; zu Art. 106 Abs. 2 unten Rdnr. 290 f., 336.

[494] S. oben Rdnr. 191.

[495] EuGH U. v. 31.3.1993, Rs 19/92, Slg. 1993, I-1663 Rdnr. 32 – *Kraus;* EuGH U. v. 30.11. 1995, Rs C-55/94, Slg. 1995, I-4165 Rdnr. 37 – *Gebhard;* EuGH U. v. 6.11.2003, Rs C-243/01, Slg. 2003 I-13031 Rdnr. 64 ff., 70–71 – *Gambelli;* EuGH U. v. 1.6.2010, Verb Rs 570/07 und 571/07, Slg. 2010 I-4629 Rdnr. 61 mwN – *Blanco Pérez et al. und Principado de Asturias.*

[496] v. d. Groeben/Schwarze/Hatje-*Tiedje,* Europäisches Unionsrecht, Art. 49 AEUV Rdnr. 115–116; aA wohl *Streinz-Müller-Graff,* EUV/AEUV Art. 49 AEUV Rdnr. 48, 64, 82–85 mwN.

[497] S. oben Rdnr. 194, Komm. E. v. 26.6.1997, Nr. 97/606/EG, ABl. 1997 L 244/18 Rdnr. 13 – *VTM – Fernsehwerbung in Flandern.*

[498] EuG U. v. 8. 7. 1999, Rs T-266/97, Slg. 1999, II-2329 Rdnr. 108, 114 ff. – *Vlaamse Televisie Maatschappij (VTM)/Kommission.*

zung der Niederlassungsfreiheit durch ein einem inländischen Fernsehsender gewährtes Exklusivrecht eine Rechtfertigung aus zwingenden Gründen des öffentlichen Interesses ausführlich geprüft.

203 Im Übrigen bleibt noch die Rechtfertigungsmöglichkeit über **Art. 106 Abs. 2 AEUV.** Angesichts der Tragweite des Art. 49 AEUV einerseits und der Begrenztheit der Art. 51, 52 AEUV sowie der Ungeklärtheit einer Rechtfertigung aufgrund zwingender Gründe des Allgemeininteresses andererseits hieße dies in der Praxis, dass ein Mitgliedstaat Monopole für wirtschaftliche Tätigkeiten, zumindest wenn sie spezifisch die Niederlassung in diesen Mitgliedstaat erschweren oder verunmöglichen, was regelmäßig der Fall sein dürfte, im Wesentlichen nur noch im Bereich von Tätigkeiten von allgemeinem wirtschaftlichem Interesse errichten dürfte. Und selbst dies wäre nur möglich, wenn und soweit das ausschließliche Recht des mit der Tätigkeit betrauten Unternehmens notwendig wäre, um ihm die Erfüllung seiner besonderen Aufgabe – ggf. unter wirtschaftlich tragbaren Bedingungen – zu ermöglichen.[499] Erst die künftige Rechtsprechung wird zeigen, ob der Gerichtshof diesen Weg geht oder zusätzliche Rechtfertigungen für Monopole im Bereich der Niederlassungsfreiheit anerkennt.

204 Die beschriebenen Prinzipien gelten *mutatis mutandis* **grundsätzlich auch für besondere Rechte,** die allein oder im Wesentlichen Inländern hinsichtlich bestimmter wirtschaftlicher Tätigkeiten gewährt werden. Auch sie können zu Lasten von Staatsangehörigen und Unternehmen anderer Mitgliedstaaten, die sich niederlassen wollen, diskriminieren bzw. iS. eines allgemeinen Behinderungsverbots die Niederlassung unterbinden, behindern oder weniger attraktiv zu machen. Je nach Zahl und Staatsangehörigkeit der in die Begünstigung Einbezogenen kann die Rechtfertigung des Oligopols im Einzelfall leichter fallen als bei einem Monopol.

205 *f) Die Pflicht zur Ausschreibung der Vergabe öffentlicher Dienstleistungskonzessionen.* In seiner neueren Rechtsprechung hat der EuGH mehrfach entschieden, dass sich aus Art. 106 Abs. 1 ergebe, dass die Mitgliedstaaten keine nationalen Rechtsvorschriften fortgelten lassen dürfen, die die Vergabe öffentlicher Dienstleistungskonzessionen ohne Ausschreibung ermöglichen, da eine solche Vergabe gegen die Art. 49 AEUV oder 56 AEUV oder gegen die Grundsätze der Gleichbehandlung, der Nichtdiskriminierung und der Transparenz verstößt.[500] Jedoch ist die Anwendung der in Art. 18, 49, 56 AEUV aufgestellten Regeln sowie der allgemeinen Grundsätze, deren spezielle Ausprägung sie darstellen, und somit die Ausschreibungspflicht ausgeschlossen, wenn es um ein sog. *Inhouse*-Geschäft geht, d.h. wenn die konzessionserteilende öffentliche Stelle über die konzessionsnehmende Einrichtung eine Kontrolle ausübt wie über ihre eigenen Dienststellen und wenn diese Einrichtung zugleich ihre Tätigkeit im Wesentlichen für die Stelle verrichtet, die ihre Anteile innehat.[501] In einem solchen Fall ist eine Ausschreibung auch dann nicht zwingend, wenn der Vertragspartner eine vom öffentlichen Auftraggeber rechtlich getrennte Einrichtung ist.[502]

206 Jedoch ist die *Inhouse*-Ausnahme in der Praxis selten einschlägig, so dass die neuere Rechtsprechung zur Vergabe von Dienstleistungskonzessionen tiefgreifende Auswirkungen

499 S. unten Rdnr. 339ff.

500 EuGH U. v. 13.10.2005, Rs C-458/03, Slg. 2005, I-8585 Rdnr. 52 – *Parking Brixen;* EuGH U. v. 6.4.2006, Rs C-410/04, Slg. 2006, I-3303 Rdnr. 23 – *ANAV;* EuGH U. v. 18.12.2007, Rs C-220/06, Slg. 2007, I-12175 Rdnr. 77 – *Asociación Profesional de Empresas de Reparto y Manipulado de Correspondencia;* EuGH U. v. 15.10.2009, Rs C-196/08, Slg. 2009, I-9913 Rdnr. 50 – *Acoset.*

501 EuGH U. v. 13.10.2005, Rs C-458/03, Slg. 2005, I-8585 Rdnr. 62 – *Parking Brixen;* EuGH U. v. 6.4.2006, Rs C-410/04, Slg. 2006, I-3303 Rdnr. 24 – *ANAV;* EuGH U. v. 18.12.2007, Rs C-220/06, Slg. 2007, I-12175 Rdnr. 86 – *Asociación Profesional de Empresas de Reparto y Manipulado de Correspondencia;* EuGH U. v. 15.10.2009, Rs C-196/08, Slg. 2009, I-9913 Rdnr. 51 – *Acoset;*

502 EuGH U. v. 18. 11. 1999, Rs C-107/98, Slg. 1999, I-8121 Rdnr. 50 – *Teckal;* EuGH U. v. 10. 9. 2009, Rs C-573/07, Slg. 2009, I-8127 Rdnr. 36 – *Sea;* EuGH U. v. 15.10.2009, Rs C-196/08, Slg. 2009, I-9913 Rdnr. 51 – *Acoset.*

hat. Dies wird anhand der Tatsache umso deutlicher, dass die Vergabe von öffentlichen Dienstleistungskonzessionen auf Druck verschiedener Mitgliedstaaten in der Vergangenheit bewusst vom Anwendungsbereich der EU-Richtlinien über das öffentliche Auftragswesen[503] ausgespart wurde, um nun vom EuGH im Wege der Auslegung des Vertragsrechts schließlich doch einer Ausschreibungspflicht unterworfen zu werden. Außerdem gilt die neue Rechtsprechung, auch wenn sie anlässlich von Fällen entwickelt wurde, die öffentliche oder privilegierte Unternehmen betrafen und somit die Anwendung des Art. 106 Abs. 1 ermöglichten, für die Vergabe öffentlicher Dienstleistungskonzessionen an alle Arten von Unternehmen, d. h. auch private Unternehmen, die keine ausschließlichen oder besonderen Rechte genießen. Denn entsprechend dem Charakter des Art. 106 Abs. 1 als Verweisungsnorm[504] ist der materielle Gehalt der neuen Rechtsprechung im allgemeinen Diskriminierungsverbot (Art. 18 AEUV) und in den Binnenmarktregeln (Art. 49, 56 AEUV) selbst zu suchen und damit auch auf Fallgestaltungen anwendbar, in denen öffentliche oder privilegierte Unternehmen nicht vorkommen. Angesichts der Tragweite der neuen Rechtsprechung gewinnen **Abgrenzungen und Einschränkungen** an Bedeutung:

Zunächst ist die öffentliche Dienstleistungskonzession von dem öffentlichen Dienstleis- 207
tungsauftrag iS der Auftragsvergaberichtlinien 2004/17/EG und 2004/18/EG anhand der Gegenleistung für die Erbringung der Dienstleistung abzugrenzen.[505] Ein **öffentlicher Dienstleistungsauftrag** im Sinne der Richtlinien 2004/17/EG und 2004/18/EG umfasst eine Gegenleistung, die vom öffentlichen Auftraggeber unmittelbar an den Dienstleistungserbringer gezahlt wird.[506] Hingegen besteht bei einer **öffentlichen Dienstleistungskonzession** die vereinbarte Vergütung im Recht zur Verwertung der Dienstleistung (sei es ohne oder zuzüglich der Zahlung eines Preises), und der Dienstleistungserbringer übernimmt das mit den fraglichen Dienstleistungen verbundene Betriebsrisiko.[507]

Des Weiteren hat der EuGH die Rückwirkung seiner neuen Rechtsprechung begrenzt 208
und klargestellt, dass der **unionsrechtliche Grundsatz der Rechtssicherheit** die ohne Ausschreibung erfolgte Vergabe einer öffentlichen Dienstleistungskonzession an ein inländisches Unternehmen und die damit verbundene Ungleichbehandlung zum Nachteil der in anderen Mitgliedstaaten niedergelassenen Unternehmen rechtfertigen und damit einen Verstoß gegen Art. 106 Abs. 1 iVm. Art. 49 und 56 AEUV abwenden kann.[508] Der Grundsatz der Rechtssicherheit gebiete insbes., dass Rechtsvorschriften, vor allem dann, wenn sie nachteilige Folgen für Einzelne und Unternehmen haben können, klar, bestimmt und in ihren Auswirkungen voraussehbar sein müssen. Hieraus ergebe sich die Verpflichtung, die Kündigung einer öffentlichen Dienstleistungskonzession, die zeitlich vor dem Auftreten der neuen Rechtsprechung zur Ausschreibungspflicht erteilt wurde, mit einem Übergangszeitraum zu verbinden, der es den Vertragsparteien gestattet, ihre Vertragsbeziehungen unter

---

[503] Richtlinie 2004/17/EG des Europäischen Parlaments und des Rates vom 31.3.2004 zur Koordinierung der Zuschlagserteilung durch Auftraggeber im Bereich der Wasser-, Energie- und Verkehrsversorgung sowie der Postdienste („Sektorenrichtlinie"), ABl. 2004 L 134/1; Richtlinie 2004/18/EG des Europäischen Parlaments und des Rates vom 31.3.2004 über die Koordinierung der Verfahren zur Vergabe öffentlicher Bauaufträge, Lieferaufträge und Dienstleistungsaufträge („Klassische Richtlinie"), ABl. 2004 L 134/114.

[504] S. hierzu oben Rdnr. 4.

[505] EuGH U. v. 15.10.2009, Rs C-196/08, Slg. 2009, I-9913 Rdnr. 39 – *Acoset;* s. auch EuGH U. v. 10. 9. 2009, Rs C-206/08, Slg. 2009, I-8377 Rdnr. 51 – *WAZV Gotha.*

[506] EuGH U. v. 15.10.2009, Rs C-196/08, Slg. 2009, I-9913 Rdnr. 39 – *Acoset;* s. auch EuGH U. v. 13.10.2005, Rs C-458/03, Slg. 2005, I-8585 Rdnr. 39 – *Parking Brixen.*

[507] EuGH U. v. 15.10.2009, Rs C-196/08, Slg. 2009, I-9913 Rdnr. 39 mwN – *Acoset;* s. auch EuGH U. v. 10.9.2009, Rs C-206/08, Slg. 2009, I-8377 Rdnr. 59, 68 – *WAZV Gotha.* Der EuGH hat eine Dienstleistungskonzession u. a. in Fällen anerkannt, in denen das Entgelt des Dienstleistungserbringers aus Zahlungen der Nutzer eines öffentlichen Parkplatzes (EuGH U. v. 13.10.2005, Rs C-458/03, Slg. 2005, I-8585 Rdnr. 40 – *Parking Brixen*), eines öffentlichen Verkehrsdienstes (EuGH U. v. 6.4.2006, Rs C-410/04, Slg. 2006, I-3303 Rdnr. 16 – *ANAV*) und eines Kabelfernsehnetzes stammte (EuGH U. v. 13.11.2008, Rs C-324/07, Slg. 2008, I-8457 Rdnr. 24 – *Coditel Brabant*).

[508] EuGH U. v. 17.7.2008, Rs C-347/06, Slg. 2008, I-5641 Rdnr. 58–65 mwN – *ASM Brescia.*

Bedingungen zu beenden, die sowohl im Hinblick auf die Erfordernisse der öffentlichen Dienstleistung als auch in wirtschaftlicher Hinsicht annehmbar sind.[509]

209 Im Zuge der **Reform der Auftragsvergaberegeln** hat die EU inzwischen nicht nur die Klassische Auftragsvergaberichtlinie[510] und die Sektorenrichtlinie[511] modernisiert, sondern auch eine separate Richtlinie über die Konzessionsvergabe[512] geschaffen, die auch öffentliche Dienstleistungskonzessionen erfasst und von den Mitgliedstaaten bis zum 18.4.2016 umzusetzen ist. Ziel der Richtlinie ist es, für die einheitliche Anwendung der Grundsätze des AEUV, die für die Vergabe von öffentlichen Dienstleistungskonzessionen gelten, in allen Mitgliedstaaten zu sorgen und Unterschiede bei der Auslegung dieser Grundsätze durch die Mitgliedstaaten zu beseitigen.[513] Allerdings bleiben Anwendungsbereich und Anforderungen der Richtlinie hinter der Tragweite der neueren Rechtsprechung des EuGH zurück, indem die Richtlinie nur für Konzessionen mit einem Vertragswert von mindestens 5.186.000 EUR gilt[514] und außerdem den Mitgliedstaaten einen weiten Ermessensspielraum bei der Ausgestaltung des Vergabeverfahrens belässt.[515] Zwar sind die Auftraggeber gemäß Art. 3 der Richtlinie verpflichtet, alle Wirtschaftsteilnehmer gleich zu behandeln und Transparenz und Verhältnismäßigkeit in ihrem Vorgehen zu wahren. Die Richtlinie leitet daraus jedoch keine Pflicht zur Ausschreibung ab, sondern nur die Pflicht der Auftraggeber, potentielle Anbieter in transparenter und nichtdiskriminierender Weise über Art, Umfang und Dauer der Dienstleistungen sowie die Teilnahmebedingungen und Zuschlagskriterien im Vergabeverfahren zu informieren. Der EuGH wird daher in künftiger Rechtsprechung klären müssen, ob die Konzessionsvergaberichtlinie 2014/23/EU als Instrument des Sekundärrechts in ihrem Anwendungsbereich eine noch akzeptable Umsetzung der in seiner neueren Rechtsprechung direkt aus dem Vertragsrecht abgeleiteten Verpflichtungen des Konzessionsgebers darstellt oder ob auch im Anwendungsbereichs dieser Richtlinie die ggf. schärferen Anforderungen des Vertragsrechts kraft seines Vorrangs als Primärrecht gelten müssen. Sollte der EuGH die Konformität der Richtlinie mit seiner neueren Rechtsprechung bestätigen, wird es kaum haltbar sein, außerhalb des Anwendungsbereichs der Richtlinie, d.h. insbes. für die Vergabe von kleineren Dienstleistungskonzessionen mit einem Volumen unterhalb des Schwellenwertes von 5 186 000 EUR, strengere Anforderungen an das Vergabeverfahren zu stellen.

210 *g) Die Freizügigkeit der Arbeitnehmer (Art. 45–48 AEUV, ex-Art. 39–42 EG).*[516] Als spezielle Ausprägung des Diskriminierungsverbots verbietet Art. 45 AEUV den Mitgliedstaaten jede auf Staatsangehörigkeit beruhende unterschiedliche Behandlung der Arbeitnehmer der Mitgliedstaaten in Bezug auf Beschäftigung, Entlohnung und sonstige Arbeitsbedingungen. Somit verstößt z.B. eine staatliche Regelung, wonach in einem inländischen Unternehmen nur Inländer arbeiten dürfen, direkt gegen Art. 45 AEUV.[517] Des Weiteren ver-

---

509 EuGH U. v. 17.7.2008, Rs C-347/06, Slg. 2008, I-5641 Rdnr. 69–71 mwN – *ASM Brescia.*

510 Richtlinie 2014/24/EU des Europäischen Parlaments und des Rates vom 26.2.2014 über die öffentliche Auftragsvergabe und zur Aufhebung der Richtlinie 2004/18/EG, ABl. 2014 L 94/65–242.

511 Richtlinie 2014/25/EU des Europäischen Parlaments und des Rates vom 26.2.2014 über die Vergabe von Aufträgen durch Auftraggeber im Bereich der Wasser-, Energie- und Verkehrsversorgung sowie der Postdienste und zur Aufhebung der Richtlinie 2004/17/EG, ABl. 2014 L 94/243–374.

512 Richtlinie 2014/23/EU des Europäischen Parlaments und des Rates vom 26.2.2014 über die Konzessionsvergabe, ABl. 2014 L 94/1–64.

513 S. Erwägungsgrund 4 der Richtlinie. Der Grundsatz der Rechtssicherheit wird dadurch eingehalten, dass die Richtlinie gemäß ihrem Art. 54 auf vor dem 17.4.2014 (d.h. dem Tag des Inkrafttretens der Richtlinie) ausgeschriebene oder vergebene Konzessionen nicht anwendbar ist.

514 Art. 8 der Richtlinie 2014/23/EU.

515 Art. 30ff. der Richtlinie 2014/23/EU.

516 Übersicht zum Inhalt der Arbeitnehmerfreizügigkeit und der einschlägigen Rechtsprechung bei *Streinz-Franzen,* EUV/AEUV Art. 45 AEUV Rdnr. 1ff.

517 EuGH U. v. 10.12.1991, Rs C-179/90, Slg. 1991, I-5889 Rdnr. 13 – *Porto di Genova.*

stößt ein Mitgliedstaat gegen Art. 106 Abs. 1 iVm. Art. 45 AEUV, wenn er ein Unternehmen, dem er ein ausschließliches Recht zur Erbringung einer Dienstleistung gewährt hat, dazu verpflichtet, sich zur Durchführung dieser Dienstleistung ausschließlich einer Gesellschaft zu bedienen, die aufgrund einer staatlichen Regelung nur inländische Arbeitnehmer beschäftigen darf.[518]

h) Das allgemeine Diskriminierungsverbot gemäß Art. 18 AEUV (ex-Art. 12 EG).[519] Gemäß Art. 18 AEUV ist unbeschadet besonderer Bestimmungen der Verträge (EUV und AEUV) in deren Anwendungsbereich jegliche Diskriminierung aus Gründen der Staatsangehörigkeit verboten. Da dieses allgemeine Diskriminierungsverbot nach ständiger Rechtsprechung des Gerichtshofes[520] autonom nur auf durch das Unionsrecht geregelte Fallgestaltungen angewendet werden kann, für die die Verträge keine besonderen Diskriminierungsverbote vorsehen, ist die Anwendungspraxis des Art. 18 AEUV angesichts der im AEUV niedergelegten speziellen Diskriminierungsverbote[521] bisher beschränkt geblieben. 211

Als mit Art. 106 Abs. 1 iVm. Art. 18 AEUV unvereinbar angesehen wurden z.B. Vorschriften des spanischen Staates, aufgrund derer bestimmte spanische öffentliche Verkehrsunternehmen gegen Zahlung eines staatlichen Ausgleichs verpflichtet wurden, im Luft- und Seeverkehr zwischen dem spanischen Festland und den Kanarischen Inseln sowie den Balearen den auf diesen Inseln lebenden Spaniern Tarifvergünstigungen zu gewähren, während Bewohner dieser Inseln, die Bürger der übrigen EU-Mitgliedstaaten sind, von diesen Vergünstigungen ausgeschlossen waren.[522] 212

i) Das grenzüberschreitende Element als Voraussetzung der Grundfreiheiten im Binnenmarkt. Auf **rein innerstaatliche Sachverhalte,** die kein über das Gebiet eines Mitgliedstaates in einen anderen Mitgliedstaat weisendes Element beinhalten, sind die in diesem Abschnitt genannten Freiheiten und Prinzipien im Binnenmarkt aufgrund des Wortlauts und Zwecks der Vorschriften nicht anwendbar.[523] Dies hat Auswirkungen sowohl auf die Angreifbarkeit ausschließlicher und besonderer Rechte nach diesen Regeln wie auch auf die Gleichbehandlung von Inländern und EU-Ausländern. Aufgrund des Verweisungsnormcharakters 213

---

[518] EuGH U. v. 10.12.1991, Rs C-179/90, Slg. 1991, I-5889 Rdnr. 24 – *Porto di Genova.*

[519] Übersicht zum Inhalt des allgemeinen Diskriminierungsverbots und der einschlägigen Rechtsprechung bei *Streinz-Streinz,* EUV/AEUV, Art. 18 AEUV Rdnr. 44ff.

[520] EuGH U. v. 10.12.1991, Rs C-179/90, Slg. 1991, I-5889 Rdnr. 11 mwN – *Porto di Genova.* EuGH U. v. 17.5.1994, Rs C-18/93, Slg. 1994, I-1783 Rdnr. 19 – *Corsica Ferries Italia.*

[521] Relevant sind hier insbes. die speziellen Diskriminierungsverbote des AEUV, d.h. Art. 45, 49, 56 AEUV, auch wenn sich diese nicht in einem Diskriminierungsverbot aus Gründen der Staatsangehörigkeit erschöpfen.

[522] Komm. E. v. 22.6.1987, Nr. 87/359/EWG, ABl. 1987 L 194/28–29 – *Tarifermäßigungen im Verkehr zu den Kanarischen Inseln und den Balearen;* Komm., 17. Bericht über die Wettbewerbspolitik (Berichtszeitraum 1987) Rdnr. 285; s. auch Komm., 18. Bericht über die Wettbewerbspolitik (Berichtszeitraum 1988) Rdnr. 309ff.; Komm., 21. Bericht über die Wettbewerbspolitik (Berichtszeitraum 1991) Rdnr. 333–336.

[523] Ständige Rechtsprechung für alle diese Vorschriften: Hinsichtlich **Art. 34, 35 AEUV (ex-Art. 28, 29 EG)** s. z.B. EuGH U. v. 28.1.1992, Rs C-332/90, Slg. 1192, I-341 Rdnr. 9ff. – *Steen/Dt. Bundespost; Streinz-Schroeder,* EUV/AEUV, Art. 34 AEUV Rdnr. 22 mwN; **hinsichtlich Art. 56 AEUV (ex-Art. 49 EG)** s. z.B. EuGH U. v. 8.3.2001, Rs C-405/98, Slg. 2001, I-1795 Rdnr. 37 mwN – *Gourmet International Products;* EuGH U. v. 12.12.2013, Rs C-292/12, ECLI:EU:C:2013:820 Rdnr. 70–74 mwN – *Ragn-Sells AS; Streinz-Müller-Graff,* EUV/AEUV, Art. 56 AEUV Rdnr. 31ff., 47, 61 mwN; **hinsichtlich Art. 49 AEUV (ex-Art. 43 EG)** s. z.B. EuGH U. v. 14.12.2000, Rs C-141/99, Slg. 1991, I-2000, 11619 Rdnr. 21 mwN – *AMID;* EuGH U. v. 12.12.2013, Rs C-292/12, ECLI:EU:C:2013:820 Rdnr. 70–74 mwN – *Ragn-Sells AS; Streinz-Müller-Graff,* EUV/AEUV, Art. 49 AEUV Rdnr. 20 mwN; **hinsichtlich Art. 45 AEUV (ex-Art. 39 EG)** s. z.B. EuGH U. v. 8.3.2001, Rs C-18/95, Slg. 1999, I-345 Rdnr. 26 mwN – *Terhoeve; Streinz-Franzen,* EUV/AEUV, Art. 45 AEUV Rdnr. 33f. mwN. Im Hinblick auf das **allgemeine Diskriminierungsverbot nach Art. 18 AEUV (ex-Art. 12 EG)** ergibt sich aus der Bezugnahme auf den Anwendungsbereich des Vertrags, dass auch dieses Verbot nicht für rein innerstaatliche Sachverhalte gilt, s. *Streinz-Streinz,* EUV/AEUV, Art. 18 AEUV Rdnr. 62–67 mwN.

des Art. 106 Abs. 1[524] kann sich dieses Ergebnis auch dann nicht ändern, wenn Art. 106 Abs. 1 in Verbindung mit den genannten Freiheiten und Prinzipien im Binnenmarkt anwendbar ist.

214 So kann sich ein Wirtschaftsteilnehmer gegen ein von einem Mitgliedstaat errichtetes Monopol für eine bestimmte wirtschaftliche Tätigkeit z. B. dann weder auf Art. 56 AEUV noch auf Art. 49 AEUV berufen, wenn er selbst in diesem Mitgliedstaat ansässig ist und im Einzelfall kein konkretes grenzüberschreitendes Element eine Rolle spielt.[525] Deswegen kann sich z. B. ein privates Personalberatungsunternehmen eines Mitgliedstaats für die Vermittlung von Angehörigen dieses Mitgliedstaats an Unternehmen desselben Mitgliedstaats gegenüber dem einem anderen Unternehmen von diesem Mitgliedstaat zugewiesenen Monopol der Arbeitsvermittlung nicht auf Art. 56 AEUV berufen.[526]

215 Das Erfordernis des grenzüberschreitenden Elements kann zur **Inländerdiskriminierung** führen,[527] da die Aufhebung von Beschränkungen wie z. B. ausschließlichen oder besonderen Rechten, die z. B. mit Art. 56 oder 49 AEUV unvereinbar sind, nur gegenüber den in anderen Mitgliedstaaten ansässigen oder aus anderen Mitgliedstaaten kommenden Wirtschaftsteilnehmern erfolgen muss.[528] In der Praxis wird eine solche Konstellation aber schon deshalb selten auftreten, weil Mitgliedstaaten nur selten ihren Angehörigen und den nach ihrem Recht gegründeten oder auf ihrem Territorium niedergelassenen Gesellschaften das verbieten, was sie EU-Ausländern erlauben oder erlauben müssen. Außerdem dürfte die Inländerdiskriminierung nach dem **Verfassungsrecht zahlreicher Mitgliedstaaten** als Verstoß gegen den Gleichbehandlungsgrundsatz angreifbar sein.[529]

216 Schließlich könnte die Diskriminierung inländischer Wirtschaftsteilnehmer diese zur **Verlagerung ihres Standorts in andere EU-Mitgliedstaaten** veranlassen,[530] um von dort aus unter Inanspruchnahme der Dienstleistungs- und Niederlassungsfreiheit wieder in ihrem Heimatland tätig zu werden. Eine solche Standortverlagerung zur Umgehung der Inländerdiskriminierung wäre eine vom Heimatland meist nicht gewünschte Entwicklung und würde den Druck auf die Abschaffung der Inländerdiskriminierung erhöhen.

217 Die Wahrnehmung der Dienstleistungs- und Niederlassungsfreiheit unterliegt dem **Missbrauchsverbot,** allerdings ohne dass hinreichend geklärt wäre, wann ein Missbrauch vorliegt und welche Folgen er hat. Die Nutzung der Freiheit zur Niederlassung in einem Mitgliedstaat, um den strengeren Vorschriften eines anderen Mitgliedstaates zu entgehen, um dann gleichwohl seine wirtschaftliche Tätigkeit auf den letzteren Mitgliedstaat im Wege der Dienstleistung oder Zweitniederlassung dort zu konzentrieren, ist für sich allein weder ein Missbrauch der Niederlassungs- noch der Dienstleistungsfreiheit.[531] Andererseits verbietet Art. 56 AEUV es einem Mitgliedstaat nicht, Vorschriften zu erlassen, die verhindern sollen, dass der Erbringer einer Leistung, dessen Tätigkeit ganz oder vorwiegend auf das Gebiet dieses Staates ausgerichtet ist, sich die Dienstleistungsfreiheit zunutze macht, um

---

524 S. oben Rdnr. 4.

525 S. z. B. EuGH U. v. 7.12.1995, Rs C-17/94, Slg. 1995, I-4353 Rdnr. 23–28 – *Gervais,* dort für den Zugang französischer Staatsangehöriger, die tierärztliche Diplome in Frankreich erlangt haben und nie im Ausland als Tierärzte tätig waren, zur Tätigkeit des Besamungstechnikers in Frankreich. Gleiches gilt im Hinblick auf Art. 45 AEUV (ex-Art. 39 EG) auch für den Einsatz von Arbeitnehmern, wenn diese nicht vom grenzüberschreitenden Freizügigkeitsrecht Gebrauch machen.

526 EuGH U. v. 23.4.1991, Rs C-41/90, Slg. 1991, I-1979 Rdnr. 37–40 – *Höfner und Elser/Macrotron.*

527 *Streinz-Streinz,* EUV/AEUV, Art. 18 AEUV Rdnr. 6, 62–67 mwN; *Streinz-Schroeder,* EUV/AEUV, Art. 34 AEUV Rdnr. 22 mwN; *Streinz-Müller-Graff,* EUV/AEUV, Art. 49 AEUV Rdnr. 20 mwN; *Streinz-Franzen,* EUV/AEUV, Art. 45 AEUV Rdnr. 33 f. mwN.

528 Immenga/Mestmäcker-*Mestmäcker/Schweitzer,* WbR Bd. 1 EU/Teil 1, Art. 106 Abs. 1 AEUV Rdnr. 73.

529 Überblick bei *Streinz-Streinz,* EUV/AEUV, Art. 18 AEUV Rdnr. 6, 62–67 mwN.

530 Durch Verlagerung des Wohnsitzes bzw. Neugründung des Unternehmens in einem anderen Mitgliedstaat oder Verlagerung des satzungsmäßigen Sitzes, der Hauptverwaltung oder der Hauptniederlassung dorthin.

531 *Streinz-Müller-Graff,* EUV/AEUV, Art. 56 AEUV Rdnr. 122 mwN.

sich Berufsregelungen zu entziehen, die auf ihn Anwendung fänden, wenn er im Gebiet dieses Staates niedergelassen wäre.[532] Diese Vorschriften sind jedoch auf geeignete, erforderliche und verhältnismäßige Gleichstellungsmaßnahmen zu beschränken. So hat der EuGH im Zusammenhang mit gesetzlichen Verpflichtungen, die den pluralistischen Inhalt von Rundfunkprogrammen sichern sollten, entschieden, dass ein Mitgliedstaat eine Rundfunkanstalt, die sich in einem anderen Mitgliedstaat niederlässt, um dort für das Gebiet des ersten Staates bestimmte Dienstleistungen zu erbringen, **als inländische Sendeanstalt ansehen darf,** um zu verhindern, dass die Dienstleistungsfreiheit nach Art. 56 AEUV dazu missbraucht wird, sich inländischen Rechtsvorschriften zu entziehen.[533]

Eine Übertragung dieser Rechtsprechung auf das **Unterlaufen von staatlich gewährten ausschließlichen Rechten durch Sitzverlagerung** kann nur sehr eingeschränkt erfolgen, weil es in den entschiedenen Fällen nicht um Monopole und den damit verbundenen Ausschluss von Wettbewerbern ging, sondern allein um die Einhaltung von bestimmten Anforderungen bei der Ausübung einer Dienstleistung im Wettbewerb. In jedem Fall muss die Feststellung der Umgehung mitgliedstaatlicher Vorschriften nicht nur an die Absicht der Handelnden, sondern auch an objektive Kriterien wie z. B. Zeitpunkt der Aufnahme, Inhalt und Ausrichtung der Geschäftstätigkeit des Dienstleisters geknüpft werden.[534] 218

j) Die Kontrolle staatlicher Beihilfen gemäß Art. 107, 108 AEUV (ex-Art. 87, 88 EG). Das **grundsätzliche Verbot der Gewährung staatlicher Beihilfen nach Art. 107 Abs. 1** AEUV gilt – wie hinsichtlich aller anderen Unternehmen – auch im Zusammenhang mit öffentlichen und privilegierten (d. h. mit ausschließlichen oder besonderen Rechten ausgestatteten) Unternehmen.[535] Da die Rechtsprechung des EuGH die direkte staatliche Verantwortung nach Art. 107 sehr weit interpretiert und das Beihilfekontrollverfahren in Art. 108 und in den Verfahrensverordnungen[536] robust und detailliert ausgestaltet ist, verbleibt für eine Anwendung des Art. 106 Abs. 1 iVm. Art. 107 im Verfahren nach Art. 106 Abs. 3 in der Praxis jedoch kein sinnvoller Anwendungsbereich mehr. Denn schon aus Art. 107 Abs. 1 selbst ergibt sich für den Mitgliedstaat nicht nur das Verbot, öffentlichen oder privilegierten Unternehmen Beihilfen zu gewähren, sondern auch das Verbot, durch diese Unternehmen anderen Unternehmen Beihilfen zu gewähren.[537] 219

IV. Die unmittelbare Anwendbarkeit des Art. 106 Abs. 1 AEUV

Unmittelbar anwendbare Normen des Unionsrechts sind *„unmittelbare Quelle von Rechten und Pflichten für alle diejenigen, die sie betreffen, einerlei, ob es sich um die Mitgliedstaaten oder um solche Einzelpersonen handelt, die an Rechtsverhältnissen beteiligt sind, welche dem Gemeinschafts-* 220

---

[532] EuGH U. v. 3.12.1974, Rs 33/74, Slg. 1974,1299 Rdnr. 13 – *Van Binsbergen;* EuGH U. v. 5.10.1994, Rs C-23/93, Slg. 1994, I-4795 Rdnr. 20 – *TV10.*

[533] EuGH U. v. 5.10.1994, Rs C-23/93, Slg. 1994, I-4795 Rdnr. 21–22 – *TV10.*

[534] *GA Lenz* in seinen Schlussanträgen zu EuGH U. v. 5.10.1994, Rs C-23/93, Slg. 1994, I-4795 Rdnr. 63–67 – *TV10.*

[535] v. d. Groeben/Schwarze/Hatje-*Klotz,* Europäisches Unionsrecht, Art. 106 AEUV Rdnr. 51–52; Immenga/Mestmäcker-*Mestmäcker/Schweitzer,* WbR Bd. 1 EU/Teil 1, Art. 106 Abs. 1 AEUV Rdnr. 99.

[536] Verordnung Nr. 659/1999 des Rates vom 22.3.1999 über besondere Vorschriften für die Anwendung von Art. 108 des Vertrags über die Arbeitsweise der Europäischen Union, ABl. 1999 L 83/1–9, zuletzt geändert durch Verordnung (EU) Nr. 734/2013 des Rates vom 22.7.2013, ABl. 2013 L 204/15; Verordnung (EG) Nr. 794/2004 der Kommission vom 21. 4. 2004 zur Durchführung der Verordnung (EG) Nr. 659/1999, ABl. 2004 L 140/1–134, zuletzt geändert durch Verordnung (EU) Nr. 372/2014 der Kommission vom 9.4.2014, ABl. 2014 L 109/14.

[537] Zu den in diesem Zusammenhang relevanten Kriterien der unmittelbar oder mittelbar aus staatlichen Mitteln erfolgenden Gewährung eines Vorteils und der Zurechenbarkeit einer solchen Maßnahme an den Staat, s. Rdnr. 41–66 des Entwurfs (zur Konsultation veröffentlicht am 17.1.2014 auf der Web-site der GD Wettbewerb der Europäischen Kommission) der Bekanntmachung der Kommission zum Begriff der staatlichen Beihilfe nach Art. 107 Abs. 1 AEUV. S. auch *Streinz-Kühling,* EUV/AEUV, Art. 106 AEUV Rdnr. 32 mwN.

recht [jetzt: Unionsrecht] *unterliegen. Diese Wirkung erstreckt sich auch auf jedes Gericht, das, angerufen im Rahmen seiner Zuständigkeit, als Organ eines Mitgliedstaates die Aufgabe hat, die Rechte zu schützen, die das Gemeinschaftsrecht dem einzelnen verleiht".*[538] Dies bedeutet insbes., dass alle Behörden der Mitgliedstaaten sowie alle Unternehmen ihre Pflichten aus unmittelbar anwendbaren Normen des EU-Rechts zu beachten haben und diese Normen für den Einzelnen (natürliche und juristische Personen einschließlich anderer Unternehmen) Rechte begründen, die die staatlichen Gerichte im Falle einer Pflichtverletzung zu wahren haben.

221 Eine Norm des Unionsrechts ist unmittelbar anwendbar, wenn sie erstens hinreichend klar Rechte und/oder Pflichten formuliert, und wenn zweitens ihre Ausführung nicht von einer Bedingung oder Befristung abhängt, und wenn sie drittens vollständig ist, d. h. ihre Anwendbarkeit nicht von weiteren Durchführungs- oder Umsetzungsmaßnahmen abhängt, die im Ermessen der Unionsorgane oder der Mitgliedstaaten liegen.[539] Die sich aus einer unmittelbar anwendbaren Norm ergebenden Rechte des Einzelnen bestehen in Regelfall im Über-/Unterordnungsverhältnis zum Staat, im Einzelfall aber auch im Gleichordnungsverhältnis gegenüber anderen natürlichen oder juristischen Personen.[540]

222 Der Art. 106 Abs. 1 kann für sich allein genommen nicht unmittelbar anwendbar sein, da er eine Verweisungsnorm ist, deren materieller Verpflichtungsinhalt sich nur in Verbindung mit der jeweiligen Norm, auf die Art. 106 Abs. 1 verweist und mit der zusammen der Art. 106 Abs. 1 im Einzelfall angewandt werden soll, ergibt.[541] Unmittelbare Anwendbarkeit ergibt sich jedoch in der **Kombination des Art. 106 Abs. 1 mit unmittelbar anwendbaren Normen**[542] wie z. B. Art. 18 AEUV (ex-Art. 12 EG),[543] Art. 34 AEUV (ex-Art. 28 EG),[544] Art. 35 AEUV (ex-Art. 29 EG),[545] Art. 37 AEUV (ex-Art. 31 EG),[546] Art. 45 AEUV (ex-Art. 39 EG),[547] Art. 49 AEUV (ex-Art. 43 EG),[548] Art. 56 AEUV (ex-Art. 49 EG)[549] etc. oder Art. 101 AEUV (ex-Art. 81 EG),[550] Art. 102 AEUV (ex-Art. 82 EG).[551] Hierzu hat der EuGH die Formel geprägt, dass diese Vorschriften auch im Rahmen

---

538 EuGH U. v. 9.3.1978, Rs 106/77, Slg. 1978, 629 Rdnr. 14–16 – *Simmenthal.*

539 v. d. Groeben/Schwarze/Hatje-*Geismann,* Europäisches Unionsrecht, Art. 288 AEUV Rdnr. 12.

540 v. d. Groeben/Schwarze/Hatje-*Geismann,* Europäisches Unionsrecht, Art. 288 AEUV Rdnr. 14.

541 S. hierzu oben Rdnr. 4.

542 Grabitz/Hilf/Nettesheim-*Wernicke,* Das Recht der Europäischen Union, Art. 106 AEUV Rdnr. 12 (Stand: 3/2011); Langen/Bunte-*Stadler,* KartR Bd. 2, Art. 106 AEUV Rdnr. 10; EuGH U. v. 18.6.1975, Rs 94/74, Slg. 1975, 699 Rdnr. 33–36 – *IGAV/ENCC;* EuGH U. v. 10.12.1991, Rs C-179/90, Slg. 1991, I-5889 – *Porto di Genova.*

543 EuGH U. v. 10.12.1991, Rs C-179/90, Slg. 1991, I-5889 Rdnr. 10–11 – *Merci convenzionali Porto di Genova.*

544 EuGH U. v. 10.12.1991, Rs C-179/90, Slg. 1991, I-5889 Rdnr. 21–23 – *Merci convenzionali Porto di Genova.*

545 EuGH U. v. 29.11.1978, Rs 83/78, Slg. 1978, 2347 Rdnr. 66–67 – *Pigs Marketing Board;* EuGH U. v. 9.6.1992, Rs C-47/90, Slg. 1992, 3669 Rdnr. 28 – *Delhaize.*

546 EuGH U. v. 13.3.1979, Rs 91/78, Slg. 1979, 935 Rdnr. 16 – *Hansen II.* Zur Sonderregel des Art. 37 AEUV (ex-Art. 31 EG) s. unten Rdnr. 249 ff. Neben Art. 37 allein kommt auch die Anwendung von Art. 106 Abs. 1 iVm. Art. 37 AEUV in Betracht, insbes. im Verfahren nach Art. 106 Abs. 3.

547 EuGH U. v. 10.12.1991, Rs C-179/90, Slg. 1991, I-5889 Rdnr. 12–13 und 23 – *Merci convenzionali Porto di Genova.*

548 EuGH U. v. 21.6.1974, Rs 2/74, Slg. 1974, 631 Rdnr. 24–32 – *Reyners.*

549 EuGH U. v. 17.11.1992, Verb. Rs C-271/90, C-281/90 und C-289/90, Slg. 1992, I-5833 Rdnr. 20 -21 – *Spanien u. a./Kommission („Telekommunikationsdienste").*

550 EuGH U. v. 30.1.1974, Rs 127/73, Slg. 1974, 51 Rdnr. 15–17 – *BRT/SABAM („BRT I");* EuGH U. v. 16.9.1999, Rs C-22/98, Slg. 1999, I-5665 Rdnr. 21 – *Becu.*

551 EuGH U. v. 30.1.1974, Rs 127/73, Slg. 1974, 51 Rdnr. 15–17 – *BRT/SABAM („BRT I");* EuGH U. v. 30.4.1974, Rs 155/73, Slg. 1974, 409 Rdnr. 18 – *Sacchi;* EuGH U. v. 10.12.1991, Rs C-179/90, Slg. 1991, I-5889 Rdnr. 14–20 und 23 – *Merci convenzionali Porto di Genova;* EuGH U. v. 17.7.1997, Rs C-242/95, Slg. 1997, I-4449 Rdnr. 57 – *GT-Link;* EuGH U. v. 16.9.1999, Rs C-22/98, Slg. 1999, I-5665 Rdnr. 21 – *Becu;* EuGH U. v. 8.6.2000, Rs C-258/98, Slg. 2000, I-4217 Rdnr. 10–11 – *Carra.*

des Art. 106 unmittelbare Wirkung haben und für den Einzelnen Rechte begründen, die die staatlichen Gerichte zu wahren haben.[552] Da Art. 106 Abs. 1 allein die Mitgliedstaaten verpflichtet, kann diese Vorschrift in allen Kombinationen stets nur im Über-/Unterordnungsverhältnis zum Staat gegenüber diesem unmittelbar anwendbar sein. Dies gilt unabhängig davon, ob Art. 106 Abs. 1 lediglich Klarstellungsfunktion hinsichtlich schon bestehender Pflichten der Mitgliedstaaten hat oder Komplementärfunktion ausübt, indem er iVm. den allein an Unternehmen gerichteten Art. 101 oder 102 AEUV originär eine neue Verantwortlichkeit der Mitgliedstaaten begründet.[553]

Im Rahmen der Rechtsdurchsetzung sind neben der Kommission nach Art. 106 Abs. 3 223 aufgrund der unmittelbaren Anwendbarkeit des Art. 106 Abs. 1 iVm. einer materiellen Norm der Verträge (EUV, AEUV) auch die nationalen Gerichte befugt, auf Klage z.B. anderer Unternehmen hin die Verstöße eines Mitgliedstaats gegen diese Normen zu untersuchen und abzustellen. Das unionsrechtliche Prinzip der unmittelbaren Anwendbarkeit verpflichtet zwar alle Behörden der Mitgliedstaaten, die unmittelbar anwendbaren Vorschriften zu beachten, begründet jedoch keine Befugnis einer oder mehrerer **innerstaatlicher Behörden als Rechtsdurchsetzungsorgane,** Verstöße ihres eigenen Mitgliedstaats gegen Art. 106 Abs. 1 in eigenen Rechtsdurchsetzungsverfahren aktiv zu verfolgen und abzustellen.

Auch aus dem *CIF*-Urteil[554] des EuGH ergibt sich eine solche Befugnis nicht. In diesem 224 ging es um den **Vorrang des Unionsrechts,** der nach ständiger Rechtsprechung verlangt, dass jede *nationale Rechtsvorschrift,* die einer Unionsrechtsvorschrift entgegensteht, unangewendet bleibt, unabhängig davon, ob sie älter oder jünger ist als diese. Der EuGH[555] erinnerte daran, dass diese Pflicht, eine dem Unionsrecht entgegenstehende nationale Rechtsvorschrift unangewendet zu lassen, nicht nur den nationalen Gerichten, sondern allen staatlichen Organen einschließlich der Verwaltungsbehörden obliege,[556] woraus sich gegebenenfalls die Verpflichtung ergebe, alle Bestimmungen zu erlassen, um die volle Geltung des Unionsrechts zu erleichtern.[557] Hieraus schloss der EuGH, dass eine mit der Anwendung des Art. 101 AEUV betraute nationale Wettbewerbsbehörde im Rahmen der Untersuchung eines Unternehmensverhaltens nach Art. 101 die Möglichkeit haben müsse, festzustellen, dass eine staatliche Maßnahme, die das wettbewerbswidrige Unternehmensverhalten vorschreibt oder erleichtert, gegen Art. 3 Abs. 3 EUV iVm. Protokoll Nr. 27, Art. 4 Abs. 3 EUV iVm. Art. 101 AEUV (ex-Art. 3 Abs. 1 lit. g, 10 Abs. 2 iVm. Art. 81 EG) verstößt, um dann ihrer behördlichen Pflicht nachzukommen, diese staatliche Maßnahme unangewendet zu lassen.[558] Aus diesem Zusammenhang wird deutlich, dass der EuGH keine eigenständige von einem Verfahren gegen Unternehmen nach Art. 101 abgekoppelte Befugnis der nationalen Wettbewerbsbehörde zur Verfolgung und Abstellung von Verstößen ihres eigenen Mitgliedstaats gegen Art. 3 Abs. 3 EUV iVm. Protokoll Nr. 27, Art. 4 Abs. 3 EUV iVm. Art. 101 AEUV begründen wollte und somit auch aus diesem Urteil nicht die Befugnis nationaler Wettbewerbsbehörden herausgelesen werden kann, in separaten Verfahren Verstöße des eigenen Mitgliedstaats gegen Art. 106 iVm. Art. 101/102 AEUV (oder anderen Normen des AEUV oder EUV) zu verfolgen und abzustellen. Es ging lediglich darum, die Effektivität des Verfahrens der nationalen Wettbewerbsbehörde zur Durchsetzung des Art. 101 gegen Unternehmen zu sichern. Mit diesem Ziel bestätigte der EuGH die unter dem Gesichtspunkt des Vorrangs des Unionsrechts bestehende Möglichkeit und Pflicht der nationalen Wettbewerbs-

---

552 S. z.B. EuGH U. v. 8.6.2000, Rs C-258/98, Slg. 2000, I-4217 Rdnr. 11 – *Carra.*
553 Zu dieser Unterscheidung s. oben Rdnr. 4.
554 EuGH U. v. 9.9.2003, Rs C-198/01, Slg. 2003, I-8055 – *Consorzio Industrie Fiammiferi (CIF).*
555 EuGH U. v. 9.9.2003, Rs C-198/01, Slg. 2003, I-8055 Rdnr. 49 – *Consorzio Industrie Fiammiferi (CIF).*
556 EuGH U. v. 22.6.1989, Rs 103/88, Slg. 1989, 1839 Rdnr. 31 – *Fratelli Costanzo.*
557 EuGH U. v. 13.7.1972, Rs 48/71, Slg. 1972, 529 Rdnr. 7 – *Kommission/Italien.*
558 EuGH U. v. 9.9.2003, Rs C-198/01, Slg. 2003, I-8055 Rdnr. 50 – *Consorzio Industrie Fiammiferi (CIF).*

behörde, solche staatlichen Maßnahmen für unanwendbar zu erklären, auf die sich das angegriffene Unternehmen zu seiner Verteidigung mit dem Hinweis beruft, sie hätten ihm das wettbewerbswidrige Verhalten vorgeschrieben oder erleichtert.[559]

V. Das Verhältnis des Art. 106 Abs. 1 AEUV zu bestimmten anderen Vertragsvorschriften

225 **1. Verhältnis des Art. 106 Abs. 1 zu bestimmten staatsgerichteten Normen des Verträge (EUV, AEUV).** *a) Allgemeine Loyalitätspflicht nach Art. 3 Abs. 3 EUV iVm. Protokoll Nr. 27, Art. 4 Abs. 3 EUV iVm. Art. 101/102 AEUV (ex-Art. 3 Abs. 1 lit. g, 10 Abs. 2 iVm. Art. 81/82 EG).*[560] *aa) Überblick und Zusammenhang.* Soweit sich Art. 106 Abs. 1 auf die Art. 101/102 bezieht, steht Art. 106 Abs. 1 als *lex specialis* im Kontext der allgemeinen Regeln der Art. 3 Abs. 3 EUV iVm. Protokoll Nr. 27, Art. 4 Abs. 3 EUV iVm. Art. 101/102 AEUV (ex-Art. 3 Abs. 1 lit. g, 10 Abs. 2 iVm. Art. 81/82 EG). Mit Inkrafttreten des **Lissabon-Vertrags** am 1.12.2009 hat sich im Vergleich zum bisherigen EUV und EG im neuen EUV und AEUV die Technik der Bezugnahme auf die Wettbewerbspolitik geändert, ohne dass rechtlich eine Schwächung der Stellung dieser Politik eingetreten ist. So wie gemäß Art. 3 Abs. 1 lit. g EG **ein System, das den Wettbewerb innerhalb des Binnenmarkts vor Verfälschungen schützt,** ein grundlegendes Ziel der Europäischen Gemeinschaft war, gehört zu den Zielsetzungen der EU gemäß Art. 3 Abs. 3 EUV die Errichtung eines Binnenmarktes, während das **Protokoll Nr. 27,** das dem EUV und dem AEUV beigefügt und ein integraler Bestandteil dieser beiden Verträge ist, klarstellt, dass der Binnenmarkt ein System umfasst, das den Wettbewerb vor Verfälschungen schützt. Art. 4 Abs. 3 EUV wiederholt den zuvor in Art. 10 Abs. 2 EG niedergelegten **Grundsatz der loyalen Zusammenarbeit** der EU und der Mitgliedstaaten bei der Erfüllung der sich aus dem EUV und dem AEUV ergebenden Aufgaben. Auch nach Inkrafttreten des Lissabon-Vertrags müssen die Mitgliedstaaten und die Europäische Union gemäß Art. 119 Abs. 1 AEUV (ex-Art. 4 Abs. 1 EG) eine Wirtschaftspolitik führen, die *„dem Grundsatz einer offenen Marktwirtschaft mit freiem Wettbewerb verpflichtet ist"*. Nach Art. 120 AEUV (ex-Art. 98 EG) handeln die Mitgliedstaaten und die Union *„im Einklang mit dem Grundsatz einer offenen Marktwirtschaft mit freiem Wettbewerb"*. Die Gesamtbetrachtung verdeutlicht somit, dass der Stellenwert des Wettbewerbsgedankens und der EU-Wettbewerbspolitik durch den Lissabon-Vertrag bestätigt wurde und die bisherige Rechtsprechung des EuGH zur Loyalitätspflicht der Mitgliedstaaten gegenüber den Zielsetzungen der Wettbewerbspolitik auf der Basis von Art. 3 Abs. 3 EUV iVm. Protokoll Nr. 27, Art. 4 Abs. 3 EUV iVm. Art. 101 und 102 AEUV (ex-Art. 3 Abs. 1 lit. g, Art. 10 Abs. 2 iVm. Art. 81 und 82 EG) in allen ihren Ausprägungen aufrechterhalten werden wird. Dies ergibt sich inzwischen auch aus den bisher wenigen nach Inkrafttreten des Lissabon-Vertrages ergangenen einschlägigen Urteilen und Schlussanträgen.[561]

226 Die Art. 101/102 AEUV verbieten den Unternehmen bestimmte wettbewerbsbeschränkende Verhaltensweisen. Zusammengelesen ergibt sich nach der Rechtsprechung[562] des

[559] EuGH U. v. 9.9.2003, Rs C-198/01, Slg. 2003, I-8055 Rdnr. 40–58 – *Consorzio Industrie Fiammiferi (CIF).* All dies hindert die Mitgliedstaaten andererseits nicht, einer innerstaatlichen Behörde, wie z. B. der nationalen Wettbewerbsbehörde, eine Befugnis zur Verfolgung und Abstellung von Verstößen des eigenen Mitgliedstaats gegen das Recht des AEUV oder EUV, wie z. B. die Pflichten aus EU-Wettbewerbsrecht oder EU-Binnenmarktrecht, zu erteilen. Allerdings scheint dies bisher keiner der inzwischen 28 Mitgliedstaaten in nennenswertem Umfang getan zu haben.

[560] S. zu diesem Thema ausführlich *Schröter/Jakob/Klotz/Mederer-Dohms,* Europäisches Wettbewerbsrecht, 5. Teil, Abschnitt C; sowie v. d.Groeben/Schwarze/Hatje-*Dohms,* Europäisches Unionsrecht, Nach Art. 106 AEUV, Abschnitt B.

[561] S. EuGH U. v. 3.3.2011, Rs C-437/09, Slg. 2011, I-973 Rdnr. 24, 37 – *AG2R Prévoyance;* Schlussanträge des GA Wathelet v. 31.1.2013 in Rs C-677/11, ECLI:EU:C:2013:58 Rdnr. 104 – *Doux Élevage.*

[562] Der EuGH hat diese Rechtsprechung ausschließlich anhand von **Vorabentscheidungen** nach Art. 267 AEUV (ex-Art. 234 EG) zu Vorlagefragen nationaler Gerichte entwickelt; s. zum Vorabentscheidungsverfahren *Ollerdißen* in § 60 Rdnr. 29 ff. in diesem Handbuch.

EuGH aus Art. 3 Abs. 3 EUV iVm. Protokoll Nr. 27, Art. 4 Abs. 3 EUV iVm. Art. 101 und 102 AEUV, dass die Mitgliedstaaten keine Maßnahmen, und zwar auch nicht in Form von Gesetzen oder Verordnungen, treffen oder beibehalten dürfen, die ***„die praktische Wirksamkeit"*** der für die Unternehmen geltenden EU-Wettbewerbsregeln aufheben könnten.[563] Angesichts der großen Tragweite dieser Formel hat der EuGH seine Rechtsprechung später eingeschränkt und präzisiert.

Diese Präzisierung war umso wichtiger als die Vorschriften der Art. 3 Abs. 3 EUV iVm. Protokoll Nr. 27, Art. 4 Abs. 3 EUV iVm. Art. 101, 102 AEUV **unmittelbar anwendbar** sind, d.h. sie sind **unmittelbare Quelle von Pflichten,** die alle Behörden der Mitgliedstaaten zu beachten haben, **sowie von Rechten** juristischer und natürlicher Personen (einschließlich Unternehmen), **deren Einhaltung von den innerstaatlichen Gerichten zu wahren ist.**[564] Zwar können Art. 3 Abs. 3 EUV iVm. Protokoll Nr. 27, Art. 4 Abs. 3 EUV als Programmsätze für sich allein nicht unmittelbar anwendbar sein; sie werden es jedoch in der Kombination mit den unmittelbar anwendbaren Normen der Art. 101 AEUV (ex-Art. 81 EG)[565] und Art. 102 AEUV (ex-Art. 82 EG).[566] Dementsprechend hat der EuGH in zahlreichen Vorabentscheidungsverfahren nach Art. 267 AEUV (ex-Art. 234 EG) vorlegenden innerstaatlichen Gerichten Auslegungshinweise zu dieser Vorschriftenkombination gegeben. 227

Ursprung der Rechtsprechung ist das Urteil *INNO/ATAB,*[567] in dem der EuGH erkennen ließ, dass der Erlass und die Beibehaltung einer staatlichen Rechtsvorschrift, durch die für eingeführte und für inländische Ware ein von den Herstellern oder Importeuren festgesetzter Preis für den Weiterverkauf an Endverbraucher für verbindlich erklärt wurde, gegen **Art. 3 Abs. 3 EUV iVm. Protokoll Nr. 27, Art. 4 Abs. 3 EUV iVm. Art. 102 AEUV** verstieß. In nachfolgenden Fällen hatte der EuGH insbes. anhand von staatlichen Preisregelungen mehrfach Gelegenheit, den Gedanken der „praktischen Wirksamkeit" der an die Unternehmen gerichteten Wettbewerbsregeln zu entwickeln[568] und die Verantwortung der Mitgliedstaaten nach **Art. 3 Abs. 3 EUV iVm. Protokoll Nr. 27, Art. 4 Abs. 3 EUV iVm. Art. 101 AEUV** zu prüfen.[569] 228

---

[563] **Zu Art. 101 AEUV:** EuGH U. v. 21.9.1988, Rs 267/86, Slg. 1988, 4769 Rdnr. 16 – *Van Eycke/ASPA;* EuGH U. v. 17.11.1993, Rs C-185/91, Slg. 1993, I-5801 Rdnr. 14 – *Reiff;* EuGH U. v. 9.6.1994, Rs C-153/93, Slg. 1994, I-2517 Rdnr. 14 – *Delta Schiffahrts- und Speditionsgesellschaft;* EuGH U. v. 19.2.2002, Rs C-35/99, Slg. 2002, I-1529 Rdnr. 34 – *Arduino;* EuGH U. v. 9.9.2003, Rs C-198/01, Slg. 2003, I-8055 Rdnr. 45 – *Consorzio Industrie Fiammiferi (CIF);* EuGH U. v. 3.3.2011, Rs C-437/09, Slg. 2011, I-973 Rdnr. 24, 37 – *AG2R Prévoyance.* **Zu Art. 102 AEUV:** EuGH U. v. 16.11.1977, Rs 13/77, Slg. 1977, 2115 Rdnr. 31 und 40–42 – *INNO/ATAB.* **Zu beiden Artikeln:** EuGH U. v. 5.10.1995, Rs C-96/94, Slg. 1995, I-2883 Rdnr. 20 – *Centro Servizi Spediporto;* EuGH U. v. 1.10.1998, Rs C-38/97, Slg. 1998, I-5955 Rdnr. 44 – *Autotrasporti Librandi;* EuGH U. v. 5.12.2006, Verb. Rs C-94/04 und C-202/04, Slg. 2006, I-11421 Rdnr. 46 mwN – *Cipolla und Macrino.*

[564] Klassische Definition der unmittelbaren Anwendbarkeit in EuGH U. v. 9.3.1978, Rs 106/77, Slg. 1978, 629 Rdnr. 14–16 – *Simmenthal.*

[565] Für Art. 101 Abs. 1 AEUV (ex-Art. 81 Abs. 1 EG, ex-Art. 85 Abs. 1 EWGV), st. Rspr. seit EuGH U. v. 30.1.1974, Rs 127/73, Slg. 1974, 51 Rdnr. 15–17 – *BRT/SABAM („BRT I").* Art. 101 Abs. 3 AEUV (ex-Art. 81 Abs. 3 EG) wurde durch die neue Durchführungsverordnung (EG) Nr. 1/2003 mit Wirkung vom 1.5.2004 in eine Legalausnahme umgewandelt, die nicht nur von der Kommission, sondern auch von den nationalen Gerichten und nationalen Wettbewerbsbehörden unmittelbar angewandt werden kann.

[566] St. Rspr. seit EuGH U. v. 30.1.1974, Rs 127/73, Slg. 1974, 51 Rdnr. 15–17 – *BRT/SABAM („BRT I").*

[567] EuGH U. v. 16.11.1977, Rs 13/77, Slg. 1977, 2115 Rdnr. 30–35 – *INNO/ATAB.*

[568] EuGH U. v. 10.1.1985, Rs 229/83, Slg. 1985, 1 Rdnr. 14 – *Leclerc/Le blé vert;* EuGH U. v. 29.1.1985, Rs 231/83, Slg. 1985, 305 Rdnr. 16–17 – *Cullet.*

[569] So entschied der EuGH (im U. v. 10.1.1985, Rs 229/83, Slg. 1985, 1 Rdnr. 14, 20 – *Leclerc/Le blé vert*), dass beim gegenwärtigen Stand des Gemeinschaftsrechts die Verpflichtungen der Mitgliedstaaten aus Art. 3 Abs. 3 EUV iVm. Protokoll Nr. 27, Art. 4 Abs. 3 EUV iVm. Art. 101 AEUV nicht hinreichend bestimmt seien, um ihnen den Erlass von Rechtsvorschriften über den Wettbewerb bei

229 Der **Gedanke der praktischen Wirksamkeit** der an die Unternehmen gerichteten Wettbewerbsregeln bot den theoretischen Ansatzpunkt für eine **umfassende Kontrolle staatlicher Interventionen im Wirtschaftsleben.** Zeitweilig schien aus der Rechtsprechung hervorzugehen, dass jede staatliche Maßnahme, die Wirkungen wie eine wettbewerbsbeschränkende Vereinbarung oder wie ein Missbrauch einer marktbeherrschenden Stellung zeitigte, nach Art. 3 Abs. 3 EUV iVm. Protokoll Nr. 27, Art. 4 Abs. 3 EUV iVm. Art. 101/102 AEUV verboten sei. Dies hätte die **Möglichkeiten der Mitgliedstaaten zu wirtschaftseingreifenden Maßnahmen radikal beschnitten** und zusammen mit der Tatsache, dass bereits ein Großteil der wirtschaftsrelevanten Gesetzgebung EU-rechtlich ist, zu einem weiteren **deutlichen Machtverlust der mitgliedstaatlichen Regierungs- und Legislativebene** geführt. Wohl auch angesichts dieser Konsequenzen hat der EuGH seine Rechtsprechung ab Ende der 1980er Jahre in verschiedener Weise klargestellt und eingeschränkt.[570] Im Ergebnis scheitert die staatliche Verantwortlichkeit nach den allgemeinen Regeln daher inzwischen oft an ihren engen Voraussetzungen. In diesen Fällen sollte aber neben der möglichen Anwendbarkeit der Sonderregelung des Art. 106 stets auch geprüft werden, ob das Verhalten des Mitgliedstaates gegen andere direkt an ihn gerichtete Vorschriften des AEUV, wie z.B. die Binnenmarktregeln der Art. 34, 35, 49, 56, 63, verstößt.

230 *bb) Art. 3 Abs. 3 EUV iVm. Protokoll Nr. 27, Art. 4 Abs. 3 EUV iVm. Art. 101 AEUV.*

(1) Allgemeines. Seit dem Urteil *Van Eycke*[571] ist es im Zusammenhang mit Art. 101 ständige Rechtsprechung, dass ein Mitgliedstaat die Art. 3 Abs. 3 EUV iVm. Protokoll Nr. 27, Art. 4 Abs. 3 EUV iVm. Art. 101 AEUV nur dann verletzt, wenn er Art. 101 zuwiderlaufende Kartellabsprachen[572] *vorschreibt*[573] *oder erleichtert (bzw. veranlasst) oder deren Auswirkungen verstärkt*[574] oder wenn der Staat einer eigenen Regelung dieser Art dadurch ihren staatlichen Charakter nimmt, dass er die Verantwortung für in die Wirtschaft eingreifende Entscheidungen privaten Wirtschaftsteilnehmern überträgt. Der Gerichtshof beschränkt somit die staatliche Verantwortlichkeit nach Art. 3 Abs. 3 EUV iVm. Protokoll Nr. 27, Art. 4 Abs. 3 EUV iVm. Art. 101 auf einen ***numerus clausus*** **bestimmter Fallgruppen.**[575]

231 Seit den Urteilen des EuGH in den Rs *Meng, Reiff* und *Ohra* aus dem Jahr 1993 ist endgültig geklärt, dass in den drei **Fallgruppen des Vorschreibens, Erleichterns und Verstärkens** der Mitgliedstaat nur dann verantwortlich sein kann, wenn eine dem Art. 101 zuwiderlaufende Vereinbarung zwischen Unternehmen bzw. ein Beschluss einer

---

den Endverkaufspreisen von Büchern zu verbieten. In EuGH U. v. 29.1.1985, Rs 231/83, Slg. 1985, 305 Rdnr. 16–18 – *Cullet* wurde entschieden, dass eine staatliche Mindestpreisregelung für den Verkauf von Treibstoff an den Endverbraucher, bei der die Aufgabe der Preisfestsetzung nicht den Lieferanten übertragen wurde, sondern bei den öffentlichen Stellen verblieb, nicht gegen Art. 3 Abs. 3 EUV iVm. Protokoll Nr. 27, Art. 4 Abs. 3 EUV iVm. Art. 101 AEUV verstößt.

570 S. hierzu unten Rdnr. 230 ff. und Rdnr. 243 f.

571 EuGH U. v. 21.9.1988, Rs 267/86, Slg. 1988, 4769 Rdnr. 16 – *Van Eycke/ASPA;* bestätigt z.B. durch EuGH U. v. 17.11.1993, Rs C-185/91, Slg. 1993, I-5801 Rdnr. 14 – *Reiff;* EuGH U. v. 9.6.1994, Rs C-153/93, Slg. 1994, I-2517 Rdnr. 14 – *Delta Schiffahrts- und Speditionsgesellschaft;* EuGH U. v. 5.10.1995, Rs C-96/94, Slg. 1995, I-2883 Rdnr. 21 – *Centro Servizi Spediporto;* EuGH U. v. 17.10.1995, Verb. Rs C-140/94, C-141/94 und C-142/94, Slg. 1995, I-3257 Rdnr. 15 – *DIP u. a.;* EuGH U. v. 3.3.2011, Rs C-437/09, Slg. 2011, I-973 Rdnr. 37 mwN – *AG2R Prévoyance.*

572 Gemeint sind iSd. vollständigen Tatbestands von Art. 101 AEUV alle wettbewerbsbeschränkenden Vereinbarungen und abgestimmten Verhaltensweisen zwischen Unternehmen und Beschlüsse von Unternehmensvereinigungen auf der horizontalen und der vertikalen Ebene.

573 Dieser Gesichtspunkt auch schon vorher in EuGH U. v. 10.1.1985, Rs 229/83, Slg. 1985, 1 Rdnr. 15 – *Leclerc/Le blé vert;* EuGH U. v. 29.1.1985, Rs 231/83, Slg. 1985, 305 Rdnr. 17 – *Cullet.*

574 Dieser Gesichtspunkt auch schon vorher in EuGH U. v. 1.10.1987, Rs 311/85, Slg. 1987, 3801 Rdnr. 10 – *Vlaamse Reisbureaus;* EuGH U. v. 30.4.1986, Verb. Rs 209–213/84, Slg. 1986, 1457 Rdnr. 71–72 – *Ministère Public/Asjes;* und nachfolgend in EuGH U. v. 11.4.1989, Rs 66/86, Slg. 1989, 803 Rdnr. 48 – *Ahmed Saeed Flugreisen.*

575 Immenga/Mestmäcker-*Mestmäcker/Schweitzer,* WbR Bd. 1 EU/Teil 1, Einl. Art. 106 Abs. 1 AEUV Rdnr. 33.

Unternehmensvereinigung oder eine abgestimmte Verhaltensweise tatsächlich stattfindet.[576] Die Verantwortlichkeit des Mitgliedstaates nach Art. 3 Abs. 3 EUV iVm. Protokoll Nr. 27, Art. 4 Abs. 3 EUV iVm. Art. 101 AEUV ist somit in diesen drei Fallgruppen **akzessorisch zur Erfüllung des Tatbestandes des Art. 101.** Aus der Rechtsprechung des EuGH geht jedoch auch hervor, dass die Verantwortlichkeit des Mitgliedstaates nicht abhängig ist von der letztendlichen Verantwortlichkeit der beteiligten Unternehmen oder Unternehmensvereinigungen nach Art. 101.[577]

Die vierte Fallgruppe der **Übertragung der staatlichen Verantwortung für in die Wirtschaft eingreifende Entscheidungen auf private Wirtschaftsteilnehmer** ist dadurch gekennzeichnet, dass der Staat sein Letztentscheidungsrecht für solche Entscheidungen zugunsten der privaten Wirtschaftsteilnehmer aufgibt und diese die ihnen übertragene Regulierungsgewalt in wettbewerbsbeschränkender Weise tatsächlich ausüben. Die Rechtsprechung lässt erkennen, dass die abstrakte Übertragung von staatlicher Regulierungsgewalt allein ohne wettbewerbsbeschränkende Ausübung durch die privaten Wirtschaftsteilnehmer zur Begründung einer Verantwortung des Staates nach Art. 3 Abs. 3 EUV iVm. Protokoll Nr. 27, Art. 4 Abs. 3 EUV iVm. Art. 101 AEUV nicht ausreicht.[578] Insofern ist die **Staatsverantwortung akzessorisch zum tatsächlichen Auftreten einer Wettbewerbsbeschränkung.** 232

Der EuGH prüft meist zunächst, ob eine der drei Fallgruppen des Vorschreibens, Erleichterns oder Verstärkens vorliegt und widmet sich nur zuletzt der vierten Fallgruppe der Übertragung von Regulierungsgewalt auf private Wirtschaftsteilnehmer.[579] Deshalb fragt der EuGH zuerst danach, ob ein nach Art. 101 tatbestandliches Verhalten von Unternehmen oder Unternehmensvereinigungen aufgetreten ist. Ein solches Verhalten kann z. B. auch dann vorliegen, wenn der Staat auf Vorschlag der unmittelbar betroffenen Berufsvereinigungen Mitglieder einer Einrichtung zur Festsetzung der Preise ernannt hat, sofern diese Mitglieder eine Vereinbarung über die Preise als Vertreter der Vereinigungen, von denen sie vorgeschlagen worden sind, ausgehandelt und abgeschlossen haben.[580] 233

Demgegenüber hat der Gerichtshof mehrfach entschieden, dass **gesetzliche Verhaltensverbote, die aus sich heraus wirksam sind** und deswegen keiner weiteren Handlung von Unternehmen(svereinigungen) bedürfen, in keine der vier Fallgruppen gehören. Ihnen fehlt jeder Zusammenhang zu einem von Art. 101 erfassten Verhalten von Unter- 234

[576] **Für alle drei Fallgruppen:** EuGH U. v. 17.11.1993, Rs C-185/91, Slg. 1993, I-5801 Rdnr. 15–19 – *Reiff;* EuGH U. v. 17.10.1995, Verb. Rs C-140/94, C-141/94 und C-142/94, Slg. 1995, I-3257 Rdnr. 16–19 – *DIP u. a.;* auch schon erkennbar in EuGH U. v. 21.9.1988, Rs 267/86, Slg. 1988, 4769 Rdnr. 17–18 – *Van Eycke/ASPA;* außerdem EuGH U. v. 21.9.1999, Rs C-67/96, Slg. 1999, I-5751 Rdnr. 65–70 – *Albany;* ebenso EuGH U. v. 21.9.1999, Rs C-115/97 bis C-117/97, Slg. 1999, I-6025 Rdnr. 65–70 – *Brentjens'* und EuGH U. v. 21.9.1999, Rs C-219/97, Slg. 1999, I-6121 Rdnr. 55–60 – *Drijvende Bokken;* EuGH U. v. 3.3.2011, Rs C-437/09, Slg. 2011, I-973 Rdnr. 28–39 mwN – *AG2R Prévoyance.* **Für die Fallgruppe des Verstärkens:** EuGH U. v. 17.11.1993, Rs C-2/91, Slg. 1993, I-5751 Rdnr. 16–17 – *Meng;* EuGH U. v. 17.11.1993, Rs C-245/91, Slg. 1993, I-5851 Rdnr. 12 – *Ohra.*

[577] S. unten Rdnr. 235 zur Fallgruppe des staatlichen Vorschreibens.

[578] In EuGH U. v. 10.1.1985, Rs 229/83, Slg. 1985, 1 Rdnr. 15 – *Leclerc/Le blé vert* wird darauf abgestellt, dass die Ausübung der Regulierungsgewalt es für die privaten Wirtschaftsteilnehmer überflüssig macht, in von Art. 101 AEUV verbotene Absprachen oder abgestimmte Verhaltensweisen einzutreten. In den anderen relevanten Urteilen (s. unten Rdnr. 238 ff.) geht der EuGH von wettbewerbsbeschränkenden Regelungen (meist Tarifregelungen) aus und untersucht anhand der Beteiligung privater Wirtschaftsteilnehmer am Zustandekommen und an der Anwendung dieser Regeln, ob eine Übertragung staatlicher Regulierungsgewalt vorliegt.

[579] Hiervon abweichend prüft der EuGH in U. v. 19.2.2002, Rs C-35/99, Slg. 2002, I-1529 Rdnr. 36–43 – *Arduino* zunächst die Übertragung von Regulierungsgewalt, um dann auf die Fallgruppen des Vorschreibens, Erleichterns und Verstärkens einer Kartellabsprache rückzuschließen. So auch der EuGH in U. v. 5.12.2006, Verb. Rs C-94/04 und C-202/04, Slg. 2006, I-11421 Rdnr. 44–54 – *Cipolla und Macrino.*

[580] EuGH U. v. 30.1.1985, Rs 123/83, Slg. 1985, 391 Rdnr. 18–20 – *BNIC/Clair;* EuGH U. v. 17.11.1993, Rs C-185/91, Slg. 1993, I-5801 Rdnr. 16 – *Reiff.*

nehmen(svereinigungen), so dass sie nicht gegen Art. 3 Abs. 3 EUV iVm. Protokoll Nr. 27, Art. 4 Abs. 3 EUV iVm. Art. 101 AEUV verstoßen.[581] Durch staatliche Gesetze festgelegte Einschränkungen von wirtschaftlichen Freiheiten können jedoch mit anderen Normen des EU-Rechts, insbes. den Binnenmarktfreiheiten des AEUV, in Konflikt geraten.[582]

235 *(2) Einzelheiten zu den Fallgruppen.* Die Fallgruppe des **Vorschreibens** ist dadurch gekennzeichnet, dass der Staat durch den Einsatz hoheitlicher Mittel (staatlicher Rechtsvorschriften etc.) die Unternehmen(svereinigungen) verpflichtet bzw. zwingt, wettbewerbsbeschränkende Vereinbarungen, Beschlüsse oder abgestimmte Verhaltensweisen iSv. Art. 101 zu verwirklichen. In diesem Fall ist der Mitgliedstaat nach Art. 3 Abs. 3 EUV iVm. Protokoll Nr. 27, Art. 4 Abs. 3 EUV iVm. Art. 101 AEUV verantwortlich, obwohl die **Unternehmen(svereinigungen) nicht nach Art. 101 verantwortlich** sind.[583] Denn es fehlt hier an der für die Haftung der Unternehmen(svereinigungen) notwendigen Zurechenbarkeit der Verletzungshandlung, weil die Wettbewerbsbeschränkung ihre Ursache nicht in einem selbständigen Verhalten der Unternehmen(svereinigungen) findet.[584] Diese Verteidigung (sogenannte *„state action defence"*) schützt die betroffenen Unternehmen(svereinigungen) in einem Verfahren, das die nationale Wettbewerbsbehörde nach Art. 101 gegen sie führt, jedoch dann nicht mehr, wenn diese Behörde ihrer Pflicht nachkommt, die betreffenden hoheitlichen Mittel wegen Verstoßes gegen Art. 3 Abs. 3 EUV iVm. Protokoll Nr. 27, Art. 4 Abs. 3 EUV iVm. Art. 101 AEUV für nicht anwendbar zu erklären.[585] Soweit die Unternehmen(svereinigungen) ihr wettbewerbswidriges Verhalten trotzdem fortsetzen, kann die nationale Wettbewerbsbehörde gegen sie Sanktionen verhängen, sobald die Nichtanwendungsentscheidung ihnen gegenüber Bestandskraft erlangt hat.[586]

236 Die Fallgruppe des **Erleichterns oder Veranlassens** hat der Gerichtshof bisher nicht weiter konkretisiert. Es ist denkbar, dass sich auf ihrer Grundlage in der Zukunft eine weniger formalistische Interpretation der Staatsverantwortlichkeit nach Art. 3 Abs. 3 EUV iVm. Protokoll Nr. 27, Art. 4 Abs. 3 EUV iVm. Art. 101 AEUV und damit eine stärkere Kontrolle staatlicher Interventionen im Wirtschaftsleben entwickeln wird. Die Unternehmen(svereinigungen) sind in dieser Fallgruppe für ihr Verhalten vollständig nach Art. 101 verantwortlich, d. h. auch für die Zeit vor einer etwaigen Nichtanwendungsentscheidung der nationalen Wettbewerbsbehörde gegen die staatliche Maßnahme.[587] Allerdings muss die staatliche Einflussnahme auf das Verhalten der Unternehmen(svereinigungen) bei der Bemessung der Sanktionen durch die nationale Wettbewerbsbehörde als mildernder Umstand in Rechnung gestellt werden.[588]

---

[581] EuGH U. v. 17.11.1993, Rs C-2/91, Slg. 1993, I-5751 Rdnr. 15, 20 – *Meng;* EuGH U. v. 17.11.1993, Rs C-245/91, Slg. 1993, I-5851 Rdnr. 11, 13 – *Ohra.*

[582] D. h. die Warenverkehrsfreiheit (Art. 34 ff. AEUV), die Freizügigkeit der Arbeitnehmer (Art. 45 ff. AEUV), die Niederlassungsfreiheit (Art. 49 ff. AEUV), die Dienstleistungsfreiheit (Art. 56 ff. AEUV) und die Kapitalverkehrsfreiheit (Art. 63 ff. AEUV).

[583] Zur Frage der Akzessorietät s. oben Rdnr. 231.

[584] EuGH U. v. 11.1.1997, Rs C-359/95 P und C-379/95 P, Slg. 1997, II-6265 Rdnr. 33 – *Kommission/Ladbroke Racing Ltd („Ladbroke IV");* EuGH U. v. 9.9.2003, Rs C-198/01, Slg. 2003, I-8055 Rdnr. 51 – *Consorzio Industrie Fiammiferi (CIF);* s. auch v. d.Groeben/Schwarze/Hatje-*Schröter/Voet van Vormizeele,* Europäisches Unionsrecht, Art. 101 AEUV Rdnr. 46.

[585] EuGH U. v. 9.9.2003, Rs C-198/01, Slg. 2003, I-805 Rdnr. 45–58 – *Consorzio Industrie Fiammiferi (CIF).* Ausführlich zu Bedeutung und Grenzen des *CIF*-Urteils *Schröter/Jakob/Klotz/Mederer-Dohms,* Europäisches Wettbewerbsrecht, 5. Teil, Abschnitt C. Rdnr. 14–16, 32. sowie v. d. Groeben/Schwarze/Hatje-*Dohms,* Europäisches Unionsrecht, Nach Art. 106 AEUV, Abschnitt B., Rdnr. 14–16, 32.

[586] EuGH U. v. 9.9.2003, Rs C-198/01, Slg. 2003, I-8055 Rdnr. 58-55 – *Consorzio Industrie Fiammiferi (CIF).*

[587] EuGH U. v. 9.9.2003, Rs C-198/01, Slg. 2003, I-8055 Rdnr. 56 – *Consorzio Industrie Fiammiferi (CIF).*

[588] EuGH U. v. 9.9.2003, Rs C-198/01, Slg. 2003, I-8055 Rdnr. 57 – *Consorzio Industrie Fiammiferi (CIF).*

In der Fallgruppe des **Verstärkens** kann nach der Rechtsprechung nur dann angenommen werden, dass eine staatliche Regelung die Verstärkung der Auswirkungen zuvor bestehender Kartellabsprachen bezweckt, wenn diese Regelung sich darauf beschränkt, die Elemente der zwischen Wirtschaftsteilnehmern geschlossenen Vereinbarungen ganz oder teilweise zu übernehmen, und diese Wirtschaftsteilnehmer zu deren Einhaltung verpflichtet oder anreizt.[589] Ein nach Art. 3 Abs. 3 EUV iVm. Protokoll Nr. 27, Art. 4 Abs. 3 EUV iVm. Art. 101 AEUV verbotenes Verstärken liegt z.B. darin, dass der Staat eine gegen Art. 101 verstoßende Vereinbarung für allgemeinverbindlich erklärt[590] oder dass er einem ursprünglich rein vertraglichen wettbewerbsbeschränkenden Verbot durch Umsetzung in eine staatliche Rechtsvorschrift Dauercharakter verleiht mit der Folge, dass die Wettbewerbsbeschränkung nicht mehr durch den Willen der Parteien außer Kraft gesetzt werden kann.[591] Gleiches gilt, wenn ein staatliches Gesetz die Nichteinhaltung der wesentlichen Elemente der Kartellabsprache zu einer zivilrechtlich unerlaubten Handlung macht und damit den Kartellteilnehmern die Möglichkeit gibt, gegen Wirtschaftsteilnehmer derselben Branche, die dem Kartell nicht beigetreten sind, auf Unterlassung und damit Befolgung der Kartellabsprachen zu klagen.[592] Eine unzulässige Verstärkung einer Kartellabsprache in einer bestimmten Wirtschaftsbranche liegt auch darin, dass der Staat sich gegenüber den Kartellmitgliedern und/oder gegenüber Dritten vorbehält, ihre Genehmigung zum Tätigwerden in dieser Wirtschaftsbranche zu widerrufen, wenn sie die Kartellabsprache nicht beachten.[593] In der staatlichen Genehmigung von Preisen oder Tarifen, die das Ergebnis von Vereinbarungen zwischen Unternehmen, Beschlüssen von Unternehmensvereinigungen und abgestimmten Verhaltensweisen sind, die gegen Art. 101 verstoßen, liegt eine verbotene Verstärkung ihrer Wirkungen.[594] 237

Die Fallgruppe der **Übertragung der staatlichen Verantwortung für in die Wirtschaft eingreifende Entscheidungen auf private Wirtschaftsteilnehmer** ist dadurch gekennzeichnet, dass der Staat sein Letztentscheidungsrecht für solche Entscheidungen zugunsten der privaten, als Unternehmen oder Unternehmensvereinigungen handelnden Wirtschaftsteilnehmer effektiv aufgibt[595] und diese die ihnen übertragene Regulierungsgewalt in wettbewerbsbeschränkender und dem Art. 101 widersprechender Weise tatsächlich ausüben. Eine solche Übertragung staatlicher Regulierungsgewalt kann darin liegen, dass Hersteller oder Importeure einer Ware gesetzlich verpflichtet werden, einseitig die Endverbraucherpreise festzusetzen, wodurch Absprachen über vertikale Wiederverkaufspreisbindungen überflüssig werden.[596] 238

Keine Übertragung staatlicher Regulierungsgewalt liegt vor, wenn der Staat die privaten Wirtschaftsteilnehmer an der Vorbereitung der Entscheidung *lediglich beteiligt,* sie z.B. als Interessengruppen im Gesetzgebungsverfahren *anhört,*[597] dann aber die 239

[589] EuGH U. v. 21.9.1988, Rs 267/86, Slg. 1988, 4769 Rdnr. 18 – *Van Eycke/ASPA;* EuGH U. v. 17.11.1993, Rs C-2/91, Slg. 1993, I-5751 Rdnr. 16–19 – *Meng.*

[590] EuGH U. v. 3.12.1987, Rs 136/86, Slg. 1987, 4789 Rdnr. 24 – *BNIC/Aubert.*

[591] EuGH U. v. 1.10.1987, Rs 311/85, Slg. 1987, 3801 Rdnr. 23 – *Vlaamse Reisbureaus.*

[592] EuGH U. v. 1.10.1987, Rs 311/85, Slg. 1987, 3801 Rdnr. 23 – *Vlaamse Reisbureaus.*

[593] EuGH U. v. 1.10.1987, Rs 311/85, Slg. 1987, 3801 Rdnr. 23 – *Vlaamse Reisbureaus.*

[594] EuGH U. v. 30.4.1986, Verb. Rs 209–213/84, Slg. 1986, 1457 Rdnr. 76–77 – *Ministère Public/Asjes;* EuGH U. v. 11.4.1989, Rs 66/86, Slg. 1989, 803 Rdnr. 49 – *Ahmed Saeed Flugreisen.*

[595] EuGH U. v. 21.9.1988, Rs 267/86, Slg. 1988, 4769 Rdnr. 19 – *Van Eycke/ASPA;* EuGH U. v. 17.11.1993, Rs C-185/91, Slg. 1993, I-5801 Rdnr. 20–23 – *Reiff;* EuGH U. v. 9.6.1994, Rs C-153/93, Slg. 1994, I-2517 Rdnr. 19–22 – *Delta Schiffahrts- und Speditionsgesellschaft;* EuGH U. v. 19.2.2002, Rs C-35/99, Slg. 2002, I-1529 Rdnr. 40–43 – *Arduino;* EuGH U. v. 5.12.2006, Verb. Rs C-94/04 und C-202/04, Slg. 2006, I-11421 Rdnr. 49–52 – *Cipolla und Macrino;* Immenga/Mestmäcker-*Mestmäcker/Schweitzer,* WbR Bd. 1 EU/Teil 1, Einl. Art. 106 Abs. 1 AEUV Rdnr. 37.

[596] EuGH U. v. 10.1.1985, Rs 229/83, Slg. 1985, 1 Rdnr. 15 – *Leclerc/Le blé vert.*

[597] Die Anhörung von Interessengruppen und das aktive „Lobbying" dieser Gruppen gegenüber dem Staat ist inzwischen im Vorfeld vieler staatlicher Entscheidungen der Normalfall, begründet aber als solches noch nicht eine Übertragung staatlicher Regelungsbefugnis auf diese Interessengruppen.

Entscheidung allein und selbst trifft. Gleiches gilt nach der gegenwärtigen Rechtsprechung, wenn der Staat einen Berufsverband mit der Ausarbeitung einer Gebührenordnung oder sonstigen Preisregelung betraut und die Mitglieder des Berufsverbandes als von den betroffenen Wirtschaftsteilnehmern unabhängige Sachverständige angesehen werden können, die gesetzlich verpflichtet sind, bei der Gebührenfestsetzung nicht nur die Interessen der Unternehmen(svereinigungen) des Sektors, den sie vertreten, sondern auch das Interesse der Allgemeinheit und das Interesse der Unternehmen anderer Sektoren oder der Nutzer der betreffenden Dienstleistungen zu berücksichtigen, und wenn der Staat über die Berücksichtigung des Allgemeinwohls wacht und notfalls anstelle der Mitglieder des Berufsverbands entscheidet. Denn hier kann der Staat die durch die beauftragten Wirtschaftsteilnehmer zunächst allein getroffene Entscheidung mit verbindlicher Wirkung korrigieren oder durch eine eigene Entscheidung nachträglich verdrängen.[598]

240 In der **Rs *Reiff***[599] hatte der EuGH eine staatliche Regelung zu beurteilen, nach der die Tarife im Güterfernverkehr von Tarifkommissionen festgesetzt wurden und nach staatlicher Genehmigung für alle Wirtschaftsteilnehmer Verbindlichkeit erlangten. Der EuGH verneinte die Fallgruppe des Verstärkens einer Kartellabsprache durch staatliche Genehmigung, weil eine solche Absprache nicht vorliegen konnte. Denn die Mitglieder der Tarifkommissionen, die auf Vorschlag der unmittelbar betroffenen Berufsvereinigungen vom Verkehrsminister ernannt wurden, konnten nicht als zum Abschluss einer Preisvereinbarung berufene Vertreter dieser Vereinigungen angesehen werden, da sie an Anträge oder Weisungen der Angehörigen oder Verbände des Güterfernverkehrs nicht gebunden waren und weil sie außerdem gesetzlich verpflichtet waren, die Tarife auch aufgrund von Erwägungen des Gemeinwohls festzusetzen.[600] Andererseits verneinte der EuGH auch die Möglichkeit, dass der Staat mit der genannten Regelung dadurch gegen Art. 3 Abs. 3 EUV iVm. Protokoll Nr. 27, Art. 4 Abs. 3 EUV iVm. Art. 101 AEUV verstoßen haben könnte, dass er seine Zuständigkeiten im Bereich der Tariffestsetzung auf private Wirtschaftsteilnehmer übertrug, weil der Staat durch Teilnahme an den Sitzungen der Tarifkommission darüber wachte, dass bei der Tariffestsetzung Gemeinwohlerwägungen hinreichend berücksichtigt wurden und gegebenenfalls anstelle dieser Kommission selbst entschied.[601]

241 In der **Rs *Arduino***[602] hatte der EuGH anhand der durch staatliches Gesetz festgelegten Gebührenordnung über Mindest- und Höchstsätze für rechtsanwaltliche Dienstleistungen vor Gericht zu beurteilen, ob ein Staat gegen Art. 3 Abs. 3 EUV iVm. Protokoll Nr. 27, Art. 4 Abs. 3 EUV iVm. Art. 101 AEUV verstößt, wenn ein solches Gesetz auf der Grundlage eines von der berufsständischen Vereinigung der Rechtsanwälte erstellten Vorschlags zustande gekommen ist. Der EuGH betonte vorab, dass ein Mitgliedstaat einen Berufsverband mit der Ausarbeitung einer Gebührenordnung für Dienstleistungen betraue, führe nicht automatisch dazu, dass die am Ende verabschiedete Gebührenordnung den Charakter einer staatlichen Regelung verliere.[603] Nach genauer Untersuchung des Erlass-

---

598 EuGH U. v. 19.2.2002, Rs C-35/99, Slg. 2002, I-1529 Rdnr. 37 – *Arduino* mit Verweis auf EuGH U. v. 17.11.1993, Rs C-185/91, Slg. 1993, I-5801 Rdnr. 17–19, 24 – *Reiff;* EuGH U. v. 9.6.1994, Rs C-153/93, Slg. 1994, I-2517 Rdnr. 16–18, 23 – *Delta Schiffahrts- und Speditionsgesellschaft.*

599 EuGH U. v. 17.11.1993, Rs C-185/91, Slg. 1993, I-5801 – *Reiff.*

600 EuGH U. v. 17.11.1993, Rs C-185/91, Slg. 1993, I-5801 Rdnr. 16–19 – *Reiff;* bestätigt für die Mitglieder von Frachtenausschüssen im gewerblichen Binnenschiffsverkehr in Deutschland durch EuGH U. v. 9.6.1994, Rs C-153/93, Slg. 1994, I-2517 Rdnr. 16–18 – *Delta Schiffahrts- und Speditionsgesellschaft.*

601 EuGH U. v. 17.11.1993, Rs C-185/91, Slg. 1993, I-5801 Rdnr. 20–23 – *Reiff;* bestätigt für den gewerblichen Binnenschiffsverkehr in Deutschland durch EuGH U. v. 9.6.1994, Rs C-153/93, Slg. 1994, I-2517 Rdnr. 16–18 – *Delta Schiffahrts- und Speditionsgesellschaft.*

602 EuGH U. v. 19.2.2002, Rs C-35/99, Slg. 2002, I-1529 – *Arduino.*

603 EuGH U. v. 19.2.2002, Rs C-35/99, Slg. 2002, I-1529 Rdnr. 36 – *Arduino.*

verfahrens kam der EuGH zu dem Ergebnis, dass der italienische Staat nicht gegen Art. 3 Abs. 3 EUV iVm. Protokoll Nr. 27, Art. 4 Abs. 3 EUV iVm. Art. 101 AEUV verstoßen habe, weil er weder auf die Ausübung seiner Letztentscheidungsbefugnis noch auf die Kontrolle der Anwendung der Gebührenordnung verzichtet habe.[604] Denn zum einen sei die Rechtsanwaltsvereinigung nur mit der Ausarbeitung eines Vorschlags für die Gebührenordnung betraut, der als solcher keine Bindungswirkung entfalte. Da die Gebührenordnung ohne die Genehmigung des Ministers nicht in Kraft trete, könne dieser die Rechtsanwaltsvereinigung zu einer Änderung ihres Vorschlags veranlassen.[605] Zum anderen wies der EuGH im Hinblick auf die Kontrolle der Anwendung der Gebührenordnung darauf hin, dass das nationale Gericht (als Organ des italienischen Staates) die Gebühren anhand der im Gesetz festgelegten Maßstäbe festlege und unter außergewöhnlichen Umständen von den festgelegten Höchst- und Mindestsätzen abweichen könne.[606] Aus diesen Gründen könne nicht angenommen werden, dass der italienische Staat die Verantwortung für in die Wirtschaft eingreifende Entscheidungen privaten Wirtschaftsteilnehmern übertragen hätte. Und aus denselben Gründen habe der italienische Staat auch keine gegen Art. 101 verstoßende Kartellabsprachen vorgeschrieben, erleichtert oder in ihren Auswirkungen verstärkt.[607] Die Argumentation und Schlussfolgerungen des *Arduino*-Urteils hat der EuGH in seinem Urteil *Cipolla und Macrino,* das denselben Mitgliedstaat, dieselbe Berufsgruppe sowie denselben Regelungstyp und Mechanismus des Regelungserlasses betraf, aus denselben Gründen bestätigt.[608]

Nach **Auffassung der Kommission,** die sie in ihrem **Bericht über den Wettbewerb bei freiberuflichen Dienstleistungen**[609] dargelegt hat, sind das *Arduino*-Urteil (und damit auch das in der Argumentation gleichartige *Cipolla und Macrino*-Urteil) dahingehend zu verstehen, dass eine Übertragung von Regelungsbefugnissen seitens des Staates an private Wirtschaftsteilnehmer, welche die mit der Regelung zu verfolgenden Ziele des Allgemeininteresses nicht klar definiert und/oder mit der der Staat effektiv auf seine Letztentscheidungsbefugnis oder die Ausübung einer Anwendungskontrolle verzichtet, nicht mit Art. 3 Abs. 3 EUV iVm. Protokoll Nr. 27, Art. 4 Abs. 3 EUV iVm. Art. 101 AEUV vereinbar ist. Angreifbar nach diesen Regeln sollen daher sein: Zum einen „automatische Genehmigungen" einschließlich einfacher Bestätigungen und stillschweigender Genehmigungen, die von den Mitgliedstaaten für Vereinbarungen oder Beschlüsse der privaten, als Unternehmen oder Unternehmensvereinigungen handelnden Wirtschaftsteilnehmer gegeben werden, bei denen die geltenden Rechtsverfahren keinen funktionierenden Interessensausgleich und/oder Konsultationen durch die Behörde vorsehen; und zum anderen Vorgehensweisen, bei denen die Behörden eines Mitgliedstaates lediglich berechtigt sind, die Vorschläge der Berufsverbände (die wettbewerbsrechtlich als Unternehmensvereinigungen anzusehen sind) abzulehnen oder zu bestätigen, ohne dass sie in der Lage sind, deren Inhalt zu verändern oder diese Vorschläge durch eigene Entscheidungen zu ersetzen. Außerdem ist die Kommission der Auffassung, dass bei der Beurteilung, inwieweit wettbewerbsbeschränkende Berufsregeln effektiv dem Allgemeininteresse dienen, stets der Grundsatz der Verhältnismäßigkeit anzuwenden ist. Hierzu sollte jede Regel ein ausdrücklich formuliertes Ziel des öffentlichen Interesses verfolgen und erläutern, weshalb die gewählte Regulierungsmaßnahme das am wenigstens einschneidende Mittel ist, mit dem das erklärte Ziel noch effektiv erreicht werden kann. 242

[604] EuGH U. v. 19.2.2002, Rs C-35/99, Slg. 2002, I-1529 Rdnr. 40 – *Arduino.*

[605] EuGH U. v. 19.2.2002, Rs C-35/99, Slg. 2002, I-1529 Rdnr. 41 – *Arduino.*

[606] EuGH U. v. 19.2.2002, Rs C-35/99, Slg. 2002, I-1529 Rdnr. 42 – *Arduino.*

[607] EuGH U. v. 19.2.2002, Rs C-35/99, Slg. 2002, I-1529 Rdnr. 43 – *Arduino.*

[608] EuGH U. v. 5.12.2006, Verb. Rs C-94/04 und C-202/04, Slg. 2006, I-11421 Rdnr. 44–54 – *Cipolla und Macrino.*

[609] Dokument KOM(2004) 83 endgültig vom 9.2.2004 Rdnr. 86–88; s. auch den Fortschrittsbericht der Kommission „Freiberufliche Dienstleistungen – Raum für weitere Reformen", Dokument KOM(2005) 405 endgültig vom 5.9.2005.

243 *cc) Art. 3 Abs. 3 EUV iVm. Protokoll Nr. 27, Art. 4 Abs. 3 EUV iVm. Art. 102 AEUV.* Der Gerichtshof hat seine mit dem Urteil *INNO/ATAB*[610] begonnene Rechtsprechung zur Staatsverantwortung nach Art. 3 Abs. 3 EUV iVm. Protokoll Nr. 27, Art. 4 Abs. 3 EUV iVm. Art. 102 AEUV erst sehr viel später in Fällen fortgesetzt, die den möglichen Missbrauch einer kollektiven marktbeherrschenden Stellung,[611] die staatliche Gesetze mehreren Wirtschaftsteilnehmern verschafft haben könnten, zum Gegenstand hatten. In beiden relevanten Urteilen ging es um die mögliche Erlangung einer marktbeherrschenden Stellung durch staatliche Maßnahmen, die nicht die Gewährung ausschließlicher oder besonderer Rechte iSv. Art. 106 Abs. 1 darstellten: Im Urteil *Centro Servizi Spediporto*[612] kam der Gerichtshof allerdings zu dem Ergebnis, dass eine staatliche Regelung, nach der die Tarife des Güterkraftverkehrs von öffentlichen Stellen festgelegt werden, nicht darauf hinausläuft, den Wirtschaftsteilnehmern eine kollektive marktbeherrschende Stellung zu verschaffen, die durch das Fehlen von Wettbewerbsverhältnissen zwischen ihnen gekennzeichnet wäre. Gleichermaßen entschied der EuGH im Urteil *DIP,*[613] dass eine nationale Regelung, welche die Eröffnung von Einzelhandelsgeschäften einer behördlichen Erlaubnis unterwirft oder die Zahl der Geschäfte pro Gemeinde beschränkt, um ein Gleichgewicht zwischen Angebot und Nachfrage zu schaffen, nicht darauf hinausläuft, einzelnen Händlern eine beherrschende Stellung oder sämtlichen in einer Gemeinde ansässigen Händlern eine kollektive beherrschende Stellung zu verschaffen.

244 Zu der Frage, ob die staatliche Verantwortlichkeit nach Art. 3 Abs. 3 EUV iVm. Protokoll Nr. 27, Art. 4 Abs. 3 EUV iVm. Art. 102 AEUV **akzessorisch** zum tatbestandlichen Begehen einer Missbrauchshandlung iSd. Art. 102 durch das oder die Unternehmen sein soll hat die Rechtsprechung bisher nicht ausdrücklich Stellung nehmen müssen. Es ist jedoch unwahrscheinlich, dass der Gerichtshof in Abweichung von seiner Rechtsprechung zu Art. 3 Abs. 3 EUV iVm. Protokoll Nr. 27, Art. 4 Abs. 3 EUV iVm. Art. 101 AEUV eine solche Akzessorietät nicht verlangen würde.[614] Denn sonst entstünde aufgrund der Gefahr des Missbrauchs, die mit jeder Schaffung und Aufrechterhaltung einer marktbeherrschenden Stellung theoretisch stets verbunden ist, eine allgemeine Gefährdungsverantwortlichkeit des Staates, deren Umfang sogar diejenige der staatlichen Verantwortlichkeit nach den spezielleren Normen der Art. 106 Abs. 1 iVm. Art. 102 überträfe. Dies wäre insofern systemwidrig, als der Staat für Unternehmen iSv. Art. 106 Abs. 1 kraft seiner beherrschenden Stellung in diesen (öffentlichen) Unternehmen oder kraft der Gewährung ausschließlicher oder besonderer Rechte zugunsten dieser Unternehmen mehr Verantwortung hat als für andere Unternehmen.

245 *dd) Das Verhältnis des Art. 106 Abs. 1 iVm. Art. 101/102 AEUV zu Art. 3 Abs. 3 EUV iVm. Protokoll Nr. 27, Art. 4 Abs. 3 EUV iVm. Art. 101/102 AEUV.* **Art. 106 Abs. 1 iVm. Art. 101/102 AEUV ist *lex specialis*** gegenüber den allgemeinen Regeln der Art. 3 Abs. 3 EUV iVm. Protokoll Nr. 27, Art. 4 Abs. 3 EUV iVm. Art. 101/102 AEUV.[615] Während sich Art. 106 Abs. 1 nur auf die in dieser Vorschrift genannten öffentlichen und privilegierten Unternehmen bezieht, betreffen die allgemeinen Regeln alle Unternehmen. Auch in seinen allein auf Art. 106 Abs. 1 iVm. Art. 101/102 basierenden Ur-

---

610 EuGH U. v. 16.11.1977, Rs 13/77, Slg. 1977, 2115 Rdnr. 30–35 – *INNO/ATAB;* s. oben Rdnr. 228.

611 Zu den Voraussetzungen der gemeinsamen bzw. kollektiven marktbeherrschenden Stellung s. in diesem Handbuch *de Bronett,* § 22 Rdnr. 29 ff.

612 EuGH U. v. 5.10.1995, Rs C-96/94, Slg. 1995, I-2883 Rdnr. 31–35 – *Centro Servizi Spediporto.*

613 EuGH U. v. 17.10.1995, Verb. Rs C-140/94, C-141/94 und C-142/94, Slg. 1995, I-3257 Rdnr. 24–28 – *DIP u. a.*

614 S. hierzu oben Rdnr. 231–232.

615 EuGH U. v. 16.11.1977, Rs 13/77, Slg. 1977, 2115 Rdnr. 30–35 und 40–42 – *INNO/ATAB;* Grabitz/Hilf/Nettesheim-*Wernicke,* Das Recht der Europäischen Union, Art. 106 AEUV Rdnr. 7 (Stand: 3/2011); Langen/Bunte-*Stadler,* KartR Bd. 2, Art. 106 AEUV Rdnr. 6; *Papaconstantinou,* S. 27.

teilen betont der Gerichtshof die mit den allgemeinen Regeln **gemeinsame Zielsetzung,** sicherzustellen, dass staatliche Maßnahmen nicht die praktische Wirksamkeit der Art. 101 und 102 ausschalten.[616] In seinem Anwendungsbereich hat Art. 106 Abs. 1 iVm. Art. 101/102 **als Spezialregelung Vorrang** schon deswegen, weil die allgemeine Loyalitätspflicht nach Art. 4 Abs. 3 EUV (ex-Art. 10 EG) gemäß der Rechtsprechung dann nicht angewandt werden sollte, wenn die betreffende Fallgestaltung durch eine spezifische Vorschrift des AEUV oder EUV geregelt ist.[617]

Aufgrund der besonderen Verantwortung, die der Staat für die in Art. 106 Abs. 1 ge- **246**
nannten Unternehmen hat, unterliegt er einer **schärferen unionsrechtlichen Kontrolle** hinsichtlich einer möglichen wettbewerbswidrigen Einflussnahme auf diese Unternehmen und dies selbst dann, wenn er diese Einflussnahme nicht auf seine Sonderbeziehung zu diesen Unternehmen stützt.[618] Die schärfere Kontrolle zeigt sich zum einen darin, dass die staatliche Haftung nach Art. 106 Abs. 1 iS. einer Gefährdungshaftung vom tatsächlichen Auftreten eines nach Art. 101 oder 102 tatbestandlichen Unternehmensverhaltens bzw. einer Wettbewerbsbeschränkung unabhängig ist,[619] während eben dieses Element Voraussetzung der staatlichen Haftung in den Fallgruppen der allgemeinen Regeln nach Art. 3 Abs. 3 EUV iVm. Protokoll Nr. 27, Art. 4 Abs. 3 EUV iVm. Art. 101/102 AEUV ist.[620]

Zum anderen scheitert die Anwendung der allgemeinen Regeln in der Praxis sehr oft an **247**
ihren **engen und formalistischen Voraussetzungen.** Art. 106 Abs. 1, insbes. iVm. Art. 102, hat sich hingegen als sehr effektives Instrument erwiesen,[621] das darüber hinaus von der Kommission in dem **direkten Verfahren nach Art. 106 Abs. 3** angewandt werden kann.[622] Gegen Verletzungen der allgemeinen Regeln der Art. 3 Abs. 3 EUV iVm. Protokoll Nr. 27, Art. 4 Abs. 3 EUV iVm. Art. 101/102 AEUV kann die Kommission hingegen nur mittels des **regelmäßig langwierigeren Vertragsverletzungsverfahrens nach Art. 258 AEUV** vorgehen.[623]

In seiner bisherigen Rechtsprechung **hat der EuGH das *lex specialis*-Verhältnis nicht** **248**
immer beachtet und einige Fälle betreffend Unternehmen nach Art. 106 Abs. 1 AEUV statt allein über diese Vorschrift, hauptsächlich oder zumindest auch über die allgemeinen Regeln gelöst. So urteilte der EuGH in der Rs *Ahmed Saeed Flugreisen*[624] zunächst, dass die Genehmigung von gegen Art. 101 Abs. 1 AEUV verstoßenden Tarifvereinbarungen durch die staatlichen Luftverkehrsbehörden mit dem Unionsrecht, insbes. mit Art. 4 Abs. 3 EUV (ex-Art. 10 EG), nicht vereinbar sei. Erst danach erklärte der EuGH, dass diese Auslegung der Verträge durch Art. 106 Abs. 1 AEUV bestätigt werde, wonach die nationalen Behörden in Bezug auf Unternehmen, denen sie besondere oder ausschließliche Rechte gewähren, wie etwa das Recht, allein oder gemeinsam mit einem oder zwei anderen Unternehmen eine Strecke zu befliegen, keine mit den Art. 101 und 102 unvereinbaren Maßnahmen treffen oder beibehalten dürfen. In dem späteren Fall *Corsica Ferries Italia*[625] hingegen löste

---

[616] EuGH U. v. 23.4.1991, Rs C-41/90, Slg. 1991, I-1979 Rdnr. 26 – *Höfner und Elser/Macrotron;* EuGH U. v. 18.6.1991, Rs C-260/89, Slg. 1991, I-2925 Rdnr. 35 – *Elliniki Radiophonia Tileorassi (ERT);* EuGH U. v. 19.5.1993, Rs C-320/91, Slg. 1993, I-2533 Rdnr. 11 – *Paul Corbeau;* EuGH U. v. 11.12.1997, Rs C-55/96, Slg. 1997, I-7119 Rdnr. 28 – *Job Centre;* EuGH U. v. 10.2.2000, Verb. Rs C-147/97 und C-148/97, Slg. 2000, I-825 Rdnr. 39 – *Deutsche Post.*

[617] EuGH U. v. 11.3.1992, Verb. Rs C-78/90 bis C-83/90, Slg. 1992, I-1847 Rdnr. 19 – *Compagnie Commerciale de l'Ouest u. a.;* EuGH U. v. 17.5.1994, Rs C-18/93, Slg. 1994, I-1783 Rdnr. 18 – *Corsica Ferries Italia.*

[618] S. oben Rdnr. 3, 81.

[619] S. hierzu oben Rdnr. 90 f.

[620] S. hierzu oben Rdnr. 231–232; Immenga/Mestmäcker-*Mestmäcker/Schweitzer,* WbR Bd. 1 EU/Teil 1, Einl Art. 106 Abs. 1 AEUV Rdnr. 32.

[621] S. hierzu oben Rdnr. 102–168.

[622] S. hierzu unten Rdnr. 489 ff.

[623] S. hierzu unten Rdnr. 578 ff.

[624] EuGH U. v. 11.4.1989, Rs 66/86, Slg. 1989, 803 Rdnr. 47–50 – *Ahmed Saeed Flugreisen.*

[625] EuGH U. v. 17.5.1994, Rs C-18/93, Slg. 1994, I-1783 Rdnr. 43 – *Corsica Ferries Italia.*

der Gerichtshof ein ähnliches Problem allein über Art. 106 Abs. 1. Der EuGH erklärte, dass ein Mitgliedstaat gegen Art. 106 Abs. 1 iVm. Art. 102 verstoße, wenn er ein Unternehmen durch Genehmigung der von diesem festgesetzten Tarife dazu veranlasst, seine beherrschende Stellung missbräuchlich auszunutzen, indem es u. a. iSv. Art. 102 Abs. 2 lit. c bei gleichwertigen Leistungen unterschiedliche Bedingungen gegenüber Handelspartnern anwendet.

249 *b) Art. 37 AEUV (ex-Art. 31 EG). aa) Überblick und Normzweck.* Art. 37 Abs. 1 S. 1 AEUV **verpflichtet die Mitgliedstaaten, „*ihre staatlichen Handelsmonopole*" derart umzuformen,** *„dass jede Diskriminierung in den Versorgungs- und Absatzbedingungen zwischen den Angehörigen der Mitgliedstaaten ausgeschlossen ist."* Gemäß Art. 37 Abs. 1 S. 2 gilt der Art. 37 *„für alle Einrichtungen, durch die ein Mitgliedstaat unmittelbar oder mittelbar die Einfuhr oder die Ausfuhr zwischen den Mitgliedstaaten rechtlich oder tatsächlich kontrolliert, lenkt oder merklich beeinflusst."* Außerdem gilt der Art. 37 nach seinem Abs. 1 S. 2 *„auch für die von einem Staat auf andere Rechtsträger übertragenen Monopole."* Art. 37 Abs. 2 ergänzt die Umformungsverpflichtung durch ein Verbot neuer staatlicher Maßnahmen, die den in Art. 37 Abs. 1 genannten Grundsätzen widersprechen oder die Tragweite der Vertragsbestimmungen über das Verbot von Zöllen (Art. 28 ff. AEUV) und mengenmäßigen Beschränkungen (Art. 34 ff. AEUV) zwischen den Mitgliedstaaten einengen.

250 Durch Ergänzung der Verbote der Art. 28 ff. und 34 ff. trägt Art. 37 zur Einhaltung der **Grundregel des freien Warenverkehrs** bei und zielt auf die Erhaltung normaler Wettbewerbsbedingungen zwischen den Volkswirtschaften der Mitgliedstaaten, **wenn ein bestimmtes Erzeugnis in dem einen oder anderen dieser Staaten einem staatlichen Handelsmonopol unterliegt.**[626] In diesem Zusammenhang soll Art. 37 auch die Möglichkeit für die Mitgliedstaaten, bestimmte Handelsmonopole als Mittel zur Verfolgung von **im öffentlichen Interesse liegenden Zielen** beizubehalten, mit den Erfordernissen der Errichtung und des Funktionierens des Binnenmarktes in Einklang bringen.[627] Art. 37 verlangt deswegen grundsätzlich nicht, die staatlichen Handelsmonopole abzuschaffen,[628] sondern lediglich, ihre Organisation und Funktionsweise so **umzuformen,** dass jede **Diskriminierung** in den Versorgungs- und Absatzbedingungen zwischen den Angehörigen der Mitgliedstaaten ausgeschlossen ist und somit der Handel mit Waren aus anderen Mitgliedstaaten gegenüber dem mit einheimischen Waren weder rechtlich noch tatsächlich benachteiligt und der Wettbewerb zwischen den Volkswirtschaften der Mitgliedstaaten nicht verfälscht wird.[629]

251 Da in der Praxis alle staatlichen Handelsmonopole iSv. Art. 37 nicht nur Unternehmen im wettbewerbsrechtlichen Sinn, sondern **auch öffentliche und/oder mit ausschließlichen bzw. besonderen Rechten ausgestattete Unternehmen**[630] **iSv. Art. 106 Abs. 1 AEUV** sind, können Art. 37 einerseits und Art. 106 Abs. 1 iVm. Art. 37 andererseits nebeneinander angewandt werden. Sie zeichnen sich durch *weitgehende Deckungsgleichheit* in ihrem materiellen Anwendungsbereich aus. Im Anwendungsbereich des Art. 37 untersucht die **Kommission** Verstöße gegen diese Vorschrift regelmäßig nur im Vertragsverletzungsverfahren nach Art. 258 AEUV (ex-Art. 226 EG)[631] und nicht im Verfahren

---

[626] EuGH U. v. 23.10.1997, Rs C-189/95, Slg. 1997, I-5909 Rdnr. 37 mwN – *Franzén.*

[627] EuGH U. v. 23.10.1997, Rs C-189/95, Slg. 1997, I-5909 Rdnr. 39 – *Franzén.* Zu diesem neuartigen Kriterium s. auch unten Rdnr. 280–282.

[628] Zur Abschaffungsverpflichtung hinsichtlich der Import- und Exportmonopole s. unten Rdnr. 274.

[629] EuGH U. v. 23.10.1997, Rs C-189/95, Slg. 1997, I-5909 Rdnr. 38 und 40 mwN – *Franzén.*

[630] Zu den Varianten der *de iure-* und *de facto-*Monopole s. unten Rdnr. 257 ff.

[631] So z. B. gegen Import- und Exportmonopole für Strom und Gas in bestimmten Mitgliedstaaten, s. EuGH U. v. 23.10.1997, Rs C-157/94, Slg. 1997, I-5699 – *Kommission/Niederlande („Importmonopol Elektrizität");* EuGH U. v. 23.10.1997, Rs C-158/94, Slg. 1997, I-5789 – *Kommission/Italien („Import- und Exportmonopol Elektrizität");* EuGH U. v. 23.10.1997, Rs C-159/94, Slg. 1997, I-5815 – *Kommission/Frankreich („Import- und Exportmonopol Gas und Elektrizität").*

nach Art. 106 Abs. 3 zur Durchsetzung des Art. 106 Abs. 1 iVm. Art. 37. Dementsprechend ist der **EuGH** in diesen Fällen in der gerichtlichen Phase des Vertragsverletzungsverfahren allein mit Art. 37 befasst, genauso wie er im Vorabentscheidungsverfahren nach Art. 267 AEUV (ex-Art. 234 EG) von den nationalen Gerichten im Zusammenhang mit staatlichen Handelsmonopolen regelmäßig nur nach der Auslegung von Art. 37 gefragt wird. Zum Verständnis der Zusammenhänge, in denen Art. 106 operiert, ist daher eine Darstellung des Art. 37 notwendig.

bb) Der sachliche Anwendungsbereich des Art. 37 AEUV. Ein **„staatliches Handelsmonopol"** iSv. Art. 37 definiert sich anhand von drei Kriterien: Erstens handelt es sich um eine **Einrichtung im gegenständlichen, institutionellen Sinn,**[632] derer sich der Staat mittelbar oder unmittelbar bedient oder auf die er einwirkt, mit der Folge, dass der zwischenstaatliche Warenverkehr merklich beeinflusst wird.[633] Zweitens sind nur solche Einrichtungen erfasst, die den **Handel mit Waren** betreffen[634] und die eine **Monopolstellung oder monopolähnliche Stellung** innehaben.[635] Drittens muss diese Stellung auf einem rechtlichen oder faktischen[636] **Akt eines staatlichen Hoheitsträgers**[637] beruhen. 252

Sonstige staatliche Maßnahmen und Vorkehrungen, die zwar den zwischenstaatlichen Warenverkehr merklich beeinflussen, sich aber nicht einer gegenständlichen Einrichtung bedienen, können unter keinem Gesichtspunkt unter die Vorschrift des Art. 37 fallen.[638] Denn andernfalls wäre eine Abgrenzung des Art. 37 zu den Vorschriften über das Verbot von Zöllen (Art. 28 ff. AEUV) und von mengenmäßigen Beschränkungen (Art. 34 ff. AEUV) im Warenverkehr nicht mehr möglich[639] und die Vorschrift des Art. 37 damit insgesamt überflüssig. Dies gilt für alle Erscheinungsformen von staatlichen Handelsmonopolen, die in einer von Art. 28 ff., 34 ff. separaten Vorschrift geregelt werden sollen. 253

Gegenständliche Einrichtungen im oben beschriebenen Sinn können z. B. unselbstständige Teile der allgemeinen exekutiven Staatsverwaltung,[640] Anstalten oder Körperschaften des öffentlichen oder privaten Rechts sowie sonstige öffentliche oder private Unternehmen sein.[641] Da alle diese Einrichtungen durch ihre Teilnahme am Warenhandel zumindest auch wirtschaftliche Tätigkeit ausüben, unterfallen sie insoweit dem **wettbewerbsrechtlichen** 254

---

[632] Der englische Text spricht von *„body"*, der französische von *„organisme"*.

[633] v. d. Groeben/Schwarze/Hatje-*Berg,* Europäisches Unionsrecht, Art. 37 AEUV Rdnr. 49–50 mwN.

[634] v. d. Groeben/Schwarze/Hatje-*Berg,* Europäisches Unionsrecht, Art. 37 AEUV Rdnr. 46–48 mwN.

[635] v. d.Groeben/Schwarze/Hatje-*Berg,* Europäisches Unionsrecht, Art. 37 AEUV Rdnr. 45 mwN.

[636] *Ehricke,* WuW 1995, 691, 694; s. hierzu unten Rdnr. 257 ff.

[637] Außer dem Gesamtstaat sind dies auch seine territorialen und organisatorischen Untergliederungen, wie z. B. in Deutschland die Bundesländer (s. EuGH U. v. 14.10.1987, Rs 248/84, Slg. 1987, 4013 Rdnr. 17 – *Deutschland/Kommission*), Gemeinden und sonstigen öffentlich-rechtlichen Körperschaften und Anstalten, die dem gemeinschaftsrechtlichen Mitgliedstaatsbegriff unterfallen.

[638] v. d. Groeben/Schwarze/Hatje-*Berg,* Europäisches Unionsrecht, Art. 37 AEUV Rdnr. 49–50 mwN; noch deutlicher: *v. d. Groeben/Schwarze-Hochbaum/Berg,* Kommentar zum EU-/EG-Vertrag, 6. Auflage 2003, Art. 31 EG Rdnr. 47 mwN. Grabitz/Hilf/Nettesheim-*Leible/Streinz,* Das Recht der Europäischen Union, Art. 37 AEUV Rdnr. 15 (Stand: 9/2010).

[639] Immenga/Mestmäcker-*Mestmäcker/Schweitzer,* WbR Bd. 1 EU/Teil 1, Art. 37 AEUV Rdnr. 32 mwN; s. auch *v. d. Groeben/Schwarze-Hochbaum/Berg,* Kommentar zum EU-/EG-Vertrag, 6. Auflage 2003, Art. 31 EG Rdnr. 47 mwN.

[640] Nicht jedoch Gerichte, Regierung oder Parlamente, s. v. d. Groeben/Schwarze/Hatje-*Berg,* Europäisches Unionsrecht, Art. 37 AEUV Rdnr. 49–50 mwN; noch deutlicher: *v. d. Groeben/Schwarze-Hochbaum/Berg,* Kommentar zum EU-/EG-Vertrag, 6. Auflage 2003, Art. 31 EG Rdnr. 47 mwN.

[641] EuGH U. v. 4.5.1988, Rs 30/87, Slg. 1988, 2479 Rdnr. 13 – *Bodson/Pompes funèbres* (allerdings unter Verwendung eines untechnischen Unternehmensbegriffs, der überholt wurde durch EuGH U. v. 23.4.1991, Rs C-41/90, Slg. 1991, I-1979 Rdnr. 21 – *Höfner und Elser/Macrotron.*

Unternehmensbegriff.[642] Dies gilt insbes. auch für unselbständige Teile der allgemeinen Staatsverwaltung[643] sowie für Anstalten[644] oder Körperschaften des öffentlichen oder privaten Rechts.[645] Die Unternehmenseigenschaft wird nicht dadurch gehindert, dass diese Einrichtungen daneben auch hoheitliche Staatsaufgaben wahrnehmen.[646] Soweit es um die Anwendung des Art. 37 geht, vermeidet der Gerichtshof den in dieser Vorschrift nicht genannten Begriff des Unternehmens und spricht stattdessen meist von dem „*Monopol*". Dieselbe Einrichtung wird dann jedoch, soweit in demselben Fall die Anwendung der Art. 101, 102 und/oder 106 Abs. 1 geprüft wird, als „*Unternehmen*" bezeichnet.[647]

255 *(1) Handel mit Waren.* Art. 37 bezieht sich ausschließlich auf Waren,[648] nicht auch auf Dienstleistungen.[649] **Handel** iSv. Art. 37 ist gegeben, wenn durch unternehmerische Tätigkeit **Umsatz mit Waren** erzielt wird.[650]

256 Die **Nichtanwendbarkeit des Art. 37 auf Dienstleistungen** und seine Beschränkung auf Waren ergibt sich erstens aus dem ausdrücklichen Verweis des Wortlauts auf Einfuhren und Ausfuhren, zweitens aus der Stellung der Vorschrift im Titel des AEU-Vertrags über den freien Warenverkehr und drittens daraus, dass Art. 37 Abs. 2 indirekt auf Waren Bezug nimmt.[651] Der Gerichtshof hat diese Sichtweise mehrfach bestätigt.[652] Soweit sich Dienstleistungsmonopole auch als Beschränkung des freien Warenverkehrs auswirken, ist dies allein anhand des Verbots der Maßnahmen gleicher Wirkung wie mengenmäßige Beschränkungen nach Art. 34 ff. zu beurteilen.[653] Dies gilt auch für den Fall, dass ein Dienstleistungsmonopol zu einer Diskriminierung eingeführter Erzeugnisse gegenüber einheimischen Erzeugnissen führt.[654] Inwieweit staatlich errichtete Dienstleistungsmonopole und

---

[642] S. oben Rdnr. 13–29; s. auch v. d. Groeben/Schwarze/Hatje-*Berg,* Europäisches Unionsrecht, Art. 37 AEUV Rdnr. 44.

[643] EuGH U. v. 16.6.1987, Rs 118/85, Slg. 1987, 2599 Rdnr. 8–11 – *Kommission/Italien („AAMS").*

[644] EuGH U. v. 23.4.1991, Rs C-41/90, Slg. 1991, I-1979 Rdnr. 21–23 – *Höfner und Elser/Macrotron.*

[645] Zu den Konsequenzen, die sich hieraus für das Verhältnis zwischen Art. 37 und Art. 106 Abs. 1 ergeben, s. unten Rdnr. 284–288.

[646] Im Falle des italienischen staatlichen Tabakmonopols übt die „Amministrazione autonoma dei monopoli di Stato" (AAMS) wirtschaftliche Tätigkeit aus (Produktion, Einfuhr, Verteilung von Tabak an den Großhandel), nimmt daneben aber auch genuine Staatsaufgaben wahr (Genehmigung der Eröffnung von Tabakläden, Kontrolle ihrer Zahl und Verteilung im italienischen Hoheitsgebiet), s. EuGH U. v. 14.12.1995, Rs C-387/93, Slg. 1995, I-4663 Rdnr. 49 – *Banchero.*

[647] EuGH U. v. 14.12.1995, Rs C-387/93, Slg. 1995, I-4663 Rdnr. 50–51 – *Banchero.*

[648] Der Begriff der Ware ist identisch mit dem in Art. 28 ff. AEUV und umfasst alle beweglichen Güter, die Gegenstand wirtschaftlicher Transaktionen sein können. Hierzu gehören z. B. auch Abfall, Gas und Elektrizität.

[649] Inzwischen unstreitige Meinung, s. auch unten Rdnr. 256; Immenga/Mestmäcker-*Mestmäcker-Schweitzer,* WbR Bd. 1 EU/Teil 1, Art. 37 AEUV Rdnr. 21–22; v. d.Groeben/Schwarze/Hatje-*Berg,* Europäisches Unionsrecht, Art. 37 AEUV Rdnr. 46–47 mwN; *Ehricke,* WuW 1995, 691, 697.; differenzierend: Grabitz/Hilf/Nettesheim-*Leible/Streinz,* Das Recht der Europäischen Union, Art. 37 AEUV Rdnr. 14 (Stand: 9/2010)

[650] EuGH U. v. 15.7.1964, Rs 6/64, Slg. 1964, 1251, 1276 – *Costa/ENEL;* Immenga/Mestmäcker-*Mestmäcker/Schweitzer,* WbR Bd. 1 EU/Teil 1, Art. 37 AEUV Rdnr. 32, 45 mwN; v. d. Groeben/Schwarze/Hatje-*Berg,* Europäisches Unionsrecht, Art. 37 AEUV Rdnr. 46 mwN.

[651] v. d. Groeben/Schwarze/Hatje-*Berg,* Europäisches Unionsrecht, Art. 37 AEUV Rdnr. 46–47.

[652] EuGH U. v. 30.4.1974, Rs 155/73, Slg. 1974, 409 Rdnr. 10 – *Sacchi;* EuGH U. v. 28.6.1983, Rs 271/81, Slg. 1983, 2057 Rdnr. 8 – *Mialocq;* EuGH U. v. 4.5.1988, Rs 30/87, Slg. 1988, 2479 Rdnr. 10 – *Bodson/Pompes funèbres;* EuGH U. v. 18.6.1991, Rs C-260/89, Slg. 1991, I-2925 Rdnr. 13 – *Elliniki Radiophonia Tileorassi (ERT);* EuGH U. v. 27.4.1994, Rs C-393/92, Slg. 1994, I-1477 Rdnr. 27 – *Almelo;* EuGH U. v. 7.12.1995, Rs C-17/94, Slg. 1995, I-4353 Rdnr. 35 – *Gervais;* EuGH U. v. 11.9.2003, Rs C-6/01, Slg. 2003, I-8621 Rdnr. 59–60 – *Anomar.*

[653] EuGH U. v. 19.3.1991, C-202/88, Slg. 1991, I-1223 Rdnr. 42–43 – *Frankreich/Kommission („Telekommunikationsendgeräte").*

[654] EuGH U. v. 7.12.1995, Rs C-17/94, Slg. 1995, I-4353 Rdnr. 38 – *Gervais* **revidiert insofern die Urteile** EuGH U. v. 28.6.1983, Rs 271/81, Slg. 1983, 2057 Rdnr. 10–13 – *Mialocq,* EuGH U.

staatliche Maßnahmen in Bezug auf diese die Dienstleistungsfreiheit beeinträchtigen, ist anhand von Art. 56ff. bzw. Art. 106 Abs. 1 iVm. Art. 56ff. und Art. 106 Abs. 2 zu untersuchen.[655]

(2) Die Beziehung des Staates zum „Monopol" und dessen Stellung im Markt. Die von Art. 37 erfassten Einrichtungen müssen im Handel mit den Waren, auf die sie sich beziehen, eine vom Staat getragene oder auf eine staatliche Maßnahme zurückgehende[656] Monopolstellung oder zumindest beherrschende Stellung innehaben. **Der Monopolbegriff des Art. 37 ist weder in rechtlicher noch in wirtschaftlicher Hinsicht als streng zu verstehen.** 257

Das ***de iure*-Monopol** ist in der Praxis immer noch der häufigste Anwendungsfall des Art. 37. Hierbei behält sich der Staat das ausschließliche Recht zum Handel mit einem bestimmten Erzeugnis selbst vor und führt diese Handelstätigkeit durch einen Teil der allgemeinen Staatsverwaltung ohne eigene Rechtspersönlichkeit bzw. durch ein sonstiges öffentliches Unternehmen[657] aus. Der Tätigkeitsvorbehalt zugunsten des öffentlichen Unternehmens erfolgt durch die **Gewährung eines ausschließlichen Rechts** (iSd. Art. 106 Abs. 1) und erfüllt den Tatbestand der Übertragung des Monopols auf einen anderen Rechtsträger (Art. 37 Abs. 1 S. 3).[658] Alternativ hierzu kann der Staat die Handelstätigkeit durch Gewährung eines ausschließlichen Rechts (ebenfalls iSd. Art. 106 Abs. 1) einem privaten Unternehmen vorbehalten.[659] Das *de iure*-Monopol bewirkt begriffsnotwendig ein wirtschaftliches Monopol in Bezug auf den Handel mit dem betreffenden Produkt. 258

Daneben zeigt der Begriff *„tatsächlich"* in Art. 37 Abs. 1 S. 2 an, dass Art. 37 auch die Fälle umfasst, in denen die Staatsverwaltung oder ein öffentliches oder privates Unternehmen ohne rechtliche Absicherung ein **rein wirtschaftliches *de facto*-Monopol** innehat.[660] Der Normalfall ist hierbei die *de facto*-Monopolstellung eines unselbständigen Teils der allgemeinen Staatsverwaltung oder eines sonstigen öffentlichen Unternehmens.[661] Hierbei ist kraft Eingliederung in die Staatsverwaltung oder staatlicher Beherrschung des Unternehmens das **Maß an staatlicher Kontrolle** gegeben, das notwendig ist, um von einem staatlichen Handelsmonopol sprechen zu können, für das der Staat nach Art. 37 verantwortlich ist. Selbst bei einer **rein wirtschaftlichen *de facto* Monopolstellung eines Privatunternehmens** ist ein staatliches Handelsmonopol iSv. Art. 37 nach Wortlaut des Art. 37 Abs. 1 S. 2 nicht von vorneherein auszuschließen,[662] allerdings in der Rechtsanwendungspraxis der Kommission und des Gerichtshofs bisher nicht relevant geworden. Zur Begründung von Staatsverantwortung nach Art. 37 wäre in einem solchen Fall spezifisch nachzuweisen, dass die *de facto*-Monopolstellung auf staatlichen Maßnahmen beruht und vom Staat in einer Weise getragen wird, die es ihm ermöglicht, seine Umformungs- oder Stillhalteverpflichtungen gemäß Art. 37 zu erfüllen. 259

---

v. 4.5.1988, Rs 30/87, Slg. 1988, 2479 Rdnr. 10 – *Bodson/Pompes funèbres* und EuGH U. v. 27.10.1993, Verb. Rs C-46/90 und C-93/91, Slg. 1993, I-5267 Rdnr. 33 – *Lagauche u. a.,* die in dieser Diskriminierungssituation eine Anwendung des Art. 37 möglich erscheinen ließen; aA *Streinz-Schroeder,* EUV/AEUV, Art. 37 AEUV Rdnr. 7 mwN.

[655] EuGH U. v. 18.6.1991, Rs C-260/89, Slg. 1991, I-2925 Rdnr. 19–26 – *Elliniki Radiophonia Tileorassi (ERT).*

[656] Immenga/Mestmäcker-*Mestmäcker/Schweitzer,* WbR Bd. 1 EU/Teil 1, Art. 37 AEUV Rdnr. 43; *Heinemann,* S. 103; *Bach,* S. 68.

[657] Hierzu gehören auch Anstalten und Körperschaften des öffentlichen Rechts; zum Begriff des öffentlichen Unternehmens s. oben Rdnr. 31–40.

[658] Vom Wortlaut des Art. 37 Abs. 1 S. 2 gedeckt ist es, mehrere vom Staat mit besonderen Rechten ausgestattete Unternehmen gemeinsam als staatliches Handelsmonopol einzuordnen.

[659] Dann ist die merkliche Beeinflussung der Einfuhr oder Ausfuhr durch den Staat mittels des *„Monopols"* genauer zu prüfen.

[660] v. d. Groeben/Schwarze/Hatje-*Berg,* Europäisches Unionsrecht, Art. 37 AEUV Rdnr. 8, 49; EuGH U. v. 16.12.1970, Rs 13/70, Slg. 1970, 1089 Rdnr. 5 – *Cinzano.*

[661] Zur Anwendbarkeit des Art. 37 auf bereits umgeformte Monopole s. unten Rdnr. 273ff.

[662] Immenga/Mestmäcker-*Mestmäcker/Schweitzer,* WbR Bd. 1 EU/Teil 1, Art. 37 AEUV Rdnr. 41.

260 Darüber hinaus besteht der Gerichtshof für die Anwendung des Art. 37 nicht darauf, dass die betreffende Einrichtung alle Formen des Handels mit dem betreffenden Produkt zu 100% kontrolliert, solange der Staat mittels dieser Einrichtung noch immer die Einfuhren oder Ausfuhren merklich beeinflussen kann.[663] Jedoch sind die **Grenzen der Abweichung vom strengen Monopolbegriff** bisher nicht vollständig geklärt.

261 Schließlich muss das Monopol nicht das gesamte Hoheitsgebiet eines Mitgliedstaates abdecken. Entsprechend dem umfassenden unionsrechtlichen Mitgliedstaatsbegriff unterfallen dem Art. 37 auch **regionale und lokale**[664] **Handelsmonopole,** soweit die anderen Voraussetzungen dieser Vorschrift gegeben sind. Diese sind insbes. die Intervention der regionalen oder lokalen öffentlichen Gewalt als staatlicher Hoheitsträger, z.B. in Form der Gebietskörperschaft,[665] aber auch in Form der sonstigen öffentlich-rechtlichen Körperschaft oder der Anstalt, und die merkliche Beeinflussung der Einfuhren oder Ausfuhren.

262 *(3) Die merkliche Beeinflussung der Einfuhr oder Ausfuhr durch den Staat mittels des „Monopols“.* Im Lichte des Normzwecks und auf der Grundlage der in Art. 37 Abs. 1 S. 2 enthaltenen Definition des staatlichen Handelsmonopols sind zahlreiche Erscheinungsformen staatlicher Interventionen von Art. 37 erfasst. Hierbei ist das Kennzeichen der **merklichen Beeinflussung** der Einfuhr oder Ausfuhr als **Auffangtatbestand** im Verhältnis zu den intensiveren Interventionsformen der Kontrolle und der Lenkung zu verstehen.

263 In der Literatur strittig und in der Rechtsprechung nicht eindeutig ist, ob außer der tatsächlichen auch – iSd. der für Art. 34, 35 AEUV entwickelten *Dassonville*-Formel[666] – eine **nur potentielle Beeinflussung des zwischenstaatlichen Warenverkehrs** genügt.[667] Für die Ansicht, wonach eine potentielle Beeinflussung nicht ausreichend ist, wird angeführt, der Begriff „merklich“ verlange einen tatsächlich vorhandenen Einfluss.[668] Für die Gegenauffassung, die eine potentielle Beeinflussung genügen lässt, kann hingegen die systematische Stellung des Art. 37 und sein Zweck angeführt werden, zur umfassenden Sicherung der Warenverkehrsfreiheit beizutragen.[669] Der Begriff „merklich“ in Art. 37 Abs. 1 S. 2 deutet nicht notwendigerweise darauf hin, dass nur tatsächlich vorhandene Beeinflussungen erfasst sind, sondern übernimmt eine Funktion wie die des Spürbarkeitserfordernisses in der Zwischenstaatlichkeitsklausel des dem Art. 37 besonders nahestehenden Wettbewerbsrechts.[670] Für eine sinnvolle Abgrenzung zwischen Art. 34/35 einerseits und Art. 37 andererseits dürften die Erfordernisse der gegenständlichen Einrichtung[671] und des spezifi-

---

663 Zum griechischen Handelsmonopol für Erdölerzeugnisse (Einfuhr von 65% des inländischen Bedarfs): EuGH U. v. 13.12.1990, Rs C-347/88, Slg. 1990, I-4747 Rdnr. 41 – *Kommission/Griechenland („Rohöl und Erdölerzeugnisse“);* zum niederländischen Einfuhrmonopol für zur öffentlichen Versorgung bestimmte Elektrizität: EuGH U. v. 23.10.1997, Rs C-157/94, Slg. 1997, I-5699 Rdnr. 16–18 – *Kommission/Niederlande („Importmonopol Elektrizität“).*

664 EuGH U. v. 4.5.1988, Rs 30/87, Slg. 1988, 2479 Rdnr. 13 – *Bodson/Pompes funèbres.*

665 In Deutschland z.B. die Bundesländer und die Gemeinden.

666 EuGH U. v. 11.7.1974, Rs 8/74, Slg. 1974, 837 Rdnr. 5 – *Dassonville:* Maßnahme mit gleicher Wirkung wie eine mengenmäßige Beschränkung iSv. Art. 34 (und 35) AEUV ist *„jede Handelsregelung der Mitgliedstaaten, die geeignet ist, den innergemeinschaftlichen Handel unmittelbar oder mittelbar, tatsächlich oder potentiell zu behindern“.*

667 Übersicht bei Grabitz/Hilf/Nettesheim-*Leible/Streinz,* Das Recht der Europäischen Union, Art. 37 AEUV Rdnr. 15 (Stand: 9/2010); dagegen: *v.d. Groeben/Schwarze-Hochbaum/Berg,* Kommentar zum EU-/EG-Vertrag, 6. Auflage 2003, Art. 31 EG Rdnr. 49; Immenga/Mestmäcker-*Mestmäcker/Schweitzer,* WbR Bd. 1 EU/Teil 1, Art. 37 AEUV Rdnr. 39.

668 So *v.d. Groeben/Schwarze-Hochbaum/Berg,* Kommentar zum EU-/EG-Vertrag, 6. Auflage 2003, Art. 31 EG Rdnr. 49 mwN und Verweis auf EuGH U. v. 15.7.1964, Rs 6/64, Slg. 1964, 1253, 1276 – *Costa/ENEL;* Immenga/Mestmäcker-*Mestmäcker/Schweitzer,* WbR Bd. 1 EU/Teil 1, Art. 37 AEUV Rdnr. 39; *Heinemann,* S. 104.

669 S. hierzu auch EuGH U. v. 3.2.1976, Rs 59/75, Slg. 1976, 91, 100–101 Rdnr. 6–12 – *Manghera.*

670 Grabitz/Hilf/Nettesheim-*Leible/Streinz,* Das Recht der Europäischen Union, Art. 37 AEUV Rdnr. 15 (Stand: 9/2010).

671 S. unten Rdnr. 271.

schen Zusammenhangs der staatlichen Maßnahme mit Bestehen und Funktionsweise des Monopols[672] genügen. Klarheit wird allerdings nur die künftige Rechtsprechung der Unionsgerichte (EuGH, EuG) schaffen können. Selbst wenn eine rein potentielle Beeinflussung der Ein- oder Ausfuhren nicht von Art. 37 erfasst sein sollte, trägt die ansonsten weite Auslegung dieser Vorschrift zu ihrer praktischen Effektivität bei.

Das Handelsmonopol kann sich **unmittelbar auf die Einfuhr oder Ausfuhr** der von ihm erfassten Ware zwischen den Mitgliedstaaten beziehen[673] oder die Einfuhr oder Ausfuhr **mittelbar** beeinflussen, insbes. durch ein Monopol für den **Einkauf oder Verkauf dieser Ware auf der Großhandels- oder Einzelhandelsebene.**[674] 264

Die Umformungsverpflichtung nach Art. 37 Abs. 1 und die Stillhalteverpflichtung nach Art. 37 Abs. 2 gehen sogar noch einen Schritt weiter und erfassen auch alle staatlichen Maßnahmen, die **mit der Existenz des staatlichen Handelsmonopols in Zusammenhang stehen** und sich bei bestimmten Waren, mögen diese dem Monopol unterliegen oder nicht, auf den Handel zwischen Mitgliedstaaten auswirken.[675] 265

Das **Monopol zur Produktion** einer bestimmten Ware ist isoliert betrachtet kein Monopol zum *Handel* mit dieser Ware, führt daher allein nicht zu einer merklichen Beeinflussung des Warenverkehrs innerhalb der Union und unterfällt somit nicht dem Art. 37.[676] Diese Vorschrift kann jedoch anwendbar sein, wenn und soweit die Einrichtung, die das Produktionsmonopol innehat, auch das Monopol für die Vermarktung ihres Produkts hält.[677] 266

Staatliche Handelsmonopole dienen oft zugleich als **Finanzmonopole,** die dem Staat eine Einnahmequelle sichern sollen. In diesen Fällen könnte die Anwendung des Art. 37 durch **Art. 106 Abs. 2** modifiziert werden, wenn und soweit die Umformungs- und Stillhalteverpflichtung die dem Finanzmonopol übertragene besondere Aufgabe rechtlich oder tatsächlich verhindert.[678] 267

cc) Die Umformungspflicht gemäß Art. 37 Abs. 1 und die Stillhaltepflicht gemäß Art. 37 Abs. 2. 268
(1) Ziele. Ziel der Umformungsverpflichtung nach Art. 37 Abs. 1 ist es, vor dem Hintergrund des oben beschriebenen Normzwecks[679] bestehende **Diskriminierungen oder Diskriminierungsmöglichkeiten** zwischen den Angehörigen der Mitgliedstaaten hinsichtlich der Versorgungs- und Absatzbedingungen, die sich im Zusammenhang mit staatlichen Handelsmonopolen ergeben, **zu beseitigen bzw. auszuschließen.** Die Stillhalteverpflichtung nach Art. 37 Abs. 2 ist hierzu komplementär, indem sie dem Staat verbietet, durch *neue Maßnahmen* eine Situation zu schaffen, die er dann sofort wieder umzuformen hätte. Die Umformungs- und die Stillhalteverpflichtung zielen hierbei auf **die in der Struktur des staatlichen Handelsmonopols begründeten Ursachen** von Diskriminierungen und Diskriminierungsmöglichkeiten. Hierin liegt der besondere Wert des

---

[672] S. unten Rdnr. 271.

[673] So z. B. EuGH U. v. 23.10.1997, Rs C-157/94, Slg. 1997, I-5699 Rdnr. 15 ff. – *Kommission/Niederlande („Importmonopol Elektrizität“);* EuGH U. v. 23.10.1997, Rs C-158/94, Slg. 1997, I-5789 Rdnr. 23 ff. – *Kommission/Italien („Import- und Exportmonopol Elektrizität“);* EuGH U. v. 23.10.1997, Rs C-159/94, Slg. 1997, I-5815 Rdnr. 33 ff. – *Kommission/Frankreich („Import- und Exportmonopol Gas und Elektrizität“).*

[674] *Streinz-Schroeder,* EUV/AEUV, Art. 37 AEUV Rdnr. 6 mwN; v. d. Groeben/Schwarze/Hatje-*Berg,* Europäisches Unionsrecht, Art. 37 AEUV Rdnr. 46.

[675] EuGH U. v. 16.12.1970, Rs 13/70, Slg. 1970, 1089 Rdnr. 5 – *Cinzano;* v. d. Groeben/Schwarze/Hatje-*Berg,* Europäisches Unionsrecht, Art. 37 AEUV Rdnr. 49; *Streinz-Schroeder,* EUV/AEUV, Art. 37 AEUV Rdnr. 6; s. hierzu unten Rdnr. 271 f.

[676] Die Rechtmäßigkeit eines Produktionsmonopols ist anhand des Art. 49 AEUV (Niederlassungsfreiheit) zu prüfen.

[677] v. d. Groeben/Schwarze/Hatje-*Berg,* Europäisches Unionsrecht, Art. 37 AEUV Rdnr. 46 mit Verweis auf die einem Produktionsmonopol ähnliche Stellung des deutschen Branntweinmonopols, die untersucht wurde in EuGH U. v. 13.3.1979, Rs 91/78, Slg. 1979, 935 Rdnr. 8 – *Hansen II;* Immenga/Mestmäcker-*Mestmäcker/Schweitzer,* WbR Bd. 1 EU/Teil 1, Art. 37 AEUV Rdnr. 35; *Bach,* S. 73.

[678] S. hierzu Näheres unten bei Art. 106 Abs. 2 Rdnr. 333 f., 386 f.

[679] S. oben Rdnr. 249–251.

Art. 37 als Sondervorschrift. Denn diskriminierendes Verhalten im Einzelfall ist für den Mitgliedstaat bereits nach Art. 34, 35 und für das staatliche Handelsmonopol als meist marktbeherrschendes Unternehmen[680] nach Art. 102 AEUV verboten.[681] Soweit Diskriminierungen zwischen den Angehörigen der Mitgliedstaaten hinsichtlich der Versorgungs- und Absatzbedingungen ausgeschlossen sind, dürfen Handelsmonopole nach Art. 37 nach wie vor grundsätzlich geschaffen und beibehalten werden.[682]

269 Eine nach Art. 37 verbotene **Diskriminierung** in den Versorgungs- und Absatzbedingungen ist immer dann gegeben, wenn gleiche Tatbestände ohne Rechtfertigung ungleich oder wenn ungleiche Tatbestände willkürlich gleich behandelt werden.[683] Das Diskriminierungsverbot betrifft alle Modalitäten, welche die Nachfrage und das Angebot ermöglichen und/oder beeinflussen[684] und bezieht sich insbes. darauf, dass Waren, die der dem staatlichen Handelsmonopol unterliegenden Ware gleich oder vergleichbar sind, wegen ihrer Herkunft aus anderen Mitgliedstaaten ungleich behandelt werden. Diskriminierungen können sich aus staatlichen Regelungen oder aus der Struktur oder dem Verhalten des staatlichen Handelsmonopols oder aus einer Verbindung dieser Faktoren ergeben.

270 Die **Umformungsverpflichtung** war von allen Mitgliedstaaten bis zum Ende der Übergangszeit am 31.12.1969 zu erfüllen. Somit ist Art. 37 Abs. 1 zum 1.1.1970 unmittelbar anwendbar geworden,[685] mit der Folge, dass jeder Unionsbürger sich vor nationalen Behörden und Gerichten ebenso wie vor EU-Institutionen auf diese Vorschrift berufen kann und entgegenstehendes nationales Recht vom Anwendungsvorrang des Unionsrechts verdrängt wird.[686] Für die **Stillhalteverpflichtung** gab es grundsätzlich keine Übergangszeit. Sie ist seit dem Inkrafttreten des Vertrags am 1.1.1958[687] im Hinblick auf die sechs Gründungsmitglieder und für neue Mitgliedstaaten, abgesehen von bestimmten Ausnahmen,[688] seit dem jeweiligen Beitrittsdatum unmittelbar anwendbar.[689]

271 *(2) Einzugsbereich der Umformungs- und Stillhalteverpflichtung nach Art. 37; Abgrenzung zu Art. 34, 35 AEUV.* Zwar erfassen Umformungs- und Stillhalteverpflichtung alle staatlichen Maßnahmen, die **mit der Existenz des staatlichen Handelsmonopols in Zusammenhang stehen** und sich bei bestimmten Waren, mögen diese dem Monopol unterliegen oder nicht, auf den Handel zwischen Mitgliedstaaten auswirken.[690] Jedoch muss ein

---

680 S. hierzu oben Rdnr. 257–261.

681 Immenga/Mestmäcker-*Mestmäcker/Schweitzer,* WbR Bd. 1 EU/Teil 1, Art. 37 AEUV Rdnr. 81.

682 Zur Abschaffungsverpflichtung hinsichtlich der Import- und Exportmonopole s. unten Rdnr. 274.

683 v. d. Groeben/Schwarze/Hatje-*Berg,* Europäisches Unionsrecht, Art. 37 AEUV Rdnr. 58 ff.; Immenga/Mestmäcker-*Mestmäcker/Schweitzer,* WbR Bd. 1 EU/Teil 1, Art. 37 AEUV Rdnr. 50.

684 Immenga/Mestmäcker-*Mestmäcker/Schweitzer,* WbR Bd. 1 EU/Teil 1, Art. 37 AEUV Rdnr. 51.

685 EuGH U. v. 15.7.1964, Rs 6/64, Slg. 1964, 1251, 1275 – *Costa/ENEL;* EuGH U. v. 3.2.1976, Rs 59/75, Slg. 1976, 91 Rdnr. 15–16 – *Manghera;* EuGH U. v. 13.3.1979, Rs 91/78, Slg. 1979, 935 Rdnr. 16 – *Hansen II;* Immenga/Mestmäcker-*Mestmäcker/Schweitzer,* WbR Bd. 1 EU/Teil 1, Art. 37 AEUV Rdnr. 77.

686 Mit den Beitritten neuer Mitgliedstaaten, die nach dem 31.12.1969 erfolgten, begannen keine neuen Übergangszeiten, sondern nur die jeweils in den Beitrittsverträgen vereinbarten spezifischen Übergangsmaßnahmen einschließlich Schutzmaßnahmen mit genau bezeichneten Fristen und Bedingungen (EuGH U. v. 29.3.1979, Rs 231/78, Slg. 1979, 1447 Rdnr. 9–11 – *Kommission/Vereinigtes Königreich („Kartoffeln")*). Damit war die Umformungsverpflichtung nach Art. 37 Abs. 1 grundsätzlich schon im Zeitpunkt des Beitritts eines neuen Mitgliedstaates in diesem unmittelbar anwendbar, wenn und soweit vereinbarte Schutzmaßnahmen nichts anderes vorsahen. S. auch Übersicht bei v. d. Groeben/Schwarze/Hatje-*Berg,* Europäisches Unionsrecht, Art. 37 AEUV Rdnr. 9, 16–43.

687 Zunächst ab 1.1.1958 EWG-Vertrag, seit 1.11.1993 EG-Vertrag und seit 1.12.2009 AEU-Vertrag.

688 Überblick bei v. d.Groeben/Schwarze/Hatje-*Berg,* Europäisches Unionsrecht, Art. 37 AEUV Rdnr. 81.

689 EuGH U. v. 15.7.1964, Rs 6/64, Slg. 1964, 1251, 1275 – *Costa/ENEL.*

690 EuGH U. v. 16.12.1970, Rs 13/70, Slg. 1970, 1089 Rdnr. 5 – *Cinzano;* v. d. Groeben/Schwarze/Hatje-*Berg,* Europäisches Unionsrecht, Art. 37 AEUV Rdnr. 49; *Streinz-Schroeder,* EUV/AEUV, Art. 37 AEUV Rdnr. 6.

spezifischer Zusammenhang bestehen,[691] insofern als die **staatliche Maßnahme das Bestehen und die Funktionsweise (insbes. die Ausübung des ausschließlichen Rechts) des staatlichen Handelsmonopols** zu betreffen hat.[692] In diesem Sinne ist **Art. 37 *lex specialis* zu Art. 34, 35 AEUV.**[693] Die wichtigste Fallgruppe des Art. 37 ist, dass der Staat das Handelsmonopol als gegenständliche Einrichtung zur unmittelbaren oder mittelbaren Kontrolle, Lenkung oder merklichen Beeinflussung des Handels zwischen den Mitgliedstaaten benutzt. Art. 37 erfasst aber auch Fälle, in denen der Staat durch Unterstützungsmaßnahmen zugunsten des staatlichen Handelsmonopols den Warenverkehr innerhalb der EU zulasten konkurrierender Produkte erschwert.[694]

Soweit die staatliche Maßnahme hingegen nicht das Bestehen oder die Funktionsweise 272 des Handelsmonopols betrifft, sondern sich **hiervon trennen lässt,** sind die Auswirkungen dieser Maßnahme auf den Warenhandel innerhalb der Union allein an **Art. 34 und/oder 35** zu messen und dies selbst dann, wenn auch die vom Handelsmonopol erfasste Ware von diesen Auswirkungen betroffen ist.[695] Dies gilt sowohl vor als auch nach einer von Art. 37 gebotenen Umformung des staatlichen Handelsmonopols. Bei der Anwendung der Art. 34/35 ist dann auch die Rechtsprechung zu den *„zwingenden Erfordernissen"*,[696] die die Anwendung der Art. 34/35 ausschließen, oder zu den diskriminierungsfreien *„Verkaufsmodalitäten"*,[697] die nicht von diesen Vorschriften erfasst werden, zu beachten. Im Übrigen unterliegen alle **nichtdiskriminierenden** Regelungen, die im Zusammenhang mit einem staatlichen Handelsmonopol Auswirkungen auf den Warenverkehr innerhalb der Union haben oder haben könnten, dem Maßstab der Art. 34/35. Art. 37 kann insofern keine Sperrwirkung entfalten.[698]

(3) Die Durchführung der Umformungs- und Stillhalteverpflichtung in der Praxis. Art. 37 Abs. 1 273 verpflichtet die Mitgliedstaaten lediglich, ihre **Handelsmonopole umzuformen, grundsätzlich aber nicht, sie ganz abzuschaffen.** Jedoch gibt es Fallgestaltungen, in denen das mit der Umformung zu verfolgende Ziel, Diskriminierungen zu beseitigen bzw. auszuschließen,[699] nur durch die Abschaffung der dem staatlichen Handelsmonopol zustehenden Exklusivrechte erreicht werden kann.[700] Nach dieser Abschaffung bleibt dann immer noch ein Unternehmen übrig, das als Teil der allgemeinen Staatsverwaltung oder als sonstiges öffentliches Unternehmen vom Staat kontrolliert wird. In diesen Fällen und auch im Fall des reinen Privatunternehmens, das seine Ausschließlichkeitsrechte verloren hat,

---

[691] Immenga/Mestmäcker-*Mestmäcker/Schweitzer,* WbR Bd. 1 EU/Teil 1, Art. 37 AEUV Rdnr. 47.

[692] EuGH U. v. 23.10.1997, Rs C-189/95, Slg. 1997, I-5909 Rdnr. 35 mwN – *Franzén.*

[693] Deswegen hat der EuGH in seinen Urteilen zu den Vertragsverletzungsverfahren gegen Import- und Exportmonopole für Strom und Gas nach Feststellung des Verstoßes gegen Art. 37 AEUV von der Prüfung der in der Klageschrift der Kommission ebenfalls behaupteten Verletzung der Art. 34 und 35 AEUV abgesehen: EuGH U. v. 23.10.1997, Rs C-157/94, Slg. 1997, I-5699 Rdnr. 24 – *Kommission/Niederlande („Importmonopol Elektrizität");* EuGH U. v. 23.10.1997, Rs C-158/94, Slg. 1997, I-5789 Rdnr. 33 – *Kommission/Italien („Import- und Exportmonopol Elektrizität");* EuGH U. v. 23.10.1997, Rs C-159/94, Slg. 1997, I-5815 Rdnr. 41 – *Kommission/Frankreich („Import- und Exportmonopol Gas und Elektrizität").*

[694] EuGH U. v. 17.2.1976, Rs 91/75, Slg. 1976, 217 Rdnr. 1–8 – *Miritz* (Preisausgleichsabgabe auf eingeführte Branntweinerzeugnisse zum Schutze des inländischen Branntweinmonopols).

[695] EuGH U. v. 23.10.1997, Rs C-189/95, Slg. 1997, I-5909 Rdnr. 36 mwN – *Franzén; Streinz-Schroeder,* EUV/AEUV, Art. 37 AEUV Rdnr. 10; Immenga/Mestmäcker-*Mestmäcker/Schweitzer,* WbR Bd. 1 EU/Teil 1, Art. 37 AEUV Rdnr. 47.

[696] Beginnend mit EuGH U. v. 20.2.1979, Rs 120/78, Slg. 1979, 649 Rdnr. 8 – *Cassis de Dijon;* Immenga/Mestmäcker-*Mestmäcker/Schweitzer,* WbR Bd. 1 EU/Teil 1, Art. 37 AEUV Rdnr. 96.

[697] EuGH U. v. 14.12.1995, Rs C-387/93, Slg. 1995, I-4663 Rdnr. 34–44 – *Banchero,* mit Hinweis auf EuGH U. v. 24.11.1993, Verb. Rs C-267/91 und C-268/91, Slg. 1993, I-6097 Rdnr. 16 – *Keck und Mithouard.*

[698] Immenga/Mestmäcker-*Mestmäcker/Schweitzer,* WbR Bd. 1 EU/Teil 1, Art. 37 AEUV Rdnr. 54.

[699] S. hierzu oben Rdnr. 268 ff.

[700] S. z. B. zu den ausschließlichen Einfuhr- und Ausfuhrrechten unten Rdnr. 274.

verbleibt zumindest zunächst eine auf vorherigen staatlichen Maßnahmen beruhende faktische Monopolstellung oder beherrschende Stellung.[701] Damit bleibt der Art. 37 auch auf ein *solchermaßen umgeformtes* staatliches Handelsmonopol zunächst anwendbar,[702] was insbes. im Hinblick auf die Kontrolle weiterer staatlicher Maßnahmen, die mit dem Funktionieren des Handelsmonopols in Zusammenhang stehen, relevant ist.[703]

274 *(a) Das ausschließliche Recht als solches.* Das **ausschließliche Recht** einer Einrichtung **zur Einfuhr** einer bestimmten Ware bewirkt als solches eine Diskriminierung der in anderen Mitgliedstaaten ansässigen Exporteure[704] und das **ausschließliche Ausfuhrrecht** einer solchen Einrichtung diskriminiert als solches die in anderen Mitgliedstaaten ansässigen Importeure.[705] Der Gerichtshof hat hierzu wiederholt entschieden, dass diese Diskriminierung allein durch die **vollständige Aufhebung** des ausschließlichen Einfuhr- oder Ausfuhrrechts beseitigt werden kann. Insofern gibt es für diese Rechte keinen Bestandsschutz und Art. 37 beschränkt sich nicht darauf, nur die diskriminierende Ausübung dieser Rechte zu verbieten.[706] So urteilte der EuGH, dass ein ausschließliches Recht des italienischen Staates zur Einfuhr von Tabakwaren,[707] des griechischen Staates zur Einfuhr von Erdölerzeugnissen,[708] des niederländischen öffentlichen Unternehmens SEP zur Einfuhr von Strom ab 500 Volt zum Zwecke der öffentlichen Versorgung,[709] des italienischen Staatsunternehmens *ENEL* zur Einfuhr und Ausfuhr vom Strom,[710] der französischen Staatsunternehmen *Electricité de France (EdF)* und *Gaz de France (GdF)* zur Einfuhr und Ausfuhr von Strom bzw. Gas[711] jeweils als solches eine nach Art. 37 verbotene Diskriminierung darstellten. In den drei letztgenannten Fällen schloss der EuGH jedoch die Möglichkeit einer Rechtfertigung der Import- und Exportmonopole nach Art. 106 Abs. 2 nicht aus.[712]

275 Im Gegensatz zu ausschließlichen Einfuhr- und Ausfuhrrechten nimmt der EuGH bei **ausschließlichen Vermarktungsrechten im Bereich des Binnenhandels** in einem Mitgliedstaat nicht ohne weiteres strukturbedingte, von Art. 37 verbotene Diskriminierungen oder Diskriminierungsmöglichkeiten an, die nur durch Abschaffung dieser Rechte beseitigt werden könnten. Ein Verstoß gegen Art. 37 wurde festgestellt im Fall des griechischen Staatsmonopols für den Handel mit Erdölerzeugnissen, das allerdings mit einem ausschließlichen Recht der Einfuhr dieser Erzeugnisse gekoppelt war.[713] Nicht entschieden hat

---

[701] Zur Relativierung des Monopolbegriffs s. oben Rdnr. 257–261.

[702] Immenga/Mestmäcker-*Mestmäcker/Schweitzer,* WbR Bd. 1 EU/Teil 1, Art. 37 AEUV Rdnr. 41.

[703] S. hierzu unten Rdnr. 277 f.

[704] Hierzu z. B. EuGH U. v. 23.10.1997, Rs C-157/94, Slg. 1997, I-5699 Rdnr. 15 mwN – *Kommission/Niederlande („Importmonopol Elektrizität");* EuGH U. v. 23.10.1997, Rs C-158/94, Slg. 1997, I-5789 Rdnr. 23 – *Kommission/Italien („Import- und Exportmonopol Elektrizität");* EuGH U. v. 23.10.1997, Rs C-159/94, Slg. 1997, I-5815 Rdnr. 33 – *Kommission/Frankreich („Import- und Exportmonopol Gas und Elektrizität").*

[705] EuGH U. v. 23.10.1997, Rs C-158/94, Slg. 1997, I-5789 Rdnr. 24 – *Kommission/Italien („Import- und Exportmonopol Elektrizität");* EuGH U. v. 23.10.1997, Rs C-159/94, Slg. 1997, I-5815 Rdnr. 34 – *Kommission/Frankreich („Import- und Exportmonopol Gas und Elektrizität").*

[706] Hierzu z. B. EuGH U. v. 23.10.1997, Rs C-157/94, Slg. 1997, I-5699 Rdnr. 21–23 – *Kommission/Niederlande („Importmonopol Elektrizität").*

[707] EuGH U. v. 3.2.1976, Rs 59/75, Slg. 1976, 91 Rdnr. 9–13 – *Manghera.*

[708] EuGH U. v. 13.12.1990, Rs C-347/88, Slg. 1990, I-4747 Rdnr. 38–44 – *Kommission/Griechenland („Rohöl und Erdölerzeugnisse").*

[709] EuGH U. v. 23.10.1997, Rs C-157/94, Slg. 1997, I-5699 Rdnr. 13–23 – *Kommission/Niederlande („Importmonopol Elektrizität").*

[710] EuGH U. v. 23.10.1997, Rs C-158/94, Slg. 1997, I-5789 Rdnr. 21–32 – *Kommission/Italien („Import- und Exportmonopol Elektrizität").*

[711] EuGH U. v. 23.10.1997, Rs C-159/94, Slg. 1997, I-5815 Rdnr. 31–40 – *Kommission/Frankreich („Import- und Exportmonopol Gas und Elektrizität").*

[712] S. dazu unten Rdnr. 418 f.

[713] EuGH U. v. 13.12.1990, Rs C-347/88, Slg. 1990, I-4747 Rdnr. 38–44 – *Kommission/Griechenland („Rohöl und Erdölerzeugnisse").*

der EuGH bisher, ob ein ausschließliches Vermarktungsrecht für eine inländische Einrichtung auf der **Großhandelsstufe** an sich bereits eine von Art. 37 verbotene und nur durch Abschaffung zu beseitigende Diskriminierung darstellt.[714] Hingegen erkannte der Gerichtshof in der Rs *Franzén* in dem **staatlichen Einzelhandelsmonopol für alkoholische Getränke,** das dem schwedischen Staatsunternehmen *Systembolag* übertragen worden war, bereits keine von Art. 37 verbotene Diskriminierung. Die Auswahlmethoden und -kriterien des *Systembolag* zur Aufnahme in sein Warensortiment seien weder diskriminierend noch geeignet, eingeführte Erzeugnisse zu benachteiligen.[715] Mögliche Unzulänglichkeiten im Einzelhandelsnetz des *Systembolags* beeinträchtigten den Verkauf eingeführter und einheimischer Ware gleichermaßen.[716] Schließlich sei auch in den Regeln und Praktiken hinsichtlich der Förderung des Verkaufs alkoholischer Getränke durch den *Systembolag* keine rechtliche oder tatsächliche Diskriminierung oder Benachteiligung eingeführter gegenüber einheimischer Ware zu erkennen.[717] Auf Grundlage verschiedener Kriterien des *Franzén*-Urteils entschied der EuGH jedoch später in der Rs *Hanner,* dass Organisations- und Funktionsweise des **staatlichen Einzelhandelsmonopols für Arzneimittel,** das dem schwedischen Staatsunternehmen *Apoteket* übertragen worden war, gegen Art. 37 verstießen, weil sie nicht so ausgestaltet waren, dass jede Diskriminierung von Arzneimitteln aus den anderen Mitgliedstaaten ausgeschlossen war.[718]

In jedem Fall ist daran zu erinnern, dass Art. 37 nicht nur Diskriminierungen zwischen eingeführter und einheimischer Ware an sich, sondern auch zwischen einheimischen und EU-ausländischen Wirtschaftsteilnehmern und Kunden im Hinblick auf die sie betreffenden Versorgungs- und Absatzbedingungen verbietet und dieser Gesichtspunkt daher hinreichend zu prüfen ist. Bei Großhandels- und Einzelhandelsmonopolen ist nicht ausgeschlossen, dass es zu solchen Diskriminierungen der Angehörigen der Mitgliedstaaten kommt,[719] genauso wie nicht von vornherein ausgeschlossen ist, dass diese Diskriminierungen nur durch die Abschaffung des ausschließlichen Rechts beseitigt werden können. 276

(b) Staatliche Maßnahmen im Zusammenhang mit staatlichen Handelsmonopolen. **Gegen Art. 37 AEUV verstoßen:** eine Ausgleichsabgabe, die ein Mitgliedstaat ausschließlich auf eingeführte Ware erhebt, um den Unterschied zwischen dem Verkaufspreis dieser Ware in ihrem Herkunftsland und dem höheren Preis auszugleichen, den das staatliche Handelsmonopol inländischen Herstellern gleichartiger Ware zahlt;[720] eine Verbrauchsteuererhöhung, die zwar für einheimische und eingeführte Ware gleich hoch ist, deren in den allgemeinen Haushalt fließendes Aufkommen aber mittelbar dem Ausgleich von Verlusten eines staatlichen Handelsmonopols dient, die diesem dadurch entstehen, dass es bestimmten Erzeugern Waren zu innerhalb der EU nicht marktgerechten überhöhten Preisen abkauft, während gleichzeitig die Weiterverkaufspreise des Handelsmonopols für diese Waren gesenkt werden;[721] das staatliche Verbot, für die Herstellung von Erzeugnissen, die einem nationalen Handelsmonopol unterliegen, Ausgangsstoffe zu verwenden, die in anderen Mitgliedstaaten produziert oder in den freien Verkehr gebracht wurden, während dieses Verbot für gleichartige, im Inland erzeugte Ausgangsstoffe nicht gilt;[722] die Ausdehnung der Preisfestset- 277

---

[714] Bejahend v. d. Groeben/Schwarze/Hatje-*Berg,* Europäisches Unionsrecht, Art. 37 AEUV Rdnr. 8, 65.

[715] EuGH U. v. 23.10.1997, Rs C-189/95, Slg. 1997, I-5909 Rdnr. 45–52 – *Franzén.*

[716] EuGH U. v. 23.10.1997, Rs C-189/95, Slg. 1997, I-5909 Rdnr. 54–57 – *Franzén.*

[717] EuGH U. v. 23.10.1997, Rs C-189/95, Slg. 1997, I-5909 Rdnr. 59–65 – *Franzén.*

[718] EuGH U. v. 31.5.2005, Rs C-438/02, Slg. 2005 I-4551 Rdnr. 37–44 – *Hanner.*

[719] Zu Einzelhandelsmonopolen s. auch differenzierend v. d. Groeben/Schwarze/Hatje-*Berg,* Europäisches Unionsrecht, Art. 37 AEUV Rdnr. 68–70.

[720] EuGH U. v. 17.2.1976, Rs 91/75, Slg. 1976, 217 Rdnr. 1–8 – *Miritz.*

[721] EuGH U. v. 13.3.1979, Rs 91/78, Slg. 1979, 935 Rdnr. 8–10, 12–14 – *Hansen II* (Art. 31 insoweit als Sondervorschrift gegenüber der Beihilfenkontrolle nach Art. 87, 88 EG).

[722] EuGH U. v. 13.3.1979, Rs 119/78, Slg. 1979, 975 Rdnr. 29–32 – *Peureux II.*

zungsregeln, die sich der Staat im Rahmen eines umgeformten staatlichen Tabakmonopols vorbehalten hat, auf aus anderen Mitgliedstaaten eingeführte Tabakwaren.[723]

278 **Nicht gegen Art. 37 AEUV verstoßen:** eine Ausgleichsabgabe auf eingeführte Erzeugnisse, die diese lediglich in einer Höhe belastet, die der Belastung der vom Monopol betroffenen inländischen Erzeugnisse entspricht;[724] eine parafiskalische Abgabe, die vom Staat nach denselben Erhebungsmodalitäten auf bestimmte eingeführte sowie einheimische Erdölerzeugnisse erhoben wird, unabhängig von der Regelung über Einfuhr und Vertrieb von Erdöl in diesen Staat ist und nicht mit der Ausübung der in dieser Regelung enthaltenen ausschließlichen Rechte in Zusammenhang steht;[725] nationale Bestimmungen, die nicht die Ausübung des Ausschließlichkeitsrechts eines staatlichen Handelsmonopols betreffen, sondern allgemein die Herstellung und Vermarktung von Waren, unabhängig davon, ob sie unter dieses Monopol fallen oder nicht, wie z. B. Rechtsvorschriften, wonach der Einzelhandel mit Tabakwaren ausschließlich denjenigen vorbehalten ist, denen die staatliche Verwaltung des umgeformten Tabakwarenmonopols eine Konzession oder Genehmigung erteilt hat, vorausgesetzt, dass diese Rechtsvorschriften es dem Staat nicht ermöglichen, über die Tabakmonopolverwaltung die Wahl der Bezugsquellen durch die Tabakeinzelhändler zu kontrollieren oder zu beeinflussen, entweder um den vom staatlichen Tabakmonopol hergestellten Tabakwaren einen Absatzmarkt zu sichern oder um bestimmte Einfuhrströme aus anderen Mitgliedstaaten zu begünstigen oder abzublocken.[726]

279 *(4) Rechtfertigungen und Rechtfertigungsbedürfnisse.* Lange Zeit war umstritten, ob die **Rechtfertigungsgründe des Art. 36 AEUV,** die für eine Einschränkung des von Art. 34, 35 AEUV gewährleisteten freien Warenverkehrs gelten, auch die Umformungs- und Stillhalteverpflichtungen der Mitgliedstaaten aus Art. 37 einschränken können.[727] Hiergegen sprach stets die **systematische Stellung** des Art. 36, seine ausdrückliche Bezugnahme allein auf die Bestimmungen der Art. 34–35, das Gebot der engen Auslegung einer Ausnahmevorschrift und der eigenständige Regelungsgehalt des Art. 37 im Verhältnis zu Art. 34–35.[728] In seinen Urteilen zu den staatlichen Import- und Exportmonopolen im Strom- und Gassektor hat der EuGH klargestellt, dass Art. 36 als Rechtfertigung eines Verstoßes gegen Art. 37 aus systematischen Gründen nicht in Frage kommt.[729] Dementsprechend hat der EuGH den für den Bereich des Warenverkehrs verbleibenden ausdrücklichen Rechtfertigungsgrund des **Art. 106 Abs. 2** geprüft.[730] Dieser ist zwar auf Unternehmen begrenzt, die **mit**

---

[723] EuGH U. v. 21.6.1983, Rs 90/82, Slg. 1983, 2011 Rdnr. 27–28 – *Kommission/Frankreich („Verkaufspreise von Tabakwaren“).*

[724] EuGH U. v. 16.12.1970, Rs 13/70, Slg. 1970, 1089 Rdnr. 6–12 – *Cinzano.*

[725] EuGH U. v. 11.3.1992, Verb. Rs C-78/90 bis C-83/90, Slg. 1992, I-1847 Rdnr. 36–37 – *Compagnie Commerciale de l'Ouest u. a.*

[726] EuGH U. v. 14.12.1995, Rs C-387/93, Slg. 1995, I-4663 Rdnr. 29–31 – *Banchero.*

[727] *Ehricke,* EWS 1994, 186 ff.; *Allkemper/Jones,* EWS 1993, 130 ff.

[728] Immenga/Mestmäcker-*Mestmäcker/Schweitzer,* WbR Bd. 1 EU/Teil 1, Art. 37 AEUV Rdnr. 96–97. Grabitz/Hilf/Nettesheim-*Leible/Streinz,* Das Recht der Europäischen Union, Art. 37 AEUV Rdnr. 43 (Stand: 9/2010)

[729] EuGH U. v. 23.10.1997, Rs C-157/94, Slg. 1997, I-5699 Rdnr. 24–25 – *Kommission/Niederlande („Importmonopol Elektrizität“);* EuGH U. v. 23.10.1997, Rs C-158/94, Slg. 1997, I-5789 Rdnr. 33–34 – *Kommission/Italien („Import- und Exportmonopol Elektrizität“);* EuGH U. v. 23.10.1997, Rs C-159/94, Slg. 1997, I-5815 Rdnr. 41–42 – *Kommission/Frankreich („Import- und Exportmonopol Gas und Elektrizität“);* s. auch *Streinz-Schroeder,* EUV/AEUV, Art. 37 AEUV Rdnr. 19; v. d. Groeben/Schwarze/Hatje-*Berg,* Europäisches Unionsrecht, Art. 37 AEUV Rdnr. 92; *Ehricke,* EuZW 1998, 741, 742.

[730] EuGH U. v. 23.10.1997, Rs C-157/94, Slg. 1997, I-5699 Rdnr. 32 – *Kommission/Niederlande („Importmonopol Elektrizität“);* EuGH U. v. 23.10.1997, Rs C-158/94, Slg. 1997, I-5789 Rdnr. 43 – *Kommission/Italien („Import- und Exportmonopol Elektrizität“);* EuGH U. v. 23.10.1997, Rs C-159/94, Slg. 1997, I-5815 Rdnr. 49 – *Kommission/Frankreich („Import- und Exportmonopol Gas und Elektrizität“);* Art. 106 Abs. 2 wurde ebenso geprüft in EuGH U. v. 31.5.2005, Rs C-438/02, Slg. 2005 I-4551 Rdnr. 46–48 – *Hanner.* S. hierzu auch unten Rdnr. 411 ff.

einer Dienstleistung[731] **von allgemeinem wirtschaftlichem Interesse betraut** sind oder den Charakter eines **Finanzmonopols** haben.[732] Staatliche Handelsmonopole werden neben ihrer praktisch stets vorhandenen Unternehmenseigenschaft[733] wegen ihrer besonderen Aufgaben nicht selten auch in die Kategorie dieser besonderen Unternehmen fallen. Allerdings ist die gebotene enge Auslegung der anderen Tatbestandsmerkmale des Art. 106 Abs. 2, insbes. desjenigen der Aufgabenverhinderung, zu beachten.[734] Im Übrigen kommt Art. 36 im Zusammenhang mit staatlichen Handelsmonopolen in dem Maße in Betracht wie die Art. 34, 35 anwendbar sind.[735]

Die Frage einer **allgemeinen Rechtfertigungsbedürftigkeit für jedes staatliche Handelsmonopol auch nach seiner Umformung** wurde vom EuGH-Urteil *Franzén*[736] zum schwedischen staatlichen Einzelhandelsmonopol für alkoholische Getränke aufgeworfen. Hierin erinnerte der EuGH zunächst an die ständige Rechtsprechung, wonach Art. 37 nicht die völlige Abschaffung der staatlichen Handelsmonopole, sondern nur deren Umformung in einer Weise verlange, dass jede Diskriminierung in den Versorgungs- und Absatzbedingungen zwischen den Angehörigen der Mitgliedstaaten ausgeschlossen ist.[737] Der EuGH fuhr dann fort, Art. 37 *„soll nämlich die Möglichkeit für die Mitgliedstaaten, bestimmte Handelsmonopole als Mittel zur Verfolgung von im öffentlichen Interesse liegenden Zielen beizubehalten, mit den Erfordernissen der Errichtung und des Funktionierens des Gemeinsamen Marktes in Einklang bringen. Er soll die Hindernisse für den freien Warenverkehr, allerdings mit Ausnahme der durch das Bestehen der betreffenden Monopole bedingten Einschränkungen des Handels, beseitigen.“*[738] 280

In seinem *Franzén*-Urteil vom 23.10.1997 betonte der EuGH somit die Rolle des Art. 37 als Instrument zur Herstellung der Warenverkehrsfreiheit und scheint die nach der Umformung des Handelsmonopols durch sein Fortbestehen bedingten Einschränkungen des Handels und damit die Existenz des Handelsmonopols selbst nur noch dann anerkennen zu wollen, wenn der Staat mit dem Handelsmonopol im öffentlichen Interesse liegende Ziele verfolgt. Dementsprechend stellte der EuGH in der Rs *Franzén* der weiteren Prüfung der Erfordernisse des Art. 37 die Feststellung voran, dass das schwedische staatliche Einzelhandelsmonopol für alkoholische Getränke dem Schutz der Volksgesundheit vor den schädlichen Folgen des Alkohols dient und damit unstreitig ein im öffentlichen Interesse liegendes Ziel verfolgt.[739] Andererseits hat der Gerichtshof den Gesichtspunkt des im öffentlichen Interesse liegenden Ziels in seinen an demselben Tag (23.10.1997) verkündeten Urteilen zu den Import- und Exportmonopolen für Elektrizität und Gas[740] bei seiner Prüfung des Art. 37 in keiner Weise angesprochen, sondern allein geprüft, ob die Organisation und Funktionsweise dieser Monopole so ausgestaltet ist, dass jede Diskriminierung in den Versorgungs- und Absatzbedingungen zwischen den Angehörigen der Mitgliedstaaten aus- 281

---

[731] Der Begriff der Dienstleistung ist hier weit zu verstehen und kann auch den Warenverkehr umfassen; s. hierzu unten Rdnr. 309.

[732] S. hierzu unten Rdnr. 333 f.

[733] S. hierzu oben Rdnr. 254.

[734] S. hierzu unten Rdnr. 291, 336 f.

[735] S. hierzu oben Rdnr. 271 f.; EuGH U. v. 23.10.1997, Rs C-189/95, Slg. 1997, I-5909 Rdnr. 37 ff. – *Franzén;* v. d. Groeben/Schwarze/Hatje-*Berg,* Europäisches Unionsrecht, Art. 37 AEUV Rdnr. 92.

[736] EuGH U. v. 23.10.1997, Rs C-189/95, Slg. 1997, I-5909 – *Franzén.*

[737] EuGH U. v. 23.10.1997, Rs C-189/95, Slg. 1997, I-5909 Rdnr. 38 – *Franzén.*

[738] EuGH U. v. 23.10.1997, Rs C-189/95, Slg. 1997, I-5909 Rdnr. 39– *Franzén;* Grundsatz im Zusammenhang mit dem schwedischen Einzelhandelsmonopol für Arzneimittel bestätigt durch EuGH U. v. 31.5.2005, Rs C-438/02, Slg. 2005 I-4551 Rdnr. 35 – *Hanner.*

[739] EuGH U. v. 23.10.1997, Rs C-189/95, Slg. 1997, I-5909 Rdnr. 41 – *Franzén.*

[740] EuGH U. v. 23.10.1997, Rs C-157/94, Slg. 1997, I-5699 Rdnr. 13 ff. – *Kommission/Niederlande („Importmonopol Elektrizität“);* EuGH U. v. 23.10.1997, Rs C-158/94, Slg. 1997, I-5789 Rdnr. 21 ff. – *Kommission/Italien („Import- und Exportmonopol Elektrizität“);* EuGH U. v. 23.10.1997, Rs C-159/94, Slg. 1997, I-5815 Rdnr. 31 ff. – *Kommission/Frankreich („Import- und Exportmonopol Gas und Elektrizität“).*

geschlossen ist. Nicht eindeutig ist auch das EuGH-Urteil *Hanner* vom 31.5.2005, das die Beschreibung des *Franzén*-Urteils zur grundsätzlichen Funktion des Art. 37 bestätigt,[741] dann aber keine Aussage dazu trifft, ob das untersuchte staatliche Einzelhandelsmonopol für Arzneimittel im öffentlichen Interesse liegende Ziele verfolgt, sondern direkt in die Prüfung einsteigt, ob die Organisations- und Funktionsweise dieses Monopols geeignet ist, Arzneimittel aus den anderen Mitgliedstaaten zu benachteiligen oder ob das Monopol solche Arzneimittel in der Praxis benachteiligt.[742]

282 Im Ergebnis ist somit noch nicht vollends geklärt, wie der Aspekt des im öffentlichen Interesse liegenden Ziels nach dem *Franzén*-Urteil vom 23.10.1997 in die Prüfung des Art. 37 einfließen soll. Kohärenz zwischen den verschiedenen EuGH-Urteilen könnte die Interpretation ergeben, wonach das Vorliegen eines im öffentlichen Interesse liegenden Ziels des Handelsmonopols neben seiner Diskriminierungsfreiheit eine zweite, **kumulativ** zu erfüllende Voraussetzung für seine Vereinbarkeit mit dem Art. 37 ist. Die – ggf. durch Umformung hergestellte – Diskriminierungsfreiheit des Handelsmonopols würde somit seine Konformität mit Art. 37 nicht gewährleisten, wenn kein im öffentlichen Interesse liegendes Ziel des Handelsmonopols schlüssig dargelegt und wenn notwendig nachgewiesen werden könnte.[743] Umgekehrt würde die Tatsache, dass eine Diskriminierung in den Versorgungs- und Absatzbedingungen zwischen den Angehörigen der Mitgliedstaaten nicht ausgeschlossen ist, für sich allein, d. h. ohne Prüfung eines etwaigen, im öffentlichen Interesse liegenden Ziels des Handelsmonopols, genügen, um dessen Verstoß gegen Art. 37 festzustellen. Nach Feststellung eines solchen Verstoßes wäre eine etwaige Rechtfertigung nach Art. 106 Abs. 2 zu erörtern.[744] Das Verhältnis der Rechtfertigung nach Art. 106 Abs. 2 zur Rechtmäßigkeitsvoraussetzung des im öffentlichen Interesse liegenden Ziels ist jedoch gleichfalls noch nicht vollständig geklärt.[745]

283 *dd) Das Verhältnis des Art. 37 zu Art. 106 Abs. 1 und den an die Unternehmen gerichteten EU-Wettbewerbsregeln.* Zu den Gründen und Folgen der praktisch weitgehenden Deckungsgleichheit zwischen den materiellen Anwendungsbereichen des Art. 37 AEUV und des Art. 106 Abs. 1 iVm. Art. 37 AEUV kann auf die einleitenden Ausführungen verwiesen werden.[746]

284 *(1) Art. 106 Abs. 1 iVm. Art. 102 AEUV im Verhältnis zu Art. 37 AEUV.* Praktisch alle staatlichen Handelsmonopole sind auch Unternehmen iSv. Art. 106 Abs. 1, d. h. **öffentliche und/oder mit ausschließlichen bzw. besonderen Rechten ausgestattete Unternehmen.**[747] Ihre ausschließliche oder besonders starke Stellung im Markt für den Handel mit den monopolunterworfenen Waren begründet oft sowohl vor als auch nach der

---

[741] S. oben Rdnr. 250, 280: EuGH U. v. 23.10.1997, Rs C-189/95, Slg. 1997, I-5909 Rdnr. 39 – *Franzén;* EuGH U. v. 31.5.2005, Rs C-438/02, Slg. 2005 I-4551 Rdnr. 35 – *Hanner.*

[742] EuGH U. v. 31.5.2005, Rs C-438/02, Slg. 2005 I-4551 Rdnr. 36–45 – *Hanner.*

[743] AA *Streinz-Schroeder,* EUV/AEUV, Art. 37 AEUV Rdnr. 19.

[744] Die hier entwickelte Interpretation würde erklären, warum der EuGH in seinen Urteilen vom 23.10.1997 zu den Import- und Exportmonopolen für Elektrizität und Gas und in seinem Urteil *Hanner* vom 31.5.2005 nach der Feststellung, dass eine Diskriminierung nicht ausgeschlossen ist, die Frage des im öffentlichen Interesse liegenden Ziels des Handelsmonopols gar nicht erörtert, sondern sofort dessen Verstoß gegen Art. 37 feststellt und sich der Prüfung einer Rechtfertigung nach Art. 106 Abs. 2 zuwendet.

[745] Im *Franzén*-Urteil stellte sich die Frage einer Rechtfertigung nach Art. 106 Abs. 2 nicht, da der EuGH entschied, dass das Handelsmonopol einem im öffentlichen Interesse liegenden Ziel diente und diskriminierungsfrei und damit mit Art. 37 vereinbar war. Die Urteile vom 23.10.1997 zu den Import- und Exportmonopolen für Elektrizität und Gas und das *Hanner*-Urteil tragen nicht zur Klärung bei, weil in ihnen der Verstoß gegen Art. 37 allein mit einer nicht ausschließbaren Diskriminierung begründet wird und somit die nachfolgende Prüfung einer Rechtfertigung nach Art. 106 Abs. 2 nicht in Beziehung zum Vorliegen oder Nichtvorliegen eines im öffentlichen Interesse liegenden Ziels des Monopols gesetzt werden kann.

[746] S. oben Rdnr. 251.

[747] S. hierzu oben Rdnr. 251; zu den Varianten der *de iure-* und *de facto-*Monopole s. oben Rdnr. 258 f.

Umformung eine **marktbeherrschende Stellung** auf einem wesentlichen Teil des Binnenmarktes iSv. Art. 102 AEUV. Dies gilt insbes. für den häufigen Fall, dass der für Art. 102 relevante Markt mit dem Markt für den Handel mit den monopolunterworfenen Waren identisch ist und das Monopol landesweit besteht. Bei einem Netzwerk von Lokal- oder Regionalmonopolen kann eine gemeinsame marktbeherrschende Stellung iSv. Art. 102 gegeben sein.[748]

Art. 106 Abs. 1 iVm. Art. 102 geht über den in Art. 37 enthaltenen Aspekt der Diskriminierung hinaus und untersagt dem Mitgliedstaat nicht nur jegliche Maßnahmen rechtlicher oder tatsächlicher Art, die zu einem Diskriminierungsmissbrauch (Art. 102 Abs. 2 lit. c) seitens des marktbeherrschenden Unternehmens führen oder führen könnten, sondern verbietet dem Mitgliedstaat Gleiches auch im Hinblick auf einen anderweitigen Ausbeutungsmissbrauch oder Behinderungsmissbrauch seitens dieses Unternehmens.[749] Über die auf einzelne staatliche Maßnahmen bezogene **Verhaltenskontrolle** hinaus hat sich das Verbot des **Art. 106 Abs. 1 iVm. Art. 102** mit der Rechtsprechung auch zu einem **Instrument der Strukturkontrolle** entwickelt.[750] 285

Im Bereich des Diskriminierungsverbots bezieht Art. 106 Abs. 1 iVm. Art. 102 sich somit nicht nur auf das im Einzelfall staatlich veranlasste diskriminierende Verhalten des marktbeherrschenden Unternehmens als solches, sondern verlangt vom Staat auch die Vermeidung oder Beseitigung solcher Strukturen, die Diskriminierungen hervorrufen oder mit hinreichend konkretisierter Wahrscheinlichkeit hervorrufen können.[751] Die Tragweite des **Art. 106 Abs. 1 iVm. Art. 102 deckt daher in der Praxis den Anwendungsbereich des Art. 37 zu einem großen Teil ab.** Dies bedeutet aber nicht, dass das Instrument des Art. 37 allein – oder das Instrument des Art. 106 Abs. 1 iVm. Art. 37 – rechtlich nicht mehr eingesetzt werden könnte oder in der Praxis nicht mehr eingesetzt würde. 286

Außerhalb des Bereichs des Diskriminierungsverbots ist Art. 37 definitionsgemäß nicht anwendbar. Art. 106 Abs. 1 iVm. Art. 102 geht insofern über den Art. 37 hinaus, wenn es um die staatliche Verantwortlichkeit für solche Maßnahmen oder Strukturen geht, die zu einem zwar diskriminierungsfreien, aber aus anderen Gründen rechtswidrigen Ausbeutungs- oder Behinderungsmissbrauch seitens des staatlichen Handelsmonopols führen oder mit hinreichend konkretisierter Wahrscheinlichkeit führen können. 287

(2) Art. 101/102 AEUV im Verhältnis zu Art. 37 AEUV. Das staatliche Handelsmonopol ist als Unternehmen selbst Adressat der Verhaltenspflichten, die sich aus Art. 101 und 102 ergeben. Es kann damit im Einzelfall von der Kommission oder von nationalen Wettbewerbsbehörden in Verwaltungsverfahren oder von privaten Parteien vor Gericht wegen einer Verletzung dieser Regeln zur Verantwortung gezogen werden. Die Tragweite dieser Regeln geht einerseits weit über diskriminierendes Verhalten des staatlichen Handelsmonopols mit Auswirkungen auf die Versorgungs- und Absatzbedingungen hinaus. Anderseits erlauben diese Regeln im Gegensatz zu Art. 37 oder Art. 106 Abs. 1 iVm. Art. 102 nicht das Aufgreifen möglicher, vom Staat im Einzelfall oder aus strukturellen Gründen zu verantwortender Ursachen solcher Wettbewerbsverletzungen. 288

2. Verhältnis des Art. 106 Abs. 1 AEUV zu unternehmensgerichteten Normen des AEUV (Art. 101/102). Verstößt ein in Art. 106 Abs. 1 AEUV genanntes (d.h. öffentliches oder privilegiertes) Unternehmen gegen Art. 101 oder Art. 102 AEUV, so ist es selbst nach diesen Vorschriften verantwortlich. Dies gilt unabhängig davon, ob daneben 289

---

[748] Zu den verschiedenen Formen der marktbeherrschenden Stellung s. in diesem Handbuch *de Bronett,* § 22 Rdnr. 19 ff., 29 ff.

[749] Näheres zu den Missbrauchsarten s. in diesem Handbuch *de Bronett* in § 22 Rdnr. 37 ff.

[750] S. zu den verschiedenen Fallgruppen ausführlich oben Rdnr. 114 f., 119 ff., 126 ff., 133 ff.

[751] Hingegen hat der EuGH potentielle Diskriminierungen bisher nicht ausdrücklich in den Anwendungsbereich des Art. 37 einbezogen, s. hierzu v. d. Groeben/Schwarze/Hatje-*Berg,* Europäisches Unionsrecht, Art. 37 AEUV Rdnr. 57.

auch der Mitgliedstaat wegen Maßnahmen in Bezug auf dieses Unternehmen nach Art. 106 Abs. 1 iVm. Art. 101/102 AEUV verantwortlich ist oder Alleinverantwortlichkeit des Unternehmens vorliegt.[752] Eine Eigenverantwortlichkeit des öffentlichen oder privilegierten Unternehmens für sein Verhalten scheidet nur dann und soweit aus, als ihm dieses Verhalten von dem betreffenden Mitgliedstaat **unter Einsatz hoheitlicher Mittel vorgeschrieben** worden ist. Denn in einem solchen Fall fehlt es an der **Zurechenbarkeit dieses Verhaltens.**[753] In einem Verfahren, das eine nationale Wettbewerbsbehörde gegen das betroffene Unternehmen nach Art. 101 oder 102 AEUV führt, gilt diese Verteidigung jedoch nur solange, bis der Nichtanwendungsbeschluss, den diese Behörde gegen die staatliche Zwangsmaßnahme fassen muss, dem betroffenen Unternehmen gegenüber bestandskräftig geworden ist.[754] Fehlt es bereits an einem staatlichen Vorschreiben unter Einsatz hoheitlicher Mittel, so wird die Verantwortlichkeit eines öffentlichen Unternehmens auch nicht dadurch ausgeschlossen, dass der Staat in seiner Rolle als Mehrheitseigentümer oder Inhaber der Mehrheit der Stimmrechte das wettbewerbswidrige Verhalten des Unternehmens beschlossen hat. Im **Ergebnis** gelten daher für die Eigenhaftung eines öffentlichen oder privilegierten Unternehmens nach Art. 101/102 dieselben Regeln wie für die nicht in Art. 106 Abs. 1 genannten Unternehmen.

C. Die Ausnahmeregelung nach Art. 106 Abs. 2 AEUV

I. Übersicht

290 Art. 106 Abs. 2 hat die Aufgabe, das Interesse der Mitgliedstaaten am Einsatz bestimmter Unternehmen als Instrument ihrer Wirtschafts-, Fiskal- oder Sozialpolitik oder zur Wahrnehmung besonderer Aufgaben, insbes. im Lichte traditioneller Konzepte der „Daseinsvorsorge“ oder des „service public“, in Einklang zu bringen mit dem Interesse der Europäischen Union an der Einhaltung der Wettbewerbsregeln und der Wahrung der Einheit des Binnenmarktes.[755] Deswegen lockert Art. 106 Abs. 2 im Zusammenhang mit **Unternehmen,** die **mit Dienstleistungen von allgemeinem wirtschaftlichem Interesse betraut** sind oder den Charakter eines **Finanzmonopols** haben, die Anwendung der Regeln der Verträge (AEUV und EUV),[756] wenn und soweit dies **notwendig** ist, um zu vermeiden, dass die Erfüllung der diesen Unternehmen übertragenen besonderen Aufga-

[752] Zur Nichtakzessorietät von Staats- und Unternehmensverantwortung s. oben Rdnr. 90f., 123, 133, unten Rdnr. 538, und Immenga/Mestmäcker-*Mestmäcker/Schweitzer,* WbR Bd. 1 EU/Teil 1, Art. 106 Abs. 1 AEUV Rdnr. 81ff.

[753] EuGH U. v. 11.11.1997, Rs C-359/95 P und C-379/95 P, Slg. 1997, II-6265 Rdnr. 33 – *Kommission/Ladbroke Racing Ltd („Ladbroke IV“);* EuGH U.v. 9.9.2003, Rs C-198/01, Slg. 2003, I-8055 Rdnr. 51 – *Consorzio Industrie Fiammiferi (CIF);* s. auch v.d. Groeben/Schwarze/Hatje-*Schröter/Voet van Vormizeele,* Europäisches Unionsrecht, Art. 101 AEUV Rdnr. 46. S. auch oben Rdnr. 89.

[754] S. oben Rdnr. 224 und 235 zu EuGH U.v. 9.9.2003, Rs C-198/01, Slg. 2003, I-8055 Rdnr. 45–58 – *Consorzio Industrie Fiammiferi (CIF).*

[755] EuGH U. v. 19.3.1991, Rs C-202/88, Slg. 1991, I-1223 Rdnr. 11–12 – *Frankreich/Kommission („Telekommunikationsendgeräte“);* bestätigt durch EuGH U. v. 23.10.1997, Rs C-157/94, Slg. 1997, I-5699 Rdnr. 39 – *Kommission/Niederlande („Importmonopol Elektrizität“);* EuGH U. v. 23.10.1997, Rs C-159/94, Slg. 1997, I-5815 Rdnr. 55 – *Kommission/Frankreich („Import- und Exportmonopol Gas und Elektrizität“);* EuGH U. v. 21.9.1999, Rs C-67/96, Slg. 1999, I-5751 Rdnr. 103 – *Albany;* EuGH, Rs C-115/97, Slg. 1999, I-6025 Rdnr. 103 – *Brentjens;* EuGH, Rs C-219/97, Slg. 1999, I-6121 Rdnr. 93 – *Drijvende Bokken.*; EuGH U. v. 21.12.2011, Rs C-242/10, Slg. 2011, I-13665 Rdnr. 41 – *Enel Produzione.* s. auch schon EuGH U. v. 14.7.1971, Rs 10/71, Slg. 1971, 723 Rdnr. 13–16 – *Madeleine Muller („Hafen von Mertert“).*

[756] Art. 106 Abs. 2 AEUV nimmt auf „die Vorschriften der Verträge“ Bezug und betrifft somit sowohl AEUV als auch EUV, die nach Art. 1 Abs. 3 EUV rechtlich gleichrangig sind.

ben **verhindert** wird. Die von Art. 106 Abs. 2 erfassten Unternehmen müssen nicht zugleich auch öffentliche oder mit ausschließlichen bzw. besonderen Rechten ausgestattete Unternehmen iSv. Art. 106 Abs. 1 sein. Darüber hinaus ermöglicht Art. 106 Abs. 2 nicht nur eine Lockerung der Verantwortlichkeit der **Unternehmen** nach den Wettbewerbsregeln (Art. 101, 102 AEUV),[757] sondern auch eine Einschränkung der Verpflichtungen, die sich aus den Verträgen (AEUV und EUV) direkt für die **Mitgliedstaaten** ergeben.[758] Art. 106 Abs. 2 ermöglicht somit im Einzelfall, die **Effektivität der Kernvorschriften der wirtschaftlichen Integration,** insbes. der Binnenmarkt- und Wettbewerbsregeln, einzuschränken. Aus dieser weitreichenden Bedeutung der Vorschrift ergeben sich **drei Leitlinien** bei ihrer Auslegung und Anwendung:

Erstens ist **Art. 106 Abs. 2 als Ausnahmevorschrift eng auszulegen.**[759] Der Ge- 291
richtshof bestätigt dieses Prinzip in seiner ständigen Rechtsprechung[760] einschließlich der Urteile vom 23.10.1997.[761] Des Weiteren ist das in Satz 2 dieser Vorschrift enthaltene **Korrektiv** zu beachten, wonach die Anwendung der Ausnahme den Handelsverkehr nicht in einem Ausmaß beeinträchtigen darf, das dem **Interesse der Union** zuwiderläuft. Die Anwendung des gesamten Abs. 2 untersteht außerdem dem **Prinzip der Verhältnismäßigkeit.**

Zweitens ist die **Funktionsweise des Art. 106 Abs. 2 klarzustellen.** Hierzu ist 292
das Zusammenspiel der **vier Tatbestandsmerkmale** zu analysieren: Dienstleistung von allgemeinem wirtschaftlichem Interesse, Betrauung, Verhinderung der besonderen Aufgabe, Wahrung des Unionsinteresses. Alle vier Merkmale sind **unionsrechtliche Begriffe,** deren Qualifikationskriterien im Sinne der notwendigen Gleichheit von Geltung, Anwendung und Auslegung des Unionsrechts für alle Mitgliedstaaten einheitlich sein müssen.[762]

Drittens setzt das Unionsrecht hinsichtlich dessen, was als **Dienstleistung von all-** 293
gemeinem wirtschaftlichem Interesse anerkannt werden kann, nur die **äußeren Grenzen,** innerhalb derer die **Mitgliedstaaten Gestaltungsfreiheit** genießen. Es bleibt grundsätzlich den Mitgliedstaaten überlassen, ob und inwieweit sie diesen Rahmen ausfüllen und damit die Ausnahmefunktion des Art. 106 Abs. 2 für bestimmte Wirtschaftstätigkeiten – bei Erfüllung der sonstigen Tatbestandsvoraussetzungen – eröffnen wollen.[763] Hieran ändert auch die Aufwertung nichts, die Dienstleistungen von allgemeinem wirtschaftlichem Interesse auf EU-Ebene durch neuere Vertragsänderungen in Form des

---

757 S. hierzu unten Rdnr. 298.

758 S. hierzu unten Rdnr. 299–302.

759 So die h. M., s. z. B. v. d. Groeben/Schwarze/Hatje-*Klotz,* Europäisches Unionsrecht, Art. 106 AEUV Rdnr. 57; Langen/Bunte-*Stadler,* KartR Bd. 2, Art. 106 AEUV Rdnr. 43; Immenga/Mestmäcker-*Mestmäcker/Schweitzer,* WbR Bd. 1 EU/Teil 1, Art. 106 Abs. 2 AEUV Rdnr. 17; *Ehlermann,* [1993] 2 ECLR 61, 63–64; differenzierend: Grabitz/Hilf/Nettesheim-*Wernicke,* Das Recht der Europäischen Union, Art. 106 AEUV Rdnr. 39 (Stand: 3/2011).

760 S. z. B. EuGH U. v. 27.3.1974, Rs 127/73, Slg. 1974, 313 Rdnr. 19–22 – *BRT/SABAM („BRT II");* EuG U. v. 27.2.1997, Rs T-106/95, Slg. 1997, II-233 Rdnr. 173 – *FFSA/Kommission („La Poste I").*

761 EuGH U. v. 23.10.1997, Rs C-157/94, Slg. 1997, I-5699 Rdnr. 37 – *Kommission/Niederlande („Importmonopol Elektrizität");* EuGH U. v. 23.10.1997, Rs C-159/94, Slg. 1997, I-5815 Rdnr. 53 – *Kommission/Frankreich („Import- und Exportmonopol Gas und Elektrizität").*

762 S. auch: EuGH U. v. 20.3.1985, Rs 41/83, Slg. 1985, 873 Rdnr. 30 – *Italien/Kommission („British Telecom").*

763 S. z. B. EuGH U. v. 30.4.1974, Rs 155/73, Slg. 1974, 409 Rdnr. 15 – *Sacchi.* Sekundäres Unionsrecht hat inzwischen für die Ausübung dieser Gestaltungsmöglichkeit der Mitgliedstaaten in einigen Sektoren einen gewissen Rahmen geschaffen, so z. B. in den Richtlinien in den Sektoren Energie (s. unten Rdnr. 444 f.), Telekommunikation/elektronische Kommunikation (s. unten Rdnr. 451) und Post (s. unten Rdnr. 454–458), wobei allerdings eine weitergehende Inanspruchnahme des Art. 106 Abs. 2 durch die Mitgliedstaaten im Prinzip nicht ausgeschlossen sein dürfte. S. auch EuG U. v. 3.12.2014, Rs T-57/11, ECLI:EU:T:2014:1021 Rdnr. 132 – *Castelnou Energía;* EuG U. v. 12.2.2008, Rs T-289/03, Slg. 2008, II-81 Rdnr. 165 – *BUPA.*

Art. 14 AEUV,[764] des Protokolls Nr. 26[765] oder durch Art. 36 der Europäischen Grundrechtecharta[766] erfahren haben. Denn hierbei handelt es sich um Grundsatzvorschriften, die die getrennten Befugnisse von Union und Mitgliedstaaten, die Zuständigkeit der Mitgliedstaaten, diese Dienste zur Verfügung zu stellen, in Auftrag zu geben und zu organisieren/finanzieren sowie den weiten Ermessenspielraum der Mitgliedstaaten hierbei ausdrücklich betonen.

294 Das **Instrument der Mitgliedstaaten zur Ausübung ihrer Gestaltungsfreiheit ist der Akt der Betrauung,** in dem sie den Inhalt der Dienstleistung definieren und die mit ihrer Erbringung beauftragten Unternehmen bestimmen. Das Unionsrecht entscheidet dann, ob ein wirksamer Betrauungsakt vorliegt, welche Dienstleistungspflichten er dem Unternehmen überträgt und ob und inwieweit diese im Rahmen dessen bleiben, was nach unionsrechtlichen Kriterien als Dienstleistung von allgemeinem wirtschaftlichem Interesse iSv. Art. 106 Abs. 2 anerkannt werden kann. Die Kommission unterwirft die Mitgliedstaaten bei der Ausübung ihrer Gestaltungsfreiheit nur einer Missbrauchskontrolle im Hinblick auf offensichtliche Fehler bei der Definition der konkreten Dienstleistungen von allgemeinem wirtschaftlichem Interesse.[767] Aus der wirksamen Betrauung eines Unternehmens mit Dienstleistungspflichten, die in diesem Rahmen bleiben, ergibt sich seine **besondere Aufgabe iSv. Art. 106 Abs. 2.**

295 Unter dem Begriff der **Aufgabenverhinderung** ist dann nach dem **Prinzip der Verhältnismäßigkeit zu prüfen,** ob und inwieweit Einschränkungen bei der Anwendung der Verträge (AEUV und EUV) *erforderlich* sind, um dem betrauten Unternehmen die Erfüllung seiner besonderen Aufgabe zu ermöglichen. Schließlich sind im letzten Schritt erforderlich erscheinende Einschränkungen abzuwägen mit dem **Unionsinteresse iSv. Art. 106 Abs. 2 S. 2 AEUV.**

---

[764] Art. 14 EUV wurde mit seinem Satz 1 bereits als Art. 16 EG in den Vertrag eingefügt und mit Inkrafttreten des Lissabon-Vertrags am 1.12.2009 um seinen Satz 2 ergänzt. Art. 14 AEUV lautet: *„Unbeschadet des Artikels 4 des Vertrags über die Europäische Union und der Artikel 93, 106 und 107 dieses Vertrags und in Anbetracht des Stellenwerts, den Dienste von allgemeinem wirtschaftlichem Interesse innerhalb der gemeinsamen Werte der Union einnehmen, sowie ihrer Bedeutung bei der Förderung des sozialen und territorialen Zusammenhalts tragen die Union und die Mitgliedstaaten im Rahmen ihrer jeweiligen Befugnisse im Anwendungsbereich der Verträge dafür Sorge, dass die Grundsätze und Bedingungen, insbesondere jene wirtschaftlicher und finanzieller Art, für das Funktionieren dieser Dienste so gestaltet sind, dass diese ihren Aufgaben nachkommen können. Diese Grundsätze und Bedingungen werden vom Europäischen Parlament und vom Rat durch Verordnungen gemäß dem ordentlichen Gesetzgebungsverfahren festgelegt, unbeschadet der Zuständigkeit der Mitgliedstaaten, diese Dienste im Einklang mit den Verträgen zur Verfügung zu stellen, in Auftrag zu geben und zu finanzieren."*

[765] Das *Protokoll (Nr. 26) Über Dienste von allgemeinem Interesse* ist dem EUV und dem AEUV beigefügt und ein integraler Bestandteil dieser beiden Verträge. In seinem Art. 1 hält dieses Protokoll u. a. fest: *„Zu den gemeinsamen Werten der Union in Bezug auf Dienste von allgemeinem wirtschaftlichem Interesse im Sinne des Artikels 14 des Vertrags über die Arbeitsweise der Europäischen Union zählen insbesondere:*
– die wichtige Rolle und der weite Ermessensspielraum der nationalen, regionalen und lokalen Behörden in der Frage, wie Dienste von allgemeinem wirtschaftlichem Interesse auf eine den Bedürfnissen der Nutzer so gut wie möglich entsprechende Weise zur Verfügung zu stellen, in Auftrag zu geben und zu organisieren sind; …"

[766] Die Rechte, Freiheiten und Grundsätze der am 7.12.2000 proklamierten und am 12.12.2007 angepassten Charta der Grundrechte der Europäischen Union wurden in Art. 6 EUV von der Union anerkannt. Mit dem Inkrafttreten des Lissabon-Vertrags am 1.12.2009 wurde die Charta den Verträgen (EUV, AEUV) rechtlich gleichrangig gestellt. In ihrem Art. 36 über den *„Zugang zu Dienstleistungen von allgemeinem wirtschaftlichem Interesse"* legt die Charta fest: *„Die Union anerkennt und achtet den Zugang zu Dienstleistungen von allgemeinem wirtschaftlichem Interesse, wie er durch die einzelstaatlichen Rechtsvorschriften und Gepflogenheiten im Einklang mit den Verträgen geregelt ist, um den sozialen und territorialen Zusammenhalt der Union zu fördern."* … Allerdings begründet Art. 36 GRC nach der zutreffenden h. M. vor dem Hintergrund der bereits bestehenden Regelungen der Dienstleistungen von allgemeinem wirtschaftlichem Interesse kein neues individuelles Recht, sondern postuliert einen bloßen Grundsatz ohne eigenständigen Regelungsgehalt, der allerdings Fragen der Auslegung einschlägiger Normen und in Interessenabwägungen einfließen könnte; s. v. d. Groeben/Schwarze/Hatje-*Wegener,* Europäisches Unionsrecht, Art. 36 GRC Rdnr. 1–10 mwN.

[767] Näheres hierzu unten bei Rdnr. 317 ff.

Aus dem Verfahren, mit welchem der Mitgliedstaat die besondere Aufgabe unter Beachtung des Unionsrechts definiert, ergibt sich, dass die Anwendbarkeit des Art. 106 Abs. 2 auf eine bestimmte Dienstleistung, die ein bestimmtes Unternehmen in einem bestimmten Mitgliedstaat erbringt, **nicht zur Folge hat,** dass Art. 106 Abs. 2 automatisch auf dieselbe Art von Dienstleistung in allen anderen Mitgliedstaaten anwendbar ist. Dies verstößt nicht gegen die schon erwähnte Gleichheit der Geltung, Anwendung und Auslegung des Unionsrechts in der gesamten Europäischen Union. Denn hier geht es nicht um die vollständige Durchsetzung unionsrechtlicher Verpflichtungen, sondern um die Möglichkeit einer Ausnahme von solchen Verpflichtungen, zu deren Inanspruchnahme kein Mitgliedstaat gezwungen werden kann. Die Mitgliedstaaten können somit **bei der Sicherstellung gemeinwirtschaftlicher Dienstleistungen unterschiedliche Konzepte verfolgen,** welche die Aufgaben der betrauten Unternehmen in den von Art. 106 Abs. 2 gesetzten Grenzen verschieden definieren oder ganz ohne eine solche Betrauung auskommen. Auf diese Weise wird die von Art. 106 Abs. 2 ermöglichte Einschränkung der Anwendung der Vertragsregeln (insbes. der Wettbewerbsregeln) auf dasjenige Maß reduziert, das der jeweilige Mitgliedstaat für notwendig erachtet und das die Grenzen des unionsrechtlich Zulässigen nicht überschreitet. Ein solches Verständnis der Funktionsweise des Art. 106 Abs. 2 gebieten nicht nur das Prinzip der restriktiven Auslegung von Ausnahmevorschriften, sondern auch der **Gesichtspunkt der Subsidiarität.** 296

Der Gerichtshof hat bisher nur in wenigen Einzelfällen über die Anwendung des Art. 106 Abs. 2 selbst und abschließend entschieden.[768] Jedoch hat der EuGH in zahlreichen Vorabentscheidungsverfahren nach Art. 267 AEUV zur Auslegung dieser Vorschrift Stellung genommen.[769] Allerdings kann der EuGH in einem Vorabentscheidungsverfahren nicht über die Anwendung oder Nichtanwendung der von ihm ausgelegten Vorschrift in dem der Vorlage zugrundeliegenden Ausgangsrechtsstreit entscheiden. Dies bleibt dem vorlegenden nationalen Gericht überlassen, das bei seiner Urteilsfindung die Auslegungsentscheidung des EuGH zu beachten hat.[770] 297

II. Begünstigte und Tragweite der Ausnahmeregelung des Art. 106 Abs. 2 AEUV

1. Anwendung auf das Verhalten der Unternehmen und auf Maßnahmen der Mitgliedstaaten. Ziel des Art. 106 Abs. 2 ist es, die **Funktionsfähigkeit der Dienstleistungen von allgemeinem wirtschaftlichem Interesse zu gewährleisten,** indem denjenigen Unternehmen, die vom Staat mit der Erbringung solcher Dienstleistungen betraut worden sind, die Erfüllung ihrer besonderen Aufgabe ermöglicht wird. **Betraute Unternehmen**[771] können nicht nur öffentliche und/oder mit Sonderrechten iSv. Art. 106 Abs. 1 ausgestattete Unternehmen sein, sondern auch private und/oder nichtprivilegierte Unternehmen. In der Praxis neigten Mitgliedstaaten traditionell dazu, öffentliche oder privilegierte Unternehmen, mit denen sie eine Sonderbeziehung verband, mit Dienstleistungen von allgemeinem wirtschaftlichem Interesse zu betrauen. Umgekehrt ließen sich private Unternehmen oft nur dann auf die Übernahme von Sonderaufgaben ein, wenn etwaige damit verbundene Nachteile 298

[768] Z.B. EuG U. v. 27.2.1997, Rs T-106/95, Slg. 1997, II-233 Rdnr. 163–199 – *FFSA/Kommission („La Poste I");* bestätigt durch EuGH U. v. 25.3.1998, Rs C-174/97 P, Slg. 1998, I-1303 Rdnr. 26–40 – *FFSA/Kommission („La Poste II").*

[769] So z.B. EuGH U. v. 19.5.1993, Rs C-320/91, Slg. 1993, I-2533 – *Paul Corbeau;* EuGH U. v. 27.4.1994, Rs C-393/92, Slg. 1994, I-1477 – *Almelo;* EuGH U. v. 25. 10. 2001, Rs C-475/99, Slg. 2001, I-8089 – *Ambulanz Glöckner;* EuGH U. v. 28.2.2013, Rs C-1/12, ECLI:EU:C:2013:127 – *Ordem dos Técnicos Oficiais de Contas.*

[770] Zum Vorabentscheidungsverfahren s. v.d. Groeben/Schwarze/Hatje-*Gaitanides,* Europäisches Unionsrecht, Art. 267 AEUV sowie in diesem Handbuch *Ollerdißen* in § 60 Rdnr. 29 ff.

[771] Es gilt der funktionale Unternehmensbegriff wie im übrigen Wettbewerbsrecht auch (s. oben Rdnr. 13 ff.).

durch die Gewährung von Sonderrechten ausgeglichen wurden.[772] Im Zuge der **fortschreitenden Liberalisierung und Privatisierung** in Sektoren, in denen Daseinsvorsorgeleistungen erbracht werden, verändert sich dieses Bild, insbes. dadurch, dass ehemals öffentliche und privilegierte Unternehmen nach ihrer Privatisierung und nach dem Verlust von Sonderrechten mit Daseinsvorsorgepflichten (z.B. zur Gewährleistung eines Universaldienstes)[773] betraut bleiben und gegebenenfalls anderweitige Formen der Kompensation für ihre Erbringung von Daseinsvorsorgeleistungen[774] in Anspruch nehmen können.

299 Zur Erreichung des beschriebenen Ziels genügt es nicht, dass sich allein **Unternehmen** zur Lockerung der Pflichten, die sich für sie aus den Verträgen (AEUV und EUV), insbes. den Wettbewerbsregeln, ergeben, auf die Ausnahmeregelung berufen können. **Auch Mitgliedstaaten**[775] müssen die Möglichkeit haben, sich auf Art. 106 Abs. 2 zu berufen, soweit eine Lockerung ihrer Pflichten aus den Verträgen (AEUV und EUV) notwendig ist, um den betrauten Unternehmen die Erfüllung ihrer besonderen Aufgabe zu ermöglichen. Dies kommt insbes. hinsichtlich der wettbewerbsrechtlichen Pflichten der Mitgliedstaaten nach Art. 106 Abs. 1 iVm. Art. 101/102 und der **Beihilferegeln**[776] sowie hinsichtlich der Pflichten der Mitgliedstaaten im Rahmen der **Binnenmarktfreiheiten** des AEUV (Warenverkehrsfreiheit nach Art. 28ff., 34ff. AEUV, Niederlassungsfreiheit nach Art. 49ff. AEUV, Dienstleistungsfreiheit nach Art. 56ff. AEUV, Kapital- und Zahlungsverkehrsfreiheit nach Art. 63ff. AEUV) in Betracht, da diese direkte Auswirkungen auf die Wirtschaftsbedingungen der betrauten Unternehmen haben. Nach anfänglich abweichender Haltung[777] wird diese Sichtweise inzwischen vom EuGH in ständiger Rechtsprechung vertreten.[778] Im Gegensatz zu den in den Binnenmarktregeln selbst vorgesehenen Rechtfertigungsgründen (wie z.B. Art. 36, 51, 52, 62 AEUV), die nichtwirtschaftlicher Natur sind, verschafft der Art. 106 Abs. 2 den Mitgliedstaaten Zugang zu einem Rechtfertigungsgrund wirtschaftlicher Natur.

300 Schon in seinem Urteil *Porto di Genova*[779] bezog der EuGH die Regeln des AEUV über die Freizügigkeit, die u.a. die Warenverkehrsfreiheit, die Niederlassungsfreiheit und die Dienstleistungsfreiheit umfassen, in die Gruppe derjenigen Vertragsvorschriften mit ein, deren Anwendung, sofern sie sich auf die Erfüllung der dem betrauten Unternehmen übertragenen besonderen Aufgabe auswirkt, von Art. 106 Abs. 2 modifiziert werden könne. Auch im nachfolgenden *Corbeau*-Urteil[780] wandte der EuGH **Art. 106 Abs. 2 auf eine staatliche Maßnahme** an, die in diesem Fall in der Gewährung eines ausschließlichen Rechts als solche, die vom Betrauungsakt zu trennen ist, bestand.

301 Weiter bestätigt hat der Gerichtshof die Anwendbarkeit des Art. 106 Abs. 2 auf staatliche Maßnahmen in drei Urteilen aus dem Jahr 1997 betreffend Klagen, welche die Kommission gegen drei Mitgliedstaaten wegen Unvereinbarkeit ihrer staatlichen Import- und Exportmonopole für Elektrizität und Gas mit ihren Verpflichtungen zur Gewährleistung der Wa-

---

772 Loewenheim/Meessen/Riesenkampff-*Ehricke,* Art. 86 EG Rdnr. 95; *Streinz-Koenig/Paul,* EUV/AEUV, Art. 106 AEUV Rdnr. 45; Grabitz/Hilf/Nettesheim-*Wernicke,* Das Recht der Europäischen Union, Art. 106 AEUV Rdnr. 36 (Stand: 3/2011).

773 S. zu diesem Begriff unten Rdnr. 315–316.

774 Soweit diese Kompensation vom Staat finanziert oder kontrolliert wird, ist die Einhaltung der EU-Beihilferegelungen zu prüfen, s. unten Rdnr. 474–488.

775 Zum Begriff des Mitgliedstaats s. oben Rdnr. 30.

776 S. hierzu unten Rdnr. 474–488.

777 In seinem U. v. 10.7.1984, Rs 72/83, Slg. 1984, 2727 Rdnr. 19 – *Campus Oil Ltd.* entschied der EuGH noch, dass Art. 106 Abs. 2 den Mitgliedstaat, der ein Unternehmen mit einer Dienstleistung von allgemeinem wirtschaftlichem Interesse betraut hat, nicht von dem Verbot befreie, zugunsten dieses Unternehmens und zum Schutze seiner Tätigkeit Maßnahmen zu ergreifen, die entgegen Art. 34 AEUV die Einfuhren aus den übrigen Mitgliedstaaten behindern.

778 S. hierzu nachfolgende Rdnr. 300–302.

779 EuGH U. v. 10.12.1991, Rs C-179/90, Slg. 1991, I-5889 Rdnr. 27 – *Merci convenzionali Porto di Genova.*

780 EuGH U. v. 19.5.1993, Rs C-320/91, Slg. 1993, I-2533 Rdnr. 13ff. – *Paul Corbeau.*

renverkehrsfreiheit nach den Art. 34, 35 und 37 AEUV erhoben hatte.[781] Der Gerichtshof erinnerte an seine Rechtsprechung,[782] wonach Art. 106 nur die Unternehmen betreffe, für deren Verhalten die Mitgliedstaaten aufgrund des Einflusses, den sie auf dieses Verhalten ausüben könnten, besondere Verantwortung trügen. Art. 106 unterstreiche, dass für diese Unternehmen vorbehaltlich der in Art. 106 Abs. 2 getroffenen näheren Bestimmungen sämtliche Vorschriften des AEUV gölten, und **verpflichte die Mitgliedstaaten** zur Einhaltung dieser Vorschriften in ihren Beziehungen zu diesen Unternehmen.[783] In diesem Lichte solle Art. 106 Abs. 1 verhindern, dass die Mitgliedstaaten aus ihren Beziehungen zu diesen Unternehmen Nutzen in dem Sinne ziehen, dass sie die Verbote der anderen Vorschriften des AEUV, deren Adressaten sie unmittelbar sind, wie z.B. der Art. 34, 35 und 37, umgehen, indem sie diese Unternehmen zu Verhaltensweisen verpflichten oder veranlassen, die als Verhaltensweisen der Mitgliedstaaten diesen Vorschriften widersprächen.[784] In diesem Zusammenhang lege Art. 106 Abs. 2 fest, unter welchen Voraussetzungen Unternehmen, die mit Dienstleistungen von allgemeinem wirtschaftlichem Interesse betraut sind, ausnahmsweise von den Vorschriften der Verträge „befreit sind".[785] Auf den Fall bezogen urteilte der EuGH abschließend,[786] zusammengenommen folge aus Art. 106 Abs. 1 und Abs. 2 in ihrer dargelegten Bedeutung, dass ein Mitgliedstaat sich auf Art. 106 Abs. 2 berufen könne, um einem Unternehmen, das mit Dienstleistungen von allgemeinem wirtschaftlichem Interesse betraut ist, insbes. gegen Art. 37 AEUV verstoßende ausschließliche Rechte zu übertragen, soweit die Erfüllung der diesem übertragenen Aufgabe nur durch die Einräumung solcher Rechte gesichert werden könne und soweit die Entwicklung des Handelsverkehrs nicht in einem Ausmaß beeinträchtigt werde, das dem Interesse der Union zuwiderlaufe.

In seinen Vorabentscheidungen *Corsica Ferries France*[787] und *Dusseldorp*[788] bestätigte der EuGH, dass Art. 106 Abs. 2 zur Rechtfertigung einer gegen Art. 106 Abs. 1 iVm. Art. 102 verstoßenden staatlichen Maßnahme zugunsten eines Unternehmens, dem der Staat schon zuvor ausschließliche Rechte eingeräumt hat, herangezogen werden kann, wenn die Maß- 302

---

[781] EuGH U. v. 23.10.1997, Rs C-157/94, Slg. 1997, I-5699 – *Kommission/Niederlande („Importmonopol Elektrizität");* EuGH U. v. 23.10.1997, Rs C-158/94, Slg. 1997, I-5789 – *Kommission/Italien („Import- und Exportmonopol Elektrizität");* EuGH U. v. 23.10.1997, Rs C-159/94, Slg. 1997, I-5815 – *Kommission/Frankreich („Import- und Exportmonopol Gas und Elektrizität"); Lecheler/Gundel,* RdE 1998, 92f.; *Ehricke,* EuZW 1998, 741, 744.

[782] EuGH U. v. 6.7.1982, Verb. Rs 188 bis 190/80, Slg. 1982, 2545 Rdnr. 12 – *Frankreich, Italien und Vereinigtes Königreich/Kommission („Transparenzrichtlinie").*

[783] EuGH U. v. 23.10.1997, Rs C-157/94, Slg. 1997, I-5699 Rdnr. 29 – *Kommission/Niederlande („Importmonopol Elektrizität");* EuGH U. v. 23.10.1997, Rs C-158/94, Slg. 1997, I-5789 Rdnr. 40 – *Kommission/Italien („Import- und Exportmonopol Elektrizität");* EuGH U. v. 23.10.1997, Rs C-159/94, Slg. 1997, I-5815 Rdnr. 46 – *Kommission/Frankreich („Import- und Exportmonopol Gas und Elektrizität").*

[784] EuGH U. v. 23.10.1997, Rs C-157/94, Slg. 1997, I-5699 Rdnr. 30 – *Kommission/Niederlande („Importmonopol Elektrizität");* EuGH U. v. 23.10.1997, Rs C-158/94, Slg. 1997, I-5789 Rdnr. 41 – *Kommission/Italien („Import- und Exportmonopol Elektrizität");* EuGH U. v. 23.10.1997, Rs C-159/94, Slg. 1997, I-5815 Rdnr. 47 – *Kommission/Frankreich („Import- und Exportmonopol Gas und Elektrizität").*

[785] EuGH U. v. 23.10.1997, Rs C-157/94, Slg. 1997, I-5699 Rdnr. 31 – *Kommission/Niederlande („Importmonopol Elektrizität");* EuGH U. v. 23.10.1997, Rs C-158/94, Slg. 1997, I-5789 Rdnr. 42 – *Kommission/Italien („Import- und Exportmonopol Elektrizität");* EuGH U. v. 23.10.1997, Rs C-159/94, Slg. 1997, I-5815 Rdnr. 48 – *Kommission/Frankreich („Import- und Exportmonopol Gas und Elektrizität").* Trotz der Wortwahl „befreit sind" ist hierin keine Abkehr von dem in Art. 106 Abs. 2 AEUV verankerten Verhältnismäßigkeitsgrundsatz (s. unten Rdnr. 379ff.) zu sehen, wonach die Anwendung der EG-vertraglichen Regeln nur insoweit eingeschränkt („gelockert") wird, wie dies für das Funktionieren der Dienstleistung von allgemeinem wirtschaftlichem Interesse notwendig ist.

[786] EuGH U. v. 23.10.1997, Rs C-157/94, Slg. 1997, I-5699 Rdnr. 32 – *Kommission/Niederlande („Importmonopol Elektrizität");* EuGH U. v. 23.10.1997, Rs C-158/94, Slg. 1997, I-5789 Rdnr. 43 – *Kommission/Italien („Import- und Exportmonopol Elektrizität");* EuGH U. v. 23.10.1997, Rs C-159/94, Slg. 1997, I-5815 Rdnr. 49 – *Kommission/Frankreich („Import- und Exportmonopol Gas und Elektrizität").*

[787] EuGH U. v. 18.6.1998, Rs C-266/96, Slg. 1998, I-3949 Rdnr. 44 – *Corsica Ferries France.*

[788] EuGH U. v. 25.6.1998, Rs C-203/96, Slg. 1998, I-4075 Rdnr. 65 – *Chemische Afvalstoffen Dusseldorp.*

nahme erforderlich ist, um dem Unternehmen die Erfüllung der ihm übertragenen besonderen Aufgabe zu ermöglichen, und wenn sie die Entwicklung des Handelsverkehrs nicht in einer dem Interesse der Union zuwiderlaufenden Weise beeinträchtigt.[789] Gleichermaßen ist hier auf die Rs *Ambulanz Glöckner* zu verweisen.[790] In der Rs *Kommission/Polen*[791] bestätigte der EuGH, dass sich ein Mitgliedstaat zur Einschränkung seiner Verpflichtungen aus den Kapitalverkehrsregeln (Art. 63 AEUV) auf Art. 106 Abs. 2 berufen kann, befand jedoch, Polen habe nicht nachgewiesen, inwieweit die Anwendung der Kapitalverkehrsregeln die Erfüllung der von dem betroffenen Unternehmen verfolgten Ziele rechtlich oder tatsächlich verhindern sollte.

303 **2. Einschränkung der Anwendung von primärem und sekundärem Unionsrecht.** Umstritten ist, ob Art. 106 Abs. 2 nicht nur zu Einschränkungen bei der Anwendung der Verträge (AEUV und EUV) selbst, sondern auch bei der Anwendung sekundären EU-Rechts auf Unternehmen und Mitgliedstaaten führen kann. Gegen die letztgenannte Möglichkeit wird vorgebracht, sie sei mit dem Gebot der engen Auslegung des Art. 106 Abs. 2 nicht vereinbar. Außerdem fungiere Art. 14 AEUV[792] als Kontrollmaßstab für sekundäres EU-Recht, wenn dieses der Funktionsfähigkeit der Dienste von allgemeinem wirtschaftlichem Interesse nicht Rechnung trage.[793]

304 Dafür, dass Art. 106 Abs. 2 auch die Anwendung sekundären EU-Rechts einschränken kann, spricht jedoch insbes. die **Funktion des Art. 106 Abs. 2,** den Unternehmen, die vom Staat mit einer Dienstleistung von allgemeinem wirtschaftlichem Interesse betraut worden sind, die Erfüllung ihrer besonderen Aufgabe zu ermöglichen. Dieser **umfassende Gewährleistungszweck** kann sowohl durch die Anwendung von primärem als auch sekundärem EU-Recht gefährdet werden.[794] Dem Gebot der engen Auslegung der Ausnahmevorschrift des Art. 106 Abs. 2 ist vielmehr durch eine strenge Erforderlichkeits- und Verhältnismäßigkeitsprüfung[795] bei der Beurteilung von Einschränkungen des EU-Rechts Folge zu leisten. Wie an anderen Stellen der Verträge (AEUV und EUV) schließt daher die Formulierung in Art. 106 Abs. 2 „Vorschriften der Verträge" primäres und sekundäres EU-Recht ein. *A fortiori* kann sogar gesagt werden, dass eine Norm, die Einschränkungen bei der Anwendung der in den Verträgen, insbes. im AEUV, niedergelegten wirtschaftlichen Freiheiten zulässt, *erst Recht* gegenüber sekundärem EU-Recht anwendbar sein muss. Hingegen kann Art. 14 AEUV in seiner Funktion als Grundsatzvorschrift die Dienstleistungen von allgemeinem wirtschaftlichem Interesse nicht hinreichend vor konkreten Gefährdungen durch die Anwendung von primärem und sekundärem EU-Recht schützen. Denn Art. 14 Satz 1 AEUV ist nur sehr allgemein formuliert und darüber hinaus sind die Grundsätze und Bedingungen für das gute Funktionieren der Dienstleistungen von allgemeinem wirtschaftlichem Interesse noch gar nicht von Parlament und Rat gemäß Art. 14 Satz 2 AEUV durch Verordnungen festgelegt worden. Im Übrigen soll Art. 14 AEUV die Effektivität und damit den Anwendungsbereich der Ausnahme nach Art. 106 Abs. 2 sicherlich zumindest nicht verringern, sondern eher vergrößern.[796] Schließlich haben inzwischen auch die Unionsgerichte zu erkennen gegeben, dass Art. 106 Abs. 2 auch gegen sekundäres EU-Recht angewendet werden kann.[797]

---

[789] Zu den Einzelheiten dieser beiden Fälle s. Rdnr. 179, 190, 349 (*Corsica Ferries France*) und Rdnr. 350 (*Dusseldorp*).

[790] Näher beschrieben unter Rdnr. 47 ff., 65, 108, 134, 139, 148, 366, 378, 473.

[791] EuGH U. v. 21.12.2011, Rs C-271/09, Slg. 2011, I-13613 Rdnr. 70–72 – *Kommission/Polen.*

[792] Zu Art. 14 AEUV (ex-Art. 16 EG) s. auch Rdnr. 293, 303–304, 308, 353, 380, 390, 393, 440, 492.

[793] *Streinz-Koenig/Paul,* EUV/AEUV, Art. 106 AEUV Rdnr. 42 mwN.

[794] Loewenheim/Meessen/Riesenkampff/*Ehricke,* Art. 86 EG Rdnr. 89 mwN.

[795] S. hierzu unten Rdnr. 336 f., 379–385.

[796] v. d. Groeben/Schwarze/Hatje-*Voet van Vormizeele,* Europäisches Unionsrecht, Art. 14 AEUV Rdnr. 10–14 mwN.

[797] EuGH U. v. 29.4.2010, Rs C-160/08, Slg. 2010, I-3713 Rdnr. 124–130 – *Kommission/Deutschland;* EuG U. v. 12.12.2000, Rs T-128/98, Slg. 2000, II-3929 Rdnr. 228 – *Aéroport de Paris/Kommission.* In diesem Fall klagte das Unternehmen *Aéroport de Paris* gegen einen auf Art. 102 AEUV

3. Prüfungsreihenfolge. Der Wortlaut des Art. 106 Abs. 2 AEUV verdeutlicht, dass diese Vorschrift als **letztes Korrektiv** erst dann geprüft werden soll, wenn und soweit nach Anwendung der Vorschriften der Verträge (AEUV und EUV) einschließlich aller in Betracht kommenden Ausnahmebestimmungen ein Konflikt zwischen der Sonderaufgabe des betrauten Unternehmens und den Vertragsregeln verbleibt. Als sachgebietsübergreifende Ausnahmeklausel kommt Art. 106 Abs. 2 somit erst und soweit in Frage, als sachgebietsspezifische Ausnahmebestimmungen ausgeschöpft worden sind.[798] Letztere sind im Bereich der Binnenmarktregeln die Art. 36, 51, 52, 62 AEUV sowie die vom EuGH entwickelten Rechtfertigungen aufgrund zwingender Gründe des Allgemeininteresses[799] und im Bereich der Wettbewerbsregeln der Art. 101 Abs. 3 AEUV als unmittelbar anwendbare Ausnahme vom Kartellverbot sowie die in Art. 107 Abs. 2 und 3 AEUV niedergelegten Ausnahmen vom Beihilfenverbot. 305

Unklarheiten in der Prüfungsfolge zwischen Art. 101 Abs. 3 und Art. 106 Abs. 2, die sich in der Praxis aus dem Monopol der Kommission für Freistellungsentscheidungen nach Art. 101 Abs. 3 ergaben,[800] sind mit der durch die Verordnung (EG) Nr. 1/2003[801] erfolgten Aufhebung dieses Monopols und der unmittelbaren Anwendbarkeit dieser Vorschrift durch nationale Wettbewerbsbehörden und Gerichte seit dem 1.5.2004 beseitigt worden.[802] Soweit es um wettbewerbsbeschränkende Vereinbarungen oder abgestimmte Verhaltensweisen geht, sind daher von allen Rechtsanwendern die **Voraussetzungen des Art. 101 Abs. 3 AEUV vorrangig zu prüfen.** Im Übrigen besteht der EuGH auf einer klaren Trennung der Ausnahmekriterien nach Art. 101 Abs. 3 und der Kriterien des Art. 106 Abs. 2. So darf sich der Rechtsanwender für die Bejahung einer Ausnahme nach Art. 101 Abs. 3 nicht ohne besondere Rechtfertigung allein auf die Erfüllung einer besonderen, im öffentlichen Interesse liegenden Aufgabe stützen, die im Wesentlichen unter Hinweis auf den Begriff der Dienstleistungen von allgemeinem wirtschaftlichem Interesse in Art. 106 Abs. 2 definiert ist.[803] 306

III. Mit einer Dienstleistung von allgemeinem wirtschaftlichem Interesse betrautes Unternehmen (Art. 106 Abs. 2 S. 1, 1. Alt.)

1. Dienstleistung von allgemeinem wirtschaftlichem Interesse. Der Begriff „Dienstleistung von allgemeinem wirtschaftlichem Interesse" ist oft missverstanden worden. Treffender und zusammengefasst formuliert geht es um **Dienstleistungen wirtschaftlicher Natur, deren Erbringung auch von allgemeinem Interesse ist.**[804] 307

---

gestützten Beschluss der Kommission, d. h. einen Akt des sekundären EU-Rechts (Art. 288 AEUV) und verteidigte sich erstmals vor dem EuG mit dem Hinweis auf Art. 106 Abs. 2 AEUV. Das EuG entschied, die Klägerin habe jedenfalls nicht nachgewiesen, wieso die angefochtene Kommissionsentscheidung ihr die Erfüllung ihrer (angeblichen) besonderen Aufgaben unmöglich macht oder weshalb die Anwendung der Wettbewerbsregeln der Erfüllung dieser Aufgaben entgegenstünde.

798 Loewenheim/Messen/Riesenkampff-*Ehricke,* Art. 86 EG Rdnr. 81, 122; *Streinz-Koenig/Paul,* EUV/AEUV, Art. 106 AEUV Rdnr. 39.

799 S. oben Rdnr. 191 und Rdnr. 202.

800 S. 1. Aufl. dieses Handbuchs § 35 Rdnr. 398 ff.

801 ABl. 2003 L 1/1 ff.

802 S. Art. 1 Abs. 2 und Art. 4–6 VO Nr. 1/2003.

803 EuGH U. v. 11.7.1996, Verb. Rs T-528/93, T-542/93, T-543/93 und T-546/93, Slg. 1996, II-649 Rdnr. 116–123 – *Métropole télévision SA u. a./Kommission.*

804 Ab Mitte der 1990er Jahre hat die Kommission die Auslegung des Begriffes der Dienstleistung von allgemeinem wirtschaftlichem Interesse (Daseinsvorsorgeleistung), die Kommissionspolitik in diesem Sektor und zusammenhängende Fragen in zahlreichen Mitteilungen und anderen Dokumenten dargelegt. Im Folgenden wird auf die wichtigsten dieser Dokumente Bezug genommen soweit dies der besseren Erläuterung des Art. 106 Abs. 2 AEUV dient.

308 Auf der Grundlage des Marktkriteriums[805] hat die **Kommission**[806] in ihrer **Mitteilung zu „Leistungen der Daseinsvorsorge in Europa“** aus dem Jahr 2000[807] in ihrem **„Weißbuch zu Dienstleistungen von allgemeinem Interesse“** aus dem Jahr 2004[808] und schließlich in ihrer **Mitteilung „Ein Qualitätsrahmen für Dienstleistungen von allgemeinem Interesse in Europa“** aus dem Jahr 2011[809] Begriffsbestimmungen bereitgestellt. Hiernach sind Dienstleistungen von **allgemeinem wirtschaftlichem Interesse** iSv. Art. 106 Abs. 2 und Dienste von allgemeinem wirtschaftlichem Interesse iSv. Art. 14 AEUV *„marktbezogene Tätigkeiten, die im Interesse der Allgemeinheit erbracht und daher von den Mitgliedstaaten mit besonderen Gemeinwohlverpflichtungen verbunden werden“*[810] **bzw.** *„wirtschaftliche Tätigkeiten …, die von den Mitgliedstaaten oder der Gemeinschaft* [jetzt: Union] *mit besonderen Gemeinwohlverpflichtungen verbunden werden und für die das Kriterium gilt, dass sie im Interesse der Allgemeinheit erbracht werden“*[811] **bzw.** *„wirtschaftliche Tätigkeiten, die dem Allgemeinwohl dienen und ohne staatliche Eingriffe am Markt überhaupt nicht oder in Bezug auf Qualität, Sicherheit, Bezahlbarkeit, Gleichbehandlung oder universaler Zugang nur zu anderen Standards durchgeführt würden.“* Hingegen umfasst der weitere Begriff der Dienstleistungen von **allgemeinem Interesse** (bzw. Leistungen der Daseinsvorsorge) *„marktbezogene und nichtmarktbezogene Tätigkeiten, die im Interesse der Allgemeinheit erbracht und daher von den Behörden mit spezifischen Gemeinwohlverpflichtungen verknüpft werden“*[812] und deckt damit sowohl Tätigkeiten von wirtschaftlicher Natur als auch Tätigkeiten von nichtwirtschaftlicher Natur ab.[813]

309 *a) Begriff der Dienstleistung iSv. Art. 106 Abs. 2.* Der **Begriff der Dienstleistung iSv. Art. 106 Abs. 2** beinhaltet den Begriff der Dienstleistung iSv. Art. 57 AEUV,[814] geht aber gleichzeitig darüber hinaus – ohne sich mit letzterer Vorschrift in Widerspruch zu setzen – und umfasst auch das Bereithalten, Bereitstellen und die Verteilung von Sachleistungen, insbes. die Lieferung von Waren[815] sowie Tätigkeiten, die kein Element der Grenzüberschreitung zwischen Mitgliedstaaten enthalten. Denn der Begriff der Dienstleistung iSv. Art. 106 Abs. 2 hängt ab von dem in derselben Vorschrift enthaltenen umfassenden Begriff der besonderen Aufgabe.

---

805 S. hierzu unter Rdnr. 19, 310–313.

806 Ausführlich hierzu *Dohms,* in: Schwarze (Hg.), Daseinsvorsorge im Lichte des Wettbewerbsrechts, 2001, S. 41 ff.

807 Daseinsvorsorgemitteilung KOM(2000) 580 endg. (auch veröffentlicht in ABl. 2001 C 17/4).

808 Weißbuch zu Dienstleistungen von allgemeinem Interesse KOM(2004) 374 endg.

809 Mitteilung „Ein Qualitätsrahmen für Dienstleistungen von allgemeinem Interesse in Europa“ KOM(2001) 900 endg.

810 Daseinsvorsorgemitteilung KOM(2000) 580 endg. (auch veröffentlicht in ABl. 2001 C 17/4 vom 19.1.2001), Anhang II.

811 Weißbuch zu Dienstleistungen von allgemeinem Interesse KOM(2004) 374 endg., Anhang 1.

812 Daseinsvorsorgemitteilung KOM(2000) 580 endg. (auch veröffentlicht in ABl. 2001 C 17/4), Anhang II. Missverständlich hingegen das Weißbuch zu Dienstleistungen von allgemeinem Interesse KOM(2004) 374 endg., Anhang 1, in dem festgestellt wird, dass sich der Begriff „Dienstleistungen von allgemeinem Interesse“ *„sowohl auf die marktbezogenen als auch die nichtmarktbezogenen Dienstleistungen bezieht, die von staatlichen Stellen im Interesse der Allgemeinheit erbracht und von ihnen daher mit spezifischen Gemeinwohlverpflichtungen verknüpft werden.“* Diese Definition verkennt, dass Dienstleistungen von allgemeinem Interesse bzw. Daseinsvorsorgeleistungen nichtwirtschaftlicher Natur auch von nichtstaatlichen Stellen erbracht werden können, was der sonstige Text des Weißbuches übrigens anerkennt.

813 Mitteilung „Ein Qualitätsrahmen für Dienstleistungen von allgemeinem Interesse in Europa“ KOM(2001) 900 endg., S. 3–4.

814 Art. 57 Satz 1 AEUV lautet: *„Dienstleistungen im Sinne der Verträge sind Leistungen, die in der Regel gegen Entgelt erbracht werden, soweit sie nicht den Vorschriften über den freien Waren- und Kapitalverkehr und über die Freizügigkeit der Personen unterliegen.“* Als Beispiele für Dienstleistungen nennt Art. 57 Satz 2 gewerbliche, kaufmännische, handwerkliche und freiberufliche Tätigkeiten. Außerdem muss die Leistung zeitlich beschränkt sein und in irgendeiner Form eine Grenze zwischen Mitgliedstaaten überschreiten.

815 Z.B. die Lieferung der Ware Elektrizität: EuGH U. v. 27.4.1994, Rs C-393/92, Slg. 1994, I-1477 Rdnr. 28 und Rdnr. 46–50 – *Almelo.*

b) Wirtschaftliche Natur der Dienstleistung. Die betreffende Dienstleistung muss **wirtschaftlicher Natur** sein. Dies ist in zweierlei Hinsicht bedeutsam: 310

Erstens werden alle Dienstleistungen nichtwirtschaftlicher Natur nicht vom 311 **Anwendungsbereich des Art. 106 Abs. 2 erfasst.** Ausnahmen nach Art. 106 Abs. 2 vom EU-Wettbewerbsrecht und EU-Binnenmarktrecht sind hier schon deswegen nicht nötig, weil Tätigkeiten nichtwirtschaftlicher Natur[816] und Einheiten, soweit sie solche Tätigkeiten ausüben, diesen Regeln bereits gar nicht unterfallen. Denn das für Unternehmen geltende EU-Wettbewerbsrecht knüpft mit seinem objektiv-funktionalen Unternehmensbegriff daran an, dass die betreffende Einheit Tätigkeiten wirtschaftlicher Natur ausübt,[817] während auch das EU-Binnenmarktrecht des AEUV sich nur auf Tätigkeiten bezieht, die wirtschaftlicher Natur sind.[818]

Zweitens ist gemäß dem objektiv-funktionalen Ansatz **allein** die wirtschaftliche Natur 312 der Dienstleistung, nicht aber andere Charakteristika entscheidend. Zu den für die **Abgrenzung** zwischen Dienstleistungen wirtschaftlicher und nichtwirtschaftlicher Natur im Einzelfall relevanten und nicht relevanten Kriterien kann auf die Abhandlung zum Kriterium der wirtschaftlichen Tätigkeit bei der **Darstellung des Unternehmensbegriffs** verwiesen werden.[819] Hierbei könnten die Unionsgerichte die Debatte um die von Einigen als zu weitgehend empfundene Anwendung der EU-Wettbewerbs- und Binnenmarktregeln im Bereich sozialer, kultureller oder anderweitig gemeinwohlorientierter Tätigkeiten dadurch entschärfen, dass sie Tätigkeiten, die ein gewinnorientierter Unternehmer unter keinen Umständen ausüben würde, weil die Erzielung eines Gewinns objektiv und zeitlich unbegrenzt unmöglich ist, als von nichtwirtschaftlicher Natur qualifizierten.[820]

In diesem Zusammenhang ist auch darauf hinzuweisen, dass zwischen der wirtschaftli- 313 chen Natur von Tätigkeiten und der sozial, kulturell oder anderweitig von Gemeinwohlerwägungen geprägten Motivation ihrer Erbringer in der Regel kein Widerspruch besteht. **Soziale, kulturelle oder anderweitig gemeinwohlorientierte Zielsetzungen können sowohl durch Tätigkeiten nichtwirtschaftlicher als auch wirtschaftlicher Natur verfolgt und erreicht werden.** In letzterem Fall sind es dann meist die sozialen, kulturellen oder sonstigen Gemeinwohlaspekte, die das allgemeine Interesse an dieser wirtschaftlichen Tätigkeit iSv. Art. 106 Abs. 2 begründen[821] und, wenn nötig, Ausnahmen nach dieser Vorschrift legitimieren.

---

816 Beispiele für Dienstleistungen und Tätigkeiten nichtwirtschaftlicher Natur sind die Ausübung öffentlicher (hoheitlicher) Befugnisse Systeme der sozialen Sicherheit und der Gesundheitsfürsorge, die zentral auf dem Solidaritätsgrundsatz basieren sowie die innerhalb des nationalen Bildungssystems organisierte Bildung, die vom Staat finanziert und überwacht wird. Näheres hierzu in der Mitteilung der Kommission über die Anwendung der Beihilfevorschriften der Europäischen Union auf Ausgleichsleistungen für die Erbringung von Dienstleistungen von allgemeinem wirtschaftlichem Interesse, ABl. 2012 C 8/4ff. Rdnr. 16–30.

817 S. oben Rdnr. 13ff., 19ff.; EuGH U. v. 23.4.1991, Rs C-41/90, Slg. 1991, I-1979 Rdnr. 21 – *Höfner und Elser/Macrotron.*

818 Konstitutives Element des Imports und Exports von Waren, der grenzüberschreitenden Niederlassung (s. Art. 49 Abs. 2 AEUV), die Dienstleistungsfreiheit (s. Art. 57 AEUV) und der Freiheit des Kapital- und Zahlungsverkehrs ist die Ausübung einer Tätigkeit wirtschaftlicher Natur. Dies schließt es natürlich nicht aus, dass Tätigkeiten nichtwirtschaftlicher Natur Gegenstand der freiwilligen Zusammenarbeit der Mitgliedstaaten der Europäischen Union sein können. Außerdem entwickelt das EU-Recht außerhalb der wirtschaftsbezogenen Bereiche des Wettbewerbs- und Binnenmarktrechts in manchen anderen Gebieten zunehmend auch zwingende Vorgaben für die Mitgliedstaaten, so z.B. im Bereich Justiz und Inneres.

819 S. oben Rdnr. 13ff. sowie in diesem Handbuch *Wiedemann* in § 4 sowie *Lübbig* in § 8. Eine aktuelle Zusammenfassung der Begriffe des Unternehmens und der wirtschaftlichen bzw. nichtwirtschaftlichen Tätigkeit findet sich in der Mitteilung der Kommission über die Anwendung der Beihilfevorschriften der Europäischen Union auf Ausgleichsleistungen für die Erbringung von Dienstleistungen von allgemeinem wirtschaftlichem Interesse, ABl. 2012 C 8/4ff. Rdnr. 8–30.

820 S. auch hierzu oben Rdnr. 19.

821 S. auch Immenga/Mestmäcker-*Mestmäcker/Schweitzer,* WbR Bd. 1 EU/Teil 1, Art. 106 Abs. 2 AEUV Rdnr. 24–38.

314 *c) Allgemeines Interesse an der Erbringung der Dienstleistung.* Ein allgemeines Interesse an der Erbringung der Dienstleistung besteht nur, wenn es sich vom Interesse an anderen Tätigkeiten des Wirtschaftslebens besonders unterscheidet und gegenüber dem Interesse an diesen anderen Tätigkeiten spezifische Merkmale aufweist.[822] Die Erbringung der Dienstleistung muss **zumindest auch im öffentlichen Interesse** liegen, d. h. über das individuelle Interesse nur einzelner Personen oder bestimmter Personenkreise in generalisierender Weise hinausgehen.[823] Nur auf dieser Grundlage kann die Erbringung dieser Dienstleistung für das hiermit vom Staat betraute Unternehmen zur „besonderen Aufgabe" iSv. Art. 106 Abs. 2 werden. Die Kommission vertritt hierzu die Auffassung,[824] eine Dienstleistung könne nur dann als Dienstleistung von allgemeinem wirtschaftlichem Interesse qualifiziert werden, wenn sie „zum Wohle der Bürger" oder „im Interesse der Gesellschaft als Ganzes" erbracht werde. Demgegenüber haben die Unionsgerichte jedoch klargestellt, dass die Einstufung einer Dienstleistung als von allgemeinem wirtschaftlichem Interesse nicht verlangt, dass sie als Universaldienst im strengen Sinne (wie etwa das landesweite öffentliche System der sozialen Sicherheit)[825] erbracht wird, und somit auch solche Dienstleistungen von allgemeinem Interesse iSv. Art. 106 Abs. 2 sein können, die nicht ein der Gesamtheit der Bevölkerung gemeinsames Bedürfnis befriedigen bzw. nicht im gesamten Hoheitsgebiet eines Staates erbracht werden. Gemäß der Rechtsprechung stellt somit der Umstand, dass gemeinwirtschaftliche Verpflichtungen nur einen beschränkten räumlichen oder sachlichen Anwendungsbereich haben oder dass die betreffenden Dienstleistungen nur einer relativ begrenzten Gruppe von Nutzern zugutekommen, nicht notwendig den universalen Charakter[826] einer gemeinwirtschaftlichen Aufgabe iSv. Art. 106 Abs. 2 in Frage, sondern ist vom Ermessensspielraum, den die Mitgliedstaaten bei der Definition einer gemeinwirtschaftlichen Aufgabe haben, gedeckt.[827] Hingegen fällt die Wahrnehmung rein privater Interessen, auch wenn es z. B. um gesetzlich geschützte Eigentumsrechte geht,[828] nicht unter Art. 106 Abs. 2.

---

[822] EuGH U. v. 10.12.1991, Rs C-179/90, Slg. 1991, I-5889 Rdnr. 27 – *Porto di Genova;* EuGH U. v. 17.7.1997, Rs C-242/95, Slg. 1997, I-4449 Rdnr. 52–53 – *GT-Link;* EuGH U. v. 18.6.1998, Rs C-266/96, Slg. 1998, I-3949 Rdnr. 45 – *Corsica Ferries France;* EuGH U. v. 28.2.2013, Rs C-1/12, ECLI:EU:C:2013:127 Rdnr. 104–105 – *Ordem dos Técnicos Oficiais de Contas;* EuG U. v. 16.7.2014, Rs T-309/12, ECLI:EU:T:2014:676 Rdnr. 106 – *Zweckverband Tierkörperbeseitigung/Kommission;* EuG U. v. 16.7.2014, Rs T-295/12, ECLI:EU:T:2014:675 Rdnr. 46 – *Deutschland/Kommission („Tierkörperbeseitigung").*

[823] EuG U. v. 12.2.2008, Rs T-289/03, Slg. 2008, II-81 Rdnr. 186–187 – *BUPA;* EuGH U. v. 11.4.1989, Rs 66/86, Slg. 1989, 803 Rdnr. 55 – *Ahmed Saeed Flugreisen;* EuGH U. v. 18.6.1998, Rs C-266/96, Slg. 1998, I-3949 Rdnr. 45 – *Corsica Ferries France;* Grabitz/Hilf/Nettesheim-*Wernicke,* Das Recht der Europäischen Union, Art. 106 AEUV Rdnr. 43 (Stand: 3/2011); Langen/Bunte-*Stadler,* KartR Bd. 2, Art. 106 AEUV Rdnr. 49.

[824] Mitteilung der Kommission über die Anwendung der Beihilfevorschriften der Europäischen Union auf Ausgleichsleistungen für die Erbringung von Dienstleistungen von allgemeinem wirtschaftlichem Interesse, ABl. 2012 C 8/4 ff. Rdnr. 50.

[825] S. zum Universaldienst im strengen bzw. klassischen Sinn auch unten Rdnr. 315.

[826] Dieses in EuG U. v. 12.2.2008, Rs T-289/03, Slg. 2008, II-81 Rdnr. 172 – *BUPA* und in EuG U. v. 7.11.2012, Rs T-137/10, ECLI:EU:T:2012:584 Rdnr. 101 – *CBI* erwähnte Kriterium (s. unten Rdnr. 315, 319) meint nicht einen Universaldienst im klassischen oder strengen Sinn, sondern allein die Abgrenzung zu der nicht im allgemeinen Interesse iSv. Art. 106 Abs. 2 liegenden Wahrnehmung von rein partikularen oder rein privaten Interessen.

[827] EuG U. v. 12.2.2008, Rs T-289/03, Slg. 2008, II-81 Rdnr. 186–187 – *BUPA;* EuGH U. v. 11.4.1989, Rs 66/86, Slg. 1989, 803 Rdnr. 55 – *Ahmed Saeed Flugreisen;* EuGH U. v. 18.6.1998, Rs C-266/96, Slg. 1998, I-3949 Rdnr. 45 – *Corsica Ferries France.* Loewenheim/Meessen/Riesenkampff/*Ehricke,* Art. 86 EG Rdnr. 99–100; *Streinz/Koenig/Paul,* Art. 106 AEUV Rdnr. 47. Außerdem kann das allgemeine Interesse (in einem gewissen Rahmen, s. hierzu Rdnr. 293, 317–324) von Mitgliedstaat zu Mitgliedstaat unterschiedlich bestimmt sein und ist des Weiteren von dem von der EU zu bestimmenden Unionsinteresse iSv. Art. 106 Abs. 2 Satz 2 zu unterscheiden, s. auch Grabitz/Hilf/Nettesheim-*Wernicke,* Das Recht der Europäischen Union, Art. 106 AEUV Rdnr. 43 (Stand: 3/2011).

[828] EuGH U. v. 27.3.1974, Rs 127/73, Slg. 1974, 313 Rdnr. 23 – *BRT/SABAM („BRT II").*

315 Der relevante Unterschied zu anderen Tätigkeiten des Wirtschaftslebens besteht insbes. (aber nicht nur) dann, wenn die Dienstleistung erbracht wird, obwohl dies nach betriebswirtschaftlichen Prinzipien dem Eigeninteresse des Unternehmens zuwiderliefe, d.h. wenn ein Unternehmen, falls es im eigenen gewerblichen Interesse handelte, diese Dienstleistung nicht oder nicht im gleichen Umfang oder nicht zu den gleichen Bedingungen übernommen hätte.[829] Ein solches Tätigwerden muss daher im Regelfall durch einen staatlichen Betrauungsakt dem betreffenden Unternehmen auferlegt werden. Die besondere (gemeinwirtschaftliche) Pflicht des vom Staat betrauten Unternehmens und damit der obligatorische Charakter seiner besonderen Aufgabe kann sich in einem Kontrahierungszwang, einer Beratungspflicht oder in der Pflicht äußern, ein Leistungsangebot **nicht nur bei zufriedenstellender Wirtschaftlichkeit,** sondern aus übergeordneten Gesichtspunkten auch unter Umständen aufrechtzuerhalten, in denen es **kaum rentabel oder unrentabel** ist.[830] Umgekehrt hat das Gericht in der Rs *BUPA*[831] klargestellt, dass der notwendige universale Charakter einer Dienstleistung von allgemeinem wirtschaftlichem Interesse nicht verlange, dass sie unentgeltlich oder preislich reglementiert oder unter Außerachtlassung der wirtschaftlichen Rentabilität erbracht werde. Nichtsdestotrotz vertritt die Kommission die Auffassung, dass es nicht zweckmäßig wäre, wenn ein Mitgliedstaat bestimmte gemeinwirtschaftliche Verpflichtungen an eine Dienstleistung knüpfte, die von im Einklang mit den Marktregeln handelnden Unternehmen zu normalen Marktbedingungen, die sich z.B. im Hinblick auf den Preis, objektive Qualitätsmerkmale, Kontinuität und den Zugang zu der Dienstleistung mit dem vom Staat definierten öffentlichen Interesse decken, zufriedenstellend erbracht wird oder erbracht werden kann.[832] Allerdings soll die Einschätzung des Mitgliedstaates zu der Frage, ob eine Dienstleistung vom Markt erbracht werden kann, wiederum nur einer Missbrauchskontrolle durch die Kommission unterliegen.[833]

316 Der klassische Fall einer Dienstleistung von allgemeinem wirtschaftlichem Interesse ergibt sich aus der staatlichen Auferlegung sog. **Universaldienstleistungsverpflichtungen,**[834] die der Zielsetzung dienen, die unerlässliche Grundversorgung der Allgemeinheit mit lebensnotwendigen Diensten[835] für jedermann kontinuierlich, flächendeckend, nichtdiskriminierend und zu erschwinglichen Preisen sicherzustellen,[836] d.h. insbes. auch in sol-

---

[829] Mitteilung der Kommission über die Anwendung der Beihilfevorschriften der Europäischen Union auf Ausgleichsleistungen für die Erbringung von Dienstleistungen von allgemeinem wirtschaftlichem Interesse, ABl. 2012 C 8/4ff. Rdnr. 47.

[830] EuG U. v. 12.2.2008, Rs T-289/03, Slg. 2008, II-81 Rdnr. 188–190 – *BUPA*. *Mestmäcker,* RabelsZ 52 (1988) 526, 565; Grabitz/Hilf/Nettesheim-*Wernicke,* Das Recht der Europäischen Union, Art. 106 AEUV Rdnr. 43 (Stand: 3/2011).

[831] EuG U. v. 12.2.2008, Rs T-289/03, Slg. 2008, II-81 Rdnr. 202–203 – *BUPA*.

[832] Mitteilung der Kommission über die Anwendung der Beihilfevorschriften der Europäischen Union auf Ausgleichsleistungen für die Erbringung von Dienstleistungen von allgemeinem wirtschaftlichem Interesse, ABl. 2012 C 8/4ff. Rdnr. 48, unter Hinweis auf EuGH U. v. 20.2.2001, Rs C-205/99, Slg. 2001, I-1271 Rdnr. 71 – *Analir.*

[833] Mitteilung der Kommission über die Anwendung der Beihilfevorschriften der Europäischen Union auf Ausgleichsleistungen für die Erbringung von Dienstleistungen von allgemeinem wirtschaftlichem Interesse, ABl. 2012 C 8/4ff. Rdnr. 48, s. unten Rdnr. 317ff.

[834] Hierzu Immenga/Mestmäcker-*Mestmäcker/Schweitzer,* WbR Bd. 1 EU/Teil 1, Art. 106 Abs. 2 AEUV, S. 7 Rdnr. 9–16. Zur Abgrenzung des Universaldienstes im klassischen bzw. strengen Sinn vom Kriterium des universalen Charakters der Dienstleistung von allgemeinem wirtschaftlichem Interesse s. oben Rdnr. 314.

[835] Dies sind Leistungen, auf die zu verzichten in einer modernen Gesellschaft den Bürgern oder den Wirtschaftsteilnehmern nicht zugemutet werden kann. Dazu gehören zumindest die Energie- und Wasserversorgung, Abfallentsorgung, Post, Telekommunikation und Personenbeförderung.

[836] EuGH U. v. 11.4.1989, Rs 66/86, Slg. 1989, 803 Rdnr. 55 – *Ahmed Saeed Flugreisen;* EuGH U. v. 19.5.1993, Rs C-320/91, Slg. 1993, I-2533 Rdnr. 15 – *Paul Corbeau;* EuGH U. v. 27.4.1994, Rs C-393/92, Slg. 1994, I-1477 Rdnr. 48 – *Almelo.*

chen geographischen Gebieten oder geschäftsmäßigen Sparten aufrechtzuerhalten, in denen sie – isoliert betrachtet – kaum rentabel oder unrentabel sind.[837]

317 *d) Gestaltungsspielraum, Missbrauchskontrolle und unterschiedliche Traditionen der Mitgliedstaaten.* Die Ausgestaltung dessen, was innerhalb des vom EU-Recht gesetzten Rahmens ausgehend von den spezifischen Merkmalen einer Tätigkeit als Dienstleistung von allgemeinem wirtschaftlichem Interesse zu gelten hat, steht vorrangig den Mitgliedstaaten zu, die hierbei über einen weiten Gestaltungsspielraum verfügen. Kommission und EuG/EuGH beschränken ihre Kontrolle insoweit auf **offenkundige Fehler,**[838] d. h. sie überprüfen, ob die Mitgliedstaaten bei der Bestimmung von Dienstleistungen von allgemeinem wirtschaftlichem Interesse über die äußere Grenze dessen, was vernünftigerweise noch als von diesem Begriff erfasst gelten darf, hinausgegangen sind.[839] In diesem Zusammenhang hat der Gerichtshof klargestellt, dass die Befugnis der Mitgliedstaaten, Dienstleistungen von allgemeinem wirtschaftlichem Interesse zu definieren, nicht unbegrenzt ist und nicht willkürlich mit dem alleinigen Ziel ausgeübt werden kann, einen bestimmten Sektor der Anwendung der EU-Wettbewerbsregeln zu entziehen.[840] In Bezug auf die Frage, ob eine Dienstleistung vom Markt erbracht werden kann und damit von dem betreffenden Mitgliedstaat nicht mit gemeinwirtschaftlichen Verpflichtungen verknüpft werden sollte, hat die Kommission angekündigt, sich darauf zu beschränken zu prüfen, ob diesem Mitgliedstaat ein offensichtlicher Fehler unterlaufen ist.[841]

318 Eine **Missbrauchskontrolle** des Verhaltens der Mitgliedstaaten ist notwendig, da der Begriff der Dienstleistung von allgemeinem wirtschaftlichem Interesse ein unionsrechtlicher ist und aufgrund der mit ihm verbundenen Folgen, insbes. des Art. 106 Abs. 2, von den Mitgliedstaaten nicht unbegrenzt ausgedehnt werden darf. Diese Rahmenkontrolle findet nicht in abstrakten, separaten Verfahren statt, sondern erfolgt anlässlich anderer Gerichtsverfahren des EuG und des EuGH oder anlässlich anderer Verwaltungsverfahren, die die Kommission *ex officio* oder aufgrund von Beschwerden oder Anmeldungen führt. In diesen Verfahren prüfen die Unionsgerichte oder die Kommission die Unionsrechtsmäßigkeit der staatlichen Organisation, Reglementierung und Finanzierung der Dienstleistungen von allgemeinem wirtschaftlichem Interesse (z. B. die staatliche Gewährung von Sonder-

---

[837] EuGH U. v. 11.4.1989, Rs 66/86, Slg. 1989, 803 Rdnr. 55 – *Ahmed Saeed Flugreisen;* EuGH U. v. 19.5.1993, Rs C-320/91, Slg. 1993, I-2533 Rdnr. 15 – *Paul Corbeau;* EuGH U. v. 27.4.1994, Rs C-393/92, Slg. 1994, I-1477 Rdnr. 48 – *Almelo;* EuG U. v. 27.2.1997, Rs T-106/95, Slg. 1997, II-233 Rdnr. 72 – *FFSA/Kommission („La Poste I");* EuGH U. v. 10.2.2000, Verb. Rs C-147/97 und C-148/97, Slg. 2000, I-825 Rdnr. 44 – *Deutsche Post;* EuGH U. v. 25.10.2001, Rs C-475/99, Slg. 2001, I-8089 Rdnr. 55 – *Ambulanz Glöckner;* s. auch die Daseinsvorsorgemitteilung der Kommission in KOM(2000) 580 endg. (auch veröffentlicht in ABl. 2001 C 17/4 vom 19.1.2001) Rdnr. 14 ff.

[838] EuG U. v. 27.2.1997, Rs T-106/95, Slg. 1997, II-229 Rdnr. 99 – *FFSA/Kommission („La Poste I");* EuG U. v. 15.6.2005, Rs T-17/02, Slg. 2005, II-2031 Rdnr. 216 – *Fred Olsen/Kommission;* EuG U. v. 12.2.2008, Rs T-289/03, Slg. 2008, II-81 Rdnr. 166–169, 172 – *BUPA;* EuG U. v. 7.11.2012, Rs T-137/10, ECLI:EU:T:2012:584 Rdnr. 99 – *CBI;* EuG U. v. 16.7.2014, Rs T-309/12, ECLI:EU:T:2014:676 Rdnr. 104 – *Zweckverband Tierkörperbeseitigung/Kommission;* EuG U. v. 16.7.2014, Rs T-295/12, ECLI:EU:T:2014:675 Rdnr. 44 – *Deutschland/Kommission („Tierkörperbeseitigung").*

[839] Daseinsvorsorgemitteilung KOM(2000) 580 endg. (auch veröffentlicht in ABl. 2001 C 17/4) Rdnr. 22; Mitteilung der Kommission über die Anwendung der Beihilfevorschriften der Europäischen Union auf Ausgleichsleistungen für die Erbringung von Dienstleistungen von allgemeinem wirtschaftlichem Interesse, ABl. 2012 C 8/4 ff. Rdnr. 46.

[840] EuG U. v. 12.2.2008, Rs T-289/03, Slg. 2008, II-81 Rdnr. 168 – *BUPA;* EuG U. v. 11.9.2012, Rs T-565/08, ECLI:EU:T:2012:415 Rdnr. 56 – *Corsica Ferries Frankreich SAS;* EuG U. v. 16.7.2014, Rs T-309/12, ECLI:EU:T:2014:676 Rdnr. 106 – *Zweckverband Tierkörperbeseitigung/Kommission;* EuG U. v. 16.7.2014, Rs T-295/12, ECLI:EU:T:2014:675 Rdnr. 46 – *Deutschland/Kommission („Tierkörperbeseitigung").*

[841] Mitteilung der Kommission über die Anwendung der Beihilfevorschriften der Europäischen Union auf Ausgleichsleistungen für die Erbringung von Dienstleistungen von allgemeinem wirtschaftlichem Interesse, ABl. 2012 C 8/4 ff. Rdnr. 48; s. auch oben Rdnr. 315.

rechten, Kompensationen und Beihilfen) und beurteilen dabei auch den von Mitgliedstaaten oder Unternehmen vorgetragenen Einwand des Art. 106 Abs. 2.

Die **Mitgliedstaaten** müssen dazu beitragen, dass den Unionsorganen die Ausübung ihrer Missbrauchskontrolle möglich ist. Hierzu hat das Gericht in der Rs *BUPA*[842] entschieden, dass die Mitgliedstaaten, wenn sie sich auf das Vorliegen und die Erforderlichkeit des Schutzes einer gemeinwirtschaftlichen Aufgabe berufen wollen, dafür sorgen müssen, dass diese Aufgabe bestimmten, von der Rechtsprechung herausgearbeiteten Mindestkriterien genügt, die für alle gemeinwirtschaftlichen Aufgaben im Sinne des AEUV gelten. Die Mitgliedstaaten tragen insoweit auch die Beweislast, d. h. sie müssen beweisen, dass diese Kriterien im jeweiligen Fall erfüllt sind. Dazu gehören insbes. das Vorliegen eines Hoheitsakts, der die gemeinwirtschaftlichen Pflichten klar definiert den betreffenden Wirtschaftsteilnehmern die so definierte Aufgabe von allgemeinem wirtschaftlichem Interesse überträgt, und der universale und obligatorische Charakter dieser Aufgabe.[843] Wenn der Mitgliedstaat den Beweis nicht erbracht hat, dass diese Kriterien erfüllt sind, oder wenn er sie nicht beachtet hat, kann dies einen offenkundigen Beurteilungsfehler begründen, den die Kommission beanstanden muss, um nicht selbst einen offenkundigen Fehler zu begehen.[844] Außerdem gehe aus der Rechtsprechung zu Art. 106 Abs. 2 AEUV hervor, dass der Mitgliedstaat angeben muss, weshalb er der Auffassung ist, dass die fragliche Dienstleistung es aufgrund ihres besonderen Charakters verdient, als Dienstleistung von allgemeinem wirtschaftlichem Interesse eingestuft und von anderen wirtschaftlichen Aktivitäten unterschieden zu werden.[845] Ohne eine derartige Begründung wäre eine – selbst beiläufige – Kontrolle der Unionsorgane, ob dem Mitgliedstaat bei der Ausübung seines Ermessens, Dienstleistungen von allgemeinem wirtschaftlichem Interesse zu definieren, ein offenkundiger Fehler unterlaufen ist, nicht möglich.[846] 319

Innerhalb des äußeren Rahmens, den der unionsrechtliche Begriff der Dienstleistung von allgemeinem wirtschaftlichem Interesse setzt, haben die Mitgliedstaaten Gestaltungsfreiheit ob, inwieweit und in welcher Weise sie gemeinwirtschaftliche Dienstleistungen definieren wollen. **Gewisse Einschränkungen** können sich jedoch **aus sektorspezifischem sekundärem EU-Recht** ergeben.[847] So grenzen Art. 3 Abs. 2 der Richtlinie Nr. 2009/72/EG über den Elektrizitätsbinnenmarkt und Art. 3 Abs. 2 der Richtlinie Nr. 2009/73/EG über den Erdgasbinnenmarkt die Gesichtspunkte ein, unter denen die Mitgliedstaaten den Unternehmen im allgemeinen wirtschaftlichen Interesse Verpflichtungen auferlegen können,[848] 320

---

[842] EuG U. v. 12.2.2008, Rs T-289/03, Slg. 2008, II-81 Rdnr. 172 – *BUPA.*

[843] EuG U. v. 12.2.2008, Rs T-289/03, Slg. 2008, II-81 Rdnr. 172, 181 – *BUPA;* EuG U. v. 7.11.2012, Rs T-137/10, ECLI:EU:T:2012:584 Rdnr. 101 – *CBI.*

[844] EuG U. v. 12.2.2008, Rs T-289/03, Slg. 2008, II-81 Rdnr. 172 – *BUPA.*

[845] EuG U. v. 12.2.2008, Rs T-289/03, Slg. 2008, II-81 Rdnr. 172 – *BUPA* mit Verweis auf EuGH U. v. 10.12.1991, Rs C-179/90, Slg. 1991, I-5889 Rdnr. 27 – *Porto di Genova* sowie EuGH U. v. 27.11.2003, Verb. Rs C-34/01 bis C-38/01, Slg. 2003, I-14243 Rdnr. 33–34 – *Enirisorse.*

[846] EuG U. v. 12.2.2008, Rs T-289/03, Slg. 2008, II-81 Rdnr. 172 – *BUPA*

[847] Daseinsvorsorgemitteilung KOM(2000) 580 endg. (auch veröffentlicht in ABl. 2001 C 17/4) Rdnr. 22; Mitteilung der Kommission über die Anwendung der Beihilfevorschriften der Europäischen Union auf Ausgleichsleistungen für die Erbringung von Dienstleistungen von allgemeinem wirtschaftlichem Interesse, ABl. 2012 C 8/4ff. Rdnr. 46. EuG U. v. 16.7.2014, Rs T-309/12, ECLI:EU:T:2014:676 Rdnr. 104–105 – *Zweckverband Tierkörperbeseitigung/Kommission;* EuG U. v. 16.7.2014, Rs T-295/12, ECLI:EU:T:2014:675 Rdnr. 44–45 – *Deutschland/Kommission („Tierkörperbeseitigung").*

[848] Nach den Art. 3 Abs. 2 der beiden Richtlinien Nr. 2009/72/EG und Nr. 2009/73/EG (s. hierzu auch unten Rdnr. 444f.) besteht diese Möglichkeit für die Mitgliedstaaten *„unter uneingeschränkter Beachtung der einschlägigen Bestimmungen des Vertrags, insbes. des Artikels 86* [jetzt Art. 106 AEUV]" und ist beschränkt auf Verpflichtungen, *„die sich auf Sicherheit, einschließlich Versorgungssicherheit, Regelmäßigkeit, Qualität und Preis der Versorgung sowie Umweltschutz, einschließlich Energieeffizienz, Energie aus erneuerbaren Quellen und Klimaschutz, beziehen können."* Beide Richtlinien sind auf Art. 114 AEUV (ex-Art. 95 EG) gestützte Harmonisierungsinstrumente, die eine umfassende Regelung zur Gewährleistung eines Binnenmarktes für Strom und Gas aufstellen. Nach der Rechtsprechung des EuGH ist eine

ohne sie jedoch zu zwingen, von dieser Möglichkeit Gebrauch zu machen. Die Postbinnenmarktrichtlinie Nr. 97/67/EG geht hier einen Schritt weiter und verpflichtet in Art. 3–6 die Mitgliedstaaten, für die Nutzer von Postdiensten einen Universaldienst zu gewährleisten, der gewisse Mindestanforderungen erfüllen muss. Die Mitgliedstaaten können hierüber hinausgehen und einen anspruchsvolleren Universaldienst als Dienstleistung von allgemeinem wirtschaftlichem Interesse definieren, soweit Art. 106 Abs. 2 dies zulässt.

321 **Zusammenfassend formuliert** haben die Mitgliedstaaten daher einen unionsrechtlich kontrollierten und unterschiedlich stark eingerahmten Gestaltungsspielraum, innerhalb dessen sie Dienstleistungen von allgemeinem wirtschaftlichem Interesse definieren und organisieren können.[849] In der Praxis erlaubt dies den **Mitgliedstaaten,** bei der Sicherstellung gemeinwirtschaftlicher Dienstleistungen weiterhin **unterschiedliche Konzepte** zu verfolgen. Der beschriebene unionsrechtliche Rahmen sorgt im Hinblick auf Tätigkeiten wirtschaftlicher Natur für die Wahrung der Unionsinteressen, während den Mitgliedstaaten im Bereich der nichtwirtschaftlichen Tätigkeiten von allgemeinem Interesse eine vom EU-Recht noch weitgehend unbeeinflusste Politikgestaltungsmöglichkeit verbleibt.[850]

322 Zwar ist in allen Mitgliedstaaten der Europäischen Union der Begriff gemeinwohlorientierter Tätigkeiten bekannt, an denen ein öffentliches Interesse besteht und deren Erbringung nicht oder nicht ausschließlich vom Markt gewährleistet werden kann oder soll. Darüber hinaus bestehen jedoch deutliche **kulturell und historisch bedingte Unterschiede** hinsichtlich des Inhalts dieses Begriffs und hinsichtlich der Mittel zur Verfolgung der damit verbundenen Zielsetzungen, insbes. wenn es um Art und Ausmaß staatlicher Eingriffe in das Wirtschaftsleben geht. Im Übrigen unterliegen die Inhalte und Mittel einem **steten Wandel,** der durch den technischen Fortschritt, gesellschaftliche Veränderungen, sich wandelnde soziale und politische Präferenzen der Mitgliedstaaten[851] und auch durch Aktionen der Unionsorgane bedingt ist.

Berufung auf die im AEUV niedergelegten Rechtfertigungsgründe zur Einschränkung der Binnenmarktfreiheiten dann ausgeschlossen, wenn die in diesen Ausnahmevorschriften genannten Rechtsgüter durch Harmonisierungsvorschriften des sekundären EU-Rechts abschließend geregelt sind (s. z. B. EuGH U. v. 5.10.1994, Rs C-323/93, Slg. 1994, I-5077, 5105 Rdnr. 31 mwN – *Centre d'insémination de la Crespelle;* EuGH U. v. 12.11.1998, Rs C-102/96, Slg. 1998, I-6871 Rdnr. 21 mwN – *Kommission/Deutschland;* Grabitz/Hilf/Nettesheim-*Leible/Streinz,* Das Recht der Europäischen Union, Art. 36 AEUV Rdnr. 14, 15 mwN (Stand: 9/2010); v. d.Groeben/Schwarze/Hatje-*Müller-Graff,* Europäisches Unionsrecht, Art. 36 AEUV Rdnr. 13–19 mwN). Die Mitgliedstaaten müssen dann die im sekundären EU-Recht niedergelegten Grenzen von Ausnahmen und Verfahren zu ihrer Inanspruchnahme beachten und können sich zur Rechtfertigung weitergehender Ausnahmen nicht mehr auf die Vorschriften der Verträge berufen. Vor diesem Hintergrund ist anzunehmen, dass im Anwendungsbereich der beiden Richtlinien die Möglichkeiten der Mitgliedstaaten, in bezug auf bestimmte Zielsetzungen im Rahmen des Art. 106 Abs. 2 AEUV Gemeinwohlverpflichtungen zu definieren und den Unternehmen aufzuerlegen, auf das in den Art. 3 Abs. 2 dieser Richtlinien beschriebene Maß beschränkt ist. S. auch unten Rdnr. 490.

849 Der in der Literatur teilweise verwandte Begriff der „Einschätzungsprärogative" der Mitgliedstaaten (s. Loewenheim/Meessen/Riesenkampff-*Ehricke,* Art. 86 EG Rdnr. 105; *Streinz-Koenig/Paul,* Art. 106 AEUV Rdnr. 49) erscheint zu schwach, während der auch verwendete Begriff der „Definitionshoheit" der Mitgliedstaaten (*Lecheler/Gundel,* RdE 1998, 92, 93) die EU-rechtliche Kontrolle sowie die legislativen Interventionen des EU-Rechts nicht berücksichtigt.

850 Dies schließt es natürlich nicht aus, dass Tätigkeiten nichtwirtschaftlicher Natur Gegenstand der freiwilligen Zusammenarbeit der Mitgliedstaaten der Europäischen Union sein können. Außerdem entwickelt das EU-Recht außerhalb der wirtschaftsbezogenen Bereiche des Wettbewerbs- und Binnenmarktrechts in manchen Gebieten zunehmend auch zwingende Vorgaben für die Mitgliedstaaten, so z. B. im Bereich Justiz und Inneres.

851 Mitteilung der Kommission über die Anwendung der Beihilfevorschriften der Europäischen Union auf Ausgleichsleistungen für die Erbringung von Dienstleistungen von allgemeinem wirtschaftlichem Interesse, ABl. 2012 C 8/4 ff. Rdnr. 45.

323 Der in der deutschen Rechtslehre entwickelte Begriff der **Daseinsvorsorge**[852] bezeichnet die Gewährleistung von Leistungen, auf die der Mensch in der modernen Massengesellschaft lebensnotwendig angewiesen ist. Hierzu können die Versorgung mit Leistungen wirtschaftlicher Natur wie Strom, Gas, Wasser, Abfallentsorgung, öffentlichem Personenverkehr, Telekommunikation, Post, Informationsmedien, Finanzdienst- und Versicherungsleistungen, sowie Leistungen nichtwirtschaftlicher Natur wie die Bereitstellung eines grundlegenden Sozial-, Bildungs- und Ausbildungswesens sowie die Gewährleistung der äußeren und inneren Sicherheit, des Justiz- und Personenstandswesens gerechnet werden. Diese Leistungen finden sich auch in dem in **romanischen Rechtsordnungen,** insbes. in **Frankreich,** entwickelten Begriff des **„service public"**[853] wieder, und hier wie dort ist es denkbar, weitere Leistungen unter beide Begriffe zu subsumieren.

324 Im **„service public"-Konzept** ist jedoch daneben auch der Gedanke besonders ausgeprägt, dass der Staat am besten selbst durch **öffentliche Institutionen** den „service public" ausführen oder **Eigentümer der Unternehmen** sein solle, die ihn erbringen, und dass er diese Institutionen oder Unternehmen aus Gründen des öffentlichen Interesses weitgehend, meist durch Staatsmonopole sogar vollständig, vor Wettbewerb seitens Dritter schützen solle. Demgegenüber kommt es im **Konzept der Daseinsvorsorge,** soweit es um wirtschaftliche Leistungen geht, nicht entscheidend auf Rechtsform oder Eigentumsverhältnisse der Einheiten an, die sie erbringen. Es gibt auch keine Grundüberzeugung, wonach die Marktkräfte die Daseinsvorsorge nicht oder stets schlechter erbringen können als staatlich organisierte und kontrollierte Sektoren. Je nach den technischen, wirtschaftlichen aber auch historischen Besonderheiten des Sektors vertraut der Staat unterschiedlich weitgehend auf Marktkräfte, begnügt sich oft mit den Regulierungen, die zur Sicherung von Mindeststandards erforderlich sind, und schaltet insgesamt den Wettbewerb nur insoweit aus, als dies zur Sicherstellung der Versorgungsziele notwendig erscheint.

325 **2. Betrauung eines bestimmten Unternehmens.** *a) Funktion der Betrauung.* Durch den Akt der Betrauung eines oder mehrerer Unternehmen legen die Mitgliedstaaten fest, inwieweit und in welcher Weise sie den unionsrechtlichen Rahmen für Dienstleistungen von allgemeinem wirtschaftlichem Interesse ausfüllen wollen. Im Betrauungsakt definieren sie die Dienstleistung von allgemeinem wirtschaftlichem Interesse und verpflichten ein oder mehrere konkret benannte Unternehmen,[854] diese Dienstleistung auszuführen.[855] Hieraus ergibt sich die besondere Aufgabe dieser Unternehmen iSv. Art. 106 Abs. 2 AEUV. Präzision und Transparenz sind hierbei entscheidend. Denn nur wenn eindeutig feststeht, welches Unternehmen konkret mit welcher Aufgabe betraut ist, können die Kommission sowie nationale und Unionsgerichte in ihren Verfahren beurteilen, ob und inwieweit nach Art. 106 Abs. 2 eine Einschränkung der Anwendung des EU-Rechts notwendig ist, um dem betrauten Unternehmen die Erfüllung seiner besonderen Aufgabe zu ermöglichen.[856] Dementsprechend stellt die Rechtsprechung der Unionsgerichte an das Tatbestandsmerkmal der Betrauung hohe Anforderungen.

---

[852] Hierzu Immenga/Mestmäcker-*Mestmäcker/Schweitzer,* WbR Bd. 1 EU/Teil 1, Art. 106 Abs. 2 AEUV Rdnr. 1–3.

[853] Hierzu *Lecheler,* RdE 1996, 212–217; Immenga/Mestmäcker-*Mestmäcker/Schweitzer,* WbR Bd. 1 EU/Teil 1, Art. 106 Abs. 2 AEUV Rdnr. 1–3.

[854] EuGH U. v. 2.3.1983, Rs 7/82, Slg. 1983, 483 Rdnr. 29–33 – *GVL;* EuGH U. v. 11.4.1989, Rs 66/86, Slg. 1989, 803 Rdnr. 55 – *Ahmed Saeed Flugreisen.* S. hierzu auch unten Rdnr. 329.

[855] Zu weitergehenden Anforderungen an den Inhalt des Betrauungsakts im Rahmen der Beihilfenkontrolle von staatlichen Ausgleichszahlungen für die Erbringung von Dienstleistungen von allgemeinem wirtschaftlichem Interesse, s. unten Rdnr. 474 ff.

[856] Loewenheim/Meessen/Riesenkampff-*Ehricke,* Art. 86 EG Rdnr. 106; *Streinz-Koenig/Paul,* EUV/AEUV, Art. 106 AEUV Rdnr. 61–62; Grabitz/Hilf/Nettesheim-*Wernicke,* Das Recht der Europäischen Union, Art. 106 AEUV Rdnr. 48–50 (Stand: 3/2011).

326 *b) Formen und Inhalte eines Betrauungsaktes.* Gemäß der Rechtsprechung muss die Betrauung **durch staatliche Hoheitsakte bzw. Akte der öffentlichen Gewalt**[857] erfolgen.[858] Dies können z.B. Gesetze, Verordnungen, Erlasse und Entscheidungen des Mitgliedstaats, seiner regionalen und lokalen Untergliederungen oder seiner sonstigen mit Hoheitsgewalt ausgestatteten Einrichtungen sein. Die Betrauung kann in einem aber auch in mehreren staatlichen Hoheitsakten bzw. Akten der öffentlichen Gewalt, die zusammenzulesen sind, niedergelegt sein.[859] Da es nicht auf die äußere Form, sondern auf die Ausübung von Hoheitsgewalt ankommt, muss die Betrauung nicht in einseitigen Rechtsvorschriften niedergelegt sein, sondern kann auch durch staatlich gewährte Konzessionen[860] oder in Verträgen[861] zwischen einer mit Hoheitsgewalt ausgestatteten Stelle und dem betreffenden Unternehmen erfolgen. Zur rechtsgültigen Durchführung einer Betrauung kann sich die betrauende Stelle daher auch privatrechtlicher Instrumente bedienen, solange sie hierbei in Ausübung staatlicher Hoheitsgewalt handelt.[862]

327 Die Beteiligung des mit der gemeinwirtschaftlichen Aufgabe betrauten Unternehmens an dem Verfahren und dem Rechtsakt, mit welchem ihm diese Aufgabe übertragen wird, sowie die Abhängigkeit der Übertragung von der Zustimmung dieses Unternehmens schließen somit nicht aus, dass diese Übertragung in Ausübung staatlicher Hoheitsgewalt und damit aufgrund eines hoheitlichen Aktes erfolgt.[863] Eine Betrauung kann selbst in der Gründung eines Betriebsrentenfonds und der gesetzlich festgelegten Pflichtmitgliedschaft in diesem Fonds bestehen.[864] Auch die einseitige Einstellung der Aufgabenerfüllung seitens des betrauten Unternehmens ist kein Beweis dafür, dass das Unternehmen nicht zuvor durch hoheitlichen Akt vom Staat mit dieser Aufgabe betraut worden war.[865] Keine Betrauung liegt jedoch vor, wenn öffentliche Einrichtungen privatrechtliche Verträge zwecks Ausübung wirtschaftlicher Tätigkeit abschließen und insofern selbst unternehmerisch tätig werden.[866]

---

[857] EuGH U. v. 27.3.1974, Rs 127/73, Slg. 1974, 313 Rdnr. 19–22 – *BRT/SABAM („BRT II");* EuGH U. v. 14.7.1981, Rs 172/80, Slg. 1981, 2021 Rdnr. 7 – *Züchner/Bayerische Vereinsbank;* EuGH U. v. 11.4.1989, Rs 66/86, Slg. 1989, 803 Rdnr. 55 – *Ahmed Saeed Flugreisen;* EuGH U. v. 18.6.1998, Rs C-266/96, Slg. 1998, I-3949 Rdnr. 47 – *Corsica Ferries France;* EuG U. v. 15.6.2005, Rs T-17/02, Slg. 2005, II-2031 Rdnr. 186–187 mwN. – *Fred Olsen/Kommission,* bestätigt durch EuGH B. v. 4.10.2007, Rs C-320/05 P, Slg. 2007, I-131 Rdnr. 133–136 – *Fred Olsen.*

[858] Grabitz/Hilf/Nettesheim-*Wernicke,* Das Recht der Europäischen Union, Art. 106 AEUV Rdnr. 50 (Stand: 3/2011); *Streinz-Koenig/Paul,* EUV/AEUV, Art. 106 AEUV Rdnr. 61; Loewenheim/Meessen/Riesenkampff-*Ehricke,* Art. 86 EG Rdnr. 108; Immenga/Mestmäcker-*Mestmäcker/Schweitzer,* WbR Bd. 1 EU/Teil 1, Art. 106 Abs. 2 AEUV Rdnr. 52.

[859] Mitteilung der Kommission über die Anwendung der Beihilfevorschriften der Europäischen Union auf Ausgleichsleistungen für die Erbringung von Dienstleistungen von allgemeinem wirtschaftlichem Interesse, ABl. 2012 C 8/4 ff. Rdnr. 52; EuG U. v. 7.11.2012, Rs T-137/10, ECLI:EU:T:2012:584 Rdnr. 108 – *CBI.*

[860] EuGH U. v. 23.10.1997, Rs C-159/94, Slg. 1997, I-5815 Rdnr. 66 – *Kommission/Frankreich („Import- und Exportmonopol Gas und Elektrizität");* EuGH U. v. 27.4.1994, Rs C-393/92, Slg. 1994, I-1477 Rdnr. 47 – *Almelo.*

[861] Daseinsvorsorgemitteilung KOM(2000) 580 endg. (auch veröffentlicht in ABl. 2001 C 17/4) Rdnr. 22. Mitteilung der Kommission über die Anwendung der Beihilfevorschriften der Europäischen Union auf Ausgleichsleistungen für die Erbringung von Dienstleistungen von allgemeinem wirtschaftlichem Interesse, ABl. 2012 C 8/4 ff. Rdnr. 52.

[862] EuG U. v. 7.11.2012, Rs T-137/10, ECLI:EU:T:2012:584 Rdnr. 109 – *CBI; Faull/Nikpay-Buendia,* Punkt 6.157.

[863] EuG U. v. 15.6.2005, Rs T-17/02, Slg. 2005, II-2031 Rdnr. 188 – *Fred Olsen/Kommission,* bestätigt durch EuGH B. v. 4.10.2007, Rs C-320/05 P, Slg. 2007, I-131 Rdnr. 133–136 – *Fred Olsen.*

[864] EuGH U. v. 21.9.1999, Rs C-67/96, Slg. 1999, I-5751 Rdnr. 98 ff. – *Albany;* ebenso EuGH U. v. 21.9.1999, Rs C-115/97 bis C-117/97, Slg. 1999, I-6025 Rdnr. 98 ff. – *Brentjens' Handelsonderneming* und EuGH U. v. 21.9.1999, Rs C-219/97, Slg. 1999, I-6121 Rdnr. 88 ff. – *Maatschappij Drijvende Bokken.*

[865] EuG U. v. 15.6.2005, Rs T-17/02, Slg. 2005, II-2031 Rdnr. 189 – *Fred Olsen/Kommission,* bestätigt durch EuGH B. v. 4.10.2007, Rs C-320/05 P, Slg. 2007, I-131 Rdnr. 133–136 – *Fred Olsen.*

[866] EuGH U. v. 27.4.1994, Rs C-393/92, Slg. 1994, I-1477 Rdnr. 31 – *Almelo.*

Weder der Wortlaut des Art. 106 Abs. 2 noch die Rechtsprechung hierzu verlangen, dass eine Dienstleistung von allgemeinem wirtschaftlichem Interesse nur nach Durchführung eines **Ausschreibungsverfahrens** durch Betrauung übertragen werden darf.[867] Auch für die mit der Betrauung oft in einem Akt zusammenfallende Gewährung ausschließlicher oder besonderer Rechte gibt es keine umfassende Pflicht zur vorherigen Ausschreibung.[868] 328

Der Betrauungsakt muss einem oder mehreren **konkret benannten Unternehmen**[869] die Dienstleistung von allgemeinem wirtschaftlichem Interesse zuweisen und damit für die Dauer der Betrauung als besondere Aufgabe und als Verhaltenspflicht übertragen.[870] Kennzeichen dieser Pflichtaufgabe ist insbes., dass sie auch noch dann zu erfüllen ist, wenn ihre Erbringung nach unternehmerischen Gesichtspunkten nicht oder nicht mehr attraktiv ist,[871] so dass letztlich der Staat und nicht das betraute Unternehmen über die Erfüllung der besonderen Aufgabe im allgemeinen Interesse entscheidet.[872] An einer Betrauung dieser Natur fehlt es, wenn Gesetze oder sonstige Hoheitsakte ohne Bezugnahme auf namentlich genannte Unternehmen nur allgemein die Tätigkeit jeglicher Unternehmen regeln, wenn und solange diese sich aus freien Stücken entscheiden, in einem Bereich, in dem gemeinwirtschaftliche Dienstleistungen erbracht werden, tätig zu werden oder zu bleiben. Die 329

---

[867] EuG U. v. 15.6.2005, Rs T-17/02, Slg. 2005, II-2031 Rdnr. 239 – *Fred Olsen/Kommission.* EuG U. v. 26.6.2008, Verb. Rs T-442/03, Slg. 2008, II-1161 Rdnr. 145 – *SIC.* Für staatliche Ausgleichszahlungen für die Erbringung von Dienstleistungen von allgemeinem wirtschaftlichem Interesse, die nach dem Rahmen der Europäischen Union für staatliche Beihilfen in Form von Ausgleichsleistungen für die Erbringung öffentlicher Dienstleistungen (ABl. 2012 C 8/15) zu beurteilen sind, gilt jedoch gemäß Rdnr. 19 diese Rahmens, dass die Beihilfe nur dann mit dem Binnenmarkt vereinbar ist, wenn die zuständige Behörde bei der Betrauung des Unternehmens die geltenden EU-Vorschriften für das öffentliche Auftragswesen befolgt hat, s. hierzu auch oben Rdnr. 71–72 und unten Rdnr. 485.

[868] S. hierzu ausführlich oben Rdnr. 71–77.

[869] EuGH U. v. 2.3.1983, Rs 7/82, Slg. 1983, 483 Rdnr. 29–33 – *GVL;* EuGH U. v. 11.4.1989, Rs 66/86, Slg. 1989, 803 Rdnr. 55 – *Ahmed Saeed Flugreisen.* Der Eindruck, EuGH U. v. 22.11.2001, Rs C-53/00, Slg. 2001, 9067 Rdnr. 30–33 – *Ferring* lasse eine bloße Bestimmbarkeit der Unternehmen, die den Betrauungsakt ersetzen würde, genügen, ist unzutreffend, da der EuGH das Vorliegen eines Betrauungsaktes nicht spezifisch prüft, sondern die Anwendbarkeit des Art. 106 Abs. 2 auf Überkompensationen aufgrund fehlender Notwendigkeit zur Aufgabenerfüllung zurückweist. Im Übrigen unter-streicht das nachfolgende Urteil des EuGH v. 24.7.2003, Rs C-280/00, Slg. 2003, I-7747 Rdnr. 89 – *Altmark Trans,* dass sich die gemeinwirtschaftlichen Pflichten, die dem Unternehmen *Altmark Trans* auferlegt wurden, klar aus den nationalen Rechtsvorschriften und/oder aus den diesem Unternehmen erteilten staatlichen Genehmigungen ergeben müssen. Eine gewisse Tendenz, vom strengen Erfordernis der konkreten Individualisierbarkeit des betrauten Unternehmens abzurücken, könnte jedoch in EuG U. v. 12.2.2008, Rs T-289/03, Slg. 2008, II-81 Rdnr. 179, 183 – *BUPA* zu sehen sein; so auch Langen/Bunte-*Stadler,* KartR Bd. 2, Art. 106 AEUV Rdnr. 54; ausführlich hierzu Immenga/Mestmäcker-*Mestmäcker/Schweitzer,* WbR Bd. 1 EU/Teil 1, Art. 106 Abs. 2 AEUV Rdnr. 58–60 mwN.

[870] Beispiele hierfür: In den Niederlanden Art. 2 Electriciteitswet bzgl. des Unternehmens *SEP,* s. EuGH U. v. 23.10.1997, Rs C-157/94, Slg. 1997, I-5699 Rdnr. 45 – *Kommission/Niederlande („Importmonopol Elektrizität");* in Italien das Verstaatlichungsgesetz Nr. 1643 vom 6.12.1962 bzgl. des Unternehmens *ENEL,* s. EuGH U. v. 23.10.1997, Rs C-158/94, Slg. 1997, I-5789 Rdnr. 46 – *Kommission/Italien („Import- und Exportmonopol Elektrizität");* in Frankreich das Verstaatlichungsgesetz Nr. 46–628 vom 8.4.1946 und konkretisierende Konzessionen bzgl. der Unternehmen *EdF* und *GdF,* s. EuGH U. v. 23.10.1997, Rs C-159/94, Slg. 1997, I-5815 Rdnr. 66–67 – *Kommission/Frankreich („Import- und Exportmonopol Gas und Elektrizität").*

[871] Immenga/Mestmäcker-*Mestmäcker/Schweitzer,* WbR Bd. 1 EU/Teil 1, Art. 106 Abs. 2 AEUV Rdnr. 53 mwN; Loewenheim/Meessen/Riesenkampff-*Ehricke,* Art. 86 EG Rdnr. 107; in diesem Sinne auch EuG U. v. 12.2.2008, Rs T-289/03, Slg. 2008, II-81 Rdnr. 188 – *BUPA.*

[872] Dem steht auch das oben (s. Rdnr. 326) erwähnte Urteil des EuG v. 15.6.2005, Rs T-17/02, Slg. 2005, II-2031 Rdnr. 189 – *Fred Olsen/Kommission* nicht entgegen, da es lediglich die Feststellung betrifft, dass gemeinwirtschaftliche Pflichten iSv. Art. 106 Abs. 2 nur durch einen Akt hoheitlicher Gewalt auferlegt werden können, während das Gericht in Rdnr. 190 seines Urteils anerkennt, dass die einseitige Einstellung der Aufgabenerfüllung seitens des betrauten Unternehmens eine Rechtspflichtverletzung darstellt.

hoheitliche Auferlegung von Verhaltenspflichten, die abstrakt-generell für alle Unternehmen in einer bestimmten Lage oder einem bestimmten Sektor gelten,[873] oder die Erteilung einer behördlichen Erlaubnis bei Einhaltung bestimmter Erfordernisse genügen deshalb für sich allein nicht.[874] Auch die tatsächliche Ausübung einer gemeinwirtschaftlich ausgerichteten Tätigkeit ist nicht ausreichend, selbst wenn sie unter staatlicher Aufsicht erfolgt.[875]

330 Deshalb liegt z. B. kein Betrauungsakt in einer generellen gesetzlichen Pflicht, allgemeine Versorgungsbedingungen und -tarife für bestimmte Gebiete zu veröffentlichen und jeden in diesem Gebiet gelegenen Interessenten zu diesen Bedingungen und Tarifen anzuschließen und zu versorgen, wenn diese Pflicht jedes Unternehmen gleichermaßen trifft und nur solange und soweit besteht, wie die Unternehmen nach ihren eigenen Geschäftskriterien bereit sind, in diesem Sektor tätig zu sein. Denn hier ist es nicht der Staat, der durch Gesetz oder sonstigen Hoheitsakt über das Tätigwerden oder Tätigbleiben bestimmter, namentlich bezeichneter Unternehmen für das Allgemeinwohl entscheidet, ihnen durch Hoheitsakt die Anschluss- und Versorgungspflicht in diesem Gebiet auferlegt und damit die Erreichung der Gemeinwohlziele unter Einsatz dieser Unternehmen auch unabhängig vom Marktgeschehen sicherstellt. Es sind vielmehr die Unternehmen selbst, die über ihr Tätigwerden oder Tätigbleiben frei entscheiden, während die staatliche Intervention durch Auferlegung gemeinwohlorientierter Pflichten von diesem Marktgeschehen abhängig ist und erst dann und soweit greifen kann, wie Unternehmen eine Versorgungstätigkeit tatsächlich aufnehmen und aufrechterhalten.[876] Daher begründen z. B. die im deutschen Energiewirtschaftsgesetz enthaltenen Genehmigungs-[877] sowie Anschluss- und Versorgungspflichten[878] keine Betrauung der betroffenen Unternehmen.[879]

331 Die dargestellten Anforderungen an den Betrauungsakt gelten nicht nur für private Unternehmen, sondern auch für die von Art. 106 Abs. 1 erfassten öffentlichen und mit Exklusiv- oder Sonderrechten ausgestatteten Unternehmen. Ohne diesen gemeinsamen Anknüpfungspunkt für die Anwendbarkeit der Ausnahme nach Art. 106 Abs. 2 wäre die von

---

[873] EuGH U. v. 23.10.1997, Rs C-159/94, Slg. 1997, I-5815 Rdnr. 68–69 – *Kommission/Frankreich („Import- und Exportmonopol Gas und Elektrizität")*.

[874] EuGH U. v. 2.3.1983, Rs 7/82, Slg. 1983, 483 Rdnr. 30–32 – *GVL*. EuGH U. v. 13. 12. 1991, Rs C-18/88, Slg. 1991, I-5941 Rdnr. 22 – *Régie des télégraphes et des téléphones (RTT)/GB-Inno-BM;* EuG U. v. 12.2.2008, Rs T-289/03, Slg. 2008, II-81 Rdnr. 178 – *BUPA*.

[875] EuGH U. v. 14.7.1981, Rs 172/80, Slg. 1981, 2021 Rdnr. 7 – *Züchner/Bayerische Vereinsbank;* EuGH U. v. 2.3.1983, Rs 7/82, Slg. 1983, 483 Rdnr. 29ff. – *GVL; Streinz-Koenig/Paul,* EUV/AEUV, Art. 106 AEUV Rdnr. 61; Loewenheim/Meessen/Riesenkampff-*Ehricke,* Art. 86 EG Rdnr. 108; v.d. Groeben/Schwarze/Hatje-*Klotz,* Europäisches Unionsrecht, Art. 106 AEUV Rdnr. 71.

[876] Grabitz/Hilf/Nettesheim-*Wernicke,* Das Recht der Europäischen Union, Art. 106 AEUV Rdnr. 50 (Stand: 3/2011); s. auch Immenga/Mestmäcker-*Mestmäcker/Schweitzer,* WbR Bd. 1 EU/Teil 1, Art. 106 Abs. 2 AEUV Rdnr. 59 mit Verweis auf EuG U. v. 12.2.2008, Rs T-289/03, Slg. 2008, II-81 Rdnr. 178 – *BUPA;* aA möglicherweise Loewenheim/Meessen/Riesenkampff-*Ehricke,* Art. 86 EG Rdnr. 108 und v.d. Groeben/Schwarze/Hatje-*Klotz,* Europäisches Unionsrecht, Art. 106 AEUV Rdnr. 73.

[877] § 3 EnWG (1998), § 4 EnWG (2005).

[878] § 10 Abs. 1 EnWG (1998), § 18 EnWG (2005).

[879] Immenga/Mestmäcker/*Mestmäcker-Schweitzer,* WbR Bd. 1 EU/Teil 1, Art. 106 Abs. 2 AEUV Rdnr. 65 mwN; *Schaub/Dohms,* AG 12/1998, 566, 568–569. BKartA, WuW/E BKartA 2648, 2654 – *Ruhrgas/Thyssengas.* In ihrer E. v. 22.12.1992 (Nr. 93/126/EWG, ABl. 1993 L 50/14 Rdnr. 28 – *Jahrhundertvertrag)* hat die Kommission nicht entschieden, dass deutsche Energieversorgungsunternehmen iSv. Art. 106 Abs. 2 AEUV betraut sind. Wie der Zusammenhang ergibt, hat die Kommission das formelle Tatbestandsmerkmal der Betrauung nicht spezifisch geprüft, sondern sich vielmehr auf die materiellen Tatbestandsmerkmale des Art. 106 Abs. 2 konzentriert. Hierzu gab sie zu erkennen, dass die Grundversorgung mit Strom als Dienstleistung von allgemeinem wirtschaftlichem Interesse angesehen werden könne, aber nicht ersichtlich sei, dass die Anwendung des Art. 101 AEUV die Grundsicherung der öffentlichen Stromversorgung im konkreten Fall rechtlich oder tatsächlich verhindere.

Art. 106 Abs. 1 gewollte Gleichbehandlung mit den privaten Unternehmen[880] nicht gewährleistet.[881] Den Unternehmen, die mit einer Dienstleistung von allgemeinem wirtschaftlichem Interesse betraut sind, werden oft zur Erfüllung ihrer besonderen übertragenen Aufgabe **ausschließliche oder besondere Rechte gewährt.**[882] In diesem Fall wird der Akt der Gewährung solcher Rechte regelmäßig auch mit einem Betrauungsakt verbunden sein. Gleichwohl sind beide Akte wegen ihrer unterschiedlichen Bedeutung rechtlich zu trennen und für die Anerkennung einer gemeinwirtschaftlichen Aufgabe iSv. Art. 106 Abs. 2 AEUV ist es nicht zwingend erforderlich, dass den mit dieser Aufgabe betrauten Wirtschaftsteilnehmern ausschließliche oder besondere Rechte zu ihrer Erfüllung verliehen werden.[883] Dies wird insbes. dann relevant, wenn der Mitgliedstaat durch die Gewährung ausschließlicher oder besonderer Rechte zugunsten des betrauten Unternehmens, die bereits an sich eine staatliche Maßnahme darstellt, gegen seine Pflichten aus dem AEUV[884] verstößt und eine Rechtfertigung nach Art. 106 Abs. 2 zu prüfen ist.[885]

c) Umfang und Inhalt der besonderen Aufgabe. Für die korrekte Anwendung des Art. 106 Abs. 2 ist es wichtig, den **Umfang der besonderen Aufgabe genau zu definieren.**[886] Dementsprechend verlangt das sog erste *Altmark*-Kriterium bei der beihilferechtlichen Beurteilung von staatlichen Ausgleichszahlungen für die Erbringung von Dienstleistungen von allgemeinem wirtschaftlichem Interesse, dass das begünstigte Unternehmen tatsächlich mit gemeinwirtschaftlichen Verpflichtungen betraut ist und diese Verpflichtungen klar definiert sind.[887] In klassischen „Service public"-Systemen, wie der Energieversorgung in Frankreich, lässt sich der EuGH nicht auf unscharf formulierte Inhalte ein, sondern **prüft** anhand des Tatbestandsmerkmals der **Betrauung präzise,** welche Pflichten dem betrauten Unternehmen auferlegt sind und damit zu seiner besonderen Aufgabe iSv. Art. 106 Abs. 2 gehören. In diesem Zusammenhang hat der Gerichtshof ausdrücklich erklärt, dass Verpflichtungen eines mit Dienstleistungen von allgemeinem wirtschaftlichem Interesse betrauten Unternehmens nur dann Teil seiner besonderen Aufgabe iSv. Art. 106 Abs. 2 sein können, wenn sie mit dem Ziel der jeweiligen Dienstleistung von allgemeinem wirtschaftlichem Interesse in Zusammenhang stehen und unmittelbar zur Befriedigung dieses Interesses beitragen sollen. Dies sei hinsichtlich Umwelt- und Raumordnungsverpflichtungen von Unternehmen, die mit der Versorgung des Landes mit Elektrizität und Gas betraut sind, nicht der Fall, es sei denn, es handele sich um Verpflichtungen, die für diese Unternehmen und ihre Tätigkeit spezifisch sind.[888] 332

---

[880] S. oben Rdnr. 4f.

[881] Grabitz/Hilf/Nettesheim-*Wernicke,* Das Recht der Europäischen Union, Art. 106 AEUV Rdnr. 36 (Stand: 3/2011).

[882] EuGH U. v. 14.7.1971, Rs 10/71, Slg. 1971, 723 Rdnr. 8–12 – *Madeleine Muller („Hafen von Mertert").*

[883] EuG U. v. 12.2.2008, Rs T-289/03, Slg. 2008, II-81 Rdnr. 179 mwN – *BUPA.*

[884] Insbes. die Binnenmarktregeln und die Wettbewerbsregeln (hier in erster Linie Art. 102 iVm. Art. 106 Abs. 1).

[885] S. oben Rdnr. 146ff., 185ff., 197ff.

[886] S. als Beispiel EuG U. v. 15.6.2005, Rs T-17/02, Slg. 2005, II-2031 Rdnr. 192–203 – *Fred Olsen/Kommission,* bestätigt durch EuGH B. v. 4.10.2007, Rs C-320/05 P, Slg. 2007, I-131 Rdnr. 140–144 – *Fred Olsen.*

[887] EuGH U. v. 24.7.2003, Rs C-280/00, Slg. 2003, I-7747 Rdnr. 89 – *Altmark Trans,* bestätigt und weiter erläutert in EuGH U. v. 27.11.2003, Verb. Rs C-34/01 bis C-38/01, Slg. 2003, I-14243 Rdnr. 31–40 – *Enirisorse.* Diese Kriterien hat die Kommission in ihrem im Jahr 2011/2012 novellierten Maßnahmenpaket zur beihilferechtlichen Beurteilung solcher Ausgleichszahlungen weiter spezifiziert. S. hierzu auch unten Rdnr. 474ff. und insbes. die Mitteilung der Kommission über die Anwendung der Beihilfevorschriften der Europäischen Union auf Ausgleichsleistungen für die Erbringung von Dienstleistungen von allgemeinem wirtschaftlichem Interesse, ABl. 2012 C 8/4ff. Rdnr. 42ff., 45ff.

[888] EuGH U. v. 23.10.1997, Rs C-159/94, Slg. 1997, I-5815 Rdnr. 60–89 – *Kommission/Frankreich („Import- und Exportmonopol Gas und Elektrizität").*

IV. Unternehmen mit dem Charakter eines Finanzmonopols (Art. 106 Abs. 2 S. 1, 2. Alt.)

333 Die praktische Bedeutung der Tatbestandsvariante „Finanzmonopol" ist bisher gering geblieben.[889] Der Ausnahmecharakter des Art. 106 Abs. 2 gebietet auch hier eine **enge Auslegung.** Den „*Charakter*" eines Finanzmonopols haben deshalb nur solche Unternehmen, denen durch Gewährung eines ausschließlichen Rechts iSv. Art. 106 Abs. 1 AEUV eine Monopolstellung eingeräumt wurde, und deren besondere übertragene Aufgabe darin besteht, dem Staatshaushalt durch die Ausübung des Monopols **in einer der Steuererhebung ähnlichen Weise besondere Einnahmen zu verschaffen.**[890] Dies können sowohl private als auch öffentliche Unternehmen sein. Die übertragene Aufgabe der Einnahmeerzielung zugunsten des Staates ist nur dann eine „besondere Aufgabe" iSv. Art. 106 Abs. 2, wenn sie bei privaten Unternehmen über die normale Steuerabführung an den Staat und bei öffentlichen Unternehmen über die normale Gewinnabführung an den Staat als Eigentümer hinausgeht. Die meisten Finanzmonopole sind als staatliche Warenhandelsmonopole ausgestaltet, die der Umformungspflicht nach Art. 37 AEUV unterliegen,[891] die wiederum bei Erfüllung aller Voraussetzungen des Art. 106 Abs. 2 eingeschränkt werden kann.[892] Wegen des in Art. 106 Abs. 2 enthaltenen Verhältnismäßigkeitsprinzips ist es allerdings idR schwierig, aufgrund dieser Vorschrift Einschränkungen der sich aus dem AEUV ergebenden Pflichten allein mit der Erfüllung der besonderen Aufgabe der Einnahmeerzielung zu rechtfertigen, denn regelmäßig gibt es für den Staat weniger restriktive Mittel, solche Einnahmen zu erzielen. Hieraus ergibt sich ein weiterer Grund für die geringe praktische Bedeutung dieser Tatbestandsvariante.[893]

334 Für den Charakter eines Finanzmonopols nicht ausreichend ist die Tatsache, dass die Monopolstellung durch die Ausschaltung des Wettbewerbs naturgemäß die Erzielung erhöhter Gewinne ermöglicht und damit dem Staat erhöhte Steuereinnahmen bzw. Gewinneinnahmen verschafft. Denn dann wäre jedes mit einem ausschließlichen Recht ausgestattete Unternehmen iSv. Art. 106 Abs. 1 auch ein nach Art. 106 Abs. 2 privilegiertes Finanzmonopol. Dies widerspräche dem Grundsatz der engen Auslegung des Art. 106 Abs. 2, dessen Wortlaut nicht den Begriff ausschließliches Recht, d.h. Monopol an sich, sondern den des „Finanz"monopols verwendet. Deswegen ist der Begriff des Finanzmonopols auf solche Fälle zu beschränken, in denen sich aus dem Übertragungsakt oder sonstigen Erklärungen des Staates eindeutig ergibt, dass das **fiskalische Ziel der Schaffung einer besonderen Einnahmequelle für den Staat der alleinige Grund der Mono-**

[889] Häufig dürfen bereits aufgrund der Verfassungen der Mitgliedstaaten keine neuen Finanzmonopole eingeführt werden. So verbietet nach der Rechtsprechung des Bundesverfassungsgerichts auch das deutsche Grundgesetz die Einführung neuer Finanzmonopole. In Deutschland hat deswegen nach Abschaffung des Zündwarenmonopols im Jahr 1983 allein noch das Branntweinmonopol eine (nach umfangreichen Änderungen sehr begrenzte) praktische Bedeutung.

[890] v. d. Groeben/Schwarze/Hatje-*Klotz,* Europäisches Unionsrecht, Art. 106 AEUV Rdnr. 75; Grabitz/Hilf/Nettesheim-*Wernicke,* Das Recht der Europäischen Union, Art. 106 AEUV Rdnr. 52 (Stand: 3/2011); Langen/Bunte-*Stadler,* KartR Bd. 2, Art. 106 AEUV Rdnr. 59; Loewenheim/Meessen/Riesenkampff-*Ehricke,* Art. 86 EG Rdnr. 111; *Streinz-Koenig/Paul,* EUV/AEUV, Art. 106 AEUV Rdnr. 68.

[891] S. oben Rdnr. 267, 268 ff.

[892] EuGH U. v. 23.10.1997, Rs C-157/94, Slg. 1997, I-5699 Rdnr. 32 – *Kommission/Niederlande („Importmonopol Elektrizität");* EuGH U. v. 23.10.1997, Rs C-158/94, Slg. 1997, I-5789 Rdnr. 43 – *Kommission/Italien („Import- und Exportmonopol Elektrizität");* EuGH U. v. 23.10.1997, Rs C-159/94, Slg. 1997, I-5815 Rdnr. 49 – *Kommission/Frankreich („Import- und Exportmonopol Gas und Elektrizität");* Loewenheim/Meessen/Riesenkampff-*Ehricke,* Art. 86 EG Rdnr. 112; *Streinz-Koenig/Paul,* EUV/AEUV, Art. 106 AEUV Rdnr. 68; Grabitz/Hilf/Nettesheim-*Wernicke,* Das Recht der Europäischen Union, Art. 106 AEUV Rdnr. 52 (Stand: 3/2011).

[893] Grabitz/Hilf/Nettesheim-*Wernicke,* Das Recht der Europäischen Union, Art. 106 AEUV Rdnr. 53 (Stand: 3/2011).

polgewährung war. Im Einzelfall kann aber die Abgrenzung zu den sonstigen Monopolen schwierig sein.[894]

V. Verhinderung der Aufgabenerfüllung

Die **Ausnahme des Art. 106 Abs. 2 AEUV wirkt nicht in erster Linie unternehmensbezogen, sondern vielmehr markt- und interessebezogen.** Es geht nicht in erster Linie darum, das betraute Unternehmen vor wirtschaftlichen Schwierigkeiten zu schützen, sondern darum, die Erbringung einer im öffentlichen Interesse liegenden wirtschaftlichen Dienstleistung auf einem bestimmten Markt sicherzustellen. Soweit ein Mitgliedstaat hierzu aus den verschiedenen Möglichkeiten das Modell der Betrauung eines Unternehmens auswählt[895] und ihm die Erfüllung der Dienstleistung als besondere Aufgabe zuweist, kann es aufgrund des öffentlichen Interesses an der Dienstleistung erforderlich sein, die Anwendung der Vertragsregeln (AEUV und EUV) insoweit einzuschränken als ansonsten wirtschaftliche Bedingungen entstünden, unter denen das betraute Unternehmen seine besondere Aufgabe nicht mehr erfüllen könnte und diese somit verhindert würde. Hieraus und aus dem Gebot der engen Auslegung sowie dem Verhältnismäßigkeitsprinzip ergibt sich auch, dass die Ausnahme des Art. 106 Abs. 2 grundsätzlich nur für die Tätigkeiten des Unternehmens auf dem Markt gelten kann, auf dem es seine besondere Aufgabe erfüllt.[896] 335

1. Begriff der Verhinderung. *a) Grundsätzlich enge Auslegung.* Aufgrund des Ausnahmecharakters des Art. 106 Abs. 2 unterliegt der Begriff der Verhinderung **hohen Anforderungen** und ist **eng auszulegen.**[897] Der Gerichtshof hat mehrfach die Formel verwendet, dass die Anwendung der Regeln des AEUV mit der Erfüllung der besonderen Aufgabe ***„nachweislich unvereinbar"*** sein müsse.[898] Deswegen genügt es grundsätzlich nicht, dass die Einhaltung der Vertragsvorschriften die Erfüllung dieser Aufgabe lediglich erschwert oder anderweitig behindert.[899] 336

Nicht vollständig geklärt ist jedoch, **unter welchen Umständen genau die Grenze zwischen Erschwerung/Behinderung der Aufgabenerfüllung zu ihrer Verhinderung überschritten wird.** Bis zum Ende der 1980er Jahre stellten EuGH und Kommission besonders hohe Anforderungen an den Verhinderungsmaßstab, indem nur ein gänzliches, objektives Verunmöglichen die Einschränkung der Vertragsregeln rechtfertigte und damit Art. 106 Abs. 2 praktisch nicht zur Anwendung kam. Seit 1993 zeichnet sich in der Rechtsprechung des EuGH eine Lockerung hin zu einem Gefährdungsmaßstab ab, wonach die Anwendung der Vertragsvorschriften nach Art. 106 Abs. 2 schon insoweit einzuschränken ist, als hierdurch die Erfüllung der besonderen Aufgabe, mit der das Unternehmen 337

---

[894] v. d. Groeben/Schwarze/Hatje-*Klotz*, Europäisches Unionsrecht, Art. 106 AEUV Rdnr. 76.

[895] Hinsichtlich Alternativmodellen insbes. zur Gewährleistung eines Universaldienstes s. unten Rdnr. 344, 346.

[896] Zur Ausnahme zwecks Gewährleistung eines Universaldienstes in einem benachbarten Markt s. unten Rdnr. 365–371.

[897] EuG U. v. 19.6.1997, Rs T-260/94, Slg. 1997, II-997 Rdnr. 135 – *Air Inter/Kommission;* EuGH U. v. 27.3.1974, Rs 127/73, Slg. 1974, 313 Rdnr. 19 – *BRT/SABAM („BRT II");* Loewenheim/Meessen/Riesenkampff-*Ehricke*, Art. 86 EG Rdnr. 116; v. d.Groeben/Schwarze/Hatje-*Klotz*, Europäisches Unionsrecht, Art. 106 AEUV Rdnr. 77–79; Immenga/Mestmäcker-*Mestmäcker/Schweitzer*, WbR Bd. 1 EU/Teil 1, Art. 106 Abs. 2 AEUV Rdnr. 95 mwN; *Streinz-Koenig/Paul*, EUV/AEUV, Art. 106 AEUV Rdnr. 73, 78.

[898] EuGH U. v. 30.4.1974, Rs 155/73, Slg. 1974, 409 Rdnr. 15 – *Sacchi;* EuGH U. v. 3.10.1985, Rs 311/84, Slg. 1985, 3261 Rdnr. 17 – *CBEM/CLT und IPB („Télémarketing");* EuG U. v. 10.7.1991, Rs T-69/89, Slg. 1991, II-485 Rdnr. 82 – *RTE/Kommission.*

[899] Komm. E. v. 10.12.1982, Nr. 82/861/EWG, ABl. 1982 L 360/36 Rdnr. 41 – *British Telecommunications,* bestätigt durch EuGH U. v. 20.3.1985, Rs 41/83, Slg. 1985, 873 Rdnr. 33 – *Italien/Kommission („British Telecom");* EuG U. v. 19.6.1997, Rs T-260/94, Slg. 1997, II-997 Rdnr. 138 – *Air Inter/Kommission;* Loewenheim/Meessen/Riesenkampff-*Ehricke*, Art. 86 EG Rdnr. 117 mwN.

betraut ist, gefährdet würde.[900] Diese Rechtsprechung konzentriert sich auf Tätigkeiten, die als Universaldienst oder in einem sonstigen Ausgleichssystem erbracht werden, ist jedoch nicht allein auf solche Fälle beschränkt. Umgekehrt gibt es auch weiterhin Urteile, die einem strengen Verhinderungsmaßstab folgen, teilweise selbst bei Universaldiensten. Vor diesem Hintergrund sind folgende Fallgestaltungen zu unterscheiden:

338 *b) Verhinderung der Aufgabenerfüllung im Zusammenhang mit Ausgleichssystemen, insbes. Universaldiensten. aa) Staatliche Gewährung ausschließlicher Rechte in Ausgleichssystemen, insbes. im Universaldienstbereich.* In dieser ersten Fallgestaltung geht es um die Frage, **inwieweit es dem Staat erlaubt ist,** dem mit einer Dienstleistung von allgemeinem wirtschaftlichem Interesse betrauten Unternehmen, das verpflichtet ist, seine Leistung als Universaldienst oder in einem sonstigen Ausgleichssystem zu erbringen, **ausschließliche Rechte zu verleihen, die den Vertragsregeln, insbes. dem AEUV, entgegenstehen.**[901]

339 *(1) Das EuGH-Urteil Corbeau.*[902] Beginnend mit seinem Urteil *Corbeau* betreffend das staatliche Postmonopol und den postalischen **Universaldienst**[903] in Belgien hat der EuGH hierzu die Formel geprägt, eine solche Monopolisierung sei nach Art. 106 Abs. 2 gerechtfertigt, soweit Wettbewerbsbeschränkungen oder -ausschlüsse erforderlich seien, um dem betrauten Unternehmen zu ermöglichen, seine besondere Aufgabe zu erfüllen, *„und zwar unter wirtschaftlich tragbaren Bedingungen"*.[904]

340 Diesem Vorabentscheidungsurteil des EuGH lag ein nationales Strafverfahren gegen Herrn *Corbeau* zugrunde, der durch die Erbringung von Postdienstleistungen gegen die belgischen Rechtsvorschriften über das Postmonopol verstoßen hatte. Hinsichtlich der Frage, ob Art. 106 die gesetzliche Gewährung eines **landesweiten Monopols für Postdienste,** wie es in Belgien zugunsten der *Régie des postes* bestand, verbiete, unterschied der EuGH zwischen **Basispostdiensten und Mehrwertdiensten.**[905] Er erkannte an, dass die *Régie des postes* im Basispostdienst unbestreitbar iSv. Art. 106 Abs. 2 mit einer Dienstleistung von allgemeinem wirtschaftlichem Interesse betraut war, die darin bestand, die Sammlung, die Beförderung und die Verteilung von Postsendungen zugunsten sämtlicher Nutzer in ganz Belgien zu einheitlichen Gebühren und in gleichmäßiger Qualität sowie ohne Rücksicht auf Sonderfälle und auf die Wirtschaftlichkeit jedes einzelnen Vorgangs sicherzustellen.[906] Der EuGH beschrieb damit die wesentlichen Elemente eines klassischen **Universaldienstes.**

341 Dessen Gewährleistung erforderte nach Auffassung des EuGH **innerhalb des betrauten Unternehmens einen Ausgleich zwischen den Gewinnen und Verlusten** aus der Belieferung rentabler und unrentabler Kunden und rechtfertigte eine Einschränkung des Wettbewerbs von Seiten dritter Unternehmen in den wirtschaftlich rentablen Bereichen. Erlaubte man anderen Unternehmen, mit dem betrauten Unternehmen in Bereichen ihrer Wahl in Wettbewerb zu treten, so könnten sich die neuen Wettbewerber auf die wirtschaftlich rentablen Tätigkeiten konzentrieren **(„Rosinenpicken")** und dort günstigere als die von dem betrauten Unternehmen angewandten Tarife anbieten, da sie im Gegensatz zu diesem nicht wirtschaftlich gezwungen sind, einen unternehmensinternen Ausgleich zwischen den in den unrentablen Bereichen entstandenen Verlusten und den in den rentablen

---

[900] Zu den Einzelheiten s. unten Rdnr. 339 ff., 345 ff. *Streinz-Koenig/Paul,* EUV/AEUV, Art. 106 AEUV Rdnr. 69–73; Grabitz/Hilf/Nettesheim-*Wernicke,* Das Recht der Europäischen Union, Art. 106 AEUV Rdnr. 64–65 (Stand: 3/2011); Loewenheim/Meessen/Riesenkampff-*Ehricke,* Art. 86 EG Rdnr. 117–118; Immenga/Mestmäcker-*Mestmäcker/Schweitzer,* WbR Bd. 1 EU/Teil 1, Art. 106 Abs. 2 AEUV Rdnr. 102–107 mwN.

[901] Zur Rechtfertigungsbedürftigkeit staatlich errichteter Monopole s. auch oben Rdnr. 146 ff., 185 ff., 197 ff.

[902] EuGH U. v. 19.5.1993, Rs C-320/91, Slg. 1993, I-2533 – *Corbeau.*

[903] Zum deutschen Postmonopol s. *Basedow,* EuZW 1994, 359 ff.

[904] EuGH U. v. 19.5.1993, Rs C-320/91, Slg. 1993, I-2533 Rdnr. 16 – *Corbeau.*

[905] Zu dieser Unterscheidung und den Mehrwertdiensten s. auch unten Rdnr. 343 und 365–371.

[906] EuGH U. v. 19.5.1993, Rs C-320/91, Slg. 1993, I-2533 Rdnr. 15 – *Corbeau.*

Bereichen erzielten Gewinnen vorzunehmen.[907] Angesichts der hieraus für das betraute Unternehmen entstehenden besonderen Belastungen entschied der EuGH, dass es dem Mitgliedstaat erlaubt sein müsse, durch Verleihung eines ausschließlichen Rechts zugunsten dieses Unternehmens den Wettbewerb seitens anderer Unternehmen zu beschränken oder sogar ganz auszuschließen, insoweit dies erforderlich sei, um dem betrauten Unternehmen zu ermöglichen, seine im allgemeinen Interesse liegende Aufgabe nicht nur überhaupt zu erfüllen, sondern dies auch unter *„unter wirtschaftlich tragbaren Bedingungen"* [908] zu tun.

Nur letzteres Kriterium der *„wirtschaftlich tragbaren Bedingungen"* war neu. Wichtig ist, dass der EuGH es in diesem und Folgeurteilen **spezifisch an das Bedürfnis nach Gewinn- und Verlustausgleich im Universaldienst knüpfte.** Insoweit eine Dienstleistung von allgemeinem wirtschaftlichem Interesse nicht als Universaldienst erbracht wird und es keinen Bedarf zum unternehmensinternen Gewinn- und Verlustausgleich gibt, hat das zusätzliche Kriterium der wirtschaftlich tragbaren Bedingungen keine Existenzberechtigung. Es gilt dann allein die oben beschriebene Grundregel.[909] 342

Auslegung und Anwendung des Art. 106 Abs. 2 sind auch im Universaldienstbereich am guten Funktionieren der Daseinsvorsorgeleistung zugunsten der Bürger zu orientieren.[910] In seinem *Corbeau*-Urteil folgt der EuGH diesem Grundsatz in großem Maße, wenn auch nicht in letzter Konsequenz, durch eine **markt- und interessenbezogene Prüfung.** Hierzu trennt der EuGH zunächst den Markt des im allgemeinen wirtschaftlichen Interesse stehenden Basispostdienstes[911] von dem Markt der nicht im allgemeinen wirtschaftlichen Interesse liegenden postalischen Mehrwertdienste,[912] in dem ein Wettbewerbsausschluss grundsätzlich nicht zulässig ist.[913] Des Weiteren bezieht sich der EuGH auf das **wirtschaftliche Gleichgewicht der Dienstleistung von allgemeinem wirtschaftlichem Interesse als solcher,** nicht auf das wirtschaftliche Gleichgewicht des betrauten Unternehmens. Anderenfalls wären Entmonopolisierung oder wettbewerbliche Auflockerung eines Oligopols kaum mehr möglich, da durch derartige Liberalisierungsaktionen das gewohnte wirtschaftliche Gleichgewicht des bisherigen Monopol- oder Oligopolbetriebs stets zunächst gestört wird. Das Kriterium der wirtschaftlich tragbaren Bedingungen bildet aufgrund des *Corbeau*-Urteils somit nur die **Grenze der wettbewerblichen Belastung,** der dieses Unternehmen angesichts seiner **Universaldienstleistungsverpflichtung** ausgesetzt werden darf. 343

Nichtsdestotrotz ist zu kritisieren, dass das *Corbeau*-Urteil zu sehr dem überkommenen Gedanken des notwendigen Versorgungsmonopols verhaftet bleibt, statt im Rahmen einer engen Auslegung der Ausnahmevorschrift des Art. 106 Abs. 2 und einer strengen Verhältnismäßigkeitsprüfung auf die Möglichkeit **weniger wettbewerbsbeschränkender** 344

[907] EuGH U. v. 19.5.1993, Rs C-320/91, Slg. 1993, I-2533 Rdnr. 18 – *Corbeau.*

[908] EuGH U. v. 19.5.1993, Rs C-320/91, Slg. 1993, I-2533 Rdnr. 16 – *Corbeau.*

[909] S. oben Rdnr. 336; zu den Auswirkungen der Gewährleistung eines Universaldienstes auf benachbarte Märkte, s. unten Rdnr. 365 ff.

[910] S. hierzu ausführlich unten im Rahmen der Verhältnismäßigkeitsprüfung Rdnr. 379 ff.

[911] EuGH U. v. 19.5.1993, Rs C-320/91, Slg. 1993, I-2533 Rdnr. 15–20 – *Corbeau.* Zum Basispostdienst in der Form des Universaldienstes s. oben Rdnr. 340.

[912] EuGH U. v. 19.5.1993, Rs C-320/91, Slg. 1993, I-2533 Rdnr. 19 – *Corbeau* definiert postalischen Mehrwertdienste als *„spezifische, von den Dienstleistungen von allgemeinem Interesse trennbare Dienstleistungen …, die besonderen Bedürfnissen von Wirtschaftsteilnehmern entsprechen und bestimmte zusätzliche Leistungen verlangen, die der herkömmliche Postdienst nicht anbietet – wie die Abholung beim Absender, eine schnellere oder zuverlässigere Verteilung oder auch die Möglichkeit, den Bestimmungsort während der Beförderung zu ändern".*

[913] Gemäß EuGH U. v. 19.5.1993, Rs C-320/91, Slg. 1993, I-2533 Rdnr. 19 – *Corbeau* ist in diesen postalischen Mehrwertdiensten der Ausschluss des Wettbewerbs nicht gerechtfertigt, sofern diese Dienste aufgrund ihrer Art und der Umstände, unter denen sie angeboten werden – wie etwa des Gebiets, in dem sie erbracht werden – das wirtschaftliche Gleichgewicht der Dienstleistung von allgemeinem wirtschaftlichem Interesse, d. h. des Basispostdienstes, nicht in Frage stellen. S. zur Problematik der Ausnahmen nach Art. 106 Abs. 2 ausserhalb von Märkten, in denen eine Dienstleistung von allgemeinem wirtschaftlichem Interesse erbracht wird, auch unten Rdnr. 362–375.

Modelle zur Sicherstellung des Universaldienstes zu verweisen. Grundprinzip dieser Modelle ist die **freie Zulassung neuer Wettbewerber bei gleichzeitiger gerechter Beteiligung aller Wettbewerber an den Lasten des Universaldienstes.** Denkbar sind erstens die Verpflichtung aller Wettbewerber zur Erbringung von Universaldienstleistungen in abgegrenzten Teilbereichen, oder zweitens die Verpflichtung nur eines bzw. weniger Unternehmen zur Erbringung des Universaldienstes kombiniert mit Vorkehrungen zur Kompensation der Nettokosten, die dem/den mit dem Universaldienst betrauten Unternehmen bei der Erbringung dieses Dienstes entstehen,[914] oder drittens zahlreiche Mischmodelle. Umsetzungen dieser Ideen finden sich im sekundären EU-Recht.[915]

345 *(2) Weitere Urteile zu den „wirtschaftlich tragbaren Bedingungen".* Die Formel von den wirtschaftlich tragbaren Bedingungen hat der EuGH in mehreren nachfolgenden Urteilen wiederholt.[916] In seinen Urteilen vom 23.10.1997 zu den gegen Art. 37 AEUV verstoßenden Import-/Exportmonopolen für Strom und Gas verdeutlichte der EuGH darüber hinaus, dass die Vorschriften des AEUV und eine damit verbundene Abschaffung dieser ausschliesslichen Rechte bereits dann gemäß Art. 106 Abs. 2 AEUV nicht anwendbar sind, wenn andernfalls der Erfüllung der den betrauten Unternehmen als Inhabern dieser ausschließlichen Rechte übertragenen besonderen Aufgaben **tatsächlich oder rechtlich gefährdet** würde. Es sei nicht erforderlich, dass das Überleben der betroffenen Unternehmen bedroht sei.[917] Diese Rechtsprechung ist der deutlichste Hinweis darauf, dass der Verhinderungstatbestand im Rahmen eines Universaldienstes anhand eines **Gefährdungsmaßstabs auf der Grundlage der wirtschaftlichen Zumutbarkeit** zu beurteilen ist.[918] Er wurde vom EuGH nicht nur in den klassischen Netzwerkindustrien, wie der Energie-, Telekommunikations- und Postversorgung,[919] in denen Universaldienste sicherzustellen sind, sondern auch in **anderen Sektoren** bestätigt. So hat der EuGH in seinen Urteilen zur gesetzlich festgelegten Pflichtmitgliedschaft in niederländischen Betriebsrentenfonds diesen Maßstab auf die Erbringung von Dienstleistungen von allgemeinem wirtschaftlichem Interesse in **sozialen Ausgleichssystemen** übertragen.[920]

---

914 Dies kann eine Kompensation sein, die z. B. (1) direkt aus staatlichen Mitteln finanziert wird und – ausser wenn die strengen kumulativen Kriterien der Rs C-280/00 *Altmark* (s. hierzu unten Rdnr. 476) erfüllt sind – normalerweise eine staatliche Beihilfe iSv. Art. 107 AEUV darstellt, oder (2) aus einem Universaldienstausgleichsfonds finanziert wird, in den alle anderen in demselben Sektor tätigen, aber nicht mit dem Universaldienst betrauten Unternehmen einzuzahlen haben. (Auch diese Konstruktion kann tatbestandlich eine staatliche Beihilfe darstellen, wenn die Mittel des so gespeisten Universalfonds vom Staat kontrolliert und verwaltet werden.)

915 S. z. B. für die Sektoren der Telekommunikation/elektronischen Kommunikation und der Post unten Rdnr. 450 ff. und Rdnr. 454 ff.

916 S. z. B. EuGH U. v. 23.10.1997, Rs C-157/94, Slg. 1997, I-5699 Rdnr. 53–64 – *Kommission/Niederlande („Importmonopol Elektrizität");* EuGH U. v. 23.10.1997, Rs C-158/94, Slg. 1997, I-5789 Rdnr. 36–60 – *Kommission/Italien („Import- und Exportmonopol Elektrizität");* EuGH U. v. 23.10.1997, Rs C-159/94, Slg. 1997, I-5815 Rdnr. 53–59 und 96–107 – *Kommission/Frankreich („Import- und Exportmonopol Gas und Elektrizität");* EuGH U. v. 25.10.2001, Rs C-475/99, Slg. 2001, I-8089 Rdnr. 55 – *Ambulanz Glöckner.*

917 EuGH U. v. 23.10.1997, Rs C-157/94, Slg. 1997, I-5699 Rdnr. 43, 52 – *Kommission/Niederlande („Importmonopol Elektrizität");* EuGH U. v. 23.10.1997, Rs C-159/94, Slg. 1997, I-5815 Rdnr. 59, 95 – *Kommission/Frankreich („Import- und Exportmonopol Gas und Elektrizität");* EuG U. v. 1.7.2010, Verb. Rs T-568/08 und T-573/08, Slg. 2010, II-3397 Rdnr. 138 – *Métropole télévision (M6) und Télévision française 1 SA (TF1)/Kommission.*

918 S. auch *Ehricke,* EuZW 1998, 741, 745.

919 EuGH U. v. 17.5.2001, Rs C-340/99, Slg. 2001, I-4109 Rdnr. 54 – *TNT Traco;* zum Hineinlesen der *Corbeau*-Rspr. in die Auslegung der bis zur Umsetzung der Änderungsrichtlinie 2008/6/EG bestehenden Möglichkeit, zur Finanzierung des postalischen Universaldienstes nach Art. 7 der Postbinnenmarktrichtlinie 97/67/EG bestimmte Postdienste für die Erbringer des Universaldiensten zu reservieren s. EuGH U. v. 15.11.2007, C-162/06, Slg. 2007, I-9911 Rdnr. 26–50, insbes. 33–37 – *International Mail Spain.*

920 EuGH U. v. 21.9.1999, Rs C-67/96, Slg. 1999, I-5751 Rdnr. 107 – *Albany;* ebenso EuGH U. v. 21.9.1999, Rs C-115/97 bis C-117/97, Slg. 1999, I-6025 Rdnr. 107 – *Brentjens' Handelsonderne-*

Anlässlich seiner Energie-Urteile vom 23.10.1997[921] hat der EuGH allerdings auch seine Bereitschaft erkennen lassen, **wettbewerbsfreundliche Alternativmodelle, die zur Sicherung des Universaldienstes ohne die Gewährung und Aufrechterhaltung ausschließlicher Rechte auskommen,** zu akzeptieren, wenn sie hinreichend konkret dargelegt werden und ihr gutes Funktionieren hinreichend wahrscheinlich ist. Die von der Kommission angegriffenen Mitgliedstaaten hatten sich auf der Grundlage des Art. 106 Abs. 2 unter Hinweis auf den Universalbelieferungsdienst, der den Monopolunternehmen auferlegt war, insbes. mit dem Argument des notwendigen unternehmensinternen Ausgleichs verteidigt. Die Kommission hatte sich über weite Strecken des Verfahrens auf rein rechtliche Argumente gegen die Anwendbarkeit des Art. 106 Abs. 2 beschränkt und erst ganz zuletzt allgemeine Hinweise auf weniger wettbewerbsbeschränkende Mittel zur Sicherung des Universaldienstes, wie z. B. Ausgleichszahlungen zwischen Wettbewerbern, Subventionen benachteiligter Verbraucher und nationale Hilfsfonds, gemacht. Der EuGH[922] übte keine Kritik an der Suche nach Alternativmaßnahmen, die weniger wettbewerbsbeschränkend sind als die Gewährung und Aufrechterhaltung ausschließlicher Rechte. Er kritisierte die Hinweise der Kommission lediglich als zu allgemein und zu wenig auf die konkrete Sachlage in den angegriffenen Mitgliedstaaten bezogen. Auf dieser Grundlage könne er unter Berücksichtigung wirtschaftlicher, finanzieller und sozialer Gesichtspunkte denkbare Alternativmaßnahmen nicht würdigen. Deswegen sei er nicht in der Lage, zu beurteilen, ob die betroffenen Mitgliedstaaten mit der Beibehaltung der ausschließlichen Import-/Exportrechte die Grenzen dessen überschritten hatten, was iSv. Art. 106 Abs. 2 erforderlich ist, um den Monopolunternehmen die Erfüllung der ihnen übertragenen Aufgaben von allgemeinem wirtschaftlichem Interesse zu wirtschaftlich tragbaren Bedingungen zu ermöglichen.[923] 346

(3) Einschränkungen und Weiterentwicklungen des Gefährdungsmaßstabs. Selbst **im Bereich des Universaldienstes ist der Gefährdungsmaßstab bei der Beurteilung des Verhinderungstatbestands noch nicht vollständig gefestigt** und unterliegt einigen Einschränkungen bzw. Weiterentwicklungen. In der Rs *Air Inter*[924] klagte die Fluggesellschaft *Air Inter* gegen eine Kommissionsentscheidung, die Frankreich verpflichtete, auf zwei inländischen Flugstrecken die ausschließliche Genehmigung der *Air Inter* zu durchbrechen und auch andere Luftverkehrsunternehmen der Union zuzulassen. Bei der Prüfung des Arguments, die Kommission habe gegen Art. 106 Abs. 2 verstoßen, erkannte das EuG zwar an, dass *Air Inter* mit einer Dienstleistung von allgemeinem wirtschaftlichem Interesse betraut sei und diese als Universaldienst, nämlich in einem ganz Frankreich abdeckenden Flugstreckennetz, erbringe. Das EuG entschied aber, die **Klägerin habe nicht nachgewiesen,** dass die angefochtene Entscheidung die Erfüllung der ihr übertragenen besonderen Aufgabe rechtlich oder tatsächlich verhindert.[925] Die Klägerin habe lediglich behauptet, 347

---

ming und EuGH U. v. 21.9.1999, Rs C-219/97, Slg. 1999, I-6121 Rdnr. 97 – *Maatschappij Drijvende Bokken.* Ebenso in EuGH U. v. 3.3.2011, Rs C-437/09, Slg. 2011, I-973 Rdnr. 76 – *AG2R Prévoyance* hinsichtlich einer in Tarifverhandlungen vereinbarten Pflichtmitgliedschaft in einem Zusatzkrankenversicherungssystem, die vom Staat für alle Unternehmen des betreffenden Wirtschaftszweigs für allgemeinverbindlich erklärt wurde.

[921] EuGH U. v. 23.10.1997, Rs C-157/94, Slg. 1997, I-5699 – *Kommission/Niederlande („Importmonopol Elektrizität"); EuGH U. v. 23.10.1997, Rs C-158/94, Slg. 1997, I-5789 – Kommission/Italien („Import- und Exportmonopol Elektrizität"); EuGH U. v. 23.10.1997, Rs C-159/94, Slg. 1997, I-5815 – Kommission/Frankreich („Import- und Exportmonopol Gas und Elektrizität").*

[922] EuGH U. v. 23.10.1997, Rs C-157/94, Slg. 1997, I-5699 Rdnr. 51–64 – *Kommission/Niederlande („Importmonopol Elektrizität");* EuGH U. v. 23.10.1997, Rs C-158/94, Slg. 1997, I-5789 Rdnr. 53–60 – *Kommission/Italien („Import- und Exportmonopol Elektrizität");* EuGH U. v. 23.10.1997, Rs C-159/94, Slg. 1997, I-5815 Rdnr. 94–107 – *Kommission/Frankreich („Import- und Exportmonopol Gas und Elektrizität").*

[923] Zur Darlegungs- und Beweislast s. auch unten Rdnr. 404 ff., 411 ff.

[924] EuG U. v. 19.6.1997, Rs T-260/94, Slg. 1997, II-997 Rdnr. 134–141 – *Air Inter/Kommission;* gegen dieses Urteil wurde kein Rechtsmittel zum EuGH eingelegt.

[925] EuG U. v. 19.6.1997, Rs T-260/94, Slg. 1997, II-997 Rdnr. 141 – *Air Inter/Kommission.*

dass die Organisation des inländischen Flugverkehrs auf dem **System des Ausgleichs** zwischen rentablen und unrentablen Strecken beruhe. Sie habe aber weder die bei Zulassung von Wettbewerbern wahrscheinlichen Einnahmeverluste beziffert noch dargelegt, dass diese Einnahmeverluste einen solchen Umfang annehmen würden, dass *Air Inter* bestimmte Strecken ihres Netzes aufgeben müsse.[926] Schließlich habe die Klägerin nicht dargelegt, dass es alternativ zum System des internen Ausgleichs kein anderes System zur verkehrsmäßigen Erschließung des Staatsgebiets gegeben habe.[927] Das EuG vermied in seinem Urteil jeglichen Hinweis auf das Kriterium der wirtschaftlich tragbaren Bedingungen und folgte somit im Bereich eines Universaldienstes einer engeren Auslegung des Art. 106 Abs. 2 als der vom EuGH zuvor seit seinem *Corbeau*-Urteil und auch nach Erlass des *Air Inter*-Urteils vertretenen.

348 Darüber hinaus folgt der EuGH gegenüber staatlichen Maßnahmen, die nicht nur in der Gewährung des ausschließlichen Rechts zugunsten des mit einer gemeinwirtschaftlichen Dienstleistung beauftragten Unternehmens selbst bestehen, sondern darüber hinaus noch **begleitende Regelungen** enthalten, die diesem Unternehmen die wirtschaftlichen Vorteile der Exklusivität sichern, wie auch gegenüber diesen begleitenden Regelungen selbst, ebenfalls meist noch einer engeren Auslegung des Art. 106 Abs. 2. Diese greift den Maßstab der wirtschaftlichen Zumutbarkeit nicht immer auf und orientiert sich bei der Beurteilung, ob Wettbewerbsbeschränkungen nach Art. 106 Abs. 2 gerechtfertigt sind, stärker an **objektiven Erforderlichkeitsgesichtspunkten:**

349 In der Rs *Corsica Ferries France*[928] ging es um eine italienische staatliche Regelung, die in zwei italienischen Seehäfen jeweils einem heimischen Unternehmen nicht nur das ausschließliche Recht des Festmachens und Losmachens von Schiffen gewährte, sondern auch alle hafenbenutzenden Schifffahrtsunternehmen verpflichtete, diese Leistung zu einem Entgelt in Anspruch zu nehmen, das über die tatsächlichen Kosten der einzelnen Dienstleistung hinausging und für die einzelnen Häfen hinsichtlich gleicher Dienstleistungen unterschiedlich war. Der EuGH sah in der relevanten Tätigkeit eine Dienstleistung von allgemeinem wirtschaftlichem Interesse, die als Universaldienst erbracht werde.[929] Trotzdem erwähnte der EuGH seine oben dargestellte, mit dem *Corbeau*-Urteil beginnende Rechtsprechung[930] nicht, sondern stellte bei der Prüfung der Rechtmäßigkeit des ausschließlichen Rechts nach Art. 106 Abs. 1 iVm. Art. 102 AEUV allein darauf ab, ob die privilegierten Unternehmen ihre marktbeherrschende Stellung missbräuchlich ausnutzten oder zu einem Missbrauch gezwungen wurden.[931] In diesem Zusammenhang untersuchte der EuGH dann das staatlich festgesetzte Tarifsystem und kam zu dem Ergebnis, falls eine Betrauung der betroffenen Unternehmen und die anderen Voraussetzungen des Art. 106 Abs. 2 gegeben seien, verstoße es nicht gegen Art. 106 Abs. 1 iVm. Art. 102, in den Preis der Dienstleistung einen Bestandteil aufzunehmen, durch den die Kosten der universalen Bereitstellung des Festmacherdienstes gedeckt werden sollten, **soweit dieser Bestandteil den zusätzlichen Kosten entspreche, die sich aus den besonderen Merkmalen dieser Dienstleistung ergeben.** Aus denselben Gründen sei es auch rechtmäßig, für diese Dienstleistungen aufgrund der unterschiedlichen Situation jedes Hafens unterschiedliche Tarife vorzusehen.[932]

350 Die Vorabentscheidung *Dusseldorp*[933] betraf einen Fall, in dem der niederländische Staat einem niederländischen Unternehmen das landesweit geltende ausschließliche Recht für die Verbrennung gefährlicher Abfallstoffe gewährt hatte. Darüber hinaus untersagte es eine

---

[926] EuG U. v. 19.6.1997, Rs T-260/94, Slg. 1997, II-997 Rdnr. 139 – *Air Inter/Kommission*.
[927] EuG U. v. 19.6.1997, Rs T-260/94, Slg. 1997, II-997 Rdnr. 140 – *Air Inter/Kommission*.
[928] EuGH U. v. 18.6.1998, Rs C-266/96, Slg. 1998, I-3949 – *Corsica Ferries France*.
[929] EuGH U. v. 18.6.1998, Rs C-266/96, Slg. 1998, I-3949 Rdnr. 45 – *Corsica Ferries France*.
[930] S. oben Rdnr. 339 ff.
[931] EuGH U. v. 18.6.1998, Rs C-266/96, Slg. 1998, I-3949 Rdnr. 41 – *Corsica Ferries France*.
[932] EuGH U. v. 18.6.1998, Rs C-266/96, Slg. 1998, I-3949 Rdnr. 46–47 – *Corsica Ferries France*.
[933] EuGH U. v. 25.6.1998, Rs C-203/96, Slg. 1998, I-4075 – *Chemische Afvalstoffen Dusseldorp*.

staatliche Regelung, gefährliche Abfälle ins Ausland zu exportieren, wenn die dort angebotene Qualität der Abfallverwertung nicht hochwertiger war als die von dem niederländischen Monopolunternehmen gebotene. Damit waren niederländische Abfallverursacher gezwungen, das inländische Monopolunternehmen in Anspruch zu nehmen. Der EuGH entschied hierzu, auch wenn der Staat mit der durch die Gewährung des ausschließlichen Rechts bewirkten Schaffung einer marktbeherrschenden Stellung nicht gegen Art. 106 Abs. 1 iVm. Art. 102 verstoße, verletze er diese Vorschriften, wenn er das privilegierte Unternehmen durch Maßnahmen der Gesetzgebung oder Verwaltung zu einem Missbrauch seiner marktbeherrschenden Stellung veranlasse.[934] Das Exportverbot bewirke eine Begünstigung des inländischen Monopolunternehmens, da es ihm die Verwertung von Abfällen ermögliche, die durch ein drittes Unternehmen verwertet werden sollten. Die staatliche Maßnahme führe daher zu einer gegen Art. 106 Abs. 1 iVm. Art. 102 verstoßenden Beschränkung der Absatzmärkte[935] und habe einen Ausbau der marktbeherrschenden Stellung des privilegierten Unternehmens zur Folge.[936] Die niederländische Regierung machte hiergegen eine Rechtfertigung nach Art. 106 Abs. 2 geltend und führte an, die streitige Regelung solle die Kosten des mit der Verbrennung gefährlicher Abfälle betrauten Unternehmens senken und damit dessen wirtschaftliche Existenzfähigkeit ermöglichen.[937] Der EuGH untersuchte in diesem Zusammenhang nicht, ob das Monopolunternehmen einer Universaldienstleistungsverpflichtung unterlag[938] und erwähnte auch die Formel von den wirtschaftlich tragbaren Bedingungen nicht. Statt dessen verwies der EuGH auf eine **strenge Erforderlichkeitsprüfung** und entschied, selbst wenn die dem Monopolunternehmen übertragene Aufgabe im allgemeinen wirtschaftlichen Interesse liegen sollte, müsse die niederländische Regierung in einer das vorlegende Gericht überzeugenden Weise darlegen, dass dieses Ziel nicht ebenso mit anderen Mitteln erreicht werden könne. Art. 106 Abs. 2 sei nur anwendbar, wenn nachgewiesen werde, dass das fragliche Unternehmen die ihm übertragene Aufgabe ohne die streitige staatliche Maßnahme nicht erfüllen könne.[939]

Grundsätzlich einem **Zumutbarkeitsmaßstab** folgt allerdings das Urteil *Deutsche Post*[940] 351
zum („non-physical") Remailing. Hierbei ging es um die Frage, inwieweit staatliche Vorschriften mit dem EU-Recht vereinbar sind, die im Einklang mit dem Weltpostvertrag den nationalen Postdienst berechtigen, Briefsendungen, die auf seinem Gebiet ansässige Absender im Ausland einliefern, um die dort niedrigeren Gebühren zu nutzen, mit Inlandsgebühren zu belegen. Der EuGH entschied, hierdurch werde eine Situation geschaffen, in der eine Einrichtung wie die *Deutsche Post* sich veranlasst sehen könnte, ihre marktbeherrschende Stellung auszunutzen, die sie aufgrund des ausschließlichen Rechts zur Beförderung und Zustellung von Sendungen innehat.[941] Er prüfte sodann, inwieweit für einen nationalen Postdienst die Ausübung dieses Rechts erforderlich sei, um die im Allgemeininteresse liegende und sich aus dem Weltpostvertrag ergebende Pflicht zu erfüllen, Auslandsbriefpost genauso schnell wie Inlandsbriefpost weiterzuleiten, und dies *„insbesondere unter*

---

[934] EuGH U. v. 25.6.1998, Rs C-203/96, Slg. 1998, I-4075 Rdnr. 61 – *Chemische Afvalstoffen Dusseldorp.*

[935] EuGH U. v. 25.6.1998, Rs C-203/96, Slg. 1998, I-4075 Rdnr. 62–63 – *Chemische Afvalstoffen Dusseldorp.*

[936] EuGH U. v. 25.6.1998, Rs C-203/96, Slg. 1998, I-4075 Rdnr. 68 – *Chemische Afvalstoffen Dusseldorp.*

[937] EuGH U. v. 25.6.1998, Rs C-203/96, Slg. 1998, I-4075 Rdnr. 66 – *Chemische Afvalstoffen Dusseldorp.*

[938] Nach dem im Urteil dargestellten Sachverhalt ist das Bestehen einer Universaldienstleistungsverpflichtung wahrscheinlich.

[939] EuGH U. v. 25.6.1998, Rs C-203/96, Slg. 1998, I-4075 Rdnr. 67 – *Chemische Afvalstoffen Dusseldorp.*

[940] EuGH U. v. 10.2.2000, Verb. Rs C-147/97 und C-148/97, Slg. 2000, I-825 – *Deutsche Post.*

[941] EuGH U. v. 10.2.2000, Verb. Rs C-147/97 und C-148/97, Slg. 2000, I-825 Rdnr. 48 – *Deutsche Post.*

wirtschaftlich annehmbaren Bedingungen".[942] Hierzu urteilte der EuGH, die Verpflichtung einer Einrichtung wie der *Deutschen Post,* Sendungen zu befördern und den in Deutschland ansässigen Empfängern zuzustellen, die von ebenfalls dort ansässigen Absendern in großer Zahl bei Postdiensten anderer Mitgliedstaaten eingeliefert werden, ohne dass für diese Einrichtung die Möglichkeit vorgesehen wäre, einen finanziellen Ausgleich für alle Kosten zu erhalten, die diese Verpflichtung nach sich zieht, sei geeignet, die Erfüllung dieser Aufgabe von allgemeinem Interesse unter wirtschaftlich ausgewogenen Bedingungen zu gefährden.[943] Die Postdienste eines Mitgliedstaats dürften nämlich nicht zugleich sowohl mit den Kosten, die die Erfüllung der im allgemeinen wirtschaftlichen Interesse liegenden Dienstleistung der Beförderung und Zustellung von Auslandssendungen mit sich bringt, die ihnen nach dem Weltpostvertrag obliegt, als auch mit den Einnahmeverlusten belastet werden, die sich daraus ergeben, dass Sendungen, die in großer Zahl eingeliefert werden, nicht mehr bei den Postdiensten des Mitgliedstaats, in dessen Gebiet die Empfänger ansässig sind, sondern bei den Postdiensten anderer Mitgliedstaaten eingeliefert werden.[944] Allerdings machte der EuGH auch klar, dass der Postdienst zur Vermeidung eines Missbrauchs seiner marktbeherrschenden Stellung bei der Bemessung der Inlandsgebühren zu berücksichtigen habe, inwieweit die Beförderungs- und Zustellungskosten dadurch ausgeglichen werden, dass die Postdienste der Einlieferungsstaaten Endvergütungen entrichten.[945] Insgesamt unterwarf der EuGH somit den **Maßstab der wirtschaftlich annehmbaren Bedingungen einer strengen Erforderlichkeitsprüfung.**

352 *bb) Bewirkung von Ausschließlichkeit durch Unternehmenshandeln im Universaldienstbereich.* In dieser zweiten Fallgestaltung geht es um die Frage, **inwieweit ein gegen Art. 101 oder 102 AEUV verstoßendes Verhalten des betrauten und zum Universaldienst verpflichteten Unternehmens nach Art. 106 Abs. 2 gerechtfertigt** ist. Der Rechtsstreit, der dem Vorabentscheidungsurteil *Almelo*[946] zugrunde lag, betraf eine Verpflichtung zur ausschließlichen Abnahme, die ein niederländisches regionales Stromversorgungsunternehmen im Wege Allgemeiner Geschäftsbedingungen den vom ihm belieferten lokalen Versorgungsunternehmen auferlegt hatte. Das regionale Versorgungsunternehmen war durch eine nichtausschließliche öffentlich-rechtliche Konzession verpflichtet, die Stromversorgung in dem ihm zugewiesenen Teil des Staatsgebietes in einem Universaldienst zugunsten der lokalen Versorgungsunternehmen und bestimmter Endverbraucher sicherzustellen. Die streitige Klausel bewirkte, dass den lokalen Versorgungsunternehmen der Import von Strom aus anderen Mitgliedstaaten verboten war. Das regionale Versorgungsunternehmen genoss somit **kein staatlich gewährtes ausschließliches Recht,** versuchte aber Exklusivität über die streitige Klausel in seinen Allgemeinen Geschäftsbedingungen herzustellen. Der EuGH gab in seinem Urteil zu erkennen, dass das Verhalten des regionalen Stromversorgungsunternehmens aufgrund der Kumulativwirkung gegen Art. 101 AEUV verstoße[947] und zudem den Missbrauch einer zusammen mit den anderen regionalen Stromversorgungsunternehmen gehaltenen kollektiven marktbeherrschenden Stellung iSv. Art. 102 AEUV darstelle.[948] Bei der Auslegung des **Art. 106 Abs. 2** als möglicher Quelle der Rechtfertigung dieser Verstöße verzichtete der EuGH auf den Begriff der wirtschaftlich tragbaren Bedingungen und erklärte stattdessen, Beschränkungen des Wettbewerbs seien

---

[942] EuGH U. v. 10.2.2000, Verb. Rs C-147/97 und C-148/97, Slg. 2000, I-825 Rdnr. 49 – *Deutsche Post.*

[943] EuGH U. v. 10.2.2000, Verb. Rs C-147/97 und C-148/97, Slg. 2000, I-825 Rdnr. 50 – *Deutsche Post.*

[944] EuGH U. v. 10.2.2000, Verb. Rs C-147/97 und C-148/97, Slg. 2000, I-825 Rdnr. 51 – *Deutsche Post.*

[945] EuGH U. v. 10.2.2000, Verb. Rs C-147/97 und C-148/97, Slg. 2000, I-825 Rdnr. 56–60 – *Deutsche Post.*

[946] EuGH U. v. 27.4.1994, Rs C-393/92, Slg. 1994, I-1477 – *Almelo.*

[947] EuGH U. v. 27.4.1994, Rs C-393/92, Slg. 1994, I-1477 Rdnr. 34–39 – *Almelo.*

[948] EuGH U. v. 27.4.1994, Rs C-393/92, Slg. 1994, I-1477 Rdnr. 40–45 – *Almelo.*

zuzulassen, soweit sie erforderlich sind, um dem betrauten Unternehmen die Erfüllung seiner besonderen Aufgabe zu ermöglichen. Zu berücksichtigen seien hierbei die **wirtschaftlichen Voraussetzungen,** unter denen das Unternehmen tätig wird, u. a. die von ihm zu tragenden Kosten, sowie die – insbes. umweltrechtlichen – Vorschriften, die es zu beachten hat.[949]

Noch nicht völlig geklärt ist, inwieweit die **Bezugnahme auf den regulatorischen Rahmen, innerhalb dessen das betraute Unternehmen arbeitet,** den grundsätzlich strengen Maßstab bei der Beurteilung der Verhinderung der Aufgabenerfüllung aufweicht. Ein Risiko besteht in der Rechtfertigung übermäßiger Wettbewerbsbeschränkungen mit vermeintlichen Sachzwängen eines nationalen Ordnungsrahmens, der gerade auf nichtwettbewerbliche Strukturen zugeschnitten war. Wichtige Zielsetzungen, die ein nationaler Ordnungsrahmen verfolgen könnte, sind bereits im Unionsrecht anerkannt. Im Rahmen der Dienstleistungen von allgemeinem wirtschaftlichem Interesse ist die Gewährleistung der grundlegenden **Sicherheit und Universalität** dieser Leistung ein vom AEUV **anerkanntes ordnungspolitisches Ziel.** Dies ergibt sich nicht nur aus dem Protokoll Nr. 26[950] und aus Art. 14 AEUV, sondern auch aus Art. 106 Abs. 2 AEUV selbst. Die Einhaltung hoher umweltschutzrechtlicher Standards verlangt der Art. 191 Abs. 2 AEUV, und Art. 11 AEUV verpflichtet die Union, die Erfordernisse des Umweltschutzes bei der Festlegung und Durchführung der Unionspolitiken und -maßnahmen (d. h. auch der Wettbewerbspolitik) einzubeziehen. Entscheidend jedoch ist, dass diese Ziele regelmäßig ohne Einschränkung des Wettbewerbs auf dem betroffenen Markt erreicht werden und deshalb nicht zur Rechtfertigung solcher Einschränkungen dienen können. 353

cc) Unterschiede im Verhinderungsmaßstab zwischen staatlich bewirkter und privat bewirkter Ausschließlichkeit in Ausgleichssystemen, insbes. im Universaldienstbereich. Bisher nicht vollständig geklärt ist, inwieweit sich die in den beiden vorgenannten Fallgestaltungen[951] entwickelten Kriterien überschneiden und ob sie in Zukunft kumulativ zu verwenden oder zu trennen sind. Die Formel von den wirtschaftlich tragbaren Bedingungen scheint die Monopolisierung einer wirtschaftlichen Tätigkeit eher zu erlauben als die im *Almelo*-Urteil verwandten Kriterien. Dies könnte in der **Unterschiedlichkeit der Ausgangslagen** in beiden Fällen begründet sein. In der ersten Fallgestaltung[952] geht es zunächst um die **staatliche Entscheidung,** für eine gewisse wirtschaftliche Tätigkeit eine Monopolstruktur zu errichten und aufrechtzuerhalten. Demgegenüber hat der Staat in der zweiten Fallgestaltung[953] auf eine Monopolisierung verzichtet (nichtausschließliche Konzession), und die Ausschließlichkeit wird erst durch das **Verhalten des betrauten Unternehmens** begründet. Hintergrund einer möglicherweise weniger scharfen unionsrechtlichen Kontrolle staatlich errichteter Monopole gegenüber einer schärferen Kontrolle der von Unternehmen bewirkten Exklusivität könnte ein grundsätzlicher Respekt vor den wirtschaftsstrukturpolitischen Entscheidungen der Mitgliedstaaten sein. Staatlich errichtete Monopole sind nicht *per se,* sondern nur unter bestimmten Umständen unionsrechtswidrig. Hat hingegen der Staat in einem bestimmten Wirtschaftsbereich bewusst insgesamt auf eine Monopolisierung verzichtet, so steht einer schärferen Kontrolle der von Unternehmen betriebenen Monopolisierungsversuche der Aspekt der staatlichen Wirtschaftsstrukturpolitik nicht mehr im Wege.[954] Dies entspricht im Übrigen auch dem Prinzip der engen Auslegung einer Ausnahmevorschrift. Zu einer Annäherung an die strengere Kontrollpraxis ist es in der Rechtsprechung insofern gekommen, als der EuGH hinsichtlich begleitender staatlicher Maß- 354

[949] EuGH U. v. 27.4.1994, Rs C-393/92, Slg. 1994, I-1477 Rdnr. 49 – *Almelo.*

[950] Das *Protokoll (Nr. 26) über Dienste von allgemeinem Interesse* ist dem EUV und dem AEUV beigefügt und ein integraler Bestandteil dieser beiden Verträge.

[951] S. hierzu oben Rdnr. 338–351 und 352–353

[952] S. oben Rdnr. 338 ff.

[953] S. oben Rdnr. 352 f.

[954] Grabitz/Hilf/Nettesheim-*Wernicke,* Das Recht der Europäischen Union, Art. 106 AEUV Rdnr. 76 (Stand: 3/2011).

nahmen, die nicht in der Errichtung der Monopolstruktur selbst bestehen, aber dem Monopolunternehmen zugutekommen, eine engere Auslegung des Art. 106 Abs. 2 verfolgt.[955]

355 *c) Erwägungen der wirtschaftlichen Zumutbarkeit hinsichtlich Dienstleistungen von allgemeinem wirtschaftlichem Interesse außerhalb und unabhängig von Universaldienst und sonstigen Ausgleichssystemen.* In der Rechtsprechung des EuGH[956] gibt es auf den ersten Blick begrenzte Anzeichen dafür, dass die Beurteilung der Aufgabenverhinderung hinsichtlich Dienstleistungen von allgemeinem wirtschaftlichem Interesse, die (möglicherweise) außerhalb von Universaldienst und sonstigen Ausgleichssystemen erbracht werden, ebenfalls einem Zumutbarkeitsmaßstab anstelle des strengeren Maßstabs der objektiven Verunmöglichung der besonderen Aufgabe unterliegen könnte. Allerdings könnten diese Anzeichen auch als **Annäherung beider Maßstäbe** zu interpretieren sein.

356 In der Rs *FFAD/Kobenhavns Kommune*[957] hatte die Stadt Kopenhagen drei Unternehmen das ausschließliche Recht gewährt, alle in dieser Gemeinde anfallenden Bauabfälle zur Behandlung anzunehmen. Ohne ausdrücklich festzustellen, dass das ausschließliche Recht und die sich hieraus ergebende marktbeherrschende Stellung zu einem dem Art. 106 Abs. 1 iVm. Art. 102 AEUV zuwiderlaufenden Missbrauch führte, prüfte der EuGH, ob das ausschließliche Recht für die drei Unternehmen erforderlich sei, um ihre im allgemeinwirtschaftlichen Interesse liegende Aufgabe *„zu wirtschaftlich tragbaren Bedingungen"* zu erfüllen.[958] Dies bejahte der EuGH **ohne Bezugnahme auf Universaldienstleistungspflichten oder sonstige Ausgleichsmechanismen.** Entscheidend war für den EuGH vielmehr, dass die Stadt Kopenhagen annahm, die Errichtung eines Abfallbehandlungszentrums mit hoher Annahmekapazität sei für eine qualitativ hochwertige Verwertung der in der Gemeinde anfallenden Abfälle erforderlich, und zur Sicherstellung der Rentabilität dieses Zentrums sei es notwendig, diesem und den an seinem Betrieb beteiligten drei Unternehmen durch die Gewährung eines Ausschließlichkeitsrechts für die Abfallbehandlung die Lieferung erheblicher Mengen zu garantieren. Der EuGH räumte zwar ein, dass hierdurch andere Unternehmen mit umweltrechtlicher Zulassung vom Markt ausgeschlossen wurden. Er meinte jedoch, dass die Stadt Kopenhagen wegen des Mangels an Unternehmen, die in der Lage waren, die fraglichen Abfälle zu behandeln, von der Notwendigkeit der Errichtung eines Zentrums mit einer erheblichen Annahmekapazität ausgehen und ebenfalls annehmen durfte, dass ein Ausschließlichkeitsrecht, das zeitlich auf den voraussichtlichen Abschreibungszeitraum für die Investitionen und räumlich auf das Gebiet der Gemeinde begrenzt ist, erforderlich war, um die drei Unternehmen für eine Beteiligung am Betrieb eines Zentrums mit einer großen Annahmekapazität zu gewinnen.[959] Weniger wettbewerbsbeschränkende Maßnahmen hätten nach Einschätzung des EuGH nicht unbedingt gewährleistet, dass der größte Teil der in der Gemeinde anfallenden Abfälle verwertet worden wäre.[960]

357 In seinem *FFAD/Kobenhavns Kommune*-Urteil rechtfertigt der EuGH die Ausschließlichkeit somit aufgrund von **Rentabilitätserwägungen** beim Betrieb der für die allgemeinwirtschaftliche Leistung notwendigen Infrastrukturanlage sowie damit, dass ohne eine auf den Abschreibungszeitraum dieser Anlage begrenzte Ausschließlichkeit den hierdurch begünstigten Unternehmen eine Beteiligung an Errichtung und Betrieb dieser Anlage wirtschaftlich nicht zugemutet werden kann bzw. eine solche Beteiligung gar nicht stattgefunden hätte. Die letztgenannte Auslegungsmöglichkeit würde darauf hindeuten, dass der EuGH den Maßstab der wirtschaftlich tragbaren Bedingungen dem Maßstab der objektiven Verunmöglichung der Aufgabenerfüllung annähert. Eine weitere Stärkung der objektiven Kriterien ist darin zu

---

[955] S. oben Rdnr. 348–350.

[956] Neben der nachfolgend dargestellten Rechtsprechung s. auch EuGH U. v. 13.5.2003, Rs C-463/00, Slg. 2003, I-4581 Rdnr. 82–83 – *Kommission/Spanien.*

[957] EuGH U. v. 23.5.2000, Rs C-209/98, Slg. 2000, I-3743 – *FFAD/Kobenhavns Kommune.*

[958] EuGH U. v. 23.5.2000, Rs C-209/98, Slg. 2000, I-3743 Rdnr. 77 – *FFAD/Kobenhavns Kommune.*

[959] EuGH U. v. 23.5.2000, Rs C-209/98, Slg. 2000, I-3743 Rdnr. 78–79 – *FFAD/Kobenhavns Kommune.*

[960] EuGH U. v. 23.5.2000, Rs C-209/98, Slg. 2000, I-3743 Rdnr. 80 – *FFAD/Kobenhavns Kommune.*

sehen, dass der EuGH die Erforderlichkeit des Ausschließlichkeitsrechts anhand denkbarer Alternativen, die weniger wettbewerbsbeschränkend sind, genauer prüft.

358 Ein weiterer Hinweis auf eine **Annäherung der Prüfungsmaßstäbe** ist das bereits oben dargestellte Urteil *Deutsche Post.*[961] Es erwähnt Universaldienstleistungspflichten oder sonstige Ausgleichsmechanismen zwar nicht ausdrücklich, scheint aber in Zusammenhang mit diesen, den Postdienst charakterisierenden Bedingungen zu stehen. Zusammengenommen wären die Urteile *FFAD/Kobenhavns Kommune* und *Deutsche Post* somit ein Hinweis darauf, dass sich für Sachverhalte innerhalb wie außerhalb von Universaldienstleistungspflichten und sonstigen Ausgleichsmechanismen wieder ein einheitlicher Maßstab zur Beurteilung der Verhinderung der Aufgabenerfüllung herausbildet. Dieser würde unter dem Begriff der wirtschaftlich tragbaren Bedingungen auf der Grundlage einer strengen Erforderlichkeitsprüfung unter Berücksichtigung der Rentabilität der Dienstleistung von allgemeinem wirtschaftlichem Interesse die Maßstäbe der Zumutbarkeit und der objektiven Verunmöglichung der Aufgabenerfüllung wieder zusammenführen.

359 Weitere Anhaltspunkte gaben die Unionsgerichte in den Rechtssachen *DSD,* denen zwei Entscheidungen der Kommission zugrunde lagen. In der ersten, auf Art. 102 AEUV gestützten Entscheidung hatte die Kommission zunächst festgestellt, dass das Unternehmen *Duales System Deutschland (DSD)* seine marktbeherrschende Stellung im Verpackungsentsorgungssektor dadurch missbrauchte, dass das von seinen Vertragspartnern zu zahlende Lizenzentgelt für die Nutzung des Zeichens *„Der Grüne Punkt"* auf ihren Verpackungen nicht an die tatsächliche Inanspruchnahme von Entsorgungsleistungen des *DSD* geknüpft war und sodann verfügt, diesen Missbrauch abzustellen.[962] In der zweiten, auf Art. 101 AEUV gestützten Entscheidung verbot die Kommission dem *DSD* u. a., in seinen Leistungsverträgen mit den für das *DSD* arbeitenden Entsorgungsunternehmen diese zu verpflichten, mit Wettbewerbern des *DSD* keine Verträge über die Mitbenutzung ihrer Einrichtungen zum Sammeln und Sortieren abzuschließen.[963] Gegen die Verfügungen in beiden Entscheidungen verteidigte sich *DSD* mit der Behauptung, ein Verstoß gegen Art. 102 bzw. 101 AEUV scheide aus, da das *DSD* mit einer Dienstleistung von allgemeinem wirtschaftlichem Interesse im Sinne von Art. 106 Abs. 2 betraut sei, nämlich der Abfallbewirtschaftung zu Zwecken des Umweltschutzes, genauer: der Erfassung und Verwertung von Verpackungen in ganz Deutschland einschließlich der unrentablen ländlichen Gebiete. Die angefochtenen Kommissionsentscheidungen gefährdeten jedoch die Erbringung dieser Dienstleistung unter wirtschaftlich tragbaren Bedingungen, da sie die Signalwirkung der Marke *„Der Grüne Punkt"* zerstörten, Rosinenpicken zulasten des *DSD* erlaubten und dem *DSD* möglicherweise nicht mehr die flächendeckende Abfallentsorgung ermöglichten.[964]

360 Die Unionsgerichte entschieden, dass selbst wenn *DSD* mit einer Dienstleistung von allgemeinem wirtschaftlichem Interesse iSv. Art. 106 Abs. 2 betraut wäre, nicht dargetan und bewiesen sei, dass die angefochtenen Kommissionsentscheidungen diese Aufgabe gefährden könnten. Die Anordnung, dass *DSD* für eine nachweislich nicht von ihm, sondern von einem anderen System erbrachte Leistung keine Vergütung erhalten könne,[965] sowie die Anordnung, dass *DSD* die mit ihm zusammenarbeitenden Entsorgungsunternehmen nicht darin hindern dürfe, Wettbewerbern des *DSD* die Mitbenutzung ihrer Entsorgungseinrich-

---

[961] S. oben Rdnr. 351; EuGH U. v. 10.2.2000, Verb. Rs C-147/97 und C-148/97, Slg. 2000, I-825 – *Deutsche Post.*

[962] Komm. E. v. 20.4.2001, Nr. 2001/463/EG, ABl. 2001 L 166/1 – *DSD.*

[963] Komm. E. v. 17.9.2001, Nr. 2001/837/EG, ABl. 2001 L 319/1 – *DSD.*

[964] Hinsichtlich der auf Art. 102 AEUV gestützten Kommissionsentscheidung: EuG U. v. 24.5. 2007, Rs T-151/01, Slg. 2007, II-1607 Rdnr. 205 – *Duales System Deutschland GmbH (DSD).* Hinsichtlich der auf Art. 101 AEUV gestützten Kommissionsentscheidung: EuG U. v. 24.5.2007, Rs T-289/01, Slg. 2007, II-1691 Rdnr. 204 – *Duales System Deutschland GmbH (DSD).*

[965] Hinsichtlich der auf Art. 102 AEUV gestützten Kommissionsentscheidung: EuG U. v. 24.5. 2007, Rs T-151/01, Slg. 2007, II-1607 Rdnr. 208–210 – *Duales System Deutschland GmbH (DSD);* sowie Rechtsmittel EuGH U.v. 16.7.2009, Rs C-385/07 P, Slg. 2009, I-6155 Rdnr. 59–60 – *Duales System Deutschland GmbH (DSD).*

tungen zu erlauben,[966] gefährdeten keineswegs die Erbringung der dem *Dualen System* übertragenen Rücknahme- und Verwertungsdienstleistung unter wirtschaftlich tragbaren Bedingungen. Die wesentliche Funktion der Marke *„Der Grüne Punkt"* bleibe erhalten, und es gebe auch keine Anzeichen, dass die angefochtene Entscheidung es *DSD* unmöglich machen könnte, in ganz Deutschland Verpackungen zu entsorgen und die vorgeschriebenen Verwertungsquoten zu erreichen.[967]

361 Da die Unionsgerichte nicht ausdrücklich bestätigten, dass *DSD* eine Universaldienstleistung erbringt, ist nicht vollständig geklärt, ob ihre Urteile als Generalisierung des Maßstabs der Aufgabengefährdung und des Kriterium der wirtschaftlich tragbaren Bedingungen bei der Anwendung des Art. 106 Abs. 2 auch außerhalb von Universaldienstleistungen zu werten sind.

362 *d) Auswirkungen des Art. 106 Abs. 2 außerhalb von Märkten, in denen eine Dienstleistung von allgemeinem wirtschaftlichem Interesse erbracht wird. aa) Staatliche Maßnahmen, insbes. die Gewährung und Aufrechterhaltung besonderer und ausschließlicher Rechte. (1) Grundsätze.* In Bereichen **außerhalb** einer Dienstleistung von allgemeinem wirtschaftlichem Interesse kann die vollständige Anwendung des Unionsrechts grundsätzlich[968] nicht über Art. 106 Abs. 2 eingeschränkt werden, der somit auch als Rechtfertigung staatlich organisierter Wettbewerbsbeschränkungen, insbes. der Errichtung und Beibehaltung von Monopolen, ausfällt. Zahlreiche von der Kommission und dem EuGH im Zusammenhang mit Art. 106 Abs. 2 entschiedene Fälle[969] betrafen die **Erstreckung eines Monopols** aus einem ersten Markt für Dienstleistungen von allgemeinem wirtschaftlichem Interesse heraus auf einen zweiten, meist benachbarten Markt, in dem keine solchen besonderen Dienstleistungen erbracht wurden. Es wurde regelmäßig festgestellt, dass eine solche Monopolerstreckung nicht durch Art. 106 Abs. 2 gerechtfertigt sei und somit diese Vorschrift der Entmonopolisierung und Einführung von Wettbewerb in dem zweiten Markt nicht entgegenstehe. Zur Begründung wurde angeführt, dass die Erfüllung der dem Monopolunternehmen ausschließlich übertragenen Dienstleistung von allgemeinem wirtschaftlichem Interesse auf dem ersten Markt nicht dadurch verhindert werde, dass dieses Unternehmen ein Monopol auf dem zweiten Markt nicht erhielt oder nicht behalten durfte.

363 Schon in seinem Urteil *British Telecom*[970] entschied der EuGH, dass die Tätigkeit von privaten Telexagenturen außerhalb des Monopols der *British Telecom* die Erfüllung der diesem übertragenen Sonderaufgaben nicht gefährde. In seinem Urteil *RTT*[971] qualifizierte der EuGH **Einrichtung und Betrieb des öffentlichen Fernmeldenetzes** in Belgien *„beim gegenwärtigen Stand der Entwicklung der Gemeinschaft* [jetzt: Union]" als Dienstleistung von allgemeinem wirtschaftlichem Interesse. Der EuGH ließ offen, ob die Gewährung eines Monopols zugunsten des Unternehmens *RTT* in diesem Bereich zur Erbringung dieser Dienstleistung notwendig und damit nach Art. 106 Abs. 2 gerechtfertigt war. Er entschied

---

966 Hinsichtlich der auf Art. 101 AEUV gestützten Kommissionsentscheidung: EuG U. v. 24.5.2007, Rs T-289/01, Slg. 2007, II-1691 Rdnr. 207–209 – *Duales System Deutschland GmbH (DSD).*

967 Hinsichtlich der auf Art. 102 AEUV gestützten Kommissionsentscheidung: EuG U. v. 24.5. 2007, Rs T-151/01, Slg. 2007, II-1607 Rdnr. 210 – *Duales System Deutschland GmbH (DSD);* sowie Rechtsmittel EuGH U. v. 16. 7. 2009, Rs C-385/07 P, Slg. 2009, I-6155 Rdnr. 59–60 – *Duales System Deutschland GmbH (DSD).* Hinsichtlich der auf Art. 101 AEUV gestützten Kommissionsentscheidung: EuG U. v. 24.5.2007, Rs T-289/01, Slg. 2007, II-1691 Rdnr. 209 – *Duales System Deutschland GmbH (DSD).*

968 Zur Ausnahme zwecks Gewährleistung eines Universaldienstes in einem benachbarten Markt s. unten Rdnr. 365 ff.

969 S. schon oben Rdnr. 133 ff. und sogleich unten Rdnr. 363 ff.

970 EuGH U. v. 20.3.1985, Rs 41/83, Slg. 1985, 873 Rdnr. 33 – *Italien/Kommission („British Telecom");* dieses Urteil bestätigte die von der Kommission am 10.12.1982 angenommene Entscheidung Nr. 82/861/EWG, ABl. 1982 L 360/36 – *British Telecommunications.*

971 EuGH U. v. 13. 12. 1991, Rs C-18/88, Slg. 1991, I-5941 Rdnr. 16 – *Régie des télégraphes et des téléphones (RTT)/GB-Inno-BM.*

jedoch, dass der Ausschluss oder die Beschränkung des Wettbewerbs auf dem benachbarten aber getrennten Markt der Einfuhr, des Vertriebs, des Anschlusses, der Inbetriebsetzung und der Wartung von **Telekommunikationsendgeräten** ohne objektive Rechtfertigung erfolge und insbes. nicht durch eine öffentliche Dienstleistungsaufgabe von allgemeinem wirtschaftlichem Interesse iSv. Art. 106 Abs. 2 gerechtfertigt werden könne.[972] Der durch diese Monopolerstreckung blockierte Markt für die Herstellung und den Verkauf von Endgeräten könne von jedem Unternehmen bedient werden. Bedürfnisse nach Sicherheit der Benutzer, der Netzbetreiber und der Schutz des öffentlichen Fernmeldenetzes könnten durch den Erlass von Spezifikationen und die Durchführung von Zulassungsverfahren befriedigt werden.[973] Eine Ausdehnung des Monopols der *RTT* auf diesen zweiten Markt ohne objektive Rechtfertigung und damit die Ausschaltung jeglichen Wettbewerbs wäre somit als solche durch Art. 106 Abs. 1 iVm. Art. 102 AEUV verboten gewesen. Hieraus schloss der EuGH, dass wenn der Wettbewerb auf diese Weise nicht beseitigt werden dürfe, er aufgrund derselben Vorschriften auch nicht in der Weise verfälscht werden dürfe, dass der *RTT*, die auf diesem Markt im Wettbewerb mit anderen Anbietern stand, die Befugnis übertragen wurde, Normen für Endgeräte zu erlassen und deren Einhaltung zu überwachen.[974]

Gleichermaßen entschied der EuGH in seinem Urteil *Telekommunikationsdienste,*[975] dass **364** Art. 106 Abs. 1 iVm. Art. 102 die ohne objektive Rechtfertigung erfolgende Ausdehnung des Monopols für Einrichtung und Betrieb des Fernsprechnetzes auf den Markt für die Erbringung bestimmter Telekommunikationsdienste verbiete.

(2) Sonderfall: Universaldienstpflicht in benachbartem Markt. In seinem *Corbeau*-Urteil[976] unterschied der EuGH zwischen dem Markt für **Basispostdienste** von allgemeinem wirtschaftlichem Interesse und dem Markt für davon **trennbare spezifische Dienstleistungen („Mehrwertdienste")**, an denen kein allgemeines wirtschaftliches Interesse besteht und die besondere Kundeninteressen nach bestimmten zusätzlichen Leistungen befriedigen, die der herkömmliche Postdienst nicht anbietet.[977] Der Ausschluss des Wettbewerbs durch Monopolisierung sei im Markt der Mehrwertdienste dann nicht gerechtfertigt, wenn und soweit diese Dienstleistungen aufgrund ihrer Art und der Umstände, unter denen sie angeboten werden – wie etwa des Gebiets, in dem sie erbracht werden – das wirtschaftliche Gleichgewicht der vom Inhaber des ausschließlichen Rechts auf dem benachbarten Markt für Basispostdienste übernommenen Dienstleistung von allgemeinem wirtschaftlichem Interesse nicht in Frage stellen.[978] Im **Umkehrschluss** bedeutet dies, dass Wettbewerbsbeschränkungen auf einem benachbarten zweiten Markt, in dem keine Dienstleistungen von allgemeinem wirtschaftlichem Interesse erbracht werden, und in dem für kein Unternehmen eine Universaldienstleistungsverpflichtung besteht, mit dem Argument der Gefährdung des wirtschaftlichen Gleichgewichts der im Monopol und als Universaldienst erbrachten Dienstleistung von allgemeinem wirtschaftlichem Interesse gerechtfertigt werden können. Dem liegt die Annahme zugrunde, dass für die Funktionsfähigkeit dieser Dienstleistung in Sonderfällen deren Monopolisierung und damit die Möglichkeit für das betraute Unternehmen zum Ausgleich zwischen lukrativen und nicht lukrativen Tätigkeiten innerhalb des Universaldienstes nicht ausreicht und deswegen eine **Quersubvention** aus Tätig- **365**

---

[972] EuGH U.v. 13. 12. 1991, Rs C-18/88, Slg. 1991, I-5941 Rdnr. 19–22 – *Régie des télégraphes et des téléphones (RTT)/GB-Inno-BM.*

[973] EuGH U.v. 13. 12. 1991, Rs C-18/88, Slg. 1991, I-5941 Rdnr. 22 – *Régie des télégraphes et des téléphones (RTT)/GB-Inno-BM.*

[974] EuGH U.v. 13. 12. 1991, Rs C-18/88, Slg. 1991, I-5941 Rdnr. 24–28 – *Régie des télégraphes et des téléphones (RTT)/GB-Inno-BM.*

[975] EuGH U.v. 17. 11. 1992, Verb. Rs C-271/90, C-281/90, C-289/90, Slg. 1992, I-5833 Rdnr. 36–37 – *Spanien, Belgien, Italien/Kommission („Telekommunikationsdienste").*

[976] EuGH U. v. 19.5.1993, Rs C-320/91, Slg. 1993, I-2533 – *Paul Corbeau.*

[977] S. hierzu oben Rdnr. 339 ff.

[978] EuGH U. v. 19.5.1993, Rs C-320/91, Slg. 1993, I-2533 Rdnr. 19 – *Paul Corbeau.*

keiten dieses Unternehmens in benachbarten Märkten durch Wettbewerbsbeschränkungen zugunsten dieses Unternehmens möglich sein muss.[979]

366 Das nachfolgende Urteil *Ambulanz Glöckner* betraf die durch staatliche Maßnahmen bewirkte Ausdehnung einer marktbeherrschenden Stellung von vier Sanitätsorganisationen vom Markt für Notfalltransporte auf den benachbarten Markt des nicht notfallbedingten Krankentransports. Der EuGH analysierte dies als eine grundsätzlich mit Art. 106 Abs. 1 iVm. Art. 102 nicht vereinbare Maßnahme, die jedoch gemäß Art. 106 Abs. 2 iSd. *Corbeau*-Urteils gerechtfertigt sei, weil bereits die Trennbarkeit beider Dienste fraglich sei und gerade die Erstreckung der ausschließlichen Rechte der Sanitätsorganisationen auf den nicht notfallbedingten Krankentransport diese befähigte, ihren als Universaldienst ausgestalteten Notfalltransportdienst unter wirtschaftlich ausgewogenen Bedingungen und in der notwendigen Qualität und Zuverlässigkeit zu erbringen.[980]

367 Die Urteile *Corbeau* und *Ambulanz Glöckner* können sich **grundsätzlicher Kritik** nicht entziehen. Da Basisdienste und Mehrwertdienste als getrennte Märkte zu verstehen sind, ergibt sich **erstens** ein **Wertungswiderspruch** zu früheren/älteren Urteilen,[981] in denen der EuGH wiederholt entschieden hatte, dass die Erstreckung eines Monopols aus einem ersten Markt für gemeinwirtschaftliche Dienstleistungen auf einen zweiten, meist benachbarten Markt, in dem keine solchen Dienstleistungen erbracht werden, nicht von Art. 106 Abs. 2 gerechtfertigt sei und somit diese Vorschrift der Entmonopolisierung und Einführung von Wettbewerb in dem zweiten Markt nicht entgegenstehe. Auch hier ging es regelmäßig um Fälle, in denen die Dienstleistung von allgemeinem wirtschaftlichem Interesse im ersten Markt als Universaldienst erbracht wurde.[982] **Zweitens** gilt im Hinblick auf Wettbewerbsbeschränkungen in den dem Universaldienst lediglich benachbarten Märkten, in denen weder Dienstleistungen von allgemeinem wirtschaftlichem Interesse erbracht werden noch ein Universaldienst zu gewährleisten ist, erst recht, dass der EuGH zu sehr dem überkommenen Gedanken des notwendigen Versorgungsmonopols verhaftet bleibt, statt im Rahmen einer engen Auslegung der Ausnahmevorschrift des Art. 106 Abs. 2 und einer strengen Verhältnismäßigkeitsprüfung auf die Möglichkeit **weniger wettbewerbsbeschränkender Modelle zur Sicherstellung des Universaldienstes** zu verweisen.[983]

368 Das hindert die **Mitgliedstaaten** natürlich nicht, sich zur Sicherung des Universaldienstes durch Beschränkungen in benachbarten Märkten von der Idee der Monopolisierung dieser Märkte abzusetzen und **andere Ausgleichsmechanismen** anzustreben. Das Urteil *TNT Traco*[984] zeigt, dass der EuGH dann wiederum diese Alternativmodelle einer strengen Erforderlichkeitsprüfung im Rahmen einer engen Auslegung des Art. 106 Abs. 2 unterzieht. In diesem Fall verpflichtete eine italienische staatliche Regelung die Erbringer von nicht zum Universaldienst gehörenden Eilkurierdienstleistungen, dem mit dem ausschließlichen Recht zur Erbringung von Basispostdienstleistungen ausgestatteten Unternehmen *Poste Italiane (PI)* eine Postgebühr zu entrichten, die der normalerweise von den Kunden der *PI* geschuldeten Frankierungsgebühr entsprach, ohne dass *PI* den Eilkurierdienstleistern irgendeine Leistung erbrachte. Italien versuchte diese Beeinträchtigung des Art. 106 Abs. 1 iVm. Art. 102 Abs. 2 lit. a gemäß Art. 106 Abs. 2 mit dem Hinweis zu rechtfertigen, die streitige Postgebühr sei notwendig, „um das wirtschaftliche Gleichgewicht des mit dem Betrieb des postalischen Universaldienstes betrauten Unternehmens aufrechtzuerhalten".[985]

---

[979] Eine Ausnahme wird allerdings im Falle eines „versagenden Monopols" zu gelten haben, s. hierzu unten Rdnr. 376 ff.

[980] EuGH U. v. 25.10.2001, Rs C-475/99, Slg. 2001, I-8089 Rdnr. 30 ff. – *Ambulanz Glöckner.*

[981] EuGH U. v. 20.3.1985, Rs 41/83, Slg. 1985, 873 Rdnr. 33 – *Italien/Kommission („British Telecom");* EuGH U. v. 13.12.1991, Rs C-18/88, Slg. 1991, I-5941 Rdnr. 19–22 – *RTT/GB-Inno-BM;* EuGH U. v. 17.11.1992, Verb. Rs C-271/90, C-281/90 und C-289/90, Slg. 1992, I-5833 Rdnr. 36–37 – *Spanien u. a./Kommission („Telekommunikationsdienste").*

[982] EuGH U. v. 15.11.2007, C-162/06, Slg. 2007, I-9911 Rdnr. 49 – *International Mail Spain.*

[983] S. hierzu oben Rdnr. 344.

[984] EuGH U. v. 17.5.2001, Rs C-340/99, Slg. 2001, I-4109 – *TNT Traco.*

[985] EuGH U. v. 17.5.2001, Rs C-340/99, Slg. 2001, I-4109 Rdnr. 51 – *TNT Traco.*

369 Von einer engen Auslegung des Art. 106 Abs. 2 ausgehend[986] stellte der EuGH **drei Grenzen der Rechtfertigungsfähigkeit** nach dieser Vorschrift klar, die eine Überkompensation der Lasten des Universaldienstes verhindern sollen: **Erstens** darf das Gesamtaufkommen aus der Zahlung der streitigen Postgebühr durch alle Wirtschaftsteilnehmer, die nicht zum postalischen Universaldienst gehörende Eilkurierdienstleistungen erbringen, nicht über den Betrag hinausgehen, der zum Ausgleich von Verlusten notwendig ist, die dem mit dem Betrieb des postalischen Universaldienstes betrauten Unternehmen durch diesen Betrieb entstehen können. **Zweitens** muss das mit dem postalischen Universaldienst betraute Unternehmen dann, wenn es selbst Eilkurierdienstleistungen erbringt, die nicht zum Universaldienst gehören, ebenfalls zur Zahlung der Postgebühr verpflichtet sein. **Drittens** muss dieses Unternehmen dafür sorgen, dass es nicht die Kosten seiner Eilkurierdiensttätigkeit ganz oder teilweise seiner Tätigkeit im Rahmen des Universaldienstes aufbürdet, weil sonst die Belastungen des Universaldienstes und damit dessen etwaige Verluste ohne Rechtfertigung erhöht würden.[987]

370 Außerdem erinnerte der EuGH ausdrücklich daran, dass es dem Mitgliedstaat bzw. dem Unternehmen, der bzw. das sich auf Art. 106 Abs. 2 beruft, obliegt, die Erfüllung der Voraussetzungen dieser Vorschrift **nachzuweisen.**[988] Für diesen Nachweis genüge es nicht schon, dass zu der relevanten Zeit kein Ausgleichs- und Kontrollmechanismus bestand, der verhindern sollte, dass das mit dem Universaldienst betraute Unternehmen Quersubventionen zugunsten seiner eigenen, nicht zum Universaldienst gehörenden Tätigkeit gewährt.[989]

371 Eine strenge Erforderlichkeitsprüfung im Rahmen einer engen Auslegung des Art. 106 Abs. 2 ist auch dann anzuwenden, wenn **im Zuge steigender Ansprüche** bestimmte Mehrwertdienstleistungen als **Teil eines neu definierten Universaldienstes** qualifiziert würden. Nach einer bestimmten Interpretation des *Corbeau*-Urteils könnte dies die – ggf. neu einzuführende – Monopolisierung der ehemaligen Mehrwertleistungen rechtfertigen. In der Praxis dürfte hiergegen der zuvor konkret geführte Beweis helfen, dass diese Leistungen im Wettbewerb flächendeckend und zu erschwinglichen Preisen erbracht werden können bzw. schon erbracht wurden und möglicherweise zu einem vollständigen Universaldienst noch fehlende Elemente durch weniger wettbewerbsbeschränkende Mittel wie z. B. einen Universaldienstleistungsfonds oder ein System zusätzlicher Entgelte[990] gewährleistet werden können.

372 *bb) Das Verhalten von Unternehmen.* Verletzungen der Wettbewerbsregeln, die ein Unternehmen eigeninitiativ oder – falls es zu den in Art. 106 Abs. 1 genannten Unternehmen gehört – mitverantwortlich **außerhalb** des Bereichs der Dienstleistungen von allgemeinem wirtschaftlichem Interesse begeht, können **grundsätzlich nicht über Art. 106 Abs. 2 gerechtfertigt** werden. Ausnahmen von dieser Regel kommen allenfalls in spezifischen Situationen in Betracht, wenn ein Unternehmen gleichzeitig noch in einem Markt für Dienstleistungen von allgemeinem wirtschaftlichem Interesse tätig ist.

373 Aus der Rechtsprechung ergibt sich, dass ein Unternehmen, welches in einem Markt für Dienstleistungen von allgemeinem wirtschaftlichem Interesse eine marktbeherrschende Stellung – gleich, ob aus eigener Kraft oder aufgrund eines staatlich gewährten ausschließlichen Rechts – erlangt hat, den Art. 102 AEUV verletzt, wenn es sich **aus eigener Initiative und ohne objektives Bedürfnis eine Hilfstätigkeit auf einem benachbarten, aber getrennten Markt vorbehält** und damit jeglicher Wettbewerb auf diesem zweiten Markt ausgeschaltet zu werden droht.[991]

---

[986] EuGH U. v. 17.5.2001, Rs C-340/99, Slg. 2001, I-4109 Rdnr. 56 – *TNT Traco.*

[987] EuGH U. v. 17.5.2001, Rs C-340/99, Slg. 2001, I-4109 Rdnr. 57–58 – *TNT Traco.*

[988] EuGH U. v. 17.5.2001, Rs C-340/99, Slg. 2001, I-4109 Rdnr. 59 – *TNT Traco.*

[989] EuGH U. v. 17.5.2001, Rs C-340/99, Slg. 2001, I-4109 Rdnr. 62 – *TNT Traco.*

[990] S. hierzu oben Rdnr. 344.

[991] EuGH U. v. 3.10.1985, Rs 311/84, Slg. 1985, 3261 Rdnr. 27 – *CBEM/CLT und IPB („Télémarketing");* EuGH U. v. 13.12.1991, Rs C-18/88, Slg. 1991, I-5941 Rdnr. 18–19 – *Régie des télégraphes et des téléphones (RTT)/GB-Inno-BM.*

374 Der Fall *Télémarketing*[992] betraf eine Fernsehgesellschaft, die auf dem Markt für Fernsehwerbesendungen aufgrund der einschlägigen Verträge und Gesetze eine marktbeherrschende Stellung innehatte. Der EuGH erinnerte an seine Rechtsprechung, wonach im Hinblick auf das Marktverhalten einer solchen Fernsehgesellschaft die Verbote des Art. 102 auch dann zum Zuge kommen, wenn der Mitgliedstaat dieses Fernsehunternehmen einschließlich seiner Fernsehwerbetätigkeit als ein mit Dienstleistungen von allgemeinem Interesse betrautes Unternehmen ausgestaltet. Etwas anderes gelte nur, wenn die Anwendung des Art. 102 mit der Erfüllung der Aufgaben dieses Unternehmens nachweislich unvereinbar sei.[993] Auf dieser Grundlage ließ der EuGH erkennen, dass ein Fernsehunternehmen gegen Art. 102 verstoßen kann, wenn es den Verkauf von Fernsehwerbezeit für Telefonmarketing mit der Bedingung verknüpft, hierfür die Telefonzentrale seiner Tochtergesellschaft zu benutzen, und wenn diese Bedingung damit den Wettbewerb im Markt für Telefonmarketing, der dem Fernsehwerbemarkt benachbart ist, beschränkt oder ganz auszuschalten droht. Hingegen können objektive *„technische oder kommerzielle Notwendigkeiten, die sich aus der Eigenart des Trägers Fernsehen ergeben"*, eine solche Politik rechtfertigen.[994] Aus dem Zusammenhang des Urteils ist zu schließen, dass der EuGH diese Rechtfertigungselemente wahrscheinlich unter dem Gesichtspunkt der Verhinderung der Dienstleistung von allgemeinem wirtschaftlichem Interesse prüfen würde. Gegen diese Ausdehnung der Rechtfertigungswirkung des Art. 106 Abs. 2 auf Wettbewerbsbeschränkungen im Markt für Telefonmarketing, in dem keine Dienstleistungen von allgemeinem wirtschaftlichem Interesse erbracht werden, sprechen jedoch die Prinzipien der engen Auslegung einer Ausnahmevorschrift und der hieraus resultierenden strengen Verhältnismäßigkeitsprüfung.

375 Dementsprechend hat der EuGH in seinem Urteil *British Telecom*[995] entschieden. In diesem Fall bekämpfte das Staatsunternehmen *British Telecom (BT)*, dem der Staat das Monopol für den Betrieb von Fernmeldenetzen im Vereinigten Königreich verliehen hatte, gezielt die Tätigkeit privater Telexagenturen, die außerhalb des für *BT* reservierten Tätigkeitsbereichs arbeiteten. Der EuGH behandelte dieses Verhalten der Sache nach als ungerechtfertigten Versuch der Erstreckung eines Monopols auf einen benachbarten Markt und befand, dass eine nicht durch Art. 106 Abs. 2 zu rechtfertigende Verletzung des Art. 102 AEUV vorlag.

376 *e) Keine Aufgabenverhinderung bei „versagendem Monopol".* Art. 106 Abs. 2 rechtfertigt Einschränkungen des EU-Rechts, insbes. der Binnenmarkt- und Wettbewerbsfreiheiten dann nicht, wenn das mit der Dienstleistung von allgemeinem wirtschaftlichem Interesse betraute Unternehmen diese **Dienstleistung gar nicht oder eindeutig unzureichend erbringt.** Der EuGH hat mehrfach entschieden, dass die Anwendung des Art. 106 Abs. 1 iVm. Art. 102 die Erfüllung einer im allgemeinen Interesse liegenden besonderen Aufgabe, die der Staat einem Unternehmen durch Gewährung eines ausschließlichen Rechts anvertraut hat, dann nicht iSv. Art. 106 Abs. 2 verhindern kann, wenn dieses Unternehmen ohnehin offensichtlich nicht in der Lage ist, seine besondere Aufgabe zu erfüllen.

377 In den Fällen *Höfner*[996] und *Job Centre*[997] entschied der EuGH, dass die staatliche Gewährung eines ausschließlichen Rechts zur Arbeitsvermittlung gegen Art. 106 Abs. 1 iVm. Art. 102 verstieß, weil der Staat eine Situation geschaffen hatte, in der die mit dieser Aufgabe jeweils betrauten Unternehmen offensichtlich nicht in der Lage waren, die Nachfrage

---

992 EuGH U. v. 3.10.1985, Rs 311/84, Slg. 1985, 3261 – *CBEM/CLT und IPB („Télémarketing").*

993 EuGH U. v. 3.10.1985, Rs 311/84, Slg. 1985, 3261 Rdnr. 17 – *CBEM/CLT und IPB („Télémarketing")* mit Hinweis auf EuGH U. v. 30.4.1974, Rs 155/73, Slg. 1974, 409 Rdnr. 15 – *Sacchi.*

994 EuGH U. v. 3.10.1985, Rs 311/84, Slg. 1985, 3261 Rdnr. 26 – *CBEM/CLT und IPB („Télémarketing").*

995 EuGH U. v. 20.3.1985, Rs 41/83, Slg. 1985, 873 Rdnr. 33 – *Italien/Kommission („British Telecom").*

996 Zu diesem Urteil s. auch oben Rdnr. 14f., 119f., 123.

997 Zu diesem Urteil s. auch oben Rdnr. 121, 123f.

nach Vermittlung von Führungskräften *(Höfner)*[998] bzw. für alle Arten von Arbeitstätigkeiten *(Job Centre)*[999] zu befriedigen. Der EuGH stufte alle Vermittlungstätigkeiten, einschließlich der Vermittlung von Führungskräften, auf die sich das Monopol ebenfalls erstreckte, als Dienstleistungen von allgemeinem wirtschaftlichem Interesse ein und stellte gleichzeitig klar, dass Art. 106 Abs. 2 den Rechtsverstoß der Staaten nicht rechtfertigen konnte. Denn die Aufhebung des Monopols und die Zulassung konkurrierender Arbeitsvermittlung konnte die Erfüllung der den Monopolunternehmen übertragenen besonderen Aufgabe schon deswegen nicht verhindern, weil diese offenkundig nicht in der Lage waren, die Nachfrage nach Arbeitsvermittlung zu befriedigen.[1000]

Da das Urteil *Höfner* einerseits zwischen dem Markt für die Vermittlung von Füh- 378
rungskräften und dem oder den benachbarten Märkten für die Vermittlung von anderen Arbeitskräften unterscheidet und andererseits alle diese Tätigkeiten als Dienstleistungen von allgemeinem wirtschaftlichem Interesse einstuft, hat das Argument des versagenden Monopols auch Bedeutung für den Versuch der **Rechtfertigung einer Monopolerstreckung auf benachbarte Märkte nach Art. 106 Abs. 2.**[1001] Unabhängig von der Frage, ob die Dienstleistung von allgemeinem wirtschaftlichem Interesse im Zielmarkt der Erstreckung als Universaldienst sicherzustellen ist, kann aufgrund der Gemeinwohlorientierung des Art. 106 Abs. 2 die Monopolerstreckung dann objektiv nicht gerechtfertigt sein, wenn das Unternehmen im Zielmarkt offensichtlich nicht in der Lage ist, seine besondere Aufgabe zu erfüllen. Genauso kann das wirtschaftliche Gleichgewicht eines Universaldienstes dessen Monopolisierung sowie die Monopolisierung benachbarter Märkte nicht rechtfertigen, wenn das betraute Unternehmen aus anderen Gründen als denjenigen des wirtschaftlichen Ausgleichs offenkundig nicht in der Lage ist, den Universaldienst zu gewährleisten. Dies wird durch das EuGH-Urteil *Ambulanz Glöckner* bestätigt, wonach die Erstreckung der ausschließlichen Rechte der Sanitätsorganisationen vom Notfalltransportmarkt auf den benachbarten Markt des nicht notfallbedingten allgemeinen Krankentransports dann nicht mit deren im allgemeinem wirtschaftlichem Interesse liegenden Aufgaben zu rechtfertigen ist, wenn die Sanitätsorganisationen offensichtlich nicht in der Lage sind, die Nachfrage nach Notfalltransport oder nach allgemeinem Krankentransport jederzeit zu decken.[1002]

2. Verhältnismäßigkeitsprüfung, Interessenabwägung. *a) Allgemeine Regeln.* Nach 379
dem Wortlaut des Art. 106 Abs. 2 Satz 1 kann die Anwendung der Vorschriften der Verträge (AEUV und EUV) nur *„soweit"* eingeschränkt werden, als hierdurch die Erfüllung der dem betrauten Unternehmen (oder dem Finanzmonopol) übertragenen besonderen Aufgabe rechtlich oder tatsächlich verhindert würde. Dies verlangt als **Kernstück** der Beurteilung einer Ausnahme nach Art. 106 Abs. 2 Satz 1 die Durchführung einer klassischen **Verhältnismäßigkeitsprüfung.**[1003] Sie untersucht erstens, ob die fragliche Einschränkung zur

---

[998] EuGH, Rs C-41/90, Slg. 1991, I-1979 Rdnr. 24–34 – *Höfner* (hinsichtlich des gesetzlichen Arbeitsvermittlungsmonopols der deutschen Bundesanstalt für Arbeit).

[999] EuGH, Rs C-55/96, Slg. 1997, I-7119 Rdnr. 26–38 – *Job Centre* (hinsichtlich des gesetzlichen Monopols der staatlichen Arbeitsvermittlung in Italien).

[1000] EuGH U. v. 23.4.1991, Rs C-41/90, Slg. 1991, I-1979 Rdnr. 25 – *Höfner und Elser/Macrotron;* EuGH, Rs C-55/96, Slg. 1997, I-7119 Rdnr. 27 – *Job Centre.* Bestätigt in Punkt 8.6b) ii) der Bekanntmachung der Kommission über die Anwendung der Wettbewerbsregeln auf den Postsektor, ABl. 1998 C 39/2, 16.

[1001] S. hierzu oben Rdnr. 362ff.

[1002] EuGH U. v. 25.10.2001, Rs C-475/99, Slg. 2001, I-8089 Rdnr. 62–65 – *Ambulanz Glöckner.*

[1003] In der deutschen Literatur wird weitgehend eine strikte Verhältnismäßigkeitsprüfung (im Sinne des deutschen Rechtsverständnis) befürwortet, aber teilweise auch darauf hingewiesen, dass der EuGH sich nicht immer daran halte: *Streinz-Koenig/Paul,* EUV/AEUV, Art. 106 AEUV Rdnr. 78; Loewenheim/Meessen/Riesenkampff-*Ehricke,* Art. 86 EG Rdnr. 119–121; Grabitz/Hilf/Nettesheim-*Wernicke,* Das Recht der Europäischen Union, Art. 106 AEUV Rdnr. 72–77 (Stand: 3/2011); Immenga/Mestmäcker-*Mestmäcker/Schweitzer,* WbR Bd. 1 EU/Teil 1, Art. 106 Abs. 2 AEUV Rdnr. 95–98 mwN. Richtig ist, dass die EuGH-Rechtsprechung stark kasuistisch geprägt ist und

Zielerreichung überhaupt **objektiv geeignet**[1004] ist und zweitens, ob diese Einschränkung nicht über dasjenige Maß hinausgeht, das zur Erreichung des Zieles **objektiv erforderlich**[1005] ist. Die Verhältnismäßigkeitsprüfung wird drittens durch die in Art. 106 Abs. 2 Satz 2 enthaltene Schranke des **Unionsinteresses**[1006] vervollständigt, wonach durch die eingeschränkte Anwendung der Vertragsregeln die Entwicklung des Handelsverkehrs nicht in einem Ausmaß beeinträchtigt werden darf, das dem Interesse der Union zuwiderläuft. Erschwert wird die Beurteilung dadurch, dass sie zu einem erheblichen Anteil auf **Prognosen** beruht. Auch deshalb erfordert eine adäquate Verhältnismäßigkeitsprüfung die **genaue Untersuchung jedes Einzelfalles** sowie eine **Neubetrachtung** der einmal als gerechtfertigt angesehenen Einschränkungen in sinnvollen Zeitabständen. Denn zahlreiche Wirtschaftstätigkeiten unterliegen tiefgreifenden und schnellen **Wandlungen,** die notwendigerweise Einfluss auf die Beurteilung der objektiven Eignung, Erforderlichkeit sowie des Unionsinteresses haben.

380 *b) Praxis der Verhältnismäßigkeitsprüfung: Funktionsgarantie statt Strukturbestandsgarantie.* Die Ausnahme nach Art. 106 Abs. 2 verfolgt **zwei grundlegende Ziele:** Zum einen soll **das gute und sichere Funktionieren der Dienstleistungen von allgemeinem wirtschaftlichem Interesse,** die von den Mitgliedstaaten im Rahmen ihres Gestaltungsspielraums definiert und einem oder mehreren Unternehmen durch Betrauung zugewiesen worden sind, zugunsten der Empfänger dieser Dienstleistungen garantiert werden. Zum anderen soll die Erfüllung der besonderen Aufgabe in einer Art und Weise erfolgen, die die **Freiheiten der Verträge,** insbes. des Binnenmarkts und des Wettbewerbs, **geringstmöglich beeinträchtigt.**[1007] Schon der Wortlaut des Art. 106 Abs. 2, der von der *Verhinderung* der Aufgabenerfüllung selbst und nicht von der *Behinderung* des mit dieser Aufgabe betrauten Unternehmens spricht, verdeutlicht, dass es objektivierend in erster Linie um das öffentliche Interesse an der Erfüllung der besonderen Aufgabe in einem bestimmten Markt geht und nicht subjektivierend um das Wohlergehen des betrauten Unternehmens.[1008] Im Übrigen werden Gewichtung und Zusammenwirken der verschiedenen Elemente des Art. 106 Abs. 2 durch Art. 14 AEUV[1009] nicht verschoben, sondern bestätigt. Denn diese Vorschrift betont sowohl die Funktionsgarantie als auch die vollständige Geltung des Art. 106 im Bereich der Dienste von allgemeinem wirtschaftlichem Interesse.[1010]

---

selbstverständlich den unterschiedlichen Einflüssen der mitgliedstaatlichen Rechtsordnungen unterliegt. Andererseits ist in der neueren Rechtsprechung eine Verschärfung der Erforderlichkeitsprüfung festzustellen (s. Rdnr. 348, 350 f., 355 ff., 368, 383).

[1004] EuGH U. v. 21.12.2011, Rs C-242/10, Slg. 2011, I-13665 Rdnr. 56–62 – *Enel Produzione;* EuGH U. v. 29.4.2010, Rs C-160/08, Slg. 2010, I-3713 Rdnr. 129 – *Kommission/Deutschland.*

[1005] EuGH U. v. 21.12.2011, Rs C-242/10, Slg. 2011, I-13665 Rdnr. 63–80 – *Enel Produzione.* EuGH U. v. 28.2.2013, Rs C-1/12, ECLI:EU:C:2013:127 Rdnr. 106–107 und 98–100 mwN – *Ordem dos Técnicos Oficiais de Contas;* EuGH U. v. 25.6.1998, Rs C-203/96, Slg. 1998, I-4075 Rdnr. 65 – *Chemische Afvalstoffen Dusseldorp;* EuGH U. v. 19.5.1993, Rs C-320/91, Slg. 1993, I-2533 Rdnr. 14 – *Paul Corbeau;* EuGH U. v. 27.4.1994, Rs C-393/92, Slg. 1994, I-1477 Rdnr. 46 – *Almelo.*

[1006] S. hierzu unten Rdnr. 388 ff.

[1007] S. auch Daseinsvorsorgemitteilung der Kommission KOM(2000) 580 endg. (auch veröffentlicht in ABl. 2001 C 17/4) Rdnr. 23–25; Loewenheim/Meessen/Riesenkampff-*Ehricke,* Art. 86 EG Rdnr. 121 mwN.; *Streinz-Koenig/Paul,* EUV/AEUV, Art. 106 AEUV Rdnr. 73, 78; Grabitz/Hilf/Nettesheim-*Wernicke,* Das Recht der Europäischen Union, Art. 106 AEUV Rdnr. 72–77 (Stand: 3/2011); v. d.Groeben/Schwarze/Hatje-*Klotz,* Europäisches Unionsrecht, Art. 106 AEUV Rdnr. 81–82; Immenga/Mestmäcker-*Mestmäcker/Schweitzer,* WbR Bd. 1 EU/Teil 1, Art. 106 Abs. 2 AEUV Rdnr. 95–98 mwN.

[1008] *Streinz-Koenig/Paul,* EUV/AEUV, Art. 106 AEUV Rdnr. 73; Grabitz/Hilf/Nettesheim-*Wernicke,* Das Recht der Europäischen Union, Art. 106 AEUV Rdnr. 72–77 (Stand: 3/2011).

[1009] Als Nachfolgevorschrift des am 1.5.1999 in Kraft getretenen Art. 16 EG-Vertrag.

[1010] Immenga/Mestmäcker-*Mestmäcker/Schweitzer,* WbR Bd. 1 EU/Teil 1, Art. 106 Abs. 2 AEUV Rdnr. 29 mwN; abweichend aufgrund eines in Art. 14 AEUV enthaltenen „Optimierungsgebots" Grabitz/Hilf/Nettesheim-*Wernicke,* Das Recht der Europäischen Union, Art. 14 AEUV Rdnr. 44–49 (Stand: 1/2014).

Zusammengefasst bietet Art. 106 Abs. 2 eine **Funktionsgarantie** zugunsten der Dienstleistung von allgemeinem wirtschaftlichem Interesse, jedoch **keine Bestandsgarantie hinsichtlich bestimmter Strukturen,** in denen diese Dienstleistung bisher erbracht wurde. Diese Strukturen unterliegen der Proportionalitätsprüfung dahingehend, ob sie unter den heutigen Bedingungen noch die für die Freiheit des Wettbewerbs und des Binnenmarktes geringstbeschränkende Art darstellen, die Dienstleistung von allgemeinem wirtschaftlichem Interesse sicherzustellen. Aufgabe der zur Beurteilung des Art. 106 Abs. 2 berufenen Kommission und der nationalen wie Unionsgerichte ist es daher auch, die bisherigen Strukturen, in denen Daseinsvorsorgeleistungen erbracht werden, dahingehend zu hinterfragen, ob diese Leistungen nicht in offeneren, binnenmarkt- und wettbewerbsfreundlicheren Formen genauso gut und sicher oder sogar besser erbracht werden können. **Dies kann dazu führen, dass Monopolstrukturen abzubauen sind.** Deswegen muss und darf die Betrauung eines oder mehrerer Unternehmen mit einer Dienstleistung von allgemeinem wirtschaftlichem Interesse nicht notwendigerweise damit verbunden werden, den betrauten Unternehmen auch ein ausschließliches oder besonderes Recht zur Erbringung dieser Dienstleistung einzuräumen und damit die Wettbewerbs- und Binnenmarktfreiheiten ganz auszuschalten.[1011] 381

Schließlich zeigt auch die Rechtsprechung zum **„versagenden Monopol",**[1012] dass Auslegung und Anwendung des Art. 106 Abs. 2 nicht am Erhalt bestimmter Strukturen, sondern am guten Funktionieren der Daseinsvorsorgeleistung zugunsten der Bürger orientiert sind. Die Einräumung eines Monopols für eine Dienstleistung von allgemeinem wirtschaftlichem Interesse kann dann nicht über Art. 106 Abs. 2 gerechtfertigt werden, **wenn das Monopolunternehmen versagt und seine besondere Aufgabe nicht ausreichend erfüllt.** Der Mitgliedstaat darf nicht einen Markt für ein Unternehmen reservieren, ohne die adäquate Bedienung dieses Marktes sicherzustellen. In einem solchen Fall geht außerdem das Unionsinteresse[1013] an den Prinzipien des Binnenmarkts und des Wettbewerbs eindeutig dem Interesse des Mitgliedstaates an einer bestimmten Organisation seiner Wirtschaft vor. 382

c) Strenge Erforderlichkeitsprüfung. Wie oben dargestellt hat die Rechtsprechung des EuGH den **Maßstab zur Beurteilung der Verhinderung der Aufgabenerfüllung gelockert.** Statt des objektiven Verunmöglichens der Dienstleistung von allgemeinem wirtschaftlichem Interesse durch die Anwendung des EU-Rechts ist nun im Zusammenhang mit einem Universaldienst jedenfalls bei der Beurteilung staatlicher Maßnahmen ein **Gefährdungsmaßstab auf der Grundlage der wirtschaftlichen Zumutbarkeit** anzusetzen.[1014] Dies hat die Verhältnismäßigkeitsprüfung dergestalt beeinflusst, dass nun zu untersuchen ist, inwieweit Wettbewerbsbeschränkungen erforderlich sind, um dem betrauten Unternehmen zu ermöglichen, seine besondere Aufgabe „unter wirtschaftlich tragbaren Bedingungen" zu erfüllen. Unter Beachtung dieses Maßstabes hat der EuGH dann jedoch die **Erforderlichkeitsprüfung streng ausgestaltet.**[1015] Dies geschah sicherlich auch, um der Gefahr entgegenzuwirken, dass das subjektive Wohlergehen des betrauten Unternehmens anstelle des guten Funktionierens der Dienstleistung von allgemeinem wirtschaftlichem Interesse in den Mittelpunkt gerückt und hierdurch übermäßige Wettbewerbsbeschränkungen gerechtfertigt würden.[1016] Damit wird ein zu scharfer Gegensatz zum Maßstab des objektiven Verunmöglichens der Aufgabenerfüllung vermieden. 383

[1011] S. oben Rdnr. 331 mwN.

[1012] S. oben Rdnr. 376 ff.

[1013] S. hierzu unten Rdnr. 393 f.

[1014] S. oben Rdnr. 338–351 und 355–361.

[1015] S. hierzu oben z. B. Rdnr. 348, 350 f., 355 ff., 368. S. hierzu auch EuGH U. v. 28.2.2013, Rs C-1/12, ECLI:EU:C:2013:127 Rdnr. 104–107 und 98–100 mwN – *Ordem dos Técnicos Oficiais de Contas.*

[1016] S. oben Rdnr. 338–351 und 355–364.

384 *d) Zusammenspiel von primärem und sekundärem EU-Recht.* Die dynamische Natur der Verhältnismäßigkeitsprüfung und der darin enthaltenen Erforderlichkeitsprüfung in einem sich fortentwickelnden wirtschaftlichen und technischen Umfeld liegt auch der Politik der Europäischen Union zur schrittweisen Liberalisierung von Sektoren wie Energie (Strom und Gas),[1017] Telekommunikation[1018] und Post[1019] zugrunde, in denen Dienstleistungen von allgemeinem wirtschaftlichem Interesse erbracht werden. Dementsprechend wurden die EU-Richtlinien und -Verordnungen, die in diesen Sektoren zunächst nur teilweise Marktöffnungen vorsahen, in regelmäßigen zeitlichen Abständen einer Neubewertung dahingegen unterzogen, ob die ausschließlichen und besonderen Rechte, die die Mitgliedstaaten den Erbringern von Dienstleistungen von allgemeinem wirtschaftlichem Interesse gewähren durften, noch einer Verhältnismäßigkeits- und Erforderlichkeitsprüfung standhielten. Dies führte über sukzessive Novellierungen der EU-Richtlinien und -Verordnungen schließlich zur vollständigen Abschaffung aller ausschließlichen und besonderen Rechte und zu der Möglichkeit, die Erbringung und Finanzierung von Dienstleistungen von allgemeinem wirtschaftlichem Interesse durch weniger restriktive Mechanismen sicherzustellen.[1020]

385 Im Bereich der Dienstleistungen von allgemeinem wirtschaftlichem Interesse beeinflussen primäres und sekundäres EU-Recht sich gegenseitig. So sehen verschiedene Liberalisierungs- und Binnenmarktrichtlinien vor, dass Mitgliedstaaten unter uneingeschränkter Beachtung der einschlägigen Bestimmungen des Vertrags, insbes. des Art. 106 AEUV, Unternehmen bestimmte Gemeinwohlverpflichtungen auferlegen können. Hierzu entschied der EuGH, aus der Verbindung mit und der Auslegung von Art. 106 Abs. 2 ergebe sich, dass die nach dem sekundären EU-Recht auferlegten Gemeinwohlverpflichtungen den Grundsatz der Verhältnismäßigkeit beachten müssten.[1021] Umgekehrt erkennt der EuGH an, dass sekundäres EU-Recht, das für einen bestimmten Wirtschaftssektor gilt, für diesen Sektor die Tragweite der Ausnahmemöglichkeit nach Art. 106 Abs. 2 definieren kann.[1022]

386 **3. Verhinderung der besonderen Aufgabe des Finanzmonopols.** Die meisten Finanzmonopole[1023] sind **als staatliche Warenhandelsmonopole ausgestaltet,** die die Mitgliedstaaten nach Art. 37 AEUV so umzuformen haben, dass Diskriminierungen in den Versorgungs- und Absatzbedingungen zwischen den Angehörigen der Mitgliedstaaten ausgeschlossen sind.[1024] Art. 37 sagt ausdrücklich, dass diese Vorschrift auf alle Einrichtungen Anwendung findet, durch die ein Mitgliedstaat unmittelbar die Einfuhr oder die Ausfuhr zwischen den Mitgliedstaaten rechtlich oder tatsächlich kontrolliert, lenkt oder merklich beeinflusst und außerdem auch für die vom Staat auf andere Rechtsträger übertragenen Monopole gilt. Inzwischen geklärt ist, dass die Umformungspflicht nach Art. 37 bei Erfüllung aller Voraussetzungen des Art. 106 Abs. 2 eingeschränkt werden kann.[1025] Allerdings

---

[1017] Näheres hierzu unten unter Rdnr. 443 ff.

[1018] Näheres hierzu unten unter Rdnr. 451.

[1019] Näheres hierzu unten unter Rdnr. 454 ff.

[1020] S. z. B. die gleichzeitig mit der Abschaffung aller ausschließlichen und besonderen Rechte im Postsektor von Art. 7 der Postbinnenmarktrichtlinie 97/67/EG durch Änderungsrichtlinie 2008/6/EG geschaffene Möglichkeit, eine unverhältnismässige Belastung für den/die Universaldiensteanbieter durch Entschädigungen aus öffentlichen Mitteln oder durch die Aufteilung der Nettokosten der Universaldienstverpflichtungen auf alle Anbieter der Dienstleistungen und/oder deren Nutzer aufzuteilen (z. B. durch die Pflicht zur Einzahlung in einen Ausgleichsfonds).

[1021] EuGH U. v. 21.12.2011, Rs C-242/10, Slg. 2011, I-13665 Rdnr. 38–42 – *Enel Produzione.*

[1022] Zur Durchführung des Art. 106 Abs. 2 durch die Postbinnenmarktrichtlinie 97/67/EG hinsichtlich der Möglichkeit, bestimmte Postdienste dem Erbringer des postalischen Universaldienstes zu reservieren s. EuGH U. v. 18.12.2007, Rs C-220/06, Slg. 2007, I-12175 Rdnr. 80–81 – *Asociación Profesional de Empresas de Reparto y Manipulado de Correspondencia.*

[1023] Zum Begriff des Finanzmonopols s. oben Rdnr. 333 f.

[1024] Zu Art. 37 s. oben Rdnr. 249 ff. und insbes. Rdnr. 267.

[1025] Loewenheim/Meessen/Riesenkampff-*Ehricke,* Art. 86 EG Rdnr. 112; EuGH U. v. 23.10.1997, Rs C-157/94, Slg. 1997, I-5699 Rdnr. 32 – *Kommission/Niederlande („Importmonopol Elektrizität");* EuGH U. v. 23.10.1997, Rs C-158/94, Slg. 1997, I-5789 Rdnr. 43 – *Kommission/Italien („Import-*

hat der EuGH eine solche Einschränkung der Umformungspflicht für als Warenhandelsmonopole ausgestaltete Finanzmonopole bisher nicht positiv feststellen müssen, entweder weil schon die Diskriminierung iSv. Art. 37 fehlte,[1026] oder weil eine solche Stellungnahme aus anderen Gründen vermieden werden konnte.[1027]

Für die **geringe praktische Bedeutung** des Art. 106 Abs. 2 im Zusammenhang mit Finanzmonopolen erscheint in erster Linie die Tatsache verantwortlich, dass Art. 106 Abs. 2 allein die fiskalische Funktion von Finanzmonopolen, d. h. die ihnen übertragene besondere Aufgabe schützt, unter Ausnutzung des Monopols besonders hohe Einnahmen für den Staat zu erzielen. Nicht geschützt und keine besondere Aufgabe iSv. Art. 106 Abs. 2 sind andere mit diesen Monopolen verfolgte Zwecke. IdR. ist es jedoch schwierig, Einschränkungen der sich aus den Verträgen ergebenden Pflichten mittels Art. 106 Abs. 2 allein mit der Erfüllung der besonderen Aufgabe der Einnahmeerzielung zu rechtfertigen.[1028] Denn die fiskalische Zielsetzung des Finanzmonopols wird durch die Anwendung der Vertragsregeln, insbes. die Umformungsverpflichtung nach Art. 37 AEUV, regelmäßig nicht verhindert, da dem Staat in der Praxis zahlreiche alternative, nichtdiskriminierende und weniger wettbewerbsbeschränkende Möglichkeiten zur Einnahmeerzielung in vergleichbarer Höhe zur Verfügung stehen.[1029] 387

VI. Die Beeinträchtigung des Unionsinteresses iSv. Art. 106 Abs. 2 Satz 2

1. Funktion und Auslegungsregeln. Gemäß Art. 106 Abs. 2 Satz 2 darf durch die Anwendung von Satz 1 die Entwicklung des Handelsverkehrs nicht in einem Ausmaß beeinträchtigt werden, das dem Interesse der Union zuwiderläuft. Nach den Interpretationsregeln für Grundnormen und Ausnahmevorschriften ist diese **Beschränkung der Ausnahme weit auszulegen.** Dies gilt unabhängig davon, ob man die Funktion des Satzes 2 als unabhängige zweite Bedingung neben der Bedingung des Satzes 1, oder als Rückausnahme zur Ausnahme des Satzes 1 oder zusammen mit Satz 1 als Teil des von Abs. 2 insgesamt nach dem Prinzip der Verhältnismäßigkeit angestrebten Ausgleichs zwischen den Interessen des Mitgliedstaates und der Union sieht.[1030] Für die Praxis sind diese dogmatischen Streitigkeiten ohnehin von geringer Bedeutung, da jede Prüfung eines Ausnahmetatbestandes unter dem Gesichtspunkt der Verhältnismäßigkeit auch dessen Grenzen und damit seine Schranken-Schranke definieren muss.[1031] 388

Am treffendsten erscheint die Sichtweise, die den **Satz 2 als Vervollständigung der schon in Satz 1 angelegten Verhältnismäßigkeitsprüfung** interpretiert. Denn schon der Wortlaut des Satzes 2 *(„Ausmaß“)* verdeutlicht, dass auf der Grundlage des Verhältnismäßigkeitsprinzips eine **Abwägung im konkreten Einzelfall** vorzunehmen ist zwischen einerseits dem Unionsinteresse an einer unverzerrten Entwicklung des Handelsverkehrs und andererseits dem Interesse des Mitgliedstaates an der Erfüllung der besonderen Aufgabe, die in der Erbringung der Dienstleistung von allgemeinem wirtschaftlichem Interesse 389

und Exportmonopol Elektrizität“); EuGH U. v. 23.10.1997, Rs C-159/94, Slg. 1997, I-5815 Rdnr. 49 – *Kommission/Frankreich („Import- und Exportmonopol Gas und Elektrizität“); Streinz-Koenig/Paul,* EUV/AEUV, Art. 106 AEUV Rdnr. 45; Grabitz/Hilf/Nettesheim-*Wernicke,* Das Recht der Europäischen Union, Art. 106 AEUV Rdnr. 52 (Stand: 3/2011).

1026 EuGH U. v. 23.10.1997, Rs C-189/95, Slg. 1997, I-5909 Rdnr. 41 – *Franzén;* EuGH U. v. 13.3.1979, Rs 86/78, Slg. 1979, 897 – *Peureux.*

1027 EuGH U. v. 13.3.1979, Rs 91/78, Slg. 1979, 935 – *Hansen.*

1028 Grabitz/Hilf/Nettesheim-*Wernicke,* Das Recht der Europäischen Union, Art. 106 AEUV Rdnr. 52 (Stand: 3/2011).

1029 Immenga/Mestmäcker-*Mestmäcker/Schweitzer,* WbR Bd. 1 EU/Teil 1, Art. 106 Abs. 2 AEUV Rdnr. 75.

1030 S. hierzu oben Rdnr. 291, 295, 379 und unten Rdnr. 389.

1031 S. auch Loewenheim/Meessen/Riesenkampff-*Ehricke,* Art. 86 EG Rdnr. 125 mwN.

oder der Tätigkeit des Finanzmonopols besteht.[1032] Diese integrale Sichtweise zu Art. 106 Abs. 2 S. 1 und 2 ist im Übrigen dadurch indiziert, dass die neuere Rechtsprechung von der unmittelbaren Anwendbarkeit der gesamten Vorschrift ausgeht.[1033]

390 Satz 2 des Art. 106 Abs. 2 ist zu prüfen, nachdem zuvor nach Satz 1 festgestellt worden war, dass die fragliche Einschränkung der Vertragsregeln (AEUV, EUV) erstens objektiv **geeignet** und zweitens iS. des geringstrestriktiven Mittels auch **erforderlich** ist, um das Funktionieren der Dienstleistung von allgemeinem wirtschaftlichem Interesse zu gewährleisten. In einem **dritten Schritt** ist nun nach Satz 2 zu untersuchen, ob die fragliche Einschränkung der Vertragsregeln zu einer Beeinträchtigung des Handelsverkehrs führt und inwieweit diese mit dem Interesse der Union vereinbar ist. Satz 2 prüft somit, ob die Einschränkung **angemessen bzw. verhältnismäßig im engeren Sinn** ist.[1034] Im Hinblick auf **Art. 14 AEUV**[1035] gilt für die Angemessenheitsprüfung nach Satz 2 des Art. 106 Abs. 2 aus denselben Gründen wie für die Erforderlichkeitsprüfung nach Satz 1, dass Gewichtung und Zusammenwirken der verschiedenen Elemente des Art. 106 Abs. 2 durch Art. 14 AEUV nicht verschoben, sondern bestätigt worden sind.[1036]

391 **2. Die Beeinträchtigung der Entwicklung des Handelsverkehrs.** Die Tragweite dieses Merkmals ist umstritten. Richtig ist einerseits, dass es nicht gleichzusetzen ist mit dem Kriterium der Eignung zur Beeinträchtigung des Handels zwischen Mitgliedstaaten, das in Art. 101/102 und in Art. 106 Abs. 1 iVm. Art. 101/102 lediglich darüber entscheidet, ob EU-Wettbewerbsrecht überhaupt zur Anwendung kommt.[1037] Die Tatsache allein, dass potentiell ein Einfluss auf den Handelsverkehr nicht auszuschließen ist, würde die Anwendbarkeit der Ausnahme nach Art. 106 Abs. 2 zu stark einengen. Zu weit[1038] hingegen geht andererseits die Auffassung, der Begriff der Entwicklung des Handelsverkehrs in Art. 106 Abs. 2 Satz 2 sei ***„global** zu verstehen"* und stelle darauf ab, ob die auf der Grundlage von Art. 106 Abs. 2 geplante Abweichung von den Verträgen (AEUV, EUV) die Grundsätze des freien Warenaustausches in einem wettbewerblichen Binnenmarkt insgesamt und nicht nur für einzelne Produkte beeinflusse. Nach dieser Auffassung könnte Art. 106 Abs. 2 die völlige Unterbindung des Handels zwischen Mitgliedstaaten für ein bestimmtes Produkt oder eine bestimmte Dienstleistung rechtfertigen, wenn global, d. h. im Hinblick auf alle Produkt- oder Dienstleistungsarten gesehen, der Handel zwischen Mitgliedstaaten nur unwesentlich beeinträchtigt wird.[1039]

392 Sachgerecht ist vielmehr, angesichts des starken Prognoseelements, das jeder Beurteilung der Ausnahme nach Art. 106 Abs. 2 innewohnt, deutliche Hinweise darauf zu

---

[1032] EuGH U. v. 19.3.1991, Rs C-202/88, Slg. 1991, I-1223 Rdnr. 11–12 – *Frankreich/Kommission („Telekommunikationsendgeräte");* EuGH U. v. 14.7.1971, Rs 10/71, Slg. 1971, 723 Rdnr. 13–16 – *Madeleine Muller („Hafen von Mertert");* Immenga/Mestmäcker-*Mestmäcker/Schweitzer,* WbR Bd. 1 EU/Teil 1, Art. 106 Abs. 2 AEUV Rdnr. 129 mwN; Grabitz/Hilf/Nettesheim-*Wernicke,* Das Recht der Europäischen Union, Art. 106 AEUV Rdnr. 69–71 (Stand: 3/2011); *Bach,* S. 48.

[1033] S. hierzu unten Rdnr. 395 ff.

[1034] *Streinz-Koenig/Paul,* EUV/AEUV, Art. 106 AEUV Rdnr. 78.

[1035] Als Nachfolgevorschrift des am 1.5.1999 in Kraft getretenen Art. 16 EG-Vertrag.

[1036] S. oben Rdnr. 380; im Ergebnis nicht anders: Grabitz/Hilf/Nettesheim-*Wernicke,* Das Recht der Europäischen Union, Art. 106 AEUV Rdnr. 69 (Stand: 3/2011); *Streinz-Koenig/Paul,* EUV/AEUV, Art. 106 AEUV Rdnr. 77. Skeptisch jedoch Langen/Bunte-*Stadler,* KartR Bd. 2, Art. 106 AEUV Rdnr. 70.

[1037] Grabitz/Hilf/Nettesheim-*Wernicke,* Das Recht der Europäischen Union, Art. 106 AEUV Rdnr. 67 (Stand: 3/2011); v. d.Groeben/Schwarze/Hatje-*Klotz,* Europäisches Unionsrecht, Art. 106 AEUV Rdnr. 84; *Streinz-Koenig/Paul,* EUV/AEUV, Art. 106 AEUV Rdnr. 77; Loewenheim/Meessen/Riesenkampff-*Ehricke,* Art. 86 EG Rdnr. 130 mwN.

[1038] So im Ergebnis noch Immenga/Mestmäcker-*Mestmäcker,* EG-WbR, 4. Aufl., Art. 37, 90 a. F. (Art. 31, 86 n. F.) EG, S. 1600–1601 Rdnr. 61. Inzwischen revidiert in Immenga/Mestmäcker-*Mestmäcker/Schweitzer,* WbR Bd. 1 EU/Teil 1, Art. 106 Abs. 2 AEUV Rdnr. 131.

[1039] So Grabitz/Hilf/Nettesheim-*Wernicke,* Das Recht der Europäischen Union, Art. 106 AEUV Rdnr. 68 (Stand: 3/2011).

verlangen, dass die eingeschränkte Anwendung der Regeln des AEUV und EUV im konkreten Einzelfall die Handelsströme verzerren würde. Allerdings sollte sich diese Beurteilung auf die von der Ausnahme konkret betroffenen Produkte oder Dienstleistungen konzentrieren. Dies entspricht am besten der **Funktionsweise des Art. 106 Abs. 2.**[1040] Denn **Satz 1** erlaubt zunächst anhand einer konkreten Sachverhaltsgestaltung Abweichungen insbes. von den Binnenmarkt- und Wettbewerbsregeln des AEUV und damit verbundene Beeinträchtigungen des Handels zwischen Mitgliedstaaten als **geeignet und erforderlich,** um das Funktionieren der Dienstleistung von allgemeinem wirtschaftlichem Interesse zu gewährleisten. **Satz 2** stellt dann als Korrektiv die abschließende Frage, ob die so zur Erlaubnis anstehende Handelsbeeinträchtigung in diesem Fall ein Ausmaß erreicht, das dem Unionsinteresse zuwiderläuft und damit **unangemessen** ist. Das Unionsinteresse, Handelsbeeinträchtigungen zu vermeiden, und das von Art. 106 Abs. 2 anerkannte nationale Interesse sind nach dem Gesichtspunkt der Angemessenheit bzw. der Verhältnismäßigkeit im engeren Sinne abzuwägen. Art. 106 Abs. 2 kann seine Funktion erfüllen, soweit nicht jede Handelsbeeinträchtigung automatisch als dem Unionsinteresse zuwiderlaufend eingestuft und damit die Ausnahmemöglichkeit nach Art. 106 Abs. 2 praktisch abgeschafft wird.[1041] Dies ist aber keine Frage des Tatbestandsmerkmals der ‚Entwicklung des Handelsverkehrs', sondern eine Frage der richtigen Auslegung des Unionsinteresses,[1042] des Ausmaßes seiner Beeinträchtigung und der sorgfältigen Abwägung mit den nationalen Interessen. Diese Abwägung wird **anhand des konkreten Einzelfalles** und konzentriert auf die betroffenen Produkte oder Dienstleistungen durchgeführt.[1043] Folge des hier vertretenen Standpunkts ist, dass – im Gegensatz zu der zuvor beschriebenen globalen Sichtweise – Handelsbeschränkungen für bestimmte Produkte oder Dienstleistungen nicht mit Hinweis auf Handelsfreiheit für andere Produkte oder Dienstleistungen gerechtfertigt werden können. Die Anwendung des Art. 106 Abs. 2 führt somit insgesamt zu Ergebnissen, die die Geltung des Unionsrechts weniger einschränken und damit dem **Prinzip der restriktiven Auslegung** von Ausnahmevorschriften besser gerecht werden.

3. Das Interesse der Union. Das Interesse der Union ist aus dem europäischen Ver- 393
trägen abzuleiten, insbes. aus ihren **Kompetenznormen und Zielvorgaben** (insbes. Art. 2–3 EUV, Art. 2ff. AEUV) und ihren **Grundsatzbestimmungen** (Art. 18 Diskriminierungsverbot; Art. 28ff., 34ff. freier Warenverkehr; Art. 38ff. Landwirtschaft; Art. 45ff. Freizügigkeit der Arbeitnehmer; Art. 49ff. Niederlassungsfreiheit; Art. 56ff. Dienstleistungsfreiheit; Art. 63ff. Kapitalverkehrsfreiheit; Art. 101ff. Wettbewerb). **Von herausgehobener Bedeutung** sind die **Schaffung und Wahrung eines einheitlichen Binnenmarktes sowie die Einhaltung der Wettbewerbsregeln**[1044] und die Beachtung des **Verbots der Diskriminierung** aus Gründen der Staatsangehörigkeit.[1045] Daneben spielen

---

[1040] So auch Loewenheim/Meessen/Riesenkampff-*Ehricke,* Art. 86 EG Rdnr. 130 mwN.

[1041] Grabitz/Hilf/Nettesheim-*Wernicke,* Das Recht der Europäischen Union, Art. 106 AEUV Rdnr. 71 (Stand: 3/2011).

[1042] S. hierzu unten Rdnr. 393.

[1043] Zutreffend insoweit Grabitz/Hilf/Nettesheim-*Wernicke,* Das Recht der Europäischen Union, Art. 106 AEUV Rdnr. 71 (Stand: 3/2011).

[1044] EuGH U. v. 19.3.1991, Rs C-202/88, Slg. 1991, I-1223 Rdnr. 12 – *Frankreich/Kommission („Telekommunikationsendgeräte");* Immenga/Mestmäcker-*Mestmäcker/Schweitzer,* WbR Bd. 1 EU/Teil 1, Art. 106 Abs. 2 AEUV Rdnr. 132; *Langen/Bunte-Stadler,* KartR Bd. 2, Art. 106 AEUV Rdnr. 70; Grabitz/Hilf/Nettesheim-*Wernicke,* Das Recht der Europäischen Union, Art. 106 AEUV Rdnr. 69 (auch mit Verweis auf das dem EUV und AEUV beigefügte Protokoll Nr. 27) (Stand: 3/2011); *Streinz-Koenig/Paul,* EUV/AEUV, Art. 106 AEUV Rdnr. 77; Loewenheim/Meessen/Riesenkampff-*Ehricke,* Art. 86 EG Rdnr. 131.

[1045] Grabitz/Hilf/Nettesheim-*Wernicke,* Das Recht der Europäischen Union, Art. 106 AEUV Rdnr. 71 (Stand: 3/2011); v.d.Groeben/Schwarze/Hatje-*Klotz,* Europäisches Unionsrecht, Art. 106 AEUV Rdnr. 87; Immenga/Mestmäcker-*Mestmäcker/Schweitzer,* WbR Bd. 1 EU/Teil 1, Art. 106 Abs. 2 AEUV Rdnr. 133; Langen/Bunte-*Stadler,* KartR Bd. 2, Art. 106 AEUV Rdnr. 70.

Sozial- und Umweltschutz eine Rolle,[1046] soweit sich eine Beeinträchtigung des Handelsverkehrs auf diese Zielsetzungen auswirken kann. Bei der Abwägung ist außerdem der Art. 14 AEUV sowie das dem EUV und AEUV beigefügte Protokoll Nr. 26 über Dienste von allgemeinem (wirtschaftlichem) Interesse zu beachten. Hierin werden insbesondere der Stellenwert dieser Dienste innerhalb der gemeinsamen Werte der Union, das Interesse an ihrem guten Funktionieren sowie der Ermessensspielraum der Mitgliedstaaten bei der Definition und Ausgestaltung dieser Dienste betont. Dies darf jedoch nicht dazu führen, dass bei der Anwendung des Art. 106 Abs. 2 das Regel-Ausnahme-Verhältnis auf den Kopf gestellt[1047] und die Funktion des Art. 106 Abs. 2 Satz 2 als Schranken-Schranke entwertet wird.[1048]

394 Im Übrigen wird das Unionsinteresse durch die Praxis der Unionsorgane und insbes. durch den Erlass des aus den Verträgen abgeleiteten sekundären Unionsrechts unter der Kontrolle des Gerichtshofs[1049] konkretisiert, muss sich hierbei allerdings am Maßstab des Primärrechts messen lassen.[1050] Das Unionsinteresse kann entgegenstehen, wenn ein Mitgliedstaat unter Berufung auf Art. 106 Abs. 2 die Durchführung einer zuvor von den Mitgliedstaaten einstimmig oder mehrheitlich beschlossenen Politik zu verhindern sucht.[1051] Die Kommission kann im Rahmen ihrer Kompetenz nach Art. 106 Abs. 3 durch Richtlinien oder Einzelfallbeschlüsse Leitlinien bzw. Hinweise in Bezug auf den Inhalt des Unionsinteresses festlegen, hat dabei jedoch die oben erwähnten Zielvorgaben und Grundsatzbestimmungen des primären Unionsrechts genauso zu beachten wie deren Konkretisierungen in sekundärem Unionsrecht, das von den anderen Unionsorganen erlassen wurde.[1052]

VII. Die unmittelbare Anwendbarkeit des Art. 106 Abs. 2 AEUV

395 Die Frage der unmittelbaren Anwendbarkeit[1053] des Art. 106 Abs. 2 war lange Zeit streitig. Aufgrund der neueren Rechtsprechung[1054] und mit dem überwiegenden Teil der Rechtslehre[1055] ist inzwischen von der **vollständigen unmittelbaren Anwendbarkeit des Art. 106 Abs. 2** auszugehen. Somit kann diese Vorschrift nicht nur von europäischen, sondern auch von nationalen Behörden und Gerichten direkt angewandt werden. Dies ergibt sich insbes. aus der Tatsache, dass der EuGH sich in Vorabentscheidungsverfahren auf Hinweise zur Auslegung von Tatbestandsmerkmalen des Art. 106 Abs. 2 beschränkt und

---

[1046] Grabitz/Hilf/Nettesheim-*Wernicke,* Das Recht der Europäischen Union, Art. 106 AEUV Rdnr. 69 (Stand: 3/2011); Loewenheim/Meessen/Riesenkampff-*Ehricke,* Art. 86 EG Rdnr. 131.

[1047] *Streinz-Koenig/Paul,* EUV/AEUV, Art. 106 AEUV Rdnr. 77. Im Ergebnis ebenso Immenga/Mestmäcker-*Mestmäcker/Schweitzer,* WbR Bd. 1 EU/Teil 1, Art. 106 Abs. 2 AEUV Rdnr. 132.

[1048] S. hierzu oben Rdnr. 388.

[1049] EuGH U. v. 23.10.1997, Rs C-157/94, Slg. 1997, I-5699 Rdnr. 69 – *Kommission/Niederlande („Importmonopol Elektrizität");* EuGH U. v. 23.10.1997, Rs C-158/94, Slg. 1997, I-5789 Rdnr. 65 – *Kommission/Italien („Import- und Exportmonopol Elektrizität");* EuGH U. v. 23.10.1997, Rs C-159/94, Slg. 1997, I-5815 Rdnr. 113 – *Kommission/Frankreich („Import- und Exportmonopol Gas und Elektrizität"); Ehricke,* EuZW 1998, 741, 746–747.

[1050] Grabitz/Hilf/Nettesheim-*Wernicke,* Das Recht der Europäischen Union, Art. 106 AEUV Rdnr. 70 (Stand: 3/2011); zur insoweit problematischen Haltung des EuGH in seinen Urteilen vom 23.10.1997 s. unten Rdnr. 422ff.

[1051] v. d. Groeben/Schwarze/Hatje-*Klotz,* Europäisches Unionsrecht, Art. 106 AEUV Rdnr. 88; Langen/Bunte-*Stadler,* KartR Bd. 2, Art. 106 AEUV Rdnr. 70.

[1052] Grabitz/Hilf/Nettesheim-*Wernicke,* Das Recht der Europäischen Union, Art. 106 AEUV Rdnr. 70 (Stand: 3/2011).

[1053] Zum Begriff der unmittelbaren Anwendbarkeit s. oben Rdnr. 220f.

[1054] S. hierzu unten Rdnr. 396.

[1055] Grabitz/Hilf/Nettesheim-*Wernicke,* Das Recht der Europäischen Union, Art. 106 AEUV Rdnr. 12–13 (Stand: 3/2011); Loewenheim/Meessen/Riesenkampff-*Ehricke,* Art. 86 EG Rdnr. 92–94; Langen/Bunte-*Stadler,* KartR Bd. 2, Art. 106 AEUV Rdnr. 11–12; *Lecheler,* RdE 1996, 212, 217; *Blum/Logue,* S. 38–39; kritisch aber Immenga/Mestmäcker-*Mestmäcker/Schweitzer,* WbR Bd. 1 EU/Teil 1, Art. 106 Abs. 2 AEUV, 62–763 Rdnr. 48.

ausdrücklich den nationalen Gerichten die Entscheidung über die Anwendung des Art. 106 Abs. 2 und die hierzu erforderliche Sachverhaltsaufklärung überlässt.[1056] Die unmittelbare Anwendbarkeit bezieht sich sowohl auf Satz 1 als auch – mit gewissen Besonderheiten – auf Satz 2 des Art. 106 Abs. 2.[1057]

1. Die Entwicklung der Rechtsprechung. Zu seiner heutigen Haltung ist der EuGH erst nach längerer Entwicklung gelangt. In einem ersten Urteil aus dem Jahre 1971[1058] vertrat der Gerichtshof noch die Auffassung, dass Art. 106 Abs. 2 unbeschadet der Ausübung der in Art. 106 Abs. 3 vorgesehenen Befugnisse durch die Kommission beim gegenwärtigen Stand der Entwicklung des Unionsrechts insgesamt nicht geeignet sei, individuelle Rechte zu begründen, die die nationalen Gerichte zu beachten haben. Art. 106 Abs. 2 enthalte keine unbedingte Vorschrift, da sie eine Abwägung verlange zwischen einerseits den Erfordernissen, die sich aus der Erfüllung der den betrauten Unternehmen übertragenen besonderen Aufgabe ergeben, und andererseits der Wahrung des Unionsinteresses. Bereits in seiner Vorabentscheidung *BRT II*[1059] verdeutlichte der Gerichtshof jedoch, dass der innerstaatliche Richter den Art. 106 Abs. 2 als unmittelbar anwendbar zu berücksichtigen habe. In seinem Urteil *British Telecom*[1060] entschied der EuGH, die Anwendung des Art. 106 Abs. 2 sei nicht dem Ermessen des Mitgliedstaates überlassen, der ein Unternehmen mit einer Dienstleistung von allgemeinem wirtschaftlichem Interesse betraut. Nach Art. 106 Abs. 3 komme vielmehr der Kommission eine Überwachungsfunktion zu, die sie unter der Aufsicht des Gerichtshofs ausübe.[1061] In seinem Urteil *Ahmed Saeed*[1062] bestätigte der Gerichtshof die in Art. 106 Abs. 3 niedergelegte Befugnis der Kommission, auf die Anwendung des Art. 106 Abs. 1 und 2 zu achten, stellte aber ausdrücklich fest, dass bei Untätigkeit der Kommission die unmittelbare Anwendung der Abs. 1 und 2 des Art. 106 nicht ausgeschlossen sei. In Vorabentscheidungen seit 1991 ist der EuGH sodann zu seiner heutigen Auffassung gelangt,[1063] dass Art. 106 Abs. 2 unmittelbar anwendbar ist, und zwar sowohl hinsichtlich der Möglichkeit, positiv festzustellen, dass die Voraussetzungen der Ausnahmevorschrift vorliegen, als auch der Befugnis, negativ festzustellen, dass sie nicht vorliegen. 396

2. Die Haltung der Kommission. Trotz der dargestellten Entwicklung der Rechtsprechung versuchte die Kommission noch 1991 in ihren Leitlinien für die Anwendung der EU-Wettbewerbsregeln im Telekommunikationsbereich[1064] die Weiterentwicklung der Rechtsprechung darauf zu begrenzen, dass nationale Behörden und Gerichte allein das 397

[1056] EuGH U. v. 18.6.1991, Rs C-260/89, Slg. 1991, I-2925 Rdnr. 33–34 – *Elliniki Radiophonia Tileorassi (ERT);* EuGH U. v. 19.5.1993, Rs C-320/91, Slg. 1993, I-2533 Rdnr. 13–20 – *Paul Corbeau;* EuGH U. v. 27.4.1994, Rs C-393/92, Slg. 1994, I-1477 Rdnr. 50 – *Almelo;* EuGH U. v. 25.10.2001, Rs C-475/99, Slg. 2001, I-8089 Rdnr. 64 – *Ambulanz Glöckner.*

[1057] Für Art. 106 Abs. 2 Satz 2 implizit: EuGH U. v. 19.10.1995, Rs C-19/93 P, Slg. 1995, I-3319 Rdnr. 18 – *Rendo/Kommission („Rendo II“);* s. auch *GA Tizzano* in EuGH U. v. 22.11.2001, Rs C-53/00, Slg. 2001, 9067 Rdnr. 78–84 – *Ferring.*

[1058] EuGH U. v. 14.7.1971, Rs 10/71, Slg. 1971, 723 Rdnr. 13–16 – *Madeleine Muller („Hafen von Mertert“);* bestätigt durch EuGH U. v. 10.3.1983, Rs 172/82, Slg. 1983, 555 Rdnr. 15 – *Inter Huiles.*

[1059] EuGH U. v. 27.3.1974, Rs 127/73, Slg. 1974, 313 Rdnr. 19–22 – *BRT/SABAM („BRT II“).*

[1060] EuGH U. v. 20.3.1985, Rs 41/83, Slg. 1985, 873 Rdnr. 30 – *Italien/Kommission („British Telecom“).*

[1061] Diese Aussage war jedoch nicht im Sinne einer Alleinzuständigkeit der Kommission für die Anwendung des Art. 106 Abs. 2 zu verstehen; sie erging vielmehr im Rahmen der Anfechtungsklage gegen eine Kommissionsentscheidung, über die der EuGH zu entscheiden hatte, als Begründung dafür, warum Art. 106 Abs. 2 zu den Bestimmungen gehöre, auf deren Verletzung durch einen Kommissionsakt jeder Mitgliedstaat eine gegen die Kommission gerichtete Anfechtungsklage stützen könne.

[1062] EuGH U. v. 11.4.1989, Rs 66/86, Slg. 1989, 803 Rdnr. 53 – *Ahmed Saeed Flugreisen.*

[1063] S. oben Rdnr. 395.

[1064] *Kommission,* Leitlinien für die Anwendung der EG-Wettbewerbsregeln im Telekommunikationsbereich, ABl. 1991 C 233/2, 7 Rdnr. 23.

Nichtvorliegen der Voraussetzungen des Art. 106 Abs. 2 Satz 1 feststellen könnten. Sei eine klare Aussage in diesem Sinne nicht möglich, so sollten die nationalen Stellen nach dem Willen der Kommission ihr Verfahren aussetzen, um der Kommission zu ermöglichen, über die Anwendbarkeit der Ausnahmevorschrift zu befinden. Auf diese Weise versuchte die Kommission, sich eine Exklusivbefugnis für die Bejahung der Voraussetzungen des Art. 106 Abs. 2 Satz 1 und für die dann notwendig werdende Beurteilung des Unionsinteresses nach Satz 2 zu sichern. Dieser Versuch fand jedoch keine Unterstützung in den nachfolgenden Vorabentscheidungen, in denen der EuGH den nationalen Gerichten die Befugnis zur Entscheidung über das Vorliegen oder Nichtvorliegen aller Voraussetzungen des Art. 106 Abs. 2 überließ.[1065] Deswegen erkennt auch die Kommission die unmittelbare Anwendbarkeit des gesamten Art. 106 Abs. 2 inzwischen an.

398 **3. Die unmittelbare Anwendbarkeit des Art. 106 Abs. 2 Satz 2.** Die Fähigkeit nationaler Behörden und Gerichte, das Unionsinteresse nach Satz 2 des Art. 106 Abs. 2 richtig beurteilen zu können, ist oft angezweifelt worden. In der Tat hat der Gerichtshof bisher in keinem Urteil die Kompetenz der nationalen Behörden zur Entscheidung über dieses Tatbestandsmerkmal ausdrücklich angesprochen und auch im Rahmen von Vorabentscheidungen den vorlegenden nationalen Gerichten keine Auslegungshinweise in Bezug auf diesen Teil des Art. 106 Abs. 2 gegeben. Die Urteile im Vorabentscheidungsverfahren beschränkten sich darauf, Auslegungshinweise zu Tatbestandsmerkmalen zu geben, die zu Satz 1 des Art. 106 Abs. 2 gehören (insbes. das zentrale Merkmal der Aufgabenverhinderung), um dann dem vorlegenden nationalen Gericht die Entscheidung über das Vorliegen dieser Merkmale im konkreten Fall zu überlassen.[1066] Trotzdem gibt es in der Rechtsprechung deutliche Hinweise für die unmittelbare Anwendbarkeit auch des Satzes 2.

399 Zunächst hat der Gerichtshof diese unmittelbare Anwendbarkeit des Satzes 2 nicht ausdrücklich ausgeschlossen. In seinem Urteil *Rendo I*[1067] bestätigte das EuG noch einmal ausdrücklich, dass die Kommission für die Anwendung des Art. 106 Abs. 2 Satz 1 nicht ausschließlich zuständig sei. In der Revisionsinstanz hat der EuGH hierzu klargestellt, dass das Gericht hiermit nicht der Kommission eine ausschließliche Zuständigkeit für die Anwendung von Satz 2 zuerkennen wollte.[1068]

400 Des Weiteren ist hervorzuheben, dass der EuGH im Rahmen der oben erwähnten Vorabentscheidungsverfahren[1069] stets nach der Auslegung der gesamten Vorschrift des Art. 106 Abs. 2 gefragt wurde. Die Tatsache, dass sich der EuGH auf Auslegungshinweise zu den wichtigsten Tatbestandsmerkmalen des Satzes 1 beschränkte, zeigt nicht nur, dass er den nationalen Gerichten die unmittelbare negative und positive Entscheidungsbefugnis über Satz 1 zuerkannte. Implizit erkannte der Gerichtshof damit auch die Befugnis der nationalen Gerichte zur Entscheidung über die Frage des Unionsinteresses nach Satz 2 an, die immer dann relevant wird, wenn die nationalen Gerichte die Anwendbarkeit des Satzes 1 bejahen. Dass der Gerichtshof sich selbst konkreter Stellungnahmen zum Unionsinteresse iSv. Satz 2 bisher enthalten hat, dürfte auch damit zu erklären sein, dass er auf Unionsebene die Kommission nicht aus ihrer Verantwortung für die Definition des Unionsinteresses gemäß Art. 106 Abs. 3 entlassen will.[1070]

1065 S. oben Rdnr. 395 f.

1066 EuGH U. v. 11.4.1989, Rs 66/86, Slg. 1989, 803 Rdnr. 54–57 – *Ahmed Saeed Flugreisen;* EuGH U. v. 18.6.1991, Rs C-260/89, Slg. 1991, I-2925 Rdnr. 33–34 – *Elliniki Radiophonia Tileorassi (ERT);* EuGH U. v. 19.5.1993, Rs C-320/91, Slg. 1993, I-2533 Rdnr. 13–20 – *Paul Corbeau;* EuGH U. v. 27.4.1994, Rs C-393/92, Slg. 1994, I-1477 Rdnr. 46–50 – *Almelo.*

1067 EuG U. v. 18.11.1992, Rs T-16/91, Slg. 1992, II-2417 Rdnr. 99 – *Rendo/Kommission („Rendo I").*

1068 EuGH U. v. 19.10.1995, Rs C-19/93 P, Slg. 1995, I-3319 Rdnr. 18 – *Rendo/Kommission („Rendo II");* s. auch *GA Tizzano* in EuGH U. v. 22.11.2001, Rs C-53/00, Slg. 2001, 9067 Rdnr. 78–84 – *Ferring.*

1069 S. oben Rdnr. 395–396, 398.

1070 S. unten Rdnr. 412, 422 ff.

Darüber hinaus hat der Gerichtshof trotz zahlreicher Gelegenheiten zu keinem Zeitpunkt angedeutet, dass die nationalen Stellen sich für die Beurteilung des Unionsinteresses zwingend an die Kommission oder eine andere Institution wenden müssten, bevor sie den Art. 106 Abs. 2 insgesamt anwenden. Der Gerichtshof scheint den Satz 2 vielmehr als komplementäres Element zu Satz 1 im Rahmen einer umfassenden Verhältnismäßigkeitsprüfung zu betrachten[1071] und konsequenterweise dann den nationalen Stellen die Anwendungsbefugnis für beide Elemente geben zu wollen. Dies entspricht auch dem grundlegenden Urteil *Frankreich/Kommission („Telekommunikationsendgeräte“),* [1072] in welchem der Gerichtshof das vollständige Zitat des Art. 106 Abs. 2 Sätze 1 und 2 als Grundlage für die Feststellung verwandte, dass diese Vorschrift das Interesse der Mitgliedstaaten am Einsatz bestimmter Unternehmen als Instrument ihrer Wirtschafts- und Fiskalpolitik mit dem Interesse der Union an der Einhaltung der Wettbewerbsregeln und der Wahrung der Einheit des gemeinsamen Marktes in Einklang bringen solle. Im Übrigen hat der EuGH in zwei Vorabentscheidungen bei der Untersuchung des Art. 106 Abs. 2 ausdrücklich erklärt, dass auch zu prüfen sei, ob die Entwicklung des Handelsverkehrs in einem Ausmaß beeinträchtigt werde, das dem Interesse der Union zuwiderlaufe.[1073] Während er selbst wiederum zu dieser Frage keine Stellung nahm, sondern sich auf Tatbestandsmerkmale des Satzes 1 beschränkte, wies er die Kompetenz zur Beurteilung des Unionsinteresses in einer der beiden Vorabentscheidungen sehr deutlich dem vorlegenden Gericht zu, indem er die Anwendbarkeit des Art. 106 Abs. 2 ausdrücklich unter den Vorbehalt stellte, dass auch die sonstigen Voraussetzungen dieser Vorschrift erfüllt seien.[1074] 401

4. Die unmittelbare Anwendung des Art. 106 Abs. 2 in der Praxis. Die unmittelbare Anwendbarkeit des Art. 106 Abs. 2 bedeutet nicht, dass die nationalen Stellen unbegrenzte Freiheit bei der Auslegung und Anwendung dieser Vorschrift genießen. Sie müssen sich vielmehr – wie auch sonst – an alle Vorgaben des Unionsrechts halten. Dies sind zum einen im Rahmen des Satz 1 insbes. die unionsrechtlichen Grenzen hinsichtlich der Möglichkeit, bestimmte Tätigkeiten als Dienste von allgemeinem wirtschaftlichem Interesse zu definieren.[1075] Zum anderen sind verbindliche Definitionen des Unionsinteresses iSv. Satz 2, die sich aus den Verträgen (AEUV, EUV) oder abgeleitetem EU-Recht ergeben, zu beachten.[1076] Von den nationalen Verwaltungsgerichten kann geprüft werden, ob die innerstaatlichen Behörden sich im Rahmen ihrer Befugnis gehalten haben. Das Verwaltungsgericht kann nach Art. 267 AEUV Fragen der Auslegung des Unionsrechts dem EuGH zur Vorabentscheidung vorlegen. Ist das nationale Gericht in dem konkreten Rechtsstreit die letzte Instanz, so muss es entscheidungserhebliche Fragen der Auslegung des Unionsrechts vorlegen.[1077] Diese Prinzipien gelten ebenfalls in Zivilrechtsstreitigkeiten, in denen Art. 106 Abs. 2 eine Rolle spielt. 402

Die Kommission hat in weiten Bereichen von ihrer Möglichkeit, insbes. gemäß Art. 106 Abs. 3 durch den Erlass oder anlässlich des Erlasses von Beschlüssen und Richtlinien die Grenzen des Art. 106 Abs. 2 und das Unionsinteresse zu definieren, bisher keinen Gebrauch gemacht. Wichtige Beiträge hat zwischenzeitlich der Gerichtshof im Rahmen des Vorabentscheidungsverfahrens[1078] – trotz der Begrenztheit seiner Befugnisse in dieser Verfahrensart[1079] 403

[1071] S. hierzu oben Rdnr. 388 f.

[1072] EuGH U. v. 19.3.1991, Rs C-202/88, Slg. 1991, I-1223 Rdnr. 11–12 – *Frankreich/Kommission („Telekommunikationsendgeräte“);* s. auch schon EuGH U. v. 14.7.1971, Rs 10/71, Slg. 1971, 723 Rdnr. 13–16 – *Madeleine Muller („Hafen von Mertert“).*

[1073] EuGH U. v. 18.6.1998, Rs C-266/96, Slg. 1998, I-3949 Rdnr. 44 – *Corsica Ferries France;* EuGH U. v. 25.6.1998, Rs C-203/96, Slg. 1998, I-4075 Rdnr. 65 – *Chemische Afvalstoffen Dusseldorp.*

[1074] EuGH U. v. 18.6.1998, Rs C-266/96, Slg. 1998, I-3949 Rdnr. 47 – *Corsica Ferries France.*

[1075] S. oben Rdnr. 293, 317–324.

[1076] S. oben Rdnr. 393.

[1077] Einzelheiten hierzu bei v. d. Groeben/Schwarze/Hatje-*Gaitanides,* Europäisches Unionsrecht, Art. 267 AEUV, sowie *Ollerdißen,* § 60 Rdnr. 29 ff. in diesem Handbuch.

[1078] S. oben Rdnr. 395–396, 398, 400.

– geleistet. Anlässlich von Vertragsverletzungsklagen, die die Kommission gegen verschiedene Mitgliedstaaten wegen Import-/Exportmonopolen für Strom und Gas angestrengt hatte, hat der Gerichtshof jedoch Grenzen gezogen und sich geweigert, über die Anwendbarkeit des Art. 106 Abs. 2 zu entscheiden, weil ihm aufgrund von Versäumnissen der Kommission bei der Frage des Verhinderns der Aufgabenerfüllung iSv. Satz 1 und der Definition des Unionsinteresses iSv. Satz 2 nicht die erforderlichen Anhaltspunkte vorgelegt worden waren.[1080] Der Kommission kommt somit insbes. bei der Definition des Unionsinteresses eine Schlüsselrolle zu. Die nationalen Behörden und Gerichte sollten bei Ihren Verfahren deshalb auch an die Möglichkeit denken, im Rahmen der loyalen Zusammenarbeit nach Art. 4 Abs. 3 EUV die Kommission um diesbezügliche Stellungnahmen zu bitten.[1081]

VIII. Darlegungs- und Beweislast im Rahmen des Art. 106 Abs. 2 AEUV

404 **1. Grundregeln.** In den Rechtsordnungen aller Mitgliedstaaten gilt der **Grundsatz,** dass derjenige, der eine für ihn günstige Anspruchs- oder Ausnahmenorm geltend macht, das Vorliegen ihrer Voraussetzungen darzulegen und im Streitfall zu beweisen hat. Mit dem Hinweis darauf, dass Art. 106 Abs. 2 eine Ausnahmevorschrift von den Grundvorschriften der Verträge darstellt, folgt die Rechtsprechung des EuGH/EuG diesem Grundsatz; sie verlangt deswegen von den Unternehmen[1082] oder Mitgliedstaaten,[1083] die sich auf Art. 106 Abs. 2 berufen, darzulegen und ggf. zu beweisen, dass die Voraussetzungen dieser Vorschrift erfüllt sind.[1084]

405 Diese Darlegungs- und Beweislastregeln gelten nicht nur für die Merkmale des Art. 106 Abs. 2 Satz 1, sondern auch für die Frage der Beeinträchtigung des Unionsinteresses iSv. Satz 2. Für Unternehmen oder Mitgliedstaaten ist dies insofern nicht immer einfach, als sie den Tatbestandsmerkmalen des Satzes 2, der externe und abstrakte Kriterien enthält, naturgemäß weniger nahe stehen als denen des Satzes 1, der sich direkt auf ihre Tätigkeit bezieht. Die grundsätzlich einheitliche Geltung ergibt sich jedoch nicht nur daraus, dass der Gerichtshof bei der Formulierung des Darlegungs- und Beweislastprinzips nicht zwischen Satz 1 und Satz 2 unterscheidet,[1085] sondern auch daraus, dass beide Sätze komple-

---

1079 S. unten Rdnr. 438.

1080 S. hierzu im Detail unten Rdnr. 411–424.

1081 Grabitz/Hilf/Nettesheim-*Wernicke,* Das Recht der Europäischen Union, Art. 106 AEUV Rdnr. 13 (Stand: 3/2011).

1082 Hinsichtlich Unternehmen, die sich gegen die Anwendung der Wettbewerbsregeln auf Art. 106 Abs. 2 berufen: EuG U. v. 19.6.1997, Rs T-260/94, Slg. 1997, II-997 Rdnr. 138–141 – *Air Inter/Kommission.*

1083 Hinsichtlich Mitgliedstaaten, die sich gegen die Anwendung der Binnenmarktregeln auf Art. 106 Abs. 2 berufen: EuGH U. v. 23.10.1997, Rs C-157/94, Slg. 1997, I-5699 Rdnr. 51 – *Kommission/Niederlande („Importmonopol Elektrizität“);* EuGH U. v. 23.10.1997, Rs C-159/94, Slg. 1997, I-5815 Rdnr. 94 – *Kommission/Frankreich („Import- und Exportmonopol Gas und Elektrizität“);* EuGH U. v. 29.4.2010, Rs C-160/08, Slg. 2010, I-3713 Rdnr. 126 – *Kommission/Deutschland;* EuGH U. v. 21.12.2011, Rs C-271/09, Slg. 2011, I-13613 Rdnr. 70 – *Kommission/Polen;* so auch hinsichtlich eines innerstaatlichen Verwaltungsrechtsstreits verschiedener Unternehmen gegen den niederländischen Staat die Vorabentscheidung des EuGH U. v. 25.6.1998, Rs C-203/96, Slg. 1998, I-4075 Rdnr. 67 – *Chemische Afvalstoffen Dusseldorp.*

1084 Hinsichtlich Mitgliedstaaten und Unternehmen: EuGH U. v. 17.5.2001, Rs C-340/99, Slg. 2001, I-4109 Rdnr. 59 – *TNT Traco;* EuGH U. v. 15.11.2007, C-162/06, Slg. 2007, I-9911 Rdnr. 49 – *International Mail Spain.*

1085 EuGH U. v. 23.10.1997, Rs C-157/94, Slg. 1997, I-5699 Rdnr. 51 – *Kommission/Niederlande („Importmonopol Elektrizität“);* EuGH U. v. 23.10.1997, Rs C-159/94, Slg. 1997, I-5815 Rdnr. 94 – *Kommission/Frankreich („Import- und Exportmonopol Gas und Elektrizität“);* EuGH U. v. 29.4.2010, Rs C-160/08, Slg. 2010, I-3713 Rdnr. 126 – *Kommission/Deutschland;* EuGH U. v. 21.12.2011, Rs C-271/09, Slg. 2011, I-13613 Rdnr. 70 – *Kommission/Polen;* EuGH U. v. 17.5.2001, Rs C-340/99, Slg. 2001, I-4109 Rdnr. 59 – *TNT Traco;* EuGH U. v. 15.11.2007, C-162/06, Slg. 2007, I-9911 Rdnr. 49 – *International Mail Spain.*

mentär dasselbe Thema betreffen: die Frage inwieweit eine Einschränkung der Anwendung der Vertragsregeln unter Beachtung des Verhältnismäßigkeitsprinzips gerechtfertigt ist.

Die Darlegungs- und Beweislastregeln sind im Zusammenhang mit dem Prinzip der unmittelbaren Anwendbarkeit und mit den Ermittlungsgrundsätzen in den verschiedenen Verfahren zu sehen. **Art. 106 Abs. 2 ist insgesamt unmittelbar anwendbar;** d. h. Unternehmen oder Mitgliedstaaten können sich vor nationalen oder europäischen Behörden und Gerichten auf diese Vorschrift unmittelbar berufen, und diese Stellen haben Art. 106 Abs. 2 zu beachten.[1086] Selbst wenn sich die Unternehmen oder Mitgliedstaaten nicht auf diese Vorschrift berufen haben, wird nach dem Prinzip des *ordre public* keine der genannten Stellen den Art. 106 Abs. 2 ganz außer Acht lassen können, wenn sich die Frage seiner Anwendbarkeit aufdrängt. Im **Zivilprozess** erschöpft sich die Pflicht des Gerichts jedoch in einem bloßen Hinweis an die entsprechende Partei auf die Existenz des Art. 106 Abs. 2 AEUV. **406**

In den von **nationalen Behörden** (z. B. Wettbewerbsbehörden, die Art. 101 Abs. 1 oder 102 AEUV anwenden) oder der **Kommission** angestrengten Verfahren gilt hingegen im Gegensatz zum Zivilprozess der **Grundsatz der Amtsermittlung.** Die nationale oder europäische Behörde muss grundsätzlich alle belastenden und entlastenden Umstände tatsächlicher und rechtlicher Art untersuchen. **407**

Jedoch ist der Amtsermittlungsgrundsatz dort deutlich begrenzt, wo es um Ausnahmevorschriften geht, die zugunsten der Unternehmen oder Mitgliedstaaten wirken und deren Anwendbarkeit **von Umständen abhängt, die in der engeren Sphäre eben dieser Unternehmen oder Mitgliedstaaten liegen.** Dies gilt insbes. für **Art. 106 Abs. 2 Satz 1.** Anderenfalls würden die für Ausnahmevorschriften geltenden Darlegungs- und Beweislastregeln[1087] zu Lasten der ermittelnden Behörde revidiert. Im Ergebnis kann der Amtsermittlungsgrundsatz im Rahmen des Art. 106 Abs. 2 S. 1 von der Behörde nicht mehr verlangen, als auf der **Basis ihres bisherigen Kenntnisstandes** die Anwendbarkeit dieser Vorschrift zu prüfen und die entsprechenden Konsequenzen bei der Frage zu ziehen, ob und mit welchen Angriffspunkten ein Verfahren gegen Unternehmen oder Mitgliedstaaten eröffnet oder fortgeführt wird.[1088] **408**

Anders als hinsichtlich Art. 106 Abs. 2 Satz 1 kann die Begrenzung des Amtsermittlungsgrundsatzes bei **Art. 106 Abs. 2 Satz 2** nicht damit begründet werden, dass die relevanten Kriterien der Vorschrift, insbes. das Unionsinteresse, zur engeren Sphäre der angegriffenen Unternehmen oder Mitgliedstaaten gehörten. Jedoch kann die grundlegende Regel über die den Unternehmen bzw. Mitgliedstaaten obliegende Darlegungs- und Beweislast, die die gesamte Vorschrift des Art. 106 Abs. 2 umfasst, nicht unter dem Gesichtspunkt des Amtsermittlungsgrundsatzes vollständig revidiert werden. Der zukünftigen Rechtsprechung ist es überlassen, die zahlreichen in diesem Bereich noch offenen Fragen zu klären. **409**

Hinsichtlich des im Regelfall **für ein Verwaltungsgericht geltenden Untersuchungsgrundsatzes** dürften bei der Anwendung des Art. 106 Abs. 2 ähnliche Begrenzungen gelten. Der EuGH hat dies für seine Rolle als Verwaltungsgericht in seinen Energie-Urteilen vom 23.10.1997 verdeutlicht.[1089] **410**

2. Grenzen der Grundregeln: Vertragsverletzungsverfahren (Art. 258 AEUV) der Kommission gegen Mitgliedstaaten. *a) Zusammenfassung.* Auch im Rahmen von Vertragsverletzungsverfahren, die die Kommission nach Art. 258 AEUV gegen Mitgliedstaaten führt, gilt im Prinzip die Grundregel, dass der Mitgliedstaat, der sich auf Art. 106 Abs. 2 beruft, nachzuweisen hat, dass sämtliche Tatbestandsmerkmale dieser Bestimmung **411**

[1086] S. zur unmittelbaren Anwendbarkeit des Art. 106 Abs. 2 oben Rdnr. 395–403.

[1087] S. oben Rdnr. 404.

[1088] S. auch Immenga/Mestmäcker-*Mestmäcker/Schweitzer,* WbR Bd. 1 EU/Teil 1, Art. 106 Abs. 2 AEUV Rdnr. 44.

[1089] S. unten Rdnr. 411 ff.

erfüllt sind.[1090] Allerdings hat der Gerichtshof diese Grundregel in seinen Urteilen vom 23.10.1997[1091] zu den Vertragsverletzungsverfahren der Kommission gegen drei Mitgliedstaaten wegen der von ihnen errichteten Import- und Exportmonopole für Elektrizität und Gas nicht nur bestätigt, sondern gleichzeitig der Darlegungs- und Nachweispflicht von Mitgliedstaaten, die sich im Rahmen eines Vertragsverletzungsverfahrens auf die Ausnahme des Art. 106 Abs. 2 berufen, bestimmte Grenzen gesetzt.[1092] Zusammengefasst müssen Mitgliedstaaten im Hinblick auf den **Satz 1** des Art. 106 Abs. 2 grundsätzlich weiterhin darlegen und beweisen, inwieweit im Falle eines EU-rechtskonformen Verhaltens (d.h. der Aufhebung oder Umgestaltung der als EU-rechtswidrig beanstandeten staatlichen Maßnahme) die Erfüllung der in allgemeinem wirtschaftlichem Interesse liegenden Aufgaben durch das hiermit betraute Unternehmen gefährdet wäre. Der EuGH verlangt jedoch nicht mehr, dass der Mitgliedstaat darüber hinaus positiv belegen müsse, dass keine andere vorstellbare, der Natur der Sache nach hypothetische Maßnahme es erlaube, die Erfüllung der besonderen Aufgabe unter wirtschaftlich tragbaren Bedingungen sicherzustellen. Vielmehr obliege im Rahmen des Vertragsverletzungsverfahrens nach Art. 258 AEUV der Kommission der Nachweis für das Vorliegen einer solchen Vertragsverletzung. Außerdem müsse die Kommission dem Gerichtshof die erforderlichen Anhaltspunkte liefern, anhand derer er das Vorliegen einer Vertragsverletzung prüfen könne.[1093]

412 Im Hinblick auf das **Unionsinteresse nach Satz 2** des Art. 106 Abs. 2 hat der EuGH in denselben Urteilen vom 23.10.1997 ähnliche Grenzen gesetzt. Die betroffenen Mitgliedstaaten hatten in diesen Verfahren zu ihrer Verteidigung im Rahmen des Art. 106 Abs. 2 Satz 2 darauf hingewiesen, dass es trotz der Monopole einen umfangreichen Austausch an Elektrizität und Gas mit den anderen Mitgliedstaaten gebe. Daraufhin erklärte der Gerichtshof, dass es angesichts dieser Hinweise der Kommission oblag, im Rahmen des Nachweises der Vertragsverletzung unter der Kontrolle des Gerichtshofes das Interesse der Union zu definieren, an dem die Entwicklung des Handels zu messen sei.[1094]

413 Im Ergebnis führt diese Rechtsprechung somit zumindest bei der Beurteilung des Art. 106 Abs. 2 im Rahmen eines Vertragsverletzungsverfahrens zu einer **Aufteilung der Darlegungs- und Beweislast in sukzessive Schritte und zu einer Erleichterung für**

[1090] S. z.B. in der neueren Rechtsprechung: EuGH U. v. 29.4.2010, Rs C-160/08, Slg. 2010, I-3713 Rdnr. 126 – *Kommission/Deutschland;* EuGH U. v. 21.12.2011, Rs C-271/09, Slg. 2011, I-13613 Rdnr. 70 – *Kommission/Polen.*

[1091] EuGH U. v. 23.10.1997, Rs C-157/94, Slg. 1997, I-5699 – *Kommission/Niederlande („Importmonopol Elektrizität");* EuGH U. v. 23.10.1997, Rs C-158/94, Slg. 1997, I-5789 – *Kommission/Italien („Import- und Exportmonopol Elektrizität");* EuGH U. v. 23.10.1997, Rs C-159/94, Slg. 1997, I-5815 – *Kommission/Frankreich („Import- und Exportmonopol Gas und Elektrizität");* s. hierzu *Lecheler/Gundel,* RdE 1998, 92ff.; *Dohms/Levasseur,* Competition Policy Newsletter 1998 Number 1 February, 18ff.

[1092] Dass hierbei kein Widerspruch zu der auch in der neueren Rechtsprechung bestätigten Grundregel besteht, ergibt sich u.a. aus der Bezugnahme dieser neueren Rechtsprechung (EuGH U. v. 29.4.2010, Rs C-160/08, Slg. 2010, I-3713 Rdnr. 126 – *Kommission/Deutschland;* EuGH U. v. 21.12.2011, Rs C-271/09, Slg. 2011, I-13613 Rdnr. 70 – *Kommission/Polen*) auf den Teil eines Urteils (EuGH U. v. 23.10.1997, Rs C-159/94, Slg. 1997, I-5815 Rdnr. 101 – *Kommission/Frankreich („Import- und Exportmonopol Gas und Elektrizität"),* der die Begrenzung der Beweislast der Mitgliedstaaten formuliert.

[1093] EuGH U. v. 23.10.1997, Rs C-157/94, Slg. 1997, I-5699 Rdnr. 58–59 – *Kommission/Niederlande („Importmonopol Elektrizität");* EuGH U. v. 23.10.1997, Rs C-158/94, Slg. 1997, I-5789 Rdnr. 54–55 – *Kommission/Italien („Import- und Exportmonopol Elektrizität");* EuGH U. v. 23.10.1997, Rs C-159/94, Slg. 1997, I-5815 Rdnr. 101–102 – *Kommission/Frankreich („Import- und Exportmonopol Gas und Elektrizität").*

[1094] EuGH U. v. 23.10.1997, Rs C-157/94, Slg. 1997, I-5699 Rdnr. 69 – *Kommission/Niederlande („Importmonopol Elektrizität");* EuGH U. v. 23.10.1997, Rs C-158/94, Slg. 1997, I-5789 Rdnr. 65 – *Kommission/Italien („Import- und Exportmonopol Elektrizität");* EuGH U. v. 23.10.1997, Rs C-159/94, Slg. 1997, I-5815 Rdnr. 113 – *Kommission/Frankreich („Import- und Exportmonopol Gas und Elektrizität");* zu dem Hinweis auf die Kommissionsbefugnis nach Art. 106 Abs. 3, den der EuGH in diesem Zusammenhang machte, s. unten Rdnr. 585f.

die Mitgliedstaaten.[1095] Sobald der Mitgliedstaat in einem ersten Schritt seinen Teil geleistet hat, treffen die Kommission in einem zweiten Schritt erhöhte Nachweispflichten. Der EuGH selbst ist nicht bereit, Informationsdefizite der Parteien auszugleichen, sondern entscheidet stattdessen gegen diejenige Partei, die im entscheidenden Moment ihre Darlegungs- und Beweispflichten nicht ausreichend erbracht hat. Ein genauer Blick auf die Urteile vom 23.10.1997 illustriert, wie diese Pflichten und ihr Zusammenspiel aussehen können:

b) Detaillierte Darstellung. Die Kommission verfolgte mit den Vertragsverletzungsverfahren **414**
gegen die drei Mitgliedstaaten die vollständige Aufhebung der Import- und Exportmonopole für Elektrizität und Gas mit der Begründung, dass diese gegen Art. 37, 34, 35 AEUV verstießen und weder nach Art. 36 noch nach Art. 106 Abs. 2 AEUV zu rechtfertigen seien.

aa) Prüfung von Satz 1 des Art. 106 Abs. 2 AEUV. Im Hinblick auf die Prüfung, ob die **415**
Beibehaltung der Monopole erforderlich sei, um ihren Inhabern die Erfüllung ihrer im allgemeinen wirtschaftlichen Interesse liegenden Aufgaben zu wirtschaftlich tragbaren Bedingungen zu ermöglichen, stellte der Gerichtshof fest, dass die Aufhebung der Monopole offenkundig **wesentliche Änderungen** in der Verwaltung der nationalen Elektrizitäts- und Gasversorgungssysteme und der Bedingungen bewirken werde, unter denen die jeweils betrauten Unternehmen die ihnen übertragenen besonderen Aufgaben erfüllten.[1096] In diesem Zusammenhang analysierte der Gerichtshof die im Laufe des Verfahrens zwischen den Mitgliedstaaten und der Kommission ausgetauschten Stellungnahmen[1097] zur Anwendung des Art. 106 Abs. 2. Dabei zeigte sich, dass die angegriffenen Mitgliedstaaten **in jeder Phase des Verfahrens konkrete wirtschaftliche Gründe** dafür dargelegt hatten, dass die mit einer Dienstleistung von allgemeinem wirtschaftlichem Interesse betrauten Unternehmen bei Abschaffung der Monopole ihre besondere Aufgabe nicht mehr unter wirtschaftlich tragbaren Bedingungen erfüllen könnten. Die Kommission hingegen war auf diese Argumente kaum eingegangen und hatte sich über weite Strecken und auch noch in ihrer Klageschrift auf **rein rechtliche Argumente** zurückgezogen, insbes. darauf, dass Art. 106 Abs. 2 auf staatliche Maßnahmen, die gegen die Binnenmarktregeln des AEUV verstoßen, überhaupt nicht anwendbar sei. Erst im Stadium der Gegenerwiderung zur Erwiderung der Mitgliedstaaten auf die Klageschrift hatte die Kommission neben der Wiederholung ihrer Rechtspositionen in allgemeiner Form bestimmte **Alternativen** zu den streitigen Monopolrechten aufgezählt, ohne die Besonderheiten des jeweiligen nationalen Energieversorgungssystems zu berücksichtigen und ohne jeweils konkret geprüft zu haben, ob diese Alternativen dem betrauten Unternehmen die Erfüllung seiner im allgemeinen wirtschaftlichen Interesse liegenden Aufgaben erlaubten.[1098]

[1095] Grabitz/Hilf/Nettesheim-*Wernicke,* Das Recht der Europäischen Union, Art. 106 AEUV Rdnr. 103–104 (Stand: 3/2011); *Streinz-Koenig/Paul,* EUV/AEUV, Art. 106 AEUV Rdnr. 76.

[1096] EuGH U. v. 23.10.1997, Rs C-157/94, Slg. 1997, I-5699 Rdnr. 54–55 – *Kommission/Niederlande („Importmonopol Elektrizität");* EuGH U. v. 23.10.1997, Rs C-158/94, Slg. 1997, I-5789 Rdnr. 51 – *Kommission/Italien („Import- und Exportmonopol Elektrizität");* EuGH U. v. 23.10.1997, Rs C-159/94, Slg. 1997, I-5815 Rdnr. 97–98 – *Kommission/Frankreich („Import- und Exportmonopol Gas und Elektrizität").*

[1097] Aufforderungsschreiben der Kommission, Antwort der Mitgliedstaaten hierauf, begründete Stellungnahme der Kommission, Antwort der Mitgliedstaaten hierauf, Klageschrift der Kommission, Erwiderung der Mitgliedstaaten, Gegenerwiderung der Kommission. EuGH U. v. 23.10.1997, Rs C-157/94, Slg. 1997, I-5699 Rdnr. 44–50 – *Kommission/Niederlande („Importmonopol Elektrizität");* EuGH U. v. 23.10.1997, Rs C-158/94, Slg. 1997, I-5789 Rdnr. 45–52 – *Kommission/Italien („Import- und Exportmonopol Elektrizität");* EuGH U. v. 23.10.1997, Rs C-159/94, Slg. 1997, I-5815 Rdnr. 90–93 – *Kommission/Frankreich („Import- und Exportmonopol Gas und Elektrizität").*

[1098] EuGH U. v. 23.10.1997, Rs C-157/94, Slg. 1997, I-5699 Rdnr. 56–57 – *Kommission/Niederlande („Importmonopol Elektrizität");* EuGH U. v. 23.10.1997, Rs C-158/94, Slg. 1997, I-5789 Rdnr. 52–53 – *Kommission/Italien („Import- und Exportmonopol Elektrizität");* EuGH U. v. 23.10.1997, Rs C-159/94, Slg. 1997, I-5815 Rdnr. 99–100 – *Kommission/Frankreich („Import- und Exportmonopol Gas und Elektrizität").*

416 Vor diesem Hintergrund gelangte der Gerichtshof zu seiner **Kernaussage:** Der Mitgliedstaat habe zwar eingehend darzulegen, aus welchen Gründen in seinen Augen die Erfüllung der im allgemeinen wirtschaftlichen Interesse liegenden Aufgaben zu wirtschaftlich tragbaren Bedingungen im Falle einer Aufhebung der beanstandeten staatlichen Maßnahmen (hier: der Monopole) gefährdet wäre.[1099] Die **Beweislast des Mitgliedstaates gehe jedoch nicht so weit,** dass er darüber hinaus noch positiv belegen müsste, dass keine andere vorstellbare, der Natur der Sache nach hypothetische Maßnahme es erlaube, die Erfüllung dieser Aufgaben unter wirtschaftlich tragbaren Bedingungen sicherzustellen.[1100] **Vielmehr obliege im Rahmen des Vertragsverletzungsverfahrens nach Art. 258 AEUV der Kommission der Nachweis für das Vorliegen einer solchen Vertragsverletzung.** Außerdem müsse die Kommission dem Gerichtshof die erforderlichen Anhaltspunkte liefern, anhand derer er das Vorliegen einer Vertragsverletzung prüfen könne.[1101] Der Gerichtshof verdeutlichte, dass schon die einer Vertragsverletzungsklage vorangehende, mit Gründen versehene Stellungnahme wie auch die möglicherweise nachfolgende Klage selbst eine zusammenhängende Darstellung der rechtlichen und tatsächlichen Gründe, aus denen sich die Vertragsverletzung ergibt, enthalten müsse. Es reiche nicht aus, wenn sich die Kommission angesichts der vom Mitgliedstaat zu Art. 106 Abs. 2 vorgebrachten wirtschaftlichen Argumentationen auf ein rein rechtliches Vorbringen beschränke.

417 **Zur eigenen Rolle und den Grenzen seiner Untersuchungspflichten** unterstrich der EuGH, es sei sicherlich nicht seine Aufgabe, aufgrund allgemeiner, im Rahmen der Gegenerwiderung angebrachter Bemerkungen unter Berücksichtigung wirtschaftlicher, finanzieller und sozialer Gesichtspunkte die Maßnahmen zu würdigen, die ein Mitgliedstaat erlassen dürfe, um die Erbringung bestimmter Dienstleistungen von allgemeinem wirtschaftlichem Interesse im Energiesektor sicherzustellen.[1102]

418 Aus allen diesen Gründen sah sich der Gerichtshof im Rahmen des vorliegenden Verfahrens **nicht in der Lage zu beurteilen,** ob die betroffenen Mitgliedstaaten mit der Gewährung und Beibehaltung der ausschließlichen Rechte tatsächlich die Grenzen dessen überschritten hatten, was erforderlich ist, um den betrauten Unternehmen die Erfüllung

---

[1099] EuGH und Kommission verlangen inzwischen, dass mit der Dienstleistung von allgemeinem wirtschaftlichem Interesse betraute Unternehmen über interne Kontrollmechanismen und eine transparente, detaillierte und zuverlässige interne Kostenrechnung verfügen, mittels derer nachgeprüft werden kann, inwieweit die Anwendung der EU-Wettbewerbsregeln die Erfüllung der besonderen Aufgabe gefährden würde. S. hinsichtlich eines zivilgerichtlichen Verfahrens das Vorabentscheidungsurteil des EuGH v. 17.5.2001, Rs C-340/99, Slg. 2001, I-4109 Rdnr. 62 – *TNT Traco* sowie die auf Art. 102 AEUV gestützte Entscheidung der Kommission v. 25.7.2001, Nr. 2001/892/EG, ABl. 2001 L 331/40 Rdnr. 184 – *Deutsche Post AG (Aufhaltung grenzüberschreitender Postsendungen)*. Es ist anzunehmen, dass diese Anforderungen in allen Verfahrensarten und für alle Unternehmen und Mitgliedstaaten gelten, die sich auf Art. 106 Abs. 2 berufen, s. auch Loewenheim/Meessen/Riesenkampff-*Ehricke,* Art. 86 EG Rdnr. 123–124.

[1100] EuGH U. v. 23.10.1997, Rs C-157/94, Slg. 1997, I-5699 Rdnr. 58 – *Kommission/Niederlande („Importmonopol Elektrizität");* EuGH U. v. 23.10.1997, Rs C-158/94, Slg. 1997, I-5789 Rdnr. 54 – *Kommission/Italien („Import- und Exportmonopol Elektrizität");* EuGH U. v. 23.10.1997, Rs C-159/94, Slg. 1997, I-5815 Rdnr. 101 – *Kommission/Frankreich („Import- und Exportmonopol Gas und Elektrizität").*

[1101] EuGH U. v. 23.10.1997, Rs C-157/94, Slg. 1997, I-5699 Rdnr. 59 – *Kommission/Niederlande („Importmonopol Elektrizität");* EuGH U. v. 23.10.1997, Rs C-158/94, Slg. 1997, I-5789 Rdnr. 55 – *Kommission/Italien („Import- und Exportmonopol Elektrizität");* EuGH U. v. 23.10.1997, Rs C-159/94, Slg. 1997, I-5815 Rdnr. 102 – *Kommission/Frankreich („Import- und Exportmonopol Gas und Elektrizität").*

[1102] EuGH U. v. 23.10.1997, Rs C-157/94, Slg. 1997, I-5699 Rdnr. 60–63 – *Kommission/Niederlande („Importmonopol Elektrizität");* EuGH U. v. 23.10.1997, Rs C-158/94, Slg. 1997, I-5789 Rdnr. 56–59 – *Kommission/Italien („Import- und Exportmonopol Elektrizität");* EuGH U. v. 23.10.1997, Rs C-159/94, Slg. 1997, I-5815 Rdnr. 103–106 – *Kommission/Frankreich („Import- und Exportmonopol Gas und Elektrizität").*

ihrer besonderen Aufgaben von allgemeinem wirtschaftlichem Interesse zu wirtschaftlich tragbaren Bedingungen zu ermöglichen.[1103]

Der Gerichtshof verdeutlichte aber auch, dass trotz der Versäumnisse der Kommission hinsichtlich ihrer Darlegungs- und Nachweispflichten im Rahmen des Satzes 1 der Art. 106 Abs. 2 dann nicht zum Zuge komme, wenn die **nachfolgende Prüfung von Satz 2** ergebe, dass die angestrebte Ausnahme von der Anwendung der Vertragsregeln die Entwicklung des Handelsverkehrs in einem Ausmaß beeinträchtigt, das dem Interesse der Union zuwiderläuft.[1104] 419

Wo Satz 2 die Anwendbarkeit des Art. 106 Abs. 2 nicht ausschließt, kann sich die **mangelnde wirtschaftliche Argumentation** der Kommission im Rahmen des Satzes 1 des Art. 106 Abs. 2 zu ihrem Nachteil auswirken, solange der Gerichtshof der mit den Urteilen vom 23.10.1997 eingeschlagenen Linie folgt. Der Gerichtshof könnte Vertragsverletzungsklagen der Kommission mit der Begründung abweisen, sie habe die sich aus ihrer Pflicht zum Nachweis der Vertragsverletzung ergebende Pflicht zum Vortrag von wirtschaftlichen Gegenargumenten zu den von dem Mitgliedstaat vorgetragenen wirtschaftlichen Argumenten nicht erfüllt. Hierbei ist nicht anzunehmen, dass der Gerichtshof von der Kommission verlangt, prophylaktisch wirtschaftliche Argumentationen bereits vorzubringen, wenn und soweit der Mitgliedstaat dies seinerseits noch gar nicht getan hat. Insofern bleibt es bei den oben dargestellten Grundregeln über die Berufung auf Art. 106 Abs. 2 und die Darlegungs- und Beweislast.[1105] 420

Dementsprechend hat die Kommission in Vertragsverletzungsverfahren, in denen der Mitgliedstaat eine Berufung auf Art. 106 Abs. 2 versäumte (obwohl sich dies im Hinblick auf die Versorgungssicherheit im Energiesektor angeboten hätte), die Vertragsverletzungsklage gewonnen, ohne im Vorverfahren oder vor Gericht diese Vorschrift erwähnt zu haben.[1106] In einem Urteil zur Anfechtung eines Mitgliedstaates gegen eine an ihn gerichtete Kommissionsentscheidung nach Art. 106 Abs. 3 hat der EuGH darüber hinaus verdeutlicht, dass eine Berufung des Mitgliedstaats auf Art. 106 Abs. 2 nur dann berücksichtigt wird, wenn er seine Argumente zu dieser Vorschrift **schon im Verwaltungsvorverfahren** und nicht erstmals vor Gericht vorgetragen hat.[1107] Dies entspricht dem Grundsatz eines effizienten und für alle Beteiligten fairen Verfahrens, da die Kommission nur auf diese Weise rechtzeitig prüfen kann, ob die Ausnahme des Art. 106 Abs. 2 eingreift und deswegen von einer Klageerhebung nach Art. 258 AEUV oder dem Erlass eines Kommissionsbeschlusses nach Art. 106 Abs. 3 (der nach Art. 263 AEUV anfechtbar ist) abzusehen ist.[1108] **Die Kommission hat somit nur eine Pflicht zur Reaktion und zum angemessenen Eingehen auf die von der Gegenseite zu Art. 106 Abs. 2 rechtzeitig vorgebrachten Argumente.** 421

bb) Prüfung von Satz 2 des Art. 106 Abs. 2 AEUV. Auch im Hinblick auf das **Unionsinteresse nach Satz 2** des Art. 106 Abs. 2 hat der EuGH in den Urteilen vom 23.10.1997 der Dar- 422

[1103] EuGH U. v. 23.10.1997, Rs C-157/94, Slg. 1997, I-5699 Rdnr. 64 – *Kommission/Niederlande („Importmonopol Elektrizität");* EuGH U. v. 23.10.1997, Rs C-158/94, Slg. 1997, I-5789 Rdnr. 60 – *Kommission/Italien („Import- und Exportmonopol Elektrizität");* EuGH U. v. 23.10.1997, Rs C-159/94, Slg. 1997, I-5815 Rdnr. 107 – *Kommission/Frankreich („Import- und Exportmonopol Gas und Elektrizität").*

[1104] EuGH U. v. 23.10.1997, Rs C-157/94, Slg. 1997, I-5699 Rdnr. 65 – *Kommission/Niederlande („Importmonopol Elektrizität");* EuGH U. v. 23.10.1997, Rs C-158/94, Slg. 1997, I-5789 Rdnr. 61 – *Kommission/Italien („Import- und Exportmonopol Elektrizität");* EuGH U. v. 23.10.1997, Rs C-159/94, Slg. 1997, I-5815 Rdnr. 108 – *Kommission/Frankreich („Import- und Exportmonopol Gas und Elektrizität").*

[1105] S. oben Rdnr. 404–410.

[1106] EuGH U. v. 4.6.2002, Rs C-367/98, Slg. 2002, I-4731 – *Kommission/Portugal („golden shares");* EuGH U. v. 4.6.2002, Rs C-483/99, Slg. 2002, I-4781 – *Kommission/Frankreich („golden shares").*

[1107] EuGH U. v. 29.3.2001, Rs C-163/99, Slg. 2001, I-2613 Rdnr. 74 – *Portugal/Kommission.* Wegen der Wesensverwandtheit der Vertragsverletzungsverfahren nach Art. 106 Abs. 3 und Art. 258 AEUV, in denen die Kommission als öffentliches Rechtsverfolgungsorgan auftritt, ist dieses Urteil vollständig übertragbar.

[1108] Als Grundsatz sollte dies im Übrigen in allen verwaltungsgerichtlichen Verfahren für die vorgerichtliche Phase gelten.

legungs- und Beweispflicht der Mitgliedstaaten im Rahmen der Vertragsverletzungsverfahren Grenzen gesetzt und gleichzeitig neue Anforderungen an die Kommission gestellt. Die betroffenen Mitgliedstaaten hatten zu ihrer Verteidigung im Rahmen des Art. 106 Abs. 2 Satz 2 darauf hingewiesen, dass es trotz der Import- und Exportmonopole einen umfangreichen Austausch an Elektrizität und Gas mit den anderen Mitgliedstaaten gebe. Der Gerichtshof befand daraufhin, dass es angesichts dieser Hinweise der Kommission oblag, im Rahmen des Nachweises der Vertragsverletzung unter der Kontrolle des Gerichtshofes das Interesse der Union zu definieren, an dem die Entwicklung des Handels zu messen sei.[1109]

423 Der Gerichtshof verdeutlichte damit auch, dass es jedenfalls in einem von der Kommission betriebenen Vertragsverletzungsverfahren nicht seine Aufgabe sei, im konkreten Einzelfall eine Definition des Unionsinteresses zu entwickeln, sondern er nur die **nachträgliche Kontrolle** über die von anderer Seite ausgearbeiteten Umschreibungen des Unionsinteresses ausüben wolle. Allerdings sah sich der Gerichtshof als befugt an, der Kommission auf den konkreten Einzelfall bezogene Anforderungen zu stellen, die eine akzeptable Definition des Unionsinteresses erfüllen müsse: Angesichts der ausdrücklichen Beschränkung der Vertragsverletzungsverfahren auf Import- und Exportmonopole und der Aussparung anderer Rechte, namentlich in Bezug auf Fortleitung und Abgabe, hätte die Kommission aufzeigen müssen, wie in Ermangelung einer einschlägigen Unionspolitik eine Entwicklung des unmittelbaren Austausches zwischen Erzeugern und Verbrauchern neben dem Austausch zwischen den großen Netzen namentlich angesichts der derzeitigen Fortleitungs- und Abgabekapazitäten und -modalitäten und ohne ein Zugangsrecht der Erzeuger und Verbraucher zu den Fortleitungs- und Abgabenetzen möglich wäre.[1110]

424 Falls die Mitgliedstaaten die Ausnahme des Art. 106 Abs. 2 und damit auch die Frage des Unionsinteresses gar nicht erwähnen, gilt selbstverständlich wie bei Satz 1 des Art. 106 Abs. 2, dass die Kommission insoweit zu Darlegungen und Nachweisen nicht verpflichtet ist.[1111]

425 **3. Andere Verfahren.** Noch ist nicht geklärt, ob und wie sich die anhand von Vertragsverletzungsverfahren nach Art. 258 AEUV entwickelte Rechtsprechung auf die Darlegungs- und Beweislast bei der Anwendung des Art. 106 Abs. 2 in anderen Verfahren auswirkt.[1112] Bei der Beurteilung dieser zukünftigen Entwicklung ist es angebracht, folgende Unterscheidungen zu treffen:

426 *a) Nichtigkeitsklagen gegen Kommissionsbeschlüsse vor EuG und EuGH.* Gegen eine Verletzung der Art. 106 Abs. 1 iVm. Art. 101 oder 102 AEUV durch die Mitgliedstaaten kann

---

[1109] EuGH U. v. 23.10.1997, Rs C-157/94, Slg. 1997, I-5699 Rdnr. 69 – *Kommission/Niederlande („Importmonopol Elektrizität");* EuGH U. v. 23.10.1997, Rs C-158/94, Slg. 1997, I-5789 Rdnr. 65 – *Kommission/Italien („Import- und Exportmonopol Elektrizität");* EuGH U. v. 23.10.1997, Rs C-159/94, Slg. 1997, I-5815 Rdnr. 113 – *Kommission/Frankreich („Import- und Exportmonopol Gas und Elektrizität").* Zu dem Hinweis auf die Kommissionsbefugnis nach Art. 106 Abs. 3 AEUV, den der EuGH in diesem Zusammenhang machte, s. unten Rdnr. 585 f.

[1110] EuGH U. v. 23.10.1997, Rs C-157/94, Slg. 1997, I-5699 Rdnr. 71 – *Kommission/Niederlande („Importmonopol Elektrizität");* EuGH U. v. 23.10.1997, Rs C-158/94, Slg. 1997, I-5789 Rdnr. 67 – *Kommission/Italien („Import- und Exportmonopol Elektrizität");* EuGH U. v. 23.10.1997, Rs C-159/94, Slg. 1997, I-5815 Rdnr. 115 – *Kommission/Frankreich („Import- und Exportmonopol Gas und Elektrizität").*

[1111] S. oben Rdnr. 420 f.

[1112] In jedem Fall gelten muss der Standard des EuGH und der Kommission, wonach das mit der Dienstleistung von allgemeinem wirtschaftlichem Interesse betraute Unternehmen über interne Kontrollmechanismen und eine transparente, detaillierte und zuverlässige interne Kostenrechnung verfügen muss, mittels derer nachgeprüft werden kann, inwieweit die Anwendung der EU-Wettbewerbsregeln die Erfüllung der besonderen Aufgabe gefährden würde (s. oben Rdnr. 416). Denn dieser Standard ist in der Prüfung des Art. 106 Abs. 2 dem Punkt vorgelagert, an dem Unternehmen und Mitgliedstaaten ihre Darlegungs- und Beweislast zunächst erfüllt haben und somit die Gegenseite zu Ausführungen verpflichtet ist. S. hinsichtlich eines zivilgerichtlichen Verfahrens das Vorabentscheidungsurteil des EuGH v. 17.5.2001, Rs C-340/99, Slg. 2001, I-4109 Rdnr. 62 – *TNT Traco,* sowie die auf Art. 102 AEUV gestützte Entscheidung der Kommission v. 25.7.2001, Nr. 2001/892/EG, ABl. 2001 L 331/40 Rdnr. 184 – *Deutsche Post AG (Aufhaltung grenzüberschreitender Postsendungen);* Loewenheim/Messen/Riesenkampff-*Ehricke,* Art. 86 EG Rdnr. 123–124.

die Kommission als öffentliches Rechtsverfolgungsorgan entweder per allgemeinem Vertragsverletzungsverfahren nach Art. 258 AEUV oder in einem besonderen Vertragsverletzungsverfahren per **Beschluss nach Art. 106 Abs. 3 AEUV** vorgehen. Wegen der Ähnlichkeit beider Verfahren ist es denkbar, dass der Gerichtshof, wenn der betroffene Mitgliedstaat gegen den Art. 106 Abs. 3-Beschluss eine Nichtigkeitsklage erhebt und es hierbei auf Art. 106 Abs. 2 Satz 1 oder Satz. 2 ankommen sollte, die Frage der Darlegungs- und Beweislast nach denselben Prinzipien behandeln würde wie in seinen oben dargestellten Urteilen vom 23.10.1997 zu den Vertragsverletzungsklagen nach Art. 258 AEUV. Dasselbe würde dann auch gelten, wenn ein durch den Kommissionsbeschluss drittbetroffenes Unternehmen Nichtigkeitsklage gegen diesen Beschluss erhebt.

In **Beihilfekontrollverfahren** der Kommission kann die Binnenmarktvereinbarkeit ei- 427
ner Beihilfe, die der Staat einem oder mehreren Unternehmen im Hinblick auf deren Erbringung von gemeinwirtschaftlichen Leistungen gewährt, mittels Art. 106 Abs. 2 begründet werden.[1113] Im Rahmen einer Nichtigkeitsklage, die ein drittbetroffenes Unternehmen gegen die Entscheidung der Kommission, aufgrund des Art. 106 Abs. 2 keine Einwände gegen die Gewährung einer Beihilfe zu erheben, anstrengte, entschied das EuG,[1114] dass ein Mitgliedstaat, der sich auf das Vorliegen und die Erforderlichkeit des Schutzes einer gemeinwirtschaftlichen Aufgabe berufe, selbst wenn er über ein weites Ermessen bei der Bestimmung dessen verfügt, was er als Dienstleistung von allgemeinem wirtschaftlichem Interesse ansieht, darzulegen und zu beweisen habe, dass diese Aufgabe bestimmten, von der Rechtsprechung herausgearbeiteten Mindestkriterien genüge. Hierzu gehöre insbes. das Vorliegen eines Hoheitsakts, der den betreffenden Wirtschaftsteilnehmern eine Aufgabe von allgemeinem wirtschaftlichem Interesse überträgt, und der universale und obligatorische Charakter der Aufgabe. Der Mitgliedstaat müsse auch angeben, weshalb er der Auffassung sei, dass die fragliche Dienstleistung es aufgrund ihres besonderen Charakters verdiene, als Dienstleistung von allgemeinem wirtschaftlichem Interesse eingestuft und von anderen wirtschaftlichen Aktivitäten unterschieden zu werden. Ohne eine derartige Begründung wäre nämlich eine – selbst beiläufige – Kontrolle der Unionsorgane aufgrund von Art. 106 Abs. 2, ob dem Mitgliedstaat bei der Ausübung seines Ermessens ein offenkundiger Fehler unterlaufen ist, nicht möglich.

Gegen **Beschlüsse, die die Kommission aufgrund von Art. 101 und/oder 102** 428
AEUV gegen ein mit einer Dienstleistung von allgemeinem wirtschaftlichem Interesse betrautes Unternehmen erlässt, kann dieses Unternehmen eine Nichtigkeitsklage vor den Unionsgerichten[1115] erheben. Soweit es für den Bestand dieses Beschlusses auf Art. 106 Abs. 2 Satz 1 oder Satz 2 ankommen sollte, ist insbes. aufgrund der Rolle der Kommission als öffentlicher Rechtsverfolger denkbar, dass der Gerichtshof den Leitlinien seiner oben zitierten Urteile[1116] folgen würde.

Hinsichtlich des wichtigsten Tatbestandsmerkmals in **Satz 1 des Art. 106 Abs. 2** 429
könnte dies heißen, dass das betraute Unternehmen seine Darlegungs- und Beweislast schon dann erfüllt hätte, wenn es substantiiert und eingehend dargelegt hat, warum in seinen Augen die Erfüllung seiner im allgemeinem Interesse liegenden Aufgabe zu wirtschaftlich tragbaren Bedingungen durch die von der Kommission gewollte Art der Anwendung des Wettbewerbsrechts verhindert würde. Das Unternehmen wäre nicht verpflichtet, darüber hinaus positiv zu belegen, dass keine andere, für den Wettbewerb weniger restriktive Ausgestaltung es erlaubte, die Erfüllung seiner Aufgaben unter solchen Bedingungen sicherzustellen. In einer solchen Situation könnte der Gerichtshof von der Kommission im Rahmen ihrer Pflicht zum Nachweis des Wettbewerbsverstoßes verlangen, darzulegen, warum ihr Beschluss lediglich eine Wettbewerbsbeschränkung beseitigt, die über das Maß

1113 S. hierzu unten Rdnr. 474 ff.
1114 EuG U. v. 12.2.2008, Rs T-289/03, Slg. 2008, II-81 Rdnr. 172 – *BUPA*.
1115 Zunächst Gericht Erster Instanz (EuG) und ggf. Gerichtshof (EuGH) in zweiter Instanz.
1116 S. oben Rdnr. 411 ff.

dessen hinausgeht, was erforderlich ist, um dem betrauten Unternehmen die Erfüllung seiner im allgemeinen wirtschaftlichen Interesse liegenden Aufgabe zu wirtschaftlich tragbaren Bedingungen zu ermöglichen. Sollte die Kommission dies versäumen, könnte sich der Gerichtshof auf den Standpunkt stellen, dass über Art. 106 Abs. 2 Satz 1 nicht entschieden werden kann. Wenn darüber hinaus die Anwendung des Art. 106 Abs. 2 nicht wegen Verletzung des Unionsinteresses nach Satz 2 ausgeschlossen werden kann, könnte der Gerichtshof wegen des Versäumnisses der Kommission der Klage des Unternehmens stattgeben und den Kommissionsbeschluss für nichtig erklären.

430 Folgte der Gerichtshof im Hinblick auf **Satz 2 des Art. 106 Abs. 2** den Leitlinien der Urteile vom 23.10.1997, so wären an die Darlegungs- und Beweislast des sich verteidigenden Unternehmens begrenzte Anforderungen zu stellen, und die Kommission hätte ihrerseits das Unionsinteresse zu definieren. Aufgabe des Gerichtshofs wäre es, zu kontrollieren, ob die von der Kommission gefundene Definition innerhalb des unionsrechtlich Vertretbaren bleibt, und sodann anhand dieses Kriteriums das Ausmaß der Beeinträchtigung des Handelsverkehrs zu beurteilen. Definierte die Kommission das Unionsinteresse nicht ausreichend, könnte sich der Gerichtshof auf den Standpunkt stellen, dass über Satz 2 nicht entschieden werden kann. Wegen des Versäumnisses der Kommission könnte der Gerichtshof dann der Klage des Unternehmens stattgeben und die angefochtene Kommissionsentscheidung für nichtig erklären.

431 Offen ist, inwieweit das ***Air Inter*-Urteil**[1117] des EuG vom 19.6.1997 dieser Analyse entgegensteht. In diesem Verfahren klagte die drittbetroffene *Air Inter* gegen eine Entscheidung der Kommission nach der VO Nr. 2408/92/EWG, mit der Frankreich verpflichtet wurde, auf zwei inländischen Flugstrecken die ausschließliche Genehmigung der *Air Inter* zu durchbrechen und auch andere Luftverkehrsunternehmen der Union zuzulassen. *Air Inter* begründete die Nichtigkeit der Entscheidung damit, die Kommission habe gegen Art. 106 Abs. 2 verstoßen. Das EuG[1118] erkannte an, dass *Air Inter* mit einer Dienstleistung von allgemeinem wirtschaftlichem Interesse betraut sei und diese als Universaldienst, nämlich in einem ganz Frankreich abdeckenden Flugstreckennetz, erbringe. Das EuG entschied aber, die **Klägerin habe nicht nachgewiesen,** dass die angefochtene Entscheidung die Erfüllung der ihr übertragenen besonderen Aufgabe rechtlich oder tatsächlich verhinderte. Die Klägerin habe lediglich behauptet, dass die Organisation des inländischen Flugverkehrs auf dem **System des Ausgleichs** zwischen rentablen und unrentablen Strecken beruhe. Sie habe aber weder die bei Zulassung von Wettbewerbern wahrscheinlichen Einnahmeverluste beziffert noch dargelegt, dass diese Einnahmeverluste einen solchen Umfang annehmen würden, dass *Air Inter* bestimmte Strecken seines Netzes aufgeben müsse.[1119] Schließlich habe die Klägerin nicht dargelegt, dass es alternativ zum System des internen Ausgleichs kein anderes System zur verkehrsmäßigen Erschließung des Staatsgebiets gegeben habe.[1120]

432 Es ist schwer abzuschätzen, ob und inwieweit das *Air Inter*-Urteil des EuG hinsichtlich der Darlegungs- und Beweislast mit den Urteilen des EuGH vom 23.10.1997 zu den Import- und Exportmonopolen in Konflikt steht.[1121] Schon aus formalen Gesichtspunkten könnte das *Air Inter* Urteil als überholt gelten, weil das EuG dem EuGH untergeordnet ist und noch dazu die Urteile des EuGH dem Urteil des EuG zeitlich (wenn auch in kurzem Abstand) nachfolgten. Hinzu kommt, dass das *Air Inter*-Urteil allein gegen ein Unternehmen und nicht gegen **Mitgliedstaaten** erlassen wurde und auch deswegen die für diese geltenden Standards schwerlich modifizieren könnte.

433 Fraglich bleibt auch, ob das *Air Inter*-Urteil schärfere Sonderregeln der Darlegungs- und Beweislast für Unternehmen aufstellt. Neben den genannten formalen Gründen spricht hiergegen inhaltlich, dass *Air Inter* den Darlegungs- und Beweisstandard, den die von der

---

[1117] EuG U. v. 19.6.1997, Rs T-260/94, Slg. 1997, II-997 – *Air Inter/Kommission.*
[1118] EuG U. v. 19.6.1997, Rs T-260/94, Slg. 1997, II-997 Rdnr. 134–141 – *Air Inter/Kommission.*
[1119] EuG U. v. 19.6.1997, Rs T-260/94, Slg. 1997, II-997 Rdnr. 139 – *Air Inter/Kommission.*
[1120] EuG U. v. 19.6.1997, Rs T-260/94, Slg. 1997, II-997 Rdnr. 140 – *Air Inter/Kommission.*
[1121] Zum unterschiedlichen Verhinderungsmaßstab s. oben Rdnr. 345–346.

Kommission angegriffene Partei in einem ersten Schritt zu ihrer Verteidigung nach Art. 106 Abs. 2 laut den EuGH-Urteilen vom 23.10.1997 erbringen muss, mit ihren nicht weiter substantiierten Behauptungen nicht erreichte. Allerdings scheint die Rüge des EuG, die Klägerin habe nicht dargelegt, dass es alternativ zum System des internen Ausgleichs kein anderes System zur verkehrsmäßigen Erschließung des Staatsgebiets gegeben habe, über die Anforderungen der Urteile vom 23.10.1997 hinauszugehen. Ein schärferer Darlegungs- und Beweisstandard für Unternehmen erscheint jedoch zumindest dann nicht gerechtfertigt, wenn Unternehmen als Drittbetroffene gegen einen an einen Mitgliedstaat gerichteten Kommissionsbeschluss klagen und die zu Darlegung und Beweis der Voraussetzungen des Art. 106 Abs. 2 notwendigen Elemente in der Sphäre des Mitgliedstaats liegen. Nicht grundsätzlich anders liegen die Dinge, wenn ein Unternehmen gegen einen an es selbst gerichteten Kommissionsbeschluss klagt. Zusammengenommen mit den oben erwähnten formalen Gesichtspunkten spricht dies dafür, dass für Unternehmen insgesamt der Darlegungs- und Beweisstandard der Energie-Urteile vom 23.10.1997 gilt.

b) Verfahren, an denen die Kommission nicht beteiligt ist. Zu denken ist hier an **zivilrechtliche Streitigkeiten** über die Anwendung der Art. 101 oder 102 AEUV, **verwaltungsrechtliche Streitigkeiten** einzelner gegen den Staat wegen Verletzung mitgliedstaatlicher Pflichten z.B. nach den Binnenmarktregeln des AEUV oder **(wettbewerbs-)verwaltungsrechtliche** Klagen eines Unternehmens gegen die auf Art. 101 Abs. 1 oder 102 gestützte Verfügung einer nationalen Kartellbehörde. Diese Streitigkeiten werden vor den innerstaatlichen Gerichten ausgetragen, die auch zur unmittelbaren Anwendung aller Elemente des Art. 106 Abs. 2 berufen sind.[1122] 434

Im **Zivilprozess** sind die Zivilgerichte jedoch schon wegen der **Parteiherrschaft über den Streitstoff** nicht zu eigenen Untersuchungen verpflichtet. Außerdem ist der Zivilprozess von der **Gleichordnung der privaten Streitparteien** geprägt und deswegen mit den von Behörden gegen Unternehmen oder Mitgliedstaaten angestrengten Verfahren nicht vergleichbar. Eine Aufteilung der Darlegungs- und Beweislast nach den in den Urteilen vom 23.10.1997 entwickelten Regeln erscheint daher nicht sachgerecht.[1123] In diesem Sinne hat der EuGH in einem späteren Vorabentscheidungsverfahren, dem ein nationales zivilgerichtliches Verfahren zugrunde lag, allein auf die Grundregel verwiesen, dass einem Mitgliedstaat oder Unternehmen, das sich auf Art. 106 Abs. 2 berufe, der Nachweis der Erfüllung der Voraussetzungen dieser Vorschrift obliege.[1124] Darüber hinaus erinnerte der EuGH an den Grundsatz, dass der Nachweis eines Verstoßes gegen Art. 102 AEUV wie auch des Vorliegens einer Ausnahme nach Art. 106 Abs. 2 AEUV in Ermangelung einer einschlägigen EU-Verfahrensrechtsordnung nach den Modalitäten der internen Verfahrensrechtsordnung des betreffenden Mitgliedstaats erbracht werden kann, sofern diese Modalitäten nicht weniger günstig sind als bei entsprechenden Klagen, die innerstaatliches Recht betreffen, und die Ausübung der durch diese Bestimmung verliehenen Rechte nicht praktisch unmöglich machen oder übermäßig erschweren.[1125] 435

Nationale Verwaltungsgerichte unterliegen im Regelfall dem **Untersuchungsgrundsatz** und sind damit in einer Lage, die derjenigen des EuGH in Vertragsverletzungsklagen in gewissem Maße vergleichbar ist. Allerdings ist die Rolle der vor dem Verwaltungsgericht gegen den Staat klagenden Bürger oder Unternehmen deutlich verschieden von der Rolle der Kommission als öffentlicher Rechtsverfolger in einem EU-Vertragsverletzungsverfahren. Dies mag der Grund gewesen sein, warum der EuGH im Hinblick auf einen **innerstaatlichen Verwaltungsrechtsstreit** verschiedener Unternehmen gegen 436

[1122] S. hierzu unten Rdnr. 395 ff.

[1123] S. als Beispiel eines Zivilprozesses unter Einbeziehung des EuGH im Wege des Vorabentscheidungsverfahrens EuGH U. v. 27.4.1994, Rs C-393/92, Slg. 1994, I-1477 Rdnr. 46–51 – *Almelo*.

[1124] EuGH U. v. 17.5.2001, Rs C-340/99, Slg. 2001, I-4109 Rdnr. 59 – *TNT Traco* mit Verweis auf EuGH U. v. 23.10.1997, Rs C-159/94, Slg. 1997, I-5815 Rdnr. 94 – *Kommission/Frankreich („Import- und Exportmonopol Gas und Elektrizität")*.

[1125] EuGH U. v. 17.5.2001, Rs C-340/99, Slg. 2001, I-4109 Rdnr. 60–61 – *TNT Traco*.

den niederländischen Staat in der nach dem 23.10.1997 erlassenen Vorabentscheidung *Dusseldorp*[1126] allein dem Staat die Darlegungs- und Beweislast für Art. 106 Abs. 2 zugewiesen hat.[1127] In diesem Fall ging es nicht um die Rechtfertigung des ausschließlichen Rechts der Verwertung gefährlichen Abfalls an sich, das der Staat für sein gesamtes Hoheitsgebiet einem Unternehmen gewährt hatte, sondern um ein staatliches Abfallexportverbot zulasten niederländischer Abfallverursacher, das dem inländischen Monopolunternehmen zugutekam. Der niederländische Staat machte zur Rechtfertigung dieses Verstoßes gegen Art. 106 Abs. 1 iVm. Art. 102 die Ausnahme nach Art. 106 Abs. 2 geltend.[1128] Der EuGH entschied, dass der Staat dem innerstaatlichen Gericht in überzeugender Weise darzulegen und nachzuweisen habe, dass das Monopolunternehmen die ihm übertragene Aufgabe nicht ohne das streitige Exportverbot erfüllen könne.[1129]

437 Hingegen sind **wettbewerbsverwaltungsrechtliche Streitigkeiten** neben dem hier im Regelfall für das innerstaatliche Gericht geltenden **Untersuchungsgrundsatz** wegen der Rolle der staatlichen Wettbewerbsbehörden als Rechtsverfolger mit den von der Kommission geführten Vertragsverletzungsverfahren, die den Urteilen vom 23.10.1997 zugrunde lagen, zu einem stärkeren Grad vergleichbar. Allerdings gelten in Ermangelung einer einschlägigen EU-Verfahrensrechtsordnung auch hier die nationalen Verfahrensrechtsordnungen. Diese mögen dem Verwaltungsgericht[1130] Spielraum lassen, die Darlegungs- und Beweispflichten der Streitparteien und die eigene Rolle in gleicher Weise auszugestalten, wie der EuGH dies in seinen Urteilen vom 23.10.1997 getan hat. Hinsichtlich Art. 106 Abs. 2 Satz 2 AEUV könnte das nationale Verwaltungsgericht sich dann auf die Position zurückziehen, es sei vorrangig die Aufgabe der Unionsorgane und insbes. der Kommission, das Unionsinteresse zu definieren.[1131] Sollte das nationale Verfahrensrecht keinen Spielraum zur Verteilung der Darlegungs- und Beweislast iS. der Urteile vom 23.10.1997 lassen und diese somit allein den Unternehmen oder Mitgliedstaaten auferlegen, so könnten diese versuchen, im Sinne der oben zitierten Rechtsprechung[1132] zu argumentieren, hierdurch werde ihnen die Berufung auf Art. 106 Abs. 2 praktisch unmöglich gemacht oder übermäßig erschwert.

438 Haben die mit diesen Streitigkeiten befassten innerstaatlichen Zivil- oder Verwaltungsgerichte Zweifel über die Auslegung der Tatbestandsmerkmale des Art. 106 Abs. 2, so ist dies allein kein Grund, die Beurteilung dieser Vorschrift zu verweigern. Sie können stattdessen ihr Verfahren aussetzen und entsprechende Auslegungsfragen dem EuGH zur **Vorabentscheidung (Art. 267 AEUV)** vorlegen. Ist das nationale Gericht die letzte Instanz in dem konkreten Fall und ist die Auslegungsfrage entscheidungserheblich, aber nicht bereits durch die Rechtsprechung des EuGH eindeutig geklärt,[1133] so muss sie dem EuGH gemäß Art. 267 Abs. 3 zur Vorabentscheidung vorgelegt werden.[1134] Der Funktion dieses Verfah-

---

[1126] EuGH U. v. 25.6.1998, Rs C-203/96, Slg. 1998, I-4075 – *Chemische Afvalstoffen Dusseldorp;* s. hierzu auch oben Rdnr. 350.

[1127] Entgegen Loewenheim/Meessen/Riesenkampff-*Ehricke,* Art. 86 EG Rdnr. 124 liegt hierin somit nicht notwendigerweise ein Widerspruch zu den EuGH-Urteilen vom 23.10.1997.

[1128] EuGH U. v. 25.6.1998, Rs C-203/96, Slg. 1998, I-4075 Rdnr. 61–66 – *Chemische Afvalstoffen Dusseldorp.*

[1129] EuGH U. v. 25.6.1998, Rs C-203/96, Slg. 1998, I-4075 Rdnr. 67 – *Chemische Afvalstoffen Dusseldorp.*

[1130] In Deutschland die Kartellspruchkörper der Zivilgerichte, die funktionell als Verwaltungsgerichte tätig werden.

[1131] Da aber die Kommission an den Verfahren der hier dargestellten Fallgruppe nicht beteiligt ist, gewinnt neben der stets bestehenden Option von Vorabentscheidungsfragen an den EuGH (s. hierzu unten Rdnr. 438) die Möglichkeit für die nationalen Gerichte an Bedeutung, die Kommission direkt um Klärung des Unionsinteresses in dem konkreten Einzelfall zu ersuchen. Dies ist bisher aber kaum geschehen, wohl auch deshalb, weil hinreichend konkrete Stellungnahmen seitens der Kommission zu Fragen, die sie bisher umgangen hatte, nicht zu erwarten waren.

[1132] S. oben Rdnr. 435.

[1133] EuGH U. v. 6.10.1982, Rs 283/81, Slg. 1982, 3415 Rdnr. 14 – *CILFIT.*

[1134] S. dazu v. d. Groeben/Schwarze/Hatje-*Gaitanides,* Europäisches Unionsrecht, Art. 267 AEUV.

rens entsprechend wird der EuGH sich dabei auf die **Auslegung der Tatbestandsmerkmale** beschränken[1135] und deren Verifizierung sowie die Anwendung des Art. 106 Abs. 2 Satz 1 und Satz 2 im konkreten Fall dem vorlegenden Gericht überlassen. Dieses hat bei seiner Urteilsfindung die Auslegungsentscheidung des EuGH zu beachten und kann bei geschickter Fragestellung **sehr deutliche Hinweise** vom Gerichtshof erhalten. Der EuGH kann dem nationalen Gericht letztlich aber **nicht vorschreiben,** welchen Tiefgang es von den Vorträgen der Parteien verlangt, um den Mut zu fassen, über Art. 106 Abs. 2 Satz 1 und Satz 2 zu entscheiden. Dies kann im Einzelfall dazu führen, dass nationale Gerichte auch dort über die Anwendung dieser Vorschrift entscheiden, wo der EuGH in gleicher Lage selbst nicht entschieden hätte.

IX. Erklärungen und Beispiele zu Art. 106 Abs. 2 AEUV

1. Dienstleistungen von allgemeinem Interesse: Mitteilungen, Grünbuch und Weißbuch der Kommission, Vertragsänderungen. Seit der zweiten Hälfte der 1980er Jahre führten die Kommission und einige Mitgliedstaaten eine Politik der Marktöffnung in Sektoren durch, in denen hauptsächlich oder teilweise Dienstleistungen von allgemeinem wirtschaftlichem Interesse erbracht werden. Um Anpassungsprozesse zu erleichtern und die Sozialverträglichkeit zu wahren, verfolgte die Europäische Union eine kontrollierte Liberalisierung, in der Marktöffnungen schrittweise und flankiert von Maßnahmen zum Schutz der Gemeinwohls erfolgten. Trotz positiver Auswirkungen auf die Erschwinglichkeit, Qualität und Diversifikation von Dienstleistungen von allgemeinem wirtschaftlichem Interesse kam es im Laufe dieses Liberalisierungsprozesses zu gewissen Missverständnissen hinsichtlich des Konzepts der Europäischen Gemeinschaft [jetzt: Europäische Union] und auch zu Vermischungen mit Auswirkungen anderer wirtschaftlicher und sozialer Veränderungsprozesse, die ihre Ursache nicht im EU-Recht oder EU-Politiken hatten. In der Folge intensivierte sich im Vorfeld der Amsterdamer Regierungskonferenz zur Reform der Europäischen Einigungsverträge (Juni 1997) eine europaweite Debatte über gemeinwirtschaftliche Dienste, die Rechtfertigung ausschließlicher und besonderer Rechte in diesen Bereichen, die Liberalisierungspolitik der Kommission und die Vorschläge zur „Entschärfung" des Art. 86 EG (jetzt: Art. 106 AEUV). 439

Aufgrund der Brisanz und Dauerhaftigkeit dieser Debatte hat sich die Europäische Kommission seit Mitte der 1990er Jahre mehrfach veranlasst gesehen, EU-Recht und Politik in diesem Bereich in verschiedenen Mitteilungen[1136] klarzustellen, eine Abänderung des Art. 86 EG-Vertrag (jetzt: Art. 106 AEUV) deutlich abzulehnen und statt dessen gewisse Vertragsänderungen[1137] und Sekundärrechtsinitiativen[1138] vorzuschlagen, die die Dienste 440

[1135] In der Praxis wird der EuGH über das Vorabentscheidungsverfahren des Öfteren – meist implizit im Rahmen einer Frage nach der Auslegung von Art. 106 Abs. 2 insgesamt – auch um Hinweise zur Definition des Unionsinteresses iSv. Satz 2 gebeten. Allerdings hat er es bisher stets verstanden, nicht zum Unionsinteresse Stellung zu nehmen, sondern sich auf die Auslegung anderer ausgewählter Tatbestandsmerkmale des Art. 106 Abs. 2 zu beschränken.

[1136] „Leistungen der Daseinsvorsorge in Europa", ABl. 1996 C 281/3–12; aktualisiert durch: „Leistungen der Daseinsvorsorge in Europa", KOM(2000)580 endg. vom 20.9.2000, auch veröffentlicht in ABl. 2001 C 17/4; „Ein Qualitätsrahmen für Dienstleistungen von allgemeinem Interesse in Europa", KOM(2001) 900 endg.

[1137] Diese führten zur Einfügung des neuen Art. 16 in den EG-Vertrag, der mit Inkrafttreten des Amsterdamer Vertrags am 1.5.1999 wirksam wurde und durch die mit dem Lissabon-Vertrag am 1.12.2009 erfolgte Vertragsrevision in Form des Art. 14 AEUV erweitert wurde (s. hierzu Rdnr. 293, 303–304, 308, 353, 380, 390, 393, 492). Hinzu kommt seit letzterer Vertragsrevision auch das „Protokoll (Nr. 26) Über Dienste von allgemeinem Interesse", das dem EUV und dem AEUV beigefügt wurde und ein integraler Bestandteil dieser beiden Verträge ist (s. hierzu oben Rdnr. 353, 393). Außerdem ist Art. 36 der Europäischen Grundrechtecharta zu nennen (s. hierzu oben Rdnr. 293).

[1138] Das „Weißbuch zu Dienstleistungen von allgemeinem Interesse", KOM(2004) 374 endg. (s. hierzu oben Rdnr. 308) gab den Anstoß zu zahlreichen weiteren von der Kommission zu veröffentlichenden, zu treffenden oder vorzuschlagenden Mitteilungen, Entscheidungen und Legislativmaßnahmen. Dies umfasste nicht nur Maßnahmen im Bereich der Wettbewerbs- einschließlich der Bei-

von allgemeinem wirtschaftlichem Interesse aufwerten, ohne die im Rahmen der Ausnahmevorschrift des Art. 106 Abs. 2 AEUV zu treffenden Abwägungen zu beeinflussen. Die heute noch relevanten Dokumente werden an den geeigneten Stellen in diesem § 35 des Handbuchs besprochen. Für inzwischen nur noch historisch interessante Aspekte wird auf die Vorauflage dieses Handbuchs verwiesen.[1139]

441 **2. Die Tatbestandsmerkmale der Dienstleistung von allgemeinem wirtschaftlichem Interesse und der Aufgabenverhinderung in verschiedenen Wirtschaftssektoren.** *a) Überblick.* Gerichtshof und Kommission haben sich anhand von zahlreichen Einzelfällen mit der Anwendbarkeit des Art. 106 Abs. 2 auf die verschiedensten Wirtschaftssektoren auseinandersetzen müssen. Durch diese Praxis sind sowohl Möglichkeiten als auch Grenzen deutlich geworden, die nach Unionsrecht für die Mitgliedstaaten bestehen, wenn sie bestimmte wirtschaftliche Aktivitäten durch Betrauung bestimmter Unternehmen mit definierten besonderen Aufgaben als Dienstleistungen von allgemeinem wirtschaftlichem Interesse organisieren wollen. Während die Möglichkeiten nur Beispielcharakter haben,[1140] können die Grenzen abstrahierend verallgemeinert werden und müssen von den Mitgliedstaaten bei künftigen Gestaltungsvorhaben beachtet werden. Die Kommission hat in einigen Sektoren im Rahmen des Erlasses von Rechtsakten, die meist der Liberalisierung dienten, und in Bekanntmachungen auch die Frage nach Mindestinhalten und Ausgestaltungsprinzipien eines Universaldienstes aufgegriffen. Sie hat damit den Mitgliedstaaten Möglichkeiten und Grenzen der Definition von Dienstleistungen von allgemeinem wirtschaftlichem Interesse aufgezeigt. Im Streitfall hätte zwar der Gerichtshof bei den Grenzziehungen das letzte Wort, doch üben in der Praxis die Kommissionsakte in diesen Fragen meist eine orientierende Wirkung auf den Gerichtshof aus.

442 Darüber hinaus ist zu beachten, dass die meisten der im Folgenden besprochenen **Wirtschaftssektoren sich fortlaufend wandeln** und der technische Fortschritt die mit früheren technischen Zwängen begründeten Wettbewerbsausschlüsse und -begrenzungen immer fragwürdiger erscheinen lässt. Der **Begriff der Dienstleistung von allgemeinem wirtschaftlichem Interesse ist somit ein dynamischer,** d.h. ein sich mit dem jeweiligen Sektor ständig fortentwickelnder.[1141] In Bereichen, in denen der Gerichtshof oder die Kommission noch vor einigen Jahren die Anwendbarkeit des Art. 106 Abs. 2 AEUV anerkannten oder anerkannt hätten, wird sich nach heutiger Betrachtung oft ein anderes Bild ergeben. Die nachfolgende Beschreibung der bisherigen Rechtsprechungs- und Verwaltungspraxis ist daher unter diesem Vorbehalt zu betrachten.

443 *b) Energie.* Die **Kommission** hat in mehreren Entscheidungen anerkannt, dass die **Grundversorgung** mit Elektrizität[1142] bzw. die Sicherstellung einer verlässlichen und einwandfrei funktionierenden, flächendeckenden öffentlichen Elektrizitätsversorgung zu möglichst niedrigen Kosten und auf sozialverträgliche Weise[1143] Dienstleistungen von allgemei-

---

hilfenpolitik im engeren Sinn (s. hierzu unten Rdnr. 474 ff.), sondern berührte auch das öffentliche Auftragswesen einschließlich öffentlich-privater Partnerschaften, den Gemeinwohlauftrag bei Sozial- und Gesundheitsdienstleistungen, die verbesserte Evaluierung von Ergebnissen und Leistungsständen, sowie die Überprüfung der Regelwerke in den netzgebundenen Sektoren wie elektronische Kommunikation (s. hierzu unten Rdnr. 451), Post (s. hierzu unten Rdnr. 454 ff.), sowie Elektrizität und Gas (s. hierzu unten Rdnr. 444 f.).

[1139] *Dohms* in Wiedemann, Handbuch des Kartellrechts, 2.Aufl. 2008, § 35 (Unternehmen nach Art. 86 EG-Vertrag) Rdnr. 419–427.

[1140] Dazu, dass die Ausnahme des Art. 106 Abs. 2 nur wirkt, wenn und soweit sich ein Mitgliedstaat zu ihrer Wahrnehmung entschlossen hat, s. oben Rdnr. 293, 296.

[1141] S. z. B. für den Telekommunikationssektor: EuGH U. v. 13.12.1991, Rs C-18/88, Slg. 1991, I-5941 Rdnr. 16 – *Régie des télégraphes et des téléphones (RTT)/GB-Inno-BM.*

[1142] Komm. E. v. 22.12.1992, Nr. 93/126/EWG, ABl. 1993 L 50/14 Rdnr. 28 – *Jahrhundertvertrag.*

[1143] Komm. E. v. 16.1.1991, Nr. 91/50/EWG, ABl. 1991 L 28/32 Rdnr. 40 – *Ijsselcentrale;* bestätigt durch EuGH U. v. 23.10.1997, Rs C-157/94, Slg. 1997, I-5699 Rdnr. 42 und 63 – *Kommission/Niederlande („Importmonopol Elektrizität");* EuGH U. v. 23.10.1997, Rs C-159/94, Slg. 1997, I-5815 Rdnr. 58 – *Kommission/Frankreich („Import- und Exportmonopol Gas und Elektrizität").*

nem wirtschaftlichem Interesse darstellen. Der **EuGH** hat in seinem Urteil *Almelo*[1144] entschieden, dass die einem regionalen Stromversorgungsunternehmen durch eine nichtausschließliche öffentlich-rechtliche Konzession auferlegte Verpflichtung zur ununterbrochenen Versorgung aller Abnehmer, lokalen Versorgungsunternehmen oder Endverbraucher mit Strom im gesamten Konzessionsgebiet in den zu jeder Zeit geforderten Mengen zu einheitlichen Tarifen und unter Bedingungen, die nur nach objektiven und für alle Kunden geltenden Kriterien unterschiedlich sein dürfen, sich im Rahmen des unionsrechtlichen Begriffs der Dienstleistung von allgemeinem wirtschaftlichem Interesse hält. In seinen Urteilen vom 23.10.1997 zu den Vertragsverletzungsklagen der Kommission gegen bestimmte Mitgliedstaaten wegen staatlich errichteter Import- oder Exportmonopole für Gas oder Strom hat der Gerichtshof diese Linie bestätigt. Er entschied, dass die Pflicht zur ununterbrochenen und diskriminierungsfreien Versorgung aller Kunden mit Strom im gesamten Staatsgebiet bzw. mit Gas in den erschlossenen Zonen,[1145] genauso wie die Verpflichtung zur Lieferung von Strom im gesamten Staatsgebiet zu Kosten und zu Preisen, die eine ausgewogene wirtschaftliche Entwicklung des Landes erlauben,[1146] Aufgabenumschreibungen sind, die iSv. Art. 106 Abs. 2 als Dienstleistungspflichten von allgemeinem wirtschaftlichem Interesse anzuerkennen sind.

Das Europäische Parlament und der Rat haben in ihrer **Richtlinie zum Elektrizitätsbinnenmarkt**[1147] und in ihrer **Richtlinie zum Erdgasbinnenmarkt**[1148] jeweils in Art. 3 Abs. 2 festgelegt, dass die Mitgliedstaaten *„unter uneingeschränkter Beachtung der einschlägigen Bestimmungen des Vertrags, insbes. des Artikels 86* [jetzt: Art. 106 AEUV]*"*, den Elektrizitätsunternehmen bzw. den Erdgasunternehmen ***„im allgemeinen wirtschaftlichen Interesse** Verpflichtungen auferlegen"* können, *„die sich auf Sicherheit, einschließlich Versorgungssicherheit, Regelmäßigkeit, Qualität und Preis der Versorgung sowie Umweltschutz, einschließlich Energieeffizienz, Energie aus erneuerbaren Quellen und Klimaschutz, beziehen können."* Sehr ähnliche Vorschriften waren bereits in den verschiedenen Vorgängerrichtlinien enthalten.[1149] 444

Noch stärker als ihre Vorgänger tragen die Binnenmarktrichtlinien aus dem Jahr 2009 zu einer **Strukturierung der Energiemärkte** bei, auf deren Basis die Beurteilung der Aufgabenverhinderung oder des Unionsinteresses im Sinne von Art. 106 Abs. 2 den Behörden und Gerichten erleichtert wird. Damit gibt es nun keinen Grund mehr, Entscheidungsbefugnisse nicht auszuüben. Einer der Gründe, warum der EuGH in seinen Urteilen vom 23.10.1997 eine Beurteilung nach Art. 106 Abs. 2 verweigerte, könnte darin zu sehen sein, dass in dem für die Entscheidung über die Vertragsverletzung relevanten Zeitpunkt[1150] die ersten Binnenmarktrichtlinien Strom und Gas noch nicht verabschiedet waren und damit nicht zur Orientierung herangezogen werden konnten. Außerdem wirkt der hohe Stellen- 445

[1144] EuGH U. v. 27.4.1994, Rs C-393/92, Slg. 1994, I-1477 Rdnr. 47–50 – *Almelo;* bestätigt durch: EuGH U. v. 23.10.1997, Rs C-157/94, Slg. 1997, I-5699 Rdnr. 41 – *Kommission/Niederlande („Importmonopol Elektrizität");* EuGH U. v. 23.10.1997, Rs C-159/94, Slg. 1997, I-5815 Rdnr. 57 – *Kommission/Frankreich („Import- und Exportmonopol Gas und Elektrizität").*

[1145] EuGH U. v. 23.10.1997, Rs C-159/94, Slg. 1997, I-5815 Rdnr. 61, 89 und 106 – *Kommission/Frankreich („Import- und Exportmonopol Gas und Elektrizität").*

[1146] EuGH U. v. 23.10.1997, Rs C-158/94, Slg. 1997, I-5789 Rdnr. 46 und 59 – *Kommission/Italien („Import- und Exportmonopol Elektrizität").*

[1147] Richtlinie Nr. 2009/72/EG des Europäischen Parlaments und des Rates vom 13.7.2009 über gemeinsame Vorschriften für den Elektrizitätsbinnenmarkt und zur Aufhebung der Richtlinie 2003/54/EG, ABl. 2009 L 211/55.

[1148] Richtlinie Nr. 2009/73/EG des Europäischen Parlaments und des Rates vom 13.7.2009 über gemeinsame Vorschriften für den Erdgasbinnenmarkt und zur Aufhebung der Richtlinie 2003/55/EG, ABl. 2009 L 211/94.

[1149] Hinsichtlich des Elektrizitätsbinnenmarkts Art. 3 Abs. 2 der Richtlinie Nr. 96/92/EG und Art. 3 Abs. 2 der Richtlinie 2003/54/EG. Hinsichtlich des Erdgasbinnenmarkts Art. 3 Abs. 2 der Richtlinie Nr. 98/30/EG und Art. 3 Abs. 2 der Richtlinie 2003/55/EG.

[1150] Anfang 1994; maßgeblicher Zeitpunkt ist der Ablauf der Frist, den die Kommission in ihrer begründeten Stellungnahme dem Mitgliedstaat zur Beseitigung der Vertragsverletzung gesetzt hat.

wert, den die erste, zweite und dritte Generation der Richtlinien der Versorgungssicherheit einräumen, negativen Prognosen entgegen, die voreilig zur Anwendung des Art. 106 Abs. 2 führen könnten. Allerdings wird in jedem Einzelfall genau zu prüfen sein, in welcher Weise der betreffende Mitgliedstaat die obligatorischen Vorschriften der Richtlinien umgesetzt hat und insbes., ob und inwieweit er die Ausnahmemöglichkeiten unter dem Gesichtspunkt der Betrauung mit gemeinwirtschaftlichen Diensten tatsächlich in Anspruch genommen hat. Auch dies wird in Zukunft im Energiesektor weiterhin zu einem begrenzten Wechselspiel zwischen Primärrecht und Sekundärrecht beitragen.

446 *c) Verkehr.* In seinem Urteil *Hafen von Mertert*[1151] entschied der EuGH, dass unter Art. 106 Abs. 2 AEUV ein **Binnenschifffahrtsunternehmen** fallen kann, das zur Ausübung einer ihm gesetzlich übertragenen Aufgabe bestimmte Vorrechte genießt, zu diesem Zweck enge Beziehungen mit der öffentlichen Hand unterhält und über das der größte Teil des Flussverkehrs des fraglichen Staates abgewickelt wird. In der Rechtssache *Porto di Genova*[1152] entschied der Gerichtshof hingegen, Art. 106 Abs. 2 sei dahingehend auszulegen, dass die Durchführung von **Be- und Entladetätigkeiten in den nationalen Häfen** zu verbindlich festgesetzten Tarifen für sich allein betrachtet keine Dienstleistung von allgemeinem wirtschaftlichem Interesse darstelle. Selbst wenn dies der Fall sei, könne die Anwendung der Vorschriften des AEUV, insbes. derjenigen über den Wettbewerb und die Freizügigkeit, die Erfüllung einer solchen Aufgabe nicht verhindern.

447 Im Urteil *Ahmed Saeed*[1153] entschied der EuGH, dass Art. 106 Abs. 2 auf Verkehrsunternehmen Anwendung finden kann, die von den Behörden dazu verpflichtet worden sind, Linien zu bedienen, die zwar aus kommerzieller Sicht nicht rentabel sind, deren Bedienung aber aus Gründen des allgemeinen Interesses erforderlich ist. Auch das EuG ließ in seinem Urteil *Air Inter*[1154] erkennen, dass die verkehrsmäßige Erschließung eines Staatsgebiets einschließlich der **Bedienung defizitärer Flugstrecken** eine Dienstleistung von allgemeinem wirtschaftlichem Interesse iSv. Art. 106 Abs. 2 sein könne. Dieses Urteil betraf eine Nichtigkeitsklage gegen eine Entscheidung, die die Kommission aufgrund der Verordnung Nr. 2408/92/EWG[1155] erlassen hatte. Gemäß Art. 4 dieser Verordnung konnte ein Mitgliedstaat im Linienflugverkehr zu einem Flughafen, der ein Rand- oder Entwicklungsgebiet seines Hoheitsgebiets bedient, oder auf einer weniger frequentierten Strecke zu einem Regionalflughafen in seinem Hoheitsgebiet, den auf diesen Strecken tätigen Luftfahrtunternehmen gemeinwirtschaftliche Verpflichtungen auferlegen. Diese Verpflichtungen durften in Bezug auf Kontinuität, Regelmäßigkeit und Preisgestaltung feste Standards setzen, die die Luftfahrtunternehmen unter rein wirtschaftlichen Gesichtspunkten nicht einhalten würden.

448 Das EuG[1156] nahm nicht ausdrücklich zu der Auffassung der Kommission Stellung, dass, wenn es um gemeinwirtschaftliche Erfordernisse gehe, seit Erlass der Verordnung Nr. 2408/92/EWG ein unmittelbarer Rückgriff auf Art. 106 Abs. 2 versperrt sei, weil der Rat diese abstrakte Bestimmung auf dem Gebiet des Flugverkehrs innerhalb der Union mittels Art. 4 der Verordnung unter Abwägung der verschiedenen betroffenen Interessen konkretisiert habe. Stattdessen verwarf das Gericht, indem es das sachliche Parteivorbringen

---

[1151] EuGH U. v. 14.7.1971, Rs 10/71, Slg. 1971, 723 Rdnr. 8–12 – *Madeleine Muller („Hafen von Mertert")*.

[1152] EuGH U. v. 10.12.1991, Rs C-179/90, Slg. 1991, I-5889 Rdnr. 27f. – *Porto di Genova;* bestätigt durch EuGH U. v. 17.7.1997, Rs C-242/95, Slg. 1997, I-4449 Rdnr. 52f. – *GT-Link.*

[1153] EuGH U. v. 11.4.1989, Rs 66/86, Slg. 1989, 803 Rdnr. 55 – *Ahmed Saeed Flugreisen.*

[1154] EuG U. v. 19.6.1997, Rs T-260/94, Slg. 1997, II-997 Rdnr. 139f. – *Air Inter/Kommission.*

[1155] Verordnung (EWG) Nr. 2408/92 des Rates vom 23.7.1992 über den Zugang von Luftfahrtunternehmen der Gemeinschaft zu Strecken des innergemeinschaftlichen Flugverkehrs, ABl. 1992 L 240/8. Inzwischen aufgehoben und ersetzt durch Verordnung (EG) Nr. 1008/2008 des Europäischen Parlaments und des Rates vom 24.9.2008 über gemeinsame Vorschriften für die Durchführung von Luftverkehrsdiensten in der Gemeinschaft (Neufassung), ABl. 2008 L 293/3.

[1156] EuG U. v. 19.6.1997, Rs T-260/94, Slg. 1997, II-997 Rdnr. 134–141 – *Air Inter/Kommission.*

allein anhand des Art. 106 Abs. 2 prüfte, implizit die These der Kommission, was auch der Normenhierarchie zwischen AEUV (primäres Unionsrecht) und aus ihm abgeleiteten Verordnungen (sekundäres Unionsrecht) entspricht.

Im Urteil *Corsica Ferries France*[1157] entschied der EuGH, die allen Hafenbenutzern aus Gründen der Sicherheit in den Hafengewässern erbrachte Dienstleistung des **Festmachens und Losmachens von Schiffen** sei eine Dienstleistung von allgemeinem wirtschaftlichem Interesse. 449

d) Telekommunikation/elektronische Kommunikation. In seinem Urteil *British Telecom*[1158] entschied der EuGH, dass **Errichtung und Betrieb eines öffentlichen Telefonnetzes** eine Dienstleistung von allgemeinem wirtschaftlichem Interesse darstellen. Dies bestätigte der Gerichtshof noch in seinem Urteil *RTT,*[1159] allerdings iS. eines dynamischen Begriffsverständnisses vor dem Hintergrund der technischen Entwicklungen und der Liberalisierungsbemühungen der Kommission, mit dem Zusatz, dass dies *„beim gegenwärtigen Stand der Entwicklung der Gemeinschaft* [jetzt: Union]" gelte. 450

Im Übrigen hat die Kommission in ihren auf Art. 106 Abs. 3 gestützten Richtlinien zur Liberalisierung des Telekommunikationssektors im Lichte des jeweiligen Entwicklungsstandes den sich wandelnden Inhalt des Universaldienstes und des Rahmens, innerhalb dessen die Mitgliedstaaten Dienstleistungen von allgemeinem Interesse definieren können, beschrieben.[1160] Die Rechtfertigung der letzten noch verbleibenden Monopole mit der Verpflichtung zur Erbringung gemeinwirtschaftlicher Dienste wurde mit der Richtlinie Nr. 96/19/EG vom 13.3.1996 zur **Einführung vollständigen Wettbewerbs** auf den Telekommunikationsmärkten[1161] überwunden. Anstelle von Monopolen erlaubte die Richtlinie zur **Finanzierung von Universaldienstpflichten,** die ein Mitgliedstaat nur bestimmten Telekommunikationsbetreibern auferlegt hat, nur noch wahlweise die Errichtung eines Systems der zusätzlichen Entgelte oder eines Universaldienstleistungsfonds, auf dessen Grundlage die Nettokosten des Universaldienstes mit den anderen, nicht betrauten Telekommunikationsunternehmen geteilt werden.[1162] Die ebenfalls auf Art. 106 Abs. 3 gestützte Nachfolgerichtlinie 2002/77/EG bestimmt, dass alle gemäß der Richtlinie 2002/22/EG[1163] über den Universaldienst bei elektronischen Kommunikationsnetzen und -diensten getroffenen einzelstaatlichen Regelungen zur Aufteilung der Nettokosten von Universaldienstverpflichtungen auf objektiven, nachvollziehbaren und diskriminierungsfreien Kriterien beruhen und den Grundsätzen der Verhältnismäßigkeit und geringstmöglichen Marktverfälschung genügen müssen. Wenn öffentlichen Unternehmen, die elektronische Kommunikationsdienste erbringen, ganz oder teilweise Universaldienstverpflichtungen auferlegt werden, ist dies bei der Berechnung etwaiger Beiträge zu den Nettokosten der Universaldienstverpflichtungen zu berücksichtigen.[1164] Begleitend zum Erlass der Richtlinien griff die Kommission durch 451

[1157] EuGH U. v. 18.6.1998, Rs C-266/96, Slg. 1998, I-3949 Rdnr. 45 – *Corsica Ferries France.*

[1158] EuGH U. v. 20.3.1985, Rs 41/83, Slg. 1985, 873 Rdnr. 29–33 – *Italien/Kommission („British Telecom").*

[1159] EuGH U. v. 13.12.1991, Rs C-18/88, Slg. 1991, I-5941 Rdnr. 16 – *Régie des télégraphes et des téléphones (RTT)/GB-Inno-BM.*

[1160] Die Einzelheiten sind unten unter Rdnr. 643 ff., 648 ff. bei der Abhandlung dieser auf Art. 106 Abs. 3 gestützten Richtlinien dargestellt.

[1161] Vollständiger Titel: Richtlinie Nr. 96/19/EG der Kommission vom 13.3.1996 zur Änderung der Richtlinie Nr. 90/388/EWG hinsichtlich der Einführung des vollständigen Wettbewerbs auf den Telekommunikationsmärkten, ABl. 1996 L 74/13–24.

[1162] Art. 1 Abs. 6 zur Einfügung eines neuen Art. 4c in die Diensterichtlinie Nr. 90/388/EWG, sowie Erwägungsgründe 19–22.

[1163] Richtlinie 2002/22/EG des Europäischen Parlaments und des Rates vom 7.3.2002 über den Universaldienst und Nutzerrechte bei elektronischen Kommunikationsnetzen und -diensten (Universaldienstrichtlinie), ABl. 2002 L 108/51, geändert durch Richtlinie 2009/136/EG.

[1164] Art. 6 der Richtlinie 2002/77/EG über den Wettbewerb auf den Märkten für elektronische Kommunikationsnetze und –dienste, ABl. 2002 L 249/21. Diese Richtlinie hat die mehrfach geänderte Richtlinie 90/388/EWG über den Wettbewerb auf dem Markt für Telekommunikationsdienste

Entscheidungen nach Art. 106 Abs. 3 Sachverhalte auf, die deutlich gegen Art. 106 Abs. 1 verstießen und im Lichte der Position der Kommission zu Art. 106 Abs. 2, die sie in ihren Richtlinien festgelegt hatte, nicht nach dieser Vorschrift gerechtfertigt werden konnten. Die Ausführungen zu Art. 106 Abs. 2 in den Kommissionsentscheidungen betreffend den Telekommunikationssektor sind dementsprechend kurz.[1165]

452 *e) Post. aa) Die Urteile des Gerichtshofs.* In seinem Urteil *Corbeau*[1166] entschied der EuGH, dass eine Dienstleistung von allgemeinem wirtschaftlichem Interesse in der Verpflichtung der belgischen Post zu sehen sei, die Sammlung, die Beförderung und die Verteilung von Postsendungen zugunsten sämtlicher Nutzer, im gesamten Hoheitsgebiet des betreffenden Mitgliedstaats, zu einheitlichen Gebühren und in gleichmäßiger Qualität sowie ohne Rücksicht auf Sonderfälle und auf die Wirtschaftlichkeit jedes einzelnen Vorgangs sicherzustellen. Der EuGH gestand somit einer **Universaldienstleistungsverpflichtung im Bereich der Basispostdienste den Charakter einer Dienstleistung iSv. Art. 106 Abs. 2** zu.[1167] Diese Sichtweise wurde in Folgeurteilen bestätigt.[1168] In einem die französische *„La Poste"* betreffenden Urteil fügte das EuG hinzu, dass insbes. die diesem Unternehmen vom Staat auferlegte Verpflichtung, das gesamte Inland zu bedienen und damit einen Beitrag zur staatlichen Raumordnungspolitik zu leisten, insbes. die Verpflichtung, Postämter und unrentable öffentliche Dienstleistungen in ländlichen Gebieten aufrechtzuerhalten, als besondere Aufgaben iSv. Art. 106 Abs. 2 anzusehen seien.[1169]

453 In seinem *Corbeau*-Urteil nahm der Gerichtshof vom Anwendungsbereich des Art. 106 Abs. 2 ausdrücklich **Mehrwertleistungen** aus, die von den Dienstleistungen von allgemeinem Interesse trennbar sind und den besonderen Bedürfnissen von Wirtschaftsteilnehmern entsprechen sowie bestimmte zusätzliche Leistungen verlangen, die der herkömmliche Postdienst nicht anbietet. Hierzu gehören z.B. die Abholung beim Absender, eine schnellere[1170] und zuverlässigere Verteilung oder auch die Möglichkeit, den Bestimmungsort während der Beförderung zu ändern.[1171]

454 *bb) Die Postbinnenmarktrichtlinie und die Bekanntmachung der Kommission.* Mit Erlass der auf Art. 53 Abs. 1, 62, 114 AEUV gestützten **Postbinnenmarktrichtlinie**[1172] durch das Europäische Parlament und den Rat am 15.12.1997 verfolgte die EU als Hauptziele die Einführung gemeinsamer Vorschriften für die Entwicklung der Postdienste, die Verbesserung der Dienstequalität sowie den Beginn einer schrittweisen und kontrollierten Öffnung der Märkte. Dementsprechend wurden die Postmärkte durch zwei Novellierungen der Postbinnenmarktrichtlinie bis zum 31.12.2010 bzw. 31.12.2012 vollständig liberalisiert.

455 Schon die ursprüngliche Richtlinie von 1997 **verpflichtete die Mitgliedstaaten,** einen harmonisierten Mindeststandard für **Universaldienstleistungen sicherzustellen,** der

---

konsolidiert, weiterentwickelt und zusammen mit ihren Folgerichtlinien zum 25.7.2003 außer Kraft gesetzt, s. unten Rdnr. 665.

1165 Komm. E. v. 4.10.1995, Nr. 95/489/EG, ABl. 1995 L 280/49–57 – *GSM-Mobilfunk Italien,* s. unten Rdnr. 604–609; Komm. E. v. 18.12.1996, Nr. 97/181/EG, ABl. 1997 L 76/19–29 – *GSM-Mobilfunk Spanien,* s. unten Rdnr. 610-613

1166 EuGH U. v. 19.5.1993, Rs C-320/91, Slg. 1993, I-2533 Rdnr. 15 – *Paul Corbeau.*

1167 Zum deutschen Postmonopol s. *Basedow,* EuZW 1994, 359 ff.

1168 EuGH U. v. 17.5.2001, Rs C-340/99, Slg. 2001, I-4109 Rdnr. 53 – *TNT Traco;* EuG U. v. 27.2.1997, Rs T-106/95, Slg. 1997, II-233 Rdnr. 66–67 – *FFSA/Kommission („La Poste I");* EuGH U. v. 15.11.2007, C-162/06, Slg. 2007, I-9911 Rdnr. 34 – *International Mail Spain.*

1169 EuG U. v. 27.2.1997, Rs T-106/95, Slg. 1997, II-233 Rdnr. 68–72 – *FFSA/Kommission („La Poste I").*

1170 So z.B. Eilkurierdienstleistungen, s. EuGH U. v. 17.5.2001, Rs C-340/99, Slg. 2001, I-4109 Rdnr. 55, 57 – *TNT Traco.*

1171 EuGH U. v. 19.5.1993, Rs C-320/91, Slg. 1993, I-2533 Rdnr. 19 – *Paul Corbeau.*

1172 Richtlinie Nr. 97/67/EG des Europäischen Parlaments und des Rates vom 15.12.1997 über gemeinsame Vorschriften für die Entwicklung des Binnenmarktes der Postdienste der Gemeinschaft und die Verbesserung der Dienstequalität, ABl. 1998 L 15/14–25, berichtigt durch ABl. 1998 L 23/39, geändert durch Richtlinie 2002/39/EG, ABl. 2002 L 176/21, durch Verordnung Nr. 1882/2003/EG, ABl. 2003 L 284/1 und durch Richtlinie 2008/6/EG, ABl. 2008 L 52/3.

ständig und flächendeckend grundlegende postalische Dienstleistungen einer bestimmten Qualität zu tragbaren Preisen diskriminierungsfrei für alle Nutzer bietet.[1173] Soweit es für die Aufrechterhaltung, insbes. die Finanzierung, des Universaldienstes notwendig war, erlaubte die Richtlinie den Mitgliedstaaten, bestimmte Dienste (Marktsegmente) für den oder die Anbieter von Universaldienstleistungen durch Vergabe ausschließlicher oder besonderer Rechte zu reservieren.[1174] Die **reservierbaren Dienste** waren in der Richtlinie erschöpfend definiert und konnten nicht erweitert werden. Die Erhaltung der traditionellen Postmonopole war daher nur noch in diesem Umfang möglich. Durch die Änderungsrichtlinie Nr. 2002/39/EG wurden die Reservierungsmöglichkeiten zum 1.1.2003 und dann noch einmal zum 1.1.2006 verengt.[1175] Schließlich wurden die Mitgliedsstaaten mit der Änderungsrichtlinie Nr. 2008/6/EG verpflichtet, bis spätestens 31.12.2010 bzw. 31.12.2012[1176] für die Einrichtung und Erbringung von Postdiensten keine ausschließliche oder besonderen Reche mehr zu gewähren oder aufrechtzuerhalten.

Natürlich durften die Mitgliedstaaten auch schon vor Eintritt der Verpflichtung zur vollständigen Liberalisierung mit ihrer Reservierungspolitik unterhalb der erlaubten Obergrenzen bleiben oder ganz auf Reservierungen verzichten und damit den Wettbewerb fördern. Sie hatten allerdings auch dann im Interesse der Verbraucher den Universaldienst sicherzustellen und durften hierzu bei nichtreservierten Diensten, die in den Bereich des Universaldienstes fallen, die Zulassungen von Wettbewerbern z. B. davon abhängig zu machen, dass sie Universaldienstpflichten mitübernehmen oder in einen Ausgleichsfonds zugunsten der zur Erbringung von Universaldienstleistungen verpflichteten Unternehmen einzahlen.[1177] **456**

Auch nach der durch Änderungsrichtlinie Nr. 2008/6/EG zur Postbinnenmarktrichtlinie 97/67/EG eingeführten vollständigen Liberalisierung bleiben die Mitgliedstaaten verpflichtet, qualitativ hochwertige Universaldienste zu gewährleisten und können hierzu ein oder mehrere Unternehmen als Universaldienstanbieter für ihr gesamtes Hoheitsgebiet oder einen Teil davon sowie auch für verschiedene Bestandteile des Universaldienstes benennen. Die Postbinnenmarktrichtlinie erlaubt die Finanzierung des Universaldienstes nur noch unter Anwendung einer oder mehrerer in den Absätzen 2, 3 und 4 ihres Art. 7 genannten Verfahren oder anderer im Einklang mit dem Vertrag stehender Verfahren. So können die Mitgliedstaaten, falls die Universaldienstpflichten aufgrund der Richtlinie zu Nettokosten und einer unverhältnismäßigen Belastung für den oder die Anbieter des Universaldienstes führen, mit öffentlichen Mitteln finanzierte Ausgleichsmechanismen oder eine Aufteilung dieser Nettokosten unter den Anbietern und/oder Nutzern von Postdienstleistungen (z. B. durch Schaffung eines Ausgleichfonds) einführen. **457**

Im Übrigen stellt der 41. Erwägungsgrund der Postbinnenmarktrichtlinie klar, dass diese die Anwendung der Bestimmungen des AEUV, insbes. derjenigen über den Wettbewerb und die Dienstleistungsfreiheit unberührt lässt. Wegen der Normenhierarchie zwischen den zum Primärrecht gehörenden AEUV-Bestimmungen und der zum Sekundärrecht gehörenden Richtlinie ist diese Aussage rein deklaratorisch. **458**

Ergänzend zur Postbinnenmarktrichtlinie hatte die Kommission schon im Jahr **1998** zur Aufklärung der Marktteilnehmer in einer **Bekanntmachung**[1178] ihre künftige Politik bei der Auslegung und Anwendung der EU-Wettbewerbsregeln sowie der Beurteilung staatli- **459**

[1173] Art. 3 der Postbinnenmarktrichtlinie.

[1174] Art. 7 der Postbinnenmarktrichtlinie, bis zum Inkrafttreten der Änderungsrichtlinie Nr. 2008/6/EG.

[1175] Art. 7 der Postbinnenmarktrichtlinie: Seit dem 1.1.2006 im wesentlichen Briefsendungen mit normaler oder beschleunigter Zustellung mit einem Gewicht bis zu 50g und einem Tarif unter dem Zweieinhalbfachen des Standardbrieftarifs.

[1176] Eine bis zum 31.12.2012 verlängerte Umsetzungsfrist genossen die Tschechische Republik, Griechenland, Zypern, Lettland, Litauen, Luxemburg, Ungarn, Malta, Polen, Rumänien und die Slowakei.

[1177] Art. 9 der Postbinnenmarktrichtlinie.

[1178] ABl. 1998 C 39/2–18.

cher Maßnahmen im Postsektor dargelegt. Dies erfolgte ausdrücklich auch vor dem Hintergrund der damals noch weiter bestehenden und nach der Postbinnenmarktrichtlinie harmonisierten besonderen und ausschließlichen Rechte. Da die ehemaligen Postmonopolunternehmen auch nach der vollständigen Liberalisierung der Postmärkte ihre marktbeherrschende Stellung meist behielten, sind zahlreiche der Erläuterungen der Bekanntmachung zu den Verhaltenspflichten, die ein marktbeherrschendes Unternehmen beachten muss, um einen Verstoß gegen Art. 102 AEUV zu vermeiden, weiterhin nützlich. Gleiches gilt für die nicht in direktem Zusammenhang mit ausschließlichen Rechten stehenden Aussagen der Bekanntmachung zu Art. 106 Abs. 2 AEUV.

460 *f) Medien.* Für den Betrieb des Fernsehens hat der EuGH anerkannt, dass die Mitgliedstaaten die hiermit beauftragten Unternehmen, selbst soweit es um deren kaufmännische Betätigung – namentlich im Bereich der Werbung – geht, als mit Dienstleistungen von allgemeinem wirtschaftlichem Interesse betraute Unternehmen ausgestalten können.[1179] Gleiches gilt auch für den zweiten Teil des Rundfunkbereichs, die Hörfunkunternehmen.[1180] Der Gerichtshof macht **keinen Unterschied zwischen öffentlich-rechtlichen Rundfunkanstalten und privaten Rundfunkbetreibern.** Eine im öffentlichen Interesse liegende kulturelle und informatorische Aufgabe beseitigt die Unternehmenseigenschaft nicht.[1181] Auch im Falle einer Betrauung mit einer Dienstleistung von allgemeinem wirtschaftlichem Interesse kommen auf das Marktverhalten der Rundfunkunternehmen die Verbote des EU-Wettbewerbsrechts zur Anwendung, sofern dies nicht mit der Erfüllung der ihnen übertragenen Aufgaben nachweislich unvereinbar ist.[1182]

461 In der Rechtssache *Magill TV Guide*[1183] hat das EuG der restriktiven Auslegung des Begriffes der Aufgabenverhinderung folgend das Argument der irischen Rundfunkgesellschaft *RTE* nicht gelten lassen, wonach es zur Förderung und Veröffentlichung ihrer Programme unerlässlich sei, dass die Veröffentlichung ihrer wöchentlichen Programmvorschauen, die auch eine wichtige Einnahmequelle bilde, ihr selbst vorbehalten bleibe. Nach Ansicht der *RTE* war sie deshalb berechtigt, sich zu weigern, Verlegern, die einen **umfassenden Fernsehprogrammführer** erstellen und veröffentlichen wollten, ihre wöchentlichen Programmlisten im Voraus zu überlassen und deren Veröffentlichung in dem umfassenden Programmführer zu erlauben.[1184] Die Entscheidung der Kommission,[1185] die in dieser Weigerung eine Verletzung des Art. 102 AEUV gesehen, den Art. 106 Abs. 2 AEUV für unanwendbar gehalten und somit die Abstellung der Verletzung verfügt hatte, sei deshalb aufzuheben.[1186] Das EuG hingegen hielt Art. 106 Abs. 2 für unanwendbar, da schwer vorstellbar sei, inwiefern die Veröffentlichung von umfassenden Fernsehzeitschriften durch Dritte und die entsprechende Anpassung der betroffenen Rundfunkgesellschaft an die Markterfordernisse ihre Ziele, insbes. die Förderung von kulturell hochwertigen Programmen und Minderheitenprogrammen, beeinträchtigen könne. dass sich die Rundfunkgesellschaft die Veröffentlichung ihrer wöchentlichen Programminformationen vorbehalte, beruhe ausschließlich auf wirtschaftlichen Gründen und trage keineswegs zur Erfüllung der ihr

---

[1179] EuGH U. v. 30.4.1974, Rs 155/73, Slg. 1974, 409 Rdnr. 15 – *Sacchi;* EuG U. v. 22.10.2008, Verb. Rs T-309/04, T-317/04, T-329/04 und T-336/04, Slg. 2008, II-2935 Rdnr. 103 – *TV2/Danmark.*

[1180] EuG U. v. 10.7.1991, Rs T-69/89, Slg. 1991, II-485 Rdnr. 82 – *RTE/Kommission („Magill TV Guide").*

[1181] EuGH U. v. 30.4.1974, Rs 155/73, Slg. 1974, 409 Rdnr. 13–15 – *Sacchi.*

[1182] EuGH U. v. 30.4.1974, Rs 155/73, Slg. 1974, 409 Rdnr. 14–15 – *Sacchi;* EuG U. v. 10.7.1991, Rs T-69/89, Slg. 1991, II-485 Rdnr. 82 – *RTE/Kommission („Magill TV Guide").*

[1183] EuG U. v. 10.7.1991, Rs T-69/89, Slg. 1991, II-485 Rdnr. 82–84 – *RTE/Kommission („Magill TV Guide").*

[1184] EuG U. v. 10.7.1991, Rs T-69/89, Slg. 1991, II-485 Rdnr. 79–80 – *RTE/Kommission („Magill TV Guide").*

[1185] Komm. E. v. 21.12.1988, ABl. 1989, L 78/43 – *Magill TV Guide/ITP, BBC und RTE.*

[1186] EuG U. v. 10.7.1991, Rs T-69/89, Slg. 1991, II-485 Rdnr. 79–80 – *RTE/Kommission („Magill TV Guide").*

zugewiesenen kulturellen, gesellschaftlichen und erzieherischen Aufgaben bei.[1187] Im Rechtsmittelverfahren vor dem EuGH[1188] führte die Rundfunkgesellschaft den Art. 106 Abs. 2 nicht mehr an.

462 In der Sache *Screensport/EBU-Mitglieder*[1189] entschied die Kommission über die Anmeldung von Vereinbarungen zwischen den Mitgliedern des ***Eurosport*-Konsortiums** (einer Vereinigung von Hörfunk- und Fernsehanstalten, die auch Mitglieder der Europäischen Rundfunk- und Fernsehunion [*EBU*] sind) und der Satellitenfernsehgruppe *Sky,* durch die in Konkurrenz zu Screensport das Gemeinschaftsunternehmen *Eurosport* als Satellitenfernsehsportsender gegründet wurde. Die Kommission erblickte hierin eine nicht freistellbare Verletzung des Art. 101 Abs. 1 AEUV. Dies zum einen als die Vereinbarungen darauf angelegt waren, den potentiellen Wettbewerb zwischen den Mitgliedern des *Eurosport*-Konsortiums und *Sky* auf dem Markt für grenzüberschreitende Satellitenfernsehsportsendungen auszuschalten, und zum anderen insofern, als dem Gemeinschaftsunternehmen Eurosport ein privilegierter Zugang zum Eurovisionssystem, an dem fast alle *EBU*-Mitglieder beteiligt sind, eingeräumt wurde. Das *Eurosport*-Konsortium wandte ein, dass seine Mitglieder des neu gegründeten Senders bedürften, um ihre öffentliche Aufgabe zu erfüllen, die unabhängig von der kommerziellen Ausrichtung des Senders zu sehen sei, und dass deswegen eine Untersagung gegen Art. 106 Abs. 2 AEUV verstoße.[1190] Dem folgte die Kommission nicht: Auch wenn die nationalen öffentlich-rechtlichen Rundfunkanstalten infolge der öffentlichen Aufgaben, die ihnen von den Mitgliedstaaten auferlegt werden, möglicherweise insofern als mit Dienstleistungen von allgemeinem wirtschaftlichem Interesse betraute Unternehmen anzusehen seien, sei es aufgrund des nationalen Charakters dieser Aufgaben sehr zweifelhaft, sie auf transnationale, kollektive Aktivitäten wie *Eurosport* auszudehnen. In jedem Fall werde die Erfüllung ihrer öffentlichen Aufgaben durch die Anwendung des Art. 101 Abs. 1 AEUV auf das Gemeinschaftsunternehmen in keiner Weise verhindert, ohne dass es auf den unbestritten kommerziellen Charakter dieses Unternehmens ankomme.[1191]

463 In der Entscheidung *EBU/Eurovisions-System*[1192] erklärte die Kommission gemäß Art. 101 Abs. 3 den Art. 101 Abs. 1 AEUV auf die Statusbestimmungen und sonstigen Regelungen der *EBU* betreffend den Erwerb von **Fernsehrechten für Sportveranstaltungen,** auf den Austausch von Sportprogrammen im Rahmen der *Eurovision* und auf den vertraglichen Zugang von Drittparteien zu solchen Programmen für nicht anwendbar. Die Kommission erklärte ausdrücklich, dass die Anwendbarkeit des Art. 101 nicht durch Art. 106 Abs. 2 AEUV ausgeschlossen werde. **Öffentlich-rechtliche Rundfunk- und Fernsehanstalten** mit gesetzlichen Verpflichtungen aufgrund eines hoheitlichen Rechtsakts könnten zwar als mit Dienstleistungen von allgemeinem wirtschaftlichem Interesse betraut angesehen werden. Es bestehe jedoch keine Gefahr, dass die Anwendung der EU-Wettbewerbsvorschriften die Erfüllung der ihnen übertragenen besonderen Aufgabe (Anbieten eines vielseitigen, ausgewogenen Programms für alle Bevölkerungsgruppen einschließlich eines bestimmten Maßes an Sportsendungen und den Erwerb der entsprechenden Fernsehrechte) verhindern könnte.[1193] Die Kommission erkannte an, dass ohne die Vorteile des *Eurovisions*-Systems die Übertragung internationaler Sportveranstaltungen und

---

1187 EuG U. v. 10.7.1991, Rs T-69/89, Slg. 1991, II-485 Rdnr. 83 – *RTE/Kommission („Magill TV Guide").*

1188 EuGH U. v. 6.4.1995, Verb. Rs C-241/91 P und C-242/91 P, Slg. 1995, I-743 – *RTE und ITP/Kommission („Magill TV Guide").*

1189 Komm. E. v. 19.2.1991, Nr. 91/130/EWG, ABl. 1991 L 63/32 – *Screensport/EBU-Mitglieder.*

1190 Komm. E. v. 19.2.1991, Nr. 91/130/EWG, ABl. 1991 L 63/32 Rdnr. 68 – *Screensport/EBU-Mitglieder.*

1191 Komm. E. v. 19.2.1991, Nr. 91/130/EWG, ABl. 1991 L 63/32 Rdnr. 69 – *Screensport/EBU-Mitglieder.*

1192 Komm. E. v. 11.6.1993, Nr. 93/403/EWG, ABl. 1993, L 179/23 – *EBU/Eurovisions-System.*

1193 Komm. E. v. 11.6.1993, Nr. 93/403/EWG, ABl. 1993, L 179/23 Rdnr. 78 – *EBU/Eurovisions-System.*

der Erwerb der entsprechenden Fernsehrechte schwieriger und kostspieliger wäre, mit der Folge, dass insbes. kleinere Mitglieder aus kleinen Ländern weniger Sportveranstaltungen übertragen würden. Diese Erschwerung bei der Erfüllung der übertragenen besonderen Aufgabe reiche jedoch angesichts des klaren Wortlauts des Art. 106 Abs. 2 AEUV, der eine *Verhinderung* iSv. nachweislicher Unvereinbarkeit verlange, nicht aus, um den Unternehmen diese Ausnahmebestimmung einzuräumen.[1194]

464 Diese Argumentation blieb im nachfolgenden Urteil des EuG[1195] unbeanstandet. Allerdings hob das Gericht auf die Klagen von Wettbewerbern die Entscheidung der Kommission auf, u. a. weil diese der Begründung ihrer Freistellung eine fehlerhafte Auslegung des Art. 101 Abs. 3 AEUV zugrunde gelegt habe. Die Kommission habe allein auf die Erfüllung einer besonderen, im öffentlichen Interesse liegenden Aufgabe abgestellt, die von ihr unter Rückgriff auf die wesentlichen Merkmale des Begriffs der Dienstleistung von allgemeinem wirtschaftlichem Interesse definiert wurde, der rechtssystematisch zum Anwendungsbereich des Art. 106 Abs. 2 und nicht des Art. 101 Abs. 3 AEUV gehörte. Dieser Rechtsfehler sei geeignet gewesen, die Beurteilung der Unerlässlichkeit der freigestellten Wettbewerbsbeschränkungen iSv. Art. 101 Abs. 3 zu verfälschen.[1196]

465 In seinem Urteil *TV2/Danmark* stellte das EuG klar, dass die Mitgliedstaaten befugt sind, Dienstleistungen von allgemeinem wirtschaftlichem Interesse im Bereich des Rundfunks weit und qualitätsbezogen zu definieren, so dass sie die Ausstrahlung eines weit gefächerten Programms umfassen, und dass diese Dienstleistung auch über Werbung finanziert werden darf. Andernfalls hinge die Definition der Dienstleistung von allgemeinem wirtschaftlichem Interesse im Bereich des Rundfunks von ihrer Finanzierung ab. Eine Dienstleistung von allgemeinem wirtschaftlichem Interesse werde aber jedenfalls anhand des allgemeinen Interesses definiert, das mit ihr befriedigt werden solle, und nicht danach, mit welchen Mitteln die Dienstleistung erbracht werden solle.[1197] Das EuG lehnte es auch ab, die Definition der Dienstleistung von allgemeinem wirtschaftlichem Interesse im Bereich des Rundfunks mittels einer vergleichenden Programmanalyse vom Programmumfang der kommerziellen Fernsehanstalten abhängen zu lassen. Denn dies nähme den Mitgliedstaaten ihre Befugnis, die gemeinwirtschaftliche Dienstleistung zu definieren und mache diese Definition letztlich von den kommerziellen Anstalten und ihren Entscheidungen, bestimmte Programme auszustrahlen oder nicht, abhängig. Die Mitgliedstaaten dürften jedoch in ihrer Definition des Auftrags des öffentlich-rechtlichen Rundfunks nicht durch die Tätigkeiten der kommerziellen Fernsehkanäle beschränkt werden.[1198]

466 Bereits anlässlich der **Amsterdamer Regierungskonferenz** im Juni 1997 beschlossen die damals 15 Mitgliedstaaten *„in der Erwägung, dass der öffentlich-rechtliche Rundfunk in den Mitgliedstaaten unmittelbar mit den demokratischen, sozialen und kulturellen Bedürfnissen jeder Gesellschaft sowie mit dem Erfordernis verknüpft ist, den Pluralismus in den Medien zu wahren"* in einem **Protokoll über den öffentlich-rechtlichen Rundfunk in den Mitgliedstaaten,**[1199] dem EG-Vertrag eine **auslegende Bestimmung** mit Inkrafttreten des Amsterdamer Vertrags[1200] am 1.5.1999 beizufügen. Dieses Protokoll wurde fast wortgleich auch bei

[1194] Komm. E. v. 11.6.1993, Nr. 93/403/EWG, ABl. 1993, L 179/23 Rdnr. 79 – *EBU/Eurovisions-System.*

[1195] EuG U. v. 11.7.1996, Verb. Rs T-528/93, T-542/93, T-543/93 und T-546/93, Slg. 1996, II-649 – *Métropole télévision SA u. a./Kommission.*

[1196] EuG U. v. 11.7.1996, Verb. Rs T-528/93, T-542/93, T-543/93 und T-546/93, Slg. 1996, II-649 Rdnr. 116–123 – *Métropole télévision SA u. a./Kommission;* näheres zum Verhältnis von Art. 101 Abs. 3 und Art. 106 Abs. 2 oben unter Rdnr. 305–306.

[1197] EuG U. v. 22.10.2008, Verb. Rs T-309/04, T-317/04, T-329/04 und T-336/04, Slg. 2008, II-2935 Rdnr. 107–113 – *TV2/Danmark;* EuG U. v. 26.6.2008, Verb. Rs T-442/03, Slg. 2008, II-1161 Rdnr. 201–204 – *SIC.*

[1198] EuG U. v. 22.10.2008, Verb. Rs T-309/04, T-317/04, T-329/04 und T-336/04, Slg. 2008, II-2935 Rdnr. 120–123 – *TV2/Danmark.*

[1199] ABl. 1997 C 340/109.

[1200] S. oben bei Rdnr. 439–440.

späteren Vertragsrevisionen beibehalten und ist gegenwärtig dem EUV und dem AEUV als Protokoll Nr. 29 beigefügt.[1201] Es lautet: „*Die Bestimmungen der Verträge berühren nicht die Befugnis der Mitgliedstaaten, den öffentlich-rechtlichen Rundfunk zu finanzieren, sofern die Finanzierung der Rundfunkanstalten dem öffentlich-rechtlichen Auftrag, wie er von den Mitgliedstaaten den Anstalten übertragen, festgelegt und ausgestaltet wird, dient und die Handels- und Wettbewerbsbedingungen in der Union nicht in einem Ausmaß beeinträchtigt, das dem gemeinsamen Interesse zuwiderläuft, wobei den Erfordernissen der Erfüllung des öffentlich-rechtlichen Auftrags Rechnung zu tragen ist.*" Seit Inkrafttreten des Amsterdamer Vertrags steht diese auslegende Bestimmung neben den Vorschriften des Art. 106 Abs. 2 AEUV und der Beihilfenkontrolle nach Art. 107–108 AEUV,[1202] ohne jedoch die Kontrollkompetenzen der Kommission im Rahmen dieser Vorschriften ändern zu können. Die auslegende Bestimmung des Protokolls erkennt im Übrigen in ihren Formulierungen implizit den Grundsatz der Verhältnismäßigkeit, der diesen Vorschriften zugrunde liegt, an und hat auch deswegen das unionsrechtliche Regime, dem die öffentlich-rechtlichen Rundfunkanstalten unterliegen, nicht tiefgreifend verändert.

g) Banken. In der Rechtssache *Züchner/Bayerische Vereinsbank*[1203] hat der EuGH den pauschalen Anspruch zurückgewiesen, dass Banken wegen der besonderen Natur der von ihnen erbrachten Dienstleistungen und wegen ihrer besonderen Bedeutung für den internationalen Zahlungsverkehr Unternehmen iSv. Art. 106 Abs. 2 AEUV seien. Der EuGH entschied:[1204] „*Auch wenn es sich bei den von den Banken normalerweise für ihre Kunden ausgeführten Überweisungen von einem Mitgliedstaat in einen anderen um Geschäfte handelt, die namentlich im Rahmen des internationalen Kapitalverkehrs zu der eigentlichen Aufgabe der Banken gehören, so stellen sie doch keinen ausreichenden Grund dafür dar, den Banken den Charakter von Unternehmen im Sinne von Artikel 90 Absatz 2* (jetzt: Art. 106 Abs. 2 AEUV) *des Vertrages zuzuerkennen, es sei denn, es könnte nachgewiesen werden, dass sie durch die Ausführung dieser Überweisungen eine Dienstleistung von allgemeinem wirtschaftlichem Interesse erbringen, mit der sie durch Hoheitsakt betraut worden sind.*" Damit lehnte der EuGH die automatische Anwendbarkeit des Art. 106 Abs. 2 auf die Tätigkeiten der Banken ab, schloss aber nicht aus, dass Mitgliedstaaten die Überweisungstätigkeit der Banken im internationalen Zahlungsverkehr durch hoheitlichen Betrauungsakt als Dienstleitung von allgemeinem wirtschaftlichem Interesse ausgestalten können. 467

h) Wasserversorgung. In ihrer Entscheidung *Navewa-Anseau*[1205] erkannte die Kommission an, dass Wasserversorgungsunternehmen, die von der öffentlichen Hand errichtet wurden, um eine regelmäßige Wasserversorgung zu Bedingungen zu gewährleisten, die einen umfassenden Schutz der öffentlichen Gesundheit garantieren, eine Dienstleistung von allgemeinem wirtschaftlichem Interesse erbringen. 468

i) Abfallentsorgung. In der Rs *FFAD/Kobenhavns Kommune*[1206] urteilte der EuGH, die Bewirtschaftung bestimmter Abfälle könne eine Dienstleistung von allgemeinem wirtschaftlichem Interesse darstellen, insbes. wenn hierdurch ein Umweltproblem beseitigt werden solle. Deswegen sei in der nach staatlichen Vorschriften bestehenden Verpflichtung dreier Unternehmen, die in der Stadt Kopenhagen anfallenden Bauabfälle anzunehmen und soweit möglich einer Verwertung zuzuführen, eine Betrauung mit einer Aufgabe von allgemeinem wirtschaftlichem Interesse zu sehen. 469

In der Rs *Dusseldorp*[1207] ließ der EuGH hingegen offen, ob die Verbrennung gefährlicher Abfälle eine Dienstleistung von allgemeinem wirtschaftlichem Interesse sei. Auch in den 470

[1201] ABl. 2012 C 326/312.
[1202] Hierzu unten Rdnr. 474 ff., 487.
[1203] EuGH U. v. 14.7.1981, Rs 172/80, Slg. 1981, 2021 – *Züchner/Bayerische Vereinsbank.*
[1204] EuGH U. v. 14.7.1981, Rs 172/80, Slg. 1981, 2021 Rdnr. 7 – *Züchner/Bayerische Vereinsbank.*
[1205] Komm.E.v. 17.12.1981, Nr. 82/371/EWG, ABl. 1982 L 167/39 Rdnr. 65 – *Navewa-Anseau.*
[1206] EuGH U. v. 23.5.2000, Rs C-209/98, Slg. 2000, I-3743 Rdnr. 75–76 – *FFAD/Kobenhavns Kommune.*
[1207] EuGH U. v. 25.6.1998, Rs C-203/96, Slg. 1998, I-4075 Rdnr. 66–67 – *Chemische Afvalstoffen Dusseldorp.*

Rechtsachen *DSD*,[1208] denen zwei Entscheidungen der Kommission zugrunde lagen,[1209] nahmen die Unionsgerichte nicht ausdrücklich zu der Behauptung des Klägers *DSD* Stellung, dass die Abfallbewirtschaftung zu Zwecken des Umweltschutzes (in diesem Fall: die Erfassung und Verwertung von Verpackungen in ganz Deutschland einschließlich der unrentablen ländlichen Gebiete) eine Dienstleistung von allgemeinem wirtschaftlichem Interesse iSv. Art. 106 Abs. 2 darstelle. Statt dessen befanden sie, dass selbst wenn *DSD* mit einer solchen Dienstleistung betraut wäre, nicht dargetan und bewiesen sei, dass die angefochtenen Kommissionsentscheidungen diese Aufgabe gefährden könnten.[1210]

471 *j) Arbeitsvermittlung.* In seinen Urteilen *Höfner und Elser*[1211] und *Job Centre*[1212] hat der EuGH anerkannt, dass Arbeitsvermittlung, d. h. eine Tätigkeit, die darauf gerichtet ist, Arbeitsuchende mit Arbeitgebern zur Begründung von Arbeitsverhältnissen zusammenzuführen, eine Dienstleistung von allgemeinem wirtschaftlichem Interesse darstellt.

472 *k) Betriebsrentenfonds.* In seinen Urteilen zur Pflichtmitgliedschaft in Betriebsrentenfonds in den Niederlanden befand der EuGH, die Verwaltung solcher Fonds sei eine Dienstleistung von allgemeinem wirtschaftlichem Interesse, weil das hierdurch bereitgestellte Zusatzrentensystem in den Niederlanden aufgrund der äußerst geringen Höhe der gesetzlichen Rente eine wesentliche soziale Funktion erfülle und die Bedeutung der den Zusatzrenten zugewiesenen sozialen Funktion auch durch den Unionsgesetzgeber in einer Richtlinie anerkannt worden sei.[1213] Nach Art. 106 Abs. 2 seien die sich aus dem ausschließlichen Recht der Betriebsrentenfonds zur Verwaltung der Zusatzrenten in einem bestimmten Wirtschaftszweig ergebenden Wettbewerbsbeschränkungen gerechtfertigt, da sie erforderlich seien, um den Fonds die Erfüllung ihrer besonderen Aufgabe unter wirtschaftlich tragbaren Bedingungen[1214] zu ermöglichen.[1215]

473 *l) Rettungsdienste.* In der Rs *Ambulanz Glöckner*[1216] entschied der EuGH, Sanitätsorganisationen, denen vom Staat die Durchführung des Rettungsdienstes übertragen worden war, seien mit einer Aufgabe von allgemeinem wirtschaftlichem Interesse betraut. Diese bestehe darin, ohne Rücksicht auf besondere Situationen oder die Wirtschaftlichkeit des konkreten Einsatzes den Notfalltransport von kranken oder verletzten Personen flächendeckend zu jeder Zeit, zu einheitlichen Benutzungsentgelten und bei gleicher Qualität sicherzustellen. Die durch staatliche Maßnahmen in Rheinland-Pfalz bewirkte Ausdehnung der beherrschenden Stellung von vier Sanitätsorganisationen vom Markt für Notfalltransporte auf den benachbarten Markt des nicht notfallbedingten Krankentransports könnte nach Art. 106

[1208] S. hierzu oben Rdnr. 359–361.

[1209] Auf Art. 102 AEUV gestützt: Komm. E. v. 20.4.2001, Nr. 2001/463/EG, ABl. 2001 L 166/1 – *DSD.* Auf Art. 101 AEUV gestützt: Komm. E. v. 17.9.2001, Nr. 2001/837/EG, ABl. 2001 L 319/1 – *DSD.*

[1210] Hinsichtlich der auf Art. 102 AEUV gestützten Kommissionsentscheidung EuG U. v. 24. 5. 2007, Rs T-151/01, Slg. 2007, II-1607 Rdnr. 208–210 – *Duales System Deutschland GmbH (DSD);* sowie Rechtsmittel EuGH U. v. 16.7.2009, Rs C-385/07 P, Slg. 2009, I-6155 Rdnr. 59–60 – *Duales System Deutschland GmbH (DSD).* Hinsichtlich der auf Art. 101 AEUV gestützten Kommissionsentscheidung: EuG U. v. 24.5.2007, Rs T-289/01, Slg. 2007, II-1691 Rdnr. 207–209 – *Duales System Deutschland GmbH (DSD).*

[1211] EuGH U. v. 23.4.1991, Rs C-41/90, Slg. 1991, I-1979 Rdnr. 24 – *Höfner und Elser/Macrotron.*

[1212] EuGH U. v. 11.12.1997, Rs C-55/96, Slg. 1997, I-7119 Rdnr. 26 – *Job Centre.*

[1213] EuGH U. v. 21.9.1999, Rs C-67/96, Slg. 1999, I-5751 Rdnr. 104–106 – *Albany;* EuGH U. v. 21. 9. 1999, Rs C-115/97 bis C-117/97, Slg. 1999, I-6025 Rdnr. 104–106 – *Brentjens' Handelsonderneming* und EuGH U. v. 21.9.1999, Rs C-219/97, Slg. 1999, I-6121 Rdnr. 94–96 – *Maatschappij Drijvende Bokken.*

[1214] Zu diesem Maßstab s. auch oben Rdnr. 150–154, 339 ff., 345 ff., 354 ff. und 383.

[1215] EuGH U. v. 21.9.1999, Rs C-67/96, Slg. 1999, I-5751 Rdnr. 107 ff. – *Albany;* ebenso EuGH U. v. 21.9.1999, Rs C-115/97 bis C-117/97, Slg. 1999, I-6025 Rdnr. 107 ff. – *Brentjens' Handelsonderneming* und EuGH U. v. 21.9.1999, Rs C-219/97, Slg. 1999, I-6121 Rdnr. 97 ff. – *Maatschappij Drijvende Bokken.*

[1216] EuGH U. v. 25.10.2001, Rs C-475/99, Slg. 2001, I-8089 Rdnr. 55 – *Ambulanz Glöckner.*

Abs. 2 AEUV gerechtfertigt sein, um diesen Organisationen zu ermöglichen, den Notfalltransport unter wirtschaftlich ausgewogenen Bedingungen[1217] zu erbringen,[1218] es sei denn sie seien offensichtlich nicht in der Lage, die Nachfrage nach Notfalltransport und nach nicht notfallbedingtem Krankentransport jederzeit zu decken.[1219]

3. Art. 106 Abs. 2 AEUV im Recht der staatlichen Beihilfen. *a) Grundsätze.* 474
Trotz großer, nur einer Missbrauchskontrolle unterliegender Freiheit der Mitgliedstaaten bei der Definition von Dienstleistungen von allgemeinem wirtschaftlichem Interesse unterliegt deren Organisation und Finanzierung durch die Mitgliedstaaten den anwendbaren Regeln der EU-Rechts, insbes. über den Binnenmarkt und den Wettbewerb. Besonders wichtig ist hierbei die EU-Beihilfenkontrolle, denn finanzielle Zuwendungen, die ein Unternehmen vom Staat als Ausgleich für die Erbringung staatlich auferlegter Dienstleistungspflichten von allgemeinem wirtschaftlichem Interesse erhält, können tatbestandlich eine nach Art. 107 Abs. 1 TFEU grundsätzlich verbotene Beihilfe darstellen. Eine Rechtfertigung dieser Beihilfe und damit ihre Vereinbarkeit mit dem Binnenmarkt kann jedoch möglicherweise auf Art. 106 Abs. 2 TFEU gestützt werden.[1220]

Die Vorfrage, unter welchen Bedingungen eine solche staatliche Ausgleichszahlung eine 475
Beihilfe darstellt, war lange Zeit umstritten. Die **Kommission** hatte hierzu ursprünglich die Auffassung vertreten, dass diese Zuwendungen bereits **tatbestandlich keine staatlichen Beihilfen** iSv. Art. 107 Abs. 1 seien, soweit ihr Umfang nicht die dem Unternehmen aufgrund seiner besonderen Aufgabe tatsächlich angefallenen Zusatzkosten überstiegen.[1221] Denn das Unternehmen erhalte hier keinen für den Beihilfetatbestand notwendigen Vorteil, sondern nur einen Ausgleich für die besonderen Lasten eines Dienstes, den es ohne die ihm durch Betrauung staatlich auferlegte Pflicht nicht übernommen hätte. Ausgleichszahlungen dieser Art waren folglich nicht als Beihilfen bei der Kommission anzumelden. Hiergegen urteilte das EuG in der Rs *FFSA („La Poste I")*,[1222] dass steuerliche Vorteile, **die der französische Staat der staatlichen Post („*La Poste*") gewährte,** allein aufgrund ihrer belastungsmindernden Wirkung tatbestandlich anmeldepflichtige Beihilfen iSv. Art. 107 Abs. 1 darstellten, auch wenn deren Wert geringer war als die durch die Dienstleistungsverpflichtung von allgemeinem wirtschaftlichem Interesse entstandenen Mehrkosten. Allerdings sei eine Rechtfertigung dieser Beihilfe nach Art. 106 Abs. 2 möglich, wenn sie erstens **nur die Mehrkosten ausgleichen** solle, die dem betrauten Unternehmen durch die Erfüllung der ihm übertragenen besonderen Aufgabe entstehen, und wenn zweitens die Gewährung der Beihilfe erforderlich sei, um diesem Unternehmen die Erfüllung seiner Verpflichtungen als öffentlicher Dienstleistungserbringer **unter wirtschaftlich tragbaren Bedingungen** zu ermöglichen.[1223] Das Motiv des EuG-Urteils dürfte darin bestanden haben, durch einen weiten Beihilfebegriff und die damit verbundene Pflicht zur Anmeldung bei der Kommission eine systematische Kontrolle der Berufung auf Art. 106 Abs. 2 durch die Kommission zu ermöglichen. Allerdings gestand das EuG der Kommission im Gegenzug bei der Methodik der Berechnung der Mehrkosten des öffentlichen Versorgungsauftrags wegen der Komplexität des wirtschaftlichen Sachverhalts ein weites Ermessen im Rahmen des Art. 106 Abs. 2 zu, das mit dem Ermessen der Kommission

---

[1217] Zu diesem Maßstab s. auch oben Rdnr. 150–154, 339 ff., 345 ff., 354 ff. und 383.

[1218] EuGH U. v. 25.10.2001, Rs C-475/99, Slg. 2001, I-8089 Rdnr. 56–61 – *Ambulanz Glöckner.*

[1219] EuGH U. v. 25.10.2001, Rs C-475/99, Slg. 2001, I-8089 Rdnr. 62–65 – *Ambulanz Glöckner.*

[1220] Auswahl von Beihilfefällen, die die Kommission nach Art. 106 Abs. 2 untersucht hat, bei *Dohms,* in *Schwarze* (Hrsg.), Daseinsvorsorge im Lichte des Wettbewerbsrechts, 2001, S. 41 ff.

[1221] In diesem Sinne auch EuGH U. v. 7.2.1985, Rs 240/83, Slg. 1985, 531 Rdnr. 3, 18 – *ADBHU.*

[1222] EuG U. v. 27.2.1997, Rs T-106/95, Slg. 1997, II-233 Rdnr. 167–168 – *FFSA/Kommission („La Poste I").*

[1223] EuG U. v. 27.2.1997, Rs T-106/95, Slg. 1997, II-233 Rdnr. 178 – *FFSA/Kommission („La Poste I").*

im Rahmen der Anwendung des Art. 107 Abs. 3 vergleichbar sei.[1224] Im Rechtsmittelverfahren wurde das Urteil des EuG vom EuGH vollumfänglich bestätigt.[1225] Dies hinderte den EuGH nicht, in der Rs *Ferring*[1226] wieder vollständig zu der von der Kommission ursprünglich vertretenen Auffassung zurückzukehren.

476 Der aktuelle Stand der Rechtsprechung ist im Urteil ***Altmark***[1227] niedergelegt, in dem der EuGH Kontrollbedürfnisse und eine sinnvolle Auslegung des Beihilfenbegriffs in Einklang zu bringen versucht. Hiernach **gewähren staatliche Ausgleichszahlungen dem betreffenden Unternehmen keinen Vorteil und sind damit keine Beihilfen iSv. Art. 107 Abs. 1, wenn folgende vier Voraussetzungen kumulativ erfüllt sind:**[1228] **Erstens** muss das begünstigte Unternehmen tatsächlich mit der Erfüllung gemeinwirtschaftlicher Verpflichtungen vom Staat betraut sein, und diese Verpflichtungen müssen in staatlichen Rechts- oder Verwaltungsvorschriften bzw. –akten klar definiert sein. **Zweitens** sind die Parameter, anhand derer der Ausgleich berechnet wird, zuvor objektiv und transparent aufzustellen.[1229] **Drittens** darf der Ausgleich nicht über das hinausgehen, was erforderlich ist, um die Kosten der Erfüllung der gemeinwirtschaftlichen Verpflichtungen unter Berücksichtigung der dabei erzielten Einnahmen und eines angemessenen Gewinns aus der Erfüllung dieser Verpflichtungen ganz oder teilweise zu decken. Wenn **viertens** die Wahl des Unternehmens, das mit der Erfüllung gemeinwirtschaftlicher Verpflichtungen betraut werden soll, im konkreten Fall nicht im Rahmen eines Verfahrens zur Vergabe öffentlicher Aufträge erfolgt, das die Auswahl desjenigen Bewerbers ermöglicht, der diese Dienste zu den geringsten Kosten für die Allgemeinheit erbringen kann, so ist die Höhe des erforderlichen Ausgleichs auf der Grundlage einer Analyse der Kosten zu bestimmen, die ein durchschnittliches, gut geführtes und angemessen mit Arbeitsmitteln ausgestattetes Unternehmen bei der Erfüllung der betreffenden Verpflichtungen hätte, wobei die dabei erzielten Einnahmen und ein angemessener Gewinn aus der Erfüllung dieser Verpflichtungen zu berücksichtigen sind.

477 In der Praxis ist meist das in der vierten Voraussetzung niedergelegte scharfe Kriterium der besonderen Effizienz des betroffenen Unternehmens nicht erfüllt, sodass die staatlichen

---

[1224] EuG U. v. 27.2.1997, Rs T-106/95, Slg. 1997, II-233 Rdnr. 98–100 – *FFSA/Kommission („La Poste I")*. Nach Ansicht des Gerichts (Rdnr. 178 des Urteils) sollte sich die Kommission bei der Beurteilung der Erforderlichkeit der Beihilfe auf eine umfassende Bewertung der wirtschaftlichen Bedingungen beschränken, unter denen das betreffende Unternehmen seine Tätigkeiten in dem ihm unter Daseinsvorsorgegesichtspunkten vorbehaltenen Sektor ausübt. Vorteile, die dieses Unternehmen aus seinen Tätigkeiten in anderen Sektoren, die dem Wettbewerb offenstehen, ziehen kann und somit im Wege der internen Quersubvention im vorbehaltenen Sektor verwenden könnte, sollten nicht berücksichtigt werden. War die Ausgleichszahlung geringer als die mit der Erfüllung der besonderen Aufgabe iSv. Art. 106 Abs. 2 AEUV verbundenen Mehrkosten, konnte eine gemeinschaftsrechtswidrige **Quersubvention** zugunsten der Tätigkeit des Unternehmens im Wettbewerbsbereich ausgeschlossen werden (Rdnr. 188–189 des Urteils).

[1225] EuGH U. v. 25.3.1998, Rs C-174/97 P, Slg. 1998, I-1303 – *FFSA/Kommission („La Poste II")*.

[1226] EuGH U. v. 22.11.2001, Rs C-53/00, Slg. 2001, I-9067 Rdnr. 14–29 – *Ferring*.

[1227] EuGH U. v. 24.7.2003, Rs C-280/00, Slg. 2003, I-7747 Rdnr. 87–94 – *Altmark Trans*, bestätigt und weiter erläutert in EuGH U. v. 27.11.2003, Verb. Rs C-34/01 bis C-38/01, Slg. 2003, I-14243 Rdnr. 31–40 – *Enirisorse*.

[1228] Im U. v. 12.2.2008, Rs T-289/03, Slg. 2008, II-81 Rdnr. 158 – *BUPA* befand das EuG da der EuGH die Tragweite seiner Feststellungen in seinem Urteil *Altmark* (C-280/00 vom 24. 7. 2003) zeitlich nicht begrenzt habe, seien diese Feststellungen, die sich aus einer Auslegung von Art. 107 Abs. 1 AEUV ergeben, mangels einer derartigen zeitlichen Begrenzung in vollem Umfang auf Sach- und Rechtslagen aus der Zeit vor Erlass des *Altmark*-Urteils anwendbar.

[1229] Dies um zu verhindern, dass der Ausgleich einen wirtschaftlichen Vorteil mit sich bringt, der das Unternehmen, dem er gewährt wird, gegenüber konkurrierenden Unternehmen begünstigt. Gleicht daher ein Mitgliedstaat, ohne dass zuvor die Parameter dafür aufgestellt worden sind, die Verluste eines Unternehmens aus, und stellt sich nachträglich heraus, dass das Betreiben bestimmter Dienste im Rahmen der Erfüllung gemeinwirtschaftlicher Verpflichtungen nicht wirtschaftlich durchführbar war, so stellt dies ein finanzielles Eingreifen dar, das unter den Begriff der staatlichen Beihilfe iSv. Art. 107 Abs. 1 AEUV fällt.

Ausgleichsleistungen Beihilfen iSv. Art. 107 Abs. 1 AEUV darstellen und damit der EU-Beihilfenkontrolle unterliegen. Um Planungs- und Rechtssicherheit der beteiligten Mitgliedstaaten und Unternehmen bei der Finanzierung gemeinwirtschaftlicher Leistungen zu verbessern, hat die Kommission[1230] im November 2005 ein **Maßnahmenpaket (sog. Monti/Kroes-DAWI-Paket 2005)** beschlossen und im Dezember 2011-April 2012 durch ein neues, umfassenderes Paket **(sog. Almunia-DAWI-Paket 2012)** ersetzt, das nachfolgend beschrieben wird.

Ausgangspunkt des 2012-DAWI-Pakets ist die Mitteilung der Kommission 478 über die Anwendung der Beihilfevorschriften der Europäischen Union für die Erbringung von Dienstleistungen von allgemeinem wirtschaftlichem Interesse.[1231] Zweck der Mitteilung ist, unter Beachtung der Rechtsprechung des EuGH/EuG, die Klärung beihilferechtlicher Schlüsselkonzepte, die für DAWI besonders relevant sind. Hierzu gehören die Ausübung einer **Tätigkeit wirtschaftlicher Natur,**[1232] die die betreffende Einheit zum Unternehmen macht und damit die von ihr empfangenen Leistungen des Staates der Beihilfenkontrolle unterwirft. Dies betrifft die in der Praxis wichtige Abgrenzung zu den nicht vom Unionsrecht erfassten nichtwirtschaftlichen Dienstleistungen von allgemeinem Interesse. Weitere Erklärungen betreffen die für den Beihilfebegriff konstitutiven Voraussetzungen der Vorteilsgewährung aus **staatlichen Mitteln**[1233] und der Auswirkungen von staatlichen Ausgleichszahlungen auf den **Handel zwischen Mitgliedstaaten.**[1234] Letzteres Kriterium kann dazu führen, dass die staatliche Finanzierung rein lokaler gemeinwirtschaftlicher Dienste nicht von der EU-Beihilfenkontrolle erfasst wird. Im Weiteren erklärt die Mitteilung sehr ausführlich die vier kumulativen **Voraussetzungen der *Altmark*-Rechtsprechung.**[1235] Hinsichtlich der Definition der DAWI durch die Mitgliedstaaten erkennt die Kommission zwar deren weiten Spielraum und die eigene Begrenzung auf eine Missbrauchskontrolle an.[1236] Die Kommission gibt aber zu verstehen, dass es nicht zweckmäßig wäre, bestimmte gemeinwirtschaftliche Verpflichtungen an eine Dienstleistung zu knüpfen, die von im Einklang mit den Marktregeln handelnden Unternehmen zu normalen Marktbedingungen, die sich z. B. im Hinblick auf den Preis, objektive Qualitätsmerkmale, Kontinuität und den Zugang zu der Dienstleistung mit dem vom Staat definierten öffentlichen Interesse decken, zufriedenstellend erbracht wird oder erbracht werden kann. Gleichzeitig will sich die Kommission hinsichtlich der Frage, ob eine Dienstleistung vom Markt erbracht werden kann, wiederum darauf beschränken zu prüfen, ob dem betreffenden Mitgliedstaat ein offensichtlicher Fehler unterlaufen ist.[1237]

Gemäß der **Verordnung 360/2012/EU über „*De-minimis*-Beihilfen"**[1238] sind staat- 479 liche Ausgleichzahlungen an Unternehmen, die DAWI erbringen, dann keine Beihilfen iSv. Art. 107 Abs. 1 AEUV, wenn sie pro Unternehmen 500 000 EUR in einem Zeitraum von drei aufeinanderfolgenden Steuerjahren nicht überschreiten. Diese Erhöhung gegenüber dem nach der Allgemeinen *De minimis*-Verordnung 1407/2013/EU[1239] für denselben Zeitraum geltenden Schwellenwertes von 200 000 EUR rechtfertigt sich dadurch, dass dem Unternehmen Kosten entstehen, die unmittelbar mit der ihm vom Staat auferlegten gemeinwirtschaftlichen Verpflichtung verbunden sind, sodass der Wert der staatlichen Vor-

1230 Wie im Mai 2004 in ihrem Weißbuch zu Dienstleistungen von allgemeinem Interesse KOM(2004) 374 endg. angekündigt.
1231 ABl. 2012 C 8/4.
1232 Rdnr. 8–30 der Mitteilung.
1233 Rdnr. 31–36 der Mitteilung.
1234 Rdnr. 37–41 der Mitteilung.
1235 Rdnr. 42–77 der Mitteilung. S. hierzu auch Rdnr. 72, 332, 476 ff.
1236 Rdnr. 46 der Mitteilung.
1237 Rdnr. 48 der Mitteilung. EuGH U. v. 20.2.2001, Rs C-205/99, Slg. 2001, I-1271 Rdnr. 71 – *Analir.*
1238 ABl. 2012 L 114/8.
1239 ABl. 2013 L 352/1.

teilsgewährung deutlich niedriger ist als der ausgezahlte Betrag. Die DAWI-*De minimis* Verordnung 360/2012/EU erleichtert insbes. bei kleineren, lokal begrenzten Sachverhalten die Einhaltung der EU-Beihilferegeln sicherzustellen.

480 Soweit staatliche Ausgleichzahlungen weder aus den in der *Altmark*–Rechtsprechung, der Kommissionsmitteilung oder in der DAWI-*De minimis*-Verordnung genannten Gründen der Qualifikation als staatliche Beihilfe iSv. Art. 107 Abs. 1 entgehen, ist im nächsten Schritt zu prüfen, ob sie dem auf Art. 106 Abs. 3 AEUV gestützten **DAWI-Freistellungsbeschluss 2012/21/EU**[1240] der Kommission unterfallen. Nach diesem Beschluss sind Beihilfen in Form von DAWI–Ausgleichszahlungen unter bestimmten Voraussetzungen mit dem Binnenmarkt vereinbar und demzufolge von der Pflicht zur Anmeldung bei der Kommission nach Art. 108 Abs. 3 AEUV befreit. Hintergrund des Freistellungsbeschlusses ist die Erkenntnis, dass staatliche Ausgleichszahlungen bis zu einer bestimmten Höhe in allen Wirtschaftssektoren, sowie umfangmäßig unbegrenzte Ausgleichszahlungen in bestimmten Wirtschaftssektoren wettbewerbspolitisch weniger problematisch sind als sonstige Ausgleichzahlungen und deswegen unter bestimmten Voraussetzungen von der Pflicht zur vorherigen Anmeldung bei der Kommission freigestellt und mit dem Binnenmarkt für vereinbar erklärt werden können. Da diese Beurteilung von den sich ständig wandelnden wirtschaftlichen und sozialen Verhältnissen abhängt, hat die Kommission den Anwendungsbereich des DAWI-Freistellungsbeschlusses 2012/21/EU im Vergleich zu seinem Vorgänger (DAWI-Freistellungsbeschluss 2005/842/EG[1241] des DAWI-Pakets 2005) teilweise verengt und teilweise erweitert.

481 In den **Anwendungsbereich des 2012 DAWI-Freistellungsbeschlusses** fallen nach seinem Art. 2 Abs. 1a) nun grundsätzlich in allen Wirtschaftssektoren (mit Ausnahme der Bereiche Verkehr und Verkehrsinfrastruktur) staatliche Ausgleichszahlungen, die 15 Mio. EUR pro Jahr, DAWI und Unternehmen (unabhängig von dessen Größe) nicht überschreiten.[1242] Hingegen ist die Zahl der Wirtschaftssektoren, die unabhängig von der Höhe der Ausgleichszahlungen in den Anwendungsbereich des Freistellungsbeschlusses fallen, erweitert worden und umfasst außerhalb des Verkehrsbereichs nun gemäß Art. 2 Abs. 1b–c) des Beschlusses neben Krankenhäusern und sozialem Wohnungsbau auch DAWI zur Deckung des sozialen Bedarfs im Hinblick auf Gesundheitsdienste und Langzeitpflege, Kinderbetreuung, den Zugang zum und die Wiedereingliederung in den Arbeitsmarkt, sowie die Betreuung und soziale Einbindung sozial schwacher Bevölkerungsgruppen. Die DAWI im Verkehrsbereich (d.h. betreffend Flug- und Fährverbindungen zu Inseln sowie Flug- und Seehäfen unterhalb eines bestimmten Passagieraufkommens), die unbegrenzte Ausgleichszahlungen erhalten können, sind gemäß Art. 2 Abs. 1d–e) des Beschlusses gleichgeblieben, bis auf DAWI in Flughäfen, die nun nur noch eine Größe von 200.000 (statt vorher 1 Mio Passagieren pro Jahr haben dürfen.

482 Wichtigste **Voraussetzung für die Freistellung und Binnenmarktkompatibilität** der in den Anwendungsbereich des 2012 DAWI-Freistellungsbeschlusses fallenden Ausgleichszahlungen bleiben der in einem staatlichen Betrauungsakt klar definierte gemeinwirtschaftliche Auftrag des Unternehmens (Art. 4),[1243] die auf die Kompensation der durch die Erfüllung des Auftrags verursachten Nettokosten begrenzte Höhe der Ausgleichszah-

---

[1240] ABl. 2012 L 7/3, im Weiteren: „2012 DAWI-Freistellungsbeschluss".

[1241] Komm. E. v. 28.11.2005, Nr. 2005/842/EG, ABl. 2005 L 312/67.

[1242] Nach dem früheren DAWI-Freistellungsbeschluss 2005/842/EG waren es 30 Mio. EUR, mit der Einschränkung, dass das empfangende Unternehmen einen Jahresumsatz von weniger als 100 Mio. EUR haben musste.

[1243] Art. 4 des DAWI-Freistellungsbeschlusses 2012/21/EU verlangt detaillierte Angaben (a) zu Gegenstand und Dauer der gemeinwirtschaftlichen Verpflichtungen, (b) zu dem betrauten Unternehmen, (c) zu etwaigen, diesem Unternehmen gewährten ausschließlichen oder besonderen Rechten, (d) eine Beschreibung des Ausgleichsmechanismus und Parameter für die Berechnung, Überwachung und Änderung der Ausgleichsleistungen, (e) zu Maßnahmen zur Vermeidung und Rückforderung von Überkompensationszahlungen sowie (f) einen Verweis auf diesen Beschluss.

lung und damit das Verbot der Überkompensierung (Art. 5)[1244] sowie die Pflicht der Mitgliedstaaten, Maßnahmen zur Vermeidung, Kontrolle und ggf. notwendigen Rückforderung von Überkompensationen zu ergreifen (Art. 6). Neu ist insbes. die zeitliche Begrenzung der Betrauung auf 10 Jahre, die nur dann und soweit ausgedehnt werden kann, wenn eine erhebliche Investition seitens des DAWI-Erbringers erforderlich ist, die einen längeren Abschreibungszeitrum verlangt (Art. 2 Abs. 2).

Alle anderen DAWI-Ausgleichszahlungen, d.h. solche, die weder aus den in der *Alt-* **483**
mark-Rechtsprechung, der Kommissionsmitteilung oder in der DAWI-*De minimis*-Verordnung genannten Gründen der Qualifikation als staatliche Beihilfe iSv. Art. 107 Abs. 1 entgehen noch kraft des DAWI-Freistellungsbeschlusses 2012/21/EU von der Anmeldung freigestellt und mit dem Binnenmarkt vereinbar sind, müssen gemäß Art. 108 Abs. 3 AEUV bei der Kommission angemeldet und dürfen nicht vollzogen werden, bevor die Kommission abschließend über sie entschieden hat. Bei der beihilferechtlichen Beurteilung dieser Ausgleichszahlungen folgt die Kommission dem von ihr selbst in einer Mitteilung verkündeten **Rahmen der Europäischen Union** für staatliche Beihilfen in Form von Ausgleichszahlungen für die Erbringung öffentlicher Dienstleistungen[1245] (sog. 2012 DAWI-Rahmen). Im Vergleich zu den vom 2012 DAWI-Freistellungsbeschluss erfassten Sachverhalten hält die Kommission die dem 2012 DAWI-Rahmen unterfallenden Ausgleichszahlungen aufgrund ihres größeren Volumens und der betroffenen Wirtschaftssektoren wettbewerbspolitisch für potentiell problematischer. Dies rechtfertigt nicht nur das Vollzugsverbot und die Einzelfallprüfung im Anmeldeverfahren, sondern auch die erhöhten Anforderungen, die der 2012 DAWI-Rahmen an die Feststellung der Vereinbarkeit einer Ausgleichszahlung mit dem Binnenmarkt gemäß Art. 106 Abs. 2 AEUV stellt.[1246]

Vereinbarkeitsvoraussetzungen nach dem 2012 DAWI-Rahmen sind somit zunächst die **484**
wesentlichen, auch schon im 2012 DAWI-Freistellungsbeschluss niedergelegten Anforderungen, d.h. der in einem staatlichen Betrauungsakt klar definierte gemeinwirtschaftliche Auftrag des Unternehmens,[1247] die auf die Kompensation der durch die Erfüllung des Auftrags verursachten Nettokosten[1248] begrenzte Höhe der Ausgleichszahlung und damit das Verbot der Überkompensierung.[1249] Allerdings gibt es für die Dauer des Betrauungszeitraums keine explizite Frist, sondern nur die Regel, grundsätzlich nicht den Zeitraum zu überschreiten, der für die Abschreibung der Vermögenswerte, die für die Erbringung der DAWI am wichtigsten sind, erforderlich ist.[1250]

Nach dem 2012 DAWI-Rahmen gehört zu den besonderen Vereinbarkeitsvoraussetzungen gemäß Art. 106 Abs. 2 AEUV, dass das beihilfeempfangende Unternehmen, soweit erforderlich, die Bestimmungen der Transparenzrichtlinie 2006/11/EG[1251] einhält. **485**

[1244] Die Nettokostenkalkulation muss den Anspruch des Unternehmens, einen angemessenen Gewinn aus der Ausführung seines DAWI-Auftrags zu ziehen, mit einschließen.

[1245] ABl. 2012 C8/15, der den Gemeinschaftsrahmen für staatliche Beihilfen, die als Ausgleich für die Erbringung öffentlicher Dienstleistungen gewährt werden, (ABl. 2005 C 297/4) des DAWI-Pakets 2005 ersetzt.

[1246] Dieser Logik folgend nimmt Rdnr. 61 des 2012 DAWI-Rahmens diejenigen Ausgleichszahlungen, die typologisch in den Anwendungsbereich des 2012 DAWI-Freistellungsbeschlusses fallen aber nicht alle Voraussetzungen dieses Beschlusses erfüllen und deswegen nach dem 2012 DAWI-Rahmen zu beurteilen sind, von der Anwendung der erhöhten Anforderungen des DAWI-Rahmens aus.

[1247] Rdnr. 12–14 und 15–16 des 2012 DAWI-Rahmens.

[1248] Auch hier muss die Nettokostenkalkulation wiederum den Anspruch des Unternehmens, einen angemessenen Gewinn aus der Ausführung seines DAWI-Auftrags zu ziehen, mit einschließen. Bei der Nettokostenermittlung ist grundsätzlich der *Net-avoided-cost*-Methode Vorrang vor anderen Methoden (wie z.B. der Kostenallokationsmethode) zu geben.

[1249] Rdnr. 21–50 des 2012 DAWI-Rahmens.

[1250] Rdnr. 17 des 2012 DAWI-Rahmens.

[1251] Rdnr. 18 des 2012 DAWI-Rahmens. ABl. 2006 L 318/17. Diese auf Art. 106 Abs. 3 AEUV gestützte Richtlinie der Kommission kodifiziert die Transparenzrichtlinie 80/723/EWG, die mehr-

Außerdem muss die zuständige Behörde bei der Betrauung des betreffenden Unternehmens mit der DAWI die geltenden EU-Vorschriften für das öffentliche Auftragswesen befolgen, wozu alle Voraussetzungen im Hinblick auf Transparenz, Gleichbehandlung und Nichtdiskriminierung, die sich unmittelbar aus dem Vertrag und gegebenenfalls dem Sekundärrecht der Union ergeben, gehören.[1252] Betraut eine Behörde mehrere Unternehmen mit der Erbringung ein und derselben DAWI, so sollten die Ausgleichsleistungen für jedes dieser Unternehmen anhand derselben Methode berechnet werden.[1253] Des Weiteren müssen die Mitgliedstaaten bei der Ausarbeitung des Modells für die zu leistenden Ausgleichszahlungen grundsätzlich Anreize vorsehen, damit die DAWI in effizienter Weise erbracht wird, wobei solche Effizienzanreize je nach den spezifischen Gegebenheiten des Vertrags oder Wirtschaftszweigs unterschiedlich ausgestaltet sein können.[1254] Für den Fall, dass die dargestellten Bestimmungen des 2012 DAWI-Rahmens nicht ausreichen sollten, um sicherzustellen, dass Ausgleichszahlungen den Wettbewerb in einer den Interessen der EU zuwiderlaufenden Weise verfälschen, behält sich die Kommission vor, solche Wettbewerbsverfälschungen durch Auflagen für die Mitgliedstaaten oder durch Aufforderung der Mitgliedstaaten zur Unterbreitung von Verpflichtungsangeboten abzumildern und die Genehmigung der Ausgleichszahlungen von solchen Auflagen oder Verpflichtungen abhängig zu machen.[1255] Schliesslich unterliegen die in den Geltungsbereich des 2012 DAWI-Rahmens fallenden Ausgleichszahlungen erhöhten Transparenzanforderungen.[1256]

486 *b) Sektorspezifische Fragen.* Auf DAWI-Ausgleichzahlungen im **Postsektor** sind die Instrumente des 2012 DAWI-Pakets unter ihren Voraussetzungen vollumfänglich anwendbar. Daneben hat die Mitteilung der Kommission von 1998[1257] für die Beihilfenkontrolle im Postsektor aufgrund der zwischenzeitlichen Entwicklung der Rechtsprechung und anderer Unionsinstrumente[1258] nur noch eine sehr begrenzte ergänzende Funktion.

487 Auch wenn im Bereich der staatlichen Finanzierung des **öffentlich-rechtlichen Rundfunks** das seit Inkrafttreten des Amsterdamer Vertrags am 1.5.1999 bestehende Protokoll über den öffentlich-rechtlichen Rundfunk[1259] die Beihilfekontrollkompetenzen der Kommission nicht geändert hat,[1260] gelten hier die Regeln für staatliche DAWI-Ausgleichs-

---

fach geändert worden war, zuletzt durch Richtlinie 2005/81/EG, um der durch das *Altmark*-Urteil (vom 24.7.2003, Rs C-280/00) geschaffenen Rechtslage (wonach Ausgleichzahlungen für die Erbringung von DAWI unter bestimmten Voraussetzungen keine staatlichen Beihilfen iSv. Art. 107 Abs. 1 sind) Rechnung zu tragen. Mit dieser letzten Änderung der Transparenzrichtlinie wurde die Pflicht zur getrennten Buchführung auf solche Unternehmen ausgeweitet, die jegliche Art von Ausgleichzahlungen (gleich, ob diese tatbestandlich eine Beihilfe sind oder nicht) für die Erbringung von DAWI erhalten und gleichzeitig in anderen Geschäftsbereichen tätig sind. Dies war nötig, sowohl um das Vorliegen der *Altmark*-Kriterien (insbes. des Überkompensierungsverbots) und damit das Bestehen einer Beihilfe überhaupt ermitteln, als auch sodann ggf. die DAWI-Freistellungsbeschluss oder den DAWI-Rahmen auf die Beihilfe anwenden zu können.

[1252] Rdnr. 19 des 2012 DAWI-Rahmens.

[1253] Rdnr. 20 des 2012 DAWI-Rahmens.

[1254] Rdnr. 39–43 des 2012 DAWI-Rahmens. So können die Mitgliedstaaten vorab eine pauschale Ausgleichshöhe festlegen, die die Effizienzgewinne, die das Unternehmen während der Laufzeit des Vertrags erzielen dürfte, antizipiert und berücksichtigt. Die Mitgliedstaaten können aber auch im Betrauungsakt konkrete Ziele für Effizienzgewinne festlegen und die Ausgleichshöhe davon abhängig machen, inwieweit diese Ziele erreicht wurden.

[1255] Rdnr. 51–59, 66 des 2012 DAWI-Rahmens.

[1256] Rdnr. 60 des 2012 DAWI-Rahmens.

[1257] Bekanntmachung der Kommission über die Anwendung der Wettbewerbsregeln auf den Postsektor und über die Beurteilung bestimmter staatlicher Maßnahmen betreffend Postdienste, ABl. 1998 C 39/2–18.

[1258] S. hierzu oben Rdnr. 452–459.

[1259] Ursprüngliches Protokoll veröffentlicht in ABl. 1997 C 340/109; gegenwärtiges Protokoll veröffentlicht in ABl. 2012 C 326/312.

[1260] S. hierzu oben Rdnr. 466.

zahlungen in modifizierter Form.[1261] Bereits im Jahr 2001 legte die Kommission die Grundsätze erstmals in ihrer Mitteilung über die Anwendung der Vorschriften über staatliche Beihilfen auf den öffentlich-rechtlichen Rundfunk[1262] fest und novellierte diese Regeln in einer gleichnamigen Mitteilung aus dem Jahr 2009.[1263] Letztere Mitteilung erkennt an,[1264] dass der DAWI-Freistellungsbeschluss grundsätzlich für alle Sektoren gilt und deswegen auch auf den öffentlich-rechtlichen Rundfunk anwendbar ist. Da der aktuelle 2012 DAWI-Freistellungsbeschluss im Rundfunksektor jedoch nur für DAWI-Ausgleichszahlungen von bis zu 15 Mio. EUR pro Jahr und Unternehmen gilt, kommt er in der Praxis lediglich für die staatliche Finanzierung kleinerer regionaler und lokaler Rundfunksender in Betracht. Auf Ausgleichszahlungen jenseits dieses Betrags ist jedoch nicht der 2012 DAWI-Rahmen,[1265] sondern allein die Rundfunkmitteilung von 2009 anwendbar. Deren grundlegende Anforderungen für die Vereinbarkeit staatlicher Ausgleichszahlungen mit dem Binnenmarkt entsprechen denen des 2012 DAWI-Rahmens; allerdings bestehen Besonderheiten, die sich aus der Natur des Rundfunks ergeben und sich z. B. in der auf der Ausgabenseite nicht erforderlichen Buchführungstrennung zwischen den DAWI-Tätigkeiten und rein kommerziellen Aktivitäten des Rundfunksenders[1266] oder im Absehen von Effizienzanforderungen niederschlagen.[1267]

Vor dem Hintergrund einer in Deutschland geführten Debatte hat die Amsterdamer Regierungskonferenz im Juni 1997 in einer nicht ratifikationsbedürftigen Erklärung[1268] die Auffassung der Kommission zur Kenntnis genommen, *„dass die bestehenden Wettbewerbsregeln der Gemeinschaft* [jetzt: Union] *es zulassen, Dienstleistungen von allgemeinem wirtschaftlichem Interesse, welche* ***die in Deutschland bestehenden öffentlich-rechtlichen Kreditinstitute*** *erfüllen, so wie ihnen zum Ausgleich für die mit diesen Leistungen verbundenen Lasten gewährte Fazilitäten voll zu berücksichtigen. … Diese Fazilitäten dürfen die Wettbewerbsbedingungen nicht in einem Ausmaß beinträchtigen, das über das zur Erfüllung der besonderen Aufgabe erforderliche Maß hinausgeht und zugleich dem Interesse der Gemeinschaft* [jetzt: Union] *entgegenwirkt.“* Obwohl diese Erklärung es für möglich erachtet, dass öffentlich-rechtliche Kreditinstitute in Deutschland Dienstleistungen von allgemeinem wirtschaftlichem Interesse erbringen, enthält diese Erklärung keine Aussage zur Anwendbarkeit des Art. 106 Abs. 2 im konkreten Einzelfall und bestreitet auch nicht, dass in jedem Einzelfall alle Tatbestandsmerkmale dieser Vorschrift zu prüfen bleiben und dass die Erklärung auf deren Auslegung und Anwendung durch Kommission und Gerichte keine rechtsverbindliche Wirkung haben kann. In der Praxis hat der Art. 106 Abs. 2 bei Bankenbeihilfen, auch in der Finanzkrise ab 2008, bisher keine nennenswerte Rolle gespielt, obwohl eine wirksame Ausgestaltung und Betrauung von bestimmten Bankdienstleistungen als DAWI grundsätzlich möglich erscheint.[1269] **488**

[1261] Gute Übersicht in *Flynn/Pesaresi/Siaterli/Van de Casteele-Held,* EU Competition Law, Volume IV State Aid, 2nd ed. 2015, Part 3, Chapter 24.

[1262] ABl. 2001 C 320/5.

[1263] ABl. 2009 C 257/1.

[1264] S. Rdnr. 19 der 2009 Rundfunkmitteilung (ABl. 2009 C 257/1) bezogen auf die 2005 DAWI-Freistellungsentscheidung 2005/842/EG (ABl. 2005 L 312/67), die zum 31.1.2012 durch den DAWI-Freistellungsbeschluss 2012/21/EU (ABl. 2012 L 7/3) ersetzt wurde; s. hierzu auch oben Rdnr. 477, 480–482.

[1265] S. hierzu oben Rdnr. 483–485.

[1266] S. hierzu Rdnr. 65–69 der 2009 Rundfunkmitteilung (ABl. 2009 C 257/1).

[1267] Ausführlich hierzu *Flynn/Pesaresi/Siaterli/Van de Casteele-Held,* EU Competition Law, Volume IV State Aid, 2nd ed. 2015, Part 3, Chapter 24, point 3.1175 ff.

[1268] Erklärung Nr. 37 zu öffentlich-rechtlichen Kreditinstituten in Deutschland, beigefügt zur Schlussakte des Vertrags von Amsterdam, ABl. 1997 C 340/138.

[1269] S. oben Rdnr. 467 zu EuGH U. v. 14.7.1981, Rs 172/80, Slg. 1981, 2021 Rdnr. 7 – *Züchner/Bayerische Vereinsbank.* S. die Mitteilung der Kommission (KOM/2011/0900 endg.) vom 20.12.2011, Aktionsfeld 2: Gewährleistung des Zugangs zur Grundversorgung, Punkt 2.2. Basisbankdienstleistungen.

D. Art. 106 Abs. 3 AEUV: Die Ermächtigung der Kommission zum Erlass von Richtlinien und Beschlüssen

I. Systematische Stellung und Verhältnis zu den Kompetenzen anderer Unionsorgane

489 Art. 106 Abs. 3 verleiht der **Kommission besondere Befugnisse zur Konkretisierung und Anwendung der in Art. 106 Absätze 1 und 2 AEUV festgelegten Grundsätze.**[1270] In diesem Rahmen bekräftigt Art. 106 Abs. 3 die der Kommission in Art. 17 EUV zugewiesene Rolle als Hüterin der Verträge (EUV, AEUV), die für deren Anwendung sorgt, und gestaltet diese Rolle aus.[1271] Dementsprechend wird die Kommission nochmals ausdrücklich verpflichtet, auf die Anwendung des Art. 106 AEUV zu achten und wird darüber hinaus ermächtigt, geeignete Richtlinien und Einzelfallbeschlüsse, d. h. verbindliche Rechtsakte, an die Adresse der Mitgliedstaaten zu richten.

490 Darüber hinaus bleiben **alle anderen Kompetenzen der verschiedenen Unionsorgane nach den Verträgen unberührt.** Auch wenn der Anwendungsbereich des Art. 106[1272] betroffen ist, kann deshalb z. B. der Rat weiterhin Verordnungen oder Richtlinien nach Art. 103 AEUV zur Verwirklichung der in den Art. 101 und 102 AEUV niedergelegten Grundsätze oder nach Art. 109 AEUV alle zweckdienlichen Durchführungsverordnungen zu den Art. 107 und 108 AEUV erlassen.[1273] Außerdem können Rat und Europäisches Parlament z. B. weiterhin zusammen Maßnahmen zur Verwirklichung des Binnenmarktes nach Art. 114 AEUV erlassen. Wegen des Initiativmonopols der Kommission im Hinblick auf den Erlass sekundären EU-Rechts ergibt sich hierdurch kein Problem der konkurrierenden Kompetenzausübung.[1274] So können z. B. die vom Rat und Europäischen Parlament aufgrund von Art. 114 AEUV erlassenen Binnenmarktrichtlinien Nr. 2009/72/EG (Elektrizität)[1275] und Nr. 2009/73/EG (Erdgas)[1276] nicht nur die Möglichkeiten der Mitgliedstaaten zur Definition gemeinwirtschaftlicher Ziele konkretisieren und eingrenzen,[1277] sondern auch die Möglichkeiten der Mitgliedstaaten näher definieren, bestimmte Vorschriften der Richtlinie unangewendet zu lassen, soweit ihre Anwendung die Erfüllung der den Elektrizitäts- oder Erdgasunternehmen übertragenen gemeinwirtschaftlichen Verpflichtungen *de iure* oder *de facto* verhindern würde.[1278]

[1270] Hierzu auch *Wilms,* S. 91 ff.; *Blum/Logue,* S. 41 ff.

[1271] Diese Rolle der Kommission war vormals in Art. 211 EG-Vertrag niedergelegt. Immenga/Mestmäcker-*Mestmäcker/Schweitzer,* WbR Bd. 1 EU/Teil 1, Art. 106 Abs. 3 AEUV Rdnr. 1; Grabitz/Hilf/Nettesheim-*Wernicke,* Das Recht der Europäischen Union, Art. 106 AEUV Rdnr. 78 (Stand: 3/2011); Loewenheim/Meessen/Riesenkampff-*Ehricke,* Art. 86 EG Rdnr. 133; *Streinz-Kühling,* EUV/AEUV, Art. 106 AEUV Rdnr. 79.

[1272] Betreffend das Verhältnis Art. 106 Abs. 3 zu Art. 103 und 114 AEUV: EuGH U. v. 19.3.1991, C-202/88, Slg. 1991, I-1223 Rdnr. 23–26 – *Frankreich/Kommission („Telekommunikationsendgeräte");* betreffend das Verhältnis von Art. 106 Abs. 3 zu Art. 103, 114 und 56 AEUV: EuGH U. v. 17.11.1992, Verb. Rs C-271/90, C-281/90 und C-289/90, Slg. 1992, I-5833 Rdnr. 13–21 – *Spanien u. a./Kommission („Telekommunikationsdienste").*

[1273] Z. B. betreffend der den öffentlichen Unternehmen gewährten Beihilfen: EuGH U. v. 6.7.1982, Verb. Rs 188 bis 190/80, Slg. 1982, 2545 Rdnr. 11–14 – *Frankreich, Italien und Vereinigtes Königreich/Kommission („Transparenzrichtlinie").*

[1274] *Streinz-Kühling,* EUV/AEUV, Art. 106 AEUV Rdnr. 101.

[1275] Richtlinie Nr. 2009/72/EG des Europäischen Parlaments und des Rates vom 13.7.2009 über gemeinsame Vorschriften für den Elektrizitätsbinnenmarkt und zur Aufhebung der Richtlinie 2003/54/EG, ABl. 2009 L 211/55.

[1276] Richtlinie Nr. 2009/73/EG des Europäischen Parlaments und des Rates vom 13.7.2009 über gemeinsame Vorschriften für den Erdgasbinnenmarkt und zur Aufhebung der Richtlinie 2003/55/EG, ABl. 2009 L 211/94.

[1277] S. hierzu oben Rdnr. 320, 444 f.

[1278] S. Art. 3 Abs. 14 der Elektrizitätsbinnenmarktrichtlinie und Art. 3 Abs. 10 der Erdgasbinnenmarktrichtlinie.

Im Vergleich zu diesen Zuständigkeiten der anderen Organe hat die **der Kommission in Art. 106 Abs. 3 verliehene Zuständigkeit einen spezifischeren Inhalt.** Aus der Bedeutung der von Art. 106 Abs. 1 und Abs. 2 erfassten Sektoren und dem besonderen Interesse der Mitgliedstaaten an ihnen ergibt sich, dass die Integration dieser Sektoren in einen wettbewerblichen Binnenmarkt nicht allein dem Rat und dem Parlament überlassen werden kann, sondern eine selbständige Rolle der Kommission hierbei unerlässlich ist.[1279] Die Kommission hat deshalb nicht nur das **traditionelle repressiv-kontrollierende Instrument des Beschlusses** im Hinblick auf erfolgte Verstöße im Einzelfall, sondern kann **durch den Erlass eigener Richtlinien nach Art. 106 Abs. 3 auch präventiv gestaltend tätig werden.**[1280] Nach der Rechtsprechung des EuGH kann die Kommission ihre Zuständigkeit nach Art. 106 Abs. 3 deshalb auch dann weiterhin unbeschränkt ausüben, wenn die anderen Institutionen aufgrund ihrer allgemeinen Zuständigkeiten z. B. nach Art. 109, 103 oder 114 Regelungen erlassen haben, die Bestimmungen enthalten, die den besonderen Bereich des Art. 106 berühren.[1281] Im Konfliktfall gehen die von der Kommission aufgrund von Art. 106 Abs. 3 erlassenen Richtlinien und Beschlüsse nach dem *lex specialis*-Satz den allgemeineren Rechtsakten der anderen Organe vor. 491

Art. 14 AEUV (ex-Art. 16 EG) verpflichtet die Union und die Mitgliedstaaten im Rahmen ihrer jeweiligen Befugnisse im Anwendungsbereich der Verträge (EUV, AEUV) dafür Sorge zu tragen, dass die Grundsätze und Bedingungen für das Funktionieren der Dienste von allgemeinem wirtschaftlichem Interesse so gestaltet sind, dass sie ihren Aufgaben nachkommen können. Mit Inkrafttreten des Lissabon-Vertrags zum 1.12.2009 wurde im Art. 14 AEUV eine neue Kompetenz für das Europäische Parlament und den Rat geschaffen, diese Grundsätze und Bedingungen durch Verordnungen gemäß dem ordentlichen Gesetzgebungsverfahren (Art. 294 AEUV) festzulegen. Die Kommissionskompetenz nach Art. 106 Abs. 3 AEUV wird durch diese neue Legislativkompetenz des Parlaments und Rates jedoch nicht eingeschränkt, da der Text des Art. 14 AEUV die unbeschadete Fortgeltung des Art. 106 AEUV ausdrücklich bestätigt und damit die Koexistenz der Kompetenzen verbürgt, die auch für das Verhältnis des Art. 106 Abs. 3 zu anderen Kompetenzen der anderen EU-Institutionen gilt. Konflikte lassen sich bereits dadurch vermeiden, dass das Ob und Wie der Ausübung der Legislativkompetenz nach Art. 14 AEUV dem Initiativmonopol der Kommission unterliegt, die im Übrigen bisher keine Notwendigkeit gesehen hat, in diesem Rahmen tätig zu werden. 492

Schließlich kann die Kommission neben ihrer gegen die Mitgliedstaaten gerichteten Befugnis nach Art. 106 Abs. 3 selbst weiterhin **Maßnahmen gegen die betroffenen Unternehmen**[1282] aufgrund der Verordnungen zur Durchführung der Art. 101 und 102 AEUV[1283] oder aufgrund von Art. 105 AEUV[1284] ergreifen und **Vertragsverletzungsverfahren nach Art. 258 AEUV**[1285] gegen Mitgliedstaaten führen. 493

[1279] Immenga/Mestmäcker-*Mestmäcker/Schweitzer,* WbR Bd. 1 EU/Teil 1, Art. 106 Abs. 3 AEUV Rdnr. 5.

[1280] Loewenheim/Meessen/Riesenkampff-*Ehricke,* Art. 86 EG Rdnr. 134; zum exekutiven, d. h. nichtlegislativen Charakter des Richtlinienerlasses s. unten Rdnr. 546–548.

[1281] EuGH U. v. 19.3.1991, C-202/88, Slg. 1991, I-1223 Rdnr. 26 – *Frankreich/Kommission („Telekommunikationsendgeräte"); EuGH U. v. 6.7.1982, Verb. Rs 188 bis 190/80, Slg. 1982, 2545 Rdnr. 14 – *Frankreich, Italien und Vereinigtes Königreich/Kommission („Transparenzrichtlinie");* EuGH U. v. 17.11.1992, Verb. Rs C-271/90, C-281/90 und C-289/90, Slg. 1992, I-5833 Rdnr. 14 – *Spanien u. a./Kommission („Telekommunikationsdienste").*

[1282] S. hierzu auch unten Rdnr. 537–544.

[1283] Verordnung (EG) Nr. 1/2003 des Rates als allgemeine Durchführungsverordnung zu den Art. Art. 81 und 82 EG-Vertrag (jetzt: Art. 101 und 102 AEUV) sowie die speziellen Durchführungsverordnungen im Verkehrssektor: VO Nr. 1017/68/EWG (Landverkehr), ABl. 1968 L 175/1 (geändert u. a. durch VO Nr. 1/2003); VO Nr. 4056/86/EWG (Seeverkehr), ABl. 1986 L 378/4 (geändert u. a. durch VO Nr. 1/2003).

[1284] Dazu näher *v. d. Groeben/Schwarze-Schröter,* Europäisches Unionsrecht, Art. 105 AEUV Rdnr. 1 ff.

[1285] Zur Abgrenzung der Verfahren nach Art. 258 und Art. 106 Abs. 3 AEUV s. unten Rdnr. 578–584.

II. Die Aufgaben und Befugnisse der Kommission

494 **1. Allgemeines.** Gemäß dem Wortlaut des Art. 106 Abs. 3 AEUV erschöpft sich die Aufgabe der Kommission nicht darin, auf die Anwendung der Absätze 1 und 2 des Art. 106 zu „*achten*", d. h. eine allgemeine Aufsicht auszuüben. Um die wirkungsvolle Erfüllung ihrer Überwachungsaufgabe sicherzustellen, hat die Kommission vielmehr die Befugnis, ***„erforderlichenfalls geeignete"*** **Richtlinien oder Beschlüsse** an die Mitgliedstaaten zu richten. Hieraus ergibt sich die Aufgabe der Kommission, die Verpflichtungen, die für die Mitgliedstaaten gemäß Art. 106 Abs. 1 hinsichtlich der in dieser Vorschrift genannten Unternehmen bestehen, ebenso wie die Ausnahmemöglichkeiten und die Gestaltungsrahmen, die sich für die Mitgliedstaaten aus Art. 106 Abs. 2 ergeben, zu präzisieren und zu konkretisieren und damit zur Rechtssicherheit beizutragen.

495 Der **Umfang dieser Überwachungs- und Konkretisierungsaufgabe** und damit der Befugnis zum Erlass von Beschlüssen und Richtlinien nach Art. 106 Abs. 3 hängt von der **Tragweite der Vorschriften ab, deren Beachtung sichergestellt werden soll.**[1286] Die **Tragweite des Art. 106 Abs. 1** ergibt sich stets nur im Zusammenhang mit der Vorschrift, auf die Art. 106 Abs. 1 verweist.[1287] Hierzu gehören – wie oben dargestellt[1288] – nicht nur die in Art. 106 Abs. 1 ausdrücklich genannten Art. 18 und 101 bis 109 AEUV, sondern auch die sonstigen Regeln der Verträge (AEUV, EUV), insbes. die unmittelbar anwendbaren Binnenmarktregeln des AEUV, die Rechte für den einzelnen begründen. Die Kommission darf die tatsächliche Ausübung dieser Rechte – ohne die Rechtsetzung anderer Unionsorgane abwarten zu müssen – dadurch erleichtern, dass sie mittels Art. 106 Abs. 3 die sich aus den Binnenmarktregeln für die Mitgliedstaaten ergebenden Verpflichtungen konkretisiert.[1289]

496 Hingegen ist die **Tragweite des Art. 106 Abs. 2 AEUV** aus der Vorschrift selbst heraus zu ergründen. Eine Konkretisierung des Art. 106 Abs. 2 in Richtlinien oder Beschlüssen nach Art. 106 Abs. 3 hat die Kommission lange Zeit nur anlässlich der Liberalisierung von Sektoren oder der Feststellung einer Verletzung des Art. 106 Abs. 1 vorgenommen. Dem Ruf nach einer Rahmenrichtlinie zu Daseinsvorsorgeleistungen, die auf Art. 106 Abs. 3 hätte gestützt werden können, hat die Kommission bisher widerstanden.[1290] Im Zuge des Maßnahmenpakets zur Verbesserung der Rechtssicherheit bei der staatlichen Finanzierung gemeinwirtschaftlicher Leistungen[1291] hat die Kommission im Jahr 2005 erstmals eine auf Art. 106 Abs. 3 gestützte Entscheidung[1292] erlassen, die speziell die Anwendung des Art. 106 Abs. 2 in dem Bereich regelt, in dem staatliche Ausgleichzahlungen den *Altmark*-Test nicht erfüllen und somit Beihilfen iSv. Art. 107 Abs. 1 AEUV sind. Diese Entscheidung wurde im Zuge des neuen Maßnahmenpakets mit Wirkung zum 31.1.2012 durch einen neuen, ebenfalls auf Art. 106 Abs. 3 gestützten Beschluss[1293] ersetzt. Grundsätzliche Aussagen zu Art. 106 Abs. 2 finden sich im Übrigen auch in einigen Bekanntma-

---

[1286] EuGH U. v. 19.3.1991, C-202/88, Slg. 1991, I-1223 Rdnr. 21 – *Frankreich/Kommission („Telekommunikationsendgeräte");* EuGH U. v. 17.11.1992, Verb. Rs C-271/90, C-281/90 und C-289/90, Slg. 1992, I-5833 Rdnr. 18 – *Spanien u. a./Kommission („Telekommunikationsdienste").*

[1287] S. hierzu oben Rdnr. 4; EuGH U. v. 19.3.1991, C-202/88, Slg. 1991, I-1223 Rdnr. 22 – *Frankreich/Kommission („Telekommunikationsendgeräte").*

[1288] S. oben Rdnr. 30, 83–84, 88 ff., 169 ff.

[1289] Zur Konkretisierung des Art. 56 AEUV mittels Art. 106 Abs. 3 AEUV s. EuGH U. v. 17.11. 1992, Verb. Rs C-271/90, C-281/90 und C-289/90, Slg. 1992, I-5833 Rdnr. 18–21 – *Spanien u. a./ Kommission („Telekommunikationsdienste").*

[1290] Weißbuch zu Dienstleistungen von allgemeinem Interesse KOM(2004) 374 endg., Punkt 4.1., S. 13–15.

[1291] S. oben Rdnr. 477 ff.

[1292] Komm. E. v. 28.11.2005, Nr. 2005/842/EG, ABl. 2005 L 312/67 (hierzu auch Rdnr. 480–481, 629).

[1293] Komm. E. v. 20.12.2011, Nr. 2012/21/EU, ABl. 2012 L 7/3 (hierzu auch Rdnr. 480–483, 517, 629, 640).

chungen der Kommission allgemeiner Natur[1294] und zu ihrer Politik der Anwendung der Wettbewerbs- und sonstigen Vertragsregeln.[1295]

2. Verhältnismäßigkeitsprinzip und Ermessen der Kommission. Die Eingriffsbefugnis der Kommission steht unter den **Vorbehalten der Eignung und der Erforderlichkeit.** Die Kommission darf nur solche Richtlinien oder Beschlüsse erlassen, die geeignet und erforderlich sind, um die ihr nach Art. 106 Abs. 3 übertragene Überwachungs- und Konkretisierungsaufgabe wirkungsvoll zu erfüllen.[1296] Die Beurteilung der Eignung und Erforderlichkeit wiederum hängt ab von den Eigenarten der Vorschrift, um deren Beachtung es geht.[1297] Der Gerichtshof hat hierzu erklärt, aus Art. 106 Abs. 3 und aus dem Sinn und Zweck des gesamten Art. 106 ergebe sich, dass die Kommission in dem in den Absätzen 1 und 3 bezeichneten Bereich sowohl hinsichtlich des Tätigwerdens, das sie für erforderlich hält (d. h. des Ob), als auch hinsichtlich der dazu geeigneten Mittel (d. h. des Wie) ein **weites Ermessen** besitze.[1298] Wird die Kommission tätig,[1299] so ist die Ermessensausübung bezüglich des Wie nur hinsichtlich einer zutreffenden Feststellung des Sachverhalts sowie offensichtlicher Beurteilungsfehler und einer daraus resultierenden Überschreitung des Ermessensspielraums justitiabel.[1300] 497

Ungeeignet und damit unrechtmäßig sind nur solche Richtlinien und Beschlüsse, mit denen sich das angestrebte Ziel unter keinen Umständen erreichen lässt, die also im konkreten Fall unter keinem Gesichtspunkt dazu beitragen können, dass die Kommission ihre Aufgabe, die Einhaltung der speziellen Vorschrift, um die es geht, zu überwachen bzw. ihre Bedeutung zu präzisieren und zu konkretisieren, wirkungsvoll erfüllen kann. Dies ist z. B. dann der Fall, wenn die Richtlinie oder Beschlüsse neue Pflichten der Mitgliedstaaten begründet, die sich nicht aus den Absätzen 1 oder 2 des Art. 106 ableiten lassen. Gibt es nach der Liberalisierung und Privatisierung eines Sektors weder durch ausschließliche oder besondere Rechte privilegierte Unternehmen noch öffentliche Unternehmen, so ist der Ansatzpunkt des Art. 106 Abs. 1 entfallen, selbst wenn für bestimmte Unternehmen Vorteile aus ehemals ausschließlichen und besonderen Rechten noch nachwirken sollten.[1301] Aufgrund von Art. 106 Abs. 3 sind dann allenfalls noch Regelungen im Hinblick auf Daseinsvorsorgegesichtspunkte nach Art. 106 Abs. 2 möglich. In einer solchen Situation kann die Kommission auf ihre Befugnis zurückgreifen, dem Rat und Parlament den Erlass von 498

[1294] Mitteilung der Kommission zu „Leistungen der Daseinsvorsorge in Europa" KOM(2000) 580 endg. (auch veröffentlicht in ABl. 2001 C 17/4 vom 19.1.2001) (s. hierzu Rdnr. 22, 25, 308, 316–317, 320, 326, 380); Mitteilung der Kommission „Weißbuch zu Dienstleistungen von allgemeinem Interesse" KOM(2004) 374 endg., s. hierzu oben Rdnr. 308, 440, 477, 496.

[1295] S. z. B. die Bekanntmachung der Kommission über die Anwendung der Wettbewerbsregeln auf den Postsektor und über die Beurteilung bestimmter staatlicher Maßnahmen betreffend die Postdienste, ABl. 1998 C 39/2–18, s. hierzu auch oben Rdnr. 459, 486.

[1296] EuGH U. v. 6.7.1982, Verb. Rs 188 bis 190/80, Slg. 1982, 2545 Rdnr. 13 – *Frankreich, Italien und Vereinigtes Königreich/Kommission („Transparenzrichtlinie")*.

[1297] EuGH U. v. 6.7.1982, Verb. Rs 188 bis 190/80, Slg. 1982, 2545 Rdnr. 14 – *Frankreich, Italien und Vereinigtes Königreich/Kommission („Transparenzrichtlinie")*.

[1298] EuG U. v. 27.10.1994, Rs T-32/93, Slg. 1994, II-1015 Rdnr. 37 – *Ladbroke Racing Ltd/Kommission („Ladbroke I");* EuG U. v. 23.1.1995, Rs T-84/94, Slg. 1995, II-101 Rdnr. 31 – *Bundesverband der Bilanzbuchhalter/Kommission;* insoweit in der Rechtsmittelinstanz bestätigt durch EuGH U. v. 20.2.1997, Rs C-107/95 P, Slg. 1997, I-947 Rdnr. 27 – *Bundesverband der Bilanzbuchhalter/Kommission;* EuG U. v. 8. 7. 1999, Rs T-266/97, Slg. 1999, II-2329 Rdnr. 75 – *Vlaamse Televisie Maatschappij (VTM)/ Kommission;* EuGH U. v. 29.3.2001, Rs C-163/99, Slg. 2001, I-2613 Rdnr. 20 – *Portugal/Kommission.*

[1299] Aus EuGH U. v. 22.2.2005, Rs C-141/02 P, Slg. 2005, I-1283 Rdnr. 69 – *Kommission/T-Mobile Austria* (vormals *max.mobil)* ergibt sich, dass die Kommission nach Art. 106 Abs. 3 und dem Sinn und Zweck des gesamten Art. 106 nicht verpflichtet ist, überhaupt gemäß diesem Artikel tätig zu werden.

[1300] EuGH U. v. 6.7.1982, Verb. Rs 188 bis 190/80, Slg. 1982, 2545 Rdnr. 16–18, 22–26 *Frankreich, Italien und Vereinigtes Königreich/Kommission („Transparenzrichtlinie");* EuG U. v. 27.2.1997, Rs T-106/95, Slg. 1997, II-233 Rdnr. 101 – *FFSA/Kommission („La Poste I")*.

[1301] *Streinz-Kühling,* EUV/AEUV, Art. 106 AEUV Rdnr. 86; Loewenheim/Meessen/Riesenkampff-*Ehricke,* Art. 86 EG Rdnr. 147.

Richtlinien und Verordnungen vorzuschlagen, die die Regulierung des Sektors fortentwickeln und dabei auch den Aspekt gemeinwirtschaftlicher Dienste behandeln können.

499 **Erforderlich** ist der Erlass von Richtlinien und Beschlüssen nur, wenn und soweit dies zur wirkungsvollen Erfüllung der der Kommission zugewiesenen Überwachungs- und Konkretisierungsaufgabe notwendig ist. Deshalb ist eine Richtlinie oder ein Beschluss in der geplanten Form dann nicht erforderlich, wenn mit einer Richtlinie oder einem Beschluss von geringerer Eingriffsintensität oder mit sonstigen milderen Maßnahmen, wie z.B. Empfehlungen und Stellungnahmen, das verfolgte Ziel ebenfalls erreicht werden könnte. Die geringere Eingriffsintensität bezieht sich sowohl auf die Wahrung mitgliedstaatlicher Handlungsmöglichkeiten als auch der Verhaltensspielräume der rechtsunterworfenen Unternehmen und Bürger.[1302] Allerdings übersetzt sich das **weite Ermessen,** über das die Kommission bei der Beurteilung der Erforderlichkeit verfügt, in ein weites Ermessen bei der Frage, ob sie einen bestimmten Sachverhalt mittels Vorbereitung einer Richtlinie oder mittels Einleitung eines förmlichen Verfahrens zum Erlass eines einzelnen Beschlusses aufgreift und wie sie sodann in diesem Sachverhalt die Verpflichtungen des Mitgliedstaats im Hinblick auf Art. 106 Abs. 1 und/oder seine Ausnahme- und Gestaltungsmöglichkeiten gemäß Abs. 2 durch den Erlass der Richtlinie oder des Beschlusses präzisiert und konkretisiert.[1303] Aufgrund des spezifischen Inhalts der Kommissionszuständigkeit nach Art. 106 Abs. 3 wird die Erforderlichkeit nicht dadurch eingeschränkt, dass andere Institutionen aufgrund allgemeiner Zuständigkeiten Regelungen erlassen haben, die Bestimmungen enthalten, die den besonderen Bereich des Art. 106 berühren.[1304] Unzutreffend ist die Auffassung,[1305] dass ein Beschluss nach Art. 106 Abs. 3 gegen einen Mitgliedstaat dann nicht erforderlich sei, wenn die Kommission den Wettbewerbsverstoß vollständig dadurch abstellen könne, dass sie die Wettbewerbsregeln im Verfahren der VO Nr. 1/2003 *„unmittelbar und wirksam"* gegen die Unternehmen selbst anwendet. Dies verkennt nicht nur die über die Wettbewerbsregeln hinausgehende Tragweite der Art. 106 Abs. 1 und 2, sondern auch die Tatsache, dass die wirtschafts- und ordnungspolitisch motivierten Eingriffe des Staates in diesen Bereichen oft die Quelle der Verstöße gegen die Wettbewerbsregeln sind und eine nachhaltige Lösung nur durch Maßnahmen gegen den Mitgliedstaat zu erreichen ist.[1306]

III. Die Instrumente der Kommission, das Erlassverfahren, Formvorschriften, rechtliche Wirkung

500 **1. Einführung. Art. 106 Abs. 3 AEUV schafft keine neuartigen Rechtshandlungsformen.** Die aufgrund dieser Vorschrift von der Kommission gegenüber Mitgliedstaaten erlassenen Richtlinien und Beschlüsse haben die in Art. 288 Abs. 3 und Abs. 4 AEUV definierte Qualität und Wirkung. Im Hinblick auf Richtlinien nach Art. 106 Abs. 3 dürfen einerseits keine Schlüsse aus dem Umstand gezogen werden, dass die Mehrzahl der anderen speziellen Bestimmungen des AEUV, die eine Befugnis zum Erlass von Rechtsakten allgemeiner Natur (Verordnungen und Richtlinien) vorsehen, dem Rat ggf. zusammen mit dem Europäischen Parlament die Ausübung dieser Befugnis auf Vorschlag der Kommission überträgt.[1307] Andererseits haben Richtlinien nach Art. 106 Abs. 3 keinen

---

[1302] *Streinz-Kühling,* EUV/AEUV, Art. 106 AEUV Rdnr. 87; Loewenheim/Meessen/Riesenkampff-*Ehricke,* Art. 86 EG Rdnr. 148.

[1303] Zum Ermessen beim Instrument des Beschlusses s. unten Rdnr. 506 und beim Instrument der Richtlinie s. unten Rdnr. 549–554.

[1304] EuGH U. v. 19.3.1991, C-202/88, Slg. 1991, I-1223 Rdnr. 23–28 – *Frankreich/Kommission („Telekommunikationsendgeräte");* s. auch oben Rdnr. 490f.

[1305] So z.B. Immenga/Mestmäcker-*Mestmäcker/Schweitzer,* WbR Bd. 1 EU/Teil 1, Art. 106 Abs. 3 AEUV Rdnr. 19.

[1306] S. auch oben Rdnr. 1–12.

[1307] EuGH U. v. 6.7.1982, Verb. Rs 188 bis 190/80, Slg. 1982, 2545 Rdnr. 7 – *Frankreich, Italien und Vereinigtes Königreich/Kommission („Transparenzrichtlinie").*

legislativ-normativen, sondern einen exekutiv-präzisierenden und konkretisierenden Charakter.[1308]

Die Befugnis der Kommission zum Erlass von Richtlinien oder Beschlüssen richtet sich nach dem Wortlaut des **Art. 106 Abs. 3 allein gegen Mitgliedstaaten, nicht auch gegen Unternehmen.** Richtlinien können gemäß ihrer Definition nach Art. 288 Abs. 3 ohnehin nur an Mitgliedstaaten gerichtet werden. Hingegen können Beschlüsse gemäß ihrer Definition in Art. 288 Abs. 4 AEUV sowohl gegen Mitgliedstaaten als auch gegen Unternehmen gerichtet werden. Jedoch sind für den Beschluss der Kommission hinsichtlich des wettbewerbswidrigen Verhaltens von Unternehmen allein die Art. 101 und 102 AEUV sowie die Fusionskontrollverordnung, nicht aber der Art. 106 AEUV die richtigen Rechtsgrundlagen. Deswegen eignet sich Art. 106 z. B. nicht für die Beseitigung von Wettbewerbshindernissen, die sich möglicherweise aus Verträgen mit langer Laufzeit zwischen Unternehmen und ihren Kunden ergeben, wenn die Unternehmen weder durch staatliche Regelungen hierzu gezwungen noch angeregt wurden.[1309] **501**

Das **Verfahren zum Erlass von Richtlinien und Beschlüssen nach Art. 106 Abs. 3 AEUV** ist nur zu einem geringen Teil ausdrücklich geregelt und ansonsten von der Kommission in der nachfolgend beschriebenen Praxis[1310] unter Berücksichtigung allgemeiner Rechtsgrundsätze und der einschlägigen Rechtsprechung des Gerichtshofs entwickelt worden. Im Sekundärrecht gibt es zum Erlassverfahren **keine Durchführungsbestimmungen.** Im AEUV selbst sind in Art. 296 Abs. 2 nur die Pflicht der Kommission zur Begründung des Rechtsaktes und in Art. 297 Abs. 2 Pflichten hinsichtlich Veröffentlichung und Bekanntgabe geregelt. **502**

Hinsichtlich des Einsatzes von Richtlinien oder Beschlüssen der Kommission verweist der Gerichtshof **einerseits** auf die **Wesensverschiedenheit beider Instrumente.**[1311] Zwar dienen beide Rechtshandlungsformen letztlich der Präzisierung und Konkretisierung der sich aus den Art. 106 Abs. 1 und 2 für die Mitgliedstaaten ergebenden Verpflichtungen bzw. Möglichkeiten. Auch ist es sowohl bei einer Richtlinie als auch bei einem Beschluss möglich, sie an alle oder nur an einen einzigen Mitgliedstaat zu richten. Deswegen wird die Wahl der Kommission zwischen Richtlinie und Beschluss nicht durch die Zahl der möglicherweise betroffenen Mitgliedstaaten bestimmt. Die Wahl hängt vielmehr von dem Ziel ab, das die Kommission verfolgt, also davon, ob sie allgemeine Regeln erlassen will, durch die die sich aus dem Vertrag ergebenden Verpflichtungen präzisiert werden – dann Richtlinie – oder ob sie einen bestimmten Sachverhalt in einem oder mehreren Mitgliedstaaten nach dem Unionsrecht beurteilen und die sich daraus für den oder die betreffenden Mitgliedstaaten ergebenden Konsequenzen bestimmen will – dann Beschluss.[1312] **Andererseits** betont der EuGH auch im Hinblick auf die Wahl zwischen Richtlinie und Beschluss das **weite Ermessen der Kommission.**[1313] Deswegen erscheint ein Auswahlfehler der Kommission nur denkbar, wenn eine grobe Diskrepanz zwischen dem von ihr angestrebten Ziel und dem eingesetzten Instrument besteht. **503**

2. Beschlüsse der Kommission nach Art. 106 Abs. 3 AEUV. *a) Die Anwendungsmodalitäten.* Beim Erlass von Beschlüssen nach Art. 106 Abs. 3 AEUV übt die Kommission ihre Überwachungs- und Konkretisierungsaufgabe **im Hinblick auf einen bestimmten** **504**

[1308] S. hierzu ausführlich unten Rdnr. 546–548.

[1309] EuGH U. v. 19.3.1991, C-202/88, Slg. 1991, I-1223 Rdnr. 55–57 – *Frankreich/Kommission („Telekommunikationsendgeräte");* EuGH U. v. 17.11.1992, Verb. Rs C-271/90, C-281/90 und C-289/90, Slg. 1992, I-5833 Rdnr. 24–26 – *Spanien u. a./Kommission („Telekommunikationsdienste").*

[1310] S. hierzu für Beschlüsse unten Rdnr. 507 ff., 529 ff. und für Richtlinien unten Rdnr. 555 ff., 558 ff.

[1311] EuGH U. v. 12.2.1992, Verb. Rs C-48/90 und C-66/90, Slg. 1992, I-565 Rdnr. 25 – *Niederlande u. a./Kommission („Eilkurierdienste").*

[1312] EuGH U. v. 29.3.2001, Rs C-163/99, Slg. 2001, I-2613 Rdnr. 28 – *Portugal/Kommission.*

[1313] EuGH U. v. 29.3.2001, Rs C-163/99, Slg. 2001, I-2613 Rdnr. 17, 20 (mwN.) – *Portugal/Kommission,* angesichts des Arguments Portugals, die Kommission hätte statt eines Beschlusses eine Richtlinie nach Art. 106 Abs. 3 erlassen sollen.

Einzelfall in einem oder mehreren Mitgliedstaaten aus. Nach Prüfung einer bestimmten staatlichen Maßnahme anhand von Art. 106 Abs. 1 iVm. der Norm, auf die Art. 106 Abs. 1 verweist, und ggf. unter Berücksichtigung des Art. 106 Abs. 2 kann sie deren Unionsrechtswidrigkeit **feststellen und angeben,** welche Maßnahmen der betroffene Mitgliedstaat zur Erfüllung seiner unionsrechtlichen Verpflichtungen zu treffen hat.[1314] Der einzelne Beschluss wirkt damit **punktuell und repressiv-kontrollierend.**[1315]

505 Im Hinblick auf **Beschlüsse** vervollständigt Art. 106 Abs. 3 das Instrumentarium, welches die Kommission benötigt, um die ihr von Art. 101 bis 109 AEUV übertragene Aufgabe zu erfüllen, über die Anwendung der Wettbewerbsregeln zu wachen und damit zur Errichtung eines Systems des unverfälschten Wettbewerbs iSd. dem EUV und AEUV beigefügten Protokolls Nr. 27 beizutragen. Hierfür würde es nicht genügen, wenn die Kommission allein die ihr aufgrund von Art. 103 AEUV in der Ratsverordnung Nr. 1/2003[1316] verliehene Befugnis ausübte, mit Beschlüssen das wettbewerbswidrige und gegen die Art. 101 oder 102 verstoßende Verhalten von Unternehmen zu ahnden. Zwecks **Gewährleistung eines lückenlosen und effizienten Wettbewerbsschutzes** muss die auf Art. 106 Abs. 3 gestützte Möglichkeit hinzukommen, unmittelbar gegen Mitgliedstaaten vorzugehen, die in Bezug auf öffentliche oder mit besonderen oder ausschließlichen Rechten ausgestattete Unternehmen Maßnahmen mit ganz ähnlicher wettbewerbswidriger Wirkung treffen oder beibehalten.[1317]

506 *b) Das Aufgreifermessen der Kommission.* Im Rahmen des Art. 106 Abs. 3 behandelt die Kommission einen nach Art. 106 Abs. 1 relevanten Sachverhalt entweder aus eigener Initiative **von Amts wegen *(ex officio)* oder nach Aufforderung** seitens natürlicher oder juristischer Personen, die geltend machen, von einer Verletzung des Art. 106 Abs. 1 selbst betroffen zu sein. Jedoch handelt es sich in letzterem Fall im Vergleich zu dem Verfahren nach der Ratsverordnung Nr. 1/2003[1318] und der Kommissionsverordnung Nr. 773/2004[1319] **nicht um ein echtes Beschwerdeverfahren**[1320] mit vergleichbaren Rechten der Antragsteller nach Art. 106 Abs. 3. Da die Kommission infolge ihres weiten Ermessens hinsichtlich ihres Eingreifens nach Art. 106 Abs. 3[1321] und dem Sinn und Zweck des gesamten Art. 106 nicht verpflichtet ist, überhaupt gemäß diesem Artikel tätig zu werden, kann der Einzelne von ihr nicht eine Stellungnahme in einem bestimmten Sinne verlangen.[1322] Dies ist der wichtigste Grund dafür, dass im Falle des Nichteingreifens der Kom-

---

[1314] EuGH U. v. 12.2.1992, Verb. Rs C-48/90 und C-66/90, Slg. 1992, I-565 Rdnr. 27–28 – *Niederlande u. a./Kommission („Eilkurierdienste")*; EuGH U. v. 20.2.1997, Rs C-107/95 P, Slg. 1997, I-947 Rdnr. 23 – *Bundesverband der Bilanzbuchhalter/Kommission;* EuGH U. v. 29.3.2001, Rs C-163/99, Slg. 2001, I-2613 Rdnr. 19 – *Portugal/Kommission.*

[1315] Näheres zur Abgrenzung von Richtlinien nach Art. 106 Abs. 3, s. unten Rdnr. 546.

[1316] Verordnung (EG) Nr. 1/2003 des Rates zur Durchführung der in den Art. 81 und 82 EG-Vertrag (jetzt: Art. 101 und 102 AEUV) niedergelegten Wettbewerbsregeln, ABl. 2003 L 1/1–25.

[1317] EuGH U. v. 12.2.1992, Verb. Rs C-48/90 und C-66/90, Slg. 1992, I-565 Rdnr. 29–30 – *Niederlande u. a./Kommission („Eilkurierdienste");* Grabitz/Hilf/Nettesheim-*Wernicke,* Das Recht der Europäischen Union, Art. 106 AEUV Rdnr. 83 (Stand: 3/2011).

[1318] Insbes. Art. 7 Abs. 2 Nr. VO 1/2003/EG.

[1319] Insbes. Art. 5–9 der Verordnung (EG) Nr. 773/2004 der Kommission über die Durchführung von Verfahren auf der Grundlage der Art. 81 und 82 EG-Vertrag (jetzt: Art. 101und 102 AEUV) durch die Kommission, ABl. 2004 L 123/18–24.

[1320] S. hierzu unten Rdnr. 508–511.

[1321] S. hierzu oben Rdnr. 497 ff.; EuG U. v. 27.10.1994, Rs T-32/93, Slg. 1994, II-1015 Rdnr. 37 – *Ladbroke Racing Ltd/Kommission („Ladbroke I");* EuG U. v. 23.1.1995, Rs T-84/94, Slg. 1995, II-101 Rdnr. 31 – *Bundesverband der Bilanzbuchhalter/Kommission;* insoweit in der Rechtsmittelinstanz bestätigt durch EuGH U. v. 20.2.1997, Rs C-107/95 P, Slg. 1997, I-947 Rdnr. 27 – *Bundesverband der Bilanzbuchhalter/Kommission;* EuG U. v. 8. 7. 1999, Rs T-266/97, Slg. 1999, II-2329 Rdnr. 75 – *Vlaamse Televisie Maatschappij (VTM)/Kommission;* EuGH U. v. 29.3.2001, Rs C-163/99, Slg. 2001, I-2613 Rdnr. 20 – *Portugal/Kommission.*

[1322] EuGH U. v. 22.2.2005, Rs C-141/02 P, Slg. 2005, I-1283 Rdnr. 69 – *Kommission/T-Mobile Austria* (vormals *max.mobil).*

mission die Nichtigkeits– und Untätigkeitsklagen Einzelner unzulässig sind.[1323] Im Ergebnis gilt daher sowohl im Hinblick auf eigeninitiatives Tätigwerden der Kommission nach Art. 106 Abs. 3 wie auch im Aufforderungsfall ein **umfassendes Opportunitätsprinzip.**

c) Das Verfahren des Beschlusserlasses. aa) Einführung. Das Verfahren zum Erlass von Beschlüssen ist weder in den Verträgen (EUV, AEUV) noch im sekundären EU-Recht geregelt. Es orientiert sich an den Vorgaben aus der Rechtsprechung des Gerichtshofs, an allgemeinen Rechtsgrundsätzen und als besonderes Vertragsverletzungverfahren auch zu einem gewissen Teil am Vertragsverletzungsverfahren gegen Mitgliedstaaten nach Art. 258 AEUV.[1324] Gering hingegen sind die Einflüsse des Beihilfekontrollverfahrens gegen Mitgliedstaaten nach Art. 108 AEUV[1325] sowie des Wettbewerbsverstoßverfahrens gegen Unternehmen nach der VO Nr. 1/2003.[1326] **507**

Unterschiede zum Verfahren nach der VO Nr. 1/2003 zeigen sich insbes. bei der **Behandlung von Beschwerden** Einzelner.[1327] Positivrechtlich ist ein Beschwerderecht im Verfahren nach Art. 106 Abs. 3 nicht geregelt. Der Gerichtshof vermeidet den Begriff der Beschwerde und spricht stattdessen von der ***„Aufforderung"* Einzelner an die Kommission zum Tätigwerden.** Das EuG[1328] hat hierzu klargestellt, dass die dem Verfahren gegen Unternehmen zur Anwendung der Art. 101/102 AEUV zugehörigen Verordnungen wie die Kartellrechtsdurchführungsverordnung,[1329] die Anhörungsverordnung[1330] *„oder irgendeine andere ähnliche Vorschrift"* bei der Durchführung der Kommissionsbefugnisse nach Art. 106 Abs. 3 nicht anwendbar sind und dass sich ein Wirtschaftsteilnehmer somit nicht auf verfahrensmäßige Rechte nach diesen Vorschriften berufen kann. **508**

Gleichwohl hat die Kommission **in der Praxis** die Behandlung von Handlungsaufforderungen nach Art. 106 Abs. 3 verfahrensmäßig unter dem untechnischen Begriff „Beschwerde" weitgehend formalisiert. **Als Beschwerde wertet die Kommission** jede Eingabe einer natürlichen oder juristischen Person, die ihre vollständige Adresse angibt und die die Unionsrechtswidrigkeit bestimmter, einem Mitgliedstaat zuzurechnender Zustände oder Vorgänge behauptet und die Kommission zum Einschreiten auffordert. Nicht als Beschwerde gewertet werden Schreiben, die keine Beschwerdegründe benennen, oder nur solche benennen, hinsichtlich derer die Kommission bereits eine klare und öffentlich bekannt gemachte Position einnimmt, oder die nur vom EU-Recht eindeutig nicht erfasste Beschwerdegründe vorbringen. Idealtypischerweise sollte eine auf Art. 106 Abs. 1 gestützte Beschwerde den Mitgliedstaat und seine Maßnahmen, die beteiligten öffentlichen oder mit besonderen bzw. ausschließlichen Rechten ausgestatteten Unternehmen sowie die Vertragsbestimmungen, auf die Art. 106 Abs. 1 verweist und die verletzt sein sollen, genau bezeichnen. In der Praxis genügt aber jedes, den Absender zu erkennen gebendes Schreiben, aus dem die genannten Mindestangaben mittels der üblichen Auslegungsmethoden erkennbar sind. Wegen der Ähnlichkeit der Vertragsverletzungsverfahren nach Art. 258 und Art. 106 Abs. 3 in ihrer ersten Phase empfiehlt sich die Benutzung des **Beschwerdeform-** **509**

[1323] S. hierzu ausführlich unten Rdnr. 567–577.

[1324] Hierzu: Grabitz/Hilf/Nettesheim-*Karpenstein,* Das Recht der Europäischen Union, Art. 258 AEUV (Stand: 5/2013); *v. d. Groeben/Schwarze/Hatje-Wunderlich,* Europäisches Unionsrecht, Art. 258 AEUV Rdnr. 32; *Streinz-Kühling,* EUV/AEUV, Art. 106 AEUV Rdnr. 92.

[1325] Hierzu: Grabitz/Hilf/Nettesheim-*v. Wallenberg/Schütte,* Das Recht der Europäischen Union, Art. 108 AEUV (Stand: 5/2011); für stärkere Parallele zum Beihilfekontrollverfahren: Loewenheim/Messen/Riesenkampff-*Ehricke,* Art. 86 EG Rdnr. 155.

[1326] Hierzu in diesen Handbuch *Dieckmann* §§ 41ff.

[1327] Zu Beschwerden nach Art. 7 Abs. 2 VO (EG) Nr. 1/2003 und Art. 5–9 VO (EG) Nr. 773/2004 s. in diesen Handbuch *Dieckmann* § 47 Rdnr. 1ff.

[1328] EuG U. v. 27.10.1994, Rs T-32/93, Slg. 1994, II-1015 Rdnr. 43 – *Ladbroke Racing Ltd/Kommission („Ladbroke I");* zur Frage der Klagemöglichkeiten des Einzelnen gegen das Reagieren oder Nichtreagieren der Kommission, s. unten Rdnr. 566, 567ff.

[1329] Zum Zeitpunkt der Urteilserlasses VO Nr. 17, seit 1.5.2004 VO Nr. 1/2003.

[1330] Zum Zeitpunkt der Urteilserlasses VO Nr. 99/63/EWG, seit 1.5.2004 Art. 10–14 VO Nr. 773/2004.

blatts, das die Kommission auf ihrer Internetseite anbietet[1331] Gefragt wird darin auch nach Schritten, die schon bei anderen nationalen oder EU-Behörden oder Gerichten unternommen wurden.

510 Beschwerden über Verstöße der Mitgliedstaaten gegen das Unionsrecht, d. h. nicht nur die Art. 106 Abs. 1 betreffenden, die die Mindestangaben enthalten, werden im **Beschwerdezentralregister des Generalsekretariats der Kommission** registriert.[1332] Hiervon abzugrenzen sind Beschwerden, die sich ausschließlich auf das wettbewerbswidrige Verhalten von Unternehmen beziehen und keinen Aspekt staatlicher Beteiligung hieran z. B. in Form der Veranlassung, der Erleichterung oder der Anordnung dieses Unternehmensverhaltens aufweisen. Sie werden nicht im Generalsekretariat, sondern bei der zuständigen Generaldirektion Wettbewerb der Kommission registriert und folgen dann allein dem Verfahren nach der VO Nr. 1/2003. Richtet sich eine Beschwerde sowohl gegen das Verhalten eines Mitgliedstaats als auch gegen das Verhalten eines der von Art. 106 Abs. 1 erfassten Unternehmen, so kann die Kommission parallel ein Verfahren gegen den Mitgliedstaat nach Art. 106 Abs. 3 und gegen das Unternehmen nach der VO Nr. 1/2003 führen.[1333]

511 Der Beschwerdeführer erhält nach Eingang der Beschwerde eine **Empfangsbestätigung.** Weder die Prüfung, ob eine Beschwerde vorliegt, noch die Registrierung oder die Empfangsbestätigung führen zur **förmlichen Eröffnung eines Verstoßverfahrens.** Diese erfolgt erst, wenn die Kommission nach einer ersten überschlägigen Betrachtung des Sachverhalts den **Anfangsverdacht** gewinnt, dass eine Verletzung des Art. 106 Abs. 1 iVm. einer anderen Unionsrechtsnorm vorliegen könnte.

512 Hat die Kommission sich im Rahmen ihres Ermessens zum Aufgreifen der Beschwerde bzw. zur Verfolgung des Sachverhalts von Amts wegen entschlossen, so **leitet sie ein förmliches Verstoßverfahren gegen den Mitgliedstaat** ein. Während die Einleitung eines Wettbewerbsverstoßverfahrens der Kommission gegen ein Unternehmen aufgrund des Art. 11 Abs. 6 VO Nr. 1/2003 bewirkt, dass nationale Wettbewerbsbehörden einschließlich der sie kontrollierenden Wettbewerbsgerichte (nicht aber die allgemeinen Gerichte) ihre Kompetenz zur Behandlung dieses Falles verlieren, zeitigt die Einleitung des Kommissionsverfahrens gegen den Mitgliedstaat **keinerlei Ausschlusswirkung gegenüber der Kompetenz der nationalen Behörden oder Gerichte.**

513 *bb) Verteidigungsrechte des Mitgliedstaats.* Nach der Rechtsprechung des Gerichtshofs ist die **Beachtung der Verteidigungsrechte** in allen Verfahren, die zu einer den Betroffenen beschwerenden Maßnahme führen können, ein fundamentaler Grundsatz des Unionsrechts, der auch dann sichergestellt werden muss, wenn – wie im Fall des Verfahrens nach Art. 106 Abs. 3 – eine besondere Regelung fehlt.[1334] Deshalb muss die Kommission, bevor sie einen Beschluss nach Art. 106 Abs. 3 erlässt, dem betroffenen Mitgliedstaat eine genaue und vollständige Darstellung ihrer **Beschwerdepunkte** in einem **Mahnschreiben**[1335] übermitteln[1336] und ihm damit **rechtliches Gehör gewähren.**

514 In der Praxis versendet die Kommission ein Mahnschreiben erst dann, wenn ihre Sachverhaltsermittlung[1337] zu einem vorläufigen Abschluss gekommen ist und dem Mitgliedstaat aufgrund einer **fundierten rechtlichen Beurteilung** Unionsrechtsverletzungen vorgeworfen werden können. Dies geschieht insbes. deshalb, weil ein nachfolgender Kommissi-

---

[1331] http://ec.europa.eu/atwork/applying-eu-law/make_a_complaint_de.htm.

[1332] Für jedes Schreiben stellt das Generalsekretariat eine Empfangsbestätigung aus. Diese enthält bei Registrierung als Beschwerde auch die Nummer des Vorgangs, die bei jedem weiteren Schriftwechsel anzugeben ist.

[1333] S. auch unten Rdnr. 537–544.

[1334] EuGH U. v. 12.2.1992, Verb. Rs C-48/90 und C-66/90, Slg. 1992, I-565 Rdnr. 37, 44 – *Niederlande u. a./Kommission („Eilkurierdienste").*

[1335] Gebräuchlich ist auch die Bezeichnung „Fristsetzungsschreiben"; Französisch: „lettre de mise en demeure"; Englisch: „letter of formal notice".

[1336] EuGH U. v. 12.2.1992, Verb. Rs C-48/90 und C-66/90, Slg. 1992, I-565 Rdnr. 45 – *Niederlande u. a./Kommission („Eilkurierdienste").*

[1337] S. hierzu unten Rdnr. 515–520.

onsbeschluss keine Feststellung weiterer Unionsrechtsverletzungen, die nicht bereits in dem Mahnschreiben gerügt wurden, enthalten darf, ohne die **Verteidigungsrechte des Mitgliedstaates** zu verletzen.[1338]

cc) Das Vorermittlungsverfahren. Im Regelfall geht dem Mahnschreiben daher ein **Vorermittlungsverfahren** voraus, das der Einholung von Informationen und ersten Stellungnahmen dient. Nur in Fällen klarer und eindeutiger Unionsrechtsverletzungen, die keinen Ermittlungsbedarf lassen, oder in Eilfällen,[1339] in denen die Abwendung eines irreparablen Schadens wichtiger als die Klärung der letzten Einzelheiten des Sachverhalts erscheint, wird die Kommission auf das Vorverfahren verzichten und dem betroffenen Mitgliedstaat direkt das Mahnschreiben zusenden. 515

Wurde eine **Beschwerde** eingereicht und greift die Kommission diese auf, so leitet sie die Beschwerde kommentarlos an den betroffenen Mitgliedstaat weiter mit der Bitte, innerhalb eines Monats hierzu Stellung zu nehmen. Im ***ex officio*-Verfahren** kann die Kommission dem Mitgliedstaat ein erstes Mahnschreiben zustellen, in dem sie die Tatsachen benennt, aus denen sich nach vorläufiger Prüfung ein Unionsrechtsverstoß ergibt, und eine Stellungnahme innerhalb eines Monats erbittet. 516

Außerdem kann die Kommission zur Vervollständigung der Sachverhaltsermittlung in jeder Phase des Verfahrens **Auskunftsersuchen** an den betroffenen Mitgliedstaat richten. Gemäß Art. 337 AEUV kann die Kommission zur Erfüllung der ihr übertragenen Aufgaben alle erforderlichen Auskünfte einholen und alle erforderlichen Nachprüfungen vornehmen. Allerdings sollen der Rahmen und die nähere Maßgabe hierfür vom Rat festgelegt werden, was bisher nur in sehr begrenztem Maße in hier nicht relevanten Teilbereichen geschehen ist.[1340] Trotzdem müssen die Mitgliedstaaten Auskunftsersuchen schon aufgrund ihrer **Mitwirkungspflicht** nach Art. 4 Abs. 3 S. 2–3 EUV beantworten.[1341] Bei Nichtbeantwortung könnte die Kommission ein Verfahren nach Art. 258 AEUV wegen Verletzung des Art. 4 Abs. 3 EUV einleiten, was aber schon wegen der Länge der Prozedur nicht immer praktisch ist. Auch wenn die Nichtbeantwortung eines Auskunftsersuchens somit zu keiner direkten Sanktion führen sollte, so verliert der Mitgliedstaat doch Klarstellungsmöglichkeiten in einem Verfahren, das die Kommission nun regelmäßig aufgrund ihrer anderweitig erlangten Informationen fortsetzt. Im Übrigen kann die Kommission **durch Richtlinien oder in Beschlüssen nach Art. 106 Abs. 3** den Mitgliedstaaten *ex ante* und unabhängig von Einzelfällen **Informationspflichten** hinsichtlich Tatsachen auferlegen, deren Kenntnis die Kommission zur Erfüllung ihrer Überwachungsaufgabe bedarf. Dies ist bisher im Zusammenhang mit der **Beihilfenkontrolle** durch die sogenannte Transparenzrichtlinie[1342] geschehen.[1343] Darüber hinaus verpflichtet Art. 8 des DAWI-Freistellungsbeschlusses 2012/21/EU[1344] die Mitgliedstaaten, auf schriftliches Verlangen der 517

[1338] Zu ergänzenden Mahnschreiben s. unten Rdnr. 528.

[1339] S. unten Rdnr. 521, 527, 534–535.

[1340] Dazu v. d. Groeben/Schwarze/Hatje-*Ladenburger,* Europäisches Unionsrecht Art. 337 AEUV Rdnr. 9; *Streinz-Herrmann,* EUV/AEUV, Art. 337 AEUV Rdnr. 2.

[1341] v. d. Groeben/Schwarze/Hatje-*Ladenburger,* Europäisches Unionsrecht, Art. 337 AEUV Rdnr. 22; *Streinz-Herrmann,* EUV/AEUV, Art. 337 AEUV Rdnr. 1.

[1342] Richtlinie Nr. 2006/111/EG über die Transparenz der finanziellen Beziehungen zwischen den Mitgliedstaaten und den öffentlichen Unternehmen sowie über die finanzielle Transparenz innerhalb bestimmter Unternehmen, ABl. 2006 L 318/17. Diese Richtlinie kodifiziert die ursprüngliche Transparenzrichtlinie Nr. 80/723/EWG mit ihren nachfolgenden vier Änderungen durch Richtlinien Nr. 85/413/EWG, Nr. 93/84/EWG, Nr. 2000/52/EG und Nr. 2005/81/EG.

[1343] Kompetenz der Kommission zum Erlass der Transparenzrichtlinie bestätigt durch EuGH U. v. 6.7.1982, Verb. Rs 188 bis 190/80, Slg. 1982, 2545 Rdnr. 10–15 – *Frankreich, Italien und Vereinigtes Königreich/Kommission („Transparenzrichtlinie").*

[1344] Komm. E. v. 20.12.2011, Nr. 2012/21/EU, ABl. 2012 L 7/3. Ebenso als Vorgänger der Art. 7 der DAWI-Freistellungsentscheidung v. 28.11.2005, Nr. 2005/842/EG, ABl. 2005 L 312/67. Zum Beschluss Nr. 2012/21/EU s. auch Rdnr. 480–483, 496, 629, 640 und zur Entscheidung Nr. 2005/842/EG s. auch Rdnr. 480–481, 496, 629.

Kommission sämtliche Informationen zu übermitteln, die diese für erforderlich erachtet, um die Vereinbarkeit von staatlichen Ausgleichsmaßnahmen mit diesem Beschluss zu überprüfen.

518 Umstritten ist, ob sich für die Mitgliedstaaten allein schon aus Art. 4 Abs. 3 S. 2–3 EUV eine Pflicht zur **Duldung von Nachprüfungen vor Ort** durch die Kommission ergibt. Dies wird teilweise mit dem Argument abgelehnt, dass solche Handlungen aufgrund ihrer Eingriffsintensität hinreichend bestimmter Anordnungen und Verfahrensbestimmungen bedürften, die weder in Art. 4 Abs. 3 S. 2–3 EUV noch Art. 337 AEUV enthalten seien und deshalb in dem, in Art. 337 AEUV erwähnten, noch fehlenden Rechtsakt des Rates festgelegt werden müssten.[1345] In der Praxis führt die Kommission weder im speziellen Vertragsverletzungsverfahren nach Art. 106 Abs. 3 noch im allgemeinen Vertragsverletzungsverfahren nach Art. 258 AEUV Nachprüfungen bei den Mitgliedstaten vor Ort durch.

519 **Auskunftsersuchen und Nachprüfungen der Kommission gegenüber Dritten (natürlichen und juristischen Personen)** bedürften in jedem Fall einer Durchführungsregelung durch den Rat nach Art. 337 AEUV.[1346] Da einschlägige, für das Verfahren nach Art. 106 Abs. 3 relevante Regelungen bisher fehlen und auch Art. 18–21 VO Nr. 1/2003 nur in Verfahren nach dieser Verordnung anwendbar sind, hat die Kommission in Verfahren nach Art. 106 Abs. 3 keine Möglichkeit, um auf rechtsverbindlicher Basis Auskünfte von Dritten, z. B. den im Sachverhalt involvierten Unternehmen, einzuholen oder Nachprüfungen bei ihnen durchzuführen.

520 Das Vorermittlungsverfahren muss nicht notwendigerweise nur schriftlich ablaufen. Ziel der Kommission ist es stets, den Sachverhalt sowie die rechtlichen Beurteilungen schnellstmöglich zu klären und die Problematik ohne unnötigen Verfahrensaufwand so früh wie möglich vollständig zu lösen. Hierzu können bereits im Vorverfahren Treffen zwischen den zuständigen Dienststellen der Kommission und des Mitgliedstaates sowie den involvierten Unternehmen von Nutzen sein.

521 *dd) Das Hauptverfahren.* Das Hauptverfahren beginnt mit der Übermittlung der **Beschwerdepunkte** in einem an die Zentral- oder Bundesregierung des Mitgliedstaates gerichteten **Mahnschreiben.**[1347] Das Mahnschreiben stellt den Sachverhalt umfassend dar und begründet in der rechtlichen Würdigung, inwiefern hierin Verletzungen des Unionsrechts zu sehen sind. Abschließend fordert das Mahnschreiben den Mitgliedstaat auf, innerhalb einer bestimmten Frist diese Verletzungen entweder abzustellen bzw. mitzuteilen, wann und wie er die Verletzung abzustellen gedenkt oder aber darzulegen, warum keine Verletzungen vorliegen. Die dem Mitgliedstaat gesetzte Frist beträgt im Regelfall zwei Monate. In **Eilfällen** kann eine kürzere Frist gesetzt werden, wenn die Gefahr eines schweren und nicht wieder gutzumachenden Schadens für einen Beschwerdeführer, der die Kommission zum Handeln aufforderte, und/oder einer nicht hinnehmbaren Verletzung von Unionsinteressen besteht. Beabsichtigt die Kommission, **einstweilige Maßnahmen** zu erlassen,[1348] so nimmt sie eine entsprechende Ankündigung und Begründung in das Mahnschreiben auf und verfolgt ein beschleunigtes Verfahren, in dem die Antwortfrist idR. 15 Tage, im Einzelfall je nach Dringlichkeit sogar weniger beträgt.

522 Auch wenn eine **schriftliche Stellungnahme** zu den im Mahnschreiben enthaltenen Beschwerdepunkten verlangt wird, sind die zuständigen Dienststellen der Kommission grundsätzlich auch im Hauptverfahren stets bereit, die Vorwürfe in einem Treffen mit Ver-

---

[1345] v. d. Groeben/Schwarze/Hatje-*Ladenburger,* Europäisches Unionsrecht, Art. 337 AEUV Rdnr. 23.

[1346] v. d. Groeben/Schwarze/Hatje-*Ladenburger,* Europäisches Unionsrecht, Art. 337 AEUV Rdnr. 22; *Streinz-Herrmann,* EUV/AEUV, Art. 337 AEUV Rdnr. 1.

[1347] In der Praxis wird das Mahnschreiben vom Generalsekretariat der Kommission dem Mitgliedstaat über dessen Ständigen Vertreter bei der Europäischen Union in Brüssel zugestellt. Die Antworten des Mitgliedstaates werden wiederum vom Ständigen Vertreter dem Generalsekretariat der Kommission übermittelt.

[1348] S. hierzu unten Rdnr. 534–535.

tretern des Mitgliedstaates zu klären und möglichst auszuräumen. Dies kann insbes. im beschleunigten Verfahren von Bedeutung sein.

Es bleibt grundsätzlich dem Mitgliedstaat überlassen, auf welche Weise er die Verletzung **523**
abstellt. Gibt es hierzu verschiedene Möglichkeiten, so kann der Mitgliedstaat frei wählen, solange die **Abstellung vollständig und effektiv** ist. Die Kommission kann daher in ihrem Mahnschreiben nur diese vollständige und effektive Abstellung der genau bezeichneten Verletzung verlangen. Aus Gründen der **Verfahrenseffizienz** kann sie aber in dem Mahnschreiben schon vorsorglich verdeutlichen, welche Maßnahmen beispielsweise nicht ausreichen würden. Ist der Mitgliedstaat abstellungswillig, so kann auf diese Weise eine unnötige Verfahrensverlängerung vermieden werden.

Kann die Verletzung nach Auffassung der Kommission nur mit einer bestimmten staatli- **524**
chen Maßnahme beseitigt werden, so rechtfertigt es die Verfahrenseffizienz, einen deutlichen Hinweis hierauf in dem Mahnschreiben zu geben. Die Verteidigungsrechte des Mitgliedstaates werden hierdurch nicht beeinträchtigt. Denn zum einen sind die Möglichkeiten des Mitgliedstaats zur Reaktion auf das Mahnschreiben nicht auf das bloße Abstellen oder Nichtabstellen der Verletzung beschränkt. Der Mitgliedstaat kann vielmehr in seiner Antwort auf das Mahnschreiben stets versuchen, die Kommission davon zu überzeugen, dass gar keine Verletzung vorliegt. Im Rahmen ihrer **Anhörungspflicht** muss die Kommission eine fristgerechte Antwort in ihre abschließende Beurteilung darüber einbeziehen, ob das Verfahren einzustellen oder mit dem Erlass eines Beschlusses nach Art. 106 Abs. 3 fortzusetzen ist. Zum anderen kann die Kommission **durch das Mahnschreiben keine rechtsverbindlichen Anordnungen** treffen. Das Mahnschreiben ist vielmehr – genauso wie die begründete Stellungnahme im Vertragsverletzungverfahren nach Art. 258 AEUV gegen einen Mitgliedstaat[1349] oder die Mitteilung der Beschwerdepunkte im Wettbewerbsverstoßverfahren gegen ein Unternehmen[1350] nach der VO Nr. 1/2003 – eine **unselbständige, den späteren Beschluss vorbereitende Verfahrenshandlung.** Sie ist nicht geeignet, die Rechtsstellung des Adressaten zu verändern und deshalb **nicht separat anfechtbar.** Mängel der Tatsachenermittlung, der rechtlichen Würdigung oder des Tenors können vor dem Gerichtshof nur im Rahmen einer **Anfechtungsklage gegen den am Ende des Verwaltungsverfahrens stehenden Kommissionsbeschluss** gerügt werden, wenn und soweit sich die Mängel in diesem Beschluss fortsetzen.

ee) Rechtliches Gehör bei Verfahrensbeteiligung Dritter. Nach der Rechtsprechung des Ge- **525**
richtshofs muss die Kommission die betroffenen **öffentlichen bzw. mit besonderen oder ausschließlichen Rechten ausgestatteten Unternehmen** hinsichtlich der Vorwürfe gegen den Mitgliedstaat jedenfalls dann **anhören,** wenn diese Unternehmen durch die fraglichen staatlichen Maßnahmen namentlich bezeichnet und unmittelbar begünstigt werden und sie von den wirtschaftlichen Folgen eines möglichen späteren Kommissionsbeschlusses gegen den Mitgliedstaat unmittelbar betroffen wären.[1351] In der Praxis übermittelt die Kommission diesen Unternehmen eine Kopie des an den Mitgliedstaat gerichteten Mahnschreibens mit der Aufforderung, innerhalb einer bestimmten Frist, die üblicherweise genauso lang ist wie die dem Mitgliedstaat gewährte, hierzu Bemerkungen abzugeben.

Zur Wahrung der **Verteidigungsrechte des betroffenen Mitgliedstaates** ist es nach **526**
der Rechtsprechung des Gerichtshofs ferner notwendig, ihm Gelegenheit zur **Stellungnahme zu den Äußerungen beteiligter Dritter** zu geben, auf die die Kommission ihren Beschluss stützen will.[1352] Dies gilt auch für die Äußerungen der betroffenen öffentli-

---

[1349] Grabitz/Hilf/Nettesheim-*Karpenstein,* Das Recht der Europäischen Union, Art. 258 AEUV Rdnr. 37 (Stand: 5/2013); v.d. Groeben/Schwarze/Hatje-*Wunderlich,* Europäisches Unionsrecht, Art. 258 AEUV Rdnr. 32.

[1350] EuGH U. v. 11.11.1981, Rs 60/81, Slg. 1981, 2639 Rdnr. 19 und 21 – *IBM/Kommission.*

[1351] EuGH U. v. 12.2.1992, Verb. Rs C-48/90 und C-66/90, Slg. 1992, I-565 Rdnr. 50–51 – *Niederlande u. a./Kommission („Eilkurierdienste").*

[1352] EuGH U. v. 12.2.1992, Verb. Rs C-48/90 und C-66/90, Slg. 1992, I-565 Rdnr. 46, 48–49 – *Niederlande u. a./Kommission („Eilkurierdienste").*

chen bzw. mit besonderen oder ausschließlichen Rechten ausgestatteten Unternehmen.[1353] Die Kommission darf solche Äußerungen in ihrem Beschluss gegen diesen Staat nicht berücksichtigen, soweit dieser keine Gelegenheit hatte, hierzu Stellung zu nehmen.[1354] Die Gewährung rechtlichen Gehörs ist somit nicht notwendig in Bezug auf alle diejenigen Äußerungen Dritter, die die Kommission zwar im Laufe des Verfahrens in ihre Akte aufgenommen hat, die aber für ihren abschließenden Beschluss keine Rolle spielen. Berücksichtigt die Kommission in ihrem Beschluss die Äußerungen Dritter, ohne dem Mitgliedstaat vorher eine Stellungnahme zu ermöglichen, so ist diese Verletzung des Anspruchs auf rechtliches Gehör allerdings nur dann ein Nichtigkeitsgrund, wenn das Verfahren **ohne diese Verletzung zu einem anderen Ergebnis hätte führen können.**[1355] Dies ist nicht der Fall, wenn der streitige Beschluss durch die in seiner Begründung genannten Gesichtspunkte bereits ausreichend fundiert war und der angegriffene Mitgliedstaat vor Erlass des Beschlusses die Gelegenheit hatte, zu diesen Gesichtspunkten Stellung zu nehmen.[1356] Gleiches gilt, wenn die Äußerungen Dritter nichts Neues gegenüber den Informationen enthalten, über die die Kommission bereits verfügte und die dem angegriffenen Mitgliedstaat bekannt waren,[1357] oder wenn diese Äußerungen mittels anderer Quellen weiter ausgeführt und abgestützt wurden.[1358]

527 In **Eilfällen** müssen Dritte im beschleunigten Verfahren unter entsprechender Kürzung der Fristen grundsätzlich nach denselben Prinzipien gehört werden wie in den nicht eiligen Fällen. Dasselbe gilt für die Gelegenheit zur Stellungnahme zu den Äußerungen Dritter, die dem Mitgliedstaat gegeben werden muss. Somit ist ein Ausgleich zu finden zwischen dem Ziel des Art. 106 Abs. 3, der Kommission ein schnelles Handeln zu erlauben, und dem Schutz des rechtlichen Gehörs.[1359]

528 *ff) Ergänzende Mahnschreiben.* In der Praxis kommt es vor, dass der Kommission nach Übermittlung des ersten Mahnschreibens weitere Tatsachen zur Kenntnis gelangen, die sich zu neuartigen Beschwerdepunkten sachlicher und/oder rechtlicher Art formen lassen, d. h. solchen, die nicht lediglich in einer Präzisierung der bereits erhobenen Beschwerdepunkte bestehen. Aufgrund der oben beschriebenen Verteidigungsrechte des Mitgliedstaates und der etwaigen Anhörungsrechte betroffener öffentlicher bzw. mit besonderen oder ausschließlichen Rechten ausgestatteter Unternehmen kann die Kommission diese neuartigen Beschwerdepunkte nur mittels eines ergänzenden förmlichen Mahnschreibens, das den Regeln des ersten Mahnschreibens folgt, rechtswirksam in das Verfahren einbringen.[1360]

529 *d) Der Erlass des Beschlusses. aa) Voraussetzungen.* Die Kommission kann einen Beschluss nach Art. 106 Abs. 3 erlassen, wenn der Mitgliedstaat innerhalb der im Mahnschreiben gesetzten und möglicherweise verlängerten Frist die Verletzung weder vollständig abgestellt noch gegenüber der Kommission schriftlich auf die Vorwürfe erwidert hat. Hatte der Mitgliedstaat die Abstellung der Verletzung für einen bestimmten, von der Kommission akzeptierten Zeitpunkt zugesagt, so kann der Beschluss nur bei Nichteinhaltung dieser Zusage erlassen werden. Hat der Mitgliedstaat fristgemäß zu den Vorwürfen Stellung genommen, so kann die Kommission einen Beschluss nach Art. 106 Abs. 3 nur insoweit erlassen, als sie auch nach Analyse dieser Stellungnahme und möglichen weiteren Treffen mit Vertretern des Mit-

---

[1353] S. vorstehende Rdnr. 525.

[1354] EuGH U. v. 14.2.1990, Rs C-301/87, Slg. 1990, I-307 Rdnr. 30 – *Frankreich/Kommission;* EuGH U. v. 11.11.1987, Rs 259/85, Slg. 1987, 4393 Rdnr. 12 – *Frankreich/Kommission.*

[1355] EuGH U. v. 14.2.1990, Rs C-301/87, Slg. 1990, I-307 Rdnr. 31 – *Frankreich/Kommission;* EuGH U. v. 11.11.1987, Rs 259/85, Slg. 1987, 4393 Rdnr. 12 – *Frankreich/Kommission;* EuGH U. v. 10.7.1986, Rs 234/84, Slg. 1986, 2263 Rdnr. 30 – *Belgien/Kommission.*

[1356] EuGH U. v. 10.7.1986, Rs 234/84, Slg. 1986, 2263 Rdnr. 30 – *Belgien/Kommission.*

[1357] EuGH U. v. 14.2.1990, Rs C-301/87, Slg. 1990, I-307 Rdnr. 31 – *Frankreich/Kommission.*

[1358] EuGH U. v. 11.11.1987, Rs 259/85, Slg. 1987, 4393 Rdnr. 13 – *Frankreich/Kommission.*

[1359] *Streinz-Kühling,* EUV/AEUV, Art. 106 AEUV Rdnr. 92; Loewenheim/Meessen/Riesenkampff-*Ehricke,* Art. 86 EG Rdnr. 155.

[1360] In diesem Sinne für das vergleichbare Mahnschreiben nach Art. 258 AEUV v. d. Groeben/Schwarze/Hatje-*Wunderlich,* Europäisches Unionsrecht, Art. 258 AEUV Rdnr. 22 mwN.

gliedstaates bei ihrer Auffassung bleibt, dass Unionsrechtsverletzungen vorliegen. Hingegen ist es keine Rechtmäßigkeitsvoraussetzung des Beschlusses, dass die Kommission seinen Erlass vorher angekündigt hat, obwohl dies in der Praxis oft in dem Mahnschreiben geschieht.

Art. 14 Abs. 2 und Abs. 7 a. E. der Kartellrechtsdurchführungsverordnung Nr. 1/2003/ 530
EG ermöglichen es der Kommission auf freiwilliger Basis, die **Vertreter der Wettbewerbsbehörden aller Mitgliedstaaten** im Rahmen eines Beratenden Ausschusses zu dem Entwurf eines auf Art. 106 Abs. 3 gestützten Beschlusses zu **konsultieren,** wenn dieser der Durchsetzung von Wettbewerbsrecht dient. In der Praxis hat die Kommission jedoch hiervon bisher keinen Gebrauch gemacht.

Weitere Rechtmäßigkeitsvoraussetzung ist die von Art. 296 Abs. 2 AEUV verlangte **Be-** 531
gründung des Rechtsakts,[1361] die auch die nach Art. 106 Abs. 3 erlassenen Beschlüsse und Richtlinien erfasst. Nach dem **Grundsatz der Rechtssicherheit** muss die Kommission darüber hinaus stets den Art. 106 Abs. 3 ausdrücklich als Rechtsgrundlage der hiernach erlassenen Beschlüsse und Richtlinien angeben.[1362] Die Missachtung der Pflicht zur Begründung oder zur Angabe der Rechtsgrundlage kann gemäß Art. 263 Abs. 2 AEUV mit einer gegen den Rechtsakt gerichteten **Nichtigkeitsklage** geltend gemacht werden.[1363]

Die **Begründung** soll es einerseits dem Adressaten und mittelbar betroffenen Dritten er- 532
möglichen, den Beschluss einschließlich seiner tatsächlichen und rechtlichen Aspekte zu verstehen, seine Tragweite abzuschätzen sowie über die Einlegung von Rechtsbehelfen zu entscheiden; andererseits soll sie den Gerichtshof befähigen, seine Rechtmäßigkeitskontrolle auszuüben.[1364] Das Begründungserfordernis ist nach den Umständen des Einzelfalls, insbes. nach dem Inhalt des Rechtsakts, der Art der angeführten Gründe und dem Interesse zu beurteilen, das die Adressaten oder andere durch den Rechtsakt unmittelbar und individuell betroffene Personen an Erläuterungen haben können. In der Begründung brauchen nicht alle tatsächlich oder rechtlich einschlägigen Gesichtspunkte genannt zu werden, da die Frage, ob die Begründung eines Rechtsakts den Erfordernissen des Art. 296 Abs. 2 genügt, nicht nur anhand ihres Wortlauts zu beurteilen ist, sondern auch anhand ihres Kontexts sowie sämtlicher Rechtsvorschriften auf dem betreffenden Gebiet.[1365] Die Begründungspflicht ist jedenfalls verletzt, **wenn jegliche Begründung fehlt.**[1366] Art. 296 Abs. 2 ist auch verletzt, wenn die Begründung **quantitativ unzureichend (lückenhaft)** ist, weil entscheidende tatsächliche oder rechtliche Gesichtspunkte, auf die der Rechtsakt gestützt ist, fehlen[1367] oder wenn die Begründung **qualitativ unzureichend** ist, weil entscheidende Punkte unklar oder mehrdeutig formuliert sind[1368] oder im Widerspruch zu anderen entscheidenden Begründungspunkten oder zum verfügenden Teil des Rechtsakts stehen.[1369]

[1361] Zur Begründungspflicht s. auch in diesem Handbuch *Dieckmann* § 41 Rdnr. 31.

[1362] EuGH U. v. 16.6.1993, C-325/91, Slg. 1993, I-3283 Rdnr. 25–27 – *Frankreich/Kommission;* Loewenheim/Meessen/Riesenkampff-*Ehricke,* Art. 86 EG Rdnr. 159; *Streinz-Kühling,* EUV/AEUV, Art. 106 AEUV Rdnr. 95.

[1363] Zur Nichtigkeitsklage s. in diesem Handbuch *Schütte/Thomas* § 49 Rdnr. 165 ff.

[1364] Ständige Rechtsprechung, s. z. B. EuGH U. v. 15.6.1994, C-137/92 P, Slg. 1994, I-2555 Rdnr. 66 – *Kommission/BASF u.a.*; v. d.Groeben/Schwarze/Hatje-*Geismann,* Europäisches Unionsrecht, Art. 296 AEUV Rdnr. 10 mwN.

[1365] EuGH U. v. 29.3.2001, Rs C-163/99, Slg. 2001, I-2613 Rdnr. 38 mwN. – *Portugal/Kommission.*

[1366] v. d. Groeben/Schwarze/Hatje-*Geismann,* Europäisches Unionsrecht, Art. 296 AEUV Rdnr. 12–20.

[1367] Ständige Rechtsprechung, s. z. B. EuGH U. v. 17.11.1992, Verb. Rs C-271/90, C-281/90 und C-289/90, Slg. 1992, I-5833 Rdnr. 29–31 – *Spanien u. a./Kommission („Telekommunikationsdienste");* v. d. Groeben/Schwarze/Hatje-*Geismann,* Europäisches Unionsrecht, Art. 296 AEUV Rdnr. 12–20 mwN.

[1368] Ständige Rechtsprechung, s. z. B. EuGH U. v. 9.7.1969, Rs 1/69, Slg. 1969, 277 Rdnr. 9 – *Italien/Kommission;* v. d. Groeben/Schwarze/Hatje-*Geismann,* Europäisches Unionsrecht, Art. 296 AEUV Rdnr. 12–20 mwN.

[1369] Ständige Rechtsprechung, s. z. B. EuGH U. v. 4.7.1963, Rs 24/62, Slg. 1963, 141, 155 – *Deutschland/Kommission;* v. d. Groeben/Schwarze/Hatje-*Geismann,* Europäisches Unionsrecht, Art. 296 AEUV Rdnr. 12–20 mwN.

533 In einem Beschluss nach Art. 106 Abs. 3 muss die Kommission demnach **hinreichend klar** die Gründe für ihre Auffassung zum Ausdruck bringen, dass die betreffende staatliche Maßnahme gegen die Bestimmungen des Art. 106 Abs. 1 verstößt und dass für sie gegebenenfalls nicht die nach Art. 106 Abs. 2 zulässigen Ausnahmen in Anspruch genommen werden können.[1370] Die Kommission ist hingegen nicht verpflichtet, den Grund dafür anzugeben, dass sie den Erlass eines derartigen Beschlusses für erforderlich gehalten hat, während sie in Bezug auf eine andere Regelung desselben Mitgliedstaats ein Vertragsverletzungsverfahren nach Art. 258 AEUV eingeleitet und sich somit auf ein anderes rechtliches Gebiet begeben hat. Ebenso wenig kann von der Kommission verlangt werden, dass sie in ihrem Beschluss die Gegebenheiten in den anderen Mitgliedstaaten und ihr eventuelles Vorgehen gegen diese beschreibt.[1371] Außerdem braucht die Wahl des Instruments des Beschlusses gegenüber dem der Richtlinie nicht besonders begründet zu werden, da sie durch das von der Kommission verfolgte Ziel bestimmt ist.[1372]

534 *bb) Eilfälle.* Im Eilverfahren kann die Kommission nach Ablauf der in ihren Beschwerdepunkten gesetzten kurzen Frist[1373] auf Antrag des ggf. auftretenden Beschwerdeführers oder *ex-officio* **einstweilige Anordnungen** gegen den betroffenen Mitgliedstaat erlassen. Dies ist zwar weder in Art. 106 noch sonstigen Vorschriften des AEUV oder des EU-Sekundärrechts ausdrücklich geregelt, jedoch lassen sich die Gründe, die der Gerichtshof[1374] zur Rechtfertigung von einstweiligen Anordnungen gegenüber Privaten in Verfahren nach Art. 101, 102 AEUV angeführt hat, auch auf die Maßnahmen der Kommission gegenüber Mitgliedstaaten übertragen.[1375] Allerdings hat die Kommission bisher in Verfahren nach Art. 106 Abs. 3 noch nicht von dieser Möglichkeit Gebrauch gemacht. Grundanliegen einstweiliger Maßnahmen ist es, zu vermeiden, dass während der Untersuchung der Kommission **Schäden entstehen, die nicht wiedergutzumachen sind,** weil sie durch jeglichen Beschluss, den die Kommission am Ende ihres Verwaltungsverfahrens gegen den betroffenen Mitgliedstaat erlassen könnte, nicht mehr beseitigt werden könnten.[1376]

535 Hinsichtlich der **Einzelheiten des Eilverfahrens gegen Mitgliedstaaten** kann auf die Praxis der Kommission und der Rechtsprechung zu einstweiligen Anordnungen gegenüber Privaten in Verfahren nach Art. 101, 102 AEUV verwiesen werden.[1377]

536 *cc) Bestimmtheit und Durchsetzung des Beschlusses.* In ihrem Beschluss gemäß Art. 106 Abs. 3 AEUV kann die Kommission mit verbindlicher Wirkung[1378] nicht nur die Verletzung feststellen, sondern auch ihre Abstellung verfügen und darüber hinaus angeben, welche Maßnahmen der betroffene Mitgliedstaat zur Erfüllung seiner unionsrechtlichen Verpflichtungen zu treffen hat.[1379] Allerdings kann sich die Kommission in ihrem Beschluss auch darauf beschränken, lediglich die Verletzung festzustellen und ansonsten den Mitgliedstaat verpflichten, ihr binnen einer Frist geeignete Abhilfemaßnahmen mitzuteilen und diese binnen einer weiteren Frist umzusetzen. Hierbei kann die Kommission in ihrem Beschluss darlegen, welche Zielsetzungen und Mindestanforderungen die Abhilfemaßnahmen

---

1370 EuGH U. v. 29.3.2001, Rs C-163/99, Slg. 2001, I-2613 Rdnr. 39 – *Portugal/Kommission.*

1371 EuGH U. v. 29.3.2001, Rs C-163/99, Slg. 2001, I-2613 Rdnr. 40 – *Portugal/Kommission.*

1372 EuGH U. v. 29.3.2001, Rs C-163/99, Slg. 2001, I-2613 Rdnr. 40 – *Portugal/Kommission;* zum Auswahlermessen hinsichtlich des Instruments s. auch oben Rdnr. 503.

1373 S. oben Rdnr. 521.

1374 EuGH U. v. 17.1.1980, Rs 792/79 R, Slg. 1980, 119 – *Camera Care/Kommission.*

1375 So zum ähnlichen Vertragsverletzungsverfahren nach Art. 258 AEUV Grabitz/Hilf/Nettesheim-*Karpenstein,* Das Recht der Europäischen Union, Art. 258 AEUV Rdnr. 79 (Stand: 5/2013).

1376 EuGH U. v. 17.1.1980, Rs 792/79 R, Slg. 1980, 119 Rdnr. 14 – *Camera Care/Kommission;* EuG U. v. 24.1.1992, T-44/90, Slg. 1992, II-1 Rdnr. 79–81 – *La Cinq/Kommission.*

1377 S. in diesem Handbuch *Dieckmann* § 48 Rdnr. 1 f.

1378 S. Art. 288 Abs. 4 AEUV.

1379 EuGH U. v. 12.2.1992, Verb. Rs C-48/90 und C-66/90, Slg. 1992, I-565 Rdnr. 27–28 – *Niederlande u. a./Kommission („Eilkurierdienste");* EuGH U. v. 20.2.1997, Rs C-107/95 P, Slg. 1997, I-947 Rdnr. 23 – *Bundesverband der Bilanzbuchhalter/Kommission;* EuGH U. v. 29.3.2001, Rs C-163/99, Slg. 2001, I-2613 Rdnr. 19 – *Portugal/Kommission.*

verfolgen bzw. erfüllen müssen und sich für den Fall, dass die vom Mitgliedstaat vorgesehenen oder umgesetzten Abhilfemaßnahmen nicht ausreichend sein sollten, das Recht vorbehalten, ein Vertragsverletzungverfahren nach Art. 258 AEUV einzuleiten oder einen weiteren Beschluss gemäß Art. 106 Abs. 3 AEUV zu erlassen, um spezifische Maßnahmen zur Beseitigung der wettbewerbswidrigen Auswirkungen des festgestellten Verstoßes festzusetzen. Ein solches schrittweises Vorgehen nach Art. 106 Abs. 3[1380] kann die beste Methode sein, sachgerechte (d. h. realisierbare und effektive) Abhilfemaßnahmen zu definieren und dann erfolgreich durchzusetzen.

e) Das Verhältnis von Kommissionsbeschlüssen nach Art. 106 Abs. 3 AEUV gegen Mitgliedstaaten und nach Art. 101/102 AEUV gegen Unternehmen. Angesichts des soeben beschriebenen vollständigen Arsenals der Kommissionskompetenzen[1381] ergibt sich die Frage, ob und wann die Kommission per Beschluss nur gegen das Unternehmen allein, nur gegen den Mitgliedstaat allein oder gegen beide vorgehen kann. Hierbei ist jeweils für das Unternehmen und den Mitgliedstaat getrennt zu unterscheiden zwischen der **Begründung der Verantwortlichkeit** und der nur unter dieser Voraussetzung möglichen **Geltendmachung der Verantwortlichkeit** durch Kommissionsbeschluss. 537

Die **Verantwortlichkeit des Unternehmens** nach Art. 101 und/oder 102 wird nur begründet, wenn es tatsächlich durch ein ihm zurechenbares Verhalten gegen diese Vorschriften verstößt und eine Rechtfertigung nach Art. 106 Abs. 2 nicht möglich ist. Hingegen ist die Begründung der **Verantwortung des Mitgliedstaates** nach Art. 106 Abs. 1 im Bereich der unternehmensbezogenen Wettbewerbsregeln (Art. 101, 102 AEUV) nicht davon abhängig, dass das betroffene Unternehmen tatsächlich gegen Art. 101 und/oder 102 verstößt. Die Verantwortung des Mitgliedstaates nach Art. 106 Abs. 1 knüpft vielmehr an bestimmte staatliche Maßnahmen an[1382] und ist nicht akzessorisch zu einer tatsächlichen Verletzung der Art. 101 und/oder 102 durch das Unternehmen.[1383] 538

Ist das handelnde Unternehmen nach Art. 101 und/oder 102 unter Berücksichtigung des Art. 106 Abs. 2 verantwortlich, hat der Mitgliedstaat dieses wettbewerbswidrige Verhalten jedoch **in keiner Weise veranlasst,** fehlt es also an einer relevanten staatlichen Maßnahme, so kann eine mitgliedstaatliche Haftung über Art. 106 Abs. 1 nicht begründet werden. 539

Nicht verantwortlich ist das handelnde Unternehmen, wenn ihm ein Verhalten, das nach Art. 101 und/oder 102 unter Berücksichtigung des Art. 106 Abs. 2 wettbewerbswidrig ist, vom Staat **unter Einsatz hoheitlicher Mittel (staatliche Rechtsvorschriften etc.)** 540

[1380] In der Sache *Griechische Braunkohle* wurde ein solches schrittweises Vorgehen von der Kommission in ihrer ersten auf Art. 106 Abs. 3 AEUV gestützten Entscheidung vom 5.3.2008 angekündigt. Nachfolgend unterbreitete Griechenland Vorschläge für Abhilfemaßnahmen nur mit großer zeitlicher Verzögerung, und die Kommission erachtete es für sinnvoll, diese Abhilfemaßnahmen in einer weiteren auf Art. 106 Abs. 3 gestützten Entscheidung vom 4.8.2009 festzuhalten und unter Hinzufügung einer Fristvorgabe für ihre Umsetzung für verbindlich zu erklären, s. oben Rdnr. 141 f. und unten Rdnr. 633; s. Komm. E. v. 5.3.2008 (bekannt gegeben unter Aktenzeichen K(2008)824) *zur Erteilung bzw. Aufrechterhaltung von Genehmigungen zur Braunkohlegewinnung zu Gunsten der Public Power Corporation S. A. durch die Hellenische Republik,* insbes. Rdnr. 245–252, Text verfügbar im Internet: http://ec.europa.eu/competition/antitrust/cases/dec_docs/38700/38700_515_3.pdf.

Zusammenfassung der Entscheidung in ABl. 2008 C 93/3.

Komm. E. v. 4.8.2009, (bekannt gegeben unter Aktenzeichen K(2009)6244) *zur Festlegung der Maßnahmen zur Beseitigung der wettbewerbswidrigen Auswirkungen der in der Entscheidung der Kommission vom 5. März 2008 über die Erteilung bzw. Aufrechterhaltung von Genehmigungen zur Braunkohlegewinnung zugunsten der Public Power Corporation S. A. durch die Hellenische Republik festgestellten Zuwiderhandlung,* Text verfügbar im Internet: http://ec.europa.eu/competition/antitrust/cases/dec_docs/38700/38700_519_3.pdf.

Zusammenfassung der Entscheidung in ABl. 2009 C 243/5.

[1381] S. oben Rdnr. 489 ff.

[1382] Zu den verschiedenen Fallgruppen der Staatsverantwortlichkeit nach Art. 106 Abs. 1 iVm. Art. 101/102 AEUV s. im Einzelnen oben Rdnr. 96 ff., 102 ff., 109 ff., 113 ff., 133 ff., 141 ff.

[1383] S. zur Nichtakzessorietät s. auch oben Rdnr. 90 f., 113, 123, 133.

vorgeschrieben worden ist oder wenn die staatlichen Rechtsvorschriften einen rechtlichen Rahmen bilden, der selbst jede Möglichkeit für ein Wettbewerbsverhalten seitens der Unternehmen ausschließt. Denn in einem solchen Fall ist die Wettbewerbsbeschränkung dem Unternehmen nicht zuzurechnen, da sich ihre Ursache nicht in einem selbständigen Verhalten dieses Unternehmens findet.[1384] Umgekehrt bleibt das mit einem besonderen oder ausschließlichen Recht ausgestattete Unternehmen selbst dann verantwortlich, wenn es durch schlichte Ausübung dieses Rechts automatisch gegen Art. 101 und/oder 102 verstößt, solange ihm der Staat diese Ausübung nicht vorgeschrieben hat. Bei Unternehmen, denen der Staat das ausschließliche Recht im Rahmen der Beauftragung mit einer Dienstleistung von allgemeinem wirtschaftlichem Interesse gewährt hat, wird die Ausübung dieses Rechts jedoch regelmäßig vorgeschrieben sein.[1385]

541 Teilweise wird die Meinung vertreten, dass es darauf ankomme, ob das staatliche Vorschreiben wegen Verstoßes gegen das Unionsrecht rechtsunwirksam und deshalb für das betroffene Unternehmen letztlich nicht verbindlich sei.[1386] Bei Unionsrechtswidrigkeit des staatlichen Vorschreibens bleibe das Unternehmen für sein Verhalten verantwortlich. Dieser Meinung ist nicht zu folgen. Ein Staat, der durch hoheitliche Mittel öffentlichen oder mit Sonderrechten ausgestatteten Unternehmen das Begehen eines Wettbewerbsverstoßes nach Art. 101 und/oder 102 vorschreibt, verletzt stets nicht nur seine Loyalitätsverpflichtung gegenüber der Union nach Art. 4 Abs. 3 EUV, sondern auch die unmittelbar anwendbare[1387] Norm des Art. 106 Abs. 1 iVm. Art. 101/102 AEUV. Da ein solches staatliches Vorschreiben somit stets rechtsunwirksam ist, wäre das betroffene Unternehmen stets selbst verantwortlich. Dies widerspricht aber dem Prinzip, wonach die Haftung eines Unternehmens nach Art. 101/102 davon abhängt, dass sein Willensentschluss den Ausschlag für sein wettbewerbswidriges Verhalten gegeben hat. Diese Sichtweise hat der EuGH inzwischen in seinem *CIF*-Urteil[1388] bestätigt, wonach Unternehmen in einem von einer nationalen Wettbewerbsbehörde gegen sie aufgrund von Art. 101/102 geführten Verfahren für ein vom Staat vorgeschriebenes Verhalten erst dann verantwortlich werden, wenn der Nichtanwendungsbeschluss der nationalen Wettbewerbsbehörde gegen die staatlichen Maßnahmen den Unternehmen gegenüber Bestandskraft erlangt hat.

542 Soweit die Verantwortlichkeiten begründet sind, kann die Kommission sie durch Beschlüsse gegen den Verantwortlichen, d. h. bei Unternehmen aufgrund Art. 101 und/oder 102 AEUV iVm. VO Nr. 1/2003[1389] und bei Mitgliedstaaten aufgrund Art. 106 Abs. 1 iVm. Art. 101 und/oder 102, geltend machen. Schon beim Ob des Einschreitens gegen den einzelnen Verantwortlichen unterliegt die Kommission dem **Opportunitätsprinzip,** das lediglich durch die nicht sehr strengen Anforderungen ihrer Wächterfunktion nach Art. 17 EUV begrenzt wird. Ist die Verantwortlichkeit sowohl des Unternehmens als auch des Mitgliedstaates begründet, so gilt auch hier das Opportunitätsprinzip hinsichtlich des

---

[1384] EuGH U. v. 11.11.1997, Verb. Rs C-359/95 P und C-379/95 P, Slg. 1997, II-6265 Rdnr. 33 – *Kommission und Frankreich/Ladbroke Racing Ltd („Ladbroke IV");* diese Rechtsprechung des EuGH ist insoweit auch nicht durch EuGH U. v. 9.9.2003, Rs C-198/01, Slg. 2003, I-8055 – *Consorzio Industrie Fiammiferi (CIF)* geändert worden, wie sich aus Rdnr. 51 dieses Urteils ergibt. Zum *CIF*-Urteil s. auch oben Rdnr. 85, 204f., 214ff., 269; in diesem Handbuch *Wiedemann* § 2 Rdnr. 12a; s. auch v. d. Groeben/Schwarze/Hatje-*Schröter/Voet van Vormizeele,* Europäisches Unionsrecht, Art. 101 AEUV Rdnr. 46; Komm. E. v. 15.12.1982, Nr. 82/896/EWG, ABl. 1982 L 379/1 Rdnr. 53–54 – *UGEL/BNIC;* Komm. E. v. 19.12.1984, Nr. 85/206/EWG, ABl. 1985 L 92/1 Rdnr. 10 – *Aluminiumeinfuhren aus Osteuropa.*

[1385] S. z. B. für die Arbeitsvermittlung EuGH U. v. 23.4.1991, Rs C-41/90, Slg. 1991, I-1979 Rdnr. 16–34 – *Höfner und Elser/Macrotron.*

[1386] *Mestmäcker,* RabelsZ 52 (1988) 526, 571; Grabitz/Hilf/Nettesheim-*Wernicke,* Das Recht der Europäischen Union, Art. 106 AEUV Rdnr. 84 (Stand: 3/2011).

[1387] S. oben Rdnr. 220–224.

[1388] EuGH U. v. 9.9.2003, Rs C-198/01, Slg. 2003, I-8055 Rdnr. 48–51 – *Consorzio Industrie Fiammiferi (CIF).*

[1389] Verordnung (EG) Nr. 1/2003 des Rates zur Durchführung der in den Art. 81 und 82 EG-Vertrag niedergelegten Wettbewerbsregeln, ABl. 2003 L 1/1–25.

Einschreitens überhaupt; im Übrigen **kann die Kommission frei wählen**[1390] zwischen den drei Möglichkeiten, erstens nur gegen das Unternehmen, zweitens nur gegen den Mitgliedstaat und drittens gegen beide gleichzeitig vorzugehen.

Darüber hinaus wird die Kompetenz nach Art. 106 Abs. 3 dann bedeutsam, wenn die Kommission gegen das am Sachverhalt beteiligte Unternehmen mangels eines den Art. 101/102 unterfallenden Unternehmensverhaltens nicht direkt vorgehen kann und die einschlägigen Vertragsnormen – wie z. B. das Diskriminierungsverbot (Art. 18 AEUV) und die Binnenmarktregeln (Art. 28 ff., 34 ff., 45, 49, 56, 63 ff. AEUV) – **allein die Mitgliedstaaten verpflichten.** In diesem Bereich hat der Art. 106 Abs. 1 AEUV zum einen die Funktion, klarzustellen, dass die Mitgliedstaaten mittels ihrer Maßnahmen in Bezug auf die öffentlichen und mit Sonderrechten ausgestatteten Unternehmen nicht ihre mitgliedstaatlichen Verpflichtungen aus den Verträgen (EUV, AEUV) verletzen dürfen. Zum anderen dient der Art. 106 Abs. 1 iVm. Abs. 3 dazu, der Kommission den direkten Erlass eines Beschlusses gegen den betreffenden Mitgliedstaat zu ermöglichen,[1391] was effizienter und schneller als die Durchführung eines Vertragsverletzungsverfahrens nach Art. 258 AEUV sein kann.[1392] 543

In Fällen von **staatlichen Beihilfen** wendet die Kommission allein das Verfahren nach Art. 108 AEUV und den dazu ergangenen Verfahrensverordnungen[1393] an. Denn aufgrund des weiten Beihilfebegriffs sind in der Praxis auch die Fälle, in denen Unternehmen iSv. Art. 106 Abs. 1 involviert sind, von Art. 107 Abs. 1 AEUV direkt erfasst.[1394] 544

f) Annahme, Bekanntgabe und Wirksamwerden der Beschluss. Hinsichtlich der Annahme von Beschlüssen[1395] nach Art. 106 Abs. 3 durch die Kommission sowie ihrer Bekanntgabe an den Mitgliedstaat und ihrem Wirksamwerden nach Art. 297 AEUV sowie hinsichtlich Sprachenfragen kann auf die Darstellungen dieses Handbuchs zum insoweit verwandten Verfahren nach der VO Nr. 1/2003/EG verwiesen werden.[1396] In der Praxis werden gegen Mitgliedstaaten gerichtete Beschlüsse über die generell empfangsbevollmächtigten Ständigen Vertretungen der Mitgliedstaaten bei der Europäischen Union in Brüssel zugestellt. 545

3. Richtlinien der Kommission nach Art. 106 Abs. 3 AEUV. *a) Natur und Anwendungsmodalitäten der Kommissionsrichtlinien nach Art. 106 Abs. 3.* Richtlinien der Kommission nach Art. 106 Abs. 3 dienen dazu, ohne Berücksichtigung der in den Mitgliedstaaten jeweils bestehenden Lage,[1397] **allgemeine Regeln** zu erlassen, durch die die sich aus dem Vertrag ergebenden Verpflichtungen **präzisiert und konkretisiert** werden und die für die Mitgliedstaaten hinsichtlich der in den Absätzen 1 und 2 des Art. 106 genannten Unternehmen gelten.[1398] Eine solche Befugnis kann ihrem Wesen nach nicht der Feststellung dienen, dass ein bestimmter Mitgliedstaat gegen eine bestimmte unionsrechtliche Ver- 546

[1390] *Mestmäcker,* RabelsZ 52 (1988) 526, 571.

[1391] S. hierzu oben Rdnr. 505.

[1392] Zu Abgrenzung und Vergleich der Beschlüsse nach Art. 106 Abs. 3 und des Vertragsverletzungsverfahren nach Art. 258 AEUV s. unten Rdnr. 578–583.

[1393] Verordnung (EG) Nr. 659/1999 des Rates vom 22.3.1999 über besondere Vorschriften für die Anwendung von Art 93 des EG-Vertrags [jetzt: Art. 107 AEUV], ABl. 1999 L 83/1–9, zuletzt geändert durch Verordnung (EU) Nr. 734/2013 des Rates vom 22.7.2013, ABl. 2013 L 204/15; Verordnung (EG) Nr. 794/2004 der Kommission vom 21.4.2004 zur Durchführung der Verordnung (EG) Nr. 659/1999 des Rates über besondere Vorschriften für die Anwendung von Art. 93 des EG-Vertrags [jetzt: Art. 107 AEUV], ABl. 2004 L 140/1–134, zuletzt geändert durch Verordnung (EU) Nr. 372/2014 der Kommission vom 9.4.2014, ABl. 2014 L 109/14.

[1394] S. hierzu oben Rdnr. 219.

[1395] Art. 250 AEUV iVm. der Geschäftsordnung der Kommission.

[1396] S. hierzu in diesem Handbuch *Dieckmann* § 41.

[1397] EuGH U. v. 19.3.1991, C-202/88, Slg. 1991, I-1223 Rdnr. 17 – *Frankreich/Kommission („Telekommunikationsendgeräte“).*

[1398] EuGH U. v. 19.3.1991, C-202/88, Slg. 1991, I-1223 Rdnr. 14 – *Frankreich/Kommission („Telekommunikationsendgeräte“);* EuGH U. v. 17.11.1992, Verb. Rs C-271/90, C-281/90 und C-289/90, Slg. 1992, I-5833 Rdnr. 12 – *Spanien u. a./Kommission („Telekommunikationsdienste“).*

pflichtung verstoßen hat.[1399] Hierzu sind der Beschluss nach Art. 106 Abs. 3 oder das Vertragsverletzungsverfahren nach Art. 258 AEUV die geeigneten Instrumente. Der Richtlinienerlass nach Art. 106 Abs. 3 kann hingegen sowohl **präventiv bzw. prophylaktisch** zur erleichterten Überwachung der Einhaltung der Verträge (EUV, AEUV) und zur Verhinderung von Vertragsverletzungen wie auch als **Gestaltungsinstrument zur Herstellung eines bestimmten von den Verträgen verlangten Ordnungsrahmens durch die Mitgliedstaaten** eingesetzt werden.[1400] Dementsprechend hat die Kommission Richtlinien gemäß Art. 106 Abs. 3 bisher einerseits dazu verwandt, im Hinblick auf die Beihilfenkontrolle und Einhaltung des Art. 106 Transparenz in die finanziellen Beziehungen zwischen der öffentlichen Hand und öffentlichen Unternehmen sowie in bestimmte Unternehmen zu bringen,[1401] und andererseits zur wettbewerblichen Öffnung und Umstrukturierung ganzer Wirtschaftsbereiche eingesetzt.[1402]

547 Aufgrund der Beschränkung auf Präzisierung und Konkretisierung der sich aus den Verträgen (EUV, AEUV) ergebenden Verpflichtungen dürfen durch Richtlinien nach Art. 106 Abs. 3 keine darüber hinausgehenden Verpflichtungen für die Mitgliedstaaten geschaffen werden. Denn der Umfang der Befugnis der Kommission hängt – wie bereits angesprochen – von der Tragweite der Vertragsvorschriften ab, deren Beachtung sichergestellt werden soll.[1403] Kommissionsrichtlinien nach Art. 106 Abs. 3 sind damit, ebenso wie die Beschlüsse nach dieser Vorschrift, **exekutiver und nicht legislativer Natur.** Legislativakte sind solche rechtsverbindlichen Akte, die ihre Grundlage in einer Ermächtigungsvorschrift der Verträge (EUV, AEUV) finden und die darüber hinaus neue Rechte und Pflichten in Mitgliedstaaten oder für Mitgliedstaaten schaffen. Richtlinien nach Art. 106 Abs. 3, die sich aus den Verträgen ergebende Pflichten der Mitgliedstaaten lediglich präzisieren und konkretisieren ohne darüber hinausgehende Pflichten schaffen zu dürfen, gehören nicht in diese Kategorie. Die Formel der **Rechtsprechung des EuGH,** wonach der Umfang der Kommissionsbefugnis nach Art. 106 Abs. 3 von der Tragweite der Vertragsvorschriften abhängt, deren Beachtung sichergestellt werden soll, unterstreicht den **rechtsdurchsetzenden, exekutiven Charakter dieser Richtlinien.**[1404] Im Rahmen einer Nichtigkeitsklage gegen die von der Kommission aufgrund von Art. 106 Abs. 3 erlassene Telekommunikationsendgeräterichtlinie wies der EuGH außerdem die Rüge Frankreichs und Belgiens zurück, eine Politik der Umstrukturierung des Telekommunikationssektors, wie sie die Richtlinie vorsehe, falle in die ausschließliche Befugnis des Rates zum Erlass von **Harmonisierungsrichtlinien**[1405] zur Verwirklichung des Binnenmarktes. Der EuGH verwies auf den gegenüber den Harmonisierungsrichtlinien „anderen und spezifischeren" Inhalt der Kommissionszuständigkeit nach Art. 106 Abs. 3. Im Übrigen stehe der etwaige Erlass einer Regelung durch den Rat aufgrund einer allgemeinen Zuständigkeit nach anderen Vorschriften des AEUV, in der Bestimmungen enthalten sein könnten, die den besonderen

---

1399 EuGH U. v. 19.3.1991, C-202/88, Slg. 1991, I-1223 Rdnr. 17 – *Frankreich/Kommission („Telekommunikationsendgeräte")*.

1400 Grabitz/Hilf/Nettesheim-*Wernicke,* Das Recht der Europäischen Union, Art. 106 AEUV Rdnr. 79–81, 86 (Stand: 3/2011).

1401 Zur sogenannten Transparenzrichtlinie s. unten Rdnr. 637–642.

1402 S. hierzu unten Rdnr. 643 ff.

1403 S. oben Rdnr. 495; EuGH U. v. 19.3.1991, C-202/88, Slg. 1991, I-1223 Rdnr. 21 – *Frankreich/Kommission („Telekommunikationsendgeräte");* EuGH U. v. 17.11.1992, Verb. Rs C-271/90, C-281/90 und C-289/90, Slg. 1992, I-5833 Rdnr. 18 – *Spanien u. a./Kommission („Telekommunikationsdienste")*.

1404 S. oben Rdnr. 495, 500; EuGH U. v. 19.3.1991, C-202/88, Slg. 1991, I-1223 Rdnr. 21 – *Frankreich/Kommission („Telekommunikationsendgeräte");* EuGH U. v. 17.11.1992, Verb. Rs C-271/90, C-281/90 und C-289/90, Slg. 1992, I-5833 Rdnr. 18 – *Spanien u. a./Kommission („Telekommunikationsdienste")*.

1405 Zum Zeitpunkt des Urteils hatte der Rat beim Erlass vom Harmonisierungsrichtlinien die Letztentscheidungsgewalt nach Art. 100a EG; dies gilt heute nicht mehr, denn inzwischen sieht Art. 114 AEUV für diese Richtlinien einen Erlass durch Europäisches Parlament und Rat im ordentlichen Gesetzgebungsverfahren nach Art. 294 AEUV vor.

Bereich von Art. 106 berühren, der Ausübung der der Kommission in Art. 106 Abs. 3 verliehenen Zuständigkeit nicht entgegen.[1406]

Nach der Rechtsprechung des EuGH ist schließlich auch die aufgrund von Art. 106 Abs. 3 erlassene **Transparenzrichtlinie**[1407] **ein der Rechtsdurchsetzung dienender Exekutivakt.** Eine gegen diese Richtlinie erhobene Nichtigkeitsklage, die u. a. darauf gestützt war, dass die Kommission sich Legislativbefugnisse angemaßt habe, die dem Rat vorbehalten seien, hat der EuGH mit Hinweis auf den speziellen Anwendungsbereich des Art. 106 Abs. 3 und die Erfordernisse einer wirkungsvollen Erfüllung der der Kommission nach dieser Vorschrift übertragenen Überwachungsaufgabe abgewiesen.[1408] 548

b) Das Aufgreifermessen der Kommission. aa) Grundlagen. In dieser Frage kann weitgehend auf das oben zu den beiden Instrumenten nach Art. 106 Abs. 3 allgemein[1409] und im Zusammenhang mit Beschlüssen[1410] Gesagte verwiesen werden. Denn der Gerichtshof hat mit Blick auf beide Handlungsinstrumente, die Art. 106 Abs. 3 der Kommission zur Verfügung stellt, entschieden, dass sich aus dieser Vorschrift und dem Sinn und Zweck des gesamten Art. 106 für die Kommission sowohl hinsichtlich des Ob des Tätigwerdens als auch hinsichtlich der dazu geeigneten Mittel ein **weites Ermessen** ergebe.[1411] Im Zusammenhang mit einer Aufforderung an die Kommission, einen Beschluss nach Art. 106 Abs. 3 zu erlassen, hat die neuere Rechtsprechung des EuGH geklärt, dass die Kommission infolge ihres weiten Ermessens und angesichts von Sinn und Zweck des gesamten Art. 106 nicht verpflichtet ist, überhaupt gemäß diesem Artikel tätig zu werden, so dass der Einzelne von ihr nicht eine Stellungnahme in einem bestimmten Sinne verlangen kann.[1412] Da diese Rechtsprechung auf Prinzipien zurückgreift, die für beide in Art. 106 Abs. 3 vorgesehenen Instrumente Gültigkeit haben, muss dasselbe auch für die Aufforderung zum Erlass von Richtlinien nach Art. 106 Abs. 3 gelten und im Falle der Nichteingreifens der Kommission zur Unzulässigkeit der Nichtigkeits- und Untätigkeitsklagen Einzelner führen.[1413] Im Ergebnis gilt daher auch bei Richtlinien sowohl im Hinblick auf eigeninitiatives Tätigwerden der Kommission nach Art. 106 Abs. 3 wie auch im Aufforderungsfall ein **umfassendes Opportunitätsprinzip.** 549

bb) Bisherige Aufgreifpraxis der Kommission. Die Kommission hat ihr Ermessen hinsichtlich des Tätigwerdens durch den Erlass von Richtlinien bisher in folgenden **Fallgruppen** ausgeübt: 550

Erstens: die Richtlinie ist notwendig, um die **Voraussetzungen zu schaffen,** damit die Kommission ihre Überwachungs- und Konkretisierungsaufgabe nach Art. 106 Abs. 3 wir- 551

[1406] EuGH U. v. 19.3.1991, C-202/88, Slg. 1991, I-1223 Rdnr. 23–26 – *Frankreich/Kommission („Telekommunikationsendgeräte“);* so auch EuGH U. v. 6.7.1982, Verb. Rs 188 bis 190/80, Slg. 1982, 2545 Rdnr. 14 – *Frankreich, Italien und Vereinigtes Königreich/Kommission („Transparenzrichtlinie“)* und EuGH U. v. 29.3.2001, Rs C-163/99, Slg. 2001, I-2613 Rdnr. 23 – *Portugal/Kommission.*

[1407] Richtlinie Nr. 2006/111/EG über die Transparenz der finanziellen Beziehungen zwischen den Mitgliedstaaten und den öffentlichen Unternehmen sowie über die finanzielle Transparenz innerhalb bestimmter Unternehmen, ABl. 2006 L 318/17. Diese Richtlinie kodifiziert die ursprüngliche Transparenzrichtlinie Nr. 80/723/EWG mit ihren nachfolgenden vier Änderungen durch Richtlinien Nr. 85/413/EWG, Nr. 93/84/EWG, Nr. 2000/52/EG und Nr. 2005/81/EG; s. unten Rdnr. 637–642.

[1408] EuGH U. v. 6.7.1982, Verb. Rs 188 bis 190/80, Slg. 1982, 2545 Rdnr. 12–14 – *Frankreich, Italien und Vereinigtes Königreich/Kommission („Transparenzrichtlinie“).*

[1409] S. oben Rdnr. 497 ff.

[1410] S. oben Rdnr. 506.

[1411] EuG U. v. 27.10.1994, Rs T-32/93, Slg. 1994, II-1015 Rdnr. 37 – *Ladbroke Racing Ltd/Kommission („Ladbroke I“);* EuG U. v. 23.1.1995, Rs T-84/94, Slg. 1995, II-101 Rdnr. 31 – *Bundesverband der Bilanzbuchhalter/Kommission,* insoweit in der Rechtsmittelinstanz bestätigt durch EuGH U. v. 20.2.1997, Rs C-107/95 P, Slg. 1997, I-947 Rdnr. 27 – *Bundesverband der Bilanzbuchhalter/Kommission;* EuG U. v. 8. 7. 1999, Rs T-266/97, Slg. 1999, II-2329 Rdnr. 75 – *Vlaamse Televisie Maatschappij (VTM)/Kommission;* EuGH U. v. 29.3.2001, Rs C-163/99, Slg. 2001, I-2613 Rdnr. 20 – *Portugal/Kommission.*

[1412] EuGH U. v. 22.2.2005, Rs C-141/02 P, Slg. 2005, I-1283 Rdnr. 69 – *Kommission/T-Mobile Austria* (vormals *max.mobil).*

[1413] S. hierzu ausführlich unten Rdnr. 567 ff.

kungsvoll erfüllen kann. Beispiel hierfür ist die Transparenzrichtlinie zur Schaffung von Transparenz der finanziellen Beziehungen zwischen der öffentlichen Hand und öffentlichen Unternehmen sowie über die finanzielle Transparenz innerhalb bestimmter Unternehmen,[1414] um der Kommission eine wirkungsvolle Beihilfenkontrolle sowie die Kontrolle der Einhaltung mitgliedstaatlicher Verpflichtungen nach Art. 106 Abs. 1 unter Berücksichtigung des Art. 106 Abs. 2 zu ermöglichen.

552 Zweitens: angesichts laufender **Wiederkehr gleichartiger Problemstellungen** in Einzelbeschwerden oder der Voraussehbarkeit häufiger Wiederholungen ist die Kommission zu dem Schluss gekommen, dass die Ursachen der Wiederholungen, insbes. dahinterstehende Grundproblematiken, statt mit einzelnen Beschlüssen am besten durch den Erlass einer Richtlinie zu lösen seien. Ein Beispiel hierfür ist der Wettbewerb im Markt für Telekommunikationsendgeräte. In dieser Frage ging die Kommission zu Anfang der 1980er Jahre zunächst separat gegen drei Mitgliedstaaten vor, um dann die Problematik umfassend durch den Erlass der Richtlinie Nr. 88/301/EWG zu lösen.[1415]

553 Drittens: die durch staatliche Maßnahmen geschaffene und aufrechterhaltene **Struktur eines gesamten Wirtschaftssektors** entspricht nicht den Anforderungen, die der AEUV im Hinblick auf Binnenmarktfreiheiten, Wettbewerb und Nichtdiskriminierung aufstellt. Richtlinien nach Art. 106 Abs. 3 werden zur **Liberalisierung** dieses Sektors eingesetzt. Dies schafft Rechtsklarheit und damit die notwendige Planungssicherheit für Investitionen. Bestes Beispiel auch hierfür ist wiederum der Sektor der Telekommunikation bzw. der elektronischen Kommunikation.[1416]

554 Viertens: **der Rat und/oder das Europäische Parlament fordern die Kommission auf,** in einem Sachverhalt, der über wenige Einzelfälle hinausgeht, die Einhaltung des Art. 106 Abs. 1 zu regeln und ggf. hierbei auch die Politik zu Art. 106 Abs. 2 zu konkretisieren. Beispiele hierfür sind wiederum die Transparenzrichtlinie[1417] und die Satellitenkommunikationsrichtlinie.[1418]

555 *c) Das Verfahren des Richtlinienerlasses.* Abgesehen von der Bekanntgabepflicht nach Art. 297 Abs. 2 AEUV ist das Verfahren des Richtlinienerlasses weder in den Verträgen noch im EU-Sekundärrecht geregelt und auch nicht durch die Rechtsprechung des Gerichtshofs ausgeformt. Das Unionsrecht verlangt weder, andere Unionsorgane oder -institutionen noch die Mitgliedstaaten, betroffene Personen, Unternehmen oder Interessengruppen anzuhören oder anderweitig in das Erlassverfahren mit einzubeziehen.[1419] **In der Praxis** führt die Kommission jedoch normalerweise solche **Anhörungen** durch. Die Kommission hat diese Vorgehensweise insbes. anlässlich des Erlasses von Liberalisierungsrichtlinien nach Art. 106 Abs. 3 entwickelt[1420] und den gegenwärtigen Stand ihrer Praxis in ihrem 25. Bericht über die Wettbewerbspolitik (1995) beschrieben.[1421] Hiernach veröffentlicht die Kommission zunächst ein **Grünbuch oder Diskussionspapier,** das grundlegende Orientierungen, Handlungsoptionen und ggf. auch schon konkrete Maßnahmen aufzeichnet. Dieses Papier wird innerhalb einer bestimmten Frist mit interessierten Kreisen (betroffene Unternehmen, Verbraucherverbände etc.), Experten des Sektors, den Mitgliedstaaten und Organen sowie anderen Institutionen der Union diskutiert. Ausgehend von

---

[1414] Richtlinie Nr. 2006/111/EG über die Transparenz der finanziellen Beziehungen zwischen den Mitgliedstaaten und den öffentlichen Unternehmen sowie über die finanzielle Transparenz innerhalb bestimmter Unternehmen, ABl. 2006 L 318/17; s. hierzu unten Rdnr. 637–642.

[1415] S. hierzu unten Rdnr. 643 ff., 648–651.

[1416] S. hierzu unten Rdnr. 643 ff.

[1417] S. hierzu unten Rdnr. 637–642.

[1418] S. hierzu unten Rdnr. 659 f.

[1419] S. hierzu unten Rdnr. 556–561, 660.

[1420] S. auch die Bekanntmachung der Kommission zu „Leistungen der Daseinsvorsorge in Europa", ABl. 1996 C 281/3, 6 Rdnr. 24.

[1421] Komm., 25. Bericht über die Wettbewerbspolitik (Berichtszeitraum 1995), S. 52–53 Rdnr. 100.

den Ergebnissen dieser Anhörungen und weiterer gesammelter Informationen erstellen die zuständigen Dienste der Kommission entweder direkt einen **Richtlinienentwurf** oder als Zwischenschritt noch einmal ein **Weißbuch.** Dieses ergeht idR. als Mitteilung der Kommission an das Europäische Parlament, den Rat, den Europäischen Wirtschafts- und Sozialausschuss und den Ausschuss der Regionen, zieht die Schlussfolgerungen der Kommission aus der bisherigen Debatte und zeigt Rechtsetzungsvorhaben konkret auf. Nur wenn sinnvoll werden zum Weißbuch noch einmal die Stellungnahmen der bereits zum Grünbuch Gehörten eingeholt. Im folgenden Schritt wird der **Richtlinienentwurf** nach seiner Annahme durch die Kommission als Kollegialorgan dem Europäischen Parlament, dem Wirtschafts- und Sozialausschuss, dem Ausschuss der Regionen und den Mitgliedstaaten zur **Stellungnahme** vorgelegt. Gleichzeitig wird der Richtlinienentwurf im Amtsblatt der Europäischen Union veröffentlicht, damit alle sonstigen betroffenen Kreise sich dazu innerhalb einer Frist, die idR. zwei Monate beträgt, äußern können.

Ebenso wie hinsichtlich von Beschlussentwürfen nach Art. 106 Abs. 3 AEUV ermöglichen Art. 14 Abs. 2 und Abs. 7 a. E. der VO Nr. 1/2003/EG es der Kommission auf freiwilliger Basis die **Vertreter der Wettbewerbsbehörden aller Mitgliedstaaten** im Rahmen eines Beratenden Ausschusses auch zu dem Entwurf einer auf Art. 106 Abs. 3 gestützten Richtlinie zu **konsultieren,** wenn diese der Durchsetzung von Wettbewerbsrecht dient. In der Praxis hat die Kommission jedoch hiervon bisher keinen Gebrauch gemacht. 556

In ihrem 25. Wettbewerbsbericht (1995)[1422] hat die Kommission erklärt, dass sie vor der endgültigen Annahme einer Richtlinie nach Art. 106 Abs. 3 in jedem Fall alle eingegangenen Kommentare und insbes. die etwaigen Stellungnahmen des Europäischen Parlaments, der Mitgliedstaaten, des Wirtschafts- und Sozialausschusses und des Ausschusses der Regionen prüft. Diese **Kommentare und Stellungnahmen haben jedoch keinen rechtsverbindlichen Charakter** für die Kommission. Die Bedeutung dieser Konsultationen ist vielmehr eine politische.[1423] Sie dienen dazu, die **Akzeptanz** der allein von der Kommission erlassenen Richtlinien bei den direkt und indirekt Betroffenen zu erhöhen. Denn einerseits sorgen die Konsultationen dafür, dass die Kommission ein umfassenderes Bild des zu regelnden Sachverhalts und der beteiligten Interessen erlangt und somit sachgerechtere Lösungen umsetzen kann. Andererseits kann der Kommission dort, wo sie in ihrer Richtlinie bewusst von einer Stellungnahme abweicht, nicht eine Unkenntnis des Meinungsbildes zum Vorwurf gemacht werden. 557

d) Rechtmäßigkeitsvoraussetzungen der Richtlinie. Die Kommission kann die Richtlinie jedenfalls erlassen, wenn sie das beschriebene Verfahren durchgeführt hat. Umstritten ist, ob und inwieweit die **Rechtmäßigkeit der Richtlinie** auch davon abhängt, dass die Kommission ein Verfahren und insbes. **Konsultationen** durchführt, zu denen sie sich **aus politischen Gründen** bereiterklärt hat, die aber weder von den Verträgen (EUV, AEUV) noch vom EU-Sekundärrecht vorgeschrieben sind. 558

Einerseits könnte man an eine Selbstbindung der Kommission denken, die kraft dauerhafter gleichartiger Übung, die von einem erkennbaren Rechtsbindungswillen der Kommission getragen wird, entstanden sein könnte. So hatte die Kommission z. B. in ihrem 12. Wettbewerbsbericht (1982)[1424] hinsichtlich der Akteneinsicht für Unternehmen in Verfahren nach Art. 101/102 AEUV ein detailliertes Verfahren festgelegt und ausdrücklich erklärt, hiermit über die vom Gerichtshof aufgestellten Erfordernisse hinausgehen und die Ausübung der Verteidigungsrechte im Verwaltungsverfahren verbessern zu wollen. Der Rechtsbindungswille der Kommission war somit eindeutig. Dementsprechend entschied das EuG mehrere Jahre später, dass die Kommission von Regeln, die sie sich auf diese Wei- 559

[1422] Komm., 25. Bericht über die Wettbewerbspolitik (Berichtszeitraum 1995), S. 52–53 Rdnr. 100.

[1423] Zur Frage einer Pflicht zur Durchführung der Konsultationen s. unten Rdnr. 558–561.

[1424] Komm., 12. Bericht über die Wettbewerbspolitik (Berichtszeitraum 1982), S. 40–41 Rdnr. 34–35.

se selbst gegeben habe, nicht mehr abweichen könne.[1425] Demgegenüber lässt der oben dargestellte,[1426] rein deskriptive Text im 25. Wettbewerbsbericht (1995)[1427] **keinen solchen Rechtsbindungswillen der Kommission** erkennen.

560 Selbst die **vorherige Anhörung der Mitgliedstaaten,** die die Adressaten der Richtlinien sind, ist lediglich zweckmäßig, aber **rechtlich nicht zwingend** vorgeschrieben. Eine Übertragung der Rechtsprechung des Gerichtshofs zu Beschlüssen nach Art. 106 Abs. 3, die die Mitteilung der Beschwerdepunkte in einem Mahnschreiben vor Erlass des Beschlusses verlangt,[1428] ist nicht sachgerecht.[1429] Denn im Gegensatz zu den Beschlüssen dienen die Richtlinien nicht dazu, festzustellen, dass ein bestimmter Mitgliedstaat gegen eine bestimmte unionsrechtliche Verpflichtung verstoßen hat.[1430] Gleichermaßen ist somit auch die Konsultation der Wirtschaftsteilnehmer, die von der Umsetzung der Richtlinie betroffen sein werden aber *per definitionem* nicht Adressat der Richtlinie sein können, rechtlich nicht verbindlich, wenn auch u. U. zweckmäßig.

561 Hinsichtlich der **Konsultation anderer EU-Institutionen** gibt es im übrigen Zweifel, ob die Kommission überhaupt befugt ist, diese **in der Praxis** – wenn auch nur beratend – an der Ausübung einer Kompetenz zu beteiligen, die von Art. 106 Abs. 3 AEUV aus wohlüberlegten Gründen allein der Kommission zugewiesen wurde.[1431] Denn die Alleinkompetenz der Kommission nach Art. 106 Abs. 3 ist das Ergebnis eines vom AEUV vorgenommenen **Ausgleichs** zwischen dem besonderen Interesse der Mitgliedstaaten an den von Art. 106 Abs. 1 und 2 genannten Sektoren und dem Unionsinteresse. Dieser Ausgleich basiert darauf, dass einerseits andere Unionsorgane, die wie Rat und Parlament stärker von mitgliedstaatlichen Interessen geprägt sind, an der Kompetenz nach Art. 106 Abs. 3 nicht beteiligt werden, andererseits aber diese Kompetenz auf die Konkretisierung und Präzisierung der mitgliedstaatlichen Pflichten aus Art. 106 Abs. 1 und 2 beschränkt ist und die Auferlegung weiterer Pflichten nicht erlaubt.[1432] Hieraus folgt, dass jedenfalls eine **rechtsverbindliche Abänderung** der alleinigen und von Konsultationen freien Kommissionsbefugnis nach Art. 106 Abs. 3 weder von der Kommission allein noch zusammen mit anderen Unionsorganen beschlossen oder durch praktische Übung erwirkt werden kann. Eine solche Änderung berührte das von den Mitgliedstaaten als Herren der Verträge (EUV, AEUV) festgelegte **institutionelle Gleichgewicht** und könnte daher nur mittels Änderung der Verträge durch eben diese Mitgliedstaaten rechtsverbindlich beschlossen werden.

562 Hinsichtlich der Rechtmäßigkeitsvoraussetzung der ordentlichen **Begründung nach Art. 296 Abs. 2 AEUV** sowie der Pflicht zur **Angabe der Rechtsgrundlage** kann in erster Linie auf das oben zum Beschluss nach Art. 106 Abs. 3 Gesagte verwiesen werden.[1433] So muss eine Richtlinie, die ausschließliche oder besondere Rechte aufhebt, angeben, welche Art von Rechten konkret gemeint ist und inwiefern das Bestehen dieser Rechte den Vorschriften des AEUV zuwiderlaufen soll.[1434]

[1425] EuG U. v. 17.12.1991, T-7/89, Slg. 1991, II-1711 Rdnr. 53 – *Hercules Chemicals/Kommission.*

[1426] S. oben Rdnr. 555.

[1427] Komm., 25. Bericht über die Wettbewerbspolitik (Berichtszeitraum 1995), S. 52–53 Rdnr. 100.

[1428] S. hierzu oben Rdnr. 513.

[1429] So auch Immenga/Mestmäcker-*Mestmäcker/Schweitzer,* WbR Bd. 1 EU/Teil 1, Art. 106 Abs. 3 AEUV Rdnr. 16; aA aber Grabitz/Hilf/Nettesheim-*Wernicke,* Das Recht der Europäischen Union, Art. 106 AEUV Rdnr. 88 (Stand: 3/2011); *Streinz-Kühling,* EUV/AEUV, Art. 106 AEUV Rdnr. 94; Loewenheim/Meessen/Riesenkampff-*Ehricke,* Art. 86 EG Rdnr. 158.

[1430] S. oben Rdnr. 546.

[1431] Immenga/Mestmäcker-*Mestmäcker/Schweitzer,* WbR Bd. 1 EU/Teil 1, Art. 106 Abs. 3 AEUV Rdnr. 8.

[1432] S. auch oben Rdnr. 489–499, 500, 504, 546 ff.

[1433] S. oben Rdnr. 531 ff.

[1434] EuGH U. v. 19.3.1991, C-202/88, Slg. 1991, I-1223 Rdnr. 45–47 – *Frankreich/Kommission („Telekommunikationsendgeräte").*

e) Annahme, Bekanntgabe und Wirksamwerden der Richtlinie. Hinsichtlich der Annahme von Richtlinien[1435] nach Art. 106 Abs. 3 durch das Kommissionskollegium sowie hinsichtlich Sprachenfragen und verbindlichen Sprachfassungen kann zunächst weitgehend auf die Darstellungen dieses Handbuchs zum insoweit verwandten Verfahren nach VO Nr. 1/2003/EG verwiesen werden.[1436] 563

Art. 297 AEUV sieht hinsichtlich Richtlinien unterschiedliche **Bekanntgabepflichten** vor. Für auf Art. 106 Abs. 3 gestützte Richtlinien kommen aufgrund ihres mangelnden Gesetzescharakters[1437] nur Art. 297 Abs. 2 Unterabs. 2 und 3 in Betracht. **Art. 297 Abs. 2 Unterabs. 2** bestimmt, dass Richtlinien der Kommission, die **an alle Mitgliedstaaten gerichtet** sind, im Amtsblatt der Europäischen Union zu veröffentlichen sind und zu dem in der Richtlinie festgelegten Zeitpunkt oder andernfalls am zwanzigsten Tag nach ihrer Veröffentlichung **in Kraft treten.** Für Richtlinien nach Art. 106 Abs. 3 war dies bisher der Normalfall. 564

Hinsichtlich **aller anderen Richtlinien** bestimmt **Art. 297 Abs. 2 Unterabs. 3** lediglich, dass sie denjenigen Mitgliedstaaten, für die sie bestimmt sind, bekanntgegeben werden und dass sie durch diese Bekanntgabe wirksam werden. Solche Richtlinien sind hinsichtlich der Bekanntgabe den Beschlüssen der Kommission gleichgestellt, so dass auf die oben angesprochenen Bekanntgaberegeln[1438] verwiesen werden kann. Ebenso wie bei Beschlüssen ist die Kommission nicht gehindert, auch diese Richtlinien im Amtsblatt der Europäischen Union zu veröffentlichen. 565

IV. Rechtsmittel im Zusammenhang mit Art. 106 Abs. 3 AEUV

1. Nichtigkeitsklagen gegen das Tätigwerden der Kommission nach Art. 106 Abs. 3. Hier gelten für die Klagen der Mitgliedstaaten als Adressaten von Beschlüssen und Richtlinien sowie für die Klagen anderer Unionsorgane und für die Klagen natürlicher und juristischer Personen die allgemeinen Regeln.[1439] Insbesondere kann ein Einzelner gegen einen von der Kommission nach Art. 106 Abs. 3 an einen Mitgliedstaat gerichteten Beschluss Nichtigkeitsklage erheben, wenn die Voraussetzungen des Art. 263 Abs. 4 AEUV (insbes. die auf die unmittelbare und individuelle Betroffenheit der natürlichen oder juristischen Person gestützte Klagebefugnis) erfüllt sind.[1440] Dies kann z. B. das Unternehmen sein, das Nutznießer derjenigen staatlichen Maßnahmen war, die von der Kommission in dem an den Mitgliedstaat gerichteten Beschluss angegriffen wurden.[1441] Mit Inkrafttreten des Lissabon-Vertrags und der damit verbundenen Vertragsrevision zum 1.12.2009 ist inzwischen endgültig geklärt, dass der Einzelne auch eine an einen oder mehrere Mitgliedstaaten gerichtete, auf Art. 106 Abs. 3 gestützte Richtlinie, die ihn unabhängig von der Umsetzung durch den Mitgliedstaat und damit bereits vor dieser Umsetzung unmittelbar und individuell betrifft, mit der Nichtigkeitsklage angreifen kann.[1442] Dies ist insbes. dann 566

[1435] Art. 250 AEUV iVm. der Geschäftsordnung der Kommission.

[1436] S. hierzu in diesem Handbuch *Dieckmann* § 41.

[1437] S. oben Rdnr. 547.

[1438] S. oben Rdnr. 545.

[1439] S. in diesem Handbuch *Schütte/Thomas* § 49 Rdnr. 165 ff. zur Nichtigkeitsklage nach Art. 263, 264 AEUV.

[1440] EuGH U. v. 20.2.1997, Rs C-107/95 P, Slg. 1997, I-947 Rdnr. 24 – *Bundesverband der Bilanzbuchhalter/Kommission;* EuGH U. v. 22.2.2005, Rs C-141/02 P, Slg. 2005, I-1283 Rdnr. 68 – *Kommission/T-Mobile Austria* (vormals *max.mobil*).

[1441] Dies geht hervor aus EuGH U. v. 12.2.1992, Verb. Rs C-48/90 und C-66/90, Slg. 1992, I-565 (s. auch Rdnr. 50 dieses Urteils) – *Niederlande u. a./Kommission („Eilkurierdienste“).*

[1442] Dies ergibt sich daraus, dass die im Wortlaut der Vorgängervorschrift Art. 230 Abs. 4 EG-Vertrag enthaltene Begrenzung des Klagegegenstandes auf bestimmte Rechtshandlungen in der Nachfolgevorschrift Art. 263 Abs. 4 AEUV aufgehoben wurde. Trotz des einengenden Wortlautes des Art. 230 Abs. 4 EG-Vertrag war allerdings schon vor dem 1.12.2009 von der Rechtsprechung im

der Fall, wenn dem Mitgliedstaat bei der Umsetzung der Richtlinie praktisch kein Ermessensspielraum bleibt und sich auf dieser Grundlage die unmittelbare und individuelle Betroffenheit des Klägers bereits anhand der Richtlinie nahezu exakt feststellen lässt.[1443] Aufgrund des exekutiven Charakters von Kommissionsrichtlinien[1444] nach Art. 106 Abs. 3 dürfte diese Situation in der Praxis durchaus vorkommen.

567 **2. Nichtigkeits- und Untätigkeitsklagen gegen das Nichteingreifen der Kommission nach Art. 106 Abs. 3.** *a) Klagen Einzelner (Unternehmen, Verbände und Bürger).* Einzelne haben keinen gerichtlich durchsetzbaren Anspruch auf ein Tätigwerden der Kommission nach Art. 106 Abs. 3. Haben sie die Kommission erfolglos zum Erlass von Beschlüssen oder Richtlinien nach Art. 106 Abs. 3 aufgefordert, so sind ihre Nichtigkeitsklagen nach Art. 263 Abs. 4 AEUV gegen Ablehnungsbescheide der Kommission oder ihre Untätigkeitsklagen nach Art. 265 Abs. 3 AEUV gegen das bloße Untätigbleiben der Kommission unzulässig. In seiner neueren Rechtsprechung hat der EuGH eine **langjährige Auseinandersetzung**[1445] über die Zulässigkeit solcher Klagen **beendet** und insoweit wieder Gleichheit bei der Stellung der Einzelnen im Verfahren nach Art. 106 Abs. 3 und im allgemeinen Vertragsverletzungsverfahren nach Art. 258 AEUV[1446] hergestellt.

568 In seinem **wegweisenden Urteil in der *Rs T-Mobile***[1447] hat der EuGH aus grundsätzlichen und kategorisch formulierten Erwägungen entschieden, dass die Nichtigkeitsklage eines Einzelnen nach Art. 263 Abs. 4 gegen die Weigerung der Kommission, per Beschluss nach Art. 106 Abs. 3 den Vertragsverstoß eines Mitgliedstaates festzustellen, unzulässig sei. **Erstens** sei die Kommission nach Art. 106 Abs. 3 und dem Sinn und Zweck des gesamten Art. 106 nicht verpflichtet, gemäß diesem Artikel tätig zu werden, und der Einzelne könne von der Kommission nicht eine Stellungnahme in einem bestimmten Sinne verlangen.[1448] **Zweitens** berechtige die Tatsache, dass der Einzelne ein unmittelbares und individuelles Interesse an der Nichtigerklärung des Bescheids hat, mit dem die Kommission es ablehnt, seiner Beschwerde nachzugehen und ein Verfahren gegen den Mitgliedstaat einzuleiten, ihn nicht dazu, diesen Bescheid gerichtlich anzufechten. Denn dieser Bescheid erzeuge keine verbindlichen Rechtswirkungen und stelle deswegen keine mit einer Nichtigkeitsklage anfechtbare Handlung dar.[1449] **Drittens** könne sich der Einzelne auch nicht auf ein Klagerecht aus der Verordnung Nr. 17 (jetzt: VO Nr. 1/2003/EG berufen), da diese im Rahmen des Art. 106 AEUV nicht anwendbar sei.[1450] **Viertens** stehe diesem Ergebnis weder der Grundsatz der guten Verwaltung noch ein anderer allgemeiner Grundsatz des Unionsrechts entgegen. Es gebe nämlich keinen allgemeinen Grundsatz des Unionsrechts, nach

---

Prinzip anerkannt, dass der Einzelne auch eine an einen oder mehrere Mitgliedstaaten gerichtete, auf Art. 106 Abs. 3 gestützte Richtlinie bei unmittelbarer und individueller Selbstbetroffenheit mit der Nichtigkeitsklage angreifen konnte, s. hierzu *Streinz-Ehricke,* EUV/AEUV, Art. 263 AEUV Rdnr. 49 mwN.; Grabitz/Hilf/Nettesheim-*Dörr,* Das Recht der Europäischen Union, Art. 263 AEUV Rdnr. 48 (Stand: 11/2012) mwN.

1443 *Streinz-Ehricke,* EUV/AEUV, Art. 263 AEUV Rdnr. 50–51; Grabitz/Hilf/Nettesheim-*Dörr,* Das Recht der Europäischen Union, Art. 263 AEUV Rdnr. 49 (Stand: 11/2012).

1444 S. hierzu oben Rdnr. 546f.

1445 Ausführlich hierzu in der 1. Auflage dieses Handbuchs § 35 Rdnr. 519–528.

1446 Zur Unzulässigkeit derartiger Nichtigkeits- oder Untätigkeitsklagen Einzelner im Rahmen des Art. 258-Verfahrens s. EuGH U. v. 14.2.1989, Rs 247/87, Slg. 1989, 291 Rdnr. 11 – *Star Fruit/Kommission;* EuGH U. v. 17.7.1998, Rs C-422/97 P, Slg. 1998, I-4913, Leitsatz 10 – *Sateba/Kommission;* EuG U. v. 14.1.2004, Rs T-202/02, Slg. 2004, II-181 Rdnr. 43, 46 – *Makedoniko Metro/Kommission.*

1447 EuGH U. v. 22.2.2005, Rs C-141/02 P, Slg. 2005, I-1283 – *Kommission/T-Mobile Austria* (vormals *max.mobil*).

1448 EuGH U. v. 22.2.2005, Rs C-141/02 P, Slg. 2005, I-1283 Rdnr. 69 – *Kommission/T-Mobile Austria* (vormals *max.mobil*).

1449 EuGH U. v. 22.2.2005, Rs C-141/02 P, Slg. 2005, I-1283 Rdnr. 70 – *Kommission/T-Mobile Austria* (vormals *max.mobil*).

1450 EuGH U. v. 22.2.2005, Rs C-141/02 P, Slg. 2005, I-1283 Rdnr. 71 – *Kommission/T-Mobile Austria* (vormals *max.mobil*).

dem ein Unternehmen gegen die Weigerung der Kommission, auf der Grundlage des Art. 106 Abs. 3 gegen einen Mitgliedstaat vorzugehen, zulässigerweise müsse Klage erheben können.[1451]

Die **Unzulässigkeit der Nichtigkeitsklage** hatte das EuG in seinem Beschluss *Bilanzbuchhalter*[1452] zunächst mit dem weiten Ermessen[1453] der Kommission hinsichtlich der Erforderlichkeit eines Tätigwerdens und der dazu geeigneten Mittel begründet, das einer Pflicht der Kommission zum Einschreiten nach Art. 106 Abs. 3 entgegenstehe[1454] und damit auch eine gerichtliche Angreifbarkeit ihres Ablehnungsbescheids ausschließe.[1455] Im Hinblick auf den Erlass von **Beschlüssen** der Kommission gegen bestimmte staatliche Maßnahmen entschied der EuGH in der Rs *Bilanzbuchhalter*[1456] als Rechtsmittelinstanz dann jedoch, es lasse sich nicht von vorneherein ausschließen, dass **in Ausnahmefällen** ein Einzelner oder eventuell eine Vereinigung, die zur Vertretung der gemeinsamen Interessen einer Kategorie von Rechtsbürgern gegründet wurde, zur Erhebung einer Nichtigkeitsklage gegen eine Weigerung der Kommission befugt sei, im Rahmen ihrer Überwachungsfunktion nach Art. 106 Abs. 1 und 3 einen Beschluss zu erlassen.[1457] Der EuGH nannte hierzu keine Beispiele und bezog somit keine Stellung zu der Auffassung des Rechtsmittelführers des konkreten Falles,[1458] dass eine Klage gegen eine Beschwerdezurückweisung jedenfalls dann zulässig sein müsse, wenn die Kommission ihr Aufgreifermessen auf der Grundlage einer fehlerhaften Würdigung der Tatsachen ausgeübt habe oder dieses Ermessen auf Null reduziert gewesen sei, weil die Beschwerde sich auf eine offensichtliche Unionsrechtsverletzung bezog. Allerdings stellte der EuGH klar, dass eine **Individualklage oder eine Verbandsklage unzulässig** ist, wenn sie sich gegen die Weigerung der Kommission richtet, durch Beschluss gegen einen Mitgliedstaat festzustellen, dass ein **allgemeingültiger Gesetzgebungsakt** gegen das Unionsrecht verstößt, und in diesem Beschluss die Maßnahmen anzugeben, die dieser Mitgliedstaat zu ergreifen hat, um seinen unionsrechtlichen Verpflichtungen nachzukommen.[1459] Dies ergebe sich nicht nur aus dem weiten Aufgreifermessen der Kommission, sondern auch daraus, dass ein Einzelner oder ein Verband einen Mitgliedstaat nicht indirekt durch eine Klage gegen die Weigerung der Kommission, diesem gegenüber einen Beschluss gemäß Art. 106 Abs. 1 und 3 zu erlassen, zum Erlass eines allgemeingültigen Gesetzgebungsaktes zwingen könne.[1460] 569

[1451] EuGH U. v. 22.2.2005, Rs C-141/02 P, Slg. 2005, I-1283 Rdnr. 72 – *Kommission/T-Mobile Austria* (vormals *max.mobil*).

[1452] EuG U. v. 23.1.1995, Rs T-84/94, Slg. 1995, II-101 Rdnr. 21–33, insbes. Rdnr. 28–33 – *Bundesverband der Bilanzbuchhalter/Kommission.*

[1453] EuG U. v. 23.1.1995, Rs T-84/94, Slg. 1995, II-101 Rdnr. 31 – *Bundesverband der Bilanzbuchhalter/Kommission;* insoweit in der Rechtsmittelinstanz bestätigt durch EuGH U. v. 20.2.1997, Rs C-107/95 P, Slg. 1997, I-947 Rdnr. 27 – *Bundesverband der Bilanzbuchhalter/Kommission;* s. auch EuG U.v. 8. 7. 1999, Rs T-266/97, Slg. 1999, II-2329 Rdnr. 75 – *Vlaamse Televisie Maatschappij (VTM)/Kommission;* EuGH U. v. 29.3.2001, Rs C-163/99, Slg. 2001, I-2613 Rdnr. 20 – *Portugal/Kommission.*

[1454] EuG U. v. 27.10.1994, Rs T-32/93, Slg. 1994, II-1015 Rdnr. 36–38 – *Ladbroke Racing Ltd/Kommission („Ladbroke I"); EuG U. v. 9.1.1996, Rs T-575, Slg. 1996, II-1 Rdnr. 71 – Koelman/Kommission;* EuG U. v. 17.7.1998, Rs T-111/96, Slg. 1998, II-2937 Rdnr. 97 – *ITT Promedia/Kommission.*

[1455] EuG U. v. 23.1.1995, Rs T-84/94, Slg. 1995, II-101 Rdnr. 31–33 – *Bundesverband der Bilanzbuchhalter/Kommission.*

[1456] EuGH U. v. 20.2.1997, Rs C-107/95 P, Slg. 1997, I-947, 964 – *Bundesverband der Bilanzbuchhalter/Kommission.*

[1457] EuGH U. v. 20.2.1997, Rs C-107/95 P, Slg. 1997, I-947 Rdnr. 25 – *Bundesverband der Bilanzbuchhalter/Kommission.*

[1458] EuGH U. v. 20.2.1997, Rs C-107/95 P, Slg. 1997, I-947 Rdnr. 20 – *Bundesverband der Bilanzbuchhalter/Kommission.*

[1459] EuGH U. v. 20.2.1997, Rs C-107/95 P, Slg. 1997, I-947 Rdnr. 26 und 29 – *Bundesverband der Bilanzbuchhalter/Kommission.*

[1460] EuGH U. v. 20.2.1997, Rs C-107/95 P, Slg. 1997, I-947 Rdnr. 27–29 – *Bundesverband der Bilanzbuchhalter/Kommission,* dort bezogen auf eine Beschwerde des deutschen Bundesverbandes der Bilanzbuchhalter bei der Kommission gegen das deutsche Steuerberatungsgesetz.

570 **Mit dem späteren EuGH-Urteil *T-Mobile*[1461] sind diese Differenzierungen hinfällig geworden.** Denn der EuGH konstatiert hierin mit kategorischen Formulierungen die **umfassende Unzulässigkeit der Nichtigkeitsklage** und geht mit keinem Wort auf das Vorbringen des Unternehmens[1462] ein, es befinde sich in einer Ausnahmesituation und verlange im Übrigen lediglich das Einschreiten der Kommission gegenüber einer Einzelmaßnahme des Mitgliedstaates und nicht im Hinblick auf einen Rechtsakt von allgemeiner Geltung.

571 Wegen der engen Verbindungen zwischen der **Untätigkeitsklage nach Art. 265 AEUV** und der Nichtigkeitsklage nach Art. 263 AEUV müssen die generellen Erwägungen, aufgrund derer der EuGH in seinem Urteil *T-Mobile* eine Nichtigkeitsklage gegen die ausdrückliche Tätigkeitsverweigerung und Beschwerdezurückweisung seitens der Kommission für unzulässig erachtet, auch zur Unzulässigkeit einer Untätigkeitsklage des Einzelnen gegen das bloße Nichthandeln der Kommission führen. Dies entspricht der ursprünglichen Auffassung des EuG.[1463] Die zwischenzeitlich vom EuG in der Rs *TF 1*[1464] unter dem Einfluss des EuGH-Urteils *Bilanzbuchhalter*[1465] in Ausnahmefällen für möglich erachtete Zulässigkeit einer Untätigkeitsklage ist aufgrund der kategorischen Formulierungen des EuGH-Urteils *T-Mobile* nicht mehr haltbar. In der weiteren Analyse ist aus Gründen der Klarheit zu unterscheiden zwischen einerseits dem Nichterlass des begehrten an einen Mitgliedstaat gerichteten Rechtsakts (Richtlinie oder Beschluss) der Kommission nach Art. 106 Abs. 3 und andererseits der Tatsache, dass die Kommission möglicherweise kein Ablehnungsschreiben an den Beschwerdeführer gerichtet hat.

572 Der **Nichterlass der begehrten Richtlinie oder des begehrten Beschlusses** nach Art. 106 Abs. 3 kann schon deswegen nicht mit der Untätigkeitsklage gerügt werden, weil die Kommission bereits hinsichtlich des Ob des Einsatzes ihrer Befugnisse ein weites Ermessen hat, d. h. gemäß dem EuGH-Urteil *T-Mobile*[1466] nach Art. 106 Abs. 3 und dem Sinn und Zweck des gesamten Art. 106 nicht verpflichtet ist, überhaupt gemäß diesem Artikel tätig zu werden. Das Untätigbleiben der Kommission kann deshalb keine unionsrechtliche Handlungspflicht verletzen.[1467] Da dies nach dem Urteil *T-Mobile*[1468] aus grundsätzlichen Erwägungen und unabhängig von der Natur des gewünschten Einschreitens und von den Umständen und Besonderheiten des Einzelfalles gilt, wäre die Untätigkeitsklage in der Sache automatisch stets und offensichtlich unbegründet und ist deswegen bereits von vorneherein stets und damit absolut unzulässig.[1469]

573 Die Tatsache, dass die Kommission es unterlassen hat, ein **Ablehnungsschreiben** an den Beschwerdeführer zu richten, kann ebenfalls nicht durch eine Untätigkeitsklage gerügt werden. Denn der Gegenstand dieser Klage ist für Einzelne nach Art. 265 Abs. 3 auf den Erlass verbindlicher Rechtsakte beschränkt.[1470] Gemäß dem EuGH-Urteil *T-Mo-*

[1461] EuGH U. v. 22.2.2005, Rs C-141/02 P, Slg. 2005, I-1283 – *Kommission/T-Mobile Austria* (vormals *max.mobil*).

[1462] S. EuGH U. v. 22.2.2005, Rs C-141/02 P, Slg. 2005, I-1283 Rdnr. 64 – *Kommission/T-Mobile Austria* (vormals *max.mobil*).

[1463] S. auch EuG U. v. 27.10.1994, Rs T-32/93, Slg. 1994, II-1015 Rdnr. 34–39 – *Ladbroke Racing Ltd/Kommission („Ladbroke I")*.

[1464] EuG U. v. 3.6.1999, Rs T-17/96, Slg. 1999, II-1757 Rdnr. 48–57, insbes. Rdnr. 51–52 – *TF 1/Kommission*.

[1465] S. oben Rdnr. 569.

[1466] EuGH U. v. 22.2.2005, Rs C-141/02 P, Slg. 2005, I-1283 Rdnr. 69 – *Kommission/T-Mobile Austria* (vormals *max.mobil*).

[1467] S. auch EuG U. v. 27.10.1994, Rs T-32/93, Slg. 1994, II-1015 Rdnr. 34–39 – *Ladbroke Racing Ltd/Kommission („Ladbroke I")*.

[1468] S. hierzu oben Rdnr. 568, 570.

[1469] Weitere (subsidiäre) Unzulässigkeitsgründe werden in EuG U. v. 27.10.1994, Rs T-32/93, Slg. 1994, II-1015 Rdnr. 40–46 – *Ladbroke Racing Ltd/Kommission („Ladbroke I")* abgehandelt.

[1470] EuGH U. v. 18.11.1970, Rs 15/70, Slg. 1970, 975 Rdnr. 11–14 – *Chevalley/Kommission;* EuGH U. v. 17.10.1984, Verb. Rs 83/84 und 84/84, Slg. 1984, 3571 Rdnr. 10 – *N.M./Kommission; Streinz-Ehricke,* EUV/AEUV, Art. 265 AEUV Rdnr. 18; Grabitz/Hilf/Nettesheim-*Dörr,* Das Recht der Europäischen Union, Art. 265 AEUV Rdnr. 16 (Stand: 5/2013) mwN.

bile[1471] erzeugt das Ablehnungsschreiben jedoch keine verbindlichen Rechtswirkungen, sondern hat allein Informationsfunktion.

Die Frage der Zulässigkeit von Nichtigkeits- und Untätigkeitsklagen ist zu trennen von der Tatsache, dass die Kommission unter Beachtung des **Grundsatzes der guten Verwaltung** verpflichtet ist, die aufgrund von Art. 106 Abs. 3 bei ihr eingereichten Beschwerden sorgfältig und unparteiisch zu prüfen und sodann den Beschwerdeführer über das Ergebnis dieser Prüfung zu informieren. Schon in seinem Urteil *max-mobil*[1472] hatte das EuG anerkannt, dass die gegenwärtige Praxis der Kommission diesem Standard genügt, und in der Rechtsmittelinstanz hatte der EuGH noch einmal berichtet, dass die Kommission diese Verpflichtung anerkennt.[1473] Zur Überprüfung der Einhaltung dieses Standards hatte das EuG-Urteil *max-mobil* die Zulässigkeit einer Nichtigkeitsklage gegen das Ablehnungsschreiben der Kommission bejaht.[1474] Hiergegen hat der EuGH als Rechtsmittelinstanz im Urteil *T-Mobile*[1475] aus grundsätzlichen Erwägungen zum Charakter der Kommissionsbefugnis nach Art. 106 Abs. 3, zum Schutze des weiten Ermessens der Kommission hinsichtlich des Ob und des Wie ihres Einschreitens nach dieser Vorschrift sowie zur Rolle der Beschwerdeführer davon abgesehen, das Ob und Wie einer Reaktion der Kommission der gerichtlichen Kontrolle durch Nichtigkeitsklagen und damit auch durch Untätigkeitsklagen zu unterwerfen. Im Vergleich zu den durch VO Nr. 1/2003/EG[1476] und VO Nr. 773/2004/EG[1477] mit konkreten Verfahrensrechten ausgestatteten Beschwerdeführern nach Art. 101/102 AEUV, haben Antragsteller nach Art. 106 Abs. 3, obwohl sie gemeinhin auch als Beschwerdeführer bezeichnet werden, keine gleichwertigen Rechte und damit eher die Stellung von Informanten der Kommission. Diese haben weder ein effektives Instrument, inhaltlich auf die Politik der Kommission nach Art. 106 Abs. 3 Einfluss zu nehmen, noch können sie durch Drohung mit oder Einreichung von Untätigkeitsklagen die Kommission zu einer beschleunigten Behandlung ihres Antrags veranlassen. 574

b) Klagen anderer Mitgliedstaaten und Unionsorgane. Es ist denkbar, dass andere Mitgliedstaaten, der Rat oder das Europäische Parlament die Kommission auffordern, nach Art. 106 Abs. 3 gegen einen bestimmten Mitgliedstaat oder eine Gruppe von Mitgliedstaaten durch den Erlass eines Beschlusses oder einer Richtlinie tätig zu werden. Im Falle der Weigerung oder Untätigkeit der Kommission käme eine **Nichtigkeitsklage** bzw. eine **Untätigkeitsklage** in Betracht. Bei deren Erhebung sind die Mitgliedstaaten, der Rat und das Europäische Parlament für beide Klagearten (nach Art. 263 Abs. 2 und Art. 265 Abs. 1 AEUV) objektive und damit privilegierte Klagebefugte, d. h. sie müssen keine unmittelbare und individuelle Selbstbetroffenheit oder Verletzung in eigenen Rechten geltend machen.[1478] 575

1471 EuGH U. v. 22.2.2005, Rs C-141/02 P, Slg. 2005, I-1283 Rdnr. 70 – *Kommission/T-Mobile Austria* (vormals *max.mobil*).

1472 EuG U. v. 30.1.2002, Rs T-54/99, Slg. 2002, II-313 Rdnr. 73–81 – *max.mobil/Kommission.*

1473 EuGH U. v. 22.2.2005, Rs C-141/02 P, Slg. 2005, I-1283 Rdnr. 53 – *Kommission/T-Mobile Austria* (vormals *max.mobil*).

1474 EuG U. v. 30.1.2002, Rs T-54/99, Slg. 2002, II-313 Rdnr. 56, 64–72 – *max.mobil/Kommission;* bei der Prüfung der Begründetheit der Nichtigkeitsklage beschränkte sich das EuG darauf, zu untersuchen, ob – erstens – die angefochtene Handlung eine Begründung enthält, die *prima facie* schlüssig ist und aus der hervorgeht, dass der relevante Akteninhalt berücksichtigt worden ist, ob – zweitens – ein zutreffender Sachverhalt zugrunde gelegt wurde und ob – drittens – die *Prima-facie*-Beurteilung dieses Sachverhalts offensichtlich fehlerhaft ist (s. Rdnr. 58, 73–81 des Urteils).

1475 S. hierzu oben Rdnr. 568, 570–572.

1476 Verordnung (EG) Nr. 1/2003 des Rates zur Durchführung der in den Art. 81 und 82 EG-Vertrag (jetzt: Art. 101 und 102 AEUV) niedergelegten Wettbewerbsregeln, ABl. 2003 L 1/1–25.

1477 Verordnung (EG) Nr. 773/2004 der Kommission über die Durchführung von Verfahren auf der Grundlage der Art. 81 und 82 EG-Vertrag (jetzt: Art. 101 und 102 AEUV) durch die Kommission, ABl. 2004 L 123/18–24.

1478 Beschränkte praktische Relevanz dürften Klagen des Rechnungshofs, der Europäischen Zentralbank und des Ausschusses der Regionen haben. Im Hinblick auf die Nichtigkeitsklage sind diese drei Einrichtungen nach Art. 263 Abs. 3 AEUV nur zur Wahrung ihrer eigenen Rechte klagebefugt. Im Hinblick auf die Untätigkeitsklage sind Rechnungshof und Europäische Zentralbank als Unions-

Trotzdem sind die Nichtigkeitsklage und – möglicherweise mit Einschränkungen – auch die Untätigkeitsklage nach dem EuGH-Urteil *T-Mobile*[1479] als unzulässig zu erachten. Denn in diesem Urteil stellt der EuGH nicht auf die unmittelbare und individuelle Selbstbetroffenheit oder die Verletzung in eigenen Rechten ab, sondern auf Gesichtspunkte, die sich auch privilegierte Klagebefugte entgegenhalten lassen müssen.

576 Die **Unzulässigkeit der Nichtigkeitsklage gegen den Ablehnungsbescheid** ergibt sich auch für die nach Art. 263 AEUV privilegierten Klagebefugten daraus, dass die Kommission nicht verpflichtet ist, überhaupt nach Art. 106 Abs. 3 tätig zu werden.[1480] Auch für sie erzeugt ein Ablehnungsschreiben, mit dem die Kommission mitteilt, dass sie nicht beabsichtige, ein Verfahren gegen den betreffenden Mitgliedstaat einzuleiten, keine verbindlichen Rechtswirkungen.[1481] Und auch sie können sich nicht auf einen allgemeinen Grundsatz des Unionsrechts berufen, wonach Antragsteller gegen die Weigerung der Kommission, auf der Grundlage des Art. 106 Abs. 3 gegen einen Mitgliedstaat vorzugehen, zulässigerweise müssen Klage erheben können.[1482]

577 Der **Nichterlass der begehrten Richtlinie oder des begehrten Beschlusses** nach Art. 106 Abs. 3 kann aus denselben Gründen, die für nicht privilegierte Klagebefugte nach Art. 265 AEUV gelten, auch von den nach Art. 265 privilegierten Klagebefugten nicht mit der Untätigkeitsklage gerügt werden.[1483] Im Gegensatz zu nichtprivilegierten Klagebefugten erscheint es jedoch denkbar, dass privilegierte Klagebefugte bei einer fehlenden Reaktion der Kommission auf ihren Antrag einen Anspruch auf Verbescheidung im Wege der Untätigkeitsklage geltend machen können, um eindeutig Klarheit darüber zu erhalten, ob die Kommission beabsichtigt, von ihren Befugnissen nach Art. 106 Abs. 3 Gebrauch zu machen. Dies ließe sich aus dem **Grundsatz der guten Verwaltung** herleiten, wonach die Kommission die aufgrund von Art. 106 Abs. 3 bei ihr eingereichten Beschwerden sorgfältig und unparteiisch prüfen und sodann den Beschwerdeführer über das Ergebnis dieser Prüfung innerhalb eines angemessenen Zeitrahmens informieren muss,[1484] sowie aus der Tatsache, dass für privilegierte Klagebefugte nach Art. 265 der Gegenstand dieser Klage nach h. M. nicht auf den Erlass verbindlicher Rechtsakte beschränkt ist.[1485]

V. Das Verhältnis des Art. 106 Abs. 3 AEUV zum Vertragsverletzungsverfahren nach Art. 258 AEUV[1486]

578 **1. Beschlüsse.** Geht es um konkrete Unionsrechtsverstöße bestimmter Mitgliedstaaten, so hat die Kommission **im von Art. 106 Abs. 1 und 2 abgesteckten Anwendungsbereich des Art. 106 Abs. 3 ein Wahlrecht** zwischen dem Erlass eines Beschlusses nach dieser Vorschrift und der Durchführung eines Vertragsverletzungsverfahrens nach Art. 258

organe (Art. 13 Abs. 1 EUV) nach Art. 265 Abs. 1 AEUV privilegiert klagebefugt, während für den Ausschuss der Regionen keine Klagebefugnis vorgesehen ist.

1479 S. hierzu oben Rdnr. 568, 570.

1480 EuGH U. v. 22.2.2005, Rs C-141/02 P, Slg. 2005, I-1283 Rdnr. 69 – *Kommission/T-Mobile Austria (vormals max.mobil).*

1481 EuGH U. v. 22.2.2005, Rs C-141/02 P, Slg. 2005, I-1283 Rdnr. 70 – *Kommission/T-Mobile Austria (vormals max.mobil).*

1482 EuGH U. v. 22.2.2005, Rs C-141/02 P, Slg. 2005, I-1283 Rdnr. 72 – *Kommission/T-Mobile Austria (vormals max.mobil).*

1483 S. oben Rdnr. 572.

1484 S. oben Rdnr. 574.

1485 *Streinz-Ehricke,* EUV/AEUV, Art. 265 AEUV Rdnr. 15 mwN.; v. d. Groeben/Schwarze/Hatje-*Gaitanides,* Europäisches Unionsrecht, Art. 265 AEUV Rdnr. 9 mwN.; Grabitz/Hilf/Nettesheim-*Dörr,* Das Recht der Europäischen Union, Art. 265 AEUV Rdnr. 14 (Stand: 5/2013) mwN.

1486 Zum Ablauf des Vertragsverletzungsverfahrens nach Art. 258 AEUV im Einzelnen s. v. d. Groeben/Schwarze/Hatje-*Wunderlich,* Europäisches Unionsrecht, Art. 258 AEUV; *Streinz-Ehricke,* EUV/AEUV, Art. 258 AEUV.

AEUV.[1487] Insbesondere ist Art. 106 Abs. 3 nicht deshalb gegenüber Art. 258 subsidiär, weil er im Gegensatz zu den Art. 108 Abs. 2, 114 Abs. 9 und 348 AEUV keinen ausdrücklichen Vorrang vor dem Art. 258 vorschreibt. Denn wegen der Unterschiedlichkeit beider Verfahren ist eine solche Vorrangregelung nicht nötig.[1488]

Im Vergleich zum Vertragsverletzungsverfahren nach Art. 258 bietet der **Art. 106 Abs. 3 der Kommission oft das schnellere und effektivere Verfahren,** um auf drohende oder bereits eingetretene Unionsrechtsverletzungen zu reagieren. 579

Im **Vertragsverletzungsverfahren nach Art. 258 AEUV** ist die administrative Phase geprägt von zwei Etappen, die als **vorbereitende Verfahrenshandlungen** für den Mitgliedstaat nicht rechtsverbindlich[1489] und deshalb auch nicht selbständig anfechtbar[1490] sind: Das **erste Mahnschreiben** und die ggf. nachfolgende **begründete Stellungnahme** konfrontieren den Mitgliedstaat mit der Rechtsauffassung der Kommission und geben ihm Gelegenheit zur Rechtfertigung oder Abstellung der ihm vorgeworfenen Vertragsverletzung. Sie dienen jedoch nicht dazu, von dem Mitgliedstaat spezifische Maßnahmen zur Abstellung des behaupteten Vertragsverstoßes zu verlangen,[1491] denn hierzu wird es idR. verschiedene Möglichkeiten geben, und die Regelungssouveränität des Mitgliedstaats ist im Rahmen des allgemeinen Vertragsverletzungsverfahrens insoweit zu achten. Stellt der Mitgliedstaat die Vertragsverletzung nicht ab, kann die Kommission vor dem EuGH nach Art. 258 Abs. 2 Klage allein auf Feststellung der Unionsrechtswidrigkeit erheben. Dementsprechend hat ein stattgebendes Urteil des EuGH seinen Tenor auf die Feststellung des Vertragsverstoßes zu beschränken und kann die von der Kommission gerügten staatlichen Maßnahmen weder für rechtswidrig erklären noch sie aufheben.[1492] Gleichermaßen kann der EuGH dem Mitgliedstaat nicht vorschreiben, welche Maßnahmen er aufgrund des Urteils zu treffen hat. Es ist Sache des Mitgliedstaats, das Urteil zu interpretieren und die sich hieraus ergebenden Maßnahmen zu treffen.[1493] Hierbei wird es idR. wiederum verschiedene Möglichkeiten geben, und die Regelungssouveränität des Mitgliedstaats ist auch insoweit zu achten. Nur wenn der Mitgliedstaat entgegen seiner Verpflichtung nach **Art. 260 Abs. 1 AEUV** keine oder unzureichende Maßnahmen der Umsetzung des Urteils ergreift, kann die Kommission nach **Art. 260 Abs. 2** ein Verfahren zur Durchsetzung des Urteils einleiten, an dessen Ende der EuGH die **Zahlung eines Pauschalbetrags oder Zwangsgelds** gegen den säumigen Mitgliedstaat verhängen kann.[1494] 580

[1487] EuG U. v. 8. 7. 1999, Rs T-266/97, Slg. 1999, II-2329 Rdnr. 75–76 – *Vlaamse Televisie Maatschappij (VTM)/Kommission;* für die Anwendbarkeit des Art. 106 Abs. 3 gegenüber dem Art. 258 EuGH U. v. 12.2.1992, Verb. Rs C-48/90 und C-66/90, Slg. 1992, I-565 Rdnr. 33–37 – *Niederlande u. a./Kommission („Eilkurierdienste");* EuGH U. v. 29.3.2001, Rs C-163/99, Slg. 2001, I-2613 Rdnr. 31–35 – *Portugal/Kommission;* Immenga/Mestmäcker-*Mestmäcker/Schweitzer,* WbR Bd. 1 EU/Teil 1, Art. 106 Abs. 3 AEUV Rdnr. 14 mwN.; für die Anwendbarkeit des Art. 258, wann immer die behauptete Vertragsverletzung in diesem Verfahren verfolgt werden kann, s. EuGH U. v. 26.6.2001, Rs C-70/99, Slg. 2001, I-4845 Rdnr. 17 – *Kommission/Portugal;* auf die Anwendbarkeit des Art. 258 hat auch die Frage der Definition des Unionsinteresses nach Art. 106 Abs. 2 S. 2 keinen Einfluss (s. unten Rdnr. 585 f.).

[1488] Immenga/Mestmäcker-*Mestmäcker/Schweitzer,* WbR Bd. 1 EU/Teil 1, Art. 106 Abs. 3 AEUV Rdnr. 14.

[1489] S. Art. 288 Abs. 5 AEUV.

[1490] v. d. Groeben/Schwarze/Hatje-*Wunderlich,* Europäisches Unionsrecht, Art. 258 AEUV Rdnr. 23, 32 mwN.; *Streinz-Ehricke,* EUV/AEUV, Art. 258 EUV Rdnr. 18, 22 mwN.

[1491] *Streinz-Ehricke,* EUV/AEUV, Art. 258 AEUV Rdnr. 19, 22 mwN.; v. d. Groeben/Schwarze/Hatje-*Wunderlich,* Europäisches Unionsrecht, Art. 258 AEUV Rdnr. 30; EuGH U. v. 11.7.1991, Rs C-247/89, Slg. 1991, I-3659 Rdnr. 22 – *Kommission/Portugal.*

[1492] *Streinz-Ehricke,* EUV/AEUV, Art. 260 AEUV Rdnr. 1; v. d. Groeben/Schwarze/Hatje-*Wunderlich,* Europäisches Unionsrecht, Art. 260 AEUV Rdnr. 2.

[1493] *Streinz-Ehricke,* EUV/AEUV, Art. 260 AEUV Rdnr. 2; v. d. Groeben/Schwarze/Hatje-*Wunderlich,* Europäisches Unionsrecht, Art. 260 AEUV Rdnr. 2.

[1494] Diese Sanktionsmöglichkeit wurde mit dem Inkrafttreten des Maastrichter Vertrags über die Europäische Union (EU) am 1.11.1993 in den damaligen EG-Vertrag eingeführt und im späteren AEUV übernommen.

581 Hingegen hat das Verfahren zum Erlass eines **Kommissionsbeschlusses nach Art. 106 Abs. 3** mit dem vorgeschalteten Mahnschreiben nur eine als **vorbereitende Verfahrenshandlungen** für den Mitgliedstaat nicht rechtsverbindliche Etappe. In dem nachfolgenden Beschluss kann die Kommission mit verbindlicher Wirkung[1495] nicht nur die Verletzung feststellen, sondern auch ihre Abstellung verfügen und darüber hinaus angeben, welche Maßnahmen der betroffene Mitgliedstaat zur Erfüllung seiner unionsrechtlichen Verpflichtungen zu treffen hat.[1496] Die im Gegensatz zum rein feststellenden Vertragsverletzungsverfahren nach Art. 258 weitergehende Eingriffsbefugnis der Kommission rechtfertigt sich damit, dass aufgrund der Sonderbeziehung des Staates mit den in Art. 106 Abs. 1 und Abs. 2 genannten Unternehmen, staatliche Maßnahmen im Zusammenhang mit diesen Unternehmen, die den Vertragszielen insbes. von Wettbewerb und Binnenmarkt widersprechen, eine erhöhte Effektivität und Gefährlichkeit aufweisen.[1497] Nach Erlass des Kommissionsbeschlusses liegt es dann an dem betroffenen Mitgliedstaat, den Beschluss zu befolgen und bestandskräftig werden zu lassen oder ihn mit einer Nichtigkeitsklage nach Art. 263 Abs. 2 AEUV anzufechten.

582 Durch die Wahl des Verfahrens nach Art. 106 Abs. 3 werden im Vergleich zu Art. 258 weder die **Verteidigungsrechte**[1498] noch der **gerichtliche Rechtsschutz der Mitgliedstaaten** verkürzt. Zwar hat die Nichtigkeitsklage, die sie gegen die auf Art. 106 Abs. 3 gestützte Beschlüsse erheben können, gemäß Art. 278 AEUV keine aufschiebende Wirkung, doch kann der Gerichtshof auf Antrag nach derselben Vorschrift die Durchführung von Maßnahmen, die die Kommission angeordnet hat, aussetzen.[1499]

583 Befolgt der Mitgliedstaat den an ihn gerichteten, auf Art. 106 Abs. 3 gestützten Beschluss nicht und erscheint eine Präzisierung dieses Beschlusses, d. h. der festgestellten Verletzung und/oder der sich aus ihr ergebenden Abhilfemaßnahmen durch einen weiteren Beschluss nach Art. 106 Abs. 3 der Kommission nicht erfolgversprechend oder aus anderen Gründen nicht wünschenswert,[1500] so bleibt der Kommission wegen dieser zusätzlichen Vertragsverletzung nur die Möglichkeit, das Verfahren nach Art. 258 AEUV durchzuführen.[1501] Hat der EuGH am Ende eines Verfahrens nach Art. 258 die Vertragsverletzung eines Mitgliedstaats festgestellt und zieht dieser entgegen **Art. 260 Abs. 1 AEUV** aus diesem Urteil nicht die entsprechenden Konsequenzen, so kann die Kommission das Verfahren nach **Art. 260 Abs. 2** einleiten. An dessen Ende kann der Gerichtshof die **Zahlung eines Pauschalbetrags oder Zwangsgelds** gegen den säumigen Mitgliedstaat verhängen.[1502]

1495 S. Art. 288 Abs. 4 AEUV.

1496 EuGH U. v. 12.2.1992, Verb. Rs C-48/90 und C-66/90, Slg. 1992, I-565 Rdnr. 27–28 – *Niederlande u. a./Kommission („Eilkurierdienste");* EuGH U. v. 20.2.1997, Rs C-107/95 P, Slg. 1997, I-947 Rdnr. 23 – *Bundesverband der Bilanzbuchhalter/Kommission;* EuGH U. v. 29.3.2001, Rs C-163/99, Slg. 2001, I-2613 Rdnr. 19 – *Portugal/Kommission.* Die Kommission kann in ihrem Beschluss nach Art. 106 Abs. 3 aber auch lediglich die Verletzung feststellen und den Mitgliedstaat verpflichten, ihr binnen einer Frist geeignete Abhilfemaßnahmen mitzuteilen und diese binnen einer weiteren Frist umzusetzen. Hierbei kann sich die Kommission für den Fall, dass die vom Mitgliedstaat vorgesehenen oder umgesetzten Abhilfemaßnahmen nicht ausreichend sein sollten, das Recht vorbehalten ein Vertragsverletzungverfahren nach Art. 258 AEUV einzuleiten oder einen weiteren Beschluss gemäß Art. 106 Abs. 3 AEUV zu erlassen, um spezifische Maßnahmen zur Beseitigung der wettbewerbswidrigen Auswirkungen des festgestellten Verstoßes festzusetzen; so geschehen in der Sache *Griechische Braunkohle,* für Einzelheiten s. oben Rdnr. 141–142, 633.

1497 S. auch oben Rdnr. 3.

1498 EuGH U. v. 12.2.1992, Verb. Rs C-48/90 und C-66/90, Slg. 1992, I-565 Rdnr. 33–35 und 37 – *Niederlande u. a./Kommission („Eilkurierdienste");* s. hierzu auch oben Rdnr. 513 f., 524, 526, 560.

1499 EuGH U. v. 30.6.1988, Rs 226/87, Slg. 1988, 3611 Rdnr. 12 – *Kommission/Griechenland.*

1500 S. hierzu das Vorgehen der Kommission in der in der Sache *Griechische Braunkohle,* s. oben Rdnr. 141–142, 581, 633.

1501 EuGH U. v. 12.2.1992, Verb. Rs C-48/90 und C-66/90, Slg. 1992, I-565 Rdnr. 36 – *Niederlande u. a./Kommission („Eilkurierdienste").*

1502 Diese Sanktionsmöglichkeit wurde mit dem Inkrafttreten des Maastrichter Vertrags über die Europäische Union (EU) am 1.11.1993 in den damaligen EG-Vertrag eingeführt und im späteren AEUV übernommen.

2. Richtlinien. Ein **Konflikt** zwischen dem Erlass von Richtlinien nach Art. 106 Abs. 3 und dem Vertragsverletzungsverfahren nach Art. 258 ist **ausgeschlossen.**[1503] Wie oben dargestellt,[1504] dienen Richtlinien nach Art. 106 Abs. 3 dazu, ohne Berücksichtigung der in den Mitgliedstaaten jeweils bestehenden Lage[1505] allgemeine Regeln zu erlassen, mittels derer die sich aus dem Vertrag für die Mitgliedstaaten gemäß Art. 106 Abs. 1 ergebenden Verpflichtungen bzw. die sich für die Mitgliedstaaten aus Art. 106 Abs. 2 ergebenden Ausnahme- und Gestaltungsmöglichkeiten *ex ante* präzisiert oder konkretisiert werden.[1506] Sie dienen somit nicht dazu, im Einzelfall eine konkrete Unionsrechtsverletzung durch einen bestimmten Mitgliedstaat *ex post* festzustellen, so wie dies Aufgabe des Vertragsverletzungsverfahrens ist.[1507] 584

3. Die Definition des Unionsinteresses im Rahmen eines Vertragsverletzungsverfahrens. Anlässlich der Frage, ob staatlich errichtete Import- und Exportmonopole für Gas und Elektrizität, die die Kommission in Vertragsverletzungsverfahren nach Art. 258 als Verstöße u. a. gegen Art. 37 AEUV angegriffen hatte, gemäß Art. 106 Abs. 2 gerechtfertigt werden können, hat der Gerichtshof entschieden,[1508] es sei **Sache der Kommission,** im Rahmen ihrer Pflicht zum Nachweis der Vertragsverletzung unter der Kontrolle des Gerichtshofs das Interesse der Union iSv. Art. 106 Abs. 2 Satz 2 zu definieren. Der Gerichtshof verwies in diesem Zusammenhang ausdrücklich auf die Kompetenz der Kommission, nach Art. 106 Abs. 3 durch Beschlüsse und Richtlinien auf die Anwendung des Art. 106 und damit auch des Art. 106 Abs. 2 zu achten. 585

Hieraus ist jedoch nicht zu schließen, dass der Gerichtshof dem Verfahren nach Art. 106 Abs. 3, das sich im konkreten Fall zum Angriff auf die Energiemonopole geeignet hätte, den Vorzug vor dem Vertragsverletzungsverfahren nach Art. 258 geben wollte. Auch in dem von Art. 106 Abs. 1 und 2 abgesteckten Anwendungsbereich des Art. 106 Abs. 3 kann die Kommission somit weiterhin das Verfahren nach Art. 258 wählen.[1509] Der EuGH argumentierte dementsprechend auf der Basis der Nachweispflicht, die sich für die Kommission aus dem von ihr gewählten Vertragsverletzungsverfahren ergab. Im Übrigen ist die Kompetenz nach Art. 106 Abs. 3 nur ein Beispiel dafür, wie die Kommission durch Richtlinien, Beschlüsse, andere Unionsrechtsakte[1510] oder schlichte Bekanntmachungen, die sie erlässt, verkündet oder vorbereitet, dem Unionsinteresse im Energiesektor im Vorfeld der Vertragsverletzungsverfahren Konturen hätte geben können. Die Kommission hätte ihre Pflicht zum Nachweis der Vertragsverletzung aber auch dann hinreichend erfüllen können, wenn sie in den laufenden Vertragsverletzungsverfahren durch ihre Einlassungen das Uni- 586

[1503] Immenga/Mestmäcker-*Mestmäcker/Schweitzer,* WbR Bd. 1 EU/Teil 1, Art. 106 Abs. 3 AEUV Rdnr. 13.

[1504] S. oben Rdnr. 546.

[1505] EuGH U. v. 19.3.1991, C-202/88, Slg. 1991, I-1223 Rdnr. 17 – *Frankreich/Kommission („Telekommunikationsendgeräte").*

[1506] EuGH U. v. 19.3.1991, C-202/88, Slg. 1991, I-1223 Rdnr. 14 – *Frankreich/Kommission („Telekommunikationsendgeräte");* EuGH U. v. 17.11.1992, Verb. Rs C-271/90, C-281/90 und C-289/90, Slg. 1992, I-5833 Rdnr. 12 – *Spanien u. a./Kommission („Telekommunikationsdienste").*

[1507] EuGH U. v. 19.3.1991, C-202/88, Slg. 1991, I-1223 Rdnr. 16–18 – *Frankreich/Kommission („Telekommunikationsendgeräte").*

[1508] EuGH U. v. 23. 10. 1997, Rs C-157/94, Slg. 1997, I-5699 Rdnr. 69 – *Kommission/Niederlande („Importmonopol Elektrizität");* EuGH U. v. 23.10.1997, Rs C-158/94, Slg. 1997, I-5789 Rdnr. 65 – *Kommission/Italien („Import- und Exportmonopol Elektrizität");* EuGH U. v. 23.10.1997, Rs C-159/94, Slg. 1997, I-5815 Rdnr. 113 – *Kommission/Frankreich („Import- und Exportmonopol Gas und Elektrizität").* S. hierzu ausführlich oben Rdnr. 411 ff.

[1509] S. oben Rdnr. 578 sowie Langen/Bunte-*Stadler,* KartR Bd. 2, Art. 106 AEUV Rdnr. 111; *Streinz-Kühling,* EUV/AEUV, Art. 106 AEUV Rdnr. 100; Immenga/Mestmäcker-*Mestmäcker/Schweitzer,* WbR Bd. 1 EU/Teil 1, Art. 106 Abs. 3 AEUV Rdnr. 14.

[1510] Z. B. Vorschläge der Kommission zu Binnenmarktrichtlinien nach Art. 114 AEUV, die von dem Europäischen Parlament und dem Rat im ordentlichen Gesetzgebungsverfahren nach Art. 294 AEUV erlassen werden.

onsinteresse *ad hoc* definiert und seine Verletzung durch die Auswirkungen der angegriffenen Monopole konkret dargelegt hätte.[1511]

VI. Die bisherigen Aktivitäten der Kommission nach Art. 106 Abs. 3 AEUV

587 **1. Entscheidungen bzw. Beschlüsse[1512] der Kommission.** *a) Die Entscheidung Griechische Versicherung.*[1513] Diese Entscheidung wurde oben schon behandelt.[1514] Nachzutragen ist, dass die Möglichkeit, den Verstoß gegen die Art. 106 Abs. 1 iVm. Art. 49 AEUV (ex-Art. 86 Abs. 1 iVm. Art. 43 EG) sowie gegen Art. 4 Abs. 3 EUV und Art. 3 Abs. 3 EUV iVm. Protokoll Nr. 27 (ex-Art. 10 Abs. 2 und Art. 3 Abs. 1 lit. g EG) nach Art. 106 Abs. 2 AEUV zu rechtfertigen, weder von Griechenland noch von der Kommission angesprochen wurde. Die Entscheidung verpflichtete Griechenland, die Kommission innerhalb von zwei Monaten von den zu ihrer Befolgung ergriffenen Maßnahmen zu unterrichten. Nachdem Griechenland der Entscheidung nicht nachkam, führte die Kommission ein Vertragsverletzungsverfahren nach Art. 258 AEUV durch, an dessen Ende Griechenland vom EuGH wegen Nichtbeachtung der Entscheidung verurteilt wurde.[1515] Erst danach hat Griechenland die vertragswidrige Regelung aufgehoben.

588 *b) Die Entscheidung Tarifermäßigungen Kanarische Inseln und Balearen.*[1516] Auch diese Entscheidung wurde schon oben erwähnt.[1517] Die Rechtfertigungsvorschrift des Art. 106 Abs. 2 AEUV wurde weder von Spanien geltend gemacht noch von der Kommission angesprochen. Spanien befolgte die Entscheidung und beseitigte die Unionsrechtsverletzung, indem es die Tarifvergünstigungen auch auf diejenigen Bewohner der Inseln ausdehnte, die nicht spanische Staatsbürger, sondern Angehörige anderer Mitgliedstaaten sind. Die Entscheidung wurde nicht vor dem Gerichtshof angefochten.

589 *c) Die Entscheidung Eilkurierdienstleistungen in den Niederlanden.*[1518] In dieser Sache entschied die Kommission, dass bestimmte gesetzliche Regelungen in den Niederlanden gegen Art. 106 Abs. 1 iVm. Art. 102 AEUV verstießen, indem sie das Annehmen, Befördern und Zustellen von Briefen mit einem Gewicht bis zu 500 g im Eilkurierdienst innerhalb und außerhalb der EU unterhalb bestimmter Preise dem 100%igen Staatsunternehmen *PTT-Post BV* vorbehielten. Die Niederlande wurden dementsprechend aufgefordert, der Kommission innerhalb von zwei Monaten mitzuteilen, welche Maßnahmen sie zur Befolgung dieser Entscheidung getroffen haben.

[1511] EuGH U. v. 23.10.1997, Rs C-157/94, Slg. 1997, I-5699 Rdnr. 67 – *Kommission/Niederlande („Importmonopol Elektrizität“)*; EuGH U. v. 23.10.1997, Rs C-158/94, Slg. 1997, I-5789 Rdnr. 63 – *Kommission/Italien („Import- und Exportmonopol Elektrizität“)*; EuGH U. v. 23.10.1997, Rs C-159/94, Slg. 1997, I-5815 Rdnr. 111–112 – *Kommission/Frankreich („Import- und Exportmonopol Gas und Elektrizität“)*.

[1512] Mit Inkrafttreten der durch den Vertrag von Lissabon bewirkten Änderungen des EU-Primärrechts am 1.12.2009 wurde der Rechtsakt der „Entscheidung“ (ex-Art. 249 Abs. 4 EG-Vertrag) durch den im Wesentlichen gleichartig definierten Rechtsakt des „Beschlusses“ (Art. 288 Abs. 4 AEUV) ersetzt. Demensprechend wurde zum 1.12.2009 in Art. 106 Abs. 3 AEUV (ex-Art. 86 Abs. 3 EG) der Begriff „Entscheidungen“ durch den Begriff „Beschlüsse“ ersetzt. In diesem Beitrag § 35 wird die jeweils im Zeitpunkt des Erlasses des Rechtsaktes gültige Bezeichnung verwandt.

[1513] Komm. E. v. 24.4.1985, Nr. 85/276/EWG, ABl. 1985 L 152/25–26 – *Griechische Versicherung;* Komm., 15. Bericht über die Wettbewerbspolitik (Berichtszeitraum 1985) Rdnr. 258.

[1514] S. oben Rdnr. 193.

[1515] EuGH U. v. 30.6.1988, Rs 226/87, Slg. 1988, 3611 – *Kommission/Griechenland.*

[1516] Komm. E. v. 22.6.1987, Nr. 87/359/EWG, ABl. 1987 L 194/28–29 – *Tarifermäßigungen Kanarische Inseln und Balearen;* Komm., 17. Bericht über die Wettbewerbspolitik (Berichtszeitraum 1987) Rdnr. 285.

[1517] S. oben Rdnr. 212.

[1518] Komm. E. v. 20.12.1989, Nr. 90/16/EWG, ABl. 1990 L 10/47–52 -*Eilkurierdienstleistungen in den Niederlanden;* Komm., 19. Bericht über die Wettbewerbspolitik (Berichtszeitraum 1989) Rdnr. 229.

Im Einzelnen entschied die Kommission, dass PTT-Post BV **im Basispostdienst eine marktbeherrschende Stellung** habe[1519] und argumentierte, dass die staatlichen Regelungen den Missbrauch dieser Stellung iSv. Art. 102 vorschrieben, indem sie dem marktbeherrschenden Unternehmen ohne objektives Bedürfnis eine Hilfstätigkeit auf dem **benachbarten aber getrennten Markt für Eilkurierdienste** bis zu einem bestimmten Preis vorbehielten und auf diesem Markt den Wettbewerb seitens anderer Unternehmen gänzlich ausschalteten.[1520] Außerdem entschied die Kommission, dass die staatlichen Regelungen zu einer missbräuchlichen Auferlegung unbilliger Preise und Konditionen führten, weil den Verbrauchern unterhalb des Mindestpreises die Vorteile eines Preis- und Konditionenwettbewerbs entzogen wurden.[1521] Schließlich entschied die Kommission, dass die staatlichen Regelungen auch zu einer missbräuchlichen Beschränkung des Angebots selbst in den nicht vom Monopol der *PTT Post BV* erfassten Postdienstbereichen führten, weil das Staatsunternehmen aus der Reservierung des Eilkurierdienstes unterhalb des Mindestpreises Vorteile ziehe, die es ihm ermöglichten, die im Wettbewerb stehenden Dienste zu Preisen nahe den Grenzkosten anzubieten, während seine Wettbewerber ihre Kosten allein aus den nichtmonopolisierten Bereichen erwirtschaften mussten.[1522] 590

Die Anwendung des **Art. 106 Abs. 2,** auf den die Niederlande sich berufen hatten, lehnte die Kommission mit der Begründung ab, dass der bisher im Eilkurierdienst bestehende Wettbewerb den Basispostdienst der *PTT Post BV* in keiner Weise beeinträchtigt habe, was sich allein schon an der diesem Unternehmen gelungenen Gewinnsteigerung in den letzten Jahren zeige. Selbst im Eilkurierdienst habe die *PTT Post BV* trotz des bisherigen Wettbewerbs die Zahl der Eilzustellungen in den letzten Jahren steigern können. Somit sei die Ausweitung des Monopols der *PTT Post BV* auf den sekundären Markt der Eilkurierdienste keine für die Ertragsfähigkeit dieses Unternehmens unabdingbare Maßnahme.[1523] Vielmehr genüge das Monopol des Unternehmens im Basispostdienst, um die Erfüllung der in diesem Dienst zu sehenden Dienstleistung von allgemeinem wirtschaftlichem Interesse zu gewährleisten.[1524] 591

Das **Urteil des EuGH**[1525] zu den von den Niederlanden und der *PTT Post BV* (und ihrer Muttergesellschaft *Koninklijke PTT Nederland NV*) erhobenen Nichtigkeitsklagen gegen die Entscheidung bestätigte die Befugnis der Kommission, durch Entscheidung nach Art. 106 Abs. 3 festzustellen, dass eine bestimmte staatliche Maßnahme mit den Vorschriften des AEUV, wie z.B. Art. 102 Abs. 1, unvereinbar ist, und anzugeben, welche Maßnahmen der Mitgliedstaat, an den die Entscheidung gerichtet ist, zu treffen hat, um seinen unionsrechtlichen Pflichten nachzukommen. Der Gerichtshof hob die Entscheidung der Kommission jedoch wegen unzureichender Gewährung rechtlichen Gehörs für die Niederlande und die beiden *PTT*-Unternehmen auf.[1526] Da die Kommission die aufgehobene Entscheidung nicht erneut erließ, sahen die Niederlande keinen Grund, die angegriffenen gesetzlichen Regelungen zu ändern. In der Praxis wurde allerdings die Erbringung von 592

[1519] Komm. E. v. 20.12.1989, Nr. 90/16/EWG, ABl. 1990 L 10/47 Rdnr. 10 – *Eilkurierdienstleistungen in den Niederlanden.*

[1520] Komm. E. v. 20.12.1989, Nr. 90/16/EWG, ABl. 1990 L 10/47 Rdnr. 11 – *Eilkurierdienstleistungen in den Niederlanden.*

[1521] Komm. E. v. 20.12.1989, Nr. 90/16/EWG, ABl. 1990 L 10/47 Rdnr. 12 – *Eilkurierdienstleistungen in den Niederlanden.*

[1522] Komm. E. v. 20.12.1989, Nr. 90/16/EWG, ABl. 1990 L 10/47 Rdnr. 13–14 – *Eilkurierdienstleistungen in den Niederlanden.*

[1523] Komm., E. v. 20.12.1989, Nr. 90/16/EWG, ABl. 1990 L 10/47 Rdnr. 17 – *Eilkurierdienstleistungen in den Niederlanden.*

[1524] Komm. E. v. 20.12.1989, Nr. 90/16/EWG, ABl. 1990 L 10/47 Rdnr. 18 – *Eilkurierdienstleistungen in den Niederlanden.*

[1525] EuGH U. v. 12.2.1992, Verb. Rs C-48/90 und C-66/90, Slg. 1992, I-565 Rdnr. 27–32 – *Niederlande u. a./Kommission („Eilkurierdienste");* näheres hierzu oben unter Rdnr. 503–505, 536, 581.

[1526] EuGH U. v. 12.2.1992, Verb. Rs C-48/90 und C-66/90, Slg. 1992, I-565 Rdnr. 44–54 – *Niederlande u. a./Kommission („Eilkurierdienste").*

Eilkurierdienstleistungen ohne geographische oder Gewichtsgrenzen vollständig für den Wettbewerb freigegeben, während die formelle Änderung der gesetzlichen Regeln später im Rahmen der Umsetzung der Postbinnenmarktrichtlinie[1527] erfolgte.

593 *d) Die Entscheidung Eilkurierdienstleistungen in Spanien.*[1528] In dieser Sache entschied die Kommission, dass bestimmte staatliche Regelungen in Spanien, die der spanischen Post das Sammeln, Befördern und Ausliefern von Briefen im internationalen Eilkurierdienst vorbehielten, gegen Art. 106 Abs. 1 iVm. Art. 102 AEUV verstießen. Die spanische Post hatte darüber hinaus auch das ausschließliche Recht zur Erbringung der Basispostdienste. Die Kommission entschied, dass die spanische Post, die keine eigene Rechtspersönlichkeit besaß, sondern ein Teil der allgemeinen Staatsverwaltung war, ein Unternehmen iSv. Art. 106 Abs. 1 sei, soweit sie Leistungen auf dem Markt anbiete.[1529] Im Übrigen argumentierte die Kommission im Wesentlichen wie in dem vorangehenden niederländischen Eilkurierfall.[1530] Spanien wurde verpflichtet, der Kommission innerhalb von zwei Monaten die zur Befolgung dieser Entscheidung getroffenen Maßnahmen mitzuteilen. Die Entscheidung wurde nicht vor dem Gerichtshof angefochten, und Spanien stellte die gerügte Vertragsverletzung schließlich ab.

594 *e) Die Entscheidung Hafen von Rødby.*[1531] In dieser Sache entschied die Kommission, dass Dänemark dadurch die Art. 106 Abs. 1 iVm. Art. 102 AEUV verletzt habe, dass es der dänischen Gesellschaft *Euro-Port A/S,* Tochter der schwedischen *Stena Rederi AB (Stena-Gruppe),* sowohl verweigert habe, einen neuen Hafen in unmittelbarer Nähe des öffentlichen Hafens Rødby zu bauen, als auch verweigert habe, innerhalb der im öffentlichen Hafen von Rødby bereits bestehenden Hafenanlagen tätig zu werden. Dementsprechend verpflichtete die Kommission Dänemark, diesen Verstoß abzustellen und der Kommission innerhalb von zwei Monaten die hierzu getroffenen Maßnahmen mitzuteilen.

595 Die Kommission entschied, dass das dänische öffentliche Unternehmen *DSB* im relevanten Markt der Organisation von Hafendienstleistungen auf dänischer Seite für Fährbootdienste auf dem Seeweg Rødby-Puttgarden aufgrund seines ausschließlichen Rechts eine **marktbeherrschende Stellung** innehabe.[1532] Außerdem habe *DSB* zusammen mit dem öffentlichen Unternehmen *Deutsche Bundesbahn (DB)* im benachbarten Markt des Fährschiffbetriebs zwischen Rødby und Puttgarden eine **gemeinsame marktbeherrschende Stellung.**[1533]

596 Die doppelte Verweigerung für *Euro-Port A/S,* in Rødby den Betrieb aufzunehmen, bewirke, dass ein potentieller Wettbewerber auf der Strecke Rødby-Puttgarden ausgeschaltet und die gemeinsame marktbeherrschende Stellung von *DSB* und *DB* verstärkt werde.[1534] Die Kommission argumentierte, dass eine von dem Unternehmen *DSB* ausgesprochene Verweigerung der Mitbenutzung der bestehenden Hafenanlagen in Rødby der Missbrauch einer marktbeherrschenden Stellung gewesen wäre. Sie verwies hierbei zunächst auf die Rechtsprechung des EuGH, wonach es einen Missbrauch iSv. Art. 102 AEUV darstelle, wenn ein Unternehmen, das auf einem bestimmten Markt eine beherrschende Stellung innehat, sich ohne objektives Bedürfnis eine Hilfstätigkeit vorbehält, die ein anderes Unternehmen auf einem benachbarten, aber getrennten Markt erbringen könnte, so dass jeglicher Wettbewerb seitens dieses anderen Unternehmens ausgeschaltet zu werden droht.

1527 S. oben Rdnr. 454 ff.

1528 Komm. E. v. 1.8.1990, Nr. 90/456/EWG, ABl. 1990 L 233/19–23 – *Eilkurierdienstleistungen in Spanien;* Komm., 20. Bericht über die Wettbewerbspolitik (Berichtszeitraum 1990) Rdnr. 359.

1529 Komm. E. v. 1.8.1990, Nr. 90/456/EWG, ABl. 1990 L 233/19 Rdnr. 5–6 – *Eilkurierdienstleistungen in Spanien.*

1530 S. oben Rdnr. 589 ff.

1531 Komm. E. v. 21.12.1993, Nr. 94/119/EG, ABl. 1994 L 55/52–57 – *Hafen von Rødby;* Komm., 23. Bericht über die Wettbewerbspolitik (Berichtszeitraum 1993) Rdnr. 370 und Anhang II.B (S. 497).

1532 Komm. E. v. 21.12.1993, Nr. 94/119/EG, ABl. 1994 L 55/52 Rdnr. 10 – *Hafen von Rødby.*

1533 Komm. E. v. 21.12.1993, Nr. 94/119/EG, ABl. 1994 L 55/52 Rdnr. 11 – *Hafen von Rødby.*

1534 Komm. E. v. 21.12.1993, Nr. 94/119/EG, ABl. 1994 L 55/52 Rdnr. 12 – *Hafen von Rødby.*

Auf dieser Grundlage entschied die Kommission, es sei ein Missbrauch iSv. Art. 102, wenn ein in einem Dienstleistungsbereich marktbeherrschendes Unternehmen, das gleichzeitig eine **wichtige Anlage** besitzt oder verwaltet, d. h. eine Anlage oder Infrastruktur, ohne deren Benutzung die Wettbewerber keine Dienstleistungen in dem von dem ersten Unternehmen beherrschten Markt anbieten können **(„essential facility“),** diesen Wettbewerbern den Zugang zu dieser Anlage ohne objektive Rechtfertigung verweigere. Auf den Fall bezogen bedeute dies, dass ein auf einer bestimmten Seeverbindung marktbeherrschendes Unternehmen wie *DSB,* das gleichzeitig eine Hafenanlage besitzt oder verwaltet, ohne deren Benutzung andere Unternehmen auf derselben Seeverbindung nicht tätig werden können, den Art. 102 verletzte, wenn es einem Unternehmen, dass auf dieser Seeverbindung tätig werden will, den Zugang zu dieser Hafenanlage ohne objektive Rechtfertigung verweigere.[1535] Da im vorliegenden Fall ein Mitgliedstaat die Benutzungsverweigerung ausgesprochen und deren Wirkung durch das Verbot, einen neuen Hafen in unmittelbarer Nähe zu bauen, verstärkt habe, stellten die staatlichen Maßnahmen einen Verstoß gegen Art. 106 Abs. 1 iVm. Art. 102 dar.[1536] **597**

Art. 106 Abs. 2 AEUV sei nicht anwendbar, weil die Anwendung der Wettbewerbsregeln in diesem Fall kein Hindernis für die dem Unternehmen *DSB* anvertraute besondere Aufgabe darstelle, die in der Organisation der Eisenbahndienste und der Verwaltung der Hafenanlagen von Rødby bestehe.[1537] **598**

Die Entscheidung der Kommission wurde nicht angefochten. Im praktischen Ergebnis lief sie jedoch leer, da die *Euro-Port A/S,* auf deren Aufforderung die Kommission tätig geworden war, ihr Vorhaben insgesamt aufgab und weder den Zugang zu dem bestehenden Hafen von Rødby noch den Bau eines neuen Hafens weiter verfolgte. **599**

f) Die Entscheidung Brüssel-National (Zaventem).[1538] In dieser Sache entschied die Kommission, dass ein durch staatlichen belgischen Erlass festgelegtes Rabattsystem für die Start- und Landegebühren am Flughafen Brüssel-National (Zaventem) gegen Art. 106 Abs. 1 iVm. Art. 102 verstoße. Dementsprechend verpflichtete die Kommission Belgien, diesen Verstoß abzustellen und die Kommission innerhalb von zwei Monaten über die zu diesem Zweck getroffenen Maßnahmen zu unterrichten. **600**

Die Kommission qualifizierte die mit der Erbringung von Start- und Landedienstleistungen beauftragte öffentlich-rechtliche *Régie des Voies Aériennes (RVA)* als Unternehmen im Sinne des Wettbewerbsrechts, das aufgrund seines ausschließlichen Rechts in dem Markt für diese Dienstleistungen eine **beherrschende Stellung** habe.[1539] Der staatliche Erlass verlangte für die erstmalige Rabattgewährung das Erreichen eines hohen monatlichen Gebührenschwellenwerts (131 000 ECU) und sah jenseits dieses Wertes das gestufte, progressive Ansteigen der Rabattsätze vor. Die Höhe der Gebühr pro Flugbewegung stieg mit dem Flugzeuggewicht, und außerdem verlangte die Rabattgewährung auf jeder ihrer Stufen eine hohe Mindestanzahl an Tagesfrequenzen.[1540] In der Praxis wurde hierdurch die auf dem Flughafen Brüssel-National beheimatete belgische Fluggesellschaft *Sabena* gegenüber allen anderen Fluggesellschaften deutlich bevorzugt.[1541] Die Dienstleistungen für ein startendes oder landendes Flugzeug waren jedoch stets dieselben, und die *RVA* hatte mit zunehmender Zahl der Flugbewegungen einer Gesellschaft keine nennenswerten Größenvorteile bzw. **601**

[1535] Komm. E. v. 21.12.1993, Nr. 94/119/EG, ABl. 1994 L 55/52 Rdnr. 12 – *Hafen von Rødby.*

[1536] Komm. E. v. 21.12.1993, Nr. 94/119/EG, ABl. 1994 L 55/52 Rdnr. 13 – *Hafen von Rødby.*

[1537] Komm. E. v. 21.12.1993, Nr. 94/119/EG, ABl. 1994 L 55/52 Rdnr. 18 – *Hafen von Rødby.*

[1538] Komm. E. v. 28.6.1995, Nr. 95/364/EG, ABl. 1995 L 216/8–14 – *Brüssel-National (Zaventem);* Komm., 25. Bericht über die Wettbewerbspolitik (Berichtszeitraum 1995) Rdnr. 120 und S. 163.

[1539] Komm. E. v. 28.6.1995, Nr. 95/364/EG, ABl. 1995 L 216/8 Rdnr. 2, 7, 11 – *Brüssel-National (Zaventem).*

[1540] Eine Tagesfrequenz besteht aus einem Start und einer Landung.

[1541] Komm. E. v. 28.6.1995, Nr. 95/364/EG, ABl. 1995 L 216/8 Rdnr. 12–13 – *Brüssel-National (Zaventem).*

Skaleneinsparungen.[1542] Da der staatliche Erlass der *RVA* die Anwendung des Rabattsystems vorschrieb, war sie somit gezwungen, ihren Geschäftspartnern **ungleiche Bedingungen für gleichwertige Leistungen** aufzuerlegen und damit Art. 102 Abs. 2 lit. c zu verletzen. Deswegen qualifizierte die Kommission den Erlass als Verstoß Belgiens gegen Art. 106 Abs. 1 iVm. Art. 102 AEUV.[1543]

602 Die Anwendbarkeit der Ausnahmebestimmung des **Art. 106 Abs. 2 AEUV** wurde von den belgischen Behörden nicht geltend gemacht und im Übrigen von der Kommission mit der Begründung verworfen, dass die Anwendung der Wettbewerbsregeln die *RVA* nicht daran hindere, die ihr übertragene besondere Aufgabe – Bau, Einrichtung, Unterhalt und Betrieb des Flughafens Brüssel-National – zu erfüllen.[1544]

603 Gegen die Entscheidung erhob Belgien **Nichtigkeitsklage** nach Art. 263 Abs. 2 AEUV zum EuGH.[1545] Die Klage entfaltete gemäß Art. 278 S. 1 AEUV keine aufschiebende Wirkung. Mangels Antrag nach Art. 278 S. 2 AEUV wurde die Durchführung der angefochtenen Entscheidung vom EuGH auch nicht ausgesetzt. Da Belgien den in der Entscheidung nach Art. 106 Abs. 3 gerügten Verstoß nicht abstellte und der Kommission innerhalb der gesetzten Frist auch keine Meldung über geplante Maßnahmen zur Abstellung machte, leitete die Kommission gegen Belgien wegen der Missachtung der Entscheidung im Laufe des Jahres 1996 ein **Vertragsverletzungsverfahren**[1546] nach Art. 258 AEUV ein. Schließlich erhob die Kommission am 23.4.1997 gegen Belgien Klage nach Art. 258 Abs. 2 AEUV.[1547] Nachdem Belgien am 20.1.1998 durch Dekret ein neues System nichtdiskriminierender Landegebühren in Kraft gesetzt und damit den gerügten Verstoß abgestellt hatte, nahmen die Kommission ihre Vertragsverletzungsklage sowie Belgien seine Nichtigkeitsklage zurück.[1548]

604 *g) Die Entscheidung GSM-Mobilfunk Italien.*[1549] In dieser Sache entschied die Kommission, dass Italien dadurch gegen Art. 106 Abs. 1 iVm. Art. 102 AEUV verstoßen habe, dass es die Lizenz für den zweiten GSM-Mobilfunkbetreiber *(Omnitel Pronto Italia)* nur gegen eine Erstzahlung von 750 Milliarden italienischen Lire (LIT) erteilte, während dem öffentlichen Unternehmen *Telecom Italia Mobile* als dem bis dahin einzigen GSM-Mobilfunkanbieter die Lizenz kostenlos erteilt worden war.

605 Die Kommission stellte fest, dass das öffentliche Unternehmen *Telecom Italia* aufgrund seiner ausschließlichen Rechte zum Betrieb eines Telekommunikationsfestnetzes und des Sprachtelefondienstes im Festnetz über eine **beherrschende Stellung** auf diesen zwei Märkten verfügte und dasselbe für ihre Tochtergesellschaft *Telecom Italia Mobile* aufgrund ihres ausschließlichen Rechts zum Betrieb des analogen Mobilfunknetzes gelte.[1550] Hiervon zu trennen sei der neue Markt der Mobilfunkdienste mit zellularer Digitaltechnik nach GSM-Norm. Im Übrigen falle aber die rechtliche Würdigung nicht anders aus, wenn man

[1542] Komm. E. v. 28.6.1995, Nr. 95/364/EG, ABl. 1995 L 216/8 Rdnr. 16 – *Brüssel-National (Zaventem)*.

[1543] Komm. E. v. 28.6.1995, Nr. 95/364/EG, ABl. 1995 L 216/8 Rdnr. 13–15 – *Brüssel-National (Zaventem)*.

[1544] Komm. E. v. 28.6.1995, Nr. 95/364/EG, ABl. 1995 L 216/8 Rdnr. 20 – *Brüssel-National (Zaventem)*.

[1545] Rs C-291/95.

[1546] Komm., 26. Bericht über die Wettbewerbspolitik (Berichtszeitraum1996) Rdnr. 130 und Bericht der GD IV in Verbindung mit dem 26. Wettbewerbsbericht S. 180–181.

[1547] Rs C-155/97; Komm., 27. Bericht über die Wettbewerbspolitik (Berichtszeitraum1997) Rdnr. 135.

[1548] Am 15.6.1998 beschloss der Präsident des EuGH, beide Rechtssachen aus dem Register des Gerichtshofs zu streichen und Belgien in beiden Verfahren die Tragung der Kosten aufzuerlegen.

[1549] Komm. E. v. 4.10.1995, Nr. 95/489/EG, ABl. 1995 L 280/49–57 – *GSM-Mobilfunk Italien;* Komm., 25. Bericht über die Wettbewerbspolitik (Berichtszeitraum 1995) Rdnr. 109 und Bericht der GD IV in Verbindung mit dem 25. Wettbewerbsbericht, S. 163–164.

[1550] Komm. E. v. 4.10.1995, Nr. 95/489/EG, ABl. 1995 L 280/49 Rdnr. 14 – *GSM-Mobilfunk Italien*.

den analogen Funktelefondienst und den GSM-Dienst lediglich als zwei Segmente desselben Marktes auffasse.[1551] Auf dieser Grundlage argumentierte die Kommission, *Telecom Italia Mobile* werde dadurch, dass mittels einer staatlichen Maßnahme iSv. Art. 106 Abs. 1 dem privaten Konkurrenten *Omnitel Pronto Italia* ein Wettbewerbsnachteil in Form der Erstzahlung auferlegt worden sei, dazu verleitet, ihre marktbeherrschende Stellung entgegen dem Verbot des Art. 102 auf eine von zwei möglichen Arten auszunutzen:[1552]

Einerseits könnte sich *Telecom Italia Mobile* aufgrund der Tatsache, dass es keine Erst- 606
zahlung zu amortisieren hat und im Übrigen die Kostenstruktur von *Omnitel Pronto Italia* aufgrund des Infrastrukturmonopols seiner Muttergesellschaft *Telecom Italia* kennt, dazu ermutigt sehen, durch Unterbietung der Tarife von *Omnitel* seine **gegenwärtige beherrschende Stellung** auf den Märkten der Infrastruktur und des analogen Mobilfunkdienstes auch auf den neuen Markt der GSM-Mobilfunkdienste **auszudehnen.** Alternativ hierzu könnte *Telecom Italia Mobile* die Tatsache ausnutzen, dass die Entwicklung des zweiten GSM-Mobilfunkdienstes durch *Omnitel* dadurch verzögert wird, dass die hohe Erstzahlung diesem Unternehmen Mittel nimmt, die ansonsten in den beschleunigten Ausbau seines Netzes und die Vermarktung seines Dienstes investiert worden wären. Dies könnte *Telecom Italia Mobile* dazu ermutigen, die Vermarktung seines eigenen GSM-Dienstes hinauszuzögern und damit sein Geschäft im analogen Mobilfunknetz zu schützen, in dem seine Monopolstellung und die weitgehende Amortisation der getätigten Investitionen für hohe Renditen sorgen. Hierdurch werde entgegen dem in Art. 102 Abs. 2 lit. b AEUV ausdrücklich niedergelegten Verbot die Erzeugung, der Absatz und die technische Entwicklung hinsichtlich des aufgrund seiner Digitaltechnik fortschrittlicheren GSM-Dienstes zugunsten des älteren analogen Dienstes eingeschränkt.

Die Ausnahmebestimmung des **Art. 106 Abs. 2 AEUV** wurde von Italien nicht gel- 607
tend gemacht und im Übrigen von der Kommission mit kurzer Begründung verworfen.[1553]

Die Kommission verlangte in ihrer Entscheidung von Italien, die Verletzung des 608
Art. 106 Abs. 1 iVm. Art. 102 durch die Beseitigung der Wettbewerbsverfälschung aufzuheben, die sich durch die von *Omnitel Pronto Italia* verlangte Erstzahlung ergeben hatte, und bis spätestens 1.1.1996 gleiche Bedingungen für die Betreiber von GSM-Mobilfunkdiensten auf dem italienischen Markt zu gewährleisten. Die Kommission erlaubte Italien hierbei zu wählen zwischen der Auferlegung einer identischen Zahlung an *Telecom Italia Mobile* einerseits und dem Erlass zuvor mit der Kommission vereinbarter berichtigender Maßnahmen, die wirtschaftlich der von *Omnitel* geleisteten Zahlung entsprechen, andererseits. Außerdem verfügte die Kommission, dass die konkreten Maßnahmen nicht den durch die Zulassung des zweiten GSM-Betreibers am 2.12.1994 eingeführten Wettbewerb beeinträchtigen dürften. Der italienischen Regierung wurden drei Monate ab dem Tag der Bekanntgabe der Entscheidung gegeben, um die Kommission über die zur Befolgung der Entscheidung getroffenen Maßnahmen zu informieren.

Die italienische Regierung verpflichtete sich im Januar 1996, ein Bündel von **Aus-** 609
gleichsmaßnahmen zu verabschieden. Die Kommission stellte ihr auf Art. 106 Abs. 3 gestütztes Verfahren aber erst am 10.12.1997 offiziell ein, nachdem Italien sie über alle Ausgleichsmaßnahmen vollständig informiert hatte. Da sich nachfolgend herausstellte, dass nicht alle dieser Maßnahmen umgesetzt wurden, leitete die Kommission 1998 gegen Italien ein **Vertragsverletzungsverfahren** nach Art. 258 AEUV wegen Nichtbeachtung der auf Art. 106 Abs. 3 gestützten Entscheidung ein.[1554]

[1551] Komm. E. v. 4.10.1995, Nr. 95/489/EG, ABl. 1995 L 280/49 Rdnr. 12 – *GSM-Mobilfunk Italien.*

[1552] Komm. E. v. 4.10.1995, Nr. 95/489/EG, ABl. 1995 L 280/49 Rdnr. 17 – *GSM-Mobilfunk Italien.*

[1553] Komm. E. v. 4.10.1995, Nr. 95/489/EG, ABl. 1995 L 280/49 Rdnr. 26–27 – *GSM-Mobilfunk Italien.*

[1554] Komm., 27. Bericht über die Wettbewerbspolitik (Berichtszeitraum1997) Rdnr. 108 und Bericht der GD IV in Verbindung mit dem 27. Wettbewerbsbericht, S. 188.

610 *h) Die Entscheidung GSM-Mobilfunk Spanien.*[1555] Diese Entscheidung weist weitreichende Parallelen zu der Entscheidung *GSM-Mobilfunk Italien*[1556] auf. In dieser Sache entschied die Kommission, dass Spanien dadurch gegen Art. 106 Abs. 1 iVm. Art. 102 AEUV verstoßen habe, dass es die Lizenz für den zweiten GSM-Mobilfunkbetreiber *(Airtel Móvil)* nur gegen eine Erstzahlung von 85 Milliarden spanischen Peseten (ESP) erteilte, während dem öffentlichen Unternehmen *Telefónica de España* als dem bis dahin einzigen GSM-Mobilfunkanbieter die Lizenz kostenlos erteilt worden war.

611 Die Kommission stellte fest, dass das öffentliche Unternehmen *Telefónica de España* aufgrund der Tatsache, dass es bis wenige Monate vor Erlass der Kommissionsentscheidung als einziges Unternehmen die Rechte zum Betrieb eines Telekommunikationsfestnetzes, des Sprachtelefondienstes im Festnetz und des analogen Mobilfunknetzes besaß, in allen diesen drei Märkten vorerst weiterhin als **marktbeherrschend** anzusehen sei.[1557] Im Übrigen waren die Feststellungen der Kommission hinsichtlich der Unterscheidung eines separaten digitalen Mobilfunkmarktes bzw. seiner Zusammenfassung mit dem analogen Mobilfunkmarkt und hinsichtlich der beiden Möglichkeiten zum Missbrauch seiner marktbeherrschenden Stellung, zu denen *Telefónica* durch die Belastung seines Wettbewerbers mit der Erstzahlung verleitet wird, dieselben wie in der Entscheidung *GSM-Mobilfunk Italien.* Für den Fall, dass man den digitalen und analogen Mobilfunkdienst als zwei Segmente desselben Marktes betrachte, präzisierte die Kommission, dass dann der Missbrauch, zu dem *Telefónica* verleitet werde, in der Stärkung seiner marktbeherrschenden Stellung liege.[1558]

612 Die Ausnahmebestimmung des **Art. 106 Abs. 2 AEUV** wurde von Spanien nicht geltend gemacht und im Übrigen von der Kommission mit kurzer Begründung verworfen.[1559]

613 Die Kommission verlangte in ihrer Entscheidung von Spanien, die Verletzung der Art. 106 Abs. 1 iVm. Art. 102 AEUV durch die Beseitigung der Wettbewerbsverfälschung aufzuheben, die sich durch die von *Airtel Móvil* verlangte Erstzahlung ergeben hatte. Die Kommission erlaubte Spanien, hierbei zu wählen zwischen der Rückerstattung der von *Airtel Móvil* entrichteten Erstzahlung einerseits und dem Erlass zuvor mit der Kommission vereinbarter berichtigender Maßnahmen, die wirtschaftlich der von *Airtel Móvil* geleisteten Zahlung entsprechen, andererseits. Außerdem verfügte die Kommission, dass die konkreten Maßnahmen nicht den durch die Zulassung des zweiten GSM-Betreibers eingeführten Wettbewerb beeinträchtigen dürften. Spanien wurde aufgefordert, innerhalb von drei Monaten ab dem Tag der Bekanntgabe der Entscheidung die Kommission über die zur Befolgung der Entscheidung getroffenen Maßnahmen zu informieren. Am 30.4.1997 billigte die Kommission ein Paket von **Ausgleichsmaßnahmen,** das die spanische Regierung vorgeschlagen hatte, um die Wettbewerbsverzerrung aufzuheben.[1560] Die Maßnahmen umfassten die Berechtigung von *Airtel Móvil* auf gebührenfreie Zusammenschaltung mit dem *Telefónica*-Festnetz bis zu einem Gesamtbetrag von 15 Mrd. ESP, die Verlängerung der Lizenz der *Airtel Móvil* von 15 auf 25 Jahre, die vorzeitige Freigabe und die Zuweisung neuer Frequenzen sowie die Ausdehnung der Lizenz auf den Betrieb von Mobilfunkdiensten nach dem DCS-1800-Standard ohne Zahlung zusätzlicher Lizenzgebühren.

[1555] Komm. E. v. 18.12.1996, Nr. 97/181/EG, ABl. 1997 L 76/19–29 – *GSM-Mobilfunk Spanien;* Komm., 26. Bericht über die Wettbewerbspolitik (Berichtszeitraum 1996) Rdnr. 120 und Bericht der GD IV in Verbindung mit dem 26. Wettbewerbsbericht S. 179.

[1556] S. oben Rdnr. 604 ff.

[1557] Komm. E. v. 18.12.1996, Nr. 97/181/EG, ABl. 1997 L 76/19 Rdnr. 18 – *GSM-Mobilfunk Spanien.*

[1558] Komm. E. v. 18.12.1996, Nr. 97/181/EG, ABl. 1997 L 76/19 Rdnr. 21 – *GSM-Mobilfunk Spanien.*

[1559] Komm. E. v. 18.12.1996, Nr. 97/181/EG, ABl. 1997 L 76/19 Rdnr. 30 – *GSM-Mobilfunk Spanien.*

[1560] Komm., 27. Bericht über die Wettbewerbspolitik (Berichtszeitraum 1997) Rdnr. 107 und Bericht der GD IV in Verbindung mit dem 27. Wettbewerbsbericht, S 188.

i) Die Entscheidung VTM – Fernsehwerbung in Flandern.[1561] Diese Entscheidung wurde bereits oben[1562] vollständig dargestellt. Belgien teilte der Kommission fristgerecht mit, welche Maßnahmen zur Abstellung der Vertragsverletzung geplant waren.[1563] 614

j) Die Entscheidung Italienisches Hafenarbeitsgesetz.[1564] Mit dieser Entscheidung versuchte die Kommission, Italien dazu zu veranlassen, alle sich aus dem Urteil des EuGH *Porto di Genova*[1565] ergebenden Konsequenzen für das italienische Hafenarbeitsgesetz zu ziehen. Der EuGH hatte entschieden, dass Art. 106 Abs. 1 iVm. Art. 34, 45 und 102 AEUV der Regelung eines Mitgliedstaates entgegenstehe, die einem in diesem Staat niedergelassenen Unternehmen das ausschließliche Recht der Organisation der Hafenarbeiten verleiht und es verpflichtet, sich zur Durchführung dieser Arbeiten einer ausschließlich aus inländischen Arbeitnehmern bestehenden Hafenbetriebsgesellschaft zu bedienen.[1566] Nach Auffassung der Kommission hatte Italien trotz der Reform seiner Rechtsvorschriften den Verstoß gegen Art. 106 Abs. 1 iVm. Art. 102 auch sechs Jahre nach dem Urteil nicht vollständig beseitigt bzw. durch die Reform neue Verletzungen dieser Vorschriften verursacht. Dementsprechend forderte die Kommission Italien auf, bestimmte Verstöße abzustellen und der Kommission innerhalb von zwei Monaten über die hierzu getroffenen Maßnahmen zu berichten. 615

Im Einzelnen stellte die Kommission fest,[1567] dass die italienischen Rechtsvorschriften im Markt für die Gestellung von Zeitarbeitskräften für Hafenarbeitsunternehmen die noch immer marktbeherrschenden ehemals alleinigen Hafenbetriebsgesellschaften zum Missbrauch ihrer Stellung veranlassten. Dieselbe Veranlassungswirkung habe außerdem das den ehemaligen Hafenbetriebsgesellschaften verliehene Monopol, Dienstleistungen für andere Hafenunternehmen durch Untervertragnehmer zu erbringen.[1568] 616

Italien berief sich nicht auf die Anwendung des **Art. 106 Abs. 2 AEUV.** Die Kommission verneinte mit Hinweis auf das EuGH-Urteil *Porto di Genova*[1569] bereits das Bestehen einer Dienstleistung von allgemeinem wirtschaftlichem Interesse und stellte zusätzlich fest, dass die Anwendung der Wettbewerbsregeln jedenfalls eine solche Dienstleistung nicht verhindere.[1570] 617

Ein mit der Kommission abgestimmter Gesetzentwurf der italienischen Regierung zur Beseitigung der gerügten Verletzungen des EG-Vertrags wurde im Juni 2000 vom italienischen Parlament verabschiedet.[1571] 618

k) Die Entscheidung Lotsentarife im Hafen von Genua.[1572] In dieser Sache entschied die Kommission, dass die staatliche, an das Lotsenkorps des Hafens von Genua gerichtete 619

[1561] Komm. E. v. 26.6.1997, Nr. 97/606/EG, ABl. 1997 L 244/18–25 – *VTM – Fernsehwerbung in Flandern;* Komm., 27. Bericht über die Wettbewerbspolitik (Berichtszeitraum 1997) Rdnr. 112–114 und Bericht der GD IV in Verbindung mit dem 27. Wettbewerbsbericht, S. 189; kritisch zu dieser Entscheidung: *Gagliardi,* (1998) 23 ELR 371ff.

[1562] S. oben Rdnr. 194, 202.

[1563] Die gesetzgeberische Umsetzung dieser Maßnahmen, die im Ergebnis das Fernsehwerbungsmonopol in Flandern beseitigen, wurde im Juli 1998 abgeschlossen.

[1564] Komm. E. v. 21.10.1997, Nr. 97/744/EG, ABl. 1997 L 301/17–26 – *Italienisches Hafenarbeitsgesetz;* Komm., 27. Bericht über die Wettbewerbspolitik (Berichtszeitraum 1997) Rdnr. 126–128 und Bericht der GD IV in Verbindung mit dem 27. Wettbewerbsbericht, S 191–192.

[1565] EuGH U. v. 10.12.1991, Rs C-179/90, Slg. 1991, I-5889 – *Porto di Genova.*

[1566] EuGH U. v. 10.12.1991, Rs C-179/90, Slg. 1991, I-5889 Rdnr. 24 – *Porto di Genova.*

[1567] Komm. E. v. 21.10.1997, Nr. 97/744/EG, ABl. 1997 L 301/17 Rdnr. 28–38 – *Italienisches Hafenarbeitsgesetz.*

[1568] Komm. E. v. 21.10.1997, Nr. 97/744/EG, ABl. 1997 L 301/17 Rdnr. 39–44 – *Italienisches Hafenarbeitsgesetz.*

[1569] EuGH U. v. 10.12.1991, Rs C-179/90, Slg. 1991, I-5889 Rdnr. 27 – *Porto di Genova.*

[1570] Komm. E. v. 21.10.1997, Nr. 97/744/EG, ABl. 1997 L 301/17 Rdnr. 45–48 – *Italienisches Hafenarbeitsgesetz.*

[1571] Legge n. 186/00 del 30 giugno 2000, GU n.157 del 7 luglio 2000.

[1572] Komm. E. v. 21.10.1997, Nr. 97/745/EG, ABl. 1997 L 301/27–35 – *Lotsentarife im Hafen von Genua;* Komm., 27. Bericht über die Wettbewerbspolitik (Berichtszeitraum 1997) Rdnr. 129–130 und Bericht der GD IV in Verbindung mit dem 27. Wettbewerbsbericht, S. 190–191.

Vorschrift, ein diskriminierendes System von Tarifermäßigungen für Lotsendienste anzuwenden, eine mit Art. 106 Abs. 1 iVm. Art. 102 AEUV unvereinbare Maßnahme darstelle. Dementsprechend wurde Italien aufgefordert, diesen Verstoß abzustellen und die Kommission innerhalb von zwei Monaten über die hierzu getroffenen Maßnahmen zu unterrichten.

620 Mit Hinweis auf das Urteil des EuGH *Corsica Ferries Italia*[1573] wiederholte die Kommission, dass das Lotsenkorps im Hafen von Genua ein öffentliches Unternehmen sei, dem der Staat das ausschließliche Recht zur Erbringung der Lotsendienste in diesem Hafen gewährt habe.[1574] Das aufgrund dieses Monopols **marktbeherrschende**[1575] Unternehmen werde durch die staatlichen Maßnahmen gezwungen, seine Stellung durch die Gewährung ungleicher Tarifermäßigungen für gleiche Leistungen zu missbrauchen und damit das Verbot des Art. 102 Abs. 2 lit. c AEUV zu verletzen. Diese Diskriminierung bevorteile insbes. zwei öffentliche Seeschifffahrtsunternehmen zum Nachteil ihrer Wettbewerber.[1576]

621 **Art. 106 Abs. 2 AEUV** kam nicht zur Anwendung, da sich Italien nicht auf diese Vorschrift berufen hatte und die Kommission feststellte, dass die Anwendung der Wettbewerbsregeln der Erfüllung der dem Lotsenkorps übertragenen Aufgabe nicht entgegenstehe.[1577]

622 Italien informierte die Kommission fristgerecht über die geplanten Maßnahmen zur Beseitigung des Systems der diskriminierenden Tarifermäßigungen und setzte diese Maßnahmen im April 1998 um.

623 *l) Die Entscheidung Portugiesische Flughäfen.*[1578] Mit dieser Entscheidung stellte die Kommission fest, dass Portugal mittels einer gesetzesvertretenden Verordnung und weiteren Durchführungsmaßnahmen, die für die Flughäfen Lissabon, Porto und Faro hinsichtlich Start- und Landegebühren sachlich nicht gerechtfertigte, flugbewegungsabhängige Rabatte sowie Gebührendifferenzierungen zwischen Inlandsflügen und Flügen innerhalb der Union vorsahen bzw. die vom (aufgrund ausschließlicher Rechte marktbeherrschenden) Betreiber dieser Flughäfen geschaffenen Gebührensysteme dieser Art genehmigte, gegen Art. 106 iVm. Art. 102 AEUV verstieß. Die Kommission gab Portugal zwei Monate Zeit, diesen Verstoß abzustellen und die Kommission über die zu diesem Zweck getroffenen Maßnahmen zu unterrichten. Die Klage Portugals gegen diese Entscheidung wurde vom EuGH vollumfänglich abgewiesen.[1579] Die Entscheidung gehörte zu den Resultaten einer allgemeinen Untersuchung aller Flughäfen in der EU hinsichtlich Rabatten und Gebührenstaffelungen, die die Kommission nach ihrer Entscheidung von 1995 *Brüssel-National (Zaventem)*[1580] eingeleitet hatte.[1581]

[1573] EuGH U. v. 17.5.1994, Rs C-18/93, Slg. 1994, I-1783 Rdnr. 38–45 – *Corsica Ferries Italia.*

[1574] Komm. E. v. 21.10.1997, Nr. 97/745/EG, ABl. 1997 L 301/27 Rdnr. 6 – *Lotsentarife im Hafen von Genua.*

[1575] Komm. E. v. 21.10.1997, Nr. 97/745/EG, ABl. 1997 L 301/27 Rdnr. 7–8 – *Lotsentarife im Hafen von Genua.*

[1576] Komm. E. v. 21.10.1997, Nr. 97/745/EG, ABl. 1997 L 301/27 Rdnr. 10–21 – *Lotsentarife im Hafen von Genua.*

[1577] Komm. E. v. 21.10.1997, Nr. 97/745/EG, ABl. 1997 L 301/27 Rdnr. 23 – *Lotsentarife im Hafen von Genua.*

[1578] Komm. E. v. 10.2.1999, Nr. 1999/199/EG, ABl. 1999 L 69/31 – *Portugiesische Flughäfen.* Komm., 29. Bericht über die Wettbewerbspolitik (Berichtszeitraum 1999) Tz 59, 88 und Zweiter Teil: Bericht (der GD Wettbewerb) über die Anwendung der Wettbewerbsregeln in der Europäischen Union, S. 156.

[1579] EuGH U. v. 29.3.2001, Rs C-163/99, Slg. 2001, I-2613 – *Portugal/Kommission.*

[1580] Komm. E. v. 28.6.1995, Nr. 95/364/EG, ABl. 1995 L 216/8–14 – *Brüssel-National (Zaventem);* Komm., 25. Bericht über die Wettbewerbspolitik (Berichtszeitraum 1995) Rdnr. 120 und S. 163.; s. auch oben Rdnr. 600 ff.

[1581] Im Zuge dieser Ermittlungen schlossen sich die meisten Mitgliedstaaten dem Standpunkt der Kommission an und änderten ihr Gebührensystem schon im Laufe des Vorverfahrens, so dass die Kommission keine Entscheidung erlassen musste, s. Pressemitteilung IP/00/874 vom 27.7.2000.

m) Die Entscheidung Spanische Flughäfen (AENA).[1582] Auch diese Entscheidung war ein Ergebnis der Flughafenuntersuchungen der Kommission.[1583] Ähnlich wie im Fall der portugiesischen Flughäfen entschied die Kommission, dass Regelungen des spanischen Staates dadurch gegen Art. 106 Abs. 1 iVm. Art. 102 verstießen, dass sie dem aufgrund ausschließlicher Rechte marktbeherrschenden Betreiber *(AENA)* aller 41 spanischen Zivilflughäfen vorschrieben, seine Stellung im Hinblick auf die Erhebung von Landegebühren dadurch zu missbrauchen, dass je nach Zahl der Ladungen unterschiedlich hohe Rabatte gewährt und außerdem auch zwischen inländischen und internationalen Flügen differenziert wurde. 624

n) Die Entscheidung Hybridpostdienst in Italien.[1584] Dieser Fall betraf die vertraglich zugesicherte termingenaue Zustellung von Postsendungen im sogenannten Hybridpostdienst (physische Zustellung elektronisch erzeugter Post).[1585] Hierbei übernimmt der Postbetreiber die Erstellung, Vorbereitung, Beförderung und Zustellung von terminabhängigen Postsendungen, führt die vorgelagerten Schritte soweit möglich elektronisch aus, um die Sendung erst für die Zustellung auszudrucken. Die Zustellung wird vertraglich für einen im Voraus vereinbarten Tag oder eine vorher abgesprochene Zeit zugesichert. In Italien reservierte die Gesetzgebung diesen Dienst für den italienischen öffentlichen Postbetreiber *Poste Italiane (PI),* ohne dass dieser diesen Dienst tatsächlich anbot. Die Kommission entschied, dass dies in jedem Fall ein Verstoß Italiens gegen Art. 106 Abs. 1 iVm. Art. 102 AEUV sei. Denn sollte die Ausdehnung des reservierten Bereichs der *PI* auf den neuen Dienst der termingenauen Zustellung *PI* veranlassen, diesen Dienst selbst anzubieten, so läge hierin eine objektiv nicht gerechtfertigte Ausdehnung der marktbeherrschenden Stellung der *PI* auf einen benachbarten aber separaten Markt. Sollte *PI* trotz der Ausdehnung seines Monopols auf diesen neuen Dienst denselben nicht anbieten, so läge hierin ein eindeutiges Monopolversagen in Form der Nichtbefriedigung einer nachweislichen Nachfrage.[1586] Unter diesen Umständen komme auch keine Rechtfertigung gemäß **Art. 106 Abs. 2 AEUV** in Betracht.[1587] 625

o) Die Entscheidung Unzureichende Kontrolle der Bedingungen des Zugangs zum reservierten Postdienst in Frankreich („SNELPD").[1588] Diese Entscheidung betraf die staatliche Regelung und Kontrolle der Geschäftsbeziehungen, die das französische öffentliche Postunternehmen *La Poste* zu Postvorbereitern unterhält. Während die postalische Grundversorgung der *La Poste* vorbehalten war, waren die Postvorbereiter, deren Verband *SNELPD* eine Beschwerde bei der Kommission eingereicht hatte, auf vorgelagerten Märkten tätig. Diese bestanden in erster Linie darin, Sendungen für den Versand vorzubereiten (Konditionieren) und stellvertretend für *La Poste* vorbereitende Arbeiten auszuführen. In diesen beiden Märkten 626

[1582] Komm. E. v. 26.7.2000, Nr. 2000/521/EG, ABl. 2000 L 208/36 – *Spanische Flughäfen (AENA).* Komm., 30. Bericht über die Wettbewerbspolitik (Berichtszeitraum 2000), Zweiter Teil: Bericht (der GD Wettbewerb) über die Anwendung der Wettbewerbsregeln in der Europäischen Union, S 172–173.

[1583] S. oben vorstehende Rdnr. 623.

[1584] Komm. E. v. 21.12.2000, Nr. 2001/176/EG, ABl. 2001 L 63/59 – *Hybrid-Postdienst in Italien.* Komm., 30. Bericht über die Wettbewerbspolitik (Berichtszeitraum 2000) Rdnr. 177–178.

[1585] Hybridpost ist eine besondere Form der Postdienstleistung, bei der der Inhalt vom Absender elektronisch an den Postdienstleister übermittelt wird, der die Postsendungen dann ausdruckt, kuvertiert, sortiert und zustellt. In Unternehmen wie Banken, Versicherungen und Telekommunikationsgesellschaften, die regelmäßig große Postmengen (z. B. Rechnungen) versenden müssen, ist die Hybridpost mittlerweile ein wichtiges Instrument zur Abwicklung der Geschäftspost.

[1586] Komm. E. v. 21.12.2000, Nr. 2001/176/EG, ABl. 2001 L 63/59 Rdnr. 24–27 – *Hybrid-Postdienst in Italien.*

[1587] Komm. E. v. 21.12.2000, Nr. 2001/176/EG, ABl. 2001 L 63/59 Rdnr. 30 – *Hybrid-Postdienst in Italien.*

[1588] Komm. E. v. 23.10.2001, Nr. 2002/344/EG, ABl. 2002 L 120/19 – *SNELPD.* Komm., 31. Bericht über die Wettbewerbspolitik (Berichtszeitraum 2001) Rdnr. 84, 504, Zweiter Teil: Bericht (der GD Wettbewerb) über die Anwendung der Wettbewerbsregeln in der Europäischen Union, S. 217–218.

konkurrierten die Postvorbereiter jedoch mit *La Poste* selbst, und außerdem war *La Poste* aufgrund des Postmonopols in der Grundversorgung für die Postvorbereiter ein nicht zu umgehender Vertragspartner. Nach Analyse der Kommission konnte dieser Interessenkonflikt *La Poste* zur missbräuchlichen Ausnutzung ihrer marktbeherrschenden Stellung verleiten. Vor diesem Hintergrund stellte die Kommission fest, dass Frankreich gegen Art. 106 Abs. 1 iVm. Art. 102 AEUV dadurch verstoßen habe, dass sich mittels der geltenden staatlichen Regeln der diskriminierungsfreie Charakter der für Postvorbereiter geltenden Tarife und technischen Normen von *La Poste* nur in begrenzten Maße kontrollieren lasse und diese begrenzte Kontrolle außerdem von einer staatlichen Stelle ausgeübt werde, die gegenüber *La Poste* nicht hinreichend unabhängig und unparteilich sei. Zur Begründung verwies die Kommission auf die EuGH-Rechtsprechung zu vom Staat zu verantwortenden Interessenkonflikten und Beeinträchtigungen der Chancengleichheit der Wirtschaftsteilnehmer.[1589]

627 **Art. 106 Abs. 2 AEUV** kam nicht zur Anwendung, da sich Frankreich nicht auf diese Vorschrift berufen hatte und die Kommission feststellte, dass Frankreich nicht hätte nachweisen können, dass durch den Wegfall des Interessenkonflikts oder die Beseitigung der damit möglicherweise verbundenen diskriminatorischen Praktiken die Erfüllung der dem Unternehmen *La Poste* übertragenen Aufgaben von allgemeinem wirtschaftlichem Interesse gefährdet würde.[1590]

628 *p) Die Entscheidung BdKEP – Beschränkungen im Bereich der Postvorbereitung.*[1591] Diese Entscheidung stellte fest, dass bestimmte Vorschriften des deutschen Postgesetzes gegen Art. 106 Abs. 1 iVm. Art. 102 AEUV verstoßen, indem sie dazu führen, dass gewerbsmäßige Postvorbereiter keine mengenabhängigen Entgeltermäßigungen für die Einlieferung von Postsendungen bei Ausgangs- oder Eingangsbriefzentren der *Deutschen Post AG (DPAG)* erhalten und bei der derzeitigen Ausstattung der Postämter auch daran gehindert sind, überhaupt Entgeltermäßigungen für nachgeschaltete Einspeisung insgesamt zu bekommen. Nach Auffassung der Kommission veranlassten die Gesetzesbestimmungen die *DPAG,* ihre marktbeherrschende Stellung in zweierlei Hinsicht zu missbrauchen: erstens durch Diskriminierung zwischen den Großkunden der *DPAG,* die Postvorbereitungsrabatte erhielten und gewerblichen Postvorbereitern, die keine solchen Rabatte erhielten; zweitens durch eine objektiv nicht gerechtfertigte Ausdehnung der marktbeherrschenden Stellung der *DPAG* im Basispostdienst auf den benachbarten Markt der Postvorbereitung, in dem die *DPAG* als Wettbewerber aktiv war. Die gegen die Entscheidung der Kommission von Deutschland (Rs T-490/04) und der *DPAG* (Rs T-493/04) erhobenen Nichtigkeitsklagen wurden von beiden Klägern im März 2008 zurückgenommen.

629 *q) Der DAWI-Freistellungsbeschluss 2012/21/EU.*[1592] Inhalt und Funktion des DAWI-Freistellungsbeschlusses 2012/21/EU, der mit Wirkung zum 31.1.2012 die DAWI-Freistellungsentscheidung 2005/842/EG[1593] des DAWI-Pakets 2005 ersetzte, wurden bereits oben erläutert.[1594] Mit der Entscheidung 2005/842/EG und dem nachfolgenden Be-

---

[1589] Komm. E. v. 23.10.2001, Nr. 2002/344/EG, ABl. 2002 L 120/19 Rdnr. 62–93 – *SNELPD.*

[1590] Komm. E. v. 23.10.2001, Nr. 2002/344/EG, ABl. 2002 L 120/19 Rdnr. 95 – *SNELPD.*

[1591] Komm. E. v. 20.10.2004 (bekannt gegeben unter Aktenzeichen K(2004)4001/3), nicht im ABl. veröffentlicht, vollständiger Text verfügbar im Internet: http://ec.europa.eu/competition/elojade/isef/case_details.cfm?proc_code=1_38745 ; s. auch: Komm., 34. Bericht über die Wettbewerbspolitik (Berichtszeitraum 2004) Rdnr. 98–101.

[1592] Komm. B. v. 20.12.2011, Nr. 2012/21/EU, *über die Anwendung von Art. 106 Abs. 2 des Vertrags über die Arbeitsweise der Europäischen Union auf staatliche Beihilfen in Form von Ausgleichsleistungen zugunsten bestimmter Unternehmen, die mit der Erbringung von Dienstleistungen von allgemeinem wirtschaftlichem Interesse betraut sind,* ABl. 2012 L 7/3.

[1593] Komm. E. v. 28.11.2005, Nr. 2005/842/EG, *über die Anwendung von Art. 86 Abs. 2 EG-Vertrag auf staatliche Beihilfen, die bestimmten mit der Erbringung von Dienstleistungen von allgemeinem wirtschaftlichem Interesse betrauten Unternehmen als Ausgleich gewährt werden,* ABl. 2005 L 312/67.

[1594] S. oben Rdnr. 480–482.

schluss 2012/21/EU hat die Kommission erstmals von der Möglichkeit Gebrauch machte, mittels einer Entscheidung bzw. einem Beschluss, der auf Art. 106 Abs. 3 AEUV gestützt ist, die Auslegung und Anwendung der Ausnahmevorschrift des Art. 106 Abs. 2 AEUV für eine bestimmte Sachfrage festzulegen.

r) Die Entscheidung Sparbuch A und Blaues Sparbuch.[1595] In dieser Entscheidung stellte die Kommission fest, dass die Bestimmungen des französischen Währungs- und Finanzgesetzbuchs, die den Vertrieb des *Sparbuchs A* und des *Blauen Sparbuchs* den drei Kreditinstituten *Banque Postale, Caisses d'Epargne et de Prévoyance* und *Crédit Mutuel* vorbehielten, mit Art. 106 Abs. 1 iVm. Art. 49 und 56 AEUV unvereinbar waren und Art. 106 Abs. 2 nicht geeignet war, die Beibehaltung der fraglichen besonderen Rechte zu rechtfertigen. 630

Diesem Fall lag ein System zugrunde, in dem der Staat das *Sparbuch A* und das *Blaue Sparbuch* durch Steuerbefreiung förderte und die genannten drei Kreditinstitutsnetze, denen der Vertrieb der beiden Sparprodukte vorbehalten war, die hereingenommenen Beträge gegen eine Vermittlungsprovision an die *Caisse des Dépôts et Consignations* weiterleiteten, die sie zur Finanzierung des sozialen Wohnungsbaus einsetzte. Zum Zeitpunkt der Kommissionsentscheidung waren ca. 50 Millionen Franzosen Inhaber solcher Sparbücher, und die Spareinlagen beliefen sich auf 128 Mrd. EUR. 631

Nach Auffassung der Kommission beschränkte die Tatsache, dass der Vertrieb dieser Produkte bestimmten Kreditinstitutsnetzen vorbehalten war, die Niederlassungsfreiheit (Art. 49 AEUV) und den freien Dienstleistungsverkehr (Art. 56 AEUV) und behinderte auf dem Markt für liquides Banksparen in Frankreich den Eintritt bzw. die Entwicklung französischer und ausländischer Konkurrenten. Das Fortbestehen besonderer Rechte für den Vertrieb steuerbefreiter Sparprodukte stehe der Schaffung gleicher Wettbewerbsbedingungen im Retail-Bankgeschäft entgegen und sei nicht erforderlich für die zufriedenstellende Erbringung der beiden Dienstleistungen von allgemeinem wirtschaftlichem Interesse, auf die sich Frankreich berief, nämlich die Finanzierung des sozialen Wohnungsbaus und die Zugänglichkeit von Basisfinanzdienstleistungen. Durch die Aufhebung der besonderen Rechte und die Universalisierung des Vertriebs werde sich die Funktionsweise der Sparbücher für Privatpersonen nicht verändern, ihnen aber im Gegenzug größere Wahlmöglichkeiten und höhere Leistungsqualität durch stärkeren Wettbewerb geboten. 632

s) Die Entscheidungen Griechischer Braunkohleabbau.[1596] Die Entscheidung der Kommission vom 5.3.2008, mit der Griechenlands Verstoß gegen Art. 106 Abs. 1 iVm. Art. 102 AEUV festgestellt wurde sowie die Entscheidung vom 4.8.2009, mit der die Kommission gegenüber Griechenland Maßnahmen zur Beseitigung der wettbewerbswidrigen Auswirkungen dieses Verstoßes festlegte, wurden bereits oben beschrieben.[1597] Die Urteile (T-169/08 und T-421/09), mit denen das EuG am 20.9.2012 beide Kommissionsentscheidungen aufhob, wurden vom EuGH in der Rechtsmittelinstanz (C-553/12 P und C-554/12 P) am 633

[1595] Komm. E. v. 10.5.2007 (bekannt gegeben unter Aktenzeichen K(2007)2110) *über die der Banque Postale, den Caisses d'Epargne und dem Credit Mutuel gewährten besonderen Rechte für den Vertrieb des Sparbuchs A und des Blauen Sparbuchs,* endg.) nicht im ABl. veröffentlicht, vollständiger Text verfügbar im Internet: http://ec.europa.eu/competition/liberalisation/livret_a_de.pdf.

[1596] Komm. E. v. 5.3.2008 (bekannt gegeben unter Aktenzeichen K(2008)824) *zur Erteilung bzw. Aufrechterhaltung von Genehmigungen zur Braunkohlegewinnung zu Gunsten der Public Power Corporation S. A. durch die Hellenische Republik,* vollständiger Text verfügbar im Internet: http://ec.europa.eu/competition/antitrust/cases/dec_docs/38700/38700_515_3.pdf.

Zusammenfassung der Entscheidung in ABl. 2008 C 93/3.

Komm. E. v. 4.8.2009 (bekannt gegeben unter Aktenzeichen K(2009)6244) *zur Festlegung der Maßnahmen zur Beseitigung der wettbewerbswidrigen Auswirkungen der in der Entscheidung der Kommission vom 5. März 2008 über die Erteilung bzw. Aufrechterhaltung von Genehmigungen zur Braunkohlegewinnung zugunsten der Public Power Corporation S. A. durch die Hellenische Republik festgestellten Zuwiderhandlung,* vollständiger Text verfügbar im Internet: http://ec.europa.eu/competition/antitrust/cases/dec_docs/38700/38700_519_3.pdf.

Zusammenfassung der Entscheidung in ABl. 2009 C 243/5.

[1597] S. oben Rdnr. 141 ff., 536, 581.

17.7.2014 annulliert. Der EuGH entschied hierbei über die wesentlichen Klagegründe selbst und verwies für die restlichen Klagegründe an das EuG zurück (T-169/08 RENV und T-421/09 RENV).

634 *t) Die Entscheidung Hybridpostdienste in der Slowakei.*[1598] In diesem Fall entschied die Kommission, die Slowakei habe dadurch gegen Art. 106 Abs. 1 iVm. Art. 102 AEUV verstoßen, dass sie das Postmonopol des Staatsunternehmens *Slovenská pošta a. s.* vom Bereich der traditionellen Postdienste auf die vorher liberalisierte und damit wettbewerbsoffene Zustellung von Hybridpostsendungen (physische Zustellung elektronisch erzeugter Post)[1599] ausdehnte. Die Kommission legte dar, dass eine solche Remonopolisierung eines Marktsegments, das nach seiner ursprünglichen Liberalisierung stark gewachsen war, den Bürgern und Unternehmen, die effiziente Postdienste benötigten, schade. Die Beseitigung des Wettbewerbs im Hybridpostdienst könne auch nicht mittels Art. 106 Abs. 2 AEUV gerechtfertigt werden, da weder die Slowakische Republik noch *Slovenská pošta* überzeugend nachgewiesen hätten, dass *Slovenská pošta* den ihr anvertrauten Postuniversaldienst ohne die Wiedereinführung des Hybridpostmonopols nicht zu wirtschaftlich annehmbaren Bedingungen hätte aufrechterhalten können.

635 Die von *Slovenská pošta* mit Unterstützung der Slowakischen Republik gegen die Kommissionsentscheidung erhobene Nichtigkeitsklage wurde vom Gericht Erster Instanz am 25.3.2015 vollständig abgewiesen.[1600]

636 **2. Richtlinien der Kommission nach Art. 106 Abs. 3 AEUV.** Die von der Kommission bisher nach Art. 106 Abs. 3 erlassenen Richtlinien können in zwei Gruppen aufgeteilt werden. In die erste Gruppe gehört die 1980 erlassene Transparenzrichtlinie, die 1985, 1993, 2000 und 2005 durch weitere Richtlinien modifiziert und schließlich am 20.12.2006 durch die kodifizierte Transparenzrichtlinie ersetzt wurde. In die zweite Gruppe gehören die Richtlinien, die ab 1988 zur Liberalisierung der Märkte für Endeinrichtungen und Dienste der Telekommunikation bzw. der elektronischen Kommunikation in der Europäischen Union erlassen wurden.

637 *a) Die Transparenzrichtlinie.* Mit der am 25.6.1980 erlassenen Richtlinie 80/723/EWG[1601] *„über die* ***Transparenz der finanziellen Beziehungen zwischen den Mitgliedstaaten und den öffentlichen Unternehmen****"* machte die Kommission zum ersten Mal von ihrer (Richtlinien-)Kompetenz nach Art. 106 Abs. 3 Gebrauch.[1602] Ursprüngliches Ziel der Richtlinie war und blieb es, die finanziellen Beziehungen zwischen den Mitgliedstaaten und ihren öffentlichen Unternehmen zu erhellen, eindeutig zwischen dem Tätigwerden des Staates als öffentliche Hand und als Unternehmenseigentümer oder -beherrscher zu unterscheiden und dadurch eine **effiziente Anwendung der Vertragsregeln über die Kontrolle der staatlichen Beihilfen** (inzwischen Art. 107–109 AEUV) zu ermöglichen. Die Mitgliedstaaten wurden verpflichtet,[1603] nach Abschluss eines Rechnungsjahres jeweils fünf Jahre lang für die Kommission alle Angaben zur Verfügung zu halten, die folgende Verhältnisse betreffen:

[1598] Komm. E. v. 7.10.2008 (bekannt gegeben unter Aktenzeichen K(2008)5912) *zu den postrechtlichen Vorschriften der Slowakei für Hybridpostdienstleistungen,* vollständiger Text verfügbar im Internet: http://ec.europa.eu/competition/antitrust/cases/dec_docs/39562/39562_689_1.pdf. Zusammenfassung der Entscheidung in ABl. 2008 C 322/10.

[1599] Hybridpost ist eine besondere Form der Postdienstleistung, bei der der Inhalt vom Absender elektronisch an den Postdienstleister übermittelt wird, der die Postsendungen dann ausdruckt, kuvertiert, sortiert und zustellt. In Unternehmen wie Banken, Versicherungen und Telekommunikationsgesellschaften, die regelmäßig große Postmengen (z. B. Rechnungen) versenden müssen, ist die Hybridpost mittlerweile ein wichtiges Instrument zur Abwicklung der Geschäftspost.

[1600] EuG U. v. 25.3.2015, Rs T-556/08, ECLI:EU:T:2015:189 – *Slovenská pošta a.s/Kommission.*

[1601] Richtlinie Nr. 80/723/EWG der Kommission vom 25.6.1980, ABl. 1980 L 195/35–37.

[1602] Hierzu auch *Wilms,* S. 52 ff.

[1603] S. inzwischen Art. 1 Abs. 1, Art. 2 lit. b, Art. 6 Abs. 1 der konsolidierten Transparenzrichtlinie 2006/111/EG.

– die unmittelbare Bereitstellung öffentlicher Mittel durch die öffentliche Hand für öffentliche Unternehmen;
– die Bereitstellung öffentlicher Mittel durch die öffentliche Hand über öffentliche Unternehmen oder Finanzinstitute;
– die tatsächliche Verwendung dieser öffentlichen Mittel.

Die finanziellen Beziehungen, deren Transparenz zu gewährleisten ist, betreffen insbes. 638 folgende **Sachbereiche:**[1604] Ausgleich von Betriebsverlusten, Kapitaleinlagen oder Kapitalausstattungen, nicht rückzahlbare Zuschüsse oder Darlehen zu Vorzugsbedingungen, Gewährung finanzieller Vergünstigungen durch Verzicht auf Gewinne oder Nichteinziehung von Schuldforderungen, Verzicht auf eine normale Verzinsung der eingesetzten öffentlichen Mittel, Ausgleich von durch die öffentliche Hand auferlegten Belastungen.

Im Jahre 1985 wurden die bis dahin bestehenden Ausnahmen für öffentliche Unter- 639 nehmen in den Bereichen Wasser- und Energieversorgung, Post- und Fernmeldewesen sowie Verkehr aufgehoben und die Ausnahmen zugunsten öffentlicher Kreditanstalten durch eine auf Art. 106 Abs. 3 gestützte Erste Änderungsrichtlinie zur Transparenzrichtlinie begrenzt.[1605] Durch eine ebenfalls auf Art. 106 Abs. 3 gestützte Zweite Änderungsrichtlinie wurden schließlich die Mitgliedstaaten **im Jahre 1993** verpflichtet,[1606] im Hinblick auf die öffentlichen Unternehmen des verarbeitenden Gewerbes mit mehr als 250 Millionen ECU Jahresumsatz detaillierte Informationen nicht nur bereitzuhalten, sondern der Kommission unaufgefordert jährlich zu übermitteln.

Im Jahre 2000 änderte die Kommission die Transparenzrichtlinie ein drittes Mal,[1607] um 640 die insbes. im Zuge der teilweisen oder vollständigen Liberalisierung von Märkten aufgetretene Problematik aufzugreifen, dass Unternehmen einerseits in Sonderbereichen tätig sind, in denen der Staat ihnen ausschließliche oder besondere Rechte gewährt und/oder sie mit Daseinsvorsorgeleistungen beauftragt, für deren Erbringung sie staatliche Beihilfen erhalten, und andererseits außerhalb dieser Sonderbereiche in anderen Geschäftsbereichen (sogenannten „Wettbewerbsbereichen") im Wettbewerb mit dritten Unternehmen tätig sind. Komplexe Situationen erschwerten hier die Kontrolle, ob die Anforderungen der Beihilfenrechts einschließlich des Art. 106 Abs. 2 und des Verbots der Überkompensierung eingehalten und damit z. B. die Gefahr abgewandt ist, dass staatliche Beihilfen, die für die Tätigkeit in den Sonderbereichen bestimmt sind, von den empfangenden Unternehmen zur Quersubvention ihrer Tätigkeit in den Wettbewerbsbereichen verwandt werden. Die dritte Änderungsrichtlinie verpflichtete deshalb alle Unternehmen (d. h. öffentliche und private), denen der Staat ausschließliche oder besondere Rechte iSv. Art. 106 Abs. 1 gewährt oder die mit Dienstleistungen von allgemeinem wirtschaftlichem Interesse iSv. Art. 106 Abs. 2 betraut sind und die als Ausgleich für diese Dienstleistungen **staatliche Beihilfen** erhalten und gleichzeitig in anderen Produkt- oder Dienstleistungsmärkten tätig sind, in diesen verschiedenen Geschäftsbereichen getrennte Konten nach objektiven Kriterien zu führen. Dies verlangte eine nach den verschiedenen Geschäftsbereichen getrennte Aufstellung der Kosten und Erlöse sowie eine genaue Angabe der Methode, nach der die Kosten und Erlöse den verschiedenen Geschäftsbereichen zugeordnet und zugewiesen werden. Im Lichte des *Altmark*-Urteils,[1608] wonach nicht mehr alle Ausgleichszahlungen für die Erbringung von Dienstleistungen von allgemeinen wirtschaftlichem Interesse staatliche Beihilfen iSv. Art. 107 Abs. 1 AEUV sind,

---

[1604] S. inzwischen Art. 3 der konsolidierten Transparenzrichtlinie 2006/111/EG.

[1605] Richtlinie Nr. 85/413/EWG („Erste Änderungsrichtlinie") der Kommission vom 24.7.1985, ABl. 1985 L 229/20–21.

[1606] Richtlinie Nr. 93/84/EWG („Zweite Änderungsrichtlinie") der Kommission vom 30.9.1993, ABl. 1993 L 254/16–18.

[1607] Richtlinie Nr. 2000/52/EG („Dritte Änderungsrichtlinie") der Kommission vom 26.7.2000, ABl. 2000 L 193/75; der vollständige Titel der Richtlinie lautet seitdem *„Richtlinie der Kommission über die Transparenz der finanziellen Beziehungen zwischen den Mitgliedstaaten und den öffentlichen Unternehmen sowie über die finanzielle Transparenz innerhalb bestimmter Unternehmen"*.

[1608] EuGH U. v. 24.7.2003, Rs C-280/00, Slg. 2003, I-7747 Rdnr. 87–94 – *Altmark Trans;* s. oben Rdnr. 476.

weitete die Kommission durch eine Vierte Änderungsrichtlinie **im Jahre 2005**[1609] die Pflicht zur getrennten Buchführung auf alle Unternehmen aus, die **jegliche Art von Ausgleichsvergütungen** für die Erbringung von Dienstleistungen von allgemeinen wirtschaftlichem Interesse erhalten und gleichzeitig in anderen Geschäftsbereichen tätig sind.[1610] Dies erleichtert sowohl die Kontrolle, ob das dritte und vierte *Altmark*-Kriterium[1611] eingehalten ist, als auch die Anwendung des DAWI-Freistellungsbeschlusses 2012/21/EU[1612] der Kommission sowie des 2012 DAWI-Rahmens.[1613]

641 Der EuGH[1614] hat die **Rechtmäßigkeit der Transparenzrichtlinie** in ihrer ursprünglichen Fassung in vollem Umfang bestätigt. Später versuchte die Kommission, die Anwendung des Art. 5 Abs. 2 der Transparenzrichtlinie, der die Mitgliedstaaten lediglich dazu verpflichtet, die Angaben über die finanziellen Beziehungen zur Verfügung der Kommission zu halten und sie dieser auf Verlangen mitzuteilen, im Wege einer schlichten Bekanntmachung zu einer Pflicht der Mitgliedstaaten weiterzuentwickeln, diese Angaben im Hinblick auf Unternehmen des verarbeitenden Gewerbes mit mehr als 250 Millionen ECU Jahresumsatz regelmäßig der Kommission mitzuteilen. Hierzu hat der EuGH[1615] entschieden, dass die Bekanntmachung dem Art. 5 Abs. 2 neue Verpflichtungen hinzufüge, damit eigene Rechtswirkungen erzeugen solle und deshalb mit einer Nichtigkeitsklage anfechtbar sei. Maßnahmen, die dazu bestimmt seien, Verpflichtungen aus einer auf Art. 106 Abs. 3 gestützten Richtlinie zu ändern oder ihnen neue Verpflichtungen hinzuzufügen, dürften wegen des Gebots der Rechtsklarheit nur auf der ausdrücklichen Grundlage des Art. 106 Abs. 3 erlassen werden. Die Kommission erließ daraufhin die oben erwähnte Zweite Änderungsrichtlinie.[1616]

642 Um die Übersichtlichkeit und Klarheit der Transparenzrichtlinie nach ihren vier Änderungen zu stärken, hat die Kommission diese mit Wirkung zum 20.12.2006 durch eine neue, ebenfalls auf Art. 106 Abs. 3 gestützte **Transparenzrichtlinie 2006/111/EG**[1617] aufgehoben und ersetzt, die den aktuellen Stand der Richtlinie nach ihrer letzten Änderung kodifiziert.

643 *b) Die Richtlinien im Sektor der Telekommunikation bzw. der elektronischen Kommunikation. aa) Die Vorarbeiten.* Anfang der 1980er Jahre griff die Kommission die Frage der Tragweite

---

1609 Richtlinie Nr. 2005/81/EG („Vierte Änderungsrichtlinie") der Kommission vom 28.11.2005, ABl. 2005 L 312/47 (Der Vergleich mit den anderen Sprachfassungen zeigt, dass die deutsche Sprachfassung des neu eingefügten Art. 2 lit. d fehlerhaft ist, indem durch Auslassung des Wortes „oder" der Eindruck entsteht, dass nur solche Unternehmen von der Pflicht zur getrennten Buchführung erfasst sind, die gleichzeitig ausschließliche oder besondere Rechte iSv. Art. 106 Abs. 1 AEUV genießen und mit einer Dienstleistung von allgemeinen wirtschaftlichem Interesse, für die sie eine Ausgleichsvergütung erhalten, betraut sind. Leider wurde dieser Fehler im Zuge der Kodifizierung in der neuen Transparenzrichtlinie 2006/111/EG nicht korrigiert.

1610 S. inzwischen Art. 1 Abs. 2, Art. 2 lit. d–e, Art. 6 Abs. 2 der konsolidierten Transparenzrichtlinie 2006/111/EG.

1611 S. hierzu oben Rdnr. 476–477.

1612 ABl. 2012 L 7/3. S. hierzu und zur vorangehenden DAWI-Freistellungsentscheidung Nr. 2005/842/EG der Kommission oben Rdnr. 480–482.

1613 ABl. 2012 C8/15, der den Gemeinschaftsrahmen für staatliche Beihilfen, die als Ausgleich für die Erbringung öffentlicher Dienstleistungen gewährt werden (ABl. 2005 C 297/4), des DAWI-Pakets 2005 ersetzt.

1614 EuGH U. v. 6.7.1982, Verb. Rs 188 bis 190/80, Slg. 1982, 2545 – *Frankreich, Italien und Vereinigtes Königreich/Kommission („Transparenzrichtlinie");* s. auch oben Rdnr. 32f., 36, 548.

1615 EuGH U. v. 16.6.1993, C-325/91, Slg. 1993, I-3283 Rdnr. 16–27 – *Frankreich/Kommission.*

1616 S. oben Rdnr. 639, Richtlinie Nr. 93/84/EWG („Zweite Änderungsrichtlinie") der Kommission vom 30.9.1993, ABl. 1993 L 254/16–18.

1617 Richtlinie Nr. 2006/111/EG über die Transparenz der finanziellen Beziehungen zwischen den Mitgliedstaaten und den öffentlichen Unternehmen sowie über die finanzielle Transparenz innerhalb bestimmter Unternehmen, ABl. 2006 L 318/17. Diese Richtlinie kodifiziert und ersetzt die ursprüngliche Transparenzrichtlinie Nr. 80/723/EWG mit ihren nachfolgenden vier Änderungen durch Richtlinien Nr. 85/413/EWG, Nr. 93/84/EWG, Nr. 2000/52/EG und Nr. 2005/81/EG; s. auch oben unten Rdnr. 637–640.

gesetzlicher Monopole zugunsten von nationalen öffentlichen Telekommunikationsanbietern auf. Dem Unternehmen ***British Telecommunications*** untersagte die Kommission durch eine formelle, auf Art. 102 AEUV gestützte Entscheidung,[1618] seine beherrschende Stellung auf dem Markt für Fernschreib- und Telefondienste durch Behinderung privater Nachrichtenübermittlungsagenturen zu missbrauchen. Der Gerichtshof hielt diese Entscheidung in vollem Umfang aufrecht.[1619] Er erkannte an, dass Errichtung und Betrieb eines öffentlichen Telefonnetzes eine Dienstleistung von allgemeinem wirtschaftlichem Interesse sei, stellte aber fest, dass die Anwendung des Art. 106 Abs. 2 AEUV nicht dem Ermessen des Mitgliedstaats überlassen sei, der ein Unternehmen mit einer solchen Dienstleistung betraue. Nach Art. 106 Abs. 3 AEUV komme vielmehr der Kommission eine Überwachungsfunktion zu, die sie unter der Aufsicht des Gerichtshofes ausübe.[1620] Im Übrigen legte der Gerichtshof den Art. 106 Abs. 2 eng aus und ließ bereits im Ansatz erkennen, dass in die Abwägung nach dieser Vorschrift auch das Allgemeininteresse an neuen, im Wettbewerb und aufgrund des technischen Fortschritts entwickelten Dienstleistungen einfließen müsse.[1621] Die Kommission fasste demgemäß das Urteil als Ermutigung auf, insbes. im Wege des Art. 106 Abs. 3 für die Einhaltung der Wettbewerbsregeln in von öffentlichen Unternehmen und besonderen oder ausschließlichen Rechten geprägten Sektoren zu sorgen.

Das **Grünbuch zur Telekommunikation von 1987**[1622] verlangte im Wesentlichen drei Änderungen: **Erstens** die vollständige Liberalisierung des Marktes für Telekommunikationsgeräte und die schrittweise Liberalisierung der Telekommunikationsdienste mit Ausnahme des Sprachtelefondienstes. In diesem Bereich setzte die Kommission im Folgenden insbes. das Instrument des Art. 106 Abs. 3 ein. **Zweitens** die Trennung von Regulierungs- und Betriebsfunktion im Telekommunikationssektor. **Drittens** die Harmonisierung der Telekommunikationsregeln der Mitgliedstaaten, insbes. hinsichtlich der Netzzugangsbestimmungen. In diesem Bereich wurden insbes. Harmonisierungsrichtlinien des Parlaments und des Rates auf der Grundlage des Art. 114 AEUV (ex-Art. 95 EG) erlassen. 644

Diese Prinzipien wurden in zwei weiteren **Grünbüchern** auf die **Satellitenkommunikation**[1623] und auf die **Mobilfunkkommunikation und „personal communications"**[1624] ausgedehnt. 645

bb) Die schrittweise Umsetzung und die begleitende Harmonisierung. Das Tätigwerden der Kommission im Telekommunikationssektor verdeutlicht zum einen die Gestaltungsmöglichkeiten nach Art. 106 Abs. 3 AEUV, das schrittweise Vorgehen der Kommission bei der Liberalisierung eines Wirtschaftssektors und die Berücksichtigung der Tatsache, dass sich im Zuge des technischen Fortschritts die **Bedeutung von Schlüsselbegriffen,** wie insbes. derjenige der Dienstleistung von allgemeinem wirtschaftlichem Interesse, **weiterentwickelt.** Zum anderen wurde anlässlich der Liberalisierung des Telekommunikationssektors die Praxis der freiwilligen Konsultation der anderen Unionsorgane im Verfahren nach Art. 106 Abs. 3 entwickelt.[1625] Außerdem erzielten die Kommission und die Mitgliedstaaten im Jahre 1990 anlässlich der Verabschiedung der auf Art. 106 Abs. 3 gestützten Diensterichtlinie[1626] und der auf Art. 114 AEUV (ex-Art. 95 EG) gestützten ONP-Richt- 646

1618 Komm. E. v. 10.12.1982, Nr. 82/861/EWG, ABl. 1982 L 360/36 – *British Telecommunications.*

1619 EuGH U. v. 20.3.1985, Rs 41/83, Slg. 1985, 873 – *Italien/Kommission („British Telecom").*

1620 EuGH U. v. 20.3.1985, Rs 41/83, Slg. 1985, 873 Rdnr. 30 – *Italien/Kommission („British Telecom").*

1621 EuGH U. v. 20.3.1985, Rs 41/83, Slg. 1985, 873 Rdnr. 33–44 – *Italien/Kommission („British Telecom").*

1622 Europäische Kommission, KOM (87)290 endg., vom 30.6.1987.

1623 Europäische Kommission, KOM (90)490 endg., vom 28.11.1990.

1624 Europäische Kommission, KOM (94)145 endg., vom 27.4.1994.

1625 Komm., 25. Bericht über die Wettbewerbspolitik (Berichtszeitraum 1995) Rdnr. 100; s. auch oben Rdnr. 557–561 und unten Rdnr. 657, 660.

1626 Richtlinie Nr. 90/388/EWG über den Wettbewerb auf dem Markt für Telekommunikationsdienste, ABl. 1990 L 192/10–16; s. hierzu unten Rdnr. 652 ff.

linie[1627] einen politischen Kompromiss darüber, dass Liberalisierungsmaßnahmen der Kommission nach Art. 106 Abs. 3 und Harmonisierungsmaßnahmen des Rates und Parlaments nach Art. 114 AEUV komplementär einzusetzen seien.

647 Als **strukturbestimmend** für die Umgestaltung und Neuregulierung des Telekommunikationssektors haben sich die Kernpunkte der auf Art. 106 Abs. 3 gestützten Richtlinien erwiesen, nämlich die Aufhebung ausschließlicher und besonderer Rechte sowie die Trennung von hoheitlicher Regulierungsfunktion und unternehmerischer Tätigkeit des Staates. Dieser Liberalisierungsprozess wurde durch **Harmonisierungsmaßnahmen** insbes. auf den Gebieten des **offenen Netzzugangs (ONP),**[1628] der gegenseitigen Anerkennung der Zulassungen für Endgeräte[1629] und des öffentlichen Auftragswesens[1630] ergänzt. Solange das Sprachtelefonmonopol noch bestand, ging es im Bereich des offenen Netzzugangs insbes. um den Schutz der neuen Diensteanbieter gegenüber dem Inhaber des öffentlichen Telekommunikationsnetzes und des Sprachtelefonmonopols, auf dessen Vorprodukte sie angewiesen waren, der aber gleichzeitig auch ihr Wettbewerber war. Nachdem die Abschaffung des Sprachtelefonmonopols beschlossen worden war, verfolgten weitere ONP-Richtlinien das Ziel gleicher Wettbewerbsbedingungen für alle Anbieter.

648 *cc) Die Richtlinien der Kommission im Einzelnen. (1) Telekommunikationsendgeräte bzw. -endeinrichtungen.* Am 16.5.1988 erließ die Kommission die Richtlinie Nr. 88/301/EWG über

---

[1627] Richtlinie Nr. 90/387/EG des Rates zur Verwirklichung des Binnenmarktes für Telekommunikationsdienste durch Einführung eines offenen Netzzugangs (Open Network Provision – ONP), ABl. 1990 L 192/1–6.

[1628] Richtlinie Nr. 90/387/EG des Rates zur Verwirklichung des Binnenmarktes für Telekommunikationsdienste durch Einführung eines offenen Netzzugangs (Open Network Provision – ONP), ABl. 1990 L 192/1–6; Richtlinie Nr. 92/44/EWG des Rates vom 5.6.1992 zur Einführung des offenen Netzzugangs bei Mietleitungen, ABl. 1992 L 165/27; Richtlinie Nr. 95/62/EG des Europäischen Parlaments und des Rates vom 13.12.1995 zur Einführung des offenen Netzzugangs (ONP) beim Sprachtelefondienst, ABl. 1995 L 321/6; Richtlinie Nr. 97/33/EG des Europäischen Parlaments und des Rates vom 30.6.1997 über die Zusammenschaltung in der Telekommunikation im Hinblick auf die Sicherstellung eines Universaldienstes und der Interoperabilität durch Anwendung der Grundsätze für einen offenen Netzzugang (ONP), ABl. 1997 L 199/32; Richtlinie Nr. 97/51/EG des Europäischen Parlaments und des Rates vom 6.10.1997 zur Änderung der Richtlinien Nr. 90/387/EWG und Nr. 92/44/EWG des Rates zwecks Anpassung an ein wettbewerbsorientiertes Umfeld, ABl. 1997 L 295/23; Richtlinie Nr. 98/10/EG des Europäischen Parlaments und des Rates vom 26.2.1998 über die Anwendung des offenen Netzzugangs (ONP) beim Sprachtelefondienst und den Universaldienst im Telekommunikationsbereich in einem wettbewerbsorientierten Umfeld, ABl. 1998 L 101/24.

[1629] Richtlinie Nr. 91/263/EWG des Rates vom 29.4.1991 zur Angleichung der Rechtsvorschriften der Mitgliedstaaten über Telekommunikationsendeinrichtungen einschließlich der gegenseitigen Anerkennung ihrer Konformität, ABl. 1991 L 128/1; Richtlinie Nr. 93/97/EWG des Rates vom 29.10.1993 zur Ergänzung der Richtlinie Nr. 91/263/EWG hinsichtlich Satellitenfunkanlagen; Vorschlag der Kommission für eine Richtlinie des Europäischen Parlaments und des Rates über angeschaltete Telekommunikationsgeräte und die gegenseitige Anerkennung ihrer Konformität, ABl. 1997 C 248/4.

[1630] Richtlinie Nr. 90/531/EWG des Rates vom 17.9.1990 betreffend die Auftragsvergabe durch Auftraggeber im Bereich der Wasser-, Energie- und Verkehrsversorgung sowie im Telekommunikationssektor, ABl. 1990 L 297/1; Richtlinie Nr. 92/13/EWG des Rates vom 25.2.1992 zur Koordinierung der Rechts- und Verwaltungsvorschriften für die Anwendung der Gemeinschaftsvorschriften über die Auftragsvergabe durch Auftraggeber im Bereich der Wasser-, Energie- und Verkehrsversorgung sowie im Telekommunikationssektor, ABl. 1992 L 76/14; Richtlinie Nr. 93/38/EWG des Rates vom 14.6.1993 zur Koordinierung der Auftragsvergabe durch Auftraggeber im Bereich der Wasser-, Energie- und Verkehrsversorgung sowie im Telekommunikationssektor, ABl. 1993 L 199/84. Mit Richtlinie 2004/17/EG des Europäischen Parlaments und des Rates vom 31.3.2004 zur Koordinierung der Zuschlagserteilung durch Auftraggeber im Bereich der Wasser-, Energie- und Verkehrsversorgung sowie der Postdienste, ABl. 2004 L 134/1, wurde die Richtlinie 93/38/EWG aufgehoben und das Beschaffungswesen im Telekommunikationssektor wegen der inzwischen erfolgten vollständigen Liberalisierung dieses Sektors und angesichts *de facto* und *de jure* bestehenden echten Wettbewerbs nicht mehr geregelt, s. Erwägungsgrund Nr. 5 der Richtlinie 2004/17/EG.

den **Wettbewerb auf dem Markt für Telekommunikationsendgeräte.**[1631] Diese Richtlinie verpflichtete die Mitgliedstaaten u. a., **alle** besonderen und **ausschließlichen Rechte** betreffend die Einfuhr, die Vermarktung, die Einrichtung, die Inbetriebsetzung und die Wartung von Telekommunikationsendgeräten **aufzuheben** und zu gewährleisten, dass die Wirtschaftsbeteiligten Endgeräte einführen, vertreiben, einrichten, in Betrieb setzen und warten können. In ihren Erwägungsgründen argumentierte die Richtlinie nicht damit, dass die Existenz dieser ausschließlichen und besonderen Rechte *per se* eine Unionsrechtsverletzung sei, sondern legte dar, auf welche Weise diese Rechte in der Praxis zu einer Verletzung des freien Warenverkehrs (Art. 34, 37 AEUV), der Dienstleistungsfreiheit nach Art. 56 AEUV und des Verbots des Missbrauchs marktbeherrschender Stellungen nach Art. 102 AEUV führen,[1632] für die der Staat iVm. Art. 106 Abs. 1 AEUV verantwortlich ist. Auf eine **Nichtigkeitsklage** hin hob der EuGH[1633] den Art. 2 der Richtlinie 88/301/EWG im Hinblick auf die Abschaffung der besonderen Rechte, nicht jedoch bezüglich der Abschaffung der ausschließlichen Rechte, auf. Hinsichtlich der besonderen Rechte entschied der EuGH, dass die Richtlinie nicht ausreichend begründet sei, da weder in ihren Bestimmungen noch in ihren Begründungserwägungen gesagt sei, welche Art von Rechten konkret gemeint sei und inwiefern das Bestehen dieser Rechte den verschiedenen Vertragsvorschriften zuwiderlaufen solle.[1634]

Die Richtlinie 88/301/EWG erlaubte auf der Grundlage objektiver, nichtdiskriminierender und veröffentlichter Kriterien die Festlegung technischer Qualifikationen, die Wirtschaftsbeteiligte für die Einrichtung von Endgeräten erfüllen müssen. Außerdem begrenzte die Richtlinie die Möglichkeiten der Auferlegung von Zulassungsbedingungen für Endgeräte auf wesentliche Schutzanforderungen und begründete eine Pflicht zur Veröffentlichung dieser Anforderungen und der technischen Spezifikationen. Schließlich legte die Richtlinie fest, dass die Mitgliedstaaten die Festschreibung der Spezifikationen und die Kontrolle ihrer Anwendung sowie die Zulassung der Telekommunikationsendgeräte einer Stelle zu übertragen hatten, die von den öffentlichen und privaten Unternehmen, die im Bereich der Telekommunikation Waren und/oder Dienstleistungen anbieten, unabhängig ist.[1635] Werden alle diese Funktionen von verschiedenen Direktionen ein und derselben Behörde wahrgenommen, so ist nach der Rechtsprechung des EuGH diese Unabhängigkeit nicht gewährleistet.[1636] 649

Um der Marktöffnung angesichts der Bindungswirkung langfristiger Verträge praktische Wirksamkeit zu verleihen, verlangte Art. 7 der Richtlinie 88/301/EWG schließlich von den Mitgliedstaaten, dafür zu sorgen, dass die Unternehmen ihren Kunden die Möglichkeit einräumten, ihre **Miet- und Wartungsverträge** für solche Endgeräte, für die bei Vertragsabschluss ausschließliche oder besondere Rechte bestanden, innerhalb bestimmter Fristen zu kündigen. Diese Vorschrift wurde jedoch vom EuGH aufgehoben. Der EuGH entschied, dass sich die Kompetenz aus Art. 106 Abs. 3 AEUV allein auf staatliche Maßnahmen, nicht jedoch auf davon unabhängige wettbewerbswidrige Verhaltensweisen der Telekommunikationsunternehmen selbst beziehe[1637] und dass keine Anhaltspunkte dafür vorlagen, dass die 650

[1631] ABl. 1988 L131/73.

[1632] Erwägungsgründe Nr. 3–6 (betreffend Art. 34, 37 AEUV (ex-Art. 28, 31 EG)), Nr. 7 (betreffend Art. 56 AEUV (ex-Art. 49 EG)) und Nr. 12–13 (betreffend Art. 102 AEUV (ex-Art. 82 EG)).

[1633] EuGH U. v. 19.3.1991, C-202/88, Slg. 1991, I-1223 – *Frankreich/Kommission („Telekommunikationsendgeräte")*; s. hierzu auch *von Burchard,* EuZW 1991, 339 ff.

[1634] EuGH U. v. 19.3.1991, C-202/88, Slg. 1991, I-1223 Rdnr. 45–47 – *Frankreich/Kommission („Telekommunikationsendgeräte")*; s. auch Rdnr. 44, 48, 62.

[1635] Beispiele fehlender Unabhängigkeit: EuGH U. v. 27.10.1993, Verb. Rs C-46/90 und C-93/91, Slg. 1993, I-5267 Rdnr. 40 – *Lagauche u. a.;* EuGH U. v. 27.10.1993, Rs C-69/91, Slg. 1993, I-5335 Rdnr. 17–22 – *Decoster.*

[1636] EuGH U. v. 27.10.1993, Rs C-69/91, Slg. 1993, I-5335 Rdnr. 16 – *Decoster;* EuGH U. v. 27.10.1993, Rs C-92/91, Slg. 1993, I-5383 Rdnr. 15 – *Taillandier.*

[1637] Gegen diese Verhaltensweisen hätte die Kommission nach Art. 101, 102 AEUV vorgehen können.

Mitgliedstaaten diese Unternehmen als Inhaber ausschließlicher oder besonderer Rechte zum Abschluss langfristiger Verträge gezwungen oder angeregt hätten.[1638]

651 Durch Richtlinie 94/46/EG[1639] wurden Satellitenfunkanlagen in den Anwendungsbereich der Endgeräterichtlinie 88/301/EWG mit einbezogen und als Reaktion auf das Teilnichtigkeitsurteil in der Rs C-202/88 eine Definition der besonderen Rechte und eine verbesserte Erklärung der mit ihnen verbundenen Vertragsverletzungen in diese Richtlinie eingefügt. Um nach diesen Änderungen die Übersichtlichkeit und Klarheit der Endgeräterichtlinie zu stärken, hat die Kommission diese mit Wirkung zum 11.7.2008 durch eine neue, ebenfalls auf Art. 106 Abs. 3 gestützte **Telekommunikationsendeinrichtungsrichtlinie 2008/63/EG**[1640] aufgehoben und ersetzt, die den aktuellen Stand der Richtlinie kodifiziert.

652 *(2) Telekommunikationsdienste, Kabelfernsehnetze und Multimedia.* Die am 28.6.1990 erlassene Richtlinie Nr. 90/388/EWG über den **Wettbewerb auf dem Markt für Telekommunikationsdienste**[1641] verpflichtete die Mitgliedstaaten, **alle besonderen und ausschließlichen Rechte** bei der Erbringung von Telekommunikationsdiensten[1642] mit Ausnahme des öffentlichen, d. h. für jedermann zugänglichen Sprachtelefondienstes **zu beseitigen.**[1643] In ihren Erwägungsgründen erläuterte die Richtlinie, warum diese Rechte zu einer Verletzung der Dienstleistungsfreiheit nach Art. 56 AEUV und zu einem von Art. 102 AEUV verbotenen Missbrauch marktbeherrschender Stellungen führen, wofür der Mitgliedstaat iVm. Art. 106 Abs. 1 AEUV verantwortlich ist.[1644] Die Mitgliedstaaten wurden darüber hinaus auch verpflichtet, die erforderlichen Maßnahmen zu ergreifen, um allen interessierten Betreibern das Recht auf die Erbringung von Telekommunikationsdienstleistungen zu gewährleisten.[1645] Von der Aufhebungsverpflichtung der Richtlinie **nicht erfasst** wurden ausschließliche und besondere Rechte für die **Errichtung und Bereitstellung von Telekommunikationsnetzinfrastrukturen.** Implizit wurde deren Fortbestehen in Art. 4 der Richtlinie 90/388/EWG anerkannt, der die Mitgliedstaaten, die solche Rechte aufrechterhielten, verpflichtete, Bedingungen für den Zugang zu diesen Netzen zu veröffentlichen, diese objektiv und nichtdiskriminierend auszugestalten sowie dafür zu sorgen, dass Benutzer auf Antrag in zumutbarer Frist Mietleitungen erhalten.

653 Die **Ausnahme für den öffentlichen Sprachtelefondienst** begründete[1646] die Richtlinie 90/388/EWG auf der Grundlage des Art. 106 Abs. 2 AEUV damit, dass die Errichtung und der Betrieb eines flächendeckenden Telekommunikationsnetzes, an das alle Anbieter von Dienstleistungen oder Benutzer innerhalb einer zumutbaren Frist angeschlossen

---

[1638] EuGH U. v. 19.3.1991, C-202/88, Slg. 1991, I-1223 Rdnr. 55–57 – *Frankreich/Kommission („Telekommunikationsendgeräte")*; s. auch oben Rdnr. 501.

[1639] Richtlinie Nr. 94/46/EG der Kommission zur Änderung der Richtlinien Nr. 88/301/EWG und Nr. 90/388/EWG, insbes. betreffend die Satellitenkommunikation, ABl. 1994 L 268/15–21; s. hierzu auch unten Rdnr. 659–660.

[1640] Richtlinie Nr. 2008/63/EG über den Wettbewerb auf dem Markt für Telekommunikationsendeinrichtungen, ABl. 2008 L 162/20.

[1641] ABl. 1990 L 192/10–16.

[1642] Gemäß Art. 1 Abs. 1 der Richtlinie 90/388/EWG waren dies Dienste, die ganz oder teilweise aus der Übertragung und Weiterleitung von Signalen auf dem öffentlichen Telekommunikationsnetz durch Telekommunikationsverfahren bestehen, mit Ausnahme von Rundfunk und Fernsehen. Die Richtlinie 90/388/EWG galt gemäß ihrem Art. 1 Abs. 2 nicht für den Telexdienst, den Funktelefondienst, den Funkrufdienst und die Satellitenkommunikation.

[1643] Art. 2 der Richtlinie 90/388/EWG.

[1644] Erwägungsgründe Nr. 6–12 (betreffend Art. 56 AEUV (ex-Art. 59 EWGV)) und 13–17 (betreffend Art. 102 AEUV (ex-Art. 86 EWGV)) der Richtlinie 90/388/EWG. Auf eine Nichtigkeitsklage hin entschied der EuGH (U. v. 17.11.1992, Verb. Rs C-271/90, C-281/90 und C-289/90, Slg. 1992, I-5833 Rdnr. 29–32 – *Spanien u. a./Kommission („Telekommunikationsdienste")*) allerdings wie in seinem Urteil zur Telekommunikationsendgeräterichtlinie (s. oben Rdnr. 648) erneut, die Richtlinie enthalte, soweit sie die besonderen Rechte betreffe, keine ausreichende Begründung und sei deshalb für nichtig zu erklären; s. auch oben Rdnr. 46, 48.

[1645] Art. 2 der Richtlinie 90/388/EWG.

[1646] Erwägungsgrund Nr. 18 der Richtlinie 90/388/EWG.

werden müssen, eine **Dienstleistung von allgemeinem wirtschaftlichem Interesse** sei, deren Finanzierung noch im Wesentlichen aus dem Sprachtelefondienst stamme. Die Öffnung dieses Dienstes für den Wettbewerb könne deshalb das finanzielle Gleichgewicht des mit der Dienstleistung von allgemeinem wirtschaftlichem Interesse beauftragten Telekommunikationsunternehmens gefährden, die Erfüllung der besonderen Aufgabe verhindern und sei deshalb zur Zeit nicht vertretbar. Allerdings wurde der Begriff des öffentlichen Sprachtelefondienstes[1647] von der Kommission stets eng ausgelegt.

Das wichtigste Ergebnis der Diensterichtlinie 90/388/EWG bestand somit darin, ausschließliche und besondere Rechte nur noch für die Errichtung und Bereitstellung von Netzinfrastrukturen und die Erbringung eines eng definierten öffentlichen Sprachtelefondienstes zu erlauben. Für den Wettbewerb geöffnet wurden die Erbringung **sämtlicher Mehrwertdienste** auf der Grundlage der bestehenden, ursprünglich nur für den Sprachtelefondienst errichteten öffentlichen und privaten Netze sowie das Angebot von **Sprachkommunikation für geschlossene Benutzergruppen,** im Rahmen von **Unternehmensnetzen** und die Sprachübermittlung im **Internet.**[1648] **654**

Die Richtlinie 90/388/EWG verlangte außerdem von denjenigen Mitgliedstaaten, die die Erbringung von Telekommunikationsdienstleistungen **Genehmigungs- und Anmeldeverfahren** zur Einhaltung grundlegender Anforderungen (Sicherheit des Netzbetriebs, Netzintegrität, Interoperabilität der Dienste, Datenschutz) unterstellen, dafür Sorge zu tragen, dass die Zulassungen nach Maßgabe objektiver, nichtdiskriminierender und transparenter Kriterien erteilt werden, und dass Ablehnungen hinreichend begründet sowie rechtsmittelfähig sind.[1649] Die Richtlinie erlaubte den Mitgliedstaaten die Genehmigung kommerzieller öffentlicher Datentransportsysteme nur von folgenden objektiv, nichtdiskriminierend und transparent auszugestaltenden Voraussetzungen abhängig zu machen:[1650] **655**

– Einhaltung grundlegender Anforderungen;[1651]
– Vorschriften hinsichtlich der Dauerhaftigkeit und Qualität des Dienstes;
– Maßnahmen zur Sicherstellung der Aufgaben von allgemeinem wirtschaftlichem Interesse, mit der ein Unternehmen betraut wurde, sofern die Tätigkeit privater Diensteanbieter die Erfüllung dieses Auftrags zu verhindern droht.

Außerdem verlangte die Richtlinie 90/388/EWG, die Erteilung von Betriebsgenehmigungen, die Überwachung der Zulassungen und der verbindlichen Spezifikationen, die Zuteilung von Frequenzen und die Überwachung der Nutzungsbedingungen einer von den Telekommunikationsunternehmen **unabhängigen Einrichtung** zu übertragen.[1652] Wiederum vom EuGH aufgehoben[1653] wurde die in Art. 8 der Richtlinie 90/388/EWG **656**

[1647] Definition in Art. 1 Abs. 1 der Richtlinie der Richtlinie 90/388/EWG: *„Die kommerzielle Bereitstellung für die Öffentlichkeit des direkten Transports und der Vermittlung von Sprache in Echtzeit von und zu den Netzanschlußpunkten des öffentlichen, vermittelten Netzes, wobei jeder Benutzer das an solch einem Netzanschlußpunkt angeschlossene Endgerät zur Kommunikation mit einem anderen Netzanschlußpunkt verwenden kann."*

[1648] S. hierzu die Mitteilung der Kommission über den Stand der Umsetzung der Richtlinie Nr. 90/388/EWG über den Wettbewerb auf dem Markt für Telekommunikationsdienste, ABl. 1995 C 275/2; Bekanntmachung der Kommission über den Status der Sprachvermittlung im Internet nach Maßgabe des Gemeinschaftsrechts und insbes. der Richtlinie Nr. 90/388/EWG, ABl. 1998 C 6/4.

[1649] Art. 2 der Richtlinie 90/388/EWG.

[1650] Art. 3 der Richtlinie 90/388/EWG.

[1651] Nach Art. 1 Abs. 1 der Richtlinie 90/388/EWG waren dies die im allgemeinen Interesse liegenden Gründe nichtwirtschaftlicher Art, die einen Mitgliedstaat veranlassen können, den Zugang zum öffentlichen Telekommunikationsnetz oder zu den öffentlichen Telekommunikationsdiensten zu beschränken. Diese Gründe sind die Sicherheit des Netzbetriebs, die Aufrechterhaltung der Netzintegrität sowie in begründeten Fällen die Interoperabilität der Dienste und der Datenschutz.

[1652] Art. 7 der Richtlinie 90/388/EWG.

[1653] EuGH U. v. 17.11.1992, Verb. Rs C-271/90, C-281/90 und C-289/90, Slg. 1992, I-5833 Rdnr. 24–27 – *Spanien u. a./Kommission („Telekommunikationsdienste")*, mit derselben Begründung wie bei der Endgeräterichtlinie (s. oben Rdnr. 650).

enthaltene Verpflichtung der Mitgliedstaaten, insbes. angesichts der Bindungswirkung langfristiger Verträge der Marktöffnung dadurch praktische Wirksamkeit zu sichern, dass sie die Telekommunikationsunternehmen verpflichteten, ihren Kunden eine Möglichkeit zur Kündigung langfristiger Telekommunikationsdienstleistungverträge zu geben, wenn bei Abschluss dieser Verträge ausschließliche oder besondere Rechte bestanden.

657 Besondere Schubkraft entwickelte eine **in den Jahren 1992–93** von der Kommission durchgeführte **Bestandsaufnahme,**[1654] zu deren Abschluss der Ministerrat seine politische Zustimmung zur vollständigen Liberalisierung des öffentlichen Telefonwesens bis zum 1.1.1998 und zur Liberalisierung der Netzinfrastruktur sowie der Fortführung des Programms für den offenen Netzzugang gab.[1655]

658 In den Jahren 1994–1996 nahm die Kommission an der durch die Endgeräterichtlinie 88/301/EWG und die Diensterichtlinie 90/388/EWG geschaffenen Grundlage einige Änderungen im Hinblick auf spezifische und neue Anforderungen im Bereich der Satelliten-, Kabel- und Mobilkommunikation vor.

659 Die am 13.10.1994 erlassene Richtlinie 94/46/EG betreffend die **Satellitenkommunikation**[1656] bezog Satellitenfunkanlagen in den Anwendungsbereich der Endgeräterichtlinie 88/301/EWG ein und verpflichtete die Mitgliedstaaten durch Erweiterung der Diensterichtlinie 90/388/EWG, **ausschließliche** und besondere **Rechte** für den Betrieb von Satellitenfunkanlagen und Satellitenkommunikationsdiensten **aufzuheben.** Zur Begründung bezog sich die Kommission wiederum auf eine Verletzung des Art. 106 Abs. 1 iVm. Art. 56 und 102 AEUV.[1657] Außerdem fügte die Kommission in die Endgeräte- und die Diensterichtlinie eine Definition der besonderen Rechte ein und präzisierte die Definition der ausschließlichen Rechte in der Diensterichtlinie.[1658] Dies war die Konsequenz aus zwei Urteilen des EuGH,[1659] die beide Richtlinien, soweit sie sich mit besonderen Rechten befassen, mit der Begründung für nichtig erklärten, aus den Richtlinien gehe nicht hervor, welche Rechte genau gemeint seien und inwiefern sie gegen den Vertrag (AEUV, ex-EG) verstießen.

660 Anlässlich der Satellitenkommunikationsrichtlinie 94/46/EG führte die Kommission zur Verbesserung der **Transparenz** ihrer Liberalisierungstätigkeit das neuartige Verfahren der öffentlichen Anhörungen und der Konsultation anderer Unionsorgane ein, das später im 25. Wettbewerbsbericht beschrieben wurde.[1660]

661 Die am 18.10.1995 von der Kommission erlassene Richtlinie Nr. 95/51/EG hinsichtlich der **Nutzung von Kabelfernsehnetzen**[1661] bezweckte, die Engpasssituation bei den Übertragungskapazitäten, die Telekommunikationsunternehmen für bereits liberalisierte Telekommunikationsdienste zur Verfügung stellten, durch die Nutzung von Alternativinfrastrukturen zu entschärfen und damit die faktischen Möglichkeiten des Wettbewerbs in

---

[1654] Prüfung der Lage im Bereich der Telekommunikationsdienste, SEK(92)1048 endg., vom 21.10.1992; Mitteilung der Kommission an den Rat und das Europäische Parlament über die Konsultation zur Lage im Bereich der Telekommunikationsdienste, KOM(93)159 endg., vom 28.4.1993.

[1655] Entschließung des Rates vom 22.7.1993 zur Prüfung der Lage im Bereich der Telekommunikation und zu den notwendigen künftigen Entwicklungen in diesem Bereich, ABl. 1993 C 213/1; Entschließung des Rates vom 22.12.1994 über die Grundsätze und den Zeitplan für die Liberalisierung der Telekommunikationsinfrastrukturen, ABl. 1994 C 379/5.

[1656] Vollständiger Titel: Richtlinie Nr. 94/46/EG der Kommission zur Änderung der Richtlinien Nr. 88/301/EWG und Nr. 90/388/EWG, insbes. betreffend die Satellitenkommunikation, ABl. 1994 L 268/15–21.

[1657] Erwägungsgründe Nr. 12–21 der Richtlinie 94/46/EG; Erwägungsgrund Nr. 16 zur auf Art. 106 Abs. 2 AEUV gestützten Ausnahme für den Sprachtelefondienst.

[1658] S. oben Rdnr. 652 ff. mwN.

[1659] S. oben Rdnr. 46, 48, 62, 648, 652.

[1660] Komm., 25. Bericht über die Wettbewerbspolitik (Berichtszeitraum1995) Rdnr. 100; s. auch oben Rdnr. 557–561.

[1661] Vollständiger Titel: Richtlinie Nr. 95/51/EG der Kommission vom 18.10.1995 zur Änderung der Richtlinie Nr. 90/388/EWG hinsichtlich der Aufhebung der Einschränkungen bei der Nutzung von Kabelfernsehnetzen für die Erbringung bereits liberalisierter Telekommunikationsdienste, ABl. 1995 L 256/49–54.

diesem Bereich zu verbessern. Hierzu wurden die Mitgliedstaaten verpflichtet, alle Beschränkungen der Bereitstellung von **Übertragungskapazität** durch Kabelfernsehnetze aufzuheben, die Nutzung dieser Netze zur Erbringung von Telekommunikationsdienstleistungen mit Ausnahme des öffentlichen Sprachtelefondienstes zu gestatten und die **Zusammenschaltung** von Kabelfernsehnetzen untereinander sowie mit dem öffentlichen Telekommunikationsnetz einschließlich der Mietleitungen zu erlauben.[1662] Zur Begründung bezog sich die Kommission einmal mehr auf eine Verletzung des Art. 106 Abs. 1 iVm. Art. 56 und 102 AEUV.[1663] Ergänzend hierzu und insbes. im Hinblick auf die Überprüfbarkeit von Quersubventionen verlangte die Richtlinie 95/51/EG von den Mitgliedstaaten, Betreiber, die gleichzeitig öffentliche Telekommunikationsinfrastruktur und Kabelfernsehnetzinfrastruktur zur Verfügung stellen und für eine oder beide Tätigkeiten ein ausschließliches Recht besitzen, zur **Trennung der Rechnungsführung** zwischen beiden Bereichen zu verpflichten.[1664] Von der Richtlinie 95/51/EG nicht angesprochen wurden hingegen die Lizenzierung neuer Kabelfernsehnetze und die Öffnung von Telekommunikationsnetzen zur Bereitstellung von Kabelfernsehkapazität.

Mit der Richtlinie Nr. 96/2/EG vom 16.1.1996 betreffend die **mobile Kommunikation und Personal Communications**[1665] beseitigte die Kommission unter Hinweis auf Verletzungen des Art. 106 Abs. 1 iVm. Art. 56 und 102 AEUV alle in diesem Sektor noch verbleibenden ausschließlichen und besonderen Rechte der Dienstleistung wie auch der Benutzung der eigenen Infrastruktur und derjeniger Dritter.[1666] Auch die Zahl der zu vergebenden Mobilfunklizenzen kann seitdem grundsätzlich nur noch wegen Frequenzknappheit beschränkt werden. Darüber hinaus wurde den Mobilnetzbetreibern ermöglicht, im Rahmen ihrer Lizenzen eigene Festnetzinfrastrukturen zu errichten und zu nutzen oder auf die Infrastrukturen Dritter zurückzugreifen und außerdem ihre Netze mit anderen Mobilnetzen oder Festnetzen zusammenzuschalten.[1667] Schließlich wurden die Grundlagen für persönliche Kommunikationsdienste gelegt, indem die Verbindung schnurloser Techniken mit digitaler Mobilkommunikation und die Verbindung von GSM- und DCS 1800-Mobiltechnologien erleichtert wurde.[1668] 662

(3) Vollständiger Wettbewerb. Mit ihrer Richtlinie Nr. 96/19/EG vom 13.3.1996 zur **Einführung vollständigen Wettbewerbs** auf den Telekommunikationsmärkten[1669] setzte die Kommission den vorläufigen Schlusspunkt ihres Liberalisierungsprogramms und hob die letzten Beschränkungen, die auch nach den mehrfachen Änderungen der Diensterichtlinie 90/388/EWG noch verblieben waren, auf. Als erster Schritt waren bis zum 1.7.1996 jegliche Beschränkungen bei der Errichtung **alternativer Infrastrukturen** und bei ihrer Nutzung für bereits liberalisierte Dienste aufzuheben.[1670] Des Weiteren wurden die Mitglied- 663

[1662] Art. 1 Abs. 2 der Richtlinie 95/51/EG.

[1663] Erwägungsgründe Nr. 6–15 der Richtlinie 95/51/EG; Erwägungsgrund Nr. 15 auch zur auf Art. 106 Abs. 2 AEUV gestützten Ausnahme für den Sprachtelefondienst.

[1664] Art. 2 der Richtlinie 95/51/EG. Für den Inhaber eines ausschließlichen Rechts zur Bereitstellung von Kabelfernsehnetzinfrastruktur gilt dies aber erst wenn sein Jahresumsatz mit Telekommunikationsdiensten mit Ausnahme der Rundfunk- und Fernsehdienste 50 Million ECU übersteigt. S. auch die Erwägungsgründe 16–20 der Richtlinie 95/51/EG.

[1665] Vollständiger Titel: Richtlinie Nr. 96/2/EG der Kommission zur Änderung der Richtlinie Nr. 90/388/EWG betreffend die mobile Kommunikation und Personal Communications, ABl. 1996 L 20/59–66.

[1666] Erwägungsgründe Nr. 6–17 der Richtlinie Nr. 96/2/EG. Erwägungsgrund Nr. 18 zur auf Art. 106 Abs. 2 AEUV gestützten Ausnahme für den Sprachtelefondienst.

[1667] Art. 1 Abs. 3 der Richtlinie Nr. 96/2/EG, der die Art. 3a–3d in die Diensterichtlinie Nr. 90/388/EWG einfügte.

[1668] Art. 2 der Richtlinie 96/2/EG.

[1669] Vollständiger Titel: Richtlinie Nr. 96/19/EG der Kommission vom 13.3.1996 zur Änderung der Richtlinie Nr. 90/388/EWG hinsichtlich der Einführung des vollständigen Wettbewerbs auf den Telekommunikationsmärkten, ABl. 1996 L 74/13–24.

[1670] Art. 1 Abs. 2 der Richtlinie 96/19/EG, der den Art. 2 der Diensterichtlinie Nr. 90/388/EWG neu fasst.

staaten verpflichtet, bis zum 1.1.1998 alle ausschließlichen und besonderen Rechte für den **Sprachtelefondienst** und für die Errichtung und den Betrieb von Telekommunikationsnetzen für den Sprachtelefondienst aufzuheben.[1671] Im Ergebnis waren damit alle Telekommunikationsdienste sowie die Errichtung und der Betrieb aller Telekommunikationsnetze für den Wettbewerb geöffnet. Die vollständige Liberalisierung des Sprachtelefondienstes wurde damit begründet, dass die flächendeckende Digitalisierung der Netze auf Glasfaserbasis in den Mitgliedstaaten erhebliche Fortschritte gemacht habe, die Preisstrukturen der Telekommunikationsunternehmen den tatsächlichen Kosten angenähert worden seien und damit die Gefahr des Rosinenpickens durch neue Wettbewerber verringert worden sei. Deswegen sei die auf Art. 106 Abs. 2 gestützte Ausnahme von der Anwendung der Verbote des Art. 106 Abs. 1 iVm. Art. 56 und 102 AEUV nicht mehr gerechtfertigt.[1672] Um die **Finanzierung von Universaldienstpflichten,** die ein Mitgliedstaat bestimmten Telekommunikationsbetreibern auferlegen kann, sicherzustellen, erlaubte die Richtlinie 96/19/EG mittels eines **Systems der zusätzlichen Entgelte** oder eines **Universaldienstleistungsfonds** die Nettokosten des Universaldienstes mit anderen Telekommunikationsunternehmen zu teilen. Dieses System durfte jedoch nur solchen Unternehmen zugutekommen, die öffentliche Telekommunikationsnetze im Wettbewerb anbieten, und das System musste die jeweiligen Lasten der Unternehmen nach objektiven, nichtdiskriminierenden Kriterien und verhältnismäßig aufteilen.[1673] Außerdem verpflichtete die Richtlinie die Mitgliedstaaten, bestimmte sich aus den Wettbewerbsregeln ergebende Grundsätze für die Lizenzvergabe, die Nummerierung und die Zusammenschaltung schon vor dem 1.1.1998 zu verwirklichen, um zu diesem Stichtag den Marktzutritt der Wettbewerber tatsächlich zu ermöglichen.[1674]

664 *(4) Rechtliche Trennung von öffentlichen Telekommunikationsnetzen und Kabelfernsehnetzen.* Wie in früheren Richtlinien vorgesehen nahm die Kommission vor dem 1.1.1998 eine **Gesamtbewertung** der wettbewerblichen Auswirkungen der **gemeinsamen Bereitstellung von Kabelfernseh- und Telekommunikationsnetzen** sowie der bestehenden Beschränkungen für das Angebot von Kabelfernsehkapazität über Telekommunikationsnetze vor.[1675] Auf dieser Grundlage änderte die auf Art. 106 Abs. 3 AEUV gestützte **Richtlinie Nr. 1999/64/EG**[1676] der Kommission vom 23.6.1999 die Richtlinie 90/388/EWG. Die Mitgliedstaaten mussten nun dafür sorgen, dass Fernmeldeorganisationen ihr Kabelfernsehnetz nicht in derselben juristischen Person betrieben, die sie für ihr öffentliches Telekommunikationsnetz benutzten, wenn eine solche Fernmeldeorganisation von dem Mitgliedstaat kontrolliert wurde oder besondere Rechte genoss, und wenn diese Fernmeldeorganisation auf einem wesentlichen Teil des Binnenmarktes eine beherrschende Stellung für die Bereitstellung öffentlicher Telekommunikationsnetze oder des Sprachtelefondienstes innehatte, und wenn diese Fernmeldeorganisation in demselben geographischen Gebiet ein Kabelfernsehnetz auf der Grundlage ausschließlicher oder besonderer Rechte betrieb. Die Richtlinie 1999/64/EG trug der Tatsache Rechnung, dass die meisten europäischen Telekommunikationsunternehmen weiterhin staatlich kontrolliert waren und/oder weiterhin besondere Rechte hatten, und dass weiterhin besondere und ausschließliche Rechte zur Bereitstellung von Kabelfernsehnetzen existierten. Im Hinblick auf die voll-

---

[1671] Art. 1 Abs. 2 der Richtlinie 96/19/EG, der den Art. 2 der Diensterichtlinie Nr. 90/388/EWG neu fasst.

[1672] Erwägungsgründe Nr. 3–25 der Richtlinie 96/19/EG.

[1673] Art. 1 Abs. 6 der Richtlinie 96/19/EG zur Einfügung eines neuen Art. 4c in die Diensterichtlinie Nr. 90/388/EWG, sowie Erwägungsgründe 19–22 der Richtlinie 96/19/EG.

[1674] Art. 1 Abs. 2–7 der Richtlinie 96/19/EG.

[1675] SEK(97)2390 endg., 16.12.1997.

[1676] Vollständiger Titel: Richtlinie Nr. 1999/64/EG der Kommission vom 23.6.1999 zur Änderung der Richtlinie Nr. 90/388/EWG im Hinblick auf die Organisation ein- und demselben Betreiber gehörender Telekommunikations- und Kabelfernsehnetze in rechtlich getrennten Einheiten, ABl. 1999 L 175/39–42.

ständige Wettbewerbsöffnung des Sektors wurde die **rechtliche Trennung von öffentlichen Telekommunikationsnetzen und Kabelfernsehnetzen** für nötig erachtet, um die Einhaltung des Art. 106 AEUV zu gewährleisten, Interessenkonflikte zu beseitigen und zur Förderung der Innovation bei den Kommunikationsinfrastrukturen beizutragen.[1677] Hingegen blieben die regulatorischen Beschränkungen beim Angebot von Kabelfernsehkapazität über Telekommunikationsnetze unangetastet, weil sich die erforderlichen Techniken noch in der Entwicklung befanden.

(5) Neuer Rechtsrahmen für elektronische Kommunikationsnetze und -dienste. Mit einer Reihe 665
von auf Art. 114 AEUV (ex-Art. 95 EG) gestützten Harmonisierungsrichtlinien hatten Europäisches Parlament und Rat die Phase des Übergangs von Monopolbetrieben zu vollständigem Wettbewerb im Telekommunikationssektor begleitet und die Schaffung eines Binnenmarktes durch Einführung eines offenen Netzzugangs und Sicherstellung eines Universaldienstes gefördert.[1678] Angesichts der zunehmenden Verschmelzung von Telekommunikation, Medien und Informationstechnologien, beschlossen Europäisches Parlament und Rat im Jahre 2002 auf Vorschlag der Kommission einen neuen einheitlichen und technologieneutralen Rechtsrahmen für elektronische Kommunikationsnetze und –dienste zu schaffen.[1679] Dieser besteht aus einer auf Art. 114 AEUV (ex-Art. 95 EG) gestützten Rahmenrichtlinie,[1680] sowie vier ebenfalls auf Art. 114 AEUV gestützten Einzelrichtlinien,[1681] die alle auf dieselbe Vorschrift gestützten einschlägigen Richtlinien zum 25.7.2003 außer Kraft setzten und ersetzten. Im Zuge dieser Rundumerneuerung beschloss die Kommission auch, ihre auf Art. 106 Abs. 3 AEUV gestützte Liberalisierungsrichtlinie Nr. 90/388/EWG zusammen mit ihren fünf Änderungsrichtlinien zum 25.7.2003 außer Kraft zu setzen und in einer einzigen neuen Richtlinie 2002/77/EG über den Wettbewerb auf den Märkten für elektronische Kommunikationsnetze und -dienste[1682] zu konsolidieren. Hierbei passte sich die neue Richtlinie 2002/77/EG der Terminologie („elektronische Kommunikation" statt „Telekommunikation") des gesamten Richtlinienpakets im Zuge des technologieneutralen Ansatzes der neuen Regulierung an.[1683] Somit sind auch die Übertragung und Ausstrahlung von Hörfunk- und Fernsehprogrammen elektronische Kommunikationsdienste und die für diese Übertragung und Ausstrahlung genutzten Netze elektronische Kommunikationsnetze iSd konsolidierten Richtlinie 2002/77/EG.[1684] Abgesehen hiervon brachte die Richtlinie 2002/77/EG als Konsolidierungsinstrument keine

---

[1677] Erwägungsgründe Nr. 9–11 der Richtlinie 1999/64/EG.

[1678] S. auch oben Rdnr. 646–647.

[1679] S. auch Erwägungsgründe 1 ff. der Richtlinie 2002/77/EG der Kommission vom 16.9.2002 über den Wettbewerb auf den Märkten für elektronische Kommunikationsnetze und -dienste, ABl. 2002 L 249/21.

[1680] Richtlinie 2002/21/EG des Europäischen Parlaments und des Rates vom 7.3.2002 über einen gemeinsamen Rechtsrahmen für elektronische Kommunikationsnetze und -dienste (Rahmenrichtlinie), ABl. 2002 L 108/33.

[1681] Richtlinie 2002/20/EG des Europäischen Parlaments und des Rates vom 7.3.2002 über die Genehmigung elektronischer Kommunikationsnetze und -dienste (Genehmigungsrichtlinie), ABl. 2002 L 108/21; Richtlinie 2002/19/EG des Europäischen Parlaments und des Rates vom 7.3.2002 über den Zugang zu elektronischen Kommunikationsnetzen und zugehörigen Einrichtungen sowie deren Zusammenschaltung (Zugangsrichtlinie), ABl. 2002 L 108/7; Richtlinie 2002/22/EG des Europäischen Parlaments und des Rates vom 7.3.2002 über den Universaldienst und Nutzerrechte bei elektronischen Kommunikationsnetzen und -diensten (Universaldienstrichtlinie), ABl. 2002 L 108/51; Richtlinie 2002/58/EG des Europäischen Parlaments und des Rates vom 12.7.2002 über die Verarbeitung personenbezogener Daten und den Schutz der Privatsphäre in der elektronischen Kommunikation (Datenschutzrichtlinie für elektronische Kommunikation), ABl. 2002 L 201/37.

[1682] Richtlinie 2002/77/EG der Kommission vom 16.9.2002 über den Wettbewerb auf den Märkten für elektronische Kommunikationsnetze und -dienste, ABl. 2002 L 249/21.

[1683] v. d. Groeben/Schwarze/Hatje-*Klotz,* Europäisches Unionsrecht, Art. 106 AEUV Rdnr. 149; *Schröter/Jakob/Klotz/Mederer-Klotz,* Europäisches Wettbewerbsrecht, 5. Teil, Abschnitt A. Rdnr. 149.

[1684] S. Erwägungsgrund Nr. 7 der Richtlinie 2002/77/EG.

grundlegenden Neuerungen; eine ihrer wesentlichen Zielsetzungen bestand vielmehr darin, die Verpflichtung der Mitgliedstaaten zur Aufhebung der ausschließlichen und besonderen Rechte für das Bereitstellen von Netzen und die Erbringung von Diensten der elektronischen Kommunikation aufrechtzuerhalten und damit einer Remonopolisierung vorzubeugen.[1685]

666 Im Jahr 2009 verabschiedeten Parlament und Rat zwei Richtlinien[1686] zur Überarbeitung der auf Art. 114 AEUV gestützten Rahmenrichtlinie und Einzelrichtlinien, während die auf Art. 106 Abs. 3 gestützte Richtlinie 2002/77/EG unangetastet blieb.[1687]

§ 36 Die Behandlung von EGKS-Altfällen

Übersicht

Schrifttum: *Dreher,* Anwendung des EGKSV-Kartellrechts nach Auslaufen des Vertrags?, EuZW 2008, 219 ff.; *Grill,* in: Schröter/Jakob/Mederer, Kommentar zum Europäischen Wettbewerbsrecht, 2003, S. 1776 ff.; *Grunwald,* Das Ende einer Epoche – das Erbe der EGKS, EuZW 2003, 193; *Kling/Thomas,* Kartellrecht, 2007, § 3 Rdnr. 17 f.; *Knöpfle,* Kartellrecht der Europäischen Gemeinschaft für Kohle und Stahl, in: *Müller-Henneberg/Schwartz,* Gemeinschaftskommentar, 4. Aufl., 5. Lfg. 1981, Rdnr. 16 ff.; *Matthies,* Die Bedeutung des Montanvertrags für das Gemeinschaftsrecht, in: Fs. Börner, 1992, S. 233 ff.; *Obwexer,* Das Ende der Europäischen Gemeinschaft für Kohle und Stahl, EuZW 2002, 517 ff.; *Seeliger,* in: Wiedemann, Handbuch des Kartellrechts, 1. Aufl. 1999, §§ 36 ff.; *Thomas,* in: Wiedemann, Handbuch des Kartellrechts, 2. Aufl., § 36.

A. Das Kartellrecht der Montanunion

I. Überblick

1 Der am 23. Juli 2002 ausgelaufene EGKS-Vertrag[1] enthielt ein eigenständiges Kartellrecht für den Bereich Kohle und Stahl, wie er in Art. 81 KS und dem Anhang I zum

[1685] v. d. Groeben/Schwarze/Hatje-*Klotz,* Europäisches Unionsrecht, Art. 106 AEUV Rdnr. 150; *Schröter/Jakob/Klotz/Mederer-Klotz,* Europäisches Wettbewerbsrecht, 5. Teil, Abschnitt A. Rdnr. 150.

[1686] Richtlinie 2009/140/EG des Europäischen Parlaments und des Rates vom 25.11.2009 zur Änderung der Richtlinie 2002/21/EG über einen gemeinsamen Rechtsrahmen für elektronische Kommunikationsnetze und -dienste, der Richtlinie 2002/19/EG über den Zugang zu elektronischen Kommunikationsnetzen und zugehörigen Einrichtungen sowie deren Zusammenschaltung und der Richtlinie 2002/20/EG über die Genehmigung elektronischer Kommunikationsnetze und –dienste, ABl. 2009 L 337/11. Richtlinie 2009/136/EG des Europäischen Parlaments und des Rates vom 25.11.2009 zur Änderung der Richtlinie 2002/22/EG über den Universaldienst und Nutzerrechte bei elektronischen Kommunikationsnetzen und -diensten, der Richtlinie 2002/58/EG über die Verarbeitung personenbezogener Daten und den Schutz der Privatsphäre in der elektronischen Kommunikation und der Verordnung (EG) Nr. 2006/2004 über die Zusammenarbeit im Verbraucherschutz, ABl. 2009 L 337/11.

[1687] *Schröter/Jakob/Klotz/Mederer-Klotz,* Europäisches Wettbewerbsrecht, 5. Teil, Abschnitt A. Rdnr. 149 und Abschnitt B. Rdnr. 11 ff.

[1] Beachte hierzu Mitteilung des Gerichtshofes – Hinweis zur Zitierweise der Bestimmungen der Verträge in den Texten des Gerichtshofes und des Gerichts, ABl. 1999 Nr. C 246/1: Wird auf einen Artikel eines Vertrags in der nach dem 1. Mai 1999 geltenden Fassung Bezug genommen, wird der EGKS-Vertrag mit „KS“ bezeichnet, für den Zeitraum davor mit „EGKS-Vertrag“.

EGKS-Vertrag definiert war.[2] Dieses setzte sich zusammen aus dem Kartellverbot des Art. 65 KS, der Fusionskontrolle in Art. 66 §§ 1–6 KS und dem Missbrauchsverbot in Art. 66 § 7 KS.[3] Trotz dieser grundsätzlichen Parallelität bestanden teilweise erhebliche materielle und verfahrensrechtliche Abweichungen vom EG-Kartellrecht. Hinsichtlich der Einzelheiten wird auf die Darstellung des EGKS-Kartellrechts durch *Seeliger* in der Erstauflage des Handbuchs verwiesen.[4]

II. Konkurrenzen zum seinerzeitigen EG-Kartellrecht

Während der Geltung des EGKS-Vertrags regelte Art. 305 Abs. 1 EG[5] das Konkurrenzproblem zum EG-Kartellrecht dahingehend, dass für die Bereiche Kohle und Stahl das KS-Recht als die speziellere Materie die Anwendung des EG-Kartellrechts ausschloss. Falls ein Sachverhalt sowohl den Kohle- und Stahlbereich als auch andere Erzeugnisse betraf, kamen mithin beide Normkomplexe jeweils für ihre sachlichen Gebiete zur Anwendung, was insbesondere in der Fusionskontrolle zu einer „Rechtsspaltung" führen konnte.[6] Soweit eine Frage hingegen nicht Gegenstand von Bestimmungen des EGKS-Vertrags oder der auf seiner Grundlage erlassenen Regelungen war, konnten der EG-Vertrag und die zu seiner Durchführung ergangenen Vorschriften schon vor Auslaufen des EGKS-Vertrags auf Erzeugnisse anwendbar sein, die unter den EGKS-Vertrag fielen.[7] 2

III. Ende des EGKS-Vertrags zum 23. Juli 2002

Die Geltungsdauer des EGKSV war gem. **Art. 97 KS bis zum 23. Juli 2002** begrenzt. 3
Der Vertrag ist zu diesem Datum außer Kraft getreten. Seit dem 24. Juli 2002 hat er keine Geltung mehr. Handlungen im Bereich Kohle und Stahl, die nach dem 23. Juli 2002 vorgenommen wurden und vormals Art. 65 KS unterfielen, sind seither ausschließlich nach den EU[8]-Wettbewerbsregeln und dem EU-Sekundärrecht[9] sowie ggf. ergänzend dem na-

---

[2] *Schröter/Jakob/Mederer-Grill,* Kommentar zum Europäischen Wettbewerbsrecht, 2003, Vorb. zu Artt. 65 u. 66 EGKSV Rdnr. 27 ff.

[3] Ferner enthielt der EGKS-Vertrag u.a ein spezielles Verbot der Preisdiskriminierungen in Art. 60 KS und eine Befugnis der Kommission zum Einschreiten bei systematischen Diskriminierungen durch Käufer in Art. 63 § 1 KS.

[4] AaO §§ 36–39.

[5] *„Dieser Vertrag ändert nicht die Bestimmungen des Vertrags über die Gründung der Europäischen Gemeinschaft für Kohle und Stahl, insbesondere hinsichtlich der Rechte und Pflichten der Mitgliedstaaten, der Befugnisse der Organe dieser Gemeinschaft und der Vorschriften des genannten Vertrags für das Funktionieren des gemeinsamen Marktes für Kohle und Stahl."*; früher Art. 232 Abs. 1 EG-Vertrag.

[6] EuG U. v. 8.7.2003, Slg. 2003, II-2275, Rdnr. 68 – *Verband der freien Rohrwerke u. a.: „Soweit der EGKS-Vertrag in Artikel 66 spezielle Bestimmungen für die Kontrolle der Zusammenschlussvorhaben enthält, gelten diese als lex specialis für die unter den EGKS-Vertrag fallenden Zusammenschlussvorhaben oder Parteien dieser Vorhaben. Infolgedessen sind im besonderen Fall eines gemischten Zusammenschlusses die Aspekte dieses Vorhabens, die unter den EGKS-Vertrag fallen, anhand der Bestimmungen des Artikels 66 KS zu prüfen, während die anderen Aspekte dieses Zusammenschlusses im Rahmen der allgemeinen Regelung über die Kontrolle von Zusammenschlüssen gemäß der Verordnung Nr. 4064/89 geprüft werden müssen."*; s. auch den Fall *Mannesmann/Vallourec/Ilva,* in dem die Kommission einen Zusammenschluss in Bezug auf die nicht dem EGKS-Vertrag unterfallenden nahtlosen nichtrostenden Stahlrohre nach EG-Fusionskontrolle prüfte und hinsichtlich der zur Erzeugung der Rohre dienenden Knüppel und Stäbe als EGKS-Erzeugnisse nach der EGKS-Fusionskontrolle, Fall IV/M.315, ABl. 1994 Nr. L 102/15 sowie BullEG 1/2–1994, Ziff. 1.2.41.; dazu *Schröter/Jakob/Mederer-Grill,* in: Kommentar zum Europäischen Wettbewerbsrecht, 2003, Vorbem. zu Artt. 65 und 66 EGKSV Rdnr. 39.

[7] EuG U. v. 25.10.2007, verb. Rss T-27/03, T-46/03, T-58/03, T-79/03, T-80/03, T-97/03 und T-98/03, Slg. 2007, II-4331, Rdnr. 105 – *Bewehrungsrundstahl;* EuGH, U. v. 15.12.1987, Rs 328/85, Slg. 1987, 5119, Rdnr. 10 – *Deutsche Babcock;* EuGH U. v. 24.9.2002, Rs C-74/00, Slg. 2002, I-7869, Rdnr. 100 – *Falck und Acciaierie di Bolzano.*

[8] Bzw. bis zum Vertrag von Lissabon nach dem Kartellrecht der EG, scil. insbesondere Artt. 81, 82 EG, die danach in Artt. 101, 102 AEUV überführt wurden.

[9] Vgl. EuG U. v. 25.10.2007, verb. Rss T-27/03, T-46/03, T-58/03, T-79/03, T-80/03, T-97/03 und T-98/03, Slg. 2007, II-4331, Rdnr. 106, 112 – *Bewehrungsrundstahl.*

tionalen Kartellrecht zu beurteilen. Zuständig sind die Kommission nach den ihr aus dem EU-Vertrag übertragenen Kompetenzen sowie die Mitgliedstaaten nach den Grundsätzen der dezentralen Anwendung des EU-Kartellrechts und den nationalen Kartellrechtsordnungen.

4 Die Kommission hat eine **„Mitteilung zur Behandlung von Wettbewerbsfällen nach Auslaufen des EGKS-Vertrags“** verfasst.[10] Darin schildert sie, wie sie nach dem 23. Juli 2002 Fälle behandeln will, die sich vor dem Ende des EGKS-Vertrags ereignet haben und unter das KS-Kartellrecht gefallen sind. Der Ansatz der Kommission lässt sich *cum grano salis* dahingehend zusammenfassen, dass sie das materielle Recht des KS-Vertrags mit dem EG-Verfahrensrecht (jetzt EU-Verfahrensrecht) kombinieren und sich so in die Lage versetzen will, sog. „Altfälle“ auch nach dem 23. Juli 2002 noch nach KS-Kartellrecht verfolgen zu können. Diese Mitteilung ist allerdings unverbindlich, und die Gerichte hatten im Fall *Bewehrungsrundstahl*[11] bereits eine Bußgeldentscheidung der Kommission zur Ahndung eines solchen EGKS-Altfalls aufgehoben.[12] Die Mitteilung hatte also kaum Rechtssicherheit geschaffen. Der Gerichtshof hat im Fall *Legierungszuschläge* indes dieses „Kombinationsmodell“ der Kommission für zulässig gehalten und eine darauf basierende Bußgeldverfügung bestätigt.[13]

B. Die Behandlung von EGKS-Altfällen im Einzelnen

I. Kartellverbot

5 Das Ende des EGKS-Vertrags wirft vor allem Fragen im Bereich der Verfolgung von EGKS-Altkartellen auf. Es sind im Wesentlichen zwei Fallkonstellationen denkbar: Zum einen Kartelle im Bereich Kohle und Stahl, die vor dem 24. Juli 2002 beendet wurden (also quasi „reine“ Altfälle), zum anderen Kartelle in den genannten Bereichen, die vor diesem Datum begonnen haben und erst danach beendet wurden oder noch fortdauern. Es stellt sich die Frage, ob die Kommission die vor dem 24. Juli 2002 beendete Zuwiderhandlung bzw. den vor dem 24. Juli 2002 liegenden Teil einer fortdauernden EGKS-Zuwiderhandlung durch eine Entscheidung, die nach dem 23. Juli 2002 ergeht, noch sanktionieren kann.

6 Dass die Kommission und ggf. die nationalen Kartellbehörden die Befugnis haben, auf Kartelle im Kohle- und Stahlbereich, die nach dem 23. Juli 2002 praktiziert werden, Art. 101 AEUV (und ggf. nationales Kartellrecht) anzuwenden, ist unstreitig. Das gilt sowohl für Fälle, die nach diesem Datum erst begonnen haben, als auch für diejenigen, die schon vorher praktiziert wurden und fortdauerten, soweit der nach dem 23. Juli 2002 liegende Zeitraum betroffen ist. Fraglich ist mithin allein, ob die Kommission nach dem 23. Juli 2002 noch über eine Sanktionsbefugnis betreffend den davor liegenden Zeitraum verfügt. Dies wäre nur dann der Fall, wenn entweder eine „fortwirkende“ Anwendung des Art. 65 KS oder eine „rückwirkende“ Anwendung des Art. 101 AEUV in Betracht käme. Hierzu gilt Folgendes:

7 Verschiedene Gründe sprechen dagegen, dass Zuwiderhandlungen im Bereich Kohle und Stahl aus dem Zeitraum bis zum Auslaufen des EGKS-Vertrags am 23. Juli 2002 auch nach diesem Datum noch bebußt werden können. Denn es fehlt seither an einer gültigen Sanktionsnorm. Art. 23 Abs. 2 lit. a) VO Nr. 1/2003 ermächtigt die Kommission zwar zur

---

[10] EG-Kommission, Mitteilung der Kommission über bestimmte Aspekte der Behandlung von Wettbewerbsfällen nach Auslaufen des EGKS-Vertrags, ABl. 2002 Nr. C 152/5.

[11] EuG U. v. 25.10.2007, verb. Rss. T-27/03, T-46/03, T-58/03, T-79/03, T-80/03, T-97/03 und T-98/03, Slg. 2007, II-4331 – *Bewehrungsrundstahl;* EuG U. v. 25.10.2007, Rs T-45/03, Slg. 2007, II-138 – *Riva Acciaio;* EuG U. v. 25.10.2007, Rs T-77/03, Slg. 2007, II-139 – *Feralpi Siderurgica;* EuG U. v. 25.10.2007, Rs T-94/03, Slg. 2007, II-141 – *Ferriere Nord.*

[12] Dazu sogleich unter III.

[13] EuGH U. v. 29.3.2011, Rs. C-352/09 P, Slg. 2011, I-2359 ff. – *ThyssenKrupp Nirosta.*

Bußgeldverhängung, indes nach seinem ausdrücklichen Wortlaut nur für Zuwiderhandlungen gegen die Artt. 81, 82 EG (bzw. jetzt Artt. 101, 102 AEUV),[14] nicht hingegen wegen Verletzung der EGKS-Vorschriften. Als Norm des materiellen Bußgeldrechts kann Art. 23 VO Nr. 1/2003 auch nicht „analog" zur Bebußung von EGKS-Verstößen aus der Vergangenheit herangezogen werden, weil dies die Wortlautgrenze überschreiten würde. Es fehlt auch an Übergangsvorschriften für diese Fallkonstellation. Hinsichtlich der Einzelheiten zu dieser Problematik wird auf die Ausführungen in § 36 Rdnr. 7 ff. der 2. Auflage des Handbuchs verwiesen.

Der Gerichtshof hat indes in der Sache *Legierungszuschläge* mittlerweile eine solche Buß- 8 geldverhängung der Kommission in einem EGKS-Altfall auf Grundlage des Art. 23 VO Nr. 1/2003 bestätigt.[15] Obwohl der Generalanwalt in seinen Schlussanträgen auf Freispruch plädiert hatte,[16] hielt der Gerichtshof die Entscheidung der Kommission aufrecht. Er meinte, dass Art. 23 VO Nr. 1/2003 mit Art. 65 EGKS kombiniert werden könne.[17] Inwieweit dies mit dem auch im EU-Bußgeldrecht geltenden Analogieverbot (vgl. Art. 49 Abs. 1 EU-GRCh) unvereinbar ist, wurde durch den Gerichtshof trotz entsprechender Rügen der Klägerin nicht behandelt. Die Klägerin dieses Falls hat das EuGH-Urteil sodann im April 2011 wegen Verstoßes gegen den Grundsatz nulla poena sine lege mit der Verfassungsbeschwerde vor dem deutschen Bundesverfassungsgericht angegriffen.[18] Über die Verfassungsbeschwerde wurde bis zum Zeitpunkt der Drucklegung der 3. Auflage dieses Handbuchs im Herbst 2014 nicht entschieden.

Ein davon losgelöstes, weiteres Problem, das mit dem Auslaufen des EGKS-Vertrags ver- 9 bunden ist, betrifft die Fortgeltung von Freistellungen nach Art. 65 § 2 KS. Die Kommission meint in ihrer EGKS-Mitteilung, dass solche Freistellungsentscheidungen ab dem 24. Juli 2002 nicht mehr gelten und verweist die Unternehmen insoweit auf die Selbsteinschätzung ihrer Vereinbarungen nach dem nunmehr maßgeblichen EU-Kartellrecht.[19] Sie stellt aber klar, dass sie im Grundsatz nicht beabsichtige, Vereinbarungen, die nach Art. 65 § 2 KS genehmigt wurden, nun nach Art. 101 AEUV zu verfolgen.[20] Die Problematik dürfte daher keine größere praktische Relevanz erlangen.

II. Missbrauchskontrolle

Fragen der rückwirkenden Anwendung des KS-Kartellrechts könnten sich theoretisch 10 auch hinsichtlich der Missbrauchskontrolle des Art. 66 § 7 KS stellen. So wäre es denkbar, dass die Kommission Missbrauchsfälle im Bereich Kohle und Stahl, die den Zeitraum vor dem 24. Juli 2002 betreffen, noch nach dem Auslaufen des EGKS-Vertrags verfolgen will. Es sollten in einem solchen Fall die bereits zu Art. 65 KS geschilderten Grundsätze gelten:

---

[14] Insoweit hat der Gesetzgeber ausdrücklich in den Schlussbestimmungen zum Lissabon-Vertrag, nämlich in Artikel 5 (1) und (3) i. V. m. den Übereinstimmungstabellen, angeordnet, dass die Verweise in der VO Nr. 1/2003 auf die Artikel des EG-Vertrags nunmehr als Verweise auf die entsprechend geänderten Vorschriften des AEUV zu verstehen sind: Vertrag von Lissabon vom 17.12.2007, ABl. Nr. C 306, S. 1, 134 – Schlussbestimmungen, Art. 5 Abs. 1 iVm Abs. 3 iVm Übereinstimmungstabellen.

[15] EuGH U. v. 29.3.2011, Rs. C-352/09 P, Slg. 2011, I-2359 ff. – *ThyssenKrupp Nirosta (Legierungszuschläge)*.

[16] Schlussanträge des GA *Yves Bot* v. 26.10.2010, Rs. C-352/09 P, Slg. 2011, I-2359.

[17] EuGH U. v. 29.3.2011, Rs. C-352/09 P, Slg. 2011, I-2359 ff., Rdnr. 90 – *ThyssenKrupp Nirosta (Legierungszuschläge): „Das Gericht konnte daher in den Randnrn. 87 und 89 des angefochtenen Urteils rechtsfehlerfrei zum einen folgern, dass sich die Befugnis der Kommission, durch die streitige Entscheidung die fragliche Geldbuße zu verhängen, aus Art. 23 Abs. 2 der Verordnung Nr. 1/2003 ergebe und dass das Verfahren gemäß dieser Verordnung habe geführt werden müssen, und zum anderen, dass Art. 65 §§ 1 und 5 KS das die Sanktion vorsehende anwendbare materielle Recht sei."*

[18] Siehe dazu den abgelehnten Eilantrag BVerfG B. v. 30.8.2013, WuW/E DE-R 4081 – *Thyssen Krupp Nirosta*.

[19] EGKS-Mitteilung, Rdnr. 27 f.

[20] EGKS-Mitteilung, Rdnr. 28 f.

Verstöße gegen Normen des EGKS-Vertrags könnten nach dem 23. Juli 2002 nicht mehr verfolgt werden. Die Rechtsfolgen, welche Art. 66 § 7 KS vorsah, weichen im Übrigen so wesentlich von denen der VO Nr. 1/2003 ab, dass eine Kombination des materiellen KS-Rechts mit dem Rechtsfolgenregime des EU-Rechts – ebenso wie nach hier vertretener Ansicht bei Art. 65 KS – ausscheiden sollte.[21] Freilich ist auch insoweit zu berücksichtigen, dass der Gerichtshof im Fall *Legierungszuschläge* für das Kartellverbot eine Kombination des nicht mehr in Kraft befindlichen EGKS-Tatbestands mit der Sanktionsnorm des Art. 23 VO Nr. 1/2003 für zulässig erachtet hat,[22] was nach der ratio dieses Urteils dann auch für das Missbrauchsrecht gelten könnte. Für den Bereich der Missbrauchskontrolle dürfte die Altfall-Problematik aber ohnehin keine Rolle spielen, denn das KS-Missbrauchsrecht hat kaum je eine praktische Bedeutung besessen.[23]

III. Fusionskontrolle

11 „Altfälle" kann es theoretisch auch in der Fusionskontrolle geben. Wurde ein EGKS-Zusammenschluss trotz erforderlicher Genehmigung nach Art. 66 KS nicht angemeldet, hält die Kommission die Parteien für verpflichtet, diesen Zusammenschluss nach dem 23. Juli 2002 nach der FKVO anzumelden, sofern die Anwendungsvoraussetzungen der FKVO erfüllt sind.[24] Unterbleibt eine solche Anmeldung, kann nach Meinung der Kommission ein Bußgeld wegen unterlassener Anmeldung nach der FKVO verhängt werden.[25] Wurde ein solcher Zusammenschluss ohne Anmeldung vor dem 24. Juli 2002 vollzogen, soll ferner nach der EGKS-Mitteilung der Kommission ein Verstoß gegen das Vollzugsverbot der FKVO mit entsprechender Bußgeldfolge vorliegen.[26] Diese Ansicht der Kommission kann aber jedenfalls hinsichtlich der Bußgeldfolge wegen *des nulla poena sine lege*-Grundsatzes nicht überzeugen.

12 Nebenbestimmungen aus Fusionskontrollverfahren nach Art. 66 KS sollen nach Auslaufen des EGKS-Vertrags gemäß der Kommissionsmitteilung ihre Gültigkeit behalten.[27] Verstöße gegen sie will die Kommission fortan nach der FKVO ahnden.[28]

13 Die ehemals nachfolgenden §§ 37–39 Montanunion sind entfallen.

---

[21] Art. 66 § 7 KS sah vor, dass die Kommission an die betroffenen Unternehmen zunächst eine Empfehlung richtet und nur im Falle der Nichtbefolgung Maßnahmen ergreifen konnte. Anders als bei Art. 82 EG (jetzt Art. 102 AEUV) konnten Verstöße daher nicht unmittelbar durch Geldbußen geahndet werden; dazu im Einzelnen *Schröter/Jakob/Mederer-Grill,* in: Kommentar zum Europäischen Wettbewerbsrecht, 2003, Art. 66 EGKSV Rdnr. 34.

[22] EuGH U. v. 29.3.2011, Rs. C-352/09 P, Slg. 2011, I-2359 ff., Rdnr. 90 – *ThyssenKrupp Nirosta (Legierungszuschläge).*

[23] *Seeliger,* in: 1. Aufl., § 39 Rdnr. 40.

[24] EGKS-Mitteilung, Rdnr. 37.

[25] EGKS-Mitteilung, Rdnr. 37.

[26] EGKS-Mitteilung, Rdnr. 38.

[27] EGKS-Mitteilung, Rdnr. 32f.; *Schröter/Jakob/Mederer-Grill,* Kommentar zum Europäischen Wettbewerbsrecht, 2003, Vorbem. zu Artt. 65 und 66 EGKSV Rdnr. 7.

[28] EGKS-Mitteilung, Rdnr. 32.

9. Kapitel. Sanktionen, Verfahren und Rechtsmittel im EU-Kartellrecht

§ 40 Die zivilrechtlichen Sanktionen eines Verstoßes gegen Art. 101 und 102 AEUV

Übersicht

Schrifttum: *Ashurst,* Study on the conditions of claims for damages in case of infringement of EC competition rules, http://ec.europa.eu/comm/competition/antitrust/others/actions_for_damages/comparative_report _clean_en.pdf; *Basedow,* Perspektiven des Kartelldeliktsrechts, ZWeR 2006, 294; *Baur,* Schadensersatz- und Unterlassungsansprüche bei Verstößen gegen die Kartellvorschriften des EWG-Vertrags, EuR 1988, 257; *Bechtold,* Die Durchsetzung europäischen Kartellrechts durch deutsche Gerichte, ZHR 160 (1996), 660; *Beninca,* Schadensersatzansprüche von Kunden eines Kartells, WuW 2004, 604; *Böni,* Europäische Richtlinie zur privaten Kartellrechtsdurchsetzung – Maß aller Dinge für Privatgeschädigte, EWS 2014, 324; *Bornkamm/Becker,* Die privatrechtliche Durchsetzung des Kartellverbots nach der Modernisierung des EG-Kartellrechts, ZWeR 2005, 213; *Canaris,* Nachträgliche Gesetzeswidrigkeit von Verträgen, geltungserhaltende Reduktion und salvatorische Klauseln im deutschen und europäischen Kartellrecht, DB 2002, 930; Derenne/deRivery/Petit, Antitrust damages in EU law and policy, 2015; *Esser-Wellié,* Die Anwendung der Art. 85 und 86 EG-Vertrag durch nationale Gerichte, WuW 1995, 457; *Haus/Serafimova,* Neues Schadensersatzrecht für Kartelverstöße – die EU-Richtlinie über Schadensersatzklagen, BB 2014, 2883; *K. Schmidt* in Immenga/Mestmäcker, EG-Wettbewerbsrecht, 5. Aufl., 2012, Bd. I, Art. 101 Abs. 2 und VO 1/2003 Anh. 2; *Inderst/Thomas,* Schadensersatz bei Kartellverstößen, 2015; *Keßler,* Die europäische Richtlinie über Schadensersatz im Wettbewerbsrecht – Cui bono?, VuR 2015, 83; *Kersting,* Die neue Richtlinie zur privaten Rechtsdurchsetzung im Kartellrecht, WuW 2014, 564; *Kjoelbye,* Case C-311/98 „Masterfood v. HB Icecream", Judgement of the European Court of Justice of 14 December 2000, CMLR 2002, 175; *Komninos,* New prospects for private enforcement of EC Competition Law, Courage v. Crehan and the Community right to damages, CMLR 2002, 447; *Langen/Bunte,* Kommentar zum deutschen und europäischen Kartellrecht, 12. Aufl., 2014; *Lettl,* Der Schadensersatzanspruch gemäß § 823 Abs. 2 BGB i.V.m. Art. 81 Abs. 1 EG, ZHR 167 (2003), 473; *Loewenheim/Meessen/Riesenkampff,* Kartellrecht, 2.Aufl., 2009; *Lugard,* E.C. Competition Law and Arbitration: Opposing Principles? ECLR 1998, 295; *Makatsch/Mir,* Die neue EU-Richtlinie zu Kartellschadensersatzklagen – Angst vor der eigenen „Courage"?, EuZW 2015, 7; *Mestmäcker/Schweitzer,* Europäisches Wettbewerbsrecht, 3 Aufl. 2014; *Reich,* The „Courage" doctrine: encouraging or discouraging compensation for antitrust injuries?, CMLR 2005, 35; *Stauber/Schaper,* Die Kartellschadensersatzrichtlinie – Handlungsbedarf für den deutschen Gesetzgeber, NZKart 2014, 346,347; *Whish,* The Enforcement of EC Competition Law in the Domestic Courts of Member States, ECLR 1994, 60; *Wiedemann,* Verbraucherschutz im Kartellrecht, in: *Tamm/Tonner,* Verbraucherrecht, 2012.

A. Zivilrechtliche Folgen des Verstoßes gegen das Verbot wettbewerbsbeschränkender Vereinbarungen gemäß Art. 101 Abs. 1 AEUV

1 Ein Verstoß gegen die Wettbewerbsregeln hat neben den verwaltungsrechtlichen Folgen auch zivilrechtliche Wirkungen. Dabei kommen Schadensersatz-, Beseitigungs- und Unterlassungsansprüche in Betracht; ferner hat ein Verstoß gegen Art. 101 Abs. 1 AEUV grundsätzlich die zivilrechtliche Nichtigkeit der Vereinbarung zur Folge.

I. Nichtigkeit gemäß Art. 101 Abs. 2 AEUV

2 Gemäß Art. 101 Abs. 2 AEUV sind Vereinbarungen und Beschlüsse **nichtig,** die unter das Verbot des Art. 101 Abs. 1 AEUV fallen. Die zivilrechtliche Nichtigkeit ist die unmittelbare Folge des Wettbewerbsverstoßes. Der Begriff der Nichtigkeit ist ungeachtet seines zivilrechtlichen Charakters ein Begriff des Gemeinschaftsrechts. Bei seiner Auslegung ist insbesondere die gemeinschaftsrechtliche Zielsetzung zu berücksichtigen,[1] etwaige nationale Besonderheiten der Rechtsgeschäftslehre spielen keine Rolle.

3 Die Nichtigkeit ist **absolut,** die wettbewerbswidrige Vereinbarung gilt weder zwischen den Vertragsparteien noch gegenüber Dritten.[2] Sie umfasst die von ihr betroffenen Vereinbarungen in allen ihren Wirkungen.[3] Aufgrund der direkten Wirkung von Art. 101 AEUV bedarf es keiner vorherigen Entscheidung der Kommission, nationaler Gerichte oder nationaler Wettbewerbsbehörden. Die Wirkung der Nichtigkeit ist **zeitlich unbegrenzt.**

4 **Verträge,** die die Kartellmitglieder untereinander zur Durchführung einer wettbewerbswidrigen Vereinbarung schließen, sind ebenfalls nichtig. Folgeverträge mit **Dritten,** z.B. Kaufverträge, die die Teilnehmer eines Kartells mit ihren Kunden abschließen, sind dagegen von der Nichtigkeitsfolge unberührt.[4] Die Nichtigkeitsfolge gilt auch in Hinblick auf die Gründung von **Gesellschaften.** Dies kann insb. für Gemeinschaftsunternehmen von Bedeutung sein, sofern diese unter Art. 101 AEUV fallen.[5] Die Anwendung der Grundsätze der fehlerhaften Gesellschaft, wonach der Gesellschaftsvertrag nur für die Zukunft auflösbar ist, wird dem Nichtigkeitspostulat von Art. 101 Abs. 2 AEUV nicht gerecht.[6] Die eindeutige Rechtsprechung des EuGH zur Nichtigkeit erlaubt daher kein Ergebnis, dass die unzulässige Zusammenarbeit in einem Gemeinschaftsunternehmen zwischen den Parteien, wenn auch vorübergehend, Rechte und Pflichten begründen kann.[7] Der Gesellschaft kommt daher kein auch nur vorübergehender Bestand zu. Daher ist die These, dass bei Kapitalgesellschaften keine automatische Nichtigkeit erfolgt, sondern diese nur im Wege der Nichtigkeitsklage geltend gemacht werden kann,[8] nicht haltbar. Bei einem Verstoß gegen Art. 101 AEUV handeln die Parteien auf eigenes Risiko. In der Praxis stehen Wettbewerbsbeschränkungen allerdings in der Regel nicht in der Satzung eines Gemeinschaftsunternehmens, sondern in den begleitenden Verträgen („Shareholder

---

[1] EuGH U. v. 30.7.1966, Rs 56/65, Slg. 1966, 282, 304 – *Maschinenbau Ulm.*

[2] EuGH U. v. 25.11.1971, Rs 22/71, Slg. 1971, 949 Rdnr. 25–38 – *Béguelin;* EuGH U. v. 20.9.2001, RS C-453-/99, Slg. 2001, I-6297 Rdnr. 22 – *Courage;* EuGH U. v. 13.7.2006, Rs C-295/04–298/04, Slg. 2006, I-6619 Rdnr. 57 – *Manfredi.*

[3] EuGH U. v. 6.2.1973, Rs 48/72, Slg. 1973, 77 Rdnr. 24 – *Haecht II.*

[4] EuGH U. v. 14.12.1983, Rs 319/82, Slg 1983, 4173 Rdnr. 12 – *Kerpen.*

[5] S. dazu *Schroeder* in § 9 Rdnr. 24ff. und *Wiedemann* in § 16 Rdnr. 136ff.

[6] *Langen/Bunte-Hengst,* Art. 101, Rdnr. 461; *Loewenheim/Meesen/Riesenkampf-Jaeger,* Art. 101 Abs. 2, Rdnr. 33; *Mestmäcker/Schweitzer,* § 23 Rdnr. 24. für die Anwendung der Grundsätze der fehlerhaften Gesellschaft *Immenga/Mestmäcker-Schmidt,* EG-WbR, Art. 101 Abs. 2 Rdnr. 45; *Säcker/Jaecks,* MüKo EUWettbR Art. 101 Rdnr. 666.

[7] EuGH U. v. 6.2.1973, Rs 48/72, Slg. 1973, 77 Rdnr. 3/5, 25/26 – *Haecht II.*

[8] *Immenga/Mestmäcker-Schmidt,* EG-WbR, Art. 101 Abs. 2 Rdnr. 45; *Säcker/Jaecks,* MüKo EUWettbR Art. 101 Rdnr. 666. Bei einem Verstoß gegen § 1 GWB hält der BGH die Anwendung der Grundsätze der fehlerhaften Gesellschaft für möglich, BGH, NZKart, 2014, 240, 242.

Agreements", etc.). Die Auswirkungen der Nichtigkeit einer solchen Vereinbarung auf die Satzung bestimmen sich dann nach den allgemeinen Regeln.[9]

Gegen die Berufung einer Vertragspartei auf die Nichtigkeit nach Art. 101 Abs. 2 AEUV ist die Einrede der **Arglist** (§ 242 BGB) nicht möglich. Art. 101 AEUV ist eine im öffentlichen Interesse erlassene Vorschrift;[10] die Anerkennung der Zulässigkeit der Arglisteinrede wäre auch nicht mit dem Grundsatz der absoluten Nichtigkeit vereinbar. Im Fall der Anwendbarkeit von Art. 101 AEUV kann daher nicht mit Hilfe der Arglisteinrede erreicht werden, dass eine nichtige Vertragsklausel als rechtswirksam behandelt wird.[11] **5**

II. Trennbarkeit und Teilnichtigkeit

Die Rechtsfolge der Nichtigkeit betrifft die Klauseln oder Vertragsbestandteile, die mit Art. 101 Abs. 1 AEUV unvereinbar sind.[12] Ohne weiteres nichtig sind nur diejenigen Teile der Vereinbarung, die unter das Verbot fallen; die gesamte Vereinbarung ist es nur dann, wenn sich diese Teile nicht von anderen Teilen der Vereinbarung trennen lassen.[13] Vereinbarungen, die zur Ergänzung oder Durchführung der wettbewerbswidrigen Vereinbarung zwischen den Parteien getroffen werden, können daher ebenfalls von der Nichtigkeitsfolge betroffen sein. Die Möglichkeit der Trennung ist dabei nach den Umständen des Einzelfalls zu bestimmen. Entscheidend ist, ob die verbleibenden Teile ohne die wettbewerbswidrigen Elemente **wirtschaftlich eigenständig** sind. Das ist der Fall, wenn der restliche Vertrag einer selbständigen Geltung fähigen Rechtsgehalt hat.[14] Die Nichtigkeit einer Gebietsschutzklausel in einem Rahmenvertrag erstreckt sich daher nicht auf die einzelnen Lieferungen und die daraus folgenden Zahlungsverpflichtungen.[15] Solche Verpflichtungen bleiben daher bestehen, selbst wenn für eine der Parteien die Erfüllung der verbliebenen Teile der Vereinbarung an Interesse verloren hat. **6**

Ist die Trennbarkeit zu bejahen, so sind die Auswirkungen der **Teilnichtigkeit** der Vereinbarung nicht nach Gemeinschaftsrecht, sondern nach nationalem Recht zu beurteilen.[16] Für das deutsche Recht sind die Auswirkungen der Teilnichtigkeit in § 139 BGB geregelt: Ist ein Teil eines Rechtsgeschäfts nichtig, so ist das ganze Rechtsgeschäft nichtig, wenn nicht anzunehmen ist, dass es auch ohne den nichtigen Teil vorgenommen sein würde. Ein Verstoß gegen Art. 101 Abs. 1 AEUV hat daher im Zweifel die Nichtigkeit des Gesamtvertrags zur Folge.[17] Dabei ist allerdings auf den **mutmaßlichen Parteiwillen** abzustellen;[18] dieser wird nach den Grundsätzen der ergänzenden Vertragsauslegung ermittelt. Bei Vereinbarungen, die erhebliche wirtschaftliche Investitionen zur Folge haben, ist zu berücksichtigen, dass es dem Interesse der Parteien entsprechen kann, den Vertrag in seinem Bestand möglichst zu erhalten.[19] Die Nichtigkeit des Gesamtvertrags ist daher keine zwangsläufige Folge. So führt eine gegen Art. 101 Abs. 1 AEUV verstoßende Gebietsschutzklausel nicht **7**

---

[9] S. § 40 Rdnr. 6.

[10] EuGH U. v. 20.9.2001, Rs C-453-/99, Slg. 2001, I-6297 Rdnr. 25 – *Courage.*

[11] BGH WuW/E BGH 1226, 1231 f. – *Eiskonfekt I;* BGH WuW/E BGH 2565, 2570 – *Schaumstoffplatten.*

[12] EuGH U. v. 30.7.1966 Rs 56/65, Slg. 1966, 282, 304 – *Maschinenbau Ulm.*

[13] EuGH U. v. 13.7.1966, Rs 56 und 58/64, Slg. 1966, 322,392 – *Grundig/Consten;* EuGH U. v. 30.7.1966 Rs 56/65, Slg. 1966, 282, 304 – *Maschinenbau Ulm;* EuGH U. v. 28.2.1991 Rs C-234/89, Slg. 1991, I-935 Rdnr. 40 – *Delimitis;* EuGH U. v. 11.9.2008, Rs C-279/06, Slg. 2008, I-6681 Rdnr. 79 – *CEPSA.*

[14] BGH WuW/E BGH 2909, 2913 – *Pronuptia II.*

[15] EuGH U. v. 14.12.1983, Rs 319/82, Slg. 1983, 4173 Rdnr. 12 – *Soc. de Vente de Ciments et Bétons.*

[16] Ständige Rspr.: EuGH U. v. 30.7.1966, Rs 56/65, Slg. 1966, 282, 304 – *Maschinenbau Ulm*; EuGH U. v. 14.12.1983, Rs 319/82, Slg. 1983, 4173 Rdnr. 12 – *Soc. de Vente de Ciments et Bétons;* EuGH U. v. 18.12.1986, Rs 10/86, Slg. 1986, 4071 Rdnr. 15 – VAG France SA; EuGH U. v. 11.9.2008, Rs C-279/06, Slg. 2008, I-6681 Rdnr. 79 – *CEPSA.*

[17] So BGH WuW/E BGH 1402 – *EDV-Zubehör,* für den Fall eines Verstoßes gegen § 14 GWB a. F.

[18] BGH WuW/E BGH 2909, 2913 – *Pronuptia II.*

[19] BGH WuW/E BGH 2565, 2570 – *Schaumstoffplatten* (Nichtangriffsklausel in einem Lizenzvertrag).

zur Nichtigkeit des gesamten Franchisevertrags, wenn diese für das Funktionieren des Gesamtsystems nicht erforderlich ist.[20] Ein Lizenzvertrag kann allerdings bei einer unzulässigen Gebietsschutzklausel gänzlich nichtig sein.[21]

8 Eine **salvatorische Klausel,** wonach die übrigen Bestandteile der Vereinbarung von der Nichtigkeit unberührt bleiben sollen, hat grundsätzlich nur die Bedeutung, dass die Verteilung der **Darlegungs- und Beweislast** im Rahmen der bei § 139 BGB stets vorzunehmenden Prüfung, ob die Parteien das teilnichtige Geschäft als Ganzes verworfen hätten oder auch den Rest hätten gelten lassen, umgekehrt wird.[22] Mit dem Urteil *„Tennishallenpacht"* hat der BGH damit seine anderslautende Rechtsprechung,[23] die aus der salvatorischen Klausel auf den mutmaßlichen Parteiwillen geschlossen hatte, aufgegeben. Die Parteien können im Rahmen einer salvatorischen Klausel weiterhin eine Ersatzregelung für die nichtige Bestimmung vorsehen, sofern diese nicht zur Folge hat, dass die mit der ursprünglichen Vereinbarung bezweckte wettbewerbsbeschränkende Wirkung wieder eintritt.

III. Befugnis zur Feststellung der Nichtigkeit

9 Die in Art. 101 Abs. 1 und Art. 102 AEUV enthaltenen Regeln sind **unmittelbar anwendbar** und wirken sich direkt auf die Beziehungen zwischen Einzelnen aus.[24] Art. 1 VO Nr. 1/2003 bestätigt ausdrücklich, dass die in Art. 101 Abs. 1 und Art. 102 genannten Verhaltensweisen auch ohne Erlass einer vorherigen Entscheidung verboten sind. Nationale Gerichte müssen die Anwendbarkeit der Bestimmungen des EU-Wettbewerbsrechts **von Amts** wegen prüfen.[25] Art. 3 VO Nr. 1/2003 schreibt vor, dass nationale Gerichte zur Anwendung der Wettbewerbsregeln des AEU-Vertrages verpflichtet sind, wenn die Voraussetzungen dafür gegeben sind. Die parallele Anwendung nationalen Wettbewerbsrechts ist nur möglich, wenn diese zu keinem anderen Ergebnis als die Anwendung des EU-Rechts führt.

10 Bei der Anwendung von Art. 101 Abs. 1 AEUV haben Kommission, nationale Behörden und nationale Gerichte eine **konkurrierende Zuständigkeit.** Nationale Gerichte müssen im Rahmen der bei ihnen anhängigen Verfahren einen Verstoß gegen Art. 101 Abs. 1 AEUV sowie gegebenenfalls als Folge die zivilrechtliche Nichtigkeit einer Vereinbarung feststellen. Für Schiedsgerichte gilt dies in gleichem Maße. Dagegen äußert sich die Kommission in ihren Entscheidungen zu den zivilrechtlichen Folgen eines Verstoßes gegen Art. 101 Abs. 1 AEUV nicht; sie beschränkt sich auf die Feststellung des Wettbewerbsverstoßes.

11 Für nationale Gerichte gilt eine Ausnahme von dem Grundsatz der konkurrierenden Zuständigkeit nur für den Fall, dass die nach Art. 103 AEUV notwendige **Durchführungsverordnung** noch nicht erlassen worden ist[26] oder die entsprechenden Durchführungsverordnungen Sonderregelungen enthalten. Mit der Einbeziehung des gesamten Verkehrssektors in die VO Nr. 1/2003 bestehen gegenwärtig jedoch keine Ausnahmebereiche mehr.[27]

---

[20] OLG Hamburg WuW/E OLG 3913 – *Alster Brautmoden.*

[21] LG Frankfurt WuW/E D-R 1678.

[22] BGH WuW/E DE-R 1031 – Tennishallenpacht; BGH WuW/E BGH 2288, 2289 – *Pronuptia I; Langen/Bunte-Hengst,* Art. 101 Rdnr. 466.

[23] BGH WuW/E BGH 2288, 2289 – *Pronuptia I.*

[24] EuGH U. v. 30.1.1974, Rs 127/72, Slg. 1974, 51 Rdnr. 13/15 – BRT/SABAM; s. dazu auch § 40 Rdnr. 3.

[25] EuGH U. v. 14.12.1995, Rs C-430–431/93, Slg. 1995, I-4728 Rdnr. 13 – *van Schijndel und van Veen/Stichting Pensionenfonds;* EuGH U. v. 20.9.2001, Rs C-453-/99, Slg. 2001, I-6297 Rdnr. 22 – *Courage.*

[26] EuGH U. v. 6.2.1962, Rs 13/61, Slg. 1962, 97, 113 – *Bosch.*

[27] S. § 40 Rdnr. 12.

IV. Sonderregelungen

Fehlt es an der nach Art. 103 AEUV notwendigen Durchführungsverordnung, gestalten sich die Rechtsfolgen einer Verletzung von Art. 101 Abs. 1 AEUV anders. Die Rechtsfolge der Nichtigkeit gilt dann nur für diejenigen Vereinbarungen und Beschlüsse, hinsichtlich derer die Mitgliedstaaten aufgrund von Art. 104 AEUV entschieden haben oder für die die Kommission eine Feststellung nach Art. 105 Abs. 2 AEUV getroffen hat.[28] Nachdem die in der VO Nr. 1/2003 ursprünglich noch enthaltenen Ausnahmen für den Verkehrsbereich abgeschafft worden sind,[29] gibt es gegenwärtig keinen Wirtschaftsbereich mehr, in dem die VO Nr. 1/2003 nicht gelten würde. 12

Die für den Bereich der **Landwirtschaft**[30] geltenden Sonderregelungen sind im Rahmen der Reform der Gemeinsamen Agrarpolitik im Jahr 2013 ebenfalls abgeschafft worden. Im Prinzip geltend die Wettbewerbsregeln für den gesamten Agrarbereich. Ausnahmen gelten für bestimmte Formen gemeinsamer Vermarktung durch Erzeugerorganisationen.[31] 13

Das Anmeldesystem der alten Durchführungs-VO Nr. 17 hatte zur Folge, dass im Laufe eines Zivilprozesses die streitbefangene Vereinbarung bei der Kommission angemeldet werden konnte. In der deutschsprachigen Literatur war dafür der Begriff der **schwebenden Unwirksamkeit** entwickelt worden. Seitdem die VO Nr. 1/2003 das Anmeldesystem abgeschafft hat, besteht diese Möglichkeit nicht mehr. Die VO Nr. 1/2003 hat auch nicht die früher geltenden Sonderregelungen[32] für **Altkartelle** (Vereinbarungen, die schon vor Inkrafttreten des EG-Vertrages galten) und die Übergangsregeln für **Beitrittskartelle** (Vereinbarungen, die erst aufgrund des Beitritts neuer Mitgliedstaaten in den Anwendungsbereich des EG-Vertrages gelangten) beibehalten. Ebenso wenig hat die VO Nr. 1/2003 Übergangsregeln für den Wechsel von dem System der Anmeldung zu dem der Legalausnahme vorgesehen. Fragen der vorläufigen Wirksamkeit können daher nicht mehr auftreten; eine Vereinbarung ist entweder wirksam oder nichtig. 14

B. Streitbefangenheit einer Vereinbarung oder Verhaltensweise vor nationalen Gerichten bei gleichzeitiger Prüfung durch die Kommission

Die konkurrierende Zuständigkeit von Kommission und nationalen Gerichten zur Anwendung von Art. 101 und 102 AEUV kann zu Konflikten führen, wenn über eine von der Kommission überprüfte Vereinbarung oder Verhaltensweise gleichzeitig ein Rechtsstreit vor einem nationalen Gericht anhängig ist.[33] Art. 16 VO Nr. 1/2003 verpflichtet die 15

---

[28] EuGH U. v. 30.4.1986, verb. Rs 209–213/84, Slg. 1986, 1425, 1471 Rdnr. 65 – *Asjes.* Als Bsp. für die Einleitung eines Verfahrens nach Artikel 89 EG s. Mitteilung der Kommission zu den Vereinbarungen zwischen Lufthansa, United Airlines und SAS, ABl. 1996 C 289/8.

[29] Verordnung (EG) Nr. 411/2004 des Rates vom 26. Februar 2004 zur Aufhebung der Verordnung (EWG) Nr. 3975/87 und zur Änderung der Verordnung (EWG) Nr. 3976/87 sowie der Verordnung (EG) Nr. 1/2003 hinsichtlich des Luftverkehrs zwischen der Gemeinschaft und Drittländern, ABl. 2004, L 68/1; Verordnung (EG) Nr. 1419/2006 des Rates vom 25. September 2006 zur Aufhebung der Verordnung (EWG) Nr. 4056/86 über die Einzelheiten der Anwendung der Artikel 85 und 86 des Vertrags auf den Seeverkehr und zur Ausweitung des Anwendungsbereichs der Verordnung (EG) Nr. 1/2003 auf Kabotage und internationale Trampdienste, ABl. 2006 L 269/1.

[30] Dazu *de Bronett* in § 32.

[31] Art. 209 Verordnung (EU) Nr. 1308/2013 des europäischen Parlaments und des Rates vom 17. Dezember 2013 über eine gemeinsame Marktorganisation für landwirtschaftliche Erzeugnisse und zur Aufhebung der Verordnungen (EWG) Nr. 922/72, (EWG) Nr. 234/79, (EG) Nr. 1037/2001 und (EG) Nr. 1234/2007, ABl. 2013 L 347/671; zur alten Rechtslage s. EuGH U. v. 12.12.1995, Rs C-319/93, Slg. 1995, I-4497 Rdnr. 25 – *Dijkstra.*

[32] Diese konnten vorläufig wirksam sein oder nachträglich endgültig wirksam oder nichtig werden.

[33] Dazu s. auch *Ollerdißen* in § 60.

Gerichte der Mitgliedstaaten, Entscheidungen zu vermeiden, die einer bereits getroffenen Entscheidung der Kommission zuwiderlaufen oder Entscheidungen zu erlassen, die die Kommission in einem von ihr eingeleiteten Verfahren zu erlassen beabsichtigt. Diese Bestimmung stellt eine Kodifizierung des EuGH-Urteils *Masterfoods*[34] dar.

16 Die parallele Zuständigkeit macht es daher notwendig, den jeweiligen Tätigkeitsbereich abzugrenzen und Mechanismen zu schaffen, um eine kohärente Anwendung der Anwendung des Unionsrechts zu gewährleisten und sich widersprechende Entscheidungen zu vermeiden. Der Gerichtshof hat in seiner Rechtsprechung Leitlinien vorgegeben, um diesen Konflikt pragmatisch zu lösen[35] und gewissermaßen ein Verfahren der **Verständigung** zwischen nationalen Gerichten und Kommission entwickelt. Die Kommission hat diese Gedanken aufgegriffen und zur Grundlage der **Bekanntmachung** über die Zusammenarbeit mit den Gerichten der Mitgliedstaaten gemacht.[36] Sind die Voraussetzungen von Art. 101 Abs. 1 AEUV offensichtlich nicht erfüllt, und besteht somit kaum die Gefahr einer anderslautenden Entscheidung der Kommission, so kann das Gericht das Verfahren fortsetzen und über den streitigen Vertrag entscheiden.[37] Ebenso verhält es sich, wenn die Unvereinbarkeit der Vereinbarung mit Art. 101 Abs. 1 AEUV außer Zweifel steht und die Voraussetzungen einer Freistellung nicht gegeben sind.[38] Um zu vermeiden, dass die vom Gericht geplante Entscheidung zu einer von der Kommission in Erwägung gezogenen Entscheidung in Widerspruch steht, kann das Gericht bei der Kommission anfragen, ob diese bereits ein Verfahren eingeleitet hat, wie weit dieses fortgeschritten ist und wie wahrscheinlich eine Entscheidung ist.[39] Gemäß Art. 15 VO Nr. 1/2003 kann das Gericht auch um Übermittlung von Informationen und Stellungnahmen zu Fragen des Gemeinschaftsrechts bitten.[40] Ferner kann es die Aussetzung des Verfahrens in Erwägung ziehen, bis die Kommission eine Entscheidung getroffen hat (Art. 16 Abs. 1 Satz 2 VO Nr. 1/2003). Bei der Prüfung der Tatbestandsvoraussetzungen kann das nationale Gericht auch auf die von der Kommission herausgegebenen Bekanntmachungen und die Gruppenfreistellungsverordnungen[41] zurückgreifen. Liegen die Voraussetzungen einer Gruppenfreistellungsverordnung vor, ist die Vereinbarung ohne weiteres gültig. Die Kommission hat zugesagt, Sachverhalte, die den Gegenstand eines vom nationalen Richter ausgesetzten Verfahrens bilden, vorrangig zu behandeln, vor allem, wenn der Ausgang eines Zivilrechtsstreits davon abhängt.[42] Die Mitteilung der Kommission bezieht das **Schiedsgerichtsverfahren** nicht ein. Es ist jedoch kein Grund ersichtlich, warum die Kommission nicht auch mit einem Schiedsgericht zusammenarbeiten sollte.[43]

---

[34] EuGH U. v. 14.12.2000, Rs C-344/98 P, Slg. 2000, I-11369 – *Masterfoods.*

[35] EuGH U. v. 28.2.1991, Rs C-234/89, Slg. 1991, I-935 Rdnr. 49 ff. – *Delimitis;* EuGH, U. v. 14.12.2000, Rs C-344/98 P, Slg. 2000, I-11369 Rdnr. 45ff – *Masterfoods.*

[36] Bekanntmachung der Kommission über die Zusammenarbeit zwischen der Kommission und den Gerichten der EU-Mitgliedstaaten bei der Anwendung der Artikel 81 und 82 des Vertrags, ABl. 2004 C 101/54.

[37] EuGH U. v. 28.2.1991, Rs C-234/89, Slg. 1991, I-935 Rdnr. 50 – *Delimitis;* zur Aussetzung des Verfahrens s. auch *Ollerdißen* in § 62 Rdnr. 19.

[38] EuGH U. v. 28.2.1991, Rs C-234/89, Slg. 1991, I-935 Rdnr. 50 – *Delimitis;* U. v. 15.12.1994, Rs C-250/92, Slg. 1994, I-5641 Rdnr. 58 – *Goettrup-Klim;* so auch BGH WuW/E DE-R 89, 91 – *Selektive Exklusivität.*

[39] Bekanntmachung über die Zusammenarbeit zwischen der Kommission und den Gerichten der Mitgliedstaaten bei der Anwendung der Artikel 81 und 82 des EWG-Vertrags, ABl. 2004 C 101/54, Rdnr. 12.

[40] S. auch die Information auf der Webseite der GD Wettbewerb: http://ec.europa.eu/competition/court/antitrust_requests.html.

[41] S. z. B. BGH WuW/E BGH 2140 – *Leichtmetallheizkörper.*

[42] Bekanntmachung über die Zusammenarbeit zwischen der Kommission und den Gerichten der Mitgliedstaaten bei der Anwendung der Artikel 81 und 82 des EWG-Vertrags, Rdnr. 12.

[43] Die Rspr. nimmt allerdings grundsätzlich keine Fragen von Schiedsgerichten im Vorabentscheidungsverfahren nach Art. 234 EG an, EuGH U. v. 23.3.1982, Rs 102/81, Slg. 1982, 1095 Rdnr. 14 – *Nordsee;* EuGH U. v. 27.4.1994, Rs C-393/92, Slg. 1994 I-1514 Rdnr. 21 – *Almelo.*

C. Weitere zivilrechtliche Folgen des Wettbewerbsverstoßes

I. Nichtigkeit missbräuchlicher Vereinbarungen gemäß § 134 BGB iVm Art. 102 AEUV

Anders als Art. 101 Abs. 2 AEUV enthält das Verbot missbräuchlicher Verhaltensweisen in Art. 102 keine ausdrückliche Aussage über die zivilrechtlichen Folgen eines Verstoßes. Es gelten daher die allgemeinen Regeln. Art. 102 AEUV ist ein **Verbotsgesetz** im Sinne von § 134 BGB.[44] Ein Verstoß gegen Art. 102 AEUV kann daher nach § 134 BGB die zivilrechtliche Nichtigkeit von Verträgen oder Klauseln zur Folge haben, die als Folge des Missbrauchs der beherrschenden Stellung zustande gekommen sind. Es ist allerdings fraglich, ob die Nichtigkeit und die dadurch bedingte Rückabwicklung nach § 812ff. BGB in jeder Fallgestaltung interessengerecht sind. Liegt der Verstoß in der Beeinträchtigung der wirtschaftlichen Handlungsfreiheit, z.B. durch unzulässige Koppelungsgeschäfte oder in der Erzwingung einer Ausschließlichkeitsbindung, so kann die Nichtigkeit der Vereinbarung oder der entsprechenden vertraglichen Bestimmung die geeignete Folge sein. Sinn und Zweck des in Art. 102 AEUV enthaltenen Verbotstatbestandes ist aber nicht zwangsläufig die Nichtigkeit aller abgeschlossenen Verträge. In anderen Fällen (z.B. bei missbräuchlich überhöhten Preisen) kann die **Vertragsanpassung** oder auch ein **Schadensersatzanspruch** des Diskriminierten sachgerechter sein.[45] Rechtsgeschäfte mit Dritten bleiben stets unberührt, selbst wenn diese daraus bestehen, dass das marktbeherrschende Unternehmen in Verträgen mit Dritten Kampfpreise zur Unterbietung eines Wettbewerbers vereinbart hat.[46] In der Rechtsprechung sind diese Fragen bisher nicht behandelt worden. 17

II. Schadensersatzansprüche

In dem grundlegenden Urteil *Courage*[47] vom Jahr 2001 hat der EuGH ausdrücklich entschieden, dass bei einer Verletzung des EG-Wettbewerbsrechts ein Recht auf Schadensersatz bestehen muss. Die volle Wirksamkeit von Art. 101 AEUV wäre beeinträchtigt, wenn nicht jedermann Ersatz des Schadens verlangen könne, der ihm durch ein wettbewerbswidriges Handeln entstanden ist. In dem Urteil *Manfredi*[48] hat der EuGH diese Grundsätze bestätigt und zusätzlich ausgeführt, dass das nationale Recht die Ausübung des Rechts auf Schadensersatz nicht praktisch unmöglich oder übermäßig erschweren darf (etwa durch besonders kurze Verjährungsfristen).[49] Der gemeinschaftsrechtliche "Effektivitätsgrundsatz" hat auch zur Folge, dass nationales Recht keine unangemessen hohen Anforderungen an den Kausalzusammenhang zwischen Verstoß und Schaden vorsehen darf.[50] In Folge dieser Rechtsprechung hatte die Kommission mit einem Grünbuch und einem Weißbuch eine Diskussion zu legislativen Maßnahmen zur Erleichterung der Geltendmachung von privaten Schadensersatzansprüchen eingeleitet. In dem 2005 veröffentlichten Grünbuch[51] kam 18

---

[44] *Immenga/Mestmäcker-Fuchs/Möschel,* EG-WbR, Art. 102 Rdnr. 415; *Langen/Bunte-Wulst,* Art. 102 Rdnr. 389; *Grabitz/Hilf-Nettesheim-Jung,* Art. 102, Rdnr. 391; *Eilmannsberger/Bien,* MüKo EU-WettbR Art. 102 Rdnr. 685.

[45] S. auch *Immenga/Mestmäcker-Fuchs/Möschel,* EG-WbR, Art. 102 Rdnr. 422ff.; *Langen/Bunte-Bulst,* Art. 102 Rdnr. 392; *Grabitz/Hilf-Nettesheim* Art. 102 Rdnr. 394; *Eilmannsberger/Bien,* MüKo EUWettbR Art. 102 Rdnr. 664.

[46] *Immenga/Mestmäcker-Fuchs/Möschel,* EG-WbR, Art. 102 Rdnr. 419; a.A. *GrabitzHilf-Nettesheim* Art. 102 Rdnr. 393; differenzierend *Eilmannsberger/Bien,* MüKoEUWettbR Art. 102 Rdnr. 672.

[47] EuGH U. v. 20.9.2001, RS C-453-/99, Slg. 2001, I-6297 Rdnr. 26 – *Courage.*

[48] EuGH U. v. 13.7.2006, Rs C-295/04–298/04, Slg. 2006, I-6619 Rdnr. 60 – *Manfredi;* ebenso EuGH U. v. 5.6.2014, Rs C-557/12, ECLI:EU:C:2014:1317 Rdnr. 25 – *Kone.*

[49] EuGH U. v. 13.7.2006, Rs C-295/04–298/04, Slg. 2006, I-6619 Rdnr. 62 – *Manfredi.*

[50] EuGH U. v. 5.6.2014, Rs C-557/12, ECLI:EU:C:2014:1317 Rdnr. 25,33 – *Kone.*

[51] Grünbuch – Schadenersatzklagen wegen Verletzung des EU-Wettbewerbsrechts, COM/2005/0672 final; Arbeitspapier: Schadensersatzklagen wegen Verletzung des EU-Wettbewerbsrechts, http://ec.europa.eu/comm/competition/antitrust/actionsdamages/sp_de.pdf.

die Kommission zu dem Ergebnis, dass diverse Hindernisse im materiellen Recht und im Verfahrensrecht der Mitgliedstaaten dazu führten, dass Opfer von Verstößen gegen das Wettbewerbsrecht in der Praxis nur selten Schadensersatz erhielten. In dem im April 2008 herausgegebenen Weißbuch[52] stellte die Kommission dann konkrete Möglichkeiten zur Durchsetzung wettbewerbsrechtlicher Schadensersatzansprüche dar und machte im Juli 2013 einen Richtlinienvorschlag.[53]

19 Nach einem langwierigen Gesetzgebungsprozess legt die **Richtlinie vom November 2014**[54] nun die Vorgaben für die zivilrechtliche Durchsetzung von Schadensersatzklagen nach nationalem Recht fest. Die Richtlinie muss noch in nationales Recht umgesetzt werden; dies wird auch zu Änderungen der Rechtslage in Deutschland führen. Das betrifft insb. die Offenlegung von Beweismitteln durch Prozessbeteiligte, die Erleichterung der Beweislast für indirekt Geschädigte und die Regeln zur gesamtschuldnerische Haftung und zur Verjährung. Die Richtlinie wird ergänzt durch eine Empfehlung der Kommission zum kollektiven Rechtsschutz[55] und eine Mitteilung zur Ermittlung des Schadensumfangs bei Schadensersatzklagen.[56] Anknüpfend an die Mitteilung gibt es ferner den Entwurf eines praktischen Leitfadens zur Schadensberechnung.[57]

20 Die Richtlinie legt den Rahmen fest, den das nationale Recht bei der Gestaltung der verfahrensrechtlichen und materiellrechtlichen Bestimmungen für Schadensersatzklagen wegen Verstößen gegen das Wettbewerbsrecht einzuhalten hat.[58] Jeder, der durch einen Wettbewerbsverstoß geschädigt ist, kann **vollen Schadensersatz** verlangen; dieser umfasst die eingetretene Vermögenseinbuße, entgangenen Gewinn sowie die Zahlung von Zinsen (Art. 3). Haftbar ist das **Unternehmen,** das die Rechtsverletzung begangen hat (Art. 1 und Art. 2 Nr. 2). Damit wird der europarechtliche Unternehmensbegriff in das nationale Schadensersatzrecht übertragen.[59] Zur Ermittlung des **Schadensumfangs** sieht die Richtlinie vor, dass die nationalen Gerichte den Schaden schätzen können, wenn es praktisch unmöglich oder übermäßig schwierig ist, die Höhe genau zu beziffern (Art. 17). Besteht der Wettbewerbsverstoß in einer Kartellabsprache, so besteht eine **Vermutung,** dass ein Schaden vorliegt; der Beklagte kann diese Vermutung allerdings widerlegen (Art. 17). Macht der Kläger mit einer substantiierten Begründung den Schadenersatzanspruch plausibel, können nationale Gerichte die **Offenlegung von Beweismitteln** durch den Beklagten anordnen. Entsprechende Verpflichtungen können aber im Zusammenhang mit der „passing-on defence" auch den Kläger treffen (Art. 5 Abs. 1). Das Gericht kann die Verhältnismäßigkeit der Offenlegung prüfen und vertrauliche Informationen schützen (Art. 5).

---

[52] Http://ec.europa.eu/comm/competition/antitrust/actionsdamages/files_white_paper/whitepaper_de.pdf.

[53] Vorschlag für eine Richtlinie des Europäischen Parlaments und des Rates über bestimmte Vorschriften für Schadensersatzklagen nach einzelstaatlichem Recht wegen Zuwiderhandlungen gegen wettbewerbsrechtliche Bestimmungen der Mitgliedstaaten und der Europäischen Union; 11.6.2013; COM(2013) 404 final.

[54] Richtlinie 2014/104/EU des Europäischen Parlaments und des Rates vom 26. November 2014 über bestimmte Vorschriften für Schadensersatzklagen nach nationalem Recht wegen Zuwiderhandlungen gegen wettbewerbsrechtliche Bestimmungen der Mitgliedstaaten und der Europäischen Union, ABl. 2014 L 349/1.

[55] Empfehlung der Kommission vom 11. Juni 2013, Gemeinsame Grundsätze für kollektive Unterlassungs- und Schadensersatzverfahren in den Mitgliedstaaten bei Verletzung von durch Unionsrecht garantierten Rechten, ABl. 2013 L 201/60.

[56] Mitteilung der Kommission zur Ermittlung des Schadensumfangs bei Schadensersatzklagen wegen Zuwiderhandlungen gegen Artikel 101 oder 102 des Vertrags über die Arbeitsweise der Europäischen Union, ABl. 2013 C 167/19.

[57] Praktischer Leitfaden zur Ermittlung des Schadensumfangs bei Schadensersatzklagen im Zusammenhang mit Zuwiderhandlungen gegen Artikel 101 oder 102 des Vertrags über die Arbeitsweise der Europäischen Union, http://ec.europa.eu/competition/antitrust/actionsdamages/quantification_guide_de.pdf.

[58] Näher dazu *Topel* in § 50.

[59] Zweifelnd *Stauber/Schaper,* NZKart 2014, 346, 347.

Hinsichtlich der in den Akten einer Wettbewerbsbehörde enthaltenen Beweismittel sind Kronzeugenerklärungen und die Angaben in „Settlement"-Verfahren von der Pflicht zur Offenlegung ausdrücklich ausgenommen (Art. 6). **Nationale Gerichte** sind an rechtskräftige Entscheidungen der nationalen Wettbewerbsbehörde hinsichtlich des Vorliegens eines Wettbewerbsverstoßes **gebunden;** Entscheidungen der Wettbewerbsbehörden aus anderen Mitgliedstaaten können als Anscheinsbeweis genutzt werden (Art. 9). Die **Verjährungsfrist** beträgt fünf Jahre und beginnt erst zu laufen, wenn der Geschädigte Kenntnis erlangt hat oder diese Kenntnis vernünftigerweise erwartet werden konnte (Art. 10). Die Verjährung wird gehemmt, solange die Untersuchung der Wettbewerbsbehörde andauert und endet frühestens ein Jahr nach Bestandskraft der Entscheidung (Art. 10). Um die einvernehmliche Streitbeilegung zu fördern, wird die Verjährung auch während der Dauer von Vergleichsverhandlungen gehemmt (Art. 18). Bei einem gemeinschaftlich begangenen Wettbewerbsverstoß haften die beteiligten Unternehmen **gesamtschuldnerisch** (Art. 11).

Der Gesamtschuldnerausgleich richtet sich grundsätzlich nach der relevanten Verant- 21
wortung für den Schaden; **Kronzeugen** werden dabei privilegiert, da sie nur gegenüber unmittelbaren und mittelbaren Abnehmern und Lieferanten haften, sofern die anderen Geschädigten von den anderen haftenden Beteiligten vollständigen Ersatz erlangen können (Art. 11 Abs. 4). Ebenfalls privilegiert werden kleinere und mittlere Unternehmen (KMU), die einen Marktanteil von weniger als 5% haben, da sie nur gegen unmittelbaren und mittelbaren Abnehmern haften (Art. 11 Abs. 2). Zur Ermittlung des Schadensumfangs sieht die Richtlinie vor, dass der Einwand der Verlagerung des Preisaufschlages **(„passing-on-defence")** möglich ist; die Beweislast dafür trifft allerdings den Beklagten (Art. 12). **Mittelbare Abnehmer** haben im Grundsatz ebenfalls einen Schadensersatzanspruch und tragen grundsätzlich auch die die Beweislast dafür, dass der Schaden auf sie abgewälzt worden ist. Sie genießen aber eine erhebliche Beweiserleichterung, da der Beweis als erbracht gilt, wenn sie nachweisen, dass der Beklagte einen Kartellverstoß begangen hat, der Verstoß zu höheren Preisen geführt hat und dass der Kläger Waren oder Dienstleistungen erworben hat, die Gegenstand der Zuwiderhandlung waren (Art. 14). Die Fragen des anwendbaren Rechts bei Ansprüchen, die einen Sachverhalt betreffen, in dem sich eine wettbewerbsverletzende Handlung in mehreren Mitgliedstaaten ausgewirkt hatte, werden in Art. 6 der VO 864/2007 („Rom II")[60] geregelt.

III. Unterlassungs-, Beseitigungs- und Belieferungsansprüche

Unterlassung- und Beseitigungsansprüche können ebenfalls auf die Verletzung der 22
Art. 101, 102 AEUV gestützt werden. Dies gilt sowohl für die in die geschützten Rechte Dritter eingreifenden Praktiken und Verhaltensweisen, die unter Art. 101 AEUV fallen,[61] als auch für missbräuchliches Verhalten, etwa Diskriminierung und Boykott, im Sinne von Art. 102 AEUV.[62] Anspruchsgrundlage ist in Deutschland § 33 GWB. Sofern ein **Kontrahierungszwangs** besteht, kann der Belieferungsanspruch im Wege des quasi-negatorischen Beseitigungsanspruchs geltend gemacht werden. Ein Belieferungsanspruch wird in der Regel auf die Verletzung von Art. 102 AEUV gestützt werden.[63] In dem Urteil *Depotkosmetik*[64] hat der BGH einen auf Art. 81(jetzt Art. 101 AEUV) gestützten Belieferungsanspruch mit der Begründung verneint, dass das Unternehmen die Wahl haben müsse, den Verstoß gegen das Verbot entweder durch eine diskriminierungsfreie Belieferung oder durch Aufgabe oder Änderung des Vertriebssystems zu beenden.

---

[60] Verordnung (EG) Nr. 864/2007 des Europäischen Parlaments und des Rates vom 11. Juli 2007 über das auf außervertragliche Schuldverhältnisse anzuwendende Recht („Rom II"), ABl. 2007 L 199/40.

[61] BGH WuW/E BGH 1643, 1645 – *BMW-Importe;* BGH WuW/E BGH 2451, 2457 – *Cartier Uhren;* OLG Düsseldorf WuW/E DE-R 233 – *Inkontinenzhilfen.*

[62] Immenga/Mestmäcker-Fuchs/Möschel, EG-WbR, Art. 102 Rdnr. 422.

[63] Zur Belieferungspflicht s. *de Bronett* in § 22 Rdnr. 54.

[64] BGH WuW/E DE-R 206 – *Depotkosmetik.*

§ 41 Grundsätze des Verwaltungsverfahrens in Wettbewerbssachen

Übersicht

Schrifttum: *Annacker,* Die Inexistenz als Angriffs- und Verteidigungsmittel vor dem EuGH und dem EuG, EuZW 1995, 755; *Bartels,* Kooperation zwischen EU-Kommission und nationalen Gerichten im europäischen Wettbewerbsverfahren, Anm. zu „Masterfoods-Urteil" d. EuGH, ZfRV 2002, 83; *Bartosch,* Von der Freistellung zur Legalausnahme: Der Vorschlag der EG-Kommission für eine „neue Verordnung Nr. 17", EuZW 2001, 101; *Bechtold,* Modernisierung des EG – Wettbewerbsrechts: Der Verordnungsentwurf der Kommission zur Umsetzung des Weißbuchs, BB 2004, 2425; *Börner,* Das Beweisverwertungsverbot im Gemeinschaftsrecht, Festschrift für Ipsen, 1977, S. 557; *Castillo de la Torre,* Evidence, proof, and judicial review in cartel cases, World Competition 2009, 505; *Dalheimer/Feddersen/Miersch,* EU-Kartellverfahrensordnung, München, 2005; *De Ghelcke,* „Limits to the Power of National Authorities in Application of European Competition Law" (2011) 2(5) Journal of European Competition Law & Practice 477, 479; *Dreher/Thomas,* Rechts- und Tatsachenirrtümer unter der neuen VO Nr. 1/2003, WuW 2004, 8; *Ehlermann,* The Modernisation of EC Antitrust Policy, a legal and cultural revolution, CMLR 2000, 537; *Due,* Verfahrensrechte der Unternehmen im Wettbewerbsverfahren vor der EG-Kommission, EuR 1988, 33; *Ehlermann,* Ist die Verordnung Nr. 17 noch zeitgemäß? WuW 1993, 997; *Everling,* Zur richterlichen Kontrolle der Tatsachenfeststellung und der Beweiswürdigung durch die Kommission in Wettbewerbssachen, WuW 1989, 877; *Gilliams,* Modernisation: from policy to practice, E.L.Rev. 2003, 451; *Green,* Evidence and Proof in E.C. Competition Cases, in: Procedure and Enforcement in E.C. and Urteil S. Competition Law, Proceedings of the Leiden Europa Instituut Seminar on User-Friendly Competition Law, 1993; *Hamer,* Die Rolle des nationalen Richters im Rahmen der Kartell-Durchführungsverordnung 1/2003/EG, EWS 2003, 415; *Hirsch,* Anwendung der Kartellverfahrensordnung Nr. 1/2003 durch nationale Gerichte, ZWeR 2003, 61; *Hossenfelder/Lutz,* Die neue Durchführungsverordnung zu den Art. 81 und 82 EG-Vertrag, 2003, 118; *Kerse/Khan,* EC Antitrust Procedure, 6. Aufl., 2012; *Klees,* Europäisches Kartellverfahrensrecht, 2005; *Kirchhoff,* Sachverhaltsaufklärung und Beweislage bei der Anwendung des Art. 81 EG-Vertrag, WuW 2004, 745; *Koenigs,* Die VO Nr. 1/2003: Wende im EG-Kartellrecht, DB 2003, 755; *Maitland-Walker,* Hoffmann-La Roche – The Judgement of the European Court appraised, EIPR 1979, 357; *Montag/Rosenfeld,* A solution to the Problems? Regulation 1/2003 and the modernisation of competition procedure, ZWeR 2003, 107; *Ortiz Blanco,* European Community Competition Procedure, Oxford, 3rd edition, 2013; *Reichelt,* To what extent does the co-operation within the European Competition Network protect the rights of undertakings, CMLR 2005, 745; *Schwarz/Weitbrecht,* Grundzüge des Europäischen Kartellrechtsverfahren, 2004; Schwarze, Europäisches Verwaltungsrecht, 2005; *Soltész/Marquier,* Hält „doppelt bestraft" wirklich besser? Der ne bis in idem-Grundsatz im Europäischen Netzwerk der Kartellbehörden, EuZW 2006, 102; *Venit,* Brave New World: The Modernization and Decentralisation of enforcement under Articles 81 and 82 of the EC Treaty, CMLR 2003, 545; *Wiedemann,* Auf der Suche nach der verlorenen Rechtssicherheit – Eine Zwischenbilanz zwei Jahre nach Inkrafttreten der EG-Kartellverfahrens-Verordnung Nr. 1/2003, Fs. für Rainer Bechtold, 2006, 627; *Wils,* The compatibility with fundamental rights of the EU antitrust enforcement system in which the European Commission acts both as investigator and as first-instance decision maker, World Competition, 2014, 5; *Wolf/Fink,* Mit der Verordnung Nr. 17 ins nächste Jahrtausend? WuW 1994, 288.

A. Einführung

1 Mit dem Inkrafttreten der VO Nr. 1/2003 ist Art. 101 Abs. 3 AEUV unmittelbar anwendbar geworden, und das bisherige System von Anmeldungen und einem Freistellungsmonopol der Kommission ist zu einem **System der Legalausnahme** umgestaltet worden. Gleichfalls sind auch die nationalen Behörden und die nationalen Gerichte in die Lage versetzt worden Art. 101 und 102 AEUV in vollem Umfang anzuwenden. Damit ist die nach der Vorgängerregelung der VO Nr. 17 bestehende ausschließliche Zuständigkeit der Kommission beseitigt worden. Ziel der mit der VO Nr. 1/2003 vorgenommenen **Modernisierung** des europäischen Wettbewerbsrechts war es, die Kommission in die Lage zu versetzen, sich auf die Aufdeckung und Verfolgung schwerwiegender Verstöße zu konzentrieren.[1] Die VO Nr. 1/2003 hat ein System **paralleler Zuständigkeiten** geschaffen, in dessen Rahmen sowohl die Kommission als auch die Wettbewerbsbehörden der Mitgliedstaaten Art. 101 und 102 AEUV anwenden können. Dabei arbeiten die Kommission und die Behörden der Mitgliedstaaten eng zusammen (Art. 11 VO Nr. 1/2003). Ein wichtiges Instrument der Zusammenarbeit ist das Europäische Wettbewerbsnetz „ECN", das von der Kommission und den Wettbewerbsbehörden der Mitgliedstaaten gebildet wird.[2]

I. Die Kommission und die Generaldirektion Wettbewerb

1a Die Kommission ist für die Durchführung und Ausrichtung der Wettbewerbspolitik der Europäischen Union verantwortlich.[3] Im Europäischen Wettbewerbsnetz hat die Kommission eine hervorragende Stellung. Die Kommission kann einen Fall an sich ziehen und

[1] Erwägungsgrund 3 VO Nr. 1/2003.

[2] Bekanntmachung der Kommission über die Zusammenarbeit innerhalb des Netzes der Wettbewerbsbehörden, ABl. 2004, C 101/43. S. dazu Rdnr. 43 ff.

[3] EuGH U. v. 28.2.1991, Rs C-234/89, Slg. 1991, I-935 Rdnr. 44 – *Delimitis;* EuGH U. v. 14.12.2000, Rs C-344/98 P, Slg. 2000, I-11369 – *Masterfoods.*

damit nationale Behörden ihrer Zuständigkeit entheben.[4] Ferner dürfen Entscheidungen nationaler Behörden und nationaler Gerichte in Anwendung von Art. 101 und 102 AEUV einer Entscheidung der Kommission nicht zuwiderlaufen.[5] Für Zusammenschlussvorhaben von gemeinschaftsweiter Bedeutung im Sinne der FKVO ist die Kommission weiterhin die ausschließlich zuständige Behörde.

1b Als Verwaltungsbehörde obliegt der Kommission die Verfolgung, Feststellung und Ahndung von Wettbewerbsverstößen, die Behandlung von Beschwerden sowie die Genehmigung oder Untersagung von Zusammenschlussvorhaben. Im Rahmen von Verfahren nach Art. 106 AEUV [6] und von Vertragsverletzungsverfahren nach Art. 258 AEUV kann die Kommission auch gegen Mitgliedstaaten der Europäischen Union vorgehen, wenn diese durch ihr Verhalten oder ihre Gesetzgebung eine Verletzung der Wettbewerbsregeln vorschreiben oder erleichtern.[7] Weiterhin tritt die Kommission durch den Erlass von Gruppenfreistellungsverordnungen und Verordnungen zum Verfahren **rechtssetzend** auf. Die Kommission ist ferner eine der Wettbewerbsbehörden des Abkommens über den Europäischen Wirtschaftsraum (EWRA).[8]

1c Die Kommission ist ein **Kollegialorgan,** das im Prinzip als Kollegium entscheidet (Art. 245 AEUV). Jeder Mitgliedstaat entsendet ein Mitglied der Kommission.[9] Ungeachtet des Kollegialprinzips werden zwischen den Mitgliedern der Kommission die Zuständigkeiten aufgeteilt, so dass jedes Mitglied für einen bestimmten Bereich federführend verantwortlich ist. Unterhalb der politischen Ebene besteht der Verwaltungsapparat der Kommission aus Generaldirektionen und sonstigen Dienststellen. Die **Generaldirektion für Wettbewerb**[10] (GD COMP) ist für die Anwendung der Wettbewerbsregeln verantwortlich. Die Generaldirektion wird durch den Generaldirektor als obersten Beamten geleitet. Die Generaldirektion für Wettbewerb besteht aus neun Direktionen, in denen ca. 800 Mitarbeiter tätig sind. Deren Zuständigkeit ist wie folgt aufgeteilt:
- die Direktion A ist für allgemeine Wettbewerbspolitik zuständig und
- die vier operationellen Direktionen B, C, D, E und F sind für die nach Wirtschaftszweigen aufgeteilte Einzelfallbearbeitung in Anwendung der Art. 101, 102 und 106 AEUV, der FKVO und der Beihilfenkontrolle zuständig. Die Direktion G befasst sich ausschließlich mit Kartellen. Die Direktion R ist für Verwaltung und die Direktion H für horizontale Frage der Beihilfenkontrolle zuständig.

Der Chefökonom ist direkt dem Generaldirektor unterstellt. Er wird für eine Amtszeit von drei Jahren ernannt; eine Wiederernennung ist ausgeschlossen.[11]

II. Der Grundsatz der kohärenten Anwendung des Gemeinschaftsrechts

2 Art. 3 VO Nr. 1/2003 verpflichtet die Gerichte und Wettbewerbsbehörden der Mitgliedstaaten die gemeinschaftsrechtlichen Wettbewerbsregeln von Art. 101 und 102 AEUV als Rechtsgrundlage für ihre Entscheidungen heranzuziehen, wenn die Voraussetzungen für ihre Anwendung vorliegen. Damit besteht eine **Verpflichtung** zur Anwendung des EU-Wettbewerbsrechts. Das entscheidende Kriterium zur Abgrenzung der Anwendbarkeit nationalen Wettbewerbsrecht ist dabei die Eignung der Wettbewerbsverletzung zur Beein-

---

[4] S. dazu § 41 Rdnr. 50.

[5] S. dazu § 41 Rdnr. 54 bzw. *Wagemann/Wiedemann* in §§ 15 ff.

[6] Z. B. Komm. E. v. 26.6.1997, ABl. 1997 L 244/12 – *VTM.*

[7] EuGH U. v. 21.9.1988, Rs 267/86, Slg. 1988, 4769 Rdnr. 16 – *Van Eycke;* EuGH U. v. 17.11.1993, Rs C-185/91, Slg. 1993, I-5801 Rdnr. 14 – *Bundesanstalt für den Güterfernverkehr/Reiff.*

[8] S. dazu § 41 Rdnr. 59.

[9] Beschluss des Europäischen Rates vom 11/12. Dezember 2008, der damit eine dauerhafte Abweichung von Art. 244 AEUV vorsieht.

[10] Die frühere übliche Nummerierung der einzelnen Generaldirektionen und die Bezeichnung Generaldirektion für Wettbewerb als Generaldirektion IV ist im September 1999 aufgegeben worden.

[11] Pressemitteilung 26/06/13; http://ec.europa.eu/dgs/competition/economist/role_en.html.

trächtigung des zwischenstaatlichen Handels.[12] Die Konvergenzregel in Art. 3 Abs. 2 VO Nr. 1/2003 lässt neben der Anwendung der gemeinschaftsrechtlichen Regeln weiterhin die **parallele Anwendung** nationalen Wettbewerbsrechts zu, wenn diese zu keinem anderen Ergebnis als die Anwendung des EU-Rechts führt. Vereinbarungen und Verhaltensweisen, die nicht gegen Art. 101 und 102 AEUV verstoßen, dürfen daher auch nicht nach nationalem Wettbewerbsrecht verboten werden. Gleichfalls dürfen solche Vereinbarungen und Verhaltensweisen, die gegen Art. 101 und 102 AEUV verstoßen, nicht nach nationalem Wettbewerbsrecht bestätigt werden.[13] Der EuGH hat bereits in dem Urteil *„Walt Wilhelm"* festgelegt, dass das Gemeinschaftsrecht insofern Vorrang genießt, als die Anwendung des nationalen Rechts nicht die uneingeschränkte und einheitliche Anwendung des Gemeinschaftsrechts und die Wirksamkeit der zu seinem Vollzug ergangenen Maßnahmen beeinträchtigen darf.[14] Die Anwendung nationalen Rechts darf daher nicht zu Ergebnissen führen, die die Wirkung des gemeinschaftsrechtlichen Verfahrens aufheben würden. Die Konvergenzverpflichtung besteht nicht für die Regelung einseitiger Handlungen von Unternehmen. Hier können strengere innerstaatliche Vorschriften erlassen und angewendet werden (Art. 3 Abs. 2 Satz 2 VO Nr. 1/2003). Erwägungsgrund 8 zur VO Nr. 1/2003 nennt als Beispiel für die Möglichkeit einer weitergehenden Anwendung nationalen Rechts das Verbot und die Ahndung missbräuchlichen Verhaltens gegenüber wirtschaftlich abhängigen Unternehmen. Art. 3 Abs. 1 und 2 VO Nr. 1/2003 stehen ebenfalls der Anwendung nationaler Rechtsnormen nicht entgegen, die überwiegend die Verfolgung anderer Ziele als die in Art. 101 und 102 geschützten Ziele verfolgen (Art. 3 Abs. 3 VO Nr. 1/2003).

Art. 101 und 102 AEUV sollen in der gesamten Gemeinschaft kohärent angewendet 2a
werden. Gerichte und Wettbewerbsbehörden der Mitgliedstaaten dürfen in Anwendung von Art. 101 und 102 AEUV keine Entscheidungen treffen, die einer Entscheidung der Kommission zuwiderlaufen (Art. 16 Abs. 1 und 2 VO Nr. 1/2003). Die VO Nr. 1/2003 sieht daher Mechanismen der Zusammenarbeit vor, die gewährleisten sollen, dass nationale Behörden oder Gerichte keine widersprechenden Entscheidungen treffen. In Hinblick auf nationale Behörden sind dies im wesentlichen Informations- und Konsultationsverfahren,[15] in Hinblick auf nationale Gerichte das Recht von Gerichten Anfragen an die Kommission zu stellen und das Verfahren auszusetzen sowie die Möglichkeit der Kommission, in Gerichtsverfahren Stellung zu nehmen.[16]

B. Rechtsquellen des Verfahrensrechts

Das Verwaltungsverfahren in Wettbewerbssachen ist in einer Vielzahl von Verordnungen 3
des Rates und der Kommission geregelt. Die Verordnung ist gemäß Art. 288 Abs. 2 AEUV in allen Mitgliedstaaten unmittelbar geltendes Recht; einer weiteren Umsetzung bedarf es nicht. Alle in den Verordnungen enthaltenen Verfahrensregeln haben daher unmittelbare Wirkung. In den Verfahren zur Anwendung der Art. 101 und 102 AEUV ist die Verordnung des Rates Nr. 1/2003 vom 16. Dezember 2002[17] die wichtigste Rechtsgrundlage.

---

[12] S. dazu *Wiedemann* in § 2 Rdnr. 4 und Bekanntmachung der Kommission – Leitlinien über den Begriff der Beeinträchtigung des zwischenstaatlichen Handels in den Artikeln 81 und 82 des Vertrages, ABl. 2004 C 101/81.

[13] Bekanntmachung der Kommission über die Zusammenarbeit zwischen der Kommission und den Gerichten der EU-Mitgliedstaaten bei der Anwendung der Artikel 81 und 82 des Vertrags, ABl. 2004 C 101/54, Rdnr. 6.

[14] EuGH U. v. 13.12.1969, Rs 14/68, Slg. 1969, 1 Rdnr. 9 – *Walt Wilhelm;* näher dazu *Wiedemann* in § 6 Rdnr. 1ff.

[15] S. dazu § 41 Rdnr. 43ff.

[16] S. dazu § 41 Rdnr. 54ff.

[17] Verordnung (EG) Nr. 1/2003 des Rates vom 16. Dezember 2002 zur Durchführung der in den Artikeln 81 und 82 des Vertrags niedergelegten Wettbewerbsregel, ABl. 2003, L1/1.

Zur Anwendung von Art. 106 AEUV gibt es keine normierten Durchführungsbestimmungen.[18] Das Verfahren der Fusionskontrolle ist unmittelbar in der FKVO und deren Durchführungsverordnungen[19] geregelt. Dieses entspricht in den Grundzügen dem Verfahren nach der VO Nr. 1/2003, wobei sich die Unterschiede in der Praxis im Wesentlichen mit der Notwendigkeit der Einhaltung der gesetzlichen Fristen erklären. Die VO Nr. 1/2003 regelt nicht nur das Verwaltungsverfahren der Kommission, sondern enthält im Interesse einer konvergenten Rechtsanwendung auch Regelungen für die Kartellbehörden und Gerichte der Mitgliedstaaten. Das eigentliche Verwaltungsverfahren der nationalen Kartellbehörden richtet sich allerdings nach nationalem Verfahrensrecht.[20]

4 In der Ausführungsverordnung zur VO Nr. 1/2003, der VO Nr. 773/2004,[21] hat die Kommission Regeln für die Einleitung des Verfahrens, die Ermittlungstätigkeit, die Behandlung von Beschwerden sowie zum Verfahren der Gewährung **rechtlichen Gehörs** erlassen. Weitere Regeln zum Verfahren finden sich im Mandat des **Anhörungsbeauftragten.**[22] In einer Vielzahl von Mitteilungen[23] und in dem jährlich erscheinenden Wettbewerbsbericht veröffentlicht die Kommission ihre Haltung zu bestimmten Fragen des Verwaltungsverfahrens. Von besonderer praktischer Bedeutung sind die Bekanntmachung über die Zusammenarbeit innerhalb des Netzes der Wettbewerbsbehörden,[24] die Bekanntmachung über die Behandlung von **Beschwerden,**[25] die Leitlinien zur Festsetzung von Geldbußen,[26] die **Kronzeugenmitteilung**[27] und die Mitteilung über die **Akteneinsicht,**[28] ein Arbeitspapier zu bewährten Verfahrensweisen zur Übermittlung ökonomischer Daten[29] und die Bekanntmachung über bewährte Vorgehensweisen in Verfahren nach Art. 101 und 102 AEUV.[30] In der letztgenannten Bekanntmachung gibt die Kommission praktische Hinweise zu allen Stadien des Verfahrens und damit verbundenen Fragestellungen. Diese Veröffentlichungen haben zwar keinen Normcharakter, sie können aber zu einer **Selbstbindung** der Kommission führen, so dass die Kommission nicht ohne Angabe von Gründen davon abweichen kann.[31] Die Generaldirektion Wettbewerb hat weiterhin

---

[18] S. Komm. E. v. 28.6.1995, ABl. 1995 L 216/8 – *Flughafen Zaventem;* Komm. E. v. 26.6.1997, ABl. 1997 L 244/12 – *VTM.* Näher dazu *Dohms* in § 35.

[19] Verordnung der Kommission Nr. 802/2004 vom 7. April 2004 zur Durchführung der Verordnung (EG) Nr. 139/2004 Rates über die Kontrolle von Unternehmenszusammenschlüssen, ABl. 2004 L 133/1. Näher dazu *Wagemann/Wiedemann* in §§ 15 ff.

[20] In Deutschland sieht dies § 50 Abs. 3 GWB bzw. § 1 Abs. 1 VwVfG vor.

[21] Verordnung (EG) Nr. 773/2004 der Kommission vom 7. April 2004 über die Durchführung von Verfahren auf der Grundlage der Artikel 81 und 82 EG-Vertrag durch die Kommission, ABl. 2004 L 123/18, geändert durch Verordnung (EU) Nr. 2015/1348 vom 3. August 2015, ABl. 2015 L 208/3.

[22] Beschluss des Präsidenten der Europäischen Kommission vom 13. Oktober 2011 über Funktion und Mandat des Anhörungsbeauftragten in bestimmten Wettbewerbsverfahren, ABl. L 2011 275/16.

[23] S. dazu auch die Übersicht bei *Wiedemann* in § 1 Rdnr. 27.

[24] Bekanntmachung der Kommission über die Zusammenarbeit innerhalb des Netzes der Wettbewerbsbehörden, ABl. 2004 C 101/43

[25] Bekanntmachung der Kommission über die Behandlung von Beschwerden durch die Kommission gemäß Artikel 81 und 82 EG-Vertrag, ABl. 2004 C 101/65.

[26] Leitlinien für das Verfahren zur Festsetzung von Geldbußen gemäß Artikel 23 Absatz 2 Buchstabe a) der Verordnung (EG) Nr. 1/2003, ABl. 2006 C 210/2.

[27] Mitteilung der Kommission über den Erlass und die Ermäßigung von Geldbußen in Kartellsachen, ABl. 2006 C 298/17, geändert in ABl. 2015 C 256/1.

[28] Mitteilung der Kommission über die Regeln für die Einsicht in Kommissionsakten in Fällen einer Anwendung der Artikel 81 und 82 EG-Vertrag, Artikel 53, 54 und 57 des EWR-Abkommens und der Verordnung (EG) Nr. 139/2004, ABl. 2005 C 325/7, geändert in ABl. 2015 C 256/3.

[29] Best practices for the submission of economic evidence and data collection in cases concerning the application of articles 101 and 102 TFEU and in merger cases; http://ec.europa.eu/competition/antitrust/legislation/best_practices_submission_en.pdf.

[30] Bekanntmachung der Kommission über bewährte Vorgehensweisen in Verfahren nach Artikel 101 und 102 des AEUV, ABl. 2011 L 308/6.

[31] Zur Selbstbindung der Verwaltung s. EuG U. v. 17.12.1991, Rs T-7/89, Slg. 1991, II-1715, Rdnr. 53 – Hercules am Beispiel des Verfahrens der Akteneinsicht, und GA *de Lamothe* Rs 1/71, Slg

ihr internes Verfahrenshandbuch **(„Manual of Procedure")** auf ihrer Internetseite zugänglich gemacht.[32]

C. Rechtsnatur und Ablauf des Verfahrens

Das Verfahren der Kommission ist ein **Verwaltungsverfahren** und kein Gerichtsverfahren.[33] Das gilt auch soweit die Kommission Geldbußen verhängt, da diese gemäß Art. 23 Abs. 5 VO Nr. 1/2003 keinen strafrechtlichen Charakter haben. Die Kommission ist kein Gericht im Sinne von Art. 6 EMRK.[34] Für das Kommissionsverfahren gelten somit nicht die für das Strafverfahren geltenden Regeln der Europäischen Menschenrechtskonvention. Allerdings hat das Kommissionsverfahren eine Vielzahl von Elementen rechtlichen Gehörs und enthält insbesondere durch das Amt des Anhörungsbeauftragten das zusätzliche Element einer neutralen Instanz. 5

Die am 7.12.2000 in Nizza proklamierte Charta der Grundrechte[35] ist mit dem Vertrag von Lissabon am 1.12.2009 in Kraft getreten. Erwägungsgrund 37 der VO Nr. 1/2003 verweist ausdrücklich auf die Grundrechtscharta. Nach ständiger Rechtsprechung gehören die **Grundrechte** zu den allgemeinen Grundsätzen des Gemeinschaftsrechts.[36] Diese müssen daher auch im Wettbewerbsverfahren beachtet werden.[37] Zu den allgemeinen Grundsätzen gehört ferner das Prinzip des **Gesetzesvorbehalts** für belastende Eingriffe der öffentlichen Verwaltung.[38] Als allgemeiner Grundsatz des Gemeinschaftsrechts gilt ferner, dass jedermann Anspruch auf ein faires Verfahren hat (Art. 41 Charta).[39] 6

Die Kommission wird sowohl **von Amts wegen** als auch auf **eine Beschwerde hin** tätig (Art. 7 VO Nr. 1/2003). Die Einleitung des Verfahrens gemäß Art. 2 Abs. 2 VO Nr. 773/2004 wird in der Regel veröffentlicht.[40] Die Parteien werden rechtzeitig vor der Veröffentlichung von der Verfahrenseinleitung in Kenntnis gesetzt.[41] Das Verfahren der Anmeldung von Vereinbarungen mit dem Ziel der Freistellung ist mit dem Erlass der VO Nr. 1/2003 abgeschafft worden; eine Rechtspflicht zur Anmeldung besteht nur noch im Rahmen der Fusionskontrolle. 7

1971, 358, 361 – *Cadillon/Höss;* GA *Warner* Rs 19/77, Slg 1978, 153, 157 – *Miller International;* EuGH U. v. 21.9.2006, Rs C-176/04 P, Slg. 2006, I-8935 Rdnr. 207 – *JCB Service;* EuG U. v. 16.06.2011, Rs T-199/08, Slg. 2011, II-3507 Rdnr. 67 – *Ziegler.*

[32] Antitrust Manual of Procedures; http://ec.europa.eu/competition/antitrust/antitrust_manproc_3_2012_en.pdf.

[33] EuGH U. v. 15.7.1970, Rs 45/69 Slg. 1970, 769 Rdnr. 23 – *Boehringer.*

[34] EuGH U. v. 29.10.1980, Rs 209–215 und 218/78 Slg. 1980, 3125 Rdnr. 81 – *Fedetab;* U. v. 7.6.1983, Rs 100–103/80, Slg. 1983, 1825 Rdnr. 7 – *Pioneer;* EuG U. v. 10.3.1992, RS T-11/89, Slg 1992, II-757 Rdnr. 39 – *Shell.*

[35] Charta der Grundrechte der Europäischen Union, ABl. 2000 C 364/1.

[36] EuGH U. v. 14.5.1974, Rs 4/73, Slg. 1974, 491 Rdnr. 13 – *Nold;* EuGH, Gutachten zum Beitritt der Gemeinschaft zur Konvention zum Schutze der Menschenrechte und Grundfreiheiten, 2/94 v. 28.3.1996, Slg. 1996, I-1759.

[37] EuGH U. v. 21.9.1989, Rs 46/87 und 227/87, Slg. 1989, 2919 Rdnr. 14 – *Hoechst;* EuGH U. v. 17.10.1989, Rs 85/87, Slg. 1989, 3150 Rdnr. 23 – *Dow Benelux;* EuGH U. v. 18.10.1989, Rs 374/87, Slg. 1989, 3343 Rdnr. 30 – *Orkem;* EuGH U. v. 17.12.1998, Rs C-185 /95 P, Slg 1998, I-8417 Rdnr. 20 ff. – *Baustahlgewebe GmbH – Betonstahlmatten;* EuGH U. v. 15.10.2002, verb. Rs C-238/99 P, C-244/99 P, C-245/99 P, C-247/99 P, C-250/99 P bis C-252/99 P und C-254/99 P, Slg. 2002, I-8375 Rdnr. 59 – *PVC II;* EuGH U. v. 29.6.2006, Rs C-308/04, Slg. 2006, I-5977 Rdnr. 26 – *SGL Carbon;* EuGH U. v. 8.12.2011, Rs C-389/07 P, Slg. 2011, I-13125 Rdnr. 118 – *Kupferinstallationsrohre;* EuGH U. v. 8.12.2011, Rs C-272/09 P, Slg. 2011, I-12789 Rdnr. 92 – *Industrierohre.*

[38] EuGH U. v. 21.9.1989 Rs 46/87 und 227/87, Slg. 1989, 2919 Rdnr. 19 – *Hoechst.*

[39] EuGH U. v. 25.1.2007, Rs C-411/04 P, Slg. 2007, I-959 Rdnr. 40 – *Mannesmann.*

[40] Bekanntmachung der Kommission über bewährte Vorgehensweisen in Verfahren nach Artikel 101 und 102 des AEUV, ABl. 2011 L 308/6, Rdnr. 20; z.B. Commission opens formal investigation into Amazon's e-book distribution arrangements; http://europa.eu/rapid/press-release_IP-15-5166_en.htm.

[41] Bekanntmachung, Rdnr. 21.

8 Voraussetzungen für ein Tätigwerden der Kommission von Amts wegen werden in Art. 7 Abs. 1 VO Nr. 1/2003 nicht genannt. Leitlinie des Kommissionsverfahrens ist grundsätzlich das **Opportunitätsprinzip.** Dies ergibt sich schon aus dem Wortlaut von Art. 7 VO Nr. 1/2003, wonach die Kommission eine Entscheidung erlassen „kann".[42] Dabei steht nicht der Schutz des Einzelnen, sondern der Schutz des Wettbewerbs als Institution im Vordergrund.[43] Die Kommission ist daher nicht verpflichtet, jedem möglichen Fall einer Wettbewerbsverletzung nachzugehen und ein Verfahren einzuleiten.[44] In Fällen von geringer wirtschaftlicher Bedeutung[45] oder der Möglichkeit, einen Streitfall durch nationale Gerichte zu entscheiden,[46] besteht kein **Gemeinschaftsinteresse** am Tätigwerden. Die Kommission ist daher auch bei positiver Kenntnis eines Wettbewerbsverstoßes nicht von Amts wegen zum Einschreiten verpflichtet.[47] Sie behält sich vor, in ihrer Arbeit Prioritäten zu setzen und nicht jeder Beschwerde nachzugehen. Die Kommission nutzt die ihr zur Verfügung stehenden Ressourcen für die Untersuchung und Verfolgung der schwerwiegendsten Zuwiderhandlungen und die Bearbeitung von Fällen, die für die Entwicklung der Wettbewerbspolitik und die Gewährleistung einer einheitlichen Anwendung der Wettbewerbsregeln wichtig sind.[48] Die Entscheidung, eine Untersuchung einzuleiten, steht somit im Ermessen der Kommission. Entscheidet die Kommission, einer Beschwerde nicht nachzugehen, unterliegt dies jedoch richterlicher Kontrolle. Ein **Anspruch** eines Beschwerdeführers **auf Einschreiten** gegen Dritte besteht nicht, wohl aber auf ordnungsgemäße Bescheidung eines solchen Antrags.[49]

9 Die Kommission ist nach dem **Untersuchungsgrundsatz** gehalten, den Sachverhalt zu ermitteln. Sie besitzt eigene Ermittlungsrechte, d. h. sie kann schriftlich Auskünfte bei Beteiligten und Dritten einholen und vor Ort Nachprüfungen bei Unternehmen vornehmen.[50] Die Kommission kann auch allgemeine Untersuchungen ganzer Wirtschaftszweige vornehmen, falls die Vermutung besteht, dass in einem Wirtschaftszweig der Wettbewerb eingeschränkt oder verfälscht ist (sog. Sektoruntersuchung nach Art. 17 VO Nr. 1/2003). Die Tatsache, dass die Kommission sowohl Ermittlungs- als auch Entscheidungsbefugnisse hat, wird gelegentlich kritisiert.[51] Die Rechtsprechung akzeptiert diese Doppelfunktion, die auch dem Wettbewerbsrecht mehrerer Mitgliedstaaten entspricht,[52] sofern eine unbeschränkte gerichtliche Kontrolle gewährleistet ist.[53]

---

[42] EuGH U. v. 18.10.1979, Rs 125/78, Slg. 1979, 3173 Rdnr. 18 – *GEMA;* EuGH U. v. 15.10.2002, verb. Rs C-238/99 P, C-244/99 P, C-245/99 P, C-247/99 P, C-250/99 P bis C-252/99 P und C-254/99 P, Slg. 2002, I-8375 Rdnr. 448 – *PVC II.*

[43] S. dazu auch EuG U. v. 16.9.1998, Rs T110/95, Slg. 1998, II-3645 Rdnr. 54 ff. – *IECC;* Erwägungsgrund 9 VO Nr. 1/2003.

[44] EuGH U. v. 18.10.1979, Rs 125/78, Slg. 1979, 3173 Rdnr. 18 – *GEMA;* EuG U. v. 18.9.1992, Rs T-24/90, Slg. 1992, II-2223 Rdnr. 76 – *Automec II.*

[45] Bekanntmachung über Vereinbarungen von geringer Bedeutung, die im Sinne des Artikels 101 Absatz 1 des Vertrags über die Arbeitsweise der Europäischen Union den Wettbewerb nicht spürbar beschränken (De-minimis-Bekanntmachung), ABl. 2014 C 291/1, Rdnr. 5.

[46] Der Bekanntmachung über die Zusammenarbeit zwischen der Kommission und den Gerichten der Mitgliedstaaten bei der Anwendung der Artikel 85 und 86 des EWG-Vertrags, ABl. 1993 C 39/6, Rdnr. 15.

[47] EuG U. v. 16.9.1998, Rs T-110/95 Rdnr. 74 -*IECC.*

[48] Bekanntmachung der Kommission über bewährte Vorgehensweisen in Verfahren nach Artikel 101 und 102 des AEUV, ABl. 2011 L 308/6, Rdnr. 13.

[49] S. § 47 Rdnr. 8.

[50] Dazu näher § 42.

[51] House of Lords, Sessions 1981–1982, 8th Report, para 6 and 9; vgl. auch Komm. 15. WB (1985) Nr. 89; s. auch die Bemerkungen des Europäischen Parlaments und die Antwort der Kommission in 21. WB (1991) Anhang I, S. 262; s. auch *Wils,* The compatibility with fundamental rights of the EU antitrust enforcement system in which the European Commission acts both as investigator and as first-instance decision maker, World Competition, 2014, 5 mwN.

[52] Z. B. Deutschland, Italien, Frankreich.

[53] EuGH U. v. 7.6.1983, Rs 100–103/80, Slg. 1983, 1825 Rdnr. 6–7 – *Pioneer;* EuG U. v. 10.3.1992, RS T-11/89, Slg 1992, II-757 Rdnr. 39 – *Shell;* EGMR U. v. 27.9.2011, Beschwerde

Der Grundsatz des **rechtlichen Gehörs** spielt im Verfahren eine wichtige Rolle und wird von der Rechtsprechung streng überprüft. Bevor die Kommission eine belastende Entscheidung trifft, gibt sie den betroffenen Unternehmen Gelegenheit zur Stellungnahme. Dies gilt vor einer Untersagungsentscheidung, bei einstweiligen Maßnahmen sowie vor der Zurückweisung von Beschwerden. Vor einer Untersagungsentscheidung erfolgt das rechtliche Gehör in Form detaillierter **Beschwerdepunkte** und ggf. einer mündlichen Anhörung. Dabei wird **Akteneinsicht**[54] in die Unterlagen gewährt, auf die sich die Kommission stützt. Zur Durchführung des rechtlichen Gehörs ist das Amt des **Anhörungsbeauftragten**[55] geschaffen worden. 10

Beabsichtigt die Kommission, das Verfahren mit einer formellen Entscheidung abzuschließen, so beschließt sie die Einleitung des Verfahrens (Art. 2 Abs. 1 VO Nr. 773/2004). Die Rechtsfolge der Verfahrenseinleitung ist, dass die Wettbewerbsbehörden der Mitgliedstaaten in diesem Fall Art. 101 und 102 AEUV nicht mehr anwenden können (Art. 11 Abs. 6 VO Nr. 1/2003).[56] Vor Erlass einer Entscheidung nach Art. 9 oder 10 VO Nr. 1/2003 veröffentlicht die Kommission eine kurze Zusammenfassung des Falls und den wesentlichen Inhalt der betreffenden Verpflichtungszusagen oder der geplanten Vorgehensweise (Art. 27 Abs. 4 VO Nr. 1/2003). 11

Im Rahmen einer **Abstellungsentscheidung** werden die Unternehmen angewiesen, ein bestimmtes Verhalten zu beenden oder zu unterlassen. Ist vorsätzlich oder fahrlässig gegen die Wettbewerbsbestimmungen verstoßen worden, kann eine **Geldbuße**[57] verhängt werden. Die Kommission kann ferner durch Entscheidung **Verpflichtungszusagen** für verbindlich erklären, die von einem Unternehmen im Zusammenhang mit einem laufenden Untersagungsverfahren angeboten wurden.[58] In Fällen besonderer Eilbedürftigkeit kann die Kommission **einstweilige Maßnahmen**[59] erlassen, um einen Sachverhalt vorläufig zu regeln. Soweit ein berechtigtes Interesse besteht, kann die Kommission in einer **Feststellungsentscheidung** auch eine Zuwiderhandlung feststellen, die bereits beendet worden ist.[60] Aus Gründen des öffentlichen Interesses kann die Kommission auch von Amts wegen in einer Entscheidung die **Nichtanwendbarkeit** von Art. 101 und 102 AEUV feststellen.[61] 12

Die zuständigen Behörden der Mitgliedstaaten, in Deutschland das BKartA, sind in das gesamte Verfahren einbezogen. Die Kommission führt ihre Verfahren in enger und stetiger Verbindung mit diesen nationalen Behörden durch (Art. 11 VO Nr. 1/2003, Art. 19 Abs. 2 FKVO). Diese werden über den Ablauf des Verfahrens informiert, erhalten Kopien der wichtigsten Unterlagen und werden vor Entscheidungen im Beratenden Ausschuss angehört. 13

D. Verfahren bei der formellen Entscheidung: Kollegialprinzip und Verfahren der Beschlussfassung

Der AEU-Vertrag geht grundsätzlich von der kollegialen Verantwortung der Kommission für ihre Entscheidungen aus. Gemäß Art. 1 ihrer Geschäftsordnung handelt die Kommission als **Kollegialorgan.**[62] Das Kollegialprinzip hat zum Inhalt, dass alle Mitglieder des 14

43509/08 Rdnr. 57–67 – *Menarini;* EuGH U. v. 18.4.2013, Rs C-501/11 P, ECLI:EU:C:2013:522 Rdnr. 33,35 – *Schindler.*

[54] S. § 44 Rdnr. 18.

[55] S. § 44 Rdnr. 4.

[56] S. § 41 Rdnr. 50.

[57] S. Dazu näher *Hellmann* in § 46.

[58] S. § 45 Rdnr. 11 ff.

[59] S. § 48.

[60] S. § 45 Rdnr. 25.

[61] S. § 45 Rdnr. 7.

[62] Geschäftsordnung der Kommission, ABl. 2000 L 30826; geändert durch Beschluss v. vom 23.12.2005, ABl. 2006 L 19/202 und durch Beschluss vom 9.11.2011, ABl. 2011 L 296/58.

Kollegiums an der Entscheidungsfindung mitwirken und für die erlassene Entscheidung politisch verantwortlich sind.[63] Die Beschlüsse der Kommission werden mit der Mehrheit ihrer Mitglieder gefasst (Art. 250 AEUV). Ungeachtet der kollektiven Verantwortlichkeit ist ein arbeitsteiliges Vorgehen bei der Vorbereitung und Durchführung von Entscheidungen zulässig. Die der Kommission zur Beschlussfassung vorgelegten Entwürfe werden unter der Verantwortung des zuständigen Kommissionsmitglieds in der fachlich zuständigen Generaldirektion entworfen und mit anderen Dienststellen sowie dem Juristischen Dienst abgestimmt. Die Geschäftsordnung sieht für die Beschlussfassung der Kommission drei Verfahrensformen vor: Entscheidungen können in gemeinschaftlicher Sitzung, im schriftlichen Verfahren (Umlaufverfahren) oder im Ermächtigungsverfahren (sog. Habilitationsverfahren) getroffen werden (Art. 4 Geschäftsordnung). Wird die Entscheidung in gemeinschaftlicher Sitzung oder im schriftlichen Verfahren getroffen, so handelt es sich stets um eine Entscheidung des ganzen Kollegiums. Eine Ausnahme vom Kollegialitätsprinzip stellen Entscheidungen im **Ermächtigungsverfahren** dar. Voraussetzung dafür ist, dass die Kommission eines ihrer Mitglieder ermächtigt, im Namen der Kommission eindeutig umschriebene Maßnahmen der Geschäftsführung und Verwaltung zu treffen (Art. 13 Geschäftsordnung). Dieses Verfahren ermöglicht es, das Kollegium von der Befassung mit einfachen Routineentscheidungen zu entlasten. Die Entscheidung trifft dann nur das zuständige Mitglied der Kommission oder ein entsprechend ermächtigter Beamter. Die Möglichkeit zur Ermächtigung ist Ausdruck des **Selbstorganisationsrechts** der Kommission,[64] aber nur bei einfachen, laufenden Angelegenheiten der Verwaltung zulässig.[65] Da es sich um Fragen der internen Organisation handelt, wird die Ermächtigungsentscheidung als solche nicht veröffentlicht und auch die Form der Entscheidungsfindung nach außen nicht sichtbar gemacht.

15 In Kartellverfahren ist das für Wettbewerbsfragen zuständige Mitglied der Kommission hinsichtlich einer Vielzahl von Verfahrensentscheidungen „habilitiert", d. h. ermächtigt, worden.[66] Dazu zählen die Entscheidung über die Mitteilung der Beschwerdepunkte,[67] zur Einleitung des Verfahrens[68] sowie die Entscheidungen über Auskunftsersuchen und Nachprüfungen.[69] Im Verfahren der Fusionskontrolle besteht eine solche Ermächtigung für die Entscheidung, in unproblematischen Fällen keine Einwände zu erheben (Art. 6 Abs. 1 (b) FKVO). Gemäß Art. 13 Geschäftsordnung kann die Ermächtigung auch auf Beamte übertragen werden. Dies ist z. B. für Entscheidungen des Anhörungsbeauftragten im Rahmen seines Mandats geschehen. Entscheidungen, die Rechte und Pflichten von Unternehmen erheblich berühren können, dürfen dagegen nicht delegiert werden.[70] Daher müssen Endentscheidungen wie Abstellungsentscheidungen oder Bußgeldentscheidungen stets vom Kollegium getroffen werden.[71] Mögliche Äußerungen oder Zusagen eines Beamten zur

---

[63] EuGH U. v. 23.9.1986, Rs 5/85, Slg. 1986, 2558 Rdnr. 30 – *AKZO II;* U. v. 15.6.1994, Rs C-137/92, P Slg. 1994, II-2629 Rdnr. 62 – *PVC.*

[64] EuGH U. v. 23.9.1986, Rs 5/85, Slg. 1986, 2558 Rdnr. 36 – *AKZO II.*

[65] EuGH U. v. 23.9.1986, Rs 5/85 Slg. 1986, 2558 Rdnr. 36 – *AKZO II;* U. v. 15.6.1994, Rs C-137/92 P, Slg. 1994, II-2629 Rdnr. 71 – *PVC;* EuG U. v. 27.2.1992, Rs T-79, 84–86, 89, 91, 92, 94, 96, 98, 102, 104/89, Slg. 1992, II-318 Rdnr. 57 – *PVC.*

[66] Eine Auflistung findet sich in: Antitrust Manual of Procedures, Chapter 1, Decision-making procedure, Rdnr. 23, http://ec.europa.eu/competition/antitrust/antitrust_manproc_3_2012_en.pdf.

[67] S. § 44 Rdnr. 10; EuGH U. v. 14.7.1972, Rs 52/69 Slg. 1972, 787, 882 Rdnr. 4 – *Geigy;* U. v. 17.10.1972, Rs 8/72, Slg. 1972, 961, 989 Rdnr. 10 – *Cementhandelaren.*

[68] EuGH U. v. 23.9.1986, Rs 5/85, Slg. 1986, 2558 Rdnr. 36 – *AKZO II.*

[69] EuGH U. v. 23.9.1986, Rs 5/85, Slg. 1986, 2558 Rdnr. 39 – *AKZO II;* EuGH U. v. 17.10.1989 Rs 97–99/87, Slg. 1989, 3181 Rdnr. 58 – *Dow Chemical Iberica.*

[70] EuG U. v. 6.4.1995, verb. Rs T-80–84, 83, 87–88, 90, 93, 95, 97, 99–101, 103, 105, 107 und 112/89, Slg. 1995, II-729 Rdnr. 101 – *LDPE.*

[71] EuGH U. v. 15.6.1994, Rs C-137/92 P, Slg. 1994, II-2629 Rdnr. 71 – *PVC;* EuG, U. v. 27.2.1992, Rs T-79, 84–86, 89, 91, 92, 94, 96, 98, 102, 104/89, Slg. 1992, II-318 Rdnr. 57 – *PVC;* EuG U. v. 6.4.1995, verb. Rs T-80–84, 83, 87–88, 90, 93, 95, 97, 99–101, 103, 105, 107 und 112/89, Slg. 1995, II-729 Rdnr. 99 – *LDPE.*

Höhe einer Geldbuße können daher die Kommission nicht binden und auch keinen entsprechenden Vertrauensschutz gewähren, da deutlich ist, dass eine solche Entscheidung nicht auf den für Wettbewerbsfragen zuständigen Generaldirektor übertragen werden kann.[72]

Die Einzelheiten des Verfahrens der Beschlussfassung der Kommission sind in der **Geschäftsordnung** geregelt.[73] Die Rechtsprechung legt großen Wert auf die Einhaltung dieser Regeln.[74] Ein Verstoß gegen die in der Geschäftsordnung der Kommission enthaltene Unterschriftenregelung oder die nachträgliche sprachliche Korrektur einer einmal von der Kommission angenommenen Entscheidung – mag diese auch nur zum Gegenstand haben, die verschiedenen Sprachfassungen zu harmonisieren – machen den Rechtsakts anfechtbar.[75] Die Rechtsprechung sieht dies als Verstoß gegen das **Kollegialprinzip** und gegen den **Grundsatz der Unantastbarkeit des Rechtsakts**[76] an. Der Grundsatz der Unantastbarkeit des Rechtsakts besagt, dass ein gemäß dem vorgeschriebenen Verfahren erlassener Rechtsakt nach seiner Annahme mit Ausnahme von grammatikalischen oder orthographischen Änderungen nur im Rahmen dieses Verfahrens verändert werden darf. Das betrifft nicht nur den Tenor, sondern auch die Begründung.[77] Dabei ist nicht ausschlaggebend, ob diese Änderungen die Rechte der betroffenen Unternehmen beeinträchtigen können. Tragweite, Bedeutung oder Wesentlichkeit der Änderung sind daher unbeachtlich.[78] 16

E. Allgemeine Verfahrensregeln

Verfahrensregeln sind für die Legitimation hoheitlichen Handels von großer Bedeutung. 17
Das gilt erst recht für das Verwaltungshandeln der Kommission, da diese dem Bürger in der Regel noch ferner steht als eine nationale Verwaltung. Im EU-Verwaltungsrecht gibt es keine dem deutschen Verwaltungsverfahrensgesetz entsprechende allgemeine Regelung, die gemeinsame Regeln des Verwaltungsverfahrens niederlegt. In Anlehnung an die im Recht der Mitgliedstaaten bestehenden Grundsätze hat die Rechtsprechung allerdings die im europäischen Primär- und im Sekundärrecht bestehenden Grundsätze zu einem europäischen Verwaltungsrecht ausgeformt.[79] Die Beachtung der Verfahrensregeln ist in der Praxis von großer Bedeutung und wird von der Rechtsprechung streng überwacht. Die Erörterung von Verfahrensfragen in Prozessen vor dem EuG nimmt einen genauso hohen Stellenwert ein wie die Erörterung von Fragen materiellen Rechts. Der Beachtung von Verfahrensga-

---

[72] EuG U. v. 29.4.2004, Rs T-236/01, T-239/01, T-244/01 bis T-246/01, T-251/01 und T-252/01, Slg. 2004 II-1181, 141 Rdnr. 153 – *Tokai.*

[73] Art. 4 ff. Geschäftsordnung der Kommission, ABl. 2000 L 308/26; geändert durch Beschluss v. vom 23. Dezember 2005, ABl. 2006 L 19/202 und durch Beschluss vom 9. November 2011, ABl. 2011 L 296/58.

[74] EuGH U. v. 15.6.94, Rs C-137/92, P Slg. 1994, II-2629 Rdnr. 76 – *PVC;* EuG U. v. 29.6.1995, Rs T-30/91, Slg. 1995, II-1775 Rdnr. 50 – *Solvay I.*

[75] EuG U. v. 27.2.1992, Rs T-79, 84–86, 89, 91, 92, 94, 96, 98, 102, 104/89 Slg. 1992, II-318 Rdnr. 71, 82, 96 – *PVC.* Das EuG hatte in diesem Fall sogar Nichtigkeit angenommen, aufgehoben durch EuGH U. v. 15.6.1994, der lediglich Anfechtbarkeit annahm. Die Kommission hat die Verfahrensfehler dadurch behoben, dass sie erneut über den Sachverhalt entschieden hat: Komm. E. v. 27.7.1994 ABl. 1994 L 239/14 – *PVC.* Bestätigt durch EuG U. v. 20.4.1999, Rs T-305–307, 313–316, 318, 325, 328, 329, 335/94, Slg. 1999, II-931 – *PVC* und EuGH U. v. 15.10.2002 verb. Rs. C-238/99 P, C-244/99 P, C-245/99 P, C-247/99 P, C-250/99 P bis C252/99 P und C-254/99 P, Slg. 2002 I-8375 – *PVC.*

[76] EuG U. v. 27.2.1992, Rs T-79, 84–86, 89, 91, 92, 94, 96, 98, 102, 104/89 Slg. 1992, II-318 Rdnr. 42, 47, 49 – *PVC;* EuG U. v. 6.4.1995, verb. Rs T-80–84, 83, 87–88, 90, 93, 95, 97, 99–101, 103, 105, 107 und 112/89, Slg. 1995, II-729 Rdnr. 82 – *LDPE.*

[77] EuGH U. v. 23.2.1988, Rs 131/86, Slg. 1988, 925 Rdnr. 37 – *Legehennen.*

[78] EuG U. v. 6.4.1995, verb. Rs T-80–84, 83, 87–88, 90, 93, 95, 97, 99–101, 103, 105, 107 und 112/89, Slg. 1995, II-729 Rdnr. 84 – *LDPE.*

[79] S. dazu Schwarze, Europäisches Verwaltungsrecht 2005, S. 4 ff.

rantien kommt eine um so größere Bedeutung zu, soweit die Kommission über Ermessen oder über einen Beurteilungsspielraum verfügt, da der wesentliche Teil des Rechtsschutzes dann in der Kontrolle der Ordnungsgemäßheit des Verfahrens erfolgt.[80]

I. Fehler im Verwaltungsverfahren

18 **1. Rechtsfolgen von Verfahrensfehlern.** Nicht jeder Fehler im Verwaltungsverfahren hat die Anfechtbarkeit der Kommissionsentscheidung zur Folge. Die Rechtsprechung prüft, ob und ggf. welche Auswirkungen der Verfahrensfehler auf die getroffene Entscheidung hat. Ein Verfahrensfehler führt dann zur Anfechtbarkeit der Entscheidung, wenn die Entscheidung ohne den Fehler hätte anders ausfallen können oder anders ausgefallen wäre.[81] Das ist z. B. der Fall, wenn die Anwendung der falschen Durchführungsverordnung dazu führt, dass dem betroffenen Unternehmen verfahrensrechtliche Garantien ganz oder teilweise vorenthalten werden.[82] Sind Beweismittel wegen eines Verstoßes gegen die Regeln des rechtlichen Gehörs nicht verwertbar, so überprüft die Rechtsprechung, ob die Entscheidung auch mit den verbleibenden Beweismitteln ausreichend begründet ist.[83] Ein **Schreibfehler** in der Entscheidung hat dagegen nicht die Anfechtbarkeit zur Folge, wenn für den Adressaten der Irrtum erkennbar ist und ihn über die Aussage der Kommission nicht im Unklaren lässt.[84] Verfahrensfehler, die keine Auswirkungen auf die Entscheidung haben, etwa solche bei der Zustellung, führen nicht zur Anfechtbarkeit der Entscheidung, sondern ggf. nur zu einer anderen Berechnung der Klagefrist.[85]

18a Begeht die Kommission einen Fehler im Verwaltungsverfahren, so kann sie nach den in Art. 340 AEUV enthaltenen Regeln der Amtshaftung zum Schadensersatz verpflichtet sein. Ein **Schadensersatzanspruch** setzt nach ständiger Rechtsprechung ein rechtswidriges Verhalten der Kommission und einen dadurch verursachten Schaden voraus.[86] Das rechtswidrige Verhalten muss dabei einen ‚hinreichend qualifizierten' Verstoß gegen eine Rechtsnorm darstellen, die dem einzelnen Rechte verleihen soll.[87] Im Fall des durch die Kommission untersagten Zusammenschlussvorhabens *Schneider/Legrand* hat der EuGH einen Verstoß gegen die Regeln der Gewährung rechtlichen Gehörs grundsätzlich als hinreichend qualifiziert angesehen, um einen Schadensersatzanspruch auszulösen, im konkreten Fall jedoch die Kausalität des Rechtsverstoßes für den überwiegenden Teil des geltend gemachten Schadens verneint.[88] Die Kommission musste allerdings die Verfahrenskosten für das wiederaufgenommene Fusionskontrollverfahren erstatten.

---

[80] EuGH U. v. 21.11.1991, Rs C-269/90 Slg. 1991, I-5469 Rdnr. 14, 26 – *Technische Universität München;* EuG U. v. 24.1.1992, Rs T-44/90, Slg. 1992 II-1 Rdnr. 86 – *La Cinq.*

[81] EuGH U. v. 15.7.1970, Rs 41/68, Slg. 1970, 661, 687 – *AFC Chemiefarma – Chinin;* EuGH U. v. 10.7.1980, Rs 30/78, Slg. 1980, 2229, 2264 Rdnr. 26 – *Destillers;* EuGH U. v. 29.10.1980, Rs 209–215, und 218/78, Slg. 1980, 3125 Rdnr. 47 – *Fedetab;* EuGH U. v. 15.10.2002, verb. Rs C-238/99 P, C-244/99 P, C-245/99 P, C-247/99 P, C-250/99 P bis C-252/99 P und C-254/99 P, Slg. 2002, I-8375 Rdnr. 317 – *PVC II;* EuG U. v. 8.7.2004, Rs T-44/00, Slg. 2004, II-2223 Rdnr. 55 – *Mannesmann.*

[82] EuG U. v. 6.6.1995, Rs T-14/93, Slg. 1995, II-1503 Rdnr. 58 – *UIC*; bestätigt durch EuGH U. v. 11.3.1997, Rs C-264/95, P Slg. 1997, I-1287 – *UIC.*

[83] Ständige Rspr. EuGH U. v. 25.10.1983, Rs 107/83 Slg. 1983, 3151 Rdnr. 30 – *AEG;* EuG U. v. 29.6.1995, Rs T-30/91, Slg. 1995, II-1775, Rdnr. 58 – *Solvay I.*

[84] EuGH U. v. 16.12.1975, Rs 40–48, 50, 54–56, 111, 113, 114/73 Slg. 1975, 1663 Rdnr. 230–231– *Suiker Unie* (Angabe einer falschen Jahreszahl); EuGH U. v. 21.2.1984 Rs 86/82 Slg 1984, 883 Rdnr. 40 – *Hasselblad* (Verwechslung der Ziffern von Vertragsklauseln) .

[85] EuGH U. v. 14.7.1972, Rs 52/69, Slg. 1972, 787, 882 Rdnr. 18 – *Geigy;* EuG U. v. 27.10.1994, Rs T-34/92, Slg. 1994, II-905 Rdnr. 27 – *Fiatagri.*

[86] EuGH U. v. 29.9.1982, Rs 26/81, Slg. 1982, 3057 Rdnr. 16 – *Oleifici Mediterranei;* EuG U. v. 14.12.2005, Rs T-383/00, Slg. 2005, II-5459 Rdnr. 95 – *Beamglow;* EuGH U. v. 16.7.2009, Rs C-440/07, P Slg. 2009, I- 6413 Rdnr. 160 – *Schneider Electric.*

[87] EuG U. v. 14.12.2005, Rs T-383/00, Slg. 2005, II-5459 Rdnr. 97 – *Beamglow;* EuGH U. v. 19.4.2007, Rs C-282/05 P Rdnr. 49 – *Holcim;* EuGH U. v. 16.7.2009, Rs C-440/07, P Slg. 2009, I-6413 Rdnr. 160 – *Schneider Electric.*

[88] EuGH U. v. 16.7.2009, Rs C-440/07, P Slg. 2009, I-6413 Rdnr. 205 – *Schneider Electric.*

Die Verletzung rein interner Verfahrensregeln führt nur dann zur Rechtswidrigkeit der endgültigen Entscheidung, wenn sie wesentlicher Natur ist und für die rechtliche und tatsächliche Situation der Beteiligten nachteilige Folgen hat.[89] So hat z.B. die Nichteinhaltung von Fristen bei der Information des Beratenden Ausschusses keine Folgen für die Rechtsgültigkeit einer Entscheidung.[90] Ein strenger Maßstab wird dagegen bei Fehlern bei der Beschlussfassung der Kommission und bei Verstößen gegen die Geschäftsordnung der Kommission angelegt. In diesen Fällen wird die Bedeutung oder Wesentlichkeit des Fehlers nicht weiter überprüft.[91] 19

2. Heilung von Verfahrensfehlern. Bei bestimmten Verfahrensfehlern besteht die Möglichkeit der Heilung, wenn die Behebung des Fehlers im Verfahren dazu führt, dass dieser keine Auswirkungen auf die Endentscheidung hat. Fraglich ist, ob die Heilung auch noch während des nachfolgenden Gerichtsverfahrens möglich ist.[92] Die Haltung der Rechtsprechung zu dieser Frage ist nicht eindeutig. Während der EuGH sich in einer älteren Entscheidung für die Möglichkeit der Heilung ausgesprochen hat,[93] scheint das EuG zurückhaltender zu sein. Es hat dazu ausgeführt, dass die Verletzung der Verteidigungsrechte im Verwaltungsverfahren während des Gerichtsverfahrens nicht mehr geheilt werden könne, da das Gerichtsverfahren sich auf eine richterliche Kontrolle beschränke und die vollständige Aufklärung des Falles nicht ersetzen könne.[94] Da das EuG die Entscheidung des Gerichtshofs nicht erwähnt hat, lässt sich diese Aussage auch dahingehend interpretieren, dass sie sich nur auf die Unmöglichkeit der Heilung im konkreten Verfahren bezieht, aber keine generelle Feststellung beinhaltet. Die in der Literatur gegen die Möglichkeit der Heilung vorgebrachte Kritik[95] ist nicht überzeugend.[96] Entscheidend ist die Prüfung, ob ein Verfahrensfehler Auswirkungen auf die Entscheidung gehabt haben kann. Die Anfechtbarkeit einer Entscheidung ist nicht die absolute Sanktion für eine Regelwidrigkeit im Verfahren, sondern die Folge des Umstands, dass die Entscheidung selbst mit einem Fehler behaftet ist, der nicht mehr behoben werden kann. 20

Ist eine Entscheidung der Kommission wegen eines Verfahrensfehlers aufgehoben worden, ist die Kommission nicht gehindert, die Entscheidung unter Behebung des Verfahrensfehlers neu zu erlassen. In dem *PVC*-Gerichtsverfahren hatte der Gerichtshof die von der Kommission getroffenen Entscheidungen aufgehoben, da die Kommission die Regeln ihre Geschäftsordnung bei dem Erlass der Entscheidung nicht eingehalten hatte.[97] Die Kommission hatte darauf unter Behebung ihres Fehlers die gleichlautende Entscheidung *PVC II* neu erlassen.[98] Die Rechtsprechung billigt dieses Vorgehen.[99] Ein erneutes Verfahren der Gewährung rechtlichen Gehörs ist dann nicht mehr notwendig, wenn die Entscheidung genau die Beschwerdepunkte betrifft, zu denen sich das Unternehmen bereits 20a

---

[89] EuG U. v. 10.7.1991, Rs T-69/89, Slg. 1991, II-485 Rdnr. 27 – *RTE.*

[90] EuG U. v. 10.7.1991, Rs T-69/89, Slg. 1991, II-485 Rdnr. 27 – *RTE;* EuG U. v. 27.11.1997, Rs T-290/94, Slg. 1997, II-2137, Rdnr. 88 – *Kaysersberg.*

[91] S. unter Rdnr. 16.

[92] Dafür *Due,* EuR 1988, 33, 37; dagegen *Sedemund,* EuR 1973, 307, 316.

[93] EuGH U. v. 13.2.1979, Rs 85/76, Slg. 1979, 461 Rdnr. 15 – *Hoffmann-La Roche;* kritisch GA *Warner* in Rs 30/78, Slg. 1980, 2267, 2297 – *Destillers.*

[94] EuG U. v. 29.6.1995, Rs T-30/91, Slg. 1995, II-1775 Rdnr. 98 – *Solvay I;* s. aber auch EuG U. v. 25.2.1992, Rs T-11/91, Slg. 1992, II- 203 Rdnr. 86 – *Schloh ./. Rat,* Beamtensache, wonach eine ggf. unzureichende Begründung zur Zurückweisung einer Bewerbung im Verwaltungsverfahren während des Gerichtsverfahrens geheilt werden kann; s. auch EuGH U. v. 15.10.2002, verb. Rs C-238/99 P, C-244/99 P, C-245/99 P, C-247/99 P, C-250/99 P bis C-252/99 P und C-254/99 P, Slg. 2002, I-8375 Rdnr. 318, 325 – *PVC II.*

[95] *Maitland-Walker* EIPR 1979, 357, 358; *Lenz-Grill,* Fs. für Deringer, S. 314.

[96] Zum deutschen Recht s. die Regelung in § 45 Abs. 2 VwVfG, die nach § 56 Abs. 4 GWB auch im Kartellverwaltungsverfahren gilt.

[97] S. § 41 Rdnr. 19.

[98] Komm. E. v. 27.7.1994, ABl. L 239/14 1 – *PVC II.*

[99] EuG U. v. 27.06.2012, Rs T-372/10, ECLI:EU:T:2012:325 Rdnr. 67, 78 – *Bollore.*

geäußert hatte.[100] Ebenso ist keine erneute Anhörung des Beratenden Ausschusses notwendig.[101] Der Wiederaufnahme von Verfolgungsmaßnahmen steht auch nicht der Grundsatz „ne bis in idem" entgegen, da es sich nicht um eine erneute Sanktion handelt, wenn die erste Entscheidung lediglich aus formalen Gründen aufgehoben worden ist.[102] Ist eine Entscheidung allerdings wegen einer Verletzung des rechtlichen Gehörs aufgehoben worden, müssen diese Fehler bei der Gewährung des rechtlichen Gehörs behoben werden; die Kommission kann nicht einfach das alte Verfahren wiederholen.[103]

21 **3. Indiskretionen und Befangenheit.** Entscheidungen der Kommission sind mehrfach mit der Begründung angefochten worden, dass Indiskretionen im Verfahren oder Äußerungen in der Öffentlichkeit auf die Voreingenommenheit bzw. **Befangenheit** von Mitgliedern der Kommission oder von Beamten schließen ließen. Die Rechtsprechung hat diese Vorfälle bisher nicht zum Anlass genommen, eine Entscheidung aufzuheben und ausgeführt, dass Äußerungen in der Öffentlichkeit keine Anhaltspunkte dafür bieten, dass die Entscheidung entsprechend beeinflusst war.[104] Missverständliche Äußerungen eines Kommissionsmitglieds gegenüber der Presse sind kein Beweis dafür, dass entsprechende Argumente des Unternehmens im Verfahren nicht berücksichtigt worden sind.[105] Der richterlichen Überprüfung unterliegt grundsätzlich nur die Entscheidung der Kommission als Kollegium. Dabei ist nicht die Äußerung eines einzelnen Kommissionsmitglieds, sondern die schriftliche Begründung der Entscheidung ausschlaggebend. Gleiche Erwägungen gelten für Äußerungen in den von der Kommission herausgegebenen **Pressemitteilungen.** Solange keine Anhaltspunkte bestehen, dass der Entscheidung andere Erwägungen, als die in den Gründen genannten zugrunde liegen, stellen missverständliche Äußerungen in einer Presseerklärung keinen Anfechtungsgrund dar.[106] Im Fall *Crédit Agricol* kritisierte der Ombudsman Äußerungen des Kommissionsmitglieds *Almunia* während des laufenden Ermittlungsverfahrens[107]; die Kommission erklärte darauf, dass sie diese Aussagen bedauere.[108]

22 Ähnlich ist die Haltung der Rechtsprechung auch zu **Indiskretionen** im Verlauf der Entscheidungsfindung. Vorzeitige Verlautbarungen stellen keinen Verfahrensfehler dar, sofern nicht Anhaltspunkte dafür vorliegen, dass die Entscheidung anderenfalls mit anderem Inhalt ergangen wäre.[109] Solche Anhaltspunkte für einen möglichen Einfluss auf die Entscheidung liegen in der Regel nicht vor.[110]

II. Anfechtbarkeit und Nichtigkeit von Entscheidungen

23 **1. Abgrenzung von Anfechtbarkeit und Nichtigkeit.** Auch eine fehlerhaft zustande gekommene und damit anfechtbare Entscheidung der Kommission ist grundsätzlich

---

[100] EuGH U. v. 15.10.2002, verb. Rs C-238/99 P, C-244/99 P, C-245/99 P, C-247/99 P, C-250/99 P bis C-252/99 P und C-254/99 P, Slg. 2002, I-8375 Rdnr. 98 – *PVC II.*

[101] EuGH U. v. 15.10.2002, verb. Rs C-238/99 P, C-244/99 P, C-245/99 P, C-247/99 P, C-250/99 P bis C-252/99 P und C-254/99 P, Slg. 2002, I-8375 Rdnr. 118 – *PVC II.*

[102] EuGH U. v. 15.10.2002, verb. Rs C-238/99 P, C-244/99 P, C-245/99 P, C-247/99 P, C-250/99 P bis C-252/99 P und C-254/99 P, Slg. 2002, I-8375 Rdnr. 61 – *PVC II.*

[103] EuGH U. v. 25.10.2011, Rs C-109/10, Slg. 2011, I-10329 Rdnr. 71 – *Solvay.*

[104] EuG U. v. 7.7.1994, Rs T-43–92, Slg. 1994, II-447 Rdnr. 29 – *Dunlop Slazenger;* EuG U. v. 14.5.1998, Rs T-308/94, Slg. 1998, II – 925 Rdnr. 58 – *Cascades;* EuG U. v. 30.9.2003, verb. Rs T-191/98 und 212–214/98, Slg. 2003, II-3275 Rdnr. 447ff – *TACA;* EuG U. v. 5.4.2006, Rs T-279/02 Rdnr. 417 – *Degussa.*

[105] EuGH U. v. 16.12.1975, Rs 40–48, 50, 54–56, 111, 113, 114/73 Slg. 1975, 1663 Rdnr. 101–103 – *Suiker Unie.*

[106] EuG U. v. 12.12.1991, Rs T-30/89, Slg. 1991, II-1439 Rdnr. 136 – *Hilti.*

[107] http://www.ombudsman.europa.eu/en/press/release.faces/en/59265/html.bookmark.

[108] http://www.ombudsman.europa.eu/en/cases/correspondence.faces/en/60634/html.bookmark.

[109] EuGH U. v. 11.5.1978 (korrigiert 27.6.1978), Rs 27/76, Slg. 1978, 207 Rdnr. 284–285 – *United Brands.*

[110] EuG U. v. 7.7.1994, Rs T-43–92, Slg. 1994, II-447 Rdnr. 29 – *Dunlop Slazenger;* EuGH U. v. 18.9.2003, Rs C-338/00 P, Slg. 2003, I-9189 Rdnr. 163 – *Volkswagen.*

gültig, solange sie nicht angefochten und aufgehoben worden ist.[111] Von der bloßen Anfechtbarkeit ist die **Nichtigkeit** einer Entscheidung zu unterscheiden. Eine nichtige Entscheidung ist rechtlich unbeachtlich und entfaltet auch keine vorübergehenden Rechtswirkungen. Der Sprachgebrauch des AEU-Vertrags kann in diesem Zusammenhang zu Missverständnissen führen, da die Terminologie eine andere als im deutschen Verwaltungsrecht ist. Gemäß Art. 264 AEUV wird eine anfechtbare Entscheidung für „nichtig" erklärt, wenn die Klage begründet ist. Eine nach dem Sprachgebrauch des deutschen Verwaltungsrecht „nichtige" Entscheidung wird für „nicht existent" erklärt.[112] Die Nichtigkeit (im Sinne der „Nicht-Existenz") einer Entscheidung ist nur bei besonders schweren und offenkundigen Fehlern die Folge. Der Gerichtshof beschränkt die Nichtigkeit auf solche außergewöhnlichen Fälle, in denen der Rechtsakt offenkundig mit einem derart schweren Fehler behaftet ist, dass die Gemeinschaftsrechtsordnung die Existenz des Rechtsakts nicht tolerieren kann.[113] Das Vorliegen von Nichtigkeitsgründen ist **von Amts** wegen zu prüfen.[114]

2. Vermutung der Gültigkeit von Rechtsakten. Für Rechtsakte der Gemeinschaft 24
besteht grundsätzlich die Vermutung der Gültigkeit.[115] Die Vermutung gilt nicht, wenn konkrete Anhaltspunkte für Unregelmäßigkeiten bei der Entscheidungsfindung bestehen.[116] Ein Anhaltspunkt für Unregelmäßigkeiten im Verfahren liegt z. B. vor, wenn dem Unternehmen verschiedene Fassungen einer Entscheidung zugesandt werden.[117] Der pauschale Vorwurf von Unregelmäßigkeiten ist dagegen nicht ausreichend, um Zweifel an der Ordnungsmäßigkeit des Verfahrens zu begründen, es müssen vielmehr konkrete Anhaltspunkte oder Indizien vorgetragen werden.[118] Zwar sind Verfahrensfehler, die zur Nichtigkeit führen können, von Amts wegen zu prüfen.[119] Das EuG weist im gerichtlichen Verfahren jedoch Anträge zurück, die der Kommission aufgeben, durch Vorlage entsprechender Unterlagen die Ordnungsgemäßheit des Verfahrens zu belegen, wenn keine konkreten Anhaltspunkte für Unregelmäßigkeiten vorliegen.[120]

III. Beweisregeln und Beweisverwertungsverbote

1. Beweisregeln. Das gebräuchlichste **Beweismittel** ist der Beweis durch Urkunden; der 25
Zeugenbeweis ist im Verwaltungsverfahren der Kommission weniger üblich.[121] Allerdings ist

---

[111] EuGH U. v. 15.6.1994, Rs C-137/92 P, Slg. 1994, I-2629 Rdnr. 48 – *PVC.*

[112] Vgl. EuGH U. v. 15.6.1994, Rs C-137/92 P, Slg. 1994, I-2629 Rdnr. 48–49 – *PVC,* sowie den Entscheidungstenor.

[113] EuGH U. v. 15.6.1994, Rs C-137/92 P, Slg. 1994, I-2629 Rdnr. 49 – *PVC;* s. auch EuG U. v. 10.7.1990, Rs T-64/89, Slg. 1990, II-367 Rdnr. 61 mwN – *Automec I.*

[114] EuG U. v. 27.2.1992, Rs T-79, 84–86, 89, 91, 92, 94, 96, 98, 102, 104/89, Slg. 1992, II-318 Rdnr. 68 – *PVC;* U. v. 10.3.1992, Rs T-10/89 Slg. 1992, II-629 Rdnr. 374 – *Hoechst.*

[115] EuGH U. v. 15.6.94, Rs C-137/92, P Slg. 1994, II-2629 Rdnr. 48 – *PVC;* EuG, U. v. 27.10.1994, Rs T-34/92, Slg. 1994, II-905 Rdnr. 27 – *Fiatagri.*

[116] EuG U. v. 7.7.1994, Rs T-43–92, Slg. 1994, II-447 Rdnr. 24 – *Dunlop Slazenger;* U. v. 27.10.1994, T-35/92, Slg. 1994, II-957 Rdnr. 31 – *John Deere.*

[117] EuG U. v. 21.2.1995, Rs T-29/92, Slg. 1995, II-289 Rdnr. 56 – *Niederländische Bauwirtschaft.* In diesem Fall fehlte aufgrund eines technischen Fehlers in der ersten Version der dem betroffenen Unternehmen zugesandten Entscheidung eine Seite; dieses Versäumnis war mit dem Zusenden einer zweiten Version behoben worden. Der Kommission hatte zur Beschlussfassung der vollständige Text vorgelegen.

[118] EuG U. v. 7.7.1994, Rs T-43–92, Slg. 1994, II-447 Rdnr. 24 – *Dunlop Slazenger;* U. v. 27.10.1994, T-35/92 Slg. 1994, II-957 Rdnr. 31 – *John Deere;* EuG U. v. 14.5.1998, Rs T-308/94, Slg. 1998, II-925 Rdnr. 68 – *Cascades.*

[119] EuG U. v. 10.3.1992, Rs T-10/89, Slg. 1992, II-629 Rdnr. 374 – *Hoechst.*

[120] EuG U. v. 7.7.1994, Rs T-43–92, Slg. 1994, II-447 Rdnr. 24 – *Dunlop Slazenger;* EuG U. v. 27.10.1994, T-35/92, Slg. 1994, II-957 Rdnr. 31 – *John Deere;* EuG U. v. 14.5.1998, Rs T-338/94, Slg. 1998, II-1617 Rdnr. 67 – *Finnboard.* S. aber auch EuG U. v. 6.4.1995, verb. Rs T-80–84, 83, 87–88, 90, 93, 95, 97, 99–101, 103, 105, 107 und 112/89, Slg. 1995, II-729 Rdnr. 7, 10, 89 – *LDPE,* das EuG ordnet darin die Vorlage von Dokumenten an.

[121] EuGH U. v. 25.1.2007, Rs C-411/04 P, Slg. 2007, I-959 Rdnr. 42 – *Mannesmann.*

mit der VO Nr. 1/2003 das Instrument der Befragung eingeführt worden (Art. 19 VO Nr. 1/2003), so dass nun eine Rechtsgrundlage für Zeugenaussagen besteht. Im Rahmen von Nachprüfungen werden ebenfalls mündliche Erklärungen zu Protokoll genommen.[122] Mündlichen Erklärungen werden ferner bei der Anhörung von den Parteien und Dritten abgegebenen. Weiterhin bedienen sich in der Praxis sowohl die Kommission als auch Unternehmen der Hilfe von **Sachverständigen.**

26 Die Kommission trägt die **Beweislast** für das Vorliegen einer Zuwiderhandlung gegen die Wettbewerbsregeln. Art. 2 VO Nr. 1/2003 hat diesen seit langem durch die Rechtsprechung anerkannten Grundsatz kodifiziert.[123] Die Unschuldsvermutung gilt insbesondere in Verfahren, in denen Sanktionen verhängt werden können.[124] Die Kommission muss aussagekräftige und übereinstimmende Beweise beibringen, um die feste Überzeugung zu begründen, dass die behauptete Zuwiderhandlung stattgefunden hat.[125] Dokumente unbekannter oder anonymer Herkunft haben nur einen geminderten Beweiswert und können für sich alleine keine Zuwiderhandlung gegen das Wettbewerbsrecht belegen. Solche Dokumente sind aber nicht automatisch als Beweismittel ausgeschlossen.[126] Bei der Beurteilung des Beweiswerts eines Dokuments ist zu berücksichtigen, von wem das Dokument stammt, unter welchen Umständen es erstellt worden ist, an wen es gerichtet ist und ob es seinem Inhalt nach vernünftig und glaubwürdig wirkt.[127] Bringt die Kommission hinreichend eindeutige Beweise bei, die auf eine Kartellabsprache schließen lassen (z. B. handgeschriebene Sitzungsvermerke über Preisabsprachen), so ist es allerdings Sache der betroffenen Unternehmen nachzuweisen, dass für ihr Verhalten auch eine andere befriedigende Erklärung gefunden werden kann.[128] Ein bloßes Parallelverhalten reicht als Beweis für ein abgestimmtes Verhalten nicht aus.[129]

26a Ist bewiesen, dass ein Unternehmen an offenkundig wettbewerbswidrigen Zusammenkünften teilgenommen hat, obliegt es diesem, anhand von Indizien nachzuweisen, dass es an diesen Zusammenkünften ohne irgendwelche wettbewerbswidrigen Absichten teilgenommen hat, und zu beweisen, dass es seine Wettbewerber auf seine andere Zielsetzung hingewiesen hat.[130] Die Kommission muss in einem solchen Fall auch nicht belegen, dass das betroffene Unternehmen ein wirtschaftliches Interesse an der fraglichen Vereinbarung hatte.[131] **Indizien** können als Beweis für das Vorliegen einer Tatsache, z. B. für das Bestehen einer Kartellabsprache, nur dann herangezogen werden, wenn das zu beweisende Ver-

---

[122] S. dazu § 42 Rdnr. 42.

[123] EuGH U. v. 18.10.1989, Rs 374/87 Slg. 1989, 3343 Rdnr. 35 – *Orkem;* U. v. 17.12.1998, Rs C 185/95 P, Slg. 1998, I-8417 Rdnr. 58 – *Baustahlgewebe GmbH – Betonstahlmatten;* zur Begründungspflicht im Vertragsverletzungsverfahren s. EuGH U. v. 23.10.1997, Rs C-159/94, Slg. 1997, I-5815 Rdnr. 102 ff. – *Komm ./. Frankreich Ausschließliche Ein- und Ausfuhrverbote.*

[124] EuG U. v. 12.9.2007, Rs T-36/05 Rdnr. 70 – *Coats Holdings (Nadeln);* EuG U. v. 12.4.2013, Rs T-442/08, ECLI:EU:T:2013:188 Rdnr. 93 – CISAG.

[125] EuG U. v. 21.1.1999, Rs T-185/96, T-189/96 und T-190/96, Slg. 1999, II-93, Rdnr. 47 – *Riviera Auto Service;* EuG U. v. 6.7.2000, Rs T62/98, Slg. 2000 II-2707 Rdnr. 43 – *Volkswagen;* EuG U. v. 12.9.2007, Rs T-36/05 Rdnr. 68 – *Coats Holdings (Nadeln);* EuG U. v. 12.4.2013, Rs T-442/08, ECLI:EU:T:2013:188 Rdnr. 91 – CISAG.

[126] EuGH U. v. 25.1.2007, Rs C-411/04 P, Slg 2007, I-959 Rdnr. 44, 47 – *Mannesmann.*

[127] EuG U. v. 25.10.2005, Rs T-38/02, Slg. 2005, II-4407 Rdnr. 286 – *Danone.*

[128] EuG U. v. 24.10.1991, Rs T-3/89 Slg. 1991, II-1177 Rdnr. 38 – *Atochem;* EuG U. v. 17.12.1991 Rs T-7/89, Slg. 1991, II-1715 Rdnr. 44 – *Hercules;* EuG U. v. 12.4.2013, Rs T-442/08, ECLI:EU:T:2013:188 Rdnr. 99 – *CISAG.*

[129] EuG U. v. 12.4.2013, Rs T-442/08, ECLI:EU:T:2013:188 Rdnr. 102 – *CISAG.*

[130] EuGH U. v. 8.7.1999, Rs C-199/92 P, Slg. 1999, I-4287 Rdnr. 155 – *Hüls;* EuGH U. v. 7. Januar 2004, verb. Rs C-204/00 P, C-205/00 P, C-211/00 P, C-213/00 P, C-217/00 P und C-219/00 P, Slg. 2004, I-123 Rdnr. 81 – *Zement;* EuGH U. v. 28.6.2005, verb. Rs C-189/02 P, C-202/02 P bis C-209/02 P und C-213/02 P, Slg. 2005, I-5425 Rdnr. 142 – *Fernwärmerohre;* EuGH U. v. 25.1.2007, Rs C-403/04 P und C-405/04 P, Slg. 2007, I-729 Rdnr. 47 – *Sumitomo Metal Industries.*

[131] EuGH U. v. 25.1.2007, Rs C-403/04 P und C-405/04 P; Slg. 2007, I-729 Rdnr. 46 – *Sumitomo Metal Industries.*

halten darin seine einzig mögliche Erklärung findet.[132] So kann ein regelmäßiger Informationsaustausch ein Anzeichen für eine Kartellabsprache sein, er kann jedoch ebenfalls auch mit einem Patentlizenzvertrag erklärt werden.[133] Für das Vorliegen der Freistellungsvoraussetzungen gemäß Art. 101 Abs. 3 AEUV ist das Unternehmen **darlegungspflichtig,** welches sich darauf beruft (Art. 2 Satz 2 VO Nr. 1/2003).[134] Aussagen eines Teilnehmers an einer Kartellabsprache, die die anderen Teilnehmer belasten und von diesen bestritten werden, müssen durch andere Beweismittel untermauert werden.[135] Ohne eine solche Untermauerung ist die Aussage als solche noch kein hinreichender Beleg.[136]

2. Beweisverwertungsverbote für die Kommission. Das unter einem Verstoß gegen die Verfahrensregeln erlangte Beweismittel unterliegt einem Beweisverwertungsverbot. Dies gilt z. B. für Beweismittel, die im Rahmen einer unzulässigen Nachprüfung oder außerhalb des Anwendungsbereichs der Nachprüfungsentscheidung erlangt werden.[137] Gleiches muss auch bei einem Verstoß gegen das Anwaltsprivileg[138] gelten. Erhält die Kommission dagegen von einem Dritten Informationen, die unter Bruch einer zivilrechtlichen Pflicht zur Verschwiegenheit gewonnen worden sind, so sind diese grundsätzlich verwertbar.[139] 27

Ein Verwertungsverbot besteht auch hinsichtlich solcher Informationen, die in einem nationalen Gerichtsverfahren gewonnen werden, wenn die Kommission diese Informationen mit Hilfe der ihr zur Verfügung stehenden Mittel nicht auf zulässige Weise hätte erzielen können. Ist z. B. die Partei eines Zivilprozesses nach dem nationalen Prozessrecht gehalten, Angaben zu machen, die auch das Eingeständnis einer Zuwiderhandlung gegen die Wettbewerbsregeln beinhalten, so darf die Kommission diese Angaben nicht verwerten, da das Unternehmen entsprechende Auskünfte gegenüber der Kommission nicht hätte erteilen müssen.[140] Kein Verwertungsverbot besteht dagegen für Beweismittel, die die Kommission von einer nationalen Verwaltungsbehörde erhält, wenn die Übermittlung nach nationalem Verwaltungsrecht zulässig war.[141] 28

3. Beschränkungen für im Rahmen der Akteneinsicht gewonnene Informationen. Nach Art. 16a Abs. 4 VO Nr. 773/2004 dürfen Unterlagen, die aufgrund des Rechts auf Akteneinsicht erlangt wurden, nur für Gerichts- und Verwaltungsverfahren zur Anwendung der Art. 101 und 102 AEUV verwendet werden. Generell ausgeschlossen ist damit die Verwendung in Verfahren in Drittstaaten. Art. 16a Abs. 2 VO Nr. 773/2004 sieht ferner ausdrücklich vor, dass im Rahmen der Akteneinsicht gewonnene Informationen über Kronzeugenerklärungen oder Vergleichsausführungen nur für die Ausübung von Verteidigungsrechten gegenüber der Kommission oder nationalen Wettbewerbsbehörden oder in Verfahren über die Aufteilung von gesamtschuldnerisch verhängten Geldbußen verwandt 29

---

[132] EuG U. v. 6.4.1995, Rs T-145/89, Slg. 1995, II-987 Rdnr. 74, 81 – *Baustahlgewerbe GmbH – Betonstahlmatten.*

[133] EuG U. v. 6.4.1995, Rs T-145/89, Slg. 1995, II-987 Rdnr. 81 – *Baustahlgewerbe GmbH – Betonstahlmatten.*

[134] EuGH U. v. 17.1.1984, Rs 43 und 63/82 Slg. 1984, 19 Rdnr. 52 –*VBVB/VBBB;* U. v. 11.7.1985, Rs 42/84, Slg. 1985, 2545 Rdnr. 45 – *Remia/Nutricia.*

[135] EuG U. v. 14.5.1998, Rs T-337/94, Slg. 1988, II-1571 Rdnr. 91 – *Enso-Gutzeit;* EuG U. v. 25.10.2005, Rs T-38/02, Slg. 2005, II-4407 Rdnr. 285 – *Danone.*

[136] EuG U. v. 25.10.2005, Rs T-38/02, Slg. 2005, II-4407 Rdnr. 285 – *Danone.*

[137] EuGH B. v. 26.3.1987, Rs 46/87R, Slg. 1987, 1549 Rdnr. 34 – *Hoechst;* B. v. 28.10.1987, Rs 85/87R, Slg. 1987, 4367 Rdnr. 17 – *Dow Chemical Nederland;* Komm. E. v. 7.10.1992, ABl. L 305/16 S. 18 – *CSM/Zucker.*

[138] Dazu § 42 Rdnr. 44.

[139] Im Fall *Hoffmann-La Roche* hatte das Unternehmen eine entsprechende These während des Gerichtsverfahrens nicht weiter aufrechterhalten, s. EuGH, U. v. 13.2.1979, Rs 85/76, Slg. 1979, 461 Rdnr. 7 – *Hoffmann-La Roche.*

[140] EuGH U. v. 10.11.1993, Rs C-60/92, Slg. 1993, I-5707 Rdnr. 20 – *Otto BV/Postbank.*

[141] EuG U. v. 16.6.2015, Rs T-655/11, ECLI:EU:T:2015:383 Rdnr. 81, 86 – *Exotische Früchte* (Beweismittel für einen Wettbewerbsverstoß von der italienischen Finanzverwaltung übermittelt).

werden dürfen. Nach Art. 16a Abs. 3 dürfen Informationen, die eigens für das Verfahren der Kommission erstellt wurden, oder die die Kommission erstellt und den Parteien übermittelt hat, von nationalen Gerichten erst dann verwendet werden, wenn das Kommissionsverfahren beendet ist. Diese Regelung soll insbesondere den Gebrauch der gewonnenen Informationen für die Zwecke zivilrechtlicher Schadensersatzklagen begrenzen. Allerdings sieht die VO Nr. 773/2004 für den Fall eines Verstoßes keine ausdrückliche Sanktion vor. In der Mitteilung zur Akteneinsicht erklärt die Kommission, im Falle der Beteiligung eines Rechtsbeistandes an einem solchen Verstoß dessen Kammer zu unterrichten, damit disziplinarische Maßnahmen eingeleitet werden können.[142] In der Mitteilung zur Kronzeugenregelung erklärt die Kommission ferner, dass das missbräuchliche Verwenden einer solchen Information als Verstoß gegen die Zusammenarbeitspflicht nach der Kronzeugenregelung angesehen werden kann.[143] Ebenfalls könne die Kommission in eventuellen Gerichtsverfahren vor den Gemeinschaftsgerichten beantragen, die Geldbuße für das verantwortliche Unternehmen zu erhöhen.[144]

IV. Pflicht zur Begründung von Entscheidungen

30 Jede Entscheidung der Kommission muss **begründet** werden (Art. 296 AEUV). Die Begründungspflicht ist eine wesentliche Formvorschrift im Sinne von Art. 263 Abs. 1 EG. Eine fehlende oder unzureichende Begründung macht die Entscheidung daher anfechtbar. Die Begründungspflicht hat aber keinen absoluten, sondern einen relativen Charakter. Die Begründung ermöglicht den Parteien die Wahrnehmung ihrer Rechte und dem Gerichtshof die Ausübung seiner Rechtskontrolle.[145] Die Begründungspflicht hat daher den Zweck, den Adressaten der Entscheidung in die Lage zu versetzen, seine Rechte so gut wie möglich zu erkennen und wahrzunehmen.[146] Die Entscheidung muss **nachvollziehbar** sein. Die Kommission ist allerdings nicht verpflichtet, sich stets mit allen sachlichen und rechtlichen Einwänden des Unternehmens (z. B. gegen die Beschwerdepunkte) auseinanderzusetzen, die während des Verfahrens aufgeworfen wurden.[147]

V. Veröffentlichung von Entscheidungen

31 Die Kommission veröffentlicht grundsätzlich alle Endentscheidungen in Wettbewerbsverfahren.[148] In der Praxis wird die um Geschäftsgeheimnisse bereinigte Fassung in der Verfahrenssprache vollständig auf der Web-Seite der Generaldirektion Wettbewerb zugänglich gemacht; eine kurze Zusammenfassung wird in allen Amtssprachen auch im Amtsblatt veröffentlicht. In den Verfahren nach der VO Nr. 1/2003 besteht eine **Veröffentlichungspflicht** für die in Art. 30 Abs. 1 VO Nr. 1/2003 aufgezählten Entscheidungen (Abstellungsentscheidungen, Entscheidungen über einstweilige Maßnahmen, die

---

142 Mitteilung der Kommission über die Regeln für die Einsicht in Kommissionsakten in Fällen einer Anwendung der Artikel 81 und 82 EG-Vertrag, Artikel 53, 54 und 57 des EWR-Abkommens und der Verordnung (EG) Nr. 139/2004, ABl. 2005 C 325/7, Rdnr. 48.

143 Mitteilung der Kommission über den Erlass und die Ermäßigung von Geldbußen in Kartellsachen, ABl. 2006, C 298/17, Rdnr. 34.

144 Mitteilung der Kommission über den Erlass und die Ermäßigung von Geldbußen in Kartellsachen, ABl. 2006, C 298/17, Rdnr. 34.

145 EuGH U. v. 4.7.1963, Rs 24/62, Slg. 1963, 129 – *Deutschland ./. Kommission.*

146 EuG U. v. 12.12.1996, Rs T-16/91, Slg. 1996, II-1929 Rdnr. 44 – *Ijsselcentrale II;* zusammenfassend GA *v. Gerven* in Rs C-137/92 P, Slg. 1994, I-2559, 2574 – *PVC.*

147 EuGH U. v. 9.11.1983, Rs 322/81, Slg. 1983, 3461 Rdnr. 14 – *Michelin;* EuGH U. v. 21.2.1984, Rs 86/82, Slg. 1984, 883 Rdnr. 17 – *Hasselblad;* EuGH U. v. 11.7.1985, Rs 42/84, Slg. 1985, 2545 Rdnr. 26 – *Remia/Nutricia;* EuG, U. v. 14.5.1998, Rs T-347/94, Slg. 1998, II-1751 Rdnr. 42 – *Mayr-Melnhof;* zur Begründungspflicht bei der Zurückweisung von Beschwerden EuG U. v. 24.1.1992 Rs T-44/90 Slg. 1992, II-1, Rdnr. 41 – *La Cinq;* EuG U. v. 29.6.1993, Rs T-7/92, Slg. 1993, II-669, Rdnr. 31 – *Asia Motor II.*

148 Näheres in § 45, Rdnr. 31 ff.

Verbindlicherklärung von Verpflichtungszusagen, die Feststellung der Nichtanwendbarkeit sowie um Entscheidungen über Geldbußen und Zwangsgelder). Im Verfahren der Fusionskontrolle müssen alle nach Art. 8 FKVO getroffenen Entscheidungen im Amtsblatt veröffentlicht werden (Art. 20 Abs. 1 FKVO). Die Kommission kann auch Entscheidungen veröffentlichen, für die keine Veröffentlichungspflicht besteht.[149] Bei der Beurteilung, welche Informationen als **Geschäftsgeheimnis** einzustufen sind, gibt die Rechtsprechung der Kommission einen relativ weiten Ermessensspielraum.[150] Die Verwaltungspraxis bei der Veröffentlichung von Entscheidungen und insbesondere der Berücksichtigung von Geschäftsgeheimnissen hat die Kommission in Form von „Best Practices" veröffentlicht.[151]

VI. Sprachenfragen

32 Das Sprachenregime der Kommission ist in der sog. **Sprachenverordnung** geregelt.[152] Gleichberechtigte **Amtssprachen** der Gemeinschaft sind Bulgarisch, Dänisch, Deutsch, Englisch, Estnisch, Finnisch, Französisch, Griechisch, Irisch, Italienisch, Lettisch, Litauisch, Kroatisch, Maltesisch, Niederländisch, Polnisch, Portugiesisch, Rumänisch, Schwedisch, Slowakisch, Slowenisch, Spanisch, Tschechisch und Ungarisch. Mitgliedstaaten und Unternehmen können sich in einer Sprache ihrer Wahl an die Kommission wenden und erhalten in dieser Sprache eine Antwort. Soweit die Kommission die Initiative ergreift, muss im Umgang mit Unternehmen die Sprache des Staates gewählt werden, dessen Hoheitsgewalt diese unterliegen (Art. 3 SprachenVO). Ein Verstoß gegen die Sprachenregelung stellt einen Verfahrensfehler dar. Kein Verstoß ist das Übersenden einer Entscheidung in mehreren Sprachfassungen, sofern der Empfänger die Entscheidung in der für ihn gültigen Sprachfassung erhält.[153] Die Sprachenverordnung gilt nicht für in Drittstaaten gelegene Unternehmen.[154] In diesen Fällen wählt die Kommission eine geeignete Sprache, wobei sie auf die Umstände des Falles abstellt. Bedient sich ein in einem Drittstaat gelegenes Unternehmen in seinem Schriftverkehr mit den in der Gemeinschaft gelegenen Verkaufsbüros der englischen Sprache, so ist die Wahl von Englisch als Verfahrenssprache angemessen.[155]

33 Die Möglichkeit der **Wahl einer Sprache** als Verfahrenssprache ist besonders für multinationale Unternehmen oder bei der Beteiligung von Unternehmen aus verschiedenen Mitgliedstaaten von Interesse.[156] Der Beschwerdeführer kann die Beschwerde in einer Amtssprache seiner Wahl einlegen (Art. 5 Abs. 5 VO Nr. 773/2004), und im Fusionskontrollverfahren kann der Anmelder die **Verfahrenssprache** bestimmen (Art. 3 Abs. 4 VO Nr. 802/2004). Dies bedeutet, dass der gesamte weitere Schriftverkehr in dieser Sprache geführt wird. Auch in anderen Verfahren, z. B. in Amtsermittlungsverfahren, besteht die Möglichkeit, mit der Kommission eine Übereinkunft über die Wahl einer Verfahrenssprache zu treffen. Die Kommission stimmt regelmäßig der Wahl einer anderen Sprache als der Sprache des Unternehmens als Verfahrenssprache zu, wenn der Ablauf des Verfahrens dadurch erleichtert wird.

---

[149] EuG U. v. 30.5.2006, Rs T-198/03, Slg. 2006, II-1429 Rdnr. 69 – *Bank Austria.*

[150] EuG U. v. 28.1.2015, Rs T-341/12 ECLI:EU:T:2015:51 Rdnr. 155 – *Evonik Degussa.*

[151] Guidance on the preparation of public versions of Commission Decisions adopted under Articles 7 to 10, 23 and 24 of Regulation 1/2003, http://ec.europa.eu/competition/antitrust/guidance_on_preparation_of_public_versions_antitrust_04062015.pdf; und Guidance on the preparation of public versions of Commission Decisions adopted under the Merger Regulation, http://ec.europa.eu/competition/mergers/legislation/guidance_on_preparation_of_public_versions_mergers_26052015.pdf.

[152] Verordnung Nr. 1 des Rates zur Regelung der Sprachenfrage für die Europäische Wirtschaftsgemeinschaft, ABl. Nr. 17 v. 6.10.1958, S. 385 zuletzt geändert durch Verordnung (EG) Nr. 920/2005 des Rates vom 13. Juni 2005, ABl. Nr. L 156 v. 18.6.2005, S. 3.

[153] EuGH, U. v. 16.12.1975, Rs 40–48, 50, 54–56, 111, 113, 114/73 Slg. 1975, 1663 Rdnr. 113 – *Suiker Unie.*

[154] EuG U. v. 14.5.1998, Rs T-338/94, Slg. 1998, II-1617 Rdnr. 49 – *Finnboard.*

[155] EuG U. v. 14.5.1998, Rs T-338/94, Slg. 1998, II-1617 Rdnr. 52 – *Finnboard.*

[156] Bekanntmachung der Kommission über bewährte Vorgehensweisen in Verfahren nach Artikel 101 und 102 des AEUV, ABl. 2011 L 308/6, Rdnr. 26.

34 In Verfahren, die auch unter die Wettbewerbsbestimmungen des EWR-Abkommens fallen, kommen als weitere Sprachen die Sprachen des EWR (Isländisch und Norwegisch) hinzu. Art. 12 des Protokolls 23[157] zum EWR-Abkommen sieht vor, dass die Unternehmen für den Schriftwechsel mit der EFTA-Überwachungsbehörde (ESA) sowie der Kommission eine der Amtssprachen der EU oder der EFTA-Länder wählen können. In Kontakt mit Unternehmen aus Mitgliedstaaten des EWR muss die Sprache des jeweiligen Staates gewählt werden. Die ESA hat als interne Arbeitssprache Englisch gewählt.

VII. Fristen und Verjährung

35 Anders als das Verfahren der Fusionskontrolle, das mit Zeitablauf die Fiktion der Genehmigung des Vorhabens verbindet, kennt das Verfahren nach der VO Nr. 1/2003 keine Fristen, innerhalb derer die Kommission handeln muss. Die Befugnis der Kommission zur Verhängung von Geldbußen unterliegt der **Verjährung.**[158] Die **Fristberechnung** richtet sich grundsätzlich nach der allgemeinen Ratsverordnung Nr. 1182/71 zur Berechnung der Fristen und Termine.[159] Für das Verfahren der Fusionskontrolle besteht eine ausdrückliche Regelung zur Fristberechnung in Art. 7 bis 10 der VO Nr. 802/2004.

36 Mit der Ausnahme der Befugnis zur Verhängung von Geldbußen unterliegt die Anwendbarkeit der Art. 101 und 102 AEUV keiner zeitlichen Beschränkung. Dies ergibt sich aus dem Charakter der Wettbewerbsregeln als öffentlich-rechtliche Ordnungsregeln. Der Zeitablauf steht daher dem Einschreiten der Kommission gegen einen wettbewerbswidrigen Zustand nicht entgegen. Die Einhaltung einer **angemessenen Frist** bei der Abwicklung des Verwaltungsverfahrens stellt allerdings einen allgemeinen Grundsatz des Gemeinschaftsrechts dar.[160] Eine übermäßig lange Dauer des Ermittlungsverfahrens kann die Verteidigungsrechte des betroffenen Unternehmens beeinträchtigen, insbesondere wenn dadurch die Erbringung von Entlastungsbeweisen erschwert wird. Macht ein Unternehmen eine solche Beeinträchtigung von Verteidigungsrechten geltend, muss es dies allerdings konkret darlegen; ein abstrakter Hinweis auf die Länge des Verfahrens reicht nicht aus.[161] Die **Länge des Verfahrens** muss Umfang und Schwierigkeit der Sache angemessen sein.[162] Die Kommission hat einen gewissen Ermessensspielraum, den bei ihr anhängigen Verfahren unterschiedliche Priorität einzuräumen.[163] In einem komplizierten Sachverhalt mit einer Vielzahl von beteiligten Unternehmen ist eine Dauer des gesamten Verwaltungsverfahrens von fünf Jahren noch angemessen.[164] Der Umstand, dass der Kommission eine Zuwiderhandlung bekannt ist, führt nicht dazu, dass die beteiligten Unternehmen auf das Nicht-

---

157 Protokoll 23 über die Zusammenarbeit zwischen den Überwachungsorganen, ABl. 1994 L 1/187.

158 S. dazu *Hellmann,* § 46 Rdnr. 129; EuGH U. v. 29.3.2011, Rs C-201/09, Slg. 2011, I -2239 Rdnr. 143 – *Arcelor Mittal.*

159 Verordnung Nr. 1182/71 des Rates vom 3.6.1971 zur Festlegung der Regeln für die Fristen, Daten und Termine, ABl. 1971 L 124/1.

160 EuGH U. v. 14.7.1972, Rs 52/69, Slg. 1972, 787, 828 Rdnr. 21 – *Geigy;* EuGH U. v. 18.3.1997, Rs C-282/95, Slg. 1997, I-1503 Rdnr. 38 – *Guérin Automobiles;* EuG U. v. 22.10.1997, Rs T-213/95 und T-18/96 Slg. 1997 II-1739 Rdnr. 55 – *Stichting Certificatie Kraanverhuurbedrijf;* EuGH U. v. 21.9.2006, Rs C-105/04, Slg. 2006, I-8831, Rdnr. 35 – *NFVGE.*

161 EuGH U. v. 21.9.2006, Rs C-105/04, Slg. 2006, I-8831 Rdnr. 56 – *NFVGE.*

162 EuG U. v. 6.10.1994, Rs T-83/91, Slg, II-755 Rdnr. 30 – *Tetra Pak;* eine Verfahrensdauer von fünf Jahren ist bei einem komplexen Fall nicht unangemessen; EuG U. v. 22.10.1997, Rs T-213/95 und T-18/96 Slg. 1997 II-1739 Rdnr. 57 – *Stichting Certificatie Kraanverhuurbedrijf,* Verfahrensdauer von insgesamt 46 Monaten ist nicht unangemessen; EuG U. v. 16.06.2011, Rs T-235/07, Slg. 2011, II-3229 Rdnr. 320–322 – *Niederländisches Bier Kartell,* Verfahrensdauer von 65 Monaten unangemessen; EuG U. v. 6.2.2014, Rs T-27/10, ECLI:EU:T:2014:59 Rdnr. 211 – *AC Treuhand,* Verfahrensdauer von zwei Jahren angemessen.

163 EuG U. v. 22.10.1997, Rs T-213/95 und T-18/96, Slg 1997 II-1739 Rdnr. 67 – *Stichting Certificatie Kraanverhuurbedrijf.*

164 EuGH U. v. 15.10.2002, verb. Rs C-238/99 P, C-244/99 P, C-245/99 P, C-247/99 P, C-250/99 P bis C-252/99 P und C-254/99 P, Slg. 2002, I-8375 Rdnr. 199 – *PVC II.*

eingreifen der Kommission vertrauen dürfen. Eine besonders lange Bearbeitungsdauer kann allerdings dazu führen, dass kein öffentliches Interesse an dem sofortigen Vollzug der Kommissionsentscheidung besteht;[165] sie kann ferner eine geringere Bemessung der Geldbuße rechtfertigen.[166] Die unangemessen lange Dauer eines gerichtlichen Verfahrens kann außerdem einen Amtshaftungsanspruch auslösen.[167]

Setzt die Kommission anderen Verfahrensbeteiligten Frist, so muss sie dabei dem für die 37
Ausarbeitung der Ausführungen erforderlichen Zeitaufwand und der Dringlichkeit des Falles Rechnung tragen (Art. 17 Abs. 1 VO Nr. 773/2004). Die Frist für die Stellungnahme zu Beschwerdepunkten und der Ankündigung der Zurückweisung einer Beschwerde muss mindestens vier Wochen betragen (Art. 17 Abs. 2 VO Nr. 773/2004). In dem ‚Kodex für gute Verwaltungspraxis'[168] hat die Kommission zugesagt, auf Schreiben innerhalb einer Frist von 15 Tagen ab dem Eingang bei der zuständigen Dienststelle zu antworten. Die Kommission hat ferner in der Bekanntmachung über die Zusammenarbeit mit den nationalen Gerichten erklärt, Informationen auf das Ersuchen eines Gerichts innerhalb eines Monats zur Verfügung zu stellen.[169]

VIII. Zustellung

Art. 297 Abs. 2 AEUV sieht vor, dass Entscheidungen denjenigen, für die sie bestimmt 38
sind, bekanntgegeben und durch diese Bekanntgabe wirksam werden. Maßgeblich ist somit die individuelle Mitteilung; eine Entscheidung wird erst mit der **Bekanntgabe** wirksam.[170] Da Art. 297 AEUV auf die individuelle Mitteilung abstellt, müssen keine besonderen Formerfordernisse bei der Bekanntgabe eingehalten werden.[171] Es sind daher verschiedene **Formen der Zustellung** denkbar. Eine Entscheidung ist dann ordnungsgemäß zugestellt, wenn sie dem Adressaten zugeht und dieser in die Lage versetzt worden ist, von ihr Kenntnis zu nehmen.[172] Wenn ein im Namen seiner Mitglieder handelnder Verband eine Beschwerde einlegt, gilt die Zustellung der Ablehnung dieser Beschwerde an ihn als Zustellung an alle seine Mitglieder.[173] Die Weigerung, eine Entscheidung zur Kenntnis zu nehmen, ist unbeachtlich.[174] Die Generaldirektion Wettbewerb ist ferner bestrebt, die Adressaten einer Entscheidung unverzüglich nach der Annahme der Entscheidung zu unterrichten und ihnen eine einfache, unbeglaubigte Kopie zukommen zu lassen.[175]

---

[165] EuGH B. v. 13.6.1989, Rs 56/89R, Slg. 1989, 1693 Rdnr. 35 – *Net Book Agreement.*

[166] EuGH U. v. 6.3.1974, Rs 6–7/73, Slg. 1974, 223 Rdnr. 51 –*Commercial Solvents;* ebenso bei zu langer Dauer des Gerichtsverfahrens, EuGH U. v. 17.12.1998, Rs C-185/95 P – *Baustahlgewebe GmbH – Betonstahlmatten,* Rdnr. 48; EuG U. v. 16.6.2011, Rs T-235/07, Slg. 2011, II-3229 Rdnr. 343 – *Niederländisches Bier-Kartell.*

[167] EuGH U. v. 26.11.2013, Rs C-40/12 P, ECLI:EU:C:2013:768 Rdnr. 109 – *Gascogne;* ein Beispiel für eine entsprechende Klage ist die Rs T-577/14, ABl. 1994 C 351/19; Rechtssache C-132/15 P, Rechtsmittel, eingelegt am 19. März 2015 vom Gerichtshof der Europäischen Union gegen den Beschluss des Gerichts (Dritte Kammer) vom 13. Februar 2015 in der Rechtssache T-725/14 – Aalberts Industries/Europäische Union.

[168] Kodex für gute Verwaltungspraxis, Nr. 4, Anhang zur Geschäftsordnung der Kommission, ABl. 2000 L 308/26.

[169] Bekanntmachung der Kommission über die Zusammenarbeit zwischen der Kommission und den Gerichten der EU-Mitgliedstaaten bei der Anwendung der Artikel 81 und 82 des Vertrags, ABl. 2004 C 101/54.

[170] Zu Auslandssachverhalten s. *Wiedemann* in § 5 Rdnr. 19.

[171] EuG U. v. 14.5.1998, Rs T-338/94, Slg. 1998, II-1617, Rdnr. 68 – *Finnboard.*

[172] EuGH U. v. 18.10.1989, Rs 374/87, Slg. 1989, 3343 Rdnr. 6 – *Orkem;* EuG U. v. 6.4.1995, verb. Rs T-80–84, 83, 87–88, 90, 93, 95, 97, 99–101, 103, 105, 107 und 112/89 Slg. 1995, II-729 Rdnr. 59 – *LDPE;* EuG U. v. 14.5.1998, Rs T-338/94, Slg. 1998, II-1617 Rdnr. 70 – *Finnboard;* EuG U. v. 13.07.2011, Rs T-138/07, Slg. 2011, II-4819 Rdnr. 61 – *Schindler.*

[173] EuGH U. v. 10.1.2002, RS C-480-/99, Slg. 2002, I-265 Rdnr. 45 – *South Wales Small Mines.*

[174] EuGH U. v. 21.2.1973, Rs 6/73, Slg. 1973, 215, 241 Rdnr. 9 – *Continental Can.*

[175] Bekanntmachung der Kommission über bewährte Vorgehensweisen in Verfahren nach Artikel 101 und 102 des AEUV, ABl. 2011 L 308/6, Rdnr. 146.

39 Formelle Entscheidungen der Kommission werden dem betroffenen Unternehmen in der Regel durch Einschreiben mit Rückschein oder durch Kurierdienste zugestellt. Diese Form der Zustellung wird durch die Rechtsprechung als ausreichend angesehen.[176] Entscheidungen über eine Nachprüfung werden durch den die Nachprüfung leitenden Beamten übergeben. Das einem Unternehmen zugestellte Exemplar einer Entscheidung muss nicht vom zuständigen Mitglied der Kommission unterschrieben sein, es genügt eine **beglaubigte Abschrift.**[177] Für das Fusionskontrollverfahren erwähnt die VO Nr. 802/2004 in Art. 21 neben Übergabe gegen Quittung, Einschreiben mit Rückschein, Telex, Telefax auch „E-Mail" als Übermittlungsform.

40 Weichen der veröffentlichte und der zugestellte Text voneinander ab, ist der zugestellte Text maßgebend, da die Veröffentlichung nicht die individuelle Bekanntgabe ersetzt.[178] Wird ein Teil einer Entscheidung erst nach Beginn der gegen diese Entscheidung erhobenen Klage zugestellt, so führt dies noch nicht zur Nichtigkeit der Entscheidung; es kann allerdings zur Folge haben, dass der nicht zugestellte Teil unberücksichtigt bleibt.[179]

41 Der Zeitpunkt der Zustellung einer Entscheidung ist maßgebend für die Berechnung der Klagefrist (Art. 263 Abs. 6 AEUV). Unregelmäßigkeiten bei der Zustellung berühren die Rechtmäßigkeit der Entscheidung nicht.[180] Sie können lediglich unter bestimmten Umständen verhindern, dass die Klagefrist zu laufen beginnt.[181] Für die Berechnung der Frist ist das tatsächliche Datum der Zustellung, nicht dagegen ein irrtümlich bei der Postzustellung eingetragenes Datum maßgebend.[182] Die Gefahr eines Irrtums bei der Fristberechnung durch Notierung eines falschen Zustellungsdatums trägt das Unternehmen.[183]

IX. Gebühren

42 Im Verwaltungsverfahren werden von der Kommission keine Gebühren erhoben. Das Verfahren ist daher **gebührenfrei.** Überlegungen, im Rahmen des Verfahrens der Fusionskontrolle Gebühren zu erheben, sind nicht umgesetzt worden.

F. Die Zusammenarbeit im Netz der Wettbewerbsbehörden (ECN) und die Beteiligung der Mitgliedstaaten am Kommissionsverfahren

I. Allgemeines

43 Sowohl die Kommission (Art. 4 VO Nr. 1/2003) als auch die nationalen Behörden (Art. 5 VO Nr. 1/2003) sind zur Anwendung von Art. 101 und 102 AEUV uneingeschränkt zuständig. Das Konzept **paralleler Zuständigkeiten** macht daher eine enge Zusammenarbeit der Wettbewerbsbehörden der Mitgliedstaaten mit der Kommission und der Behörden der Mitgliedstaaten untereinander notwendig. Zu diesem Zweck ist das **Euro-**

---

176 EuGH U. v. 15.12.1994, Rs C-195/91 P, Slg. 1994, I-5619 Rdnr. 21 – *Bayer;* EuG U. v. 6.4.1995 verb. Rs T-80–84, 83, 87–88, 90, 93, 95, 97, 99–101, 103, 105, 107 und 112/89, Slg. 1995, II-729 Rdnr. 59 – *LDPE.*

177 EuGH U. v. 17.10.1989, Rs 97–99/87, Slg. 1989, 3165 Rdnr. 59 – *Dow Iberia;* EuG U. v. 7.7.1994, Rs T-43–92, Slg. 1994, II-447 Rdnr. 25 – *Dunlop Slazenger;* EuG U. v. 27.10.1994, T-35/92, Slg. 1994, II-957 Rdnr. 31 – *John Deere.*

178 EuGH U. v. 13.7.1966, Rs 56 und 58/64, Slg. 1966, 321, 385 – *Grundig/Consten.*

179 EuG U. v. 29.6.1995, Rs T-32/91, Slg. 1995, II-1825 Rdnr. 48 – *Solvay III.*

180 EuG U. v. 7.7.1994, Rs T-43–92, Slg. 1994, II-447 Rdnr. 25 – *Dunlop Slazenger;* EuG U. v. 24.6.1998, Rs T-596/97, Slg. 1998, II-2383 Rdnr. 39 – *Dalmine.*

181 EuGH U. v. 14.7.1972, Rs 52/69, Slg. 1972, 787, 882 Rdnr. 18 – *Geigy;* EuG, U. v. 27.10.1994, Rs T-34/92, Slg. 1994, II-905 Rdnr. 27 – *Fiatagri.*

182 EuG U. v. 6.4.1995, verb. Rs T-80–84, 83, 87–88, 90, 93, 95, 97, 99–101, 103, 105, 107 und 112/89, Slg. 1995, II-729 Rdnr. 61 – *LDPE.*

183 EuGH U. v. 15.12.1994, Rs C-195/91 P, Slg. 1994, I-5619 Rdnr. 21 – *Bayer.*

päische Wettbewerbsnetz (ECN)[184] geschaffen worden. Mitglieder sind die Kommission und die Behörden der Mitgliedstaaten. Der Begriff des Netzwerks wird in Erwägungsgrund 15 der VO Nr. 1/2003 erwähnt und in der *Gemeinsamen Erklärung des Rates und der Kommission zur Arbeitsweise des Netzes der Wettbewerbsbehörden*[185] erläutert. Eine weitergehende Regelung in der VO Nr. 1/2003 erfolgt nicht, das Netz beruht jedoch letztlich auf den Informations- und Kooperationsregeln der VO Nr. 1/2003.[186] Danach arbeiten die Kommission und die Wettbewerbsbehörden der Mitgliedstaaten bei der Anwendung des Gemeinschaftsrechts eng zusammen (Art. 11 Abs. 1 VO Nr. 1/2003) und können Informationen und Beweismittel austauschen (Art. 12 VO Nr. 1/2003). Kommission und nationale Behörden unterrichten sich gegenseitig über die Einleitung neuer Verfahren und halten sich über die laufenden Verfahren informiert.

Eine detaillierte Funktionsbeschreibung des Wettbewerbsnetzes findet sich in der Bekanntmachung der Kommission über das Netz,[187] die auch von allen Wettbewerbsbehörden der Mitgliedstaaten anerkannt wird.[188] In der Bekanntmachung beschreibt die Kommission dessen Aufgabe als „Diskussions- und Kooperationsforum für die Anwendung und Durchsetzung der EG-Wettbewerbspolitik".[189] Das Netz soll sowohl eine effiziente Arbeitsteilung als auch eine wirksame und kohärente Anwendung der Wettbewerbsregeln sicherstellen. 44

Die Regeln über die Zusammenarbeit im Wettbewerbsnetz werden durch die Vorschriften über **Information** und **Anhörung** der Mitgliedstaaten ergänzt. Diese ermöglichen den Mitgliedstaaten eine aktive Rolle bei der Entscheidungsfindung der Kommission. Die zuständigen Behörden der Mitgliedstaaten sind berechtigt, während des Verfahrens zu allen in dem Verfahren aufgeworfenen Fragen Stellung zu nehmen und machen davon aktiv Gebrauch. In Deutschland ist das **BKartA** die nationale Behörde zur Durchsetzung der Art. 101 und 102 AEUV (§ 50a GWB). 44a

II. Informationsrechte und -pflichten

Alle Mitglieder des Netzwerks informieren sich gegenseitig über die von ihnen geführten Verfahren und die beabsichtigten Verfahrensschritte. Die Kommission und die Mitgliedstaaten unterrichten sich gegenseitig über alle neue Verfahren (Art. 11 Abs. 2 und 3). Dies erfolgt mittels eines Formblatts, das in die Datenbank in dem Intranet des ECN eingestellt wird und in dem vorgegebene Einzelheiten zu dem Fall aufgeführt werden.[190] Die Unterrichtung soll möglichst schnell und vorzugsweise noch vor dem Beginn von Ermittlungshandlungen erfolgen,[191] um parallele Verfahren frühzeitig festzustellen und zu koordinieren. 45

Die Mitgliedstaaten erhalten Kopien der wichtigsten Schriftstücke (Art. 11 Abs. 2 VO Nr. 1/2003). Die Mitgliedstaaten enthalten auch Kopien der Auskunftsverlangen, die an die Unternehmen gesandt werden, die in dem Hoheitsgebiet des Mitgliedstaats ihren Sitz 45a

---

[184] ECN – ‚European Competition Network'.

[185] Protokollerklärung von Rat und Kommission v. 16.12.2003; http://register.consilium.europa.eu/pdf/de/02/st15/st15664-ad01de02.pdf.

[186] S. Mitteilung der Kommission, Zehn Jahre Kartellrechtsdurchsetzung auf der Grundlage der Verordnung (EG) Nr. 1/2003 – Ergebnisse und Ausblick, COM(2014) 453 final Rdnr. 10; Commission Staff Working Document, Ten Years of Antitrust Enforcement under Regulation 1/2003, Rdnr. 229.

[187] Bekanntmachung der Kommission über die Zusammenarbeit innerhalb des Netzes der Wettbewerbsbehörden, ABl. 2004 C 101/43.

[188] Bekanntmachung, Rdnr. 72; s. auch die Gemeinsame Erklärung des Rates und der Kommission zur Arbeitsweise des Netzes der Wettbewerbsbehörden v. 16.12.2002, http://register.consilium.europa.eu/pdf/de/02/st15/st15664-ad01de02.pdf.

[189] Bekanntmachung der Kommission über die Zusammenarbeit innerhalb des Netzes der Wettbewerbsbehörden, Rdnr. 1

[190] S. zu den Einzelheiten Bekanntmachung, Rdnr. 17.

[191] Bekanntmachung, Rdnr. 17.

haben. (Art. 18 Abs. 5 VO Nr. 1/2003). Die Mitgliedstaaten werden ebenfalls angehört, bevor auf ihrem Hoheitsgebiet eine Nachprüfung vorgenommen wird. (Art. 20 Abs. 3 VO Nr. 1/2003). Beamte aus den zuständigen Behörden der Mitgliedstaaten sind ferner berechtigt, während einer Nachprüfung (Art. 20 Abs. 5 VO Nr. 1/2003) oder mündlichen Befragung (Art. 19 Abs. 2 VO Nr. 1/2003) anwesend zu sein.

46 Die Mitgliedstaaten unterrichten die Kommission über die von diesen geführte Verfahren. Gemäß Art. 11 Abs. 4 VO Nr. 1/2003 unterrichten die nationalen Wettbewerbsbehörden die Kommission, bevor sie eine Entscheidung treffen; diese Information muss 30 Tage vor Erlass der Entscheidung erfolgen. Die nationale Behörde kann auch die anderen nationalen Behörden informieren. Diese Frist ermöglicht der Kommission, zu dem Verfahren Stellung zu nehmen oder ggf. selbst das Verfahren einzuleiten und damit den Mitgliedstaaten die Zuständigkeit zu entziehen (Art. 11 Abs. 6 VO Nr. 1/2003).[192]

III. Der Beratende Ausschuss

47 Der Beratende Ausschuss hat nach der VO Nr. 1/2003 eine doppelte Funktion. Er ist zum einen das Gremium, in dem die Mitgliedstaaten an der Entscheidungsfindung der Kommission beteiligt werden. Zum anderen ist er ein Diskussionsforum, in dem die Kommission und die Mitgliedstaaten alle Fragen des europäischen Wettbewerbsrechts erörtern können. Bei der Entscheidungsfindung der Kommission werden die Anhörungsrechte der Mitgliedstaaten in Verfahren nach der VO Nr. 1/2003 durch den „**Beratenden Ausschuss** für Kartell- und Monopolfragen" und in Verfahren nach der FKVO durch den „**Beratenden Ausschuss** für die Kontrolle von Unternehmenszusammenschlüssen" wahrgenommen. Der Beratende Ausschuss ist vor jeder das Verfahren abschließenden Entscheidung anzuhören. Es gibt jedoch keine allgemeine Pflicht der Anhörung der Mitgliedstaaten, sofern dies in den einschlägigen Bestimmungen nicht ausdrücklich festgelegt ist.[193] Der Beratende Ausschuss setzt sich in der Regel aus Beamten der nationalen Kartellbehörden zusammen, auch die nationalen Fachministerien können vertreten sein. Der Ausschuss erhält mindestens 14 Tage vor der Sitzung einen Entscheidungsentwurf, über den beraten und zu dem eine Stellungnahme abgegeben wird. Die Nichteinhaltung dieser Frist hat nicht zwangsläufig die Rechtswidrigkeit der späteren Entscheidung zur Folge.[194] Die Anhörung kann auch im Wege des schriftlichen Verfahrens erfolgen; die Kommission muss jedoch eine Sitzung einberufen, wenn ein Mitgliedstaat dies beantragt (Art. 14 Abs. 4 VO Nr. 1/2003). Die Stellungnahme wird schriftlich niedergelegt und dem Entscheidungsvorschlag beigefügt (Art. 14 Abs. 6 VO Nr. 1/2003; Art. 19 Abs. 6 FKVO). Die Kommission berücksichtigt die Stellungnahme des Ausschusses „soweit wie möglich" und unterrichtet den Ausschuss darüber, inwieweit sie seine Stellungnahme berücksichtigt hat (Art. 14 Abs. 5 VO Nr. 1/2003, Art. 19 Abs. 6 FKVO). Die Stellungnahme kann unter Berücksichtigung von Geschäftsgeheimnissen veröffentlicht werden (Art. Art. 14 Abs. 6 VO Nr. 1/2003; Art. 19 Abs. 7 FKVO). Der Beratende Ausschuss wird ebenfalls vor dem Erlass von Durchführungsvorschriften (Art. 33 Abs. 2 VO Nr. 1/2003) sowie vor Erlass von Bekanntmachungen und Leitlinien angehört.[195] Der Beratende Ausschuss kann auch Fälle erörtern, die von einer Behörde eines Mitgliedstaats behandelt werden (Art. 14 Abs. 7 VO Nr. 1/2003). Eine entsprechende Initiative können sowohl die Kommission als auch jede nationale Behörde ergreifen. Der Beratende Ausschuss ist in diesem Fall auf eine Diskussion beschränkt und gibt keine Stellungnahme ab (Art. 14 Abs. 7 Satz 4).

---

192 Bekanntmachung, Rdnr. 46.

193 EuG U. v. 27.2.1992, Rs T-19/91, Slg. 1992, II-415 Rdnr. 37–39 – *Vichy;* EuG U. v. 24.3.1994, Rs T-3/93, Slg. 1994, II-126 Rdnr. 119 – *AiR France/DAN Air.*

194 EuG U. v. 10.7.1991, Rs T-69/89, Slg. 1991, II-485 Rdnr. 27 – *RTE;* EuG U. v. 27.11.1997, Rs T-290/94, Slg. 1997, II-2137 Rdnr. 88 – *Kaysersberg.*

195 Bekanntmachung der Kommission über die Zusammenarbeit innerhalb des Netzes der Wettbewerbsbehörden, Rdnr. 64.

IV. Informationsaustausch

Gemäß Art. 12 VO Nr. 1/2003 sind die Kommission und die Wettbewerbsbehörden der Mitgliedstaaten befugt, Informationen auszutauschen und als Beweismittel zu verwenden. Das nach der VO Nr. 17 bestehende Verbot für nationale Kartellbehörden, von der Kommission erlangte Beweise zu verwenden,[196] ist mit Inkrafttreten der VO Nr. 1/2003 abgeschafft. Ein Informationsaustausch ist nicht nur zwischen der Kommission und einer nationalen Wettbewerbsbehörde sondern auch zwischen den nationalen Behörden untereinander möglich. Die Befugnis aller Wettbewerbsbehörden, Beweismittel auszutauschen und zu verwenden, ist ein zentrales Element des Wettbewerbsnetzes.[197] Ohne diese Befugnis wäre eine effiziente Verteilung und Bearbeitung der Fälle im Netzwerk nicht möglich. Ein Informationsaustausch findet insbesondere dann statt, wenn eine Behörde bereits ein Verfahren eingeleitet und Ermittlungen vorgenommen hat, den Fall jedoch später an eine andere Behörde abgibt.[198] Ein anderer Anwendungsfall für den Informationsaustausch ist die Gewährung von Amtshilfe nach Art. 22 VO Nr. 1/2003. Danach kann eine nationale Behörde eine andere nationale Behörde darum ersuchen, in ihrem Namen Ermittlungshandlungen vorzunehmen und die gewonnen Beweismittel zu übersenden. 48

Der Informationsaustausch umfasst grundsätzlich alle Arten von Informationen; Art. 12 Abs. 1 VO Nr. 1/2003 erwähnt tatsächliche und rechtliche Umstände einschließlich vertraulicher Angaben. Gemäß Art. 28 Abs. 2 VO Nr. 1/2003 unterliegen dabei sowohl die Beamten und Bediensteten der Kommission als auch die der Mitgliedstaaten dem Berufsgeheimnis. Einzige Voraussetzung für den Informationsaustausch ist, dass dieser für die Zwecke der Anwendung der Art. 101 und 102 AEUV erfolgt. Art. 12 erhält jedoch **keine unmittelbare Verpflichtung** zum Austausch; der Austausch steht im Ermessen der Beteiligten. Allerdings wird dieses Ermessen durch die Verpflichtung zur Zusammenarbeit nach Art. 11 VO Nr. 1/2003 eingeschränkt. 48a

Die ausgetauschten Informationen unterliegen einer **Zweckbindung,** wenn sie als Beweismittel verwandt werden sollen (Art. 12 Abs. 2 VO Nr. 1/2003). Der Gebrauch als Beweismittel darf nur zum Zweck der Anwendung von Art. 101 und 102 AEUV erfolgen. Werden die Informationen auch zur parallelen Anwendung nationalen Rechts benutzt, ist dies nur dann zulässig, wenn die Anwendung nationalen Rechts nicht zu anderen Ergebnissen in Bezug auf die Feststellung einer Zuwiderhandlung führt als nach Art. 101 und 102 AEUV. Ferner können die Informationen nur in Bezug auf den Untersuchungsgegenstand als Beweismittel verwendet werden, für den sie von der übermittelnden Behörde erhoben wurden. Die Frage, ob die Informationen von der übermittelnden Behörde rechtmäßig erhoben wurden, regelt das für diese Behörde geltende Recht. Eine gesonderte Prüfung durch die empfangende Behörde, in welchem Verfahren die übermittelnde Behörde die Beweismittel erworben hat, findet grundsätzlich nicht statt. Die VO Nr. 1/2003 geht davon aus, dass hinsichtlich der Auferlegung von Sanktionen an Unternehmen diese in allen Mitgliedstaaten von derselben Art sind und die dem Unternehmen in den einzelnen Mitgliedstaaten zustehenden Verteidigungsrechte in allen Systemen gleichwertig sind.[199] 48b

Eine entsprechende Vermutung der Gleichartigkeit von **natürlichen Personen** auferlegten Sanktionen besteht dagegen nicht.[200] Daher gelten besondere Regeln, sofern Informationen als Beweismittel in Verfahren gegen natürliche Personen verwendet werden sollen. Dies ist nur dann möglich, wenn die Informationen in einer Weise erhoben wurden, die hinsichtlich der Wahrung der Verteidigungsrechte das gleiche Schutzniveau wie nach 48c

---

[196] EuGH U. v. 16.7.1992, Rs C-67/91, Slg. 1992, I-4820 Rdnr. 37 – *Spanische Banken.*

[197] Bekanntmachung der Kommission über die Zusammenarbeit innerhalb des Netzes der Wettbewerbsbehörden, Rdnr. 26.

[198] Bekanntmachung, Rdnr. 23.

[199] Erwägungsgrund 16 VO Nr. 1/2003.

[200] Erwägungsgrund 16 VO Nr. 1/2003.

dem für die empfangende Behörde geltenden Recht gewährleistet.[201] Damit soll vermieden werden, dass die von Unternehmen erlangten Informationen in einer Weise verwendet werden, die das für natürliche Personen geltende höhere Schutzniveau umgehen würde.[202] Art. 12 Abs. 3 VO Nr. 1/2003 sieht eine Verwendung als Beweismittel gegen natürliche Personen nur unter zwei alternativen Voraussetzungen vor: Die Verwendung ist zum einen möglich, wenn das Recht der übermittelnden Behörde ähnlich geartete Sanktionen in Bezug auf Verstöße gegen Art. 101 oder 102 AEUV vorsieht. Die Bekanntmachung nennt als Beispiel der Gleichartigkeit, dass in beiden nationalen Systemen eine finanzielle Sanktion verhängt werden kann,[203] wobei es nicht auf die Einstufung als „verwaltungsrechtlich" oder „strafrechtlich" ankommt. In dieser Fallkonstellation wird die Gleichartigkeit der Verteidigungsrechte vermutet. Sind allerdings in einem System Freiheitsstrafen und in dem anderen System nur Geldbußen möglich, sind die Sanktionen nicht ähnlich[204] und eine Verwendung ist nur dann möglich, wenn die Informationen von der übermittelnden Behörde in einer Weise erhoben worden sind, die hinsichtlich der Wahrung der Verteidigungsrechte natürlicher Personen das gleiche Schutzniveau wie nach dem für die empfangende Behörde geltenden Recht gewährleistet. Es findet also eine doppelte Prüfung statt. In dieser zweiten Alternative ist ferner ausgeschlossen, dass die Beweismittel verwendet werden, um eine Haftstrafe zu verhängen (Art. 12 Abs. 3 Satz 2 VO Nr. 1/2003), auch wenn das Schutzniveau beider Systeme gleich ist.

48d Besondere Regeln gelten für den Austausch von Informationen, die aus Anträgen nach der **Kronzeugenmitteilung** gewonnen worden sind. Die Bekanntmachung zum Netzwerk sieht dafür vor, dass eine Übermittlung entsprechender Informationen ausschließlich mit dem Einverständnis des Antragstellers erfolgt.[205] Von diesem Erfordernis kann nur in drei Fällen abgewichen werden: Das Einverständnis des Antragstellers ist nicht erforderlich, wenn dieser in Bezug auf dieselbe Zuwiderhandlung sowohl bei der übermittelnden Behörde als auch bei der empfangenen Behörde einen Antrag gestellt hat,[206] wenn die empfangende Behörde die schriftliche Zusage abgegeben hat, weder die ihr übermittelten Informationen noch sonstige Informationen, die sie nach diesem Zeitpunkt erlangt, gegen den Antragsteller zu verwenden[207] oder wenn die Informationen lediglich dazu verwendet werden, um von einem anderen Mitglied des Netzes Amtshilfe nach Art. 22 VO Nr. 1/2003 zu erlangen.[208] Der Antragsteller erhält eine Kopie der schriftlichen Zusage der empfangenden Behörde. Die Information des Netzwerks über die Einleitung des Verfahrens nach Art. 11 Abs. 2 VO Nr. 1/2003 darf ebenfalls von anderen Behörden nicht dazu genutzt werden, auf der Grundlage dieser Informationen eigene Ermittlungen einzuleiten.[209]

48e Das Regelung von Anträgen nach der Kronzeugenmitteilung und nationaler Kronzeugenregelungen ist von den Mitgliedern des Netzwerks in einer gesonderten Erklärung, dem ECN-Kronzeugenmodell, niedergelegt worden.[210] Grundsätzlich gilt ein Antrag bei einer Behörde nicht als Antrag bei einer anderen Behörde. Es liegt daher im Interesse des Antragstellers, bei allen möglicherweise zuständigen Behörden einen Antrag zu stellen. Das kann wegen unterschiedlicher Anforderungen Probleme aufwerfen. Mit dem **ECN-Kronzeugenmodell** soll daher sichergestellt werden, dass potentielle Antragsteller nicht durch die unterschiedlichen Regelungen von einem Antrag abgehalten werden. Das ECN-Kronzeugenmodell stellt einheitliche Kriterien für Kronzeugenanträge auf, die im Novem-

---

201 Erwägungsgrund 16 VO Nr. 1/2003.

202 Bekanntmachung, Rdnr. 28c.

203 Bekanntmachung, Rdnr. 28c.

204 Bekanntmachung, Rdnr. 28c.

205 Bekanntmachung der Kommission über die Zusammenarbeit innerhalb des Netzes der Wettbewerbsbehörden, Rdnr. 40.

206 Bekanntmachung, Rdnr. 41. 1.

207 Bekanntmachung, Rdnr. 41. 2.

208 Bekanntmachung, Rdnr. 41. 3.

209 Bekanntmachung, Rdnr. 39.

210 ECN-Kronzeugenmodell, http://ec.europa.eu/competition/ecn/mlp_revised_2012_en.pdf.

ber 2012 noch vereinfacht wurden.[211] Außerdem bietet das ECN-Modell die Möglichkeit in den Fällen, in denen die Kommission wahrscheinlich die Behandlung des Falles übernehmen wird, bei den anderen Behörden lediglich Kurzanträge zu stellen.[212] Der Kurzantrag ist kein vollständiger Antrag, der die Behörde in die Lage versetzen würde, den Fall zu bearbeiten. Er wahrt jedoch die Rangstelle des Antragstellers, da die Behörde ihm bestätigt, dass er als erstes einen Antrag gestellt habe und ihm für den Fall, dass die Behörde entscheiden sollte, sich des Falls anzunehmen, ihm eine Frist zur Vervollständigung des Antrags einräumt.[213]

V. Fallverteilung

In einem System paralleler Zuständigkeiten, in dem alle Wettbewerbsbehörden zur Anwendung von Art. 101 und 102 AEUV befugt sind, sind Bestimmungen zur Arbeitsteilung notwendig. Eine unmittelbare Regelung in der VO Nr. 1/2003 findet sich nicht. Die Grundsätze der Fallverteilung sind allerdings in der *Gemeinsamen Erklärung des Rates und der Kommission zur Arbeitsweise des Netzes der Wettbewerbsbehörden*[214] niedergelegt worden, die inhaltlich in die Bekanntmachung zum Netzwerk übernommen[215] und in einer gemeinsamen Erklärung der Mitgliedstaaten bekräftigt wurden.[216] Die genannten Regeln stellen keine Zuständigkeitszuweisung sondern lediglich eine Arbeitsteilung dar. Unternehmen können daraus keine Rechte ableiten, dass sich eine bestimmte Behörde mit einem Fall befasst.[217] **49**

Die Fallverteilung zielt auf eine sinnvolle Arbeitsteilung, die mehrfache Verfahren ausschließen will.[218] Grundsätzlich soll sich eine einzige Wettbewerbsbehörde eines Falles annehmen, das Kriterium ist, dass diese dafür „gut geeignet" ist.[219] Dafür werden drei Voraussetzungen genannt. Gut geeignet ist eine Behörde, wenn die mutmaßliche Wettbewerbsbeeinträchtigung Auswirkungen auf ihr Hoheitsgebiet hat, die Behörde in der Lage ist, den Verstoß wirksam zu beenden und sie die erforderlichen Beweismittel erheben kann.[220] **49a**

Die Bekanntmachung zum Netzwerk enthält eine Reihe praktischer Beispiele dafür, unter welchen Voraussetzungen diese Kriterien erfüllt werden. Eine einzelne Behörde ist in der Regel gut geeignet, wenn die mutmaßliche Wettbewerbsbeeinträchtigung sich hauptsächlich innerhalb ihres Hoheitsgebiets auswirkt.[221] Mehrere parallel handelnde Behörden können ebenfalls geeignet sein; die Bekanntmachung nennt zwei bis drei Behörden, wobei eine als federführend bestimmt werden kann.[222] Als praktisches Beispiel wird eine Marktaufteilungsvereinbarung genannt, in der sich Unternehmen verpflichten, jeweils nur in ihrem eigenen Land tätig zu werden.[223] Die **Kommission** ist in der Regel zur Bearbeitung von Fällen besonders geeignet, die den Wettbewerb **in mehr als drei Mitgliedstaaten** wesentlich beeinträchtigen oder wenn neue Wettbewerbsfragen auftreten und die gemeinschaftliche Wettbe- **49b**

[211] ECN-Kronzeugenmodell Rdnr. 2; s. auch die Erläuterungen in Komm., Wettbewerbsbericht 2012, Begleitunterlage S. 10.

[212] ECN-Kronzeugenmodell Rdnr. 24.

[213] ECN-Kronzeugenmodell Rdnr. 26.

[214] Protokollerklärung von Rat und Kommission v. 16.12.2003; http://register.consilium.europa.eu/pdf/de/02/st15/st15664-ad01de02.pdf.

[215] Bekanntmachung der Kommission über die Zusammenarbeit innerhalb des Netzes der Wettbewerbsbehörden, Rdnr. 5 ff.

[216] Bekanntmachung, Rdnr. 72.

[217] Bekanntmachung, Rdnr. 30.

[218] Erwägungsgrund 18 VO Nr. 1/2003.

[219] Bekanntmachung der Kommission über die Zusammenarbeit innerhalb des Netzes der Wettbewerbsbehörden, Rdnr. 7.

[220] Bekanntmachung, Rdnr. 8.

[221] Bekanntmachung, Rdnr. 10.

[222] Bekanntmachung, Rdnr. 12, 13.

[223] Bekanntmachung, Rdnr. 12.

werbspolitik weiter entwickelt werden soll.[224] Diese Regeln sind aber nicht zwingend; eine Sache kann auch dann von nationalen Wettbewerbsbehörden behandelt werden, wenn drei oder mehr Mitgliedstaaten von der Zuwiderhandlung betroffen sind.

50 Im Prinzip soll die Behörde, die ein Verfahren begonnen hat, für dieses auch zuständig bleiben.[225] Ist die Abgabe an eine andere Behörde notwendig, weil diese besser geeignet ist, so soll dies am Anfang des Verfahrens und möglichst schnell erfolgen.[226] Wird ein Fall umverteilt, so werden die betroffenen Unternehmen oder Beschwerdeführer davon unterrichtet.[227] Die Kommission hat als einzige Behörde des Netzes die Möglichkeit, einen Fall **an sich zu ziehen.** Leitet sie das Verfahren zum Erlass einer Entscheidung ein, so entfällt damit die Zuständigkeit der Wettbewerbsbehörden der Mitgliedstaaten (Art. 11 Abs. 6 VO Nr. 1/2003). Dies gilt auch dann, wenn eine nationale Behörde bereits ein Verfahren eingeleitet hatte. Die *Gemeinsame Protokollerklärung des Rates und der Kommission zur Arbeitsweise des Netzes der Wettbewerbsbehörden*[228] macht allerdings deutlich, dass es sich dabei um einen seltenen Ausnahmefall handeln soll. Als Beispiele werden genannt, dass Mitglieder des Netzes beabsichtigen, einander widersprechende oder von der ständigen Rechtsprechung abweichende Entscheidungen zu treffen, das Verfahren verzögern oder eine Kommissionsentscheidung zur Weiterentwicklung der Wettbewerbspolitik notwendig ist.[229] Die Kommission muss den Mitgliedstaat vorher konsultieren (Art. 11 Abs. 6 Satz 2 VO Nr. 1/2003) und den Mitgliedern des Netzes die Gründe schriftlich mitteilen.[230] Die Wettbewerbsbehörden der Mitgliedstaaten können in diesem Fall auch verlangen, dass die Angelegenheit im Beratenden Ausschuss behandelt wird (Art. 14 Abs. 7 Satz 3 VO Nr. 1/2003).

G. Das Verhältnis der Kommission zu Gerichten der Mitgliedstaaten

I. Allgemeines

51 Die Kommission ist in ihrem Verwaltungsverfahren zur **loyalen Zusammenarbeit** mit den Organen der Mitgliedstaaten verpflichtet. Dieser Grundsatz folgt unmittelbar aus Art. 4 Abs. 3 EUV.[231] Er verpflichtet die Kommission, nationale Gerichte, die das Gemeinschaftsrecht anwenden, aktiv zu unterstützen.[232] Das Verhältnis von Verfahren der Kommission zu denen vor nationalen Gerichten geführten Verfahren wird in Art. 15 und 16 VO Nr. 1/2003 geregelt. Darin sind zum einen Bestimmungen enthalten, die die gleichzeitige oder zeitversetzte Behandlung desselben Falls durch die Kommission und nationale Gerichte regeln. Grundsätzlich kann die Kommission nicht durch eine Entscheidung eines nationalen Gerichts in ihrer Beurteilung nach Art. 101 oder 102 AEUV gebunden werden (Art. 16 VO Nr. 1/2003).[233] Ferner finden sich darin Bestimmungen zur Unterstützung nationaler Gerichte durch die Kommission bei Fragen der Anwendbarkeit von Art. 101 oder 102 AEUV. Die Kommission hat die Grundsätze, von denen sie sich bei der Zusammenarbeit mit den Gerichten der Mitgliedstaaten leiten lässt, in der **Bekanntmachung** der Kommission über die Zusammenarbeit zwischen der Kommission und den Gerichten der

---

[224] Bekanntmachung, Rdnr. 14.
[225] Bekanntmachung, Rdnr. 6.
[226] Bekanntmachung, Rdnr. 16, 18.
[227] Bekanntmachung, Rdnr. 34.
[228] Protokollerklärung http://register.consilium.europa.eu/pdf/de/02/st15/st15664-ad01de02.pdf.
[229] Protokollerklärung, Rdnr. 21; Bekanntmachung, Rdnr. 50 ff.
[230] Protokollerklärung, Rdnr. 21 ff.
[231] EuGH U. v. 13.7.1990, Rs C 2/88, Slg. 1990, I-3365 Rdnr. 23 – *Zwartveld;* EuGH U. v. 28.2.1991, Rs C-234/89, Slg. 1991, I-935 Rdnr. 53 – *Delimitis.*
[232] EuG U. v. 18.9.1996, Rs T-353/94, Slg. 1996, II-921 Rdnr. 64 – *Postbank II;* zum Verfahren der Zusammenarbeit s. § 41 Rdnr. 54.
[233] EuGH U. v. 14.12.2000, Rs C-344/98 P, Slg. 2000, I-11369 Rdnr. 48 – *Masterfoods.*

EU-Mitgliedstaaten bei der Anwendung der Artikel 101 und 102 des Vertrags niedergelegt.[234]

II. Zusammenarbeit der Kommission mit den Gerichten der Mitgliedstaaten

Art. 15 VO Nr. 1/2003 regelt die Zusammenarbeit der Kommission mit den Gerichten 52
der Mitgliedstaaten. Nationale Gerichte können die Kommission zum einen um **Übermittlung von Informationen** bitten, zum anderen können nationale Gerichte um **Stellungnahmen** zu Rechtsfragen bitten. Gemäß Art. 15 Abs. 1 VO Nr. 1/2003 können nationale Gerichte die Kommission um Übermittlung solcher Unterlagen bitten, die sich bereits im Besitz der Kommission befinden. Die Kommission muss somit keine Ermittlungen für nationale Gerichte vornehmen. Anders als die Regelung in Art. 12 VO Nr. 1/2003 enthält Art. 15 VO Nr. 1/2003 keine ausdrückliche Regelung zu der Verwertung von durch die Kommission erhaltenen Unterlagen als Beweismittel. Allerdings hat die Rechtsprechung bereits unter der Geltung der VO Nr. 17 entschieden, dass die Kommission aufgrund ihrer Verpflichtung zur loyalen Zusammenarbeit einem einzelstaatlichen Gericht alle Informationen zur Verfügung zu stellen hat, um welche das Gericht die Kommission ersucht hat. Die Kommission ist bemüht, die Informationen spätestens einen Monat nach Eingang der Anfrage zur Verfügung zu stellen.[235]

In den vor nationalen Gerichten geführten Verfahren besteht somit **kein Verwertungs-** 53
verbot für die im Rahmen des Kommissionsverfahrens gewonnenen Ermittlungsergebnisse. Ein Verwertungsverbot würde nicht nur den Grundsatz der loyalen Zusammenarbeit[236] zwischen Kommission und nationalen Gerichten verletzen, sondern auch die Aufgabe der nationalen Gerichte beeinträchtigen, der Geltung von Art. 101 Abs. 1 und Art. 102 AEUV Wirkung zu verschaffen. Das EuG hat im Fall *Postbank*[237] dazu ausgeführt, dass die Kommission nicht gehalten sei, Dritten die Vorlage von Beschwerdepunkten in einem Zivilverfahren zu untersagen, sofern diese eine Kopie davon erhalten haben. Es sei dann Sache des nationalen Gerichts, den Schutz der Vertraulichkeit der betreffenden Informationen oder der Geschäftsgeheimnisse zu gewährleisten.[238]

Auch im Rahmen der Zusammenarbeit und des damit verbundenen Informationsaustau- 53a
sches gilt die Notwendigkeit, Geschäftsgeheimnisse zu wahren.[239] Dies hindert jedoch die Kommission nicht, vertrauliche Informationen weiterzuleiten; vielmehr sind die Gerichte im Rahmen des nationalen Verfahrens gehalten, Geschäftsgeheimnisse zu berücksichtigen.[240] Kann das Gericht diese Gewähr nicht bieten, so darf die Kommission die Informationen nicht weiterleiten.[241] Eine besondere Regelung gilt für die von einem Antragsteller auf **Kronzeugenbehandlung** freiwillig bereit gestellten Informationen. Im Interesse der Sicherung des Kronzeugenverfahrens werden diese Informationen niemals ohne das Einverständnis des Antragstellers an ein nationales Gericht weitergegeben.[242]

---

[234] Bekanntmachung der Kommission über die Zusammenarbeit zwischen der Kommission und den Gerichten der EU-Mitgliedstaaten bei der Anwendung der Artikel 81 und 82 des Vertrags, ABl. 2004 C 101/54, geändert in ABl. C 256/5. Zum Grundsatz der „loyalen Zusammenarbeit" s. auch unter Rdnr. 49.

[235] Bekanntmachung, Rdnr. 22.

[236] S. dazu unter Rdnr. 49.

[237] EuG U. v. 18.9.1996, Rs T-353/94, Slg. 1996, II-921 Rdnr. 66 – *Postbank II.*

[238] EuG U. v. 18.9.1996, Rs T-353/94, Slg. 1996, II-921 Rdnr. 90 – *Postbank II.*

[239] Bekanntmachung der Kommission über die Zusammenarbeit zwischen der Kommission und den Gerichten der EU-Mitgliedstaaten bei der Anwendung der Artikel 81 und 82 des Vertrags, Rdnr. 25.

[240] EuG U. v. 18.9.1996, Rs T-353/94, Slg. 1996, II-921 Rdnr. 69 – *Postbank II.*

[241] Bekanntmachung der Kommission über die Zusammenarbeit zwischen der Kommission und den Gerichten der EU-Mitgliedstaaten bei der Anwendung der Artikel 81 und 82 des Vertrags, Rdnr. 25.

[242] Bekanntmachung, Rdnr. 26a; dies gilt ebenfalls für Informationen aus Vergleichsausführungen.

53b Gemäß Art. 15 Abs. 1 VO Nr. 1/2003 ist die Kommission verpflichtet, auf Wunsch eines nationalen Gerichts eine Stellungnahme zur Frage der Anwendbarkeit von Art. 101 und 102 AEUV abzugeben. Um eine sachdienliche Stellungnahme abgeben zu können, kann die Kommission bei dem Gericht zusätzliche Informationen anfordern (Art. 15 Abs. 3 Satz 4 VO Nr. 1/2003).[243] Bei ihrer Stellungnahme beschränkt sich die Kommission auf eine Aussage zu den rechtlichen oder wirtschaftlichen Gegebenheiten der Anwendbarkeit von Art. 101 und 102 AEUV, ohne auf den eigentlichen Streitgegenstand einzugehen.[244] Die Parteien des Rechtsstreits werden von der Kommission nicht angehört.[245] Die Kommission bemüht sich, die Stellungnahme innerhalb von vier Monaten abzugeben.[246] Eine Zusammenfassung der Stellungnahmen findet sich im jährlichen Wettbewerbsbericht der Kommission sowie auf der Webseite der GD Wettbewerb.[247] Nach Art. 15 Abs. 3 VO Nr. 1/2003 kann die Kommission auch aus eigenem Ermessen in Verfahren vor nationalen Gerichten schriftlich als „amicus curiae" auftreten.[248] Das gilt selbst dann, wenn sich das betreffende Verfahren nicht auf die Anwendung der Artikel 101 oder 102 AEUV bezieht.[249] Eine mündliche Stellungnahme ist nur mit Erlaubnis des betreffenden Gerichts zulässig (Art. 15 Abs. 3 Satz 3 VO Nr. 1/2003).

53c Die Mitgliedstaaten sind verpflichtet, der Kommission alle Urteile über die Anwendung der Art. 101 und 102 zu übermitteln (Art. 15 Abs. 2 VO Nr. 1/2003). Dies ermöglicht der Kommission rechtzeitig Kenntnis von Fällen zu erlangen, bei denen die Vorlage einer Stellungnahme zweckmäßig sein könnte, falls eine der Parteien gegen das Urteil Rechtsmittel einlegt.[250] Die Urteile werden, sofern keine Geschäftsgeheimnisse enthalten sind, auf der Webseite der Kommission veröffentlicht.[251]

III. Parallele Verfahren von Kommission und Gerichten der Mitgliedstaaten

54 Die Zuständigkeit nationaler Gerichte zur Anwendung von Art. 101 und 102 AEUV ergibt sich aus der Direktwirkung dieser Bestimmungen[252] und wird in Art. 6 VO Nr. 1/2003 bestätigt. Es ist somit die Situation denkbar, dass die Kommission in einem Fall ermittelt, zu dem gleichzeitig auch ein Gerichtsverfahren anhängig ist. Die parallele Zuständigkeit macht es daher notwendig, den jeweiligen Tätigkeitsbereich abzugrenzen und Mechanismen zu schaffen, um eine kohärente Anwendung der Anwendung des Gemeinschaftsrechts zu gewährleisten und sich widersprechende Entscheidungen zu vermeiden.

54a Dies erfolgt durch Art. 16 VO Nr. 1/2003; die Vorschrift stellt eine Kodifizierung des Urteils *Masterfoods*[253] dar. Danach dürfen die nationalen Gerichte keine Urteile erlassen, die einer Entscheidung der Kommission zuwiderlaufen (Art. 16 Abs. 1 Satz 1 VO Nr. 1/2003). Art. 16 Abs. 1 Satz 2 VO Nr. 1/2003 erstreckt diese Verpflichtung auch auf Fälle, in denen die Kommission noch keine Entscheidung getroffen hat, jedoch bereits das Verfahren eingeleitet hat, eine solche zu erlassen. Die Bestimmung basiert auf dem Grundsatz, dass in

---

[243] Bekanntmachung, Rdnr. 28.

[244] Bekanntmachung, Rdnr. 29.

[245] Bekanntmachung, Rdnr. 30.

[246] Bekanntmachung, Rdnr. 28.

[247] S. z. B. Begleitunterlage zum Wettbewerbsbericht 2013 S. 23; http://ec.europa.eu/competition/court/antitrust_amicus_curiae.html.

[248] Beispiel in Komm., Anhang zum Wettbewerbsbericht 2009, Rdnr. 506.

[249] Im vorliegenden Fall ging es um die steuerliche Behandlung von durch die Kommission auferlegten Geldbußen nach nationalem Recht; EuGH U. v. 11.6.2009, Rs C-429/07, Slg. 2009, I-4833 Rdnr. 27 – *Inspecteur van de Belastingsdienst*.

[250] Bekanntmachung der Kommission über die Zusammenarbeit zwischen der Kommission und den Gerichten der EU-Mitgliedstaaten bei der Anwendung der Artikel 81 und 82 des Vertrags, Rdnr. 37.

[251] Http://ec.europa.eu/competition/elojade/antitrust/nationalcourts/.

[252] S. dazu § 40 Rdnr. 9.

[253] EuGH U. v. 14.12.2000, Rs C-344/98, Slg. 2000, I-11369 – *Masterfoods*.

einem System paralleler Zuständigkeiten einander widersprechende Entscheidungen vermieden werden müssen.[254]

Ist ein Rechtsstreit bei einem nationalen Gericht anhängig, kann dieses bei der Kommission anfragen, ob sie zu derselben Problematik ein Verfahren eingeleitet hat und wie weit das Verfahren fortgeschritten ist.[255] Vor dem Hintergrund dieser Informationen kann das Gericht prüfen, ob eine Aussetzung des Verfahrens notwendig ist (Art. 16 Abs. 1 Satz 3 VO Nr. 1/2003). Die Kommission hat erklärt, Fälle vorrangig zu behandeln, wenn diese Gegenstand eines ausgesetzten Verfahrens sind; insbesondere wenn der Ausgang des Rechtsstreits davon abhängig ist.[256] Das Gericht kann kein Urteil fällen, das einer bereits getroffenen Entscheidung der Kommission in dieser Angelegenheit zuwiderläuft. Will das Gericht die Entscheidung der Kommission außer Acht lassen, muss es die Frage gemäß Art. 267 AEUV dem EuGH vorlegen.[257] **54b**

H. Verfahrensregeln in besonderen Sektoren

Nachdem die in der VO Nr. 1/2003 ursprünglich noch enthaltenen Ausnahmen im Luft- und Seeverkehr abgeschafft worden sind,[258] gibt es gegenwärtig keinen Wirtschaftsbereich mehr, in dem die VO Nr. 1/2003 nicht gelten würde. **55**

Die für den Bereich der **Landwirtschaft**[259] geltende Sonderregelung ist im Rahmen der Reform der Gemeinsamen Agrarpolitik im Jahr 2013 ebenfalls abgeschafft worden. Im Prinzip gelten die Wettbewerbsregeln für den gesamten Agrarbereich. Ausnahmen gelten für bestimmte Formen gemeinsamer Vermarktung durch Erzeugerorganisationen.[260] Die Kommission hat angekündigt, Leitlinien zu wettbewerbsrechtlichen Fragen herauszugeben.[261] **56**

Seit dem Auslaufen des EGKSV am 23. Juli 2002 bestehen für den Bereich **Kohle und Stahl** keine besonderen Verfahrensregeln mehr. Seit diesem Zeitpunkt sind die Bestimmungen des AEU-Vertrages und das sekundäre Gemeinschaftsrecht uneingeschränkt anwendbar.[262] **57**

Eingeschränkt anwendbar sind die Wettbewerbsregeln für **Rüstungsgüter.**[263] Art. 346 Abs. 1 Buchst. b AEUV eröffnet den Mitgliedstaaten die Möglichkeit, die Maßnahmen zu treffen, die zur Wahrung der wesentlichen Sicherheitsinteressen erforderlich sind, soweit die Wettbewerbsbedingungen der nicht eigens für militärische Zwecke bestimmten Waren **58**

---

[254] Erwägungsgrund 22 VO Nr. 1/2003.

[255] Bekanntmachung der Kommission über die Zusammenarbeit zwischen der Kommission und den Gerichten der EU-Mitgliedstaaten bei der Anwendung der Artikel 81 und 82 des Vertrags, Rdnr. 12.

[256] Bekanntmachung, Rdnr. 12.

[257] Bekanntmachung, Rdnr. 13.

[258] Verordnung (EG) Nr. 411/2004 des Rates vom 26. Februar 2004 zur Aufhebung der Verordnung (EWG) Nr. 3975/87 und zur Änderung der Verordnung (EWG) Nr. 3976/87 sowie der Verordnung (EG) Nr. 1/2003 hinsichtlich des Luftverkehrs zwischen der Gemeinschaft und Drittländern, ABl. 2004, L68/1; Verordnung (EG) Nr. 1419/2006 des Rates vom 25. September 2006 zur Aufhebung der Verordnung (EWG) Nr. 4056/86 über die Einzelheiten der Anwendung der Artikel 85 und 86 des Vertrags auf den Seeverkehr und zur Ausweitung des Anwendungsbereichs der Verordnung (EG) Nr. 1/2003 auf Kabotage und internationale Trampdienste.

[259] Dazu *de Bronett* in § 32.

[260] Art. 209 Verordnung (EU) Nr. 1308/2013 des europäischen Parlaments und des Rates vom 17. Dezember 2013 über eine gemeinsame Marktorganisation für landwirtschaftliche Erzeugnisse und zur Aufhebung der Verordnungen (EWG) Nr. 922/72, (EWG) Nr. 234/79, (EG) Nr. 1037/2001 und (EG) Nr. 1234/2007, ABl. 2013 L 347/671.

[261] Http://europa.eu/rapid/press-release_MEMO-13-621_de.htm.

[262] Zu Übergangsfragen s. EuGH U. v. 29.3.2011, Rs C-201/09 P, ECLI:EU:C:2011:190 Rdnr. 55ff – *ARBED;* EuG U. v. 9.12.2014, Rs. T-69-/10, ECLI:EU:T:2014:1030 – *Industrie Ruinite Odolesi;* ferner *Thomas* in § 36.

[263] Dazu auch *Wiedemann* in § 4 Rdnr. 6.

nicht beeinträchtigt wird. Wollen Mitgliedstaaten sich auf diese Bestimmung berufen, machen sie eine entsprechende Mitteilung an die Kommission.

I. Befugnisse der Kommission im Rahmen des Abkommens über den Europäischen Wirtschaftsraum

59 Das Abkommen über den Europäischen Wirtschaftsraum **(EWRA)** hat eine zweite neben dem EU-Vertrag anwendbare Kartellrechtsordnung geschaffen. Bei dem EWRA handelt es sich um ein so genanntes gemischtes Abkommen, an dem sowohl die Europäische Union als auch ihre Mitgliedstaaten auf der einen Seite und auf der anderen Seite die EFTA-Staaten, die das Abkommen ratifiziert haben (Liechtenstein, Norwegen und Island) als Vertragsparteien auftreten.[264] Für die Anwendung der Wettbewerbsbestimmungen des EWRA können gemäß Art. 55 Abs. 2 EWRA zwei Behörden zuständig sein, nämlich die Kommission oder die EFTA-Überwachungsbehörde (ESA).[265] Die ESA ist auf der Grundlage einer Vereinbarung zwischen den EFTA-Mitgliedstaaten gegründet worden[266] und nimmt im Rahmen des EWRA die Rolle der Überwachungs- und Verwaltungsbehörde wahr; sie hat insoweit eine der Kommission vergleichbare Stellung. Wendet die Kommission die Wettbewerbsregeln des EWRA an, so tut sie dies als Behörde des EWRA.

60 Da für die Anwendung des EWR-Rechts zwei Behörden, die Kommission und die ESA, zuständig sein können, ist eine Abgrenzung der Zuständigkeiten notwendig. Die Zuständigkeiten der Behörden überschneiden sich nicht; die Abgrenzung ist wie folgt geregelt: Die Kommission ist grundsätzlich in allen Fällen der Anwendung von Art. 53 EWRA zuständig, die auch den Handel zwischen EU-Mitgliedstaaten beeinträchtigen (Art. 56 Abs. 1 Buchst. c EWRA). In der Praxis bedeutet dies, dass die Kommission immer dann zuständig ist, wenn sie in einem Fall gleichzeitig Art. 101 oder 102 AEUV anwendet. Ist nur das EWRA anwendbar, ist die Kommission zuständig, wenn nicht der ESA ausdrücklich eine Zuständigkeit zugewiesen worden ist (Art. 56 Abs. 1 Buchst. b EWRA). Eine solche Zuständigkeit der ESA ist in drei Fällen gegeben: Fälle, die nur den Handel zwischen EFTA-Staaten betreffen (Art. 56 Abs. 1 Buchst. a EWRA); Fälle, die keine spürbaren Auswirkungen auf den Handel zwischen EU-Mitgliedstaaten haben; sowie Fälle, in denen die beteiligten Unternehmen 33% oder mehr ihres EWR-Gesamtumsatzes im Hoheitsgebiet der EFTA Staaten erzielen (Art. 56 Abs. 1 Buchst. b EWRA).

61 Die Kommission wendet das EWRA im selben Verfahren und mit denselben Verfahrensregeln wie Art. 101 und 102 AEUV an. Die VO Nr. 2894/94 mit den Durchführungsvorschriften zum Europäischen Wirtschaftsraum[267] sieht in Art. 5 Abs. 1 ausdrücklich vor, dass die Wettbewerbsbestimmungen des EWRA auf der Grundlage der Gemeinschaftsregeln zur Verwirklichen der in Art. 101 und 102 AEUV niedergelegten Grundsätze entsprechend angewendet werden. Die ESA hat durch das Protokoll 4 zum Überwachungs- und Gerichtshofs Abkommen gleichwertige Befugnisse erhalten. Nach dem Beitritt Österreichs, Schwedens und Finnlands zur Europäischen Union sind die aus diesen Staaten stammenden Fälle von der ESA an die Kommission abgegeben worden.[268]

62 Kommission und ESA informieren sich gegenseitig und gewähren sich gegenseitig **Amtshilfe** bei Ermittlungen im Territorium der anderen Behörde. Beide Behörden übermitteln sich Kopien von Auskunftsersuchen und führen auf Antrag der anderen Behörde **Nachprüfungen** in ihrem Zuständigkeitsbereich durch (Art. 8 Abs. 2 Protokoll 23; Art. 8 Abs. 4 Protokoll 24). Sie sind berechtigt, bei den Nachprüfungen der anderen Behörde

---

[264] Die Schweiz war ursprünglich Vertragspartei, hat das Abkommen nach einer ablehnenden Volksabstimmung aber nicht ratifiziert.

[265] EFTA Surveillance Authority (ESA).

[266] Abkommen zwischen den EFTA-Staaten zur Gründung einer Überwachungsbehörde und eines Gerichtshofs v. 2.5.1992, ABl. Nr. 1994 L 344/1.

[267] ABl. 1994 L 305/6.

[268] Abkommen über Übergangsregeln für einen bestimmten Zeitraum nach dem Beitritt einiger EFTA-Staaten zur Europäischen Union, angenommen am 28.9.1994 in Brüssel.

vertreten zu sein und aktiv daran teilzunehmen (Art. 8 Abs. 3 Protokoll 23; Art. 8 Abs. 5 Protokoll 24). Entscheidungen der Kommission und der ESA über Geldbußen und Zwangsgelder können im ganzen EWR vollstreckt werden. Die **Zwangsvollstreckung** erfolgt nach den Vorschriften des Zivilprozessrechts des Staates, in dessen Hoheitsgebiet sie stattfindet (Art. 110 Abs. 1 EWRA). Die Kommission kann Ermittlungshandlungen sowohl auf die Bestimmungen des EWRA als auch auf die des EGV stützen.[269]

§ 42 Die Ermittlungsbefugnisse der Kommission

Übersicht

Schrifttum: *Becker,* Auskunftsverweigerung von Unternehmen im EU-Kartellverfahren, 2011; *Beutler,* Der Schutz der Vertraulichkeit zwischen Anwalt und Mandanten im Europäischen Recht, RIW 1982, 820; *Brei,* Die Entscheidung des EuGH in Sachen Roquette Freres, ZWeR 2004, 107; *Burholt,* Einen Schritt vor, zwei Schritte zurück – Gilt das Anwaltsprivileg im europäischen Kartellrecht auch für Syndikusanwälte?, BRAK-Mitteilungen 2004, 100; *Buyle/Brophy/McInnes,* May the Commission review correspondence between outside counsel?, ECLR 2012,203; *Dalheimer/Feddersen/Miersch,* EU-Kartellverfahrensordnung, München, 2005; *de Bronett,* Die neuen Ermittlungsbefugnisse der Kommission, EWS 2011,8; *ders.,* Sektoruntersuchungen, Die Ausübung der Ermittlungsbefugnisse als Aufgabe des europäischen Kartellrechts, WuW2010, 258; *Feddersen,* Anmerkungen zu Roquette Frères, EuZW 2003, 22; *Grave/Barth,* Von „Dawn Raids" zu „eRaids" – Zu den Befugnissen der Europäischen Kommission bei der Durchsuchung elektronischer Daten, EuZW 2014,369; *Hofmann,* Eine Neubestimmung der Reichweite des Anwaltsprivilegs im Wettbewerbsverfahren?, EuZW 2003, 742; *Joshua,* Requests for Information in EEC Factfinding Procedures, ECLR 1982, 173; *ders.,* The Element of Surprise: EEC Competition Investigations under Article 14 (3) of Regulation 17, ELR 1983, 3; *Kellerbauer,* Limits on EU antitrust investigative measures under recent case law: tiptoeing between proportionality and effectiveness, EuZW 2014, 407; *Meyer/Kuhn,* Befugnisse und Grenzen kartellrechtlicher Durchsuchungen nach VO Nr. 1/2003 und nationalem Recht, WuW 2004, 880; *Moosecker,* Die EuGH-Entscheidungen Hoechst und Orkem/Solvay, in FIW: Schwerpunkte des Kartellrechts 1988/89, 1990, 87ff.; *Overbeek,* The Right to Remain Silent in Competition Investigations: The Funke Decision of the Court of Human Rights Makes Revision of

[269] EuG U. v. 8.7.2004, verb. Rs T-67/00, T-68/00, T-71/00 und T-78/00, Slg. 2004, II-2501 Rdnr. 488 – *nahtlose Stahlrohre.*

the ECJ's Case Law Necessary, ECLR 1994, 127; *Ortiz Blanco,* European Community Competition Procedure, Oxford, 3rd ed., 2013; *Schnichels/Resch,* Das Anwaltsprivileg im europäischen Kontext, EuZW 2011, 47; *Schwarze,* Grenzen für die Ermittlungstätigkeit der Kommission als Wettbewerbsbehörde der EG, in: Schwarze, Der Gemeinsame Markt - Bestand und Zukunft in wirtschaftlicher Perspektive, 1987, S. 159; *Schwarz/Weitbrecht,* Grundzüge des Europäischen Kartellrechtsverfahren, 2004; *Seitz,* Unternehmensjuristen und das Anwaltsprivileg im europäischen Wettbewerbsverfahren – Wandel in der Europäischen Rechtsprechung, EuZW 2004, 231; *Seitz/Berg/Lohrberg,* „Dawn Raids" im europäischen Kartellverfahren, WuW 2007,716; *Stessens,* The Obligation to Produce Documents Versus the Privilege Against Self-incrimination: Human Rights Protection Extended Too Far? E.L.Rev. 1997, 45; *Wils,* La Compatibilité des Procedures Communautaires en Matière de Concurrence avec la Convention Européenne des Droits de l'Homme, Cahiers de Droit Europeen, 1996, 329; *ders.,* You have the right to remain silent or do you? The privilege against self incrimination following Mannesmannröhren-werke and other recent decisions', ECLR 2001, 313; *ders.,* Self-incrimination in EC antitrust enforcement: A legal and economic analysis, World competition 2003, 567.

A. Allgemeines

1 Die VO Nr. 1/2003 räumt der Kommission weitgehende Ermittlungsbefugnisse ein, die ggf. mit Zwangsmitteln durchgesetzt werden können. Als formelle Ermittlungsbefugnisse stehen **Auskunftsverlangen** (Art. 18 VO Nr. 1/2003) und **Nachprüfungen** (Art. 20 VO Nr. 1/2003) zur Verfügung. Mit dem Auskunftsverlangen werden schriftliche Auskünfte eingeholt, Nachprüfungen erfolgen in den Räumen des Unternehmens und haben die Einsichtnahme der dort vorhandenen Unterlagen zum Gegenstand. Beide Ermittlungsformen stellen eine Konkretisierung der schon in Art. 337 AEUV erwähnten allgemeinen Ermittlungsbefugnisse der Kommission dar. Abgesehen von der Möglichkeit, im Rahmen der Nachprüfung mündliche Erklärungen zu verlangen, gibt es dagegen kein formelles Verfahren der **Zeugenvernahme** unter Eid. Die Ermittlungsbefugnisse der Kommission sind im Wesentlichen auf schriftliche Unterlagen ausgerichtet. Die VO Nr. 1/2003 hat allerdings die Befugnis zur **Befragung natürlicher und juristischer Personen** (Art. 19 VO Nr. 1/2003) eingeführt.

2 Neben den formellen Ermittlungshandlungen ermittelt die Kommission informell einen Sachverhalt durch Gespräche, Schriftwechsel und Besuche bei Unternehmen. Die Kommission fordert ferner durch eine Veröffentlichung im Amtsblatt Dritte zu einer Stellungnahme auf, bevor sie Verpflichtungszusagen nach Art. 9 VO Nr. 1/2003 für bindend erklärt oder eine Entscheidung der Nichtanwendbarkeit nach Art. 10 VO Nr. 1/2003 trifft (Art. 27 Abs. 4 VO Nr. 1/2003).

I. Adressat der Ermittlungshandlung

3 Ermittlungshandlungen sind grundsätzlich gegen Unternehmen und nie gegen natürliche Personen gerichtet; allerdings kann eine Nachprüfung nach Art. 21 VO Nr. 1/2003 unter bestimmten Voraussetzungen auch in Privaträumen erfolgen. Adressat von formellen Ermittlungshandlungen ist ein **Unternehmen** oder eine **Unternehmensvereinigung.** Nur diese sind auskunfts- und mitwirkungspflichtig. Allerdings müssen für das Unternehmen immer natürliche Personen handeln; zur Erteilung der Auskunft oder zur Mitwirkung sind die Inhaber des Unternehmens oder die gesetzlichen oder satzungsgemäßen Vertreter verpflichtet (Art. 18 Abs. 4 VO Nr. 1/2003). Ordnungsgemäß bevollmächtigte Rechtsanwälte können die Auskünfte im Namen ihrer Mandanten erteilen (Art. 18 Abs. 4 VO Nr. 1/2003).

II. Anfangsverdacht

4 Ermittlungshandlungen sind nur zulässig, wenn ein Anfangsverdacht vorliegt. Dies ist Ausdruck des Willkürverbots; es darf also keine Ermittlungen „ins Blaue" geben.[1] „An-

[1] Zur Sektoruntersuchung, bei der kein konkreter Anfangsverdacht für einen Wettbewerbsverstoß erforderlich ist, s. unter Rdnr. 7.

fangsverdacht" bedeutet nicht, dass der konkrete Verdacht auf einen Wettbewerbsverstoß vorliegt. Der Begriff hat vielmehr zum Inhalt, dass hinreichende Anhaltspunkte dafür vorliegen, dass ein Sachverhalt kartellrechtlich relevant ist. Ein Anfangsverdacht kann durch informelle Hinweise oder Beschwerden Dritten entstehen, es ist aber auch denkbar, dass die Information über ein wettbewerbsrechtlich relevantes Verhalten aus Veröffentlichungen in der Presse oder in Branchenpublikationen bezogen wird. Auskunftsverlangen und Nachprüfungsentscheidungen müssen zur Begründung stets den **Zweck** der Ermittlungshandlung bezeichnen (Art. 18 Abs. 3, Art. 20 Abs. 3 VO Nr. 1/2003). Dadurch werden die betroffenen Unternehmen in die Lage versetzt, den Umfang ihrer Mitwirkungspflichten zu erkennen und zugleich ihre Verteidigungsrechte zu wahren.[2]

Ermittlungsmaßnahmen müssen **begründet** (Art. 18 Abs. 2, Art. 20 Abs. 3 VO Nr. 1/ 5
2003) werden und **verhältnismäßig** sein. Die Pflicht zur Begründung von formellen Ermittlungsmaßnahmen bedeutet nicht, dass die Kommission bereits eine konkrete rechtliche Subsumtion vornehmen muss, sie muss aber angeben, welchen Vermutungen sie nachzugehen beabsichtigt.[3] Die Kommission muss daher den Gegenstand der Untersuchung genau beschreiben.[4] Es ist dagegen nicht erforderlich, dass bereits eine definitive rechtliche Qualifizierung der Zuwiderhandlung, des Zeitraums oder des relevanten Marktes erfolgt.[5] Der Sinn der Ermittlungsrechte besteht darin, es der Kommission zu ermöglichen, die Auskünfte einzuholen und die Unterlagen zu beschaffen, die erforderlich sind, um das Vorliegen und die Bedeutung einer bestimmten Sach- und Rechtslage prüfen zu können.[6] Es ist daher ausreichend, wenn die Kommission die Informationen und Indizien erläutert, die sie zu der Annahme einer Zuwiderhandlung veranlassen.[7] Die Kommission muss nicht bereits (z.B. in einer Nachprüfungsentscheidung) alle ihr bereits bekannten Tatsachen offenlegen;[8] dadurch würde in vielen Fällen der Ermittlungszweck gefährdet. Sie muss diese Indizien aber gegebenenfalls dem Gericht offenbaren, welches eine Nachprüfungsentscheidung überprüft.[9] Der Grundsatz der Verhältnismäßigkeit muss stets gewahrt werden. Die Ermittlungsmaßnahme darf keine Belastung darstellen, die zu den Erfordernissen der Untersuchung außer Verhältnis steht.[10]

Ermittlungshandlungen können auch bei **Dritten** vorgenommen werden, sofern diese 6
über verfahrensrelevante Informationen verfügen. Voraussetzung einer Ermittlungshandlung ist daher nicht, dass gerade das betroffene Unternehmen Gegenstand der Untersuchung ist oder einen möglichen Vorstoß gegen die Wettbewerbsregeln begangen hat; es reicht aus, dass es über entsprechende Informationen verfügen kann.[11] Dies gilt auch für Nachprüfungen. Ermittlungen bei Dritten finden zum Beispiel regelmäßig statt, wenn

---

[2] EuG U. v. 8.3.1995, Rs T-34/92, Slg. 1995, II-547 Rdnr. 40 – *Société Générale*.

[3] EuGH U. v. 25.6.2014, Rs C-37/13 P, ECLI:EU:C:2014:2030 Rdnr. 35,36 – *Nexans*.

[4] EuG U. v. 14.11.2012, Rs T-135/09, ECLI:EU:T:2012:596 Rdnr. 56 – *Nexans*.

[5] EuGH U. v. 21.9.1989, Rs 46/87 und 227/87, Slg. 1989, 2919 Rdnr. 41 – *Hoechst;* EuG U. v. 8.3.1995, Rs T-34/92, Slg. 1995, II-547 Rdnr. 63 – *Société Générale*.

[6] EuGH U. v. 18.10.1989, Rs 374/87, Slg. 1989, 3343 Rdnr. 21 – *Orkem;* EuGH U. v. 22.10.2002, Rs C-94/00, Slg. 2002, I-9011 Rdnr. 78 – *Roquette;* EuGH U. v. 25.6.2014, Rs C-37/13 P ECLI:EU:C:2014:2030 Rdnr. 37 – *Nexans*.

[7] EuGH U. v. 26.6.1980, Rs 136/79, Slg. 1980, 2033 Rdnr. 26 – *National Panasonic;* EuGH U. v. 18.10.1989, Rs 374/87, Slg. 1989, 3343 Rdnr. 11 – *Orkem;* EuG U. v. 8.3.2007, Rs T-339/04, Slg. 2007, II-5521 Rdnr. 61, 62 – *France Télécom*.

[8] EuGH U. v. 21.9.1989, Rs 46/87 und 227/87, Slg. 1989, 2919 Rdnr. 41 – *Hoechst*; EuGH U. v. 17.10.1989, Rs 85/87, Slg. 1989, 3150 Rdnr. 9 – *Dow Benelux;* EuG U. v. 8.3.2007, Rs T-339/04, Slg. 2007, II-521 Rdnr. 58 – *France Télécom*.

[9] EuG U. v. 14.11.2012, Rs T-135/09, ECLI:EU:T:2012:596 Rdnr. 72 – *Nexans*.

[10] EuGH U. v. 26.6.1980, Rs 136/79, Slg. 1980, 2033 Rdnr. 30 – *National Panasonic;* EuGH U. v. 21.9.1989, Rs 46/87 und 227/87 Slg. 1989, 2919 Rdnr. 19 – *Hoechst;* EuGH U. v. 19.5.1994, Rs C-36/92 P, Slg. 1994, I-1911 Rdnr. 51 – *SEP;* EuGH U. v. 22.10.2002, Rs C-94/00, Slg. 2002, I-9011 Rdnr. 76 – *Roquette*.

[11] S. z.B. Komm.E. v. 31.1.1979, ABl. 1979 L 57/33 – *FIDES;* EuG U. v. 22.3.2012, verb. Rs. T-458/09 und T. 171/10, ECLI:EU:T:2012:145 Rdnr. 41 – *Slovak Telekom*.

Wettbewerber sowie Lieferanten und Kunden in Auskunftsverlangen um Informationen gebeten werden.

7 Eine Ausnahme von dem Erfordernis des Anfangsverdachts einer konkreten Wettbewerbsverletzung gilt nur in dem Verfahren der Untersuchung ganzer Wirtschaftszweige, der sog. **Sektoruntersuchung.**[12] Art. 17 VO Nr. 1/2003 ermächtigt die Kommission, eine allgemeine Untersuchung eines Wirtschaftszweiges einzuleiten, wenn die Vermutung besteht, dass in einem ganzen Wirtschaftszweig der Wettbewerb eingeschränkt oder verfälscht ist. Von diesem Instrument macht die Kommission in zunehmendem Maße Gebrauch.

III. Mitwirkungspflicht

8 Auskunftsverlangen und Nachprüfungen setzen die aktive Mitwirkung des Unternehmens oder die Duldung durch das Unternehmen voraus. Das Unternehmen muss bestimmte Informationen erteilen und Zugang zu Räumlichkeiten und Dokumenten verschaffen. Bei allen Ermittlungshandlungen besteht daher eine **Mitwirkungspflicht** des Unternehmens.[13] Der Mitwirkung kann sich das Unternehmen nicht mit der Begründung entziehen, dass das Ergebnis der Untersuchung den Beweis für eine Zuwiderhandlung gegen die Wettbewerbsregeln erbringen könnte.[14] Es gibt daher auch kein allgemeines Recht der Aussageverweigerung. Die Grenzen der Mitwirkungspflicht finden sich allerdings im Verbot des Zwangs zur Selbstbezichtigung.[15]

IV. Sanktionen

9 Die Kommission kann zur Durchsetzung ihrer Ermittlungsbefugnisse keinen **unmittelbaren Zwang** ausüben. Sofern eine Nachprüfung zwangsweise durchgeführt werden muss, ist die Kommission nach auf die Unterstützung der zuständigen Behörden der Mitgliedstaaten angewiesen, die die notwendige Unterstützung gewähren (Art. 20 Abs. 6 VO Nr. 1/2003). Das einzige Zwangsmittel, das der Kommission unmittelbar zur Verfügung steht, ist das **Zwangsgeld,** dessen Höhe für jeden Tag bis zu 5% des Tagesumsatzes reichen kann (Art. 24 Abs. 1 VO Nr. 1/2003).[16] Weigert sich ein Unternehmen nach Erlass einer Auskunftsentscheidung[17] die erforderlichen Auskünfte zu erteilen oder wird die durch eine Entscheidung angeordnete Nachprüfung nicht geduldet,[18] so kann die Kommission Zwangsgelder verhängen, bis das Unternehmen der Entscheidung nachkommt. Die Verweigerung der Duldung oder der Mitwirkung bei einer Ermittlungshandlung sowie die Erteilung unrichtiger Auskünfte kann ferner mit **Geldbußen** geahndet werden.[19] Auch die nur vorübergehende Weigerung stellt eine Zuwiderhandlung dar.[20] Die Verweigerung der Duldung einer Nachprüfung kann ferner als erschwerender Umstand bei der Bemessung der Geldbuße berücksichtigt werden.[21]

---

[12] S. dazu Rdnr. 49.

[13] EuGH U. v. 18.10.1989, Rs 374/87, Slg. 1989, 3343 Rdnr. 22 – *Orkem;* EuG U. v. 9.11.1994, Rs T-64/92, Slg. 1994, II-1042 Rdnr. 31 – *Scottish Football Association;* EuG U. v. 8.3.1995, Rs T-34/92, Slg. 1995, II-547 Rdnr. 72 – *Société Générale.*

[14] EuGH U. v. 18.10.1989, Rs 374/87, Slg. 1989, 3343 Rdnr. 22 – *Orkem;* EuGH U. v. 8.3.1995, Rs T-34/92, Slg. 1995, II-547 Rdnr. 72 – *Société Générale;* EuG U. v. 20.2.2001, Rs T-112/98, Slg. 2001, II-729 Rdnr. 66 – *Mannesmannröhren-Werke;* EuGH U. v. 29.6.2006, Rs C-301/04, Slg. 2006, I-5977 Rdnr. 44 – *SGL Carbon.*

[15] Zum Verbot des Zwangs zur Selbstbezichtigung s. unter Rdnr. 21 ff.

[16] S. dazu *Hellmann,* § 46 Rdnr. 123 ff.

[17] S. dazu § 42 Rdnr. 16.

[18] S. dazu § 42 Rdnr. 25.

[19] S. dazu *Hellmann,* § 46 Rdnr. 118 ff.

[20] Komm. E. v. 7.10.1992 ABl. 1992 L 305/16 – *CSM-Zucker.*

[21] EuG U. v. 27.6.2012, Rs T-357/06, ECLI:EU:T:2012:488 Rdnr. 255, bestätigt durch EuGH U. v. 19.12.2013, Rs C-586/12 P, ECLI:EU:C:2013:863 – *Niederländisches Asphaltkartell.*

V. Wahl der Ermittlungshandlung durch die Kommission

Die Wahl der Ermittlungshandlung steht im Ermessen der Kommission.[22] Die Kommission kann das ihr zur Aufklärung des Sachverhalts am besten geeignet Mittel wählen. Sie kann sowohl zwischen den verschiedenen Formen der Nachprüfung als auch zwischen Auskunftsverlangen und Nachprüfung je nach den Umständen des Einzelfalls wählen.[23] Sie ist daher frei zu entscheiden, ob sie Informationen im Wege einer Nachprüfung oder durch Auskunftsverlangen ermittelt. Auskunftsverlangen und Nachprüfungen stehen nicht in einem solchen Verhältnis zueinander, dass nur die eine oder andere Form zulässig wäre. Eine Nachprüfung ist daher nicht unzulässig, weil die entsprechenden Unterlagen auch im Rahmen eines Auskunftsverlangens hätten erlangt werden können; umgekehrt kann die Beantwortung eines Auskunftsverlangen nicht mit der Begründung verweigert werden, dass die entsprechenden Unterlagen bei einer vorhergegangenen Nachprüfung nicht aufgefunden wurden.[24] In der Praxis erfolgen auf eine unangekündigte Nachprüfung vielfach Auskunftsverlangen, die auf dem Ergebnis der Nachprüfung aufbauen. 10

VI. Verwertungsverbote

Die im Verfahren nach Art. 18 und 20 VO Nr. 1/2003 erlangten Informationen dürfen gemäß Art. 28 Abs. 1 VO Nr. 1/2003 nur zu dem mit dem Verfahren verfolgten Zweck verwandt werden. Es besteht somit ein **Verwertungsverbot** für Verfahren mit einem anderen Zweck oder nach einer anderen Rechtsgrundlage. Dieses Verwertungsverbot gilt grundsätzlich auch für den Informationsaustausch im Rahmen des Europäischen Wettbewerbsnetzes nach Art. 12 VO Nr. 1/2003.[25] Die ausgetauschten Informationen dürfen nur zum Zweck der Anwendung von Art. 101 und 102 AEUV sowie in Bezug auf den Untersuchungsgegenstand als Beweismittel verwendet werden, für den sie von der übermittelnden Behörde erhoben wurden (Art. 12 Abs. 2 Satz 1 VO Nr. 1/2003). Eine Verwendung für ein Verfahren nach nationalem Wettbewerbsrecht ist nur dann zulässig, wenn dieses im gleichen Fall und parallel zum gemeinschaftlichen Wettbewerbsrecht erfolgt und nicht zu anderen Ergebnissen führt (Art. 12 Abs. 2 Satz 2 VO Nr. 1/2003). Das früher nach der VO Nr. 17 bestehende Verbot,[26] im Rahmen der vorgeschriebenen Zusammenarbeit erhaltene Informationen in einem Verfahren nach nationalem Wettbewerbsrecht zu verwenden, besteht daher nicht uneingeschränkt weiter fort. Ferner ist es möglich, dass durch formelle Ermittlungshandlungen gewonnene Informationen im Rahmen eines völkerrechtlichen Kooperationsabkommens an die Wettbewerbsbehörde eines Drittstaats übermittelt werden können.[27] 11

Für die Kommission besteht kein Verbot der Verwertung von **Zufallsfunden.** Werden bei einer Nachprüfung Informationen hinsichtlich eines Geschäftsbereichs gewonnen, der nicht Gegenstand der Nachprüfungsentscheidung ist, können die insoweit gewonnenen Informationen oder Dokumente zwar nicht unmittelbar gegen das betroffene oder gegen dritte Unternehmen verwandt werden. Art. 28 Abs. 1 VO Nr. 1/2003 sieht vor, dass die erlangten Kenntnisse zu keinem anderen als den im Prüfungsauftrag oder in der Nachprüfungsentscheidung angegebenen Zweck verwertet werden dürfen. Ein Zufallsfund kann aber von der Kommission zum Anlass genommen werden, ein neues Verfahren einzuleiten 12

---

[22] EuGH U. v. 26.6.1980, Rs 136/79, Slg. 1980, 2033 Rdnr. 8 ff. – *National Panasonic.*

[23] EuGH U. v. 26.6.1980, Rs 136/79, Slg. 1980, 2033 Rdnr. 11–13 – *National Panasonic;* EuGH U. v. 22.10.2002, Rs C-94/00, Slg. 2002, I-9011 Rdnr. 77 – *Roquette;* EuG U. v. 8.3.2007, Rs T-339/04, Slg. 2007, II-521 Rdnr. 118 – *France Télécom.*

[24] EuGH U. v. 18.10.1989, Rs 374/87, Slg. 1989, 3343 Rdnr. 14 – *Orkem.*

[25] S. dazu § 41 Rdnr. 48.

[26] EuGH U. v. 16.7.1992, Rs C-67/91, Slg. 1992, I-4820 Rdnr. 42 – *Spanische Banken;* s. im einzelnen § 41 Rdnr. 29.

[27] So nach dem Abkommen zwischen der Europäischen Union und der Schweizerischen Eidgenossenschaft über die Zusammenarbeit bei der Anwendung ihres Wettbewerbsrechts, ABL. 2014 L 347/3.

und im Rahmen weiterer Ermittlungen dessen Stichhaltigkeit zu überprüfen.[28] In diesem neuen Verfahren können solche Unterlagen dann rechtmäßig verwertet werden.[29] Allerdings handelt es sich nicht mehr um einen Zufallsfund, wenn die Kommission den die Nachprüfung durchführenden Beamten bereits vor der Nachprüfung Informationen über weitere Beschwerden und weitere mögliche Wettbewerbsverletzungen zukommen ließ und diese nicht in der Begründung der Nachprüfungsentscheidung erwähnt wurden.[30]

B. Auskunftsverlangen

13 Art. 18 Abs. 1 VO Nr. 1/2003 sieht vor, dass die Kommission zur Erfüllung der ihr übertragenen Aufgaben alle erforderlichen Auskünfte einholen kann. Das Auskunftsverlangen erfolgt **schriftlich.** Es kann als einfaches Auskunftsverlagen oder in Form einer formellen **Auskunftsentscheidung** erfolgen. Das Auskunftsverlangen ist grundsätzlich in der Sprache des Landes zu verfassen, in dem der Empfänger seinen Sitz hat.[31]

14 Auskunftsverlangen werden auch an in **Drittstaaten** gelegene Unternehmen gesandt.[32] In diesem Fall erfolgt kein Hinweis auf Zwangsmaßnahmen.[33] Hat ein Unternehmen mit Sitz in einem Drittstaat allerdings Tochtergesellschaften oder Niederlassungen im Europäischen Wirtschaftsraum, wird das Auskunftsersuchen regelmäßig an diese gesandt. Es gelten dann die allgemeinen Regeln.

I. Einfaches Auskunftsverlangen

15 Für das einfache Auskunftsverlangen (Art. 18 Abs. 2 VO Nr. 1/2003) ist keine besondere Form vorgesehen. In der Praxis wird es als E-Mail oder Fax mit der Bitte, den Eingang zu bestätigen, versandt. Die Kommunikation per E-Mail kann auch in verschlüsselter Form erfolgen.[34] Eine neuere Form ist der „eQuestionnaire", der insbesondere in Fusionskontrollverfahren benutzt wird.[35] Dabei wird eine E-Mail mit einem link zu einer Web-Anwendung versandt. Die Beantwortung kann dann direkt in elektronischer Form auf einer gesicherten Webseite erfolgen. Das Auskunftsverlangen nennt die Rechtsgrundlage und begründet in kurzer Form das Verlangen. Dabei wird in knapper Form der Grund der Untersuchung dargestellt. Die Kommission weist auf die bei Erteilung einer unrichtigen Auskunft vorgesehen Geldbußen gemäß Art. 23 Abs. 1 Buchst. a VO Nr. 1/2003 hin und setzt eine Frist für die Beantwortung. Die Frist muss angemessen und abhängig von dem Umfang und der Komplexität des Auskunftsersuchens sein. Sie beträgt in Verfahren nach der VO Nr. 1/2003 in der Regel zwei Wochen;[36] in Fusionskontrollverfahren ist sie aufgrund des Termindrucks häufig kürzer, vielfach beträgt sie nur fünf bis sieben Tage. Es besteht zwar eine Pflicht zur Beantwortung des Auskunftsverlangens, die Nichtbeantwortung ist aber nicht unmittelbar sanktioniert. Mit Sanktionen belegt ist lediglich die unrichtige Auskunft (Art. 23 Abs. 1 Buchst. a VO Nr. 1/2003). Eine Kopie des Auskunftsverlangens wird

---

[28] EuGH U. v. 17.10.1989, Rs 85/87, Slg. 1989, 3150 Rdnr. 19 – *Dow Benelux;* EuG U. v. 12.12.2012, Rs T-410/09, ECLI:EU:T:2012:676 Rdnr. 30 – *Almamet;* EuG U. v. 6.9.2013, Rs T-289/11, T-290/11 und T-521/11, ECLI:EU:T:2013:404 Rdnr. 127, – *Deutsche Bahn.*

[29] EuGH U. v. 15.10.2002, verb. Rs C-238/99 P, C-244/99 P, C-245/99 P, C-247/99 P, C-250/99 P bis C-252/99 P und C-254/99 P, Slg. 2002, I-8375 Rdnr. 306 – *PVC II;* EuG U. v. 16.6.2015, Rs T-655/11, ECLI:EU:T:2015:383 Rdnr. 104 – *Exotische Früchte.*

[30] EuGH U. v. 18.6.2015, Rs C-583/13 P, ECLI:EU:C:2015:404 Rdnr. 66 – *Deutsche Bahn.*

[31] Zu Sprachenfragen s. § 41 Rdnr. 32.

[32] S. dazu *Wiedemann,* § 5 Rdnr. 18.

[33] Antitrust Manual of Procedures, 6 Requests for Information Rdnr. 20; http://ec.europa.eu/competition/antitrust/antitrust_manproc_3_2012_en.pdf

[34] Http://ec.europa.eu/competition/contacts/encryption.pdf.

[35] Http://ec.europa.eu/competition/mergers/equestionnaire_en.html.

[36] Bekanntmachung der Kommission über bewährte Vorgehensweisen in Verfahren nach Artikel 101 und 102 des AEUV; ABl. 2011 L 308/6, Rdnr. 38.

an die zuständige Behörde des Mitgliedstaats gesandt, in dessen Hoheitsgebiet sich der Sitz des Unternehmens befindet.

II. Auskunftsentscheidung

Gemäß Art. 18 Abs. 1 VO Nr. 1/2003 steht es im Ermessen der Kommission, ob diese ein einfaches Auskunftsverlangen stellt oder eine formelle Auskunftsentscheidung erlässt.[37] Die Kommission kann daher im Interesse der Beschleunigung des Verfahrens oder falls sie eine Verweigerung der Auskunft befürchtet, unmittelbar das Instrument der Entscheidung gebrauchen. Die Befugnis zum Erlass einer solchen Entscheidung ist auf das für Wettbewerb zuständige Mitglied der Kommission übertragen worden. Die Entscheidung bezeichnet die geforderten Auskünfte, setzt eine Frist, weist auf die Zwangsmaßnahmen bei Nicht- oder Falschbeantwortung hin und enthält eine Rechtsmittelbelehrung. Der Grundsatz der Verhältnismäßigkeit erfordert, dass die gesetzte Frist zur Beantwortung angemessen ist.[38] Der Adressat der Entscheidung kann beim Anhörungsbeauftragten eine Verlängerung der Frist beantragen. Dieser Antrag muss begründet werden und rechtzeitig vor Ablauf der Frist erfolgen (Art. 4 Abs. 2c Mandat).[39] Wird die Entscheidung nicht innerhalb der gesetzten Frist befolgt, so können Geldbußen (Art. 23 Abs. 1 Buchst. b VO Nr. 1/2003) und Zwangsgelder[40] (Art. 24 Abs. 1 Buchst. d VO Nr. 1/2003) verhängt werden. 16

III. Person des Auskunftspflichtigen

Adressat des Auskunftsverlangens ist das Unternehmen. Zur Erteilung der Auskunft sind die Inhaber des Unternehmens oder die gesetzlichen oder satzungsgemäßen Vertreter verpflichtet (Art. 18 Abs. 4 VO Nr. 1/2003). Insbesondere bei dem einfachen Auskunftsverlangen ist die Kommissionspraxis sehr pragmatisch. Ist ein Ansprechpartner im Unternehmen bekannt oder benannt worden,[41] wird das Auskunftsverlangen direkt an diesen gesandt und eine Antwort akzeptiert, ohne die Vertretungsbefugnis zu hinterfragen. Das Auskunftsersuchen kann auch von einem Rechtsanwalt beantwortet werden (Art. 18 Abs. 4 Satz 2 VO Nr. 1/2003); das Unternehmen ist aber weiterhin für die Vollständigkeit und Richtigkeit verantwortlich und muss sich eventuelle Versäumnisse des Anwalts zurechnen lassen (Art. 18 Abs. 4 Satz 3 VO Nr. 1/2003). 17

IV. Umfang der Auskunftspflicht

Die angeforderten Auskünfte müssen zur Klärung des Sachverhalts **erforderlich** sein. Die Kommission kann daher nur solche Auskünfte verlangen, die ihr die Prüfung der vermuteten Zuwiderhandlungen, die im Auskunftsverlangen angegeben sind, ermöglichen können.[42] Ferner darf die Verpflichtung zur Auskunftserteilung für das Unternehmen keine 18

---

[37] EuG U. v. 14.3.2014, Rs. T-302/11, ECLI:EU:T:2014:128 Rdnr. 44 – *HeidelbergCement.*

[38] EuG U. v. 14.3.2014, Rs T-306/11, ECLI:EU:T:2014:126 Rdnr. 73 – *Schwenk Zement,* bei der Anforderung der Erstellung umfangreicher Datensätze ist eine Frist von zwei Wochen unverhältnismäßig.

[39] Beschluss des Präsidenten der Europäischen Kommission vom 13. Oktober 2011 über Funktion und Mandat des Anhörungsbeauftragten in bestimmten Wettbewerbsverfahren, ABl. 2011 L 275/16.

[40] Als Bsp. s. Komm. E. v. 15.3.1991, ABl. 1991 L 97/16 – *Baccarat.*

[41] Eine Anzahl großer europäischer Unternehmen hat, um Auskunftsverlangen im Rahmen von Fusionskontrollverfahren zügig beantworten zu können, einen konkreten Ansprechpartner oder eine Ansprechstelle benannt.

[42] EuG U. v. 12.12.1991, Rs T-39/90, Slg 1991, II-1497 Rdnr. 25 – *SEP*; EuG U. v. 8.3.1995, Rs T-34/93, Slg. 1995, II-547 Rdnr. 40 – *Societe Generale;* EuG U. v. 19.3.2003, Rs T-213/00, Slg. 2003, II- 913 Rdnr. 486, 507 – *FETTCSA.*

Belastung darstellen, die zu den Erfordernissen der Untersuchung **unverhältnismäßig** ist.[43] Sind diese Voraussetzungen erfüllt, ist das Unternehmen verpflichtet, alle Fragen innerhalb der gesetzten Frist genau und erschöpfend zu beantworten. Bei der Bestimmung der Erforderlichkeit gibt die Rechtsprechung der Kommission einen weiten Spielraum. Das Erfordernis des Zusammenhanges zwischen dem Auskunftsverlangen und der vermuteten Zuwiderhandlung ist erfüllt, wenn in diesem Stadium des Verfahrens die Kommission vernünftigerweise davon ausgehen kann, dass die verlangte Information bei der Beurteilung nützen wird, ob eine Zuwiderhandlung vorliegt.[44] Daher können in einem Auskunftsverlangen sogar Informationen für einen Zeitraum verlangt werden, in dem die Wettbewerbsregeln für das betroffenen Unternehmen noch nicht anwendbar waren, wenn diese geeignet wären, einen möglichen Verstoß für einen Zeitraum zu belegen, in dem die Wettbewerbsregeln galten.[45] Die Verpflichtung zur Auskunftserteilung darf für das betroffene Unternehmen aber keine Belastung darstellen, die zu den Erfordernissen der Untersuchung außer Verhältnis stehen.[46] Eine unverhältnismäßige Belastung muss von dem Unternehmen substantiiert vorgetragen werden; es reicht nicht aus, dass es sich pauschal darauf beruft.[47] Eine Auskunft kann nicht mit der Begründung verweigert werden, dass die erfragten Informationen **vertraulicher Natur** seien. Die Kommission fordert die Empfänger von Auskunftsverlangen auf, vertrauliche Informationen, d.h. die Angaben, die Dritten nicht zugänglich gemacht werden sollen, als solche zu kennzeichnen und dafür eine kurze Begründung zu geben. Die Kommission muss Geschäftsgeheimnisse und andere vertrauliche Informationen schützen und darf diese nicht an Dritte weitergeben.[48] Macht das Unternehmen keine Angaben zur Vertraulichkeit, kann die Kommission davon ausgehen, dass die betreffenden Unterlagen keine vertraulichen Informationen enthalten (Art. 16 Abs. 3 VO Nr. 773/2004).

19 In der Praxis verlangt die Kommission gelegentlich nicht nur Auskünfte, sondern auch die **Übersendung** bestimmter genau bezeichneter **Unterlagen** (z.B. Kopien von Vereinbarungen oder Sitzungsprotokollen). Obwohl damit die Wortlautgrenze bei der Auslegung des Begriffs „Auskunft" wohl überschritten ist, akzeptiert die Rechtsprechung diese Praxis.[49] Die Kommission wäre wohl auch berechtigt, eine Auskunft über den vollständigen Wortlaut eines Dokuments zu verlangen,[50] was zu dem gleichen Ergebnis führen würde. Übersendet ein Unternehmen offensichtlich irrelevante Unterlagen, werden diese zurückgesandt.[51]

---

[43] EuG U. v. 12.12.1991, Rs T-39/90, Slg 1991, II-1497 Rdnr. 51 – *SEP;* EuG, U. v. 30.9.2003, verb. Rs T-191/98 und 212–214/98, Slg. 2003, II-3275 Rdnr. 418 – *TACA;* EuG U. v. 22.3.2012, verb. Rs. T-458/09 und T 171/10, ECLI:EU:T:2012:145 Rdnr. 81 – *Slovak Telekom.*

[44] EuG U. v. 12.12.1991, Rs T-39/90, Slg 1991, II-1497 Rdnr. 295 – *SEP,* bestätigt durch EuGH U. v. 19.5.1994 Rs C-36/92 P, Slg. 1994, I-1911 Rdnr. 21 – *SEP;* EuG U. v. 22.3.2012 verb. Rs. T-458/09 und T. 171/10, ECLI:EU:T:2012:145 Rdnr. 42 – *Slovak Telekom.*

[45] EuG U. v. 22.3.2012, verb. Rs. T-458/09 und T 171/10, ECLI:EU:T:2012:145 Rdnr. 45 – *Slovak Telekom.*

[46] EuG U. v. 14.3.2014 Rs. T-302/11 ECLI:EU:T:2014:128 Rdnr. 72 – *HeidelbergCement.* In den „Zementverfahren" hat das Gericht Auskunftsersuchen, die die Erstellung umfangreicher Datensätze erforderten für verhältnismäßig gehalten: EuG U. v. 14.3.2014, Rs T-292/11, ECLI:EU:T:2014:125 – *Cemex;* EuG U. v. 14.3.2014, Rs T-293/11, ECLI:EU:T:2014:127, – Holcim; EuG U. v. 14.3.2014, Rs T-297/11, ECLI:EU:T:2014:122 – *Buzzi Unicem;* EuG U. v. 14.3.2014, Rs T-305/11, ECLI:EU:T:2014:126 – *Italmobiliare;* EuG U. v. 14.3.2014, Rs T-306/11, ECLI:EU:T:2014:126 – *Schwenk Zement.*

[47] EuG U. v. 22.3.2012, verb. Rs. T-458/09 und T 171/10, ECLI:EU:T:2012:145 Rdnr. 83 – *Slovak Telekom.*

[48] Zu Geschäftsgeheimnissen s. auch § 45 Rdnr. 49.

[49] EuGH U. v. 18.10.1989, Rs 374/87, Slg. 1989, 3343 Rdnr. 34 – *Orkem;* EuG U. v. 14.12.2006, verb. Rs T-259/02 bis T-264/02 und T-271/01, Slg. 2006, II-5169 Rdnr. 544 – *Lombardclub.*

[50] Komm. E. v. 1.2.1971 ABl. 1971 L 34/13, S. 15 – *ZVEI/ZPÜ.*

[51] Bekanntmachung der Kommission über bewährte Vorgehensweisen in Verfahren nach Artikel 101 und 102 des AEUV, ABl. 2011 L 308/6, Rdnr. 35.

Vorsätzlich oder fahrlässig unrichtige oder irreführende Auskünfte können mit einer **Geldbuße** geahndet werden (Art. 23 Abs. 1a, b VO Nr. 1/2003).[52] Dabei ist es unbeachtlich, ob die unrichtige Auskunft auf ein einfaches Auskunftsverlangen oder auf eine formelle Auskunftsentscheidung erteilt worden ist. Unrichtig ist jede Auskunft, die den wahren Sachverhalt in einem verzerrten Bild erscheinen lässt. Dazu gehören nicht nur falsche, sondern auch **unvollständige** Angaben, welche die Kommission über den wahren Sachverhalt zu täuschen geeignet sind.[53] 20

Die VO Nr. 1/2003 erkennt **kein generelles Recht der Aussageverweigerung** an. Die Grenze der Auskunftspflicht liegt in dem Verbot **zum Zwang der Selbstbezichtigung.** Das Problem einer möglichen Selbstbezichtigung stellt sich nur, wenn die Kommission die Beantwortung einer Frage erzwingt. Macht die Kommission bei einer Frage deutlich, dass die Beantwortung nicht durch ein Zwangsgeld erzwungen werden soll, sind die Regeln zum Verbot der Selbstbezichtigung nicht einschlägig.[54] Eine Auskunft kann zwar nicht damit verweigert werden, dass die Informationen dazu verwendet werden könnten, den Beweis für ein wettbewerbswidriges Verhalten des betreffenden Unternehmens zu erbringen.[55] Der EuGH hat in dem Urteil *Orkem*[56] die Untersuchungsbefugnisse der Kommission jedoch insofern begrenzt, als das Unternehmen nicht verpflichtet werden kann, Antworten zu erteilen, durch die es das Vorliegen einer Zuwiderhandlung eingestehen müsste. Es gibt somit zwar kein allgemeines Aussageverweigerungsrecht, wohl aber das **Verbot des Zwangs zur Selbstbezichtigung.** Die Abgrenzung erfolgt so, dass Auskünfte „rein tatsächlicher Art" immer gegeben werden müssen, dagegen keine Angaben gemacht werden müssen, die das „Eingeständnis einer Zuwiderhandlung" enthalten.[57] Die Kommission kann daher z. B. Auskünfte über Termine und Teilnehmer an Sitzungen sowie die dabei angefertigten Unterlagen verlangen, nicht dagegen die Angabe, ob das Ziel solcher Treffen die Festsetzung von Preisen oder die Zuteilung von Produktionsquoten gewesen sei.[58] Zu den geschuldeten Auskünften gehören Angaben über alle Tatsachen, die dem Unternehmen bekannt oder zugänglich sind. Dazu gehört auch eine Einschätzung der eigenen Marktstellung, selbst wenn diese auf einer Schätzung und nicht auf gesichertem Datenmaterial beruht. Nicht zulässig ist es dagegen, nach den „Themen", die bei einem möglichen Treffen von Kartellmitgliedern besprochen wurden, zu fragen[59] oder die Bewertung von bei solchen Vereinbarungen getroffenen Beschlüssen zu verlan- 21

[52] S. als Beispiele: Komm. E. v. 17.11.1981, ABl. 1982 L 27/31 (Leugnen einer Geschäftsbeziehung) – *Comptoir Commercial d'Importation;* Komm. E. v. 11.12.1981 ABl. 1982 L 113/18 (falsche Behauptung, dass keine Preisempfehlungen erfolgten) – *National Panasonic Belgium;* Komm. E. v. 11.12.1981, ABl. 1982 L 211/32 – *National Panasonic France* (falsche Behauptung, dass keine Preisempfehlungen erfolgten); Komm. E. v. 25.9.1986, ABl. 1986 L 295/19 S. 23 – *Peugeot* (falsche Angaben über die Preisgestaltung); Komm. E. v. 14.12.1999 ABl. 2000 L 49/13 – *Anheuser-Bush* (falsche Angaben über den Inhalt von Vermarktungsrichtlinien).

[53] Komm. E. v. 25.11.1981, ABl. 1982 L 58/19 S. 21 – *Telos;* Komm. E. v. 14.12.1999 – *KLM/Martinair* http://ec.europa.eu/comm/competition/mergers/cases/decisions/m1608_19991214_1265_en.pdf.

[54] EuGH U. v. 25.1.2007, Rs C-407/04 P, Slg. 2007, I-829 Rdnr. 35 – *Dalmine.*

[55] EuGH U. v. 18.10.1989, Rs 374/87, Slg. 1989, 3343 Rdnr. 34 – *Orkem;* EuG U. v. 8.3.1995, Rs T-34/92, Slg. 1995, II-547 Rdnr. 74 – *Société Général.*

[56] EuGH U. v. 18.10.1989, Rs 374/87, Slg. 1989, 3343, Rdnr. 35 – *Orkem;* EuG U. v. 20.2.2001, Rs T-112/98, Slg. 2001, II-729 Rdnr. 67 – *Mannesmannröhren-Werke;* EuGH U. v. 7.1.2004, verb. Rs C-204/00 P, C-205/00 P, C-211/00 P, C-213/00 P, C-217/00 P und C-219/00 P, Slg. 2004, I-123 Rdnr. 61, 65 – *Zement;* EuGH U. v. 14.7.2005, verb. Rs C-65/02 und C-73/02, Slg. 2005, I-6773 Rdnr. 49 – *ThyssenKrupp;* EuGH U. v. 25.1.2007, Rs C-407/04 P, Slg. 2007, I-829 Rdnr. 34 – *Dalmine.*

[57] EuGH U. v. 18.10.1989, Rs 374/87, Slg. 1989, 3343 Rdnr. 37–38 – *Orkem;* EuG U. v. 8.3.1995, Rs T-34/92, Slg. 1995, II-547 Rdnr. 75 – *Société Générale;* EuG U. v. 20.2.2001, Rs T-112/98, Slg. 2001, II-729 Rdnr. 67 – *Mannesmannröhren-Werke;* EuG U. v. 14.3.2014, Rs. T-302/11, ECLI:EU:T:2014:128 Rdnr. 119,120 – HeidelbergCement.

[58] EuGH U. v. 18.10.1989, Rs 374/87, Slg. 1989, 3343 Rdnr. 37–38 – *Orkem.*

[59] EuG U. v. 20.2.2001, Rs T-112/98, Slg. 2001, II-729 Rdnr. 71 – *Mannesmannröhren-Werke.*

gen.[60] Dadurch würde das Unternehmen gezwungen, seine Beteiligung an einem rechtswidrigen Verhalten einzugestehen. Ein Verband kann die Beantwortung eines Auskunftsersuchens nicht mit der Begründung verweigern, dass dadurch eines seiner Mitglieder belastet würde.[61] Möchte sich der Adressat eines Auskunftsverlangens auf das Recht auf Schutz vor Selbstbelastung berufen, so kann er die Angelegenheit dem Anhörungsbeauftragten vortragen. Dieser gibt dazu eine begründete Empfehlung ab, die auch dem Adressaten des Auskunftsersuchens weitergeleitet wird.[62]

22 In der Literatur[63] wird unter Berufung auf das „*Funke* Urteil" des Europäischen Gerichtshofs für Menschenrechte gefordert, ein generelles Aussageverweigerungsrecht im Wettbewerbsverfahren zu erwägen. In dem Urteil *Funke*[64] hatte der Europäische Gerichtshof für Menschenrechte entschieden, dass Art. 6 der Europäischen Menschenrechtskonvention (EMRK) auch das Recht schützt, sich durch eine Aussage nicht selbst bezichtigen zu müssen. In der Diskussion über die Erweiterung des Rechts der Aussageverweigerung wird nicht ganz deutlich, ob dieses Recht nur in Verfahren gelten soll, die zu einer Bußgeldsanktion führen können, oder für das Verwaltungsverfahren ganz allgemein gelten soll.[65] Auch wenn ein solches Aussageverweigerungsrecht nur auf das Bußgeldverfahren beschränkt würde – die Befugnis, einen rechtswidrigen Zustand im Verwaltungsverfahren zu ermitteln und ggf. durch Anordnung zu beenden, muss der Kommission wohl in jedem Fall belassen werden –, würde es eine nicht zu schließende Lücke in den Ermittlungsbefugnissen der Kommission bedeuten. Der EuGH hat zwar grundsätzlich anerkannt, dass sich Unternehmen im Rahmen eines Wettbewerbsverfahrens auch auf Art. 6 EMRK berufen können.[66] In seiner neueren Rechtsprechung zur Aussageverweigerung hat der EuGH auch in Kenntnis des *Funke*-Urteils keinen Anlass gesehen, von seiner bisherigen Haltung abzuweichen.[67] Das EuG hat in seiner Rechtsprechung zur Begründung der grundsätzlichen Aussagepflicht stets auf die Notwendigkeit der Erhaltung der **praktischen Wirksamkeit** von Auskunftsersuchen abgestellt.[68] Diesem Argument liegt die Überlegung zugrunde, dass die Kommission die Begrenzung der Auskunftsrechte, anders als die Behörden der Mitgliedstaaten, nicht durch das Recht der Durchsuchung oder der Vernehmung von natürlichen Personen als Zeugen kompensieren kann, da die Nachprüfungsrechte der Kommission hinter den Rechten bei einer Durchsuchung zurückbleiben. Gegen die Erstreckung der *Funke*- Rechtsprechung auf Unternehmen spricht ferner, dass die Wettbewerbsverfahren der Kommission in ihrer rechtlichen Qualität nicht mit einem Strafverfahren gegen eine natürliche Person verglichen werden können. Das in

---

[60] EuG U. v. 20.2.2001, Rs T-112/98, Slg. 2001, II-729 Rdnr. 74 – *Mannesmannröhren-Werke;* EuG U. v. 14.12.2006, verb. Rs T-259/02 bis T-264/02 und T-271/01, Slg. 2006, II-5169 Rdnr. 539 – *Lombardclub.*

[61] EuGH U. v. 7.1.2004, verb. Rs C-204/00 P, C-205/00 P, C-211/00 P, C-213/00 P, C-217/00 P und C-219/00 P, Slg. 2004, I-123 Rdnr. 208 – *Zement.*

[62] Art. 4 Abs. 2b Mandat, Beschluss des Präsidenten der Europäischen Kommission vom 13. Oktober 2011 über Funktion und Mandat des Anhörungsbeauftragten in bestimmten Wettbewerbsverfahren, ABl. 2011 L 275/16.

[63] *Overbeek,* ECLR 1994, 129; *Wils,* Cahiers de droit Europeen, 1996, 329, 345, 354; *Immenga/Mestmäcker-Burrichter,* EG-WbR, VO 17 Art. 11 Rdnr. 25/26; *Schwarz/Weitbrecht,* Grundzüge des Europäischen Kartellrechtsverfahren, 2004, 65 Rdnr. 34.

[64] Europäischer Gerichtshof für Menschenrechte, U. v. 25.2.1993, Rdnr. 44 – *Funke ./. Frankreich;* ebenso: U. v. 8.2.1996, Rdnr. 45 – *Murray ./. United Kingdom;* U. v. 17.12.1996, Rdnr. 68 – *Saunders ./. United Kingdom.*

[65] Für das letztere wohl *Wils,* Cahiers de Droit Europeen, 1996, 334.

[66] EuGH U. v. 18.10.1989, Rs 374/87, Slg. 1989, 3343 Rdnr. 30 – *Orkem.*

[67] EuGH U. v. 15.10.2002, verb. Rs C-238/99 P, C-244/99 P, C-245/99 P, C-247/99 P, C-250/99 P bis C-252/99 P und C-254/99 P, Slg. 2002, I-8375 Rdnr. 274 – *PVC II;* EuG U. v. 29.4.2004, Rs T-236/01, T-239/01, T-244/01 bis T-246/01, T-251/01 und T-252/01, Slg. 2004 II-1181, 141 Rdnr. 405 – *Tokai.*

[68] EuG U. v. 8.3.1995, Rs T-34/92, Slg. 1995, II-547 Rdnr. 74 – *Société Générale;* EuG U. v. 20.2.2001, Rs T-112/98, Slg. 2001, II-729 Rdnr. 65 – *Mannesmannröhren-Werke.*

Art. 6 EMRK enthaltene Recht auf Zeugnisverweigerung gilt nicht absolut.[69] Im Fall *Funke* richtete sich das Verfahren der französischen Zollbehörden unmittelbar gegen eine natürliche Person. Ein Verfahren, das gerade nicht ein Individuum, sondern ein Unternehmen für ein vergangenes Verhalten zur Rechenschaft zieht, ist damit nicht vergleichbar. Anders kann die Situation zu beurteilen sein, wenn sich das Verfahren gegen eine Personengesellschaft oder gegen ein Unternehmen in der Rechtsform des Einzelkaufmanns richtet.

C. Nachprüfungen

Die Nachprüfung findet in den Räumlichkeiten des Unternehmens statt und dient dem 23 Auffinden noch nicht bekannter Beweisstücke. Die Bediensteten der Kommission können dabei alle Geschäftsräume betreten, alle Unterlagen einsehen, betriebliche Räumlichkeiten oder Geschäftsunterlagen versiegeln sowie Abschriften anfertigen und mündliche Erklärungen verlangen (Art. 20 Abs. 1 VO Nr. 1/2003). Mit der VO Nr. 1/2003 ist die Möglichkeit eingeführt worden, mit einer gerichtlichen Genehmigung auch in anderen Räumlichkeiten, z. B. Privatwohnungen, Nachprüfungen vorzunehmen (Art. 21 VO Nr. 1/2003).

I. Formen der Nachprüfung

Nachprüfungen können sowohl durch die Kommission (Art. 20 VO Nr. 1/2003) als 24 auch auf Ersuchen der Kommission durch die Behörden der Mitgliedstaaten (Art. 22 VO Nr. 1/2003) durchgeführt werden. In der Praxis bedient sich die Kommission insb. bei umfangreichen Nachprüfungen, die eine Vielzahl von Unternehmen zum Gegenstand haben, in zunehmendem Maße der Unterstützung der nationalen Kartellbehörden. Im Rahmen des Abkommens über den Europäischen Wirtschaftsraum (EWRA) kann die Kommission die EFTA-Überwachungsbehörde ferner bitten, Nachprüfungen in Liechtenstein, Norwegen und Island vorzunehmen.[70] Art. 20 VO Nr. 1/2003 sieht zwei Formen der Nachprüfung vor. Nachprüfungen können aufgrund eines **einfachen Prüfungsauftrags** (Art. 20 Abs. 3 VO Nr. 1/2003) oder aufgrund einer formellen **Nachprüfungsentscheidung** (Art. 20 Abs. 4 VO Nr. 1/2003) vorgenommen werden. Der Prüfungsauftrag wird vom Generaldirektor der GD Wettbewerb unterzeichnet, die Nachprüfungsentscheidung ist eine Entscheidung der Kommission, die durch das für Wettbewerb zuständige Mitglied der Kommission getroffen wird. Eine vorherige richterliche Genehmigung der Nachprüfung ist dabei nicht erforderlich.[71] Soll eine Nachprüfung jedoch in **privaten Räumlichkeiten** vorgenommen werden, ist stets eine vorherige richterliche Genehmigung durch ein nationales Gericht notwendig (Art. 21 Abs. 3 VO Nr. 1/2003). Das Gericht prüft dabei die Echtheit der Entscheidung der Kommission und, dass die beabsichtigten Zwangsmaßnahmen weder willkürlich noch unverhältnismäßig sind.

Bei der einfachen Nachprüfung ist Voraussetzung der Durchführung, dass das Unter- 25 nehmen vorher seine **Zustimmung** gibt. Duldet das Unternehmen die Nachprüfung, kann es seine Zustimmung zu einem späteren Zeitpunkt allerdings nicht mehr zurücknehmen. Aufgrund der einmal gegebenen Zustimmung bleibt das Unternehmen zur Duldung verpflichtet; ein späterer Verstoß gegen die sich daraus ergebenden Mitwirkungspflichten kann alle nach Art. 23 VO Nr. 1/2003 vorgesehenen Sanktionen zur Folge haben.[72] Im Fall der Nachprüfung aufgrund einer Entscheidung ist das Unternehmen schon aufgrund der Entscheidung zur Duldung verpflichtet. Gegenstand einer Nachprüfungsentscheidung

---

[69] Europäischer Gerichtshof für Menschenrechte U. v. 8.2.1996, Rdnr. 47 – *Murray ./. United Kingdom*.

[70] S. dazu § 41 Rdnr. 62.

[71] EuGH U. v. 18.6.2015, Rs C-583/13 P, ECLI:EU:C:2015:404 Rdnr. 27 – *Deutsche Bahn; ebenso EGMR* U. v. 2.10.2014, Nr. 97/11, Rdnr. 83 – *Delta Pekarny/Tschechische Republik*.

[72] S. z. B. Komm. E. v. 27.10.1982, ABl. 1982 L 319/12, Nr. 7 – *FNICF*.

ist nur die **Verpflichtung zur Duldung** der Nachprüfung, sie berechtigt nicht zum gewaltsamen Zutritt. Wird die Duldung verweigert, kann die Kommission gemäß Art. 20 Abs. 6 VO Nr. 1/2003 die Gewährung von Amtshilfe[73] durch die nationale Behörde anfordern und Geldbußen oder Zwangsgelder auferlegen (Art. 23 Abs. 1c, Art. 24 Abs. 1e VO Nr. 1/2003).

26 In der Praxis erfolgt die Nachprüfung aufgrund eines einfachen Prüfungsauftrags zumeist nach vorheriger Kontaktaufnahme mit dem Unternehmen. Eine Verpflichtung zur vorherigen Information besteht hingegen nicht. Eine formelle Entscheidung wird in der Regel benutzt, wenn die Nachprüfung überraschend erfolgen soll oder Zweifel an der Zustimmung zur Durchführung der einfachen Nachprüfung bestehen. Die Befugnisse der Kommission sind in beiden Fällen gleich.

27 Sowohl der Prüfungsauftrag als auch die Entscheidung müssen begründet werden. Die Kommission muss **Gegenstand und Zweck der Nachprüfung** angeben (Art. 20 Abs. 3 VO Nr. 1/2003).[74] In der Praxis werden in der Regel das betroffene Produkt und die Form der Wettbewerbsverletzung (Preisabsprache, Marktaufteilung) dargestellt. Die Entscheidung muss eine Aussage über die wesentlichen Merkmale der behaupteten Zuwiderhandlung enthalten, in dem sie den relevanten Markt, die Natur der behaupteten Wettbewerbsbeschränkung sowie das Ausmaß der vermuteten Verwicklung des betroffenen Unternehmens beschreibt.[75] Ferner muss die Kommission die Informationen und Indizien erläutert, die sie zu der Annahme einer Zuwiderhandlung veranlassen.[76] Eine definitive rechtliche Einordnung der vermuteten Zuwiderhandlung ist dagegen nicht erforderlich.[77] Auch muss die Kommission nicht alle bereits vorhandenen Informationen offenlegen; sie muss allerdings angeben, welchen Vermutungen sie nachzugehen beabsichtigt.[78] Die Entscheidung muss insbesondere den Wirtschaftsbereich, der von der behaupteten Zuwiderhandlung erfasst wird, hinreichend genau bezeichnen.[79] Hinsichtlich dieses Wirtschaftsbereichs müssen ausreichende Indizien vorliegen.[80] Die Nachprüfungsrechte finden ihre Grenze im Willkürverbot.[81] Der Umstand, dass das untersuchte Verhalten bereits Gegenstand eines Ermittlungsverfahrens einer nationalen Behörde war, steht jedoch nicht zwangsläufig dagegen, dass die Kommission das Verhalten mit einer Nachprüfungsentscheidung erneut untersucht.[82] Die Entscheidung muss weiterhin den Zeitpunkt des Beginns der Nachprüfung festlegen, einen Hinweis auf die in Art. 23 und 24 VO Nr. 1/2003 vorgesehen Zwangsmaßnahmen und eine Rechtsmittelbelehrung enthalten.

28 Die **nationale Behörde,** in deren Hoheitsgebiet die Nachprüfung stattfinden soll, wird in beiden Formen der Nachprüfung informiert und beteiligt. Im Fall der einfachen Nachprüfung wird die Behörde über den Prüfungsauftrag und die Person des Bediensteten der Kommission unterrichtet (Art. 20 Abs. 5 VO Nr. 1/2003). Im Fall der Nachprüfung auf der Grundlage einer Entscheidung wird die nationale Behörde vor Erlass der Entscheidung angehört (Art. 20 Abs. 4 VO Nr. 1/2003). Die Anhörung kann formlos und ggf. sogar telefonisch erfolgen.[83] In jedem Fall sind die Vertreter der nationalen Behörde berechtigt, bei der Nachprüfung anwesend zu sein.

---

[73] S. dazu unter Rdnr. 32.

[74] EuGH U. v. 21.9.1989, Rs 46/87, und 227/87, Slg. 1989, 2919 Rdnr. 29 – *Hoechst.*

[75] EuG U. v. 8.3.2007, Rs T-339/04, Slg. 2007, II-521 Rdnr. 59 – *France Télécom;* EuG U. v. 14.11.2012, Rs T-135/09, ECLI:EU:T:2012:596 Rdnr. 44– *Nexans.*

[76] EuG U. v. 8.3.2007, Rs T-339/04, Slg. 2007, II-521 Rdnr. 60, 121 – *France Télécom.*

[77] EuG U. v. 8.3.2007, Rs T-340/04, Slg. 2007, II-573 Rdnr. 63 – *France Télécom I;* EuGH U. v. 25.6.2014, Rs C-37/13 P, ECLI:EU:C:2014:2030 Rdnr. 35,36 – *Nexans.*

[78] EuGH U. v. 21.9.1989, Rs 46/87 und 227/87, Slg. 1989, 2919, Rdnr. 41 – *Hoechst.*

[79] EuG U. v. 14.11.2012, Rs T-135/09, ECLI:EU:T:2012:596 Rdnr. 45, – *Nexans.*

[80] EuG U. v. 14.11.2012, Rs T-135/09, ECLI:EU:T:2012:596 Rdnr. 65, – *Nexans.*

[81] EuG U. v. 25.11.2014, Rs. T-402/13, ECLI:EU:T:2014:991 Rdnr. 83 – *Orange.*

[82] EuG U. v. 25.11.2014, Rs. T-402/13, ECLI:EU:T:2014:991 Rdnr. 26, 55, 56 – *Orange.*

[83] EuGH U. v. 23.9.1986, Rs 5/85, Slg. 1986, 2558 Rdnr. 24 – *AKZO II;* Art. 13 Abs. 4 FKVO schreibt allerdings eine schriftliche Anhörung vor.

II. Durchführung der Nachprüfung

Im Fall einer **einfachen Nachprüfung** weisen sich die Beamten durch ihren Dienstausweis und den schriftlichen Prüfungsauftrag[84] aus und teilen dem Unternehmen mit, dass es in seiner Entscheidung frei ist, sich der Nachprüfung zu unterwerfen. Falls das Unternehmen der Nachprüfung zustimmt, wird ein Protokoll darüber aufgenommen. Findet die Nachprüfung aufgrund einer **Entscheidung** statt, wird eine beglaubigte Abschrift der Entscheidung einem Verantwortlichen im Unternehmen zugestellt und die Zustellung protokolliert. Die Beamten überreichen außerdem einen erläuternden Vermerk über den Ablauf der Nachprüfung.[85] Die Beamten weisen sich ebenfalls durch ihren Dienstausweis und den schriftlichen Prüfungsauftrag aus. Es wird dann festgestellt, ob das Unternehmen die Nachprüfung duldet. Da die Nachprüfungsentscheidung mit der Bekanntgabe wirksam wird,[86] kann das Unternehmen die Duldung nicht von einer rechtlichen Prüfung der Entscheidung oder dem Ergebnis einer rechtlichen Beratung abhängig machen. Dem Unternehmen ist es zu jedem Zeitpunkt möglich, in einem Protokoll Unregelmäßigkeiten bei der Durchführung der Nachprüfung zu rügen.[87] 29

Wird die Nachprüfung durch die Kommission durchgeführt, sind in der Regel Vertreter der nationalen Behörde, in Deutschland Beamte des BKartA, anwesend. Wenn die Nachprüfung gemäß Art. 22 Abs. 2 VO Nr. 1/2003 auf Ersuchen der Kommission durch die nationale Behörde durchgeführt wird, richten sich deren Befugnisse nach den Regeln den Regeln des nationalen Rechts (Art. 22 Abs. 2 VO Nr. 1/2003). 30

Das Unternehmen hat das Recht, sich bei einer Nachprüfung juristischen Beistands zu bedienen und einen **Rechtsanwalt** hinzuzuziehen.[88] Dessen Anwesenheit ist jedoch keine Voraussetzung für die Durchführung der Nachprüfung.[89] Bei Nachprüfungen in Unternehmen, die über keine eigene Rechtsabteilung verfügen, ist die Kommission in der Regel bereit, auf das Eintreffen eines Anwalts zu warten, wenn dieser innerhalb angemessener Frist kommen kann, die Räumlichkeiten des Unternehmens zugänglich sind und die Unterlagen unverändert bleiben.[90] Die Wartezeit muss auf das unerlässliche Maß beschränkt bleiben, und die Beamten dürfen nicht gehindert werden, von ihnen bestimmte Räumlichkeiten zu betreten und dort zu verbleiben. Den Beamten muss insbesondere ermöglicht werden, den Telefonverkehr und elektronische Kontakte zu kontrollieren, um zu verhindern, dass Kontakte mit anderen Unternehmen aufgenom- 31

---

[84] Http://ec.europa.eu/competition/antitrust/legislation/inspection_authorisation.pdf.

[85] Http://ec.europa.eu/competition/antitrust/legislation/explanatory_note.pdf; s. auch EuG U. v. 6.9.2013, Rs T-289/11, T-290/11 und T-521/11, ECLI:EU:T:2013:404 Rdnr. 84 – *Deutsche Bahn;* EuG U. v. 26.11.2014, Rs T-272/12, ECLI:EU:T:2014:995 Rdnr. 72,73 – *Energeticky*.

[86] Zur Zustellung s. § 41 Rdnr. 38.

[87] EuG U. v. 6.9.2013, Rs T-289/11, T-290/11 und T-521/11, ECLI:EU:T:2013:404 Rdnr. 88 – *Deutsche Bahn.*

[88] EuGH U. v. 21.9.1989, Rs 46/87, und 227/87 Slg. 1989, 2919 Rdnr. 16 – *Hoechst*; EuGH U. v. 17.10.1989, RS 85/87, Slg 1989, 3150 Rdnr. 27 – *Dow Benelux;* EuGH U. v. 22.10.2002, Rs C-94/00, Slg. 2002, I-9011, Rdnr. 46 – *Roquette;* EuG U. v. 6.9.2013, Rs T-289/11, T-290/11 und T-521/11, ECLI:EU:T:2013:404 Rdnr. 81 –*Deutsche Bahn.*

[89] Der Einwand des Klägers in *National Panasonic* (EuGH U. v. 26.6.1980, Rs 136/79, Slg. 1980, 2033 – *National Panasonic*), dass bei einer Nachprüfung gewährleistet sein müsse, dass das Unternehmen Rechtsrat einholen könne (Tatbestand S. 2044), ist vom EuGH nicht weiter behandelt worden, Rdnr. 17ff; ausdrücklich EuG U. v. 27.6.2012, Rs T-357/06, ECLI:EU:T:2012:488 Rdnr. 232 – *Niederländisches Asphaltkartell* (Anwesenheit eines Anwalts keine Voraussetzung für die Rechtmäßigkeit der Nachprüfung)*;* bestätigt durch EuGH U. v. 19.12.2013, Rs C-586/12, P ECLI:EU:C:2013:863 – *Niederländisches Asphaltkartell;* EuG U. v. 6.9.2013, Rs T-289/11, T-290/11 und T-521/11, ECLI:EU:T:2013:404 Rdnr. 89 – *Deutsche Bahn.*

[90] Vgl. Komm. E. v. 6.4.1992 ABl. L 121/45 Nr. 4 – *UKWAL;* Komm. E. v. 17.12.1992 ABl. 1993 L 20/6, Rdnr. 7 – *MEWAC;* http://ec.europa.eu/competition/antitrust/legislation/explanatory_note.pdf Ziff. 6.

men werden.[91] Wird ein E-Mail Konto nicht blockiert, sondern heimlich umgeleitet, stellt dies bereits eine Verweigerung der Nachprüfung dar.[92] Das Unternehmen kann die Duldung der Nachprüfung daher nicht davon abhängig machen, dass die Beamten in einem bestimmten Raum auf das Eintreffen des Anwalts warten; auch dies stellt vielmehr schon eine Weigerung dar.[93]

32 Verweigert das Unternehmen die Durchführung der Nachprüfung, ist die nationale Behörde zur **Amtshilfe** verpflichtet (Art. 20 Abs. 6 VO Nr. 1/2003). Die Bediensteten der Kommission haben keine Möglichkeit, die Entscheidung zu **vollstrecken** oder sogar **unmittelbaren** Zwang anzuwenden.[94] Die Modalitäten der Gewährung der Amtshilfe richten sich nach nationalem Recht. Dabei muss allerdings die Wirksamkeit des Vorgehens der Kommission sichergestellt sein.[95] Eine Rechtmäßigkeitskontrolle der Kommissionsentscheidung darf dabei nicht erfolgen, diese obliegt ausschließlich der europäischen Gerichtsbarkeit.[96] Die nationale Stelle ist jedoch berechtigt, die **Echtheit** der Kommissionsentscheidung festzustellen und zu überprüfen, ob beabsichtigte Zwangsmaßnahmen, gemessen am Gegenstand der Nachprüfung, **willkürlich** oder **unverhältnismäßig** sind.[97] Setzt die Unterstützung durch die nationale Behörde eine **richterliche Genehmigung** voraus, so ist diese nach Art. 20 Abs. 7 VO Nr. 1/2003 verpflichtet, eine solche Genehmigung vorher einzuholen, was regelmäßig vorsorglich geschieht. Diese Kontrollbefugnis nationaler Gerichte ist in enger Anlehnung an das Urteil *Roquette*[98] formuliert worden. Das nationale Gericht ist auf die Prüfung beschränkt, ob die beantragte Zwangsmaßnahme willkürlich und gemessen am Gegenstand der Nachprüfung verhältnismäßig ist (Art. 20 Abs. 8 VO Nr. 1/2003).[99] Grundsätzlich steht die Beurteilung der **Notwendigkeit** der Nachprüfung im Ermessen der Kommission.[100] Diese muss dem nationalen Gericht aber substantiiert darlegen, dass sie über ernsthafte Informationen und Hinweise verfügt, die den Verdacht eines Wettbewerbsverstoßes begründen.[101] Die Kommission muss das nationale Gericht daher über die wesentlichen Merkmale der behaupteten Zuwiderhandlung informieren, in dem sie den relevanten Markt, die Natur der behaupteten Wettbewerbsbeschränkung sowie das Ausmaß der vermuteten Verwicklung des betroffenen Unternehmens angibt.[102] Die Überprüfung geht aber nicht so weit, dass das nationale Gericht die Übermittlung der Kommissionsakte anfordern kann.[103] Die Überprüfung der Rechtmäßigkeit der Kommissionsentscheidung als solcher ist den Unionsgerichten vorbehalten.

33 Die Durchführung der Nachprüfung setzt nicht voraus, dass Mitglieder der Geschäftsführung oder satzungsmäßig vertretungsbefugte Mitarbeiter anwesend sind. Es reicht aus, dass Personen anwesend sind, die über das Hausrecht verfügen. Die Abwesenheit leitender Vertreter des Unternehmens bedeutet nicht, dass eine Nachprüfung erst nach deren Rückkehr erfolgen kann.[104] In den seltenen Fällen, dass in einem Unternehmen kein leitender

[91] EuG U. v. 27.6.2012, Rs T-357/06, ECLI:EU:T:2012:488 Rdnr. 232– *Niederländisches Asphaltkartell;* bestätigt durch EuGH U. v. 19.12.2013, Rs C-586/12, P ECLI:EU:C:2013:863 – *Niederländisches Asphaltkartell.*

[92] EuG U. v. 26.11.2014, Rs T-272/12, ECLI:EU:T:2014:995 Rdnr. 38 – *Energeticky.*

[93] EuG, U. v. 27.6.2012, Rs T-357/06, ECLI:EU:T:2012:488 Rdnr. 223; bestätigt durch EuGH U. v. 19.12.2013, Rs C-586/12 P, ECLI:EU:C:2013:863 – *Niederländisches Asphaltkartell.*

[94] EuG U. v. 6.9.2013, Rs T-289/11, T-290/11 und T-521/11, ECLI:EU:T:2013:404 Rdnr. 86 – *Deutsche Bahn.*

[95] EuGH U. v. 21.9.1989, Rs 46/87 und 227/87, Slg. 1989, 2919 Rdnr. 33 – *Hoechst.*

[96] EuGH U. v. 21.9.1989, Rs 46/87 und 227/87, Slg. 1989, 2919 Rdnr. 35 – *Hoechst.*

[97] EuGH U. v. 21.9.1989, Rs 46/87 und 227/87, Slg. 1989, 2919 Rdnr. 35 – *Hoechst.*

[98] EuGH U. v. 22.10.2002, Rs C-94/00, Slg. 2002, I-9011 – *Roquette.*

[99] EuGH U. v. 22.10.2002, Rs C-94/00, Slg. 2002, I-9011 Rdnr. 40 – *Roquette.*

[100] EuGH U. v. 22.10.2002, Rs C-94/00, Slg. 2002, I-9011 Rdnr. 78 – *Roquette.*

[101] EuGH U. v. 22.10.2002, Rs C-94/00, Slg. 2002, I-9011 Rdnr. 61 – *Roquette;* EuG U. v. 8.3.2007, Rs T-339/04, Slg. 2007, II-521 Rdnr. 52 – *France Télécom.*

[102] EuGH U. v. 22.10.2002, Rs C-94/00, Slg. 2002, I-9011 Rdnr. 81 – *Roquette*

[103] EuGH U. v. 22.10.2002, Rs C-94/00, Slg. 2002, I-9011 Rdnr. 62 – *Roquette.*

[104] Komm. E. v. 17.12.1992, ABl. 1993 L 20/6 Rdnr. 7 – *MEWAC.*

Vertreter anwesend ist, wird in der Regel versucht, eine Lösung zu finden. Eine unangemessen lange Wartezeit bis zur Zustimmung der Durchführung kann jedoch schon eine Weigerung darstellen.[105] Es liegt im Verantwortungsbereich des Unternehmens, die notwendigen Vorkehrungen zu treffen, damit die Nachprüfung stattfinden kann.[106]

Die Nachprüfungsentscheidung bezeichnet den Beginn der Nachprüfung. Die Nachprüfung findet nur während der **normalen Geschäftszeiten** statt. Dies ergibt sich zwar nicht aus dem Wortlaut von Art. 20 VO Nr. 1/2003, ist aber ständige Praxis. Die eigentliche Dauer ist von den Umständen des Einzelfalls abhängig und kann sich über mehrere Tage erstrecken. Die Beamten der Kommission haben **kein Beschlagnahmerecht,** sie können daher keine Originaldokumente mitnehmen. Sie sind aber berechtigt, von den relevanten Unterlagen **Kopien** oder **Auszüge** anzufertigen (Art. 20 Abs. 2c VO Nr. 1/2003).[107] In der Praxis werden von diesen Unterlagen (in Papier- oder elektronischer Form) jeweils zwei Kopien angefertigt, von denen eine beim Unternehmen verbleibt.[108] Das Unternehmen erhält auch eine Kopie der Niederschrift, die Art und Zahl der kopierten Unterlagen aufführt. 34

III. Umfang der Nachprüfungsbefugnisse

Die Nachprüfung dient dem Auffinden noch nicht bekannter Beweismittel. Auch wenn es sich nicht um eine Durchsuchung handelt, beschränken sich die Nachprüfungsbefugnisse der Kommission nicht auf das Recht, die Vorlage von Unterlagen und Akten zu verlangen, die schon genau bezeichnet werden können. Das in Art. 20 VO Nr. 1/2003 enthaltene Recht zum Betreten der Geschäftsräume wäre nutzlos, wenn sich die Kommission darauf beschränken müsste, die Einsichtnahme in genau bezeichnete Unterlagen zu verlangen. Die Nachprüfungsbefugnisse schließen das Recht ein, nach Informationen zu **suchen,** die noch nicht bekannt sind.[109] Die Bediensteten der Kommission können alle Räumlichkeiten betreten und haben das Recht, dass alle von ihnen angegebenen Möbel geöffnet und der darin befindliche Inhalt gezeigt wird, sowie alle von ihnen angeforderten Unterlagen vorgelegt werden.[110] Dagegen besteht nicht das Recht, ohne Einverständnis des Unternehmens eine aktive Durchsuchung vorzunehmen.[111] Eine Durchsuchung ist nur unter Einschaltung der nationalen Behörden im Fall einer Weigerung möglich. 35

1. Räumlichkeiten des Unternehmens. Art. 20 Abs. 2 Buchst. a VO Nr. 1/2003 berechtigt die Kommissionsbeamten zum Betreten aller Räumlichkeiten, Grundstücke und Transportmittel des Unternehmens oder der Unternehmensvereinigung. Ausschließlich privat genutzte Räume, etwa private Wohnräume, sind von dem Betretensrecht ausgenommen, es sei denn, die dafür erforderliche richterliche Genehmigung nach Art. 21 VO Nr. 1/2003 liegt vor. Bei Räumlichkeiten, die sich am Geschäftssitz des Unternehmens befinden, spricht eine Vermutung dafür, dass diese von dem Unternehmen und nicht privat genutzt werden. Geschäftlich genutzte Fahrzeuge, wie etwa Dienstwagen, sind ebenfalls dem Unternehmen zuzurechnen. 36

Gegenstand der Nachprüfung ist das **ganze Unternehmen.** In einem Konzern erstreckt sich die Verpflichtung zur Duldung auch auf Tochtergesellschaften und andere ver- 37

---

[105] Komm. E. v. 17.12.1992, ABl. 1993 L 20/6 Rdnr. 7 – *MEWAC;* EuG U. v. 27.6.2012 Rs T-357/06, ECLI:EU:T:2012:488, Rdnr. 239 – *Niederländisches Asphaltkartell;* bestätigt durch EuGH, U. v. 19.12.2013, Rs C-586/12 P ECLI:EU:C:2013:863 – *Niederländisches Asphaltkartell.*

[106] EuG U. v. 26.11.2014, Rs T-272/12, ECLI:EU:T:2014:995 Rdnr. 45, 78 – *Energeticky.*

[107] Die entsprechende Regelung in Art. 13 FKVO geht geringfügig weiter, insoweit die Beamten danach Kopien „anfordern“ dürfen.

[108] Erläuternder Vermerk, http://ec.europa.eu/competition/antitrust/legislation/explanatory_note.pdf Ziff. 15.

[109] EuGH U. v. 21.9.1989, Rs 46/87 und 227/87 Slg. 1989, 2919, Rdnr. 27 – *Hoechst;* EuGH U. v. 17.10.1989, Rs 85/87, Slg. 1989, 3150 Rdnr. 38 – *Dow Benelux;* EuG U. v. 14.11.2012, Rs T-135/09, ECLI:EU:T:2012:596 Rdnr. 63 – *Nexans.*

[110] EuGH U. v. 21.9.1989, Rs 46/87 und 227/87, Slg. 1989, 2919 Rdnr. 31 – *Hoechst.*

[111] EuGH U. v. 21.9.1989, Rs 46/87 und 227/87, Slg. 1989, 2919 Rdnr. 31 – *Hoechst.*

bundene Gesellschaften. Es ist daher unbeachtlich, dass bestimmte operative Bereiche des Unternehmens in Form rechtlich selbständiger Gesellschaften geführt werden, sofern diese Teil des Unternehmens sind. In der Nachprüfungsentscheidung wird in der Regel deutlich gemacht, dass die Nachprüfung auch die direkt und indirekt kontrollierten Unternehmen einschließt. Eine genaue geographische Bezeichnung des **Ortes** der Nachprüfung wird in Art. 20 VO Nr. 1/2003 nicht vorausgesetzt und erfolgt in der Praxis auch nicht. Ergibt sich im Lauf der Nachprüfung, dass bestimmte Unterlagen des Unternehmens an einem anderen Ort als dem Ort des Beginns der Nachprüfung aufbewahrt werden, so kann die Nachprüfung an diesem Ort fortgesetzt werden. Dies ist häufig bei größeren Unternehmen der Fall, die in mehreren Gebäuden und an unterschiedlichen Orten Geschäftsräume unterhalten. Dafür bedarf es keiner erneuten Nachprüfungsentscheidung. Werden Unterlagen in einem außerhalb geführten **Archiv** gelagert, so sind auch die Archivräume zugänglich zu machen.

37a **2. Privaträume.** Art. 21 VO Nr. 1/2003 hat erstmals die Möglichkeit eingeführt, Nachprüfungen in anderen als den von Art. 20 VO Nr. 1/2003 genannten Räumlichkeiten vorzunehmen. Der Text von Art. 21 Abs. 1 erwähnt als Beispiel die Wohnungen der Mitarbeiter von Unternehmen und von Unternehmensleitern. Der Hauptzweck dieser Bestimmung wird in Erwägungsgrund 26 zur VO Nr. 1/2003 genannt, wonach die Erfahrung gezeigt habe, dass Geschäftsunterlagen auch in den Privatwohnungen von Führungskräften und Mitarbeitern aufbewahrt würden. Die Nachprüfung nach Art. 21 VO Nr. 1/2003 kann nur aufgrund einer formellen Entscheidung erfolgen und unterliegt wesentlich strengeren Voraussetzungen als Nachprüfungen in Geschäftsräumen. Art. 21 nennt den Adressaten der Entscheidung nicht ausdrücklich; angesichts der Intensität des Grundrechtseingriffs kann es sich dabei nur um eine natürliche Person, den Inhaber der Wohnung, handeln.

37b Voraussetzung ist der **begründete Verdacht,** dass Unterlagen, die als Beweismittel für einen **schweren Verstoß** gegen Art. 101 oder 102 AEUV von Bedeutung sein können, in diesen Räumen aufbewahrt werden. Die Entscheidung muss ausdrücklich die Gründe nennen, die die Kommission zu dieser Annahme veranlasst haben (Art. 21 Abs. 2 VO Nr. 1/2003). Weiterhin kann die Entscheidung nur mit der vorherigen Genehmigung eines Gerichts des betreffenden Mitgliedstaates vollzogen werden. Der Prüfungsumfang des nationalen Gerichts entspricht dem für andere Nachprüfungen nach Art. 20 VO Nr. 1/2003. Das Gericht prüft die Echtheit der Entscheidung der Kommission und dass die beabsichtigten Zwangsmaßnahmen unter Berücksichtigung des höheren Schutzniveaus weder willkürlich noch unverhältnismäßig sind (Art. 21 Abs. 3 Satz 2 VO Nr. 1/2003). Ferner kann das Gericht die Kommission unmittelbar um ausführliche Erläuterungen zu den Punkten ersuchen, deren Kenntnis zur Prüfung der Verhältnismäßigkeit erforderlich ist. Das Gericht kann jedoch weder die Notwendigkeit der Nachprüfung in Frage stellen noch die Übermittlung der in den Akten der Kommission enthaltenen Informationen verlangen.

37c Die Befugnisse der Prüfer werden in Art. 21 Abs. 4 VO Nr. 1/2003 genannt und unterscheiden sich von denen für Geschäftsräume geltende Befugnisse. Die Prüfer dürfen Räumlichkeiten betreten, Unterlagen einsehen und Kopien anfertigen. Ein Recht zu versiegeln oder Erläuterungen zu verlangen besteht dagegen nicht. Geldbußen oder Zwangsgelder bei einer Verweigerung dürfen nicht verhängt werden. Anders als in Art. 20 Abs. 4 VO Nr. 1/2003 ist auch keine ausdrückliche Duldungspflicht vorgesehen. Die Verweisung auf Art. 20 Abs. 6 macht aber deutlich, dass die nationale Behörde im Falle des Widersetzens Zwangsmittel einsetzen kann.

38 **3. Bücher und sonstige Geschäftsunterlagen.** Nach Art. 20 Abs. 2b VO Nr. 1/2003 sind die Bediensteten der Kommission berechtigt, Bücher und die sonstigen Geschäftsunterlagen zu prüfen. Dieser Begriff umfasst alle vom Unternehmen geführten Unterlagen, wie Briefwechsel, von Dritten verfasste Dokumente, interne Vermerke, Protokolle, Abrechnungen, Buchführung, Terminkalender. Zu den Geschäftsunterlagen gehören nicht nur auf Papier fixierte schriftliche Unterlagen, sondern auch Unterlagen, die auf elektroni-

schen Datenträgern gespeichert sind. Art. 20 Abs. 2b VO Nr. 1/2003 stellt insofern klar, dass der Charakter als Geschäftsunterlagen nicht von der Form abhängig ist. Gegenstand der Nachprüfung sind nur bereits vorhandene Unterlagen; dagegen besteht keine Pflicht zur **aktiven Erstellung** von Unterlagen, etwa in Form von Übersichten oder Statistiken.

Die Durchsuchung der IT-Systeme stellt in der Praxis den Schwerpunkt der Nachprüfung 39
dar. Der erläuternde Vermerk zum Ablauf der Nachprüfung enthält dazu die technischen Details.[112] Bei der Durchsuchung elektronisch gespeicherter Dokumente verwendet die Kommission spezielle Software für elektronische Ermittlungen.[113] Das Unternehmen muss Zugang zu allen in **elektronischer Form** gespeicherten Daten gewährleisten. Dazu gehört auch die Pflicht, Informationen über Aufbau und Struktur der Datenverarbeitungsanlagen zu geben. Sind Unterlagen auf Disketten oder anderen Datenträgern gespeichert, müssen die darin enthaltenen Informationen lesbar gemacht werden. Ebenso sind Personalcomputer oder Notebooks ggf. durch Bekanntgabe des Codes („Passwort") zugänglich zu machen. Ebenfalls muss der Zugang zu E-Mail-Konten gewährt werden; das E-Mail-Konto kann auch für die Dauer der Nachprüfung blockiert werden.[114] Speichert das Unternehmen Daten auf einem externen „Server" oder in „cloud-Diensten", so können alle von dem Unternehmen aus zugänglichen Daten überprüft werden.[115] Dabei spielt es keine Rolle, ob der „Server" innerhalb des EWR oder in einem Drittland gelegen ist; entscheidend ist, dass die Daten von dem Unternehmen aus erreichbar sind.

Die Einsichtnahme in Unterlagen kann nicht durch den Hinweis auf die Vertraulichkeit 40
der Unterlagen oder darin enthaltene Geschäftsgeheimnisse verweigert werden. Die Beamten der Kommission sind verpflichtet, das **Berufsgeheimnis** zu wahren und die im Rahmen einer Nachprüfung erlangten Kenntnisse nicht preiszugeben (Art. 28 VO Nr. 1/2003). Ebenso wenig kann die Einsichtnahme mit dem Hinweis verweigert werden, dass die Unterlagen mit dem Untersuchungsgegenstand nichts zu tun hätten. Solche Fragen können in der Regel erst nach der Durchführung der Nachprüfung geklärt werden, wenn die Unterlagen in ihrem Zusammenhang beurteilt werden. Die Nachprüfung ist auch nicht auf Verhaltensweisen oder Vorgänge beschränkt, die sich innerhalb des EWR abspielen oder auswirken. Bei einer Zuwiderhandlung von weltweiter Geltung können sich auch aus Unterlagen, dies sich auf Vorgänge außerhalb des EWR beziehen, sachdienliche Informationen zu der vermuteten Zuwiderhandlung ergeben.[116] Werden Ablichtungen von Unterlagen mitgenommen, die sich später als bedeutungslos erweisen, werden diese zurückgegeben.[117] **Private Unterlagen** dürfen nicht eingesehen werden.[118] Das Unternehmen kann die Einsichtnahme aber nicht durch den pauschalen Hinweis auf den privaten Charakter von Dokumenten verweigern; es muss in diesem Fall den mit der Nachprüfung beauftragten Beamten zumindest durch oberflächliche Einsichtnahme von dem privaten Charakter überzeugen. Durch das Aufbewahren in den Geschäftsräumen besteht zumindest eine Vermutung für den geschäftlichen Charakter aller dort vorhandenen Unterlagen.

Sind Schränke oder andere Behältnisse verschlossen, so sind diese zu öffnen, damit die Be- 41
amten sich von dem Charakter der darin aufbewahrten Unterlagen überzeugen können. Es ist Ausfluss der Mitwirkungspflicht des Unternehmens, solche Behältnisse ggf. öffnen zu lassen. Die VO Nr. 1/2003 sieht ferner die Möglichkeit vor, betriebliche Räumlichkeiten oder Ge-

---

[112] Http://ec.europa.eu/competition/antitrust/legislation/explanatory_note.pdf.

[113] „NUIX" Software: http://ec.europa.eu/competition/antitrust/information_en.html. Über die Internetseite der Generaldirektion Wettbewerb kann eine Demo CD heruntergeladen werden, die die technischen Details enthält.

[114] EuG U. v. 26.11.2014, Rs T-272/12, ECLI:EU:T:2014:995 Rdnr. 44 – *Energeticky*.

[115] Ziff. 10 explanatory note.

[116] EuGH U. v. 25.6.2014, Rs C-37/13, P ECLI:EU:C:2014:2030 Rdnr. 40 – *Nexans*.

[117] Mitteilung der Kommission über die Regeln für die Einsicht in Kommissionsakten in Fällen einer Anwendung der Artikel 81 und 82 EG-Vertrag, Artikel 53, 54 und 57 des EWR-Abkommens und der Verordnung (EG) Nr. 139/2004, ABl. 2005 C 325/7 Rdnr. 9.

[118] EuG U. v. 6.9.2013, Rs T-289/11, T-290/11 und T-521/11, ECLI:EU:T:2013:404 Rdnr. 80 – *Deutsche Bahn*.

schäftsunterlagen zu versiegeln (Art. 20 Abs. 2d VO Nr. 1/2003). Die Versiegelung ist inzwischen zu einer üblichen Praxis bei Nachprüfungen geworden.[119] Die Möglichkeit der **Versiegelung** soll gewährleisten, dass eine Nachprüfung auch nach Abschluss des ersten Tages wirksam fortgesetzt werden kann. Die Kommission verwendet dazu eigene für Nachprüfungen hergestellte Siegel.[120] Die Versiegelung soll in der Regel 72 Stunden nicht überschreiten,[121] ist aber auch für einen darüber hinausgehenden Zeitraum zulässig, wenn die Umstände dies erfordern. Der Bruch des Siegels kann mit einer Geldbuße geahndet werden (Art. 23 Abs. 1 Buchst. e VO Nr. 1/2003).[122]

42 **4. Mündliche Erklärungen.** Die Beamten haben während der Nachprüfung das Recht, mündliche Erklärungen an Ort und Stelle anzufordern (Art. 20 Abs. 2 Buchst. e VO Nr. 1/2003). Damit besteht im Rahmen einer Nachprüfung ein eigenständiges **Fragerecht.**

43 Im Vergleich zur früheren VO Nr. 17 ist das Fragerecht in der VO Nr. 1/2003 präziser formuliert worden. Befragt werden können alle Vertreter des Unternehmens oder Mitglieder der Belegschaft des Unternehmens. Die Befragung kann alle Tatsachen oder Unterlagen umfassen, die mit Gegenstand und Zweck der Nachprüfung in Zusammenhang stehen. Der Wortlaut von Art. 20 VO Nr. 1/2003 , dass es im Ermessen der Kommission liegt, welchen Personen sie Fragen stellt; es steht nicht im Ermessen des Unternehmens, den Ansprechpartner zu bestimmen. Das Unternehmen hat allerdings die Möglichkeit, Aussagen eines Mitarbeiters, der nicht berechtigt ist Erklärungen im Namen des Unternehmens abzugeben, richtigzustellen oder zu ändern (Art. 4 Abs. 3 VO Nr. 773/2004). Die Neufassung des Fragerechts in Art. 20 VO Nr. 1/2003 im Vergleich zur früheren Regelung in der Vorgängerverordnung Nr. 17/62 stellt ferner klar, dass sich das Auskunftsrecht nicht auf Erläuterungen zu den vorgefundenen Unterlagen beschränkt. Das Auskunftsrecht dient insbesondere dem **Auffinden** von Unterlagen. Das Unternehmen muss daher über interne organisatorische Abläufe, Verantwortung und Zuständigkeitsbereiche von Mitarbeitern Auskunft geben. Auskünfte zu allgemeinen Fragen, die sorgfältige Überlegungen und möglicherweise erst die Sammlung von Informationen innerhalb des Unternehmens verlangen, können dagegen nicht im Rahmen einer Nachprüfung verlangt werden.[123] Folglich müssen alle Informationen gegeben werden, die zum Gegenstand der Nachprüfung gehören und ohne weiteres an Ort und Stelle gegeben werden können (z.B. Teilnahme an Sitzungen, wenn dies durch einen einfachen Blick in den Terminkalender festgestellt werden kann.). Die Grenze findet sich in dem Verbot des Zwangs zur Selbstbezichtigung.[124]

43a Über die mündliche Erklärung wird ein **förmliches Protokoll** aufgenommen (Art. 20 Abs. 2 Buchst. e). Die Abfassung dieses Protokolls ist keine gerichtlich anfechtbare Handlung.[125] Gemäß Art. 4 VO Nr. 773/2004 kann die Protokollierung auf einem beliebigen Träger aufgezeichnet werden; das Unternehmen erhält davon eine Kopie. Art. 4 Abs. 3 VO Nr. 773/2004 sieht außerdem ein Verfahren der **Berichtigung** von Aussagen eines Mitglieds der Belegschaft vor, welches nicht ermächtigt ist, Aussage im Namen des Unter-

---

[119] Commission Staff Working Document, Ten Years of Antitrust Enforcement under Regulation 1/2003, Rdnr. 202.

[120] Http://ec.europa.eu/competition/antitrust/seal.jpg.

[121] Erwägungsgrund 25 zur VO Nr. 1/2003.

[122] Geldbuße von 38 Mio. € im Fall *EON;* Komm.E. v. 30.1.2008, http://ec.europa.eu/competition/antitrust/cases/dec_docs/39326/39326_1773_1.pdf – *EON Siegelbruch,* bestätigt durch EuGH U. v. 22.11.2012 Rs C-89/11 P, ECLI:EU:C:2012:738 - *EON-Siegelbruch;* Geldbuße von 8 Mio. € im Fall *Suez,* Komm.E. v. 24.5.2011, http://ec.europa.eu/competition/antitrust/cases/dec_docs/39796/39796_554_6.pdf – *Suez Environment.*

[123] S. dazu die Ausführungen der Kommission im Tatbestand bei EuGH, U. v. 26.6.1980 Rs 136/79 Slg. 1980, 2033, S. 2042 – *National Panasonic.*

[124] S. dazu § 42 Rdnr. 21; EuG U. v. 6.9.2013, Rs T-289/11, T-290/11 und T-521/11, ECLI:EU:T:2013:404 Rdnr. 82 – *Deutsche Bahn.*

[125] EuG B. v. 9.6.1997 Rs R-9/97 Slg. 1997, II-909 – *Atochem.*

nehmens abzugeben. Die Kommission setzt dem Unternehmen dazu eine Frist, innerhalb derer dieses Richtigstellungen, Änderungen oder Zusätze zu den Erläuterungen des Belegschaftsmitglieds übermitteln kann. Die Berichtigung bedeutet nicht, dass der Beweiswert der Erklärung aufgehoben worden ist; das Unternehmen muss sich allerdings die Erklärung nicht als eigene Aussage zurechnen lassen. Mit der VO Nr. 1/2003 ist auch die Möglichkeit der Sanktion unrichtiger oder irreführender mündlicher Erklärungen, der unterlassenen Berichtigung unrichtiger, unvollständiger oder irreführende Antworten eines Mitglieds der Belegschaft und der Erteilung unvollständiger Antworten oder der Verweigerung einer Antwort eingeführt worden (Art. 23 Abs. 1 Buchst d VO Nr. 1/2003).

5. Anwaltsprivileg. Die Kommunikation und der Schriftverkehr zwischen Rechtsanwalt und Mandant werden in den Rechtsordnungen aller Mitgliedstaaten geschützt. Der Gerichtshof hat in dem Grundsatzurteil *AM&S*[126] zwei Voraussetzungen festgelegt, unter denen die Korrespondenz zwischen Unternehmen und Anwalt im Rahmen einer Nachprüfung von der Einsichtnahme ausgeschlossen ist: Der Schriftverkehr muss mit einem **unabhängigen Anwalt** geführt werden und im Rahmen und im Interesse des Mandanten auf **Verteidigung und Beratung** erfolgen. Dokumente, die dem Anwaltsprivileg unterliegen, sind daher im Rahmen einer Nachprüfung nicht zugänglich. Das Anwaltsprivileg hat nicht nur ein Verwertungsverbot sondern bereits ein Verbot der Kenntnisnahme zur Folge.[127] 44

Zu dem geschützten Personenkreis gehören alle Anwälte, die in einem Mitgliedstaat der Gemeinschaft als Rechtsanwalt zugelassen sind. Anwälte aus **Drittstaaten** fallen nicht darunter.[128] Inzwischen muss allerdings der Schutz auf Anwälte aus den Mitgliedstaaten des **EWRA** ausgedehnt werden.[129] Zum Abschluss von Übereinkommen mit Drittstaaten[130] über die gegenseitige Anerkennung des Anwaltsprivilegs ist es bisher nicht gekommen. Der Anwalt muss außerdem **unabhängig** sein, d. h., er darf nicht durch einen Dienstvertrag an den Mandanten gebunden sein. Der angestellte **Syndikusanwalt,** der seinem Arbeitgeber oder Verbandsmitgliedern Rechtsrat erteilt, gehört daher nicht zu den geschützten Personen. Der Präsident des EuG warf in seinem Beschluss v. 3.10.2003[131] in der Sache *Akzo* in einem Verfahren der einstweiligen Anordnung zwar die Frage auf, ob seit dem Urteil *AM&S* neue Entwicklungen aufgetreten seien, die die Ausweitung des Anwaltsprivilegs auch auf Unternehmensjuristen rechtfertigen könnten und gab daher in einem Verfahren der einstweiligen Anordnung einem Antrag auf vertrauliche Behandlung von bestimmten Unterlagen statt. Dieser Beschluss wurde jedoch vom Präsidenten des EuGH aufgehoben.[132] In seinem Urteil v. 14.9.2010 bestätigte der Gerichtshof erneut, dass das Anwaltsprivileg nicht für Syndikusanwälte gilt.[133] 45

Nicht jede Form der Korrespondenz zwischen Anwalt und Mandant ist geschützt, sondern nur die, die zur **Beratung oder Verteidigung** des Unternehmens im Kartellverfahren erfolgt. Der Anwaltskorrespondenz gleichgestellt sind interne Schriftstücke des Unternehmens, in denen der Wortlaut oder das Ergebnis einer telefonischen anwaltlichen Beratung festgehalten werden.[134] Ebenfalls geschützt sind vorbereitende interne Unternehmensdokumente, die ausschließlich zu dem Zweck erstellt werden, eine anwaltliche 46

[126] EuGH U. v. 18.5.1982, Rs 155/79, Slg. 1982, 1575 Rdnr. 21 – *AM&S;* erneut bestätigt durch EuGH U. v. 14.9.2010, Rs C-550/07 P, Slg. 2010, 8301 – *Akzo Nobel Chemicals und Akros Chemicals.*

[127] EuG U. v. 17.9.2007, Rs T-125/03 u. T-253/03, Slg. 2007, II-3523 Rdnr. 81, 86 – *AKZO.*

[128] EuGH U. v. 18.5.1982, Rs 155/79, Slg. 1982, 1575 Rdnr. 25 – *AM&S.*

[129] So auch *Ortiz Blanco,* European Community Competition Procedure, S. 134.

[130] Die Kommission hat erklärt, dass sie den Abschluss entsprechender Übereinkommen für wünschenswert hält, s. 13. WB. (1983) Ziff. 78.

[131] EuG B. v. 30.10.2003, Rs T-125/03 R und T-253/02 R, Slg. 2003, II-4771 Rdnr. 127 – *Akzo.*

[132] EuGH B. v. 27.9.2004, C-7/04 P(R), Slg. 2004, I-8739, Rdnr. 44 – *Akzo.*

[133] EuGH U. v. 14.9.2010, Rs C-550/07 P, Slg. 2010, I-8301 –Rdnr. 87 – *Akzo Nobel Chemicals und Akros Chemicals.*

[134] EuG B. v. 4.4.1990, Rs T-30/89, Slg. 1990, II-163 Rdnr. 18 – *Hilti.*

Beratung zu erhalten.[135] Unter das Anwaltsprivileg fallen dagegen nicht solche interne Schriftstücke, in denen auf die rechtliche Relevanz eines bestimmten Verhaltens eingegangen wird, auch wenn darin die anwaltliche Beratung erwähnt wird oder die lediglich mit einem Anwalt besprochen worden sind.[136] Anwaltskorrespondenz, die andere Themen, zum Gegenstand hat, kann ebenfalls eingesehen werden.[137] Hat der Mandant Kopien der Korrespondenz an Dritte weitergeleitet, so sind diese Dokumente stets verwertbar, sofern sie bei dem Dritten gefunden werden.

47 Die pauschale Verweigerung der Einsichtnahme in Dokumente unter Berufung auf das Anwaltsgeheimnis ist nicht zulässig.[138] Allerdings sieht die Rechtsprechung auch bei einer oberflächlichen Kenntnisnahme des Dokuments die Gefahr, dass die Kommission Zugang zu geschützten Informationen erhält.[139] Das EuG hat dazu ausgeführt, dass das Unternehmen Information zu Autor und Adressat des Dokuments sowie zu Zweck und Umständen der Erstellung des Dokuments geben, aber keine auch nur oberflächliche Einsichtnahme gewähren muss.[140] In der Praxis wird in Fällen, in denen das Unternehmen sich auf das Anwaltsprivileg beruft und keine auch nur oberflächliche Einsicht gewähren will, das betreffende Dokument in einem Umschlag versiegelt.[141] Die Kommission darf von dem Dokument solange keine Kenntnis nehmen, bis sie eine Entscheidung hinsichtlich der Einordnung dieses Dokuments getroffen hat, und dem Unternehmen Gelegenheit gegeben hat, die Entscheidung gerichtlich anzufechten.[142] Das Unternehmen kann die Angelegenheit an den Anhörungsbeauftragten weiterleiten, wenn es dessen Einsichtnahme in die strittigen Informationen zustimmt.[143] Der Anhörungsbeauftragte teilt danach dem zuständigen Direktor in der Generaldirektion Wettbewerb und dem betreffenden Unternehmen seinen vorläufigen Standpunkt mit. Wird keine Lösung erzielt, kann er eine begründete Empfehlung an den Wettbewerbskommissar richten, ohne dabei den Inhalt des betreffenden Schriftstücks preiszugeben. Das Unternehmen erhält eine Kopie dieser Empfehlung.[144] Erkennt die Kommission die Vertraulichkeit nicht an, teilt sie dies dem Unternehmen in Form einer Entscheidung mit. Reicht das Unternehmen Nichtigkeitsklage ein und beantragt die Gewährung vorläufigen Rechtsschutzes, nimmt die Kommission keine Einsicht vor, bis das Gericht über den Antrag entschieden hat.[145]

D. Mündliche Befragung

47a Die mit Art. 19 VO Nr. 1/2003 eingeführte Möglichkeit der **Befragung** ergänzt die Ermittlungsbefugnisse der Kommission.[146] Die Befragung muss den Zweck verfolgen, In-

[135] EuG U. v. 17.9.2007, Rs T-125/03, u. T-253/03 Slg. 2007, II-3523 Rdnr. 123 – *Akzo Nobel Chemicals und Akros Chemicals.*

[136] EuG U. v. 17.9.2007, Rs T-125/03, u. T-253/03, Slg. 2007, II-3523 Rdnr. 128 – *Akzo Nobel Chemicals und Akros Chemicals.*

[137] EuGH U. v. 18.5.1982 Rs 155/79, Slg. 1982, 1575 Rdnr. 27 – *AM&S.*

[138] EuGH U. v. 18.5.1982 Rs 155/79, Slg. 1982, 1575 Rdnr. 29, 31 – *AM&S;* EuG, U. v. 17.9.2007, Rs T-125/03 und T-253/03, Slg. 2007, II-3523 Rdnr. 80 – *Akzo.*

[139] EuG U. v. 17.9.2007, Rs T-125/03 und T-253/03, Slg. 2007, II-3523 Rdnr. 81 – *AKZO.*

[140] EuG U. v. 17.9.2007, Rs T-125/03 u. T-253/03, Slg. 2007, II-3523 Rdnr. 80 – *AKZO;* Bekanntmachung der Kommission über bewährte Vorgehensweisen in Verfahren nach Artikel 101 und 102 des AEUV; ABl. 2011 L 308/6, Rdnr. 52.

[141] Bekanntmachung der Kommission über bewährte Vorgehensweisen in Verfahren nach Artikel 101 und 102 des AEUV; ABl. 2011 L 308/6, Rdnr. 54.

[142] EuG U. v. 17.9.2007, Rs T-125/03 u. T-253/03, Slg. 2007, II-3523 Rdnr. 83–85, 88 –*Akzo Nobel Chemicals und Akros Chemicals.*

[143] Art. 4 (2) a Mandat des Anhörungsbeauftragten, ABl. 2011 L 275/16.

[144] Art. 4 (2) a Mandat des Anhörungsbeauftragten, ABl. 2011 L 275/16.

[145] Bekanntmachung der Kommission über bewährte Vorgehensweisen in Verfahren nach Artikel 101 und 102 des AEUV, ABl. 2011 L 308/6, Rdnr. 57.

[146] S. auch den 25. Erwägungsgrund zur VO Nr. 1/2003 sowie Begründungsentwurf, Vorschlag für eine Verordnung des Rates zur Durchführung der in den Artikeln 81 und 82 EG-Vertrag niedergelegten Wettbewerbsregeln, KOM (2000) 582 endg., S. 27.

formationen einzuholen, die sich auf den Gegenstand einer Untersuchung beziehen (Art. 19 Abs. 1 VO Nr. 1/2003), sie ist daher fallbezogen und unterscheidet sich von informellen Gesprächen. Die Befragung erfolgt stets mit Zustimmung der betroffenen natürlichen oder juristischen Person; die Kommission kann eine Befragung nicht erzwingen. Die Zustimmung kann von dem Befragten zu jedem Zeitpunkt zurückgenommen werden.[147] Unrichtige, unvollständige oder irreführende Aussagen sind nicht sanktioniert. Ein wichtiger praktischer Anwendungsfall für die mündliche Befragung ist ein mündlich gestellter Antrag nach der Kronzeugenregelung.[148]

Für die Durchführung der Befragung ist keine besondere Form vorgesehen; sie kann in **47b** den Räumen eines Unternehmens, den Räumen der Kommission oder anderen Räumlichkeiten erfolgen; sie kann auch telefonisch, per Videokonferenz oder elektronisch erfolgen (Art. 3 Abs. 2 VO Nr. 773/2004). Erfolgt eine Befragung nicht in den Räumen der Kommission, so ist die Wettbewerbsbehörde des Mitgliedstaats, in dessen Hoheitsgebiet die Befragung stattfindet, zu unterrichten (Art. 19 Abs. 2 VO Nr. 1/2003). Vor Beginn der Befragung ist die Rechtsgrundlage, der Zweck und der freiwillige Charakter mitzuteilen (Art. 3 Abs. 1 VO Nr. 773/2004). Die Kommission kann die Aussagen des Befragten aufzeichnen. In diesem Fall setzt sie ihm eine Frist zur Genehmigung der aufgezeichneten Aussage bzw. zur Berichtigung. Parteien können auch selbst beantragen, dass ihre Aussagen als Befragung aufgezeichnet werden. Dem Antrag wird in der Regel stattgegeben.[149]

E. Rechtsschutz

Nachprüfungsentscheidung und Auskunftsentscheidung können mit der Nichtigkeitskla- **48** ge angefochten werden. Faktisch ist es jedoch aus zeitlichen Gründen nicht möglich, die Durchführung einer Nachprüfung durch eine Klage zu verhindern. Zum einen wird es kaum möglich sein, so schnell eine Klage beim EuG einzureichen. Da die Klage keine aufschiebende Wirkung hat, müsste zum anderen ein gerichtlicher Beschluss zur Aussetzung des Vollzugs beantragt und erlassen werden.[150] In der Praxis erfolgt der **Rechtsschutz** bei Nachprüfungen erst **nachträglich** durch eine Klage gegen die Nachprüfungsentscheidung.[151] Die Rechtsprechung der Unionsgerichte erklärt dies ausdrücklich für zulässig und weist in diesem Zusammenhang auf die Verfahrensgarantien der betroffenen Unternehmen während der Nachprüfung hin.[152] Wird eine Nachprüfungsentscheidung aufgehoben, so ist die Kommission gemäß Art. 266 Abs. 1 AEUV gehalten, die erhaltenen Unterlagen zurückzugeben und die gewonnenen Informationen nicht zu verwerten. Bei der Nichtigkeitsklage gegen die Auskunftsentscheidung ist der Zeitdruck geringer, so dass ggf. ein Antrag auf Aussetzung des Vollzugs möglich ist.[153] Selbst wenn das Unternehmen die Aus-

---

[147] Antitrust Manual of Procedures, 8 Power to take Statements, Rdnr. 13; http://ec.europa.eu/competition/antitrust/antitrust_manproc_3_2012_en.pdf

[148] S. dazu *Hellmann,* § 46 Rdnr. 24f.

[149] Bekanntmachung der Kommission über bewährte Vorgehensweisen in Verfahren nach Artikel 101 und 102 des AEUV, ABl. 2011 L 308/6, Rdnr. 49.

[150] Zu den Einzelheiten der Aussetzung des Vollzugs s. *Schütte,* § 49 Rdnr. 123ff.

[151] EuGH U. v. 26.6.1980, Rs 136/79, Slg. 1980, 2033 – *National Panasonic;* EuGH, U. v. 21.9.1989, Rs 46/87 und 227/87 Slg. 1989, 2919 – *Hoechst;* EuGH, U. v. 18.10.1989, Rs 374/87, Slg. 1989, 3343 – *Orkem;* EuG, U. v. 8.3.2007, Rs T-340/04, Slg. 2007, II-573 – *France Télécom I;* EuG U. v. 14.11.2012, Rs T-135/09, ECLI:EU:T:2012:596 – *Nexans.*

[152] EuG U. v. 6.9.2013, Rs T-289/11, T-290/11 und T-521/11, ECLI:EU:T:2013:404 Rdnr. 64ff. – *Deutsche Bahn;* bestätigt durch EuGH U. v. 18.6.2015, Rs C-583/13 P, ECLI:EU:C:2015:404 Rdnr. 32, 47 – *Deutsche Bahn.*

[153] S. z.B. die Beschreibung in EuG, U. v. 12.12.1991, Rs T-39/90 Slg. 1991, II-1497 Rdnr. 10 – *SEP:* In diesem Fall hatte die Klägerin das Rechtsmittel gegen den den Antrag auf Aussetzung des Vollzugs ablehnenden Beschluss (EuG B. v. 21.11.1990 Rs T-39/90 R Slg. 1990, II-649) zurückgenommen, nachdem die Kommission zugesagt hatte, den Inhalt der angeforderten Informationen den Niederländischen Behörden bis zur gerichtlichen Entscheidung nicht mitzuteilen.

künfte unter dem Druck der Entscheidung erteilt hat, bleibt das Rechtsschutzbedürfnis zur Erhebung einer Nichtigkeitsklage bestehen.[154]

F. Sektoruntersuchung

49 Art. 17 VO Nr. 1/2003 behandelt die Untersuchung ganzer Wirtschaftszweige oder bestimmter Arten von Vereinbarungen. Anders als nach der alten VO Nr. 17 kann die Kommission auch sektorübergreifend bestimmte Arten von Vereinbarungen überprüfen. Während die Kommission in der Vergangenheit unter der Geltung der VO Nr. 17 das Instrument der Sektoruntersuchung eher spärlich eingesetzt hatte,[155] gebraucht sie dieses Instrument nun bewusst, um die Funktionsweise einzelner Märkte besser zu verstehen und bestehende Wettbewerbshindernisse in bestimmten Wirtschaftszweigen zu analysieren.[156] Damit soll eine zielgerichtete Anwendung der Wettbewerbsbestimmungen in Fällen mit Relevanz für den Binnenmarkt ermöglicht werden. So hat die Kommission im Jahr 2005 zwei großangelegte Untersuchungen in den Sektoren Energie[157] und Finanzdienstleistungen[158] eingeleitet, im Januar 2008 im Arzneimittelsektor[159] und im Mai 2015 im elektronischen Handel.[160] Als Ergebnis der Untersuchung kann die Kommission einen Bericht mit Schlussfolgerungen und Empfehlungen veröffentlichen.[161]

50 Die **Voraussetzungen** für eine Sektoruntersuchung sind in Art. 17 VO Nr. 1/2003 eher allgemein formuliert. Erforderlich ist, dass die Entwicklung des Handels zwischen Mitgliedstaaten vermuten lässt, dass der Wettbewerb möglicherweise eingeschränkt oder verfälscht ist. Damit sind die Anforderungen geringer als für ein Auskunftsersuchen nach Art. 18 VO Nr. 1/2003. Insbesondere können auch Marktzutrittsschranken ein Zeichen für Wettbewerbsprobleme in dem betreffenden Markt sein.[162] So ist zur Begründung der Untersuchung für den Energiebereich ausgeführt worden, dass der grenzüberschreitende Handel zwischen den meisten Mitgliedstaaten nur geringen Einfluss auf die Preisbildung zu haben scheine und die traditionell voneinander abgeschotteten nationalen Märkte in vielen Regionen nur langsam zusammen wüchsen. Energiekunden beklagten, dass das Einholen konkurrierender Angebote schwierig sei und dass Netzbetreiber die ihnen verbundenen Unternehmen bevorzugten.[163]

51 Die Sektoruntersuchung wird aufgrund einer Entscheidung der Kommission eingeleitet, zu der der Beratende Ausschuss angehört wird.[164] Für die Zwecke der Untersuchung verfügt die Kommission über alle Ermittlungsrechte der VO Nr. 1/2003 mit der Ausnahme von Nachprüfungen in Privaträumen. In der Praxis sind bisher sowohl Auskunftsersuchen versandt worden als auch Nachprüfungen vorgenommen worden. Art. 17 Abs. 2 ver-

---

[154] EuG U. v. 9.11.1994, Rs T-64/92, Slg. 1994, II-1039 Rdnr. 14 – *Scottish Football Association.*

[155] 1. WB (1971) Rdnr. 124 – „Margarinesektor und Brauereiwesen"; 3. WB (1973) Nr. 14–15 – „Erdöl"; 1989 wurde erneut ein Verfahren zu Bierlieferungssystemen eingeleitet, 20. WB (1990) Rdnr. 84; 1999 wurden eine Sektoruntersuchung in drei Bereichen im Bereich Telekommunikation eingeleitet (Mietleitungen, Roamingentgelte beim Mobilfunk und Teilnehmeranschlussleitungen) s. WB 1999 Rdnr. 74; am 30.1.2004 beschloss die Kommission eine Sektoruntersuchung des Verkaufs von Sportübertragungsrechten zur Verbreitung über 3G-Netze, s. WB 2004 Rdnr. 92.

[156] Mitteilung der Kommission, Eine proaktive Wettbewerbspolitik für ein wettbewerbsfähiges Europa, 4.1; http://ec.europa.eu/comm/competition/publications/proactive/de.pdf.

[157] WB 2005 Rdnr. 35; Komm E v. 13.5.2005 ABl. 2005 C 144/13.

[158] WB 2005 Rdnr. 114.

[159] Http://europa.eu/rapid/press-release_IP-08-49_de.htm.

[160] Http://ec.europa.eu/competition/antitrust/ecommerce_decision_de.pdf.

[161] S. für die Sektoruntersuchung im Energiebereichhttp://ec.europa.eu/comm/competition/sectors/energy/inquiry/index.html#final; für den Arzneimittelbereich http://ec.europa.eu/competition/sectors/pharmaceuticals/inquiry/communication_de.pdf.

[162] Mitteilung der Kommission, Eine proaktive Wettbewerbspolitik für ein wettbewerbsfähiges Europa, 4.1.

[163] Komm E v. 13.5.2005, ABl. 2005 C 144/13, Rdnr. 2.

[164] S. z. B. die Sektoruntersuchung Energie, Komm E v. 13.5.2005, ABl. 2005 C 144/13.

weist ferner auf die Sanktionsvorschriften der Art. 23 und 24 VO Nr. 1/2003. Die im Rahmen einer Sektoruntersuchung gewonnenen Informationen können auch in individuellen Verfahren verwertet werden, Art. 28 VO Nr. 1/2003 enthält insofern keine Einschränkung.

§ 43 Der Antrag auf Negativattest und die Anmeldung von Vereinbarungen mit dem Ziel der Freistellung

Mit dem Inkrafttreten der VO Nr. 1/2003 am 1. Mai 2004 ist Art. 81 Abs. 3 EG (jetzt Art. 101 Abs. 3 AEUV) unmittelbar anwendbar geworden und das bisherige System von Anmeldungen und einem Freistellungsmonopol der Kommission ist zu einem **System der Legalausnahme** umgestaltet worden. Die Möglichkeit der Anmeldung besteht daher nicht mehr. Das Negativattest ist ebenfalls abgeschafft worden; zur Feststellung der Nichtanwendbarkeit gemäß Art. 10 VO Nr. 1/2003 siehe § 45 Rdnr. 7. Übergangsregeln für den Systemwechsel hat die VO Nr. 1/2003 nicht vorgesehen. **1**

§ 44 Das rechtliche Gehör im Verwaltungsverfahren

Übersicht

Schrifttum: *Bischke/Brack,* EU Kommission reformiert Kartellverfahren – neue Best Practices und Stärkung des Anhörungsbeauftragten, NZG 2011, 1261; *Carreras/Valiente,* Access to File as a Right of Defense in Competition Procedures Before the EC Commission, World Competition Law and Economics Rev., Vol. 21, 1998, S. 5; *Dalheimer/Feddersen/Miersch,* EU-Kartellverfahrensordnung, 2005; *Due,* Verfahrensrechte der Unternehmen im Wettbewerbsverfahren vor der EG-Kommission, EuR 1988, 33; *Ehlermann/Drijber,* Legal Protection of Enterprises: Administrative Procedure, in particular Access to Files and Confidentiality, ECLR 1996, 375; *Frenz,* Dokumentenzugang v. Kronzeugenregelung, EuZW 2013,778; *Hix,* Das Recht auf Akteneinsicht im europäischen Wirtschaftsverwaltungsrecht, 1992; *Johannes/Gilchrist,* Roles and Powers of the Hearing Officer under the enlarged Mandate, Competition Policy Newsletter, 1995 Vol. No. 4, S. 11; *Joshua,* The right to be heard in EEC competition procedures, Fordham International Law Journal, 15/16 (1991/1992); *ders.*, Balancing the Public Interest: Confidentiality, Trade Secret and Disclosure of Evidence in EC Competition Procedures, ECLR 1994, 68; *Kellerbauer,* Zugang zur Ermittlungsakte in Verfahren nach den Art. 101, 102 AEUV und der EU-Fusionskontrollverordnung: Wettbewerbsrecht v. Transparenzverordnung, WuW 2011, 688; *Kerse,* Procedures in EC Competition Cases: The Oral Hearing, ECLR 1994, 40; *Kevekordes,* Zur Rechtsstellung Dritter im EG-(Kartell-)Verfahrensrecht, DB 1989, 2521; *Lechler,* Das neue Mandat des Anhörungsbeauftragten, ZWeR, 2012,109; *Lenz-Grill,* Zum Recht auf Akteneinsicht im EG-Kartellverfahrensrecht, Fs. Deringer, 1993, S. 310; *Nowak,* Informations- und Dokumentenzugangsfreiheit in der EU, DVBl 2004, 272; *Ortiz Blanco,* European Community Competition Procedure, 3. Aufl., 2013; *Palzer,* Stolperstein für die Kommission? Die Kronzeugenregelung auf dem Prüfstand der Transparenz-VO, EuR, 2011, 583; *Schwarz/Weitbrecht,* Grundzüge des Europäischen Kartellrechtsverfahrens, 2004; *van Bael,* EEC Antitrust Enforcement and Adjudication as seen by Defence Counsel, Revue Swiss de la Droit International de la Concurrence (1979), 16; *Wils,* The Oral Hearing in Competition Proceedings before the European Commission, World Competition 2012, 397.

A. Das rechtliche Gehör im Kartellverfahren

I. Grundsatz des rechtlichen Gehörs

1 Das Prinzip des rechtlichen Gehörs ist ein das ganze Verwaltungsverfahren durchziehender allgemeiner Grundsatz des Gemeinschaftsrechts. Art. 41 der Charta der Grundrechte der Europäischen Union enthält das Recht, vor einer „nachteiligen Maßnahme" gehört zu werden. Art. 27 VO Nr. 1/2003 und die entsprechende Vorschrift in Art. 18 FKVO verleihen ihm für das Kartellverfahren noch einmal besonderen Ausdruck.[1] Er gilt in erster Linie in allen Verfahren, die zu Abstellungsentscheidungen oder Geldbußen führen können.[2] Das rechtliche Gehör gebietet, dem betroffenen Unternehmen im Lauf des Verwaltungsverfahrens Gelegenheit zu geben, zum Vorliegen und zur Erheblichkeit der behaupteten Tatsachen und Umstände sowie zu den von der Kommission herangezogenen Unterlagen Stellung zu nehmen.[3] Die Notwendigkeit rechtliches Gehör zu gewähren, gilt jedoch im Prinzip **vor jeder belastenden Entscheidung.** Jeder Adressat einer Entscheidung, dessen Interessen durch die Entscheidung spürbar berührt werden, muss Gelegenheit haben, seinen Standpunkt gebührend darzulegen.[4] Die Ausgestaltung des rechtlichen Gehörs richtet sich nach der Intensität der Betroffenheit im Verfahren. Die Rechte eines Beschwerdeführers gehen nicht so weit wie der Anspruch auf rechtliches Gehör eines Unternehmens, gegen das sich die Untersuchung der Kommission unmittelbar richtet.[5] Die Verletzung des rechtlichen Gehörs kann die **Anfechtbarkeit** der Entscheidung zur Folge haben; entscheidend ist, ob der Verfahrensfehler Auswirkungen auf die spätere Entscheidung haben konnte.[6]

---

[1] EuGH U. v. 13.2.1979, Rs 85/76, Slg. 1979, 461 Rdnr. 9 – *Hoffmann-La Roche;* U. v. 7.6.1983, Rs 100–103/80, Slg. 1983, 1825 Rdnr. 10 – *Pioneer;* EuGH U. v. 25.10.2011, Rs C-109/10, Slg. 2011, I-10329 Rdnr. 52 – *Solvay.*

[2] EuGH U. v. 13.2.1979, Rs 85/76, Slg. 1979, 461 Rdnr. 9 – *Hoffmann-La Roche;* EuGH U. v. 9.11.1983, Rs 322/81, Slg. 1983, 3461 Rdnr. 6 – *Michelin.*

[3] EuGH U. v. 13.2.1979, Rs 85/76, Slg. 1979, 461 Rdnr. 11 – *Hoffmann-La Roche.*

[4] EuGH U. v. 23.10.1974, Rs 17/74, Slg. 1974, 1063 Rdnr. 15 – *Transocean Marine Paint Association;* s. auch GA *Warner* in der Rs 136/79, Slg. 1980, 2033, S. 2069 – *National Panasonic;* s. auch Rdnr. 2 der Erwägungsgründe des Mandats des Anhörungsbeauftragten, Beschluss des Präsidenten der Europäischen Kommission vom 13. Oktober 2011 über Funktion und Mandat des Anhörungsbeauftragten in bestimmten Wettbewerbsverfahren, ABl. 2011 L 275/16.

[5] EuGH U. v. 17.11.1987, verb. Rs 142 und 156/84, Slg. 1987, 4566 Rdnr. 20 – *BAT/Reynolds;* S. auch § 47 Rdnr. 16.

[6] EuGH U. v. 25.10.2011, Rs C-109/10, Slg. 2011, I-10329 Rdnr. 56 – *Solvay;* Zu den Rechtsfolgen von Verfahrensfehlern s. auch § 41 Rdnr. 18.

Gemäß Art. 27 Abs. 1 VO Nr. 1/2003 muss die Kommission vor Erlass von Entscheidungen nach Art. 7 (Feststellung und Abstellung von Zuwiderhandlungen), Art. 8 (einstweilige Maßnahmen), Art. 23 (Verhängung von Geldbußen) und Art. 24 (Festsetzung von Zwangsgeldern) die betroffenen Unternehmen anhören. Vor der Zurückweisung einer Beschwerde muss der Beschwerdeführer ebenfalls angehört werden (Art. 7 Abs. 1 VO Nr. 773/2004). Vor Entscheidungen nach Art. 9 (Verpflichtungszusagen) und Art. 10 (Feststellung der Nichtanwendbarkeit) erfolgt keine Anhörung der Adressaten, da diese durch die Entscheidung nicht beschwert werden.[7] Allerdings können interessierte Dritten zu der Veröffentlichung Stellung nehmen (Art. 27 Abs. 4 VO Nr. 1/2003). Für das Verfahren der Fusionskontrolle erwähnt Art. 18 Abs. 2 FKVO folgende Rechtsakte, vor denen rechtliches Gehör gewährt werden muss: Entscheidungen nach Art. 6 1(b) FKVO, sofern diese mit Auflagen und Bedingungen verbunden werden, Untersagungsentscheidungen (Art. 8 Abs. 2 FKVO), Genehmigungsentscheidungen mit Auflagen und Bedingungen (Art. 8 Abs. 3 FKVO), den Widerruf von Entscheidungen (Art. 8 Abs. 5 FKVO) sowie Entscheidungen über Zwangsgelder und Geldbußen (Art. 14, 15 FKVO). Bei Entscheidungen im **Ermittlungsverfahren** besteht dagegen kein Anspruch auf rechtliches Gehör, da diese lediglich der Ermittlung des Sachverhalts dienen und in die Rechtsstellung des Unternehmens nur vorläufig eingreifen.[8] 2

Die nähere Ausgestaltung des Verfahrens der Anhörung ist für das Verfahren nach Art. 101 und 102 AEUV in der Verordnung Nr. 773/2004[9] der Kommission und für das Fusionskontrollverfahren in der Verordnung Nr. 802/2004 der Kommission[10] erfolgt. Anhörung in diesem Sinne umfasst sowohl eine **schriftliche** als auch ggf. eine **mündliche Stellungnahme.** Die Kommission teilt den beteiligten Unternehmen in schriftlichen Beschwerdepunkten mit, welche Vereinbarungen oder Verhaltensweisen gegen die Wettbewerbsbestimmungen verstoßen. Innerhalb einer gesetzten Frist können die Unternehmen dann schriftlich Stellung nehmen und gleichzeitig eine mündliche Anhörung beantragen. Zur Vorbereitung der Stellungnahme kann **Akteneinsicht**[11] genommen werden. 3

II. Der Anhörungsbeauftragte

Eine wichtige Rolle bei der Gewährung des rechtlichen Gehörs spielt der **Anhörungsbeauftragte.**[12] Während der Anhörungsbeauftragte in der Vergangenheit lediglich für den Ablauf und die Organisation der mündlichen Anhörung zuständig war, ist er nach seinem neuen Mandat[13] für die Wahrung der Verfahrensrechte im gesamten Verfahren verantwortlich (Art. 1 Mandat). Er organisiert und leitet daher nicht nur die mündliche Anhörung, sondern entscheidet in einer Vielzahl von Streitfragen während des Ermittlungsverfahrens (etwa hinsichtlich des Anwaltsprivilegs oder des Rechts auf Schutz vor Selbstbezichtigung, Art. 4 Mandat), bei der Gestaltung der Anhörung (Art. 10 Mandat), 4

[7] Für eine besondere Fallgestaltung, in der Dritte ausnahmsweise ein Anhörungsrecht haben können, s. § 45 Rdnr. 13.

[8] EuGH U. v. 26.6.1980, Rs 136/79, Slg. 1980, 2033, 2051 Rdnr. 21 – *National Panasonic;* U. v. 17.10.1989, Rs 85/87, Slg. 1989, 3150 Rdnr. 27 – *Dow Benelux.*

[9] Verordnung (EG) Nr. 773/2004 der Kommission vom 7. April 2004 über die Durchführung von Verfahren auf der Grundlage der Artikel 81 und 82 EG-Vertrag durch die Kommission, ABl. 2004, L 123/18.

[10] Verordnung (EG) Nr. 802/2004 der Kommission vom 7. April 2004 zur Durchführung der Verordnung (EG) Nr. 139/2004 des Rates über die Kontrolle von Unternehmenszusammenschlüssen, ABl. 2004 L 133/1.

[11] S. dazu unter Rdnr. 18 ff.

[12] Http://ec.europa.eu/competition/hearing_officers/index_en.html; Das Amt des Anhörungsbeauftragten ist bereits 1982 geschaffen worden. S. die Ankündigung im 11. WB (1981) Rdnr. 26 und die Mitteilung über die Einsetzung im 12. WB (1982) Rdnr. 36; Zwischenbilanz im 18. WB (1988) Rdnr. 44.

[13] Beschluss des Präsidenten der Europäischen Kommission vom 13. Oktober 2011 über Funktion und Mandat des Anhörungsbeauftragten in bestimmten Wettbewerbsverfahren, ABl. 2011 L 275/16.

der Beteiligung Dritter (Art. 6 Mandat), der Akteneinsicht (Art. 7 Mandat), der Fristsetzung (Art. 9 Mandat) und bei der Einordnung von Informationen als Geschäftsgeheimnis (Art. 8,13 Mandat).

5 Der Anhörungsbeauftragte ist ein Beamter der Kommission; gegenwärtig sind zwei Beamte mit dieser Aufgabe betraut.[14] Um seine **Unabhängigkeit** zu gewährleisten, ist er direkt dem für Wettbewerb zuständigen Mitglied der Kommission unterstellt (Art. 2 Abs. 2 Mandat). Er hat daher eine herausgehobene Stellung im Behördenapparat, da er nicht in die hierarchische Struktur der Generaldirektion Wettbewerb eingebunden ist. Der Anhörungsbeauftragte erstattet einen Bericht über den Ablauf der Anhörung und zieht Schlussfolgerungen in Bezug auf die Ausübung des Anhörungsrechts (Art. 16 Mandat). Diese werden dem der Kommission vorgelegten Entscheidungsentwurf beigefügt sowie den Adressaten der Entscheidung mit der Entscheidung zugestellt und im Amtsblatt veröffentlicht (Art. 17 Mandat). Die Entscheidungen des Anhörungsbeauftragten im Rahmen seines Mandats sind Entscheidungen der Kommission[15] und als solche nach den allgemeinen Grundsätzen[16] anfechtbar. Seit 2014 veröffentlicht der Anhörungsbeauftragte einen Jahresbericht, in der der wesentliche Inhalt seiner Tätigkeit dargestellt wird.[17]

III. Rechtsstellung Dritter

6 Anspruch auf rechtliches Gehör haben in erster Linie die **Adressaten** einer **belastenden** Entscheidung oder Maßnahme. Grundsätzlich kann die Kommission jedoch auch **Dritte** anhören (Art. 27 VO Nr. 1/2003, Art. 13 VO Nr. 773/2004). Ein Recht Dritter auf Anhörung besteht, sofern ein ausreichendes Interesse geltend gemacht wird (Art. 27 Abs. 3 VO Nr. 1/2003, Art. 18 Abs. 4 FKVO). Die Rechte Dritter gehen aber nicht so weit wie die Rechte der unmittelbar von einem Verfahren Betroffenen.[18] Dies gilt auch, sofern diese Beschwerdeführer im Sinne von Art. 7 Abs. 2 VO Nr. 1/2003 sind.[19] Beschwerdeführer erhalten gemäß Art. 6 Abs. 1 VO Nr. 773/2004 eine um Geschäftsgeheimnisse bereinigte nicht vertrauliche Fassung der Beschwerdepunkte,[20] sie können zum Verfahren schriftlich Stellung nehmen und, sofern eine mündliche Anhörung stattfindet, an dieser teilnehmen (Art. 6 Abs. 2 VO Nr. 773/2004). Andere interessierte Dritte erhalten lediglich eine Unterrichtung über Art und Gegenstand des Verfahrens (Art. 13 Abs. 1 VO Nr. 773/2004). Ein Recht auf Akteneinsicht besteht nicht.[21] Sofern Dritte Beschwerdeführer im Sinne von Art. 7 Abs. 2 VO Nr. 1/2003 sind, muss ihnen allerdings vor der **Zurückweisung** ihrer Beschwerde rechtliches Gehör (mit beschränkter Akteneinsicht) gewährt werden, da sie insoweit Adressat einer belastenden Entscheidung sind (Art. 8 Abs. 1 VO Nr. 773/2004).

7 Im Fusionskontrollverfahren wird zwischen den anmeldenden Parteien und anderen Beteiligten, denen vollständiges rechtliches Gehör gewährt werden muss, sowie Dritten unterschieden (Art. 11 VO 802/2004). Zu letzteren gehören Kunden, Lieferanten, Wettbewer-

---

[14] Http://ec.europa.eu/competition/hearing_officers/index_en.html.

[15] Der Anhörungsbeauftragte ist dazu ermächtigt, Entscheidungen für die Kommission zu treffen. S. auch § 41 Rdnr. 15.

[16] S. dazu *Schütte/Thomas* in § 49. Entscheidend ist, ob sie sich gegenüber dem Betroffenen als Endentscheidung oder als eine die Endentscheidung vorbereitende Maßnahme darstellen.

[17] Http://ec.europa.eu/competition/hearing_officers/annual_report_2014_en. pdf.

[18] EuGH U. v. 17.11.1987, verb. Rs 142 und 156/84, Slg. 1987, 4566 Rdnr. 20 – *BAT/Reynolds;* EuGH U. v. 9.7.1987, Rs 43/85, Slg. 1987, 3151 Rdnr. 7 – *Ancides.*

[19] EuG U. v. 15.7.1994, Rs T-17/93, Slg. 1994, II-595 Rdnr. 34 – *Matra.*

[20] S. zur Praxis der Kommission: EuGH U. v. 17.11.1987, verb. Rs 142 und 156/84, Slg. 1987, 4566 Rdnr. 16 – *BAT/Reynolds;* EuG U. v. 18.9.1996, Rs T-353/94, Slg. 1996, II-921 Rdnr. 79 – *Postbank II;* EuG U. v. 7.6.2006, verb. Rs T-213/01 und T-214/01, Slg. 2006, II-1601 Rdnr. 12ff., 151 – *Österreichische Postsparkasse;* Bekanntmachung der Kommission über bewährte Vorgehensweisen in Verfahren nach Artikel 101 und 102 des AEUV, ABl. 2011 L 308/6, Rdnr. 104.

[21] Vgl. unter Rdnr. 33.

ber, Mitglieder der Aufsichtsorgane, Arbeitnehmervertreter sowie Verbraucherverbände.[22] Da das Fusionskontrollverfahren anders als die VO Nr. 1/2003 kein formelles Beschwerderecht kennt, sind die Beteiligungsrechte Dritter weniger stark ausgeprägt als in Verfahren nach der VO Nr. 1/2003.[23]

IV. Treffen zum Verfahrensstand – „state of play meeting"

Während des gesamten Verfahrens bietet die Generaldirektion Wettbewerb den Parteien an, Gespräche zum Verfahrensstand zu führen.[24] Das „state of play meeting" ersetzt nicht das formale rechtliche Gehör; es dient dazu, das Unternehmen über den jeweiligen Verfahrens- und Sachstand zu unterrichten. Dazu werden in bestimmten Stadien des Verfahrens Treffen organisiert, wobei die Teilnahme den betroffenen Unternehmen freigestellt ist. Als Zeitpunkt nennt die Generaldirektion Wettbewerb folgen Phasen im Verfahren: Kurz nach der Verfahrenseinleitung, bei hinreichend fortgeschrittener Untersuchung, nach Mitteilung der Beschwerdepunkte, nach der Anhörung,[25] sowie bei Verpflichtungszusagen nach Durchführung der Marktprüfung[26] und in Beschwerdeverfahren, wenn die Generaldirektion den Beschwerdeführer in Kenntnis setzen will, dass sie die Beschwerde in einem förmlichen Schreiben zurückweisen wird.[27] 8

B. Beschwerdepunkte

I. Funktion der Beschwerdepunkte

Der Ausgangspunkt der Gewährung rechtlichen Gehörs ist die Mitteilung der Beschwerdepunkte.[28] Diese enthalten die schriftliche Darstellung des Sachverhalts und die rechtliche Würdigung, welche die Kommission einer Untersagungs- oder Bußgeldentscheidung zugrunde legen will. Sie nehmen die Entscheidung nicht vorweg, sondern sind immer **vorläufiger Natur.** Beschwerdepunkte müssen das betroffene Unternehmen in die Lage versetzen, wirksam zu den Vorwürfen der Kommission Stellung zu beziehen.[29] Die Darstellung des Sachverhalts muss daher **vollständig** und aus sich heraus **verständlich** sein. Nicht jedes Schreiben der Kommission, das die Unzulässigkeit einer Vereinbarung oder eines bestimmten Verhaltens zum Gegenstand hat, stellt schon Beschwerdepunkte dar. Ein Schreiben, in dem lediglich auf die Unzulässigkeit eines bestimmten Verhaltens hingewiesen wird, fällt nicht unter diesen Begriff. Beschwerdepunkte müssen **deutlich** als solche **gekennzeichnet** sein, um dem Empfänger die rechtliche Bedeutung dieser Mitteilung zu vermitteln.[30] Das kommentarlose Zusenden einer Kopie der an ein anderes Unternehmen gerichteten Beschwerdepunkte reicht dafür nicht aus. Dem Empfänger muss deutlich gemacht werden, etwa durch Einräumung einer Frist zur Stellungnahme, dass er zu dem in dem Text gemachten Vorwurf Stellung nehmen kann.[31] In der 9

[22] Zu den Rechten von Arbeitnehmern s. EuG U. v. 27.4.1995, Rs T-96/92, Slg. 1995, II-1213 Rdnr. 55 ff. – *Comité central d'entreprise de la Société générale des grandes sources*.

[23] EuG U. v. 27.11.1997, Rs T-290/94, Slg. 1997, II-2137 Rdnr. 106 – *Kaysersberg*.

[24] Bekanntmachung der Kommission über bewährte Vorgehensweisen in Verfahren nach Artikel 101 und 102 des AEUV, ABl. 2011 L 308/6, Rdnr. 60 ff.

[25] Bekanntmachung, Rdnr. 63.

[26] Bekanntmachung, Rdnr. 132.

[27] Bekanntmachung, Rdnr. 139.

[28] Bekanntmachung der Kommission über bewährte Vorgehensweisen in Verfahren nach Artikel 101 und 102 des AEUV, ABl. 2011 L 308/6, Rdnr. 81.

[29] EuGH U. v. 9.7.2009, Rs C-511/06, P Slg. 2009, I-5843 Rdnr. 86 – *ADM*.

[30] EuGH U. v. 2.10.2003, Rs C-176/99, P, Slg. 2003, I-10710 Rdnr. 24 – *Arbed*.

[31] EuG U. v. 23.2.1994, Rs T-39–40/92, Slg. 1994, II-49 Rdnr. 58 – *Europay*.

Regel wird der Umstand der Mitteilung von Beschwerdepunkten in einer Presseerklärung öffentlich gemacht.[32]

II. Form der Beschwerdepunkte

10 Die Kommission teilt die von ihr in Betracht gezogenen Beschwerdepunkte **schriftlich** mit (Art. 27 Abs. 1 VO Nr. 1/2003, Art. 13 Abs. 2 VO Nr. 802/2004). Die Feststellung der Beschwerdepunkte stellt eine Entscheidung der Kommission dar, die das für Wettbewerbsfragen zuständige Mitglied der Kommission trifft.[33] Die Entscheidung über die Beschwerdepunkte ist jedoch **nicht selbständig anfechtbar,** da es sich nur um eine vorbereitende Maßnahme und keine endgültige Endentscheidung handelt.[34] In der Praxis werden die Beschwerdepunkte als Anlage eines vom Generaldirektor unterzeichneten Briefes erstellt. Es nicht erforderlich, dass die Beschwerdepunkte vom zuständigen Mitglied der Kommission unterzeichnet werden, da es sich lediglich um eine Delegation der Unterschriftsbefugnis und nicht der Entscheidungsbefugnis handelt.[35]

11 Die Beschwerdepunkte werden den betroffenen Unternehmen oder den von ihnen bestellten Bevollmächtigten mitgeteilt. Eine besondere Form der Zustellung ist nicht vorgesehen.[36] Mit den Beschwerdepunkten wird dem betroffenen Unternehmen eine Frist zur schriftlichen Stellungnahme gesetzt; das Anschreiben enthält ferner Informationen zur Akteneinsicht und zur mündlichen Anhörung.

12 Die Beschwerdepunkte werden in der **Sprache** des Mitgliedsstaates abgefasst, in dem das betroffene Unternehmen seinen Sitz hat. Wird in den Beschwerdepunkten aus in einer anderen Sprache verfassten Dokumenten zitiert, so müssen diese Zitate in die Verfahrenssprache übersetzt werden.[37] Die Übersetzung aller Dokumente, auf die in den Beschwerdepunkten Bezug genommen wird, ist dagegen nicht erforderlich. Bei diesen Unterlagen handelt es sich um Beweismittel und nicht um Schriftstücke im Sinne der Sprachenverordnung.[38]

III. Vollständigkeit der Beschwerdepunkte

13 Beschwerdepunkte bestehen in der Praxis aus drei Teilen: Sie enthalten eine Schilderung des Sachverhalts mit den wesentlichen Tatsachen, auf die die Kommission die Entscheidung stützen will, eine rechtliche Bewertung und die Aussage, welche Folgen die Kommission aus dieser Bewertung zu ziehen gedenkt.[39] Die Kommission darf in ihren Entscheidungen nur die Tatsachen berücksichtigen, zu denen das betroffene Unternehmen Gelegenheit zur Äußerung gehabt hat (Art. 27 Abs. 1 VO Nr. 1/2003, Art. 18 Abs. 3 FKVO). Stützt die

---

[32] Bekanntmachung der Kommission über bewährte Vorgehensweisen in Verfahren nach Artikel 101 und 102 des AEUV, ABl. 2011 L 308/6, Rdnr. 91.

[33] EuGH U. v. 14.7.1972, Rs 52/69, Slg. 1972, 787, 882 Rdnr. 5 – *Geigy;* Antitrust Manual of Procedures, Chapter 1 Decision making Procedures, Rdnr. 31; http://ec.europa.eu/competition/antitrust/antitrust_manproc_3_2012_en.pdf.

[34] EuGH U. v. 11.11.1981, Rs 60/81, Slg. 1981, 2639 Rdnr. 21 – *IBM;* EuG U. v. 18.12.1992, Rs T-10–12/92, und 15/92 Slg. 1992, II-2667 Rdnr. 34 – *Cimenteries CBR u. a.;* s. auch *Schütte/Thomas* § 49 Rdnr. 191.

[35] EuGH U. v. 14.7.1972, Rs 52/69, Slg. 1972, 787, 882 Rdnr. 5 – *Geig;* U. v. 17.10.1972, Rs 8/72, Slg. 1972, 961, 989 Rdnr. 10 – *Cementhandelaren;* EuGH U. v. 17.1.1984, Rs 43 und 63/82, Slg. 1984, 19 Rdnr. 13–14 – *VBVB/VBBB;* EuG U. v. 14.5.1998, Rs T-338/94, Slg. 1998, II-1617 Rdnr. 82 – *Finnboard.*

[36] Im Fusionskontrollverfahren werden als Form der Übermittelung Übergabe gegen Quittung, Einschreiben mit Rückschein, Fax, Telex und elektronische Post erwähnt, Art. 20 VO Nr. 447/98.

[37] EuGH U. v. 16.12.1975, Rs 40–48, 50, 54–56, 111, 113, 114/73 Slg. 1975, 1663 Rdnr. 430 – *Suiker Unie.*

[38] EuG U. v. 6.4.1995, Rs T-148/89 Slg. 1995, II-1063 Rdnr. 21 – *Tréfilunion – Betonstahlmatten;* EuG, U. v. 14.5.1998, Rs T-338/94 Slg. 1998, II-1617, Rdnr. 53 – *Finnboard;* zur Sprachenverordnung s. § 41 Rdnr. 32.

[39] Bekanntmachung der Kommission über bewährte Vorgehensweisen in Verfahren nach Artikel 101 und 102 des AEUV, ABl. 2011 L 308/6, Rdnr. 82.

Kommission die Entscheidung auch auf andere Tatsachen, so sind diese nicht verwertbar und die Entscheidung gilt als mangelhaft begründet.[40]

14 Die Beschwerdepunkte müssen den Sachverhalt vollständig schildern.[41] Die Mitteilung der Beschwerdepunkte wird dem Erfordernis der Vollständigkeit gerecht, wenn sie, auch in gedrängter Form, die wesentlichen Tatsachen klar angibt.[42] Die Kommission muss ferner deutlich machen, auf welche Beweismittel sie die Beschwerdepunkte stützt. Alle Beweismittel müssen im Text der Beschwerdepunkte selbst erwähnt werden; es genügt nicht, dass diese den Beschwerdepunkten als Anlage beigefügt werden.[43] Der Umstand, dass ein Dokument im Rahmen der Akteneinsicht zugänglich gemacht wird, reicht nicht aus; notwendig ist, dass die Kommission deutlich macht, welche Schlussfolgerungen sie aus der Existenz des Dokuments zieht und dass sie es als Beweismittel zu benutzen gedenkt.[44] Wird ein in der Akteneinsicht zugänglich gemachtes Schriftstück nicht erwähnt, kann das Unternehmen davon ausgehen, dass dieses für das Verfahren keine Bedeutung hat.[45] Werden bei mehreren Unternehmen verschiedene Zuwiderhandlungen gerügt, so ist die Übersendung eines einheitlichen Fassung der Beschwerdepunkte zulässig, wenn daraus die individuelle Beteiligung ersichtlich wird.[46] Bei einer Vielzahl von beteiligten Unternehmen können an alle eine gemeinsame Version von Beschwerdepunkten und an jedes Unternehmen gesondert individuelle Beschwerdepunkte versandt werden.[47]

15 Die Notwendigkeit, bereits in den Beschwerdepunkten alle Tatsachen aufzuführen, die in der zukünftigen Entscheidung verwandt werden sollen, bedeutet nicht, dass die spätere Entscheidung ein genaues Abbild der Beschwerdepunkte sein muss.[48] Der Anspruch auf rechtliches Gehör wird dadurch nicht beeinträchtigt, dass in einer späteren Entscheidung der Sachverhalt oder die rechtlichen Erwägungen neu geordnet werden. Die Kommission ist darüber hinaus sogar verpflichtet, in der späteren Entscheidung alle Informationen zu verwerten, die erst durch das Verfahren der Gewährung rechtlichen Gehörs bekannt werden.[49] Der in den Beschwerdepunkten genannte Sachverhalt darf daher in der späteren Entscheidung aufgrund der Tatsachen berichtigt werden, die das Unternehmen im Verwaltungsverfahren mitgeteilt hat.[50] Alle Tatsachen, die das betroffene Unternehmen nach Erhalt der Beschwerdepunkte selbst in das Verfahren einbringt, dürfen von der Kommission in der späteren Entscheidung verwandt werden. Dokumente, auf die ein Unternehmen sich im Rahmen seiner Antwort auf die Beschwerdepunkte stützt, können ebenfalls ohne erneute Mitteilung der Beschwerdepunkte in der Entscheidung benutzt werden, da das Unternehmen in diesem Fall damit rechnen muss, dass die Kommission sie auch gegen das Unternehmen verwendet.[51]

---

[40] EuG U. v. 23.2.1994, Rs T-39–40/92, Slg. 1994, II-49 Rdnr. 47 – *Europay*.

[41] EuGH U. v. 31.3.1993, verb. Rs C-89, 104, 114, 116–117 und 125–129/85, Slg. 1993, I-1575 Rdnr. 42 – *Zellstoff*.

[42] EuGH U. v. 15.7.1970, Rs 41/68, Slg. 1970, 661, 687 Rdnr. 24 – *AFC Chemiefarm – Chinin;* U. v. 7.6.1983, Rs 100–103/80, Slg. 1983, 1825 Rdnr. 14 – *Pioneer*.

[43] EuGH U. v. 9.7.2009, Rs C-511/06 P, Slg. 2009, I-5843 Rdnr. 89 – *ADM*.

[44] EuG U. v. 10.3.1992, Rs T-11/89, Slg. 1992, II-757 Rdnr. 55 – *Shell;* EuG, U. v. 30.9.2003, Rs T-23/99, Slg. 2003, II-3275 Rdnr. 162 – *TACA*.

[45] EuG U. v. 30.9.2003, Rs T-23/99, Slg. 2003, II-3275 Rdnr. 171 – *TACA*.

[46] EuGH U. v. 14.7.1972, Rs 57/69, Slg. 1972, 933, 950 Rdnr. 25–30 – *ANCA-Farbstoffe;* EuGH U. v. 16.12.1975, Rs 40–48, 50, 54–56, 111, 113, 114/73 Slg. 1975, 1663 Rdnr. 427 – *Suiker Unie*.

[47] Vgl. die Beschreibung in EuG U. v. 17.12.1991, Rs T-7/89, Slg. 1991, II-1715 Rdnr. 37–38 – *Hercules*.

[48] EuGH U. v. 15.7.1970, Rs 41/68 Slg. 1970, 661, 694 Rdnr. 91–95 – *ACF Chemiefarma;* EuGH U. v. 29.10.1980, Rs 209–215, 218/78, Slg. 1980, 3125 Rdnr. 68 – *Fedetab*; EuGH U. v. 7.1.2004, verb. Rs C-204/00 P, C-205/00 P, C-211/00 P, C-213/00 P, C-217/00 P und C-219/00 P, Slg. 2004, I-123 Rdnr. 67 – *Zement*.

[49] EuG U. v. 10.3.1992, Rs T-11/89 Slg. 1992, II-757 Rdnr. 59 – *Shell*.

[50] EuGH U. v. 14.7.1972, Rs 52/69, Slg. 1972, 787, 882 Rdnr. 14 – *Geigy*.

[51] EuG U. v. 10.3.1992, Rs T-11/89, Slg. 1992, II-757 Rdnr. 59 – *Shell*.

16 Die Kommission kann **zusätzliche Beschwerdepunkte** versenden, wenn nach dem Versenden der ersten Fassung neue Aspekte auftauchen und benutzt werden sollen oder die Kommission neue Tatsachen, die in den Beschwerdepunkten nicht erwähnt worden waren, benutzen möchte.[52] In diesem Fall muss erneut rechtliches Gehör gewährt werden.[53] Die Kommission kann auch nach Versendung der Beschwerdepunkte weiter ermitteln und ist nach dem Untersuchungsgrundsatz dazu sogar verpflichtet, wenn Anhaltspunkte bestehen, dass durch die Ermittlungen neue Tatsache festgestellt werden.[54] Neue Beweise, die den bereits in den Beschwerdepunkten zur Last gelegten Verstoß untermauern, werden durch ein einfaches Schreiben („letter of facts") mitgeteilt, zu dem das Unternehmen dann Stellung nehmen kann.[55]

17 Die Beschwerdepunkte enthalten auch einen Hinweis auf den **Tenor** der von der Kommission geplanten Entscheidung. Falls Anordnungen in der Entscheidung geplant sind, nennt die Kommission die Abhilfemaßnahmen, die gegebenenfalls nötig sind, um die mutmaßliche Zuwiderhandlung abzustellen.[56] Falls Geldbußen verhängt werden sollen, wird auf diese Absicht hingewiesen und es werden die für die Festsetzung der Geldbuße wesentlichen Faktoren, wie Schwere und Dauer der angenommenen Zuwiderhandlung, aufgeführt.[57] Es wird ferner deutlich gemacht, welche Sachverhaltselemente als erschwerende bzw. als mildernde Umstände angesehen werden können.[58] Ebenso muss eindeutig angegeben werden, gegen welche juristische Person Geldbußen verhängt werden sollen; eine Geldbuße kann daher nicht gegen die Muttergesellschaft verhängt werden, wenn die Beschwerdepunkte lediglich an die Tochtergesellschaft gerichtet worden waren.[59] Angaben zur konkreten Höhe einer möglichen Geldbuße werden dagegen nicht gemacht, da dies eine unzulässige Vorwegnahme der Entscheidung wäre.[60]

C. Akteneinsicht

I. Allgemeines

18 Ein von Beschwerdepunkten betroffenen Unternehmen hat das **Recht auf Akteneinsicht.** Das Verfahren der Akteneinsicht ist im Lauf der Zeit immer stärker formalisiert worden und hat sich dabei zu einem der wesentlichen Elemente der Verteidigung im Wettbewerbsverfahren entwickelt. Das Recht auf Akteneinsicht ist ein wichtiger Bestandteil des rechtlichen Gehörs, da eine sinnvolle Verteidigung nur dann möglich ist, wenn das Unternehmen die Unterlagen kennt, auf die Kommission ihre Vorwürfe stützt.[61] Das gilt insbesondere in Fällen, in denen die Kommission eine Vielzahl von Dokumenten im Wege von Nachprüfungen und Auskunftsverlangen erlangt hat. Der Empfänger der Beschwerdepunkte soll in die Lage versetzt werden, sinnvoll zu den Schlussfolgerungen Stellung zu

---

52 Bekanntmachung der Kommission über bewährte Vorgehensweisen in Verfahren nach Artikel 101 und 102 des AEUV, ABl. 2011 L 308/6, Rdnr. 109.

53 EuG U. v. 10.3.1992, Rs T-11/89, Slg. 1992, II-757 Rdnr. 66 – *Shell*; EuG U. v. 23.2.1994, Rs T-39–40/92 Slg. 1994, II-49 Rdnr. 46–52 – *Europay;* EuG U. v. 30.9.2003, Rs T-23/99, Slg. 2003, II-3275 Rdnr. 121, 165 – *TACA*.

54 EuGH U. v. 14.7.1972, Rs 57/69, Slg. 1972, 933, 949 Rdnr. 17–19 – *ANCA-Farbstoffe;* EuGH U. v. 14.7.1972, Rs 52/69, Slg. 1972, 787, 882 Rdnr. 14 – *Geigy*.

55 Bekanntmachung der Kommission über bewährte Vorgehensweisen in Verfahren nach Artikel 101 und 102 des AEUV, ABl. 2011 L 308/6, Rdnr. 110.

56 Bekanntmachung, Rdnr. 84.

57 Bekanntmachung, Rdnr. 84.

58 Bekanntmachung, Rdnr. 84.

59 EuGH U. v. 2.10.2003, Rs C-176/99 P, Slg. 2003, I-10710 Rdnr. 21 – *Arbed;* s. auch EuGH U. v. 14.7.2005, verb. Rs C-65/02 und C-73/02, Slg. 2005, I-6773 Rdnr. 92 – *ThyssenKrupp*.

60 EuGH U. v. 7.6.1983, Rs 100–103/80, Slg. 1983, 1825, Rdnr. 21 – *Pioneer;* EuGH U. v. 9.7.2009, Rs C-511/06 P, Slg. 2009, I-5843 Rdnr. 69 – *ADM*.

61 EuG U. v. 29.6.1995, Rs T-36/91 Slg. 1995, II-1847 Rdnr. 69 – *ICI I;* EuG U. v. 30.9.2003, Rs T-23/99, Slg. 2003, II-3275 Rdnr. 334 – *TACA*.

nehmen, zu denen die Kommission aufgrund der von ihr gesammelten Beweisstücke gelangt ist.[62]

Die Rechtsprechung hatte ein Recht auf Akteneinsicht nie gefordert, sondern aus dem Grundsatz des rechtlichen Gehörs nur das Recht abgeleitet, zu belastenden Dokumenten Stellung nehmen zu können.[63] Das Recht auf Akteneinsicht ist aber ausdrücklich in Art. 27 Abs. 2 VO Nr. 1/2003 sowie in Art. 18 Abs. 3 Satz 2 FKVO vorgesehen. 19

Die Bereitschaft zur Gewährung von Akteneinsicht ist von der Kommission zum ersten Mal 1981 als Reaktion auf entsprechende Kritik in Wirtschaft und Anwaltschaft erklärt worden.[64] Die Einzelheiten des Verfahrens der Akteneinsicht sind dann im 12. WB[65] veröffentlicht worden. Im 18. WB[66] und 23. WB[67] hat die Kommission ihre Praxis besonders in Hinblick auf den Schutz vertraulicher Informationen präzisiert und zusammengefasst. Mit der Mitteilung der Kommission zur Akteneinsicht[68] vom Januar 1997 hatte die Kommission das Verfahren zum ersten Mal festgelegt und ging dabei deutlich über die in der Vergangenheit geübte Praxis hinaus. Die Mitteilung war im Wesentlichen eine Reaktion auf die sog. *Soda*-Urteile, in denen das EuG den Rechtsgrundsatz der „Waffengleichheit" aufgestellt hatte.[69] Von der Akteneinsicht ausgenommen sind lediglich vertrauliche Informationen, interne Schriftstücke der Kommission und der Behörden der Mitgliedstaaten sowie die Korrespondenz zwischen Kommission und Mitgliedstaaten. In einer Mitteilung vom Dezember 2005 hat die Kommission ihre aktuelle Verwaltungspraxis für die Akteneinsicht festgelegt.[70] 20

II. Verfahren der Akteneinsicht nach der Mitteilung

Die Regeln der Akteneinsicht nach der Mitteilung gelten für alle Wettbewerbsverfahren, d. h. sowohl für Verfahren nach Art. 101 und 102 AEUV als auch im Fusionskontrollverfahren. Die Frage, ob und welche Teile der Kommissionsakte in einem späteren Gerichtsverfahren zugänglich gemacht werden müssen, ist dagegen keine Frage der Akteneinsicht, sondern eine des Prozessrechts.[71] 21

1. Berechtigung zur Akteneinsicht. Anspruch auf Akteneinsicht hat grundsätzlich nur der **Empfänger von Beschwerdepunkten.**[72] Werden ergänzende Beschwerdepunkte versandt, muss danach erneut Einsicht für neu eingegangene Dokumente gewährt werden. Akteneinsicht kann dagegen nicht geltend gemacht werden, um sich allgemein über den Stand des Verfahrens zu informieren; dafür bietet die Kommission Gespräche zum Verfah- 22

---

[62] EuG U. v. 18.12.1992, Rs T-10–12/92 und T-15/92, Slg. 1992, II-2667 Rdnr. 38 – *Cimenteries;* EuGH U. v. 2.10.2003, Rs C-176/99 P, Slg. 2003, I-10710 Rdnr. 20 – *Arbed.*

[63] EuG U. v. 29.6.1995, Rs T-36/91, Slg. 1995, II-1847 Rdnr. 69 – *ICI I.*

[64] 11. WB (1981) Rdnr. 22–25.

[65] 12. WB (1982) Rdnr. 34.

[66] 18. WB (1988) Rdnr. 43.

[67] 23. WB (1989) Rdnr. 199 ff.

[68] Mitteilung der Kommission über interne Verfahrensvorschriften für die Behandlung von Anträgen auf Akteneinsicht in Fällen einer Anwendung der Artikel 85 und 86 EG-Vertrag, der Artikel 65 und 66 EGKS-Vertrag und der Verordnung (EWG) Nr. 4064/89 des Rates; ABl. 1997 C 23/3.

[69] EuG U. v. 29.6.1995, Rs T-36/91, Slg. 1995, II-1847 Rdnr. 93 – *ICI I.*

[70] Mitteilung der Kommission über die Regeln für die Einsicht in Kommissionsakten in Fällen einer Anwendung der Artikel 81 und 82 EG-Vertrag, Artikel 53, 54 und 57 des EWR-Abkommens und der Verordnung (EG) Nr. 139/2004, ABl. 2005 C 325/7, geändert in ABl. 2015 C 256/3; Bekanntmachung der Kommission über bewährte Vorgehensweisen in Verfahren nach Artikel 101 und 102 des AEUV, ABl. 2011 L 308/6, Rdnr. 92.

[71] Dazu EuG U. v. 6.4.1995, Rs T-145/89, Slg. 1995, II-987 Rdnr. 35 – *Baustahlgewebe GmbH – Betonstahlmatten.*

[72] Mitteilung der Kommission über die Regeln für die Einsicht in Kommissionsakten in Fällen einer Anwendung der Artikel 81 und 82 EG-Vertrag, Artikel 53, 54 und 57 des EWR-Abkommens und der Verordnung (EG) Nr. 139/2004, ABl. 2005 C 325/7, Rdnr. 3.

rensstand an.[73] Dies ergibt sich daraus, dass das Institut der Akteneinsicht lediglich eine Ausgestaltung des rechtlichen Gehörs eines von Beschwerdepunkten betroffenen Unternehmens ist. Insofern besteht ein Unterschied zum deutschen Verwaltungsverfahrensrecht, das den Beteiligten die Akteneinsicht schon gestattet, wenn dies zur Geltendmachung oder Verteidigung ihrer rechtlichen Interessen notwendig ist.[74] Ein gerichtlich durchsetzbarer Anspruch auf Akteneinsicht besteht nicht; die Verweigerung der Akteneinsicht kann nur im Rahmen der Anfechtung der Endentscheidung gerügt werden. Bei Meinungsverschiedenheiten, ob bestimmte Unterlagen zugänglich sind, kann sich das Unternehmen allerdings an den Anhörungsbeauftragen wenden.[75] Be- und entlastende Unterlagen, die erst nach Versendung der Beschwerdepunkte in die Akte aufgenommen werden, sind ebenfalls einsehbar.[76] Nach Erlass der Kommissionsentscheidung besteht kein Anspruch auf Akteneinsicht mehr.[77]

23 **2. Umfang der Akteneinsicht.** *a) Einsehbare Dokumente.* Die Akteneinsicht betrifft alle Unterlagen der **Kommissionsakte.** Die Mitteilung definiert diese als „sämtliche Schriftstücke oder Dokumente (ungeachtet der Form), die von der Generaldirektion während des Verfahrens erhalten, erstellt oder zusammengestellt wurden".[78] Diese werden zur Vorbereitung der Akteneinsicht in einem Verzeichnis aufgelistet; es handelt sich dabei in der Regel um Dokumente, die Kontakte der Kommission mit Unternehmen (Schriftwechsel und Gesprächsvermerke) zum Gegenstand haben, oder die im Rahmen von Nachprüfungen und Auskunftserlangen erlangt worden sind. Die Ergebnisse einer im Auftrag der Kommission erstellten Studie sind ebenso wie der Schriftwechsel mit dem dazu beauftragten Unternehmen zugänglich.[79] Es gibt zwar keine allgemeine rechtliche Verpflichtung, Protokolle über die Gespräche zu anzufertigen, die Kommissionsbeamte mit Unternehmen führen. Allerdings werden in der Praxis Kontakte und Gespräche dokumentiert.[80] Solche Aktenvermerke werden im Rahmen der Akteneinsicht zugänglich gemacht.[81] Grundsätzlich ist auch die sog. Unternehmenserklärung im Rahmen der Kronzeugenregelung zugänglich, sofern sie als Beweismittel gegenüber anderen Beteiligten des Kartells benutzt wird. In diesem Fall gilt allerdings ein besonderes Verfahren bei der Einsichtnahme.[82] In **interne Schriftstücke** der Kommission wird grundsätzlich keine Einsicht gewährt.[83] In der Regel wird auch keine Einsicht in die von anderen Unternehmen zu den Beschwerdepunkten abgegebenen Stellungnahmen gewährt.[84] Sollen diese Äußerungen jedoch als Beweismittel gebraucht werden, so müssen die entsprechenden Unterlagen zugänglich gemacht werden. Das gleiche gilt, sofern diese Bemerkungen entlastenden Charakter haben.

---

[73] S. oben Rdnr. 8.

[74] Zur Akteneinsicht im deutschen Kartellverwaltungsverfahren s. *Klose* in § 53.

[75] Art. 7 Mandat des Anhörungsbeauftragten, ABl. 2011 L 275/16.

[76] Mitteilung der Kommission über die Regeln für die Einsicht in Kommissionsakten in Fällen einer Anwendung der Artikel 81 und 82 EG-Vertrag, Artikel 53, 54 und 57 des EWR-Abkommens und der Verordnung (EG) Nr. 139/2004, ABl. 2005 C 325/7, Rdnr. 27.

[77] EuG U. v. 6.4.1995, Rs T-145/89, Slg. 1995, II-987 Rdnr. 30 – *Baustahlgewebe GmbH – Betonstahlmatten;* bestätigt durch EuGH U. v. 17.12.1998, Rs C-185/95P, Rdnr. 79–95; EuG U. v. 21.10.1997, Rs T-229/94, Slg. 1997, II-1689 Rdnr. 102 – *Übersee-Container.*

[78] Mitteilung, Rdnr. 8.

[79] Mitteilung, Rdnr. 11; einschränkend sogar EuG U. v. 14.12.2005, Rs T-210/01, Slg. 2005, II-5575 Rdnr. 671 – *General Electric.*

[80] Bekanntmachung der Kommission über bewährte Vorgehensweisen in Verfahren nach Artikel 101 und 102 des AEUV; ABl. 2011 L 308/6; Rdnr. 44.

[81] Bekanntmachung, Rdnr; s. auch EuG U. v. 30.9.2003, Rs T-23/99, Slg. 2003, II-3275 Rdnr. 352 – *TACA.*

[82] Zu den Besonderheiten des Verfahrens der Einsichtnahme s. § 44 Rdnr. 29a.

[83] Mitteilung der Kommission über die Regeln für die Einsicht in Kommissionsakten in Fällen einer Anwendung der Artikel 81 und 82 EG-Vertrag, Artikel 53, 54 und 57 des EWR-Abkommens und der Verordnung (EG) Nr. 139/2004, ABl. 2005 C 325/7, Rdnr. 12.

[84] Mitteilung Rdnr. 27. Die Frage ist offengelassen worden in EuG U. v. 17.12.1991 Rs T-7/89, Slg. 1991, II-1715 Rdnr. 56 – *Hercules.*

Die Mitteilung unterscheidet zwischen **einsehbaren** und **nicht einsehbaren Dokumenten.**[85] Grundsätzlich sind alle Dokumente in der Akte der Kommission einsehbar;[86] ausgenommen sind Geschäftsgeheimnisse anderer Unternehmen und andere vertrauliche Informationen. Es besteht Zugang zu **allen einsehbaren Unterlagen,** unabhängig davon, ob diese wesentlich oder unwesentlich für die Verteidigung des Unternehmens sind. Die Kommission trifft keine Auswahl unter den einsehbaren Dokumenten. **24**

b) Interne Schriftstücke. Zu den nicht einsehbaren **internen Schriftstücken**[87] gehören: Interne Aufzeichnungen, interner Schriftwechsel sowie interne Entwürfe der Dienststellen der Kommission[88] und der Schriftverkehr mit den Behörden der Mitgliedstaaten.[89] Die Beschränkung der Einsehbarkeit in interne Unterlagen ist dadurch gerechtfertigt, dass die Funktionsfähigkeit des Entscheidungsfindungsprozesses der Dienststellen der Kommission sichergestellt werden muss.[90] Dieser wäre beeinträchtigt, wenn er nicht in einer Atmosphäre der Vertraulichkeit erfolgen kann. Interne Unterlagen können gegebenenfalls bei Vorliegen außergewöhnlicher Umstände in einem späteren Gerichtsverfahren zugänglich gemacht werden.[91] Dazu können Unterlagen gehören, die die Ordnungsmäßigkeit des Verwaltungsverfahrens betreffen, wie auch Unterlagen, die für die Bewertung des Vorliegens und der Schwere eines Wettbewerbsverstoßes von Bedeutung sind, so z. B. Kontakte mit anderen Dienststellen der Kommission.[92] **25**

c) Geschäftsgeheimnisse und sonstige vertrauliche Informationen. Geschäftsgeheimnisse und vertrauliche Unterlagen sind nicht einsehbar.[93] Soweit möglich, wird Einsicht in nicht vertrauliche Fassungen der ursprünglichen Informationen gewährt. Kann die Vertraulichkeit nur durch eine Zusammenfassung der relevanten Informationen gewährleistet werden, steht diese Zusammenfassung zur Einsichtnahme offen.[94] Als **Geschäftsgeheimnis** sind solche Informationen anzusehen, die von einem Unternehmen als „Geschäftsgeheimnis" bezeichnet und von der Kommission als solche anerkannt werden. Eine Liste abschließender Kriterien, was unter diesen Begriff fällt, besteht nicht. Die Rechtsprechung sieht Geschäftsgeheimnisse als Informationen an, durch deren Preisgabe die Interessen des Auskunftsgebers schwer beeinträchtigt werden können.[95] Die grundlegende Bestimmung in Art. 393 AEUV erwähnt Kostenelemente und Geschäftsbeziehungen. Die Mitteilung nennt als Beispiele: technische und finanzielle Angaben in Bezug auf das Know-how eines Unternehmens, **26**

---

[85] Mitteilung, Rdnr. 10–12.

[86] Mitteilung, Rdnr. 10.

[87] Mitteilung, Rdnr. 11.

[88] EuG U. v. 1.4.1993, Rs T-65/89, Slg. 1993, II-389 Rdnr. 33 – *British Gypsum.*

[89] Mitteilung, Rdnr. 11; EuG U. v. 1.4.1993, Rs T-65/89, Slg. 1993, II-389 Rdnr. 33 – *British Gypsum.*

[90] EuG B. v. 10.12.1997, Rs T-134, 136–138, 141, 154, 147–148, 151, 156–157/94, Slg. 1997, II-2293 Rdnr. 35 – *Stahlträger.*

[91] EuGH U. v. 18.6.1986, Rs 142 und 156/84, Slg. 1986 1899 Rdnr. 11 – *BAT/Reynolds.* Die verschiedenen Beschlüsse im „Stahlträgerverfahren" sind vor dem Hintergrund zu sehen, dass im EGKS-Verfahren gemäß Art. 23 der Satzung des Gerichtshofs die Kommission verpflichtet war, die gesamte Kommissionsakte an das Gericht zu übersenden; dazu EuG B. v. 10.12.1997, Rs T-134, 136–138, 141, 154, 147–148, 151, 156–157/94 ,Slg. 1997, II-2293 Rdnr. 35 – *Stahlträger;* EuG B. v. 16.2.1998, Rs T-134, 136–138, 141, 154, 147–148, 151, 156–157/94, Slg. 1998, II-2293 Rdnr. 48, 65 – *Stahlträger;* s. auch EuGH U. v. 17.12.1998, Rs C-185/95P, Slg. 1998, II-8417 Rdnr. 91 ff. – *Baustahlgewebe GmbH – Betonstahlmatten.*

[92] S. dazu EuG B. v. 10.12.1997, Rs T-134, 136–138, 141, 154, 147–148, 151, 156–157/94, Slg. 1997, II-2293 Rdnr. 46 – *Stahlträger.*

[93] Mitteilung der Kommission über die Regeln für die Einsicht in Kommissionsakten in Fällen einer Anwendung der Artikel 81 und 82 EG-Vertrag, Artikel 53, 54 und 57 des EWR-Abkommens und der Verordnung (EG) Nr. 139/2004, ABl. 2005 C 325/7, Rdnr. 17.

[94] EuG U. v. 14.12.2005, Rs T-210/01, Slg. 2005, II-5575 Rdnr. 631 – *General Electric;* Mitteilung, Rdnr. 17.

[95] EuG U. v. 18.9.1996, Rs T-353/94, Slg. 1996, II-921 Rdnr. 87 – *Postbank II;* EuG U. v. 30.5.2006, Rs T-198/03, Slg. 2009, II-1831 Rdnr. 30ff – *Bank Austria.*

Herstellungs- und Vertriebskosten, Produktionsgeheimnisse und -verfahren, Bezugsquellen, Produktions- und Verkaufsmengen, Marktanteile, Kunden- und Händlerdateien, Geschäftsstrategie, Kosten- und Preisstruktur und die Absatzpolitik.[96] In der Praxis werden nur halbwegs aktuelle Daten als Geschäftsgeheimnis akzeptiert. Die Kommission führt dazu aus, dass Daten, die älter als fünf Jahre alt sind, nicht länger vertraulich behandelt werden müssen.[97] Zu den **vertraulichen Informationen** gehören Angaben, die zwar keine Geschäftsgeheimnisse sind, durch deren Offenlegung eine Person oder ein Unternehmen aber erheblich geschädigt werden können.[98] Dazu können die Identität eines Beschwerdeführers, der nicht gegenüber dem Beschwerdegegner genannt werden möchte, oder Angaben von Dritten zu Unternehmen, die auf ihre Vertragspartner starken wirtschaftlichen Druck ausüben können, gehören.[99]

27 Das Recht auf Akteneinsicht kann mit dem Anspruch auf vertrauliche Behandlung von Unterlagen kollidieren.[100] Kommt es über die Frage des Vorliegens von Geschäftsgeheimnissen zu Meinungsverschiedenheiten, entscheidet der Anhörungsbeauftragte (Art. 8 Abs. 1 Mandat). Er unterrichtet das Unternehmen, das Urheber solcher Dokumente ist und Vertraulichkeit geltend macht, über die Absicht, diese Unterlagen einem Dritten zugänglich zu machen und setzt ihm eine Frist zur Stellungnahme. Erhebt das Unternehmen Einwände gegen die Bekanntgabe, so trifft der Anhörungsbeauftragte eine begründete Entscheidung. Die Weitergabe darf frühestens eine Woche nach Mitteilung der Entscheidung erfolgen (Art. 8 Abs. 2 Satz 3 Mandat). Damit soll dem Unternehmen die Möglichkeit gegeben werden, die Entscheidung gerichtlich anzufechten. Diese Vorgehensweise wird auch als „*Akzo*-Verfahren" bezeichnet, da der Gerichtshof im Fall *AKZO* die Notwendigkeit des Rechtsschutzes bei der Weiterleitung von Dokumenten an Dritte anerkannt hatte.[101]

27a Um die betroffenen Unternehmen davon zu entlasten, eine nichtvertrauliche Fassung aller Unterlagen zu erstellen, sieht die Kommission zwei weitere Verfahren vor: die einvernehmliche Einsichtnahme für einen beschränkten Personenkreis („negotiated disclosure") oder der Zugang für einen beschränkten Personenkreis in den Räumen der Kommission und unter Aufsicht („Datenraumverfahren").[102] Im ersten Verfahren einigt sich das zur Akteneinsicht berechtigte Unternehmen mit dem Vertrauensschutz geltend machenden Unternehmen auf einen bestimmten Personenkreis, der Einsicht nehmen kann, z. B. die Anwälte des Unternehmens. Die zweite Möglichkeit, das Datenraumverfahren, wird meist zur Einsicht in quantitative Daten für ökonometrische Analysen angewandt.[103] Ein eingeschränkter Personenkreis, der eine Vertraulichkeitsvereinbarung unterzeichnet hat, hat unter Aufsicht eines Kommissionsbediensteten Zugang zum Datenraum. Diese können die Informationen zur Verteidigung ihres Mandanten nutzen, dürfen ihm gegenüber jedoch

---

[96] Mitteilung, Rdnr. 18.

[97] Mitteilung, Rdnr. 23; s. auch EuG U. v. 7.6.2006, verb. Rs T-213/01 und T-214/01, Slg. 2006, II-1601 Rdnr. 199 – *Österreichische Postsparkasse;* EuG U. v. 28.1.2015, Rs T-341/12, ECLI:EU:T:2015:51 Rdnr. 84 – *Evonik Degussa.*

[98] Mitteilung, Rdnr. 19.

[99] Mitteilung, Rdnr. 19; EuGH U. v. 6.4.1995, Rs C-310/93P, Slg. 1995, I-865 Rdnr. 26 – *British Gypsum;* EuG U. v. 30.9.2003, Rs T-23/99, Slg. 2003, II-3275 Rdnr. 393 – *TACA*; EuG U. v. 14.12.2005, Rs T-210/01, Slg. 2005, II-5575 Rdnr. 630 – *General Electric.*

[100] EuGH U. v. 13.2.1979, Rs 85/76 Slg. 1979, 461 Rdnr. 14 – *Hoffmann-La Roche;* EuGH U. v. 29.10.1980, Rs 209–215 und 218/78, Slg. 1980 3125 Rdnr. 44 – *FEDETAB;* EuGH U. v. 24.6.1986, Rs 53/86, Slg. 1986, 1985 Rdnr. 27 – *AKZO.*

[101] EuGH U. v. 24.6.1986, Rs 53/86, Slg. 1986, 1985 Rdnr. 21, 30 – *AKZO.* Eine Darstellung dieses sog. „Akzo-Verfahrens" findet sich in EuG B. v. 2.5.1997, Rs T-90/96, Slg. 1997, II-663 Rdnr. 14 ff. – *Peugeot;* EuG U. v. 7.6.2006, verb. Rs T-213/01 und T-214/01, Slg.2006, II-1601 Rdnr. 66 – *Österreichische Postsparkasse.*

[102] Bekanntmachung der Kommission über bewährte Vorgehensweisen in Verfahren nach Artikel 101 und 102 des AEUV, ABl. 2011 L 308/6, Rdnr. 95.

[103] Bekanntmachung, Rdnr. 96.

keine vertraulichen Informationen offenlegen.[104] Ihre Verwaltungspraxis zum Datenraumverfahren hat die Kommission in „Best Practices" niedergelegt.[105]

3. Ablauf der Akteneinsicht. Zur Vorbereitung der Akteneinsicht erstellt die Kommission ein **Verzeichnis** der in der Ermittlungsakte befindlichen Schriftstücke. Alle Seiten der Ermittlungsakte sind fortlaufend nummeriert, jedes Dokument wird als einsehbar oder nicht einsehbar bezeichnet. Jedes nicht einsehbare Dokument wird stichwortartig beschrieben.[106] 28

Die Akte kann als Kopie oder in elektronischer Form (CD-ROM) der Partei zugesandt werden oder im Original in den Räumlichkeiten der Kommission eingesehen werden. Dabei können Kopien der einsehbaren Unterlagen angefertigt werden. In der Regel erfolgt die Akteneinsicht allerdings durch Übersendung einer CD. 29

Ein besonderes Verfahren gilt für die Einsicht in die im Rahmen der **Kronzeugenregelung** abgegebene sog. Unternehmenserklärung oder in die im Rahmen von Vergleichsausführungen gemachten Erklärungen.[107] Solche Dokumente werden grundsätzlich nicht versandt. Gemäß Art. 15 Abs. 1 (b) VO Nr. 773/2004 wird Einsicht in eine Kronzeugenunternehmenserklärung oder in Vergleichsausführungen **nur in den Diensträumen** der Kommission gewährt. Die Erklärungen dürfen nicht mit mechanischen oder elektronischen Mitteln kopiert werden.[108] Es ist zwar zulässig, dass sich die Unternehmensvertreter bzw. der Anwalt Notizen zu der Unternehmenserklärung machen; eine Protokollierung der mündlichen Erklärung oder eine Abschrift der Niederschrift sind aber ausgeschlossen.[109] Dieses Verfahren soll insbesondere eine Weitergabe an nicht am Verfahren Beteiligte für die Zwecke zivilrechtlicher Schadensersatzklagen und damit eine Schwächung des Kronzeugenprogramms verhindern.[110] 29a

Die Kommission trägt die **Beweislast** dafür, dass sie die Dokumente zugänglich gemacht hat, auf deren Einsicht ein Anspruch bestand.[111] Kann sie die Möglichkeit der Einsichtnahme nicht beweisen, sind die Unterlagen nicht verwertbar. Ist das Unternehmen der Ansicht, dass die Kommission über ihm bisher nicht zugängliche Unterlagen verfügt, die es für eine wirksame Ausübung ihres Anhörungsrechts benötigt, kann es beim Anhörungsbeauftragten beantragen, ihm Einsicht in weitere Unterlagen zu gewähren (Art. 7 Abs. 1 Mandat). Der Anhörungsbeauftragte entscheidet dann im Rahmen seines Mandats. 30

4. Folgen unzureichender Akteneinsicht. Unzureichende Akteneinsicht stellt einen Verstoß gegen den Grundsatz des rechtlichen Gehörs dar. Unterlagen, die nicht zugänglich gemacht worden sind, können daher nicht als Beweismittel verwandt werden.[112] Ein Fehler bei der Gewährung von Akteneinsicht hat aber nicht in jedem Fall die Anfechtbarkeit der Kommissionsentscheidung zur Folge. Die Rechtsprechung hat in der Vergangenheit in 31

---

[104] Bekanntmachung, Rdnr. 97.

[105] Best Practices on the disclosure of information in data rooms in proceedings under Articles 101 and 102 TFEU and under the EU Merger Regulation, http://ec.europa.eu/competition/mergers/legislation/disclosure_information_data_rooms_en. pdf.

[106] Mitteilung der Kommission über die Regeln für die Einsicht in Kommissionsakten in Fällen einer Anwendung der Artikel 81 und 82 EG-Vertrag, Artikel 53, 54 und 57 des EWR-Abkommens und der Verordnung (EG) Nr. 139/2004, ABl. 2005 C 325/7, Rdnr. 45.

[107] S. dazu auch *Hellmann* in § 46 Rdnr. 68 ff.

[108] Art. 15 1 (b) wurde in die VO Nr. 77/2004 durch die VO Nr. 2015/1348 v. 3.8.2015 eingefügt, ABl.2015 L 208/3.

[109] Mitteilung der Kommission über den Erlass und die Ermäßigung von Geldbußen in Kartellsachen, ABl. 2006 C 298/17, Rdnr. 33.

[110] Wettbewerbsbericht 2006, Rdnr. 6.

[111] EuGH U. v. 3.7.1991, Rs C-62/86, Slg. 1991 I-3439 Rdnr. 23 – *AKZO IV.*

[112] EuGH U. v. 7.6.1983, Rs 100–103/80, Slg. 1983, 1825 Rdnr. 30 – *Pioneer;* U. v. 3.7.1991 Rs C-62/86 1991, Slg. 1991, I-3439 Rdnr. 24 – *AKZO IV;* EuG U. v. 30.9.2003, Rs T-23/99, Slg. 2003, II-3275 Rdnr. 338 – *TACA.*

solchen Fällen geprüft, ob der Verstoß mit anderen Dokumenten belegt werden kann.[113] Die unterbliebene Einsicht in ein Schriftstück stellt nur dann eine Verletzung der Verteidigungsrechte dar, wenn sich die Kommission zur Untermauerung der Zuwiderhandlung nur auf dieses Schriftstück gestützt hat und der Vorwurf nur durch dieses Schriftstück belegt werden kann.[114] Hat die Kommission allerdings möglicherweise entlastende Dokumente nicht zugänglich gemacht, ist die Entscheidung schon dann fehlerhaft, wenn das Unterbleiben der Offenlegung den Verfahrensablauf und den Inhalt der Entscheidung hätte beeinflussen können.[115] Es reicht in diesem Fall aus, dass das Unternehmen darlegt, dass die fraglichen Unterlagen seiner Verteidigung hätten dienlich sein können.[116]

31a **5. Verwendungsbeschränkung.** Art. 16a Abs. 4 VO Nr. 773/2004 sieht eine **Verwendungsbeschränkung** für die im Rahmen der Akteneinsicht gewonnen Informationen vor. Danach dürfen Unterlagen, die aufgrund des Rechts auf Akteneinsicht erlangt wurden, nur für Gerichts- und Verwaltungsverfahren zur Anwendung der Art. 101 und 102 AEUV verwendet werden. Generell ausgeschlossen ist damit die Verwendung in Drittstaaten. Diese Regelung soll insbesondere eine Weitergabe an nicht am Verfahren Beteiligte für die Zwecke zivilrechtlicher Schadensersatzklagen in Drittstaaten verhindern. Art. 16a Abs. 2 VO Nr. 773/2004 sieht ferner ausdrücklich vor, dass im Rahmen der Akteneinsicht gewonnene Informationen über Kronzeugenerklärungen oder Vergleichsausführungen nur für die Ausübung von Verteidigungsrechten gegenüber der Kommission oder nationalen Wettbewerbsbehörden oder in Verfahren über die Aufteilung von gesamtschuldnerisch verhängten Geldbußen verwandt werden dürfen. Nach Art. 16a Abs. 3 dürfen Informationen, die eigens für das Verfahren der Kommission erstellt wurden, oder die die Kommission erstellt und den Parteien übermittelt hat, von nationalen Gerichten erst dann verwendet werden, wenn das Kommissionsverfahren beendet ist. Allerdings sieht die VO Nr. 773/2004 für den Fall eines Verstoßes keine ausdrückliche Sanktion vor. In der Mitteilung zur Akteneinsicht behält sich die Kommission lediglich vor, im Falle der Beteiligung eines Rechtsbeistandes an einem solchen Verstoß dessen Kammer zu unterrichten, damit disziplinarische Maßnahmen eingeleitet werden können.[117] In der Mitteilung zur Kronzeugenregelung erklärt die Kommission ferner, dass das missbräuchliche Verwenden einer solchen Information als Verstoß gegen die Zusammenarbeitspflicht nach der Kronzeugenregelung angesehen werden kann.[118] Ferner könne die Kommission in eventuellen Gerichtsverfahren vor den Gemeinschaftsgerichten beantragen, die Geldbuße für das verantwortliche Unternehmen zu erhöhen.[119]

32 **6. Rechtsschutz im Rahmen der Akteneinsicht.** Hinsichtlich der Anfechtbarkeit von Maßnahmen im Rahmen der Akteneinsicht gelten die allgemeinen Regeln.[120] Notwendig ist

---

[113] EuGH U. v. 15.7.1970, Rs 41/68, Slg. 1970, 661, 687 Rdnr. 41; EuGH U. v. 7.6.1983, Rs 100–103/80, Slg. 1983, 1825 Rdnr. 30 – *Pioneer;* EuG U. v. 10.3.1992, Rs T-11/89, Slg. 1992, II-757 Rdnr. 58 – *Shell.*

[114] EuGH U. v. 7. Januar 2004, verb. Rs C-204/00 P, C-205/00 P, C-211/00 P, C-213/00 P, C-217/00 P und C-219/00 P, Slg. 2004, I-123 Rdnr. 71 – *Zement;* EuGH U. v. 29.6.2006, Rs C-301/04, Slg. 2006, I-5977 Rdnr. 97 – *SGL Carbon;* EuG U. v. 14.12.2005, Rs T-210/01, Slg. 2005, II-5575 Rdnr. 660 – *General Electric.*

[115] EuG U. v. 29.6.1995, Rs T-36/91, Slg. 1995, II-1847 Rdnr. 108 – *ICI I;* EuGH U. v. 7.1.2004, verb. Rs C-204/00 P, C-205/00 P, C-211/00 P, C-213/00 P, C-217/00 P und C-219/00 P, Slg. 2004, I-123 Rdnr. 13, 74 – *Zement.*

[116] EuGH U. v. 25.10.2011, Rs C-109/10, Slg. 2011, I-10329 Rdnr. 57 – *Solvay.*

[117] Mitteilung der Kommission über die Regeln für die Einsicht in Kommissionsakten in Fällen einer Anwendung der Artikel 81 und 82 EG-Vertrag, Artikel 53, 54 und 57 des EWR-Abkommens und der Verordnung (EG) Nr. 139/2004, ABl. 2005 C 325/7, Rdnr. 48, geändert in ABl. 2015 C 256/3.

[118] Mitteilung der Kommission über den Erlass und die Ermäßigung von Geldbußen in Kartellsachen, ABl. 2006 C 298/17, Rdnr. 34.

[119] Mitteilung der Kommission über den Erlass und die Ermäßigung von Geldbußen in Kartellsachen, ABl. 2006 C 298/17, Rdnr. 34.

[120] S. dazu *Schütte/Thomas* in § 49.

die Prüfung, ob sich die Maßnahme dem Betroffenen gegenüber als endgültige Entscheidung oder als eine die Endentscheidung vorbereitende Zwischenentscheidung darstellt.[121] Eine Zwischenentscheidung stellt die Verweigerung der Einsicht in bestimmte Dokumente dar, da dadurch die endgültige Entscheidung lediglich vorbereitet wird. Die Überprüfung der Rechtmäßigkeit dieser Maßnahme erfolgt im Rahmen der Überprüfung der Endentscheidung.[122] Ein gerichtlich durchsetzbarer Anspruch auf Akteneinsicht besteht nicht. Anfechtbar sind dagegen solche Maßnahmen, die sich gegenüber dem Betroffenen als endgültig darstellen. Die Weiterleitung von Unterlagen an einen Dritten stellt für das Unternehmen, das sich auf die Vertraulichkeit dieser Unterlagen beruft, eine endgültige Maßnahme dar. Entscheidungen über die Übermittlung von Dokumenten an Dritte sind daher grundsätzlich anfechtbar.[123]

III. Akteneinsicht durch Dritte

Dritte haben grundsätzlich **kein Recht** auf Akteneinsicht.[124] Macht die Kommission im 33
Laufe des Verfahrens Dritten Dokumente zugänglich, etwa gemäß Art. 6 VO Nr. 773/2004 die nicht vertrauliche Fassung der Beschwerdepunkte, handelt es sich dabei nicht um Akteneinsicht zur Gewährung rechtlichen Gehörs, sondern um einen Ermittlungsvorgang zur weiteren Aufklärung des Sachverhalts.[125] **Beschwerdeführer** haben ein **eingeschränktes Recht** auf Akteneinsicht.[126] Sie können Einsicht in die Unterlagen verlangen, auf die die Kommission ihre Stellungnahme zur Vorbereitung der Zurückweisung der Beschwerde stützt (Art. 8 VO Nr. 773/2004). Sie können jedoch nicht unter den gleichen Voraussetzungen wie die unmittelbar von dem Verfahren Betroffenen Akteneinsicht verlangen.[127] In keinem Fall dürfen Unterlagen weitergeleitet werden, die Geschäftsgeheimnisse enthalten.[128]

IV. Allgemeiner Zugang zu Dokumenten der Kommission

Von dem Recht auf Akteneinsicht zu unterscheiden ist das allgemeine Recht auf **Zugang zu Dokumenten** der Kommission. Art. 15 AEUV regelt im Grundsatz, dass jeder 34
Unionsbürger Zugang zu Dokumenten des Europäischen Parlaments, des Rates und der Kommission hat. Einzelheiten sind in der **Verordnung Nr. 1049/2001 („Transparenzverordnung")** über den Zugang zu Dokumenten geregelt.[129] Darin werden allgemeine Leitlinien für den Zugang der Öffentlichkeit zu von Kommission, Parlament und Rat erstellten Dokumenten entwickelt. Mit Beschluss vom 5.12.2001 hat die Kommission

---

[121] Grundlegend EuGH U. v. 11.11.1981, Rs 60/81, Slg. 1981, 2639 Rdnr. 10 – *IBM*.

[122] EuG U. v. 18.12.1992, Rs T-10–12/92 und T-15/92, Slg. 1992, II-2667 Rdnr. 42 – *Cimenteries CBR*; EuG B. v. 9.7.2003, Rs T-219/01, Slg. 2003, II-2843 Rdnr. 61 – *Commerzbank*.

[123] EuGH U. v. 24.6.1986, Rs 53/85 Slg. 1986, 2558 Rdnr. 20 – *AKZO I;* zum Erlass einer einstweiligen Anordnung EuG B. v. 1.12.1994, Rs T-353/94 R, Slg. 1994, II-1141 Rdnr. 33 – *Postbank;* EuG U. v. 7.6.2006, verb. Rs T-213/01 und T-214/01, Slg.2006, II-1601 Rdnr. 66 – *Österreichische Postsparkasse*.

[124] S. dazu: EuG U. v. 27.4.1995, Rs T-*96/92* Slg. 1995, II-1213 Rdnr. 64 – *Comité central d'entreprise de la Société générale des grandes sources;* Mitteilung der Kommission über die Regeln für die Einsicht in Kommissionsakten in Fällen einer Anwendung der Artikel 81 und 82 EG-Vertrag, Artikel 53, 54 und 57 des EWR-Abkommens und der Verordnung (EG) Nr. 139/2004, ABl. 2005 C 325/7, Rdnr. 3.

[125] Dazu EuGH U. v. 24.6.1986, Rs 53/86, Slg. 1986, 1985 Rdnr. 27 – *AKZO*.

[126] Mitteilung Akteneinsicht, Rdnr. 29; Bekanntmachung der Kommission über bewährte Vorgehensweisen in Verfahren nach Artikel 101 und 102 des AEUV, ABl. 2011 L 308/6, Rdnr. 139.

[127] EuG U. v. 15.7.1994, Rs T-17/93, Slg. 1994, II-595 Rdnr. 34 – *Matra*.

[128] EuGH U. v. 24.6.1986, Rs 53/86, Slg. 1986, 1985 Rdnr. 28 – *AKZO*; EuGH U. v. 17.11.1987, verb. Rs 142 und 156/84, Slg. 1987, 4566 Rdnr. 21 – *BAT/Reynolds*. Zum Schutz von Geschäftsgeheimnissen durch den Anhörungsbeauftragten s. auch EuG U. v. 28.1.2015 Rs T-341/12 ECLI:EU:T:2015:51 Rdnr. 33 – *Evonik Degussa*.

[129] Verordnung (EG) des Europäischen Parlaments und des Rates vom 30. Mai 2001 über den Zugang der Öffentlichkeit zu Dokumenten des Europäischen Parlaments, des Rates und der Kommission, ABl. 2001 L145/43.

Durchführungsbestimmungen aufgestellt.[130] Durch den Beschluss werden Dritten **subjektive Rechte** eingeräumt, die ggf. auch gerichtlich durchsetzbar sind.[131]

35 Die VO Nr. 1049/2001 gewährt Zugang zu allen Dokumenten der Kommission, ohne dass der Anspruchsteller ein berechtigtes Interesse geltend machen muss. Die Verordnung gilt gemäß Art. 2 Abs. 3 für alle Dokumente, die von dem Organ erstellt wurden oder bei ihm eingegangen sind oder sich in seinem Besitz befinden. Die Begriffsbestimmung in Art. 3 definiert als Dokumente alle Inhalte, die unabhängig von der Form des Trägers einen Sachverhalt im Zusammenhang mit den Politiken, Maßnahmen oder Entscheidungen aus dem Zuständigkeitsbereich der Kommission betreffen. Zugangsberechtigt sind alle Unionsbürger sowie alle natürlichen und juristischen Personen mit Sitz in der Gemeinschaft. Ausgenommen vom Zugangsrecht sind Dokumente, die unter die in Art. 4 VO Nr. 1049/2001 genannten **Ausnahmebestimmungen** fallen: Dazu gehören der Schutz des öffentlichen Interesses, der Schutz der Privatsphäre, der Schutz von Geschäftsgeheimnissen, Gerichtsverfahren, der Rechtsberatung, von Inspektions- und Untersuchungstätigkeiten sowie des internen Entscheidungsfindungsprozesses. Bei der Auslegung der Ausnahmebestimmungen müssen insbesondere die speziellen verfahrensrechtlichen Regeln in Wettbewerbsverfahren berücksichtigt werden, um eine kohärente Auslegung der Transparenzverordnung und der Regeln im Wettbewerbsverfahren zu ermöglichen.[132]

36 Der Antrag auf Zugang zu Dokumenten kann schriftlich oder in elektronischer Form gestellt werden und muss so formuliert sein, dass das Dokument ermittelt werden kann (Art. 6 Abs. 2 VO Nr. 1049/2001). Die Durchführungsbestimmungen sehen für die Behandlung von Anträgen bei der Kommission ein zweistufiges Verfahren vor. Danach bescheidet in der ersten Stufe die jeweils zuständige Dienststelle den Antrag und in der zweiten Stufe der Generalsekretär der Kommission.[133] Die Verweigerung des Zugangs muss begründet werden.[134] Eine pauschale Erklärung, dass die Ausnahmevorschriften des Kodex eingriffen, ist dabei nicht ausreichend, die Begründung muss vielmehr die konkreten Gründe deutlich machen, die gegen die Zugänglichkeit des Dokuments sprechen.[135] Weiterhin muss auch die Möglichkeit eines teilweisen Zugangs geprüft werden. Bei einem Antrag auf Zugang zu der nichtvertrauliche Fassung einer Entscheidung, müssen daher die Teile der Entscheidung zugänglich gemacht werden, die nicht Gegenstand eines Vertraulichkeitsantrags sind, auch wenn noch nicht über alle Anträge auf Vertraulichkeit entschieden worden ist.[136] Allerdings erkennt die Rechtsprechung an, dass bestimmte Kategorien von Dokumenten generell nicht zugänglich sind. Dokumente, die den Empfängern von Beschwerdepunkten im Rahmen der Akteneinsicht nicht zugänglich wären, können auch von Dritten nicht im Rahmen des Verfahrens nach der VO Nr. 1049/2001 eingesehen werden.[137] Damit sind alle internen Schriftstücke der Kommission nicht zugänglich. Ferner kann sich die Kommission auf allgemeine Vermutungen stützen, die für bestimmte Katego-

---

[130] Beschluss der Kommission v. 5.12.2001 zur Änderung ihrer Geschäftsordnung, ABl. 2001 L 345/94.

[131] EuG U. v. 5.3.1997, Rs T-105/95, Slg. 1997, II-313 Rdnr. 55 – *WWF UK ./. Kommission.*

[132] EuG U. v. 13.9.2013, Rs T-380/08, ECLI:EU:T:2013:480 Rdnr. 31 – *Kommission/Niederlande;* EuGH U. v. 27.2.2014, Rs C-365/12 P, ECLI:EU:C:2014:112 Rdnr. 83 – *ENBW.*

[133] Art. 3 und 4 des Anhangs zum Beschluss der Kommission v. 5.12.2001 zur Änderung ihrer Geschäftsordnung, ABl. 2001 L 345/94.

[134] Art. 4 des Anhangs zum Beschluss der Kommission v. 5.12.2001 zur Änderung ihrer Geschäftsordnung, ABl. 2001 L 345/94; EuG U. v. 5.3.1997, Rs T-105/95, Slg. 1997, II-313 Rdnr. 66 – *WWF – UK ./. Kommission;* EuG U. v.19.3.1998, Rs T-83/96, Slg. 1998, II-545 Rdnr. 63 – *van der Wal ./. Kommission.*

[135] EuG U. v. 6.2.1998, Rs T-124/96, Slg. 1998, II-231 Rdnr. 55 – *Interporc ./. Kommission.*

[136] EuG U. v. 7.10.2014, Rs T-534/11, ECLI:EU:T:2014:854 Rdnr. 137 – Schenker.

[137] Zu den nicht einsehbaren Dokumenten s. § 44 Rdnr. 25; EuGH U. v. 29.6.2010, Rs. C-139/07 P, Slg 2010, I-5885 Rdnr. 58 – *Technische Glaswerke Ilmenau;* EuGH U. v. 28.6.2012, Rs C-404 P, ECLI:EU:C:2012:393 Rdnr. 119–122 – *Odile Jacobs;* EuGH U. v. 27.2.2014, Rs C-365/12 P, ECLI:EU:C:2014:112 Rdnr. 87 – *ENBW.*

rien von Dokumenten den Zugang ausschließen:[138] Eine solche allgemeine Vermutung gilt für die im Rahmen eines laufenden Ermittlungsverfahren auf der Grundlage von Art 101 und 102 AEUV gesammelten Informationen,[139] für den Schriftwechsel zwischen der Kommission und den Anmeldern oder Dritten im Rahmen eines Fusionskontrollverfahrens[140] und den Zugang zu Kronzeugendokumenten.[141]

D. Schriftliche Äußerung des Unternehmens

Nachdem die betroffenen Unternehmen Gelegenheit zur Akteneinsicht gehabt haben, 37 können sie sich schriftlich zu den Beschwerdepunkten äußern (Art. 10 Abs. 3 VO Nr. 737/2004, Art. 13 Abs. 2 VO Nr. 802/2004). Dabei können sie alles zu ihrer Verteidigung Zweckdienliche vortragen, Unterlagen beifügen und Sachverständige und Zeugen benennen. Die Stellungnahme ist auf Papier und in elektronischer Form beizubringen und muss innerhalb der von der Kommission gesetzten **Frist** erfolgen (Art. 10 Abs. 2, 3 VO Nr. 773/2004, Art. 13 Abs. 2 VO Nr. 802/2004). Die Länge der Frist muss den Umständen angemessen sein und in Verfahren nach der VO Nr. 1/2003 mindestens vier Wochen betragen (Art. 17 Abs. 2 VO Nr. 773/2004).[142] Die Frist beginnt erst zu laufen, nachdem das Unternehmen in die wichtigsten Unterlagen einsehen konnte.[143] In Verfahren zwecks Anordnung einstweiliger Maßnahmen kann die Frist auf eine Woche begrenzt werden (Art. 17 Abs. 2 VO Nr. 773/2004).Die Kommission hat erklärt, normalerweise eine Frist von zwei Monaten zu gewähren und dabei Umfang und Komplexität des Falles zu berücksichtigen.[144] Die Rechtsprechung hat in der Vergangenheit eine Frist von zwei Monaten als ausreichend angesehen, sofern diese eine sachgerechte Verteidigung ermöglicht.[145] Die Frist im Verfahren der Fusionskontrolle ist wesentlich kürzer und beträgt in der Regel zwei Wochen; sie muss aber gesetzliche Feiertage berücksichtigen (Art. 22 VO Nr. 802/2004). Über Anträge auf **Fristverlängerung** entscheidet der Anhörungsbeauftragte gemäß Art. 9 seines Mandats. Der Empfänger von Beschwerdepunkten muss ferner innerhalb der von der Kommission gesetzten Frist angeben, welche Teile der Beschwerdepunkte Geschäftsgeheimnisse oder andere vertrauliche Angaben enthalten (Art. 16 Abs. 2 VO Nr. 773/2004). Dadurch soll es der Kommission ermöglicht werden, eine nicht vertrauliche Fassung der Beschwerdepunkte zu erstellen, die Beschwerdeführern oder anderen Dritten zugänglich gemacht werden kann. Art. 16 Abs. 4 Satz 2 VO 773/2004 sieht vor, dass in Ermangelung einer Äußerung des Empfängers der Beschwerdepunkte die Kommission davon ausgehen kann, dass die Beschwerdepunkte keine Geschäftsgeheimnisse oder andere vertrauliche Angaben enthalten. Allerdings ist die Kommission auch in diesem Fall verpflichtet, offensichtlich vertrauliche Informationen von Amts wegen zu berücksichtigen. Das Verfahren bei Meinungsverschiedenheiten über die Anerkennung von Geschäftsgeheimnissen entspricht dem Verfahren bei der Weitergabe von Dokumenten an Dritte im Rahmen der Akteneinsicht.[146]

---

[138] EuGH U. v. 28.6.2012, Rs C-404 P, ECLI:EU:C:2012:393 Rdnr. 116 – *Odile Jacobs;* EuGH U. v. 27.02.2014, Rs C-365/12 P, ECLI:EU:C:2014:112 Rdnr. 65,66 – *ENBW.*

[139] EuG U. v. 13.9.2013, Rs T-380/08, ECLI:EU:T:2013:480 Rdnr. 42 –*Kommission/Niederlande;* EuG U. v. 7.10.2014, Rs T-534/11, ECLI:EU:T:2014:854 Rdnr. 61 – *Schenker.*

[140] EuGH U. v. 28.6.2012, Rs C-404, P, ECLI:EU:C:2012:393 Rdnr. 118 – *Odile Jacobs;* EuG U. v. 13.10.2013, Rs T-561/12, ECLI:EU:T:2013:558 Rdnr. 25 – *Benica.*

[141] EuG U. v. 13.9.2013, Rs T-380/08, ECLI:EU:T:2013:480 Rdnr. 41 –*Kommission/Niederlande;* EuGH U. v. 27.2.2014, Rs C-365/12 P, ECLI:EU:C:2014:112 Rdnr. 66,93 – *ENBW.*

[142] EuG U. v. 14.12.2005, Rs T-210/01, Slg. 2005, II-5575 Rdnr. 706 – *General Electric.*

[143] EuG U. v. 8.7.2004, Rs T-44/00 Slg. 2004, II-2223 Rdnr. 65 – *Mannesmann.*

[144] Bekanntmachung der Kommission über bewährte Vorgehensweisen in Verfahren nach Artikel 101 und 102 des AEUV, ABl. 2011 L 308/6, Rdnr. 100.

[145] EuGH U. v. 16.12.1975, Rs 40–48, 50, 54–56, 111, 113, 114/73, Slg. 1975, 1663 Rdnr. 94 – *Suiker Unie;* EuG U. v. 8.7.2004, Rs T-44/00, Slg. 2004, II-2223 Rdnr. 68 – *Mannesmann.*

[146] S. unter Rdnr. 27; Art. 8 Mandat Anhörungsbeauftragter.

38 Die Frist zur schriftlichen Äußerung ist zwar keine Ausschlussfrist. Äußerungen, die nach Ablauf der von der Kommission gesetzten Frist gemacht werden, müssen aber nicht mehr berücksichtigt werden (Art. 10 Abs. 2 Satz 2 VO Nr. 773/2004). Das Unternehmen ist allerdings nicht verpflichtet, zu den Beschwerdepunkten Stellung zu nehmen. Tatsachen, die im Verwaltungsverfahren nicht angegriffen wurden, können weiterhin vor Gericht bestritten werden.[147] Hat ein Unternehmen allerdings den von der Kommission im Verwaltungsverfahren festgestellten Sachverhalt nicht bestritten, so kann es nicht erstmals im Gerichtsverfahren einen weitergehenden Nachweis durch die Kommission verlangen. Die Kommission braucht dann nicht erneut Beweis anzutreten, um diese Einwände zu entkräften.[148]

E. Mündliche Anhörung

I. Voraussetzungen

39 Die mündliche Anhörung wird nicht von Amts wegen organisiert, sondern nur **auf Antrag** des Empfängers von Beschwerdepunkten gewährt (Art. 12 VO Nr. 773/2004, Art. 14 Abs. 1 VO Nr. 802/2004). In der Regel wird schon in den Beschwerdepunkten ein möglicher **Termin** für die mündliche Anhörung genannt. Eine Pflicht zur Teilnahme besteht nicht. Es besteht kein Recht auf eine zweite Anhörung, um zur Höhe einer möglichen Geldbuße Stellung nehmen zu können.[149]

40 Die mündliche Anhörung ist kein Gerichtsverfahren und auch kein kontradiktorisches Verfahren,[150] bei der sich Kommission bzw. ein Beschwerdeführer und das betroffene Unternehmen gegenüberstehen. Die Anhörung dient dazu, dem von Beschwerdepunkten betroffenen Unternehmen Gelegenheit zur Stellungnahme zu geben. Die Anhörung dient im Wesentlichen der weiteren **Aufklärung des Sachverhalts.**

II. Ablauf der mündlichen Anhörung

41 Der **Termin** für die mündliche Anhörung wird vom Anhörungsbeauftragten festgelegt (Art. 12 Mandat). Der Anhörungsbeauftragte kann die Sitzung dadurch vorbereiten, dass er mit Vertretern der Unternehmen zusammentrifft;[151] er kann eine Liste der Fragen übermitteln, zu denen eine ausführliche Stellungnahme gewünscht wird, und eine schriftliche Zusammenfassung des wesentlichen Inhalts der geplanten Erklärungen verlangen (Art. 11 Abs. 3 Mandat).

42 Die mündliche Anhörung findet in **nichtöffentlicher Sitzung** statt (Art. 14 Abs. 6 VO Nr. 773/2004; Art. 15 Abs. 6 VO Nr. 802/2004). Der Anhörungsbeauftragte leitet die Sitzung, er erteilt das Wort und bestimmt den Ablauf. Die anzuhörenden Personen werden einzeln oder in Anwesenheit anderer gehört, wobei auf die Wahrung von Geschäftsgeheimnissen geachtet werden muss. Gegebenenfalls müssen Dritte den Raum verlassen, solange Geschäftsgeheimnisse erörtert werden. Entsprechendes gilt, wenn z. B. im Rahmen des Kronzeugenprogramms Themen erörtert werden, die nur das Verhältnis des Antragstellers zur Kommission betreffen. Teilnehmer der Anhörung können beantragen, in einer anderen Amtssprache als der Verfahrenssprache gehört zu werden.[152]

---

[147] EuG U. v. 12.12.1991, Rs T-30/89, Slg. 1991, II-1439 Rdnr. 38 – *Hilti;* anders noch GA *Warner* in Rs 30/78, Slg. 1980, 2267, 2291– *Distillers.*

[148] EuG U. v. 29.4.2004, verb. Rs T-236/01, T-239/01, T-244/01 bis T-246/01, T-251/01 und T-252/01, Slg. 2002, II-731 Rdnr. 111 – *Graphitelektroden.*

[149] EuG U. v. 6.10.1994, Rs T-83/91, Slg. 1994, II-755 Rdnr. 235 – *Tetra Pak.*

[150] EuG U. v. 10.7.1991, Rs T-69/89, Slg. 1991, II-485 Rdnr. 21 – *RTE.*

[151] Art. 11 Mandat Anhörungsbeauftragter; Praxis bereits in EuG U. v. 17.12.1991, Rs T-7/89, Slg. 1991, II-1715 Rdnr. 7 – *Hercules.*

[152] Bekanntmachung der Kommission über bewährte Vorgehensweisen in Verfahren nach Artikel 101 und 102 des AEUV, ABl. 2011 L 308/6, Rdnr. 31.

Neben den anzuhörenden Unternehmen nehmen Beamte der Kommission, Vertreter der Mitgliedstaaten (Art. 14 Abs. 3 VO Nr. 773/2004; Art. 15 VO Nr. 802/2004), Vertreter der EWR-Mitgliedstaaten oder der ESA und in besonderen Fällen auch Vertreter von Drittstaaten[153] teil. Dritte können ebenfalls teilnehmen, wenn sie ein ausreichendes Interesse glaubhaft machen (Art. 13 VO Nr. 773/2004; Art. 16 Abs. 2 VO Nr. 802/2004).[154] Über die Zulassung entscheidet der Anhörungsbeauftragte im Rahmen seines Mandats (Art. 6). Die Praxis der Kommission ist dabei relativ großzügig. Handelt es sich um einen Beschwerdeführer im Sinne von Art. 7 Abs. 2 VO Nr. 1/2003, wird ein ausreichendes Interesse regelmäßig vorliegen (Art. 6 Abs. 2 VO Nr. 773/2004). Im Fusionskontrollverfahren, das keine formelle Beschwerde kennt, werden in der Regel die in Art. 11 Abs. 1 (c) VO Nr. 802/2004 genannten Personenkreise (Wettbewerber, Lieferanten, Kunden, Mitglieder der Aufsichtsorgane, Arbeitnehmervertreter) zugelassen, wenn diese einen entsprechenden Antrag stellen. Bei der Frage der Zulassung Dritter ist zu berücksichtigen, dass die Anhörung in erster Linie dem Interesse des von Beschwerdepunkten betroffenen Unternehmens und nicht dem von Dritten dient. Die Anhörung stellt keine öffentliche Verhandlung des zu entscheidenden Falls dar. 43

Das Unternehmen muss durch einen mit einer ausreichenden Vollmacht versehenen **Bevollmächtigten** vertreten werden, der ständig im Dienst des Unternehmens oder der Unternehmensvereinigung steht (Art. 14 Abs. 4 VO Nr. 773/2004). Das Unternehmen kann sich auch von Rechtsanwälten oder anderen, vom Anhörungsbeauftragten zugelassenen Personen **Beistand** leisten lassen (Artikel 14 Abs. 5). Diese Personen können das Unternehmen aber nicht vertreten; erscheint daher nur der Anwalt, aber kein Bevollmächtigter im oben genannten Sinne, ist das Unternehmens nicht ordnungsgemäß vertreten. Die Regelung rechtfertigt sich damit, dass ein Angestellter des Unternehmens über die wirtschaftlichen und technischen Zusammenhänge am besten unterrichtet ist.[155] Im Rahmen der Anhörung kann das betroffene Unternehmen auch unabhängige **Sachverständige** vortragen lassen. Bei der Zulassung des Vortrags von Sachverständigen hat die Kommission einen angemessenen Ermessensspielraum.[156] 44

Vertreter der Mitgliedstaaten können während der Anhörung Fragen zur Aufklärung des Sachverhalts stellen. Sie können jedoch keine Befugnisse ausüben, die dem Beratenden Ausschuss vorbehalten sind, wie etwa die Abgabe von Rechtsausführungen oder allgemeinen wettbewerbspolitischen Stellungnahmen. 45

Die Erklärungen im Rahmen der Anhörung werden aufgezeichnet (Art. 14 Abs. 8 VO Nr. 773/2004; Art. 15 Abs. 8 VO Nr. 802/2004) und den an der Anhörung beteiligten Personen auf Antrag zur Verfügung gestellt. Der Anhörungsbeauftragte erstellt ferner über den Ablauf der Anhörung einen **Zwischenbericht** für das zuständige Kommissionsmitglied. (Art. 14 Mandat). Dieser Bericht ist Dritten nicht zugänglich (Art. 13 Abs. 1 Satz 4 Mandat).[157] Der schriftliche **Abschlussbericht,** den der Anhörungsbeauftragte zur Gewährung des rechtlichen Gehörs erstellt, und der dem der Kommission vorzulegenden Entscheidungsentwurf beigefügt wird, wird dagegen im Amtsblatt veröffentlicht (Art. 17 Mandat).[158] 46

---

[153] So z. B. die USA im *IBM*-Fall.

[154] EuG B. v. 1.12.1994, Rs T-353/94 R, Slg. 1994, II-1141 Rdnr. 8 – *Postbank;* s. auch EuGH U. v. 9.7.1987, Rs 43/85, Slg. 1987, 3151 Rdnr. 8 – *Ancides.*

[155] EuGH U. v. 14.7.1972, Rs 49/69, Slg. 1970, 713, 730 Rdnr. 11 – *BASF.*

[156] EuGH U. v. 17.1.1984, Rs 43 und 63/82, Slg. 1984, 19 Rdnr. 18 – *VBVB/VBBB.*

[157] EuG U. v. 24.10.1991, Rs T-2/89, Slg. 1991, II-1091 Rdnr. 53 – *Petrofina;* so auch die Position der Anhörungsbeauftragten, die auf ihrer Web-Seite wiedergegeben ist: http://ec.europa.eu/comm/competition/hearing_officers/reports.html.

[158] Als Beispiel: Abschlussbericht des Anhörungsbeauftragten in der Sache COMP/C.38 443 – *Kautschukchemikalien* (Nach den Artikeln 15 und 16 des Beschlusses 2001/462/EG, EGKS der Kommission vom 23. Mai 2001 über das Mandat von Anhörungsbeauftragten in bestimmten Wettbewerbsverfahren), ABl. 2006 C 303/22; Abschlussbericht des Anhörungsbeauftragten v. 26.11.2013, ABl. 2014 C 453/13 – *Shrimps;* Abschlussbericht des Anhörungsbeauftragten v. 17.10.2014, ABl. 2015 C 72/8 – *Zinsderivate in Schweizer Franken.*

F. Europäischer Bürgerbeauftragter

47 Das Amt des Europäischen **Bürgerbeauftragten**[159] ist nach dem Vorbild des skandinavischen Ombudsmanns vom Europäischen Parlament geschaffen worden. Der Bürgerbeauftragte hat die Aufgabe, Missstände bei den Tätigkeiten der Organe der Gemeinschaften aufzudecken; er hat seinen Amtssitz in Straßburg. Der Bürgerbeauftragte kann jedoch mögliche Missstände nicht durch eine bindende Entscheidung beheben, sondern lediglich Empfehlungen aussprechen. Der Bürgerbeauftragte veröffentlicht seine Fälle auf seiner Web-Seite.[160] Er hat sich bereits mehrfach mit Beschwerden gegen das Verhalten der Kommission in Wettbewerbsverfahren befasst. So hat er empfohlen, in Wettbewerbsverfahren über den Inhalt von Sitzungen oder Telefongesprächen Aufzeichnungen zu führen,[161] er hat die Nichtverfolgung einer Beschwerde als sachgerecht angesehen,[162] die Verweigerung des Zugangs zu Dokumenten als gerechtfertigt bezeichnet[163] und er hat öffentliche Äußerungen des Wettbewerbskommissars, die den Eindruck von Voreingenommenheit vermitteln könnten, in einem laufenden Kartellverfahren kritisiert.[164]

§ 45 Der Abschluss des Verfahrens durch Entscheidung und andere Maßnahmen

Übersicht

Schrifttum: *Bergmann,* Praktische Fragen im Zusammenhang mit Zusagenentscheidungen nach Art. 9 Abs. 1 VO 1/2003, WuW 2014, 467; *Busse/Leopold,* Entscheidungen über Verpflichtungszu-

---

[159] Beschluss des Europäischen Parlaments über die Regelungen und allgemeinen Bedingungen für die Ausübung der Aufgaben des Bürgerbeauftragten; ABl. 2002 L 92/13; geändert durch Beschlüsse vom 14. März 2002 (ABl. 2002 L 92/13) und vom 18. Juni 2008 (ABl. 2008 L 189/25).

[160] Http://www.ombudsman.europa.eu/de/cases/home.faces.

[161] Http://www.ombudsman.europa.eu/cases/summary.faces/de/4399/html.bookmark.

[162] Http://www.ombudsman.europa.eu/cases/summary.faces/de/4373/html.bookmark.

[163] Http://www.ombudsman.europa.eu/cases/summary.faces/de/5416/html.bookmark.

[164] Http://www.ombudsman.europa.eu/en/press/release.faces/en/59265/html.bookmark.

sagen nach Art. 9 VO (EG) Nr. 1/2003, WuW 2005, 146; *Dalheimer/Feddersen/Miersch,* EU-Kartellverfahrensordnung, 2005; *de Bronett,* Eröffnung und Abschluss von Wettbewerbsverfahren im Anwendungsbereich der VO 17 des Rates, WuW 1989, 459; *Hennning,* Die Verhältnismäßigkeit bei der Annahme von Verpflichtungszusagen, ZWeR 2010, 440; *Hirsbrunner/Rhomberg,* Verpflichtungszusagen im EG-Kartellverfahren – Erste praktische Erfahrungen mit der Neuregelung der Kartellverfahrensordnung (EG) 1/2003, EWS 2005, 61; *Maier-Rigaud,* Zur Idee struktureller Maßnahmen im europäischen Wettbewerbsrecht, WuW 2012, 487; *Schwarz/Weitbrecht,* Grundzüge des Europäischen Kartellrechtsverfahren, 2004; *Temple Lang,* Commitment Decisions Under Regulation 1/2003: Legal Aspects of a New Kind of Competition Decision, ECLR 2003, 347; *Wiedemann,* Auf der Suche nach der verlorenen Rechtssicherheit – Eine Zwischenbilanz zwei Jahre nach Inkrafttreten der EG-Kartellverfahrens-Verordnung Nr. 1/2003, Fs Rainer Bechtold, 2006, 627.

A. Handlungsformen zur Beendigung des Verfahrens

I. Überblick

Mit dem durch die VO Nr. 1/2003 bewirkten Übergang vom Anmelde- und Freistel- 1
lungssystem zum Prinzip der Legalausnahme sind die Formen der Entscheidung zum Abschluss des Verfahrens grundlegend geändert worden. Alle früher nach der VO Nr. 17 bestehenden Verfahren zur Bestätigung der Rechtmäßigkeit eines Verhaltens oder einer Vereinbarung (Freistellungen, „comfort letter") sind abgeschafft worden; ebenso besteht die schon früher kaum genutzte Möglichkeit zur Abgabe einer Empfehlung nicht mehr. In erster Linie stehen der Kommission nun Entscheidungsarten zur Verfügung, die auf die Feststellung, Abstellung oder Ahndung von Rechtsverstößen ausgerichtet sind. Die einzig weiter bestehende Form einer Positiventscheidung ist die Feststellung der Nichtanwendbarkeit nach Art. 10 VO Nr. 1/2003. Neu eingeführt worden ist das Instrument des Beratungsschreibens,[1] in dem sich die Kommission schriftlich zu neuartigen Fragen bei der Auslegung von Art. 101 oder 102 AEUV äußern kann. Natürlich kann die Kommission ein Verfahren weiterhin formlos beenden. Auch in den Fällen der formlosen Verfahrensbeendung behandelt die Kommission die abgeschlossenen Fälle im Wettbewerbsbericht, gelegentlich auch in Pressemitteilungen.[2]

Die VO Nr. 1/2003 kennt dem Inhalt nach folgende formelle Entscheidungen, um ein Ver- 3
fahren abschließen: Die **Feststellungsentscheidung** oder **Abstellungsentscheidung** (ggf. verbunden mit einer Geldbuße nach Art. 7 VO Nr. 1/2003), die Entscheidung nach Art. 9 VO Nr. 1/2003 mit der **Verpflichtungszusagen** von Unternehmen für verbindlich erklärt werden und die Entscheidung der **Nichtanwendbarkeit** nach Art. 10 VO Nr. 1/2003.

II. Einstellung des Verfahrens

Ein von Amts wegen eingeleitetes Verfahren wird eingestellt, wenn festgestellt wird, dass 4
keine Zuwiderhandlung vorliegt oder die Beweislage für eine Abstellungsentscheidung nicht ausreicht bzw. in Anwendung des Opportunitätsprinzips entschieden wird, dass kein ausreichendes Interesse an der Fortsetzung des Verfahrens besteht.[3] Die Parteien werden stets von der Einstellung des Verfahrens unterrichtet, erhalten jedoch keine formelle Einstellungsentscheidung zugestellt.[4]

Ein von Amts wegen eingeleitetes Verfahren kann ferner eingestellt werden, wenn nach 5
dem Einschreiten der Kommission der Wettbewerbsverstoß behoben wird und kein ausreichendes Interesse am Erlass einer förmlichen Feststellungsentscheidung oder der Verbind-

[1] Bekanntmachung der Kommission über informelle Beratung bei neuartigen Fragen zu den Artikeln 81 und 82 des Vertrages, die in Einzelfällen auftreten (Beratungsschreiben), ABl. 2004 C 101/78.

[2] S. auch die regelmäßig aktualisierte Übersicht in der Internet Seite der GD Wettbewerb: http://ec.europa.eu/comm/competition/antitrust/cases/index.html.

[3] Vgl. dazu Komm. 25. WB. (1995) S. 49 Fn. 56.

[4] Bekanntmachung der Kommission über bewährte Vorgehensweisen in Verfahren nach Artikel 101 und 102 des AEUV; ABl. 2011 L 308/6, Rdnr. 75.

licherklärung von Zusagen besteht.[5] In der Regel erfolgt in diesem Fall eine Presseerklärung oder eine Erwähnung im Wettbewerbsbericht.[6]

III. Übergangsbestimmungen

6 Mit dem Inkrafttreten der VO Nr. 1/2003 am 1.5.2004 sind alle nach der VO Nr. 17 erfolgten Anmeldungen und gestellten Anträge auf Erteilung eines Negativattests unwirksam geworden (Art. 34 Abs. 1 VO Nr. 1/2003). Entsprechende Anträge haben daher keine Rechtswirkung mehr. Die bereits von der Kommission erteilten Freistellungsentscheidungen behalten ihre Wirksamkeit bis zu dem in der Entscheidung genannten Ende der Gültigkeit (Art. 43 Abs. 1 VO Nr. 1/2003). Sind in einem noch unter der Geltung der VO Nr. 17 begonnenen Verfahren bereits Verfahrensschritte vorgenommen worden (Nachprüfungen, Auskunftsersuchen, Mitteilung der Beschwerdepunkte), so sind diese Verfahrenshandlungen weiterhin wirksam (Art. 34 Abs. 2 VO Nr. 1/2003). Das Verfahren kann dann mit den Instrumenten der VO Nr. 1/2003 beendet werden.

B. Die Feststellung der Nichtanwendbarkeit (Art. 10 VO Nr. 1/2003)

7 Die Feststellung der Nichtanwendbarkeit gemäß Art. 10 ist die einzige „Positiventscheidung", die in der VO Nr. 1/2003 vorgesehen ist. Die Entscheidung hat zum Inhalt, dass Art. 101 oder 102 AEUV auf Vereinbarungen oder Verhaltensweisen keine Anwendung finden. Der **Ausnahmecharakter**[7] dieser Vorschrift wird dadurch unterstrichen, dass die Entscheidung nur von **Amts wegen** und im **öffentlichen Interesse** erfolgen kann. Diese Formulierung bringt zum Ausdruck, dass mit Art. 10 VO Nr. 1/2003 keine Ersatzregelung für Freistellungsentscheidung oder Negativattest geschaffen werden sollte. Unternehmen haben somit keinen Anspruch auf eine Entscheidung nach Art. 10 VO Nr. 1/2003.

8 Voraussetzung für die Feststellung ist das **öffentliche Interesse** der *Gemeinschaft* an einer Entscheidung im Bereich der Anwendung von Art. 101 oder 102 AEUV. Diese Bezugnahme macht deutlich, dass es sich nur um ein wettbewerbsrechtliches Interesse handeln kann; andere öffentlichen Interessen können die Entscheidung nicht rechtfertigen. Ein öffentliches Interesse kann dann vorliegen, wenn durch die Entscheidung eine bisher unklare Rechtslage geklärt wird und dadurch eine einheitliche Rechtsanwendung in der Gemeinschaft sichergestellt wird.[8] Erwägungsgrund 14 zur VO Nr. 1/2003[9] erwähnt als Beispiel neuartige Kategorien von Vereinbarungen oder Verhaltensweisen oder, dass es sich um eine Frage handelt, die in der Rechtsprechung oder Verwaltungspraxis bisher nicht behandelt worden ist. Entscheidungen nach Art. 10 können daher insbesondere vor dem Hintergrund der dezentralen Anwendung des Kartellrechts Bedeutung für die Wahrung der Rechtseinheitlichkeit entwickeln. Der Begriff „öffentliches" Interesse macht ferner deutlich, dass das Interesse über die Individualinteressen des beteiligten Internehmens an der Klärung der Beurteilung eines konkreten Vorhabens oder Projekts hinausgehen muss. Die für die Beurteilung des „Gemeinschaftsinteresses"[10] an der Behandlung einer Beschwerde gefundenen Kriterien können daher nicht für die Bestimmung des öffentlichen Interesses nach Art. 10 VO Nr. 1/2003 herangezogen werden. In der bisherigen Entscheidungspraxis der Kommis-

[5] Zur Feststellungsentscheidung s. § 45 Rdnr. 45.

[6] Vgl. z.B. Fall – *Amex und Dean Witter/VISA,* 26. WB (1996) S. 154; IP/06/139 v. 9.2.2006 – Kommission stellt Verfahren nach Änderung der CD-R-Patentlizenzverträge von *Philips* ein.

[7] Erwägungsgrund 14 VO Nr. 1/2003.

[8] Erwägungsgrund 14 VO Nr. 1/2003.

[9] Ebenso der Begründungsentwurf, Vorschlag für eine Verordnung des Rates zur Durchführung der in den Artikeln 81 und 82 EG-Vertrag niedergelegten Wettbewerbsregeln, KOM (2000) 582 endg., S. 21.

[10] Dazu § 47 Rdnr. 10ff.

sion (Stand: Mai 2015) ist eine Entscheidung nach Art. 10 noch nicht getroffen worden, was darauf schließen lässt, dass die Kommission dieses Instrument sparsam einzusetzen gedenkt.[11]

Die Entscheidung kann sowohl die Nichtanwendbarkeit von Art. 101 Abs. 1 AEUV zum Inhalt haben als auch die Erfüllung der Voraussetzungen von Art. 101 Abs. 3. Die Entscheidung kann sich nur auf den gegenwärtigen Zustand beziehen, sie kann daher nicht für einen bestimmten Zeitraum erteilt werden. Ändern sich die der Entscheidung zugrundeliegenden Umstände, so kann die Entscheidung dadurch hinfällig werden. Die Entscheidung hat zwar nur deklaratorischer Charakter, da durch das System der Legalausnahme eine konstitutive Entscheidung nicht mehr möglich ist; sie ist aber ist gegenüber nationalen Gerichten und nationalen Wettbewerbsbehörden **bindend.** Diese dürfen keine Entscheidungen treffen, die der Entscheidung der Kommission zuwiderlaufen würden (Art. 16 VO Nr. 1/2003).[12] Die Feststellung der Nichtanwendbarkeit kann nur durch die Kommission erfolgen, nicht aber durch eine nationale Wettbewerbsbehörde.[13] **9**

Bevor die Kommission eine Entscheidung nach Art. 10 trifft, muss sie eine Zusammenfassung des Falls veröffentlichen und interessierten Dritten die Möglichkeit zur Stellungnahme geben (Art. 27 Abs. 4 VO Nr. 1/2003). Der Beratende Ausschuss ist ebenfalls anzuhören (Art. 14 Abs. 1 VO Nr. 1/2003). **10**

C. Die Verbindlicherklärung von Verpflichtungszusagen (Art. 9 VO Nr. 1/2003)

I. Überblick

Mit Art. 9 VO Nr. 1/2003 ist ein neuer Entscheidungstyp in das Verfahren der Kommission eingeführt worden. Die Kommission kann durch Entscheidung **Verpflichtungszusagen** für verbindlich erklären, die von einem Unternehmen im Zusammenhang mit einem laufenden Verfahren angeboten werden. Diese Regelung dient insbesondere der Verfahrensökonomie, um ein Verfahren ohne Feststellung eines Wettbewerbsverstoßes schnell abschließen zu können und dabei gleichzeitig die Zusagen rechtlich verbindlich zu machen. In der Entscheidungspraxis der Kommission wird das Instrument der Verpflichtungsentscheidung häufig genutzt; seit Inkrafttreten der VO Nr. 1/2003 sind insgesamt 34 Verpflichtungsentscheidungen erlassen worden.[14] Die Kommission hatte auch schon unter der Geltung der VO Nr. 17 Verfahren nach Zusagen der betroffenen Unternehmen beendet. Allerdings war die Verletzung der Zusage seinerseits nicht unmittelbar mit **Sanktionen** belegt. Ein Verstoß des Unternehmens gegen die eingegangene Verpflichtung konnte lediglich dazu führen, dass das Verfahren wieder aufgenommen wurde. Im Fall *IBM*[15] hatte die Kommission das auf der Grundlage von Art. 102 AEUV gegen *IBM* betriebene Verfahren ausgesetzt, nachdem sich *IBM* verpflichtet hatte, seine Handelspraktiken bei einer bestimmten Datenverarbeitungsanlage zu ändern und Wettbewerbern hinsichtlich dieser Anlage Schnittstelleninformationen zu liefern. Die Verpflichtung wurde auf unbegrenzte Zeit eingegangen, konnte von *IBM* jedoch unter Einhaltung einer Frist von einem Jahr gekündigt werden.[16] In anderen Fällen hatte die Verpflichtungserklärung die Gestaltung von Li- **11**

---

[11] Commission Staff Working Document, Ten Years of Antitrust Enforcement under Regulation 1/2003, Ziff. 192; Kritisch *Wiedemann,* Auf der Suche nach der verlorenen Rechtssicherheit – Eine Zwischenbilanz zwei Jahre nach Inkrafttreten der EG-Kartellverfahrens-Verordnung Nr. 1/2003, Fs Rainer Bechtold, 2006, S. 633.

[12] S. auch EuGH U. v. 16.12.2000, Rs C-344/98 P, Slg. 2000, I-11369 Rdnr. 52 – *Masterfoods.*

[13] EuGH U. v. 3.5.2011, Rs C-375/09, Slg. 2011, I-3055 – *Tele Polska.*

[14] To commit or not to commit? Deciding between prohibition and commitments. Competition policy brief, March 2014, p.1; dazu ferner *Bergmann,* WuW 2014, 467.

[15] 14. WB (1984) Rdnr. 94.

[16] IBM kündigte seine Verpflichtungserklärung im Juli 1994, s. 24. WB (1994) S. 398.

zenzverträgen (Fall *Microsoft*),[17] das Unterlassen des Abschlusses von Ausschließlichkeitsverträgen (Fall *IRI/Nielsen*),[18] die Preisgestaltung für Wartungsdienstleistungen für Software und Computer (Fall *Digital*)[19] oder die Gewährleistung des Zugangs zu einem System des grenzüberschreitenden Zahlungsverkehrs (Fall *SWIFT*)[20] zum Gegenstand.

II. Voraussetzungen und Verfahren

12 Voraussetzung für den Erlass der Entscheidung der Verbindlicherklärung von Verpflichtungszusagen ist, dass die Kommission ein Untersagungsverfahren eingeleitet hat, und die beteiligten Unternehmen Zusagen anbieten, die die nach der **vorläufigen Beurteilung** mitgeteilten Bedenken auszuräumen geeignet sind. Eine Feststellung, ob tatsächlich eine Zuwiderhandlung vorgelegen hat, ist nicht erforderlich. Ausreichend ist die vorläufige Beurteilung des Sachverhalts. Die Kommission empfiehlt Unternehmen, so früh wie möglich ihr Interesse an Gesprächen über Verpflichtungszusagen zu signalisieren.[21] Art. 9 VO Nr. 1/2003 setzt nicht voraus, dass bereits eine Mitteilung der Beschwerdepunkte erfolgt ist; die vorläufige Beurteilung kann auch in anderer Form erfolgen. Die vorläufige Beurteilung muss daher nicht den Anforderungen von Beschwerdepunkten oder einer Endentscheidung genügen, sie muss allerdings eine Darstellung des Sachverhalts und eine vorläufige rechtliche Bewertung enthalten. Diese Beurteilung muss zu dem Ergebnis führen, dass zur Abstellung der Zuwiderhandlung eine Entscheidung nach Art. 7 VO Nr. 1/2003 beabsichtigt ist und die Zusage geeignet ist, den möglichen Wettbewerbsverstoß abzustellen. Der Grundsatz der Verhältnismäßigkeit erfordert, dass die Kommission die mögliche Zuwiderhandlung so beschreibt, dass die Angemessenheit der Zusagen beurteilt werden kann.[22] Die Prüfung der Verhältnismäßigkeit beschränkt sich allerdings darauf, ob die angebotenen Zusagen die von der Kommission mitgeteilten Bedenken ausräumen und die Unternehmen keine weniger belastenden Verpflichtungen angeboten haben.[23] Die im Rahmen von Art. 9 angebotenen Zusagen können über das hinausgehen, wozu die Unternehmen im Rahmen einer Entscheidung nach Art. 7 VO Nr. 1/2003 verpflichtet werden können.[24] Fälle, in denen die Kommission einen schwerwiegenden Wettbewerbsverstoß mit einer Geldbuße sanktionieren will, sind für eine Zusagenregelung nicht geeignet.[25] Eine Zusagenregelung ist auch nach der Mitteilung der Beschwerdepunkte noch möglich; in diesem Fall ersetzen die Beschwerdepunkte die vorläufige Beurteilung.[26]

13 Die Zusagen werden in jedem Fall gemäß Art. 27 Abs. 4 VO Nr. 1/2003 einem **Markttest** unterzogen. Vor Erlass der Entscheidung veröffentlicht die Kommission eine kurze Zusammenfassung des Falls und den wesentlichen Inhalt der betreffenden Verpflichtungszusagen. Interessierte Dritte können hierzu ihre Bemerkungen innerhalb einer Frist abgeben, die mindestens einen Monat betragen muss. Eine formelle **Anhörung** der Parteien oder von Beschwerdeführern findet nicht statt, entsprechende Rechte sind weder in Art. 27 VO Nr. 1/2003 noch in der VO Nr. 773/2004 enthalten. Ebenso wenig haben

---

[17] 24. WB (1994) S. 397 – *Microsoft*; es bestand ein gleichlautendes consent decree' in den USA.

[18] Komm., 26. WB (1996) S. 158 – *IRI/Nielsen*.

[19] Komm., 27. WB (1997) S. 173 – *Digital*.

[20] Komm., 27. WB (1997) S. 161 – *Swift*.

[21] Bekanntmachung der Kommission über bewährte Vorgehensweisen in Verfahren nach Artikel 101 und 102 des AEUV, ABl. 2011 L 308/6, Rdnr. 118.

[22] EuGH U. v. 29.6.2010, Rs C-441/07 P, Slg. 2010 I-5949 Rdnr. 36 – *Alrosa/deBeers*.

[23] EuGH U. v. 29.6.2010, Rs C-441/07, P Slg. 2010 I-5949 Rdnr. 38 – *Alrosa/deBeers*. Der EuGH hob damit das Urteil des EuG (EuG U. v. 11.7.2007, Rs T-170/06 Rdnr. 140) auf, das die Kommission nicht für befugt hielt, im Rahmen von Art. 9 weiterreichende Zusagen für verpflichtend zu erklären, als im Rahmen einer Entscheidung nach Art. 7 auferlegt werden können.

[24] EuGH U. v. 29.6.2010, Rs C-441/07 P, Slg. 2010, I-5949 Rdnr. 48 – *Alrosa/deBeers*.

[25] Erwägungsgrund 13 VO Nr. 1/2003, Bekanntmachung der Kommission über bewährte Vorgehensweisen in Verfahren nach Artikel 101 und 102 des AEUV, ABl. 2011 L 308/6, Rdnr. 116.

[26] Bekanntmachung der Kommission über bewährte Vorgehensweisen in Verfahren nach Artikel 101 und 102 des AEUV, ABl. 2011 L 308/6, Rdnr. 132.

Dritte ein Recht auf Anhörung.[27] Ein Anspruch auf **Akteneinsicht** besteht nicht. Dabei ist allerdings nicht ausgeschlossen, dass die Kommission den betroffenen Unternehmen bestimmte Dokumente zugänglich macht. Vor Erlass der Entscheidung muss der Beratende Ausschuss angehört werden (Art. 14 Abs. 1 VO Nr. 1/2003).

III. Inhalt

Die Entscheidung beschreibt den Sachverhalt, definiert den relevanten Markt, stellt die vorläufigen Bedenken dar und erläutert, wie die Zusagen die Bedenken ausräumen. Damit wird die Feststellung begründet, dass nach der Verbindlicherklärung der Zusagen kein Anlass für ein weiteres Tätigwerden der Kommission mehr besteht. Die Art der Verpflichtungszusagen wird in Art. 9 nicht weiter vorgeschrieben, diese können sowohl Verhaltenszusagen als auch strukturelle Zusagen sein. Die Verpflichtungszusagen müssen unmissverständlich und unmittelbar vollzugsfähig („self-executing") sein.[28] Gegebenenfalls kann auch ein Überwachungs- oder Veräußerungstreuhänder benannt werden.[29] In den Fällen *Deutsche Bundesliga*[30] und *Premier League*[31] betrafen die Zusagen die Vermarktung von Medienrechten bei Fernsehen, Radio und neuen Medien. Die Zusagen verringerten den Umfang und die Dauer von Verwertungsverträgen und sahen ein transparentes Verfahren der Rechtevergabe vor. Im Fall *Coca Cola*[32] beschränkten die Zusagen die Möglichkeit zum Abschluss von Ausschließlichkeitsverträgen und bestimmter Rabattformen. Im Fall *Repsol*[33] beinhaltet die Zusage, in Zukunft keine langfristigen Ausschließlichkeitsvereinbarungen mit Tankstellen abzuschließen und bestehende langfristige Verträge zu beenden. Im Fall *E-Books*[34] ging es um die Beendigung laufender Handelsvertreterverträge und das Verbot bestimmter Meistbegünstigungsklauseln in den in den nächsten fünf Jahren geschlossenen Handelsvertreterverträgen. Im Fall *VISA*[35] hat die Kommission hat die Zusagen von *Visa Europe,* seine multilateralen Interbankenentgelte (MIF) für Kreditkartenzahlungen zu senken, für rechtlich bindend erklärt. Im Fall *Samsung* betraf die Zusage, in Europa keine Unterlassungsverfügungen auf Grundlage standardessentieller Patente (SEP) für Smartphones und Tablet-Computer gegen Unternehmen zu erheben, die einen bestimmten Lizenzierungsrahmen einhalten.[36] **14**

Durch die Entscheidung werden die Zusagen für das betreffende Unternehmen **bindend.** Die Entscheidung kann **befristet** werden (Art. 9 Abs. 1 Satz 2 VO Nr. 1/2003). Die Kommission macht von dieser Möglichkeit in der Regel Gebrauch; die Frist schwankt dabei von drei[37] bis sechs[38] Jahren. Grundsätzlich kann die Kommission auch unbefristete **15**

---

[27] EuGH U. v. 29.6.2010 Rs C-441/07 P Slg. 2010, I-5949 Rdnr. 90 – *Alrosa/deBeers.*

[28] Bekanntmachung der Kommission über bewährte Vorgehensweisen in Verfahren nach Artikel 101 und 102 des AEUV, ABl. 2011 L 308/6, Rdnr 128.

[29] Bekanntmachung, Rdnr. 128.

[30] Komm. E v. 19.1.2005, http://ec.europa.eu/comm/competition/antitrust/cases/decisions/37214/de.pdf – *Deutsche Bundesliga.*

[31] Komm. E v. 22.3.2006, http://ec.europa.eu/comm/competition/antitrust/cases/decisions/38173/decision_en.pdf – *Premier League.*

[32] Komm. E v. 22.6.2005, http://ec.europa.eu/comm/competition/antitrust/cases/decisions/39116/commitments_de.pdf – *Coca Cola.*

[33] Komm. E v. 12.4.2006, *Repsol* ABl. 2006 L 176/104.

[34] Komm. E v. 25.7.2013, http://ec.europa.eu/competition/antitrust/cases/dec_docs/39847/39847_27536_4.pdf - *E-Books.*

[35] Komm. E v. 26.2.2014, http://ec.europa.eu/competition/antitrust/cases/dec_docs/39398/39398_9728_3.pdf- *VISA.*

[36] Komm. E v. 29.4.2014, http://ec.europa.eu/competition/antitrust/cases/dec_docs/39939/39939_1501_5.pdf- *Samsung Unterlassungsverfügungen bei standardessentiellen Patenten.*

[37] Komm. E v. 19.1.2005, http://ec.europa.eu/comm/competition/antitrust/cases/decisions/37214/de.pdf, Rdnr. 42 – *Deutsche Bundesliga.*

[38] Komm. E v. 22.3.2006, http://ec.europa.eu/comm/competition/antitrust/cases/decisions/38173/decision_en.pdf; Rdnr. 44 – *Premier League.*

Zusagen für verbindlich erklären,[39] sie ist dabei aber an den Grundsatz der Verhältnismäßigkeit gebunden. Eine unbegrenzte Verpflichtung, mit anderen Unternehmen keine Vertragsbeziehungen einzugehen, kann nur mit außergewöhnlichen Umständen begründet werden.[40] Zur Überwachung der Zusagen wird gelegentlich ein unabhängiger Treuhänder eingesetzt, der der Kommission regelmäßig Bericht erstattet.[41] Eine Kündigung einer Zusage durch das Unternehmen ist nicht möglich; dieses kann lediglich einen Antrag auf Wiederaufnahme stellen, wenn sich die tatsächlichen Umstände wesentlich geändert haben. Nationale Behörden und nationale Gerichte werden durch die Entscheidung nicht gebunden.[42] Zwar spricht Art. 16 VO Nr. 1/2003 allgemein von der Bindungswirkung von Entscheidungen der Kommission. Die Erwägungsgründe 13 und 22 der VO Nr. 1/2003 machen jedoch deutlich, dass nach dem Willen des Gesetzgebers Zusagenentscheidungen nationale Behörden und Gerichte nicht binden sollen. Die Entscheidung der Kommission beschränkt sich in diesem Fall auf die Verbindlicherklärung der Zusage, die Kommission hat jedoch keine Feststellung über das Vorliegen einer Zuwiderhandlung getroffen. Es ist allerdings schwer vorstellbar, dass eine nationale Behörde oder ein nationales Gericht nach der Zusagenentscheidung eine Situation als rechtswidrig ansehen, wenn nach Einschätzung der Kommission die Zusage etwaige Bedenken ausgeräumt hat.

16 Die Kommission kann das Verfahren von Amts wegen oder auf Antrag wieder aufnehmen, wenn sich die tatsächlichen Verhältnisse in einem für die Entscheidung wesentlichen Punkt geändert haben oder die beteiligten Unternehmen ihre Verpflichtungen nicht einhalten, bzw. die Entscheidung auf unvollständigen, unrichtigen oder irreführenden Angaben der Parteien beruht. Auch bei Nichteinhaltung der Zusage verfügt die Kommission über ein Ermessen, ob sie deswegen ein Verfahren einleitet.[43] Die Nichteinhaltung der Zusage kann ferner durch eine Geldbuße sanktioniert werden (Art. 23 Abs. 2 VO Nr. 1/2003).[44]

D. Feststellung und Abstellung von Zuwiderhandlungen (Art. 7 VO Nr. 1/2003)

I. Gegenstand der Abstellungsentscheidung

17 Art. 7 VO Nr. 1/2003 sieht vor, dass die Kommission die Unternehmen durch Entscheidung verpflichten kann, eine festgestellte Zuwiderhandlung abzustellen. Art. 7 entspricht inhaltlich der Vorgängerregelung in Art. 3 VO Nr. 17; mit der VO Nr. 1/2003 neu eingeführt worden ist die Möglichkeit, auch **strukturelle Abhilfemaßnahmen** vorzuschreiben. In der Praxis besteht der Tenor einer Abstellungsentscheidung aus einer **Feststellungsentscheidung,** einer **Abstellungsanordnung** und ggf. der Festsetzung einer Geldbuße.[45] Die Feststellung hat die rechtliche Beurteilung eines Sachverhalts als Zuwiderhandlung zum Gegenstand. Die Abstellungsanordnung gewährleistet die praktische Wirk-

---

[39] EuG U. v. 11.7.2007, Rs T-170/06 Rdnr. 91– *Alrosa/deBeers.*

[40] EuG U. v. 11.7.2007, Rs T-170/06 Rdnr. 141 – *Alrosa/deBeers.*

[41] Im Fall *Repsol* http://ec.europa.eu/comm/competition/antitrust/cases/decisions/38348/trustee.pdf; im Fall *Alrosa/deBeers* Komm. E v. 22.2.2006, http://ec.europa.eu/comm/competition/antitrust/cases/decisions/38381/commitments_de.pdf, Rdnr. 39 – *Alrosa/deBeers.*

[42] Für eine Bindungswirkung nach Erlass einer Entscheidung der Kommission: *Wiedemann,* Fs Rainer Bechtold, 2006, S. 627, 634 mwN.

[43] EuG U. v. 6.2.2014, Rs T-342/11, ECLI:EU:T:2014:60 Rdnr. 48 – *CEEES.*

[44] Komm. E. v. 6.3.2013, http://ec.europa.eu/competition/antitrust/cases/dec_docs/39530/39530_3162_3.pdf – *Microsoft* (Geldbuße in Höhe von 561 € für die Nichteinhaltung einer Verpflichtungszusage zur ‚Browser-Wahl')

[45] Komm. E. v. 13.7.1994, ABl. 1994 L 243/1 – *Karton;* Komm. E. v. 27.7.1994, ABl. 1994 L 239/14 – *PVC;* Komm. E. v. 13.5.2009, http://ec.europa.eu/competition/antitrust/cases/c_docs/39924/39924_1156_3.pdf – Intel.

samkeit der Entscheidung.[46] Sie hat das Verbot zum Gegenstand, bestimmte Tätigkeiten, Praktiken oder Sachverhalte, deren Rechtswidrigkeit festgestellt worden ist, fortzuführen oder fortdauern zu lassen.[47] Die Abstellungsanordnung kann auch mit einem Zwangsgeld bewehrt werden (Art. 24 Abs. 1 VO Nr. 1/2003).[48]

II. Inhalt der Abstellungsanordnung

Die Abstellungsanordnung verpflichtet das Unternehmen, die festgestellte Zuwiderhandlung abzustellen. Die Kommission kann dabei sowohl **verhaltensorientierte** als auch **strukturelle Abhilfemaßnahmen** vorschreiben. Strukturelle Abhilfemaßnahmen[49] können nur in Ermangelung einer verhaltensorientierten Abhilfemaßnahme von gleicher Wirksamkeit festgelegt werden oder wenn letztere mit einer größeren Belastung für das betroffene Unternehmen verbunden wäre (Art. 7 Abs. 1 Satz 3 VO Nr. 1/2003). Im Grundsatz wird damit bei gleichermaßen wirksamen Maßnahmen der verhaltensorientierten gegenüber der strukturellen Maßnahme der Vorzug gegeben. **18**

Die Abhilfemaßnahme muss dem Verhältnismäßigkeitsprinzip genügen, sie darf nur das anordnen, was zur Behebung der Zuwiderhandlung angemessen und erforderlich ist.[50] So ist z. B. ein pauschales Verbot, über den Austausch individueller Geschäftsinformationen hinausgehend auch globale statistische Daten auszutauschen, zu weitgehend, wenn aus der Entscheidung nicht hervorgeht, dass ein solcher Austausch gegen Art. 101 AEUV verstößt.[51] Die Kommission kann dem Gebot der Verhältnismäßigkeit auch dadurch nachkommen, dass sie das Unternehmen verpflichtet, Vorschläge zur Beseitigung des aus der festgestellten Zuwiderhandlung folgenden rechtswidrigen Zustands vorzulegen.[52] Die verhaltensorientierte Abstellungsanordnung kann sowohl auf ein **Unterlassen** als auch auf ein **aktives Handeln** gerichtet sein.[53] **19**

Im ersten Fall wird dem Unternehmen aufgegeben, keine weiteren Zuwiderhandlungen zu begehen und ggf. bestehende Zuwiderhandlungen zu beenden. So wird bei einem unzulässigen Exportverbot das Unternehmen aufgefordert, keine weiteren Exportverbote zu verhängen und entsprechende Vereinbarungen aufzuheben.[54] Im Fall des klassischen Kartells wird den beteiligten Unternehmen untersagt, gleichzeitige Preiserhöhungen zu planen und Marktanteile festzusetzen sowie entsprechende Informationen auszutauschen.[55] Im Fall **20**

---

[46] EuGH U. v. 6.4.1995, verb. Rs 241–242/91P, Slg. 1995, I-743 Rdnr. 89 – *RTE.*

[47] EuG U. v. 14.5.1998, Rs T-338/94, Slg. 1998, II-1617 Rdnr. 241 – *Finnboard;* Komm. E. v. 21.10.2014, http://ec.europa.eu/competition/antitrust/cases/dec_docs/39924/39924_1155_4.pdf – *Swiss Franc Interest Rate Derivatives.*

[48] Komm. E. v. 14.12.1972, ABl. 1972 L 299/51 – *Commercial Solvents*; Komm. E. v. 17.12.1995 ABl. L 1976 95/1 – *Chiquita*; Komm. E. v. 18.9.1980, ABl. 1980 L 318/1 – *IMA*; Komm. E. v. 28.1.1998, ABl. 1998 L 124/60, Art. 5 – *Volkswagen/Audi;* Komm. E. v. 21.12.2000, ABl. 2002 L 69/1, Art. 6 – *JCB;* Art. 7 Komm. E. v. 19.12.2007, http://ec.europa.eu/competition/antitrust/cases/dec_docs/34579/34579_1888_2.pdf – *MasterCard.*

[49] Dazu § 45 Rdnr. 24.

[50] EuG U. v. 10.7.1991, Rs T-76/89, Slg. 1991, II-575, 612 Rdnr. 80 – *ITP,* bestätigt durch EuGH U. v. 6.4.1995, verb. Rs C-241 und 242/91 P, Slg. 1995, I-743 Rdnr. 93 – *RTE;* EuG U. v. 14.5.1998, Rs T-338/94, Slg. 1998, II-1617 Rdnr. 242 – *Finnboard.*

[51] EuG U. v. 14.5.1998, Rs T-338/94, Slg. 1998, II-1617 Rdnr. 242 – *Finnboard.*

[52] EuGH U. v. 6.3.1974, RS 6–7/73, Slg 1974, 223 Rdnr. 45 – *Commercial Solvents;* Komm. E. v. 9.12.1971, ABl. 1972 L 7/25 – *Continental Can;* Komm. E. v. 8.12.1977, ABl. 1978 L 22/23 S. 35 – *Hugin Liptons*; Komm. E. v. 28.11.1990, ABl. 1990 L 351/46 – *Ijsselcentrale.*

[53] EuGH U. v. 6.4.1995, verb. Rs C-241–242/91P, Slg. 1995, I-743 Rdnr. 90 – *RTE.*

[54] Komm. E. v. 21.12.1976, ABl. 1977 L 39/19 – *Theal-Watts;* Komm. E. v. 21.12.1994, ABl. 1994 L 378/45 – *Tretorn;* s. auch Komm. E. v. 19.12.2007, http://ec.europa.eu/competition/antitrust/cases/dec_docs/34579/34579_1888_2.pdf – *MasterCard* (Art. 3 Aufhebung von Beschlüssen über Interbankenendgelte).

[55] So z. B. Komm. E. v. 13.7.1994, ABl. 1994 L 243/1 – *Karton.* Aufgehoben, soweit die Entscheidung auch ein pauschales Verbot des über den Austausch individueller Geschäftsinformationen hinausgehenden Austausches globaler statistischer Daten zum Gegenstand hatte, EuG, U. v. 14.5.1998, Rs T-338/94, Slg. 1998, II-1617 Rdnr. 242 – *Finnboard.*

des Missbrauchs einer marktbeherrschenden Stellung werden dem Unternehmen z.B. Preisdiskriminierungen, Koppelungsgeschäfte[56] oder die Behinderung des Marktzutritts von Wettbewerbern[57] untersagt.

21 Die Abstellungsanordnung ist der Natur der Sache nach in die Zukunft gerichtet. Die Kommission kann daher auch den Abschluss **zukünftiger Verträge** untersagen. Dies ist möglich, sofern die Verträge mit hinreichender Genauigkeit umschrieben werden können, so etwa eine Wiederholung des untersagten Verhaltens. Eine Ausnahme gilt für Vereinbarungen, die unter eine GruppenfreistellungsVO fallen. Eine Untersagungsanordnung für zukünftige, unter eine GruppenfreistellungsVO fallende Verträge ist nicht zulässig, da die Kommission nicht durch eine Einzelfallentscheidung die Wirkung einer gesetzlichen Regelung im Voraus einschränken kann.[58]

22 Wird ein **aktives Handeln** angeordnet, kann dies z.B. die Aufnahme einer Belieferung oder die Erteilung von Lizenzen zum Gegenstand haben.[59] Im Fall *Magill*[60] hatte die Kommission die beteiligten Fernsehsender verpflichtet, sich gegenseitig und Dritten ihre Fernsehprogramme zur Verfügung zu stellen und die Veröffentlichung gegen eine angemessene Lizenzgebühr zu gestatten. Im Fall *Microsoft*[61] hat die Kommission angeordnet, Schnittstellenspezifikationen offen zu legen, mit denen nicht von *Microsoft* stammende Arbeitsgruppenserver mit *Windows*-Personalcomputern und Servern kommunizieren können sowie Herstellern von Personalcomputern eine Version des Betriebssystems Windows ohne Windows Media Player anzubieten. Zur Sicherstellung der Erfüllung der aufgegebenen Verpflichtungen ernannte die Kommission einen Treuhänder („monitoring trustee"), der darüber wachen soll, dass die von *Microsoft* offen gelegten Schnittstelleninformationen vollständig und korrekt sind.[62] Die Kommission darf dem Treuhänder aber keine eigenständigen Ermittlungs- oder Überwachungsaufgaben übertragen; ebenso wenig darf sie das Unternehmen zur Tragung der Kosten des Treuhänders verpflichten.[63] Die Kommission kann dagegen nicht den **Abschluss eines konkreten Vertrags** vorschreiben.[64] Ist allerdings nur ein Mittel zur Abstellung der Zuwiderhandlung denkbar, etwa die Verpflichtung zu Erteilung einer Zwangslizenz, so kommt dies der Verpflichtung zum Abschluss eines konkreten Vertrags sehr nahe.[65]

23 Um die Abstellungsanordnung wirksam zu gestalten, kann diese auch mit einer Verpflichtung verbunden werden, **Dritte** zu informieren. Beispiele dafür sind: Die Verpflichtung einer berufsständischen Vereinbarung, ihre Mitglieder über die Unzulässigkeit einer Gebührenabsprache,[66] oder die Verpflichtung Verbandsmitglieder über die Unzulässigkeit einer Tarifabsprache zu informieren,[67] die Verpflichtung zur Unterrichtung von Geschäftspartnern und zum Angebot von Kündigungsmöglichkeiten,[68] oder die Verpflichtung, Wiederverkäufer über die Nichtigkeit eines Vertrages zu informie-

---

56 Komm. E. v. 24.7.1991, ABl. 1992 L 72/1 – *Tetra Pak II.*

57 Komm. E. v. 14.1.1998, ABl. 1998 L 72/30, Art. 1 – *Flughafen Frankfurt.*

58 EuG U. v. 8.6.1995, Rs T-9/93, Slg. 1995, II-1611 Rdnr. 163 – *Schöller; bestätigt durch* EuGH U. vom 1.10.1998, Rs C-279/95 P, Slg. 1998, I-5609 Rdnr. 78 – *Langnese-Iglo.*

59 EuGH U. v. 6.3.1974, Rs 6–7/73, Slg. 1974, 223 Rdnr. 47 – *Commercial Solvents;* EuGH U. v. 6.4.1995, verb. Rs C-241–242/91P Slg. 1995, I-743 Rdnr. 90 – *RTE;* Komm. E. v. 21.12.1988, ABl. 1989 L 78/43 – *Magill TV Guide.*

60 Komm. E. v. 21.12.1988, ABl. 1989 L 78/43 – *Magill TV Guide.*

61 Komm. E. v. 24.3.2004, – *Microsoft* http://ec.europa.eu/comm/competition/antitrust/cases/decisions/37792/en.pdf.

62 Komm. E v. 28.7.2005 *Monitoring Trustee for Microsoft* http://ec.europa.eu/comm/competition/antitrust/cases/decisions/37792/trustee.pdf.

63 EuG U. v. 17.9.2007, Rs T-201/04, Slg. 2007, II-3601 Rdnr. 1271, 1273 – *Microsoft.*

64 EuG U. v. 18.9.1992, Rs T-24/90, Slg. 1992, II-2223 Rdnr. 44–46 – *Automec II.*

65 EuGH U. v. 6.4.1995, verb. Rs C-241–242/91P, Slg. 1995, I-743 Rdnr. 91 – *RTE.*

66 Komm. E. v. 30.1.1995, ABl. 1995 L 122/37 S. 50 – *COAPI.*

67 Komm. E. v. 30.6.1993, ABl. 1993 L 203/27 – *CNSD.*

68 Komm. E. v. 23.12.1992, ABl. 1993 L 20/23 – *Astra;* Art. 4 Komm. E. v. 19.12.2007, http://ec.europa.eu/competition/antitrust/cases/dec_docs/34579/34579_1888_2.pdf – *MasterCard.*

ren.[69] Mit der Feststellung einer Zuwiderhandlung kann auch die Verpflichtung zur Information der Kommission über die Umsetzung der Entscheidung verbunden werden.[70]

Strukturelle Maßnahmen sind nur in Ausnahmefällen zulässig. Erwägungsgrund 12 zur VO Nr. 1/2003 führt dazu aus, dass ein Eingriff in die Unternehmensstruktur, wie sie vor der Zuwiderhandlung bestand, nur dann verhältnismäßig ist, wenn ein erhebliches, durch die Struktur eines Unternehmens als solches bedingtes Risiko anhaltender und wiederholter Zuwiderhandlungen gegeben ist. Das bisher einzige Beispiel einer strukturellen Maßnahme in Form einer Entflechtung findet sich in dem Fall *Gillette.* In dieser Entscheidung sind zur Behebung eines Verstoßes gegen Art. 101 und 102 AEUV die Rückgängigmachung von Kapitalbeteiligungen und die Rückübertragung von Geschäftsaktivitäten angeordnet worden.[71] Diese Entscheidung stellt insofern eine Besonderheit dar, als gerade der Erwerb einer Minderheitsbeteiligung an einem Wettbewerber und der Abschluss einer Vertriebsvereinbarung als Verstoß angesehen wurden; in die Unternehmensstruktur, die vor der Zuwiderhandlung bestand, wurde nicht eingegriffen. 24

III. Feststellungsentscheidung

Gemäß Art. 7 Abs. 1 VO Nr. 1/2003 kann die Kommission eine reine Feststellungsentscheidung erlassen, in der eine Zuwiderhandlung feststellt wird, nachdem diese bereits beendet ist. Voraussetzung hierfür ist, dass die Kommission ein berechtigtes Interesse an der Feststellung hat. Diese Regelung kodifiziert die in dem *GVL*-Urteil[72] niedergelegten Anforderungen, in dem der EuGH das Vorliegen eines berechtigten **Feststellungsinteresses**[73] verlangt hatte. In ihrer Entscheidungspraxis hat die Kommission ein berechtigtes Interesse an der Feststellung einer bereits beendeten Zuwiderhandlung immer dann angenommen, wenn die Entscheidung der **Klärung der Rechtslage** und der **Vermeidung von Wiederholungen** in den entsprechenden Wirtschaftskreisen dient.[74] Ein Feststellungsinteresse ist ferner im Fall *Seacontainers/Sealink*[75] angenommen worden, obwohl sich die Parteien bereits geeinigt hatten, sowie im Fall GDF/ENI,[76] um die Rechtslage für die Zukunft zu klären. 25

E. Der Entzug des Rechtsvorteils einer Gruppenfreistellungsverordnung (Art. 29 VO Nr. 1/2003)

Die bestehenden Gruppenfreistellungsverordnungen sehen bereits die Möglichkeit vor, dass die Kommission den Rechtsvorteil der Freistellung im Einzelfall entzieht, wenn die Voraussetzungen einer Freistellung nach Art. 101 Abs. 3 AEUV nicht gegeben sind.[77] Art. 29 VO Nr. 1/2003 erhält nun eine allgemeine Ermächtigung der Kommission, den 26

---

[69] Komm. E. v. 23.12.1992, ABl. 1993 L 183/1 – *Langnese/Schöller;* EuG U. v. 8.6.1995, Rs T-9/93 Slg. 1995, II-1611 Rdnr. 158 – *Schöller;* Komm. E. v. 21.12.2000, ABl. 2002 L 69/1 – *JCB.*

[70] Komm. E. v. 14.1.1998 ,ABl. 1998 L 72/30, Art. 2 – *Flughafen Frankfurt.*

[71] Komm. E. v. 10.11.1992, ABl. 1993 L 116/21 – *Gillette.*

[72] EuGH U. v. 2.3.1983, Rs 7/82, Slg. 1983, 483 – *GVL.*

[73] EuGH U. v. 2.3.1983, Rs 7/82, Slg. 1983, 483 Rdnr. 24 – *GVL.*

[74] Komm. E. v. 28.11.1990, ABl. 1990 L 351/46 (Klärung der Rechtslage) – *Bayer Dental;* Komm. E. v. 5.2.1992, ABl. 1992 L 92/1 (Klärung der Rechtslage) – *Niederländische Bauwirtschaft;* Komm. E. v. 27.7.1992, ABl. 1992 L 235/9 (Klärung der Rechtslage) – *Continuum/Quantel SA;* Komm. E. v. 22.6.1993, ABl. 1993 L 272/28 (Klärung der Rechtslage) – *Hinkens/Stähler;* Komm. E. v. 24.11.1993, ABl. 1993 L 306/50 (Klärung der Rechtslage und Vermeidung von Wiederholungen) – *Auditel.*

[75] Komm. E. v. 21.12.1993, ABl. 1994 L 15/8 Rdnr. 47 – *Seacontainers/Sealink* (betreffend Hafenzugang).

[76] Komm. E. v. 26.10.2004, http://ec.europa.eu/competition/antitrust/cases/dec_docs/38662/38662_59_6.pdf – *GDF/ENI.*

[77] S. *Lübbig* in § 7 Rdnr. 65.

Rechtsvorteil einer auf der Grundlage der in Art. 29 Abs. 1 VO Nr. 1/2003 genannten Bestimmungen erlassenen Gruppenfreistellungsverordnung zu entziehen, wenn in einem bestimmten Fall die Voraussetzungen für die Freistellung nicht gegeben sind. Da eine solche Entscheidung stets mit einer Abstellungsanordnung verbunden sein wird, gelten die allgemeinen Verfahrensregeln für den Erlass einer derartigen Entscheidung. Nationale Wettbewerbsbehörden sind befugt, diese Entscheidung zu treffen, wenn die Wirkungen im Gebiet oder einem Teilgebiet dieses Mitgliedstaats, das alle Merkmale eines gesonderten räumlichen Marktes aufweist, auftreten. In der Praxis ist der Entzug bisher eine sehr seltene Maßnahme gewesen.[78]

F. Beratungsschreiben

27 Mit dem Modernisierungspaket ist zum 1. Mai 2004 auch die Möglichkeit informeller **Beratungsschreiben** eingeführt worden. Einzelheiten dazu sind in der „Bekanntmachung der Kommission über informelle Beratung bei neuartigen Fragen zu den Artikeln 81 und 82 des Vertrages, die in Einzelfällen auftreten (Beratungsschreiben)"[79] aufgeführt. Die Bekanntmachung ist ein Ergebnis der mit der Abschaffung des Anmeldesystems nach der alten VO Nr. 17 erfolgten Diskussion über Rechtssicherheit. Ihre Grundlage findet das Beratungsschreiben in Erwägungsgrund 38 der VO Nr. 1/2003, in dem ausgeführt wird, dass die Verordnung das Recht der Kommission, informelle Beratung zu leisten, unberührt lasse.[80]

28 Die Bekanntmachung bietet Unternehmen die Möglichkeit, ein Ersuchen auf informelle Beratung einzureichen. Ein Formular für das Ersuchen besteht nicht; dieses sollte jedoch eine umfassende Darstellung des Sachverhalts und eine ausführliche Begründung der Notwendigkeit eines Beratungsschreibens enthalten.[81] Ein Rechtsanspruch auf ein Beratungsschreiben besteht nicht. Seit dem Inkrafttreten der VO Nr. 1/2003 hat die Kommission noch kein Beratungsschreiben erstellt.[82]

29 Als **Voraussetzung** für ein Beratungsschreiben führt die Bekanntmachung aus, dass es sich um eine neuartige Rechtsfrage handeln muss, die weder durch den bestehenden EG-Rechtsrahmen noch durch allgemein verfügbare Orientierungshilfen, die Entscheidungspraxis oder frühere Beratungsschreiben geklärt sei. Als mögliche Anhaltspunkte für die Zweckmäßigkeit eines Beratungsschreibens nennt die Bekanntmachung die wirtschaftliche Bedeutung der von der Vereinbarung oder der Verhaltensweise betroffenen Waren oder Dienstleistungen, das Ausmaß der Verbreitung im Markt und den Umfang der mit der Transaktion einhergehenden Investitionen.[83] Ferner ist erforderlich, dass der Sachverhalt bereits feststeht und keine weiteren Ermittlungshandlungen notwendig sind.[84] Ist die Fragestellung bereits Gegenstand eines Verwaltungsverfahrens oder ist ein Gerichtsverfahren anhängig, zieht die Kommission ein Beratungsschreiben nicht in Betracht.[85] Hypothetische Fragestellungen werden nicht behandelt.[86]

30 Das Beratungsschreiben hat ggf. folgenden **Inhalt:** Eine Zusammenfassung des Sachverhalts und die rechtliche Einschätzung der neuartigen Fragestellung durch die Kommission.

---

[78] Bisher ist dies nur in dem Fall *Langnese/Schöller* erfolgt, Komm. E v. 23.12.1992, ABl. 1993 L 183/1 – *Langnese/Schöller*.

[79] ABl. 2004 C 101/78.

[80] S. dazu auch die Protokollerklärung der Kommission v. 16.12.2002, http://register.consilium.europa.eu/pdf/de/02/st15/st15664-ad01de02.pdf.

[81] Bekanntmachung der Kommission über informelle Beratung bei neuartigen Fragen zu den Artikeln 81 und 82 des Vertrages, die in Einzelfällen auftreten (Beratungsschreiben), Rdnr. 14.

[82] Kritisch dazu *Wiedemann,* Fs Bechtold, S. 637.

[83] Bekanntmachung, Rdnr. 8b.

[84] Bekanntmachung, Rdnr. 8c.

[85] Bekanntmachung, Rdnr. 9.

[86] Bekanntmachung, Rdnr. 10.

Es wird auf der Webseite der Kommission veröffentlicht, die Kommission verständigt sich dabei mit den betroffenen Unternehmen über die Berücksichtigung von Geschäftsgeheimnissen. Das Beratungsschreiben hat nicht die Rechtsnatur einer Entscheidung und daher **keine Bindungswirkung** gegenüber nationalen Gerichten oder Wettbewerbsbehörden der Mitgliedstaaten.[87] Es steht diesen allerdings frei, ein Beratungsschreiben der Kommission zu berücksichtigen, soweit sie es für zweckmäßig erachten. Zur Bindung der Kommission führt die Bekanntmachung aus, dass ein Beratungsschreiben die Kommission nicht hindere, zu einem späteren Zeitpunkt ein Verfahren einzuleiten, insbesondere als Folge einer Beschwerde.[88] Die Kommission wird dabei dem früheren Beratungsschreiben Rechnung tragen. Auch wenn ein Beratungsschreiben zu einer gewissen Selbstbindung[89] der Kommission führen kann, steht es einer Änderung der Wettbewerbspolitik der Kommission nicht entgegen.[90]

G. Veröffentlichung der Entscheidung und die Behandlung von Geschäftsgeheimnissen

I. Veröffentlichung im Amtsblatt

Die Kommission veröffentlicht alle Endentscheidungen, die sie im Verfahren nach der VO Nr. 1/2003 trifft. Eine **Veröffentlichungspflicht** besteht nur für die in Art. 30 Abs. 1 VO Nr. 1/2003 aufgezählten Entscheidungen (Entscheidungen nach Art. 7–10 sowie 23 und 24 VO Nr. 1/2003). Dabei handelt es sich um Abstellungsentscheidungen, Entscheidungen über einstweilige Maßnahmen, die Verbindlicherklärung von Verpflichtungszusagen, die Feststellung der Nichtanwendbarkeit sowie um Entscheidungen über Geldbußen und Zwangsgelder. Die Kommission kann auch Entscheidungen veröffentlichen, für die keine Veröffentlichungspflicht besteht.[91] Die Veröffentlichung dient der Transparenz der Verwaltung und der Information der Allgemeinheit. Insbesondere die Veröffentlichung von Bußgeldentscheidungen hat auch generalpräventiven Charakter.[92] Verfahrensentscheidungen wie Auskunftsentscheidungen[93] nach Art. 18 VO Nr. 1/2003 sind in der Vergangenheit gelegentlich veröffentlicht worden, Nachprüfungsentscheidungen werden nicht mehr veröffentlicht,[94] in der Regel aber durch eine Pressemitteilung bestätigt.[95] Die formelle Zurückweisung von Beschwerden wird nicht im Amtsblatt veröffentlicht. 31

Im Verfahren der Fusionskontrolle müssen alle nach Art. 8 FKVO getroffenen Entscheidungen im Amtsblatt veröffentlicht werden (Art. 20 Abs. 1 FKVO). In der Praxis werden auch die nach Art. Art. 6 Abs. 1 (a) und (b) FKVO getroffenen Entscheidungen auf der Internetseite[96] der Generaldirektion Wettbewerb zugänglich gemacht, allerdings nur in der Originalsprache. Entscheidungen nach Art. 6 (1) c FKVO werden in der Regel nicht veröffentlicht. 32

Zum Umfang der Veröffentlichung schreibt Art. 30 Abs. 2 VO Nr. 1/2003 vor, dass die Veröffentlichung unter Angaben der Beteiligten und des wesentlichen Inhalts der Entschei- 33

---

[87] Bekanntmachung, Rdnr. 25.
[88] Bekanntmachung, Rdnr. 24.
[89] S. dazu § 41 Rdnr. 4.
[90] Bekanntmachung, Rdnr. 24.
[91] EuG U. v. 30.5.2006, Rs T-198/03, Slg. 2006, II-1429 Rdnr. 69 – *Bank Austria.*
[92] EuGH U. v. 15.7.1970, Rs 41/68, Slg. 1970 661 Rdnr. 101–104 – *ACF Chemiefarma*; EuG U. v. 30.5.2006, Rs T-198/03, Slg. 2006, II-1429 Rdnr. 57 – *Bank Austria.*
[93] S. § 42 Rdnr. 16.
[94] Für die Vergangenheit: Komm. E. v. 8.12.1977, ABl. 1978 L 10/32 – *Vereinigung deutscher Freiformschmieden;* Komm. E. v. 31.1.1979 ,ABl. 1979 L 57/33 – *FIDES.*
[95] Presseerklärung v. 9.10.2014 – Commission confirms unannounced inspections in biofuel sector. http://europa.eu/rapid/press-release_MEMO-14–581_en.htm.
[96] Http://ec.europa.eu/comm/competition/mergers/cases/.

dung einschließlich der verhängten Sanktionen erfolgt. In der Praxis wird im **Amtsblatt L** eine Zusammenfassung der Entscheidung in allen Amtssprachen veröffentlicht, die vollständige Fassung in der Verfahrenssprache wird auf der Web-Seite der GD Wettbewerb veröffentlicht.[97] Auch in den Fällen der formlosen Verfahrensbeendung erwähnt die Kommission die abgeschlossenen Fälle im jährlich herausgegebenen Wettbewerbsbericht. Eine vollständige Auflistung aller von der Kommission in Anwendung von Art. 101 und 102 AEUV getroffenen Entscheidungen, einschließlich der Zurückweisung von Beschwerden, findet sich auf der **Internetseite** der GD Wettbewerb.[98] Ihre Verwaltungspraxis bei der Veröffentlichung von Entscheidungen und bei dem Schutz von Geschäftsgeheimnissen hat die Kommission in Form von „Best Practices" veröffentlicht.[99]

II. Wahrung von Geschäftsgeheimnissen

34 Bei der Veröffentlichung der Entscheidung müssen **Geschäftsgeheimnisse**[100] gewahrt werden (Art. 30 Abs. 2 VO Nr. 1/2003; Art. 20 Abs. 2 FKVO). Nach der Rechtsprechung ist nicht nur zu prüfen, ob Geschäftsgeheimnisse oder gleichermaßen schutzwürdige Informationen betroffen sind, sondern auch, ob die Entscheidung Informationen enthält, die unter das **Berufsgeheimnis** fallen.[101] Art. 339 AEUV nennt als vom Geheimschutz erfasste Informationen ausdrücklich Auskünfte über Unternehmen sowie deren Geschäftsbeziehungen oder Kostenelemente. Der Begriff des Geschäftsgeheimnisses wird in der VO Nr. 1/2003 nicht definiert, sondern vorausgesetzt.[102] Er wird nicht aus der subjektiven Sicht des Unternehmens, sondern aus der objektiven Sicht der Geheimhaltungsbedürftigkeit ausgelegt. Unter das **Berufsgeheimnis** fallen solche Informationen, die ein Unternehmen Dritten üblicherweise nicht zugänglich macht[103] und deren Bekanntgabe dem Unternehmen schädlich sein kann.[104] Das Interesse der Öffentlichkeit an der Transparenz des Handelns der Kommission überwiegt das Interesse des Unternehmens, dass Einzelheiten der ihm zur Last gelegten Zuwiderhandlung nicht der Öffentlichkeit preisgegeben werden.[105] Ebenso wenig ist das Interesse, zivilrechtlichen Schadensersatzansprüchen zu entgehen, schützenswert.[106] Die Identität des Beteiligten an einem Wettbewerbsverstoß und der Umfang der Beteiligung sind daher nicht vertraulich.[107] Selbst als vertraulich einzustufende Informationen verlieren mit Zeitablauf ihren Charakter als vertraulich; die Rechtsprechung

[97] Http://ec.europa.eu/comm/competition/antitrust/cases/index.html.

[98] Http://ec.europa.eu/competition/antitrust/cases/; s. zu dieser Praxis auch EuG U. v. 30.5.2006, Rs T-198/03, Slg. 2006, II-1429 Rdnr. 102 – *Bank Austria.*

[99] Guidance on the preparation of public versions of Commission Decisions adopted under Articles 7 to 10, 23 and 24 of Regulation 1/2003, http://ec.europa.eu/competition/antitrust/guidance_on_preparation_of_public_versions_antitrust_04062015.pdf; und Guidance on the preparation of public versions of Commission Decisions adopted under the Merger Regulation, http://ec.europa.eu/competition/mergers/legislation/guidance_on_preparation_of_public_versions_mergers_26052015.pdf.

[100] S. zu Geschäftsgeheimnissen auch § 44 Rdnr. 26.

[101] EuG U. v. 30.5.2006, Rs T-198/03, Slg. 2006, II-1429 Rdnr. 34 – *Bank Austria.*

[102] EuG U. v. 30.5.2006, Rs T-198/03, Slg. 2006, II-1429 Rdnr. 70 – *Bank Austria;* EuG U. v. 28.1.2015, Rs T-341/12, ECLI:EU:T:2015:51 Rdnr. 90 – *Evonik Degussa.*

[103] EuG U. v. 27.10.1994 T-35/92 Slg. 1994, II-957 Rdnr. 81 – *John Deere;* EuG U. v. 30.5.2006, Rs T-198/03, Slg. 2006, II-1429 Rdnr. 71 – *Bank Austria.*

[104] EuG U. v. 18.9.1996, Rs T-353/94, Slg. 1996, II-921, Rdnr. 87 – *Postbank II;* EuG U. v. 30.5.2006, Rs T-198/03, Slg. 2006, II-1429, Rdnr. 71 – *Bank Austria;* EuG U. v. 28.1.2015, Rs T-341/12, ECLI:EU:T:2015:51 Rdnr. 94 – *Evonik Degussa.*

[105] EuG U. v. 30.5.2006, Rs T-198/03, Slg. 2006, II-1429, Rdnr. 78 – *Bank Austria;* EuG U. v. 28.1.2015, Rs T-341/12, ECLI:EU:T:2015:51 Rdnr. 107 – *Evonik Degussa.*

[106] EuG U. v. 28.1.2015, Rs T-341/12, ECLI:EU:T:2015:51 Rdnr. 110,149 – *Evonik Degussa.*

[107] Zur Einordnung dieser Informationen als vertraulich bei der Zusendung von Beschwerdepunkten an Dritte s. EuG U. v. 7.6.2006, verb. Rs T-213/01 und T-214/01, Slg. 2006, II-1601, Rdnr. 195, 206 – *Österreichische Postsparkasse.*

setzt dabei einen Zeitrahmen von in der Regel fünf Jahren an.[108] Angaben, die im Rahmen eines Kronzeugenantrags gemacht werden, werden nicht veröffentlicht.[109] Ist ein Unternehmen allerdings nicht Adressat einer Entscheidung, so dürfen nachteiligen Aussagen gegenüber diesem Unternehmen nicht veröffentlicht werden. Wird daher in einer Entscheidung erwähnt, dass ein Unternehmen eine Zuwiderhandlung begangen habe, diese aber verjährt und somit auch kein Verfahren gegen das Unternehmen eingeleitet worden sei, so dürfen die dementsprechenden Aussagen nicht veröffentlicht werden.[110] Bei der Veröffentlichung von Entscheidungen werden in der Regel Umsatzzahlen und Marktanteile als Geschäftsgeheimnisse anonymisiert.[111] Bei Entscheidungen nach der FKVO gehören auch die Fristen, innerhalb derer Zusagen zur Veräußerung von Unternehmensteilen erfüllt werden müssen, zu den Geschäftsgeheimnissen.[112]

Vor Veröffentlichung einer Entscheidung wird das betroffene Unternehmen um Kennzeichnung eventueller Geschäftsgeheimnisse gebeten. Das Verfahren bei Meinungsverschiedenheiten über die Anerkennung von Geschäftsgeheimnissen entspricht dem bei der Weitergabe von Dokumenten an Dritte.[113] Der Anhörungsbeauftragte entscheidet dann im Rahmen seines Mandats (Art. 8 Abs. 2 u. 3 Mandat). Er unterrichtet das Unternehmen, das Vertraulichkeit geltend macht, über die Absicht, diese Informationen zu veröffentlichen und setzt ihm eine Frist zur Stellungnahme. Erhebt das Unternehmen Einwände gegen die Bekanntgabe, so trifft der Anhörungsbeauftragte eine begründete Entscheidung. Die Weitergabe darf frühestens eine Woche nach Mitteilung der Entscheidung erfolgen (Art. 8 Abs. 2 Satz 3 Mandat). Damit soll dem Unternehmen die Möglichkeit gegeben werden, die Entscheidung gerichtlich anzufechten. Erhebt das Unternehmen Klage, wird es in der Regel auch vorläufigen Rechtsschutz beantragen, um die Veröffentlichung zu unterbinden.[114] **35**

§ 46 Geldbußen und Zwangsgelder

Übersicht

---

[108] EuG U. v. 28.1.2015, Rs T-341/12, ECLI:EU:T:2015:51 Rdnr. 84 – *Evonik Degussa* mwN.
[109] EuG U. v. 28.1.2015, Rs T-341/12, ECLI:EU:T:2015:51 Rdnr. 6 – *Evonik Degussa.*
[110] EuG U. v. 12.10.2007, Rs T-474/04 Rdnr. 79 – *Pergan Hilfsstoffe.*
[111] Komm. E. v. 10.11.1988, ABl. 1988 L 305/34 (Marktanteile) – *Continental/Michelin;* Komm. E. v. 12.7.1995, ABl. 1995 L 272/16 (Umsatzzahlen, Gewinn) – *BASF Lacke – Farben AG.*
[112] S. z.B. Komm. E. v. 15.5.1997, ABl. 1997 L 336/1 Rdnr. 76 – *BT/MCI II.*
[113] S. dazu § 44 Rdnr. 27.
[114] Als Beispiel EuG B. v. 16.11.2012, Rs T-341/12, R ECLI:EU:T:2012:604 – *Evonik Degussa.*

Schrifttum: *Achenbach,* Grauzement, Bewertungseinheit und Bußgeldobergrenze, WuW 2013, 688; *Barbier de la Serre/Lagathu,* The Law on Fines Imposed in EU Competition Proceedings: Faster, Higher, Harsher, JECL&P 2013, 325; *dies.* The Law on fines imposed in EU Competition Proceedings: On the Road to Consistency, JECL&P 2014, 400; *Barbier de la Serre/Winckler,* A Landmark Year for the Law on Fines Imposed in EU Competition Proceedings, JECL&P 2012, 351; *Bechtold/Bosch/Brinker,* EU-Kartellrecht, 3. Aufl. 2014; *Billiet,* How lenient is the EC leniency policy?: A matter of certainty and predictability, E.C.L.R. 2009, 14; *Biolan,* Limited Awareness of Cartel Participants: Any Consequence for the single infringement in EU Competition Law?, JECL&P 2015, 383; *Bischke,* Welchen Anforderungen muss ein Auskunftsbeschluss der EU-Kommission gemäß Art. 18 Abs. 3 VO 1/2003 genügen?, NZKart 2014, 299; *Bodenstein,* Zurück zum bewährten Grundsatz: Wer handelt, haftet – Wegweisende Klärung zum Gesamtschuldnerausgleich bei Kartellgeldbußen durch den BGH in Sachen Calciumcarbid, NZKart 2015, 141; *Böhlke,* Die gesamtschuldnerische Verantwortlichkeit im EU-Wettbewerbsrecht, EuZW 2011, 781; *Bosch,* Haftung für kartellrechtswidriges Handeln der Tochtergesellschaft – Neue Rechtslage nach dem Urteil in der Rechtssache Elf Aquitaine/Kommission?, ZWeR 2012, 368; *ders.,* Verantwortung der Konzernobergesellschaft im Kartellrecht, ZHR 2013, 454; *Bornkamm/Montag/Säcker* (Hrsg.), Münchener Kommentar zum Europäischen und Deutschen Wettbewerbsrecht, Band 1: Europäisches Wettbewerbsrecht, 2. Aufl. 2015; *Bosch/Colbus/Harbusch,* Berücksichtigung von Compliance-Programmen in Kartellbußgeldverfahren, WuW 2009, 740; *Brammer,* Ne bis in idem im europäischen Kartellrecht – Neue Einsichten zu einem alten Grundsatz, EuZW 2013, 617; *Brenner,* Das Vergleichsverfahren der Europäischen Kommission in Kartellfällen, 2012; *Brettel/Thomas,* Der Verbotsirrtum im europäischen und nationalen Kartellbußgeldrecht – Zugleich Besprechung des Schenker-Urteils des EuGH, ZWeR 2013, 272; *Brown/Schonberg,* Widening the net: The General Court extends the principle of successor liability in EU competition law, E.C.L.R. 2013, 1; *Bueren,* Akteneinsicht im Vergleichsverfahren, ZWeR 2011, 74; *ders.,* Einer für alle, alle für einen? – Gesamtschuldnerische Bußgeldhaftung im europäischen Kartellrecht: Grundlage, Ausgestaltung und Konsequenzen: Zugleich Besprechung von EuG, Urt. v. 3.3.2011 – verb. Rs T-117/07 und T-121/07, verb. Rs T-122/07 bis T-124/07 – Gasisolierte Schaltanlagen, ZWeR 2011, 285; *ders.,* Verständigungen – Settlements in Kartellbußgeldverfahren, 2011; *Busch/Sellin,* Due Process, Gesetzesvorbehalt und richterliche Kontrolle im Europäischen Kartellbußgeldverfahren: eine Zwischenbilanz zur jüngeren Rechtsprechung, BB 2012, 1167; *Busche/Röhling* (Hrsg.), Kölner Kommentar zum Kartellrecht, Band 4, 2013; *Bürger,* Unternehmensinterne Aufteilung einer Geldbuße der Kommission- Zugleich Anmerkung zu BGH, Urt. v. 18.11.2014,

KZR 15/12 – Calciumcarbid-Kartell II; WuW 2015, 348; *Canenbley/Steinvorth,* Effective enforcement of competiton law: Is there a solution to the conflict between leniency programmes and private damages actions?, JECL&P 2011, 315; *Carlton/Lawrence/MacElwee,* Confidentiality and disclosure in European Commission antitrust proceedings – the case for clarity, ECJ 2008, 401; *Caruso,* Leniency Programmes and Protection of Confidentiality: The Experience of the European Commission, JECL&P 2010, 453 und JECL&P 2011, 478; *Clark/Sander,* Navigating the Quantum Minefield in Cartel Damages Cases, JECL&P 205, 153; *Dannecker,* Der Grundrechtsschutz im Kartellordnungswidrigkeitenrecht im Lichte der neueren Rechtsprechung des EuGH, NZKart 2015, 25; *de Bronett,* Die Rechtmäßigkeit der neueren Geldbußenpraxis der EU-Kommission wegen Verstoß gegen Verfahrenspflichten nach Art. 23 Abs. 1 Verordnung Nr. 1/2003, WuW 2012, 1163; *ders.,* Kommentar zum europäischen Kartellverfahrensrecht, 2. Aufl, 2012; *ders.,* Die Unwirksamkeit der Befugnis des Gerichtshofs der EU zu unbeschränkter Nachprüfung von Geldbußenbeschlüssen der Kommission in Kartellsachen (Teil I), EWS 2013, 449; *Dekeyser/Roques,* The European Commission's Settlement Procedure in Cartel Cases, The Antitrust Bulletin, Vol. 55, No. 4 2010, 819; *Dethmers/Engelen,* Fines under Article 102 of the Treaty on the Functioning of the European Union, E. C. L. R. 2011, 86; *Dittrich,* Kronzeugenanträge und Rechtsschutz, WuW 2012, 133; *Dreher,* Leniency-Anträge und Kapitalmarktrecht, WuW 2010, 731; *Dreher/Thomas,* Rechts- und Tatsachenirrtümer unter der neuen VO 1/2003, WuW 2004, 8; *Drüen,* Zum Betriebsausgabenabzug von Geldbußen, DB 2013, 1133; *Dück/Eufinger,* Dezentrale Antitrust-Compliance und europäische Entscheidungspraxis zur kartellrechtlichen Haftungszurechnung im Konzern, CCZ 2012, 131; *Dück/Eufinger/Schultes,* Das Spannungsverhältnis zwischen kartellrechtlicher Kronzeugenregelung und Akteneinsichtsanspruch nach § 406e StPO, EuZW 2012, 418; *Dworschak/Maritzen,* Einsicht – der erste Schritt zur Besserung? – Zur Akteneinsicht in Kronzeugendokumente nach dem Donau Chemie-Urteil des EuGH, WuW 2013, 829; *Eilers/Klusmann,* Fortsetzung folgt, der 4. Senat des BFH findet keine überzeugende Lösung zu der steuerlichen Abzugsfähigkeit von EU-Kartellrechtsverstößen, NZKart 2014, 294; *Emmerich,* Kartellrecht, 13. Aufl. 2014; *Eufinger,* Kartellgehilfen als Parteien einer Vereinbarung i. S. d. Art. 101 Abs. 1 AEUV?, WRP 2012, 1488; *Fiedler/Blume Huttenlauch,* Der Schutz von Kronzeugen- und Settlementerklärungen vor der Einsichtnahme durch Dritte nach dem Richtlinien-Vorschlag der Kommission, NZKart 2013, 350; *Fleischer,* Verbotsirrtum und Vertrauen auf Rechtsrat im europäischen Wettbewerbsrecht, EuZW 2013, 326; *Fornasier/Sanner,* Die Entthronung des Kronzeugen? Akteneinsicht im Spannungsfeld zwischen behördlicher und privater Kartellrechtsdurchsetzung nach Pfleiderer, WuW 2011, 1067; *Fountoukakos/Puech-Baron,* What happens in Luxembourg stays in Luxembourg: Confidentiality Issues in Competition Law proceedings before the EU Courts, JECL&P 2014, 331; *Frenz,* Ne bis in idem im Kartellrecht, EWS 2014, 129; *Frenz/Bresges,* Vergleichsverfahren der Kommission, EWS 2012, 72; *Freund,* Verteidigungsrechte im kartellrechtlichen Bußgeldverfahren: zu den Urteilen ADM, Bolloré und Akzo Nobel des Gerichtshofs, EuZW 2009, 839; *Glöckner,* Verfassungsrechtliche Fragen um das Verhältnis staatlicher und privater Kartellrechtsdurchsetzung, WRP 2015, 410; *Goddin,* Access to documents in competition files: Where do we stand, two years after TGI?, JECL&P 2013, 112; *Grave/Nyberg,* Zahlungsunfähigkeit eines Unternehmens (inability to pay) in der Bußgeldbemessung durch die Europäische Kommission, WuW 2011, 926; *Gussone/Lexow,* Der Irrtum im europäischen Kartellrecht, NZKart 2013, 327; *Hackel,* Konzerndimensionales Kartellrecht: Grundsatzfragen der Zurechnung und Haftung bei Bußgeldbescheiden gegen verbundene Unternehmen, 2012; *Haslinger,* Kartellrecht: Missbrauch einer marktbeherrschenden Stellung durch Microsoft – Verfahren und Herabsetzung der Höhe des Zwangsgelds, EuZW 2012, 673; *Hellmann,* Die neue Bußgeldpraxis der Kommission, WuW 1999, 333; *ders.,* Vereinbarkeit der Leitlinien der Kommission zur Berechnung von Bußgeldern mit höherrangigem Gemeinschaftsrecht, WuW 2002, 944; *ders.,* Der Europäische Gerichtshof billigt die Bußgeldpraxis der Kommission, EWS 2005, 439; *Hempel,* Access to DG Competition's files: An analysis of recent EU Court case law, E. C. L. R. 2012, 195; *ders.,* Einsicht in Kartellverfahrensakten nach der Transparenzverordnung – Neues aus Luxemburg, EuZW 297; *Hennig,* Settlements im Europäischen Kartellverfahren: Eine rechtsvergleichende Untersuchung konsensualer Verfahrensbeendigungsmechanismen unter besonderer Berücksichtigung der Verpflichtungszusageentscheidung, 2010; *Heyers,* Kartellbußen und Steuerfolgen, WuW 2014, 1184; *Hirsbrunner,* Erfahrungen mit Settlements in Kartellbußgeldverfahren, in: FIW (Hrsg.), Schwerpunkte des Kartellrechts 2009/2010, 2011; *ders.,* Settlements in EU-Kartellverfahren: kritische Anmerkungen nach den ersten Anwendungsfällen, EuZW 2011, 12; *Hirsbrunner/Schädle,* Wirkungsloses Rückwirkungsverbot: Anwendung der Bußgeldleitlinien der Europäischen Kommission auf „Altfälle", WuW 2009, 12; *Hofstetter/Ludescher,* Fines against parent companies in EU antitrust law: setting incentives for ‚Best Practice Compliance', World Comp. 2010, 55; *Holterhus,* „Inability to pay": Die Berücksichtigung der individuellen Zahlungsunfähigkeit im Rahmen der kartellrechtlichen Bußgeldbemessung, WRP 2011, 1406; *Iliev,* European Commission Guidance for Leniency Applicants on Delivering Oral Statements, JECL&P 2014, 271; *Imgrund,* The „inability to pay" doctrine in European competition law, E. C. L. R. 2012, 560; *Immenga/Mestmäcker* (Hrsg.), Kommentar zum europäischen Kartellrecht, Teil 1 und 2, 5. Aufl. 2012; *Jaeger/Pohlmann/Schroeder* (Hrsg.), Frankfurter Kommentar zum Kartellrecht, 78. Ergänzungslieferung September 2013; *Karst,* Kartellrechtscompliance im Konzern, WuW 2012,150 *ders.*, Das Direct Settlement-Verfahren im europäischen Kartellverfahrensrecht, 2014; *ders.*, Das Direct Settlement-Verfahren – eine Erfolgsgeschichte? WRP 2015, 171; *Kellerbauer,* Die Einordnung der Rechtsprechung der EU-Gerichte zur gemeinschaftlichen Haftung für Kartellbußen in Konzernen in das Recht der EU und der EMRK, WuW 2014, 1173; *ders.*, Limits on the EU antitrust investigative measures under recent case law: tiptoeing between proportionality and effectiveness, EuZW 2014, 407; *Kellerbauer/Weber,* Die gesamtschuldnerische Haftung für Kartellgeldbußen und ihre Grenzen: das Urteil Siemens VA Tech, EuZW 2011, 666; *Kersting,* Behandlung des unvermeidbaren Verbotsirrtums im europäischen Kartellrecht: Anmerkung zu EuGH, Urt. v. 18.6.2013, C-681/11 – Schenker & Co. AG, WuW 2013, 845; *ders.*, Die Rechtsprechung des EuGH zur Bußgeldhaftung in der wirtschaftlichen Einheit, WuW 2014, 1156; *ders.*, Die Richtlinie zur privaten Rechtsdurchsetzung im Kartellrecht, WuW 2014, 564; *Kienapfel/Wils,* Inability to pay – First cases and practical experiences, Competition Policy Newsletter 2010, 3; *dies.*, The Commission's application of point 35 of the 2006 Finning Guidelines (Inability to pay), ÖZKart 2011, 83; *Kling,* Die Haftung der Konzernmutter für Kartellverstöße ihrer Tochterunternehmen, WRP 2010, 506; *Klusmann,* Internationale Kartelle und das Europäische Leniency-Programm aus Sicht der Verteidigung, WuW 2001, 820; *Koch,* Kartellgehilfen als Sanktionsadressaten: Zugleich eine Besprechung der Entscheidung des EuG v. 8.7.2008 – Rs T-99/04 – AC-Treuhand AG, ZWeR 2009, 370; *Köster,* Das Kartellvergleichsverfahren der Europäischen Kommission, EuZW 2015, 575; *Kokott/Dittert,* Die Verantwortlichkeit von Muttergesellschaften für Kartellvergehen ihrer Tochtergesellschaften im Lichte der Rechtsprechung der Unionsgerichte, WuW 2012, 670; *Krohs/Timmerbeil,* Die Durchsetzung von Kartellgeldbußen gegen Rechtsnachfolger: Grenzen einer „Verfahrensverweisung" vom Bundeskartellamt an die Europäische Kommission, BB 2012, 2447; *Krüger,* Die haftungsrechtliche Privilegierung des Kronzeugen im Außen- und Innenverhältnis gemäß dem Richtlinienvorschlag der Kommission, NZKart 2013, 483; *La Rocca,* The controversial issue of the parent-company liability for the violation of EC, E. C. L. R. 2011, 68; *Kuijpers/Tuinega/Wisking/Dietzel/Campbell/Fritzsche,* Actions for damages in the Netherlands, the United Kingdom, and Germany, JECL&P 2015, 129; *Laina/Laurinen,* The EU Cartel Settlement Procedure: Current Status and Challenges, JECL&P 2013, 302; *Laina/Bogdanov,* The EU Settlement Procedure – Latest Developments, JECL&P 2014, 717; *Langen/Bunte,* Kommentar zum deutschen und europäischen Kartellrecht, Band 1, Deutsches Kartellrecht und Band 2, Europäisches Kartellrecht, 12. Aufl. 2014; *Legner,* Gesamtschuldnerausgleich zwischen Kartellanten, WRP 2014, 1163; *Linsmeier/Dittrich,* Compliance-Defence im Kartellrecht, NZKart 2014, 485; *Loewenheim/Meessen/Riesenkampff,* Kartellrecht, 2. Aufl. 2009; *Lorenzmeier,* Kartellrechtliche Geldbußen als strafrechtliche Anklage im Sinne der Europäischen Menschenrechtskonvention, ZIS 2008, 20; *Makatsch/Mir,* Die neue EU-Richtlinie zu Kartellschadenersatzklagen – Angst vor der eigenen „Courage"?, EuZW 2015, 7; *Mestmäcker/Schweitzer,* Europäisches Wettbewerbsrecht, 3. Aufl 2014; *Mäger/Zimmer/Milde,* Chance vertan? – Zur Akteneinsicht in Kartellakten nach dem Pfleiderer-Urteil des EuGH, WuW 2011, 935; *Meyring,* How much Consistency is Required for Cartel Fines? JECL&P 2013, 142; *ders.*, Uferlose Haftung im Bußgeldverfahren? Neueste Theorien der Kommission zur Zurechnung von Kartellverstößen, WuW 2010, 157; *Miller/Nordlander/Owens,* U. S. Discovery of European Union and U. S. Leniency Applications and Other Confidential Investigatory Materials, The CPI Antitrust Journal, March 2010; *Miller/Sandrock,* Parental Liability For A Subsidiary's Antitrust Violations Under U. S. Law, The CPI Antitrust Journal, November 2009; *Möschel,* Geldbußen im europäischen Kartellrecht, DB 2010, 2377; *Muders,* Zur Haftung juristischer Verbände für das Verhalten natürlicher Personen im europäischen Kartellrecht, Wistra 2011, 405; *Murphy/Liberatore,* Simplified procedures for multiple leniency applications across Europe, E. C. L. R. 2013, 407; *Obersteiner,* International Antitrust Litigation: How to Manage Multijurisdictional Leniency Applications, JECL&P 2013, 16; *Olaerts/Cauffman,* Quimica: further developing the rules in parent-company liability, E. C. L. R. 2011, 431; *Oliver/Bombois,* Competition and Fundamental Rights Survey, JECL&P 2014, 498; *Pauer,* Schadenersatzansprüche aufgrund von „Preisschirmeffekten" bei Kartellverstößen, WuW 2015, 14; *Polley/Heinz,* Settlements bei der Europäischen Kommission und beim Bundeskartellamt – ein Praxisvergleich, WuW 2012, 14; *Richter,* The settlement procedure: A comparison and impact analysis, E. C. L. R. 2012, 537; *Riesenkampff,* Die Haftung im Konzern für Verstöße gegen europäisches Kartellrecht, in: Hilty/Drexl/Nordemann (Hrsg.), Schutz von Kreativität und Wettbewerb, Fs. Loewenheim, 2010; *Schnelle,* Die Praxis von gerichtlichen Kartellbußgeldverfahren: Düsseldorf vs. Luxemburg, in: FIW (Hrsg.), Neuere Entwicklungen des europäischen Wettbewerbsrechts/Brüsseler Informationstagung, 2013; *ders.*, Die Aufteilung von Bußgeldern im Konzern, WuW 2015, 332; *Schroeder,* Kronzeugenregelungen im Kartellrecht, in: Fs. Bechtold 2006., 437; *Schröter/Jakob/Klotz/Mederer* (Hrsg.), Europäisches Wettbewerbsrecht, 2. Aufl. 2014; *Schulte/Just,* Kartellrecht, 2012; *Schwalbe,* in: Fs. Canenbley 2012, 423; *Schwarze,* Rechtsstaatliche Defizite des europäischen Kartellbußgeldverfahrens, WuW 2009, 6; *Schweitzer,* Die neue Richtlinie für wettbewerbsrechtliche Schadenersatzklagen, NZKart 2014, 335; *Solek/Wartinger,* Parental Liability: Rebutting the Presumption of decisive Influence, JECL&P 2015, 73; *Soltész,* Belohnung für geständige Kartellsünder – Erste Settlements im Europäischen Kartellrecht, BB 2010, 2123; *ders.*, Richterliche Kontrolle im Europäischen Kartellbußgeldverfahren – Die Vernehmung von (Kron-)Zeugen nach Lissabon, NZKart 2013, 53; *ders.*, Due Process, Gesetzesvorbehalt und richterliche Kontrolle im Europäischen Kartellbußgeldverfahren: eine Zwischenbilanz zur jüngeren Rechtsprechung, WuW, 2012, 141; *Soltész/Wagner,* Irren ist menschlich, schützt aber vor Bußgeld nicht – populäre Fehlvorstellungen im Kartellrecht, BB 2014, 1923; *Stauber/Schaper,* Die Kartellschadenersatzrichtlinie – Handlungsbedarf für den deutschen Gesetzgeber? NZKart 2014, 346; *Stockmann,* Zur neueren Bußgeldpraxis bei Kartellverstößen, ZWeR 2012, 20; *Spratling/Low/Klusmann/Kinsella,* GCR April 2005, 22; *Suurnäkki/Tierno Sentella,* Competition Policy Newsletter 2009, 1; *Terhechte,* Die Vollstreckung von EG-Bußgeldbescheiden in den Mitgliedstaaten der Europäischen Gemeinschaft – Rechtliche Grundlagen, Umsetzungspraxis und Rechtsmittel am Beispiel der Bundesrepublik Deutschland, EuZW 2004, 235; *Thomas,* Guilty of a fault that one has not committed: The limits of the group-based sanction policy carried out by the Commission and the European courts in EU-antitrust law, JECL&P 2012, 11; *Vandenborre/Goetz,* EU Competition Law Procedural Issues, JECL&P 2014, 648; *Vandenborre/Thomas,* European Court of Justice provides limited guidance on the disclosure of leniency documents, E. C. L. R. 2011, 488, *Verse/Wiersch,* Gesamtschuldnerausgleich für Kartellbußen in der wirtschaftlichen Einheit, Besprechung BGH, U. v. 18.11.2014 – KZR 15/12 – Calciumcarbid-Kartell II, ZWeR 2015, 21; *Voet van Vormizeele,* Die EG-kartellrechtliche Haftungszurechnung im Konzern im Widerstreit zu den nationalen Gesellschaftsrechtsordnungen, WuW 2010, 1008; *Vollmer,* Erfahrungen mit Settlements in Kartellbußgeldverfahren aus der Sicht eines Kartellbeamten, in: FIW (Hrsg.), Schwerpunkte des Kartellrechts 2009/2010, 2011 *Walsh,* Carrots and sticks – leniency and fines in EC cartel cases, E. C. L. R. 2009, 30; *Walter,* Electrabel: General Court Upholds € 20 Million Fine for Implementing Concentration without Commission Approval, JECL&P 2013, 226; *Weck,* Antitrust infringements in the distribution chain: When is leniency available to suppliers? E. C. L. R. 2010, 394; *Weitbrecht/Baudenbacher,* Bußgeld wegen Beihilfe zu einem Kartell? Zum Urteil des EuG vom 8. Juli 2008 (Rs. T-99/2004 – AC Treuhand), EuR 2010, 230; *Wessing,* Die Akteneinsicht im Kartellbußgeldverfahren, WuW 2010, 1019; *Wiedemann,* Auf der Suche nach der verlorenen Rechtssicherheit – Eine Zwischenbilanz zwei Jahre nach Inkrafttreten der EG-Kartellverordnung Nr. 1/2003 in: Fs. Bechtold 2006, 627; *Wiesbrock,* E.ON/GDF: Revisiting the Standard of Judicial Review for Fines in Competition Cases, JECL&P 2013, 58; *Wils,* The increased level of EU antitrust fines, judicial review and the ECHR, World Comp. 2010, 5; *ders.* The use of settlements in public antitrust enforcement: objectives and principles, World Comp. 2008, 335; *Yomere,* Die Entscheidung im Verfahren EnBW zum Recht von Schadensersatzklägern auf Akteneinsicht in Verfahrensakten der Kommission, WuW 2013, 34.

A. Geldbußen

I. Allgemeines

Zur Durchsetzung des EU-Wettbewerbsrechts kann die Kommission nach Kapitel VI der VO Nr. 1/2003 Geldbußen (Art. 23) und Zwangsgelder (Art. 24) gegen Unternehmen oder Unternehmensvereinigungen verhängen. Im Gegensatz zu Zwangsgeldern, die zur Einhaltung eines künftigen Verhaltens angedroht werden,[1] sanktionieren Geldbußen ein in der Vergangenheit liegendes Verhalten. Geldbußen können sowohl bei einem Verstoß gegen **Verfahrensvorschriften** als auch bei einem Verstoß gegen **materielles Wettbewerbsrecht** verhängt werden. Verstöße gegen formelles Recht fallen unter Art. 23 Abs. 1 VO Nr. 1/2003. Dazu zählen u. a. die Erteilung unrichtiger oder irreführender Angaben nach verlangter Auskunft gem. Artt. 17 Abs. 2 oder 18 Abs. 2 VO Nr. 1/2003 oder die Erteilung unrichtiger, unvollständiger, irreführender oder verfristeter Angaben gem. Artt. 17 Abs. 2 oder 18 VO Nr. 1/2003. Verstöße gegen materielles Recht fallen unter Art. 23 Abs. 2 VO Nr. 1/2003. Dazu zählen Verstöße gegen Art. 101 und Art. 102 AEUV, Verstöße gegen einstweilige Maßnahmen nach Art. 8 VO Nr. 1/2003 und Verstöße gegen für bindend erklärte Verpflichtungszusagen nach Art. 9 VO Nr. 1/2003. 1

[1] S. im Einzelnen Rdnr. 123 ff.

2 Bei der Festsetzung der Höhe der Geldbuße hat die Kommission gem. Art. 23 Abs. 3 VO Nr. 1/2003 sowohl die **Schwere der Zuwiderhandlung** als auch **deren Dauer** zu berücksichtigen.[2] Die Kommission nimmt bei der Auslegung dieser Tatbestandsmerkmale und der hierauf fußenden Festsetzung der Geldbuße einen **weiten Ermessenspielraum** für sich in Anspruch. Die Unionsgerichte haben diesen gebilligt und gestehen der Kommission sogar zu, das allgemeine Niveau für Geldbußen jederzeit anzuheben, um Wettbewerbsverstöße wirksam sanktionieren zu können.[3] Die Methodik und die Kriterien zur konkreten Bemessung von Geldbußen hat die Kommission in Leitlinien für das Verfahren zur Festsetzung von Geldbußen nach Art. 23 Abs. 2 lit. a VO Nr. 1/2003 **(„Leitlinien 2006")** verlautbart.[4] Bußgeldleitlinien der Kommission haben zwar keinen Rechtsnormcharakter. Sie stellen aber Grundsätze für die Verwaltungspraxis dar, von denen die Kommission im Einzelfall nicht ohne Angabe von Gründen abweichen kann, da sie an den Grundsatz der Gleichbehandlung gebunden ist.[5]

3 Die von der Kommission verhängten Geldbußen sind **Verwaltungssanktionen** und haben nach Art. 23 Abs. 5 VO Nr. 1/2003 **keinen strafrechtlichen Charakter.** Aus dem Sanktionscharakter der Geldbußen wird indessen gefolgert, dass es sich um einen dem Strafrecht zumindest verwandten Bereich handelt.[6] Demzufolge finden die strafrechtlichen Fundamentalgarantien, insbesondere in ihrer Ausprägung nach Art. 6 EMRK, ihrem Sinn und Zweck nach Anwendung.[7]

II. Adressaten einer Geldbußenentscheidung

4 Die Kommission kann nach Art. 23 Abs. 2 VO Nr. 1/2003 Geldbußen nur gegen **Unternehmen oder Unternehmensvereinigungen** verhängen. Anders als im deutschen Kartellordnungswidrigkeitenrecht sind Sanktionen gegen natürliche Personen im Unionsrecht nicht vorgesehen.

5 **1. Unternehmen und Unternehmensvereinigungen.** Trotz seiner fundamentalen Bedeutung für die Bußgeldnorm in Art. 23 Abs. 2 VO Nr. 1/2003 und für die Verbotstat-

---

[2] Zur Vereinbarkeit der Art. 23 Abs. 2 und Abs. 3 VO Nr. 1/2003 mit höherrangigem Recht, hier Art. 290 AEUV und den Grundsätzen der Gesetzmäßigkeit von Strafen und der Rechtssicherheit, s. EuGH B. v. 13.9.2012, Rs C-495/11 P, ECLI:EU:C:2012:571 Rdnr. 84 – *Total und Elf Aquitaine;* EuG U. v. 16.9.2013, Rs T-364/10, ECLI:EU:T:2013:477 Rdnr. 64, 66 – *Duravit.*

[3] Grdlg. EuGH U. v. 7.6.1983, Rs 100/80 bis 103/80, Slg. 1983, 1825 Rdnr. 108 – *Musique Diffusion française;* U. v. 28.6.2005; Rs C-189/02 P, C-202/02 P, C-205/02 P bis C-208/02 P und C-213/02 P, Slg. 2005, I-5425 Rdnr. 169, 227 – *Dansk Rørindustri;* U. v. 19.2.2012, Rs C-549/10 P, ECLI:EU:C:2012:221 Rdnr. 105 – *Tomra*; U. v. 11.7.2013, Rs C-444/11 P, ECLI:EU:C:2013:464 Rdnr. 96 – *Team Relocations;* EuG U. v. 6.2.2014, Rs T-27/10, ECLI:EU:T:2014:59 Rdnr. 290 – *AC Treuhand II.*

[4] Leitlinien für das Verfahren zur Festsetzung von Geldbußen gemäß Artikel 23 Absatz 2 Buchstabe a) der Verordnung (EG) Nr. 1/2003, ABl. 2006 C 210/2; s. dazu Pressemeldung Komm. IP/06/857 v. 28.6.2006 sowie MEMO/06/256.

[5] EuGH U. v. 28.6.2005, Rs C-189/02 P, C-202/02 P, C-205/02 P bis C-208/02 P und C-213/02 P, Slg. 2005, I-5425 Rdnr. 209 – *Dansk Rørindustri;* U. v. 8.2.2007, Rs C-3/06 P, Slg. 2007, I-1331 Rdnr. 23f. – *Groupe Danone;* U. v. 6.12.2012, Rs C-441/11 P, ECLI:EU:C:2012:778 Rdnr. 80 – *Coppens;* U. v. 11.7.2013, Rs C-439/11 P, ECLI:EU:C:2013:513 Rdnr. 60 – *Ziegler;* EuG U. v. 6.2.2014, Rs T-27/10, ECLI:EU:T:2014:59 Rdnr. 298, 299 – *AC Treuhand II.*

[6] S. z.B. für die Anwendung der für Angeklagte geltenden Unschuldsvermutung des Art. 48 GRCh: EuGH U. v. 22.11.2012, Rs C-89/11 P, ECLI:EU:C:2012:738 Rdnr. 72 – *E.ON Energie;* Allgemein *Langen/Bunte-Sura,* Band 2, Europäisches Kartellrecht, Art. 23 VO Nr. 1/2003 Rdnr. 6; zur Rechtsnatur der Geldbußen siehe auch *MüKo-Schneider/Engelsing,* EU-WettbR, Art. 23 VO Nr. 1/2003 Rdnr. 21ff.

[7] S. etwa EuGH U. v. 8.7.1999, Rs C-199/92 P, Slg. 1999, I-4287 Rdnr. 149 – *Hüls;* U. v. 8.7.1999, Rs C-235/92 P, Slg. 1999, I-4539 Rdnr. 176 – *Montecatini;* U. v. 22.11.2012, Rs C-89/11 P, ECLI:EU:C:2012:738 Rdnr. 72 – *E.ON Energie; Immenga/Mestmäcker-Dannecker/Biermann,* EU-WettbR/Teil 2, Vorb. zu Art. 23 VO Nr. 1/2003 Rdnr. 38ff. m.w.N.

bestände in Art. 101 und Art. 102 AEUV ist der **Begriff des Unternehmens** im Europäischen Wettbewerbsrecht **nicht definiert.** Daher haben die Unionsgerichte und die Kommission in ihrer Entscheidungspraxis die Kriterien für die Unternehmenseigenschaft entwickelt.[8]

Der unionsrechtliche Begriff des Unternehmens ist ein funktionaler und nicht mit dem Begriff der Rechtspersönlichkeit eines Unternehmens nach mitgliedsstaatlichem Gesellschafts- oder Steuerrecht gleichzusetzen. Der EuGH hat dazu in Erinnerung gerufen, dass sich die Verfasser der Verträge, um den Urheber einer Zuwiderhandlung gegen das Wettbewerbsrecht zu bestimmen, bewusst dafür entschieden haben, den Unternehmensbegriff zu verwenden und keine anderen Begriffe wie den u.a. in Art. 54 AEUV verwendeten Begriff der Gesellschaft oder den der juristischen Person.[9] Nach ständiger Rechtsprechung des EuGH bezeichnet der **Begriff des Unternehmens** jede eine **wirtschaftliche Tätigkeit ausübende Einheit** unabhängig von ihrer Rechtsform und der Art ihrer Finanzierung. Eine **wirtschaftliche Einheit** kann auch aus mehreren natürlichen und juristischen Personen bestehen.[10] Das Bestehen einer wirtschaftlichen Einheit mehrerer natürlicher und juristischer Personen kann aus einem Bündel übereinstimmender Umstände hergeleitet werden, insbesondere bezogen auf die Geschäftsführungs- und Gesellschaftsstruktur.[11] Wettbewerblichen Charakter hat jede wirtschaftliche Tätigkeit, die darin besteht, Güter oder Dienstleistungen auf einem bestimmten Markt anzubieten.[12] 6

Unternehmensvereinigungen sind Interessenzusammenschlüsse von Unternehmen, ohne dass die Vereinigung zwingend eine eigene Rechtspersönlichkeit hat.[13] Erfasst werden damit insbesondere alle **wirtschaftlichen Unternehmensverbände.** Neben der Ahndung tatbestandsmäßigen Verhaltens von Unternehmen kommt eine Haftung von Verbänden insbesondere als Kartellunterstützer in Betracht.[14] 7

2. Haftung im Konzern. Besondere praktische Bedeutung hat das Vorliegen einer wirtschaftlichen Einheit i.S. eines einheitlichen Unternehmens als Normadressat des Art. 101 AEUV bei der **Sanktionierung von Kartellverstößen im Konzern** erlangt. Die Kommission zieht für Zuwiderhandlungen einer Tochtergesellschaft regelmäßig auch die Muttergesellschaft im Wege einer **gesamtschuldnerischen Haftung** zur Verantwortung.[15] Obwohl es für die Anordnung einer gesamtschuldnerischen Haftung von Tochter- und Muttergesellschaften im europäischen Wettbewerbsrecht keine Rechtsgrundlage gibt, bejaht auch der Gerichtshof die Verantwortlichkeit von übergeordneten Gesellschaften im 8

---

[8] Umfassend zum Unternehmensbegriff s. *Wiedemann* in § 4 Rdnr. 1ff., *Mestmäcker/Schweitzer,* Europäisches Wettbewerbsrecht § 9.

[9] EuGH U. v. 10.4.2014, Rs C-231/11 P bis C-233/11 P, ECLI:EU:C:2014:256 Rdnr. 42 m.w.N. – *Siemens.*

[10] St. Rspr., EuGH U. v. 18.12.2014, Rs C-434/13 P, ECLI:EU:C:2014:2456 Rdnr. 39 – *Parker Hannifin;* U. v. 10.4.2014, Rs C-231/11 P bis C-233/11 P, ECLI:EU:C:2014:256 Rdnr. 43 m.w.N. – *Siemens;* U. v. 13.6.2013, Rs C-511/11 P, ECLI:EU:C:2013:386 Rdnr. 51 m.w.N – *Versalis;* U. v. 10.9.2009, Rs C-97/08 P, Slg. 2009, I-8237 Rdnr. 57 – *Akzo Nobel;* U. v. 1.7.2010, Rs C-407/08 P, Slg. 2010, I-6375 Rdnr. 64 – *Knauf Gips.*

[11] EuGH U. v. 1.7.2010, Rs C-407/08 P, Slg. 2010, I-6375 Rdnr. 66ff. – *Knauf Gips.*

[12] EuGH U. v. 16.6.1987, Rs 18/85, Slg. 1987, 2599 Rdnr. 7 – *Kommission/Italien;* U. v. 11.7.2006, Rs C-205/03 P, Slg. 2006, I-6295 Rdnr. 25 – *FENIN;* U. v. 12.9.2000, Rs C-180/98 bis C-184/98, Slg. 2000, I-6451 Rdnr. 75 – *Pavlov;* U. v. 26.3.2009, Rs C-113/07 P, Slg. 2009, I-2207 Rdnr. 69 – *SELEX Sistemi Integrati;* U. v. 28.2.2013, Rs C-1/12, ECLI:EU:C:2013:127 Rdnr. 36 – *OTOC.*

[13] *Immenga/Mestmäcker-Dannecker/Biermann,* EU-WettbR/Teil 2, Vorb. zu Art. 23 VO Nr. 1/2003 Rdnr. 121 m.w.N.; *FK-Kindhäuser,* Art. 81 EG-Vertrag Bußgeldrechtliche Folgen Rdnr. 88f.

[14] S. hierzu ausf. Rdnr. 15.

[15] St. Verwaltungspraxis der Kommission, s. nur Komm. E. v. 23.1.2008, COMP/38.628 Rdnr. 152ff. – *Nitril-Butadien-Kautschuk;* Komm. E. v. 11.11.2009, COMP/38.589 Rdnr. 501ff. – *Wärmestabilisatoren*; Komm. E. v. 19.10.2011, COMP/39.605 Rdnr. 58ff. – *CRT-Glas;* Komm. E. v. 27.6.2012, COMP/39.611 Rdnr. 48ff. – *Water Management Produkte;* Komm. E. v. 2.4.2014, COMP/39.792 Rdnr. 73 – *Stahl-Strahlmittelhersteller.*

Konzern für Kartellverstöße ihrer Tochtergesellschaften.[16] In seinem 2014 ergangenen *Siemens*-Urteil hat der EuGH hierzu festgehalten, dass einer juristischen Person, die nicht Urheberin einer Zuwiderhandlung ist, dennoch Sanktionen für die Zuwiderhandlung einer anderen juristischen Person auferlegt werden können, wenn beide Parteien Teil derselben wirtschaftlichen Einheit sind und somit das Unternehmen bilden, das den Kartellverstoß begangenen hat.[17] Die Zurechnung erfolgt unabhängig davon, ob das Rechtssubjekt – typischerweise die Muttergesellschaft – in den Wettbewerbsverstoß verwickelt war, von ihm wusste oder zumindest davon hätte Kenntnis haben müssen.[18]

9 Voraussetzung für die Zurechnung ist nach der Rechtsprechung, dass die **Tochtergesellschaft** trotz eigener Rechtspersönlichkeit ihr **Marktverhalten nicht autonom bestimmt,** sondern im Wesentlichen Weisungen der Muttergesellschaft befolgt, und zwar vor allem aufgrund der wirtschaftlichen, organisatorischen und rechtlichen Bindungen zwischen den beiden Rechtssubjekten.[19] Die Kommission muss mit Blick auf die Zurechnung also grundsätzlich darlegen und nachweisen, dass die Muttergesellschaft einen bestimmenden Einfluss auf ihre Tochtergesellschaft ausübt und letztere ihr Marktverhalten deshalb nicht autonom bestimmt hat. Dabei handelt es sich um eine Prüfung im Einzelfall, bei der die Kommission alle relevanten Faktoren bezogen auf die wirtschaftlichen, organisatorischen und rechtlichen Bindungen berücksichtigen muss.[20] Die Kommission darf sich bei dieser Prüfung anders als bei der Anwendung der VO Nr. 139/2004 in der Fusionskontrolle nicht darauf beschränken festzustellen, dass eine Fähigkeit der Einflussnahme auf die Tochtergesellschaft besteht, sondern sie muss konkret nachweisen, dass diese Einflussnahme tatsächlich ausgeübt wurde.[21]

10 Nach der Rechtsprechung des EuGH bedarf es eines Nachweises über die Ausübung des bestimmenden Einflusses auf die Tochtergesellschaft dann nicht, wenn die Muttergesellschaft 100% des Kapitals ihrer Tochtergesellschaft hält. In diesem Fall besteht eine **widerlegliche Vermutung** dafür, dass die Muttergesellschaft tatsächlich einen solchen Einfluss ausübt.[22] Der Muttergesellschaft obliegt dann der Beweis, dass ihre Tochter auf dem

---

[16] St. Rspr., EuGH U. v. 14.7.1972, Rs 48/69, Slg. 1972, 619 Rdnr. 132, 135 – *ICI;* U. v. 10.9.2009, Rs C-97/08 P, Slg. 2009, I-8237 Rdnr. 58 – *Akzo Nobel;* U. v. 20.1.2011, Rs C-90/09 P, Slg. 2011, I-1 Rdnr. 37 – *General Química;* U. v. 10.4.2014, Rs C-231/11 P bis C-233/11 P, ECLI:EU:C:2014:256 Rdnr. 46 – *Siemens*; U. v. 8.5.2014, Rs C-414/12 P, ECLI:EU:C:2014:301 Rdnr. 93 – *Bolloré.*

[17] EuGH U. v. 10.4.2014, Rs C-231/11 P bis C-233/11 P, ECLI:EU:C:2014:256 Rdnr. 47 – *Siemens.*

[18] EuGH U. v. 10.9.2009, Rs C-97/08 P, Slg. 2009, I-8237 Rdnr. 59, 76f. – *Akzo Nobel;* EuG U. v. 13.7.2011, Rs T-141/07 u.a., Slg. 2011, II-4977 Rdnr. 109 – *General Technic-Otis;* U. v. 27.6.2012, Rs T-372/10, ECLI:EU:T:2012:325 Rdnr. 52 – *Bolloré;* U. v. 23.1.2014, Rs T-384/09, ECLI:EU:T:2014:27 Rdnr. 81 – *SKW.*

[19] S. nur EuGH U. v. 29.3.2011, Rs C-201/09 P, Slg. 2011, I-2239 Rdnr. 98 – *ArcelorMittal Luxembourg;* U. v. 19.7.2012, Rs C-628/10 P und C-14/11 P, ECLI:EU:C:2012:479 Rdnr. 43 – *Alliance One International;* U. v. 26.9.2013, Rs C-179/12 P, ECLI:EU:C:2013:605 Rdnr. 52 – *Dow Chemical;* U. v. 10.4.2014, Rs C-231/11 P bis C-233/11 P, ECLI:EU:C:2014:256 Rdnr. 46 – *Siemens;* U. v. 10.4.2014, Rs C-247/11 P, ECLI:EU:C:2014:257 Rdnr. 30 – *Areva.*

[20] S. nur EuGH B. v. 15.6.2012, Rs C-494/11 P, ECLI:EU:C:2012:356 Rdnr. 43, 49 – *Otis Luxembourg* (Zurechnung bei 75%-iger Kapitalbeteiligung der Muttergesellschaft an der Tochtergesellschaft, nach deren Satzung Entscheidungen des Verwaltungsrats mit der Mehrheit von 80% der Stimmen zu treffen waren); U. v. 26.9.2013, Rs C-179/12 P, ECLI:EU:C:2013:605 Rdnr. 54 m.w.N. – *Dow Chemical*; GA'in *Kokott,* Schlussanträge im Verfahren *Fresh Del Monte* v. 11.12.2014, Rs C-293/13 P und C-294/13 P, ECLI:EU:C:2014:2439, Rdnr. 73ff. m.w.N.

[21] EuG U. v. 13.7.2011, Rs T-141/07, Slg. 2011, II-4977 Rdnr. 53 – *General Technic-Otis;* U. v. 11.7.2014, Rs T-543/08, ECLI:EU:T:2014:627 Rdnr. 101ff. – *RWE Dea.*

[22] St. Rspr. seit EuGH U. v. 25.10.1983, Rs 107/82, Slg. 1983, 3151 Rdnr. 50 – *AEG*; U. v. 10.9.2009, Rs C-97/08 P, Slg. 2009, I-8237 Rdnr. 60 – *Akzo Nobel*; U. v. 20.1.2011, Rs C-90/09 P, Slg. 2011, I-1 Rdnr. 39f. – *General Química;* U. v. 29.3.2011, Rs C-201/09 P und C-216/09 P, Slg. 2011, I-2239 Rdnr. 97 – *ArcelorMittal Luxembourg;* U. v. 19.7.2012, Rs C-628/10 P und C-14/11 P, ECLI:EU:C:2012:479 Rdnr. 46 – *Alliance One International;* U. v. 26.9.2013, Rs C-

Markt eigenständig auftritt.[23] Der EuGH betont zwar ausdrücklich die Widerlegbarkeit der Vermutung.[24] Die Widerlegung ist in der Praxis aber schwierig, zumal es sich bei den vorzubringenden Umständen häufig um negative Tatsachen handelt. Außerdem begnügt sich die Kommission bei strittigen Fällen in ihren Entscheidungen regelmäßig nicht mit der Feststellung der 100%-igen Kapitalbeteiligung, sondern führt zusätzlich Umstände an, welche die tatsächliche Einflussnahme der Muttergesellschaft auf die Geschäftspolitik der Tochtergesellschaft belegen. Die Kommission ist nämlich nicht gehalten, sich ausschließlich auf die Vermutung zu stützen, sondern kann durch andere Beweise oder durch eine Kombination solcher Beweise mit der Vermutung dartun, dass eine Muttergesellschaft tatsächlich einen bestimmenden Einfluss auf ihre Tochtergesellschaft ausübt.[25] Der EuGH sieht in der Beweislastumkehr keinen Widerspruch zu den Grundsätzen des Rechts auf ein faires Verfahren und der Unschuldsvermutung, da sie in einem angemessenen Verhältnis zum verfolgten legitimen Ziel stehe, Kartellverstöße zu unterbinden.[26] Die Vermutung besteht auch noch bei einer 98%-igen Kapitalbeteiligung einer Muttergesellschaft an ihrer Tochter.[27]

Von praktischer Bedeutung ist ferner die Frage, ob und unter welchen Voraussetzungen **11**
die Kommission die Muttergesellschaften eines gemeinsam kontrollierten **Gemeinschaftsunternehmens** (Joint Venture) gesamtschuldnerisch für die Geldbuße des Gemeinschaftsunternehmens haftbar machen kann. Die Kommission hat in ihrer Praxis Zuwiderhandlungen des Gemeinschaftsunternehmens beiden gemeinsam kontrollierenden Muttergesellschaften zugerechnet.[28] In seinem *Dow Chemical*-Urteil aus dem Jahr 2013 hat der EuGH dieses Vorgehen bestätigt. Er entschied, dass die Kommission grundsätzlich dem Gemeinschaftsunternehmen und beiden Muttergesellschaften eine Geldbuße für die Zuwiderhandlung des Gemeinschaftsunternehmens gesamtschuldnerisch auferlegen kann, wenn diese drei

---

179/12 P, ECLI:EU:C:2013:605 Rdnr. 56 – *Dow Chemical;* U. v. 10.4.2014, Rs C-247/11 P, ECLI:EU:C:2014:257 Rdnr. 32 – *Areva;* zum Ganzen *Kokott/Dittert,* WuW 2012, 670, 674.

[23] EuGH U. v. 10.4.2014, Rs C-247/11 P, ECLI:EU:C:2014:257 Rdnr. 33 – *Areva.* Im Ergebnis kann die Kommission für die Zuwiderhandlung einer Tochtergesellschaft deren Muttergesellschaft und ggf. wiederum deren Muttergesellschaft(en) in Haftung nehmen, siehe Komm. E. v. 27.6.2012, COMP/39.611 Rdnr. 50 – *Water Management Produkte;* s. auch EuG U. v. 27.10.2010, Rs T-24/05, Slg. 2010, II-5329 Rdnr. 132 – *Alliance One International.*

[24] EuGH U. v. 19.7.2012, Rs C-628/10 P und C-14/11 P, ECLI:EU:C:2012:479 Rdnr. 48 – *Alliance One International.*

[25] S. etwa EuGH U. v. 19.7.2012, Rs C-628/10 P und C-14/11 P, ECLI:EU:C:2012:479 Rdnr. 49 ff. – *Alliance One International;* U. v. 10.4.2014, Rs C-247/11 P, ECLI:EU:C:2014:257 Rdnr. 36 – *Areva;* Komm. E. v. 20.10.2004, COMP/C.38.238/B.2 Rdnr. 371 ff. – *Rohtabak Spanien;* Komm. E. v. 24.1.2006, COMP/F/38.899 Rdnr. 334 ff. – *Gasisolierte Schaltanlagen.*

[26] Zur Vereinbarkeit der Vermutung mit den fundamentalen Rechtsprinzipien der Union EuGH U. v. 29.9.2011, Rs C-521/09 P, Slg. 2011, I-8947 Rdnr. 62 – *Elf Aquitaine;* U. v. 8.5.2013, Rs C-508/11 P, ECLI:EU:C:2013:289 Rdnr. 68 – *ENI;* U. v. 26.9.2013, Rs C-179/12 P, ECLI:EU:C:2013:605 Rdnr. 56 – *Dow Chemical;* U. v. 10.4.2014, Rs C-247/11 P, ECLI:EU:C:2014:257 Rdnr. 93 – *Areva;* U. v. 19.6.2014, Rs C-243/12 P, ECLI:EU:C:2014:2006 Rdnr. 27 – *FLS Plast;* U. v. 5.3.2015, Rs C-93/13 P und C-123/13 P, ECLI:EU:C:2015:150 Rdnr. 47– *Versalis und Eni;* zur Kritik *Thomas,* JECL&P 2012, 11.

[27] Komm. E. v. 19.1.2005, COMP/E-1/C.37.773 Rdnr. 258 – *MCAA,* bestätigt durch EuG U. v. 30.9.2009, Rs T-168/05, Slg. 2009, II-180 Rdnr. 63 ff. – *Arkema.* Mangels Rüge nicht geprüft von EuGH U. v. 29.9.2011, Rs C-520/09 P, Slg. 2011, I-8901 Rdnr. 41 – *Arkema;* für eine 97% Beteiligung mangels Rüge ebenfalls nicht geprüft von EuGH U. v. 29.9.2011, Rs C-521/09 P, Slg. 2011, I-8947 Rdnr. 63 – *Elf Aquitaine;* für 99,97% des Kapitals bestätigt durch EuGH U. v. 8.5.2013, Rs C-508/11 P, ECLI:EU:C:2013:289 Rdnr. 47 – *ENI;* für 98,6% des Kapitals bestätigend EuGH U. v. 22.5.2014, Rs C-36/12 P, ECLI:EU:C:2014:349 Rdnr. 17 – *Armando Álvarez.*

[28] Komm. E. v. 5.12.2007, COMP/38.629 Rdnr. 420 ff. – *Chloropren-Kautschuk;* S. a. schon Komm. E. v. 2.10.2001 COMP/E-1/36.756 Rdnr. 17 ff. und 296 ff. – *Natriumglukonat;* Komm. E. v. 20.10.2004, COMP/C.38.238/B.2 Rdnr. 388 ff. – *Rohtabak Spanien;* Komm. E. v. 24.1.2006, COMP/F/38.899 Rdnr. 383 ff. – *Gasisolierte Schaltanlagen;* Komm. E. v. 29.1.2014, COMP/39.801 Rdnr. 64, 68 – *Schaumstoff,* in der Adressaten der Bußgeldentscheidung sowohl wegen ihrer eigenen Beteiligung an der Zuwiderhandlung als auch als gemeinschaftlich kontrollierende Muttergesellschaft für die Kartellbeteiligung ihres Gemeinschaftsunternehmens bebußt wurden.

Rechtssubjekte als wirtschaftliche Einheit im Sinne eines Unternehmens nach Art. 101 AEUV anzusehen sind.[29] Die Kommission muss dann aber darlegen und beweisen, dass die Muttergesellschaften tatsächlich einen bestimmenden Einfluss auf das Gemeinschaftsunternehmen ausgeübt haben, wobei sie alle ökonomischen, organisatorischen und rechtlichen Verhältnisse zwischen den Gesellschaften zu bewerten hat.[30] Als Nachweis für die tatsächliche Einflussnahme wird regelmäßig die gemeinsame Leitungsbefugnis beider Muttergesellschaften bezüglich der Geschäftspolitik des Gemeinschaftsunternehmens herangezogen.[31] Die Kenntnis vom Verstoß kann als Indiz für die tatsächliche Einflussnahme wirken.[32]

Für Minderheitsbeteiligungen gilt, dass diese nur ganz ausnahmsweise eine wirtschaftliche Einheit begründen. Dies ist beispielsweise der Fall, wenn die Muttergesellschaft über Einflussmöglichkeiten verfügt, die über die Rechte hinausgehen, die üblicherweise Minderheitsaktionären zum Schutz ihrer finanziellen Interessen gewährt werden.[33]

12 Eine **Zurechnung der Zuwiderhandlung** nach Maßgabe dieser Rechtsprechung schließt eine Haftung von Muttergesellschaften nicht aus, die selbst nicht operativ tätig sind, wie etwa Holding-Gesellschaften, Stiftungen und Finanzinvestoren.[34] Die Kommission ist aber nicht verpflichtet, alle in Betracht kommenden Gesellschaften einer wirtschaftlichen Einheit für die Geldbuße gesamtschuldnerisch zu belangen, sondern hat diesbezüglich die Befugnis, eine Auswahl zu treffen.[35]

13 Als Kriterien für einen **bestimmenden Einfluss** sind alle **wirtschaftlichen, organisatorischen** und **rechtlichen Verbindungen** der Mutter- und Tochtergesellschaft heranzuziehen, namentlich z. B. die von Rechts wegen – etwa durch Satzung – übertragene oder der faktische Einfluss auf die Geschäftsführungspolitik, die Existenz doppelfunktionaler Mitglieder der Führungsebene der Mutter, die also auch an der Spitze der Tochtergesellschaft stehen, die Nähe der Geschäftsbeziehungen, die die Muttergesellschaft mit der Tochtergesellschaft bezüglich deren Produktions- oder Distributionsaktivitäten unterhält, ein enger Austausch über die Geschäftspolitik im Einzelnen, und die Etablierung eines ge-

---

[29] EuGH U. v. 26.9.2013, Rs C-179/12 P, ECLI:EU:C:2013:605 Rdnr. 58 – *Dow Chemical.*

[30] EuGH U. v. 26.9.2013, Rs C-179/12 P, ECLI:EU:C:2013:605 Rdnr. 54, 58, 64 – *Dow Chemical;* EuG U. v. 8.10.2008, Rs T-69/04, Slg. 2008, II-2567 Rdnr. 63 – *Schunk;* U. v. 29.6.2012, Rs T-360/09, ECLI:EU:T:2012:332 Rdnr. 283 – *E.ON Ruhrgas und E.ON.* EuG U. v. 11.7.2014, Rs T-541/08, ECLI:EU:T:2014:628 Rdnr. 54 – *Sasol; in diesem Sinne auch* EuG U. v. 11.7.2014, Rs T-543/08, ECLI:EU:T:2014:627 Rn. 100ff. – *RWE Dea.*

[31] EuG U. v. 11.7.2014, Rs T-543/08, ECLI:EU:T:2014:627 Rdnr. 88ff. – *RWE Dea.*

[32] Komm. E. v. 5.12.2007, COMP/38.629 Rdnr. 428ff. – *Chloropren-Kautschuk.*

[33] Komm. E. v. 24.1.2006, COMP/F/38.899 Rdnr. 41 und 383ff. – *Gasisolierte Schaltanlagen;* bestätigt durch EuG U. v. 12.7.2011, T-132/07, Slg. 2011, II-2567 Rdnr. 183 – *Fuji Electric;* s. hierzu instruktiv U. v. 11.7.2014, Rs T-541/08, ECLI:EU:T:2014:628 Rdnr. 68ff., 75, 123 – *Sasol.*

[34] Für die Holding: EuGH U. v. 20.1.2011, Rs C-90/09 P, Slg. 2011, I-1 Rdnr. 88 – *General Química;* U. v. 8.5.2013, Rs C-508/11 P, ECLI:EU:C:2013:289 Rdnr. 48 – *ENI;* U. v.5.3.2015, Rs C-39/13 P und C-123/13 P, ECLI:EU:C:2015:150 Rdnr. 43 – *Versalis und Eni;* EuG U. v. 8.10.2008, Rs T-69/04, Slg. 2008, II-2567 Rdnr. 63 – *Schunk*; U. v. 29.6.2012, Rs T-360/09, ECLI:EU:T:2012:332 Rdnr. 283 – *E.ON Ruhrgas und E.ON;* U. v. 23.1.2014, Rs T-384/09, ECLI:EU:T:2014:27 Rdnr. 107f. – *SKW;* für die Stiftung: EuGH U. v. 11.7.2013, Rs C-440/11 P, ECLI:EU:C:2013:514 Rdnr. 42f. – *Gosselin Group.* Für den Finanzinvestor: EuG U. v. 23.1.2014, Rs T-391/09, ECLI:EU:T:2014:22 Rdnr. 111 – *Evonik Degussa;* Pressemitteilung Komm. IP/14/358 v. 2.4.2014 und die Rede von Wettbewerbskommissar *Almunia* SPEECH/14/278: „In line with the Commission's well-established practice, the liability for these fines also extends to the parent companies that exercised a decisive influence over their subsidiaries. This applies, among others, to *Goldman Sachs,* […]. I would like to highlight the responsibility of groups of companies, up to the highest level of the corporate structure, to make sure that they fully comply with competition rules. This responsibility is the same for investment companies, who should take a careful look at the compliance culture of the companies they invest in." S. auch SPEECH/14/281 v. 3.4.2014.

[35] EuGH U. v. 11.7.2013, Rs C-444/11 P, ECLI:EU:C:2013:464 Rdnr. 161 – *Team Relocations,* EuG U. v. 17.5.2013, Rs T-146/09, ECLI:EU:T:2013:258 Rdnr. 125 m. w. N. – *Parker-Hannifin Corp.*

meinsamen Verhaltenskodexes im Mutter- und Tochterunternehmen.[36] Die Einführung eines konzernweiten Compliance-Programms weist auf eine enge organisatorische und rechtliche Bindung hin und kann daher für die Zurechnung sprechen.[37] Grundsätzlich sind alle relevanten Gesichtspunkte zu berücksichtigen, die von Fall zu Fall variieren und daher **nicht abschließend** aufgezählt werden können.[38]

3. Gesamtschuldnerische Haftung beim Innenregress. Als Folge der Anordnung einer gesamtschuldnerischen Haftung im Außenverhältnis entfällt die Pflicht des Schuldverbundes zur Zahlung der Geldbuße, wenn ein Gesamtschuldner diese mit befreiender Wirkung für die anderen Gesamtschuldner ausgleicht.[39] Der ausgleichende Gesamtschuldner kann dann unter Umständen im **Innenverhältnis Regress** gegen die übrigen Gesamtschuldner nehmen. Das EuG hat hieraus die Ansicht abgeleitet, dass nach dem Grundsatz der individuellen Straf- und Sanktionsfestsetzung es Aufgabe der Kommission sei, dass jeder Adressat einer Geldbuße, für deren Zahlung der Adressat gesamtschuldnerisch mit einem oder mehreren Adressaten zu haften hat, dieser entnehmen können muss, welchen Anteil er nach Befriedigung des Anspruchs der Kommission im Verhältnis zu den Mitgesamtschuldnern zu tragen hat. Dazu müsse die Kommission im Beschluss die Zeiträume, in denen die Adressaten für den Wettbewerbsverstoß beteiligter Unternehmen haften, genau angeben. Erfolge in dem Beschluss keine Angabe der Haftungsquote seitens der Kommission, sei davon auszugehen, dass die Gesamtschuldner im Innenverhältnis für den Wettbewerbsverstoß zu gleichen Teilen verantwortlich seien und in der Höhe Regress nehmen können, in dem sie über diesen Anteil hinaus gezahlt haben.[40] Der EuGH ist dem nicht gefolgt. Vielmehr hat er das Urteil des EuG insoweit mit der Begründung aufgehoben, die **Sanktionsbefugnis** aus Art. 23 Abs. 2 VO Nr. 1/2003 erstrecke sich **nicht über die Bestimmung des Außenverhältnisses der Gesamtschuldner hinaus** auch auf die Bestimmung der Anteile der Gesamtschuldner im Rahmen des Innenverhältnisses.[41] Das Gericht erläuterte hierzu, dass der Mechanismus der Gesamtschuld ein zusätzliches Rechtsinstrument für die Kommission darstelle, um ihr Vorgehen bei der Einziehung von Geldbußen wirksamer zu gestalten, da hierdurch die Gefahr der Zahlungsunfähigkeit verringert werde, was der Verwirklichung des mit dem Wettbewerbsrecht allgemein verfolgten Ziels der Abschreckung diene.[42] Es obliegt mithin den nationalen Gerichten, die Ausgleichspflicht und Ausgleichshöhe im Innenregress der Gesamtschuldner zu bestimmen.[43] Auf der Basis dieser Urteile hat sich der BGH mit dem internen Ausgleich zwischen Gesamtschuldnern einer Geldbuße der europäischen Kommission auf nationaler Ebene befasst. Der Ausgleich richtet sich im deutschen Recht nach § 426 Abs. 1 BGB. Haben die Gesamtschuldner keine Vereinbarung über Ausgleichsansprüche getroffen, 14

---

[36] Komm. E. v. 20.10.2004, COMP/C.38.238/B.2 Rdnr. 391 – *Rohtabak Spanien;* Komm. E. v. 24.1.2006, COMP/F/38.899 Rdnr. 354 ff. – *Gasisolierte Schaltanlagen;* Komm. E. v. 21.2.2007, COMP/E-1/38.823 Rdnr. 622 ff. – *Aufzüge und Fahrtreppen;* Komm. E. v. 28.1.2009, COMP/39.406 Rdnr. 350 – *Marineschläuche;* EuG U. v. 12.7.2011, Rs T-132/07, Slg. 2011, II-2567 Rdnr. 184 – *Fuji Electric;* U. v. 13.7.2011, Rs T-141/07, T-142/07, T-145/07 und T-146/07, Slg. 2011, II-4977 Rdnr. 109 ff. – *General Technic-Otis;* EuGH B. v. 15.6.2012, Rs C-494/11 P, ECLI:EU:C:2012:356 Rdnr. 44 – *Otis Luxembourg.*

[37] EuGH U. v. 18.7.2013, Rs C-501/11 P, ECLI:EU:C:2013:522 Rdnr. 97, 113 – *Schindler Holding.*

[38] EuGH U. v. 19.7.2012, Rs C-628/10 P und C-14/11 P, ECLI:EU:C:2012:479 Rdnr. 45 – *Alliance One International.*

[39] S. hierzu EuG U. v. 24.3.2011, Rs T-386/06, Slg. 2011, II-1267 Rdnr. 106 – *Pegler.*

[40] EuG U. v. 3.3.2011, Rs T-122/07 bis T-124/07, Slg. 2011, II-793 Rdnr. 236 – *Siemens.*

[41] EuGH U. v. 10.4.2014, Rs C-231/11 P bis C-233/11 P, ECLI:EU:C:2014:256 Rdnr. 58 – *Siemens;* s. hierzu auch BGH, U. v. 18.11.2014 – KZR 15/12 – *Calciumcarbid-Kartell II;* zum Ganzen *Kokott/Dittert,* WuW 2012, 670, 681.

[42] EuGH U. v. 10.4.2014, Rs C-231/11 P bis C-233/11 P, ECLI:EU:C:2014:256 Rdnr. 59, 60 – *Siemens.*

[43] EuGH U. v. 10.4.2014, Rs C-231/11 P bis C-233/11 P, ECLI:EU:C:2014:256 Rdnr. 62 – *Siemens;* U. v. 10.4.2014, Rs C-247/11 P, ECLI:EU:C:2014:257 Rdnr. 152 – *Areva;* so auch *Mestmäcker/Schweitzer,* Europäisches Wettbewerbsrecht, § 9 Rdnr. 30.

bestimmen sich diese nach den Umständen des Einzelfalls, insbesondere anhand der individuellen Verursachungs- und Verschuldensbeiträge der Beteiligten und der für die Bemessung der Geldbuße maßgeblichen Tatsachen.[44]

15 **4. Kartellunterstützer.** Dem europäischen Wettbewerbsrecht liegt wie dem deutschen Ordnungswidrigkeitenrecht das **Prinzip des Einheitstäters** zugrunde.[45] Demnach wird – anders als im Strafrecht –grundsätzlich nicht zwischen Täterschaft und Teilnahme unterschieden. Die Kommission äußerte schon in einem frühen Beschluss die Ansicht, dass eine Verwaltungs- und Buchführungsgesellschaft, die nicht auf dem kartellierten Markt selbst tätig ist, gleichwohl Adressatin einer Geldbuße sein kann, wenn das Verhalten der Gesellschaft „mitverantwortlich für die Anwendung der wettbewerbsbeschränkenden Vereinbarungen" war.[46] Im Jahr 2003 verhängte die Kommission erstmals eine – noch symbolische – Geldbuße gegen eine bloße Verwaltungs- und Buchführungsgesellschaft, die auf dem kartellierten Markt selbst nicht tätig war, aber ein bestehendes Kartell organisatorisch unterstützt hatte.[47] Je nach Art der konkreten Handlung ordnet die Kommission eine solcherart tätige Gesellschaft als Unternehmen ein, das Teil der wettbewerbswidrigen Vereinbarung zwischen den auf dem kartellierten Markt tätigen Unternehmen ist, oder als Unternehmensvereinigung, die einen wettbewerbswidrigen Beschluss gefasst hat.[48] Das EuG hat den Beschluss der Kommission bestätigt.[49] Danach gibt es **keine Kartellgehilfen,** sondern nur Kartellmitglieder bzw. Kartell-Mittäter.[50] Für die aktive Beteiligung an einem Kartell genügt es, wenn auch nur in untergeordneter Funktion zu dem fraglichen Wettbewerbsverstoß beigetragen wird.[51] Ausreichend ist beispielsweise die Aufbewahrung geheimer Dokumente, die Organisation von Treffen der Kartellmitglieder inklusive Erstellung von Sitzungsunterlagen und Abwicklung der Reisekosten, die Sammlung von Daten, Erstellung von Statistiken und Berechnung der Marktanteile der Kartellmitglieder oder die Vermittlung zwischen Kartellmitgliedern.[52] Eine Einschränkung der eigenen Handlungsfreiheit ist für die Mittäterschaft an einem Wettbewerbsverstoß nicht erforderlich.[53] Die Kommission ist mittlerweile dazu übergegangen, gegen Kartellunterstützer nicht mehr nur symbolische Geldbußen zu verhängen.[54] Allerdings wendete sie aufgrund der besonderen Umstände der Kartellbeteiligung bei der Bemessung der Geldbuße nicht ihre Leitlinien über Geldbußen aus dem Jahr 2006, sondern unmittelbar Art. 23 Abs. 3 VO Nr. 1/2003 an und legte einen pauschalen Betrag fest.[55] Der Umsatz des Unternehmens auf dem betroffenen Markt konnte nicht als Berechnungsgrundlage herangezogen werden, da das Unternehmen nicht auf diesem Markt tätig war. Die Möglichkeit der Kommission, in solchen Fällen Geldbußen pauschal festzulegen, ergibt sich aus Rdnr. 37 der Bußgeldleitlinien 2006.[56] Anfang 2015 verhängte die Kommis-

---

[44] BGH, U. v. 18.11.2014 – KZR 15/12 Rdnr. 32ff. – *Calciumcarbid-Kartell II;* eingehend *Verse/Wiersch,* ZWeR 2015; 21 m. w. N.

[45] EuG U. v. 8.7.2008, Rs T-99/04, Slg. 2008, II-1501 Rdnr. 151ff. – *AC Treuhand I.*

[46] Komm. E. v. 17.12.1980 80/1334/EWG, IV/29.869, ABl. 1980 L 383/19 – *Gußglas in Italien.*

[47] Komm. E. v. 10.12.2003, COMP/E/37.857 Rdnr. 20, 91ff., 331ff., 454 – *Organische Peroxide.*

[48] Komm. E. v. 10.12.2003, COMP/E/37.857 Rdnr. 349 – *Organische Peroxide.*

[49] EuG U. v. 8.7.2008, Rs T-99/04, Slg. 2008, II-1501 Rdnr. 112ff. – *AC Treuhand I.*

[50] EuG U. v. 8.7.2008, Rs T-99/04, Slg. 2008, II-1501 Rdnr. 151ff. – *AC Treuhand I.*

[51] EuG U. v. 8.7.2008, Rs T-99/04, Slg. 2008, II-1501 Rdnr. 151 – *AC Treuhand I.*

[52] EuG U. v. 8.7.2008, Rs T-99/04, Slg. 2008, II-1501 Rdnr. 153 – *AC Treuhand I;* Komm. E. v. 10.12.2003, COMP/E/37.857 Rdnr. 92 – *Organische Peroxide.*

[53] EuG U. v. 8.7.2008, Rs T-99/04, Slg. 2008, II-1501 Rdnr. 125f. – *AC Treuhand I.*

[54] Komm. E. v. 11.11.2009, COMP/38.589 Rdnr. 745 – *Wärmestabilisatoren,* in der gegen dasselbe Unternehmen zwei Geldbußen in Höhe von jeweils € 174000 festgesetzt wurden; s. hierzu *Weitbrecht/Baudenbacher,* EuR 2010, 230.

[55] Komm. E. v. 11.11.2009, COMP/38.589 Rdnr. 746 – *Wärmestabilisatoren;* bestätigt durch EuG U. v. 6.2.2014, Rs T-27/10, ECLI:EU:T:2014:59 Rdnr. 284ff. – *AC Treuhand II;* bestätigt durch EuGH U. v. 22.10.2015, Rs C-194/14P, ECLI:EU:C:2015:717 – AC Treuhand II.

[56] Leitlinien für das Verfahren zur Festsetzung von Geldbußen gemäß Artikel 23 Absatz 2 Buchstabe a) der Verordnung (EG) Nr. 1/2003, ABl. 2006 C 210/2; zur Abweichung von der Berechnungsmethode nach Rdnr. 37 der Leitlinien siehe auch nachfolgend Rdnr. 63.

sion eine **Geldbuße von € 14,9 Mio.** gegen das Finanzunternehmen *ICAP* wegen **Unterstützung von sechs Kartellen** im *Yen-Zinsderivate*-Verfahren.[57] Das Finanzunternehmen diente als Kommunikationsmittel zwischen den Kartellanten und übermittelte irreführende Informationen („Prognosen") an Kartellaußenseiter, um diese dazu zu bewegen, den Referenzzinssatz in die gewünschte Richtung zu beeinflussen. Die Wettbewerbskommissarin führe hierzu aus, dass die Bußgeldentscheidung ein klares Zeichen setze, dass **Unternehmen, die Kartellaktivitäten unterstützen,** mit ernsten Folgen rechnen müssen.[58]

5. Veränderungen in der Unternehmensstruktur und -inhaberschaft. Da zwischen der Nachprüfung durch die Kommission und der Bußgeldentscheidung meist ein Zeitraum von mehreren Jahren liegt, kommt es häufig vor, dass sich im Laufe des Verfahrens die **Unternehmensstruktur** oder **-inhaberschaft** ändert. Wenn hierdurch Unternehmen oder Unternehmensteile betroffen sind, die Teilnehmer des Wettbewerbsverstoßes waren, stellt sich die Frage, welches Rechtssubjekt für den Wettbewerbsverstoß haftet. Grundsätzlich muss nach dem **Prinzip der persönlichen Verantwortlichkeit** die natürliche oder juristische Person, die das Unternehmen zum Zeitpunkt der Zuwiderhandlung geleitet hat, für diese einstehen.[59] Für den Fall einer **Rechtsnachfolge,** bei der an die Stelle des bisherigen Rechtsträgers ein neuer tritt, ist der Grundsatz der wirtschaftlichen Einheit heranzuziehen, um die Haftung zuzuordnen.[60] Umwandlungen, Verschmelzungen oder andere Umstrukturierungen, bei denen eine Rechtsnachfolge eintritt, führen daher zu einem Fortbestand der Haftung beim Rechtsnachfolger.[61] Im Falle einer Fusion haftet das neu gegründete Unternehmen.[62] Dies alles gilt – anders als im strengeren deutschen Ordnungswidrigkeitenrecht – ohne entsprechende gesetzliche Regelung in der VO Nr. 1/2003. 16

Bei einer **Veräußerung der Gesellschaft,** die den Wettbewerbsverstoß begangen hat, haftet grundsätzlich neben dieser Gesellschaft auch der Veräußerer für die Geldbuße, sofern die Rechtspersönlichkeit des veräußerten Teils bestehen bleibt.[63] Die Kommission geht bei der Veräußerung einer Tochtergesellschaft, die unmittelbar an der Zuwiderhandlung beteiligt war, an einen Dritten davon aus, dass die **Haftung für die Zeit bis zur Übernahme** nicht auf den Erwerber übergeht. Vielmehr haftet der Veräußerer, sofern er selbst für den Verstoß verantwortlich war.[64] Dies entspricht gefestigter Rechtsprechung, denn der natürlichen oder juristischen Person, die das betreffende Unternehmen während der Dauer des 17

---

[57] Pressemitteilung Komm. IP/15/4104 v. 4.2.2015; zur *Yen-Zinsderivate*-Entscheidung Komm. E. v. 4.12.2013, COMP/39.861 – *YIRD*.

[58] Pressemitteilung Komm. IP/15/4104 v. 4.2.2015.

[59] EuGH U. v. 16.12.2000, Rs C-286/98 P, Slg. 2000, I-9925 Rdnr. 237 – *Stora Kopparbergs;* U. v. 11.7.2013, Rs C-444/11 P, ECLI:EU:C:2013:464 Rdnr. 164 – *Team Relocations.*

[60] S. schon EuGH U. v. 28.3.1984, Rs 29/83 und 30/83, Slg. 1984, 1679 Rdnr. 9 – *Compagnie royale asturienne des mines und Rheinzink;* U. v. 24.9.2009, Rs C-125/07, C-133/07, C-135/07 und C-137/07, Slg. 2009, I-8681 Rdnr. 79 – *Lombardclub.*

[61] Komm. E. v. 13.7.1994, IV/C/33.833, ABl. 1994 L 243/1 Rdnr. 144 – *Karton;* Komm. E. v. 18.7.2001, COMP/E-1/36.490, ABl. 2002 L 100/1 Rdnr. 117 – *Graphitelektroden;* Komm. E. v. 28.1.2009, COMP/39.406 Rdnr. 352 ff. – *Marineschläuche;* Komm. E. v. 19.10.2011, COMP/39.605 Rdnr. 6 und 60 – *CRT-Glas;* EuG U. v. 14.12.2006, Rs T-259/02 bis T-264/02 und T-271/02, Slg. 2006, II-5169 Rdnr. 332–336 – *Lombardclub;* bestätigt durch EuGH U. v. 24.9.2009, Rs C-125/07, C-133/07, C-135/07 und C-137/07, Slg. 2009, I-8681 Rdnr. 79 ff., 85 – *Lombardclub.*

[62] Komm. E. v. 21.1.1998, IV/35.814, ABl. 1998 L 100/55 Rdnr. 104 – *Legierungszuschlag;* EuG U. v. 9.9.2011, T-25/06, Slg. 2011, II-5741 Rdnr. 279 – *Alliance One International; Immenga/Mestmäcker-Dannecker/Biermann,* EU-WettbR/Teil 2, Vorb. zu Art. 23 VO Nr. 1/2003 Rdnr. 115 m. w. N.

[63] EuGH U. v. 16.11.2000, Rs C-248/98 P, Slg. 2000, I-9641 Rdnr. 71 – *KNB PT;* U. v. 16.11. 2000, Slg. 2000, I-9693 Rdnr. 78 – *Cascades;* U. v. 29.3.2011, Rs C-352/09 P, Slg. 2011, I-2359 Rdnr. 143 – *ThyssenKrupp Nirosta;* EuG U. v. 20.3.2000, Slg. 2002, II-1487 Rdnr. 103 – *AFB Holding.*

[64] EuGH U. v. 7.1.2004, Rs C-204/00 P, C-205/00 P, C-211/00 P, C-213/00 P, C-217/00 P und C-219/00 P, Slg. 2004, I-123 Rdnr. 359 – *Aalborg Portland;* U. v. 11.12.2007, Rs C-280/06, Slg. 2007, I-10893 Rdnr. 39 f. – *ETI;* U. v. 29.3.2011, Rs C-352/09 P, Slg. 2011, I-2359 Rdnr. 143 f. – *Thyssen Krupp Nirosta.*

Wettbewerbsverstoßes leitete, wird der Wettbewerbsverstoß des betreffenden Unternehmens zugerechnet, und zwar selbst dann, wenn zu dem Zeitpunkt des Erlasses der Bußgeldentscheidung über die Feststellung der Zuwiderhandlung ein anderes Unternehmens für den Betrieb des betreffenden Unternehmens verantwortlich ist.[65] Demgegenüber kann bei einer **Übertragung im Konzern** das erwerbende Unternehmen für die Zuwiderhandlung auch dann haftbar gemacht werden, wenn der Veräußerer noch fortbesteht.[66]

18 Im Kartellverfahren *Gasisolierte Schaltanlagen* entschied die Kommission, dass sowohl die Veräußerin *Alstom* als auch die Erwerberin *Areva* für einen Kartellverstoß des veräußerten Unternehmens gesamtschuldnerisch haften.[67] Die Unternehmen rügten im Gerichtsverfahren, die Kommission sei nicht berechtigt, zwei aufeinanderfolgenden Muttergesellschaften eine gesamtschuldnerische Haftung aufzuerlegen, obwohl die Muttergesellschaften niemals eine wirtschaftliche Einheit gebildet haben.[68] Zur Begründung ist insbesondere angeführt worden, dass der gesamtschuldnerisch gegen die Veräußerin festgesetzte Betrag den Teil der gesamtschuldnerisch gegen die zuwiderhandelnde Tochtergesellschaft und die Erwerberin festgelegte Geldbuße enthalte und dass die Summe der Höchstbeträge, für die die aufeinanderfolgenden Muttergesellschaften haften, den von der zuwiderhandelnden Tochtergesellschaft zu zahlenden Betrag übersteige.[69] Der EuGH hat daraufhin in seinem Urteil vom 10.4.2014 die Grundsätze zur **gesamtschuldnerischen Haftung von aufeinanderfolgenden Muttergesellschaften** festgelegt. Danach kann die Kommission zwar in der Bußgeldentscheidung die gesamtschuldnerische Haftung einer Muttergesellschaft und ihrer Tochtergesellschaft anordnen, auch wenn diese zum Zeitpunkt der Entscheidung nicht mehr derselben wirtschaftlichen Einheit angehören.[70] Soweit die Kommission eine zuwiderhandelnde Tochtergesellschaft zusammen mit den einzelnen Muttergesellschaften, mit denen diese Tochtergesellschaft im Zeitraum der Zuwiderhandlung nacheinander jeweils ein Unternehmen gebildet hat, ahndet, muss sie aber für jedes Unternehmen die Höhe der von den zu ihm gehörenden Gesellschaften gesamtschuldnerisch zu entrichtenden Geldbuße individuell festlegen, und zwar unter Berücksichtigung sowohl der Schwere der den einzelnen Unternehmen individuell angelasteten Zuwiderhandlungen als auch deren Dauer.[71] Der **Grundsatz der individuellen Zumessung von Strafen und Sanktionen** gebiete es, im Hinblick auf die **gesamtschuldnerische Haftung im Außenverhältnis,** dass jede der aufeinanderfolgenden Muttergesellschaften den von ihr zu tragenden Anteil an der gesamtschuldnerischen Haftung für die Geldbuße, der den Teil der Tochtergesellschaft aufzuerlegenden Geldbuße entspricht, entnehmen können muss.[72] Dabei dürfen die Beträge, die gegen die Muttergesellschaften verhängt werden, nicht den Gesamtbetrag übersteigen, der gegen die Tochtergesellschaft festgesetzt wird. Dies folge daraus, dass die Haftung der Muttergesellschaften für die begangene Zuwiderhandlung vollständig von der Tochtergesellschaft abgeleitet wird, die den Muttergesellschaften nacheinander gehört hat.[73]

19 Die Haftung der **Erwerberin einer Gesellschaft** setzt voraus, dass die Zuwiderhandlung der übernommenen Einheit noch nach der Übernahme andauert; der Veräußerer

---

[65] EuGH U. v. 11.12.2007, Rs C-280/06, Slg. 2007, I-10893 Rdnr. 48 – *ETI;* EuG U. v. 27.9.2006, Rs T-43/02, Slg. 2006, II-3435 Rdnr. 132 – *Jungbunzlauer;* U. v. 7.3.2011, Rs T-117/07, Slg. 2011, II-633 Rdnr. 64 – *Areva.*

[66] Zum Sonderfall bei Bestehen eines gemeinsamen öffentlichen Aufsichtsträgers für zwei öffentliche Unternehmen EuGH U. v. 11.12.2007, Rs C-280/06, Slg. I-2007, 10893 Rdnr. 47 ff. – *ETI.*

[67] Komm. E. v. 24.1.2006, COMP/F/38.899 Rdnr. 357 ff. – *Gasisolierte Schaltanlagen.*

[68] Zu dieser Rüge im Rechtsmittelverfahren s. EuGH U. 10.4.2014, Rs C-247/11 P, ECLI:EU:C:2014:257 Rdnr. 104 – *Areva.*

[69] EuGH U. v. 10.4.2014, Rs C-247/11 P, ECLI:EU:C:2014:257 Rdnr. 106 – *Areva.*

[70] EuGH U. v. 10.4.2014, Rs C-247/11 P, ECLI:EU:C:2014:257 Rdnr. 49, 50 – *Areva.*

[71] EuGH U. v. 10.4.2014, Rs C-247/11 P, ECLI:EU:C:2014:257 Rdnr. 133 – *Areva.*

[72] EuGH U. v. 10.4.2014, Rs C-247/11 P, ECLI:EU:C:2014:257 Rdnr. 137, 138 – *Areva.*

[73] EuGH U. v. 10.4.2014, Rs C-247/11 P, ECLI:EU:C:2014:257 Rdnr. 139 – *Areva.*

haftet nur für Zuwiderhandlungen bis zum Zeitpunkt der Veräußerung.[74] Eine Haftung der Erwerberin für vor der Übernahme liegende Zuwiderhandlungen kommt nach der Rechtsprechung aber ausnahmsweise dann in Betracht, wenn das Rechtssubjekt, das die Zuwiderhandlung begangen hat, rechtlich und wirtschaftlich nicht mehr existiert und zwischen den beiden Unternehmen eine **wirtschaftliche und funktionale Identität** vorhanden ist.[75] Da Basis für ein Haftungsrisiko die wirtschaftliche Einheit und nicht die Kontinuität des Rechtsträgers ist, besteht ein Haftungsrisiko danach sogar bei einer Einzelrechtsnachfolge („Asset Deal").[76]

6. Verfahrensrechtliche Aspekte der gesamtschuldnerischen Haftung. Trotz der Möglichkeit der Kommission, mehrere rechtlich und wirtschaftlich unabhängige Rechtssubjekte zum Zwecke der Anordnung der gesamtschuldnerischen Haftung wegen derselben Zuwiderhandlung als ein Unternehmen im Sinne einer wirtschaftlichen Einheit anzusehen, sind aus **verfahrensrechtlicher Sicht** die so verbundenen Unternehmen getrennt zu behandeln.[77] Danach muss die Kommission insbesondere gewährleisten, dass jedes Unternehmen, gegen das sie den Erlass eines Bußgeldbescheides erwägt, seine **Verteidigungsrechte** unabhängig von den anderen Gesellschaften wahrnehmen kann. Die Kommission muss daher gegen jedes Unternehmen ein Verfahren eröffnen und die Beschwerdepunkte mitteilen.[78] In der Mitteilung der Beschwerdepunkte muss auch angegeben sein, in welcher Eigenschaft die behaupteten Tatsachen dem Unternehmen zur Last gelegt werden.[79] Zur Wahrung der Verteidigungsrechte muss die Kommission klarstellen, ob sie die Verhängung einer Geldbuße in Betracht zieht, weil sie den Adressaten als verantwortlich für die Zuwiderhandlung hält oder ob sie auch bei ihm von einer Beteiligung am Kartellverstoß ausgeht.[80] Schließlich muss eine Entscheidung, wenn sie an eine Mehrzahl von Adressaten im Rahmen einer gesamtschuldnerischen Haftung erfolgt, in Bezug auf jeden Adressaten hinreichend begründet sein, und zwar vor allem in Bezug auf diejenigen, denen die Zuwiderhandlung in der Entscheidung zugerechnet wird. Daher muss eine solche Entscheidung in Bezug auf eine Muttergesellschaft, die für die Zuwiderhandlung ihrer Tochtergesellschaft haftbar gemacht wird, grundsätzlich eine Darlegung der Gründe enthalten, die die Zurechnung der Zuwiderhandlung an die Muttergesellschaft rechtfertigen.[81] Sofern die Entscheidung der Kommission im Hinblick auf die Zurechnung der Haftung auf die Vermutung der tatsächlichen Ausübung eines bestimmenden Einflusses gestützt wird, ist die Kommission verpflichtet, dem betroffenen Adressaten angemessen darzulegen, weswegen 20

---

[74] Komm. E. v. 10.12.2003 K(2003), COMP/E/37.857 Rdnr. 20, 91 ff., 331 ff., 454 – *Organische Peroxide.*

[75] S. eingehend zur Problematik EuGH U. v. 18.12.2014, Rs C-434/13 P, ECLI:EU:C:2014:2456 Rdnr. 44 ff. – *Parker Hannifin;* U. v. 8.7.1999, Rs C-49/92 P, Slg. 1999, I-4125 Rdnr. 145 – *Anic Partecipazione;* U. v. 11.12.2007, Slg. 2007, I-10893 Rdnr. 14 – *ETI;* U. v. 29.3.2011, Rs C-352/09 P, Slg. 2011, I-2359, Rdnr. 144 – *ThyssenKrupp Nirosta;* zum Ganzen *Schulte/Just,* KartellR, Art. 23 VO Nr. 1/2003 Rdnr. 13, 14; *Langen/Bunte-Sura,* Band 2, Europäisches Kartellrecht, Art. 23 VO Nr. 1/2003 Rdnr. 12.

[76] S. hierzu *Immenga/Mestmäcker-Dannecker/Biermann,* EU-WettbR/Teil 2, Vorb. zu Art. 23 VO Nr. 1/2003 Rdnr. 113 m. w. N.; *Schulte/Just,* KartellR, Art. 23 VO Nr. 1/2003 Rdnr. 13.

[77] EuGH U. v. 7.1.2004, Rs C-204/00 P, C-205/00 P, C-211/00 P, C-213/00 P, C-217/00 P und C-219/00 P, Slg. 2004, I-123 Rdnr. 60 – *Aalborg Portland;* U. v. 10.9.2009, Rs C-97/08 P, Slg. 2009, I-8237 Rdnr. 57 – *Akzo Nobel;* zum Ganzen *Immenga/Mestmäcker-Dannecker/Biermann,* EU-WettbR/Teil 2, Vorb. zu Art. 23 VO Nr. 1/2003 Rdnr. 82 m. w. N.

[78] EuGH U. v. 29.9.2011, Rs C-521/09 P, Slg. 2011, I-8947 Rdnr. 112 – *Elf Aquitaine;* U. v. 18.7.2013, Rs C-501/11 P, ECLI:EU:C:2013:522 Rdnr. 110 – *Schindler Holding;* EuG U. v. 24.3.2011, Rs T-382/06, Solg. 2011 II-1157, Rdnr. 42 – *Tomkins;* U. v. 24.3.2011, Rs T-386/06, Slg. 2011, II-1267 Rdnr. 55 – *Pegler.*

[79] EuGH U. v. 10.9.2009, Rs C-97/08 P, Slg. 2009, I-8237 Rdnr. 47 – *Akzo Nobel;* U. v. 27.3.2014, Rs C-612/12 P, ECLI:EU:C:2014:193 Rdnr. 25 – *Balast Nedam.*

[80] EuG U. v. 24.3.2011, Rs T-386/06, Slg. 2011, II-1267 Rdnr. 55 ff. – *Pegler.*

[81] EuGH U. v. 10.4.2014, Rs C-247/11 P, ECLI:EU:C:2014:257 Rdnr. 34 m. w. N. – *Areva;* EuG U. v. 23.1.2014, Rs T-391/09, ECLI:EU:T:2014:22 Rdnr. 18 – *Evonik Degussa.*

die geltend gemachten tatsächlichen und rechtlichen Gesichtspunkte nicht ausgereicht haben, um die Vermutung zu widerlegen.[82]

III. Verschuldenserfordernis

21 Wettbewerbsverstöße können nur mit der Verhängung von Geldbußen geahndet werden, wenn dem Unternehmen ein schuldhaftes Handeln nachgewiesen werden kann. Wenn eine Geldbuße verhängt werden soll, muss der Wettbewerbsverstoß nach Art. 23 Abs. 2 VO Nr. 1/2003 **vorsätzlich oder fahrlässig** begangen worden sein. Nach der Rechtsprechung der Unionsgerichte und nach der Verwaltungspraxis der Kommission ist es für eine vorsätzliche Zuwiderhandlung ausreichend, dass sich das Unternehmen über die Wettbewerbswidrigkeit des Verhaltens nicht im Unklaren sein konnte.[83] In der Praxis kann die Frage, ob der Verstoß vorsätzlich oder fahrlässig begangen wurde, im Regelfall offen bleiben, da es sich um schwerwiegende Kartellverstöße handelt. Da der Verschuldensgrad – Vorsatz oder Fahrlässigkeit – für die Geldbußenbemessung kaum relevant ist, wird dieser Ansatz von der Rechtsprechung gebilligt.[84] Ein bloß fahrlässiger Verstoß kann im Anwendungsbereich der Leitlinien 2006 aber einen mildernden Umstand darstellen, der zur Ermäßigung der Geldbuße führt.[85]

22 Zum Nachweis des Verschuldens sowie des Verschuldensgrades eines Unternehmens ist die Kommission nicht gehalten, die Personen konkret zu bezeichnen, die für den Wettbewerbsverstoß verantwortlich sind.[86] Sämtliche unternehmensbezogenen Handlungen von Personen, die berechtigt sind, für das Unternehmen tätig zu werden, werden letzterem zugerechnet.[87] In jüngerer Zeit ist im Zusammenhang mit dem Kartellverfahren *Speditionsdienste* die Frage in den Blickpunkt gerückt, ob ein anwaltlicher Rechtsrat einem schuldhaften Handeln, etwa unter dem Gesichtspunkt eines Verbotsirrtums, entgegensteht. Der EuGH entschied hierzu in seinem *Schenker*-Urteil, dass anwaltlicher Rechtsrat in keinem Fall ein berechtigtes Vertrauen darauf begründen könne, dass ein Wettbewerbsverhalten rechtmäßig ist und damit einen schuldausschließenden Verbotsirrtum begründet.[88] In der Literatur wird zu Recht geltend gemacht, dass bei einer qualifizierten rechtlichen Beratung durch einen anerkannten und unabhängigen Rechtsberater ein unvermeidbarer Verbotsirrtum nicht von vornherein ausgeschlossen werden kann.[89]

---

[82] EuGH U. v. 10.4.2014, Rs C-247/11 P, ECLI:EU:C:2014:257 Rdnr. 35 – *Areva;* U. v. 29.9.2011, Rs C-521/09 P, Slg. 2011, I-8947 Rdnr. 153 – *Elf Aquitaine;* EuG U. v. 23.1.2014, Rs T-391/09, ECLI:EU:T:2014:22 Rdnr. 60 – *Evonik Degussa.*

[83] St. Rspr. seit EuGH U. v. 1.2.1978, Rs 19/77, Slg. 1978, 131 Rdnr. 18 – *Miller;* U. v. 8.11. 1983, Rs 96/82 bis 102/82, Rs 104/82, Rs 105/82, Rs 108/82 und 110/82, Slg. 1983, 3369 Rdnr. 45 – *IAZ International Belgium;* U. v. 18.6.2013, Rs C-681/11, ECLI:EU:C:2013:404 Rdnr. 37 – *Schenker.*

[84] EuGH U. v. 18.9.2003, Rs C-338/00 P, Slg. 2003, I-9189 Rdnr. 95 ff. – *Volkswagen;* U. v. 25.3.1996, Rs C-137/95 P, Slg. 1996, I-1611 Rdnr. 53 ff. – *SPO;* s. auch *Langen/Bunte-Sura,* Band 2, Europäisches Kartellrecht, Art. 23 VO Nr. 1/2003 Rdnr. 37 m. w. N.; *Bechtold/Bosch/Brinker,* EU-KartellR, Art. 23 VO Nr. 1/2003 Rdnr. 29.

[85] EuGH U. v. 18.9.2003, Rs C-338/00 P, Slg. 2003, I-9189 Rdnr. 95 – *Volkswagen.*

[86] EuGH U. v. 25.3.1996, Rs C-137/95 P, Slg. 1996, I-1611 Rdnr. 57 – *SPO.*

[87] EuGH U. v. 7.6.1983, Rs 100/80 bis 103/80, Slg. 1983, 1825 Rdnr. 95 ff. – *Musique Diffusion française.*

[88] EuGH U. v. 18.6.2013, Rs C-681/11, ECLI:EU:C:2013:404 Rdnr. 41 – *Schenker;* kritisch zum *Schenker*-Urteil *Brettel/Thomas,* ZWeR 2013, 272 ff.

[89] *Wiedemann,* in Fs. Bechtold 2006, 627, 643; *Dreher/Thomas,* WuW 2004, 8, 12; zum Ganzen *Immenga/Mestmäcker-Dannecker/Biermann,* EU-WettbR/Teil 2, Vorb. zu Art. 23 VO Nr. 1/2003 Rdnr. 202 m. w. N.; so im Ansatz auch die Schlussanträge der GA'in *Kokott* im Verfahren *Schenker* vom 28.2.2013, Rs C-681/11, ECLI:EU:C:2013:126 Rdnr. 54 ff. m. w. N. zum anwaltlichen Rechtsrat.

IV. Bemessung der Geldbuße

1. Allgemeines. Bis Ende der 90er Jahre orientierten sich die Geldbußen der Kommission am Jahresumsatz, den ein am Kartellverstoß beteiligtes Unternehmen in der Union mit den kartellierten Produkten erwirtschaftet hat.[90] Von dem relevanten Umsatz wurde ein Prozentsatz festgesetzt, der maximal bis zu 10 Prozentpunkte betrug.[91] Die Geldbußen in bedeutenden Kartellverfahren lagen von Ausnahmefällen abgesehen im kleineren zweistelligen Millionenbereich.[92] 23

Ein **deutlicher Anstieg der Geldbußen** erfolgte mit Veröffentlichung der ersten Leitlinien für die Festsetzung von Geldbußen durch die Kommission **im Jahr 1998.**[93] Schon in der ersten Bußgeldentscheidung auf der Grundlage der neuen Leitlinien 1998 überstiegen die Geldbußen teilweise deutlich die 10 Prozentpunkte von den mit den kartellierten Produkten erzielten Jahresumsätzen.[94] 24

Im **Jahr 2006** verlautbarte die Kommission neue Leitlinien für Bußgelder bei Verstößen gegen die Art. 101, 102 AEUV, mit denen sie ausdrücklich das Ziel verfolgt, das **Bußgeldniveau anzuheben.**[95] Im Anschluss daran haben die von der Kommission verhängten Geldbußen exorbitante Größenordnungen erreicht. Während die Geldbußen im Zeitraum von 1990 bis 1999 insgesamt rund € 830 Mio. ausmachten, betrugen sie in der Zeitperiode von 2000 bis 2009 fast € 13 Mrd., wovon rund € 9,5 Mrd. auf die Jahre 2005 bis 2009 entfielen.[96] Ab dem Jahr 2010 bis Februar 2015 verhängte die Kommission Geldbußen in Höhe von € 9 Mrd.[97] Die höchsten Geldbußen wurden im Jahr 2012 mit rund € 1,5 Mrd. gegen Unternehmen im Kartellverfahren *Bildröhren für Fernsehgeräte und Computerbildschirme* verhängt.[98] Den **Rekord für die höchste Einzelstrafe** wegen eines Kartellverstoßes gegen Art. 101 AEUV hält seit 2008 das Unternehmen *Saint Gobain,* dem im Verfahren *Autoglas* eine Geldbuße von rund **€ 896 Mio.** auferlegt wurde und der Rekord für einen Verstoß gegen Art. 102 AEUV liegt bei einer Geldbuße von € 1,06 Milliarden gegen das Unternehmen *Intel.*[99] Der drastische Anstieg des Bußgeldni- 25

---

[90] Vgl. hierzu *Klusmann,* WuW 2001, 820, 823; *Hellmann,* WuW 1999, 333, 337 m. w. N.

[91] Im Kartellverfahren *Karton* verhängte die Kommission erstmals Geldbußen von 9 % des Produktumsatzes, Komm. E. v. 13.7.1994 IV/C/33.833, ABl. 1994 L 243/1 – *Karton;* hierzu *Klusmann,* WuW 2001, 820, 823.

[92] S. etwa Komm. E. v. 13.7.1994 94/601/EG, IV/C/33.833, ABl. 1994 L 243/1 Rdnr. 144 – *Karton* mit einer maximalen Geldbuße von Ecu 22,75 Mio.; Komm. E. v. 7.6.2000, COMP/36.545/F3, ABl. 2001 L 152/24 – *Aminosäuren* mit einer maximalen Geldbuße von € 47,3 Mio.; dazu die Übersicht bei *Immenga/Mestmäcker-Dannecker/Biermann,* EU-WettbR/Teil 2, Art. 23 VO Nr. 1/2003 Rdnr. 106 ff.

[93] Leitlinien für das Verfahren zur Festsetzung von Geldbußen, die gemäß Art. 15 Abs. 2 der Verordnung 17 und gemäß Art. 65 Abs. 5 EGKS-Vertrag festgesetzt werden, ABl. 1998 C 9/3; eingehend zur neuen Bußgeldpraxis der Kommission nach den Leitlinien 1998 *Hellmann,* WuW 1999, 333 ff.; hierzu auch *Klusmann,* WuW, 2001, 820, 823.

[94] Komm. E. v. 21.10.1998, IV/35.691/E-4, ABl. 1999 L 24/1 – *Fernwärmerohre* mit einer maximalen Geldbuße von Ecu 70 Mio.; dazu *Hellmann,* WuW 1999, 333 ff.

[95] Komm. MEMO/06/256 v. 28.6.2006: „Die wichtigsten Veränderungen, die vorgenommen wurden, bedeuten jedoch, dass Unternehmen, die an einer langen Zuwiderhandlung auf einem großen Markt beteiligt waren, mit deutlich höheren Geldbußen als bisher rechnen müssen."

[96] S. Statistik der Kommission, Stand Februar 2015, Ziffer 1.2 Fines imposed (not adjusted for court judgements) – period 1990–2014, abrufbar unter http://ec.europa.eu/competition.

[97] S. Statistik der Kommission, Stand Februar 2015, Ziffer 1.2 Fines imposed (not adjusted for court judgements) – period 1990–2014, abrufbar unter http://ec.europa.eu/competition.

[98] Pressemitteilung Komm. IP/12/1317 v. 5.12.2012; Statistik der Kommission, Stand Februar 2015, Ziffer 1.2 Fines imposed (not adjusted for court judgements) – period 1990–2014, abrufbar unter http://ec.europa.eu/competition.

[99] Zusammenfassung Komm. E. v. 12.11.2008, COMP/39.125, ABl. 2009 C 173/13 Rdnr. 32 – *Automobilglas;* herabgesetzt vom EuG auf € 715 Mio., U. v. 27.3.2014, T-56/09 und T-73/09, ECLI:EU:T:2014:160 – *Saint-Gobain Glass France;* Komm. E. v. 13.5.2009, COMP/C-3/37990 Rdnr. 1786 – *Intel.*

veaus ist in der Methodik der Bemessung der Geldbußen nach den Leitlinien 2006 begründet.[100]

26 **2. Gesetzliche Bemessungskriterien.** Vom Unionsgesetzgeber sind als Kriterien für die Festsetzung der Höhe der Geldbuße nach Art. 23 Abs. 3 VO Nr. 1/2003 nur die **Schwere der Zuwiderhandlung und deren Dauer** vorgegeben. Schon in Anbetracht der existenzgefährdenden Größenordnung individueller Geldbußen und auch im Lichte des allgemeinen Bußgeldniveaus drängt sich die Frage auf, ob diese beiden unbestimmten Tatbestandsmerkmale in der gesetzlichen Ermächtigungsgrundlage den allgemeinen Rechtsprinzipien der Union, insbesondere dem **Bestimmtheitsgrundsatz (Art. 49 GRCh),** gerecht werden. Die Unbestimmtheit der Tatbestandsmerkmale wiegt umso schwerer, als die gesetzlich in Art. 23 Abs. 2 VO Nr. 1/2003 vorgegebene **Bußgeldgrenze** („Kappungsgrenze") von **10 %** des Gesamtumsatzes einen sehr **unbestimmten Strafrahmen** vorgibt.[101] Der Bundesgerichtshof hat sich in seinem vielbeachteten *Grauzement*-Beschluss vom 26.2.2013 mit der im Jahr 2005 in das deutsche Recht übernommene Kappungsgrenze des § 81 Abs. 4 Satz 2 GWB befasst und kam zu dem Schluss, dass diese nur im Wege einer verfassungskonformen Auslegung mit dem Bestimmtheitsgebot vereinbar ist. Die Norm sei daher nicht als eine Kappungsgrenze, sondern als eine **Obergrenze eines Bußgeldrahmens** zu verstehen.[102]

27 Der EuGH ist demgegenüber der Ansicht, dass die Ermächtigungsnorm in Art. 23 Abs. 3 VO Nr. 1/2003 den grundlegenden Prinzipien des Unionsrechts Rechnung trägt; insbesondere stehe die Unbestimmtheit der Bemessungskriterien und die Kappungsgrenze nicht in Widerspruch zum Grundsatz der Gesetzmäßigkeit von Strafen und dem Bestimmtheitsgrundsatz.[103] Zur Begründung führt der EuGH aus, dass es den Gemeinschaftsgerichten und der Entscheidungspraxis der Kommission obliege, diese Begriffe auszulegen und ihnen die nötige Klarheit zu geben. Der Kommission stehe dabei ein weiter Ermessensspielraum bezüglich der Festsetzung von Geldbußen zu.[104] Der Gerichtshof hebt in diesem Zusammenhang hervor, dass die Leitlinien zur Bußgeldbemessung und die Kronzeugenregelung, die sich die Kommission auferlegt habe, für die betroffenen Unternehmen ausreichend **Rechtssicherheit** im Hinblick auf die Auslegung schaffen.[105] Außerdem unterliege die Kommissionspraxis der Kontrolle des EuGH und des EuG, die nach Maßgabe ihrer Überprüfungskompetenz unbestimmte Rechtsbegriffe näher bestimmen.[106]

28 Dementsprechend ist die Anwendung der Bemessungskriterien der Schwere und Dauer der Zuwiderhandlung Gegenstand zahlreicher Entscheidungen der Unionsgerichte und der Kommission geworden. Grundsätzlich gibt es aber **keine allgemein verbindliche oder**

---

[100] S. hierzu nachfolgend Rdnr. 37 ff.

[101] Ausf. zur Vereinbarkeit der Leitlinien 1998 der Kommission zur Berechnung von Bußgeldern mit höherrangigem Gemeinschaftsrecht *Hellmann,* WuW 2002, 944; s. Übersicht in *Immenga/Mestmäcker-Dannecker/Biermann,* EU-WettbR/Teil 2, Art. 23 VO Nr. 1/2003 Rdnr. 217 m. w. N; *FK-Kindhäuser/Meyer,* Art. 23 VO Nr. 1/2003 Rdnr. 70.

[102] BGH, B. v. 26.2.2013, WuW/E DE-R 3861 Rdnr. 50 ff. – *Grauzementkartell;* s. eingehend dazu *Langen/Bunte-Raum,* Band 1, Deutsches Kartellrecht, § 81 GWB Rdnr. 164, 165; s. hierzu auch *Achenbach,* WuW 2013, 688.

[103] EuGH U. v. 8.12.2011, Rs C-389/10 P, Slg. 2011, I-13125 Rdnr. 99 – *KME;* U. v. 22.5.2008, Rs C-266/06 P, Slg. 2008, I-81 Rdnr. 38 – *Evonik Degussa;* U. v. 16.11.2000, Rs C-279/98 P, Slg. 2000, I-9693 Rdnr. 210 – *Cascades.*

[104] EuGH U. v. 8.12.2011, Rs C-389/10 P, Slg. 2011, I-13125 Rdnr. 99 – *KME;* U. v. 22.5.2008, Rs C-266/06 P, Slg. 2008, I-81 Rdnr. 38 – *Evonik Degussa;* U. v. 16.11.2000, Rs C-279/98 P, Slg. 2000, I-9693 Rdnr. 210 – *Cascades,* zum Ganzen *Immenga/Mestmäcker-Dannecker/Biermann,* EU-WettbR/Teil 2, Art. 23 VO Nr. 1/2003 Rdnr. 112 m. w. N.

[105] EuGH U. v. 22.5.2008, Rs C-266/06 P, Slg. 2008, I-81 Rdnr. 53 – *Evonik Degussa;* U. v. 19.3.2009, Rs C-510/06 P, Slg. 2009, I-1843 Rdnr. 60 – *Archer Daniels Midland II;* EuG U. v. 12.12.2012, Rs T-400/09, ECLI:EU:T:2012:675 Rdnr. 40 – *Ecka Granulate.*

[106] EuGH U. v. 17.6.2010, Rs C-413/08 P, Slg. 2010, I-5361 Rdnr. 95 – *Lafarge;* EuG U. v. 12.12.2012, Rs T-400/09, ECLI:EU:T:2012:675 Rdnr. 30 – *Ecka Granulate.*

abschließende Liste von Kriterien, die die Kommission anzuwenden hat.[107] Zu den Faktoren, anhand derer die **Schwere des Verstoßes** gegen materielles Wettbewerbsrecht beurteilt werden kann, gehören die Menge und der Wert der Waren, die Gegenstand des Wettbewerbsverstoßes waren, die Größe sowie die Wirtschaftskraft des Unternehmens, der Einfluss, den das Unternehmen auf den Markt ausüben konnte und die kumulierten Marktanteile der beteiligten Unternehmen.[108] Die Kommission kann den Gesamtumsatz des Unternehmens, den mit dem Wettbewerbsverstoß befangenen Teil des Umsatzes und die Marktanteile des Unternehmens berücksichtigen.[109] Auch die konkreten Auswirkungen der Zuwiderhandlung oder entlastend die Macht der Abnehmer können in die Beurteilung der Schwere des Verstoßes einbezogen werden.[110] Nach der Rechtsprechung kann die Kommission vor allem auch die Abschreckungswirkung einer Geldbuße in ihrer Entscheidung anführen.[111]

Für die **Dauer einer Zuwiderhandlung** ist der Zeitraum zwischen dem Abschluss der 29
wettbewerbswidrigen Vereinbarung oder dem Beginn der abgestimmten Verhaltensweise und ihrer Beendigung maßgeblich.[112] Bezüglich der gesamtschuldnerischen Verantwortung ist für die Berechnung der Dauer eines Kartellverstoßes entscheidend, wie lange das Unternehmen als wirtschaftlich tätige Einheit an dem Verstoß beteiligt war, d. h. die zeitlich nachfolgende Kartellteilnahme verschiedener Tochterunternehmen können der Muttergesellschaft zugerechnet und in diesem Sinne zusammengerechnet werden.[113] Für die Berechnung der Dauer einer Zuwiderhandlung braucht nur bestimmt zu werden, wie lange die Vereinbarung bestanden hat, d. h. der Zeitraum von ihrem Abschluss bis zu ihrer Beendigung.[114] Das gilt auch dann, wenn die fragliche Vereinbarung nicht in Kraft gesetzt worden ist.[115] In den meisten Fällen, insbesondere bei den sog. Hardcore-Kartellen, werden die Verstöße nicht einmalig, sondern längere Zeit praktiziert, wobei solche Kartelle vielfach instabil sind und die Beiträge der beteiligten Unternehmen stark variieren können. Es ergibt sich dann die Frage, ob das Kartell – wie in Art. 25 Abs. 2 Satz 2 VO Nr. 1/2003 beim Verjährungsrecht geregelt – als eine *einheitliche und dauernde* oder als *einheitliche und fortgesetzte* (ggf. *komplexe*) *Zuwiderhandlung* bewerten werden kann (zur Unterscheidung s. auch unten Rdnr. 131). Diese Unterscheidung ist hinsichtlich der Rechtsfolgen für die Dauer (und den Beginn der Verjährungsfrist) insbes. in solchen Fällen von Bedeutung, in denen das Kartell in einer Zwischenphase inaktiv war bzw. nicht praktiziert worden ist.[116]

---

[107] EuGH U. v. 25.3.1996, Rs C-137/95 P, Slg. 1996, I-1611 Rdnr. 54 – *SPO;* U. v. 28.6.2005, Rs C-189/02 P, C-202/02 P, C-205/02 P bis C-208/02 P und C-213/02 P, Slg. 2005, I-5425 Rdnr. 241 – *Dansk Rørindustri;* U. v. 3.9.2009, Rs C-534/07 P, Slg. 2009, I-7415 Rdnr. 54 – *Prym und Prym Consumer;* Komm. E. v. 11.11.2009, COMP/38.589 Rdnr. 747 – *Wärmestabilisatoren.*

[108] St. Rspr., EuGH U. v. 7.6.1983, Rs 100/80 bis 103/80, Slg. 1983, 1825 Rdnr. 121 – *Musique Diffusion française;* U. v. 17.12.1998, Rs C-185/95 P, Slg. 1998, I-8417 Rdnr. 138 – *Baustahlgewerbe;* U. v. 8.12.2011, Rs C-389/10 P, Slg. 2011, I-13125 Rdnr. 59 – *KME.*

[109] St. Rspr., EuGH U. v. 7.6.1983, Rs 100/80 bis 103/80, Slg. 1983, 1825 Rdnr. 121 – *Musique Diffusion française;* U. v. 17.12.1998, Rs C-185/95 P, Slg. 1998, I-8417 Rdnr. 138 – *Baustahlgewerbe;* U. v. 8.12.2011, Rs C-389/10 P, Slg. 2011, I-13125 Rdnr. 59 – *KME.*

[110] EuG U. v. 5.4.2006, Rs T-279/02, Slg. 2006, II-897 Rdnr. 216 – *Degussa;* U. v. 1.3.2007, Rs T-30/05, Slg. 2007, II-107 Rdnr. 108 – *Prym und Prym Consumer;* bestätigt durch EuGH U. v. 3.9.2009, Rs C-534/07 P, Slg. 2009, I-7415 Rdnr. 78 – *Prym und Prym Consumer;* EuG U. v. 27.2.2014, Rs T-91/11, ECLI:EU:T:2014:92 Rdnr. 67 – *Innolux,* Rechtsmittel anhängig als Rs C-231/14 P; zur Macht der Abnehmer s. EuG U. v. 27. 9 2006, Rs T-322/01, Slg. 2006, II-3137 Rdnr. 149 – *Roquette Frères.*

[111] EuGH U. v. 28.6.2005, Rs C-189/02 P, C-202/02 P, C-205/02 P bis C-208/02 P und C-213/02 P, Slg. 2005, I-5425 Rdnr. 241 – *Dansk Rørindustri;* U. v. 3.9.2009, Rs C-534/07 P, Slg. 2009, I-7415 Rdnr. 54 – *Prym und Prym Consumer.*

[112] S. hierzu ausf. nachfolgend Rdnr. 48 ff.; *Immenga/Mestmäcker-Dannecker/Biermann,* EU-WettbR/Teil 2, Art. 23 VO Nr. 1/2003 Rdnr. 179 ff.

[113] EuGH U. v. 13.6.2013, Rs C-511/11 P, ECLI:EU:C:2013:386 Rdnr. 40 – *Versalis.*

[114] EuG U. v. 19.3.2003, Rs T-213/00, Slg. 2003, II-913 Rdnr. 280 – *CMA CGM.*

[115] EuG U. v. 1.3.2007, Rs T-30/05, Slg. 2007, II-107 Rdnr. 133 – *Prym und Prym Consumer.*

[116] S. dazu aus der jüngeren Rechtsprechung EuG U. v. 17.5.2013, verb. Rs T-147/09 und T-148/09, ECLI:EU:T:2013:259, Rdnr. 72 ff., 86 – *Trelleborg* sowie U. v. 15.7.2015, Rs T-418/10,

Abzustellen ist darauf, ob das gleiche wettbewerbswidrige wirtschaftliche Ziel verfolgt wurde, denn die Vereinbarung kann sich von Zeit zu Zeit geändert haben, und die zugrunde liegenden Mechanismen können angepasst oder verstärkt worden sein, um neuen Marktentwicklungen Rechnung zu tragen, ohne dass dadurch eine Zuwiderhandlung unterbrochen würde.[117] Hinweise für die Verfolgung ein und desselben wirtschaftlichen Ziels sind die Identität der Ziele der betreffenden Praktiken, Identität der betroffenen Waren und Dienstleistungen, Identität der an der Zuwiderhandlung beteiligten Unternehmen sowie die Identität der natürlichen Personen, die für die Unternehmen tätig wurden, die Identität der Durchführungsmodalitäten und die Identität des räumlichen Anwendungsbereiches der betreffenden Praktiken; auf dieser Grundlage kann die Kommission (widerleglich) vermuten, dass die Zuwiderhandlung nicht unterbrochen worden ist, auch wenn sie für bestimmte Zeiträume keine Beweise für die Zuwiderhandlung hat, sofern im Rahmen einer einheitlichen und dauernden Zuwiderhandlung das gleiche Ziel verfolgt wird, wobei eine solche Feststellung auf objektiven und übereinstimmenden Indizien für das Vorliegen eines **Gesamtplans** beruhen muss.[118] Insgesamt weist die Rechtspraxis hinsichtlich der Einordnung von Hardcore-Kartellen als einheitliche Zuwiderhandlung zwar eine klare positive Tendenz auf, scheint aber hinsichtlich der dogmatischen Begrifflichkeiten noch im Fluss zu sein.

30 **3. Geldbußenobergrenze.** Nach Art. 23 Abs. 2 VO Nr. 1/2003 darf eine Geldbuße gegen ein an der Zuwiderhandlung beteiligtes Unternehmen oder eine Unternehmensvereinigung 10% seines bzw. ihres im vorausgegangenen Geschäftsjahr erzielten Gesamtumsatzes nicht überschreiten. Diese **Obergrenze** soll einen Ausgleich zwischen einer **hinreichen-**

ECLI:EU:T:2015:516, Rdnr. 119, 120 – *voestalpine.* Zu den Anforderungen an eine Beendigung oder Unterbrechung der Teilnahme an einem Kartell durch ein Unternehmen – insbes. die sog. „offene Distanzierung“ und die entsprechende Wahrnehmung der Distanzierungsabsicht durch die anderen Kartellbeteiligten – s. EuGH U. v. 17. 9. 2015, Rs C-634/13 P, ECLI:EU:C:2015:614, Rdnr. 16ff., 39ff. – *Total Marketing Services* (Paraffinwachskartell). S. ferner Komm. E. v. 10.12.2003, COMP/E-2/37.857 Rdnr. 307f. – *Organische Peroxide;* Komm. E. v. 11.11.2009, COMP/38.589 Rdnr. 388 – *Wärmestabilisatoren* sowie *Immenga/Mestmäcker-Dannecker/Biermann,* WbR EG/Teil 2, VO Nr. 1/2003, Art. 23 Rdnr. 79ff. und Art. 25 Rdnr. 8ff.

117 Komm. E. v. 10.12.2003, COMP/E-2/37.857 Rdnr. 308 – *Organische Peroxide;* Komm. E. v. 11.11.2009, COMP/38.589 Rdnr. 388 – *Wärmestabilisatoren.*

118 EuG U. v. 3.3.2011, Rs T-122/07 bis T-124/07, Slg. 2011, II-793 Rdnr. 90 m. w. N. – *Siemens Österreich;* U. v. 17.5.2013, Rs T-147/09 und T-148/09, ECLI:EU:T:2013:259 Rdnr. 58ff., 72ff. – *Trelleborg Industrie SAS und Trelleborg AB.* Aus jüngster Zeit s. z. B. EuG U. v. 15. 7. 2015, Rs T-418/10, ECLI:EU:T:2015:516, Rdnr. 119, 120 – *voestalpine,* dort im Einklang mit der EuGH-Rechtsprechung unter Betonung der sich aus dem „Gesamtplan“ ergebenden Verantwortung auch für das Verhalten anderer Kartellteilnehmer: „Ein Unternehmen, das sich durch eigene Handlungen (...) an einer solchen einheitlichen und komplexen Zuwiderhandlung beteiligt hat, kann somit für die gesamte Zeit seiner Beteiligung an der Zuwiderhandlung auch für das Verhalten verantwortlich sein, das andere Unternehmen im Rahmen der Zuwiderhandlung an den Tag legten. Dies ist dann der Fall, wenn das Unternehmen nachweislich durch sein eigenes Verhalten zur Erreichung der von allen Beteiligten verfolgten gemeinsamen Ziele beitragen wollte und von dem von anderen Unternehmen in Verfolgung dieser Zwecke beabsichtigten oder an den Tag gelegten rechtswidrigen Verhalten wusste oder es vernünftigerweise vorhersehen konnte und bereit war, die daraus erwachsende Gefahr auf sich zu nehmen“ (aaO Rdnr. 120 unter Bezugnahme auf EuGH U. v. 8. 9. 1999, Rs C-49/92 P, ECLI:EU:C:1999:356, Rdnr. 83, 87 und 203 – *Anic Partecipazioni* und EuGH U. v. 7. 1. 2004, Rs C-204/00 P u. a., ECLI:EU:C:2004:6, Rdnr. 83 – *Aalborg Portland*). Unklar ist, ob die vom EuG im *Trelleborg*-Urteil herausgearbeitete Unterscheidung zwischen dauernder und fortgesetzter Zuwiderhandlung und der daraus resultierenden Rechtsfolge (aaO. Rdnr. 87/88: bei letzterer keine Geldbuße für den Zeitraum, in dem die Zuwiderhandlung unterbrochen war) allgemein akzeptiert ist. Im Verfahren „*Badezimmer-Ausstattungen*“ wandten sich die Unternehmen der *Villeroy & Boch*-Gruppe gegen die Einstufung des Kartells als „einheitliche, komplexe und fortgesetzte Zuwiderhandlung“, wobei die Kommission in der angefochtenen Entscheidung den Begriff „fortdauernde Zuwiderhandlung“ verwendet und eine Geldbuße für einen durchgehenden Zeitraum (also ohne Unterbrechung der Zuwiderhandlung) verhängt hatte, s. dazu EuG U. v. 16. 9. 2013, verb. Rs T-373/10, T-374/10, T-382/10 und T-402/10, ECLI:EU:T:2013:455, Rdnr. 18 sowie 29ff. – *Villeroy & Boch* sowie Komm. E. v. 23. 6. 2010, COMP/39 092, vor Rdnr. 784 – *Badezimmer-Ausstattungen.*

den Abschreckungswirkung der Geldbuße einerseits und dem Ziel der Vermeidung zu hoher Geldbußen andererseits, die der Adressat aufgrund seiner Größe und Wirtschaftskraft nicht verkraften wird, schaffen.[119] Für Zuwiderhandlungen von Unternehmensvereinigungen im Zusammenhang mit der Tätigkeit ihrer Mitglieder darf die Geldbuße nach Art. 23 Abs. 2 Unterabs. 2 VO Nr. 1/2003 10% der Summe der Gesamtumsätze derjenigen Mitglieder, die auf dem Markt tätig waren, auf dem sich die Zuwiderhandlung auswirkte, nicht übersteigen. Diese gesetzlich vorgeschriebene Geldbußenobergrenze bezieht sich auf den weltweiten Umsatz des Unternehmens bzw. der Unternehmensgruppe.[120]

Im Hinblick auf die Obergrenze der Geldbuße von 10% des weltweiten Umsatzes stellt sich die Frage, ob ein Unternehmen für einen Kartellverstoß, der sich auch außerhalb des EWR auswirkt, mehrfach für **dieselbe Tat** sanktioniert werden kann. Der **Grundsatz des Verbots der Doppelbestrafung („ne bis in idem")** ist zwar grundsätzlich auf Geldbußen nach Art. 23 VO Nr. 1/2003 anwendbar, gilt jedoch **nicht** für Sachverhalte, in denen Wettbewerbsbehörden von **Drittstaaten** im Rahmen ihrer eigenen Zuständigkeit und Rechtsordnung Geldbußen verhängt haben.[121] Für eine Anwendbarkeit des *ne bis in idem* Grundsatzes, und damit einer Anrechnung der drittstaatlichen Geldbußen, verlangt der EuGH, dass von der Zuwiderhandlung dasselbe Rechtsgut betroffen ist. Im Verhältnis zu Drittstaaten seien jedoch ausschließlich unterschiedliche Rechtsgüter betroffen, da die Wettbewerbsregeln von Drittstaaten nicht dem Schutz des Wettbewerbs im EWR dienen.[122] 31

Bei weltweiten Kartellen kann unter Einbeziehung von Geldbußen, die in Drittstaaten verhängt worden sind, folglich die Obergrenze von 10% des Gesamtumsatzes überschritten werden. Im Rahmen ihres Ermessens kann die Kommission jedoch von Drittstaaten verhängte Geldbußen berücksichtigen; sie ist dazu aber nicht verpflichtet.[123]

Nach gefestigter Rechtsprechung der Unionsgerichte handelt es sich bei der 10%-Umsatzschwelle um eine **Kappungsgrenze.** Danach ist es zulässig, bei der Berechnung von Zwischenbeträgen im Rahmen der Bußgeldermittlung nach Maßgabe der Leitlinien 2006 diese 10%-Geldbußenobergrenze zu überschreiten.[124] Dies hat zur Konsequenz, dass bei der Festsetzung der Geldbuße in Fällen, in denen der umsatzorientierte Ausgangspunkt für die Schwere des Verstoßes[125] über dieser 10%-Schwelle liegt, andere zwingend zu berücksichtigende Strafzumessungskriterien, wie etwa die Dauer der Zuwiderhandlung oder mildernde Umstände, im Ergebnis keine Rolle spielen, weil die Geldbuße mit der Festsetzung des Ausgangsbetrages bereits determiniert wird. Diese Problematik stellte sich im *Fernwärmetechnik*-Kartellverfahren nach den Leitlinien 1998 erstmals in besonderer Schärfe, weil bei einer Reihe von betroffenen Unternehmen der von der Kommission ermittelte Ausgangsbetrag für die Schwere des Verstoßes bereits erheblich über der Kappungsgrenze von 10% des Gesamtumsatzes lag, so dass die unterschiedliche Dauer der Zuwiderhandlung oder andere individuelle Unterschiede in der Tatbeteiligung keine tatsächliche Auswirkung 32

[119] EuGH U. v. 8.2.2007, Rs C-3/06 P, Slg. 2007, I-1331 Rdnr. 48, 50 – *Groupe Danone.*

[120] EuGH U. v. 26.11.2013, Rs C-58/12 P, ECLI:EU:C:2013:770 Rdnr. 52 – *Groupe Gascogne;* U. v. 8.2.2007, Rs C-3/06 P, Slg. 2007, I-1331 Rdnr. 48, 50 – *Groupe Danone*; EuG U. v. 23.1.2014, T-384/09 Rdnr. 266f. – *SKW;* U. v. 24.3.2011, Rs T-377/06, Slg. 2011, II-1115 Rdnr. 111 – *Comap;* hierzu *Immenga/Mestmäcker-Dannecker/Biermann,* EU-WettbR/Teil 2, Art. 23 VO Nr. 1/2003 Rdnr. 116ff. m. w. N.

[121] EuGH U. v. 29.6.2006, Rs C-308/04 P, Slg. 2006, I-5977 Rdnr. 32 – *SGL Carbon I;* U. v. 10.5.2007, Rs C-328/05 P, Slg. 2007, I-3921 Rdnr. 28 – *SGL Carbon III,* so auch EuG U. v. 18.6.2008, Rs T-410/03, 2008 II-0881, Rdnr. 601ff. – *Hoechst,* wo eine Beachtung von Drittstaaten-Geldbußen aus Billigkeitserwägungen abgelehnt wurde; so auch EuG U. v. 27.9.2006, Rs T-59/02, Slg. 2006, II-3627, Rdnr. 66ff. – *Archer Daniels Midland,* wo die Anrechnung zumindest in Erwägung gezogen wurde, soweit die drittstaatliche Geldbuße auch im Hinblick auf die Auswirkungen der Zuwiderhandlungen im EWR verhängt wurde.

[122] EuGH U. v. 29.6.2006, Rs C-308/04 P, Slg. 2006, I-5977 Rdnr. 31f. – *SGL Carbon I.*

[123] EuGH U. v. 29.6.2006, Rs C-308/04 P, Slg. 2006, I-5977 Rdnr. 36 – *SGL Carbon I.*

[124] Grdlg. EuGH U. v. 28.6.2005, Rs C-189/02 P, C-202/02 P, C-205/02 P bis C-208/02 P und C-213/02 P, Slg. 2005, I-5425 Rdnr. 278 – *Dansk Rørindustri.*

[125] S. nachfolgend Rdnr. 46f.

auf die Geldbuße hatten.[126] Im Rechtsmittelverfahren hat sich Generalanwalt *Tizzano* in seinen Schlussanträgen eingehend mit dieser Problematik befasst. Er teilte zwar die Bedenken der Kläger an der Rechtmäßigkeit einer solchen Bußgeldermittlung der Kommission, hielt diese aber nicht für ausreichend, um dem Rechtsmittel in diesem Punkt stattzugeben.[127] Gleichwohl hob er in seinen Anträgen hervor, dass die **Berechnungsmethode der Kommission Billigkeitsdefizite** habe und forderte von der Kommission, in ihrer **Sanktionspolitik Kurskorrekturen** vorzunehmen, um den allgemeinen **Angemessenheits- und Billigkeitserfordernissen** zu genügen.[128] Der EuGH bestätigte aber in seinem Urteil vom 28.6.2005 die Entscheidung der Kommission.[129]

33 Die Kommission hat trotz der mahnenden Worte des Generalanwaltes *Tizzano* im Kartellverfahren *Fernwärmetechnik* zunächst keine Kurskorrekturen ihrer Bußgeldpolitik vorgenommen, sondern die **Sanktionspolitik** mit den **neuen Leitlinien 2006** sogar noch **verschärft.** Die 10%-Obergrenze wurde daher jedenfalls bei mittelständisch geprägten **Einproduktunternehmen** bei der Festsetzung der Geldbuße bereits durch den Ausgangsbetrag für die Schwere des Verstoßes häufig weit überschritten und individuelle Strafzumessungskriterien blieben unberücksichtigt.[130]

34 Durchaus überraschend und bislang in der Literatur wenig beachtet hat das EuG in seinem *Putters*-Urteil im Jahr 2011 diese Bußgeldpraxis der Kommission grundlegend in Frage gestellt und die Auffassung vertreten, dass eine solche Bußgeldbemessung nicht mit dem **Grundsatz der individuellen Zumessung von Strafen und Sanktionen** im Einklang steht.[131] Daraufhin hat die Kommission reagiert und erstmals im Kartellverfahren *Beschläge für Fenster und Fenstertüren* mit Entscheidung vom 28.3.2012 vor der Anwendung der 10%-Kappungsgrenze den Grundbetrag der Geldbuße angepasst, sodass dieser nicht schon die Kappungsgrenze überschritt.[132] Dieser Entscheidung lag die Konstellation zugrunde, dass bei acht von neun Adressaten die Kappungsgrenze nach Festsetzung des Ausgangsbetrages für die Schwere des Verstoßes bereits weit überschritten wurde und mithin jegliche individuelle unternehmensbezogene Strafzumessung ohne Ergebnis auf die tatsächlich verhängte Geldbuße geblieben wäre. Die Kommission bestimmte daher den Grundbetrag dahingehend, dass sowohl der Anteil des Umsatzes im Bereich der kartellierten Produkte am Gesamtumsatz als auch die Unterschiede zwischen den Parteien im Hinblick auf ihre individuelle Teilnahme an der Verletzungshandlung berücksichtigt wurden. [133] Wie drei weitere Bußgeldentscheidungen in den Kartellverfahren *Nordseegarnelen*[134] aus dem Jahr 2013, *Stahl-Strahlmittelhersteller*[135] und *Briefumschläge*[136] aus dem Jahr 2014 belegen, scheint sich acht Jahre nach dem Plädoyer des Generalanwalts *Tizzano* im Kartellverfahren *Fernwärmetechnik* doch noch die von ihm eingeforderte **Änderung der Sanktionspolitik** der Kommission

---

[126] S. hierzu ausf. *Hellmann,* EWS 2005, 439, 444; Komm. E. v. 21.10.1998, IV/35.691/E-4, ABl. 1999, L 24/1 – *Fernwärmetechnik-Kartell.*

[127] GA *Tizzano,* Schlussanträge v. 8.7.2004, Rs C-189/02 P, C-202/02 P, C-205/02 P bis C-208/02 P und C-213/02 P, Slg. 2005, I-5425 Rdnr. 119 – *Dansk Rørindustri.*

[128] GA *Tizzano,* Schlussanträge v. 8.7.2004, Rs C-189/02 P, C-202/02 P, C-205/02 P bis C-208/02 P und C-213/02 P, Slg. 2005, I-5425 Rdnr. 129, 133 – *Dansk Rørindustri.*

[129] EuGH U. v. 28.6.2005, Rs C-189/02 P, C-202/02 P, C-205/02 P bis C-208/02 P und C-213/02 P, Slg. 2005, I-5425 Rdnr. 278 – *Dansk Rørindustri.*

[130] Komm E. v. 11.3.2008, COMP/38.543 Rdnr. 605, 664 – *Auslandsumzüge;* Zusammenfassung Komm. E. v. 23.6.2010, COMP/39.092, ABl. 2010 C 348/12 Rdnr. 15 – *Badezimmerausstattungen.* Nach der Kommissionsstatistik wurde in den Jahren 2006–2013 in knapp 11% der Fälle – ohne Berücksichtigung der Kronzeugenregelung – die Geldbußenobergrenze erreicht und die Geldbuße nicht weiter gesenkt, siehe Statistik der Kommission, Stand Juni 2014, Ziffer 1.11 Fines as percentage of global turnover, abrufbar unter http://ec.europa.eu/competition.

[131] EuG U. v. 16.6.2011, Rs T-211/08, Slg. 2011, II-3729 Rdnr. 75 – *Putters.*

[132] Komm. E. v. 28.3.2012, COMP/39.452 Rdnr. 518 ff. – *Beschläge für Fenster und Fenstertüren.*

[133] Komm. E. v. 28.3.2012, COMP/39.452 Rdnr. 518 ff. – *Beschläge für Fenster und Fenstertüren.*

[134] Komm. E. v. 27.11.2013, COMP/39.633 Rdnr. 538 ff. – *Nordseegarnelen.*

[135] Komm. E. v. 2.4.2014, COMP/39.792 Rdnr. 104 ff. – *Stahl-Strahlmittelhersteller.*

[136] Komm. E. v. 10.12.2014, COMP/39.780 Rdnr. 88 ff. – *Briefumschläge.*

zu ergeben. Es zeichnet sich mithin eine Praxis der Kommission ab, in Fällen, in denen schon die anhand der Schwere des Verstoßes ermittelten Ausgangsbeträge die 10%-Schwelle erreichen, eine Adaption des Grundbetrages vorzunehmen, um dem **Grundsatz der individuellen Zumessung von Strafen und Sanktionen** Genüge zu tun.

Die Geldbußenobergrenze von 10% des Gesamtumsatzes bemisst sich im Falle einer 35
wirtschaftlichen Einheit am Umsatz der **gesamten Unternehmensgruppe.**[137]

Bezugspunkt für die relevanten Umsatzerlöse ist gemäß Art. 23 Abs. 2 VO Nr. 1/2003 **das der Entscheidung vorausgegangene Geschäftsjahr.** Trotz dieses eindeutigen Wortlautes hält es der Gerichtshof für zulässig, einen anderen Bezugspunkt für die Ermittlung der Kappungsgrenze zu wählen, wenn das letzte Geschäftsjahr keinen geeigneten Anhaltspunkt für die tatsächliche wirtschaftliche Situation des betroffenen Unternehmens und für eine angemessene abschreckende Höhe der zu verhängenden Geldbuße bietet.[138] Dies gilt etwa für den Fall, dass das Unternehmen im letzten Geschäftsjahr keinen Umsatz erzielt hat. Die Kommission kann dann das letzte abgeschlossene Geschäftsjahr zugrunde legen, in dem Umsätze erzielt wurden.[139] Für den Fall des **Erwerbs einer zuwiderhandelnden Tochtergesellschaft** durch die – nach dem Erwerb gesamtschuldnerisch haftende – Muttergesellschaft entschied der EuGH im Fall *YKK,* dass die Geldbußenobergrenze von 10% für den Zeitraum der alleinigen Verantwortung der Tochtergesellschaft – also vor Begründung der wirtschaftlichen Einheit mit der Muttergesellschaft – allein anhand der Umsatzerlöse der Tochtergesellschaft zu ermitteln ist, mithin also insoweit zwei Zeitperioden bezüglich der Ermittlung der Geldbußenobergrenze zu betrachten sind.[140]

Die Kappungsgrenze bezieht sich auf eine Zuwiderhandlung. Stellt die Kommission 36
mehrere Zuwiderhandlungen fest und verhängt mehrere Geldbußen, greift die 10%-Schwelle für jede zu ahnende Zuwiderhandlung, so dass im Ergebnis durch die Addition von Geldbußen die Obergrenze überschritten werden kann.[141] In der Bußgeldentscheidung im Kartellverfahren *Speditionsdienste* hat die Kommission beispielsweise vier separate Kartellverstöße ermittelt und sanktioniert.[142]

Die Kappungsgrenze von 10% gilt nach Art. 23 Abs. 2 VO Nr. 1/2003 auch für Unternehmensvereinigungen. Bei Unternehmensvereinigungen, die nicht am Markt wirtschaftlich tätig sind, entfällt ein eigener Umsatz als Bezugspunkt. Nach Art. 23 Abs. 2 Unterabs. 3 VO Nr. 1/2003 beträgt die Obergrenze bei Zuwiderhandlungen durch eine Unternehmensvereinigung 10% der Summe aller Gesamtumsätze derjenigen Mitglieder, die auf dem Markt aktiv sind, auf dem die Zuwiderhandlung der Vereinigung stattgefunden hat.[143]

4. Bußgeld-Leitlinien der Kommission von 2006. *a) Vorbemerkung.* Die Leitlinien 37
für das Verfahren zur Festsetzung von Geldbußen gemäß Art. 23 Abs. 2 lit. a VO Nr. 1/

---

[137] EuGH U. v. 26.11.2013, Rs C-58/12 P, ECLI:EU:C:2013:770 Rdnr. 52 ff. – *Groupe Gascogne;* U. v. 8.2.2007, Rs C-3/06 P, Slg. 2007, I-1371 Rdnr. 55 – *Groupe Danone;* U. v. 11.7.2013, Rs C-444/11 P, ECLI:EU:C:2013:464 Rdnr. 173 – *Team Relocations;* EuG U. v. 15.3.2000, Rs T-25/95 u. a., Slg. 2000, II-401 Rdnr. 5040 – *Cimenteries CBR;* U. v. 24.3.2011, Rs T-377/06, Slg. 2011, II-1115 Rdnr. 111 – *Comap;* U. v. 24.3.2011, Rs T-384/06, Slg. 2011, II-1177 Rdnr. 101 – *IBP.*

[138] EuGH U. v. 15.5.2014, Rs C-90/13 P, ECLI:EU:C:2014:326 Rdnr. 16 ff. – *Garantanovaná;* U. v. 7.6.2007, Rs C-76/06 P, Slg. 2007, I-4405 Rdnr. 30 – *Britannia Alloys;* EuG U. v. 29.11.2005, Rs T-33/02, Slg. 2005, II-4974 Rdnr. 39 – *Britannia Alloys;* U. v. 28.4.2010, Rs T-456/05 und T-457/05, Slg. 2010, II-1443 Rdnr. 90 – *Gütermann.*

[139] EuGH U. v. 7.6.2007, Rs C-76/06 P, Slg. 2007, I-4405 Rdnr. 30 – *Britannia Alloys;* kritisch hierzu *Immenga/Mestmäcker-Dannecker/Biermann,* EU-WettbR/Teil 2, Art. 23 VO Nr. 1/2003 Rdnr. 120 m. w. N.

[140] EuGH U. v. 4.9.2014, Rs C-408/12 P, ECLI:EU:C:2014:2153 Rdnr. 60 ff. – *YKK,* s. auch EuG U. v. 11.7.2014, Rs T-541/08, ECLI:EU:T:2014:638 Rdnr. 444, 453 – *Sasol.*

[141] EuG U. v. 28.4.2010, Rs T-446/05, Slg. 2010, II-1255 Rdnr. 149, 150 – *Amman & Söhne*; hierzu *Immenga/Mestmäcker-Dannecker/Biermann,* EU-WettbR/Teil 2, Art. 23 VO Nr. 1/2003 Rdnr. 126 m. w. N.

[142] Komm. E. v. 28.3.2012, COMP/39.462 – *Speditionsdienste.*

[143] S. hierzu EuGH U. v. 18.12.2008, Rs C-101/07 P und C-110/07 P, Slg. 2008, I-10193 Rdnr. 132 – *Coop de France bétail et viande.*

2003 (**„Leitlinien 2006"**)[144] dienen, wie die Vorgängerleitlinien aus dem Jahr 1998, der Erhöhung der **Transparenz** und der **Objektivität der Entscheidung** der Kommission.[145] Das EuG hält nicht nur diese Transparenz des Verwaltungshandelns der Kommission für wünschenswert, sondern sieht hierin einen wesentlichen Bestandteil für die Ausübung seiner Befugnis zur unbeschränkten Nachprüfung bezogen auf die Angemessenheit der festgesetzten Geldbuße.[146] Mit ihren Leitlinien kommuniziert die Kommission die Grundlagen und die Methodik ihrer Berechnung von Geldbußen nach Maßgabe der Bemessungskriterien des Art. 23 Abs. 3 VO Nr. 1/2003 und in Ansehung der Bußgeldobergrenze in Art. 23 Abs. 2 VO Nr. 1/2003. Bei der **Festsetzung von Geldbußen** verfügt die Kommission über ein **weites Ermessen.** Nach der Rechtsprechung des EuGH muss die Kommission bei der Ausübung ihres Ermessens aber die Sanktion entsprechend den für die betroffenen Unternehmen kennzeichnenden Verhaltensweisen und Eigenschaften individuell festlegen.[147] Insbesondere darf die Festsetzung einer angemessenen Geldbuße nicht nur das Ergebnis eines bloßen, auf den Umsatz gestützten Rechenvorganges sein.[148] Aus den Leitlinien folgt für die Kommission eine Beschränkung ihres Ermessens. Sie darf nicht willkürlich von den Leitlinien abweichen und muss insbesondere die Grundsätze der Gleichbehandlung und des Vertrauensschutzes beachten.[149]

38 Mit den Leitlinien verfolgt die Kommission den Zweck, dass ihre Geldbußen die notwendige **Abschreckungswirkung** entfalten. Die Geldbußen sollen daher so hoch angesetzt werden, dass nicht nur die an der Zuwiderhandlung beteiligten Unternehmen sanktioniert werden (Spezialprävention), sondern auch andere Unternehmen von einem Kartellverstoß abgehalten werden (Generalprävention).[150]

39 Der Erlass der Leitlinien 2006 fügt sich nach Auffassung des EuG in den rechtlichen Rahmen zur Ausübung des Ermessens der Kommission ein und verstößt nicht gegen den **Grundsatz der Gesetzmäßigkeit von Strafen.**[151] Die Rechtsprechung zur Vereinbarkeit der Leitlinien 1998 mit höherrangigem Unionsrecht könne auf die Leitlinien 2006 übertragen werden.[152] Auch der EuGH hat die Rechtmäßigkeit der Leitlinien 2006 in Entscheidungen, in denen er sich hiermit befasst hat, nicht in Zweifel gezogen.[153]

40 Ausgangspunkt für die Berechnung der Geldbußen sind die verkauften Waren oder Dienstleistungen, die mit dem Verstoß in Zusammenhang stehen, und die Anzahl der Jahre, während derer das Unternehmen am Verstoß beteiligt war. Diese Verbindung spiegelt

---

144 Leitlinien für das Verfahren zur Festsetzung von Geldbußen gemäß Artikel 23 Absatz 2 Buchstabe a) der Verordnung (EG) Nr. 1/2003, ABl. 2006 C 210/2.

145 Leitlinien 2006, Rdnr. 3.

146 EuG U. v. 16.6.2011, Rs T-199/08, Slg. 2011, II-3507 Rdnr. 90 – *Ziegler;* s.a. EuGH U. v. 16.11.2000, Rs C-248/98 P, Slg. 2000, I-9641 Rdnr. 46 – *KNB PT.*

147 EuGH U. v. 12.11.2009, Rs C-564/08 P, Slg. 2009, I-191 Rdnr. 43 m.w.N – *SGL Carbon IV;* U. v. 13.6.2013, Rs C-511/11 P, ECLI:EU:C:2013:386 Rdnr. 104 – *Versalis.*

148 EuGH U. v. 13.6.2013, Rs C-511/11 P, ECLI:EU:C:2013:386 Rdnr. 103 m.w.N. – *Versalis.*

149 EuGH U. v. 28.6.2005, Rs C-189/02 P, C-202/02 P, C-205/02 P bis C-208/02 P und C-213/02 P, Slg. 2005, I-5425 Rdnr. 209f. – *Dansk Rørindustri;* U. v. 18.5.2006, Rs C-397/03 P, Slg. 2006, I-4429 Rdnr. 91 – *Archer Daniels Midland I;* U. v. 11.7.2013, Rs C-439/11 P, ECLI:EU:C:2013:513 Rdnr. 46 – *Ziegler;* EuG U. v. 2.2.2012, Rs T-83/08, ECLI:EU:T:2012:48 Rdnr. 107 – *Denki;* U. v. 27.2.2014, Rs T-128/11, ECLI:EU:T:2014:88 Rdnr. 132 – *LG Display.*

150 Leitlinien 2006, Rdnr. 4.

151 EuG U. v. 16.6.2011, Rs T-211/08, Slg. 2011, II-3729 Rdnr. 74f. – *Putters;* EuG U. v. 16.9.2013, Rs T-364/10, ECLI:EU:T:2013:477 Rdnr. 81 – *Duravit,* Rechtsmittelverfahren anhängig als Rs C-609/13 P; U. v. 6.2.2014, Rs T-27/10, ECLI:EU:T:2014:59 Rdnr. 298, 299 – *AC Treuhand II;* Rechtsmittelverfahren anhängig als Rs C-194/14 P.

152 EuG U. v. 16.9.2013, Rs T-364/10, ECLI:EU:T:2013:477 Rdnr. 71, 72 – *Duravit;* zur Rechtmäßigkeit der Leitlinien 1998 s. EuGH U. v. 28.6.2005, Rs C-189/02 P, C-202/02 P, C-205/02 P bis C-208/02 P und C-213/02 P, Slg. 2005, I-5425 Rdnr. 211, 213, 250ff. – *Dansk Rørindustri;* zu den Leitlinien 1998 s. *Hellmann,* WuW 2002, 944ff.

153 EuGH U. v. 11.7.2013, Rs C-439/11 P, ECLI:EU:C:2013:513 Rdnr. 117ff. – *Ziegler;* U. v. 11.7.2013, Rs C-440/11 P, ECLI:EU:C:2013:514 Rdnr. 110ff. – *Gosselin Group;* U. v. 11.7.2013, Rs C-444/11 P, ECLI:EU:C:2013:464 Rdnr. 73ff. – *Team Relocations.*

die wirtschaftliche Bedeutung der Zuwiderhandlung und das jeweilige Gewicht des an der Zuwiderhandlung beteiligten Unternehmens nach Ansicht der Kommission angemessen wieder.[154] Methodisch ermittelt die Kommission die Geldbuße in zwei Stufen. Zunächst wird der **Grundbetrag festgesetzt** und **anschließend dieser Betrag unter Berücksichtigung von erschwerenden oder mildernden Umständen nach oben oder unten angepasst.**

41 *b) Grundbetrag.* Für die Festsetzung des **Grundbetrages der Geldbuße** ist Ausgangspunkt der Wert der von dem betreffenden Unternehmen im relevanten räumlichen Markt innerhalb des EWR verkauften Waren oder Dienstleistungen, die mit dem Verstoß in einem unmittelbaren oder mittelbaren Zusammenhang stehen. Im Regelfall ist der **Umsatz im letzten vollständigen Geschäftsjahr** zugrunde zu legen, in dem das Unternehmen an der Zuwiderhandlung beteiligt war.[155] Nach der Rechtsprechung ist dieser in den Leitlinien 2006 vorgesehene umsatzbezogene Ausgangspunkt für die weitere Berechnung der Geldbuße zulässig, obgleich es keinen allgemein anwendbaren gemeinschaftsrechtlichen Grundsatz gibt, wonach die Sanktion in einem angemessenen Verhältnis zu dem Umsatz stehen muss, den das Unternehmen aus dem Verkauf des Erzeugnisses, das Gegenstand der Zuwiderhandlung ist, erzielt.[156] Zur Definition des relevanten Umsatzes hat der EuGH entschieden, dass nicht nur derjenige Umsatz gemeint sei, dessen zugrunde liegende Verkaufsvorgänge tatsächlich von der Zuwiderhandlung erfasst werden, sondern sämtliche Umsätze anzusetzen sind, die mit dem Kartellverstoß in einem Zusammenhang stehen, ohne dass diesbezüglich ein Nachweis der Auswirkungen der Zuwiderhandlung bezogen auf einzelne Verkaufsvorgänge erforderlich ist.[157] Hat das betroffene Unternehmen im letzten Geschäftsjahr vor Erlass der Bußgeldentscheidung **keinen Umsatz** erzielt oder **kein Jahr mit regulärer wirtschaftlicher Tätigkeit** hinter sich, kann die Kommission ein anderes Geschäftsjahr heranziehen, um die finanziellen Mittel des Unternehmens richtig bewerten zu können und um sicherzustellen, dass die Geldbuße eine ausreichend abschreckende Wirkung entfaltet.[158]

42 Die Leitlinien 2006 sehen eine Sonderregelung für den Fall vor, dass sich die Zuwiderhandlung in einem Gebiet auswirkt, welches über das Gebiet des EWR hinausgeht und der in der im EWR erzielte Umsatz das Gewicht der einzelnen Unternehmen bei der Zuwiderhandlung nicht angemessen wiedergibt. Dies ist insbesondere anzunehmen, wenn eine **weltweite Aufteilung der Märkte** vereinbart wurde.[159] In dieser Konstellation hat die Kommission auf der Grundlage der weltweiten Marktanteile der betroffenen Unternehmen ihre hypothetischen Umsatzanteile am Gesamtumsatzvolumen der relevanten Produkte im EWR als Ausgangspunkt angesetzt.[160]

43 Schwierige Fragestellungen bezüglich der Ermittlung des relevanten Umsatzes im Sinne der Leitlinien 2006 ergeben sich in **Kartellverfahren** der **Automobilzulieferindustrie,** in der es üblich ist, dass Lieferverträge für einzelne Baureihen für mehrere Laufjahre der Pro-

---

154 Leitlinien 2006, Rdnr. 5, 6.

155 Leitlinien 2006, Rdnr. 13.

156 EuGH U. v. 18.5.2006, Rs C-397/03 P, Slg. 2006, I-4429 Rdnr. 110 – *Archer Daniels Midland I;* U. v. 11.7.2013, Rs C-444/11 P, ECLI:EU:C:2013:464 Rdnr. 75 – *Team Relocations;* EuG U. v. 16.6.2011, Rs T-199/08, Slg. 2011, II-3507 Rdnr. 137 ff. – *Ziegler;* U. v. 23.1.2014, Rs T-391/09, ECLI:EU:T:2014:22 Rdnr. 129 – *Evonik Degussa;* U. v. 6.2.2014, Rs T-27/10, ECLI:EU:T:2014:59 Rdnr. 298 ff. – *AC Treuhand II.*

157 Eingehend EuGH U. v. 11.7.2013, Rs C-444/11 P, ECLI:EU:C:2013:464 Rdnr. 75 ff. – *Team Relocations;* U. v. 12.11.2014, Rs C-580/12 P, ECLI:EU:C:2014:2363 Rdnr. 56 ff. – *Guardian;* U. v. 19.3.2015, Rs C- 286/13 P, ECLI:EU:C:2015:184 Rdnr. 147 ff. – *Dole;* in diesem Sinne auch EuG U. v. 27.2.2014, Rs T-91/11, ECLI:EU:T:2014:92 Rdnr. 37 – *InnoLux,* Verfahren vor dem Gerichtshof anhängig als Rs C-231/14 P.

158 EuGH U. v. 7.6.2007, Rs C-76/06 P, Slg. 2007, I-4405 Rdnr. 26, 30 – *Britannia Alloys.*

159 Leitlinien 2006, Rdnr. 18.

160 Komm. E. v. 28.1.2009, COMP/39.406 Rdnr. 435, 436 – *Marineschläuche;* Komm. E. v. 7.10.2009, COMP/39.129 Rdnr. 231, 234 – *Leistungstransformatoren;* s.a. Komm. E. v. 18.7.2001, COMP/E-1/36.490 Rdnr. 135 ff., 144 ff. – *Graphitelektroden.*

duktion abgeschlossen werden. Eine Besonderheit besteht darin, dass die Ausschreibungen für den Zuschlag zur Belieferung des Automobilherstellers lange Zeit vor der Aufnahme der Produktion stattfinden. Die Kommission hatte beispielsweise über Zuwiderhandlungen im Zusammenhang mit Ausschreibungen zu entscheiden, bei denen die von dem Kartellverstoß betroffenen Produkte zum Zeitpunkt der Bußgeldentscheidung noch überhaupt nicht oder nur teilweise verkauft worden sind. Instruktiv ist insoweit die Entscheidung der Kommission vom 10.7.2013 im Kartellverfahren *Kabelbäume.*[161] Soweit Umsätze mit den von der Zuwiderhandlung betroffenen Produkten getätigt wurden, hat die Kommission Durchschnittserlöse der letzten drei Geschäftsjahre zugrunde gelegt.[162] Soweit die Unternehmen noch keine Umsätze mit den von der Zuwiderhandlung betroffenen Produkten erzielt haben, stellte die Kommission auf in den zugrunde liegenden Verträgen geschätzte zukünftige Verkaufseinheiten ab, die sie mit dem Vertragspreis multiplizierte.[163] Schon wegen der großen Bedeutung der relevanten Umsatzerlöse als Ausgangsbetrag für die weitere Berechnung der Geldbuße erscheint die Anknüpfung an **geschätzte und in der Zukunft zu erzielende Umsätze** als problematisch. Dies wurde im entschiedenen Fall *Kabelbäume* auch sehr deutlich, da sich bereits im Verlaufe des Verfahrens wegen der Krise in der Automobilbranche abzeichnete, dass die tatsächlichen Verkaufseinheiten weit unter den von den beteiligten Unternehmen bei Vertragsschluss geschätzten Absatzzahlen liegen würden.

44 In der Praxis bedarf die Bestimmung der relevanten **„kartellbefangenen" Umsätze** schon wegen der wirtschaftlichen Bedeutung als Ausgangsbetrag der Bußgeldbemessung einer **sorgfältigen Prüfung im Einzelfall.** Im Fall *Speditionsdienste* ist die Kommission wegen der Besonderheiten der Zuwiderhandlung in zweifacher Hinsicht von der üblichen Berechnungsmethode abgewichen. Zum einen hat sie wegen des **saisonalen Charakters der Umsatzerlöse** nur die in der Hauptsaison von September bis Dezember erzielten Umsätze berücksichtigt. Zum anderen hat sie wegen der Schwankungen dieser Umsätze während der Dauer des Kartells **durchschnittliche jährliche Umsätze** während der Hauptsaison zugrunde gelegt.[164] Im Fall *Badezimmerausstattungen* wurden Umsätze mit bestimmten Abnehmergruppen nicht in die Geldbußenberechnung einbezogen, weil nicht hinreichend festgestellt werden konnte, dass sich die Zuwiderhandlungen auch auf diese Abnehmer bezogen.[165] Einen Abzug von 50% der Umsätze auf Strecken zwischen dem EWR und Drittländern nahm die Kommission im Kartellverfahren *Luftfracht* vor, da auf diesen Strecken ein Teil des durch das Kartell bewirkten Schadens außerhalb des EWR entstanden war.[166] Nach der Rechtsprechung können **Innenumsätze,** d. h. Umsatzerlöse für Lieferungen innerhalb eines Konzerns, nicht abgezogen werden, weil hierdurch vertikal integrierte Unternehmen ungerechtfertigt begünstigt würden.[167] Ebensowenig abzugsfähig sind Umsatzerlöse, die mit Lieferungen von Produkten der an der Zuwiderhandlung beteiligten Unternehmen untereinander erzielt wurden. Dies gilt selbst dann, wenn solche zur eigenen Verarbeitung und nicht zur Weiterveräußerung bestimmt sind.[168]

---

[161] Komm. E. v. 10.7.2013, COMP/39.748 – *Kabelbäume;* s. hierzu WB 2013, S. 4.

[162] Komm. E. v. 10.7.2013, COMP/39.748 Rdnr. 129, 132 – *Kabelbäume.*

[163] Komm. E. v. 10.7.2013, COMP/39.748 Rdnr. 130 ff. – *Kabelbäume.*

[164] Komm. E. v. 28.3.2012, COMP/39.462 Rdnr. 863 – *Speditionsdienste;* ebenfalls durchschnittliche jährliche Umsätze wurden zugrunde gelegt in Zusammenfassung Komm. E. v. 5.12.2012, COMP/39.437, ABl. 2013 C 303/13 Rdnr. 19 – *Bildröhren für Fernsehgeräte und Computerbildschirme.*

[165] Komm. E. v. 23.6.2010, COMP/39.092 Rdnr. 1205, 1206 – *Badezimmerausstattungen,*in der Umsatzerlöse mit DIY-Händlern und Projektverkäufe bei der Ermittlung der relevanten Umsatzerlöse außer Betracht blieben.

[166] Zusammenfassung Komm. E. v. 9.11.2010 COMP/39.258, ABl. 2014 C 371/11 Rdnr. 21 – *Luftfracht.*

[167] EuGH U. v. 12.11.2014, Rs C-580/12 P, ECLI:EU:C:2014:2363 Rdnr. 63 – *Guardian;* U. v. 16.11.2000, Rs C-248/98 P, Slg. 2000, I-9641 Rdnr. 61, 62 – *KNP BT;* U. v. 12.11.2009, Rs C-564/08 P, Slg. 2009, I-191 Rdnr. 30 – *SGL Carbon IV.*

[168] EuG U. v. 27.2.2014, Rs T-91/11, ECLI:EU:T:2014:92 Rdnr. 84, 85 – *InnoLux,* Verfahren vor dem Gerichtshof anhängig als Rs C-231/14 P.

Nach den Leitlinien 2006 sind nicht im Umsatz inbegriffen die Mehrwertsteuer und die übrigen unmittelbar an den Verkauf gebundenen Steuern und Abgaben.[169] 45

Ausgerichtet an der **Schwere der Zuwiderhandlung**[170] kann ein Betrag von bis zu **30% des relevanten Umsatzes** festgesetzt werden.[171] Bei **Hardcore-Kartellen,** d.h. Vereinbarungen zur Festsetzung von Preisen, Aufteilung der Märkte oder Einschränkung der Erzeugung, ist grundsätzlich ein Betrag am oberen Ende dieser Bandbreite anzusetzen.[172] Die Schwere der Zuwiderhandlung wird in jedem Einzelfall unter Berücksichtigung aller Umstände beurteilt.[173] Bei der Bestimmung der genauen Höhe innerhalb der Bandbreite berücksichtigt die Kommission nach den Leitlinien 2006 unter anderem die Art der Zuwiderhandlung, den kumulierten Marktanteil sämtlicher beteiligter Unternehmen, den Umfang des von der Zuwiderhandlung betroffenen räumlichen Marktes und die etwaige Umsetzung der Zuwiderhandlung in der Praxis.[174] In seinem *Ziegler*-Urteil vom 16.6.2011 hat das EuG der Formulierung in Rdnr. 23 der Leitlinien 2006, wonach für die dort genannten schwerwiegenden Verstöße ein Betrag *„am oberen Ende der Bandbreite"* anzusetzen ist, entnommen, dass dieser Betrag oberhalb von 15% liegen müsse.[175] Der EuGH führte im Rechtsmittelverfahren in der Sache *Ziegler* in seinem Urteil vom 11.7.2013 hierzu aus, dass der von der Kommission festgesetzte Betrag von 17% erheblich unter der in ihren Leitlinien 2006 für schwerwiegende Verstöße genannten Obergrenze der Bandbreite liege und das EuG in seinem Urteil vom 16.6.2011 zu Recht festgestellt habe, dass dieser Satz für Ziegler *„sehr günstig ausfalle"*.[176] 46

In der **Verwaltungspraxis der Kommission** liegt der Betrag bei schwerwiegenden Zuwiderhandlungen häufig zwischen 15 und 17%.[177] In besonderen Fällen hat die Kommission auch 20 % oder mehr festgesetzt.[178] Soweit ersichtlich lag der bislang höchste Satz bei 25% im Kartellverfahren *Marineschläuche.*[179] Nach den Feststellungen der Kommission 47

---

[169] Leitlinien 2006, Rdnr. 17.

[170] S. hierzu vorstehend Rdnr. 28.

[171] Leitlinien 2006, Rdnr. 21.

[172] Leitlinien 2006, Rdnr. 23; s. hierzu EuGH U. v. 24.9.2009, Rs C-125/07 P, C-133/07 P, C-135/07 P und C-137/07 P, Slg. 2009, I-8681 Rdnr. 101, 141 – *Lombardclub;* U. v. 13.6.2013, Rs C-511/11 P, ECLI:EU:C:2013:386 Rdnr. 83 – *Versalis.*

[173] Leitlinien 2006, Rdnr. 20; s. hierzu EuGH U. v. 11.7.2013, Rs C-444/11 P, ECLI:EU:C:2013:464 Rdnr. 102 – *Team Relocations;* U. v. 11.7.2013, Rs C-440/11 P, ECLI:EU:C:2013:514 Rdnr. 91 – *Gosselin Group.*

[174] Leitlinien 2006, Rdnr. 21; bestätigt durch EuGH U. v. 11.7.2013, Rs C-444/11 P, ECLI:EU:C:2013:464 Rdnr. 100 – *Team Relocations.*

[175] EuG U. v. 16.6.2011, Rs T-199/08, Slg. 2011, II-3507 Rdnr. 141 – *Ziegler,* in dem das Gericht die Ansetzung eines Betrages von 17% durch die Kommission billigte; s.a. EuG U. v. 16.9.2013, Rs T-375/10, ECLI:EU:T:2013:475 Rdnr. 194 – *Hansa,* in dem das Gericht 15% als Mindestmaß bezeichnete.

[176] EuGH U. v. 11.7.2013, Rs C-439/11 P, ECLI:EU:C:2013:513 Rdnr. 122 – *Ziegler.*

[177] Komm. E. v. 11.3.2008, COMP/38.543 Rdnr. 543 (17%) – *Auslandsumzüge;* Zusammenfassung Komm. E. v. 20.7.2010, COMP/38.866, ABl. 2011 C 111/19 Rdnr. 21 (17%) – *Futterphosphate;* Zusammenfassung Komm. E. v. 8.12.2010, COMP/39.309, ABl. 2011 C 295/8 Rdnr. 14 (16%) – *LCD;* Zusammenfassung Komm. E. v. 12.10.2011, COMP/39.482, ABl. 2012 C64/09 Rdnr. 12 (15%) – *Exotische Früchte (Bananen).*

Zusammenfassung Komm. E. v. 28.3.2012, COMP/39.452, ABl. 2012 C 292/6 Rdnr. 12 (16% bzw. 15%) – *Beschläge für Fenster und Fenstertüre;* Zusammenfassung Komm. E. v. 28.3.2012, COMP/39.462, ABl. 2012 C 375/7 Rdnr. 17 (16% bzw. 15%) – *Speditionsdienste;* Zusammenfassung Komm. E. v. 27.6.2012, COMP/39.611, ABl. 2012 C 335/4 Rdnr. 10 (15%) – *Water Management Produkte;* Zusammenfassung Komm. E. v. 10.7.2013, COMP/39.748, ABl. 2013 C 283/5 Rdnr. 16 (16%) – *Kabelbäume.*

[178] Komm. E. v. 5.12.2007, COMP/38.629 Rdnr. 535 (21%) – *Chloropren-Kautschuk;* Komm. E. v. 28.1.2009, COMP/39.406 Rdnr. 445 (25%) – *Marineschläuche;* Zusammenfassung Komm. E. v. 11.11.2009, COMP/38.589, ABl. 2010 C 307/9 Rdnr. 12 (20%, 19% bzw. 18%) – *Wärmestabilisatoren.*

[179] Komm. E. v. 28.1.2009, COMP/39.406 – *Marineschläuche;* bestätigt in EuG U. v. 17.5.2013, Rs T-154/09, ECLI:EU:T:2013:260 Rdnr. 259ff. – *MRI.*

handelte es sich dort um ein weltweites Kartell mit einer Marktabdeckung von zwischen 80 und 90% und der Sache nach um Preis- und Quotenabsprachen, die Aufteilung räumlicher Märkte und Absprachen im Rahmen von Ausschreibungen.[180] Im Kartellverfahren *Chloropren-Kautschuk* setzte die Kommission 21% der relevanten Umsätze an.[181] Der Sache nach ging es dort ebenfalls um ein weltweites Kartell mit nahezu 100% kumulierten Marktanteilen der beteiligten Unternehmen im EWR und Vereinbarungen über Preise, Absatzquoten und die Zuteilung von Kunden.[182] Die Kommission hat demgegenüber in Fällen des **Missbrauchs einer marktbeherrschenden Stellung** bei der Verhängung der Geldbußen nach den Leitlinien 2006 Grundbeträge im einstelligen Prozentbereich des relevanten Umsatzes festgesetzt, wenngleich die Geldbußen sehr substantiell ausgefallen sind.[183]

48 Neben der Ermittlung der Schwere der Zuwiderhandlung nach Maßgabe eines Anteiles am Umsatz ist zur **Bestimmung des Grundbetrages** die **Dauer des Verstoßes** zu berücksichtigen. Um der Dauer der Mitwirkung der einzelnen Unternehmen an dem Wettbewerbsverstoß in voller Länge Rechnung zu tragen, wird der nach dem Umsatz ermittelte Wert mit der Anzahl der Jahre multipliziert, die das Unternehmen an der Zuwiderhandlung beteiligt war. Nach den Leitlinien 2006 sollen Zeiträume bis zu sechs Monaten mit einem halben Jahr und Zeiträume von mehr als sechs Monaten bis zu einem Jahr mit einem ganzen Jahr angerechnet werden.[184] In diesem Sinne rundete die Kommission zunächst zur Bestimmung der Dauer der Mitwirkung tatsächlich die Zeiträume entsprechend aufgerundet.[185] Die Kommission ist aber mittlerweile dazu übergegangen, die **Zeiträume monatsgenau** zu erfassen, wobei sie nicht volle Monate unberücksichtigt lässt.[186] Hierzu hat sie in ihrer Entscheidung im Kartellverfahren *Speditionsdienste* vom 28.3.2012 ausgeführt, dass sie gemäß ihrer Praxis, die mit dem Gleichbehandlungsgrundsatz im Einklang stehe und für die betreffenden Unternehmen von Vorteil sei, die tatsächliche Dauer der Beteiligung auf den Monat abrunde und so den entsprechenden Jahresanteil ermittle.[187] Betrage die Dauer der Beteiligung beispielsweise ein Jahr, drei Monate und 25 Tage, so würden für die Berechnung nur ein Jahr und drei Monate, nicht jedoch die zusätzlichen Tage berücksichtigt.[188] In der Praxis ist es darüber hinaus insbesondere bei langjährigen

---

[180] Komm. E. v. 28.1.2009, COMP/39.406 Rdnr. 439–444 – *Marineschläuche.*

[181] Komm. E. v. 5.12.2007, COMP/38.629 Rdnr. 535 – *Chloropren-Kautschuk.*

[182] Komm. E. v. 5.12.2007, COMP/38.629 Rdnr. 525f. – *Chloropren-Kautschuk.*

[183] Komm. E. v. 13.5.2009, COMP/C-3/37.990 Rdnr. 1786 – *Intel,* bei der 5% des relevanten Umsatzes angesetzt wurde und die Geldbuße € 1,06 Mrd. betrug; Komm. E. v. 22.6.2011, COMP/39.525 Rdnr. 911f., 917 (< 1%) – *Telekomunikacja Polska.* Dem Fall Komm. E. v. 6.3.2013, COMP/39.530 – *Microsoft (Kopplung)* lag hingegen der Verstoß gegen eine Verpflichtungszusage zugrunde und kein Verstoß gegen Art. 101 oder Art. 102 AEUV. Nur für Verstöße letzterer Art ist der Anwendungsbereich der Leitlinien 2006 eröffnet.

[184] Leitlinien 2006, Rdnr. 24.

[185] S. hierzu etwa Komm. E. v. 15.10.2008, COMP/39.188 Rdnr. 461f. – *Bananen;* Komm. E. v. 28.1.2009, COMP/39.406 Rdnr. 441 – *Marineschläuche;* Komm. E. v. 8.7.2009, COMP/39.401 Rdnr. 374 – *E.ON-GDF;* Komm. E. v. 7.10.2009, COMP/39.129 Rdnr. 249 – *Leistungstransformatoren;* Komm. E. v. 22.7.2009, COMP/39.396 Rdnr. 280, 304 – *Calciumcarbid und Reagenzien.*

[186] Zusammenfassung Komm. E. v. 8.12.2010, COMP/39.309, ABl. 2011 C 295/8 Rdnr. 15 – *LCD;* Komm. E. v. 28.3.2012, COMP/39.462 Rdnr. 950 – *Speditionsdienste;* Komm. E. v. 28.3.2012, COMP/39.452 Rdnr. 481ff. – *Beschläge für Fenster und Fenstertüren;* Zusammenfassung Komm. E. v. 5.12.2012, COMP/39.437, ABl. 2013 C 303/13 Rdnr. 22 – *Bildröhren für Fernsehgeräte und Computerbildschirme;* Komm. E. v. 10.7.2013, COMP/39.748 Rdnr. 145 – *Kabelbäume.*

[187] Komm. E. v. 28.3.2012, COMP/39.462 Rndr. 950 – *Speditionsdienste.*

[188] Komm. E. v. 28.3.2012, COMP/39.462 Rdnr. 950 – *Speditionsdienste;* s. EuG U. v. 23.1.2014, Rs T-391/09, ECLI:EU:T:2014:22 Rdnr. 228, 236 – *Evonik Degussa,* in dem das Gericht eine Aufrundung der Kommission von vier auf sechs Monate in ihrer angegriffenen Entscheidung vom 22.7.2009 (COMP/39.396) wegen Verstoßes gegen die Verhältnismäßigkeit als unzulässig ansah; s. auch EuG U. v. 23.1.2014, Rs T-395/09, ECLI:EU:T:2014:23 Rdnr. 169ff. – *Gigaset;* U. v. 13.9.2013, Rs T-566/08, ECLI:EU:T:2013:423 Rdnr. 561, 566 – *Total Raffinage;* Rechtsmittel anhängig als Rs C-634/13 P; zum Verfahren siehe auch Schlussanträge GA *Wahl* v. 26.3.2015, ECLI:EU:C:2015:208.

Wettbewerbsverstößen wichtig, die Bestandteile und Intensität der Zuwiderhandlung zu analysieren, da die Kommission Zeiträume innerhalb der im Sinne einer fortgesetzten Handlung andauernden Zuwiderhandlung, in denen keine oder weniger intensive Kartellaktivitäten stattfanden, unter Umständen bei der Bemessung der Dauer der Beteiligung an dem Wettbewerbsverstoß nicht einbezieht.[189]

Auf den für die Schwere und Dauer des Verstoßes nach vorgenannter Maßgabe ermittelten Betrag erfolgt als dritter Berechnungsschritt ein **Aufschlag von zwischen 15 und 25 % des Umsatzes** (sog. **„Eintrittsgebühr"**).[190] Die Kommission hält es für sinnvoll, dass ein von der Dauer der Zuwiderhandlung unabhängiger Betrag in die Geldbuße Eingang findet, um die Unternehmen von der Aufnahme rechtswidriger Verhaltensweisen abzuschrecken.[191] Diese Eintrittsgebühr gilt unabhängig von der Dauer der Beteiligung des Unternehmens. Bei der Entscheidung, welcher Anteil am Umsatz zugrunde zu legen ist, berücksichtigt die Kommission mehrere Umstände, namentlich die Art der Zuwiderhandlung, den kumulierten Marktanteil sämtlicher beteiligter Unternehmen, den Umfang des von der Zuwiderhandlung betroffenen räumlichen Marktes und die etwaige Umsetzung der Zuwiderhandlung in der Praxis.[192] Eine solche „Gebühr" wird in erster Linie bei Unternehmen in Kartellfällen, namentlich bei Beteiligung an horizontalen Vereinbarungen zur Festsetzung von Preisen, Aufteilung von Märkten oder Mengeneinschränkungen, aufgeschlagen.[193] In ihrer Bußgeldpraxis nach den Leitlinien 2006 hat die Kommission bislang für die Bemessung dieses Zuschlages regelmäßig denselben Prozentsatz zugrunde gelegt wie für die Bewertung der Schwere der Zuwiderhandlung.[194] Die Rechtsprechung hat die Zulässigkeit dieses Faktors als von der Dauer der Zuwiderhandlung unabhängigen Aufschlag bejaht.[195] 49

c) Anpassung des Grundbetrages. Der Grundbetrag der Geldbuße kann nach oben oder unten angepasst werden. Bei der **Anpassung des Grundbetrages** kann die Kommission **erschwerende und mildernde Umstände** berücksichtigen, wobei sie in einer Gesamtperspektive sämtliche einschlägigen Umstände würdigt.[196] Strafschärfende und strafmildernde Umstände aus ihrer Verwaltungspraxis hat die Kommission in den Leitlinien 2006 beispielhaft aufgeführt. 50

aa) Erschwerende Umstände. Bußgelderhöhend können sich insbesondere die Wiederholungstäterschaft, die Verweigerung der Zusammenarbeit mit oder Behinderung der Untersuchung der Kommission und die Anführerschaft im Kartell auswirken.[197] Diese Umstände sind in der Fallpraxis häufig anzutreffen. Einen besonderen Unwertgehalt hat die Fortsetzung einer Zuwiderhandlung oder erneutes Begehen einer gleichartigen oder ähnlichen Zuwiderhandlung, nachdem die Kommission oder eine einzelstaatliche Wettbewerbsbehörde einen Kartellverstoß festgestellt hat. In diesem Fall wird der Grundbetrag für jeden festgestellten Verstoß um bis zu 100 % erhöht.[198] 51

---

189 Zusammenfassung Komm. E. v. 27.6.2012, COMP/39.611, ABl. 2012 C 335/4 Rdnr. 12 – *Water Management Produkte;* so auch in Komm. E. v. 10.7.2013, COMP/39.748 – *Kabelbäume.*

190 Leitlinien 2006, Rdnr. 25.

191 Leitlinien 2006, Rdnr. 7.

192 Leitlinien 2006, Rdnr. 25.

193 Pressemitteilung Komm. IP/06/857 v. 28.6.2006.

194 Siehe z. B. Komm. E. v. 12.11.2008, COMP/39.125 Rdnr. 682 (16 %) – *Automobilglas;* Komm. E. v. 28.1.2009, COMP/39.406 Rdnr. 449 f. (25 %) – *Marineschläuche;* Komm. E. v. 22.7.2009, COMP/39.396 Rdnr. 301, 305 f. – *Calciumcarbid und Reagenzien;* Zusammenfassung Komm. E. v. 13.4.2011, COMP/39.579, ABl. 2011 C 193/14 Rdnr. 11 – *Wasch- und Reinigungsmittel im Haushalt;* Komm. E. v. 28.3.2012, COMP/39.452 Rdnr. 480, 485 – *Beschläge für Fenster und Fenstertüren.*

195 EuGH U. v. 11.7.2013, Rs C-444/11 P, ECLI:EU:C:2013:464 Rdnr. 139 ff. – *Team Relocations;* EuG U. v. 17.5.2011, Rs T-299/08, Slg. 2011, II-2149 Rdnr. 289 – *Elf Aquitaine;* U. v. 16.6.2011, Rs T-204/08 und T-212/08, Slg. 2011, II-3569 Rdnr. 117 – *Team Relocations;* hierzu *Schulte/Just,* KartellR, Art. 23 VO Nr. 1/2003 Rdnr. 122.

196 Leitlinien 2006, Rdnr. 27.

197 Leitlinien 2006, Rdnr. 28.

198 Leitlinien 2006, Rdnr. 28 erster Spiegelstrich.

52 Mit Blick auf die **Wiederholungstäterschaft** liegt eine Gleichartigkeit der Zuwiderhandlung auch dann vor, wenn sie sich auf eine andere Produktgruppe oder Industriesparte bezieht.[199] Die Rechtsprechung bejaht eine Wiederholungstat auch, wenn verschiedene Gesellschaften einer wirtschaftlichen Einheit gegen das Kartellverbot verstoßen haben.[200] Nicht ausreichend ist es dagegen, wenn durch eine Konzernmutter eine Gesellschaft übernommen wird, die vor ihrer Übernahme an einem Kartellverstoß beteiligt war, und danach erneut diese Tochtergesellschaft eine Zuwiderhandlung gegen das Wettbewerbsrecht begeht.[201] Denn die Konzernmutter als Adressatin der Geldbuße muss wirtschaftlich mit dem Adressaten der ersten Geldbußenentscheidung eine Einheit bilden.[202] Gegen die Konzernmutter muss aber nicht zwingend wegen des früheren Verstoßes eine Entscheidung ergangen sein. Um einen Wiederholungsfall zu etablieren reicht es aus, dass sie mit der zuwiderhandelnden Tochtergesellschaft zum Zeitpunkt des Verstoßes eine wirtschaftliche Einheit gebildet hat.[203] Auch eine **lange Dauer** zwischen Erst- und Zweitverstoß **schließt eine Wiederholungstat nicht aus.**[204] Ein Wiederholungsfall kann schon vorliegen, wenn zum Zeitpunkt der Entscheidung die erste Tat noch nicht rechtskräftig sanktioniert wurde, sondern noch der gerichtlichen Kontrolle unterliegt.[205] In der Verwaltungspraxis der Kommission hängt die Größenordnung des Aufschlages maßgeblich davon ab, ob das betroffene Unternehmen einmal oder mehrfach wegen einer gleichgelagerten Zuwiderhandlung bebußt wurde. Im Kartell *Calciumcarbid* hat die Kommission die Geldbußen im Hinblick auf vier vorangegangene Kartellverstöße um 100% erhöht.[206]

53 Auch das **Verhalten im Verwaltungsverfahren** kann zu den Gesichtspunkten gehören, die bei der Festsetzung einer Geldbuße erschwerend berücksichtigt werden.[207] Als erschwerende Umstände wertete die Kommission beispielsweise die Nichtzulassung einer angeordneten Nachprüfung, die ein zweimaliges Ersuchen einzelstaatlicher Behörden (Kartellbehörden und Polizei) bei den verdächtigten Unternehmen nötig mach-

---

199 Komm E. v. 5.12.2001, COMP/E-1/36.604, ABl. 2002 L 239/18 – *Zitronensäure;* Komm. E. v. 21.2.2007, COMP/E-1/38.823 Rdnr. 697 – *Aufzüge und Fahrtreppen;* Komm. E. v. 11.11.2009, COMP/38.589 Rdnr. 718 – *Wärmestabilisatoren;* Zusammenfassung Komm. E. v. 23.1.2008, COMP/38.628, ABl. 2009 C 86/7 – *Nitril-Butadien-Kautschuk;* Komm. E. v. 7.10.2009, COMP/39.129 Rdnr. 255 – *Leistungstransformatoren;* siehe ausf. zur Wiederholungstat *Schröter/Jakob/Klotz/Mederer-Kienapfel,* Europäisches Wettbewerbsrecht, Art. 23 VO Nr. 1/2003, Rdnr. 87 ff.

200 EuG U. v. 30.9.2003, Rs T-203/01, Slg. 2003, II-4071 Rdnr. 290 – *Michelin.*

201 EuG U. v. 13.7.2011, Rs T-59/07, Slg. 2011, II-4687 Rdnr. 298 ff. – *Polimeri.*

202 EuGH U. v. 13.6.2013, Rs C-511/11 P, ECLI:EU:C:2013:386 Rdnr. 145 – *Versalis.*

203 EuGH U. v. 5.3.2015, verb Rs C-93/13 P und C-123/13 P, ECLI:EU:C:2015:150 Rdnr. 91 – *Versalis und Eni.*

204 EuGH U. v. 8.2.2007, Rs C-3/06 P, Slg. 2007, I-1331 Rdnr. 38, 40 – *Groupe Danone;* U. v. 17.6.2010, Rs C-413/08 P, Slg. 2010, I-5361 Rdnr. 66 f., 70 – *Lafarge;* U. v. 5.3.2015, verb Rs C-93/13 P und C-123/13 P, ECLI:EU:C:2015:150 Rdnr. 97 – *Versalis und Eni;* für einen Wiederholungsfall bei einem 14-jährigen wettbewerbsgemäßen Verhalten, EuG U. v. 27.3.2014, Rs T-56/09 und T-73/09, ECLI:EU:T:2014:160 *Saint Gobain Glass und Compagnie de Saint-Gobain.*

205 EuGH U. v. 17.6.2010, Rs C-413/08 P, Slg. 2010, I-5361 Rdnr. 81 – *Lafarge.*

206 S. Zusammenfassung Komm. E. v. 22.7.2009, COMP/39.396, ABl. 2009 C 301/18 Rdnr. 12 – *Calciumcarbid;* s.a. Zusammenfassung Komm. E. v. 13.9.2006 COMP/F/38.456, ABl. 2007 L 196/40 Rdnr. 18 (Aufschlag von 50% wegen zwei vorausgegangenen Verstößen) – *Bitumen (Niederlande);* Komm. E. v. 5.12.2007, COMP/38.629, Rdnr. 540 – *Chloropren-Kautschuk,* bei der für Rückfälligkeit 50 und 60% aufgeschlagen wurden; Zusammenfassung Komm. E. v. 23.1.2008, COMP/38.628, ABl. 2009 C 86/7 Rdnr. 17 (Aufschlag von 50% wegen einem vorausgegangenen Verstoß) – *Nitril-Butadien-Kautschuk;* Zusammenfassung Komm. E. v. 11.6.2008, COMP/38.695, ABl. 2009 C 137/6 Rdnr. 16 (Aufschlag von 90% wegen dreier vorangegangener Verstöße) – *Natriumchlorat*; Komm. E. v. 11.11.2009, COMP/38.589 Rdnr. 718, 738 (Aufschlag von 90% wegen dreier vorangegangener Verstöße) – *Wärmestabilisatoren;* Zusammenfassung Komm. E. v. 25.7.2009, COMP/39.125, ABl. 2009 C 173/13 Rdnr. 23 (Aufschlag von 60% wegen zweier vorangegangener Verstöße) – *Automobilglas;* s.a. EuG U. v. 23.1.2014, Rs T-391/09, ECLI:EU:T:2014:22 Rdnr. 227, 289 – *Evonik Degussa,* wo ein Aufschlag von 50% für angemessen erachtet wurde; Komm. E. v. 2.4.2014, COMP/39.610 Rdnr. 17 – *Energiekabel* (Aufschlag von 50%).

207 Leitlinien 2006, Rdnr. 28 zweiter Spiegelstrich.

te.[208] Ebenfalls als erschwerender Umstand wurde angesehen, dass das Unternehmen während einer laufenden Nachprüfung Dokumente vernichtete und die Beantwortung von Fragen verweigert wurde.[209] Im Kartellverfahren *Industrielle Sackverpackungen* erhöhte die Kommission die Geldbuße, weil ein Generaldirektor des Unternehmens während der Nachprüfung ein von dem mit der Nachprüfung beauftragten Bediensteten der Kommission ausgewähltes Dokument trotz der von letzterem ausgesprochenen wiederholten Warnungen vernichtete.[210]

Bedeutsam kann ferner die **Rolle als Anführer oder Anstifter** der Zuwiderhandlung 54
sein.[211] Als *Anstifter* eines Kartells wird ein Unternehmen angesehen, das andere Unternehmen zur Errichtung oder zum Beitritt des Kartells gedrängt oder ermuntert hat. Allerdings genügt der bloße Umstand, dass das Unternehmen zu den Gründungsmitgliedern des Kartells gehörte, für die Einstufung als Anstifter nicht.[212] Als *Anführer* gilt ein Unternehmen, das eine wichtige Antriebskraft für das Kartell war oder eine besondere, konkrete Verantwortung für dessen Funktionieren getragen hat.[213] Die Kommission hat beispielsweise ein Unternehmen als Anführer betrachtet, das an den maßgeblichen Absprachen beteiligt war, diese in der Öffentlichkeit bekannt machte und umsetzte und die Umsetzung kontrollierte.[214] Als Indiz für eine Anführerschaft wurde angesehen, wenn das Unternehmen die Teilnehmer an den regionalen Kartellsitzungen benannte und als treibende Kraft die Überwindung kartellinterner Auseinandersetzungen übernahm.[215] Für die Einordnung als Anführer ist es nicht zwingende Voraussetzung, dass das Unternehmen eine besondere Marktstellung innehatte, Druck ausübte oder als einziges Unternehmen im Kartell eine Anführerrolle einnahm.[216] Die Größenordnung der Erhöhung der Geldbuße für die Rolle als Anführer oder Anstifter wird im Einzelfall bestimmt, wobei ein Aufschlag bis zu 50% nicht außergewöhnlich ist.[217] Instruktiv ist der Fall *Graphitelektroden,* in dem die Kommission bei einem Unternehmen alle drei in den Leitlinien 2006 beispielhaft aufgeführten Kategorien erschwerender Umstände als erfüllt ansah, namentlich die Fortsetzung des Verstoßes nach den Nachprüfungen, die Behinderung der Ermittlungen durch Warnungen an andere Unternehmen über die bevorstehende Nachprüfung und die Rolle als Anführer und Anstifter des Kartells, wofür ein **Aufschlag von 85 %** auf die Geldbuße erfolgte.[218]

Ein erschwerender Umstand im Sinne von Rdnr. 28 der Leitlinien 2006 kann sich auch 55
im Zusammenhang mit der Durchführung eines **Vergleichsverfahrens** ergeben. Die Ver-

[208] Zusammenfassung Komm E. v. 13.9.2006, COMP/F/38.456, ABl. 2007 L 196/40 Rdnr. 19 (Aufschlag von 10%) – *Bitumen (Niederlande)*.

[209] Zusammenfassung Komm. E. v. 20.11.2007, COMP/38.432, ABl. 2008 C 57/10 Rdnr. 2, 18 (Aufschlag von 30%) – *Video-Magnetbänder für den Fachbedarf;* zu den Rechten und Pflichten eines Unternehmens bei einer Nachprüfung siehe EuGH U. v. 21.9.1989, Rs 46/87 und 227/87, Slg. 1989, 2859 Rdnr. 31 – *Hoechst;* U. v. 6.9.2013, Rs T-289/11, T-290/11, T-521/11, ECLI:EU:T:2013:404 Rdnr. 86 ff. – *DB Energie*.

[210] Komm. E. v. 30.11.2005, COMP/F/38.354 Rdnr. 790, 795 – *Industrielle Sackverpackungen;* s. Explanatory Note der Komm. v. 18.3.2013, Erläuterung der Ermächtigung zur Durchführung einer Inspektion in Ausführung eines Nachprüfungsbeschlusses gemäß Art. 20 Abs. 4 der VO Nr. 1/2003, abrufbar unter http://ec.europa.eu/competition/antitrust/legislation/explanatory_note.pdf.

[211] Leitlinien 2006, Rdnr. 28 dritter Spiegelstrich.

[212] EuG U. v. 15.3.2006, Rs T-15/02, Slg. 2006, II-497 Rdnr. 321 – *BASF;* U. v. 27.9.2012, Rs T-343/06, ECLI:EU:T:2012:478 Rdnr. 155 – *Shell Petroleum*.

[213] EuG U. v. 27.9.2012, Rs T-343/06, ECLI:EU:T:2012:478 Rdnr. 198 – *Shell Petroleum*.

[214] EuG U. v. 20.3.2002, Rs T-9/99, Slg. 2002, II-1487 Rdnr. 566 – *HFB Holding;* U. v. 15.3.2006, Rs T-15/02, Slg. 2006, II-497 Rdnr. 348 – *BASF*.

[215] EuG U. v. 15.3.2006, Rs T-15/02, Slg. 2006, II-497 Rdnr. 340 – *BASF;* Komm. E. v. 28.1.2009, COMP/39.406 Rdnr. 457 f. – *Marineschläuche*.

[216] EuG U. v. 27.9.2012, Rs T-343/06, ECLI:EU:T:2012:478 Rdnr. 201 f. – *Shell Petroleum*.

[217] Zusammenfassung Komm. E. v. 13.9.2006, COMP/F/38.456, ABl. 2007 L 196/40 Rdnr. 20 (Aufschlag von 50%) – *Bitumen (Niederlande);* Komm. E. v. 1.10.2008, COMP/39.181 Rdnr. 686 (Aufschlag von 50%) – *Kerzenwachse;* bestätigt durch EuG U. v. 11.7.2014, Rs T-541/08, ECLI:EU:T:2014:628 Rdnr. 410 – *Sasol*.

[218] Komm. E. v. 18.7.2001, COMP/E/36.490 Rdnr. 160, 164 – *Graphitelektroden*.

fälschung oder Zerstörung von Beweismitteln, die für die Feststellung der Zuwiderhandlung oder eines Teils der Zuwiderhandlung von Bedeutung ist, sowie die Verletzung von Vertraulichkeitspflichten im Rahmen des Vergleichsverfahrens können von der Kommission als erschwerende Umstände für die Bemessung der Geldbuße angesehen werden.[219]

56 *bb) Mildernde Umstände.* Bezüglich der Berücksichtigung **mildernder Umstände** ist die Kommission wenig wohlwollend. Zwar zählt sie in ihren Leitlinien 2006 beispielhaft Umstände auf, aufgrund derer der Grundbetrag der Geldbuße verringert werden kann,[220] doch werden diese in der Praxis eher selten erfolgreich durchgesetzt. Bezüglich der **aktiven Zusammenarbeit** des Unternehmens mit der Kommission außerhalb des Anwendungsbereiches der Mitteilung über den Erlass und die Ermäßigung von Geldbußen in Kartellsachen und über seine rechtlichen Verpflichtungen zur Zusammenarbeit hinaus,[221] hat die Kommission auf den **Ausnahmecharakter** einer hiermit verbundenen Verringerung der Geldbuße ausdrücklich hingewiesen.[222]

57 Als mildernder Umstand kann es gelten, dass der Kartellverstoß auf einem Markt stattfand, der stark reguliert ist und die bestehende Regulierung Anreiz zu dem Wettbewerbsverstoß gegeben hat.[223] Mit dieser Begründung hat die Kommission den Grundbetrag der Geldbuße im Fall *Deutsche Telekom* um 10% und im Kartell *Luftfracht* bei allen beteiligten Unternehmen um 15% gesenkt.[224] Auch die fahrlässige Begehung eines Verstoßes kommt nach Rdnr. 29 der Geldbußenleitlinien als mildernder Umstand in Betracht. Die Kommission wertet es im Einklang mit den Unionsgerichten aber bereits als vorsätzliches Handeln, wenn dem Unternehmen nicht entgehen konnte, dass das ihm zur Last gelegte Verhalten eine Einschränkung des Wettbewerbs bezweckte oder bewirkte, und zwar unabhängig davon, ob das Unternehmen sich dieses Verhaltens bewusst war oder nicht.[225] Außerhalb des Anwendungsbereiches der Leitlinien 2006 gilt hingegen nach ständiger Rechtsprechung des EuGH, dass fahrlässig begangene Zuwiderhandlungen grundsätzlich nicht weniger schwerwiegend sind als vorsätzliche Verstöße.[226]

58 Da die Beteiligung der Unternehmen an einem Kartell in der Praxis häufig sehr unterschiedlich ausgeprägt ist, wird die **passive Rolle** in vielen Kartellverfahren im Rahmen der Verteidigung geltend gemacht. Hierzu ist zunächst festzustellen, dass es den Begriff der passiven Rolle anders als in den Vorgängerleitlinien 1998 in den Leitlinien 2006 nicht mehr gibt. Hiermit wurde die wettbewerbspolitische Entscheidung unterstrichen, passives Verhalten im Rahmen schwerwiegender Wettbewerbsverstöße nicht mehr zu begünstigen.[227] Nach den Leitlinien 2006 kann insoweit ein mildernder Umstand nur berücksichtigt werden, wenn das Unternehmen Beweise beibringt die belegen, dass die eigene **Beteiligung sehr geringfügig** war und sich das Unternehmen der Durchführung der gegen die Wettbewerbsregeln verstoßenden Vereinbarung in dem Zeitraum, in dem sie ihm beigetreten

---

[219] S. zum Vergleichsverfahren nachfolgend Rdnr. 88 ff.; zu den erschwerenden Umständen s. Rdnr. 5 und 7 der Mitteilung der Kommission über die Durchführung von Vergleichsverfahren bei dem Erlass von Entscheidungen nach Art. 7 und Art. 23 der Verordnung (EG) Nr. 1/2003 des Rates in Kartellfällen, ABl. 2008 C 167/1, 2.

[220] Leitlinien 2006, Rdnr. 29.

[221] Leitlinien 2006, Rdnr. 29 vierter Spiegelstrich; zur Kronzeugenregelung s. nachfolgend Rdnr. 64 ff.

[222] Komm. E. v. 28.3.2012, COMP/39.452 Rdnr. 513 – *Beschläge für Fenster und Fenstertüren.*

[223] Siehe zur Frage der Anwendbarkeit des Wettbewerbsrechts auf regulierte Märkte EuGH U. v. 14.10.2010, Rs C-280/08 P, Slg. 2010, I-9555 Rdnr. 80 ff. – *Deutsche Telekom.*

[224] Komm. E. v. 21.5.2003, COMP/C 1/37.451, 37.578, 37.579, ABl. 2003 L 263/9 Rdnr. 212 – *Deutsche Telekom AG;* bestätigt durch EuGH U. v. 14.10.2010, Rs C-280/08 P, Slg. 2010, I-9555 Rdnr. 285 ff. – *Deutsche Telekom;* Pressemitteilung Komm. IP/10/1487 v. 9.11.2010 – *Luftfracht.*

[225] St. Rspr. seit EuGH U. v. 1.2.1978, Rs 19/77, Slg. 1978, 131 Rdnr. 18 – *Miller.*

[226] EuGH U. v. 25.3.1996, Rs C-137/95 P, Slg. 1996, I-1611 Rdnr. 55 – *SPO;* EuG U. v. 12.12. 2012, Rs T-332/09, ECLI:EU:T:2012:672 Rdnr. 237 f. – *Electrabel;* zuletzt Komm. E. v. 6.3.2013, COMP/39.530 Rdnr. 68 f. – *Microsoft (Kopplung).*

[227] S. hierzu EuG U. v. 2.2.2012, Rs T-83/08, ECLI:EU:T:2012:48 Rdnr. 253 – *Denki.*

war, in Wirklichkeit durch eigenes Wettbewerbsverhalten auf dem Markt entzogen hat.[228] Nach dem Verständnis des EuG setzt auch dies vor allem voraus, dass das Unternehmen im Rahmen des Wettbewerbsverstoßes eine sehr untergeordnete Rolle gespielt hat, wofür beispielsweise – wie nach der Verwaltungspraxis der Kommission zu den Vorgängerleitlinien 1998 – spricht, dass das Unternehmen im Vergleich zu den gewöhnlichen Mitgliedern des Kartells deutlich seltener an den Besprechungen teilgenommen hat oder dass es entsprechende ausdrückliche Erklärungen von Vertretern Dritter an der Zuwiderhandlung beteiligter Unternehmen bezüglich der untergeordneten Rolle gibt.[229] Im Kartellverfahren *Industrielle Sackverpackungen* haben nach Auffassung des EuG beispielsweise die unbestrittenen Umstände, dass ein Unternehmen kein Gründungsmitglied des Kartells war, dass das gleiche Unternehmen erheblicher weniger häufig an Kartelltreffen teilgenommen hat und dass es nicht an allen Aspekten der Zuwiderhandlung beteiligt war, keine passive Rolle nach den Leitlinien 1998 begründet.[230] Demgegenüber wurde in dem Kartellverfahren *CRT Glas* die **weniger intensive Beteiligung** am Kartell mit durchaus nicht unbedeutenden Reduktionen der Geldbuße belohnt.[231]

In ihrem Ermessen bezüglich der Ermäßigung einer Geldbuße wegen **aktiver Zusammenarbeit** des Unternehmens mit der Kommission **außerhalb des Anwendungsbereiches der Mitteilung über den Erlass und die Ermäßigung von Geldbußen in Kartellsachen** und über seine rechtliche Verpflichtung zur Zusammenarbeit hinaus ist die Kommission zurückhaltend. Sie gewährt in ihrer Praxis eine Reduktion außerhalb der Kronzeugenregelung nur unter außergewöhnlichen Umständen, weil die Zusammenarbeit mit ihr bei der Ermittlung in Kartellfällen grundsätzlich auf der Kronzeugenregelung beruhen soll.[232] Um einen gewissen Anreiz für eine Zusammenarbeit auch außerhalb der Kronzeugenregelung zu setzen, hat sie gleichwohl durchaus nicht unerhebliche Abschläge etwa für die Vorlage belastender Beweismittel und das Anerkennen der Beschwerdepunkte gewährt.[233] Die bloße fristgemäße und vollständige Beantwortung von Auskunftsersuchen der Kommission und das bloße Nichtbestreiten eines Sachverhaltes in den Beschwerdepunkten reichen indessen regelmäßig nicht für die Annahme eines mildernden Umstandes aus.[234] Im Kartellverfahren *Aufzüge und Fahrtreppen* hat die Kommission Unternehmen über ihren Geldbußenrabatt nach der Kronzeugenregelung hinaus eine Reduktion wegen Nichtbestreitens der Tatsachenfeststellungen in den Beschwerdepunkten zugesprochen.[235] 59

---

[228] Leitlinien 2006, Rdnr. 29 dritter Spiegelstrich.

[229] S. EuG U. v. 2.2.2012, Rs T-83/08, ECLI:EU:T:2012:48 Rdnr. 254 m. w. N. – *Denki*; zu den Vorgängerleitlinien s. EuG U. v. 16.11.2011, Rs T-55/06 und T-66/06, Slg. 2011, II-395 Rdnr. 82 – *RKW*.

[230] EuG U. v. 16.11.2011, Rs T-55/06 und T-66/06, Slg. 2011, II-395 Rdnr. 82 ff. – *RKW;* Beispiel für die Berücksichtigung einer passiven Rolle EuG U. v. 9.7.2003, Rs T-220/00, Slg. 2003, II-2473 Rdnr. 167 – *Chaeil Jedang;* U. v. 29.4.2004, Rs T-236/01 u. a., Slg. 2004, II-1181 Rdnr. 331 – *Tokai Carbon.*

[231] Komm. E. v. 19.10.2011, COMP/39.605 Rdnr. 89, 90 – *CRT Glas,* nach der die Kommission für eine weniger intensive Beteiligung an der Zuwiderhandlung eine Reduktion von 15% vorgenommen hat; 15% Reduktion auch in Komm. E. v. 19.3.2014, COMP/39.922 Rdnr. 95 – *Wälzlager;* s. a. Zusammenfassung Komm. E. v. 2.4.2014, COMP/39.610, ABl. 2014 C 319/10 Rdnr. 19 ff. – *Energiekabel: 2 Unternehmen als „Randunternehmen" erhielten 10% Reduktion; 4 weitere Unternehmen einen Abschlag von 5%;* 10% Reduktion in Komm. E. v. 10.12.2014, COMP/39.780 Rdnr. 87 – *Briefumschläge;* 10% und 15% Abschlag in Komm. E. v. 2.4.2014, COMP/39.792 Rdnr. 103 – *Stahl-Strahlmittelhersteller.*

[232] S. Komm. E. v. 28.3.2012, COMP/39.452 Rdnr. 513 – *Beschläge für Fenster und Fenstertüren.*

[233] S. z. B. Komm. E. v. 28.3.2012, COMP/39.452 Rdnr. 513 – *Beschläge für Fenster und Fenstertüren* (5%); Komm. E. v. 30.6.2010, COMP/39.344 Rdnr. 1012 – *Spannstahl* (15%); Komm. E. v. 19.10.2011, COMP/39.605 Rdnr. 91 – *CRT Glas* (18%).

[234] S. EuGH U. v. 16.11.2000, Rs C-297/98 P, Slg. 2000, I-10101 Rdnr. 37 – *SCA Holding*; EuG U. v. 14.5.2014, Rs T-406/09, ECLI:EU:T:2014:254 Rdnr. 150ff, – *Donau Chemie;* U. v. 6.12.2005, Rs T-48/02, Slg. 2005, II-5259 Rdnr. 106 f. – *Brouwerij Haacht;* Komm. E. v. 15.10.2008, COMP/39.188 Rdnr. 474 – *Bananen.*

[235] Komm. E. v. 21.2.2007, COMP/E-1/38.823 Rdnr. 768 ff. – *Aufzüge und Fahrtreppen.*

60 Das Bestehen oder die nach einem Kartellverstoß erfolgte Einführung eines Programmes zur Einhaltung der Wettbewerbsvorschriften *(Compliance-Programm)* wird nach ständiger Verwaltungspraxis der Kommission nicht als mildernder Umstand berücksichtigt.[236] Die Kommission betrachtet die Erfüllung der geltenden Rechtsvorschriften als natürliche Pflicht eines jeden Unternehmens, die nicht gesondert zu belohnen ist; dies gilt auch, und gerade dann, wenn das Programm den Verstoß nicht verhindert hat. Ebenso wenig kommt als mildernder Umstand in Betracht, dass die Zuwiderhandlung von kleinen oder mittleren (Familien-) Unternehmen begangen wurde.[237] Die schlechte Wirtschaftslage in einem Sektor wurde in der Vergangenheit vereinzelt als mildernder Umstand angesehen.[238] Die Kommission ist aber nicht verpflichtet, die wirtschaftliche Situation des Sektors bei ihrer Entscheidung zu würdigen, auch wenn sie dies in früheren Entscheidungen praktiziert hat.[239] Die nachgewiesene Beendigung des Verstoßes nach dem ersten Eingreifen der Kommission als mildernder Umstand hat kaum praktische Relevanz, weil dies im Falle geheimer Vereinbarungen oder Verhaltensweisen, also insbesondere bei Kartellen, nicht Platz greift.

61 *cc) Aufschlag zur Gewährleistung einer abschreckenden Wirkung.* Ein wesentliches Ziel der Bußgeldpolitik ist das Erzielen einer **abschreckenden Wirkung.** Die Leitlinien 2006 sehen deswegen vor, dass die Kommission einen Aufschlag auf Geldbußen gegen Unternehmen vornimmt, die besonders hohe Umsätze mit Waren oder Dienstleistungen erzielen, die nicht mit der Zuwiderhandlung im Zusammenhang stehen.[240] Die Erhöhung zu Abschreckungszwecken entspricht ständiger Verwaltungspraxis der Kommission und wird vom EuGH gebilligt.[241] Die Kommission setzt **Multiplikatoren** an, mit denen der angepasste Grundbetrag multipliziert wird.[242] Der EuGH hat in seiner Entscheidung in der Sache *Versalis* im Jahr 2013 Multiplikatoren von 2 und 3 für verhältnismäßig erachtet, wobei wesentliche Kriterien die relative Größe der Unternehmen und deren Weltumsatz waren.[243] Seine früher in eine kritische Richtung hindeutende Haltung bezüglich des Ermessens der Kommission zur Größenordnung der Abschreckungszuschläge scheint der EuGH damit aufgegeben zu haben.[244]

62 *dd) Symbolische Geldbuße und abweichende Berechnungserwägungen.* Die Kommission hat auch die Möglichkeit, **symbolische Geldbußen** zu verhängen.[245] Die Kommission hat auf

---

236 Siehe z.B. Komm.E. v. 1.10.2008, COMP/39.181 Rdnr. 698 – *Kerzenwachse.* So auch schon EuGH U. v. 28.6.2005, Rs C-189/02 P, C-202/02 P, C-205/02 P bis C-208/02 P und C-213/02 P, Slg. 2005, I-5425 Rdnr. 373 – *Dansk Rørindustri;* EuG U. v. 14.5.2014, Rs T-406/09, ECLI:EU:T:2014:254 Rdnr. 171 – *Donau Chemie.*

237 EuGH U. v. 28.6.2005, Rs C-189/02 P, C-202/02 P, C-205/02 P bis C-208/02 P und C-213/02 P, Slg. 2005, I-5425 Rdnr. 366 – *Dansk Rørindustri;* EuG U. v. 24.3.2011, Rs T-379/06, Slg. 2011, II-64 Rdnr. 101 – *Kaimer.*

238 Einen mildernden Umstand bei „Krisenkartellen" bejahend Komm.E. v. 21.1.1998, IV/35.814, ABl. 1998 L 100/55 Rdnr. 83f. – *Legierungszuschlag;* Komm.E. v. 8.12.1999, IV/E-1/35.860-B, ABl. 2003 L 140/1 Rdnr. 168f. – *Nahtlose Stahlrohre;* Komm.E. v. 2.4.2003, COMP/38.279 Rdnr. 181ff. – *French Beef.* Ablehnend z.B. Komm. E. v. 18.7.2001, COMP/E/36.490, ABl. 2002, L 100/1 Rdnr. 242 – *Graphitelektroden;* Komm.E. v. 23.6.2010, COMP/39.092 Rdnr. 1390ff. – *Badezimmerausstattungen.*

239 EuG U. v. 23.1.2014, Rs T-391/09, ECLI:EU:T:2014:22 Rdnr. 187 – *Evonik Degussa*; so auch Komm. E. v. 22.9.2009, COMP/39.396 Rdnr. 331 – *Calciumcarbid und Reagenzie;* EuG U. v. 14.5.2014, Rs T-406/09, ECLI:EU:T:2014:254 Rdnr. 171 – *Donau Chemie.*

240 Leitlinien 2006, Rdnr. 30.

241 S. zuletzt EuGH U. v. 13.7.2013, Rs C-511/11 P, ECLI:EU:C:2013:386 Rdnr. 102 – *Versalis.*

242 S. z.B. Komm.E. v. 30.6.2010, COMP/38.344 Rdnr. 1056 – *Spannstahl.*

243 EuGH U. v. 13.7.2013, Rs C-511/11 P, ECLI:EU:C:2013:386 Rdnr. 96, 106 – *Versalis;* zu den Bedenken gegen die Verwendung von Abschreckungszuschlägen s. *Immenga/Mestmäcker-Dannecker/Biermann,* EU-WettbR/Teil 2, Art. 23 VO Nr. 1/2003 Rdnr. 222; *Bechtold/Bosch/Brinker,* EU-KartellR, Art. 23 VO Nr. 1/2003 Rdnr. 63ff.; *Thomas* KSzV 1 (2011) 10, 12.

244 S. hierzu EuGH U. v. 18.5.2006, Rs C-397/03 P, Slg. 2006, I-4429 Rdnr. 35, 100 – *Archer Daniels Midland I.*

245 Leitlinien 2006, Rdnr. 36.

diese Möglichkeit u. a. zurückgegriffen, wenn sie „rechtliches Neuland" betrat. Beispielsweise hat sie bei der ersten Entscheidung gegen einen Kartellunterstützer eine symbolische Geldbuße verhängt.[246] Die Ahndung durch eine symbolische Geldbuße liegt im Ermessen der Kommission, eine Verpflichtung hierzu ergibt sich auch nicht aus früherer Entscheidungspraxis.[247]

Die Kommission kann in besonders gelagerten Fällen oder zur Erzielung einer ausreichend hohen Abschreckungswirkung von der in den Leitlinien **festgelegten Berechnungsmethode abweichen.**[248] Von dieser Möglichkeit hat die Kommission etwa zur Sanktionierung von Kartellunterstützern Gebrauch gemacht, weil diese typischerweise keinen tatbezogenen Umsatz vorweisen.[249] In jüngeren Entscheidungen nahm die Kommission abweichend von der geübten Berechnungspraxis eine Anpassung des Grundbetrages bei Einproduktunternehmen vor, die ansonsten schon nach der Festlegung des Grundbetrages die Geldbußenobergrenze von 10% überschritten hätten.[250] Bei der gesamtschuldnerischen Haftung im Konzern, in dem einzelne Tochtergesellschaften erst während der laufenden Zuwiderhandlung erworben wurden, hat die Kommission ausnahmsweise zur Berechnung der Bußgeldobergrenze für den Zeitraum, für den die Tochtergesellschaft alleine verantwortlich war, nicht den Konzernumsatz, sondern den Umsatz der Tochtergesellschaft zugrunde gelegt. Auch dieses Vorgehen stützte die Kommission auf Rdnr. 37 der Leitlinien 2006.[251] Die Kommission rechtfertigte einen Abzug von 10% der Geldbuße für ein kleines unabhängiges Unternehmen, welches keinem Konzern angehörte, ebenfalls über von der geübten Praxis abweichende Erwägungen.[252] 63

V. Kronzeugenregelung

1. Allgemeines. Die Kommission sieht ihre **Kronzeugenregelung**[253] als **zentrales Instrument der Rechtsdurchsetzung** im Kampf gegen geheime Kartellabsprachen.[254] Für die Mitwirkung bei der Aufdeckung und Verfolgung von Kartellen stellt die Behörde Unternehmen den vollständigen Erlass oder eine Reduktion der Geldbuße in Aussicht. Der Anwendungsbereich der Kronzeugenregelung umfasst (Hardcore-)Verstöße gegen das Kartellverbot gem. Art. 101 AEUV, nicht jedoch vertikale Wettbewerbsbeschränkungen oder den 64

---

[246] Komm. E. v. 10.12.2003, COMP/E/37.857 Rdnr. 20, 91 ff., 331 ff., 454 – *Organische Peroxide;* auch gegen die *Deutsche Post* (Komm. E. v. 25.7.2011, ABl. 2001 L 331/40 – *Deutsche Post AG*) und das *Organisationskomitee der Fußballweltmeisterschaft 1998* (Komm. E. v. 20.7.1999, ABl. 2000 L 5/55 – *Fußball-Weltmeisterschaft 1998*) wurden symbolische Geldbußen verhängt.

[247] EuG U. v. 6.2.2014, Rs T-27/10 ECLI:EU:T:2014:59 Rdnr. 288 ff. – *AC Treuhand II,* Rechtsmittel anhängig als Rs C-194/14 P; U. v. 8.12.2010, Rs T-29/05, Slg 2010 II-4077 Rdnr. 425 ff. – *Deltafina;* U. v. 16.6.2011, Rs T-192/06, Slg. 2011, II-3063 Rdnr. 44 ff. – *Caffaro.*

[248] Leitlinien 2006, Rdnr. 37.

[249] Komm. E. v. 11.11.2009, COMP/38.589 Rdnr. 745 ff. – *Wärmestabilisatoren;* zur Verhängung gegen das Unternehmen ICAP wegen der Unterstützung des YIRD Kartells: Pressemitteilung Komm. IP/15/4104 v. 4.2.2015.

[250] Komm. E. v. 10.12.2014, COMP/39.780 Rdnr. 88 ff. – *Briefumschläge;* E. v. 2.4.2014, COMP/39.792 Rdnr. 104 ff. – *Stahl-Strahlmittelhersteller;* E. v. 27.11.2013, COMP/39.633 Rdnr. 538ff. – *Nordseegarnelen;* E. v. 28.3.2012, COMP/39.452 Rdnr. 518 ff. – *Beschläge für Fenster und Fenstertüren;* zur Geldbußenobergrenze bei Einproduktunternehmen siehe oben Rdnr. 33 f.

[251] Komm. E. v. 29.1.2014, COMP/39.801 Rdnr. 97 ff. – *Schaumstoff;* Komm. E. v. 19.3.2014, COMP/39.922 Rdnr. 99 ff. – *Wälzlager.*

[252] Komm. E. v. 25.6.2014, COMP/39.965 Rdnr. 73 – *Pilze.*

[253] Erwägungsgrund 3 VO (EU) Nr. 2015/1348 der Kommission v. 3.8.2015 zur Änderung der Verordnung (EG) Nr. 773/2004 über die Durchführung von Verfahren auf der Grundlage der Artikel 81 und 82 EG-Vertrag durch die Kommission; Mitteilung der Kommission über den Erlass und die Ermäßigung von Geldbußen in Kartellsachen, ABl. 2006 C 298/17 und Änderung der Mitteilung der Kommission über den Erlass und die Ermäßigung von Geldbußen in Kartellsachen, ABl. 2015 C 256/1 (Kronzeugenregelung 2006).

[254] Arbeitsunterlage WB 2012, S. 10; Arbeitsunterlage WB 2013, S. 20.

Missbrauch einer marktbeherrschenden Stellung gem. Art. 102 AEUV.[255] In ihrem Wettbewerbsbericht 2009 gibt die Kommission an, dass etwa 75 % der Untersuchungen in Kartellsachen auf Kronzeugenanträgen beruhen.[256] Die Kronzeugenpolitik habe sich im Hinblick auf die Aufdeckung und die Verfolgung von Kartellen bewährt.[257] In einer Rede im April 2014 hat der Wettbewerbskommissar auf die große Bedeutung der Kronzeugenregelung für die Aufdeckung von Kartellen hingewiesen und ausgeführt, dass im Durchschnitt vier Anträge auf Erlass oder Reduktion von Geldbußen im Monat bei der Kommission eingingen.[258]

65 Dies entspricht den Erfahrungen in der kartellrechtlichen Beratungspraxis. Kartellverfahren, in denen sich alle betroffenen Unternehmen verteidigen, sind die Ausnahme. Tatsächlich gibt es seit Erlass der ersten Kronzeugenregelung im Jahr 1996[259] eine Entwicklung, nach der eine Zusammenarbeit mit der Kommission in Kartellverfahren die Regel geworden ist. Dies ist in erster Linie darauf zurückzuführen, dass die Kommission die Bußgeldhöhe durch Erlass von Leitlinien extrem verschärft hat. Nach derzeitiger Bußgeldpraxis müssen umsatzstarke Unternehmen bei der Aufdeckung und Verfolgung langjähriger Kartellverstöße regelmäßig mit Geldbußen in dreistelliger Millionenhöhe rechnen und mittelständische Unternehmen mit der Maximalstrafe von 10 % des Umsatzes.[260] Damit ist der **Anreiz gestiegen,** sich durch **Offenlegung eines Kartells** mittels Stellung eines Kronzeugenantrages einen Geldbußenerlass zu verschaffen oder die zu erwartende Geldbuße durch eine Kooperation mit der Kartellbehörde nach Aufdeckung des Kartells zumindest zu reduzieren. Erwägungen zur Unzulässigkeit der Kronzeugenregelung oder moralische Bedenken wegen der Offenlegung des Fehlverhaltens Dritter treten heutzutage gegenüber den wirtschaftlichen Vorteilen in den Hintergrund. Die Rechtsprechung der Unionsgerichte hält auch unter rechtsstaatlichen Gesichtspunkten die Kronzeugenregelung der Kommission für zulässig.[261]

66 In Bezug auf die Beratung von Unternehmen im Zusammenhang mit Kartellverfahren gibt es kaum einen anspruchsvolleren Bereich als Kronzeugenprogramme. Insbesondere bei der Frage, ob ein Kartellverstoß mit einem Antrag auf Erlass der Geldbuße bei der Kommission **(„Kronzeugenantrag")** offengelegt werden soll, müssen vielschichtige Aspekte sorgfältig geprüft und abgewogen werden. Dies gilt umso mehr, wenn es sich um **Kartellverstöße** handelt, die **über den EWR hinaus Wirkung** entfalten, also beispielsweise auch die USA betreffen.[262] Die komplexen Problemfelder können hier nicht sämtlich beleuchtet werden. Zu den wichtigsten Aspekten zählen die mögliche strafrechtliche Verfolgung in anderen Jurisdiktionen, die Wahrscheinlichkeit und Größenordnung von Follow-On-Schadensersatzklagen und nicht zuletzt auch die Frage nach der Wahrscheinlichkeit, ob – bei einem Verzicht auf einen Kronzeugenantrag – möglicherweise ein anderes Kartellmitglied sich an die Kartellbehörden wenden könnte. Hat die Kommission bereits Ermitt-

---

[255] Art. 4a VO Nr. 773/2004; Eingehend zum Anwendungsbereich siehe *MüKo-Klose,* Leniency Bekanntmachung, Rdnr. 1 m. w. N.

[256] WB 2009, S. 92.

[257] WB 2009, S. 92; Arbeitsunterlage WB 2013, S. 20, wonach im Langzeittrend zwei Anträge im Monat bei der Kommission eingehen.

[258] *Almunia,* Fighting against cartels: A priority for the present and for the future, Speech/14/281 v. 3.4.2014, S. 3.

[259] Mitteilung über die Nichtfestsetzung oder die niedrigere Festsetzung von Geldbußen in Kartellsachen, ABl. 1996 C 207/4; eingehend zu Kronzeugenregelungen *Schroeder,* in Fs. Bechtold 2006, 437 ff.

[260] S. eingehend Rdnr. 37 ff.

[261] EuGH U. v. 28.6.2005, Rs C-189/02 P, C-202/02 P, C-205/02 P bis C-208/02 P und C-213/02 P, Slg. 2005, I-5425 Rdnr. 399 – *Dansk Rørindustri;* U. v. 14.6.2011, Rs C-360/09, Slg. 2011, I-5161 Rdnr. 25 – *Pfleiderer;* EuG U. v. 13.7.2011, Rs T-138/07, Slg. 2011, II-4819 Rdnr. 144 – *Schindler;* U. v. 9.9.2011, Rs T-12/06, Slg. 2011, II-5639 Rdnr. 102 ff. – *Deltafina;* U. v. 16.9.2013, T-376/10, ECLI:EU:T:2013:442 Rdnr. 48 ff. – *Mamoli Robinetteria;* zur Kritik an dem Institut der Kronzeugenprogramme s. *de Bronett,* Art. 23 VO Nr. 1/2003 Rdnr. 106; zum Meinungsstand *Mestmäcker/Schweitzer,* Europäisches Wettbewerbsrecht, § 22 Rdnr. 52 f.

[262] S. hierzu ausf. *Klusmann,* WuW 2001, 820 ff.; instruktiv auch *Spratling/Low/Klusmann/Kinsella,* cutting-edge issues in cartels, GCR April 2005, S. 22 ff.; eingehend *MüKo-Klose,* Leniency Bekanntmachung, Rdnr. 2 m. w. N.

lungsmaßnahmen eingeleitet, kann die Abwägung anders ausfallen, da die oben genannten Folgen für diesen Fall ohnehin zu gewärtigen sind. Hatte das Kartell Auswirkungen über den EWR hinaus, muss erwogen werden, entsprechende **Anträge in allen relevanten Jurisdiktionen** zu stellen. Dabei drängt nach dem Konzept der Kronzeugenregelung die Zeit, da der Zeitpunkt der Stellung des Antrages auf Erlass oder Ermäßigung einer Geldbuße eine maßgebliche Rolle spielt.[263] Es kommt in der Praxis auch vor, dass die Kommission vor Einleitung eines förmlichen Verfahrens die Angelegenheit an eine für die Verfolgung des Kartells besser geeignete Kartellbehörden in den Mitgliedsstaaten abgibt. Kommt dieses Szenario in Betracht, so ist es erforderlich, Anträge auf Erlass oder Ermäßigung der Geldbuße vorsorglich bei mehreren nationalen Kartellbehörden der Mitgliedsstaaten der Union zu stellen. Dabei kann auf das vereinfachte Verfahren zu Kurzanträgen im Rahmen der Zusammenarbeit der Wettbewerbsbehörden innerhalb des europäischen Netzwerkes **(„European Competition Network – ECN")** zurückgegriffen werden.[264]

Die aktuelle Mitteilung der Kommission über den Erlass und die Ermäßigung von 67 Geldbußen in Kartellsachen **(„Kronzeugenregelung 2006")** setzt den Regelungsrahmen für die Gegenleistung fest, die Unternehmen, die an Kartellen beteiligt sind oder waren, für ihre Zusammenarbeit bei der Untersuchung der Kommission zugestanden wird.[265] Danach sind grundsätzlich zwei Szenarien zu unterscheiden. Die Kommission ist zum einen der Auffassung, dass die Mithilfe eines Unternehmens bei der **Aufdeckung eines Kartells** einen Wert an sich darstellt und den **vollständigen Erlass der Geldbuße** rechtfertigt.[266] Zum anderen kann nach Auffassung der Kommission auch die **Mitarbeit eines oder mehrerer Unternehmen** eine **Ermäßigung der Geldbuße** rechtfertigen, wobei die Qualität und der Zeitpunkt des Beitrages, den das Unternehmen tatsächlich zum Nachweis des Kartells geleistet hat, berücksichtigt werden.[267] Anzumerken ist, dass die Möglichkeit eines **Markers** – anders als nach der Bonusregelung des BKartA in Deutschland[268] – nach der Kronzeugenregelung 2006 nur demjenigen Unternehmen offensteht, welches einen Antrag auf Erlass der Geldbuße stellt.[269]

2. Antrag und Verfahren. Der Erlass sowie die Ermäßigung von Geldbußen setzen 68 beide **einen Antrag des Unternehmens** voraus.[270] Nach der Rechtsprechung des EuG hat grundsätzlich nur das Unternehmen, von dem der Antrag auf Erlass oder Herabsetzung der Geldbuße gestellt wurde, einen Anspruch auf Erlass oder Herabsetzung der Geldbuße.[271] Der Antrag einer Muttergesellschaft gilt auch für Tochtergesellschaften, er umfasst alle von der Antragstellerin kontrollierten Unternehmen.[272] Für den Fall einer **wirtschaftlichen Einheit,** bei der die Verantwortlichkeit einer Muttergesellschaft allein von der Beteiligung ihrer Tochtergesellschaft an dem Kartell abgeleitet wird, kommt allerdings die Behandlung nach der Kronzeugenregelung auch der Muttergesellschaft zu Gute, selbst

[263] Zum sog. „Windhundrennen" der Kartellanten s. *Klusmann,* WuW 2001, 820, 826.

[264] Bekanntmachung der Kommission über die Zusammenarbeit innerhalb des Netzes der Wettbewerbsbehörden, ABl. 2004, C 101/43 Rdnr. 8ff.; Komm. MEMO/06/356 v. 29.9.2006; ECN Kronzeugenmodell Rdnr. 1; *MüKo-Klose,* Leniency Bekanntmachung, Rdnr. 38; *Bechtold/Bosch/Brinker,* EU-KartellR, Art. 23 VO Nr. 1/2003 Rdnr. 84ff.; *Langen/Bunte-Sura,* Band 2, Europäisches Kartellrecht, Art. 23 VO Nr. 1/2003 Rdnr. 63ff.

[265] Kronzeugenregelung 2006, Rdnr. 1.

[266] Kronzeugenregelung 2006, Rdnr. 4.

[267] Kronzeugenregelung 2006, Rdnr. 5.

[268] Bekanntmachung Nr. 9/2006 über den Erlass und die Reduktion von Geldbußen in Kartellsachen – Bonusregelung – v. 7.3.2006, Rdnr. 11ff.

[269] Kronzeugenregelung 2006, Rdnr. 14, 27.

[270] Kronzeugenregelung 2006, Rdnr. 14, 27; zur Rechtsnatur der Anträge s. *de Bronett,* Art. 23 VO Nr. 1/2003 Rdnr. 110 m. w. N.

[271] EuG U. v. 16.9.2013, T-411/10, ECLI:EU:T:2013:443 Rdnr. 227 – *Laufen,* Rechtsmittel anhängig unter C-637/13 P.

[272] In diesem Sinne EuG U. v. 23.1.2014, T-384/09, ECLI:EU:T:2014:27 Rdnr. 237ff. – *SKW;* hierzu *MüKo-Klose,* Leniency Bekanntmachung, Rdnr. 27; *Schröter/Jakob/Klotz/Mederer-Winterstein/Ceyssens/Wessely* – Europäisches Wettbewerbsrecht, Art. 101 AEUV Rdnr. 421.

wenn nur die Tochtergesellschaft einen Antrag gestellt hat.[273] Dies gilt jedoch nicht, wenn die Muttergesellschaft zwar während der Dauer der Zuwiderhandlung mit dem Unternehmen zu einer wirtschaftlichen Einheit verbunden war, welches den Wettbewerbsverstoß begangen hat, aber nicht mehr zu dem Zeitpunkt der Zusammenarbeit dieses Unternehmens mit der Kommission.[274] Im Hinblick auf die Zielsetzung der Kronzeugenregelung, die Aufdeckung von gegen das Wettbewerbsrecht der Union verstoßenden Verhaltensweisen zu fördern, und die Gewährleistung einer wirksamen Anwendung dieses Rechtes, sei es durch nichts gerechtfertigt, die einem Unternehmen wegen seiner Zusammenarbeit mit der Kommission gewährte Herabsetzung einer Geldbuße auf ein Unternehmen zu erstrecken, das zwar in der Vergangenheit den Tätigkeitsbereich kontrolliert hat, in dem sich die Zuwiderhandlung zugetragen hat, das aber zu deren Aufdeckung selbst nichts beigetragen hat.[275] Ebenso wenig profitiert von dem Antrag einer Tochtergesellschaft eine weitere Tochtergesellschaft des Unternehmensverbundes. Die Kommission trifft nämlich keine Verpflichtung, die einer Tochtergesellschaft, die einen Antrag gemäß der Kronzeugenregelung gestellt hat, gewährte Herabsetzung der Geldbuße allein deswegen auf eine weitere Tochtergesellschaft (Schwestergesellschaft) auszudehnen, weil sie zusammen mit ihrer gemeinsamen Muttergesellschaft einem Unternehmen im Sinne einer wirtschaftlichen Einheit angehörte.[276] Im Gegensatz zur Verantwortlichkeit der Muttergesellschaft, deren Haftung als bloß abgeleitet, akzessorisch und somit von der Haftung ihrer Tochtergesellschaft abhängig anzusehen ist, könne die Verantwortlichkeit einer Tochtergesellschaft nämlich nicht von der einer Schwestergesellschaft abgeleitet werden, da sich deren Verantwortlichkeit aus ihrer eigenen Beteiligung an dem Kartell ergebe.[277]

69 Die mit der Antragstellung verbundenen Fragestellungen haben in der Praxis insbesondere auch im Zusammenhang einer **Kooperation von Gemeinschaftsunternehmen** mit der Kommission Bedeutung erlangt. In ihrer Entscheidung im Kartellverfahren *Chloropren-Kautschuk* hat die Kommission die Ermäßigung der Geldbuße aufgrund eines Antrages und der Zusammenarbeit eines Gemeinschaftsunternehmens mit der Kommission auch den beiden kontrollierenden Muttergesellschaften gewährt.[278] In anderen Kartellverfahren hat die Kommission demgegenüber in Frage gestellt, ob ein Antrag des Gemeinschaftsunternehmens auch zu einer Begünstigung für die Muttergesellschaften des gemeinsam kontrollierten Unternehmens führt oder ob diese nicht selbst einen Antrag nach der Kronzeugenregelung 2006 stellen und mit der Kommission zusammenarbeiten müssen.[279] Soweit die Haftung der Muttergesellschaft allein aufgrund einer Zurechnung der Zuwiderhandlung der Tochtergesellschaft erfolgt, muss den Muttergesellschaften der Erlass oder die Ermäßigung nach der Kronzeugenregelung 2006 zu Gute kommen, und zwar unabhängig davon, ob die Muttergesellschaften selbst einen Antrag nach der Kronzeugenregelung 2006 stellen. Denn für die Zurechnung der Zuwiderhandlung und die Anordnung der gesamtschuldnerischen Haftung ist es nicht einmal erforderlich, dass die Muttergesellschaften von der Zuwiderhandlung

[273] EuG U. v. 16.9.2013, T-411/10, ECLI:EU:T:2013:443 Rdnr. 228 – *Laufen,* Rechtsmittel anhängig unter C-637/13 P.

[274] EuGH U. v. 30.4.2014, Rs C-238/12 P, ECLI:EU:C:2014:284 Rdnr. 83 – *FLSmidth;* U. v. 19.6.2014, Rs C-243/12 P, ECLI:EU:C:2014:2006 Rdnr. 85 – *FLS-Plast;* EuG U v. 11.7.2014, Rs T-543/08, ECLI:EU:T:2014:627 Rdnr. 165 – *RWE;* U. v. 23.1.2014, Rs T-384/09, ECLI:EU:T:2014:27 Rdnr. 238 – *SKW.*

[275] EuGH U. v. 30.4.2014, Rs C-238/12 P, ECLI:EU:C:2014:284 Rdnr. 85 – *FLSmidth;* U. v. 19.6.2014, Rs C-243/12 P, ECLI:EU:C:2014:2006 Rdnr. 87 – *FLS-Plast;* EuG U v. 11.7.2014, Rs T-543/08, ECLI:EU:T:2014:627 Rdnr. 151 – *RWE;* U. v. 23.1.2014, Rs T-384/09, ECLI:EU:T:2014:27 Rdnr. 239 – SKW.

[276] EuG U. v. 16.9.2013, Rs T-411/10, ECLI:EU:T:2013:443 Rdnr. 229 – *Laufen,* Rechtsmittel anhängig unter C-637/13 P.

[277] EuG U. v. 16.9.2013, Rs T-411/10, ECLI:EU:T:2013:443 Rdnr. 228 – *Laufen,* Rechtsmittel anhängig unter C-637/13 P.

[278] Komm. E. v. 5.12.2007, COMP/38.629 Rdnr. 637 – *Chloropren-Kautschuk.*

[279] S. hierzu ausf. *MüKo-Klose,* Leniency Bekanntmachung, Rdnr. 27.

Kenntnis hatten.[280] In der Literatur wird weitergehend die Ansicht vertreten, dass ein Antrag durch eine Konzerngesellschaft für den ganzen Konzern begünstigend wirkt, und zwar unabhängig davon, ob der Antrag auf Erlass oder Ermäßigung der Geldbuße durch eine Tochter-, Schwester- oder Muttergesellschaft gestellt wurde.[281] Soweit demgegenüber bezogen auf Gemeinschaftsunternehmen eine Einschränkung dahingehend gefordert wird, dass sämtliche Gesellschaften gemeinsam einen Erlass der Geldbuße beantragen müssen, damit alle in den Genuss des Bußgelderlasses kommen, ist dem nicht zuzustimmen.[282] Mit Blick auf die insoweit wenig verlässliche Verwaltungspraxis der Kommission ist es allerdings ratsam, dass die Muttergesellschaften vorsorglich selbst einen Antrag nach der Kronzeugenregelung 2006 stellen und in dem gebotenen Umfang mit der Kommission zusammenarbeiten.

Beabsichtigt ein Unternehmen, einen **Antrag auf Erlass der Geldbuße** zu stellen, sollte es sich mit der Generaldirektion Wettbewerb der Kommission in Verbindung setzen. Dabei steht es dem Unternehmen frei, sofort einen **förmlichen Antrag** oder aber zunächst einen **Marker** zu stellen.[283] Durch den Marker erhält das Unternehmen eine zeitliche Priorität im Hinblick auf etwaige spätere Anträge weiterer Kartellbeteiligter. Die Kommission setzt dem Antragsteller eine Frist, den Marker mit entsprechenden Informationen und Beweismitteln zu komplettieren. Allerdings steht die **Gewährung des Markers im Ermessen der Kommission**,[284] was bei Ablehnung der Setzung eines Markes die äußerst missliche Folge haben kann, dass das Unternehmen trotz eines „Geständnisses" nicht zwingend in den Genuss einer zeitlichen Priorität gegenüber anderen etwaigen Antragstellern kommt. Außerdem setzt die Kommission regelmäßig sehr kurze **Fristen für die Vervollständigung des Markers,** die in der Praxis für die meist aufwendigen Maßnahmen zur Ausarbeitung eines Kronzeugenantrages möglicherweise nicht auskömmlich sind, so dass selbst bei unverschuldeter Überschreitung der Frist die Gefahr besteht, dass andere Antragsteller das durch den Marker zeitlich an sich begünstigte Unternehmen überholen. Wettbewerbspolitisch wünscht die Kommission indessen, dass zwischen **potentiellen Kronzeugen** grundsätzlich ein **Rennen („Race")** stattfindet und gewährt Marker nur nach Prüfung aller Umstände im Einzelfall und nach Abwägung der Gründe, die das Unternehmen für seinen Antrag auf Gewährung eines Markers vorbringt.[285] Die Kommission hat auch ausdrücklich darauf hingewiesen, dass **die Frist notwendigerweise kurz** sein sollte, um andere potentielle Kronzeugen nicht zu benachteiligen und um zu gewährleisten, dass Ermittlungsmaßnahmen zeitig ergriffen werden können.[286] Die inhaltlichen Anforderungen an einen Marker werden in Rdnr. 15 der Kronzeugenregelung 2006 vorgegeben. Danach muss der Antragsteller vor allem seinen und die Namen der mutmaßlichen am Kartell beteiligten Parteien mitteilen und Informationen über die betroffenen Produkte und Gebiete sowie über die geschätzte Dauer und die Art des mutmaßlichen Kartells übermitteln. 70

Der förmliche Antrag auf Erlass der Geldbuße kann auch in **hypothetischer Form** gestellt werden.[287] Der Vorteil dieser Vorgehensweise liegt darin, dass „Ross und Reiter" nur genannt werden müssen, wenn die Kommission nach Prüfung der Frage, ob die in hypothetischer Form vorgelegten Informationen und Beweise einen Erlass der Geldbuße be- 71

[280] So auch *MüKo-Klose*, Leniency Bekanntmachung, Rdnr. 27.

[281] *Immenga/Mestmäcker-Dannecker/Biermann,* EU-WettbR/Teil 2, Art. 23 VO Nr. 1/2003 Rdnr. 249; *Thomas,* ZWeR 2009, 397, 403; a. A. *de Bronett,* Art. 23 VO Nr. 1/2003 Rdnr. 116, 117.

[282] So aber *Immenga/Mestmäcker-Dannecker/Biermann,* EU-WettbR/Teil 2, Art. 23 VO Nr. 1/2003 Rdnr. 249; so wohl auch *de Bronett,* Art. 23 VO Nr. 1/2003 Rdnr. 117; differenzierend *MüKo-Klose,* Leniency Bekanntmachung, Rdnr. 27; hierzu *Schulte/Just,* KartellR, Art. 23 VO Nr. 1/2003 Rdnr. 206.

[283] Kronzeugenregelung 2006, Rdnr. 14.

[284] Kronzeugenregelung 2006, Rdnr. 15.

[285] Komm. MEMO/06/469 v. 7.12.2006, S. 5; s. hierzu ausf. *Suurnäkki/Tierno Sentella,* Commission Policy Newsletter 2010, 3 ff.; *MüKo-Klose,* Leniency Bekanntmachung, Rdnr. 33.

[286] Komm. MEMO/06/469 v. 7.12.2006, S. 6; demgegenüber gewährt das BKartA gem. Rdnr. 12 seiner Bonusregelung zur Ausfüllung des Markers eine Frist von acht Wochen, die nach seiner Praxis aufgrund eines begründeten Antrages verlängert werden kann.

[287] Zu den Voraussetzungen s. Kronzeugenregelung 2006, Rdnr. 16, lit. b, 19.

gründen können, zu einem bejahenden Ergebnis gelangt. Erst dann offenbart das Unternehmen seinen und die Namen der anderen an dem mutmaßlichen Kartell beteiligten Unternehmen, legt die Beweismittel zu dem mit der Kommission vereinbarten Zeitpunkt vor und erhält von der Kommission schriftlich einen bedingten Erlass der Geldbuße.[288] Stellt sich heraus, dass ein Erlass der Geldbuße nicht möglich ist oder dass der Antragsteller die Voraussetzungen für einen Erlass der Geldbuße gemäß Rdnr. 8 lit. a oder lit. b der Kronzeugenregelung 2006 nicht erfüllt, setzt die Kommission das Unternehmen hiervon schriftlich in Kenntnis. In diesem Fall kann das Unternehmen die Beweismittel, die es zur Begründung seines Antrages auf Geldbußenerlass offengelegt hat, zurückziehen oder die Kommission ersuchen, diese Beweismittel im Rahmen eines Antrages auf Ermäßigung der Geldbuße nach der Kronzeugenregelung 2006 zu berücksichtigen.[289]

72 Auch im Falle eines Antrages auf **Ermäßigung der Geldbuße** muss das Unternehmen bei der Kommission einen **förmlichen Antrag** stellen, der mit ausreichenden Beweismitteln für das mutmaßliche Kartell zu versehen ist.[290] Die Beantragung eines Markers oder die Stellung eines Antrages in hypothetischer Form ist im Verfahren auf Ermäßigung einer Geldbuße nicht möglich. Auf Verlangen stellt die Generaldirektion Wettbewerb eine Empfangsbestätigung für den Antrag auf Ermäßigung der Geldbuße und für jegliche spätere Vorlage von Beweismitteln aus, auf der jeweils das Datum und ggf. die Uhrzeit des Einganges vermerkt sind.[291] Hierauf sollte geachtet werden, da es in vielen Kartellverfahren zu einem **Wettlauf der Unternehmen** im Hinblick auf die Einreichung von Anträgen und weiteren Eingaben im Zusammenhang mit der beantragten Ermäßigung der Geldbuße kommt. Es kommt nicht selten vor, dass mehrere Anträge auf Ermäßigung der Geldbuße innerhalb sehr kurzer Zeitspannen bei der Kommission eingehen. Im Kartellverfahren *Badezimmerausstattungen* stellten drei Unternehmen im Tagesabstand solche Anträge auf Ermäßigung der Geldbuße und im Fall *Rohtabak Italien* sogar im Stundentakt.[292]

73 Die Kommission prüft im weiteren Verlauf die Anträge auf Ermäßigung der Geldbuße. Gelangt sie zu dem vorläufigen Ergebnis, dass die vorgelegten Beweismittel einen **erheblichen Mehrwert** im Sinne der Rdnr. 24 und 25 der Kronzeugenregelung 2006 darstellen und dass das Unternehmen auch die weiteren Voraussetzungen für eine Ermäßigung der Geldbuße erfüllt, teilt sie dem Unternehmen spätestens zum **Zeitpunkt der Zustellung der Mitteilung der Beschwerdepunkte** ihre Absicht mit, die Geldbuße innerhalb einer bestimmten Bandbreite gemäß Rdnr. 26 der Kronzeugenregelung 2006 zu ermäßigen. Fällt die Prüfung negativ aus, teilt die Kommission dem Unternehmen innerhalb derselben Frist schriftlich mit, dass sie nach ihren vorläufigen Feststellungen eine Ermäßigung der Geldbuße nicht in Betracht zieht.[293] Die Antragsteller bleiben daher während des gesamten Ermittlungsverfahrens bis zur Eröffnung eines förmlichen Verfahrens und Übersendung der Mitteilung der Beschwerdepunkte darüber im Unklaren, an welcher Position sie kooperieren und wissen nicht, ob und ggf. in welcher Größenordnung eine Reduktion der Geldbuße zu erwarten ist.

74 Auf Wunsch des Antragstellers kann das Verfahren betreffend beide Alternativen (Erlass und Ermäßigung) im Wesentlichen **mündlich** durchgeführt werden. **Mündliche Unternehmenserklärungen** werden nach einem festgelegten Procedere in den Räumlichkeiten der Kommission aufgezeichnet und niedergeschrieben.[294] Die Möglichkeit, das Verfahren

---

[288] Kronzeugenregelung 2006, Rdnr. 19.
[289] Kronzeugenregelung 2006, Rdnr. 20.
[290] Kronzeugenregelung 2006, Rdnr. 27.
[291] Kronzeugenregelung 2006, Rdnr. 28.
[292] Komm. E. v. 23.6.2010, COMP/39.092 Rdnr. 1288, 1301, 1303 – *Badezimmerausstattungen*; Komm. E. v. 20.10.2005, COMP/C.38.281/B.2 Rdnr. 427 (16:15 Uhr und 18:47 Uhr) – *Rohtabak Italien*.
[293] Kronzeugenregelung 2006, Rdnr. 29.
[294] Art. 4a Abs. 3 VO Nr. 773/2004; Kronzeugenregelung 2006, Rdnr. 32; die Kommission hat auf ihrer Homepage ein Merkblatt für die Abgabe mündlicher Erklärungen veröffentlicht: „*Delivering*

nach der Kronzeugenregelung 2006 mündlich durchzuführen, ist für die Inanspruchnahme des Kronzeugenprogrammes von großer Bedeutung. Denn Unternehmen, die aus eigenem Antrieb einen Kartellverstoß offenlegen oder im Rahmen der Zusammenarbeit mit der Kommission sich selbst einer Zuwiderhandlung belasten, drohen erhebliche Nachteile im Rahmen von **Schadensersatzansprüchen** Dritter, insbesondere in Staaten wie den USA und zukünftig nach der Umsetzung der Schadensersatzrichtlinie in der EU.[295] Die in der Kronzeugenregelung 2006 vorgesehene Mündlichkeit soll die Gefahr ausschließen oder jedenfalls minimieren, dass Kläger im Rahmen von Schadensersatzprozessen im Wege der sogenannten **Pre-Trial-Discovery** Zugang zu Dokumenten bei Unternehmen sowie zu denjenigen Dokumenten erhalten, die der Kommission zugänglich gemacht wurden.[296] Dabei beschränkt die Kronzeugenregelung 2006 auch die Einsicht in Unternehmenserklärungen, die nur den Adressaten der Mitteilung der Beschwerdepunkte gewährt wird, sofern diese und der Rechtsbeistand, dem in ihrem Namen Einsicht gewährt wird, sich verpflichten, Informationen aus der Unternehmenserklärung, in die ihnen Einsicht gewährt wird, nicht mit mechanischen oder elektronischen Mitteln zu kopieren und sicherzustellen, dass die Informationen aus der Unternehmenserklärung ausschließlich zu den nachstehend genannten Zwecken verwendet werden. Anderen Parteien, wie z.B. Beschwerdeführern, wird demgegenüber keine Einsicht in die Unternehmenserklärung gewährt.[297] Gleiches gilt für die Einsicht in die Kommissionakten.[298] Dieses **Schutzniveau** soll auch **innerhalb des European Competition Network** („ECN") greifen. Deswegen sieht die Kronzeugenregelung 2006 vor, dass Unternehmenserklärungen den Wettbewerbsbehörden der Mitgliedsstaaten nur dann übermittelt werden, wenn die in der Bekanntmachung über die Zusammenarbeit im ECN festgelegten Bedingungen erfüllt sind und das von der empfangenden Wettbewerbsbehörde gewährte Schutzniveau vor Offenlegung jenem der Kommission entspricht.[299] Um sicherzustellen, dass bezüglich der Anträge nach der Kronzeugenregelung 2006 der Zeitpunkt des Einganges präzise erfasst und aufgezeichnet wird und um größtmögliche Vertraulichkeit zu wahren, sollen Anträge entweder schriftlich unter einer vorgegebenen Faxnummer **(„Leniency Fax")** oder mündlich durch Kontaktaufnahme unter einer hierfür vorgesehenen Telefonnummer erfolgen.[300]

3. Voraussetzungen. *a) Vollständiger Erlass der Geldbuße.* Ein vollständiger **Erlass der** 75 **Geldbuße** („Immunität") kommt in Betracht, wenn das Unternehmen als **erstes Informationen und Beweismittel vorlegt,** die es der Kommission ihrer Auffassung nach entweder ermöglichen, **gezielte Nachprüfungen** im Zusammenhang mit dem mutmaßlichen Kartell durchzuführen, oder im Zusammenhang mit dem mutmaßlichen Kartell eine **Zuwiderhandlung** festzustellen.[301] Die in Rdnr. 8 lit. a und lit. b der Kronzeugenregelung 2006 genannten Informationen und Beweismittel sind der Mindeststandard, um nach Auffassung der Kommission eine gezielte Nachprüfung im Sinne der Rdnr. 8 lit. a Kron-

oral statements at DG Competition" v. 8.10.2013, abrufbar unter http://ec.europa.eu/competition/cartels/leniency/oral_statements_procedure_en.pdf; s. hierzu auch *Iliev,* JECL&P 2014, 271.

[295] Richtlinie 2014/104/EU des Europäischen Parlaments und des Rates v. 26.11.2014 über bestimmte Vorschriften für Schadensersatzklagen nach nationalem Recht wegen Zuwiderhandlungen gegen wettbewerbsrechtliche Bestimmungen der Mitgliedstaaten in der Europäischen Union, ABl. 2014 L 349/1–19; eingehend *MüKo-Klose,* Leniency Bekanntmachung, Rdnr. 65; ausf. hierzu *FK-Kindhäuser/Meyer,* Art. 23 VO Nr. 1/2003 Rdnr. 151 ff.; *Canenbley/Steinvorth,* JECL&P 2011, 315, 317 ff.; *Schroeder,* in Fs. Bechtold 2006, S. 437, 449 ff.; zur Schadensersatzrichtlinie s. auch *Topel* in § 50.

[296] *MüKo-Klose,* Leniency Bekanntmachung, Rdnr. 65; *Schroeder,* in Fs. Bechtold 2006, 437, 449 ff.; *Canenbley/Steinvorth,* JECL&P 2011, 315, 317 ff.

[297] Kronzeugenregelung 2006, Rdnr. 33.

[298] Kronzeugenregelung 2006, Rdnr. 34.

[299] Kronzeugenregelung 2006, Rdnr. 35; eingehend *MüKo-Klose,* Leniency Bekanntmachung, Rdnr. 88 ff.; hierzu *FK-Kindhäuser/Meyer,* Art. 23 VO Nr. 1/2003 Rdnr. 146.

[300] Leniency Application, abrufbar über http://ec.europa.eu/competition/cartels/leniency/leniency.html; ab Ende 2015 ist die Email Adresse comp-leniency@ec.europa.eu vorgesehen.

[301] Kronzeugenregelung 2006, Rdnr. 8 lit. a und b.

zeugenregelung 2006 zu ermöglichen. Die Kommission erläutert hierzu, dass der Antragsteller als Kartellbeteiligter in der Lage sein sollte, ihr Insiderinformationen über das Kartell zu übermitteln, um sie in die Lage zu versetzen, die Nachprüfung gezielt durchzuführen.[302] Der Antragsteller muss außerdem während des gesamten Verwaltungsverfahrens ernsthaft, in vollem Umfang, kontinuierlich und zügig mit der Kommission zusammenarbeiten.[303] Er muss auch im Nachgang zu seinem Kronzeugenantrag weiterhin alle später entdeckten oder sich ergebenden Informationen und Beweismittel der Kommission vorlegen.[304] Die Voraussetzungen der Rdnr. 9 und 12 der Kronzeugenregelung 2006 müssen vom Antragsteller **kumulativ** erfüllt werden.[305]

76 Das **Vollständigkeitspostulat** kann in Konflikt stehen mit der Verpflichtung des Unternehmens, im Rahmen der Vorbereitung des Antrages keine Maßnahmen zu ergreifen, die den Erfolg der Ermittlungsmaßnahmen, z. B. Nachprüfungen, der Kommission gefährden.[306] Die Vorbereitung eines Kronzeugenantrages muss daher mit Augenmaß erfolgen. In der Praxis ist ein Abstimmungsprozess mit der Kommission erforderlich.

77 Informationen und Beweismittel, die nicht in den Kronzeugenantrag einfließen konnten, müssen nach Maßgabe der Anforderungen der Rdnr. 12 der Kronzeugenregelung 2006 später vorgelegt werden. Zu den Pflichten des Unternehmens gehört es danach unter anderem, der Kommission **unverzüglich alle relevanten Informationen** über und **Beweise** für das mutmaßliche Kartell zu übermitteln, die in seinen Besitz gelangen oder zu denen es Zugang hat, und relevante Informationen über und Beweise für das mutmaßliche Kartell nicht zu vernichten, zu verfälschen oder zu unterdrücken.[307] Instruktiv hierzu ist der Fall *Chloropren-Kautschuk*. In diesem Kartellverfahren hielt es die Kommission für erforderlich, genauer zu prüfen, ob der Kronzeuge seiner Verpflichtung nachgekommen war, der Kommission alle Beweismittel über das mutmaßliche Kartell vorzulegen. Nach den Feststellungen der Kommission waren nicht alle Beweise über die mutmaßliche Zuwiderhandlung zügig und spontan, sondern erst nach ausdrücklicher Nachfrage der Kommission, vorgelegt worden.[308] Die Kommission zog daher in Betracht, dem Unternehmen, welches als erstes ordnungsgemäß einen Antrag auf Erlass der Geldbuße gestellt hatte, keinen vollständigen Geldbußenerlass zu gewähren. Nach umfassender Abwägung unter anderem der Bedeutung der Dokumente und der Auswirkungen der nicht zügigen Vorlage ist die Kommission zu dem Ergebnis gekommen, dem Unternehmen gleichwohl die Geldbuße zu erlassen, weil es angesichts der besonderen Umstände des Falles unverhältnismäßig gewesen wäre, den Geldbußenerlass zu verweigern.[309] Demgegenüber verweigerte die Kommission im Kartellverfahren *Rohtabak Italien* einem Unternehmen trotz dessen Kronzeugenstellung den Erlass der Geldbuße.[310] Das Unternehmen hatte gegen die **Pflicht zur Zusammenarbeit** verstoßen, weil es im Rahmen einer Verbandssitzung ohne die Kommission zu unterrichtengegenüber den Wettbewerbern den bei der Kommission gestellten Antrag auf Erlass der Geldbuße offengelegt hatte, bevor die Kommission Gelegenheit hatte, Nachprüfungen in Bezug auf das offengelegte Kartell vorzunehmen.[311] Das EuG hat die Entscheidung der Kommission bestätigt und in seinem Urteil ausgeführt, dass eine Zusammenarbeit, damit sie einen vollständigen Erlass der Geldbuße rechtfertigt, ernsthaft und

---

302 Komm. MEMO/06/469 v. 7.12.2006, S. 1.

303 Kronzeugenregelung 2006, Rdnr. 12 lit. a.

304 Komm. MEMO/06/469 v. 7.12.2005, S. 2.

305 S. zu der Kronzeugenregelung 2002, Komm. E. v. 5.12.2007, COMP/38.629 Rdnr. 593, *Chloropren-Kautschuk.*

306 Kronzeugenregelung 2006 Rdnr. 12 lit. c; Komm. MEMO/06/469 v. 7.12.2006, S. 2; zu diesem Spannungsfeld betreffend die Einstellung der Verstoßes bei Antragstellung s. *Schroeder,* in Fs. Bechtold 2006, S. 437, 442; *MüKo-Klose,* Leniency Bekanntmachung, Rdnr. 21.

307 Kronzeugenregelung 2006, Rdnr. 12 lit. a erster und vierter Spielstrich.

308 Komm. E. v. 5.12.2007, COMP/38.629 Rdnr. 599, 602, 608 – *Chloropren-Kautschuk.*

309 Komm. E. v. 5.12.2007, COMP/38.629 Rdnr. 617 – *Chloropren-Kautschuk.*

310 Komm. E. v. 20.10.2005, COMP/C.38.281/B.2 – *Rohtabak Italien.*

311 Komm. E. v. 20.10.2005, COMP/C.38.281/B.2 Rdnr. 408 ff., 460 – *Rohtabak Italien.*

umfassend sein und von einem echten Geist der Zusammenarbeit zeugen müsse.[312] Insbesondere dürfe ein Unternehmen, das wegen seiner Zusammenarbeit bei der Untersuchung einen vollständigen Erlass der Geldbuße erhalten möchte, es nicht versäumen, die Kommission über relevante Fakten zu informieren, die ihm bekannt sind und die – und sei es auch nur potentiell – Einfluss auf den Ablauf des Verwaltungsverfahrens oder die Wirksamkeit der Untersuchungen der Kommission haben könnten. Eine **ernsthafte und uneingeschränkte Zusammenarbeit** setze voraus, dass das betreffende Unternehmen die Kommission während des gesamten Verwaltungsverfahrens rechtzeitig über jeden relevanten Umstand informiert, der die ordnungsgemäße Durchführung der Untersuchungen sowie die Aufdeckung und die wirksame Bekämpfung des betroffenen Kartells negativ beeinflussen könnte. Diese Informationspflicht sei umso wichtiger, wenn ein solcher Umstand die Beziehung zwischen dem Unternehmen und den anderen Kartellmitgliedern betrifft, und erst recht, wenn der mögliche Eintritt dieses Umstandes zuvor im Rahmen des Verwaltungsverfahrens Gegenstand einer ausdrücklichen Erörterung zwischen der Kommission und dem Unternehmen war.[313] Dem Unternehmen wurde auch keine Geldbußenreduktion nach der Kronzeugenregelung gewährt. Allerdings wurde seine Mitwirkung im Rahmen des Verfahrens als mildernder Umstand gewertet und die Geldbuße um 50% ermäßigt.[314] Einen zu strengen Maßstab sollte die Kommission bei Ausübung ihres diesbezüglichen Ermessens nicht anlegen, weil anderenfalls das Kronzeugenprogramm als solches in Frage gestellt sein könnte.

Um sich für einen Geldbußenerlass zu qualifizieren, muss das Unternehmen die **Beteiligung an dem mutmaßlichen Kartell unmittelbar nach der Antragstellung beenden,** wobei solche Kartellaktivitäten ausgenommen sind, die nach Auffassung der Kommission im Interesse des Erfolges der Nachprüfung noch nicht beendet werden sollten.[315] Da zwischen dem Kronzeugenantrag und den Nachprüfungen der Kommission Zeiträume von mehreren Monaten liegen können, ist diese Anforderung problematisch. Die Dauer und der Umfang der Fortsetzung der Kartellaktivitäten ist schon deswegen zwingend mit der Kommission abzuklären, um spätere Vorhalte und die Gefahr des Entzuges des Geldbußenerlasses zu vermeiden. Die Fortsetzung der Kartellaktivitäten widerspricht aber dem Legalitätsprinzip. Die Verpflichtung kann im Übrigen mit der Anforderung in Konflikt stehen, im Rahmen der Ausarbeitung des Kronzeugenantrages keine Maßnahmen zu ergreifen, die die Nachprüfungen der Kommission gefährden. Dies kann nämlich erfordern, dass bei der internen Aufklärung behutsam vorgegangen wird, etwa um möglichst wenig Mitwisser einzuweihen. Bei einem solchen Vorgehen ist es nicht ausgeschlossen, dass nicht alle für die Abstellung der Zuwiderhandlung erforderlichen Maßnahmen unmittelbar nach der Antragstellung veranlasst und umgesetzt werden können.[316] 78

Dem Erlass der Geldbuße steht entgegen, wenn der Antragsteller andere Unternehmen zur Aufnahme oder Weiterführung der Beteiligung an dem **Kartell gezwungen** hat. In diesem Fall kommt das Unternehmen trotzdem für eine Ermäßigung der Geldbuße in Betracht, wenn die entsprechenden Voraussetzungen erfüllt sind. 79

Sobald die Kommission Nachprüfungen im Zusammenhang mit dem mutmaßlichen Kartell durchgeführt hat oder bereits genügend Beweismittel in ihrem Besitz sind, um eine solche einzuleiten, kommt ein Geldbußenerlass nach Rdnr. 8 lit. a Kronzeugenregelung 2006 nicht mehr in Betracht. In diesem Fall kann die Kommission die Geldbuße aber erlassen, sofern das Unternehmen als erstes Informationen und Beweismittel vorgelegt hat, die es der Kommission ihrer Auffassung nach ermöglichen, im Zusammenhang mit dem mut- 80

[312] EuG U. v. 9.9.2011, Rs T-12/06, Slg. 2011, II-5639 Rdnr. 130 – *Deltafina;* bestätigt durch EuGH U. v. 12.6.2014, Rs C-578/11 P, ECLI:EU:C:2014:1742 Rdnr. 48 ff. – *Deltafina.*

[313] EuG U. v. 9.9.2011, Rs T-12/06, Slg. 2011, II-5639 Rdnr. 132 – *Deltafina;* bestätigt durch EuGH U. v. 12.6.2014, Rs C- 578/11 P, ECLI:EU:C:2014:1742 Rdnr. 46 ff. – *Deltafina.*

[314] Komm. E. v. 20.10.2005, COMP/C.38.281/B.2 Rdnr. 398, 484 – *Rohtabak Italien.*

[315] Kronzeugenregelung 2006, Rdnr. 12 lit. b.

[316] So auch *MüKo-Klose,* Leniency Bekanntmachung, Rdnr. 21; s. zur Einstellung des Verstoßes bei Antragstellung *Schroeder,* in Fs. Bechtold 2006, S. 437, 442.

maßlichen Kartell eine Zuwiderhandlung festzustellen.[317] Diese Hürde korrespondiert mit den Voraussetzungen der Annahme einer Entscheidung nach Art. 7 VO Nr. 1/2003.[318] Neben dieser Voraussetzung wird ein solcher Geldbußenerlass nur gewährt, wenn keinem anderen Unternehmen in derselben Sache ein bedingter Geldbußenerlass nach Rdnr. 8 lit. a Kronzeugenregelung 2006 gewährt worden ist. Außerdem muss das Unternehmen als erstes **belastende Beweise für das mutmaßliche Kartell aus dem relevanten Zeitraum erbringen** und **eine Unternehmenserklärung vorlegen, die alle unter Rdnr. 9 lit. a Kronzeugenregelung 2006 aufgeführten Angaben enthält.**[319] Aus den Erfahrungen der Kommission folgt, dass Unternehmenserklärungen in diesem Fall von besonderer Bedeutung sind, um die Beweismittel zu erläutern und eine Einsicht in das Kartell zu geben, das nur ein Kartellbeteiligter kennt.[320]

81 *b) Ermäßigung der Geldbuße.* Erfüllt der Antrag des Unternehmens nicht die Voraussetzungen für eine Geldbußenimmunität, kann eine **Ermäßigung der Geldbuße** für die Offenlegung des Kartells gewährt werden.[321] Bei der Frage ob und in welcher Höhe eine Ermäßigung der Geldbuße in Betracht kommt, spielen zwei Faktoren die ausschlaggebende Rolle: der **Zeitpunkt des Antrages** und die **Schaffung eines Mehrwerts.** Vorausgesetzt, das Unternehmen legt Beweismittel mit erheblichem Mehrwert vor, gibt es drei Kategorien, nämlich eine **Ermäßigung zwischen 30 und 50 %** für das **erste Unternehmen,** eine **Ermäßigung zwischen 20 und 30 %** für das **zweite Unternehmen** und eine **Ermäßigung bis zu 20 %** für **jedes weitere Unternehmen.**[322] Das EuG bezeichnet die zeitliche Reihenfolge und die Schnelligkeit, mit der Kartellmitglieder ihre Zusammenarbeit der Kommission anbieten, als Grundelemente des Kronzeugensystems.[323] Der Begriff des **Mehrwertes** ist in Rdnr. 25 der Kronzeugenregelung 2006 definiert. Ein Mehrwert bezieht sich auf das Ausmaß, in dem die vorgelegten Beweismittel aufgrund ihrer Eigenschaft und/oder ihrer Ausführlichkeit der Kommission dazu verhelfen, das mutmaßliche Kartell nachzuweisen.

82 Von hervorgehobener Bedeutung für die **Begründung eines Mehrwertes** sind **schriftliche Beweise** aus der Zeit des nachzuweisenden Sachverhaltes und solche belastenden Beweismittel, die den fraglichen Sachverhalt unmittelbar betreffen und nicht nur einen mittelbaren Bezug aufweisen.[324] Bei Anträgen auf Ermäßigung der Geldbuße entsteht in den meisten Kartellverfahren ein **Wettlauf zwischen kooperationswilligen Unternehmen.** Dabei gerät das Unternehmen bei den häufig sehr aufwendigen und zeitintensiven Maßnahmen zur Vorbereitung und Ausarbeitung des Antrages auf Ermäßigung der Geldbuße in einen Zielkonflikt. Das Unternehmen muss nämlich einerseits den Antrag so schnell wie möglich bei der Kommission platzieren. Andererseits muss der Antrag alle erforderlichen Informationen und Beweismittel enthalten oder zumindest andeuten, die den Mehrwert begründen. In der Praxis ist es daher üblich, dass nach dem Antrag auf Erlass der Geldbuße später noch weitere präzisierende und abrundende Informationen und Beweismittel in das Verfahren eingebracht werden.

83 Instruktiv sind dazu die Erwägungen der Kommission im Kartellverfahren *Badezimmerausstattungen.* In diesem Fall hatten zwei Unternehmen vier Tage auseinanderliegend und

---

317 Kronzeugenregelung 2006, Rdnr. 8 lit. b.

318 Komm. MEMO/06/469 v. 7.12.2006, S. 3; die Anforderungen sind in quantitativer wie qualitativer Hinsicht hoch, s. *Schulte/Just,* KartellR, Art. 23 VO Nr. 1/2003 Rdnr. 191, 192 m. w. N.

319 Kronzeugenregelung 2006, Rdnr. 11; Komm. MEMO/06/469 v. 7.12.2006, S. 3.

320 Komm. MEMO/06/469 v. 7.12.2006, S. 3; im Kartellverfahren *Rohtabak Italien* gewährte die Kommission einen Geldbußenerlass nach Rdnr. 8 lit. b, s. Komm. E. v. 20.10.2005, COMP/C.38.281/B.2 Rdnr. 497, 499 – *Rohtabak Italien.*

321 Kronzeugenregelung 2006, Rdnr. 23.

322 Kronzeugenregelung 2006, Rdnr. 26.

323 EuG U. v. 16.9.2013, Rs T-375/10, ECLI:EU:T:2013:475 Rdnr. 129 – *Hansa,* Rechtsmittel anhängig unter C-611/13 P.

324 Kronzeugenregelung 2006, Rdnr. 25; instruktiv dazu Komm. E. v. 10.7.2013, COMP/39.748 Rdnr. 177 – *Kabelbäume.*

kurze Zeit nach den Nachprüfungen Anträge auf Ermäßigung der Geldbuße gestellt.[325] Dem ersten Unternehmen teilte die Kommission ihre Absicht mit, eine Geldbußenermäßigung um 30 bis 50% zu gewähren. Dem zweiten Unternehmen wurde eine Geldbußenermäßigung von 20 bis 30% in Aussicht gestellt. Nach Prüfung des Zeitpunktes und des Umfanges des mit den Beweismitteln verbundenen Mehrwerts kam die Kommission zu dem Schluss, dem ersten Unternehmen eine Reduktion am unteren Ende der Bandbreite in Höhe von 30% und dem zweiten Unternehmen die maximale Ermäßigung nach der Bandbreite von ebenfalls 30% zu gewähren.[326] Zur Begründung wurde insbesondere angeführt, dass das erstplatzierte Unternehmen den Sachverhalt im Wesentlichen nur erhärtet und erläutert habe und kaum Beweismittel aus dem Zeitraum der Zuwiderhandlung vorgelegt worden seien. Demgegenüber wurde dem zweitplatzierten Unternehmen zu Gute gehalten, dass es neue Beweise in Form schriftlicher Beschreibungen des Kartells sowie Protokolle zu Treffen vorgelegt habe und Informationen, die sich bereits im Besitz der Kommission befanden, bezüglich zahlreicher Umstände bestätigt wurden. Außerdem seien die Informationen so breit gefächert und detailliert gewesen, dass die Kommission die Kartellabsprachen besser habe nachweisen können.[327]

Das Unternehmen muss daher bei der internen Aufklärung und Vorbereitung des Antra- 84
ges sicherstellen, dass alle zur Verfügung stehenden Beweismittel, insbesondere aus der Zeit der Zuwiderhandlung, gesammelt und der Kommission vorgelegt werden. In diesem Zusammenhang ist zu erwähnen, dass die Kommission nicht entscheiden wird, dass ein bedingter Erlass der Geldbuße gewährt wird, wenn sich herausstellt, dass der Antrag sich auf Zuwiderhandlungen bezieht, die verjährt sind.[328]

In der Praxis kann der **Zeitfaktor über die Bestimmung des Ranking hinaus Be-** 85
deutung auch für den **Umfang eines Mehrwertes** erlangen, wenn die Kommission an das kooperierende Unternehmen Auskunftsersuchen mit Fragen zu Sachverhalten und Beweismitteln in Bezug auf den mutmaßlichen Kartellverstoß versendet. Die Antwort auf solche Auskunftsersuchen kann Sachverhaltselemente und Beweismittel enthalten, zu deren Offenlegung das Unternehmen außerhalb einer Zusammenarbeit mit der Kommission im Rahmen der Kronzeugenregelung nicht verpflichtet ist und die aus diesem Grund von der Kommission bei der Prüfung eines Mehrwertes einbezogen werden müssen. Im Kartellverfahren *Graphitelektroden* wurde diese Fragestellung vom EuGH behandelt.[329] In dem Rechtsmittelverfahren war zu klären, ob die Antwort des Unternehmens auf das Auskunftsverlangen der Kommission als **freiwillige Zusammenarbeit** oder als **Erfüllung einer Verpflichtung** einzustufen war. Obgleich das Auskunftsverlangen der Kommission auf die Offenlegung von Tatsachen und die Übermittlung von Dokumenten abzielte, die zum Nachweis einer Zuwiderhandlung dienten, hat der EuGH in bedenklich weiter Auslegung der Mitwirkungspflichten der Unternehmen im Rahmen von Kartellverfahren entschieden, dass ein Unternehmen der Kommission auf Verlangen auch solche Informationen und Schriftstücke offenlegen muss, die Gegenstand der Untersuchung sind und die von der Kommission als Beweis für das Vorliegen einer Zuwiderhandlung verwendet werden können.[330] Die Grenze zog der Gerichtshof erst da, wo die Kommission von einem Unternehmen Antworten zu erlangen versucht, durch die das Unternehmen das Vorliegen einer Zuwiderhandlung eingestehen müsste, für die die Kommission den Beweis zu erbringen

---

[325] Komm. E. v. 23.6.2010, COMP/39.092 Rdnr. 1276, 1283 – *Badezimmerausstattungen.*

[326] Komm. E. v. 23.6.2010, COMP/39.092 Rdnr. 1277, 1282, 1284, 1287 – *Badezimmerausstattungen.*

[327] Komm. E. v. 23.6.2010, COMP/39.092 Rdnr. 1279, 1285 – *Badezimmerausstattungen;* eingehend zum Verhältnis Zeitpunkt und Mehrwert *MüKo-Klose,* Leniency Bekanntmachung, Rdnr. 52 m. w. N.

[328] Kronzeugenregelung 2006, Rdnr. 36; s. hierzu EuG U. v. 17.5.2013, Rs T-146/09, ECLI:EU:T:2013:258 Rdnr. 240 ff. – *Parker-Hannifin Corp.*

[329] EuGH U. v. 29.6.2006, Rs C-301/04 P, Slg. 2006, I-5915 – *SGL Carbon I.*

[330] EuGH U. v. 29.6.2006, Rs C-301/04 P, Slg. 2006, I-5915 Rdnr. 44, 48 – *SGL Carbon I.*

hat.[331] Demgegenüber hielt der EuGH die weitergehende Frage der Kommission nach dem Gegenstand und dem Ergebnis bestimmter Treffen mit anderen Wettbewerbern für unzulässig, so dass eine Beantwortung dieser Frage nicht der Verpflichtung des Unternehmens zur Mitwirkung entspricht, sondern als eine freiwillige Zusammenarbeit angesehen werden kann.[332] Dieses sehr enge Verständnis des EuGH zum Grundsatz, dass sich Unternehmen nicht selbst einer Zuwiderhandlung bezichtigen müssen, führt zu der Schlussfolgerung, dass im Rahmen einer Zusammenarbeit mit der Kommission nach der Kronzeugenregelung 2006 zur Begründung eines Mehrwertes alle Informationen und Beweismittel so zügig wie möglich und vor etwaiger Auskunftsersuchen der Kommission vorzubringen sind.

86 Eine besondere Konstellation ist die **Verbindung einer Ermäßigung der Geldbuße** mit einem **(Teil-)Erlass,** wenn das Unternehmen, das den Antrag auf Ermäßigung gestellt hat, als erstes zwingende Beweise vorlegt, die die Kommission zur Feststellung zusätzlicher, die Schwere oder Dauer der Zuwiderhandlung erhöhender Tatsachen heranzieht. In diesem Fall wird die Kommission die zusätzlichen Tatsachen bei der Festsetzung der Geldbuße für das Unternehmen, das diese Beweise vorlegt, nicht berücksichtigen.[333] Das EuG hat die Voraussetzungen hierfür dergestalt präzisiert, dass ein **Teilerlass der Geldbuße („partial immunity")** nur in Fällen in Betracht komme, in denen das Unternehmen als erstes Informationen und Beweismittel vorlegt, die der Kommission vorher unbekannt waren und dass diese Informationen, die einen direkten Einfluss auf die Schwere und Dauer des Kartellverstoßes haben müssen, die Kommission in die Lage versetzen, auf dieser Grundlage eine weitergehende Zuwiderhandlung festzustellen.[334] Im Fall *LG Display* forderte das EuG in seinem Urteil vom 27.2.2014 außerdem eine **restriktive Auslegung** dieser Ausnahme. Zur Begründung wies es darauf hin, dass bereits die Kronzeugenregelung eine Ausnahme der generellen Regel darstelle, dass Unternehmen für Zuwiderhandlungen zu bestrafen sind.[335] Eine wichtige Frage stellt sich für den Fall, dass die Kommission im Rahmen der Ermittlung der Geldbuße bei der Berechnung des Ausgangsbetrages (kartellbefangener Umsatz multipliziert mit Prozentsatz für die Schwere) bereits über der gesetzlich zulässigen Obergrenze von 10% des Umsatzes liegt.[336] Da nach dem Wortlaut der Rdnr. 26 Unterabs. 3 der Kronzeugenregelung 2006 die Kommission die zusätzlichen vom Antragsteller vorgebrachten Tatsachen bezüglich der Schwere und Dauer der Zuwiderhandlung nicht berücksichtigt, wird hieraus geschlossen, dass eine Berücksichtigung nur **vor Anwendung der Kappungsgrenze** in Betracht kommt.[337] Auch das EuG ist der Auffassung, dass die Teilimmunität keinesfalls eine Ermäßigung der nach der Bemessungsmethode der Leitlinien 2006 festgestellten Geldbuße rechtfertigt, sondern bei den haftungsbegründenden Umständen der Schwere und der Dauer der Zuwiderhandlung einzuordnen sei.[338] Diese Auffassung ist jedenfalls für den Fall abzulehnen, dass bereits durch den Ausgangsbetrag die gesetzlich maximal zulässige Geldbuße von 10% des Umsatzes erreicht wird, da sich die zusätzliche Kooperationsleistung des Unternehmens sonst nicht auf die Geldbuße auswirkt, sondern in dem Berechnungsvorgang der Kommission untergeht. Das Unternehmen hätte dann keinen Anreiz, zusätzlich „zwingende Beweise" zu liefern, welche die Kommission zur Feststellung weiterer, die Schwere oder Dauer der Zuwiderhandlung betreffender Tatsachen gegenüber anderen Unternehmen heranziehen kann.

---

[331] EuGH U. v. 29.6.2006, Rs C-301/04 P, Slg. 2006, I-5915 Rdnr. 42 – *SGL Carbon I,* m. w. N. zur *Orkem*-Rechtsprechung des EuGH.

[332] EuGH U. v. 29.6.2006, Rs C-301/04 P, Slg. 2006, I-5915 Rdnr. 74, 76 – *SGL Carbon I.*

[333] Kronzeugenregelung 2006, Rdnr. 26 dritter Unterabsatz.

[334] EuG U. v. 27.2.2014, Rs T-128/11, ECLI:EU:T:2014:88 Rdnr. 166 – *LG Display,* Rechtsmittel anhängig als Rs C-227/14 P; U. v. 17. 5 2013, Rs T-154/09, ECLI:EU:T:2013:260 Rdnr. 117 ff. – *MRI*; zum Ganzen *MüKo-Klose,* Leniency Bekanntmachung, Rdnr. 55.

[335] EuG U. v. 27.2.2014, Rs T-128/11, ECLI:EU:T:2014:88 Rdnr. 167 – *LG Display,* Rechtsmittel anhängig unter C-227/14 P.

[336] S. ausf. Rdnr. 41 ff.

[337] So *Schulte/Just,* KartellR, Art. 23 VO Nr. 1/2003 Rdnr. 202.

[338] EuG U. v. 24.3.2011, Rs T-381/06, Slg. 2011, II-66 Rdnr. 70 – *FRA.BO.*

Nach ständiger Unionsrechtsprechung muss die Kommission bei der Ausübung des Ermessens bezüglich der Ermäßigung der Geldbuße mehrerer Unternehmen den **Gleichheitsgrundsatz** berücksichtigen.[339] In Bezug auf die in der Kronzeugenregelung vorgegebenen Bandbreiten für den Umfang der Ermäßigung der Geldbußen führte der EuGH im Fall *Solvay* in seinem Urteil vom 5.12.2013 aus, dass bei der Prüfung der Geldbußenreduktion mehrerer Antragsteller die Kriterien des Zeitpunktes, des Umfanges des Mehrwertes und auch die Güte der kontinuierlichen Zusammenarbeit mit der Kommission zu vergleichen sind.[340] Die Kommission ist sich der Tatsache bewusst, dass die Kronzeugenregelung 2006 berechtigte Erwartungen begründet, auf die sich Unternehmen, die der Kommission das Bestehen eines Kartells darlegen, berufen können.[341] Das EuG hat hierzu im Fall *Evonik Degussa* in seinem Urteil vom 23.1.2014 entschieden, dass die Kommission bei der Festsetzung der Höhe der einem Unternehmen wegen seiner Zusammenarbeit zu gewährenden Ermäßigung der Geldbuße den **Wortlaut der Kronzeugenregelung** tatsächlich zu berücksichtigen habe, denn nach ständiger Rechtsprechung dürfe die Kommission, auch wenn sie für die Festsetzung der Höhe einer Geldbuße wegen eines Verstoßes gegen die Wettbewerbsregeln über ein Ermessen verfügt, nicht von den Regeln abweichen, die sie sich selbst auferlegt hat.[342] In dem entschiedenen Fall erhöhte das EuG die Ermäßigung der Geldbuße der Klägerin tatsächlich von 20 auf 28%, weil die Kommission trotz des Vorliegens aller Voraussetzungen den niedrigsten Prozentsatz der in der Kronzeugenregelung 2006 angegebenen Bandbreite gewählt hatte, und daher gegen ihre Kronzeugenregelung verstoßen habe.[343] 87

VI. Vergleichsverfahren

1. Allgemeines. Auf europäischer Ebene wurde durch die VO Nr. 622/2008 zum 1.7.2008 die Möglichkeit zur Durchführung von **Vergleichsverfahren** für Verstöße gegen Art. 101 AEUV in Kartellfällen (sog. **„Settlements"**) eingeführt.[344] Auch hier werden also – wie bei der Kronzeugenregelung – vertikale Wettbewerbsbeschränkungen und Fälle des Missbrauchs der marktbeherrschenden Stellung ausgeschlossen. Die Rahmenbedingungen für die „Belohnung" von Unternehmen für die Zusammenarbeit mit der Kommission – d. h. die Gewährung einer Ermäßigung der Geldbuße – sind in einer Mitteilung der Kommission über die Durchführung von Vergleichsverfahren niedergelegt[345] **(„Vergleichsmitteilung 2008").** Wesentliche Zielsetzung der Einführung eines Vergleichsverfahrens war es, Kartellfälle schneller und effizienter abzuschließen, um die Kommission so in die Lage zu versetzen, mit unveränderten Ressourcen mehr Fälle bearbeiten zu können.[346] Grund der Einführung war vor allem die hohe Arbeitsbelastung der Kommission, die nicht zuletzt auch der großen Anzahl von Kronzeugenanträgen geschuldet ist.[347] Auch die Reduzierung von Rechtsmit- 88

[339] S. nur EuGH U. v. 5.12.2013, Rs C-455/11 P, ECLI:EU:C:2013:796 Rdnr. 104 – *Solvay;* EuG U. v. 2.2.2012, Rs T-76/08, ECLI:EU:T:2012:46 Rdnr. 148 – *El du Pont de Nemours.*

[340] EuGH U. v. 5.12.2013, Rs C-455/11 P, ECLI:EU:C:2013:796 Rdnr. 105 – *Solvay.*

[341] Kronzeugenregelung 2006, Rdnr. 38.

[342] EuG U. v. 23.1.2014, Rs T-391/09, ECLI:EU:T:2014:22 Rdnr. 202 – *Evonik Degussa.*

[343] EuG U. v. 23.1.2014, Rs T-391/09, ECLI:EU:T:2014:22 Rdnr. 211 – *Evonik Degussa.*

[344] Verordnung (EG) Nr. 622/2008 der Kommission v. 30.6.2008 zur Änderung der Verordnung (EG) Nr. 773/2004 hinsichtlich der Durchführung von Vergleichsverfahren in Kartellfällen, ABl. 2008 L 171/3 und Verordnung (EU) 2015/1348 der Kommission v. 3.8.2015 zur Änderung der Verordnung (EG) Nr. 773/2004 über die Durchführung von Verfahren auf der Grundlage der Artikel 81 und 82 EG-Vertrag durch die Kommission.

[345] Mitteilung der Kommission über die Durchführung von Vergleichsverfahren bei dem Erlass von Entscheidungen nach Artikel 7 und Artikel 23 der Verordnung (EG) Nr. 1/2003 des Rates in Kartellfällen, ABl. 2008 C 167/1 und Änderung der Mitteilung der Kommission über die Durchführung von Vergleichsverfahren bei dem Erlass von Entscheidungen nach Artikel 7 und Artikel 23 der Verordnung (EG) Nr. 1/2003 des Rates in Kartellfällen, ABl. 2015 C 256/2.

[346] Erwägungsgrund 4 VO Nr. 622/2008; Vergleichsmitteilung 2008, Rdnr. 10.

[347] Im Jahr 2005 warnte die damalige Wettbewerbskommissarin davor, dass die hohe Arbeitsbelastung die Effektivität der Kartellverfolgung der Kommission einschränken könnte, SPEECH/05/205 v. 7.4.2005; ausf. zu den Gründen *Karst,* S. 81 ff.

teln, die vor den Unionsgerichten gegen Bußgeldentscheidungen eingelegt werden, spielte bei den Effizienzerwägungen der Kommission eine wesentliche Rolle.[348]

89 Die Regelungen über das Vergleichsverfahren haben sich aus Sicht der Kommission als erfolgreich erwiesen.[349] Der Wettbewerbskommissar hat in einer Rede im April 2014 die Attraktivität des Vergleichsverfahrens für die *„business community"* hervorgehoben und betont, dass es sich zu einem *„well established case resultion system"* entwickelt habe.[350] Seit der Einführung bis Juni 2015 sind **18 Vergleichsverfahren**[351] abgeschlossen worden. In den 18 Kartellverfahren wurden **Geldbußen** von über **€ 4 Mrd.** verhängt.[352] Vergleichsverfahren haben auch zur Beschleunigung von Kartellverfahren beigetragen. Zwischen der förmlichen Eröffnung des Verfahrens nach Art. 11 Abs. 6 VO Nr. 1/2003 und der Geldbußenentscheidung liegt nach aktueller Verwaltungspraxis häufig ein Zeitraum von weniger als einem Jahr.[353]

90 Vergleichsverfahren bedeuten keine Einschränkung der üblichen Ermittlungen der Kommission bis zur Eröffnung eines Verfahrens nach Art. 11 Abs. 6 VO Nr. 1/2003, vielmehr wird der Fall mit den entsprechenden Maßnahmen wie Nachprüfungen und Auskunftsersuchen zunächst ausermittelt.[354] Es steht im **Ermessen der Kommission,** ob sie ein **Vergleichsverfahren initiiert, beendet** oder mit **Vergleich abschließt.**[355] Die betroffenen Unternehmen haben weder einen Anspruch auf Durchführung eines Vergleichsverfahrens noch sind sie zu einer solchen Art der Kooperation verpflichtet; freilich besteht jederzeit die Möglichkeit, mit der Anregung zur Durchführung eines Vergleichsverfahrens auf die Kommission zuzugehen.[356]

91 Die „Geschäftsgrundlage" eines Vergleiches ist, dass die betroffenen Unternehmen ihre **Teilnahme an dem Kartellverstoß** und ihre **„Haftbarkeit" eingestehen.**[357] Daher erscheint aus Sicht der betroffenen Unternehmen ein Vergleichsverfahren in Kooperationsszenarien[358] näherliegend und attraktiver, da in dieser Situation der kartellrechtsrelevante Sachverhalt und die Beweismittel entweder vom Unternehmen selbst im Rahmen der Kooperation beigebracht wurden oder jedenfalls der Fall schwieriger zu verteidigen ist. Die

---

348 Pressemitteilung Komm. IP/08/1056 v. 30.6.2008; s. auch *Laina/Bogdanov,* JECL & P 2014, 717, 722.

349 *Köster,* EuZW 2015, 575, 576; *Laina/Laurinen,* JECL&P 2013, 302, 303, wo insbesondere auch auf das positive Feedback seitens der Unternehmen hingewiesen wird; so auch *Laina/Bogdanov,* JECL&P 2014, 717: *„the settlement procedure has become a well oiled instrument"*; kritisch *Karst* WRP 2015, 171, 174 ff.; *Emmerich,* Kartellrecht § 13 Rdnr. 5; *Hirsbrunner,* EuZW 2011, 11, 16.

350 Fighting against cartels: A priority for the present and for the future, SPEECH/14/281 v. 3.4.2014, S. 40.

351 Komm. E. v. 20.5.2010, COMP/38.511 – *DRAMs;* Komm. E. v. 20.7.2010, COMP/38.866 – *Futterphosphate;* Komm. E. v. 13.4.2011, COMP/39.579 – *Waschpulver;* Komm. E. v. 19.10.2011, COMP/39.605 – *CRT-Glas*; Komm. E. v. 7.12.2011, COMP/39.600 – *Kühlkompressoren;* Komm. E. v. 27.6.2012, COMP/39.611 – *Water Management Produkte;* Komm. E. v. 10.7.2013, COMP/39.748 – *Kabelbäume;* Komm. E. v. 4.12.2013, COMP/39.914 – *EIRD;* Komm. E. v. 4.12.2013, COMP/39.861 – *YIRD;* Komm. E. v. 29.1.2014, COMP/39.801 – *Schaumstoff;* Komm. E. v. 5.3.2014, COMP/39.952 – *Energiebörsen;* Komm. E. v. 19.3.2014, COMP/39.922 – *Wälzlager,* Komm. E. v. 2.4.2014, COMP/39.792 – *Stahl-Strahlmittel;* Komm. E. v. 25.6.2014, COMP/39.965 – *Pilze;* Komm. E. v. 21.10.2014, COMP/39.924 – *Zinsderivate in Schweizer Franken (CHF Libor und Geld-Brief-Spannen);* Komm. E. v. 11.12.2014, COMP/39.780 – *Briefumschläge;* Komm. E. v. 17.6.2015, COMP/40.055 – *Standheizungen.*

352 SPEECH/14/281 v. 3.4.2014, S. 2; eingehend zu den ersten 14 Vergleichsverfahren *Laina/Bogdanov,* JECL&P 2014, 717; *Köster,* EuZW 2015, 575.

353 S. z. B. Komm E. v. 13.4.2011, COMP/39.579 – *Waschpulver;* Komm. E. v. 10.7.2013, COMP/39.748 – *Kabelbäume;* nach *Laina/Laurinen,* JECL&P 2013, 302, 309 betrug die Dauer der ersten sechs Vergleichsverfahren zwischen 6 und 13 Monaten.

354 S. *Laina/Laurinen,* JECL & P 2013, 302, 303; *Dekeyser/Roques,* 55 Antitrust Bull. 819, 826 (2010).

355 Erwägungsgrund 4 VO Nr. 622/2008; Vergleichsmitteilung 2008, Rdnr. 5; bestätigend EuG U. v. 20.5.2015, Rs T-456/10, ECLI:EU:T:2015:296 Rdnr. 63 – *Futterphosphate.*

356 Vergleichsmitteilung 2008, Rdnr. 6; Pressemitteilung Komm. IP/08/1056 v. 30.6.2008; hierzu *Laina/Laurinen,* JECL&P 2013, 302, 303.

357 Erwägungsgrund 2 VO Nr. 622/2008; Vergleichsmitteilung 2008, Rdnr. 2.

358 S. hierzu vorstehend Rdnr. 64 ff.

Sinnhaftigkeit eines Vergleichsverfahrens kann aus Sicht des Unternehmens z. B. auch davon abhängen, ob in dem Kartellverfahren noch nicht entschiedene Rechtsfragen einschlägig sind, insbesondere wenn diese Elemente der Bußgeldbemessung betreffen. Ob der Eintritt in Vergleichsgespräche zielführend ist, muss daher im Einzelfall unter Einbeziehung aller **verteidigungsrelevanter Gesichtspunkte** abgewogen werden.

2. Durchführung des Vergleichsverfahrens. *a) Einleitung/Sondierung.* Hält die Kommission es für angezeigt, das **Interesse** der Parteien an der Aufnahme **von Vergleichsgesprächen auszuloten,** muss sie spätestens zu diesem Zeitpunkt ein **Verfahren förmlich eingeleitet** haben.[359] In diesem Fall setzt die Kommission den Unternehmen, gegen die sie ein Verfahren förmlich eingeleitet hat, eine Frist von mindestens zwei Wochen, innerhalb derer die Unternehmen schriftlich zu erklären haben, ob sie beabsichtigen, Vergleichsgespräche aufzunehmen.[360] In der Praxis nimmt die Kommission vor Versendung entsprechender Schreiben mit den Parteien informell Kontakt auf, um die Bereitschaft zur Führung von Vergleichsgesprächen vor Absendung dieses Schreibens zu eruieren. Die Fristsetzung hat im Übrigen auch Auswirkungen auf die Kronzeugenregelung, da nach Ablauf der Zweiwochenfrist Anträge auf Erlass oder Ermäßigung von Geldbußen von der Kommission abgelehnt werden können.[361] Grund hierfür ist, dass die Kommission im Rahmen der Vergleichsgespräche ihre Ermittlungsergebnisse und relevanten Beweismittel offenlegt.[362] Entscheidet sich das betroffene Unternehmen für Vergleichsgespräche und teilt dies schriftlich der Kommission mit, kommt diese Erklärung nicht einem Geständnis gleich, sich an der Zuwiderhandlung beteiligt zu haben oder dafür verantwortlich zu sein.[363] 92

Gehören mehrere Adressaten des Verfahrens demselben Unternehmen im Sinne einer wirtschaftlichen Einheit an, besteht die Kommission grundsätzlich auf der Bestellung eines gemeinsamen Vertreters, was nicht eine Haftungszuweisung bedeutet, sondern der Erleichterung des Verfahrens dienen soll.[364] Bei der Beurteilung der Unternehmenszugehörigkeit wird auf den Zeitpunkt der Vergleichsgespräche abgestellt, ein gemeinsamer Vertreter muss nicht bestellt werden, wenn die Adressaten zwar zum Zeitpunkt des Verstoßes dem gleichen Unternehmen angehörten, nicht mehr jedoch zum Zeitpunkt des Verfahrens.[365]

Die Ermessensentscheidung der Kommission, Vergleichsgespräche anzubieten, wird maßgeblich von der **Prognose der Wahrscheinlichkeit eines erfolgreichen Abschlusses des Vergleichsverfahrens** motiviert. Bei dieser Prognose sind mehrere Faktoren zu berücksichtigen, wie etwa die Anzahl der betroffenen Unternehmen, die Beweislage, vorhersehbares Konfliktpotential bezüglich der Haftungszurechnung oder aber die Entstehung eines Präzedenzfalles.[366] In der bisherigen Verwaltungspraxis der Kommission haben sich als maßgebliche Faktoren für die Frage der Wahrscheinlichkeit eines erfolgreichen Vergleichsverfahrens vor allem die Anreize für die Unternehmen, das Verfahren durch einen Vergleich zu beenden, herauskristallisiert, wobei der Anzahl von Unternehmen, die bereits im Rahmen der Kronzeugenregelung mit der Kommission kooperieren, eine besondere Bedeutung zukommt.[367] 93

b) Vergleichsgespräche. Mit denjenigen Unternehmen, die ihre **Bereitschaft Vergleichsgespräche aufzunehmen** erklärt haben, tritt die Kommission durch bilaterale Kontakte 94

---

[359] Art. 10a Abs. 1 VO Nr. 773/2004; Vergleichsmitteilung 2008, Rdnr. 8 ff.; ausf. hierzu *Dekeyser/Roques,* 55 Antitrust Bull. 819, 833 ff. (2010).

[360] Art. 10a Abs. 1 VO Nr. 773/2004; Vergleichsmitteilung 2008, Rdnr. 11.

[361] Vergleichsmitteilung 2008, Rdnr. 13.

[362] *Dekeyser/Roques,* 55 Antitrust Bull. 819, 834 (2010).

[363] Vergleichsmitteilung 2008, Rdnr. 11.

[364] Vergleichsmitteilung 2008, Rdnr. 12

[365] *Soltész,* BB 2010, 2123, 2124, mit Hinweis auf die Problematik gegenläufiger Interessen bei der Haftungszurechnung, aufgrund derer standesrechtlich kein gemeinsamer Anwalt bestellt werden könne.

[366] Vergleichsmitteilung 2008, Rdnr. 5; *Laina/Bogdanov,* JECL&P 2014, 718, 719; eingehend *Laina/Laurinen,* JECL&P 2013, 302, 307, 308.

[367] S. hierzu *Laina/Laurinen,* JECL&P 2013, 302, 307.

in ein Vergleichsverfahren ein.[368] Die Kommission legt im Rahmen dieser Gespräche den Parteien insbesondere die gegen sie erwogenen Beschwerdepunkte und die Beweise, anhand derer die Beschwerdepunkte festgestellt wurden, offen und äußert sich zur Größenordnung einer etwaigen Geldbuße.[369] Durch diese frühzeitige Offenlegung von Informationen im Rahmen der Vergleichsgespräche erhalten die Parteien Kenntnis über die aus Sicht der Kommission wesentlichen Elemente der Ermittlungsergebnisse der Kommission zu den relevanten Tatsachen, der rechtlichen Einordnung (z. B. zur Schwere) und der Dauer der Zuwiderhandlung sowie die ungefähre Höhe der in Betracht kommenden Geldbuße.[370] Dabei bestimmt die Kommission im Rahmen ihres Ermessens die **Abfolge der bilateralen Vergleichsgespräche** und den **Zeitpunkt der Offenlegung von Informationen** einschließlich des Umfangs der aus der Kommissionsakte zugänglichen oben genannten Beweismittel.[371]

95 In den Vergleichsgesprächen geht die Kommission dreistufig vor.[372] Sie führt bilateral mit allen vergleichswilligen Unternehmen Gespräche, deren Ablauf anhand von **drei förmlichen Vergleichsgesprächen („Formal Settlement Meetings")** strukturiert wird.[373] An diesen hochrangig besetzten Treffen nehmen u. a. Mitglieder des Case Teams, Vertreter des Juristischen Dienstes und der Head of the Unit Cartels Settlements teil, wobei letzterer eine einheitliche Vorgehensweise bei Vergleichsgesprächen in allen Kartellverfahren gewährleisten soll.[374] Ausgangspunkt ist das **erste förmliche Vergleichsgespräch,** in dem die Kommission auf der Grundlage ihrer Ermittlungsergebnisse eine **ausführliche Fallanalyse** vorträgt. Diese bezieht sich auf alle für die Beschwerdepunkte relevanten Gesichtspunkte, wie den festgestellten Kartellverstoß einschließlich der Bewertung seiner Schwere, dessen Dauer und die Rolle des Unternehmens. In diesem Treffen erhalten die Parteien Einsicht in von der Kommission ausgewählte wesentliche Beweismittel aus der Kommissionsakte. Im Rahmen des Gespräches wird auch der weitere Ablauf des Vergleichsverfahrens skizziert, einschließlich eines vorläufigen Zeitablaufes.[375] Im Nachgang zu dem ersten förmlichen Vergleichsgespräch erhalten die Parteien eine (beschränkte) Einsicht in von der Kommission ausgewählte weitere Beweismittel aus der Verfahrensakte.[376]

96 Nach dem ersten förmlichen Vergleichsgespräch folgt eine **wichtige Phase der Vergleichsgespräche,** in der ein **intensiver Dialog mit dem Case Team** im Rahmen persönlicher Gespräche („**Technical Meetings**"), Telefonkonferenzen und Telefonaten stattfindet. Dies ist die zeitintensivste Phase der Vergleichsgespräche. Ziel ist es, bis zum zweiten förmlichen Vergleichsgespräch ein **gemeinsames Verständnis** zu den Beschwerdepunkten, also insbesondere der Schwere und Dauer der Zuwiderhandlung, der Rolle der beteiligten Unternehmen und der für die Bußgeldbemessung maßgeblichen relevanten Umsatzerlöse herbeizuführen.[377] Aus Sicht der Unternehmen ist ein erster Schritt die Durchführung der (beschränkten) Akteneinsicht.[378] Auf der Grundlage der Fallanalyse der Kommission, der (beschränkten) Akteneinsicht und einer eigenen Würdigung können die Unternehmen in dieser Phase alle Umstände, die aus ihrer Sicht im Rahmen der

---

[368] Vergleichsmitteilung 2008, Rdnr. 14.
[369] Art. 10a (2) VO Nr. 774/2004; Vergleichsmitteilung 2008, Rdnr. 16.
[370] Vergleichsmitteilung 2008, Rdnr. 16.
[371] Vergleichsmitteilung 2008, Rdnr. 15.
[372] S. ausf. *Dekeyser/Roques,* 55 Antitrust Bull. 819, 834 ff. (2010)
[373] S. ausf. *Laina/Laurinen,* JECL&P 2013, 302, 304 ff., wo es hierzu heißt: *„The established Commission practice is to organize the settlement discussions with each of the parties around a series of three bilateral meetings."*
[374] S. hierzu *Laina/Laurinen,* JECL&P 2013, 302, 304 f.
[375] S. ausf. zum Ablauf *Dekeyser/Roques,* 55 Antitrust Bull. 819, 835 ff. (2010). *Laina/Laurinen,* JECLP&P 2013, 302, 304.
[376] S. eingehend *Laina/Laurinen,* JECL&P 2013, 302, 304.
[377] *Laina/Laurinen,* JECL&P 2013, 302, 305; *Dekeyser/Roques,* 55 Antitrust Bull. 819, 335, 336 (2010).
[378] S. hierzu auch *Polley/Heinz,* WuW 2012, 14, 18.

Vergleichsgespräche und schließlich für die Bußgeldentscheidung berücksichtigt werden sollen, vorbringen. Zu diesem Zweck werden in der Praxis sogenannte **„Non-Paper"** ausgearbeitet, in die alle relevanten Gesichtspunkte aufzunehmen sind, die in den Vergleichsgesprächen aus Sicht des Unternehmen behandelt werden sollen.[379] Diese Ausarbeitungen erleichtern die Durchführung der Technical Meetings, da sich das Case Team auf die Themen einstellen und die Sitzungen vorbereiten kann. Bezüglich des Dialoges mit dem Case Team ist in Erinnerung zu rufen, dass die Kommission **Vergleichsgespräche nicht als Verhandlungen** über die Frage des Vorliegens einer Zuwiderhandlung und deren angemessenen Ahndung ansieht.[380] In dieser Phase der Vergleichsgespräche können die Unternehmen erfahrungsgemäß gleichwohl für sie günstige Positionen durchsetzen, etwa zu den für die Bußgeldbemessung relevanten Kriterien wie die Einordnung der Schwere des Wettbewerbsverstoßes, dessen Dauer und den kartellbefangenen Umsatzerlösen. Ein Erfolgspotential für die Durchsetzung eigener Standpunkte besteht z.B. auch bei offenen Fragen, die noch nicht von den Unionsgerichten entschieden oder noch nicht in der Verwaltungspraxis der Kommission abschließend behandelt wurden.[381] In der Praxis ist jedenfalls erkennbar, dass sich für das Unternehmen im Rahmen von Vergleichsgesprächen günstige Umstände eher einbringen lassen als im normalen Gang des Kartellverfahrens. Indessen behält es sich die Kommission vor, während des Ablaufes des Vergleichsverfahrens jederzeit beschließen zu können, die Vergleichsgespräche in einem bestimmten Fall insgesamt oder mit einer oder mehreren Parteien zu beenden, wenn sie zu der Auffassung gelangt, dass eine Rationalisierung des Verfahrens voraussichtlich nicht erzielt werden kann.[382] Im Kartellverfahren *Smart Card Chips* hat die Kommission im Jahr 2013 erstmals Vergleichsgespräche wegen schleppenden Verlaufes abgebrochen.[383] Im September 2014 erging die Entscheidung im Wege des ordentlichen Verfahrens.[384]

97 Auf der Grundlage ihrer Feststellungen und einer Würdigung aller vom Unternehmen vorgebrachten Gesichtspunkte erstellt die Kommission sodann ein Dokument zur Vorbereitung des zweiten förmlichen Vergleichsgespräches **(„Case Overview").** Im **zweiten förmlichen Vergleichsgespräch** soll ein **gemeinsames Verständnis** zwischen der Kommission und den Parteien **über die Beschwerdepunkte** einschließlich der für die **Bußgeldbemessung relevanten Umsatzerlöse** erzielt werden. Zum Zwecke der Ermittlung der relevanten Umsatzerlöse versendet die Kommission ggf. in der Phase zwischen dem ersten und dem zweiten förmlichen Gespräch Auskunftsersuchen. Der mit den Parteien abgestimmte Case Overview ist Basis für die weiteren Vergleichsgespräche.

98 Im **dritten förmlichen Vergleichsgespräch** erhalten die Parteien von der Kommission nach Maßgabe des gemeinsamen Verständnisses zum Kartellverstoß und zu den relevanten Umsatzerlösen eine – im Verhältnis zu den einleitenden Kontakten präzisiertere – Einschätzung zu der **Höhe einer etwaigen Geldbuße** in Form einer **Bandbreite,** wodurch auch die **maximale Geldbuße** festgelegt ist.[385] In diesem Gespräch wird auch das weitere zeitliche Vorgehen besprochen, und die Parteien erhalten eine letzte Frist von mindestens 15 Arbeitstagen, um ihre **endgültigen Vergleichsausführungen** vorzulegen.[386]

---

[379] S. zur Vorgehensweise auch *Laina/Laurinen,* JECL&P 2013, 302, 304, 305.

[380] Vergleichsmitteilung 2008, Rdnr. 2; zum Charakter der Vergleichsgespräche s. *Köster,* EuZW 2015, 575, 577.

[381] S. hierzu *Laina/Laurinen,* JECL&P 2013, 302, 310, wo konzediert wird, dass in Vergleichsgesprächen insoweit ein Potential für Vorteile gegenüber dem normalen Verfahren besteht.

[382] Art. 10a (4) VO Nr. 773/2004; Vergleichsmitteilung, 2008, Rdnr. 5.

[383] Pressemitteilung Komm. IP/13/346 v. 22.4.2013; SPEECH/14/281 v. 3.4.2014, S. 5; hierzu *Laina/Laurinen,* JECL&P 2013, 302.

[384] Komm. E. v. 3.9.2014, COMP/39.574 – *Smart Card Chips.*

[385] S. hierzu Art. 10a (2) lit. d VO Nr. 773/2004; Vergleichsmitteilung 2008, Rdnr. 17; hierzu *Laina/Laurinen,* JECL&P 2013, 302, 305.

[386] Art. 10a (2) VO Nr. 773/2004; Vergleichsmitteilung 2008, Rdnr. 17, wobei die Kommission entgegen dem Wortlaut „mindestens" diesbezüglich durchaus eine zügigere Vorgehensweise erwartet.

99 *c) Vergleichsausführungen („förmliches Ersuchen").* Auf der Grundlage der förmlichen Vergleichsgespräche und des Dialoges mit dem Case Team der Kommission sind die Parteien aufgefordert, innerhalb der gesetzten Frist ein **förmliches Ersuchen in Form von Vergleichsausführungen** zu unterbreiten **(„Settlement Submission").**[387] Der wesentliche Inhalt der Settlement Submission wird in Rdnr. 20 der Vergleichsmitteilung 2008 im Einzelnen aufgeführt. Hierzu gehört ein **eindeutiges Anerkenntnis der Haftbarkeit der Parteien** für die zusammenfassend dargelegte Zuwiderhandlung, die **Angabe zum Höchstbetrag der Geldbuße,** die die Parteien im Rahmen eines Vergleichs akzeptieren und eine Erklärung, dass die Parteien **nicht beabsichtigen Akteneinsicht oder erneute mündliche Anhörung zu beantragen.**[388] Die Kommission bereitet in der Praxis den Text für die Settlement Submission auf der Grundlage der abgestimmten Case Overview vor **(„Settlement Submission Template").** Das förmliche Ersuchen ist bindend; es kann nicht einseitig vom Unternehmen widerrufen werden.[389] Die Settlement Submission bildet die Grundlage für die Beschwerdepunkte.

100 *d) Mitteilung der Beschwerdepunkte und Erwiderung.* Entspricht die Settlement Submission dem mit der Kommission Vereinbarten, nimmt die Kommission die **Beschwerdepunkte** an und stellt sie den Parteien zu. Dies ist eine zwingende Maßnahme zur Einhaltung des rechtlichen Gehörs.[390] Obgleich die Beschwerdepunkte auf den Ergebnissen der Vergleichsgespräche und insbesondere der Settlement Submission basieren, empfiehlt es sich, diese gründlich zu prüfen. In der Regel wird es allerdings in dieser Phase des Vergleichsverfahrens keinen ausschlaggebenden Dissens über den Inhalt geben. Wie im dritten förmlichen Vergleichsgespräch mit der Kommission in Aussicht genommen, erfolgt daher in der Praxis nur eine sehr **knappe Erwiderung auf die Beschwerdepunkte,** in der die Parteien innerhalb der gesetzten oder vereinbarten Frist bekräftigen, dass die Mitteilung der Beschwerdepunkte im Inhalt den Vergleichsausführungen entsprechen und dass sie sich verpflichten, das Vergleichsverfahren weiterhin zu befolgen.[391] Die Beschwerdepunkte sind im Folgenden Grundlage für die Bußgeldentscheidung.

101 *e) Entscheidung und Bußgeldreduktion.* Nach Eingang der Erwiderungen der Parteien auf die Mitteilung der Beschwerdepunkte erfolgt der kommissionsinterne Prozess zur **Verabschiedung der Entscheidung.** Da diese vom Kollegialorgan Kommission getroffen wird und auch eine Einbeziehung des Beratenden Ausschusses vorsieht, behält sich die Kommission ihre endgültige Haltung, die auch von der Mitteilung der Beschwerdepunkte abweichen kann, vor.[392] Erlässt die Kommission eine Bußgeldentscheidung und entschließt sich, Parteien für den Vergleich zu belohnen, wird der Betrag der zu verhängenden Geldbuße nach Anwendung der Geldbußenobergrenze des Art. 23 Abs. 2 VO Nr. 1/2003 um **10% ermäßigt.** Darüber hinaus darf ein gegenüber den Parteien angewandter Abschreckungsaufschlag nicht zu einer Erhöhung um einen Faktor von mehr als zwei führen.[393]

---

387 Art. 10a (2) VO Nr. 773/2004; Vergleichsmitteilung 2008, Rdnr. 20; *Laina/Laurinen,* JECL&P 2013, 302, 305 erläutern hier: *„The settlement submission is the backbone for the subsequent steps".*

388 S. ausf. *Laina/Laurinen,* JECL&P 2013, 302, 305ff.; zum Verzicht auf die Verfahrensrechte kritisch *Polley/Heinz,* WuW 2012, 14, 21ff.

389 Vergleichsmitteilung 2008, Rdnr. 22; s. hierzu *Dekeyser/Roques,* 55 Antitrust Bull. 819, 814 (2010) die auf die ständige Rechtsprechung hinweisen, wonach im Verwaltungsverfahren zugestandene Tatsachen nicht später bestritten werden können.

390 Art. 10 (1) VO Nr. 773/2004; Vergleichsmitteilung 2008, Rdnr. 23, 24; *Laina/Laurinen,* JECL&P 2013, 302, 305.

391 Vergleichsmitteilung 2008, Rdnr. 26.

392 Vergleichsmitteilung 2008, Rdnr. 29.

393 Vergleichsmitteilung 2008, Rdnr. 32; ausf. zur Angemessenheit der 10%-Bußgeldreduzierung *Karst,* S. 256ff.; hierzu auch *FK-Kindhäuser/Meyer,* Art. 23 VO Nr. 1/2003 Rdnr. 165.

Der Vergleich lässt das Recht der betroffenen Unternehmen unberührt, gegen die Entscheidung **Nichtigkeitsklage beim Gericht** zu erheben.[394] Da die Bußgeldentscheidung letztlich auf einem „Einigungsprozess" nach Maßgabe der Vergleichsmitteilung 2008 beruht, wird es eher die Ausnahme bleiben, dass eine Partei nach Abschluss dieses Verfahrens eine richterliche Kontrolle begehrt, zumal bis zur endgültigen Entscheidung grundsätzlich die Möglichkeit offensteht, das Vergleichsverfahren abzubrechen.[395] In Betracht gezogen werden könnte eine Klage bezüglich der Bußgeldberechnung, da die Einzelheiten hierzu den vergleichswilligen Unternehmen erst in der Entscheidungsphase am Ende des Vergleichsverfahrens offengelegt werden.[396] Erstmals hat ein Unternehmen im Jahr 2014 im Kartellverfahren *EIRD/Eurozinsderivate* von diesem Recht Gebrauch gemacht und Klage gegen eine Settlement-Entscheidung der Kommission erhoben. Gegenstand des Rechtsmittels ist die Berechnung des dem Bußgeld zugrundeliegenden Umsatzes.[397] Dies hat bei der Kommission durchaus für Aufsehen gesorgt und zu Überlegungen geführt, beim Gericht einen Antrag zu stellen, die Belohnung für den Vergleich dem klagenden Unternehmen zumindest teilweise zu entziehen.[398] Obgleich die Kommission anerkennt, dass der Rechtsweg auch Unternehmen offensteht, denen eine Geldbuße auf der Grundlage des Vergleichsverfahrens auferlegt wurde, wird argumentiert, dass die 10%-ige Reduktion insbesondere auch mit Blick auf eine Arbeitserleichterung der Kommission gewährt werde, die bei Durchführung eines Gerichtsverfahrens wegfiele. Mit der Klage habe das Unternehmen explizit den Vorteil eines Settlements beseitigt.[399] 102

3. Hybride Vergleichsverfahren. Unter **hybriden Vergleichsverfahren** werden solche verstanden, bei denen nicht alle von dem Kartellverfahren betroffenen Unternehmen ein Vergleichsverfahren mit der Kommission führen. In der Verwaltungspraxis der Kommission gab es bis März 2015 fünf hybride Verfahren.[400] Bezüglich dieser hybriden Kartellverfahren sind aus Sicht der Kommission zwei Szenarien zu unterscheiden, nämlich der Fall, dass ein oder mehrere Unternehmen nicht in Vergleichsgespräche eintreten und der Fall, dass ein Unternehmen nach begonnenen Vergleichsgesprächen diese abbricht.[401] Im ersten Szenario gibt es eine erhöhte Wahrscheinlichkeit, dass die Kommission kein Vergleichsverfahren durchführt, weil sie ein großes Interesse daran hat, das Verfahren mit allen Beteiligten vergleichsweise zu beenden.[402] Im zweiten Szenario ist dagegen eine Fortsetzung der Vergleichsgespräche mit den vergleichsbereiten Parteien wahrscheinlich.[403] Hybride Fälle sind aus Sicht der Kommission nicht wünschenswert, da die angestrebten Effizienzen ausbleiben, wenn neben den Vergleichsverfahren ordentliche Kartellverfahren durchgeführt werden müssen. In ihrem Abwägungsprozess, ob die Durchführung eines 103

---

394 Vgl. Art. 31 VO Nr. 1/2003; Vergleichsmitteilung 2008, Rdnr. 41; s. hierzu *FK-Kindhäuser/Meyer,* Art. 23 VO Nr. 1/2003 Rdnr. 172; *Schulte/Just,* KartellR, Art. 23 VO Nr. 1/2003 Rdnr. 241.

395 Ausf. *Karst,* S. 221; s. auch *Laina/Bogdanov,* JECL&P 2014, 717, 721 f.; *Soltész,* BB 2010, 2123, 2127.

396 *Laina/Bogdanov,* JECL&P 2014, 717, 721.

397 Klage v. 14.2.2014, T-98/14, ABl. 2014 C-142/36 – *Société Générale.*

398 *Almunia,* SPEECH/14/281 v. 3.4.2014, S. 5; *Laina/Bogdanov,* JECL&P 2014, 717, 722.

399 *Laina/Bogdanov,* JECL&P 2014, 717, 722; S. GCR v. 24.4.2014 *„DG COMP may ask Court to slash discount for settlement appeals",* abrufbar unter http://globalcompetitionreview.com/news/article/35820/dg-comp-may-ask-court-slash-discount-settlement-appeals.

400 Komm. E. v. 20.7.2010, COMP/38.866 – *Futterphosphate;* Komm. E. v. 4.12.2013 in den Sachen COMP/39.914 – *Euro-Zinsderivate* und COMP/39.161 – *Yen-Zinsderivate;* Komm. E. v. 2.4.2014, COMP/39.792 – *Stahl-Strahlmittel;* Komm. E. v. 25.6.2014, COMP/39.965 – *Pilze;* erstmals zu einem hybriden Settlement-Fall s. auch EuG U. v. 20.5.2015, Rs T-456/10, ECLI:EU:T:2015:296 – *Futterphosphate;* hierzu *Köster,* EuZW 2015, 575, 579.

401 Zu hybriden Vergleichsverfahren s. *Laina/Bogdanov,* JECL&P 2014, 717, 722 f.; ausf. *Karst,* S. 192 ff.

402 *Laina/Laurinen,* JECL&P 2013, 302, 309; *Laina/Bogdanov,* JECL&P 2014, 717, 722

403 *Laina/Laurinen,* JECL&P 2013, 302, 310; im Kartellverfahren *Futterphosphate* hat die Kommission trotz Austritt einer Partei das Vergleichsverfahren fortgesetzt, Komm. E. v. 20.7.2010, COMP/38.866 – *Futterphosphate.*

Vergleichsverfahrens noch Effizienzen bietet, berücksichtigt die Kommission alle Umstände des Einzelfalls, wie beispielsweise die Anzahl der nicht vergleichswilligen Unternehmen und deren Rolle im Rahmen der Zuwiderhandlung. Das EuG hat sich erstmals im Urteil vom 20.5.2015 im Verfahren *Futterphosphate* mit einer Klage in einem hybriden Fall befasst. Die Kommission muss danach zwar vergleichsbereite und nicht vergleichsbereite Parteien gleichbehandeln; sie ist aber im Standardverfahren nicht an die im Vergleichsverfahren mitgeteilte Geldbußenspanne gebunden.[404]

104 **4. Verhältnis von Kronzeugenregelung und Vergleichsverfahren.** Die **Zusammenarbeit** mit der Kommission im Rahmen der **Kronzeugenregelung**[405] und nach dem **Vergleichsverfahren sind komplementär.** Die Anreize für ein Vergleichsverfahren sind in Kooperationsszenarien, in denen viele oder alle Unternehmen mit der Kommission im Rahmen der Kronzeugenregelung zusammenarbeiten, sowohl für die Kommission als auch für die betroffenen Unternehmen größer.[406] Nach der Vergleichsmitteilung 2008 wird die Geldbußenermäßigung für den Vergleich und im Rahmen der Kronzeugenbehandlung kumuliert.[407] Dies erscheint zwingend, zumal die in Aussicht gestellten Geldbußenermäßigungen unterschiedliche Formen der Zusammenarbeit mit der Kommission belohnen.[408]

105 Nach der Vergleichsmitteilung 2008 werden die **Vergleichsausführungen vor einer Einsichtnahme Dritter geschützt.** Soweit eine Einsichtnahme Adressaten der Mitteilung der Beschwerdepunkte gewährt wird, die keinen Vergleich beantragt haben, müssen sich diese verpflichten, Informationen aus den Vergleichsausführungen nicht mit mechanischen oder elektronischen Mitteln zu kopieren und sicherzustellen, dass die Informationen aus den Vergleichsausführungen nur für die Zwecke der Rechts- und Verwaltungsverfahren im Rahmen der Wettbewerbsregeln der Gemeinschaft verwendet werden.[409] Die Parteien der Vergleichsgespräche können auf Wunsch ihre Vergleichsausführungen mündlich vorbringen; diese werden dann von der Kommission aufgezeichnet und niedergeschrieben.[410] Hiermit wird – wie bei Kronzeugenanträgen – dem Bedürfnis der Unternehmen nach Schutz vor Offenlegung gegenüber Dritten Rechnung getragen.[411]

VII. Zugang Dritter zu Kronzeugen- und Vergleichserklärungen

106 Es entspricht gefestigter Unionsrechtsprechung, dass jedermann Ersatz seines durch einen Kartellverstoß entstandenen Schadens verlangen kann.[412] Nach dem Urteil des EuGH

---

[404] EuG U. v. 20.5.2015, Rs T-456/10, ECLI:EU:T:2015:296 Rdnr. 96, wonach die Geldbuße im Standardverfahren erheblich höher ausfiel als die im Vergleichsverfahren kommunizierte.

[405] S. ausf. Rdnr. 64 ff.

[406] Es gibt freilich auch Fälle, in denen Unternehmen nur im Wege des Vergleichsverfahrens kooperieren, wie z. B. im Verfahren *Schaumstoff* (COMP/39.801); im Vergleichsverfahren *Energiebörsen* (COMP/39.952) kooperierte keines der Unternehmen nach der Bonusregelung; s. hierzu *Karst,* WRP 2015, 171, 174 Rdnr. 22.

[407] Vergleichsmitteilung 2008, Rdnr. 33; zum Verhältnis von Kronzeugenregelung und Vergleichsverfahren s. auch *Immenga/Mestmäcker-Dannecker/Biermann,* EU-WettbR/Teil 2, Art. 23 VO Nr. 1/2003 Rdnr. 301.

[408] Demgegenüber erfolgt im deutschen Kartellordnungswidrigkeitenverfahren der Settlement-Abschlag auf die bereits aufgrund des Bonusantrages reduzierte Geldbuße, s. Merkblatt *„Das Settlement-Verfahren des Bundeskartellamts in Bußgeldsachen"* v. 23.12.2013, S. 3. Hiermit ist eine nicht gerechtfertigte Schlechterstellung derjenigen Unternehmen verbunden, die kooperieren und mit dem BKartA einen einvernehmlichen Bußgeldbescheid erzielen, da der 10%-Abschlag dann letztlich einen geringeren Betrag ausmacht, als wenn das Unternehmen vorab keinen Abschlag der Geldbuße für die Kooperation im Rahmen der Bonusregelung erhalten hätte.

[409] Art. 15 Abs. 1b VO Nr. 773/2004; Vergleichsmitteilung 2008, Rdnr. 35.

[410] Art. 10a Abs. 2 UA 3 VO Nr. 773/2004; Vergleichsmitteilung 2008, Rdnr. 38.

[411] S. hierzu ausf. Rdnr. 64 ff.

[412] EuGH U. v. 20.9.2001, Rs C-453/99, Slg. 2001, I-6297 Rdnr. 26 – *Courage and Crehan;* U. v. 13.6.2006, verb. Rs C-295/04 bis C-298/04, Slg. 2006, I-6619 Rdnr. 60 – *Manfredi;* U. v. 14.6.

in der Rechtssache *Kone* umfasst der Schadensersatzanspruch des Geschädigten gegen die Mitglieder eines Kartelles auch den Ersatz eines Schadens, der durch Kartellaußenseiter durch Anwendung eines überhöhten Preisniveaus auf dem relevanten Markt verursacht wird (sogenannte **„Preisschirmeffekte"**).[413] In der Praxis hat die Geltendmachung von Schadensersatzansprüchen durch Kartell-Geschädigte in den letzten Jahren, auch außerhalb klassischer Schadensersatz-Jurisdiktionen wie den USA, stark zugenommen bzw. ist zum Regelfall geworden. Dabei haben sich einige Jurisdiktionen aus den Mitgliedstaaten der Union, namentlich Großbritannien, Deutschland und die Niederlande, als beliebte Foren entwickelt.[414] Bezüglich der **privaten Rechtsdurchsetzung („private enforcement")** und der **Verfolgung und Bestrafung von Kartellen in Kartellordnungswidrigkeitenverfahren („public enforcement")** besteht mit Blick auf den Zugang Geschädigter zu Kronzeugen- und Vergleichserklärungen ein **Zielkonflikt.** Diesen hat der EuGH in seinem *Pfleiderer*-Urteil vom 14.6.2011 anschaulich beschrieben: Einerseits stehe es jedermann zu, Ersatz des Schadens zu verlangen, der ihm durch ein Verhalten entstanden ist, das den Wettbewerb beschränkt oder verfälscht, und ein solcher Schadensersatzanspruch erhöhe die Durchsetzungskraft der Wettbewerbsregeln.[415] Andererseits dürfe die Verwirklichung des Unionsrechts nicht praktisch unmöglich gemacht oder übermäßig erschwert werden, und speziell im Bereich des Wettbewerbsrechtes müsse dafür Sorge getragen werden, dass nationale Vorschriften die wirksame Anwendung der Art. 101 und 102 AEUV nicht beeinträchtigen.[416] Kronzeugenprogramme seien nützliche Instrumente, um Verstöße gegen das Wettbewerbsrecht effizient aufdecken und beenden zu können und dienen damit der wirksamen Anwendung der Art. 101 und 102 AEUV. Die Wirksamkeit dieser Programme könne jedoch durch die Übermittlung von Dokumenten eines Kronzeugenverfahrens an Personen, die eine Schadensersatzklage erheben wollen, beeinträchtigt werden, da anzunehmen sei, dass sich ein an einer wettbewerbsrechtlichen Zuwiderhandlung Beteiligter dadurch, dass diese Dokumente übermittelt werden könnten, davon abhalten lasse, die mit einem Kronzeugenprogramm verbundenen Möglichkeiten zu nutzen.[417]

Auf **europäischer Ebene** sind Kronzeugen- und Vergleichserklärungen nach Maßgabe der Kronzeugenregelung 2006 und der Vergleichsmitteilung 2008 **vor dem Zugang Dritter geschützt.**[418] In seinem *EnBW*-Urteil vom 27.2.2014 hatte der EuGH über einen Antrag auf Einsichtnahme in Erklärungen und Dokumente, die im Rahmen der Kronzeugenregelung 2006 bei der Kommission eingereicht wurden, zu entscheiden. Gegenstand war ein Antrag von *EnBW* auf Einsicht in Kronzeugendokumente zur Vorbereitung der Geltendmachung von Schadensersatzansprüchen als Geschädigter aus dem Kartellverfahren *Gasisolierte Schaltanlagen,* der auf die sog. Transparenzverordnung gestützt wurde.[419] Das EuG hob die Entscheidung der Kommission auf, in der die Behörde *EnBW* den Zugang 107

2011, Rs C-360/09, Slg. 2011, I-5161 Rdnr. 28 – *Pfleiderer;* U. v. 6.11.2012, Rs C-199/11, ECLI:EU:C:2006:684 Rdnr. 41 – *Otis;* U. v. 6.6.2013, Rs C-536/11, ECLI:EU:C:2013:366 Rdnr. 21 – *Donau Chemie;* U. v. 27.2.2014, Rs C-365/12 P, ECLI:EU:C:2014:112 Rdnr. 104 – *EnBW;* U. v. 5.6.2014, Rs C-557/12, ECLI:EU:C:2014: 1317 Rdnr. 21 ff. – *Kone.*

[413] EuGH U. v. 5.6.2014, Rs C-557/12, ECLI:EU:C:2014:1317 Rdnr. 34 – *Kone;* eingehend zu Schadensersatzansprüchen aufgrund von Preisschirmeffekten *Pauer,* WuW 2015, 14.

[414] Komm. MEMO/14/310 v. 17.4.2014, S. 1; hierzu *Kuijpers/Tuinega/Wisking/Dietzel/Campbell/Fritzsche;* JECL&P 2015, 129; *Clark/Sander,* JECL&P 2015, 153 m. w. N.

[415] EuGH U. v. 14.6.2011, Rs C-360/09, Slg. 2011, I-5161 Rdnr. 28, 29 – *Pfleiderer.*

[416] EuGH U. v. 14.6.2011, Rs C-360/09, Slg. 2011, I-5161 Rdnr. 24 – *Pfleiderer.*

[417] EuGH U. v. 14.6.2011, Rs C-360/09, Slg. 2011, I-5161 Rdnr. 25, 26, 27 – *Pfleiderer;* zu diesem Spannungsfeld ausf. *Canenbley/Steinvorth,* in: FIW, Heft 234, 2010 Rdnr. 143 ff.

[418] Art. 16a VO Nr. 773/2004; zum Ganzen ausf. *Dieckmann* in § 44. Zum Schutz von Kronzeugenerklärungen s. Rdnr. 68 ff. und von Vergleichserklärungen Rdnr. 92 ff.

[419] EuGH U. v. 27.2.2014, Rs C-365/12 P, ECLI:EU:C:2014:112 Rdnr. 11 ff. – *EnBW;* Verordnung (EG) Nr. 1049/2001 des Europäischen Parlamentes und des Rates vom 30.5.2001 über den Zugang der Öffentlichkeit zu Dokumenten des Europäischen Parlaments, des Rates und der Kommission, ABl. 2001 L 145/43 („Transparenzverordnung").

zu Kronzeugendokumenten verweigert hatte.[420] Der EuGH kassierte diese Entscheidung. Zwar betonte auch der EuGH, dass das allgemeine Recht auf Zugang zu Dokumenten der Organe der Europäischen Union nach der Transparenzverordnung nur ausnahmsweise eingeschränkt werden könne.[421] Bezüglich der im Rahmen der Kronzeugenregelung eingereichten Unterlagen greife allerdings eine Ausnahme. Dabei dürfe die Kommission sich auf die Vermutung stützen, dass die im Rahmen der Kronzeugenregelung vorgelegten Dokumente in Anbetracht ihres spezifischen Inhaltes schutzbedürftig seien und daher vom Einsichtsrecht ausgenommen werden können.[422] Dieses Urteil des Gerichtshofes belegt die Schutzbedürftigkeit von Kronzeugenerklärungen und seine Grundsätze müssen auch für Vergleichserklärungen gelten.

108 Wegen der Parallelität zu der vom EuGH gegebenen Begründung bestehen keine Zweifel daran, dass dieses **Schutzniveau für Kronzeugen- und Vergleichserklärungen** auch auf **nationaler Ebene im EWR** gelten sollte. Im Fall *Pfleiderer* befasste sich der EuGH im Rahmen eines Vorabentscheidungsersuchens des AG Bonn mit der Frage, ob die kartellrechtlichen Bestimmungen des Gemeinschaftsrechtes dahingehend auszulegen sind, dass Geschädigte eines Kartells zur Geltendmachung zivilrechtlicher Ansprüche keine Akteneinsicht in Bonusanträge und von Bonusantragstellern in diesem Zusammenhang freiwillig herausgegebene Informationen und Unterlagen erhalten dürfen, die eine mitgliedsstaatliche Wettbewerbsbehörde nach Maßgabe eines nationalen Bonusprogramms im Rahmen eines (auch) auf die Durchsetzung von Art. 81 EG (jetzt Art. 101 AEUV) gerichteten Bußgeldverfahrens erhalten hat.[423] Der EuGH stellte zunächst fest, dass es auf europäischer Ebene keine gemeinsame Kronzeugenregelung oder gemeinsame Vorschrift über den Zugang zu Dokumenten eines Kronzeugenverfahrens, die in Anwendung einer nationalen Kronzeugenregelung freiwillig einer nationalen Wettbewerbsbehörde übermittelt werden, gebe.[424] Zu der Kronzeugenregelung 2006 führte das Gericht aus, dass diese für die Mitgliedsstaaten nicht verbindlich sei und sich darüber hinaus nur auf Kronzeugenverfahren beziehe, die von der Kommission durchgeführt werden.[425] Der EuGH schlussfolgerte hieraus, dass in Ermangelung einer verbindlichen unionsrechtlichen Regelung in diesem Bereich es **Sache der Mitgliedsstaaten** sei, die nationalen **Vorschriften über den Zugang von Kartellgeschädigten zu Dokumenten,** die **Kronzeugenverfahren betreffen, zu erlassen und anzuwenden.**[426] Der Gerichtshof wies in diesem Zusammenhang allerdings darauf hin, dass auch wenn Erlass und Anwendung dieser Vorschrift in nationaler Zuständigkeit liegen, bei deren Ausübung das Unionsrecht zwingend zu beachten sei; insbesondere dürften die nationalen Regelungen die Verwirklichung des Unionsrechts nicht praktisch unmöglich machen oder übermäßig erschweren.[427] Danach müssen also die nationalen Gerichte eine Abwägung im Rahmen des oben geschilderten Zielkonfliktes vornehmen. Zu erwähnen ist in diesem Zusammenhang eine Resolution des European Competition Network vom 23.5.2012, in dem die Schutzbedürftigkeit von Kronzeugenerklärungen mit Blick auf die Bedeutung der Kronzeugenregelung für die Aufdeckung und Verfolgung von Kartellen untermauert wird.[428]

109 Der **EuGH** hat in seiner Entscheidung *Donau Chemie* vom 6.6.2013 **diese Rechtsprechung bestätigt.**[429] Dabei ging es um eine Vorlagenfrage des Oberlandesgerichts Wien im Hinblick auf eine Bestimmung im österreichischen Kartellgesetz, nach der nicht als Partei

[420] EuG U. v. 22.5.2012, Rs T-344/08, ECLI:EU:T:2012:242 – *EnBW.*
[421] EuGH U. v. 27.2.2014, Rs C-365/12 P, ECLI:EU:C:2014:112 Rdnr. 61 – *EnBW.*
[422] EuGH U. v. 27.2.2014, Rs C-365/12 P, ECLI:EU:C:2014:112 Rdnr. 109 – *EnBW.*
[423] EuGH U. v. 14.6.2011, Rs C-360/09, Slg. 2011, I-5161 Rdnr. 18 – *Pfleiderer.*
[424] EuGH U. v. 14.6.2011, Rs C-360/09, Slg. 2011, I-5161 Rdnr. 20 – *Pfleiderer.*
[425] EuGH U. v. 14.6.2011, Rs C-360/09, Slg. 2011, I-5161 Rdnr. 21 – *Pfleiderer.*
[426] EuGH U. v. 14.6.2011, Rs C-360/09, Slg. 2011, I-5161 Rdnr. 23 – *Pfleiderer.*
[427] EuGH U. v. 14.6.2011, Rs C-360/09, Slg. 2011, I-5161 Rdnr. 24 – *Pfleiderer.*
[428] Resolution of the meeting of heads of the European Competition Authority of 23 May 2012, abrufbar unter http://ec.europa.eu/competition/ecn/documents.html.
[429] EuGH U. v. 6.6.2013, Rs C-536/11, ECLI:EU:C:2013:366 – *Donau Chemie.*

Beteiligte nur mit Zustimmung der am Verfahren Beteiligten Einsicht in Akten des Kartellgerichts nehmen können. Das Oberlandesgericht Wien legte dem EuGH die Frage zur Entscheidung vor, ob das Unionsrecht mit Blick auf die *Pfleiderer*-Rechtsprechung dieser Bestimmung entgegenstehe, die eine Akteneinsicht ausnahmslos von der Zustimmung aller Verfahrensparteien abhängig mache.[430] Der EuGH bejahte dies. Was speziell die Verfahrensmodalitäten bei Schadensersatzklagen wegen eines Verstoßes gegen die Wettbewerbsregeln angeht, sei es Sache der Mitgliedsstaaten, solche nationalen Vorschriften zu erlassen und anzuwenden, die das Recht der durch ein Kartell Geschädigten auf Zugang zu Dokumenten regeln.[431] Gleichwohl dürfen die Vorschriften über die Rechtsbehelfe, die den Schutz der dem Einzelnen aus der unmittelbaren Wirkung des Unionsrechts erwachsenden Rechte gewährleisten sollen, nicht weniger günstig sein als bei entsprechenden Rechtsbehelfen, die nur innerstaatliches Recht betreffen **(„Äquivalenzgrundsatz“),** und sie dürfen die Ausübung der durch die Unionsrechtsordnung verliehenen Rechte nicht praktisch unmöglich machen oder übermäßig erschweren **(„Effektivitätsgrundsatz“).**[432] Der EuGH vertrat im Ergebnis die Auffassung, dass das Unionsrecht der Bestimmung im österreichischen Kartellgesetz entgegenstehe, wonach in Bezug auf Dokumente, die in den Akten eines die Anwendung von Art. 101 AEUV betreffenden nationalen Verfahrens enthalten sind, einschließlich der Kronzeugendokumente, die Einsichtnahme durch nicht am Verfahren beteiligte Dritte, die Schadensersatzklagen gegen Kartellteilnehmer erwägen, allein von der Zustimmung aller Parteien dieses Verfahrens abhängt, ohne dass die nationalen Gerichte die Möglichkeit hätten, die betroffenen Interessen gegeneinander abzuwägen.

Die Rechtsprechung des EuGH in Sachen *Pfleiderer* und *Donau Chemie* führt nicht zu **110** einer Rechtsvereinheitlichung in der Union mit Blick auf die Frage, ob und unter welchen Voraussetzungen eine Akteneinsicht in Kronzeugendokumente und Vergleichsausführungen gewährt wird. Diesem Umstand hat der Unionsgesetzgeber Rechnung getragen und im Sommer 2013 einen **Richtlinienvorschlag zu Schadensersatzklagen im Kartellrecht** veröffentlicht, der auch das Spannungsfeld zwischen private- und public enforcement adressiert.[433] Im November 2014 wurde die Richtlinie vom Europäischen Rat angenommen und unterzeichnet.[434] Nach der Richtlinie Schadensersatzklagen müssen die Mitgliedsstaaten bei der Umsetzung gewährleisten, dass die einzelstaatlichen Gerichte für die Zwecke von Schadensersatzklagen **zu keinem Zeitpunkt die Offenlegung von Kronzeugenunternehmenserklärungen und Vergleichsausführungen anordnen.**[435] Die Kommission hat hierzu erläutert, dass die Richtlinie auch das Zusammenspiel zwischen privaten Schadensersatzklagen und öffentlich-rechtlicher Verfolgung von Kartellen optimieren soll, um letztere effektiver zu gestalten.[436]

VIII. Leistungsfähigkeit der Unternehmen

Wie oben dargelegt, führt die Bußgeldpraxis der Kommission auf der Grundlage der **111** Leitlinien 2006 zu **exorbitanten Geldbußen.**[437] Mittelständisch strukturierte Einpro-

[430] EuGH U. v. 6.6.2013, Rs C-536/11, ECLI:EU:C:2013:366 Rdnr. 13 – *Donau Chemie.*
[431] EuGH U. v. 6.6.2013, Rs C-536/11, ECLI:EU:C:2013:366 Rdnr. 26 – *Donau Chemie.*
[432] EuGH U. v. 6.6.2013, Rs C-536/11, ECLI:EU:C:2013:366 Rdnr. 27 – *Donau Chemie.*
[433] Vorschlag für eine Richtlinie des Europäischen Parlaments und des Rates über bestimmte Vorschriften für Schadensersatzklagen nach einzelstaatlichem Recht wegen Zuwiderhandlungen gegen wettbewerbsrechtliche Bestimmungen der Mitgliedsstaaten und der Europäischen Union v. 11.6.2013, K(2013) 404 endg. („Richtlinie Schadensersatzklagen“).
[434] Richtlinie 2014/104/EU des Europäischen Parlaments und des Rates vom 26.11.2014 über bestimmte Vorschriften für Schadenersatzklagen nach nationalem Recht wegen Zuwiderhandlungen gegen wettbewerbsrechtliche Bestimmungen der Mitgliedsstaaten und der Europäischen Union, ABl. 2014 L 349/1–19 („Richtlinie Schadensersatzklagen“); zur Richtlinie Schadensersatzklagen *Schweitzer,* NZKart 2014, 335; *Kersting,* WuW 2014, 564.
[435] Art. 6 Abs. 6a) und b) Richtlinie Schadensersatzklagen, ABl. 2014 L 349/1–19.
[436] Komm. MEMO/14/310 v. 17.4.2014, S. 3.
[437] S. Rdnr. 23 ff.

duktunternehmen laufen Gefahr, dass ihnen für Wettbewerbsverstöße die **Maximalstrafe von 10%** des Umsatzes auferlegt wird.[438] Da es nicht Ziel der Wettbewerbspolitik ist, dass Unternehmen aufgrund der Verhängung von Geldbußen als Marktteilnehmer ausscheiden, sehen die Leitlinien 2006 die Möglichkeit einer Ermäßigung wegen **fehlender Leistungsfähigkeit („Inability to Pay")** vor.[439] In ihrer Mitteilung vom 12.6.2010 zu Rdnr. 35 der Leitlinien 2006[440] **(„Information Note 2010")** hat die Kommission betont, dass jegliche Reduktion einer Geldbuße mit Blick auf die finanzielle Situation des betroffenen Unternehmens mit großer Vorsicht zu behandeln ist.[441] Bedenken hat die Kommission vor allem wegen des Grundsatzes der Gleichbehandlung, wegen einer möglichen Besserstellung ineffizienter oder schlecht geführter Unternehmen oder wegen des möglichen Fehlanreizes, dass sich Unternehmen entsprechend finanziell einrichten oder strukturieren.[442] In Rdnr. 35 der Leitlinien 2006 heißt es ausdrücklich, dass eine **Ermäßigung** nur unter **außergewöhnlichen Umständen** gewährt werden kann. Dementsprechend hoch sind die Voraussetzungen, die im Rahmen einer Prüfung der Leistungsfähigkeit eines Unternehmens in einem gegebenen sozialen und ökonomischen Umfeld erfüllt sein müssen.

112 Der EuGH hat in seinem *Ziegler*-Urteil im Jahr 2013 bestätigt, dass für die Ermäßigung einer Geldbuße wegen fehlender Leistungsfähigkeit **zwei Voraussetzungen kumulativ** vorliegen müssen, nämlich die Feststellung einer unüberwindlichen Schwierigkeit, die Geldbuße zu zahlen, und das Vorliegen eines besonderen sozialen und ökonomischen Umfeldes.[443]

113 In der Zeit der **weltweiten Finanz- und Wirtschaftskrise** in den Jahren 2008 bis 2010 hat es einen bedeutenden Anstieg von Anträgen auf Ermäßigung der Geldbuße wegen fehlender Leistungsfähigkeit durch Unternehmen gegeben.[444] In diesem Umfeld erließ die Kommission mehrere Entscheidungen, in denen insbesondere mittelständisch geprägten Unternehmen erhebliche Ermäßigungen auf die Geldbußen wegen fehlender Leistungsfähigkeit gewährt wurden.[445]

114 Die Ermäßigung der Geldbuße wegen fehlender Leistungsfähigkeit nach Rdnr. 35 der Leitlinien 2006 setzt **zwingend** einen **Antrag** voraus.[446] In dem Prüfverfahren muss der Antragsteller umfangreiche Unterlagen und Informationen vorlegen. Diese beziehen sich auf die wesentlichen wirtschaftlichen Kennzahlen des Unternehmens in der Vergangenheit wie auch auf detaillierte Prognosen für die Zukunft.[447] Bei der Frage der fehlenden wirtschaftlichen Leistungsfähigkeit prüft die Kommission auch, ob der Inhaber bzw. die Mut-

---

438 S. Rdnr. 30ff.

439 Leitlinien 2006, Rdnr. 35; s. hierzu *Kienapfel/Wils,* Competition Policy Newsletter, Nr. 3 (2010), 3ff.

440 Information Note by Mr. *Joaquin Almunia* und *Mr. Janusz Lewandowski* v. 12.6.2010, SEC (2010) 737/2, abrufbar unter http://ec.europa.eu/transparency/regdoc/rep/2/2010/EN/2–2010-737-EN-2-0.Pdf.

441 Information Note 2010, Rdnr. 4.

442 Information Note 2010, Rdnr. 4.

443 EuGH U. v. 11.7.2013, Rs C-439/11 P, ECLI:EU:C:2013:513 Rdnr. 168 – *Ziegler;* s.a. EuG U. v. 16.6.2011, Rs T-199/08, Slg. 2011, II-3507 Rdnr. 165 – *Ziegler;* zu den maßgeblichen Kriterien Information Note 2010, Rdnr. 6ff.

444 Information Note 2010, Rdnr. 2; nach der Arbeitsunterlage WB 2011, S. 15 ist die Zahl der Anträge im Berichtszeitraum 2011 wieder zurückgegangen.

445 S. Komm. E. v. 23.6.2010, COMP/39.092 Rdnr. 1320ff. – *Badezimmerausstattungen* (50% für drei Unternehmen sowie 25% für zwei Unternehmen); Komm. E. v. 28.3.2012, COMP/39.452 Rdnr. 557 – *Beschläge für Fenster und Fenstertüren* (45%); Zusammenfassung Komm. E. v. 30.6.2010, COMP/38.344, ABl. 2011 C 339/7 Rdnr. 19 – *Spannstahl* (25%, 50% und 75%); Komm. E. v. 11.3.2008, COMP/38.543 Rdnr. 662 – *Auslandsumzüge* (70%); Zusammenfassung Komm. E. v. 20.7.2010, COMP/38.866, ABl. 2011 C 111/19 Rdnr. 29 – *Futterphosphate* (70%).

446 EuGH U. v. 11.7.2013, Rs C-439/11 P, ECLI:EU:C:2013:513 Rdnr. 168 – *Ziegler.*

447 S. hierzu ausf. Information Note 2010, Rdnr. 7ff.; instruktiv Komm. E. v. 23.6.2010, COMP/ 39.092 Rdnr. 1324, 1325 –*Badezimmerausstattungen.*

tergesellschaft dem Unternehmen entsprechende Liquidität zuführen kann.[448] Schließlich würdigt die Kommission das spezifische soziale und ökonomische Umfeld, wie etwa die Finanz- und Wirtschaftskrise im Allgemeinen und ihre Auswirkungen auf einen Wirtschaftssektor im Speziellen.[449] Die Prüfung erfolgt nicht durch das Case Team, sondern durch spezialisierte Teams innerhalb der Kommission.

IX. Geldbußen bei Verfahrensverstößen

1. Allgemeines. Je nach Verfahrensstand können nach Art. 23 Abs. 1 VO Nr. 1/2003 Geldbußen bei Verstößen gegen die Unternehmen obliegenden **Mitwirkungs- und Duldungspflichten** verhängt werden. Art. 23 Abs. 1 VO Nr. 1/2003 baut auf Art. 15 Abs. 1 VO Nr. 17/62 auf. Abweichungen beruhen auf den im Zuge der Umstellung des Anmeldesystems auf das System der Legalausnahme erfolgten Änderungen und damit einhergehenden zusätzlichen Ermittlungsbefugnissen der Kommission.[450] 115

Verfahrensverstöße können gemäß Art. 23 Abs. 1 VO Nr. 1/2003 mit einem Höchstbetrag von 1% des im vorausgegangenen Geschäftsjahr erzielten Umsatzes geahndet werden. Seit Einführung der VO Nr. 1/2003 sind drei Beschlüsse nach Art. 23 Abs. 1 ergangen.[451] Für große Unternehmen hat die neue Höchstgrenze zu einer erheblichen Steigerung des Bußgeldrisikos geführt. Die bis April 2014 höchste nach Art. 23 Abs. 1 VO Nr. 1/2003 verhängte Geldbuße von € 38. Mio. wurde im Jahr 2008 gegen *E.ON* wegen eines Siegelbruchs erlassen.[452] 116

Zu beachten ist die langjährige Entscheidungspraxis der Kommission dahingehend, dass Verfahrensverstöße als erschwerende Umstände nach Art. 23 Abs. 2 VO Nr. 1/2003 gewertet werden können.[453] 117

2. Einzelne Tatbestände. Nach Art. 23 Abs. 1 lit. a VO Nr. 1/2003 werden **unrichtige und irreführende Angaben** bei einfachen Auskunftsverlangen im Rahmen von Sektoruntersuchungen nach Art. 17 VO Nr. 1/2003 sowie im Rahmen einfacher Auskunftsverlangen nach Art. 18 Abs. 2 VO Nr. 1/2003 sanktioniert. Nicht erfolgte bzw. unvollständige Auskünfte unterfallen Art. 23 Abs. 1 lit. b VO Nr. 1/2003. Hintergrund dieser Unterteilung ist, dass nur bei förmlichen Auskunftsverlangen nach Art. 18 Abs. 3 VO Nr. 1/2003, aber nicht bei einfachen Auskunftsverlangen nach Art. 18 Abs. 2 VO Nr. 1/2003, eine Pflicht zur Erteilung einer Auskunft besteht.[454] Es gibt mithin keine Pflicht zur Auskunft nach Art. 18 Abs. 2 VO Nr. 1/2003; wenn aber Auskunft erteilt wird, müssen die erteilten Angaben wahrheitsgemäß und vollständig erfolgen. Unrichtig ist jede Auskunft, die den wahren Sachverhalt in einem verzerrten Bild erscheinen lässt, welches von der Wirklichkeit in erheblichen Punkten stark abweicht.[455] 118

Nach Art. 23 Abs. 1 lit. b VO Nr. 1/2003 können unrichtige, irreführende, unvollständige oder verspätete Angaben im Rahmen förmlicher Auskunftsverlangen im Rahmen von Sektoruntersuchungen sowie im Rahmen einfacher Auskunftsverlangen nach Art. 18 Abs. 2 VO Nr. 1/2003 geahndet werden. Obstruktives Verhalten bei Nachprüfungen nach Art. 20 Abs. 4 VO Nr. 1/2003 fällt unter den Tatbestand des Art. 23 Abs. 1 lit. c VO 119

---

[448] Komm. E. v. 23.6.2010, COMP/39.092 Rdnr. 1325 – *Badezimmerausstattungen.*

[449] Komm. E. v. 23.6.2010, COMP/39.092 Rdnr. 1326 –*Badezimmerausstattungen*, in welcher der drastische Einbruch der Nachfrage im Bausektor im Rahmen der Finanz- und Wirtschaftskrise hervorgehoben wird.

[450] Zu den Ermittlungsbefugnissen s. *Dieckmann* in § 42.

[451] Komm. E. v. 30.1.2008, COMP/B-1/39.326 – *E.ON Energie*; Komm. E. v. 24.5.2011, COMP/39.796 – *Suez Environnement;* Komm. E. v. 28.3.2012, COMP/39.793 – *EPH.*

[452] Pressemitteilung Komm. IP/08/108 v. 10.1.2008.

[453] S. Rdnr. 51 ff.

[454] S. dazu oben *Dieckmann* in § 42.

[455] Komm. E. v. 25.11.1981, IV/29.895, ABl. 1982 L 58/19 Rdnr. 21 – *Telos;* s. a. Komm. E. v. 25.9.1986, IV/31.143, ABl. 1986 L 295/19 Rdnr. 27 ff. – *Peugeot.*

Nr. 1/2003.[456] Dazu zählt insbesondere die Verweigerung des Zutritts, sei es auch nur für bestimmte Räume.[457] In neuerer Zeit, in der die elektronische Sicherung von Unternehmensunterlagen an Bedeutung gewonnen hat, ist die Behinderung einer Nachprüfung durch Maßnahmen der IT-Abteilung in den Vordergrund gerückt. Dazu zählt z. B. die Löschung, der bloße Zugriff oder die Umleitung von E-Mails eines E-Mailkontos. Die Kommission hat in einem solchen Fall gegen das tschechische Energieunternehmen *EPH* eine Geldbuße in Höhe von € 2,5 Mio. verhängt.[458]

120 Nach Art. 23 Abs. 1 lit. d VO Nr. 1/2003 wird die unrichtige Beantwortung von Fragen bei Nachprüfungen bestraft. Solche Fragen kann die Kommission gem. Art. 20 Abs. 2 lit. e VO Nr. 1/2003 allen Vertretern oder Mitgliedern der Belegschaft des Unternehmens oder der Unternehmensvereinigung zur Erläuterung von Tatsachen oder Unterlagen, die mit Gegenstand und Zweck der Nachprüfung in Zusammenhang stehen, stellen.

121 Nach Art. 23 Abs. 1 lit. d VO Nr. 1/2003 ist der **Bruch eines Siegels,** das von Kommissionsbediensteten im Rahmen einer Nachprüfung nach Art. 20 Abs. 2 lit. d VO Nr. 1/2003 angebracht wurde, bußgeldbewehrt. Zwei der drei Beschlüsse nach Art. 23 Abs. 1 VO Nr. 1/2003 ergingen wegen Siegelbruchs. Der Umstand, dass das Siegel nicht von einem Unternehmensbeschäftigten erbrochen wurde, ist unerheblich und wird aufgrund der Organisationsgewalt des Unternehmens bezüglich seiner Dienstgebäude demselben zugerechnet.[459] Ob tatsächlich jemand in den versiegelten Raum eingedrungen ist oder nicht, ist sowohl für die tatbestandsmäßige Erfüllung des Art. 23 Abs. 1 lit. d VO Nr. 1/2003 als auch für die Bemessung der Höhe der Geldbuße unerheblich, denn die Erweckung von Zweifel an der Unversehrtheit der Beweismittel in dem versiegelten Raum ist hinreichender Sanktionsgrund.[460]

X. Überprüfung der Geldbußenentscheidungen durch die Unionsgerichte

122 Gegen die Geldbußenentscheidungen der Kommission steht der **Rechtsweg zum Gerichtshof** gemäß Art. 261 AEUV und Art. 31 VO Nr. 1/2003 offen.[461] Das Gericht der Europäischen Union (EuG) ist erstinstanzlich für Klagen gegen Geldbußenentscheidungen der Kommission zuständig. Es hat die Befugnis zu einer **unbeschränkten Nachprüfung der Entscheidung** in tatsächlicher wie in rechtlicher Hinsicht. Der EuGH übt in letzter Instanz die Rechtskontrolle über Entscheidungen des EuG aus. Die Unionsgerichte können nach Art. 31 VO Nr. 1/2003 die festgesetzte Geldbuße aufheben, herabsetzen oder erhöhen.

B. Zwangsgelder

123 Um von einem Unternehmen oder einer Unternehmensvereinigung rasch ein bestimmtes **Handeln, Dulden oder Unterlassen zu erwirken,** kann die Kommission nach Art. 24 VO Nr. 1/2003 ein Zwangsgeld festsetzen **(Beugemittel).** Im Gegensatz zur Geldbuße kommt dem Zwangsgeld Präventionscharakter zu, soweit der Eintritt einer

---

456 Siehe zu den hier bestehenden Mitwirkungs- und Duldungspflichten Explanatory Note der Komm. v. 18.3.2013, Erläuterung der Ermächtigung zur Durchführung einer Inspektion in Ausführung eines Nachprüfungsbeschlusses gemäß Art. 20 Abs. 4 der VO Nr. 1/2003, abrufbar unter http://ec.europa.eu/competition/antitrust/legislation/explanatory_note.pdf; umfassend dazu *Dieckmann* in § 42.

457 Komm. E. v. 15.10.1994, IV/31.143, ABl. 1986 L 295/19 Rdnr. 14, 19 – *Akzo Chemicals.*

458 Komm. E. v. 28.3.2012, COMP/39.793 – *EPH;* bestätigt durch EuG U. v. 26.11.2014, Rs T-272/12, ECLI:EU:T:2014:995 – *EPH.*

459 Komm. E. v. 30.1.2008, COMP/B-1/39.326 Rdnr. 103 – *E.ON Energie AG.*

460 Komm. E. v. 30.1.2008, COMP/B-1/39.326 Rdnr. 105 ff. – *E.ON Energie AG;* bestätigt durch EuGH U. v. 22.11.2012, Rs C-89/11 P, ECLI:EU:C:2012:738 Rdnr. 128 – *E.ON Energie.*

461 S. umfassend zum Rechtsschutz und zum Verfahren vor den Unionsgerichten *Schütte/Thomas* in § 49.

Rechtsverletzung durch das Erzwingen eines gegenwärtigen oder künftigen Verhaltens überhaupt erst verhindert werden soll. Es knüpft freilich an dem Fehlverhalten eines Unternehmens an, wie es in der Vergangenheit zutage getreten ist, und sucht zu verhindern, dass sich eine Zuwiderhandlung fortsetzt oder diese wiederholt wird.[462] Ein Zwangsgeld kann auch festgesetzt werden, wenn das Unternehmen seiner Verpflichtung (zwischenzeitlich) nachgekommen ist. Demzufolge ist es nicht ausgeschlossen, dass ein Zwangsgeld parallel zu einer verhängten Geldbuße zu zahlen ist; der ne bis in idem Grundsatz greift insoweit nicht.[463]

Die Entscheidung über die Verhängung eines Zwangsgeldes liegt im Ermessen der Kommission (Opportunitätsprinzip). Die Fälle, in denen dies in der Praxis tatsächlich erfolgt ist, sind im Gegensatz zu den Geldbußen rar. Das mit Abstand bislang höchste Zwangsgeld wurde im Jahr 2008 gegen *Microsoft* in Höhe von € 899 Mio. wegen Nichteinhaltung einer Kommissionsentscheidung verhängt.[464] **124**

Das Zwangsgeld dient als Instrument der **Verwaltungsvollstreckung** der Durchsetzung bestimmter, in Art. 24 Abs. 1 VO Nr. 1/2003 abschließend aufgeführter Entscheidungen der Kommission, mit denen dem Unternehmen bestimmte Pflichten auferlegt werden. Der Sache nach handelt es sich im Wesentlichen um die grundlegenden Handlungsmöglichkeiten der Kommission zur Durchsetzung des Kartellrechts, wie insbesondere die Verpflichtung eines Unternehmens zur Abstellung einer festgestellten kartellrechtlichen Zuwiderhandlung gegen Artt. 101 oder 102 AEUV (Art. 7 VO Nr. 1/2003), die Durchsetzung einer für verbindlich erklärten Verpflichtungszusage (Art. 9 VO Nr. 1/2003), die Beantwortung von Auskunftsverlangen im Rahmen der Artt. 17 und 18 VO Nr. 1/2003 oder die Duldung einer Nachprüfung (Art. 20 Abs. 4 VO Nr. 1/2003). In der Praxis kamen Zwangsgelder in der Vergangenheit vorwiegend zur Durchsetzung verfahrensrechtlicher Maßnahmen zum Einsatz, in jüngerer Zeit auch zur Einhaltung von Verhaltens- oder Duldungspflichten.[465] **125**

Das Verfahren ist **zweistufig** ausgestaltet. Zunächst wird in einem *ersten Schritt* ein Zwangsgeld angedroht; das Gesetz spricht von Festsetzung, wobei dies entweder bereits im Rahmen der zugrunde liegenden Sachentscheidung erfolgen kann, deren Durchsetzung es dienen soll, oder aber durch gesonderten Beschluss.[466] Die Kommission legt dabei nach ihrem Ermessen einen Tagessatz für jeden Tag des Verzugs und den Zeitpunkt des Verzugs- **126**

---

[462] EuG U. v. 27.6.2012, Rs T-167/08, ECLI:EU:T:2012:323 Rdnr. 94 – *Microsoft.*

[463] Im Fall Komm. E. v. 12.7.2000, COMP/M.1634 – *Mitsubishi Heavy Industries* wurde die Nichterteilung von Auskünften während eines Fusionskontrollverfahrens im Nachhinein mit einer Geldbuße geahndet. Zugleich wurde das für jeden Tag der Nichterteilung der Auskunft festgesetzte Zwangsgeld verhängt, obgleich die Auskunftserteilung mit Abschluss des Fusionskontrollverfahrens hinfällig geworden war; s. auch *FK-Böse,* Art. 24 VO Nr. 1/2003 Rdnr. 2.

[464] Komm. E. v. 27.2.2008, COMP/C 3/37.792 – *Microsoft;* die zugrunde liegende Kommissionsentscheidung hatte den Missbrauch einer marktbeherrschenden Stellung durch das Unternehmen festgestellt und die Bereitstellung bestimmter Interoperabilitätsinformationen gegen Zahlung angemessener Lizenzgebühren angeordnet. Die Forderung überhöhter Lizenzgebühren für einen Folgezeitraum wurde als Fortsetzung des für rechtswidrig erklärten Verhaltens angesehen. Die Entscheidung zur Verhängung des Zwangsgeldes wurde weitgehend bestätigt durch EuG U. v. 27.6.2012, Rs T-167/08, ECLI:EU:T:2012:323 – *Microsoft,* wobei das Gericht das durch die Kommission verhängte Zwangsgeld auf einen Betrag von € 860 Mio. reduzierte. Das Urteil ist rechtskräftig.

[465] Für letzteres s. Komm. E. v. 27.2.2008, COMP/C 3/37.792 – *Microsoft;* Komm. E. v. 10.11.2005, COMP/C-3/37.792 – *Microsoft;* Komm. E. v. 10.10.2001 2002/758/EG, COMP/36.264, ABl. 2002 L 257/1 – *Mercedes Benz;* Komm. E. v. 28.1.1998, IV/35.733, ABl. 1998 L 124 – *VW.*

[466] Für die Festsetzung im Rahmen der zugrunde liegenden Entscheidung s. Komm. E. v. 19.12.2007, COMP/34.579 Rdnr. 773 ff. und Art. 7 der Entscheidung – *Mastercard;* Komm. E. v. 10.10.2001, COMP/36.264, ABl. 2002 L 257/1 Rdnr. 230 und Art. 5 der Entscheidung – *Mercedes Benz;* Komm. E. v. 28.1.1998, IV/35.733, ABl. 1998 L 124 Rdnr. 204 und Art. 5 der Entscheidung – *VW;* für die Festsetzung durch gesonderten Beschluss s. Komm. E. v. 10.11.2005, COMP/C-3/37.792 – *Microsoft,* dem zunächst am 24.3.2004 der Abstellungsbeschluss C(2004) 900 final gegen Microsoft vorausging.

beginns fest. Sie ist lediglich an eine **Höchstgrenze von 5%** des im vorausgegangenen Geschäftsjahr erzielten durchschnittlichen Tagesumsatzes des Unternehmens für jeden Tag des Verzuges gebunden. In Ermangelung konkretisierender gesetzlicher Vorgaben hat sich die Kommission zudem am Grundsatz der Verhältnismäßigkeit zu orientieren. Bei der Höhe des Tagessatzes sind mithin jedenfalls der Bedeutung der dem Unternehmen auferlegten Pflicht für die Einhaltung des Kartellrechts sowie der beabsichtigten Beugewirkung Rechnung zu tragen. Im Unterschied zur Festsetzung einer Geldbuße muss dem Unternehmen **kein Verschulden** vorgeworfen werden können. Der Verschuldensgrad ist aber bei der Bemessung der Zwangsgeldhöhe ebenfalls zu berücksichtigen. Da diese Festsetzung noch nicht vollstreckbar ist und mithin keine Beschwer aufweist, ist sie nicht isoliert angreifbar.[467] Sie ist akzessorisch zur zugrunde liegenden Kommissionsentscheidung in der Sache und kann daher nur zusammen mit ihr angefochten werden.

127 Weil die Dauer der Zwangsmaßnahme im Zeitpunkt der Festsetzung des Tagessatzes für die Kommission naturgemäß nicht absehbar ist, bedarf es als *zweiten Schritt* der Bezifferung des Gesamtbetrages des verwirkten Zwangsgeldes durch neuerliche Entscheidung (Art. 24 Abs. 2 VO Nr. 1/2003). Auf eine fruchtlose Androhung des Zwangsgelds stellt die Kommission daher nach der Anhörung des betroffenen Unternehmens durch Mitteilung von Beschwerdepunkten (Art. 27 Abs. 1 VO Nr. 1/2003) und der Anhörung des Beratenden Ausschusses (Art. 14 Abs. 1 VO Nr. 1/2003) die Höhe des Zwangsgelds endgültig fest. Dabei ist der festgesetzte Tagessatz maximal mit der Anzahl der Tage des Verzugs zu multiplizieren, wobei der letztendliche Betrag durchaus unter der Summe liegen kann, die sich bei konsequenter Anwendung des Androhungsbeschlusses ergeben würde.[468] Letzteres setzt indes voraus, dass das Unternehmen seiner sich aus der zugrunde liegenden Entscheidung ergebenden Verpflichtung inzwischen nachgekommen ist. Die Kommission wird bei der Feststellung der Höhe auch berücksichtigen, ob das Unternehmen aus der Nichteinhaltung der Entscheidung einen wirtschaftlichen Nutzen ziehen konnte, und der Abschreckungswirkung des Zwangsgeldes Rechnung tragen.[469] Art. 24 VO Nr. 1/2003 sieht im Gegensatz zur Regelung für Geldbußen (Art. 23 Abs. 2 S. 3 VO Nr. 1/2003) keine Obergrenze in Höhe von 10% des Gesamtumsatzes des Unternehmens vor; gesetzlich geregelt ist vielmehr lediglich der Tageshöchstsatz. Rechnerisch ist daher bei lang andauernder Weigerung des Unternehmens ein Zwangsgeld denkbar, das über der genannten Obergrenze für Geldbußen liegt.

128 Der Beschluss über die Feststellung der verwirkten Summe des Zwangsgeldes ist ein vollstreckbarer Titel nach Art. 299 AEUV und der isolierten Anfechtung nach Art. 263 Abs. 4 AEUV zugänglich.

C. Verjährung

129 Die Befugnisse der Kommission, Geldbußen und Zwangsgelder nach den Artt. 23 und 24 VO Nr. 1/2003 zu verhängen und entsprechende Beschlüsse zu vollstrecken, verjähren nach Maßgabe der Art. 25 VO Nr. 1/2003 **(Verfolgungsverjährung)** und Art. 26 VO Nr. 1/2003 **(Vollstreckungsverjährung).**

130 Die Dauer der **Verfolgungsverjährung** beläuft sich auf drei Jahre bei Zuwiderhandlungen gegen Vorschriften über die Einholung von Auskünften oder die Vornahme von Nachprüfungen und auf **fünf Jahre** bei allen übrigen Zuwiderhandlungen, wozu insbesondere auch Verstöße gegen das materielle Kartellrecht nach den Artt. 101 und 102 AEUV gehören. Dabei beginnt die Verjährungsfrist in der Regel mit dem Tag zu laufen, an welchem die Zuwiderhandlung begangen worden ist. Schwierigkeiten kann die Bestimmung des **Beginns des Fristlauf** bei einer dauernden oder fortgesetzten Zuwiderhand-

---

[467] EuG U. v. 24.6.1998, Rs T-596/97, Slg. 1998, II-2383 Rdnr. 30f. – *Dalmine*.

[468] Zu letzterem s. Komm. E. v. 15.3.1991, IV/33.300, ABl. 1991 L 97/16 Rdnr. 7 und 11 – *Baccarat*, wo die Kommission unter anderem einer „gewissen Unerfahrenheit" des Unternehmens Rechnung trug.

[469] S. Komm. E. v. 27.2.2008, COMP/C-3/37.792 Rdnr. 25 – *Microsoft*.

lung bereiten, bei der auf den Tag abzustellen ist, an dem diese beendet wurde (Art. 25 Abs. 2 S. 2 VO Nr. 1/2003). Die entsprechende Feststellung ist immer wieder Gegenstand unionsgerichtlicher Rechtsprechung.[470]

Der Begriff der fortgesetzten Zuwiderhandlung ist ein anderer als der der dauernden Zuwiderhandlung.[471] Von letzterem spricht man, wenn ein konkreter Wettbewerbsverstoß ohne Unterbrechung über einen längeren Zeitraum hinweg praktiziert wird. Das kann nach Auffassung der Rechtsprechung vermutet werden bei zumindest teilweiser Identität der betroffenen Unternehmen, einer einheitlichen Zielrichtung der rechtswidrigen Praktiken sowie Identität der betroffenen Waren oder Dienstleistungen, der Modalitäten der Durchführung der Wettbewerbsbeschränkung, des räumlichen Anwendungsbereiches der betreffenden Praktiken oder der natürlichen Personen, die für die Unternehmen tätig wurden.[472] Eine fortgesetzte Zuwiderhandlung umfasst demgegenüber eine Mehrzahl rechtswidriger Verhaltensweisen, die durch ein gemeinsames subjektives Element zu einer Einheit verbunden sind, selbst wenn ein oder mehrere Teile dieses fortgesetzten Verhaltens isoliert betrachtet einen selbstständigen Verstoß gegen Art. 101 AEUV darstellen könnten.[473] Relevanz erlangt die Unterscheidung insbesondere, da für die Phase der Unterbrechung einer fortgesetzten Zuwiderhandlung keine Geldbuße verhängt werden kann. Dabei obliegt es dem Kartellanten, das Vorliegen einer Unterbrechung nachzuweisen, da die Kommission ansonsten bei objektiven und übereinstimmenden Indizien für das Vorliegen eines Gesamtplans eine dauernden Zuwiderhandlung vermuten und die Geldbuße für die gesamte Dauer der (dauernden) Zuwiderhandlung festsetzen wird.[474] 131

Die **Fristberechnung** richtet sich im Weiteren nach Maßgabe der allgemeinen VO Nr. 1182/71 zur Festlegung der Regeln für Fristen, Daten und Termine.[475] 132

Die Verjährung der Befugnis zur Festsetzung von Geldbußen oder Zwangsgeldern wird durch eine auf Ermittlung oder Verfolgung der Zuwiderhandlung gerichtete Handlung der Wettbewerbsbehörde **unterbrochen.** Dabei kommen sowohl Maßnahmen der Kommission als auch solche der mitgliedstaatlichen Wettbewerbsbehörden in Betracht, die zwar ihrerseits zur Anwendung der Art. 101 und 102 AEUV berufen sind, aber selbst keine Geldbußen oder Zwangsgelder nach der VO Nr. 1/2003 verhängen. Relevante Ermittlungs- und Verfolgungshandlungen sind in Art. 25 Abs. 3 S. 3 VO Nr. 1/2003 beispielhaft und daher nicht abschließend aufgeführt.[476] Dabei wird es sich zumeist um den bei einer 133

[470] Vgl. EuG U. v. 28.4.2010, Rs T-446/05, Slg. 2010, II-1255 Rdnr. 89 ff. – *Amann & Söhne und Cousin Filterie;* U. v. 17.5.2013, Rs T-147/09 und T-148/09, ECLI:EU:T:2013:259 Rdnr. 57 ff. und 72 ff. – *Trelleborg Industrie SAS und Trelleborg AB.*

[471] Zusammengefasst bei EuG U. v. 17.5.2013, Rs T-147/09 und T-148/09, ECLI:EU:T:2013:259 Rdnr. 83 – *Trelleborg Industrie SAS und Trelleborg AB;* dazu auch Komm. E. v. 24.1.2007, COMP/38.899 – *Gasisolierte Schaltanlagen,* bestätigt durch EuG U. v. 3.3.2011, Rs T-122/07 bis T-124/07, Slg. 2011 II-0793, Rdnr. 86 ff. – *Siemens Österreich.*

[472] EuG U. v. 17.5.2013, Rs T-147/09 und T-148/09, ECLI:EU:T:2013:259 Rdnr. 60 – *Trelleborg Industrie SAS und Trelleborg AB.*

[473] EuGH U. v. 6.12.2012, Rs C-441/11 P, ECLI:EU:C:2012:778 Rdnr. 41 – *Coppens;* EuG U. v. 17.5.2013, Rs T-147/09 und T-148/09, ECLI:EU:T:2013:259 Rdnr. 72 ff. – *Trelleborg Industrie SAS und Trelleborg AB;* EuG U. v. 16.9.2013, Rs T-378/10, ECLI:EU:T:2013:469 Rdnr. 59 ff. – *Masco*; in EuGH U. v. 4.7.2013, Rs C-287/11 P, ECLI:EU:C:2013:445 – *Aalberts* befasst sich der Gerichtshof mit der Frage, wie das Verhalten des Unternehmens zu beurteilen ist, das nur an einem Teil der Vorfälle teilgenommen hat, die die Kommission insgesamt als einheitliche fortgesetzte Zuwiderhandlung bewertet; dazu auch *Mestmäcker/Schweitzer,* Europäisches Wettbewerbsrecht, § 10 Rdnr. 9 ff.; weiterführend *Biolan,* JECL & P 2015, online veröffentlicht 6.2.2015 doi:10.1093/jeclap/lpu123.

[474] S. z. B. EuG U. v. 17.5.2013, Rs T-147/09 und T-148/09, ECLI:EU:T:2013:259 Rdnr. 87 – *Trelleborg Industrie SAS und Trelleborg AB;* EuG U. v. 17.5.2013, Rs T-154/09, ECLI:EU:T:2013:260 Rdnr. 195 f. – *MRI.*

[475] Verordnung (EWG, Euratom) Nr. 1182/71 des Rates vom 3.6.1971 zur Festlegung der Regeln für die Fristen, Daten und Termine, ABl. 1971 L 124/1.

[476] So bereits EuGH U. v. 15.10.2002, Rs C-238/99 P, Slg 2002, I-8375 Rdnr. 141 – *PVC II* für die Vorgängerregelung.

Durchsuchung übergebenen Nachprüfungsauftrag, ein Auskunftsverlangen oder ein Schreiben der Kommission zur Verfahrenseinleitung handeln. An sich ist auf den Zeitpunkt der Bekanntgabe der entsprechenden Ermittlungs- und Verfolgungshandlung an das Unternehmen abzustellen. Rechtsunsicherheit folgt in der Praxis indes insbesondere aus der Vorschrift in Art. 25 Abs. 3 S. 2 und Abs. 4 VO Nr. 1/2003, die eine Art gesamtschuldnerische Regelung trifft und die Verjährungsunterbrechung gesamthaft bereits dann beginnen lässt, wenn die Ermittlungs- oder Verfolgungsmaßnahme nur einem an einer Zuwiderhandlung beteiligten Unternehmen gegenüber bekannt gemacht wurde.

134 Schließich ist im Fall einer Verjährungsunterbrechung die **absolute Verjährungsfrist** zu beachten, die den doppelten Zeitraum (also sechs bzw. zehn Jahre) umfasst, und etwa in Anbetracht der langen Ermittlungsdauer in Kartellverfahren eine Rolle spielen kann.[477]

135 Die Verfolgungsverjährung **ruht** schließlich während der Anhängigkeit gerichtlicher Verfahren, in denen Kommissionsentscheidungen zur Verhängung von Geldbußen oder Zwangsgeldern überprüft werden (Art. 25 Abs. 6 VO Nr. 1/2003).[478] Mit Anhängigkeit ist gemäß dem deutschen Sprachgebrauch der Eingang der Klage beim Gericht und nicht erst die Rechtshängigkeit der Klage gemeint.[479] Soweit sich eine Kommissionsentscheidung gegen mehrere Unternehmen richtet, ruht die Verjährung nur denjenigen Adressaten gegenüber, die Rechtsmittel eingelegt haben.[480]

136 Kommissionsentscheidungen zur Verhängung einer Geldbuße nach Art. 23 VO Nr. 1/2003 oder eines Zwangsgeldes nach Art. 24 Abs. 2 VO Nr. 1/2003 sind **vollstreckbare Titel** i. S. von Art. 299 AEUV. Während sich die Vollstreckung im Weiteren nach den einschlägigen **zivilprozessualen Vorschriften des jeweiligen Mitgliedsstaates** richtet, in dessen Hoheitsgebiet vollstreckt wird, trifft die VO Nr. 1/2003 in Art. 26 Reglungen zur Dauer der **Vollstreckungsverjährung.** Diese beträgt einheitlich **fünf Jahre** ab dem Tag der Bestandskraft des Beschlusses. Maßgeblich kommt es dafür auf den Ablauf der Anfechtungsfrist an, die sich nach den allgemeinen Grundsätzen zur Nichtigkeitsklage auf zwei Monate zuzüglich der pauschalen Entfernungsfrist in Höhe von 10 Tagen bemisst.[481] Der Fristlauf wird durch die Bekanntgabe eines Beschlusses, durch die der ursprüngliche Betrag der Geldbuße oder des Zwangsgelds geändert oder ein Antrag auf eine solche Änderung abgelehnt wird, sowie durch eine zwangsweise Beitreibung der Geldbuße oder des Zwangsgelds durch die Kommission oder einen Mitgliedstaats auf Antrag der Kommission **unterbrochen.** Im Gegensatz zur Verfolgungsverjährung sehen die Regelungen zur Vollstreckungsverjährung **keine absolute Grenze** vor. Die Vollstreckungsverjährung **ruht,** solange die Kommission eine Zahlungserleichterung, etwa in Form einer Stundung oder Ratenzahlung, bewilligt und solange die Zwangsvollstreckung durch eine Entscheidung des Gerichtshofs, etwa nach Art. 278 S. 2 oder nach Art. 299 Abs. 4 AEUV, ausgesetzt ist.

137 Im Fall der Vollstreckung in Deutschland wird die Vollstreckungsklausel durch den Bundesminister der Justiz erteilt.[482] Soll das Verfahren der Zwangsvollstreckung auf seine

---

[477] Im Verfahren *Wärmestabilisatoren* (COMP/38.589) war Verjährung nach Ablauf der Zehnjahresfrist für einige der beteiligten Unternehmen eingetreten, wohingegen die absolute Verjährung für andere beteiligte Unternehmen ruhte, da diese Rechtsmittel gegen Ermittlungsmaßnahmen der Kommission eingelegt hatten, siehe Pressemitteilung Komm. IP/11/820 v. 4.7.2011 – *Ciba/BASF* und *Elementis*, und EuG B. v. 8.11.2011, T-43/10 – *Elementis u.a.;* unter T-47/10 und T-485/11 sind Rechtsmittel anhängig, die sich ebenfalls mit dem Eintritt der absoluten Verjährung befassen.

[478] S. Pressemitteilung Komm. IP/11/820 v. 4.7.2011 – *Ciba/BASF* und *Elementis.*

[479] EuGH U. v. 15.10.2002, Rs C-238/99 P, Slg. 2002, I-8375 Rdnr. 153, 157 – *PVC II;* U. v. 29.3.2011, Rs C-201/09 P und C-216/09 P, Slg. 2011, I-2239 Rdnr. 141 – *ArcelorMittal Luxembourg.*

[480] EuGH U. v. 29.3.2011, Rs C-201/09 P und C-216/09 P, Slg. 2011, I-2239 Rdnr. 142 – *ArcelorMittal Luxembourg.*

[481] S. Art. 263 Abs. 5 AEUV in Verbindung mit Art. 51 VerfO-EuGH bzw. Art. 102 § 2 VerfO-EuG.

[482] Bekanntmachung über die Zuständigkeit für die Erteilung der Vollstreckungsklausel zu Entscheidungen von Organen der Europäischen Wirtschaftsgemeinschaft und der Europäischen Atomgemeinschaft v. 3.2.1961 (BGBl. II 1961, S. 50).

Ordnungsgemäßheit geprüft werden, sind die Rechtsbehelfe des nationalen Zwangsvollstreckungsrechts anzuwenden. Im Übrigen können materielle Einwände gegen den Kommissionsbeschluss nicht im Zwangsvollstreckungsverfahren erhoben werden.[483]

D. Zahlung, Verzinsung, Erstattung

Geldbußen und Zwangsgelder werden in Euro verhängt, und Zahlungen sind in Euro **138** auf ein von der Kommission benannte Konto vorzunehmen. In ihrer Entscheidung zur Festsetzung einer Geldbuße oder eines Zwangsgeldes bestimmt die Kommission auch die **Zahlungsfrist** und für den Fall der Nichteinhaltung derselben den Anfall von **Verzugszinsen.**[484] Die Zahlungsfrist beträgt im Einklang mit den internen Verfahrensvorschriften der Kommission in der Regel drei Monate ab Zustellung des Beschlusses.[485] Weitere Modalitäten sind in der **Durchführungsverordnung zur Haushaltsordnung der Union** geregelt.[486] Für den Fall der Nichteinhaltung der Zahlungsfrist fallen danach Verzugszinsen in Höhe von 3,5 Prozentpunkten über dem von der Europäischen Zentralbank für ihre Hauptrefinanzierungsgeschäfte zugrunde gelegten und am ersten Kalendertag des Fälligkeitsmonats geltenden Zinssatz an.[487]

Wird ein Rechtsmittel gegen die Kommissionsentscheidung eingelegt, hat das Unterneh- **139** men gleichwohl entweder bis zur Ausschöpfung des Rechtswegs die vorläufige Zahlung des betreffenden Betrages vorzunehmen oder mit Einverständnis der Kommission eine finanzielle Sicherheit zu leisten.[488] In der Praxis handelt es sich dabei in der Regel um eine Finanzgarantie auf erste Anforderung, die von einer in der EU ansässigen Bank oder Versicherung mit langfristig hoher Bonität ausgestellt sein muss und der Höhe nach die noch nicht eingezogene Schuld einschließlich Zinsen abdecken muss. Die abzusichernden Zinsen belaufen sich in diesem Fall indes auf lediglich 1,5 Prozentpunkte über dem von der Europäischen Zentralbank für ihre Hauptrefinanzierungsgeschäfte zugrunde gelegten Zinssatz.[489] Von der Obliegenheit zur Stellung einer Finanzgarantie wird nur bei Vorliegen außergewöhnlicher Umstände – beispielsweise einer drohenden Insolvenz alleine schon durch Stellung der Finanzgarantie – abgesehen.[490] Zudem kann die Kommission andere Formen der Zahlungserleichterung gewähren, z. B. Abschlagszahlungen und/oder Ratenzahlungen.[491]

---

[483] Weiterführend zum deutschen Zwangsvollstreckungsverfahren *Terhechte,* EuZW 2004, 235 ff.

[484] Die Pflicht zur Verzinsung bereits früh anerkannt durch EuGH U. v. 25.10.1983, Rs 107/82, Slg. 1983, 3151 Rdnr. 141 ff. – *AEG*; U. v. 10.5.2007, Rs C-328/05 P, Slg. 2007, I-3921 Rdnr. 109 – *SGL Carbon III;* EuG U. v. 14.7.1995, Rs T-275/94, Slg. 1995, II-2169 Rdnr. 47 ff. – *Groupement des cartes bancaires;* U. v. 29.4.2004, Rs T-236/01, Slg. 2004, II-1181 Rdnr. 475 f. – *Tokai Carbon I.*

[485] Komm. B. v. 2.5.2013, K(2013) 2488 endg., zu den internen Verfahrensvorschriften für die Einziehung von aus der direkten Verwaltung entstandenen Forderungen und die Einziehung von gemäß den EU-Verträgen verhängten Geldbußen, Pauschalbeträgen und Zwangsgeldern.

[486] Delegierte Verordnung (EU) Nr. 1268/2012 der Kommission v. 29.10.2012 über die Anwendungsbestimmungen für die Verordnung (EU, Euratom) Nr. 966/2012 des Europäischen Parlaments und des Rates über die Haushaltsordnung für den Gesamthaushaltsplan der Union (ABl. 2012 L 362/1) („DV Haushaltsordnung“).

[487] Art. 83 Abs. 2 lit. b DV Haushaltsordnung. Die aktuellen Zinssätze der Europäischen Zentralbank für Hauptrefinanzierungsgeschäfte werden in der Regel zum Monatsersten im Amtsblatt der EU, Reihe C, veröffentlicht.

[488] Art. 90 Abs. 1 DV Haushaltsordnung; eine einstweilige Anordnung zur Abwehr der Vollstreckung eines Bußgeldes der Kommission, welches nach europäischem Recht rechtskräftig geworden ist, gegen welches aber noch eine Verfassungsbeschwerde in Deutschland anhängig ist, hat das BVerfG abgelehnt: BVerfG B. v. 30.8.2013, 2 BvR 2752/11 – *ThyssenKrupp Nirosta,* WuW DE-R 4082.

[489] Art. 83 Abs. 4 DV Haushaltsordnung.

[490] EuG B. v. 13.4.2011, Rs T-393/10 R, Slg. 2011, II-1697 Rdnr. 22 f. m. w. N. – *Westfälische Drahtindustrie.*

[491] Vgl. EuG B. v. 13.7.2006, Rs T-11/06 R, Slg. 2011, II-2491 Rdnr. 146 – *Romana Tabacchi* für eine entsprechende Regelung durch das Gericht nach Weigerung der Kommission.

140 Wird eine Entscheidung zur Festsetzung einer Geldbuße durch die Unionsgerichte für nichtig erklärt oder der Betrag verringert, ist die Kommission verpflichtet, – ggf. anteilig – bereits geleistete Zahlungen samt Zinsen zu einem garantierten Betrag zu **erstatten** oder die geleistete **Sicherheit freizugeben.**[492] Dies folgt aus der generellen Verpflichtung der Kommission, die sich aus einem Urteil, das ihr Handeln für nichtig erklärt, ergebenden Maßnahmen zu ergreifen (Art. 266 AEUV).

141 Vom zu versteuernden Gewinn sind entrichtete Geldbußen oder entsprechend gebildete Rückstellungen nach § 4 Abs. 5 S. 1 Nr. 8 EStG nur in Höhe ihres Abschöpfungsanteils als Betriebsausgabe abziehbar.[493] Nach dem BFH enthält der nach den Geldbußenleitlinien 1998 und 2006 ermittelte Grundbetrag indes **keinen Abschöpfungsanteil;** vielmehr dient die Geldbuße den Gesichtspunkten der General- und Spezialprävention.[494] Ein Abschöpfungsanteil kann die Geldbuße aber im Einzelfall enthalten, soweit der Grundbetrag etwa im Rahmen der Berücksichtigung erschwerender Umstände aufgrund von widerrechtlich erzielten Gewinnen erhöht wurde.[495] Zwar ist die Gewinnabschöpfung ein zulässiges Kriterium bei der Bemessung der Geldbuße und wird in den Leitlinien als ein Bemessungskriterium erwähnt.[496] Die Kommissionsentscheidungen enthalten aber in den seltensten Fällen Ausführungen zu diesem Bemessungskriterium. Geldbußen sind daher regelmäßig nicht abziehbar. Die Nichtabsetzbarkeit der Geldbuße nach den Maßgaben mitgliedstaatlichen Rechts ist auch offizielle Position der Kommission in mehreren amicus curiae – Briefen der letzten Jahre, in denen die Kommission zur Unterstützung nationaler Gerichtsverfahren ausdrücklich erklärt hat, dass ihren Geldbußen nur strafender und abschreckender Charakter zukommt.[497]

§ 47 Beschwerden

Übersicht

[492] Dazu EuG U. v. 4.5.2005, Rs T-86/03, Slg. 2005, II-1539 Rdnr. 30f. – *Holcim (France).*

[493] Umfassend zu den Grundsätzen der Abzugsfähigkeit von Bußgeldern des BKartA und der Kommission *Drüen,* DB 2013, 1133; Verfahrenskosten sind in voller Höhe als Betriebsausgaben abziehbar, BFH U. v. 23.3.2011, X R 59/09 (NV).

[494] BFH U. v. 7.11.2013, IV R 4/12, DStR 2014, 408, 411f.; kritisch dazu *Eilers/Klusmann,* NZKart 2014, 294 m.w.N. zu früheren Entscheidungen des BFH und *Schönfeld/Haus/Bermann,* DStR 2014, 2323; s. auch *Heyers,* WuW 2014, 1184 m.w.N.

[495] BFH U. v. 7.11.2013, IV R 4/12, DStR 2014, 408, 412. Eine andere, großzügigere Differenzierung findet sich noch bei BFH, B. v. 24.3.2004, I B 203/03 (NV), DStRE 2004, 1449.

[496] Leitlinien 2006, Rdnr. 31.

[497] S. die amicus curiae-Briefe im niederländischen X B.V. – Fall aus den Jahren 2009 und 2010 sowie amicus curiae-Brief im belgischen Tessenderlo Chemie – Fall aus dem Jahr 2012. Alle amicus curiae-Briefe sind abrufbar unter http://ec.europa.eu/competition/court/antitrust_amicus_curiae.html. Der EuGH hat in einem Vorabentscheidungsverfahren festgestellt, dass die Kommission von sich aus befugt ist, zu dieser Frage vor mitgliedstaatlichen Gerichten Stellung zu nehmen, um die Wirksamkeit der von ihr verhängten Sanktion sicherzustellen, EuGH U. v. 11.6.2009, Rs C-429/07, Slg. 2009, I-4833 – *Inspecteur van de Belastingdienst.*

Schrifttum: *de Bronett,* Das Beschwerderecht von Personen und Personenvereinigungen bezüglich der Anwendung der Artikel 85 und 86 EG-Vertrag durch die Europäische Kommission, WuW 1997, 865; *ders.,* Das formelle Verfahren der Kommission zwecks Zurückweisung von Antitrust-Beschwerden im Spannungsverhältnis zwischen Politik und Recht, WuW 2015, 26; *Dalheimer/Feddersen/Miersch,* EU-Kartellverfahrensordnung, 2005; *Dormann,* Die Bedeutung subjektiver Rechte für das Kartellbeschwerdeverfahren, WuW 2000, 245; *Due,* Verfahrensrechte der Unternehmen im Wettbewerbsverfahren vor der EG-Kommission, EuR 1988, 30; *Forster,* Taking on the Commission: Procedural Possibilities for an Applicant following Submission of a Complaint, ECLR 1993, 256; *Ortiz Blanco,* European Community Competition Procedure 3rd edition, 2013; *Kevekordes,* Zur Rechtsstellung Dritter im EG-(Kartell)-Verfahrensrecht, DB 1989, 2521; *Schmidt,* Klagebefugnis und Beschwerdebefugnis verfahrensbeteiligter Dritter im europäischen und im nationalen Kartellrecht, Fs Steindorf, 1990, S. 1085; *Temple Lang,* The Position of Third Parties in EEC Competition Cases, E.L.Rev. 1978, 177; *Vesterdorf,* Complaints concerning infringements of Competition Law within the context of European Community Law, CMLR 1994, 77.

A. Bedeutung von Beschwerden

Beschwerden mit dem Antrag, dass die Kommission gegen ein wettbewerbswidriges 1
Verhalten **Dritter** tätig werden möge, sind ein wichtiger Anlass zur Einleitung einer Untersuchung.[1] Es handelt sich dabei nicht nur um Beschwerden von Verbrauchern oder Endabnehmern über das Verhalten von Unternehmen, sondern Beschwerden über das Verhalten von Wettbewerbern werden auch gezielt als Mittel der Auseinandersetzung zwischen Unternehmen gebraucht. Beschwerden werden nicht allein von schwächeren Marktteilnehmern gegen das Verhalten von marktstarken Unternehmen erhoben, sondern selbst Großunternehmen setzen das Wettbewerbsrecht als Teil ihrer Marktstrategie ein.[2] In diesem Zusammenhang spielt sicherlich eine Rolle, dass das Verwaltungsverfahren der Kommission anders als ein Verfahren vor den nationalen Zivilgerichten kostenfrei ist und die Kommission über wirksame Ermittlungsbefugnisse verfügt. Die Kommission begrüßt grundsätzlich Marktinformationen und Beschwerden, die Hinweise auf Verstöße gegen die Wettbewerbsregeln enthalten.[3] Sie behält sich jedoch vor, in ihrer Arbeit Prioritäten zu setzen und nicht jeder Beschwerde nachzugehen. Die Kommission nutzt die ihr zur Verfügung stehenden Ressourcen für die Untersuchung und Verfolgung der schwerwiegendsten Zuwiderhandlungen und die Bearbeitung von Fällen, die für die Entwicklung der Wettbewerbspolitik und die Gewährleistung einer einheitlichen Anwendung der Wettbewerbsregeln wichtig sind. Potentiellen Beschwerdeführern wird empfohlen, sich vor der Einreichung einer formellen Beschwerde mit der Kommission informell in Verbindung zu setzen.[4] Die Kommis-

---

[1] 2005 beruhten über 50% der neu eingegangenen Fälle auf einer Beschwerde; s. WB 2005 S. 91.

[2] Vgl. dazu die Beschwerden von *Mars* gegen *Unilever;* EuG U. v. 8.6.1995, Rs T-7/93, Slg. 1995, II-1533 Rdnr. 3 – *Langnese;* sowie *Reynolds Tobacco* gegen *Philip Morris* 14. WB (1984) Nr. 98–100; EuGH U. v. 17.11.1987, verb. Rs 142 und 156/84, Slg. 1987, 4566 Rdnr. 3 – *BAT/Reynolds.* In den öffentlichen Stellungnahmen anlässlich der Mitteilung der Beschwerdepunkte gegen *Google* wurde auch auf das Vorliegen von Beschwerden verwiesen: Statement by Commissioner Vestager on antitrust decisions concerning *Google,* http://europa.eu/rapid/press-release_STATEMENT-15-4785_en.htm.

[3] Http://ec.europa.eu/competition/consumers/contacts_en.html; Bekanntmachung der Kommission über bewährte Vorgehensweisen in Verfahren nach Artikel 101 und 102 des AEUV, ABl. 2011 L 308/6, Rdnr. 11.

[4] Komm., Wettbewerbsbericht 2005 Rdnr. 26.

sion ist bestrebt, Beschwerdeführern innerhalb von vier Monaten nach Erhalt einer Beschwerde mitzuteilen, ob sie eine Untersuchung des Falles beabsichtigt.[5]

2 Während in Art. 105 Abs. 1 Satz 2 AEUV nur die Mitgliedstaaten[6] als antragsbefugt erwähnt werden, eröffnet Art. 7 Abs. 2 VO Nr. 1/2003 auch die Möglichkeit zur **Individualbeschwerde.** Personen und Personenvereinigungen, die ein berechtigtes Interesse darlegen, sind danach berechtigt, bei der Kommission einen Antrag auf Feststellung einer Zuwiderhandlung gegen Art. 101 und 102 AEUV zu stellen. In jüngster Zeit werden auf das Wettbewerbsrecht gestützte Beschwerden nicht nur gegen Unternehmen, sondern auch gegen Mitgliedstaaten, häufig dann in Verbindung mit Art. 106 AEUV, erhoben.[7] Dies ist damit zu erklären, dass im Rahmen der Deregulierung staatliche Ausschließlichkeitsrechte in zunehmendem Maße in Frage gestellt werden. Beschwerden gegen Mitgliedstaaten werden von Art. 7 VO Nr. 1/2003 nicht umfasst und unterliegen anderen verfahrensrechtlichen Bestimmungen.[8] In der „**Bekanntmachung** der Kommission über die Behandlung von Beschwerden" hat die Kommission allgemeine Grundsätze zu ihrer Verwaltungspraxis veröffentlicht.[9]

B. Voraussetzungen für die Erhebung einer Beschwerde

I. Berechtigtes Interesse des Beschwerdeführers

3 Mitgliedstaaten sind stets beschwerdebefugt, Voraussetzung für eine Individualbeschwerde ist das berechtigte Interesse des Beschwerdeführers (Art. 7 Abs. 2 VO Nr. 1/2003). Dieses liegt vor, wenn dessen Interessen durch die mutmaßliche Zuwiderhandlung unmittelbar verletzt werden.[10] Eine allgemeine „Popularbeschwerde" ist somit nicht möglich. Ist daher ein Unternehmen in einem bestimmten Geschäftsbereich gar nicht tätig, hat es auch kein berechtigtes Interesse, sich gegen Praktiken in diesem Geschäftsbereich zu beschweren.[11] Die Kommission ist in ihrer Praxis bei der Anerkennung des berechtigten Interesses allerdings großzügig. Als Beschwerdeführer sind anerkannt worden: Kunden, die von der Belieferung ausgeschlossen werden,[12] Kunden, die aufgrund einer Absprache überhöhte Preise zahlen müssen[13] oder Wettbewerber.[14] Der Umstand, dass der Beschwerdeführer Vertragspartner der Vereinbarung ist, gegen die er sich wendet, ist von der Kommission bisher nicht zum Anlass genommen worden, die Beschwerdebefugnis abzulehnen.[15] Beschwerde-

---

[5] Bekanntmachung der Kommission über die Behandlung von Beschwerden durch die Kommission gemäß Artikel 81 und 82 EG-Vertrag, ABl. 2004 C 101/65, Rdnr. 61.

[6] In der Praxis kommen formelle Beschwerden der Mitgliedstaaten kaum vor, in der Regel wenden sich die zuständigen Behörden der Mitgliedstaaten informell an die Kommission.

[7] Zur Anwendbarkeit der Bestimmungen der Art. 101, 102, 106 AEUV auf die Mitgliedstaaten s. Dohms in § 35; „Beschwerden" gegen Mitgliedstaaten sind in der Vergangenheit häufig auf andere Bestimmungen als die des Wettbewerbsrechts, wie etwa die Regeln des freien Warenverkehrs, die Regeln über Dienstleistungs- und Niederlassungsfreiheit und die Bestimmungen des Agrar-, Sozial-, und Umweltrechts gestützt worden. Das Generalsekretariat bestätigt den Eingang einer solchen „Beschwerde", die federführende Dienststelle unterrichtet den Beschwerdeführer auch über den Fortgang des Verfahrens. Verfahrensmäßige Rechte sind damit nicht verbunden.

[8] S. dazu § 47 Rdnr. 20.

[9] Bekanntmachung der Kommission über die Behandlung von Beschwerden durch die Kommission gemäß Artikel 81 und 82 EG-Vertrag, ABl. 2004 C 101/65.

[10] Bekanntmachung der Kommission über die Behandlung von Beschwerden durch die Kommission gemäß Artikel 81 und 82 EG-Vertrag, ABl. 2004 C 101/65, Rdnr. 33.

[11] EuG U. v. 16.9.1998, Rs T-133/95 u. T-204/95, Slg. 1998, II-3645 Rdnr. 80 – *IECC II.*

[12] Komm. E. v. 18.3.1992, ABl. 1992 L 131/32 – *Newitt/Dunlop Slazenger;* Komm. E. v. 15.7.1992, ABl. 1992 L 233/27 – *VIHO/Parker Pen.*

[13] Komm. E. v. 5.2.1992, ABl. 1992 L 92/1 – *Niederländische Bauwirtschaft.*

[14] Komm. E. v. 14.12.1985, ABl. 1985 L 374/1 – *ECS/AKZO*; Komm. E. v. 23.12.1992, ABl. L 20/14 – *Ford/Volkswagen.*

[15] Komm. E. v. 26.7.1976, ABl. 1976 L 254/40 – *Reuter/BASF;* Komm. E. v. 27.7.1992, ABl. L 235/9 – *Continuum/Quantel SA.*

befugt sind aber nicht nur direkt Betroffene, sondern auch Organisationen, die ein über ein individuelles Interesse hinausgehendes Interesse vertreten wie Gewerkschaften,[16] Verbraucherverbände[17] oder Unternehmensverbände, die die konkreten Interessen ihrer Mitglieder vertreten.[18] Der Endabnehmer einer Ware oder Dienstleistung, der durch die fragliche Wettbewerbsbeschränkung beeinträchtigt wurde, hat stets ein berechtigtes Interesse.[19] Ein berechtigtes Interesse kann auch dann bestehen, wenn die Kommission bereits ein Verfahren eingeleitet hat; die Stellung als Beschwerdeführer ist daher nicht davon abhängig, dass dieser das Verfahren durch seine Beschwerde in Gang gebracht hat.[20]

II. Formvorschriften

Zur Erhebung einer Beschwerde bietet die Kommission die Benutzung eines **Formblatts** an. Dieses ist als Formblatt C der VO Nr. 773/220 beigefügt. Wird das Formblatt nicht gebraucht, muss die Beschwerde auf jeden Fall schriftlich eingereicht werden und die Angaben und Unterlagen enthalten, die in dem Anhang zu Formblatt C gefordert werden. Wird für einen Teil der Beschwerde Vertraulichkeitsschutz geltend gemacht, muss auch eine nicht vertrauliche Form erstellt werden (Art. 5 VO Nr. 773/2004). Es liegt im Interesse des Beschwerdeführers, möglichst umfangreiche und beweiskräftige Tatsachen vorzutragen. Wird die Beschwerde durch einen Vertreter (Rechtsanwalt) vorgebracht, muss dieser seine Vertretungsbefugnis nachweisen. Von einer formellen Beschwerde zu unterscheiden sind Eingaben anderer Art; die Kommission bezeichnet diese als „Marktinformationen".[21] Die Generaldirektion Wettbewerb bietet eine spezielle E-Mail Anschrift an, um über mutmaßliche Wettbewerbsverletzungen zu unterrichten.[22] In diesem Fall einer **informellen Beschwerde**[23] kann der Beschwerdeführer allerdings keine verfahrensmäßigen Rechte geltend machen; es liegt im Ermessen der Kommission, ob sie den Informationen nachgeht. Das gleiche gilt für anonyme Beschwerden. 4

C. Rechte des Beschwerdeführers

I. Anspruch auf Untersuchung der Beschwerde

Art. 7 VO Nr. 1/2003 und Art. 6, 7 und 8 VO Nr. 773/2004 statten den Beschwerdeführer mit bestimmten Verfahrensrechten aus.[24] Die Rechtsprechung hat die Aufgabe der Kommission dahingehend konkretisiert, dass diese einen ihr zur Kenntnis gebrachten Sachverhalt **untersuchen** muss.[25] Dabei sei die Kommission verpflichtet, die vom Beschwerde- 5

[16] Komm., 16. WB (1986) Rdnr. 43.

[17] Das „berechtigte Interesse" eines Verbraucherverbands ist nicht in Zweifel gezogen worden in EuG U. v. 18.5.1994, Rs T-37/92, Slg. 1994, I-289 Rdnr. 36 – *BEUC.*

[18] EuG U. v. 24.1.1995, Rs T-114/92, Slg. 1995, II-147 Rdnr. 23, 28 – *BEMIM.*

[19] EuG U. v. 7.6.2006, verb. Rs T-213/01 und T-214/01, Slg. 2006, II-1601 Rdnr. 114 – *Österreichische Postsparkasse;* Komm. E. v. 9.12.1998, ABL. 1999 L 109/24 – *Griechische Fährschiffe.*

[20] EuG U. v. 7.6.2006, verb. Rs T-213/01 und T-214/01, Slg. 2006, II-1601 Rdnr. 91 – *Österreichische Postsparkasse.*

[21] Bekanntmachung der Kommission über die Behandlung von Beschwerden durch die Kommission gemäß Artikel 81 und 82 EG-Vertrag, ABl. 2004 C 101/65, Rdnr. 4; Elektronisches Formular zur Kontaktaufnahme: http://ec.europa.eu/competition/contacts/antitrust_mail.html.

[22] comp-market-information@ec.europa.eu.

[23] Als Beispiel s.: Komm. E. v. 30.1.1995, ABl. 1995 L 122/37 – *COAPI.*

[24] Grundlegend: EuG U. v. 18.9.1992, Rs T-24/90, Slg. 1992, II-2223 Rdnr. 75 – *Automec II.* Diese Rechtsprechung bezieht sich noch auf Art. 6 von VO Nr. 99/63, der alten Anhörungsverordnung. Art. 7 der VO Nr. 773/2004 entspricht dieser Bestimmung.

[25] EuGH U. v. 25.10.1977, Rs 26/76, Slg. 1977, 1875 Rdnr. 13 – *Metro I;* EuGH U. v. 11.10.1983, Rs 210/81, Slg. 1983, 3045 Rdnr. 14, 22 – *Demo Studio Schmidt;* EuGH U. v. 28.3.1985, Rs 289/83, Slg. 1985, 1105 Rdnr. 18 – *CICCE.*

führer vorgebrachten Argumente sorgfältig zu prüfen.[26] Die Stellung als Beschwerdeführer setzt nicht voraus, dass dieser die Eröffnung der Untersuchung initiiert hat. Die Rechte als Beschwerdeführer bestehen auch dann, wenn die Kommission in dem Fall bereits eine Untersuchung begonnen hatte.[27]

6 Die Position von Dritten oder „Beschwerdeführern" im Rahmen der **Fusionskontrolle** ist wesentlich schwächer. Beschwerdeführer haben zwar die Möglichkeit der Anfechtung der Endentscheidung und können im Laufe des Verfahrens auch angehört werden. Die FKVO enthält jedoch keine Art. 7 VO Nr. 1/2003 vergleichbare Regelung, die dem Beschwerdeführer eine eigene Rechtsstellung im Verfahren einräumt.[28]

7 Der Beschwerdeführer kann seine Beschwerde jederzeit zurückziehen, er hat aber keinen Anspruch, dass die Kommission das Verfahren daraufhin einstellt. Die Kommission kann dann das Verfahren als Verfahren von Amts wegen weiter führen. Auch in diesem Fall ist der Beschwerdeführer gehalten, an der Aufklärung des Sachverhalts mitzuwirken; ggf. sind auch Nachprüfungen und Auskunftsersuchen beim Beschwerdeführer möglich.

II. Anspruch auf Erlass einer Entscheidung gegen Dritte

8 Ein Anspruch auf den Erlass einer an einen Dritten gerichteten Entscheidung besteht grundsätzlich nicht. Dies wird in ständiger Rechtsprechung mit den Worten ausgedrückt, dass die Kommission nicht verpflichtet ist, eine Entscheidung über das Vorliegen oder Nichtvorliegen einer Wettbewerbsbeeinträchtigung zu treffen.[29] Der Beschwerdeführer hat somit ein **Recht auf einen rechtsmittelfähigen Bescheid,** jedoch **keinen Anspruch auf Einschreiten gegen Dritte.**

III. Fürsorgepflichten gegenüber dem Beschwerdeführer

9 Die Kommission hat gegenüber Beschwerdeführern und Personen, die ihr Zuwiderhandlungen gegen die Wettbewerbsregeln zur Kenntnis bringen, bestimmte Fürsorgepflichten.[30] Sie muss auf Wunsch des Beschwerdeführers die Beschwerde vertraulich behandeln und darf die Identität des Beschwerdeführers ohne dessen Zustimmung nicht bekanntgeben. Gibt die Kommission die Identität ohne Zustimmung bekannt, kann sie sich gemäß Art. 340 AEUV schadenersatzpflichtig machen.

D. Das Gemeinschaftsinteresse an der Bearbeitung einer Beschwerde

10 Das Individualinteresse des Beschwerdeführers ist nicht identisch mit dem Gemeinschaftsinteresse an der Behandlung des Falls. Die Kommission hat das Recht, über die

---

[26] EuG U. v. 18.9.1992, Rs T-24/90, Slg. 1992, II-2223 Rdnr. 78, 79 – *Automec II;* U. v. 16.9.1998, Rs T-110/95, Slg. 1998, II-3605, Rdnr. 51 – *IECC I.*

[27] EuG U. v. 7.6.2006, verb. Rs T-213/01 und T-214/01, Slg. 2006, II-1601 Rdnr. 91 – *Österreichische Postsparkasse.*

[28] EuG U. v. 27.11.1997, Rs T-290/94, Slg. 1997, II-2137 Rdnr. 121 – *Kaysersberg;* die Rechtsstellung der Beschwerdeführer im Rahmen der Beihilfenkontrolle ist ebenfalls begrenzt, s. EuGH U. v. 2.4.1998, Rs C-367/95P, Slg. 1998, I-1719 Rdnr. 60 – *Sytraval.*

[29] EuGH U. v. 18.10.1979, Rs 125/78, Slg. 1979, 3173 Rdnr. 18 – *GEMA*; EuGH U. vom 4.3.1999, Rs C-119/97 P, Slg. 1999, I-1341 Rdnr. 87 – *Ufex;* EuG U. v. 18.9.1992, Rs T-24/90, Slg. 1992, II-2223 Rdnr. 73 – *Automec II;* EuG U. v. 18.11.1992, Rs T-16/91, Slg. 1992, II-2417 Rdnr. 99 – *Ijsselcentrale;* EuG,U. v. 27.6.1995, Rs T-186/94, Slg. 1995, II-1753 Rdnr. 23 – *Guérin Automobiles,* bestätigt durch EuGH U. v. 18.3.1997, Rs C-282/95, Slg. 1997, I-1503 – *Guérin Automobiles;* EuG U. v. 16.9.1998, Rs T-110/95, Slg. 1998, II-3605 Rdnr. 46 – *IECC I.*

[30] EuGH U. v. 7.11.1985, Rs 145/83, Slg. 1985, 3539 – *Stanley Adams.* Zu der internen Dienstanweisung, die auf das Urteil ergangen ist, s. Komm. 15. WB (1985) Rdnr. 51.

Priorität, die sie den bei ihr anhängigen Verfahren einräumt, nach Maßgabe des **Gemeinschaftsinteresses** an diesen Verfahren zu entscheiden.[31] Bei der Festlegung ihrer Arbeitsprioritäten kann die Kommission somit ihr Ermessen ausüben. Das Fehlen des Gemeinschaftsinteresses ist ein selbständiger Grund für die Zurückweisung einer Beschwerde, unabhängig vom Vorliegen einer Zuwiderhandlung. Damit ist das Vorgehen der Kommission freilich nicht der gerichtlichen Kontrolle enthoben. Auch die Zurückweisung aufgrund mangelnden Gemeinschaftsinteresses muss die Kommission mit Rechts- und Sacherwägungen begründen.[32] Ist dies erfolgt, findet eine richterliche Überprüfung, ob überhaupt eine Wettbewerbsverletzung vorliegt, nicht mehr statt.[33] Das Fehlen des Gemeinschaftsinteresses kann sich auch erst im Lauf der Ermittlungen herausstellen. Die Kommission ist daher befugt, sowohl vor als auch während der Ermittlungshandlungen festzustellen, dass kein ausreichendes Gemeinschaftsinteresse besteht.[34] Das Gemeinschaftsinteresse an der weiteren Bearbeitung einer Beschwerde kann dann fehlen, wenn die Kommission bei dem Beschwerdegegner eine Veränderung des beanstandeten Verhaltens bewirkt hat. Ist bei einem komplizierten Sachverhalt ersichtlich, dass die Umsetzung der Veränderung einen gewissen Zeitraum in Anspruch nehmen wird, so kann die Kommission, falls der Beschwerdeführer auf einer Entscheidung über seine Beschwerde besteht, diese wegen mangelnden Gemeinschaftsinteresses zurückweisen.[35]

Kriterien für die Ermittlung des Gemeinschaftsinteresses sind die Schwere und Dauer 11
der Wettbewerbsbeeinträchtigung und ihre Auswirkungen auf das Funktionieren des Gemeinsamen Marktes, die Wahrscheinlichkeit, Beweise aufzufinden, sowie das Ausmaß der notwendigen Ermittlungen und die Möglichkeit des Beschwerdeführers, Rechtsschutz vor nationalen Gerichten zu suchen.[36] Bei der Einschätzung des mit einer Beschwerde verbundenen Gemeinschaftsinteresses kommt es auf die Umstände des Einzelfalls an. Daher sind die Kriterien, auf die sich die Kommission bei der Beurteilung des Gemeinschaftsinteresses stützen kann, nicht begrenzt.[37] Gemäß Art. 13 VO Nr. 1/2003 kann die Kommission eine Beschwerde zurückweisen, wenn sich bereits eine Wettbewerbsbehörde eines Mitgliedstaats mit der Beschwerde befasst oder bereits befasst hat. Eine weitere Begründung ist dann nicht mehr notwendig.[38] Bereits unter der Geltung der VO Nr. 17/62 war ein wichtiges Kriterium für das Fehlen des Gemeinschaftsinteresses, dass der Fall von einer nationalen Behörden oder einem nationalen Gerichten ent-

---

[31] Ständige Rspr: EuGH U. vom 4.3.1999, Rs C-119/97 P, Slg. 1999, I-1341 Rdnr. 88 – *Ufex;* EuG U. v. 18.9.1992, Rs T-24/90, Slg. 1992, II-2223 Rdnr. 77, 85 – *Automec II;* EuG U. v. 18.9.1995, Rs T-548/93, Slg. 1995, II-2565 Rdnr. 44 – *Ladbroke II;* s. auch Erwägungsgrund 18 Satz 3 zur VO Nr. 1/2003; EuG U. v. 15.12.2010, Rs T-427/08, Slg. 2010, II-5865 Rdnr. 27 – *CEAHR;* EuG U. v. 13.9.2012, Rs T-119/09, ECLI:EU:T:2012:421 Rdnr. 34 – *Protégé International;* Bekanntmachung der Kommission über die Behandlung von Beschwerden durch die Kommission gemäß Artikel 81 und 82 EG-Vertrag, ABl. 2004 C 101/65, Rdnr. 28.

[32] EuGH U. vom 4.3.1999, Rs C-119/97 P, Slg. 1999, I-1341 – *Ufex;* EuG U. v. 18.9.1992, Rs T-24/90, Slg. II-1992, 2223 Rdnr. 81, 87 – *Automec II;* EuG U. v. 18.5.94, Rs T-37/92, Slg. 1994 II-289 Rdnr. 47 – *BEUC.*

[33] EuG U. v. 24.1.1995, Rs T-114/92, Slg. 1995, II-147 Rdnr. 78 – *BEMIM;* EuG U. v. 16.9.1998, Rs T-110/95, Slg. 1998, II-3605 Rdnr. 47, 49 – *IECC I.*

[34] EuG U. v. 24.1.1995, Rs T-114/92, Slg. 1995, II-147 Rdnr. 81 – *BEMIM;* EuG U. v. 16.9.1998, Rs T-110/95, Slg. 1998, II-3605 Rdnr. 49 – *IECC I.*

[35] EuG U. v. 16.9.1998, Rs T-110/95, Slg. 1998, II-3605 Rdnr. 49, 59, 74 – *IECC I;* bestätigt durch EuGH U. v. 17.5.2001, Rs C-449/98 P, Slg. 2001, I-3875 Rdnr. 51 – *IECC.*

[36] EuG U. v. 24.1.1995, Rs T-5/93, Slg. 1995, II-185 Rdnr. 62 – *Tremblay;* EuGH U. v. 23.4.2009, Rs C-425/07 P, Slg. 2009, I-3205 Rdnr. 53 – *AEPI;* s. auch Bekanntmachung der Kommission über die Behandlung von Beschwerden durch die Kommission gemäß Artikel 81 und 82 EG-Vertrag, ABl. 2004 C 101/65, Rdnr. 41.

[37] EuGH U. vom 4.3.1999, Rs C-119/97 P, Slg. 1999, I-1341 Rdnr. 79 – *Ufex;* EuG U. v. 26.1.2005, Rs T-139/02, Slg. 2005, II-209 Rdnr. 80 – *Piau.*

[38] EuG U. v. 17.12.2014, Rs T-201/11, ECLI:EU:T:2014:1096 Rdnr. 33 – *Si.mobil;* EuG U. v. 21.1.2015, Rs T-355/13, ECLI:EU:T:2015:36 Rdnr. 40 – *EasyJet.*

schieden werden konnte.[39] Die in der VO Nr. 1/2003 verbesserten Möglichkeiten der Zusammenarbeit im Netzwerk und zum Austausch von Informationen und die Möglichkeit, wirksamen Rechtsschutz vor nationalen Gerichten zu erhalten, sind bei der Beurteilung des Gemeinschaftsinteresses weiterhin wichtige Kriterien.[40] Selbst wenn keine nationale Behörde die Absicht bekundet, sich des Falles anzunehmen, hat die Kommission die Möglichkeit, die Beschwerde wegen mangelnden Gemeinschaftsinteresses abzuweisen.[41]

12 Das EuG[42] scheint unter bestimmten Umständen ein **schutzwürdiges Vertrauen** auf die Behandlung der Beschwerde anzuerkennen, nämlich dann, wenn die Kommission im Laufe des Verwaltungsverfahrens Anlass zu der Annahme gegeben hat, dass sie eine Entscheidung treffen will. Auch ein solches schutzwürdiges Vertrauen kann nicht zu einem Anspruch auf Erlass einer Entscheidung, sondern nur dazu führen, dass bei der Behandlung der Beschwerde das Ermessen der Kommission reduziert wird.

E. Verfahren der Zurückweisung von Beschwerden

I. Behandlung der Beschwerde durch die Kommission

13 Wird der Beschwerde stattgegeben, erfolgt dies nicht durch einen gesonderten Rechtsakt. Das Verfahren gegen den **Beschwerdegegner** richtet sich dann nach den allgemeinen Grundsätzen. Dieser hat alle Rechte eines Unternehmens, das von einem Kartellverfahren betroffen ist. Lediglich wenn der Beschwerde ganz oder teilweise nicht stattgegeben werden soll, stellt sich die Frage nach den Verfahrensrechten des Beschwerdeführers.

13a Die Kommission ist verpflichtet, innerhalb eines **angemessenen Zeitraums** über eine Beschwerde zu befinden.[43] Die Bemessung hängt von den Umständen des Einzelfalls, insbesondere von dem Verhalten der Beteiligten und der Komplexität der Angelegenheit, ab.[44] Die Kommission hat erklärt, dass sie grundsätzlich innerhalb von vier Monaten nach Eingang der Beschwerde dem Beschwerdeführer mitteilen will, wie sie auf der Grundlage der Beschwerde weiter vorzugehen beabsichtigt.[45]

14 In dem Verfahren der Behandlung und möglichen Zurückweisung von Beschwerden (Art. 7 VO Nr. 773/2004) sind drei Phasen zu unterscheiden.[46] In der **ersten Phase** ermittelt die Kommission die Umstände, die ihr die Entscheidung darüber ermöglichen, wie sie die Beschwerde weiter behandeln soll. Diese Phase umfasst in der Regel Kontakte der Kommission mit dem Beschwerdeführer sowie mit dem Beschwerdegegner. Der Beschwerdegegner erhält in der Regel eine Kopie der Beschwerde. Der Beschwerdegegner ist zu einer Stellungnahme nicht verpflichtet, er ist aber ggf. verpflichtet, Auskünfte im Rahmen des Art. 18 VO Nr. 1/2003 zu geben oder eine Nachprüfung gemäß Art. 20 VO Nr. 1/2003 zu dulden.

---

[39] Dazu EuG U. v. 18.9.1992, Rs T-24/90, Slg. 1992, II-2223 Rdnr. 88 – *Automec II;* EuG U. v. 9.1.1996, Rs T-575/93, Slg. 1996, II-5 Rdnr. 78 – *Koelman;* Komm. 21. WB (1991), S. 375 – *New Focus Health Care.*

[40] Bekanntmachung der Kommission über die Behandlung von Beschwerden durch die Kommission gemäß Artikel 81 und 82 EG-Vertrag, ABl. 2004 C 101/65, Rdnr. 7 ff.

[41] Erwägungsgrund 18 VO Nr. 1/2003.

[42] EuG U. v. 24.1.1995, Rs T-5/93, Slg. 1995, II-185 Rdnr. 79 – *Tremblay.*

[43] EuGH U. v. 18.3.1997, Rs C-282/95, Slg. 1997, I-1503 Rdnr. 37 – *Guérin Automobile;* EuGH U. v. 21.9.2006, Rs C-105/04 Rdnr. 35 – *NFVGE;* s. zur Angemessenheit der Bearbeitungsdauer auch § 41 Rdnr. 36.

[44] EuGH U. v. 21.9.2006, Rs C-105/04, Slg. 2008, I-3 Rdnr. 35 – *NFVGE;* Bekanntmachung der Kommission über die Behandlung von Beschwerden durch die Kommission gemäß Artikel 81 und 82 EG-Vertrag, ABl. 2004 C 101/65, Rdnr. 60.

[45] Bekanntmachung, Rdnr. 61.

[46] S. dazu auch: EuG U. v. 18.9.1992, Rs T-24/90, Slg. 1992, II-2223 Rdnr. 45 – *Automec II;* U. v. 18.5.94, Rs T-37/92, Slg. 1994, II-289 Rdnr. 29 – *BEUC;* s. auch Bekanntmachung, Rdnr. 54 ff.

15 Soweit sich das Verfahren gegen den Beschwerdegegner richtet, ist **Verfahrenssprache**[47] die Sprache dieses Unternehmens. In der Korrespondenz mit dem Beschwerdeführer wird dessen Sprache gewählt. Die Kommission stellt den Parteien in der Regel die jeweils eingereichten Dokumente, sofern diese nicht vertraulich sind, zur Stellungnahme zur Verfügung. Benutzen Beschwerdeführer und Beschwerdegegner unterschiedliche Sprachen, so veranlasst die Kommission aber nicht die Übersetzung. Die Regeln über die Sprachfassung, wonach sich die Kommission immer der Sprache des Empfängers bedienen muss, gelten nur für solche Dokumente, deren Verfasser die Kommission ist, nicht dagegen für die von Dritten verfassten Dokumente.

16 **Zweite Phase:** Ist die Kommission der Auffassung, dass dem Antrag des Beschwerdeführers nicht stattzugeben ist, so teilt sie ihm gemäß Art. 7 Abs. 1 VO Nr. 773/2004 die Gründe hierfür mit und gibt ihm die Möglichkeit zur schriftlichen Stellungnahme. Hierzu wird ihm eine Frist von mindestens vier Wochen gesetzt (Art. 17 VO Nr. 773/2004). Diese Mitteilung wahrt somit sein rechtliches Gehör.[48] Die Rechte eines Beschwerdeführers gehen allerdings nicht so weit wie der Anspruch auf rechtliches Gehör eines Unternehmens, gegen das sich eine Untersuchung der Kommission richtet.[49] Das Schreiben nach Art. 7 Abs. 2 VO Nr. 773/2004 ist als vorbereitende Verfahrenshandlung nicht anfechtbar.[50] Äußert sich der Beschwerdeführer nicht in der gesetzten Frist, so gilt die Beschwerde als zurückgezogen (Art. 7 Abs. 3 VO Nr. 773/2004). Dem Beschwerdeführer wird darauf mittgeteilt, dass der Fall abgeschlossen wird.[51] Der Beschwerdeführer hat ein Recht auf **Einsicht** in die Unterlagen, die der vorläufigen Beurteilung der Kommission zugrunde liegen. Geschäftsgeheimnisse und sonstige vertrauliche Informationen sind davon ausgeschlossen (Art. 8 Abs. 2 VO Nr. 773/2004.[52] Wird ein Verfahren gegen den Beschwerdegegner eingeleitet, erhält der Beschwerdeführer eine Kopie der nicht vertraulichen Fassung der an den Beschwerdegegner gesandten Beschwerdepunkte (Art. 6 Abs. 1 VO Nr. 773/2004) und kann auf Antrag an der Anhörung teilnehmen (Art. 6 Abs. 2 VO Nr. 773/2004). Diese Rechte bestehen auch dann, wenn der Beschwerdeführer erst im Laufe der Ermittlungen eine Beschwerde eingelegt hat.[53] Der Beschwerdeführer hat selbst nach Beendigung der Anhörung einen Anspruch auf die Übersendung der Kopie der Beschwerdepunkte, solange der Beratende Ausschuss noch keine Stellungnahme abgegeben hat.[54] Der Beschwerdeführer hat kein Recht, zu eventuellen Verhandlungen der Kommission mit dem Beschwerdegegner hinzugezogen zu werden, weil damit vertrauliche Kontakte zwischen Kommission und Unternehmen unmöglich gemacht würden.[55] Die Rechte des Beschwerdeführers werden dadurch gewahrt, dass dieser von den Ergebnissen solcher Gespräche unterrichtet wird.

17 **Dritte Phase:** Können die Äußerungen des Beschwerdeführers in der zweiten Phase die Haltung der Kommission nicht verändern, erfolgt in einer dritten Phase die Zurückweisung der Beschwerde durch eine mit Gründen[56] versehenen Entscheidung (Art. 7 Abs. 2

[47] Zu Sprachenfragen s. § 41 Rdnr. 32 ff.

[48] EuG U. v. 18.9.1992, Rs T-24/90, Slg. 1992, II-2223 Rdnr. 45 – *Automec II* vergleicht dieses Schreiben insofern mit Beschwerdepunkten, die im Verfahren die gleiche Funktion wahrnehmen.

[49] EuGH U. v. 17.11.1987, verb. Rs 142 und 156/84, Slg. 1987, 4566 Rdnr. 20 – *BAT/Reynolds.*

[50] S. dazu § 49 Rdnr. 173.

[51] Bekanntmachung der Kommission über bewährte Vorgehensweisen in Verfahren nach Artikel 101 und 102 des AEUV, ABl. 2011 L 308/6, Rdnr. 140.

[52] S. dazu § 44 Rdnr. 33.

[53] EuG U. v. 7.6.2006, verb. Rs T-213/01 und T-214/01, Slg. 2006, II-1601 Rdnr. 94 – *Österreichische Postsparkasse.*

[54] EuG U. v. 7.6.2006, verb. Rs T-213/01 und T-214/01, Slg. 2006, II-1601 Rdnr. 149 – *Österreichische Postsparkasse.*

[55] EuGH U. v. 17.11.1987, verb. Rs 142 und 156/84, Slg. 1987, 4566 Rdnr. 24 – *BAT/Reynolds;* EuG U. v. 16.9.1998, Slg. 1998, II-3605, Rs T-110/95 Rdnr. 98 – *IECC I.*

[56] Bekanntmachung der Kommission über die Behandlung von Beschwerden durch die Kommission gemäß Artikel 81 und 82 EG-Vertrag, ABl. 2004 C 101/65, Rdnr. 74.

VO Nr. 773/2004). Ergeht in der gleichen Angelegenheit eine Entscheidung nach Art. 9 VO Nr. 1/2003 (Verpflichtungszusage) oder nach Art. 10 VO Nr. 1/2003 (Erklärung der Nichtanwendbarkeit), kann die Zurückweisung unter Bezugnahme auf diese Entscheidungen erfolgen.[57] Die indirekte Zurückweisung einer Beschwerde kann auch in der teilweisen Nichtbehandlung in einer Untersagungsentscheidung liegen.[58] Äußert sich der Beschwerdeführer nicht innerhalb der ihm gesetzten Frist, gilt die Beschwerde als zurückgezogen (Art. 7 Abs. 3 VO Nr. 773/2004).

II. Begründung der Zurückweisung

19 Die Kommission kann eine Beschwerde sowohl zurückweisen, wenn kein Verstoß gegen das Wettbewerbsrecht vorliegt, als auch, wenn das Gemeinschaftsinteresse an der Bearbeitung der Beschwerde fehlt. In jedem Fall muss die Kommission die Zurückweisung begründen.[59] Die Begründung muss so detailliert sein, dass es dem Gericht möglich ist, die Ausübung des Ermessens zu überprüfen.[60] Bei einer auf mehrere Rechtsgrundlagen (Art. 101 und Art. 102 AEUV) gestützten Beschwerde muss die Kommission hinsichtlich aller Rechtsgrundlagen Stellung nehmen.[61] Für die Zurückweisung einer Beschwerde wegen Verstoßes gegen eine Verpflichtungszusage nach Art. 9 VO Nr. 1/2003 gelten die gleichen Regeln wie bei einer Beschwerde wegen eines Verstoßes gegen Art. 101 oder 102 AEUV.[62] Die Kommission ist allerdings nicht verpflichtet, auf alle vom Beschwerdeführer vorgebrachten Argumente einzugehen.[63] Es reicht aus, die tatsächlichen und rechtlichen Überlegungen darzustellen, die für die Entscheidung ausschlaggebend waren, so dass das zuständige Unionsgericht seiner Nachprüfungsfunktion nachkommen kann.[64]

F. Beschwerden gegen Mitgliedstaaten

20 Bei einer Beschwerde gegen das Verhalten oder die Gesetzgebung eines Mitgliedstaats ist die VO Nr. 1/2003 nicht einschlägig, der Beschwerdeführer hat daher auch nicht die entsprechenden Verfahrensrechte.[65] Ein Formular zur Einreichung einer Beschwerde gegen einen Mitgliedstaat findet sich auf der Web-Seite des Generalsekretariats der Kommission.[66] Es besteht kein Anspruch auf Einleitung eines **Vertragsverletzungsverfahrens** gegen einen Mitgliedstaat; die Kommission verfügt insoweit immer über ein Ermessen.[67] Ebenso wenig besteht ein Anspruch auf Einleitung eines Verfahrens gegen einen Mitgliedstaat auf

---

[57] Bekanntmachung, Rdnr. 76; EuGH U. v. 25.10.1977, Rs 26/76, Slg. 1979, 1875 Rdnr. 13 – *Metro I;* EuGH U. v. 17.11.1987, verb. Rs 142 und 156/84 Slg. 1987, 4487 Rdnr. 12 – *BAT/Reynolds;* EuG, U. v. 15.7.1994, Rs T-17/93, Slg. 1994, II-595 Rdnr. 14 – *Matra;* zur Zurückweisung eines Antrags auf einstweilige Maßnahmen durch Entscheidung s.: Komm. E. v. 21.12.1993, ABl. L 1994 L 15/8 – *Seacontainers/Sealink.*

[58] EuG U. v. 12.12.1996, Rs T-16/91 RV, Slg. 1996, II-1929 Rdnr. 50 – *Ijsselcentrale II.*

[59] Zum Umfang der Begründungspflicht s. EuG, U. v. 24.1.1995, Rs T-114/92, Slg. 1995, II-147 Rdnr. 41 – *BEMIM;* EuG, U. v. 16.9.1998 Rs T-110/95, Slg. 1998, II-3605 Rdnr. 95 – *IECC I.*

[60] EuG U. v. 15.12.2010, Rs T-427/08, Slg. 2010, II-5865 Rdnr. 28 – *CEAHR.*

[61] EuG U. v. 24.1.1995, Rs T-74/92, Slg. 1995, II-115 Rdnr. 62 – *Ladbroke II.*

[62] EuG U. v. 6.2.2014, Rs T-342/11, ECLI:EU:T:2014:60 Rdnr. 62 – *CEEES.*

[63] EuG U. v. 24.1.1992, Rs T-44/90, Slg. 1992, II-1 Rdnr. 41 – *La Cinq;* EuG U. v. 29.6.1993, Rs T-7/92, Slg. 1993, II-669 Rdnr. 31 – *Asia Motor II;* Bekanntmachung der Kommission über die Behandlung von Beschwerden durch die Kommission gemäß Artikel 81 und 82 EG-Vertrag, ABl. 2004 C 101/65, Rdnr. 75.

[64] Bekanntmachung Rdnr. 75.

[65] EuG U. v. 18.11.1992, Rs T-16/91, Slg. 1992, II-2417 Rdnr. 52, 71 – *Ijsselcentrale;* EuGH U. vom 22.2.2005, Rs C-141/02 P, Slg. 2005, I-1283 Rdnr. 71 – *Max-Mobile.*

[66] Http://ec.europa.eu/atwork/applying-eu-law/complaint_form_en.htm.

[67] EuGH U. v. 14.2.1989, Rs 247/87, Slg. 1989, 298 Rdnr. 11 – *Star Fruit;* EuG B. v. 23.1.1995, Rs T-84/94, Slg. 1995, II-101 Rdnr. 23 – *Bundesverband der Bilanzbuchhalter;* EuG B. v. 13.11.1995, Rs T-128/95, Slg. 1995, II-2865 Rdnr. 33 ff. – *Flughafen Athen.*

der Grundlage von Art. 106 AEUV.[68] Auch hier billigt die Rechtsprechung der Kommission ein weites Ermessen zu; die Kommission ist danach nicht einmal zur Bescheidung eines solchen Antrags verpflichtet.[69] Die Kommission ist allerdings gehalten, im Rahmen der Prüfung, ob ein Verstoß gegen Art. 101 oder 102 AEUV vorliegt, auch die Vereinbarkeit des nationalen Rechts mit den Wettbewerbsregeln des Vertrags zu überprüfen. Eine Klage gegen die Entscheidung der Kommission, nicht gegen einen Mitgliedstaat vorzugehen, ist unzulässig.[70] Wird in der gleichen Beschwerde auf Art. 101 und 102 AEUV Bezug genommen, darf die Kommission die Beschwerde hinsichtlich Art. 101 und 102 AEUV zurückweisen, ohne zu Art. 106 AEUV Stellung bezogen zu haben.[71] Die Kommission hat bei der Entscheidung, ob sie im Rahmen eines Vertragsverletzungsverfahrens gegen den Mitgliedstaat oder im Rahmen eines Kartellverfahrens gegen ein Unternehmen vorgehen will, ein Auswahlermessen, wobei in der Regel aber das Vertragsverletzungsverfahren das geeignetere Verfahren ist.[72]

G. Rechtsschutz

21 Der Beschwerdeführer kann bei völliger oder teilweiser Ablehnung seines Antrags **Nichtigkeitsklage** erheben.[73] Im Prinzip ist jede definitive Erklärung der Kommission, das Verfahren nicht weiter zu verfolgen, angreifbar.[74] In einem mehrphasigen Verfahren, wie dem der Zurückweisung einer Beschwerde, liegt eine anfechtbare Handlung grundsätzlich nur bei Maßnahmen vor, die den Standpunkt der Kommission endgültig festlegen, nicht aber bei Zwischenmaßnahmen, die die abschließende Entscheidung vorbereiten sollen.[75] Entscheidend ist dabei der Inhalt, nicht die Form.[76] Ein Schreiben, wonach ein Antrag zu den Akten gelegt wird, ist grundsätzlich anfechtbar, weil dieses das letzte Stadium des Verfahrens darstellt und keine weiteren Maßnahmen, die Gegenstand einer Nichtigkeitsklage sein könnten, folgen können.[77] Die Kommission kann sich nicht darauf berufen, dass der Verfasser des Schreibens zum Erlass einer formellen Endentscheidung unzuständig gewesen sei.[78]

22 Die Begründung der Zurückweisung wird von der Rechtsprechung vollständig überprüft. Die gerichtliche Überprüfung erstreckt sich darauf, ob die Entscheidung der Kommission auf unzutreffenden Tatsachen beruht oder einen Rechtsfehler, einen offensichtlichen Beurteilungsfehler oder einen Ermessensmissbrauch aufweist.[79] Das Gericht kann die

[68] EuG U. v. 17.6.2003, Rs T-52/00, Slg. 2003, II-2123 Rdnr. 88 – *Coe Clerici Logistics;* EuGH U. vom 22.2.2005, Rs C-141/02 P, Slg. 2005, I-1283 Rdnr. 69 – *Max-Mobile.*

[69] EuG U. v. 27.10.1994, Rs T-32/93, Slg. 1994, II-1015 Rdnr. 39 – *Ladbroke I;* EuG U. v. 9.1.1996 Rs T-575/93, Slg. 1996, II-5 Rdnr. 71–72 – *Koelman;* EuG U. v. 17.7.1998, Rs T-111/96; Slg. 1989, II-2937 Rdnr. 97 – *ITT/Promedia.*

[70] EuGH U. vom 22.2.2005, Rs C-141/02 P, Slg. 2005, I-1283 Rdnr. 73 –*Max-Mobile.*

[71] EuGH U. v. 11.11.1997, Rs C-359 und 379/95P, Slg. 1997, I-6265 Rdnr. 33 ff. – *Ladbroke Racing,* der damit EuG U. v. 18.9.1995, Rs T-548/93, Slg. 1995, II-2565 – *Ladbroke III* aufhebt.

[72] EuGH U. v. 19.10.1995, Rs C-19/93, Slg. 1995, I-3319 Rdnr. 23 – *Ijsselcentrale.*

[73] EuGH U. v. 25.10.1977, Rs 26/76, Slg. 1979, 1875 Rdnr. 13 – *Metro I*; EuG U. v. 18.5.1994, Rs T-37/92, Slg. 1994, II-289 Rdnr. 36 – *BEUC;* EuG U. v. 24.1.1995, Rs T-114/92, Slg. 1995, II-147 Rdnr. 23, 27 – *BEMIM.*

[74] EuG U. v. 27.6.1995, Rs T-186/94, Slg. 1995, II-1753 Rdnr. 24 mwN – *Guérin Automobiles;* bestätigt durch EuGH U. v. 18.3.1997, Rs C-282/95, Slg. 1997, I-1503 – *Guérin Automobiles.*

[75] EuG U. v. 10.7.1990, Rs T-64/89, Slg. 1990, II-367 Rdnr. 58 – *Automec I;* EuG, U. v. 7.3.2002, Rs T-95/99, Slg. 2002, II-1425 Rdnr. 38 – *Satellimages TV 5.*

[76] „Einfacher Brief" ausreichend, EuG, U. v. 18.5.94, Rs T-37/92, Slg. 1994, II-289 Rdnr. 38 – *BEUC;* „Erklärung des Pressesprechers", EuG U. v. 24.3.1994, Rs T-3/93, Slg. 1994, II-126 Rdnr. 52 – *AIR France/DAN Air.*

[77] EuGH U. v. 16.6.1994, Rs C-39/93 P, Slg 1994, I-2701 Rdnr. 28 – *SFEI.*

[78] EuG U. v. 18.5.94, Rs T-37/92, Slg. 1994, II-289 Rdnr. 38 – *BEUC.*

[79] EuG U. v. 9.1.1996, Rs T-575/93, Slg. 1996, II-5 Rdnr. 56 – *Koelman;* EuG U. v. 12.6.1997, Rs T-504/93, Slg. 1997, II-923 Rdnr. 72 ff. – *Ladbroke IV*; EuG U. v. 17.7.1998, Rs T-111/96, Slg. 1989, II-2937 Rdnr. 62 – *ITT Promedia.*

Kommission dagegen nicht verpflichten, ein konkretes Verfahren einzuleiten und eine Untersuchung vorzunehmen,[80] es kann nur die ggf. mangelhafte Begründung der Zurückweisung der Beschwerde aufheben. Anträge, die Kommission zu einem bestimmten Verhalten zu verpflichten, sind daher unzulässig.[81]

23 Reagiert die Kommission nicht auf eine Beschwerde, so ist eine **Untätigkeitsklage**[82] gemäß Art. 265 AEUV möglich. Der Beschwerdeführer kann darin geltend machen, dass die Kommission im Verfahren nach der VO Nr. 1/2003 ihrer Verpflichtung zur **Bescheidung** des Beschwerdeführers nicht nachgekommen ist.[83] Gibt die Kommission nach der Abmahnung durch den Beschwerdeführer rechtzeitig eine Stellungnahme im Sinne von Art. 265 Abs. 2 AEUV ab, ist die Klage unbegründet. Als Stellungnahme im Sinne von Art. 265 AEUV reicht schon ein Schreiben nach Art. 7 Abs. 1 VO Nr. 773/2004 aus.[84] Keine Pflicht zur Bescheidung und auch keine Möglichkeit zur Stellungnahme liegt vor, wenn die Kommission den Fall **aktiv** bearbeitet.[85] Die Rechtsprechung erkennt damit an, dass es im Verlauf der in der Regel komplexen Wettbewerbsverfahren unmöglich ist, innerhalb der kurzen Fristen des Art. 265 AEUV Stellung zu nehmen und den Beschwerdeführer abschließend zu bescheiden.

H. Europäischer Bürgerbeauftragter

24 Der Europäische Bürgerbeauftragte[86] hat die Aufgabe, Missstände bei den Tätigkeiten der Organe der Gemeinschaften aufzudecken. Eine Beschwerde beim Europäischen Bürgerbeauftragten kann daher nicht das Verhalten Dritter, sondern nur das Verhalten der Kommission zum Gegenstand haben.

§ 48 Einstweilige Maßnahmen

Übersicht

Schrifttum: *Hitzler,* Einstweilige Anordnungen der EG-Kommission in Verfahren nach Art. 85 und 86 EWG-Vertrag nach der Rechtsprechung des Europäischen Gerichtshofs, WuW 1985, 189;

[80] EuG U. v. 18.9.1992, Rs T-24/90, Slg. 1992, II-2223 Rdnr. 76 – *Automec II.*

[81] EuGH Ur. v. 17.11.1987, verb. Rs 142 und 156/84, Slg. 1987, 4566 Rdnr. 13 – *BAT/Reynolds;* EuG U. v. 12.1.1995, Rs T-102/92, Slg. 1995, II-17, Rdnr. 28 – *Viho;* EuG U. v. 24.1.1995, Rs T-114/92, Slg. 1995, II-147 Rdnr. 3 – *BEMIM.*

[82] Zu den Voraussetzungen s. *Schütte* in § 49 Rdnr. 279 ff.

[83] EuG U. v. 18.9.1992, Rs T-28/90, Slg. 1992, II-2285 Rdnr. 29 – *Asia Motors;* EuG U. v. 27.10.1994, T-32/93, Slg. 1994, II-1015 Rdnr. 22 – *Ladbroke I.*

[84] Art. 6 der Vorgängerverordnung Nr. 2842/98, dazu EuGH U. v. 18.10.1979, Rs 125/78, Slg. 1979, 3173 – *Gema;* EuG U. v. 27.6.1995, Rs T-186/94, Slg. 1995, II-1753 Rdnr. 32 – *Guérin Automobiles;* bestätigt durch EuGH U. v. 18.3.1997, Rs C-282/95, Slg. 1997, I-1503 – *Guérin Automobiles;* weniger deutlich EuG U. v. 18.9.1992, Rs T-28/90, Slg. 1992, II-2285 Rdnr. 35 – *Asia Motors;* EuG U. v. 27.10.1994, Rs T-32/93, Slg. 1994, II-1015 Rdnr. 22 – *Ladbroke I.*

[85] EuG U. v. 24.1.1995, Rs T-74/92, Slg. 1995, II-115 Rdnr. 44 – *Ladbroke II* (Mitteilung von Beschwerdepunkten, Veröffentlichung nach Art. 19 Abs. 3 VO Nr. 17); s. auch EuG U. v 16.9.1998, Rs T-28/95, Slg. 1998, II-3597 Rdnr. 15 – *IECC III.*

[86] S. dazu näher § 44 Rdnr. 47.

Kerse, E. C. Antitrust Procedure, 6. Aufl, 2012; *Nordsjo,* Regulation 1/2003: Power of the Commission to adopt interim measures, ECLR 2006, 299; *Ortiz Blanco,* European Community Competition Procedure, 2. Aufl. 2006; *Ritter* in Immenga/Mestmäcker, EG-Wettbewerbsrecht, 2012, 5. Aufl., Bd. I, Art. 8 VO Nr. 1.

A. Rechtsgrundlage

In Fällen besonderer Eilbedürftigkeit kann die Kommission **einstweilige Maßnahmen** 1 erlassen, um einen Sachverhalt vorläufig zu regeln. Art. 8 VO Nr. 1/2003 hat dafür eine ausdrückliche Rechtsgrundlage eingeführt. Zwar war in der Vorgängerverordnung Nr. 17 keine ausdrückliche Ermächtigung für einstweilige Anordnungen enthalten; aus der in Art. 3 VO Nr. 17 enthaltenen Befugnis, Zuwiderhandlungen gegen Art. 101 und 102 AEUV abzustellen, hatte die Rechtsprechung jedoch auch schon früher das Recht der Kommission zum Erlass einstweiliger Anordnungen abgeleitet.[1] Einstweilige Maßnahmen waren danach zulässig, „um einer Situation entgegenzutreten, die geeignet ist, der den Erlass einer der Maßnahmen beantragenden Partei einen schweren und nicht wieder gut zu machenden Schaden zuzufügen, oder die für die Allgemeinheit unerträglich ist".[2] Art. 8 VO Nr. 1/2003 enthält eine Kodifizierung dieser Grundsätze. In Abweichung von der früheren Rechtsprechung sieht Art. 8 VO Nr. 1/2003 allerdings nicht vor, dass ein Antrag auf einstweilige Maßnahmen gestellt werden kann. Einstweilige Maßnahmen können nur noch im öffentlichen Interesse von **Amts wegen** erlassen werden.

B. Voraussetzungen

Die Voraussetzungen für einstweilige Anordnungen sind ein **prima facie-Verstoß** gegen 2 das Wettbewerbsrecht (sowohl Art. 101 als auch Art. 102 AEUV sind einschlägig) und die Wahrscheinlichkeit des Eintritts eines **ernsten und nicht wiedergutzumachenden Schadens.** Für einen prima facie-Verstoß ist nicht dasselbe Maß an Gewissheit erforderlich, wie es für eine abschließende Entscheidung notwendig ist.[3] Bei der Bemessung des Schadens hat die Rechtsprechung in der Vergangenheit häufig auf die Situation des antragstellenden Unternehmens abgestellt, z. B., wenn durch den Wettbewerbsverstoß die wirtschaftliche Existenz des betroffenen Unternehmens gefährdet ist.[4] Da Art. 8 VO Nr. 1/2003 die Beeinträchtigung des Wettbewerbs als solchen voraussetzt, reicht die Beeinträchtigung eines Wettbewerbers nur noch dann aus, wenn diese gleichzeitig einen Schaden für den Wettbewerb darstellt. **Dringlichkeit** ist kein zusätzliches Tatbestandsmerkmal, sondern ein Element des Eintretens eines schweren und nicht wiedergutzumachenden Schadens.[5] Es ist daher nicht erforderlich, dass der Schaden später überhaupt nicht mehr, sondern nur, dass er durch die Endentscheidung der Kommission nicht mehr beseitigt werden kann.[6]

C. Verfahren

Einstweilige Maßnahmen werden ausschließlich **von Amts wegen** erlassen. Im Unter- 3 schied zu der vor der VO Nr. 1/2003 bestehenden Rechtslage ist damit klargestellt, dass es

[1] EuGH B. v. 17.10.1980, Rs 792/79 R, Slg. 1980, 119 Rdnr. 14, 18 – *Camera Care;* EuG U. v. 24.1.1992, Rs T-44/90, Slg. 1992, II-1 Rdnr. 28 – *La Cinq.*

[2] EuGH B. v. 17.10.1980, Rs 792/79 R, Slg. 1980, 119 Rdnr. 18 – *Camera Care.*

[3] EuG U. v. 12.7.1991, Rs T-23/90, Slg. 1991, II-653 Rdnr. 61 – *Peugeot;* EuG B. v. 26.10.2001, Rs T-184/01 R, Slg. 2001, II-3139 Rdnr. 105 – *IMS Health.*

[4] EuG U. v. 12.7.1991, Rs T-23/90, Slg. 1991, II-653 Rdnr. 72 – *Peugeot*; s. auch die Darstellung in Komm. E. v. 29.7.1983, ABl.1983 L 252/13 Rdnr. 30, 57 – *ECS/AKZO.*

[5] EuG U. v. 24.1.1992, Rs T-44/90, Slg. 1992, II-1 Rdnr. 29 – *La Cinq;* EuG B. v. 26.10.2001, Rs T-184/01 R, Slg. 2001, II-3139 Rdnr. 53 – *IMS Health.*

[6] EuG U. v. 24.1.1992, Rs T-44/90, Slg. 1992, II-1 Rdnr. 80 – *La Cinq.*

kein Antragsrecht auf den Erlass einstweiliger Maßnahmen gibt. Die Kommission wird im öffentlichen Interesse und nicht im Interesse einzelner Unternehmen tätig.[7] Unternehmen werden zur Verfolgung ihrer Individualinteressen auf die Möglichkeit verwiesen, einstweiligen Rechtsschutz bei den nationalen Gerichten zu beantragen.[8]

4 Das Verfahren der Kommission ist ein **summarisches Verfahren,** in dem die wesentlichen Verfahrensgarantien beachtet werden müssen.[9] Das betroffene Unternehmen enthält eine Mitteilung der Beschwerdepunkte (Art. 27 VO Nr. 1/2003), es hat das Recht auf Akteneinsicht (Art. 15 VO Nr. 773/2004) sowie das Recht auf eine mündliche Anhörung (Art. 12 VO Nr. 773/2004). Der Beratende Ausschuss muss angehört werden (Art. 14 VO Nr. 1/2003). In Hinblick auf die Dringlichkeit gelten in allen Fällen verkürzte Fristen, die Frist für eine Stellungnahme kann auf eine Woche beschränkt werden (Art. 17 Abs. 2 VO Nr. 773/2004) und die Anhörung des Beratenden Ausschusses kann ebenfalls nach einer Woche erfolgen. Einstweilige Anordnungen werden in Form einer Entscheidung der Kommission erlassen. Die Entscheidung wird in der Regel mit der Androhung eines Zwangsgelds für den Fall der Zuwiderhandlung bewehrt.[10]

5 Art. 101 und 102 AEUV können auch die Rechtsgrundlage für einstweilige Maßnahmen durch Behörden und Gerichte der Mitgliedstaaten sein. Das Verfahren richtet sich dann nach nationalem Verfahrensrecht.

D. Regelungsgegenstand

6 Die einstweilige Maßnahme muss sich auf eine **vorläufige Regelung** beschränken, sie darf eine endgültige Regelung nicht vorwegnehmen. Einstweilige Maßnahmen haben lediglich **Sicherungscharakter;**[11] in der Regel geht es um den Erhalt des Status quo. Die einstweilige Maßnahme ist daher grundsätzlich befristet; die Befristung ist allerdings verlängerbar (Art. 8 Abs. 2 VO Nr. 1/2003). Die einstweilige Maßnahme muss sich auch in den Rahmen der Entscheidung einfügen, die die Kommission später endgültig erlassen könnte, sie darf also nicht außerhalb des Regelungsbereichs einer möglichen Entscheidung in der Hauptsache liegen. Der Gerichtshof hob deshalb im Fall *„Ford"*[12] die einstweilige Maßnahme auf, weil das darin angeordnete Verhalten, der Widerruf eines Rundschreibens und die Abgabe einer Erklärung gegenüber Vertragshändlern zur Lieferung von rechtsgelenkten Fahrzeugen, nicht als Teil der Abstellungsanordnung in der Endentscheidung hätte angeordnet werden dürfen.[13]

7 Die einstweilige Maßnahme kann sowohl ein Unterlassen als auch ein aktives Handeln zum Gegenstand haben. Beispiele für den Inhalt einstweiliger Anordnungen sind das Verbot, Verdrängungspreise zu verwenden *(ECS/AKZO),*[14] die Verpflichtung, Ersatzteile zu handelsüblichen Preisen zu liefern *(Boosey & Hawkes),*[15] die Anordnung zur Rücknahme eines Rundschreibens, in dem Vertragshändler angewiesen werden, ihre Lieferungen an den Beschwerdeführer einzustellen *(Eco System/Peugeot),*[16] der Verzicht auf Ausschließlich-

---

[7] Begründungserwägung zu Art. 8 des Kommissionsvorschlages, ABl. 2000 C 365/284.

[8] Bekanntmachung der Kommission über die Behandlung von Beschwerden durch die Kommission gemäß Artikel 81 und 82 EG-Vertrag, ABl. 2004 C 101/65, Rdnr. 80.

[9] EuGH B. v. 17.10.1980, Rs 792/79 R, Slg. 1980, 119 Rdnr. 19 – *Camera Care.*

[10] Komm. E. v. 18.8.1982, ABl. 1982 L 256/20 – *Ford;* Komm. E. v. 29.7.1983, ABl.1983 L 252/13 S. 21 – *ECS/AKZO*; Komm. E. v. 29.7.1987, ABl. 1987 L 286/36 – *Boosey & Hawkes.*

[11] EuGH B. v. 17.10.1980, Rs 792/79 R, Slg. 1980, 119 Rdnr. 18 – *Camera Care.*

[12] EuGH U. v. 28.2.1984, Rs 228–229/82, Slg. 1984, 1129 – *Ford.*

[13] EuGH U. v. 28.2.1984, Rs 228–229/82, Slg. 1984, 1129 Rdnr. 21 – *Ford.*

[14] Komm. E. v. 29.7.1983, ABl.1983 L 252/13 – *ECS/AKZO.*

[15] Komm. E. v. 29.7.1987, ABl. 1987 L 286/36 – *Boosey & Hawkes.*

[16] Komm. E. v. 26.3.1990 – *Peugeot,* nicht veröfft., beschrieben in Komm. E. v. 4.12.1991, ABl. 1992 L 66/1 – *Eco System/Peugeot;* bestätigt durch EuG U. v. 12.7.1991, Rs T-23/90, Slg. 1991, II-653 – *Peugeot.*

keitsbindungen beim Verkauf von Speiseeis *(Langnese)*[17] oder die Erteilung einer Lizenz *(IMS/Health)*.[18] Häufig hat auch schon die Drohung der Kommission, das Verfahren zum Erlass einstweiliger Anordnungen einzuleiten, dazu geführt, dass das betroffene Unternehmen durch Abgabe einer **Zusage** eine formelle Entscheidung vermieden hat.[19] In den letzten Jahren hat die Kommission von dem Instrument der einstweiligen Anordnung allerdings keinen Gebrauch gemacht, so dass es keine neuere Entscheidungspraxis gibt.

E. Rechtsschutz

Gegen die einstweilige Maßnahme steht dem davon betroffenen Unternehmen die **8** Nichtigkeitsklage offen. In der Regel wird eine solche Klage mit dem Antrag verbunden sein, die Aussetzung des Vollzugs anzuordnen, da die Klage keine aufschiebende Wirkung hat.[20] Die Ablehnung des Antrags auf einstweilige Maßnahmen kann ebenfalls mit der Nichtigkeitsklage angefochten werden;[21] die Kommission kann aber nicht durch gerichtlichen Beschluss verpflichtet werden, einstweilige Anordnungen zu erlassen.[22]

§ 49 Rechtsmittel im EU-Kartellrecht

Übersicht

[17] Komm. E. v. 25.3.1992, nicht veröfft., teilweise bestätigt durch EuG B. v. 16.6.1992, Rs T-24 und 28/92, Slg. 1992, II-1839 Rdnr. 32 – *Langnese/Schöller.*

[18] Komm. E. v. 13.7.2001, ABl. 2002 L 59/18 – *NDL Health/IMS Health*; die Entscheidung über den Erlass einer einstweiligen Anordnung wurde durch das EuG aufgehoben; EuG B. v. 26.10.2001, Rs T-184/01 R, Slg. 2001, II-3139 – *IMS Health;* bestätigt durch EuGH, B. v. 11.2.2002, Rs C-481/01 P (R), Slg. 2002, I-3401 – *IMS Health.*

[19] 11. WB. (1981) Rdnr. 94 – *IGR;* 15. WB (1985) Rdnr. 49 – *Hilti,* 15. WB (1985) *Veng/Ford* – Rdnr. 49; Komm. E. v. 18.7.1988 ABl.1988 L 284/41 Rdnr. 10 – *Napier Brown/British Sugar.*

[20] S. im einzelnen *Schütte* in § 49 Rdnr. 113 ff.; EuGH B. v. 29.9.1982, Rs 228–229/82, Slg. 1982, 3091 – *Ford;* EuG U. 8.5.1992, Rs T-24 und 28/92, Slg. 1992, II-1713 – *Langnese/Schöller* und B. v. 16.6.1992, Rs T-24 und 28/92, Slg. 1992, II-1839 – *Langnese/Schöller.*

[21] EuG U. v. 24.1.1992, Rs T-44/90, Slg. 1992, II-1 – *La Cinq.*

[22] EuG B. v. 6.12.1989, Rs T-131/89 R, Slg. 1990, II-1 Rdnr. 12 – *Cosimex.*

Schrifttum: *Baz/Ruiz Calvado/Weitbrecht,* Judicial Review of mergers in the EU and the ‚fast track' procedure, European Antitrust Review 2006, 38; *Biancarelli,* Le règlement de procédure du Tribunal de première instance des Communautés européennes, Rev. trim. dr. eur. 1991, 543; *Biavati/Carpi,* Diritto processuale comunitario, 2. Aufl., 2000; *Blaise/Idot,* Concurrence (1er juillet 1995 – 30 juin 1997), Rev. trim. dr. eur. 1997, 459; *Bölhoff,* Das Rechtsmittelverfahren vor dem Gerichtshof der

Europäischen Gemeinschaften, 2001; *Brown/Kennedy,* The Court of the European Communities, 2000; *Calliess/Ruffert,* EUV/AEUV, 4. Auflage, 2011; *Castillo de la Torre,* Interim Measures in Community Courts: Recent Trends, CMLRev 2007, 273; *Cremer,* Individualrechtsschutz gegen Rechtsakte der Gemeinschaft: Grundlagen und neuere Entwicklungen, in: *Nowak/Cremer* (Hrsg.), Individualrechtsschutz in der EG und der WTO, 2002; *Daig,* Nichtigkeits- und Untätigkeitsklagen im Recht der Europäischen Gemeinschaften, 1985; *von Danwitz,* Europäisches Verwaltungsrecht, 2008; *Dauses,* Das Vorabentscheidungsverfahren nach Art. 177 EG-Vertrag, 2. Aufl., 1995; *ders./Henkel,* Verfahrenskonkurrenzen bei gleichzeitiger Anhängigkeit verwandter Rechtssachen vor dem Gerichtshof und dem Gericht, EuZW 1999, 325; *ders./Henkel,* Streithilfe durch natürliche oder juristische Personen in Verfahren vor dem Gerichtshof und Gericht, EuZW 2000, 581; *Dine/Douglas-Scott/Persuad,* Procedure and the European Court, 1991; *Dittert,* Die neue Verfahrensordnung des EuGH, EuZW 2013, 726 ff.; *Everling,* Die Errichtung eines Gerichts erster Instanz der EG, in *Schwarze* (Hrsg.), Fortentwicklung des Rechtsschutzes in der EG, 1987; *ders.,* Rechtsvereinheitlichung durch Richterrecht in der Europäischen Gemeinschaft, RabelsZ 1986, 193; *ders.,* Die Zukunft der europäischen Gerichtsbarkeit in einer erweiterten Europäischen Union, Europarecht 1997, 398; *ders.,* Zur richterlichen Kontrolle der Tatsachenfeststellung und der Beweiswürdigung durch die Kommission in Wettbewerbssachen, WuW 1989, 877; *ders.,* Zur Wettbewerbskonzeption in der neueren Rechtsprechung des Gerichtshofs der Europäischen Gemeinschaften, WuW 1990, 995; *Fiebig,* CML Rev. 1997, 89; *Fuß,* Zur Zulässigkeit der Schadensersatzklage wegen Gemeinschaftshaftung für rechtswidrige Verordnungen, Fs. Ipsen, 1977; *Geiger/Khan/Kotzur,* EUV/AEUV, Vertrag über die Europäische Union und Vertrag über die Arbeitsweise der Europäischen Union, Kommentar, 5. Aufl., 2010; *Grabitz/Hilf/Nettesheim* (Hrsg.), Das Recht der Europäischen Union, Kommentar, Stand: 2013; *von der Groeben/Schwarze* (Hrsg.), Vertrag über die Europäische Union und Vertrag zur Gründung der Europäischen Gemeinschaft, Kommentar, 6. Aufl., 2004; *Gündisch/Wienhues,* Rechtsschutz in der Europäischen Union, 3. Aufl., 2005; *Hakenberg/Stix-Hackl,* Handbuch zum Verfahren vor dem Europäischen Gerichtshof, 3. Aufl., 2005; *Heukels/McDonnell,* The Action for Damages in Community Law, 1997; *Hirsch,* Der Gerichtshof im Spannungsverhältnis zwischen Gemeinschaftsrecht und nationalem Recht, NJW 2000, 1917; *Immenga/Mestmäcker* (Hrsg.): Wettbewerbsrecht, Kommentar, Band I. EG, 5. Auflage, 2012; *Jaeger,* Eilverfahren vor dem Gericht der Europäischen Union, EuR 2013, 3; *Jacobs,* The Court of Justice of the European Communities, 1983; *Jung,* Das Gericht erster Instanz der Europäischen Gemeinschaften, 1991; *Kerse/Kahn,* E.C. Antitrust Procedure, 6th ed., 2012; *Kevekordes,* Zur Rechtsstellung Drittbeteiligter im EG-(Kartell-) Verfahrensrecht, Der Betrieb 42 (1989), 2521; *Kirschner,* Das Gericht erster Instanz der Europäischen Gemeinschaften, 1995; *Kischel,* Die Kontrolle der Verhältnismäßigkeit durch den Europäischen Gerichtshof, EuR 2000, 380; *Klinke,* Der Gerichtshof der Europäischen Gemeinschaften, 1989; *Koch,* Die Klagebefugnis Privater gegenüber europäischen Entscheidungen gemäß Art. 173 Abs. 2 EG-Vertrag, 1980; *Koenig/Sander,* Einführung in das EG-Prozessrecht, 2. Aufl., 2002; *Körber,* Gerichtlicher Rechtsschutz in der Europäischen Fusionskontrolle, RIW1998, 910; *Kovar,* Code Européen de la Concurrence, 2. Aufl., 1996; *Kutscher,* Über den Gerichtshof der EG, EuR 1981, 392; *Langeheine,* Judicial Review in the Field of Merger Control, Journal of Business Law 1992, 121; *Langner,* Der Europäische Gerichtshof als Rechtsmittelgericht, 2003; *Lasok,* European Court Practice and Procedure, 3. Aufl., 2004; *Le Baut-Ferrarèse,* Arrets récents de la Cour de Justice des Communautés Européennes en matière de mesures provisoires: réflexions sur l'effet de „modèle" des procédures issues de la Communauté européenne, Recueil Dalloz 32 (1998), 306; *Lenaerts,* Das Gericht erster Instanz der EG, EuR 1990, 228; *Lenaerts/Maselis/Gutmann,* EU Procedural Law, 2014; *Lenz* (Hrsg.), EU-/EG-Vertrag Kommentar, 3. Aufl., 2003; *ders.,* Rechtsschutz im Binnenmarkt, NJW 1994, 2063; *Lenz/Borchardt* (Hrsg.), EU-Verträge Kommentar, 6. Auflage 2012; *Lenz/Mölls,* „Due Process" im Wettbewerbsrecht der EWG, WuW 1991, 771; *Louis/Vandersanden/D. Waelbroeck/M. Waelbroeck,* La Cour de Justice – Les actes des institutions, 2. Aufl., 1993; *Lugard,* EC Competition Law and Arbitration: Opposing Principles?, European Competition Law Review 19 (1998), 295; *Mäger,* Europäisches Kartellrecht, 2. Auflage 2011; *Malferrari,* Neues zur Kompetenzverteilung zwischen Kommission und nationaler Gerichtsbarkeit auf dem Gebiet des Wettbewerbs und zum Verhältnis zwischen der Nichtigkeitsklage und dem Vorabentscheidungsverfahren, EuR 2001, 605; *Mertens de Wilmars,* La jurisprudence de la Court de Justice comme instrument de l'intégration communautaire, Cahiers du droit européen 1976, 135; *Millett,* The Court of First Instance of the European Communities, 1990; *Mongin/Chavrier/Honorat,* Chronique générale de jurisprudence communautaire. Le droit matériel: janvier 1995 – décembre 1996: Les règles de concurrence, Revue du Marché Commun et de l'Union Européenne 1998, 182; *Nowak,* Der Rechtsschutz von Beschwerdeführern im EG-Wettbewerbsrecht und EG-Außenhandelsrecht, EuZW 2000, 453; *Pechstein,* EU-Prozessrecht, 4. Auflage 2011; *Plender* (Hrsg.), European Courts Practice and Precedents, 1997; *ders.* (Hrsg.), European Courts Procedure, Stand: 2004; *Pernice,* Die dritte Gewalt im europäischen Verfassungsverbund, EuR 1996, 27; *Pescatore,* Rôle et chances du droit et des juges dans la construction de l'Europe, in FIDE VI 1976, 9; *Rabe,* Das Gericht erster Instanz der EG, NJW

1989, 3041; *Rengeling/Middeke/Gellermann,* Handbuch des Rechtsschutzes in der Europäischen Union, 3. Auflage, 2014; *Rideau/Picod,* Code de procédures communautaires, 2. Aufl., 2002; *Schermers/Waelbroeck, D.*, Judicial Protection in the European Communities, 6. Aufl., 2001; *Schmidt, K.*, Klagebefugnis im europäischen und nationalen Kartellrecht, in Festschrift für Steindorff, 1990, 1085; *Schwarze* (Hrsg.), Der Europäische Gerichtshof als Verfassungsgericht und Rechtsschutzinstanz, 1983; *ders.*, Rechtsschutz von Unternehmen im Europäischen Gemeinschaftsrecht. Grundlagen und Entwicklungen, RIW 1996, 893; *ders.*, Der Rechtsschutz Privater vor dem Europäischen Gerichtshof: Grundlagen, Entwicklungen und Perspektiven des Individualrechtsschutzes im Gemeinschaftsrecht, DVBl. 2002, 1297; *Sedemund/Heinemann,* Rechtsschutz im Gemeinschaftsrecht, DB 1995, 713; *Stadler,* Das Vorabentscheidungsverfahren nach Art. 177 – Vorlagepraxis deutscher Gerichte im Bereich des Wettbewerbsrechts, WuW 1994, 824; *Steindorff,* Rechtsschutz und Verfahren im Recht der Europäischen Gemeinschaften, 1964; *Steinz/Kruis/Michl,* EUV/AEUV, Vertrag über die Europäische Union und Vertrag über die Arbeitsweise der Europäischen Union, 2. Auflage 2012; *Sydow,* Die Ausdifferenzierung des Gerichtssystems der EU, GRUR 2001, 689; *Usher,* European Court Practice, 1983; *Van Houtte,* La Cour de Justice des Communités Européennes – Organisation et procédure, 1983; *Vesterdorf,* Complaints concerning infringements of competition law within the context of European Community law, Common Market Law Review 31 (1994), 77; *Wägenbaur,* Court of Justice of the EU, 2013; *ders.*, Die Prüfungskompetenz des Gerichtshof im Rechtsmittelverfahren, EuZW 1995, 199; *ders.*, Das Kostenfestsetzungsverfahren vor den Gemeinschaftsgerichten. Wer klagt gewinnt?, EuZW 1997, 197; *ders.*, EuGH VerfO – Satzung und Verfahrensordnungen des EuGH/EuG, Kommentar, 2008; *Zuleeg,* Die Rolle der rechtsprechenden Gewalt in der europäischen Integration, JZ 1994, 1; *ders.*, Die Verfassung der Europäischen Gemeinschaft in der Rechtsprechung des Europäischen Gerichtshofs, in: FIW XXVII 1994 S. 73; *ders.*, Zur Begründung der Urteile des Gerichtshofs der Europäischen Gemeinschaften, EuR 1994, 127.

A. Überblick über Rechtsbehelfe gegen Maßnahmen der Kommission in Kartellverfahren

Art. 47 der Charta der Grundrechte der Europäischen Union,[1] die am 1. Dezember 2009 mit dem Vertrag von Lissabon in Kraft trat, verlangt einen effektiven Rechtsschutz. Der Gerichtshof vertritt hierzu die Auffassung, dass die im AEUV vorgesehene Rechtmäßigkeitskontrolle und insbesondere die in Art. 31 VO Nr. 1/2003 im Einklang mit Art. 261 AEUV eingeräumte Befugnis zu unbeschränkter Nachprüfung dem von der Charta geforderten Grundsatz des effektiven Rechtsschutzes entspricht.[2] Maßnahmen der Kommission unterliegen grundsätzlich der Überprüfung durch den Gerichtshof der Europäischen Union – den Gerichtshof (nachfolgend auch „EuGH") und das Gericht (früher „Europäisches Gericht erster Instanz", nachfolgend auch „EuG"). Nicht jede Maßnahme wird jedoch als anfechtbarer Rechtsakt angesehen, und weitere Zulässigkeitsvoraussetzungen sind zu beachten. Aus der Sicht der betroffenen Unternehmen ist die **Anfechtungsklage (Nichtigkeitsklage)** gegen Rechtsakte der Kommission der am häufigsten gebrauchte Rechtsbehelf, mit dem versucht wird, eine für das betroffene Unternehmen negative Entscheidung – seit Inkrafttreten des AEUV nicht mehr als Entscheidung, sondern als „Beschluss" bezeichnet (Art. 297 Abs. 2 AEUV) – der Kommission zu beseitigen. Neben der Nichtigkeitsklage ist der **einstweilige Rechtsschutz** ein wichtiger Rechtsbehelf, mit welchem die aufschiebende Wirkung der Klage hergestellt und die sonst grundsätzlich geltende sofortige Vollziehbarkeit des angefochtenen Rechtsaktes bis zur endgültigen Entscheidung durch das Gericht ausgesetzt werden soll. Dies führt indes nur selten zum gewünschten Ziel. 1

[1] ABl. 2010 C 83/389.

[2] EuGH U. v. 18.7.2013, Rs C-501/11 P, ECLI:EU:C:2013:522, Rdnr. 35 ff., 38 – *Schindler/Komm.* Eine unmittelbare Anwendung von Art. 6 EMRK wurde früher vom Gerichtshof abgelehnt, allerdings unter Hinweis darauf, dass die entsprechenden Grundsätze in der Charta, dem AEUV und den wettbewerbsrechtlichen Vorschriften enthalten und zu beachten sind. S. ferner EuGH U. v. 8.12.2011, Rs C-386/10 P, Slg. 2011, I-13085, Rdnr. 63 – *Chalkor/Komm.* Nach Art. 6 des Vertrages der Europäischen Union tritt die Union der Europäischen Konvention zum Schutz der Menschenrechte und Grundfreiheiten bei. Damit wird auch Art. 6 EMRK unmittelbar anwendbar. Angesichts der Rechtsprechung des Gerichtshofs wird dies indes inhaltlich kaum etwas ändern, weil die Grundsätze schon zuvor zu beachten waren.

2 Die **Untätigkeitsklage** kann im Kartellrecht insbesondere in den Fällen von Bedeutung sein, bei denen ein Unternehmen vor der Kommission Beschwerde über ein wettbewerbswidriges Verhalten Dritter führt, die Kommission jedoch über längere Zeit hinweg untätig bleibt. Hat die Kommission reagiert, kommen Abgrenzungsprobleme hinzu – ist die Untätigkeitsklage noch das richtige Instrument, oder muss nicht bereits die Nichtigkeitsklage (z. B. gegen das Ablehnen des Tätigwerdens) erhoben werden?

3 Ein (noch) seltener Rechtsbehelf (meist schon wegen fehlender Erfolgsaussicht) ist die **Schadensersatzklage** nach Art. 340 AEUV, die eine erhebliche, offenkundige Verletzung des Unionsrechts verlangt, welches dem Schutz des Geschädigten dient (sog. qualifizierter Rechtsverstoß), aufgrund derer ein Schaden zugefügt wurde. Der Nachweis des qualifizierten Rechtsverstoßes und der Kausalität zwischen Verstoß und Schaden gelingt in der Praxis oft nur schwer. Im Bereich des Wettbewerbsrechts hatte dieser Rechtsbehelf deswegen kaum Bedeutung; auch das Zuerkennen von Schadenersatz durch das Gericht im Falle *Schneider*[3] wegen der rechtswidrigen Durchführung eines Fusionskontrollverfahrens läßt wegen der Besonderheiten des Sachverhaltes nicht erwarten, dass nunmehr eine Welle von Schadenersatzklagen auf die Kommission zurollt. Bestrebungen in jüngster Zeit, aus der langen Verfahrensdauer einen Schadenersatzanspruch abzuleiten, werden nur von Erfolg gekrönt sein, wenn nachgewiesen werden kann, dass die Verfahrensdauer offenkundig unangemessen lang war; bei komplexen Fällen des Wettbewerbsrechts gesteht der Gerichtshof der Kommission einen grosszügigen Zeitraum zu.

4 Neben den vorbezeichneten Rechtsbehelfen, die eine Klage vor dem Gericht voraussetzen, ist der Rechtsschutz von Unternehmen vor den nationalen Gerichten und das Verfahren der **Vorlage vor dem Gerichtshof nach Art. 267 AEUV** zu nennen,[4] durch das allerdings ein Beschluss der Kommission nur mittelbar der Überprüfung unterzogen werden kann. Die Aufhebung eines Beschlusses der Kommission kann auf diese Weise nicht erreicht werden. Im Geltungsbereich der EFTA-Staaten besteht seit dem 1.1.1994 ein EFTA-Gerichtshof, der Befugnisse hat, die denen des Gerichtshofs vergleichbar sind;[5] für Vorlageverfahren ist nur der Gerichtshof zuständig.

5 Gegen Entscheidungen und Urteile des Gerichts können **Rechtsmittel** nur wegen der Verletzung von Rechtsvorschriften zum Gerichtshof eingelegt werden. In der Praxis sind Rechtsmittel bislang nur in wenigen Fällen erfolgreich gewesen.

6 Im Rahmen des **EGKSV** gab es vergleichbaren Rechtsschutz. Der EGKSV ist jedoch seit dem 23. Juli 2002 außer Kraft. Für Unternehmen, die zuvor dem EGKSV unterlagen, gelten seither die allgemeinen Wettbewerbsregeln des AEUV (und zuvor des EG-Vertrags) und die dafür geltenden Vorschriften über den Rechtsschutz.

B. Grundzüge des Verfahrens vor dem Gericht/Gerichtshof

I. Verfahrensregeln

7 Die Bestimmungen, nach denen sich das Verfahren vor dem Gerichtshof und dem Gericht richtet, sind an mehreren Stellen geregelt. Zunächst gelten die Vorschriften des AEUV (bzw. des EURATOM-Vertrages) bezüglich der jeweiligen Klagearten (z. B. Art. 263, 265, 340 AEUV). Die Vorschriften der **Gerichtsverfassung** sowie einige grund-

---

[3] EuGH B. v. 9.6.2010, Rs C-440/07 P, Slg. 2010, I-73 (nur summarisch veröffentlicht) – *Schneider/Komm VII;* diesem Beschluss zur Festsetzung des Schadens ging das Urteil des Gerichtshofs v. 16.7.2009, Rs C-440/07 P, Slg. 2009, I-6413 – *Schneider/Komm. VI* voraus, durch welches das Urteil des Gerichts v. 11.7.2007 in der Rs T-351/03, Slg. 2007, II-2237 – *Schneider/Komm. V*, mit welchem erstmals ein nennenswerter Schadenersatz zugesprochen wurde, teilweise aufgehoben wurde.

[4] S. dazu näher *Ollerdißen* in § 60.

[5] Abkommen zwischen den EFTA-Staaten zur Errichtung einer Überwachungsbehörde und eines Gerichtshofs, ABl. 1994 L 344/1.

legende Bestimmungen des Verfahrensrechts finden sich in der **Satzung** des Gerichtshofs der Europäischen Union.[6] In Titel IV der Satzung des Gerichtshof sind die Regelungen für das Gericht niedergelegt, das dem Gerichtshof beigeordnet wurde.

Die **Verfahrensordnungen** für den Gerichtshof[7] bzw. für das Gericht[8] regeln die Einzelheiten des jeweiligen Verfahrensablaufs. Wichtig sind dabei vor allem die Regelungen über die Formalien der Klageerhebung, die Anforderungen an Beweismittel etc., welche dem Gerichtshof bzw. dem Gericht vorgelegt werden müssen. Praktische Hinweise, insbesondere hinsichtlich der Länge der Schriftstücke, deren Formatierung etc. sind in den **„Praktischen Anweisungen"** bzw. Durchführungsbestimmungen niedergelegt.[9] Sonderfragen wie Rechtshilfeersuchen und Armenrecht werden in einer zusätzlichen Verfahrensordnung geregelt.[10] Für den internen Ablauf von Bedeutung, aber ohne Rechtswirkung für Dritte ist die **Geschäftsordnung,** in der die einzelnen Dienste des Gerichts(hofs) sowie die Kabinette der Richter geregelt sind. Des weiteren gibt es die Dienstanweisung für den Kanzler sowie eine eigene Verordnung über die Berechnung der Fristen. 8

II. Gericht

Für den Rechtsschutz von Unternehmen gegen Rechtsakte der Unionsorgane im Bereich des Kartellrechts ist das Gericht von besonderer Bedeutung, weil alle Klagen, die sich unmittelbar gegen Rechtsakte richten, vor dem Gericht anhängig gemacht werden müssen. Der Gerichtshof hat seine Bedeutung behalten für alle Verfahren, bei denen nationale Gerichte Fragen zur Auslegung des Unionsrechts nach Art. 267 AEUV vorlegen, sowie als Rechtsmittelinstanz gegen Urteile und Beschlüsse des Gerichts. 9

1. Zuständigkeiten. Auf Grundlage von Art. 254, 256 AEUV wurde dem Gerichtshof durch Beschluss des Rates Nr. 88/591/EGKS, EWG, EURATOM vom 24.10.1988[11] das Gericht erster Instanz – jetzt nur noch „Gericht" beigeordnet (nachfolgend auch abgekürzt „EuG"). Seine Zuständigkeit erstreckt sich auf alle nach Art. 299 AEUV festgelegten Klagen in erster Instanz, mit Ausnahme des Vorlageverfahrens nach Art. 267 AEUV und der Klagen durch die Unionsorgane oder bestimmter Klagen der Mitgliedstaaten. Seit den Beschlüssen des Rates vom 24.10.1988 sowie vom 8.6.1993[12] erstreckt sich die Zuständigkeit des Gericht generell auf **alle Klagen natürlicher und juristischer Personen** nach Art. 263 Abs. 4, 265 Abs. 3, 268 und 272 AEUV (sowie den entsprechenden Bestimmungen des EAG-Vertrages). Aufgrund der Beschlüsse des Rates vom 26. April 2004 müssen auch Klagen der Mitgliedstaaten gegen Beschlüsse der Kommission in Wettbewerbssachen vor dem Gericht erhoben werden.[13] Das bedeutet, dass für Anfechtungs-, Untätigkeits- und Schadensersatzklagen in Wettbewerbssachen das Gericht zuständig ist. Wird die Klage beim unzuständigen Gericht erhoben, wird die Sache durch Beschluss gemäß Art. 54 Abs. 2 Gerichtshof-Satzung an das zuständige Gericht verwiesen. Verweist das Gericht gemäß Art. 54 Abs. 2 Gerichtshof-Satzung an den Gerichtshof bzw. der Gerichtshof an das Ge- 10

[6] Protokoll Nr. 3 über die Satzung des Gerichtshofs der Europäischen Union, ABl. 2012 L 228/1.

[7] Verfahrensordnung des Gerichtshofs (VerfO EuGH), ABl. 2012 L 265/1, geändert durch ABl. 2013 L 173/65.

[8] Verfahrensordnung des Gerichts (VerfO EuG), ABl. 2015 L 105/1. Diese Neufassung ersetzt die VerfO EuG von 1991 (ABl. 1991 L 136/1) sowie die konsolidierte (nicht verbindliche) Fassung von 2010, ABl. 2010 C 177/37, vor der Neufassung zuletzt geändert ABl. 2013 L 173/66. In ABl. 2015 C 215/6 ist eine Konkordanztabelle zwischen der VerfO EuG von 1991 und der Neufassung abgedruckt.

[9] Gerichtshof: Praktische Anweisungen für die Parteien in den Rechtssachen vor dem Gerichtshof, ABl. 2014 L 31/1; Gericht: Praktische Durchführungsbestimmungen zur Verfahrensordnung des Gerichts, ABl. 2015 L 152/1.

[10] Zusätzliche Verfahrensordnung des Gerichtshofs, ABl. 2014 L 32/37.

[11] ABl. 1988 L 319/1.

[12] ABl. 1988 L 319/1; ABl. 1993 L 144/21.

[13] ABl. 2004 L 132/5.

richt, wird die Rechtssache wirksam bei dem Gericht anhängig gemacht, an das verwiesen wurde, auch wenn die Klagefrist inzwischen abgelaufen ist.[14]

11 **2. Aufbau.** Das Gericht besteht aus 28 Richtern (einem pro Mitgliedstaat). Anders als beim Gerichtshof gibt es beim Gericht keine eigens ernannten Generalanwälte. In schwierigen Rechtssachen kann ein Richter vom Gericht zum **Generalanwalt** für diese Rechtssache ernannt werden (Art. 2 Abs. 3 Ratsentscheidung 88/591).[15] Dies ist in Wettbewerbssachen bereits vorgekommen, bleibt aber auch in großen Verfahren eine seltene Ausnahme. Der Generalanwalt legt dann – wie die Generalanwälte beim Gerichtshof – seine Auffassung in den einem Rechtsgutachten ähnelnden Schlussanträgen dar.

12 Der **Präsident** des Gerichts wird – wie der Präsident des Gerichtshof – für die Dauer von drei Jahren aus den Reihen der Richter gewählt; gleiches gilt für die Präsidenten der Kammern. Der Präsident des Gerichts ist insbesondere für die Verfahren des einstweiligen Rechtsschutzes zuständig[16] und fasst die entsprechenden Beschlüsse.

13 Das Gericht tagt grundsätzlich in **Kammern,** die mit drei und mit fünf Richtern besetzt sind, sowie in einer Großen Kammer mit dreizehn Richtern (Art. 13 Abs. 1 VerfO EuG). Im Jahre 2013 hat das Gericht gem. Art. 25 Abs. 1 VerfO EuG Kriterien für die Zuweisung der Rechtssachen an die Kammern aufgestellt,[17] von denen der Präsident des Gerichts im Einzelfall abweichen kann, um den Zusammenhang von Rechtssachen zu gewährleisten (z. B. parallele Klagen mehrerer an einem Kartell beteiligten Unternehmen) oder die Arbeitslast ausgewogener zu verteilen.[18] Ein Geschäftsverteilungsplan, aus dem sich erkennen läßt, welche Kammer oder gar welcher Richter für ein Verfahren zuständig sein wird, ergibt sich daraus jedoch nicht. Die Verteilung eingehender Rechtssachen erfolgt grundsätzlich an **Kammern mit drei Richtern,** in drei Verteilungsvorgängen nach der Reihenfolge der Eintragung in das Register, wobei Rechtssachen in Wettbewerbs- und Beihilfesachen sowie handelspolitischen Schutzmaßnahmen die erste Kategorie stellen.[19] Es besteht die Möglichkeit, die Rechtssache wegen **besonderer Schwierigkeit oder Bedeutung** nach Art. 28 VerfO EuG an die erweiterte **Kammer mit fünf Richtern** abzugeben. Dies erfolgt auf Vorschlag der Kammer oder des Präsidenten und bedarf eines Beschlusses des Plenums des Gerichts, Art. 28 Abs. 2 und 3 VerfO EuG. Bedeutsame wirtschaftsrechtliche Rechtssachen wurden früher meist den **„erweiterten" Kammern** mit fünf Richtern zugewiesen, was bei wettbewerbsrechtlichen Streitigkeiten häufig zutrifft. Die Kammern des Gericht werden von Kammerpräsidenten geleitet, die aus den Reihen der Richter der Kammer ernannt werden. Der Kammerpräsident leitet die Sitzungen. Für jede Rechtssache wird ein Berichterstatter bestimmt, der in Vorbereitung der mündlichen Verhandlung einen (internen) Sitzungsbericht für die Richter erstellt. In Ausnahmefällen kann das Gericht in einer erweiterten Kammer von 13 Richtern[20] oder im Plenum tagen. Entscheidungen müssen stets von einer ungeraden Zahl von Richtern getroffen werden, und zwar von mindestens drei Richtern.[21] War eine Rechtssache zunächst einer erweiterten Kammer zugewiesen und ist dann ein Richter aus dem Amt ausgeschieden (und damit dauerhaft an der Ausübung seines Amtes gehindert), so wird die Entscheidung in der Rechtssache von drei Richtern entschieden.[22]

---

[14] EuGH U. v. 10.4.2003, Rs C-167/99, Slg. 2003, I-3269, Rdnr. 53 – *EP/SERS;* EuGH B. v. 23.5.1990, Rs C-72/90, Slg., 1990, I-2181, Rdnr. 16–20 – *Asia Motor France/Komm.*

[15] ABl. 1988 L 319/1. Berichtigung in ABl. 1989 L 241/4.

[16] S. dazu unten Rdnr. 113 ff.

[17] Kriterien für die Zuweisung von Rechtssachen an die Kammern, ABl. 2013 C 313/4.

[18] Kriterien für die Zuweisung von Rechtssachen an die Kammern, ABl. 2013 C 313/4, letzter Absatz.

[19] Die weiteren Kategorien sind Rechtssachen, die das geistige Eigentum betreffen, und als dritte Kategorie alle anderen Rechtssachen.

[20] Art. 14 Abs. 2 VerfO EuG.

[21] Art. 15 Satzung Gerichtshof i. V. m. Art. 44 Satzung Gerichtshof.

[22] Vgl. dazu EuGH U. v. 15.10.2002, Rs C-238/99 P u. a., Slg. 202, I-8375, Rdnr. 33–39 – *Limburgse Vinyl Maatschapij u. a./Komm.*

III. Gerichtshof

14 In Wettbewerbssachen spielt der Gerichtshof vor allem als Rechtsmittelinstanz eine Rolle (s. ausführlich hierzu unten Rdnr. 321 ff.), ferner im Rahmen von Vorlageverfahren.[23] Klagen gegen Entscheidungen (Beschlüsse) der Kommission in Wettbewerbssachen sind stets vor dem Gericht zu erheben, der Gerichtshof ist dafür nicht mehr zuständig, auch nicht für Klagen der Mitgliedstaaten.[24]

IV. Der Ablauf des Gerichtsverfahrens

15 **1. Klagefrist.** *a) Allgemein.* Regelungen über die Klagefristen finden sich zum Teil in den primärrechtlichen Bestimmungen des AEUV sowie in der Satzung des Gerichtshof und den Verfahrensordnungen des Gerichtshof und des Gerichts.

16 Für den wichtigsten Anwendungsfall, die **Nichtigkeitsklage** nach Art. 263 AEUV, beträgt die Klagefrist zwei Monate. Für die **Untätigkeitsklage** sieht Art. 265 AEUV ein zweiphasiges Verfahren vor: zunächst die **Aufforderung** an das Unionsorgan, tätig zu werden. Für die Übermittlung dieser Aufforderung selbst ist keine Frist vorgesehen,[25] jedoch muss dem Organ sodann ein Zeitraum von zwei Monaten eingeräumt werden, binnen derer die geforderte Maßnahme zu ergreifen ist. Mit Ablauf der dem Organ gesetzten Frist von zwei Monaten beginnt die in Art. 265 Abs. 2 AEUV vorgesehene Zwei-Monatsfrist für die Klageerhebung zu laufen.

17 Für Schadenersatzansprüche sehen Art. 268 i. V. m. Art. 340 AEUV keine Klagefrist vor. Art. 46 der Satzung des Gerichtshof bestimmt, dass Ansprüche wegen außervertraglicher Haftung in fünf Jahren nach Eintritt des Ereignisses, das ihnen zugrunde liegt, verjähren. Diese **Verjährungsfrist** wird dadurch, dass zuvor bei dem zuständigen Organ der Europäischen Union ein entsprechender Antrag auf Erstattung der entstandenen Schäden gestellt wird, **unterbrochen.** In diesem Fall sieht Art. 46 der Satzung des Gerichtshof vor, dass die Klage innerhalb der für die Anfechtungs- bzw. Nichtigkeitsklage vorgesehenen Fristen erhoben werden muss.

18 Klagefristen stellen zwingendes Recht dar und sind deshalb **nicht verlängerbar**[26] (Notfrist). Ihre Berechnung sowie die Folgen der Versäumnis richten sich allein nach Unionsrecht. Die Anwendung nationaler Bestimmungen – z. B. hinsichtlich der Möglichkeit der Fristverlängerung – ist ausgeschlossen.[27] Hiervon zu unterscheiden ist eine Besonderheit im Verfahren vor dem Gerichtshof und dem Gericht: die **„zusätzliche Frist mit Rücksicht auf die räumliche Entfernung"** (vgl. Art. 45 Abs. 1 der Satzung des Gerichtshof), die für alle Fristen vor dem Gerichtshof und dem Gericht Geltung hat. Es handelt sich um eine Pauschalfrist von 10 Tagen (vgl. unten Rdnr. 29).

19 **b) Fristbeginn.** Gemäß Art. 263 Abs. 5 AEUV beginnt die Frist für die Nichtigkeitsklage je nach Lage des Falles mit der Bekanntgabe des Rechtsaktes (Veröffentlichung), der Mitteilung an den Kläger oder durch sonstige Kenntniserlangung. Art. 265 Abs. 2 AEUV enthält keine genauen Bestimmungen über den Beginn der Klagefrist der Untätigkeitsklage. Nach der Rechtsprechung des Gerichts ist jedoch für den Fristbeginn die Zustellung der Stellungnahme des Organs bei der Person, von der die Aufforderung zum Handeln

---

[23] S. dazu näher *Ollerdißen* in § 60 Rdnr. 1 ff.

[24] Vgl. die Nachweise aaO, Fn. 12.

[25] Der Gerichtshof hat dazu entschieden, dass aus Gründen der wirksamen Wahrnehmung der Verteidigungsrechte die Aufforderung zum Tätigwerden nicht nach einem unverhältnismäßig langen Zeitraum erfolgen darf, s. EuGH U. v. 6.7.1971, Rs 59/70, Slg. 1971, 639, Rdnr. 15 – *Niederlande/Komm.*

[26] Dies ergibt sich als e-contrario – Schluss aus Art. 61 Abs. 1 VerfO EuG.

[27] EuGH B. v. 21.11.1965, Rs C-12/90, Slg. 1990, I-4265, Rdnr. 10 – *Infortec:* Die Klägerin hatte sich darauf berufen wollen, dass sie nach portugiesischem Recht einen Anspruch auf Fristverlängerung habe; vgl. EuGH U. v. 12.7.1984, Rs 209/83, Slg. 1984, 3089 – *Ferriera Valsabbia/Komm.*

ausgegangen ist, ausschlaggebend.[28] Das Gericht begründet seine Entscheidung damit, dass der Betroffene zur Wahrung seines Rechtschutzes in der Lage sein muss, vom Inhalt der Stellungnahme Kenntnis zu nehmen. Dies spricht dafür, auch für die Frist zur Erhebung der Untätigkeitsklage nach Art. 265 AEUV die zu den Fristen nach Art. 263 Abs. 5 AEUV ergangene Rechtsprechung entsprechend anzuwenden[29] (zur Fristberechnung im Einzelnen vgl. unten Rdnr. 28ff.).

20 Für den **Adressaten** (z.B. das Unternehmen, an das ein Untersagungs- und/oder Bußgeldbeschluss gerichtet ist) ist für die Berechnung der Klagefrist in der Regel auf die Mitteilung des Rechtsaktes an das Unternehmen – die Zustellung – abzustellen. Durch die **Mitteilung an den Adressaten** wird der Beschluss der Kommission nach Art. 297 Abs. 2 Satz 3 AEUV wirksam und somit zum Rechtsakt im Sinne des Art. 340 Abs. 4 AEUV. Die spätere Veröffentlichung des Beschlusses im Amtsblatt kann die Frist für den Adressaten nicht erneut in Gang setzen.[30]

21 Die Mitteilung an den Adressaten muss nicht durch eine förmliche **Zustellung** erfolgen, wenngleich dies die Regel sein dürfte (Zusendung des Beschlusses per Einschreiben mit Empfangsbestätigung und Rückschein).[31] Eine Übermittlung per Telefax oder Email dürfte für die Zustellung genügen, sofern der Beschluss damit vollständig und richtig übermittelt wurde.[32] Eine fehlerhafte Mitteilung ist nicht geeignet, die Klagefrist in Gang zu setzen. Allerdings muss sich dieser Mangel dahin ausgewirkt haben, dass es dem Unternehmen nicht möglich war, dem zugestellten Beschluss zu entnehmen, dass es Adressat des Beschlusses ist.[33] Die Mitteilung gilt als an dem Tag erfolgt, an dem der Rückschein unterzeichnet wurde.[34] Der Umstand, dass der Geschäftsführer des betreffenden Unternehmens tatsächlich erst später vom Inhalt des Beschlusses Kenntnis erlangt hat, ist unmaßgeblich.[35] Die Zustellung erfolgt an dem im Handelsregister eingetragenen Sitz der Gesellschaft. Die Unternehmen können nicht die Zustellung an einen bestimmten Ort oder an eine bestimmte Person verlangen; die Zustellung muss jedoch an eine Person erfolgen, die zur Entgegennahme von eingeschriebenen Postsendungen ermächtigt ist.[36] Interne Streitigkeiten über die Reichweite der Vertretungsbefugnis sind unbeachtlich, solange die Empfangs-

---

[28] EuG U. v. 27.1.2000, verb. Rs T-194/97 u. Rs T-83/98, Slg. 2000 II-69, Rdnr. 55 – *Branco/Komm.*

[29] Dazu *Grabitz/Hilf/Nettesheim-Dörr,* Das Recht der Europäischen Union, 53. Ergänzungslieferung 2014, Art. 265 AEUV Rdnr. 31.

[30] Bei Beschlüssen im Bereich des Beihilferechts ist normalerweise der Mitgliedstaat Adressat (Ausnahme: Zurückweisung einer Beschwerde). Für die betroffenen Unternehmen beginnt die Frist regelmäßig mit Bekanntgabe (Veröffentlichung im Amtsblatt), es sei denn, das Unternehmen habe ausdrücklich eine Mitteilung des Beschlusses erhalten (z.B. nach Maßgabe des Artikels 20 Abs. 1 der VO Nr. 659/1999/EG). Vgl. EuG U. v. 15.1.1998, Rs T-11/95, Slg. 1998, II-3235 Rdnr. 46ff. – *BP Chemicals/Komm.*

[31] EuGH U. v. 18.9.1994, Rs C-195/91 P, Slg. 1994 I-5619, Rdnr. 21 – *Bayer AG/Komm.*

[32] *Wägenbauer,* EuZW 2013, 930, 935: „Das EuG hat klargestellt, dass eine per E-Mail übermittelte Entscheidung die Klagefrist auslöst, wenn der Empfänger eine Empfangsbestätigung geschickt hat" mit Verweis auf EuG B. v. 9.7.2013, Rs T-221/13 – *Page Protective Services/SEAE.*

[33] EuGH B. v. 4.7.1984, Rs 82/84 R, Slg. 1984, 2585 – *Metalgoi SPA/Komm.:* der Gerichtshof sah die fehlerhafte Zustellung, die allein darin bestand, dass die Entscheidung an den Adressaten der Entscheidung unter Angabe der falschen Gesellschaftsform („SNC" anstatt „SPA") zugestellt worden war, als unschädlich an. In demselben Sinne EuG B. v. 13.2.1998, Rs T-275/97, Slg. 1998, II-253 – *Guérin/Komm* und B. v. 13.2.1998, Rs T-276/97, Slg. 1998, II-261 – *Guérin/Komm.,* wo die Entscheidung statt an den Liquidator an das Unternehmen „c/o" dem Liquidator zugestellt worden war.

[34] EuGH U. v. 26.11.1985, Rs 42/85, Slg. 1985, 3749, Rdnr. 8 – *Cockerill-Sambre/Komm.,* im selben Sinne EuGH U. v. 30.5.1984, Rs 224/83, Slg. 1984, 2349, Rdnr. 9 – *Ferriera Vittoria/Komm.;* vgl. EuGH U. v. 17.7.1959, verb. Rs 32, 33/58, Slg. 1959, 287 – *SNUPAT/Hohe Behörde.*

[35] EuGH U. v. 30.5.1984, Rs 224/83, Slg. 1984, 2349, Rdnr. 11 – *Ferriera Vittoria/Komm.,* ebenso Gerichtshof U. v. 18.9.1994, Rs C-195/91 P, Slg. 1994 I-5619, Rdnr. 23 – *Bayer AG/Komm.*

[36] EuG U. v. 15.9.1998, verb. Rs T-374/94, T-375/94, T-384/94 und T-388/94, Slg. 1998, II-3141, Rdnr. 76 – *European Night Services Ltd./Komm.*

person zur Vertretung des Unternehmens berechtigt ist.[37] Erfolgt die Zustellung an eine Person, die nicht zur Entgegennahme von eingeschriebenen Postsendungen ermächtigt ist, kommt es für den Zeitpunkt der Zustellung auf den Empfang durch eine zuständige Person an.[38] Befindet sich die tatsächliche Leitung des Unternehmens an einem anderen als dem eingetragenen Sitz, kann es sich für die Fristwahrung nicht darauf berufen, dass ihm die Mitteilung nicht zur Kenntnis gelangt ist.[39] Bei Konzernen mit Zentrale außerhalb der Union soll es ausreichen, wenn der Beschluss einer Tochtergesellschaft in der Union zugestellt wird und die Muttergesellschaft auf diese Weise vom Beschluss Kenntnis erlangt.[40]

Für **Dritte,** die nicht Adressaten des Beschlusses sind, sich jedoch als unmittelbar und indi- 22
viduell davon betroffen ansehen, kommt es für die Berechnung der Klagefrist regelmäßig auf den Zeitpunkt der **Veröffentlichung (Bekanntgabe)** des Beschlusses an. Nach der Rechtsprechung des Gerichts und des Gerichtshofs kommt der Zeitpunkt, zu dem der Dritte von dem Beschluss Kenntnis erlangt hat, als Beginn der Klagefrist nur subsidiär neben dem Zeitpunkt der Bekanntgabe oder Mitteilung in Betracht.[41] Dabei berufen sich das Gericht und der Gerichtshof auf den Wortlaut von Art. 263 Abs. 5 AEUV, wonach es für den Fristbeginn auf die Kenntniserlangung durch den Dritten nur **in Ermangelung** der Bekanntgabe oder Mitteilung des Beschlusses ankommt. Selbst wenn der Dritte schon vor der Veröffentlichung des Beschlusses im Amtsblatt von ihr Kenntnis erlangt haben sollte, so ändert das nichts daran, dass die Frist erst mit dem Zeitpunkt der Veröffentlichung zu laufen beginnt. Nur wenn der Beschluss überhaupt nicht veröffentlicht und dem Dritten auch nicht förmlich mitgeteilt wird, ist dessen Kenntniserlangung maßgeblich für den Anlauf der Klagefrist. Deswegen ist es ratsam, eine Klage innerhalb von zwei Monaten und zehn Tagen[42] nach Kenntniserlangung einzureichen, es sei denn, innerhalb dieser Frist erfolge eine Zustellung. Denn sonst bestünde das Risiko, dass in der Folgezeit weder eine Zustellung noch eine Veröffentlichung im Amtsblatt erfolgt und die Frist doch vom Zeitpunkt der Kenntniserlangung gerechnet wird.

Zwar werden kartellrechtliche Beschlüsse gemäß Art. 30 VO Nr. 1/2003 veröffent- 23
licht.[43] Die Veröffentlichung ist jedoch für die Wirksamkeit des Beschlusses nicht konstitutiv, sondern soll nur eine ausreichende Transparenz der Verwaltungspraxis sicherstellen.[44] Der Beschluss selbst wird in erster Linie denjenigen bekannt gegeben („zugestellt"), für die er bestimmt ist, und wird durch *diese* Mitteilung (und nicht erst durch die Veröffentlichung im Amtsblatt) wirksam (Art. 297 Abs. 3 AEUV). Daraus folgt, dass eine Kenntnis des Textes des Beschlusses vor dessen Zustellung die Klagefrist noch nicht in Gang setzen kann; zunächst muss der Beschluss „wirksam" sein. Sobald aber der Beschluss nach Art. 297 Abs. 3 AEUV wirksam ist, kann die Klagefrist zu laufen beginnen. Erhält der interessierte Dritte Kenntnis von dem Beschluss, weil ihm die Kommission diesen vorab zur Kenntnis quasi „unter der Hand" überlässt, ohne ihn ihm jedoch förmlich mitzuteilen, so kommt es für den Beginn der Klagefrist auf die Veröffentlichung im Amtsblatt an.[45]

---

[37] EuG B. v. 25.6.2003, Rs T-287/02, Slg., 2003, II-2179, Rdnr. 28 – *Asian Institute of Technology/Komm.*

[38] EuG U. v. 15.9.1998, verb. Rs T-374/94, T-375/94, T-384/94 und T-388/94, Slg. 1998, II-3141, Rdnr. 79 – *European Night Services/Komm.*

[39] EuGH U. v. 26.11.1985, Rs 42/85, Slg. 1985, 3749, Rdnr. 10/11 – *Cockerill-Sambre/Komm.*

[40] EuGH U. v. 21.2.1973, Rs 6/72, Slg., 1973, 215 – *Continental Can/Komm.;* dazu auch § 5 Rdnr. 19.

[41] EuGH U. v. 10.3.1998, Rs C-122/95, Slg. 1998, I-973 Rdnr. 35–38 – *Deutschland/Rat,* EuG U. v. 12.12.2000, Rs T-296/97, Slg. 2000, II-3871, Rdnr. 61–63 – *Alitalia/Komm.;* EuG U. v. 27.11.2003, Rs T-190/00, Slg. 2003, II-5015, Rdnr. 29. 30 – *Regione Siciliana/Komm.;* EuG B. v. 25.5.2004, Rs T-264/03, Slg. 2004, II-1515, Rdnr. 53 – *Schmoldt u. a./Komm.*

[42] Vgl. unten Rdnr. 30.

[43] Vgl. auch Art. 20 der VO Nr. 139/2004 des Rates über die Kontrolle von Unternehmenszusammenschlüssen.

[44] *Grabitz/Hilf-Miersch,* Das Recht der Europäischen Union, 40. Aufl. 2009, Art. 30 Rdnr. 1; *Loewenheim/Meessen/Riesenkampff-Weiß,* Art. 30 Rdnr. 2.

[45] EuG U. v. 15.9.1998, Rs T-11/95, Slg. 1998, II-3235, Rdnr. 46 ff. – *BP Chemicals/Komm.*

24 Ist an die **Veröffentlichung im Amtsblatt** anzuknüpfen, so beginnt die Frist vom Ablauf des vierzehnten Tages nach der Veröffentlichung im Amtsblatt an zu laufen (Art. 59 VerfO EuG).[46] Maßgeblicher Zeitpunkt ist grundsätzlich das auf dem Amtsblatt angegebene Datum; ist das Amtsblatt jedoch tatsächlich erst zu einem späteren Zeitpunkt erhältlich, beginnt die Klagefrist erst zu diesem späteren Zeitpunkt.[47] Nach jüngster Rechtsprechung gilt ein Hinweis im Amtsblatt (Kurzveröffentlichung) mit einem Verweis und entsprechendem Link auf die Website der Kommission als „Veröffentlichung",[48] einer Veröffentlichung des vollständigen Beschlusstextes im Amtsblatt bedarf es damit nicht zwingend. Wird ein Rechtsakt nur durch Veröffentlichung im Internet bekannt gegeben, so greift die Regelung von Art. 59 VerfO EuG **nicht,** weil diese Regelung ausschliesslich für die Veröffentlichung im Amtsblatt gilt und nicht auf andere Formen der Bekanntgabe erweitert werden kann; vielmehr läuft bei Bekanntgabe nur im Internet die Frist vom Tag der Bekanntgabe.[49]

25 Ergeht der Rechtsakt, der angefochten werden soll, in Form einer **Verordnung**[50] (im Bereich des Kartellrechts vorstellbar in Fällen der Nichtanwendbarkeitserklärung einer GruppenfreistellungsVO,[51] z. B. nach Art. 7 VO Nr. 772/2004[52] oder Art. 6 VO Nr. 330/2010),[53] so bedarf dieser zu seiner Wirksamkeit der Veröffentlichung im Amtsblatt (vgl. Art. 297 Abs. 2 AEUV). Ohne Veröffentlichung bleibt er ein rechtliches Nullum, ein Entwurf. Im Falle einer Verordnung, die zur Rechtswirkung der Veröffentlichung bedarf, kommt es somit *nicht* auf eine vorherige Kenntnis oder Mitteilung des Inhaltes des Rechtsaktes an, vielmehr ist für den Lauf der Klagefrist stets die Veröffentlichung im Amtsblatt maßgeblich (unter Beachtung der Berechnungsregel des Art. 59 VerfO EuG).

26 In Ermangelung einer Bekanntgabe oder Mitteilung obliegt es demjenigen, der von dem Vorliegen einer ihn betreffenden Handlung erfährt (z. B. aus der Presse), binnen angemessener Frist ihren vollständigen Wortlaut anzufordern.[54] Die Klagefrist beginnt von dem Zeitpunkt an zu laufen, zu dem das betroffene Unternehmen genaue Kenntnis von Inhalt und Begründung der Maßnahme hatte oder die angemessene Frist zur Anforderung des Wortlauts des Beschlusses verstrichen ist.[55] Pressemitteilungen geben normalerweise nicht den notwendigen Aufschluss. Lässt aber schon die Pressemitteilung den Tenor sowie die wesentlichen Gründe des Beschlusses erkennen, dürfte eine Klage gegen den Beschluss schon vor dem Erhalt des authentischen Wortlautes zulässig sein (selbst wenn die Klagefrist noch nicht zu laufen begonnen hat). Zweifelhaft bleibt, ob die Pressemitteilung bereits die Verfahrensfrist des Art. 263 AEUV auslöst; das wird im Regelfall zu verneinen sein, jeden-

---

[46] Instruktiv die genaue Berechnung der Frist in EuG B. v. 19.1.2001, Slg. 2001, II-85, Rdnr. 12 ff. – *Confindustria u. a./Komm.*

[47] EuGH U. v. 25.1.1979, Rs 98/78, Slg. 1979, 69 – *Racke/Hauptzollamt Mainz.*

[48] EuG U. v. 15.6.2005, Rs T-17/02, Slg. 2005, II-2031, Rdnr. 79 ff. – *Fred Olsen/Komm.*

[49] EuG B. v. 21.9.2011, Rs T-268/10, Slg. 2011 II-6595, Rdnr. 34 ff. – *Polyelectrolyte Producers Group GEIE/Europäische Chemikalienagentur ECHA.*

[50] Dabei wird regelmäßig die Zulässigkeitsvoraussetzung der unmittelbaren und individuellen Betroffenheit besonders zu prüfen sein.

[51] Eine Nichtanwendungs-VO der Kommission nach den genannten Vorschriften tritt sechs Monate nach ihrer Verabschiedung in Kraft. Die Zulässigkeit einer Klage durch ein einzelnes Unternehmen gegen eine Nichtanwendungs-VO wäre wahrscheinlich unzulässig, weil der Kläger von dem Rechtsakt *individuell* betroffen sein muss. Daran fehlt es zumeist, wenn Rechtsakte in Form von VOen ergehen.

[52] VO (EG) Nr. 772/2004 der Kommission vom 27. April 2004 über die Anwendung von Artikel 81 Absatz 3 EG-Vertrag auf Gruppen von Technologie-Transfer-Vereinbarungen, ABl 2004 L123/11.

[53] VO (EG) Nr. 330/2010 der Kommission vom 20. April 2010 über die Anwendung von Artikel 101 Absatz 3 des Vertrages über die Arbeitsweise der Europäischen Union auf Gruppen von vertikalen Vereinbarungen und abgestimmten Verhaltensweisen, ABl. 2010 L102/1.

[54] EuG U. v. 8.11.2000, Rs T-485/93, T-491/93, T-494/93, T-61/98, Slg. 2000, II-3659, Rdnr. 49 – *SA Louis Dreyfus & Cie u. a./Komm.*

[55] EuGH U. v. 6.7.1988, Rs 236/86, Slg. 1988, 3761, Rdnr. 14 – *Dillinger Hüttenwerke/Komm.;* EuGH U. v. 5.3.1980, Rs 76/79, Slg. 1980, 665 – *Könecke/Komm.* und EuGH U. v. 5.3.1986, Rs 59/84, Slg. 1986, 887 – *Tezi Textil/Komm.*

falls dann, wenn die in der Pressemitteilung enthaltenen Gründe den Erfordernissen des Art. 298 Abs. 2 AEUV nicht gerecht werden.[56] Eine Mitteilung über den Beschluss, die jedoch keinerlei Einzelheiten enthält, die es dem Kläger ermöglichen, Inhalt, Umfang und Begründung des getroffenen Beschlusses zu erfassen, ist nicht geeignet, den Beginn der Klagefrist in Gang zu setzen.[57] Angesichts der zunehmenden Veröffentlichung von Beschlüssen im Volltext (nach Herausnehmen vertraulicher Angaben) im Internet wird diese Frage künftig an Bedeutung verlieren.

Versäumt der Dritte die Klagefrist, so kann er den betreffenden Beschluss auch nicht später im Rahmen des Drittwiderspruchs anfechten.[58] Ist der Dritte von dem Beschluss unmittelbar und individuell betroffen und somit klagebefugt, so kann er die Unwirksamkeit des Beschlusses nach Ablauf der Klagefrist auch nicht mehr über das nationale Gericht im Verfahren nach Art. 267 AEUV geltend machen.[59] 27

c) Fristberechnung und Fristende. Gemäß Art. 58 Abs. 1 lit. a VerfO EuG endet eine nach Monaten bemessene Frist mit Ablauf des Tages, der im letzten Monat dieselbe Zahl wie der Tag trägt, an dem das Ereignis eingetreten oder die Handlung vorgenommen worden ist, von denen an die Frist zu berechnen ist.[60] Fällt das Fristende auf ein Wochenende oder einen Feiertag, so endet die Frist gem. Art. 58 Abs. 2 VerfO EuG am darauffolgenden Werktag. Die in diesen Bestimmungen genannten Feiertage sind durch Beschluss des Gerichtshof festgelegt,[61] sie gelten auch für das Gericht (Art. 58 Abs. 3 VerfO EuG). Für bewegliche Feiertage kommt es, sofern diese nicht im Beschluss des Gerichtshofs ausdrücklich genannt sind, auf die Feiertage in Luxemburg an, nicht auf die Feiertage am Sitze des Klägers.[62] 28

Der originären Klagefrist wird eine sog. **„Entfernungsfrist"** hinzugerechnet. Früher wurden die Klagefristen „mit Rücksicht auf die räumliche Entfernung" (gemeint ist die räumliche Entfernung nach Luxemburg) für alle Parteien, die ihren Sitz nicht in Luxemburg haben, durch die VerfO des EuGH unterschiedlich verlängert. Dabei kam es auf den Sitz des Unternehmens und nicht des beratenden Anwalts an. Art. 51 VerfO EuGH und Art. 60 VerfO EuG sehen eine pauschale Entfernungsfrist von 10 Tagen vor, unabhängig vom Sitz des Unternehmens. 29

Die Berechnung der Fristen kann namentlich dann Schwierigkeiten bereiten, wenn mehrere verlängernde Faktoren zusammentreffen. Fehler bei der Fristberechnung sind nicht entschuldbar, eine Wiedereinsetzung wegen fehlerhafter Berechnung durch Anwälte und deren Mitarbeiter kommt nicht in Betracht;[63] allenfalls in Fällen von *Force Majeur* ist eine Ausnahme denkbar.[64] Der Gerichtshof fasst die Klagefrist und die Entfernungsfrist zu einer **„Gesamtfrist"** zusammen, so dass die Feiertag-/Wochenendregelung nur einmal zum 30

---

[56] Siehe auch EuGH U. v. 5.3.1986, Rs 59/84, Slg. 1986, 887, Rdnr. 10 bis 12 – *Tezi Textil/Komm.*, wo der Gerichtshof feststellte, dass die Klagefrist so lange nicht in Gang gesetzt wird, bis nicht das betroffene Unternehmen vom vollständigen Inhalt der Entscheidung Kenntnis erlangt hat. An einer solch umfassenden Kenntniserlangung fehlt es insbesondere dann, wenn keine Klarheit über die Begründung der Entscheidung besteht. Vgl. auch EuG U. v. 8.11.2000, verb. Rs T-485/93, T-491/93, T-494/93, T-61/98, Slg.2000, II-3659, Rdnr. 49 – *SA Louis Dreyfus & Cie u. a./Komm.*

[57] EuGH U. v. 5.3.1980, Rs 76/79, Slg. 1980, 665, Rdnr. 7 – *Könecke/Komm.*

[58] S. dazu unten Rdnr. 369.

[59] EuGH U. v. 9.3.1994, Rs C-188/92, Slg. 1994, I-833, Rdnr. 26 – *TWD Textilwerke Deggendorf.*

[60] EuGH B. v. 17.5.2002, Rs C-406/01, Slg. 2002, I-4561, Rdnr. 17 – *Deutschland/Parlament und Rat.*

[61] ABl. 2013, C 359/2.

[62] Nach Art. 24 Abs. 4 der VerfO EuGH hält der Gerichtshof die am Ort seines Sitzes geltenden gesetzlichen Feiertage ein. Die Daten werden jährlich im Amtsblatt der EU veröffentlicht. Andere Feiertage werden für die Klageerhebung vor dem Gericht(shof) nicht in Betracht gezogen. Nach Art. 58 Abs. 3 VerfO EuG gelten die Feiertage des Gerichtshofs auch für das Gericht.

[63] EuGH B. v. 16.11.2010, Rs C-73/10 P, Slg. 2010, I-11535, Rdnr. 57 – *Internationale Fruchtimport Gesellschaft Weichert/Komm.*

[64] EuGH B. v. 16.11.2010, Rs C-73/10 P, Slg. 2010, I-11535, Rdnr. 41 ff. – *Internationale Fruchtimport Gesellschaft Weichert/Komm.*

Tragen kommt.[65] Auszugehen ist zunächst von der Klagefrist von zwei Monaten nach Art. 263 AEUV. Bei Beschlüssen, die durch Zustellung wirksam werden (z.B. Beschlüsse, mit denen Bußgelder verhängt werden; Untersagungsbeschlüsse in Fusionskontrollverfahren) wird auf den Tag der Zustellung (Unterzeichnung der Empfangsbescheinigung)[66] abgestellt. Ist für den Beginn der Klagefrist die Bekanntgabe im Amtsblatt maßgeblich, so wird der Beginn der Zwei-Monats-Frist verschoben; die Frist beginnt in diesen Fällen mit Ablauf des vierzehnten Tages vom Tage der Veröffentlichung im Amtsblatt an zu laufen. Die Klagefrist läuft sodann – ohne Rücksicht darauf, ob sie an einem Feiertag oder Sonntag endet – erst nach einer weiteren zehntägigen Pauschalfrist für die räumliche Entfernung ab. Der so errechnete Tag des Fristablaufs ist maßgeblich: liegt dieser auf einem Sonntag oder einem gesetzlichen Feiertag, so gilt der nächste Werktag als Tag des Fristablaufs.[67]

Folgendes Beispiel und Berechnungsschema mag der Verdeutlichung dienen:

A) **Verschobener Fristbeginn bei Veröffentlichung im Amtsblatt:**
Wochentag + 14 Tage (derselbe Wochentag wie der Tag der Veröffentlichung, zwei Wochen später)
→ ergibt das Datum für den Beginn der Klagefrist (Tag des Monats)
Beispiel: Veröffentlichung am Mittwoch, 18. Februar 2015 → Beginn der Klagefrist am Mittwoch, 4. März 2015 (Achtung – im Schaltjahr, zB 2016, würde bei Veröffentlichung am Donnerstag, 18. Februar 2016, die Klagefrist am Donnerstag, 3. März 2016 beginnen).

B) **Klagefrist:** Tag des Monats des Fristbeginns (Zustellung oder Bekanntgabe an den Betroffenen, oder errechneter Fristbeginn bei Veröffentlichung im Amtsblatt) + zwei Monate (ohne Rücksicht auf die Anzahl der Tage, die der Monat hat) = Ablauf der Klagefrist ohne räumliche Entfernung
Beispiel: 4. März + zwei Monate = 4. Mai

C) **Entfernungsfrist von zehn Tagen:** Kalendertag des Ablaufs der Klagefrist plus zehn Tage = Ende der Entfernungsfrist
Beispiel: Ende der Klagefrist : 4. Mai 2015. Entfernungsfrist plus zehn Tage = 14. Mai 2015. Der 14. Mai 2015 ist Himmelfahrt, und damit nach Art. 1 des Beschlusses des Gerichtshofs über die gesetzlichen Feiertage und Gerichtsferien ein gesetzlicher Feiertag im Sinne der VerfO. Die Frist läuft somit erst am darauffolgenden Tag, dem 15. Mai ab. Die Klage muss bis spätestens 15. Mai 2015, 24h beim Gericht eingegangen sein.

31 Maßgebend für den Eingang der Klage ist der Eingang in der Gerichtskanzlei und nicht der Tag, an dem die Klage abgesendet wurde (Art. 72 Abs. 2 VerfO EuG). Denn der Postlaufzeit wird durch die Fristverlängerung mit Rücksicht auf die räumliche Entfernung (von Luxemburg) Rechnung getragen.

32 Die Klage muss im unterschriebenen Original beim Gericht eingehen. Unschädlich ist es, wenn die Klage nicht sämtliche von der VerfO geforderten Unterlagen enthält, sofern diese kurzfristig nachgereicht werden.[68] Gemäß Art. 73 Abs. 3 VerfO EuG wirkt auch die Übermittlung des unterzeichneten Originals per Fax oder technischer Kommunikationsmittel (Email) fristwahrend, wenn das Original samt der in Art. 73 Abs. 2 VerfO EuG aufgeführten Anlagen und Abschriften spätestens zehn Tage nach Fristablauf der Kanzlei vor-

---

[65] EuGH B. v. 15.5.1991, Rs C-122/90, Rdnr. 9 – *Emsland Stärke GmbH/Komm.* (unveröffentlicht) und *Happe*, EuZW 1992, 300.

[66] EuGH U. v. 26.11.1985, Rs 42/85, Slg. 1985, 3749, Rdnr. 8 – *Cockerill-Sambre/Komm.*, im selben Sinne EuGH U. v. 30.5.1984, Rs 224/83, Slg. 1984, 2349, Rdnr. 9 – *Ferriera Vittoria/Komm.;* vgl. EuGH U. v. 17.7.1959, verb. Rs 32, 33/58, Slg. 1959, 287 – *SNUPAT/Hohe Behörde.*

[67] Art. 49 Abs. 2 VerfO EuGH; Art. 58 Abs. 2 VerfO EuG. Maßgeblich sind nur die gesetzlichen Feiertage in Luxemburg, die vom Gericht bekanntgegeben werden, vgl. Art. 24 Abs. 4 und 6 VerfO EuGH. Diese gelten auch für das EuG, Art. 58 Abs. 3 VerfO EuG.

[68] S. dazu unten Rdnr. 44 ff.

liegt.[69] Das Risiko der Übermittlung trägt dabei freilich der Kläger.[70] Alle Dokumente, die in elektronischer Form eingereicht werden, müssen im PDF-Format oder einem anderen Format, das spätere Veränderungen des Textes ausschließt, übermittelt werden. Durch Beschluss vom 14. September 2011 hat das Gericht die Möglichkeit eröffnet, Klagen und **Schriftsätze elektronisch** im Wege der Anwendung von **e-Curia** einzureichen.[71] Voraussetzung dafür ist die vorherige Registrierung des Prozessvertreters für diese Anwendung. Die Anwendung erlaubt auch die Zustellung von Schriftstücken des Gerichts an die Partei(en), die an e-Curia teilnehmen. Damit folgt das Gericht der technischen Entwicklung. Ein über e-Curia eingereichtes Schriftstück gilt als Urschrift, sofern der Prozessvertreter dafür seine Benutzerkennung und das Passwort verwendet hat, das ihm vom Gericht zugeteilt wurde. Gleiches gilt für den Gerichtshof.[72]

Der traditionelle und sichere Weg für die Übermittlung von Klagen ist die Einreichung per Boten, der auch ausserhalb der normalen Geschäftszeiten der Kanzlei erfolgen kann. Das Gericht und der Gerichtshof haben einen Wachdienst, der eine Einreichung von Klagen auch noch am letzten Tag der Frist kurz vor Mitternacht ermöglicht; der Wachdienst vermerkt den Zeitpunkt des Eingangs des Dokuments per Eingangsstempel.[73] Angesichts der Möglichkeit der Übermittlung der Klagen durch e-Curia verliert die physische Einreichung der Klage beim Wachdienst an Bedeutung. Allerdings wird durch die schnellere Zustellung von Beschlüssen und Urteilen des Gerichts(hofs) über eCuria die Frist für Rechtsmittel und Rechtsbehelfe verkürzt, denn für die Frist kommt es stets auf die Zustellung an. Erfolgt diese per eCuria, fallen Kenntnis des Beschlusses oder Urteils und Fristbeginn auf denselben Tag. Wird das Urteil (der Beschluss) traditionell zugestellt, so beginnt die Frist erst ab Zustellung zu laufen; das Urteil (der Beschluss) ist aber meist schon auf der Internet-Seite des Gerichts(hofs) verfügbar. 33

d) Fristversäumung. Klagefristen sowie Rechtsmittelfristen stellen zwingendes Recht dar[74] und sind deshalb nicht verlängerbar. Hiervon zu unterscheiden sind die Fristen, die vom Gericht hinsichtlich der Stellungnahmen im schriftlichen Verfahren gesetzt werden und von diesem auch verlängert werden können.[75] Für eine strikte Anwendung der Verfahrensfristen sprechen Gründe der Rechtssicherheit und der Vermeidung von Diskriminierungen bei der Gewährung von Rechtsschutz.[76] 34

Bei Fristversäumung ist die Klage **unzulässig**.[77] Der Kläger kann jedoch gemäß Art. 45 Abs. 2 der Satzung des Gerichtshof geltend machen, dass er durch Zufall oder höhere Ge- 35

---

[69] EuG B. v. 21.3.2002; Rs T-218/01, Slg. 2002, II-2139, Rdnr. 20 – *Laboratoire Monique Rémy Sas/Komm.*

[70] Im Hinblick auf die Einrichtung von e-Curia, die eine sicherere Übermittlung auf elektronischem Wege ermöglicht, sollte die Nutzung von Email vermieden werden, weil der Server des Gerichts(hofs) zu umfangreiche Dateien zurückweist. Bei der – heute kaum noch praktizierten – Übermittlung per Fax können Übermittlungsfehler auftreten, wenn das Fax verkehrt herum eingelegt wird und daher nur leere Seiten übermittelt werden.

[71] ABl. 2011, C 289/9.

[72] ABl. 2011, C 289/7.

[73] S. hierzu Gerichtshof – *Dienstanweisung für den Kanzler* (ABl. 1974, L350/33), in der Fassung vom 3.10.1986 (ABl. 1986 C 286/4), sowie *Dienstanweisung für den Kanzler des Gerichts erster Instanz der Europäischen Gemeinschaften* (ABl. 2007 L 232/1).

[74] EuGH U. v. 30.5.1984, Rs 224/83, Slg. 1984, 2349, Rdnr. 7 – *Ferriera Vittoria/Komm.;* EuGH U. v. 9.2.1984, Rs 284/82, Slg. 1984, 557 – *Busseni/Komm.;* EuGH B. v. 16.11.2010, Rs C-73/10 P, Slg. 2010, I-11535, Rdnr. 41 ff. – *Internationale Fruchtimport Gesellschaft Weichert/Komm.*

[75] S. Art. 124 Abs. 3 und Art. 126 Abs. 2 VerfO EuGH; Art. 81 Abs. 3 VerfO EuG und Art. 83 Abs. 3 VerfO EuG.

[76] EuGH U. v. 15.1.1986, Rs 152/85, Slg. 1986, 223, Rdnr. 10 – *Misset/Rat;* EuGH U. v. 26.11.1985, Rs 42/85, Slg. 1985, 3749, Rdnr. 10 – *Cockerill-Sambre/Komm.;* EuGH U. v. 12.7.1984, Rs 209/83, Slg. 1984, 3089, Rdnr. 14 – *Ferriera Valsabbia/Komm.*

[77] EuG U. v. 10.7.1990, Rs T-125/89, Slg. 1990, II-393 – *Filtrona/Komm.;* vgl. EuGH U. v. 15.1.1986, Rs 152/85, Slg. 1986, 223, Rdnr. 10 – *Misset/Rat;* EuGH U. v. 23.4.2013, Rs C-478/11 P, Rdnr. 32 – *Gbagbo/Komm.*

walt an der Einhaltung der Klagefrist gehindert wurde **(„Wiedereinsetzung")**. Nicht geklärt ist, ob es sich dabei um zwei voneinander unabhängige Alternativen handelt.[78] Der Gerichtshof spricht davon, dass Art. 45 Abs. 2 der Satzung des Gerichtshof ein objektives Element, das sich auf ungewöhnliche, außerhalb der Sphäre der Wirtschaftsteilnehmer liegende Umstände bezieht, sowie ein subjektives Element enthält, das mit der Verpflichtung des Betreffenden zusammenhängt, sich gegen die Folgen ungewöhnlicher Ereignisse zu wappnen, indem er – ohne übermäßige Opfer zu erbringen – geeignete Maßnahmen trifft.[79] Insbesondere muss der Betroffene den Ablauf des Verfahrens sorgfältig überwachen und zum Zweck der Einhaltung der vorgesehenen Fristen Sorgfalt walten lassen.[80] Es ist hingegen nicht erforderlich, nachzuweisen, dass die Einhaltung der Klagefristen „absolut unmöglich" war.[81] Die Auswahl des Transportweges gehört zu den Elementen, hinsichtlich derer der Kläger „Sorgfalt walten" lassen muss; wer vier Tage verstreichen lässt, bevor er die vorab per Telefax übermittelte Klage auf den Postweg bringt und dabei noch einen Dienst wählt, der zusätzlich Zeit benötigt, handelt nicht mit der gebotenen Sorgfalt.[82]

36 In der Regel können Verzögerungen bei der Post nicht als Fall höherer Gewalt geltend gemacht werden, da dieser Umstand bereits durch die entfernungsbedingte Fristverlängerung berücksichtigt ist.[83] Deshalb können nur solche Postverzögerungen einen Fall höherer Gewalt darstellen, die innerhalb Luxemburgs eintreten.[84]

37 Ein weiterer Fall des Art. 45 Abs. 2 der Satzung des Gerichtshof kann gegeben sein, wenn der Kläger hinsichtlich der Klagefrist einem *entschuldbaren Rechtsirrtum* unterlegen ist.[85] Das Gericht legt den Begriff des entschuldbaren Irrtums eng aus. Er ist auf Ausnahmefälle beschränkt, in denen das „Verhalten des betreffenden Unionsorgans für sich genommen oder als entscheidender Faktor geeignet war, bei einem gutgläubigen Bürger, der alle Sorgfalt aufwendet, die von einem Wirtschaftsteilnehmer mit normalem Kenntnisstand zu verlangen ist, eine verständliche Verwirrung hervorzurufen".[86] Ein solcher Fall kann z.B. vorliegen, wenn die Kommission dem Adressaten des Beschlusses zugesichert hat, den Beschluss entsprechend zu berichtigen[87] oder das Generalsekretariat des Rates auf einen Antrag auf Zugang zu Dokumenten und Archiven der EZB mit einem Schreiben reagiert, in

---

[78] Bei EuGH U. v. 18.9.1994, Rs C-195/91 P, Slg. 1994 I-5619, Rdnr. 22 – *Bayer AG/Komm.* ausdrücklich offengelassen.

[79] EuGH U. v. 18.9.1994, Rs C-195/91 P, Slg. 1994 I-5619, Rdnr. 32 – *Bayer AG/Komm.;* diese Definition übernimmt die Elemente der bisherigen Rechtsprechung und unterteilt sie erstmals in ein objektives und ein subjektives Element. Frühere Rspr.: EuGH U. v. 12.7.1984, Rs 209/83, Slg. 1984, 3089, Rdnr. 21 – *Ferriera Valsabbia/Komm.* definierte den Begriff höherer Gewalt damit, „dass es sich um ungewöhnliche, vom Willen des Betroffenen unabhängige Schwierigkeiten handelt, die selbst bei Beachtung der erforderlichen Sorgfalt unvermeidbar erscheinen"; so auch in EuGH U. v. 9.2.1984, Rs 284/82, Slg. 1984, 557 – *Busseni/Komm.*

[80] EuGH B. v. 18.1.2005, Slg. 2005, I-403, Rdnr. 25 – *Zuazaga Meabe/OHIM.*

[81] EuGH U. v. 12.7.1984, Rs 209/83, Slg. 1984, 3089, Rdnr. 21 – *Ferriera Valsabbia/Komm.;* ähnlich: EuGH U. v. 23.4.2013, Rs C-478/11 P, Rdnr. 72 – *Gbagbo/Komm.*

[82] EuGH B. v. 18.1.2005, Slg. 2005, I-403, Rdnr. 25f. – *Zuazaga Meabe/OHIM.*

[83] EuGH B. v. 5.2.1992, Rs C-59/91, Slg. 1992, I-525, Rdnr. 8, 10 – *Frankreich/Komm.;* EuGH U. v. 15.1.1986, Rs 152/85, Slg. 1986, 223, Rdnr. 10 – *Misset/Rat*; vgl. EuGH U. v. 26.11.1985, Rs 42/85, Slg. 1985, 3749, Rdnr. 8 – *Cockerill-Sambre/Komm.;* ferner EuGH U. v. 4.2.1987, Rs 276/85, Slg. 1987, 495 – *Cladakis/Komm.* und EuGH B. v. 7.5.1998, Rs C-239/97, Slg. 1998, I-2656, 2659, Rdnr. 9 – *Irland/Komm.*

[84] EuGH U. v. 2.3.1967, verb. Rs 25, 26/65, Slg. 1967, 41, 56 – *SIMET u. FERAM/Hohe Behörde.*

[85] EuGH U. v. 5.4.1979, Rs 117/78, Slg. 1979, 1613, Rdnr. 9 bis 11 – *Orlandi.*

[86] EuG U. v. 15.3.1995, Rs T-514/93, Slg. 1995, II-621, Rdnr. 40 – *Cobrecaf SA u. a./Komm.;* EuG U. v. 16.3.1993, verb. Rs T-33 und 74/89, Slg. 1993, II-249, Rdnr. 34 – *Blackmann/Parlament*: dort ging es um einen Irrtum bzgl. der für die in Beamtensachen vorgesehenen Beschwerde zuständigen Behörde; vgl. EuGH U. v. 18.9.1994, Rs C-195/91 P, Slg. 1994 I-5619, Rdnr. 26 – *Bayer AG/Komm.,* mit der der Gerichtshof die Ausführungen des Gerichts, Rdnr. 29 bestätigt.

[87] EuG U. v. 15.3.1995, Rs T-514/93, Slg. 1995, II-621, Rdnr. 40 – *Cobrecaf SA u. a./Komm.,* allerdings hat das Gericht unter den gegebenen Umständen das Vorliegen eines Rechtsirrtums verneint.

dem mitgeteilt wird, dass ein derartiges Dokument vom Rat nie angefertigt worden sei;[88] der Gerichtshof hat erklärt, dass der Irrtum sich nicht nur auf die Endgültigkeit der Maßnahme beziehen müsse, sondern auch auf anderen Umständen beruhen könne, solange der Irrtum Folge einer durch das Verhalten des betreffenden Organs hervorgerufenen Verwirrung ist, der Kläger gutgläubig war und die notwendige Sorgfalt angewandt hat.[89] Das Heranziehen von Vorschriften anderer Organe der EU zur Auslegung der Fristberechnung begründet keinen entschuldbaren Irrtum; die Verfahrensregeln des EuG(H) sind „klar und unmissverständlich und weisen keine besonderen Auslegungsschwierigkeiten auf „ und man muss zu deren Auslegung nicht auf eine ähnliche Vorschrift eines anderen Organs zurückgreifen.[90]

Nicht entschuldbar sind ferner das mangelhafte Funktionieren der internen Organisation **38** des Unternehmens,[91] falsche Berechnung durch die Anwälte[92] oder der Abläufe innerhalb der Kommission.[93] Selbst bei Nachweis guter Organisation und Überwachung ist ein einmaliges Versehen, wie etwa das Anbringen eines um einen Tag späteren Eingangsstempels auf dem Dokument, kein entschuldbares Verhalten, das ein Fristversäumnis um einen Tag rechtfertigen könnte.[94]

Für den Fall, dass ein Unternehmen Gefahr läuft, die Klagefrist zu versäumen, bietet es **39** sich an, notfalls eine nicht in allen Punkten den Formvorschriften entsprechende Klage einzureichen. Gewisse Mängel können gemäß Art. 78 Abs. 5 VerfO EuG nachträglich – innerhalb der vom Kanzler gesetzten Frist – behoben werden.[95] Entspricht eine Klage nicht in allen Punkten den „Praktischen Anweisungen",[96] was angesichts der zunehmend strengen Handhabung durch den Kanzler keine Seltenheit mehr ist, so wird dem Kläger eine Frist gesetzt, binnen derer er die Klage „nachbessern" kann, etwa im Hinblick auf den Umfang des Schriftsatzes oder das Nachreichen von Übersetzungen von Anlagen zur Klage in die Verfahrenssprache. Die Klagefrist bleibt gewahrt, auch wenn die Klage der Gegenseite erst nach Beheben der Mängel zugestellt wird.

2. Klageerhebung. *a) Inhaltliche Anforderungen an die Klageschrift.* Gemäß Art. 21 Abs. 1 **40** Satz 2 der Satzung des Gerichtshof und Art. 76 VerfO EuG muss die Klageschrift – neben den formellen Anforderungen – mindestens eine kurze Darstellung des **Streitgegenstandes** und der **Klagegründe** sowie die **Anträge** enthalten. Die Anträge begrenzen das

---

[88] EuGH U. v. 15.5.2003, Rs C-193/01 P, Slg. 2003, I-4837, Rdnr. 7 und 25 – *Athanassios Pitsiorlas/Rat und EZB;* EuG B. v. 2.12.2003, Rs T-334/02, Slg. 2003, II-5121, Rdnr. 35 – *Viomichania Syskevasais Typopoiisis kai Syntirsis Agrotikon Proionton AE/Komm.*

[89] EuGH B. v. 14.1.2010, Rs C-112/09 P, Slg. 2010, I-351, Rdnr. 19ff. – *SGAE/Komm.*

[90] EuGH B. v. 14.1.2010, Rs C-112/09 P, Slg. 2010, I-351, Rdnr. 24 – *SGAE/Komm.*

[91] EuGH U. v. 18.9.1994, Rs C-195/91 P, Slg. 1994 I-5619, Rdnr. 28 – *Bayer AG/Komm.,* mit der erstinstanzliche Feststellungen bestätigt werden, Rdnr. 35; siehe auch EuGH U. v. 30.5.1984, Rs 224/83, Slg. 1984, 2349, Rdnr. 12ff. – *Ferriera Vittoria/Komm.:* Die Abwesenheit des Geschäftsführers stellt keinen Fall höherer Gewalt dar; der Gerichtshof hat vielmehr festgestellt, dass dieser verpflichtet gewesen wäre, für die Zeit seiner Abwesenheit die erforderlichen Verwaltungsmaßnahmen zu treffen.

[92] EuGH B. v. 16.11.2010, Rs C-73/10 P, Slg. 2010, I-11535, Rdnr. 41ff. – *Internationale Fruchtimport Gesellschaft Weichert/Komm.;* EuG B. v. 1.9.2011, Slg. 2011, II-251 (abgekürzte Veröffentlichung), ECLI:EU:T:2011:411, Rdnr. 31 – *Maftah/Komm.*

[93] EuG B. v. 14.5.1996, Rs T-194/95, Slg. 1996, II-343, Rdnr. 6 – *Area Cova SA/Rat;* vgl. EuGH U. v. 18.9.1994, Rs C-195/91 P, Slg. 1994 I-5619, Rdnr. 30 bis 34 – *Bayer AG/Komm.*

[94] In der Rs C-165/99, *Republik Österreich/Komm.* hatte die österreichische Ständige Vertretung eine eingehende Entscheidung der Kommission versehentlich erst am nächsten Morgen gestempelt und das Dokument weitergeleitet; alle Fristberechnungen beruhten sodann auf dem falschen Datum. Das Verfahren wurde nach Hinweisen des Gerichtshofs, wie er dieses Fristversäumnis sehen würde, durch Klagerücknahme beendet.

[95] Auf diese Möglichkeit weist der Gerichtshof in *Ferriera Valsabbia,* U. v. 12.7.1984, Rs 209/83, Slg. 1984, 3089 Rdnr. 25, ausdrücklich hin. Insbesondere kann der Kanzler dem Kläger aufgeben, bestimmte Formalien nachträglich zu erfüllen. S. dazu sogleich unten Rdnr. 48.

[96] Gerichtshof: Praktische Anweisungen für die Parteien vor dem EuGH ABl. 2014 L 31/1; Gericht: Praktische Durchführungsbestimmungen zur Verfahrensordnung des Gerichts ABl. 2015 L 152/1.

Rechtsschutzbegehren des Klägers und die Prüfungsbefugnis des Richters, der in der Regel an die Anträge gebunden ist (Grundsatz „ne ultra petita"). In der Klageschrift hat eine kurze Darstellung der Klagegründe zu erfolgen, aus der sich ergibt, welche tatsächlichen Umstände und rechtlichen Erwägungen die Anfechtungsgründe stützen sollen (Art. 76 VerfO EuG). Diese kurze Darstellung ist erforderlich, damit sich der Beklagte zweckmäßig verteidigen und der Unionsrichter seine gerichtliche Kontrolle ausüben kann.[97] Gerichtshof und Gericht haben **„Praktische Anweisungen für die Parteien"**[98] verfasst, die bestimmte Vorschriften der Verfahrensordnung wiederholen, erläutern und ergänzen. Den *Praktischen Durchführungsbestimmungen zur Verfahrensordnung des Gerichts* ist zu entnehmen, wie die Klageschrift strukturiert sein und welchen Inhalt sie aufweisen soll. Weitere Abschnitte betreffen die Verwendung technischer Kommunikationsmittel, die Einreichung der Schriftsätze, die Einreichung von Anlagen zu den Schriftsätzen, die Länge der Schriftsätze[99] sowie Anträge auf vertrauliche Behandlung. Wichtig ist dabei die Feststellung, dass allein die Vorschriften der VerfO EuG rechtlich zwingend sind. Anders als Art. 58 der VerfO EuGH, der es dem Gerichtshof gestattet, durch Beschluss die maximale Länge der Schriftsätze oder Erklärungen festzulegen, ist eine solche Regelung in der VerfO EuG nicht enthalten. Die Kanzlei stellt jedoch die „Praktischen Anweisungen" gern als verbindliche Regelungen dar und pocht auf deren Einhaltung. Ob die darin enthaltenen Angaben und Hinweise nur Empfehlungen darstellen oder verbindlich sind, ist bislang nicht entschieden. Dies ist namentlich von Bedeutung bei längeren Schriftsätzen in komplexen Verfahren, bei denen eine Kürzung auf 50 Seiten unangemessen sein kann.[100] Die Entscheidung darüber, ob man den Hinweisen der Kanzeli folgt oder nicht, liegt bei der Partei bzw. ihrem anwaltlichen Vertreter (s. dazu noch unten Rdnr. 43). Bislang ist es nicht zu einem Urteil gekommen, mit dem eine Klage für unzulässig erklärt worden wäre, wohl aber hat das Gericht einem Kläger die Kosten für die Übersetzung der überlangen Schriftsätze aufgegeben. Daneben gibt es für das Verfahren vor dem Gericht „Praktische Durchführungsbestimmungen zur Verfahrensordnung des Gerichts", Merklisten für die Klageerhebung in Papierform[101] oder per e-Curia,[102] Muster für die Zusammenfassung der Klagegründe, eine Merkliste für die mündliche Verhandlung und Hinweise für den Vortrag in der mündlichen Verhandlung.[103]

41 Trotz des Wortlautes der Verfahrensordnung des Gerichts, nach dem es ausreichend sein sollte, die Klagegründe nur kurz auszuführen, empfiehlt sich eine gründliche Ausarbeitung der Klage. In jedem Falle sind alle **Angriffs- und Verteidigungsmittel** (also auch Beweismittel) zu erwähnen und zumindest kursorisch zu begründen, denn später dürfen neue Beweismittel nur eingeführt werden, wenn die Verspätung begründet wird (Art. 85 VerfO

---

[97] EuG U. v. 29.6.1995, Rs T-37/91, Slg. 1995, II-1901, Rdnr. 42 – *ICI/Komm.;* EuGH B. v. 7.3.1994, Rs C-338/93 P, Slg. 1994, I-819, Rdnr. 8 – *de Hoe/Komm.;* EuG U. v. 27.11.1991, Rs T-21/90, Slg. 1991, II-1323, Rdnr. 31 – *Generlich/Komm.;* EuG U. v. 6.5.1997, Rs T-195/95, Slg. 1997, II-123, Rdnr. 41 – *Guérin/Komm.;* EuG B. v. 29.11.1993, Rs T-56/92, Slg. 1993, II-1267, Rdnr. 21 – *Koelmann/Komm.;* EuG U. v. 30.11.2000, Rs T-5/97, Slg. 2000 II-3755 Rdnr. 192 – *Industrie des Poudres Sphériques/Komm.*

[98] Siehe oben Fußnote 97.

[99] Bei Abweichungen von den in den Anweisungen vorgesehenen Schriftsatzlängen sowie anderen Formalvorschriften kann es zu Verzögerungen kommen, weil der Kanzler des Gerichts oftmals den Kläger zur Kürzung des Klageschriftsatzes auffordert und die Zustellung an die Kommission erst erfolgt, wenn die kürzere Version eingetroffen ist. In der Rs T-383/03 *Hynix ./. Komm.* war allerdings auch die gekürzte Fassung noch 130 Seiten lang, plus 5 Leitzordnern Anlagen. Insgesamt ist allerdings in neuester Zeit eine striktere Handhabung der Praktischen Anweisungen und anderer, ursprünglich als Empfehlung gedachter Leitlinien festzustellen.

[100] S. hierzu *Wägenbaur*, Die EU-Gerichtsbarkeit – Fasse Dich kurz?, Festschrift Dauses, S. 461, der sich für eine Beschränkung der Seitenzahlen ausspricht.

[101] Von der Website des EuG herunterzuladen unter http://curia.europa.eu/jcms/upload/docs/application/pdf/2009-07/de_aide_memoire_requete.pdf.

[102] Von der Website des EuG herunterzuladen unter http://curia.europa.eu/jcms/upload/docs/application/pdf/2012-06/02451_de.pdf.

[103] S. dazu die Homepage des Gerichts unter http://curia.europa.eu/jcms/jcms/Jo2_7040/.

EuG),[104] und es dürfen keine neuen Angriffs- und Verteidigungsmittel mehr vorgebracht werden (vgl. Art. 84 Abs. 1 VerfO EuG). Das Gericht trennt – anders als der deutsche Richter – nicht streng zwischen Rechtsausführungen und Tatsachenvortrag. Auch rechtliche Argumente können somit dem Einwand der Präklusion ausgesetzt sein.

Abstrakte Ausführungen sind nicht ausreichend. Als zulässig hat es das Gericht angesehen, wenn sich der Kläger in der Klageschrift auf die Angabe der Klagegründe beschränkt und sich vorbehält, weitere Ausführungen dazu in der Erwiderung zu machen.[105] Der bloße Hinweis auf die verletzte Rechtsnorm bzw. auf die Verletzung wesentlicher Formvorschriften genügt den Anforderungen der Art. 21 Abs. 1 der Satzung des Gerichtshof und Art. 120 VerfO EuGH bzw. Art. 76 VerfO EuG nicht.[106] Ferner ist zum Zwecke der Darlegung der rechtlichen Gesichtspunkte eine **pauschale Bezugnahme auf Anlagen unzulässig,** da das Gericht nicht seine eigene Beurteilung an die Stelle derjenigen des Klägers setzen kann.[107] So genügt es nicht, für die Untermauerung von Argumenten auf Ausführungen in einem im Verfahren vor der Kommission vorgelegten Gutachten eines Ökonomen Bezug zu nehmen. Vielmehr müssen die Argumente und Gesichtspunkte, auf die es ankommt, jeweils im Schriftsatz selbst erläutert werden; soweit der Ökonom weitergehende Ausführungen in seinem Gutachten gemacht hat, ist die bloße Bezugnahme darauf unzulässig und wird vom Gericht nicht beachtet.[108] Die Bezugnahme auf Schriftsätze in anderen Verfahren ist grundsätzlich unzulässig. Dadurch ist es dem Gericht nämlich in der Regel nicht möglich, Inhalt und Tragweite der vorgebrachten Angriffs- und Verteidigungsmittel genau zu bestimmen. Deshalb beschränkt sich die Kontrolle des Gerichts auf Ausführungen, die nicht Gegenstand der Verweisungen sind.[109] Allerdings hat das Gericht in Wettbewerbssachen einen Verweis dann ausnahmsweise für zulässig erklärt, wenn im Parallelverfahren die Parteien und Rechtsanwälte identisch, die Klagen bei derselben Kammer anhängig und dieselben Märkte betroffen sind, selbst wenn die Verfahren nicht formell verbunden wurden.[110] Ferner ist es zulässig, Schriftsätze aus anderen Verfahren als Anlage einzuführen und sich die in der Anlage gemachten Ausführungen ausdrücklich zu eigen zu machen, wobei aber die wesentlichen Argumente im Text der Klage selbst enthalten und damit ins Verfahren eingeführt sein müssen. 42

Entspricht die Klageschrift nicht den in Art. 21 Abs. 1 Satz 2 der Satzung des Gerichtshof und Art. 76 VerfO EuG aufgeführten **inhaltlichen Anforderungen** an Darstellung des Streitgegenstandes, Klagegründe und Anträge, ist die Klage unzulässig und eine nachträgliche Behebung des Mangels nicht möglich.[111] Ein „Verstoß" gegen die Empfehlungen in den „Praktischen Durchführungsbestimmungen" kann hingegen u. E. nicht zur Unzulässigkeit der Klage führen. Allenfalls könnte das Gericht beim Überschreiten der vorgegebenen Länge 43

[104] Wird ein Beweisangebot der Vernehmung von Zeugen, die schon in den Beschwerdepunkten und dem Beschluss der Kommission genannt werden, nicht in der Klageschrift angeboten, sondern erst später, liegt eine Verspätung vor, die das Beweismittel präkludiert, Gerichtshof U. v. 17.12.1998, Rs C-185/95 P, Slg. 1998, I-8417, Rdnr. 72 ff. – *Baustahlgewebe/Komm.*

[105] EuG U. v. 27.1.1991, Rs T-21/90, Slg. 1991, II-1323 – *Generlich/Komm.*

[106] EuG U. v. 12.1.1995, Rs T-102/92, Slg. 1995, II-17, Rdnr. 68 – *VIHO/Komm.*

[107] EuGH U. v. 28.6.2005, verb. Rs C-189/02 P, C-202/02 P, C-205/02 P bis C-208/02 P und C-213/02 P, Slg. 2005, I-5425, Rdnr. 97 ff. – *Dansk Rørindustri u. a./Komm.* (zur Bezugnahme auf ein in der Erwiderung vorgelegtes Gutachten, mit dem Gesichtspunkte aufgearbeitet wurden, die in der Klage nicht enthalten waren); EuG U. v. 27.1.1991, Rs T-21/90, Slg. 1991, II-1323, Rdnr. 22 – *Generlich/Komm.;* vgl. EuGH B. v. 7.3.1994, Rs C-338/93 P, Slg. 1994, I-819, Rdnr. 9 – *de Hoe/Komm.;* EuG B. v. 24.3.1993, Rs T-72/92, Slg. 1993, II-347, Rdnr. 16 ff. – *Benzler/Komm.:* dort ging es darum, dass die Klageschrift auf die im Rahmen der Beschwerde vor der Kommission eingereichten Unterlagen Bezug nahm.

[108] EuG U. v. 21.9.2005, Rs T-87/05, Slg. 2005, II-3745, Rdnr. 155, 182 – *EDP/Komm.*

[109] EuGH U. v. 8.7.1965, verb. Rs 19 und 65/63, Slg. 1965, 719, 736 – *Prakash.*

[110] EuG U. v. 29.6.1995, Rs T-37/91, Slg. 1995, II-1901, Rdnr. 46/47 – *ICI/Komm.,* dies steht im Gegensatz zu EuGH U. v. 8.7.1965, verb. Rs 19 und 65/63, Slg. 1965, 719, 736 – *Prakash,* wo die Rechtssachen sogar verbunden waren.

[111] EuG B. v. 24.3.1993, Rs T-72/92, Slg. 1993, II-347, Rdnr. 16 – *Benzler/Komm.*

des Schriftsatzes dem Kläger die anfallenden Übersetzungskosten für die zu viel eingereichten Seiten auferlegen (weil die Klage vollständig auf französisch als Arbeitssprache des Gerichts übersetzt wird). Die Parteien unterliegen indes keinen Beschränkungen, wieviele Anlagen sie einreichen wollen, und sie können insoweit allenfalls aufgefordert werden, eine Konkordanz der Verweisungen sowie Auszüge der für relevant gehaltenen Abschnitte der Anlagen vorzulegen.[112]

44 *b) Formalien.* Gemäß Art. 21 Abs. 1 Satz 1 der Satzung des Gerichtshofs ist die Klage beim Gericht einzureichen, ohne dem Beklagten zugestellt worden zu sein. Die Zustellung erfolgt durch das Gericht, wenn die Klage den Formvorschriften entspricht. Zur Klageerhebung müssen sich Privatpersonen und Unternehmen durch einen bei einem Gericht eines Mitgliedstaats der Europäischen Union zugelassenen **Rechtsanwalt** oder durch einen Hochschullehrer der Rechtswissenschaft vertreten lassen (Art. 19 Abs. 3 und 7 der Satzung des Gerichtshof). Mitgliedstaaten oder Organe der Europäischen Union werden durch **Beamte als Verfahrensbevollmächtigte** vertreten, die sich bei Bedarf eines **Beistandes** (Hochschullehrer oder Rechtsanwalt) bedienen (Art. 19 Abs. 1 der Satzung)).

45 Der Anwalt muss nicht nur die **Vollmacht** des Unternehmens vorlegen, sondern insbesondere dafür Sorge tragen, dass für das klagende Unternehmen dessen **Satzung** oder ein neuerer Handelsregisterauszug (bzw. ein anderer Nachweis der Existenz) vorgelegt werden (Art. 78 Abs. 3 VerfO EuG). Damit wird die Vertretungsbefugnis der Personen nachgewiesen, welche die Vollmacht unterzeichnet haben. Die Dokumente des Unternehmens müssen in der vom Kläger gewählten Verfahrenssprache vorgelegt werden. Das ist insbesondere bei nicht in Europa ansässigen Unternehmen wegen der notwendigen Übersetzungen zeitraubend. Der Anwalt selbst hat dem Kanzler des Gericht eine **Bescheinigung** vorzulegen, aus der hervorgeht, dass er in einem Mitgliedstaat **als Rechtsanwalt zugelassen** ist (Art. 78 Abs. 4 i. V. m. Art. 51 Abs. 2 und 3 VerfO EuG; ebenso im Rechtsmittelverfahren, Art. 119 Abs. 3 VerfO EuGH). Der Klage ist eine Kopie des angefochtenen Rechtsaktes beizufügen (Art. 78 Abs. 1 VerfO EuG in Verbindung mit Art. 21 Abs. 2 der Satzung des Gerichtshof), und zwar ebenfalls in der Verfahrenssprache.

46 Die Klageschrift ist gemäß Art. 73 Abs. 1 VerfO EuG vom Anwalt persönlich zu unterzeichnen oder elektronisch einzureichen in dem vom EuG nach Art. 74 VerfO EuG festgelegten Verfahren. Wird die Klage über das System e-Curia **elektronisch** eingereicht, muss der Anwalt sich mit dem vom Gericht ihm **persönlich zugeteilten Benutzernamen und Passwort** einloggen. Gemäß Art. 19 Abs. 4 der Satzung des Gerichtshof muss der Anwalt berechtigt sein, vor einem Gericht eines Mitgliedstaats oder eines anderen Vertragsstaats des Abkommens über den Europäischen Wirtschaftsraum aufzutreten, um für eine Partei als Vertreter oder Beistand handeln zu können. Dabei spielen die Regeln, die gegebenenfalls innerhalb einer Anwaltskanzlei für die Unterzeichnung in Vollmacht gelten, keine Rolle. Denn die einzige Garantie dafür, dass die Verantwortung für die Klageschrift von einer Person übernommen wird, die zur Vertretung der Partei vor dem Gericht berechtigt ist, ist die handschriftliche Unterschrift auf dem Original. Daher kann die Unterschrift einer Person, die nicht selbst zur Vornahme von Verfahrenshandlungen vor einem EU-Gericht befugt ist, nicht die Unterschrift des von der Partei beauftragten Rechtsanwalts ersetzen.[113] Aus demselben Grund muss der individuelle Benutzername sowie das Passwort des zugelassenen Vertreters verwendet werden, wenn die Klage über e-Curia eingereicht wird. Fehlt bei Ablauf der Klagefrist die **Unterschrift** auf dem Original der Klage, ist dieser Mangel nicht heilbar und führt zur Unzulässigkeit der Klage.[114] Heilbar hingegen sind

[112] Vgl. Abschnitt I. E. der „Praktischen Durchführungsbestimmungen" des EuG (aaO, Fn. 96).

[113] EuG B. v. 24.2.2000, Rs T-37/98, Slg. 2000, II-373, Rdnr. 22 – *Foreign Trade Association u. a./Rat.* Im fraglichen Fall hatte ein amerikanischer, in Europa nicht zugelassener, aber vom Kläger ebenfalls bevollmächtigter Rechtsanwalt die von seiner bei einem europäischen Gericht zugelassenen Kollegin erstellte Klage unterschrieben und eingereicht.

[114] EuG B. v. 24.2.2000, Rs T-37/98, Slg. 2000, II-373, Rdnr. 28 – *Foreign Trade Association u. a./Rat.*

Mängel bezüglich der anderen Dokumente – Registerauszug, Vollmacht etc. –, bezüglich derer der Kanzler dem Kläger eine Frist zur Behebung der Mängel setzt. Ist eine Anlage zur Klage nicht in Übersetzung in die Verfahrenssprache vorgelegt, kann die nachträgliche Vorlage der Übersetzung gefordert werden. Diese Formalien sind auch zu erfüllen, wenn die Klage über das e-Curia System eingereicht wird.

In der Klageschrift ist ferner anzugeben, ob der Kläger der **elektronischen Zustellung** 47 nach Art. 57 Abs. 4 VerfO EuG oder der Zustellung per **Telefax** zustimmt, Art. 77 Abs. 1 VerfO EuG. Die früher notwendige Zustellungsadresse in Luxemburg ist nicht mehr vorgesehen und bringt auch nicht mehr den Vorteil, die Laufzeit für die Übermittlung von Dokumenten zu verkürzen. Stimmt der Kläger der elektronischen Zustellung oder der Zustellung per Telefax nicht zu, ist die Klage nicht unzulässig; vielmehr verschlechtert sich lediglich die verfahrensmäßige Position der Partei: die Dokumente des Gerichtshof gelten dann mit **Aufgabe zur Post** als zugestellt (was bei Ländern mit unzuverlässigen Postdiensten nachteilig sein kann), Art. 77 Abs. 2 VerfO EuG. Der **elektronische Übermittlungsweg e-Curia** wird vom Gericht bevorzugt und beschleunigt das Verfahren (verkürzt indes auch die Rechtsmittelfristen, weil die früher übliche Zustellung per Post einige Tage zusätzlich in Anspruch nahm, wo hingegen Tenor und Wortlaut des Urteils bereits per Internet abrufbar waren).

Entspricht die Klage nicht den formalen Voraussetzungen, fehlen beispielsweise Unterla- 48 gen (Satzung oder Handelsregisterauszug in Übersetzung in die Verfahrenssprache; Nachweis der Anwaltszulassung) oder sind Anlagen nicht vollständig oder nicht in der Verfahrenssprache eingereicht, so fordert der Kanzler den Bevollmächtigten unter Fristsetzung zum Abstellen des Mangels auf. Kommt der Kläger der Aufforderung nicht nach, entscheidet das Gericht, ob die Nichtbeachtung der Formvorschrift die Unzulässigkeit der Klage zur Folge hat (Art. 78 Abs. 5 VerfO EuG).

Die Klage ist an das Gericht zu Händen des Kanzlers (im Original, zusätzlich fünf be- 49 glaubigte Abschriften für das Gericht sowie je eine weitere beglaubigte Abschrift für jede weitere am Verfahren beteiligte Partei (Beklagte, Streithelfer) – mindestens also sechs beglaubigte Abschriften) zu senden (Art. 73 Abs. 2 VerfO EuG). Dies entfällt bei der elektronischen Einreichung der Klage über das e-Curia System. Die im e-Curia System einzureichenden Dokumente müssen im PDF-Format übermittelt werden.[115]

3. Schriftliches Verfahren. *a) Klage und Klagebeantwortung.* Der Kanzler stellt dem Be- 50 klagten eine beglaubigte Abschrift der Klage zu, nachdem der Präsident verfügt hat, binnen welcher Frist die **Klagebeantwortung** einzureichen ist. Die **Frist** für die Klagebeantwortung beträgt regelmäßig zwei Monate; sie ist bei Vorliegen aussergewöhnlicher Umstände auf begründeten Antrag **verlängerbar** (Art. 81 Abs. 3 VerfO EuG). Bei vorheriger Abstimmung mit der gegnerischen Partei war früher eine einvernehmliche Fristverlängerung zumeist problemlos zu erreichen; der Wortlaut des neuen Art. 81 VerfO EuG lässt eine Verschärfung der Voraussetzungen für eine Verlängerung erwarten.

In der Klagebeantwortung sind die Verteidigungsmittel und die diese stützenden tatsäch- 51 lichen und rechtlichen Umstände anzuführen (Art. 81 Abs. 1 lit. c und e VerfO EuG).[116]

Die Klagebeantwortung ist ebenfalls im Original nebst fünf beglaubigten Abschriften für 52 das Gericht sowie einer beglaubigten Abschrift für jede weitere Partei (Kläger, Streithelfer) einzureichen. Für die Einhaltung der Frist für die Klagebeantwortung **genügt** die Übermittlung eines vollständigen, unterschriebenen Exemplars per **Telefax** oder **Email**[117] an das Gericht, wenn das Original nebst beglaubigten Abschriften unverzüglich nachgereicht wird, oder die ordnungsgemässe elektronische Übermittlung per **e-Curia.** Denn die aufgrund der VerfO EuG festgesetzten Fristen können gemäß Art. 61 Abs. 1 VerfO EuG von

[115] Rdnr. 13 der „Voraussetzungen für die Nutzung der Anwendung e-Curia- Fassung für die Vertreter der Parteien", http://curia.europa.eu/jcms/jcms/Jo2_7040/.
[116] S. unten Rdnr. 56.
[117] Siehe dazu oben Rdnr. 32 und Fn. 69.

der fristsetzenden Stelle verlängert werden. Deswegen sieht das Gericht für die Übermittlung von Schriftstücken, bei denen die Frist verlängerbar ist, die Einreichung per Telefax oder Email als fristwahrend an,[118] immer vorausgesetzt, das Fax war nicht verkehrt herum eingelegt, so dass nur leere Seiten übermittelt wurden. Bei der Nutzung der Anwendung e-Curia ist nur die Einreichung des vollständigen, unterschriebenen Dokumentes in PDF-Format erforderlich, unter Beachtung der Vorschriften über die elektronische Einreichung mit Benutzername und Passwort.

53 *b) Erwiderung und Gegenerwiderung (Replik/Duplik).* Erwiderung und Gegenerwiderung sind fakultativ (Art. 83 Abs. 1 VerfO EuG), werden aber in der Praxis ausnahmslos wahrgenommen, sofern nicht das beschleunigte Verfahren beantragt und zugestanden wurde.[119] Die Fristen werden jeweils vom Präsidenten festgelegt (Art. 83 Abs. 3 VerfO EuG). Sie sind verlängerbar. Die Frist wird daher auch gewahrt, wenn der Schriftsatz vor Fristablauf per Telefax oder Email beim Gericht eingereicht wird und Original und beglaubigte Abschriften unverzüglich nachgereicht werden.[120] Beweismittel sind grundsätzlich im Rahmen des ersten Schriftsatzwechsels vorzulegen, Art. 85 Abs. 1 VerfO EuG. Sofern sie von den Parteien erst in Erwiderung und Gegenerwiderung benannt werden, haben sie die Verspätung zu begründen, Art. 85 Abs. 2 VerfO EuG. Ausnahmsweise können Parteien auch noch später Beweise oder Beweisangebote vorlegen, wenn die Verspätung der Vorlage gerechtfertigt ist; dies ist nur möglich bis zum Abschluss des mündlichen Verfahrens oder bis zur Entscheidung des EuG, ohne mündliche Verhandlung zu entscheiden, Art. 85 Abs. 3 VerfO EuG.

54 Reicht der Kläger keine Erwiderung ein, so entfällt auch die Gegenerwiderung; das schriftliche Verfahren ist dann normalerweise beendet (Ausnahme: ein Streithilfeschriftsatz oder eine Stellungnahme zum Streithilfeschriftsatz steht noch aus).

55 Schriftsätze, die **verspätet** eingereicht werden, werden nicht berücksichtigt.[121] Das gleiche gilt für Schriftsätze, die nach der Verfahrensordnung nicht vorgesehen sind. Eine weitere Stellungnahme zur Gegenerwiderung der Kommission oder eine vom Gericht nicht ausdrücklich zugestandene Stellungnahme zu Ausführungen eines Streithelfers bleiben außer Betracht und werden der einreichenden Partei vom Kanzler zurückgesandt. Eine Reaktion auf die Duplik ist somit erst im Rahmen der mündlichen Verhandlung möglich. Anregungen der Parteien, wie etwa der Vorschlag, die mündliche Verhandlung wiederzueröffnen, oder Aufforderungen an das Gericht, bestimmte vorbereitende Maßnahmen zu ergreifen, sind zwar keine ausdrücklich zugestandenen Schriftsätze, sie sind aber dennoch zulässig und werden vom Gericht beantwortet. Das Recht, dem Gericht vorbereitende Massnahmen vorzuschlagen, ist in Art. 88 Abs. 1 VerfO EuG verankert.

56 *c) Vorbringen neuer Angriffsmittel – Präklusion.* Gemäß Art. 84 Abs. 1 VerfO EuG können neue Angriffs- und Verteidigungsmittel (vor allem Beweise und geänderte Anträge) in Replik und Duplik nicht mehr vorgebracht werden, es sei denn, diese stützen sich auf rechtliche oder tatsächliche Gründe, die erst während des Verfahrens,[122] d. h. vor Urteilsverkündung, zutage getreten sind. In der Praxis haben sich Unternehmen verschiedentlich auf den Erlass eines Urteils nach Klageerhebung berufen, das ihre Argumentation zu begünstigen geeignet war.[123] Ein Ausnahmefall des Art. 84 Abs. 1 VerfO EuG kann auch dann vorliegen, wenn ein bestimmter Verstoß – z. B. gegen Verfahrensvorschriften – erst während des Verfahrens vor dem Gericht zutage tritt, weil z. B. der Kläger erst durch das Vorbringen der Kommission in

---

118 EuG B. v. 14.5.1996, Rs T-194/95, Slg. 1996, II-343, Rdnr. 4 – *Area Cova SA/Rat.* Jetzt in Art. 73 Abs. 3 VerfO EuG geregelt.

119 S. dazu unten Rdnr. 72 ff.

120 EuG B. v. 14.5.1996, Rs T-194/95, Slg. 1996, II-343, Rdnr. 6 – *Area Cova SA/Rat.*

121 Siehe beispielsweise EuG U. v. 13.7.2004, Rs T-115/03, Slg. 2004, II-2939, Rdnr. 16 – *Samar Spa/Harmonisierungsamt für den Binnenmarkt.*

122 Siehe EuG U. v. 18.10.2001, Rs T-333/99, Slg. 2001, II-3021, Rdnr. 136 – *X/EZB.*

123 EuGH U. v. 13.4.1994, verb. Rs 324/90 u. 342/90, Slg. 1994, I-1173 – *BRD u. Bleyer/Kom,* Generalanwalt *Darmon,* Rdnr. 107.

der Gegenerwiderung erfährt, wie das Verwaltungsverfahren abgelaufen ist.[124] Erhält der Kläger von diesen rechtlichen oder tatsächlichen Umständen Kenntnis, so muss er diese rechtzeitig vorbringen (Art. 84 Abs. 2, 85 Abs. 2 VerfO EuG).

Von unzulässigen neuen Angriffsmitteln sind **neue Argumente** zu unterscheiden, die nachträglich – d. h. nach Einreichen der Klageschrift – vorgebracht werden können, soweit sie an ein in der Klage enthaltenes Argument **anknüpfen.** Bei den komplexen wirtschaftlichen Sachverhalten in Kartellverfahren sind die möglichen Rügen **(Klagegründe)** darauf beschränkt, was das Gericht nach seiner Rechtsprechung nachprüft: Beachtung der Verfahrensregeln, richtige Darstellung des Sachverhaltes, Verletzung einer Rechtsnorm, offenkundige Beurteilungsfehler oder Überschreiten der Befugnisse durch die Kommission. In der Praxis prüfen EuG und EuGH auch, ob die von der Kommission herangezogenen Beweise vollständig, aussagekräftig und schlüssig sind. Rügen dieser Aspekte, die nicht in der Klage argumentativ angelegt sind, sind im späteren Stadium (Erwiderung und mündliche Verhandlung) präkludiert. Ein in der Klage nur grob umrissener Klagegrund kann in der Erwiderung vertieft argumentiert werden. Wird erst in der Erwiderung die angeblich verletzte Rechtsnorm bezeichnet, ohne dass dieser nunmehr geltend gemachte Nichtigkeitsgrund unmittelbar oder mittelbar in der Klageschrift erwähnt wurde, handelt es sich um einen verspätet geltend gemachten Klagegrund und nicht etwa um die bloße Erweiterung der Argumentation.[125] 57

Hiervon zu unterscheiden ist die Präklusion bestimmter im Rahmen des Verwaltungsverfahrens nicht vorgebrachter Argumente bzw. nicht bestrittener Tatsachen. Hat ein Unternehmen in seiner Antwort auf die Mitteilung der Beschwerdepunkte einen bestimmten Umstand (Tatsachen) nicht in Abrede gestellt, so kann es im Rahmen der Klage diesen Aspekt nicht mehr angreifen.[126] Es ist einem Unternehmen aber nicht verwehrt, gegen eine bereits zuvor mitgeteilte rechtliche Beurteilung Rügen zu erheben, die es nicht im Rahmen seiner Stellungnahme im Verwaltungsverfahren vorgebracht hatte.[127] Mit anderen Worten, ein Unternehmen ist nicht gehindert, in der Klage gegen einen Beschluss der Kommission rechtliche Gesichtspunkte zu beanstanden, die dem Unternehmen – z. B. aus der Übermittlung der Beschwerdepunkte – bereits bekannt waren, die aber im Rahmen des Verwaltungsverfahrens nicht gerügt wurden. Erkenntnisse, die erst nach Erlass der Entscheidung der Kommission bekannt werden, werden vom Gericht(shof) nicht berücksichtigt, weil sie die Rechtmässigkeit der Entscheidung nicht berühren. 58

d) Änderung der Klageanträge. Die Möglichkeit der Änderung der Klageanträge ist weder in der Satzung noch in den Verfahrensordnungen ausdrücklich geregelt. Zunächst wurden Art. 48 § 2 VerfO EuG a. F. (jetzt 84 Abs. 1) VerfO EuG und Art. 127 Abs. 1 VerfO EuGH restriktiv dahin ausgelegt, dass nur das Vorbringen neuer Klagegründe, die sich auf rechtliche oder tatsächliche Gründe stützen, die erst während des schriftlichen Verfahrens zutage getreten sind, zulässig ist, nicht aber eine Änderung der Klageanträge; der Übergang von der Untätigkeitsklage zur Nichtigkeitsklage ist erst recht unzulässig.[128] Mittlerweile hat der Gerichtshof anerkannt, dass unter bestimmten Umständen die Klägerin zur Anpassung ihrer Anträge berechtigt ist. Bisher haben Gericht und Gerichtshof diese Möglichkeit jedoch auf Fälle beschränkt, in denen die Kommission während des Verfahrens ihren ursprünglich 59

[124] EuG U. v. 27.4.1995, Rs T-435/93, Slg. 1995, II-1281, Rdnr. 96 ff. – *ASPEC.*

[125] EuG B. v. 12.7.2007, Rs T-229/05, Slg. 2007 II-84 (abgekürzte Veröffentlichung), ECLI:EU:C:2007:224, Rdnr. 19 ff., *AEPI/Komm.;* EuGH U. v. 30.9.1982, Rs 108/81, Slg. 1982, 3107, Rdnr. 23/24 – *Amylum/Rat;* s. für umgekehrtes Beispiel: Schlussanträge des Generalanwalts in EuGH U. v. 19.5.1994, C-36/92 P, Slg. 1994, I-1911, Rdnr. 67 – *SEP/Komm.*

[126] EuG U. v. 8.10.1996, verb. Rs T-24–26, 28/93, Slg. 1996, II-1201, Rdnr. 46 – *Compagnie maritime belge des transports SA/Komm.*

[127] EuG U. v. 12.12.1996, Rs T-380/94, Slg. 1996, II-2169, 3. Leitsatz – *AIUFFASS u. AKT/Komm.*

[128] EuGH U. v. 25.9.1979, Rs 232/78, Slg. 1979, 2729, Rdnr. 3 – *Komm./Frankreich („Schaffleisch")* und EuGH U. v. 18.10.1979, Rs 125/78, Slg., 1979, 3173, Rdnr. 26 – *GEMA/Komm.*

erlassenen und von dem Unternehmen angefochtenen Beschluss ändert.[129] Für Unternehmen ist die Möglichkeit, ihre ursprünglichen Klageanträge anzupassen, insbesondere in solchen Fällen von Bedeutung, in denen nicht zweifelsfrei ersichtlich ist, ob eine bestimmte Maßnahme eine endgültige oder nur eine vorläufige Maßnahme darstellt. Hat das Unternehmen z.B. Untätigkeitsklage erhoben und gibt die Kommission nach Klageerhebung eine endgültige Stellungnahme ab, so kann ein Fall der Erledigung vorliegen. Dann ist zu prüfen, ob ein Rechtsschutzinteresse an der Feststellung eines pflichtwidrigen Unterlassens durch die Kommission gegeben ist. Ein ähnliches Problem kann sich auch dann ergeben, wenn die Anfechtungsklage gegen eine Maßnahme gerichtet ist, die keine abschließende Stellungnahme der Kommission darstellt und demzufolge (noch) nicht anfechtbar ist, die Kommission aber im Laufe des Verfahrens eine abschließende Stellungnahme abgibt, die einen anfechtbaren Rechtsakt darstellt.

60 Die Rechtsprechung hat für beide vorgenannten Fallgestaltungen die Möglichkeit der Änderung der Klageanträge verneint. Der Erlass einer endgültigen Maßnahme kann nicht als neue Tatsache angesehen werden, der zufolge die Klägerin berechtigt wäre, ihre Anträge anzupassen.[130] Richtete sich der ursprüngliche Antrag gegen eine vom Gerichtshof als vorläufige Handlung angesehene Maßnahme der Kommission, so ist es dem Unternehmen verwehrt, einen neuen Antrag auf Nichtigerklärung eines späteren, nach Klageerhebung erlassenen abschließenden Rechtsakts zu stellen.[131] Das Unternehmen muss gegen die neue Entscheidung gesondert Klage erheben. Den Unternehmen ist es ferner untersagt, den ursprünglichen Klageantrag wegen Untätigkeit durch einen Aufhebungsantrag zu ersetzen.[132] Zur Begründung verweist der Gerichtshof darauf, dass anders als in Fällen, in denen eine anfechtbare Handlung noch während des gerichtlichen Verfahrens durch eine andere Entscheidung mit dem gleichen Gegenstand ersetzt wird,[133] die Klageanpassung im Rahmen einer Klage gegen einen unanfechtbaren Akt den Streitgegenstand ändere, worin ein Verstoß gegen Art. 19 der Satzung des Gerichtshof zu sehen sei.[134] Die in Art. 84 Abs. 2 VerfO EuG vorgesehene Ausnahme, während des Verfahrens neue Angriffs- oder Verteidigungsmittel vorzutragen, kann deshalb nicht so ausgelegt werden, dass sie dem Kläger die Möglichkeit einräumt, den Unionsrichter mit neuen Anträgen zu befassen und damit den Streitgegenstand selbständig zu ändern.[135]

61 **4. Mündliche Verhandlung.** Die mündliche Verhandlung ist nach der Satzung des Gerichtshof Bestandteil des Verfahrens (Art. 20 Abs. 1 und 4 der Satzung des Gerichtshof)

[129] EuGH U. v. 3.3.1982, Rs 14/81, Slg. 1982, 749, Rdnr. 8 – *Alpha Steel/Komm.;* EuG U. v. 28.2.2002, Rs T-227/99 und T-134/00, Slg. 2002 II-1205, Rdnr. 22 – *Kvaerner Warnow Werft GmbH/Komm.*

[130] EuG U. v. 10.7.1990, Rs T-64/89, Slg. 1990, II-367, Rdnr. 68, 69 – *Automec/Komm.;* EuG U. v. 3.3.1982, Rs 14/81, Slg. 1982, 749, Rdnr. 8 – *Alpha Steel/Komm.;* EuGH U. v. 6.7.1988, Rs 236/86, Slg. 1988, 3761, Rdnr. 14 – *Dillinger Hüttenwerke/Komm.* und EuGH U. v. 14.7.1988, Rs 103/85, Slg. 1988, 4131, Rdnr. 11 – *Peine Salzgitter/Komm.;* s. auch EuG U. v. 18.9.1992, Rs T-28/90, Slg. 1992, II-2285, Rdnr. 43 – *Asia Motor France u. a./Komm.*

[131] EuG B. v. 2.5.1997, Rs T-90/96, Slg. 1997, II-663, Rdnr. 38 – *Automobiles Peugeot;* vgl. EuGH U. v. 10.12.1969, verb. Rs 6 u. 11/69, Slg. 1969, 523, Rdnr. 3 – *Komm./Frankreich* und EuG U. v. 10.7.1990, Rs T-64/89, Slg. 1990, II-367, Rdnr. 69 – *Automec/Komm.*

[132] EuG U. v. 18.9.1992, Rs T-28/90, Slg. 1992, II-2285, Rdnr. 43 – *Asia Motor France u. a./Komm.;* siehe auch EuGH U. v. 18.10.1979, Rs 125/78, Slg., 1979, 3173, Rdnr. 26 – *GEMA/Komm.*

[133] Diese Fallgestaltung lag EuGH U. v. 3.3.1982, Rs 14/81, Slg. 1982, 749 – *Alpha Steel/Komm.*,, EuGH U. v. 6.7.1988, Rs 236/86, Slg. 1988, 3761 – *Dillinger Hüttenwerke/Komm* und EuGH U. v. 14.7.1988, Rs 103/85, Slg. 1988, 4131 – *Peine Salzgitter/Komm.* zugrunde.

[134] EuG U. v. 10.7.1990, Rs T-64/89, Slg. 1990, II-367, Rdnr. 69 – *Automec/Komm.;* EuGH U. v. 10.12.1969, verb. Rs 6 u. 11/69, Slg. 1969, 523, Rdnr. 13 – *Komm./Frankreich.*

[135] EuG U. v. 18.9.1992, Rs T-28/90, Slg. 1992, II-2285, Rdnr. 43 – *Asia Motor France u. a./Komm.;* EuGH U. v. 8.2.1983, Rs 124/81, Slg. 1983, 203, Rdnr. 6 – *Komm./GB;* EuGH U. v. 4.12.1986, Rs 205/84, Slg. 1986, 3755, Rdnr. 70 – *Komm./BRD* und EuGH U. v. 14.10.1987, Rs 278/85, Slg. 1987, 4069 – *Komm./Dänemark;* EuGH U. v. 18.10.1979, Rs 125/78, Slg., 1979, 3173, Rdnr. 26 – *GEMA/Komm.:* die Klage hatte sich zunächst auf Art. 232 EG (jetzt: Art. 265 AEUV) und erst durch einen während des Verfahrens gestellten Hilfsantrag auf Art. 230 EG (jetzt: Art. 263 AEUV) gestützt.

und jedenfalls vor dem Gericht der Regelfall. Theoretisch besteht die Möglichkeit, auf die mündliche Verhandlung zu verzichten, wenn alle Parteien damit einverstanden sind. Um das Gericht zu entlasten, wird routinemäßig nachgefragt, ob die Parteien eine mündliche Verhandlung wünschen oder mit einer Entscheidung ohne vorherige mündliche Verhandlung einverstanden sind. Es genügt in diesem Fall die schriftliche Mitteilung, dass auf mündlicher Verhandlung bestanden wird; eine besondere Begründung ist nicht erforderlich. Wenngleich das Verfahren vor dem Gericht stark durch das schriftliche Verfahren und die dort vorgelegten Dokumente geprägt ist, lassen sich in der mündlichen Verhandlung doch einige klare Akzente setzen.

a) Vorbericht durch den Berichterstatter. Nach Abschluss des schriftlichen Verfahrens und bevor eine mündliche Verhandlung anberaumt wird, erstellt der Berichterstatter einen internen Vorbericht, Art. 87 VerfO EuG. In diesem den Parteien nicht zugänglichen Bericht (zu unterscheiden vom in den früheren Praktischen Anweisungen noch erwähnten Sitzungsbericht, der vor der mündlichen Verhandlung den Parteien zugänglich war)[136] prüft der berichterstattende Richter insbesondere, ob prozessleitende Maßnahmen und Beweisaufnahmen erforderlich sind. 62

b) Prozessleitende Maßnahmen. Gemäß Art. 88 Abs. 1 VerfO EuG können die Parteien prozessleitende Maßnahmen vorschlagen. Hierzu gehören gemäß Art. 89 Abs. 3 VerfO EuG unter anderem Fragen an die Parteien, Aufforderungen an die Parteien, Stellungnahmen abzugeben, Informations- und Auskunftsverlangen an die Parteien und Dritte, Ladungen der Bevollmächtigten der Parteien und der Parteien selbst, aber auch die Vorlage von **Urkunden,** der Verfahrensakten oder Beweisstücken sowie die Einholung von **Gutachten.** In der Praxis nutzt das Gericht die Möglichkeit prozessleitender Maßnahmen recht ausgiebig. So werden den Parteien Fragen zur schriftlichen Beantwortung gestellt, und zwar sowohl zum Sachverhalt als auch zu rechtlichen Einschätzungen und Bewertungen der schriftlich vorgelegten Beweismittel. Die Anordnung einer Beweiserhebung durch Ladung von Zeugen kommt selten oder nie vor; es empfiehlt sich, ggf. zu bestimmten strittigen Punkten schriftliche Zeugenaussagen vorzulegen und sich nicht darauf zu verlassen, dass das Gericht die Anhörung von Zeugen veranlassen wird. Wenn überhaupt, greift das Gericht möglicherweise in der mündlichen Verhandlung auf Vorschlag einer Partei auf anwesende Personen zurück, die Aussagen zum Sachverhalt machen können, beispielsweise den Bearbeiter des vom Verfahren betroffenen Falles in der Kommission.[137] In solchen Fällen erfolgt eine **informelle Anhörung** im Rahmen der mündlichen Verhandlung, es ist keine Beweisaufnahme im technischen Sinne, weil es an dem Beschluss über die Beweiserhebung nach Art. 92 und der Zeugenladung nach Art. 93 der VerfO EuG fehlt. Ebenso lässt das Gericht gelegentlich zu, dass anwesende Experten (z. B. ein Ökonom) auf Anregung einer Partei unmittelbar angehört wird (statt nur den Anwälten Stichworte zuzuflüstern). Neben den übrigen prozessleitenden Maßnahmen hat der Gerichtshof jedoch z. B. im *Zellstoff*-Fall[138] ein Sachverständigengutachten zur Parallelität der Preise eingeholt, und 63

[136] ABl. 2012 C 68/23, Rdnr. 129–132. Dieser Sitzungsbericht wird seit einiger Zeit nicht mehr zur Verfügung gestellt.

[137] So geschehen in EuG U. v. 9.9.2011 Slg. 2011, II-5639, Rdnr. 159 – *Deltafina SpA/Komm.,* wo auf Ausführungen „des mit der Sache befassten Kommissionsbediensteten“ Bezug genommen wird, der in der mündlichen Verhandlung Erklärungen abgegeben hat. Aus den Schlussanträgen der GA'in erhellt, das das EuG in der mündlichen Verhandlung auch den Rechtsanwalt der Klägerin „als Zeugen“ angehört hat, ohne dass dies im Urteil vermerkt wurde. Beide Anhörungen erfolgten ohne vorangehende diesbezügliche prozessleitende Massnahme nach Art. 65 VerfO EuG a. F. (jetzt Beweisbeschluss nach Art. 91, 92 VerfO EuG) oder formelle Zeugenladung nach Art. 68 VerfO EuG a. F. (jetzt Art. 93 VerfO EuG). Die GA'in sah darin zwar eine prozedurale Unregelmässigkeit des Gerichtsverfahrens, jedoch keine, welche das Urteil in Frage stellen würde, s. EuGH GA Sharpston v. 27.3.2014, Rs C-578/11 P, ECLI:EU:C:2014:199, Rdnr. 103, 112 ff., 121 – *Deltafina/Komm.*

[138] EuGH U. v. 31.3.1993, verb. Rs C-89, 104, 114, 116, 117, 125 und 126/85, Slg. 1993, I-1307, Rdnr. 31 – *A. Ahlstroem Osakeythiö u. a. (Zellstoff II)/Komm.*

nachdem dieses vorlag, ein weiteres Sachverständigengutachten zur Marktstruktur und zum Funktionieren des Marktes angefordert.[139] Insbesondere im Rahmen umfangreicher Verfahren fordert das Gericht die Parteien auf, an einer **informellen Sitzung** teilzunehmen, um die Einzelheiten der Durchführung der mündlichen Verhandlung vorzubereiten (siehe z. B. *Rhône-Poulenc*).[140] Der Berichterstatter erörtert gelegentlich mit den Parteien, welche der zahlreichen im Laufe des Verfahrens beigebrachten Schriftstücke von den Parteien als wesentlich erachtet werden (so z. B. im *Flachglas*-Verfahren).[141] Es kommt inzwischen häufig vor, dass das Gericht die Parteien auffordert, sich in der mündlichen Verhandlung auf bestimmte Fragen des Rechtsstreits zu konzentrieren.

64 Die Ladung und Anhörung von **Zeugen** steht im Ermessen des Gerichts. Auch bei ausdrücklichen Anträgen auf Vernehmung von bestimmten Personen bleibt es Sache des Gerichts, die Sachdienlichkeit des Antrags im Hinblick auf den Streitgegenstand und die Erforderlichkeit einer Vernehmung der benannten Zeugen zu beurteilen.[142] Ein absoluter Anspruch auf Anhörung von Zeugen ergibt sich auch nicht aus Artikel 6 EMRK.[143] In den meisten Fällen ist eine Einvernahme von Zeugen oder Experten schon im Verfahren vor der Kommission erfolgt, mit oftmals eindeutigem Ergebnis. Alle Aussagen liegen dann schriftlich vor, ebenso die Stellungnahmen der Gutachter. So wurden im *eON*-Verfahren wegen Siegelbruchs[144] die Aussagen zahlreicher Zeugen und mehrerer Experten verwertet, ohne dass – soweit ersichtlich – auch nur eine einzige dieser Personen in der mündlichen Verhandlung vor dem Gericht angehört wurde. Die Ladung von Zeugen und Beauftragung Sachverständigen bleibt weiterhin eine Ausnahme.

65 In den oftmals komplexen Kartellverfahren kann der Berichterstatter auch die Kommission auffordern, dem Gericht bestimmte Unterlagen oder die ganzen **Verfahrensakten** zugänglich zu machen oder vorzulegen.[145] Das bietet sich insbesondere in den Fällen an, in denen die Kläger die Verletzung von Formvorschriften durch die Kommission gerügt haben, wie etwa unzureichende Gewährung von Akteneinsicht. Das Gericht kann auf diese Weise auch den Klägern aufgeben, darzulegen, auf der Grundlage welcher zusätzlichen Dokumente ihre Verteidigung anders hätte erfolgen können, und wie dies die Entscheidungsfindung der Kommission hätte beeinflussen können. Denn nur dann, wenn der Beschluss der Kommission hätte anders ausfallen können, kann die Rüge der Verletzung von Verfahrensvorschriften durchgreifen.

66 *c) Mündliche Verhandlung.* Zwischen Abschluss des schriftlichen Verfahrens und mündlicher Verhandlung liegt meist ein längerer Zeitraum. Er beträgt – je nach Arbeitsbelastung des Gerichts – selten weniger als ein Jahr, meist deutlich mehr. Anderes gilt nur im Falle des beschleunigten Verfahrens (s. dazu unten Rdnr. 72 ff.). Die Kammer, der die Rechtssache zugewiesen worden ist, führt auf der Grundlage eines Vorberichtes des Berichterstatters, der den Parteien nicht zugänglich ist, eine Vorberatung durch und setzt dann den Termin für die mündliche Verhandlung fest. Die mündliche Verhandlung wurde früher vorbereitet durch den **Sitzungsbericht** des Berichterstatters, der den Parteien zugänglich gemacht wurde. Darin fasste der Berichterstatter den Tatsachenvortrag und die wesentlichen Argumente der Parteien zu-

---

[139] EuGH U. v. 31.3.1993, verb. Rs C-89, 104, 114, 116, 117, 125 und 126/85, Slg. 1993, I-1307, Rdnr. 32 – *A. Ahlstroem Osakeythiö u. a. (Zellstoff II)/Komm.*

[140] EuG U. v. 24.10.1991, Rs T-1/89, Slg., 1991, II-867, Rdnr. 21 – *Rhône Poulenc/Komm.*

[141] EuG U. v. 10.3.1992, verb. Rs T-68, 77 u. 78/89, Slg. 1992, II-1403, Rdnr. 41 – *SIV u. a./Komm.*

[142] EuGH U. v. 17.12.1998, Rs C-185/95 P, Slg. 1998, I-8417, Rdnr. 70 – *Baustahlgewebe/Komm.;* siehe dazu auch EuGH U. v. 28.6.2005, verb. Rs C-189/02 P, C-202/02 P, C-205/02 P bis C-208/02 P und C-213/02 P, Slg. 2005, I-5425, Rdnr. 68 ff. – *Dansk Rørindustrie u. a./Komm.*

[143] EuGH U. v. 28.6.2005, Rs C-189/02 P, C-202/02 P, C-205/02 P bis C-208/02 P und C-213/02 P, Slg. 2005, I-5425, Rdnr. 70 f. – *Dansk Rørindustrie u. a./Komm.* mwN.

[144] EuG U. v. 15.12.2010, Rs T-1141/08, Slg. 2010, II-5761 – *eON Energie AG/Komm.;* EuGH U. v. 22.11.2012, Rs C-89/11 P, ECLI:EU:C:2012:738 – *eON Energie AG/Komm.*

[145] Im *Zement*-Verfahren hat das Gericht die Kommission aufgefordert, die gesamten Akten, soweit sie nicht vertrauliches Material oder interne Vermerke enthielten, vorzulegen, und hat den Parteien Einsicht in diese Akten gewährt, s. dazu unten Rdnr. 157 f.

sammen. Seit etwa 2013 wird kein Sitzungsbericht mehr erstellt, obwohl er in den damals geltenden Praktischen Anweisungen für die Parteien vor dem Gericht noch erwähnt war.[146] Das Gericht gibt ein Merkblatt zur mündlichen Verhandlung heraus, das beim Kanzler und über die Website des Gerichts http://curia.europa.eu/jcms/jcms/Jo2_7040/ erhältlich ist.

Unmittelbar vor Beginn der mündlichen Verhandlung bittet das Gericht (ebenso der Gerichtshof in Rechtsmittelverfahren, sofern dort eine mündliche Verhandlung anberaumt wird) die Prozessvertreter gewöhnlich zu einer kurzen Unterredung, um die Gestaltung der Sitzung (Reihenfolge und Länge der Plädoyers) zu besprechen und um eventuell schon auf einige wichtige Punkte des Falles hinzuweisen, die in der Verhandlung geklärt werden sollen.[147] Das mündliche Verfahren besteht zunächst aus den **Plädoyers** der Parteien, gegebenenfalls (sehr selten) der **Vernehmung von Zeugen** und (ebenfalls selten) der **Anhörung von Sachverständigen** (und ggf. – sofern ein solcher bestellt ist – abschließend, meist einige Monate später, aus den **Schlussanträgen des Generalanwalts** (Art. 112 VerfO EuG)). Die Redezeit der Prozessvertreter für das eigentliche Plädoyer beträgt im Regelfall nur etwa 15 Minuten, für Streithelfer nur 10 Minuten.[148] Um das Verfahren effizienter zu gestalten und Wiederholungen des Vortrags zu vermeiden, gibt das Gericht den Parteien gelegentlich auf, ihren mündlichen Vortrag auf bestimmte Sach- oder Rechtsfragen zu konzentrieren. Auf begründeten Antrag hin, der spätestens zwei Wochen vor der mündlichen Verhandlung gestellt werden soll, ist eine Verlängerung der Redezeit möglich.[149] In komplexeren Kartellsachen wird auf Antrag meist 30 Minuten Redezeit zugestanden (selten mehr). In außergewöhnlich komplexen Fällen, oder wenn die Angelegenheit im beschleunigten Verfahren behandelt wird,[150] kommt es vor, dass längere Redezeiten zugestanden werden. Der Präsident und die Richter (ggf. der Generalanwalt) können den Parteien **Fragen** stellen (Art. 110 Abs. 3 VerfO EuG) und machen davon regelmäßig Gebrauch, zum Teil sogar während des Plädoyers; neben den Prozessvertretern von Kommission und Rat werden oftmals auch anwesende Beamte der Kommission (die das Verwaltungsverfahren durchgeführt haben) informell angehört (s. dazu ausführlicher oben Rdnr. 63). Da die Ladung von Sachverständigen durch das Gericht eher selten ist, kann es sich anbieten, dass der Kläger unaufgefordert einen Sachverständigen als Beistand zur mündlichen Verhandlung mitbringt. Eine Verpflichtung des Gerichts, den Sachverständigen anzuhören, besteht allerdings nicht. Die Verhandlung ist in der Regel öffentlich (Art. 31 der Satzung des Gerichtshofs). Das Plädoyer hat in der Verfahrenssprache zu erfolgen; auch die anderen Parteien haben sich der Verfahrenssprache zu bedienen (dazu unten Rdnr. 79 ff.). Alle anderen mündlichen Ausführungen (z. B. Ausführungen eines Mitgliedstaats als Streithelfer, die in der Amtssprache des Mitgliedstaats vorgetragen werden) werden simultan in die Verfahrenssprache sowie in die Sprachen der anwesenden Richter (soweit diese die Übersetzung wünschen) übersetzt. 67

Im Anschluss an die mündliche Verhandlung zieht sich das Gericht zur **Beratung** zurück. Die aufgrund des Vorberichts des Berichterstatters bereits vorbereitete Würdigung wird anhand der Eindrücke aus der mündlichen Verhandlung erörtert. Vor dem Gericht ist – anders als vor dem Gerichtshof – die mündliche Verhandlung somit von größerer Bedeutung, weil die von den Parteivertretern gemachten Ausführungen und vermittelten Eindrücke gleich im Anschluss an die mündliche Verhandlung erörtert und beraten werden und den Richtern somit noch frisch im Gedächtnis sind. 68

Zwischen mündlicher Verhandlung und Urteilsverkündung (dazu Rdnr. 70) liegen regelmäßig mehrere Monate, inzwischen manchmal sogar Jahre, in Abhängigkeit von der Arbeits- 69

[146] ABl. 2012 C 68/23, Rdnr. 129–132.

[147] Praktische Anweisungen für die Parteien in den Rechtssachen vor dem Gerichthof, ABl. 2014, L 31/1, Rdnr. 48.

[148] Praktische Durchführungsbestimmungen zur Verfahrensordnung des Gerichts, ABl. 2015, L 152/1, Rdnr. 201.

[149] Praktische Durchführungsbestimmungen zur Verfahrensordnung des Gerichts, ABl. 2015, L 152/1, Rdnr. 202.

[150] S. dazu unten Rdnr. 72 ff.

belastung des Gerichts. Im **beschleunigten Verfahren** ist der Zeitraum bis zum Erlaß des Urteils deutlich kürzer. Im Falle *EDP*[151] dauerte das gesamte Verfahren von Klageeinreichung bis zum Urteil nur sieben Monate. Gesetzliche Fristen für den Erlaß des Urteils gibt es nicht. Der Wortlaut des Urteils, der vom Berichterstatter vorgeschlagen wird, wird von den Richtern der Kammer wiederholt beraten. Dabei liegt der Text in französischer Sprache vor, der Arbeitssprache des Gerichts und Gerichtshofs. Dies bedingt sodann die Übersetzung des Urteilstextes in die Verfahrenssprache, was zusätzlich erhebliche Zeit in Anspruch nimmt. Es kann auch vorkommen, dass den Parteien aufgegeben wird, im Anschluss an die mündliche Verhandlung weitere Angaben schriftlich zu übermitteln, wenngleich dies typischerweise im Rahmen **prozessleitender Maßnahmen** zur Vorbereitung der mündlichen Verhandlung erfolgt (gemäß Art. 88 VerfO EuG, s. dazu oben Rdnr. 63 f.). Beispielsweise kann der Kommission aufgegeben werden, darzulegen, wie sie die verhängten Bußgelder berechnet hat. Es ist auch möglich, wenngleich selten, dass die mündliche Verhandlung wieder eröffnet wird, um einen nachbereiteten Punkt nochmals zu erörtern.[152]

70 **5. Urteilsverkündung.** Das Urteil wird in öffentlicher Sitzung verkündet (Art. 37 Satz 2 der Satzung des Gerichtshof iVm Art. 118 Abs. 1VerfO EuG) und später dann in der amtlichen Rechtsprechungssammlung veröffentlicht, wenn es sich um Urteile des Gerichts in Zusammensetzung als Grosse Kammer oder Kammer mit fünf Richtern handelt; Urteile des Gerichtshofs werden grundsätzlich veröffentlicht.[153] Bis Ende 2011 wurden die Urteile in gedruckter Form veröffentlicht. Seit dem 1. Januar 2012 erfolgt die Veröffentlichung der allgemeinen Sammlung nur noch im Internet über EUR-LEX.[154] Die Website des EuG(H) gibt zudem die Fundstellen der Rechtsprechung – auch derjenigen Urteile, die nicht für die amtliche Sammlung vorgesehen sind – in der neuen elektronischen Fundstellenangabe wieder, und zwar nach Jahrgang des Urteils oder Beschlusses.[155] Urteile waren früher am Tag der Urteilsverkündung meist nur in der Verfahrenssprache sowie auf französisch verfügbar. Seit 1997 veröffentlichen das Gericht und der Gerichtshof die Urteile (und Schlussanträge) am Tage der Verkündung auch im Internet.[156] Allerdings sind nicht immer alle Sprachversionen verfügbar, und es besteht keine Gewähr, dass alle Urteile auf diese Weise abgefragt werden können. Aufgrund des gestiegenen Umfangs der Urteile und dem sehr hohen Aufwand der Übersetzung in alle 23 Sprachen machen Gericht und Gerichtshof einige Urteile nur noch in der **Verfahrenssprache** und in der **Beratungssprache** (französisch) verfügbar. Dasselbe gilt für die Beschlüsse, die nur teilweise im Internet veröffentlicht werden. Die Qualität der Website des Gerichts und die Aktualität der Urteilsberichterstattung hat sich in den vergangenen Jahren deutlich verbessert. Im Verfahren selbst sind die Dokumente für die Parteivertreter auch über e-Curia zugänglich, soweit sie sich dieses Mediums bedient haben.

---

[151] EuG U. v. 21.9.2005, Rs T-87/05, Slg. 2005, II-3745, Rdnr. 31 ff. – *EDP/Komm.*

[152] Beispiel: EuG U. v. 15.9.1998, Rs T-11/95, Slg. 1998, II-3235 – *BP Chemicals Ltd./Komm.*, wo die Kommission bestimmte Berechnungsmethoden nachträglich erläutert hatte und zu diesen nochmals mündlich verhandelt wurde.

[153] S. die Erläuterungen des Gerichtshofs zur Rechtsprechungssammlung auf der Website http://curia.europa.eu/jcms/jcms/P_106308/.

[154] http://eur-lex.europa.eu/collection/eu-law/eu-case-law.html. Die Fundstellen sind bei Eur-lex typischerweise über die Celex-Dokumentennummer organisiert, die sich zusammensetzt aus der Kennziffer 6 (für das Gericht und den Gerichtshof), das Jahr des Verfahrensbeginns, den Kennbuchstaben „C" für Gerichtshof und „T" für EuG den Kennbuchstaben „J" für Urteil oder „O" für Beschluss sowie die laufende Nummer der Rechtssache ohne Jahrgang. Das Urteil in der Rechtssache C-434/13 P wäre somit unter der Nummer 62013CJ0434 zu finden. Glücklicherweise bietet eur-lex jedoch auch ein Suchformular an. Einfacher zu handhaben ist allerdings die Suche über die Website des EuG(H).

[155] Die Zitierweise lautet dann ECLI:EU:C oder T:Jahr:Seite, wobei C für Gerichtshof und T für Gericht steht. In EUR-LEX werden hingegen nicht stets die ECLI-Fundstellen angegeben. Das ist misslich.

[156] Homepage-Adresse des Gerichtshofs, http://www.curia.europa.eu.

Gegen Urteile des Gericht ist das **Rechtsmittel** zum Gerichtshof gegeben, das sich lediglich auf Rechtsfragen stützen darf (s. dazu unten Rdnr. 321 ff.). 71

6. Beschleunigtes Verfahren. Angesichts der langen Verfahrensdauer vor dem Gericht und dem Gerichtshof wurde mit der Reform der Verfahren im Jahre 2000[157] die Möglichkeit eingeführt, unter bestimmten Voraussetzungen eine Behandlung der Klage im **beschleunigten Verfahren** zu beantragen. Die entsprechende Grundlage wurde in Art. 76a VerfO EuG a. F. (jetzt Art. 151 VerfO EuG) sowie in ähnlicher Form in Art. 133 VerfO EuGH eingefügt. Voraussetzung ist im Falle einer Klage vor dem Gericht, dass in einem gesonderten Schriftsatz ein entsprechender Antrag gestellt wird, in dem darzulegen ist, warum eine **besondere Dringlichkeit** gegeben ist. Der Antrag **kann sowohl vom Kläger als vom Beklagtem gestellt werden,** die andere Hauptpartei ist anzuhören. Das beschleunigte Verfahren bietet sich in den Fällen an, in denen ein rasches Verfahren geeignet ist, dem Kläger effektiven Rechtsschutz zu gewähren, also beispielsweise ein Fusionsvorhaben noch zu vollziehen. Angesichts der Besonderheiten des Verfahrens soll der Kläger seine Klagegründe auf einige wenige, klare und starke Angriffsmittel beschränken. Diese sollten vorwiegend die materiellen Fragen der Entscheidung angreifen, wobei eine erhebliche Verletzung von Verfahrensvorschriften, wie etwa die Verletzung rechtlichen Gehörs, sich auch eignen. Komplexe Fälle eignen sich weniger, wobei eine Einigung auf Kernfragen sowie über die Behandlung vertraulicher Daten der Kommission (Weitergabe nur an die Anwälte, nicht an das Unternehmen) dem Gericht die Entscheidung, dem Antrag stattzugeben, erleichtern können.[158] Bisher hat das Gericht nur in einem kleinen Teil der Fälle, in denen das beschleunigte Verfahren beantragt wurde, dem Antrag stattgegeben.[159] 72

Der Antrag auf beschleunigtes Verfahren muss folgende **Voraussetzungen** erfüllen: es ist die besondere Dringlichkeit in Anbetracht der Umstände des Falles darzulegen. Dies erinnert an die Anforderungen, die für einstweilige Maßnahmen gelten. Wenngleich in beiden Fällen eine Dringlichkeit gefordert wird, ist für den Antrag auf beschleunigtes Verfahren aber nicht erforderlich, nachzuweisen, dass diese Verfahrensart erforderlich ist, um einen erheblichen nicht wiedergutzumachenden Schaden abzuwenden. Vielmehr genügt es, darzulegen, dass der Kläger ein **erhebliches Interesse an einer raschen Entscheidung** hat, etwa um ein Fusionsvorhaben durchführen zu können oder aber ein Verbot, in geschäftliche Beziehungen zu treten, außer Kraft zu setzen. Das beschleunigte Verfahren ist somit eine gesonderte Verfahrensart, die unabhängig und gegebenenfalls neben Anträgen auf einstweiligen Rechtsschutz Anwendung finden kann. Wird aufgrund drohenden und nicht wiedergutzumachenden Schadens ausnahmsweise einstweiliger Rechtsschutz gewährt, kann allerdings die besondere Dringlichkeit des beschleunigten Verfahrens nicht mehr gegeben sein, weil dem angefochtenen Rechtsakt die Vollziehbarkeit genommen wird. 73

Die Anforderungen an das beschleunigte Verfahren vor dem Gerichtshof sind vom Wortlaut ähnlich, wobei in der VerfO EuGH zusätzlich unterstrichen wird, dass das beschleunigte Verfahren eine **Ausnahme** vom normalen Verfahren vor dem Gerichtshof darstellt.[160] Für 74

---

[157] Änderung der Verfahrensordnung des Gerichts erster Instanz der Europäischen Gemeinschaften, ABl. 2000, L322/4.

[158] S. z. B. EuG U. v. 13.7.2006, Rs T-464/04, Slg. 2006, II-2289, Rdnr. 15 bis 19 – *Impala/Komm.*

[159] Stattgegeben in folgenden Fällen: EuG U. v. 21.9.2005, Rs T-87/05, Slg. 2005, II-3745, Rdnr. 31 – *EDP/Komm.;* EuG U. v. 13.7.2006, Rs T-464/04, Slg. 2006, II-2289, Rdnr. 19 – *Impala/Komm.;* EuG U. v. 7.7.2007, Rs T-282/06, Slg. 2007, II-2149 – *Sun Chemical Group/Komm.,* abgelehnt in den Fällen: EuG U. v. 13.4.2005, Rs T-2/03, Slg. 2005, II-1121, Rdnr. 26 – *Verein für Konsumenteninformation/Komm.* EuG U. v. 14.12.2006, Rs T-237/02, Slg. 2006, II-5131, Rdnr. 13 – *Technische Glaswerke Ilmenau/Komm.* EuG U. v. 18.3.2010, Rs T-94/08, Slg. 2010, II-1015, Rdnr. 29 – *Centre de Coordination Carrefour SNC/Komm.* EuG U. v. 6.07.2010, Rs T-411/07, Slg. 2010, II-3691, Rdnr. 35, – *Aer Lingus Group/Komm.*

[160] EuGH B. v. 8.11.2007, Rs C-456/07, Slg. 2008 II-79 (abgekürzte Veröffentlichung), ECLI: EU:C:2008:293, Rdnr. 6 – *Karol Mihal/Danový úrad Kosice V.*

die Darlegung des Interesses an einer raschen Entscheidung genügt daher nicht, dass die betreffende Streitfrage eine große Anzahl von Personen oder gleichgelagerter Fälle trifft, oder die wirtschaftliche Bedeutung erheblich ist.[161] Vielmehr muß das erhebliche Interesse an der Ausnahme vom normalen Verfahren gesondert dargetan werden. Die Anwendung durch den Gerichtshof – die praktische Relevanz insbesondere bei Vorlagefragen hat – ist somit offenbar strenger als die Anwendung durch das Gericht, und es gibt – soweit ersichtlich – nur einen Fall, in dem der Gerichtshof dem Antrag stattgegeben hat.[162]

75 Wird der Antrag auf Durchführung des beschleunigten Verfahrens vom Gericht nicht sogleich abgelehnt, so kann vor dem Beschluß im Wege **prozeßleitender Maßnahmen** nach Artikel 89 f. VerfVO EuG eine informelle Sitzung der Parteivertreter mit Richtern der Kammer stattfinden, um zu erörtern, ob und wie das beschleunigte Verfahren praktisch durchgeführt werden kann. Der Kläger kann die Wahrscheinlichkeit einer positiven Entscheidung dabei erhöhen, indem er eine gekürzte Fassung der Klage einreicht und auf bestimmte Klagegründe verzichtet,[163] beispielsweise die Marktabgrenzung durch Kommission nicht weiter angreift.[164] Auch der Zeitplan für das weitere Verfahren, die Fristen für den Klagebeantwortungsschriftsatz der Kommission und der Zugang zu Unterlagen können im Rahmen der informellen Sitzung behandelt und vereinbart werden, um das Verfahren zu erleichtern.

76 Beschließt das Gericht, dem Antrag auf beschleunigtes Verfahren stattzugeben, so **verkürzt sich das schriftliche Verfahren** erheblich. Zum einen ist die Klage dann auf die wesentlichen materiellen Punkte zu reduzieren, auf die es für die Beurteilung der Rechtmäßigkeit ankommt. In der Praxis bedeutet dies, dass die Klage zunächst in gewohnter Form erstellt wird. Mit dem Antrag auf beschleunigtes Verfahren sollte zugleich die Kurzfassung der Klage vorgelegt werden. Dabei ist klarzustellen, dass der **Verzicht auf bestimmte Klagegründe** und Ausführungen nicht gilt, sofern das beschleunigte Verfahren nicht angeordnet wird. Das beschleunigte Verfahren bedeutet somit eine schnellere Entscheidung jedenfalls zulasten der Ausführlichkeit der Darlegung aller Klagegründe. Wichtig ist allerdings, dass in der (Kurzfassung der) Klage die Argumente „klar und abschließend" dargelegt werden.[165] Das Gericht setzt dem Beklagten dann mit der Übermittlung der Klage eine Frist von einem Monat zur Klagebeantwortung, wenn nicht im Rahmen der prozeßleitenden Maßnahmen etwas anderes vereinbart wird. Entscheidet das Gericht, dem Antrag auf beschleunigtes Verfahren nicht stattzugeben, wird die Frist zur Klagebeantwortung um einen weiteren Monat verlängert, Art. 154 Abs. 2 VerfO EuG. Beschließt das Gericht die Anordnung des beschleunigten Verfahrens, so können Auflagen zum Umfang der schriftlichen Ausführungen auferlegt werden (Kürzung der Klage, Länge der Klagebeantwortung); zudem dürfen **Replik und Duplik nur ausnahmsweise** und mit Genehmigung des Gerichts eingereicht werden. Ansonsten wird über den Streitgegenstand mündlich verhandelt. Dabei wird in der **mündlichen Verhandlung** der Streitstoff ausführlicher aufgearbeitet und für die Plädoyers deutlich mehr Zeit eingeräumt, als dies bei Klagen im gewöhnlichen Verfahren üblich ist. Auch wird die mündliche Verhandlung mit prozeßleitenden Maßnahmen (Fragen und ggf. der Bitte um Vorlage von Dokumenten) in noch stärkerem Maße vorbereitet als sonst. Anders als im normalen Verfahren werden Fragen des Gerichts dann aber nicht vor der mündlichen Verhandlung schriftlich beantwortet, sondern

---

[161] EuGH B. v. 21.9.2006, Rs C-283/06, Slg. 2006, II-8725, Rdnr. 9 – *Kögáz/Zala Megyei Közigazgatási Hivatal Vezetője* EuGH B. v. 25.9.2006, Rs C-368/06, ECLI:EU:C:2007:819, Rdnr. 7 – *Cedilac/Ministère de l'Économie* EuGH B. v. 8.11.2007, Rs C-456/07, Slg. 2008 II-79 (abgekürzte Veröffentlichung), ECLI:EU:C:2008:293, Rdnr. 8 – *Karol Mihal/Danový úrad Kosice V.*

[162] Nach dem Entwurf eines Berichtes des Europäischen Parlamentes A6–0451/2007 vom 21.11.2007, dort Seite 6, Fn. 5, hat der Gerichtshof von 31 Anträgen im Rahmen von Vorlageverfahren nur einem stattgegeben.

[163] Vgl. EuG U. v. 21.9.2005, Rs T-87/05, Slg. 2005, II-3745, Rdnr. 155, 182 – *EDP/Komm.*

[164] Vgl. EuG U. v. 9.7.2007, Rs T-282/06, Slg. 2007, II-2149, Rdnr. 35 – *Sun Chemical Group/Komm.*

[165] Vgl. EuG U. v. 21.9.2005, Rs T-87/05, Slg. 2005, II-3745, Rdnr. 183 – *EDP/Komm.*

mündlich, im Rahmen der mündlichen Verhandlung.[166] Das Gericht bittet allerdings auch bei „normalen" Verfahren gelegentlich die Parteien, ihre mündlichen Ausführungen auf bestimmte Rechts- oder Sachfragen zu konzentrieren. Ziel ist ein Austausch aller relevanten Argumente der Parteien im Rahmen der mündlichen Verhandlung.

Der **Vorteil** des beschleunigten Verfahrens ist die **Abkürzung der Verfahrensdauer.** 77
Statt einer Verfahrensdauer von mehreren Jahren ist die Dauer drastisch – auf inzwischen etwa ein Jahr[167] – abgekürzt. Damit hat diese Verfahrensart im Kartellrecht insbesondere im Bereich der Fusionskontrolle eine große Bedeutung erlangt,[168] weil damit rasch Klarheit über die Rechtmäßigkeit des angefochtenen Rechtsaktes der Kommission gewonnen werden kann. Aber auch in Fällen von Beschlüssen nach Art. 9 VO Nr. 1/2003[169] sowie in anderen Fällen – auch außerhalb des Kartellrechts – wurde das beschleunigte Verfahren angewandt.

Ein **Nichtbefolgen der Regeln** für das beschleunigte Verfahren kann dazu führen, dass 78
dem Kläger auch bei Obsiegen in der Hauptsache ein Teil der **Kosten** des Verfahrens auferlegt wird. Ein negatives Beispiel ist die Rechtssache *Impala,* wo die Klage und das Parteivorbringen weit über die für das beschleunigte Verfahren empfohlenen Normen hinausging, keine Kurzfassung der Klage vorgelegt wurde, kein Klagegrund zurückgenommen wurde, einvernehmlich festgelegte Maßnahmen hinterher in Frage gestellt wurden und der Kläger nicht einmal in der Lage war, vier vom Gericht angebotene Termine zur mündlichen Verhandlung wahrzunehmen.[170] Dass das Gericht bei dieser Sachlage nicht beschlossen hat, das beschleunigte Verfahren abzubrechen und zum normalen Verfahrensgang zurückzukehren, ist erstaunlich.

V. Verfahrenssprache

Die Union zählt mittlerweile **24 Amtssprachen** (Bulgarisch, Dänisch, Deutsch, Eng- 79
lisch, Estnisch, Finnisch, Französisch, Gälisch, Griechisch, Italienisch, Kroatisch, Lettisch, Litauisch, Maltesisch, Niederländisch, Polnisch, Portugiesisch, Rumänisch, Schwedisch, Slowakisch, Slowenisch, Spanisch, Tschechisch und Ungarisch). Die Wahl der Verfahrenssprache richtet sich nach der jeweiligen Klageart. Bei Direktklagen bestimmt der Kläger[171] die Verfahrenssprache, bei Vertragsverletzungsverfahren ist die Sprache des beklagten Staates maßgeblich. Das Verfahren findet in einer einzigen Sprache statt. Nur bei verbundenen Rechtssachen werden alle verwandten Verfahrenssprachen zugelassen.

Alle während des Verfahrens eingereichten Schriftstücke (und Anlagen) müssen in der 80
Verfahrenssprache abgefasst sein oder in diese übersetzt werden; auch die mündliche Verhandlung findet in dieser Sprache statt (Art. 46 VerfO EuG). **Abweichungen** von der Verfahrenssprache können insbesondere dann von Interesse sein, wenn ein Streithelfer einem Rechtsstreit beitritt, für den eine andere Verfahrenssprache gilt. Es ist grundsätzlich mög-

[166] Siehe z. B. EuG U. v. 9.7.2007, Rs T-282/06, Slg. 2007, II-2149, Rdnr. 39 – *Sun Chemical Group/Komm.*

[167] In anderen Fällen – etwa im Fall EuG U. v. 21.9.2005, Rs T-87/05, Slg. 2005, II-3745, Rdnr. 155, 182 – *EDP/Komm.,* sowie in EuG U. v. 22.10.2002, Rs T-310/01, Slg. 2002, II-4071 – *Schneider Electric/Komm. (Schneider I)* und EuG U. v. 22.10.2002, Rs T-77/02, Slg. 2002, II-4201 – *Schneider Electric/Komm. (Schneider II)* (s. unten Fn. 142) betrug die Verfahrensdauer nur sieben bis zehn Monate, im Falle *Sun Chemical* neun Monate, EuG U. v. 9.07.2007, Rs T-282/06, Rdnr. 39, Slg. 2007, II-2149 – *Sun Chemical Group BV u. a./Komm.*

[168] Vgl. EuG U. v. 21.9.2005, Rs T-87/05, Slg. 2005, II-3745, Rdnr. 155, 182 – *EDP/Komm.;* EuG U. v. 22.10.2002, Rs T-310/01, Slg. 2002, II-4071 – *Schneider Electric/Komm.(Schneider I)* und EuG U. v. 22.10.2002, Rs T-77/02, Slg. 2002, II-4201 – *Schneider Electric/Komm. (Schneider II);* EuG U. v. 9.7.2007, Rs T-282/06, Slg. 2007, II-2149, Rdnr. 35 – *Sun Chemical Group/Komm.*

[169] Siehe EuG U. v. 11.7.2007, Rs T-170/06, Slg. 2007, II-2601 – *Alrosa/Komm.*

[170] Siehe EuG U. v. 13.6.2006, Rs T-464/04, Slg. 2006, II-2289, Rdnr. 546–551 – *Impala/Komm.*

[171] Klagt die Kommission gegen einen Mitgliedstaat, so ist die Amtssprache des beklagten Mitgliedstaates Verfahrenssprache, vgl. Art. 45 Abs. 1 lit. a VerfO EuG.

lich, sich beim Präsidenten des Gerichtshof bzw. beim Präsidenten der Kammer des Gericht „Dispens“ für die mündliche Verhandlung in einer anderen Sprache geben zu lassen, sofern man z.B. als Streithelfer geltend macht, dass der Prozessbevollmächtigte, dessen man sich bisher bedient hatte, nur einer anderen Sprache mächtig ist, durch die Zulassung einer anderen Sprache die Verfahrensrechte der Parteien nicht beeinträchtigt werden und keine Verzögerung des Verfahrensablaufs eintritt.[172] Stimmen alle Parteien des Rechtsstreites zu, so folgt der Gerichtshof dem Wunsch jedenfalls dann, wenn die Simultanübersetzung sichergestellt ist. Das Gericht ist diesbezüglich zurückhaltender. Der Kläger wird zumeist an der – von ihm gewählten – Verfahrenssprache festgehalten. Das ist wichtig für die Wahl der Verfahrenssprache bei der Erhebung der Klage. Die Begründung, der Anwalt des Klägers könne sich in seiner Muttersprache in der mündlichen Verhandlung sicherer und präziser ausdrücken, deswegen sei eine Ausnahme von der Verfahrenssprache zuzulassen, reicht dem Gericht nicht aus; da der Kläger die Wahl der Verfahrenssprache habe, könne er sich von Anfang an darauf einstellen, auch in dieser Sprache zu plädieren. Gemäß Art. 46 Abs. 4 VerfO EuG dürfen sich jedoch Mitgliedstaaten ihrer eigenen Amtssprache bedienen, wenn sei einem beim Gericht anhängigen Rechtsstreit als Streithelfer beitreten; der Übersetzungsdienst des Gerichts(hofs) sorgt für die Übersetzung in die Verfahrenssprache. Das Gericht kann zwar auf Antrag gemäß Art. 45 Abs. 1 lit. b oder lit. c VerfO EuG auch andere Sprachen zulassen,[173] macht davon aber selten Gebrauch.

81 Theoretisch ist es denkbar, die **Verfahrenssprache** während des Verfahrens insgesamt zu **wechseln.**[174] Dies geschieht selten, da es mit hohem Aufwand verbunden ist: alle Dokumente müssen in die (neue) Verfahrenssprache übersetzt werden. Zudem muß das Gericht dem Wechsel der Verfahrenssprache zustimmen.

82 **Französisch** ist derzeit **interne Arbeitssprache** zwischen Richtern und Generalanwälten. Die Urteilsberatung vor der Verkündung findet in französisch statt. Das erklärt, warum das Urteil und die Schlussanträge zunächst nur in der Verfahrenssprache sowie in französischer Sprache vorliegen.

VI. Streithilfe

83 Gemäß Art. 40 Abs. 2 der Satzung des Gerichtshof kann jede Person, die ein **berechtigtes Interesse** am Ausgang des Verfahrens glaubhaft macht, beantragen, einem bei dem Gericht(shof) anhängigen Rechtsstreit beizutreten **(„Streithilfe“).** Der Antrag auf Zulassung als Streithelfer ist innerhalb von sechs Wochen nach der Veröffentlichung der Rechtssache im Amtsblatt zu stellen, Art. 130 Abs. 1 VerfO EuGH und Art. 143 Abs. 1 VerfO EuG. So kommen insbesondere Vertriebspartner des klagenden Unternehmens als Streithelfer des Klägers oder Wettbewerber, Beschwerdeführer, Verbraucher- oder Industrieverbände etc. als Streithelfer der Kommission in Betracht. Verbände können als Streithelfer einer Partei beitreten, wenn sie mit dem Beitritt ihre Mitglieder in Rechtssachen schützen wollen, die Grundsatzfragen aufwerfen, von denen die Mitglieder betroffen werden können und wenn sie einen erheblichen Teil des Wirtschaftssektors vertreten.[175] Streithilfe ist

[172] EuG B. v. 6.2.1995, Rs T-66/94, Slg. 1995, II-239, Rdnr. 38 – *Auditel/Komm.* In der Sache *Kaysersberg/Komm.* hatte *Procter & Gamble* beantragt, sich für das schriftliche Verfahren und in der mündlichen Verhandlung einer anderen als der Verfahrenssprache bedienen zu dürfen. Das Gericht hat dies für das schriftliche Verfahren abgelehnt, für die mündliche Verhandlung jedoch zugelassen, EuG B. v. 9.8.1995, Rs T-290/94, Slg. 1995, II-2249 – *Kaysersberg/Komm.*

[173] EuG B. v. 6.2.1995, Rs T-66/94, Slg. 1995, II-239, Rdnr. 36 – *Auditel/Komm.* EuG B. v. 1.7.1993, Rs T-3/93 – *Air France/Komm.* EuG B. v. 15.7.1993, Rs T-2/93 – *Air France/Komm.* beide unveröffentlicht.

[174] Beispiel für einen Wechsel der Verfahrenssprache von Dänisch auf Englisch: EuG U. v. 22.10.1996, Rs T-266/94, Slg. 1996, II-1399, Rdnr. 19 – *Foreningen af Jernskibs – og Maskinbyggerier i Danmark u. a./Komm.*

[175] EuG B. v. 19.10.2009, Rs T-410/08, BeckRS 2009, 71238, Rdnr. 17 – *GEMA/Komm.* m. w. N.; EuG B. v. 30.10.2003, verb. Rs T-125/03 R und T-253/03, Slg. 2003, II-4771, Rdnr. 43

auch im einstweiligen Rechtsschutzverfahren möglich. Sie ist ein wichtiges Instrument des Rechtsschutzes.

Ein Recht zur Streithilfe für Unternehmen (natürliche oder juristische Personen) besteht nicht in Verfahren zwischen **„privilegierten"** Parteien – Organen der Europäischen Union und Mitgliedstaaten – (vgl. Art. 40 Abs. 2, 2. Halbsatz der Satzung des Gerichtshof), und zwar auch dann nicht, wenn das Unternehmen vom Ausgang des Verfahrens unmittelbar betroffen ist, wie beispielsweise ein öffentliches Unternehmen, hinsichtlich dessen die Kommission einen Beschluss nach Art. 106 Abs. 3 AEUV an den Mitgliedstaat gerichtet hat. In diesen Fällen muss das Unternehmen – will es seinen Rechtsstandpunkt zu Gehör bringen – selbst Klage erheben. Gem. Art. 40 Abs. 3 der Satzung des Gerichtshof können EFTA-Staaten und die EFTA-Überwachungsbehörde ebenfalls einer Partei als Streithelfer beitreten, wenn sie ihr berechtigtes Interesse glaubhaft darlegen. 84

1. Zulässigkeit der Streithilfe. *a) Privilegierte Streithelfer.* Die Mitgliedstaaten und die Unionsorgane können einem beim Gericht(shof) anhängigen Rechtsstreit beitreten, ohne dass sie ein besonderes Interesse darzulegen hätten (Art. 40 Abs. 1 der Satzung des Gerichtshof). Sie müssen sich nicht der vom Kläger gewählten Verfahrenssprache bedienen, sondern können Anträge und Schriftsätze in ihrer eigenen Sprache einreichen und in ihrer eigenen Sprache plädieren.[176] 85

b) Streithilfe durch natürliche und juristische Personen. Natürliche und juristische Personen sind „nicht-privilegierte" Streithelfer und können dem Rechtsstreit auf der Seite einer der Hauptparteien nur unter der Voraussetzung beitreten, dass sie ein **berechtigtes Interesse am Ausgang des Rechtsstreits** haben (Art. 40 Abs. 2, 1. Satz der Satzung des Gerichtshof und Art. 143 Abs. 2 lit. f VerfO EuG). Ein berechtigtes Interesse ist dann gegeben, wenn jemand ein unmittelbares und gegenwärtiges Interesse an der **Entscheidung** hat.[177] Neben rechtlichen Interessen kommen auch politische und wirtschaftliche Interessen in Betracht.[178] Ein nur mittelbares und entferntes Interesse oder ideelle und moralische Interessen reichen hingegen nicht.[179] Der Antragsteller hat ein unmittelbares Interesse, wenn sein Interesse auf das Schicksal des Antrags gerichtet ist, es ihm also gerade darauf ankommt, dass dem Antrag **im Tenor** des Urteils stattgegeben wird.[180] Er hat dagegen nur ein mittelbares Interesse, wenn der Antragsteller sich in einer der dem Streit zugrundeliegenden ähnlichen Situation befindet,[181] weil beispielsweise ihn betreffende nationale Rechtsvorschriften den dem Streit zugrundeliegenden Regelungen ähnlich sind.[182] 86

– *Akzo Nobel und Akcros Chemicals/Komm.* wo im Hinblick auf die zu erörternden Fragen zum Schutz der Korrespondenz zwischen Anwalt und Mandant auch eine Reihe von Organisationen von Anwälten und In-House Counsel am Verfahren beteiligt waren.

[176] Art. 38 Abs. 4 VerfO EuGH; Art. 46 Abs. 4 VerfO EuG.

[177] EuG B. v. 10.10.1994, Rs T-108/94, Slg. 1994, II-863, Rdnr. 5 – *Candiotte/Rat;* EuG B. v. 15.6.1993, verb. Rs T-97 und 111/92, Slg. 1993, II-587, Rdnr. 16 und 21 – *Rijnomdt u. Hokken/Komm.*

[178] Siehe Nachweise bei *Dauses/Henkel,* Streithilfe durch natürliche oder juristische Personen in Verfahren vor dem Gerichtshof und Gericht, EuZW 2000, 581 ff.

[179] Das berechtigte Interesse wurde in diesem Sinne verneint bei Unterstützung einer Klage nach Art. 340 AEUV: EuGH B. v. 8.4.1981, verb. Rs 197–200, 243, 245 u. 247/80, Slg. 1981, 1041, Slg. 1981, 1041, Rdnr. 9 – *Ludwigshafener Walzmühle Erling u. a./EWG.*

[180] EuG B. v. 17.2.2010, Rs T-587/08, BeckRS 2013, 80558, Rdnr. 25 – *Fresh DelMonte/Komm.;* EuGH B. v. 6.3.2003, Rs C-186/02 P 1, Slg. 2003, I-2415, Rdnr. 15 – *Ramondin/Komm. und Territorio Històrico de Álava* EuG B. v. 16.12.2004, Rs T-410/03, Slg. 2004, II-04451), Rdnr. 14 – *Hoechst/Komm.*

[181] EuG B. v. 4.2.2004, Rs T-14/00, Slg. 2004, II-497 – *Coöperatieve Aan- en Verkoopvereniging Ulestraten, Schimmert en Hulsberg BA/Komm.*; EuG B. v. 15.6.1993, verb. Rs T-97 und 111/92, Slg. 1993, II-587, Rdnr. 16 und 21 – *Rijnomdt u. Hokken/Komm.*

[182] EuGH U. v. 15.1.2013, Rs C-133/12 P, ECLI:EU:C:2014:105, Rdnr. 7 f. – *Stichting Woonlinie u. a./Komm.* EuGH B. v. 6.3.2003, Rs C-186/02 P 1, Slg. 2003, I-2415, Rdnr. 15 – *Ramondin/Komm.*

Ein berechtigtes Interesse ist auch dann gegeben, wenn die Lage des Streithelfers durch die Entscheidung des Gerichts in hinreichend qualifizierter Weise beeinträchtigt werden könnte.[183] Nach der jüngeren Rechtsprechung des Gerichts(hofs) werden in Wettbewerbssachen normalerweise folgende Personengruppen als Streithelfer zugelassen:[184]

- Juristische Personen, die Teil derselben wirtschaftlichen Einheit sind, und für die Geldbusse wegen eines Wettbewerbsverstosses einer Partei gesamtschuldnerisch mit verantwortlich sind;
- Wettbewerber eines Unternehmens,[185] das des Missbrauchs einer marktbeherrschenden Stellung im Sinne von Art. 102 AEUV bezichtigt wurde;
- Vereinigungen von Wettbewerbern oder Kunden, welche sich gegen die wettbewerbswidrigen Vereinbarungen gewandt haben, welche sie beschränkende Klauseln betreffen;
- Parteien, die am Verwaltungsverfahren vor der Kommission aktiv teilgenommen haben und/oder eine Beschwerde gemäß Art. 7 VO Nr. 1/2003 bei der Kommission eingereicht haben;[186]
- Verbände, die eine erhebliche Anzahl von Teilnehmern des Wirtschaftssektors vertreten und denen es um die Wahrung der Interessen ihrer Mitglieder geht; es muss dabei um Grundsatzfragen gehen, die sich auf diese Mitglieder auswirken können.[187]

Im Klageverfahren hinsichtlich des *Air-Cargo*-Kartells[188] hatte *Schenker* als betroffener großer Einzelkunde der Luftfahrtgesellschaften sein Interesse als Streithelfer damit begründet, an der Beendigung und dem Nicht-Wiederaufleben des Kartells ein unmittelbares und reelles Interesse zu haben. Gericht und Gerichtshof lehnten den Antrag auf Streithilfe ab, weil es am unmittelbaren Interesse des zu erwartenden Tenors fehle; das Kartell sei beendet, dahingehende Anträge seien von den Parteien nicht gestellt, und die Wiederaufnahme der wettbewerbswidrigen Handlungen sei nicht konkret zu erwarten.

87 Im Rahmen der Zulässigkeit des Streithilfeantrags ergibt sich die Frage, ob der Streithelfer stets ein eigenes Interesse nachweisen muss, das sich von demjenigen der Parteien unterscheidet, deren Anträge es unterstützt. Diese Frage wurde bisher vom Gericht(shof) nicht eindeutig beantwortet.[189] Das Gericht hat allerdings klargestellt, dass ein am Verwaltungsverfahren beteiligtes Unternehmen, welches aufgrund seiner Mitwirkung im Kartellverfahren vollständig von Bussgeldern verschont blieb, kein Interesse am Ausgang des Rechtsstreits hat (und sein Streithilfeantrag daher unzulässig ist), welcher von einem anderen Unternehmen gegen die Bussgeldentscheidung der Kommission eingeleitet wurde und dessen Ziel die Nichtigerklärung der Entscheidung der Kommission oder die Herabsetzung des Bussgeldes für das klagende Unternehmen war.[190] Dies spricht dafür, dass ein Streithelfer ein eigenes Interesse am Verfahrensausgang haben muss, das sich von dem der anderen Parteien unterscheidet. Wird der Antrag auf Zulassung als Streithelfer im Verfahren auf einstweiligen Rechtsschutz gestellt, muss der Antragsteller sein konkretes Interesse am Aus-

---

[183] EuG B. v. 10.10.1994, Rs T-108/94, Slg. 1994, II-863, Rdnr. 6 – *Candiotte/Rat.*

[184] Ausdrücklich so aufgezählt in EuG B. v. 15.10.2011, Rs T-46/11, nicht veröffentlicht, Rdnr. 14 – *Deutsche Lufthansa u. a./Komm.* bestätigt durch EuGH B. v. 8.6.2012, Rs C-602/11 P (I), ECLI:EU:C:2012:337, Rdnr. 11 – *Schenker.*

[185] Ein Wettbewerber kann ein Rechtsschutzinteresse am Ausgang einer Anfechtungsklage gegen eine Untersagungsentscheidung haben, da ihm der Vollzug der Entscheidung die Möglichkeit gibt, seine Freiheit gegenüber dem Kartell wiederzuerlangen, vgl. EuGH U. v. 15.5.1975, Rs C-71/74, Slg. 1975, 563, Rdnr. 1/3 – *Frubo/Komm.*

[186] So schon EuG B. v. 6.2.1995, Rs T-66/94, Slg. 1995, II-239, Rdnr. 23 – *Auditel/Komm.* EuG B. v. 28.11.1991, Rs T-35/91, Slg. 1991, II-1359, Rdnr. 5 – *Eurosport Consortium/Komm.* EuG B. v. 8.5.1992, Rs T-24 R u. 28/92 R, Slg. 1992, II-1713, Rdnr. 15 – *Langnese Iglo u. Schöller/Komm.;* EuG B. v. 10.3.1995, Rs T-395/94 R, Slg. 1995, II-595, Rdnr. 28/29 – *Atlantic Container/Komm.*

[187] EuG B. v. 19.10.2009, Rs T-410/08, BeckRS 2009, 71238, Rdnr. 17 – *GEMA/Komm.*

[188] EuG B. v. 15.10.2011, Rs T-46/11, nicht veröffentlicht, Rdnr. 14 – *Deutsche Lufthansa u. a./ Komm.* und EuGH B. v. 8.6.2012, Rs C-602/11 P (I), ECLI:EU:C:2012:337, Rdnr. 11 – *Schenker/ Lufthansa.*

[189] EuG B. v. 18.3.1997, Rs T-135/96, Slg. 1997, II-375, Rdnr. 9 – *UEAPME/Rat.*

[190] EuG B. v. 16.12.2004, Rs T-410/03, Slg. 2004, II-04451), Rdnr. 14 ff. – *Hoechst/Komm.*

gang des einstweiligen Rechtsschutzverfahrens umfassen.[191] Es kann also für die Zulässigkeit der Streithilfe ein Unterschied zwischen dem Verfahren auf einstweiligen Rechtsschutz und dem Klageverfahren in der Hauptsache bestehen.

c) Verhältnis zwischen Streithilfe und Klagebefugnis. Während Art. 263 Abs. 4 AEUV von unmittelbarer und individueller Betroffenheit spricht, fordert Art. 40 Abs. 2, 1. Halbsatz der Satzung des Gerichtshof lediglich ein berechtigtes Interesse. Dieses Interesse ist jedenfalls dann zu bejahen, wenn ein Unternehmen auch klagebefugt ist, unabhängig davon, ob es von seiner Klagebefugnis (fristgerecht) Gebrauch gemacht hat.[192] 88

d) Antrag auf Zulassung als Streithelfer. Innerhalb von **sechs Wochen** nach Veröffentlichung der Mitteilung über die Klage im Amtsblatt müssen interessierte Personen einen entsprechenden Antrag stellen.[193] Nach der VerfO EuG a. F. bestand die Möglichkeit, den Antrag auch noch nach Ablauf der Sechs-Wochenfrist zu stellen, wobei der Streithelfer zwar keinen Streithilfeschriftsatz einreichen, jedoch gemäß Art. 116 § 6 VerfO EuG a. F. in der mündlichen Verhandlung Stellung nehmen konnte, soweit die Streithilfe zugelassen wurde; nach der nunmehr geltenden Fassung der VerfO EuG besteht diese Möglichkeit nicht mehr. Die Frist von sechs Wochen dürfte daher nunmehr als **Notfrist** anzusehen sein, die nicht verlängert werden kann. Über den Antrag auf Zulassung als Streithelfer wird durch Beschluss entschieden. Streithilfe ist bereits im Verfahren des einstweiligen Rechtsschutzes möglich.[194] Vom Antrag auf Zulassung als Streithelfer ist der Streithilfeschriftsatz zu unterscheiden, mit dem der Streithelfer seine Argumente vorträgt. Streithilfe ist auch im Rechtsmittelverfahren vor dem Gerichtshof möglich; die Regeln vor dem Gerichtshof entsprechen denen vor dem Gericht. 89

2. Rechte der Streithelfer. Der zugelassene Streithelfer muss den Rechtsstreit in der Lage annehmen, wie er sich zum Zeitpunkt des Beitritts befindet. Er hat Einsicht in alle den Parteien bis dahin zugestellten Schriftstücke (Art. 144 Abs. 7 VerfO EuG; Art. 131 Abs. 4 VerfO EuGH). Das Gericht (der Gerichtshof) kann auf Antrag (Art. 144 Abs. 4 VerfO EuG) geheime oder vertrauliche Unterlagen, die **Geschäftsgeheimnisse** enthalten, von der Übermittlung ausnehmen, Art. 144 Abs. 5 VerfO EuG.[195] Die Unternehmen beantragen dies sinnvollerweise, wenn sie zur Stellungnahme zum Zulassungsantrag des Streithelfers aufgefordert werden. Das Gericht prüft, ob bestimmte Unterlagen auf den ersten Blick unter das Geschäftsgeheimnis fallen.[196] Bei dieser Entscheidung muss das Gericht eine Interessenabwägung vornehmen. Es geht zum einen um das Interesse des Klägers, eine Beeinträchtigung seiner Interessen durch Schutz von Geschäftsgeheimnissen zu verhindern, zum anderen um das Interesse des Streithelfers, möglichst alle Informationen zu erhalten, um in der Lage zu sein, vor Gericht seine Rechte geltend machen zu können.[197] 90

Nach Übermittlung der Schriftstücke durch das Gericht wird dem Streithelfer eine Frist gesetzt, binnen derer er seinen **Streithilfeschriftsatz** einzureichen hat. Die anderen beteiligten Parteien haben anschließend Gelegenheit, zum Streithilfeschriftsatz des gegnerischen 91

---

[191] EuG B. v. 17.2.2011, Rs T-490/10 R, ECLI:EU:C:2011:162, Rdnr. 34 – *Endesa/Komm.*

[192] EuG B. v. 28.11.1991, Rs T-35/91, Slg. 1991, II-1359, Rdnr. 15 – *Eurosport Consortium/Komm.*

[193] Art. 143 Abs. 1 VerfO EuG. Wie bei der Einreichung der Klageschrift wirkt die Übermittlung des unterzeichneten Originals per Fax oder E-Mail fristwahrend, wenn das Original spätestens zehn Tage nach Fristablauf der Kanzlei vorliegt (Art. 143 Abs. 2 iVm Art. 73 Abs. 3 VerfO EuG).

[194] EuG B. v. 22.11.1995, Rs T-395/94 R II, Slg. 1995, 2893, Rdnr. 41 ff. – *Atlantic Container u. a./Komm.;* s. auch EuG B. v. 8.5.1992, Rs T-24 R u. 28/92 R, Slg. 1992, II-1713, Rdnr. 15 – *Langnese Iglo u. Schöller/Komm.*

[195] EuG B. v. 4.4.1990, Rs T-30/89, Slg. 1990, II-163, Rdnr. 9, 10 – *Hilti/Komm.* Zum Begriff des Geschäftsgeheimnisses siehe *Dieckmann,* in § 44 Rdnr. 26.

[196] EuG B. v. 8.5.1992, Rs T-24 R u. 28/92 R, Slg. 1992, II-1713, Rdnr. 17 – *Langnese Iglo u. Schöller/Komm.*

[197] EuG B. v. 4.4.1990, Rs T-30/89, Slg. 1990, II-163, Rdnr. 11 – *Hilti/Komm.*

Streithelfers Stellung zu nehmen. Eine Stellungnahme zum Streithilfeschriftsatz des eigenen Streithelfers ist nicht vorgesehen.

92 Es ist den Streithelfern versagt, den Streitgegenstand in irgendeiner Weise zu verändern.[198] Er kann allerdings seine Streithilfe auf bestimmte Punkte, Argumente und Anträge beschränken und muss somit nicht den gesamten Vortrag der Partei unterstützen. Mittlerweile ist geklärt, dass der Streithelfer keine von den Anträgen der Parteien abweichende oder über die gestellten Anträge hinausgehende Anträge stellen darf. Allerdings darf der Streithelfer mit seinem argumentativen Vorbringen von dem der Hauptpartei abweichen, solange er damit denselben Antrag begründen will.[199] Hat aber die Kommission als Beklagte auf die Einrede der Unzulässigkeit verzichtet, ist der Streithelfer nicht befugt, eine solche Einrede zu erheben.[200] Allerdings gehört die Frage der Zulässigkeit der Klage zu den Prozessvoraussetzungen, deren Vorliegen das Gericht von Amts wegen prüfen kann (aber nicht muss).[201] Der Streithelfer kann eigene Angriffs- und Verteidigungsmittel vorbringen, wenn sie für die unterstützte Hauptpartei nicht schädlich sind.[202]

VII. Kostenentscheidung

93 In dem das Verfahren beendenden Urteil – also nicht schon beim Beschluss im Rahmen des Verfahrens des einstweiligen Rechtsschutzes – entscheidet das Gericht auch über die Kosten. Da für das Verfahren vor dem Gericht und dem Gerichtshof *keine Gerichtsgebühren* anfallen, geht es nur um die Erstattung außergerichtlicher Kosten (Auslagen für Zeugen und Sachverständige, Kosten der anwaltlichen Vertreter der Parteien). Ausnahmsweise sind dem Gericht jedoch Kosten, die vermeidbar gewesen wären, von der Partei zu erstatten, die sie veranlasst hat (Art. 139 lit. a VerfO EuG). Zudem kann das Gericht Kosten für Schreib- und Übersetzungsarbeiten der Partei auferlegen, welche die Arbeiten beantragt hat (Art. 139 lit. b VerfO EuG).

94 **1. Antragserfordernis.** Der Grundsatz, dass die unterliegende Partei die Kosten trägt, kommt nur dann zur Anwendung, wenn die obsiegende Partei einen entsprechenden Antrag gestellt hat. Fehlt ein solcher Antrag, trägt jede Partei ihre eigenen Kosten.[203] Allerdings kann der Antrag noch während des Verfahrens gestellt werden. Das Antragserfordernis gilt auch für Streithelfer; d. h. sie erhalten ihre Kosten nicht automatisch durch einen entsprechenden Antrag der obsiegenden Partei ersetzt.

95 Ein Unterliegen der klagenden Partei liegt zweifelsfrei dann vor, wenn die Klage als unzulässig oder unbegründet abgewiesen wird. Eine Partei unterliegt aber auch dann (zumindest teilweise), wenn der Gerichtshof einen Bußgeldbeschluss nicht vollständig aufhebt, sondern die Geldbuße im Rahmen seiner uneingeschränkten Ermessensüberprüfung nur herabsetzt.

96 Gemäß Art. 134 Abs. 3 VerfO EuG trägt jede Partei ihre eigenen Kosten, wenn jede Partei teils obsiegt und teils unterliegt. Das Gericht kann jedoch einer Partei zusätzlich zu

[198] EuG B. v. 6.2.1995, Rs T-66/94, Slg. 1995, II-239, Rdnr. 27 – *Auditel/Komm.*

[199] EuGH U. v. 9.9.2004, Rs C-195/02, Slg. 2004, I-7857, Rdnr. 27 – *Komm./Spanien.*

[200] Nunmehr EuGH U. v. 30.1.2002, Rs C-107/99, Slg. 2002, I-1091– *Italienische Republik/Komm.*; EuG U. v. 12.12.1996, Rs T-88/92, Slg. 1996, II-1961, Rdnr. 41 – *Groupement d'achat Edouard Leclerc/Komm.* vgl. EuGH U. v. 24.3.1993, Rs C-313/90, Slg. 1993, I-1125, Rdnr. 20 bis 22 – *CIRFS/Komm.* Noch offen gelassen in: EuGH U. v. 17.11.1987, verb. Rs 142 u. 156/1984, Slg. 1987, 4487, Rdnr. 20 – *BAT/Komm.* EuGH U. v. 17.7.1959, verb. Rs 32, 33/58, Slg. 1959, 287 – *SNUPAT/Hohe Behörde.*

[201] EuG U. v. 11.7.2007, Rs T-170/06, Slg. 2007, II-2601, Rdnr. 37 – *Alrosa/Komm.* unter Verweis auf EuGH U. v. 24.3.1993, Rs C-313/90, Slg. 1993, I-1125, Rdnr. 23 – *CIRFS u. a./Komm.* Vgl auch EuG U. v. 12.12.1996, Rs T-88/92, Slg. 1996, II-1961, Rdnr. 42 – *Groupement d'achat Edouard Leclerc/Komm.*

[202] *Dauses/Henkel,* Streithilfe durch natürliche oder juristische Personen in Verfahren vor dem Gerichtshof und Gericht, EuZW 2000, S. 584.

[203] EuG U. v. 18.9.1992, Rs T-28/90, Slg. 1992, II-2285, Rdnr. 75 – *Asia Motor France u. a./Komm.*

den eigenen Kosten einen Teil der Kosten der Gegenpartei auferlegen, wenn dies in Anbetracht der Umstände des Einzelfalls gerechtfertigt erscheint (Art. 134 Abs. 3 Satz 2 VerfO EuG). Zudem kann das Gericht aus Gründen der Billigkeit *ausnahmsweise* entscheiden, dass eine unterliegende Partei neben ihren eigenen Kosten nur einen Teil der Kosten der Gegenpartei trägt oder gar nicht zur Tragung dieser Kosten zu verurteilen ist, Art. 135 Abs. 1 VerfO EuG. Das Gericht kann auch eine obsiegende Partei zur Tragung eines Teils der Kosten oder sämtlicher Kosten verurteilen, wenn dies wegen ihres Verhaltens, auch vor Klageerhebung, gerechtfertigt erscheint; dies gilt insbesondere für Kosten, die sie der Gegenpartei nach Ansicht des Gerichts ohne angemessenen Grund oder böswillig verursacht hat, Art. 135 Abs. 2 VerfO EuG.

2. Kostenentscheidung bei Erledigung der Hauptsache und bei Rücknahme der 97
Klage bzw. des Rechtsmittels. Gemäß Art. 137 VerfO EuG entscheidet das Gericht bei Erledigung der Hauptsache über die Kosten nach freiem Ermessen. Zuvor muss das Gericht die Erledigung festgestellt haben. Der Begriff der Erledigung wird dabei nicht näher definiert. Das Gericht geht von Erledigung aus, wenn keine Notwendigkeit zu einer Entscheidung besteht. Dies liegt z. B. dann vor, wenn der angefochtene Rechtsakt während des Verfahrens von der Kommission zurückgenommen (oder von einem neuen Rechtsakt „überholt")[204] wurde und dadurch das Interesse des Klägers am Ausgang des Rechtsstreits weggefallen ist.[205] Gleiches gilt, wenn die Kommission den zunächst angefochtenen Beschluss widerrufen und durch einen neuen Beschluss ersetzt hat.[206] Das Unternehmen ist dann gehalten, eine neue Nichtigkeitsklage gegen diesen Beschluss zu erheben.[207]

Der Rechtsstreit ist nicht gegenstandslos (erledigt), wenn eine Partei nach wie vor Inte- 98
resse an einer endgültigen Entscheidung des Rechtsstreits über die Rechtmäßigkeit und Tragweite des angefochtenen Beschlusses hat.[208] Auch nach Rücknahme des angefochtenen Rechtsaktes kann ein Kläger weiterhin ein Interesse an der Nichtigerklärung haben, da eine Nichtigerklärung für sich genommen Rechtsfolgen zeitigen kann. Zu diesen Rechtsfolgen gehört die Verpflichtung, dass das Organ, dessen Rechtsakt vom Gericht aufgehoben wurde, gemäß Art. 266 AEUV die sich aus diesem Urteil ergebenden Maßnahmen zu ergreifen hat. Diese Maßnahmen können z.B. darin bestehen, dass der Kläger in angemessener Weise wieder in den früheren Stand versetzt wird oder dass das zuständige Gemeinschaftsorgan dafür Sorge trägt, dass in Zukunft keine identischen Handlungen erlassen werden.[209] Im Rahmen der Untätigkeitsklage stellt die Abgabe einer die Untätigkeit ausschließenden Stellungnahme während des anhängigen Rechtsstreits einen Grund für die Erledigung der Hauptsache dar. Mit einer Mitteilung im Sinne von Art. 7 Abs. 1 VO

---

[204] Beispiel: in Anti-Dumping Verfahren wird eine endgültige Verordnung zur Erhebung von Zöllen erlassen, welche die vorläufige Verordnung ersetzt, vgl. EuG B. v. 10.7.1996, Rs T-208/95, Slg. 1996, II-635 – *Miwon/Komm.*

[205] EuGH U. v. 1.10.1998, Rs C-279/95 P, Slg. 1998, I-5609, Rdnr. 69ff. – *Langnese-Iglo/Komm.* EuGH B. v. 8.3.1993, Rs C-123/92, Slg. 1993, I-809, Rdnr. 8 bis 11 – *Lezzi Pietro/Komm.* EuG B. v. 18.9.1996, Rs T-22/96, Slg. 1996, II-1009, – *Langdon/Komm.* s. ferner EuG B. v. 28.5.1997, Rs T-145/95, Slg. 1997, II-823 – *Proderec/Komm.*

[206] EuG B. v. 14.3.1997, Rs T-25/96, Slg. 1997, II-364, Rdnr. 12, 19/20 – *Arbeitsgemeinschaft Deutscher Luftfahrt-Unternehmen und Hapag-Lloyd Fluggesellschaft mbH/Komm.*

[207] EuG B. v. 14.3.1997, Rs T-25/96, Slg. 1997, II-364, Rdnr. 13 – *Arbeitsgemeinschaft Deutscher Luftfahrt-Unternehmen und Hapag-Lloyd Fluggesellschaft mbH/Komm.* mit Verweis auf EuG B. v. 18.9.1996, Rs T-22/96, Slg. 1996, II-1009, Rdnr. 13 – *Langdon/Komm.*

[208] EuGH U. v. 1.10.1998, Rs C-279/95 P, Slg. 1998, I-5609, Rdnr. 71 – *Langnese-Iglo/Komm.*

[209] EuG B. v. 14.3.1997, Rs T-25/96, Slg. 1997, II-364, Rdnr. 16 – *Arbeitsgemeinschaft Deutscher Luftfahrt-Unternehmen und Hapag-Lloyd Fluggesellschaft mbH/Komm.;* EuG U. v. 14.9.1995, Rs T-480 und 483/93, Slg. 1995, II-2305, Rdnr. 59 bis 62 – *Antillean Rice Mills/Komm.;* EuG U. v. 13.12.1995, verb. Rs T-481, 484/93, Slg. 1995, II-2941, Rdnr. 46 bis 48 – *Exporteurs in Levende Varkens/Komm.* sowie e contrario EuGH B. v. 8.3.1993, Rs C-123/92, Slg. 1993, I-809, Rdnr. 8 – *Lezzi Pietro/Komm.* und EuG B. v. 18.9.1996, Rs T-22/96, Slg. 1996, II-1009, Rdnr. 11f. – *Langdon/Komm.*

Nr. 773/2004 ist die Untätigkeit der Kommission beendet und nicht erst durch einen endgültigen Beschluss über die Zurückweisung des Antrags.[210]

99 Von der Erledigung des Rechtsstreits in der Hauptsache ist der Fall der **Klagerücknahme** zu unterscheiden. Gemäß Art. 136 Abs. 1 VerfO EuG (Art. 141 Abs. 1 VerfO EuGH) sind die Kosten der Partei aufzuerlegen, die die Klage bzw. das Rechtsmittel zurückgenommen hat, sofern die Gegenpartei dies in ihrer Stellungnahme zur Klagerücknahme beantragt (tut sie das nicht, so trägt jede Partei ihre eigenen Kosten, Art. 136 Abs. 4 VerfO EuG). Macht der Kläger geltend, die Rücknahme sei aufgrund des Verhaltens der anderen Partei gerechtfertigt, kann das Gericht die Kosten auf Antrag des Klägers der Gegenpartei auferlegen (Art. 136 Abs. 2 VerfO EuG; Art. 141 Abs. 2 VerfO EuGH). Dieses kann der Fall sein, wenn die Kommission einen offenkundig rechtswidrigen Beschluss erlässt und später – nach Klageerhebung – zurücknimmt oder in anderer Weise dem Begehren des Klägers folgt, ohne dass notwendigerweise ein Fall der **Erledigung** vorliegt. Nimmt in einem solchen Fall der Kläger die Klage zurück, so kann das Gericht die Kosten gleichwohl der Kommission auferlegen. Wird die Klage zurückgenommen, nachdem der Rechtsstreit an sich erledigt war (das Verfahren, dessen Eröffnung durch die Kommission vom Kläger angefochten wurde, wird eingestellt), so behandelt das Gericht diesen Fall wie einen normalen Fall der Klagerücknahme.[211] Will der Kläger die Kostenfolge vermeiden, empfiehlt sich in einem solchen Fall also die Erklärung, der Rechtsstreit habe sich erledigt, nicht jedoch die Klagerücknahme.

100 **3. Kostenentscheidung nach Billigkeitsgesichtspunkten.** Das Gericht kann bei der Kostenentscheidung Billigkeitsgesichtspunkte einfließen lassen. **Ausnahmsweise** (Art. 135 Abs. 2 VerfO EuG) kann sogar **die obsiegende Partei** ganz oder teilweise **zur Tragung der Kosten** verurteilt werden, wenn dies **aus Gründen der Billigkeit** gerechtfertigt erscheint: Im Falle *Automec* hat das Gericht der Kommission einen Teil der Kosten auferlegt, weil sie auf eine Beschwerde mit einem mehrdeutig abgefassten Schreiben reagiert hatte; es war nicht klar, ob die Kommission insoweit nur eine „erste Reaktion" auf die Beschwerde abgegeben hatte oder eine endgültige Stellungnahme. Durch diese Mehrdeutigkeit hatte die Kommission zur Erhebung der Nichtigkeitsklage Anlass gegeben, die letztlich unzulässig war, weil das Schreiben (noch) keinen anfechtbaren Rechtsakt darstellte.[212] Auch der Gerichtshof kann nach Art. 139 VerfO EuGH der obsiegenden Partei die Kosten auferlegen, die sie der Gegenpartei ohne angemessenen Grund oder böswillig verursacht hat. Eine Kostenteilung nach Billigkeit kann dann angeordnet werden, wenn auf Antrag des Klägers das beschleunigte Verfahren angeordnet wurde, der Kläger die entsprechenden Regeln aber nicht ordnungsgemäß befolgt hat.[213]

101 **4. Verjährungsfristen, Verwirkung von Kostenerstattungsansprüchen.** Ohne sich zur prinzipiellen Frage der Verjährung des Kostenerstattungsanspruchs zu äußern, hat der Gerichtshof im Falle *Dietz* entschieden, dass dieser bei der Geltendmachung der Kosten drei Monate nach dem Urteil noch nicht verjährt ist.[214] Der Antrag auf Festsetzung der Höhe der erstattungsfähigen Kosten ist innerhalb eines „angemessenen Zeitraums" zu stellen. Ein Zeitraum von mehr als zwei Jahren zwischen Ablehnung des Kostenbegehrens durch die Kommission und Antrag auf gerichtliche Kostenfestsetzung wurde vom Ge-

[210] Vgl. EuG U. v. 10.7.1997, Rs T-38/96, Slg. 1997, II-1225, Rdnr. 28 bis 34 – *Guérin Automobiles* zu Art. 6 der VO Nr. 99/63; EuGH U. v. 18.10.1979, Rs 125/78, Slg., 1979, 3173, Rdnr. 21 – *GEMA/Komm.;* EuGH U. v. 18.3.1997, Rs C-282/95 P, Slg. 1997, I-1503, Rdnr. 30/31 – *Guérin Automobiles*, sowie EuG U. v. 18.9.1992, Rs T-28/90, Slg. 1992, II-2285, Rdnr. 38 – *Asia Motor France u. a./Komm.*

[211] EuG B. v. 5.2.1998, Rs T-192/95 – *Hitachi et al./Komm.*, nicht veröffentlicht.

[212] EuG U. v. 10.7.1990, Rs T-64/89, Slg. 1990, II-367, Rdnr. 80 – *Automec/Komm.;* s. auch EuG U. v. 10.7.1997, Rs T-38/96, Slg. 1997, II-1225, Rdnr. 46 – *Guérin Automobiles* zu Art. 6 der VO Nr. 99/63.

[213] EuG U. v. 13.6.2006, Rs T-464/04, Slg. 2006, II-2289, Rdnr. 546–551 – *Impala/Komm.*

[214] EuGH B. v. 21.6.1979, Rs C-126/76, Slg. 1979, 2131, Rdnr. 1 – *Gebrüder Dietz/Komm.*

richtshof noch als angemessen angesehen.[215] Die Kommission hatte vorgetragen, durch das lange Zuwarten habe der Kläger den Antrag auf Kostenfestsetzung durch den Gerichtshof verwirkt und definitiv auf den Anspruch auf Kostenerstattung verzichtet; der Gerichtshof folgte dem nicht. Ausdrückliche Fristen für das Kostenerstattungsverfahren (gerichtlich oder aussergerichtlich) sind weder in der VerfO des EuGH noch durch die Rechtsprechung festgelegt.[216]

5. Kostenerstattung für Streithelfer. Die Kostenregelung für Streithelfer ist etwas restriktiver als die allgemeine Regel für die Hauptparteien: Mitgliedstaaten und Organe, die dem Rechtsstreit beigetreten sind, tragen stets ihre eigenen Kosten (Art. 138 Abs. 1 VerfO EuG; Art. 140 Abs. 1 VerfO EuGH). Die Kostenregelung für andere Streithelfer folgt regelmässig dem Schicksal der von ihm unterstützten Hauptpartei, jedoch kann das Gericht davon absehen, im Falle des Unterliegens den Streithelfer gesamtschuldnerisch zur Tragung der Kosten der obsiegenden Partei zu verurteilen und entscheiden, dass der Streithelfer seine eigenen Kosten zu tragen hat (Art. 138 Abs. 3 VerfO EuG; Art. 140 Abs. 3 VerfO EuGH). Eine Kostenentscheidung zugunsten des Streithelfers erfordert ebenfalls einen eigenen Antrag. Was die Höhe der Erstattung angeht, erreicht der Streithelfer indes regelmäßig weniger an Kostenerstattung als eine der Hauptparteien, wenn das Gericht diese Kosten auf Antrag festzusetzen hat. Dies folgt aus der Anwendung der verschiedenen Elemente, die das Gericht in seine freie Ermessensentscheidung über die Kostenfestsetzung einbezieht (wirtschaftliches Interesse am Ausgang des Rechtsstreits, notwendiger Aufwand, Beitrag zur Fortbildung des Unionsrechts, etc., s. dazu unten Rdnr. 108 ff.). Auch wenn das Element des wirtschaftlichen Interesses am Ausgang des Rechtsstreits für den Streithelfer dem der Hauptparteien vergleichbar ist, ist sein Aufwand normalerweise geringer (nur ein Schriftsatz statt zweier Schriftsätze der Hauptparteien), und zudem wird der Streithelfer oftmals Argumente aufgreifen, die bereits von der unterstützten Hauptpartei ausgeführt wurden; damit trägt der Streithelfer selbst weniger zur Fortbildung des Unionsrechts bei.[217] 102

Tritt ein Mitgliedstaat der Union oder des EWR als Streithelfer auf, so sind seine Kosten nicht erstattungsfähig (Art. 138 Abs. 2 VerfO EuG; Art. 140 Abs. 1 und 2 VerfO EuGH, auch dann nicht, wenn sie sich externen Anwaltsbeistands bedienen). 103

6. Erstattungsfähige Kosten. Gemäß Art. 144 lit. b VerfO EuGH bzw. Art. 140 lit. b VerfO EuG gehören zu den erstattungsfähigen Kosten Aufwendungen der Parteien, die für die Durchführung des Verfahrens notwendig waren. Das sind z. B. Reise- und Aufenthaltskosten, die Vergütung für Bevollmächtigte, Beistände oder Rechtsanwälte. „Verfahren" bezieht sich ausschließlich auf das Verfahren vor dem Gericht(shof) unter Ausschluss des Verwaltungsverfahrens[218] oder – im Falle der Untätigkeitsklage – des Vorverfahrens („Mahnung") nach Art. 265 AEUV. Deshalb sind z. B. Kosten, die für ein Gutachten im Zusammenhang mit einer Beschwerde bei der Kommission angefallen sind, nicht erstattungsfähig.[219] Nicht zu den erstattungsfähigen Kosten des Gerichtsverfahrens gehören ferner die Kosten, die durch die Stellung einer Bankbürgschaft (zur Vermeidung der sofortigen Voll- 104

[215] EuGH B. v. 20.5.2010, verb. Rs C-12/03 P DEP und C-13/03 P DEP, ECLI:EU:C:2010:280, Rdnr. 21 f. – *Tetra Laval/Komm.* Das Urteil war im Februar 2005 ergangen, Tetra Laval hatte im Januar 2006 einen aussergerichtlichen Antrag an die Kommission gestellt, auf den die Kommission im Oktober 2006 definitiv reagierte. Der Antrag auf Kostenfestsetzung wurde vom Kläger dann im Dezember 2008 gestellt.

[216] EuGH B. v. 20.5.2010, verb. Rs C-12/03 P DEP und C-13/03 P DEP, ECLI:EU:C:2010:280, Rdnr. 22 – *Tetra Laval/Komm.*

[217] EuG B. v. 14.12.2011, Rs T-388/02 DEP II, BeckRS 2011, 80017, Rdnr. 27 ff. – *Kronoply/Komm. (ZSG).*

[218] EuGH B. v. 30.11.1994, Rs C-294/90 DEP, Slg. 1994, I-5423, Rdnr. 12 – *British Aerospace/Komm.;* so schon EuGH B. v. 21.10.1970, Rs C-75/69, Slg. 1970, 901, Rdnr. 1 – *Hake/Komm.*, s. auch EuGH B. v. 30.11.1994, Rs C-222/92 DEP, Slg. 1994, I-5431, Rdnr. 12 – *SFEI/Komm.*

[219] EuGH B. v. 30.11.1994, Rs C-222/92 DEP, Slg. 1994, I-5431, Rdnr. 12 – *SFEI/Komm.*

streckung der Bußgeldentscheidung) entstanden sind.[220] Solche Aufwendungen sind nicht im Verfahren auf Erstattung der Prozesskosten geltend zu machen, sondern werden von der Kommission aufgrund von Art. 266 AEUV erstattet; verweigert die Kommission die Erstattung, kommen – wenn die strengen Voraussetzungen vorliegen – Ansprüche auf Schadenersatz (s. u. Rdnr. 303 ff.) in Betracht.[221] In Verfahren, bei denen die Kommission einen großen Beurteilungsspielraum hat – und das ist bei Wettbewerbssachen fast immer der Fall – wird es allerdings schwerfallen, einen qualifizierten Verstoß nachzuweisen.[222] Kosten für Überstunden der Mitarbeiter werden nicht zu den erstattungsfähigen Kosten gezählt, ebenso wenig Kosten für lokale öffentliche Verkehrsmittel.[223]

105 Sofern die **Kommission** ihre **eigenen Beamten** mit der Vertretung vor dem Gericht beauftragt, kann sie dafür keinen Kostenersatz geltend machen (wohl aber Ersatz der Auslagen für die Teilnahme an der mündlichen Verhandlung, wie z. B. Reisekosten).[224] Etwas anderes gilt, sofern sie sich der Hilfe von Anwälten oder anderen Personen (z. B. Hochschullehrer) als „Beistand" bedient. Aufwendungen für den Beistand (d. h. den Hochschullehrer oder Anwalt) sind erstattungsfähig, und zwar auch dann, wenn das Organ selbst in der mündlichen Verhandlung durch einen bevollmächtigten Beamten (zusätzlich zum Hochschullehrer oder Rechtsanwalt) vertreten ist.[225]

106 Hinsichtlich der **Anwaltskosten** ist zu beachten, dass für die Verfahren vor Gericht und Gerichtshof die Gebühren nach dem deutschen RVG oder Gebührenordnungen anderer Mitgliedstaaten ebenso wenig maßgeblich sind[226] wie die Vereinbarungen zwischen Partei und Anwalt.

107 **7. Kostenfestsetzung.** Die Kostenentscheidung des Gerichts im Urteilstenor regelt nur, wer die Kosten trägt, aber nicht, in welcher Höhe die betreffende Partei die Kosten der gegnerischen Partei erstatten muss. Typischerweise versuchen die Vertreter der Parteien des Rechtsstreits zunächst eine außergerichtliche Einigung herbeizuführen. Kommt es nicht zu einer Einigung, so entscheidet die mit der Rechtssache befasste Kammer auf Antrag einer Partei im Rahmen eines sog. Kostenfestsetzungsverfahrens gemäß Art. 170 Abs. 3 VerfO EuG; Art. 145 Abs. 1 VerfO EuGH durch Beschluss, in welcher Höhe die unterlegene Partei die Kosten zu tragen hat.[227] Dieser Beschluss ist unanfechtbar und stellt einen Vollstreckungstitel dar. Im Rahmen des Kostenfestsetzungsverfahrens hat das Gericht bzw. der Gerichtshof alle bis zur Verkündung des Kostenfestsetzungsbeschlusses entstandenen Kosten zu berücksichtigen, so dass es keiner neuen Entscheidung über die Kosten bedarf.

---

[220] EuGH B. v. 20.11.1987, Rs C-183/83, Slg. 1987, 4611, Rdnr. 10 – *Krupp Stahl AG/Komm.*

[221] Abgelehnt in EuG U. v. 21.4.2005, Rs 28/03, Rdnr. 100, Slg. 2005, II-1357 – *Holcim (Deutschland)/Komm.*, bestätigt durch EuGH U. v. 19.4.2007, Rs C-282/05 P, Slg. 2007, I-2941 – *Holcim (Deutschland)/Komm. („Holcim II")*.

[222] Vgl. dazu EuG U. v. 21.4.2005, Rs 28/03, Rdnr. 100, Slg. 2005, II-1357 – *Holcim (Deutschland)/Komm.*, sowie EuGH U. v. 19.4.2007, Rs C-282/05 P, Slg. 2007, I-2941 – *Holcim (Deutschland)/Komm. („Holcim II")*.

[223] EuGH B. v. 19.3.2009, Rs C-122/06 P (R) – DEP, ECLI:EU:C:2009:164, Rdnr. 31 – *Gas Natural/Endesa*.

[224] EuGH B. v. 21.6.1979, Rs C-126/76, Slg. 1979, 2131, Rdnr. 6–8 – *Gebrüder Dietz/Komm.;* EuGH B. v. 7.9.1999, Rs C-409/96 P-DEP, Slg. 1999, II-4939 – *Sveriges Betodlares Centralföreningen u. a./Komm.*

[225] EuG B. v. 12.12.1997, Rs T-167/94 (92), Slg. 1997, II-2379, Rdnr. 21 – *Detlef Nölle/Rat und Komm.*

[226] Vgl. EuG B. v. 6.10.2011, Rs T-388/02 DEP, BeckRS 2011, 81555, Rdnr. 11 f. – *Kronoply/Komm.;* EuG B. v. 12.5.1997, Rs T-561/93 (92), Rdnr. 22 – *Tiercé Ladbroke/Komm.*, nicht veröffentlicht; EuG B. v. 12.12.1997, Rs T-167/94 (92), Slg. 1997, II-2379, Rdnr. 21 – *Detlef Nölle/Rat und Komm.*

[227] Beispiel: EuGH B. v. 23.9.1987, Rs 43/83, Slg. 1987, 3569, 3573, Rdnr. 12 ff. – *De Naeyer/Komm.;* s. ferner EuG B. vom 28.11.1996, Rs T-447/93(92), Slg. 1996, II-1631 – *AITEC/Komm.*, wo das Gericht einen Betrag von BEF 3,5 Mio. (ca. 87 000 Euro) zugesprochen hat. *AITEC* hatte BEF 7 566 995 beantragt. S. dazu auch *Lasok,* The European Court of Justice (1994), S. 464–471.

Das Gemeinschaftsrecht kennt **keine** eigene **Gebührenordnung** für Rechtsanwälte.[228] 108
Das Gericht/der Gerichtshof sieht Gebührenvereinbarungen zwischen einer Partei und ihren Anwälten nicht als maßgeblich für die Höhe der zu erstattenden Kosten an[229] (wobei allerdings eine zwischen den Parteien vereinbarte Begrenzung des Honorars berücksichtigt und ein höherer Betrag nicht als „notwendig" angesehen würde, selbst wenn dies nach den Kriterien, die das Gericht anlegt, gerechtfertigt wäre). Die Kostenerstattung beruht daher anders als im deutschen Recht weder auf einem bestimmten Gegenstandswert noch wird sie strikt auf Grundlage des Zeitaufwandes ermittelt. Vielmehr werden die Umstände des Falles vom Gericht(shof) **frei gewürdigt**.[230] Es wird also vom Gericht der objektiv notwendige Betrag bestimmt, dessen Erstattung von der zur Tragung der Kosten verurteilten Partei verlangt werden kann.[231] Zu den vom Gericht(shof) berücksichtigten Umständen gehören Gegenstand und Art des Rechtsstreites, Bedeutung des Rechtsstreites aus unionsrechtlicher Sicht, Schwierigkeitsgrad, Arbeitsaufwand und wirtschaftliches Interesse der Beteiligten am Ausgang des Rechtsstreites.[232] Für einen höheren Schwierigkeitsgrad spricht beispielsweise die Zuweisung des Rechtsstreits an eine erweiterte Kammer des Gerichts(hofs).[233] Es werden nur Aufwendungen ersetzt, die für das bestimmte Verfahren vor dem Gericht im Sinne von Art. 140 lit. b VerfO EuG bzw. Art. 144 lit. b VerfO EuGH notwendig waren.[234] Insbesondere Kosten, die im Verwaltungsverfahren vor der Kommission entstanden sind, sind nicht erstattungsfähig,[235] ebenso wenig die Kosten einer möglichen Koordinierung mit anderen Prozessparteien, sofern diese nicht vom Gericht gefordert wurde.[236] Bei den Kosten des Rechtsmittelverfahrens wird auch gewürdigt, ob dieselben Anwälte bereits in erster Instanz tätig und somit mit den rechtlichen Problemen des Verfahrens vertraut waren.[237] Aus dem Abschluss einer Rechtsschutzversicherung resultierende Kosten sind nur unter außergewöhnlichen Umständen Kosten des Verfahrens. Ein solcher Ausnahmefall ist gegeben, wenn der Kläger zur Klageerhebung finanziell nicht in der Lage gewesen wäre, weil die Rechtsschutzversicherung für den Fall der Auferlegung der Kosten nicht die Übernahme der Kosten der Gegenpartei garantiert hätte.[238] Da der Anspruch auf

---

[228] EuG B. v. 6.10.2011, Rs T-388/02 DEP, BeckRS 2011, 81555, Rdnr. 12 – *Kronoply/Komm.*

[229] EuG B. v. 6.5.2008, Rs T-318/00, Rdnr. 32 – *Freistaat Thüringen/Komm.;* vgl. EuG B. v. 12.12.1997, Rs T-167/94 (92), Slg. 1997, II-2379, Rdnr. 22 – *Detlef Nölle/Rat und Komm.;* vgl. EuG B. v. 8.3.1995, Rs T-2/93 DEP, Slg. 1995, II-533, Rdnr. 16 – *Air France/Komm.;* EuGH B. v. 26.11.1985, Slg. 1985, 3727 – *Papierfabriek/Komm.* und EuG B. v. 25.2.1992, verb. Rs T-18 u. 24/89, Slg. 1992, II-153, Rdnr. 13 – *Tagaras/Komm.*

[230] Beispiel: EuGH B. v. 26.11.1985, Rs 318/82, Slg. 1985, S. 3727, Rdnr. 5 – *Leeuwarder Papierwarenfabriek/Komm.;* s. auch EuGH B. v. 30.11.1994, Rs C-294/90 DEP, Slg. 1994, I-5423, Rdnr. 13 – *British Aerospace/Komm.;* EuGH B. v. 4.2.1993, Rs C-191/86 DEP, Rdnr. 8 – *Tokyo Electric,* nicht veröffentlicht; s. a. EuG B. v. 6.5.2008, Rs T-318/00, Rdnr. 32 ff. – *Freistaat Thüringen/Komm.*

[231] EuG B. v. 24.1.2002, Rs T-38/95DEP, Slg. 2002 II-217, Rdnr. 32 – *Groupe Origny SA/Komm.*; EuGH B. v. 6.1.2004, Rs C-104/89 R, Slg. 2004, I-1, Rdnr. 62 – *Mulder u. a./Rat.*

[232] EuGH B. v. 20.5.2010, verb. Rs C-12/03 P DEP und C-13/03 P DEP, ECLI:EU:C:2010:280, Rdnr. 44 – *Tetra Laval/Komm.;* EuGH B. v. 19.3.2009, Rs C-122/06 P (R) – DEP, ECLI:EU:C:2009:164, Rdnr. 19 ff. – *Gas Natural/Endesa;* EuGH B. v. 30.11.1994, Rs C-294/90 DEP, Slg. 1994, I-5423, Rdnr. 13 – *British Aerospace/Komm.;* EuGH B. v. 4.2.2004; Rs C-77/99 DEP, Slg. 2004, I-1267, Rdnr. 18 – *Komm./Oder-Plan Architektur GmbH u. a.*

[233] EuGH B. v. 30.1.2014, verb. Rs C-553/10 P DEP und C-554/20 P DEP, ECLI:EU:C:2014:56, Rdnr. 28 – *Editions Odile Jacobs SAS/Komm. und Lagardère.*

[234] EuG B. v. 28.6.2004, Rs T-342/99 DEP, Slg. 2002, II-2585, Rdnr. 41 – *Airtours/Komm.*

[235] EuG B. v. 28.6.2004, Rs T-342/99 DEP, Slg. 2002, II-2585, Rdnr. 12–16 – *Airtours/Komm.* zum Fusionskontrollverfahren.

[236] EuG B. v. 7.11.2011, Rs T-163/05 DEP u. a., ECLI:EU:T:2011:638, Rdnr. 28 – *Bundesverband Deutscher Banken/Komm.*

[237] EuGH B. v. 20.5.2010, verb. Rs C-12/03 P DEP und C-13/03 P DEP, ECLI:EU:C:2010:280, Rdnr. 54 – *Tetra Laval/Komm.*

[238] EuG B. v. 27.11.2000, Rs T-78/99 R, Slg. 2000 II-3717, Rdnr. 18 – *Elder/Komm.*

Kostenerstattung erst durch den Festsetzungsbeschluss entsteht, hat die obsiegende Partei keinen Zinsanspruch seit der Kostenentscheidung im Urteil.

109 Grundsätzlich ist nur die Vergütung *eines* Bevollmächtigten, Beistands oder Anwalts erstattungsfähig.[239] Bei komplexen Verfahren können nach den Umständen des Einzelfalls die Vergütungen mehrerer Anwälte erstattungsfähig sein, aber nur, soweit keine unnötige Doppelarbeit vorliegt.[240] Der Gerichtshof hat betont, dass es im Grunde nicht auf die Anzahl der Anwälte, sondern auf die tatsächlich notwendige Anzahl von Arbeitsstunden ankommt.[241] Maßgeblich für die Erstattungsfähigkeit der Vergütung für mehrere Anwälte ist, dass dem Kostenschuldner keine doppelten und daher unnötigen Kosten auferlegt werden.[242] Auch die Kosten für hinzugezogene Wirtschaftswissenschaftler oder **Gutachter** sind insbesondere im Rahmen der Kontrolle von Zusammenschlüssen oftmals erstattungsfähig, da diese Art von Kontrolle einen im Wesentlichen wirtschaftlichen Charakter hat. Das Gericht ist aber auch hier restriktiv. Erstattungsfähig ist nur, was für das Ausarbeiten der Argumentation durch den Rechtsanwalt zwingend erforderlich ist.[243]

110 Besondere Probleme treten dann auf, wenn ein Unternehmen Kostenerstattung von der Kommission begehrt. Die Kommission ist außerordentlich zurückhaltend, was die Höhe der Erstattung angeht. Sie wurde hierin aufgrund der restriktiven Praxis des Gerichts(hofs) bestätigt. Auch in besonders komplexen Verfahren, die hohen Zeitaufwand erfordern und von besonderer Bedeutung sind, sind die als erstattungsfähig festgesetzten Beträge im Verhältnis zu den beim Kläger tatsächlich angefallenen Kosten zumeist vergleichsweise gering.

111 Die obsiegende Partei muss damit rechnen, sowohl im Wege der einvernehmlichen Regelung als auch im Verfahren zur Kostenfestsetzung nur einen Teilbetrag der insgesamt aufgewandten Kosten für das Verfahren vor dem Gericht/Gerichtshof erstattet zu bekommen. Die Erstattung der gesamten Aufwendungen ist in der Praxis die Ausnahme. Der Grund dafür mag darin liegen, dass in einigen Mitgliedstaaten für Verfahren vor den Gerichten eine Kostenerstattung gar nicht oder nur in beschränktem Umfang vorgesehen ist. Einen gemeinschaftsweiten Grundsatz, dass – wie im deutschen Recht – die unterlegene Partei die gesamten (notwendigen) Kosten des Verfahrens zu tragen hat, gibt es nicht.

112 Gleichwohl bleibt es unbefriedigend, dass das Kostenfestsetzungsverfahren intransparent ist. Die Erwägungen des Gericht(shof)s lassen sich oftmals schwer nachvollziehen, die Festsetzung des Betrages, der zu erstatten ist, überrascht gelegentlich. Selbst in sehr aufwendigen Verfahren sind die erstattungsfähigen Beträge immer noch bescheiden, wenngleich in jüngerer Vergangenheit namhafte Summen zugesprochen wurden.[244] Legt man die be-

---

[239] EuG B. v. 8.11.2001, Rs T-65/96 DEP, Slg. 2001 II-3261, Rdnr. 28 – *Kish Glass & Co. Ltd/Komm.;* EuG B. v. 9.6.1993, Rs T-78/89 DEP, Slg 1993 II-573, Rdnr. 39 – *PPG Industries Glass SpA/Komm.*

[240] Vgl. EuGH B. v. 30.1.2014, verb. Rs C-553/10 P DEP und C-554/20 P DEP, ECLI:EU:C:2014:56, Rdnr. 30 – *Editions Odile Jacobs SAS/Komm. und Lagardère*; EuG B. v. 19.12.2006, Rs T-228/99 DEP, ECLI:EU:T:2006:405, Rdnr. 70 – *WestLB u. a./Komm.*

[241] EuGH B. v. 20.5.2010, verb. Rs C-12/03 P DEP und C-13/03 P DEP, ECLI:EU:C:2010:280, Rdnr. 55 – *Tetra Laval/Komm.*, wo ausdrücklich festgestellt wird, dass die Kosten für mehrere Rechtsanwälte als „objektiv notwendig" für das Verfahren anzusehen sein können; in diesem Sinne schon EuGH B. v. 6.1.2004, Rs C-104/89 R, Slg. 2004, I-1, Rdnr. 63 – *Mulder/Rat u. Komm;* ebenso EuG B. v. 19.12.2006, Rs T-228/99 DEP, ECLI:EU:T:2006:405, Rdnr. 63 – *WestLB u. a./ Komm.;* EuG B. v. 6.5.2008, Rs T-318/00, Rdnr. 47 ff. – *Freistaat Thüringen/Komm.*

[242] EuG B. v. 28.6.2004, Rs T-342/99 DEP, Slg. 2002, II-2585, Rdnr. 44 – *Airtours/Komm.*

[243] EuGH B. v. 19.3.2009, Rs C-122/06 P (R) – DEP, ECLI:EU:C:2009:164, Rdnr. 26 ff. – *Gas Natural/Endesa;* EuG B. v. 28.6.2004, Rs T-342/99 DEP, Slg. 2002, II-2585, Rdnr. 55 – *Airtours/Komm.*; vgl. EuG B. v. 19.12.2006, Rs T-228/99 DEP, ECLI:EU:T:2006:405, Rdnr. 78 ff., 90 – *WestLB u. a./Komm.*

[244] Vgl. EuG B. vom 28.11.1996, Rs T-447/93(92), Slg. 1996, II-1631 – *AITEC/Komm.* Vgl. auch EuG B. v. 19.12.2006, Rs T-228/99 DEP, ECLI:EU:C:2006:405, Rdnr. 70 – *WestLB u. a./ Komm.,* wo der Kläger die Erstattung von rd. 3 Millionen EUR beantragt hatte. Die Kommission hatte 105 000 EUR angeboten, das Gericht hat im Ergebnis 335 000 EUR zuerkannt (einschließlich Gutachterkosten, Auslagen und Mehrwertsteuer). Der Gerichtshof hat für das Rechtsmittelverfahren

kanntgemachten Entscheidungen von Gericht und Gerichtshof zur Kostenfestsetzung zugrunde, so erkennt das Gericht regelmäßig höhere Kostenerstattungsbeträge zu als der Gerichtshof. Wichtig für den Antrag auf Kostenfestsetzung ist in jedem Falle eine sehr genaue Detaillierung der Aufwendungen, der Arbeitsstunden[245] und der Stundensätze,[246] ggf. nach Verfahrensabschnitten gegliedert, so dass für den Richter die beantragte Kostenerstattung nachvollziehbar und deren objektive Notwendigkeit für das Verfahren plausibel wird, und dargelegt ist, dass es keine Doppelarbeit bei mehr als einem Anwalt gab. Erstattungsfähig sind nur die für das Betreiben des Verfahrens notwendigen Kosten und Auslagen. Der Gerichtshof ist insoweit restriktiv. So werden die Honorare der Anwälte für das Durchsehen der Schlussanträge des Generalanwalts vom Gerichtshof als „nicht notwendig" angesehen.[247] Auch Auslagen sind zu spezifizieren und ihre Notwendigkeit im einzelnen darzulegen.[248] Seitens des Gerichts(hofs) wird es abgelehnt, die Beträge im einzelnen selbst den vorgelegten Rechnungen zu entnehmen, insoweit werden eindeutige Erläuterungen erwartet.[249] Die Kostenerstattung für Streithelfer ist regelmässig deutlich geringer als für die Hauptpartei, weil ein Streithelfer nur unterstützende Funktion hat und somit auf die rechtliche Argumentation der unterstützten Partei zurückgreifen kann.[250] Es ist seit einigen Jahren eine zunehmende Anzahl von Anträgen auf Festsetzung der Kosten festzustellen. Dies ist darauf zurückzuführen, dass die Kommission oftmals inakzeptabel geringe Beträge anbietet und die Chancen groß sind, vor dem Gericht mehr zu bekommen. Die vom Gericht erwogenen Leitlinien zur Kostenerstattung, deren Ziel es wäre, der zunehmenden Flut der

---

in EuGH B. v. 20.5.2010, verb. Rs C-12/03 P DEP und C-13/03 P DEP, ECLI:EU:C:2010:280, Rdnr. 44 – *Tetra Laval/Komm.* von den beantragten Kosten von € 924 703,90 einen Betrag von € 120 000 für Honorar und € 4000 für Auslagen zugesprochen; die Kommission war bereit gewesen, insgesamt € 70 000 zu zahlen. Der Gerichtshof hatte beanstandet, dass die genaue Zahl der Arbeitsstunden nicht erkennbar war (Rdnr. 58), und dass die Honorarrechnungen der Rechtsanwälte sich teilweise überschnitten (Rdnr. 61).

[245] EuGH B. v. 20.5.2010, verb. Rs C-12/03 P DEP und C-13/03 P DEP, ECLI:EU:C:2010:280, Rdnr. 44 – *Tetra Laval/Komm.* Die Anzahl der vom Gericht(shof) als angemessen und erstattungsfähig angesehenen Stunden schwankt zwischen etwa 200–300 Stunden für das komplette Klageverfahren (s. Nachweise in der nachstehenden Fussnote) und etwa 65–90 Stunden im Falle von Streithelfern, vgl. Gericht – *Kronoply/Komm. (ZSG),* Rdnr. 27 ff. Wie ein Rechtsanwalt es schaffen soll, mit einem Gesamtaufwand von nur 15 Stunden Fragen des Gerichts zu beantworten, die mündliche Verhandlung vorzubereiten und an dieser teilzunehmen, bleibt allerdings ein Geheimnis des Gerichts.

[246] In einigen Verfahren werden Stundensätze ausdrücklich genannt, in anderen kann man den Stundensatz durch Rückrechnung ermitteln. In jüngster Zeit wurde ein durchschnittlicher Stundensatz von € 440 für nicht unangemessen erachtet, vgl. EuGH B. v. 28.11.2013, Rs C-551/10 P DEP, ECLI:EU:C:2013:809 – *Lagardère/Editions Odile Jacob SAS,* wo der Gerichtshof für 206 Stunden (Rdnr. 10) ein Honorar von € 91.000 für angemessen hielt. Vgl. auch EuGH B. v. 30.1.2014, verb Rs C-553/10 P DEP und C-554/10 P DEP, ECLI:EU:C:2014:56 – *Editions Odile Jacob SAS/Komm. und Lagardère,* Rdnr. 12, 34–36. In *Tetra Laval* hielt der Gerichtshof einen Stundensatz von € 300 für angemessen, bei einem als notwendig erachteten Gesamtaufwand von 400 Arbeitsstunden im Rechtsmittelverfahren, bei dem ein Teil (C-12/03 P) als komplex und ein Teil (C-13/03 P) als eher einfach angesehen wurde (ECLI:EU:C:2010:280). Das EuG B. v. 16.12.2009, Rs T-239/01, ECLI:EU:T:2009:510, Rdnr. 37 – *SGL Carbon/Komm.* erachtete einen Gesamt-Zeitaufwand im Klageverfahren von 270 Stunden (140 für die Klage, 60 für die Erwiderung und 70 für Fragen des Gerichts, mündliche Verhandlung und Kostenverfahren) für objektiv notwendig und legte einen Stundensatz von € 275 zugrunde. Je höher der akzeptierte Stundensatz, desto kritischer ist das Gericht mit der Zahl der Stunden.

[247] EuGH B. v. 20.5.2010, verb. Rs C-12/03 P DEP und C-13/03 P DEP, ECLI:EU:C:2010:280, Rdnr. 62 – *Tetra Laval/Komm.*

[248] Vgl. Gerichtshof, EuGH B. v. 19.3.2009, Rs Rs C-122/06 P (R) –DEP, ECLI:EU:C:2009:164 nicht veröffentlicht, Rdnr. 32 – *Gas Natural/Endesa;* wonach bestimmte Auslagen nicht ausreichend detailliert dargetan wurden.

[249] EuG B. v. 7.11.2011, Rs T-163/05 DEP u. a., ECLI:EU:T:2011:638, Rdnr. 32 – *Bundesverband Deutscher Banken/Komm.*

[250] EuG B. v. 6.10.2011, Rs T-388/02 DEP, BeckRS 2011, 81554, Rdnr. 17 m. w. N. – *Kronoply/Komm.*

Anträge Herr zu werden und das Verfahren transparenter zu machen, sind nicht erlassen worden.

C. Einstweiliger Rechtsschutz

113 Dem einstweiligen Rechtsschutz kommt im Bereich des Wettbewerbsrechts besondere Bedeutung zu, weil Beschlüsse der Kommission **sofort vollziehbar,** zum Teil auch sofort vollstreckbar sind. Eine Anfechtungsklage eines Betroffenen gegen Beschlüsse der Kommission hat keine aufschiebende Wirkung. Sofort *vollziehbar* sind alle Beschlüsse der Kommission, beispielsweise Beschlüsse, die zur Auskunftserteilung nach Art. 18 VO Nr. 1/2003 oder zum Abstellen einer Zuwiderhandlung verpflichten. Sofort *vollstreckbar* sind Beschlüsse, die den Adressaten zu Geldleistungen verpflichten, wie Zwangsgeldfestsetzungen und Bußgeldbeschlüsse.

114 Insoweit sind zwei Grundkonstellationen denkbar:
– ein Unternehmen sucht einstweiligen Rechtsschutz gegen einen an das Unternehmen gerichteten negativen Beschluss der Kommission, oder
– ein Unternehmen (Beschwerdeführer) begehrt die einstweilige Regelung eines Sachverhalts, um (weitergehende) Nachteile für den Wettbewerb zu verhindern.

115 In der ersten Fallkonstellation lässt sich einstweiliger Rechtsschutz für ein Unternehmen nur durch ein Verfahren vor dem Gericht erreichen (Ausnahmen: Aussetzung der Vollziehung eines Bußgeldbeschlusses gegen Sicherheit unmittelbar durch die Kommission oder Stattgabe des Antrags auf Wahrung von Berufsgeheimnissen in Beschlüssen der Kommission durch den Anhörungsbeauftragten).

116 In der zweiten Fallkonstellation hingegen ist die erforderliche einstweilige Maßnahme normalerweise durch Beschluss der Kommission zu erlassen, die den Sachverhalt nur vorübergehend (sichernd) regelt; eines Verfahrens vor dem Gericht oder dem Gerichtshof bedarf es dabei nicht.[251] Trotz des nur sichernden, vorläufigen Charakters einer solchen Maßnahme durch die Kommission ist einstweiliger Rechtsschutz gegen diese einstweilige Maßnahme nicht ausgeschlossen.[252] Vorstellbar ist indes auch ein Fall, in dem ein Unternehmen sich gegen eine Beurteilung nach der FKVO wehren und eine Übernahme abwenden will. Im Falle *Endesa* hatte das Target einer geplanten Übernahme sich gegen den Beschluss der Kommission gewandt, mit der die Kommission die gemeinschaftsweite Dimension des Zusammenschlußvorhabens abgelehnt hatte. Dem Antrag auf einstweiligen Rechtsschutz war der Erfolg versagt, weil das Unternehmen nicht nachweisen konnte, dass nur so ein unmittelbar aus dem Beschluss der Kommission zu erwartender, schwerer, nicht wiedergutmachenden Schaden vermieden werden könne.[253]

117 Die Voraussetzungen für den einstweiligen Rechtsschutz sind das Vorliegen der Notwendigkeit *(fumus boni iuris),* um bei erwiesener Dringlichkeit einen schweren und nicht wiedergutzumachenden Schaden abzuwenden. Die einstweilige Maßnahme darf nur vorläufigen, sichernden Charakter haben und den Sachverhalt nicht endgültig regeln. Die definitive Regelung des Sachverhalts bleibt vielmehr im Verfahren vor dem Gericht dem Ur-

---

[251] Die Kommission kann durch Beschluss bestimmte – sichernde – Maßnahmen anordnen. Diese Möglichkeit kann insbesondere für beschwerdeführende Unternehmen (z. B. Wettbewerber, Händler, die vom Lieferbezug ausgeschlossen wurden, etc.) von Bedeutung sein. Ein Antrag vor dem Gericht oder dem Gerichtshof ist nicht erforderlich, EuGH B. v. 17.1.1980, Rs C-792/79, Slg. 1980, 119, Rdnr. 21 – *Camera Care Ltd./Komm.* Die Maßnahme muss sich in den zu erwartenden abschließenden Beschluss der Kommission einfügen, vgl. dazu EuG U. v. 12.7.1991, Rs T-23/90, Slg. 1991, II-653, Rdnr. 57 – *Peugeot/Komm.*

[252] Vgl. EuGH U. v. 3.7.1991, Rs C-62/86, Slg. 1991, I-3359 – *AKZO III/Komm.,* EuGH B. v. 6.9.1982, Rs 229/82 R, Slg. 1982, 1129 – *Ford/Komm.,* EuG B. v. 21.5.1990, Rs T-23/90 R, Slg. 1990, II-195 – *Peugeot/Komm.*

[253] EuG B. v. 1.2.2006, Rd. T-417/05 R, Slg. 2006, II-18 (abgekürzte Veröffentlichung), ECLI: EU:T:2006:41 – *Endesa/Komm.*

teil in der Hauptsache vorbehalten, im Verfahren vor der Kommission deren endgültigem Beschluss. Der Zweck des einstweiligen Rechtsschutzes besteht darin, der ausstehenden Entscheidung im Hauptsacheverfahren nicht vorzugreifen, aber dennoch effektiven Rechtsschutz zu garantieren.[254]

I. Sofortige Vollziehbarkeit und Vollstreckbarkeit von Kommissionsbeschlüssen

1. Abschließende Beschlüsse der Kommission. Nach Art. 288 Abs. 4 AEUV ist ein 118
Beschluss der Kommission in allen seinen Teilen für diejenigen verbindlich, die er bezeichnet. Daraus folgt, dass es besonderer Umsetzungsakte nicht bedarf. Der Beschluss hat **unmittelbare Geltung** und ist **sofort vollziehbar.** Als Beispiel kann ein Beschluss genannt werden, durch welche die Kommission einem Unternehmen aufgibt, ein bestimmtes Verhalten abzustellen oder (im Wege einstweiliger Anordnung) z.B. einen bestimmten Händler weiter zu beliefern[255] oder – wie im Falle *Microsoft* – bestimmte Informationen offenzulegen. Gleiches gilt für die endgültige Zurückweisung einer Beschwerde gegen ein angeblich wettbewerbswidriges Verhalten. Die Aussetzung der Vollziehung eine solchen Beschlusses im Wege des einstweiligen Rechtsschutzes kann nur unter besonderen Voraussetzungen durch das Gericht erfolgen (dazu unten Rdnr. 125 ff.).

Rechtsakte der Kommission, die einem Unternehmen eine Zahlung auferlegen, sind 119
gemäß Art. 299 AEUV **vollstreckbare Titel.** Die Zwangsvollstreckung erfolgt (mit den sich aus Art. 299 AEUV ergebenden Einschränkungen) nach den nationalen Vorschriften der Mitgliedstaaten und wird von den innerstaatlich zuständigen Stellen durchgeführt. Wichtig ist die Unterscheidung in Art. 299 Abs. 4 AEUV: für die **Aussetzung der Zwangsvollstreckung** ist ausschließlich der Gerichtshof der Europäischen Union – für private Kläger somit das dem Gerichtshof der EU beigeordnete Gericht – zuständig, für die Prüfung der **Ordnungsmäßigkeit der Durchführung** der Zwangsvollstreckung die nationalen Gerichte. In der Praxis spielt die Aussetzung der Zwangsvollstreckung allerdings keine Rolle, weil die Kommission seit 1981von der Durchsetzung der Sanktion absieht, wenn das Unternehmen eine Sicherheit stellt und sich bereit erklärt, ab Fälligkeit der Zahlung Zinsen zu entrichten.[256]

Nur bei Vorliegen außergewöhnlicher Umstände kann von dem Erfordernis, eine **Si-** 120
cherheit zu stellen, abgesehen werden.[257] Die Kommission ist zur Aussetzung verpflichtet, sofern das Unternehmen eine Bankbürgschaft gestellt hat. Dies gilt auch für den Fall, dass das Unternehmen eventuell den Zinsanspruch in Frage stellt und eine tatsächliche Zahlung von der Klärung der Rechtmäßigkeit des Beschlusses durch den Gerichtshof (das Gericht) in der Hauptsache abhängig macht.[258] Vor diesem Hintergrund werden Anträge auf Aussetzung der Vollziehung des Bußgeldbeschlusses vom Gericht dahingehend interpretiert, dass eine Aussetzung unter Verzicht der Bankbürgschaft beantragt wird (im einzelnen s. unten Rdnr. 144 f.).

---

[254] EuGH B. v. 27.9.2004, Rs T-7/04 P (R) Slg. 2004, I-8739, Rdnr. 36 – *Akzo Nobel & Akcros Chemicals*; EuG B. v. 2.7.2004, Rs T-76/04 R, Slg. 2004, II-2025, Rdnr. 44 – *Bactria Industriehygiene-Service/Komm.;* EuGH B. v. 3.5.1996, RS C-399/95 R, Slg. 1996, I-2441, Rdnr. 46 – *Deutschland/Komm.;* EuGH B. v. 25.3.1999, Rs Rs C-65/99 P [R], Slg. 1999, I-1857, Rdnr. 62 – *Willeme/Komm.;* EuG B. v. 7.5.2002, Rs T-306/01 R, Slg. 2002, II-2387, Rdnr. 45 – *Aden u. a./Rat und Komm.*

[255] Diese Beschlüsse sind allerdings nicht „vollstreckbar" in dem Sinne, dass qua Gerichtsvollzieher eine Durchsetzung des Beschlusses erreicht werden kann. Typischerweise ist vielmehr ein Nichtbefolgen des Beschlusses sanktioniert und kann das Auferlegen eines Zwangsgeldes nach sich ziehen.

[256] S. dazu 12. WB 1982, Ziffer 60.

[257] EuG U. v. 10.3.1992, Rs T-14/89, Slg. 1992, II-1155, Rdnr. 22 – *Montedipe/Komm.;* EuGH B. v. 15.3.1983, Rs 234/82 R, Slg. 1983, 725, Rdnr. 2 – *Ferriere di Volciano/Komm.;* EuGH U. v. 25.10.1983, Rs C-107/82, Slg. 1983, 3151, Rdnr. 6 – *AEG/Komm.;* EuGH U. v. 21.2.1984, Rs C-86/82, Slg. 1984, 883, Rdnr. 3 – *Hasselblad/Komm.*

[258] EuGH U. v. 25.10.1983, Rs C-107/82, Slg. 1983, 3151, Rdnr. 6 – *AEG/Komm.*

121 **2. Maßnahmen im Verwaltungsverfahren.** Auch Maßnahmen während des Verwaltungsverfahrens werden von der Kommission durch Beschluss angeordnet (z. B. **Auskunftsersuchen** oder die Anordnung einer **Nachprüfung** in Geschäftsräumen) und sind sofort vollziehbar. Allerdings sind nicht alle Maßnahmen anfechtbare Rechtsakte, so dass die Anfechtungsklage nur gegen solche Maßnahmen zulässig ist, welche einen Eingriff in die Rechtsstellung des betroffenen Unternehmens mit sich bringen.[259] Vorbereitende Maßnahmen, wie bloße Auskunftsverlangen oder die Mitteilung von Beschwerdepunkten, sind keine anfechtbaren Rechtsakte. Gegen diese ist die Anfechtungsklage unzulässig und einstweiliger Rechtsschutz mithin nicht möglich. Anders hingegen ist die Anordnung der Nachprüfung zu beurteilen, durch die in die Rechtsstellung des Unternehmens eingegriffen wird.

122 Für die **Umsetzung** dieser Maßnahmen (und die Anwendung unmittelbaren Zwangs) ist die Kommission auf die Mitwirkung der nationalen Behörden und Gerichte angewiesen.[260] Die nationale Stelle darf dabei die Beurteilung der Notwendigkeit der angeordneten Maßnahmen durch die Kommission, z. B. eines formellen Nachprüfungsbeschlusses nach Art. 22 der VO Nr. 1/2003, nicht durch ihre eigene Beurteilung ersetzen; die Beurteilung durch die Kommission ist für die nationalen Stellen bindend und unterliegt nur der nachträglichen Nachprüfung durch den Gerichtshof (bzw. das Gericht).[261] Eine vorherige richterliche Ermächtigung wird – sofern das Unternehmen der Durchführung der Nachprüfung nicht widerspricht – vom Gericht nicht als erforderlich angesehen; eine nachträgliche umfassende gerichtliche Kontrolle sei indes besonders wichtig, weil sie das Fehlen einer vorherigen richterlichen Ermächtigung kompensieren kann.[262] Maßnahmen der nationalen Behörden zur Umsetzung der Beschlüsse sind aber insoweit vom nationalen Gericht zu überprüfen, als es um die Frage geht, ob sie willkürlich oder gemessen am Gegenstand der Nachprüfung unverhältnismäßig sind, und ob die Vorschriften des nationalen Rechts bei der Durchführung eingehalten wurden. Demgemäss ist **einstweiliger Rechtsschutz** gegen die *Umsetzung* der Maßnahmen durch die nationalen Behörden nur durch das nationale Gericht, nicht aber durch das EuG zu erlangen. Welches nationale Gericht zuständig ist, richtet sich nach der angefochtenen Maßnahme. Wird beispielsweise der Erlass eines gerichtlichen Durchsuchungsbefehls als unverhältnismäßig angesehen, ist dagegen vor dem Amtsgericht vorzugehen, das den Durchsuchungsbefehl erlassen hat. Mit dem Einwand, dass schon der Nachprüfungsbeschluss als solcher rechtswidrig sei, darf sich das nationale Gericht dabei nicht befassen; ggf. muss es die Rechtsfrage dem Gerichtshof zur Vorabentscheidung vorlegen.[263]

II. Einstweiliger Rechtsschutz gemäß Art. 278, 279 AEUV

123 Für Klagen nach Art. 263 AEUV ist ausschliesslich das Gericht – als dem Gerichtshof der Europäischen Union beigeordnetes Organ – zuständig. Klagen vor dem Gericht haben

---

259 S. dazu unter § 44 Rdnr. 10 sowie unten Rdnr. 168 ff.

260 S. dazu unter § 46 Rdnr. 40.

261 EuGH U. v. 21.9.1989, verb. Rs 46/87 und 227/88, Slg. 1989, 2859, Rdnr. 35 – *Hoechst/Komm.*

262 EuG U. v. 6.9.2013, verb. Rs T-289/11, T-290/11 und T-521/11, ECLI:EU:T:2013:404, Rdnr. 97 – *Deutsche Bahn u. a./Komm.* In diesem Verfahren hatte die Kommission drei Nachprüfungen durchgeführt, denen die betroffenen Unternehmen nicht widersprochen hatten; demgemäß wurde seitens der Komm. keine Unterstützung durch die nationale Behörde oder Gericht erbeten. Im Gerichtsverfahren rügten die Unternehmen, die Nachprüfungsbeschlüsse seien rechtswidrig gewesen, weil es an einer richterlichen Ermächtigung gefehlt habe und die Unternehmen daher in ihren Grundrechten nach Art. 7 der Grundrechtecharta verletzt seien. Das EuG ist dem nicht gefolgt. Dabei wird im Urteil auch auf die Möglichkeit verwiesen, einen Antrag auf vorläufigen Rechtsschutz zu stellen, aaO Rdnr. 98.

263 EuGH U. v. 21.9.1989, verb. Rs 46/87 und 227/88, Slg. 1989, 2859, Rdnr. 35 – *Hoechst/Komm.;* s. auch § 42 Rdnr. 48, zum Vorlageverfahren s. § 63 Rdnr. 1 ff.

grundsätzlich keine aufschiebende Wirkung (Art. 278 Satz 1 AEUV). Das Gericht kann jedoch unter bestimmten Voraussetzungen die Durchführung der angegriffenen Maßnahme aussetzen (Art. 278 Satz 2 AEUV). Das Gericht kann ferner gemäß Art. 279 AEUV die ihm erforderlich erscheinenden einstweiligen Anordnungen treffen. Zuständig für Entscheidungen des einstweiligen Rechtsschutzes ist jeweils der Präsident des EuG.[264]

Nur in absoluten Ausnahmefällen ist es denkbar, vorbeugenden Rechtsschutz zu erwirken und einen – noch nicht erlassenen – Beschluss der Kommission zu beeinflussen oder einstweilige Anordnungen vor dem Erlass eines zu erwartenden Beschlusses der Kommission zu beantragen[265] (s. dazu unten Rdnr. 162 ff.); auch in diesem Fall ist eine Klage oder ein anhängiges Verfahren gegen den zu erwartenden Beschluss erforderlich. Die Voraussetzungen für den einstweiligen (auch vorbeugenden) Rechtsschutz durch das Gericht sind in allen Fällen gleich.[266] Im einstweiligen Rechtsschutz ergriffene Maßnahmen müssen vorläufig sein (Art. 158 Abs. 3 und 4 VerfO EuG), d. h. sie dürfen den Rechts- oder Tatsachenfragen des Hauptsacheverfahrens nicht vorgreifen und die Folgen der Entscheidung des Hauptsacheverfahrens nicht schon im voraus neutralisieren.[267] 124

1. Zulässigkeitsvoraussetzungen. Ein Antrag auf einstweiligen Rechtsschutz ist **streng akzessorisch.**[268] Er setzt zunächst voraus, dass der Rechtsstreit in der Hauptsache beim Gericht anhängig ist (Art. 156 Abs. 1 und 2 VerfO EuG) und sich der Antrag auf den anhängigen Rechtsstreit bezieht.[269] Der Antrag richtet sich nach der Zuständigkeit in der Hauptsache. Anträge von Unternehmen auf einstweiligen Rechtsschutz gegen Maßnahmen der Kommission gehören somit stets vor das Gericht. Nach Art. 156 Abs. 3 VerfO EuG ist es kumulativ[270] erforderlich, dass in dem Antrag sowohl die Umstände, aus denen sich die Dringlichkeit (ein schwerer und irreparabler Schaden) ergibt, aufgeführt als auch die Notwendigkeit der beantragten Anordnung (der „fumus boni iuris") in tatsächlicher und rechtlicher Hinsicht glaubhaft gemacht werden. Welche Voraussetzung der Richter zuerst prüft, 125

---

[264] Da einstweiliger Rechtsschutz nach Art. 278 AEUV eine Klage voraussetzt (Art. 156 Abs. 1 VerfO EuG) und diese nach Art. 263 AEUV nur vor dem Gericht erhoben werden kann und einstweilige Anordnungen nach Art. 279 AEUV gem. Art. 156 Abs. 2 VerfO EuG ein anhängiges Verfahren voraussetzen, ist im erstinstanzlichen Verfahren das EuG der zuständige Teil des Gerichtshofs der Europäischen Union i. S. d. Art. 278, 279 AEUV. Zuständig ist dabei der Präsident oder der ihn nach Art. 157 Abs. 4 VerfO EuG vertretende Richter, was aus Art. 39 i. V. m. Art. 53 Satzung des Gerichtshof folgt. S. auch *Jaeger,* Eilverfahren vor dem Gericht der Europäischen Union, EuR 2013, 3, 4 f. und dort Fn. 11.

[265] Vgl. dazu EuGH B. v. 16.3.1974, verb. Rs 160, 161 und 170/73 R II, Slg. 1974, 281 – *Miles Druce/Kommission*; EuGH B. v. 5.8.1983, Rs 118/83 R, Slg. 1983, 2583 – *CMC/Komm.;* ausführlich zu den Voraussetzungen ferner EuG B. v. 22.11.1995, Rs T-395/94 R II, Slg. 1995, 2893, Rdnr. 41 ff. – *Atlantic Container u. a./Komm.* Das Gericht hat im B. v. 16.11.2012, Rs T-345/12 R, ECLI:EU:T:2012:605, Rdnr. 17 f. – *Akzo/Komm.* den Erlass einer einstweiligen Anordnung insoweit abgelehnt, als die Kläger in der Ankündigung der Veröffentlichung eines Beschlusses in vollem Wortlaut auch eine konkludente Entscheidung sahen, Dritten Zugang zu Dokumenten nach der VO Nr. 1049/2001 zu gewähren; solange eine solche Entscheidung nicht gegeben sei, sei der Antrag und die diesbezügliche Klage unzulässig.

[266] Vgl. EuG B. v. 2.4.1993, Rs T-12/93 R, Slg. 1993, II-449, Rdnr. 10 – *Vittel's Employees/Komm.;* EuG B. v. 14.12.1993, Rs T-543/93 R, Slg. 1993, II-1409, Rdnr. 15 f. – *Gestevisión Telecinco/Komm.*

[267] EuG B. v. 29.3.2001, Rs T-18/01 R I, Slg.2001, II-1147, Rdnr. 14 – *Goldstein/Komm.*

[268] EuG B. v. 16.11.2912, Rs T-341/12 R, Rdnr. 20 – *Evonik Degussa GmbH/Komm.*

[269] EuG B. v. 22.11.1995, Rs T-395/94 R II, Slg. 1995, 2893, Rdnr. 37 – *Atlantic Container u. a./Komm.,* mit Verweis auf EuG B. v. 2.12.1994, Rs T-322/94 R, Rdnr. 28 – *Union Carbide/Komm.*

[270] EuG B. v. 27.9.2004, Rs C-7/04 P (R) Slg. 2004, I-8739, Rdnr. 36 – *Akzo Nobel & Akcros Chemicals*; EuG B. v. 2.7.2004, Rs T-76/04 R, Slg. 2004, II-2025 und ECLI:EU:T:2004:203, Rdnr. 23 – *Bactria Industriehygiene-Service/Komm.;* EuG B. v. 2.7.2004, Rs T-78/04 R, Slg. 2004, II-2049 und ECLI:EU:T:2004:204, Rdnr. 23 – *Sumitomo Chemicals/Komm.;* EuG B. v. 12.7.2002, Rs T-163/02, Slg. 2002, II-3219, Rdnr. 17 – *Montan Gesellschaft Voss mbH Stahlhandel u. a./Komm;* EuG B. v. 19.9.2012, Rs T-52/12 R, Rdnr. 11 – *Hellenische Republik/Komm.*

liegt in seinem Ermessen. Bei den Vorschriften der Verfahrensordnung und den Zulässigkeitsvoraussetzungen der Anträge auf einstweilige Anordnung handelt es sich um zwingendes Recht.[271]

126 Anträge auf Aussetzung der Durchführung der angefochtenen Handlung nach Art. 278 AEUV setzen grundsätzlich eine Nichtigkeitsklage nach Art. 263 Abs. 4 AEUV voraus, Art. 156 Abs. 1 VerfO EuG; Anträge auf Erlass einer einstweiligen Anordnung nach Art. 279 sind nur zulässig, wenn sie von einer Partei eines beim Gericht anhängigen Rechtsstreits gestellt werden und sich auf diesen beziehen, Art. 156 Abs. 2 VerfO EuG.[272]

127 Der Antrag auf einstweiligen Rechtsschutz kann frühestens mit Erhebung der Klage in der Hauptsache gestellt werden, möglicherweise auch später noch. Dabei ist zu beachten, dass die **Dringlichkeit** – eine der materiellen Voraussetzungen für den Erlass einer Maßnahme einstweiligen Rechtsschutzes – bei längerem Zuwarten in Frage gestellt sein kann. Antragsberechtigt ist nur die Partei, welche die Klage erhoben hat, nicht aber der Streithelfer.[273]

128 Die Frage der Zulässigkeit der Klage ist grundsätzlich erst im Hauptverfahren zu klären, um der Entscheidung in der Hauptsache nicht vorzugreifen. Der Richter im Verfahren der einstweiligen Anordnung hat jedoch – sofern eine Partei die offensichtliche Unzulässigkeit geltend macht – „festzustellen (…), ob die Klage auf den ersten Blick Merkmale aufweist, die mit einer gewissen Wahrscheinlichkeit den Schluß zulassen, dass sie zulässig ist".[274] Voraussetzung für die Zulässigkeit des Antrags auf einstweiligen Rechtsschutz ist somit, dass die Klage **nicht offenkundig unzulässig** ist.[275]

129 Das **Rechtsschutzinteresse** des Antragstellers wird vom Gericht(shof) nicht als Zulässigkeitsvoraussetzung gesondert geprüft, sondern ist Bestandteil der Prüfung, ob die Maßnahme „notwendig" und die Dringlichkeit gegeben ist.[276]

130 **2. Materielle Voraussetzungen.** *a) Vorbemerkung.* Art. 156 Abs. 3 VerfO EuG setzt die Notwendigkeit und Dringlichkeit einstweiliger Maßnahmen voraus, ferner wird eine Ab-

---

[271] EuG B. v. 2.7.2004, Rs T-422/03 R II, Slg. 2004, II-2003, Rdnr. 48 – *Enviro Tech/Komm.;* EuG B. v. 7.5.2002, Rs T-306/01, Slg. 2002, II-2387, Rdnr. 43–46 – *Aden u. a./Rat und Komm.*

[272] Vgl. EuGH B. v. 19.7.1995, Rs C-149/95 P (R), Slg. 1995, I-2165, Rdnr. 26 ff. – *Komm./Atlantic Container u. a.* Vgl. ferner EuGH B. v. 13.12.2004, Rs C-381/04 P(R), ECLI:EU:C:2004:796 – *Sumitomo Chemical/Komm.* und EuGH B. v. 13.12.2004, Rs C- 380/04 P(R)1, ECLI:EU:C:2004:795 – *Bactria Industriehygiene/Komm.* In beiden Entscheidungen hat der Präsident des Gerichtshof in zweiter Instanz die Anträge auf einstweiligen Rechtsschutz mit der Begründung als unzulässig abgelehnt, dass es an einem hinreichend engen Zusammenhang zwischen den beantragten Maßnahmen und dem Gegenstand des Hauptsacheverfahrens fehle.

[273] EuGH B. v. 28.6.1990, Rs C-195/90 R, Slg. 1990, I-2715 – *Komm./BR Deutschland; Calliess/Ruffert-Wegener,* Art. 279, Rdnr. 14.

[274] So der Einwand der Kommission in der Rechtssache *CBR/Komm.* mit Verweis auf *Bosman,* bestätigt vom EuG B. v. 23.3.1992, verb. Rs T-10, 11, 12 und 15/92, Slg. 1992, II-1571, Rdnr. 44 – *CBR/Komm.;* s. auch EuGH B. v. 5.8.1983, Rs 118/83 R, Slg. 1983, 2583, Rdnr. 37 – *CMC/Komm.;* EuG B. v. 2.7.2004, Rs T-78/04 R ECLI:EU:T:2004:204, Rdnr. 23 – *Sumitomo Chemicals/Komm.;* EuG B. v. 11.4.2003, Rs T-392/02 R, Slg. 2003, II-1825, Rdnr. 53 – *Solvay Pharmaceuticals/Rat.*

[275] EuG B. v. 15.6.2001, Rs T-339/00 R, Slg.2001, II-1721, Rdnr. 73 – *Bactria Industriehygiene-Service/Komm.;* EuG B. v. 30.10.2003, verb. Rs T-125/03 R und T-253/03, Slg. 2003, II-4771, Rdnr. 56 – *Akzo Nobel und Akcros Chemicals/Komm.;* EuG B. v. 28.11.03, Rs T-264/03 R Slg 2003, II-5089, Rdnr. 55 – *Schmoldt u. a./Komm.;* EuG B. v. 15.2.2000, Rs T-1/00 R, Slg. 2000, II-251 Rdnr. 21 – *Hölz u. a./Komm.;* EuG B. v. 8.8.2002, Rs T-155/02 R, Slg- 2002, II-3239, Rdnr. 18 – *VVG International u. a./Komm.;* EuG B. v. 1.12.1994, Rs T-353/94 R, Slg. 1994, II-1141, Rdnr. 25 – *Postbank/Komm.,* wo ausdrücklich „offensichtliche Unzulässigkeit" verneint wird, die Frage der „einfachen" Unzulässigkeit jedoch zurückgestellt wird. Vgl. ferner EuGH B. v. 5.8.1983, Rs 118/83 R, Slg. 1983, 2583, Rdnr. 49 – *CMC/Komm.;* vgl. auch EuG B. v. 2.4.1993, Rs T-12/93 R, Slg. 1993, II-449, Rdnr. 25–26 – *Vittel's Employees/Komm.;* EuG B. v. 19.9.2012, Rs T-52/12 R, Rdnr. 35 – *Hellenische Republik/Komm.*

[276] Vgl. EuG B. v. 11.3.2013, Rs T-461/12 R, ECLI:EU:T:2013:119, Rdnr. 32 – *Pilkington Group/Komm.*

wägung der betroffenen Interessen durchgeführt.[277] Im Antrag müssen die Umstände angeführt werden, aus denen sich die Dringlichkeit ergibt, ferner ist die Notwendigkeit der beantragten Anordnung in tatsächlicher und rechtlicher Sicht glaubhaft zu machen.[278] Der Richter im Verfahren des einstweiligen Rechtsschutzes verfügt über ein **weites Ermessen** bei der Prüfung, ob diese Voraussetzungen vorliegen.[279] Kann der angefochtene Rechtsakt noch keine Rechtswirkungen entfalten, weil die Kommission dem Unternehmen zunächst nur auferlegt hat, Vorschläge zum Abstellen von Zuwiderhandlungen zu unterbreiten oder in Fällen des Art. 22 Abs. 4/Art. 8 Abs. 4 der Fusionskontroll-VO Nr. 139/2004[280] („FKVO") vor einer Entflechtungsentscheidung die Unternehmen zur Vorlage von Vorschlägen auffordert, ist einstweiliger Rechtsschutz (wohl mangels Dringlichkeit) nicht zu erlangen.[281] Ebenso wird vom Gericht(shof) die Dringlichkeit und Notwendigkeit abgelehnt, wenn die Kommission zwischenzeitlich selbst von der Vollziehung ihres Beschlusses abgesehen hat.[282]

b) Notwendigkeit. Der Antragsteller muss glaubhaft machen, dass der einstweilige Rechtsschutz in tatsächlicher und rechtlicher Hinsicht notwendig ist. 131 Dazu müssen die Klagegründe „auf den ersten Blick erheblich und jedenfalls nicht ohne Grundlage"[283] erscheinen (sog. **fumus boni iuris**). Das ist anzunehmen, wenn die in der Hauptsache vorgebrachten Rügen entweder *prima facie* begründet sind oder nicht offensichtlich unbegründet sind und eine eingehendere Prüfung erfordern.[284] Damit wird die *Notwendigkeit* des einstweiligen Rechtsschutzes nachgewiesen. Diese Voraussetzung ist selbst dann erfüllt, wenn einerseits die Kommission ihre Befugnisse nicht auf den ersten Blick überschritten hat, aber andererseits das Vorbringen des Klägers ebenfalls nicht offensichtlich unbegründet ist.[285] Bei dieser Beurteilung legt das Gericht keinen allzu strengen Maßstab an. Die Notwendigkeit ist deshalb insbesondere dann zu bejahen, wenn der Sachverhalt ernsthafte Auslegungsprobleme aufwirft, die erst im Rahmen der Hauptverhandlung geklärt werden können.[286] Verschiedentlich wird daher diese Voraussetzung als **fumus non mali iuris** bezeichnet.[287] In jüngerer Rechtsprechung wird es als ausreichend angesehen, dass die Argumente *nicht jeder Grundlage entbehren* und daher eine spätere eingehendere Prüfung erfordern.[288]

---

[277] EuG B. v. 30.10.2003, verb. Rs T-125/03 R und T-253/03, Slg. 2003, II-4771, Rdnr. 72 – *Akzo Nobel und Akcros Chemicals/Komm.*

[278] Gericht, EuG B. v. 14.12.1993, Rs T-543/93 R, Slg. 1993, II-1409, Rdnr. 16 – *Gestevisión Telecinco/Komm.;* Gericht, EuG B. v. 19.9.2012, Rs Rs T-52/12 R, Rdnr. 11 – *Hellenische Republik/Komm.*

[279] EuGH B. v. 19.7.1995, Rs C-149/95 P (R), Slg. 1995, I-2165, Rdnr. 26ff. – *Komm./Atlantic Container u. a.;* EuG B. v. 19.9.2012, Rs T-52/12 R, Rdnr. 12 – *Hellenische Republik/Komm.;* EuG B. v. 16.11.2912, Rs T-341/12 R, Rdnr. 29 – *Evonik Degussa GmbH/Komm.;* Calliess/Ruffert-*Wegener,* Art. 279, Rdnr. 18.

[280] VO Nr. des Rates Nr. 139/2004 vom 20. Januar 2004, ABl. L 24/1.

[281] EuGH B. v. 21.3.1972, Rs 4/72 R, Slg. 1972, 157 – *Continental Can/Komm.* Zur Aufforderung in Fällen des Art. 22 Abs. 4/Art. 8 Abs. 4 FKVO vor einer Entflechtungsentscheidung s. EG E Komm. v. 17.7.1996 ABl. 1996 L 294/14 Rdnr. 2 – *RTL/Veronica/Endemol.*

[282] EuGH B. v. 27.3.1979, Rs 31/79 R, Slg. 1979, 1077, Rdnr. 2 – *Montereau/Komm.*

[283] EuG B. v. 10.3.1995, Rs T-395/94 R, Slg. 1995, II-595, Rdnr. 49 – *Atlantic Container/Komm.*; bestätigt durch EuGH B. v. 19.7.1995, Rs C-149/95 P (R), Slg. 1995, I-2165, Rdnr. 26ff. – *Komm./Atlantic Container u. a.;* s. auch EuG B. v. 21.11.1990, Rs T-39/90 R, Slg. 1990, II-649, Rdnr. 16 – *SEP/Komm.;* Calliess/Ruffert-*Wegener,* Art. 279, Rdnr. 19; EuG B. v. 19.9.2012, Rs T-52/12 R, Rdnr. 13 – *Hellenische Republik/Komm.*

[284] EuG B. v. 21.11.1990, Rs T-39/90 R, Slg. 1990, II-649, Rdnr. 23 – *SEP/Komm.;* Calliess/Ruffert-*Wegener,* Art. 279, Rdnr. 19; EuG B. v. 19.9.2012, Rs T-52/12 R, Rdnr. 13 – *Hellenische Republik/Komm.*

[285] EuG B. v. 21.11.1990, Rs T-39/90 R, Slg. 1990, II-649, Rdnr. 23 – *SEP/Komm.*

[286] EuG B. v. 26.10.2001, Rs T-184/01 R, Slg. 1991, II-3193, Rdnr. 106 – *IMS Health/Komm.;* EuG B. v. 21.5.1990, Rs T-23/90 R, Slg. 1990, II-195 – *Peugeot/Komm.;* vgl. auch EuG B. v. 3.6.1996, Rs T-41/96 R, Slg. 1996, II-381 – *Bayer/Komm.*

[287] Vgl. *Castillo de la Torre* CLMRev 2007, 273, 284.

[288] EuG B. v. 30.10.2003, verb. Rs T-125/03 R und T-253/03 R, Slg. 2003, II-4777, Rdnr. 123, 127 – *Akzo/Komm.*

132 Allerdings reicht die bloße Möglichkeit, dass das Gericht in der Hauptsache entgegen der Auffassung der Kommission zu der Auffassung gelangt, dass bestimmte Teile eines komplexen Systems mit Unionsrecht in Einklang stehen, für die Glaubhaftmachung der Notwendigkeit nicht aus.[289] Wird der einstweilige Rechtsschutz gegen von der Kommission ergriffene Maßnahmen im Rahmen einer Nachprüfung beantragt, so muß sich der Antrag auf Aussetzung dieser Maßnahmen selbst richten, nicht aber auf die Aussetzung des Beschlusses, aufgrund dessen die Nachprüfung angeordnet worden war; einem Antrag auf Aussetzung der Nachprüfungsentscheidung fehlt daher der *fumus boni iuris*.[290]

133 Lässt sich die Frage der prima facie Begründetheit der Klage nicht zweifelsfrei im Rahmen einer vorläufigen Prüfung durch das Gericht klären, verlagert sich das Schwergewicht der Prüfung auf die Ebene der **Interessenabwägung**.[291] Diese kann zu einem teilweisen Stattgeben des Antrags auf einstweiligen Rechtsschutz führen (siehe dazu unten Rdnr. 140ff.).

134 *c) Dringlichkeit: Geltendmachen eines schweren und irreparablen Schadens oder einer unerträglichen Situation für die Allgemeinheit.* Die Voraussetzung der Dringlichkeit ist erfüllt, wenn der Erlass einstweiliger Maßnahmen erforderlich ist, um zu verhindern, dass dem Antragsteller (oder Dritten) ein schwerer und nicht wiedergutzumachender Schaden entsteht.[292] Die Praxis des Gericht(shofs) dazu ist sehr streng. Zunächst ist zu unterscheiden zwischen der Schwere des Schadens und der Möglichkeit, diesen Schaden nachträglich auszugleichen. Ein Schaden, der zwar finanziell beträchtlich ist, jedoch ggf. im Wege einer Schadenersatzklage wieder ausgeglichen werden könnte, wird nicht als irreparabler Schaden angesehen (dazu unten Rdn. 139). Dabei kann die Größe des Unternehmens eine Rolle spielen, insbesondere wenn der behauptete schwere Schaden im Verhältnis zum Umsatz des Unternehmens nicht sehr bedeutsam ist.[293] Jedoch hat der Präsident des Gerichts im Beschluss v. 28.4.2009 – *United Phosphorus/Komm.* in diesem Zusammenhang weiter ausgeführt, dass „er nicht zu einer ‚mechanischen und rigiden' Anwendung der maßgebenden Voraussetzung gezwungen ist, sondern anhand der Umstände des Einzelfalls zu bestimmen hat, wie die Dringlichkeit festzustellen ist".[294] Ist Gegenstand des Verfahrens der Antrag auf zeitliche Verlängerung einer Entflechtungsanordnung als Folge eines Beschlusses über einen Zusammenschluss, so kann ein **objektiv schwerer Schaden** vorliegen, der sich daraus ergibt, dass das Unternehmen eine wichtige kommerzielle Entscheidung innerhalb einer ungeeigneten Frist abschließend zu treffen hat (selbst wenn es sich um ein sehr grosses Unternehmen handelt). Zu prüfen bleibt dann das Merkmal der **Irreparabilität** des Schadens, insbesondere die Frage, ob das Versagen des einstweiligen Rechtsschutzes das Unternehmen in seiner Existenz bedrohen oder dessen Marktanteile wesentlich verändern könnte.[295] Die ebenfalls denkbare Variante, dass die Dringlichkeit vorliegt, weil ohne den Erlass der einstweiligen Maßnahme eine Situation gegeben ist, die für die Allgemeinheit unerträglich

---

[289] EuG U. v. 21.2.1995, Rs T-29/92, Slg. 1995, II-289, Rdnr. 36/37 – *SPO/Komm.*

[290] EuG B. v. 30.10.2003, verb. Rs T-125/03 R und T-253/03 R, Slg. 2003, II-4777, Rdnr. 66–71 – *Akzo/Komm.*

[291] So z.B. bei EuG U. v. 21.2.1995, Rs T-29/92, Slg. 1995, II-289, Rdnr. 38 – *SPO/Komm.*

[292] St. Rspr., s. z.B. EuG B. v. 10.3.1995, Rs T-395/94 R, Slg. 1995, II-595, Rdnr. 49 – *Atlantic Container/Komm.;* bestätigt durch EuGH B. v. 19.7.1995, Rs C-149/95 P (R), Slg. 1995, I-2165, Rdnr. 26ff. – *Komm./Atlantic Container u. a;* vgl. ferner EuG B. v. 14.12.1993, Rs T-543/93 R, Slg. 1993, II-1409, Rdnr. 15f. – *Gestevisión Telecinco/Komm.;* EuG U. v. 10.3.1992, Rs T-14/89, Slg. 1992, II-1155, Rdnr. 12 – *Montedipe/Komm.;* EuG B. v. 9.7.1992, T-66/89, Slg. 1992, II-1261, Rdnr. 25 – *Publisher's Association/Komm.;* EuG B. v. 26.10.2001, Rs T-184/01 R, Slg. 2001, II-3193, Rdnr. 116 – *IMS;* EuG B. v. 19.9.2012, Rs T-52/12 R, Rdnr. 36 – *Hellenische Republik/Komm.*

[293] EuGH B. v. 7.3.2013, Rs C-551/12 P (R), ECLI:EU:C:2013:157, Rdnr. 32 m.w.N. – *EDF/Komm.*

[294] Jahresbericht über die Tätigkeit des Gerichtes 2009, S. 149; vgl. EuG B. v. 28.4.2009, Rs T-95/09 R, Slg. 2009, II-47, Rdnr. 74 – *United Phosphorus/Komm.*

[295] EuGH B. v. 7.3.2013, Rs C-551/12 P (R), ECLI:EU:C:2013:157, Rdnr. 33ff. – *EDF/Komm.*

ist,[296] hat in der kartellrechtlichen Praxis keine Bedeutung.[297] Auf dem Gebiet der staatlichen Beihilfen allerdings hat der Präsident des Gerichtes im Falle *Hellenische Republik/Kommission* die Voraussetzung der Dringlichkeit angenommen, weil die beanstandete Maßnahme die Erfüllung der staatlichen Aufgaben Griechenlands und die dortige öffentlich Ordnung ernsthaft gefährden könnte. Das soziale Klima in Griechenland sei „gegenwärtig durch eine Beschädigung des Vertrauens in den Staatsapparat, eine allgemeine Unzufriedenheit und ein Gefühl der Ungerechtigkeit gekennzeichnet".[298] Die von der Hellenischen Republik vorgetragenen Umstände würden das Erfordernis der Dringlichkeit erfüllen.[299]

Der **Schaden** muss weiterhin die **Folge des sofortigen Vollzugs** des angefochtenen 135
Beschlusses sein. Dies ist nicht der Fall, wenn der Beschluss für Dritte Anlass ist, sich eventuell in einer bestimmten, den Kläger beeinträchtigenden Weise zu verhalten.[300] Das antragstellende Unternehmen hat den drohenden Schaden glaubhaft zu machen:[301] das Aufstellen von Hypothesen und unsicheren Voraussagen über künftige Ereignisse reicht nicht.[302] Es genügt aber nachzuweisen, dass der Schaden mit einem hinreichenden Grad von Wahrscheinlichkeit vorhersehbar ist;[303] „absolute Sicherheit" muss nicht nachgewiesen werden.[304] Der Antrag auf einstweiligen Rechtsschutz ist nur gerechtfertigt, wenn die fragliche Anordnung (z. B. eine zeitlich befristete Entflechtungsanordnung) der ausschlaggebende Grund für den behaupteten schweren und nicht wiedergutzumachenden Schaden ist.[305] Gibt es andere Möglichkeiten als die Aussetzung des Beschlusses, um den Schaden zu verhindern, so ist dies ein Gesichtspunkt, den der Richter der einstweiligen Anordnung würdigt; er ist aber nicht gezwungen, den Antrag zurückzuweisen.[306] Die Möglichkeit, vor nationalen Gerichten (einstweiligen) Rechtsschutz gegen Massnahmen zuständiger nationaler Behörden zu erlangen und damit den Schaden möglicherweise noch

---

[296] EuG B. v. 24.1.1992, Rs T-44/90, Slg. 1992, II-1, Rdnr. 28 – *La Cinq/Komm.*, EuG B. v. 23.3.1992, verb. Rs T-10–12/92 R, T-14–15/92 R, Slg. 1992, II-1571, 1582, Rdnr. 33 – *CBR u. a./Komm.;* EuGH B. v. 17.1.1980, Rs C-792/79, Slg. 1980, 119, Rdnr. 19 – *Camera Care Ltd./Komm.*

[297] Auch in den vorstehend in Fn. 267 genannten Fällen kam es auf die Frage, ob eine unerträgliche Situation für die Allgemeinheit vorliegt, nicht an. Im Falle *CBR* wurde die Verweigerung der Akteneinsicht nur unter dem Gesichtspunkt eines möglichen irreparablen Schadens für die Unternehmen geprüft, nicht jedoch unter dem – ausdrücklich geltend gemachten – Interesse der Allgemeinheit an einer geordneten Rechtspflege, dessen Beeinträchtigung „unerträglich" sei.

[298] EuG B. v. 19.09.2012, Rs T-52/12 R, Rdnr. 48 – *Hellenische Republik/Komm.*

[299] EuG B. v. 19.09.2012, Rs T-52/12 R, Rdnr. 36 ff. – *Hellenische Republik/Komm.*

[300] EuG B. v. 30.10.2003, verb. Rs T-125/03 R und T-253/03, Slg. 2003, II-4771, Rdnr. 159 – *Akzo Nobel und Akcros Chemicals/Komm.;* EuG B. v. 26.10.2001, Rs T-184/01 R, Slg. 2001, II-3193, Rdnr. 116 – *IMS*; EuG B. v. 2.12.1994, Rs T-322/94 R, Rdnr. 31 – *Union Carbide/Komm.* mit Verweis auf EuG U. v. 24.10.1997, Rs T-239/94, Slg. 1997, II-1839 – *EISA/Komm.*

[301] Dabei handelt es sich nicht um einen technischen Begriff wie im deutschen Prozeßrecht, es ist z. B. nicht das Vorlegen einer eidesstattlichen Versicherung gefordert (aber möglich). Vielmehr muss die Partei genügend (Anscheins-)Beweise liefern, um das Gericht von der Notwendigkeit der einstweiligen Anordnung zu überzeugen.

[302] EuG U. v. 24.10.1997, Rs T-239/94, Slg. 1997, II-1839, Rdnr. 20 – *EISA/Komm.;* EuG B. v. 12.7.2002, Rs T-163/02 R, Slg. 2002 II-3219 Rdnr. 30 – *Montan Gesellschaft Voss mbH Stahlhandel u. a./Komm.*

[303] Vgl. dazuEuGH B. v. 7.3.2013, Rs C-551/12 P (R), ECLI:EU:C:2013:157, Rdnr. 48 m. w. N. – *EDF/Komm.*

[304] EuGH B. v. 7.3.2013, Rs C-551/12 P (R), ECLI:EU:C:2013:157, Rdnr. 40 – *EDF/Komm.;* EuGH B. v. 19.7.1995, Rs C-149/95 P (R), Slg. 1995, I-2165, Rdnr. 26 ff. – *Komm./Atlantic Container u. a.;* Gericht B. v. 25.5.2004, Rs T-264/03, Slg. 2004, II-1515, Rdnr. 95 – *Schmoldt u. a./Komm.;* EuG B. v. 15.7.1998, Rs T-73/98 R, Slg. 1998, II-2769 Rdnr. 38 – *Prayon-Rupel/Komm.;* EuG B. v. 19.09.2012, Rs T-52/12 R, Rdnr. 36 – *Hellenische Republik/Komm;* EuG B. v. 31.08.2010, Rs C-32/09 P (R), Rdnr. 33 – *Artisjus Magyar/Komm.*

[305] EuGH B. v. 7.3.2013, Rs C-551/12 P (R), ECLI:EU:C:2013:157, Rdnr. 41 – *EDF/Komm.*

[306] EuGH B. v. 19.7.1995, Rs C-149/95 P (R), Slg. 1995, I-2165, Rdnr. 26 ff. – *Komm./Atlantic Container u. a.*

wirksamer abzuwenden, ist ein Grund, um einstweiligen Rechtsschutz vor dem Gericht zu versagen.[307]

136 Wird ein Beschluss angefochten, in dem ein Unternehmen unter Androhung von Zwangsgeldern zu einem bestimmten Verhalten verpflichtet wird, so kann der Antrag auf einstweiligen Rechtsschutz nicht erfolgreich auf die bloße Androhung des Zwangsgeldes gestützt werden, da es den Unternehmen freisteht, dem Hauptsache-Beschluss der Kommission nachzukommen, um so das Zwangsgeld zu vermeiden.[308] Vielmehr muss das Unternehmen nachweisen, dass durch das Befolgen des Beschlusses ein schwerer und nicht wiedergutzumachender Schaden entsteht. Im Fall *Peugeot* hat das Gericht die Folgen aus der Entscheidung, aufgrund derer *Peugeot* verpflichtet wurde, die Firma *Ecosystem* – insoweit unter teilweiser Aufgabe seines geschlossenen Vertriebssystems – vorläufig weiter zu beliefern, nicht als einen schweren und nicht wiedergutzumachenden Schaden angesehen. Die Abgeschlossenheit des *Peugeot*-Netzes werde in Anbetracht des geringen Umfangs dieser Geschäftsabschlüsse nicht „zunichte gemacht". Die wirtschaftlichen Folgen einer solchen Durchbrechung eines Vertriebssystems wurden dabei vom Gericht offenbar nicht in ihrer vollen Tragweite erkannt.

137 Auch im Fall *Microsoft* hat das Gericht die Verpflichtung, innerhalb von 120 Tagen Wettbewerbern bis dahin geheime Informationen zur Interoperabilität offenzulegen und innerhalb von 90 Tagen eine vom *„Windows Media Player"* entbündelte Version des Betriebssystems anzubieten, nicht als einen nicht wiedergutzumachenden Schaden anerkannt. Gemäß den Ausführungen des Gericht hatte *Microsoft* nicht nachgewiesen, dass die Nutzung der preisgegebenen Informationen durch ihre Konkurrenten zu einem „Verschwinden" der Informationen führen und der Verbleib von Wettbewerbsprodukten in den Vertriebskanälen nach einer möglichen Nichtigerklärung der angefochtenen Entscheidung einen schweren und irreparablen Schaden darstellen würde. Außerdem habe *Microsoft* nicht dargelegt, dass seine Produkte von Konkurrenten „geklont" werden könnten, eine fundamentale Umstellung von *Microsofts* Handelspolitik notwendig wäre und außerdem die Entscheidung zu einer nicht wieder rückgängig zu machenden Entwicklung des Marktes führen würde. Bezüglich der zweiten Verpflichtung ist das Gericht zu dem Ergebnis gekommen, dass *Microsoft* die Gefahr eines schweren und irreparablen Schadens aufgrund der Beeinträchtigung seiner Handelspolitik oder seines Rufes nicht glaubhaft gemacht und somit den Dringlichkeitsanforderungen nicht genüge getan habe.[309] Demzufolge musste *Microsoft* die notwendigen Maßnahmen treffen, um der Kommissionsentscheidung nachzukommen.

138 Auch führt die Verletzung von Verfahrensrechten, wie z.B. die Verweigerung der Akteneinsicht, nicht zu einem irreparablen Schaden, da bei der Feststellung der Rechtsfehlerhaftigkeit der Verweigerung im Rahmen des Urteils in der Hauptsache die Kommission verpflichtet ist, das Verwaltungsverfahren wieder aufzunehmen.[310]

139 Schäden rein finanzieller Natur, etwa das Erleiden von Verlusten oder Finanzierungskosten, werden grundsätzlich nicht als „nicht wiedergutzumachende Schäden" eingestuft, weil diese ggf. im Rahmen eines Schadensersatzprozesses geltend gemacht und wieder gutgemacht werden können.[311] Die Tatsache, dass die Voraussetzungen für einen Schadensersatzanspruch nach Art. 340 AEUV sehr hoch sind, bleibt bei diesem Ansatz allerdings außer Betracht. Ein rein finanzieller Schaden kann „nur unter außergewöhnlichen Umständen als ein nicht oder auch nur schwer wieder gutzumachenden Schaden angesehen

---

[307] EuG B. v. 1.2.2006, Rd. T-417/05 R, Slg. 2006, II-18*, Rdnr. 47 – *Endesa/Kom;* siehe auch Gericht B. v. 3.12.2002, Rs T-181/02 R, Slg. 2002, II-5081, Rdnr. 109 – *Neue Erba Lautex/Komm.*

[308] EuG B. v. 21.5.1990, Rs T-23/90 R, Slg. 1990, II-195, Rdnr. 32 – *Peugeot/Komm.;* hier ging es um ein Zwangsgeld von 1000,– ECU/Tag.

[309] EuG B. v. 22.12.2004, Rs T-201/04 R2, Slg. 2004, II-4463, Rdnr. 240 ff. – *Microsoft/Komm.*

[310] EuG B. v. 23.3.1992, verb. Rs T-10, 11, 12, 14 und 15/92, ECLI:EU:T:1992:45 Rdnr. 56 – *CBR u. a./Komm.*

[311] EuG B. v. 17.12.1984, Rs 258/84 R, Slg. 1984, 4357 (4361), Rdnr. 15 ff. – *Nippon Seiko/Rat.*

werden".[312] Wenn der geltend gemachte Schaden rein finanzieller Natur ist, kann die beantragte Anordnung zu rechtfertigen sein, sofern erkennbar ist, dass der Antragsteller anderenfalls in eine Lage geriete, die seine finanzielle Lebensfähigkeit vor der abschliessenden Entscheidung im Verfahren zur Hauptsache bedrohen könnte oder aber dessen Marktanteile insbesondere im Hinblick auf den Zuschnitt und Umsatz des Unternehmens sowie die Merkmale des Konzerns, dem der Antragsteller angehört, wesentlich verändert würden.[313] Dabei hat der Präsident des Gericht im *IMS*-Fall berücksichtigt, dass wegen des weiten Ermessens, das die Kommission bei dem Erlass vorläufiger Entscheidungen hat, eine tatsächliche Überschreitung des Ermessens kaum einen qualifizierten Verstoß gegen Gemeinschaftsrecht darstellen würde, so dass die Gewährung von Schadensersatz unrealistisch sei. Dennoch hielt es der Präsident im *IMS*-Fall für unwahrscheinlich, dass die sofortige Vollziehung der Entscheidung den Bestand des Unternehmens auf dem relevanten Markt gefährden würde, da bei dieser Frage die gesamte Finanzkraft des Unternehmens zu berücksichtigen sei.[314]

d) Interessenabwägung. Ein Antrag auf einstweiligen Rechtsschutz hat allerdings trotz Vorliegen der Notwendigkeit *(fumus boni iuris)* und der Dringlichkeit des Antrags nur dann Erfolg, wenn auch die vorzunehmende Interessenabwägung[315] zugunsten des Antragstellers ausfällt. Zu den abzuwägenden Interessen gehören einerseits das Interesse der Union (insbesondere das Interesse an der Einhaltung der wettbewerbsrechtlichen Regeln), andererseits das Interesse des durch den angefochtenen Beschluss der Kommission betroffenen Unternehmens, sowie die eventuell betroffenen Interessen von Konkurrenten[316] oder Verbrauchern. Im Rahmen der Interessenabwägung können auch Auswirkungen auf Dritte durch die sofortige Vollziehung des Beschlusses berücksichtigt werden.[317] Im Hinblick auf Mitgliedstaaten können auch soziale und wirtschaftliche Interessen berücksichtigt werden. Denn Mitgliedstaaten sind für Interessen zuständig, die auf nationaler Ebene Allgemeininteressen darstellen. Diese Interessen können sie im Rahmen eines Verfahrens des vorläufigen Rechtsschutzes verteidigen. So können sie sich darauf berufen, dass „die angefochtene Maßnahme die Erfüllung ihrer staatlichen Aufgaben und die öffentliche Ordnung ernsthaft beeinträchtigen könnte".[318] Welche Interessen letztendlich überwiegen, wird im Ermessen des Präsidenten des Gericht bzw. des Gerichtshof anhand der Gegebenheiten des Einzelfalls entschieden. Dem Interesse der Union an der Wiederherstellung des Zustandes, der im 140

[312] EuG B. v. 2.7.2004, Rs T-76/04 R, Slg. 2004, II-2025, Rdnr. 95f. – *Bactria Industriehygiene-Service/Komm.;* EuG B. v. 26.10.2001, Rs T-184/01 R, Slg. 2001, II-3193, Rdnr. 119 – *IMS;* EuG B. v. 9.8.1999, verb. Rs T-38/99 R, T-39/99 R, T-40/99 R, T-41/00 R, T-42/99 R, T-45/00 R und T-48/99 R, Slg. 1999, II-2567 (Leitsätze), Rdnr. 43 – *Sociedade Agricola dos Arinhos u. a./Komm.*

[313] EuGH B. v. 7.3.2013, Rs C-551/12 P (R), ECLI:EU:C:2013:157, Rdnr. 54 – *EDF/Komm.;* zuvor schon EuG B. v. 28.11.2003, Rs T-264/03 R Slg. 2003, II-5089, Rdnr. 104 – *Schmoldt u. a./Komm.;* EuG B. v. 30.6.1999, Rs T-13/99, Slg. 1999, II-1961, Rdnr. 138 – *Pfizer Animal Health/Rat;* EuG B. v. 11.4.2003, Rs T-392/02 R, Slg. 2003, II-4555, Rdnr. 107 – *Solvay Pharmaceuticals/Rat;* EuG B. v. 12.7.2002, Rs T-163/02 R, Slg. 2002 II-3219, Rdnr. 31 – *Montan Gesellschaft Voss mbH Stahlhandel/Komm.*

[314] EuG B. v. 26.10.2001, Rs T-184/01 R, Slg. 2001, II-3193, Rdnr. 121 – *IMS;* EuG B. v. 7.12.2001, Rs T-192/01 R, Slg. 2001, II-3657, Rdnr. 54f. – *Lior GEIE/Komm.*

[315] EuGH B. v. 2.10.2003, Rs C-320/03, Slg. 2003, I-11665, Rdnr. 30 – *Komm./Österreich;* EuGH B. v. 14.2.2002, Rs C-440/01 P(R), Slg. 2002, I-1489, Rdnr. 58f. – *Komm./Artegodan;* EuG B. v. 7.12.2001, Rs T-192/01 R, Slg. 2001, II-3657, Rdnr. 28 – *Lior GEIE/Komm.*

[316] Instruktiv insoweit EuG B. v. 10.3.1995, Rs T-395/94 R, Slg. 1995, II-595 – *Atlantic Container/Komm.;* s. auch EuG B. v. 8.5.1992, Rs T-24/92 R & T-28/92 R, Slg. 1992, II-1713 – *Langnese-Iglo Schöller u. a./Komm.;* EuG B. v. 19.2.1993, Rs T-7/93 & T-9/93, Slg. 1993, II-131, Rdnr. 43ff – *Langnese-Iglo Schöller u. a./Komm.*

[317] EuG B. v. 2.7.2004, Rs T-76/04 R, Slg. 2004, II-2025, Rdnr. 91 – *Bactria Industriehygiene-Service/Komm.;* EuG B. v. 30.6.1999, Rs T-13/99, Slg. 1999, II-1961, Rdnr. 136 – *Pfizer Animal Health/Rat.*

[318] EuG B. v. 19.9.2012, Rs T-52/12 R, Rdnr. 37 – *Hellenische Republik/Komm.;* vgl. auch *Calliess/Ruffert-Wegener,* Art. 279, Rdnr. 26.

Einklang mit den Wettbewerbsregeln steht, wird dabei allerdings grundsätzlich ein Vorrang eingeräumt, so dass besonders schwerwiegende Gründe zugunsten des Antragstellers sprechen müssen.[319] Geht es dabei um eine Abwägung mit den fundamentalen Verteidigungsrechten des Unternehmens, so kann dem Interesse der Union nur Vorrang gegeben werden, wenn die Kommission ganz besondere Umstände für eine Beeinträchtigung eines wirksamen Vorgehens der Verwaltung und des Einsatzes der verfügbaren Mittel darlegt[320]

141 So kann z. B. das Interesse der Union dann nicht überwiegen, wenn ein von der Kommission nunmehr als wettbewerbswidrig eingestuftes Vertriebssystem (Buchpreisbindung) seit Jahrzehnten besteht und in der Vergangenheit sogar von ihr genehmigt worden ist.[321] Liegen die Interessen der am Verfahren beteiligten (Wettbewerber-) Unternehmen in der Waagschale, sucht das Gericht im Rahmen des Verfahrens des einstweiligen Rechtsschutzes gelegentlich nach einer **Übergangslösung,** die den Interessen beider Seiten gerecht wird.[322] Im Verfahren *Bayer (Adalat)* hat das Gericht das Interesse des Antragstellers an der Wahrung seiner Vertragsfreiheit (Belieferung oder Lieferverweigerung gegenüber Abnehmern in Spanien und Frankreich, die in das Vereinigte Königreich parallelexportierten) – verbunden mit dem anderenfalls drohenden Umsatzausfall des Antragstellers im Vereinigten Königreich – hoch eingeschätzt: das Interesse der Abnehmer in Spanien und Frankreich an der möglichen Steigerung des Umsatzes im Falle einer Lieferverpflichtung sei geringer einzuschätzen als der *Bayer* drohende Schaden.[323]

142 Die Abwägung führt oftmals dazu, dass dem Antrag nur insoweit stattgegeben wird, als dies unerlässlich ist, um das betroffene Unternehmen vor einem irreparablen Schaden zu bewahren. Droht der Schaden, weil durch ein Netz von ausschließlichen Vertriebsvereinbarungen eines Konkurrenten der Markt abgeschottet wird, versucht das Gericht einerseits, das langjährige Vertriebssystem nicht zu gefährden, andererseits aber auch, dem Konkurrenten im erforderlichen Umfang den Marktzutritt zu ermöglichen.[324] Im Fall *Langnese-Iglo/Schöller* hat das Gericht angeordnet, dem Konkurrenten *Mars* Zugang zu bestimmten Verkaufsstellen – den Verkaufsstellen in Tankstellen – zu ermöglichen, um damit *Mars* im Sektor Speiseeis in Einzelportionen vorläufig eine Vertriebsmöglichkeit einzuräumen; das durch Entscheidung der Kommission an *Langnese-Iglo/Schöller* gerichtete Verbot, ihre Ausschließlichkeitsvereinbarung mit Verkaufsstellen mit Bezug auf die von *Mars* angebotenen Speiseeiserzeugnisse durchzusetzen, wurde jedoch ausgesetzt, soweit nicht der Vertrieb über Tankstellen betroffen war.

143 Wird einstweiliger Rechtsschutz gegen eine einstweilige Maßnahme der Kommission beantragt, so stellt das Gericht darauf ab, „ob die ernsthafte Gefahr besteht, dass die nachteiligen Wirkungen dieser Entscheidung, wenn sie sofort durchgeführt wird, über diejenigen einer sichernden Maßnahme hinausgehen und in der Zwischenzeit zu Schäden führen, die erheblich größer sind als die unvermeidlichen aber vorübergehenden negativen Begleiterscheinungen einer solchen Maßnahme".[325] Im Fall *Ford* hatte die Kommission die

---

[319] Vgl. dazu insbesondere EuG B. v. 1.8.2003, Rs T-198/01 R [II], Slg. 2003, II- 2895, Rdnr. 62 ff. – *Technische Glaswerke Ilmenau/Komm.*

[320] EuG B. v. 30.10.2003, verb. Rs T-125/03 R und T-253/03, Slg. 2003, II-4771, Rdnr. 185 – *Akzo Nobel und Akcros Chemicals/Komm.*

[321] So z. B. in EuG B. v. 9.7.1992, T-66/89, Slg. 1992, II-1261, Rdnr. 35 – *Publisher's Association/Komm.*

[322] Vgl. EuG B. v. 16.6.1992, Rs T-24/92 R und T-28/92 R Slg. 1992, II-1839, Rdnr. 30–32 – *Langnese-Iglo und Schöller/Komm.; Calliess/Ruffert-Wegener,* Art. 279, Rdnr. 26.

[323] EuG B. v. 3.6.1996, Rs T-41/96 R, Slg. 1996, II-381, Rdnr. 59 f. – *Bayer/Komm.*

[324] EuG B. v. 16.6.1992, Rs T-24/92 R und T-28/92 R Slg. 1992, II-1839, Rdnr. 30–32 – *Langnese-Iglo und Schöller/Komm.*

[325] EuGH B. v. 29.9.1982, verb. Rs 229 u. 228/82 R, Slg. 1982, 3091, Rdnr. 11 u. 14 – *Ford/Komm.;* EuG B. v. 21.5.1990, Rs T-23/90 R, Slg. 1990, II-195, Rdnr. 24 – *Peugeot/Komm.;* bemerkenswert ist dabei, dass nach der Rechtsprechung des Gericht(shof) der Verstoß gegen Wettbewerbsrecht nicht „eindeutig und offenkundig" sein muss; vielmehr hat die Feststellung, ob tatsächlich ein Verstoß gegen wettbewerbsrechtliche Vorschriften vorlag, durch die spätere endgültige Ent-

Ford Werke AG dazu verpflichtet, den Markt des Vereinigten Königreichs durch deutsche Händler zu Preisen des deutschen Marktes mit rechtsgelenkten Fahrzeugen weiter zu beliefern, was zu einer Preissenkung auf dem Markt des Vereinigten Königreichs und damit zu Nachteilen auch für die *Ford Werke AG* geführt hätte; der Gerichtshof stellte dazu fest, es bestehe die ernsthafte Gefahr, dass die nachteiligen Wirkungen der angefochtenen Entscheidung der Kommission über diejenigen einer sichernden Maßnahme hinausgingen und in der Zwischenzeit zu Schäden führen könnten, die erheblich größer wären als die negativen Begleiterscheinungen einer solchen Maßnahme. Die Entscheidung der Kommission wurde daher mengenmäßig eingeschränkt (auf das Niveau der vor der Entscheidung bestehenden Handelsströme). Auch im Fall *Peugeot*[326] ging es um die Verpflichtung zur Belieferung. *Peugeot* wurde verpflichtet, unter Durchbrechung seines geschlossenen Vertriebssystems vorläufig die Firma *Ecosystem* weiter zu beliefern. Das Gericht stellte dazu fest, dass die nachteiligen Wirkungen aus der Einhaltung der Entscheidung der Kommission, die sich auf das Vertriebssystem und auf das Markenimage von *Peugeot* ergeben, nicht größer seien als die „unvermeidlichen, aber vorübergehenden negativen Begleiterscheinungen" einer solchen Maßnahme. Damit nimmt das Gericht in Wirklichkeit aber keine Abwägung vor, sondern bewertet den eintretenden Schaden lediglich nicht als „schweren und nicht wiedergutzumachenden Schaden".

Im Fall *Evonik Degussa GmbH/Kommission* hatte das EuG die Frage zu beurteilen, ob die einstweillige Anordnung den angefochtenen Rechtsakt umkehren darf. Zur Beurteilung stellte der Präsident darauf ab, inwieweit die Umkehrung dieses Aktes durch Aussetzung des Vollzugs die mit dem angefochtenen Akt verfolgten Ziele behindern würde. Im diesem Fall hatte das Unternehmen die auf Art. 81 EG (jetzt Art. 101 AEUV) gestützte Kommissionsentscheidung von 2006 selbst eingeleitet, weil es an einem Kartell beteiligt war. Das Unternehmen hatte die Zuwiderhandlung gegen gegen Art. 81 EG anerkannt und Beweismittel für deren Vorliegen geliefert. Unter Berücksichtigung der Anträge auf vertrauliche Behandlung hatte die Kommission im Sept. 2007 ihre Entscheidung von 2006 auf ihrer Internetseite veröffentlicht und beabsichtigte, eine erweiterete, ebenfalls nichtvertrauliche Fassung zu veröffentlichen. Die *Evonik Degussa GmbH* war alledings der Auffassung, dass diese Fassung vertrauliche Informationen enthalte, die nicht veröffentlicht werden dürften. Im Rahmen des Verfahrens des einstweiligen Rechtsschutzes stellte der Präsident des Gerichts auf den Zweck des vorläufigen Rechtsschutzes als Ausgangs- sowie Schwerpunkt seiner Entscheidung ab. Der Zweck des vorläufigen Rechtsschutzes bestehe allein darin, die volle Wirksamkeit der künftigen Entscheidung zu Hauptsache zu gewährleisten. Die künftige Entscheidung in der Hauptsache wäre aber hinfällig, wenn der gestellte Eilantrag zurückgewiesen worde wäre. Denn dann könnte die Kommission die betreffenden Angaben veröffentlichen. Dies würde faktisch die Entscheidung in der Hauptsache vorwegnehmen. Die Kommission würde durch die Veröffentlichung vollendete Tatsachen schaffen und so die Nichtigkeitsklage unzulässig machen. Daher wiege das Interesse der Antragstellerin am Berufsgeheimnis nach Art. 339 AEUV und Art. 8 EMRK schwerer als das der Kommission, auch wenn die einstweillige Maßnahme den angefochtenen Rechtsakt zunächst umkehrt.[327] 143a

3. Entscheidungspraxis: Fallgruppen. *a) Bußgeldbeschlüsse: Geschäftsgeheimnisse, Zugang zu Dokumenten, Zahlungsverpflichtungen.* Unternehmen haben Anspruch auf Aktenein- 144

scheidung der Kommission zu erfolgen, vgl. EuG B. v. 24.1.1992, Rs T-44/90, Slg. 1992, II-1, Rdnr. 61 f. – *La Cinq/Komm.* Bei der Prüfung der Dringlichkeit ist nur derjenige Schaden zu prüfen, der durch die abschließende Entscheidung der Kommission in dem betreffenden Verfahren beseitigt werden könnte, nicht etwa solche Schäden, die durch *keine* spätere Entscheidung der Kommission beseitigt werden kann, vgl. Gericht B. v. 24.1.1992, Rs T-44/90, Slg. 1992, II-1, Rdnr. 79 f. – *La Cinq/Komm.*

[326] EuG B. v. 21.5.1990, Rs T-23/90 R, Slg. 1990, II-195, Rdnr. 24 – *Peugeot/Komm.*

[327] EuG B. v. 16.11.2012, Rs T-341/12 R, Rdnr. 29 – *Evonik Degussa GmbH/Komm.;* Jahresbericht über die Tätigkeit des Gerichts 2012; ähnlich EuG B. v. 29.11.2012, Rs T-164/12 R; Rdnr. 29 ff. – *Alstom/Komm.*

sicht in den Verfahren, an denen sie beteiligt sind, oder sie haben Zugang zu Dokumenten nach der Transparenz-VO.[328] Im Interesse einer möglichst weitgehenden Information interessierter Parteien ist die Kommission bestrebt, Anträgen auf **vertrauliche Behandlung von Geschäftsgeheimnissen** nur sehr restriktiv stattzugeben und Beschlüsse in möglichst weitgehend nichtvertraulicher Fassung zu veröffentlichen. Klagt ein Unternehmen gegen die Feststellung der Zuwiderhandlung und die Verhängung des Bußgelds, wird es ein hohes Interesse daran haben, dass bis zur abschließenden Entscheidung des Gerichts(hofs) über seine Klage keine Veröffentlichung von Geschäftsgeheimnissen erfolgt. Gibt der nach Art. 8 des Beschlusses 2011/695/EU des Präsidenten der Europäischen Kommission vom 13.10.2011[329] über Funktion und Mandat des Anhörungsbeauftragten in bestimmten Wettbewerbsverfahren eingesetzte Anhörungsbeauftragte einem solchen Antrag nicht ausreichend statt, kann das Unternehmen dagegen Klage erheben; weil die Klage keine aufschiebende Wirkung hat, ist allerdings ein Antrag auf einstweiligen Rechtsschutz erforderlich. Dabei kann auch Art. 4 Abs. 7 der Transparenz-VO Nr. 1049/2001 herangezogen werden, der vorsieht, dass die Vertraulichkeit von geschäftlichen Interessen für einen Zeitraum von 30 Jahren geschützt werden kann.[330] Zwar sieht das Unionsrecht einen grösstmöglichen Zugang zu den Dokumenten der Organe der Union vor, die in der VO Nr. 1049/2001 niedergelegt sind. Allerdings sehen die VO Nr. 1/2003 sowie die VO Nr. 773/2004 spezifische Regelungen hinsichtlich des Zugangs zu den Akten vor, die für die Verfahren im Wettbewerbsrecht gelten; eine Akteneinsicht für Dritte ist dabei ausgeschlossen. Solange ein Beschluss der Kommission in einem Wettbewerbsverfahren noch nicht bestandskräftig ist, kann die Kommission daher den Zugang zu den Dokumenten aus dem wettbewerbsrechtlichen Verfahren gemäss Art. 4 Abs. 2 bzw. Abs. 3 UAbs. 2 der VO Nr. 1049/2001 verweigern.[331] Das Gericht erkennt zudem an, dass ein Recht auf Wahrung von Geschäftsgeheimnissen nach Art. 339 AEUV besteht, dem nach Art. 7 Charta und Art. 8 EMRK **Grundrechtecharakter** zukommt.[332] Daher ist im Rahmen der Interessenabwägung den Interessen des Unternehmens gegenüber den Interessen der Kartellopfer und denen der Union Vorrang zu geben, weil die Veröffentlichung der Geschäftsgeheimnisse irreversibel ist und daher zu einem schweren und nicht wieder gut zu machenden Schaden führt. Ein Aussetzen der Veröffentlichung bis zur Entscheidung in der Hauptsache führt hingegen bei den Kartellopfern allenfalls zu einer zeitlichen Verzögerung beim Geltendmachen von Schadenersatzansprüchen. Der Schaden liegt indes nicht, wie vom Gericht angenommen, in der Verletzung des Grundrechtsanspruchs auf Wahrung der Geschäftsgeheimnisse selbst. Vielmehr stellt die Veröffentlichung von unternehmensbezogenen vertraulichen Informationen einen schweren Schaden dar, der nach Ansicht des Gerichtshofs deswegen irreparabel sei, dass es praktisch nicht möglich ist, angesichts der Natur der Unternehmensdaten (Kundenlisten, Warenlisten, Preiskalkulationen etc.) die finanziellen Auswirkungen der Veröffentlichung bei den unterschiedlichen Interessengruppen zu bemessen und somit einen nachträglichen Ausgleich im Wege der Schadenersatzklage zu erreichen.[333] Das Gericht stellt in der *Pilkington*-Entscheidung allerdings auch klar, dass das Unternehmen nur seine eigenen Rechte wahrnehmen und sich somit nicht auf die Rechte seiner Mitarbeiter, die in dem veröffentlichen Beschluss genannt werden sollen, berufen kann. Die vertrauliche

---

328 VO (EG) Nr. 1049/2001 des Europäischen Parlamentes und des Rates vom 30. Mai 2001 über den Zugang der Öffentlichkeit zu Dokumenten des Europäischen Parlamentes, des Rates und der Kommission, ABl. 2001 L145/43.

329 ABl. 2011, L 275/29.

330 Vgl. EuG B. v. 11.3.2013, Rs T-462/12 R, ECLI:EU:T:2013:119, Rdnr. 70 – *Pilkington Group/Komm.*, bestätigt durch EuGH B. v. 10.9.2013, Rs C-278/13 P (R), ECLI:EU:C:2013:558, Rdnr. 73 – *Komm./Pilkington Group*. Näher zur Transparenz-VO *Diekmann* in § 44.

331 EuGH U. v. 27.2.2014, Rs C-365/12 P, ECLI:EU:C:2014:112, Rdnr. 87 ff. – *Komm./EnBW*.

332 EuG B. v. 11.3.2013, Rs T-462/12 R, ECLI:EU:T:2013:119, Rdnr. 44 – *Pilkington Group/Komm.*

333 EuGH B. v. 10.9.2013, Rs C-278/13 P (R), ECLI:EU:C:2013:558, Rdnr. 44 ff., 51 ff. – *Komm./Pilkington Group*.

Behandlung kann daher nur die unmittelbar unternehmensbezogenen Daten, wie Kundenlisten, Preiskalkulationen, Preisänderungen etc. umfassen. Der Gerichtshof hat das Rechtsmittel der Kommission gegen den Beschluss des Gerichts zurückgewiesen.[334]

Eine einstweilige Aussetzung der **Zahlungsverpflichtung** ist regelmäßig nicht erforderlich, da die Kommission bereits ihrerseits von einer Vollziehung absieht, sofern sich die Unternehmen zur Stellung einer Sicherheit (Bankgarantie) für Bußgeld und Zinsen[335] bereit erklären. Damit entfällt die Dringlichkeit, weil kein unmittelbarer und nicht wiedergutzumachender Schaden droht.[336] Die (nicht unerheblichen) Kosten der Bankbürgschaft werden dabei ersichtlich als zumutbar angesehen. Einstweilige Anordnungen werden deshalb nur noch dann beantragt bzw. vom Gericht umgedeutet,[337] wenn es darum geht, von der Verpflichtung befreit zu werden, eine Bankbürgschaft zur Abwendung des Vollzugs zu stellen. Eine solche Befreiung kommt nach der Rechtsprechung **nur in außergewöhnlichen Umständen** in Betracht.[338] 144a

Das Vorliegen außergewöhnlicher Umstände hat die Rechtsprechung bisher nur bei kleinen Unternehmen mit hohen finanziellen Belastungen bejaht, die Schwierigkeiten haben, eine Bankbürgschaft zu erhalten.[339] Bei der Beurteilung, ob es für ein Unternehmen unmöglich ist, eine Bankbürgschaft zu stellen, ist die eventuelle Zugehörigkeit zu einer Unternehmensgruppe mit zu berücksichtigen.[340] Unternehmen, die zu einer größeren Unternehmensgruppe gehören, können in der Regel keine in diesem Sinne außergewöhnlichen Umstände geltend machen.[341] Dabei muss glaubhaft gemacht werden, dass das betreffende Unternehmen – unter Berücksichtigung der Unternehmensgruppe, zu dem es gehört[342] – die von den Banken zur Stellung einer Bankgarantie geforderten Sicherheiten nicht erbringen kann.[343] Hinsichtlich der Berücksichtigung von Unternehmensgruppen 145

---

334 EuGH B. v. 10.9.2013, Rs C-278/13 P (R), ECLI:EU:C:2013:558, Rdnr. 73 – *Komm./Pilkington Group.*

335 Wird der Bußgeldbeschluss gerichtlich für rechtmäßig erklärt, sind die Unternehmen vom Zeitpunkt des Ablaufs der Zahlungsfrist an verpflichtet, Zinsen zu zahlen, vgl. EuGH U. v. 25.10.1983, Rs C-107/82, Slg. 1983, 3151, Rdnr. 143 – *AEG/Komm.* Der Zinsanspruch ergibt sich aus Art. 23 Abs. 2 VO Nr. 1/2003. Deshalb ist der Zinsanspruch mit Erlass des Bußgeldbeschlusses fällig und nicht erst ab dem Zeitpunkt, zu dem das Gericht über die Rechtmäßigkeit der Auferlegung des Bußgeldes entschieden hat, vgl. EuG U. v. 14.7.1995, Rs T-275/94, Slg. 1995, II-2169, S. 21, Rdnr. 46 ff., 65 sowie 86 f. – *Cartes bancaires.* Andernfalls würde den Unternehmen der Anreiz geboten, die Zahlung der Geldbuße durch Einlegen eines Rechtsmittels hinauszuzögern, vgl. EuGH U. v. 25.10.1983, Rs C-107/82, Slg. 1983, 3151, Rdnr. 143 – *AEG/Komm.*

336 Vgl. dazu EuG B. v. 21.12.1994, Rs T-301/94 R, Slg. 1994, II-1279, Rdnr. 24 ff. – *Laakmann/Komm.*

337 EuG B. v. 21.12.1994, Rs T-301/94 R, Slg. 1994, II-1279, Rdnr. 21 – *Laakmann/Komm.*: „… kann der Antrag … sinnvollerweise nur auf Befreiung von der Verpflichtung gerichtet sein, als Voraussetzung für die Abwendung des sofortigen Vollzugs der Entscheidung eine Bankbürgschaft zu stellen."; EuG B. v. 28.6.2000, Rs T-191/98 R II, Slg. 2000 II-2551 Rdnr. 42 – *Cho Yang Shipping Co./Komm.;* EuG B. v. 2.3.2011, Rs T-392/09R, *Slg. 2011, II-33,* Rdnr. 41 ff. – *1. garantovaná/Komm.;* EuG B. v. 13.4.2011, Rs T-393/10R, Slg. 2011, II-1697, Rdnr. 23 ff. – *Westfälische Drahtindustrie GmbH/Komm.*

338 EuG B. v. 21.12.1994, Rs T-301/94 R, Slg. 1994, II-1279, Rdnr. 24 ff. – *Laakmann/Komm.;* vgl. EuGH B. v. 6.5.1982, Rs 107/82 R, Slg. 1982, 1549, Rdnr. 6 – *AEG/Komm.*, und EuGH B. v. 15.3.1983, Rs 234/82 R, Slg. 1983, 725 – *Ferriere di Volciano.*

339 EuGH B. v. 15.3.1983, Rs 234/82 R, Slg. 1983, 725, Rdnr. 5 – *Ferriere di Volciano;* EuGH B. v. 28.6.2000, Rs T-191/98 R II, Slg. 2000 II-2551 Rdnr. 43 – *Cho Yang Shipping Co./Komm.*

340 EuG U. v. 14.5.1998, Rs T-308/94, Slg. 1998, II-925 – *Cascades/Komm.*

341 EuGH U. v. 21.2.1984, Rs C-86/82, Slg. 1984, 883, Rdnr. 3 – *Hasselblad/Komm.*

342 Für die Fähigkeit eines Unternehmens, die fragliche Bankbürgschaft zu stellen, ist auf die Situation der Unternehmensgruppe abzustellen, zu der das Unternehmen gehört, s. EuGH U. v. 21.2.1984, Rs C-86/82, Slg. 1984, 883, Rdnr. 5 – *Hasselblad/Komm.* und EuG B. v. 25.8.1994, Rs T-156/94 R, Slg. 1994, II-715, Rdnr. 33 – *AristrainMadrid SL/Komm.;* EuG B. v. 7.5.2010, Rs T-410/09R, Slg. 2010, II-80, Rdnr. 47 – *Almamet GmbH/Komm.*

343 EuG B. v. 21.12.1994, Rs T-301/94 R, Slg. 1994, II-1279, Rdnr. 24–26 – *Laakmann/Komm.*

sind zwar häufig Mehrheitsaktionäre von Bedeutung, jedoch können gegebenenfalls auch Minderheitsbeteiligungen berücksichtigt werden.[344]

146 Ein Unternehmen kann den Antrag auf Erlass einstweiliger Maßnahmen bzw. die vorläufige Aussetzung eines Kommissionsbeschlusses auch darauf stützen, dass ihm wegen des auszusetzenden Beschlusses bei dessen sofortigem Vollzug die Insolvenz unmittelbar droht. Das muss allerdings im Verfahren ausreichend glaubhaft gemacht werden.[345] Im Fall *Laakmann* wurde der Antrag auf einstweiligen Rechtsschutz aus formalen Gründen abgelehnt.[346] Das Unternehmen wurde kurz darauf insolvent.

Im Allgemeinen muss der Antragsteller hier durch präzise und detaillierte Unterlagen belegte Informationen bereitstellen, die seine finanzielle Lage umfassend wiedergeben, so dass dem Richter die Beurteilung möglich ist, welche konkreten Folgen auf den Antragsteller zukommen würden, würde er den einstweilligen Rechtsschutz nicht gewähren.[347] So genügt es diesen Anforderungen bspw. nicht, wenn der Antragsteller sich mündlich auf die Weigerung einer Bank zur Stellung einer Bankgarantie beruft.[348]

147 *b) Feststellung von Verstößen gegen Art. 101 oder 102 AEUV und Abstellen des wettbewerbswidrigen Verhaltens.* Häufig stellt die Kommission in förmlichen Beschlüssen Verstöße gegen Art. 101 und/oder 102 AEUV fest und verbietet den Unternehmen bestimmte, als wettbewerbswidrig eingestufte Verhaltensweisen bzw. erlegt ihnen Maßnahmen auf, mit denen die Zuwiderhandlung abgestellt werden soll. Das kann auch im Wege einstweiliger Anordnung durch die Kommission erfolgen.[349]

148 Der vorläufigen Aussetzung desjenigen Teils des Beschlusses, mit dem der Verstoß gegen Art. 101 Abs. 1 (oder Art. 102) AEUV festgestellt wird, bedarf es nicht, weil erst nach Rechtskraft des Beschlusses feststeht, ob die zwingende Nichtigkeitsfolge des Art. 101 Abs. 2 AEUV greift. Bis zur Rechtskraft des Beschlusses besteht insoweit ein Schwebezustand, aus dem sich keine unmittelbare Folge ergibt. Der Gerichtshof lehnt eine Aussetzung insoweit auch ab, weil er seine eigene Einschätzung nicht an die Stelle des Ermessens der Kommission setzt.[350]

149 Der Aussetzung im Wege des einstweiligen Rechtsschutzes zugänglich sind jedoch diejenigen Teile des Beschlusses, mit denen die Kommission den Unternehmen auferlegt, bestimmte Verhaltensweisen abzustellen oder gebietet, bestimmte Maßnahmen zu ergreifen. Obwohl die Feststellung des Verstoßes gegen Art. 101 Abs. 1 AEUV somit bestehen bleibt, hat die vorläufige Aussetzung der übrigen Teile des Beschlusses für das betreffende Unternehmen zur Folge, dass es z. B. nicht gezwungen ist, die kartellrechtlich untersagten Vereinbarungen förmlich aufzuheben oder anzupassen.[351] Mit der vorläufigen Aussetzung wird jedoch regelmäßig die Auflage verbunden, dass die Sanktionsbestimmungen der betreffenden Vereinbarung nicht angewendet werden dürfen.[352] Dritten bzw. Mitgliedern einer

---

[344] EuG B. v. 7.5.2010, Slg. 2010, II-80, Rs T-410/09 R, Rdnr. 57 – *Almamet GmbH/Komm.:* In diesem Fall waren zwei große Anteilseigner an der antragstellende Gesellschaft beteiligt, die 50% und 30% des Kapitals hielten. Die antragstellende Gesellschaft hätte auch genaue Angaben zu dem Minderheitsaktionär, der 30% hielt, machen müssen.

[345] EuG B. v. 21.12.1994, Rs T-295/94 R, Slg. 1994, II-1272, 1275, Rdnr. 24 – *Buchmann/Komm.;* EuG B. v. 21.12.1994, Rs T-301/94 R, Slg. 1994, II-1279, Rdnr. 24 ff. – *Laakmann/Komm.*

[346] EuG B. v. 21.12.1994, Rs T-301/94 R, Slg. 1994, II-1279, Rdnr. 27 – *Laakmann/Komm.*

[347] EuG B. v. 7.5.2010, Rs T-410/09R, Slg. 2010, II-80, Rdnr. 32 – *Almamet GmbH/Komm.*

[348] EuG B. v. 7.5.2010, Rs T-410/09R, Slg. 2010, II-80, Rdnr. 44 f. – *Almamet GmbH/Komm.*

[349] Vgl. EuGH B. v. 17.1.1980, Rs C-792/79, Slg. 1980, 119, Rdnr. 21 – *Camera Care Ltd./Komm.* Für die Frage, ob und unter welchen Voraussetzungen ein Unternehmen die Aussetzung im einstweiligen Rechtsschutz erreichen kann, ist das ohne Belang.

[350] EuGH B. v. 15.10.1974, Rs C-71/74, Slg. 1974, 1095, Rdnr. 4/8 – *Frubo/Komm.;* EuGH U. v. 17.1.1984, verb. Rs 43/82 u. 63/82, Slg. 1984, 19, Rdnr. 11 – *VBVB u. VBBB/Komm.*

[351] So Ausführungen der Komm. in EuGH U. v. 15.5.1975, Rs C-71/74, Slg. 1975, 563 – *Frubo/Komm.*

[352] EuGH U. v. 15.5.1975, Rs C-71/74, Slg. 1975, 563 – *Frubo/Komm.;* EuGH U. v. 17.1.1984, verb. Rs 43/82 u. 63/82, Slg. 1984, 19, Rdnr. 11 – *VBVB u. VBBB/Komm.*

wettbewerbswidrigen Vereinbarung steht es deshalb frei, die verbotenen Bestimmungen einzuhalten.[353]

Eine Aussetzung von Bestimmungen, durch die ein bestimmtes Verhalten auferlegt wird, erfordert die Erfüllung der Voraussetzungen der Notwendigkeit und Dringlichkeit. Das ist vor allem dann der Fall, wenn aufgrund der Umsetzung des Beschlusses eingefahrene, hergebrachte Strukturen erheblich verändert werden müssen. Neben dem *fumus boni iuris,* der aufgrund der oftmals komplexen rechtlichen Beurteilung in der Praxis die möglicherweise weniger problematische Voraussetzung ist, muss das Unternehmen allerdings den sich aus der Vornahme der Handlung ergebenden schweren, nicht wiedergutzumachenden Schaden nachweisen. Der Richter im einstweiligen Rechtsschutzverfahren muss ausreichend betriebliche Daten erhalten, die ihn in die Lage versetzen, eine hinreichend abgesicherte Prognose über den als Folge der Vornahme der Handlung entstehenden Schaden zu treffen.[354] **150**

Ein schwerer, nicht wiedergutzumachender Schaden kann im Bereich des Wettbewerbsrechts vor allem in solchen Fällen vorliegen, bei denen die sofortige Vollziehung des Beschlusses der Kommission nachhaltige Veränderungen der Marktbedingungen mit sich bringen würde, die durch einen späteren Klageerfolg nicht mehr rückgängig zu machen wären.[355] **151**

Beispiele für eine solche Veränderung der Marktbedingungen sind die von der Kommission geforderte Aufgabe des althergebrachten, ausgedehnten und komplexen Systems der Buchpreisbindung *(Publisher's Association)*[356] und die Aufgabe einer Preisregelung, die schon seit langem den verfahrensmäßigen Rahmen für den niederländischen Baumarkt darstellte *(SPO).*[357] Ferner wurde diese Voraussetzung für den Fall anerkannt, dass ein Unternehmen bei sofortigem Vollzug des Beschlusses verpflichtet wäre, ein eigenes Vertriebssystem aufzubauen oder die Produktion wegen mangelnder Vertriebsmöglichkeiten ganz oder teilweise einzustellen *(Kali-Chemie).*[358] Auch die sofortige Änderung der Satzung eines Verbandes kann schwerwiegende Nachteile mit sich bringen, die eine Aussetzung rechtfertigen *(GEMA).*[359] Im Fall der ausschließlichen Vertriebsverträge im Speiseeissektor *(Langnese-Iglo und Schöller),*[360] die den Marktzutritt eines Wettbewerbers *(Mars)* erschwerten, hat das Gericht ebenfalls die sich ergebenden Veränderungen der Marktbedingungen geprüft, dabei die Nachteile gegeneinander abgewogen und dem Antrag nur bezüglich eines Teiles des Vertriebsweges (nicht für die Verkaufsstellen in Tankstellen) entsprochen. Bestehen, wie im Bereich der pharmazeutischen Erzeugnisse, staatliche Regelungen (Preisvorschriften), aus denen sich die Gefahr einer spürbaren Zunahme von Parallelimporten ergeben kann, so kann sich aus der Verpflichtung zur Belieferung von Parallel-Exporteuren ebenfalls eine Veränderung der Marktverhältnisse ergeben, die zu einem schweren und nicht wiedergutzumachenden Schaden führen kann *(Bayer (Adalat)).*[361] Dabei wird im Rahmen der Interes- **152**

---

[353] EuGH B. v. 30.10.1978, Rs 209–215, 218/78 R, Slg., 1978, 2111, Rdnr. 4/5 – *FEDETAB/Komm.*

[354] EuG B. v. 14.4.2000, Rs T-144/99 R, Slg. 2000, II-2067, Rdnr. 44 – *Institut der beim Europäischen Patentamt zugelassenen Vertreter/Komm.*

[355] EuG B. v. 22.11.1995, Rs T-395/94 R II, Slg. 1995, 2893, Rdnr. 50, 55 – *Atlantic Container u. a./Komm.;* EuG B. v. 9.7.1992, T-66/89, Slg. 1992, II-1261, Rdnr. 34f. – *Publisher's Association/Komm.;* EuG B. v. 16.6.1992, verb. Rs 24 und 28/92 R, Slg. 1992, II-1839, Rdnr. 29 – *Langnese-Iglo und Schöller/Komm.;* EuG U. v. 21.2.1995, Rs T-29/92, Slg. 1995, II-289, Rdnr. 31 – *SPO/Komm.*; EuGH B. v. 3.4.1974, Rs 20/4 R, Slg. 1974, 337 – *Kali-Chemie/Komm.;* EuG B. v. 3.6.1996, Rs T-41/96 R, Slg. 1996, II-381 – *Bayer/Komm.*

[356] EuG B. v. 9.7.1992, T-66/89, Slg. 1992, II-1261, Rdnr. 34f. – *Publisher's Association/Komm.*

[357] EuG U. v. 21.2.1995, Rs T-29/92, Slg. 1995, II-289, Rdnr. 31 – *SPO/Komm.*

[358] EuGH B. v. 3.4.1974, Rs 20/4 R, Slg. 1974, 337 – *Kali-Chemie.*

[359] EuGH B. v. 18.8.1971, Rs 45/71 R, Slg. 1971, 791, Rdnr. 3 – *GEMA/Komm.*

[360] EuG B. v. 16.6.1992, verb. Rs 24 und 28/92 R, Slg. 1992, II-1839, Rdnr. 30ff. – *Langnese-Iglo und Schöller/Komm.*

[361] EuG U. v. 3.6.1996, Rs T-41/96 R, Slg. 1996, II-381, Rdnr. 53ff. – *Bayer (Adalat)/Komm.*

senabwägung auch eine Abwägung der Nachteile für die jeweils Betroffenen vorgenommen.[362]

153 Einen relevanten Schaden bzw. die Gefahr des Eintritts eines solchen Schadens hat das Gericht hingegen verneint, wenn die Geschlossenheit des Vertriebssystems wegen des geringen Anteils eines Vertriebshändlers an den Gesamtzulassungen auch bei Einhaltung des Beschlusses zur vorläufigen Weiterbelieferung nicht zunichte gemacht werde *(Peugeot).*[363] Das Gericht hat ferner im Fall *Microsoft* das Vorliegen eines nicht wieder gutzumachenden Schadens verneint, wenn zwar bestimmte Informationen, die rechtlich geschützt sind, bekannt gegeben werden müssen, deren Nutzung jedoch vertraglich eingeschränkt werden kann.[364]

154 Die Aussetzung der Vollziehung des Beschlusses bezieht sich aber jeweils nur auf dasjenige Verhalten, bei dem nach dem *fumus boni iuris* nicht bereits feststeht, dass es eindeutig wettbewerbswidrig ist. Eindeutig wettbewerbswidrige Regelungen können hingegen nicht einstweilen aufrecht erhalten werden.[365]

155 Das Gericht (bzw. der Gerichtshof) verfügt über ein weites Ermessen, ob und inwieweit er den auszusetzenden Beschluss tatsächlich aussetzt. Das Gericht kann insoweit auch gestaltend tätig werden.[366]

156 *c) Wahrung von Verfahrensrechten.* Bei Unregelmäßigkeiten im Verwaltungsverfahren stellt sich die Frage, ob die Unternehmen zur Wahrung ihrer Rechte einstweiligen Rechtsschutz erlangen können. Grundsätzlich steht den Unternehmen zwar diese Möglichkeit offen, sofern gegen diese Handlungen im Verwaltungsverfahren bereits eine Anfechtungsklage zulässig ist. Das Gericht ist jedoch bisher noch in keinem Fall einem solchen Antrag nachgekommen. Verweigert die Kommission einem Unternehmen die **Akteneinsicht,** kann es nicht im Wege des Art. 279 AEUV erreichen, dass das Verwaltungsverfahren gestoppt und die Akteneinsicht gestattet wird.[367] Ein Unternehmen, welches an dem Verwaltungsverfahren beteiligt ist und für welches die Verweigerung der Akteneinsicht nur eine Vorbereitungshandlung für den endgültigen Beschluss der Kommission darstellt, kann diese Maßnahme der Kommission nicht isoliert anfechten: für das am Verfahren beteiligte Unternehmen ist die Verweigerung der Akteneinsicht kein anfechtbarer Rechtsakt,[368] weil sich seine Rechtsposition dadurch nicht unmittelbar verändert. Es ist daher darauf angewiesen, nach Erlass des endgültigen Beschlusses

---

[362] Im Fall EuG U. v. 3.6.1996, Rs T-41/96 R, Slg. 1996, II-381, Rdnr. 53 ff. – *Bayer (Adalat)/Komm.* wurde das Interesse der Großhändler in Frankreich und Spanien an einer Steigerung der Ausfuhren ins Vereinigte Königreich gegen die Interessen von *BAYER U.K.* abgewogen (aaO Rdnr. 60); ähnlich bei Gericht – *Langnese-Iglo und Schöller:* Abwägung gegenüber den Interessen des Wettbewerbers *Mars,* (B. v. 16.6.1992, verb. Rs 24 und 28/92 R, Slg. 1992, II-1839, Rdnr. 29 – *Langnese-Iglo und Schöller/Komm.*).

[363] Gericht vom 21.5.1990, Rs T-23/90 R, Slg. 1990, II-195, Rdnr. 28 – *Peugeot/Komm.* Hier wurde der einstweilige Rechtsschutz wegen Fehlens der Dringlichkeit abgelehnt, zu einer Abwägung der Interessen (d. h. zur Prüfung, inwieweit der Vertriebshändler auf die Belieferung angewiesen war) kam es nicht.

[364] EuG B. v. 22.12.2004, Rs T-201/04 R2, Slg. 2004, II-4463, Rdnr. 267 ff. – *Microsoft/Komm.*

[365] EuG U. v. 21.2.1995, Rs T-29/92, Slg. 1995, II-289, Rdnr. 40 – *SPO/Komm.*

[366] In den Fällen EuGH U. v. 15.5.1975, Rs C-71/74, Slg. 1975, 563 – *Frubo/Komm.* und EuGH U. v. 17.1.1984, verb. Rs 43/82 u. 63/82, Slg. 1984, 19, Rdnr. 11 – *VBVB u. VBBB/Komm.* hat der Gerichtshof angeordnet, dass die Sanktionsbestimmungen der zugrunde liegenden Vereinbarung nicht angewendet werden durften. Im Fall EuG B. v. 16.6.1992, verb. Rs 24 und 28/92 R, Slg. 1992, II-1839, Rdnr. 31 ff. – *Langnese-Iglo und Schöller/Komm.* hat das Gericht einen Teil der Verkaufsstellen (Tankstellen) von der Aussetzung der Entscheidung ausgenommen und dies mit der Interessenabwägung begründet. Soweit ersichtlich, beruhte die Verfügung des Gerichts in keinem der Fälle auf einem Antrag der Parteien, sondern auf der freien Würdigung des Gerichts. Der Richter der einstweiligen Anordnung verfügt dabei über ein weites Ermessen, keine Vorschrift des Gemeinschaftsrechts schreibt für die Beurteilung der Erforderlichkeit einer vorläufigen Entscheidung ein Prüfungsschema vor, vgl. EuGH B. v. 19.7.1995, Rs C-149/95 P (R), Slg. 1995, I-2165, Rdnr. 26 ff. – *Komm./Atlantic Container u. a.*

[367] EuG B. v. 23.3.1992, verb. Rs T-10–12/92 R, T-14–15/92 R, Slg. 1992, II-1571, Rdnr. 58 – *CBR u. a./Komm.*

[368] Siehe dazu Rdnr. 192.

im Rahmen einer dann zu erhebenden Anfechtungsklage die Verletzung von Verfahrensrechten zu rügen. Diejenigen Beteiligten, für die eine Verweigerung der Akteneinsicht eine abschließende Entscheidung der Kommission darstellt, wie beispielsweise Wettbewerber oder von einem Kartell geschädigte Unternehmen, können allerdings gegen die Verweigerung der Akteneinsicht vorgehen. Dies hat das Gericht in der Sache *Verein für Konsumenteninformation/Kommission*[369] festgestellt: Der *Verein für Konsumenteninformation* ist in diesem Verfahren erfolgreich gegen die Entscheidung der Kommission, ihm die Akteneinsicht zu verweigern, vorgegangen. Die Entscheidung des Gericht erscheint nur auf den ersten Blick überraschend. In Wirklichkeit ist es eine konsequente Fortführung der Entscheidungen zur Frage, wann eine Handlung der Kommission einen anfechtbaren Rechtsakt darstellt. Hat das Unternehmen einen Antrag auf Zugang zu Dokumenten nach der VO Nr. 1049/2001 gestellt, so ist der ablehnende Beschluss der Kommission ebenfalls ein anfechtbarer Rechtsakt. Zur Abwägung der dabei zu beachtenden Grundsätze – grösstmöglicher Zugang zu Informationen nach VO Nr. 1049/2001 einerseits, restriktiver Zugang nach VO Nr. 1/2003 und VO Nr. 773/2004 andererseits, sowie Interesse am Erhalt der Informationen aus den Kronzeugenregelungen, die durch eine Preisgabe der vertraulichen Daten gefährdet werden könnte – haben sich das Gericht und der Gerichtshof in jüngster Zeit wiederholt geäußert.[370]

Trotz einer Ablehnung der einstweiligen Anordnung zur Gewährung von Akteneinsicht der am Kartell beteiligten Unternehmen hat das Gericht im Hauptverfahren *CBR* u. a. (Zementverfahren) eine Reihe prozessleitender Verfügungen erlassen, um nachträglich Akteneinsicht zu gewähren. Dabei wurde den Unternehmen auferlegt, vorzutragen, in welchem Umfang sich die gerügte Verletzung der Verfahrensrechte auf den angefochtenen Beschluss ausgewirkt hat und inwieweit der Beschluss anders hätte ausfallen können, wenn die Akteneinsicht während des Verwaltungsverfahrens gewährt worden wäre. Dabei hat das Gericht insbesondere erbeten, anhand einzelner nachträglich eingesehener Schriftstücke zu belegen, ob und inwieweit die Kläger ihre Verteidigungsrechte bei rechtzeitiger Vorlage der Akten im Verwaltungsverfahren besser hätten wahrnehmen können. Dieser Nachweis ist den klagenden Unternehmen nicht gelungen; die Entscheidungen wurden nicht aufgrund von Verletzungen von Verfahrensrechten aufgehoben.[371] 157

Anträgen, die auf die vorläufige Aussetzung von Beschlüssen gerichtet sind, eine **Nachprüfung** durch die Kommission zu dulden, ist bislang kein Erfolg beschieden gewesen. Das Gericht hat bisher dahingehenden Anträgen nicht stattgegeben, da im Falle der Aufhebung des Nachprüfungsbeschlusses durch die Gerichte in der Hauptsache für die auf der Grundlage dieses Beschlusses erlangten Unterlagen ein Verwertungsverbot bestehe.[372] Gleiches gilt hinsichtlich der **Auskunftsverlangen** der Kommission: allein der mögliche Verstoß gegen das Geschäftsgeheimnis vermag nicht die Dringlichkeit nach Art. 278 AEUV zu begründen, da Geschäftsgeheimnisse ausreichend durch Art. 28 VO Nr. 1/2003 geschützt sind.[373] 158

---

[369] EuG U. v. 13.4.2005, Rs T-2/03, Slg. 2005, II-1121, Rdnr. 92 ff. – *Verein für Konsumenteninformation/Komm.*

[370] EuG B. v. 30.10.2003, verb. Rs T-125/03 R und T-253/03, Slg. 2003, II-4771, Rdnr. 17 f. – *Akzo Nobel und Akcros Chemicals/Komm.;* EuG U. v. 15.12.2011, Rs T-437/08, ECLI:EU:T:2011:752 – *CDC Peroxide/Komm.;* EuGH B. v. 10.9.2013, Rs C-278/13 P (R), ECLI:EU:C:2013:558, Rdnr. 44 ff., 51 ff. – *Komm./Pilkington Group;* EuGH U. v. 6.6.2013, ECLI:EU:C:2013:366 – *Donau-Chemie u. a.*

[371] EuG U. v. 15.3.2000, Rs T-25/95 u. a., Slg. 2000, II-491, Rdnr. 4479ff. – *Cimenteries CBR u. a./Komm.*

[372] EuGH B. v. 28.10.1987, Rs 85/87 R, Slg. 1987, 4367, Rdnr. 17 – *Dow Chemical Nederland/Komm.,* mit Verweis auf EuGH B. v. 26.3.1987, Rs 46/87 R, Slg. 1987, 1549, Rdnr. 31–34 – *Hoechst/Komm.* In EuG U. v. 6.9.2013, verb. Rs T-289/11, T-290/11 und T-521/11, ECLI:EU:T:2013:404, Rdnr. 98 – *Deutsche Bahn AG u. a./Komm.* weist das Gericht allerdings auf die (theoretische?) Möglichkeit des einstweiligen Rechtsschutzes hin, um damit zu belegen, dass die nachträgliche gerichtliche Kontrolle ausreicht, um die fehlende vorherige richterliche Ermächtigung zu kompensieren.

[373] EuG B. v. 21.11.1990, Rs T-39/90 R, Slg. 1990, II-649 – *SEP/Komm.* Der Schutz von Geschäftsgeheimnissen ist inzwischen zudem in Art. 339 AEUV sowie Art. 7 der Grundrechtecharta sichergestellt.

Anders liegt es hingegen, wenn ein Unternehmen die vorläufige Aussetzung der Weiterleitung von im Rahmen des Untersuchungsverfahrens erlangten Unterlagen (Beschwerdepunkte und Anhörungsprotokoll) an nationale Gerichte verlangt.[374] Denn dadurch könnten belastende Schriftstücke (z.B. die Beschwerdepunkte) vorgelegt werden, ohne dass schon ein kontradiktorisches Verfahren stattgefunden hat. Außerdem besteht die Gefahr, dass vertrauliche Unterlagen oder Geschäftsgeheimnisse weitergegeben werden könnten, weil diese durch die Weiterleitung an nationale Gerichte „außer Reichweite" gelangen und deren Weiterleitung an Dritte nicht ausgeschlossen werden kann.[375]

159 *d) Einstweilige Aussetzung im Rahmen der FKVO.* Gegen einen Beschluss der Kommission, mit der ein nach der FKVO angemeldetes Zusammenschlussvorhaben für mit dem Binnenmarkt *vereinbar* erklärt wird, ist einstweiliger Rechtsschutz – etwa in Form der Aussetzung des Vollzugs des Beschlusses – denkbar, wenn der Antragsteller (also ein Dritter) geltend machen kann, durch den Vollzug einen unmittelbaren, nicht wiedergutzumachenden Schaden zu erleiden.

160 Im Fall *Union Carbide* wird dabei deutlich, dass der Schaden unmittelbar aus der Verwirklichung des Zusammenschlusses folgen muss, also nicht nur aus einer anlässlich des Zusammenschlusses zu erwartenden Änderung von Lizenzierungen folgt; ferner ist die Abwägung zwischen dem Interesse des Antragstellers an der Aussetzung, dem öffentlichen Interesse an der Durchführung von Beschlüssen im Rahmen der FKVO und den Interessen Dritter, die durch die Aussetzung des Beschlusses unmittelbar betroffen sind (z.B. am Zusammenschlussvorhaben beteiligte Unternehmen), vorzunehmen. Das Gericht misst dabei dem Umstand, dass die FKVO in erster Linie dazu dient, die Wirksamkeit der Kontrolle und die Rechtssicherheit für die dieser Verordnung unterliegenden Unternehmen zu gewährleisten, besondere Bedeutung bei.[376] Der Antrag wurde daher abgelehnt.

161 Im Rahmen der Zusammenschlusskontrolle kann zudem in besonderen Ausnahmefällen vorbeugender Rechtsschutz in Betracht kommen (s. Rdnr. 162ff.), der aufgrund der hohen Anforderungen in der Praxis keine Rolle mehr spielt. Hingegen bietet sich die Nutzung des beschleunigten Verfahren an, weil dort innerhalb relativ überschaubarer Zeit ein abschließendes Urteil des Gericht erreicht werden kann (s. dazu oben Rdnr. 72ff.).

162 **4. Vorbeugender Rechtsschutz (Antrag auf Unterlassen eines Rechtsaktes).** Gegen die Ankündigung der Kommission, einen bestimmten Rechtsakt zu erlassen, kann sich ein Unternehmen nicht vorbeugend im Verfahren des einstweiligen Rechtsschutzes schützen, da es sich bei dieser Ankündigung nicht um einen rechtsverbindlichen und damit im Wege der Klage nach Art. 263 AEUV anfechtbaren Akt handelt.[377] Ist der von den Parteien befürchtete Rechtsakt erlassen, steht dem Unternehmen mit Art. 263 iVm Art. 278 AEUV in der Regel ausreichender Rechtsschutz zur Verfügung. Allerdings kann bei Vorliegen besonderer Umstände ein „vorbeugender Unterlassungsantrag" zulässig sein, wenn die bevorstehende Entscheidung z.B. schon jetzt Rechte Dritter begründet und irreversible Schäden erzeugt. Hat die Kommission beispielsweise angekündigt, sie wolle nunmehr einen bereits vor geraumer Zeit ergangenen Beschluss in vollem Wortlaut veröffentlichen und dabei die Anträge von Unternehmen auf vertrauliche Behandlung bestimmter Daten nicht berücksichtigen, ist die Klage gegen die abschliessende Stellungnahme der Kommission hinsichtlich der Nichtberücksichtigung der Vertraulichkeit zulässig; mit einem Antrag auf einstweiligen Rechtsschutz kann die angekündigte Veröffentlichung verhindert wer-

[374] EuG B. v. 1.12.1994, Rs T-353/94 R, Slg. 1994, II-1141, Rdnr. 31ff. – *Postbank/Komm.*

[375] EuG B. v. 1.12.1994, Rs T-353/94 R, Slg. 1994, II-1141, Rdnr. 31ff. – *Postbank/Komm.*

[376] EuG B. v. 2.12.1994, Rs T-322/94 R, Slg. 1994, II-1159, Rdnr. 36 – *Union Carbide/Komm.*, mit Verweis auf EuG B. v. 15.12.1992, Rs T-96/92 R, Slg. 1992, II-2579 – *CCE de la Société Générale des Grandes Sources u. a./Komm.*

[377] EuG B. v. 22.11.1995, Rs T-395/94 R II, Slg. 1995, II-02893, Rdnr. 39 – *Atlantic Container/Komm.*, mit Verweis auf EuGH U. v. 26.6.1980, Rs C-136/79, Slg. 1980, 2033, Rdnr. 22 – *National Panasonic/Komm.*, hinsichtlich einer Entscheidung gemäß Art. 20 Abs. 4 VO Nr. 1/2003.

den.[378] Der in der abschliessenden Stellungnahme der Kommission zur Vertraulichkeit, verbunden mit der Ankündigung der Veröffentlichung, gesehene konkludente Beschluss, die Dokumente nach der VO Nr. 1049/2001 Dritten zur Verfügung zu stellen, wurde allerdings als zu wenig konkret angesehen; die darauf gerichtete Klage und Antrag auf einstweiligen Rechtsschutz wurden als unzulässig zurückgewiesen.

Wie das Gericht im Fall *Atlantic Container* entschieden hat, genügt auch nicht die sichere Erwartung, dass die Kommission einen Beschluss erlassen wird, mit dem der sich aus der Anmeldung einer Vereinbarung ergebende Schutz vor Geldbußen entzogen wird, denn die berechtigten Interessen des Unternehmens werden durch die Möglichkeit geschützt, zu gegebener Zeit Klage gegen einen solchen Beschluss zu erheben.[379] Es kann allerdings ganz besondere Umstände geben, aufgrund derer ausnahmsweise einstweiliger Rechtsschutz gewährt werden kann. Dies wurde vom Gerichtshof im Fall *Miles Druce* angenommen, bei dem es um die Genehmigung einer Übernahme einer Gesellschaft (dort nach Art. 66 EGKSV) aufgrund eines öffentlichen Kaufangebots ging: die noch nicht erlassene, erwartete Entscheidung der Kommission würde unmittelbar den Vollzug der Übernahme bewirken, bevor irgendeine gerichtliche Maßnahme erreicht werden könnte.[380] Einstweiliger Rechtsschutz kann also in Ausnahmefällen auch vorbeugend in Erwartung eines Beschlusses der Kommission erwirkt werden, um das Entstehen einer unumkehrbaren Sachlage zu verhindern.[381] 163

Im Falle *Miles Druce* wurde dieses Ziel erreicht, indem für das Inkrafttreten der Entscheidung der Kommission eine bestimmte Frist festgelegt wurde. Dieser Fall bezog sich auf den Fall der Zusammenschlusskontrolle nach Art. 66 EGKSV. Es ist somit in Ausnahmefällen denkbar, dass auch bei zu erwartenden Freigabe-Beschlüssen nach der FKVO sowie Beschlüssen der Kommission nach Art. 7 Abs. 4 FKVO Nr. 139/2004 auf Befreiung vom Vollzugsverbot einstweiliger Rechtsschutz erwirkt werden könnte, vorausgesetzt, dass aufgrund des Freigabe-Beschlusses sogleich irreversible Rechtsfolgen eintreten, die durch Klageerhebung nicht mehr rückgängig gemacht werden können. 164

D. Anfechtungsklage (Nichtigkeitsklage) gemäß Art. 263 AEUV

I. Allgemein

Die Nichtigkeitsklage[382] ist in der Praxis des EU-Wettbewerbsrechts die wichtigste Klageart. Rechtsakte und Handlungen der Kommission, die ein Unternehmen beschweren – sei es, dass die Kommission einen Untersagungs- oder Bußgeldbeschluss gegen ein Unternehmen erlässt, sei es, dass sie die Beschwerde eines Wettbewerbers zurückweist – können unter bestimmten Voraussetzungen mit der Nichtigkeitsklage vor dem Gericht angegriffen und der gerichtlichen Überprüfung unterzogen werden. Auch Dritte (wie z. B. Verbraucherverbände oder Arbeitnehmervertreter) können ein Interesse an der Nichtigkeitserklärung eines ein Unternehmen begünstigenden oder negativen Beschlusses haben.[383] 165

---

[378] Vgl. EuG B. v. 30.10.2003, verb. Rs T-125/03 R und T-253/03, Slg. 2003, II-4771, Rdnr. 17 f. – *Akzo Nobel und Akcros Chemicals/Komm.*

[379] Gericht – EuG B. v. 22.11.1995, Rs T-395/94 R II, Slg. 1995, II-02893, Rdnr. 36–40 – *Atlantic Container/Komm.*

[380] EuGH B. v. 16.3.1974, verb. Rs 160, 161 und 170/73 R II, Slg. 1974, 281 – *Miles Druce/Komm.*; vgl. auch EuGH B. v. 5.8.1983, Rs 118/83 R, Slg. 1983, 2583 – *CMC/Komm.*

[381] EuGH B. v. 5.8.1983, Rs 118/83 R, Slg. 1983, 2583, Rdnr. 45 und 52 – *CMC/Komm.*

[382] Der Gerichtshof erklärt die angefochtenen Entscheidungen der Kommission bei Obsiegen des Klägers für „nichtig", auch wenn es sich nach der im deutschen Recht gebräuchlichen Terminologie nicht um einen Fall der „Nichtigkeit", sondern lediglich der Rechtswidrigkeit der angefochtenen Entscheidung handelt.

[383] Vgl. die Anfechtung einer Entscheidung nach Art. 9 der VO Nr. 1/2003 durch einen von der Zusage betroffenen Lieferanten des die Zusage abgebenden Unternehmens, EuGH U. v. 29.6.2010 Rs C-441/07 P, Slg. 2010, I-5949 – *Komm./Alrosa.*

166 Die Klage ist nur dann zulässig, wenn sie sich gegen einen anfechtbaren Akt richtet und der Kläger klagebefugt ist. Hat eine der Parteien die Einrede der Unzulässigkeit (vgl. Art. 130 Abs. 1 VerfO EuG)[384] erhoben, so kann das Gericht – nach (schriftlicher, ggf. auch mündlicher) Anhörung – vorab über die Zulässigkeit entscheiden (Art. 130 Abs. 6 und 7 VerfO EuG).[385] Durch den Vertrag von Lissabon wurde die bis dahin geltende Rechtsgrundlage der Nichtigkeitsklage in Art. 230 EG zu Art. 263 AEUV. Dabei hat der Wortlaut an einigen Stellen Änderungen erfahren. Klagegegenstand nach Art. 263 Abs. 4 AEUV sind nunmehr „Handlungen", wohingegen sich Art. 230 Abs. 4 EG auf „Entscheidungen" bezog. Außerdem wurde ein Absatz 5 hinzugefügt, welcher eine rein klarstellende Funktion hat.[386] In der Sache hat sich für den Rechtsschutz im Kartellrecht aber grundsätzlich nichts geändert.

II. Klagefrist

167 Gemäß Art. 263 Abs. 6 AEUV muss die Klage „binnen zwei Monaten" erhoben werden. Für die **Fristberechnung** sind die Bestimmungen der Verfahrensordnung über Beginn und Ablauf der Fristen zu beachten sowie die für Gericht und Gerichtshof geltenden Feiertage.[387] Die Frist aus Abs. 6 verlängert sich gem. Art. 51 VerfO EuGH bzw. Art. 60 VerfO EuG um eine pauschale Entfernungsfrist von zehn Tagen.[388] Zu weiteren Einzelheiten siehe oben Rdnr. 15ff.

III. Anfechtbare Rechtsakte

168 **1. Grundsatz.** Das Erfordernis, dass ein anfechtbarer Rechtsakt vorliegt, gehört zu den unverzichtbaren Prozessvoraussetzungen, die gemäß Art. 129 VerfO EuG jederzeit vom Gericht von Amts wegen überprüft werden können.[389]

169 Alle Maßnahmen, die **verbindliche Rechtswirkungen** erzeugen und welche die Interessen des Betroffenen durch einen Eingriff in seine Rechtsstellung beeinträchtigen, können im Wege der Anfechtungsklage angegriffen werden.[390] Beispiele sind Beschlüsse zur Verhängung von Bußgeldern oder Zwangsgeldern oder die Freigabe von Zusammenschlüssen (bzw. deren Untersagung). Die Form der Handlung ist dabei *unerheblich*. Die Anfechtungsklage ist **nicht beschränkt** auf die in Art. 288 AEUV genannten Rechtsakte, sondern erstreckt sich auf alle Maßnahmen, die verbindliche Rechtswirkungen erzeugen,[391] also die Interessen des Klägers beeinträchtigen, indem sie seine **Rechtslage erheblich verändern** oder unmittelbar und irreversibel berühren.[392] Dieser Grundsatz galt bereits für Art. 230 EG, da die Gerichte seinen Anwendungsbereich über den Begriff der „Entscheidung" i. S. v. Absatz 4 a. F. ausdehnten. Somit etablierte bereits damals „die Rechtsprechung eine Handlungsformenneutralität des Rechtsschutzes, die in der Rechtsschutznorm dezidiert nicht enthalten war."[393] Nunmehr ergibt sich die Erweiterung aber aus dem Wort-

---

[384] Entspricht Art. 151 VerfO EuGH.

[385] Entspricht Art. 151 Abs. 5 VerfO EuGH.

[386] So *Geiger/Khan/Kotzur-Kotzur,* Art. 263 AEUV Rdnr. 2.

[387] Vgl. Art. 58 Abs. 2 VerfO EuG; Art. 49 Abs. 1 VerfO EuGH.

[388] Dazu *Calliess/Ruffert-Cremer,* Art. 263 AEUV Rdnr. 75.

[389] EuGH B. v. 24.4.1996, Rs C-19/93 P, Slg. 1996, I-1997, Rdnr. 39 – *Rendo/Komm.*, mit Verweis auf EuGH B. v. 7.10.1987, Rs 248/86, Slg. 1987, 3963 – *Brüggemann/Wirtschafts- und Sozialausschuss* und EuG U. v. 10.7.1990, Rs T-64/89, Slg. 1990, II-367 – *Automec/Komm.;* s. ferner EuG U. v. 11.7.2007, Rs T-170/06, Slg. 2007, II-2601 – *Alrosa/Komm.*

[390] EuGH B. v. 24.4.1996, Rs C-19/93 P, Slg. 1996, I-1997, Rdnr. 40 – *Rendo/Komm.* mit Verweis auf EuG U. v. 10.7.1990, Rs T-64/89, Slg. 1990, II-367 – *Automec/Komm* und EuG U. v. 13.12.1990, Rs T-116/89, Slg. 1990, II-843 – *Prodifarma/Komm.;* EuG U. v. 18.2.2002, Rs T-18/97, Slg. 2002 II-1125 Rdnr. 41 – *Atlantic Container Line AB u. a./Komm.*

[391] EuGH U. v. 11.11.1981, Rs C-60/81, Slg. 1981, 2639, Rdnr. 8f. – *IBM/Komm.*

[392] EuG U. v. 9.6.1997, Rs T-9/97, Slg. 1997, II-909, Rdnr. 19 und 26 – *Elf Atochem/Komm.;* EuGH U. v. 30.9.2003, Rs C-76/01, Slg. 2003 I-10091 Rdnr. 54, 55 – *Eurocoton u. a./Rat;* EuG B. v. 2.6.2003, Rs T-276/02, Slg. 2003 II-2075 Rdnr. 39 – *Forum 187 ASBL/Komm.,* EuG U. v. 4.3.1999, Rs T-87/96, Slg. 1999 II-203 Rdnr. 37 – *Assicurazioni Generali Spa u. a./Komm.*

[393] *Grabitz/Hilf/Nettesheim-Dörr,* Art. 263 AEUV Rdnr. 48.

laut des Art. 263 Abs. 4 AEUV, der eindeutig von „Handlungen" spricht.[394] Die seinerzeit in der Rechtsprechung entwickelte „Handlungsformenneutralität des Rechtschutzes ist hierdurch nun für den Klagegegenstand kodifiziert".[395] Nur vorbereitende Maßnahmen oder Rechtsakte sind hingegen nicht anfechtbar.[396] Zu vorbereitenden Maßnahmen gehören z. B. die Mitteilung von Beschwerdepunkten oder die Androhung von Zwangsgeldern.

Für die Frage, ob ein anfechtbarer Rechtsakt vorliegt, kommt es somit nicht auf seine 170
Form an. Insbesondere ist es unerheblich, ob es sich bei der angefochtenen Maßnahme tatsächlich um einen Beschluss handelt. Das Gericht stellte bereits bisher allein auf den Inhalt und die Wirkungen der streitigen Maßnahme ab. Maßgeblich ist das Wesen der Handlung. Bei der Beurteilung des Charakters einzelner Handlungen ist auf ihren Wortlaut sowie ihren tatsächlichen und rechtlichen Zusammenhang abzustellen.[397] Deshalb können auch Handlungen verbindliche Rechtswirkungen erzeugen, die in Abweichung von Art. 297 AEUV nicht veröffentlicht wurden oder sogar nur mündlich mitgeteilt wurden.[398] Allerdings gehören bloße Meinungsäußerungen sowie eine Mitteilung der Kommission, in der sie eine vorläufige Einschätzung vornimmt, nicht dazu. Hingegen können auch atypische Handlungen, wie eine Pressemitteilung des für Wettbewerbssachen zuständigen Mitglieds der Kommission, mit der eine bestimmte Auffassung geäußert wird, anfechtbare Akte darstellen, wenn diese Handlung Rechtswirkungen erzeugt und die Kommission bindet.[399]

Zweifel an der Anfechtbarkeit können sich bei der Abgrenzung zu tatsächlichen Hand- 171
lungen, bei atypischen Handlungsformen sowie bei Handlungen ergeben, die im Rahmen eines **mehrphasigen Verfahrens** ergehen (s. dazu unten Rdnr. 189 ff.). Anfechtbar sind nur die Maßnahmen, die den Standpunkt der Kommission endgültig festlegen,[400] nicht aber bloße Zwischenverfügungen, die den abschließenden Beschluss lediglich vorbereiten sollen.[401] Wird innerhalb des vorbereitenden Verfahrens ein besonderes Verfahren endgültig abgeschlossen, so kann die Maßnahme einen anfechtbaren Rechtsakt darstellen und die Klage zulässig sein.[402] Verfahrenshandlungen vor Abschluss eines Verwaltungsverfahrens können Gegenstand einer Nichtigkeitsklage sein, wenn sie selbst bereits die Rechtsstellung des Klägers unmittelbar und irreversibel berühren. Dies wird angenommen, sofern die Verfahrenshandlung eine selbständige Beschwer enthält, gegen welche ein Rechtsbehelf gegen die endgültige Entscheidung keinen hinreichenden Rechtsschutz böte.[403] Im Verfahren

---

394 Ebd. Rdnr. 47 ff.

395 Ebd. Rdnr. 49.

396 EuG U. v. 7.3.2002, Rs T-95/99, Slg. 2002, II-1425, Rdnr. 32 – *Satellimages TV 5/Komm.*

397 EuG U. v. 3.4.2003, Rs T-342/00, Slg. 2003 II-1161 Rdnr. 37 – *Petrolessence u. a./Komm.*

398 EuG U. v. 24.3.1994, Rs T-3/93, Slg. 1994, II-121, 154; Rdnr. 58 – *Air France/Komm.,* mit Verweis auf EuGH U. v. 9.2.1984, verb. Rs 316/82 u. 40/83, Slg. 1984, 641 – *Kohler/Rechnungshof.*

399 EuG U. v. 24.3.1994, Rs T-3/93, Slg. 1994, II-121, 154; Rdnr. 47 f. – *Air France/Komm.*

400 EuG U. v. 13.12.1990, Rs T-113/89, Slg. 1990, II-797 – *Nefarma/Komm.;* EuGH U. v. 22.6.2000, Rs C-147/96, Slg. 2003 I-4723, Rdnr. 26 – *Niederlande/Komm.*; EuGH U. v. 5.10.1999, Rs C-308/95, Slg. 1999, I-6513, Rdnr. 27 – *Niederlande/Kommission.*

401 EuG U. v. 9.6.1997, Rs T-9/97, Slg. 1997, II-909, Rdnr. 20 – *Elf Atochem/Komm.,* mit Verweis auf EuGH U. v. 11.11.1981, Rs C-60/81, Slg. 1981, 2639, Rdnr. 10 – *IBM/Komm.;* EuG U. v. 10.7.1990, Rs T-64/89, Slg. 1990, II-367, Rdnr. 42 – *Automec/Komm.*; EuG U. v. 18.12.1992, verb. Rs T-10, 11, 12 und 15/92, Slg. 1992, II-1571, Rdnr. 28 – *CBR/Komm.;* EuG U. v. 27.6.1995, Rs T-186/94, Slg. 1995, II-1753, Rdnr. 39 – *Guérin Automobiles/Komm;* EuG U. v. 14.3.1996, Rs T-134/95, Slg. 1996, II-181, Rdnr. 20 – *Dysan Magnetics/Komm.;* EuG *U. v. 19.01.2010, verb. Rs T-355/04, T-446/04, Slg. 2010, II-1 Rn. 33 – CO-Frutta/Kommission.*

402 EuGH U. v. 11.11.1981, Rs C-60/81, Slg. 1981, 2639, Rdnr. 10 f. – *IBM/Komm.* Vgl. ferner EuG U. v. 9.6.1997, Rs T-9/97, Slg. 1997, II-909, Rdnr. 21 – *Elf Atochem/Komm.,* mit Verweis auf EuG U. v. 14.3.1996, Rs T-134/95, Slg. 1996, II-181, Rdnr. 21 – *Dysan Magnetics/Komm.* und EuG U. v. 18.12.1992, verb. Rs T-10, 11, 12 und 15/92, Slg. 1992, II-1571, Rdnr. 31 – *CBR/Komm.*

403 Siehe Grabitz/Hilf/Nettesheim-*Dörr,* Art. 263 Rdnr. 39. Aus der Rspr. siehe etwa EuGH U. v. 13.10.2011, verb. Rs C-463/10 P, C-475/10 P, Slg. 2011, S. I-9639, Rdnr. 53–57 – *Deutsche Post und*

Elf Atochem/Komm. hatte die Klägerin geltend gemacht, das von der Kommission erstellte Protokoll über eine Nachprüfung gem. Art. 14 VO Nr. 17 enthalte eine selbständige Beschwer; das Gericht ist dem nicht gefolgt, sondern hat die Nachprüfung als einen unselbständigen Verfahrensschritt bewertet und die Klage als unzulässig zurückgewiesen.[404] Dabei unterscheidet das Gericht einen möglichen formellen Beschluss zur Durchführung einer Nachprüfung, hinsichtlich derer eine Klage zulässig wäre, von einer Anforderung von Auskünften und Erklärungen, die nicht in Form einer förmlichen Entscheidung ergeht.[405]

172 Nur gegen **beschwerende Maßnahmen,** nicht gegen begünstigende Handlungen und Rechtsakte ist die Klage nach Art. 263 AEUV zulässig.[406] Dabei kann nur der Tenor eines Beschlusses (in Verbindung mit der Begründung des Beschlusses) eine Beschwer darstellen, nicht allein die Gründe des Rechtsaktes.[407] Eine Teilanfechtung eines begünstigenden Beschlusses oder Maßnahme kommt dann in Betracht, wenn und soweit der Kläger durch den Beschluss *auch beschwert* ist. Das kann der Fall sein, wenn die Freistellung einer Vereinbarung oder aber ein Beschluss nach Art. 9 oder 10 VO Nr. 1/2003 mit der Feststellung einer Zuwiderhandlung im Sinne von Art. 7 der VO Nr. 1/2003 verbunden ist.[408] Die Teilanfechtung ist aber nur dann zulässig, wenn der verbleibende, nicht angefochtene Teil des Beschlusses einen eigenständigen Regelungsgehalt behält.[409]

172a Außerdem wird in Art. 263 Abs. 4 AEUV als Klagegegenstand der „Rechtsakt mit Verordnungscharakter" aufgeführt.[410] Darunter sind nach überwiegender Ansicht delegierte Rechtsakte ohne Gesetzescharakter gem. Art. 290 AEUV und sonstige Durchführungsakte als zulässige Klagegegenstände zu verstehen.[411] Erfasst werden sollen alle Rechtsakte, die nicht in einem Gesetzgebungsverfahren iSv Art. 289 AEUV erlassen wurden.[412] Über Art. 105 Abs. 3 AEUV kommen also als Prüfungsgegenstand bspw. auch Gruppenfreistellungsverordnungen in Betracht.[413] Dabei führt Art. 263 Abs. 4 Var. 3 AEUV nicht zu einer echten Erweiterung des Klagegegenstandes. Bei „Rechtsakten mit Verordnungscharakter" handelt es sich nämlich nur um eine Teilmenge der in Art. 263 Abs. 3 Var. 1 u. 2 AEUV bezeichneten „Handlungen". Der Klagegegenstand wird lediglich differenziert. Auswir-

---

Deutschland/Kommission; EuG U. v. Rs T-320/09, Slg. 2011, II-1673, Rdnr. 47–53 – *Planet/Kommission.*

404 EuG U. v. 9.6.1997, Rs T-9/97, Slg. 1997, II-909, Rdnr. 22 – *Elf Atochem/Komm.*

405 EuG U. v. 9.6.1997, Rs T-9/97, Slg. 1997, II-909, Rdnr. 24 – *Elf Atochem/Komm.* Zum Rechtsschutz bei Nachprüfungen s. ferner EuG U. v. 6.9.2013, verb. Rs T-289/11, T-290/11 und T-521/11, ECLI:EU:T:2013:404 – *Deutsche Bahn AG u. a./Komm.*

406 EuG U. v. 17.9.1992, Rs T-138/89, Slg. 1992, II-2181, Rdnr. 31 – *NBV und NVB/Komm.* mit Verweis auf EuGH U. v. 11.11.1981, Rs C-60/81, Slg. 1981, 2639, Rdnr. 8f. – *IBM/Komm.*

407 EuG U. v. 17.9.1992, Rs T-138/89, Slg. 1992, II-2181, Rdnr. 31f. – *NBV und NVB/Komm.* Ein Interesse an der Aufhebung – nicht der Entscheidung oder des Tenors, sondern der Begründung bzw. einzelner Feststellungen – kann ein Unternehmen z.B. dann haben, wenn diese Feststellungen zur Wettbewerbswidrigkeit bestimmter Verhaltensweisen enthalten und für den Kläger nur deswegen keine Beschwer darstellen, weil die Kommission eine Handelsbeeinträchtigung verneint. Die Klage im Verfahren NBV und NVB/Komm. wurde für unzulässig gehalten, obwohl die angegriffenen Ausführungen zulasten des Klägers möglicherweise von den nationalen Wettbewerbsbehörden oder von Dritten vor nationalen Gerichten herangezogen werden können.

408 Vgl. zum Fall einer Freistellung nach VO Nr. 17 unter gleichzeitiger Feststellung einer Zuwiderhandlung: EuG U. v. 2.5.2006, Rs T-328/03, Slg. 2006, II-1231, Rdnr. 46.– *02 (Germany)/Komm.*

409 EuGH U. v. 13.7.1966, verb. Rs 56 und 58/64, Slg. 1966, 321 (392f.) – *Consten und Grundig/Komm.;* EuGH U. v. 28.6.1972, Rs 37/71, Slg. 1972, 483, Rdnr. 10/12 – *Jamet/Komm.*

410 Siehe hierzu: *Streinz/Kruis/Michl-Ehricke,* Art. 263 AEUV, Rdnr. 45 sowie 53ff. Ausführlich auch *Frenz/Distelrath,* NVwZ 2010, 162.

411 *Streinz/Kruis/Michl-Ehricke,* Art. 263 AEUV, Rdnr. 55.

412 *Grabitz/Hilf/Nettesheim-Dörr,* Rdnr. 82 zu Art. 263 AEUV; EuG B. v. 6.9.2011, Rs T-18/10, Slg. 2011, II-5599, Rdnr. 43–56 – *Inuit Tapiriit Kanatami ua/EP und Rat;* bestätigt durch EuGH U. v. 3.10.2013, Rs C-583/11 P, ECLI:EU:C:2013:625, Rdnr. 61 – *Inuit Tapiriit Kanatami.u. a./Parlament und Rat.*

413 *Grabitz/Hilf/Nettesheim-Dörr,* Rdnr. 82 zu Art. 263 AEUV.

kung hat die Variante vorwiegend auf die Klagebefugnis, da sie bei Art. 263 Abs. 4 Var. 3 AEUV auch ohne die „individuelle" Betroffenheit vorliegen kann.[414]

2. Einzelfragen. *a) Anfechtbare Rechtsakte.* Anfechtbare Rechtsakte sind alle das Verfahren endgültig abschließende Handlungen, Beschlüsse und Maßnahmen der Kommission. Dazu zählen insbes. Beschlüsse, die einen Wettbewerbsverstoß feststellen und untersagen, eine Beschwerde ausdrücklich zurückweisen, ein Bußgeld verhängen oder einen Zusammenschluss untersagen oder freigeben. **173**

Ein **Positivbeschluss** nach Art. 10 VO Nr. 1/2003 schließt ein Verwaltungsverfahren ab und kann die Rechtsstellung von Unternehmen beeinträchtigen; er stellt daher einen anfechtbaren Rechtsakt dar. **174**

Ist ein **begünstigender Beschluss,** wie die Freigabe eines Zusammenschlusses, **mit Bedingungen** und/oder **Auflagen** verbunden, so handelt es sich für das Unternehmen um einen anfechtbaren Rechtsakt, denn das Unternehmen kann ein Interesse an der Feststellung der Nichtigkeit der Bedingung oder Auflage haben.[415] **175**

Nach Ansicht des Gerichts ist eine **Verpflichtungserklärung,** die Unternehmen im Rahmen eines Kartellverfahrens abgeben (z. B. auf Preisabstimmungen oder Ausfuhrverbote zu verzichten), keine einseitige Erklärung der Unternehmen, sondern eine **Anordnung,** die einer solchen nach Art. 7 VO Nr. 1/2003 gleichzusetzen ist, die im Wege der Anfechtungsklage nach Art. 263 AEUV angefochten werden kann. Durch die Übernahme der Verpflichtung haben die Unternehmen einer Entscheidung zugestimmt, zu deren einseitigen Erlass die Kommission befugt gewesen wäre.[416] Gleiches dürfte für Beschlüsse nach Art. 9 VO Nr. 1/2003 gelten, bei denen die kartellrechtliche Unbedenklichkeit auf der Grundlage von Verpflichtungserklärungen des Unternehmens erklärt wird.[417] **176**

Auch eine Bußgeldverhängung auf Grundlage eines sog. **Settlement-Verfahrens** stellt eine Belastung dar, die das Unternehmen mit der Nichtigkeitsklage anfechten kann. Das Recht der Nichtigkeitsklage nach Art. 263 AEUV hat primärrechtlichen Rang und kann nicht durch Verfahrensweisen wie das Settlement bzw. die diesbezügliche Kommissionsmitteilung ausgeschlossen werden.[418] **177**

Einstellungsverfügungen sind dadurch gekennzeichnet, dass sie die begonnene Untersuchung beenden, gegebenenfalls eine Beurteilung der fraglichen Vereinbarung umfassen und die Beschwerdeführer daran hindern, eine Wiederaufnahme des Verfahrens zu verlangen.[419] Der Beschluss der Kommission, das Verfahren einzustellen, beeinträchtigt die **178**

---

[414] Siehe hierzu *Grabitz/Hilf/Nettesheim-Dörr,* Rdnr. 50 zu Art. 263 AEUV.

[415] EuGH U. v. 23.10.1974, Rs 17/74, Slg. 1974, 1063, 1082 – *Transocean Marine Paint/Komm.* (zu einer Freistellungsentscheidung nach Art. 85 EWGV (jetzt Art. 101 AEUV) mit Bedingung/Auflage).

[416] EuGH U. v. 31.3.1993, verb. Rs 89, 104, 114, 116, 117, 125, 126/85, Slg. 1993, I-1307, Rdnr. 181 – *Ahlström u. a./Komm.;* mit Verweis auf EuGH U. v. 6.3.1974, verb. Rs 6 u. 7/73, Slg. 1974, 223 – *Commercial Solvents/Komm.*

[417] EuG U. v. 11.7.2007, Rs T-170/06, Slg. 2007, II-2601, Rdnr. 39, 40, 155, 203 – *Alrosa/Komm.;* EuGH U. v. 29.6.2010, Rs C-441/07, Slg. 2010, I-5949, Rdnr. 85–94 – *Alrosa/Komm.; Immenga/Mestmäcker-Ritter,* EU Wettbewerbsrecht, 5. Aufl. 2012, Art. 9 VO Nr. 1/2003 Rdnr. 24. Die Literatur betont aber, dass das betroffene Unternehmen selten einen Klagegrund gemäß Art. 263 Abs. 2 AEUV haben wird. Insbesondere Verfahrensfehler kämen in Betracht, aber nicht Bedenken in Bezug auf die Reichweite der Verpflichtungserklärungen, vgl. *Loewenheim/Meessen/Riesenkampff-Anweiler,* Kartellrecht, 2. Aufl. 2009, Art. 9 VO Nr. 1/2003 Rdnr. 39 (*„in der Regel"* kein erfolgreicher Rechtsschutz des betroffenen Unternehmens); *Grabitz/Nettesheim/Hilf-Dalheimer,* Art. 9 VO Nr. 1/2003 Rdnr. 17; *Busse/Leopold,* WuW 2005, 146, 153 f.

[418] Siehe „Frequently Asked Questions" zu settlements, verfügbar auf der homepage der DG Comp: „Does a settlement decision imply that a company who accepted to acknowledge its participation to an infringement of Community law will not make an appeal to the Court of first instance? No. A company who is the subject of an antitrust decision after a settlement with the Commission can still appeal the Commission Decision to the Court of First Instance."

[419] EuGH B. v. 24.4.1996, Rs C-19/93 P, Slg. 1996, I-1997, Rdnr. 49 – *Rendo/Komm.*; mit Verweis auf EuGH U. v. 17.11.1987, Rs 142 u. 156/84, Slg. 1967, 75 – *BAT/Komm. u. Philip Morris.*

Rechtsstellung des Wettbewerbers.[420] Die **Verfahrenseinstellung** stellt deshalb grundsätzlich einen anfechtbaren Rechtsakt dar. Ein Organ, das die Befugnis hat, eine Zuwiderhandlung festzustellen und das von dem einzelnen mit einer Beschwerde betraut werden kann, trifft notwendigerweise eine Maßnahme, die Rechtswirkungen erzeugt, wenn es eine Untersuchung, die aufgrund der Beschwerde eingeleitet wurde, einstellt.[421] Fraglich ist nur, wann eine solche Einstellungsverfügung vorliegt. Vor diesem Hintergrund ist anhand der Umstände des Einzelfalls zu prüfen, inwieweit die angefochtene Maßnahme abschließend ist. Sind noch kein ausdrücklicher Hinweis auf Verfahrenseinstellung[422] und keine Fristsetzung zur Stellungnahme im Sinne von Art. 6 VO Nr. 2842/98 ergangen, so liegt noch kein anfechtbarer Rechtsakt vor.[423]

179 Die **Mitteilung** der Kommission an ein Unternehmen, im Hinblick auf eine durch Beschwerde gerügte Verletzung von Art. 106 AEUV **kein Vertragsverletzungsverfahren gegen einen Mitgliedstaat einzuleiten,** erzeugt keine verbindlichen Rechtswirkungen für das Unternehmen und stellt daher keine mit einer Nichtigkeitsklage anfechtbare Handlung dar. Selbst das unmittelbare und individuelle Interesse des betroffenen Unternehmens an der Nichtigerklärung des Beschlusses berechtigt nach dem Urteil des Gerichtshofs im Verfahren *max mobil/Komm.* nicht zur Anfechtung.[424]

180 Der Hauptgrund für diese zunächst etwas überraschende Entscheidung des Gerichtshofs liegt allerdings in der Besonderheit der Vorschrift des Art. 106 AEUV, welcher der Kommission ein sehr weites Ermessen bei der Entscheidung darüber einräumt, ob und in welcher Weise sie gegen einen Mitgliedstaat vorgeht. Das Unternehmen hat nach dieser Vorschrift keinen Anspruch auf ein Tätigwerden der Kommission. Daher berührt das Ablehnen des Tätigwerdens seitens der Kommission das Unternehmen nicht in seiner Rechtsstellung. Deshalb liegt kein anfechtbarer Rechtsakt vor. Anderes gilt bei den Vorschriften der Art. 101, 102 AEUV oder Art. 107, 108 AEUV: dort hat ein beschwerdeführendes Unternehmen zumeist Anspruch auf eine Befassung der Kommission mit der gerügten Wettbewerbsverletzung. Aus diesem Grunde ist große Vorsicht geboten, die im Urteil *max mobil* niedergelegten Erwägungen zu verallgemeinern und auf jedes **Zurückweisen einer Beschwerde** anzuwenden.

181 Wird eine **Beschwerde zu den Akten** gelegt, handelt es sich um eine endgültige Stellungnahme, die – soweit die Art. 101, 102, 107 oder 108 AEUV berührt sind – die Rechtsstellung des beschwerdeführenden Unternehmens berührt und daher einen anfechtbaren Rechtsakt darstellt. Hat die Kommission hingegen deutlich zum Ausdruck gebracht, dass ihre Schlussfolgerungen vorbehaltlich zusätzlicher Ausführungen der Parteien gelten, so liegt nur eine vorbereitende Stellungnahme vor, die keinen anfechtbaren Rechtsakt darstellt.[425]

182 Die **Ablehnung** und der **Erlass vorläufiger Maßnahmen** sind anfechtbare Rechtsakte. Seitdem der Gerichtshof in der Rechtssache *Camera Care*[426] entschieden hat, dass die Kommission auf der Grundlage der Vorgängervorschrift des Art. 7 VO Nr. 1/2003 auch zum Erlass einstweiliger Maßnahmen berechtigt ist, steht einem Unternehmen, das bei der Kommission einen Antrag auf einstweiligen Rechtsschutz gestellt und die Kommission diesen Antrag abgelehnt hat, dagegen der Klageweg offen.[427]

183 Hat die Kommission jedoch den Erlass einstweiliger Maßnahmen nicht explizit abgelehnt, sondern dem Antragsteller lediglich mitgeteilt, mit den beantragten Maßnahmen sei

---

[420] EuG U. v. 18.11.1992, Rs T-16/91, Slg. 1992, II-2417, Rdnr. 51 f. – *Rendo/Komm.*

[421] EuGH U. v. 16.6.1994, Rs C-39/93 P, Slg. 1994, I-2681, Rdnr. 27 – *SFEI/Komm.;* EuG U. v. 17.11.1987, Rs 142 u. 156/84, Slg. 1967, 75 – *BAT/Komm. u. Philip Morris;* ebenso in EuGH B. v. 24.4.1996, Rs C-19/93 P, Slg. 1996, I-1997, Rdnr. 27 – *Rendo/Komm.*

[422] Vgl. dazu EuGH U. v. 28.3.1985, Rs 298/83, Slg. 1985, 1105 – *CICCE/Komm.*

[423] EuG U. v. 10.7.1990, Rs T-64/89, Slg. 1990, II-367, Rdnr. 55/56 – *Automec/Komm*

[424] EuGH U. v. 22.02.2005, Rs C-141/02 P, Slg. 2005, I-1283, Rdnr. 70 – *max.mobil/Komm.*

[425] EuGH U. v. 16.6.1994, Rs C-39/93 P, Slg. 1994, I-2681, Rdnr. 28 und 30 – *SFEI/Komm.*

[426] EuGH B. v. 17.1.1980, Rs 792/79, Slg. 1980, 119, Rdnr. 21 – *Camera Care/Komm.*

[427] So bereits in EuGH B. v. 17.1.1980, Rs 792/79, Slg. 1980, 119, Rdnr. 21 – *Camera Care/Komm.;* EuG B. v. 24.1.1992, Rs T-44/90, Slg. 1992, II-1, Rdnr. 28 – *La Cinq/Komm.*

nicht so bald zu rechnen, so ist dagegen kein einstweiliger Rechtsschutz nach Art. 278/279 AEUV gegeben. Dies wurde insbesondere mit der Zuständigkeitsverteilung zwischen der Kommission und dem Gericht(shof) begründet.[428] Das Gericht ist nicht befugt, der Kommission aufzugeben, über den Antrag neu zu bescheiden, bevor die Handlung, mit der Rechtsschutz abgelehnt wurde, aufgehoben worden ist.[429]

Unternehmen, gegenüber denen die Kommission einstweilige Maßnahmen erlassen hat, können gegen diese im Wege der Nichtigkeitsklage vorgehen. Wird ein ablehnender bzw. gewährender Beschluss über einstweiligen Rechtsschutz durch die Kommission im Wege der Nichtigkeitsklage angefochten, ist von den Unternehmen zu beachten, dass diese Klage keine aufschiebende Wirkung hat, so dass gleichzeitig ein Antrag auf einstweiligen Rechtsschutz gemäß Art. 278 AEUV beim Gericht zu stellen ist.[430] Sofern das Gericht diesem Antrag stattgibt, erübrigt sich *de facto* häufig eine Entscheidung in der Hauptsache, weil die Verfahrensdauer der Nichtigkeitsklage den Zeitraum übersteigt, den die Kommission benötigt, um den mit der einstweiligen Maßnahme geregelten Sachverhalt endgültig zu entscheiden. Die Nichtigkeitsklage wird dann für erledigt zu erklären sein. 184

Die **formellen Beschlüsse** der Kommission im Rahmen der **Ermittlungen** im Verwaltungsverfahren sind anfechtbare Rechtsakte, wenngleich sie nur der Vorbereitung des endgültigen Beschlusses der Kommission dienen. Da das **Auskunftsverlangen** durch formellen Beschluss geeignet ist, die Rechtsstellung des betroffenen Unternehmens zu beeinträchtigen, ist der Beschluss ein anfechtbarer Rechtsakt.[431] Gleiches gilt für den formellen Beschluss über die **Nachprüfung,**[432] jedoch können die im Rahmen einer Nachprüfung erstellten Protokolle nicht als anfechtbare Akte angesehen werden.[433] Die **Verhängung eines Zwangsgeldes** ist ein Rechtsakt, durch welchen in die Rechtsstellung des Unternehmens eingegriffen wird, und ist somit als anfechtbarer Rechtsakt anzusehen.[434] 185

Ob die **Verweisung** eines Verfahrens **an die nationalen Kartellbehörden** im Rahmen der **Fusionskontrolle** gemäß Art. 9 FKVO anfechtbar ist, war lange Zeit umstritten. *Wagemann*[435] tendierte wohl zur Ablehnung eines Klagerechts der beteiligten Unternehmen sowie Dritter, da die Verweisung lediglich an die zuständige Behörde des Mitgliedstaats adressiert ist und sich die Anwendung von Art. 9 FKVO grundsätzlich nur auf das Verhältnis zwischen Kommission und Mitgliedstaat bezieht. Das Gericht hat aber inzwischen entschieden, dass ein am Fusionskontrollverfahren beteiligtes Unternehmen durch die Verweisungsentscheidung in seiner Rechtsstellung berührt ist; daher handelt es sich bei der 186

---

[428] EuG B. v. 6.12.1989, Rs T-131/89 R, Slg. 1990, II-1, Rdnr. 12 – *Cosimex/Komm.*

[429] EuG B. v. 6.12.1989, Rs T-131/89 R, Slg. 1990, II-1, Rdnr. 13 – *Cosimex/Komm.*

[430] EuGH B. v. 6.9.1982, Rs 228/82 R, Slg. 1982, 1129 – *Ford/Komm.;* EuG B. v. 21.5.1990, Rs T-23/90 R, Slg. 1990, II-195 – *Peugeot/Komm.*

[431] EuG v. 9.11.1994, Rs T-46/92, Slg. 1994, II-1039, Rdnr. 13 – *Scottish Football Ass/Komm.;* EuG U. v. 8.3.1995, Rs T-34/93, Slg. 1995, II-545 – *Société Générale/Komm.*

[432] EuGH U. v. 21.9.1989, verb. Rs C-46/87 und 227/88, Slg. 1989, 2859, Rdnr. 29 – *Hoechst/Komm.;* EuGH U. v. 18.5.1982, Rs 155/79, Slg. 1982, 1575 – *AM&S;* EuGH U. v. 24.6.1986, Rs C-53/85, Slg. 1986, 1965, Rdnr. 17f. – *AKZO/Komm.*

[433] EuG U. v. 9.6.1997, Rs T-9/97, Slg. 1997, II-909, Rdnr. 19 und 26 – *Elf Atochem/Komm.*

[434] EuG U. v. 27.6.2012, Rs T 167/08, ECLI:EU:T:2012:323, Rdnr. 82ff. – *Microsoft/Komm.* Die Kommission hatte gegen *Microsoft* ein Zwangsgeld in Höhe von 889 Millionen Euro verhängt, da das Unternehmen seine marktbeherrschende Stellung nach Abstellungsverfügung und Bebußung weiterhin missbrauchte. Es gewährte seinen Wettbewerbern keinen angemessenen Zugang zu sog. Interoperabilitätsinformationen. Das Gericht bestätigte die Entscheidung der Kommission. Lediglich die Höhe des Zwangsgeld senkte es von 889 Millionen Euro auf 860 Millionen Euro ab, vgl. Rdnr. 232. Grund der Absenkung war, dass die Kommission *Microsoft* bis 17.9.2007 erlaubt hatte, *Open Source* Produkte eingeschränkt zu vertreiben. EuGH U. v. 21.9.1989, verb. Rs C-46/87 und 227/88, Slg. 1989, 2859, Rdnr. 29 – *Hoechst/Komm.*

[435] S. Vorauflage § 17 Rdnr. 208.

Verweisungsentscheidung um einen anfechtbaren Rechtsakt.[436] Denn die Verweisungsentscheidung bewirkt, dass anstelle der Kommission nationale Wettbewerbsbehörden über den Fall entscheiden. Damit werden dem Unternehmen die unmittelbare Anwendung der FKVO und die darin vorgesehenen Verfahrensrechte zugunsten Dritter sowie die im AEUV vorgesehenen Rechtsschutzmöglichkeiten genommen. Diese Wirkung ist als unmittelbar anzusehen: die Verweisungsentscheidung erfordert keine zusätzlichen Durchführungsmaßnahmen, um wirksam zu werden. Da die Entscheidung das Unternehmen außerdem ebenso berührt, wie es von der Genehmigungsentscheidung berührt worden wäre, wenn die Verweisung nicht erfolgt wäre, liegt auch eine individuelle Betroffenheit des Unternehmens vor. Für den umgekehrten Fall – die Kommission lehnt den Antrag eines Mitgliedstaates auf Verweisung ab – ist in Art. 9 Abs. 9 FKVO ausdrücklich erwähnt, dass der Mitgliedstaat dagegen vor dem Gerichtshof Klage erheben und insbesondere die Anwendung des Artikels 279 AEUV beantragen kann.

187 **Beschlüsse nach Art. 105 Abs. 2 AEUV,** aufgrund derer die Kommission das Vorliegen einer Zuwiderhandlung gegen Art. 101 oder 102 AEUV feststellt, sind ebenfalls als anfechtbare Rechtsakte anzusehen. Denn wenngleich die Kommission in diesem Beschluss die Mitgliedstaaten ermächtigt, die erforderlichen Abhilfemaßnahmen zu treffen, legt sie deren Bedingungen und Einzelheiten fest (Art. 105 Abs. 2 letzter Satz AEUV), lässt also dem Mitgliedstaat – anders als nach Art. 106 Abs. 3 AEUV – kein Ermessen bei der Durchführung. Damit ist der Beschluss eine endgültig abschließende Handlung, aufgrund dessen sich auch unmittelbar Rechtswirkungen entfalten.

188 In Ausnahmefällen kann sogar das **Schweigen eines Organs** eine anfechtbare Handlung darstellen, nämlich dann, wenn das Organ zur Stellungnahme aufgefordert worden ist und die Frist abläuft, ohne dass sich das Organ geäußert hat und das Schweigen einer Entscheidung durch eine unionsrechtliche Vorschrift ausdrücklich gleichgesetzt ist[437] – sonst kommt nicht die Anfechtungsklage, sondern ggf. die Untätigkeitsklage in Betracht. Grundsätzlich kann nämlich das bloße Schweigen eines Unionsorgans nicht mit einer stillschweigenden Ablehnung gleichgesetzt werden. So bedeutet beispielsweise die stillschweigende Nichtzahlung von Zinsen (ohne auf die ausdrücklich erhobene Forderung weiter einzugehen) keine stillschweigende Entscheidung über die Ablehnung des Antrags.[438]

189 *b) Nicht anfechtbare Maßnahmen.* Besteht ein Verwaltungsverfahren aus mehreren Phasen, ist grundsätzlich nur der abschließende Rechtsakt gerichtlich anfechtbar.[439] Keine anfechtbaren Rechtsakte sind daher die Maßnahmen und Handlungen oder Beschlüsse, die nur vorbereitenden Charakter haben (Ausnahmen s. oben Rdnr. 183), denn deren Rechtswidrigkeit kann im Rahmen einer gegen den abschließenden Rechtsakt gerichteten Klage geltend gemacht werden.[440] Angefochten werden können nur solche Handlungen, die bindende rechtliche Wirkungen in einer Weise entfalten, dass sie die Interessen beeinträchtigen, indem sie die **rechtliche Situation des Betroffenen spürbar verändern**.[441] Zudem kann ein Rechtsschutzinteresse nur bestehen, wenn die Nichtigerklärung der (vorbereitenden) Handlung als solche Rechtswirkungen zeitigen kann.[442]

---

[436] EuG U. v. 3.4.2003, Rs T-119/02, Slg. 2003, II-1433 Rdnr. 286 f., 297 – *Royal Philips Electronics/Komm.;* vgl. auch EuG U. v. 30.9.2003, Rs T-346 & 347/02, Slg. 2003, II-4251, Rdnr. 53 ff.– *Cableuropa SA u. a./Komm.*

[437] EuG U. v. 13.12.1999, verb. Rs T-189/95, T-39/96 und T-123/96, Slg. 1999, II-3587, Rdnr. 27 – *SGA/Komm.*

[438] EuGH U. v. 9.12.2004, Rs C-123/03 P, Slg. 2004, I-11647, Rdnr. 45 – *Komm./Greencore Group.*

[439] EuG U. v. 17.2.2000, Rs T-241/97, Slg. 2000, II-309, Rdnr. 49 – *Storck/Komm.;* ebenso EuG B. v. 31.1.2006, Rs T-48/03, Slg. 2006, II-111 – *Schneider Electric/Komm. (Schneider III).*

[440] EuGH U. v. 11.11.1981, Rs C-60/81, Slg. 1981, 2639, Rdnr. 10–12 – *IBM/Komm.*

[441] St. Rspr., vgl. EuG B. v. 31.1.2006, Rs T-48/03, Rdnr. 44 mwN – *Schneider Electric/Komm. (Schneider III).*

[442] EuGH U. v. 24.6.1986, Rs 53/85, Slg. 1986, 1965, Rdnr. 21 – *Akzo Chemie/Komm.*

So stellt die **Einleitung des Verwaltungsverfahrens** gemäß Art. 2 Abs. 1 VO Nr. 773/2004 keinen anfechtbaren Akt dar. Etwas anderes gilt hingegen im Bereich des Beihilferechts bezüglich der Eröffnung eines Hauptprüfverfahrens nach Art. 108 Abs. 2 AEUV: wegen der Sperrwirkung des Art. 108 Abs. 3 Satz 3 AEUV dürfen während der Dauer des Prüfungsverfahrens die Beihilfen nicht ausgezahlt werden; dadurch wird die Rechtsstellung von Mitgliedstaat und Unternehmen berührt,[443] sofern die Beihilfe nicht schon gewährt worden ist und die Maßnahme daher keine eigenständige Rechtswirkung entfalten kann.[444] 190

Die **Mitteilung der Beschwerdepunkte** gemäß Art. 10 Abs. 1 VO Nr. 773/2004 stellt ebenfalls grundsätzlich keinen anfechtbaren Rechtsakt dar.[445] Der Gerichtshof verweist die Unternehmen auf eine Klage gegen den abschließenden Rechtsakt der Kommission. Die Mitteilung der Beschwerdepunkte verpflichtet die betroffenen Unternehmen nicht, ihre Geschäftspraktiken zu ändern, sie bewirkt selbst auch nicht den Entzug der Bußgeldimmunität. Eine Klagemöglichkeit zu diesem Zeitpunkt würde die Verteilung der Aufgaben zwischen Verwaltung und Gerichtsbarkeit beeinträchtigen. Deshalb ist weder die Mitteilung der Beschwerdepunkte noch die Einleitung des Verfahrens anfechtbar.[446] Allerdings lässt das Gericht erkennen, dass eine Anfechtung zulässig sein könnte bei Vorliegen „außergewöhnlicher Umstände" oder sofern die Mitteilung „die Rechtswidrigkeit gewissermaßen auf der Stirn trägt".[447] Bisher hat das Gericht jedoch noch in keinem Fall diese Voraussetzung für gegeben angesehen. Gleiches gilt für den Beschluss der Kommission, im Rahmen der Kontrolle eines Fusionsvorhaben die **Phase der eingehenden Prüfung (Phase II)** einzuleiten.[448] 191

Bei dem Beschluss der Kommission, Unternehmen die **Akteneinsicht zu verweigern,** ist im einzelnen festzustellen, ob diese Entscheidung abschließenden Charakter hat oder aber eine Zwischenverfügung im Rahmen des Verwaltungsverfahrens – also eine reine Vorbereitungshandlung – darstellt. Nur im erstgenannten Fall handelt es sich um einen anfechtbaren Rechtsakt, anderenfalls können die Unternehmen diesen Mangel erst im Rahmen einer Anfechtungsklage gegen die abschließende Entscheidung geltend machen.[449] 192

In der Entscheidung *Verein für Konsumenteninformation/Kommission*[450] hat das Gericht die Ablehnung einer Akteneinsicht als anfechtbaren Rechtsakt angesehen. Der österreichische *Verein für Konsumenteninformation* hatte bei der Kommission einen Antrag auf Einsicht in die Akten eines abgeschlossenen Kartellverfahrens gegen eine Gruppe von österreichischen Banken gestellt, um gegen eine dieser Banken gerichtlich vorgehen zu können. Die daraufhin ergangene vollumfänglich ablehnende Entscheidung der Kommission wurde vom Gericht im Rahmen eines Anfechtungsverfahrens gem. Art. 263 AEUV aufgehoben. Das Gericht begründete seine Entscheidung damit, dass der *Verein für Konsumenteninformation* gemäß Art. 2 VO Nr. 1049/2001 ein grundsätzliches Recht auf Akteneinsicht habe. Die Kommission wäre verpflichtet gewesen, die Akten einer spezifischen, d. h. konkreten und 193

---

[443] EuGH U. v. 30.6.1992, Rs C-312/90, Slg. 1992, I-17 – *Spanien/Komm.;* EuGH U. v. 30.6.1992, Rs C-47/91, Slg. 1992, I-4145 – *Italien/Komm.*

[444] EuG U. v. 16.10.2014, Rs T-129/13, ECLI:EU:T:2014:895, Rdnr. 27 ff., 37 – *AlpiqRom Industries/Komm.*

[445] EuGH U. v. 11.11.1981, Rs C-60/81, Slg. 1981, 2639, Rdnr. 21 – *IBM/Komm.;* EuG U. v. 18.12.1992, verb. Rs T-10, 11, 12 und 15/92, Slg. 1992, II-1571, Rdnr. 28 – *CBR/Komm.*

[446] EuGH U. v. 11.11.1981, Rs C-60/81, Slg. 1981, 2639, Rdnr. 19–21 – *IBM/Komm.*

[447] EuG U. v. 18.12.1992, verb. Rs T-10, 11, 12 und 15/92, Slg. 1992, II-1571, Rdnr. 47 – *CBR/Komm.*

[448] EuG B. v. 31.1.2006, Rs T-48/03, Slg. 2006, II-111,Rdnr. 45 mwN – *Schneider Electric/Komm. (Schneider III).*

[449] EuG U. v. 18.12.1992, verb. Rs T-10, 11, 12 und 15/92, Slg. 1992, II-1571, Rdnr. 28–36 – *CBR/Komm.*

[450] EuG U. v. 13.4.2005, Rs T-2/03, Slg. 2005, II-1121, Rdnr. 92 ff. – *Verein für Konsumenteninformation/Komm.*

individuellen Prüfung zu unterziehen, ob eine der in Art. 4 Transparenz-VO Nr. 1049/2001 genannten Ausnahmen vorliegt, die eine Verweigerung der Akteneinsicht rechtfertigen kann. Eine nur pauschale Ablehnung des Antrags auf Akteneinsicht dagegen sei nicht ausreichend, um dem Antragsteller sein grundsätzliches Recht auf Akteneinsicht nicht zu gewähren.

194 Es ist zu beachten, dass das Urteil des Gerichts in der Rechtssache *Verein für Konsumenteninformation/Kommission* sich **nicht auf die Verfahrensrechte der Unternehmen im Rahmen der VO Nr. 1/2003** bezieht, sondern auf den Anspruch Dritter auf Akteneinsicht hinsichtlich abgeschlossener Verfahren, der durch Art. 4 Transparenz-VO Nr. 1049/2001 begründet wird. Die Rechtsstellung eines Unternehmens im Verwaltungsverfahren bestimmt somit auch, ob die Entscheidung, Akteneinsicht zu verweigern, einen anfechtbaren Rechtsakt darstellt oder nicht. Ist das Unternehmen am Verwaltungsverfahren aktiv beteiligt und stellt die Verweigerung der Akteneinsicht durch die Kommission nur eine Vorbereitungshandlung dem Unternehmen gegenüber dar, so ist diese Ablehnung kein anfechtbarer Rechtsakt. Das Unternehmen muß die Verfahrensverletzung im Klageverfahren gegen die das Verfahren abschließende Entscheidung rügen. Stellt die Ablehnung der Akteneinsicht gegenüber dem Unternehmen jedoch die einzige und die Rechtsstellung des Unternehmens berührende Handlung der Kommission dar, so handelt es sich um einen anfechtbaren Rechtsakt, und die dagegen gerichtete Klage ist zulässig. Bedeutung hat die gerichtliche Überprüfung von Entscheidungen zur Akteneinsicht daher vor allem gegenüber Privatklägern bei der Vorbereitung von Schadensersatzklagen wegen Verstößen gegen Art. 101 AEUV.[451]

195 Auch eine abschließende Äußerung der Kommission zu einem Sachverhalt kann ausnahmsweise keinen anfechtbaren Rechtsakt darstellen. Das galt etwa für **Comfort Letters.** Die fehlende Bindungswirkung hatte zur Folge, dass die nationalen Gerichte nicht an einer anderen Beurteilung der Verhaltensweisen gehindert waren. Deshalb war ein solches Verwaltungsschreiben insbesondere von Wettbewerbern – sofern sie überhaupt von der Existenz eines solchen Comfort Letters Kenntnis erlangen – nicht anfechtbar. Diese Erwägungen dürften entsprechend für rechtlich nicht verbindliche Äußerungen der Kommission gelten, wie sie beispielsweise nach Maßgabe der Bekanntmachung der Kommission über Beratungsschreiben an Unternehmen[452] und in Verfahren vor nationalen Gerichten Verwendung finden können.[453]

196 Gegen die **Weiterleitung** von im Ermittlungsverfahren der Kommission mitgeteilten Unterlagen an Dritte kann das betreffende Unternehmen die Anfechtungsklage nach Art. 263 AEUV erheben. Zwar stellt die Weiterleitung an sich eine tatsächliche Handlung dar; diese Handlung bedeutet jedoch gleichzeitig die Durchführung einer Entscheidung, die ihrerseits anfechtbar ist,[454] da den Unternehmen hierdurch der vom Unionsrecht vorgesehene Schutz des Geschäftsgeheimnisses verweigert wird.[455] Allerdings ist nicht bereits die bloße Mitteilung der Kommission, dass sie den Standpunkt des Unternehmens zu den dem Geschäftsgeheimnis unterfallenden Schriftstücken nicht teile, selbständig anfechtbar, da allein durch diese Mitteilung die betreffenden Unterlagen noch nicht weitergeleitet werden.[456]

---

[451] Dazu EuGH U. v. 15.12.2011, Rs T-437/08, Slg. 2011, II-8251 – *CDC Hydrogene Peroxide/Komm.;* EuG U. v. 22.5.2012, Rs T-344/08, ECLI:EU:T:2012:242 – *EnBW/Komm.;* EuG U. v. 13.9.2013, Rs T-380/08, ECLI:EU:T:2013:480 – *Königreich der Niederlande (Bitumen)/Komm.;* EuGH U. v. 27.2.2014, Rs C-365/12 P ECLI:EU:C:2014:112 – *EnBW/Komm.*

[452] Siehe dazu die Bekanntmachung der Kommission über informelle Beratung bei neuartigen Fragen zu den Artikeln 81 und 82 des Vertrages, die in Einzelfällen auftreten (Beratungsschreiben), ABl. 2004 C 101/78 v. 27.4.2004.

[453] Siehe dazu die Bekanntmachung der Kommission über die Zusammenarbeit zwischen der Kommission und den Gerichten der EU-Mitgliedstaaten bei der Anwendung der Artikel 81 und 82 des Vertrags, ABl. 2004 C 101/54 v. 27.4.2004.

[454] EuGH U. v. 24.6.1986, Rs 53/85, Slg. 1986, 1965, Rdnr. 17 f. – *Akzo Chemie/Komm.*

[455] EuGH U. v. 24.6.1986, Rs 53/85, Slg. 1986, 1965, Rdnr. 18 – *Akzo Chemie/Komm.*

[456] EuG U. v. 2.5.1997, Rs T-90/96, Slg. 1997, II-663, Rdnr. 33 bis 37 – *Peugeot/Komm.*

Zahlungsaufforderungen der Kommission im Kartellverfahren sind Aufforderungen zur Befolgung eines früheren Beschlusses und stellen daher allenfalls Vorbereitungsmaßnahmen für eine spätere Vollstreckung dar. Damit haben sie keine verbindliche Rechtswirkung und sind nicht anfechtbar.[457] Anfechtbar ist dagegen eine **Aufrechnung** der Kommission.[458]

c) Bestätigung eines früheren Rechtsaktes. Nach ständiger Rechtsprechung sind Klagen gegen Beschlüsse, die lediglich eine zu einem früheren Zeitpunkt erlassenen Rechtsakt bestätigen, nicht zulässig – insbesondere wenn die Klagefrist bzgl. des ersten Rechtsaktes bereits abgelaufen ist.[459] Ein Unternehmen kann die Klagefrist nicht dadurch erneut in Gang setzen, dass es das Unionsorgan ersucht, einen Beschluss, der unverkennbar Rechtswirkungen zur Folge hat und seine Interessen berührt und für es verbindlich ist, rückgängig zu machen, und gegen die darauf erlassene Ablehnungsentscheidung, die den früheren Rechtsakt lediglich bestätigt, Klage erhebt.[460] Bei der Frage, ob es sich um eine bloße Bestätigung eines früheren Rechtsaktes oder aber um eine neue Handlung i. S. v. Art. 263 Abs. 4 AEUV handelt, ist vor allem darauf abzustellen, ob die angefochtene Maßnahme eine eigenständige Beschwer bzw. neue rechtliche Gesichtspunkte enthält.[461] Die Klage ist gegen den ursprünglichen Rechtsakt zu richten, auch wenn dieser nach der Aufforderung, diesen zurückzunehmen, von der Kommission bestätigt wird.[462] Nach gefestigter Rechtsprechung eröffnet eine Rechtshandlung, mit der lediglich eine frühere Rechtshandlung bestätigt wird, den Beteiligten nicht die Möglichkeit, die Rechtmäßigkeit des bestätigten Aktes erneut in Frage zu stellen.[463] 197

3. Inexistente Akte. Grundsätzlich geht das Unionsrecht davon aus, dass auch rechtswidrige Akte bis zu ihrer Nichtigkeitsfeststellung durch das Gericht gültig sind und Rechtswirkungen erzeugen. Die Gerichte gehen insoweit von einer **Vermutung der Gültigkeit** 198

---

[457] *Grabitz/Hilf/Nettesheim-Dörr,* Rdnr. 43 zu Art. 263 AEUV; EuGH U. v. 6.12.2007, Rs C-516/06 P, Slg. 2007, I-10 685 Rdnr. 29–33 – *Ferriere Nord/Komm.*

[458] *Grabitz/Hilf/Nettesheim-Dörr,* Rdnr. 43 zu Art. 263 AEUV; EuG U. v. 8.10.2008, Rs T-122/06, Slg. 2008 II-2010 Rdnr. 46 – *Helkon Media/Komm:* „Nach der Rechtsprechung stellt eine Handlung, mit der die Kommission eine außergerichtliche Aufrechnung von Schulden und Forderungen erklärt, die auf verschiedenen Rechtsbeziehungen zur selben Person bestehen, eine anfechtbare Handlung im Sinne von Art. 230 EG dar (vgl. in diesem Sinne Urteil des Gerichtshofs vom 10. Juli 2003, Kommission/CCRE, C-87/01 P, Slg. 2003, I-7617, Randnr. 45). Im Rahmen eines solchen Verfahrens obliegt es dem EuG die Rechtmäßigkeit einer Aufrechnungsentscheidung im Hinblick auf deren Wirkungen im Zusammenhang mit der unterbliebenen tatsächlichen Zahlung der streitigen Beträge an die Klägerin zu prüfen."

[459] Vgl. EuGH U. v. 11.1.1996, Rs C- 480/93 P, Slg. 1996, I-1, Rdnr. 14 – *Zunis Holding/Komm.;* EuG U. v. 14.7.1995, Rs T-275/94, Slg. 1995, II-2169, Rdnr. 28–32 – *Cartes bancaires;* EuGH B. v. 21.11.1990, Rs C-12/90, Slg. 1990, I-4265, Rdnr. 10 – *Infortec/Komm.;* mit Verweis auf die st. Rspr.: EuGH U. v. 15.12.1988, verb. Rs 166/86 u. 220/86, Slg. 1988, 6473 – *Irish Cement/Komm.;* EuG U. v. 10.7.1997, Rs T- 227/95, Slg. 1997, II-1185, Rdnr. 29 – *AssiDomän u. a./Komm.*

[460] EuG U. v. 15.3.1995, Rs T-514/93, Slg. 1995, II-621, Rdnr. 44 – *Cobrecaf/Komm.;* mit Verweis auf EuGH U. v. 15.12.1988, verb. Rs 166/86 u. 220/86, Slg. 1988, 6473, Rdnr. 16 – *Irish Cement/Komm.,* sowie EuGH U. v. 25.5.1993, Rs C-199/91, Slg. 1993, I-2667, Rdnr. 23 f. – *Foyer Culturel du Sart-Tilman.*

[461] EuG U. v. 14.7.1995, Rs T-275/94, Slg. 1995, II-2169, Rdnr. 28–32 – *Cartes bancaires;* vgl. aber EuG U. v. 10.7.1997, Rs T- 227/95, Slg. 1997, II-1185, Rdnr. 29 ff., insbes. Rdnr. 33 – *AssiDomän u. a./Komm.,* mit Verweis auf EuGH U. v. 26.4.1988, verb. Rs 97, 99, 193 und 215/86, Slg. 1988, 2181, Rdnr. 8 und 32 f. – *Asteris u. a./Komm.*

[462] EuG U. v. 24.3.1994, Rs T-3/93, Slg. 1994, II-121, Rdnr. 68 – *Air France;* mit Verweis auf EuGH U. v. 11.1.1996, Rs C- 480/93 P, Slg. 1996, I-1, Rdnr. 14 – *Zunis Holding/Komm.;* siehe auch EuG U. v. 20.6.2005, Rs T-351/02, Slg. 2005, II-1047 – *Deutsche Bahn/Komm.,* wo die Kommission auf nochmalige Aufforderung des Unternehmens ihre früher geäußerte Rechtsauffassung nochmals bestätigte, um allerdings in einem weiteren Schreiben zu versuchen, das ursprüngliche Schreiben zurückzunehmen.

[463] Siehe EuGH U. v. 17.7.1959, verb. Rs 32 und 33/58, Slg. 1959, 287 – *SNUPAT/Hohe Behörde.*

der Rechtsakte der Unionsorgane aus.[464] Handelt es sich aber um einen Rechtsakt, der „mit besonders schweren und offensichtlichen Fehlern behaftet ist", der also quasi die Nichtigkeit „auf der Stirn trägt", so kann der Unionsrichter dessen Inexistenz feststellen.[465] Die Anfechtungsklage gemäß Art. 263 AEUV ist dann unzulässig.[466] Damit bliebe der Kläger ohne Rechtsschutzmöglichkeit, weil eine andere Klageart nicht in Betracht kommt. Da die Inexistenz des Rechtsaktes kaum angenommen werden kann, wird der Kläger zur Nichtigkeitsklage greifen und – bei Abweisung wegen Unzulässigkeit der Klage aufgrund der Nichtexistenz des Rechtsaktes – beantragen, dass der Kommission die Kosten nach Art. 135 Abs. 2 VerfO EuG auferlegt werden.

199 Der Gerichtshof hat allerdings in derselben Rechtssache klargestellt, dass aus Gründen der Rechtssicherheit die Feststellung der Inexistenz eines Rechtsaktes wegen der Schwere der damit verbundenen Folgen auf ganz außergewöhnliche Fälle zu beschränken ist.[467] Zuständigkeits- und Formfehler müssten besonders gravierend sein, um zur Inexistenz des Rechtsaktes zu führen, anderenfalls reiche es aus, dass der Rechtsakt wegen der Verletzung wesentlicher Formvorschriften[468] im Verfahren vor dem Gericht für nichtig erklärt wird.

200 **Checkliste der anfechtbaren Akte**

Anfechtbare Maßnahmen während des Verwaltungsverfahrens:

– vorläufige Anordnung nach Art. 8 Abs. 1 VO Nr. 1/2003
– Auskunftsverlangen gemäß Art. 18 VO Nr. 1/2003
– Beschluss über Duldung der Nachprüfung gemäß Art. 20 Abs. 4 VO Nr. 1/2003
– Beschluss zur Verhängung des endg. Zwangsgeldes gemäß Art. 24 VO Nr. 1/2003 (nicht: Androhung/Festsetzung „pro Tag").

Anfechtbare Rechtsakte zur Verfahrensbeendigung:[469]

– Feststellung einer Zuwiderhandlung/Untersagungsentscheidung gemäß Art. 7 VO Nr. 1/2003
– Beschluss gemäß Art. 9 Abs. 1 VO Nr. 1/2003, mit der Verpflichtungserklärungen eines Unternehmens für bindend erklärt werden
– Positiventscheidung nach Art. 10 VO Nr. 1/2003
– Bußgeldentscheidung gemäß Art. 23 VO Nr. 1/2003
– Entzug des Vorteils der Anwendung einer Gruppenfreistellungsverordnung gemäß Art. 29 VO Nr. 1/2003
– Einstellungsverfügung
– Freigabe oder Untersagung eines Zusammenschlusses nach der FKVO
– Verweisung des Verfahrens an einen Mitgliedstaat nach Art. 9 FKVO
– Beschlüsse der Kommission nach Art. 105 Abs. 2 AEUV.

---

[464] EuGH U. v. 15.6.1994, Rs C-137/92 P, Slg. 1994, I-2555, Rdnr. 48 – *Komm./BASF u. a.*

[465] EuG U. v. 27.2.1992, verb. Rs T-79/89, T-84/89 u. a., Slg. 1992, II-315, Rdnr. 68 ff. – *BASF u. a.*/Komm.

[466] EuG U. v. 27.2.1992, verb. Rs T-79/89, T-84/89 u. a., Slg. 1992, II-315, Rdnr. 101 – *BASF u. a./Komm.: „Die Klagen gegen einen inexistenten Rechtsakt sind als unzulässig abzuweisen."* Im Tenor wird neben der Unzulässigkeit der Klage die Inexistenz des Rechtsakts festgestellt, vgl. EuG U. v. 27.2.1992, verb. Rs T-79/89, T-84/89 u. a., Slg. 1992, II-315 – *BASF u. a./Komm.* Die Unzulässigkeit hat in der Regel zur Folge, dass der Kläger die Kosten tragen muss. Im Falle der Inexistenz des angefochtenen Rechtsaktes hat das Gericht im *PVC*-Verfahren (EuG U. v. 27.2.1992, verb. Rs T-79/89, T-84/89 u. a., Slg. 1992, II-315, Rdnr. 103 – *BASF u. a./Komm.*) entschieden, dass von dieser Regel eine Ausnahme zu machen ist, und hat nach Art. 87 § 3 VerfO EuG a. F. (jetzt Art. 135 VerfO EuG) der Kommission die Kosten auferlegt, mit der einzigen Begründung: „angesichts der Umstände". Art. 87 VerfO EuG a. F. lautete in der hier angewandten Passage: *„Das Gericht kann auch der obsiegenden Partei die Kosten auferlegen, die sie der Gegenpartei ohne angemessenen Grund oder böswillig verursacht hat."* Unter welche der beiden Varianten das Gericht subsumiert hat, bleibt offen.

[467] EuGH U. v. 15.6.1994, Rs C-137/92 P, Slg. 1994, I-2555, Rdnr. 50 – *Komm./BASF u. a.*

[468] S. zu den Klagegründen gem. Art. 263 AEUV unten Rdnr. 225 ff.

[469] Es sind auch die übrigen Durchführungsverordnungen des Rates, nicht nur die VO Nr. 1/2003, zu beachten.

Liste der nicht anfechtbaren Akte 201

- Zwischenbescheide über die vorläufige Beurteilung des Sachverhalts („mit Maßnahmen vorläufig nicht zu rechnen")
- einfaches Auskunftsbegehren nach Art. 18 Abs. 1 VO Nr. 1/2003
- einfache Nachprüfung nach Art. 20 VO Nr. 1/2003
- Mitteilung der Beschwerdepunkte nach VO Nr. 773/2004
- Mitteilung der Beschwerdepunkte/Eröffnung der Phase II nach FKVO[470]
- Mitteilung der Kommission, kein Vertragsverletzungsverfahren einzuleiten
- Stellungnahmen der Kommission vor nationalen Gerichten
- vorläufige Mitteilung nach Art. 7 Abs. 1 VO Nr. 1/2003
- Ablehnung der Akteneinsicht gegenüber am Verwaltungsverfahren beteiligten Unternehmen
- Ablehnung der Anhörung.

IV. Klagebefugnis

1. Allgemein. Hinsichtlich der Klagebefugnis muss zwischen den Klagen privilegierter Kläger nach Art. 263 Abs. 2 AEUV, teilprivilegierter Kläger in Art. 263 Abs. 3 AEUV und nicht privilegierten Klagen natürlicher oder juristischer Personen in Art. 263 Abs. 4 AEUV unterschieden werden. Von Bedeutung sind im Kartellrecht vor allem die nicht privilegierten Klagen nach Art. 263 Abs. 4 AEUV. 202

Die Zulässigkeit von Anfechtungsklagen wird durch Art. 263 (Abs. 4) AEUV geregelt. Art. 230 Abs. 4 EG unterschied noch zwischen Entscheidungen, die an den Kläger gerichtet sind und solchen, die an einen Dritten ergangen sind. Nunmehr differenziert Art. 263 Abs. 4 AEUV zwischen der Klagebefugnis des Adressaten, der Klagebefugnis bei unmittelbarer und individueller Betroffenheit sowie der Klagebefugnis bei Handlungen mit Verordnungscharakter. Jede natürliche oder juristische Person, die Adressat eines Beschlusses ist, kann „unter denselben Voraussetzungen" wie die Mitgliedstaaten – gemeint sind dabei die Klagegründe, nicht die Zulässigkeitsvoraussetzungen – gegen die an sie ergangenen Beschlüsse vorgehen. Sofern es um eine Klage gegen einen Rechtsakt mit Verordnungscharakter geht, muss dieser den Kläger unmittelbar betreffen und darf keine Durchführungshandlung nach sich ziehen. Auf das Merkmal der inviduellen Betroffenheit wurde verzichtet. 202a

Hinsichtlich Art. 263 Abs. 3 und Abs. 4 AEUV gilt das Folgende: 203

Mitgliedstaaten und Organe der EU sind „privilegierte" Kläger, die einen Rechtsakt nach Art. 263 AEUV vor dem Gerichtshof anfechten können, ohne dass dieser an sie gerichtet sein oder sie in irgendeiner Weise betreffen muss.[471] Privilegiert sind nur die Mitgliedstaaten, nicht jedoch Gebietskörperschaften oder Gliedstaaten, wie z. B. die deutschen Bundesländer oder andere politische Untereinheiten wie Schottland oder Wales.[472] In gleicher Weise können Mitgliedstaaten jedem Rechtsstreit vor dem Gerichtshof oder dem Gericht als Streithelfer beitreten; umgekehrt haben jedoch interessierte Dritte nicht das Recht,

---

[470] Str. (dazu *Bechtold/Bosch/Brinker,* EU-Kartellrecht, 3. Aufl., Art. 6 FKVO, Rdnr. 7); die h. M. verneint die Anfechtbarkeit: *Loewenheim/Meessen/Riesenkampff-Emberger/Peter,* Kartellrecht, 2. Aufl. 2009, Art. 6 FKVO Rdnr. 65; *Immenga/Mestmäcker-Körber,* EU Wettbewerbsrecht, 5. Aufl. 2012, Art. 6 FKVO, Rdnr. 24. Umstritten ist, ob Klagen von Mitgliedstaaten gegen die Entscheidung der Kommission, das Hauptverfahren zu eröffnen, möglich sind, vgl. *Immenga/Mestmäcker-Körber,* EU Wettbewerbsrecht, 5. Aufl. 2012, Art. 16 FKVO, Rdnr. 33; *Langen/Bunte-Baron,* Deutsches und Europäisches Kartellrecht, 12. Aufl. 2014, Art. 6 FKVO, Rdnr. 67.

[471] Vgl. EuGH U. v. 20.3.1985, Rs 41/83, Slg. 1985, 873, Rdnr. 30 – *Italien/Komm.,* für eine Klage Italiens gegen eine Entscheidung der Komm. nach Art. 106 Abs. 3 AEUV gegen das Vereinigte Königreich.

[472] EuGH B. v. 21.3.1997, Rs C-95/97, Slg. 1997, I-1787, Rdnr. 6 – *Région Wallonne/Komm.* Gebietskörperschaften oder Gliedstaaten können allerdings von einem Rechtsakt „unmittelbar und individuell betroffen" sein und daher ein Klagerecht nach Art. 263 Abs. 4 AEUV haben.

einem Rechtsstreit der Mitgliedstaaten oder Organe der EU beizutreten,[473] und zwar selbst dann nicht, wenn sie von der Entscheidung unmittelbar und individuell betroffen sind. Die Klage teilprivilegierter Kläger muss auf die „Wahrung ihrer Rechte" abzielen, Art. 263 Abs. 3 AEUV a. E.

204 **2. Klagebefugnis des Adressaten iSv Art. 263 Abs. 4, 1. Alt. AEUV.** Ein Beschluss kann durch denjenigen angefochten werden, an den sich der Beschluss richtet **(„Adressat").** Eine Besonderheit liegt darin, dass nicht nur das unmittelbar betroffene Unternehmen, sondern ebenfalls die Muttergesellschaft klagebefugt ist, wenn die sich aus dem Beschluss ergebenden Auswirkungen im Aufgabenbereich der Muttergesellschaft liegen.[474]

205 **3. Klagebefugnis des Nicht-Adressaten iSv Art. 263 Abs. 4, 2. Alt AEUV.** Wer nicht Adressat eines Beschlusses ist, kann dagegen gleichwohl Anfechtungsklage vor dem Gericht erheben, sofern der Betreffende von dem angefochtenen Rechtsakt **unmittelbar und individuell betroffen** ist. Das Gericht hat gemäß Art. 129 VerfO EuG das Recht, das Vorliegen der Voraussetzungen von Amts wegen zu prüfen, einer Rüge der Unzulässigkeit bedarf es nicht. Hingegen nimmt das Gericht offenbar nicht an, stets verpflichtet zu sein, zunächst die Zulässigkeitsvoraussetzungen von Amts wegen zu prüfen und sich sodann den materiellen Fragen zuzuwenden, wie dies im deutschen Recht von den Gerichten vorgenommen würde.[475] Die Einrede der Unzulässigkeit steht zunächst nur den Parteien des Rechtsstreits zu. Hat die Kommisson keine Einrede der Unzulässigkeit erhoben, so kann auch der Streithelfer der Kommission (z. B. Beschwerdeführer, Wettbewerber) die Einrede nicht erheben, weil der Streithelfer in seinen Anträgen nur die Anträge der Partei unterstützen, aber keine darüber hinausgehenden Anträge stellen kann.[476] Durch die Änderung der Bezeichnung „Entscheidung" in „Handlung" wurde die Klagebefugnis in der Sache nicht erweitert.[477] Das Merkmal der unmittelbaren und individuellen Betroffenheit bleibt unberührt.[478] Die Änderung des Art. 230 EG in Art. 263 AEUV hat somit den Prüfungsmaßstab für § 263 Abs. 4 Var. 2 AEUV nicht verschoben.[479]

206 *a) „Unmittelbare Betroffenheit".* Eine Person ist von einem Rechtsakt unmittelbar betroffen, wenn der Rechtsakt seine Rechtswirkungen **ohne weitere (hoheitliche)**[480] **Ausführungsmaßnahmen** entfaltet[481] oder wenn zwar eine **Umsetzung** des Rechtsaktes erfor-

---

[473] S. dazu oben Rdnr. 83 ff.

[474] EuGH U. v. 28.2.1984, verb. Rs 228 und 229/82, Slg. 1984, 1129, Rdnr. 12 f. – *Ford/Komm.*

[475] Erhebt die beklagte Komm. die Einrede der Unzulässigkeit, wird darüber zumeist vorab verhandelt. Hat nur der Streithelfer die Einrede erhoben, so verfährt das Gericht unterschiedlich; vgl. dazu EuG U. v. 15.7.1994, Rs T-17/93, Slg. 1994, II-595, Rdnr. 174 – *Matra Hachette/Komm.:* keine Prüfung der Zulässigkeitsfrage, sondern Klageabweisung aus materiellen Gründen „ohne dass das Gericht die von Ford erhobene Einrede der Unzulässigkeit zu prüfen braucht"; ähnlich EuG U. v. 27.11.1997, Rs T-290/94, Slg. 1997, II-2137, Rdnr. 76 f. – *Kaysersberg/Komm.:* „keine Veranlassung, die Zulässigkeit der vorliegenden Klage von Amts wegen zu prüfen."; s. dagegen EuG U. v. 12.12.1996, Rs T-88/92, Slg. 1996, II-1961, Rdnr. 41 f. – *Leclerc/Komm.:* weil die beklagte Komm. nicht die Einrede der Unzulässigkeit erhoben hat, ist der Streithelfer nicht befugt, eine solche Einrede zu erheben. Das Gericht führt sodann aus: „Dennoch ist die Zulässigkeit der Klage gemäß Art. 113 der VerfO von Amts wegen zu prüfen." Ob dies nur bei Zweifeln an der Zulässigkeit angenommen wird, bleibt unklar; im entschiedenen Fall sah das Gericht die Klage als zulässig an.

[476] St. Rspr.; vgl. EuG U. v. 27.11.1997, Rs T-290/94, Slg. 1997, II-2137, Rdnr. 75 – *Kaysersberg/Komm.;* mit Verweis auf EuGH U. v. 24.3.1993, Rs C-313/90, Slg. 1993, I-1125, Rdnr. 20 ff. – *CIRFS u. a./Komm.;* EuG U. v. 22.10.1996, Rs T-266/94, Slg. 1996, II-1399, Rdnr. 39 – *Skibsvaerftsforeningen u. a./Komm.;* EuG U. v. 12.12.1996, Rs T-88/92, Slg. 1996, II-1961, Rdnr. 50 – *Leelerc/Komm.*

[477] *Calliess/Ruffert-Cremer,* Art. 263 AEUV, Rdnr. 33.

[478] *Ders.*

[479] *Grabitz/Hilf/Nettesheim-Dörr,* Rdnr. 59 zu Art. 263 AEUV.

[480] *Calliess/Ruffert-Cremer,* Art. 263 AEUV, Rdnr. 38.

[481] Vgl. EuGH U. v. 17.1.1985, Rs 11/82, Slg. 1985, 207 – *Piraiki-Patraiki u. a./Komm.*

derlich, dabei jedoch **kein Ermessen** gegeben ist.[482] Ob eine Partei von einem Beschluss unmittelbar betroffen ist, hängt vom Charakter und der Rechtswirkung des Beschlusses ab.[483] Rechtsakte der Kommission im Bereich des Kartellrechts entfalten ihre Rechtswirkungen **im Normalfall unmittelbar,** ohne dass weitere Umsetzungsschritte erforderlich sind. Besteht ein unmittelbarer Kausalzusammenhang zwischen einem solchen Rechtsakt der Kommission und der Beeinträchtigung der Wettbewerbsstellung eines anderen Unternehmens, so ist dieses Unternehmen von dem Rechtsakt unmittelbar betroffen.[484]

Konstitutive Freistellungserklärungen nach Art. 81 Abs. 3 EG (jetzt Art. 101 Abs. 3 207
AEUV), die vor Inkrafttreten der VO Nr. 1/2003 möglich waren, betrafen die Wettbewerber nach alter Rechtslage unmittelbar; im Verfahren *Métropole Télévision* wurde dies vom Gericht ausdrücklich festgestellt.[485] In diesem Verfahren hatte eine Reihe unabhängiger Sendeanstalten Klage erhoben gegen die Freistellung des sog. Eurovisionssystems zur gemeinsamen Nutzung von Fernsehrechten für Sportveranstaltungen. Im Bereich der **Fusionskontrollverordnung** werden **Wettbewerber** durch eine Freigabeentscheidung der Kommission unmittelbar betroffen.[486] Dies gilt, obwohl die negative Wirkung erst durch das tatsächliche Handeln des Wettbewerbers eintritt. Kommissionsentscheidung und Zusammenschluss bilden eine Wirkungseinheit.[487] Ferner hat das Gericht entschieden, dass die Entscheidung der Kommission, ein Zusammenschluss falle nicht in den Anwendungsbereich der Fusionskontrollverordnung, Dritten die in dieser Verordnung vorgesehenen Verfahrensrechte[488] nehme; damit sei das Drittunternehmen unmittelbar betroffen.[489] Andererseits wurde die unmittelbare Betroffenheit der **Arbeitnehmervertreter** durch eine Entscheidung der Kommission, mit der ein Zusammenschluss mit dem Gemeinsamen Markt für vereinbar erklärt wurde, vom Gericht abgelehnt.[490]

Eine Ausnahme sind Beschlüsse der Kommission nach Art. 106 Abs. 3 AEUV, die an ei- 208
nen Mitgliedstaat gerichtet sind und diesem für die Umsetzung und Ausführung des Beschlusses ein gewisses Ermessen belassen:[491] Solche Beschlüsse betreffen ein Unternehmen deswegen noch nicht unmittelbar, weil ihre Beschwer nicht aus dem Rechtsakt der Kom-

---

[482] Vgl. EuG U. v. 18.9.1996. Rs T-155/94, Slg. 1996, II-873, Rdnr. 53 – *Climax* (im Bereich Anti-Dumping) mit Verweis auf EuG U. v. 29.3.1979, Rs 118/77, Slg. 1979, 1277, Rdnr. 26 – *ISO/Rat;* EuG U. v. 12.12.1996, Rs T-380/94, Slg. 1996, II-2169, Rdnr. 46/47 – *AIUFFASS und AKT/Rat* (im Bereich der Beihilfenkontrolle). Bei Entscheidungen der Kommission nach Art. 105 Abs. 2 AEUV haben die Mitgliedstaaten – anders als bei Entscheidungen nach Art. 106 Abs. 3 AEUV – kein Ermessen bei der Umsetzung der Entscheidung der Kommission.

[483] EuGH U. v. 6.10.1982, Rs 307/81, Slg. 1982, 3463, Rdnr. 13 – *Alsusuisse/Komm.,* wo die Klagebefugnis gegen eine (unmittelbar anwendbare) Verordnung des Rates allerdings wegen fehlender *individueller* Betroffenheit verneint wurde. Eine scharfe Trennung der beiden Zulässigkeitsvoraussetzungen *unmittelbare* und *individuelle* Betroffenheit wird vom Gericht(shof) erst in den Entscheidungen aus jüngerer Zeit vorgenommen. Oftmals werden beide Merkmale gleichzeitig abgehandelt.

[484] EuG U. v. 11.7.1996, verb. Rs T-528/93, T-542/93, T-543/93 und T-546/93, Slg. 1996, II-649, Rdnr. 64 – *Métropole Télévision/Komm.;* Unmittelbarkeit bejaht hinsichtlich Freistellungsentscheidung in EuG U. v. 12.12.1996, Rs T-88/92, Slg. 1996, II-1961, Rdnr. 41 f. – *Leclerc/Komm.*

[485] EuG U. v. 11.7.1996, verb. Rs T-528/93, T-542/93, T-543/93 und T-546/93, Slg. 1996, II-649, Rdnr. 64 – *Métropole Télévision/Komm.*

[486] EuG U. v. 27.11.1997, Rs T-290/94, Slg. 1997, II-2137, Rdnr. 75 – *Kaysersberg/Komm.*

[487] *Calliess/Ruffert-Cremer,* Art. 263 AEUV, Rdnr. 38.

[488] Insbes. Art. 18 Abs. 4 VO Nr. 139/2004.

[489] EuG B. v. 1.7.1993, Rs I-3/93, Rdnr. 81 – *Air France/Komm.* (unveröffentlicht); Verweis auf EuGH U. v. 25.10.1977, Rs 26/76, Slg. 1977, 1875 – *Metro/Komm.,* EuGH U. v. 19.5.1993, Rs C-198/91, Slg. 1993, I-2487, Rdnr. 23 – *Cook/Komm.*

[490] EuG U. v. 27.4.1995, Rs T-12/93, Slg. 1995, II-1247 – *Vittel/Komm.:* Die eventuell mit dem Zusammenschluss einhergehende Änderung der Arbeitsverhältnisse beruhe allein auf Maßnahmen der betreffenden Unternehmen, die eigenen Vorschriften unterlägen. Allerdings ließ das Gericht letztlich die Klage zu, sofern sie der Verteidigung der den Arbeitnehmervertretern zugestandenen verfahrensmäßigen Rechte diente.

[491] Vgl. EuG U. v. 27.10.1994, Rs T-32/93, Slg. 1994, II-1015, Rdnr. 40 ff. – *Ladbroke Racing/ Komm.*

mission selbst fließt, sondern aus dem vom Mitgliedstaat in Umsetzung des Rechtsaktes vorgenommenen Akt.[492] Der Gerichtshof hat im Zusammenhang mit dieser Frage ausgeführt, dass die Tatsache allein, dass eine Maßnahme „geeignet ist, die auf dem betroffenen Markt bestehenden Wettbewerbsverhältnisse zu beeinflussen“, es noch nicht rechtfertigt, jeden Marktbeteiligten als unmittelbar und individuell betroffen anzusehen.[493]

209 *b) „Individuelle Betroffenheit“.* Individuell betroffen ist nur derjenige, der wegen bestimmter persönlicher Eigenschaften oder besonderer, ihn aus dem Kreis aller übrigen Personen heraushebender Umstände in ähnlicher Weise **wie der Adressat** des Beschlusses berührt ist.[494] Diese Individualisierung kann insbesondere dadurch entstehen, dass eine Verordnung verfahrensmäßige Garantien zugunsten Dritter vorsieht.[495] Ein Unternehmen, dem die gesetzlichen Bestimmungen Beteiligungsrechte während des Verwaltungsverfahrens einräumen, ist zum Schutze dieser Rechte klagebefugt.[496] Bei der Frage der Klagebefugnis sollte es nach früherer Rechtsprechung darauf ankommen, welche Rolle das Unternehmen im Rahmen des vorprozessualen Verfahrens gespielt hat.[497] Die individuelle Betroffenheit wurde regelmäßig bejaht, wenn die Beschwerde, die Anhörung und die Erklärungen des Unternehmens den Verfahrensablauf entscheidend bestimmt haben.[498]

210 Die VO Nr. 1/2003 sieht zum einen ein in Art. 7 näher ausgestaltetes Beschwerderecht für solche Unternehmen vor, die ein berechtigtes Interesse an der Abstellung bestimmter Verhaltensweisen haben. Zum anderen postuliert Art. 27 Abs. 3 der VO Nr. 1/2003 ein Anhörungsrecht Dritter, sofern sie ein ausreichendes Interesse an der Entscheidung der Kommission glaubhaft machen.[499]

211 In der weiteren Entwicklung der Rechtsprechung haben die Gerichte – rechtsschutzfreundlich – diese Voraussetzungen präzisiert und entschieden, dass es für die Zulässigkeit der Klage eines **Wettbewerbers** nicht entscheidend darauf ankommt, ob das Unternehmen seine Verfahrensrechte tatsächlich ausgeübt hat, da Art. 263 AEUV kein zwingendes Vorverfahren vorsieht.[500] Die Mitwirkung am Verwaltungsverfahren sei zwar ein klares Indiz, das im Regelfall zur ausreichenden Individualisierung führe. Wer hingegen seine Verfahrensrechte während des Verwaltungsverfahrens nicht wahrgenommen habe, dessen Klage gegen die abschließende Entscheidung der Kommission sei nicht notwendigerweise unzu-

---

[492] Entscheidungen der Kommission im Bereich des Beihilferechts hingegen, die einem Mitgliedstaat die Rückforderung von mit dem Gemeinsamen Markt unvereinbaren Beihilfen auferlegen, räumen dem Mitgliedstaat kein Ermessen ein und können daher einen Kläger ebenfalls bereits *unmittelbar* betreffen, so z. B. EuGH U. v. 14.1.1984, Rs 323/84, Slg. 1984, 3809 – *Intermills/Komm.*

[493] EuGH U. v. 10.12.1969, verb. Rs 10 und 18/68, Slg. 1969, 459, Rdnr. 7/8 – *Eridania u. a./Komm.*

[494] Klassische Definition des Gerichtshof aus der Rechtssache *Plaumann,* EuGH U. v. 15.7.1993, Rs 25/62, Slg. 1963, 213 – *Plaumann/Komm.;* s. auch EuGH U. v. 22.10.1986, Rs 75/84, Slg. 1986, 3021, Rdnr. 20 – *Metro II/Komm.;* EuGH U. v. 22.11.2001, Rs C-451/98, Slg. 2001, I-8949 Rdnr. 49 – *Antillean Rice Mills NV/Rat.;* EuG U. v. 22.11.2001, Rs T-9/98, Slg.2001 II-3367 Rdnr. 75 – *Mitteldeutsche Erdöl-Raffinerie/Komm.*

[495] EuG U. v. 3.5.2002, Rs T 177/01, Slg. 2002, II-2365, Rdnr. 35 – *Jégo-Quéré & Cie SA/Komm.*; EuG U. v. 17.1.2002, Rs T-47/00, Slg. 2002, II-113, Rdnr. 55 – *Rica Foods/Komm.*

[496] EuGH U. v. 28.1.1986, Rs 169/84, Slg. 1986, 391, Rdnr. 23 – *Cofaz/Komm.* mit Verweis auf EuGH U. v. 25.10.1977, Rs 26/76, Slg. 1977, 1875 – *Metro/Komm.*; EuGH U. v. 4.10.1983, Rs 191/82, Slg. 1983, 2913 – *Fediol/Komm.* und EuGH U. v. 11.10.1983, Rs 210/81, Slg. 1983, 3045 – *Demo-Studio Schmidt/Komm.*

[497] EuGH U. v. 28.1.1986, Rs 169/84, Slg. 1986, 391, Rdnr. 22 ff. – *Cofaz/Komm.,* unter Verweis auf EuGH U. v. 15.7.1993, Rs 25/62, Slg. 1963, 213 – *Plaumann/Komm.;* EuGH U. v. 25.10.1977, Rs 26/76, Slg. 1977, 1875 – *Metro/Komm.;* EuGH U. v. 4.10.1983, Rs 191/82, Slg. 1983, 2913 – *Fediol/Komm.;* EuGH U. v. 11.10.1983, Rs 210/81, Slg. 1983, 3045 – *Demo-Studio Schmidt/Komm.* und EuGH U. v. 20.3.1985, Rs 264/82, Slg. 1985, 849 – *Timex/Komm.*

[498] EuGH U. v. 28.1.1986, Rs 169/84, Slg. 1986, 391, Rdnr. 24 – *Cofaz/Komm.*

[499] Zur FKVO Nr. 137/2004 vgl. EuG B. v. 27.11.1997, Rs T-290/94, Slg. 1997, II-2137, Rdnr. 75 f. – *Kaysersberg/Komm.;* dazu unten Rdnr. 211.

[500] EuG U. v. 27.4.1995, Rs T-12/93, Slg. 1995, II-1247, Rdnr. 46 – *Vittel/Komm.*

lässig.[501] Das Gericht hat dazu ausgeführt, dass nach ständiger Rechtsprechung die Bestimmungen des Vertrages über das Klagerecht des Bürgers nicht restriktiv ausgelegt werden dürfen.[502] Insoweit komme es auf die Umstände des Einzelfalles an. Insbesondere in Fällen, bei denen ein Unternehmen von dem Verfahren nicht unterrichtet war, würde der Rechtsschutz verkürzt, wenn es für die Frage der Zulässigkeit der Klage (Individualisierung) ausschließlich auf die aktive Beteiligung am Verwaltungsverfahren ankomme.

Ein Unternehmen, das nicht am Verwaltungsverfahren mitwirkt, muss aber darlegen, aufgrund welcher anderer Umstände es durch die Handlung der Kommission individuell betroffen ist.[503] Die Absicht eines Unternehmens, mit Produkten zu handeln, die Gegenstand eines geschlossenen Vertriebssystems sind, reicht allein zur Individualisierung nicht aus,[504] wenn nicht ausgeschlossen werden kann, dass das Unternehmen die Kriterien des geschlossenen Vertriebssystems nicht erfüllt. Denn dann unterscheidet sich die Situation des Unternehmens nicht von der anderer Wirtschaftsteilnehmer.[505] Wohl aber ist der Geschäftspartner eines Unternehmens, welchem im Rahmen eines Beschlusses nach Art. 9 VO Nr. 1/2003 eine Verpflichtung auferlegt wird, seine Geschäftsbeziehungen zu diesem Geschäftspartner einzuschränken, durch die Rechtshandlung unmittelbar und individuell betroffen.[506] **212**

Vereinzelte Rechtsprechung hat den Begriff der individuellen Betroffenheit mit Rücksicht auf das Prinzip des effektiven Rechtsschutzes weiter ausgelegt. Wenn die Durchführung eines Vorlageverfahrens nach Art. 267 AEUV mangels nationalen Rechtsakts nicht möglich ist und eine Schadensersatzklage aus außervertraglicher Haftung der Union dem Rechtsschutzbedürfnis des Bürgers nicht ausreichend nachkommt, da auf diesem Wege die Wirksamkeit eines Rechtsakts nicht angegriffen werden kann, ist der Kläger als individuell betroffen anzusehen, soweit eine allgemein geltende Unionsbestimmung seine Rechtsposition unzweifelhaft und gegenwärtig beeinträchtigt, indem sie seine Rechte einschränkt oder ihm Pflichten auferlegt.[507] Die Anzahl und Lage anderer Personen, deren Rechtsposition ebenfalls durch die angegriffene Bestimmung beeinträchtigt wird oder werden kann, ist insofern irrelevant. Das Gericht hat entschieden, dass Artt. 6 und 13 EMRK und Art. 47 der Charta der Grundrechte eine derartige erweiternde Auslegung des Begriffs der individuellen Betroffenheit gebieten. Dieses Urteil des Gerichts wurde jedoch bereits 2003 durch die Rechtsmittelentscheidung des Gerichtshof aufgehoben.[508] In seiner neueren Rechtsprechung besinnt sich der Gerichtshof wieder auf die **Plaumann-Formel.**[509] Er führt aus, dass es keine Anhaltspunkte dafür gebe, dass die Verfasser des Vertrages von Lissa- **213**

---

[501] EuG U. v. 12.12.1996, Rs T-87/92, Slg. 1996, II-1931, Rdnr. 67 – *Kruidvat/Komm.* mwN, bestätigt durch EuGH U. v. 17.11.98, Rs C-70/97 P, Slg. 1998, I-7183 – *Kruidvat/Komm.*

[502] EuG U. v. 11.7.1996, verb. Rs T-528/93, T-542/93, T-543/93 und T-546/93, Slg. 1996, II-649, Rdnr. 60 – *Métropole Télévision/Komm.;* vgl. ferner EuGH U. v. 19.5.1993, Rs C-198/91, Slg. 1993, I-2487, Rdnr. 24 bis 26 – *Cook/Komm.;* EuGH U. v. 15.6.1993, Rs C-225/91, Slg. 1993, I-3203, Rdnr. 18 bis 20 – *Matra/Komm.* und EuGH U. v. 30.9.1992, Rs C-295/92, Slg. 1992, I-5003, Rdnr. 12 – *Landbouwschap/Komm.*

[503] EuG U. v. 12.12.1996, Rs T-87/92, Slg. 1996, II-1931, Rdnr. 67 f. – *Kruidvat/Komm.;* in seiner neueren Rechtsprechung im Bereich des Beihilferechts macht das Gericht deutlich, dass derjenige (auch ein Wettbewerber), der sich am vorgesehenen Verwaltungsverfahren nicht beteiligt hat, nachweisen muss, dass er aufgrund anderer Umstände individualisiert ist, EuG U. v. 15.9.1998, Rs T-11/95, Slg. 1998, II-3235, Rdnr. 77 – *BP Chemicals/Komm.* Ob das Gericht eine solche restriktivere Tendenz auch in Kartellsachen einschlagen wird, bleibt abzuwarten.

[504] S. dazu im einzelnen EuG U. v. 12.12.1996, Rs T-87/92, Slg. 1996, II-1931, Rdnr. 69 bis 76 – *Kruidvat/Komm.* und EuGH U. v. 17.11.98, Rs C-70/97 P, Slg. 1998, I-7183, Rdnr. 45 ff. – *Kruidvat/Komm.*

[505] EuG U. v. 12.12.1996, Rs T-87/92, Slg. 1996, II-1931, Rdnr. 70 – *Kruidvat/Komm.*

[506] S. dazu EuG U. v. 11.7.2007, Rs T-170/06 – *Alrosa/Komm.*

[507] EuG U. v. 3.5.2002, Rs T-177/01, Slg. 2002, II-2365, Rdnr. 45 bis 54 – *Jégo-Quéré & Cie SA/Komm.*

[508] EuGH U. v. 1.4.2004, Rs C-263/02 P, Rdnr. 23 ff. (39) – *Jégo-Quéré & Cie SA/Komm.*

[509] Siehe dazu EuGH U. v. 3.10.2013, Rs C-583/11 P, ECLI:EU:C:2013:625 – *Inuit Tapiriit Kanatami u. a./Parlament und Rat.*

bon die Absicht gehabt hätten, die Tragweite der bereits in Art. 230 Abs. 4 EG (jetzt Art. 263 AEUV) vorgesehenen Zulässigkeitsvoraussetzungen zu ändern.[510] Für Rechtsschutzlücken verweist der Gerichtshof auf die in Art. 19 Abs. 1 Unterabs. 2 EUV verankerte Verantwortung der nationalen Gerichte. Somit ist für Art. 263 Abs. 4 2. Alt. AEUV weiterhin von der strengen ursprünglichen Formel auszugehen. Es ist keine Ausweitung der Klagebefugnis erfolgt.

214 *c) Fallgruppen.* Als Dritte treten insbesondere die Beschwerdeführer oder solche Unternehmen in Erscheinung, die in einem späteren Verfahrensstadium gehört wurden. Meistens handelt es sich um Wettbewerber, gelegentlich um Unternehmen, denen die Belieferung mit Markenartikeln versagt wurde. Aber auch Arbeitnehmervertreter und sonstige Interessenverbände können ein Interesse an der Nichtigerklärung einer wettbewerbsrechtlichen Entscheidung bzw. der Verpflichtung zum Tätigwerden der Kommission haben.

215 Der **Beschwerdeführer** (z. B. Wettbewerber oder vom Vertriebssystem ausgeschlossener Händler) ist hinsichtlich der Ablehnung seines Antrags auf Einleitung eines Verfahrens gemäß Art. 7 Abs. 2 VO Nr. 1/2003 klagebefugt; nach früherer Rechtslage war er ebenso klagebefugt, wenn die Kommission für das von ihm beanstandete Verhalten eine Freistellung nach Art. 81 Abs. 3 EG (jetzt Art. 101 Abs. 3 AEUV) erteilte.[511] Dabei müssen sich das ablehnende Schreiben und die Beschwerde auf denselben Sachverhalt und dieselben rechtlichen Bestimmungen stützen. Dies ist insbesondere bei sehr umfangreichen Sachverhalten, für deren rechtliche Würdigung unterschiedliche Normen einschlägig sind, zu beachten. Ein Beschwerdeführer kann deshalb z. B. ein Schreiben, in dem die Kommission eine Prüfung hinsichtlich der Fusionskontrollverordnung vornimmt, dann nicht anfechten, wenn damit keine Qualifizierung des Sachverhaltes im Hinblick auf Art. 102 AEUV, der Gegenstand der Beschwerde war, erfolgt ist.[512]

216 Insbesondere **Wettbewerber** können klagebefugt sein. Dies ist mittlerweile in der Rechtsprechung für die Fälle anerkannt, in denen sie am Verwaltungsverfahren beteiligt waren. Eine Klagebefugnis kommt nicht nur für denjenigen in Betracht, der von Anfang an als Beschwerdeführer am Verfahren beteiligt war,[513] sondern auch für Unternehmen, die während des Verfahrens gemäß Art. 27 Abs. 3 VO Nr. 1/2003[514] oder im Verfahren der Zusammenschlusskontrolle nach der Mitteilung der Kommission nach Art. 4 Abs. 3 VO Nr. 139/2004 Stellung genommen haben.[515] Wenn das Gericht die Klagebefugnis in diesen Fällen außerdem damit begründete, dass in der abschließenden Entscheidung der Kommission gerade die Einwände der Klägerin zurückgewiesen worden sind,[516] so lässt sich daraus jedoch nicht im Umkehrschluss das Vorliegen einer weiteren Voraussetzung für die Klagebefugnis dahingehend entnehmen, dass die Erklärungen des angehörten Unternehmens von besonderem Gewicht gewesen sein müssen.

---

[510] EuGH U. v. 3.10.2013, Rs C-583/11 P, ECLI:EU:C:2013:625, Rdnr. 70 ff. – *Inuit Tapiriit Kanatami u. a./Parlament und Rat.*

[511] Vgl. EuGH U. v. 25.10.1977, Rs 26/76, Slg. 1977, 1875, Rdnr. 13 – *Metro/Komm.;* EuGH U. v. 22.10.1986, Rs 75/84, Slg. 1986, 3021, Rdnr. 20 bis 23 – *Metro II/Komm.;* EuGH U. v. 11.10.1983, Rs 210/81, Slg. 1983, 3045 – *Demo-Studio Schmidt/Komm.;* EuGH U. v. 28.3.1985, Rs 298/83, Slg. 1985, 1105 – *CICCE/Komm.;* EuGH U. v. 17.11.1987, verb. Rs 142 u.156/84, Slg. 1987, 4487 (4566) – *BAT u. a./Komm.*

[512] EuGH U. v. 16.6.1994, Rs C-39/93 P, Slg. 1994, I-2681, Rdnr. 42 – *SFEI/Komm.*

[513] Im Verfahren EuGH U. v. 15.6.1993, Rs C-225/91, Slg. 1993, I-3203, Rdnr. 174 – *Matra/Komm.* wich der Gerichtshof der Frage der Zulässigkeit – trotz der von einem Streithelfer ausdrücklich erhobenen Einrede der Unzulässigkeit – aus und wies die Klage aus materiellen Gründen ab.

[514] EuGH U. v. 22.10.1986, Rs 75/84, Slg. 1986, 3021, Rdnr. 22 – *Metro II/Komm.* mit Verweis auf EuGH U. v. 28.1.1986, Rs 169/84, Slg. 1986, 391, Rdnr. 22 ff. – *Cofaz/Komm.;* s. a. EuGH U. v. 20.3.1987, Rs 43/85, Slg. 1987, 3131 – *ANCIDES/Komm,* wo der Gerichtshof von der Klagebefugnis ausgegangen ist, ohne ausdrücklich zu dieser Frage Stellung zu nehmen.

[515] Vgl. Gericht vom 19.5.1994, Rs T-2/93, Slg. 1994, II-323, Rdnr. 44 f. – *Air France II.*

[516] S. die Urteile EuGH U. v. 22.10.1986, Rs 75/84, Slg. 1986, 3021, Rdnr. 20 – *Metro II/Komm.* und EuGH U. v. 28.1.1986, Rs 169/84, Slg. 1986, 391, Rdnr. 22 ff. – *Cofaz/Komm.*

Ist die Wettbewerbsstellung eines Unternehmens durch eine Rechtshandlung der Kommission unmittelbar beeinträchtigt, so wird der Wettbewerber auch dann als unmittelbar betroffen angesehen, wenn er nicht aktiv am Verwaltungsverfahren mitgewirkt hat.[517] Der daraus folgende Anspruch darauf, von der Kommission zu dem Verfahren für den Erlass des Beschlusses hinzugezogen zu werden, soll das Unternehmen in gleicher Weise individualisieren wie den Adressaten des Beschlusses.[518] Für die individuelle Betroffenheit ist es ausreichend, dass das Unternehmen ein potentieller Wettbewerber ist.[519] **Kunden oder Lieferanten** eines Unternehmens, die nicht am Verwaltungsverfahren beteiligt waren, werden nicht in gleicher Weise individualisiert wie die Adressaten des Beschlusses; eine Klage wäre daher grds. unzulässig. 217

Im Rahmen der **Fusionskontrollverordnung** hat das Gericht im Falle *Kaysersberg* die Klagebefugnis eines Wettbewerbers gegen die Entscheidung der Kommission zur Vereinbarerklärung des Zusammenschlusses bejaht; die Kommission hatte allerdings zur Frage der Zulässigkeit nicht Stellung genommen; der Antrag des Streithelfers und Zusammenschlussbeteiligten *Procter & Gamble,* die Klage von *Kaysersberg* für unzulässig zu erklären, ging somit über den Antrag der Kommission hinaus und konnte daher aus formalen Gründen nicht durchgreifen.[520] 218

Ein Klagerecht der **Arbeitnehmervertreter** der fusionierten Unternehmen gegen die Entscheidung der Kommission nach der FKVO hat das Gericht im Hinblick darauf bejaht, dass die Verordnung selbst die Berücksichtigung der sozialen Belange und Auswirkungen des Zusammenschlusses vorsehe. Demzufolge seien die rechtlich anerkannten Vertreter der Arbeitnehmer der an dem Zusammenschluss beteiligten Unternehmen grundsätzlich als durch die Entscheidung der Kommission individuell betroffen anzusehen.[521] Diese Entscheidung lässt sich indes nicht verallgemeinern, da die Fusionskontrollverordnung in Art. 18 Abs. 4 ein ausdrückliches Anhörungsrecht der Arbeitnehmervertreter vorsieht; ein solches Anhörungsrecht ist in den anderen Durchführungsverordnungen des Rates (wie der VO Nr. 1/2003) nicht vorgesehen. Es kommt für die Klagebefugnis nicht abstrakt darauf an, ob durch eine bestimmte Entscheidung der Kommission Arbeitnehmerbelange beeinträchtigt werden können, sondern allein darauf, ob die einschlägigen Bestimmungen ein Anhörungsrecht der Arbeitnehmer auch im Kartellrecht vorsehen.[522] 219

Gesellschafter eines an einem Zusammenschluss beteiligten Unternehmens sind nur bei Vorliegen besonderer Umstände als von einer Maßnahme der Kommission im Rahmen des Verfahrens der Fusionskontrolle individuell betroffen anzusehen.[523] 220

---

[517] EuG U. v. 11.7.1996, verb. Rs T-528/93, T-542/93, T-543/93 und T-546/93, Slg. 1996, II-649, Rdnr. 62 ff. – *Métropole Télévision/Komm.*

[518] EuG U. v. 11.7.1996, verb. Rs T-528/93, T-542/93, T-543/93 und T-546/93, Slg. 1996, II-649, Rdnr. 75 ff. – *Métropole Télévision/Komm.*

[519] EuG U. v. 3.4.2003, Rs T-114/02, Slg.2003, II-1279, Rdnr. 95 – *BaByliss/Komm.*

[520] EuG B. v. 27.11.1997, Rs T-290/94, Slg. 1997, II-2137, Rdnr. 75 f. – *Kaysersberg/Komm.;* zur Stellung des Streithelfers im Verfahren s. oben Rdnr. 90 ff. Siehe zu Klagen von Wettbewerbern auch EuG U. v. 3.4.2003, Rs T-119/02, Slg 2003, II-1433 – *Royal Philips Electronics/Komm.;* EuG U. v. 30.9.2003, verb. R. T-346 und 347/02, Slg. 2003, II-4251 – *Cableuropa/Komm.;* EuG U. v. 4.7.2005, Rs T-177/04, Slg. 2006, II-1931 – *easyJet/Komm.;* EuG U. v. 13.7.2006, Rs T-464/04, Slg. 2006, II-2289 – *Impala/Komm.;* EuGH U. v. 10.7.2008, Rs C-413/06 P, Slg. 2008, I-4951 – *Bertelsmann und Sony Corporation of America/Impala.*

[521] EuG U. v. 27.4.1995, Rs T-12/93, Slg. 1995, II-1247, Rdnr. 42 – *Vittel u. a./Komm.*

[522] Im Bereich des Beihilferechts können Arbeitnehmervertreter als „interessierte Partei" angesehen werden, was allerdings nur dann dazu führt, sie als „individuell" betroffen anzusehen, wenn die Entscheidung der Kommission ihre Position als Verhandlungspartner der Arbeitnehmerinteressen (unmittelbar) betrifft, vgl. dazu EuG U. v. 18.2.1998, Rs T-189/97, Slg. 1998, II-335, Rdnr. 41 ff. – *Comité d'entreprise de la Société française de production u. a./Komm.*, mit zahlreichen Nachweisen und deutlichen Abgrenzungen zum Urteil EuG U. v. 27.4.1995, Rs T-12/93, Slg. 1995, II-1247, Rdnr. 42 – *Vittel u. a./Komm.*

[523] EuGH U. v. 28.10.1993, Rs T-83/92, Slg. 1993, II-1169, Rdnr. 34 ff. – *Zunis Holding/Komm.* Zur Individualisierung ist dabei auch nötig, dass der Kläger durch den angefochtenen Rechtsakt anders betroffen wird als alle übrigen Gesellschafter, *ibid.* Rdnr. 36; der Gerichtshof hat im Rechtsmittelverfahren (EuGH U. v. 11.1.1996, Rs C-480/93 P, Slg. 1996, I-1 – *Zunis Holdig u. a./Komm.*) die

221 Sofern **Verbände und Berufsorganisationen** (z. B. Verbraucherverbände)[524] nicht bereits als Beschwerdeführer oder sonst durch Anhörung im Verwaltungsverfahren in Erscheinung getreten sind, scheitert die Klagebefugnis in der Regel an der mangelnden unmittelbaren Betroffenheit, wenn z. B. ein Interessenverband die Beeinträchtigung der Rechte eines seiner Mitglieder geltend macht.[525] Anders verhält es sich bei einem Einkaufsverband, der im Verwaltungsverfahren nicht nur seinen eigenen Standpunkt, sondern auch den seiner Mitglieder geltend macht, die potentielle Wettbewerber von Vertragshändlern sind, deren Vertriebssystem mit einer Beschwerde angegriffen wurde.[526]

221a **4. Klagebefugnis bei Handlungen mit Verordnungscharakter iSv Art. 263 Abs. 4 Alt. 3 AEUV.** Eine Klagebefugnis ist auch dann gegeben, wenn der Klagegegenstand ein Rechtsakt mit Verordnungscharakter ist, welcher den Kläger unmittelbar betrifft und keine weiteren Durchführungsmaßnahmen nach sich zieht. Zum Charakter der „Rechtsakte mit Verordnungscharakter" siehe Rdnr. 172a. Erklärungsbedürftig sind die Merkmale „unmittelbar betreffen" und „keine Durchführungsmaßnahmen nach sich ziehen". Einer „individuellen Betroffenheit" bedarf es insoweit nicht mehr.[527]

221b Das Merkmal der unmittelbaren Betroffenheit ist für Art. 263 Abs. 3 AEUV einheitlich auszulegen.[528] Es gilt das zu Rdnr. 206 Gesagte auch hier. Das Tatbestandsmerkmal „keine Durchführungsmaßnahmen" ist zu bejahen, wenn keine weiteren (mitgliedsstaatlichen) Durchführungs-, Umsetzungs- oder Ausführungsakte nötig sind.[529] Fraglich ist dabei, wie dieses Merkmal vom Kriterium der Unmittelbarkeit abzugrenzen ist: Das Merkmal „keine Durchführungsmaßnahmen" hat im Verhältnis zur „Unmittelbarkeit" einen eigenständigen Gehalt.[530] Teilweise hat der Gerichtshof nämlich früher das unmittelbare Betroffensein auch dann bejaht, wenn ein Rechtsakt noch der Umsetzung oder Durchführung (insbesondere der Mitgliedsstaaten) bedurfte.[531] Dies galt dann, wenn bereits mit großer Wahrscheinlichkeit feststand, ob und in welcher Weise der Interessenkreis des Klägers durch die spätere Durchführungsmaßnahme beeinträchtigt wird.[532] In solchen Konstellationen dürfte das Merkmal „keine Durchführungsmaßnahmen" nunmehr die Klagebefugnis ausschliessen.

Klage aus anderen Gründen abgewiesen (kein anfechtbarer Rechtsakt) und zur Frage der unmittelbaren und individuellen Betroffenheit der Gesellschafter keine Ausführungen gemacht.

[524] Vgl. die Fälle EuGH B. v. 11.12.1973, verb. Rs 41, 43–48, 50, 111–114/73, Slg. 1973, 1465 – *S.A. Générale Sucrière/Komm.;* EuG U. v. 18.5.1994, Rs T-37/92, Slg. 1994, II-285 – *BEUC und NCC/Komm.;* EuG U. v. 24.1.1995, Rs T-114/92, Slg. 1995, II-147 – *BEMIM/Komm.*

[525] Zulässig, wenn die Mitglieder selbst klagebefugt sind: EuG U. v. 22.5.1996, Rs T-277/94, Slg. 1995, II-1971, Rdnr. 60 – *AITEC/Komm.;* Beeinträchtigung der Stellung des Verbands als Verhandlungspartner: vgl. EuGH U. v. 28.10.1982, Rs 135/81, Slg. 1982, 3799, Rdnr. 7 – *Groupement des Agences de Voyages/Komm.;* EuGH U. v. 2.2.1988, Rs 67, 68, 70/85, Slg. 1988, 219, Rdnr. 18 – *van der Kooy/Komm.;* vgl. EuG U. v. 12.12.1996, Rs T-380/94, Slg. 1996, II-2169, Rdnr. 50 – *AIUFFASS und AKT/Rat;* mit Verweis auf EuG U. v. 13.12.1995, verb. Rs T-481 und 484/93, Slg. 1995, II-2941, Rdnr. 64 ff. – *Exporteurs in Levende Varkens u. a./Komm.*

[526] EuG U. v. 12.12.1996, Rs T-88/92, Slg. 1996, II-1961, Rdnr. 53 ff. – *Leclerc/Komm.* (Luxuskosmetika).

[527] *Calliess/Ruffert-Cremer,* Art. 263 AEUV Rdnr. 54.

[528] EuG U. V. 15.6.2011 Rs T-259/10, Slg. 2011 II-176 Rdnr. 21 – *Ax/Rat; Calliess/Ruffert-Cremer,* Art. 263 AEUV Rdnr. 69; *Grabitz/Hilf/Nettesheim-Dörr,* Rdnr. 84 zu Art. 263 AEUV.

[529] *Calliess/Ruffert-Cremer,* Art. 263 AEUV Rdnr. 54.

[530] *Grabitz/Hilf/Nettesheim-Dörr,* Rdnr. 85 zu Art. 263.

[531] EuGH U. v. 29.3.1979, Rs C-113/77, Slg. 1979, 1185, Rdnr. 11 f. – *NTN Toyo Bearing Company/Rat:* „Das Vorbringen des Rates und der Streithelferin, die Importeure seien unmittelbar nur durch die Vollzugshandlungen der staatlichen Behörden betroffen und müssten gegebenfalls gegen diese die zuständigen Gerichte anrufen, verkennt den rein automatischen Charakter dieses Vollzugs. Dieser wird im Übrigen auch nicht durch innerstaatliche Vorschriften vermittelt, sondern erfolgt allein aufgrund der gemeinschaftsrechtlichen Regelung."; EuGH U. v. 13.5.1971, verb. Rs C-41/70-44/70, Slg. 1971, 411, Rdnr. 23/29 – *International Fruit Company/Komm.; Calliess/Ruffert-Cremer,* Art. 263 Rdnr. 71.

[532] EuGH U. v. 29.3.1979, Rs C-113/77, Slg. 1979, 1185, Rdnr. 11 f. – *NTN Toyo Bearing Company/Rat; Steinz/Kruis/Michl-Ehricke,* Art. 263 Rdnr. 56.

Dies bedeutet, dass Richtlinien grds. nicht nach Art. 263 Abs. 4, 3. Alt AEUV angegriffen werden können, weil sie umsetzungsbedürftig sind.[533]

5. Rechtsschutzinteresse. Das klagende Unternehmen muss ferner über ein ausreichendes Rechtsschutzinteresse verfügen, das zum Zeitpunkt der Klageerhebung vorliegen muss.[534] Das Rechtschutzinteresse ist eine unverzichtbare Prozessvoraussetzung.[535] Es liegt vor, wenn die Nichtigerklärung der Handlung als solche Rechtswirkungen haben kann oder der Rechtsbehelf der Partei, die ihn eingelegt hat, letztendlich einen Vorteil verschaffen kann.[536] Probleme können insbesondere dann auftauchen, wenn das Unternehmen (d.h. der Kläger) der angefochtenen Maßnahme (es wurde z.B. eine Nachprüfung beim Unternehmen durchgeführt und die Unterlagen für die Entscheidung verwertet) bereits nachgekommen ist. Das wird häufig so sein, weil die Erhebung der Anfechtungsklage keine aufschiebende Wirkung hat.[537] 222

In diesen Fällen stellt sich die Frage, ob die Klage damit gegenstandslos geworden (oder in der Hauptsache erledigt) ist. Anders als im deutschen Kartellverfahrensrecht kennt der AEUV nicht die Rechtsfigur der Fortsetzungsfeststellungsbeschwerde. Allerdings haben die Gerichte die Zulässigkeit der (Fortsetzung der) Klage mit der Begründung bejaht, dass die Nichtigerklärung durch das Gericht insbesondere dadurch Rechtswirkungen erzeugt, dass die Kommission verpflichtet wird, die sich aus dem Urteil ergebenden Maßnahmen zu ergreifen, und zudem, dass verhindert wird, dass die Kommission in Zukunft erneut ebenso vorgeht.[538] In seiner *Gencor*-Entscheidung[539] hat das Gericht betont, dass die Nichtigerklärung einer Handlung, die bereits vollzogen oder inzwischen von einem bestimmten Zeitpunkt an außer Kraft gesetzt wurde, immer geeignet ist, Rechtswirkungen zu erzeugen. Ein Nichtigkeitsurteil dient daher als Grundlage dafür, dass sich das betreffende Organ zu einer angemessenen Bereinigung der Situation des Klägers bereit findet und darauf verzichtet, eine identische Handlung vorzunehmen. Ist beispielsweise die Nachprüfung aufgrund einer rechtswidrigen Entscheidung der Kommission erfolgt, so kann das fortbestehende Rechtsschutzinteresse sich vor allem daraus ergeben, dass das klagende Unternehmen ein **Interesse an der Feststellung der Rechtswidrigkeit** der Nachprüfung hat, weil dieses zu einem Verwertungsverbot der aufgrund der rechtswidrig erfolgten Handlung erlangten Unterlagen und Erkenntnisse führt.[540] 223

Der **Verzicht auf einen geplanten Zusammenschluss** führt im Hinblick auf die Klage eines Zusammenschlussbeteiligten nicht zu einem Fortfall des Rechtsschutzbedürfnisses, wenn nach den Umständen des Falles der Verzicht nicht freiwillig erfolgte, sondern die direkte Folge der Unvereinbarkeitsentscheidung der Kommission ist.[541] Dieser Grundsatz findet nicht nur Anwendung, wenn auf den Zusammenschluss erst nach Klageerhe- 224

---

[533] *Calliess/Ruffert-Cremer,* Art. 263 Rdnr. 71.

[534] EuG U. v. 15.12.1999, Rs T-22/97, Slg. 1999, II-3775, Rdnr. 55 – *Kesko/Komm.;* EuG U. v. 21.3.2002, Rs T-131/99, Slg. 2002, II-2023, Rdnr. 32 – *Michael Hamilton Shaw u. a./Komm.*

[535] EuG U. v. 28.9.2004, Rs T-310/00, Slg. 2004, II-3523, Rdnr. 45 – *MCI/Komm.* mit weiteren Nachweisen.

[536] EuG U. v. 20.6.2001, Rs T-188/99, Slg. 2001, II-1757, Rdnr. 26 – *Euroalliages/Komm.;* EuGH U. v. 13.7.2000, Rs C-174/99 P, Slg 2000, I-6189, Rdnr. 33 – *Parlament/Ricard;* EuGH U. v. 25.7.2002, Rs C-50/00 P, Slg. 2002, I-6677, Rdnr. 21 – *Unión de Pequeos Agricultores/Rat.*

[537] Das Unternehmen kann bei drohendem irreparablen Schaden aus dem Vollzug der Entscheidung unter eng gefassten Voraussetzungen im Wege des einstweiligen Rechtsschutzes eine Aussetzung des Vollzugs der Entscheidung erreichen, vgl. dazu oben Rdnr. 113ff.

[538] EuG U. v. 9.11.1994, Rs T-46/92, Slg. 1994, II-1039, Rdnr. 14 – *Scottish Football Ass/Komm.;* EuGH U. v. 24.6.1986, Rs C-53/85, Slg. 1986, 1965, Rdnr. 21f. – *AKZO/Komm.;* dieser Grundsatz gilt nicht nur im Bereich des Wettbewerbsrechts, sondern auch in anderen Bereichen, vgl. EuGH U. v. 26.4.1988, Rs 207/86, Slg. 1988, 2151, Rdnr. 15f. – *Apesco/Komm.* (bezüglich periodischer Listen von Fischereifahrzeugen).

[539] EuG U. v. 25.3.1999, Rs T-102/96, Slg. 1999, II-753, Rdnr. 41 – *Gencor/Komm.*

[540] EuGH B. v. 26.3.1987, Rs 46/87 R, Slg. 1987, 1549, Rdnr. 34 – *Hoechst/Komm.*

[541] EuG U. v. 15.12.1999, Rs T-22/97, Slg. 1999, II-3775, Rdnr. 61 bis 65 – *Kesko/Komm.*

bung verzichtet wurde.[542] Anders ist allerdings der Fall zu beurteilen, bei dem noch keine Unvereinbarkeitsentscheidung vorliegt und das Unternehmen das Verfahren der Fusionskontrolle durch anderweitigen Verkauf gegenstandslos macht, und zwar selbst dann, wenn die Kommission sich – bei Eröffnung der Phase II – möglicherweise fehlerhaft verhalten hat. Ein solches Verhalten kann zwar von Bedeutung für einen etwaigen Schadenersatzanspruch sein, reicht aber nicht aus, um einer Entscheidung, die detaillierte Prüfung des Vorhabens einzuleiten, den Charakter einer beschwerenden Maßnahme zu verleihen.[543]

V. Klagegründe gemäß Art. 263 Abs. 2 AEUV

225 Nach Art. 263 Abs. 2 AEUV ist der Gerichtshof bzw. das Gericht für Klagen zuständig, welche die Nichtigerklärung (vgl. Art. 21 Abs. 2 Satzung des Gerichtshof) des angefochtenen Rechtsaktes bezwecken. Weitergehende Feststellungen, etwa dass das mit einer von der Kommission abgelehnten Beschwerde angegriffene Verhalten einer Organisation kartellrechtlichen Vorschriften zuwider läuft, sind im Rahmen einer Anfechtungs- oder Nichtigkeitsklage nicht möglich, ein entsprechender Antrag in der Klage unzulässig.[544] In Art. 263 Abs. 2 AEUV sind eine Reihe von möglichen Gründen aufgezählt, die abschließend zu sein scheinen. Der Kläger muss nach Art. 21 Satzung des Gerichtshof und Art. 76 lit. d EuG in der Klage den Streitgegenstand aufführen und eine kurze **Darstellung der Klagegründe geben;** in der Praxis werden anders als in Art. 263 Abs. 2 AEUV formulierte Klagegründe meist dennoch unter einen der in dieser Vorschrift genannten Klagegründe subsumiert (siehe z. B. unten Rdnr. 232 f.). Diese Klagegründe sind folgende:

- Unzuständigkeit
- Verletzung wesentlicher Formvorschriften
- Verletzung der Verträge oder einer bei seiner (lies: ihrer) Durchführung anzuwendenden Rechtsnorm, und
- Ermessensmissbrauch.

226 Die Klage muss neben den Klagegründen auch nach Art. 76 lit. f VerfO EuG die Beweise und Beweisangebote vorlegen. Daraus könnte man schließen, dass der Kläger in der Klage bereits enumerativ aufzählen muss, auf welche Klagegründe er sich stützt, und dass die spätere Berufung auf einen anderen der in Art. 263 AEUV genannten Gründe ausgeschlossen ist. Hinsichtlich eines Teils der Klagegründe ist dies zutreffend. Allerdings hat der Gerichtshof bereits sehr früh anerkannt, dass bestimmte Klagegründe von Amts wegen zu prüfen sind. Somit ist die Berufung auf diejenigen Klagegründe, die von Amts wegen zu prüfen sind, auch zu einem späteren Zeitpunkt möglich, ohne dem Einwand der Präklusion ausgesetzt zu sein.

227 Die in Art. 263 Abs. 2 AEUV genannten Klagegründe sind Oberbegriffe, die jeweils weiter aufgefächert werden können (insb. bezüglich der Verletzung wesentlicher Formvorschriften, s. unten Rdnr. 232 ff.). Im Hinblick auf die Prüfung der Frage, welche Klagegründe für eine Anfechtungsklage in Wettbewerbssachen herangezogen werden können, hat der Gerichtshof in seiner Rechtsprechung Grundsätze zur **Nachprüfung von Entscheidungen zu komplexen wirtschaftlichen Sachverhalten** entwickelt. In solchen Fällen räumt der Gerichtshof – und ihm folgend auch das Gericht – der Kommission bei der Bewertung ein weites Ermessen ein und beschränkt sich – neben der Prüfung der Frage, ob eine Vorschrift des AEUV verletzt wurde, sofern dies gerügt wird – auf die Überprüfung folgender Elemente:

- Einhaltung von Verfahrensvorschriften
- ausreichende Begründung
- zutreffende Feststellung des Sachverhalts

---

[542] EuG U. v. 28.9.2004, Rs T-310/00, Slg. 2004, II-3523, Rdnr. 48 – *MCI/Komm.*
[543] EuG B. v. 31.1.2006, Rs T-48/03, Rdnr. 76 – *Schneider Electric/Komm. (Schneider III).*
[544] EuG B. v. 12.7.2007, Rs T-229/05, ECLI:EU:T:2007:224, Rdnr. 15 ff. – *AEPI/Komm.*

– keine offensichtlich fehlerhafte Würdigung des Sachverhalts
– kein Ermessensmissbrauch.[545]

In kartellrechtlichen Bussgeldverfahren üben Gericht und Gerichtshof hingegen das Recht zu uneingeschränkter Nachprüfung der Entscheidung aus, Art. 31 der VO Nr. 1/2003.

Zur Einhaltung der Verfahrensvorschriften wird dabei auch die Garantie gezählt, dass die Kommission ihrer Verpflichtung nachkommt, unparteiisch alle relevanten Gesichtspunkte zu untersuchen.[546] Vom Ermessensmissbrauch abgesehen, beziehen sich alle vorgenannten Elemente auf den Klagegrund der **Verletzung wesentlicher Formvorschriften.** Die Rüge der Unzuständigkeit der Kommission sowie die Verletzung materieller Rechtsvorschriften wird durch diese Präzisierung allerdings nicht ausgeschlossen.[547] Die recht streng erscheinende Rechtsprechung zur eingeschränkten Überprüfung von Entscheidungen der Kommission bei wirtschaftlich komplexen Sachverhalten hat in den letzten Jahren das Gericht dazu veranlaßt, ohne sich selbst an die Stelle der Kommission zu setzen,[548] eine *genauere Prüfung* der Angaben und Beweismittel vorzunehmen und deren Richtigkeit und Schlüssigkeit zu untersuchen,[549] oder aber genauer zu untersuchen, ob überhaupt eine wirtschaftlich komplexe Bewertung seitens der Kommission vorgenommen wurde.[550] Auch die Anforderungen an die von der Kommission vorzunehmende Prüfung wettbewerbsrelevanter Aspekte wurden in einzelnen Fällen stärker hervorgehoben.[551] Gleichwohl ist die Praxis der Gerichte auch dem Einwand ausgesetzt, dass die Kontrolldichte – namentlich in Bußgeldsachen – weiterhin nicht ausreichend hoch ist (s. dazu Rdnr. 263 ff.). 228

1. Unzuständigkeit. Der Klagegrund der Unzuständigkeit ist tiefgreifend. Die Verteilung der Aufgaben und Zuständigkeiten nach dem EUV/AEUV gehört zum **„ordre public"** des Unionsrechts. Deswegen ist die Rüge der Unzuständigkeit **von Amts wegen zu prüfen,** auch wenn der Rechtsakt bereits bestandskräftig geworden ist.[552] Die im Bereich des EU-Wettbewerbsrechts relevante Unzuständigkeit erfasst sowohl die sachliche als auch 229

---

[545] St. Rspr., vgl. EuG U. v. 29.6.1993, Rs T-7/92, Slg. 1993, II-669, Rdnr. 33 – *Asia Motor France/Komm.*; mit Hinweis auf EuGH U. v. 17.11.1987, verb. Rs 142/84 und 156/84, Slg. 1987, 4487 – *BAT und Reynolds/Komm.* und EuGH U. v. 15.6.1993, Rs C-225/91, Slg. 1993, I-3203, Rdnr. 23 und 25 – *Matra/Komm.*

[546] EuG U. v. 29.6.1993, Rs T-7/92, Slg. 1993, II-669, Rdnr. 34 – *Asia Motor France/Komm.*; mit Hinweis auf EuGH U. v. 21.11.1991, Rs 269/90, Slg. 1991, I-5469 – *Technische Universität München/Hauptzollamt München* und EuG B. v. 24.1.1992, Rs T-44/90, Slg. 1992, II-1, Rdnr. 61 f. – *La Cinq/Komm.*

[547] Dazu EuGH U. v. 31.3.1998, verb. Rs C-68/954 und C-30/95, Slg. 1998, I-1375, Rdnr. 222 ff. – *Frankreich u. a./Komm.* zu Art. 2 VO Nr. 139/2004.

[548] EuG U. v. 23.2.2006, Rs T-282/02, Slg. 2006, II-, Rdnr. 197 – *Cementbouw Handel&Industrie BV/Komm.*: „Insbesondere ist es nicht Sache des Gerichts, seine wirtschaftliche Beurteilung an die Stelle derjenigen der Kommission zu setzen.", unter Verweis auf EuG U. v. 3.4.2003, Rs T-342/00, Slg. 2003, II-1161, Rdnr. 101 – *Petrolessence und SG2R/Komm.*

[549] EuGH U. v. 15.2.2005, Rs C-12/03 P, Slg. 2005, I-987, Rdnr. 37 ff. – *Komm./Tetra Laval.*

[550] In EuG U. v. 11.7.2007, Rs T-170/06, Slg. 2007, II-2601, Rdnr. 100 ff. – *Alrosa/Komm.* wird eine Abgrenzung des richterlichen Prüfungsumfangs bei der Bewertung wirtschaftlich komplexer Sachverhalte dargelegt, und das Gericht gelangt in Rdnr. 125 zur Schlußfolgerung, dass die Kommission keine wirtschaftlich komplexe Bewertung vorgenommen habe und daher der Aspekt umfassend überprüft werden könne. Instruktiv auch die Anforderungen an die Feststellungen von Verletzungshandlungen im Sinne von Artikel 7 Abs. 1 VO Nr. 1/2003 in Rdnr. 100. Das Urteil wurde durch EuGH U. v. 29.6.2010, Rs C-441/07 P, Slg. 2010, I-5949 – *Komm./Alrosa* aufgehoben, weil das EuG im Urteil seine eigene Beurteilung an die Stelle der Kommission gesetzt habe (Rdnr. 67). Ein Infragestellen der Elemente des richterlichen Prüfungsumfangs bei wirtschaftlich komplexen Bewertungen erfolgte im EuGH-Urteil jedoch nicht.

[551] Vgl. dazu EuG U. v. 27.9.2006, Rs T-168/01, Slg. 2006, II-2969, Rdnr. 55 ff. (Prüfungsmaßstab), Rdnr. 241 (Kontrolldichte) und der Feststellung von Prüfungsdefiziten, Rdnr. 303 ff. – *GlaxoSmithKline/Komm.*

[552] EuGH U. v. 10.12.1969, verb. Rs 6 u. 11/69, Slg. 1969, 523, Rdnr. 13 – *Komm./Frankreich.*

die räumliche Zuständigkeit.[553] Angefochten wurden in der Vergangenheit (erfolglos) die Kompetenz der Kommission, auf der Grundlage der VO Nr. 19/65 des Rates Verordnungen zur Gruppenfreistellung nach Art. 85 Abs. 3 EG (jetzt: Art. 101 Abs. 3 AEUV) zu erlassen[554] oder die Einzelheiten der Durchführung der Anhörung mit der VO Nr. 99/63 (jetzt: VO Nr. 773/2004) zu regeln.[555] Für den Abschluss internationaler Abkommen im Bereich des Wettbewerbsrechts ist die Kommission allerdings unzuständig (solange nicht eine ausdrückliche Ermächtigungsgrundlage geschaffen wird),[556] denn nur die EU selbst kann sich durch den Abschluss von Abkommen mit Drittstaaten oder internationalen Organisationen verpflichten.[557]

230 Ob allerdings die Fälle, die sich mit der Frage der **Befugnisse von Bediensteten** der Unionsorgane nach Erlass von Entscheidungen eines Organs befassen,[558] wirklich Fälle von Unzuständigkeit sind, erscheint zweifelhaft. Diese Fälle sollten eher unter den Gesichtspunkt der Verletzung wesentlicher Formvorschriften subsumiert werden. Denn der Rechtsakt, der vom Gerichtshof zu überprüfen ist, wurde nach wie vor vom zuständigen Unionsorgan erlassen, möglicherweise aber nicht in der vorgesehenen Form ausgefertigt. Zutreffend hat der Gerichtshof daher im *PVC*-Fall die angefochtene Entscheidung aufgrund Verstoßes gegen wesentliche Formvorschriften, nicht aber wegen Unzuständigkeit für nichtig erklärt.[559]

231 Anders ist die Lage zu beurteilen, wenn anstelle des für die Entscheidung zuständigen Kollegialorgans Kommission eine **nachgeordnete Dienststelle** – etwa die Generaldirektion Wettbewerb oder eine ihrer Direktionen – entscheidet. In diesem Fall greift – sofern die Kommission ihre Entscheidungskompetenz nicht delegiert hat[560] – der Einwand der Unzuständigkeit. Die Geschäftsordnung der Kommission sieht drei Möglichkeiten vor, Maßnahmen nicht durch das Kollegialorgan umzusetzen. Nach Art. 13 Abs. 1 GeschO Kommission kann ein Mitglied (z. B. der für Wettbewerb zuständige Kommissar) **ermächtigt** werden, in ihrem Namen innerhalb der Grenzen und gemäß den Bedingungen, die sie festlegt, Maßnahmen der Geschäftsführung und der Verwaltung zu treffen. Es kann ferner ein *Mitglied der Kommission* **beauftragt** werden, im Einvernehmen mit dem Präsidenten den Wortlaut eines Beschlusses, dessen wesentlichen Inhalt die Kommission bereits in ihren Beratungen festgelegt hat, endgültig anzunehmen.[561] Als drittes besteht die Möglichkeit, im Wege der sog. ***Delegation,*** *„den Generaldirektoren und Dienststellenleitern* die Befugnis (zu)

---

553 *vdGroeben/Schwarze-Gaitanides*, Art. 230 EG, Rdnr. 118, unterscheidet vier Arten: *absolute* Unzuständigkeit, wenn ein Unionsorgan in einem Bereich tätig wird, der außerhalb der Kompetenz des Organs liegt, *relative* Unzuständigkeit, wenn das falsche Organ tätig wird, *räumliche* Unzuständigkeit, wenn das Handeln sich unzulässigerweise außerhalb der EU auswirkt, und *sachliche* Unzuständigkeit, wenn das benutzte Mittel dem Organ nicht zur Verfügung stand. Vgl. zur räumlichen Unzuständigkeit EuGH U. v. 14.7.1972, Rs 48/69, Slg. 1972, 619, Rdnr. 125 ff. – *ICI/Komm.* und EuGH U. v. 27.09.1988, verb. Rs 89, 104, 114, 116, 117 und 125 bis 129/85, Slg. 1988, 5193, Rdnr. 11 ff. – *Ahlström u. a./Komm;* vgl. zur sachlichen Unzuständigkeit EuGH U. v. 13.7.1966, Rs 32/65, Slg. 1966, 457 (482 ff.) – *Italien/Komm.* und EuGH U. v. 15.7.1970, Rs 41/69, Slg. 1970, 661, Rdnr. 59 ff. – *ACF Chemiefarma/Komm.*

554 EuGH U. v. 13.7.1966, Rs 32/65, Slg. 1966, 457, 482 – *Italien/Komm.*

555 EuGH U. v. 15.7.1970, Rs 41/69, Slg. 1970, 661, Rdnr. 59 ff. – *ACF Chemiefarma/Komm.*

556 Bezüglich des Abkommens mit den USA auf dem Gebiet des Wettbewerbsrechts (ABl. 1995 L 95/45) hat der Rat eine solche Ermächtigung geschaffen.

557 EuGH U. v. 9.8.1994, Rs C-327/91, Slg. 1994, I-3641, Rdnr. 24 – *Frankreich/Komm.*

558 Vgl. EuGH U. v. 23.2.1988, Rs 131/86, Slg. 1988, 905, 935 – *Vereinigtes Königreich/Rat und Kommission.;* EuG U. v. 27.2.1992, verb. Rs T-79/89, T-84/89 u. a., Slg. 1992, II-315, Rdnr. 51 – *BASF u. a./Komm.*

559 EuG U. v. 27.2.1992, verb. Rs T-79/89, T-84/89 u. a., Slg. 1992, II-315, Rdnr. 76 ff. – *BASF u. a./Komm.*

560 Art. 14 GeschO Kommission, ABl. 2000 L 308/26, zuletzt geändert durch ABl. L 296 vom 15.11.2011.

561 Art. 13 Abs. 2 GeschO Kommission, auch „Habilitation" genannt. Dies ist in Wettbewerbssachen häufig. S. dazu *Dieckmann* § 41 Rdnr. 14.

delegieren, in ihrem Namen innerhalb der Grenzen und gemäß den Bedingungen, die sie festlegt, Maßnahmen der Geschäftsführung und der Verwaltung zu treffen."[562] Davon wird beispielsweise für formelle Auskunftsersuchen Gebrauch gemacht.

2. Verletzung wesentlicher Formvorschriften. Unter dem Begriff der Verletzung wesentlicher Formvorschriften werden die Rügen zusammengefasst, die formeller Natur sind. Dazu gehören die fehlerhafte Feststellung von Tatsachen, die Verletzung der Begründungspflicht, die Verletzung von Verfahrensrechten sowie sonstige Rügen, die sich auf die formelle Fehlerhaftigkeit der angefochtenen Entscheidung beziehen. 232

Der Gerichtshof hat bereits früh entschieden, dass die Verletzung der **Begründungspflicht** (Art. 296 Abs. 2 AEUV) von Amts wegen zu prüfen ist.[563] Begründet wurde dies mit der Erwägung, dass die Begründung eines Rechtsaktes nicht nur die Verteidigungsrechte[564] des Betroffenen schützen, sondern auch dem Gericht die Überprüfung der Rechtmäßigkeit des angefochtenen Rechtsaktes ermöglichen soll. Die Verletzung von Anhörungsrechten und **Verfahrensrechten** wird vom Gericht jedoch **nicht zwingend von Amts wegen geprüft.** Hinsichtlich der Verletzung materiellen Unionsrechts (insbes. Art. 101 und 102 AEUV) findet grundsätzlich keine Prüfung von Amts wegen statt. 233

a) Begründungsmangel gemäß Art. 296 Abs. 2 AEUV. Ein Beschluss der Kommission ist mit Gründen zu versehen und hat auf die eingeholten Vorschläge und Stellungnahmen Bezug zu nehmen (Art. 296 Abs. 2 AEUV). Ein Verstoß dagegen ist zugleich ein wesentlicher Formverstoß im Rahmen des Art. 263 Abs. 2 AEUV.[565] Die Reichweite der **Begründungspflicht** hängt von der Art des erlassenen Rechtsaktes sowie dem Kontext ab, in dem er erlassen wurde. Nach ständiger Rechtsprechung muss die Maßnahme die Überlegungen der Unionsbehörde, die den angefochtenen Unionsakt erlassen hat, so klar und eindeutig zum Ausdruck bringen, dass die Betroffenen erkennen können, ob der Rechtsakt „sachlich richtig oder mit einem Mangel behaftet ist, der seine Anfechtung erlaubt", und dass dem Unionsrichter die Prüfung der Rechtmäßigkeit ermöglicht wird.[566] Zur Begründungspflicht hat der Gerichtshof weiter ausgeführt, dass der Beschluss die wichtigsten rechtlichen und tatsächlichen Erwägungen auf den Einzelfall bezogen konkret darlegen muss.[567] 234

Es müssen also nicht alle tatsächlich oder rechtlich einschlägigen Gesichtspunkte genannt werden, da bei der Beurteilung der ausreichenden Begründung nicht nur auf den Wortlaut des Rechtsakts, sondern auch auf den Kontext, in dem er erlassen wurde, und auf sämtliche 235

---

[562] Art. 14 GeschO Kommission.

[563] EuGH U. v. 20.3.1959, Rs 18/57, Slg. 1959, 89, 114 – *Nold;* genauso EuGH U. v. 1.7.1986, Rs 185/85, Slg. 1985, 2079, Rdnr. 19 – *Usinor.*

[564] Dazu unten Rdnr. 243.

[565] EuGH U. v. 14.10.1987, Rs 248/84, Slg. 1987, 4013, Rdnr. 22 – *Deutschland/Komm.; Lenz/Borchardt-Hetmeier,* Art. 296, Rdnr. 1.

[566] EuG U. v. 23.2.2006, Rs T-282/02, Slg. 2006, II-, Rdnr. 85 – *Cementbouw Handel&Industrie BV/Komm.*, unter Verweis auf EuG U. v. 20.11.2002, Rs T-251/00, Slg. 2002, II-4825, Rdnr. 155 und die dort zitierte Rechtsprechung – *Lagardère und Canal+/Komm.* Vgl. auch die grundlegende Definition des Gerichtshof in EuGH U. v. 21.11.1991, Rs 269/90, Slg. 1991, I-5469, Rdnr. 26 – *Technische Universität München/Hauptzollamt München;* ferner EuG U. v. 15.9.1998, verb. Rs T-374/94, T-375/94, T-384/94 und T-388/94, Slg 1998, II-3141, Rdnr. 93 – *European Night Services/Komm.*, wo das Gericht feststellt, dass es ohne die Angaben zum relevanten Markt nicht prüfen kann, ob die Vereinbarung von Art. 101 Abs. 1 AEUV erfasst ist; ferner EuG U. v. 16.9.1998, Rs T-110/95, Slg. 1998, II-3605, Rdnr. 83 – *IECC/Komm.;* EuG U. v. 30.11.2000, Rs T-5/97, Slg. 2000, II-3755, Rdnr. 198 – *Industrie des Poudres Sphériques/Komm.;* EuG U. v. 28.3.2001, Rs T-144/99, Slg. 2001, II-1087, Rdnr. 41 – *Institut der beim Europäischen Patentamt zugelassenen Vertreter/Komm.;* EuG U. v. 8.7.2003, Rs T-374/00, Slg. 2003, II-2275, Rdnr. 184 – *Verband der freien Rohrwerke/Komm.*

[567] EuGH U. v. 25.10.1984, Rs 185/83, Slg. 1984, 3623, 3641 – *Rijksuniversiteit te Groningen/Inspecteur der Invoerrechten en Accijnzen,* zur Zollbefreiung für wissenschaftliche Instrumente; EuGH U. v. 26.6.1986, Rs 203/85, Slg. 1986, 2049, 2058/2059 – *Nicolet Instrument/Hauptzollamt Frankfurt;* EuGH U. v. 15.7.1970, Rs 41/69, Slg. 1970, 661, Rdnr. 59 ff. – *ACF Chemiefarma/Komm.*

Rechtsvorschriften auf dem betreffenden Gebiet abzustellen ist.[568] Der Umfang der Begründungspflicht wird allerdings auch dadurch bestimmt, inwieweit bestimmte Argumente oder Erwägungen für das betroffene Unternehmen erkennbar von großer Bedeutung waren.[569] Ferner muss die Rechtsgrundlage angegeben werden.[570] Aus diesem Grunde werden fehlerhafte Feststellungen von Tatsachen gelegentlich auch unter dem Oberbegriff des Begründungsmangels geprüft. Allerdings lassen die Entscheidungen des Gerichts nicht immer klar erkennen, unter welchen der Klagegründe die **fehlerhafte Feststellung von Tatsachen** gehört. Im Falle *SNCF und British Railways/Kommission*[571] hat das Gericht beispielsweise die Entscheidung der Kommission aufgehoben, weil Angaben zu Tatsachen – es ging um die Kapazität des *Eurotunnels* und die Frage, über wie viel von dieser Kapazität die Klägerinnen verfügte – fehlerhaft festgestellt waren. Unter welchem Klagegrund dies zu subsumieren ist, bleibt in der Entscheidung offen. In *Marlenes/Komm.* hat das Gericht die fehlerhafte Tatsachenwürdigung als Begründungsmangel bezeichnet.[572]

236 Bei Einzelfallbeschlüssen im Kartellrecht[573] muss die Kommission die sachlichen und rechtlichen Gesichtspunkte erörtern, auf die sie ihre Entscheidung stützt. Sie ist jedoch nicht verpflichtet, auf alle im Laufe des Verwaltungsverfahrens vorgebrachten sachlichen und rechtlichen Gesichtspunkte der Parteien einzugehen,[574] wohl aber auf die Argumente, die für den Betroffenen offenbar eine besondere Bedeutung haben.[575] Fehlen in dem Beschluss beispielsweise wesentliche **Angaben zum Markt** (Definition des geographischen Marktes, Marktanteile), so dass das Gericht nicht feststellen kann, ob das Kriterium der Auswirkungen auf den Handel zwischen Mitgliedstaaten erfüllt ist, so kann dies zur Aufhebung des Beschlusses führen.[576] Je nach Art der an die Unternehmen gerichteten Rechtshandlungen bzw. der Intensität des Eingriffs in ihre Interessensphäre muss die Begründung mehr oder weniger umfassend sein. Die Reichweite der Begründungspflicht ist abhängig von der Art des angegriffenen Rechtsaktes sowie den Umständen, unter denen er erlassen wurde.[577] Im Bereich des Wettbewerbsrechts hat es der Gerichtshof für ausreichend angesehen, wenn die Kommission die Tatsachen und juristischen Überlegungen darlegt, die von wesentlicher Bedeutung für den Beschluss sind[578] und von denen sie sich hat leiten las-

---

568 EuG U. v. 20.3.2002,Rs T-175/99, Slg. 2002, II-1915, Rdnr. 29 – *UPS Europe/Komm.*

569 EuG U. v. 19.10.2005, Rs T-318/00, Slg. 2005, II-4179 – *Freistaat Thüringen/Komm.*

570 EuGH U. v. 22.6.2004, Rs C-42/01, Slg. 2004, I-6079, Rdnr. 63 – *Portugiesische Republik/Komm.*

571 EuG U. v. 22.10.1986, verb. Rs T-79/95 und T-80/95, Slg. 1996, II-1491, 1508 ff. – *SNCF und British Railways/Komm.*

572 EuG U. v. 11.12.2003, Rs T-56/99, Slg. 2003, I-5225, Rdnr. 64 – *Marlines/Komm.* Ebenso: EuG U. v. 11.12.2003, Rs 59/99, Slg. 1999, II-2519, Rdnr. 173 ff. – *Ventouris Group/Komm.*

573 Dazu unter § 41 Rdnr. 31.

574 EuGH U. v. 9.11.1983, Rs 322/81, Slg. 1983, 3461, Rdnr. 15 – *Michelin/Komm.;* EuGH U. v. 11.7.1985, Rs 42/84, Slg. 1985, 2545, Rdnr. 26 – *Remia/Komm.;* EuGH B. v. 24.4.1996, Rs C-19/93 P, Slg. 1996, I-1997, Rdnr. 124 – *Rendo/Komm.;* EuGH U. v. 10.12.1985, Rs 240, 242, 261, 262, 268, 269/82, Slg. 1985, 3831, Rdnr. 88 – *SSI/Komm.;* EuGH U. v. 17.11.1987, Rs 142 u. 156/84, Slg. 1967, 75, Rdnr. 72 – *BAT/Komm.;* EuGH U. v. 17.1.1984, verb. Rs 43 und 63/82, Slg. 1984, 19, Rdnr. 22 – *VBVB und VBBB/Komm.;* EuGH U. v. 21.2.1984, Rs 86/82, Slg. 1984, 883, Rdnr. 16/17 – *Hasselblad/Komm.*

575 EuG U. v. 15.9.1998, verb. Rs T-374/94, T-375/94, T-384/94 und T-388/94, Slg 1998, II-3141, Rdnr. 95 f. – *European Night Services/Komm.;* vgl. ferner EuGH U. v. 28.4.1993, Rs C-364/90, Slg. 1993, I-2097, Rdnr. 44 f. – *Italien/Komm.*, das allerdings die Argumente eines Mitgliedstaates betraf, sowie EuG U. v. 19.10.2005, Rs T-318/00, Slg. 2005, II-4179 – *Freistaat Thüringen/Komm.*

576 Dazu EuG U. v. 15.9.1998, verb. Rs T-374/94, T-375/94, T-384/94 und T-388/94, Slg 1998, II-3141, Rdnr. 95 f. – *European Night Services/Komm.;* s. auch EuG U. v. 22.10.1996, verb. Rs T-79 und T-80/95, Slg. 1996, II-1491, 1516, Rdnr. 65 – *SNCF und British Railways.*

577 EuG Urteil v. 9.11.1994, Rs T-46/92, Slg. 1994, II-1039, Rdnr. 19 – *Scottish Football Ass/Komm.* mit Verweis auf EuGH U. v. 4.6.1992, Rs C-1818/90, Slg. 1992, I-3557, Rdnr. 14 – *Consorgan;* EuGH U. v. 17.11.1987, verb. Rs 142/84 und 156/84, Slg. 1987, 4487, Rdnr. 69 – *BAT und Reynolds/Komm.*

578 EuGH U. v. 17.1.1995, Rs C-306/92 P, Slg. 1995, I-23, Rdnr. 39 – *Publisher's Association/Komm.;* EuG U. v. 27.11.1997, Rs T-290/94, Slg. 1997, II-2137, Rdnr. 150 – *Kaysersberg/Komm.;*

sen.[579] Dabei reicht eine **summarische Begründung,** sofern die Kommission lediglich eine ständige Praxis fortsetzt, wobei der Umstand, dass der Adressat des Rechtsaktes die Begründung aus früheren ähnlichen Rechtsakten entnehmen könnte, nicht die Begründung ersetzt;[580] andererseits muss die Begründung ausführlicher ausfallen, wenn sie über die bisherige Entscheidungspraxis hinausgeht,[581] und erst recht, wenn sie juristisches Neuland betritt. In einzelnen Entscheidungen, insbesondere im Bereich der Fusionskontrolle, nimmt das Gericht eine weitergehende Überprüfung der Begründungspflicht vor, insbesondere wenn es um die Aufarbeitung wirtschaftlicher Daten geht, mit denen begründet werden soll, warum ein zunächst für problematisch befundenes Vorhaben letztlich doch freigegeben werden kann.[582]

In Wettbewerbssachen von besonderer Bedeutung sind sorgfältige Feststellungen zur (drohenden) Wettbewerbsverfälschung und Handelsbeeinträchtigung, deren Fehlen zur Aufhebung des Rechtsaktes führen kann.[583] Ein „Nachbessern" von Beschlüssen durch Nachreichen von Feststellungen oder Begründungen im Verfahren vor dem Gericht ist nicht möglich.[584] Eine **Heilung von Begründungsmängeln** kommt damit regelmäßig nicht in Betracht.[585] **237**

Auch im Verwaltungsverfahren muss z.B. die Entscheidung, mit der ein Unternehmen gemäß Art. 20 Abs. 4 VO Nr. 1/2003 dazu verpflichtet wird, Nachprüfungen bei sich zu dulden, den Gegenstand und Zweck der Nachprüfung bezeichnen und angeben, welchen Vermutungen die Kommission nachzugehen beabsichtigt.[586] Zu den wesentlichen Begründungspflichten bzgl. des Auskunftsverlangens gehören dabei der Hinweis auf die Rechtsgrundlage sowie der Zweck und eventuelle Zwangsmaßnahmen. Demgegenüber ist es nicht erforderlich, die Zuwiderhandlung juristisch genau zu qualifizieren.[587] **238**

EuG U. v. 19.2.1998, verb. Rs T-369/94 und T-85/95, Slg. 1998, II-357, Rdnr. 117 – *DIR Film International u. a./Komm.;* vgl. auch schon EuG U. v. 29.6.1993, Rs T-7/92, Slg. 1993, II-669, Rdnr. 30/31 – *Asia Motor France/Komm.*

[579] EuGH U. v. 9.11.1983, Rs 322/81, Slg. 1983, 3461, 3500, Rdnr. 15 – *Michelin/Komm.*

[580] Vgl. EuGH U. v. 17.3.1983, Rs 294/81, Slg. 1983, 911, 932 – *Control Data;* vgl. auch Grabitz/Hilf/Nettesheim-*Dörr,* Rdnr. 169 zu Art. 263 AEUV.

[581] EuGH U. v. 17.11.1987, verb. Rs 142/84 und 156/84, Slg. 1987, 4487, Rdnr. 71 – *BAT und Reynolds/Komm.*

[582] EuG U. v. 13.6.2006, Rs T-464/04, Slg. 2006, II-2289, Rdnr. 546 bis 551 – *Impala/Komm.,* wo das Gericht den Begründungsmangel in Rdnr. 280 bis 325 untersucht und belegt.

[583] Dazu EuG U. v. 15.9.1998, verb. Rs T-374/94, T-375/94, T-384/94 und T-388/94, Slg 1998, II-3141, Rdnr. 95 f. – *European Night Services/Komm.;* vgl. im Bereich des Beihilferechts EuGH U. v. 24.10.1996, verb. Rs C-329/93, C-62/95 und C-63/95, Slg. 1996, I-5151 – *Deutschland/HIBEG/Bremer Vulkan/Komm.*

[584] EuG U. v. 15.9.1998, verb. Rs T-374/94, T-375/94, T-384/94 und T-388/94, Slg 1998, II-3141, Rdnr. 95 – *European Night Services/Komm.;* EuG U. v. 2.7.1992, Rs T-61/89, Slg. 1992, II-1931, Rdnr. 131 – *Dansk Peldyravlerforening/Komm.;* EuG U. v. 21.3.1996, Rs T-230/94, Slg. 1996, II-195, Rdnr. 36 – *Farrugia/Komm.;* vgl. auch EuG U. v. 18.11.1992, Rs T-16/91, Slg. 1992, II-2417, Rdnr. 45 – *Rendo u. a./Komm.*

[585] EuGH U. v. 26.11.1981, Rs 195/80, Slg. 1981, 2861, Rdnr. 22 – *Michel/Parlament;* EuGH U. v. 12.11.1985, Rs 183/83, Slg. 1985, 3618, Rdnr. 21 – *Michel/Parlament;* EuG U. v. 2.7.1992, Rs T-61/89, Slg. 1992, II-1931, Rdnr. 131 u. 137 – *Dansk Peldyravlerforening/Komm.; s. auch Dauses-Stotz,* Handbuch des EU-Wirtschaftsrechts, Band I, 35. Ergänzungslieferung 2014, Abschnitt P I, Rdnr. 180 ff., 186.

[586] EuGH U. v. 25.6.2014, Rs C-37/13 P, ECLI:EU:C:2014:2030, Rdnr. 34 ff. – *Nexans/Komm.,* wo es heißt, dass Nachprüfungsentscheidungen „u. a. den Gegenstand und den Zweck der Nachprüfung bezeichnen müssen". Ähnlich EuG U. v. 6.9.2013, verb. Rs T-289/11, T-290/11 und T-521/11, ECLI:EU:T:2013:404, Rdnr. 168 – *Deutsche Bahn u. a./Komm.* Die frühere Rechtsprechung verlangte eine „genaue" Bestimmung und „klare" Angaben zu Gegenstand und Zweck der Nachprüfung, vgl. EuGH U. v. 24.6.1986, Rs C-53/85, Slg. 1986, 1965, Rdnr. 18, 20 – *AKZO/Komm.;* EuGH U. v. 21.9.1989, verb. Rs 46/87 und 227/88, Slg. 1989, 2859, Rdnr. 40 – *Hoechst/Komm.* mit Verweis auf EuGH U. v. 26.6.1980, Rs C-136/79, Slg. 1980, 2033, Rdnr. 25 – *National Panasonic/Komm.* Gleiches gilt für Auskunftsverlangen nach Art. 18 Abs. 2 VO Nr. 1/2003: EuG U. v. 8.3.1995, Rs T-34/93, Slg. 1995, II-545, Rdnr. 63 – *Société Générale.*

[587] EuG U. v. 8.3.1995, Rs T-34/93, Slg. 1995, II-545, Rdnr. 62 f. – *Société Générale.*

239 Für die Begründungspflicht bzgl. der Einstellungsverfügung ohne vorherige Untersuchung wegen fehlenden Unionsinteresses ist es gemäß Art. 296 Abs. 2 AEUV nicht ausreichend, abstrakt auf den Begriff des Unionsinteresses Bezug zu nehmen. Die Kommission muss vielmehr begründen, aus welchen Rechts- und Sacherwägungen sie zu dem Ergebnis gelangt ist, es fehle ein Unionsinteresse.[588]

240 Es ist bei einem an den Beschwerdeführer gerichteten ablehnenden Beschluss ausreichend, dass die Kommission darlegt, weshalb sie keinen Verstoß gegen die Wettbewerbsregeln feststellen kann. Die Kommission ist nicht verpflichtet, eventuelle Abweichungen von ihrer Mitteilung der Beschwerdepunkte zu erklären.[589]

241 Entscheidet die Kommission, dass ein Zusammenschluss mit dem Gemeinsamen Markt vereinbar ist, muss sie klar die Gründe wiedergeben, die sie zu dem Schluss haben kommen lassen, dass keine ernsthaften Bedenken hinsichtlich seiner Vereinbarkeit mit dem Gemeinsamen Markt bestehen. Im Hinblick auf das Gebot der raschen Erledigung ist es jedoch nicht erforderlich, alle rechtlichen und tatsächlichen Erwägungen, die möglicherweise in Zusammenhang mit dem angemeldeten Verfahren stehen oder im Verwaltungsverfahren geltend gemacht wurden, zu begründen.[590] In seiner Rechtsprechung hat das Gericht die Anforderungen an die von der Kommission vorzulegenden Beweise klargestellt, und der Gerichtshof hat diese Anforderungen bestätigt. Dabei geht es insbesondere um den Streit, wie weit das Ermessen der Kommission reicht. Nach den Urteilsgründen des Gerichtshofs in der Sache *Tetra Laval*[591] wird der Kommission zwar ein Ermessen zugestanden, jedoch kann der Unionsrichter eine Kontrolle der Auslegung der Wirtschaftsdaten durch die Kommission vornehmen. Bei der Prüfung der Beweismittel sind dabei die **sachliche Richtigkeit der angeführten Beweise, ihre Zuverlässigkeit und ihre Kohärenz** zu prüfen. Außerdem ist festzustellen, ob die Beweise alle relevanten Daten enthalten und **die aus ihnen gezogenen Schlüsse zu stützen vermögen**.[592] Dies ist von besonderer Wichtigkeit, wenn die Kommission – wie bei konglomeraten Zusammenschlussvorhaben – künftige Entwicklungen in ihre Würdigung einbeziehen will. In Urteilen zu kartellrechtlichen Bußgeldverfahren, in denen die europäischen Gerichte das Recht zur uneingeschränkten Nachprüfung haben (Art. 31 VO Nr. 1/2003), wird in jüngerer Zeit deutlich gemacht, dass das weite Ermessen, das der Kommission bei der Beurteilung komplexer wirtschaftlicher Sachverhalte zukommt, nicht bedeutet, dass der Unionsrichter eine Kontrolle der Auslegung der Wirtschaftsdaten durch die Kommission unterlassen muss.[593] Im übrigen wird auf die vorgenannte Rechtsprechung zur Notwendigkeit der Prüfung der sachlichen Richtigkeit, Zuverlässigkeit und Kohärenz der Beweise und deren Vollständigkeit und Tragfähigkeit für die gezogenen Schlüsse verwiesen.[594]

242 Die Aufhebung eines Rechtsaktes über Begründungsmängel ist oft einfacher zu erreichen als eine Aufhebung wegen der Verletzung materiellen Rechts oder gar wegen Ermessensmissbrauchs der Kommission. Zu beachten ist dabei allerdings, dass eine solche Aufhebung nicht sehr weit führt: das Verwaltungsverfahren lebt aufgrund des Urteils wieder auf, die Kommission muss das Verfahren – ggf. unter Beachtung der Rechtsauffassung des Gerichts – erneut zum Abschluss bringen. Bei einer Aufhebung wegen Begrün-

---

[588] EuG U. v. 18.5.1994, Rs T-37/92, Slg. 1994, II-285, Rdnr. 47 – *BEUC und NCC/Komm.* mit Verweis auf EuG U. v. 10.7.1990, Rs T-64/89, Slg. 1990, II-367, Rdnr. 85 – *Automec/Komm.*

[589] EuGH U. v. 17.11.1987, Rs 142 u. 156/84, Slg. 1967, 75, Rdnr. 70 – *BAT/Komm.*

[590] EuG U. v. 8.7.2003, Rs T-374/00, Slg. 2003, II-2275, Rdnr. 185 – *Verband der freien Rohrwerke u. a./Komm.*

[591] EuGH U. v. 15.2.2005, Rs C-12/03 P, Slg. 2005, I-987, Rdnr. 37 ff. – *Komm./Tetra Laval.*

[592] EuGH U. v. 15.2.2005, Rs C-12/03 P, Slg. 2005, I-987, Rdnr. 39 – *Komm./Tetra Laval.*

[593] S. dazu EuGH U. v. 8.12.2012, Rs C-386/10 P, Slg. 2011, I-13085, Rdnr. 54 ff. – *Chalkor/Komm.;* EuGH U. v. 8.12.2012, Rs C-389/10 P, Slg. 2011, I-13125, Rdnr. 121 ff. – *KME/Komm.*

[594] EuGH U. v. 15.2.2005, Rs C-12/03 P, Slg. 2005, I-987, Rdnr. 39 – *Komm./Tetra Laval;* EuGH U. v. 22.11.2007, Rs C-525/04 P, Slg. 2007, I-9947, Rdnr. 56 f. – *Spanien/Lenzing.*

dungsmängeln kann dies ein einfacher Neuerlass eines Beschlusses sein, ggf. nach weiterer Untersuchung, wobei dann den Erfordernissen des Art. 296 Abs. 2 AEUV genüge getan wird.[595]

b) Verletzung von Verfahrensvorschriften. Die Verfahrensvorschriften dienen dazu, den ordnungsgemäßen Ablauf des Verfahrens zu gewährleisten, den Sachverhalt objektiv zu ermitteln und dem betroffenen Unternehmen die Wahrnehmung seiner **Verteidigungsrechte**[596] zu ermöglichen. Zu den Verteidigungsrechten gehört u. a. das Recht auf rechtliches Gehör und das Recht auf Akteneinsicht. Nicht jeder Verfahrensfehler führt zur Nichtigkeit des Rechtsaktes der Kommission. Vielmehr untersucht das Gericht, ob das Unternehmen trotz des Verfahrensfehlers bei der Ausübung seiner Verteidigungsrechte tatsächlich gehindert war oder nicht. Dies ist z. B. dann nicht der Fall, wenn die bei der Akteneinsicht vorenthaltenen Dokumente (anerkanntermaßen) ohne Belang sind[597] oder die in den Dokumenten enthaltenen Informationen sich auch aus anderen Unterlagen ergeben, die den Parteien zugänglich waren.[598] **243**

Das Recht auf **rechtliches Gehör** gehört zu den **fundamentalen Grundsätzen des Unionsrechts**.[599] Seine Verletzung ist schwerwiegend, führt aber nicht zwingend zur Aufhebung des Beschlusses, wenn sie während des Verfahrens vor dem Gerichtshof geheilt worden ist, „es sei denn, der Anspruch auf rechtliches Gehör bleibe trotz der späteren Heilung verletzt".[600] Der Kläger muss nachweisen, dass bei Beachtung des rechtlichen Gehörs der Beschluss der Kommission anders hätte ausfallen können.[601] Bei Ermessensentscheidungen der Kommission wird dies meist zu bejahen sein. Volles rechtliches Gehör steht in Kartellrechtsverfahren nur Unternehmen zu, gegen die Sanktionen verhängt werden können. **244**

---

595 S. EuG U. v. 15.12.2010, Rs T-427/08, Slg. 2010, II-5865 – *CEAHR/Komm.* Dieses Urteil hebt den Beschluss der Kommission zur Zurückweisung einer Beschwerde des Verbandes europäischer Uhren-Reparaturwerkstätten wegen der Weigerung bestimmer Luxusuhrenhersteller, unabhängige Reparaturwerkstätten mit Ersatzteilen zu beliefern, auf. Die Kommission hat daraufhin am 5. August 2011 das Untersuchungsverfahren AT.39097 eröffnet und am 29.7.2014 die Beschwerde erneut durch Beschluss mit verbesserter Begründung zurückgewiesen. Gegen diesen Beschluss hat CEAHR erneut Klage erhoben (u. a. mit der Rüge eines Begründungsmangels), Rs T-712/14 – *CEAHR/Komm.*

596 Dazu § 44 Rdnr. 1 ff.; EuGH B. v. 26.3.1987, Rs 46/87 R, Slg. 1987, 1549, Rdnr. 36 – *Hoechst/Komm.* zählt zu den Verteidigungsrechten auch das Recht auf Hinzuziehung eines juristischen Beistands sowie den Anspruch auf Vertraulichkeit des Schriftverkehrs zwischen Anwalt und Mandant, und zwar schon im Stadium des Verwaltungsverfahrens.

597 EuG U. v. 29.6.1995, Rs T-30/91, Slg. 1995, II-1779, Rdnr. 101 – *Solvay S. A./Komm.;* EuG U. v. 29.6.1995, Rs T-36/91, Slg. 1995, II-1851, Rdnr. 70 – *ICI/Komm.;* EuGH U. v. 7.1.2004, verb. Rs C-204/00 P, C-205/00 P, C-213/00 P, C-21/00 P und C-219/00 P, Slg. 2004, I-123, Rdnr. 86 – *Aalborg Portland A/S u. a./Komm.*

598 EuG U. v. 13.1.2004, Rs T-67/01, Slg. 2004, II-49, Rdnr. 70 – *JCB Service/Komm.*

599 EuGH Slg. 1961, 160, 172 ff. – *SNUPAT*; EuGH U. v. 13.2.1979, Rs 85/76, Slg. 1979, 461 – *Hoffmann La Roche;* EuG U. v. 30.3.2000, Rs T-65/96, Slg. 2000 II-1885, Rdnr. 32 – *Kish Glass & Co/Komm.;* siehe auch *Fengler,* Die Anhörung im europäischen Gemeinschaftsrecht und deutschen Verwaltungsverfahrensrecht (2003), S. 25 ff. S. 47 ff.

600 EuGH U. v. 13.2.1979, Rs 85/76, Slg. 1979, 461, Rdnr. 15 – *Hoffmann La Roche.*

601 „Eine solche Verletzung des Anspruchs auf rechtliches Gehör führt nur dann zu einer Nichtigkeitserklärung, wenn das Verfahren ohne diese Verletzung zu einem anderen Ergebnis hätte führen können.", so EuGH U. v. 14.2.1990, Rs C-301/87, Slg. 1990, I-307, Rdnr. 31 – *Boussac.* Nach früherer Rechtsprechung war der kaum zu erbringende Nachweis gefordert, dass die Entscheidung tatsächlich anders ausgefallen wäre, so noch EuGH U. v. 11.11.1987, Rs 259/85, Slg. 1987, 4393, Rdnr. 13 – *Frankreich/Komm.* GA *Mancini* hatte in dieser Sache ausgeführt: „Die der Kommission zugegangenen Informationen müssten in diesem Sinne ausschlaggebend für den Erlaß der Entscheidung gewesen sein, dass diese anders ausgefallen wäre, wenn die Kommission die Information nicht erhalten und verwendet hätte", vgl. Schlussanträge in *Frankreich/Komm.,* Slg. 1987, 4406, 4408. Vgl. ferner EuGH U. v. 7.1.2004, verb. Rs C-204/00 P, C-205/00 P, C-213/00 P, C-21/00 P und C-219/00 P, Slg. 2004, I-123, Rdnr. 71 – *Aalborg Portland A/S u. a./Komm.*

245 Auch die Missachtung des allgemeinen Grundsatzes, dass die Kommission in kartellrechtlichen Verfahren nach Abschluss des Verwaltungsverfahrens in einer angemessenen Frist eine Entscheidung zu erlassen hat, kann als Verstoß gegen das Gebot des effektiven Rechtsschutzes einen Nichtigkeitsgrund darstellen[602]

246 Die Kommission trifft im kartellrechtlichen Verwaltungsverfahren eine Verpflichtung zur **Vorabinformation** über die beabsichtigten Maßnahmen,[603] die in Form der Beschwerdepunkte übermittelt wird. Auch diese Vorabinformation ist Ausfluss des Grundsatzes rechtlichen Gehörs.

247 Zu den Verfahrensrechten gehört ferner das **Recht auf Akteneinsicht**,[604] dessen Einschränkung oder Verweigerung im Rahmen der Verletzung wesentlicher Formvorschriften zu rügen ist.[605] Hat die Kommission den betroffenen Unternehmen die Akteneinsicht in belastende Unterlagen verweigert, ist sie später gehindert, sich auf diese Unterlagen zur Begründung ihrer abschließenden Entscheidung zu stützen **(Verwertungsverbot)**.[606] Eine Anfechtung des Beschlusses zur Verweigerung der Akteneinsicht während des laufenden Verwaltungsverfahrens kommt regelmäßig nicht in Betracht, die Rüge ist vielmehr in einem etwaigen Verfahren gegen den endgültigen Beschluss der Kommission zu erheben.[607] Stellt die Entscheidung zur Verweigerung der Akteneinsicht eine abschließende Stellungnahme der Kommission und somit einen anfechtbaren Rechtsakt dar, so ist sie im Wege der Nichtigkeitsklage isoliert anfechtbar.[608] Der Betroffene muss dann nicht mehr den endgültigen Beschluss der Kommission abwarten, um in einer dagegen angestrengten Nichtigkeitsklage die Verweigerung der Akteneinsicht implizit anzugreifen. Ein Verfahrensfehler im Rahmen der Ermittlungen der Kommission kann in der Regel nur dazu führen, dass das belastende Material als Beweismaterial unberücksichtigt bleibt; er führt jedoch nicht zur Nichtigkeit der Entscheidung, es sei denn der von der Kommission vorgetragene Vorwurf stützt sich allein auf dieses Dokument, weil dann erwiesen ist, dass das Ergebnis anders hätte ausfallen können.[609]

248 *c) Bestimmungen zur Beschlussfassung innerhalb der Kommission.*[610] Die Berufung auf die **Geschäftsordnung** der Kommission hatte der Gerichtshof zunächst mit der Begründung abgelehnt, der einzelne könne sich nicht auf solche Bestimmungen berufen, weil diese nur die interne Arbeitsweise der Dienststellen im Interesse einer ordnungsgemäßen Verwaltung organisieren und sie nicht zum Schutz einzelner herangezogen werden könnten.[611] Das Gericht hat jedoch später klargestellt, dass zu unterscheiden ist zwischen den Bestimmungen der Geschäftsordnung, auf deren Verletzung sich natürliche und juristische Personen berufen können, weil sie die Rechtssicherheit gewährleisten, und solchen, auf die sie sich

---

[602] EuG U. v. 20.4.1999, verb. Rs T-305/94, T-306/94, T-307/94, T-313/94, T-315/94, T-316/94, T-318/94, T-325/94, T-328/94, T-329/94 und T-335/94, Slg. 1999, II-931, Rdnr. 121 – *Limburgse Vinyl Maatschappij/Komm.*

[603] S. Art. 27 der VO Nr. 1/2003 und Durchführungsverordnung Nr. 773/2004; vgl. dazu auch die einschlägige Rechtsprechung, z. B. EuGH U. v. 31.3.1993, Rs C-89/85, Slg. 1993, I-1307 Rdnr. 42 – *Ahlström II.* Vgl. dazu im einzelnen unter § 44 Rdnr. 9 ff.

[604] Dazu *Hix,* Das Recht auf Akteneinsicht im europäischen Wirtschaftsverwaltungsrecht (1992), S. 43 ff.

[605] Dazu unter § 44 Rdnr. 18 ff. S. ferner EuG U. v. 29.6.1995, Rs T-30/91, Slg. 1995, II-1775, Rdnr. 101 – *Solvay/Komm.;* EuG U. v. 29.6.1995, Rs T-36/91, Slg. 1995, II-1847, Rdnr. 111 – *ICI/Komm.*

[606] EuGH B. v. 26.3.1987, Rs 46/87 R, Slg. 1987, 1549, Rdnr. 34 – *Hoechst/Komm.*

[607] Vgl. EuG U. v. 15.3.2000, Rs T-25/95 u. a., Slg. 2000, II-491, Rdnr. 47 – *Cimenteries CBR u. a./Komm.* Siehe dazu im einzelnen oben Rdnr. 156 f.

[608] EuG U. v. 13.04.2005, Rs T-2/03, Slg. 2005, II-1121, Rdnr. 92 ff. – *Verein für Konsumenteninformation/Komm.*

[609] Vgl. Schlussanträge GA *Kokott* in EuGH U. v. 21.9.2006, Rs C-105/04 P, Slg. 2006, I-8725, Rdnr. 119 ff. – *Nederlandse Federative Vereniging.*

[610] Siehe dazu im einzelnen unter § 41 Rdnr. 14 ff.

[611] So bezüglich der Geschäftsordnung des Rates EuGH U. v. 7.5.1991, Rs C-69/89, Slg. 1991, I-2069, Rdnr. 49 f. – *Nakajima.*

nicht berufen können.[612] Die Verpflichtung der Kommission, die von ihr erlassenen Rechtsakte auszufertigen, stellt nach der Rechtsprechung des Gerichtshofs eine wesentliche Formvorschrift dar, wegen deren Verletzung die Nichtigkeitsklage begründet ist.[613]

Ein Verstoß gegen die Unterzeichnungspflicht führt zur bloßen Rechtswidrigkeit (im Sinne des deutschen Rechts), nicht aber zur Inexistenz des angefochtenen Beschlusses.[614] Bei unterlassener Anhörung des Beratenden Ausschusses ist der Beschluss ebenfalls rechtswidrig und daher für „nichtig" zu erklären.[615] **249**

Bei Verstoß gegen wesentliche Formvorschriften erklärt das Gericht nur dann die „Nichtigkeit" (Rechtswidrigkeit nach deutschem Rechtsverständnis) des angefochtenen Rechtsaktes, wenn den Unternehmen der Nachweis gelungen ist, dass der Verstoß Auswirkungen auf den Ausgang des Verfahrens gehabt hat oder hätte haben können.[616] **250**

d) Ermittlungspflicht der Kommission von Amts wegen. Die Kommission ist verpflichtet, alle einschlägigen Umstände gründlich und **unparteiisch** zu ermitteln und zu berücksichtigen;[617] ob sie dies getan hat, lässt sich oft nur anhand der von ihr gelieferten Begründung überprüfen; deshalb wird dieser Punkt teilweise unter Art. 296 Abs. 2 AEUV gerügt. Auch wenn die Kommission nicht verpflichtet ist, in ihren Beschlüssen das gesamte Vorbringen der Unternehmen zu erörtern, so muss sie doch **Strukturen und Funktionsweise des Marktes** einer eingehenden Untersuchung unterziehen, um darzutun, aus welchen Gründen die Schlussfolgerungen der Kläger als unbegründet zu betrachten seien.[618] Der Gerichtshof hat in verschiedenen Fällen Entscheidungen der Kommission im Bereich des Wettbewerbsrechts aufgehoben, weil die Beweise mangelhaft waren oder die Entscheidung die Tatsachen und Bewertungen, auf die sie sich stützt, nicht hinlänglich dargetan hat.[619] Dazu zählt auch die korrekte **Definition des relevanten Marktes**.[620] Hinsichtlich einer von einem Unternehmen eingereichten Beschwerde ist die Kommission verpflichtet, die vom Beschwerdeführer gemachten tatsächlichen und rechtlichen Ausführungen gründlich zu prüfen.[621] Zur Überprüfung der Stichhaltigkeit und Kohärenz der von der Kommission verwendeten Beweismittel durch den Unionsrichter[622] siehe oben Rdnr. 241. **251**

---

[612] EuG U. v. 27.2.1992, verb. Rs T-79/89, T-84/89 u. a., Slg. 1992, II-315, 352, Rdnr. 75 ff. – *BASF u. a./Komm.*

[613] EuG U. v. 15.6.1994, Rs C-137/92 P, Slg. 1994, I-2555, Rdnr. 76 – *Komm./BASF u. a.*

[614] EuG U. v. 14.7.1972, Rs 48/69, Slg. 1972, 619, Rdnr. 93 – *ICI/Komm.*

[615] EuG U. v. 6.6.1995, Rs T-14/93, Slg. 1995, II-1503, Rdnr. 64 f. – *International Railway Union (UIC)/Komm.*

[616] Schlussanträge des GA *Warner* in EuGH U. v. 10.7.1980, Rs 30/78, Slg. 1980, 2229, 2290 – *Distillers:* Nichtigkeitserklärung nur, wenn die Möglichkeit besteht, dass das Verwaltungsverfahren ohne den Verfahrensfehler zu einem anderen Ergebnis geführt hätte, unter Verweis auf EuGH U. v. 15.7.1970, Rs 41/69, Slg. 1970, 661, Rdnr. 47 bis 53 – *ACF Chemiefarma/Komm.;* EuGH U. v. 15.7.1970, Rs 44/69, Slg. 1970, 733, Rdnr. 35 und 36 – *Buchler;* EuGH U. v. 14.12.1972, Rs 7/72, Slg., 1972, 1281 Rdnr. 39 bis 49 – *Boehringer.*

[617] EuG U. v. 29.6.1993, Rs T-7/92, Slg. 1993, II-669, Rdnr. 34 – *Asia Motor France/Komm.*

[618] EuG U. v. 10.3.1992, verb. Rs T-68, 77, 78/89, Slg. 1992, II-1403, Rdnr. 159 – *SIV/Komm.*

[619] Vgl. EuGH U. v. 21.2.1973, Rs 6/72, Slg. 1973, 215, Rdnr. 28–37 – *Continental Can/Komm.;* EuGH U. v. 16.12.1975, verb. Rs 40–48/73, Slg. 1975, 1663, 1971, Rdnr. 210 – *Suiker Unie u. a./ Komm.* (Teilaufhebung); EuGH U. v. 13.2.1979, Rs 85/76, Slg. 1979, 461, Rdnr. 57 f. – *Hoffmann-La Roche* (Herabsetzung der Geldbuße); EuGH U. v. 14.2.1978, Rs 27/76, Slg. 1978, 207, Rdnr. 243 ff. – *United Brands/Komm.* (Teilaufhebung); EuG U. v. 10.3.1992, verb. Rs T-68, 77 u. 78/89, Slg. 1992, II-1403, Rdnr. 41 – *SIV u. a./Komm.* (Teilaufhebung; bemerkenswert die wiederholten Bemerkungen des Gerichts, der Kommission sei nicht der Beweis für bestimmte Elemente gelungen, s. S. 1465, Rdnr. 165, ebenso S. 1475, Rdnr. 195); EuG U. v. 29.6.1993, Rs T-7/92, Slg. 1993, II-669, Rdnr. 55 – *Asia Motor France/Komm.* (Aufhebung).

[620] EuGH U. v. 31.3.1998, verb. Rs C-68/94 und C-30/95, Slg. 1998, I-1375, Rdnr. 143 – *Frankreich u. a./Komm., „Kali & Salz";* s. auch die Nachweise oben Fn. 544 f.

[621] EuG U. v. 18.9.1992, Rs T-28/90, Slg. 1992, II-2285, Rdnr. 35 – *Asia Motor France u. a./Komm.* mit Verweis auf EuG U. v. 10.7.1990, Rs T-64/89, Slg. 1990, II-367 – *Automec/Komm.*

[622] Vgl. EuGH U. v. 15.02.2005, Rs C-12/03 P, Slg. 2005, I-987, Rdnr. 37 ff. – *Komm./Tetra Laval.*

252 **3. Verletzung des AEUV oder einer bei seiner Durchführung anzuwendenden Rechtsnorm.** Unter dem Klagegrund der Verletzung des Vertrages oder einer zu seiner Durchführung anzuwendenden Rechtsnorm können alle **Verletzungen des materiellen Rechts** gerügt werden. Neben einem Verstoß gegen Art. 101, 102 AEUV und die einschlägigen Verordnungen kann dabei auch die Missachtung allgemeiner Rechtsprinzipien gerügt werden. Darunter fallen die **„fundamentalen Grundsätze des Unionsrechts"**, das sind grundrechtsähnliche Rechte, Rechtsgrundsätze, die allen Mitgliedstaaten gemeinsam sind.[623]

253 Der **Verhältnismäßigkeitsgrundsatz** gehört zu den fundamentalen Grundsätzen des Unionsrechts, die in ständiger Rechtsprechung des Gerichtshof anerkannt sind.[624] Dieser Grundsatz hatte mit dem Vertrag von Maastricht auch seinen Niederschlag in Art. 5 Abs. 3 EG gefunden. Dort hieß es: *„Die Maßnahmen der Gemeinschaft gehen nicht über das für die Erreichung der Ziele dieses Vertrages erforderliche Maß hinaus."* Der Grundsatz der Verhältnismäßigkeit ist nunmehr in Art. 5 Abs. 4 EUV festgeschrieben.

254 Nach dem Verhältnismäßigkeitsgrundsatz müssen Maßnahmen der Unionsorgane zur Erreichung der mit der fraglichen Regelung verfolgten Ziele geeignet und erforderlich sein. Es ist insbesondere zu prüfen, ob die Maßnahmen, welche die Kommission zur Erreichung des von ihr verfolgten Zwecks vorsieht, der Bedeutung dieses Zwecks entsprechen und ob sie erforderlich sind, um diesen Zweck zu erreichen,[625] oder ob sie über dieses Ziel hinausgehen. Dabei ist, wenn mehrere geeignete Maßnahmen zur Auswahl stehen, die am wenigsten belastende zu wählen. Ferner müssen die auferlegten Belastungen in angemessenem Verhältnis zu den angestrebten Zielen stehen.[626] Der Grundsatz der Verhältnismäßigkeit gilt für sämtliche Formen des Handelns der Unionsorgane, also für Begünstigungen (z. B. Freigabeentscheidungen nach der FKVO) ebenso wie für Belastungen (wie z. B. die Verhängung eines Bußgeldes),[627] aber auch schon für die Durchführung der Untersuchung.

255 Zu den Grundsätzen des Unionsrechts gehört ebenfalls der Grundsatz der **Gleichbehandlung** oder – negativ ausgedrückt – das **Diskriminierungsverbot**.[628] Über das Verbot der Diskriminierung aufgrund der Staatsangehörigkeit – Art. 18 AEUV – und den Grundsatz der Gleichbehandlung von Frauen und Männern hinaus ist aufgrund dieses fundamentalen Grundsatzes des Unionsrechts die unterschiedliche Behandlung gleicher

---

623 EuGH U. v. 21.9.1989, verb. Rs 46/87 und 227/88, Slg. 1989, 2859, Rdnr. 13 ff. – *Hoechst/Komm.* Hier von besonderer Bedeutung der Grundsatz der Gleichbehandlung, der Verhältnismäßigkeitsgrundsatz und das Verbot der Doppelbestrafung, dazu sogleich im Text.

624 EuGH U. v. 17.12.1970, Rs C-11/70, Slg. 1970, 1125, 1137 – *Internationale Handelsgesellschaft/Komm.;* EuGH U. v. 21.1.1992, Rs C-319/90, Slg. 1992, 203, 218 – *Pressler/Komm.;* EuGH U. v. 5.7.1977, Rs C-114/76, Slg. 1977, 1211, 1221 – *Bela-Mühle/Komm.;* EuGH U. v. 17.5.1984, Rs C-15/83, Slg. 1984, 2171, 2179 – *Denkavit/Komm.;* EuGH U. v. 28.6.2005, Rs C-189/02 P u. a., Slg. 2005, I-5425 – *Dansk Rørindustrie u. a./Komm.;* EuG U. v. 27.9.2006, Rs T-329/01, Slg. 2006, II-3255, Rdnr. 99 ff. – *Archer Daniels Midland/Komm.*

625 EuGH U. v. 21.1.1992, Rs C-319/90, Slg. 1992, 203, 218 – *Pressler/Komm.;* EuGH U. v. 17.5.1984, Rs C-15/83, Slg. 1984, 2171, 2179 – *Denkavit/Komm.;* EuGH U. v. 18.3.1980, verb. Rs 26/79 und 86/79, Slg. 1980, 1083, 1093 – *Forges de Thy-Marcinelle/Komm.;* EuGH U. v. 2.5.1990, Rs C-357/88, Slg. 1990, 1669, 1684 – *Hopermann/Komm.*

626 EuGH U. v. 21.1.1992, Rs C-319/90, Slg. 1992, 203, 218 – *Pressler/Komm.;* EuGH U. v. 11.7.1989, Rs C-265/87, Slg. 1987, 2237, 2269 – *Schräder/Hauptzollamt Gronau.*

627 Vgl. EuGH U. v. 14.2.1978, Rs 27/76, Slg. 1978, 207, 308, Rdnr. 302 – *United Brands/Komm.*, wo der Gerichtshof die Frage, ob die Geldbuße außer Verhältnis zur Schwere der Verletzung steht, kurz prüft und verneint; vgl. ferner EuGH U. v. 26.6.1980, Rs 136/79, Slg. 1980, 2033, Rdnr. 28 f. – *National Panasonic/Komm.:* der Erlaß einer Nachprüfungsentscheidung ohne Vorverfahren verletzt nicht den Grundsatz der Verhältnismäßigkeit.

628 EuG U. v. 17.12.2003, Rs T-219/99, Slg. 2003, II-5917, Rdnr. 65 – *British Airways/Komm.;* EuG U. v. 11.12.2003, Rs T-61/99, Slg. 2003, II-5349, Rdnr. 157 – *Adriatica di Navigazione/Komm.;* EuG U. v. 7.7.1999, Rs T-106/96, Slg. 1999, II-2155, Rdnr. 103 – *Wirtschaftsvereinigung Stahl/Komm.*

Fallgestaltungen verboten.[629] Allerdings haben die Gerichte im Kartellrecht verschiedene Gründe für eine unterschiedliche Behandlung vergleichbarer Sachverhalte anerkannt. Ein unterschiedliches Sanktionsniveau soll zulässig sein, wenn sich die Sachverhalte unterscheiden, wobei der Maßstab für relevante Unterschiede durch die Gerichte recht großzügig zugunsten der Kommission definiert wird.[630] Des weiteren soll es in Betracht kommen, dass die Kommission ihre Sanktionierungspraxis im Vergleich zu früher entschiedenen Fällen verschärft, ohne gegen das Diskriminierungsverbot zu verstoßen, *wenn eine Anhebung der Sanktionen für erforderlich gehalten wird, um die Durchführung der Wettbewerbspolitik der Union sicherzustellen.*"[631] Strikter wird das Diskriminierungsverbot indes gehandhabt, wenn die Kommission die Unternehmen in demselben Verfahren ohne sachlichen Grund unterschiedlich behandelt.[632]

255a Eine Verletzung materiellen Rechts ist auch gegeben bei einem **Verstoß gegen die Denkgesetze.** Denn eine unlogische Rechtsanwendung kann niemals im Einklang mit materiellem Primär- oder Sekundärrecht stehen. Ein solcher Verstoß ist gegeben, wenn ausgeschlossen werden kann, dass die Würdigung des Sachverhalts zutreffend ist.[633] Eine solche Rüge ist auch im Rechtsmittelverfahren zulässig.[634]

256 Das **Verbot der Doppelbestrafung** *(ne bis in idem)* wird vom Gerichtshof ebenfalls als Rechtsgrundsatz anerkannt, so dass bei der Bemessung des Bußgeldes für einen kartellrechtlichen Verstoß eine für dieselbe Tat bereits auferlegte Sanktionen zu berücksichtigen ist. Dabei hat der Kläger, der sich auf diesen Grundsatz berufen will, darzulegen, dass es sich jeweils um dieselbe Tat handelte. Bei wettbewerbswidrigem Handeln können – bei demselben Komplex von Vereinbarungen – Unterschiede nach ihrem Zweck als auch nach ihrem geographischen Schwerpunkt vorliegen; das kann zur Annahme unterschiedlicher Handlungen führen, so dass dann keine Anrechnung einer z.B. in den USA gezahlten Geldbuße in Betracht kommt;[635] zudem ist zu unterscheiden zwischen den Absprachen selbst und etwaigen Durchführungshandlungen.

256a Seit Inkrafttreten der **EU-Grundrechtecharta (EU-GRCh)** durch den Vertrag von Lissabon sind auch die EU-Grundrechte Prüfungsmaßstab der Gerichte.[636] Dazu gehört nach Art. 47 EU-GRCh auch die Gewährung effektiven gerichtlichen Rechtsschutzes.[637] Allerdings sind Gericht und Gerichtshof mit der Annahme von Grundrechtsverstößen im

---

[629] Vgl. EuGH U. v. 11.11.1986, Rs 226/84, Slg. 1986, 2363, 3307, Rdnr. 41–43 – *British Leyland/Komm.;* EuG U. v. 20.4.1999, verb. Rs T-305/94, T-306/94, T-307/94, T-313/94, T-315/94, T-316/94, T-318/94, T-325/94, T-328/94, T-329/94 und T-335/94, Slg. 1999, II-931, Rdnr. 95 – *Limburgse Vinyl Maatschappij/Komm.*

[630] So ist *E.ON Ruhrgas* mit dem Angriffsmittel gegen eine Buße gescheitert, das sich darauf gestützt hatte, dass die Kommission in vergleichbaren Fällen zuvor keine Buße verhängt hatte. Das Gericht meinte hierauf, dass sich der zu entscheidende Sacherhalt unterscheide, so dass die Verfahrensweise der Kommission nicht gegen das Diskriminierungsverbot verstoßen habe, EuG U. v. 29.6.2012, Rs T-360/09, Rdnr. 258 ff. – *ERG/GdF.*

[631] EuGH U. v. 10.7.2014, Rs C-295/12 P, Rdnr. 190 – *Telefónica.*

[632] Erfolgreich war etwa die Klage im Fall *Guardian.* Dort wurde die Buße um 46 Mio. Euro herabgesetzt, weil die Klägerin bei der Heranziehung der relevanten Umsatzerlöse als Bußgeldfaktor betreffend externe (mit Dritten) und interne Verkäufe im Verhältnis zu den anderen Kartellanten diskriminiert worden war, EuGH U v. 12.11.2014, Rs C-580/12 P, Rdnr. 52–62.

[633] Schlussanträge *GAin Kokott* v. 23.2.2006 in der Rs C-95/04 P, Slg. 2007 I – 2331, Rdnr. 83 – *British Airways/Komm.*

[634] Schlussanträge *GAin Kokott* v. 23.2.2006 in der Rs C-95/04 P, Slg. 2007 I – 2331, Rdnr. 83 – *British Airways/Komm.*

[635] Vgl. hierzu EuGH U. v. 14.12.1972, Rs 7/72, Slg. 1972, 1281, 1289 ff. Rdnr. 4 ff. – *Boehringer/Komm.* S. ferner unter § 6 Rdnr. 19.

[636] Die EU-Grundrechtecharta (ABl. EU 2007 Nr. C 303/1) trat zum 1.12.2009 gemeinsam mit dem Vertrag von Lissabon in Kraft. Zwar ist sie nicht Teil des Vertrags. Sie wird jedoch durch den Verweis in Art. 6 des EU-Vertrags i. d. F. des Vertrags von Lissabon für alle Mitgliedstaaten außer Großbritannien, Polen und Tschechien für bindend erklärt.

[637] EuGH U. v. 10.7.2014, Rs C-295/12 P, Rdnr. 40 – *Telefónica;* dazu auch noch unten Rdnr. 257b.

Kartellrecht eher zurückhaltend. Zwar wurden auch im Kartellrecht bereits Urteilsgründe wegen Verstoßes gegen die EU-GRCh aufgehoben; ergebnisrelevant wurde dies dann aber oftmals nicht, weil die Entscheidung durch eine Alternativbegründung des Gerichtshofs trotz der Grundrechtsverletzung in der Vorinstanz aufrechterhalten wurde.[638] Die Effektivität der EU-GRCh leidet zudem daran, dass es auf EU-Ebene keine gewachsene Grundrechtsdogmatik, wie etwa nach dem deutschen Grundgesetz, gibt. Die EU-Gerichte scheinen auch nicht davon auszugehen, dass sie zu einer Prüfung der sich in einem Fall stellenden grundrechtlichen Fragen verpflichtet sind. So fällt etwa auf, dass die Generalanwältin *Kokott* im Fall *Schenker* – in dem es um den Verbotsirrtum im Kartellrecht und den Schuldgrundsatz ging – explizit auf die EU-Grundrechte eingegangen ist,[639] der Gerichtshof die EU-GRCh in seinem Urteil aber nicht ein einziges Mal erwähnt hat.[640] Vielmehr scheint der Gerichtshof den Auftrag zur Grundrechtsprüfung als eine Ermessensangelegenheit anzusehen, die sich auch eher einem Zitiergebot annähert als einem Anspruch auf umfassende Grundrechtsprüfung. Darin fügt sich etwa die gemeinsame Stellungnahme der Präsidenten des Gerichtshof und des EGMR vom 24. Januar 2011 ein, welche die Bedeutung der EU-GRCh damit begründen, dass die GRCh seit ihrem Inkrafttreten bis zu diesem Datum schon in über 30 Urteilen *„zitiert" („cited")* worden sei.[641] Das ist eine problematische Entwicklung, denn die Effektivität einer Grundrechtsordnung läßt sich nicht formal danach beurteilen, ob ein Grundrechtskatalog auf dem Papier existiert bzw. „zitiert" wird, sondern bestimmt sich anhand der tatsächlichen Praxis der Grundrechtsprüfung durch die Gerichte, worauf der EGMR-Richter *Ress* in seinem Sondervotum zum *Bosphorus*-Urteil des EGMR zu Recht hingewiesen hat.[642] Eine Grundrechtsordnung mit materiell verbürgten Schutzbereichen und dem Anspruch auf vollständige Prüfung aller erhobenen Rügen fehlt somit in der Rechtspraxis des EU-Kartellrechts derzeit, wobei die Unionsgerichte freilich davon ausgehen, dass ihre Rechtsprechung schon bisher (also vor Lissabon) den Anforderungen der Grundrechtecharta entsprach.[643]

257 Nach Art. 6 Abs. 3 EU-Vertrag ist im EU-Recht auch die EMRK verbindlich. Eine **Verletzung des Art. 6 EMRK** (Recht auf ein faires Verfahren) durch das System der Verfolgung und Ahndung von Kartellzuwiderhandlungen auf EU-Ebene hat der Gerichtshof in Wettbewerbsverfahren bislang abgelehnt, soweit dort Rechte für das gerichtliche Verfahren, insbesondere das Recht auf ein unparteiisches Gericht niedergelegt sind.[644] Diesbezüglich wurde gerügt, dass die Entscheidung der Kommission gegen Art. 6 EMRK verstoße, da die Kommission im Wettbewerbsverfahren Richter und Partei zugleich sei. Die Gerichte haben dieses Argument bisher stets zurückgewiesen, weil die Kommission nicht als „Gericht" im Sinne des Art. 6 EMRK anzusehen sei.[645]

257a Dennoch verbleiben Zweifel an der Vereinbarkeit des europäischen Bußgeldverfahrens mit Art. 6 EMRK. Denn nach Art. 6 Abs. 1 EMRK hat jede Person ein Recht darauf, dass

---

[638] EuGH U. v. 1.7.2010, Rs C-407/08 P, Rdnr. 91 ff. – *Knauf:* hinsichtlich eines vom Gericht angenommenen Verwirkungseinwands, der gegen Art. 47 GRCh verstieß (Recht auf einen wirksamen Rechtsbehelf und auf ein unparteiisches Gericht).

[639] Schlußanträge GAin Kokott v. 28. Februar 2013 Rs C-681/11 Rdnr. 41 – *Schenker.*

[640] EuGH U. v. 18.6.2013, Rs C-681/11 – *Schenker;* dazu *Brettel/Thomas,* ZWeR 2013, 272 ff.

[641] Joint communication from Presidents Costa and Skouris vom 24. Januar 2011, S. 1; verfügbar auf den Homepages des Gerichtshof und des EGMR.

[642] In der Urteilsversion auf der Homepage des EGMR mit abgedruckt; krit. dazu *Winkler,* EuGRZ 2007, 641, 651.

[643] EuGH U. v. 10.7.2014, Rs C-295/12 P, Rdnr. 42 ff., 57 – *Telefónica.*

[644] Zur Anwendbarkeit darüber hinaus vgl. EuGH U. v. 18.10.1989, Rs 374/87, Slg. 1989, 3283, Rdnr. 30 – *Orkem/Komm.;* vgl. ferner Art. 7 EMRK; EuGH U. v. 22.5.2008, Rs C-266/06 P, Slg. 2008, I-81, Rdnr. 38 ff. – *Evonik Degussa GmbH/Komm.*

[645] EuGH U. v. 29.10.1980, verb. Rs 209–215 und 218/78, Slg. 1980, 3125, Rdnr. 79 ff. – *FEDETAB/Komm.;* unter Berufung auf *FEDETAB* ferner: EuGH U. v. 7.6.1983, verb. Rs 100–103/80, Slg. 1983, 1825, Rdnr. 7 – *Musique Diffusion/Komm.;* wegen Präklusion – Klagegrund erstmals in der Erwiderung vorgebracht – offen geblieben in EuG U. v. 10.3.1992, verb. Rs T-68/89, T 77 und 78/89, Slg. 1992, II-1403, Rdnr. 82 – *SIV/Komm.*

über eine „gegen sie erhobene strafrechtliche Anklage“ von einem unabhängigen und unparteiischen, auf Gesetz beruhenden Gericht in einem fairen Verfahren verhandelt wird. Dass es sich bei dem Kartellbußgeldverfahren um Strafrecht im materiellen Sinne handelt, ist auch auf EU-Ebene mittlerweile anerkannt; auch der EGMR hat dies klargestellt.[646]

Über die Anklage entscheidet bei Art. 23 VO Nr. 1/2003 aber kein Gericht, sondern **257b** die Kommission verhängt die Sanktion. Die Kommission ist somit Ermittler, Ankläger und Richter in ein und derselben Person. Die Befürworter des geltenden Systems berufen sich hinsichtlich der Unbedenklichkeit dieses Zustands auf das Urteil des EGMR in der Sache *Menarini*. Dort hat der EGMR zum italienischen Kartellverfahrensrecht entschieden, dass eine Bußgeldverhängung durch die Kartellbehörden nicht gegen Art. 6 EMRK verstoße, soweit anschließender effektiver gerichtlicher Rechtsschutz zur Verfügung steht.[647] Und in der Tat scheint die Sanktionierung durch die Ermittlungsbehörde jedenfalls kein ungewöhnlicher Rechtszustand zu sein, was schon ein Vergleich mit der Rechtslage in Deutschland zeigt. Es bleiben aber Zweifel, ob ein Verstoß gegen Art. 6 EMRK für das EU-Recht unter Verweis auf das *Menarini*-Urteil verneint werden kann. Denn es sind die besonderen verfahrensrechtlichen und -praktischen Rahmenbedingungen des EU-Kartellverfahrens in Rechnung zu stellen, die die Effektivität des gerichtlichen Rechtschutzes empfindlich einschränken:[648] Zunächst fällt ins Gewicht, dass es vor den Unionsgerichten keinen Amtsermittlungsgrundsatz in dem Sinne gibt, wie er etwa im deutschen Kartellbußgeldprozeß gilt. Vielmehr überprüfen Gericht und Gerichtshof die Entscheidung nur im Rahmen der geltend gemachten Klage- bzw. Rechtsmittelgründe.[649] Erschwerend kommt hinzu, dass es angesichts der gegebenen verfahrensrechtlichen Restriktionen in komplexen Fällen praktisch ausgeschlossen ist, entsprechend substantiierte Klagegründe gegen sachliche Tatvorwürfe geltend zu machen. Das hat seine Ursache bereits in den vorgegebenen Formalia: Während die Kommission hinsichtlich der Begründung ihrer Bußgeld-Entscheidung keinerlei Umfangsbeschränkungen unterliegt, gilt für Kläger im gerichtlichen Verfahren die vom Gericht nach Art. 75 Abs. 1 i. V. m. Art. 224 VerfO EuG verfügte Begrenzung der Vortragsmöglichkeit auf wenige Seiten – für eine Klagebegründung z. B. 50 Seiten –, die nur ausnahmsweise und nur geringfügig überschritten werden dürfen.[650] Nach Art. 75 Abs. 2 der VerfO EuG kann der Präsident eine überschreitung der maximalen Länge der Schriftsätze nur in Fällen genehmigen, die rechtlich oder tatsächlich besonders komplex sind. Hierbei ist die Möglichkeit zu schriftlichem Vortrag nach der Verfahrensordnung insgesamt auf die Klagebegründung und die Erwiderung auf die Klagebeantwortung beschränkt. Dabei ist zu berücksichtigen, dass Kommissionsentscheidungen gelegentlich einen Umfang von mehr als 500 Seiten haben[651] und dabei auf Kommissionsakten Bezug nehmen, die ohne weiteres Beweismittel im Umfang von 150 000 Seiten enthalten können. Dies zugrundegelegt, gleicht die Verteidigung gegen die Vorwürfe der Kommission schon aus formellen Gründen oft einer *probatio diabolica*. Zwar hat der EuGH in seiner neueren Judikatur die Bedeutung des **Rechts auf Effektiven Rechtsschutz i. S. v. Art. 47 GRCh** anerkannt, namentlich im Fall *Chalkor,* welcher das Kartell für Kupferinstallationsrohre betraf.[652] So habe der Unionsrichter *„die ihm obliegende Rechtmäßigkeitskontrolle auf der Grundlage der vom Kläger zur Stützung seiner Klagegründe vorgelegten Beweise vorzunehmen“* und könne mit Blick auf die Bußgeldbemessung und die dazu von der Kommission veröffentlichten Leitlinien *„weder hinsichtlich der Wahl der Gesichtspunkte, die bei der Anwendung der in den Leitlinien genannten Kriterien berücksichtigt wurden, noch hinsichtlich ihrer Bewertung auf den*

---

[646] EGMR v. 27. Sept. 2011 Requête no 43509/08 – *Menarini.*
[647] EGMR v. 27. Sept. 2011 Requête no 43509/08 – *Menarini.*
[648] Dazu auch *Thomas*, in Fs. Canenbley, 2012, S. 459 ff.
[649] *Schulze/Zuleeg/Kadelbach-Classen,* Europarecht, 2. Aufl. 2010, § 4, Rdnr. 102.
[650] Siehe Praktische Durchführungsbestimmungen zur Verfahrensordnung des Gerichts, ABl. 2015 L 152/1 sub. IV.A.1.
[651] Z. B. Entscheidung der Kommission K (2010) 4185 endg. vom 23. Juni 2010 – *Sanitärkeramik.*
[652] EuGH U. v. 8.12.2011, Rs C-386/10 P, Slg. 2011 I-13085, Rdnr. 62 – *Chalkor/Komm.*

Ermessensspielraum der Kommission verweisen, um auf eine gründliche rechtliche wie tatsächliche Kontrolle zu verzichten."[653] Trotz dieses Bekenntnisses des EuGH zum Grundsatz des effektiven Rechtsschutzes bleibt die Stellung des Nichtigkeitsklägers im Bußgeldverfahren weiterhin schwach. So hat der Gerichtshof im Fall *Kone* wiederum hervorgehoben, dass die Gerichte nicht gezwungen seien, die Tatsachenbewertung durch die Kommission stets vollständig zu überprüfen.[654]

257c Nach Art 6 Abs. 3 lit. d EMRK muß der Betroffene außerdem das Recht haben, die Ladung und Vernehmung von Entlastungszeugen zu erwirken. Zeugenvernehmungen werden durch die EU-Gerichte aber im Allgemeinen für entbehrlich gehalten.[655] Die Entscheidung erfolgt damit auch erstinstanzlich i. d. R. nach Aktenlage, selbst wenn es sich um Vorwürfe komplexer, jahrzehntelanger Zuwiderhandlungen auf mehreren Märkten handelt. Regelmäßig wird für die mündliche Verhandlung nur ein Tag veranschlagt. Im Ergebnis werden so Individualbußen im Bereich mehrerer hundert Millionen Euro verhängt, ohne dass hierzu je ein einziger Zeuge gerichtlich angehört wurde.[656] Problematisch ist insbesondere, dass Kronzeugen nicht durch das Gericht vernommen werden, obwohl die Erfahrungen im Kernstrafrecht zeigen, dass die Glaubhaftigkeit von Kronzeugengeständnissen i. d. R. besonders überprüfungsbedürftig ist.[657]

257d Dies zeigt, dass die Vereinbarkeit des EU-Bußgeldverfahrens mit Art. 6 EMRK trotz des *Menarini*-Urteils des EGMR weiterhin fraglich erscheint. Zu beachten ist in dieser Hinsicht auch die Rechtsprechung zum französischen Kartellrecht. Dort galt ursprünglich ebenfalls im Bußgeldverfahren die Identität von Ermittler (rapporteur) und Mitentscheider. Die *Chambre commerciale* der *Cour de Cassation* qualifizierte dies in ihrem Urteil vom 5. Oktober 1999 jedoch als Verstoß gegen das Prinzip der Waffengleichheit nach Art. 6 Abs. 1 EMRK.[658] Ausdrücklich verwarf das Gericht die Argumentation der Vorinstanz, es genüge die Möglichkeit des nachträglichen Rechtsschutzes vor Gericht. Auf dieses Urteil hin wurde das französische Kartellverfahrensrecht geändert; nunmehr ist für die Bußgeldverhängung eine von den Ermittlern unabhängige Instanz zuständig, das sog. *Collège*.[659]

---

[653] EuGH U. v. 8.12.2011, Rs C-386/10 P, Slg. 2011 I-13085 – *Chalkor/Komm.;* s. ferner das Parallelurteil i. S. EuGH U. v. 8.12.2011, Rs C-272/09 P, Slg. 2011, I-12789, Rdnr. 91 ff. – *KME Germany u. a./Komm.* sowie EuGH U. v. 22.7.2013, Rs C-501/11 P – *Schindler Holding u. a./Komm.*, ECLI:EU:C:2013:522 (zum Aufzugskartell).

[654] EuGH U. v. 24.10.2013, Rs C-510/11 P, ECLI:EU:C:2013:696, Rdnr. 26 – *KONE:* „It should also be recalled that the analysis by the European Union judicature of the pleas in law raised in an action for annulment has neither the object nor the effect of replacing a full investigation of the case in the context of an administrative procedure. As such a limitation of judicial review is, however, inherent in the notion of the review of legality, it cannot be understood as unduly limiting the review of legality which the European Union judicature is authorised to carry out …".

[655] Dazu auch *Wiedemann,* § 2 Rdnr. 16e.

[656] Die Rahmenbedingungen des Bußgeldverfahrens werden daher teilweise mit scharfen Worten als insgesamt nicht adäquat bezeichnet, vgl. den Trierer Strafrechtslehrer *Kühne,* den die Verfahrensmodalitäten an den *„üblen feudalstaatlichen Inquisitionsprozess"* erinnern, zitiert nach FAZ vom 26. Januar 2011, S. 23 in dem Beitrag „Auch Strafverfolger machen vor Landesgrenzen nicht mehr halt".

[657] BGH 15.1.2003 BGHSt 48, 161 ff., Rdnr. 15: „Das Gericht bleibt dem Gebot der Wahrheitsfindung verpflichtet. Das Geständnis muss daher auf seine Glaubhaftigkeit überprüft werden; sich hierzu aufdrängende Beweiserhebungen dürfen nicht unterbleiben …" und Rdnr. 19: „Dies gilt um so mehr, wenn sich das Strafverfahren gegen mehrere Angeklagte richtet, von denen nicht alle ein Geständnis ablegen. … Nur so kann das Revisionsgericht überprüfen, dass sich die geständigen Angeklagten durch ein Geständnis gegen die Zusage einer – im Einzelfall nicht schuldangemessenen – Strafe nicht nur eigene Vorteile verschafft, sondern sich auch zu Lasten des nicht geständigen Angeklagten eingelassen haben. Fehlen solche Darlegungen in den Urteilsgründen, so kann dies ein sachlich-rechtlicher Fehler sein."

[658] Abgedruckt in J. C. P., 2000, II, 12255; dazu *Möschel,* Geldbußen im europäischen Kartellrecht, DB 2010, 2377, 2380.

[659] Hierbei handelt es sich um eine gerichtsähnliche Formation, die sich u. a. aus hochrangigen Beamten, Richtern, Hochschullehrern und Wirtschaftsvertretern zusammensetzt.

Dies alles zugrundegelegt, sprechen daher nach wie vor gewichtige Gründe dafür, dass System und Praxis des geltenden EU-Bußgeldrechts die EMRK verletzen,[660] auch wenn die Rechtsprechung nunmehr angedeutet hat, dem Grundsatz des effektiven Rechtsschutzes größeres Gewicht beizumessen.[661] 257e

4. Ermessensfehler und Ermessensmissbrauch. Das Unionsrecht geht von einer dem französischen Recht entlehnten Auffassung des Ermessens und des Ermessensmissbrauchs aus. Der „Ermessensfehler" im deutschen Verwaltungsrecht ist mit dem Begriff des „Ermessensmissbrauchs" im Unionsrecht nicht deckungsgleich. Unter „Ermessensmissbrauch" (engl.: „misuse of powers", frz. „détournement de pouvoirs") versteht man im Unionsrecht nur die missbräuchliche Ausübung von Befugnissen. Dieser Klagegrund greift nur dann, wenn aufgrund objektiver, schlüssiger und übereinstimmender Indizien anzunehmen ist, dass die Entscheidung zu anderen als den angegebenen Zwecken getroffen wurde.[662] Ermessensmissbrauch liegt vor, wenn die Kommission einen Rechtsakt aus vollkommen oder überwiegend anderen Zwecken als den angegebenen erlässt.[663] Im Bereich des Wettbewerbsrechts käme ein Ermessensmissbrauch z. B. dann in Frage, wenn die Kommission die ihr durch die VO Nr. 1/2003 übertragenen Entscheidungsbefugnisse zu einem anderen als dem ihr übertragenen Zweck ausübte, so z. B. wenn der wahre Grund für die Verfahrenseinstellung darin läge, die Anwendung der Wettbewerbsregeln zu vermeiden.[664] 258

Unionsrecht und Rechtsprechung räumen den Unionsorganen ein „Ermessen" (engl. „margin of discretion") ein, das sowohl die Bewertung von Tatsachen als auch die Anwendung von Rechtsvorschriften umfasst. Bei der **Tatsachenbewertung,** die bei der Würdigung von komplexen Sachverhalten im Wettbewerbsrecht eine besonders große Rolle spielt, wird der Kommission ein weiter Ermessensspielraum („freies Ermessen") bzw. ein **Beurteilungsspielraum**[665] zuerkannt, dessen Grenze erst überschritten ist, wenn die **Würdigung des Sachverhalts** durch die Kommission „offensichtlich fehlerhaft" ist.[666] Ein offensichtlich fehlerhaftes Verhalten liegt beispielsweise dann vor, wenn die Kommission bestimmte Beweisstücke, die der Beschwerdeführer vorgelegt hat und die auf den ersten Blick für die Subsumtion unter Art. 101 AEUV relevant erscheinen, nicht berücksichtigt hat.[667] Der Kohärenz, Richtigkeit und Erheblichkeit von Angaben und Beweisen kommt allerdings nach neuerer Rechtsprechung grundsätzlich hohe Bedeutung zu, wodurch eine höhere Kontrolldichte erreicht wird, etwa hinsichtlich der Beurteilung konglomerater Zusammenschlüsse (siehe zur gerichtlichen Kontrolldichte noch unten Abschnitt VI.1). 259

---

[660] Zuletzt erneut *Forrester,* A Challenge for Europe's Judges: The Review of Fines in Competition Cases, E. L. Rev. 2001, p. 185 et seqq.

[661] Dazu oben Rdnr. 257b.

[662] St. Rspr., zuletzt EuG U. v. 10.4.2008, Rs T-271/03, Slg. 2008, II-477, Rdnr. 185 – *Deutsche Telekom/Komm.;* vgl. ferner EuG U. v. 16.9.1998, Rs T-110/95, Slg. 1998, II-3605 Rdnr. 83 – *IECC/Komm.;* vgl. EuG U. v. 18.9.1992, Rs T-24/90, Slg. 1992, II-2223, Rdnr. 105 – *Automec II;* ferner EuGH U. v. 13.7.1989, Rs 36/87, Slg. 1989, 2471, 2489 – *Caturla-Poch und De la Fuente/Komm.* und EuG U. v. 27.6.1991, Rs T-156/89, Slg. 1991, II-407, 453 – *Valverde/Komm.*

[663] Vgl. EuG U. v. 21.9.2005, Rs T-87/05, Slg. 2005, II-3745, Rdnr. 87 – *EDP/Komm.* mwN.

[664] Vgl. EuG U. v. 18.9.1992, Rs T-24/90, Slg. 1992, II-2223, Rdnr. 106 – *Automec II.*

[665] EuGH U. v. 31.3.1998, verb. Rs C-68/954 und C-30/95, Slg. 1998, I-1375, Rdnr. 223 f. – *Frankreich u. a./Komm.*

[666] Vgl. EuGH U. v. 29.5.1997, Rs C-26/96, Slg. 1997, I-2817, Rdnr. 11 – *Rotexchemie,* wo es heißt, dass der Gerichtshof die Ausübung des Ermessens daran überprüft, ob die Verfahrensvorschriften eingehalten wurden, ob der Sachverhalt zutreffend festgestellt worden ist und ob keine offensichtlich fehlerhafte Würdigung dieses Sachverhalts und kein Ermessensmissbrauch vorliegen. Diese Kriterien werden vom Gerichtshof bei allen Beurteilungen komplexer wirtschaftlicher Sachverhalte angewandt, sowohl im Bereich des Anti-Dumping (vgl. die Verweisungen auf die Rechtsprechung in Gerichtshof – *Rotexchemie* – in dieser Fn.) als auch im Bereich des Wettbewerbsrechts, vgl. oben Fn. 397; s. dazu aus neuerer Zeit (Zurückweisen einer Beschwerde nach VO Nr. 1/2003) EuG U. v. 9.1.1996, Rs T-575/93, Slg. 1996, II-1, Rdnr. 56 ff. – *Koelman.*

[667] EuG U. v. 29.6.1993, Rs T-7/92, Slg. 1993, II-669, Rdnr. 33 – *Asia Motor France/Komm.*

260 **5. Beschränkung der Klagegründe?** Kläger sind grundsätzlich nicht auf solche Klagegründe beschränkt, aus denen sich ihre Klagebefugnis herleitet. Ein Kläger, der allein wegen seiner Beteiligung im Untersuchungsverfahren klagebefugt ist, kann nicht darauf beschränkt werden, die Verletzung von Verfahrensrechten geltend zu machen; er kann darüber hinaus auch andere Verstöße – z.B. Verstoß gegen Art. 101 AEUV oder gegen die Begründungspflicht – rügen.[668] Anders hat der Gerichtshof allein hinsichtlich der Klagebefugnis der Arbeitnehmervertreter im Rahmen der Fusionskontrolle entschieden. Da die Arbeitnehmervertreter grundsätzlich nicht durch eine Entscheidung der Kommission unmittelbar betroffen sind, mit der ein Zusammenschluss genehmigt worden ist, die Verordnung Nr. 139/2004 ihnen jedoch verfahrensmäßige Rechte einräumt, deren Verletzung geltend gemacht werden kann, hat das Gericht ihnen ein „auf die Verteidigung ihrer verfahrensmäßigen Rechte beschränktes Klagerecht"[669] zugestanden.

261 Die Kläger können im Verfahren vor dem Gericht/Gerichtshof grundsätzlich auch Argumente geltend machen, die sie im Laufe des Verwaltungsverfahrens (vor der Kommission) noch nicht vorgebracht haben.[670] Eine formelle Präklusion besteht insoweit nicht.[671] Eine Rügepräklusion tritt aber gem. Art. 127 VerfO EuGH; Art. 84 VerfO EuG ein, soweit Angriffs- oder Verteidigungsmittel nicht rechtzeitig schriftsätzlich vorgebracht wurden.[672] Daher kommt es grds. nicht in Betracht, die Klagegründe nachträglich zu erweitern. Eine wichtige Fallgruppe ist dabei die Konstellation, in der solche Rügen erstmals in der Rechtsmittelinstanz vorgebracht werden (also nicht schon vor dem Gericht). Solche Rechtsmittel sind grds. unzulässig (s. dazu näher unter Rdnr. 343). Etwas anderes gilt gem. Art. 127 Abs. 1 VerfO EuGH; Art. 84 Abs. 2 und Art. 85 Abs. 3 VerfO EuG, soweit dies auf „rechtliche oder tatsächliche Gesichtspunkte" gestützt wird, die erst während des Verfahrens „zutage getreten sind". Diese Ausnahme wird aber grds. eng ausgelegt.[673]

VI. Nichtigkeitserklärung gemäß Art. 264 AEUV

262 Greift die Anfechtungsklage durch, so erklärt das Gericht die Entscheidung – gegebenenfalls nur teilweise – für nichtig.[674] Die Kommission ist sodann nach Art. 266 AEUV verpflichtet, die sich aus dem Urteil ergebenden Maßnahmen zu ergreifen. Hat das Gericht eine Entscheidung der Kommission für ganz oder teilweise nichtig erklärt, so lebt das Verwaltungsverfahren, das durch die Entscheidung hätte abgeschlossen werden sollen, wieder auf. Die Kommission muss also über den Sachverhalt – unter Beachtung der Rechtsauffassung des Gerichts – neu entscheiden.

263 **1. Reichweite gerichtlicher Überprüfung.** Wie oben Rdnr. 227f. dargelegt, beschränkt das Gericht (und der Gerichtshof) bei den in Wettbewerbssachen vorliegenden wirtschaftlich komplexen Sachverhalten die Überprüfung darauf, ob die Verfahrensregeln beachtet wurden, ob der Tatbestand richtig festgestellt wurde und ob keine offensichtlich fehlerhafte Tatsachenwürdigung und kein Ermessensmissbrauch vorliegt.[675]

---

[668] Vgl. EuG U. v. 18.11.1992, Rs T-16/91, Slg. 1992, II-2417, 2454, Rdnr. 122 – *Rendo/Komm.*

[669] EuG B. v. 2.4.1993, Rs T-12/93 R, Slg. 1993, II-449, Rdnr. 10 – *Vittel's Employees/Komm.*

[670] EuGH U. v. 28.3.1985, Rs 298/83, Slg. 1985, 1105, Rdnr. 20 – *CICCE/Komm.*

[671] Vgl. aber oben Rdnr. 58.

[672] Vgl. EuGH B. v. 9.12.1999, Rs C-299/98 2003, Slg. 1999, I-8683 – *Imperial 2 and Unifrigo Gadus.*

[673] Dazu im Einzelnen *Wägenbaur,* Court of Justice of the EU, 2013, S. 382ff. RP ECJ Art. 127 Rdnr. 4ff.

[674] Art. 264 Abs. 1 AEUV. Das Gericht konnte im Falle einer Verordnung zugleich anordnen, dass bestimmte Wirkungen fortgelten, Art. 231 Abs. 2 EG. Nunmehr gilt dies nach Art. 264 Abs. 2 AEUV für jede Handlung.

[675] Vgl. die Nachweise oben Fn. 517; ferner EuG U. v. 23.2.1994, verb. Rs T-39 und 40/92, Slg. 1994, II-49, Rdnr. 109 – *Cartes bancaires und Europay/Komm.;* EuG U. v. 18.9.1992, Rs T-24/90, Slg. 1992, II-2223, Rdnr. 80 – *Automec II.*

Wie es sich jedoch erwiesen hat, scheuen sich die Unionsrichter nicht, Kommissionsentscheidungen, die im Rahmen der Fusionskontrolle einen Zusammenschluss untersagen, aufzuheben.[676] Im Fall *Tetra Laval*[677] hat der Gerichtshof das Urteil des Gerichts bestätigt, welches die Untersagung des Zusammenschlusses von *Tetra Laval* und *Sidel* durch die Kommission für nichtig erklärte. Das Gericht war der Ansicht gewesen, dass die Kommission – gestützt auf die Annahmen zu konglomeraten Effekten – im Bezug auf die Hebelwirkung **keine ausreichend stichhaltigen Beweise** für wettbewerbswidriges Verhalten erbracht habe und somit ihrer Beweispflicht nur ungenügend nachgekommen sei. Im Rahmen des Rechtsmittels vor dem Gerichtshof hatte die Kommission dem Gericht vorgeworfen, durch das Infragestellen ihrer Würdigung von komplexen Sach- und Rechtsfragen die Grenzen seiner Prüfungskompetenz überschritten zu haben. Der Gerichtshof wies dieses Argument zurück. Der Beurteilungsspielraum der Kommission in Wirtschaftsfragen bedeute nicht, dass der Unionsrichter die Auswertung von Wirtschaftsdaten durch die Kommission nicht überprüfen könne. Die sei umso notwendiger, als es sich bei der Prüfung eines geplanten Zusammenschlusses hinsichtlich konglomerater Effekte um die Untersuchung einer voraussichtlichen Entwicklung (Prognoseentscheidung) handele. Der Gerichtshof bestätigte das Gericht auch dahingehend, dass die Kommission sich auf unzureichende, unvollständige, wenig bedeutsame und widersprüchliche Gesichtspunkte gestützt hatte. Formell gesehen nimmt das Gericht bei dieser Art der Kontrolle keine Überprüfung der Würdigung selbst vor, sondern überprüft nur, ob die Angaben, auf denen die Entscheidung beruht, **zutreffend, erheblich, objektiv, repräsentativ** sind und **geeignet, die gezogenen Schlußfolgerungen zu tragen.**[678] Diese Prüfung wird durchaus ausführlich vorgenommen, so dass de facto in Einzelfällen eine sehr viel höhere Kontrolldichte erreicht werden kann, als dies früher der Fall war – ohne dass das Gericht sich von seiner Formel verabschieden müßte, bei wirtschaftlich komplexen Sachverhalten nur eine Prüfung offenkundiger Fehler vorzunehmen. Entsprechen die Beweise oder Angaben nicht den vorgenannten Kriterien, so liegt entweder ein Begründungsmangel oder eine offensichtlich fehlerhafte Würdigung seitens der Kommission vor. Bei der Beurteilung von wirtschaftlich komplexen Sachverhalten im Rahmen von Zusammenschlüssen hat die Kommission somit noch mehr darauf zu achten, dass sie für die von ihr vorgenommenen Beurteilungen schlüssige und aussagekräftige Beweismittel bereit hält. 264

Auch wenn das Gericht in Einzelfällen – namentlich bei konglomeraten Zusammenschlüssen – die ökonomischen Begründungselemente der Kommission detailliert geprüft hat, ist die Rechtsprechung nach wie vor auch verschiedenen Einwänden mit Blick auf die allgemeine Dichte und **Tiefe der richterlichen Überprüfung** von Tatsachen ausgesetzt. Das Problem hat mehrere Facetten: Ein Kritikpunkt geht dahin, dass vor dem Gericht als der einzigen Tatsacheninstanz keine echte Tatsachenüberprüfung erfolgt, sondern auch in Kartellfällen regelmäßig allein nach Aktenlage entschieden wird. Zwar besteht nach der Verfahrensordnung die Möglichkeit, auf die Ladung und Vernehmung von Entlastungszeugen hinzuwirken. Zeugen werden vom Gericht aber häufig nicht geladen. Anträge auf Zeugenvernehmungen werden regelmäßig vor Erlaß eines Urteils überhaupt nicht beschieden. Damit ergeht das Urteil in der einzigen Tatsacheinstanz vor dem Gericht i. d. R. allein nach Aktenlage, selbst wenn es sich um Vorwürfe komplexer, jahrzehntelanger Zuwiderhandlungen auf mehreren Märkten handelt. So hat das Gericht beispielsweise im Fall *Elevator* einen Antrag auf Zeugenvernehmung, der auf die Widerlegung der Vermutung des Vorliegens einer wirtschaftlichen Einheit gerichtet war, mit der These zurückgewiesen, dass sich das Bestehen einer wirtschaftlichen Einheit be- 264a

[676] Siehe EuG U. v. 6.6.2002, Rs T-342/99, Slg. 2002, II-2585 – *Airtours/Komm.;* EuG U. v. 22.10.2002, Rs T-310/01, Slg. 2002, II-4071 – *Schneider Electric/Komm.*

[677] EuGH U. v. 15.2.2005, Rs C-12/03 P, Slg. 2005, I-987, Rdnr. 39 ff. – *Komm./Tetra Laval.*

[678] EuG U. v. 13.6.2006, Rs T-464/04, Slg. 2006, II-2289, Rdnr. 328, 415, 450 – *Impala/Komm.*

reits aus der Kommissionsakte ergebe, so dass dazu kein Zeuge mehr gehört werden müsse.[679] Ein solcher Umgang mit Anträgen auf Zeugenvernehmung verletzt das Recht auf Ladung und Vernehmung von Zeugen nach Art 6 Abs. 3 lit. d EMRK, denn die Frage, ob die Akten als Nachweis ausreichen, läßt sich gerade nicht ohne die Einvernahme der erbotenen Zeugen beurteilen. Das gilt auch, soweit eine Zeugenvernehmung mit der Begründung für entbehrlich erklärt wird, dass zu beweisende Tatsachen nicht durch „schriftliche Beweisstücke gestützt" worden seien.[680] Denn im Gerichtsverfahren bedarf es gerade des Zeugenbeweises für solche Tatsachen, die sich nicht durch schriftliche Beweise stützen lassen. Derartige Mängel der Beweiswürdigung durch das Gericht können als Rechtsmittelgrund vor dem Gerichtshof geltend gemacht werden, weil es sich insoweit nicht um eine unzulässige Tatsachenrüge handelt, sondern um eine Rechtsrüge. Zu Rechtsfragen gehört die Prüfung, ob die *„allgemeinen Rechtsgrundsätze sowie die Vorschriften über die Beweislast und das Beweisverfahren eingehalten"* worden sind.[681] Allgemeine Rechtsgrundsätze und die Vorschriften über das Beweisverfahren werden verletzt, wenn notwendige Beweisanträge der beweisbelasteten Partei mit unzutreffender Begründung zurückgewiesen werden.

264b Die Tatsachenprüfung wird weiter eingeschränkt durch die Vorgaben betreffend die mündliche Verhandlung. Regelmäßig wird hierfür nur ein halber Tag veranschlagt. Die Redezeit ist vor dem Gericht erster Instanz für das Plädoyer auf einmalig 15 Minuten begrenzt.[682] Geringfügige Verlängerungen (von zehn bis fünfzehn Minuten) werden nur auf schriftlichen und begründeten Antrag gewährt, oft aber auch gar nicht.[683] Im Ergebnis werden so mitunter auf Grundlage von Kommissionsentscheidungen mit Umfängen jenseits von 500 Seiten und zu sichtenden Beweismitteln im Umfang jenseits von 150 000 Seiten Bußgelder im Bereich mehrerer hundert Millionen Euro verhängt, ohne dass in der einzigen vorhandenen Tatsacheninstanz hierzu je auch nur ein einziger Zeuge gerichtlich angehört wurde und ohne dass überhaupt länger als einen halben Tag verhandelt wurde.[684] Gemessen an den Maßstäben eines „effektiven Rechtsschutzes", wie er nach deutschrechtlichem Verständnis gem. Art. 19 Abs. 4 GG zu garantieren wäre, sind diese Rahmenbedingungen für eine gerichtliche Tatsacheninstanz unzureichend.

264c Hinzu kommt, dass die Konsistenz der gerichtlichen Überprüfung des Streitstoffs manchmal der Komplexität des Sachverhalts nicht mehr gerecht zu werden scheint, was die Unschuldsvermutung und das Recht auf eine ordnungsgemäße Begründung nach Art. 296 Abs. 2 AEUV tangiert. So ist es vereinzelt vorgekommen, dass das Gericht ein und dasselbe Beweismittel betreffend ein und dasselbe Kartell bezüglich des einen Adressaten der Bußgeldentscheidung als ausreichenden Tatnachweis ansieht, bezüglich des anderen aber nicht, und hierdurch zu unterschiedlichen Verstoßvorwürfen und Geldbußen gelangt. Im Fall *Badezimmerausstattungen* war dies etwa bei einigen Betroffenen und verschiedenen Tatkom-

---

[679] EuG U. v. 13.6.2011 Rs T-144/07, T-147/07, T-148/07, T-149/07, T-150/07 und T-154/07 Rdnr. 154 – *ThyssenKrupp Liften Ascenseurs u. a./Kommission.* Das Gericht meinte, dass die Anträge zurückzuweisen seien, *„da die Angaben in den Akten ausreichen, um dem Gericht eine Entscheidung über den vorliegenden Klagegrund zu ermöglichen."*

[680] EuG U. v. 13.6.2011 Rs T-144/07, T-147/07, T-148/07, T-149/07, T-150/07 und T-154/07 Rdnr. 152 – *ThyssenKrupp Liften Ascenseurs u. a./Kommission.*

[681] EuGH U. v. 10.7.2008, Rs C-413/06 P, Slg. 2008 I-4951, Rdnr. 32 – *Impala;* EuGH U. v. 17.12.1998, Rs C-185/95 P, Slg. 1998 I-8417, Rdnr. 23 f. – *Baustahlgewebe;* EuGH U. v. 6.4.2006, Rs C-551/03 P, Slg. 2006 I-3173, Rdnr. 51 f. – *General Motors/Kommission;* EuGH U. v. 10.5.2007, Rs C-328/05 P, Slg. 2007 I-3921, Rdnr. 41 – *SGL Carbon/Kommission.*

[682] Siehe Praktische Durchführungsbestimmungen zur Verfahrensordnung des Gerichts, ABl. 2015 L 152/1 Rdnr. 201.

[683] Siehe Praktische Durchführungsbestimmungen, aaO Rdnr. 202.

[684] Die Rahmenbedingungen des Bußgeldverfahrens werden daher teilweise mit scharfen Worten als insgesamt nicht adäquat bezeichnet, vgl. den Trierer Strafrechtslehrer *Kühne*, den die Verfahrensmodalitäten an den „üblen feudalstaatlichen Inquisitionsprozess" erinnern, zitiert nach FAZ vom 26. Januar 2011, S. 23 in dem Beitrag „Auch Strafverfolger machen vor Landesgrenzen nicht mehr halt".

plexen der Fall,[685] was möglicherweise darauf zurückzuführen ist, dass die Klagen unterschiedlicher Betroffener, wenn diese in unterschiedlichen Amtssprachen eingereicht wurden, gerichtsintern durch unterschiedliche Personen bearbeitet werden. Ähnliche Probleme treten bisweilen auf, wenn sich die Urteilsgründe nicht mit dem Tenor decken, sofern etwa in den Gründen die Entscheidung hinsichtlich einzelner Teile einer Zuwiderhandlung für nichtig erklärt wird, dies aber nicht im Urteilstenor umgesetzt wird, sondern dieser die Entscheidung vielmehr auch im Umfang der für nichtig erklärten Teile bestätigt.[686]

Stellt das Gericht fest, dass ein Klagegrund durchgreift, so wird die Entscheidung insoweit **265** für – ggf. teilweise – nichtig erklärt; das Gericht unterzieht die Beweisstücke nicht einer neuen (eigenen) Würdigung und setzt sich nicht an die Stelle der Kommission, weil dies zu einer Störung der im EUV/AEUV vorgesehenen Aufgabenverteilung zwischen den Organen führen könnte.[687]

2. Möglichkeit der Teilanfechtung. Ist ein für den Betroffenen günstiger **Beschluss mit Auflagen oder Bedingungen** verbunden (z. B. bei Freigabe von Zusammenschlussvorhaben nach Art. 6 Abs. 2 (1b) und Art. 8 Abs. 2 FKVO) und ist der Betroffene dadurch beschwert, so kommt eine Teilanfechtung des Beschlusses in Betracht. Ebenso kommt in Betracht, bei einer Bußgeldentscheidung lediglich die **Höhe des Bußgeldes,** nicht aber den Vorwurf wettbewerbswidrigen Handelns anzufechten.[688] **266**

Für die Frage der Zulässigkeit einer Teilanfechtung kommt es darauf an, ob sich der an- **267** gefochtene Teil von der Gesamtentscheidung abtrennen lässt, also auch ohne den angefochtenen Teil noch eine in sich geschlossene Entscheidung bestehen bleibt.[689] Eine Teilanfechtung der Entscheidungsgründe (oder eines Teils derselben) ohne Anfechtung des Tenors der Entscheidung ist nicht möglich.[690]

3. Uneingeschränkte Überprüfung der Geldbußen (Art. 31 VO Nr. 1/2003). **268** Erhebt ein Unternehmen gegen einen Bußgeldbeschluss der Kommission gemäß Art. 263 AEUV Nichtigkeitsklage, kann das Gericht diesen Beschluss gemäß Art. 264 Abs. 1 AEUV für nichtig erklären. Alternativ kann das Gericht gemäß Art. 31 der VO Nr. 1/2003 in wettbewerbsrechtlichen Bußgeldverfahren die von der Kommission festgesetzte Geldbuße **„aufheben, herabsetzen oder erhöhen".** Gleiches gilt für den Gerichtshof im Rechtsmittelverfahren. Diese über Art. 264 Absatz 1 AEUV hinausgehende Bestimmung findet ihre Grundlage in Art. 261 AEUV, der den Rat dazu ermächtigt, dem Gerichtshof die Befugnis zu unbeschränkter Ermessensnachprüfung („pleine juridiction", ein aus dem französischen und belgischen Verwaltungsrecht entlehnter Begriff) und zur Änderung oder Verhängung von Zwangsmaßnahmen zu übertragen. Damit ist das Gericht im Rahmen einer Nichtigkeitsklage gegen eine Bußgeldentscheidung nicht darauf beschränkt, die Kommissionsentscheidung im Hinblick auf Zuständigkeit, Verletzung einer wesentlichen Formvorschrift oder Ermessensmissbrauch zu überprüfen (Nichtigkeitsgründe des

---

[685] Vgl. die Ausführungen zu Italien in EuG U. v. 16.9.2013 verb. Rs T-373/10, T-374/10, T-382/10 und T-402/10 Rdnr. 234 – *Villeroy&Boch* einerseits und EuG U. v. 16.9.2013 Rs T-379/10 und T-381/10, Rdnr. 335 ff. – *Keramag Keramische Werke u. a./Komm.* andererseits (Rechtsmittel anhängig).

[686] Erneut EuG U. v. 16.9.2013 verb. Rs T-373/10, T-374/10, T-382/10 und T-402/10 Rdnr. 321 – *Villeroy & Boch,* hinsichtlich eines Verstoßes in den Niederlanden.

[687] EuG U. v. 10.3.1992, verb. Rs T-68, 77 und 78/79, Slg. 1992, II-1403, Rdnr. 315 bis 320 – *SIV u. a./Komm.*

[688] EuG U. v. 14.5.1998, Rs T-347/94, Slg. 1998, II-1751, 1836, Rdnr. 272 ff. – *Mayr-Melnhof Kartongesellschaft/Komm.*

[689] EuGH U. v. 23.10.1974, Rs 17/74, Slg. 1974, 1063, 1082, Rdnr. 21 – *Transocean Marine Paint* (Auflagen abtrennbar vom Rest der Entscheidung); EuG U. v. 22.10.1996, verb. Rs T-79 und T-80/95, Slg. 1996, II-1491, 1516, Rdnr. 65 – *SNCF und British Railways* (streitige Bedingungen waren wesentlicher Bestandteil der Entscheidung und von den übrigen Bestimmungen nicht zu trennen); EuGH U. v. 31.3.1998, verb. Rs C-68/94 und C-30/95, Slg. 1998, I-1375, Rdnr. 256 – *Frankreich u. a./Komm., „Kali & Salz".*

[690] S. dazu oben Rdnr. 172.

Art. 263 AEUV), sondern kann Gesichtspunkte wie Zweckmäßigkeit, Angemessenheit, die Richtigkeit wirtschaftlicher Prognosen sowie Gesichtspunkte der allgemeinen Billigkeit berücksichtigen.[691] Eine gleichartige Ermächtigung ist auch in Art. 16 FKVO niedergelegt.

268a Aus Wortlaut und Systematik von Art. 261 AEUV folgt somit, dass die Unionsgerichte aufgrund von Art. 31 Satz 1 VO Nr. 1/2003 über ein eigenes Ermessen verfügen, Geldbußen/Zwangsgelder festzusetzen, wenn feststeht, dass die Sanktionsvoraussetzungen vorliegen, und dass dieses Ermessen von dem entsprechenden Ermessen der Kommission unabhängig ist.[692] Daraus ist abzuleiten, dass das Gericht und der Gerichtshof in jeder ihnen zur Prüfung vorgelegten Sache, in der eine Geldbuße/ein Zwangsgeld durch die Kommission verhängt wurde, die ihnen zustehende Befugnis zur unbeschränkten Nachprüfung gem. Art. 31 VO Nr. 1/2003 auszuüben haben. Das ist aus Satz 1 dieser Norm zu schlußfolgern *(„…, hat … die Befugnis …“)*, wobei sich das Verb *„kann“* in Satz 2 dieser Norm ausschließlich auf die Form bezieht, in der sich das Ergebnis der Nachprüfung niederschlägt. Darin fügt sich ein, dass die betroffenen Unternehmen aus ihrem Grundrecht auf ein faires Verfahren und die Rechtsschutzgarantie (vgl. Art. 6 Abs. 1 EMRK und Art. 47 GrRCh) einen Anspruch auf vollumfängliche Prüfung der Bußgeldverhängung durch die Gerichte haben.[693] Auch in dieser Hinsicht ist jedoch festzustellen, dass die Gerichte diese Befugnis nicht immer konsequent ausschöpfen, sondern sich bisweilen im Sinne einer „light review“ darauf beschränken, die Bußgeldbemessung der Kommission einer Grobsichtung zu unterziehen, oder sich gar auf eine reine Rechtmäßigkeitskontrolle zurückzuziehen.[694]

269 In der Rechtsprechung ist die **Herabsetzung** von Geldbußen gleichwohl keine Seltenheit,[695] wobei Anlass hierfür nicht immer die Fehlerhaftigkeit der angefochtenen Kommissionsentscheidung sein muss. So hat der Gerichtshof in der Rechtssache *Baustahlgewebe/Komm.* eine von dem Gericht bereits um 1,5 Millionen Euro reduzierte Geldbuße um weitere 50 000 Euro herabgesetzt, um damit die überlange Verfahrensdauer vor dem Gericht zu sanktionieren.[696] Im Fall *ThyssenKrupp/Kommission* hat das Gericht die gegen Gesellschaften des *ThyssenKrupp*-Konzerns verhängte Gesamtbuße im Fahrtreppen- und Aufzügekartell erheb-

[691] EuGH U. v. 15.7.1960, Rs 20/59, Slg. 1960, 683, 712 – *Italien/Komm.;* EuGH U. v. 15.7.1970, Rs 45/69, Slg. 1970, 769 – *Boehringer Mannheim/Komm.;* EuGH U. v. 6.3.1974, verb. Rs 6 u. 7/73, Slg. 1974, 223 – *Commercial Solvents/Komm.;* EuGH U. v. 16.12.1975, verb. Rs 40–48/73, Slg. 1975, 1663, 1971, Rdnr. 210 – *Suiker Unie u. a.;* EuGH U. v. 1.2.1978, Rs 19/77, Slg. 1978, 131 – *Miller/Komm.*; EuGH U. v. 20.6.1978, Rs 28/77, Slg.1978, 1391, Rdnr. 69/70 und 71/72 – *Tepea/Komm.*; EuGH U. v. 25.2.1986, Rs 193/83, Slg. 1986, 611 – *Windsurfing/Komm.;* EuG U. v. 9.7.2003, Rs T-230/00, Slg. 2003, 2733, Rdnr. 54 – *Daesang und Sewon/Komm.*

[692] Vgl. z. B. die vom EuG im U. v. 14.5.1998, Rs T-348/94, Slg. 1998 II-1875, Rdnr. 63 und 64 – *Enso Espanola* vorgenommene Trennung zwischen Rechtmäßigkeitsprüfung und unbeschränkter Nachprüfung sowie die Neuberechnung der Geldbuße in EuG U. v. 7.6.2011, Rs T-217/06, Slg. 2011 II-2593, Rdnr. 339 ff. – *Arkema u. a.*

[693] EuG U. v. 13.7.2011, Rs T-138/07, Slg. 2011 I-4819, Rdnr. 56 m. w. N. – *Schindler Holding u. a.*

[694] Vgl. dazu etwa EuG v. 16.9.2013 verb. Rs T-373/10, T-374/10, T-382/10 und T-402/10 Rdnr. 335 ff. – *Villeroy&Boch*; kritisch bereits *Schwarze*, EuR 2009, 171, 185 f.

[695] Vgl. die Fälle EuGH U. v. 7.7.1983, verb. Rs 100–103/80, Slg. 1983, 1825 – *Musique Diffusion* (Herabsetzung um 72 %); EuGH U. v. 27.9.1988, verb. Rs 89, 104, 114, 116, 117, 125 bis 129/85, Slg. 1988, 5193 – *Zellstoff* (sofern Entscheidung nicht aufgehoben wurde: -87 %/-90 %); EuG U. v. 10.3.1992, verb. Rs T-68, T-77 und T-78/89, Slg. 1992, II-1403 – *SIV* (-86 %); EuG U. v. 13.12.2001, Rs T-48/98, Slg. 2001, II-3859 – *Acerinox/Komm.* (-20 %); EuG U. v. 28.2.2002, Rs T-354/94, Slg. 2002, II-843 – *Stora Kopparbergs Bergslags/Komm.* (-58 %); EuG U. v. 9.7.2003, Rs T-230/00, Slg. 2003, 2733, Rdnr. 54 – *Daesang und Sewon/Komm.* (-60 %); ebenso in den Fällen *E.ON/Komm.* U. v. 29.6.2012, Rs T-360/09: Herabsetzung der Geldbuße von 553 auf 320 Mio. € (bis dato wohl höchste Herabsetzung überhaupt). Außerdem EuG U. v. 16.9.2013, verb. Rs T-364/10 u. a., hier T-380/10, Rdnr. 186 ff. – *Wabco u. a./Komm.,* Herabsetzung von ca. 330 auf ca. 113 Mio. € (betreffend Badezimmerausstattungen).

[696] EuG U. v. 6.4.1995, Rs T-145/89, Slg. 1995, II-987 – *Baustahlgewebe/Komm.;* EuGH U. v. 17.12.1998, Rs C-185/95 P, Slg. 1998, I-8417 – *Baustahlgewebe/Komm.*

lich abgesenkt, weil die Kommission zu Unrecht einen Wiederholungstäterzuschlag vorgenommen hatte.[697]

Das Gericht hat erstmals im Urteil *Tokai Carbon u. a. / Kommission* von seiner Befugnis des Art. 31 der VO Nr. 1/2003 Gebrauch gemacht und im Zuge der Überprüfung der Entscheidung der Kommission eine Geldbuße (zunächst) im Rahmen der Überprüfung eines Gesichtspunktes **heraufgesetzt,** im Zuge der Bewertung weiterer Gesichtspunkte im Ergebnis allerdings gleichwohl herabgesetzt; im Falle *BASF* hat das Gericht die Geldbuße geringfügig heraufgesetzt.[698] Die betroffene Teilnehmerin des Graphikelektrodenkartells, die *Nippon Carbon Co. Ltd.,* hatte sich im Verwaltungsverfahren zunächst kooperativ gezeigt. Im späteren gerichtlichen Verfahren bestritt *Nippon* jedoch ihre Zuwiderhandlung, so dass die Kommission wider Erwarten gezwungen war, eine entsprechende Verteidigung auszuarbeiten und vorzubringen. Mit der Heraufsetzung der Geldbuße trug das Gericht dem Umstand Rechnung, dass sich *Nippon* in Widerspruch zu ihrer vorherigen objektiven Zusammenarbeit gesetzt hatte und damit die Kommission ihre Verteidigungsstrategie ändern musste, womit sie aber vernünftigerweise nicht zu rechnen hatte. Auch im Urteil *SGL Carbon / Kommission* hat das Gericht erneut ausdrücklich festgestellt, dass es nach Art. 17 der VO Nr. 17 (heute Art. 31 der VO Nr. 1/2003) über eine uneingeschränkte Ermessensnachprüfung im Sinne von Art. 261 AEUV verfügt und somit eine von der Kommission festgesetzte Geldbuße aufheben, herabsetzen oder eben auch erhöhen kann.[699] Letztendlich hat das Gericht in diesem Verfahren die Geldbuße gegen *SGL Carbon* dennoch herabgesetzt. Zu nennen sind auch die Fälle *E.ON / Komm.* und *Wabco u. a. / Komm.,* in denen es zu signifikanten Herabsetzungen kam.[700] 270

Bereits in der Rechtssache *SSI* (Kartell der Zigarettenhersteller) hatte der Generalanwalt auf die **Möglichkeit der Erhöhung von Geldbußen** durch den Gerichtshof hingewiesen; mit jeder Anfechtungsklage würde sich der Kläger grundsätzlich dem Risiko einer möglichen Erhöhung der Geldbußen aussetzen. Der Generalanwalt brachte jedoch zum Ausdruck, dass den Parteien Gelegenheit zur Stellungnahme gegeben und die Kommission zur Beibringung zusätzlicher Unterlagen aufgefordert werden müssten, sollte der Gerichtshof eine Heraufsetzung der Geldbußen in Erwägung ziehen. Damit würde den Unternehmen die Möglichkeit gegeben, ihre Klage oder ihr Rechtsmittel gemäß Art. 148 VerfO EuGH bzw. Art. 125 VerfO EuG zurückzunehmen, sobald sie ernsthaft eine Heraufsetzung der Geldbußen befürchten müssten. Im Rechtsmittelverfahren *JCB* wurde von der Kommission (die Anschlußrechtsmittel eingelegt hatte), beantragt, das vom Gericht herabgesetzte Bußgeld wieder heraufzusetzen, weil das Gericht einen erschwerenden Umstand fehlerhaft nicht berücksichtigt hatte; der Gerichtshof hat antragsgemäß das Bußgeld um den Betrag, der dem erschwerenden Umstand entsprach, heraufgesetzt.[701] 271

In der Literatur wird für die Zulässigkeit einer Verböserung neben den ausdrücklichen Bestimmungen im Vertrag und einzelnen Verordnungen angeführt, dass es denkbar ist, dass der wahre Umfang eines Wettbewerbsverstoßes erst im Verfahren vor dem Gericht festgestellt würde.[702] Ein weiterer Anwendungsfall der **„reformatio in peius"** könne dann vorliegen, wenn die Kommission im Vorverfahren von den betroffenen Unternehmen ge- 272

---

[697] EuG U. v. 13.7.2011, verb. Rs T-144/07, T-147/07, T-148/07, T-149/07, T-150/07 und T-154/07 – *ThyssenKrupp / Komm.*

[698] EuG U. v. 29.4.2004, verb. Rs T-236/01, T-239/01, T-244/01 bis T-246/01, T-251/01 und T-252/01, Slg. 2004, II-1181, Rdnr. 112 – *Tokai Carbon / Komm.* Vgl. ferner EuG U. v. 12.12.2007, verb. Rs T-101/05 und T-111/05, Slg. 2007, II-4949 – *BASF und UCB / Komm.*

[699] EuG U. v. 15.6.2005, verb. Rs T-71/03, T-74/03 und T-91/03, Slg. 2005, II-10*, Rdnr. 164 – *SGL Carbon / Komm.*

[700] EuG U. v. 29.6.2012, Rs T-360/09 – *E.ON / Komm.:* Herabsetzung von 553 auf 320 Mio. €; EuG U. v. 16.9.2013, verb. Rs T-364/10 u. a., hier T-380/10, Rdnr. 186 ff. – *Wabco u. a. / Komm.:* Herabsetzung von ca. 330 auf ca. 113 Mio. €.

[701] Vgl. dazu EuGH U. v. 21.9.2006, Rs C-167/04 P, Slg. 2006, I-8935, Rdnr. 186 – *JCB Service / Komm.;* EuGH U. v. 8.10.2008 Rs T-69/04, Rdnr. 244 – *Schunk / Komm.*

[702] *Immenga / Mestmäcker-Dannecker / Biermann,* EU-WbR, Teil 2, Art. 31 VO Nr. 1/2003, Rdnr. 6.

täuscht worden und dieser Irrtum für die Verhängung der niedrigen Geldbuße ursächlich ist.[703]

273 Fraglich ist, ob das Gericht (und der Gerichtshof) allein auf der Grundlage von Art. 31 der VO Nr. 1/2003 und ohne Antrag der Parteien eine Geldbuße heraufsetzen kann. Auch das Urteil *Tokai Carbon/Kommission* bringt hier keine Klarheit, denn der Bußgelderhöhung durch das Gericht war ein entsprechender Antrag der Kommission vorausgegangen.[704] Die Gerichte folgen normalerweise dem Grundsatz *ne ultra petita,* gehen also nicht über die Anträge der Parteien hinaus. Der Kläger beantragt die Aufhebung der Entscheidung, hilfsweise Herabsetzung des Bußgeldes, die Kommission beschränkt sich – im Einklang mit der von ihr erlassenen Entscheidung – in der Regel auf einen Klageabweisungsantrag. Ein Antrag auf Heraufsetzung der Geldbuße würde zugleich ein Eingeständnis bedeuten, dass die Entscheidung der Kommission fehlerhaft war; außer im Falle der Täuschung und des Bekanntwerdens neuer Tatsachen vor dem Gericht deutet dies auf eine Fehlerhaftigkeit der Entscheidung hin. Ob und wie also das Gericht verfahrensrechtlich vorgehen würde, wenn es trotz Fehlens eines entsprechenden Antrags das Bußgeld erhöhen wollte, ist zweifelhaft. Insoweit könnte einerseits angenommen werden, dass Art. 31 der VO Nr. 1/2003 für die Behandlung einer Bußgeldentscheidung durch das Gericht den Grundsatz *ne ultra petita*[705] beseitigt, so dass es eines Antrags der Kommission speziell auf Erhöhung des Bußgeldes nicht bedürfte. Andererseits findet vor den Unionsgerichten – anders als etwa im deutschen Bußgeldverfahren – gerade keine amtswegig umfassende Prüfung statt, sondern sind die Parteien an die von ihnen geltend gemachten Klagegründe gebunden. Ohne entsprechenden Antrag könnte ein Bußgeld daher nicht gesenkt werden. Daher wäre es widersprüchlich, von diesem Grundsatz nur zu Lasten der Parteien abzuweichen, um eine reformatio in peius zu ermöglichen. Allerdings wurde von Seiten einzelner Richter des EuG die Möglichkeit einer reformatio in peius auch ohne entsprechenden Antrag der Kommission in mündlichen Verhandlungen als mögliches Vorgehen schon angedeutet, wenngleich – soweit ersichtlich – noch nicht praktiziert.

274 In der Rechtssache *Hilti/Komm.* hatte der Streithelfer die Heraufsetzung der Geldbuße beantragt; da dieser Antrag verspätet gestellt worden war, brauchte das Gericht zu dieser Frage nicht Stellung zu nehmen. Im übrigen wäre anzunehmen, das Gericht einen solchen Antrag des Streithelfers stets zurückweisen würde, wenn er über den Antrag der unterstützten Partei hinausgeht, denn die Anträge des Streithelfers können nicht über die Anträge der unterstützten Partei hinausgehen.[706]

275 **4. Folgen der Nichtigerklärung.** Eine Nichtigerklärung durch das Gericht (den Gerichtshof) hat Wirkungen *erga omnes.*[707] Das Gericht ist jedoch befugt, diese Wirkungen zu begrenzen.[708] Sind in einer Entscheidung der Kommission indes Verletzungshandlungen verschiedener Unternehmen gerügt worden, so wirkt die Anfechtung dieser gebündelten Entscheidung durch nur einige der betroffenen Unternehmen **nicht gleichzeitig für die anderen Unternehmen,** die keine Nichtigkeitsklage erhoben haben. Das ergibt sich insbesondere daraus, dass die Kommission ebenso mehrere formell getrennte Entscheidungen

---

[703] *Immenga/Mestmäcker-Dannecker/Biermann,* EU-WbR, Art. 31 Rdnr. 23; *Rengeling/Middeke/Gellermann-Dannecker/Muller,* Handbuch des Rechtsschutzes in der Europäischen Union, 3. Aufl. 2014, § 39 Rdnr. 114; EU-Wirtschaftsrecht-*Sauter,* 35.
Ergänzungslieferung 2014, Kap. H. I. § 35 Rdnr. 147 mit Verweis auf EuG U. v. 27.9.2006, Rs. T-32/01. Slg. 2006 II-03137 – *Roquette Frères/Komm.*

[704] EuG U. v. 29.4.2004, verb. Rs T-236/01, T-239/01, T-244/01 bis T-246/01, T-251/01 und T-252/01, Slg. 2004, II-1181, Rdnr. 33 – *Tokai Carbon/Komm.*

[705] Zum Grundsatz *ne ultra petita* vgl. EuG B. v. 16.12.2004, Rs T-410/03, Slg. 2004, II-4451, Rdnr. 17 – *Hoechst AG/Komm.,* unter Hinweis auf EuGH U. v. 14.9.1999, Rs C-310/97 P, Slg. 1999, I-5363, Rdnr. 52f. – *Komm./ASSIDomän.*

[706] Vgl. dazu oben Rdnr. 92.

[707] S. z.B. EuGH U. v. 13.5.1981, Rs 66/80, Slg. 1981, 1191 – *ICC.*

[708] S. z.B. EuG U. v. 29.6.1995, Rs T-30/91, Slg. 1995, II-1779, Rdnr. 101 – *Solvay/Komm.;* EuG U. v. 29.6.1995, Rs T-36/91, Slg. 1995, II-1847 – *ICI.*

hätte erlassen können, die jede für sich gemäß Art. 288 AEUV für den Adressaten verbindlich ist.[709] Die Bestandskraft des Beschlusses, mit dem ein Verstoß gegen die Wettbewerbsregeln festgestellt sowie gegebenenfalls eine Geldbuße festgesetzt worden ist, schließt es aber nicht aus, dass die Kommission gemäß Art. 266 AEUV auch gegenüber solchen Unternehmen, die keine Nichtigkeitsklage erhoben haben, verpflichtet ist, ihre ursprüngliche Entscheidung zu überprüfen (dazu sogleich Rdnr. 276a).

a) Rückverweisung an die Kommission. Erklärt das Gericht oder der Gerichtshof einen Rechtsakt der Kommission z. B. wegen Verstoßes gegen Verfahrensregeln für nichtig, so ist die Kommission gemäß Art. 266 Abs. 1 AEUV verpflichtet, die sich aus dem Urteil ergebenden Maßnahmen zu ergreifen, d. h. das Verfahren wieder aufzunehmen und erneut zum Abschluss zu bringen, diesmal unter Beachtung der Verfahrensrechte der Beteiligten.[710] Hierbei hat die Kommission nicht nur den Tenor, sondern auch die Gründe des Urteils zu beachten.[711] **276**

Art. 266 AEUV verpflichtet die Kommission ferner, einen vom Gericht oder Gerichtshof für nichtig erklärten Beschluss im Hinblick auf solche Adressaten des Beschlusses zu überprüfen, die nicht fristgerecht Nichtigkeitsklage erhoben haben.[712] Zu diesem Ergebnis kommt das Gericht unter Verweis auf den Grundsatz der Gesetzmäßigkeit der Verwaltung und in Anlehnung an seine im Rahmen von Art. 34 EGKS-Vertrag entwickelte Rechtsprechung, die besagt, dass das zuständige Unionsorgan auf ein Urteil hin, mit dem die Rechtswidrigkeit eines Verwaltungsaktes festgestellt worden ist, gehalten sei, zu untersuchen, ob ähnliche Entscheidungen angesichts der in diesem Urteil aufgestellten Gründe aufrechterhalten werden könnten.[713] Das Gericht kommt zu dem Ergebnis, dass die Kommission nach Maßgabe des Art. 266 AEUV sowie des Grundsatzes der ordnungsgemäßen Verwaltung gehalten ist, die Rechtmäßigkeit des ursprünglichen Beschlusses auch gegenüber den Adressaten des Beschlusses zu überprüfen, die keine Nichtigkeitsklage erhoben hatten. Darüber hinaus muss sie auch darüber entscheiden, ob die gezahlten Geldbußen zu erstatten sind.[714] **276a**

b) Anordnung des Erlasses einer bestimmten Maßnahme durch die Kommission? Das Gericht ist nicht befugt, der Kommission eine Weisung zu erteilen, in einer bestimmten Weise tätig zu werden. So ist ein Antrag eines Unternehmens, das Gericht möge der Kommission eine **277**

---

[709] EuG U. v. 10.7.1997, Rs T-227/95, Slg. 1997, II-1185, Rdnr. 56 bis 62 – *AssiDomän u. a./Komm.*; mit Verweis auf EuGH U. v. 9.3.1994, Rs C-188/92, Slg. 1994, I-833, Rdnr. 13 – *TWD Textilwerke Deggendorf.*

[710] Siehe dazu etwa die Neudurchführung des Fusionskontrollverfahrens im Fall *Sony/BMG (Impala).* Nachdem die Freigabe aufgehoben worden war, hat die Kommission nach wiederholter Prüfung – nunmehr unter Berücksichtigung der Rechtsauffassung des Gerichts – erneut freigegeben, Kommission v. 3.10.2007, COMP/M. 3333 – *Sony/BMG.* Im Fall *Schneider* hat die Kommission das Fusionskontrollverfahren nach Aufhebung der Untersagung ebenfalls gem. Art. 10 Abs. 5 FKVO erneut eingeleitet, sodann aber eingestellt, weil die Parteien das Vorhaben aufgegeben hatten, siehe dazu die Ausführungen im Urteil zum Amtshaftungsanspruch in EuGH U. v. 16.7.2009, Rs C-440/07, Slg. 2009 I-06413, Rdnr. 45 ff. – *Schneider.*

[711] EuG U. v. 10.7.1997, Rs T-227/95, Slg. 1997, II-1185, Rdnr. 74 – *AssiDomän u. a./Komm.;* mit Verweis auf EuGH U. v. 26.4.1988, verb. Rs 97, 99, 193 und 215/86, Slg. 1988, 2181, Rdnr. 27 – *Asteris u. a./Komm.*

[712] EuG U. v. 10.7.1997, Rs T-227/95, Slg. 1997, II-1185, Rdnr. 67 bis 72 – *AssiDomän u. a./Komm.*

[713] Das Gericht verweist auf seine Rechtsprechung in *SNUPAT*, Slg. 1961, 160, 172 ff. Das Gericht sprach sich für eine Übertragbarkeit der im Rahmen des EGKS-Vertrages entwickelten Rechtsprechung aus, da die für nichtig erklärte Entscheidung aus mehreren Einzelfallentscheidungen bestehe, die am Ende desselben Verwaltungsverfahrens getroffen wurden, die Kommission aufgrund der vom Gericht aufgehobenen Feststellung eines Verstoßes gegen Art. 101 AEUV Geldbußen verhängt habe und schließlich die Einzelfallentscheidungen aufgrund derselben Sachverhaltsdarstellungen sowie der wirtschaftlichen und rechtlichen Umstände ergangen sind, die mit dem Urteil aufgehoben worden sind.

[714] EuG U. v. 10.7.1997, Rs T-227/95, Slg. 1997, II-1185, Rdnr. 85 bis 92 – *AssiDomän u. a./Komm.*

Weisung erteilen, ihre zurückgewiesene Beschwerde sofort neu zu prüfen, unzulässig.[715] Es ist vielmehr Sache der Kommission, die Maßnahmen zur Durchführung eines auf eine Nichtigkeitsklage hin ergangenen Urteils zu ergreifen.[716]

278 Das Gericht hat sich ferner dahingehend geäußert, dass es der Kommission nicht aufgeben könne, einen Hersteller bestimmter Produkte zu verpflichten, einen bestimmten Händler zu beliefern. Es sei vielmehr Sache der nationalen Gerichte und nicht der Kommission, eventuelle Pflichten zum Vertragsschluss festzustellen.[717]

E. Untätigkeitsklage gemäß Art. 265 AEUV

I. Überblick

279 Die Untätigkeitsklage gemäß Art. 265 Abs. 3 AEUV ist eine Variante des Rechtsschutzes, die immer dann eingreift, wenn ein Organ der Gemeinschaft (im Kartellrecht die Kommission, sonst auch Rat oder Parlament) es **unterlassen** hat, an den Kläger „einen anderen Akt als eine Empfehlung oder eine Stellungnahme" zu richten. Im EU-Kartellrecht geht es nahezu ausnahmslos um Fälle, bei denen Unternehmen meinen, Anspruch auf ein bestimmtes Verhalten der Kommission zu haben. Von besonderer Bedeutung sind Fälle, in denen die Kommission einer Beschwerde eines Unternehmens, gegen ein anderes Unternehmen mit wettbewerbsrechtlichen Mitteln vorzugehen, nicht nachkommt.

280 Ähnlich wie bei der Nichtigkeitsklage[718] sind die Mitgliedstaaten und Organe der Gemeinschaft nach Art. 265 Abs. 1 AEUV privilegiert. Sie können Klage erheben, wenn Kommission, Rat oder Europäisches Parlament es vertragswidrig unterlassen, einen Beschluss zu fassen. Insoweit ist das Verfahren nach Art. 265 Abs. 1 AEUV das Gegenstück zum Vertragsverletzungsverfahren der Kommission gegen die Mitgliedstaaten. Stellt das Gericht bzw. der Gerichtshof fest, dass die Untätigkeit des Organs (der Kommission) vertragswidrig war, so ergibt sich die **Verpflichtung zur Vornahme der Handlung** aus Art. 266 Abs. 1 AEUV.

281 In allen Fällen ist ein **Vorverfahren** (Abmahnung mit Fristsetzung) zwingende verfahrensrechtliche Voraussetzung (dazu unten Rdnr. 294ff.).

II. Klagebefugnis gemäß Art. 265 Abs. 3 AEUV

282 Voraussetzung für eine Untätigkeitsklage nach Art. 265 Abs. 3 AEUV ist nach dessen Wortlaut zunächst eine Untätigkeit. Die Kommission muss es **unterlassen** haben, einen „anderen Akt als eine Empfehlung oder eine Stellungnahme an [den Kläger] zu richten". Dazu muss nachgewiesen werden, dass sich der Kläger „genau in der Rechtsstellung des potentiellen Adressaten eines Rechtsaktes befindet"[719] und dass eine Verpflichtung des be-

[715] EuG U. v. 15.9.1998, verb. Rs T-374/94, T-375/94, T-384/94 und T-388/94, Slg. 1998, II-3141, Rdnr. 53 – *European Night Services/Komm.*

[716] EuG U. v. 12.6.1997, Rechtssache T-504/93, Slg. 1997, II-923, Rdnr. 45 – *Tiercé Ladbroke/Komm.;* mit Verweis auf EuG U. v. 17.11.1991, Rs T-19/90, Slg. 1991, II-615, Rdnr. 30 – *von Hoessle/Rechnungshof;* EuGH U. v. 24.6.1986, Rs C-53/85, Slg. 1986, 1965, Rdnr. 23 – *AKZO/Komm.;* EuG U. v. 13.12.1995, Rs T-109/94, Slg. 1995, II-3007, Rdnr. 61 – *Windpark Groothusen/Komm.*

[717] EuG U. 18.9.1992, Rs T-24/90, Slg. 1992, II-2223, Rdnr. 50 – *Automec II,* mit Verweis auf EuGH U. v. 16.6.19981, Rs 126/80, Slg. 1981, 1563, 1774 – *Salonia* und EuGH U. v. 3.7.1985, Rs 243/83, Slg. 1985, 2015, 2035 – *Binon.*

[718] S. oben Rdnr. 165ff.

[719] EuGH U. v. 10.6.1982, Rs 246/81, Slg. 1982, 2277 (2291) – *Lord Bethell/Komm.;* EuGH B. v. 30.3.1990, Rs C-371/89, Slg. 1990, I-1555, Rdnr. 5f. – *Emrich/Komm.;* EuGH B. v. 23.5.1990, Rs C-72/90, Slg. 1990, I-2181, Rdnr. 10ff. – *Asia Motor France/Komm.;* ferner EuG U. v. 13.12.1990, Rs T-116789, Slg. 1990, II-843, Rdnr. 35 – *Prodifarma/Komm.*

treffenden Organs gegenüber dem Kläger zum Tätigwerden besteht, so dass die behauptete Unterlassung gegen den Vertrag verstößt (Art. 265 Abs. 1 AEUV).[720]

Ähnlich wie bei der Frage der anfechtbaren Handlung im Rahmen des Art. 263 AEUV **283** muss daher in jedem Einzelfall untersucht werden, ob der begehrte Akt die **Rechtsstellung des Klägers berührt.** Die Untätigkeitsklage wird insoweit als Spiegelbild zur Anfechtungsklage angesehen: wird dort vorausgesetzt, dass der angefochtene Rechtsakt, sofern er nicht an den Kläger gerichtet ist, diesen unmittelbar und individuell betrifft, so muss bei der Untätigkeitsklage der angestrebte Rechtsakt, den die Kommission unterlassen hat, den Kläger ebenso unmittelbar und individuell betreffen.[721] Das kann bei einem Wettbewerber, der eine Beschwerde erhoben hat, auf die seitens der Kommission keine Reaktion erfolgt, der Fall sein. Allerdings muss der Kläger nachweisen, dass das Verfahren und der unterlassene Rechtsakt seine Stellung im Markt wesentlich berührt; die Stellung als Wettbewerber allein reicht nicht aus.[722] Bei einer Beschwerde, die sich auf Art. 106 AEUV stützt, wird allerdings aufgrund des weiten Ermessens, das die Vorschrift der Kommission einräumt, eine Interventionspflicht der Kommission verneint[723] und zudem angenommen, dass der Rechtsakt nur an den Mitgliedstaat zu richten wäre, der Beschwerdeführer sich also nicht in der Rolle des potentiellen Adressaten befinde.[724] Das Gericht prüft dabei gegebenenfalls, ob der Kläger in Wirklichkeit die Untätigkeit der Kommission rügt oder es ihm nicht um eine Vertragsverletzung durch den betreffenden Mitgliedstaat geht. In einem solchen Fall ist dem Unternehmen der Zugang zur Untätigkeitsklage verwehrt, da Art. 258 AEUV nicht dadurch umgangen werden kann, dass ein dieser Vorschrift unterliegendes Verfahren ihr entzogen und künstlich den Bestimmungen der VO Nr. 1/2003 unterworfen wird.[725]

Verbrauchern wird ein Anspruch auf Tätigwerden gegen die Kommission abgespro- **284** chen, auch wenn diese am Ausgang des Verfahrens interessiert sind, denn dieses Interesse ist – im Vergleich zu anderen Verbrauchern oder Benutzern – **nicht individualisiert** und vermittelt daher nicht die Rechtsstellung eines potentiellen Adressaten eines Rechtsaktes.[726]

Die **Beschwerde** eines Unternehmens mit dem Ziel, ein Verfahren gegenüber einem **285** Wettbewerber einzuleiten (um eine Untersagung oder sonstige an den Wettbewerber gerichtete Maßnahmen zu erreichen), ist – streng genommen – auf den Erlass eines Aktes gerichtet, dessen Adressat das andere Unternehmen ist. Allerdings werden dem Beschwerdeführer durch die VO Nr. 1/2003 eigene Verfahrensrechte eingeräumt. Insoweit wird die Klagebefugnis in Anlehnung an die in Art. 263 AEUV geforderte **unmittelbare und individuelle Betroffenheit** bestimmt.[727] Im Rahmen dieser Prüfung berücksichtigen die Gerichte sowohl wettbewerbsrechtliche als auch verfahrensrechtliche Auswirkungen auf die Rechtsstellung des beschwerdeführenden Unternehmens.[728]

---

[720] EuG U. v. 27.10.1994, Rs T-32/93, Slg. 1994, II-1015, Rdnr. 35 – *Ladbroke Racing/Komm.;* Das Gericht hat in EuG U. v. 19.5.2011, Rs T-423/07, Rdnr. 55 – *Ryanair Ltd/Komm.* entschieden, dass überhaupt nur dann eine Verpflichtung zum Tätigwerden für die Kommission besteht, wenn eine Beschwerde den Zulässigkeitserfordernissen des Art. 5 VO Nr. 773/2004, der die Zulässigkeit von Beschwerden betrifft, entspricht.

[721] EuG B. v. 4.5.2012, Rs T-344/10, ECLI:EU:T:2012:216, Rdnr. 34f. – *UPS Europe/Komm.*

[722] EuG U. v. 27.10.1994, Rs T-32/93, Slg. 1994, II-1015, Rdnr. 42 – *Ladbroke Racing/Komm.*

[723] EuG U. v. 27.10.1994, Rs T-32/93, Slg. 1994, II-1015, Rdnr. 35 – *Ladbroke Racing/Komm.*

[724] EuG U. v. 27.10.1994, Rs T-32/93, Slg. 1994, II-1015, Rdnr. 35 – *Ladbroke Racing/Komm.*

[725] EuG B. v. 19.2.1997, Rs T-117/96, Slg. 1997, II-141, Rdnr. 24 bis 32 – *Intertronic/Komm.;* vgl. ferner EuGH B. v. 22.6.2011, Rs C-521/10 P, Slg. 2011, I-90 (summarische Veröffentlichung), ECLI:EU:C:2011:418 Rdnr. 29 – *Gruas Abril Asistencia/Komm.*

[726] EuGH U. v. 10.6.1982, Rs 246/81, Slg. 1982, 2277, 2291, Rdnr. 16 – *Lord Bethell/Komm.*

[727] EuGH U. v. 26.11.1996, Rs C-68/95, Slg. 1996, I-6065, Rdnr. 59 – *T. Port/Bundesanstalt für Landwirtschaft und Ernährung;* EuG U. v. 3.6.1999, Rs T-17/96, Slg. 1999, II-1757, Rdnr. 27 – *TF1/Kommission.*

[728] EuG U. v. 13.12.1990, Rs T-116789, Slg. 1990, II-843, Rdnr. 42 bis 44 – *Prodifarma/Komm.*

286 Dasselbe gilt im Anwendungsbereich der FKVO, die von einem Zusammenschluss betroffenen Drittunternehmen ebenfalls bestimmte Verfahrensrechte zuweist.[729]

287 Allein die Tatsache, dass es sich bei dem Unternehmen, gegen das aufgrund der Beschwerde eingeschritten werden soll, um einen **Wettbewerber** handelt, reicht für die Begründung des unmittelbaren und individuellen Interesses nicht aus.[730] Das konkurrierende Unternehmen muss vielmehr geltend machen, dass sich der geforderte Rechtsakt konkret auf seine Stellung als Wirtschaftsteilnehmer auswirkt.[731] Das wurde beispielsweise für *Air France* im Falle des Zusammenschlussvorhabens *British Airways/Dan Air* als gegeben angenommen, weil *Air France* eine Reihe derselben Städteverbindungen anbot wie *Dan Air* und durch den Zusammenschluss mit *British Airways* die Marktstellung von *Dan Air* zulasten von *Air France* verstärkt würde. Aufgrund dieser konkreten Auswirkung auf bestimmten Teilmärkten unterscheide sich *Air France* von allen anderen Luftfahrtgesellschaften (= Wettbewerbern) und sei individuell von dem Zusammenschlussvorhaben betroffen.[732]

III. Erzwingbare Maßnahmen

288 **1. Befassung bei Beschwerden.** Von besonderer Bedeutung in der Praxis ist die Frage, welche Maßnahmen die Kommission zu ergreifen verpflichtet ist, wozu sie also mit der Untätigkeitsklage gezwungen werden kann. Die Kommission ist zunächst verpflichtet, sich mit einer Beschwerde zu befassen. Es besteht also ein Anspruch des beschwerdeführenden Unternehmens auf sorgfältige Prüfung der Beschwerde einschließlich der Einholung der dazu notwendigen Informationen („Befassung").[733] Eine Verpflichtung zum Tätigwerden wird allerdings nur angenommen, wenn die an die Kommission gerichtete Beschwerde den Anforderungen des Art. 5 der VO Nr. 773/2004 entspricht, insbesondere die Angaben, die im Formblatt C vorgesehen sind, vom Beschwerdeführer gegeben worden sind. Dazu gehören insbesondere eine Schilderung des Sachverhalts, die Beschreibung der Zuwiderhandlung, des betroffenen räumlichen Bereiches sowie der Nachweis des berechtigten Interesses des Beschwerdeführers; fehlt es daran, so sieht das Gericht die vom Beschwerdeführer gemachten Angaben nicht als „Beschwerde" an und lehnt eine Verpflichtung zum Tätigwerden der Kommission ab.[734] Für Beschwerden im Bereich des Beihilferechts sind die Anforderungen etwas weniger streng.[735]

289 Bei einer Beschwerde nach Art. 7 VO Nr. 1/2003 muß die Kommission ferner innerhalb einer angemessenen Frist darüber entscheiden, ob sie ein Verfahren einleitet, oder die Beschwerde aus materiellrechtlichen Gründen bzw. wegen der Priorisierung anderer bei ihr anhängiger Beschwerden abweist.[736] Ein Anspruch des Unternehmens, das nach Art. 7 VO Nr. 1/2003 eine Beschwerde bei der Kommission eingereicht hat, auf Durchführung eines

---

[729] Vgl. EuGH U. v. 25.9.2003, Rs C-170/02 P, Slg. 2003, I-9889, Rdnr. 27 – *Schlüsselverlag Moser u. a./Komm.*

[730] EuG U. v. 27.10.1994, Rs T-32/93, Slg. 1994, II-1015, Rdnr. 42 – *Ladbroke Racing/Komm.*

[731] EuGH U. v. 10.12.1969, verb. Rs 10 und 18/68, Slg. 1969, 459 – *Eridania/Komm.;* EuG U. v. 27.10.1994, Rs T-32/93, Slg. 1994, II-1015, Rdnr. 42 – *Ladbroke Racing/Komm.;* EuG U. v. 28.10.1993, Rs T-83/92, Slg. 1993, 1169, Rdnr. 34 – *Zunis Holding u. a./Komm.;* EuG U. v. 24.3.1994, Rs T-3/93, Slg. 1994, 121 – *Air France/Komm.;* die Stellung als potentieller Wettbewerber reicht aus, EuG U. v. 3.4.2003, Rs T-114/02, Slg. 2003, II-1279, Rdnr. 99 ff. – *Babyliss/Komm.*

[732] EuG U. v. 24.3.1994, Rs T-3/93, Slg. 1994, 121, Rdnr. 82 – *Air France/Komm.*

[733] Vgl. EuG U. v. 18.9.1992, Rs T-24/90, Slg. 1992, II-2223, Rdnr. 79 – *Automec II;* EuG U. v. 10.7.1997, Rs T-38/96, Slg. 1997, II-1223, Rdnr. 25 – *Guérin Automobiles/Komm.* S. dazu auch *Dieckmann* in § 47.

[734] EuG U. v. 19.5.2011, Rs T-423/07, Slg. 2011, II-2397, Rdnr. 55 ff. – *Ryanair/Komm.*

[735] EuG U. v. 29.9.2011, Rs T-442/07, Slg. 2011, II-333, Rdnr. 22 f. – *Ryanair/Komm.;* bestätigt durch EuGH U. v. 16.5.2013, Rs C-615/11 P, ECLI:EU:C:2013:310, Rdnr. 28 f. – *Komm./Ryanair.*

[736] EuG U. v. 24.1.1995, Rs T-74/92, Slg. 1995, II-115, Rdnr. 40 – *Ladbroke Racing/Komm.;* EuG *U. 18.5.1994, Rs T-37/92, Rdnr. 45 – BEUC und NCC/Komm.;* EuG U. v. 10.7.1997, Rs T-38/96, Slg. 1997, II-1223, Rdnr. 25 – *Guérin Automobiles/Komm.* S. ferner *Dieckmann* in § 47.

Untersuchungsverfahrens[737] oder Feststellung einer Zuwiderhandlung und Untersagung des gerügten Verhaltens des Wettbewerbers besteht demgegenüber nicht.[738] Auch soweit Rechtsschutz vor nationalen Gerichten erlangt werden kann, besteht **kein Anspruch auf den Erlass bestimmter Maßnahmen** durch die Kommission.[739] Das beschwerdeführende Unternehmen hat lediglich ein Recht auf eine der Überprüfung durch die Gerichte unterliegende Entscheidung der Kommission,[740] die mit Gründen zu versehen ist. Will die Kommission die Beschwerde abweisen, so ist sie außerdem verpflichtet, eine vorläufige Mitteilung nach Art. 7 Abs. 1 VO Nr. 773/2004 zu erlassen,[741] damit der Beschwerdeführer hierzu Stellung nehmen kann; dies gilt auch dann, wenn die Abweisung darauf beruht, dass das betreffende Unternehmen das wettbewerbswidrige Verhalten abgestellt hat.[742]

Hat die Kommission auf die Beschwerde eines Unternehmens hin ein Verfahren nach der VO Nr. 1/2003 gegen ein anderes Unternehmen eingeleitet – und/oder diesem bereits eine Mitteilung der Beschwerdepunkte zugesandt –, so kann das beschwerdeführende Unternehmen keine weitergehende Entscheidung – insbesondere auf Feststellung eines Wettbewerbsverstoßes oder andernfalls eine Entscheidung über die Zurückweisung der Beschwerde – verlangen, solange das Verfahren noch andauert und dessen Ausgang noch ungewiss ist.[743] Die richterliche **Kontrolle der Einstellungsverfügung** beschränkt sich auf die Prüfung, ob die Entscheidung auf zutreffenden Tatsachen beruht und ob sie einen Begründungsmangel, einen Rechtsfehler, einen offensichtlichen Beurteilungsfehler oder einen Ermessensmissbrauch aufweist.[744] Hinsichtlich der Ermessensausübung ist dabei zu berücksichtigen, dass die Kommission bei der Prüfung der bei ihr anhängigen Beschwerden Prioritäten setzen und dabei das Gemeinschaftsinteresse an der Verfolgung einer Beschwerde als Entscheidungskriterium heranziehen kann.[745] 290

Hat der Beschwerdeführer einen Antrag auf Erlass einstweiliger Maßnahmen nach Art. 8 VO Nr. 1/2003 gestellt, ist die Kommission verpflichtet, den Antrag unter Zugrundelegung der dort genannten Kriterien zu prüfen.[746] 291

Bei einer Beschwerde gegen einen Unternehmenszusammenschluss iSv Art. 3 FKVO beschränkt sich der Befassungsanspruch des beschwerdeführenden Unternehmens darauf, dass die Kommission ihre Zuständigkeit als Fusionskontrollbehörde prüfen und hierzu gegenüber dem Beschwerdeführer förmlich und unter Angabe von Gründen Stellung nehmen muss.[747] 292

2. Anordnungsbefugnis des Gerichts gegenüber der Kommission. Kommt das Gericht zu dem Ergebnis, dass die Kommission unter Verletzung ihrer Pflichten untätig 293

---

[737] Vgl. EuG U. v. 18.9.1992, Rs T-24/90, Slg. 1992, II-2223, Rdnr. 76 – *Automec II;* EuG U. 18.5.1994, Rs T-37/92, Rdnr. 45 – *BEUC und NCC/Komm.;* EuG U. v. 24.1.1995, Rs T-114/92, Slg. 1995, II-147, 172, Rdnr. 62 – *BENIM/Komm.*

[738] EuGH U. v. 19.9.2013, Rs C-56/12 P, ECLI:EU:C:2013:575, Rdnr. 57 – *EFIM/Komm.;* EuGH B. v. 18.8.1971, Rs 45/71 R, Slg. 1971, 791, Rdnr. 17 f. – *GEMA/Komm.;* EuGH U. v. 10.6.1982, Rs 246/81, Slg. 1982, 2277 – *Lord Bethell/Komm.;* EuG U. v. 29.6.1993, Rs T-7/92, Slg. 1993, II-669, Rdnr. 33 – *Asia Motor France/Komm.;* vgl. dazu im einzelnen *Dieckmann* § 47 Rdnr. 8.

[739] EuG U. v. 18.11.1992, Rs T-16/91, Slg. 1992, II-2417, Rdnr. 98 – *Rendo u. a./Komm.*

[740] St. Rspr.; siehe z. B. EuG U. v. 10.7.1997, Rs T-38/96, Slg. 1997, II-1223, Rdnr. 23 – *Guérin Automobiles/Komm.*

[741] EuG U. v. 29.6.1993, Rs T-7/92, Slg. 1993, II-669, Rdnr. 29 – *Asia Motor France/Komm.;* EuG U. v. 27.10.1994, Rs T-32/93, Slg. 1994, II-1015, Rdnr. 61 – *Ladbroke Racing/Komm.;* EuG U. v. 10.7.1997, Rs T-38/96, Slg. 1997, II-1223, Rdnr. 25 – *Guérin Automobiles/Komm.*

[742] EuG U. v. 27.10.1994, Rs T-32/93, Slg. 1994, II-1015, Rdnr. 67 – *Ladbroke Racing/Komm.*

[743] EuG U. v. 27.10.1994, Rs T-32/93, Slg. 1994, II-1015, Rdnr. 44 f. – *Ladbroke Racing/Komm.*

[744] Vgl. EuG U. v. 18.9.1992, Rs T-24/90, Slg. 1992, II-2223, Rdnr. 80 – *Automec II;* EuG U. v. 10.7.1997, Rs T-38/96, Slg. 1997, II-1223, Rdnr. 25 – *Guérin Automobiles.*

[745] EuG U. v. 18.9.1992, Rs T-24/90, Slg. 1992, II-2223, Rdnr. 77 ff. – *Automec II*; vgl. dazu im einzelnen *Dieckmann* § 47 Rdnr. 10 f.

[746] Siehe EuG B. v. 24.1.1992, Rs T-44/90, Slg. 1992, II-1, Rdnr. 28 – *La Cinq/Komm.*

[747] Vgl. EuGH U. v. 25.9.2003, Rs C-170/02 P, Slg. 2003, I-9889, Rdnr. 28 f. – *Schlüsselverlag Moser u. a./Komm.*

geblieben ist,[748] so wird dies im Urteil festgestellt. Die Kommission ist sodann nach Art. 266 AEUV verpflichtet, tätig zu werden. Das Gericht kann dabei der Kommission Hinweise geben, in bestimmter Weise tätig zu werden; es ist aber nicht befugt, Anordnungen zu treffen oder sich an die Stelle der Organe der Gemeinschaft zu setzen.[749] Ist ein Unternehmen der Auffassung, die Kommission sei ihrer Verpflichtung aus Art. 266 AEUV nicht nachgekommen, ist eine weitere Untätigkeitsklage grundsätzlich die statthafte Klageart[750] – allerdings nur unter der allgemeinen Voraussetzung, dass die Kommission ihrer Verpflichtung durch Nichtbescheidung oder Nichtstellungnahme nicht nachgekommen ist.[751] Hat die Kommission lediglich einen anderen als den von den Unternehmen gewünschten Rechtsakt erlassen, ist dagegen die Anfechtungsklage zu erheben.[752] Wird die Handlung nach Erhebung der Klage, aber vor Verkündung des Urteils vorgenommen, so ist der Rechtsstreit gegenstandlos geworden, weil keine Entscheidung mehr ergehen kann, welche die Rechtswidrigkeit der ursprünglichen Unterlassung festellt.[753]

IV. Zulässigkeitsvoraussetzung: Obligatorisches Vorverfahren gemäß Art. 265 Abs. 2 AEUV

294 **1. Aufforderungsschreiben.** Eine Untätigkeitsklage ist nur dann zulässig, wenn die Kommission zuvor aufgefordert worden ist, die entsprechende Maßnahme zu ergreifen oder den entsprechenden Akt zu erlassen, und sie innerhalb der in Art. 265 AEUV vorgesehenen Frist von zwei Monaten nicht Stellung genommen hat. Aus dem Aufforderungsschreiben muss klar und deutlich hervorgehen, welches Vorgehen verlangt wird. Ferner muss der Antrag deutlich zum Ausdruck bringen, dass der Antragsteller die Absicht verfolgt, die Kommission zu einer Stellungnahme zu zwingen, mit anderen Worten, dass das Unternehmen das Vorverfahren nach Art. 265 AEUV einleiten möchte.[754] Der Antrag muss demnach Androhungscharakter **(„Abmahnung")** haben. Eine besondere Vorschrift über die Form der Abmahnung ist nicht zu beachten.

295 **2. Eine die Untätigkeit ausschließende Stellungnahme.** Sobald die Kommission innerhalb von zwei Monaten nach Aufforderung tätig geworden ist, ist die Untätigkeitsklage nicht mehr zulässig. Untätigkeit ist dann gegeben, wenn die Kommission einen Antrag nicht bescheidet (sog. **„Nichtbescheidung"**) bzw. keine abschließende Stellungnahme dazu abgibt (sog. **„Nichtstellungnahme"**). Die Untätigkeitsklage nach Art. 265 AEUV hilft aber dann nicht weiter, wenn die Kommission in einer anderen als vom Betroffenen gewünschten Weise entscheidet, beispielsweise nicht bereit ist, den Kläger mündlich anzu-

---

[748] Vgl. EuG U. v. 27.10.1994, Rs T-32/93, Slg. 1994, II-1015, Rdnr. 69 f. – *Ladbroke Racing/Komm.*

[749] EuG U. v. 27.10.1994, Rs T-32/93, Slg. 1994, II-1015, Rdnr. 75 – *Ladbroke Racing/Komm.*, mit Verweis auf EuG U. v. 11.7.1991, Rs T-19/90, Slg. 1991, II-615, Rdnr. 30 – *von Hoessle/Rechnungshof.* Vgl. zu den vorstehenden Untätigkeitsrechtssachen die Urteile zu Klagen nach Art. 230 EG (jetzt Art. 263 AEUV): EuGH U. v. 24.6.1986, Rs 53/85, Slg. 1986, 1965 – *AKZO/Komm.;* EuG U. v. 7.7.1994, Rs T-43/92, Slg. 1994, II-441, Rdnr. 181 – *Dunlop* Slazenger/*Komm.;* sowie im Rahmen von Klagen nach Art. 265: EuG U. v. 29.11.1993, Rs T-56/92, Slg. 1993, II-1267 – *Koelman/Komm.;* EuG B. v. 27.5.1994, Rs T-5/94, Slg. 1994, II-391 – *J/Komm.;* EuG U. v. 8.6.2000, verb. Rs T-79/96, T-260/97 und T-117/98, Slg. 2000, II-2193, Rdnr. 67– *Camar und Tico/Komm. und Rat.*

[750] EuGH U. v. 26.4.1988, verb. Rs 97, 99, 193 und 215/86, Slg. 1988, 2181, Rdnr. 8 und 32 f. – *Asteris u. a./Komm.*

[751] S. EuGH U. v. 15.12.1988, verb. Rs 166 und 220/86, Slg. 1988, 6473, Rdnr. 17 – *Irish Cement Ltd./Komm.*

[752] EuG U. v. 18.9.1996, Rs T-387/94, Slg. 1996, II-961, Rdnr. 38 bis 40 – *Asia Motor France/Komm.*

[753] EuG U. v. 19.5.2011, Rs T-423/07, Slg. 2011, II-2397, Rdnr. 38 – *Ryanair Ltd/Komm.*

[754] EuGH U. v. 10.6.1986, verb. Rs 81 und 119/85, Slg. 1986, 1777, Rdnr. 15 – *Usinor/Komm.*; EuG U. v. 18.9.1996, Rs T-387/94, Slg. 1996, II-961, Rdnr. 28 – *Asia Motor France/Komm.;* EuGH U. v. 6.5.1986, Rs 25/85, Slg. 1986, 1531, Rdnr. 8 – *Nuovo Campsider/Komm.;* EuG B. v. 9.1.2012, Rs T-407/09, Rdnr. 38 – *Neubrandenbuger Wohnungsgesellschaft/Komm.*

hören, sondern ihm nur schriftlich Gelegenheit zur Stellungnahme anbietet.[755] Vorstellbar wäre auch, dass die Kommission auf die Beschwerde eines Wettbewerbers kein Verfahren einleitet, sondern dem Beschwerdeführer mitteilt, dass nach ihrer Auffassung die Voraussetzungen des Art. 101 Abs. 1 AEUV nicht erfüllt sind; auch dies würde keine Untätigkeit darstellen, sondern eine abschließende Stellungnahme, bezüglich derer ggf. eine Anfechtungsklage erhoben werden könnte.[756] Von Untätigkeit des Gemeinschaftsorgans kann deshalb nur gesprochen werden, wenn das aufgeforderte Organ schweigt oder eine hinhaltende bzw. nur vorbereitende Mitteilung schreibt.[757]

Bei der Stellungnahme des betreffenden Organs muss es sich nicht zwingend um einen in Art. 288 AEUV aufgeführten Rechtsakt handeln, insbesondere ist nicht erforderlich, dass eine formelle Entscheidung der Kommission erlassen wird.[758] Es genügt also ein Verwaltungsschreiben oder eine Bekanntmachung, mit dem die Kommission abschließend deutlich macht, welche Position sie einzunehmen gedenkt.[759] 296

Wie schon beim anfechtbaren Rechtsakt ist auch hier zu prüfen, ob es sich um eine die **Untätigkeit ausschließende Stellungnahme** oder nur um eine **vorbereitende Mitteilung** handelt. Dieses Problem stellt sich regelmäßig im Rahmen des Beschwerdeverfahrens. Das Beschwerdeverfahren besteht aus drei Phasen:[760] In der ersten Phase findet lediglich ein informeller Informationsaustausch zwischen Beschwerdeführer und Kommission statt. In der zweiten Phase wird dem beschwerdeführenden Unternehmen mitgeteilt, dass die Kommission beabsichtigt, die Beschwerde nicht weiter zu verfolgen; gleichzeitig wird dem Beschwerdeführer gemäß Art. 7 Abs. 1 VO Nr. 773/2004 Gelegenheit zur Stellungnahme gegeben. In der dritten und letzten Phase erhält der Beschwerdeführer eine abschließende Entscheidung, die er ggf. im Wege der Nichtigkeitsklage nach Art. 263 AEUV anfechten kann. Allerdings beseitigt nicht erst diese letzte Entscheidung die Untätigkeit der Kommission, sondern bereits die Mitteilung nach Art. 7 Abs. 1 VO Nr. 773/2004, so dass von diesem Zeitpunkt ab eine Klage nach Art. 265 AEUV unzulässig ist.[761] Deshalb ist die Abgrenzung der einzelnen Verfahrensabschnitte von besonderer Bedeutung. Die im Rahmen eines Beschwerdeverfahrens verfassten Schreiben der Kommission sind daraufhin zu untersuchen, ob sie noch der informellen Sachverhaltsaufklärung dienen oder ob sie bereits eine Stellungnahme der Kommission enthalten, der Beschwerde nicht nachgehen zu wollen. Kriterien dafür sind insbesondere die ausdrückliche Bezugnahme auf Art. 7 Abs. 1 VO Nr. 773/2004, die Tatsache, dass die von Art. 7 Abs. 1 VO Nr. 773/2004 vorgesehenen Formalien eingehalten wurden (also insbesondere die Gelegenheit zur Stellungnahme) sowie Inhalt und Zusammenhang des Schreibens.[762] 297

---

[755] EuGH B. v. 13.7.1971, Rs 8/71, Slg. 1971, 705, Rdnr. 2 – *Deutscher Komponistenverband/Komm.*

[756] Vgl. EuGH U. v. 15.12.1988, verb. Rs 166 und 220/86, Slg. 1988, 6473, Rdnr. 17 – *Irish Cement Ltd./Komm.*, wo die Kommission die Eröffnung eines Verfahrens ablehnte, weil sie die beanstandete Beihilfe als von einer generellen Genehmigung erfasst ansah. Diese Feststellung entsprach zwar nicht dem Begehren der Kläger, das Verfahren einzuleiten, stellte aber eine abschließende Stellungnahme der Kommission und jedenfalls kein eine Untätigkeitsklage begründendes Verhalten dar. Vgl. ferner EuG B. v. 20.6.2005, Rs T-361/02 (nicht in der amtlichen Sammlung veröffentlicht) – *Deutsche Bahn/Komm.*

[757] EuGH U. v. 17.7.1959, verb. Rs 32, 33/58, Slg. 1959, 287 – *SNUPAT/Hohe Behörde.*; EuGH U. v. 9.4.1987, verb. Rs 167 und 212/85, Slg. 1987, 1701 – *Assider und Italien/Komm.*

[758] EuG U. v. 10.7.1997, Rs T-38/96, Slg. 1997, II-1223, Rdnr. 25 – *Guérin Automobiles/Komm.*

[759] Auch eine solche Erklärung, die keine Entscheidung der Kommission im Sinne des Art. 249 EG (jetzt: Art. 288 AEUV) darstellt, kann eine anfechtbare Handlung sein, EuG U. v. 24.3.1994, Rs T-3/93, Slg. 1994, 121, Rdnr. 43 ff. – *Air France/Komm.*; zum Begriff der anfechtbaren Handlung s. oben Rdnr. 168 ff.

[760] S. z.B. die Ausführungen in EuG U. v. 10.7.1997, Rs T-38/96, Slg. 1997, II-1223, Rdnr. 24 – *Guérin Automobiles/Komm.*

[761] EuGH U. v. 18.10.1979, Rs 125/78, Slg. 1979, 3173, Rdnr. 23 – *GEMA/Komm.*; EuGH U. v. 13.12.2000, Rs C-44/00 P, Slg. 2000, I-11231, Rdnr. 83 f. – *SODIMA/Komm.*; vgl. hierzu aber auch unten Rdnr. 291 a.E.

[762] EuG U. v. 10.7.1997, Rs T-38/96, Slg. 1997, II-1223, Rdnr. 29 – *Guérin Automobiles/Komm.*; EuGH U. v. 18.10.1979, Rs 125/78, Slg. 1979, 3173, Rdnr. 19 f. – *GEMA/Komm*

298 **3. Klagefrist.** Die Klage ist vor Ablauf der Zwei-Monats-Frist aus dem Abmahnschreiben nicht zulässig. Insoweit handelt es sich um eine Mindestfrist, die zunächst abzuwarten ist. Nach Ablauf dieser „Wartefrist" ist die Untätigkeitsklage sodann – nach Art. 265 Abs. 2 AEUV – binnen einer Frist von zwei Monaten zu erheben. Eine später erhobene Klage ist unzulässig.[763]

V. Abgrenzung von Untätigkeitsklage und Anfechtungsklage

299 Die Untätigkeitsklage ist nur dann statthaft, wenn die Kommission es unter Verletzung des Vertrages unterlassen hat, eine Maßnahme zu erlassen, zu deren Vornahme sie **gegenüber dem klagenden Unternehmen** verpflichtet war. Die Klage nach Art. 265 Abs. 3 AEUV gibt – anders als die Verpflichtungsklage nach deutschem Recht – keine Handhabe, mit der ein Unternehmen die Kommission **verpflichten** kann, in einer bestimmten Weise gegenüber einem Dritten zu handeln und diesem gegenüber tätig zu werden.[764] Erfasst wird nur das Unterlassen einer Maßnahme: Hat die Kommission zu einem Vorgang *abschließend* Stellung genommen, so ist die Untätigkeitsklage nicht mehr statthaft.[765]

300 Anfechtungs- und Untätigkeitsklage sollen dem betroffenen Marktbürger einen vollständigen, komplementären Rechtsschutz gegen rechtswidrige Tätigkeit oder rechtswidrige Untätigkeit der AEUV-Organe gewähren.[766] Tatsächlich könnte aber eine – zumindest zeitliche – **Rechtsschutzlücke** dann auftreten, wenn die Kommission ihre Untätigkeit durch eine Maßnahme beendet, ohne dass die Maßnahme zugleich ein anfechtbarer Rechtsakt im Sinne des Art. 263 AEUV ist. Diese Lücke sollte allerdings so klein wie nur eben möglich sein.

301 Hat die Kommission beispielsweise in einem **Beschwerdeverfahren** dem beschwerdeführenden Unternehmen – nach Abmahnung – mitgeteilt, dass sie beabsichtige, die Beschwerde nicht weiter zu verfolgen und gibt sie dem Unternehmen nach Art. 7 Abs. 1 VO Nr. 773/2004 Gelegenheit zur Stellungnahme, so ist die Untätigkeit der Kommission im Sinne des Art. 265 zwar beendet, die Maßnahme der Kommission ist jedoch (noch) kein anfechtbarer Rechtsakt.[767] Bei dieser Konstellation entsteht jedoch nach Ansicht des Gerichts keine Lücke im Rechtsschutzsystem, da das beschwerdeführende Unternehmen ge-

---

[763] AA offenbar *Immenga/Mestmäcker-Ritter,* EU-WbR, Teil 2, Anh. 1 VO Nr. 1/2003 Rdnr. 75, der die Auffassung vertritt, es sei unklar, ob für die Klageerhebung nach Abmahnung Ausschlussfristen gelten. Art. 265 Abs. 2 AEUV ist insoweit eindeutig und lässt keinen Raum für Auslegung: die Klage kann frühestens zwei Monate nach der Abmahnung erhoben werden und muss bis spätestens zwei Monate nach Ablauf der in der Abmahnung gesetzten Frist erhoben sein (so auch eindeutig das von *Ritter* herangezogene Urteil des EuGH vom 6.7.1971, Rs 59/70, Slg. 1971, 639, Rdnr. 12f. – *Niederlande/Komm.*) Vgl. ferner EuGH, U. v. 13.12.2000, Rs C-44/00 P, Slg. 2000, I-11231, Rdnr. 24 – *SODIMA/Komm.;* lediglich für die Frage, binnen welcher Frist (nach einer ersten Befassung der Kommission, auf die keine ausreichende Tätigkeit folgt) ein Unternehmen eine Abmahnung an die Kommission richten muss (nicht: Klage zu erheben hat), kommt es auf eine „angemessene Frist" an, deren Überschreitung dazu führen kann, ein Rechtsschutzbedürfnis für die anschließende Untätigkeitsklage zu verneinen (so das vorstehend genannte Urteil *Niederlande/Komm.,* Rdnr. 15 und 19 und deutlicher noch in Rdnr. 20 und 22, wo vom „Antrag an die Kommission", also dem Abmahnschreiben die Rede ist).

[764] EuG U. v. 10.7.1997, Rs T-38/96, Slg. 1997, II-1223, Rdnr. 24 – *Guérin Automobiles/Komm.;* mit Verweis auf EuGH B. v. 13.7.1971, Rs 8/71, Slg. 1971, 705, Rdnr. 2 – *Deutscher Komponistenverband/Komm.;* EuGH U. v. 24.11.1992, verb. Rs C-15/91 und C-108/91, Slg. 1992, I-6061, Rdnr. 17 – *Buckl u. a./Komm.;* EuG B. v. 12.11.1996, Rs T-47/96, Slg. 1996, II-1559, Rdnr. 40 – *SDDDA/Komm.*

[765] Zur Abgrenzung (allerdings bezüglich einer Beschwerde in einem Beihilfeverfahren) vgl. EuG B. v. 20.6.2005, Rs T-361/02 (nicht in Slg. veröffentlicht) – *Deutsche Bahn/Komm.*

[766] Zutr. *Immenga/Mestmäcker-Ritter,* EU-WbR, Teil 2, Anh. 1 VO Nr. 1/2003 Rdnr. 75, 76.

[767] EuG U. v. 10.7.1997, Rs T-38/96, Slg. 1997, II-1223, Rdnr. 25f. – *Guérin Automobiles/Komm.;* mit Verweis auf EuGH U. v. 12.7.1988, Rs 377/87, Slg. 1988, 4017, Rdnr. 7 und 10 – *Parlament/Rat* sowie EuGH U. v. 27.9.1988, Rs 302/87, Slg. 1988, 5615, Rdnr. 16 – *Parlament/Rat;* EuGH U. v. 18.8.1971, Rs 45/71 R, Slg. 1971, 791, Rdnr. 3 – *GEMA/Komm.;* EuG U. 18.5.1994, Rs T-37/92, Rdnr. 30 – *BEUC und NCC/Komm.*

mäß Art. 7 Abs. 1 VO Nr. 773/2004 Gelegenheit erhält, zu den Vorstellungen der Kommission, das Verfahren nicht weiterzuverfolgen, Stellung zu nehmen und im Anschluss einen **Anspruch auf eine abschließende Entscheidung** der Kommission hat, die wiederum im Wege des Art. 263 AEUV angefochten werden kann.[768] Damit hat das Gericht das Problem, dass eine Lücke entstehen könnte, erkannt und zugleich zum Ausdruck gebracht, dass eine solche Lücke zu vermeiden ist. Ergeht trotz fristgerechter Stellungnahme keine abschließende Entscheidung der Kommission, so kann wiederum der Weg der Untätigkeitsklage (nach Abmahnung) beschritten werden.

Für die Unternehmen ist nicht immer klar zu erkennen, ob es sich bei einer Handlung der Kommission um einen bloß vorbereitenden Akt oder bereits um eine echte, ihre Untätigkeit beendende Stellungnahme oder gar eine das Verfahren abschließende Entscheidung handelt. Demzufolge ist auch die **Abgrenzung zwischen Art. 263 und Art. 265 AEUV** nicht immer leicht. Da sich beide Klagearten jedoch wechselseitig ausschließen,[769] müssen sich die Unternehmen für eine der beiden Klagearten entscheiden. Gelegentlich verfahren die Unternehmen so, dass sie neben der Untätigkeitsklage hilfsweise beantragen, der Gerichtshof möge die betreffende Handlung der Kommission für nichtig erklären. Dies ist zulässig, sofern der Hilfsantrag innerhalb der für die Nichtigkeitsklage vorgesehenen Klagefrist erfolgt ist. Andernfalls ist dieser Antrag/diese Klage unzulässig.[770] Es kommt aber vor, dass dem Kläger erst im Laufe des Gerichtsverfahrens klar wird, dass es sich bei einem bestimmten Schreiben bereits um einen anfechtbaren Akt handelte. Hat er die Klagefrist versäumt, hilft auch ein Hilfsantrag nicht mehr. Ein weiteres Problem kann dann auftauchen, wenn ein Unternehmen Untätigkeitsklage und hilfsweise Nichtigkeitsklage erhebt, das Gericht aber feststellt, dass die Kommission nicht gänzlich untätig geblieben ist, sondern bereits eine Mitteilung nach Art. 7 Abs. 1 VO Nr. 773/2004 dem Unternehmen zugesandt hat – und sei es auch erst nach Klageerhebung –, andererseits diese Mitteilung jedoch noch keinen anfechtbaren Akt darstellt. Die Untätigkeitsklage ist dann unzulässig bzw. bei Mitteilung nach Klageerhebung gegenstandslos,[771] und die Nichtigkeitsklage ist wegen eines fehlenden anfechtbaren Aktes unzulässig. In einem solchen Fall wird das Gericht die Klage abweisen, kann aber der Kommission in Abweichung von der Regel die Kosten ganz oder zum großen Teil auferlegen, da sie die beim Kläger entstandene Unsicherheit verursacht hat.[772] 302

F. Schadensersatzklage gemäß Art. 268 AEUV

I. Einleitung

Das Verhalten der Gemeinschaftsorgane kann unter bestimmten, sehr engen Voraussetzungen **Schadensersatzansprüche** der Gemeinschaftsbürger und Unternehmen auslösen, die mit dem besonderen Klageverfahren der Schadensersatzklage nach Art. 268 i. V. m. Art. 340 AEUV geltend zu machen sind. Im Bereich des Kartellrechts sind vor allem Schadensersatzansprüche gegen die Kommission denkbar (siehe z. B. unten Rdnr. 309). Aufgrund der schwer zu erfüllenden Voraussetzungen, die das Gericht aufgestellt hat, hat dies 303

[768] EuG U. v. 10.7.1997, Rs T-38/96, Slg. 1997, II-1223, Rdnr. 34 – *Guérin Automobiles/Komm.*

[769] Anfechtungsklage und Untätigkeitsklage schließen sich wechselseitig aus, sie sind keine parallelen Klagewege, vgl. EuGH U. v. 10.12.1969, verb. Rs 10 und 18/68, Slg. 1969, 459, Rdnr. 17 – *Eridania/Komm.*

[770] EuGH U. v. 18.8.1971, Rs 45/71 R, Slg. 1971, 791, Rdnr. 3 – *GEMA/Komm.;* für weitere Einzelheiten zur Zulässigkeit der Änderung und nachträglichen Stellung von Klageanträgen gem. Art. 127 VerfO EuGH siehe oben Rdnr. 59 f.

[771] EuG U. v. 29.6.1993, Rs T-7/92, Slg. 1993, II-669, Rdnr. 30, 35, 37 f. – *Asia Motor France/Komm.*

[772] EuG U. v. 29.6.1993, Rs T-7/92, Slg. 1993, II-669, Rdnr. 43 f. – *Asia Motor France/Komm.;* EuGH U. v. 19.10.1995, Rs C-19/93 P, Slg. 1995, I-3319 – *Rendo u. a./Komm.*

in der Vergangenheit für die Unternehmen in der Praxis noch keine große Bedeutung erlangt. Mit seinem Urteil *Schneider-Legrand* hat das Gericht allerdings erstmals – wenn auch nur in eingeschränktem Maße – einen Schadenersatzanspruch wegen der fehlerhaften Durchführung eines Fusionskontrollverfahrens zuerkannt.[773] Bei näherem Hinsehen werden die Voraussetzungen für einen Schadenersatzanspruch allerdings auch künftig schwer zu erfüllen sein. Handwerkliche Fehler der Kommission bei der Anwendung der kartellrechtlichen Vorschriften reichen jedenfalls weiterhin nicht aus; es muß sich um sehr schwerwiegende Fehler handeln. Allerdings kann die Verletzung der Verpflichtung zur Wahrung von Geschäftsgeheimnissen, die in Art. 339 AEUV niedergelegt ist, zu einem Schadenersatzanspruch des benachteiligten Unternehmens führen.[774] Im Geltungsbereich des EGKS-Vertrages waren die Voraussetzungen weniger strikt. Hatte die Kommission durch rechtswidrige Entscheidung eine Geldbusse verhängt, so war nach Aufhebung der Entscheidung nicht nur der Hauptbetrag der Busse zu erstatten, vielmehr war die Kommission auch verpflichtet, Verzugszinsen auf diesen Betrag zu zahlen.[775] Im Anwendungsbereich des AEUV muss das Unternehmen hingegen die Tatbestandsvoraussetzungen des Art. 340 AEUV – insbesondere den qualifizierten Rechtsverstoß – auch dann nachweisen, wenn beispielsweise eine Bußgeldentscheidung der Kommission als rechtswidrig aufgehoben wird.[776]

303a Seit jüngerer Zeit ist allerdings anerkannt, dass ein Schadenersatzanspruch auch aufgrund **überlanger Verfahrensdauer** begründet sein kann. Der Anspruch auf effektiven gerichtlichen Rechtsschutz ist ein allgemeiner Grundsatz des Unionsrechts, der inzwischen in Art. 47 Grundrechtecharta zum Ausdruck kommt.[777] Bereits im Fall *Baustahlgewebe* hat der Gerichtshof anerkannt, dass ein Unternehmen Anspruch auf einen **fairen Prozess innerhalb angemessener Frist** hat; im Sinne der Prozessökonomie hat der Gerichtshof nach Feststellung einer überlangen Verfahrensdauer vor dem Gericht die verhängte Geldbusse herabgesetzt.[778] Damit war der Grundstein für Schadenersatzansprüche wegen überlanger Verfahrensdauer gelegt. In den neueren Verfahren hat der Gerichtshof die Möglichkeit eines Schadensersatzanspruchs ausdrücklich bejaht und das Gericht als zuständig für eine solche Schadenersatzklage angesehen, es jedoch abgelehnt, die überlange Verfahrensdauer als Verfahrensfehler anzusehen, welches zur Aufhebung oder Nichtigkeit des angefochtenen Beschlusses führen könnte;[779] auch eine Reduzierung des Bussgeldes wird abgelehnt. Vielmehr werden die Parteien auf den Schadenersatzanspruch verwiesen, den sie gegen das Gericht als Organ der Europäischen Union erheben können.[780] Interessanterweise stellte der EuGH in beiden Fällen auch fest, dass die Verfahrensdauer übermässig lang gewesen sei und nicht durch besondere

---

[773] EuG U. v. 11.7.2007 in der Rs T-351/03, Slg. 2007, II-2237 – *Schneider/Komm. V.*

[774] EuG U. v. 8.11.2011, Rs T-88/09, Slg. 2011, II-7833, Rdnr. 48ff – *Idromacchine/Komm.*

[775] EuG U. v. 10.10.2001, Rs T-171/99, Slg. 2001, II-2967, Rdnr. 52f. – *Corus UK/Komm.*

[776] EuGH U. v. 19.4.2007, Rs C-282/05 P, Slg. 2007, I-2941, Rdnr. 49, 51, 57 – *Holcim (Deutschland) AG/Komm.*

[777] EuGH U. v. 8.12.2011, Rs C-386/10 P, Slg. 2011, I-13085, Rdnr. 52 – *Chalkor/Komm.* unter Verweis auf EuGH U. v. 22.12.2010, Rs C-279/09, Slg. 2010, I-13849, Randnrn. 30 und 31 – *DEB/Deutschland,* EuGH B. v. 1.3.2011, C-457/09, Slg. 2011, I-819, Randnr. 25 – *Chartry/Belgien,* sowie EuGH U. v. 28.7.2011, C-69/10, Slg. 2011, I-7151, Randnr. 49 – *Samba Diouf/Ministre du Travail.*

[778] EuGH U. v. 17.12.1998, Rs C-185/95 P, Slg. 1998, I-8417, Rdnr. 33, 47f. – *Baustahlgewebe/Komm.*

[779] So auch EuGH U. v. 9.9.2008, verb. Rs C-120/06 P und C-121/06 P, Slg. 2008, I-6513, Rdnr. 208ff. – *FIAMM/Rat und Komm.* (Klage auf Schadenersatz gegen Organe der EG).

[780] EuGH U. v. 16.7.2009, Rs C-385/07 P, Slg. 2009, I-6155, Rdnr. 191, 195 – *Der Grüne Punkt – DSD/Komm.*; der Generalanwalt in diesem Verfahren hat sich in seinen Schlussanträgen (ECLI:EU:C:2009:210) intensiv mit der Frage auseinandergesetzt, ob das Gericht, gegen das der Schadensersatzanspruch erhoben wird, selbst für die Entscheidung zuständig sein darf, und dies letztlich nach Auseinandersetzung mit der Rechtsprechung des EuGMR bejaht, s. Rdnr. 316–341. Dies wird in der neuesten Rechtsprechung auch vom Gerichtshof selbst bejaht, s. EuGH U. v. 26.11.2013, Rs C-50/12 P, ECLI:EU:C:2013:771, Rdnr. 77ff., 95 – *Kendrion/Komm.* In beiden Fällen betrug die Verfahrensdauer vor dem Gericht insgesamt fünf Jahre und zehn (*Grüner Punkt DSD/Komm.*) bzw. fünf Jahre und neun Monate *(Kendrian/Komm.).*

Umstände des Falles gerechtfertigt werden könne. Die deutliche Haltung des EuGH zum Ermöglichen von Schadenersatzansprüchen wegen überlanger Verfahrensdauer könnte einladen, mehr Schadenersatzklagen zu erheben. Es bleiben freilich die weiteren Voraussetzungen, insbesondere zur Ermittlung der Schadenshöhe und der Kausalität zu beachten.

Klagen gegen Wettbewerber auf Schadensersatz wegen der Verletzung von Art. 101 oder 102 AEUV gehören nicht vor den Gerichtshof oder das Gericht, sondern sind im Rahmen zivilrechtlicher Verfahren vor den nationalen Gerichten auszutragen. Art. 101 und 102 AEUV kamen früher als Schutzgesetz im Sinne von § 823 Abs. 2 BGB in Betracht.[781] Inzwischen kommt es darauf nicht mehr an (§ 33 GWB). Zum Kartellzivilprozess vor den nationalen Gerichten siehe § 60 Rdnr. 1 ff. 304

Wird das Gemeinschaftsrecht durch eine eigenständige **Handlung eines Mitgliedstaats** verletzt, so sind Schadensersatzansprüche vor den nationalen Gerichten zu erheben, ggf. unter Vorabentscheidung durch den EuGH nach Art. 267 AEUV.[782] Vollzieht der Mitgliedstaat nur einen Rechtsakt der Union, kann auch eine Klage gegen die Union in Betracht kommen, ohne dass der nationale Rechtsweg zuvor auszuschöpfen ist.[783] 305

II. Anspruchsvoraussetzungen

Nach der Rechtsprechung der Gerichte zu Art. 340 AEUV setzt ein Schadensersatzanspruch dreierlei voraus: Ein Organ (z. B. die Kommission oder das Gericht der Europäischen Union) muss in Ausübung seiner **Amtstätigkeit** einen Schaden verursacht haben, der über die Grenzen der wirtschaftlichen Risiken hinausgeht, die der Tätigkeit in dem betroffenen Sektor innewohnen.[784] Der streitige Gemeinschaftsrechtsakt oder das Handeln des Organs muss **rechtswidrig** sein, und zwar muss ein hinreichend qualifizierter Rechtsverstoß vorliegen. Schließlich muss das vorgeworfene Handeln (der rechtswidrige Rechtsakt) für den entstandenen Schaden kausal sein,[785] und zwar die **entscheidende Ursache für den Schaden** darstellen.[786] 306

In materiellrechtlicher Hinsicht setzt ein Schadensersatzanspruch also zunächst die Rechtswidrigkeit des den Schaden angeblich verursachenden Handelns voraus.[787] Dabei 307

---

[781] *Geiger/Khan/Kotzur-Khan,* Rdnr. 36 zu Art. 101 und Rdnr. 18 zu Art. 102, je mwN. Zu Schadenersatzurteilen in Kartellverfahren s. *Topel* in § 50.

[782] Siehe EuGH B. v. 23.5.1990, Rs C-72/90, Slg. 1990, I-2181, Rdnr. 14 – *Asia Motor France/ Komm.*; EuGH U. v. 6.6.1990, Rs C-119/88, Slg. 1990, I-2189, Rdnr. 13 – *AERPO u. a./Komm.;* siehe ferner EuGH U. v. 13.2.1979, Rs 101/78, Slg. 1979, 623, Rdnr. 13 f. – *Granaria/ Hoofdproduktschap.* Zum Vorlageverfahren siehe § 63 Rdnr. 1 ff.

[783] Vgl. EuG U. v. 13.12.1995, verb. Rs T-481 und 484/93, Slg. 1995, II-2941, Rdnr. 69 ff. – *Exporteurs in Levende Varkens u. a./Komm.;* EuG U. v. 20.3.2001, Rs T-52/99, Slg. 2001, II-981, Rdnr. 26 ff. – *T.Port/Komm.*

[784] EuGH U. v. 6.12.1984, Rs 59/83, Slg. 1984, 4057, Rdnr. 28 – *Biovilac/EWG*; *Mäger-A. Johanns,* Europäisches Kartellrecht, 2. Auflage 2011, S. 578, 12. Kap. Rdnr. 145.

[785] Zu Schadenersatzansprüchen im Bereich des Wettbewerbsrechts siehe EuGH U. v. 19. 4 2007, Rs C-282/05 P, Slg. 2007, I-2941, Rdnr. 47 m. w. N. – *Holcim/Komm.;* EuGH U. v. 16.7.2009, Rs C-440/07 P, Slg. 2009, I-6413, Rdnr. 160 – *Schneider VI;* zu Schadenersatzklagen im allgemeinen siehe ferner EuGH U. v. 28.4.1971, Rs 4/69, Slg. 1971, 325, Rdnr. 10 ff. – *Lütticke/Komm.*; EuGH U. v. 2.7.1974, Rs 153/73, Slg. 1974, 675 (694) – *Holtz & Willemsen/Rat;* EuGH U. v. 17.12.1981, verb. Rs 197 bis 200, 243, 245 und 247/80, Slg. 1981, 3211 – *Ludwigshafener Walzmühle/EW;* EuGH U. v. 27.3.1990, Rs C-308/87, Slg. 1990, I-1203 (1225) – *Grifoni/Komm.;* EuGH U. v. 17.5.1990, Rs C-87/89, Slg. 1990, I-1981 (2011) – *Sonito u. a./Komm.;* EuGH U. v. 30.1.1992, verb. Rs C 363/88 und C-364/88, Slg. 1992, I-359 (416 f.) – *Finsider u. a./Komm.;* EuG U. v. 9.1.1996, Rs T-575/93, Slg. 1996, I-1, Rdnr. 89 – *Koelman/Komm.;* EuG B. v. 15.10.2013, Rs T-13/12, Rdnr. 56 – *Andechser Molkerei Scheitz GmbH/Komm;* EuG U. v. 16.9.2013, Rs T-333/10, Rdnr. 61 ff. – *Animal Trading Company (ATC)/Komm;* EuG U. v. 16.12.2010, Rs T-19/07, ECR 2010 Slg. II-6083, Rdnr. 126 – *Systran und Systran Luxemburg/Komm; Callies/Ruffert,* Art. 340 Rdnr. 7.

[786] EuG U. v. 8.11.2011, Rs T-88/09, Slg. 2011 S. II-7833, Rdnr. 26 – *Idromaccine u. a./Komm.*

[787] EuG U. v. 8.3.1995, Rs T-493/93, Slg. 1995, II-545, Rdnr. 82 – *Société Générale/Komm.;* mit Verweis auf EuGH U. v. 18.4.1991, Rs C-63/89, Slg. 1991, I-1799, Rdnr. 28 – *Assurances du Crédit/ Rat und Komm.*

reicht die bloße Rechtswidrigkeit für die Anspruchsbegründung nicht aus. Der Kläger musste vielmehr bislang einen **Verstoß gegen eine Rechtsnorm** vortragen, die (auch) den **Schutz der Interessen des Geschädigten bezweckt**.[788] Im Urteil *Ristic u. a. / Kommission*[789] hat das Gericht erneut entschieden, dass es für das Vorliegen eines hinreichend qualifizierten Verstoßes gegen eine Rechtsnorm, die dem Einzelnen Rechte verleihen soll, erforderlich ist, dass die geltend gemachte Vorschrift tatsächlich der Person Schutz bietet, die sich auf sie beruft *(Schutznormcharakter)*. Einen Anspruch auf Schadensersatz kann eine Vorschrift dann nicht begründen, wenn sie nicht demjenigen, der sich auf sie beruft, sondern einem anderen gegen die Rechtswidrigkeit Schutz bietet. Räumt die Rechtsnorm der Kommission nur ein eingeschränktes oder gar kein Ermessen ein, kann bereits die bloße Verletzung der Rechtsnorm für die Feststellung eines qualifizierten Verstosses ausreichen.[790] Einen solchen **„hinreichend qualifizierten Verstoß"** hatten das Gericht und der Gerichtshof in der bisherigen Rechtsprechung nur in folgenden Fällen bejaht: Verstoß gegen das Diskriminierungsverbot, gegen gemeinschaftsrechtliche Grundrechte sowie gegen andere allgemeine Rechtsgrundsätze, wie den Grundsatz des Vertrauensschutzes, Anhörung, Ermessensgebrauch, Gleichbehandlung oder der Verhältnismäßigkeit. Demgegenüber hatten die Gerichte früher Form- und Verfahrensvorschriften (rechtliches Gehör, Begründungspflicht)[791] keinen Schutznormcharakter zuerkannt.[792] Hinsichtlich des Anspruchs auf faires Verfahren innerhalb angemessener Frist (Art. 47 Grundrechtecharta) ist der Schutznormcharakter anerkannt; ein überlanges Verfahren vor dem Gericht, aber auch vor der Kommission kann einen Anspruch auf Schadenersatz begründen.[793] In seinem Urteil *Schneider VI* hat das Gericht allerdings entschieden, dass der in Art. 18 Abs. 1 und 3 FKVO niedergelegte Anspruch auf rechtliches Gehör die Rechte des Geschädigten zu schützen bestimmt ist und ein etwaiges Ermessen der Kommission erheblich oder auf null reduziert.[794] Die **Mitteilung der Beschwerdepunkte** ist ein für den Grundsatz der Wahrung der Verteidigungsrechte wesentliches Schriftstück. Sind die Bedenken der Kommission in der Mitteilung der Beschwerdepunkte nicht klar formuliert, ist sie gehindert, andere Beschwerdepunkte in ihrem das Verfahren abschliessenden Beschluss in Betracht zu ziehen, es sei denn, sie ermöglicht dem Unternehmen zuvor, inhaltlich Stellung zu nehmen und Vorschläge für Massnahmen zu machen, die den Bedenken abhelfen.[795] Enthielt die Mitteilung der Beschwerdepunkte unzureichend klare und deutliche Formulierungen, so kann der darauf basierende Beschluss der Kommission (z. B. die Untersagung des Zusammen-

---

[788] EuGH U. v. 14.7.1967, verb. Rs 5, 7 und 13 bis 24/66, Slg. 1967, 331 (354) – *Kampffmeyer/Komm.;* EuGH U. v. 4.7.2000, Rs C-352/98 P, Slg. 2000, I-5291, Rdnr. 42 – *Bergaderm und Goupil/Komm.;* EuG U. v. 25.2.2003, Rs T-4/01, Slg. 2003, II-171, Rdnr. 60 – *Renco/Rat*; EuG U. v. 16.09.2013, Rs T-333/10, Rdnr. 62 – *Animal Trading Company (ATC)/Komm; Callies/Ruffert*, Art. 340 Rndr. 16.

[789] EuG U. v. 9.7.2009, Rs T-238/07, Slg. 2009 S. II-117*, Summ.pub., ECLI:EU:T:2009:263 – *Ristic u. a. /Komm.*

[790] EuG U. v. 8.11.2011, Rs T-88/09, Slg. 2011 S. II-7833, Rdnr. 24 – *Idromaccine u. a. /Komm.*

[791] EuG U. v. 18.9.1995, Rs T-167/94, Slg. 1995, II-2589, Rdnr. 57 – *Nölle/Rat und Komm.;* mit Verweis auf EuGH U. v. 15.9.1982, Rs 106/81, Slg. 1982, 2885, Rdnr. 14 – *Kind/EWG;* EuGH U. v. 6.6.1990, Rs C-119/88, Slg. 2189, Rdnr. 20 – *AERPO u. a. /Komm.;* EuG U. v. 15.12.1994, Rs T-489/93, Slg. 1994, II-1201, Rdnr. 41 – *Unifruit Hellas/Komm;* EuG U. v. 10.2.2004, verb Rs T-64/01 und T-65/01, Slg. 2004, II-521, Rdnr. 128 – *Afrikanische Frucht-Compagnie u. a. /Rat und Komm.*

[792] Vgl. auch: *Mäger-A. Johanns,* Europäisches Kartellrecht, 2. Auflage 2011, S. 578, 12. Kap. Rdnr. 145.

[793] EuGH U. v. 16.7.2009, Rs C-385/07 P, Slg. 2009, I-6155, Rdnr. 191, 195 – *Der Grüne Punkt – DSD/Komm.;* EuGH U. v. 26.11.2013, Rs C-50/12 P, ECLI:EU:C:2013:771, Rdnr. 77 ff., 95 – *Kendrion/Komm.*

[794] EuG U. v. 11.7.2007 Rs T-351/03, Slg. 2007, II-2237, Rdnr. 114 ff. – *Schneider/Komm. V,* insoweit bestätigt durch EuGH U. v. 16.7.2009, Rs C-440/07 P, Slg. 2009, I-6413, Rdnr. 165 – *Komm. /Schneider VI.*

[795] EuGH U. v. 10.7.2008, Rs C-413/06 P, Slg. 2008, I-4951, Rdnr. 63 – *Bertelsmann/Impala.*

schlusses) Schadenersatzansprüche auslösen, weil die zugrunde liegende Verletzung des Anspruchs auf rechtliches Gehör einen „hinreichend qualifizierten Verstoß" darstellt.

Zwar hat das Gericht den **Schutznormcharakter** hinsichtlich der Beachtung des Sorgfaltsprinzips bejaht, demzufolge die Gemeinschaftsbehörden gehalten sind, alle relevanten Gesichtspunkte **sorgfältig und unparteiisch zu untersuchen** und die von den betroffenen Unternehmen vorgebrachten Argumente nachzuprüfen.[796] Allerdings wird eine Haftung der Gemeinschaft in Bereichen, in denen dem zuständigen Organ ein **Ermessen** eingeräumt wird, nur dann vom Gericht bejaht, wenn der Verstoß offensichtlich und erheblich war.[797] Im Bereich des Wettbewerbsrechts wird der Kommission im allgemeinen ein weites Ermessen eingeräumt, weil es um die Beurteilung wirtschaftlich komplexer Sachverhalte geht. Demgemäß ist der Nachweis eines qualifizierten Verstoßes regelmäßig schwierig, solange nicht eine Verletzung des Anspruchs auf rechtliches Gehör vorliegt. Die Feststellung der Rechtswidrigkeit einer Bußgeldentscheidung reicht nicht aus. Zwar könnte, wenn der Ermessensspielraum der Kommission eingeschränkt ist, die bloße Verletzung des Art. 101 AEUV ausreichen, um einen hinreichend qualifizierten Verstoß anzunehmen.[798] Allerdings prüft das Gericht weiter, aus welchen Gründen der schadensstiftende Rechtsakt als rechtswidrig bezeichnet und aufgehoben wurde. Stellt das Gericht dabei fest, dass die Kommission einen komplexen wirtschaftlichen Sachverhalt zu beurteilen hatte – wie dies bei Wettbewerbsverfahren regelmäßig der Fall sein wird –, so stellt der einfache Verstoss gegen Gemeinschaftsrecht keinen hinreichend qualifizierten Verstoss im Sinne des Art. 340 AEUV dar, der eine Schadenersatzverpflichtung begründen könnte.[799] Im Urteil *Artegodan/Kommission*[800] hat das Gericht darauf hingewiesen, dass mit dem Erfordernis eines hinreichend qualifizierten Verstoßes verhindert werden soll, dass durch das Risiko, die von den betroffenen Unternehmen behaupteten Schäden tragen zu müssen, das fragliche Organ in der Ausübung seiner Befugnisse im Allgemeininteresse eingeschränkt wird. 308

Im Rahmen des Wettbewerbsrechts kann ein Schadensersatzanspruch dann entstehen, wenn die Kommission bestimmte Verhaltensweisen eines Konkurrenzunternehmens **rechtswidrig** und unter Verletzung einer Schutznorm vom Kartellverbot **freistellt** oder wenn die Kommission Unterlagen eines Unternehmens, die **Geschäftsgeheimnisse** enthalten, an Dritte weitergegeben hat. Verstößt die Kommission z.B. gegen die in Art. 339 AEUV verankerte Verschwiegenheitspflicht, indem sie in vorwerfbarer Weise die Identität 309

---

[796] EuG U. v. 18.9.1995, Rs T-167/94, Slg. 1995, II-2589, Rdnr. 53 und 76 – *Nölle/Rat und Komm.;* vgl. ferner EuG U. v. 9.7.1999, Rs T-231/97, Slg. 1999, II-2403, Rdnr. 39ff. – *New Europe Consulting u. a./Komm.*

[797] EuG U. v. 18.9.1995, Rs T-167/94, Slg. 1995, II-2589, Rdnr. 85 – *Nölle/Rat und Komm.;* mit Verweis auf EuGH U. v. 19.5.1992, verb. Rs C-104/89 und C-37/90, Slg. 1992, I-3061 – *Mulder u. a./Rat* und *Kommission;* EuG U. v. 21.2.1995, Rs T-472/93, Slg. 1995, II-421 – *Campo Ebro Industrial u. a./Rat;* EuGH U. v. 10.7.2003, Rs C-472/00 P, Slg. 2003, I-7541, Rdnr. 26 – *Komm./Fresh Marine Company;* EuGH U. v. 16.7.2009, Rs C-440/07 P, Slg. 2009 S. I-6413, Rdnr. 160 – *Komm/Schneider VI;* EuG U. v. 23.11.2011, Rs T-341/07, Slg. 2009 S. II-3625, Rdnr. 38ff. – *Sison/Rat;* EuG U. v. 16.9.2013, Rs T- 333/10, Rndr. 62 – *Animal Trading Company (ATC)/Komm.;* dagegen hat das EuG im Urteil vom 3.3.2010, Rs T-429/05, Slg. 2010, II-491, Rdnr. 61f. – *Artedodan/Kommission* ausgeführt, dass in dem Fall, in dem das betreffende Organ nur über einen erheblich verringerten oder gar auf null reduzierten Wertungsspielraum verfügt, kein automatischer Zusammenhang zwischen dem mangelnden Ermessen des betreffenden Organs und der Qualifikation der Zuwiderhandlung als hinreichend qualifizierten Verstoß gegen das Gemeinschaftsrecht besteht. Nur die Feststellung einer Unregelmäßigkeit, die eine durchschnittlich umsichtige und sorgfältige Verwaltung unter ähnlichen Umständen nicht begangenen hätte, könne die Haftung der Union auslösen. So auch EuG U. v. 16.9.2013, Rs T-333/10, Rdnr. 63 – *Animal Trading Company (ATC)/Komm.*

[798] EuG U. v. 21.4.2005, Rs 28/03, Rdnr. 100, Slg. 2005, II-1357, Rdnr. 100 – *Holcim (Deutschland)/Komm.;* EuG B. v. 15.10.2013, Rs T-13/12, Rdnr. 48 – *Andechser Molkerei Scheitz GmbH/Komm;* EuG U. v. 16.9.2013, Rs T-333/10, Rdnr. 62 – *Animal Trading Company (ATC)/Komm.*

[799] EuG U. v. 21.4.2005, Rs 28/03, Rdnr. 100, Slg. 2005, II-1357, Rdnr. 114, 116 – *Holcim (Deutschland)/Komm.*

[800] EuG U. v. 3.3.2010, Rs T-429/05, Slg. 2010 S. II-491 – *Artegodan/Kommission;* bestätigt durch EuGH 12.04.2012, Rs C-221/10 P, ECLI:EU:C:2012:216 – *Artegodan/Kommission.*

eines Informanten an das durch die Untersuchung betroffene Unternehmen preisgibt, so ist sie verpflichtet, dem Informanten Ersatz für die Schäden zu leisten, die dieser wegen seiner Identifizierung erlitten hat.[801] Im Urteil *Idromaccine u. a./Kommission*[802] hat das Gericht die Frage nach den Voraussetzungen der außervertraglichen Haftung der Gemeinschaft in einem Fall behandelt, in dem ein Organ durch die Veröffentlichung einer die Klägerin betreffenden Information im Amtsblatt der Europäischen Union gegen seine Verpflichtung zur Wahrung des Berufsgeheimnisses verstoßen hatte. Das Gericht hat hier entschieden, dass bei der Beurteilung der Vertraulichkeit einer Information insoweit die berechtigten individuellen Interessen, die ihrer Offenlegung entgegenstehen, und das Allgemeininteresse daran, dass sich das Handeln der Unionsorgane möglichst offen vollzieht, miteinander zum Ausgleich zu bringen sind. In diesem Urteil wurde die Kommission zur Zahlung von Schadensersatz verurteilt, da der Kommission kein weiteres Ermessen zustand, um von der Pflicht der Vertraulichkeit abweichen zu dürften. Das Gericht gelangte hier zu dem Ergebnis, dass die Offenlegung einer vertraulichen Information, die das Ansehen eines Unternehmens beeinträchtigt, eine Verletzung der Verpflichtung zur Wahrung des Berufsgeheimnisses gemäß Art. 339 AEUV darstellte und zur Feststellung eines hinreichend qualifizierten Verstoßes ausreichte. Art. 339 AEUV, in dem die Pflicht zur Wahrung von Geschäftsgeheimnissen niedergelegt ist, räumt der Kommission nur ein **eingeschränktes Ermessen** ein. Die Kommission hat diese Verpflichtung auch zu beachten, wenn sie nicht ausdrücklich darum gebeten wurde. Ein Verstoss kann daher eine qualifizierte Verletzung darstellen, die eine Schadenersatzpflicht auslöst.[803] Gibt die Kommission im Rahmen eines **Fusionskontrollverfahrens** dem anmeldenden Unternehmen keine ausreichende Gelegenheit, in der Mitteilung der Beschwerdepunkte auf die Marktbeurteilung der Kommission detailliert einzugehen und entsprechende Maßnahmen zur Abhilfe anzubieten, und führt dies letztlich zum Scheitern des Fusionsvorhabens, so kann dies einen Schadenersatzanspruch auslösen.[804] Allerdings wird nur der unmittelbar mit der Verletzung verbundene Schaden ersetzt (s. dazu unten Rdnr. 318 f.)

310 Ein Anspruch nach Art. 340 AEUV kann grundsätzlich auch dann vorliegen, wenn das schadenverursachende Verhalten der Kommission in einem **Unterlassen** bestand, wobei freilich der konkrete Schaden und der Kausalzusammenhang zwischen der angeblichen Untätigkeit der Kommission und dem vom Kläger gemachten Schaden in der Praxis schwer nachzuweisen sein wird.[805] Zudem ist die Kommission dem beschwerdeführenden Unternehmen gegenüber nicht verpflichtet, beispielsweise gegen ein Unternehmen einzuschreiten und konkrete Maßnahmen anzuordnen, das sich weigert, das klagende Unternehmen zu beliefern.[806]

311 Für die **Berechnung des Schadens** ist der Zeitpunkt der Säumnis der Kommission maßgebend, d. h. der Zeitpunkt, zu dem eine Untätigkeitsklage nach Art. 265 AEUV zu-

---

[801] EuGH U. v. 7.11.1985, Rs 145/83, Slg. 1985, 3539, Rdnr. 53 – *Adams/Komm.*: Herr *Adams* hatte interne Informationen über seinen Arbeitgeber – *Hoffmann LaRoche* – an die Kommission weitergeleitet. Die *Kommission* hatte seine Identität preisgegeben; Herr *Adams* wurde sodann wegen seiner Vertraulichkeitsverletzung in der Schweiz strafrechtlich verfolgt. Die *Kommission* wurde verurteilt, den Schaden zu ersetzen, den Herr *Adams* aufgrund der Preisgabe seiner Identität erlitten hatte.

[802] EuG U. v. 8.11.2011, Rs T-88/09, Slg. 2011 S. II-7833 – *Idromaccine u. a./Komm.*; Rechtsmittel wurde abgewiesen: EuGH B. v. 3.9.2013, Rs C-34/12, ECLI:EU:C:2013:552.

[803] EuG U. v. 8.11.2011, Rs T-88/09, Slg. 2011 S. II-7833, Rdnr. 55 ff. – *Idromaccine u. a./Komm.*

[804] Vgl. dazu EuG U. v. 16.7.2009, Rs C-440/07 P, Slg. 2009, I-6413, Rdnr. 160 ff. – *Schneider VI.*

[805] EuG U. v. 10.7.1997, Rs T-38/96, Slg. 1997, II-1223, Rdnr. 25 f. – *Guérin Automobiles/Komm.*: Weil die Klage den Zusammenhang zwischen Handeln und Schaden nicht klar genug darlegte, wurde sie nach Art. 288 EG (jetzt: Art. 340 AEUV) als *unzulässig* abgewiesen. Ähnlich EuGH U. v. 13.12.2000, Rs C-44/00 P, Slg. 2000, I-11231, Rdnr. 83 f. – *SODIMA/Komm.*: Abweisung der Klage als *unzulässig* wegen des Fehlens substantiierter Angaben zu der Art und dem Umfang des Schadens sowie zu dem Kausalzusammenhang zwischen der Untätigkeit der Kommission und dem Schaden.

[806] EuG U. v. 10.7.1990, Rs T-64/89, Slg. 1990, II-367 – *Automec/Komm.*

lässig wird; alle während des Verwaltungsverfahrens entstandenen Schäden können demnach nicht ersetzt werden.[807] In der Regel scheitert der Schadensersatzanspruch daran, dass die Kommission nicht aufgrund einer Rechtsnorm, die dem Schutz des Anspruchstellers dient, dazu verpflichtet ist, gegen angeblich wettbewerbswidriges Verhalten einzuschreiten.[808]

Nach dem Wortlaut der Norm hängt der Anspruch auf Schadensersatz **nicht** von einem **schuldhaften Verhalten** des beklagten Organs ab. Ein Vorsatz, der sich auf die Verursachung eines Schadens beim Kläger bezieht, ist somit – jedenfalls bei normativem Handeln – nicht erforderlich, es bedarf auch nicht des Nachweises der Fahrlässigkeit.[809] Vielmehr kommt es nur darauf an, ob das Organ einen hinreichend qualifizierten Verstoß begangen hat, der eine Schadensersatzverpflichtung auslöst. Liegt Vorsatz oder Fahrlässigkeit vor, so kann der Nachweis eines hinreichend qualifizierten Verstoßes allerdings erleichtert sein.[810] Die Schadensersatzpflicht des Gemeinschaftsorgans wird durch ein Mitverschulden des Klägers oder eine Mitverantwortlichkeit für den Schaden gemindert.[811] **312**

Im Urteil *Sungro u. a./Rat und Kommission*[812] hat das Gericht die Schadensersatzklagen abgewiesen, die auf Ersatz des Schadens gerichtet waren, der den Klägerinnen durch eine mit Urteil des Gerichtshofs im Fall *Spanien/Rat*[813] für nichtig erklärte Regelung staatlicher Beihilfen im Baumwollsektor entstanden sein sollte. Das Gericht hat sich insoweit auf die Erwägung gestützt, dass, um den auf ein rechtswidriges Verhalten eines Gemeinschaftsorgans zurückzuführenden Schaden zu bestimmen, die Wirkungen der die Haftung auslösenden Pflichtverletzungen zu berücksichtigen sind, nicht aber die Wirkungen der Maßnahme, in deren Zusammenhang die Pflichtverletzung erfolgte, sofern das Organ eine Maßnahme mit gleicher Wirkung hätte treffen können und müssen, ohne gegen die Rechtnorm zu verstoßen. Die Untersuchung des Kausalzusammenhangs muss daher anhand eines Vergleichs zwischen der Lage, wie sie sich für den betroffenen Dritten aufgrund des pflichtwidrigen Verhaltens darstellt, und der Lage erfolgen, die sich für ihn aus einem die Rechtsnorm wahrenden Verhalten des Organs ergeben hätte. **312a**

III. Klagefrist, Zeitpunkt der Klageerhebung und Verjährung

Gemäß Art. 46 der Satzung des Gerichtshofs verjähren Schadensersatzansprüche gegen die Gemeinschaftsorgane in **fünf Jahren** nach Eintritt des Ereignisses, das ihnen zugrunde liegt. Die Verjährung stellt eine Einrede der Unzulässigkeit dar, die im Unterschied zu den Verfahrensfristen kein zwingendes Recht ist, sondern die Haftungsklage nur auf Antrag des Beklagten untergehen lässt.[814] Die Verjährung beginnt mit dem Eintritt des Schadens infolge eines Rechtsaktes,[815] nicht erst ab Kenntnis der Rechtswidrigkeit des Verhaltens des **313**

[807] EuG U. v. 29.6.1993, Rs T-7/92, Slg. 1993, II-669, Rdnr. 50 – *Asia Motor France/Komm.*

[808] Vgl. EuGH U. v. 14.7.1961, verb. Rs 9 und 12/60, Slg. 1961, 427 (469) – *Vloeberghs/Hohe Behörde.*

[809] Für das Erfordernis eines Verschuldens im Bereich normativen Handelns dagegen möglicherweise EuG U. v. 12.7.2001, verb. Rs T-198/95, T-171/96, T-230/97, T-174/98 und T-225/99, Slg. 2001, II-1975, Rdnr. 134, 144 und 150 – *Comafrica u. a./Komm.*

[810] Vgl. EuG U. v. 12.7.2001, verb. Rs T-198/95, T-171/96, T-230/97, T-174/98 und T-225/99, Slg. 2001, II-1975, Rdnr. 134 – *Comafrica u. a./Komm.*

[811] Vgl. dazu EuGH U. v. 7.11.1985, Rs 145/83, Slg. 1985, 3539, Rdnr. 40 bis 44 und 53ff. – *Adams/Komm.*

[812] EuG U. v. 20.1.2010, Rs T-252/07, T-271/07 und T-272/07, Slg. 2010, II-55 – *Sungro u. a./Rat und Kommission.*

[813] EuGH U. v. 7.9.2006, Rs C-310/04, Slg. 2006, I-7285 – *Spanien/Rat.*

[814] EuGH U. v. 8.11.2012, Rs C-469/11 P, ECLI:EU:C:2012:705, Rdnr. 54 – *Evropaïki Dynamiki/Komm.*

[815] EuG B. v. 17.10.2012, Rs T-340/11, ECLI:EU:T:2012:555, Rdnr. 39 – *Regie Networks/Komm.:* vom Zeitpunkt an, zudem der finanzielle Schaden, den das Opfer erlitten hat, tatsächlich eingetreten ist (im frz. Original: „le moment où le préjudice pécuniaire subi par la victime s'est effectivement réalisé").

Organs der Union. Die Verjährung beginnt nicht schon bei Erlass des Rechtsaktes, wenn der Schaden noch nicht eingetreten, sondern nur vorhersehbar ist.[816] Allerdings kann dem Kläger die Einrede der Verjährung nicht entgegengehalten werden, wenn er von dem den Schaden auslösenden Verhalten des Organs erst zu einem späteren Zeitpunkt Kenntnis erlangen konnte und somit nicht über einen angemessenen Zeitraum verfügte, um vor Ablauf der Verjährung Klage zu erheben oder seine Ansprüche geltend zu machen.[817] Damit die Verjährungsfrist zu laufen beginnt, müssen alle Voraussetzungen, von welchen die Ersatzpflicht abhängt, erfüllt sein.[818] Die Voraussetzungen, von denen die Schadensersatzpflicht gemäß Art. 340 Abs. 2 AEUV abhängt, und damit die für solche Schadensersatzklagen geltenden Verjährungsvorschriften dürfen jedoch nicht auf anderen als strikt objektiven Kriterien beruhen.[819] Eine genaue und eingehende Kenntnis des relevanten Sachverhalts gehört daher nicht zu den Voraussetzungen, die erfüllt sein müssen, um die Verjährungsfrist in Lauf zu setzen.[820] Auch die subjektive Beurteilung des tatsächlichen Vorhandenseins des Schadens durch den Geschädigten kann für die Bestimmung des Zeitspunkts, zu dem der Lauf der Verjährungsfrist für eine Klage aus außervertraglicher Haftung der Union beginnt, nicht berücksichtigt werden.[821] Bei Rechtsstreitigkeiten wegen individueller Entscheidungen beginnt die Verjährungsfrist zu laufen, wenn die Folgen der Entscheidung gegenüber den Personen, an die sie gerichtet ist, eingetreten sind.[822] Die **Verjährung wird unterbrochen** entweder durch Erhebung der Schadenersatzklage oder aber durch ein Geltendmachen der Ansprüche gegenüber dem Gemeinschaftsorgan.[823] In letzterem Fall richtet sich die Klagefrist nach Art. 263 oder Art. 265 AEUV.[824] Wird die Klage nach Aufforde-

---

[816] EuGH U. v. 27.1.1982, verb. Rs 256, 257, 265 und 267/80 sowie 5/81, Slg. 1982, 85, 107 – *Birra Wührer/Rat und Komm.*; EuGH U. v. 18.7.2002, Rs C-136/01 P, Slg. 2002, I-6565, Rdnr. 30ff. – *Autosalone Ispra/Europäische Atomgemeinschaft.* Schon vor Eintritt des Schadens ist die Schadensersatzklage aber zulässig, wenn der Schaden vorhersehbar ist, auch wenn er noch nicht beziffert werden kann, vgl. EuGH U. v. 6.12.1984, Rs 59/83, Slg. 1984, 4057, Rdnr. 9 – *Biovilac/EWG.*

[817] EuGH U. v. 7.11.1985, Rs 145/83, Slg. 1985, 3539, Rdnr. 50 – *Adams/Komm.* Die früher vertretene Auffassung von *Immenga/Mestmäcker-Ritter,* EG-WbR, 1997, Bd. II, Abschnitt XIV, Teil A, Rdnr. 121, die Verjährung beginne erst mit Kenntnis des Klägers von der schädigenden Handlung zu laufen, ist nach der neueren Rechtsprechung nicht mehr haltbar, s. EuG B. v. 17.10.2012, T-340/11, ECLI:EU:T:2012:555, Rdnr. 39 – *Régie Networks und NRJ Global/Komm.* Der Gerichtshof lässt ab Kenntnis nicht die Fünf-Jahres-Frist des Art. 46 der Satzung laufen, sondern stellt auf eine „angemessene Frist" nach Kenntnis des Klägers ab, während derer die Einrede der Verjährung nicht durchgreift. Vgl. hierzu auch EuGH U. v. 18.7.2002, Rs C-136/01 P, Slg. 2002, I-6565, Rdnr. 31 – *Autosalone Ispra/Europäische Atomgemeinschaft:* „Tatsachenkenntnis gehört nicht zu den Voraussetzungen, die erfüllt sein müssen, um die Verjährungsfrist in Lauf zu setzen."

[818] EuG U. v. 21.4.2005, Rs T-28/03, Slg. 2005, II-1357, Rndr. 59 – *Holcim/Komm.;* EuGH U. v. 19.4.2007, Rs C-282/05 P, Slg. 2007, I-2941 Rdnr. 29 – *Holcim/Komm;* EuG U. v. 17.7.2008, Rs C-51/05 P, Slg. 2008, I-5341 Rdnr. 54 – *Komm/Cantina sociale di Dolianova; Callies/Ruffert,* Art. 340 Rndr. 33; *Grabitz/Hilf/Nettesheim-Bogdandy/Jacob,* Rdnr. 47 zu Art. 340.

[819] EuGH U. v. 8.11.2012, Rs C-469/11 P, Rdnr. 36 – *Evropaïki Dynamiki/Komm;* EuGH U. v. 17.7.2008, Rs C-51/05 P, Slg. 2008, I-5341 Rdnr. 59 – *Komm/Cantina sociale di Dolianova.*

[820] EuGH U. v. 8.11.2012, Rs C-469/11 P, Rdnr. 37 – *Evropaïki Dynamiki/Komm;* EuGH U. v. 17.7.2008, Rs C-51/05 P, Slg. 2008, I-5341 Rdnr. 61 – *Komm/Cantina sociale di Dolianova;* EuGH B. v. 18.7.2002, Rs C-136/01 P, Slg. 2002, I-6565, Rdnr. 31 – *Autosalone Ispra die Fratelli Rossi/Komm.*

[821] EuGH U. v. 8.11.2012, Rs C-469/11 P, Rdnr. 37 – *Evropaïki Dynamiki/Komm;* EuGH U. v. 17.7.2008, Rs C-51/05 P, Slg. 2008, I-5341 Rdnr. 61 – *Komm/Cantina sociale di Dolianova.*

[822] EuGH U. v. 8.11.2012, Rs C-469/11 P, Rdnr. 37 – *Evropaïki Dynamiki/Komm;* EuGH U. v. 19.4.2007, Rs C-282/05 P, Slg. 2007, I-2941, Rdnr. 30 – *Holcim/Komm,* EuGH U. v. 11.6.2009, Rs C-335/08 P, Rdnr. 33 – *Transports Schiocchet – Excursions/Komm.*

[823] Die Erhebung der Nichtigkeitsklage gegen einen Beschluss der Kommission unterbricht nicht die Verjährung von Schadenersatzklagen, die auf den Beschluss gestützt sind, vgl. EuGH U. v. 19.4.2007, Rs C-282/05 P, Slg. 2007, I-2941, Rdnr. 29ff. – *Holcim/Komm.* Nicht ausreichend ist dabei nach Auffassung des Gerichtshof die Einreichung einer Klage gegen die Kommission vor einem nationalen EuG vgl. EuGH U. v. 18.7.2002, Rs C-136/01 P, Slg. 2002, I-6565, Rdnr. 56 – *Autosalone Ispra/Europäische Atomgemeinschaft.*

[824] Zur Klagefrist bei Einreichung eines Antrags auf Ersatz s. oben § 49 Rdnr. 298.

rung des Gemeinschaftsorgans nicht binnen der nach diesen Vorschriften geltenden Fristen erhoben, so tritt eine Unterbrechung der Verjährung erst ein, wenn später Schadenersatzklage erhoben wird; die Schadenersatzklage ist hinsichtlich desjenigen Teils des Schadens, der dann mehr als fünf Jahre vor Klageerhebung eingetreten ist, unzulässig, die später entstandenen Ansprüche bleiben davon unberührt.[825] Die Kommission kann bei Verjährung eine prozesshindernde Einrede gemäß Art. 151 VerfO EuGH; Art. 130 VerfO EuG erheben.[826]

Um Streit darüber zu vermeiden, ob der Kläger rechtzeitig nach Kenntnis des rechtswidrigen Verhaltens Klage erhoben hat,[827] kann die Klage nach Art. 268, 340 Abs. 2 AEUV auch **vorbeugend** vor dem Gericht erhoben werden, wenn die Feststellung der Haftung der Gemeinschaft für unmittelbar bevorstehende und mit hinreichender Sicherheit **vorhersehbare Schäden** begehrt wird, auch dann, wenn der Schaden noch nicht genau beziffert werden kann.[828] Da der schadenstiftende Verstoss mit dem rechtswidrigen Handeln oder Rechtsakt begangen wurde, können alle zukünftigen, aber sicheren und bestimmbaren Schäden rechtzeitig geltend gemacht werden. Bei Bussgeldentscheidungen gehören die Kosten, die mit der Zahlung der Geldbusse (oder deren Abwendung) zusammen hängen, wie etwa Verzugszinsen und Kosten der Bankbürgschaften, zu den zukünftigen, aber sicheren und bestimmbaren Schäden.[829] Hinsichtlich der Kosten der Bankbürgschaft verneint das Gericht allerdings die Kausalität, weil diese Kosten nicht unmittelbar auf dem Beschluss der Kommission beruhen, sondern auf die eigene Entscheidung des Unternehmens zurückgehen, anstelle der Zahlung der Geldbusse eine Bankbürgschaft als Sicherheit zu stellen;[830] die entsprechende Klage wäre unbegründet. 314

IV. Durchführung eines Vorverfahrens

Für Verfahren nach Art. 268 AEUV ist ein Vorverfahren nicht erforderlich, das Unternehmen muss also **nicht** als **Prozessvoraussetzung** die Kommission in einer bestimmten Weise zur Leistung von Schadensersatz aufgefordert haben. Begehrt der Geschädigte aber einen gütlichen Ausgleich, so ist ihm dieser Weg nicht verwehrt. Eine solche Vorgehensweise sieht insbesondere auch Art. 46 Satz 2 Satzung des Gerichtshofs der EU vor. Danach unterbricht ein vor Klage eingelegter Antrag auf Schadensersatz bereits die Verjährung.[831] Nach Gemeinschaftsrecht ist es ferner nicht erforderlich, erst den Rechtsweg (durch Anfechtungs- oder Untätigkeitsklage) auszuschöpfen, bevor eine Klage auf Ersatz des durch das rechtswidrige Verhalten der Kommission entstandenen Schadens eingereicht werden kann. Vielmehr stehen die Klagearten unabhängig nebeneinander.[832] Das bedeutet grund- 315

825 EuG U. v. 21.4.2005, Rs T-28/03, Slg. 2005, II-1357, Rndr. 73 – *Holcim/Komm.*, für den Fall der Geltendmachung von Kosten für eine Bankbürgschaft, die zur Abwendung der Bussgeldzahlung für den Zeitraum zwischen Erlass der Kommissionsentscheidung und Aufhebung dieser Entscheidung durch das Gericht gestelt worden war. Die Klage war nur zulässig hinsichtlich desjenigen Teils der Bürgschaftskosten, der innerhalb von fünf Jahren vor Klageerhebung angefallen war.

826 So geschehen in EuGH U. v. 27.1.1982, verb. Rs 256, 257, 265 und 267/80 sowie 5/81, Slg. 1982, 85, 107 – *Birra Wührer/Rat und Komm.; Grabitz/Hilf/Nettesheim-Bogdandy/Jacob,* Rdnr. 47 zu Art. 340; *Lenaerts/Arts/Maselis,* Procedural Law, Rdnr. 11–065; aA *Pechstein,* EU-Prozessrecht, Rdnr. 649: funktional wird die Verjährung als Sachurteilsvoraussetzung einer von Amts wegen zu prüfenden Klagefrist gleichgestellt.

827 S. die Nachweise in Fn. 820.

828 EuGH U. v. 6.12.1984, Rs 59/83, Slg. 1984, 4057, Rdnr. 9 – *Biovilac/EWG.;* EuG U. v. 2.7.2003, Rs T-99/98, Slg. 2003, II-2195, Rdnr. 63 – *Hameico Stuttgart u. a./Rat und Komm.;* EuG B. v. 15.10.2013, Rs T-13/12, Rdnr. 59 – *Andechser Molkerei Scheitz GmbH/Komm.*

829 EuG U. v. 21.4.2005, Rs T-28/03, Slg. 2005, II-1357, Rndr. 63 – *Holcim/Komm.*

830 EuG U. v. 21.4.2005, Rs T-28/03, Slg. 2005, II-1357, Rndr. 123 – *Holcim/Komm.*

831 *Grabitz/Hilf/Nettesheim-Bogdandy/Jacob,* Rdnr. 68 zu Art. 340; *Heukels/McDonnell,* S. 229 ff.

832 Vgl. EuGH U. v. 19.4.2007, Rs C-282/05 P, Slg. 2007, I-2941 Rdnr. 30 – *Holcim/Komm.;* EuG U. v. 24.10.2000, Rs T-178/98, Slg. 2000, II-3331, Rdnr. 45 ff. – *Fresh Marine Company/Komm.;* EuG U. v. 2.7.2003, Rs T-99/98, Slg. 2003, II-2195, Rdnr. 35 ff. – *Hameico Stuttgart u. a./Rat und Komm.;* EuG U. v. 17.10.2002, Rs T-180/00, Slg. 2002, II-3985, Rdnr. 139 – *Astipesca/Komm.*

sätzlich, dass auch natürliche oder juristische Personen eine Schadensersatzklage einreichen können, die nicht gemäß Art. 263 oder 232 AEUV klagebefugt sind.[833] Die **Selbständigkeit** der Schadensersatzklage hat ferner zur Folge, dass grundsätzlich der streitige Rechtsakt nicht zunächst aufgehoben werden muss. Eine vorangegangene Aufhebung des Rechtsaktes erleichtert allerdings den Nachweis der Voraussetzungen, weil dann jedenfalls das Element der Rechtswidrigkeit nachgewiesen ist.

316 Die Anspruchsvoraussetzung der **Rechtswidrigkeit** des schadenverursachenden Rechtsaktes kann das Gericht eigenständig im Rahmen der Schadensersatzklage prüfen.[834] In der Praxis werden der Antrag auf Aufhebung der streitigen Kommissionsentscheidung sowie der Antrag auf Ersatz der entstandenen Schäden vielfach innerhalb desselben Verfahrens geltend gemacht.[835]

V. Zuständigkeit und Anforderungen an die Klageschrift

317 Für Klagen natürlicher und juristischer Personen auf Schadenersatz gemäß Art. 268 iVm Art. 340 AEUV ist gemäß Art. 256 Abs. 1 AEUV das Gericht zuständig. Es gelten die allgemeinen Verfahrensvorschriften gem. Art. 21, Art. 53 Satzung des Gerichtshofs der EU, Art. 119 ff. VerfO EuGH; Art. 72 ff. VerfO EuG.[836] Die Anforderungen an die Klageschrift sind Art. 21 der Gerichtshof-Satzung iVm Art. 76 VerfO EuG zu entnehmen.[837] Ein Verstoß gegen diese Bestimmungen gehört zu den Unzulässigkeitsgründen, die das Gericht gemäß Art. 111 und 129 VerfO EuG jederzeit von Amts wegen prüfen kann.[838] Die Klageschrift darf sich nicht darauf beschränken, Ersatz des erlittenen Schadens zu fordern. Sie muss vielmehr hinsichtlich der vom Gemeinschaftsorgan angeblich verursachten Schäden **Tatsachen** anführen, anhand derer sich das vorgeworfene **Verhalten** – eine offenkundige und erhebliche Verletzung der auch den Kläger schützenden Rechtsnorm – bestimmen lässt, begründet darlegen, inwieweit das bezeichnete Verhalten für den Schaden die **entscheidende Ursache** war und schließlich Art und Umfang des **Schadens** bezeichnen.[839] Der Erfolg der Klage muss möglich erscheinen.[840] In der Praxis scheitern Klagen auf Ersatz der durch die Kommission in Wettbewerbssachen angeblich verursachten Schäden häufig daran, dass die Kläger diesen Anforderungen nicht gerecht werden.[841] Die Klage ist in die-

---

833 Schlussfolgerung bei *Schermers/Waelbroeck,* Judicial Protection in the European Communities, 6. Aufl., 2001, S. 539, § 1085 unter Verweis auf die einschlägige Rspr.: EuGH U. v. 28.4.1971, Rs 4/69, Slg. 1971, 325, Rdnr. 6 – *Lütticke/Komm.;* EuGH U. v. 2.12.1971, Rs 5/71, Slg. 1971, 975, Rdnr. 3 – *Schöppenstedt/Rat;* bestätigt in EuGH U. v. 2.7.1974, Rs 153/73, Slg. 1974, 675 (694), Rdnr. 19 – *Holtz & Willemsen/Rat.* Problematisch kann dabei allerdings der Nachweis des hinreichend qualifizierten Verstoßes gegen eine Rechtsnorm sein, die dem Schutz des Klägers dient.

834 EuGH U. v. 24.10.1973, Rs 43/72, Slg. 1973, 1055, Rdnr. 5 bis 7 – *Merkur/Komm.*

835 S. z.B. EuG U. v. 10.7.1990, Rs T-64/89, Slg. 1990, II-367, Rdnr. 20 – *Automec/Komm.*

836 *Lenz/Borchardt-Bochardt,* Art. 268 AEUV, Rdnr. 9; *Pechstein,* EU-Prozessrecht, Rdnr. 690 ff.; *Grabitz/Hilf/Nettesheim-Bogdandy/Jacob,* Rdnr. 34 zu Art. 340.

837 Zu den formellen Klagevoraussetzungen s. oben Rdnr. 40 ff.

838 EuG U. v. 10.7.1990, Rs T-64/89, Slg. 1990, II-367, Rdnr. 74 – *Automec/Komm.*

839 EuGH U. v. 15.6.1994, Rs C-137/92 P, Slg. 1994, I-2555, Rdnr. 79 – *Komm./BASF u. a.;* EuG U. v. 10.7.1990, Rs T-64/89, Slg. 1990, II-367, Rdnr. 73 – *Automec/Komm.;* EuG U. v. 10.7.1997, Rs T-38/96, Slg. 1997, II-1223, Rdnr. 21 – *Guérin Automobiles/Komm.* mit Verweis auf EuG U. v. 29.6.1993, Rs T-7/92, Slg. 1993, II-669, Rdnr. 107 – *Asia Motor France/Komm.;* EuG U. v. 6.4.1995, verb. Rs T-80, 81, 83, 87, 88, 90, 93, 95, 97, 99, 100, 101, 103, 105, 107 und 112/89, Slg. 1995, II-729, Rdnr. 128 – *BASF/Komm.;* EuG U. v. 9.1.1996, Rs T-575/93, Slg. 1996, I-1, Rdnr. 96 f. – *Koelman/Komm.;* EuG U. v. 2.7.2003, Rs T-99/98, Slg. 2003, II-2195, Rdnr. 26 – *Hameico Stuttgart u. a./Rat und Komm.;* EuG B. v. 15.10.2013, Rs T-13/12, Rndr.58 – *Andechser Molkerei Scheitz/Komm.*

840 GA *Lenz,* SchlA Rs C-87/89, *Sonito,* Slg. 1990, I-1981 Nr. 34; *Grabitz/Hilf/Nettesheim-Bogdandy/Jacob,* Rdnr. 34 zu Art. 340.

841 S. z.B. EuG U. v. 29.6.1993, Rs T-7/92, Slg. 1993, II-669, Rdnr. 107 – *Asia Motor France/Komm.;* mit Verweis auf EuG U. v. 10.7.1990, Rs T-64/89, Slg. 1990, II-367, Rdnr. 74 – *Automec/Komm.;* EuG U. v. 6.4.1995, verb. Rs T-80, 81, 83, 87, 88, 90, 93, 95, 97, 99, 100, 101, 103, 105,

sen Fällen unzulässig; eine Klarstellung im Laufe des gerichtlichen Verfahrens kann diesen Mangel nicht mehr heilen.[842] Grundsätzlich muss der Schaden **beziffert** werden; nur unter besonderen Umständen ist eine Bezifferung des Schadens nicht unerlässlich.[843] So ist es unschädlich, wenn sich in der Klageschrift selbst keine nähere Begründung für die jeweils verlangten Schadensersatzbeträge findet, sofern diese später nachgereicht wird.[844] Das klagende Unternehmen kann sich auch vorbehalten, später – d. h. nachdem das Gericht im Wege eines Zwischenurteils (ähnlich einer **„Stufenklage"**) positiv über das Bestehen des Anspruchs dem Grunde nach entschieden hat – ein Gutachten über das genaue Ausmaß des Schadens vorzulegen.[845] Wird die Entscheidung des Gerichts im Zuge eines Rechtsmittels der Kommission teilweise aufgehoben, so kann der Gerichtshof den Parteien aufgeben, binnen einer bestimmten Frist einen gemeinsamen Vorschlag zur Schadenshöhe vorzulegen oder den Schaden neu zu beziffern.[846] Ist eine Bezifferung des Schadens nicht möglich, so muss der Kläger zumindest Tatsachen anführen, anhand derer sich Art und Umfang des Schadens beurteilen lässt.[847] Ferner ist eine Klage unzulässig, mit der der Ersatz zukünftiger Schäden begehrt wird, deren Eintritt nicht mit hinreichender Sicherheit vorhersehbar ist,[848] denn der Schaden muss tatsächlich und sicher vorliegen;[849] eine Ausnahme macht das Gericht dann, wenn der geltend gemachte Schaden bereits unmittelbar droht[850] und mit hinreichender Sicherheit voraussehbar ist.[851]

VI. Ersatzfähiger Schaden

Der gemeinschaftsrechtliche Schadensbegriff umfasst „jede Einbuße ..., die der Betroffene durch ein bestimmtes Ereignis an seinem Vermögen oder an seinen sonstigen Rechtsgütern erleidet".[852] Ersatzfähig ist auch der **entgangene Gewinn,** soweit im Einzelfall nachgewiesen werden kann, dass sich die jeweiligen Geschäfte bereits hinreichend konkretisiert hatten[853] und die **Kausalität** nachgewiesen werden kann. In Betracht kommt auch der Verlust, der sich aus einer rechtswidrigen **Entflechtungsanordnung** ergibt;[854] aller- **318**

---

107 und 112/89, Slg. 1995, II-729, Rdnr. 128 – *BASF/Komm.;* EuG U. v. 9.1.1996, Rs T-575/93, Slg. 1996, I-1, Rdnr. 96f. – *Koelman/Komm.;* EuGH U. v. 13.12.2000, Rs C-44/00 P, Slg. 2000, I-11231, Rdnr. 41–47 – *SODIMA/Komm.*

[842] EuG U. v. 10.7.1997, Rs T-38/96, Slg. 1997, II-1223, Rdnr. 22 und 26 – *Guérin Automobiles/Komm.* mit Verweis auf EuG U. v. 29.6.1993, Rs T-7/92, Slg. 1993, II-669, Rdnr. 108 – *Asia Motor France/Komm.*

[843] EuG U. v. 10.7.1990, Rs T-64/89, Slg. 1990, II-367, Rdnr. 76 – *Automec/Komm.*: Das Gericht verweist nur auf seine Rechtsprechung (ohne allerdings diese im einzelnen zu zitieren) und ohne anzugeben, unter welchen Umständen solche „besonderen Umstände" vorliegen können.

[844] EuG U. v. 29.6.1993, Rs T-7/92, Slg. 1993, II-669, Rdnr. 49 – *Asia Motor France/Komm.*

[845] EuGH U. v. 14.5.1975, Rs 74/74, Slg. 1975, 533, Rdnr. 4/5 – *CNTA/Komm.;* im Bereich des Agrarrechts EuGH U. v. 28.3.1979, Rs 90/78, Slg. 1979, 1081, Rdnr. 5f. – *Granaria/Rat und Komm.;* EuGH U. v. 27.1.2000, verb Rs C-104/89 und C-37/90, Slg. 2000, I-203, Rdnr. 38ff. – *Mulder u. a./Rat und Komm.;* einschränkend EuG U. v. 2.7.2003, Rs T-99/98, Slg. 2003, II-2195, Rdnr. 66 – *Hameico Stuttgart u. a./Rat und Komm.*

[846] Vgl. EuGH U. v. 16.7.2009, Rs C-440/07 P, Slg. 2009, I-6413, Rdnr. 160ff. – *Schneider VI;* EuGH B. v. 9.6.2010, Rs C-440/07 P, Slg. 2010, I-73 (abgekürzte Veröffentlichung), ECLI:EU:C:2010:324 – *Schneider VII.*

[847] EuG U. v. 10.7.1990, Rs T-64/89, Slg. 1990, II-367, Rdnr. 75 – *Automec/Komm.*

[848] EuGH U. v. 2.6.1965, verb. Rs 9 und 25/64, Slg. 1965, 421 (435) – *FERAM/Hohe Behörde;* EuG U. v. 2.7.2003, Rs T-99/98, Slg. 2003, II-2195, Rdnr. 63 – *Hameico Stuttgart u. a./Rat und Komm.*

[849] EuG U. v. 8.11.2011, Rs T-88/09, Slg. 2011 S. II-7833, Rdnr. 25 – *Idromaccine u. a./Komm.*

[850] EuGH U. v. 2.6.1976, verb. Rs 56 bis 60/74, Slg. 1976, 711, Rdnr. 6 – *Kampffmeyer/Komm. und Rat.*

[851] *Grabitz/Hilf/Nettesheim-Bogdandy/Jacob,* Rdnr. 37 zu Art. 340.

[852] EuGH U. v. 13.11.1973, verb. Rs 63 bis 69/72, Slg. 1973, 1229 (1245) – *Werhahn/Rat.*

[853] EuGH U. v. 14.7.1967, verb. Rs 5, 7 und 13 bis 24/66, Slg. 1967, 331 (358) – *Kampffmeyer/Komm. und Rat; Grabitz/Hilf/Nettesheim-Bogdandy/Jacob,* Rdnr. 118, 133 zu § 340; *Calliess/Ruffert,* Art. 340, Rdnr. 29.

[854] EuG U. v. 11.7.2007, Rs T-351/03, Slg. 2007, II-2237 – *Schneider V.*

dings wird insoweit zu prüfen sein, inwieweit der Schaden in unmittelbarem Kausalzusammenhang mit der Verletzungshandlung steht.[855] Ersetzt werden kann auch ein **immaterieller Schaden.**[856] Dabei ist bemerkenswert, dass das Gericht die Kausalität sehr eng fasst. Hat die Kommission gegen Unternehmen ein Bussgeld verhängt, und erlaubt sie den Unternehmen, zur Abwendung der Zahlung der Geldbusse eine Bankbürgschaft als Sicherheit zu stellen, so soll die (rechtswidrige) Entscheidung der Kommission für die Kosten der Bankbürgschaft nicht kausal sein, weil das Stellen der Bankbürgschaft auf eine eigene Entscheidung des Unternehmens zurückgeht.[857] Diese Auffassung ist lebensfremd, denn das Unternehmen hat nach Erlass der sofort vollziehbaren und vollstreckbaren Bussgeldentscheidung durch die Kommission nur zwei Alternativen, selbst wenn die Entscheidung grob rechtswidrig ist: entweder es zahlt die Geldbusse (und erleidet einen Zinsnachteil) oder aber es stellt eine Bankbürgschaft (und trägt dafür Kosten). Der geringere Schaden wird oftmals durch das Stellen der Bankbürgschaft eintreten; dies wird vom Gericht nicht gewürdigt. Im Verfahren *Schneider VI* erkannte der Gerichtshof nur denjenigen Schaden an, der durch die Wiederaufnahme des Fusionskontrollverfahrens verursacht wurde (Beraterkosten). Der Schaden, der *Schneider* entstanden war, weil das erworbene Unternehmen *Legrand* aufgrund der rechtswidrigen Entscheidung der Kommision, den Zusammenschluss zu untersagen, zu einem geringeren Preis veräussert werden musste, wurde als nicht kausal angesehen, weil zwischen der Aufhebung der rechtswidrigen Entscheidung und dem Ablauf der Frist für die Ausübung des Kündigungsrechts hinsichtlich des Verkaufs von *Legrand* ausreichend Zeit lag, um das Fusionskontrollverfahren wieder aufzunehmen. Die Entscheidung von *Schneider,* den Wiederverkauf nicht zu stoppen (also das Kündigungsrecht nicht auszuüben), weil ein positiver Ausgang des wiederaufgenommenen Verfahrens *Schneider* unwahrscheinlich erschien, wurde letztlich als Unterbrechung der Kausalität angesehen. Das Risiko eines negativen Ausgangs wohne einem Fusionskontrollverfahren inne. Deswegen bestehe kein Kausalzusammenhang mehr zwischen der den Schadenersatzanspruch begründenden Verfahrensverletzung und dem im Minderwert liegenden Schaden.[858]

319 Zum ersatzfähigen Schaden gehören auch **Zinsen,** die aufgrund eines für ungültig erklärten Rechtsaktes angefallen sind.[859] So kann der Ersatz von Zinsen auf eine Geldbuße, die aufgrund einer später für nichtig erklärten Bußgeldentscheidung gezahlt worden ist, von einem Unternehmen nur im Rahmen einer Schadensersatzklage, nicht aber als Bestandteil der Anfechtungsklage geltend gemacht werden. Die Schadenersatzklage ist insoweit ein eigenständiger Rechtsbehelf, der neben die Anfechtungs- oder Untätigkeitsklage tritt.[860] Wird dem Schadenersatzanspruch stattgegeben, so können daneben **Ausgleichszinsen** für den Zeitraum zwischen Verletzungshandlung und Gerichtsurteil zuerkannt werden, sowie **Verzugszinsen** ab Erlass des Urteils.[861]

320 Zwar ist die Kommission bereits nach Art. 266 AEUV verpflichtet, bei Aufhebung einer Bußgeldentscheidung durch das Gericht die sich aus dem Urteil ergebenden Massnahmen zu ergreifen. Ob dazu auch die angefallenen Zinsen auf gezahlte Bußgelder oder die Kosten der zur Abwendung der Bußgeldzahlung gestellten Bankbürgschaft gehören,

---

[855] EuGH U. v. 16.7.2009, Rs C-440/07 P, Slg. 2009, I-6413, Rdnr. 200 ff. – *Schneider VI.*

[856] EuG U. v. 8.11.2011, Rs T-88/09, Slg. 2011 S. II-7833, Rdnr. 70 ff. – *Idromaccine u. a./Komm.*

[857] EuG U. v. 21.4.2005, Rs T-28/03, Slg. 2005, II-1357, Rdnr. 123 – *Holcim/Komm.*

[858] EuGH U. v. 16.7.2009, Rs C-440/07 P, Slg. 2009, I-6413, Rdnr. 200 ff. – *Schneider VI.*

[859] EuGH B. v. 9.6.2010, Rs C-440/07 P, Slg. 2010, I-73 (abgekürzte Veröffentlichung), ECLI: EU:C:2010:324, Rdnr. 50 – *Schneider VII.;* EuG U. v. 18.9.1995, Rs T-167/94, Slg. 1995, II-2589, Rdnr. 42 – *Nölle/Rat und Komm.;* mit Verweis auf EuGH U. v. 8.4.1992, Rs C-55/90, Slg. 1992, I-2533, Rdnr. 17 – *Cato/Komm.; Grabitz/Hilf/Nettesheim-Bogdandy/Jacob,* Rndr. 138 zu § 340.

[860] EuGH U. v. 19.4.2007, Rs C-282/05 P, Slg. 2007, I-2941 Rdnr. 30 – *Holcim/Komm.;* zur Selbständigkeit des Rechtsbehelfs ferner EuG U. v. 10.4.2002, Rs T-209/00, Slg. 2002, II-2203, Rdnr. 58 – *Lamberts/Bürgerbeauftragter.*

[861] EuG U. v. 8.11.2011, Rs T-88/09, Slg. 2011 S. II-7833, Rdnr. 72 ff. – *Idromaccine u. a./Komm.* Der Zinssatz entspricht dem Refinanzierungszinssatz der EZB zuzüglich 2 Prozentpunkte.

ist fraglich, aber naheliegend.[862] Jedoch gewährt Art. 266 AEUV den Unternehmen keinen eigenständigen Rechtsbehelf. Vielmehr muss ein Versäumnis der Kommission, den Verpflichtungen aus Art. 266 AEUV nachzukommen, durch eine Klage nach Art. 263 oder 265 AEUV geltend gemacht werden. Eine unmittelbar nur auf Art. 266 AEUV gestützte Klage ist unzulässig.[863] Das bedeutet, dass das Unternehmen die Kommission auffordern muss, die Aufwendungen und Kosten als Folge des Urteils nach Art. 266 AEUV zu ersetzen. Lehnt die Kommission dies ab, wäre dagegen die Anfechtungsklage nach Art. 263 AEUV zu erheben; bleibt sie untätig oder reagiert nicht binnen zwei Monaten, ist Untätigkeitsklage nach Art. 265 AEUV zu erheben. Das bloße Nichtzahlen von Zinsen seitens der Kommission kann normalerweise nicht als Ablehnung angesehen werden, die einen anfechtbaren Rechtsakt darstellt. Denn das bloße Schweigen eines Organs kann grundsätzlich nicht mit einer stillschweigenden Ablehnung gleichgesetzt werden, außer wenn dies in einer Bestimmung des Gemeinschaftsrechts ausdrücklich vorgesehen ist.[864]

G. Rechtsmittel beim Gerichtshof

I. Einleitung

Gemäß Art. 256 Abs 1 AEUV kann gegen bestimmte Entscheidungen des Gericht **Rechtsmittel** vor dem Gerichtshof eingelegt werden. Die Voraussetzungen dafür sind in den Art. 56 bis 61 der Satzung des Gerichtshofs niedergelegt. Das Rechtsmittel ist **auf Rechtsfragen beschränkt,** entspricht also der Rechtsbeschwerde an den BGH im deutschen Kartellverwaltungsrecht. Dabei führt allerdings die Feststellung eines Rechtsfehlers im angefochtenen Urteil des Gericht durch den Gerichtshof nicht notwendigerweise zu einer Aufhebung des angefochtenen Urteils, denn das Rechtsmittel ist auch dann zurückzuweisen, wenn zwar die Gründe des Urteils des Gerichtes eine Verletzung des Gemeinschaftsrechts erkennen lassen, die Urteilsformel sich aber aus anderen Rechtsgründen als richtig erweist.[865] 321

In der überwiegenden Zahl der Fälle ist den Rechtsmitteln kein Erfolg beschieden.[866] 322
Die Rechtsmittelgründe werden oftmals als **unzulässig** zurückgewiesen, weil sie den hohen Anforderungen, die der Gerichtshof insoweit stellt, nicht genügen oder durch das Rechtsmittel unzulässigerweise nur eine Überprüfung der erstinstanzlichen Entscheidung mit denselben Argumenten begehrt wird.[867] Als besonders schwierig erweist sich dabei die Abgrenzung zwischen dem Rechtsfehler, der sich aus einer offensichtlich fehlerhaften Würdigung von Sachfragen oder der Verfälschung von Beweismitteln ergibt – diese Rügen sind zulässig, so dass das Rechtsmittel sodann begründet oder unbegründet ist – und dem

---

[862] EuG U. v. 15.3.2000, Rs T-50/95 und T-51/95, Slg. 2000, II-491 ff. – *Unicem und Fratelli Buzzi/Komm.*, Rdnr. 5118; siehe auch EuG U. v. 10.10.2001, Rs T-171/99, Slg. 2001, II-2967, Rdnr. 53 – *Corus UK/Komm.*

[863] EuG U. v. 21.4.2005, Rs T-28/03, Slg. 2005, II-1357, Rdnr. 32 f. – *Holcim/Komm.*

[864] EuGH U. v. 9.12.2004, Rs C-123/03 P, Rdnr. 45 – *Komm./Greencore Group.*

[865] Vgl. dazu EuGH U. v. 3.9.2009, Rs C-534/07 P, Slg. 2009, I-7415, Rdnr. 72 – *William Prym/Komm.;* ferner EuGH U. v. 2.12.2004, Rs C-226/03 P, Slg. 2004, I-11421, Rdnr. 29 – *José Marti Peix/Komm.;* EuGH U. v. 21.9.2006, Rs C-167/04 P, Slg. 2006, I-8935, Rdnr. 186 – *JCB Service/Komm.*

[866] Eine der wenigen Ausnahmen: EuGH U. v. 11.11.1997, verb. Rs C-359/95 P und C-379/95 P, Slg. 1997, I-6265 – *Komm. und Frankreich/Ladbroke Racing,* nach dem es für die Frage, ob Unternehmen, die sich an zwingende nationale Rechtsvorschriften halten, durch die Wettbewerb eingeschränkt wird, einen Verstoß gegen Art. 81 oder 82 EG (jetzt Art. 101 und 102 AUEV) begehen können, nur darauf ankommt, ob der rechtliche Rahmen die Möglichkeit eines Wettbewerbs bestehen lässt.

[867] EuGH U. v. 2.4.2009, Rs C-202/07 P, Slg. 2009, I-2369, Rdnr. 69 ff., 72 – *France Télécom/Komm.*

einfachen Angreifen der Tatsachenwürdigung durch das Gericht, welches unzulässig ist und zur Zurückweisung des Rechtsmittelgrundes als unzulässig führt.[868] Während die Würdigung der Tatsachen allein dem Gericht obliegt, kann der Gerichtshof die rechtliche Würdigung der Tatsachen sehr wohl überprüfen. Die Tatsachenwürdigung als solche ist keine Rechtsfrage, sie obliegt allein dem Gericht, es sei denn, es läge eine Verfälschung der Tatsachen (s. dazu Rdnr. 344) vor. Der Vortrag eines Rechtsmittelführers, angesichts des Sachverhaltes (zur Ausgestaltung eines Vertriebssystems) hätte das Gericht zu anderen rechtlichen Schlußfolgerungen gelangen müssen, stellt nach Auffassung des Gerichtshof eine Rüge der Tatsachenwürdigung dar, die unzulässig ist, denn das Gericht kann nicht die wirtschaftliche Beurteilung der Kommission durch seine eigene ersetzen.[869]

323 Die Kommission erhebt bei Rechtsmitteln oftmals die Rüge der Unzulässigkeit – sei es, der Unzulässigkeit des Rechtsmittels insgesamt,[870] sei es in Bezug auf einzelne Rechtsmittelgründe. Aber auch ohne eine solche Rüge der Unzulässigkeit ist der Gerichtshof sehr streng bei der Prüfung der Rechtsmittelgründe. Der Prüfung der Zulässigkeitsvoraussetzungen für das Rechtsmittel sowie dem Ausformulieren der Rechtsmittelgründe kommt daher entscheidende Bedeutung zu.

II. Rechtsmittelfähige Entscheidungen

324 Nicht alle Entscheidungen des Gericht können vor dem Gerichtshof mit dem Rechtsmittel angefochten werden. Vielmehr ist das Rechtsmittel nach Art. 56 und 57 der Satzung beschränkt auf

- Endentscheidungen,
- Entscheidungen, durch die über einen Teil des Streitgegenstandes endgültig entschieden wird, und
- Entscheidungen, die einen Zwischenstreit (z. B. über die Zulässigkeit oder Zuständigkeit) beenden.

---

[868] Vgl. dazu EuGH U. v. 24.10.2013, verb. Rs C-214/12 P, C-215/12 P und C-223/12 P, ECLI:EU:C:2013:682, Rdnr. 73 – *Land Burgenland u. a./Komm.*, wonach die Beweiswürdigung ohne Vorliegen einer Verfälschung nicht angreifbar und unzulässig ist; EuGH U. v. 19.3.2009, Rs C-510/2006 P, Slg. 2009, I-1843, Rdnr. 106 f. – *Archer Daniels Midland/Komm.;* wonach vor dem Gerichtshof keine nochmalige Prüfung von Beweisen erfolgt und selbst bei einer Feststellung der Verfälschung von Beweismitteln das Urteil nicht ungültig ist, wenn andere Gesichtspunkte vorliegen, die eine Feststellung des Kartells belegen; EuGH U. v. 21.9.2006, Rs C-167/04 P, Slg. 2006, I-8935, Rdnr. 105–108, 129 ff. – *JCB Service/Komm.*, wo der Gerichtshof die Rügen hinsichtlich der Beurteilung des Vertriebssystems von *JCB* als unzulässige Rüge der Tatsachenwürdigung durch das Gericht ansieht und die entsprechenden Teile des Rechtsmittelgrundes als *unzulässig* verwirft, und Rdnr. 141 ff., wo der Gerichtshof der Rüge der offensichtlich fehlerhaften Würdigung durch das Gericht nachgeht, diese als nicht gegeben ansieht und damit den Rechtsmittelgrund als *unbegründet* ansieht. Vgl. zur Zurückweisung von Rechtsmitteln durch Beschluss als offenkundig unzulässig und offenkundig unbegründet die Beschlüsse in Kartellverfahren EuGH B. v. 13.12.2012, Rs C-593/11 P, ECLI:EU:C:2012:804 – *Alliance One International/Komm.;* EuGH B. v. 13.9.2012, Rs C-495/11 P, ECLI:EU:C:2012:571 – *Total und Elf Aquitaine/Komm.;* EuGH B. v. 15.6.2012, Rs C-493/11 P, ECLI:EU:C:2012:355 – *United Technologies/Komm.;* EuGH B. v. 15.6.2012, Rs C-494/11 P, ECLI:EU:C:2012:356 – *OTIS/Komm.*, und EuGH B. v. 7.2.2012, Rs C-421/11 P, ECLI:EU:C:2012:60 – *Total und Elf Aquitaine/Komm.* Die Verfälschung von Beweisen hinsichtlich der Kommission zuvor unbekannter Fakten (im Rahmen der Leniency Notice) wurde vom Gerichtshof als offenkundig unbegründet, die Rüge der fehlerhaften Subsumtion unter die Leniency Notice als unzulässig angesehen in EuGH B. v. 21.11.2013, Rs C-581/12 P, ECLI:EU:C:2013:772 – *Kuwait Petroleum/Komm.*

[869] EuGH U. v. 24.10.2013, verb. Rs C-214/12 P, C-215/12 P und C-223/12 P, ECLI:EU:C:2013:682, Rdnr. 78 – *Land Burgenland u. a./Komm.;* EuG U. v. 9.9.2009, Rs T-301/04, Slg. 2009, II-3155, Rdnr. 94 – *Clearstream Banking/Komm.*

[870] Vgl. EuGH U. v. 10.7.2014, Rs C-295/12 P, ECLI:EU:C:2014:2062, Rdnr. 27 ff. – *Telefónica/Komm.*, wonach die Kommission die Rechtsmittelschrift als „konfus und unverständlich formuliert" bezeichnete; in seinen Schlussanträgen (ECLI:EU:C:2013:619, Rdnr. 7ff) bezeichnete GA *Wathelet* das Rechtsmittel als „weitgehend konfus und wenig strukturiert", unter den vielen Gründen und Teilgründen seien indes einige als „Stecknadeln im Heuhaufen" doch zulässig.

– Ablehnung der Zulassung als Streithelfer gemäß Art. 57 Satzung des Gerichtshofs, und
– Anschlussrechtsmittel.

Rechtsmittelfähige Entscheidungen können die Form von Urteilen oder Beschlüssen haben. Beschlüsse zum einstweiligen Rechtsschutz (Art. 279 AEUV) oder der Aussetzung von Entscheidungen (Art. 278 AEUV) können nach Art. 57 der Satzung im Wege des Rechtsmittels angefochten werden. Kostenentscheidungen sind zwar Endentscheidungen, aber ausdrücklich nicht anfechtbar, s. dazu oben Rdnr. 107. 325

Beispiele für rechtsmittelfähige Entscheidungen sind: 326
– Urteile, mit denen über die Klage vor dem Gericht abschließend entschieden wird,
– Urteile, mit denen ein Teil des Rechtsstreits entschieden wird, z. B. einer Schadensersatzklage dem Grunde nach stattgegeben und den Parteien aufgegeben wird, eine Einigung über die Höhe zu finden,
– Beschlüsse des Gerichts, mit denen eine Klage für unzulässig oder offensichtlich unbegründet erklärt wird,
– Beschlüsse zur Ablehnung eines Antrags, als Streithelfer zugelassen zu werden,
– Beschlüsse zum Erlass oder zur Ablehnung einstweiliger Maßnahmen.

Nicht anfechtbar sind hingegen Zwischenverfügungen, etwa 327
– Gewährung oder Ablehnung einer Fristverlängerung,
– Anordnungen zur Beweiserhebung.

Ebenfalls nicht eigenständig anfechtbar sind Kostenentscheidungen[871] und Kostenfestsetzungen.

Entscheidungen des Gerichts, mit denen ein Antrag auf vertrauliche Behandlung bestimmter Angaben in der Klage oder Erwiderung (oder in den von den Gemeinschaftsorganen eingereichten Schriftsätzen) ganz oder teilweise abgelehnt wird, sind rechtsmittelfähige Entscheidungen, denn durch einen solchen Beschluss wird die Frage, ob und in welchem Umfang bestimmte Angaben vertraulich sind, endgültig entschieden.[872] 328

Die Entscheidung des Gerichts kann **ganz oder teilweise** angefochten werden. Allerdings ist eine isolierte Anfechtung der Kostenentscheidung nicht möglich (Art. 58 Abs. 2 Satzung des Gerichtshof). Die Anträge dürfen nicht über die in der ersten Instanz gestellten Anträge hinausgehen.[873] Ferner darf der **Streitgegenstand** gegenüber dem erstinstanzlichen Verfahren nicht verändert werden. Das Vorbringen **neuer Klagegründe oder Beweismittel** ist unzulässig. Deshalb sind Klagegründe, die im erstinstanzlichen Verfahren auf Grund von Art. 84, 85 VerfO EuG präkludiert waren, auch in der Rechtsmittelinstanz unzulässig;[874] soweit es sich jedoch um Umstände handelt, die erst während des Verfahrens zu Tage treten – beispielsweise der Zugang zu Dokumenten im Rahmen einer Akteneinsicht, die von der Kommission nicht vollständig gewährt worden war und dann vor dem Gericht nachgeholt wurde – kann der Rechtsmittelführer sich auch vor dem Gericht darauf berufen, ohne durch Art. 84 VerfVO EuG präkludiert zu sein. Der Gerichtshof kann dann selbst prüfen, ob die Verteidigungsrechte durch die unvollständige Akteneinsicht beeinträchtigt wurden, weil bei Kenntnis der Dokumente Argumente hätten vorgebracht werden können, die zu einer anderen Entscheidung hätten führen können.[875] Zulässig sind demgegenüber neue Rechtsmittelgründe, die sich aus dem angefochtenen Urteil erge- 329

---

[871] Nach EuGH U. v. 29.4.2004, Rs C-470/00 P, Slg. 2004, I-4167, Rdnr. 79 ff. – *Europäisches Parlament/Ripa di Meana u. a.* kann eine Kostenentscheidung des Gericht auch nicht durch Anschlussrechtsmittel angegriffen werden.

[872] AA *Grabitz/Hilf/Nettesheim-Karpenstein*, Rdnr. 19 zu Art. 256, die einen Antrag auf Wahrung des Geschäftsgeheimnisses unverständlicherweise als Verfahrensfrage von geringer Bedeutung qualifizieren.

[873] EuGH U. v. 1.10.1991, Rs C-283/90 P, Slg. 1991, I-4339, 4364 – *Vidrányi/Komm.*

[874] Vgl. zuletzt EuGH U. v. 28.6.2005, verb. Rs C-189/02 P, C-202/02 P, C-205/02 P bis C-208/02 und C-213/02 P, Slg. 2005, I-5425, Rdnr. 165 – *Dansk Rørindustri u. a./Komm.;* EuGH U. v. 19.6.1992, Rs C-18/91 P, Slg. 1992, I-3997 (4014) – *V/Parlament;* EuGH U. v. 1.6.1994, Rs C-136/92 P, Slg. 1994, I-1981, Rdnr. 58 ff. – *Komm./Brazzelli u. a.*

[875] EuGH U. v. 1.10.1991, Rs C-283/90 P, Slg. 1991, I-4339 (4364) – *Vidrányi/Komm.*

ben.[876] Ebenso können Klagegründe, die vom Gericht nicht behandelt worden sind, im Rechtsmittelverfahren erneut geltend gemacht werden.

III. Rechtsmittelfrist

330 Die normale Rechtsmittelfrist für Urteile und Beschlüsse beträgt gemäß Art. 56 Abs. 1 Satzung **zwei Monate** ab Zustellung der Entscheidung, und zwar auch für das Verfahren des einstweiligen Rechtsschutzes (Art. 57 Abs. 2 Satzung des Gerichtshofs). Innerhalb dieser Frist muss das Rechtsmittel sowohl eingelegt als auch begründet worden sein.

331 Nur für die Ablehnung der Zulassung als Streithelfer gilt nach Art. 57 Abs. 1 Satzung des Gerichtshofs eine verkürzte Rechtsmittelfrist von zwei Wochen ab Zustellung der ablehnenden Entscheidung.

332 In allen Fällen ist die **Fristberechnung** unter Berücksichtigung der zusätzlichen Frist mit Rücksicht auf die räumliche Entfernung (zehn Tage) vorzunehmen,[877] welche in Art. 51 VerfO EuGH geregelt ist. Die Fristberechnung richtet sich nach Art. 49 VerfO EuGH. Besondere Verweisungen auch für das Rechtsmittelverfahren gelten nicht.[878]

IV. Rechtsmittelbefugnis

333 Zur Einlegung des Rechtsmittels befugt ist gemäß Art. 56 Abs. 2 Satzung des Gerichtshof jede Partei, die mit ihren Anträgen ganz oder teilweise **unterlegen** ist. Die Partei muss beschwert sein, das von ihr eingelegte Rechtsmittel muss ihr einen Vorteil verschaffen können.[879] Eine solche Beschwer ist auch dann gegeben, wenn das angefochtene Urteil einen Zwischenstreit über die Zulässigkeit entgegen dem Antrag der Partei entscheidet, die materiell in dem Urteil obsiegt.[880] Zu den Parteien gehören dabei nicht nur die am Verfahren vor dem Gericht beteiligten Hauptparteien, sondern auch die **Streithelfer; diese können unabhängig von der Hauptpartei Rechtsmittel einlegen.** Sofern es sich um nicht-privilegierte Streithelfer handelt – also weder Mitgliedstaaten noch Gemeinschaftsorgane –, verlangt Art. 56 Abs. 2 Satz 2 Satzung des Gerichtshof zusätzlich den Nachweis, dass die Entscheidung den Streithelfer „unmittelbar berührt".

334 Diese Voraussetzung wird für das Unternehmen zu bejahen sein, das durch seine Beschwerde eine Untersuchung der Kommission eingeleitet hat. Davon zu unterscheiden ist der Beitritt als Streithelfer einer Rechtsmittelpartei. Hier gelten die allgemeinen Regeln; insbesondere, dass der Streithelfer in der Rechtsmittelinstanz keine über den Antrag der von ihm unterstützten Partei hinausgehenden Anträge stellen darf (vgl. Art. 129 VerfO EuGH).[881]

335 **Mitgliedstaaten und Gemeinschaftsorgane** sind gemäß Art. 56 Abs. 3 der Satzung des Gerichtshofs zusätzlich **privilegiert.** Sie können gegen die Entscheidung des Gerichts selbst dann Rechtsmittel einlegen, wenn sie in erster Instanz nicht als Partei oder Streithelfer beteiligt waren. Ferner müssen diese privilegierte Parteien keine Beschwer nachweisen.

336 Legt die im Rechtsstreit vor dem Gericht unterlegene Partei ein Rechtsmittel ein, können die in Art. 172 VerfO EuGH genannten Parteien gem. Art. 176 VerfO EuGH ein **Anschlussrechtsmittel** einlegen. Dies ist insbesondere dann von Bedeutung, wenn das Urteil

---

[876] Vgl. dazu EuGH U. v. 15.10.2002, Rs C-238/99 P u. a., Slg. 202, I-8375, Rdnr. 651 ff. – *Limburgse Vinyl Maatschapij u. a./Komm.*, wo der Gerichtshof auf die Rüge von *Montedison* zwar die Feststellungen im Urteil des Gericht aufgehoben hat, jedoch dann in der Sache selbst eine relevante Verletzung der Verteidigungsrechte ablehnt, weil die Dokumente, zu denen *Montedison* keinen Zugang hatte, der Verteidigung nicht dienlich gewesen wären.

[877] S. dazu oben Rdnr. 28 f.

[878] *Grabitz/Hilf/Nettesheim-Karpenstein,* Rdnr. 33 zu Art. 256.

[879] EuGH B. v. 27.2.2002, Rs C-477/01 P (R), Slg. 2002, I-2117, Rdnr. 21 – *Reisebank/Komm.*

[880] EuGH U. v. 22.2.2005, C-141/02 P, Slg. 2005, I-1283, Rdnr. 49 bis 51 – *Komm./max.mobil.*

[881] S. z. B. EuGH U. v. 2.3.1994, Rs C-53/92 P, Slg. 1994, I-667, Rdnr. 48 f. – *Hilti/Komm.:* Der Streithelfer auf Seiten der Kommission beantragte in der Rechtsmittelinstanz, die Geldbußen zu erhöhen.

des Gerichts für die obsiegende Partei teilweise ungünstig ist, beispielsweise weil die Partei mit dem Vorbringen zu bestimmten Klagegründen unterlegen ist. Hat die Partei mit ihren Anträgen obsiegt, so besteht für sie nicht die Möglichkeit, selbst Rechtsmittel einzulegen, auch wenn sie mit einer Reihe von Klagegründen unterlegen sein sollte.[882] Legt in einem solchen Fall die unterlegene Partei Rechtsmittel ein, so eröffnet sich die Möglichkeit, dem Gerichtshof auch die Überprüfung der abgewiesenen Klagegründe im Wege des Anschlussrechtsmittels zur Überprüfung vorzulegen. Hiervon macht die Kommission gelegentlich Gebrauch, beispielsweise wenn das Gericht das von ihr festgesetzte Bußgeld herabsetzt, dabei aber einen erschwerenden Umstand übersehen hat.[883] Früher bestand gemäß Art. 116 VerfO EuGH a. F. die Möglichkeit, in der Rechtsmittelbeantwortung die vollständige oder teilweise Aufhebung der Entscheidung des EuG zu beantragen und insoweit ein (unselbständiges) Anschlussrechtsmittel einzulegen[884] Diese Möglichkeit eines unselbständigen Anschlussrechtsmittels steht seit der zum 1.11.2012 in Kraft getretenen neuen VerfO EuGH nicht mehr zur Verfügung. Im fünften Teil der neuen VerfO EuGH wird zwischen der Rechtsmittelbeantwortung und einem Anschlussmittel differenziert.[885] Es kann in der Rechtsmittelbeantwortung nur noch die vollständige oder teilweise Stattgabe oder Zurückweisung des Rechtsmittels beantragt werden (Art. 174 VerfO EuGH). Das Anschlussmittel ist hingegen gemäß Art. 176 Abs. 2 VerfO EuGH mit „gesondertem, von der Rechtsmittelbeantwortung getrenntem Schriftsatz" einzulegen. Es ist akzessorisch zur Einlegung des Rechtsmittels,[886] das heißt dass das Anschlussrechtsmittel gegenstandslos wird, sobald das Rechtsmittel zurückgenommen oder für offensichtlich unzulässig erklärt wird (Art. 183 VerfO EuGH).

Die Anforderungen für die Einlegung des Anschlussmittelrechts haben in Art. 177 und 337
178 VerfO EuGH eine Spezifizierung erfahren.[887] Für Gegenstand und Form der Einlegung des Anschlussrechtsmittels bestehen die gleichen Voraussetzungen wie für die Rechtsmitteleinlegung. Insbesondere soll eine formelle Beschwer erforderlich sein.[888] Das bedeutet freilich nicht, dass die Partei vor dem Gericht mit ihren Anträgen teilweise unterlegen sein muss – es genügt vielmehr, dass sie mit ihren Klagegründen teilweise nicht hat durchdringen können. Sinn und Zweck des Anschlussrechtsmittels besteht darin, einer Partei eine unselbständige Möglichkeit zu eröffnen, die für sie ungünstigen Feststellungen des Gerichts in einem von der Gegenseite angestrengten Rechtsmittel überprüfen zu lassen – eine Möglichkeit, die der Partei sonst versagt wäre.

V. Beschränkung des Rechtsmittels auf Rechtsfragen

Gemäß Art. 58 Abs. 1 Satzung des Gerichtshofs ist das Rechtsmittel auf die Überprü- 338
fung von Rechtsfragen beschränkt. Der Rechtsmittelführer kann sich nach dieser Bestimmung nur auf folgende Punkte stützen:
- **Unzuständigkeit** des Gerichts (in Wettbewerbssachen normalerweise kein Problem)
- **Verfahrensfehler** im Verfahren vor dem Gericht, durch den die Interessen des Rechtsmittelführers beeinträchtigt werden, sowie
- **Verletzung** von Unionsrecht.

[882] EuGH U. v. 29.4.2004, Rs C-496/99 P, Slg. 2004, I-3801, Rdnr. 68 – *Komm./CAS Succhi di Frutta,* mwN; ebenso EuGH B. v. 28.9.2006, Rs C-552/03 P, Slg. 2006, I-9091, Rdnr. 148 – *Unilever Bestfoods/Komm.*

[883] EuGH U. v. 21.9.2006, Rs C-167/04 P, Slg. 2006, I-8935, Rdnr. 105–108, 235 ff. – *JCB Service/Komm.*

[884] Beispiel: Anschlussrechtsmittel der Kommission, EuGH U. v. 1.10.1998, Rs C-279/95 P, Slg. 1998, I-5609, Rdnr. 16 und 59 ff. – *Langnese-Iglo/Komm.*

[885] *Grabitz/Hilf/Nettesheim-Karpenstein,* Rdnr. 21 zu Art. 256; vgl. ABl. 2012 L 265/9, Erwägungsgrund 3.

[886] *Grabitz/Hilf/Nettesheim-Karpenstein,* Rndr. 21 zu Art. 256; *Bölhoff,* Rechtsmittelverfahren, S. 58.

[887] *Grabitz/Hilf/Nettesheim-Karpenstein,* Rdnr. 21 zu Art. 256.

[888] Grabitz/Hilf/Nettesheim-*Karpenstein,* Rdnr. 21 zu Art. 256.

339 Andere Klagegründe sind somit ausgeschlossen. Die Rüge einer Verfälschung von Tatsachen oder Beweismitteln (s. dazu Rdnr. 344) stellt einen Verfahrensfehler seitens des Gerichts dar und ist daher vom Begriff der Rechtsfrage mit umfaßt; eine fehlerhafte Würdigung von Tatsachen ist hingegen keine Rechtsfrage und daher unzulässig.[889] Im Übrigen muss sich der Verfahrensfehler zum Nachteil des Rechtsmittelführers auf die Entscheidung in der Sache ausgewirkt haben.[890] Wie schon bei der Nichtigkeitsklage kann das Rechtsmittel auf bestimmte Teile des Urteils erster Instanz beschränkt werden. Eine solche zulässige Teilanfechtung liegt z. B. vor, wenn ein Unternehmen nur die Aufhebung des Teils des Urteils begehrt, mit dem festgestellt wurde, dass die Voraussetzungen des Art. 101 Abs. 3 AEUV nicht vorlagen.[891]

340 **1. Anforderungen an die Rechtsmittelschrift.** Nach Art. 168, 169 VerfO EuGH muss die Rechtsmittelschrift **alle Rechtsmittelgründe** iSd Art. 58 der Satzung des Gerichtshofs enthalten. Das bedeutet, dass die beanstandeten Teile des Urteils, dessen Aufhebung beantragt wird, sowie die rechtlichen Argumente, die diesen Antrag speziell stützen, genau bezeichnet werden müssen.[892] Dabei genügt es nicht, dass nur die vor dem Gericht vorgebrachten **Argumente** ihrem Sinn nach **wiederholt** oder gar „wörtlich wiedergegeben" werden. Denn dann zielt das Rechtsmittel „in Wirklichkeit nur auf eine erneute Prüfung der beim Gericht eingereichten Klage ab, was nach Art. 56 der Satzung des Gerichtshofs nicht in seine Zuständigkeit fällt" und das Rechtsmittel unzulässig macht.[893] Auch die „beispielhafte Angabe einiger Randnummern des Urteils des Gerichts" genügt dem Erfordernis, dass das Vorbringen des Rechtsmittelführers die angefochtenen Passagen oder die gerügten rechtlichen Argumente „genau bezeichnen" muss, nicht. So genügt es auch nicht, etwa nur zu rügen, dass Ausführungen des Gerichts in Wirklichkeit nicht aus Art. 102 AEUV, sondern Art. 101 AEUV abgeleitet seien.[894] Ebenso wenig genügt die allgemeine Rüge, das Urteil des Gerichts führe zu einer Ungleichbehandlung des Rechtsmittelführer, vielmehr ist eine genaue Angabe der Randnummern und Passagen des Urteils erforderlich, auf die sich die Rüge beziehen soll.[895]

---

[889] EuGH U. v. 21.9.2006, Rs C-167/04 P, Slg. 2006, I-8935, Rdnr. 108 – *JCB Service/Komm.;* vgl. ferner EuGH U. v. 22.5.2008, Rs C-266/06 P, Rdnr. 73 ff. – *Evonik Degussa/Komm. und Rat.*

[890] *Calliess/Ruffert,* Art. 256 Rndr. 11; EuGH B. v. 26.4.1993, Rs C-244/92 P, Slg. 1993, I-2041, Rndr. 15 ff. – *Kupka-Floridi/WSA.*

[891] S. EuGH U. v. 17.1.1995, Rs C-360/92 P, Slg. 1995, I-23, Rdnr. 8 – *Publishers Association/Komm.*

[892] EuGH U. v. 25.3.2009, Rs C-159/08 P, Slg. 2009, I-46, Rdnr. 34 – *Isabella Scippacerola et al./Komm.*

[893] St. Rspr., EuGH U. v. 2.4.2009, Rs C-202/07 P, Slg. 2009, I-2369, Rdnr. 56 ff. – *France Télécom/Komm.;* EuGH U. v. 28.5.1998, Rs C-7/95 P, Slg. 1998, I-3111, Rdnr. 20 – *Deere/Komm.;* gleichlautend EuGH U. v. 28.5.1998, Rs C-8/95 P, Slg. 1998, I-3175, Rdnr. 24 – *New Holland Ford/Komm.;* jeweils unter Hinweis auf EuGH B. v. 17.9.1996, Rs C-19/95 P, Slg. 1996, I-4435, Rdnr. 38 – *San Marco Impex/Komm.;* EuGH B. v. 19.3.2004, Rs C-196/03 P 1, SLg. 2004, I-2683, Rdnr. 41 – *Lucaccioni/Komm.;* EuGH U. v. 19.7.2012, Rs C-264/11 P, ECLI:EU:C:2012:498, Rdnr. 47 – *Kaimer/Komm.*

[894] EuGH U. v. 28.5.1998, Rs C-8/95 P, Slg. 1998, I-3175, Rdnr. 37 – *New Holland Ford/Komm.* Vgl. zu dem Verweis auf Randnummern auch EuGH U. v. 3.10.2000, C-458/98 P, Slg. 2000, I-8147, Rdnr. 67 – *Industrie des poudres sphériques/Rat u. a.,* wo der Gerichtshof ausführt, dass umgekehrt nicht zwingend alle Randnummern des angefochtenen Urteils angegeben werden müssen, in denen sich das Gericht mit dem betreffenden Problem auseinandersetzt. Vgl. ferner EuGH B. v. 28.9.2006, Rs C-552/03 P, Slg. 2006, I-, Rdnr. 132 – *Unilever Bestfoods/Komm.* Möglichst vermieden werden sollte eine Situation wie in EuGH U. v. 10.7.2014, Rs C-295/12 P, ECLI:EU:C:2014:2062, Rdnr. 27 ff. – *Telefónica/Komm.:* dort wurde die Rechtsmittelschrift sowohl von der Kommission als vom Generalanwalt für „konfus" gehalten; in seinen Schlussanträgen (ECLI:EU:C:2013:619, Rdnr. 7ff.) bezeichnete GA *Wathelet* das Rechtsmittel als „weitgehend konfus und wenig strukturiert", unter den vielen Gründen und Teilgründen (die einen „Rekord an Gründen und Teilgründen" darstellten) seien indes einige vom Generalanwalt herausgearbeitete „Stecknadeln im Heuhaufen" doch zulässig.

[895] EuGH U. v. 15.10.2002, Rs C-238/99 P u. a., Slg. 202, I-8375, Rdnr. 620 – *Limburgse Vinyl Maatschapij u. a./Komm.*

Die Rechtsmittelschrift kann gemäß Art. 167 Abs. 1 VerfOEuGH sowohl beim EuGH als beim EuG eingelegt werden.[896] Die Rechtsmittelschrift muss gemäß Art. 168 VerfO EuGH neben gewissen formalen Angaben vor allem die **Rechtsmittelanträge** und die **Rechtsmittelgründe** enthalten, wobei das Rechtsmittel nach Art. 170 Abs. 1 Satz 2 VerfO EuGH nicht den vor dem EuG verhandelten Streitgegenstand verändern darf. Gleiches gilt für die Rechtsmittelbeantwortung nach Art. 172, 174 VerfO EuGH.[897] 340a

2. Bindung an die Tatsachenfeststellung durch das Gericht. Aus der Beschränkung der Rechtsmittelgründe schließt der Gerichtshof auch, dass nur die **Verletzung von Rechtsvorschriften** gerügt werden darf, nicht aber die Würdigung von Tatsachen. Die Feststellung der Tatsachen obliegt nicht dem Gerichtshof, sondern dem Gericht. Nur wenn die Feststellungen tatsächlich falsch sind, und dies aus den Prozessakten *offensichtlich* ist,[898] lässt der Gerichtshof eine diesbezügliche Rüge zu. Die eigentliche Würdigung der Tatsachen unterliegt also nicht der Überprüfung durch den Gerichtshof, wohl aber obliegt ihm die „Kontrolle der rechtlichen Qualifizierung und der rechtlichen Folgen", die das Gericht aus den Tatsachen abgeleitet hat. 341

Die **Abgrenzung** zwischen fehlerhafter Rechtsanwendung auf einen Sachverhalt (rechtsmittelfähig) und der fehlerhaften Würdigung von Tatsachen (nicht rechtsmittelfähig) ist in der Praxis besonders problematisch. Der Gerichtshof hat in ständiger Rechtsprechung darauf hingewiesen, dass das Rechtsmittel nur auf Gründe gestützt werden kann, die sich auf die Verletzung von Rechtsvorschriften beziehen und jede Tatsachenwürdigung ausschließen.[899] Schon das allgemeine Infragestellen der Tatsachenfeststellungen des Gerichts kann dazu führen, dass der entsprechende Teil (Rechtsmittelgrund) vom Gerichtshof als unzulässig zurückgewiesen wird.[900] Zur Frage der Verfälschung von Tatsachen und/oder Beweismitteln, die als Rechtsfrage gerügt werden dürfen, s. unten Rdnr. 344 ff. 342

Neue Angriffs- oder Verteidigungsmittel – dazu gehören auch Tatsachen und Beweismittel – dürfen in der Rechtsmittelinstanz nicht vorgebracht werden, es sei denn, dass sie auf rechtliche oder tatsächliche Gründe gestützt sind, die erst während des Verfahrens zutage getreten sind.[901] Dabei muss jeweils dargetan werden, inwiefern der entsprechende Umstand erst in der entsprechenden Phase des Verfahrens zutage getreten ist, also nicht früher hätte geltend gemacht werden können.[902] Da es im Rechtsmittelverfahren nicht 343

[896] *Grabitz/Hilf/Nettesheim-Karpenstein,* Rdnr. 26 zu Art. 256.

[897] *Grabitz/Hilf/Nettesheim-Karpenstein,* Rdrn. 26 zu Art. 256.

[898] St. Rspr.: EuGH U. v. 28.5.1998, Rs C-8/95 P, Slg. 1998, I-3175, Rdnr. 37 – *New Holland Ford/Komm.;* vgl. auch EuGH U. v. 1.6.1994, Rs C-136/92 P, Slg. 1994, I-1981, Rdnr. 49 – *Komm./Brazzelli u. a.;* EuGH U. v. 29.4.2004, Rs C-470/00 P, Slg. 2004, I-4167, Rdnr. 40 – *Europäisches Parlament/Ripa di Meana u. a.* Siehe ferner EuGH U. v. 6.4.2006, Rs C-551/03 P, Slg. 2006, I-3173, Rdnr. 54 – *General Motors Nederland und Opel Nederland/Komm.;* EuGH U. v. 21.9.2006, Rs, C-167/04 P, Slg. 2006, I-8935, Rdnr. 107 f. – *JCB Service/Komm.;* EuGH U. v. 18.1.2007, Rs C-229/05 P, Slg. 2007, I-439, Rdnr. 37 – *PKK und KNK/Rat;* EuGH U. v. 22.11.2007, Rs C-260/05 P, Slg. 2007, I-10005, Rdnr. 37 – *SNIACE/Komm.;* EuGH U. v. 17.6.2010, Rs C-413/08 P, Slg. 2010, I-5361, Rdnr. 17 – *Lafarge/Komm.*

[899] EuGH U. v. 1.6.1994, Rs C-136/92 P, Slg. 1994, I-1981, Rdnr. 48 – *Komm./Brazzelli u. a.;* mit Verweis auf EuGH U. v. 1.10.1991, Rs C-283/90 P, Slg. 1991, I-4339, 4364, Rdnr. 11 bis 13 – *Vidrányi/Komm.;* EuGH U. v. 8.4.1992, Rs C-346/90 P, Slg. 1992, I-2691, Rdnr. 6 f. – *F/Komm.* EuGH U. v. 2.3.1994, Rs C-53/92 P, Slg. 1994, I-667, Rdnr. 10 – *Hilti/Komm.;* EuGH U. v. 11.2.2004, Rs C-180/03 P 1, Slg. 2004, I-1587, Rdnr. 41 – *Latino/Komm.;* EuGH U. v. 21.9.2006, Rs, C-167/04 P, Slg. 2006, I-8935, Rdnr. 108 – *JCB Service/Komm.;* EuGH U. v. 22.11.2007, Rs C-260/05 P, Slg. 2007, I-10005, Rdnr. 34 f. – *SNIACE/Komm.;* EuGH U. v. 30.4.2014, Rs C-238/12 P, ECLI:EU:2014:284, Rdnr. 31 – *FLSmidth/Komm.* Zu den möglichen Verfahrenrügen fehlerhafter Sachverhaltsermittlung oder mangelnder Beweiserhebung siehe unten Rdnr. 344.

[900] So EuGH U. v. 28.5.1998, Rs C-8/95 P, Slg. 1998, I-3175, Rdnr. 27 – *New Holland Ford/Komm.*

[901] Art. 127 Abs. 2 VerfO EuGH.

[902] Vgl. dazu EuGH U. v. 17.7.1997, Rs C-219/95 P, Slg. 1997, I-4411, Rdnr. 56 f. – *Ferriere Nord/Komm.* Die Rechtsmittelführerin hatte sich darauf berufen, die italienische Lira sei gegenüber

mehr um Tatsachen geht, sondern um Rechtsfragen, ist es eher unwahrscheinlich, dass eine solche Situation vorliegt – anders als im erstinstanzlichen Verfahren, wo beispielsweise Teile der Akten, zu denen der Kläger im Rahmen der Akteneinsicht keinen Zugang hat, vom Gericht angefordert werden können und der Kläger diese dann im Gerichtsverfahren erstmals zu Gesicht bekommt. Im Rechtsmittelverfahren kann eine Partei sich auch nicht auf Rechtsgründe berufen, die vom Gericht im angefochtenen Urteil als unzulässig zurückgewiesen wurden, wenn nicht gleichzeitig im Rechtsmittel die Feststellung der Unzulässigkeit gerügt wird.[903]

344 **3. Tatsachen- und Beweiswürdigung durch das Gericht.** Ebenfalls der Überprüfung durch den Gerichtshof entzogen ist die Überprüfung der Beweismittel, auf die das Gericht seine Feststellungen gestützt hat. Sofern die Beweismittel ordnungsgemäß erhoben und die allgemeinen Rechtsgrundsätze sowie die Vorschriften über Beweislast[904] und das Beweisverfahren eingehalten worden sind, ist es allein Sache des Gerichts, die Beweise zu würdigen.[905] Es ist auch allein Sache des Gerichts, zu entscheiden, ob die ihm vorgelegten Informationen, mit denen es befasst ist,der Ergänzung bedürfen;[906] eine Rüge mangelnder Beweiserhebung geht daher regelmässig fehl. Nur wenn eine sog. **Verfälschung von Beweismitteln** vorliegt[907] oder das Gericht ein Beweismittel **offensichtlich verkannt** hat,[908] handelt es sich um eine *Rechtsfrage,* die als solche der Kontrolle des Gerichtshofs unterliegt. Tatsachenfeststellungen und die Beurteilung von Beweismitteln sind dann vom Gerichtshof überprüfbare Rechtsfragen, wenn sich die Unrichtigkeit der Tatsachenfeststellung durch das Gericht aus den zur Akte gereichten Schriftstücken ergibt und Beweismittel verfälscht worden sind.[909] Unter einer „Verfälschung" des Beweismittels wird dabei eine Fehlinterpretation des Beweismittels verstanden, die den Sinn der Schriftstücke verfälscht,[910] wie beispielsweise die fehlerhafte Zurechnung der Autorenschaft eines Dokuments an ein Unternehmen, welches in Wirklichkeit nur den Vermerk eines anderen Unternehmens vorgelegt hat,[911] oder ein Schriftstück gegen seinen Wortlaut ausgelegt wird.[912] Die Verfälschung

---

dem ECU (jetzt Euro) erheblich abgewertet worden, daher sei die Geldbusse herabzusetzen. Sie konnte aber nicht darlegen, dass dieser Umstand erst später eingetreten sei und nicht bereits zu einem früheren Zeitpunkt hätte geltend gemacht werden können.

903 EuGH U. v. 2.4.2009, Rs C-202/07 P, Slg. 2009, I-2369, Rdnr. 93 – *France Télécom/Komm.*

904 Vgl. dazu EuGH U. v. 8.7.1999, Rs C-49/92 P, Slg. 1999, I-4125, Rdnr. 96 – *Komm./Anic Partecipazioni,* wonach die Kommission zwar grundsätzlich die von ihr festgestellten Zuwiderhandlungen zu beweisen hat. Will aber ein Unternehmen, das bei einer Sitzung anwesend war, bei der eine wettbewerbswidrige Vereinbarung zustande gekommen ist, geltend machen, es habe an der Durchführung nicht mitwirken wollen, so trägt das Unternehmen für dieses entlastende Merkmal die Beweislast.

905 EuGH U. v. 16.7.2009, Rs C-440/07 P, Slg. 2009, I-6413, Rdnr. 103 – *Schneider VI*; EuGH U. v. 10.6.2008, Rs C-413/06 P, Slg. 2008, I-4951, Rdnr. 29 – *Bertelsmann und Sony Corporation of America/Impala;* EuGH U. v. 28.6.2005, verb. Rs C-189/02 P, C-202/02 P, C-205/02 P bis C-208/02 und C-213/02 P, Slg. 2005, I-5425, Rdnr. 165 – *Dansk Rørindustri u. a./Komm.;* EuGH U. v. 28.5.1998, Rs C-7/95 P, Slg. 1998, I-3111, Rdnr. 22 – *Deere/Komm.;* EuGH B. v. 17.9.1996, Rs C-19/95 P, Slg. 1996, I-4435, Rdnr. 40 – *San Marco Impex/Komm.;* EuGH U. v. 12.2.2004, Rs C-330/01 P, Slg. 2004, I-1763, Rdnr. 36 – *Hortiplant/Komm.;* EuGH U. v. 14.3.2013, Rs C-276/11 P, ECLI:EU:C:2013:163, Rdnr. 28ff. – *Viega/Komm.*

906 EuGH U. v. 22.11.2012, Rs C-89/11 P, ECLI:EU:C:2012:738, Rdnr. 115 – *E.On Energie/Komm.*

907 EuGH U. v. 22.11.2012, Rs C-89/11 P, ECLI:EU:C:2012:738, Rdnr. 115 – *E.On Energie/Komm.;* EuGH U. v. 2.3.1994, Rs C-53/92 P, Slg. 1994, I-667, Rdnr. 42 – *Hilti/Komm.;* EuGH U. v. 7.11.2002, verb. Rs C-24/01 P und C-25/01 P, Slg. 2002, I-10119, Rdnr. 65 – *Glencore u. a./Komm.;* vgl. EuGH U. v. 22.5.2008, Rs C-266/06 P, Rdnr. 86 – *Evonik Degussa/Komm. und Rat.*

908 EuGH U. v. 2.3.1994, Rs C-53/92 P, Slg. 1994, I-667, Rdnr. 42 – *Hilti/Komm.*

909 EuGH U. v. 16.7.2009, Rs C-440/07 P, Slg. 2009, I-6413, Rdnr. 104 – *Schneider VI.*

910 Vgl. dazu EuGH U. v. 7.5.1998, Rs C-401/96 P, Slg. 1998, I-2587, Rdnr. 68f. – *Somaco/Komm.*

911 EuGH U. v. 19.3.2009, Rs C-510/06 P, Slg. 2009, I-1843, Rdnr. 133 – *Archer Daniels Midland Co/Komm.*

912 EuGH U. v. 8.12.2011, Rs C-389/10 P, Slg. 2011, I-13125, Rdnr. 46 – *KME/Komm.*

ist aber nur relevant, wenn sie das Urteil des Gerichts trägt und nicht andere Aspekte ausreichen.[913] Dabei muss die Würdigung der vorliegenden Beweise ohne die Erhebung neuer Beweise **offensichtlich unzutreffend** sein.[914] Das kann insbesondere der Fall sein, wenn die Schlussfolgerungen, die das Gericht aus den Beweismitteln gezogen hat, nicht in Einklang mit Sinn und Bedeutung dieser Dokumente stehen, wenn man sie in ihrer Gesamtheit liest.[915] Ebenso wird die **Verfälschung von Tatsachen** durch das Gericht bewertet. Darunter fallen beispielsweise die falsch verstandene Bezugnahme in der Begründung einer Kommissionsentscheidung,[916] die falsche Wiedergabe eines Protokolls,[917] sowie die falsche Auslegung[918] oder Verfälschung einer Entscheidungsbegründung.[919] Hinsichtlich der Würdigung der Marktgegebenheiten und der Wettbewerbssituation ist es nicht Aufgabe des Gerichtshofs, seine Beurteilung an die Stelle der Beurteilung durch das Gericht zu setzen; eine sich auf solche Aspekte beziehende Rüge ist unzulässig.[920] Sehr wohl überprüft der Gerichtshof aber (als möglichen Rechtsfehler), ob das Gericht die Schwere der Zuwiderhandlung sowie andere Elemente, die zur Bemessung einer Geldbusse herangezogen wurden, richtig bewertet hat.[921]

Gerügt werden kann auch, dass es das Gericht **unterlassen** hat, bestimmte **Beweise zu erheben**;[922] Voraussetzung dafür ist eine Verfälschung der Tatsachen ohne Erhebung dieser Beweise. Auch wenn die Entscheidung über die Zweckdienlichkeit einer Beweiserhebung[923] und die Beweiswürdigung grundsätzlich allein dem Gericht obliegt[924] und für das Rechtsmittelgericht verbindlich ist, überprüft der Gerichtshof, ob die Beweise ordnungsgemäß erbracht, die allgemeinen Regeln und Grundsätze zur Beweislast beachtet und die Vorschriften über das Beweisverfahren (Art. 91 bis 102 VerfO EuG) eingehalten wurden.[925] Regeln und **Grundsätze zur Beweislast** sind der neueren Rechtsprechung zu entnehmen. Danach muss die Kommission für Zuwiderhandlungen gegen das Wettbewerbsrecht aussagekräftige und übereinstimmende Beweise vorlegen, die die feste Überzeugung begründen, dass die behauptete Zuwiderhandlung stattgefunden hat.[926] Etwaige Zweifel müssen dem Unternehmen zugute kommen. Insoweit gilt auch in Wettbewerbsverfahren die 345

---

[913] Vgl. Schlussanträge der Generalanwältin *Trstenjak* v. 15.5.2008, Rs C-510/06 P, Slg. 2009, I-1843, Rdnr. 214f. – *Archer Daniels Midland Co/Komm.*

[914] EuGH U. v. 4.7.2013, Rs C-287/11 P, ECLI:EU:C:2013:445, Rdnr. 50ff. – *Komm./Aalberts Industries.*

[915] EuGH U. v. 18.7.2007, Rs C-326/05 P, Slg. 2007, I-6557, Rdnr. 60, 63 – *Industrias Químicas/Komm.* Siehe auch EuGH U. v. 18.1.2007, Rs C-229/05 P, Slg. 2007, I-439, Rdnr. 54 – *PKK und KNK/Rat.*

[916] EuGH U. v. 27.1.2000, Rs C-164/98 P, Slg. 2000, I-447, Rdnr. 43ff. – *DIR International Film u. a./Komm.*

[917] EuGH U. v. 3.4.2003, Rs C-277/01 P, Slg. 2003, I-3019, Rdnr. 45ff. – *Parlament/Samper.*

[918] EuGH U. v. 2.10.2003, Rs C-172/01 P u. a., Slg. 2003, I-11421, Rdnr. 156 – *International Power u. a./NALOO.*

[919] EuGH U. v. 1.6.2006, verb. Rs C-442/03 P und C-471/03 P, Slg. 2006, I-4845, Rdnr. 63ff. – *P&O European Ferries [Vizcaya]/Komm.*

[920] EuGH U. v. 15.1.2007, Rs C-95/04 P, Slg. 2007, I-2331, Rdnr. 78, 114 – *British Airways/Komm.*

[921] Vgl. EuGH U. v. 8.12.2011, Rs C-272/09 P, Slg. 2011, I-12789, Rdnr. 49ff. – *KME Germany u. a./Komm.;* v. 8.12.2011, Rs C-389/10 P, Slg. 2011, I-13125, Rdnr. 37ff. – *KME Germany u. a./Komm.*

[922] EuGH U. v. 22.12.1993, Rs C-244/91 P, Slg. 1993, I-6965, Rdnr. 32f. – *Pincherle/Komm.;* EuGH U. v. 2.3.1994, Rs C-53/92 P, Slg. 1994, I-667, Rdnr. 46 – *Hilti/Komm.*

[923] EuGH U. v. 14.3.2013, Rs C-276/11 P, ECLI:EU:C:2013:163, Rdnr. 39 – *Viega/Komm.*

[924] EuGH U. v. 22.11.2012, Rs C-89/11 P, ECLI:EU:C:2012:738, Rdnr. 115 – *E.On Energie/Komm.*

[925] EuGH U. v. 1.6.1994, Rs C-136/92 P, Slg. 1994, I-1981, Rdnr. 66 – *Komm./Brazzelli u. a.;* EuGH U. v. 19.7.2012, Rs C-264/11 P, ECLI:EU:C:2012:498, Rdnr. 23 – *Kaimer/Komm.*

[926] EuG U. v. 15.12.2010, Rs T-141/08, Slg. 2010, II-5761, Rdnr. 48ff. – *E.On Energie/Komm.,* insoweit bestätigt durch EuGH U. v. 22.11.2012, Rs C-89/11 P, ECLI:EU:C:2012:738, Rdnr. 71ff. m. w. N. – *E.On Energie/Komm.*

Unschuldsvermutung nach Art. 6 Abs. 2 EMRK.[927] Beruht die Annahme eines zwischen den Unternehmen abgestimmten Verhaltens auf bloßen *Indizien,* müssen die betreffenden Unternehmen gegenüber dieser Behauptung der Kommission nur Umstände nachweisen, die den von der Kommission festgestellten Sachverhalt in einem anderen Licht erscheinen lassen und damit eine andere Erklärung des Sachverhalts ermöglichen.[928] Kann sich die Kommission hingegen auf ganz *bestimmte Tatsachen* und Beweismittel stützen, muss der Kläger diese Beweise widerlegen; die Möglichkeit des Eintritts eines Umstands, der den Beweiswert in Frage stellt, reicht nicht.[929] Ein Unternehmen trägt für die Behauptung, ein Kartell habe keine Auswirkungen auf die Preisentwicklung in einem bestimmten Markt gehabt, die Beweislast.[930] Die **Beweislastumkehr,** die greift, wenn die Kommission Beweismittel vorgelegt hat, die genügen, um eine Zuwiderhandlung darzutun, widerspricht nicht dem Grundsatz der Unschuldsvermutung (Art. 48 Charta).[931]

346 Nach der neueren Rechtsprechung bedeutet der **weite Ermessensspielraum der Kommission** bei wirtschaftlich komplexen Sachverhalten nicht, dass der Unionsrichter eine Kontrolle von Wirtschaftsdaten durch die Kommission unterlassen muß. Vielmehr kann der Unionsrichter nicht nur die sachliche Richtigkeit der Beweise, ihre Zuverlässigkeit und ihre Kohärenz prüfen, sondern auch kontrollieren, ob diese Beweise die von der Kommission gezogenen Schlüsse zu tragen vermögen.[932] Dazu gehört auch die Prüfung, ob die Entscheidung alle relevanten Daten in Betracht zieht, insbesondere die Wettbewerbsbedingungen sowie die Nachfrage- und Angebotsstruktur.[933] Das gilt vor allem dann, wenn es um Prognoseentscheidungen geht, etwa im Bereich der Fusionskontrolle. Mit dem *Tetra Laval-Sidel* Urteil hat der Gerichtshof faktisch die Überprüfung der Kommissionsentscheidungen auch bei wirtschaftlich komplexen Sachverhalten auf die zugrunde liegenden Angaben erstreckt. Seither wird dieser erweiterte Nachprüfungsgrundsatz angewandt. Ohne sich an die Stelle der Kommission zu setzen, kann das Gericht somit eine Reihe relevanter Daten untersuchen und prüfen, ob die Kommission diese richtig angewandt hat. Dies ist auch im Rechtsmittelverfahren vor dem Gerichtshof möglich, wenn insoweit jeweils nur auf eine Verfälschung der Beweismittel (s. dazu oben Rdnr. 344) abgestellt würde – insbesondere die Frage, ob die Beweismittel die gezogenen Schlüsse zu stützen vermögen. So prüft der Gerichtshof die Schwere der Zuwiderhandlung anhand der Auswirkungen auf den Markt und des Umsatzes sowie der Dauer der Zuwiderhandlung.[934]

347 **4. Unzuständigkeit des Gerichts und Verfahrensfehler.** Nach Art. 58 Abs. 1 Satzung des Gerichtshofs können im Rechtsmittel nur drei Gesichtspunkte als Rechtsfragen gerügt werden: die Unzuständigkeit des Gerichts, Verfahrensfehler sowie die Verletzung von Unionsrecht. In Fragen des Kartellrechts ist nur schwer vorstellbar, dass im Rechtsmittel die Unzuständigkeit des Gerichts gerügt werden kann, denn das Gericht ist für alle Nichtigkeitsklagen, Schadenersatzklagen und Untätigkeitsklagen von Unternehmen zu-

---

[927] EuG U. v. 15.12.2010, Rs T-141/08, Slg. 2010, II-5761, Rdnr. 52, 238 – *e.On/Komm.;* EuGH U. v. 22.11.2012, Rs C-89/11 P, ECLI:EU:C:2012:738, Rdnr. 73 – *e.On/Komm.*

[928] EuGH U. v. 2.3.1994, Rs C-53/92 P, Slg. 1994, I-667, Rdnr. 34 – *Hilti/Komm.;* mit Verweis auf EuGH U. v. 28.3.1984, verb. Rs 29 und 30/83, Slg. 1984, 1679, Rdnr. 16 – *CRAM und Rheinzink/Komm.*

[929] EuGH U. v. 22.11.2012, Rs C-89/11 P, ECLI:EU:C:2012:738, Rdnr. 76 ff. – *e.On/Komm.;* EuGH U. v. 2.3.1994, Rs C-53/92 P, Slg. 1994, I-667, Rdnr. 38 – *Hilti/Komm.*

[930] EuGH U. v. 19.3.2009, Slg. 2009, I-1843, Rdnr. 101 ff. – *Archer Daniels Midland*/Komm.

[931] EuGH U. v. 22.11.2012, Rs C-89/11 P, ECLI:EU:C:2012:738, Rdnr. 78 – *E.On Energie/Komm.*

[932] Grundlegend dazu EuGH U. v. 15.2.2005, Rs C-12/03 P, Slg. 2005, I-987, Rdnr. 39 ff. – *Komm./Tetra Laval*; EuGH U. v. 8.12.2011, Rs C-386/10 P, Slg. 2011 I-13085, Rdnr. 54 f. – *Chalkor/Komm.;* EuG U. v. 17.9.2007, Rs T-201/04, Slg. 2007, II-3601, Rdnr. 482 – *Microsoft/Komm.;* EuG U. v. 9.9.2009, Rs T-301/04, Slg. 2009, II-3155, Rdnr. 47 – *Clearstream Banking/Komm.*

[933] EuG U. v. 9.9.2009, Rs T-301/04, Slg. 2009, II-3155, Rdnr. 48 – *Clearstream Banking/Komm.*

[934] EuGH U. v. 8.12.2012, Rs C-389/10 P, Slg. 2011, I-13125, Rdnr. 37 ff. (Auswirkungen auf den Markt), Rdnr. 58 ff. (Umsatz) und Rdnr. 72 ff. (Dauer der Zuwiderhandlung) – *KME/Komm.*

ständig. Eine Unzuständigkeit des Gerichts wäre somit nur anzunehmen, wenn das Gericht selbst anstelle der Kommission einen Sachverhalt entscheidet, für den allein die Kommission zuständig ist; zu denken wäre theoretisch an die Aufhebung einer Untersagung eines Zusammenschlusses mit gleichzeitiger Erklärung, dieser Zusammenschluss sei mit dem Binnenmarkt vereinbar, oder eine Freistellungserklärung im Urteil des Gerichts. In der Praxis ist dies noch nicht vorgekommen. Bei denen im Kartellrecht wichtigen Bussgeldsachen ist das Gericht zuständig, die Höhe des Bussgeldes zu überprüfen und herauf- oder herabzusetzen; eine solche Entscheidung liegt also im Zuständigkeitsbereich des Gerichts.

Hinsichtlich der Verfahrensrechte können nur solche Verfahrensfehler geltend gemacht werden, durch die die Interessen des Rechtsmittelführers beeinträchtigt werden (Art. 58 Abs. 1 Satz 2 Satzung des Gerichtshofs) und die sich auf die Entscheidung ausgewirkt haben. In Betracht kommen insbesondere die Verletzung des Grundsatzes des **rechtlichen Gehörs** sowie die Verletzung der Vorschriften über die Beweisaufnahme, ebenso das Fehlen der Zuständigkeit des Gerichts.[935] **347a**

Im Rahmen des Rechtsmittels vor dem Gerichtshof kann gerügt werden, dass das Gericht die **Verteidigungsrechte** verletzt bzw. gegen den Grundsatz des rechtlichen Gehörs verstoßen hat. Dies kommt insbesondere dann in Betracht, wenn die Kommission den Unternehmen den Inhalt bestimmter Unterlagen nicht mitgeteilt hat und das Gericht diese Weigerung als rechtmäßig ansah. Die Kommission kann die **Akteneinsicht** in bestimmte Kategorien von Unterlagen (interne Dokumente, vertrauliche Mitteilungen anderer Unternehmen) verweigern. Der Gerichtshof als Rechtsmittelgericht prüft nur, inwieweit die Qualifizierung der Dokumente rechtsfehlerfrei erfolgte, wobei es sich hierbei zunächst auf die vom Gericht vorgebrachten Gründe stützt, ohne selbst die Unterlagen einzusehen und dann zu entscheiden.[936] Wird die Rüge der Beeinträchtigung der Verteidigungsrechte erstmals vor dem Gerichtshof erhoben und stützt der Rechtsmittelführer seine Rüge der Verletzung der Verteidigungsrechte auf die vor dem Gericht erstmals zugänglich gemachten Dokumente, kann der Gerichtshof allerdings selbst die Unterlagen einsehen und feststellen, ob diese der Verteidigung dienlich gewesen wären und damit den Vortrag einer relevanten Verletzung der Verteidigungsrechte tragen.[937] Eine Rüge der Verletzung von Verfahrensfehlern ist allerdings nur erfolgreich, wenn diese dazu geführt hat, dass die Verteidigung wirklich beeinträchtigt wurde – eine andere Entscheidung des Gerichts muß jedenfalls denkbar gewesen sein. Eine Verletzung von Verfahrensrechten kann zudem nur angenommen werden, wenn die Einsichtnahme in die Akten vor Gericht dem Kläger und Rechtsmittelführer es nicht ermöglicht hat, seine Verteidigungsrechte ordnungsgemäss wahrzunehmen. Solange die Gelegenheit bestand, zum Inhalt der Akten noch schriftsätzlich Stellung zu nehmen, ist dem zuvor bestehenden Verfahrensmangel abgeholfen. Hinsichtlich der **Verfahrensdauer** stellt die Einhaltung eines angemessenen Zeitraums bei der Abwicklung eines Verwaltungsverfahrens auf dem Gebiet der Wettbewerbspolitik zwar einen allgemeinen Grundsatz des Gemeinschaftsrechts dar, den der Gemeinschaftsrichter zu sichern hat.[938] Eine sehr lange Verfahrensdauer – sogar von mehr als 27 Jahren – war früher nur dann relevant, wenn die Verteidigungsrechte konkret beeinträchtigt wurden und das betroffene Un- **348**

---

[935] EuGH U. v. 25.3.2009, Rs C-159/08 P, Slg. 2009, I-46, Rdnr. 32 – *Isabella Scippacerola et al./Komm.* So darf das Gericht beispielsweise nicht von Amts wegen prüfen, ob eine Massnahme nicht den Mitgliedstaaten, sondern der Union zuzurechnen ist und somit nicht den Tatbestand von Art. 107 Abs. 1 AEUV erfüllt, EuGH U. v. 10.12.2013, Rs C-272/12 P, ECLI:EU:C:2013:812, Rdnr. 36 – *Komm./Irland u. a.*

[936] EuGH U. v. 6.4.1995, Rs C-310/93 P, Slg. 1995, I-865, Rdnr. 24 ff. – *BPB Industries und British Gypsum/Komm.*

[937] Siehe dazu EuGH U. v. 15.10.2002, Rs C-238/99 P u. a., Slg. 202, I-8375, Rdnr. 651 ff. – *Limburgse Vinyl Maatschapij u. a./Komm.*, wo der Gerichtshof selbst die Unterlagen prüft und feststellt, dass diese der Verteidigung von *Montedison* nicht dienlich gewesen wären.

[938] EuGH U. v. 21.9.2006, Rs C-167/04 P, Slg. 2006, I-8935, Rdnr. 60 – *JCB Service/Komm.*

ternehmen dadurch einen Nachteil erlitten hat.[939] Dies konnte dann zu einer Teilaufhebung des Urteils des Gerichts führen, wobei der Gerichtshof jedoch den zugrundeliegenden Klagegrund dann selbst durchentscheiden kann.[940] Nach der neueren Rechtsprechung zur überlangen Verfahrensdauer lehnt der Gerichtshof es ab, aus der Dauer einen Rückschluss auf die Wirksamkeit des angefochtenen Beschlusses zu nehmen, und verweist die Kläger auf Schadenersatzansprüche gegen das Gericht [941](s. dazu oben Rdnr. 303a f. m. w. N.). Die Frage der **Beweislastverteilung** ist eine Rechtsfrage, die sich zwar auf die Tatsachenfeststellungen des Gerichts auswirken kann, aber im Rahmen des Rechtsmittels gerügt werden darf.[942]

349 **5. Verletzung von Gemeinschaftsrecht.** Der Schwerpunkt der vor dem Gerichtshof im Rechtsmittelverfahren vorgebrachten Rügen in Wettbewerbssachen bezieht sich auf die Verletzung von Gemeinschaftsrecht. Zum Gemeinschaftsrecht zählen dabei neben dem Primärrecht (Art. 101 ff. AEUV, aber auch die Begründungspflicht nach Art. 296 AEUV) das Sekundärrecht (z. B. VO Nr. 1/2003, VO Nr. 773/2004, die FKVO Nr. 139/2004, die Gruppenfreistellungsverordnungen etc.) sowie die allgemeinen Rechtsgrundsätze und Grundrechte, soweit sie auf Gemeinschaftsebene geschützt werden. Insoweit ist auf die Ausführungen im Rahmen der Nichtigkeitsklage nach Art. 263 AEUV zu verweisen.[943]

350 Der Rechtsmittelführer kann ferner rügen, dass das Gericht seine Entscheidung **unzureichend oder widersprüchlich begründet** hat (Artikel 36 und 53 Abs. 1 der Satzung Gerichtshof). Ein Begründungsfehler liegt zum Beispiel dann vor, wenn aus den Ausführungen des Gerichts nicht hervorgeht, dass das Gericht die Richtigkeit des Vorbringens der Klägerin geprüft hat.[944] Hier ist zu beachten, dass die Begründungspflicht des Gerichts im Rahmen des Verfahrens des einstweiligen Rechtsschutzes weniger weit reicht als in der Hauptsache. Es genügt dort, dass die angegebenen Gründe den Beschluss schlüssig rechtfertigen.[945] Die Begründungspflicht bedeutet nicht, dass das Gericht alle von den Parteien des Rechtsstreits vorgetragenen Argumente nacheinander erschöpfend behandeln muß;[946] die Begründung kann auch implizit erfolgen, sofern sie es den Betroffenen ermöglicht, die Gründe für die getroffene Maßnahme zu erfahren, und dem Gerichtshof ausreichende Angaben liefert, damit er seine Kontrolle wahrnehmen kann.[947]

---

[939] EuGH U. v. 21.9.2006, Rs C-167/04 P, Slg. 2006, I-8935, Rdnr. 64, 72 f. – *JCB Service/Komm.*, wo der Kläger aufgrund seiner Anmeldung der betroffenen Vereinbarung nach Art. 15 Abs. 5 VO Nr. 17 Schutz vor der Verhängung von Bussgeldern genoss und somit die lange Dauer des Anmeldeverfahrens ihm keinen Nachteil brachte.

[940] EuGH U. v. 21.9.2006, Rs C-105/04 P, Slg. 2006, I-8725 – *Nederlandse Federatieve Vereniging voor de Groothandel op elektronisch Gebiet/Komm.*

[941] EuGH U. v. 9.9.2008, verb. Rs C-120/06 P und C-121/06 P, Slg. 2008, I-6513, Rdnr. 208 ff. – *FIAMM/Rat und Komm.;* EuGH U. v. 16.7.2009, Rs C-385/07 P, Slg. 2009, I-6155, Rdnr. 191, 195 – *Der Grüne Punkt – DSD/Komm.;* EuGH U. v. 26.11.2013, Rs C-50/12 P, ECLI:EU:C:2013:771, Rdnr. 77 ff., 95 – *Kendrion/Komm.*

[942] EuGH U. v. 6.1.2004, verb. Rs C-2/01 P und C-3/01 P, Slg. 2004, I-23, Rdnr. 61 – *Bundesverband der Arzneimittel-Importeure und Komm.*

[943] Siehe oben unter Rdnr. 225 ff.

[944] EuGH U. v. 17.1.1995, Rs C-360/92 P, Slg. 1995, I-23, Rdnr. 31 – *Publishers Association/Komm.*

[945] EuGH B. v. 9.7.1995, Rs C-149/95 P (R), Slg. 1995, I-2165, Rdnr. 57 f. – *Komm./Atlantic Container u. a.*

[946] EuGH U. v. 2.4.2009, Rs C-202/07 P, Slg. 2009, I-2369, Rdnr. 30 – *France Télécom/Komm.;* EuGH U. v. 19.4.2012, Rs C-549/10 P, ECLI:EU:C:2012:221, Rdnr. 47 – *Tomra Systems/Komm.*

[947] St. Rspr., s. EuGH U. v. 7.1.2004, verb. Rs C-204/00 P, C-205/00 P, C-213/00 P, C-21/00 P und C-219/00 P, Slg. 2004, I-123, Rdnr. 372 – *Aalborg Portland A/S u. a./Komm.;* EuGH U. v. 18.5.2006, Rs C-379/03 P, Slg. 2006, I-4429, Rdnr. 60 – *Archer Daniels Midland Co/Komm.;* aus neuerer Zeit EuGH U. v. 19.6.2014, Rs C-243/12 P, ECLI:EU:C:2014:2006, Rdnr. 44 ff. – *FLS Plast/Komm.;* EuGH U. v. 25.6.2014, Rs C-37/13 P, ECLI:EU:C:2014:2030, Rdnr. 21 ff. – *Nexans/Komm.;* EuGH U. v. 4.9.2014, Rs C-408/12 P, ECLI:EU:C:2014:2153, Rdnr. 80 ff. – *YKK/Komm.;* EuGH U. v. 8.12.2014, Rs C-434/13 P, ECLI:EU:2014:2456, Rdnr. 77 ff. – *Komm./Parker Hannifin.*

Der Rechtsmittelführer kann auch rügen, das Gericht habe den Umfang der Begründungspflicht der Kommission nach Art. 296 AEUV verkannt. Der Gerichtshof prüft dann, ob die Kommission den Anforderungen des Art. 296 AEUV genügt hat.[948] Diese Rüge hat nur Erfolg, sofern sie sich auf formale Mängel der Begründung stützt. Liegt der Rüge der mangelnden Begründung eigentlich die Rüge zugrunde, die rechtliche Prüfung, die die Kommission in ihrer Entscheidung vorgenommen hat, sei ungenügend, findet hingegen keine Überprüfung durch das Rechtsmittelgericht statt.[949] 351

Auch die **rechtliche Qualifizierung der Tatsachen und Rechtsfolgen** stellt – anders als die Tatsachenfeststellung und die tatsächliche Würdigung – eine Rechtsfrage dar, die unter dem Gesichtspunkt der Verletzung von Gemeinschaftsrecht zu prüfen ist.[950] Allerdings sind hier in der Praxis Überschneidungen mit Tatsachenfragen nicht auszuschließen; so z. B. bei der Frage, ob das Gericht ein bestimmtes Parallelverhalten der Unternehmen als abgestimmte Verhaltensweise qualifizieren durfte oder den relevanten Markt richtig abgegrenzt hat. In einem Fall setzte sich der Gerichtshof beispielsweise selbst mit der Beurteilung der *räumlichen Ausdehnung* des relevanten Marktes auseinander und gelangte zur Schlussfolgerung, diesbezüglich habe das Gericht keinen Rechtsfehler begangen; in derselben Sache wurde aber die Rüge, die *Struktur* des Marktes sei unzutreffend charakterisiert, als „Tatsachenwürdigung" bezeichnet und zurückgewiesen – mit der Begründung, die durch den Gerichtshof zu prüfenden rechtlichen Argumente seien nicht genau angeführt worden.[951] Die *Komplexität* einer Formulierung in der Mitteilung von Beschwerdepunkten betrachtet der Gerichtshof nicht als *Rechtsfrage* (Verletzung der Verteidigungsrechte aufgrund unklarer Beschwerdepunkte), sondern als Teil der Tatsachenbeurteilung, die dem Gericht vorbehalten ist.[952] Der *Kausalzusammenhang* zwischen Verletzung und Schaden ist im Rahmen der ausservertraglichen Haftung der Union Rechtsfrage.[953] Diese Beispiele unterstreichen, dass ein hohes Maß an Genauigkeit bei der Ausarbeitung des Rechtsmittels gefordert ist, um jeweils die Verletzung von Rechtsvorschriften darzulegen und das Angreifen reiner Tatsachenbeurteilungen zu vermeiden. 352

Die **Höhe von Geldbußen** kann in der Rechtsmittelinstanz nur sehr eingeschränkt überprüft werden. Der Gerichtshof prüft lediglich, ob das Gericht alle relevanten Gesichtspunkte berücksichtigt (Schwere und Dauer der Zuwiderhandlung, weshalb der Gerichtshof dem normativen und wirtschaftlichen Zusammenhang der beanstandeten Verhaltensweisen Rechnung tragen muss)[954] und sein Ermessen nicht fehlerhaft ausgeübt hat. Es ist jedoch nicht Sache des Revisionsgerichtes, die Höhe der Geldbuße selbst zu überprüfen.[955] 353

---

[948] EuGH U. v. 6.4.1995, verb. Rs C-241/91 P und C-242/91 P, Slg. 1995, I-743, Rdnr. 95 ff. – *Radio Telefis Eireann;* EuGH U. v. 19.6.2014, Rs C-243/12 P, ECLI:EU:C:2014:2006, Rdnr. 44 ff. – *FLS Plast/Komm.;* s. auch Ausführungen von GA *Gulman* zu der Frage, ob es sich bei der Begründungspflicht um eine Rechtsfrage handelt: Rdnr. 196 ff.

[949] EuGH U. v. 6.4.1995, verb. Rs C-241/91 P und C-242/91 P, Slg. 1995, I-743, Rdnr. 102 – *Radio Telefis Eireann.*

[950] EuGH U. v. 10.6.2008, Rs C-413/06 P, Rdnr. 29 – *Bertelsmann und Sony Corporation of America/Impala;* EuGH U. v. 19.3.2009, Slg. 2009, I-1843, Rdnr. 105 – *Archer Daniels Midland/* Komm.; s. ferner EuGH U. v. 6.1.2004, verb. Rs C-2/01 P und C-3/01 P, Slg. 2004, I-23, Rdnr. 47 – *Bundesverband der Arzneimittel-Importeure und Komm.;* EuGH U. v. 1.6.1994, Rs C-136/92 P, Slg. 1994, I-1981, Rdnr. 49 – *Komm./Brazzelli u. a.;* EuGH U. v. 16.6.1994, Rs C-322/93 P, Slg. 1994, I-2727 – *Peugeot/Komm.;* EuGH U. v. 2.6.1994, Rs C-326/91 P, Slg. 1994, I-2091 – *de Compte/ Parlament;* EuGH U. v. 29.6.2000, Rs C-154/99 P, Slg. 2000, I-5019, Rdnr. 11 – *Politi/Europäische Stiftung für Berufsbildung.*

[951] Vgl. EuGH U. v. 28.5.1998, Rs C-8/95 P, Slg. 1998, I-3175, Rdnr. 84 ff. – *New Holland Ford/Komm.*

[952] EuGH U. v. 16.7.2009, Rs C-440/07 P, Slg. 2009, I-6413, Rdnr. 167 – *Schneider VI.*

[953] EuGH U. v. 16.7.2009, Rs C-440/07 P, Slg. 2009, I-6413, Rdnr. 192 – *Schneider VI.*

[954] EuGH U. v. 17.7.1997, Rs C-219/95 P, Slg. 1997, I-4411, Rdnr. 38 – *Ferriere Nord/Komm.* unter Hinweis auf EuGH U. v. 16.12.1975, Rs 40 bis 48, 50 bis 56, 111, 113 und 114/73, Slg. 1975, 1663 – *Suiker Unie u. a./Komm.*

[955] Zuletzt EuGH U. v. 29.4.2004, Rs C-359/01 P, Slg. 2004, I-4933, Rdnr. 47 ff. – *British Sugar/ Komm.;* s. auch EuGH U. v. 17.7.1997, Rs C-219/95 P, Slg. 1997, I-4411, Rdnr. 31 – *Ferriere*

VI. Besonderheiten des Verfahrens

354 **Form und Inhalt** der Rechtsmittelschrift sind in Art. 167 Abs. 1, 168, 169 VerfO EuGH geregelt. Die Rechtsmittelgründe sind in der Rechtsmittelschrift genau anzugeben.[956] Genügt die Rechtsmittelschrift nicht diesen Anforderungen, setzt der Kanzler eine Frist zur Mängelbehebung. In Ermangelung einer fristgemässen Mängelbehebung entscheidet der Gerichtshof nach Art. 168 Abs. 4 VerfO EuGH, ob die Nichtbeachtung dieser Förmlichkeit die formale Unzulässigkeit der Rechtsmittelschrift zur Folge hat. Es ist nicht ausreichend, hinsichtlich der Begründung des Rechtsmittels auf Ausführungen zu verweisen, die im Rahmen des Verfahrens vor dem Gericht gemacht worden sind; damit liefe das Rechtsmittelverfahren nämlich lediglich auf eine erneute Prüfung der beim Gericht eingereichten Klageschrift hinaus, wozu der Gerichtshof nicht befugt ist.[957] Andere Verstöße gegen Art. 168 VerfO EuGH führen dagegen nicht zwingend zur Unzulässigkeit der Klage. Dies gilt beispielsweise für eine Missachtung der Pflicht, jeden Schriftsatz mit allen darin erwähnten Anlagen einzureichen.[958]

355 An die Rechtsmittelschrift schließt sich eine **Rechtsmittelbeantwortung** an (Art. 172–174 VerfO EuGH). Erwiderung und Gegenerwiderung finden nur statt, sofern der Präsident dies auf Antrag der Partei ausdrücklich gestattet (Art. 175 Abs. 1 VerfO EuGH). Im Anschluss an das **schriftliche** Verfahren kann gemäß Art. 59 Satzung des Gerichtshof ein **mündliches** Verfahren stattfinden, wenn dies von den Parteien beantragt wird und sofern der Gerichtshof nicht das mündliche Verfahren für entbehrlich hält. Der Gerichtshof kann lediglich auf der Grundlage von Rechtsmittelschrift und Rechtsmittelbeantwortung ohne mündliche Anhörung entscheiden, wenn er dazu die Parteien und den Generalanwalt angehört hat. Hält der Gerichtshof das Rechtsmittel für offensichtlich unzulässig oder offensichtlich unbegründet, kann er das Rechtsmittel – nach Anhörung des Generalanwaltes – durch Beschluss verwerfen.[959] Findet eine mündliche Verhandlung statt, so entscheidet der Gerichtshof nach Anhörung des Generalanwaltes durch Urteil.

356 Die Einlegung des Rechtsmittels hat – wie die Nichtigkeitsklage – keinen **Suspensiveffekt** (Art. 60 Abs. 1 Satzung des Gerichtshof). Deshalb sollte ggf. gleichzeitig ein Antrag auf **einstweiligen Rechtsschutz** gemäß Art. Art. 278, 279 AEUV beim Gerichtshof gestellt werden, sofern die Voraussetzungen dafür nachgewiesen werden können. Wegen des Erfordernisses der Dringlichkeit wird dies nur bei ablehnenden Entscheidungen im einstweiligen Rechtsschutz vor dem Gericht eine praktische Bedeutung haben. Ein ebenfalls seltenes Beispiel für die umgekehrte Situation, in der die Kommission gegen den stattgebenden Beschluss im Verfahren des einstweiligen Rechtsschutzes vor dem Gericht (Aussetzung einer negativen Entscheidung der Kommission in einem Verfahren nach Art. 101 AEUV)[960] vorgegangen ist, ist der Fall *Kommission/Atlantic Container Line AB u. a.* Dem Rechtsmittel der Kommission war kein Erfolg beschieden.[961]

Nord/Komm.; EuGH U. v. 15.12.1994, Rs 320/92 P, Slg. 1994, I-5697, Rdnr. 44 bis 46 – *Finsider/Komm.;* EuGH U. v. 6.4.1995, Rs C-310/93 P, Slg. 1995, I-865, Rdnr. 34 – *BPB Industries und British Gypsum/Komm.* Zur Möglichkeit der Heraufsetzung von Bußgeldern s. oben Rdnr. 268 ff.

[956] EuGH B. v. 7.3.1994, Rs C-338/93 P, Slg. 1994, I-819, Rdnr. 18 – *de Hoe/Komm.;* EuGH U. v. 26.4.1993, Rs C-224/92 P, Slg. 1993, I-2041, Rdnr. 9 f. – *Kupka-Floridi.*

[957] EuGH U. v. 26.4.1993, Rs C-224/92 P, Slg. 1993, I-2041, Rdnr. 10 – *Kupka-Floridi;* EuGH B. v. 7.3.1994, Rs C-338/93 P, Slg. 1994, I-819, Rdnr. 16 bis 19 – *de Hoe/Komm.*

[958] EuGH U. v. 24.10.2004, Rs C-82/01 P, Slg. 2002, I-9297, Rdnr. 9 ff. – *ADP/Komm.*

[959] Vgl. dazu EuGH B. v. 28.9.2006, Rs C-552/03 P, Slg. 2006, I-9091, Rdnr. 148 – *Unilever Bestfoods/Komm.;* EuGH B. v. 9.3.2007, Rs C-188/06 P, Slg. 2007, I-35 (abgekürzte Veröffentlichung), ECLI:EU:C:2007:158 – *Schneider Electric/Komm. (Schneider IV),* in welchem alle Rechtsmittelgründe als offensichtlich unbegründet oder offensichtlich unzulässig verworfen werden.

[960] EuG U. v. 18.2.2002, Rs T-18/97, Slg. 2002 II-1125, Rdnr. 41 – *Atlantic Container Line AB u. a./Komm.*

[961] EuGH B. v. 19.7.1995, Rs C-149/95 P (R), Slg. 1995, I-2165, Rdnr. 26 ff. – *Komm./Atlantic Container u. a.*

VII. Entscheidung des Gerichtshofs als Rechtsmittelgericht

Das Rechtsmittel ist **begründet,** wenn das Gericht gegen Rechtsvorschriften verstoßen hat und sich dieser Rechtsverstoß zuungunsten des Rechtsmittelführers ausgewirkt hat[962] und der Tenor des angefochtenen Rechtsaktes sich nicht aus anderen Rechtsgründen als richtig erweist.[963] 357

Der Gerichtshof kann bei Begründetheit des Rechtsmittels die Sache an das Gericht zur Neuentscheidung **zurückverweisen**[964] oder die Sache selbst entscheiden, sofern sie **spruchreif** ist (Art. 61 Abs. 1 Satzung des Gerichtshofs). Eine eigene Entscheidung des Gerichtshofs kommt insbesondere in Betracht, wenn der Rechtsmittelführer formale Fehler der Kommission – z. B. mangelnde Begründung[965] – oder die Verletzung der Verteidigungsrechte rügt.[966] Die Rechtsssache ist spruchreif, wenn keine weiteren Tatsachenfeststellungen notwendig sind, um über die Rechtssache endgülig befinden zu können.[967] Der Rechtsstreit ist hingegen immer dann nicht spruchreif, wenn sich das Rechtsmittel gegen die Verwerfung der Klage wegen Unzulässigkeit richtet[968] oder aber das Gericht die Anwendbarkeit des Wettbewerbsrechts zu Unrecht verneint hat.[969] Ferner ist die Rückverweisung dann angezeigt, wenn aufgrund des festgestellten Rechtsfehlers Tatsachenfragen neu zu würdigen sind oder das Gericht im angefochtenen Urteil nur über einen von mehreren Klagegründen entschieden hatte.[970] Hat das Gericht einen Klagegrund fehlerhaft nicht berücksichtigt und gewürdigt, kommt eine Entscheidung durch den Gerichtshof in Betracht, wenn die Sache dennoch entscheidungsreif ist, beispielsweise der Klagegrund im Ergebnis nicht durchgreift; der Gerichtshof hebt dann das Urteil des Gerichts insoweit auf, weist aber das Rechtsmittel in seinem Urteil im übrigen insoweit ab.[971] Soweit dem Gerichtshof alle erforderlichen Angaben – etwas zur Dauer der Zuwiderhandlung – vorliegen, kann er auch eine von der Kommission festgesetzte und vom Gericht nicht beanstandete Geldbuße (hier: aufgrund fehlerhafter Zurechnung eines Unternehmens) anhand der von dem Unternehmen zunächst dem Gericht, dann dem Gerichtshof gelieferten Zahlen selbst in seinem Urteil herabsetzen.[972] 358

---

[962] EuGH U. v. 21.11.1991, Rs C-145/90 P, Slg. 1991, I-5449, Rdnr. 11 – *Costacurta/Komm.*

[963] EuGH U. v. 4.7.2013, Rs C-287/11 P, ECLI:EU:C:2013:445, Rdnr. 32 ff. – *Komm./Aalberts Industries*; s. ferner die Nachweise oben in Fn. 867.

[964] S. EuGH U. v. 4.10.1991, Rs C-185/90 P, Slg. 1991, I-4779, Rdnr. 28 – *Komm./Gill;* bei Zurückweisung gelten die Art. 215 bis 219 VerfO EuG. Neuere Fälle der Aufhebung und Zurückverweisung: EuGH U. v. 16.7.2009, Rs C-440/07 P, Slg. 2009, I-6413 – *Komm./Schneider;* EuGH U. v. 11.9.2014, Rs C-67/13 P, ECLI:EU:C:2014:2204 – *CB/Komm.;* EuGH U. v. 8.12.2014, Rs C-434/13 P, ECLI:EU:2014:2456 – *Komm./Parker Hannifin.*

[965] EuG B. v. 9.7.1992, Rs T-66/89, Slg. 1992, II-1261, Rdnr. 33 ff. – *Publisher's Association/Komm.*

[966] Vgl. EuGH U. v. 15.10.2002, Rs C-238/99 P u. a., Slg. 202, I-8375, Rdnr. 651 ff. – *Limburgse Vinyl Maatschapij u. a./Komm.*

[967] *Grabitz/Hilf/Nettesheim-Karpenstein,* Rndr. 55 zu Art. 256; EuGH U. v. 20.02.1992, Rs C-345/90 P, Slg. 1992, I-989, Rdnr. 36–38 – *Parlament/Hannig.*

[968] EuGH U. v. 16.6.1994, Rs C-39/93 P, Slg. 1994, I-2681 (2713), Rdnr. 38 – *SFEI u. a./Komm.*

[969] Vgl. EuGH U. v. 18.7.2006, Rs C-519/04 P, Slg. 2006, I-6991 – *Meca-Medina und Majcen/Komm.*

[970] So EuGH U. v. 11.11.1997, verb. Rs C-359/95 P und C-379/95 P, Slg. 1997, I-6265, Rdnr. 39 – *Komm. und Frankreich/Ladbroke Racing.*

[971] So EuGH U. v. 15.10.2002, Rs C-238/99 P u. a., Slg. 202, I-8375, Rdnr. 423 ff., 647 ff. – *Limburgse Vinyl Maatschapij u. a./Komm.;* EuGH U. v. 27.3.2004, Rs C-612/12 P, ECLI:EU:C:2014:193 – *Ballast Nedam/Komm.;* EuGH U. v. 17.11.2014, Rs C-501/12 P, ECLI:EU:C:2014:2363 – *Guardian Industries/Komm.*

[972] So EuGH U. v. 7.1.2004, verb. Rs C-204/00 P, C-205/00 P, C-213/00 P, C-21/00 P und C-219/00 P, Slg. 2004, I-123, Rdnr. 385 – *Aalborg Portland A/S u. a./Komm.;* aus der neueren Rspr.: EuGH U. v. 27.3.2004, Rs C-612/12 P, ECLI:EU:C:2014:193 – *Ballast Nedam/Komm.:* Teilnichtigkeit und Herabsetzung der Geldbusse; EuGH U. v. 17.11.2014, Rs C-501/12 P, ECLI:EU:C:2014:2363 – *Guardian Industries/Komm.*: teilweise Aufhebung des erstinstanzlichen Urteils und Herabsetzung der Geldbuße.

H. Außerordentliche Rechtsbehelfe

I. Wiederaufnahme des Verfahrens

359 **1. Allgemein.** Bei der Wiederaufnahme des Verfahrens (Art. 44 Abs. 1 Satzung des Gerichtshofs) handelt es sich um einen außerordentlichen Rechtsbehelf[973] und nicht um ein Rechtsmittel.[974] Es hat bislang in Kartellverfahren kaum Bedeutung erlangt.[975] Das Wiederaufnahmeverfahren ist nur auf Urteile oder Beschlüsse[976] aus Verfahren anwendbar, die ursprünglich vor dem Gericht(shof) geführt wurden, es findet insbesondere keine Anwendung auf Urteile aus Vorabentscheidungsverfahren.[977]

360 **2. Voraussetzungen.** Gemäß Art. 44 Abs. 1 der Satzung des Gerichtshofs kann die Wiederaufnahme des Verfahrens nur beantragt werden, wenn eine **Tatsache von entscheidender Bedeutung** bekannt wird, die vor der Verkündung des Urteils oder Beschlusses weder dem Gerichtshof noch den Parteien bekannt war.[978] Art. 44 Abs. 1 Satzung des Gerichtshofs hat auch Geltung für das Verfahren vor dem Gericht (Art. 53 Abs. 1 Satzung des Gerichtshofs).

361 Der Antrag muss gemäß Art. 169 Abs. 2 VerfO EuG (Art. 159 Abs. 2 VerfO EuGH) binnen **drei Monaten** nach dem Tag, an dem der Antragsteller Kenntnis von der neuen Tatsache erlangt, gestellt werden. Das Wiederaufnahmeverfahren kann nur in der Verfahrenssprache des ursprünglichen Verfahrens, in dem die zu revidierende Entscheidung verfasst war, geführt werden.[979]

362 **Antragsberechtigt** sind nur die „Parteien" des Gerichtsverfahrens und nicht die Streithelfer.[980] Für den Antrag, der sich auf „neue Tatsachen" stützen muss, ist das Gericht zuständig, weil Tatsachen nicht im Rechtsmittelverfahren geprüft werden. Somit kann der Gerichtshof für Wiederaufnahmeanträge von natürlichen und juristischen Personen nicht zuständig sein, weil deren Klagen nur vor dem Gericht zu erheben sind und deren Rechtssachen also nur im Wege des Rechtsmittels oder im Rahmen des Vorlageverfahrens[981] vor den Gerichtshof gelangen können. Das Wiederaufnahmeverfahren vor dem Gerichtshof hat somit vornehmlich für die Organe und Mitgliedstaaten Bedeutung, die Klage vor dem Gerichtshof erhoben hatten.

---

973 EuG B. v. 10.7.2014, Rs T-82/08 REV, ECLI:EU:T:2014:693, Rdnr. 20 – *Guardian Industries/Komm.*

974 EuG B. v. 1.7.1994, Rs T-106/89 REV, Slg. 1994, II-419, Rdnr. 14 – *Norsk Hydro/Komm.*; EuG B. v. 4.11.1992, Rs T-8/89 REV, Slg. 1992, II-2399, Rdnr. 14 – *DSM/Komm.;* s. auch EuG B. v. 4.11.1992, Rs T-14/89 REV, Slg. 1992, II-2409, Rdnr. 10 – *Montecatini;* EuGH B. v. 25. 2. 1992, Rs C-185/90 P-REV, Slg. 1992, I-993, Rdnr. 12 – *Gill/Komm.;* EuG B. v. 26.3.1992, Rs T-4/89 REV, Slg. 1992, II-1591, Rdnr. 9 – *BASF/Komm.;* vgl. ferner Art. 169 VerfO EuG.

975 Beispiel eines abgewiesenen Antrags auf Wiederaufnahme: EuG B. v. 26.3.1992, Rs T-4/89 REV, Slg. 1992, II-1591, Rdnr. 9 – *BASF/Komm.,* wo die Antragstellerin „neue Umstände" in der mündlichen Verhandlung vor dem Gericht sowie aus dem Urteil des Gerichts selbst anführte; das Gericht hat diesen Antrag als unzulässig verworfen, weil die „Umstände", nämlich Ausführungen des Prozessbevollmächtigten der Kommission, „vor Erlaß des Urteils" erkannt worden waren.

976 EuGH U. v. 2.4.2009, Rs C-255/06 P-REV, Slg. 2009, I-53 (abgekürzt veröff.), ECLI:EU:C:2009:212, Rdnr. 15 – *Yedaş Tarim ve Otomotiv Sanayi ve Ticaret AŞ* stellt ausdrücklich klar, dass es möglich ist, ein Wiederaufnahmeverfahren bei Beschlüssen zu betreiben, auch wenn dies in der Satzung des Gerichtshofs nicht ausdrücklich geregelt wird.

977 Art. 41 Satzung des Gerichtshofs, s. dazu EuGH B. v. 28.4.1998, Rs C-116/96 REV, Slg. 1998, I-1889, Rdnr. 6 f. – *Reisebüro Binder.*

978 S. jüngst EuG B. v. 10.7.2014, Rs T-82/08 REV, ECLI:EU:T:2014:693, Rdnr. 19 – *Guardian Industries/Komm.* EuGH U. v. 23.10.1985, Rs 267/80 REV, Slg. 1985, 3499, Rdnr. 10 – *Riseria Modenese/Rat, Komm. und Birra Peroni.*

979 EuGH B. v. 20.5.2010, Rs C-64/98 P REV, nur summarisch veröffentlicht Slg. 2010, I-65, Rdnr. 13 f. – *Odette Nicos Petrides/Komm.*

980 So *Kirschner,* Das Gericht erster Instanz der Europäischen Gemeinschaften, S. 172, Rdnr. 183.

981 S. dazu § 63 Rdnr. 1 ff.

Dem Antrag wird nur stattgegeben, wenn die Berücksichtigung der betreffenden Tatsache das Gericht bzw. den Gerichtshof, möglicherweise veranlasst hätte, den **Rechtsstreit anders zu entscheiden**[982] bzw. der Umstand von entscheidender Bedeutung für den Rechtsstreit ist.[983] Dies wird vom Gericht einschränkend ausgelegt, weil es sich um einen ausserordentlichen Rechtsbehelf handelt.[984] Diese materiellrechtlichen Voraussetzungen werden in formeller Hinsicht ergänzt durch Art. 169 VerfO EuG (Art. 159 VerfO EuGH, die Regelungen sind inhaltsgleich). Gemäß Art. 169 Abs. 3 lit. d VerfO EuG muss der Wiederaufnahmeantrag die Benennung der **Beweismittel** für das Vorliegen von Tatsachen enthalten, die die Wiederaufnahme rechtfertigen. Der Antragsteller muss nachweisen, dass ihm die angeführten Tatsachen erst nach der Verkündung der Entscheidung bekannt geworden sind. Alle Umstände, die während des Verfahrens auftauchen, müssen rechtzeitig geltend gemacht werden.[985] Eine Wiederaufnahme kommt nur dann in Betracht, wenn ein bisher unbekannter Umstand zutage tritt, der bei Berücksichtigung noch während des Verfahrens zu einer anderen Entscheidung geführt hätte.[986] Im Fall *Guardian Industries* hatten die Antragsteller geltend gemacht, die Kommission habe im Verfahren vor dem Gericht ein Beweismittel ihres Wettbewerbers *Saint Gobain* falsch dargestellt; dies sei ihnen erst zur Kenntnis gelangt, als ihnen die Rechtsmittelbeantwortung der Kommission im Rechtsmittelverfahren zugestellt worden sei, wo die Kommission auf Basis dieses Beweismittels eine neue Argumentation verfolgt habe. Das Gericht sah darin keinen Grund für die Wiederaufnahme, weil den Antragstellern das Beweismittel schon früher bekannt gewesen sei und sie damit in der Lage gewesen seien, einer fehlerhaften Darstellung dieses Beweismittels im Verfahren entgegen zu treten.[987] 363

Aus der Natur der Wiederaufnahme folgt, dass niemals die Wiederaufnahme des Verfahrens in der Rechtsmittelinstanz begehrt werden kann, da dieses sich auf die Überprüfung von Rechtsfragen beschränkt, die Wiederaufnahme sich aber nur auf angeblich neue Tatsachen stützen kann.[988] Möglich ist hingegen ein Wiederaufnahmeantrag vor dem Gericht, nachdem das Rechtsmittelverfahren abgeschlossen ist. 364

3. Gerichtliche Entscheidung. Bei offensichtlicher Unzulässigkeit weist das Gericht den Antrag gemäß Art. 126 VerfO EuG durch Beschluss zurück.[989] Ist der Antrag hingegen zulässig, entscheidet das Gericht zunächst gemäß Art. 44 Abs. 2 Satzung des Gerichtshofs über die Zulässigkeit des Antrags durch Urteil, Art. 169 Abs. 5 VerfO EuG, indem es das Vorliegen einer neuen Tatsache feststellt. Erst im Anschluss trifft das Gericht gemäß Art. 169 Abs. 6 VerfO EuG eine erneute Entscheidung in der Hauptsache.[990] 365

---

[982] So jüngst EuG B. v. 10.7.2014, Rs T-82/08 REV, ECLI:EU:T:2014:693, Rdnr. 20 – *Guardian Industries/Komm.;* EuG B. v. 1.7.1994, Rs T-106/89 REV, Slg. 1994, II-419, Rdnr. 14 – *Norsk Hydro/Komm.;* mit Verweis auf EuGH B. v. 25.2.1992, Rs C-185/90 P-REV, Slg. 1992, I-993, Rdnr. 12 – *Gill/Komm.*, und EuG B. v. 26.3.1992, Rs T-4/89 REV, Slg. 1992, II-1591, Rdnr. 9 – *BASF/Komm.*

[983] EuG B. v. 1.7.1994, Rs T-106/89 REV, Slg. 1994, II-419, Rdnr. 16 f. – *Norsk Hydro/Komm.*

[984] EuG B. v. 10.7.2014, Rs T-82/08 REV, ECLI:EU:T:2014:693, Rdnr. 20 – *Guardian Industries/Komm.*

[985] EuG B. v. 4.11.1992, Rs T-8/89 REV, Slg. 1992, II-2399, Rdnr. 15 ff. – *DSM/Komm.*, dort auch zur rechtzeitigen Geltendmachung von „besonders schwerwiegenden und offenkundigen Mängeln" im Sinne des sog. *PVC-Urteils* (EuG U. v. 27.2.1992, verb. Rs T-79, 84, 85, 86, 89, 91, 92, 94, 96, 98, 102, 104/89, Slg. 1992, II-315 – *BASF u. a./Komm.*); s. auch EuG B. v. 26.3.1992, Rs T-4/89 REV, Slg. 1992, II-1591, Rdnr. 14 – *BASF/Komm.*

[986] EuG B. v. 10.7.2014, Rs T-82/08 REV, ECLI:EU:T:2014:693, Rdnr. 20 – *Guardian Industries/Komm.;* EuG B. v. 26.3.1992, Rs T-4/89 REV, Slg. 1992, II-1591, Rdnr. 9 – *BASF/Komm.*, mit Verweis auf EuGH B. v. 25.2.1992, Rs C-185/90 P-REV, Slg. 1992, I-993, Rdnr. 12 – *Gill/Komm.*, und EuGH U. v. 19.3.1991, Rs C-403/85 REV, Slg. 1991, I-1215, Rdnr. 13 – *Ferrandi/Komm.* Vgl. ferner EuGH U. v. 29.11.2007, Rs C-12/05 P REV, nur summarisch veröffentlicht Slg. 2007, I-167, Rdnr. 16 – *Herbert Meister/OHMI.*

[987] EuG B. v. 10.7.2014, Rs T-82/08 REV, ECLI:EU:T:2014:693, Rdnr. 21 – *Guardian Industries/Komm.*

[988] EuGH B. v. 25.2.1992, Rs C-185/90 P-REV, Slg. 1992, I-993, Rdnr. 16 – *Gill/Komm.*

[989] Siehe z. B. EuG B. v. 26.3.1992, Rs T-4/89 REV, Slg. 1992, II-1591, Rdnr. 9 – *BASF/Komm.*

[990] EuGH U. v. 10.1.1980, Rs 116/78 REV, Slg. 1980, 23, Rdnr. 3 – *Bellintani/Komm.*

366 Gegen die Zurückweisung eines Wiederaufnahmeantrags durch das Gericht kann Rechtsmittel zum Gerichtshof eingelegt werden, weil es sich hierbei um eine Endentscheidung iSd Artikel 56 Absatz 1 der Satzung des Gerichtshofs handelt.[991]

367 Für den Fall der Unzulässigkeit des Antrags beschränkt sich die Kostenentscheidung darauf, festzustellen, dass der Antragsteller seine eigenen Kosten trägt. Dem Antragsgegner entstehen dadurch keine Kosten, dass ihm der Antrag nicht zugeleitet zu werden braucht, wenn er offensichtlich unzulässig ist (Art. 126 VerfO EuG). Ist eine Zustellung erfolgt und wird der Antrag nach Stellungnahme der Kommission als unzulässig verworfen, richtet sich die Kostenfolge nach Art. 134 VerfO EuG und der Antragsteller ist zur Tragung der Kosten zu verurteilen.[992]

368 Die vorstehenden Ausführungen gelten sinngemäß, wenn das Wiederaufnahmeverfahren vor dem Gerichtshof durchzuführen ist.

II. Drittwiderspruch

369 Gemäß Art. 42 Satzung des Gerichtshofs steht der Drittwiderspruch demjenigen offen, der durch ein Urteil in seinen Rechten beeinträchtigt wurde, das in einem Rechtsstreit erlassen worden ist, an dem er nicht teilgenommen hat. Voraussetzung ist demnach die **Beeinträchtigung in seinen Rechten,** eine Beeinträchtigung seiner Interessen reicht hingegen nicht aus.[993] Nach Art. 167 Abs. 1 VerfO EuG muss dieser „Dritte" aber nicht nur Angaben hinsichtlich der Art und Weise der Beeinträchtigung durch das Urteil machen, sondern auch darlegen und nachweisen, wieso er nicht in der Lage war, sich am Rechtsstreit zu beteiligen (s. Art. 167 Abs. 1 lit. c VerfO EuG), insbesondere als Streithelfer.[994] Hat er eine Beteiligung am Rechtsstreit in fahrlässiger Weise versäumt, kann der Drittwiderspruch keinen Erfolg haben.[995] Dieses Versäumnis ist indes nicht vorwerfbar, wenn sich aus der Veröffentlichung der Klageerhebung im Amtsblatt nicht erkennen ließ, dass dadurch die Rechte der betreffenden Person beeinträchtigt werden könnten.[996] Ist die Streithilfe aufgrund der Natur des Rechtsstreits ausgeschlossen (z. B. keine Streithilfe privater Dritter in Rechtssachen zwischen Institutionen und Mitgliedstaaten), ist auch ein Drittwiderspruch gegen die Klage nicht möglich.[997] Im Bereich des Kartellrechts kommt diesem Rechtsbehelf bislang keine Bedeutung zu.

III. Urteilsberichtigung

370 Ein ebenfalls seltener Vorgang – kein Rechtsbehelf im eigentlichen Sinne – ist die Urteilsberichtigung. Nach Art. 164 Abs. 2 VerfO EuG kann eine Partei innerhalb von zwei

---

[991] EuGH U. v. 8.7.1999, Rs C-5/93 P, Slg. 1999, I-4695, Rdnr. 30 ff. – *DSM/Komm.*

[992] So auch in EuG B. v. 10.7.2014, Rs T-82/08 REV, ECLI:EU:T:2014:693, Rdnr. 24 – *Guardian Industries/Komm.*

[993] EuG B. v. 17.9.2009, Rs T-284/08 TO, ECLI:EU:T:2009:340, Rdnr. 23 ff. – *Avaki/People' Mojahedin Organization of Iran und Rat;* s. auch *Kirschner,* Das Gericht erster Instanz der Europäischen Gemeinschaften, S. 170, Rdnr. 180.

[994] EuG B. v. 17.9.2009, Rs T-284/08 TO, ECLI:EU:T:2009:340, Rdnr. 16 ff. – *Avaki/People' Mojahedin Organization of Iran und Rat;* EuG B. v. 26.3.1992, Rs T-35/89 TO 1, Slg. 1992, II-1599, Rdnr. 31 ff. – *Zubizarreta u. a./Albani u. a.;* mit Verweis auf EuGH U. v. 12.7.1962, verb. Rs 42 und 49/59 D. W., Slg. 1962, 289, 318 – *Breedband/Société des Aciéries u. a.;* EuGH U. v. 12.6.1962, verb. Rs 9 und 12/60 D. W., Slg. 1962, 349, 371 – *Belgien/Vloeberghs;* und die drei gleichlautenden Beschlüsse EuGH B. v. 6.12.1989, Rs C-147/86 TO 1, 2 und 3, Slg. 1989, 4103, jeweils Rdnr. 9 – *Frontistirion/Griechenland und Komm.;* s. auch EuGH B. v. 22.9.1987, Rs 292/84 TO, Slg. 1987, 3563, Rdnr. 6 – *Bolognese/Scharf und Komm.*

[995] EuG U. v. 12.7.1990, Rs T-35/89, Slg. 1990, II-395 – *Albani/Komm.*

[996] Siehe EuGH U. v. 12.6.1962, verb. Rs 9 und 12/60 D. W., Slg. 1962, 349, 371 – *Belgien/Vloeberghs* und EuG B. v. 26.3.1992, Rs T-35/89 TO 1, Slg. 1992, II-1599, Rdnr. 32 – *Zubizarreta u. a./Albani u. a.*

[997] Vgl. die drei gleichlautenden Beschlüsse, EuGH B. v. 6.12.1989, Rs C-147/86 TO 1, 2 und 3, Slg. 1989, 4103, jeweils Rdnr. 11 – *Frontistirion/Griechenland und Komm.*

Wochen nach Verkündung des Urteils den Antrag stellen, **Schreib- und Rechenfehler** sowie offenbare Unrichtigkeiten zu berichtigen. Die Berichtigung kann auch von Amts wegen erfolgen. Nach Art. 164 Abs. 3 VerfO EuG können die übrigen Parteien binnen einer vom Präsidenten des Gerichts gesetzten Frist Stellung nehmen. Das Gericht entscheidet sodann in nicht-öffentlicher Sitzung. Im Fall *Deutsche Bahn/Komm.*[998] wurde hiervon Gebrauch gemacht, weil die Kommission eine ihrem Ansehen schädliche Formulierung berichtigt sehen wollte; das Gericht ist dem Antrag gefolgt. Im *Zellstoff*-Fall[999] hatte der Gerichtshof eine Kostenentscheidung offenkundig unrichtig formuliert und eine andere Kostenentscheidung nicht im Urteil ausgesprochen; für beide Korrekturen bediente sich der Gerichtshof der Urteilsberichtigung, die auf Antrag einer Reihe von Parteien erfolgte. In anderen Fällen erfolgte eine Berichtigung auf Antrag einer Partei, weil die Rechtsform und Organisation des betroffenen Unternehmens fehlerhaft angegeben war,[1000] im Urteilstext und im Tenor Rechenfehler enthalten waren.[1001] In anderen Fällen erfolgte eine Berichtigung von Amts wegen[1002] oder wegen offenbarer Unrichtigkeiten in einer der Sprachen des Urteils.[1003] Hat das Gericht indes eine andere Methode für die Berechnung der Geldbusse angewandt als die Kommission und kommt es daher zu einer Divergenz zwischen dem vom Gericht im Urteil berechneten Betrag und demjenigen, der sich aus der Berechnungsmethode der Kommission ergäbe, handelt es sich nicht um einen offenbaren Fehler, der durch eine Urteilsberichtigung nach Art. 164 VerfO EuG zu beseitigen wäre; der entsprechende Antrag auf Berichtigung des Urteils ist unzulässig.[1004]

---

[998] EuG B. v. 10.12.2013, verb. Rs T-289/11 REC, T-290/11 REC und T-510/11 REC, ECLI:EU:T:2013:687. Dort ging es um die Formulierung, ob die Kommission gedroht habe, das IT-System „zu beschädigen" oder „abzuschalten".

[999] EuGH B. v. 20.1.1994, verb. Rs C-89/85, C-104/85, C-114/85, C-116/85, C-117/85, C-125/85 bis C-129/85, Slg. 1994, I-99 – *Ahlström Osakeyhtiö u. a./Komm.*

[1000] EuG B. v. 30.10.2014, Rs T-471/11 REC, ECLI:EU:T:2014:925 – *Editions Odile Jacob/Komm.*

[1001] EuG B. v. 16.10.2013, Rs T-380/10 REC, ECLI:EU:T:2013:591 – *Wabco Europe u. a./Komm.*

[1002] Z. B. EuGH B. v. 24.4.1996, Rs C-19/93 P REC, Slg. 1996, I-1997 – *Rendo u. a./Komm.*

[1003] So z. B. EuGH B. v. 3.10.2013, Rs C-444/11 P-REC, ECLI:EU:C:2013:656 – *Team Relocations u. a./Komm.*

[1004] EuG B. v. 18.9.2014, Rs 541/08 REC, ECLI:EU:T:2014:823 – *Sasol u. a./Komm.*

10. Kapitel. Sanktionen, Verfahren und Rechtsmittel im deutschen Kartellrecht

1. Abschnitt. Zivilrecht

§ 50 Zivilrechtliche Sanktionen

Übersicht

Schrifttum: *Bardong,* Die deutsche Fusionskontrolle nach der 8. GWB-Novelle, NZKart 2013, 303 ff.; *Beninca,* Schadensersatzansprüche von Kunden eines Kartells? WuW 2004, 604 ff.; *ders.*, Schafft Artikel 19 der Schadensersatzrichtlinie wirklich einen Anreiz zugunsten der einvernehmlichen Streitbeilegung? WuW 2015, 580 ff.; *Bergmann/Fiedler,* Anspruchsberechtigung indirekter Abnehmer und Passing-on defense: Private Kartellrechtsdurchsetzung in Deutschland, BB 2012, 206 ff.; *Berrisch/Burianski,* Kartellrechtliche Schadensersatzansprüche nach der 7. GWB-Novelle, WuW 2005, 878 ff.; *Bien/Harke,* Neues Recht für alte Fälle? ZWeR 2013, 312 ff.; *Bornkamm,* Cui malo? Wem schaden Kartelle? GRUR 2010, 501 ff.; *ders.*, Der Schutz vertraulicher Informationen im Gesetz zur Durchsetzung von Rechten des geistigen Eigentums – In-Camera-Verfahren im Zivilprozess? in: *Ahrens/Bornkamm/Kunz-Hallstein* (Hrsg.), Festschrift für Eike Ullmann, 2006, 893 ff.; *Bulst,* Private Kartellrechtsdurchsetzung durch die Marktgegenseite – deutsche Gerichte auf Kollisionskurs zum EuGH, NJW 2004, 2201 ff.; *Bunte,* Die Bedeutung salvatorischer Klauseln in kartellrechtswidrigen Verträgen, GRUR 2004, 301 ff.; *Dittrich,* Der passing-on-Einwand und die Anspruchsberechtigung indirekter Abnehmer eines Kartell, GRUR 2009, 123 ff.; *Dohrn,* Die Bindungswirkung kartellrechtlicher Entscheidungen der Kommission sowie deutscher und mitgliedstaatlicher Kartellbehörden und Gerichte im deutschen Zivilprozess, 2010; *Dreher,* Zur Anwendung der salvatorischen Klausel, EWiR 2002, 625 ff.; *Dück/Eufinger,* Anspruchsberechtigung mittelbar Betroffener und „passing-on-defence" im Lichte der BGH-Rechtsprechung zu § 33 GWB, WRP 2011, 1530 ff.; *Dück/Schultes,* Kartellbedingte Arglistanfechtung und c. i. c.-Haftung – Mögliche Alternativen zum kartellrechtlichen Schadensersatzanspruch aus § 33 GWB?, NZKart 2013, 228 ff.; *Eden,* Persönliche Schadensersatzhaftung von Managern gegenüber Kartellgeschädigten, 2013; *Fiedler,* Der aktuelle Richtlinienvorschlag der Kommission – der große Wurf für den kartellrechtlichen Schadensersatz? BB 2013, 2179 ff.; *Fornasier/Sanner,* Die Entthronung des Kronzeugen?, WuW 2011, 1067 ff.; *Franck,* Weitergabe von Kartellschaden und Vorteilsausgleich, WRP 2011, 843 ff.; *Fritzsche,* Der Beseitigungsanspruch im Kartellrecht nach der 7. GWB-Novelle, WRP 2006, 42 ff.; *Fuchs,* Ausschluss oder Zulassung des Einwands der Schadensabwälzung? – Plädoyer für eine differenzierte Beurteilung der passing-on-defense bei Schadensersatzklagen wegen Kartellverstößen, ZWeR 2011, 192 ff.; *Götte,* Vom Kapitalanleger- zum Verbraucherschutz, ZHR 176 (2012), 588 ff.; *Gussone,* Ende der Beweisnot von Kartellschadensersatzklägern?, BB 2014, 533 ff.; *Heinichen,* Akteneinsicht durch Zivilgerichte in Kartellschadensersatzverfahren, NZKart 2014, 83 ff.; *Hempel,* Private Follow-on-Klagen im Kartellrecht, WuW 2005, 137 ff.; *Hirte,* Zivil- und kartellrechtliche Schranken für Wettbewerbsverbote im Zusammenhang mit Unternehmensveräußerungen, ZHR 154 (1990), 443 ff.; *Inderst/Maier-Rigaud/Schwalbe,* Preisschirmeffekte, WuW 2014 1043 ff.; *Inderst/Thomas,* Schadensersatz bei Kartellverstößen, 2015; *Jüchser,* Gesamtschuldnerausgleich zwischen Mutter- und Tochtergesellschaft im Fall des Schadensersatzes nach deutschem und europäischen Kartellrecht, WuW 2012, 1048 ff.; *Kersting,* Behandlung des unvermeidbaren Verbotsirrtums im europäischen Kartellrecht, WuW 2013, 845 ff.; *Kersting,* Die neue Richtlinie zur privaten Rechtsdurchsetzung im Kartellrecht, WuW 2014, 564 ff.; *Keßler,* Schadensersatzansprüche von Kartellabnehmern de lege lata und de lege ferenda, BB 2005, 1125 ff.; *Kießling,* Neues zur Schadensabwälzung, GRUR 2009, 733 ff.; *Köhler,* Kartellverbot und Schadensersatz, GRUR 2004, 99 ff.; *Krüger,* Der Gesamtschuldnerausgleich im System der privaten Kartellrechtsdurchsetzung, WuW 2012, 6 ff.; *Kühnen/Kizil,* Vollzugsverbot und Zivilrechtsschutz, ZWeR 2010, 268 ff.; *Lettl,* Der Schadensersatzanspruch gemäß § 823 Abs. 2 BGB i. V. mit Art. 81 Abs. 1 EG, ZHR 167 (2003), 473 ff.; *ders.*, Haftungsausfüllende Kausalität für einen Schadensersatzanspruch wegen Verstoßes gegen Art. 101 AEUV, § 1 GWB, insbesondere beim sog. „umbrella pricing", WuW 2014, 1032 ff.; *Lotze,* Haftung von Vorständen und Geschäftsführern für gegen Unternehmen verhängte Kartellbußgelder, NZKart 2014, 162 ff.; *Lotze/Smolinski,* Entschärfung der Organhaftung für kartellrechtliche Unternehmensgeldbußen, NZKart 2015, 254 ff.; *Lübbig/Mallmann,* Zivilprozessuale Folgen des ORWI-Urteils des BGH zur kartellrechtlichen „Passing-on-Defence", WRP 2012, 166 ff.; *Mäsch,* Private Ansprüche bei Verstößen gegen das europäische Kartellverbot – „Courage" und die Folgen, EuR 2003, 825 ff.; *Markert,* Die Thyssengas/STAWAG-Entscheidung des OLG Düsseldorf – ein Fehlurteil? WuW 2002, 578 ff.; *ders.*, Langfristige Energiebezugsbindungen als Kartellrechtsverstoß, WRP 2003, 356 ff.; *Mayer,* Vertragsanfechtung durch Kartellgeschädigte, WuW 2010, 29ff.; *Mederer,* Schadensersatzklagen – Richtlinienvorschlag über Schadensersatzklagen im Bereich des Wettbewerbsrechts, EuZW 2013, 847ff.; *Mellulis,* Die Zulässigkeit und Wirksamkeit von Wettbewerbsverboten anlässlich von Vereinbarungen über das Ausscheiden eines Gesellschafters, WRP 1994, 686ff.; *Möschel/Bien,* Kartellrechtsdurchsetzung durch private Schadensersatzklagen?, 2010; *Napel/Oldehaver,* Kartellschadensersatz und Gesamtschuldnerausgleich – ökonomisch faire Schadensaufteilung mit dem Shapley-Wert, NZKart 2015, 135ff.; *Nassall,* Reduzierte Geltungserhaltung kartellrechtswidriger Klauseln? BB 1988, 1264ff.; *Nothdurft,* „The Trade follows the Flag" in *Dencker/Galke/Voßkuhle* (Hrsg.), Festschrift für Klaus Tolksdorf, 2014, 533ff.; *Ost,* Private Kartellrechtsdurchsetzung, in: Behrens/Braun/Nowak (Hrsg.), Europäisches Wettbewerbsrecht nach der Reform, 2006, 109ff.; *Paschke,* Die fehlerhafte Korporation, ZHR 155 (1991), 1ff.; *Palzer,* Kartellbefangene Gesellschaftsverträge: Anwendungsfall der Lehre von der fehlerhaften Gesellschaft? ZGR 2012, 631ff.; *Palzer/Preisendanz,* Frischer Wind in der privaten Durchsetzung des Kartellrechts? EWS 2010, 215ff.; *Palzer/Titze,* Anmerkung zum EuGH-Urteil vom 18.6.2013 (C-681/11), RIW 2013, 544ff.; *Pohlmann,* Intertemporales Verjährungsrecht beim Kartellschadensersatz, WuW 2013, 357ff.; *Pauer,* Schadensersatzansprüche aufgrund von „Preisschirmeffekten" bei Kartellverstößen, WuW 2015, 14ff.; *Rauh,* Vom Kartellantengewinn zum ersatzfähigen Schaden – Neue Lösungsansätze für die private Rechtsdurchsetzung, NZKart 2013, 222ff.; *Rauh/Zuchandke/Reddemann,* Die Ermittlung der Schadenshöhe im Kartelldeliktsrecht, WRP 2012, 173ff.; *Renner,* Wettbewerbsbeschränkungen in Unternehmenskaufverträgen, DB 2002, 1143ff.; *Ritter,* Langfristige Gasbezugsverträge: Zulässigkeit, Teilnichtigkeit oder Gesamtnichtigkeit? WuW 2002, 362ff.; *Roth,* Das Kartelldeliktsrecht in der 7. GWB-Novelle, Festschrift für Ulrich Huber, 2006, 1133ff.; *Säcker/Jaecks,* Langfristige Energielieferverträge und Wettbewerbsrecht, 2002; *Scheffler,* Die Bindungswirkung kartellbehördlicher Entscheidungen im Schadensersatzprozess in der Rechtsprechung der Oberlandesgerichte, NZKart 2015, 223ff.; *K. Schmidt,* Macht das Kartellverbot Gemeinschaftsunternehmen für Zivilprozesse inexistent? WuW 1988, 5ff.; *ders.,* Nichtigkeit oder Abwicklung kartellrechtswidriger Gemeinschaftsunternehmen? – Theorie für die Praxis und sieben Thesen, BB 2014, 515ff.; *Schwintowski,* Grenzen der Anerkennung fehlerhafter Gesellschaften, NJW 1988, 937ff.; *Soyez,* Die Verjährungshemmung gem. § 33 Abs. 5 GWB, WuW 2014, 937ff.; *Steger,* Zugang durch die Hintertüre? – Zur Akteneinsicht in Kronzeugenanträge von Kartellanten, BB 2014, 963ff.; *Theobald/Theobald,* Grundzüge des Energiewirtschaftsrechts, 3. Auflage, 2013; *Theurer,* Zur Nichtigkeit von kartellrechtswidrigen Personengesellschaften, BB 2013, 137ff.; *Thomas,* Grundsätze zur Beurteilung vertikaler Wettbewerbsverbote, WuW 2010, 177ff.; *Traub,* „Geltungserhaltende Reduktion" bei nichtigen vertraglichen Wettbewerbsverboten? WRP 1994, 802ff.; *Veelken,* Drittschutz in der Fusionskontrolle, WRP 2003, 207ff.; *Wagner/v. Olshausen,* Die Geltung der kartellrechtlichen Verjährungshemmung für Altfälle – zum intertemporalen Anwendungsbereich des § 33 Abs. 5 GWB, ZWeR 2013, 121ff.; *Wertenbruch,* Die Rechtsfolgen der Doppelkontrolle von Gemeinschaftsunternehmen nach dem GWB, 1990; *ders.,* Rückabwicklung einer Kapitalanlage in Form einer stillen Gesellschaft – Urteilskomplex „Göttinger Gruppe", NJW 2005, 2823ff.; *Wessels,* Entflechtung kartellrechtswidriger Personengesellschaften, ZIP 2014, 101ff.; *Westermann,* Das privatrechtliche Sanktionssystem bei Kartellverstößen, in: *Aderhold/Grunewald/Klingberg/Paefgen* (Hrsg.), Festschrift für Harm Peter Westermann, 2008, 1605ff.; *Wiedemann,* Gemeinschaftunternehmen im deutschen Kartellrecht, 1981; *ders.,* Verbraucherschutz im Kartellrecht, in: *Tamm/Tonner,* Verbraucherrecht, 2012, 132ff.

A. Unwirksamkeit von kartellrechtswidrigen Vereinbarungen

Das GWB formuliert die materiell-rechtlichen Tatbestände fast durchweg als Verbotsgesetze (§§ 1, 19 Abs. 1, 20, 21, Ausnahme: § 41 Abs. 1 S. 2 GWB), so dass sich die zivilrechtlichen Rechtsfolgen bezüglich der Wirksamkeit der Vereinbarungen aus dem BGB ergeben. Das Schriftformerfordernis des § 34 GWB a.F. ist bereits mit der 6. GWB-Novelle gestrichen worden. Die betroffenen Vertragsverhältnisse sind inzwischen bestätigt oder ausgelaufen. Eine praktische Bedeutung kommt der Norm heute nicht mehr zu. Wegen der Einzelheiten der früheren Voraussetzungen und Rechtsfolgen wird auf die Vorauflage, § 50 B. verwiesen. 1

I. Erfasste Vereinbarungen

1. Kartellverträge. Das Kartellverbot nach § 1 GWB ist ein Verbotsgesetz im Sinne des § 134 GWB. Vereinbarungen, die gegen das **Kartellverbot nach § 1 GWB** verstoßen und nicht die Freistellungsvoraussetzungen nach § 2 GWB erfüllen, sind daher **nichtig.** 2

Das (nationale) Kartellverbot verbietet ausdrücklich auch den Abschluss solcher Verträge, der wirtschaftliche Erfolg einer solchen Vereinbarung ist im Hinblick auf das verfolgte öffentliche Interesse nicht hinnehmbar.

3 Eine nachträgliche Heilungsmöglichkeit durch eine behördliche Freistellung ist nicht möglich. Die Entscheidungsmöglichkeit der Kartellbehörde nach §§ **32c und 32b GWB** hat keine Heilungswirkung.[1] § 32c S. 3 GWB stellt klar, dass die Entscheidung keine Freistellung zum Inhalt hat. Dies gilt auch für die kartellbehördliche **Anerkennung von Wettbewerbsregeln nach § 26 GWB** (§ 26 Abs. 1 S. 2 GWB). Ebenso wenig kann die kartellbehördliche Anerkennung eine bindende Aussage über die lauterkeitsrechtliche Bewertung einer Wettbewerbsregel (vgl. § 24 Abs. 2 GWB) treffen. Vielmehr beschränkt sich die rechtliche Bedeutung der Anerkennung auf eine Selbstbindung der Kartellbehörde, die bei unveränderter Sachlage die Verabschiedung dieser Wettbewerbsregeln nicht mehr als Kartellverstoß nach § 1 GWB verfolgen kann (vgl. § 26 Abs. 1 Satz 2 GWB).[2]

4 *a) Ausführungs- und Folgeverträge.* Nicht leicht zu bestimmen ist, auf welche Vertragsverhältnisse die Nichtigkeit im Einzelnen zu beziehen ist und welche Vereinbarungen von der Nichtigkeitsfolge unberührt bleiben. Auf der Grundlage des für die Nichtigkeitsfolge geltenden § 134 BGB ist maßgeblich, ob sich das Verbotsgesetz gerade auch gegen die Vornahme dieser Rechtsgeschäfte richtet.[3] Die Reichweite des Verbotsgesetzes ist dabei nach dem Sinn und Zweck der Regelung zu bestimmen.[4] Für das Kartellverbot ist hiernach davon auszugehen, dass neben der eigentlichen Kartellvereinbarung auch alle **sog. Ausführungsverträge,** die den verbotenen Vereinbarungen erst zur praktischen Wirksamkeit verhelfen, in die Nichtigkeitsfolge einzubeziehen sind. Hierbei handelt es sich um Verträge, die im unmittelbaren Zusammenhang mit der wettbewerbsbeschränkenden Vereinbarung stehen, insbesondere weil sie der Durchführung, der Verstärkung oder Ausdehnung der Wettbewerbsbeschränkung dienen. Vertragspartner sind hier in der Regel die an der wettbewerbsbeschränkenden Abrede Beteiligten.[5] So sind zum Beispiel die Lieferverträge zwischen einer Verkaufsgemeinschaft und ihren Gründerunternehmen als Ausführungsverträge anzusehen und von der Nichtigkeitsfolge erfasst.[6] Gleiches gilt etwa für die Lizenzverträge zwischen den Mitgliedern von Patentpools.[7]

5 **Sog. Folgeverträge** sind dagegen diejenigen Verträge, die *mit Dritten* in Umsetzung der kartellrechtswidrigen Absprache geschlossen werden. Diese Verträge sind aus Rechtssicherheitsgründen grundsätzlich wirksam, da anderenfalls kartellfremde Dritte mit dem Risiko der Vertragsnichtigkeit belastet würden.[8] So werden die Lieferverträge mit einem am Kartell nicht beteiligten Dritten auf der Basis eines Preiskartells nicht von der Nichtigkeitsfolge erfasst. In Betracht kommt hier aber im Einzelfall eine **Anfechtung wegen arglistiger Täuschung.**[9] Auch der Zweitvertrag, mit dem eine verbotene vertikale Preisbindung umgesetzt wird, ist als Folgevertrag mit Dritten grundsätzlich wirksam.[10]

---

[1] Vgl. *Langen/Bunte-Krauß,* Deutsches Kartellrecht, 12. Auflage, § 1, Rdnr. 314.

[2] BGH NJW 2006, 2627, 2629; *MüKo-Timme,* Kartellrecht 2008, § 26 Rdnr. 9.

[3] BGH NJW 1983, 2873.

[4] Vgl. *Palandt/Ellenberger,* BGB, 73. Auflage, 2014, § 134 Rdnr. 6.

[5] *Langen/Bunte-Krauß,* Deutsches Kartellrecht, 12. Auflage, § 1 Rdnr. 339; *Bechtold,* GWB, 7. Auflage 2013, § 1 Rdnr. 92; enger noch OLG Düsseldorf WuW/E OLG 4182, 4184 – *Delkredere-Übernahme* zu § 1 GWB: Ausführungsverträge sind nur solche, die innerhalb eines Kartells oder durch Beitritt eines Dritten zum Kartell geschlossen werden. Jede Umsetzung der Vereinbarung ist Folgevertrag. Zu weit nunmehr *Immenga/Mestmäcker-Zimmer,* GWB, 4. Auflage, § 1 Rdnr. 215, der begleitende Absprachen wegen der Rückabwicklungsprobleme als wirksam ansehen will.

[6] Vgl. BGH WuW/E BGH 1367, 1373 – ZVN.

[7] Vgl. *Langen/Bunte-Krauß,* Deutsches Kartellrecht, 12. Auflage, § 1, Rdnr. 339.

[8] BGH WuW/E BGH 152, 153 – *Spediteur-Bedingungen;* BGH NJW 1984, 2372, 2373; OLG Düsseldorf WuW/E OLG 4182, 4184 – *Delkredere-Übernahme;* OLG Stuttgart WuW/E OLG 1083, 1090 – *Fahrschulverkauf;* OLG Stuttgart WuW/E OLG 2803, 2806 – *Neubau Bürgerzentrum.*

[9] Hierzu *Dück/Schultes,* NZKart 2013, 228; *Mayer,* WuW 2010, 29; *Palzer/Preisendanz,* EWS 2010, 215, 219.

[10] *Immenga/Mestmäcker-Zimmer,* GWB, 4. Auflage, § 1 Rdnr. 215; *Bechtold,* GWB, 7. Auflage § 1 Rdnr. 92.

b) Gesellschaftsverträge. Schwierigkeiten bereitet die Nichtigkeitsfrage auch bei **Gesellschaftsverträgen, Gesellschaftsbeitritten bzw. bei der Übertragung von Geschäftsanteilen,** wenn hierdurch gegen § 1 GWB verstoßen wird. Die auftretenden Konstellationen sind dabei häufig nur schwierig unter dem Gesichtspunkt des Kartellverbots einzuordnen. Denn kartellrechtlich relevante Vereinbarungen im Zusammenhang mit der Bildung oder Umbildung einer Gesellschaft sind in vielfältiger Form möglich und werfen die Frage nach dem Anknüpfungspunkt für eine Nichtigkeit auf. Das (zivilrechtliche) Spannungsverhältnis zum Kartellverbot entsteht dabei vornehmlich mit der rechtsgeschäftlichen Begründung von (Mit-)Gesellschafterstellungen von Wettbewerbern, wenn hierdurch im Rahmen der Tätigkeit der gemeinsamen Gesellschaft spürbare Wettbewerbsbeschränkungen bezweckt oder bewirkt werden.[11] Gegenstand des Kartellverbots ist dabei die hierfür maßgebliche jeweilige Vereinbarung, soweit hierauf die Wettbewerbsbeschränkung zurückgeführt werden kann. Die Nichtigkeitsfolge muss daher diesen Vereinbarungen zugeordnet werden. 6

Relativ klar identifizierbar ist die problematische Vereinbarung bei einem gegen § 1 GWB insgesamt verstoßenden **Gesellschaftsvertrag,** bei dem sich die **Wettbewerbsbeschränkung zwischen den Gründungsgesellschaftern** aus dem Zweck des Gesellschaftsvertrags bzw. der Satzung ergibt. Anerkannt ist insoweit, dass der kartellrechtswidrige Satzungszweck einer **Kapitalgesellschaft** im Hinblick auf §§ 275 ff. AktG und § 75 ff. GmbHG keine Nichtigkeit, sondern lediglich die Vernichtbarkeit für die Zukunft zur Folge hat.[12] Verstößt dagegen der Zweck einer **Personengesellschaft** gegen § 1 GWB, führt dies nach der Rechtsprechung zur Nichtigkeit der Gesellschaft. Die **Lehre von der fehlerhaften Gesellschaft,** nach der ein in Vollzug gesetztes Gesellschaftsverhältnis trotz Nichtigkeitsgrund nicht mehr rückwirkend zu beseitigen, sondern lediglich durch die Gesellschafter vernichtbar ist,[13] ist hier nicht anzuwenden. Denn nach der Rechtsprechung ist die Grenze für die Anerkennung der in Vollzug gesetzten fehlerhaften Gesellschaft dort erreicht, wo die Beteiligten mit ihrer gemeinsamen Tätigkeit gegen ein gesetzliches Verbot verstoßen.[14] Dieses gilt auch für einen Verstoß gegen § 1 GWB.[15] Folge hiervon ist, dass die Gesellschaften als nicht existent zu behandeln sind.[16] Die in der kartellrechtlichen Literatur hiergegen angebrachte Kritik[17] handelt vor allem von den Haftungs- und Vermögensproblemen, die eine Rückabwicklung einer von Anfang an nichtigen Gesellschaft aufwerfen und die zu unbefriedigenden Ergebnissen führen können. Diese Probleme treten allerdings bei jedem Verstoß gegen ein gesetzliches Verbot nach § 134 BGB oder gegen die guten Sitten nach § 138 BGB auf. Für eine Abwägung zwischen den jeweiligen Schutzgütern der Verbotsgesetze und den Gläubiger- oder Gesellschafterinteressen gibt es angesichts 7

---

[11] Zu Unrecht meint *K. Schmidt,* BB 2014, 515, 518 f., dass die Zusammensetzung des gesellschafterkreises nicht verstoßbegründend sei. Hierin liegt vielmehr in der Regel im Hinblick auf die Wettbewerbereigenschaft und den Interessenlagen der jeweiligen Gesellschafter die Hauptquelle des Wettbewerbsproblems, da hiervon die Eignung der Gesellschaftstätigkeit als Basis der Koordinierung abhängt. Wie hier *Wessels* ZIP 2014, 101, 102.

[12] BGH WuW/E DE-R 4649 – *Dentalartikel,* für den kartellrechtswidrigen Erwerb eine GmbH-Anteils zu § 16 Abs. 1 GmbHG aF; WuW/E DE-R 2742, 2744 f. = NJW-RR 2010, 615, 616 – *Gratiszeitung Hallo.*

[13] Vgl. hierzu ausführlich *Palzer,* ZGR 2012, 631–659 mwN.

[14] Zuletzt BGH ZIP 2008, 1018 – *FRIZ I;* BGH NJW 2005, 1784, 1785; NJW 2003, 1252, 1254; BGHZ 62, 234, 241; BGHZ 75, 214, 218.

[15] BGH WuW/E DE-R 2361, 2362; OLG Düsseldorf WuW/E 2146, 2152 – beide zu *Xella/NordKS;* OLG Hamm WuW/E OLG 3748, 3749 und 4033, 4036 – *gemeinsamer Zeitungsverlag;* OLG Frankfurt WuW/E OLG 3498 und 4324 f. – *Nassauische Landeszeitung;* aA OLG Stuttgart WuW/E OLG 1083, 1090.

[16] So auch *Theurer,* BB 2013, 137, 139 f.; *Paschke,* ZHR 155 (1991), 1, 21; *Wertenbruch,* NJW 2005, 2823, 2825; *Langen/Bunte-Krauß,* 12. Auflage 2014, § 1 Rdnr. 335.

[17] *K. Schmidt,* WuW 1988, 5 ff.; *Schwintowski,* NJW 1988, 937 ff.; *Wertenbruch,* Die Rechtsfolgen der Doppelkontrolle von Gemeinschaftsunternehmen nach dem GWB, S. 55 ff.; *Wiedemann,* Gemeinschaftsunternehmen im deutschen Kartellrecht, S. 203 f.

der Verbotsaussage keine Grundlage mehr.[18] Das Verbotsgesetz würde in eine „rule of reason" verwandelt, bei der zu prüfen wäre, ob das Allgemeingut für die Inkaufnahme der schwierigen – oder vielmehr in manchen Teilen zulasten von Unbeteiligten gehenden Ergebnisse[19] der – Abwicklungsprobleme gewichtig genug ist oder nicht. Im Kartellrecht müsste die Durchsetzung faktisch allein durch die Kartellbehörden erfolgen. Das Kartellrecht sieht aber seine Durchsetzung hauptsächlich durch – abschreckende – zivilrechtliche Folgen vor und nicht durch die in ihren Ressourcen notwendig begrenzten Kartellbehörden, die die Verfolgung auf Fälle mit besonderem öffentlichen Interesse zu beschränken haben.[20] Die parallele Sanktion von vereinbarungsbezogenen Verbotsgesetzen durch eine Behörde stellt im Übrigen die Ausnahme dar.

8 Schwieriger ist die Identifizierung der nichtigen Vereinbarung, wenn ein Wettbewerbsverstoß erst durch den **rechtsgeschäftlichen Beitritt eines bestimmten Gesellschafters** begründet wird, die Gesellschaft und ihre Tätigkeit bis zu diesem Zeitpunkt jedoch im Hinblick auf den bisher beteiligten Gesellschafterkreis mangels Koordinierungswirkung kartellrechtsneutral war.[21] In Betracht kommt hier einerseits die Beschränkung der Nichtigkeit auf den Aufnahmevertrag oder den Anteilserwerb, andererseits kann dann auch eine (ex-nunc-)Nichtigkeit des Gesellschaftsvertrags selbst angenommen werden. Für letztere spricht, dass der Beitritt bzw. der Erwerb der Geschäftsanteile eine Änderung des Gesellschaftsvertrags nach sich zieht und die gemeinsame Tätigkeit in der Gesellschaft auf der Basis des gesellschaftsvertraglichen Zwecks einen notwendigen Bestandteil des Wettbewerbsverstoßes darstellt, so dass der Beitritt des Gesellschafters den Gesellschaftsvertrag gewissermaßen „infizieren" könnte.[22] Eine solche Gesamtnichtigkeit durch nachträgliche Vertragsergänzungen zum ursprünglichen Gesellschaftsvertrag kann dem Zweck des Kartellverbots jedoch nicht entnommen werden. Selbst wenn man den Aufnahme- und den Gesellschaftsvertrag als einheitliches Vertragswerk ansehen wollte, handelt es sich hierbei nicht um ein unteilbares Werk, das einer Bewertung etwa nach § 139 BGB und den in der Regel in Gesellschaftsverträgen enthaltenen salvatorischen Klauseln nicht zugänglich wäre (zur Teilnichtigkeit s. u. II.2.).[23] Die Lehre vom fehlerhaften Gesellschafterbeitritt kann hier nicht zur Anwendung kommen, zumal die ihr ursprünglich zugrunde liegende Schutzbedürftigkeit der Mitgesellschafter wegen der Beteiligung an dem Kartellverstoß hier kaum angenommen werden kann.

9 Die Beschränkung der Nichtigkeitsfolge auf den Beitritt des Gesellschafters bedeutet dabei nicht, dass die gemeinsame Tätigkeit in der Gesellschaft keinen Kartellverstoß darstellt, sondern klärt nur die Frage, welcher von den zugrunde liegenden Verträgen nach dem zivilrechtlichen Sanktionensystem nichtig ist. Das kartellzivilrechtliche Sanktionensystem besteht parallel zum kartellbehördlichen Sanktionensystem. Das BKartA kann daher auch bei Kartellrechtswidrigkeit durch einen Gesellschafterbeitritt die Durchführung des Gesellschaftsvertrages insgesamt untersagen. Für die Frage, welcher Vertrag tatsächlich nichtig ist, kann hieraus kein Schluss gezogen werden.[24] Umgekehrt kann das BKartA nicht nur dann die Durchführung eines Vertrages nach § 32 GWB untersagen, wenn gerade dieser auch nichtig ist.

10 **2. Missbräuchliche Vereinbarungen.** Vereinbarungen, die gegen **§§ 19, 20 GWB** verstoßen, können nach dem Sinngehalt der Norm ebenfalls nach § 134 BGB nichtig

[18] So aber offenbar *Palzer,* ZGR 2012, 631, 646 und letztlich auch *K. Schmidt,* BB 2014, 515, 519.

[19] Diese Probleme als „unlösbar" zu bezeichnen wie *K. Schmidt* BB 2014, 515 ff. meint, erscheint übertrieben, dies auch angesichts der Tatsache, dass es bisher offenbar nicht zu solchen unlösbaren Problemen gekommen ist.

[20] AA *Palzer,* ZGR 2012, 631, 647, der zu Unrecht vermutet, dass es ohnehin schon so wäre; dies ist mit Sicherheit nicht der Fall; ähnlich wie hier *Theurer,* BB 2013, 137, 140.

[21] Diese Konstellation lag dem Verwaltungsverfahren *Xella/NordKS* zugrunde. Vgl. BKartA WuW/E DE-V 1277.

[22] So *K. Schmidt,* BB 2014, 515, 518.

[23] Im Ergebnis wie hier *Wessels,* ZIP 2014, 101, 109.

[24] So aber wohl *K. Schmidt,* BB 2014, 515, 519.

sein.[25] Dieses ist jedoch im Einzelfall zu prüfen und richtet sich nach der konkreten mit dem Rechtsgeschäft verfolgten Regelung. Denn §§ 19, 20 GWB liegen Konstellationen zugrunde, in denen nur eine Seite des Rechtsgeschäfts Normadressat ist. Ein Verbot, das sich nur an eine Seite des Rechtsgeschäfts richtet, führt jedoch in der Regel nicht zur Nichtigkeit.[26] Nichtigkeit ist nur ausnahmsweise dann anzunehmen, wenn einem solchen einseitigen Verbot ein Zweck zugrunde liegt, der die Nichtigkeit des ganzen Rechtsgeschäfts erfordert, weil er nicht anders als durch dessen Annullierung zu erreichen ist und der wirtschaftliche Erfolg der getroffenen Regelung nicht hingenommen werden kann.[27] Rechtsgeschäfte bleiben damit umgekehrt trotz des Verstoßes gegen §§ 19, 20 GWB wirksam, wenn die Beseitigung der unbilligen Behinderung oder die Gleichbehandlung durch Änderung oder Neuabschluss von Vereinbarungen möglich ist und dem Beeinträchtigten Schadensersatz- und Unterlassungsansprüche zur Durchsetzung seiner Interessen ausreichen.[28]

Nach der Rechtsprechung sind insoweit zunächst **diskriminierende einseitige Kündigungen** bei bestehendem Kontrahierungszwang gemäß § 134 BGB nichtig.[29] Darüber 11
hinaus sind aber auch langfristige Vertragsverhältnisse, die durch eine **diskriminierende Auswahlentscheidung** zustande gekommen sind, grundsätzlich nichtig.[30] Dies gilt insbesondere für Konzessionsverträge nach § 46 Abs. 2 EnWG und sie ersetzende „Vergaben" an Eigenbetriebe, da sie zu einem langfristigen faktischen Ausschluss aller anderen Bewerber um den Netzbetrieb führen. Eine damit verbundene Diskriminierung oder unbillige Behinderung kann dann nur durch ihre Unwirksamkeit beseitigt werden.[31] Es kommt nicht darauf an, ob der Vertragspartner des Normadressaten den Rechtsverstoß kennt und daran mitwirkt.[32] Eine Ausnahme von diesem Grundsatz ist nach der Rechtsprechung des BGH im Interesse der Rechtssicherheit jedoch dann zu machen, wenn alle diskriminierten Bewerber um den Vertrag ausreichend Gelegenheit haben, ihre Rechte zu wahren, diese Möglichkeit aber nicht nutzen. Eine solche Rechtewahrung ist nach Ansicht des BGH in Betracht zu ziehen, wenn in Anlehnung an § 101a GWB alle Bewerber individuell in Textform über ihre beabsichtigte Auswahlentscheidung unterrichtet werden und der Vertrag erst 15 Kalendertage nach Absendung der Information abgeschlossen wird.[33] Die öffentliche Bekanntmachung der Vergabeentscheidung (insbesondere in dem relevanten Fall der Vergabe von Wegerechtskonzessionen nach § 46 Abs. 3 S. 6 EnWG) reicht nicht aus.[34]

3. Vollzogene Zusammenschlüsse, § 41 Abs. 1 GWB. Die Folgen eines Verstoßes 12
gegen das Vollzugsverbot nach § 41 Abs. 1 GWB sind mit der 8. GWB-Novelle in § 41

25 *Bechtold,* GWB, 7. Auflage 2013, § 19 Rdnr. 99; *Langen/Bunte-Nothdurft,* Deutsches Kartellrecht, 12. Auflage, § 19 Rdnr. 379; s. auch *Wiedemann* in § 23 Rdnr. 270.

26 *Palandt-Ellenberger,* BGB, 73. Aufl., 2014, § 134 Rdnr. 8f.

27 BGHZ 65, 370, unter B.2.b; BGHZ 152, 10, 11f.; BGH K&R 2010, 349 Rn. 12f. – *Teilnehmerdaten I;* OLG Karlsruhe Beck-RS 2014, 06418; BGH WuW/E DE-R 4159, 4176 = NZKart 2014, 151, 153 – *Stromnetz Berkenthin.*

28 *Loewenheim/Meessen/Riesenkampff-Loewenheim,* GWB, 2. Aufl., § 20 Rdnr. 110; *Immenga/Mestmäcker-Markert,* GWB, 4. Auflage, § 20 Rdnr. 229; OLG Karlsruhe, WuW/E DE-R 59, 60; OLG Düsseldorf RdE, 2013, 128, 134; so wohl auch BGH WuW/E DE-R 4139, 4152 – *Stromnetz Heiligenhafen.*

29 BGH WuW/E DE-R 1144, 1145 – *Schülertransporte;* WuW/E DE-R 1541, 1542 f. – *Sparberaterin II.*

30 BGH WuW/E DE-R 4159, 4176 = NZKart 2014, 151, 153 – *Stromnetz Berkenthin,* OLG Karlsruhe Beck-RS 2014, 06418.

31 BGH WuW/E DE-R 4159, 4176 = NZKart 2014, 151, 153– *Stromnetz Berkenthin;* für die entsprechende Anwendung des § 134 BGB bei Vergabe an Eigenbetrieb: BGH WuW/E DE-R 4139, 4152 – *Stromnetz Heiligenhafen.*

32 So aber *Bechtold,* GWB, 7. Auflage 2013, § 19 Rdnr. 99.

33 BGH WuW/E DE-R 4159, 4176 – *Stromnetz Berkenthin.*

34 Vgl. OLG Karlsruhe Beck-RS 2014, 06418, das denjenigen Bietern eine Berufung auf die Nichtigkeit nach § 242 BGB versagt, die ausreichend Gelegenheit hatten, ihre Rechte zu wahren, dem unterlegenen Altkonzessionär jedoch stets den Nichtigkeitseinwand erhalten will, da dessen Eigentumsrechte betroffen werden.

Abs. 1 S. 2 und 3 neu geregelt worden. In § 41 Abs. 1 S. 2 GWB ist die **Unwirksamkeitsfolge** unmittelbar geregelt, so dass ein Rückgriff auf § 134 GWB nicht erfolgen kann. Rechtsgeschäftliche Vollzugshandlungen sind nunmehr grundsätzlich schwebend unwirksam und werden rückwirkend wirksam,[35] wenn die Voraussetzungen des § 41 Abs. 1 S. 3 Nr. 3 GWB gegeben sind.

13 Die Unwirksamkeitsfolge bezieht sich auf **alle Rechtsgeschäfte,** die im Zusammenhang mit dem Zusammenschlussvorhaben stehen und Vollzugshandlungen darstellen, insbesondere auch alle Teilschritte und vorweggenommene Wirkungen des Zusammenschlusses durch begleitende, vorgeschaltete Rechtsgeschäfte.[36] **Ausgenommen** gemäß § 41 Abs. 1 S. 3 Nr. 1 GWB sind Grundstücksgeschäfte nach deren durch Eintragung im Grundbuch bewirkten Wirksamkeit sowie nach Nr. 2 Verträge über die Umwandlung, Eingliederung oder Gründung eines Unternehmens und für Unternehmensverträge nach §§ 291, 292 AktG, sobald sie durch die Eintragung in das zuständige Register rechtswirksam geworden sind. Die Registerbeamten bzw. -gerichte müssen allerdings ihrerseits das Vollzugsverbot beachten und dürften eine Eintragung nicht vornehmen.[37]

14 Eine **rückwirkende Heilung** (und keine Ausnahme) sieht nunmehr § 41 Abs. 1 S. 3 Nr. 3 GWB vor. Damit ist der zur alten Rechtslage geführte Streit über eine mögliche unheilbare Nichtigkeit von gegen das Vollzugsverbot verstoßenden Verträgen beendet.[38] Eine Heilung ist dabei zunächst vorgesehen, wenn der Zusammenschluss gemäß § 39 Abs. 6 GWB beim Bundeskartellamt **angezeigt** wird und das **Entflechtungsverfahren** nach § 41 Abs. 3 GWB **eingestellt** wurde. Das BKartA leitet dabei regelmäßig ein Entflechtungsverfahren zur Prüfung der Untersagungsvoraussetzungen ein und beendet dieses mit einem einfachen Einstellungsschreiben, das ebenso wie das Freigabeschreiben nach vorheriger Anmeldung das Vollzugsverbot beendet. Eine förmliche Einstellungsentscheidung ist nach der Neuregelung nicht erforderlich.[39] Zwingende Voraussetzung ist jedoch die freiwillige Anzeige nach § 39 Abs. 6 GWB. Ein vom BKartA selbst ermittelter Vollzug kann nicht mehr geheilt werden.[40] Eine Prüfungsfrist sowie eine Verpflichtung des BKartA zur Führung eines Entflechtungsverfahrens als solches und damit zur Heilung des Rechtsmangels enthält die Neuregelung nicht. Der Verweis auf § 41 Abs. 3 GWB bezieht sich nur auf das Entflechtungsverfahren, das aber nur bei Vorliegen der Untersagungsvoraussetzungen verpflichtend ist. Ob die Anzeige nach § 39 Abs. 6 GWB ein Entflechtungsverfahren auslösen kann, ist zweifelhaft. In der Praxis wird dies jedoch letztlich keine Bedeutung haben.

15 Eine Heilung tritt nach § 41 Abs. 1 Nr. 3 GWB ferner ein, wenn die Wettbewerbsbeschränkung nach einer **Auflösungsverfügung beseitigt** wurde. Hierbei ist allerdings nicht schon auf den Entscheidungszeitpunkt abzustellen, sondern auf die Erfüllung der Anordnung und die tatsächliche Beseitigung der Untersagungsvoraussetzungen.[41] Schließlich hat die **Ministererlaubnis** nach § 42 GWB heilende Wirkung.

II. Umfang der Nichtigkeitsfolge nach § 134 BGB

16 **1. Umfang der Rückwirkung.** Die Nichtigkeit der Rechtsgeschäfte gilt **von Anfang an *(ex tunc).*** Die Wirksamkeit der Vereinbarungen bestimmt sich grundsätzlich nach dem

---

[35] *Langen/Bunte-Kallfaß,* Deutsches Kartellrecht, 12. Auflage, § 41 Rdnr. 3; *Bechtold,* GWB, 7. Auflage, § 41 Rdnr. 8.

[36] *Langen/Bunte-Kallfaß,* Deutsches Kartellrecht, 12. Auflage, § 41 Rdnr. 4; *Bechtold,* GWB, 7. Auflage, § 41 Rdnr. 4.

[37] *Immenga/Mestmäcker-Veelcken,* GWB, 4. Auflage, § 41 Rdnr. 15; *Langen/Bunte-Kallfaß,* Deutsches Kartellrecht, 12. Auflage, § 41, Rdnr. 2.

[38] Vgl. hierzu die Vorauflage, § 50 Rdnr. 9.

[39] Vgl. BT-Drucks. 17/9852, S. 30; *Bardong,* NZKart 2013, 303, 309; *Lange/Bunte-Kallfaß,* Deutsches Kartellrecht, 12. Auflage, § 41 Rdnr. 3; *Bechtold,* GWB, 7. Auflage, § 41 Rdnr. 11.

[40] BT-Drucks. 17/9852, S. 30 f.; *Langen/Bunte-Kallfaß,* Deutsches Kartellrecht, 12. Auflage, § 41 Rdnr. 3.

[41] AA *Bechtold,* GWB, 7. Auflage, § 41 Rdnr. 11.

zum Zeitpunkt des Vertragsabschlusses geltenden Recht. Verträge können nach der Rechtsprechung jedoch auch nach Abschluss kartellrechtswidrig werden, etwa weil sich die Rechtslage[42] oder die Marktverhältnisse geändert haben und erst hierdurch z. B. die Normadressateneigenschaft der Marktbeherrschung oder die Spürbarkeit der Wettbewerbsbeschränkung nach § 1 GWB entstanden ist.[43]

Es spricht nach dem Sinn und Zweck der Kartellrechtsnormen sicher einiges dafür, Dauerschuldverhältnisse auch bei einem ursprünglich kartellrechtlich unbedenklichen Inhalt die rechtliche Wirksamkeit zu versagen, sobald ihr Inhalt gegen kartellrechtliche Verbote verstößt und den Wettbewerb in unzulässiger Weise beeinträchtigt. Problematisch wird hier jedoch häufig die Bestimmung des Zeitpunktes sein, zu dem die Tatbestandsmerkmale erstmals erfüllt waren. In den bisher von der Rechtsprechung entschiedenen Fällen waren diese Unwirksamkeitszeitpunkte jeweils genau bestimmbar.[44] Wann genau jedoch eine Wettbewerbsbeschränkung die Spürbarkeitsschwelle überschreitet oder zu welchem Zeitpunkt die Marktbeherrschung als entstanden gelten kann, dürfte jedoch regelmäßig kaum bestimmbar sein. Nach Vertragsabschluss veränderten Umständen können die Vertragsparteien daher nur in den durch das Vertragsrecht gesetzten Grenzen Rechnung tragen. Insoweit kommen, sofern die jeweiligen Anwendungsvoraussetzungen erfüllt sind, insbesondere die Rechtsinstitute der ergänzenden Vertragsauslegung, der Kündigung aus wichtigem Grund oder des Wegfalls der Geschäftsgrundlage (§ 313 BGB) in Betracht.[45] Eine behördliche Untersagung nach § 32 GWB bleibt ohne Weiteres möglich, da für das Vorliegen der Tatbestandsmerkmale der Entscheidungszeitpunkt maßgeblich ist. 17

2. Teil- oder Gesamtnichtigkeit; Heilungsspielräume. Der Verstoß gegen ein Verbotsgesetz im Sinne des § 134 BGB führt nicht stets zur Gesamtnichtigkeit eines Vertrages. Vielmehr ist die Reichweite der Nichtigkeitssanktion dem Zweck der Verbotsnorm zu entnehmen.[46] Die Verbotsnormen des GWB lassen eine Teilnichtigkeit von Verträgen nach ihrem Zweck grundsätzlich zu. Dem Zweck des Gesetzes ist genügt, wenn nur die kartellrechtswidrige Regelung selbst zivilrechtlich nicht durchsetzbar ist, der Vertrag im Übrigen aber erhalten bleibt.[47] 18

Bei nach Sinn und Zweck des Verbotsgesetzes möglicher Teilnichtigkeit einzelner Vertragsbestimmungen bestimmt sich bei **Individualverträgen** das Schicksal des Vertragsrests grundsätzlich nach der Vermutungsregel des **§ 139 BGB.** Danach ist bei Nichtigkeit nur eines Teils eines Rechtsgeschäfts das ganze Rechtsgeschäft nichtig, wenn nicht anzunehmen ist, dass es auch ohne den nichtigen Teil vorgenommen sein würde. Es muss dabei die Vertragspartei, die das teilnichtige Geschäft aufrechterhalten will, darlegen und beweisen, dass die Parteien bei Kenntnis des Mangels den Rest des Geschäfts hätten gelten lassen.[48] 19

Der von der Nichtigkeit nicht betroffene Teil muss als selbständiges Rechtsgeschäft Bestand haben können, also **objektiv abteilbar** sein. Die übrigen Vertragsbestimmungen müssen einen zu selbständiger Geltung fähigen Regelungsgehalt haben.[49] Das ist nicht der Fall, wenn sich der Kartellrechtsverstoß aus der Gesamtheit des Rechtsgeschäfts ergibt, insbesondere, wenn die kartellrechtswidrige Regelung eine Hauptvertragspflicht darstellt und etwaige Zusatzabreden isoliert betrachtet keinen Sinn machen. 20

---

[42] BGH WuW/E DE-R 1119 ff. – *Verbundnetz II.*

[43] So z. B. OLG Düsseldorf NJW 2009, 1087, 1088.

[44] BGH WuW/E DE-R 1119 ff. – *Verbundnetz II;* hierzu auch BGH WuW/E DE-R 3275 ff. = NJW-RR 2011, 835, 840 – *Jette Joop.* Im Fall des OLG Düsseldorf NJW 2009, 1087 ff. war die marktbeherrschende Stellung durch Abschluss eines Vertrages über die Räumlichkeiten der Zulassungsstelle entstanden. Auch eine Rechtsänderung ist ein zeitlich genau bestimmbares Ereignis.

[45] BGH WuW/E DE-R 3275 ff. = NJW-RR 2011, 835, 840 – *Jette Joop.*

[46] *Palandt-Ellenberger,* BGB, 73. Aufl., 2014 § 134, Rdnr. 13.

[47] BT-Drucks. II, 1158, S. 31; BGH WuW/E BGH 3115 – *Druckgussteile.*

[48] BGH NJW 1996, 773, 774; BGH WuW/DE-R 1031, 1032 – *Tennishallenpacht;* BGH WM 2010, 673, 675 f.

[49] BGH WuW/E BGH 2565, 2569 – *Schaumstoffplatten;* BGH WuW/E BGH 2909, 2913 – *Pronuptia II;* BGH WuW/E DE-R 3275 ff. = NJW-RR 2011, 835, 839 – *Jette Joop.*

21 Nach § 139 BGB bleibt der vom Nichtigkeitsgrund nicht betroffene Teil bestehen, wenn ihn die Parteien nach ihrem **mutmaßlichen Willen,** d. h. in Kenntnis der Nichtigkeit und im Hinblick auf den mit dem Rechtsgeschäft erkennbar verfolgten Zweck, vernünftigerweise vorgenommen hätten.[50] Liegt ein Parteivortrag insoweit nicht vor oder gehen die Parteiäußerungen auseinander, so kommt es entscheidend darauf an, ob das Gleichgewicht von Leistung und Gegenleistung ohne die fragliche Bestimmung aufgehoben oder die wirtschaftlichen Vertragsgrundlagen wesentlich verändert würden.[51] So führte eine verbotene Preisbindung zur Gesamtnichtigkeit des Vertrages, weil sie in einem Alleinvertriebsvertrag im Zusammenhang mit einem absoluten Gebietsschutz stand.[52] Ferner hat der BGH wegen eines gegen § 1 GWB verstoßendes Wettbewerbsverbotes die Nichtigkeit des gesamten Vertrages angenommen, weil das Verbot mit weiteren übernommenen Verpflichtungen und mit einer eingeräumten Gewinnbeteiligung, dem Einsichts- und Prüfungsrecht und der Verpflichtung der Beklagten zur Kennzeichnung eines bestimmten Prozentsatzes ihrer im Inland verkauften Erzeugnisse mit einem Warenzeichen der Klägerin zusammenhing.[53]

22 *a) Salvatorische Klauseln.* § 139 BGB ist dispositives Recht, so dass seine Rechtsfolge grundsätzlich abbedungen werden kann. Hierauf zielt die Vereinbarung von **salvatorischen Klauseln,** die in Form von Erhaltens- und Ersetzungsklauseln im Rechtsverkehr genutzt werden.[54] Eine Erhaltensklausel regelt, dass im Falle Unwirksamkeit einer einzelnen Bestimmung die restlichen Regelungen Bestand haben sollen. Eine Ersetzungsklausel verpflichtet die Parteien, eine unwirksame durch eine solche zulässige Klausel zu ersetzen, die dem Gewollten am nächsten kommt.

23 Eine salvatorische **Erhaltungsklausel** schließt eine Gesamtnichtigkeit nach der neueren Rechtsprechung nicht aus, sondern führt zu einer **Umkehrung der Vermutung des § 139 BGB** in ihr Gegenteil. Die Darlegungs- und Beweislast für diejenigen Umstände, die eine über die Nichtigkeit einer einzelnen Bestimmung hinausgehende Nichtigkeit weiterer Vertragsbestimmungen oder des gesamten Vertrages begründen, trifft denjenigen, der sich darauf beruft.[55] Die Nichtigkeit des gesamten Vertrages tritt daher nach wie vor ein, wenn die Aufrechterhaltung des Restgeschäfts trotz der salvatorischen Klausel im Einzelfall durch den durch Vertragsauslegung zu ermittelnden Parteiwillen nicht mehr getragen wird, insbesondere bei einer wesentlichen Vertragsbestimmung oder bei einer Veränderung des Gesamtcharakters des Vertrages.

24 Auch eine **Ersetzungsklausel** hat grundsätzlich die Wirkung der Umkehrung der Beweisregel nach § 139 BGB. Der sich auf Gesamtnichtigkeit berufenden Partei obliegt dann die Darlegungs- und Beweislast dafür, dass der Vertrag selbst nach einer Ersetzung der unwirksamen Klausel durch die ihr wirtschaftlich am nächsten kommende rechtmäßige Bestimmung nicht geschlossen worden wäre.[56] Die Ersetzungsklausel verpflichtet im Übrigen zunächst nur die Vertragsparteien, zulässige Regelungen zu finden. Sie zeigt aber auch den entsprechenden Parteiwillen an, den Vertrag mit einer zulässigen Regelung aufrechtzuerhalten. Eine Ersetzungsklausel ist daher grundsätzlich eine ausreichende Grundlage für eine richterliche Auslegung des Parteiwillens im Wege der ergänzenden Vertragsauslegung nach § 157 BGB.[57] Der

---

50 *Palandt-Ellenberger,* BGB, 73. Aufl., 2014, § 139 Rdnr. 5

51 Vgl. Definition bei BGH WuW/E BGH 2909, 2912 – *Pronuptia II; Langen/Bunte-Krauß,* Deutsches Kartellrecht, 12. Auflage, § 1 Rdnr. 321.

52 BGH WuW/E BGH 1402, 1404 – *EDV-Zubehör.*

53 BGH WuW/E BGH 359, 360 – *Glasglühkörper.*

54 Vgl. *Bunte* GRUR 2004, 301; *Palandt-Ellenberger,* BGB, 73. Aufl., 2014, § 139 Rdnr. 17.

55 BGH NJW 2010, 1660, 1661; BGH NJW 1996, 773, 775; für das Kartellrecht zunächst anders noch BGH WuW/E BGH 2909, 2913 – *Pronuptia II,* aufgegeben in WuW/E DE-R 1031, 1032 – *Tennishallenpacht.*

56 OLG Düsseldorf, U. v. 19.1.2011 – VI-U (Kart) 10/10 –, Rdnr. 18 (juris).

57 So auch *Bechtold,* GWB, 7. Auflage, § 1 Rdnr. 90; wohl auch *Langen/Bunte-Krauß,* Deutsches Kartellrecht, 12. Auflage, § 1 Rdnr. 326.

Weg dürfte allerdings versperrt sein, wenn der Ersetzungsversuch durch die Parteien mangels Einigung über die kartellrechtlich gerade noch zulässige Bestimmung schon gescheitert ist. Ein (hypothetischer) Ersetzungswille durch diese Bestimmung besteht in dem Fall nicht.

Nach der Rechtsprechung des BGH erfordert der Sinngehalt des § 139 BGB aber auch ohne die Existenz einer Ersetzungsklausel die Prüfung, mit welchem Inhalt die Vereinbarung im Fall teilweiser Unwirksamkeit fortgelten soll.[58] Lässt sich der Vertragsinhalt in eindeutig abgrenzbarer Weise in den nichtigen Teil und den von der Nichtigkeit nicht berührten Rest aufteilen, ist es zulässig, den nichtigen Teil zur Beseitigung der Nichtigkeit im Wege der ergänzenden Vertragsauslegung **neu zu fassen.** Der von § 139 BGB geregelte Bereich ist jedoch dann überschritten, wenn an die Stelle der nichtigen Bestimmung eine von mehreren denkbaren wirksamen Regelungen gesetzt werden müsste.[59] Insbesondere bei Nichtigkeit von essentiellen Vertragsbestandteilen muss die Ersetzung durch die Parteien selbst erfolgen. Anderenfalls ist bei Nichtigkeit von essentialia negotii (auch bei einer Erhaltensklausel) Gesamtunwirksamkeit anzunehmen.[60] **25**

b) Geltungserhaltende Reduktion. Zulässig ist dagegen grundsätzlich die quantitative Rückführung einer kartellrechtswidrigen Klausel auf das zulässige Maß durch **geltungserhaltende Reduktion.** Dagegen spricht nicht, dass den Parteien damit das Risiko der gesetzlich angeordneten Unwirksamkeit genommen werde.[61] Für solche Risikoerwägungen ist nur Raum im Rahmen der Frage, ob eine Gesamtnichtigkeit geboten ist, weil der Zweck der Norm nur so erreicht werden kann. Ist dieses zu bejahen, führt dies Ergebnis zur generellen Unanwendbarkeit des § 139 BGB, da es dann auf den Parteiwillen von vornherein nicht ankommen kann.[62] Dieses kann jedoch für § 1 GWB nicht angenommen werden, da die Vorschrift nach ihrem Zweck die Teilnichtigkeit vorsieht und den Weg zu § 139 BGB frei macht.[63] Auch im Rahmen von § 138 BGB ist zweifelhaft, ob die Norm den Zweck hat, den Betroffenen das Risiko der Nichtigkeit zuzuweisen. Ein derartig weitgehender Sanktionscharakter kann beiden Vorschriften nicht entnommen werden.[64] **26**

Der BGH hat eine solche Heilung durch Rückführung auf das kartellrechtlich zulässige Maß vor allem im Zusammenhang mit **Wettbewerbsverboten** zugelassen, die wegen „überschießender" Wettbewerbsbeschränkung gegen § 1 GWB verstoßen.[65] Die „überschießende" Wettbewerbsbeschränkung besteht darin, dass das Wettbewerbsverbot zeitlich, räumlich oder gegenständlich zu weit geht und insoweit für den mit der Vereinbarung meist verfolgten Zweck der Unternehmensveräußerung oder Gesellschafterauseinandersetzung nicht erforderlich ist.[66] Dabei ist eine geltungserhaltende Reduktion nach der Rechtsprechung bei Wettbewerbsverboten nur in **zeitlicher** Hinsicht möglich, nicht jedoch in **gegenständlicher** Hinsicht.[67] Auch eine Reduzierung in **örtlicher** Hinsicht hat der BGH **27**

---

[58] BGH WuW/E DE-R 3275ff = NJW-RR 2011, 835, 839 – *Jette Joop.*

[59] BGH WuW/E DE-R 3275 ff. = NJW-RR 2011, 835, 839 – *Jette Joop.*

[60] BGH NJW 1996, 773, 774; *Bunte,* GRUR 2004, 301, 303.

[61] So wohl *Immenga/Mestmäcker-Möschel,* GWB, 4. Auflage, § 19 Rdnr. 248 für den Preismissbrauch; vgl. BGHZ 68, 204, 206 f.; BGH NJW 1986, 2944, 2945; BGH NJW 1997, 3089, 3090 für § 138 BGB.

[62] Vgl. *Palandt-Ellenberger,* BGB, 73. Aufl., 2014, § 139 Rdnr. 18.

[63] So auch *Nassall,* BB 1988, 1264, 1267; ähnlich wohl *Hirte,* ZHR 154 (1990), 443, 459; zurückhaltend hier *Mellulis,* WRP 1994, 686, 691.

[64] So auch *Mellulis,* WRP 1994, 686, 692; wohl auch *Traub,* WRP 1994, 802, 905. Anders ist allerdings die Rechtslage bei der Verwendung von AGBs zu beurteilen: hier muss angesichts des Schutzzwecks in der Tat eine Zuweisung des Nichtigkeitsrisikos an den Verwender angenommen werden, der die AGB einseitig stellt, vgl. insbesondere BGHZ 84, 109, 114.

[65] BGH WuW/E BGH 2090, 2095 – *Stadler-Kessel;* WuW/E BGH 1898, 1900 – *Holzpaneele;* DB 1994, 34, 36 – *Ausscheidender Gesellschafter;* WuW/E BGH 3115 ff. = DB 1997, 2117, 2118 f. – *Druckgussteile.* BGH WuW/E DE-R 2554 ff. = NJW 2009, 1751, 1753 – *Subunternehmervertrag II.*

[66] Etwa BGH WuW/E BGH 3115 ff. = DB 1997, 2117, 2118 f. – *Druckgussteile.*

[67] BGH WuW/E DE-R 2554 ff. =NJW 2009, 1751, 1753 – *Subunternehmervertrag II;* BGH NJW 1977, 3089, 3090; NJW 1986, 2944, 2945; WM 1990, 2121, 2123; kritisch Thomas, WuW 2010, 177, 181.

jedenfalls im Zusammenhang mit der Prüfung nach § 138 BGB bisher abgelehnt.[68] Eine Reduzierung eines Wettbewerbsverbotes auch in örtlicher oder gegenständlicher Hinsicht ist jedenfalls dann zu verneinen, wenn es insoweit mehrere Gestaltungsmöglichkeiten gibt, so dass nicht mehr feststellbar ist, welches die weitestgehende, nach § 1 GWB gerade noch zulässige Lösung ist, da bei mehreren Gesichtspunkten auch mehrere sachgerechte Lösungen denkbar sind. Dass dies jedoch auf die zeitliche Überdehnung zu beschränken ist, erscheint nicht zwingend, da insbesondere auch eine räumliche Rückführung kaum Gestaltungsspielraum bietet.[69] Es ist zudem durchaus vorstellbar, dass es lediglich eine denkbare gegenständliche Reduzierungsmöglichkeit gibt. Auch ist dies keine Frage der Teilbarkeit des Wettbewerbsverbots, da auch diese „überschießenden" Wettbewerbsbeschränkungen im Einzelfall auf der Grundlage quantitativer Kriterien ermittelt werden können. Insoweit sind Wettbewerbsverbote daher auch örtlich und gegenständlich objektiv durchaus einer Reduktion zugänglich.[70] Letztlich können hier nur die Umstände des Einzelfalles entscheiden. Der BGH hat daher zu Recht für eine **Markenabgrenzungsvereinbarung** in Abgrenzung zu seiner Entscheidung *Subunternehmervertrag II* ausdrücklich auch eine gegenständliche Rückführung für zulässig gehalten, da in dem konkreten Fall keine Gefahr der rechtsgestaltenden Einwirkung auf den Vertrag durch das Gericht bestand.[71]

28 Ein **Verstoß gegen das Missbrauchsverbot** führt nach der Rechtsprechung des BGH jedenfalls nicht ausnahmslos zum Ausschluss der geltungserhaltenden Reduktion im Hinblick auf den Zweck des Missbrauchsverbots.[72] So kann eine **Bezugsbindung,** die allein wegen der übermäßig langen Dauer wegen eines Verstoßes gegen § 19 GWB kartellrechtswidrig ist, ebenfalls grundsätzlich mit einer zulässigen geringeren Laufzeit aufrechterhalten werden, soweit dieses dem Parteiwillen entspricht.[73] Missbrauchsfälle werden häufig im Hinblick auf die ihnen zugrunde liegenden qualitativen Bestimmungen ohnehin nicht auf ein zulässiges Maß reduzierbar sein. Die Fälle eines **Konditionenmissbrauchs** kommen nach den dargestellten Grundsätzen schon deswegen nicht für eine geltungserhaltende Reduktion durch eine richterliche Gestaltung in Betracht, da dieser sich häufig nur aus der Gesamtheit des Vertragswerks ergibt und eine „Rückführung" durch verschiedenste Kombinationen denkbar ist. Nicht selten sind diese außerdem AGBs, bei denen eine geltungserhaltene Reduktion nicht zulässig ist.[74] Bei einem **Preismissbrauch** ist die Rückführung des überhöhten Preises auf den gerade noch zulässigen Preis ebenfalls zweifelhaft. Allerdings ist hier zu berücksichtigen, dass der Ausbeutungstatbestand den Schutz gerade des Vertragspartners bezweckt, diesem jedoch mit einer Gesamtnichtigkeit die Erfüllungsansprüche genommen werden.[75]

29 **Langfristige Verträge mit Gesamtbedarfsdeckungsklauseln** sind auf der Grundlage der oben dargestellten Grundsätze zur Reduktion von Wettbewerbsverboten einer „Heilung" durch geltungserhaltende Reduktion dagegen **nicht zugänglich.**[76] Denn hier liegt

---

[68] BGH NJW 2000, 2584, 2585; AnwBl. 2005, 715, 716; für Kartellverbot offen BGH WuW/E DE-R 1305, 1306 – *Restkaufpreis.*

[69] So auch OLG Hamburg WRP 1987, 258; *Renner,* DB 2002, 1143; *Loewenheim/Meessen/Riesenkampff-Nordemann,* Kartellrecht II, § 1, Rdnr. 251.

[70] BGH WuW/E DE-R 3275 ff. = NJW-RR 2011, 835, 839 – *Jette Joop*; so auch *Mellulis,* WRP 1994, 686, 692; *Loewenheim/Meessen/Riesenkampff-Nordemann,* Kartellrecht II, § 1 Rdnr. 251.

[71] BGH WuW/E DE-R 3275 ff. = NJW-RR 2011, 835, 839 – *Jette Joop.*

[72] BGH WuW/E DE-R 4037, 4059 = NZKart 2014, 31, 34 – *VBL Gegenwert,* für den konkreten Fall im Ergebnis offengelassen.

[73] BGH WuW/E DE-R 1305, 1306 – *Restkaufpreis.*

[74] Vgl. etwa BGH NJW 2012, 1865, 1867; dagegen allerdings BGH NZKart 2014, 31, 34 – *VBL Gegenwert,* wo die geltungserhaltende Reduktion für eine als solche qualifizierte unangemessene AGB zumindest grundsätzlich erwogen wird.

[75] So LG Berlin WuW/E DE-R, 1664,1670 für diskriminierende Trassenpreise der Bahn; dazu ferner *Wiedemann,* § 23 Rdnr. 270.

[76] Zu langfristigen Energiebezugsverträgen OLG Düsseldorf WuW/E DE-R 854, 860 – *Stadtwerke Aachen;* anders OLG Stuttgart RdE 2002, 182, 185; hierzu vor allem *Markert,* WRP 2003, 356, 367 ff.; *Ritter,* WuW 2002, 362–367; *Dreher,* EWiR 2002, 625–626.

der Kartellverstoß bzw. der Missbrauch in der Kombination von Laufzeit und Bezugsmenge, so dass das kartellrechtliche zulässige Maß in verschiedensten Kombinationen bestehen kann. [77] Die marktabschottende bzw. den Marktzutritt erschwerende Wirkung einer Bezugsverpflichtung ergibt sich aus ihrem Umfang und ihrer Dauer. Beide korrelieren miteinander. Eine kürzere Laufzeit kann kartellrechtlich einen höheren Bezugsumfang rechtfertigen und umgekehrt. Es ist daher ein untrennbarer wirtschaftlicher Zusammenhang zwischen Umfang der Bezugspflicht und Vertragslaufzeit anzunehmen.[78] Es handelt sich hierbei außerdem in der Regel um essentielle Vertragsbestandteile, da die Langfristbindung in Verbindung mit der festen Vertragsmenge die Amortisation der getätigten Investitionen sichern soll und auf dieser Grundlage auch der Preis kalkuliert wird. Eine Aufrechterhaltung der Langfristbindung und der Bezugsmenge mit dem kartellrechtlich noch zulässigen Maß überschreitet daher die Grenze der richterlichen Gestaltungsmöglichkeit, da ein Interessenausgleich durch unterschiedliche Regelungen denkbar und nicht mehr feststellbar ist, welches die weitestgehende, nach GWB gerade noch zulässige Lösung ist.[79]

c) Allgemeine Geschäftsbedingungen. Bei Verstoß von **Allgemeinen Geschäftsbedingungen** gegen kartellrechtliche Verbotsnormen ist § 139 BGB nicht anwendbar. Stattdessen gilt entgegen der Vermutung nach § 139 BGB nach § 306 Abs. 1 BGB grundsätzlich die Anordnung der Teilnichtigkeit mit Ausfüllung der Vertragslücke gemäß § 306 Abs. 2 BGB nach den gesetzlichen Vorschriften. Eine Gesamtunwirksamkeit ist gemäß § 306 Abs. 3 BGB lediglich im Fall einer unzumutbaren Härte für eine Vertragspartei anzunehmen. 30

Als gesetzliche Vorschriften sind insbesondere diejenigen Regelungen des **dispositiven Rechts** heranzuziehen, die vergleichbare Vorschriften enthalten. Solche Vorschriften sind im Bereich des Kartellrechts häufig nicht gegeben.[80] Zu den gesetzlichen Regelungen nach § 306 Abs. 2 BGB gehören nach ständiger Rechtsprechung des BGH jedoch auch §§ 157, 133 BGB, in denen die **ergänzende Vertragsauslegung** ihre Grundlage hat.[81] Jedoch muss auch bei einer ergänzenden Vertragsauslegung die Grundentscheidung des Gesetzgebers beachtet werden, den Vertrag grundsätzlich mit dem sich aus den Normen des dispositiven Gesetzesrechtes, welche der ergänzenden Vertragsauslegung vorgehen, ergebenden Inhalt aufrechtzuerhalten.[82] Eine ergänzende Vertragsauslegung kommt daher nur in Betracht, wenn sich die mit dem Wegfall einer unwirksamen Klausel entstehende Lücke nicht durch dispositives Gesetzesrecht füllen lässt und dies zu einem Ergebnis führt, das den beiderseitigen Interessen nicht mehr in vertretbarer Weise Rechnung trägt, sondern das Vertragsgefüge völlig einseitig zu Gunsten des Kunden verschiebt.[83] Eine **geltungserhaltende Reduktion** ist dagegen **unzulässig,** da sie das Risiko der Unwirksamkeit vom Verwender auf den Vertragspartner verlagern würde.[84] 31

Bei einer nachträglich eintretenden Unwirksamkeit von Vertragshändler-AGB wegen **einer umfassenden Änderung der GVO** hat der BGH Gesamtnichtigkeit angenommen, da ein Parteiwillen angesichts der grundlegenden Neuregelungsbedarfs nicht feststellbar war und ein Festhalten an dem übrigbleibenden Vertragstorso gemäß § 306 Abs. 3 BGB eine unzumutbare Härte darstellte.[85] 32

---

[77] Zur materiellen Rechtslage insbesondere bei Energiebezugsverträgen vgl. BKartA WuW/E DE-V 1147 ff. – *E.ON Ruhrgas;* OLG Düsseldorf WuW/E DE-R 1757 ff. – *E.ON Ruhrgas.*

[78] Zu Energiebezugsverträgen *Säcker/Jaecks,* Langfristige Energielieferverträge und Wettbewerbsrecht, 2002, S. 22; *Theobald/Theobald,* Grundzüge des Energiewirtschaftsrechts, 2013, S. 142, *Ritter,* WuW 2002, 362, 365.

[79] So auch *Markert,* WuW 2002, 578, 585.

[80] Vgl. z. B. BGH NJW 2007, 3568, 3569 – *BMW Vertragshändler.*

[81] BGHZ 90, 60, 75; BGHZ 176, 244, 254 – *Erdgassondervertrag;* BGH WM 2014, 380, 382.

[82] BGHZ 117, 92, 99; BGHZ 176, 244, 254 – *Erdgassondervertrag;* BGH WM 2014, 380, 382.

[83] BGHZ 90, 60, 75 ff.; BGHZ 137, 153, 157; BGHZ 143, 103, 120, BGHZ 176, 244, 254 – *Erdgassondervertrag;* BGH WM 2014, 380, 382.

[84] Etwa BGH NJW 2012, 1865, 1867.

[85] BGH NJW 2007, 3568, 3569 – *BMW Vertragshändler.*

33 **3. Arglistige Berufung auf Gesamtnichtigkeit.** Die **Arglisteinrede** bei der Berufung auf die Nichtigkeit einer kartellrechtswidrigen Klausel ist grundsätzlich problematisch, da die im GWB geregelten Verbotsgesetze durchweg im öffentlichen Interesse liegen. Der BGH hat daher auch grundsätzlich die Möglichkeit, eine kartellrechtswidrige Klausel mit Hilfe der Arglisteinrede als rechtswirksam zu behandeln, nicht zugelassen.[86]

34 Der Einwand der Arglist kann nach der Rechtsprechung jedoch ausnahmsweise dann durchgreifen, wenn eine Partei aus der kartellrechtlich begründeten Nichtigkeit einer Vertragsklausel über § 139 BGB die Unwirksamkeit weiterer Vertragsbestimmungen herleiten und sich auf diese Art einer an sich nicht zu beanstandenden Vertragsverpflichtung entziehen wollte.[87] Insoweit kann es sich aber nur um Fälle handeln, in denen die aus kartellrechtlichen Gründen nichtige Vertragsklausel zulasten der Partei geht, die sich darauf beruft und die durch die Nichtigkeit der Klausel besser gestellt würde, da nur dann der Verdacht der Arglist überhaupt in Betracht kommt.[88] Dagegen verstößt die Berufung auf die kartellrechtliche Nichtigkeit einer Klausel von vornherein nicht gegen Treu und Glauben, wenn die betreffende Partei durch die Nichtigkeit der Klausel schlechter gestellt wird.[89] Der BGH hat auf dieser Grundlage bisher nur dann die Arglisteinrede durchgreifen lassen, wenn sich eine Partei gegenüber einem Schadensersatzanspruch der anderen Partei wegen Nichterfüllung einer kartellrechtlich unbedenklichen Verpflichtung darauf beruft, dass diese Verpflichtung infolge eines kartellrechtlichen Verstoßes einer anderen Vertragspflicht ebenfalls nichtig sei und wenn diese andere Vertragspflicht nicht die Ursache für die Nichterfüllung war.[90] Die Zulassung der Arglisteinrede ist in diesem engen Rahmen durchaus geboten und berührt das hinter den Normen stehende öffentliche Interesse nicht, da sie dabei nicht dazu führt, dass kartellrechtswidrige Klauseln aufrechterhalten werden, sondern lediglich den „Missbrauch" von § 139 BGB verhindert. Für die Erwägung, jede Aufrechterhaltung des Vertragsrests führe dazu, dass die Parteien nahezu risikolos mit dem GWB unvereinbare Klauseln in ihre Verträge aufnehmen könnten, ist auch an dieser Stelle kein Raum.[91]

B. Ansprüche auf Unterlassung, Beseitigung und Schadensersatz nach § 33 GWB

I. Fortentwicklung des § 33 GWB und Schadensersatzrichtlinie

35 Mit § 33 GWB ist die Möglichkeit eröffnet, Kartellrechtsverstöße unabhängig von einem kartellbehördlichen Tätigwerden auf dem Zivilrechtsweg zu verfolgen. Die 7. GWB-Novelle hatte den § 33 GWB bereits grundlegend novelliert. Der Gesetzgeber hat sich dabei insbesondere – abweichend von § 823 Abs. 2 BGB – von dem die Individualschutzrichtung der Norm anzeigenden Schutzgesetzerfordernis (und von dem hiermit zusammenhängenden Begriff der Schutzverfügung) getrennt und es durch ein „Betroffenheitserfordernis" ersetzt. Darüber hinaus bewirken die in § 33 Abs. 4 und Abs. 5 GWB erleichterten „Follow-On-Klagen" eine stärkere Verknüpfung von kartellbehördlicher Verfügung und zivilrechtlicher Verfolgung von Kartellverstößen. Die 8. GWB-Novelle hat in § 33 Abs. 2 GWB schließlich die Verbandsklagebefugnis für Verbraucherverbände eingefügt sowie die Verbandsklagebefugnis der gewerblichen Verbände weiterentwickelt.

---

[86] Std. Rspr.: BGH WuW/E BGH 1226, 1232 – *Eiskonfekt;* WuW/E BGH 1313, 1317 – *Stromversorgungsgenossenschaft;* WuW/E BGH 2565, 2567 – *Schaumstoffplatten.*

[87] BGH WuW/E BGH 1168, 1172 – *Blitzgeräte;* WuW/E BGH 1039, 1040 – *Auto-Lok;* WuW/E BGH 1226, 1232 – *Eiskonfekt;* OLG Frankfurt WuW/E OLG 1483 – *Stromversorgungsbausteine.*

[88] BGH WuW/E BGH 2565, 2567 – *Schaumstoffplatten;* aA OLG Frankfurt WuW/E OLG 1483 – *Stromversorgungsbausteine.*

[89] BGH WuW/E BGH 2565, 2567 – *Schaumstoffplatten.*

[90] BGH WuW/E BGH 1039 – *Auto-Lok;* WuW/E BGH 1168, 1171 f. – *Blitzgeräte.*

[91] Insoweit wohl aA *Loewenheim/Meessen/Riesenkampff-Nordemann,* Kartellrecht II, § 1 Rdnr. 252.

Die verabschiedete **Richtlinie des Europäischen Parlaments und des Rates über bestimmte Vorschriften für Schadensersatzklagen nach einzelstaatlichem Recht wegen Zuwiderhandlungen gegen wettbewerbsrechtliche Bestimmungen der Mitgliedstaaten und der Europäischen Union**[92] (im Folgenden: **Schadensersatzrichtlinie**) zielt auf eine weitere deutliche Stärkung der privaten Kartellrechtsdurchsetzung und begründet weiteren Änderungsbedarf im GWB, obwohl der Gesetzgeber mit § 33 GWB viele der in der Richtlinie vorgesehenen Maßnahmen bereits früher eingeführt hat. Das Paket enthält dabei auch einige gesetzgeberische Herausforderungen wie z. B. die Regelung einer gestörten Gesamtschuld durch gesetzliche Haftungsprivilegierungen und ihren Folgen für den Innenausgleich und die Regelung eines weitreichenden Discovery-Anspruchs von Geschädigten und Kartellanten (zu den wesentlichen Regelungen im Einzelnen s. u. Rdnr. 84). 36

Die Umsetzungsfrist beträgt zwei Jahre (Art. 21 Abs. 1 der Richtlinie) ab Inkrafttreten, die 9. GWB-Novelle steht damit bereits bevor. Die Richtlinie wird jedoch mit Inkrafttreten bereits **vor Ablauf der Umsetzungsfrist** insoweit Rechtswirkungen entfalten, als es die Gerichte der Mitgliedstaaten ab dem Zeitpunkt des Inkrafttretens einer Richtlinie so weit wie möglich unterlassen müssen, das innerstaatliche Recht auf eine Weise auszulegen, die die Erreichung des mit der Richtlinie verfolgten Zieles nach Ablauf der Umsetzungsfrist ernsthaft gefährden würde.[93] **Eine richtlinienkonforme Auslegung** ist daher – soweit möglich – bereits jetzt geboten. Die Regelung in Art. 22 der Richtlinie, wonach die nationalen Umsetzungsmaßnahmen nicht für Rechtsstreitigkeiten gelten, die vor Inkrafttreten vor Gericht anhängig gemacht wurden, gelten nur für die gesetzgeberischen Maßnahmen, nicht jedoch für die richtlinienkonforme Auslegung. 37

II. Anspruchsvoraussetzungen

1. Kartellrechtsverstoß/Bindungswirkung behördlicher Entscheidungen. Bis zur 7. GWB-Novelle bezogen sich die Ansprüche in § 33 GWB a. F. nur auf das GWB selbst, nicht aber auf direkt anwendbare europäische Vorschriften. Mit der 7. GWB-Novelle wurde auch der **Verstoß gegen Art. 101, 102 AEUV** in die Anspruchsgrundlage des § 33 Abs. 1 GWB eingegliedert, so dass der bisher notwendige Rückgriff auf § 823 Abs. 2 BGB[94] entfallen ist. § 33 GWB ist insoweit als Spezialgesetz anzusehen. Das Schutzgesetzerfordernis ist zugunsten eines reinen Betroffenheitserfordernisses aufgegeben worden. Darüber hinaus kann auch ein **Verstoß gegen eine Verfügung** der Kartellbehörde Grundlage der zivilrechtlichen Ansprüche sein. Auch hier ist nicht mehr erforderlich, dass es sich dabei um eine Schutzverfügung handelt, so dass grundsätzlich jede Verfügung in Betracht kommt. 38

Die Beweislast für das Vorliegen eines Kartellverstoßes trägt der Anspruchssteller.[95] Insbesondere Kartellabsprachen sind dabei schwer aufzudecken und nachzuweisen. Dies gilt jedoch auch für Missbräuche, die von den schwierig vorzutragenden und nachzuweisenden Voraussetzungen der Marktbeherrschung abhängen. Für die Geltendmachung der Schadensersatzansprüche sieht die **Schadensersatzrichtlinie** daher in Art. 9 Abs. 1 eine **Bindungswirkung** für bestands- bzw. rechtskräftige Entscheidungen von Kartellbehörden bzw. -gerichten hinsichtlich der Feststellung eines Verstoßes gegen Art. 101, 102 AEUV vor, sowie nach Art. 9 Abs. 2 die Regelung mindestens einer Prima-Facie-Wirkung von 39

---

[92] ABl. L 349 v. 5.12.2014, S. 1–19.

[93] EuGH, U. v. 4.7.2006, Slg 2006, I-6057, Rdnr. 111 – *Adeneler;* EuGH, U. v. 13.12.2014, BB 2014, 863, 866.

[94] BGH WuW/E BGH 1643 – *BMW-Importe;* BGH WuW/E BGH 2451, 2457 – *Cartier-Uhren;* BGH WuW/E DE-R 206, 207 – *Depotkosmetik;* nochmals ausdrücklich BGH WuW/E DE-R 3431, 3432 – *ORWI;* zum Streit, ob Art. 101, 102 AEUV Schutzgesetze nach § 823 Abs. 2 BGB waren vgl. z. B. *Köhler,* GRUR 2004, 99, 100 und *Mäsch,* EuR 2003, 825, 835.

[95] BGH WuW/E DE-R 3431 – *ORWI;* vgl. auch *Grünberger* in *Möschel/Bien,* Kartellrechtsdurchsetzung durch private Schadensersatzklagen?, 2010, S. 135, 139 ff.

bestands- oder rechtskräftigen Entscheidungen von Kartellbehörden bzw. -gerichten anderer Mitgliedstaaten. Die deutsche Rechtslage entspricht dabei bereits den Forderungen der Richtlinien. Denn nach **§ 33 Abs. 4 GWB** ist für die Geltendmachung eines Schadensersatzanspruchs das Zivilgericht an die Feststellung des Kartellverstoßes nach Art. 101, 102 AEUV durch eine Entscheidung der Kartellbehörde, der Kommission der Europäischen Gemeinschaft oder der Wettbewerbsbehörde oder des als solche handelnden Gerichts in einem anderen Mitgliedstaat der Europäischen Gemeinschaft gebunden.

40 Die Norm adressiert also bereits alle von der in Art. 9 der Richtlinie geforderten **Behörden bzw. Gerichte.** Neben den Entscheidungen der Kommission und der nationalen Kartellbehörden haben auch die **Entscheidungen der Wettbewerbsbehörden anderer Mitgliedstaaten** Feststellungwirkung. Insbesondere die Einbeziehung von Entscheidungen anderer Mitgliedstaaten wurde in der Literatur als zumindest fragwürdig angesehen.[96] Die Feststellungswirkung sollte daher nur auf den Verstoß im Gebiet bzw. seine Auswirkung auf das Gebiet der ausländischen Behörde begrenzt sein.[97] Die Richtlinie sieht in Art. 9 Abs. 2 jedoch nunmehr zumindest die Prima-Facie-Wirkung hinsichtlich des Verstoßes vor. § 33 Abs. 4 GWB lässt sich hier **richtlinienkonfom auslegen,** indem den Entscheidungen anderer Mitgliedstaaten jedenfalls diese Mindestwirkung beizumessen ist. Die Richtlinie erlaubt jedoch auch die volle Feststellungswirkung, die für ein internationales Kartell unter Beteiligung von Unternehmen aus mehreren Mitgliedstaaten für die effektive Geltendmachung von Schadensersatzansprüchen auch angemessen ist.[98] Eine **gesetzgeberische Klarstellung** bezüglich der Wirkung von Entscheidungen anderer Mitgliedstaaten wäre wünschenswert.

41 Die **Bindungswirkung** bezieht sich nur auf die bestandskräftige Feststellung des Kartellverstoßes in tatsächlicher und rechtlicher Hinsicht, nicht aber auf das Vorliegen eines kausalen Schadens.[99] Es handelt sich dabei nicht nur um eine Tatbestandswirkung, bei der sich die Bindung nur auf die in der Verwaltungsentscheidung getroffenen Regelung bezieht, sondern um eine **Feststellungswirkung,** mit der die im Kartellverfahren getroffenen Feststellungen und die rechtliche Würdigung verbindlich werden.[100] Nur die Feststellungwirkung ist auch richtlinienkonform. Entscheidend sind damit die den Verstoß begründenden Tatsachen, die die Kartellbehörde bzw. das -gericht zur Begründung der Entscheidung herangezogen hat.[101] Für die Anwendbarkeit des § 33 Abs. 4 GWB auf Verstöße vor Inkrafttreten der Norm ist der Zeitpunkt des bestands- bzw. rechtskräftigen Abschluss des Verfahrens maßgeblich und nicht der Verstoßzeitpunkt.[102]

42 Die **Zuordnung** der vorhandenen Feststellungen zum Verstoßtatbestand einerseits und zum Schaden oder zur Schadenskausalität andererseits ist nicht immer klar. Die Feststellungswirkung entfällt jedoch nicht schon deshalb, weil bestimmte Feststellungen auch für die Schadenskausalität bedeutsam sind.[103] Die Feststellungswirkung der Bebußung eines Verstoßes gegen Art. 101 AEUV wegen der durch eine Rabattvereinbarung bewirkten Abschottung umfasst damit auch die Abschottungswirkung als solche, denn sie betrifft auch

---

[96] Vgl. *Kersting,* WuW 2014, 564, 572; kritisch auch *Hempel,* WuW 2005, 137, 144.

[97] *Immenga/Mestmäcker-Emmerich,* GWB, 4. Auflage, § 33 Rdnr. 81; *Bechtold,* GWB, 7. Auflage, § 33 Rdnr. 44; *Berrisch/Burianski,* WuW 2005, 878, 883.

[98] Vgl. *Langen/Bunte-Bornkamm,* Deutsches Kartellrecht, 12. Auflage, § 33 Rdnr. 168, der eine Tatbestandswirkung für ein Verbot einer Vereinbarung durch einen anderen Mitgliedstaat vorschlägt und damit deren Regelungswirkung auf einen Deutschland erstrecken will.

[99] *Regierungsbegründung,* BT-Drucks. 15/3640, S. 54; OLG München WuW/E DE-R 2913, 2915 – *Fernsehwerbezeiten; Bechtold,* GWB, 7. Auflage, § 33 Rdnr. 42; *Langen/Bunte-Bornkamm,* Deutsches Kartellrecht, 12. Auflage, § 33 Rdnr. 168; *Nothdurft,* Fs. für Tolksdorf, 533, 539.

[100] *Langen/Bunte-Bornkamm,* Deutsches Kartellrecht, 12. Auflage, § 33 Rdnr. 161; *Nothdurft,* Fs. für Tolksdorf, 533, 538. *Grünberger* in *Möschel/Bien,* Kartellrechtsdurchsetzung durch private Schadensersatzklagen?, 2010, S. 174; aA *Dohrn,* Bindungswirkung, 2010, S. 166 bis 174.

[101] *Langen/Bunte-Bornkamm,* Deutsches Kartellrecht, 12. Auflage, § 33 Rdnr. 169.

[102] LG Berlin NZKart 2014, 37, 38.

[103] *Nothdurft,* Fs. für Tolksdorf, 533, 540.

den Verstoßtatbestand und nicht nur die Schadenskausalität. Die Abschottungswirkung kann daher nicht aus der Feststellungswirkung herausgenommen werden, wenn die Behörde diese als verstoßbegründend angenommen hat.[104] Dagegen kann die Frage, ob gerade der Geschädigte von der Wirkung betroffen ist, nur Gegenstand der Feststellungswirkung sein, wenn die Entscheidung dies explizit feststellt und zur Begründung des Verstoßes heranzieht.[105] Die vorgenommene Marktabgrenzung, die zur Verstoßfeststellung gehört, ist jedoch bindend.[106] Diese grenzt den Kreis der grundsätzlich betroffenen Marktteilnehmer ein. Ob diesen Marktteilnehmer auch ein Schaden entstanden, muss dagegen nachgewiesen werden.

§ 33 Abs. 4 GWB gilt nur für die Geltendmachung von **Schadensersatzansprüchen** 43 sowie für die Vorteilsabschöpfung (§ 34a Abs. 5 GWB) wegen der Verletzung von **Art. 101 oder 102 EG.** Andere Gesetzesverstöße sind nicht erfasst. Hinsichtlich der entsprechenden nationalen Vorschriften hat dieses wenig Bedeutung, da die Kartellbehörden nach Art. 3 der VO Nr. 1/2003 bei Vorliegen der sehr weitreichenden Zwischenstaatlichkeitsklausel europäisches Recht anzuwenden haben, so dass die Feststellungwirkung nur bei rein nationalen Fällen ausgeschlossen ist. Nicht erfasst sind allerdings auch Fälle, in denen sich der Kläger auf die Nichtigkeit eines Vertrages wegen eines durch die Behörde festgestellten Verstoßes berufen will.[107] Auch für die **Anfechtung wegen arglistiger Täuschung nach § 123 BGB** kann die Feststellungwirkung nicht (analog) herangezogen werden. Denn die Bindung der Gerichte durch eine uU gerichtlich nicht überprüfte Verwaltungsentscheidung muss als enge Ausnahme angesehen werden.[108] Die Feststellungwirkung bezieht sich daher nur auf den **Adressaten** der kartellbehördlichen Entscheidung. Hierzu zwingt vor allem der Grundsatz des rechtlichen Gehörs, da Nicht-Adressaten in den Kartellverfahren regelmäßig zu den festgestellten Verstößen nicht angehört werden.[109]

2. Begriff der Betroffenheit/Aktivlegitimation. *a) Entstehungsgeschichte und Bedeutung.* Durch die 7. GWB Novelle ist § 33 Abs. 1 hinsichtlich der Anspruchsberechtigten 44 grundlegend vor allem im Hinblick auf die Rechtsprechung des EuGH in Sachen ***Courage***[110] geändert worden. Nunmehr kann jeder „Betroffene" Unterlassung nach § 33 Abs. 3 GWB und Schadensersatz verlangen. Die *Courage*-Entscheidung des EuGH befasste sich im Ausgangspunkt mit einer **vertikalen Alleinbezugsverpflichtung,** die gegen Art. 101 AEUV verstieß. Die Entscheidung enthält dabei die generelle Aussage, dass für die volle praktische Wirksamkeit des Art. 101 AEUV „jedermann" Ersatz des Schadens verlangen können muss, der ihm durch einen Kartellverstoß entstanden ist. Diese Aussage führte zu einer umfassenden Diskussion der Schadensersatzpflicht bei **horizontalen Absprachen** insbesondere gegenüber den Abnehmern und nachgelagerten Marktbeteiligten.[111]

---

[104] Unzutreffend daher OLG München WuW/E DE-R 3013 – *Fernsehwerbezeiten;* wie hier *Scheffler* NZKart 2015, 223, 227.

[105] Vgl. *Nothdurft,* Fs. für Tolksdorf, 533, 540.

[106] Unzutreffend auch insoweit OLG München WuW/E DE-R 3013 – *Fernsehwerbezeiten;* wie hier *Nothdurft,* Fs. für Tolksdorf, 533, 540.

[107] Vgl. aber *Langen/Bunte-Bornkamm,* Deutsches Kartellrecht, 12. Auflage, § 33 Rdnr. 168, der hier den Erfüllungsanspruch wegen der Tatbestandswirkung des Verbotsausspruchs der Kartellbehörde ausschließt.

[108] *Mayer,* WuW 2010, 29, 35; aA *Palzer/Preisendanz,* EWS 2010, 215, 220.

[109] OLG Düsseldorf WuW/E DE-R 4477, 4478; *Hempel,* WuW 2005, 137, 144; *Bechtold,* GWB, 7. Auflage, § 33 Rdnr. 45; *Langen/Bunte-Bornkamm,* Deutsches Kartellrecht, 12. Auflage, § 33 Rdnr. 171; *Ost,* Private Kartellrechtsdurchsetzung, 109, 111; *Nothdurft,* Fs. für Tolksdorf, 533, 542; Scheffler NZKart 2015, 223, 224

[110] EuGH, U. v. 20.9.2001, Slg. 2001, I-6297 – *Courage;* bestätigt in EuGH, U. v. 13.7.2006, WuW/E EU-R 1107, 1109 – *Manfredi;* EuGH, U. v. 5.6.2014, WuW/E EU-R 3030 ff. = Beck-RS 2014, 80953 – *ÖBB Infrastruktur.*

[111] Vgl. *Köhler,* GRUR 2004, 99ff; *Keßler,* BB 2005, 1125 ff.; *Lettl,* ZHR 167 (2003), 473 ff.; *Beninca,* WuW 2004, 604 ff.; *Bulst,* NJW 2004, 2201 f.; *Dittrich,* GRUR 2009, 123, 126 f.; *Bornkamm,* GRUR 2010, 501 ff.

45 Die deutsche Rechtsprechung ist bis zur 7. GWB-Novelle z. T. sehr restriktiv vorgegangen und hat Schadensersatzansprüche weitgehend schon von vornherein im Wege der strikten Begrenzung des geschützten Personenkreises oder – ebenfalls generell – mangels Schadens verneint.[112] Zurückzuführen war dies auf die Entscheidung *Familienzeitschrift* des BGH aus dem Jahr 1983, in der ein Schutz der Marktgegenseite seinerseits lediglich „jedenfalls" dann und insoweit angenommen wurde, als sich die Kartellabsprache gezielt gegen bestimmte Abnehmer und Lieferanten richtet. Ferner hatte der BGH den Schutzbereich von Art. 101 AEUV früher im Sinne einer „unmittelbaren Betroffenheit" definiert.[113] Eine Beschränkung auf den Fall des zielgerichteten Eingriffs lässt sich diesen Entscheidungen allerdings nicht entnehmen.[114] Gleichwohl haben die Instanzgerichte entgegen der Aussagen im *Courage*-Urteil des EuGH eine Schutzwürdigkeit nur bei einer gezielten Vorgehensweise angenommen.

46 Die europäischen Vorgaben wären ohne Weiteres mit der bisherigen Schutzgesetzkonzeption erfüllbar gewesen. Das Schutzgesetzkonzept ermöglichte durchaus eine europarechtskonforme differenzierte Betrachtungsweise der geschützten Personenkreise. Denn bei der Bestimmung der Anspruchsberechtigten steht nach den Grundsätzen des EuGH der Effektivitätsgrundsatz im Vordergrund. Die „praktische Wirksamkeit" eines Gesetzes ist jedoch nichts anderes als die Bestimmung und Gestaltung der (in diesem Fall privaten) Durchsetzbarkeit anhand des Schutzzweckes der Norm.[115] Auch die **Schadensersatzrichtlinie** regelt nichts anderes, sondern bezieht sich in Erwägungsgrund 3 gerade auf diese Rechtsprechung des EuGH. Der BGH konnte in Sachen *ORWI,* in der noch die Rechtslage vor der 7. GWB-Novelle anzuwenden war, im Rahmen der Schutzgesetzkonzeption des § 823 Abs. 2 BGB den anspruchsberechtigten Personenkreis auch ohne Probleme im Hinblick auf das Europäische Recht erweitern.[116] Dennoch hat der Gesetzgeber sich veranlasst gesehen, die bisher vorliegende Rechtsprechung bei der 7. GWB-Novelle mit einer grundlegenden Gesetzesänderung zu korrigieren.

47 *b) „Betroffene" bei Verstößen gegen das Kartellverbot. aa) Horizontale Absprachen.* Auch **Kartellmitglieder** sind nunmehr Betroffene im Sinne des § 33 Abs. 1 GWB. § 1 GWB wurde früher ganz überwiegend nicht als Schutzgesetz zugunsten der Kartellmitglieder selbst angesehen, die mit der Nichtigkeitsfolge der Vereinbarungen ausreichend geschützt sein sollten.[117] § 33 Abs. 1 S. 3 GWB n. F. bezieht nunmehr „Mitbewerber" ausdrücklich und einschränkungslos in den Kreis der Betroffenen ein.[118] Eine derartige Ausweitung der Anspruchsberechtigung hat der EuGH in seiner *Courage*-Entscheidung allerdings nicht gefordert, sondern ausdrücklich darauf hingewiesen, dass die Verantwortlichkeit des Anspruchsstellers ein gemeinschaftskonformes Kriterium für den Ausschluss des Schadensersatzanspruchs darstellt.[119] Nach der Regierungsbegründung erfolgt die Berücksichtigung der Verantwortlichkeit von Kartellmitgliedern im Rahmen der Prüfung des Mitverschuldens nach § 254 Abs. 1 BGB.[120] Die **Schadensersatzrichtlinie** verhält sich zu der Frage

---

[112] LG Mannheim, GRUR 2004, 182, bestätigt durch OLG Karlsruhe WuW/E DE-R 1229 ff. LG Mainz, NJW-RR 2004, 478; anders LG Dortmund WuW/E DE-R 1352 ff. – *Vitaminpreise Dortmund;* im Ausgangspunkt weiter OLG Düsseldorf WuW/E DE-R 143, 146 – *Global One;* OLG Düsseldorf WuW/E OLG DE-R 233, 240 – *Inkontinenzhilfen.*

[113] BGH WuW/E BGH 2451, 2457 – *Cartier-Uhren;* WuW/E BGH 1643, 1645 – *BMW-Importe;* WuW/E DE-R 206, 207 – *Depotkosmetik.*

[114] So auch *Langen/Bunte-Bornkamm,* Deutsches Kartellrecht, 12. Auflage, § 33 Rdnr. 30, 18.

[115] So auch *Mäsch,* EuR 2003, 825, 837; kritisch auch *Roth,* Fs. für Huber, 1133, 1138 f. und 1149.

[116] BGH WuW/E DE-R 3431, 3433 – *ORWI.*

[117] KG WuW/E OLG 1903, 1905 – *Air-Conditioning; Langen/Bunte-Bornkamm,* Deutsches Kartellrecht, 12. Auflage, § 33 Rdnr. 45; *Immenga/Mestmäcker-Emmerich,* GWB, 4. Auflage, § 33 Rdnr. 30.

[118] Vgl. *Langen/Bunte-Bornkamm,* Deutsches Kartellrecht, 12. Auflage, § 33 Rdnr. 45; aA *Loewenheim/Meessen/Riesenkampff-Rehbinder,* Kartellrecht II, § 33 Rdnr. 14.

[119] Kritisch hier auch *Langen/Bunte-Bornkamm,* Deutsches Kartellrecht, 12. Auflage, § 33 Rdnr. 45 f. *Mäsch,* EuR 2003, 825, 838; enger wohl *Lettl,* ZHR 167 (2003), 473, 479.

[120] *Regierungsbegründung,* BT-Drucks. 15/3640, S. 53.

nicht ausdrücklich, erklärt allerdings in Art. 2, dass jeder, der einen Schaden durch einen Kartellrechtsverstoß erlitten hat, vollständigen Schadensersatz erhalten muss. Dass hier die eigene Schadensverantwortlichkeit jedoch auszublenden wäre, kann auch der Richtlinie nicht entnommen werden.

Wettbewerber, die dem Kartell nicht angehören, sind zwanglos anspruchsberechtigt. 48
Insoweit gibt es keine Änderung gegenüber der bisherigen gesicherten Rechtsprechung, die bei horizontalen Absprachen die Wettbewerber in den Schutzbereich einbezogenen haben, soweit sie von den Wirkungen des Kartells in ihrer wirtschaftlichen Betätigungsfreiheit betroffen waren.[121]

Die **Marktgegenseite sowie die nachgelagerte(n) Marktstufe(n)** sind ebenfalls ein- 49
schränkungslos Betroffene eines Kartells. Eine generelle Begrenzung der Aktivlegitimation auf die direkten Abnehmer war bei europarechtskonformer Auslegung schon auf der Grundlage der alten Rechtslage nicht anzunehmen, da die schädlichen Wirkungen eines Kartells häufig nicht allein bei der unmittelbare Marktgegenseite eintreten oder wirtschaftlich sogar in erster Linie die indirekten Abnehmer bis hin zum Endverbraucher betreffen und dieser Personenkreis daher auch nach der Schutzgesetzkonzeption einzubeziehen war.[122]

Eine Begrenzung auf direkte Abnehmer ist aber auch nach der Regelung des § 33 GWB nicht mehr möglich.[123] Die **Schadensersatzrichtlinie** regelt nunmehr in Art. 3 Abs. 1, Art. 12 und im Erwägungsgrund 3, dass die unmittelbaren und mittelbaren Abnehmer und Lieferanten grundsätzlich einzubeziehen sind. Ob im Ergebnis ein Schadensersatzanspruch der indirekten Abnehmer oder Lieferanten anzunehmen ist oder nicht, ist damit keine Frage der grundsätzlichen Aktivlegitimation, sondern eine Frage der einzelnen Anspruchsvoraussetzungen und des Einzelfalles.

Die Schadensersatzrichtlinie sieht außerdem durchgängig vor, dass bei einem **Einkaufs-** 50
kartell als auch die direkten und indirekten **Lieferanten der Kartellmitglieder** Schadensersatz verlangen können müssen, so dass sie ebenfalls nicht generell als Betroffene ausgeschlossen werden können.

bb) Vertikale Absprachen. **Beide Vertragspartner** einer vertikalen Absprache sind in den 51
Kreis der Anspruchsberechtigten grundsätzlich einzubeziehen. Die Definition des Begriffs des Betroffenen orientiert sich allerdings stark an den Betroffenen einer horizontalen Absprache. Da die Vertragspartner einer vertikalen Absprache keine Wettbewerber sind, lassen sie sich nur mit dem Begriff „sonstige Marktbeteiligte" in § 33 Abs. 1 Satz 3 GWB erfassen.

Der **gebundene Teil** einer verbotenen **Preis- oder Konditionenbindung** ist regel- 52
mäßig betroffen im Sinne des § 33 GWB und wurde auch schon bisher für § 14 GWB a. F. nach der Rechtsprechung als schutzwürdig angesehen, um einen möglichst umfassenden Schutz vor solchen Bindungen zu gewähren.[124] Nicht als Schutzgesetz war dagegen § 16 GWB a. F. einzuordnen, der lediglich eine Eingriffsgrundlage für die Wettbewerbsbehörde gegen **Vertriebs- und Bezugsbindungen** darstellte. Eine hierauf gestützte Missbrauchsverfügung fiel jedoch unter den Begriff der Schutzverfügung zugunsten des gebundenen Teils gemäß § 33 GWB a. F.[125] Die *Courage*-Entscheidung befasste sich gerade mit der Vereinbarung einer gegen Art. 101 EG verstoßende Alleinbezugsverpflichtung und Mindestabnahmemenge, die Grundlage von Schadensersatzansprüchen der Vertragspartner sein

---

[121] BGH WuW/E BGH 1361, 1364 f. – *Krankenhauszusatzversicherung;* BGH WuW/E BGH 2195, 2201 – *Abwehrblatt II.*

[122] BGH WuW/E DE-R 3431, 3433 – *ORWI; Bulst* NJW 2004, 2201, 2202; *Berrisch/Burianski* WuW 2005, 878, 881; *Lettl* ZHR 167 (2003), 473, 480 ff.; *K. Westermann*, Fs. H.-P. Westermann, 1605, 1617 f.

[123] *Bulst,* Schadensersatzansprüche der Marktgegenseite im Kartellrecht, 2006, 132; *Bergmann/Fiedler* BB 2012, 206, 207; *Kießling* GRUR 2009, 733, 735; anders *Köhler,* GRUR 2004, 99, 100; *Dittrich,* GRUR 2009, 123, 236.

[124] BGH WuW/E BGH 251 – *4711;* WuW/E BGH 2256, 2259 – *Hersteller-Preiswerbung;* WuW/E BGH 2813, 1818 – *Selbstzahler.*

[125] Vgl. BGH WuW/E BGH 1299, 1300 – *Strombezugspreis;* OLG Karlsruhe WuW/E OLG 1952 f. – *Objektschutz.*

kann.[126] Der gebundene Teil einer Vertriebs- bzw. Bezugsvereinbarung ist daher ebenfalls Betroffener nach § 33 GWB.

53 Der **bindende Teil** einer vertikalen Vereinbarung war früher – ebenso wie das Kartellmitglied – nicht in den Schutzbereich der Normen bzw. der Verfügung einbezogen. Die *Courage*-Entscheidung des EuGH fordert auch nicht prinzipiell die Einbeziehung des bindenden Teils in den Kreis der Anspruchsberechtigten. Bei der Geltendmachung eines Schadensersatzanspruchs ist vielmehr zu prüfen, ob die Partei, die sich auf den Verstoß beruft, der anderen Partei eindeutig unterlegen war, so dass ihre Freiheit, die Vertragsbedingungen auszuhandeln, und ihre Fähigkeit, insbesondere durch den rechtzeitigen Einsatz aller ihr zur Verfügung stehenden Rechtsschutzmöglichkeiten den Schadenseintritt zu verhindern oder den Schadensumfang zu begrenzen, ernsthaft beschränkt oder nicht vorhanden gewesen waren.[127] Dieses entspricht nach deutschen Rechtskategorien der Prüfung des § 254 BGB. Ein genereller Ausschluss des bindenden Teils kann damit jedoch nicht begründet werden, da aus der Tatsache, dass einem Vertragspartner keine kartellrechtswidrige Bindung auferlegt ist, nicht zwingend gefolgert werden kann, dass er die alleinige Verantwortung für die Bindung des anderen trägt und diesem überlegen war.

54 Die **Wettbewerber der Vertragspartner** sind nach der Legaldefinition Betroffene im Sinne des § 33 Abs. 1 GWB, wenn eine Beeinträchtigung angenommen werden kann.

55 Dieses ist bei den **Wettbewerbern eines Preisbinders** nicht auf den ersten Blick einsichtig, da eine horizontale Wirkung der Preisbindung typischerweise nur auf der Stufe des gebundenen Unternehmens festzustellen ist (Intra-Brand-Wettbewerb). Allerdings dürfte schon die Möglichkeit des bindenden Unternehmens, aufgrund der durch die Preisbindung bewirkten flächendeckenden Gleichpreisigkeit eine einheitliche Preisstrategie durchführen zu können, einen (unzulässigen) Wettbewerbsvorteil gegenüber den Wettbewerbern des Preisbinders darstellen, der jedenfalls für eine Beeinträchtigung im Sinne des § 33 Abs. 1 GWB ausreicht.[128] Die Wettbewerber des bindenden Teils einer **Alleinbezugsverpflichtung** sind dagegen unmittelbar von der Ausschlusswirkung dieser Bindung betroffen, da ein Absatzkanal vollständig versperrt wird.[129] Umgekehrt sind die Wettbewerber des bindenden Teils einer **Ausschließlichkeitsbindung** ebenfalls unmittelbar betroffen, da ein Beschaffungsweg abgeschnitten wird.

56 Bei Lieferbeziehungen auf der Grundlage von **selektiven Vertriebssystemen** sind jeweils Vertriebs- und Bezugsbindungen kombiniert, z. T. auch mit Gebietsbeschränkungen. Die von den Vertriebssystemen jeweils **ausgeschlossenen Unternehmen** sind als Betroffene nach § 33 Abs. 1 GWB anzusehen. Dies war auch nach der Rechtsprechung des BGH auf der Grundlage des Schutzgesetzkonzepts zu bejahen, da die verbotene Schädigung der Wettbewerbsfreiheit bei selektiven Vertriebssystemen unmittelbar gegen Wiederverkäufer und aktuelle Nachfrager als Betroffene gerichtet ist.[130]

57 Schließlich muss nach der Gesetzeskonzeption heute auch **die nachgelagerte Marktstufe** einer Vertikalvereinbarung und damit letztlich auch der **Endkunde** in den Begriff der Betroffenen einbezogen werden.[131] Von Interesse sind hier vor allem die Vertragspartner der Folgeverträge einer verbotenen Preisbindung. Angesichts der Wirksamkeit dieser Verträge wird diese Marktstufe mit der Preisbindung, die in der Regel einen erhöhten Preis zur Folge hat, voll belastet.

---

[126] EuGH, U. v. 20.9.2001, Slg. 2001, I-6297 – *Courage.*

[127] EuGH, U. v. 20.9.2001, Slg. 2001, I-6297 – *Courage,* Rdnr. 33.

[128] Grundlegend BGH WuW/E BGH 251, 259 – *4711;* BGH WuW/E BGH 1519, 1520 – *4 zum Preis von 3;* BGH WuW/E BGH 2256, 2259 – *Herstellerpreiswerbung;* BGH WuW/E BGH 2819 – *Zinssubvention;* so auch *Langen/Bunte-Bornkamm,* Deutsches Kartellrecht, 12. Auflage, § 33 Rdnr. 61.

[129] Ebenso *Loewenheim/Meessen/Riesenkampf-Rehbinder,* Kartellrecht II, § 33 Rdnr. 24; *Langen/Bunte-Bornkamm,* Deutsches Kartellrecht, 12. Auflage, § 33 Rdnr. 60.

[130] BGH WuW/E DE-R 206, 207 – *Depotkosmetik.*

[131] So schon für die alte Rechtslage *FK-Roth,* GWB 1999, § 33 Rdnr. 60; inzwischen auch *Langen/Bunte-Bornkamm,* Deutsches Kartellrecht, 12. Auflage, § 33 Rdnr. 64, 65.

c) Betroffene bei Verstößen gegen das Missbrauchsverbot. Betroffene von Verstößen gegen das Missbrauchsverbot, insbesondere das Behinderungs- und Diskriminierungsverbot sind das **behinderte, diskriminierte oder ausgebeutete Unternehmen** als Wettbewerber oder sonstiger Marktbeteiligter. Eindeutig sind auch **private Endkunden** Betroffene eines Ausbeutungsmissbrauchs im Sinne des § 19 Abs. 2 Nr. 2 oder 3 GWB und damit anspruchsberechtigt.[132] **58**

Betroffen im Sinne von § 33 GWB ist auch ein Unternehmens, das auf **einem anderen Markt als den beherrschten Markt** tätig ist und dort durch das Verhalten des Marktbeherrschers beeinträchtigt wird. Nach der früheren Rechtsprechung des BGH hatte das behinderte Unternehmen in einem solchen Fall allerdings nur dann Ansprüche aus § 33 GWB, wenn es auch auf dem beherrschten Markt tätig ist.[133] Behinderungen auf einem Drittmarkt waren danach dann zu berücksichtigen, wenn sie sich entweder zu Lasten des behinderten Unternehmens auch auf dem beherrschten Markt auswirken,[134] oder wenn die Machtstellung auf dem beherrschten Markt dazu eingesetzt wurde, die Marktgegenseite auch zur Abnahme von Waren auf einem benachbarten nicht beherrschten Markt zu zwingen.[135] Entscheidend für diese Rechtsprechung waren bisher Schutzzweckerwägungen, die davon ausgingen, dass § 20 GWB a.F. nur den noch bestehenden oder aufkeimenden Wettbewerb auf beherrschten Märkten schützen solle.[136] **59**

Diese Rechtsprechung ist mit dem Wortlaut und Sinn des neuen § 33 GWB kaum noch vereinbar. Betroffene sind „sonstige Marktbeteiligte", wobei im Rahmen von § 19 GWB und Art. 102 AEUV zwar der beherrschte Markt gemeint sein könnte, dieses jedoch der Intention des Gesetzgebers widersprechen würde, jeden denkbaren Betroffenen eines kartellrechtswidrigen Verhaltens in die Aktivlegitimation einzubeziehen. Der BGH hat inzwischen – und bereits vor Inkrafttreten der 7. GWB-Novelle – entschieden, dass diese Überlegungen auf § 19 GWB nicht zu übertragen sind[137] und scheint auch für den § 20 GWB (a.F.) von der bisherigen Rechtsprechung abgerückt zu sein.[138] Mit der 8. GWB-Novelle hat der Gesetzgeber für die Normadressaten nach § 20 Abs. 1 GWB kein eigenständiges Behinderungs- und Diskriminierungsverbot mehr vorgesehen, sondern verweist insoweit auf § 19 Abs. 1 und Abs. 2 Nr. 1 GWB. Die Lösung der Drittmarktproblematik kann letztlich nicht anhand des § 33 GWB zufriedenstellend erfolgen. Eine flexiblere Lösung bietet vielmehr die Berücksichtigung der Drittmarktwirkungen bei der Interessenabwägung nach § 19 Abs. 1 Nr. 1 GWB. In diesem Zusammenhang kann zwanglos geprüft werden, ob die Verhaltensweise eines Normadressaten auf dem beherrschten Markt, die für diesen Markt zunächst unproblematisch ist, aber behindernde Wirkungen auf einem Drittmarkt hat, unbillig bzw. missbräuchlich ist. Dieses hat den Vorteil, dass die Umstände des Einzelfalles stärker einfließen können und starre Kriterien für die Behandlung von Drittmarktwirkungen nicht erforderlich sind. **60**

d) Verstöße gegen fusionskontrollrechtliche Vorschriften. Schließlich stellt sich die Frage, inwiefern mit der Neuformulierung des § 33 Abs. 1 GWB und der Aufgabe des Schutzgesetzerfordernisses eine (nachträgliche) Fusionskontrolle auf dem Zivilrechtsweg ermöglicht wird. Bisher war § 36 GWB nicht als Schutzgesetz anzusehen, sondern diente allein dem Institutionenschutz.[139] Das gleiche galt für das Vollzugsverbot nach § 41 Abs. 1 GWB.[140] Schließ- **61**

---

132 Begründung zum Regierungsentwurf der 6. Novelle, BT-Drucks. 13/9720.

133 BGH WuW/E BGH 2483, 2490 – *Sonderungsverfahren;* WuW/E DE-R 1011, 1013 – *Wertgutscheine für Asylbewerber.*

134 BGH WuW/E BGH 407, 410 – *Molkereigenossenschaft.*

135 BGH WuW/E BGH 1911, 1914 – *Meierei-Zentrale.*

136 BGH WuW/E BGH 2483, 2489f. – *Sonderungsverfahren.*

137 BGH WuW/E DE-R 1206 – *Strom und Telefon I.*

138 BGH WuW/E DE-R 1283 – *Der Oberhammer;* so jetzt auch *Langen/Bunte-Bornkamm,* Deutsches Kartellrecht, 12. Auflage, § 33 Rdnr. 71 73; anders aber wohl noch OLG Düsseldorf WuW/E DE-R 3788, 3791.

139 OLG Düsseldorf WuW/E DE-R 1293 – *tv kofler;* BGH WuW/E DE-R 1571, 1572 – *Ampere.*

140 *FK-Roth,* GWB 1999, § 33 Rdnr. 85.

lich war auch die Untersagungsverfügung des BKartA keine Schutzverfügung im Sinne des § 33 Abs. 1 GWB a. F., da die zugrunde liegende Untersagungsbefugnis – eben § 36 GWB – keinen Individualschutz gewährt.[141]

62 Nach der Gesetzeskonzeption, die die Untersagungsbefugnis nach § 36 GWB ausschließlich im Wege der präventiven Fusionskontrolle vorsieht, ist ein direkter Verstoß gegen § 36 GWB ohnehin nicht denkbar, da der Zusammenschluss bei Anwendung des § 36 GWB noch nicht vollzogen ist und eine materielle Verletzungshandlung daher noch nicht vorliegt.[142] Darüber hinaus ist nach dem Grundgedanken der Fusionskontrolle als Verbot mit Erlaubnisvorbehalt ein Zusammenschluss erst mit der Untersagungsverfügung materiell verboten.[143] In Betracht kommt daher nur eine Betroffenheit von Wettbewerbern und sonstigen Marktbeteiligten durch einen Verstoß gegen das Vollzugsverbot nach § 41 Abs. 1 GWB und durch einen Verstoß gegen die Untersagungsverfügung auf der Grundlage von § 36 GWB. Beides ist jedoch auch nach der Neuformulierung des § 33 GWB nicht auf dem Zivilrechtsweg verfolgbar.

63 Für den **Verstoß gegen das Vollzugsverbot** dürfte bereits die Betroffenheit der Wettbewerber und sonstigen Marktbeteiligten zweifelhaft sein, so dass dieses Tatbestandsmerkmal hier – allerdings entgegen der generellen Intention des Gesetzgebers – ausnahmsweise eine Begrenzungsfunktion entfaltet.[144] Das Vollzugsverbot sichert das präventive Fusionskontrollverfahren im Hinblick auf die Schwierigkeiten einer Entflechtung ab.[145] Das Verbotsgesetz hat damit vor allem eine verfahrensrechtliche Zielrichtung und dient einer effizienten Fusionskontrolle. Eine Betroffenheit der Wettbewerber oder sonstigen Marktbeteiligten ist insbesondere bei einem einfachen Verstoß gegen das Vollzugsverbot, ohne dass es sich um einen Fall mit Untersagungsnähe handelt, nicht zu erkennen. Diese müssten in ihrer Tätigkeit auf den betroffenen Märkten dadurch beeinträchtigt sein, dass der Zusammenschluss ohne vorherige Freigabe unabhängig von der materiellen Beurteilung durch das BKartA vollzogen wurde. Eine auf dem Zivilrechtsweg erwirkte Beseitigung des Zusammenschlusses würde daher nur der Durchsetzung der Anmeldepflicht und des präventiven Fusionskontrollverfahrens gelten können, für die auch das Bundeskartellamt keine Rechtsgrundlage hat. Dieses ist mit der Regelung einer zwingenden direkten Auflösung von vollzogenen Zusammenschlüssen, die die Untersagungsvoraussetzungen erfüllen, gemäß § 41 Abs. 3 GWB nicht gewollt und wäre im Übrigen ineffizient.[146]

64 Auch der **Verstoß gegen eine Untersagungsverfügung** nach § 36 GWB sollte nicht auf dem Zivilrechtsweg geltend gemacht werden.[147] Auch hier sprechen Effizienzerwägungen gegen einen zivilrechtlichen Beseitigungsanspruch, zumal eine Entflechtung schon auf behördlichem Wege erhebliche Schwierigkeiten bereitet. Gegen einen grundsätzlichen Schadensersatzanspruch von Wettbewerbern und anderen Marktbeteiligten durch den Verstoß gegen eine Untersagungsverfügung lässt sich allerdings nach der Neuformulierung des Gesetzes nur schwer etwas einwenden, da durch bestimmte Strategien der Zusammenschlussbeteiligten, die durch die Untersagung gerade verhindert werden sollten, durchaus Schäden bei den Marktbeteiligten entstehen können. Die Schwierigkeiten beim Schadensnachweis und bei der Kausalität dürften hier jedoch exorbitant hoch sein. Auch lässt sich schwer begründen, dass die Untersagungsverfügung gegenüber dem Zivilgericht Bin-

---

141 Vgl. *FK-Roth,* GWB 1999, § 33 Rdnr. 95; aA *Veelken,* WRP 2003, 207, 241.

142 So auch *Langen/Bunte-Bornkamm,* Deutsches Kartellrecht, 12. Auflage, § 33 Rdnr. 80.

143 So im Ergebnis wohl auch *Veelken,* WRP 2003, 207, 238 f.

144 AA *Loewenheim/Meessen/Riesenkampff-Rehbinder,* Kartellrecht II, § 33 Rdnr. 33; wie hier *Langen/Bunte-Bornkamm,* Deutsches Kartellrecht, 12. Auflage, § 33 Rdnr. 82 mit Ausnahme des Falles, in dem ein Zusammenschluss untersagt wird; ebenso *Kühnen/Kizil,* ZWeR 2010, 268.

145 *Immenga/Mestmäcker-Mestmäcker/Veelken,* GWB, 4. Auflage, § 41, Rdnr. 2; *Veelken,* WRP 2003, 207, 241.

146 Eine Kollision mit den Befugnissen des BKartA sieht auch *Veelken,* WRP 2003, 207, 241, der jedoch einen Schadensersatzanspruch für denkbar hält.

147 AA *Kühnen/Kizil,* ZWeR 2010, 268; *Langen/Bunte-Bornkamm,* Deutsches Kartellrecht, 12. Auflage, § 33 Rdnr. 89.

dungswirkung entfaltet, so dass auch die Untersagungsvoraussetzungen wieder zur Diskussion stünden.

III. Ansprüche

§ 33 Abs. 1 GWB regelt nur die verschuldensunabhängigen Ansprüche auf Beseitigung und Unterlassung, die gemäß § 33 Abs. 2 GWB auch von Verbänden geltend gemacht werden können. Erst § 33 Abs. 3–5 GWB befasst sich mit dem Schadensersatzanspruch. Die **Schadensersatzrichtlinie** rückt darüber hinaus die – in Deutschland erst noch zu schaffenden – Ansprüche im Rahmen eines Discovery-Verfahren in den Vordergrund. 65

1. Unterlassungs- und Beseitigungsanspruch. *a) Voraussetzungen.* Der **Unterlassungsanspruch** setzt – in § 33 Abs. 1 GWB ausdrücklich erwähnt – eine **Wiederholungsgefahr** voraus. Diese ist mit dem erstmaligen Verstoß nach allgemeinen wettbewerbsrechtlichen Grundsätzen zu vermuten.[148] Dabei wird die Wiederholungsgefahr nicht nur durch die identische Verletzungsform mit denselben Betroffenen, sondern durch alle im Kern gleichartigen Verletzungshandlungen, in denen das Charakteristische der Verletzungshandlung zum Ausdruck kommt, begründet.[149] Eine Widerlegung dieser Vermutung ist in der Regel nur durch eine strafbewehrte Unterlassungserklärung möglich.[150] Ein Unterlassungsanspruch ist nach § 33 Abs. 1 S. 2 GWB auch bei bestehender **Erstbegehungsgefahr** möglich, wenn also der Verstoß gegen Kartellrecht unmittelbar bevorsteht. 66

Der **Beseitigungsanspruch** setzt dagegen lediglich einen Verstoß gegen ein Verbot voraus, ohne dass es auf Wiederholungsgefahr (und Verschulden) ankommt. Der Beseitigungsanspruch wird z. T. in Abgrenzung zum Unterlassungsanspruch als in die Vergangenheit gerichtet angesehen.[151] Für das Verhältnis zum Schadensersatz erscheint die auch vom BGH in Sachen *Einspeisungsvergütung* maßgeblich zugrundegelegte Überlegung sachgerecht, ob die Behinderung bzw. das verbotene Verhalten **noch fortdauert** und damit auch noch beseitigt werden kann. Sobald nicht mehr das Verhalten selbst betroffen ist, das den Verstoß begründet, kann es nur noch um die Beseitigung von daraus entstandenen Folgen und Schäden gehen, und damit um einen Schadensersatzanspruch in Form der Naturalrestitution.[152] 67

Mit dem Unterlassungs- und Beseitigungsanspruch kann ein **bestimmtes Verhalten** zwar grundsätzlich nicht verlangt werden. Dieses gilt vor allem für den Verstoß gegen das Diskriminierungsverbot nach § 19 Abs. 2 Nr. 1 GWB, da es dem diskriminierenden Unternehmen überlassen bleiben muss, wie es die Diskriminierung abstellen will. Etwas anderes gilt aber dann, wenn es sich bei dem verlangten Verhalten um die einzige sachgerechte Möglichkeit handelt, um die Diskriminierung oder die Behinderung zu beseitigen oder die Norm – wie etwa § 19 Abs. 2 Nr. 4 GWB – von vornherein ein **Handlungsgebot** enthält.[153] 68

b) Verbandsklagebefugnis, § 33 Abs. 2 Nr. 1 und 2 GWB. Die Verbandsklagebefugnis ist mehrfach Gegenstand von Gesetzesänderungen gewesen, ohne dass sie jedoch letztlich eine ernsthafte Bedeutung im Rahmen der Kartellrechtsdurchsetzung erlangen konnte. Die zunächst lediglich für Verbände zur Förderung gewerblicher Interessen geregelte Klagebe- 69

[148] *Langen/Bunte-Bornkamm,* Deutsches Kartellrecht, 12. Auflage, § 33 Rdnr. 111.

[149] Ständige Rechtsprechung, BGHZ 166, 233, Rdnr. 36 – *Parfümtestkäufe;* BGH GRUR 2011, 433, Rdnr. 26 – *Verbotsantrag bei Telefonwerbung;* BGH NJW 2014, 775, 776 – *Restwertbörse II.*

[150] *Langen/Bunte-Bornkamm,* Deutsches Kartellrecht, 12. Auflage, § 33 Rdnr. 112 mwN.

[151] *Langen/Bunte-Bornkamm,* Deutsches Kartellrecht, 12. Auflage, § 33 Rdnr. 109; *Bechtold,* GWB, 7. Auflage, § 33 Rdnr. 14; aA *Immenga/Mestmäcker-Emmerich,* 4. Auflage, § 33 Rdnr. 101.

[152] Vgl. BGH WuW/E BGH 2905, 2911 f. – *Stromeinspeisung;* BGH WuW/E BGH 2999, 3000 – *Einspeisungsvergütung. FK-Roth,* GWB 1999, § 33 Rdnr. 179; *Immenga/Mestmäcker-Emmerich,* GWB, 4. Auflage, § 33 Rdnr. 109; *Fritzsche,* WRP 2006, 42, 44 f.

[153] So insbesondere *Langen/Bunte-Bornkamm,* Deutsches Kartellrecht, 12. Auflage, § 33 Rdnr. 113.

fugnis ist trotz der ursprünglich gegenüber dem UWG deutlich großzügigeren Voraussetzungen nur wenig zum Einsatz gekommen. Denn die Unterlassungsklage ist im Bereich des Kartellrechts letztlich kein effektives Durchsetzungsinstrument, da insbesondere das Prozessrisiko angesichts der regelmäßig erheblichen Gegenstandwerte sehr hoch ist, und das Kartellrecht stark durch sehr individuelle Einzelfälle gekennzeichnet ist, die sich wenig für abstrakte Rechtsfortbildung durch Verbände eignen. Auch können die komplexen Sachverhalte und die dafür notwendigen Unternehmensinterna von den Verbänden häufig im Zivilprozess nicht hinreichend vorgetragen werden. Die für Verbände dagegen attraktive und lukrative Möglichkeit von Sammelklagen zur Durchsetzung von kartellrechtlichen Schadensersatzansprüchen vergleichbar mit der class action im US-Recht einschließlich des hierfür notwendigen discovery-Verfahrens ist in Deutschland nicht durchsetzbar und auch auf europäischer Ebene nicht weiterverfolgt geworden.

70 Der GWB-Gesetzgeber hat letztlich die Verbandsklagebefugnis von gewerblichen Verbänden eingeschränkt, indem es die strengeren Voraussetzungen des § 8 Abs. 3 UWG übernommen hat. Mit der 8. GWB-Novelle ist in § 33 Abs. 2 Nr. 2 GWB die Verbraucherverbandsklage eingefügt worden, die ebenfalls dem § 8 Abs. 3 Nr. 3 UWG nachgebildet wurde. Ferner hat der Gesetzgeber in § 34a GWB die Möglichkeit der Vorteilsabschöpfung durch Verbände geschaffen, die jedoch keinerlei praktische Bedeutung entfaltet. Letztlich ist ein *effektiver Kollektivschutz* durch private Anspruchsdurchsetzung sowohl auf nationaler als auch auf europäischer Ebene abgelehnt worden. Vielmehr obliegt diese weiterhin ganz schwerpunktmäßig den im öffentlichen Interesse tätigen Kartellbehörden.

71 *aa) Verbände zur Förderung gewerblicher Interessen, Nr. 1.* Gemäß **§ 33 Abs. 2 Nr. 1** GWB können die Unterlassungs- und Beseitigungsansprüche nach Abs. 1 auch von **Verbänden zur Förderung gewerblicher Interessen** geltend gemacht werden. Dies war auch schon nach der Fassung des GWBs vor der 7. GWB Novelle grundsätzlich der Fall. Dabei reichte es allerdings, dass der Verband rechtsfähig war und zu seinen satzungsmäßigen Aufgaben die Förderung gewerblicher Interessen gehörte. § 33 Abs. 2 GWB ist in der 7. GWB-Novelle zunächst erheblich verschärft und in seinen Voraussetzungen an § 8 Abs. 3 Nr. 2 UWG vollständig angeglichen worden. Es mussten danach dem Verband insbesondere eine erhebliche Zahl von Unternehmen angehören, die Waren oder Dienstleistungen gleicher oder verwandter Art auf demselben Markt vertreiben und die von der Zuwiderhandlung in ihren Interessen berührt werden. Mit der 8. GWB-Novelle hat der Gesetzgeber den Bezug der Tätigkeit auf den relevanten Markt wieder entfernt und stattdessen den Bezug auf „betroffene Unternehmen iSd Abs. 1 S. 3" eingefügt.

72 Mit der **Bezugnahme auf den Betroffenenbegriff** hat der Gesetzgeber zunächst die **Verbände der Marktgegenseite** erfasst, die bisher nicht von dem Wortlaut der Norm umfasst waren.[154] Denn die bisherige Fassung bezog nur den Vertrieb auf demselben relevanten Markt ein, der sowohl Abnehmer als auch die Unternehmen der vorgelagerten Marktstufen ausschloss. Die Neufassung der 8. GWB-Novelle beseitigt außerdem bezüglich des Begriffs des „relevanten Marktes" eine Inkonsistenz.

73 Es fragt sich, wann eine **„erhebliche Zahl"** betroffener Mitglieder angenommen werden kann. Denn der Kreis der Betroffenen ist wie dargestellt nunmehr sehr viel größer, so dass sich hieraus auch eine erhöhte Anforderung an die Anzahl der Mitglieder ergeben kann. Im Ausgangspunkt muss daher die erhebliche Anzahl für die jeweilige Gruppe der Betroffenen – wie z.B. der Abnehmer oder der Zulieferer – bestimmt werden und nicht bezogen auf den gesamten möglichen Betroffenenkreis. Im Ergebnis kann hier nach wie vor auf die Rechtsprechung zum UWG rekurriert werden. Erforderlich ist hiernach, dass Gewerbetreibende aus der einschlägigen Branche – bezogen auf den maßgeblichen Markt – in der Weise repräsentativ sind, dass ein missbräuchliches Vorgehen des Verbandes ausge-

---

[154] LG Köln GRUR-RR 2010, 124, 125; vgl. allerdings die einschränkende Auslegung des § 3 Abs. 1 S. 1 Nr. 2 UKlaG bei BGH GRUR 2003, 262f.

schlossen werden kann.[155] Nach der Rechtsprechung des BGH wird dabei dem Zweck des Gesetzes, die Klagebefugnis der Verbände auf Fälle zu beschränken, die die Interessen einer erheblichen Zahl von verbandsangehörigen Wettbewerbern berühren, schon dann Rechnung getragen, wenn im Wege des Freibeweises festgestellt werden kann, dass es dem Verband bei der betreffenden Rechtsverfolgung nach der Struktur seiner Mitglieder um die ernsthafte kollektive Wahrnehmung der Mitgliederinteressen geht.[156] Ausdrücklich hat der BGH außerdem auch für das UWG klargestellt, dass es nicht entscheidend darauf ankommt, ob den Verbandsmitgliedern nach Anzahl, Bedeutung oder Umsatz im Verhältnis zu allen auf diesem Markt tätigen Unternehmen eine repräsentative Stellung zukommt.[157]

Übertragen auf § 33 Abs. 2 Nr. 1 GWB muss dies bedeuten, dass der Begriff der „erheblichen Zahl" nach Sinn und Zweck der Norm weit auszulegen ist. Denn die missbräuchliche Anwendung der Klagebefugnis droht im Bereich des GWB mangels Öffentlichkeit der Verletzungshandlungen nicht in nennenswertem Umfang. Hier muss eher ein Anreiz geschaffen werden, um den Zivilrechtsweg auch bei den Unterlassungsklagen zu stärken. Auch geht es im GWB nicht notwendig um Verstöße, die eine Vielzahl von Marktteilnehmern betreffen, sondern nicht selten um wenige, z. B. diskriminierte Unternehmen. Es reicht daher aus, wenn die Mitglieder einen nicht völlig unbedeutenden Teil der konkreten Betroffenengruppe ausmachen.[158] 74

Schließlich erfordert § 33 Abs. 2 Nr. 1 GWB eine entsprechende **personelle, sachliche und finanzielle Ausstattung,** um die Interessen auch wahrnehmen zu können. Auch dieses Merkmal ist im Hinblick auf die zu besorgende Missbrauchsgefahr im UWG entstanden, die im GWB nicht in derselben Weise zu befürchten ist. Daher ist hier insbesondere die im allgemeinen Wettbewerbsrecht geltende, vom Gegner zu widerlegende Vermutung für die tatsächliche Zweckverfolgung bei einem ordnungsgemäß gegründeten und aktiv tätigen Verband[159] zu betonen und an eine Erschütterung dieser Vermutung im Hinblick auf den Umfang der Aktivität oder die Anzahl der schon geführten kartellrechtlichen Prozesse, in denen die Prozessführungsbefugnis unbeanstandet blieb, hohe Anforderungen zu stellen. 75

Im Übrigen muss der Verband in Bezug auf seine **personelle Ausstattung** grundsätzlich aufgrund eigener personeller Kräfte in der Lage sein, das Markt- bzw. Wettbewerbsgeschehen zu beobachten, zu bewerten und typische Verstöße, deren rechtliche Bewertung keine besonderen Schwierigkeiten aufweist, auch ohne anwaltlichen Rat oder juristisch ausgebildete Mitarbeiter zu erkennen sowie hierauf zu reagieren.[160] In **finanzieller Hinsicht** muss der Verband in der Lage sein, seine Fixkosten aus der Existenz, Grundausstattung und Grundbetätigung, Prozesskosten in Verfahren bis hin zur Revisionsinstanz und gegnerische Kostenerstattungsansprüche zu finanzieren.[161] Hierfür sind jedoch trotz der im Kartellrecht häufig sehr hohen Streitwerte keine überzogenen Anforderungen zu stellen. Dies würde die Möglichkeit kleinerer Verbände, deren Mitglieder sich aus mittelständischen Unternehmen rekrutieren, zur Prozessführung erheblich einschränken und gerade auch die Verfolgung von Kartellrechtsverstößen in oligopolistischen Strukturen betreffen.[162] 76

---

155 BGH NJW 2009, 1886, 1887 – *Sammelmitgliedschaft IV;* BGH GRUR 1996, 71, 72 – *Produktinformation III;* WRP 1996, 1102, 1103 – *Großimporteur;* GRUR 1996, 804, 805 – *Preisrätselgewinnauslobung III;* WRP 1997, 1070, 1072 – *Händlervereinigung.*

156 Zuletzt BGH NJW 2009, 1886, 1887 – *Sammelmitgliedschaft IV.*

157 BGH aaO – *Sammelmitgliedschaft IV,* Leitsatz 2; anders *Immenga/Mestmäcker-Emmerich,* GWB, 4. Auflage, § 33 Rdnr. 109; *Bechtold,* GWB, 7. Auflage, § 33 Rdnr. 20.

158 Ähnlich letztlich auch OLG Düsseldorf WuW/E DE-R 3979, 3989 – *Konzessionärsverträge.*

159 Vgl. hierzu BGH GRUR 1975, 377, 378 – *Verleger von Tonträgern;* GRUR 1986, 320, 321 – *Wettbewerbsverein I;* GRUR 1991, 684 – *Verbandsausstattung I;* BGHZ 126, 145, 147 – *Verbandsausstattung II* BGH NJW-RR 2001, 36, 37 – *Fachverband.*

160 BGH NJW-RR 2001, 36, 37 – *Fachverband;* OLG Düsseldorf WuW/E DE-R 3979, 3985 – *Konzessionärsverträge.*

161 BGH WRP 2012, 453, 455 – *Glücksspielverband; Langen/Bunte-Bornkamm,* Deutsches Kartellrecht, 12. Auflage, § 33 Rdnr. 102.

162 Vgl. BGH WRP 2012, 453, 455 – *Glücksspielverband.*

77 Der Regelung nach § 33 GWB kommt grundsätzlich **abschließende Bedeutung** zu. Ein gewerblicher Verband, der lediglich nach anderen Regelungen (§ 8 Abs. 3 UWG, § 3 UKlaG) klagebefugt ist, kann hieraus keine Berechtigung für das GWB herleiten. Materiell können Unterlassungsansprüche gegen Kartellrechtsverstöße auch grundsätzlich nur allein auf der Grundlage des § 33 Abs. 1 GWB geltend gemacht werden, insbesondere nicht mehr mit dem Vorwurf der Unlauterkeit und dem hierauf gestützten Anspruchssystem verfolgt werden.[163] Liegen bei der Geltendmachung eines Kartellverstoßes durch die Verwendung von AGB mit der Unwirksamkeitsfolge nach § 307 BGB dagegen die Voraussetzungen einer Klagebefugnis nach **§§ 1, 3 Abs. 1 Nr. 2 UKlaG** vor, sind die weitergehenden Voraussetzungen nach § 33 Abs. 2 GWB nicht mehr erforderlich, da sich der Verstoß nicht allein aus dem Kartellrecht ergibt.[164]

78 *bb) Verbraucherverbände.* Mit der 8. GWB-Novelle ist schließlich eine **Klagebefugnis von Verbraucherverbänden** in § 33 Abs. 2 Nr. 2 GWB eingefügt worden. Anspruchsberechtigt sind hiernach Einrichtungen, die nachweisen, dass sie in die Liste der qualifizierten Einrichtungen nach § 4 UKlaG (lit. a) oder in das Verzeichnis der Europäischen Kommission nach Art. 4 Abs. 3 der Richtlinie 2009/22/EG (lit. b) eingetragen sind. Die Norm entspricht dem Wortlaut des § 8 Abs. 3 Nr. 3 UWG (bzw. dem § 3 Abs. 1 Nr. 1 UKlaG). In der Sache geht die Anspruchsberechtigung für das GWB allerdings weiter, da sie anders als § 8 Abs. 3 Nr. UWG keinerlei Beschränkung auf die Verfolgung bestimmter, etwa besonders verbraucherrelevante Verstöße enthält. Verbraucherverbände können damit theoretisch sämtliche Kartellrechtsverstöße verfolgen, soweit sie als qualifizierte Einrichtungen anerkannt sind und sich aus dem satzungsgemäßen Zweck keine Beschränkungen ergeben.

79 Die **Liste der Einrichtungen nach § 4 UKlaG** wird beim Bundesamt für Justiz geführt und zum Jahresbeginn im Bundesanzeiger veröffentlicht. Eingetragen werden gemäß § 4 Abs. 2 UKlaG rechtsfähige Verbände, zu deren satzungsmäßigen Aufgaben es gehört, die Interessen der Verbraucher durch Aufklärung und Beratung nicht gewerbsmäßig und nicht nur vorübergehend wahrzunehmen, wenn sie in diesem Aufgabenbereich tätige Verbände oder mindestens 75 natürliche Personen als Mitglieder haben, seit mindestens einem Jahr bestehen und auf Grund ihrer bisherigen Tätigkeit Gewähr für eine sachgerechte Aufgabenerfüllung bieten. Für Verbraucherzentralen und -verbände, die mit öffentlichen Mitteln gefördert werden, besteht gemäß § 4 Abs. 2 S. 2 UKlaG eine unwiderlegliche Vermutung der Erfüllung dieser Voraussetzungen. Im Januar 2014 waren 77 Verbände in die Liste eingetragen, zu denen z. B. auch regionale Verbraucherverbände gehören.

80 Das **Verzeichnis der Kommission nach Art. 4 Abs. 3 der Richtlinie 2009/22/EG** führt ebenfalls qualifizierte Einrichtungen auf, die zur Unterlassungsklage befugt sein sollen. Das Verzeichnis wird im Amtsblatt der Europäischen Union veröffentlicht. Änderungen an diesem Verzeichnis werden unverzüglich und eine aktualisierte Liste wird alle sechs Monate veröffentlicht.[165] Unter „qualifizierte Einrichtung" ist dabei jede Stelle oder Organisation zu verstehen, die nach dem Recht eines Mitgliedstaats ordnungsgemäß errichtet wurde und ein berechtigtes Interesse daran hat, die Kollektivinteressen der Verbraucher zu schützen. Welche Einrichtungen hierzu gehören, teilt der Mitgliedsstaat mit. Das Kommissionsverzeichnis dient der Erfassung von qualifizierten Einrichtungen, die bei **grenzüberschreitenden Verstößen** innerhalb der Gemeinschaft eingreifen können, und in der Lage sind, die Gerichte und Verwaltungsbehörden des Mitgliedstaats, in dem der

---

[163] Nach BGH GRUR 2006, 773, 774 – *Probeabonnement* sind Verstöße gegen das Kartellrechts nicht mehr gleichzeitig UWG-Verstöße unter dem Gesichtspunkt des Vorsprungs durch Rechtsbruch, da § 33 Abs. 1 GWB insoweit eine abschließende Regelung darstellt.

[164] OLG Düsseldorf WuW/E DE-R 3979, 3985 – *Konzessionärsverträge.*

[165] Zuletzt *Mitteilung der Kommission zu Artikel 4 Absatz 3* der Richtlinie 2009/22/EG des Europäischen Parlaments und des Rates über Unterlassungsklagen zum Schutz der Verbraucherinteressen, mit der die Richtlinie 98/27/EG kodifiziert wird, bezüglich der qualifizierten Einrichtungen, die berechtigt sind, eine Klage im Sinne des Artikels 2 dieser Richtlinie zu erheben, ABl. vom 31.3.2012, C 91/1.

Verstoß begangen wurde, anzurufen. Die Richtlinie zielt in Art. 4 darauf ab, dass qualifizierte Einrichtungen bei grenzüberschreitenden Verstößen nicht nur im eigenen Land, sondern auch unmittelbar in anderen Mitgliedstaaten Unterlassungsansprüche geltend machen können.

Der Wortlaut des § 33 Abs. 2 Nr. 2 GWB ist mit demjenigen in § 8 Abs. 3 Nr. 3 UWG **81** identisch und knüpft die Klagebefugnis an den **Nachweis der Eintragung** in die Liste nach § 4 UKlaG oder das Verzeichnis der Kommission nach Art. 4 Abs. 3 der Richtlinie 2009/22/EG. Ein solcher Nachweis wird in der Regel durch eine entsprechende Bescheinigung des Bundesamtes für Justiz geführt. Bestehen **begründete Zweifel** an dem Fortbestehen der Eintragungsvoraussetzungen, kann das Prozessgericht gemäß § 4 Abs. 4 UKlaG das Bundesamt für Justiz zur Überprüfung der Eintragung auffordern und den Rechtsstreit bis zur Entscheidung aussetzen. Nach der Rechtsprechung des BGH zum UKlaG sind an die begründeten Zweifel hohe Anforderungen zu stellen, da anderenfalls die effektive Durchsetzung der §§ 1, 2 UKlaG gefährdet wäre.[166] Für § 33 GWB kann letztlich nichts anderes gelten, obwohl die Verbandsklage durch Verbraucherverbände für die effektive Durchsetzung des Kartellrechts deutlich weniger Bedeutung hat als es für die Durchsetzung der von §§ 1, 2 UKlaG erfassten Verbraucherschutzgesetze der Fall ist.

Dennoch folgt die Klagebefugnis nach § 33 Abs. 2 Nr. 2 GWB ebenso wenig wie bei **82** § 8 Abs. 3 Nr. 3 UWG schon ohne Weiteres daraus, dass diese in die Liste qualifizierter Einrichtungen nach § 4 UKlaG eingetragen ist und das Prozessgericht bei begründeten Zweifeln am (Fort-)Bestehen der Eintragungsvoraussetzungen nach § 4 Abs. 4 UKlaG lediglich das Verfahren aussetzen kann. Die Notwendigkeit der Prüfung, ob die Prozessführung **im konkreten Einzelfall** vom Satzungszweck des klagenden Verbandes umfasst ist, bleibt davon unberührt.[167] Denn bei der Eintragung eines Verbandes wird nicht geprüft, ob und inwiefern gegebenenfalls seine Tätigkeit nach seiner Satzung in örtlicher oder sachlicher Hinsicht beschränkt ist. Der Gesetzgeber hat in § 4 Abs. 2 Satz 3 UKlaG vielmehr bestimmt, dass der satzungsmäßige Zweck in der Liste der qualifizierten Einrichtungen anzugeben ist, gerade um eine Prüfung des Satzungszwecks im Einzelfall zu ermöglichen.[168] Sachlich auf bestimmte Bereiche beschränkte Verbraucherverbände – wie z. B. Mietervereine – werden trotz Eintragung in die Liste nach § 4 UKlaG in der Regel nicht klagebefugt nach § 33 Abs. 2 Nr. 2 GWB sein. Der BGH hat jedoch z. B. der Verbraucherzentrale Nordrhein-Westfalen eine regional unbeschränkte Klagebefugnis zugesprochen, da sich aus dem Sitz und der Tatsache, dass der Zentrale nur Mitglieder aus Nordrhein-Westfalen angehörten, keine Beschränkung des Satzungszwecks auf die Verfolgung von Verstößen in Nordrhein-Westfalen ergeben würden.[169]

2. Schadensersatzanspruch. Der kartellrechtliche Schadensersatzanspruch steht im **83** Mittelpunkt der Diskussion um das zivilrechtliche Sanktionensystem und seine Bedeutung im Rahmen der verstärkten privaten Kartellrechtsdurchsetzung. In der Vergangenheit hat es bei der Durchsetzung des Schadensersatzanspruchs wegen eines Kartellverstoßes – vor allem durch horizontale Hard-Core-Kartelle – insbesondere in Bezug auf die Anforderungen an den Nachweis der Schadensentstehung und der Schadenshöhe erhebliche Probleme gegeben. Die Schadensersatzrichtlinie beschäftigt sich besonders mit diesen Themen sowie mit zusammenhängenden Fragen. Sie zielt dabei auf eine weitere deutliche Stärkung der privaten Kartellrechtsdurchsetzung und begründet weiteren Änderungsbedarf im GWB. Die Umsetzungsfrist beträgt hierfür zwei Jahre (Art. 21 Abs. 1 der Richtlinie) ab Inkrafttreten. Eine richtlinienkonforme Auslegung ist jedoch – soweit möglich – bereits jetzt geboten.

---

166 BGH GRUR 2010, 852 – *Gallardo Spyder.*

167 BGH GRUR 2012, 415 – *Überregionale Klagebefugnis.*

168 Begründung des Regierungsentwurfs zum inzwischen ohne inhaltliche Änderung durch § 4 Abs. 2 UKlaG ersetzten § 22a Abs. 2 AGBG, BT-Drucks. 14/2658, S. 54 f.; BGH GRUR 2012, 415 – *Überregionale Klagebefugnis.*

169 BGH GRUR 2012, 415 – *Überregionale Klagebefugnis.*

84 *a) Regelungen der Schadensersatzrichtlinie.* Die **Schadensersatzrichtlinie** sieht in erheblichem Umfang neue Vorgaben vor, die im Wesentlichen folgende Regelungen enthalten: Der **anspruchsberechtigte Personenkreis** umfasst jeden, der einen Schaden durch einen Kartellrechtsverstoß erlitten hat einschließlich der mittelbaren Abnehmer und unabhängig davon, ob es Unternehmen, juristische oder natürliche Personen sind (Art. 3 Abs. 1, Art. 12 Abs. 1, Erwägungsgrund 3). Die geschädigte Person erhält **vollständigen Schadensersatz,** der die eingetretene Vermögenseinbuße, den entgangenen Gewinn sowie die Zahlung von Zinsen umfasst (Art. 3 Abs. 2, Art. 14). Es darf **keine Überkompensation,** z. B. durch Schadensersatz mit Strafwirkung oder Mehrfachschadensersatz vorgesehen werden (Art. 3 Abs. 3). Klagen von **mehreren Vertriebsstufen** muss das Gericht im Rahmen der Beweiswürdigung in der Weise berücksichtigen können, dass eine Mehrfachhaftung vermieden wird (Art. 15 Abs. 1). Ein **Schadenseintritt** ist bei Zuwiderhandlungen in Form von Kartellen **zu vermuten** (Art. 17 Abs. 2). Einzelstaatliche Gerichte müssen die Befugnis erhalten, den **Schadensumfang zu schätzen,** wenn der Kläger nicht in der Lage ist, die Höhe des erlittenen Schadens unmittelbar nachzuweisen (Art. 17 Abs. 1). Hierbei können die nationalen Wettbewerbsbehörden behilflich sein (Art. 17 Abs. 3). Die **Passing-On-Defense** des Klägers gegenüber dem unmittelbaren Abnehmer ist **zulässig** (Art. 13 S. 1), die Beweislast für die Weitergabe trägt der Beklagte, der in angemessener Weise die Offenlegung von Beweismitteln von dem Kläger oder von Dritten verlangen kann (Art. 13 S. 2). Für den zwingend vorzusehenden Anspruch des **indirekten Abnehmers** müssen die Mitgliedstaaten eine **gerichtliche Schätzungsmöglichkeit** für den weitergegebenen Preisaufschlag vorsehen (Art. 12 Abs. 5). Die Kommission soll Leitlinien zur Schätzung der Weitergabe des Preisaufschlags erlassen (Art. 16). Der indirekte Abnehmer muss für seinen Anspruch das Vorliegen und den Umfang der Schadensabwälzung auf ihn nachweisen, unbeschadet der im Handel üblichen Annahme, dass Preiserhöhungen in der Lieferkette nach unten weitergegeben werden (Art. 14 Abs. 1). Für diese Situation müssen **erleichterte Beweisanforderungen** für das Vorliegen der Weitergabe vorgesehen werden mit der Möglichkeit der Erschütterung durch den Beklagten (Art. 14 Abs. 2). Jeder Schädiger haftet grundsätzlich **gesamtschuldnerisch** auf den gesamten Kartellschaden (Art. 11 Abs. 1). Der **Innenausgleich** erfolgt in Höhe der relativen Verantwortlichkeit für den entstandenen Schaden (Art. 11 Abs. 5). **Kleine und mittlere Unternehmen,** die nachweisen, dass sie nicht Anführer oder Wiederholungstäter waren, ihr Marktanteil während der Verstoßdauer unter 5% lag, eine volle Haftung ihre wirtschaftliche Lebensfähigkeit unwiederbringlich gefährden würde sowie ihrer Aktiva jeglichen Werts berauben würde, haften nur gegenüber den unmittelbaren und mittelbaren Abnehmern (Art. 11 Abs. 2). **Kronzeugen,** denen ein Bußgeld erlassen wurde, haften gegenüber den unmittelbaren und mittelbaren Abnehmern und Lieferanten, gegenüber anderen Geschädigten jedoch nur dann, wenn sie von den übrigen Schädigern keinen vollständigen Schadensersatz erlangen können (Art. 11 Abs. 4); gegenüber anderen Geschädigten haftet der Kronzeuge in Höhe seiner anteiligen Verantwortlichkeit für diesen Schaden (Art. 11 Abs. 6). Im Innenausgleich haftet der Kronzeuge nur in Höhe des Schadens seiner eigenen unmittelbaren und mittelbaren Abnehmer oder Lieferanten (Art. 11 Abs. 5 S. 2). Hat der Schädiger im Rahmen eines **Vergleichs** Schadensersatz geleistet, ist der Innenausgleich für nicht an dem Vergleich beteiligte Schädigern begrenzt (Art. 19). Die Richtlinie enthält umfängliche Verfahrensvorschriften über die **Verpflichtung zur Offenlegung von Beweismitteln (Discovery)** durch den Beklagten, den Kläger oder durch Dritte (Art. 5) sowie durch die Wettbewerbsbehörde (Art. 6, 7). Bestandskräftige behördliche oder gerichtliche Entscheidungen in derselben Sache müssen mit **Bindungswirkung** für die Schadensersatzprozesse versehen werden (Art. 9). Es müssen ausreichende **Verjährungsfristen** mit bestimmten Hemmungsgründen geregelt werden (Art. 10, Art. 18 Abs. 1).

85 Die Richtlinie hat der GWB-Gesetzgeber innerhalb von zwei Jahren umzusetzen. Ein großer Teil ist hiervon bereits mit der 7. GWB-Novelle eingeführt worden oder ergibt sich aus dem allgemeinen Schadensersatzrecht. Die Richtlinie hat im Übrigen mit Inkrafttreten

bereits vor Ablauf der Umsetzungsfrist insoweit Rechtswirkungen, als es die Gerichte der Mitgliedstaaten ab dem Zeitpunkt des Inkrafttretens einer Richtlinie so weit wie möglich unterlassen müssen, das innerstaatliche Recht auf eine Weise auszulegen, die die Erreichung des mit der Richtlinie verfolgten Zieles nach Ablauf der Umsetzungsfrist ernsthaft gefährden würde.[170] Eine richtlinienkonforme Auslegung ist daher bereits jetzt – soweit möglich – geboten. Dieses ist im deutschen Recht bereits in erheblichem Umfang möglich. Gesetzgeberische Maßnahmen sind insbesondere erforderlich bezogen auf die Vorgaben zu den Beweiserleichterungen zugunsten des indirekten Abnehmers, zu bestimmten Haftungsprivilegierungen, zum gesamtschuldnerischen Ausgleichsmechanismus, zu den Discovery-Verfahrenselementen sowie zur Verjährung. Der konkrete Regelungsbedarf bzw. die Möglichkeit der richtlinienkonformen Auslegung wird im Folgenden bei den jeweiligen Anspruchsvoraussetzungen diskutiert.

b) Verschulden. Der Schadensersatzanspruch nach § 33 Abs. 3 GWB setzt zunächst nach **86**
S. 1 Verschulden in Form von **Vorsatz oder Fahrlässigkeit** voraus. Hierbei gelten die Maßstäbe des allgemeinen Zivilrechts nach §§ 276, 823 bzw. 831 BGB. Der zivilrechtliche Verschuldensbegriff erfasst auch das Unrechtsbewusstsein. Ein unvermeidbarer Rechtsirrtum schließt ein Verschulden grundsätzlich aus. Ein schuldhafter Verstoß setzt die Vorwerfbarkeit des Irrtums voraus, die schon dann anzunehmen ist, wenn der Schädiger bei Anwendung der im Verkehr erforderlichen Sorgfalt mit einer anderen Beurteilung durch die Gerichte rechnen musste. Die Anforderungen an die Sorgfaltspflicht im Bereich des Wettbewerbsrechts sind damit sehr hoch. Ein entschuldbarer Rechtsirrtum ist ausgeschlossen, wenn die maßgeblichen Rechtsfragen höchstrichterlich bereits entschieden sind. Die fehlerhafte Beurteilung höchstrichterlich noch nicht entschiedener Fragen ist aber umgekehrt dadurch noch nicht entschuldigt, dass der fehlerhafte Rechtsstandpunkt ernsthaft vertreten werden kann.[171] Mit diesem strengen Maßstab sollte dem Handelnden das Risiko der zweifelhaften Rechtslage auferlegt werden.[172]

Der EuGH hat für die Bußgeldentscheidung darüber hinaus in relativ allgemeiner Form **87**
entschieden, dass auch der **Rechtsrat eines Anwaltes** und die Entscheidung einer Wettbewerbshörde das Verschulden nicht ausschließen könne.[173] Hierbei handelte es sich allerdings um eine Preisabsprache, bei der die nationale Wettbewerbsbehörde zu Unrecht den zwischenstaatlichen Handel abgelehnt hat und eine Zulässigkeit allein nach nationalem Recht angenommen hatte. Hier waren Zweifel trotz Rechtrates des Anwaltes und trotz der Entscheidung der Wettbewerbsbehörde wohl durchaus angebracht. In dieser Allgemeinheit ist der Rechtssatz des EuGH insbesondere außerhalb von Hard-Core-Kartellen allerdings schwer nachzuvollziehen.[174]

Kartellrechtliche Compliance-Programme können ein (zivilrechtliches) Verschul- **88**
den jedenfalls dann nicht ausschließen, wenn dem Unternehmen das schuldhafte Handeln seiner Organe und Vertreter unmittelbar zuzurechnen ist. Denkbar ist die Berücksichtigung nur dann, wenn eine Haftung ausschließlich wegen eines Organisationsverschuldens in Betracht kommt. Insoweit wäre im Rahmen von § 831 BGB bei Verrichtungsgehilfen im Einzelfall eine Exkulpation möglich.

c) Kausaler Schaden. aa) Mögliche Schadenspositionen. Gemäß § 249 BGB bestimmt sich der **89**
Umfang des vom Schädiger zu leistenden Schadensersatzes nach Maßgabe der **Differenzhypothese.** Danach ergibt sich die Höhe des Schadensausgleichs aus dem Vergleich der

---

170 EuGH, U. v. 4.7.2006, C-121/04, Slg 2006, I-6057, Rdnr. 111 – *Adeneler;* EuGH, U. v. 13.12.2014, C-18/13, BB 2014, 863, 866 noch nicht in der Slg veröffentlicht.

171 BGH WuW/E BGH 2341, 2344 – *Taxizentrale Essen.*

172 BGH WuW/E BGH 2603, 2607 – *Neugeborenentransporte.*

173 EuGH, U. v. 18.6.2013, C-681/11, NJW 2013, 3083, 3085 – *Schenker;* anders BGH WuW/E BGH 1729, 1730 – *Ölbrenner I.*

174 Kritisch die überwiegende Literatur hierzu, vgl. z.B. *Kersting,* WuW 2013, 845, *Palzer/Titze,* RIW 2013, 544, 545; *Langen/Bunte-Bornkamm;* Deutsches Kartellrecht, 12. Auflage, § 33 Rdnr. 124.

Vermögenslage des Geschädigten nach Schadenseintritt mit dem hypothetischen Rechtsgüterstand, wie er ohne das schädigende Ereignis gegeben wäre.[175] Dabei ist das Bereicherungsverbot bedeutsam, nach dem der Geschädigte nach dem Schadensfall nicht besser stehen darf als ohne das schädigende Ereignis.[176] Aus diesem Rechtsgedanken stammt auch das Konzept der **Vorteilsausgleichung,** nach dem grundsätzlich die dem Geschädigten im Zusammenhang mit dem Schadensereignis zufließende Vermögensvorteile auf den Umfang des Schadensersatzanspruchs anzurechnen sind.[177] Gemäß § 253 BGB ist Schadensersatz in Geld zu leisten. Geldschulden nach § 33 Abs. 3 S. 1 sind gemäß § 33 Abs. 3 S. 4 GWB zu **verzinsen.**

90 Diese Regelungen sind durchweg **richtlinienkonform,** da sie zentrale Vorgaben der Schadensersatzrichtlinie bereits erfüllen. Die Differenzhypothese ist eine ausdrückliche Vorgabe in Art. 3 Abs. 2 S. 1. Die Richtlinie enthält ein Verbot der Überkompensation (Art. 3 Abs. 3, Erwägungsgrund 13), das auch die Anwendung der Grundsätze einer Vorteilsausgleichung erlaubt bzw. erfordert. Das Verbot von Mehrfachschadensersatz und Strafschadensersatz ist ein zentraler Grundsatz des deutschen Schadensersatzrechts.[178] Die Verzinsungspflicht ist eine weitere wichtige Richtlinienvorgabe (Art. 3 Abs. 2).

91 Der Schaden des Betroffenen muss durch den Kartellrechtsverstoß **adäquat kausal** entstanden sein. Die Kausalität wird insbesondere im Zusammenhang mit **Kartellschäden** und den hierbei möglichen verschiedenen Haftungskonstellationen diskutiert. Die **Schadensersatzrichtlinie** enthält hierzu ebenfalls Vorgaben, die im Rahmen der richtlinienkonformen Auslegung schon jetzt weitgehend berücksichtigungsfähig sind.

92 Bei **verbotenen horizontalen Preis- und Quotenabsprachen** entsteht der kausale Schaden der unmittelbaren Marktgegenseite bzw. der nachgelagerten Marktstufe zunächst aufgrund des **erhöhten Bezugspreises** der Ware oder Dienstleistung. Dabei ist der erhöhte Bezugspreis jedoch nicht der einzig denkbare Schadensposten.[179] In Betracht kommt darüber hinaus ein **entgangener Gewinn** bei einem Absatzrückgang aufgrund der Preiserhöhung, entweder im Hinblick auf eine Verringerung der Bezugsmenge wegen der Preishöhe oder – bei Weitergabe der Preiserhöhung – durch entsprechende Zurückhaltung der Kunden.[180] Diese Sichtweise wird auch nicht durch § 33 Abs. 3 S. 2 GWB ausgeschlossen. Die **Schadensersatzrichtlinie** sieht den entgangenen Gewinn im Übrigen in Art. 3 bzw. Art. 12 Abs. 3 ausdrücklich als Teil des zu ersetzenden Schadens an, so dass dieser Schadensposten richtlinienkonform nicht grundsätzlich ausgeschlossen werden kann.

93 Ebenso wenig darf nach der aktuellen Rechtsprechung des EuGH ein durch sog. **„umbrella pricing"** entstandener Schaden generell ausgeschlossen werden.[181] Dabei handelt es sich um den Schaden durch eine Preiserhöhung von nicht am Kartell beteiligten Wettbewerbern, die sich das Kartell-Preisniveau zunutze machen. Der Kartellaußenseiter trifft seine Entscheidung über die Preiserhöhung zwar autonom, sie war jedoch nur durch Bezugnahme auf einen Marktpreis, der durch das Kartell verfälscht worden war, möglich. Nachzuweisen ist für die Kausalität, dass dieses Kartell nach den Umständen des konkreten Falles und insbesondere den Besonderheiten des betreffenden Marktes ein „umbrella pricing" durch eigenständig handelnde Dritte zur Folge haben konnte, und dass diese Umstände und Besonderheiten den Kartellbeteiligten nicht verborgen bleiben konnten.[182]

---

[175] Z.B. BGHZ 51, 30, 34; BGHZ 72, 328; 330; BGHZ 79, 223, 225f.; BGHZ 145, 256, 261f.

[176] Müko-*Oetker,* BGB, § 249 Rdnr. 20.

[177] Müko-*Oetker,* BGB, § 249 Rdnr. 222ff., 224.

[178] BGH WuW/E DE-R, 3431, 3444 – *ORWI.*

[179] So aber wohl OLG Karlsruhe WuW/E DE-R 1229ff.; wie hier *Langen/Bunte-Bornkamm,* Deutsches Kartellrecht, 12. Auflage, § 33 Rdnr. 131; *Inderst/Thomas,* 2015, S. 138ff.

[180] *Berrisch/Burianski,* WuW 2005, 878, 884; *Bulst,* NJW 2004, 2201, 2203.

[181] EuGH, U. v. 5.6.2014, Rs C-557/12, ECLI:EU:C:2014:1317 = BB 2014, 1550f. – *Kone.*

[182] EuGH, U. v. 5.6.2014, Rs C-557/12, ECLI:EU:C:2014:1317 = BB 2014, 1550f., Rdnr. 34 – *Kone;* vgl. hierzu *Lettl,* WuW 2014, 1032ff.; *Inderst/Maier-Rigaud/Schwalbe,* WuW 2014, 1043ff.; *Pauer,* WuW 2015, 14ff.; *Fritzsche,* NZKart 2014, 428.

Die Geldbuße ist dagegen kein nach § 33 GWB ersatzfähiger Schaden, der etwa von der Muttergesellschaft gegen Konzerntöchter oder **Organe der Gesellschaft** geltend gemacht werden könnte.[183] Sehr streitig ist, ob nach gesellschaftsrechtlichen Grundsätzen eine Haftung des am Kartellverstoß beteiligten Geschäftsführers, Vorstands oder Aufsichtsrats gegenüber der Gesellschaft in Betracht kommt.[184] Die insoweit bisher vorliegende arbeitsrechtliche Rechtsprechung verneint im Ergebnis einen ersatzfähigen Schaden mit Hinweis darauf, dass der Bußgeldbescheid der Kartellbehörde die Nebenbetroffene Gesellschaft als Haftende vorbestimmt und der Bebußungszweck verfehlt würde, wenn die Gesellschaft den Schaden an das handelnde Organ weitergeben könnte.[185] Dagegen spricht jedoch, dass die Bebußung der Nebenbetroffenen eine von dem persönlich Betroffenen abgeleitete Haftung darstellt und seine Schuld Grundlage des Bußgeldes ist. Es beziehen sich zwar die Zumessungskriterien allein auf die Nebenbetroffene und setzen die Haftung gerade der Gesellschaft voraus. Der Sanktions- und Präventionszweck solcher Bußgeldentscheidungen gegen das Unternehmen muss im Ergebnis aber auf die handelnden Personen zielen, um praktisch auch Wirkung entfalten zu können. Aus dem Bußgeldzweck lässt sich die Haftung der Gesellschaftsorgane daher nicht ausschließen. Im Hinblick auf die hohen und leicht existenzbedrohenden Bußgelder muss jedoch die Frage der Verhältnismäßigkeit einer solchen Verantwortlichkeit gestellt werden.[186] Eine Haftungsbeschränkung erscheint daher erforderlich. Denkbar ist eine Orientierung an § 81 Abs. 4 GWB.[187] Eine Haftung der Gesellschaftsorgane wegen der zivilrechtlichen Inanspruchnahme für Kartellschäden birgt im Prinzip dieselbe Problematik, ist aber nicht Gegenstand der bisher vorliegenden Rechtsprechung. Es gelten die Haftungsgrundsätze des allgemeinen Gesellschaftsrechts. 94

bb) Schaden und Schadenskausalität bei der unmittelbaren Marktgegenseite eines Kartells. Die **Kausalität** des zunächst durch den höheren Bezugspreis bei der **unmittelbaren Marktgegenseite** zunächst entstandenen Schaden kann nicht grundsätzlich bestritten werden. Die Überlegung, dass auch ohne das Kartell der Anbieter jeder die Möglichkeit gehabt hätte, den Kartellpreis zu verlangen, stellt die gefährlichen Wirkungsmechanismen eines Kartells und damit ihr Verbot generell in Frage und kann daher von vornherein nicht durchgreifen. Vielmehr werden durch Preiskartelle die Verhandlungschancen der unmittelbaren Marktgegenseite aufgrund des ausgeschalteten Preiswettbewerbs geschmälert. Sämtlichen Abnehmern wird aufgrund des Kartells die Möglichkeit genommen, ihre Preise- und Konditionen aufgrund freien Wettbewerbs auszuhandeln. Das gilt auch für Quotenkartelle, deren Ziel es ist, durch Zuweisung von Quoten über die reduzierten Angebotsmengen den sonst unter Wettbewerbsbedingungen bestehenden Preisdruck zu reduzieren. Die Mengenreduzierung durch ein einzelnes Unternehmen würde nicht zu einem höheren Preis führen, da die konkurrierenden Unternehmen dann ihrerseits die Menge erhöhen und eine Preissteigerung so verhindern. Das Quotenkartell zielt genau auf diesen Effekt, so dass es im Ergebnis immer preiserhöhend wirkt.[188] 95

Die **Schadensersatzrichtlinie** sieht insoweit in Art. 17 Abs. 2 daher auch die **widerlegliche Vermutung** vor, dass die Zuwiderhandlung durch ein Kartell einen Schaden verursacht hat, wenn hier auch nicht ausdrücklich die Preiserhöhungswirkung genannt ist. Letztlich kann jedoch nicht zweifelhaft sein, dass gerade hierin der volkswirtschaftliche Schaden liegt, der ein striktes und durchsetzbares Kartellverbot erfordert. Dabei ist bei der Regelung in Art. 17 Abs. 2 lediglich im Hinblick auf die mögliche Weitergabe des Scha- 96

---

[183] Vgl. hierzu *Götte,* ZHR 176, 588, 603 f.; vgl. auch *Lotze,* NZKart 2014, 163 ff. zur Haftung im Konzern.

[184] Vgl. BGHZ 135, 244 f. – ARAG; *Götte,* ZHR 176, 588 ff.

[185] LAG Düsseldorf WuW/E DE-R 4668 ff. – *Stahlhandel,* anhängig beim BAG; hierzu ausführlich *Lotze/Smolinski* NZKart 2015, 254 ff.

[186] So etwa auch *Hoffmann,* NJW 2012, 1393; anders z. B. *Binder/Kraayvander,* BB 2015, 1219 ff.; *Fleischer,* BB 2008, 1070, 1073.

[187] So ArbG Essen BB 2014, 1076.

[188] Vgl. KG WuW/E DE-R 2773, 2778 – *Berliner Transportbeton.*

dens auf die nächste Vertriebsstufe noch offengelassen, bei wem der vermutete Schaden konkret eingetreten ist. Dies bezieht sich jedoch auf die konkrete Schadenshöhe, nicht aber auf die grundsätzliche Schadensentstehung, die ihren Anfang immer im erhöhten Bezugspreis bei der unmittelbaren Marktgegenseite nimmt. Die richtlinienkonforme Auslegung zwingt daher insoweit zu der Annahme einer entsprechenden Beweiserleichterung zugunsten des unmittelbaren Abnehmers, die im deutschen Zivilprozessrecht nach allgemeinen Beweislastgrundsätzen mit dem **Anscheinsbeweis** bei typischen Geschehensabläufen möglich ist.[189] Der Anspruchsteller muss bezogen auf die Schadensentstehung zunächst lediglich nachweisen, dass er Lieferbeziehungen zu dem Kartellmitglied unterhalten hat und daher die Preiserhöhung auch bei ihm eingetreten ist.[190] Der Abnehmer trägt damit vor allem die Darlegungs- und Beweislast hinsichtlich der Schadenshöhe, die in der Differenz zwischen dem Kartellpreis und dem hypothetischen Wettbewerbspreis liegt (vgl. hierzu noch unten Rdnr. 115).

97 *cc) Schaden und Schadenskausalität bei der nachgelagerten Marktgegenseite.* Nicht ohne weiteres zu bejahen ist nach gegenwärtiger Rechtslage dagegen die **Kausalität** des bei der **nachgelagerte Marktstufe** durch eine von der Kartellvereinbarung ausgehende (etwaige) Weitergabe der Preiserhöhung entstandenen Schadens, der von dem indirekten Abnehmer geltend gemacht wird. Die Weitergabe als solche kann mangels eines typischen Geschehensablaufs insbesondere auch in zeitlicher Hinsicht nicht ohne Weiteres vermutet werden. Die Durchsetzbarkeit höherer Preise auf dem Absatzmarkt hängt entscheidend vom Erfolg der Verhandlungen mit der nachgelagerten Marktstufe ab.[191] Es spricht angesichts der Komplexität der Preisbildung und des unterschiedlichen Wettbewerbsdrucks auf den jeweiligen nachgelagerten Märkten keine Vermutung dafür, dass eine im zeitlichen Zusammenhang mit dem Kartell auftretende Preiserhöhung auf den Anschlussmärkten ursächlich auf das Kartell zurückzuführen ist.[192]

98 Wenn alle Unternehmen auf dem nachgelagerten Markt dem Kartell gleichmäßig ausgesetzt sind, dürfte der unmittelbare Abnehmer mit einiger Wahrscheinlichkeit in der Lage sein, zumindest einen Teil weiterzugeben. Insbesondere bei einer Weiterverarbeitung des kartellierten Produkts können Wettbewerber auf dem Endproduktmarkt weniger betroffen sein, wenn diese das kartellierte Vorprodukt nicht verwerten.[193] Der Grad einer Schadensabwälzung hängt darüber hinaus von der Wettbewerbsintensität auf dem nachgelagerten Markt ab. Mussten die meisten der dort auftretenden Anbieter den Kartellpreis entrichten und hat ihre Marktgegenseite keine oder nur geringe Ausweichmöglickeiten, kann eine Kostenwälzung grundsätzlich jedenfalls dann als kartellbedingt angesehen werden, wenn der Wettbewerb auf dem Anschlussmarkt ansonsten funktionsfähig ist.[194] Hält der unmittelbare Abnehmer ein Monopol auf dem nachgelagerten Markt, so wird er den Preisaufschlag ohne Weiteres weitergeben können und dies jedenfalls in dem Umfang tun, der zur Ge-

---

[189] KG WuW/E DE-R 2773, 2778 – *Berliner Transportbeton,* die Nichtzulassungsbeschwerde hat der BGH zurückgewiesen; vgl. auch *Rauh/Zuchandke/Reddemann,* WRP 2012, 173, 179.

[190] So auch schon für das geltende Recht *Langen/Bunte-Bornkamm,* Deutsches Kartellrecht, 12. Auflage, § 33 Rdnr. 145.

[191] So auch *Keßler,* BB 2005, 1125, 1127 für die Kausalität des Vorteils; *Köhler,* GRUR 2004, 99, 102; *Franck,* WRP 2011, 843, 845 f.; aA *Beninca,* WuW 2004, 604, 606 f.; *Berrisch/Burianski,* WuW 2005, 878, 886.

[192] BGH WuW/E DE-R 3431, 3442 – *ORWI,* Rdnr. 45 f.; *Kommission,* Entwurf eines Leitfadens zur Quantifizierung des Schadens in Schadensersatzklagen wegen Verletzung des Artikels 101 oder 102 des Vertrags über die Arbeitsweise der Europäischen Union, 2013 – Begleitunterlage zur Mitteilung der Kommission zur Ermittlung des Schadensumfangs bei Schadensersatzklagen im Zusammenhang mit Zuwiderhandlungen gegen Artikel 101 oder 102 des Vertrags über die Arbeitsweise der Europäischen Union, ABl. 2013, C 167/19 ff. (im Folgenden: **Leitfaden zur Schadensquantifizierung**); Rdnr. 148; *Langen/Bunte-Bornkamm,* Deutsches Kartellrecht, 12. Auflage, § 33, Rdnr. 138.

[193] BGH WuW/E DE-R 3431, 3444 – *ORWI,* Rdnr. 75 f.; *Langen/Bunte-Bornkamm,* Deutsches Kartellrecht, 12. Auflage, § 33, Rdnr. 138.

[194] BGH WuW/E DE-R 3431, 3442 – *ORWI* Rdnr. 46.

winnmaximierung sinnvoll ist.[195] Die Kausalität des Schadens bei der nachgelagerten Marktstufe muss damit im Einzelfall festgestellt werden.[196]

Obwohl auch die **Schadensersatzrichtlinie** für die Weitergabe der Preiserhöhung keinen typischen Geschehensablauf anerkennt, erfordert sie dennoch eine **gesetzgeberische Neuregelung,** da sie in Art. 14 bestimmte Beweiserleichterungen vorsieht, die mit den allgemeinen Beweisregeln des geltenden deutschen Rechts nicht erfassbar sind. Art. 14 Abs. 1 verweist zwar zunächst auf eine handelsübliche Praxis der Weitergabe von Preiserhöhungen, ohne hieraus jedoch eine Vermutungswirkung zugunsten des indirekten Abnehmers herzuleiten. Dennoch müssen die Mitgliedstaaten nach Art. 14 Abs. 2 vorsehen, dass der Beweis für die Weitergabe des Preisaufschlags als geführt gilt, wenn der indirekte Abnehmer nachgewiesen hat, dass a) der Beklagte eine Zuwiderhandlung gegen das Wettbewerbsrecht begangen hat, b) die Zuwiderhandlung gegen das Wettbewerbsrecht einen Preisaufschlag für den unmittelbaren Abnehmer des Beklagten zur Folge hatte und c) er Waren oder Dienstleistungen erworben hat, die Gegenstand der Zuwiderhandlung gegen das Wettbewerbsrecht waren oder Waren oder Dienstleistungen erworben hat, die aus solchen hervorgingen oder sie enthielten. **99**

Es ist dabei nicht anzunehmen, dass sich der direkte Abnehmer für den Nachweis von lit. b) auf die allgemein in der Richtlinie vorgesehene Schadensvermutung in Art. 17 Abs. 2 berufen kann, nicht jedoch der mittelbare Abnehmer. Denn die Schadensvermutung in Art. 17 Abs. 2 bezieht auf die Schadensentstehung als solche und sagt noch nichts darüber aus, bei wem dieser Schaden letztlich eingetreten ist. Der Anscheinsbeweis, dass ein Kartellverstoß regelmäßig einen Schaden verursacht, muss daher auch für den mittelbaren Abnehmer Anwendung finden. Nach Art. 14 Abs. 2 S. 2 dürfen die Regelungen der Beweiserleichterung allerdings schon dann nicht mehr anwendbar sein, wenn der Beklagte glaubhaft machen kann, dass die Preiserhöhung nicht (oder nicht vollständig) weitergegeben wurden. Angesichts der fehlenden Regelung einer widerleglichen Vermutung soll die Beweisführung der Weitergabe also bereits mit dem **herabgesetzten Beweismaß der Glaubhaftmachung des Gegenteils** erschüttert werden und nicht erst mit einem Gegenbeweis.[197] Ein substantiiertes Bestreiten des Vortrags durch den Beklagten reicht wiederum nicht aus. **100**

dd) Passing-On-Defense. Umstritten war lange, ob und inwieweit der Schädiger gegen den Schadensersatzanspruch der unmittelbaren Marktgegenseite den Einwand der Weitergabe des Schadens erheben darf **(sog. passing-on-defense).** Nach deutschem Schadensersatzrecht ist die passing-on-defense dogmatisch bei der **Vorteilsausgleichung** anzusiedeln, bei der die Weitergabe der auf der Kartellvereinbarung beruhenden Preiserhöhung an die nachgelagerte Marktstufe grundsätzlich angerechnet werden muss und dieser Schadensposten damit für die unmittelbare Marktgegenseite nicht mehr ersatzfähig ist. Neben der nötigen Kausalitätsprüfung auch in diesem Rahmen erfordert der Grundsatz der Vorteilsausgleichung nach der Rechtsprechung jedoch auch eine „wertende Betrachtungsweise" bezüglich eines solchen Ausgleichs, der zu verwehren wäre, wenn der Ausgleich mit dem Zweck des Ersatzanspruchs nicht übereinstimmt und zu einer unangemessenen Entlastung des Schädigers führt.[198] **101**

Die **richtlinienkonforme Auslegung** lässt den Ausschluss der passing-on-defense im Hinblick auf Art. 13 der Schadensersatzrichtlinie im Rahmen der wertenden Betrachtungsweise nicht mehr zu. Dies entspricht inzwischen auch auf der Grundlage des nationalen Schadensersatzrechts der höchstrichterlichen Rechtsprechung.[199] Der insoweit bisher **102**

---

[195] *Kommission,* Leitfaden zur Schadensquantifizierung, Rdnr. 148f.

[196] BGH WuW/E DE-R 3431, 3442 – *ORWI,* Rdnr. 45; so auch *K. Westermann,* Festschrift H. P. Westermann, S. 1605, 1627.

[197] AA wohl *Kersting,* WuW 2014, 564, 569.

[198] So die ständige Rechtsprechung in BGHZ 91, 206, 209f.; BGHZ 136, 52, 54f.; BGH NJW-RR 2002, 905, 906; BGH WuW/E DE-R 3431ff. – *ORWI.*

[199] BGH WuW/E DE-R 3431ff. – *ORWI.*

geführte Streit[200] bezüglich der Zulassung bzw. des Ausschlusses der passing-on-defense im Rahmen einer wertenden Betrachtungsweise bei der Vorteilsausgleichung ist mit der Richtlinie jedenfalls für das europäische Recht obsolet. Eine Differenzierung für das nationale Recht ist im Hinblick auf das Harmonisierungsbestreben des GWB gerade auch bei den Schadensersatzansprüchen keine Option.

103 Die Vorteilsausgleichung setzt neben dem bloßen Eintritt eines Vorteils jedoch wiederum voraus, dass ein **adäquater Kausalzusammenhang** zwischen der Schädigung und dem Vorteil besteht. Diese Prüfung entspricht grundsätzlich der oben bereits angesprochenen Kausalitätsprüfung zwischen dem Schaden der nachgelagerten Marktstufe und der Kartellvereinbarung.[201] Es ist also auch hier anhand der ökonomischen Gegebenheiten auf den Anschlussmärkten zu beurteilen, ob eine im zeitlichen Zusammenhang mit dem Kartell stehende Preiserhöhung auf der nachfolgenden Marktstufe kartellbedingt ist. Im Rahmen der Vorteilsausgleichung liegt die **Beweislast** für die Kausalität nach allgemeinen Beweislastgrundsätzen allerdings auf Seiten des Schädigers, da es sich hierbei um eine Einwendung handelt. Dies sieht auch die **Richtlinie** in Art. 13 S. 2 vor. Die Beweiserleichterungen nach Art. 14 gelten nicht für den Schädiger.[202] Der Beweis der Weitergabe muss damit im Rahmen des passing-on-Einwandes voll von dem Beklagten geführt werden. Der Beklagte muss damit auch nach Berücksichtigung der Richtlinienvorgaben für den kartellrechtlichen Einwand der Schadensabwälzung anhand der allgemeinen Marktverhältnisse auf dem relevanten Absatzmarkt, insbesondere der Nachfrageelastizität, der Preisentwicklung und der Produkteigenschaften zunächst plausibel, auf der Grundlage von nachgewiesenen Tatsachen zu den genannten Aspekten dazu vortragen, dass eine Weiterwälzung der kartellbedingten Preiserhöhung zumindest ernsthaft in Betracht kommt.[203] Gelingt ihm dies, wird man den Nachweis einer Weiterwälzung insoweit als typischen Geschehensablauf nach den Grundsätzen des Anscheinsbeweises als geführt ansehen können und dem Kläger die Erschütterung dieses Anscheins auferlegen müssen.[204] Darüber hinaus ist aber vom Beklagten vor allem auch nachzuweisen, dass der Weiterwälzung keine Nachteile des Abnehmers gegenüber stehen, insbesondere kein Nachfragerückgang, durch den die Preiserhöhung (ganz oder teilweise) kompensiert worden ist. [205]

104 Den Geschädigten treffen dabei **sekundäre Darlegungspflichten** nach gegenwärtiger Rechtslage nur ausnahmsweise, wenn die beweisbelastete und primär darlegungspflichtige Partei keine Kenntnis der maßgebenden Tatsachen besitzt, während der Prozessgegner sie hat und ihm nähere Angaben zumutbar sind.[206] Nach der Rechtsprechung des BGH ist im Rahmen des kartellrechtlichen Schadensabwälzungseinwandes sorgfältig zu prüfen, inwieweit dem Geschädigten insbesondere eine Darlegung zu wettbewerblich relevanten Umständen abverlangt werden kann, an deren **Geheimhaltung** er ein schützenswertes Interesse hat.[207] Die **Richtlinie** sieht insoweit in Art. 13 S. 2 allerdings nunmehr ausdrücklich vor, dass der Beklagte in angemessenem Umfang die Offenlegung von relevanten Tatsachen

---

200 Vgl. z. B. *Franck,* WRP 2011, 843 ff.; *Dück/Eufinger,* WRP 2011, 1530 ff.; *Fuchs,* ZWeR 2011, 192, 198; *K. Westermann,* Fs. für H.-P. Westermann 2008, 1605, 1627 f.; der Streit zur passing-on-defense wird im Übrigen überwiegend zur Frage der Kausalität des Schadens auf der nachgelagerten Marktstufe und weniger zur Wertungsproblematik des Grundsatzes der Vorteilsausgleichung geführt.

201 Zustimmend BGH WuW/E DE-R 3431, 3443, Rdnr. 59 – *ORWI* – „Spiegelbildliche Prüfung"; *Keßler,* BB 2005, 1125, 1127.

202 AA *Inderst/Thomas,* S. 284 f. mit Hinweis auf den vom BGH geforderten Gleichlauf der Prüfungen. Die Richtlinie scheint insoweit jedoch gezielt Beweiserleichterungen nur für den Geschädigten vorzusehen, so dass die Anforderungen des BGH, soweit sie sich überhaupt auf das Beweismaß beziehen sollten, nicht richtlinienkonform wären.

203 So schon für die geltende Rechtslage BGH WuW/E DE-R 3431, 3443, Rdnr. 69 – *ORWI.*

204 So wohl auch *Inderst/Thomas,* S. 285.

205 BGH WuW/E DE-R 3431, 3443, Rdnr. 69 – *ORWI.*

206 BGH NJW-RR 2002, 1309, 1310; BGH WuW/E DE-R 3431, 3444, Rdnr. 71 – *ORWI.*

207 BGH WuW/E DE-R 3431, 3444, Rdnr. 71 f. – *ORWI.*

von dem Kläger aber auch von Dritten verlangen kann. Art. 5 Abs. 1 S. 2 der Richtlinie sieht außerdem vor, dass das Gericht auf Antrag des Beklagten den geschädigten Kläger zur Offenlegung von Beweismitteln soll anweisen können. Gegenüber dem Anspruchsteller kann diese Vorgabe mit der sekundären prozessualen Darlegungspflicht bereits weitgehend richtlinienkonform gelöst werden. Die vom BGH insoweit aufgestellten hohen Anforderungen an die Erforderlichkeit der sekundären Darlegungspflicht stehen dabei zwar grundsätzlich im Einklang mit dem Angemessenheitserfordernis der Richtlinie. Als enge Ausnahme mit der Möglichkeit der vollständigen Ablehnung wird man die Offenlegungspflicht jedoch nicht mehr behandeln können.[208] Insbesondere kann die Möglichkeit der Streitverkündung, die nach der Rechtsprechung des BGH eine entscheidende Rolle für die Frage der Erforderlichkeit spielt,[209] kaum noch gegen die sekundäre Darlegungspflicht des Geschädigten eingewendet werden.[210]

105 Die Offenlegung von relevanten Tatsachen durch am Rechtsstreit nicht beteiligte private **Dritte** im Rahmen einer Einwendung kann nach gegenwärtiger Rechtslage durch einen **Zeugenbeweis** bzw. eine Vorlage von Urkunden durch Dritte nach §§ 428, 429, 142 ZPO erfolgen. Die in §§ 383, 384 ZPO vorgesehenen Zeugnisverweigerungsrechte, die insbesondere auch das im Rahmen des kartellrechtlichen Schadensersatzrecht vorrangig auftretende Geschäftsgeheimnisproblem erfassen, sowie die Vorlage von Urkunden nach §§ 428, 429, 142 ZPO werden dabei als richtlinienkonforme Umsetzung der „angemessenen" Offenlegungsansprüche des Beklagten jedoch kaum ausreichen. Denn § 384 Nr. 3 ZPO enthält ein absolutes Zeugnisverweigerungsrecht für Geschäftsgeheimnisse,[211] das grundsätzlich keinen Raum für eine Interessenabwägung lässt. Dies fordert aber Art. 5 Abs. 3 auch bezüglich der Prüfung der Einwendungen des Schädigers, wie Art. 5 Abs. 3 lit (a) der Richtlinie deutlich zeigt („Klage- oder Klageerwiderung"). Darüber hinaus erfordert die Richtlinie in Art. 5 Abs. 4 S. 2 eine Regelung für die beschränkte Offenlegung z. B. im Rahmen eines In-Camera-Verfahrens (dazu im Einzelnen, Rdnr. 138).

106 Die im Rahmen der Prüfung einer Vorteilsausgleichung erforderliche **wertende Betrachtungsweise** muss nunmehr jedenfalls im Hinblick auf die richtlinienkonforme Auslegung zur normativen Zulassung der passing-on-defense führen. § 33 Abs. 3 GWB trifft insoweit keine Entscheidung.[212] Eine Regelung ist nicht erforderlich, zumal nach der Rechtsprechung des BGH schon auf der Grundlage des geltenden Rechts die passing-on-defense zuzulassen ist.[213] Bei dieser Wertung ist einerseits europarechtskonform sicherzustellen, dass jedermann – auch die nachgelagerte Marktgegenseite – Ersatz für einen durch den Kartellrechtsverstoß verursachten Schaden geltend machen kann. Andererseits ist sicherzustellen, dass es nicht zu einem **Mehrfachschadensersatz** kommt, der sowohl nach deutschem Schadensersatzrecht als auch nach der **Schadensersatzrichtlinie** (Art. 3 Abs. 3) auszuschließen ist. Lässt man die passing-on-defense zu, könnte es zwar zu einer faktischen unangemessenen Entlastung des Schädigers durch Entstehung einer **Haftungslücke** kommen, weil indirekte Abnehmer möglicherweise nicht in einem nennenswerten Umfang in der Lage sein könnten, Schadensersatz einzuklagen. Lässt man die passing-on-defense nicht zu, könnte es in den Fällen, in denen sowohl die unmittelbare Marktgegenseite als auch die nachgelagerte Marktstufe Schadensersatz geltend machen, zum Mehrfachschadensersatz kommen, der nur mit einem Ausschluss des Anspruchs der indirekten Abnehmer zu lösen wäre.

107 Diese Überlegung hat der BGH jedoch grundsätzlich verworfen und damit der Vermeidung eines Mehrfachschadensersatzes im theoretischen Ausgangspunkt bei der Vorteilsaus-

---

[208] So auch *Kersting,* WuW 2014, 564, 569 f.; vgl. hierzu auch *Lübbig/Mallmann,* WRP 2012, 166, 171 f.; *K. Westermann,* Fs. für H. Westermann 2008, 1605, 1627 f.

[209] BGH WuW/E DE-R 3431, 3444 – *ORWI,* Rdnr. 73 f.

[210] Kritisch hierzu auch *Bergmann/Fiedler,* BB 2012, 206, 209.

[211] Vgl. *Thomas/Putzo,* ZPO, 34. Auflage, § 384, Rdnr. 5.

[212] BGH WuW/E DE-R 3431, 3444, Rdnr. 66 – *ORWI.*

[213] BGH WuW/E DE-R 3431 ff. – *ORWI.*

gleichung letztlich das höhere Gewicht beigemessen.[214] Auf die faktische Entstehung einer Haftungslücke im Hinblick auf die materiellen und prozessualen Hürden der Anspruchsgeltendmachung durch mittelbare Abnehmer kommt es hiernach nicht an. Der BGH stellt allerdings zu Recht relativ hohe Anforderungen an den Nachweis der Kausalität des Vorteils bzw. der Preiserhöhung auf der nachgelagerten Marktstufe und schränkt die sekundäre Darlegungslast des Geschädigten insoweit erheblich ein. Letztlich wird damit über die Beweisanforderungen an die Kausalität des Vorteils die passing-on-defense zumindest deutlich eingeschränkt, um den Schädiger nicht unangemessen zu entlasten.

108 Die **Richtlinie** hat ihren Regelungen dagegen eine etwas andere Wertung zugrunde gelegt. Im Ausgangspunkt strebt sie zwar eine Stärkung des Anspruchs mittelbarer Abnehmer prinzipiell an. Die Richtlinie sieht zu diesem Zweck gewisse Beweisregeln und Beweiserleichterungen für die Weitergabe der Preiserhöhung an den mittelbaren Abnehmer vor, die jedoch letztlich keine materielle Stärkung des Anspruchs bewirken können. Die Kausalitätsprüfungen der Schadensweitergabe sollen vielmehr für die Prozesssituationen der Anspruchsbegründung und der Einwendung im Ergebnis trotz unterschiedlicher Beweisanforderungen parallel laufen, um eine zutreffende Schadenszuordnung zu erreichen. Es soll von vornherein ausgeschlossen werden, dass zwar dem mittelbaren Abnehmer der Beweis der Weitergabe eines Preisaufschlags gelingt, dem Schädiger gegenüber dem direkten Abnehmer dagegen der Nachweis der Schadensabwälzung nicht gelingt (vgl. Art. 15 Abs. 1).[215] Anders als der BGH, der das Institut der **Streitverkündung nach § 72 ZPO** als maßgeblichen Schutzmechanismus vor einer Mehrfachbelastung heranzieht, strebt die Richtlinie offenbar die *objektiv* zutreffende Schadenszuordnung an und versucht dabei lediglich, die Inter-Partes-Wirkung von Zivilurteilen generell abzuschwächen. Art. 12 Abs. 2 der Richtlinie verlangt dabei, dass die Mitgliedstaaten durch prozessuale Regeln sicherstellen, dass der Ersatz von Schäden in Form von Vermögenseinbußen auf keiner Vertriebsstufe höher sein darf als der aus dem Preisaufschlag resultierende Schaden. Ob das Institut der Streitverkündung hier eine ausreichende Sicherheit bietet, ist zweifelhaft.[216]

109 Denn die Richtlinie sieht für den Fall **mehrfacher Schadensersatzklagen** von Klägern verschiedener Vertriebsstufen in Art. 15 darüber hinaus vor, dass der Zivilrichter bei der **Beweiswürdigung** und bei der Anwendung der Art. 13 und 14 **Klagen und Urteile der anderen Vertriebsstufen** sowie öffentlich bekannte Informationen aus behördlichen Verfahren gebührend **berücksichtigen soll.** Eine ausdrückliche Bindungswirkung insbesondere der alternativen Urteile ist nicht vorgesehen. Die Vermeidung divergierender Entscheidungen gegen die Schädiger über das Institut der Streitverkündung, das allerdings in seiner Wirkung weiter geht als eine Berücksichtigung des Vorprozesses als bloße Beweistatsache, dürfte zur Erfüllung der Richtlinienvorgaben allein nicht mehr ausreichen.

110 Auch im Rahmen der Beweiswürdigung können hier letztlich nur Entscheidungen oder Klagen in Betracht kommen, die vom Schädiger in den Rechtsstreit eingeführt worden sind. Eine Berücksichtigung von Amts wegen ist mit dem im Zivilrecht geltenden Dispositionsgrundsatz nicht zu vereinbaren. Dabei sind unter Berücksichtigung des Zwecks, einen Mehrfachinanspruchnahme zu vermeiden, nur rechtskräftige Entscheidungen in der Lage, ernsthaft zur Beweiswürdigung beitragen. Anhängigen Klagen kann nur geringe Beweiskraft zugesprochen werden. Hier erscheint zur Vermeidung von Mehrfachschadensersatz eine **Aussetzung des Rechtsstreits** nach § 148 ZPO vorzugswürdig.[217] Auch öffentlich bekannte Informationen aus behördlichen Verfahren müssen vom Schädiger in den Rechtsstreit eingeführt werden. Diese müssen jedoch ausreichend verifiziert sein und von der Behörde selbst stammen.

---

[214] BGH WuW/E DE-R 3431, 3443, Rdnr. 62 – *ORWI.*

[215] Vgl. hierzu auch *Kersting,* WuW 2014, 564, 570.

[216] So aber *Kersting,* WuW 2014, 564, 571.

[217] Vgl. auch *Lübbig/Mallmann,* WRP 2012, 166, 172 f.

ee) Ermittlung der Schadenshöhe. Die Feststellung der Schadenshöhe bereitet bei kartellrechtlichen Schadensersatzansprüchen erhebliche Schwierigkeiten. Insbesondere dieser Punkt hat in der Vergangenheit stark dazu beigetragen, dass die zivilrechtliche Durchsetzung des Kartellrechts **insbesondere bei den Kartellabsprachen** relativ wenig Bedeutung erlangen konnte. Denn die für die Schadenshöhe durchzuführende Differenzhypothese erfordert die hypothetische Betrachtungsweise eines hochkomplexen Prozesses, der ohne den Kartellverstoß abgelaufen wäre. Die Möglichkeit der **Schadensschätzung nach § 287 ZPO** erhält daher im Rahmen des Kartellrechts erhebliches Gewicht. Dies betont auch die **Richtlinie** in Art. 17 Abs. 1, wonach die Möglichkeit einer Schadenschätzung sichergestellt werden muss, wenn erwiesen ist, dass ein Kläger einen Schaden erlitten hat, es jedoch praktisch unmöglich oder nur übermäßig schwierig ist, die Höhe des erlittenen Schadens aufgrund der vorhandenen Beweismittel genau zu beziffern. Dabei soll die nationale Wettbewerbsbehörde auf Antrag des nationalen Gerichts bei der Festlegung der Höhe des Schadens behilflich sein, wenn sie es für angebracht hält (Art. 17 Abs. 3). 111

Die nach deutschem Zivilprozessrecht mögliche Schadensschätzung nach § 287 ZPO geht dabei weiter, denn sie stellt von vornherein eine **Erleichterung der Darlegungslast** und der Beweisführung dar, die nicht erst dann eingreift, wenn feststeht, dass die verfügbaren Beweismittel nicht ausreichen. Dasselbe gilt für den entgangenen Gewinn, der gemäß § 252 S. 2 BGB nur „mit Wahrscheinlichkeit" zu erwarten sein muss. Nach der Rechtsprechung ist es darüber hinaus selbst dann, wenn der Vortrag des Geschädigten zu den Umständen, die seine Vorstellungen zur Schadenshöhe rechtfertigen sollen, Lücken oder Unklarheiten enthält, in der Regel nicht gerechtfertigt, dem Geschädigten jedweden Ersatz zu versagen. Der Tatrichter muss vielmehr nach pflichtgemäßem Ermessen beurteilen, ob nach § 287 ZPO nicht wenigstens die Schätzung eines Mindestschadens möglich ist, und darf eine solche Schätzung erst dann gänzlich unterlassen, wenn sie mangels jeglicher konkreter Anhaltspunkte völlig in der Luft hinge und daher willkürlich wäre.[218] Dies gilt auch für die Prognose des entgangenen Gewinns. Der Tatrichter darf nicht vorschnell auf die Unsicherheit möglicher Prognosen verweisen und insbesondere nicht daraus herleiten, dass kein Schaden eingetreten sei.[219] 112

Die in der Richtlinie vorgesehene **Beteiligung der nationalen Wettbewerbsbehörde** zwecks Einführung von zusätzlichen Beweistatsachen zugunsten des Geschädigten, um die es im Zusammenhang mit der in Art. 17 geregelten „Ermittlung des Schadensumfangs" geht, dürfte weniger der Schätzung dienen als vielmehr der Ausschöpfung aller verfügbaren Beweismittel. Dies ist nach deutschem Recht im Hinblick auf die prinzipielle Schätzungsmöglichkeit nach § 287 ZPO daher nicht erforderlich. Wegen des Dispositionsgrundsatzes könnte der Zivilrichter einen Tatsachenvortrag zugunsten einer Partei von Amts wegen auch nicht anfordern. Die Behörde hat aber nach geltendem Recht die Möglichkeit der Stellungnahme nach § 90 GWB, die wohl grundsätzlich auch neuen Tatsachenvortrag erlaubt. Auch ist es in der Praxis durchaus üblich, dass der Zivilrichter – soweit ein Kartellverfahren, das den Rechtsstreit berührt, existiert – um eine Stellungnahme der Kartellbehörde bittet. Tatsachenvortrag darf der Richter jedoch nicht selbst anfordern. Trägt die Behörde ihn vor, kann der Richter ihn nur berücksichtigen, wenn der Geschädigte sich diesen Vortrag auch zu eigen macht. Im Rahmen der Schadensschätzung nach § 287 ZPO allerdings kann der Richter nach seinem Ermessen von Amts wegen die Begutachtung durch Sachverständige anordnen. In diesem Rahmen wäre eine Beteiligung der Wettbewerbsbehörde denkbar, wenn man sie als Sachverständige einordnen würde. Dies dürfte jedoch nach geltendem Recht nicht der Fall sein. Im Hinblick auf die Beweiserleichterungen des § 287 ZPO und der von ihrem Ermessen abhängenden Hilfestellung der Behörde erscheint eine – systemfremde – Regelung einer richterlichen Anforderung eines wettbewerbsbehördlichen Tatsachenvortrags zur Umsetzung der Richtlinie letztlich aber nicht erforderlich. 113

---

[218] BGHZ 91, 243, 257; BGH WM 2009, 1811, Tz. 16.
[219] BGH NJW 2000, 3287, 3288.

114 Gleichwohl muss der Geschädigte auch für § 287 ZPO **konkrete Anhaltspunkte** vortragen, auf deren Grundlage die Schadensschätzung durchgeführt werden kann. Dabei geht es bei kartellrechtlichen Ansprüchen auf Schadensersatz wegen eines Vermögensschadens vor allem um die von Kartellverstößen ausgehende Preiserhöhungswirkung. Hierbei sind neben den Verstößen gegen das Kartellverbot durch Hard-Core-Kartelle auch Ausbeutungsmissbräuche durch **überhöhte Preise** besonderes relevant. Die Differenz zwischen Kartellpreis und **hypothetischem Wettbewerbspreis** ist dabei ein ausreichender Anhaltspunkt für eine Schadensschätzung nach § 287 ZPO.[220]

115 Der Richter kann den Preis, den der unmittelbare Abnehmer bei funktionierendem Wettbewerb an den Schädiger gezahlt hätte, im Rahmen der Feststellung gemäß § 287 ZPO unter Würdigung aller Umstände nach freier Überzeugung bestimmen.[221] Es obliegt dem Kläger dabei allerdings, für eine **ausreichende Schätzungsgrundlage** zu sorgen, indem er die Anknüpfungstatsachen darlegt.[222] Hierbei kann sich der Geschädigte zum einen auf die komplexen Marktprozesse und die **Preisentwicklung** im zeitlichen Zusammenhang mit dem Kartell stützen. Hierfür kann ein ökonomisches Sachverständigengutachten vorgelegt werden, das auch im Rahmen von § 287 ZPO grundsätzlich möglich ist. Ökonomische Methodik zur Feststellung eines hypothetischen Wettbewerbspreises existiert insoweit in großem Umfang.[223] Dies ist nach bisheriger Rechtsprechung jedoch nicht prinzipiell erforderlich. Vielmehr ist es als Herangehensweise zulässig, im Ausgangspunkt die tatsächlich gezahlten Preise zu wählen und hiervon ggf. Korrekturzu- und -abschläge vorzunehmen, die ihrerseits geschätzt und in dem Rahmen konkret beziffert werden.[224] Hierbei können die verlangten Preise des Schädiger zeitlich – vor, während und nach dem Kartellverstoß – verglichen werden, eine Vergleichsmarktbetrachtung mit Preisen (des Schädigers) des für das Produkt auf einem anderen räumlichen Markt oder auch eine Kombination hiervon angestellt werden.[225] Erforderlich ist hierfür die Darlegung der Preisgestaltung des Schädigers durch den Kläger, der insoweit ggf. zunächst einen Auskunftsanspruch verfolgen muss (hierzu unten, Rdnr. 132). Das Kammergericht Berlin legt dabei den Anscheinsbeweis zugrunde, dass bei funktionierendem Marktmechanismus ein Anbieter zumindest auf mittlere Sicht von allen seinen Abnehmern in etwa gleiche Preise verlangt.[226]

116 Gemäß § 33 Abs. 3 S. 3 GWB kann als Grundlage der Schadensschätzung auch der **anteilige Verletzergewinn** herangezogen werden. Nach der Regierungsbegründung soll diese Klarstellung die Anspruchsdurchsetzung gerade in den Fällen erleichtern, in denen die Ermittlung des hypothetischen Marktpreises als Grundlage einer Schadensberechnung nach der Differenzhypothese mit großen Schwierigkeiten verbunden ist.[227] Ferner soll sich nach der Regierungsbegründung der Gewinn aus den Umsatzerlösen abzüglich der Herstellungskosten der erbrachten Leistungen sowie abzüglich angefallener Betriebskosten errechnen. Gemeinkosten oder sonstige betriebliche Aufwendungen, die auch ohne das wettbewerbswidrige Verhalten angefallen wären, sind nicht abzugsfähig.[228] Eine wesentliche Beweis- oder Schätzungserleichterung gegenüber dem Vortrag der Preisentwicklung in den

---

220 LG Dortmund WuW/E DE-R 1352, 1353 – *Vitaminpreise Dortmund; Köhler,* GRUR 2004, 99, 103.

221 OLG Frankfurt WuW/E DE-R 3163, 3166 – *Arzneimittelpreise.*

222 Vgl. Rauh/Zuchandke, WRP 2012, 173, 179 und FN 106.

223 Vgl. hierzu Kommission, Leitfaden zur Schadensquantifizierung, 2013.; *Rauh/Zuchandke,* WRP 2012, 173, 175 ff., *Rauh,* NZKart 2013, 222, 224; *Inderst/Thomas,* S. 93 ff..

224 BGH WuW/E DE-R 3431, 3444, Rdnr. 83 – *ORWI;* vgl. schon KG WuW/E DE-R 2773, 2774 – *Berliner Transportbeton.*

225 Vgl. KG WuW/E DE-R 2773, 2774 – *Berliner Transportbeton.*

226 KG WuW/E DE-R 2773, 2774 – *Berliner Transportbeton.*

227 *Regierungsbegründung* zur 7. GWB-Novelle, BT-Drucks. 15/3640, S. 35. Der Hinweis auf eine „alternative Schadensberechnung" im Sinne der Herausgabe des Verletzergewinns ist hier aber nicht zutreffend, da der Schaden nur auf diese Weise überhaupt feststellbar ist.

228 *Regierungsbegründung* zur 7. GWB-Novelle, BT-Drucks. 15/3640, S. 54.

verschiedenen Vergleichsszenarien kann hierin allerdings nicht gesehen werden.[229] Denn die Ermittlung des Verletzergewinns ist ähnlich komplex und stößt auf weitere Probleme. Er erfordert nämlich u. a. die Zuordnung von Kosten, für die es viele Methoden gibt und die je nach Integrationsgrad des Unternehmens große Probleme aufwerfen kann.[230] Ein entsprechender Auskunftsanspruch nach Art. 5 Abs. 1 der Richtlinie gegen den Verletzer, der die Offenlegung seines Rechnungswesens beinhalten würde, dürfte nach Art. 5 Abs. 3 unverhältnismäßig sein.

Die Schätzung, in welcher Höhe die **Preiserhöhung** an die nachfolgende Marktstufe 117
weitergegeben wurde, ist auf ähnliche Weise wie für die unmittelbare Marktgegenseite durchzuführen. Nach der **Schadensersatzrichtlinie** bleibt der mittelbare Abnehmer als Kläger weiterhin beweisbelastet hinsichtlich der Höhe des weitergegebenen Schadens. Aus Art. 14 Abs. 2 der Richtlinie lässt sich nicht entnehmen, dass mit den Beweiserleichterungen gleichzeitig zu vermuten ist, dass die gesamte Preiserhöhung an den indirekten Abnehmer weitergegeben wurde. Eine solche Vermutung entspräche auch nicht der Realität.[231] Vielmehr soll nach Art. 12 Abs. 5 der Richtlinie durch das Gericht geschätzt werden, welcher Teil eines Preisaufschlages weitergegeben wurde. Die Kommission soll für diese spezifische Schätzung klare und einfach verständliche Leitlinien herausgeben (Art. 16 der Richtlinie). Der bisher vorliegende Leitfaden in Form einer Arbeitsunterlage der Kommission sieht bereits entsprechende Ausführungen vor.[232] Der mittelbare Abnehmer kann hier entweder Anknüpfungstatsachen für die ursprüngliche Preiserhöhung gegenüber dem direkten Abnehmer und die Weitergabe darlegen, oder aber die auf seiner Handelsstufe bestehenden Preiserhöhung in derselben Weise wie der unmittelbare Abnehmer darlegen, nämlich im Wege eines Vergleichs des tatsächlich gezahlten Preises mit dem hypothetischen Wettbewerbspreis.[233]

Die **Ermittlung des entgangenen Gewinns** unterliegt den Beweiserleichterungen 118
nach § 252 BGB und kann nach § 287 BGB geschätzt werden. Grundlage hierfür sind in erster Linie mögliche **Mengeneffekte,** die auf der Marktgegenseite durch die (vollständig oder teilweise) Weitergabe der Preiserhöhung und den dadurch verursachten Nachfragerückgang entstehen können. Dabei kann der Absatzrückgang wiederum durch einen zeitlichen Vergleich der jeweils abgesetzten Mengen vor und nach der Zuwiderhandlung geschätzt werden. Darüber hinaus muss eine durchschnittliche Gewinnspanne pro Einheit anhand der von dem Geschädigten dargelegten Kostensituation ermittelt werden.[234]

Schließlich sieht § 33 Abs. 3 Satz 4 GWB die **Verzinsungspflicht** bereits **ab Scha-** 119
denseintritt vor. Damit ist die in Art. 3 Abs. 2 der **Schadensersatzrichtlinie** geregelte Vorgabe der vollen Schadenskompensation einschließlich der Zinsen erfüllt. § 33 Abs. 3 S. 4 GWB geht dabei weiter als § 291 BGB, der eine Verzinsungspflicht erst ab Rechtshängigkeit vorsieht. Dabei sind grundsätzlich gemäß § 288 Abs. 1 BGB **5 %-Punkte über den Basiszinssatz** anzusetzen. Der Verweis auf § 288 BGB erfasst zwar auch dessen Abs. 2, auch wenn dem Kartellrechtsverstoß kein Rechtsgeschäft zugrunde liegt. Die nach § 33 Abs. 3 Satz 5 GWB angeordnete entsprechende Anwendung führt zu dem erhöhten Zinssatz bei Schadensersatzansprüchen nach § 33 Abs. 3 Satz 1 GWB, die nicht von Verbrauchern geltend gemacht werden und soweit diese als Entgeltforderungen angesehen werden können.[235] Dies ist jedoch nur in engen Ausnahmen der Fall. Nach der Rechtsprechung ist insbesondere eine ungerechtfertigte Bereicherung auf Grund einer missbräuchlichen Forderung nicht als Entgeltforderung im Sinne des § 288 BGB anzusehen, da

[229] So auch *Berrisch/Burianski,* WuW 2005, 878, 884.
[230] Vgl. zum gewerblichen Rechtsschutz auch BGHZ 145, 366 – *Gemeinkostenanteil.*
[231] Vgl. *Kommission,* Leitfaden zur Schadensquantifizierung, Rdnr. 148.
[232] *Kommission,* Leitfaden zur Schadensquantifizierung, Rdnr. 142 ff.
[233] *Kommission,* Leitfaden zur Schadensquantifizierung, Rdnr. 147; vgl. auch *Inderst/Thomas,* S. 241 ff.
[234] Vgl. *Kommission,* Leitfaden zur Schadensquantifizierung, Rdnr. 155 ff.; *Inderst/Thomas,* S. 338 ff.
[235] BGH WuW/E DE-R 4037, 4047 – *VBL Gegenwert.*

Rückerstattungsansprüche keine Forderungen auf Zahlung eines Entgelts als Gegenleistung für eine vom Gläubiger erbrachte oder zu erbringende Leistung sind.[236] Die entsprechende Anwendung von § 288 Abs. 2 BGB ist auf Fälle beschränkt, in denen sich der Kartellrechtsverstoß auf eine Entgeltforderung des Opfers bezieht. Neben der missbräuchlichen Erzwingung zu niedriger Entgelte, etwa durch hohe Bezugsrabatte oder anderweitige Durchsetzung ungerechtfertigt günstiger Einkaufspreise, kommt hier der Schadensersatzanspruch des Opfers eines Einkaufskartells in Betracht.

120 *d) Passivlegitimation und Gesamtschuldnerausgleich.* Für den Schadensersatzanspruch **deliktisch passiv legitimiert** sind nach § 33 Abs. 3 S. 1 grundsätzlich alle Personen, die einen schuldhaften Kartellrechtsverstoß im Sinne § 33 Abs. 1 GWB begangen haben. In der Regel sind Unternehmen Normadressaten der Kartellrechtsnormen, so dass das Handeln der Organe maßgeblich ist und den Trägern analog § 31 BGB zuzurechnen ist.

121 Sind mehrere Unternehmen an einem Kartellrechtsverstoß beteiligt, haften alle Beteiligten nach **§§ 830, 840 BGB als Gesamtschuldner.** Dies gilt insbesondere für Kartellteilnehmer.[237] Der Geschädigte kann damit den Ersatz des gesamten Schadens von jedem Beteiligten verlangen (§ 421 S. 1 BGB), die sich gemäß § 426 BGB untereinander auszugleichen haben.

122 *aa) Haftungsprivilegien und gestörte Gesamtschuld.* **Haftungsprivilegien** bestehen für Beteiligte an Kartellrechtsverstößen nach geltendem Recht nicht. Die **Schadensersatzrichtlinie** sieht jedoch für bestimmte Beteiligte an einem Kartell solche Haftungsprivilegien im Außenverhältnis, sowie bestimmte Vorgaben für den Innenausgleich vor. Die Regelungen der Richtlinie erfordern damit nicht nur die – im deutschen Privatrecht auch in anderen Bereichen sehr häufig vorkommende – **gesetzliche Regelung der Haftungsprivilegien im Außenverhältnis,** sondern auch differenzierte Regelungen einer hierdurch **gestörten Gesamtschuld** für den kartellrechtlichen Bereich.

123 Die von der Richtlinie vorgesehenen **Wirkungen der einzelnen zu regelnden Haftungsprivilegien auf die Gesamtschuld** im Außen- und Innenverhältnis lässt sich kaum durch eine richtlinienkonforme Auslegung der §§ 840 und 421 ff. BGB erreichen. Der Gesetzgeber wird auch in diesem sehr komplexen Bereich tätig werden müssen. Die Lösungen bei einer gestörten Gesamtschuld sind nach wie vor sehr umstritten. Die höchstrichterliche Rechtsprechung scheint die gestörte Gesamtschuld dabei grundsätzlich anhand des Einzelfalls und des Zwecks der Haftungsprivilegierung zu lösen, wobei die Privilegierung im Ergebnis – insoweit im Einklang mit der herrschenden Meinung[238] – allerdings in der Regel zulasten des Geschädigten geht. Dies wäre im kartellrechtlichen Bereich kein europarechtskonformes Ergebnis. Denn bei gesetzlichen Haftungsprivilegien zugunsten eines der Gesamtschuldner (in der Praxis „Erstschädiger" genannt) sind nach den Grundsätzen über die gestörte Gesamtschuld nach der gegenwärtigen Rechtsprechung schon im Außenverhältnis von vornherein die Ansprüche des Geschädigten gegen *alle* Gesamtschuldner (in der Praxis „Zweitschädiger" genannt) auf den nach § 426 BGB zu ermittelnden Verantwortungsteil beschränkt.[239] Die Beschränkung der Haftung des oder der Zweitschädiger beruht dabei auf dem Gedanken, dass einerseits die haftungsrechtliche Privilegierung nicht durch eine Heranziehung im Gesamtschuldnerausgleich unterlaufen werden soll, es aber andererseits bei Mitberücksichtigung des Grundes der Haftungsprivilegierung nicht gerechtfertigt wäre, den oder die nicht privilegierten Zweitschädiger den Schaden alleine tragen zu lassen.[240] Die von der Richtlinie geforderten Haftungsprivilegien

---

236 BGH WuW/E DE-R 4037, 4047 – *VBL Gegenwert.*

237 BGH WuW/E DE-R 3431, 3445 – *ORWI;* Köhler, GRUR 2004, 99, 101.

238 Vgl. *Palandt-Grüneberg,* BGB, 73. Auflage, § 426 Rdnr. 18.

239 St. Rspr. zur sozialversicherungsrechtlichen Haftungsprivilegierung in § 106 SGB VII, vgl. BGHZ 61, 51, 55; 94, 173 , 176; BGH NJW 1987, 2669, 2670; BGH ZIP 2003, 1604, 1606; BGH NJW 2011, 449, 450.

240 Grundlegend BGHZ 61, 51, 55.

rechtfertigen bzw. fordern dagegen zumindest teilweise eine Alleinhaftung des Zweitschädigers. Denn es sollen die nicht privilegierten Gesamtschuldner im Außenverhältnis weitgehend in allen Konstellationen für den gesamten Schaden weiter verantwortlich sein. Die Haftungsprivilegierungen dürfen sich im Innenverhältnis richtlinienkonform entweder nur zulasten des oder der Zweitschädiger oder gar nicht auswirken.

Lediglich die Privilegierung der Streitbeilegung **durch Vergleich** nach Art. 19 der 124
Richtlinie,[241] die grundsätzlich eine Alleinhaftung der nicht am Vergleich beteiligten Schädiger für den Rest der Schuld gegenüber dem an diesem Vergleich beteiligten Geschädigten ohne einen internen Gesamtschuldnerausgleich fordert (Art. 19 Abs. 2 S. 2, Erwägungsgrund 51), kommt der bisherigen Lösung der gestörten Gesamtschuld durch gesetzliche Privilegierungen nahe, da der Anspruch zwischen sich vergleichenden Schädiger und Geschädigten im Außenverhältnis gekürzt wird. Der Rest der Schuld bleibt in der Gesamtschuld, gekürzt um den Verantwortungsteil des sich vergleichenden Schädigers, wobei der Anteil höher sein kann als der tatsächlich geleistete Vergleichsbetrag (Erwägungsgrund 51). Beim Innenausgleich nach § 426 BGB für die Begleichung der Gesamtschuld von anderen Geschädigten sind geleistete Entschädigungszahlungen von Schädigern aus Vergleichen im Rahmen der Bewertung seiner relativen Verantwortung zu berücksichtigen (Art. 19 Abs. 4, Erwägungsgrund 52). Eine sekundäre Haftung des sich vergleichenden Schädigers für die Restschuld soll allerdings möglich sein für den Fall, dass sich nicht vergleichende Zweitschädiger nicht zur Zahlung in der Lage sind, es sei denn dies ist nach den Bedingungen des erzielten Vergleichs ausgeschlossen (Art. 19 Abs. 3). Letzteres dürfte in der Praxis regelmäßig erfolgen, da anderenfalls kaum ein Anreiz zu einer außergerichtlichen Streitbeilegung eines einzelnen Kartellanten bestünde. Hier handelt es sich im Ergebnis um eine nur beschränkte Privilegierung der sich vergleichenden Schädiger, die jedoch weiterhin das Ausfallrisiko der übrigen Gesamtschuldner tragen, da die Durchsetzung des Anspruchs des Geschädigten insgesamt nicht durch eine Haftungsprivilegierung gefährdet werden darf. Eine gesetzliche Regelung wird hier trotz der Nähe zur bisherigen Lösung der gestörten Gesamtschuld wegen der einzelnen Abstufungen nötig sein. Eine gesetzliche Regelung **eines speziellen kartellrechtlichen Vergleichsverfahrens** erscheint dagegen nicht erforderlich. Die Richtlinie sieht in Art. 18 keine Regelungen zur Ausgestaltung des Verfahrens vor, so dass die in Deutschland bereits existierenden Gütestellen zur außergerichtlichen Streitbeilegung ausreichen, deren Anrufung bereits gemäß § 204 Abs. 1 Nr. 4 BGB die von der Richtlinie nach Art. 18 Abs. 1 geforderte Verjährungshemmung zur Folge hat.[242]

Die Entlastung von **kleinen und mittleren Unternehmen** im Außenverhältnis 125
(Art. 11 Abs. 2 und 3) darf nach der Richtlinie weder eine Alleinhaftung des oder der nicht privilegierten Zweitschädiger für den restlichen Schaden, noch eine Kürzung des Anspruchs des Geschädigten im Außenverhältnis zur Folge haben. Vielmehr sollen nach Art. 11 Abs. 2 der Richtlinie kleine und mittlere Kartellteilnehmer im Außenverhältnis nur von ihren eigenen direkten und indirekten Abnehmern in Anspruch genommen werden dürfen, wenn ihr Marktanteil während der gesamten Verstoßdauer unter 5% lag, die volle gesamtschuldnerische Haftung die wirtschaftliche Lebensfähigkeit unwiederbringlich gefährden würde und ihre Aktiva jeglichen Wert verlöre (Art. 11 Abs. 2). Diese Ausnahme gilt nicht, wenn das Unternehmen Anführer oder Wiederholungstäter war (Art. 11 Abs. 3). Eine Beschränkung der Ausgleichspflicht im Innenverhältnis sieht die Richtlinie nicht vor. Sinn dieser Haftungsprivilegierung besteht nach der Richtlinie lediglich in der Abwendung von Gefahren für das Unternehmen durch die Inanspruchnahme auf die gesamte Summe. Dies rechtfertigt weder eine Kürzung des Anspruchs gegen einen nicht privilegierten Zweitschädiger, noch einen Ausschluss des Gesamtschuldnerausgleichs im Innenverhältnis, der in jedem Fall den vollen Verantwortungsteil des kleinen und mittleren Unternehmens

[241] Vgl. hierzu *Beninca,* WuW 2015, S. 580 ff.
[242] So auch *Fiedler,* BB 2013, 2179, 2183.

umfasst (vgl. Art. 11 Abs. 5 der Richtlinie). Dieses erfordert die Regelung einer gesetzlichen Haftungsprivilegierung im Außenverhältnis zulasten von Geschädigten, die nicht die direkten oder mittelbaren Abnehmer kleiner und mittlerer Schädiger sind, sowie die zumindest klarstellende Regelung, dass dennoch ein Innenausgleich in voller Höhe stattfindet. Der BGH berücksichtigt grundsätzlich den Zweck der gesetzlichen Haftungsprivilegierung bei der Behandlung der gestörten Gesamtschuld im Innenausgleich nach § 426 BGB, so dass man bei richtlinienkonformer Auslegung des § 426 BGB auch ohne eine ausdrückliche Regelung des Innenausgleichs zur vollen Haftung gegenüber den anderen Schädigern kommen sollte. Es bietet sich jedoch eine Spezialregelung der gestörten Gesamtschuld bei Kartellschäden an, die alle Konstellationen abdeckt.

126 **Kronzeugen,** denen ein Bußgeld erlassen wurde, sollen nach der Richtlinie grundsätzlich nur gegenüber den unmittelbaren und mittelbaren Abnehmern und Lieferanten haften (Art. 11 Abs. 4 lit. a). Gegenüber anderen Geschädigten haften Kronzeugen nur sekundär, wenn von den übrigen Schädigern keinen vollständiger Schadensersatz erlangt werden kann (Art. 11 Abs. 4 lit. b). Im Innenausgleich haftet der Kronzeuge maximal bis zur Höhe des Schadens seiner eigenen unmittelbaren und mittelbaren Abnehmer oder Lieferanten einschließlich seines Verantwortungsteils für andere Geschädigte (Art. 11 Abs. 4 S. 2). Die Mitschädiger haften für die übrigen Schäden damit im Außenverhältnis grundsätzlich allein, im Innenverhältnis betragsmäßig begrenzt. Auch dieses erfordert eine gesetzliche Regelung. Darüber hinaus erhält die Entscheidung der Kartellbehörde, auf der Grundlage des Kronzeugenprogramms das Bußgeld zu erlassen, eine **privatrechtsgestaltende Wirkung.** Dies bedeutet zunächst, dass für eine derartige Entscheidungswirkung eine gesetzliche **Rechtsgrundlage** erforderlich sein wird, die die Kartellbehörde ermächtigt, im Rahmen ihres Bußgeldermessens ein Kronzeugenprogramm zu nutzen, das einen Bußgelderlass ermöglicht. Nicht erforderlich oder auch nur sinnvoll ist dabei die gesetzliche Regelung und damit Festschreibung des Kronzeugenprogramms selbst.

127 Kompliziert kann die Gesamtschuld werden, wenn die **Haftungsprivilegien** der Kartellanten **kombiniert** auftreten, also verschiedene Kartellanten gegenüber den Geschädigten verschiedene Privilegien geltend machen können. Möglich wäre hier, dass beide im Außenverhältnis nur gegenüber ihren eigenen direkten und indirekten Abnehmern haften. Die Gesamtschuld wäre praktisch außer Kraft gesetzt, da kein Abnehmer den gesamten Schaden von allen Kartellanten fordern kann. Der Kronzeuge muss daher in dieser Situation im Außenverhältnis nach Art. 11 Abs. 4b) voll haften und kommt nur in den Genuss seiner Haftungsprivilegierung, wenn weitere nicht privilegierte und leistungsfähige Unternehmen existieren.

128 *bb) Gesamtschuldnerinnenausgleich.* Der Innenausgleich zwischen den Gesamtschuldnern richtet sich nach §§ 421 ff., insbesondere nach § 426 BGB. Die Regelungen entsprechen den Forderungen der Richtlinie zum Gesamtschuldnerausgleich. Gemäß Art. 11 Abs. 5 der Richtlinie soll der Innenausgleich anhand der **relativen Verantwortung** der Schädiger erfolgen. Die Bestimmung dieses Anteils und die maßgeblichen Kriterien (Umsatz, Marktanteil oder Rolle in dem Kartell) bleiben nach Erwägungsgrund 37 unter Berücksichtigung des Effektivitäts- und des Äquivalenzgrundsatzes Sache des nationalen Rechts. § 426 Abs. 1 S. 1 BGB bestimmt zwar grundsätzlich einen **Ausgleich zu gleichen Anteilen,** soweit nichts anderes bestimmt ist. Im Rahmen der Schadenshaftung kann der Ausgleich auch entsprechend § 254 BGB nach der jeweiligen Verantwortung für den Schaden erfolgen.[243] Die richtlinienkonforme Auslegung zwingt offenbar nunmehr zu der Berechnung der Anteile nach der relativen Verantwortlichkeit. Es wird jedoch der Ausgleich zu gleichen Anteilen als Auffangregel für den Fall, dass die Unternehmen, die eine Aufteilung zu ungleichen Teilen verlangen, nicht nachweisen können, dass bestimmte Unternehmen bei der

---

[243] BGH NJW 2011, 292; BGH NJW-RR 2009, 49; BGHZ 43, 178, 187; vgl. auch BGH WuW/E DE-R 3935, 3940 – *Calciumcarbid-Kartell* zur Gesamtschuld für Geldbußen; vgl. auch *Krüger,* WuW 2012, 6 ff.

Beteiligung am Kartell in einem bestimmten Zeitraum mehr Verantwortung tragen als andere, ebenfalls europarechtlich unbedenklich sein.[244]

Was die **maßgeblichen Kriterien für den Innenausgleich** nach relativer Verantwortlichkeit sind, ist nach gegenwärtiger nationaler Rechtslage noch wenig geklärt. Diskutiert wird dies derzeit im Zusammenhang mit der von der Kommission in ihren Bußgeldentscheidungen angeordneten Gesamtschuldnerhaftung für Konzerngesellschaften.[245] Sinnvoll auch für das Schadensersatzrecht erscheint grundsätzlich die vom BGH in seiner Vorlagenentscheidung[246] erwogene Gesamtabwägung, bei der insbesondere die Beteiligung der einzelnen Gesamtschuldner am wirtschaftlichen Erfolg der Zuwiderhandlung, ihre individuellen Verursachungsbeiträge und ihre individuellen Verschuldensanteile zu berücksichtigen sind.[247] Eine Orientierung an der im Bußgeldbescheid der Kartellbehörde unter Umständen vorgenommenen Verteilung der Verantwortlichkeit kommt ebenfalls in Betracht. Im Rahmen der Anteilsberechnung für die Schadenskompensation wird allerdings die wirtschaftliche Leistungsfähigkeit der Gesamtschuldner nicht maßgeblich berücksichtigt werden können. Insoweit sieht § 426 Abs. 1 S. 2 BGB eine Ausfallhaftung vor. 129

Inwieweit ein **Auftreten als Kronzeuge** ein Faktor bei der Bewertung der relativen Verantwortung für den Kartellverstoß im Innenverhältnis sein kann, ist fragwürdig und in der Literatur streitig.[248] Teilweise wird der Kronzeugenantrag als ein Schadensminderungsbeitrag im Rahmen des § 254 Abs. 2 BGB angesehen.[249] Da zu diesem Zeitpunkt der Schaden jedoch bereits entstanden ist, erscheint dieser Weg nicht gangbar. Auch ändert der Kronzeugenantrag nichts an der Tatsache der Beteiligung am Kartellverstoß mit einem bestimmten Grad der Verantwortung.[250] Denkbar wäre hier nur eine wertende Betrachtungsweise, die den Kronzeugenantrag durch eine Haftungsbegrenzung oder sogar einen Haftungsausschluss im Innenverhältnis honoriert. Eine solche Betrachtungsweise ist gegenwärtig nach deutschem Zivilrecht im Rahmen des Gesamtschuldnerinnenausgleichs allerdings nicht vorgesehen. Die **Schadensersatzrichtlinie** regelt ausdrücklich die Haftung im Innenverhältnis auch für den Kronzeugen. Im Innenausgleich haftet hiernach der Kronzeuge maximal bis zur Höhe des Schadens seiner eigenen unmittelbaren und mittelbaren Abnehmer oder Lieferanten einschließlich seines Verantwortungsteils für andere Geschädigte (Art. 11 Abs. 6 S. 2, Erwägungsgrund 38). Sie sieht daher grundsätzlich die Haftung im Innenverhältnis vor und schützt den Kronzeugen nur vor „übermäßigen" Schadensersatzansprüchen (Erwägungsgrund 38). Eine weitere Entlastung regelt die Richtlinie nicht, scheint eine solche wertende Betrachtungsweise bei der Berechnung des Verantwortungsteils dogmatisch aber auch nicht grundsätzlich auszuschließen. So scheinen nach Art. 19 Abs. 4 geleistete Entschädigungsleistungen von einem vergleichsbeteiligten Schädiger im Rahmen der relativen Verantwortung neben der unterschiedlichen Beteiligung der Schädiger an dem Kartellverstoß berücksichtigungsfähig zu sein (Erwägungsgrund 52). Da die Regelung der Haftungserleichterungen bei Vergleichen der Förderung von Vergleichen dient (Erwägungsgrund 51), ließe sich dogmatisch dieses Argument auch für den Kronzeugen heranziehen. Die Richtlinie hat dieses Argument allerdings gerade nicht auf den Kronzeugen übertragen, sondern hier lediglich eine Begrenzung der Schadenshöhe vorgesehen. Im Ergebnis erscheint insbesondere der Haftungsausschluss im Innenverhältnis auch unangemessen.[251] 130

---

[244] Vgl. insoweit EuGH, U. v. 10.4.2014, C-231/11 P bis C-233/11 P, NZKart 2014, 177, 179, Rdnr. 71 – *Kommission/Siemens Österreich* (noch nicht in der Slg. veröffentlicht) zum Innenausgleich von an einem Kartell beteiligten Konzerngesellschaften nach Festsetzung einer gesamtschuldnerischen Geldbuße durch die Kommission.

[245] Vgl. hierzu *Jüchser,* WuW 2012, 1048ff.

[246] Vgl. BGH WuW/E DE-R 3935, 3940 – *Calciumcarbid-Kartell.*

[247] Vgl. zum Gesamtschuldnerausgleich auch *Napel/Oldehaver,* NZKart 2015, 135ff.

[248] Vgl. *Kersting,* ZWeR 2008, 252, 265ff.; *Krüger,* WuW 2012, 6, 13; *Bien,* EuZW 2011, 889, 890; *Inderst/Thomas,* S. 409.

[249] *Kersting,* ZWeR, 2008, 252, 265.

[250] So auch *Bien,* EuZW 2011, 889, 890; *Inderst/Thomas,* S. 406.

[251] So auch *Inderst/Thomas,* S. 406f.

131 **3. Offenlegung von Beweismitteln: Auskunftsansprüche und Akteneinsicht.** Die **Schadensersatzrichtlinie** enthält ferner Regelungen zur Offenlegung von erforderlichen Informationen sowie zur Einsicht in kartellbehördliche Verfahrensakten (Art. 5–8). Hier ist wegen der Discovery-Qualität der Regelungen **weiterer gesetzlicher Handlungsbedarf** anzunehmen.

132 **a) Auskunftsansprüche.** Nach gegenwärtiger Rechtslage existiert ein **Auskunftsanspruch des Geschädigten gegen den Schädiger** zur Vorbereitung von (kartell-)deliktischen Schadensersatzansprüchen lediglich als **unselbständiger Anspruch** auf der Grundlage von **§ 242 BGB,** der dem Schadensersatzanspruch im Wege der Stufenklage prozessual vorgeschaltet werden kann.[252] Dieser setzt das Bestehen des deliktischen Schadensersatzanspruchs dem Grunde nach voraus, da anderenfalls kein Schuldverhältnis bestünde, auf das § 242 BGB Bezug nehmen könnte.[253] Für § 242 BGB müssen bei deliktischen Ansprüchen damit bis auf die Entstehung des Schadens alle Anspruchsvoraussetzungen, auch das Verschulden, feststehen.[254] Es reicht nicht aus, dass die Anspruchsvoraussetzungen nur wahrscheinlich gemacht werden.[255] Der BGH hat hiervon für gesetzliche Schuldverhältnisse zwar einige fallbezogene Ausnahmen zugelassen, nicht jedoch bei deliktischen Ansprüchen.[256]

133 Eine **sekundäre Darlegungslast des Schädigers** bezüglich der Einzelheiten des Kartellverstoßes besteht nur in den Grenzen des § 138 Abs. 2 und 3 ZPO, wonach die Prozesspartei, soll ihr Vortrag beachtlich sein, auf Behauptungen des Prozessgegners grundsätzlich substantiiert, d. h. mit näheren Angaben zu erwidern hat. Eine solche Pflicht ist nach den Grundsätzen der sekundären Darlegungslast nur dann zu bejahen, wenn der Beklagte alle wesentlichen Tatsachen kennt oder kennen muss und es ihm zumutbar ist, nähere Angaben zu machen.[257] Diese Regelungen sind für kartelldeliktische Schadensersatzprozesse **nicht richtlinienkonform.** Die **Richtlinie** sieht einen wesentlich weitergehenden vorbereitenden Informationsanspruch sowohl des Geschädigten als auch des Schädigers (Art. 5 Abs. 1 S. 2) vor, der sich eher an den Voraussetzungen des amerikanischen **Discovery-Verfahrens** orientiert.

134 Nach Art. 5 Abs. 1 der Richtlinie reicht für eine **Offenlegungspflicht des Schädigers** bereits die **begründete Glaubhaftmachung** des Schadensersatzanspruchs anhand von vernünftigerweise verfügbaren Beweismitteln und schließt grundsätzlich sämtliche Tatsachen zur Begründung des Anspruchs – **auch tatbestandsbegründende Beweismittel** – ein, soweit sie sich in dem Herrschaftsbereich des Anspruchsgegners befinden. Art. 5 der Richtlinie bezieht sich auf alle relevanten Beweismittel. Trotz der grundsätzlich vorgesehenen prozessualen Einbindung der Offenlegungspflichten in den laufenden Schadensersatzprozess *(„in proceedings relating to an action for damages")* werden Auskünfte des Schädigers zu ihrem Verstoß richtlinienkonform nicht allein durch bloße sekundäre Darlegungspflichten umgesetzt werden können, zumal der Zumutbarkeitsvorbehalt die Pflichten zu sehr einschränkt. Insbesondere wenn ein kartellbehördliches Verfahren mit bestandskräftigen Bußgeldbescheiden nicht geführt wurde, wird auf ein vorgeschaltetes Auskunftsverfahren zur wirksamen Durchsetzung der Schadensersatzansprüche gegen die Schädiger kaum verzichtet werden können.

135 Im deutschen Recht ist ein solcher Anspruch dabei als **selbständiger Auskunftsanspruch** zu regeln, für den es durchaus bereits Vorbilder gibt. Die Schaffung eines selbständigen Anspruchs wäre etwa vergleichbar mit § 101a UrhG, der die vorzulegenden Unterlagen und Informationen dabei relativ genau bezeichnet. Dies ist auch wünschenswert, um

[252] Vgl. hierzu *Wilhelmi* in: *Möschel/Bien,* Kartellrechtsdurchsetzung durch private Schadensersatzklagen? 2010, 99 ff.

[253] *Palandt/Grüneberg,* BGB, 73. Aufl., 2014, § 260 Rdnr. 6.

[254] BGH NJW 1990, 1358, NJW-RR 06, 1048, 1052.

[255] BGHZ 74, 381; *Palandt/Grüneberg,* BGB, 73. Aufl., 2014, § 260 Rdnr. 6

[256] Vgl. Palandt/*Grüneberg,* BGB, 73. Aufl., 2014, § 260, Rdnr. 6 m. w. N.

[257] vgl. BGHZ 163, 209, 215; BGHZ 100, 190, 196; BGH VersR 1983, 1035, 1037; BGH VersR 1999, 774, 775.

einen **Ausforschungsbeweis** zu verhindern. Auch die Richtlinie enthält nach Art. 5 Abs. 2 und Abs. 3 lit. b) Vorkehrungen gegen die Möglichkeit der Ausforschung durch eine möglichst genaue Bezeichnung der Beweismittel, ohne die der Richter keine Beweiserhebung bzw. Offenlegung soll anordnen können. Dabei ist jedoch andererseits nach Erwägungsgründen 13, 14 und 15 der Richtlinie zu beachten, dass der Anspruchssteller gerade keine bestimmten Unterlagen soll spezifizieren müssen, sondern dass es ausreichen muss, die Kategorie des Beweismittels nach ihren Eigenschaften, der Art oder des Inhalts und/oder der zeitlichen Erstellung zu bezeichnen. Der Anspruch sollte daher schon in seiner gesetzlichen Grundlage entsprechend begrenzt werden. Hier ist auch die in Art. 5 Abs. 3 und 4 der Richtlinie vorgesehene Interessenabwägung bezüglich zu schützender Informationen sowie die nach Art. 5 Abs. 5 vorgesehenen Mechanismen einzufügen (vgl. noch unten Rdnr. 137f.)).

Der **Grundsatz nemo tenetur** hindert die Regelung eines solchen Anspruchs auch dann **136** nicht, wenn die verlangten Auskünfte ihn in die **Gefahr einer straf- bzw. bußgeldrechtlichen Verfolgung** bringen könnten, insbesondere weil ein Bußgeldverfahren von der Kartellbehörde gegen den konkreten Schädiger nicht oder noch nicht geführt wurde. Das geltende deutsche Recht billigt aus verfassungsrechtlichen Gründen Zeugen und Prozessparteien zwar durchweg ein Schweige- und Aussageverweigerungsrecht für den Fall der Selbstbezichtigung zu. Dies gilt aber nicht in gleicher Weise für solche Personen, die aus besonderen Rechtsgründen gesetzlich verpflichtet sind, einem anderen für ihn notwendige Informationen zu erteilen. Ein gesetzlich geregelter Zwang zur Selbstbezichtigung, den die Richtlinie vorsieht, ist verfassungsrechtlich dennoch nur vertretbar, wenn die erzwungenen Auskünfte über strafbare oder ordnungswidrige Handlungen von den Kartellbehörden nicht gegen die Auskunftsperson im Rahmen eines Bußgeldverfahrens verwertet werden dürfen.[258]

Der **Schutz von Geschäftsgeheimnissen** bei gleichzeitigen weitgehenden Offenle- **137** gungspflichten stellt ein weiteres **zu regelndes Problem** dar. Die Richtlinie sieht insoweit mit Art. 5 Abs. 3 eine **Interessenabwägung** vor, die im Einzelfall nach Art. 5 Abs. 5 S. 1 zu einer Offenlegung von Geschäftsgeheimnissen führen kann. Dabei ist im Rahmen der Interessenabwägung nach Art. 5 Abs. 3 lit. a)–c) insbesondere zu berücksichtigen, inwieweit der Anspruch oder die Einwendung durch bereits zur Verfügung stehende Beweismittel gestützt wird (lit. a), der Umfang und die Kosten der Offenlegung insbesondere bei Inanspruchnahme Dritter (lit. b) sowie die Geheimhaltungsbedürftigkeit von Informationen einschließlich der Schutzmaßnahmen (lit. c). Nach Art. 5 Abs. 5 ist das Interesse des Schädigers, nicht auf Schadensersatz in Anspruch genommen zu werden, kein schutzwürdiges und abwägungsfähiges Interesse. Die Abwägungspraxis zu § 406e StPO (hierzu unten Rdnr. 147ff.) kann dabei grundsätzlich herangezogen werden.

Allerdings ist im Rahmen der Abwägung zu berücksichtigen, dass es nach der Richtlinie **138** nicht zu einer unbeschränkten Offenlegung kommen muss, wie lit. c) mit dem Verweis auf die Schutzmaßnahmen zeigt. Denn es muss nach Art. 5 Abs. 4 S. 2 ferner sichergestellt werden, dass die Gerichte trotz Verwertung von geheimhaltungsbedürftigen Informationen dennoch einen **wirksamen Schutz solcher Informationen** gewähren.[259] Eine Offenlegung vor Gericht bei gleichzeitigem Schutz geheimhaltungsbedürftiger Informationen wäre nach deutschem Recht nur mit dem Ausschluss des Prozessgegners und der übrigen Prozessbeteiligten durch ein ***In-Camera*-Verfahren** erreichbar. Inwieweit dieses mit verfassungsrechtlichen Prozessrechten insbesondere mit dem Recht auf rechtliches Gehör vereinbar wäre, ist ungeklärt. Denn nach der Rechtsprechung zum Zivilprozess darf der Kläger im Hinblick auf das verfassungsrechtlich zugesicherte rechtliche Gehör nach Art. 103 GG nicht von der Teilnahme an der Beweisaufnahme ausgeschlossen werden.[260] Es spricht je-

[258] BVerfGE 56, 37, BVerfG NJW 1996, 916; wistra 2004, 19; NJW 2005, 352, WM 2008, 989.

[259] Erwägungsgrund 17.

[260] BGHZ 116, 47, 58; OLG Köln NJW-RR 1996, 1277; vgl. im Einzelnen *Bornkamm,* Fs. für Ullmann, S. 893ff.

doch einiges dafür, dass ein In-Camera-Verfahren den Grundsatz auf rechtliches Gehör hinreichend berücksichtigt, da ein eingeschränktes rechtliches Gehör letztlich im Interesse des Gläubigers liegt.[261] Das BVerfG hat dies für die VwGO so gesehen.[262] Die Einführung eines solchen Verfahrens zumindest im Bereich des Kartellrechts wäre daher möglich, eine ausdrückliche gesetzliche Regelung allerdings dann auch erforderlich.[263]

139 Dagegen wäre der von der Richtlinie in Erwägung gezogene **Wirtschaftsprüfervorbehalt** in vielen Fällen nicht geeignet,[264] die Einbeziehung eines **zur Verschwiegenheit verpflichteten Sachverständigen** nach der Rechtsprechung nicht verfassungsgemäß. Der BGH sieht die Verwertung eines solchen Sachverständigengutachtens als Verstoß gegen den Grundsatz des rechtlichen Gehörs (Art. 103 Abs. 1 GG) und außerdem auch gegen die Vorschrift des § 286 ZPO an, nach der das Gericht verpflichtet ist, Gutachten gerichtlicher Sachverständiger sorgfältig und kritisch zu würdigen. Die Erfüllung dieser Pflichten setzt voraus, dass der Gutachter die wesentlichen tatsächlichen Grundlagen seines Gutachtens offenlegt.[265]

140 Die Regelung eines selbständigen Auskunftsanspruchs **gegen private Dritte** dürfte wegen Art. 5 Abs. 5 der Richtlinie ebenfalls erforderlich sein. Die Offenlegungspflicht Dritter lässt sich zwar richtlinienkonform grundsätzlich auch mit der in Art. 5 eigentlich vorgestellten prozessualen Einbindung der Auskunft in den laufenden Schadensersatzprozess realisieren. Eine solche Einbindung als Mittel der Beweiserhebung ist im deutschen Recht insbesondere durch Zeugenaussagen und Vorlage von Urkunden durch Dritte (§§ 384, 385, 489, 429, 142 ZPO) bereits vorgesehen. Die von einer Abwägung unabhängigen **Zeugnisverweigerungsrechte** nach § 384 Nr. 3 ZPO stehen allerdings gegenwärtig einer nach Abwägung erforderlichen Offenlegungspflicht von Geschäftsgeheimnissen entgegen. Dies ist mit Art. 5 Abs. 5 der Richtlinie so nicht vereinbar, da das Gericht die Offenlegung grundsätzlich soll anordnen können, wenn auch mit den entsprechenden Schutzmaßnahmen. Die Regelung eines In-Camera-Verfahrens wäre daher auch hierfür sinnvoll. Zu erwägen ist auch eine generelle Einführung eines solchen Verfahrens in die ZPO.[266]

141 Nach der Richtlinie hat auch der Beklagte Ansprüche auf Offenlegung von Informationen gegen den Kläger. Dieser Anspruch wird zunächst prozessual vor allem im Rahmen von **sekundäre Darlegungspflichten** des Klägers realisiert werden und insbesondere für die Frage des Schadensabwälzungseinwandes bedeutsam sein (s. dazu bereits oben Rdnr. 104). Nach gegenwärtiger Rechtslage bestehen solche Darlegungspflichten nur ausnahmsweise, wenn die beweisbelastete und primär darlegungspflichtige Partei keine Kenntnis der maßgebenden Tatsachen besitzt, während der Prozessgegner sie hat und ihm nähere Angaben zumutbar sind.[267] Die **Richtlinie** sieht hier in Art. 13 S. 2 ausdrücklich vor, dass der Beklagte in angemessenem Umfang die Offenlegung von relevanten Tatsachen von dem Kläger verlangen kann. Art. 5 Abs. 1 S. 2 der Richtlinie sieht außerdem vor, dass das Gericht auf Antrag des Beklagten den geschädigten Kläger zur Offenlegung von Beweismitteln soll anweisen können. Gegenüber dem Anspruchsteller kann diese Vorgabe mit der sekundären prozessualen Darlegungspflicht bereits weitgehend richtlinienkonform gelöst werden. Eines selbständigen Auskunftsanspruchs des Beklagten gegen den Kläger bedarf es daher nicht. Allerdings wird man die Offenlegungspflicht nicht mehr – wie bisher vom BGH – als enge Ausnahme mit der Möglichkeit der vollständigen Ablehnung können.[268]

---

261 Vgl. *Bornkamm,* Fs. für Ullmann, S. 905 ff.

262 BVerfGE 101, 106, 128.

263 Im Ergebnis wohl auch *Bornkamm,* Fs. für Ullmann, S. 893, 911 f.

264 Vgl. hierzu *Bornkamm,* Fs. für Ullmann, S. 893, 898.

265 BGHZ 116, 47 – *Amtsanzeiger,* BGH NJW 1989, 2948; vgl. hierzu *Bornkamm,* Fs. für Ullmann, S. 893, 909.

266 So für gewerblichen Rechtsschutz auch *Bornkamm,* Fs. für Ullmann, S. 893, 911 f.

267 BGH NJW-RR 2002, 1309, 1310; BGH WuW/E DE-R 3431, 3444, Rdnr. 71 – *ORWI.*

268 So auch *Kersting,* WuW 2014, 564, 569 f.; vgl. hierzu auch *Lübbig/Mallmann,* WRP 2012, 166, 171 f.; *K. Westermann,* Fs. für H. Westermann 2008, 1605, 1627 f.

Insbesondere kann die Möglichkeit der Streitverkündung, die nach der Rechtsprechung des BGH eine entscheidende Rolle für die Frage der Erforderlichkeit spielt,[269] kaum noch gegen die sekundäre Darlegungspflicht des Geschädigten eingewendet werden.[270]

142 *b) Zugang zu Bußgeldakten der Kartellbehörden und Staatsanwaltschaft.* Die **Richtlinie** erfordert für den kartellrechtlichen Schadensersatzanspruch neben den Informationspflichten des Schädigers, der Anspruchssteller und dritten privaten Personen einen ausreichenden Zugang zu den Akten der Kartellbehörden bei gleichzeitigem Schutz der kartellprozeduralen Belange (Art. 6 und 7 der Richtlinie). In Deutschland steht nach gegenwärtiger Rechtslage bei der Zugangspraxis zu den Bußgeldakten der Kartellbehörde dabei der direkte **Akteneinsichtsanspruch** im Interesse des Verletzten nach § 406e Abs. 1 S. 1 StPO iVm § 46 OWiG für die Geltendmachung von Schadensersatzansprüchen stark im Vordergrund. Dieser Anspruch ist in seiner gegenwärtigen Ausgestaltung grundsätzlich richtlinienkonform. Die auch nach § 406e StPO erforderliche Interessenabwägung kann jedoch entgegen Art. 5 Abs. 3 lit. c der Richtlinie den möglichen Schutz von vertraulichen Informationen durch ein In-Camera-Verfahren oder einen ähnlichen Schutzmechanismus derzeit nicht leisten.

143 Darüber hinaus existiert gegenwärtig theoretisch die Möglichkeit zur **Beiziehung solcher Akten durch den Zivilrichter** im laufenden Schadensersatzprozess auf der Grundlage von § 273 Abs. 2 Nr. 2 ZPO iVm §§ 474 StPO ff., von der gegenwärtig noch kaum Gebrauch gemacht wird. Die Richtlinie sieht einen direkten Anspruch auf Akteneinsicht in die Bußgeldakten der Kartellbehörden grundsätzlich vor. Art. 5 Abs. 1 fordert Offenlegungspflichten gegenüber dem Geschädigten für Dritte, zu denen nach Erwägungsgrund 14 auch die Kartellbehörden zählen. Gefordert ist darüber hinaus, dass der Richter die Offenlegung durch die Kartellbehörde im Rahmen des Zivilverfahrens auf Antrag des Klägers anordnen kann. Vorgestellt ist hier in erster Linie die Offenlegung des Akteninhalts durch die Kartellbehörde im Rahmen einer Beweiserhebung im Schadensersatzprozess.

144 *aa) Akteneinsicht nach § 406e StPO.* Nach gegenwärtiger Rechtslage kann der Rechtsanwalt nach § 406e StPO für den Verletzten die Akten, die dem Gericht vorliegen oder im Falle der öffentlichen Klage vorzulegen wären, einsehen, soweit er hierfür ein berechtigtes Interesse darlegt. Die Praxis hierzu ist gegenwärtig grundsätzlich richtlinienkonform. Die richtlinienkonforme Einführung in das Zivilverfahren und die Verwertung von geheim zu haltenden Informationen werden allerdings von § 406e StPO nicht geregelt. Die insoweit von der Richtlinie geforderten Regelungsgegenstände gehören – zur Ermöglichung einer weitgehenden Beibehaltung der gegenwärtigen Aktenzugangssystematik – in die ZPO.

145 Der **Begriff des Verletzten** nach § 406e StPO wird in der Rechtsprechung und Literatur uneinheitlich verwendet. Nach einem engeren Verständnis ist für die Bestimmung des Verletzten maßgeblich, ob er in einem rechtlich geschützten Interesse durch eine Straftat bzw. Ordnungswidrigkeit beeinträchtigt wird und die verletzte Strafnorm dabei auch seinem Schutz diene.[271] Obwohl gerade § 406e StPO und insbesondere auch die Rückausnahme in § 46 OWiG den Zweck haben, bürgerlich-rechtliche Ansprüche verfolgen zu können,[272] ist für den Begriff des Verletzten nach dieser verbreiteten Meinung nicht allein ausreichend, dass jemandem durch die Straftat oder Ordnungswidrigkeit ein Schaden entstanden ist, sondern ob der Geschädigte gerade zu den geschützten Personen des Tatbestands gehört. Dieses ist im Ausgangspunkt nicht konsistent mit dem Begriff des Betroffenen nach § 33 GWB. Ist § 406e StPO der vom Gesetzgeber zur Umsetzung der Richtlinie bevorzugte Zugangsanspruch zur Verfahrensakte, muss der Anspruch auf Akteneinsicht

---

[269] BGH WuW/E DE-R 3431, 3444 – *ORWI*, Rdnr. 73 f.

[270] Kritisch hierzu auch *Bergmann/Fiedler,* BB 2012, 206, 209.

[271] OLG Stuttgart ZWH 2014, 40, 41; *Meyer/Goßner,* StPO, 56. Auflage, vor § 406d Rdnr. 2; *KMR-Stöckel,* Kommentar zur StPO, Stand: Mai 2013, vor § 406d Rdnr. 11; *Göhler,* OWiG, 15. Auflage, § 46, Rdnr. 20c; aA OLG Koblenz NJW 1988, 3275, 3277; *Löwe-Rosenberg-Hilger,* StPO, 25. Auflage 2001, § 403 Rdnr. 1.

[272] OLG Düsseldorf NZKart 2013, 39, 40 – *Akteneinsicht in Bonuseinträge;* Göhler, OWiG, 15. Auflage, § 46, Rdnr. 20d; BVerfG NJW 2003, 501.

nach § 406e StPO iVm § 46 OWiG richtlinienkonform jeder Person zustehen, die auch Betroffene nach § 33 GWB ist. Da jedoch insbesondere auch der indirekte Abnehmer nach der Rechtsprechung des BGH auch schon bisher vom Schutzbereich des Kartellverbots erfasst war und einen Anspruch nach § 823 Abs. 2 BGB geltend machen konnte,[273] spielt der Streit um den Verletztenbegriff hier keine Rolle.[274]

146 Ein **berechtigtes Interesse** nach § 406e StPO ist insbesondere dann zu bejahen, wenn die Geltendmachung möglicher bürgerlich-rechtlicher Ansprüche des Verletzten gegen die (Neben-)Betroffenen geprüft werden soll.[275] Dabei ist für die Verletzteneigenschaft nach § 406e StPO ausreichend aber auch erforderlich, dass ein Schadensersatzanspruch ernsthaft in Betracht kommt.[276] Der Anspruchssteller hat daher darzulegen, dass er zu dem Kreis der konkret Betroffenen gehört. Es reicht dabei z.B. für den direkten Abnehmer aus, dass er eine Aufstellung von Umsätzen mit den Betroffenen für den maßgeblichen Zeitraum vorlegt.[277] Indirekten Abnehmern dürfen ebenfalls nicht allzu hohe Darlegungspflichten auferlegt werden, um deren Anspruchsdurchsetzung nicht zu gefährden.

147 Der **Umfang der Akteneinsicht** bestimmt sich nach § 406e Abs. 2 S. 1 StPO anhand einer umfassenden Interessenabwägung wie sie auch Art. 5 Abs. 3 der Richtlinie fordert. Dabei ist zu prüfen, welcher Aktenbestandteile ein Verletzter zur Substantiierung seiner Schadensersatzansprüche bedarf. Die Akteneinsicht ist zwingend zu versagen, soweit entgegenstehende Interessen überwiegen. Gegenüber dem schutzwürdigen Interesse des Geschädigten an der Verfolgung seiner Schadensersatzansprüche abzuwägen sind insbesondere die Interessen der persönlich Betroffenen und etwaiger Zeugen am **Schutz der persönlichen Daten** sowie der Nebenbetroffenen am Schutz ihrer **Geschäftsgeheimnisse.** Ferner ist das öffentliche und das Interesse des Kronzeugen an der Geheimhaltung des Inhalts seines **Bonusantrags** sowie das Geheimhaltungsinteresse an **Settlement-Unterlagen** zu berücksichtigen. Die Akteneinsicht kann nach § 406e Abs. 2 S. 2 StPO insoweit wegen Gefährdung des Untersuchungszwecks auch in anderen Verfahren sowie wegen Verfahrensverzögerung versagt werden. Aus diesem Grund findet darüber hinaus eine Akteneinsicht grundsätzlich erst nach Abschluss des Verfahrens statt.

148 Diese Interessenabwägung steht hinsichtlich der **einzustellenden Gesichtspunkte** im Wesentlichen im Einklang mit den Anforderungen nach Art. 6 Abs. 4 sowie Art. 5 Abs. 3 der **Schadensersatzrichtlinie.** Insbesondere das in Art. 6 Abs. 4 lit c) formulierte Interesse der **effektiven öffentlichen Kartellrechtsdurchsetzung** findet seine Entsprechung in der Prüfung einer möglichen Gefährdung von Untersuchungszwecken und ist **bei jedem Beweismittel** trotz besonderer Regelungen, die diesem Interesse dienen, zu berücksichtigen.[278] Hierzu gehört auch die Anforderung in Art. 6 Abs. 5, wonach bestimmte Dokumente auf jeden Fall erst **nach Abschluss des Verfahrens** herausgegeben werden dürfen. Dabei handelt es sich einmal um Informationen und Unterlagen, die speziell für das Kartellverfahren vorbereitet worden sind (Art. 6 Abs. 5 lit. a), z.B. Antworten auf Auskunftsersuchen oder Zeugenaussagen. Darüber hinaus sind Informationen bzw. Unterlagen, die die Behörde im Rahmen des Verfahren erstellt und den Beteiligten zugesendet hat (Art. 6 Abs. 5 lit. b), also etwa Beschuldigungsschreiben oder Abmahnschreiben, erfasst. Schließlich sind Settlement-Vorschläge, die zurückgenommen worden sind, erst nach Abschluss des Verfahrens offen zu legen (Art. 6 Abs. 5 lit. c).[279] Dies hindert nicht, im Rahmen der Interessenabwägung auch andere Beweismittel erst nach Abschluss des Verfahrens zugänglich zu machen, wenn ande-

---

[273] BGH WuW/E DE-R 3431, 3437 – *ORWI.*

[274] OLG Düsseldorf NZKart 2013, 39, 40 – *Akteneinsicht in Bonusanträge;* AG Bonn WuW/E DE-R 3499, 3502 = GRUR-RR 2012, 178, 179 – *Pfleiderer II.*

[275] OLG Düsseldorf NZKart 2013, 39, 40 – *Akteneinsicht in Bonusanträge;* BVerfG NJW 2007, 1052.

[276] AG Bonn WuW/E DE-R 3499, 3500 = GRUR-RR 2012, 178, 179 – *Pfleiderer II;* anders LG Berlin WM 2008, 1470, 1474, Rdnr. 24ff., das Schadensersatzanspruch durchprüft.

[277] OLG Düsseldorf NZKart 2013, 39, 40 – *Akteneinsicht in Bonusanträge.*

[278] Vgl. Erwägungsgrund 21.

[279] Vgl. Erwägungsgrund 23.

renfalls Untersuchungszwecke gefährdet würden. Denn Art. 6 Abs. 4 lit. c) fordert für jedes Beweismittel die Abwägung mit der effektiven öffentlichen Kartellrechtsdurchsetzung.

Nach der Richtlinie ist in die Interessenabwägung jedoch darüber hinaus einzustellen, ob der Antrag auf Akteneinsicht hinsichtlich Art und Inhalt der **Dokumente spezifiziert** ist (Art. 6 Abs. 4 lit. a) und der Antrag im **Rahmen einer Schadensersatzklage** gestellt wird (Art. 6 Abs. 4 lit. b). Die Richtlinie verfolgt auch im Rahmen des Zugangs zu den Akten der Kartellbehörde das ausdrücklich formulierte Anliegen, Ausforschungsaktionen zu verhindern. Eine Akteneinsicht soll daher nicht als verhältnismäßig angesehen werden, wenn der Antrag sich auf einen generellen Zugang zum Akteninhalt richtet.[280] Der geltende **§ 406e StPO** wird bezogen auf die **Darlegungsanforderungen** jedoch gegenwärtig deutlich großzügiger gehandhabt. Die Rechtsprechung fordert bisher lediglich die Darlegung der Verletzteneigenschaft sowie die Darlegung, dass die Akteneinsicht der Prüfung und Vorbereitung etwaiger Schadensersatzklagen dienen soll.[281] Dabei ist der Zweck der bloßen Geltendmachung von zivilrechtlichen Ansprüchen ausreichend,[282] so dass auch die außergerichtliche Klärung einen Akteneinsichtsanspruch rechtfertigt. Dies dürfte auch von der Richtlinie gedeckt sein. Eine Spezifizierung der Dokumente ist bisher nicht erforderlich, und die Tatsache, ob spezifiziert wurde oder nicht, ist nicht Teil der Interessenabwägung. Eine Einschränkung erfolgt im Rahmen der Interessenabwägung dennoch, da sich im Ergebnis eine Akteneinsicht auf diejenigen Dokumente beschränken soll, die für die Geltendmachung der Ansprüche erforderlich sind. Dies erscheint zur Verhinderung von Ausforschungsbeweisen und damit zur Erfüllung der Richtlinienanforderung ebenso geeignet, da dies zu einer Spezifizierung führt und gleichzeitig den Zusammenhang mit der Geltendmachung von Schadensersatzansprüchen berücksichtigt. Eine Ablehnung der Akteneinsicht auf formaler Ebene wegen fehlender Spezifizierung der Dokumente durch den Antragssteller ist nicht sinnvoll. Nach deutschem Recht kann außerdem gemäß **§ 406e Abs. 5 StPO** eine **Aufstellung der Asservate** erfolgen, die eine weitere Spezifizierung des Akteneinsichtsgesuchs ermöglicht.[283] 149

In der Regel ist ein Akteneinsichtsanspruch des Geschädigten damit **auf die Einsicht in den Bußgeldbescheid** nach Abschluss des Verfahrens **begrenzt,** bei dem die persönlichen Daten der (persönlich) Betroffenen und die Geschäftsgeheimnisse der Nebenbetroffenen geschwärzt sind. Der Bußgeldbescheid muss nicht rechtskräftig sein.[284] Eine **Einsicht in die Beweismittel und Asservate** ist in der Regel nicht zu gewähren. Der Antragssteller erhält hierzu gemäß § 406e Abs. 5 StPO jedoch regelmäßig eine Aufstellung der Asservate. Eine Einsicht in die Beweismittel ist auch im Hinblick auf die Tatbestandswirkung nach § 33 Abs. 4 GWB, soweit sie eingreift, nicht erforderlich.[285] Der Bußgeldbescheid enthält mit den dargelegten Feststellungen zumeist ausreichende Informationen zur Darlegung des Kartellverstoßes bzw. Reichweite der Bindungswirkung als Grundlage des Schadensersatzanspruchs. Eine andere Bewertung kann sich aber im Einzelfall ergeben, z. B. wenn der Bußgeldbescheid auf der Grundlage eines Settlements erging und zu knappe Ausführungen zu den Feststellungen und Beweismitteln enthält. Auch die Kurzbescheide des BKartA enthalten jedoch in der Regel hinreichende Ausführungen zum Tatvorwurf. Soweit dies im Einzelfall nicht angenommen werden kann oder zweifelhaft ist, ist Einsicht in um Geschäftsgeheimnisse und persönliche Daten bereinigte Unterlagen im erforderlichen Umfang zu gewähren.[286] 150

Eine **Einsicht in Bonusanträge** ist dagegen ebenso wie die Einsicht in **Settlement-Unterlagen** nach bisheriger Praxis grundsätzlich im Rahmen der Interessenabwägung zu versagen. Hierbei hat das BKartA zu den zu schützenden Bonusunterlagen grundsätzlich auch die den Bonusanträgen von dem Kronzeugen beigefügten Beweismittel **(„pre-** 151

---

[280] So ausdrücklich Erwägungsgrund 21.
[281] Vgl. z. B. AG Bonn WuW/E DE-R 3499, 3502 = GRUR-RR 2012, 178, 179 – *Pfleiderer II.*
[282] OLG Düsseldorf NZKart 2013, 39, 40 – *Akteneinsicht in Bonusanträge.*
[283] Dazu OLG Düsseldorf NZKart 2013, 39, 40 – *Akteneinsicht in Bonusanträge.*
[284] OLG Düsseldorf NZKart 2013, 39, 40 – *Akteneinsicht in Bonusanträge.*
[285] AG Bonn WuW/E DE-R 3499, 3503 = GRUR-RR 2012, 178, 179 – *Pfleiderer II.*
[286] AG Bonn WuW/E DE-R 3499, 3503 = GRUR-RR 2012, 178, 179 – *Pfleiderer II.*

existing information") einbezogen, da eine Offenlegung solcher Unterlagen das Kronzeugenprogramm ebenso in Gefahr bringen kann wie die Offenlegung des Bonusantrags selbst. Diese Praxis steht in Einklang mit den Entscheidungen des EuGH in Sachen *Pfleiderer,*[287] *Donau Chemie,*[288] *Kone*[289] und *EnBW,*[290] in denen das Gericht die Versagung der Einsicht in Bonusanträge im Rahmen der Interessenabwägung im Hinblick auf die Bedeutung von Kronzeugenprogrammen für die Durchsetzung und Wirksamkeit der europäischen Wettbewerbsregeln grundsätzlich als europarechtskonform eingestuft hat.[291] Die deutsche Rechtsprechung hat im Anschluss hieran die Praxis des BKartA, prinzipiell keine Einsicht in diese Unterlagen zu gewähren, durchgängig gebilligt und eine Einsicht auch im Hauptverfahren wegen der Gefährdung von Untersuchungszwecken nach § 406e Abs. 2 S. 2 nicht gewährt.[292] § 406e Abs. 2 S. 2 StPO ist dabei kein zwingender Versagungsgrund, sondern stellt die Versagung in das Ermessen der Behörde.

152 Die **Schadensersatzrichtlinie** sieht mit Art. 6 Abs. 6 bezogen auf den Bonusantrag selbst und die Settlement-Unterlagen im Hinblick auf den wichtigen Schutz der Kronzeugenprogramme (Erwägungsgrund 24) einen **zwingenden Versagungsgrund** vor, der systematisch die Einsicht in diese Unterlagen verhindert (Art. 7 Abs. 1 der Richtlinie). Dabei sollte diese prinzipielle Ausnahme auf den Antrag selbst und die Settlement-Unterlagen beschränkt bleiben.[293] Die mit dem Bonusantrag eingereichten Beweismittel („pre-exiting information") unterfallen nicht dieser generellen Ausnahme. Diese sollen vielmehr jederzeit offengelegt werden können.[294] Nach Art. 6 Abs. 4 lit c) ist das Interesse an einer effektiven öffentlichen Kartellrechtsdurchsetzung jedoch bei jedem Beweismittel zu berücksichtigen.[295] Eine Offenlegung der sog. „pre-existing information" kann damit aufgrund der Interessenabwägung wegen der Gefährdung von Untersuchungszwecken – je nach Art und Inhalt der Dokumente – nach wie vor verwehrt werden. Eine generelle Versagung der Einsicht in diese Dokumente wird jedoch – auch im Hinblick auf die EuGH-Rechtsprechung – nicht möglich sein.

153 Die Richtlinie steht mit der Forderung eines zwingenden Versagungsgrundes isoliert betrachtet nicht im Einklang mit der genannten Rechtsprechung des EuGH in den Sachen *Pfleiderer, Donau Chemie* und *Kone.* Denn nach diesen Entscheidungen verbietet sich jede starre Regel bzgl. des Zugangs zu Aktenteilen eines Kartellverfahrens, da sowohl ein allgemeiner Ausschluss als auch ein allgemeiner Zugang die wirksame Anwendung des Art. 101 AEUV und der Rechte, die diese Bestimmung den Einzelnen verleiht, beeinträchtigen könne. Es müsse immer eine Interessenabwägung im Einzelfall vorgenommen werden. Die Erwägungen, die für einen Schutz von Kronzeugenunterlagen spreche, verlangten nicht, dass dieser Zugang systematisch verweigert werden kann. Jeder Antrag auf Einsicht in die fraglichen Dokumente unterliege einer Einzelfallbeurteilung.[296] In der neueren Entscheidung *EnBW* hat der EuGH dagegen die generelle Verweigerung der Kommission, Zugang zu abstrakt umschriebenen Kategorien von Unterlagen wie Kronzeugendokumente, Auskunftsersuchen, Ermittlungsunterlagen, Beschwerdepunkte und internen Dokumenten

---

[287] EuGH U. v. 14.6.2001, Rs C-360/09, Slg 2011, I-5161 – *Pfleiderer.*

[288] EuGH, U. 6.6.2013, Rs C-536/11, ECLI:EU:C:2013:366 = NZKart 2013, 330, 331 – *Donau Chemie.*

[289] EuGH U. v. 5.6.2014, Rs C-557/12, ECLI:EU:C:2014:1317 = BeckRS 2013, 82370 – *Kone.*

[290] EuGH, U. v. 27.2.2014, Rs C-365/12 P, ECLI:EU:C:2014:112 = NZKart 2014, 140, 141 ff. – *EnBW.*

[291] Vgl. hierzu auch *Fornasier/Sanner,* WuW 2011, 1067, 1071.

[292] AG Bonn WuW/E DE-R 3499, 3502 = GRUR-RR 2012, 178, 179 – *Pfleiderer II;* OLG Düsseldorf NZKart 2013, 39, 40 – *Akteneinsicht in Bonusanträge.*

[293] Vgl. Erwägungsgrund 24.

[294] So ausdrücklich nach Erwägungsgrund 25.

[295] Erwägungsgrund 21.

[296] EuGH U. v. 6.6.2013, Rs C-536/11, ECLI:EU:C:2013:366 = NZKart 2013, 330, 331 – *Donau Chemie.*

zu gewähren, wiederum mit abstrakten Schutzüberlegungen gebilligt.[297] Eine EU-Konformität kann aber unabhängig hiervon bei einer Gesamtbetrachtung der in der Richtlinie vorgesehenen Maßnahmen zur Effektivität der Durchsetzung von Schadensersatzansprüchen angenommen werden.[298]

Der **Schutz von Geschäftsgeheimnissen und persönlichen Daten** ist nach der deutschen Praxis zu § 406e StPO sehr weitgehend vorrangig gegenüber dem Informationsinteresse des Geschädigten, wenn auch nicht absolut geschützt. Jedoch sieht auch § 406e StPO nur die Geheimhaltung oder die Offenlegung vor. Eine Offenlegung bei gleichzeitigem Schutz der geheim zu haltenden Informationen ist gegenwärtig – etwa durch ein In-Camera-Verfahren oder vergleichbaren Methoden (s. o. Rdnr. 137 f.) – nicht vorgesehen. Die Abwägung der Kartellbehörde bei dem Zugang kann daher gegenwärtig nicht schon richtlinienkonform die nach Art. 5 Abs. 3 lit. c) und Abs. 5 geforderten Schutzmaßnahmen berücksichtigen. Insbesondere wäre eine beschränkte Offenlegung der geheim zu haltenden Informationen gegenüber dem seinem Mandanten verpflichteten Rechtsanwalt sehr weitgehend und würde als Schutzmechanismus im Rahmen der Abwägung ein anderes Gewicht haben als die Möglichkeit eines In-Camera-Verfahrens. Die Offenlegung gegenüber dem Rechtsanwalt beantwortet im Übrigen nicht die Frage, ob und wie diese Informationen in den Zivilprozess eingeführt werden können. Denn auf dieser Ebene kann der Rechtsanwalt sicher nicht als vermittelnde Einsichtsperson eingesetzt werden. Die Abwägung sollte daher mit einer Einbettung des Aktenzugangs in den Zivilprozess realisiert werden, insbesondere im Wege der Beiziehung der Akten durch das Zivilgericht (dazu im einzelnen sogleich, Rdnr. 155 ff.). Denn das In-Camera-Verfahren macht nur auf zivilprozessualer Ebene Sinn, da nur dort der zivilrechtliche Anknüpfungspunkt geprüft wird, an dem sich die Erforderlichkeit bemisst. Hinsichtlich der Beiziehung der Bußgeldakte besteht jedoch für die Umsetzung der Richtlinie **erheblicher Regelungsbedarf.** 154

bb) Beiziehung von Verfahrensakten im Zivilprozess. Die Beiziehung von Akten der Kartellbehörde ist gegenwärtig gemäß § 273 Abs. 2 Nr. 2 ZPO zwar möglich, hat in der Praxis bisher jedoch wenig Bedeutung erlangt. Die **Schadensersatzrichtlinie** sieht diese Möglichkeit als **eine Grundkonstellation** an, an der sich die Regelungsgegenstände der Richtlinie orientieren und damit eine zivilprozessuale Lösung vor Augen haben. Die Beiziehung der Akte wird daher **zivilprozessual neu auszugestalten** sein. Sie kann richtlinienkonform dabei nicht weiter gehen als der direkte Anspruch auf Akteneinsicht in die behördlichen Akten. Beide Zugangsformen unterliegen nach der Richtlinie denselben Voraussetzungen und Beschränkungen. Eine Einsicht in die Bonusakten und Settlement-Unterlagen kann daher auch nicht mit der Beiziehung der Bußgeldakten erreicht werden. 155

Eine die Richtlinienkonformität absichernde gesetzliche Regelung der Beiziehung von Bußgeldakten auf der Grundlage § 273 Abs. 2 Nr. 2 ZPO ist dabei unbedingt erforderlich, zumal die Norm lediglich als Grundlage für prozessleitende, nur vorbereitende Maßnahmen geschaffen ist. Eine richtlinienkonforme Auslegung könnte nur in die „Kann"-Regelung einfließen. Es besteht aber auch angesichts der eher sorglosen Rechtsprechung des OLG Hamm[299] in diesem Bereich **erheblicher Regelungsbedarf hinsichtlich des Schutzniveaus** und der Pflichten des Zivilgerichts zum Umgang mit dem Akteninhalt. 156

Die Rechtsprechung des OLG Hamm zur Beiziehung von wegen eines Strafverfahrens bei der Staatsanwaltschaft befindlichen Bußgeldakten, die derzeit zusammen mit einer Entscheidung des BVerfG[300] noch die einzige richterliche Leitlinie für die Einsicht in kartellbehördliche Akten darstellt, wird weder den gegenwärtigen Vorgaben des EuGH, noch den Richtlinienvorgaben gerecht. Für die Beiziehung von Bußgeldakten sind gegenwärtig 157

[297] EuGH, U. v. 27.2.2014, Rs C-365/12 P, ECLI:EU:C:2014:112 = NZKart 2014, 140, 141 ff. – *EnBW.*

[298] Vgl. *Fiedler,* BB 2013, 2179, 2184; *Mederer,* EuZW 2013, 847, 850; aA *Kersting,* WuW 2014, 564, 566 f.

[299] OLG Hamm NZKart 2014, 107 ff. – *Akteneinsicht in Kronzeugenanträge.*

[300] BVerfG WuW/E DE-R 4213 ff. = NZKart 2014, 191, 192 – *Aufzugskartell.*

§§ 474 ff. StPO maßgeblich. Danach erhalten Gerichte, Staatsanwaltschaften und andere Justizbehörden Akteneinsicht, wenn dies für Zwecke der Rechtspflege erforderlich ist. Nach der Rechtsprechung fallen auch Zivilgerichte in diesen Anwendungsbereich, die für die Erforderlichkeit und Umfang der Anforderung dann gemäß § 477 Abs. 4 StPO die alleinige Verantwortung tragen.[301] Eine Prüfung der konkreten Erforderlichkeit für die Aufgabe des Zivilgerichts kann die Kartellbehörde nach § 477 Abs. 4 S. 2 StPO nur vornehmen, wenn ein besonderer Anlass zu einer weitergehenden Prüfung der Zulässigkeit besteht. § 477 StPO enthält wenige zwingende Versagungsgründe, insbesondere aber wenn der Übermittlung Zwecke des Strafverfahrens, auch die Gefährdung des Untersuchungszweck in einem anderen Strafverfahren, entgegen stehen. Keinerlei Regelungen enthält § 477 StPO zum Schutz von Geschäftsgeheimnissen oder personenbezogenen Daten mit Ausnahme der Zweckbindung in § 477 Abs. 5 StPO.[302]

158 In Straf- bzw. Bußgeldakten befindliche **Bonusanträge** führen nach der Rechtsprechung des OLG Hamm weder zu einer Prüfung der Zulässigkeit aus besonderem Anlass noch zu einem Versagungsgrund wegen der Gefährdung von Untersuchungszwecken.[303] Diese Sichtweise ist nach gegenwärtiger Rechtslage europarechtswidrig, da hiermit die nach der EuGH-Rechtsprechung zwingend erforderliche Interessenabwägung im Rahmen der Prüfung eines besonderen Anlasses erst abgelehnt und sodann im Rahmen der Prüfung des Versagungsgrund auf das Fehlen einer Interessenabwägung für diese Frage hingewiesen wird. Die alleinige Verantwortung des Zivilgerichts, das auf der Grundlage des lediglich prozessleitenden Charakter aufweisenden § 273 Abs. 2 Nr. 3 ZPO tätig wird, kann den europarechtlich eindeutig bereits jetzt zwingend erforderlichen Schutz der Kronzeugenprogramme nicht hinreichend bieten. Denn auch hier ist keine materielle Interessenabwägung vorgesehen.

159 Die vom BVerfG geforderte Abwägung durch den Zivilrichter bei der Akteneinsicht und Verwertung der Aktenbestandteile bezieht sich nur auf den grundrechtlichen Schutz von **personenbezogenen Daten sowie schutzwürdiger Geschäftsgeheimnisse.** Hierbei können auch die Wertungen von § 406e und § 477 StPO einfließen. Anknüpfungspunkt hierfür sei § 299 Abs. 1 ZPO, der kein unbedingtes Recht auf Einsicht in die Beiakten gewähre.[304] Ob Kronzeugenprogramme hierzu gehören, hat das BVerfG als Frage des einfachen Rechts dagegen offengelassen.[305] Eine über den Grundrechtsschutz hinausgehende Abwägung sieht die ZPO jedoch ausdrücklich nicht vor. Nach der Richtlinie ist es dem Richter dagegen sogar verboten, eine solche Beiziehung mit Blick auf die Bonusanträge zu betreiben oder die Bonusanträge in die Abwägung einzubeziehen, es sei denn, er will die Natur der Unterlagen als solche überprüfen. Es besteht daher an dieser Stelle dringender **gesetzgeberischer Handlungsbedarf,** um das Beiziehungsverfahren klar zu regeln.[306]

160 Die existierenden Regelungen der ZPO sind insgesamt keine geeigneten Anknüpfungspunkte für die von der Richtlinie und auch von der bereits jetzt existierenden EuGH-Rechtsprechung geforderte materielle Absicherung eines Zusammenspiels von privater und öffentlicher Durchsetzung des Kartellrechts. Es ist hier das **materielle und prozessuale Verhältnis** zum direkten Zugangsanspruch nach § 406e StPO zu klären. Dabei ist insbesondere problematisch, dass die vorbereitende Akteneinsicht nach § 406e StPO die von der Richtlinie bei der Interessenabwägung zu berücksichtigenden Schutzmaßnahmen wie z. B. ein In-Camera-Verfahren nicht vorsieht. Die Interessenabwägung nach § 406e StPO bleibt daher notwendigerweise unvollständig. Eine Herausgabe der geheimhaltungsbedürften Aktenteile an den Rechtsanwalt oder an einen Dritten erreicht im Vergleich zu einem ge-

---

301 OLG Hamm NZKart 2014, 107, 110 – *Akteneinsicht in Kronzeugenanträge;* BVerfG NZKart 2014, 191, 192 – *Aufzugskartell;* vgl. hierzu auch *Heinichen* NZKart 2014, 83 ff.; *Gussone* BB 2014, 533.

302 Vgl. ausführlich hierzu *Heinichen,* NZKart 2014, 83, 85 ff.

303 OLG Hamm NZKart 2014, 107, 110 ff.

304 BVerfG WuW/E DE-R 4213, 4216 = NZKart 2014, 191, 192 – *Aufzugskartell.*

305 BVerfG WuW/E DE-R 4213, 4216 = NZKart 2014, 191, 192 – *Aufzugskartell.*

306 So auch *Steger,* BB 2014, 963, 969.

richtlichen In-Camera-Verfahren kein vergleichbares Schutzniveau und würde im Rahmen der Interessenabwägung zu einem anderen Ergebnis führen.

Die Einführung der Akten in den Zivilprozess ist darüber hinaus eine von der Richtlinie zwingend geforderte Prozesssituation, die den **Status einer Beweiserhebung** benötigt und nicht mit einfachen, im Ermessen des Richters stehenden prozessleitenden Verfügungen durchgeführt werden kann. Es sind dabei u. a. auch die Regelungen des Art. 6 Abs. 7 umzusetzen, wonach der Richter die Akten zur Überprüfung, ob sie tatsächlich gesperrte Inhalte enthält, anfordern kann und hierfür zuvor ein **Anhörungsverfahren** durchführen muss. Die Offenlegung des Inhalts der Akte muss nach denselben Grundsätzen wie bei den privaten Offenlegungspflichten verhältnismäßig sein. Der Geheimnisschutz muss ebenfalls dabei gleichzeitig mit einem ausreichenden Verfahren – insbesondere einem In-Camera-Verfahren – berücksichtigt werden (s. o. Rdnr. 137 f.). 161

c) Sanktionen bei Verletzung der Offenlegungsverpflichtung. Einen schwierig umzusetzenden Regelungsbedarf generiert schließlich die Vorgabe der **Schadensersatzrichtlinie** in Art. 8, in bestimmten Fällen Sanktionen gegen die Parteien, Dritte und ihre rechtlichen Vertreter verhängen zu können, wenn die **Offenlegungspflichten nicht verfolgt oder vereitelt werden.** Im Einzelnen sieht die Regelung vor, dass Sanktionen zu verhängen sind, wenn die Anordnung eines nationalen Gerichts zur Offenlegung nicht befolgt bzw. die Offenlegung verweigert wird (Art. 8 Abs. 1 lit. a), wenn relevante Beweismittel vernichtet werden (Art. 8 Abs. 1 lit. b), wenn gerichtliche Anordnungen zum Schutz vertraulicher Informationen verletzt werden (Art. 8 Abs. 1 lit. c) sowie wenn die zulässigen Grenzen der Nutzung von zugänglich gemachten Beweismitteln überschritten werden (Art. 8 Abs. 1 lit. d). Adressaten dieser Sanktionen sind nach der Richtlinie offenbar alle zur Offenlegung verpflichteten Personen, einschließlich der zu den „Dritten" gehörenden Kartellbehörden. Dabei ist zunächst völlig offen, welche Sanktion für welche Partei zur Verfügung stehen muss. Die Mitgliedstaaten sind in der Wahl der Sanktionen völlig frei. 162

Die Richtlinie sieht lediglich vor, dass im Fall einer Pflichtverletzung **durch eine Prozesspartei** die Regelung von **Beweisvermutungen** in Betracht kommt. Dabei stellt sich der Richtliniengeber insbesondere vor, dass eine Tatsache, für die entgegen richterlicher Anordnung Beweismittel **nicht vorgelegt oder vernichtet** wurden, als bewiesen gelten kann. Dies ist mit gegenwärtigen Regelungen im Zivilprozess noch nicht zu erfüllen. Zwar sieht die ZPO für den **Urkundsbeweis,** um den es bei Nichtvorlegung oder Vernichtung in erster Linie gehen wird, z. B. mit § 427 ZPO für nicht vorgelegte Urkunden durch den Gegner und mit § 444 ZPO für die Folgen der Beseitigung einer Urkunde Beweisvermutungen vor. Diese Regelungen erfordern jedoch (u. a.) die Bezugnahme auf spezifische Urkunden, die die Prozesspartei im Schriftsatz bzw. der Richter in seiner Vorlageanordnung genau bezeichnen muss. Auch ist die Vermutungsfolge in § 444 ZPO nur für die absichtliche Vernichtung vorgesehen, während die Richtlinie – anders als der Richtlinienvorschlag der Kommission[307] – zur Frage des Vorsatzes oder der Fahrlässigkeit keinerlei Stellung nimmt. Es bleibt damit den Mitgliedsstaaten überlassen, die Vernichtungsvarianten hinsichtlich Vorwerfbarkeit und angemessener Sanktion auszudifferenzieren. Wer im Übrigen wiederum für die Vernichtung der – in den Anordnungen der Richter nach dem Discovery-System zwangsläufig noch nicht genau bezeichneten – Beweismittel die Beweislast trägt, muss ebenfalls bestimmt werden. Liegt diese beim Geschädigten, würde die Beweisvermutung keine Wirkung entfalten, sondern die Nachweispflicht bezüglich der Tatsache lediglich in den Vernichtungsbeweis verlagert. 163

Im Übrigen könnte für die Verletzung von Schutzpflichten vertraulicher (Privat-) Informationen (nach Art. 8 Abs. 1 lit. c) z. B. auf den **Straftatbestand nach § 203 StGB** zurück gegriffen werden, der entsprechend bezogen auf die Normadressaten erweitert werden müsste. Auch die Überschreitung der insbesondere in Art. 7 Abs. 3 vorgesehenen Grenze 164

[307] Vgl. Kommission, Richtlinienvorschlag vom 11.6.2013, Art. 8 Abs. 1 lit b) Nr. i–iii; S. 42 des Vorschlagsdokuments.

des Nutzungsrechts von Akteninformationen könnte hier einfließen. Die Richtlinie sieht allerdings vor, dass Sanktionen auch durch das nationale Gericht verhängt werden können, und meint damit offenbar den Zivilrichter, der die Offenlegung angeordnet hat. Für die Durchsetzung der Offenlegung im konkreten Prozess wäre eine Sanktionsgewalt des Zivilrichters auch sinnvoll. Dies dürften nach den üblichen deutschen Zivilprozessregeln jedoch nur die **Ordnungshaft oder das Ordnungsgeld** sein. Soweit eine vorgeschaltete Verurteilung zur Auskunfserteilung nicht befolgt wird, können die Urteile **vollstreckt** werden.

IV. Verjährung

165 Die anwendbaren deutschen Verjährungsregelungen für Kartellschadensersatzansprüche aus Art. 101 und 102 AEUV entsprechen nicht vollständig der **Schadensersatzrichtlinie. Gesetzgeberischer Handlungsbedarf** besteht hinsichtlich Beginn und Fristendauer einschließlich des Beendigungszeitpunkt der Verjährungshemmung durch ein Kartellverfahren.

166 **1. Beginn und Dauer der Verjährungsfrist.** Nach **gegenwärtiger Rechtslage** gelten für den Verjährungsbeginn und die Fristendauer bei Kartellschadensersatzansprüchen keine besonderen Regelungen. Es gilt die **regelmäßige Verjährungsfrist** von drei Jahren nach § 195 BGB. Die **Richtlinie** sieht in Art. 10 Abs. 3 dagegen eine Frist von **mindestens fünf Jahren** vor, so dass eine Sonderregelung für Kartellschadensersatzansprüche erforderlich wird. Die in § 199 Abs. 3 BGB vorgesehene Verjährungshöchstfrist, die ohne Rücksicht auf Kenntnis oder grob fahrlässige Unkenntnis 10 Jahre beträgt, dürfte richtlinienkonform sein. Die Richtlinie enthält insoweit keine ausdrücklichen Fristenregelungen. Erwägungsgrund 32 der Richtlinie stellt jedoch klar, dass die Mitgliedstaaten absolute Verjährungsfristen vorsehen können, soweit diese die Durchsetzung der Schadensersatzansprüche nicht übermäßig erschweren. Dies dürfte jedenfalls unter Berücksichtigung der (auch von der Richtlinie geforderten) Verjährungshemmungsregelung in § 33 Abs. 5 GWB mit einer Frist von insgesamt 10 zählbaren Jahren nicht der Fall sein.

167 Der Beginn der Frist richtet sich nach § 199 Abs. 1 BGB, wonach die Frist mit dem Schluss des Jahres, in dem der Anspruch entstanden ist und der Gläubiger positive Kenntnis von den den Anspruch begründenden Umständen und der Person des Schuldners erlangt hat oder ohne grobe Fahrlässigkeit hätte erlangen müssen, beginnt. Auch für den Fristenbeginn enthält die Richtlinie besondere Vorgaben. Gemäß **Art. 10 Abs. 2 der Richtlinie** muss gesetzlich sichergestellt werden, dass die Verjährungsfrist **nicht vor der Beendigung des Kartellverstoßes** zu laufen beginnt. Dieser Zeitpunkt entspricht ebenso wie die Frist dem üblichen Beginn der Verfolgungsverjährung nach § 31 Abs. 3 OWiG bzw. § 78a StGB. Beendet ist die Tat, wenn sämtliche zu einer Bewertungseinheit zusammengefasste Taten beendet sind.[308] Dieser Zeitpunkt fällt nicht notwendigerweise zusammen mit dem Zeitpunkt der Anspruchsentstehung. Denn der Anspruch ist bereits entstanden, sobald er im Wege der Klage geltend gemacht werden kann.[309] Deliktische Ansprüche entstehen mit Eintritt eines Schadens. Hierfür ist jedoch nicht der Eintritt des Gesamtschadens maßgeblich. Denn nach dem Grundsatz der Schadenseinheit reicht es für den Gesamtanspruch schon aus, wenn aus der unerlaubten Handlung ein fälliger Anspruch auf Ersatz eines Teilschadens entstanden ist.[310] Hiernach ist ein Schadensersatzanspruch bereits entstanden, wenn ein Kartell auf der Grundlage einer Grundvereinbarung die erste von mehreren Preiserhöhungsrunden durchgeführt hat. Allerdings liegt dann in der Regel eine ausreichende Kenntnis des Gläubigers von dem Anspruch nicht vor. Diese erhält er häufig erst durch das Bekanntwerden eines Kartellverfahrens.

168 Eine hinreichende **Kenntnis oder ein Kennenmüssen** des Schadensersatzanspruchs durch einen Kartellverstoß ist dabei anzunehmen, wenn der Gläubiger sich aus den be-

[308] Vgl. *Langen/Bunte-Raum,* Deutsches Kartellrecht, 12. Auflage, § 81 Rdnr. 202.
[309] BGHZ 55, 340; 73, 365, 79, 178.
[310] Vgl. *Palandt-Ellenberger,* BGB, 73. Auflage, § 199 Rdnr. 14, 16 m. w. N.

kannt gewordenen Tatsachen seine mögliche Anspruchsberechtigung erschließen konnte.[311] Dafür kann nach gegenwärtiger Rechtsprechung insbesondere eine hinreichende Berichterstattung über den Abschluss eines behördlichen Kartellverfahrens schon ausreichen. [312] Eine Berichterstattung über laufende Ermittlungen der Kartellbehörde reicht dagegen nicht aus.[313] Auch die Zustellung eines Auskunftsersuchens reicht nicht aus, um hieraus auf eine Anspruchsberechtigung schließen zu können.[314] Nach der geltenden Rechtslage ist dabei nicht entscheidend, ob der Gläubiger alle Tatumstände in tatsächlicher und rechtlicher Hinsicht zutreffend würdigte oder sich der eigenen Gläubigerstellung aktuell bewusst war.[315] Dies entspricht der **Schadensersatzrichtlinie** die nach Art. 10 Abs. 2 für den Beginn der Verjährungsfrist ebenfalls lediglich fordert, dass der Gläubiger vernünftigerweise das konkrete Verhalten (lit. a), die Tatsache des Schadenseintritts (lit. b) sowie die Identität des Schädigers (lit. c) kennen konnte.[316]

2. Hemmung der Verjährung nach § 33 Abs. 5 GWB. Gemäß § 33 Abs. 5 GWB wird die Verjährung eines Schadensersatzanspruchs nach § 33 Abs. 3 GWB gehemmt, wenn die Behörden, deren Entscheidungen Tatbestandswirkung entfalten, ein **Verfahren einleiten.** Dieses dient der Absicherung der in § 33 Abs. 4 GWB geregelten Tatbestandswirkung. Denn kartellbehördliche Verfahren sind häufig langwierig, so dass der zivilrechtliche Anspruch bei Abschluss des Verfahrens bereits verjährt sein könnte.[317] 169

Diese Regelung ist mit Ausnahme der sog. **Distanzfrist** bereits jetzt richtlinienkonform. Art. 10 Abs. 4 der Richtlinie überlässt es dem nationalen Recht, ob die Verfahrenseinleitung die Verjährung hemmt oder unterbricht (bzw. nach BGB-Terminologie: einen Neubeginn bewirkt, § 212 BGB). Die Hemmungswirkung darf allerdings **frühestens ein Jahr nach** bestandskräftigen bzw. rechtskräftigen Abschluss des Verfahrens bzw. einer anderweiten Beendigung enden. Das Erfordernis der richtlinienkonformen Auslegung dürfte außerdem dazu zwingen, die Regelung des § 33 Abs. 5 GWB analog auf Altfälle anzuwenden, soweit diese noch nicht verjährt sind. Dies dürfte auch schon nach gegenwärtiger Rechtslage im Hinblick auf Art. 169 EGBGB geboten sein.[318] 170

Unerheblich ist nach deutschen **Verfahrenskategorien,** welcher Art dieses Verfahren ist. Denn auch § 33 Abs. 4 GWB unterscheidet nicht nach Entscheidungen in bestimmten Verfahrensarten. Es kommen daher **Bußgeld- und Verwaltungsverfahren** gleichermaßen in Betracht. Zur Verfolgung von Hard-Core-Kartellen, auf die die Schadensersatzregeln vor allem zielen, werden jedoch in aller Regel Bußgeldverfahren geführt. Dieses gilt in Deutschland – anders als auf EU-Ebene – dagegen nicht für Missbrauchsverfahren nach Art. 102 AEUV, die in der Regel durch eine Untersagungsverfügung und nicht durch einen Bußgeldbescheid abgeschlossen werden. 171

Der Begriff der **Verfahrenseinleitung** kann Probleme bereiten. Soweit es sich um eine Entscheidung der Kommission handelt, ist auf den förmlichen Verfahrenseinleitungsbeschluss abzustellen.[319] Nach deutschem Recht ist ein formaler Rechtsakt hierfür nicht vor- 172

---

[311] OLG Düsseldorf WuW/E DE-R 4601 = NZKart 2015, 201, 202 – *Schadensersatz aus Zementkartell (CDC);* BGH NJW 2015, 1007, 1008.

[312] OLG Düsseldorf WuW/E DE-R 4601 = NZKart 2015, 201, 202 – *Schadensersatz aus Zementkartell (CDC);* vgl. auch *Lotze* NZKart 2014, 175, 177.

[313] Vgl. auch LG Berlin WuW/E DE-R 4456 ff. = NZKart 2014, 37, 39 – *Schadensersatz in Altfällen.*

[314] AA *Lotze,* NZKart 2014, 175, 177.

[315] LG Düsseldorf WuW/E DE-R 4087 = NZKart 2014, 75, 79 – *Zementkartell II; Müko-Grothe,* BGB, § 199, Rdnr. 25.

[316] *Kersting,* WuW 2014, 564, 573 meint dagegen, dass eine rechtliche Würdigung des Schädigers verlangt wird.

[317] *Regierungsbegründung,* BT-Drucks. 15/3640, S. 55.

[318] AA LG Düsseldorf WuW/E DE-R, 4087 = NZKart 2014, 75, 79 – *Zementkartell II; Langen/Bunte-Bornkamm,* Deutsches Kartellrecht, 12. Auflage, § 33 Rdnr. 174; *Bechtold,* GWB, 7. Auflage § 33, Rdnr. 38; *Bien/Harke* ZWeR 2013, 312 ff.; wie hier *Wagner/von Olshausen,* ZWeR 2013, 121, 130 ff.; *Pohlmann,* WuW 2013, 357, 361 ff.; *Immenga/Mestmäcker-Fuchs,* GWB, 4. Auflage, § 131, Rdnr. 22.

[319] AA *Soyez,* WuW 2014, 937, 939.

gesehen. § 54 Abs. 1 GWB spricht zwar von der Verfahrenseinleitung durch die Kartellbehörde, definiert diese jedoch nicht. Der Zeitpunkt einer Verfahrenseinleitung und damit der Beginn der Verjährungshemmung kann daher häufig unklar sein.[320] Für **Bußgeldverfahren** kann in erster Linie auf die Regelung über die **Verjährungsunterbrechung** nach § 33 Abs. 1 Nr. 1–15 OWiG zurückgegriffen werden. Hierfür spricht auch die parallele Vorschrift zur Verjährungsunterbrechung in § 81 Abs. 9 GWB. In der Praxis wird ein Bußgeldverfahren vor allem durch die **Durchsuchungsanordnung** eingeleitet. Darüber hinaus stellt spätestens die Zustellung des **Beschuldigungsschreibens** an das betroffene Unternehmen oder die betroffene Person eine verjährungshemmende Handlung der Kartellbehörde dar. Bei einem von Amts wegen oder auf Beschwerde geführten **Missbrauchs- oder Untersagungsverfahren** ist der Zeitpunkt der Verfahrenseinleitung fraglich. Nicht ausreichend ist hierfür die bloße Aktenanlage bei der Kartellbehörde nach Eingang einer Beschwerde. Für eine Verjährungshemmung ist vielmehr ein klarer Anknüpfungspunkt zu suchen, der frühestens – ähnlich wie bei den Bußgeldverfahren – in einem nach außen gerichteten Ermittlungsschritt, insbesondere in einem förmlichen **Auskunftsbeschluss** gemäß § 59 GWB bestehen kann,[321] spätestens jedoch mit der **Abmahnung** des beanstandeten Verhaltens vorliegt.[322] Auch ein **Beiladungsbeschluss** dürfte für die Verfahrenseinleitung ausreichen, da die Beiladung ein laufendes Verfahren voraussetzt.

173 Schließlich **endet** die Verjährungshemmung nach gegenwärtiger Rechtslage nach Maßgabe des entsprechend anzuwendenden § 204 Abs. 2 BGB. Danach endet die Hemmung **sechs Monate nach der rechtskräftigen Entscheidung** oder **anderweitigen Beendigung** des eingeleiteten Verfahrens. Als anderweitige Beendigung kommt insbesondere die Einstellung des Verfahrens aus Ermessensgründen der Kartellbehörde in Betracht. Diese Distanzfrist entspricht nicht der **Schadensersatzrichtlinie,** die eine Frist von **mindestens einem Jahr** fordert. Dies erfordert daher eine Sonderregelung für kartellrechtliche Ansprüche.

174 Bei Abschluss durch eine **Verbotsentscheidung,** die gemäß § 33 Abs. 4 GWB Tatbestandswirkung entfaltet, endet die Verjährungshemmung gegenwärtig sechs Monate nach **Bestandskraft** der Verbotsentscheidung oder sechs Monate nach der **rechtskräftigen Aufhebung** der Verbotsentscheidung (§ 204 Abs. 2 S. 1 BGB). Letzteres hat nur für Entscheidungen im Verwaltungsverfahren Bedeutung, da im Bußgeldverfahren die Entscheidung der Behörde nicht aufgehoben wird. Die Aufhebung der Verbotsentscheidung kann aus verschiedenen, z.B. formalen Gründen erfolgen, so dass eine Verjährungsfrist für eine zivilrechtliche Geltendmachung weiterhin sinnvoll ist. Im Übrigen wird ein kartellbehördliches Verfahren durch schlichte **Einstellung** beendet. Ein **Bußgeldverfahren** wird nach Maßgabe des § 47 OWiG eingestellt. Die Kartellbehörde kann das Verfahren danach einstellen, solange es bei ihr anhängig ist. Dieses erfolgt durch eine Einstellungsverfügung, die dem Betroffenen in der Regel formlos bekannt gemacht wird.[323] Maßgeblich für den Zeitpunkt der Hemmungsbeendigung ist die Verfügung, nicht die Bekanntgabe. Nach Abgabe an die Staatsanwaltschaft hat diese die Dispositionsbefugnis über das Verfahren. Das Gericht stellt nach § 47 Abs. 2 OWiG das Verfahren mit Zustimmung der Staatsanwaltschaft durch Beschluss ein. Für ein **Verwaltungsverfahren** gibt es wie bei der Einleitung keinen förmlichen Rechtsakt für die Einstellung. Nach allgemeinem Verwaltungsrecht reicht hierfür ein nach außen erkennbarer Beendigungsakt, in dem die Behörde gegenüber den Beteiligten formlos zum Ausdruck bringt, dass sie das Verfahren nicht weiter betreibt.[324] In der Regel

---

[320] Vgl. *Immenga/Mestmäcker-Schmidt,* GWB, 4. Auflage, § 54 Rdnr. 6; *Hempel,* WuW 2005, 137, 145.

[321] Ein von der Hauptsache zu trennendes Vorverfahren oder „Auskunftsverfahren" ist nicht anzunehmen, vgl. *Immenga/Mestmäcker-Klaue,* GWB, 4. Auflage, § 59 Rdnr. 6; anders wohl *Immenga/Mestmäcker-Schmidt,* GWB, 4. Auflage, § 54 Rdnr. 6.

[322] *Immenga/Mestmäcker-Schmidt,* GWB, 4. Auflage, § 54 Rdnr. 6, str.

[323] Vgl. *Göhler,* OWiG, 16. Auflage, vor § 59, Rdnr. 157.

[324] VGH München NJW 1988, 1615, 1615; *Stelkens/Bonk/Sachs,* VwVfG-Kommentar, 7. Auflage, § 29, Rn. 33.

erfolgt die Einstellung des Verfahrens durch ein einfaches Schreiben an die Unternehmen bzw. die Beschwerdeführer, so dass der Zeitpunkt zumeist bestimmbar sein wird.

Gerät das Verfahren dadurch in **Stillstand,** dass die Parteien es nicht betreiben, so tritt **175** nach § 204 Abs. 2 S. 2 BGB an die Stelle der Beendigung des Verfahrens die letzte Verfahrenshandlung der Parteien, des Gerichts oder der sonst mit dem Verfahren befassten Stelle. Da die kartellbehördlichen Verfahren nach Art. 101, 102 AEUV nicht der Dispositionsbefugnis von Parteien unterliegen, sondern von Amts wegen geführt werden, kann es bei der entsprechenden Anwendung nicht auf den Betreibungswillen der Parteien ankommen. Vielmehr ist hier vor allem das Verhalten der Kartellbehörde maßgeblich. Schwierig ist hier jedoch, ein „Nichtbetreiben" an einem bestimmten Verhalten festzumachen. Denn sehr häufig „ruhen" die Verwaltungs- und Bußgeldverfahren des Bundeskartellamtes, ohne dass dieses durch eine Verfügung oder ein sonstiges Verhalten erkennbar wäre. Hieraus lässt sich allerdings nicht schließen, dass die Kartellbehörde das Verfahren nicht mehr betreibt. Denn die Verjährungshemmung ist gerade im Hinblick auf die Langwierigkeit von Kartellverfahren geschaffen worden.[325] Die Langwierigkeit ist jedoch vor allem durch fristgebundene oder sonstige vorrangige Verfahren verursacht, so dass dieser Umstand die Verjährungshemmung nicht beenden kann. Zu fordern ist daher ein erkennbares positives Verhalten der Behörde, mit dem das Ruhen des Verfahrens verfügt wird oder nach außen bekanntgegeben wird, dass das Verfahren derzeit nicht betrieben wird. Eine Regelung des Beendigungszeitpunkts für den Fall des Nichtbetreibens wäre im Zusammenhang mit der Umsetzung der Richtlinie wünschenswert, zumal der Verweis auf § 204 Abs. 2 BGB nicht aufrecht erhalten werden kann.

2. Abschnitt. Verwaltungsrecht

§ 51 Entscheidungsbefugnisse der Kartellbehörden und Vorteilsabschöpfung

Übersicht

[325] *Regierungsbegründung,* BT-Drucks. 15/3640, S. 55.

Schrifttum: *Baron/Kretschmer,* Kontraste – Meinungen zur 6. GWB-Novelle, WuW 1998, 651 ff.; *Bechtold,* Die 8. GWB-Novelle, NZ Kart 2013, 263 ff.; *Becker/Hossenfelder,* Einführung in das neue Kartellrecht, 2006; *Bergmann,* Praktische Fragen im Zusammenhang mit Zusagenentscheidungen nach Art. 9 Abs. 1 VO Nr. 1/2003, WuW 2014, 467 ff.; *Bien,* Erleichterungen des privaten Rechtsschutzes im Kartellrecht durch die 8. GWB-Novelle, ZWeR 2013, 448 ff.; *Bornkamm,* Die Verpflichtungszusage nach § 32b – Ein neues Instrument im deutschen Kartellverwaltungsverfahren, Festschrift Bechtold, 2006, 45 ff.; *Bosch/Fritzsche,* Die 8. GWB-Novelle – Konvergenz und eigene wettbewerbspolitische Akzente, NJW 2013, 2225 ff.; *Daiber,* Wasserversorgung und Vergleichsmarktkonzept, NJW 2013, 1990 ff.; *Dannecker/Dannecker/Müller,* Das Kartellordnungswidrigkeitenrecht nach der 8. GWB-Novelle: weiterer Reformbedarf?, ZWeR 2013, 417 ff.; *Dreher/Thomas,* Die Beschränkung der Vertragsabschlussfreiheit durch kartellbehördliche Verfügung, NJW 2008, 1557 ff.; *Engelhoven/Meinhold-Heerlein,* Antragstellung nach § 32c GWB – Erhöhung der Rechtssicherheit für Unternehmen, WuW 2014, 575 ff.; *Fuchs,* Die 7. GWB-Novelle – Grundkonzeption und praktische Konsequenzen, WRP 2005, 1384 ff.; *ders.,* Kontrollierte Dezentralisierung der europäischen Wettbewerbsaufsicht, EuR-Beiheft 2/2005, 77 ff.; *ders.,* Die Gruppenfreistellungsverordnung als Instrument der europäischen Wettbewerbspolitik im System der Legalausnahme, ZWeR 2005, 1 ff.; *ders.,* Die Anordnung von Wiedergutmachungszahlungen als Inhalt kartellbehördlicher Abstellungsverfügungen nach § 32 GWB?, ZWeR 2009, 176 ff.; *Hempel,* War da nicht noch etwas? – Zum kollektiven Rechtsschutz im Kartellrecht, NZ Kart 2013, 494 ff.; *Kahlenberg/Neuhaus,* Die Achte GWB-Novelle: Reform des deutschen Kartellrechts, BB 2013, 131 ff.; *Karl/Reichelt,* Die Änderungen des Gesetzes gegen Wettbewerbsbeschränkungen durch die 7. GWB-Novelle, DB 2005, 1436 ff.; *Lohse,* Preiskartelle als fehlerhafte Gesellschaften? – Anmerkungen zu dem Kartellverwaltungsverfahren Nord-KS/Xella, Fs. Säcker, 2011, 827 ff.; *Maier-Rigaud,* Zur Subsidiarität struktureller Maßnahmen im europäischen Wettbewerbsrecht, WuW 2012, 487 ff.; *Podszun,* Paradigmenwechsel in der kartellbehördlichen Befugnisausübung: Grundlagen, Gefahren, Grenzen, ZWeR 2012, 48 ff.; *Raum,* Vorteilsabschöpfung im Kartellrecht, - Viele Wege zu einem Ziel, Fs. Hirsch, 2008, 301 ff.; *Ritter/Käseberg,* Der Regierungsentwurf zur 8. GWB-Novelle, WuW 2012, 661 ff.; *K. Schmidt,* Umdenken im Kartellverfahrensrecht, BB 2003, 1237 ff.; *ders.,* Gemeinschaftsunternehmen, Wettbewerbsverbote und Immanenztheorie – Zwei Lehrstücke zwischen Gesellschafts- und Kartellrecht: „Nord-KS/Xella" (2008) und „Gratiszeitung Hallo" (2009), Festschrift Säcker, 2011, 949 ff.; *R. Werner,* Rechtsfolgen bei Wettbewerbsverstößen im GWB, FIW-Schriftenreihe, Schwerpunkte 1977/78, Heft 86, S. 49ff; *Westermann,* Die Entscheidung des BGH zum Lotteriewettbewerb, ZWeR 2010, 81 ff.; *Wiedemann,* Auf der Suche nach der verlorenen Rechtssicherheit, Fs. Bechtold, 2006, 627 ff.

A. Entscheidungsbefugnisse der Kartellbehörden

I. Einführung

1 Die Befugnisse der KartB bei Verstößen gegen Verbote des GWB oder Art. 101 und 102 AEUV sind in den §§ 32 bis 32d und § 34 geregelt. § 32 gibt den KartB die Befugnis, solche Verstöße zu untersagen. Mit der 7. GWB-Novelle (2005) wurde diese Befugnis um die Möglichkeit einer **positiven Tenorierung** (d.h. die Anordnung von Maßnahmen zur Abstellung von Zuwiderhandlungen) und der **nachträglichen Feststellung** eines Verstoßes erweitert. Ferner wurden die Regelung über **einstweilige Maßnahmen** neu gefasst (§ 32a) und das Instrument der **Verpflichtungszusagen** (§ 32b) und ein **„kleines Negativattest"** eingeführt (§ 32c). Außerdem erhielten die KartB die Befugnis, den Vorteil einer gruppenweisen Freistellung zu entziehen (§ 32d). Das ist für zwischenstaatliche Sachverhalte in Art. 29 Abs. 2 VO Nr. 1/2003 geregelt.

2 Im Vergleich zur früheren Rechtslage sind die Befugnisse der KartB differenzierter. Teils wurden Schwächen der früheren Rechtslage beseitigt (wie etwa durch die Kompetenzer-

weiterung in § 32), teils den KartB flexiblere Kompetenzen gegeben (wie etwa die der Verfahrensbeendigung mittels Verpflichtungszusagen in § 32b). Wesentlicher Anstoß für die 7. GWB-Novelle (2005) war die Neuregelung des EG-Kartellverfahrensrechts mit der VO Nr. 1/2003. Nach ihrem Art. 5 sollen (auch) die KartB der Mitgliedstaaten in Einzelfällen für die Anwendung der Art. 101 und 102 AEUV zuständig sein und Zuwiderhandlungen abstellen, einstweilige Maßnahmen anordnen und Verpflichtungszusagen annehmen können. Grundvoraussetzung für die mit der VO Nr. 1/2003 verfolgte verstärkte dezentrale Anwendung des EG-Kartellrechts[1] ist, dass die KartB der Mitgliedstaaten unabhängig von ihrem Sitz über dieselben Entscheidungsbefugnisse bei der Anwendung von Art. 101 und 102 AEUV verfügen. Nur so lässt sich eine einigermaßen harmonisierte Anwendung der Art. 101 und 102 AEUV durch die nationalen KartB gewährleisten. Mit der 7. GWB-Novelle (2005) wurden diese Befugnisse ausdrücklich in das deutsche Kartellrecht übernommen. Sie gelten allerdings nicht nur im Anwendungsbereich der Art. 101 und 102 AEUV, sondern gerade und vor allem auch bei rein nationalen Sachverhalten.

Die 8. GWB-Novelle (2013) stellte klar, dass die KartB Unternehmen nach § 32 nicht 3
nur verhaltensorientierte, sondern auch strukturelle Abhilfemaßnahmen vorschreiben sowie eine Rückerstattung der aus dem kartellrechtswidrigen Verhalten erwirtschaften Vorteile anordnen kann (Abs. 2 bzw. 2a).

Die Entscheidungsbefugnisse in den §§ 32 bis 32d und § 34 sind nicht abschließend. Wei- 4
tere Befugnisse finden sich in den Vorschriften über die Zusammenschlusskontrolle (§§ 35 ff.), das Bußgeldverfahren (§§ 81 ff.) sowie das Kartellverwaltungsverfahren allgemein, dort etwa für Auskunftsverfügungen nach § 59 und einstweilige Anordnungen nach § 60.

Eine Ermittlungs- und keine Entscheidungsbefugnis ist das Recht der KartB zur Unter- 5
suchung einzelner Wirtschaftszweige und Arten von Vereinbarungen (Enquete-Befugnis in § 32e). Sie wird deshalb bei den Ermittlungsbefugnissen behandelt (dazu § 52).

II. Abstellung und nachträgliche Feststellung von Zuwiderhandlungen (§ 32 GWB)

1. Überblick. Vorbild für § 32 GWB ist Art. 7 VO Nr. 1/2003. Wie die Kommission 6
auch kann die KartB Unternehmen verpflichten, eine Zuwiderhandlung abzustellen und ihnen alle Maßnahmen aufgeben, die für eine wirksame Abstellung erforderlich sind.[2] Anders als bis zur 7. GWB-Novelle (2005) kann die KartB den Unternehmen also nicht nur ein bestimmtes Verhalten untersagen (sog. **negative Tenorierung**), sondern sie zu einem bestimmten Verhalten verpflichten (sog. **positive Tenorierung**). Außerdem kann die KartB eine Zuwiderhandlung feststellen, nachdem sie beendet ist.

§ 32 enthält keine enumerative Aufzählung von Wettbewerbsverstößen, sondern eine 7
generelle Befugnis der KartB zur Abstellung bzw. Feststellung aller Tatbestände, die nach dem GWB verboten sind.

Die Abstellung und die Feststellung einer Zuwiderhandlung sind Entscheidungen im 8
objektiven Verfahren. Es ist die Regel. Bußgeldverfahren sind häufig zur Klärung kartellrechtlicher Probleme ungeeignet. Sie sind formstrenger und belasten die Betroffenen stärker. Die in Bußgeldverfahren erforderliche Schuldfeststellung ist bei umstrittenen Rechtsfragen meist schwierig, oft unmöglich.

2. Verfahren. Das Verfahren nach § 32 ist ein **Amtsverfahren.** Die §§ 54 ff. finden 9
Anwendung. Die Zuständigkeit der KartB richtet sich nach §§ 52 bis 54 (s. nachf. § 53 Rdnr. 1 ff.).

---

[1] Begründungserwägung 6 zur VO Nr. 1/2003; dazu auch *Fuchs* EuR-Beiheft 2/2005, 77, 87: Konzentration der Ressourcen der Kommission „auf die ihrer Meinung nach wirklich wichtigen, interessanten und schönen Fälle“ bzw. „Befreiung von der Bearbeitung von Anmeldungen und Routinefällen“.

[2] Instruktiv BGH WuW/E DE-R 2269, 2278 – *Soda Club II.*

10 Die **Einleitung und Durchführung** des Verfahrens steht im **pflichtgemäßen Ermessen** der KartB, das gerichtlich nur eingeschränkt überprüfbar ist.[3] Die KartB kann von Amts wegen oder auf Beschwerden natürlicher oder juristischer Personen tätig werden. Anders als nach europäischem Recht (Art. 7 Abs. 2 VO Nr. 1/2003) müssen die Beschwerdeführer kein „berechtigtes Interesse" darlegen. Auch gibt es für Beschwerden bei den KartB anders als bei der Kommission kein Formblatt (dort Art. 5 bis 9 VO Nr. 773/2004 mit Formblatt C). Es besteht grds. **kein Anspruch** auf ein Tätigwerden der KartB.[4] Sie kann im Rahmen ihres Entschließungsermessens die für und gegen ein Einschreiten sprechenden Gründe abwägen. Steht dem Dritten der Rechtsweg zu den Zivilgerichten offen und kann er einen drohenden Schaden aus eigener Kraft abwenden, darf die KartB das berücksichtigen und ihrerseits ein behördliches Einschreiten ablehnen.[5] Die KartB sollen grds. nicht zur Durchsetzung rein privatrechtlicher Individualinteressen tätig werden.[6] Verwaltungsbehördliches Eingreifen ist gegenüber bestehenden zivilrechtlichen Ansprüchen subsidiär.[7] Deckt sich ein Klageanspruch nach Inhalt und Voraussetzungen mit dem Inhalt einer im Kartellverwaltungsverfahren vorgesehenen Maßnahme, besteht kein Anspruch auf Durchführung einer solchen Maßnahme.[8] Das gilt auch, wenn der Rechtsweg zu den Sozialgerichten[9] oder wenn gegenüber möglichen berufsrechtlichen Maßnahmen einer Apothekerkammer der Rechtsweg zu den Verwaltungsgerichten eröffnet ist.

11 Die Betroffenen haben bei Verstößen gegen Verbote des GWB oder Verfügungen der KartB umfassende zivilrechtliche Ansprüche. Sie können vor den Zivilgerichten **Unterlassungsansprüche** und bei Verschulden **Schadensersatzansprüche** geltend machen (§ 33), z. B. bei einer kartellrechtswidrigen Lieferverweigerung. Voraussetzung dafür ist anders als nach der Rechtslage vor der 7. GWB-Novelle (2005) nicht, dass ein Schutzgesetz verletzt wurde (so § 33 a. F.). Außerdem können ausdrücklich auch Verstöße gegen Art. 101 und 102 AEUV Unterlassungs- bzw. Schadenersatzansprüche nach § 33 begründen. Daneben kommen Ansprüche aus anderen Gesetzen (BGB, UWG, HGB usw.) in Betracht.[10] Ein zivilrechtlicher Schadensersatzanspruch umfasst auch die Befugnis, vorbeugende Unterlassungsansprüche und quasinegatorische Beseitigungsansprüche[11] geltend zu machen. Wie nach § 32 kann auch im Zivilverfahren eine positive Regelung verlangt werden.

12 Selbst wenn nach den Umständen des Einzelfalls nur eine behördliche Entscheidung im Sinne des Betroffenen pflichtgemäß wäre **(„Ermessensreduzierung auf Null")**,[12] gibt § 32 (wie seine Vorgängerregelungen) keinen Anspruch auf Einschreiten der KartB. Etwas anderes gilt allenfalls dann, wenn ein **schwerer Schaden** droht, der auf andere Weise nicht abgewendet werden kann, etwa weil aus rechtlichen oder tatsächlichen Gründen eine zivilrechtliche Klage nicht möglich ist.[13] Die KartB sollen in ihrer Entscheidung begründen, wie sie ihr Ermessen ausgeübt haben.[14]

---

[3] *Bechtold,* GWB, § 32 Rdnr. 5; *FK-Jaeger,* § 32 Rdnr. 11.

[4] BGH ZIP 2001, 807.

[5] BGH WuW/E BGH 2058, 2059 – *Internord;* KG WuW/E OLG 1813, 1815 f. – *Medizinischer Badebetrieb;* WuW/E OLG 4973, 4976 – *Verbandsbeschwerde;* OLG Düsseldorf WuW/E DE-R 545, 546 f. – *Herzklinik.*

[6] BGH WuW/E BGH 2058, 2059 f. – *Internord;* ferner – auch zu abweichenden Meinungen – *R. Werner* FIW-Schwerpunkte 1977/78, 49 ff., 57 ff.

[7] BGH WuW/E BGH 995, 998 – *Taxiflug;* OLG Düsseldorf WuW/E DE-R 545, 546 f. – *Herzklinik.*

[8] BGH WuW/E BGH 995 ff. – *Taxiflug;* WuW/E BGH 3035, 3036 – *Nichtzulassungsbeschwerde;* WuW/E BGH 3113, 3114 – *Rechtsschutz gegen Berufsordnung.*

[9] Vgl. OLG Düsseldorf WuW/E DE-R 545, 546 f. – *Herzklinik.*

[10] *Immenga/Mestmäcker-Emmerich,* GWB, § 33 Rdnr. 113 f.

[11] BGH WuW/E BGH 288, 291 f. – *Großhändlerverband II.*

[12] KG WuW/E OLG 4988, 4989 – *Besteckversand.*

[13] *Immenga/Mestmäcker-Emmerich,* GWB, § 32 Rdnr. 15 ff. mwN.; *FK-Jaeger,* § 32 GWB Rdnr. 13 mwN; aA *MüKo-Keßler,* § 32 GWB Rdnr. 27.

[14] BGH WuW/DE-R 375, 380 – *Flugpreisspaltung,* BKartA WuW/E DE-V 1147, 1160 – *E.ON Ruhrgas.*

Von Kartellrechtsverstößen Betroffene befürchten zuweilen erhebliche Nachteile im Geschäftsverkehr mit dem Normadressaten, wenn sie etwa gegen den Missbrauch einer marktbeherrschenden Stellung bei der KartB Beschwerde führen („Ross und Reiter"-Problematik).[15] Deshalb kann die KartB auf entsprechendes Ersuchen zum Schutz eines Beschwerdeführers ein Verfahren auch **von Amts wegen** einleiten. So soll sichergestellt werden, dass der Name des Beschwerdeführers schon zu Beginn des Verfahrens nicht in den Akten der KartB erscheint. § 70 Abs. 4 ermöglicht der KartB, das beschwerdeführende Unternehmen oder andere Zeugen anonym zu halten, wenn ein Auskunftsverlangen angefochten wird. Dadurch sollen breitere Ermittlungsergebnisse erzielt werden. Außerdem kann dann in einem etwaigen späteren Beschwerdeverfahren über die kartellbehördliche Missbrauchsverfügung auf die Benennung von Zeugen verzichtet werden.[16] Für Abhilfe kann schließlich auch die Enquete-Befugnis in § 32e sorgen (dazu § 52 Rdnr. 55 ff.). 13

3. Abstellungsverfügung (§ 32 Abs. 1 und 2). *a) Allgemein.* Die Anwendung von § 32 Abs. 1 setzt voraus, dass die Unternehmen mit dem beanstandeten Verhalten **bereits begonnen** haben. Ist die Zuwiderhandlung beendet,[17] hat sie also keine Auswirkungen mehr, die mittels Abstellungsverfügung beseitigt werden könnten,[18] kommt nur eine Verfügung nach § 32 Abs. 3 in Betracht. Droht eine Gesetzesverletzung, kann der KartB allerdings nicht zugemutet werden, erst die Verletzung abzuwarten, um dann gegen sie vorzugehen. Sie kann deshalb ausnahmsweise auch schon dann einschreiten, wenn die **ernste Besorgnis** einer drohenden Zuwiderhandlung besteht (Erstbegehungsgefahr).[19] Die beteiligten Unternehmen müssen mit dem kartellrechtlich verbotenen Verhalten also noch nicht begonnen haben; ausreichend ist es vielmehr, wenn nach Abschätzung des voraussichtlichen Verlaufs die ernste Sorge einer drohenden Zuwiderhandlung begründet ist.[20] Das Eingreifermessen der KartB kann dann auf null reduziert sein, um dem Adressaten der auf die Erstbegehungsgefahr hin erlassenen Verfügung eine effektive nachträgliche Kontrolle zu ermöglichen.[21] Zwar ist eine auf Untersagung gerichtete Abstellungsverfügung nicht mehr möglich, sobald die Unternehmen die betreffende Verhaltensweise aufgegeben haben und aufgrund der gesamten Umstände eine Wiederholung des verbotenen Tuns nicht zu erwarten ist. Allerdings reicht die bloße Behauptung, die wettbewerbsbeschränkende Vereinbarung aufgegeben zu haben, zur Beseitigung der Wiederholungsgefahr und damit zur Abwehr einer Abstellungsverfügung für die Zukunft nicht aus.[22] Eine Feststellungsentscheidung nach § 32 Abs. 3 käme danach erst in Betracht, wenn die Zuwiderhandlung beendet ist und keine ernsthafte Besorgnis der Wiederholung besteht.[23] 14

b) Abstellungsentscheidung (Abs. 1). Die Befugnis zur Abstellung einer Zuwiderhandlung passt besser ins System des GWB als die Untersagungskompetenz in § 32 in der Fassung vor der 7. GWB-Novelle (2005). Ein ohnehin schon verbotenes Verhalten muss den Adressaten nicht noch untersagt werden. Sie sollen durch die Verfügung vielmehr verpflichtet 15

---

[15] *I. Schmidt* WuW 1997, 101, 119; *Küpper* BB 1997, 1105, 1109.

[16] Begr. RegE zur 6. Novelle, BT-Drucks. 13/9720, S. 46 li Sp.; *Baron/Kretschmer* WuW 1998, 651, 653.

[17] Dazu *Immenga/Mestmäcker-Emmerich,* GWB, § 32 Rdnr. 25; *Langen/Bunte-Bornkamm,* Deutsches Kartellrecht, § 32 GWB Rdnr. 19.

[18] *FK-Jaeger,* § 32 GWB Rdnr. 10.

[19] OLG Düsseldorf WuW/E DE-R 2755, 2759 – *DFL-Vermarktungsrechte;* BGH WuW/E DE-R 984, 985 – *Konditionenanpassung; Lange,* Handbuch Kartellrecht, Kapitel 6 Rdnr. 12.

[20] OLG Düsseldorf WuW/E DE-R 2755, 2759 – *DFL-Vermarktungsrechte;* BGH WuW/E DE-R 984, 985 – *Konditionenanpassung; FK-Jaeger,* § 32 GWB Rdnr. 9 mwN will statt der „drohenden Zuwiderhandlung" an das Erfordernis einer „unmittelbar bevorstehenden Gesetzesverletzung" anknüpfen, um so dem zeitlichen Aspekt besser gerecht zu werden.

[21] OLG Düsseldorf WuW/E DE-R 2755, 2759 – *DFL-Vermarktungsrechte;* kritisch *Bechtold,* GWB, § 32 Rdnr. 5.

[22] BGH WuW/E DE-R 2408, 2417 – *Lottoblock.*

[23] *Langen/Bunte-Bornkamm,* Deutsches Kartellrecht, § 32 GWB Rdnr. 59; *Westermann* ZWeR 2010, 81, 87 geht insofern von einer parallelen Anwendbarkeit von § 32 Abs. 1 und 3 aus.

werden, den Verstoß künftig zu unterlassen, also abzustellen.[24] Die Verfügung umfasst jedoch nicht auch das Verbot, in Zukunft neue Vereinbarungen gleicher Art abzuschließen.[25]

16 Wie Abstellungsentscheidungen der Kommission haben Verfügungen nach § 32 Abs. 1 grds. zwei Elemente: die Feststellung der Zuwiderhandlung und die Verpflichtung zur Abstellung der Zuwiderhandlung.[26] Eine Ausnahme gilt nur in den Fällen, in denen die KartB ausnahmsweise gegen eine drohende Zuwiderhandlung vorgeht. Dann gibt es keine bereits begangene Zuwiderhandlung.[27] Ob die Feststellung der Zuwiderhandlung im Tenor ausgesprochen wird oder sich nur in der Begründung der Verfügung findet, ist für die Rechtmäßigkeit der Verfügung ohne Belang. In jedem Fall aber hat die KartB das **Bestimmtheitsgebot** zu beachten (§ 37 Abs. 1 VwVfG).[28] Schließlich ist die schuldhafte Zuwiderhandlung gegen eine vollziehbare Anordnung nach § 32 bußgeldbewehrt (§ 81 Abs. 2 Nr. 2a)). Der Verfügungsadressat muss aus der Beschlussformel ersehen können, welches Verhalten verboten ist und was er zur Abstellung der Zuwiderhandlung tun muss.[29] Die Entscheidungsbegründung kann insofern zwar als **Interpretationshilfe** dienen.[30] Der Inhalt der Regelung darf sich aber nicht erst aus den Gründen erschließen.[31] Die Verfügung muss vielmehr „bündig Aufschluss darüber geben, was Rechtens sein soll".[32] Die Konkretisierung dessen, was abzustellen ist, darf m. a. W. nicht der Vollstreckung überlassen werden.[33] Die Verfügung selbst muss geeignet sein, als Grundlage für Maßnahmen zu ihrer zwangsweisen Durchsetzung zu dienen.[34] Eine kartellbehördliche Verfügung ist insbes. dann nicht hinreichend bestimmt, wenn der Wortlaut des Tenors verschiedene Auslegungen zulässt.[35] Verstoßen nur bestimmte Elemente einer Maßnahme (etwa einzelne Klauseln eines Vertrages) gegen Verbote des GWB oder der Art. 101 und 102 AEUV, muss sich die Abstellungsverfügung auf diese Elemente beschränken.[36] Sie sind dann auch im Tenor der Verfügung zu benennen.[37] Ein Sonderfall sind Verfügungen zur Durchsetzung der sog. Essential facilities-Doktrin, in denen der Marktbeherrscher den Zugang schlechthin verweigert. Die KartB kann sich dort zunächst darauf beschränken, es dem Marktbeherrscher zu untersagen, sämtlichen interessierten Dritten den Zugang zu verweigern.[38] Der Marktbeherrscher wird so gezwungen, Verhandlungen über den Zugang für zumindest einen Dritten aufzunehmen. Scheitern die Verhandlungen später, kann ggf. eine zweite, diesmal konkretere Verfügung erforderlich werden.[39]

---

[24] *Bechtold,* GWB, § 32 Rdnr. 8.

[25] *Bechtold,* GWB, § 32 Rdnr. 12.

[26] BGH WuW/E DE-R 2269, 2277 f. – *Soda Club II;* Bsp. aus der Praxis des BKartA BGH WuW/E BGH 2058, 2059 – *Internord;* KG WuW/E OLG 1813, 1815 f. – *Medizinischer Badebetrieb;* WuW/E OLG 4973, 4976 – *Verbandsbeschwerde;* OLG Düsseldorf WuW/E DE-R 545, 546 f. – *Herzklinik.*

[27] *Langen/Bunte-Bornkamm,* Deutsches Kartellrecht, § 32 GWB Rdnr. 21.

[28] BGH WuW/E BGH 2073, 2074 – *Kaufmarkt;* OLG München WuW/E OLG 2942, 2943 – *Kaufmarkt;* BGH WuW/E BGH 2967, 2968 – *Strompreis Schwäbisch-Hall.*

[29] BGH WuW/E BGH 2967, 2968 – *Strompreis Schwäbisch-Hall;* BGH WuW/E BGH 3021, 3023 f. – *Stadtgaspreise;* Bsp. aus der Praxis des BKartA bei *FK-Jaeger,* § 32 GWB Rdnr. 17 mwN.

[30] *Immenga/Mestmäcker – Bach,* GWB, § 61 Rdnr. 10.

[31] BGH WuW/E BGH 2074 f. – *Kaufmarkt.*

[32] OLG München WuW/E OLG 2942, 2943 – *Kaufmarkt.*

[33] BGH WuW/E DE-R 195, 196 – *Beanstandung durch Apothekenkammer.*

[34] *Langen/Bunte-Bornkamm,* Deutsches Kartellrecht, § 32 GWB Rdnr. 42.

[35] BGH WuW/E BGH 3021, 3024 – *Stadtgaspreise;* weitere Beispiele bei *Langen/Bunte-Bornkamm,* Deutsches Kartellrecht, § 32 GWB Rdnr. 35 und *Immenga/Mestmäcker-Emmerich,* GWB, § 32 Rdnr. 44–46.

[36] BGH WuW/E BGH 2247, 2253 – *Wegenutzungsrecht;* KG WuW/E OLG 4468, 4469 – *Mustermietvertrag.*

[37] *Langen/Bunte-Bornkamm,* Deutsches Kartellrecht, § 32 GWB Rdnr. 43.

[38] BGH WuW/E DE-R 977 – *Fährhafen Puttgarden.*

[39] *Langen/Bunte-Bornkamm,* Deutsches Kartellrecht, § 32 GWB Rdnr. 50.

c) Abhilfemaßnahmen zur Abstellung der Zuwiderhandlung (Abs. 2). Nach § 32 Abs. 2 kann die KartB den Unternehmen alle erforderlichen Abhilfemaßnahmen verhaltensorientierter oder struktureller Art vorschreiben, die gegenüber der festgestellten Zuwiderhandlung verhältnismäßig und für deren wirksame Abstellung erforderlich sind. Die Vorschrift konkretisiert die Kompetenz der KartB zur Abstellung von Zuwiderhandlungen. In Betracht kommt eine negative oder eine positive Tenorierung. Die KartB kann also nicht nur etwa die Unterlassung eines Preishöhenmissbrauchs oder einer Preisdiskriminierung anordnen **(negative Tenorierung),** sondern auch die Aufnahme der Belieferung oder den Zugang zu einer wesentlichen Einrichtung **(positive Tenorierung).** Eine solche positive Tenorierung war der KartB zumindest nach dem Wortlaut von § 32 in der Fassung vor der 7. GWB-Novelle (2005) nicht möglich. Sie musste sich auf ein Verbot des konkret beanstandeten Verhaltens beschränken. Dem lag der Gedanke zugrunde, dass die KartB mit einer positiven Tenorierung in vielen Fällen unnötig in den unternehmerischen Ermessensspielraum der Adressaten eingreifen würde. Gab es nur eine einzige Möglichkeit zur Beseitigung des Verstoßes und lief die Verbotsverfügung damit letztlich auf eine Gebotsverfügung hinaus, war dies aber auch schon nach § 32 in der Fassung vor der 7. GWB-Novelle (2005) zulässig.[40] Nach § 32 kann die Verfügung sowohl auf ein Unterlassen wie auch ein aktives Tun gerichtet sein. Ob die KartB das eine oder das andere anordnet, wird jeweils von den Umständen des Einzelfalls abhängen,[41] vor allem davon, welche Maßnahmen im konkreten Fall erforderlich und verhältnismäßig sind. Kommen mehrere Abhilfemaßnahmen zur Abstellung der Zuwiderhandlung in Frage, kann das Vorschreiben einer bestimmten Maßnahme nie erforderlich sein.[42] Das „Wie" der Abstellung muss dann den Verfügungsadressaten überlassen werden. Dem tragen die Verfügungen des BKartA mit positiver Tenorierung soweit ersichtlich Rechnung.[43] **17**

Verhaltensorientierte Abhilfemaßnahmen, also Maßnahmen, die auf eine Änderung des Verhaltens der beteiligten Unternehmen in ihrer Geschäftspolitik oder in ihrem Auftreten und in ihren Aktivitäten auf dem Markt abzielen, stehen im System der Verhaltenskontrolle naturgemäß im Vordergrund.[44] Zulässig sind aber auch **strukturelle Abhilfemaßnahmen,** also Eingriffe in die Unternehmenssubstanz.[45] Das wurde mit der 8. GWB-Novelle (2013) klargestellt. Anders als in der Parallelnorm des europäischen Rechts (Art. 7 Abs. 1 S. 2. Alt VO Nr. 1/2003) waren strukturelle Abhilfemaßnahmen in § 32 a. F. nicht erwähnt. Es war vielmehr von „alle(n) Maßnahmen" zur Abstellung die Rede. Das hätte mit Blick auf das System der Verhaltenskontrolle in den §§ 32ff. so verstanden werden können, dass zulässig nur alle verhaltensorientierten Maßnahmen sein sollten, auch wenn schon in der Begr. RegE zur 7. GWB-Novelle (2005) ausdrücklich von der Zulässigkeit von strukturellen Abhilfemaßnahmen die Rede war.[46] **18**

Ebenso wie nach Art. 7 Abs. 1 S. 3 VO Nr. 1/2003 kommen strukturelle Maßnahmen aber nur dann in Betracht, wenn es keine verhaltensorientierten Maßnahmen mit gleicher Wirksamkeit gibt oder verhaltensorientierte Maßnahmen den Verfügungsadressaten ausnahmsweise mehr belasten würden als strukturelle Maßnahmen (§ 32 Abs. 2 S. 2). Davon **19**

---

[40] Beispiele dazu bei *Langen/Bunte-Bornkamm,* Deutsches Kartellrecht, § 32 GWB Rdnr. 28f.; *Immenga/Mestmäcker-Emmerich,* GWB § 32 Rdnr. 29.

[41] Kritisch zur erweiterten Kompetenz der KartB nach § 32 *Dreher/Thomas* NJW 2008, 1557.

[42] BGH WuW/E BGH DE-R 3821, 3823/3824 – *Fährhafen Puttgarden II;* schon für die alte Rechtslage BGH WuW/E BGH 2990, 2992 – *Importarzneimittel; Bechtold,* GWB, § 32 Rdnr. 14; *Langen/Bunte-Bornkamm,* Deutsches Kartellrecht, § 32 GWB Rdnr. 37.

[43] So etwa BKartA WuW/E DE-V 1251ff. – *DLTB und Landeslottogesellschaften;* BKartA WuW/E DE-V 1177f. – *Soda Club;* BKartA WuW/E DE-V 1147 – *E.ON Ruhrgas,* bestätigt durch OLG Düsseldorf WuW/E DE-R 2198 – *E.ON Ruhrgas* und BGH WuW/E DE-R 2680 – *Gaslieferverträge.*

[44] *FK-Jaeger,* § 32 GWB Rdnr. 25 mwN; Bsp. aus der Praxis des BKartA ebenda Rdnr. 26ff.

[45] Begr. RegE zur 8. Novelle, BT-Drucks. 17/9852, S. 26.

[46] Ein letztlich nicht Gesetz gewordener RegE von 2010 sah sogar eine Entflechtungsmöglichkeit für marktbeherrschende Unternehmen vor.

ging das OLG Düsseldorf schon für § 32 Abs. 2 a. F. aus.[47] Als Beispiel für eine Verfügung mit zwangsläufig strukturellen Elementen nannte die Bundesregierung im Entwurf der 7. GWB-Novelle (2005) das Verbot von kartellrechtswidrigen Gemeinschaftsunternehmen. Im Rahmen der Missbrauchsaufsicht hätten die KartB allerdings auch zu berücksichtigen, dass das Wettbewerbsrecht eine – aus eigener Kraft gewachsene – marktbeherrschende oder marktstarke Stellung als solche nicht missbilligt, sondern nur ihren Missbrauch. Diesem Grundsatz müssen die KartB Rechnung tragen.[48]

20 Strukturelle Abhilfemaßnahmen sollten deshalb in der Verhaltenskontrolle die **absolute Ausnahme** bleiben.[49] Die Kompetenz zur Entflechtung marktbeherrschender Unternehmen gestützt auf § 32 wird zu Recht allgemein abgelehnt.[50] Mit dem Verbot eines kartellrechtswidrigen Gemeinschaftsunternehmens dürfte die Bundesregierung schon den praktisch wichtigsten Ausnahmefall benannt haben. Ist das Risiko einer Zuwiderhandlung bereits in der Struktur des Gemeinschaftsunternehmens angelegt, kann es vor allem durch eine strukturelle Abhilfemaßnahme beseitigt werden, etwa durch das Ausscheiden eines oder mehrerer Gesellschafter[51] oder – sollte das nicht möglich sein bzw. genügen – die Auflösung des Gemeinschaftsunternehmens. Zu denken wäre allerdings auch an eine Umgestaltung des gegen § 1 verstoßenden kooperativen in ein zulässiges konzentratives Gemeinschaftsunternehmen.[52] In den meisten anderen Fällen dürfte es verhaltensorientierte Maßnahmen von gleicher Wirksamkeit geben, die im konkreten Fall auch nicht belastender sind als die in Frage kommenden strukturellen Maßnahmen. Schließlich wird sich das in Rede stehende Verhalten (§ 32 ist die Verbotsnorm für die Verhaltenskontrolle durch die KartB) in der Regel auch durch eine Verhaltensänderung abstellen lassen. In der Praxis werden die KartB den Anforderungen in § 32 Abs. 2 S. 1 und 2 nur genügen können, wenn sie den Unternehmen vor der möglichen Anordnung struktureller Abhilfemaßnahmen Gelegenheit geben, ggf. aus ihrer Sicht mildere, aber gleichermaßen wirksame Abhilfemaßnahmen vorzuschlagen.[53] Anders als in der Zusammenschlusskontrolle findet sich in § 32 kein Verbot einer laufenden Verhaltenskontrolle durch die KartB nach Erlass einer Abstellungsverfügung. Schon das **Verhältnismäßigkeitsprinzip** dürfte es allerdings gebieten, den Adressaten allenfalls dann einer **Dauerkontrolle** durch die KartB zu unterwerfen, wenn die verhaltensorientierte Maßnahme immer noch das **mildere Mittel** als eine andernfalls einzig mögliche strukturelle Maßnahme ist. Eine Art Mittelweg ist die zeitliche Begrenzung der verhaltensorientierten Abhilfemaßnahme.[54]

21 **4. Rückerstattungsanordnung (§ 32 Abs. 2a).** Mit der Abstellungsverfügung kann die KartB eine Rückerstattung der aus dem kartellrechtswidrigen Verhalten erwirtschafteten Vorteile anordnen. Davon ging der BGH schon für § 32 Abs. 2 a. F. aus. Die KartB könne dem Unternehmen alle Maßnahmen aufgeben, die für eine wirksame Abstellung der Zuwiderhandlung erforderlich und gegenüber dem festgestellten Verstoß verhältnismäßig seien. Dazu gehöre auch die Anordnung, überhöhte Preise an die Kunden zurückzuerstatten.[55] Die Kritik in der Literatur an dieser Auffassung[56] wies der BGH zurück.[57] Nur so sei ein wirksamer

[47] OLG Düsseldorf B. v. 20.6.2006, 2 Kart 1/06, S. 25–27 – *E.ON Ruhrgas;* insoweit in WuW/E DE-R 1757 – *E.ON Ruhrgas* nicht abgedruckt; allerdings erscheint zweifelhaft, ob es sich bei der Abstellung von Verträgen, wie das OLG Düsseldorf meint, tatsächlich um strukturelle Abhilfemaßnahmen handelt.

[48] Begr. RegE zur 7. Novelle, BT-Drucks. 15/3640, S. 33.

[49] AA *Maier-Rigaud* WuW 2012, 487.

[50] *Immenga/Mestmäcker-Emmerich,* GWB, § 32 Rdnr. 39.

[51] BGH WuW/E DE-R 2361; OLG Düsseldorf WuW/E DE-R 2146; BKartA WuW/E DE-V 1277, alle zu *Nord-KS/Xella, K. Schmidt,* Fs. *Säcker,* 2011, 949.

[52] OLG Düsseldorf WuW/E DE-R 2146, 2152 f. – *Nord-KS/Xella;* BGH WuW/E DE-R 2361, 2363 im selben Fall; *Lohse,* Fs. *Säcker,* 2011, 827.

[53] So auch *Bechtold* NZKart 2013, 263, 267.

[54] BGH WuW/E DE-R 2269, 2279 – *Soda Club II.*

[55] BGH WuW/E DE-R 3632, 3636 f. – *Wasserpreise Calw;* obiter dictum in BGH WuW/E DE-R 2538 – *Stadtwerke Uelzen.*

[56] Ausführliche Darstellung des Streitstands bei *FK-Jaeger,* § 32 GWB Rdnr. 34 f.

Rechtsschutz gewährleistet. Die (Vorab-)Kritik in der Literatur[58] auch an § 32 Abs. 2a ist mit dessen Inkrafttreten hinfällig; die Norm ist auch keinesfalls nur auf Sachverhalte anwendbar, in denen der Kartellverstoß noch nicht beendet ist.[59] Anders als bei der Verschulden voraussetzenden Vorteilsabschöpfung nach § 34 sind Empfänger der rückzuzahlenden Beträge die betroffenen Kunden und nicht die Staatskasse. Entsprechend hat die KartB in ihrer Verfügung anzuordnen, an wen in welcher Höhe die Rückerstattung erfolgen soll.[60] Das bereitet in der Praxis Schwierigkeiten. Eine Ausnahme sind Verfügungen gegen Versorgungsunternehmen der Energie- und Wasserwirtschaft. Diese Unternehmen kennen wegen der Dauerschuldverhältnisse ihre Kunden und deren „Ansprüche". Nicht geregelt hat der Gesetzgeber das Verhältnis der Rückerstattungsanordnung zur Vorteilsabschöpfung nach § 34 GWB oder privaten Schadensersatzklagen.[61] Auch hier bleibt die Entwicklung in der Praxis abzuwarten. Ist eine Erstattung erfolgt, entfällt allerdings der Schadenersatzanspruch. Die Vorteilsabschöpfung ist ohnehin subsidiär gegenüber Schadensersatzleistungen (§ 34 Abs. 2 S. 1 Nr. 1 GWB). Vorteile aus kartellrechtswidrigem Verhalten kommen in Betracht bei Preismissbräuchen oder horizontalen Preiskartellen, wohl aber kaum bei vertikalen Verstößen.[62] Die in den erwirtschafteten Vorteilen enthaltenen Zinsvorteile können geschätzt werden (§ 32 Abs. 2a S. 2), nicht aber die Vorteile selbst. Die Rückerstattung setzt nicht voraus, dass der Empfänger selbst einen Schaden erlitten hat. Das hat vor allem Bedeutung für Massengeschäfte, bei denen eine nicht bestimmbare Zahl von Endverbrauchern geschädigt wurde.[63] Nach Ablauf der Abstellungsverfügung ist eine Art pauschalisierter Verzugszins zu zahlen (§ 32 Abs. 2a S. 3).[64] Anders als Beschwerden gegen Abstellungsverfügungen nach § 32 Abs. 1, 2 haben solche gegen § 32 Abs. 2a S. 1 aufschiebende Wirkung (§ 64 Nr. 2).

5. Feststellungsentscheidung (§ 32 Abs. 3). Die Regelung in § 32 Abs. 3 entspricht **22** der in Art. 7 Abs. 1 S. 4 VO Nr. 1/2003. Die KartB kann eine Zuwiderhandlung auch dann feststellen, wenn sie bereits beendet ist, soweit daran ein berechtigtes Interesse besteht. Eine Zuwiderhandlung ist beendet, wenn von ihr keinerlei wettbewerbswidrige Wirkungen mehr ausgehen, die Gegenstand einer Abstellungsverfügung sein könnten. Andernfalls muss die KartB eine Abstellungsverfügung nach § 32 Abs. 1 und 2 erlassen.

Ein **berechtigtes Interesse** an der nachträglichen Feststellung einer Zuwiderhandlung **23** besteht vor allem dann, wenn wegen **Wiederholungsgefahr** eine Klarstellung der Rechtslage geboten ist.[65] So wollte das BKartA etwa mit seiner Verfügung im Fall *Netto Marken Discount* den Anwendungsbereich von § 20 Abs. 4 weiter klären.[66] Der Verfügungsadressat hatte sich für seine Preisgestaltung in der Vergangenheit darauf berufen, dass sie jeweils nur für eine Woche gegolten habe und deshalb nicht gegen das Verbot von Unter-Einstandspreis-Verkäufen verstieß. Die bloß ernsthafte Begehungs- und Wiederholungsgefahr ist eigentlich ein Fall von § 32 Abs. 1, nicht Abs. 3. Der BGH geht allerdings davon aus, dass die KartB in bestimmten Fällen neben einer in die Zukunft gerichteten Abstellungsverfügung eine Feststellungsverfügung erlassen kann.[67] Ob die erleichterte Durchsetzung von **Schadensersatzansprüchen** ein berechtigtes Interesse begründet, ist umstritten.[68] Dafür

---

[57] BGH WuW/E DE-R 3632, 3636 f. – *Wasserpreise Calw.*

[58] *Bosch/Fritzsche* NJW 2013, 2225, 2228; *Kahlenberg/Neuhaus* BB 2013, 131, 133; *Podszun* ZWeR 2012, 48, 58.

[59] *Bien* ZWeR 2013, 448, 462 f.

[60] *Bechtold,* GWB, § 32 Rdnr. 22; *Langen/Bunte-Bornkamm,* Deutsches Kartellrecht, § 32 GWB Rdnr. 58.

[61] *Ritter/Käseberg* WuW 2012, 661, 667.

[62] *Bechtold* NZKart 2013, 263, 267.

[63] *Bechtold,* GWB, § 32 Rdnr. 22.

[64] Zur Begründung ausführlich Begr. RegE zur 8. Novelle, BT-Drucks. 17/9852, S. 27.

[65] Zum insofern nicht klaren Verhältnis zwischen § 32 Abs. 1 und 3 oben.

[66] BKartA WuW/E DE-V 1482,1485 f. – *Netto Marken-Discount.*

[67] BGH WuW/E DE-R 2408, 2417 – *Lottoblock.*

[68] Dafür OLG Düsseldorf B. v. 8.6.2007 – VI-Kart 15/06 (V) Rdnr. 85 – *Deutscher Lotto- und Totoblock* (insoweit in WuW/E DE-R 2003 nicht abgedruckt); der BGH ging in seiner Entscheidung in

spräche die Bindungswirkung auch einer Feststellungsverfügung für die Zivilgerichte in Schadensersatzverfahren. Dagegen spricht jedoch, dass die KartB grds. nicht zur Durchsetzung rein privatrechtlicher Individualinteressen tätig werden sollen.[69] Wie die Kommission[70] sollen die KartB eine Entscheidung zur Feststellung einer Zuwiderhandlung auch dann treffen können, wenn sie keine Geldbuße verhängen wollen. Die Kommission hat angekündigt, dass sie **Feststellungsentscheidungen** auch dann erlassen will, wenn das zur Sicherstellung einer einheitlichen Anwendung des EU-Kartellrechts erforderlich ist. Es bleibt abzuwarten, ob das BKartA Feststellungsentscheidungen zur Förderung einer einheitlichen Anwendung des deutschen Kartellrechts (dann durch die LKartB) nutzen wird. Mit Blick auf den weitgehenden Vorrang des EU-Rechts dürfte das allerdings – wenn überhaupt – nur in den seltensten Fällen in Frage kommen. Dem BGH zufolge sollen die KartB nicht feststellen können, dass *gesetzliche Bestimmungen* gegen das Kartellverbot in Art. 101 Abs. 1 AEUV verstoßen. Normadressat seien Unternehmen. Nur gegen sie richte sich das Verfahren.[71] Sie könnten lediglich verpflichtet werden, ihr Verhalten nicht an der gemeinschaftsrechtswidrigen Norm auszurichten.[72] Vorzugswürdig erscheint insofern allerdings die auf den effet utile ausgerichtete Rechtsprechung des EuGH, wonach die mitgliedstaatlichen KartB und Gerichte auch die Gemeinschaftsrechtswidrigkeit von Normen feststellen können.[73]

24 **6. Sanktionen und Rechtsschutz.** Ist eine Abstellungsverfügung nach § 32 Abs. 1 bestandskräftig oder sofort vollziehbar, kann sie im Wege des Verwaltungszwangs durchgesetzt werden. Der **Verstoß gegen eine vollziehbare Abstellungsverfügung** ist nach § 81 Abs. 2 Nr. 2 lit. a **ordnungswidrig.** Für eine feststellende Verfügung nach § 32 Abs. 3 gilt das nicht. Einzige „Sanktion“ ist allenfalls die **Bindungswirkung** auch einer solchen Entscheidung nach § 33 Abs. 4.

25 Verfügungen nach § 32 Abs. 1 und 3 sind mit der **Beschwerde** nach § 63 Abs. 1 anfechtbar. Sie hat keine aufschiebende Wirkung (§ 64 Abs. 1). Dem Gesetzesverfasser ging es damit um den Gleichlauf der Beschwerdemöglichkeiten nach deutschem und europäischem Recht.[74] Das Beschwerdegericht kann auf Antrag die aufschiebende Wirkung der Beschwerde anordnen (§ 65 Abs. 3 S. 1 und 3), wenn ernstliche Zweifel an der Rechtmäßigkeit der angefochtenen Verfügung bestehen (§ 65 Abs. 3 S. 1 Nr. 2) oder die Vollziehung für die Betroffenen eine unbillige, nicht durch überwiegende öffentliche Interessen gebotene Härte zur Folge hätte (§ 65 Abs. 3 S. 1 Nr. 3).[75]

III. Einstweilige Maßnahmen (§ 32a GWB)

26 Nach § 32a können die KartB in dringenden Fällen von Amts wegen einstweilige Maßnahmen anordnen, wenn die **Gefahr eines ernsten, nicht wieder gut zu machenden Schadens für den Wettbewerb** besteht. Soweit ersichtlich ist die praktische Bedeutung der Vorschrift gering. Es gibt bislang keine veröffentlichte Entscheidung zu § 32a. Vorbild für § 32a ist Art. 8 VO Nr. 1/2003. Anders als die VO Nr. 17/1962 gab das deutsche Recht den KartB mit § 60 GWB auch schon vor der 7. GWB-Novelle (2005) ausdrück-

gleicher Sache auf diesen Punkt nicht ein, s. BGH WuW/E DE-R 2408 – *Lottoblock;* dafür ferner *Bechtold,* § 32 Rdnr. 24, *Langen/Bunte-Bornkamm,* Deutsches Kartellrecht, § 32 GWB Rdnr. 61; *Fuchs* ZWeR 2009, 176, 182; *FK-Jaeger,* § 32 GWB Rdnr. 43; aA *MüKo-Keßler,* § 32 GWB Rdnr. 58; *Loewenheim/Meessen/Riesenkampff-Rehbinder,* Kartellrecht § 32 Rdnr. 19.

[69] Oben Rdnr. 9.

[70] Erwägungsgrund 11 zur VO Nr. 1/2003.

[71] BGH WuW/E DE-R 2408, 2419 – *Lottoblock.*

[72] AaO.

[73] EuGH Slg. 2003 I-8055ff., Rdnr. 50/51 = WuW/E EU-R 729 – *CIF/Autorità Garante della Concorrenza;* so auch *Westermann* ZWeR 2010, 81, 88f.; s. dazu ferner *Wiedemann,* § 2 Rdnr. 12a.

[74] Begr. RegE zur Preismissbrauchsnovelle, BT-Drucks. 16/5847, S. 12.

[75] So etwa OLG Düsseldorf WuW/E DE-R 3994 – *Chemikalienhandel II;* OLG Frankfurt WuW/E DE-R 3289 – *Wasserversorgung 01.*

lich die Befugnis, einstweilige Anordnungen zur Regelung eines einstweiligen Zustandes zu treffen. § 60 wurde mit der 7. GWB-Novelle (2005) nicht etwa abgeschafft, was rechtspolitisch nicht überzeugt.[76] Die Vorschrift behält ihre Bedeutung vor allem für einstweilige Anordnungen im Fusionskontrollverfahren. Auch für einstweilige Anordnungen im Verfahren auf Anerkennung von Wettbewerbsregeln (§ 26), beim Verbot der Preisbindung von Zeitungen und Zeitschriften (§ 30) und der Vorteilsabschöpfung durch die KartB (§ 34) ist § 60 lex specialis. In den anderen Fällen der Verhaltenskontrolle mittels der §§ 1 ff., 19 ff. und Art. 101 und 102 AEUV folgt die Befugnis zur Anordnung einstweiliger Maßnahmen hingegen aus § 32a. Dass § 32a anders als § 60 die Gefahr eines ernsten, nicht wieder gut zu machenden Schadens voraussetzt, bedeutet materiell keinen Unterschied. Ungeschriebenes, insofern aber (weitestgehend) deckungsgleiches Tatbestandsmerkmal von § 60 ist, dass die Sofortmaßnahme im öffentlichen Interesse oder im überwiegenden Interesse eines Beteiligten geboten sein muss, und zwar im letzteren Fall zur Abwendung von schweren oder zumindest wesentlichen Nachteilen.[77]

Sinn und Zweck einstweiliger Maßnahmen ist die **Erhaltung des gegenwärtigen Zustands** bis zur Entscheidung der KartB in der Hauptsache. Mit einer einstweiligen Maßnahme kann die KartB verhindern, dass der Betroffene das fragliche Verhalten auch nach der Einleitung eines auf eine Verfügung nach § 32 gerichteten Verfahrens fortsetzt und damit die Verfügung in der Hauptsache zumindest in bestimmten Fällen ihren Zweck nicht mehr erreichen kann. Das gilt etwa, wenn das fragliche Verhalten ein anderes Unternehmen in seiner Existenz gefährdet. 27

Voraussetzung für die Anordnung einer einstweiligen Maßnahme ist zunächst, dass die KartB als Ergebnis ihrer vorläufigen Prüfung davon ausgeht, dass eine **Zuwiderhandlung vorliegt oder aber zumindest unmittelbar bevorsteht.**[78] Nach dem gegenwärtigen Ergebnis ihrer Prüfung muss die Zuwiderhandlung überwiegend wahrscheinlich sein. Die Wahrscheinlichkeit bezieht sich vorrangig auf den Sachverhalt, kann aber auch die rechtliche Würdigung betreffen.[79] Zwar ist das Erfordernis der Erstbegehungsgefahr in § 32a anders als in Art. 8 Abs. 1 VO Nr. 1/2003 nicht ausdrücklich geregelt. Es folgt aber zwingend aus der systematischen Stellung der Vorschrift und dem **Verhältnismäßigkeitsgebot.** Nicht wieder gut zu machen ist ein Schaden, wenn er durch die Entscheidung in der Hauptsache nicht wieder beseitigt werden könnte. Es genügt nicht, wenn ein solcher Schaden einem einzelnen Unternehmen droht. Vielmehr muss ein **ernster Schaden für den Wettbewerb selbst** zu besorgen sein, der in Ausnahmefällen allerdings auch durch das Ausscheiden auch nur eines Unternehmens aus dem Wettbewerb begründet sein kann.[80] Auch hier geht es dem GWB also nicht um den Schutz von Individualinteressen, sondern um den Schutz des Wettbewerbs als Institution.[81] Entsprechend ergehen einstweilige Maßnahmen von Amts wegen. Sie können aber von den durch das fragliche Verhalten Betroffenen bei der KartB „angeregt" werden. Vor Anordnung der Maßnahme ist den Betroffenen rechtliches Gehör zu gewähren. Verzichtet die KartB darauf wegen der besonderen Eilbedürftigkeit, ist es unverzüglich nachzuholen.[82] 28

Unbeschadet der Neufassung von § 32 mit der 8. GWB-Novelle (2013) sollten die KartB gestützt auf § 32a nur verhaltensorientierte und nicht auch strukturelle Abhilfemaßnahmen anordnen. Nach der Begründung des RegE zur 7. GWB-Novelle (2005) sollten die KartB zwar „alle" Maßnahmen entsprechend § 32 treffen können. Im Gegensatz zu 29

---

[76] So auch *Bechtold,* GWB, § 32a Rdnr. 1.

[77] So etwa OLG München WuW/E OLG 4990 – *Herr der Gezeiten.*

[78] So auch *Immenga/Mestmäcker-Bach,* GWB, § 32a Rdnr. 8; *FK-Jaeger,* § 32a GWB Rdnr. 6.

[79] *Bechtold,* GWB, § 32a Rdnr. 6; *FK-Jaeger,* § 32a GWB Rdnr. 6.

[80] *Immenga/Mestmäcker-Bach,* GWB, § 32a Rdnr. 12; *Bechtold,* GWB, § 32a Rdnr. 6; *FK-Jaeger,* § 32a GWB Rdnr. 8; *Klees* § 6 Rdnr. 97.

[81] *Immenga/Mestmäcker-Bach,* GWB, § 32a Rdnr. 12.

[82] *Bechtold,* GWB, § 32a Rdnr. 11; *FK-Jaeger,* § 32a GWB Rdnr. 17; *MüKo-Keßler,* § 32a GWB Rdnr. 16; aA *Immenga/Mestmäcker-Bach,* GWB; § 32a Rdnr. 31.

Maßnahmen nach § 32 sind **Anordnungen nach § 32a allerdings zwangsläufig nur vorläufiger Natur.** Strukturelle Maßnahmen sind das nicht. Sie gehen über das hinaus, was zur Regelung eines einstweiligen Zustandes erforderlich sein kann.[83] Eine einstweilige Maßnahme darf schließlich nicht weitergehen als eine etwaige Entscheidung der KartB in der Hauptsache.[84]

30 Die Anordnungen sind **zeitlich zu befristen** (§ 32a Abs. 2 S. 1). Die Frist kann von der KartB verlängert werden. Sie „soll" allerdings insgesamt ein Jahr nicht überschreiten (§ 32a Abs. 2 S. 2).[85] In der Regel dürfte die KartB dann eine Regelung in der Hauptsache getroffen haben. Mit ihr wird die einstweilige Maßnahme nach § 32a obsolet. Im Einzelfall kann die Jahresfrist allerdings auch überschritten werden. Entfallen die Voraussetzungen für eine einstweilige Maßnahme bereits vor der Entscheidung in der Hauptsache (etwa weil der Betroffene den fraglichen Verstoß abstellt), muss die KartB – von Amts wegen oder auf formlosen Antrag der Betroffenen hin – ihre Anordnung aufheben.

31 Bei Verstößen gegen einstweilige Maßnahmen kann die KartB ein Bußgeld von bis zu 10% des im letzten Geschäftsjahr erzielten Gesamtumsatzes verhängen (§ 81 Abs. 2 Nr. 2a iVm. § 81 Abs. 4 S. 1 und 2). Verfügungen nach § 32a sind im (elektronischen) Bundesanzeiger bekannt zu machen (§ 62). Gegen sie ist die Beschwerde zulässig. Sie hat keine aufschiebende Wirkung. Diese kann vom Beschwerdegericht allerdings unter den Voraussetzungen von § 65 Abs. 3 S. 1 Nr. 2 und 3 ganz oder teilweise auf Antrag angeordnet werden.

IV. Verpflichtungszusagen (§ 32b GWB)

32 **1. Einführung.** Nach § 32b kann eine KartB die ihr von einem Unternehmen angebotenen **Verpflichtungszusagen durch Verfügung für bindend** erklären, soweit die Zusagen geeignet sind, die dem Unternehmen von der KartB nach vorläufiger Beurteilung mitgeteilten Bedenken auszuräumen. Die Verfügung der KartB hat zum Inhalt, dass sie von ihren Befugnissen zur Abstellung von Zuwiderhandlungen (§ 32) und zum Erlass einstweiliger Maßnahmen (§ 32a) keinen Gebrauch machen wird. Allerdings hat das BKartA § 32b in dem Verfahren wegen langfristiger Gasliefervertäge dazu benutzt, um in einer Reihe der Verfahren eine einstweilige Regelung zu treffen,[86] bis die Abstellungsverfügung im Pilotverfahren *E.ON Ruhrgas* bestandskräftig war.[87] Vorbild für § 32b ist Art. 9 VO Nr. 1/2003. Über ihn kann die Kommission Verpflichtungszusagen für verbindlich erklären. Zwar hatte die Kommission auch schon Verfahren nach der VO Nr. 17/1962 gegen Zusagen eingestellt. Sie hatte jedoch kein probates Mittel zur Durchsetzung der Zusagen, soweit sich die Unternehmen nicht mehr an sie gebunden fühlten.[88] Die Kommission hat seit Inkrafttreten der VO Nr. 1/2003 zum 1.5.2004 zahlreiche Entscheidungen nach Art. 9 VO Nr. 1/2003 erlassen, zuletzt vor allem auch in sich rasch entwickelnden Technologiemärkten.[89] Auch das BKartA hatte schon vor der

---

[83] *Langen/Bunte-Bornkamm,* Kartellrecht, § 32a Rdnr. 5; so zur VO Nr. 1/2003 auch *Langen/Bunte-Sura,* Kartellrecht, Art. 8 VO Nr. 1/2003 Rdnr. 9; *Immenga/Mestmäcker-Bach,* GWB, § 32a Rdnr. 17.

[84] *FK-Jaeger,* § 32a GWB Rdnr. 10.

[85] Ausführlich zur Fristenregelung *FK-Jaeger,* § 32a GWB Rdnr. 12f.

[86] BKartA WuW/E DE-V 1389 – *WINGAS;* BKartA WuW/E DE-V 1431 – *Erdgas-Verkaufsgesellschaft.*

[87] BGH WuW/E DE-R 2679 – *Gaslieferverträge.*

[88] *Becker/Hossenfelder,* Einführung in das neue Kartellrecht, S. 16, Rdnr. 37.

[89] Kommission E. v. 29.4.2014 AT.39939 – *Samsung-Enforcement Of UMTS Standard Essential Patents;* E. v. 26.2.2014 AT.39398 – *VISA MIF;* E. v. 18.12.2013 COMP/AT.39678 und COMP/AT.39731 – *Deutsche Bahn I und II;* E. v. 25.7.2013 AT.39847 – *Ebooks;* E. v. 23.5.2013 AT.39595 – *Continental/United/Lufthansa/Air Canada;* E. v. 10.4.2013 AT.39727 – *CEZ;* E. v. 20.12.2012 AT.39230 – *Rio Tinto Alcan;* E. v. 20.12.2012 AT.39654 – *Reuters Instrument Codes;* E. v. 18.6.2012 COMP/39736 – *SIEMENS/AREVA;* E. v. 13.12.2011 COMP/C-3/39692 – *IBM Maintenance Services;* E. v. 15.11.2011 COMP/39592 – *Standard & Poor's;* E. v. 29.9.2010 COMP/39315 – *ENI;* E. v. 14.7.2010 COMP/39596 – *BA/AA/IB;* E. v. 4.5.2010 COMP/39317 – *E.ON Gas Foreclosure;* E. v. 14.4.2010 COMP/39351 – *Swedish Interconnectors;* E. v. 17.3.2010 COMP/39386 – *Long-term contracts France;* E. v. 16.12.2009 COMP/C-3/39530 – *Microsoft (Tying);* E. v. 9.12.2009 COMP/

7. GWB-Novelle (2005) Verfahren ohne Untersagung gegen die Zusage von Verhaltensänderungen oder sonstigen Maßnahmen beendet.[90] Wie die Kommission macht auch das BKartA von seiner Kompetenz zur Verbindlicherklärung von Zusagen regen Gebrauch.[91] Mit der 8. GWB-Novelle (2013) wurde der Anwendungsbereich von § 32b auf Missbrauchsverfahren gegen Preisbindungen und Branchenvereinbarungen im Pressebereich nach § 30 Abs. 3 und Wasserversorgungsunternehmen nach § 31b Abs. 3 erweitert.

Entscheidungen nach § 32b haben für die KartB den Vorteil, dass sie anders als nach § 32 nur eine **vorläufige Beurteilung** des fraglichen Verhaltens erfordern und die Unternehmen unmittelbar an der Entscheidungsfindung beteiligt sind. Das sorgt für einen rascheren Verfahrensabschluss und vermeidet langwierige gerichtliche Auseinandersetzungen. Aus Sicht der Unternehmen kommt hinzu, dass in einer Entscheidung nach § 32b ein etwaiger **Verstoß** gegen kartellrechtliche Verbote anders als in einer Entscheidung nach § 32 **nicht positiv festgestellt wird.** Die Verbindlicherklärung der Verpflichtungszusagen hat entsprechend **keine Bindungswirkung** nach § 33 Abs. 4 für Verfahren, in denen wegen Verstoßes gegen ein kartellrechtliches Verbot Schadensersatz begehrt wird. Dennoch erfordern Entscheidungen nach § 32b von den KartB und den betroffenen Unternehmen Augenmaß. Die KartB dürfen die Kompetenz in § 32b nicht dazu gebrauchen, von den Unternehmen unter Androhung einer Abstellungsentscheidung nach § 32 Verpflichtungszusagen zu erhalten, wo entweder eine vertiefte, ggf. gerichtliche Prüfung zeigen würde, dass das fragliche Verhalten letztlich doch unproblematisch ist oder die Verpflichtungszusagen über die bloße Beseitigung der tat- 33

386363 – *RAMBUS;* E. v. 3.12.2009 COMP/39316 – *Gaz de France;* E. v. 14.10.2009 COMP/39416 – *SHIP CLASSIFICATION;* E. v. 26.11.2008 COMP/39389 – *German Electricity Balancing Market;* E. v. 16.7.2008 COMP/C2/38698 – *CISAC;* E. v. 18.3.2008 COMP/39402 – *RWE Gas Foreclosure;* E. v. 10.11.2007 COMP/B-1/37966 – *Distrigaz;* E. v. 4.10.2006 COMP/C2/38681 – *The Cannes Extension Agreement;* E. v. 12.4.2006 COMP/B-1/38348 – *REPSOL C.P.P.;* E. v. 22.3.2006 COMP/C-2/38173 – *The Football Association Premier League Limited;* E. v. 22.2.2006 COMP/B-2/38381 – *De Beers;* E. v. 22.6.2005 COMP/A.39116/B2 – *Coca-Cola;* E. v. 19.1.2005 COMP/C-2/37214 – *DFB;* E. v. 17.9.2001 COMP/34493 – *DSD;* in den Fällen *Deutsche Bahn III* COMP/AT.39915, *Google* COMP/C-3/39740, *BUMA* COMP/39152, *SABAM* COMP/39151, *SkyTeam* COMP/37984 und *Austrian Airlines + SAS* COMP/37749 sind keine Entscheidungen der Kommission zu den vorgeschlagenen Verpflichtungszusagen ergangen; insgesamt zu Zusagenentscheidungen nach Art. 9 VO Nr. 1/2003 *Bergmann,* WuW 2014, 467 ff.

[90] *Immenga/Mestmäcker-Bach;* GWB, § 32b Rdnr. 1 mwN; *FK-Jaeger,* § 32b GWB Rdnr. 1.

[91] BKartA B. v. 8.4.2014 B4–9/11 – *Electronic Cash-Kartenzahlungen;* B. v. 1.7.2013 und 24.6.2013 B3–11/13-2 – *Augenärztegenossenschaft Brandenburg* und B3–11/13-1 – *AOK Nordost;* B. v. 24.5.2013 B7–30/07-1 – *Stadt Düsseldorf/Siemens AG;* B. v. 27.12.2012 B7–22/07 – *ProSieben/Sat 1 und RTL;* B. v. 17.12.2012 B9–96/09 – *Deutsche Lufthansa AG;* B. v. 12.01.2012 B6–114/10 – *DFL-Medienübertragungsrechte;* B. v. 11.11.2010 – *E.ON Mitte,* B. v. 11.11.2010 – *E.ON Thüringer Energie AG/TEN Thüringer Energie Netze GmbH;* B. v. 29.10.2010 B10–21/10 – *EnBW Vertrieb GmbH* und B10–25/10 – *Stadtwerke Düsseldorf AG;* B. v. 6.10.2010 B10–23/10 – *EnBW Ostwürttemberg Donau-Ries AG,* B10–24/10 – *Erdgas Südwest GmbH* und B10–22/10 – *EnBW Gas GmbH;* B. v. 5.10.2010 B10–44/09 – *EWE Aktiengesellschaft;* B10–45/09 – *Erdgas Münster GmbH* und B10–47/09 – *WINGAS GmbH & Co. KG;* B. v. 26.7.2010 B10–12/10 – *Rhein-Energie AG;* B. v. 19.7.2010 B10–13/10 – *Stadtwerke Leipzig GmbH* und B10–18/10 – *N-ERGIE AG;* B. v. 5.7.2010 B10–14/10 – *Stadtwerke Hannover AG,* B10–10/10 – *ENTEGA Vertrieb GmbH & Co. KG;* B10–48/09 – *RWE AG* und B10–20/10 – *Köthen Energie GmbH;* B. v. 21.6.2010 B10–11/10 – *SWM Versorgungs GmbH;* B. v. 17.9.2009 B2–90/01–1 – *Freistaat Thüringen – Holzvermarktung;* B. v. 3.3.2009 B2–90/01–3 – *Rheinlandpfalz – Holzvermarktung;* B. v. 29.1.2009 B2–90/01–2 – *Nordrhein-Westfalen – Holzvermarktung;* B. v. 9.12.2008 B2–90/01–4 – *Baden-Württemberg – Holzvermarktung;* B. v. 18.8.2008 B4–32/08-2 – *EKO-PUNKT GmbH* und B4–32/08-1 – *Duales System Deutschland (DSD);* B. v. 7.8.2008 B8–113/03-2 – *RWE Aktiengesellschaft/RWE Energy AG;* B. v. 18.2.2008 B8–113/03–9 – *EWE AG;* B. v. 6.2.2008 B8–113/03–12 – *Erdgasversorgungsgesellschaft Thüringen-Sachsen mbH;* B. v. 29.7.2010 B7–17/06 – *T-Mobile, Vodafone und O2;* B. v. 10.10.2007 B8–113/03–10 – *E.ON Avacon AG;* B. v. 17.9.2007 B8–113/03–11 – *Ferngas Nordbayern GmbH;* B. 6.9.2007 B8–113/03–4 – *Gasversorgung Süddeutschland GmbH;* B. v. 7.8.2007 B8–113/03–5 – *Erdgas- Verkaufs- Gesellschaft mbH;* B. v. 30.1.2007 B8–113/03–15 – *WINGAS GmbH u. a.;* B. v. 29.1.2007 B8–113/03–8 – *Saar Ferngas AG* und B8–113/03–6 – *Bayerngas GmbH;* B. v. 1.1.2007 B8–113/03–3 – *Verbundnetz Gas AG* und B8–113/03–7 – *Gas-Union GmbH.*

sächlichen Wettbewerbsbeschränkung hinausgehen.[92] Für Fälle, in denen die KartB eine Geldbuße erlassen wollen, sind Entscheidungen nach § 32b von vornherein ungeeignet.[93] Anders als die Kommission nutzt das BKartA dem Vernehmen nach die mögliche Bußgeldsanktion bei Verstößen gegen das Kartell- und Missbrauchsverbot noch nicht einmal implizit, um die Unternehmen zur Abgabe von Verpflichtungszusagen zu veranlassen.

34 **2. Verbindlicherklärung von Verpflichtungszusagen.** § 32b hat drei Voraussetzungen: In einem Verfahren nach § 32 teilt die KartB erstens den betroffenen Unternehmen mit, dass das in Rede stehende Verhalten nach ihrer vorläufigen Beurteilung auf wettbewerbliche Bedenken stößt. Die Unternehmen bieten der KartB daraufhin (zweitens) Verpflichtungszusagen an, mit denen diese Bedenken ausgeräumt werden sollen. Die Prüfung der KartB bestätigt das. Sie erklärt diese Zusagen deshalb (drittens) für bindend.

35 *a) Mitteilung von Bedenken nach vorläufiger Beurteilung durch die KartB.* Es gibt kein gerade auf die Abgabe von Verpflichtungszusagen gerichtetes Verfahren. Die Verbindlicherklärung von Verpflichtungszusagen ist vielmehr nur eine Option, ein an sich auf die Abstellung einer Zuwiderhandlung nach § 32 gerichtetes Verfahren abzuschließen. Zunächst müssen also immer die **Voraussetzungen für ein Verfahren nach § 32** vorliegen. Während dort aber eine Abmahnung nach § 56 Voraussetzung für eine das Verfahren abschließende Entscheidung ist, genügt es für eine Entscheidung nach § 32b, dass die KartB den betroffenen Unternehmen ihre nach vorläufiger Beurteilung bestehenden Bedenken mitteilt.[94] Klar ist, dass ein **Abmahnschreiben** diese Voraussetzungen erfüllt.[95] In einem Abmahnschreiben teilt die KartB den betroffenen Unternehmen den von ihr ermittelten Sachverhalt mit, nennt ihre Beweismittel und legt ihre rechtliche Würdigung dar. Ein solches Abmahnschreiben ist mit der das Verfahren abschließenden Entscheidung nach § 32 häufig nahezu identisch. Entsprechend aufwendig ist zumeist das dem Abmahnschreiben vorausgehende Verfahren. Das könnte nun aber wiederum leicht den eigentlichen Zweck von § 32b konterkarieren. Dennoch darf die Mitteilung der „nach vorläufiger Beurteilung" bestehenden Bedenken schon wegen der vorstehend aufgezeigten Risiken von Verfahren nach § 32b (s. Rdnr. 33) nicht eine bloße Formalie sein. Jedenfalls wird man von den KartB verlangen müssen, dass sie den Sachverhalt umfassender ermitteln als etwa für den Erlaß einstweiliger Maßnahmen nach § 32a erforderlich. Wegen der besonderen Dringlichkeit solcher Maßnahmen genügt dort eine **prima facie-Feststellung.** Dieser Zeitdruck besteht bei Entscheidungen nach § 32b nicht. Entsprechend sollten die KartB vor einer Entscheidung nach § 32b den Sachverhalt grds. vollständig aufklären müssen.[96] Dass die Verfügungsadressaten an der Entscheidungsfindung durch das Angebot von Zusagen gleichsam mitwirken, hat mit dem Erfordernis der Sachverhaltsaufklärung nichts zu tun, kann diese also auch nicht ersetzen.[97] Nur „vorläufig" ist hingegen zwar die rechtliche Beurteilung durch die KartB. Aus ihrer Mitteilung an die betroffenen Unternehmen muss allerdings unzweideutig hervorgehen, warum die KartB davon ausgeht, dass das fragliche Verhalten gegen kartellrechtliche Verbote verstößt. Nur wenn diese beiden Voraussetzungen erfüllt sind (d.h. die Mitteilung des vollständigen Sachverhalts und seiner vorläufigen rechtlichen Würdigung durch die KartB), können die betroffenen Unternehmen überhaupt angemessene Verpflichtungszusagen anbieten.

---

[92] *K. Schmidt* hat nicht ohne Grund für Art. 9 VO Nr. 1/2003 gefragt: „Ermächtigung zur Kommissionstyrannei?", s. *K. Schmidt* BB 2003, 1237, 1242; vgl. ferner *Bornkamm,* Fs. *Bechtold,* 2006, 45, 51.

[93] Begr. RegE zur 7. Novelle, BT-Drucks. 15/3640, S. 34 li Sp.; ausführlich dazu *Bornkamm,* Fs. *Bechtold,* 2006, 45, 48.

[94] Dazu *Bornkamm,* Fs. *Bechtold,* 2006, 45, 49 f.

[95] Begr. RegE zur 7. Novelle, BT-Drucks. 15/3640, S. 34 li Sp.

[96] So auch *Immenga/Mestmäcker-Bach,* GWB § 32b Rdnr. 11; *Bechtold,* GWB, § 32b Rdnr. 3; aA BKartA WuW/E DE-V 1623 – *MBS (Kooperationsvertrag);* BKartA WuW/E DE-V 1729 – *GGEW Bergstraße; FK-Jaeger,* § 32b GWB Rdnr. 9; *MüKo-Keßler,* § 32b GWB Rdnr. 10.

[97] So aber *FK-Jaeger,* § 32b GWB Rdnr. 10.

b) Angebot von Verpflichtungszusagen. Das Angebot zu Verpflichtungszusagen muss von den betroffenen Unternehmen ausgehen. Das muss allerdings nicht heißen, dass nicht die KartB den Unternehmen einen entsprechenden Hinweis geben kann. Die Unternehmen werden sich in der Regel nicht auf das schlichte Angebot von Verpflichtungszusagen beschränken. Sie werden vielmehr zunächst ihre Sicht der Dinge darlegen, um das Verfahren vielleicht doch ohne Verpflichtungszusagen beenden zu können. Zumindest können sie mit einer entsprechenden Stellungnahme versuchen zu erreichen, dass die KartB das Verfahren gegen weniger weitreichende Verpflichtungszusagen abschließt. Schon nach dem Wortlaut von § 32b Abs. 1 S. 1 müssen die Verpflichtungszusagen die den Unternehmen von der KartB mitgeteilten Bedenken umfassend ausräumen. Andernfalls kann keine Entscheidung nach § 32b ergehen.[98] 36

In Betracht kommen **alle Arten von Zusagen,** d. h. nicht nur verhaltensorientierte, sondern auch strukturelle,[99] denn Zusagen werden von den Unternehmen ja selbst angeboten. Allerdings muss die KartB auch bei Verfügungen nach § 32b den Verhältnismäßigkeitsgrundsatz beachten.[100] Zwar geht das Angebot von Zusagen zumindest formal von den Unternehmen aus. Für verbindlich erklärt werden sie jedoch von der KartB im Subordinationsverhältnis, mit entsprechender Bußgeldandrohung bei Nichtumsetzung.[101] Danach dürfen die KartB zumindest „offensichtlich" überschießende Zusagen nicht für verbindlich erklären. So darf man wohl auch das zu Art. 9 VO Nr. 1/2003 ergangene und damit für die Auslegung von § 32b heranzuziehende Urteil des EuGH i. S. *Alrosa* verstehen.[102] Dass damit allerdings Zusagen für verbindlich erklärt werden können sollen, soweit sie nur nicht offensichtlich überschießend, aber eben immer noch überschießend sind, erscheint mit dem deutschen Recht dennoch wenn überhaupt nur schwer vereinbar. Die hessische LKartB erklärte eine Zusage von *Mainova* für verbindlich, mit der sich das Unternehmen verpflichtete, seine Wasserpreise auch rückwirkend zu senken; vollzogen wurde dies mittels Gutschriften des Unternehmens an die Wasserkunden.[103] Ähnlich gelagert war der Beschluss des BKartA i. S. *RheinEnergie,* in dem der Verfügungsadressat die Rückgewährung des kartellrechtswidrig erzielten Mehrerlöses verbindlich zusagte.[104] 37

Das BKartA hat es akzeptiert, dass Verpflichtungszusagen unter bestimmten Voraussetzungen mit einem **Vorbehalt,** und zwar **ex nunc,** versehen werden.[105] Im konkreten Fall betrafen diese Vorbehalte u. a. die mögliche Verneinung der Normadressateneigenschaft der Betroffenen in einem beim BGH anhängigen Rechtsbeschwerdeverfahren. Denn dadurch wäre der Anwendung von § 19 und Art. 102 AEUV auch in dem mit der Verfügung nach § 32b beendeten Verfahren die Grundlage entzogen worden. 38

c) Verbindlicherklärung der Zusagen sowie Verzicht auf Abstellungsverfügung und einstweilige Maßnahmen. Bevor die KartB Verpflichtungszusagen für bindend erklärt, wird sie sich davon überzeugen müssen, dass diese Zusagen tatsächlich geeignet sind, ihre Bedenken auszuräumen. Die Kommission muss deshalb nach Art. 27 Abs. 4 VO Nr. 1/2003 Dritten vor einer Entscheidung nach Art. 9 VO Nr. 1/2003 Gelegenheit geben, zu den angebotenen Verpflichtungszusagen Stellung zu nehmen. Eine solche Verpflichtung besteht für die KartB nicht. Zumindest müssen die Zusagen etwaigen Beigeladenen zur Stellungnahme übermittelt werden. Selbstverständlich können die Unternehmen ihr Zusagenangebot 39

---

[98] So auch BKartA WuW/E DE-V 1389, 1391 – *WINGAS u. a.; Immenga-Mestmäcker-Bach,* GWB, § 32b Rdnr. 6; *FK-Jaeger,* § 32b GWB Rdnr. 19; *MüKo-Keßler,* § 32b GWB Rdnr. 13.

[99] *Bechtold,* GWB, § 32b Rdnr. 5; *Bornkamm,* Fs. *Bechtold,* 2006, 45, 50 f.

[100] *Immenga/Mestmäcker-Bach,* GWB, § 32b Rdnr. 17.

[101] *Podszun* ZWeR 2012, 48, 61.

[102] EuGH U. v. 29.6.2010 Rs C-441/07 P, Slg. 2010 I – 5949 ff., Rdnr. 120 – *Alrosa/Kommission;* so auch *FK-Jaeger,* § 32b GWB Rdnr. 21.

[103] Ausführlich dazu mwN *Daiber* NJW 2013, 1990; ähnlich die Kommission i. S. Deutsche Bahn E. v. 18.12.2013 COMP/AT.39678 und COMP/AT.39731 – *Deutsche Bahn I und II.*

[104] Dazu *Langen/Bunte-Bornkamm,* Deutsches Kartellrecht, § 32b GWB Rdnr. 8 mwN.

[105] BKartA WuW/E DE-V 1495, 1498 – *RWE/CO_2-Emissionshandel.*

nachbessern[106] bzw. es bis zur verfahrensabschließenden Entscheidung der KartB auch zurückziehen. Vor einer Entscheidung nach § 32b i. V. m. Art. 101, 102 AEUV hat die KartB nach Art. 11 Abs. 4 VO Nr. 1/2003 die Kommission zu informieren.

40 Im Tenor erklärt die KartB die angebotenen Verpflichtungszusagen für bindend.[107] Zugleich stellt sie das Verfahren nach Maßgabe von § 32b Abs. 1 S. 2 ein.[108] Die Entscheidung kann befristet werden, und zwar auch ohne dass das Unternehmen selbst die von ihm angebotenen Zusagen befristet hätte.[109]

41 Zwar bedeutet eine Entscheidung nach § 32b letztlich eine **Art einvernehmlicher Verfahrensbeendigung** durch KartB und betroffene Unternehmen. Dennoch ist die Entscheidung sorgfältig zu begründen. Schließlich muss es Dritten möglich sein, zu entscheiden, ob sie Beschwerde einlegen wollen oder nicht. Entscheidungen nach § 32b müssen im Bundesanzeiger oder im elektronischen Bundesanzeiger bekannt gemacht werden (§ 62).

42 Entscheidungen nach § 32b haben **Bindungswirkung nur im Verhältnis der Adressaten zur KartB.** Bindungswirkung gegenüber anderen KartB und vor allem gegenüber den Gerichten haben sie nicht. Schließlich handelt es sich nicht um Entscheidungen in der Sache. Sie treffen keine verbindliche Aussage zur rechtlichen Beurteilung des ursprünglichen Sachverhalts.[110] Eigentlich beschränkt die KartB mit einer Verfügung nach § 32b nur ihr Aufgreifermessen.[111] Dennoch dürften Entscheidungen nach § 32b eine gewisse „faktische Überzeugskraft" haben. Die KartB konnte eine Entscheidung nach § 32b ja nur erlassen, weil sie davon ausging, dass über die Verpflichtungszusagen letztlich ein rechtmäßiger Zustand hergestellt würde.

43 *d) Sanktionen.* Nach § 81 Abs. 2 Nr. 2a handelt ordnungswidrig, wer vorsätzlich oder fahrlässig einer vollziehbaren Anordnung nach § 32b Abs. 1 S. 1 zuwiderhandelt. Der Verstoß kann mit einer Geldbuße bis zu € 1 Mio. geahndet werden (§ 81 Abs. 4). Soweit ersichtlich haben die deutschen KartB noch keine Sanktionen wegen der Nichtumsetzung von Verpflichtungszusagen verhängt. Anders die Kommission im Fall *Microsoft.*[112]

44 **3. Aufhebung von Verfügungen und Wiederaufnahme des Verfahrens.** Nach § 32b Abs. 2 kann die KartB ihre Verfügung unter bestimmten Voraussetzungen aufheben und das ursprünglich auf die Abstellung der angeblichen Zuwiderhandlung gerichtete **Verfahren wieder aufnehmen.** Die Vorschrift ist lex specialis gegenüber den allgemeinen Regeln des VwVfG. Eine Aufhebung kommt in Betracht bei Änderung der tatsächlichen Verhältnisse in einem für die Verfügung wesentlichen Punkt (Nr. 1),[113] der Nichteinhaltung von Verpflichtungszusagen (Nr. 2) und bei unvollständigen, unrichtigen oder irreführenden Angaben der betroffenen Unternehmen (Nr. 3). Ändern sich etwa die Marktstellung der betroffenen Unternehmen und damit die tatsächlichen Verhältnisse in einem für die Verfügung wesentlichen Punkt, sind die Adressaten so lange an ihre Verpflichtungszusagen gebunden, wie nicht die KartB ihre Verfügung nach § 32b Abs. 2 aufhebt. Die Verpflichtungen entfallen also keinesfalls automatisch. Im Zweifel werden die betroffenen Unternehmen einen auf Aufhebung der Verfügung gerichteten Antrag stellen. Eine Aufhebung wegen Nichteinhaltung der gegebenen Zusagen oder falscher oder unrichtiger Angaben wird hingegen regelmäßig von Amts wegen erfolgen.

---

[106] So etwa geschehen im Fall BKartA, WuW/E DE-V 1495 ff. – *RWE/CO_2-Emissionshandel.*

[107] Bsp. für Verpflichtungszusagen des BKartA bei *FK-Jaeger,* § 32b GWB Rdnr. 24.

[108] Dazu etwa BKartA WuW/E DE-V 1495 – *RWE/CO_2-Emissionshandel.*

[109] *FK-Jaeger,* § 32b GWB Rdnr. 31 geht insofern sogar von einer Verpflichtung der KartB aus, von Amts wegen zu prüfen, ob die Entscheidung befristet werden muss; so auch *Immenga-Mestmäcker-Bach,* GWB, § 32b Rdnr. 23.

[110] Ausführlich zur Bindungswirkung *Bornkamm,* Fs. *Bechtold,* 2006, 45, 54 f.

[111] *Fuchs* WRP 2005, S. 1384, 1390.

[112] Kommission, E. v. 16.12.2009 COMP/C-3/39530 – *Microsoft (Tying).*

[113] Zuweilen führt das BKartA in seiner Verfügung nach § 32b solche möglichen neuen Tatsachen beispielhaft auf, s. z. B. BKartA WuW/E DE-V 1623, 1632 – *MBS (Kooperationsvertrag).*

Die KartB sollten den betroffenen Unternehmen vor einer Aufhebung **rechtliches Gehör** gewähren. Ob sie dazu verpflichtet sind, ist zweifelhaft. Schließlich entfallen mit der Aufhebung auch die Verpflichtungen der betroffenen Unternehmen. Zumindest in den Fällen der Nr. 2 und Nr. 3 (d. h. der Nichteinhaltung von Verpflichtungen bzw. der Aufhebung wegen unvollständiger, unrichtiger oder irreführender Angaben) richtet sich die Aufhebung allerdings letztlich auf die Fortführung des ursprünglich auf Abstellung der Zuwiderhandlung gerichteten Verfahrens. 45

Die in § 32b Abs. 2 genannten Aufhebungsgründe sind an sich abschließend. Das BKartA hält allerdings die Aufnahme eines **allgemeinen Widerrufsvorbehalts** in den Tenor für zulässig.[114] Damit sollen solche Fälle erfasst werden, die durch § 32b Abs. 2 möglicherweise nicht abgedeckt sind.[115] Ob die Beschwerdeeinlegung durch den Betroffenen – wie das BKartA offensichtlich meint[116] – aber ein solcher Widerrufsgrund sein kann, erscheint mit Blick auf die nach hier vertretener Ansicht zulässige Anfechtung der Verfügung durch den Betroffenen (dazu bei 4.) zweifelhaft. Die Aufnahme eines Kündigungsrechts wird allgemein für zulässig erachtet.[117] 46

4. Rechtsschutz. Dritte können gegen Verfügungen nach § 32b unter den allgemeinen Voraussetzungen Beschwerde einlegen. Sie haben Anspruch auf eine ermessensfehlerfreie Entscheidung der KartB.[118] Voraussetzung ist allerdings, dass sie durch die Entscheidung nach § 32b unmittelbar in eigenen Rechten verletzt, zumindest aber unmittelbar und individuell in ihren wirtschaftlichen Interessen nachteilig betroffen sind. Bedürfen die für verbindlich erklärten Zusagen etwa noch der privatrechtlichen Umsetzung durch den oder die Adressaten der Entscheidung, fehlt es an der nötigen materiellen Beschwer.[119] Nach richtiger Ansicht dürfte jedoch auch eine **Beschwerde durch das betroffene Unternehmen selbst** zulässig sein, soweit es die Verpflichtungszusage unter Aufrechterhaltung einer der der KartB widersprechenden Rechtsauffassung abgegeben hat.[120] Die Beschwerde wäre darauf gerichtet, dass die KartB die Verpflichtungszusagen nicht für bindend hätte erklären dürfen, weil das fragliche Verhalten schon nicht gegen ein kartellrechtliches Verbot verstößt oder aber die Zusagen zu weit gehen.[121] Für die Dauer eines solchen Beschwerdeverfahrens stünden sich die betroffenen Unternehmen besser, als wenn sie keine Zusagen angeboten und zunächst eine Abstellungsverfügung der KartB in Kauf genommen hätten. Zwar wäre es ihnen unbenommen, auch gegen eine solche Abstellungsverfügung vorzugehen. In der Abstellungsverfügung würde aber – anders als in der Verfügung nach § 32b – positiv der Verstoß gegen ein kartellrechtliches Verbot festgestellt, auch wenn die Bindungswirkung nach § 33 Abs. 4 erst mit der Bestandskraft der Abstellungsverfügung einträte. Positiver Nebeneffekt einer Beschwerdemöglichkeit auch für den Betroffenen ist, dass die KartB gerade in den Fällen nicht voreilig auf Verpflichtungszusagen der Unternehmen hinwirken, in denen eine weitergehende Prüfung zeigen würde, dass das fragliche Verhalten letztlich 47

---

[114] BKartA WuW/E DE-V 1495 ff. – *RWE/CO_2-Emissionshandel;* offengelassen vom OLG Frankfurt B. v. 14.3.2013, 11 W 33/12 (Kart), für den Widerrufsvorbehalt in einer Entscheidung der LKartB Hessen.

[115] BKartA WuW/E DE-V 1495 – *RWE/CO_2-Emissionshandel.*

[116] AaO. Fn. 116.

[117] *Immenga/Mestmäcker-Bach,* GWB, § 32b Rdnr. 23; *Loewenheim/Meessen/Riesenkampff-Rehbinder,* Kartellrecht, § 32b GWB Rdnr. 12.

[118] OLG Düsseldorf B. v. 17.9.2014, VI-Kart1/13 (V) – Anfechtung einer Verpflichtungszusagenentscheidung; für die Drittanfechtung einer Entscheidung der Kommission nach Art. 9 VO Nr. 1/2003 EuG U. v. 11.7.2007 Rs T-170/06, Slg. 2007, II-2601– *Alrosa/Kommission.*

[119] OLG Düsseldorf B. v. 17.09.2014 – VI-Kart 1/13 (V) – Anfechtung einer Verpflichtungszusagenentscheidung.

[120] So auch *Bechtold,* GWB, § 32b Rdnr. 8; *FK-Jaeger,* § 32b GWB Rdnr. 35; *Loewenheim/Meessen/Riesenkampff-Rehbinder,* Kartellrecht, § 32b GWB Rdnr. 16; aA *Immenga/Mestmäcker-Bach,* GWB, § 32b Rdnr. 35 mwN; *Bornkamm,* Fs. *Bechtold,* 2006, 45, 56 f.

[121] S. o. Rdnr. 37 zur Nichtanwendbarkeit der *Alrosa*-Doktrin des EuGH, EuGH U. v. 29.6.2010, Rs C-441/07 P, Slg. 2010 I-5949 – *Alrosa/Kommission,* im deutschen Kartellrecht.

doch unproblematisch ist. Aus der Tatsache, dass das BKartA sich in Verfügungen nach § 32b den Widerruf seiner Verfügung offensichtlich auch für den Fall vorbehalten will, daß der Betroffene die Verfügung anficht,[122] könnte man schließen, dass das BKartA die Beschwerde für zulässig erachtet. Ob das BKartA sich allerdings tatsächlich den Widerruf einer den Adressaten (auch) begünstigenden Entscheidung dann vorbehalten darf, wenn dieser ein ihm zustehendes Beschwerderecht wahrnimmt, erscheint zweifelhaft.

V. Entscheidung über Nichteinschreiten (§ 32c GWB)

48 Nach § 32c kann die KartB entscheiden, dass für sie im konkreten Fall kein Anlass zum Tätigwerden besteht, weil nach den ihr vorliegenden Erkenntnissen die Voraussetzungen für ein Verbot nach den §§ 1, 19–21 und 29 oder Art. 101 und 102 AEUV nicht gegeben sind (sog. **„kleine" Positiv-Entscheidung**).[123] § 32c dürfte nach richtiger Ansicht auch Fälle erfassen, in denen die KartB die rechtliche Beurteilung offen lässt, sie aber selbst für den Fall der Rechtswidrigkeit des fraglichen Verhaltens **keinen Anlass zum Erlass einer Verfügung** nach den §§ 32 und 32a sieht.[124] Die Unternehmen erhalten damit ein „Mehr" an Rechtssicherheit gegenüber der alternativ möglichen Einstellung des Verfahrens.

49 Vorbild für § 32c ist Art. 10 VO Nr. 1/2003. Anders als die Kommission können die nationalen KartB jedoch keine förmliche („große") Positiv-Entscheidung erlassen. Dem Vernehmen nach wollte der Rat damit sicherstellen, dass nationale KartB keine konstitutiven Freistellungsentscheidungen erlassen können.[125] Das kann allerdings noch nicht einmal die Kommission selbst. Inhaltlich ist der Unterschied zwischen der „großen" Positiv-Entscheidung der Kommission und der „kleinen" Positiv-Entscheidung einer nationalen KartB jedoch gering. In beiden Fällen geht es letztlich darum, ob die Voraussetzungen für ein Verbot nach Art. 101 und 102 AEUV vorliegen. Allerdings hat die „große" Positiv-Entscheidung der Kommission nach Art. 16 Abs. 1 VO Nr. 1/2003 Bindungswirkung für nationale Gerichte und KartB.[126] Soweit ersichtlich hat die Kommission auch 10 Jahre nach seiner Einführung mit der VO Nr. 1/2003 keine einzige Entscheidung nach Art. 10 erlassen. Auch die informelle Beratung durch die Kommission[127] mittels sog. „Beratungsschreiben" hat dem Vernehmen nach keine praktische Relevanz erlangt.

50 Ob die KartB eine Entscheidung nach § 32c erlässt, steht in ihrem **pflichtgemäßen Ermessen.** Die Entscheidung kann auf Antrag oder von Amts wegen erfolgen.[128] Sie setzt nicht voraus, dass die KartB zunächst ein Verfahren nach § 32 eingeleitet hätte.[129] Im System der Legalausnahme müssen die Unternehmen allerdings grds. selbst beurteilen, ob ihr Verhalten rechtmäßig ist oder nicht.[130] Sie haben **keinen Anspruch** auf Erlass einer Ent-

---

122 BKartA WuW/E DE-V 1495, 1498 – *RWE/CO_2-Emissionshandel.*

123 Ausführlich dazu *Engelhoven/Meinhold-Heerlein* WuW 2014, 575.

124 *Bechtold,* GWB, § 32c Rdnr. 4; *Engelhoven/Meinhold-Heerlein* WuW 2014, 575, 579; aA offensichtlich *Immenga/Mestmäcker-Bach,* GWB, § 32c Rdnr. 11; *FK-Jaeger,* § 32c GWB Rdnr. 10; so auch das BKartA WuW/E DE-V 1142, 1143 ff. – *Hintermauerziegelkartell;* WuW/E DE-V 1775, 1778 ff. – *T-Mobile/Telefónica O2.*

125 *Loewenheim/Meessen/Riesenkampff-Hossenfelder,* Kartellrecht, Art. 5 VerfVO Rdnr. 5.

126 AA *FK-Jaeger,* § 32c GWB Rdnr. 3.

127 Bekanntmachung der Kommission über informelle Beratung bei neuartigen Fragen zu den Art. 81 und 82 (jetzt: Art. 101 und 102 AEUV) des Vertrages, die in Einzelfällen auftreten, ABl. 2004 C 101/78.

128 *Immenga/Mestmäcker-Bach,* GWB, § 32c Rdnr. 6; *Engelhoven/Meinhold-Herrlein* WuW 2014, 575, 579; aA *Langen/Bunte-Bornkamm,* Deutsches Kartellrecht, § 32c GWB Rdnr. 6; zu den Anforderungen an einen Antrag BKartA, Merkblatt über Kooperationsmöglichkeiten für kleine und mittlere Unternehmen, 2007, Rdnr. 45.

129 BKartA WuW/E DE-V 1142 – *Hintermauerziegelkartell; Immenga/Mestmäcker-Bach,* GWB, § 32c Rdnr. 6; *FK-Jaeger,* § 32c GWB Rdnr. 6.

130 Auf einen Irrtum in ihrer alles andere als einfachen Prüfung können sich die Unternehmen in der Regel nicht berufen, s. EuGH U. v. 18.6.2013, Rs C-681/11, ECLI: EU: C: 2013: 404 = WuW/E EU-R 2754 – *Schenker u. a.*

scheidung nach § 32c. Eine Ermessensreduzierung auf null ist wohl eher theoretisch.[131] Bei ihrer Ermessensabwägung wird die KartB berücksichtigen, inwieweit es sich um einen neuartigen Sachverhalt handelt, dessen Bedeutung über den Einzelfall hinausgeht („Musterfall").[132] Eine Entscheidung nach § 32c kommt allerdings auch in Betracht, wenn es nur um das Interesse der individuell betroffenen Unternehmen an Rechtssicherheit geht,[133] etwa wenn erhebliche Investitionen in Zusammenhang mit einer Kooperation getätigt werden sollen.[134] Anders als die Bundesregierung in der Gesetzesbegründung meinte,[135] besteht ein praktisches Bedürfnis für Entscheidungen nach § 32c nicht nur in der mittelständischen Wirtschaft. Ein Interesse an Rechtssicherheit haben alle Unternehmen. Auch Vereinbarungen von „Großunternehmen" können deshalb Gegenstand von Verfügungen nach § 32c sein. In Betracht kommt hier etwa die Prüfung der einem Gemeinschaftsunternehmen zugrundeliegenden Verträge auf deren Vereinbarkeit mit § 1 oder Art. 101 Abs. 1 AEUV. Das gilt selbst dann, wenn die Gründung des Gemeinschaftsunternehmens einen anmeldepflichtigen Zusammenschluss darstellt. Schließlich deckt die fusionskontrollrechtliche Freigabeentscheidung des BKartA nicht zwingend auch etwaige kooperative Aspekte des Zusammenschlusses ab. In einem solchen Fall kann der Antrag auf eine Entscheidung nach § 32c ggf. mit der Anmeldung des Vorhabens nach der Fusionskontrolle verbunden werden.[136] Die Praxis verfährt aber anders: Zumeist äußert sich das Amt zu § 1 GWB nur informell, also ohne förmliche Entscheidung.

Die Entscheidung nach § 32c hat zum Inhalt, dass für die KartB vorbehaltlich neuer Erkenntnisse „kein Anlass besteht, tätig zu werden"..[137] Die Entscheidung hat **lediglich deklaratorischen Charakter.** Sie ist **keine Freistellung vom Verbot in § 1 oder Art. 101 Abs. 1 AEUV (§ 32c S. 3).** Rechtstechnisch handelt es sich um eine spezialgesetzliche Ausprägung der für das allgemeine Verwaltungsrecht in § 38 Abs. 1 S. 1 2. Alt. VwVfG geregelten Zusicherung. Die KartB sichert den Adressaten zu, dass sie auf der Grundlage des von ihr festgestellten Sachverhalts vorbehaltlich neuer Erkenntnisse keine Verfügung nach § 32 oder 32a erlassen wird. „Neue Erkenntnisse" iSd § 32c Satz 2 (Vorbehalt) sind Änderungen der tatsächlichen Verhältnisse oder der Rechtslage. Die KartB kann in einem solchen Fall ihre Entscheidung aufheben, muss es aber nicht. Diese Zusicherung bindet nur die KartB selbst, nicht aber die nationalen Gerichte. Jedoch sollte etwa ein Zivilgericht, das über Ansprüche Dritter wegen eines angeblichen Kartellverstoßes zu entscheiden hat, eine Entscheidung nach § 32c bei seiner freien Tatsachen- und Beweisführung berücksichtigen.[138] Auch für Dritte sowie die KartB und Gerichte anderer Mitgliedstaaten sind Entscheidungen nach § 32c nicht bindend. Allerdings sollen Parallelverfahren der nationalen KartB durch die Regelungen über die Arbeitsverteilung im ECN vermieden werden. Die Kommission wäre zwar nicht gehindert, ein Verfahren in der selben Sache einzuleiten, soweit eine nationale KartB bereits ein „kleine" Positiv-Entscheidung erlassen hat. Es erscheint allerdings ausgeschlossen, dass die Kommission dann ein Bußgeld verhängen würde, wenn ihre rechtliche Beurteilung von der der nationalen KartB abweicht.[139] **51**

Die erste Entscheidung des BKartA nach § 32c betraf ein Mittelstandskartell iSd § 3 GWB, das den gemeinsamen Einkauf, das gemeinsame Marketing, den gemeinsamen Vertrieb und **52**

---

[131] *Langen/Bunte-Bornkamm,* Deutsches Kartellrecht, § 32c GWB Rdnr. 15.

[132] Bsp. aus der Praxis des BKartA bei *FK-Jaeger,* § 32c GWB Rdnr. 2 Fn. 3.

[133] *FK-Jaeger,* § 32c GWB Rdnr. 2, Fn. 4.

[134] So auch das BKartA, Merkblatt über Kooperationsmöglichkeiten für kleine und mittlere Unternehmen, 2007, Rdnr. 44.

[135] Begr. RegE zur 7. Novelle, BT-Drucks. 15/3640 S. 34.

[136] Engelhoven/Meinhold-Heerlein WuW 2014, 575, 586.

[137] So etwa BKartA WuW/E DE-V 1142 – *Hintermauerziegelkartell;* WuW/E DE-V 1775 – *T-Mobil/Telefónica O2.*

[138] *FK-Jaeger,* § 32c GWB Rdnr. 23; *MüKo-Keßler,* § 32 GWB Rdnr. 14 mwN.

[139] Dazu Kommission E. v. 18.7.1999, ABl. 1990 Nr. L 220, 28 ff. Ziff. X 12a, dort für „Wünsche" nationaler KartB nach Beschränkung der Edelstahlexporte in die EG; so auch *FK-Jaeger,* § 32c GWB Rdnr. 24.

F&E-Maßnahmen für seine Mitglieder übernehmen sollte.[140] Das BKartA hielt eine Entscheidung nach § 32c für geboten, weil „die Kriterien für eine spürbare Beeinträchtigung des zwischenstaatlichen Handels bei Regionalkartellen, die nur einen Teil eines Mitgliedstaates betreffen, auslegungsbedürftig sind, noch nicht Gegenstand der Amtspraxis waren und für eine Vielzahl von Mittelstandskartellen von Bedeutung sind".[141] Im Ergebnis ging das BKartA davon aus, dass das Kartell zwar den zwischenstaatlichen Handel beeinträchtige; diese Beeinträchtigung sei jedoch nicht spürbar. Die Regelung in § 3 Abs. 1 werde deshalb nicht durch das europäische Recht verdrängt. Die Voraussetzungen für eine Freistellung als Mittelstandskartell seien erfüllt. Die Hoffnung auf ein „System von Leitentscheidungen"[142] hat sich bislang allerdings nicht erfüllt. Die Zahl der Entscheidungen von BKartA und LKartB nach § 32c ist gering; sie sind regelmäßig äußerst knapp begründet und geben über den Einzelfall hinaus kaum Guidance.[143]

53 Erlässt die KartB keine Verfügung nach § 32c, kann sie den Unternehmen statt dessen zumindest **informelle Auskünfte** geben. Mit Blick auf die Unwägbarkeiten bei der Beurteilung von Vereinbarungen nach Art. 101 und 102 AEUV sollten die KartB eher großzügig von diesem Instrument Gebrauch machen. Eben das tut das BKartA soweit ersichtlich auch.[144] Damit entspricht es dem ausdrücklichen Willen des Gesetzesverfassers.[145] Haben schon förmliche Entscheidungen nach § 32c keine Bindungswirkung für Zivilgerichte, andere nationale KartB oder gar die Kommission, gilt das zwar erst recht für informelle Stellungnahmen der KartB. Auch sie haben aber eine gewisse „faktische Überzeugungskraft".[146] Außerdem dürfte die Verhängung eines Bußgeldes ausscheiden, wenn das BKartA die Unbedenklichkeit einer Vereinbarung – wenn auch informell – bestätigt hat.[147]

54 Entscheidungen nach § 32c können, sie müssen aber nicht von der KartB bekannt gemacht werden (§ 62). Das erscheint mit Blick auf den Normzweck von § 32c, für Rechtsklarheit vor allem auch bei neuartigen Sachverhalten zu sorgen, gesetzgeberisch missglückt.[148] Die KartB sollten ihr Ermessen deshalb dahin ausüben, dass sie Entscheidungen nach § 32c grds. veröffentlichen, und sie künftig ausführlicher begründen, um so dem Normzweck zu genügen.[149] Eine Anfechtung der Entscheidung durch Dritte dürfte ausscheiden. Sie hätten ja auch keinen Anspruch auf Einschreiten der KartB.[150]

VI. Entzug der Freistellung (§ 32d GWB)

55 Hat eine über eine GVO freigestellte Vereinbarung im Einzelfall Wirkungen, die mit Art. 101 Abs. 3 AEUV unvereinbar sind und treten diese Wirkungen im Gebiet eines Mitgliedstaats oder in einem Teilgebiet desselben auf, das alle Merkmale eines gesonderten räumlichen Marktes aufweist, ist die KartB dieses Mitgliedstaats nach Art. 29 Abs. 2 VO Nr. 1/2003 ermächtigt, den Rechtsvorteil der GVO zu entziehen. Für vertikale Vereinba-

---

[140] BKartA WuW/E DE-V 1142f. – *Hintermauerziegelkartell.*

[141] BKartA WuW/E DE-V 1142, 1143 – *Hintermauerziegelkartell.*

[142] *Engelhoven/Meinhold-Heerlein* WuW 2014, 575, 580; *Langen/Bunte-Bornkamm,* Deutsches Kartellrecht, § 32c GWB Rdnr. 6 spricht in diesem Zusammenhang von „Pflöcken", die die KartB einschlagen sollen, an denen sich die Praxis orientieren kann.

[143] *Engelhoven/Meinhold-Heerlein* WuW 2014, 575, 580 mwN; mit dem Willen des Gesetzgebers ist dies nicht wirklich vereinbar.

[144] *Böge* EWS 2003, 441ff.

[145] Begr. RegE zur 7. Novelle, BT-Drucks. 15/3640, S. 34 re Sp.

[146] *Wiedemann,* Fs. *Bechtold,* 2006, 627, 641; *Langen/Bunte-Bornkamm,* Deutsches Kartellrecht, § 32c GWB Rdnr. 14 spricht insofern von „persuasive authority".

[147] So auch *Engelhoven/Meinhold-Heerlein* WuW 2014, 575, 583; aA wohl *Immenga/Mestmäcker-Bach,* GWB,§ 32c Rdnr. 14.

[148] *Karl/Reichelt* DB 2005, 1436, 1443.

[149] So auch *MüKo-Keßler,* § 32 GWB Rdnr. 9; aA *FK-Jaeger,* § 32c GWB Rdnr. 17, der eine Bekanntmachung der Entscheidung aber ebenfalls für geboten hält, wenn es der KartB um die Klärung einer Rechtsfrage ging.

[150] So auch *FK-Jaeger,* § 32c GWB Rdnr. 19.

rungen gab es eine entsprechende Befugnis bereits über Art. 7 VO Nr. 2790/99. Mit Art. 29 Abs. 2 VO Nr. 1/2003 gilt das seit deren Inkrafttreten zum 1. Mai 2004 für alle GVOs, ohne dass eine entsprechende Befugnis in den GVOs selbst geregelt sein müßte. § 32d übernimmt diese Befugnis ins deutsche Recht und erstreckt sie zugleich auf solche Fälle, in denen eine GVO nach § 2 Abs. 2 im deutschen Recht entsprechend anwendbar ist. Damit können die KartB den Rechtsvorteil einer GVO auch dann entziehen, wenn die fragliche Vereinbarung nicht geeignet ist, den zwischenstaatlichen Handel zu beeinträchtigen. In einem solchen Fall kann die Kommission nicht tätig werden.

Aber auch im Anwendungsbereich von Art. 29 Abs. 2 VO Nr. 1/2003 sollten primär die **56** nationalen KartB für den Entzug des Vorteils einer GVO zuständig sein. Das folgt aus dem gemeinschaftsrechtlichen **Subsidiaritätsprinzip** und dem Bemühen um eine verstärkte **dezentrale Durchsetzung des Kartellrechts** über die VO Nr. 1/2003. Verfahren der Kommission sollten sich auf die Fälle beschränken, in denen das im Interesse einer einheitlichen Anwendung des Unionsrechts geboten ist. Mit einer Verfahrenseinleitung durch die Kommission entfällt dann die Zuständigkeit der nationalen KartB (Art. 11 Abs. 6 VO Nr. 1/2003).

Zuständig für Entscheidungen nach § 32d sind das BKartA und die obersten Landesbehör- **57** den. Für Fälle ohne Zwischenstaatlichkeitsbezug folgt das aus §§ 52, 49, in allen anderen Fällen aus § 54. Im Anwendungsbereich von Art. 29 Abs. 2 VO Nr. 1/2003 sind überdies die Vorschriften über die Zusammenarbeit im Netzwerk der europäischen Wettbewerbsbehörden zu beachten (Art. 12 Abs. 1 VO Nr. 1/2003 bzw. § 54a).

Nach dem eindeutigen Wortlaut von § 32d kann die KartB den Rechtsvorteil der GVO **58** immer nur für das Gebiet entziehen, in dem die mit § 2 Abs. 1 oder Art. 101 Abs. 3 AEUV unvereinbaren Wirkungen auftreten und das nicht über das **Bundesgebiet** hinausreicht. Die Beweislast für die Voraussetzungen von § 32d trägt die KartB.[151] Ihre Entscheidung ist eine Ermessensentscheidung.[152] Sie hat keinerlei Wirkungen in anderen Mitgliedstaaten. Sie bindet allerdings die nationalen Gerichte. Schließlich hat die Entzugsentscheidung rechtsgestaltende Wirkung.[153] Das Verfahren auf Entzug einer Freistellung kann ggf. mit einem Verfahren nach § 32 gerichtet auf die Abstellung des fraglichen Verhaltens verbunden werden.[154] Gegen den Entzug einer Freistellung können die Betroffenen Beschwerde einlegen. Handelt es sich um einen Anwendungsfall von Art. 29 Abs. 2 VO Nr. 1/2003, ist regelmäßig die Auslegung des europäischen Rechts entscheidungserheblich, so dass ggf. ein Vorabentscheidungsverfahren nach Art. 267 AEUV durchzuführen ist. Im originären Anwendungsbereich von § 32d sind die GVOs allerdings lediglich entsprechend anwendbar (§ 2 Abs. 2).

Verfügungen nach § 32d sind im (elektronischen) Bundesanzeiger bekannt zu machen **59** (§ 62). Praktische Bedeutung hat die Norm bislang nicht.[155]

B. Vorteilsabschöpfung (§§ 34 und 34a GWB)

Macht der Geschädigte den ihm durch einen Kartellverstoß entstandenen Schaden nicht **60** geltend, soll der Schädiger die „Rendite" seines Kartellverstoßes dennoch nicht behalten dürfen.[156] Zwar gab es auch schon vor der 7. GWB-Novelle (2005) eine Mehrerlösabschöpfung durch die KartB. Sie war allerdings nur in dem sehr seltenen Fall der Zuwiderhandlung gegen eine Verfügung der KartB möglich. Seit der 7. GWB-Novelle erfaßt § 34

[151] *Immenga/Mestmäcker-Bach,* GWB, § 32d Rdnr. 15; *Bechtold,* GWB § 32d Rdnr. 2.

[152] *Immenga/Mestmäcker-Bach,* GWB, § 32d Rdnr. 18; *Bechtold,* GWB § 32d Rdnr. 3; aA für Ausnahmefälle *Fuchs* ZWeR 2005, 1, 27.

[153] *Immenga/Mestmäcker-Bach,* GWB, § 32d Rdnr. 22 mwN.

[154] *FK-Jaeger,* § 32d GWB Rdnr. 11.

[155] *Langen/Bunte-Bornkamm,* Deutsches Kartellrecht, § 32d GWB Rdnr. 2.

[156] Begr. RegE zur 7. Novelle, BT-Drucks. 15/3640, S. 36 li Sp.

jeden durch einen Kartellrechtsverstoß erlangten Mehrerlös. Verzichtet die KartB im Einzelfall auf eine Vorteilsabschöpfung, kann der Vorteil auch durch Verbände abgeschöpft werden (§ 34a). Dadurch soll sichergestellt werden, dass gerade bei Verstößen gegen wettbewerbsrechtliche Kernbeschränkungen (sog. „hard-core-Fälle") eine Vorteilsabschöpfung nicht etwa deshalb unterbleibt, weil sich der Schaden des einzelnen Betroffenen im Bagatellbereich bewegt und Aufwand und Kosten für die Rechtsverfolgung unverhältnismäßig wären.[157] Ob allerdings eine Vorteilsabschöpfung auch dann sachgerecht ist, wenn die Kommission bereits eine Geldbuße verhängt hat, erscheint zweifelhaft.[158] Die Geldbußen der Kommission sind in der Höhe derart exorbitant, dass vom Verbleib einer „Rendite" beim Schädiger selbst dann nicht gesprochen werden könnte, wenn die Geldbuße nur reinen **Ahndungscharakter** haben sollte. Außerdem gehen Schadensersatzansprüche ohnehin vor (s. § 34 Abs. 2 Nr. 1 GWB).

I. Vorteilsabschöpfung durch Kartellbehörden

61 § 34 ist die Ermächtigungsgrundlage für die **Vorteilsabschöpfung** durch die KartB.[159] Voraussetzung ist ein **vorsätzlicher oder fahrlässiger Verstoß** gegen ein Verbot des GWB,[160] gegen Art. 101 oder 102 AEUV oder eine (verbindliche) Verfügung der KartB. In diesen Fällen kann die KartB dem Unternehmen die Zahlung eines dem wirtschaftlichen Vorteil aus dem Verstoß entsprechenden Geldbetrags auferlegen (§ 34 Abs. 1). Es handelt sich um eine Ermessensentscheidung. Die Bindungswirkung des § 33 Abs. 4 gilt nicht.[161] Der Anspruch besteht auch dann, wenn die verletzte Vorschrift kein Schutzgesetz ist. Voraussetzung ist in jedem Fall aber **Verschulden.** Ob Verschulden vorliegt, richtet sich nach den allgemeinen Regeln des Zivilrechts. Für die Annahme eines unverschuldeten Rechtsirrtums stellt die Kartellrechtsprechung – ähnlich wie für den unvermeidbaren Verbotsirrtum (§ 11 Abs. 2 OWiG) – strenge Anforderungen.[162] Drängen sich Zweifel an der Rechtmäßigkeit einer Verhaltensweise auf, wird eine Erkundigung bei einem unabhängigen sachkundigen Dritten verlangt, etwa einem im Kartellrecht spezialisierten Rechtsanwalt.[163] Bei Unkenntnis von Umständen, die außerhalb der Sphäre und außerhalb der Erkenntnismöglichkeit eines Unternehmens liegen, kann keine Erkundigungspflicht bestehen.[164]

62 Für die Definition des **wirtschaftlichen Vorteils** gelten die zu § 17 Abs. 4 OWiG entwickelten Grundsätze entsprechend. Danach ist nicht nur ein in Geld bestehender Gewinn ein wirtschaftlicher Vorteil, sondern etwa auch die Verbesserung der Marktstellung des Normadressaten durch die Ausschaltung oder Zurückdrängung von Wettbewerbern.[165] Für die Berechnung des wirtschaftlichen Vorteils gilt der **Saldierungsgrundsatz.** Der wirtschaftliche Vorteil besteht also in der Differenz zwischen der tatsächlichen Vermögenssituation des Normadressaten und seiner hypothetischen Vermögenslage ohne den Verstoß. Abgezogen werden können etwa Aufwendungen und Steuern, ggf. auch Schadensersatzleistungen.[166] Die Probleme bei der Bestimmung des wirtschaftlichen Vorteils liegen auf der Hand. Ist die Höhe des wirtschaftlichen Vorteils streitig, kann er geschätzt werden

---

[157] Begr. RegE zur 7. Novelle, BT-Drucks. 15/3640, S. 36 re Sp.; S. 55 re Sp.

[158] So aber die Begr. RegE zur 7. Novelle, BT-Drucks. 15/3640, S. 36 li Sp.

[159] *Raum,* Fs. Hirsch, 2008, 301, 306.

[160] So auch *Langen/Bunte-Bornkamm,* Deutsches Kartellrecht, § 34 GWB Rdnr. 4; aA *FK-Roth,* § 34 Rdnr. 6, der eine Vorteilsabschöpfung auch bei einem Verstoß gegen eine Gebotsnorm wie etwa Anzeige- und Anmeldepflichten (§ 39) für möglich hält.

[161] *Bechtold,* GWB, § 34 Abs. 2; *Langen/Bunte-Bornkamm,* Deutsches Kartellrecht, § 34 GWB Rdnr. 6.

[162] BGH WuW/E BGH 1666, 1669 – *Denkzettel-Aktion.*

[163] KG WuW/E OLG 3543, 3547 – *Kontaktlinsenpflegemittel.*

[164] OLG Karlsruhe WuW/E OLG 2217, 2224 – *Allkauf-Sab;* weitere Bsp. bei GK/*Benisch,* § 35 GWB Rdnr. 21.

[165] Begr. RegE zur 7. Novelle, BT-Drucks. 15/3640, S. 55 li Sp.

[166] *Bechtold,* GWB, § 34 Rdnr. 4, 6.

(§ 34 Abs. 4 S. 1). Das gilt für die Höhe eines möglichen Gewinns sowie für etwaige Abzugsposten. Voraussetzung ist aber immer, dass feststeht, dass überhaupt ein wirtschaftlicher Vorteil eingetreten ist.[167] Soweit ersichtlich hat das BKartA erst in einem Fall den wirtschaftlichen Vorteil abgeschöpft.[168]

Die Vorteilsabschöpfung ist gegenüber individuellen Schadensersatzansprüchen Dritter 63
subsidiär (§ 34 Abs. 2 S. 1 Nr. 1).[169] Das gilt ebenso für die Anordnung des Verfalls (unter den Voraussetzungen von § 29a OWiG bzw. § 73 Abs. 3, § 73a StGB; § 34 Abs. 2 S. 1 Nr. 3) oder die Verhängung einer Geldbuße(§ 34 Abs. 2 S. 1 Nr. 2), soweit letztere nicht lediglich Ahndungscharakter hat, sondern den erzielten wirtschaftlichen Vorteil auch tatsächlich abschöpft. Geldbußen der KartB können neben ihrem Sanktionscharakter gleichzeitig die Abschöpfung des wirtschaftlichen Vorteils bezwecken (§ 81 Abs. 5). Die KartB müssen in ihren Bußgeldentscheidungen also klarstellen, in welcher Höhe die verhängte Geldbuße Sanktionscharakter und in welcher Höhe Abschöpfungscharakter. Soweit ersichtlich findet sich zumindest in den Entscheidungen des BKartA regelmäßig der Hinweis, dass die konkret festgesetzte Geldbuße lediglich ahndenden und keinen abschöpfenden Charakter haben soll. Eine Vorteilsabschöpfung scheidet ferner aus, wenn die KartB nach § 32 Abs. 2a eine Rückerstattung der aus dem kartellrechtswidrigen Verhalten erwirtschafteten Vorteile angeordnet hat (§ 34 Abs. 2 S. 1 Nr. 4). In keinem Fall darf gestützt auf die verschiedenen Abschöpfungsregelungen mehr als der durch den Verstoß erzielte wirtschaftliche Vorteil als Sanktion vom Schädiger gefordert werden.[170]

Wäre die Vorteilsabschöpfung im konkreten Fall eine **unbillige Härte,** soll die KartB 64
auf eine Anordnung nach § 34 Abs. 1 verzichten, ferner in den Fällen, in denen der wirtschaftliche Vorteil gering ist (§ 34 Abs. 3). Anders als nach der früheren Rechtslage kann die Vorteilsabschöpfung seit der 7. GWB-Novelle (2005) nur für einen Zeitraum von bis zu fünf Jahren seit Beendigung der Zuwiderhandlung und längstens für einen Zeitraum von fünf Jahren angeordnet werden (§ 34 Abs. 5 S. 1). Die Verjährung wird durch Ermittlungshandlungen der Kommission oder anderer mitgliedstaatlicher Behörden und seit der 8. GWB-Novelle (2013) auch solche der deutschen KartB gehemmt (§ 34 Abs. 5 S. 2 iVm § 33 Abs. 5), und zwar für den Zeitraum ab Einleitung der Ermittlungen bis sechs Monate nach rechtskräftiger Entscheidung (§ 32 Abs. 5). Erst dann ist regelmäßig der Tatnachweis erfolgt und steht die nach § 34 Abs. 2 S. 1 Nr. 2 zu berücksichtigende Höhe der Geldbuße fest.[171]

II. Vorteilsabschöpfung durch Verbände

Die Vorteilsabschöpfung durch Verbände (§ 34a) ist gegenüber der Vorteilsabschöpfung 65
durch die KartB **subsidiär.** Mit der Bekanntgabe einer Verfügung der KartB im selben Fall geht ein Anspruch der Verbände nach § 34a unter. Der Gesetzgeber empfiehlt den Verbänden deshalb, Erkundigungen bei der zuständigen KartB einzuholen, bevor sie Ansprüche auf Vorteilsabschöpfung geltend machen.[172] Anders als § 34 findet § 34a nur Anwendung, wenn der Verstoß **vorsätzlich** begangen wurde. Außerdem muss der Schädiger den wirtschaftlichen Vorteil zulasten einer Vielzahl von Abnehmern oder Anbietern erlangt haben **(„Streuschäden mit Breitenwirkung“).**[173] Praktisch geht es also vor allem um hardcore-Verstöße. Bei ihnen ist der Vorsatz evident. Geschädigte Abnehmer sind nicht nur die

---

[167] So auch *Bechtold,* GWB, § 34 Rdnr. 5; *Raum,* Fs. Hirsch, 2008, 301, 303.

[168] Fallbericht BKartA zu den Entscheidungen v. 14.12.2007, 26.2.2008, 12.2.2009 und 9.4.2009, S. 3 – *Vertrieb von Flüssiggas.*

[169] Für eine analoge Anwendung auf Geldzahlungen als Form der Beseitigung *Bien* ZWeR 2013, 448, 455.

[170] Begr. RegE zur 7. Novelle, BT-Drucks. 15/3640, S. 36.

[171] Zu den Schwächen der alten Regelung *Dannecker/Dannecker/Müller* ZWeR 2013, 417, 431.

[172] Begr. RegE zur 7. Novelle, BT-Drucks. 15/3640, S. 55 re Sp.

[173] Begr. RegE zur 7. Novelle, BT-Drucks. 15/3640, S. 56 li Sp.

Abnehmer des Schädigers selbst, sondern alle potentiell geschädigten Abnehmer bis hin zum Endabnehmer.[174] Der wirtschaftliche Vorteil soll unabhängig davon abgeschöpft werden können, auf welcher Marktstufe er tatsächlich eingetreten ist. Der Gesetzgeber erhofft sich durch die Vorteilsabschöpfung der Verbände eine Verstärkung der Abschreckungswirkung für hard-core-Verstöße. Anders als bei der Vorteilsabschöpfung nach § 34 kann der wirtschaftliche Vorteil allerdings nicht geschätzt werden; in § 34a fehlt es an einer Regelung entsprechend § 34 Abs. 4.

66 Aktiv legitimiert sind die in § 33 Abs. 2 genannten Verbände[175] und damit nach der 8. GWB-Novelle (2013) auch Verbraucherschutzverbände. Der Anspruch richtet sich nicht auf Zahlung an den Verband, sondern unmittelbar auf Zahlung an die Bundeskasse. Damit soll verhindert werden, dass die Geltendmachung dieses Anspruchs zur Einnahmeerzielung missbraucht wird.[176] Die Verbände haben lediglich einen **Aufwendungsersatzanspruch** (§ 34a Abs. 4 S. 2) und das auch nur, wenn sie erfolgreich waren. Praktische Bedeutung dürfte die Vorschrift deshalb auch künftig nicht erlangen.[177] Sie ist eher ein Instrument der Abschreckung.[178]

§ 52 Ermittlungsbefugnisse der Kartellbehörden

Übersicht

[174] Begr. RegE zur 7. Novelle, BT-Drucks. 15/3640, S. 56 li Sp.
[175] Zu den Änderungen durch die 8. GWB-Novelle (2013) *Bien* ZWeR 2013, 448, 452 f.
[176] Begr. RegE zur 7. Novelle, BT-Drucks. 15/3640, S. 36 re Sp.
[177] *Langen/Bunte-Bornkamm,* Deutsches Kartellrecht, § 34a GWB Rdnr. 1; *FK-Roth,* § 34a GWB Rdnr. 6, der insofern von einem „Papiertiger" spricht.
[178] *Hempel* NZKart 2013, 494, 495.

Schrifttum: *Becker,* Die Sektoruntersuchung Stromerzeugung/Stromgroßhandel des Bundeskartellamts: Ausgezeichnete Analyse, unzureichende Konsequenzen, ZNER 2011, 114 ff.; *Breder,* Auskunftsbeschlüsse gegen öffentlich-rechtlich handelnde Wasserversorger, NVwZ 2012, 940 ff.; *de Bronett,* Sektoruntersuchungen, WuW 2010, 258 ff.; *Deselaers,* Abschlussbericht des Bundeskartellamtes zur Sektoruntersuchung Kraftstoffe – alter Wein in neuen Schläuchen zum Thema marktbeherrschenden Oligopol?, Fs. Canenbley, 2012, 131 ff.; *Fuchs,* Sachverständigenanhörung des Ausschuss für Wirtschaft und Arbeit vom 20.9.2004 zum Entwurf eines Siebten Gesetzes zur Änderung des GWB, Protokoll 15/67, 1099; *Eberz,* Der Schutz der Geheimnissphäre im Kartellbeschwerdeverfahren, GRUR 2000, 634 ff.; *Gildhoff,* Sektoruntersuchungen: Zulässigkeitsvoraussetzungen und Rechtsschutz, WuW 2013, 716 ff.; *Gräfer/Schmitt,* Die Befugnisse der Kartell- und Regulierungsbehörden zur Durchführung von Enqueteuntersuchungen, N&R 2007, 2 ff.; *Groteloh,* Die Sektoruntersuchung Milch und wettbewerbliche Gestaltungsoptionen, AUR 2010, 129 ff.; *Hauck/Maute,* Die Sektoruntersuchung Außenwerbung des Bundeskartellamts, ZWeR 2010, 164 ff.; *Herrlinger/Kleine,* § 59 Abs. 1 Nr. 2 GWB als Rechtsgrundlage aktueller Auskunftsbeschlüsse des Bundeskartellamts, WuW 2007, 222 ff.; *Hossenfelder/Töllner/Ost,* Kartellrechtspraxis und Kartellrechtsprechung 2005/06, 21. Aufl. 2006; *Jarass/Pieroth,* Grundgesetz für die Bundesrepublik Deutschland, Kommentar, 13. Aufl. 2014; *Karl/Reichelt,* Die Änderungen des Gesetzes gegen Wettbewerbsbeschränkungen durch die 7. GWB-Novelle, DB 2005, 1436; *Krauß,* Die aktuelle Rechtsprechung zum Anwalts- und Verteidigungsprivileg im deutschen Kartellbußgeldverfahren, WuW 2013, 24 ff.; *Mundt,* Aus der Kartellrechtspraxis des Bundeskartellamtes, WuW 2011, 1168 ff.; *Säcker,* Die kartellrechtliche Missbrauchskontrolle über Wasserpreise und Wassergebühren, NJW 2012, 1105 ff.; *Töllner,* Die Ermittlungsbefugnisse der Kartellbehörden in Deutschland, EWS 2011, 21 ff.; *R. Werner,* Die Praxis des Kammergerichts im Auskunftsverfahren, FIW-Schriftenreihe, Schwerpunkte 1981/82, Heft 103, 19 ff.; *R. Werner,* Der Konflikt zwischen Geheimnisschutz und Sachaufklärung im Kartellverfahren, Fs. Pfeiffer, 1988, 822 ff.; *Wiedemann,* Wettbewerbloses oder wettbewerbliches Oligopol? Anmerkungen zur Sektoruntersuchung Kraftstoffe des BKartA vom Mai 2011, Fs. Canenbley, 2012, 499 ff.

A. Einführung

Die KartB können alle Ermittlungen führen und alle Beweise erheben, die erforderlich sind (§ 57 Abs. 1). Anders als der Wortlaut nahelegt („kann"), gilt auch im Kartellverwaltungsverfahren der **Untersuchungsgrundsatz.** Die KartB hat eine allgemeine Sachaufklärungspflicht. Sie muss die Voraussetzungen der jeweiligen Sachnorm ermitteln. Im Grundsatz trifft sie die materielle Beweislast für das Vorliegen der Eingriffsvoraussetzungen. Welcher Ermittlungsmaßnahmen sie sich dafür bedient, steht in ihrem pflichtgemäßen Ermessen. Wichtigste Ermittlungsmaßnahme im Kartellverwaltungsverfahren ist das Auskunftsverlangen (§ 59). Die KartB haben nach dieser Vorschrift ein Auskunftsrecht (§ 59 Abs. 1), ein Einsichts- und Prüfungsrecht (§ 59 Abs. 2), ein Betretungsrecht (§ 59 Abs. 3) wie auch das Recht, auf Anordnung des Amtsrichters Durchsuchungen durchzuführen (§ 59 Abs. 4). Eine weitere, allerdings bei den Entscheidungsbefugnissen des Sechsten Abschnitts geregelte Ermittlungsbefugnis ist das Recht der KartB, nach § 32e Untersuchungen einzelner Wirtschaftszweige und einzelner Arten von Vereinbarungen durchzuführen (sog. Enquete-Befugnis). Der Beweis durch Augenschein, Zeugen und Sachverständigen (§ 57 Abs. 2) sowie das Recht zur Beschlagnahme (§ 58) werden im Kapitel Kartellverfahrensrecht behandelt (unten in § 53). 1

B. Auskunftsrecht

I. Formlose Auskunftsersuchen

2 Ein förmlicher Auskunftsbeschluss muss gerichtlich nachprüfbar begründet werden. Er stellt entsprechende Anforderungen an Form und Inhalt. Deshalb machen die KartB häufig von sog. **„informellen Auskunftsersuchen"** Gebrauch.[1] Es sind formlose, meist schriftliche Anfragen nach bestimmten Auskünften oder Unterlagen mit dem Hinweis, dass die **Erteilung der Auskünfte freiwillig** erfolgt.[2] Der Hinweis ist erforderlich, weil der Unterschied zwischen förmlichem Auskunftsverlangen und formloser Anfrage klar sein muss. Durch eine formlose Anfrage wird weder eine Auskunftspflicht noch die Bußgeldsanktion nach § 81 Abs. 2 Nr. 6 ausgelöst; das Auskunftsersuchen bleibt für die Unternehmen unverbindlich. Andererseits können sie nicht gerichtlich überprüfen lassen, ob hinreichender Anlass für das Ersuchen besteht und ob es nach Inhalt und Umfang erforderlich ist. Im allgemeinen erteilen die Befragten die Auskünfte in der – wohl oft zutreffenden – Annahme, dass die KartB die Kooperation positiv bewerten wird oder – bei Dritten – andernfalls ohnehin mit einem verbindlichen Beschluss zu rechnen ist. Von Praktikern werden allerdings auch Bedenken gegen das Verfahren geäußert.[3] Die KartB könnten dazu verführt werden, es mit der Erforderlichkeitsgrenze nicht so genau zu nehmen und damit die Befragten doch in gewisser Weise unter Druck zu setzen, Dinge vorzutragen, nach denen zu fragen die KartB kein Recht hat. Immerhin sind formlose Auskunftsersuchen aber zeitsparend, zweckmäßig und von den Gerichten inzident gebilligt worden. Nach erteilter freiwilliger Auskunft kommt ein förmlicher Auskunftsbeschluss nur dann in Betracht, wenn der begründete Verdacht besteht, dass die Auskunft nicht richtig oder nicht vollständig ist.[4]

II. Auskunftsverlangen (§ 59 Abs. 1 GWB)

3 Erlässt die KartB einen Auskunftsbeschluss nach § 59 Abs. 1 GWB, wird dadurch ein **förmliches Verwaltungsverfahren** eingeleitet. Ein vorgeschaltetes Vorermittlungsverfahren ist nicht zulässig. § 59 kann nicht isoliert, sondern nur in Zusammenhang mit einer Sachnorm des GWB angewendet werden.[5]

4 **1. Anwendungsbereich.** Das **Auskunftsrecht** hat die KartB nur im **Verwaltungsverfahren,** und zwar im Hinblick auf einen bestimmten, durch konkrete Tatsachen belegbaren Sachverhalt.[6] In Bußgeldverfahren finden ausschließlich die Vorschriften des OWiG und der StPO Anwendung (dazu Rdnr. 5). Rechtsgrundlage des Auskunftsverlangens ist nicht § 59 Abs. 1 für sich allein, sondern jeweils in Verbindung mit der Sachnorm, die das Vorgehen der KartB im konkreten Fall materiell rechtfertigt.[7] § 59 darf nicht zur allgemeinen Untersuchung der Wirtschafts- und Marktverhältnisse (Enquete) herangezogen werden, auch nicht von der Monopolkommission (§ 44).[8] Ermächtigungsgrundlage für die Durchführung von Sektorenuntersuchungen ist § 32e, der mit der 7. GWB-Novelle (2005) eingeführt wurde (s. Rdnr. 55). Nach seinem Abs. 4 sind die Ermittlungsbefugnisse der KartB in § 57 und § 59 bei Sektorenuntersuchungen entsprechend anwendbar.

5 Im **Bußgeldverfahren** richten sich die Informationsbefugnisse wegen der Verweisung in § 46 OWiG nach der StPO.[9] Der Rechtsschutz für die Betroffenen geht weiter als im

[1] *Töllner* EWS 2011, 21.
[2] *GK/Junge,* § 46 GWB Rdnr. 8; *Immenga/Mestmäcker-Klaue,* GWB, § 59 Rdnr. 3.
[3] *Lieberknecht,* Schwerpunkte 1977/78, Heft 86, S. 68 f.; *FK-Quack,* § 46 GWB a. F. Rdnr. 6 ff.
[4] KG WuW/E OLG 1189, 1190 – *Import-Schallplatten.*
[5] *Immenga/Mestmäcker-Klaue,* GWB, § 59 Rdnr. 7; *FK-Quack,* § 46 a. F. Rdnr. 13.
[6] *R. Werner,* Schwerpunkte 1981/82, Heft 103, S. 19, 25.
[7] BGH WuW/E BGH 425, 426 – *Vereidigte Buchprüfer III.*
[8] S. hierzu *Immenga/Mestmäcker-Klaue,* GWB § 59 Rdnr. 4.
[9] Instruktiv dazu *Töllner* EWS 2011, 21, 23 f.

Verwaltungsverfahren. Der Betroffene muss sich überhaupt nicht äußern und unterliegt auch **keiner Wahrheitspflicht** (§ 136 StPO). Zeugen können die Auskunft auf solche Fragen verweigern, deren Beantwortung sie selbst oder einen nahen Angehörigen der Gefahr aussetzt, wegen einer Straftat oder Ordnungswidrigkeit verfolgt zu werden (§ 55 StPO; s. dazu *Klusmann,* § 57 Rdnr. 32 ff.). Wenn die KartB vom Verwaltungsverfahren zulässigerweise in ein Bußgeldverfahren übergeht, weil bei Beginn der Ermittlungen noch keine Ordnungswidrigkeit erkennbar war, besteht nach h. M. **kein Verwertungsverbot** für die zuvor erlangten Auskünfte.[10]

Im Verwaltungsverfahren hat die KartB das **Auskunftsrecht bis zum Eintritt der Bestandskraft** ihrer Entscheidung (§ 59 Abs. 1 S. 1). Die KartB kann also noch während des Beschwerde- und Rechtsbeschwerdeverfahrens Auskunftsbeschlüsse erlassen, und zwar sowohl gegenüber dem Beschwerdeführer als auch gegenüber Dritten. Das entspricht auch der Auslegung von § 59 Abs. 1 a. F. durch den BGH und das KG.[11] Die Behörde muss zu jedem Zeitpunkt des Verfahrens prüfen, ob **neue Tatsachen** einer Aufrechterhaltung der Verwaltungsentscheidung entgegenstehen. Außerdem gehört nicht nur die Durchführung des Verwaltungsverfahrens zu den Aufgaben der KartB, sondern auch ihre Mitwirkungsrechte bzw. Mitwirkungspflichten im Beschwerdeverfahren (§§ 67 Abs. 1 Nr. 2, 70 Abs. 3 S. 1; s. § 54 Rdnr. 78). Das Fortbestehen der kartellbehördlichen Ermittlungsbefugnisse dient auch der Unterstützung des Beschwerdegerichts bei der Sachaufklärung. Das Gericht kann **Auflagenbeschlüsse** erlassen, die zusätzliche behördliche Auskunftsbeschlüsse erforderlich machen.[12] Die angefochtene Verfügung kann auf diese Weise durch ein **Nachschieben von Gründen** erhärtet werden, soweit das verfahrensrechtlich zulässig ist und die Verfügung nicht in ihrem Wesen verändert wird. Voraussetzung dafür ist jeweils, dass es sich um zulässige gerichtliche Nachermittlungen handelt, also nicht um die erste grundlegende Ermittlung des Sachverhalts überhaupt[13] (s. § 54 Rdnr. 80). Das Prinzip der „Waffengleichheit", also der Gleichstellung von Behörde und Beschwerdeführer im gerichtlichen Verfahren, wird dadurch nicht verletzt. Die Ergebnisse der behördlichen Ermittlungen haben im Gerichtsverfahren nur bei Einverständnis der Betroffenen unmittelbare prozessuale Bedeutung, andernfalls können sie nur den Ausgangspunkt für eine gerichtliche Beweiserhebung bilden.[14] 6

2. Adressaten, Auskunftsverpflichtete. Adressaten des Auskunftsverlangens sind Unternehmen, Vereinigungen von Unternehmen, auch Genossenschaften, sowie Wirtschafts- und Berufsvereinigungen. Wirtschafts- und Berufsvereinigungen sind freiwillige Verbindungen von Unternehmen, die eine umfassende Förderung der wirtschaftlichen Interessen ihrer Mitglieder verfolgen. Bei ihnen steht die gesamtwirtschaftliche Interessenvertretung im Vordergrund.[15] Mit der 7. GWB-Novelle werden sie hinsichtlich der Auskunftspflicht weitgehend den Unternehmensvereinigungen gleichgestellt.[16] Mit Blick auf den Normzweck von § 59 Abs. 1 sind Unternehmen iS dieser Vorschrift auch Wasserversorger, selbst wenn sie in Bezug zu ihren Abnehmern in den Formen des öffentlichen Rechts tätig sind.[17] 7

---

[10] *Immenga/Mestmäcker-Klaue,* GWB, § 59 Rdnr. 10; *FK-zur Nieden,* § 59 GWB Rdnr. 11; str. s. *Rohlfing,* S. 177 ff. mwN.

[11] BGH WuW/E DE-R 1163, 1167 – *HABET/Lekkerland;* KG WuW/E OLG 2515; aA noch OLG Düsseldorf WuW/E DE-R 900, 901 – *Blitz-Tip; Bechtold,* GWB, § 59 Rdnr. 9.

[12] BGH WuW/E DE-R 1163, 1167 – *HABET/Lekkerland.*

[13] BGH WuW/E BGH 2869, 2871 – *Pauschalreisen-Vermittlung II;* KG WuW/E OLG 3721, 3722 – *Coop/Wandmaker (Auskunftsbeschlüsse);* WuW/E OLG 3821, 3824 f. – *Coop/Wandmaker (Auskunftsbeschlüsse 2), Langen/Bunte-Schneider,* Deutsches Kartellrecht, § 59 GWB Rdnr. 8, 9.

[14] KG WuW/E OLG 2767, 2770 – *Rheinmetall – WMF (Auskunftsbeschlüsse).*

[15] *FK-Quack,* § 46 GWB a. F. Rdnr. 24.

[16] *Immenga/Mestmäcker-Klaue,* GWB, § 59 Rdnr. 17.

[17] BGH WuW/E DE-R 3498 – *Niederbarnimer Wasserverband;* OLG Düsseldorf WuW/E DE-R 3171 – *Wasserversorger,* OLG Frankfurt WuW/E DE-R 3526 – *Rekommunalisierung,* OLG Frankfurt

8 Die KartB kann nicht nur Auskunft von den im Verfahren betroffenen bzw. beteiligten Unternehmen verlangen, sondern auch von unbeteiligten Dritten,[18] und zwar ohne Entschädigung für entstehende Kosten. Das verstößt nicht gegen Art. 12, 14 GG.[19] Es liegt grds. im pflichtgemäßen Ermessen der Behörde, ob sie sich im Interesse zügiger Ermittlungen zunächst nur an den Betroffenen oder sofort (auch) an einen Dritten wendet.[20] Es besteht keine rechtliche Verpflichtung der KartB, von Dritten nur solche Auskünfte zu verlangen, die bei dem verdachtsbetroffenen Unternehmen nicht oder nicht ohne weiteres zu erhalten sind.[21] Wegen der Bußgeldandrohung in § 81 Abs. 2 Nr. 6 kann die Auskunft jedoch nur von dem verlangt werden, der auch die **Verantwortung für die Richtigkeit** der Auskunft übernehmen kann[22] (s. auch Rdnr. 14).

9 Auskunftsverpflichtet sind die in § 59 Abs. 2 genannten natürlichen Personen. Das sind bei Einzelunternehmen die Inhaber oder deren Vertreter, also gesetzliche Vertreter und Generalbevollmächtigte, nicht aber Prokuristen und Handlungsbevollmächtigte. Bei juristischen Personen, Gesellschaften und nichtrechtsfähigen Vereinen sind die nach Gesetz oder Satzung berufenen Personen auskunftsverpflichtet.[23] Sämtliche Fälle der **rechtsgeschäftlichen Vertretungsmacht sind ausgeschlossen.** Privatpersonen, die nicht Unternehmen, Unternehmensinhaber oder -vertreter iSv § 59 Abs. 2 sind, brauchen keine Auskunft zu erteilen; sie können aber nach § 57, u. U. auch auf der Grundlage des VwVG, als Zeugen vernommen werden.

10 **3. Umfang des Auskunftsverlangens.** Die KartB können von Unternehmen und von Vereinigungen von Unternehmen Auskunft über ihre **wirtschaftlichen Verhältnisse** verlangen. In der Regel wird es sich dabei um nicht personenbezogene Daten handeln. Das Recht auf **informationelle Selbstbestimmung** (Art. 2 GG), also die Befugnis, selbst über die Preisgabe und Verwendung persönlicher Daten zu bestimmen, wird nicht berührt.[24] Das informationelle Selbstbestimmungsrecht erstreckt sich allerdings auch auf solche personenbezogenen Informationen, die zum wirtschaftlichen Handeln gehören.[25] Ferner können Geschäfts- und Betriebsgeheimnisse durch Art. 14 bzw. 12 GG geschützt sein.[26] Grundrechte werden jedoch nicht schrankenlos gewährt. Einschränkungen müssen im überwiegenden Allgemeininteresse, auf gesetzlicher Grundlage und unter strikter Beachtung des Verhältnismäßigkeitsgrundsatzes und des Gebotes der Normenklarheit hingenommen werden.[27] Bisher ist – zu Recht – nicht bezweifelt worden, dass die Auskunftsrechte der KartB diesen Anforderungen entsprechen. Grundsätzlich müssen daher auch **Geschäftsgeheimnisse** mitgeteilt werden (s. dazu auch Rdnr. 27 ff.). Der Schutz gegenüber Dritten erfolgt über eine Beschränkung der Akteneinsicht.

11 Der Begriff der wirtschaftlichen Verhältnisse wird weit ausgelegt:[28] Sowohl das Verhalten des Unternehmens auf dem Markt als auch seine innere Struktur werden hiervon erfasst.[29]

B. v. 12.7.2012, 11 W 13/12 (Kart); der BGH hat die Nichtzulassungsbeschwerde zurückgewiesen B. v. 29.1.2013, KVZ 52/12; *Breder* NVwZ 2012, 940; *Säcker* NJW 2012, 1105.

[18] KG WuW/E OLG 1463, 1465.

[19] KG WuW/E OLG 2965, 2966 – *Haribo* mwN.

[20] BGH B. v. 19.6.2007 KVR 16–18/06 – *Auskunftsverlangen,* S. 21; KG WuW/E OLG 2613 – *Olga Tschechowa;* WuW/E OLG 2441, 2444 – *Schulbuch-Vertrieb;* WuW/E OLG 2965, 2968 – *Haribo;* OLG Düsseldorf WuW/E DE-R 1068, 1069 – *Stromnetz Darmstadt.*

[21] KG WuW/E OLG 2613 – *Olga Tschechowa.*

[22] KG WuW/E OLG 1961, 1964 – *Flugunion.*

[23] Der Verweis auf den Kartellvertreter nach § 13 Abs. 2 a. F. in § 59 Abs. 2 S. 1 a. F. wurde mit Wegfall dieser Vorschrift obsolet.

[24] KG WuW/E OLG 3721, 3728 f.

[25] BVerfG NJW 1988, 3009 – *Vorzeitige Löschung aus dem Schuldnerverzeichnis.*

[26] *Eberz* GRUR 2000, 634 ff.; *Jarass/Pieroth,* GG-Kommentar, Art. 2 Rdnr. 43.

[27] BVerfG aaO in Anschluß an BVerfG NJW 1984, 419 ff.

[28] Ausführlich dazu *KK-Klees,* § 59 GWB Rdnr. 20 f.

[29] KG WuW/E OLG 2441, 2444 f. – *Schulbuch-Vertrieb;* WuW/E OLG 2965, 2968 – *Haribo;* OLG Düsseldorf WuW/E DE-R 677, 680 – *Müllverbrennungsanlage.*

Die KartB kann also nach Preisen, Geschäftsbedingungen, Vertragsabschlüssen, Namen von Kunden[30] und Lizenzverträgen fragen, aber auch nach Aufbau, Organisation, Verflechtungen, Kostengrundlagen, Leistungsfähigkeit, Umsätzen und Erträgen. Auch über die Beweggründe für bestimmte unternehmerische Handlungen, über Einkaufsbedingungen[31] sowie über das Beschaffungsvolumen der Nachfrager[32] darf sie Auskunft verlangen. Das KG hat entschieden, dass diese Informationen zu den der Auskunftspflicht unterliegenden wirtschaftlichen Verhältnissen gehören.[33] Als **unzulässig** angesehen werden Fragen, die auf eine **allgemeine Einschätzung der Marktsituation** gerichtet sind.[34] Allerdings können die Adressaten des Auskunftsbeschlusses seit der 7. GWB-Novelle (2005) auch zur Herausgabe allgemeiner Marktstudien verpflichtet werden, die der Einschätzung oder Analyse der Wettbewerbsbedingungen oder der Marktlage dienen (§ 59 Abs. 1 Nr. 1 a. E.). Unbeschadet des Wortlauts („umfasst auch") handelt es sich um eine Erweiterung der Herausgabepflicht.[35] Nach altem Recht waren derartige „Wertungen" nicht von der Herausgabepflicht umfasst.[36] Ausweislich der Begründung des RegE sollen solche Marktstudien insbes. in Zusammenschlussfällen von Bedeutung sein.[37] Im Verfahren nach der europäischen Fusionskontrolle müssen die Unternehmen bereits mit ihrer Anmeldung u. a. auch Analysen, Berichte, Studien, Erhebungen und sonstige vergleichbare Unterlagen vorlegen, allerdings nur soweit sie gerade im Hinblick auf den verfahrensgegenständlichen Zusammenschluß erstellt wurden (Abschnitt 5.4 Formblatt CO). Mit der Gesetzesänderung soll auch ein mögliches **Informationsdefizit** der KartB bei der Verhaltenskontrolle infolge der Abschaffung des bisherigen Anmeldesystems für Kartellvereinbarungen **ausgeglichen** werden.[38] Die KartB werden allerdings beachten müssen, dass sie auch allgemeine Marktstudien immer nur dann anfordern dürfen, wenn die Voraussetzungen für einen Auskunftsbeschluss erfüllt sind. Erste Erfahrungen zeigen, dass das BKartA von dieser neuen Befugnis insbes. in Verfahren nach der Zusammenschlusskontrolle Gebrauch macht. Dort verlangt es auch immer öfter die Herausgabe von Vorstands- und Aufsichtsratsprotokollen, um sich einen „unmittelbaren" Eindruck von den eine Unternehmensentscheidung bestimmenden Faktoren zu verschaffen.

Die Fragen im Auskunftsbeschluss müssen **eindeutig und klar** sein. Es ist aber zu berücksichtigen, dass sie sich im allgemeinen an kaufmännisch erfahrene und branchenkundige Personen richten. Unternehmen, die nach Preisen oder Konditionen befragt werden, können entsprechende Listen zur Beantwortung einreichen. Einschränkungen der Auskunftspflicht ergeben sich lediglich daraus, dass nur Auskünfte verlangt werden dürfen, die **wettbewerblich relevant** sind, d. h. die zur Erfüllung der Aufgaben der KartB notwendig sind. Wirtschafts- und Berufsvereinigungen haben nach der Neufassung von § 59 Abs. 1 durch die 7. GWB-Novelle (2005) grds. dieselben Auskunftspflichten wie Vereinigungen von Unternehmen. Die KartB können insbes. auch von ihnen erstellte Marktstudien anfordern. Gerechtfertigt wird die Gleichstellung damit, dass auch Wirtschafts- und Berufsvereinigungen Einzelinteressen ihrer Mitglieder verfolgen.[39] Die in der Vergangenheit oft schwierige Abgrenzung der Wirtschafts- und Berufsvereinigungen von Vereinigungen von Unternehmen ist deshalb künftig allenfalls noch von untergeordneter Bedeutung.[40] 12

---

[30] Dazu etwa MüKo-*Barth* 2008, Bd. 2, GWB § 59 Rdnr. 20 mwN.

[31] KG WuW/E OLG 3721, 3723.

[32] KG WuW/E OLG 3729.

[33] KG WuW/E OLG 2441, 2445 – *Schulbuch-Vertrieb; GK-Junge*, § 46 Rdnr. 13.

[34] KG WuW/E OLG 3721, 3725.

[35] So auch Begr. RegE zur 7. Novelle, BT-Drucks. 15/3640, S. 63 re Sp.

[36] *Bechtold,* GWB, § 59 Rdnr. 7; *Karl/Reichelt* DB 2005, 1436, 1442; *Immenga/Mestmäcker-Klaue,* GWB, § 59 Rdnr. 25.

[37] So Begr. RegE zur 7. Novelle, BT-Drucks. 15/3640, S. 63 re Sp.

[38] Begr. RegE zur 7. Novelle, BT-Drucks. 15/3640, S. 63 re Sp./S. 64 li Sp.

[39] Begr. RegE zur 7. Novelle, BT-Drucks. 15/3640, S. 64 li Sp.

[40] Ausführlich dazu noch die 1. Auflage, *Werner* § 52 Rdnr. 13.

13 Aus dem Wortlaut „über ihre wirtschaftlichen Verhältnisse" in § 59 Abs. 1 Nr. 1 folgt, dass Unternehmen nur über diejenigen Verhältnisse Auskunft erteilen müssen, die sie selbst betreffen. Auskünfte über dritte Unternehmen dürfen nicht verlangt werden,[41] es sei denn, die Ermittlungen erstrecken sich gerade darauf, ob und inwieweit der Auskunftspflichtige Kenntnisse über deren wirtschaftliche Verhältnisse hat.[42] Wer die Betriebsführung einem externen Dienstleister überträgt, ist dennoch selbst verpflichtet, Auskunft zu seinen wirtschaftlichen Verhältnissen zu geben.[43]

14 Nach § 59 Abs. 1 S. 1 Nr. 2 können die KartB seit der 7. GWB-Novelle (2005) allerdings von Unternehmen und Vereinigungen von Unternehmen auch **Auskunft über** die wirtschaftlichen Verhältnisse von mit ihnen nach § 36 Abs. 2 **verbundenen Unternehmen** sowie die Herausgabe von Unterlagen dieser Unternehmen verlangen. Zwar erfasste schon § 59 Abs. 1 Nr. 1 a. F. die wirtschaftlichen Verhältnisse der mit den Auskunftspflichtigen in einem Konzern verbundenen Unternehmen, d. h. die Stellung des Auskunftspflichtigen innerhalb des Konzerns sowie seine Rechtsbeziehungen zu den herrschenden, abhängigen und gleichgeordneten Konzernunternehmen. Die Auskunftspflicht bestand damit aber nur für die Beziehungen des Adressaten zu den mit ihm verbundenen Unternehmen, nicht aber auch für *deren* wirtschaftliche Verhältnisse.[44] Mit der Neuregelung sollen vor allem auch Informationen über im Ausland ansässige Mutter- oder Schwestergesellschaften angefordert werden können.[45] So verlangte etwa das BKartA in einem Fall von einer Tochtergesellschaft bestimmte Auskünfte zu Daten der in den USA ansässigen Muttergesellschaft. Nach der Androhung eines Zwangsgeldes lieferte die Tochtergesellschaft dann offensichtlich diese Daten.[46] Der Adressat muss Auskünfte über die mit ihm verbundenen Unternehmen allerdings nur insoweit erteilen, als er die **abgefragten Informationen zur Verfügung** hat oder sie aufgrund bestehender **rechtlicher Verbindungen** beschaffen kann. Ob dieses Tatbestandsmerkmal erfüllt ist, wenn die KartB nicht lediglich Auskünfte zu Tochtergesellschaften des Adressaten verlangt, sondern von Tochter- zu Mutter- oder Schwestergesellschaften, erscheint fraglich. Zumindest nach deutschem Recht hätte der Adressat insofern keine Auskunfts- oder Vorlageansprüche gegen die so mit ihm verbundenen Unternehmen.[47] Das OLG Düsseldorf ist für die mit § 59 Abs. 1 S. 1 Nr. 2 nahezu deckungsgleiche Ermächtigung in § 69 Abs. 1 S. 1 Nr. 2 EnWG jedoch der Ansicht, dass es auf das Bestehen eines gesetzlichen oder vertraglich begründeten Anspruchs auf Überlassung der Informationen nicht ankomme. Es genüge, dass aufgrund der gesellschaftsrechtlichen Treuepflicht davon ausgegangen werden könne, dass sich Konzerngesellschaften gegenseitig unterstützen.[48] Das mag in der Regel auch zutreffen. Dennoch handelt es sich nicht um einen „harten Anspruch".[49] Dessen ist sich das OLG bewusst. Ist es dem Adressaten unmöglich, die fraglichen Informationen von seiner Muttergesellschaft oder Schwestergesellschaften zu beschaffen, will das OLG prüfen, ob der Adressat seine Auskunftspflicht ausnahmsweise durch die Erklärung erfüllt, er könne die betreffenden Fragen nicht beantworten. Letztlich wird das nur dann der Fall sein, wenn der Adressat dartun kann, dass sich die mit ihm verbundenen Unternehmen trotz allen Bemühens seinerseits geweigert haben, die Auskünfte zu erteilen, oder die abgefragten Informationen **objektiv nicht verfügbar** waren. Der BGH hat die Rechts-

---

41 KG WuW/E OLG 1961, 1964 – *Flugunion;* OLG Düsseldorf WuW/E DE-R 677, 680 – *Müllverbrennungsanlage.*

42 OLG München WuW/E OLG 1957, 1958.

43 OLG Brandenburg WuW/E DE-R 3718 – *Wasser- und Abwasser-Zweckverband.*

44 OLG Düsseldorf WuW/E DE-R 677, 680 – *Müllverbrennungsanlage.*

45 Begr. RegE zur 7. Novelle, BT-Drucks. 15/3640, S. 64 li Sp.

46 *Hossenfelder/Töllner/Ost,* Kartellrechtspraxis und Kartellrechtsprechung 2005/06, Rdnr. 1102.

47 *Herrlinger/Kleine* WuW 2007, 222, 226 mwN.

48 OLG Düsseldorf B. v. 20.3.2006 VI 3 Kart 153/06 (V), S. 10; so auch im Parallelfall OLG Düsseldorf WuW DE-R 1809 ff. – *Anreizregulierung Gas;* im selben Sinne OLG Düsseldorf WuW/E DE-R 1861, 1863 – *Kalksandstein.*

49 So auch *Bechtold,* GWB, § 59 Rdnr. 12; *Herrlinger/Kleie* WuW 2007, 222, 228.

beschwerde der Betroffenen gegen den Auskunftsbeschluss zurückgewiesen.[50] Da sie die fraglichen Auskünfte zwischenzeitlich erteilt hatte, musste er auf die Reichweite von § 69 Abs. 1 S. 1 Nr. 2 EnWG (entsprechend § 59 Abs. 1 S. 1 Nr. 2) in dem hier behandelten Punkt nicht eingehen. In einem Beschluss zur Reichweite der Verbundklausel in § 36 Abs. 2 ging der BGH allerdings davon aus, dass zumindest Tochtergesellschaften untereinander regelmäßig nicht in der Lage sein dürften, Auskunft über die wirtschaftlichen Verhältnisse zu geben.[51] Unabhängig davon sollte die KartB Auskünfte vorrangig von den Unternehmen oder ihren Vertretern bzw. von den Organen einer juristischen Person oder ihren Vertretern einholen, die unmittelbare Kenntnis von den aufzuklärenden Vorgängen haben.[52] Die hier aufgezeigten Probleme werden dann von vornherein vermieden.

4. Voraussetzungen. *a) Anfangsverdacht.* Die KartB kann nur dann Auskünfte verlangen, wenn ein **konkreter Anfangsverdacht** für die Erfüllung einer Eingriffsnorm des GWB besteht. Es ist also nicht erforderlich, dass die Voraussetzungen des Eingriffstatbestands mit der Anordnung der Auskunftserteilung bereits feststehen, oder dass die Gründe, die die Annahme eines Ausnahmetatbestands rechtfertigen, bereits geklärt sind.[53] Fragen, die erst der Aufklärung dienen sollen, ob überhaupt ein Verdacht gegeben ist, sind aber unzulässig. Jedoch können z.B. Presseveröffentlichungen hinreichenden Anlass zu Anfragen geben, selbst wenn sie lediglich Vermutungen und Gerüchte wiedergeben.[54] Das OLG Düsseldorf verlangt, dass ein bestimmter, durch konkrete Tatsachen belegbarer Sachverhalt vorliegt, der die KartB berechtigen könnte, ein gesetzlich vorgesehenes Verfahren einzuleiten.[55] Bei der Beurteilung wird ein großzügiger Maßstab angelegt. Der Anfangsverdacht braucht nicht dringend zu sein. Es kommt nur darauf an, ob es **vertretbare Argumente** für die Verwirklichung eines Tatbestandes gibt. Das gilt nicht nur für die Würdigung der Tatsachen, sondern betrifft auch die rechtliche Bewertung. Die KartB muss sich noch nicht hinsichtlich aller für die Einordnung der Tatsachen erheblichen Rechtsfragen festlegen. Vertretbar kann eine Rechtsansicht auch dann sein, wenn das Beschwerdegericht oder ein anderes OLG in früheren Verfahren einer abweichenden Auffassung gefolgt ist. Selbst bei entgegenstehenden höchstrichterlichen Entscheidungen kann die KartB später einen abweichenden Standpunkt einnehmen, z.B. wegen Zeitablaufs, veränderter Umstände oder auch fundierter Kritik im Schrifttum oder nachvollziehbarer neuer Argumente. Ernstliche Zweifel an der Rechtmäßigkeit eines Auskunftsbeschlusses bestehen erst dann, wenn der von der KartB vertretenen Rechtsauffassung **jegliche Plausibilität** fehlt[56] (zum Erfordernis eines schlüssigen Verfolgungskonzepts s. Rdnr. 18). 15

b) Erforderlichkeit. Die Auskunft muss zum Erlass einer Verfügung erforderlich sein, d.h. der KartB darf die gewünschte Information nicht auf andere Weise zugänglich sein. Das bedeutet allerdings nicht, dass die abgefragten Informationen für die Beurteilung des Sachverhalts entscheidend sein müssen. Ein **mitwirkender Beitrag** zur Aufklärung genügt.[57] Die KartB ist auch nicht verpflichtet, den Sachverhalt von Beginn an umfassend zu ermitteln. Sie kann sich zunächst auf einzelne Voraussetzungen der fraglichen Sachnorm beschränken.[58] Es ist notwendig, dass die KartB andere Erkenntnisquellen ausschöpft, ehe sie sich an das Unternehmen wendet. Die KartB ist aber nicht verpflichtet, eigene kostspielige 16

[50] BGH B. v. 19.6.2007, KVR 16–18/06, S. 21 – *Auskunftsverlangen.*
[51] BGH WuW/E DE-R 2740 – *Entega.*
[52] KG WuW/E OLG 2607, 2609f. – *Raffinerie-Abnahmepreise;* WuW/E OLG 3734, 3735 – *französische Muttergesellschaft* mwN.
[53] OLG Düsseldorf WuW/E DE-R 1179, 1183 – *Stromcontracting; Töllner* EWS 2011, 21.
[54] KG WuW/E OLG 1961, 1964 – *Flugunion;* WuW/E OLG 2446, 2449 – *Heizölhandel;* WuW/E OLG 4556, 4557 – *Axel Springer (Auskunftsbeschluß).*
[55] OLG Düsseldorf WuW/E DE-R 1179, 1180 – *Stromcontracting* mwN.
[56] KG WuW/E DE-R 343 – *WAZ/OTZ*; WuW/E DE-R 386, 387 – *Abo- und Tageszeitungen.*
[57] OLG Düsseldorf WuW/E DE-R 677, 680 – *Müllverbrennungsanlage.*
[58] KG WuW/E OLG 2433, 2437 – *Metro-Kaufhof.*

und zeitraubende Untersuchungen anzustellen oder in Auftrag zu geben, wenn Auskunftspflichtige über entsprechende Unterlagen verfügen oder ohne besondere Mühe zur Verfügung stellen können.[59] Auch berechtigt es den Adressaten nicht schlechthin zur Auskunftsverweigerung, wenn die KartB sich einzelne Angaben aus anderen ihr zugänglichen oder öffentlichen Quellen verschaffen kann. Der Adressat erfüllt seine Auskunftspflicht in einem solchen Fall durch die Angabe der entsprechenden Fundstellen. Ein Auskunftsbeschluss ist jedoch dann nicht erforderlich, wenn die KartB wegen eines Einzelfalles in einem räumlich begrenzten Gebiet von einem Unternehmen Auskünfte verlangt, die über dieses Gebiet weit hinausgehen.[60]

17 *c) Geeignetheit.* Die verlangte Auskunft muss geeignet sein, einen kartellrechtlichen Verdacht zu erhärten oder auszuräumen. Hierfür genügt es, dass die KartB ein **schlüssiges Verfolgungs- bzw. Ermittlungskonzept** darlegt.[61] Es kann vorläufig und nicht bis ins letzte ausgefeilt, muss aber **vertretbar** sein. Die Rechtsprechung gewährt der KartB insofern allerdings ein weites Ermessen.[62] Ein Auskunftsersuchen darf auch auf eine mögliche abweichende rechtliche Wertung des Sachverhaltes ausgerichtet sein. Immerhin muss erkennbar sein, welche Verfügung am Ende eines Verfahrens stehen könne. Andernfalls wären die Beteiligten oder das Beschwerdegericht nicht in der Lage, die Rechtmäßigkeit des Auskunftsverlangens zu überprüfen. Innerhalb dieses Rahmens hat die Behörde ein weitgehendes **Fragerecht.** Die Ausgestaltung ihrer Ermittlungstätigkeit muss ihrem eigenen pflichtgemäßen Ermessen und ihren eigenen Konzepten überlassen bleiben. Die KartB hat insofern **Einschätzungs-, Bewertungs- und Gestaltungsfreiheit.**[63] Fragen nach zurückliegenden Sachverhalten, z.B. nach früheren Preisen oder früheren Marktanteilen, können zwar nicht in der Regel,[64] wohl aber im Einzelfall zur Aufklärung eines Sachverhaltes geeignet sein. So kann in Preismissbrauchsverfahren zur Verbreiterung der Entscheidungsgrundlage ein historisches Vergleichsmarktkonzept herangezogen werden. Hier kann die Preisentwicklung bei dem Betroffenen und bei Vergleichsunternehmen aussagekräftig sein. Für die Ermittlung zeitlich zurückliegender Gaspreise im Rahmen eines Missbrauchsverfahrens (nach § 103 Abs. 6 in der Fassung vor der 6. GWB-Novelle) ist die Erforderlichkeit allerdings verneint worden, weil diese Preise nicht Gegenstand einer Missbrauchsverfügung sein konnten; auch seien die früheren Preise angesichts unstreitiger regelmäßiger Preisänderungen der Gasversorger nicht geeignet, den Verdacht eines Preismissbrauchs zu bestätigen oder auszuräumen.[65] Auch die Prognose nach § 36 Abs. 1 zur Begründung oder Verstärkung einer marktbeherrschenden Stellung kann nicht auf veraltete Zahlen gestützt werden. Zuweilen lässt sich aus der Marktanteilsentwicklung der jüngeren Vergangenheit allerdings ein Trend auch für den Prognosezeitraum ableiten. Die KartB ist übrigens keineswegs verpflichtet, den Auskunftsverpflichteten über sämtliche Einzelheiten des Verwaltungsverfahrens aufzuklären.[66]

---

[59] KG WuW/E OLG 1160, 1164 – *Haushaltspanels.*

[60] KG WuW/E OLG 2607, 2612 – *Raffinerie-Abnahmepreise.*

[61] KG WuW/E OLG 2892, 2895 – *Euglucon;* WuW/E OLG 4556, 4557 – *Axel Springer (Auskunftsbeschluss);* WuW/E OLG 4597, 4598 – *E. Fernwärme GmbH;* KG WuW/E DE-R 343 – *WAZ/OTZ;* WuW/E DE-R 386, 387 – *Abo- und Tageszeitungen;* OLG Düsseldorf WuW/E DE-R 677, 678 – *Müllverbrennungsanlage;* WuW/E DE-R 914, 915 – *Netznutzungsentgelt;* WuW/E DE- R 1067, 1068 – *Stromnetz Darmstadt;* WuW/E DE-R 1179, 1180f. – *Stromcontracting;* das OLG Düsseldorf scheint das Kriterium des „schlüssigen Ermittlungskonzepts" allerdings nicht bei der Geeignetheit zu verorten, sondern bei der Erforderlichkeit, s. OLG Düsseldorf WuW/E DE-R 1861, 1862 – *Kalksandstein;* OLG Düsseldorf B. v. 11.4.2005 – VI-2–2/04 (V) – *Kostenbeschluss Auskunftsersuchen;* OLG Düsseldorf IR 2010, 201, 202 mit Anm. v. *Heymann.*

[62] S. nur OLG Düsseldorf WuW/E DE-R 677, 678 – *Müllverbrennungsanlage.*

[63] OLG Düsseldorf B. v. 20.3.2006 VI 3 Kart 150/06 (V) BeckRS 2006, 03672 – *Auskunftsverlangen Gasversorgungsnetzbetreiber.*

[64] OLG Düsseldorf RdE 2003, 311, 312.

[65] OLG München WuW/E OLG 5859, 5860 – *Gaspreisermittlungen.*

[66] KG WuW/E OLG 2965, 2969 – *Haribo.*

d) Verhältnismäßigkeit. Ferner muss das Auskunftsersuchen verhältnismäßig sein, d.h. das von der Verwaltung eingesetzte Mittel darf nicht außer Verhältnis zu dem mit ihm verfolgten Zweck stehen. Bei der Abwägung kann zugunsten der KartB berücksichtigt werden, dass der Auskunftsverpflichtete nicht im Interesse der Behörde in Anspruch genommen wird, sondern im Interesse der Allgemeinheit und – bei der Missbrauchsaufsicht über marktbeherrschende Unternehmen – im wohlverstandenen Interesse der gesamten Branche. Allerdings hat die KartB auch die **Folgewirkungen** eines Missbrauchsverfahrens für das betroffene Unternehmen zu berücksichtigen.[67] Ein kartellbehördliches Verfahren kann durchaus eine gewisse Prangerwirkung mit sich bringen; es ist geeignet, dem Adressaten in der Öffentlichkeit zu schaden. **18**

e) Zumutbarkeit. Die Erteilung der verlangten Auskunft darf für das betroffene Unternehmen nicht unzumutbar sein. Sie darf keine unbillige, nicht durch überwiegende öffentliche Interessen gebotene Härte zur Folge haben.[68] Grds. begründet aber weder erheblicher finanzieller noch zeitlicher Aufwand eine Unzumutbarkeit. Es kann dem Unternehmen zugemutet werden, selbst Ermittlungen vorzunehmen, soweit der eigene Geschäftsbetrieb betroffen ist.[69] Wenn die Fragebögen außerordentlich umfangreich sind und ihre Beantwortung eine erhebliche Arbeitslast bedeutet, muss aus dem Auskunftsbeschluss aber nachvollziehbar zu erkennen sein, dass eine vernünftige Sachaufklärung ohne die gewünschten umfangreichen Angaben nicht möglich ist. In geeigneten Fällen können die Betroffenen auch versuchen, durch Verhandlungen mit der KartB zu erreichen, dass besonders arbeitsaufwendige Fragen, die vielleicht von sekundärer Bedeutung sind, zunächst zurückgestellt werden.[70] **19**

Ein Betroffener kann nicht einwenden, dass die der KartB bekannt werdenden Tatsachen geeignet seien, einem Dritten die Durchsetzung von zivilrechtlichen Ansprüchen zu erleichtern. Das gilt auch dann, wenn sich die KartB an dem **Zivilrechtsstreit,** in dem die selben Fragen wie in dem Verwaltungsverfahren eine Rolle spielen, gemäß § 90 Abs. 2 beteiligt. Auch steht es dem Auskunftsbegehren nicht entgegen, wenn die Behörde durch die geforderten Angaben zugleich Informationen über die wirtschaftlichen Verhältnisse Dritter erhält. Erst dann, wenn das Unternehmensinteresse in der konkreten Situation das Allgemeininteresse überwiegt, kann eine **Unzumutbarkeit** bejaht werden.[71] Nach der Rechtsprechung ist bei der Beurteilung des Umfangs von Auskunftsersuchen allerdings ein großzügiger Maßstab anzulegen.[72] **20**

f) Fristen. Die KartB muss dem Unternehmen zur Beantwortung der Fragen angemessene Fristen setzen. Im allgemeinen wird eine Frist zwischen zwei Wochen und einem Monat gewährt. Bei der Festsetzung der Frist muss die KartB die Arbeitsbelastung und Arbeitsteilung in einem Unternehmen berücksichtigen. In Fusionskontrollverfahren können die Fristen eher knapp bemessen sein, weil das BKartA hier selbst an ein knappes Fristenregime gebunden ist.[73] Zuweilen bestimmt das BKartA ähnlich wie die Kommission das Ende der Frist nicht mehr nur datumsmäßig, sondern setzt auch eine Uhrzeit für den Eingang der abgefragten Informationen. Die Unangemessenheit der Frist kann im Rechtsmittelwege gerügt werden, sofern die KartB die Frist auf Antrag nicht verlängert. **21**

g) Form. Das Auskunftsverlangen muss den Formerfordernissen der §§ 59 Abs. 6 und 61 genügen. Der Bundeswirtschaftsminister (BMWi) und die Landeskartellbehörden (LKartB) müssen die Auskunft durch **schriftliche Einzelverfügung** anfordern, das **22**

---

[67] OLG Düsseldorf WuW/E DE-R 1067, 1069 – *Stromnetz Darmstadt.*
[68] KG WuW/E OLG 3541 – *Kathreiner.*
[69] KG WuW/E OLG 3821, 3822 – *Coop/Wandmaker (Auskunftsbeschlüsse 2).*
[70] *Lieberknecht* Schwerpunkte 1977/78, S. 69.
[71] KG WuW/E OLG 3821, 3823 – *Coop/Wandmaker (Auskunftsbeschlüsse 2).*
[72] KG WuW/E OLG 1961, 1962 – *Flug-Union;* WuW/E OLG 2441, 2444 – *Schulbuch-Vertrieb.*
[73] OLG Düsseldorf WuW/E DE-R 677, 681 – *Müllverbrennungsanlagen.*

BKartA durch **Beschluss.** Zwar spricht § 59 Abs. 6 nur von der Anforderung von Auskünften und nicht auch von der Herausgabe von Unterlagen (§ 59 Abs. 1 S. 1 Nr. 1 2. Alt.). Dabei dürfte es sich jedoch um ein Redaktionsversehen handeln, das (auch) der Gesetzgeber der 7. GWB-Novelle (2005) nicht korrigiert hat.[74] Zuständig für den Erlass eines Auskunftsbeschlusses sind die Beschlussabteilungen (§ 51 Abs. 2). Die KartB muss Rechtsgrundlage, Gegenstand und Zweck des Auskunftsverlangens angeben, also ihr Begehren näher konkretisieren. Sie muss auch die Vorschrift des GWB angeben, die sie als verletzt ansieht. Nach § 70 Abs. 4 hat die KartB bei der Anfechtung einer Auskunftsanforderung oder einer Prüfungsanordnung die tatsächlichen Anhaltspunkte **glaubhaft** zu machen. § 294 Abs. 1 ZPO findet Anwendung. Eine Glaubhaftmachung ist nicht erforderlich, soweit § 20 voraussetzt, dass kleine oder mittlere Unternehmen von Unternehmen in der Weise abhängig sind, dass ausreichende und zumutbare Ausweichmöglichkeiten nicht bestehen. Diese Regelung wurde durch die 6. GWB-Novelle eingeführt; sie soll das **„Ross- und Reiter"**-Problem entschärfen.[75] Der Beschluss muss sowohl eine Belehrung über die Ordnungswidrigkeit eines vorsätzlichen oder fahrlässigen Verstoßes gegen die Auskunftspflicht (§ 81 Abs. 2 Nr. 6) als auch eine Rechtsmittelbelehrung enthalten.

23 **5. Einschränkungen der Auskunftspflicht.** *a) Auskunftsverweigerungsrechte.* Durch die 8. GWB-Novelle wurde § 59 Abs. 5 so geändert, dass für die zur Auskunft verpflichteten Personen § 55 StPO entsprechend gilt. Eine Belehrung über dieses Recht ist nicht vorgeschrieben, würde aber dem Gebot der Fairness entsprechen. Es genügt, dass der Auskunftspflichtige sein Auskunftsverweigerungsrecht ausdrücklich geltend macht; eine nähere Begründung ist nicht erforderlich.

24 Nach § 57 Abs. 2 GWB iVm § 385 ZPO und §§ 53, 53a StPO haben auch Angehörige der beratenden Berufe wie Rechtsanwälte, Wirtschaftsprüfer und Steuerberater ein Auskunftsverweigerungsrecht. Sie brauchen die ihnen aufgrund ihrer beratenden Tätigkeit bekannten Unternehmensinterna nicht zu offenbaren, wenn dadurch Personen im Unternehmen einer Verfolgung wegen einer Straftat oder Ordnungswidrigkeit ausgesetzt werden könnten.

25 Umstritten ist, ob für juristische Personen, z.B. Aktiengesellschaften, die gemäß § 30 OWiG als Nebenfolge mit einer Geldbuße belegt werden können, ein Auskunftsverweigerungsrecht besteht.[76] Das BVerfG hat eine Entscheidung des AG Berlin-Tiergarten[77] bestätigt, wonach ein ehemaliges Vorstandsmitglied einer Aktiengesellschaft nach Verjährung seiner eigenen Handlungen kein Auskunftsverweigerungsrecht als Zeuge mehr hat; das Auskunftsverweigerungsrecht der juristischen Person werde vom amtierenden Vorstand ausgeübt.[78] Jedenfalls entfällt ein etwaiges Auskunftsverweigerungsrecht, wenn die KartB verbindlich auf die Einleitung eines Ordnungswidrigkeitenverfahrens verzichtet.[79] Der Betroffene eines Kartellverfahrens ist nicht verpflichtet, unternehmensinterne Daten über eine ungesicherte E-Mail-Verbindung an die KartB zu übermitteln.[80]

26 *b) Geheimhaltungsinteresse.* Die Unternehmen können eine Auskunft nicht mit der Begründung verweigern, die angeforderten Informationen enthielten Geschäftsgeheimnisse.[81] Der Gesetzgeber ist davon ausgegangen, dass im Auskunftsverfahren Geschäftsgeheimnisse genannt werden, denn sonst hätte er keinen Anlass gehabt, in dem bis 1974 geltenden § 46

[74] *Langen/Bunte-Schneider,* Deutsches Kartellrecht, § 59 GWB Rdnr. 30.

[75] Begr. RegE zur 6. Novelle, BR-Drucks. 852/97, S. 67.

[76] Bejahend *Immenga/Mestmäcker-Klaue,* GWB, § 59 Rdnr. 39; ausführlich zum Streitstand *FK-zur Nieden,* § 59 GWB Rdnr. 32f.

[77] WuW/E AG/LG 397, 398.

[78] BVerfG WuW/E VG 263; s. hierzu auch BVerfG NJW 1979, 1841, 1844.

[79] *FK-zur Nieden,* § 59 GWB Rdnr. 32f.

[80] BGH B. v. 26.2.2013, ZD 2013, 273 – OLG Brandenburg.

[81] BGH B. v. 19.6.2007 KVR 16–18/06, S. 21 – *Auskunftsverlangen;* KG WuW/E OLG 3721, 3725 – *Coop/Wandmaker (Auskunftsbeschlüsse).*

Abs. 8 a. F. unter Strafandrohung zu bestimmen, dass die bei der KartB Beschäftigten sich der Verwertung der durch die Auskunft zu ihrer Kenntnis gelangten Geschäfts- und Betriebsgeheimnisse zu enthalten haben.[82] Verstöße der KartB gegen den Geheimnisschutz sind heute gemäß § 203 Abs. 2 StGB strafbar.

Maßgebend für die Einordnung als **Geschäftsgeheimnis** (dazu auch § 54 Rdnr. 117) 27
ist eine objektive Betrachtung.[83] Deshalb reicht allein die Bezeichnung als Geschäftsgeheimnis durch die betroffenen Unternehmen für die Schutzbedürftigkeit der entsprechenden Angaben nicht aus.[84] Umgekehrt werden Geschäftsgeheimnisse durch die KartB aber durchaus auch dann gewahrt, wenn ein Unternehmen deren Kennzeichnung völlig unterlassen hat, vorausgesetzt der KartB ist es in diesem Fall möglich, die Geschäftsgeheimnisse als solche zu identifizieren.[85] Nach der Definition des BVerfG sind Geschäftsgeheimnisse auf ein Unternehmen bezogene Tatsachen, Umstände und Vorgänge, die nicht offenkundig, sondern nur einem begrenzten Personenkreis zugänglich sind und an deren Nichtverbreitung der Rechtsträger ein berechtigtes Interesse hat.[86] Diese Informationen sind nicht nur dann geschützt, wenn ihre Offenlegung existentielle und nachhaltige Nachteile hätte. Da letztlich eine objektive Betrachtung über die Einordnung von Informationen als Geschäftsgeheimnis entscheidet, sollte die KartB bei einer **offensichtlichen Verzögerung** der Identifizierung von Geschäftsgeheimnissen durch den Betroffenen – etwa in einem an enge Fristen gebundenen Verfahren der Zusammenschlusskontrolle – häufiger selbst die fraglichen Informationen unkenntlich machen, um dann die Eingaben des Betroffenen an die anderen Beteiligten weiterleiten zu können. Eine andere Variante wäre, es wie im Bußgeldverfahren auch den Anwälten der anderen Beteiligten zu überlassen, die Geschäftsgeheimnisse des Betroffenen vor einer Weitergabe an ihre eigenen Mandanten zu entfernen.

Die Unternehmen haben einen Anspruch auf besondere Behandlung der von ihnen 28
preisgegebenen geheimen Angaben durch die KartB. Sie sollten dafür deutlich als „Geschäftsgeheimnis" gekennzeichnet werden. Es ist ferner zweckmäßig, sie gesondert zu heften, damit eine Trennung ohne weiteres möglich ist, z. B. bei zulässiger Akteneinsicht in die übrigen Unterlagen. Die Trennung ist in der offengelegten Akte durch einen allgemein gehaltenen **Aktenvermerk** bekannt zu geben. Schon im Rahmen der Ermittlungen der KartB sollte geklärt werden, ob im späteren Hauptverfahren eingeschränkte Angaben ohne Schädigung der Auskunftgeber möglich sind und ggf. welche und ob ein etwa erforderlicher Geheimnisschutz zwar gegenüber einer breiten Öffentlichkeit, nicht aber gegenüber einzelnen Verfahrensbeteiligten geltend gemacht wird (s. zur Handhabung im Rechtsmittelverfahren auch § 54 Rdnr. 111 ff.).

c) Anwaltsgeheimnis. Soweit ersichtlich bislang nicht geklärt ist die Frage, ob der Betroffe- 29
ne im Kartellverwaltungsverfahren die Herausgabe von Dokumenten **verweigern** kann, die **Rechtsrat seines Anwalts** enthalten.[87] Das können Beratungsschreiben des Anwalts sein, aber auch z. B. Protokolle zu bzw. Vermerke über Vorstands- oder Aufsichtsratssitzungen, an denen der Anwalt teilgenommen und dort Rechtsrat erteilt hat, etwa zu den Erfolgsaussichten eines Zusammenschlussvorhabens oder dem weiteren Verhalten gegenüber der KartB. Hier steht der Auskunftsanspruch der KartB in einem offensichtlichen Spannungsverhältnis zum anwaltlichen Beratungs- und damit Vertrauensverhältnis. Das BKartA hat in diesen Fällen zuweilen die Verweigerung der Herausgabe solcher Dokumente akzeptiert. Das dürfte im Ergebnis richtig sein.

---

[82] *R. Werner,* Fs. Pfeiffer, 1988, 822, 824 mwN, 826.
[83] BKartA WuW/E DE-V 1048, 1049, 1050 – *Legett & Platt.*
[84] KG WuW/E OLG 3539 f.
[85] BKartA WuW/E DE-V 1048, 1049, 1050 – *Legett & Platt.*
[86] BVerfG WuW/E DE-R 1715, 1717 – *Deutsche Telekom.*
[87] Zur Rechtsprechung zum Anwalts- und Verteidigungsprivileg im Kartellbußgeldverfahren *Krauß* WuW 2013, 24.

C. Einsichts- und Prüfungsrecht/Betretungsrecht (§ 59 Abs. 2, 3 GWB)

I. Anwendungsbereich

30 Das **Auskunftsrecht** (§ 59 Abs. 1 S. 1 Nr. 1 und 2) und das **Einsichts- und Prüfungsrecht** (§ 59 Abs. 1 S. 1 Nr. 3) sind **gleichrangige Ermittlungsbefugnisse.**[88] Aus dem Wort „erforderlich" in § 59 Abs. 1 S. 1 und aus dem allgemeinen Übermaßverbot folgt aber, dass die KartB die Belastung und Beeinträchtigung des betroffenen Unternehmens so gering wie möglich zu halten hat. Deshalb muss die Behörde jeweils prüfen, ob die gewünschten Kenntnisse bereits durch ein formloses Auskunftsersuchen zu erlangen sind, das die Unternehmen in aller Regel weniger belastet. Die KartB ist aber keineswegs gehalten, etwa immer zunächst einen Auskunftsbeschluss zu erlassen und erst dann eine Nachprüfung durchzuführen.[89] Das gilt insbesondere, wenn die benötigten Unterlagen sonst nicht vollständig und zeitnah vorgelegt werden.[90] An die Erforderlichkeitsprüfung der KartB ist ein großzügiger Maßstab anzulegen.[91]

31 Wenn es erforderlich ist, kann die KartB die **Geschäftsunterlagen einsehen und prüfen** (§ 59 Abs. 1 S. 1 Nr. 3). Ist von vornherein erkennbar, dass ein Auskunftsersuchen keinen Erfolg haben wird, kann die Behörde die weitergehenden Möglichkeiten sofort ergreifen, ebenso nach Auskunftsverweigerung. Die Einsicht und die Prüfung ist ein einheitlicher Vorgang, wobei das Einsichtsrecht dem Prüfungsrecht zeitlich vorausgeht, ohne qualitativen Unterschied.[92]

32 Hat die KartB den Verdacht, dass ihr im Rahmen einer Nachprüfung nicht die relevanten Unterlagen vorgelegt wurden, muss sie beim zuständigen Amtsrichter eine **Durchsuchungsanordnung** nach § 59 Abs. 4 erwirken. Sie hat gestützt auf § 59 Abs. 1 Nr. 3 nicht das Recht, in den Geschäftsräumen des Unternehmens nach den nicht vorgelegten Unterlagen zu suchen.[93] In der Praxis führen die Beamten regelmäßig vorsorglich einen Durchsuchungsbeschluss mit, um bei unvollständiger Vorlage der angeforderten Unterlagen in die Durchsuchung nach § 59 Abs. 4 überzugehen.[94] Problematisch erscheint es, wenn wie in jüngerer Zeit geschehen, das BKartA eine Prüfung nach § 59 Abs. 1 S. 1 Nr. 3 parallel zu einer Nachprüfung der Kommission in einem Bußgeldverfahren nach Art. 20 VO Nr. 1/2003 durchführt, zumal wenn sich die Vorwürfe in beiden Verfahren nicht ohne weiteres trennen lassen. Letztlich sollte dann die „Nachprüfung" durch die KartB wie eine Durchsuchung behandelt werden, mit den entsprechenden Anforderungen an ihre Zulässigkeit. Schließlich bedürfte die KartB, wollte sie eine der Nachprüfung der Kommission vergleichbare Ermittlungsmaßnahme durchführen, einer richterlichen Durchsuchungsanordnung. Bei der Durchsuchung wären die Betroffenen anders als bei der bloßen Einsichtnahme und Prüfung durch die KartB auch nicht zur aktiven Mitwirkung verpflichtet.

II. Form/Adressaten

33 Adressaten einer Entscheidung nach § 59 Abs. 1 Satz 1 Nr. 3 GWB sind Unternehmen, Vereinigungen von Unternehmen und seit der 7. GWB-Novelle (2005) auch Wirtschafts- und Berufsvereinigungen (§ 59 Abs. 1 S. 2).

34 Das BKartA ordnet die Prüfung durch Beschluss mit Zustimmung des Präsidenten an, die LKartB und das BMWi durch schriftliche Einzelverfügung (§ 59 Abs. 7). In der An-

---

[88] *KK-Klees,* § 59 GWB Rdnr. 14; *FK-zur Nieden,* § 59 GWB Rdnr. 24.
[89] KG WuW/E 2433, 2434 – *Metro-Kaufhof.*
[90] *Töllner* EWS 2011, 21, 22.
[91] OLG Düsseldorf WuW/E DE-R 3321, 3323 – *Hörgeräteakustiker.*
[92] *Immenga/Mestmäcker-Klaue,* GWB, § 59 Rdnr. 46.
[93] *Langen/Bunte-Schneider,* Deutsches Kartellrecht, § 59 GWB Rdnr. 40.
[94] *Töllner* EWS 2011, 21, 22.

ordnung sind **Zeitpunkt, Rechtsgrundlage, Gegenstand und Zweck** der Prüfung anzugeben. Außerdem müssen die Unterlagen konkret bezeichnet sein, die das Unternehmen vorlegen muß; Sammelbezeichnungen reichen aus. Die Prüfer können Unterlagen nur während der üblichen Geschäftszeit einsehen und auch nur in den Geschäftsräumen. Zu den Geschäftsräumen zählen auch gemischt genutzte Räume.

III. Umfang/Grenzen

Das **Einsichts- und Prüfungsrecht** erstreckt sich auf alle geschäftlichen Unterlagen. 35
Das sind die Unterlagen, aus denen sich die wirtschaftlichen Verhältnisse des Unternehmens, der Vereinigung von Unternehmen oder der Wirtschafts- und Berufsvereinigung ergeben, sowohl **geschriebene Unterlagen als auch in sonstiger Weise gespeicherte Informationen.**[95] Im Zweifel sind alle Unterlagen geschäftliche Unterlagen, die sich in den Geschäftsräumen befinden. Die Adressaten müssen die geforderten Unterlagen fristgerecht und vollständig vorlegen. Sie sind zu einer **aktiven Mitwirkung** verpflichtet. Ab dem Zeitpunkt, in dem ein Einsichts- und Prüfungsbeschluss ergangen ist, haben die Adressaten zudem die Pflicht, die geforderten Unterlagen aufzubewahren; vorher besteht eine solche **Aufbewahrungspflicht** zumindest aus kartellrechtlichen Vorschriften nicht. Die Unterlagen dürfen nicht mehr verändert werden. Eine nach Zustellung der Vorlageverfügung erfolgte Veränderung der Unterlagen kann den Tatbestand einer Ordnungswidrigkeit (§ 81 Abs. 2 Nr. 6) und auch den eines Urkundsdelikts nach § 274 StGB erfüllen.[96] Selbst wenn weitere Verdachtsmomente hinzukommen, dürfen nur die Unterlagen eingesehen und geprüft werden, die konkret in dem Beschluss bzw. in der Verfügung bezeichnet sind. Zudem gilt – wie auch im Auskunftsverfahren – der allgemeine Verhältnismäßigkeitsgrundsatz. Nimmt die KartB im Rahmen einer Prüfungsaktion freiwillig zur Mitnahme und Auswertung ausgehändigte Unterlagen entgegen, so handelt sie nicht rechtswidrig, selbst wenn die Voraussetzungen des § 59 Abs. 2 und 7 nicht vorlagen.[97]

Es ist umstritten, ob ein **Vorlageverweigerungsrecht** der Unternehmen besteht.[98] Eine 36
ausdrückliche Regelung enthält weder das GWB noch das allgemeine Verwaltungsverfahrensrecht. Gegen ein Vorlageverweigerungsrecht wird angeführt, dass das Einsichtsrecht einen anderen Inhalt habe als das Auskunftsrecht (es können Auskünfte eingeholt werden, die sich nicht aus den Geschäftsunterlagen ergeben) und auch die Mitwirkungspflichten des Adressaten in beiden Fällen unterschiedlich seien (die Mitwirkung der Betroffenen ist in einem Auskunftsverfahren intensiver).[99] Dennoch erscheint ein Vorlageverweigerungsrecht gestützt auf eine analoge Anwendung des § 59 Abs. 5 sachgerecht. Schließlich soll sich der Betroffene nicht selbst belasten müssen. Das kann aber durch die Vorlage von Unterlagen genauso geschehen wie durch eine Auskunftserteilung. Nach richtiger Ansicht ist der Betroffene auch **nicht verpflichtet, Korrespondenz mit seinem Anwalt vorzulegen,** und zwar unabhängig davon, ob sie sich beim Anwalt oder bei ihm selbst befindet. Zwar gibt es insofern keinen Vorrang des europäischen Rechts. Es wäre aber ungereimt, wenn der KartB bei Ermittlungen etwa wegen eines Verstoßes auch gegen Art. 101 oder 102 AEUV Anwaltskorrespondenz vorgelegt werden müsste, während der Betroffene gegenüber der Kommission insofern zu Recht die Herausgabe verweigern dürfte.[100] Diese Art

[95] Ausführlich dazu *Immenga/Mestmäcker-Klaue,* GWB, § 59 Rdnr. 43.

[96] *Immenga/Mestmäcker-Klaue,* GWB, § 59 Rdnr. 53.

[97] KG WuW/E OLG 2433, 2435 – *Metro-Kaufhof.*

[98] Bejahend *Grützner/Reimann/Wissel,* Richtiges Verhalten bei Kartellamtsermittlungen im Unternehmen, Rdnr. 132; verneinend *Loewenheim/Meesen/Riesenkampff-Becker,* Kartellrecht, § 59 GWB Rdnr. 12; *Langen/Bunte-Schneider,* Deutsches Kartellrecht, § 59 GWB Rdnr. 37; *Immenga/Mestmäcker-Klaue,* GWB, § 59 Rdnr. 54.

[99] So in der 1. Aufl. noch *Werner* § 52 Rdnr. 33.

[100] In diesem Sinne auch *Bechtold,* GWB, § 59 Rdnr. 17; aA jedoch die h. M. *Immenga/Mestmäcker-Klaue,* GWB, § 59 Rdnr. 43.

„legal privilege" sollte auch für Anwaltskorrespondenz gelten, die sich nicht gerade auf das betreffende Ermittlungsverfahren bezieht.[101]

IV. Betretungsrecht (§ 59 Abs. 3 GWB)

37 Die KartB kann Personen mit der Vornahme von Prüfungen beauftragen. Das können auch externe Fachleute wie etwa Wirtschaftsprüfer oder EDV-Experten sein.[102] Diese Personen haben das Recht, die Räume des betroffenen Unternehmens bzw. der Unternehmensvereinigung zu betreten. § 59 Abs. 3 erweitert die Duldungspflicht in § 59 Abs. 2 aber nicht nur in persönlicher, sondern auch in räumlicher Hinsicht. § 59 Abs. 2 verpflichtet die Adressaten, das Betreten von Geschäftsräumen und -grundstücken zwecks Prüfung von geschäftlichen Unterlagen zu dulden. § 59 Abs. 3 hingegen spricht nur von Räumen. Nach h. M. haben die von der KartB beauftragten Personen mithin auch das Recht, nur teilweise geschäftlich genutzte Wohnräume („Mischräume") zu betreten.[103] Dem ist zuzustimmen, soweit die Doppelnutzung bekannt und unstreitig ist, dass sich die einzusehenden und zu prüfenden Unterlagen in den fraglichen Räumen befinden.[104]

D. Durchsuchungen (§ 59 Abs. 4 GWB)

I. Anwendungsbereich

38 Die KartB hat als weitere Ermittlungsmöglichkeit ein **Durchsuchungsrecht** nach § 59 Abs. 4. Nach dem Grundsatz der Verhältnismäßigkeit kann nur dann eine Durchsuchung vorgenommen werden, wenn die milderen Ermittlungsmöglichkeiten nicht den gewünschten Erfolg versprechen. In der Praxis ist die Durchsuchung im Verwaltungsverfahren daher selten.[105] Das Durchsuchungsrecht hat die KartB gegenüber den gleichen Adressaten wie das Auskunfts-, Einsichts- und Prüfungsrecht in Abs. 1.[106]

39 Die KartB kann Durchsuchungen nur mit **richterlicher Durchsuchungsanordnung** vornehmen. Zuständig ist das Amtsgericht, in dessen Bezirk die Durchsuchung fällt. Die KartB muss schlüssig darlegen, warum die gewünschten Informationen auf andere Weise nicht erlangt werden können. In der richterlichen Anordnung müssen **Ziel, Zweck und Ausmaß** der Durchsuchung angegeben werden. Bei Gefahr im Verzug kann auf eine richterliche Durchsuchungsanordnung verzichtet werden. **Gefahr im Verzug** ist dann gegeben, wenn die Gefahr besteht, dass der Zweck der Durchsuchung bei Abwarten der richterlichen Anordnung vereitelt werden würde. Die Gründe für die Eilbedürftigkeit müssen vor der Durchsuchung nicht genannt werden, sie müssen allerdings in der Niederschrift über die Durchsuchung angegeben werden, die hinterher von der KartB angefertigt wird.[107]

II. Umfang/Grenzen

40 Der Umfang des Durchsuchungsrechts ist in derselben Weise eingeschränkt wie das Auskunfts- und Prüfungsrecht: Es dürfen nur die in der Anordnung genannten geschäftlichen Unterlagen durchsucht werden und auch nur die, die für den Erlass einer Verwaltungsverfügung **erforderlich** sind. Treten durch **sog. Zufallsfunde** weitere Verdachtsmomente

---

[101] So aber für Verfahren nach dem OWiG LG Bonn WuW/E DE-R 917 – *DSD*.

[102] *Immenga/Mestmäcker-Klaue,* GWB, § 59 Rdnr. 52; MüKo-*Barth* 2008, Bd. 2, GWB, § 59 Rdnr. 42; *KK-Klees,* § 59 GWB Rdnr. 35.

[103] MüKo-*Barth* 2008, Bd. 2, GWB, § 59 Rdnr. 42; *Immenga/Mestmäcker-Klaue,* GWB, § 59 Rdnr. 50; *KK-Klees,* § 59 GWB Rdnr. 35.

[104] *Immenga/Mestmäcker-Klaue,* GWB, § 59 Rdnr. 50 mwN.

[105] *Töllner* EWS 2011, 21, 22.

[106] *Immenga/Mestmäcker-Klaue,* GWB, § 59 Rdnr. 56.

[107] *Töllner* aaO.

auf, können die durchsuchenden Personen bei Gefahr im Verzug eine ergänzende Durchsuchung beschließen. Die Durchsuchung darf sich nur auf Geschäftsräume erstrecken. Weder die Räume unbeteiligter Dritter noch rein privat genutzte Räume unterliegen dem Durchsuchungsrecht. **Anwaltskorrespondenz ist vorlagefrei** (s. Rdnr. 36). Die Durchsuchung von Personen ist nicht zulässig. Die Anwendung von unmittelbarem Zwang ist nach §§ 6 ff. VwVG erlaubt (s. § 53 Rdnr. 135).

Die Durchsuchungsbefugnis gewährt nur ein Recht auf Einsicht und Prüfung, jedoch **nicht** auf eine **Beschlagnahme.** Sie ist im Verwaltungsverfahren aber jederzeit nach § 58 möglich, erfolgt freilich nur selten (s. § 53 Rdnr. 115). Geben die Betroffenen die Unterlagen freiwillig heraus, werden sie von der KartB formlos sichergestellt. Elektronische Daten werden von den KartB vor Ort auf einen behördlichen Datenträger kopiert und erst in der KartB mit einer Spezialsoftware ausgewertet. Die dabei herausgefilterten Daten werden bei freiwilliger Herausgabe (endgültig) sichergestellt, andernfalls beschlagnahmt.[108] Nach Ansicht des BKartA haben die Betroffenen kein Recht auf Anwesenheit bei der behördlichen Einsicht und Prüfung im Amt. Diese Praxis hat das AG Bonn bestätigt.[109] Die KartB muss durch die Art und Weise der Durchsuchung gewährleisten, dass die Gewinnung überschießender, für das Verfahren letztlich irrelevanter Daten so weit als möglich vermieden wird.[110] In der Praxis könnte das BKartA gerade diesem Punkt aber zuweilen zumindest im Bußgeldverfahren durchaus stärkere Beachtung widmen. **41**

Ohne dass damit eine Begrenzung der Rechte der KartB verbunden wäre, beschränkt der Wortlaut die Durchsuchung seit der Novelle von 2007 ausdrücklich auf Räume, von denen zu vermuten ist, dass sich darin Unterlagen befinden, die die KartB nach § 59 Abs. 1 einsehen, prüfen oder herausverlangen darf. Auch dem Zitiergebot in Art. 19 Abs. 1 S. 2 GG wird seither Rechnung getragen (§ 59 Abs. 4 S. 3). **42**

E. Befugnisse des BKartA nach EG-Recht (§ 50 GWB)

Wendet die KartB Art. 101 oder 102 AEUV an (im Rahmen von Verfahren nach §§ 32 ff.), hat sie dieselben Ermittlungsbefugnisse wie bei der Anwendung von Eingriffsnormen des GWB. Sedes materiae für die Aufgaben der KartB bei der Anwendung des europäischen Rechts sind seit der 7. GWB-Novelle (2005) vor allem die Vorschriften des Sechsten Abschnitts. Soweit § 50 ausdrücklich auf die Geltung der Verfahrensvorschriften des GWB beim Vollzug des europäischen Rechts verweist, geht es dabei um die Mitwirkung der KartB an Verfahren der Kommission oder der Wettbewerbsbehörden der anderen Mitgliedstaaten (§ 50 Abs. 3 S. 2 in Umsetzung von Art. 22 Abs. 1 und 2 VO Nr. 1/2003) und um Sachverhalte außerhalb des Anwendungsbereichs der VO Nr. 1/2003 (§ 50 Abs. 5 S. 2). **43**

Zur Zusammenarbeit im Netzwerk der europäischen Wettbewerbsbehörden wie auch mit ausländischen Wettbewerbsbehörden bei der Aufklärung grenzüberschreitender Sachverhalte s. ausführlich § 53 Rdnr. 29 ff. und 31 ff. **44**

F. Zwangsmittel und Bußgelder

Wenn der Adressat des Auskunftsverlangens ohne Hinweis auf § 59 Abs. 5 keine Auskunft erteilt oder wenn die KartB die Auskunftsverweigerung für unberechtigt hält, kann sie ein **Zwangsgeld** nach § 11 VwVG oder eine **Geldbuße** festsetzen. Wer vorsätzlich oder fahrlässig entgegen § 59 die Auskunft nicht, unrichtig, unvollständig oder nicht fristgemäß erteilt oder die geschäftlichen Unterlagen nicht, unvollständig oder nicht fristgemäß **45**

---

108 *Töllner* EWS 2011, 21, 22.
109 AG Bonn B. v. 25.11.2011 – 50GS1759/11.
110 BVerfG B. v. 16.6.2009 2 BvR 902/06, Rdnr. 81 – *Beschlagnahme von E-Mails.*

vorlegt oder die Duldung von Prüfungen verweigert, begeht eine Ordnungswidrigkeit (§ 81 Abs. 2 Nr. 6), die mit einer Geldbuße bis zu € 100 000,– geahndet werden kann (§ 81 Abs. 4). Nach § 81 Abs. 2 Nr. 6 handelt auch ordnungswidrig, wer das Betreten von Geschäftsräumen und -grundstücken nicht duldet. Im Verwaltungsverfahren haben die Ermittelnden hingegen ein Recht zum **unmittelbaren Zwang** bei der Durchsuchung nach §§ 6, 12 VwVG.[111]

G. Gesetzliches Verwertungsverbot, Amtshilfe, Verwertung in anderen Verfahren

46 Der Informationsaustausch zwischen den KartB, den KartB und der Kommission und den KartB und anderen Behörden ist umfassend in den §§ 50a bis 50c geregelt (dazu § 53 Rdnr. 29 ff.). § 50a ist die Rechtsgrundlage im deutschen Recht für den **Informationsaustausch** im Netzwerk der europäischen Wettbewerbsbehörden. Er entspricht inhaltlich weitestgehend Art. 12 Abs. 1 VO Nr. 1/2003. § 50b schafft eine gesetzliche Grundlage für die Zusammenarbeit des BKartA mit ausländischen Wettbewerbsbehörden außerhalb des Anwendungsbereichs von § 50a. § 50c schließt die bislang im GWB bestehende Lücke für die Zusammenarbeit zwischen den KartB in Deutschland bei der Anwendung des GWB. Außerdem schafft die Norm eine Grundlage für die Zusammenarbeit der KartB mit den Regulierungsbehörden.

47 Für die Verwertung der über § 59 erlangten Informationen durch die ermittelnde Behörde gilt: Die KartB kann die erlangten Auskünfte **auch in anderen Verwaltungsverfahren verwenden,** nach h. M. auch beim Übergang in ein Ordnungswidrigkeitenverfahren. Jedoch darf die Behörde nicht unter dem Vorwand von Ermittlungen nach § 59 ein Ordnungswidrigkeitenverfahren vorbereiten; das würde dem Rechtsgedanken des § 136a StPO widersprechen,[112] wonach die Wahrheit im **Strafverfahren** nicht um jeden Preis, sondern **nur auf „justizförmige" Weise,** d. h. in einem rechtsstaatlich geordneten Verfahren, erforscht werden darf.[113] Im Übrigen wird das Aussageverweigerungsrecht des § 59 Abs. 5 als ausreichender Schutz für den Betroffenen angesehen, obwohl er im Ordnungswidrigkeitenverfahren ein absolutes Schweigerecht hat und obwohl darauf und auf das Aussageverweigerungsrecht nach § 52 Abs. 3 S. 2 StPO iVm § 46 OWiG ausdrücklich hingewiesen werden muss. Eine mangelnde Belehrung über das Aussageverweigerungsrecht nach § 59 Abs. 5 führt nach h. M. nicht zu einem **Verwertungsverbot,** weil die Belehrung in dieser Bestimmung nicht vorgeschrieben ist.

H. Beschwerde gegen Beschlüsse nach § 59 GWB

48 Verwaltungsakte nach § 59 sind Verfügungen iSv § 61 Abs. 1 und können mit der **Beschwerde** angefochten werden (§ 63). Die Beschwerde steht ausschließlich dem Auskunftspflichtigen zu, nicht hingegen Dritten, auch nicht – falls abweichend – dem Beschwerdeführer des Hauptverfahrens. Letzterer ist an einem gegen Dritte gerichteten Auskunftsverfahren nicht beteiligt. Denn der Ausgang des Auskunftsverfahrens ist für ihn erst dann von Bedeutung, wenn und soweit sich die KartB auf die erteilten Auskünfte beruft und sie zu Lasten oder auch zu Gunsten des Beschwerdeführers verwertet.[114] Auf die

---

[111] *Immenga/Mestmäcker-Klaue,* GWB, § 59 Rdnr. 62; *FK-Quack,* § 46 GWB a. F. Rdnr. 100; aA *Grützner/Reimann/Wissel,* Richtiges Verhalten bei Kartellamtsermittlungen im Unternehmen, Rdnr. 140.

[112] *Immenga/Mestmäcker-Klaue,* GWB, § 59 Rdnr. 10; *FK-Quack,* § 46 GWB a. F. Rdnr. 63.

[113] *Meyer-Goßner,* StPO, § 136a Rdnr. 1.

[114] KG WuW/E OLG 3730, 3731 – *Coop/Wandmaker (Auskunftsbeschlüsse 3);* s. aber OLG Frankfurt WuW/E OLG 4684, 4685 zu der Beschwerde gegen die Art und Weise des Auskunftsverlangens.

Anfechtung einer Durchsuchungsanordnung finden gemäß § 59 Abs. 4 S. 2 die §§ 306 bis 310 und 311a StPO entsprechende Anwendung. Streitigkeiten über die Frage, ob von einer KartB beanspruchte Auskunftsrechte in Angelegenheiten, die gesetzliche Krankenkassen betreffen, deren Selbstverwaltungsrecht nach § 29 SGB IV und § 4 SGB V unzulässig einschränken, sind öffentlich-rechtlicher Natur und nicht solche des kartellgerichtlichen Verfahrens nach § 63. Insofern ist der Rechtsweg zu den Sozialgerichten eröffnet.[115]

I. Formalien

Zu den Formalien einer Beschwerde gegen Beschlüsse nach § 59 s. § 54 Rdnr. 37 ff. 49

II. Besonderheiten

1. Keine aufschiebende Wirkung. Die Beschwerde hat **keine aufschiebende Wirkung.** Die Auskunft ist deshalb unbeschadet einer etwaigen Beschwerde zu erteilen bzw. die Prüfung zu gestatten.[116] Das hat in der Regel vor der Entscheidung über die Beschwerde zu geschehen, weil das Beschwerdeverfahren nicht innerhalb der üblichen **Auskunftsfristen** von etwa zwei Wochen bis einem Monat durchgeführt werden kann. Dadurch erledigt sich die Hauptsache des Beschwerdeverfahrens jedoch nicht. Der BGH hat insofern abweichend von KG und der h. M. in der Literatur entschieden, dass die Auskunftsverfügung nach erteilter Auskunft immer noch den Rechtsgrund für die Verwertung der erlangten Daten bildet.[117] 50

Nach § 65 Abs. 3 S. 3 kann das Beschwerdegericht auf Antrag unter den dort genannten Voraussetzungen (s. § 54 Rdnr. 63 ff.) die **aufschiebende Wirkung der Beschwerde anordnen.**[118] Der Antragsteller braucht nicht darzulegen, dass der Auskunftsbeschluss rechtswidrig ist. Er muss nur ernstliche Zweifel wecken, ob die zur Begründung des Auskunftsbeschlusses dargelegten Umstände in tatsächlicher und rechtlicher Hinsicht ausreichen, um einen **Anfangsverdacht** zu begründen, oder darlegen, dass ernstliche Zweifel an der Erforderlichkeit oder Geeignetheit der gestellten Fragen oder an der Zuständigkeit der KartB bestehen. Das Beschwerdegericht kann in diesem Eilverfahren keine höheren Anforderungen an die Überzeugungskraft der von der KartB vertretenen Rechtsansicht stellen als im Auskunftsbeschwerdeverfahren selbst. Die aufschiebende Wirkung ist also nicht schon anzuordnen, wenn ernsthafte Zweifel an der vertretenen Rechtsansicht bestehen; eine Anordnung kommt vielmehr nur in Betracht, wenn ernsthafte Zweifel an der **Vertretbarkeit** dieser Rechtsansicht geweckt werden (s. o. Rdnr. 15). Ist die Frist zur Erteilung einer Auskunft so kurz bemessen, dass ein Verfahren nach § 65 Abs. 3 S. 3 nicht ordnungsgemäß betrieben werden kann, hat das Beschwerdegericht die Möglichkeit, in einer Zwischenentscheidung (sog. **„Hängebeschluss"**) die aufschiebende Wirkung der Auskunftsbeschwerde „einstweilen bis zur endgültigen Entscheidung" anzuordnen.[119] 51

2. Praktische Handhabung. In der Praxis wird das **Fristenproblem** bei Anträgen auf Anordnung der aufschiebenden Wirkung der Beschwerde und in geeigneten Fällen auch für die Bearbeitung der Auskunftsbeschwerde selbst häufig dadurch gelöst, dass die Beschwerdeführer in einem Gespräch mit dem Vorsitzenden oder dem Berichterstatter der zuständigen Beschlußabteilung um eine Fristverlängerung bitten. Auch das Beschwerdegericht wirkt manchmal in informellen Kontakten mit der KartB darauf hin. Die KartB wird dem entsprechen, wenn die sachgemäße Erledigung der Ermittlungen nicht gefährdet ist. 52

---

[115] BSG GesR 2011, 38.

[116] KG WuW/E OLG 1046, 1048 – *Kopierautomaten.*

[117] BGH B. v. 19.6.2007 KVR 16–18/06, S. 8 f. – *Auskunftsverlangen.*

[118] Als Bsp. etwa OLG Düsseldorf WuW/E DE-R 723 f. – *Blitz-Tip*; KG WuW/E DE-R 386 f. – *Abo- und Tageszeitungen.*

[119] KG WuW/E OLG 2614, 2616 – *Saarbergwerke/Gelsenberg (Auskunftsbeschluß).*

53 **3. Feststellungsantrag.** Da das KG davon ausging, dass sich die Hauptsache des Beschwerdeverfahrens mit der Auskunftserteilung erledigt, kam den Voraussetzungen für die Zulässigkeit einer (Fortsetzungs-)**Feststellungsbeschwerde** erhebliche Bedeutung zu.[120] Mit der Entscheidung des BGH, dass die Auskunftserteilung nicht zur Erledigung führt, hat sich dieses Problem erledigt.[121]

III. Rechtsbeschwerde gegen Beschlüsse nach § 59 GWB

54 Nach § 74 Abs. 1 ist die Rechtsbeschwerde seit der 7. GWB-Novelle (2005) nicht mehr nur gegen Entscheidungen in der Hauptsache statthaft. Damit können auch Entscheidungen der OLG über Beschwerden gegen die Rechtmäßigkeit eines Auskunftsbeschlusses vom BGH überprüft werden, wenn das OLG (oder – auf Nichtzulassungsbeschwerde – der BGH) die Rechtsbeschwerde zugelassen hat.[122]

I. Befugnis für Sektor-Untersuchungen (§ 32e GWB)

55 Zwar ist die Befugnis zur Durchführung von Sektor-Untersuchungen bei den Entscheidungsbefugnissen der KartB im Sechsten Abschnitt geregelt. Tatsächlich handelt es sich jedoch nicht um eine Entscheidungs-, sondern um eine **Ermittlungsbefugnis.**[123] Nach § 32e können das BKartA und die obersten Landesbehörden[124] einen bestimmten Wirtschaftszweig[125] oder – sektorübergreifend – eine bestimmte Art von Vereinbarungen untersuchen.[126] Voraussetzung dafür ist, dass starre Preise oder andere Umstände es vermuten lassen, dass der Wettbewerb im Inland möglicherweise eingeschränkt oder verfälscht ist. Anders als für Auskunftsbeschlüsse bedarf es also **keines konkreten Anfangsverdachts**.[127] Die durch objektive Umstände begründete Vermutung eines Verstoßes genügt. Die Bundesregierung sieht die Enquete-Befugnis als notwendiges Instrument, um den durch die Abschaffung des Freistellungsverfahrens für wettbewerbsbeschränkende Vereinbarungen nach §§ 1 ff. drohenden Transparenzverlust auszugleichen.[128] Erklärtes Ziel des BKartA ist es, (auch) über die Enquete-Befugnis Einfluss auf legislative Maßnahmen zu nehmen, so etwa die Entwicklung der Markttransparenzstelle in Zusammenhang mit der Sektoruntersuchung Kraftstoffe.[129] Außerdem sollen Sektor-Untersuchungen bei der sog. „Ross und Reiter"-Problematik helfen.[130] Leitet die KartB eine solche Untersuchung ein, um zu klären, ob in einem bestimmten Bereich Maßnahmen der Missbrauchsaufsicht nach § 32 Abs. 1 und 2 notwendig sind, darf die Untersuchung darüber hinaus durchaus auch auf die Erlangung von Marktkenntnissen gerichtet sein, die bei der Beurteilung künftiger Zusammenschlussvorhaben auf dem zu untersuchenden Markt von Bedeutung sein können.[131] Die Enquete-Befugnis ist das gegenüber einem Verwaltungs- oder gar Bußgeldver-

---

[120] Dazu ausführlich in der 1. Aufl. *Werner* § 52 Rdnr. 53–57.

[121] BGH B. v. 19.6.2007 KVR 16–18/06, S. 8 f. – *Auskunftsverlangen.*

[122] Für Auskunftsverlangen nach den § 59 entsprechenden Regelungen des EnWG jetzt ausdrücklich BGH B. v. 19.6.2007 KVR 16–18/06, S. 7 – *Auskunftsverlangen.*

[123] *Karl/Reichelt* BB 2005, 1436, 1442.

[124] Letzteren wurde die Enquete-Befugnis im Vermittlungsverfahren eingeräumt, s. Beschluss-Empfehlung des Vermittlungsausschusses zur 7. Novelle, BT-Drucks. 15/5735, S. 3.

[125] Zur Definition *Bechtold,* GWB, § 32e Rdnr. 3.

[126] Für die Enquetebefugnis der Bundesnetzagentur nach § 69 Abs. 10 EnWG *Gräfer/Schmitt* N&R 2007, 2, 5 f.

[127] OLG Düsseldorf B. v. 4.8.2010 VI-2 Kart 8/09 (V), Rdnr. 29; *Gildhoff* WuW 2013, 716, 718.

[128] Begr. RegE zur 7. Novelle, BT-Drucks. 15/3640, S. 34 re Sp.

[129] So etwa BKartA Pressemitteilung v. 7.3.2013.

[130] Begr. RegE zur 7. Novelle, BT-Drucks. 15/3640, S. 35 li Sp.

[131] OLG Düsseldorf WuW/E DE-R 1993, 1997 – *Außenwerbeflächen.*

fahren mildere Mittel. Entsprechend geht das BKartA insofern von einem Stufenverhältnis aus.[132]

Das BKartA ist auch zuständig bei Fernwärmenetzen, die räumlich auf ein Bundesland beschränkt sind, soweit aufgrund gleichartiger Umstände eine mögliche Einschränkung des Wettbewerbs in mehreren Bundesländern gegeben ist.[133] **56**

Für die Ermittlungen des BKartA im Rahmen von § 32e gelten die §§ 49 Abs. 1, 57, 59 und 61 entsprechend (§ 32e Abs. 4).[134] Das soll allerdings weitergehende Ermittlungsbefugnisse nicht ausschließen, wenn und soweit dafür im Laufe einer Enqueteuntersuchung die jeweiligen rechtlichen und tatsächlichen Voraussetzungen vorliegen.[135] Die KartB haben also im Wesentlichen die gleichen Befugnisse wie in einem auf einen konkreten Anfangsverdacht hin gegen ein bestimmtes Unternehmen eingeleiteten Verfahren. Eine Ausnahme ist die Ermächtigung zur **Beschlagnahme.** Sie wäre im Rahmen einer **verdachtsunabhängigen Enqueteuntersuchung unverhältnismäßig**.[136] Will eine KartB allerdings nicht nur gegen die Unternehmen eines bestimmten Wirtschaftszweigs oder die Parteien einer bestimmten Art von Vereinbarungen vorgehen, sondern gegen einzelne Unternehmen, müssen sämtliche Voraussetzungen für die Ermittlungsbefugnisse in den §§ 57 f. erfüllt sein.[137] In der Praxis versendet das BKartA zu Beginn einer Sektor-Untersuchung regelmäßig sehr umfangreiche Fragebögen in Form von Auskunftsverfügungen an die wichtigsten Marktteilnehmer.[138] **57**

Anders als die h. M. im Schrifttum[139] geht das OLG Düsseldorf davon aus, dass es für die Durchführung einer Enqueteuntersuchung keines **förmlichen Einleitungsbeschlusses** der KartB bedürfe. Ob die Voraussetzungen für eine Enqueteuntersuchung vorliegen, sei vielmehr inzident bei der Beschwerde gegen eine konkrete, im Rahmen der Enqueteuntersuchung durchgeführte Ermittlungsmaßnahme zu prüfen.[140] **58**

§ 32e entspricht der Regelung in Art. 17 VO Nr. 1/2003. Gestützt auf diese Vorschrift hat die Kommission Sektor-Untersuchungen u. a. in den Bereichen Gas, Strom, Bankgeschäfte mit Privatkunden, Unternehmensversicherungen und Arzneimittel eingeleitet.[141] Das BKartA hat bislang Sektor-Untersuchungen in den Bereichen Lebensmitteleinzelhandel, Duale Systeme, Walzasphalt, Fernwärme, Gastransportnetze, Milch, Kraftstoffe, Stromerzeugung/Stromgroßhandel, Heizstrom und Außenwerbung durchgeführt.[142] Noch **59**

---

[132] So etwa BKartA, Sektoruntersuchung Walzasphalt, September 2012, 107 f.

[133] OLG Düsseldorf, B. v. 4.8.2010, VI-2 Kart 8/09 (V), Rdnr. 19 f.

[134] Zu den Änderungen durch die 8. GWB-Novelle *Bechtold,* GWB, § 32e Rdnr. 8, 10.

[135] Begr. RegE zur 7. Novelle, BT-Drucks. 15/3640, S. 52 re Sp.

[136] Begr. RegE zur 7. Novelle, BT-Drucks. 15/3640, S. 52 re Sp.

[137] *Fuchs* Protokoll 15/67, 1099, 1112; *Karl/Reichelt* DB 2005, 1436, 1442.

[138] *FK-Jungermann*, § 32e GWB Rdnr. 33.

[139] Vgl. *Bechtold,* GWB, § 32e Rdnr. 6; wohl auch *Immenga/Mestmäcker-Bach,* GWB, § 32e Rdnr. 27; *FK-Jungermann,* § 32e GWB Rdnr. 31; wie das OLG Düsseldorf allerdings *Langen/Bunte-Bornkamm,* Deutsches Kartellrecht, § 32e GWB Rdnr. 7.

[140] OLG Düsseldorf WuW/E DE-R 1993, 1995 – *Außenwerbeflächen*; bestätigt durch OLG Düsseldorf, B. v. 4.8.2010 VI-2 Kart 8/09 (V), Rdnr. 26.

[141] Zu Sektor-Untersuchungen der Kommission nach Art. 17 VO Nr. 1/1962 *de Bronett* WuW 2010, 258; *Langen/Bunte-Sura,* Europäisches Kartellrecht, Art. 17 VO 1/2003 Rdnr. 2.

[142] Abschlussbericht Sektoruntersuchung Lebensmitteleinzelhandel B2 – 15/11, September 2014; Abschlussbericht Sektoruntersuchung Duale Systeme B4 – 62/12, Dezember 2012; Abschlussbericht Sektoruntersuchung Walzasphalt B1 – 33/10, September 2012; Abschlussbericht Sektoruntersuchung Fernwärme, August 2012; Abschlussbericht Sektoruntersuchung Milch B2 – 19/08, Januar 2012; Abschlussbericht Sektoruntersuchung Kraftstoffe B8 – 200/09, Mai 2011; Abschlussbericht Sektoruntersuchung Stromerzeugung/Stromgroßhandel B10 – 9/09, Januar 2011; Abschlussbericht Sektoruntersuchung Heizstrom, September 2010; Abschlussbericht Sektoruntersuchung Gastransportnetze B10 – 7/09, Dezember 2009; Ergebnisse der Sektoruntersuchung Außenwerbung, 2007, BKartA TB 2007/08, S. 143 ff.; *Becker* ZNER 2011, 114 (zur Sektoruntersuchung Stromerzeugung/Stromgroßhandel); *Deselaers,* Fs. Canenbley, 2012, 131 (zur Sektoruntersuchung Kraftstoffe); *Gräfer/Schmitt* N&R 2007, 2; *Groteloh* AUR 2010, 129 (zur Sektoruntersuchung Milch); *Hauck/Maute* ZWeR 2010, 164 (zur Sektoruntersuchung Außenwerbung); *Mundt* WuW 2011, 1168; *Wiedemann,* Fs. Canenbley, 2012, 499 (ebenfalls zur Sektoruntersuchung Kraftstoffe).

nicht abgeschlossen sind die Untersuchungen im Bereich Transportbeton sowie Raffinerien und Mineralölgroßhandel.[143]

60 In seinen Abschlussberichten bewertet das BKartA regelmäßig konkrete Sachverhalte als kartellrechtswidrig und geht auf etwaige Abstellungsmaßnahmen ein.[144] Wirkliche Rechtschutzmöglichkeiten dagegen haben die betroffenen Unternehmen nicht.[145] Der Abschlussbericht ist zwar keine Verfügung. Ohne dass das BKartA gegen einzelne Unternehmen einer Branche ein Verwaltungs- oder gar Bußgeldverfahren führen müsste, entfalten die Abschlussberichte aber einen erheblichen faktischen Druck auf die Unternehmen, ein darin beanstandetes Verhalten umzustellen.

§ 53 Kartellverfahrensrecht (GWB, VwGO, VwVfG, VwZG, VwVG)

Übersicht

[143] BKartA Jahresbericht 2013, S. 16 (zur Sektoruntersuchung Transportbeton); BKartA Pressemitteilung vom 27.9.2012 (zur Sektoruntersuchung Raffinerien und Mineralölgroßhandel); BKartA Pressemitteilung vom 14.2.2011 (zur Sektoruntersuchung Lebensmitteleinzelhandel).

[144] Abschlussbericht Sektoruntersuchung Duale Systeme B4–62/12, Dezember 2012, S. 67ff.; Abschlussbericht Sektoruntersuchung Walzasphalt B1 – 33/10, September 2012, S. 52ff., 100ff., 106ff.; Abschlussbericht Sektoruntersuchung Fernwärme, August 2012, S. 74ff., 105ff.; Abschlussbericht Sektoruntersuchung Milch B2 – 19/08, S. 19ff., 83ff., 113ff., 122ff., Abschlussbericht Sektoruntersuchung Kraftstoffe B8 – 200/09, Mai 2011, S. 48ff., 63ff., 137ff, 159ff., 190ff.; Abschlussbericht Sektoruntersuchung Stromerzeugung/Stromgroßhandel B10 – 9/09, Januar 2011, S. 90ff., 115ff., 284ff.; Abschlussbericht Sektoruntersuchung Heizstrom, September 2010, S. 6ff., 10ff.; Abschlussbericht Sektoruntersuchung Gastransportnetze B10 – 7/09, Dezember 2009, S. 23ff., 28ff.; Ergebnisse der Sektoruntersuchung Außenwerbung, 2007, BKartA TB 2007/08, S. 143ff.

[145] *Gildhoff* WuW 2013, 716.

Schrifttum: *Baron,* Die Ministererlaubnis auf dem Prüfstand – Erfahrungen aus dem aktuellen Fall E.ON/Ruhrgas, Schwerpunkte des Kartellrechts 2002, 2003, 105 ff.; *Becker,* „Greenpeace" und andere Beiladungsentscheidungen des OLG Düsseldorf – Die neuere Rechtsprechung des OLG Düsseldorf zur Beiladung in der Zusammenschlusskontrolle, ZWeR 2003, 199 ff.; *Bien,* Die Rechtzeitigkeit des Beiladungsantrags – Konsequenzen für den gerichtlichen Rechtsschutz im Kartellverfahren, WuW 2009, 166 ff.; *Bornkamm,* Die Masterfoods-Entscheidung des EuGH, ZWeR 2003, 75 ff.; *Bornkamm/Becker,* Die privatrechtliche Durchsetzung des Kartellverbots nach der Modernisierung des EG-Kartellrechts, ZWeR 2005, 213 ff.; *Bunte,* Nochmals: Rechtsfragen zur Ministererlaubnis nach § 42 GWB, BB 2002, 2393 ff.; *Burholt/Schaper,* Ausgewählte Rechtsprobleme beim sog. „no-jurisdiction letter" in der Praxis der deutschen Fusionskontrolle, WuW 2010, 1217 ff.; *Emmerich,* Kartellrecht, 12. Aufl. 2012; *Fuchs,* Die 7. GWB-Novelle – Grundkonzeption und praktische Konsequenzen, WRP 2005, 1384 ff.; *Kapp/Schröder,* Legal Privilege des EG-(Kartell-)Verfahrensrechts: Ist § 97 Abs. 2 S. 1 StPO gemeinschaftsrechtswidrig?, WuW 2002, 555 ff.; *Karl/Reichelt,* Die Änderungen des Gesetzes gegen Wettbewerbsbeschränkungen durch die 7. GWB-Novelle, DB 2005, 1436 ff.; *Kartte,* Wettbewerbspolitik im Spannungsfeld zwischen Bundeswirtschaftsministerium und Bundeskartellamt, Fs. Günther, 1976, 47 ff.; *Klose,* Das Verhältnis des deutschen zum europäischen Kartellrecht in der Verfügungspraxis des Bundeskartellamts, 1998; *Lieberknecht,* Probleme des Verfahrensrechts in Kartellsachen, FIW-Schriftenreihe, Schwerpunkte 1977/78, Heft 86, 65 ff.; *Möschel,* Neue Rechtsfragen bei der Ministererlaubnis in der Fusionskontrolle, BB 2002, 2077 ff.; *Monopolkommission,* 11. Hauptgutachten 1994/95; *Posser/Reitz,* Die Heilung von Verfahrensfehlern im Kartellverwaltungsverfahren – Anmerkung zu OLG Düsseldorf B. vom 16.12.2002 – Kart 25/02 (V), RdE 2003, 255 ff.; *Ochs,* Zuständigkeitsabgrenzung in Fällen von Wettbewerbsbeschränkungen mit Auslandsbezug, WRP 2010, 1241 ff.; *Säcker/Boesche,* in: Säcker, Reform des Energierechts, 2003, 3 ff.; *dies.,* Drittschutz im Kartellverwaltungsprozess – Erkenntnisse aus dem Verfahren „E.ON/Ruhrgas" für die Novellierung des GWB, ZNER 2003, 76 ff.; *Schenke,* „Reform" ohne Ende – Das Sechste Gesetz zur Änderung der Verwaltungsgerichtsordnung und anderer Gesetze (6. VWGOÄndG), NJW 1997, 81 ff.; *K. Schmidt,* Kartellverfahrensrecht – Kartellverwaltungsrecht – Bürgerliches Recht, 1977; *ders.,* Drittschutz, Akteneinsicht und Geheimnisschutz im Kartellverfahren, FIW-Schriftenreihe, 1992, Heft 145, 92 ff.; *ders.,* Beiladung und Gerichtsschutz im Verfahren der Zusammenschlusskontrolle nach dem GWB, DB 2004, 527 ff.; *Schoening,* Zuständigkeit der Landeskartellbehörde für Missbrauchsverfahren betreffend Netznutzungsentgelte – OLG Stuttgart B. v. 20.6.2002, 2. Kart. 1/02, ZNER 2003, 47 ff.; *Staebe,* Das Verfahrensrecht der Ministererlaubnis (§ 42 GWB) vor der 7. GWB-Novelle, WuW 2003, 714 ff.; *Stelkens/Bonk/Sachs,* VwVfG, 1977/1978, 49 ff.; *dies.,* Der Konflikt zwischen Geheimnisschutz und Sachaufklärung im Kartellverfahren, Fs. Pfeiffer, 1988, 821 ff.; *dies.,* Internationaler Wettbewerb und Marktabgrenzung bei der Fusionskontrolle, Fs. Lieberknecht, 1997, 612 ff.; *Stockmann,* Das Bundeskartellamt im 51. Jahr – Zur Entscheidungsunabhängigkeit seiner Spruchkörper, ZWeR 2008, 137 ff.; *Wagner,* Die „anmeldenden Unternehmen" in der deutschen Fusionskontrolle, WuW 2010, 38 ff.; *Westermann,* Beiladung und Rechtsschutzmöglichkeiten Dritter in der deutschen Fusionskontrolle, WuW 2007, 577 ff.; *Wiedemann,* Auf der Suche nach der verlorenen Rechtssicherheit, in: Fs. Bechtold, 2006, 627 ff.

A. Kartellbehörden

I. Übersicht

1 Kartellbehörden sind (§ 48 Abs. 1)
- das BKartA,
- das Bundesministerium für Wirtschaft und Technologie (BMWi) und
- die nach Landesrecht zuständigen obersten Landesbehörden.

2 **1. Das Bundeskartellamt.** Das BKartA ist eine **selbständige Bundesoberbehörde** im Geschäftsbereich des BMWi (Art. 87 Abs. 3 GG). Das BMWi kann dem BKartA allgemeine Weisungen erteilen, die gemäß § 52 im Bundesanzeiger zu veröffentlichen sind. Auch **Einzelweisungen** sind nach h.M. zulässig,[1] bislang soweit ersichtlich aber noch nicht vorgekommen.[2] Bei anhängigen Verfahren wäre dies auch problematisch, weil die Entscheidungen des BKartA von Beschlussabteilungen getroffen werden (§ 51 Abs. 2 bis

[1] *Kartte,* Fs. Günther, 1976, S. 47, 54 f.; *Immenga/Mestmäcker-Klaue,* GWB, § 51 Rdnr. 11 mwN; aA *Langen/Bunte-Schneider,* Deutsches Kartellrecht, § 51 GWB Rdnr. 16.

[2] *Stockmann* ZWeR 2008, 137, 140 f.

4), also von Kollegialorganen in einem justizähnlich ausgestalteten Verfahren.[3] Zumindest bei gebundenen Ermessensentscheidungen, also solchen, die wie etwa eine fusionskontrollrechtliche Untersagungsentscheidung nach § 36 Abs. 1 bei Vorliegen bestimmter im Gesetz genannter Voraussetzungen ergehen müssen, dürften anderslautende Einzelweisungen unzulässig sein.[4] In gewissem Widerspruch zu der Befugnis, Einzelweisungen zu erteilen, steht auch die Tatsache, dass das BMWi im **Ministererlaubnisverfahren** nach § 42 Abs. 1 selbst an die rechtlichen und tatsächlichen Feststellungen des BKartA gebunden ist. In der Praxis sind bisher keine Konflikte entstanden, weil nur wenige generelle Anweisungen und – soweit bekannt – keine Einzelweisungen erteilt wurden.

2. Die Landeskartellbehörden. Die LKartB sind bei den Wirtschaftsministerien der Länder eingerichtet. Sachliche Interessenkollisionen können wegen der gleichzeitigen Zuständigkeit für wirtschaftspolitische oder unternehmerische Ziele eintreten, z.B. bei der Verwaltung von Eigenbetrieben. Für das allgemeine Verwaltungsverfahren wird das hingenommen.[5] § 20 VwVfG knüpft nur an persönliche Interessenverquickung an. Angesichts der Besonderheiten des justizähnlich ausgestalteten Kartellverfahrens ist es als **fehlerhafter Ermessensgebrauch** (§ 71 Abs. 4 und 5) angesehen worden, wenn eine kartellrechtliche Verfügung „in eigener Sache“ ergeht und das nicht unumgänglich ist, sondern durch eine zivilrechtliche Feststellungsklage hätte vermieden werden können.[6] Im Verhältnis zwischen dem BKartA und den LKartB besteht kein Über- und Unterordnungsverhältnis und keine Weisungsbefugnis.[7] 3

3. Das Bundesministerium für Wirtschaft. Neben den vorgenannten Weisungen ist das BMWi im Kartellrecht heute nur noch für die Durchführung des **Ministererlaubnisverfahrens** nach § 42 GWB zuständig. Für das Verfahren ist die **Arbeitsebene** verantwortlich (s. etwa § 42 Abs. 3 S. 1). Das gilt seit der 7. GWB-Novelle (2005) ausdrücklich auch für die öffentliche mündliche Verhandlung (§ 56 Abs. 3 S. 3).[8] Das OLG Düsseldorf hatte im Verfahren *E.ON/Ruhrgas* die Anwesenheit des Ministers (bzw. bei seiner Verhinderung des dann zuständigen Entscheiders) noch für zwingend erforderlich gehalten.[9] Die Entscheidung selbst muss allerdings der Minister treffen.[10] Er erteilt auf Antrag eine Ministererlaubnis für einen vom BKartA untersagten Zusammenschluß, wenn im Einzelfall die Wettbewerbsbeschränkung von **gesamtwirtschaftlichen Vorteilen** des Zusammenschlusses aufgewogen wird oder der Zusammenschluß durch ein **überragendes Interesse der Allgemeinheit** gerechtfertigt ist (§ 42 Abs. 1 S. 1). Die Definition dieser Gemeinwohlvorteile fällt nicht in die Zuständigkeit des BKartA, das einen Zusammenschluß rein nach wettbewerblichen Kriterien zu beurteilen hat, sondern in die des Ministers. 4

II. Zuständigkeit

1. Örtliche Zuständigkeit. Die örtliche Zuständigkeit ist im GWB nicht ausdrücklich geregelt. Sie ergibt sich aus der sachlichen Zuständigkeit. 5

---

[3] Vgl. BT Ausschuss f. Wirtschaftspolitik zu § 40 Reg. Entwurf des GWB, Anlage E zu BT-Drucks. 3644; *Emmerich,* Kartellrecht, 502; *Lieberknecht,* Schwerpunkte 1977/78, 70; *Langen/Bunte-Schneider,* Deutsches Kartellrecht, § 51 GWB Rdnr. 17; s. auch Monopolkommission, 11. Hauptgutachten 1994/95, Rdnr. 949, 998.

[4] *Immenga/Mestmäcker-Klaue,* GWB, § 51 Rdnr. 14; *Stockmann* fordert für die Beschlussabteilungen eine Regelung ähnlich dem § 105 Abs. 1, wonach die Mitglieder der Vergabekammern unabhängig und nur dem Gesetz unterworfen sind, ZWeR 2008, 137, 143 f.

[5] BVerfGE 3, 377, 381.

[6] KG WuW/E OLG 4589, 4591 – *Blockheizkraftwerk.*

[7] *Immenga/Mestmäcker-Klaue,* GWB, § 48 Rdnr. 3.

[8] Begr. RegE zur 7. Novelle, BT-Drucks. 15/3640, 41 re Sp.

[9] OLG Düsseldorf WuW/E DE-R 885, 888 f. – *E.ON/Ruhrgas;* OLG Düsseldorf WuW/E DE-R 926, 933–936 – *E.ON/Ruhrgas.*

[10] So wohl auch *Langen/Bunte-Schneider,* Deutsches Kartellrecht, § 48 GWB Rdnr. 4–7.

6 **2. Sachliche Zuständigkeit (§ 48 Abs. 2).** Weist eine Vorschrift des GWB die Zuständigkeit nicht einer bestimmten KartB zu, nimmt das BKartA die der KartB übertragenen Aufgaben und Befugnisse wahr, wenn die Wirkung des wettbewerbsbeschränkenden oder diskriminierenden Verhaltens oder einer Wettbewerbsregel über das Gebiet eines Landes hinausreicht.[11]

7 *a) Zuständigkeit des BKartA.* Für die Zusammenschlusskontrolle (§§ 36 Abs. 1, 40) ist ausschließlich das BKartA zuständig. Eine Ausnahme bildet lediglich – schon per definitionem – das Ministererlaubnisverfahren (§ 42). Zusammenschlussvorhaben sind beim BKartA anzumelden, das wiederum der obersten LandesB, in deren Gebiet die beteiligten Unternehmen ihren Sitz haben, Gelegenheit zur Stellungnahme geben muss (§ 40 Abs. 4). Diese Regelung dient öffentlichen Belangen und nicht dem Schutz der Verfahrensbeteiligten; ein Versäumnis verletzt nicht ihre Rechte.[12] Das BKartA ist auch für die Entgegennahme der Vollzugsanzeigen (§ 39 Abs. 6) und für das Auflösungsverfahren (§ 41 Abs. 3) zuständig. Auch für die Missbrauchsaufsicht über die Preisbindung von Zeitungen und Zeitschriften ist das BKartA ausschließlich zuständig (§ 30 Abs. 3).

8 Soweit keine ausschließliche Zuständigkeit des BKartA besteht, reicht im Stadium der Ermittlungen der **Verdacht landesübergreifender Wirkung.** Ist er ausgeräumt, muss das BKartA die Sache an die örtlich zuständige LKartB abgeben (§ 49 Abs. 2 S. 2). Bis dahin darf das BKartA verfahrensfördernde Neben- und Zwischenentscheidungen auch dann treffen, wenn deren Wirkungen auf ein Bundesland beschränkt sind.[13] Ein Verhalten ist länderübergreifend, wenn es sich auf einen räumlich über das Gebiet eines Bundeslandes hinausgehenden sachlichen Markt bezieht und auf diesem Markt Auswirkungen hat.[14] Das OLG Düsseldorf hat die Zuständigkeit des BKartA auch dann bejaht, wenn das fragliche Verhalten zwar noch keine Auswirkungen über das Gebiet eines Bundeslandes hinaus hat, es aber Teil einer über ein Bundesland hinausreichenden Geschäftsstrategie ist.[15] Bejaht hat es die Zuständigkeit des BKartA auch für die sektorale Untersuchung von Netzen, die räumlich auf ein Bundesland beschränkt sind, eine mögliche Einschränkung des Wettbewerbs aufgrund gleichartiger Umstände aber in mehreren Bundesländern gegeben sei.[16] In einem Verfahren wegen überhöhter Netznutzungsentgelte hielt das OLG Stuttgart das BKartA allerdings nicht schon deshalb für zuständig, weil die überhöhten Preise in einem Bundesland auch mittelbare Auswirkungen in anderen Bundesländern hatten.[17] Auch die bloße Möglichkeit späterer Auswirkungen in einem weiteren Bundesland genügt nicht für die Bejahung der Zuständigkeit des BKartA.[18]

9 *b) Zuständigkeit der Landeskartellbehörden.* Von den LKartB ist diejenige zuständig, in deren Gebiet die Auswirkungen eintreten, die nicht länderübergreifend sind. Es kommt auf die konkrete unmittelbare Wirkung der beanstandeten Handlung an. Die Zuständigkeit hängt nicht davon ab, in welchem räumlichen Bereich das betroffene Unternehmen insgesamt tätig oder in welchem räumlichen Umfang es marktbeherrschend ist.[19] Beim **Missbrauchs- und Diskriminierungsvorwurf** kommt es auf den **Wohnsitz der hiervon**

---

[11] Das Kriterium der Marktbeeinflussung wurde gestrichen, weil es schon seit der 6. GWB-Novelle nicht mehr in § 1 erwähnt wird, Begr. RegE zur 7. Novelle, BT-Drucks. 15/3640, 60 re Sp.

[12] BGH WuW/E BGH 2150, 2153 – *Edelstahlbestecke;* KG WuW/E OLG 3137, 3140 – *Rheinmetall-WMF.*

[13] KG WuW/E OLG 4640, 4642 – *Hamburger Benzinpreise.*

[14] BGH WuW/E BGH 2953, 2955 – *Gasdurchleitung,* OLG Düsseldorf WuW/E DE-R 1179, 1181 – *Stromcontracting.*

[15] OLG Düsseldorf WuW/E DE-R 949, 950 – *Transportbeton Sachsen;* so auch OLG Frankfurt WuW/E 5416, 5424 – *Konzessionsvertrag Niedernhausen.*

[16] OLG Düsseldorf B. v. 4.8.2010 VI-2 Kart 8/09 (V), Rdnr. 19.

[17] OLG Stuttgart ZNER 2003, 46, 47; kritisch dazu *Schoening* ZNER 2003, 47 f.

[18] KG WuW/E OLG 1733 – *Brotindustrie.*

[19] BGH WuW/E BGH 2953, 2955 – *Gasdurchleitung* mwN.

Betroffenen an,[20] bei **vertikalen Wettbewerbsbeschränkungen** auf das **Tätigkeitsgebiet der Gebundenen.**

Die Zuständigkeit des BKartA ist schon dann gegeben, wenn nur geringe Auswirkungen über das Gebiet eines Landes hinausreichen.[21] Auch ist das BKartA für eine Wettbewerbsbeschränkung zuständig, die sich in zwei Bundesländern auswirkt, selbst wenn das Schwergewicht des untersuchten Verhaltens in nur einem Bundesland liegt. § 48 Abs. 2 S. 1 soll eine konkurrierende Zuständigkeit verschiedener LKartB und widersprechende Entscheidungen in derselben Sache ausschließen.[22] 10

3. Monitoring über Strom- und Gasmärkte (§ 48 Abs. 3). Das BKartA hat jährlich ein Monitoring der Strom- und Gasmärkte durchzuführen und darüber zu berichten (§ 53 Abs. 2). Diese Tätigkeit ist eng verzahnt mit der der Markttransparenzstelle für Strom und Gas (§§ 47 a–j) sowie der BNetzA. Für die Erfüllung seiner Aufgaben kann das BKartA über § 59 Auskünfte einholen. Die weitergehenden Befugnisse in §§ 57 und 58 dürfte das BKartA mit Blick auf den Charakter der Tätigkeit in Verfahren nach § 48 Abs. 3 nicht haben.[23] 11

4. Abweichende Zuständigkeitsverteilung (§ 49 Abs. 3 und 4). Seit der 7. GWB-Novelle (2005) können sich die KartB einvernehmlich auf eine von § 48 Abs. 2 S. 2 **abweichende Zuständigkeitsverteilung** im konkreten Fall einigen. Ähnlich wie im Netzwerk der europäischen Wettbewerbsbehörden soll die bestgeeignete Behörde den Fall aufgreifen und entscheiden können.[24] Der Regelungsmechanismus orientiert sich an den Verweisungsnormen der EG-FKVO (Art. 9 und Art. 22). Voraussetzung für eine Verweisung ist jeweils ein Antrag der Behörde, an die verwiesen werden soll, d. h. im Fall einer Verweisung nach § 49 Abs. 3 ein Antrag des BKartA und bei einer Verweisung nach § 49 Abs. 4 Anträge einer oder mehrerer LKartB. In beiden Fällen muss die Abgabe aufgrund der Umstände der Sache angezeigt sein. Damit soll ein willkürliches Abweichen von der allgemeinen Zuständigkeitsregel in § 48 Abs. 2 S. 1 verhindert werden.[25] Eine Abgabe an das BKartA soll etwa dann in Betracht kommen, wenn es um einen Fall von grundsätzlicher Bedeutung geht oder die Bearbeitung des Falles die Ressourcen der LKartB übersteigt.[26] Entsprechend den Grundsätzen über die Fallverteilung im Netzwerk der europäischen Wettbewerbsbehörden käme umgekehrt die Abgabe an eine oder mehrere LKartB vor allem dann in Betracht, wenn sich die Wettbewerbsbeschränkung schwerpunktmäßig in einem oder einigen wenigen Bundesländern auswirkt. Soweit eine abweichende Zuständigkeitsverteilung in Betracht kommt, sollten BKartA und LKartB die Zuständigkeit möglichst kurzfristig nach der Information über die Einleitung eines Verfahrens oder die Durchführung von Ermittlungen (§ 49 Abs. 1) regeln und an dieser Zuständigkeitsverteilung dann grds. auch bis zum Verfahrensabschluss festhalten. Entsprechend verfahren auch die Behörden im Netzwerk der europäischen Wettbewerbsbehörden. Verweisungen nach § 49 Abs. 3 und 4 sind nicht anfechtbar. Schließlich wird der Betroffene durch die Verweisung selbst nicht beschwert.[27] 12

5. Zuständigkeit für Vollzug des europäischen Rechts (§ 50). § 50 a. F. war vor allem auch Kompetenznorm für die Anwendung der Art. 81 und 82 EG (jetzt: Art. 101 und 102 AEUV) durch das BKartA.[28] Die §§ 32–32d, in denen die Entscheidungsbefugnis- 13

---

[20] KG WuW/E OLG 2284, 2285 – *Stadtwerke Frankfurt.*

[21] BGH WuW/E BGH 1489, 1490 – *Brotindustrie;* OLG Düsseldorf WuW/E DE-R 1179, 1181 – *Stromcontracting;* KG WuW/E OLG 2607, 2609 – *Raffinerie-Abnahmepreise.*

[22] KG WuW/E OLG 2607, 2609 – *Raffinerie-Abnahmepreise.*

[23] *Bechtold,* GWB, § 48 Rdnr. 9.

[24] Begr. RegE, BT–Drucks. 15/3640, S. 39 li Sp.

[25] *Karl/Reichelt* DB 2005 1436, 1443.

[26] Begr. RegE, BT–Drucks. 15/3640, S. 60 re Sp.

[27] *Bechtold,* GWB, § 49 Rdnr. 5; *Langen/Bunte-Schneider,* Deutsches Kartellrecht, § 49 GWB Rdnr. 13.

[28] Eingehend zur inhaltsgleichen Vorgängernorm des § 47 in der Fassung der 5. GWB-Novelle *Klose,* Das Verhältnis des deutschen zum europäischen Kartellrecht in der Verfügungspraxis des Bun-

se der KartB geregelt sind, verweisen anders als noch § 32 a. F. ausdrücklich auch auf Verstöße gegen Art. 101 und 102 AEUV. § 50 ist damit eher reine Zuständigkeitsnorm als § 50 a. F.

14 Zuständig für die Anwendung von Art. 101 und 102 AEUV ist nicht mehr nur das BKartA (wie noch nach § 50 a. F.), sondern auch die obersten Landesbehörden (§ 50 Abs. 1). Das trägt der Verpflichtung **zur parallelen Anwendung** des deutschen und europäischen Kartellrechts nach § 22 Abs. 1 und 3, Art. 3 Abs. 2 S. 1 VO Nr. 1/2003 Rechnung. Es sind Fälle denkbar, in denen sich zwar die Wirkungen des wettbewerbsbeschränkenden Verhaltens auf das Gebiet eines Bundeslandes beschränken, sie aber dennoch den zwischenstaatlichen Handel beeinträchtigen. So kann etwa eine in Nordrhein-Westfalen veranlasste Wettbewerbsbeschränkung durchaus auch Auswirkungen auf den Wettbewerb in den Niederlanden oder in Belgien haben, ohne zugleich auch den Wettbewerb in anderen Bundesländern zu beschränken.[29] Ohne die Regelung in § 50 Abs. 1 müßte in diesen Fällen für die Zuständigkeitsabgrenzung zwischen BKartA und LKartB an die Voraussetzungen der Zwischenstaatlichkeitsklausel angeknüpft werden. Wegen der Unschärfen bei der Anwendung der Zwischenstaatlichkeitsklausel wäre das in der Praxis mit erheblichen Schwierigkeiten verbunden.[30]

15 Im Rahmen ihrer Zuständigkeit können das BKartA und die LKartB bestimmte Vorschriften der VO Nr. 1/2003 anwenden. Hierzu gehören neben den materiellen Vorschriften wie Art. 1 (Anwendung der Verbots- und Freistellungstatbestände in Art. 101 und 102 AEUV), Art. 2 (Beweislastverteilung) oder Art. 3 (Verhältnis von nationalem und europäischem Wettbewerbsrecht) auch die Vorschriften über die Möglichkeit zur Aussetzung und Einstellung des Verfahrens (Art. 13), die Verpflichtung zur Wahrung des Berufsgeheimnisses (Art. 28) oder die Möglichkeit zum Entzug des Rechtsvorteils einer GVO (§ 29 Abs. 2 GWB).[31] § 50 Abs. 1 lässt die Zuständigkeitsverteilung zwischen BKartA und LKartB nach den §§ 48 und 49 unberührt.

16 Auch in Fällen, in denen die obersten Landesbehörden die Art. 101 und 102 AEUV anwenden, erfolgt der Geschäftsverkehr mit der Kommission oder den Wettbewerbsbehörden der anderen Mitgliedstaaten immer über das BKartA (§ 50 Abs. 2). Für die Außenvertretung der Bundesrepublik Deutschland ist ausschließlich der Bund zuständig (Art. 32 Abs. 1 GG). Damit ist das BKartA der einzige deutsche Ansprechpartner im Netzwerk der europäischen Wettbewerbsbehörden.[32] Hier geht es insbes. um Fälle der Unterrichtung der Kommission über die Einleitung eines Verfahrens (Art. 11 Abs. 3 VO Nr. 1/2003), die Übermittlung von Entscheidungsentwürfen (Art. 11 Abs. 2 VO Nr. 1/2003) oder den Austausch von Informationen nach Art. 12 VO Nr. 1/2003. § 50 Abs. 2 schließt aber die Möglichkeit rein informeller Kontakte der LKartB unmittelbar mit der Kommission oder ausländischen Wettbewerbsbehörden nicht aus.[33] Da die obersten Landesbehörden und nicht das BKartA für das Verfahren selbst zuständig sind, muss sich das BKartA in der Kommunikation an die sachlichen Vorgaben der Landesbehörde halten.[34]

17 In Verfahren der Kommission oder der Wettbewerbsbehörden der anderen Mitgliedstaaten zur Anwendung von Art. 101 und 102 AEUV ist ebenfalls ausschließlich das BKartA zuständige Wettbewerbsbehörde (§ 50 Abs. 3 S. 1). Hier geht es vor allem um die Mitwirkung an Ermittlungshandlungen der Kommission nach Kap. V der VO Nr. 1/2003. Das BKartA ist zuständige Wettbewerbsbehörde für die Unterstützung der Kommission bei

---

deskartellamts, 1998; eingehend zu § 50 *Langen/Bunte-Schneider,* Deutsches Kartellrecht, § 50 GWB Rdnr. 2.

[29] BKartA WuW/E DE-V 1142f. – *Hintermauerziegelkartell; Ochs* hält in einem solchen Fall nicht das BKartA für zuständig, sondern die LKartB, s. WRP 2010, 1241; ebenso *FK-Bracher,* § 48 GWB Rdnr. 22.

[30] Begr. RegE zur 7. Novelle, BT-Drucks. 15/3640, S. 69 re Sp.; *Fuchs* WRP 2005, 1384, 1390.

[31] Begr. RegE zur 7. Novelle, BT-Drucks. 15/3640, S. 61 li Sp.

[32] Begr. RegE zur 7. Novelle, BT-Drucks. 15/3640, S. 61 li Sp.

[33] *Langen/Bunte-Schneider,* Deutsches Kartellrecht, § 50 GWB Rdnr. 15.

[34] *Bechtold,* GWB, § 50 Rdnr. 6.

Nachprüfungen (Art. 20 und 21 VO Nr. 1/2003) und bei der Durchführung von Ermittlungen auf Ersuchen der Kommission (Art. 22 Abs. 2 VO Nr. 1/2003). Gleiches gilt für die Amtshilfe zugunsten der Wettbewerbsbehörden anderer Mitgliedstaaten (Art. 22 Abs. 1 VO Nr. 1/2003). In diesen Verfahren gelten nicht nur die im GWB selbst enthaltenen Verfahrensvorschriften, sondern ggf. auch die des OWiG, d. h. vor allem auch der im Bußgeldverfahren geltende Amtsermittlungsgrundsatz und die Unschuldsvermutung (§ 50 Abs. 3 S. 2).

Im Rahmen der Amtshilfe zugunsten der Wettbewerbsbehörden anderer Mitgliedstaaten nach Art. 22 Abs. 1 VO Nr. 1/2003 kann das BKartA den Bediensteten der ersuchenden Wettbewerbsbehörde gestatten, an Durchsuchungen und Vernehmungen mitzuwirken (§ 50 Abs. 4). Art. 22 Abs. 1 VO Nr. 1/2003 selbst enthält dazu keine Regelung. Diese Ergänzung erscheint jedoch sachgerecht. **18**

Auch bei allen Verfahren außerhalb der VO Nr. 1/2003 ist das BKartA die zuständige Behörde für den Vollzug des EU-Rechts (§ 50 Abs. 5). Das betrifft die Anwendung der Art. 104 und 105 AEUV ebenso wie die von Sekundärrecht, z. B. der EG-FKVO (vgl. Art. 19 EG-FKVO).[35] **19**

6. Andere grenzüberschreitende Sachverhalte. Über den Wortlaut von § 48 Abs. 2 S. 1 hinaus, der nur auf die Wirkung des Verhaltens, nicht aber das Verhalten selbst abstellt, ist das BKartA – soweit es sich nicht um einen Fall im Anwendungsbereich von § 50 handelt – auch für eine Maßnahme zuständig, die sich gegen eine Tätigkeit richtet, die **vom Ausland her** auf den Inlandsmarkt einwirkt (§ 130 Abs. 2), ferner dann, wenn sich ein inländisches Unternehmen weigert, der Freiheit des Wettbewerbs auf dem Inlandsmarkt durch bestimmte, auch **im Ausland vorzunehmende Handlungen** zu dienen.[36] Ohne Bedeutung ist, ob Leistungen zum Teil im Ausland erbracht werden[37] oder ob die Beteiligten ihren Sitz im Ausland haben.[38] Die Zuständigkeit des BKartA wird nicht dadurch ausgeschlossen, dass die an einem Zusammenschluß beteiligten Unternehmen einen Teil ihrer Umsätze in mehreren Mitgliedstaaten der EU erzielen. Werden allerdings die Schwellenwerte der EG-FKVO erreicht, ist ausschließlich die Kommission für das Fusionskontrollverfahren zuständig. **20**

7. Funktionale Zuständigkeit. Die Zuständigkeit der KartB geht nicht weiter als die kartellrechtliche Gesetzgebungskompetenz des Bundes.[39] Die Regelung des § 48 kann nicht durch Vereinbarung abgeändert werden (außer in den Fällen von § 49 Abs. 3 und 4). Die Verteilung ist eine Ausprägung des insbes. in den Art. 30, 70 und 83 GG niedergelegten föderativen Staatsaufbaus mit der Vermutung der Länderzuständigkeit. Eine Erweiterung zugunsten der Bundesbehörde würde die bundesstaatliche Ordnung berühren. Deshalb kann die Zuständigkeit des BKartA auch nicht aus Gründen des Sachzusammenhanges oder der Zweckmäßigkeit abgeleitet werden.[40] **21**

8. Rechtsfolgen fehlender Zuständigkeit. Hinsichtlich der Rechtsfolgen einer fehlenden Zuständigkeit ist zwischen dem Verwaltungsverfahren und dem Bußgeldverfahren zu unterscheiden. Für das Verwaltungsverfahren ergeben sich die Rechtsfolgen aus den VwVfG des Bundes und der Länder, für das Bußgeldverfahren aus den Bestimmungen des OWiG und der StPO. Im GWB ist nur die sachliche Zuständigkeit geregelt, aus der die örtliche Zuständigkeit folgt. Sowohl im Verwaltungsverfahren als auch im Bußgeldverfahren führt die Verletzung der Zuständigkeitsregeln nur zur **Anfechtbarkeit** der Entschei- **22**

---

[35] Begr. RegE zur 7. Novelle, BT-Drucks. 15/3640, S. 62 li Sp.

[36] BGH WuW/E BGH 2953, 2956 – *Gasdurchleitung* (dort auch für Durchleitungen in der Tschechoslowakei bis zur deutschen Grenze.).

[37] KG WuW/E OLG 5151, 5159 – *Ernstliche Untersagungszweifel.*

[38] *GK-Junge,* 4. Aufl., § 44 Rdnr. 3; s. auch oben § 5 Rdnr. 23ff.

[39] BGH WuW/E BGH 2627, 2629 – *Sportübertragungen;* KG WuW/E OLG 5821, 5833 – *Gewerbliche Spielgemeinschaften.*

[40] KG WuW/E OLG 2284, 2286 – *Stadtwerke Frankfurt.*

dung, nicht aber zu deren Nichtigkeit.[41] Nichtigkeit würde voraussetzen, dass eine Behörde tätig geworden wäre, die unter keinem denkbaren Gesichtspunkt hätte zuständig sein können.[42] Davon wird man aber im Verhältnis zwischen BKartA und LKartB bzw. der LKartB untereinander nicht ausgehen können.[43]

III. Vorabentscheidung über Zuständigkeit (§ 55 GWB)

23 Wer die fehlende sachliche oder örtliche Zuständigkeit der KartB rügt, muss das im Verwaltungsverfahren vor Erlass der kartellbehördlichen Verfügung in der Hauptsache tun (§ 55 Abs. 2). Andernfalls kann er eine Beschwerde nicht auf die Unzuständigkeit der KartB stützen. Zur **Vorabentscheidung** über die Zuständigkeit ist die KartB gemäß § 55 Abs. 1 S. 1 berechtigt, aber nicht verpflichtet, wie sich aus dem Wort „kann" ergibt. Macht die KartB von ihrem Recht zur Vorabentscheidung keinen Gebrauch, kann nach rechtzeitiger Rüge verlangt werden, dass die Zuständigkeit in einem späteren Beschwerdeverfahren geprüft wird. Von Amts wegen findet eine solche Prüfung nicht statt.[44] Ein **Rügeverlust** betrifft nur denjenigen, der am Verwaltungsverfahren beteiligt war und somit Gelegenheit zur Rüge hatte.[45] Im Rechtsbeschwerdeverfahren kann die fehlende Zuständigkeit nicht mehr geltend gemacht werden (§ 76 Abs. 2 S. 2).

24 Die Vorabentscheidung der KartB über ihre Zuständigkeit kann gemäß §§ 63 Abs. 1 S. 1, 55 Abs. 1 S. 2 selbständig mit der Beschwerde angefochten werden; die Beschwerde hat aufschiebende Wirkung (§ 55 Abs. 1 S. 2). Die KartB muss so verfahren, als hätte sie ihr Verwaltungsverfahren ausgesetzt. Solange über die Zuständigkeit nicht rechtskräftig entschieden ist, darf die KartB keine abschließende Entscheidung in der Hauptsache treffen.[46]

25 § 55 betrifft nicht die Abgrenzung der Zuständigkeit zwischen dem BKartA und der Kommission.[47]

26 Das GWB regelt nicht, wer über einen positiven oder negativen Kompetenzstreit zwischen BKartA und LKartB oder mehreren LKartB untereinander zu entscheiden hat. Neben § 55 sind hier deshalb vor allem die allgemeinen Vorschriften des Verwaltungsrechts relevant.[48] § 55 gibt nur dem BKartA und nur in den Fällen eine Handhabe, in denen es über § 54 Abs. 3 am Verfahren einer LKartB beteiligt ist, die es für unzuständig hält. Bejaht die LKartB ihre eigene Zuständigkeit, bleibt nur die Klärung der Zuständigkeitsfrage durch Beschwerde gegen die Entscheidung in der Hauptsache.

IV. Zuständigkeit der Monopolkommission

27 Die Monopolkommission erstellt alle zwei Jahre ein Gutachten, in dem sie den Stand und die absehbare Entwicklung der Unternehmenskonzentration in der Bundesrepublik Deutschland beurteilt, die Anwendung der Vorschriften über die Zusammenschlusskontrolle würdigt sowie zu sonstigen aktuellen wettbewerbspolitischen Fragen Stellung nimmt (§ 44 Abs. 1). Der Bericht zur Anwendung der Vorschriften über die Zusammenschlusskontrolle bezieht auch die Entwicklung des europäischen Rechts mit ein.[49] Vor einer Entscheidung nach § 42 (Ministererlaubnis) ist eine Stellungnahme der Monopolkommission

[41] *Langen/Bunte-Schneider,* Deutsches Kartellrecht, § 48 GWB Rdnr. 21 ff.; aA *Immenga/Mestmäcker-Klaue,* GWB, § 48 Rdnr. 27.

[42] *Stelkens/Bonk/Sachs,* Verwaltungsverfahrensgesetz, § 44 Rdnr. 164 f. für das Verwaltungsverfahren und *Göhler,* OWiG, § 66 Rdnr. 57 für das Bußgeldverfahren.

[43] BGH WuW/E BGH 1489 – *Brotindustrie.*

[44] *Immenga/Mestmäcker-K. Schmidt,* GWB, § 55 Rdnr. 4 mwN.

[45] OLG München WuW/E OLG 2156, 2158 – *Allkauf.*

[46] *Immenga/Mestmäcker-K. Schmidt,* GWB, § 55 Rdnr. 5 mwN.

[47] *FK-Bracher,* § 55 GWB Rdnr. 6.

[48] *Immenga/Mestmäcker-Klaue,* GWB, § 48 Rdnr. 19 ff.

[49] Begr. RegE zur 6. Novelle, BT-Drucks. 13/9720, S. 44 re Sp.

einzuholen (§ 42 Abs. 4 S. 2). § 46 Abs. 2a stellt ausdrücklich klar, dass die Monopolkommission zur ordnungsgemäßen Erfüllung ihrer Aufgaben umfassend Einsicht in die von der KartB geführten Akten nehmen kann.[50]

V. Vergabekammern beim BKartA

28 Zur vollständigen Umsetzung der Vergaberichtlinien des Rates der Europäischen Gemeinschaften[51] wurde mit der 6. GWB-Novelle ein Vierter Teil „Vergabe öffentlicher Aufträge" mit den Abschnitten Vergabeverfahren (§§ 97 ff.), Nachprüfungsverfahren (§§ 102 ff.) und Sonstige Regelungen (§§ 125 ff.) in das GWB aufgenommen. Gemäß § 106 richtet der Bund die erforderliche Zahl von Vergabekammern beim BKartA ein. Auf schriftlichen, unverzüglich zu begründenden Antrag (§§ 107, 108) leitet die Vergabekammer ein Nachprüfungsverfahren ein. Antragsbefugt ist jedes Unternehmen, das ein Interesse am Auftrag hat und eine Verletzung in seinen Rechten nach § 97 Abs. 7 durch Nichtbeachtung von Vergabevorschriften geltend macht. Das Unternehmen muss darlegen, dass ihm durch die behauptete Verletzung der Vergabevorschriften ein Schaden entstanden ist oder zu entstehen droht (§ 107 Abs. 2). Gegen Entscheidungen der Vergabekammer ist die *sofortige Beschwerde* zulässig. Darüber entscheidet ausschließlich der Vergabesenat des für den Sitz der Vergabekammer zuständigen OLG (§ 116 Abs. 1 und 3), bei Entscheidungen der beim BKartA eingerichteten Vergabekammern also das OLG Düsseldorf.

B. Zusammenarbeit mit anderen Behörden

I. Zusammenarbeit im Netzwerk der europäischen Wettbewerbsbehörden

29 **§ 50a** regelt die Zusammenarbeit im Netzwerk der europäischen Wettbewerbsbehörden. Die Vorschrift ist nahezu identisch mit Art. 12 VO Nr. 1/2003. § 50a Abs. 1 enthält die Befugnis für den **Austausch von Informationen** mit der Kommission und den Wettbewerbsbehörden der anderen Mitgliedstaaten. § 50a Abs. 2 und 3 bestimmen die Schranken für diesen Informationsaustausch. KartB iSd Vorschrift sind das BKartA und die obersten Landesbehörden als für die Anwendung der **Art. 101 und 102 AEUV** zuständige Wettbewerbsbehörden (§ 50 Abs. 1). Für den Informationsaustausch gilt § 50 Abs. 2 entsprechend.[52] Der Geschäftsverkehr mit der Kommission oder den Wettbewerbsbehörden der anderen Mitgliedstaaten ist deshalb auch dann über das BKartA abzuwickeln, wenn es um die Anwendung von Art. 101 und 102 AEUV durch die obersten Landesbehörden geht.

30 Die Regelung in § 50a soll nach dem Willen des Gesetzgebers eine Klarstellung und Konkretisierung von Art. 12 VO Nr. 1/2003 sein.[53] Wegen Art. 288 Abs. 2 AEUV gilt Art. 12 VO Nr. 1/2003 allerdings unmittelbar. Es ist deshalb fraglich, ob die Schaffung einer textlich abweichenden innerstaatlichen Vorschrift gemeinschaftsrechtlich überhaupt zulässig ist.[54] Der Verweis auf die Beachtung verfassungsrechtlich begründeter Verwertungsverbote in § 50a Abs. 3 S. 4 ist wegen des grundsätzlichen Vorrangs des EU-Rechts auch gegenüber nationalem Verfassungsrecht im Zweifel unbeachtlich.[55]

---

[50] Begr. RegE zur 7. Novelle, BT-Drucks. 15/3640, S. 60.

[51] Vgl. Vergabeüberwachungsausschuss des Bundes WuW/E Vergab 69, 72 – *Regierungsneubau.*

[52] Begr. RegE zur 7. Novelle, BT-Drucks. 15/3640, S. 62 li Sp.

[53] Begr. RegE zur 7. Novelle, BT-Drucks. 15/3640, S. 39 re Sp./40 li Sp.

[54] Dazu *Karl/Reichelt* DB 2005, S. 1436, 144 mwN.

[55] EuGH U. v. 17.12.1970, Slg. 1970, S. 1125 Rdnr. 3 – *Internationale Handelsgesellschaft mbH/Einfuhr- und Vorratsstelle für Getreide- und Futtermittel.*

II. Sonstige Zusammenarbeit mit ausländischen Wettbewerbsbehörden

31 **§ 50b** regelt die Zusammenarbeit des BKartA mit ausländischen Wettbewerbsbehörden außerhalb des Anwendungsbereichs von § 50a. Anders als § 50a ist § 50b Befugnisnorm nur für das BKartA und nicht auch für die obersten Landesbehörden. In § 50b geht es um die Zusammenarbeit mit der Kommission oder den Wettbewerbsbehörden der anderen Mitgliedstaaten in Verfahren der **Zusammenschlusskontrolle** sowie um den Informationsaustausch mit *außereuropäischen Wettbewerbsbehörden* in Kartell- und Missbrauchsfällen. Die Vorschrift tritt alternativ neben die Regelungen über die Rechtshilfe in Strafsachen sowie Amts- und Rechtshilfeabkommen (§ 50b Abs. 3).[56]

32 Ein Informationsaustausch aufgrund von § 50b ist unter engeren Voraussetzungen zulässig als im Netzwerk der europäischen Wettbewerbsbehörden. Die empfangende Wettbewerbsbehörde darf die Informationen nur zum Zweck der Anwendung **kartellrechtlicher Vorschriften** sowie in Bezug auf den **Untersuchungsgegenstand** als Beweismittel verwenden, für den sie das BKartA erhoben hat (§ 50b Abs. 2 S. 1 Nr. 1). Die empfangende Wettbewerbsbehörde muss überdies den Schutz vertraulicher Informationen wahren und darf die Informationen nur dann an Dritte übermitteln, wenn das BKartA der Übermittlung zustimmt (§ 50b Abs. 2 S. 1 Nr. 2). **Vertrauliche Angaben** aus Verfahren der Zusammenschlusskontrolle dürfen nur mit **Zustimmung** des Unternehmens übermittelt werden, das diese Angaben vorgelegt hat.

33 § 50b verpflichtet das BKartA nicht zur Übermittlung von Informationen. Das BKartA hat vielmehr einen **Ermessensspielraum.** Nach hiesiger Ansicht sollte das BKartA von seinem Ermessen eher restriktiv Gebrauch machen, und zwar nicht nur dann, wenn die ersuchende Wettbewerbsbehörde ihrerseits nicht zu einer Übermittlung von Informationen an das BKartA bereit ist.[57] Im Netzwerk der europäischen Wettbewerbsbehörden ist davon auszugehen, dass sich jede der Behörden an die Grundsätze in der Bekanntmachung der Kommission über die Zusammenarbeit innerhalb des Netzes der Wettbewerbsbehörden hält.[58] Zwar sieht auch die Bekanntmachung keinerlei Rechtsfolgen für einen Verstoß gegen diese Grundsätze vor. Die Wettbewerbsbehörden der Mitgliedstaaten dürften sich aber dennoch schon wegen des Grundsatzes der Gemeinschaftstreue an die Regeln des Netzwerks halten. Das ist für außereuropäische Wettbewerbsbehörden keinesfalls gewährleistet. Die Bundesregierung spricht in der Gesetzesbegründung davon, dass das BKartA Ersuchen um Informationen insbes. dann ablehnen können soll, wenn die ersuchende Wettbewerbsbehörde die Verpflichtung zur vertraulichen Behandlung übermittelter Informationen in der Vergangenheit nicht eingehalten hat.[59] Das BKartA täte allerdings gut daran, wenn es unabhängig davon Informationen mit außereuropäischen Wettbewerbsbehörden nur dann austauscht, wenn das betroffene Unternehmen sein Einverständnis dazu erteilt hat, wie das für vertrauliche Angaben aus Verfahren der Zusammenschlusskontrolle ohnehin gilt (§ 50b Abs. 2 S. 2).

III. Zusammenarbeit mit anderen nationalen Behörden

34 **§ 50c** Abs. 1 regelt die Zusammenarbeit zwischen den KartB und den **Regulierungsbehörden,** Abs. 2 die Zusammenarbeit mit der Bundesanstalt für Finanzdienstleistungsaufsicht, der Deutschen Bundesbank, den Aufsichtsbehörden über die gesetzlichen Krankenkassen und den Landesmedienanstalten. Einzige Schranke für den Informationsaustausch zwischen KartB und Regulierungsbehörden sind neben dem allg. Grundsatz der Verhält-

[56] Begr. RegE zur 7. Novelle, BT-Drucks. 15/3640, S. 62 re Sp.

[57] So Begr. RegE zur 7. Novelle, BT-Drucks. 15/3640, S. 40 li Sp.

[58] Bekanntmachung der Kommission über die Zusammenarbeit innerhalb des Netzes der Wettbewerbsbehörden, ABl. 2004 C 101/43 ff.

[59] Begr. RegE zur 7. Novelle, BT-Drucks. 15/3640, S. 62 re Sp.

nismäßigkeit („erforderlich")[60] **Beweisverwertungsverbote.** Die Adressatin der Informationen soll dieselben Verwertungsverbote zu beachten haben, die sie zu beachten hätte, wenn sie den Sachverhalt selbst ermittelt hätte.[61] Es ist unerheblich, zu welchem Zweck die Informationen erhoben wurden. Auf die Qualität der Informationen kommt es ebenso wenig an wie auf die jeweils gewählte Verfahrensart. Die Übermittlung von Informationen aus einem Bußgeldverfahren der KartB zum Zweck der Verwendung in einem Verwaltungsverfahren unterliegt keinen besonderen Beschränkungen mehr.[62] Als Beispiele für die Zusammenarbeit der Behörden nennt die Bundesregierung die Herstellung des Einvernehmens der Regulierungsbehörde für Telekommunikation und Post (heute: BNetzA) mit dem BKartA in Fragen der Marktabgrenzung und Marktbeherrschung oder bei der Wahrnehmung des Rechts zur Stellungnahme durch die Regulierungsbehörde in bestimmten Verfahren der KartB. Soweit im Einzelfall nicht eine Verpflichtung zur Amtshilfe besteht,[63] haben die Behörden hinsichtlich des Informationsaustauschs Ermessen.

Der Informationsaustausch mit **anderen Behörden** ist an strengere Voraussetzungen gebunden (§ 50c Abs. 2 S. 2). Die Weitergabe von vertraulichen Informationen sowie von Informationen, die nach § 50a oder Art. 12 VO Nr. 1/2003 erlangt wurden, ist wegen ihrer besonderen Schutzbedürftigkeit ausgeschlossen (§ 50c Abs. 2 S. 3). 35

Nach § 4 Abs. 1 Nr. 1 und § 5 Abs. 2 Außenwirtschaftsgesetz können Rechtsgeschäfte und Handlungen im Außenwirtschaftsverkehr beschränkt werden, um die wesentlichen Interessen der Bundesrepublik Deutschland zu gewährleisten. Das BMWi kann ein Prüfungsverfahren einleiten und ein Vorhaben nötigenfalls untersagen. § 50c Abs. 3 ermächtigt das BKartA, Angaben nach § 39 Abs. 3 aus Verfahren der Zusammenschlusskontrolle an andere Behörden zu übermitteln, soweit dies für deren Aufgabenerfüllung nach dem Außenwirtschaftsgesetz erforderlich ist. Gemeint damit ist das BMWi. Es empfiehlt sich in der Praxis, Mandanten frühzeitig auf ein etwaiges Verfahren nach dem Außenwirtschaftsgesetz hinzuweisen.[64] 36

C. Verfahrensarten

Der dritte Teil des GWB unterscheidet zwischen Verwaltungssachen (§§ 54–80), Bußgeldverfahren (§§ 81–86 – s. hierzu *Klusmann,* §§ 55 ff.), Vollstreckung (§ 86a) und bürgerlichen Rechtsstreitigkeiten (§§ 87–89a – s. hierzu *Ollerdißen,* §§ 59 ff.). Durch das Gesetz über den Rechtsschutz bei überlangen Gerichtsverfahren und strafrechtlichen Ermittlungsverfahren vom 24.11.2011 wurden in der Überschrift des dritten Teils die Worte „und Rechtsschutz bei überlangen Gerichtsverfahren" ergänzt. 37

Das förmliche Verwaltungsverfahren ist im Interesse der Rechtssicherheit dem gerichtlichen Verfahren angenähert. Es gilt für alle Verwaltungssachen, die mit einer Verfügung der KartB beendet werden können.[65] In der Praxis geht dem förmlichen Verwaltungsverfahren in der Regel ein formloses Vorverfahren voraus. Die Behörde prüft dabei, ob Anlass für die Einleitung eines förmlichen Verfahrens besteht. 38

I. Formloses Vorverfahren

Kartellbehördliche Bedenken können zuweilen durch Erläuterung der Sachlage zerstreut werden oder die Unternehmen geben das beanstandete Verhalten freiwillig auf oder ändern es 39

[60] *FK-Bergmann,* § 50c GWB Rdnr. 13.

[61] *Bechtold,* GWB, § 50c Rdnr. 6; *Langen/Bunte-Schneider,* Deutsches Kartellrecht, § 50c GWB Rdnr. 16; *Immenga/Mestmäcker-Stockmann,* GWB, § 50c Rdnr. 11.

[62] Begr. RegE zur 7. Novelle, BT-Drucks. 15/3640, S. 63 li Sp.

[63] Beispiele dafür bei *FK-Bergmann,* § 50c Rdnr. 19 ff.; *Langen/Bunte-Schneider,* Deutsches Kartellrecht, § 50c GWB Rdnr. 15.

[64] Als illustratives Beispiel für eine Prüfung nach dem Außenwirtschaftsgesetz Begr. RegE zur 8. Novelle, BT-Drucks. 18/1210, S. 1, 4 zum Asset-Tausch zwischen *BASF* und *Gazprom* im Jahr 2013.

[65] *GK-Junge,* § 51 GWB Rdnr. 1.

nach Gesprächen mit der Beschlußabteilung ab. Ein **formloses Vorverfahren** ist für die Behörden nützlich, weil das förmliche Verwaltungsverfahren die Kartellaufsicht manchmal nicht erschöpfend erfassen kann. Denn es fordert einen Verfahrensgegenstand mit feststellbaren und schutzbedürftigen Verfahrensbeteiligten[66] und entsprechende Nachweise. Für die Unternehmen kann das formlose Verfahren vorteilhaft sein, weil die oft unerwünschte Publizität durch Bekanntmachungen oder auch Pressemitteilungen eher vermieden werden kann. Andererseits gewährt nur das förmliche Verfahren Verfahrensrechte und Rechtsschutzgarantien (z.B. Recht auf Akteneinsicht). Die Einleitung eines förmlichen Verwaltungsverfahrens darf deshalb nicht ungebührlich hinausgeschoben werden, sobald Einzeleingriffe drohen.

II. Förmliches Verfahren

40 Die KartB leitet das **förmliche Verfahren** von Amts wegen oder auf Antrag ein (§ 54 Abs. 1). Das bedarf keiner förmlichen Einleitungsverfügung im Sinne eines Verwaltungsaktes.[67] Vorermittlungs- und förmliches Verwaltungsverfahren sind deshalb oft schwer voneinander abzugrenzen. In der Praxis teilen die KartB den Betroffenen allerdings regelmäßig mit, wenn Sie ein förmliches Verwaltungsverfahren eröffnet haben. Eine Anfechtung dieser Mitteilung ist, selbst wenn sie als Einleitungsverfügung ergeht, nicht möglich. Die Einleitungsverfügung ist keine Verfügung im Sinne der §§ 61, 63. Sie muss daher auch nicht begründet werden. § 54 Abs. 1 S. 2 stellt klar, dass die KartB auf entsprechendes Ersuchen zum Schutz eines beschwerdeführenden Unternehmens ein Verfahren von Amts wegen einleiten kann.[68] In diesen Fällen sollte das Ersuchen des Beschwerdeführers nicht Gegenstand der Akteneinsicht sein.[69]

41 **1. Amtsverfahren.** Grds. dient das von Amts wegen eingeleitete Verfahren der Vorbereitung zum Erlass einer Eingriffsverfügung. Amtsverfahren sind alle Verfahren, die keine Antragsverfahren sind. Im Amtsverfahren herrscht die **Offizialmaxime und das Opportunitätsprinzip.** Die Behörde entscheidet gemäß § 22 VwVfG nach pflichtgemäßem Ermessen, ob sie ein Amtsverfahren durchführt. Ein subjektiv öffentliches Recht einzelner von einer Wettbewerbsbeschränkung betroffener Marktbeteiligter auf Erlass einer Eingriffsverfügung gibt es nicht[70] (s. § 47 Rdnr. 9ff.). Bei **Fusionskontrollverfahren** handelt es sich nach der Rechtsprechung und der wohl h.M. in der Literatur um ein **Amts- und nicht um ein Antragsverfahren.**[71] Wird eine Anmeldung zurückgenommen, kann das BKartA das Fusionskontrollverfahren also fortführen. Hat das BKartA über den Zusammenschluß bereits entschieden, führt die Rücknahme der Anmeldung nicht zur Unwirksamkeit oder Rechtswidrigkeit der bereits erlassenen Verfügung, selbst wenn sie zum Zeitpunkt der Rücknahme noch nicht bestandskräftig war.[72] Das ist vor allem dann von Bedeutung, wenn die an einem Zusammenschluß beteiligten Unternehmen im Fusionskontrollverfahren zunächst nicht bereit waren, eine Entscheidung mit Bedingungen oder Auflagen zu akzeptieren, ihre Ansicht aber später ändern. Hier wäre die bloße Neuanmeldung des Vorhabens nach Rücknahme der ursprünglichen Anmeldung unzulässig (res iudicata). Den Unternehmen bleibt in diesem Fall also nur die Möglichkeit (neben einer Beschwerde gegen die Untersagung des BKartA), ein „neues" Vorhaben beim BKartA

---

[66] *Immenga/Mestmäcker-Bach,* GWB, Vor § 54 Rdnr. 14.

[67] KG WuW/E OLG 964, 965 – *Autoschmiermittel;* OLG Celle WuW/E OLG 1387, 1388 – *Bauleitplan;* aA – für Einleitungsverfügung – *GK-Junge,* § 51 GWB Rdnr. 10.

[68] *Langen/Bunte-Kallfaß,* Deutsches Kartellrecht, § 40 GWB Rdnr. 5; *Immenga/Mestmäcker-Thomas,* GWB, § 40 Rdnr. 2; *Bechtold,* GWB, § 40 Rdnr. 44; *MüKo-Dubberstein,* § 40 GWB Rdnr. 4.

[69] *FK-Bracher,* § 54 Rdnr. 24f.

[70] KG WuW/E OLG 4973, 4975f. – *Verbandsbeschwerde;* s. hierzu *Werner,* Schwerpunkte 1977/78, 49, 57ff.

[71] So KG WuW/E OLG 4737, 4743 – *Pinneberger Tageblatt,* allerdings für § 24 Abs. 2 S. 2 a.F.; *Immenga/Mestmäcker-Bach,* GWB, § 54 Rdnr. 3; *Immenga/Mestmäcker-Thomas,* GWB, § 40 Rdnr. 2; aA wohl *Bechtold,* GWB, § 54 Rdnr. 2; zum Begriff der „anmeldenden Unternehmen" *Wagner* WuW 2010, 38.

[72] Vgl. *Kopp/Ramsauer,* VwVfG, § 22 Rdnr. 85ff.

anzumelden, etwa den Erwerb nur der Unternehmen bzw. Unternehmensteile, durch die eine marktbeherrschende Stellung weder begründet noch verstärkt wird.

2. Antragsverfahren. Mit Einführung des Systems der Legalausnahme durch die 7. GWB-Novelle (2005) sind die meisten Antragsrechte entfallen. Folgende **Antragsrechte** sind noch im Gesetz vorgesehen: Antrag auf 42

a) Eintragung von Wettbewerbsregeln (§ 24 Abs. 3),
b) Beiladung (§ 54 Abs. 2 Nr. 3),
c) Befreiung vom Vollzugsverbot des § 41 Abs. 1 (§ 41 Abs. 2).
d) Ministererlaubnis nach § 42 für Zusammenschlüsse,

Der Antrag zielt auf eine bestimmte kartellbehördliche Entscheidung. Sie ist im Antrag zu benennen. Besondere Formerfordernisse bestehen nicht, der Antrag muss aber **aktenkundig** werden.[73] Die Rücknahme des Antrags ist zulässig. Sie beendet das Antragsverfahren wie eine Klagerücknahme, sofern es nicht auf Antrag eines anderen Antragsberechtigten oder von Amts wegen weiterbetrieben wird. Ist auf den Antrag hin bereits eine kartellbehördliche Verfügung ergangen, die Verfügung aber noch nicht bestandskräftig, führt die Rücknahme des Antrags zur Unwirksamkeit (bzw. nach anderer Ansicht zur Rechtswidrigkeit) der Verfügung.[74] Ergeht auf einen Antrag keine Verfügung, kann der Antragsteller Untätigkeitsbeschwerde nach § 63 Abs. 3 erheben. Die Erteilung einer Erlaubnis, die dem gestellten Anspruch nicht entspricht, steht der Ablehnung gleich.[75] 43

3. Feststellender Verwaltungsakt. Gestützt auf den mit der 7. GWB-Novelle (2005) eingeführten § 32c kann die KartB entscheiden, dass für sie kein Anlass besteht, tätig zu werden. Die Vorschrift bedeutet einen gewissen Ausgleich für die Abschaffung des Systems der Administrativfreistellung. Förmliche Negativatteste gab es im GWB vorher nicht. Das KG hatte allerdings im *Aral*-Beschluss[76] entschieden, dass ein Schreiben des BKartA aufgrund der Gesamtumstände des Falles eine zur Regelung eines Einzelfalles mit unmittelbarer Rechtswirkung nach außen gerichtete hoheitliche Maßnahme (§ 35 VwVfG), nämlich eine bindende Feststellung, war. 44

III. Einstweilige Anordnungen, Regelung eines einstweiligen Zustandes (§ 60 GWB)

Der Anwendungsbereich von § 60 wurde durch die 7. GWB-Novelle (2005) stark eingeschränkt. § 32a wurde sedes materiae für einstweilige Anordnungen in Verfahren der Verhaltenskontrolle, § 60 ist Kompetenznorm vor allem für einstweilige Anordnungen in Verfahren der Zusammenschlusskontrolle. Zuständig für den Erlass ist die für die Entscheidung in der Hauptsache zuständige Behörde. Generell ergehen derartige Anordnungen aber nur sehr selten[77] 45

1. Formelle Voraussetzungen. § 60 nennt drei Fallgruppen, in denen einstweilige Anordnungen ergehen dürfen. § 60 Nr. 1 regelt die einstweiligen Anordnungen des BKartA in Verfahren der Zusammenschlusskontrolle, die zum Teil schon in § 60 Nr. 3 a. F. enthalten waren. § 60 Nr. 2 gibt dem BKartA die Möglichkeit zu einstweiligen Anordnungen auch in Verfahren über die Auflösung eines bereits vollzogenen Zusammenschlusses. Der Gesetzgeber sieht hierfür ein praktisches Bedürfnis, weil bis zur endgültigen Entscheidung über die Auflösung vorläufige Regelungen notwendig werden könnten.[78] Die Bedeutung 46

---

[73] *Langen/Bunte-Schneider,* Deutsches Kartellrecht, § 54 GWB Rdnr. 15.

[74] *Kopp/Ramsauer,* VwVfG, § 22 Rdnr. 91.

[75] KG WuW/E OLG 1117, 1118 – *Fernmeldekabel-Gemeinschaft.*

[76] KG WuW/E OLG 3685, 3687 ff. – *Aral,* s. aber auch OLG Düsseldorf WuW/E DE-R 143, 147 – *Global One.*

[77] S. dazu zuletzt die Anordnung zur Sicherung des Vollzugsverbots in der Fusionskontrollsache *Edeka/Tengelmann,* BKartA, Presseerklärung vom 4.12.2014.

[78] Begr. RegE zur 7. Novelle, BT-Drucks. 15/3640, 64 li Sp.

von § 60 Nr. 3 beschränkt sich auf Verfahren zur Anerkennung von Wettbewerbsregeln (§ 26 Abs. 4) und die unzulässige Preisbindung bei Zeitungen und Zeitschriften (§ 30 Abs. 3). Durch die 7. GWB-Novelle (2005) eingeführt wurde die Möglichkeit zu einstweiligen Maßnahmen bei der Vorteilsabschöpfung nach § 34 Abs. 1.[79]

47 **2. Materielle Voraussetzungen.** Die materiellen Voraussetzungen einer einstweiligen Anordnung sind im Gesetz nicht genannt. Die Lücke muss durch Rückgriff auf sinnverwandte Regelungen des GWB (§ 65) und anderer Verfahrensordnungen (§§ 80 Abs. 2 Nr. 4, Abs. 3 und 123 Abs. 1 VwGO, §§ 935 ff., 940 ZPO; § 23 BVerfGG) geschlossen werden.[80] Der Erlass einer einstweiligen Anordnung durch die KartB ist nur im Ausnahmefall gerechtfertigt, um drohende irreparable Nachteile oder schwere Schäden im Interesse des Gemeinwohls oder im überwiegenden Interesse eines Beteiligten zu vermeiden.[81] Bei der Interessenabwägung im Rahmen des § 60 sind strengere Maßstäbe anzulegen als bei § 65.[82] Denn bei der einstweiligen Anordnung nach § 60 geht es um die teilweise Vorwegnahme eines Verfahrensergebnisses in der Hauptsache und nicht wie in § 65 um die sofortige Vollziehbarkeit der schon getroffenen Hauptsacheentscheidung.[83] In Fusionskontrollverfahren reicht das in allen Fällen vorliegende öffentliche Interesse an der Sicherung oder Vermeidung des späteren Auflösungsverfahrens allein nicht aus. Eine einstweilige Anordnung ist deshalb nur zulässig, wenn dargetan und glaubhaft gemacht wird, dass im konkreten Fall **etwaige Entflechtungsmaßnahmen Schwierigkeiten bereiten,** die über das normale Maß hinausgehen, und deshalb eine einstweilige Regelung durch öffentliche Interessen geboten ist, die die damit verbundenen Nachteile zu Lasten der beteiligten Unternehmen überwiegen.[84] Hier ist etwa an den Fall zu denken, dass ein Unternehmen unter Verstoß gegen das Vollzugsverbot Anteile an einem anderen Unternehmen erworben hat und das Vorhaben die Untersagungsvoraussetzungen nach § 36 Abs. 1 erfüllt. In diesem Fall hat das BKartA den Zusammenschluß aufzulösen (§ 41 Abs. 3 S. 1 und 2). Handelt es sich beim Zielunternehmen um eine börsennotierte Gesellschaft, könnte der Erwerber die Entflechtung zumindest in Gestalt einer Verpflichtung zur Rückübertragung der Aktien auf die Veräußerer durch eine Weiterveräußerung der Aktien an der Börse vereiteln. Es wäre regelmäßig nicht mehr feststellbar, an wen die Aktien verkauft wurden (unabhängig davon, ob insofern ein gutgläubiger Anteilserwerb möglich ist). Eine auf Rückübertragung gerichtete Entflechtungsanordnung des BKartA nach § 41 Abs. 3 S. 2 ginge ins Leere. In einem solchen Fall würde das öffentliche Interesse an der Sicherung des Auflösungsverfahrens die Interessen des Erwerbers nach richtiger Ansicht zumindest dann überwiegen, wenn die Besorgnis besteht, dass letzterer die Anteile tatsächlich weiterveräußert. Schließlich hat der Erwerber die Aktien unter Verstoß gegen das Vollzugsverbot und damit nicht wirksam erworben. Er hat deshalb auch keine geschützte Rechtsposition, auf die er sich gegenüber dem öffentlichen Interesse berufen könnte.

48 *a) Anordnungsanspruch.* Der verfolgte **Wettbewerbsverstoß muss überwiegend wahrscheinlich** sein. Die Behörde muss die Tatbestandsmerkmale der Sachnorm, auf die sie ihre Entscheidung stützt, *glaubhaft* machen.[85] Hierzu muss sie alle erforderlichen Ermittlungen anstellen. Trotz Eilbedürftigkeit ist es der KartB nicht erlaubt, ihre Entscheidung auf einseitige Vermutungen zu stützen. Ein Nachweis, dass die gesetzlichen Tatbestandsmerkmale zum Einschreiten in der Hauptsache erfüllt sind, ist zwar nicht erforderlich. Jedoch ist

---

[79] Begr. RegE zur 7. Novelle, BT-Drucks. 15/3640, 64 li Sp.

[80] KG WuW/E OLG 4640, 4642 – *Hamburger Benzinpreise.*

[81] KG WuW/E OLG 1767, 1773 f. – *Kombinationstarif;* WuW/E OLG 2145, 2146 – *Sonntag Aktuell III;* WuW/E OLG 4640, 4642 – *Hamburger Benzinpreise.*

[82] *Bechtold,* GWB, § 60 Rdnr. 8; *Loewenheim/Meesen/Riesenkampff-Becker,* Kartellrecht, § 60 GWB Rdnr. 3; *Langen/Bunte-Schneider,* Deutsches Kartellrecht, § 60 GWB Rdnr. 6.

[83] KG WuW/E OLG 1548, 1549 – *Saba.*

[84] KG WuW/E OLG 5151, 5160 – *Ernstliche Untersagungszweifel.*

[85] KG WuW/E OLG 1983, 1984 – *Rama-Mädchen;* WuW/E OLG 5151, 5160 – *Ernstliche Untersagungszweifel.*

das Vorliegen der Tatbestandsmerkmale erst dann glaubhaft gemacht, wenn eine nicht durch ernstliche Zweifel geminderte Gewissheit über den behaupteten Gesetzesverstoß besteht.[86]

b) Anordnungsgrund. Die KartB muss hier zwischen dem besonderen öffentlichen Interesse an einem sofortigen Eingreifen und den Belangen der betroffenen Unternehmen sorgfältig abwägen und das in ihrer Begründung im Einzelnen darlegen. Der formelhafte Hinweis, „die einstweilige Anordnung sei im öffentlichen Interesse geboten", kann die erforderliche, auf die Besonderheiten der Fallgestaltung zugeschnittene **Begründung für die Sofortmaßnahme** nicht ersetzen. Nach der Rechtsprechung soll der **Begründungszwang** die Behörde veranlassen, sich des **Ausnahmecharakters** der beabsichtigten Maßnahme bewusst zu werden und eine sorgfältige Analyse der maßgeblichen Umstände vorzunehmen. Unabhängig von den Tatbestandsvoraussetzungen der fraglichen Sachnorm, die überwiegend wahrscheinlich erfüllt sein müssen, bedarf es also eines besonderen, hiervon unabhängigen Grund zum sofortigen Einschreiten im Wege der einstweiligen Anordnung.[87] Es muss eine besondere Gefahr bestehen, die über den unabwendbaren Zeitablauf zwischen Einleitung und rechtskräftigem Abschluss des Prüfungsverfahrens hinausgeht. Eine einstweilige Anordnung darf nicht erlassen werden, wenn ernstliche Zweifel bestehen, ob die gesetzlich vorgesehene Entscheidung in der Hauptsache ergehen kann.[88] 49

3. Inhalt der Regelung. Grds. darf die einstweilige Anordnung die Hauptsacheentscheidung weder rechtlich noch tatsächlich vorwegnehmen, und zwar selbst dann nicht, wenn die Sach- und Rechtslage eindeutig für den späteren Erlass der Untersagungsverfügung spricht.[89] Zulässig ist z. B. das **vorläufige Verbot,** von einer erworbenen Beteiligung Gebrauch zu machen, insbes. das Verbot der Stimmrechtsausübung. Hier stellt sich dann allerdings die Frage, wer die Stimmrechte ausüben soll. Schließlich ist der Veräußerer nicht mehr Inhaber der Stimmrechte, vorausgesetzt die Übertragung war nicht wegen Verstoß gegen das Vollzugsverbot ohnehin unwirksam (§ 41 Abs. 1 S. 2). Die Stimmrechte müssten bei einem wirksamen Erwerb wohl einem Treuhänder übertragen werden. Die Behörde darf keine Maßnahmen anordnen, die irreparable Außenwirkung haben, etwa die Eintragung bestimmter Rechtsverhältnisse im Handelsregister (z. B. Entbindung des Geschäftsführers von seinem Amt oder eine von der Behörde verlangte Satzungsänderung). Nur in seltenen **Ausnahmefällen** darf die einstweilige Anordnung die **Hauptsache ganz oder teilweise vorwegnehmen.** In derartigen Fällen sind an den Anordnungsgrund **besonders hohe Anforderungen** zu stellen. Niemals darf die in der einstweiligen Anordnung getroffene Regelung weiter gehen als die Entscheidung im Hauptsacheverfahren. 50

Einstweilige Anordnungen können befristet oder mit einer auflösenden Bedingung versehen werden (§ 36 Abs. 2 Nr. 1 bzw. Nr. 2 VwVfG).[90] 51

4. Verfahren. Vor Erlass einer Anordnung hat die KartB den Beteiligten Gelegenheit zur Stellungnahme zu geben (§ 56 Abs. 1, Grundsatz des rechtlichen Gehörs, s. nachf. Rdnr. 97 ff.). Ausnahmsweise kann von der **Anhörung** der Beteiligten abgesehen werden, wenn sie nach den Umständen des Einzelfalles nicht geboten ist, insbes. wenn eine **sofortige Entscheidung wegen Gefahr im Verzug** oder im öffentlichen Interesse notwendig erscheint, ferner auch wenn von den tatsächlichen Angaben eines Beteiligten nicht zu seinen Ungunsten abgewichen werden soll (§ 28 Abs. 2 Nr. 1, 3 VwVfG). Entsprechend ist die vorherige Anhörung für das Verfahren ausnahmsweise entbehrlich, wenn dem Be- 52

[86] KG WuW/E OLG 4640, 4643 – *Hamburger Benzinpreise;* WuW/E OLG 5151, 5160 – *Ernstliche Untersagungszweifel.*

[87] KG WuW/E OLG 4640, 4643 – *Hamburger Benzinpreise.*

[88] KG WuW/E OLG 5151, 5164 – *Ernstliche Untersagungszweifel.*

[89] KG WuW/E OLG 4640, 4643 – *Hamburger Benzinpreise.*

[90] S. dazu die zeitliche Begrenzung der Anordnung auf die Dauer des Fusionskontrollverfahrens im Fall *Edeka/Tengelmann,* BKartA Presseerklärung vom 4.12.2014.

troffenen der Sachverhalt bekannt ist oder die Gewährung rechtlichen Gehörs wegen besonderer Umstände des Falles zu viel Zeit in Anspruch nähme, um den einstweiligen Zustand zu sichern. Das rechtliche Gehör kann dann im gerichtlichen Verfahren nachgeholt werden.[91]

53 **5. Entscheidung.** Die einstweilige Anordnung ist eine Verfügung im Sinne der §§ 61, 63 Abs. 1. Nach wohl h. M. ist auch die Ablehnung einer einstweiligen Anordnung eine **Verfügung.**[92] Die Entscheidung über den Erlass einstweiliger Anordnungen ist bis zum rechtskräftigen Abschluss des Verwaltungsverfahrens zulässig; sie kann also noch mit der Verfügung in der Hauptsache ergehen. Die Entscheidungsbefugnis der Behörde endet jedoch mit der Einlegung der Beschwerde im Hauptsacheverfahren.[93] Zuständig für eine Eilmaßnahme ist ab diesem Zeitpunkt das Beschwerdegericht nach § 64 Abs. 3.[94] Das gilt auch für eine Befreiung vom fusionskontrollrechtlichen Vollzugsverbot per einstweiliger Anordnung.[95] Verstöße gegen einstweilige Anordnungen sind bußgeldbewehrt (§ 81 Abs. 2 Nr. 2).

54 **6. Rechtsbehelfe, Schadensersatz- und Entschädigungsansprüche.** Die einstweilige Anordnung unterliegt der **Anfechtungsbeschwerde** nach § 63 Abs. 1 S. 1. Gegen die Entscheidung des OLG ist die Rechtsbeschwerde statthaft, wenn das OLG sie zugelassen hat (§ 74 Abs. 1). Die Beschwerde hat keine aufschiebende Wirkung. Das Beschwerdegericht kann aber **anordnen,** dass die angefochtene Verfügung ganz oder teilweise erst nach Abschluss des Beschwerdeverfahrens oder nach Leistung einer Sicherheit in Kraft tritt (§ 64 Abs. 2 S. 1). Das ist z. B. angenommen worden, wo das anhängige Hauptverfahren eine eingehende Auseinandersetzung mit schwierigen, in der Literatur umstrittenen, durch die Rechtsprechung noch nicht geklärten grundsätzlichen Rechtsfragen und komplizierten medizinischen Fragen erforderte.[96] Nach § 64 Abs. 2 S. 2 kann eine solche Anordnung jederzeit aufgehoben oder geändert werden.

55 Ist eine einstweilige Anordnung rechtswidrig, kann dies Amtshaftungsansprüche aus § 839 BGB iVm. Art. 34 GG begründen. Schadensersatzansprüche gegen Dritte, die durch ihren Vortrag im Verfahren mitursächlich für den Erlass der (rechtswidrigen) Anordnung waren (ob nun gestützt auf §§ 823, 826 BGB oder § 945 ZPO iVm. § 123 Abs. 3 VwGO), haben in der Praxis keine Bedeutung erlangt.[97]

D. Beteiligte am Verfahren

56 § 54 Abs. 2 und 3 nennen die am Verfahren Beteiligten. Die Beteiligtenstellung ist wegen der damit verbundenen verfahrensrechtlichen Positionen und Garantien wichtig. Das sind vor allem der Anspruch auf rechtliches Gehör (§ 56) und das Recht auf Akteneinsicht (§ 29 VwVfG). Zwar knüpft auch das Beschwerderecht formell an die Beteiligtenstellung an (§ 63 Abs. 2). Doch soll unter bestimmten Voraussetzungen auch ein nicht am Verfahren Beteiligter ein Beschwerderecht haben können (s. nachf. Rdnr. 80).[98] Die Beteiligungsfähigkeit regelt § 77. Sie gilt für das Verfahren vor der KartB und das Beschwerde- und Rechtsbeschwerdeverfahren.

---

[91] KG WuW/E OLG 5151, 5159 f. – *Ernstliche Untersagungszweifel.*

[92] *Immenga/Mestmäcker-Bach,* GWB, § 60 Rdnr. 23 mwN.

[93] KG WuW/E OLG 803 f. – *Filtertüten.*

[94] BGH WuW/E DE-R 2507, 2511 – *Faber/Basalt*

[95] BGH B. v. 14.10.2008, KVR 30/08 Rdnr. 20.

[96] KG WuW/E OLG 1547 f. – *Valium-Librium I.*

[97] *FK-Bracher,* § 60 GWB Rdnr. 32 f.; *Immenga/Mestmäcker-Bach,* GWB, § 61 Rdnr. 26; *Langen/Bunte-Schneider,* Deutsches Kartellrecht, § 41 GWB Rdnr. 13.

[98] BGH WuW/E DE-R 1857 – *pepcom,* dort für ein trotz entsprechenden Antrages aus Gründen der Verfahrensökonomie nicht beigeladenes Unternehmen.

I. Beteiligungsfähigkeit (§ 77 GWB)

Beteiligungsfähigkeit ist die Fähigkeit, Verfahrensbeteiligter zu sein, also Subjekt des Verwaltungs- bzw. Beschwerde- und Rechtsbeschwerdeverfahrens. Abzugrenzen ist die Beteiligungsfähigkeit von der Prozessfähigkeit (Handlungsfähigkeit) und von der Postulationsfähigkeit. 57

Unternehmen werden in § 77 nicht genannt, wohl aber alle denkbaren Unternehmensträger. Ein Widerspruch zu anderen Regelungen, in denen Rechte und Pflichten von Unternehmen begründet werden (z.B. §§ 1, 54 Abs. 2 Nr. 2), besteht dennoch nicht. Das Tatbestandsmerkmal „Unternehmen" ist lediglich eine verkürzte Ausdrucksweise für die in § 77 aufgeführten Rechtsobjekte. 58

Beteiligungsfähig sind **inländische und ausländische natürliche und juristische Personen.**[99] Ausländer unterliegen der aus der Gebietshoheit folgenden Zuständigkeit eines Staates für die Ausgestaltung der gesamten Rechts- und Verfassungsordnung mittels Akten der Gesetzgebung, Rechtsprechung und Verwaltung.[100] Ebenso wie ausländische Unternehmen den einschränkenden Vorschriften des GWB unterliegen, können sie auch die Schutzvorschriften des GWB bei ihrer unternehmerischen Tätigkeit im Inland beanspruchen. Hierbei sind die **völkerrechtlichen Grenzen** zu beachten, die sich aus dem Verbot des Rechtsmissbrauchs, dem Einmischungsverbot und dem Grundsatz der Interessenabwägung ergeben.[101] 59

Nichtrechtsfähige Personenvereinigungen sind nach § 77 ebenfalls beteiligtenfähig. Die Norm will die Beteiligungsfähigkeit gegenüber anderen materiellen und verfahrensrechtlichen Vorschriften erweitern, um Schwierigkeiten zu vermeiden, wenn sich ein Verwaltungsverfahren gegen Kartelle und andere nichtrechtsfähige Unternehmensvereinigungen richtet. An die Organisation dürfen keine zu hohen Anforderungen gestellt werden; eine feste, auf Dauer angelegte körperschaftliche Struktur ist nicht notwendig, ein zufälliges Zusammentreffen von Interessen reicht aber nicht aus.[102] Beteiligtenfähig sind deshalb vor allem: der nichtrechtsfähige Verein, Erbengemeinschaft, oHG, KG, nicht eingetragene Genossenschaft, Partenreederei,[103] Kartelle, Wirtschafts- und Berufsvereinigungen; bei den Gesellschaften bürgerlichen Rechts sind nur Außengesellschaften beteiligtenfähig, reine Innengesellschaften (insbes. stille Gesellschaften) hingegen nicht. Die Gesellschafter sind in Aktiv- und Passivprozessen Partei, also auch im Kartellverwaltungsverfahren,[104] Unternehmensgruppen dagegen nicht, weil sie nur einzelne nebeneinander bestehende Gesellschaften sind.[105] Auch die Beteiligungsfähigkeit **werdender juristischer Personen** (insbes. Vor-Verein, Vor-AG, Vor-GmbH, Vor-eG) steht außer Frage. 60

Die Beteiligungsfähigkeit **öffentlich-rechtlicher Anstalten, Körperschaften,** Sondervermögen und Behörden ist nicht eindeutig geregelt. Da jeder Unternehmensträger von § 77 erfasst werden soll, sind aber öffentlich-rechtliche Personenvereinigungen (alle Körperschaften, Anstalten und verselbständigte Sondervermögen) als beteiligtenfähig anzusehen.[106] In der Praxis wird das geringe Bedeutung haben, da die betreffenden Körperschaften juristische Personen sind. 61

II. Geborene Beteiligte (§ 54 Abs. 2 Nr. 1, 2 und 4 GWB)

1. Allgemein. Geborene Beteiligte sind kraft Gesetzes am Kartellverwaltungsverfahren beteiligt. Es handelt sich um den Antragsteller (§ 54 Abs. 2 Nr. 1), den Verfügungsadressa- 62

[99] KG WuW/E OLG 1071, 1073 – *Triest-Klausel.*
[100] KG WuW/E OLG 3051, 3058 – *Morris-Rothmans.*
[101] *Langen/Bunte-Stadler,* Deutsches Kartellrecht, § 130 GWB Rdnr. 138 f.
[102] *FK-Bracher,* § 77 GWB Rdnr. 9.
[103] BKartA WuW/E BKartA 1361 f. – *Fernost-Schiffahrtskonferenz.*
[104] KG WuW/E OLG 2228, 2229 – *Zeitungsmarkt München.*
[105] KG WuW/E OLG 3914, 3915 – *Unternehmensgruppe.*
[106] *Immenga/Mestmäcker-K. Schmidt,* GWB, § 77 Rdnr. 4 ff.

ten (§ 54 Abs. 2 Nr. 2) und den Veräußerer im Verfahren der Zusammenschlusskontrolle (§ 54 Abs. 2 Nr. 4). Natürliche und juristische Personen, die nicht zu diesem Kreis zählen, kann die KartB auf deren Antrag hin zum Verfahren beiladen (§ 54 Abs. 2 Nr. 3; sog. gekorene Beteiligte, dazu Rdnr. 72ff.). Wurde eine Beteiligtenstellung begründet, kann der Beteiligte im kartellbehördlichen Verfahren umfassend vortragen. Er ist insoweit nicht auf die Gesichtspunkte beschränkt, die sich auf den Grund seiner Beteiligung beziehen. Eine Aufspaltung von Interessen, die aus einer geborenen Beteiligtenstellung herrühren und solchen, die die KartB lediglich zu einer Beiladung veranlassen könnten, würde in der Praxis zu Schwierigkeiten führen, weil die Interessenkreise oft ineinander übergehen. Der geborene Beteiligte bedarf also für den Vortrag eines Gesichtspunkts, der sich nicht gerade aus dem Grund für seine Verfahrensbeteiligung kraft Gesetzes ergibt, nicht eines gesonderten Beiladungsantrags und einer diesem stattgebenden Beiladung.[107]

63 **2. Antragsteller (Nr. 1).** § 54 Abs. 2 Nr. 1 geht von einem **formellen Antragsbegriff** aus. Entscheidend ist, dass das Begehren, die KartB möge in einer bestimmten Weise tätig werden, deutlich zum Ausdruck kommt. Der Antrag kann sich sowohl auf eine Verfahrensentscheidung als auch auf eine Sachentscheidung beziehen. Weist die KartB einen nicht vorgesehenen Antrag als unzulässig zurück, ist der Antragsteller an diesem Verfahren iSv § 54 Abs. 2 Nr. 1 beteiligt.[108] Immer aber muss es sich um ein „echtes" Antragsverfahren handeln, also etwa ein Verfahren auf Anerkennung von Wettbewerbsregeln (§ 34) oder die Ministererlaubnis (§ 42). Das Verfahren der Zusammenschlusskontrolle ist nach wohl h. M. kein Antragsverfahren;[109] schließlich könnte das BKartA das Verfahren auch von Amts wegen führen. Das gilt auch für ein Verfahren gerichtet auf eine Verfügung nach § 32, das auf Betreiben eines Beschwerdeführers zu Stande gekommen ist. Auch hier ist der Beschwerdeführer nicht Antragsteller iSd § 54 Abs. 2 Nr. 1.

64 **3. Verfügungsadressaten (Nr. 2).** Nach § 54 Abs. 2 Nr. 2 sind Kartelle, Unternehmen, Wirtschafts- oder Berufsvereinigungen beteiligt, gegen die sich das Verfahren richtet. Beteiligt ist nur derjenige, der unmittelbar von der behördlichen Maßnahme betroffen ist.[110] Eine nur mittelbare oder nur wirtschaftliche Beeinträchtigung reicht nicht aus. Richtet sich das Verfahren gegen eine eingetragene Genossenschaft, so sind die Genossen an diesem Verfahren nicht notwendig beteiligt.[111]

65 Geborene Beteiligte im Verfahren der Zusammenschlusskontrolle sind der Erwerber und das Zielunternehmen sowie – allerdings nach § 52 Abs. 2 Nr. 4 (dazu unten) – der Veräußerer.[112] Mit dem Erwerber **verbundene Unternehmen** sind zwar materiell am Zusammenschluß, nicht aber am Fusionskontrollverfahren beteiligt.[113] Bei dem Erwerb einer Beteiligung an einem Gemeinschaftsunternehmen wird jedoch auch ein Zusammenschluß der beherrschenden Muttergesellschaften fingiert (§ 37 Abs. 3 S. 3). Deshalb sind in diesem Fall auch sie am Fusionskontrollverfahren beteiligt.[114]

66 Schwierigkeiten bereitet die Abgrenzung zwischen Kartellen und den an ihnen beteiligten Unternehmen. Bei nichtrechtsfähigen Kartellen nahm das KG[115] an, dass ausschließlich deren Mitglieder verfahrensbeteiligt sind. Bei rechtsfähigen Kartellen sah das BKartA die Anmeldung durch das Kartell selbst als ausreichend an. Es wurde auch darauf abgestellt, ob das Kartell über eine **eigene Rechtspersönlichkeit** und darüber hinaus wegen eines sehr

---

[107] BGH WuW/E DE-R 2138, 2141 f. – *Anteilsveräußerung.*

[108] KG WuW/E OLG 1758, 1765 – *Weichschaum II.*

[109] Verneinend *Immenga/Mestmäcker-Bach,* GWB, § 54 Rdnr. 21; bejahend *Bechtold,* GWB, § 54 Rdnr. 3.

[110] So BGH WuW/E BGH 2150, 2151 – *Edelstahlbestecke.*

[111] BGH WuW/E BGH 2271, 2272 – *Taxigenossenschaft.*

[112] *Westermann* WuW 2007, 577, 578.

[113] *Langen/Bunte-Schneider,* Deutsches Kartellrecht, § 54 GWB Rdnr. 14.

[114] BGH WuW/E DE-R 2138, 2141 f. – *Anteilsveräußerung,* OLG Düsseldorf WuW/E DE-R 1651, 1652 – *Zementvertrieb.*

[115] KG WuW/E OLG 469, 472 – *Fensterglas III.*

großen Kreises von Kartellmitgliedern über eine **selbständige Organisation** verfügt, wie zum Beispiel die *Fleurop*.[116] Die Bedeutung der Abgrenzung dürfte allerdings seit der Abschaffung der Administrativfreistellung gering sein.[117]

Vertikale Wettbewerbsbeschränkungen binden häufig eine große Zahl anderer Unternehmen in gleichartiger Weise (Abnehmer, Vertragshändler). Verwaltungsverfahren, die die Einschränkung oder Beseitigung der Bindung zum Gegenstand haben, richten sich nur gegen das **bindende** Unternehmen. Die **gebundenen** Vertragspartner werden als vom Verfahren Begünstigte, nicht aber als Verfahrensbeteiligte betrachtet.[118] Oft haben die Gebundenen ein eigenes Interesse am Fortbestand der Bindungen. Sie müssen sich dann zum Verfahren beiladen lassen. Wenn der Ausgang des Verfahrens für Dritte rechtsgestaltende Wirkung hat, sind sie von der Einleitung des Verfahrens zu benachrichtigen, soweit sie der Behörde bekannt sind (§ 13 Abs. 2 S. 2 VwVfG).[119] Dadurch soll sichergestellt werden, dass sie einen Antrag auf Beiladung zwecks Wahrung ihrer Rechte stellen können. Einem erlaubten Verkaufssyndikat durfte deshalb eine Vertriebsvereinbarung mit Kartellaußenseitern nicht ohne Benachrichtigung der Außenseiter untersagt werden.[120] Bei umfangreichen Vertriebssystemen sind die einzelnen Händler der Behörde in der Regel nicht bekannt; es entstünde auch ein Massenproblem. In den Verfahren *Hersteller-Leasing* und *Parallellieferteile* wurde angenommen, dass die Untersagungsverfügungen nicht unmittelbar rechtsgestaltend in bestehende Rechtsbeziehungen zwischen den Betroffenen und den als unbillig behindert angesehenen Unternehmen eingriffen[121] (s. auch Rdnr. 81 f.). 67

Der lediglich Anhörungsberechtigte ist nicht am Verfahren beteiligt (so ausdrücklich § 13 Abs. 3 VwVfG). Anhörung ist die Entgegennahme von Äußerungen Nichtverfahrensbeteiligter.[122] Sie ist nicht gleichzusetzen mit der Stellungnahme von Verfahrensbeteiligten nach § 56 Abs. 1. Um eine bloße Anhörung geht es vor allem in den §§ 25, 56 Abs. 2.[123] Nach § 56 Abs. 2 kann die KartB Vertretern der beteiligten Wirtschaftskreise Gelegenheit zur Stellungnahme geben. Ein Anspruch hierauf besteht nicht. Die Anhörung verschafft dem anzuhörenden Dritten **kein Beteiligungsrecht.** Er wird nicht Subjekt des Verfahrens. Er hat auch keinen Anspruch auf eine seiner Stellungnahme entsprechende Entscheidung. Er kann nicht Beschwerde einlegen. Die Nichtanhörung kann jedoch im Einzelfall einen Verstoß gegen den Amtsermittlungsgrundsatz des § 57 Abs. 1 begründen. 68

4. Veräußerer (Nr. 4). Nach § 54 Abs. 2 Nr. 4 ist der Veräußerer bei Zusammenschlüssen nach § 37 Abs. 1 Nr. 1 (Vermögenserwerb) und 3 (Anteilserwerb von 50% bzw. 25%) Verfahrensbeteiligter. Die Beherrschung des veräußernden Unternehmens führt nicht stets auch zu einer Beteiligung des herrschenden Unternehmens. Das KG hat die Beteiligteneigenschaft eines herrschenden Unternehmens bejaht, wenn es **dasselbe wirtschaftliche Interesse** an dem Zusammenschluss hat wie das veräußernde Unternehmen und wenn es durch Vereinbarung mit dem Erwerber die Voraussetzungen für die wirtschaftlich sinnvolle Durchführung des Zusammenschlusses geschaffen hat.[124] Geht es um die Veräußerung einer Mehrheitsbeteiligung, die dem Erwerber Kontrolle über das Zielunternehmen vermittelt, ist § 37 Abs. 1 Nr. 2 GWB erfüllt (der § 37 Abs. 1 Nr. 3 dann möglicherweise konsumiert). Will der Veräußerer hier hinsichtlich seiner Verfahrensbeteiligung auf der sicheren Seite sein, müsste er einen **Beiladungsantrag** stellen.[125] 69

---

[116] BKartA WuW/E BKartA 677.
[117] Ausführlich zu dieser Frage *Werner* in 1. Aufl., § 53 Rdnr. 45.
[118] BGH WuW/E BGH 2875, 2876 – *Hersteller-Leasing;* KG WuW/E OLG 2247, 2256 – *Parallellieferteile.*
[119] S. im Einzelnen *Immenga/Mestmäcker-Bach,* GWB, § 54 Rdnr. 31 und 55 f.
[120] KG WuW/E OLG 2193 f. – *Basalt-Union.*
[121] AaO Fn. 118.
[122] BGH WuW/E BGH 767, 777 – *Bauindustrie.*
[123] BGH WuW/E BGH 767, 777 – *Bauindustrie;* KG WuW/E OLG 933, 934.
[124] KG WuW/E OLG 2411, 2413 – *Synthetischer Kautschuk I,* aA *FK-Bracher,* § 54 GWB Rdnr. 48.
[125] *Westermann* WuW 2007, 577, 579.

70 **5. Bundeskartellamt (§ 54 Abs. 3 GWB).** Das BKartA ist an sämtlichen Verfahren vor den LKartB von Amts wegen beteiligt.

III. Beteiligung kraft faktischer Hinzuziehung

71 Eine Verfahrensbeteiligung kraft faktischer Hinzuziehung ist gegeben, wenn die KartB einen Dritten als Verfahrensbeteiligten behandelt, ohne daß er unter § 54 Abs. 2 fällt oder beigeladen wurde. Beispiele: Die KartB sieht einen Dritten in zu weiter Auslegung des § 54 Abs. 2 als notwendigen Beteiligten an und lässt seinen Beiladungsantrag als gegenstandslos unbeschieden; die KartB beteiligt einen Dritten faktisch am Verfahren, ohne eine Beiladung auszusprechen. Die zwecks Kontinuität des Verfahrens entwickelte **Beteiligung kraft Hinzuziehung** ist seit dem Fusionskontrollverfahren *Rheinmetall-WMF* anerkannt.[126] Sie bewirkt, dass das Beschwerdegericht die Beschwerdebefugnis nicht mit der Begründung verneinen darf, der Dritte sei weder kraft Gesetzes noch durch Beiladung beteiligt und er habe auch keinen Beiladungsantrag gestellt, der vom BKartA etwa nur aus Gründen der Verfahrensökonomie abgelehnt wurde (s. unten Rdnr. 79 und § 54 Rdnr. 23).

IV. Gekorene Beteiligte kraft Beiladung (§ 54 Abs. 2 Nr. 3 GWB)

72 **1. Allgemein.** Verfahrensbeteiligte sind auch Personen und Personenvereinigungen, deren Interessen durch die Entscheidung erheblich berührt werden und die die KartB auf ihren Antrag zum Verfahren beigeladen hat (§ 54 Abs. 2 Nr. 3). Die Beiladung ermöglicht die Hinzuziehung eines Dritten in den Fällen, in denen die Verfahrensbeteiligung vom Einzelfall abhängig ist und durch den Gesetzgeber nicht abstrakt ausgesprochen werden kann. Sie dient der Wahrnehmung individueller Interessen, aber auch einer möglichst umfassenden Sachaufklärung. Beiladungsfähig ist, wer im Sinne des § 77 beteiligungsfähig ist (s. oben Rdnr. 58ff.). Das sind außer natürlichen und juristischen Personen auch nicht rechtsfähige Personenvereinigungen. Antragsteller können mithin nicht nur Unternehmen sein, sondern etwa auch Privatpersonen und eingetragene Vereine. Letztere müssen sich nach allgemeiner Ansicht nicht auf die Berührung eigener Interessen berufen. Es genügt vielmehr, wenn die **Interessen ihrer Mitglieder berührt** sind.[127] Das OLG Düsseldorf ging bereits für § 54 Abs. 2 Nr. 3 a. F. davon aus, dass auch Verbraucherverbände beiladungsfähig sind.[128] Das ist seit der 7. GWB-Novelle (2005) ausdrücklich in § 54 Abs. 2 Nr. 3 2. Hs. geregelt. Ob auch **Gewerkschaften** beiladungsfähig sind, ist streitig.[129] Die Abhängigkeit eines Unternehmens iSd § 17 oder § 18 AktG ist kein Grund, seine Beiladung generell zu verweigern; sind eigene Interessen des abhängigen Unternehmens materiell erheblich berührt, kann es neben dem herrschenden Unternehmen beigeladen werden.[130]

73 **2. Antragsberechtigte.** Die Beiladung setzt einen Antrag voraus. Er bedarf keiner Form, sondern kann auch durch schlüssiges Verhalten erklärt werden. Personenvereinigungen sind ebenfalls antragsberechtigt. Voraussetzung dafür ist nicht, dass die Interessen der Personenvereinigung selbst berührt sind. Es genügt vielmehr eine **Interessenberührung**

---

[126] KG WuW/E OLG 3137, 3138f. – *Rheinmetall-WMF;* s. hierzu auch BGH WuW/E BGH 2150, 2151 – *Edelstahlbestecke.*

[127] OLG Düsseldorf B. v. 2.9.2002 – Kart 27/02 (V), BeckRS 2004, 12171 – *Verbraucherzentrale;* OLG Düsseldorf WuW/E DE-R 1029, 1030 – *Greenpeace; Bechtold,* GWB, § 54 Rdnr. 11; *Immenga/Mestmäcker-K. Schmidt,* GWB, § 54 Rdnr. 41; *Langen/Bunte-Schneider,* Deutsches Kartellrecht, § 54 GWB Rdnr. 26; s. aber BGH WuW/E DE-R 3284, 3285f. – *Presse-Grossisten,* wonach für die Zulässigkeit einer Beschwerde gegen eine Verfügung eine Interessenberührung der Mitglieder für eine Beschwer des Verbandes nicht ausreicht.

[128] OLG Düsseldorf B. v. 2.9.2002 – Kart 27/02 (V), BeckRS 2004, 12171 – *Verbraucherzentrale.*

[129] Bejahend *Immenga/Mestmäcker-Bach,* GWB, § 54 Rdnr. 33 nwN; aA *Langen/Bunte-Schneider,* Deutsches Kartellrecht, § 54 GWB Rdnr. 22.

[130] KG WuW/E OLG 5355, 5357 – *Beiladung RTL 2.*

der Mitglieder.[131] Letztlich geht es also darum, ob die Interessen berührt sind, derentwegen die Mitglieder gerade dieser Personenvereinigung beigetreten sind.[132] OLG Düsseldorf und KG lassen die Beiladung von Personenvereinigungen wohl auch dann zu, wenn die Wahrnehmung der Interessen ihrer Mitglieder nicht zu ihren satzungsgemäßen Aufgaben gehört.[133] Es brauchen nicht alle Verbandsmitglieder betroffen zu sein, vielmehr genügt ein wesentlicher Teil.[134] Die Beiladung der Personenvereinigung steht der Beiladung einzelner Mitglieder nicht entgegen, wenn deren Interessen im konkreten Fall durch den Verband nicht wirksam vertreten werden.[135] Wie bei anderen Antragsberechtigten auch genügt es, wenn die Interessen der Mitglieder nur mittelbar beeinträchtigt werden.[136]

3. Verfahrensbeteiligte. Am Beiladungsverfahren ist zunächst der Antragsteller beteiligt, also der Beizuladene (§ 54 Abs. 2 Nr. 1), ferner jeder, der am Hauptverfahren beteiligt ist. Die KartB hat deshalb im Beiladungsverfahren allen am Hauptverfahren Beteiligten Gelegenheit zur Stellungnahme zu geben (§ 56 Abs. 1). **74**

4. Erhebliche Interessenberührung. Während die Beiladung im allgemeinen Verwaltungsverfahren die Berührung „rechtlicher" Interessen voraussetzt (§ 65 Abs. 1 VwGO), verlangt § 54 Abs. 2 Nr. 3 eine „erhebliche" Interessenberührung ohne nähere Qualifizierung. Das GWB erweitert damit die Beiladungsmöglichkeit; die Berührung **wirtschaftlicher Interessen** genügt.[137] Bei der Beiladung zum Kartellverwaltungsverfahren sind fast immer wirtschaftliche Interessen Veranlassung für den Beiladungsantrag und nach Sinn und Zweck des GWB typischerweise auch ein Beiladungsgrund. Es kommt darauf an, ob im konkreten Fall unter sachgerechter Berücksichtigung aller Umstände eine unmittelbare oder auch mittelbare Berührung wirtschaftlicher Interessen möglich erscheint;[138] wirtschaftliche Interessen sind auch dann berührt, wenn es um den Eintritt **zukünftiger Ereignisse** geht.[139] Einer Prognose zum Ausgang des Hauptverfahrens bedarf es im Verfahren über einen Beiladungsantrag nicht.[140] Wirtschaftliche Interessen sind Interessen, die mit der Freiheit des Wettbewerbs oder der Wettbewerbsstruktur im relevanten Markt zusammenhängen.[141] Damit können nicht nur Wettbewerber in ihren wirtschaftlichen Interessen berührt sein. Ein Wettbewerbsverhältnis iSv § 1 UWG ist für die Beiladung gerade nicht erforderlich.[142] Vielmehr kann auch das Interesse eines **Abnehmers** an wirksamem Wettbewerb auf dem nachgelagerten Markt einen Anspruch auf Beiladung begründen. Daneben können aber wohl auch Lieferanten der am Zusammenschluß beteiligten Unternehmen zum Verfahren beigeladen werden. Sie können durchaus ebenfalls in Interessen berührt sein, die mit der Freiheit des Wettbewerbs oder der Wettbewerbsstruktur im relevanten Markt zusammenhängen. Das OLG Düsseldorf ging schon für die Rechtslage vor der 7. Novelle (2005) davon aus, dass auch die **Beeinträchtigung von Verbraucherinteres-** **75**

---

[131] OLG Düsseldorf B. v. 2.9.2002 – Kart 27/02 (V), BeckRS 2004, 12171 – *Verbraucherzentrale;* OLG Düsseldorf WuW/E DE-R 1029, 1030 – *Greenpeace;* s. allerdings BGH WuW/E DE-R 3284, 3285 f. – *Presse-Grossisten.*

[132] *Becker* ZWeR 2003, 199, 204.

[133] OLG Düsseldorf B. v. 2.9.2002 – Kart 27/02 (V), BeckRS 2004, 12171 – *Verbraucherzentrale;* OLG Düsseldorf WuW/E DE-R 1029, 1030 – *Greenpeace;* KG WuW/E OLG 369, 373; KG WuW/E OLG 2021 – *Bahnhofsbuchhandel.*

[134] OLG Düsseldorf B. v. 2.9.2002 – Kart 27/02 (V), BeckRS 2004, 12171 – *Verbraucherzentrale; Immenga/Mestmäcker-K. Schmidt,* GWB, § 54 Rdnr. 41 mwN.

[135] BKartA TB 1959, 53; *K. Schmidt,* Kartellverfahrensrecht, 489.

[136] OLG Düsseldorf B. v. 2.9.2002 – Kart 27/02 (V), BeckRS 2004, 12171 – *Verbraucherzentrale.*

[137] OLG Düsseldorf WuW/E DE-R 523, 525 – *SPNV.*

[138] OLG Düsseldorf WuW/E DE-R 523, 525 – *SPNV;* OLG Düsseldorf B. v. 2.9.2002 – Kart 27/02 (V), BeckRS 2004, 12171 – *Verbraucherzentrale.*

[139] KG WuW/E OLG 964, 967 – *Autoschmiermittel;* WuW/E OLG 2356, 2357 – *Sonntag Aktuell;* WuW/E OLG 5355, 5357 – *Beiladung RTL 2.*

[140] OLG Düsseldorf B. v. 2.9.2002 – Kart 27/02 (V), BeckRS 2004, 12171 – *Verbraucherzentrale.*

[141] OLG Düsseldorf WuW/E DE-R 523, 525 – *SPNV; FK-Bracher,* § 54 GWB Rdnr. 54.

[142] OLG Düsseldorf WuW/E DE-R 523, 525 – *SPNV.*

sen eine Beiladung rechtfertigen kann.[143] Dem lag wohl der Gedanke zugrunde, dass auch ein Verbraucher, der Produkte nachfragt, die von den Hauptbeteiligten des Verfahrens hergestellt bzw. vertrieben werden, durch eine Verschlechterung der Wettbewerbsstruktur auf dem relevanten Markt und eine damit einhergehende Verteuerung des fraglichen Produkts in seinen Interessen berührt sein kann. Die Berücksichtigung auch von Verbraucherinteressen folgt seit der 7. GWB-Novelle aus § 54 Abs. 2 Nr. 3 2. Hs. Belange des Umwelt- und Klimaschutzes dürften hingegen nicht nach § 54 Abs. 2 Nr. 3 kartellrechtlich relevant und deshalb ungeeignet sein, eine Beiladung zu rechtfertigen.[144] In jedem Fall ist bei der Prüfung der erheblichen Interessenberührung immer auf die **Wettbewerbsstruktur abzustellen und nicht auf individuelle vertragliche Einzelinteressen.**[145]

76 Eine Berücksichtigung von **Allgemeininteressen** in anderen Fällen als der Beiladung von Verbraucherzentralen und anderen Verbraucherverbänden dürfte regelmäßig ausscheiden. Das gilt zumindest im Rahmen der Zusammenschlusskontrolle. § 36 Abs. 1 enthält rein wettbewerbliche Beurteilungskriterien.[146] Allgemeininteressen sind grds. keine wirtschaftlichen Interessen nach § 54 Abs. 2 Nr. 3, die mit der Freiheit des Wettbewerbs oder der Wettbewerbsstruktur im relevanten Markt zusammenhängen.[147] Ein großzügigerer Maßstab könnte allenfalls im Ministererlaubnisverfahren gelten, denn § 42 Abs. 1 stellt ausdrücklich auf Allgemeininteressen ab.[148]

77 Die weite Auslegung der für eine Beiladung relevanten Interessen findet ihr Korrektiv in der **Erheblichkeit** der Interessenberührung, die Voraussetzung für die Beiladung ist.[149] Das KG verlangte dazu in ständiger Rechtsprechung lediglich, dass die Interessen nicht nur entfernt oder absolut geringfügig berührt sind.[150] Dabei stellte das Gericht nicht auf den Gesamtumsatz des die Beiladung beantragenden Unternehmens, sondern auf den Teilumsatz in dem Markt ab, auf den sich der Verfahrensgegenstand bezieht. Ein Abstellen auf den Gesamtumsatz hätte zu einer nicht gerechtfertigten Benachteiligung diversifizierter Großunternehmen geführt. Bei Zusammenschluß- oder Missbrauchsverfahren kann die Beeinträchtigung auf Drittmärkten ausreichen, wenn gewichtige Anhaltspunkte vorliegen, dass trotz fehlender Nähe zum Verfahrensgegenstand nicht nur mit einer theoretisch denkbaren Beeinträchtigung zu rechnen ist. Das OLG Düsseldorf nimmt demgegenüber die erforderliche Abgrenzung grds. anhand einer wertenden Betrachtung vor. Für die Beiladung sei entscheidend, „ob die Interessen des Dritten eine solche **Nähe zum Entscheidungsgegenstand** aufweisen und ob außerdem die mögliche Entscheidung der KartB im Hauptverfahren derart **gewichtige Auswirkungen auf diese Interessen** haben kann, dass es angemessen erscheint, ihm die Rechte auf Beteiligung am Kartellverfahren (Vortragsrecht, Recht auf Schriftsatz- und Entscheidungsabschriften, Recht auf Akteneinsicht, etwaiges Beschwerderecht) einzuräumen“.[151] Das OLG Düsseldorf berücksichtigt also insoweit die Rechtsfolgen der Beiladung bei der Prüfung ihrer Voraussetzungen. Trotz der an sich von ihm postulierten wertenden Betrachtung hat das OLG Düsseldorf in seinen Beschlüssen i. S. *Verbraucherzentrale* und *Greenpeace* für die Prüfung der Erheblichkeit allerdings (auch) auf ein quantitatives Kriterium abgestellt. Es ging davon aus, dass eine Mehrbelastung der Verbraucher in Höhe von weniger als € 10 monatlich noch nicht als eine erhebliche Interessenberührung angesehen werden könne.[152] Zwar ist die-

---

143 OLG Düsseldorf B. v. 2.9.2002 – Kart 27/02 (V), BeckRS 2004, 12171 – *Verbraucherzentrale.*

144 Offengelassen von OLG Düsseldorf WuW/E DE-R 1029, 1030 – *Greenpeace.*

145 OLG Düsseldorf WuW/E DE-R 523, 525 – *SPNV.*

146 So auch *Becker* ZWeR, 2003, 199, 205.

147 OLG Düsseldorf WuW/E DE-R 523, 525 – *SPNV.*

148 So wohl auch OLG Düsseldorf WuW/E DE-R 1029, 1030 – *Greenpeace; Becker* ZWeR, 2003, 199, 205.

149 Ausführlich zur Erheblichkeit *Säcker/Boesche* ZNER 2003, 76, 82f.

150 KG WuW/E OLG 392, 393f. – *Exportförderung;* WuW/E OLG 2021f. – *Bahnhofsbuchhandel;* WuW/E OLG 2356, 2357 – *Sonntag Aktuell.*

151 OLG Düsseldorf WuW/E DE-R 523, 527 – *SPNV;* WuW/E DE-R 1029 – *Greenpeace.*

152 OLG Düsseldorf B. v. 2.9.2002 – Kart 27/02 (V), BeckRS 2004, 12171 – *Verbraucherzentrale;* OLG Düsseldorf WuW/E DE-R 1029, 1030 – *Greenpeace.*

se Rechtsprechung durch § 54 Abs. 2 Nr. 3 2. Hs. n. F. überholt. Danach sollen ausdrücklich auch solche Fälle erfasst werden, bei denen die wirtschaftliche Beeinträchtigung eines jeden Verbrauchers zwar möglicherweise als gering einzustufen ist, die Dimension der kartellbehördlichen Entscheidung aufgrund der Vielzahl der betroffenen Verbraucher auf diese insgesamt aber erheblich ist.[153] Es ist offen, ob das OLG Düsseldorf künftig in Fällen auch ohne Verbraucherbeteiligung auf quantitative Kriterien für die Erheblichkeit der Interessenberührung abstellen wird. Bei horizontalen Zusammenschlüssen (mit Marktanteilsaddition) wird regelmäßig damit argumentiert, dass sich die Absatzmöglichkeiten auf dem relevanten Markt durch den Zusammenschluß reduzieren bzw. die fraglichen Produkte oder Dienstleistungen nach dem Zusammenschluß von weniger Anbietern bezogen werden können. Hier dürfte eine rein wertende Betrachtung genügen. Für die Beiladung eines Wirtschaftsverbands verlangt das OLG Düsseldorf jedenfalls, dass ein wesentlicher Teil seiner Mitgliedsunternehmen durch eine im Verfahren in Betracht kommende Entscheidung der KartB berührt wird und der Verband diese Interessen tatsächlich und maßgeblich repräsentiert.[154]

Erwarten Unternehmen, dass sich ihre wirtschaftliche Situation durch das Verfahren bzw. die das Verfahren abschließende Entscheidung *verbessert,* werden sie die Rechtsauffassung der KartB teilen und die behördliche Sachaufklärung unterstützen. Häufig geschieht das informell, also ohne förmliche Beiladung. Es kommt vor, dass Unternehmen an Fusionskontrollverfahren (kritisch) mitwirken, sich aber nicht decouvrieren wollen. Die Mitwirkung zielt meist darauf ab, dem BKartA Hinweise für Ermittlungsansätze (Fragebögen an Wettbewerber usw.) zu geben oder bestimmte rechtliche Vorstellungen zu entwickeln. Manchmal wird die Beiladung vor allem wegen der damit verbundenen Rechte auf Beteiligung am Verfahren (Recht auf Abschriften und Akteneinsicht) beantragt, weil sich der Beiladungswillige je nach Ablauf und Ergebnis des Hauptverfahrens Einflussmöglichkeiten erhalten will. Zuweilen wird die Beiladung auch beantragt, weil die Argumentation der Betroffenen des Hauptverfahrens erweitert und vertieft werden soll. **78**

5. Beiladungsermessen der Kartellbehörde. Bei der **einfachen Beiladung** steht die Entscheidung darüber, ob eine beiladungsfähige Person beigeladen wird, im pflichtgemäßen Ermessen der KartB. Die KartB muss also keinesfalls jeden beiladen, dessen Interessen durch die Entscheidung erheblich berührt werden.[155] Nur in den seltensten Fällen ist ihr Ermessen auf Null reduziert.[156] Die Beiladung dient in erster Linie der **Förderung des Verwaltungsverfahrens** und nicht den individuellen Interessen des oder der Beizuladenen.[157] Die KartB darf einen strengen Maßstab anlegen, um eine übermäßige Belastung des Kartellverfahrens zum Nachteil der Hauptbeteiligten zu vermeiden.[158] Eine gewisse Belastung der übrigen Beteiligten hat der Gesetzgeber bei Schaffung der Beiladungsmöglichkeit im Interesse der vollständigen Sachaufklärung aber grds. in Kauf genommen. Die KartB soll die Interessen desjenigen, der einen Beiladungsantrag gestellt hat, mit den gegenläufigen Interessen der übrigen Beteiligten abwägen. Eine Beiladung kann nicht schon deshalb abgelehnt werden, weil der Antragsteller seine Interessen auch im Rahmen einer Anhörung ohne formale Stellung als Beigeladener geltend machen kann. Schließlich kann eine Anhörung nicht die durch eine Beiladung vermittelten Verfahrensrechte ersetzen. Ob der Beizuladene einen Beitrag zur Sachaufklärung leisten kann, ist nur *ein* Gesichtspunkt im Rahmen der Ermessensbetätigung. Die **Ablehnung** eines Antrags auf Beiladung ist **ermessensfehlerhaft,** wenn sie **ausschließlich auf ausreichende Tatsachenkenntnis** **79**

---

[153] Begr. RegE zur 7. Novelle, BT-Drucks. 15/3640, 63 li Sp.

[154] OLG Düsseldorf WuW/E DE-R 4728, 4729 – *Verbandsbeiladung.*

[155] BGH WuW/E DE-R 2029, 2030 – *iesy/ISH;* BGH WuW/E DE-R 1857, 1858 – *pepcom;* OLG Düsseldorf B. v. 5.12.2002 – VI-Kart 37/02 (V) – *Gasversorgung Oberschwaben; Bechtold,* GWB, § 54 Rdnr. 12; *Langen/Bunte-Schneider,* Deutsches Kartellrecht, § 54 GWB Rdnr. 42.

[156] OLG Düsseldorf WuW/E DE-R 1545 – *VDZ-Wettbewerbsregeln.*

[157] BGH WuW/E DE-R 2029, 2030 – *iesy/ISH.*

[158] KG WuW/E OLG 2356, 2359 – *Sonntag Aktuell* mwN; OLG Düsseldorf WuW/E OLG 1881, 1886 – *Anzeigenpreise;* BKartA WuW/E BKartA 141, 142.

und übermäßige Arbeitsbelastung der KartB **gestützt wird,** obwohl nicht auszuschließen ist, dass die als Abnehmerin und Wettbewerberin betroffene Antragstellerin möglicherweise einen weiterführenden Beitrag zur Sachaufklärung leisten kann.[159] Ungeachtet dessen kann die KartB einen Beiladungsantrag zurückweisen, wenn die Interessen eines Dritten bereits aufgrund der Verfahrensbeteiligung eines anderen Unternehmens angemessen berücksichtigt sind.[160] Das hat der BGH anerkannt.[161] Erscheine die Sachaufklärung, die durch eine Beteiligung des Antragstellers erreicht werden könne, durch andere Beteiligte mit ähnlichen, mehr oder weniger gleichgerichteten Interessen gesichert, könne die KartB den Antrag auf Beiladung ablehnen. Ferner könne die KartB im Einzelfall abwägen, ob die mit einer Beiladung verbundenen Nachteile – etwa die Erschwerung des behördlichen Verfahrens durch eine große Zahl Beteiligter – mögliche Vorteile, die für die Beiladung sprechen mögen – etwa eine gewisse Erleichterung der Sachaufklärung – überwiegen.[162] Es genügt also grds., wenn die KartB je **einen Vertreter** der verschiedenen sich gegenüber stehenden Interessen beilädt, so etwa **einen Vertreter je Marktstufe.** Ob es sich dabei um ein Großunternehmen oder ein mittelständisches Unternehmen handelt, ist ohne Belang.[163] Insofern genießt das Interesse an einer **Konzentration und Beschleunigung** des Verwaltungsverfahrens Vorrang vor den sachlichen Interessen des Beiladungswilligen.[164] Die Verbandsbeiladung kann daher die Beiladung anderer Marktbeteiligter überflüssig machen. Auch die Beiladung eines herrschenden Unternehmens zum Fusionskontrollverfahren eines von ihm abhängigen Unternehmens ist regelmäßig nicht erforderlich. Der Beiladungspetent kann in diesen Fällen darauf verwiesen werden, seinen Standpunkt nach § 56 Abs. 2 in einer Anhörung zur Geltung zu bringen.[165] Im Zweifel ist dem früheren Antrag Vorrang vor dem späteren zugeben.[166]

80 Bis zur Entscheidung des BGH im Fall *pepcom* gingen das OLG Düsseldorf (wie vor ihm das KG) und die h. M. in der Literatur davon aus, dass ein Unternehmen, dessen Antrag auf (einfache) Beiladung von der KartB aus Gründen der Verfahrensökonomie abgelehnt worden war, damit zwangsläufig auch kein Beschwerderecht habe. Schließlich knüpfe § 63 Abs. 2 formell an die Stellung als Beteiligter im Verwaltungsverfahren an.[167] Der BGH entschied hingegen, dass einem Beiladungspetenten, in dessen Person die subjektiven Voraussetzungen einer Beiladung vorliegen und dessen Antrag auf Beiladung allein aus Gründen der **Verfahrensökonomie** abgelehnt wurde, in ergänzender Auslegung von § 63 Abs. 2 die Möglichkeit offenstehe, gegen die in der Hauptsache ergangene Entscheidung **Beschwerde einzulegen.** Er müsse allerdings geltend machen können, dass ihn diese Entscheidung **unmittelbar und individuell** betreffe.[168] Die Voraussetzungen für eine Beschwerde gegen Entscheidungen der KartB decken sich in der Sache also mit den Voraussetzungen, die das europäische Recht an die Klagebefugnis Dritter stellt (Art. 263 Abs. 4 AEUV).

81 Die **notwendige Beiladung** ist in § 54 GWB zwar nicht geregelt, durch Rechtsprechung und Literatur aber anerkannt.[169] Außerdem wird die notwendige Beiladung in § 71 Abs. 1 S. 4 ausdrücklich genannt („solche Beigeladene, die an dem streitigen Rechtsver-

---

[159] OLG Düsseldorf WuW/E DE-R 2050, 2052 – *Höchstentgelt.*

[160] OLG Düsseldorf WuW/E DE-R 1705 ff. – *Springer/ProSiebenSat. 1;* OLG Düsseldorf WuW/E DE-R 1545, 1550 – *VDZ-Wettbewerbsregeln* B. v. 5.12.2002 – VI-Kart 37/02 (V) – *Gasversorgung Oberschwaben; Bechtold* BB 2003, 1021, 1022.

[161] BGH WuW/E DE-R 2029, 2031 – *iesy/ISH.*

[162] BGH aaO.

[163] OLG Düsseldorf WuW/E DE-R 1607, 1609 – *Breitbandkabelnetz.*

[164] OLG Düsseldorf WuW/E DE-R 1545, 1550 – *VDZ-Wettbewerbsregeln.*

[165] OLG Düsseldorf WuW/E DE-R 1607, 1608 – *Breitbandkabelnetz;* OLG Düsseldorf WuW/E DE-R 1705 – *Springer/ProSieben Sat 1.*

[166] OLG Düsseldorf WuW/E DE-R 1705, 1707 – *Springer/ProSieben Sat 1.*

[167] OLG Düsseldorf B. v. 5.12.2002 – Kart 37/02 (V) – *Gasversorgung Oberschwaben.*

[168] BGH WuW/E DE-R 1857, 1859 f. – *pepcom;* so auch BGH WuW/E DE-R 2029, 2031 – *iesy/ISH.*

[169] *Bechtold,* GWB, § 54 Rdnr. 13; *Immenga/Mestmäcker-Bach,* GWB, § 54 Rdnr. 46 mwN.

hältnis derart beteiligt sind, dass die Entscheidung auch ihnen gegenüber nur einheitlich ergehen kann"). Eine Beiladung ist verfahrensrechtlich geboten, also notwendig, wenn *subjektive Rechte* einer Person durch die in Aussicht genommene Verfügung *beeinträchtigt* werden können. Das ist immer dann der Fall, wenn die Entscheidung nicht wirksam ergehen kann, ohne dass die **Rechte des Beizuladenen gestaltet, bestätigt, verändert oder aufgehoben werden können.**[170] Das Interesse an der Aufrechterhaltung der bestehenden Wettbewerbsstrukturen allein vermittelt hingegen kein subjektives Recht.[171] Entscheidend ist, dass die in Aussicht genommene Verfügung unmittelbar rechtsgestaltend in bestehende Rechtsbeziehungen eingreift. Das soll dem OLG Düsseldorf zufolge etwa dann der Fall sein, wenn dem Antragsteller durch die Verfügung der KartB Unterlassungs- und Schadenersatzansprüche entzogen werden.[172] Im Rahmen der Fusionskontrolle kommt eine notwendige Beiladung nur unter sehr engen Voraussetzungen in Betracht. Zu denken ist in diesem Zusammenhang an Fälle, bei denen die Freigabe in Verbindung mit Auflagen in bestehende Verträge oder Gemeinschaftsunternehmen der Zusammenschlussbeteiligten mit Dritten eingreift.[173] Der BGH interpretiert die Voraussetzungen für eine notwendige Beiladung äußerst restriktiv.[174] Bedürfe der Inhalt einer kartellbehördlichen Verfügung noch der privatrechtlichen Umsetzung durch die Adressaten, sei trotz der absehbaren Auswirkungen der Verfügung auf die Vertragspartner der Adressaten deren mögliche Verletzung in eigenen Rechten und damit das Vorliegen einer notwendigen Beiladung zu verneinen.[175]

Die Rechtsprechung hat die notwendige Beiladung von Vertragspartnern z. B. dann bejaht, wenn die KartB einen Vertrag nach § 15 Abs. 3 oder § 16 GWB a. F. mit zivilrechtsgestaltender Wirkung für unwirksam erklärte.[176] Umstritten ist die notwendige Beiladung von Vertragspartnern, wenn Verträge aufgrund von **per se-Verboten** untersagt werden (wie z. B. § 19, § 20 GWB iVm § 32). Der BGH hat entschieden, dass der Vertragspartner in einem solchen Fall nicht notwendig beizuladen ist.[177] Er stellte darauf ab, dass die Untersagungsverfügung nach § 32 GWB a. F. iVm § 20 auf Unterbindung eines gesetzlich ohnehin verbotenen Verhaltens gerichtet sei. Die Untersagungsverfügung habe deshalb in diesem Fall „keine konstitutive" Wirkung.[178] Für § 32 n. F. kann nichts anderes gelten. Zwar kann die KartB ein verbotenes Verhalten nun nicht mehr nur untersagen, sondern dem Adressaten alle Maßnahmen aufgeben, die für eine wirksame Abstellung der Zuwiderhandlung erforderlich sind (sog. positive Tenorierung).[179] Selbst wenn sie das aber tut, hätte die Verfügung allenfalls in Bezug auf die Abstellungsmaßnahme konstitutive Wirkung. Die (teilweise) zivilrechtliche Unwirksamkeit des Vertrags würde hingegen nach wie vor aus den per se-Verboten in den Sachnormen folgen und nicht aus der Abstellungsverfügung der KartB. Der BGH würde hier deshalb wohl zu dem selben Ergebnis kommen wie nach der alten Rechtslage. Es ist allerdings zweifelhaft, ob das sachgerecht wäre. Die Vertragspartner des Verfügungsadressaten hätten keinen Anspruch auf eine Beiladung und damit eine Verfahrensbeteiligung. Sie könnten sich aber natürlich immer noch „einfach" beiladen lassen. So hat etwa das BKartA i. S. *E. ON Ruhrgas – Langfristige Gaslieferverträge* alle rund 50 Vertragspartner (Gaskunden) über sein Verfahren informiert und die vier, die einen Beiladungsantrag stellten, dann auch beigeladen. **82**

---

[170] KG WuW/E OLG 2193 f. – *Basalt-Union; Immenga/Mestmäcker-Bach,* GWB, § 54 Rdnr. 42 f. mwN.

[171] *Säcker/Boesche* ZNER 2003, 76, 85.

[172] OLG Düsseldorf WuW/E DE-R 1545, 1548 f. – *VDZ-Wettbewerbsregeln.*

[173] Ein solcher Fall lag dem EG-Verfahren *Kali+Salz* zugrunde, s. EuGH U. v. 31.3.1998, Rs C-68/94, Slg. 1998 I-1375 ff.

[174] BGH WuW/E DE-R 2728, 2729 – *Versicherergemeinschaft,* mit Hinweis auf BVerwG MMR 2003, 241, 242 mwN.

[175] AaO; kritisch dazu *Stanke* WuW 2010, 642, 644.

[176] KG WuW/E OLG 2247, 2256 – *Parallellieferteile.*

[177] BGH WuW/E BGH 2875, 2876 – *Herstellerleasing.*

[178] BGH, aaO; aA KG WuW/E OLG 4753, 4759 – *VW Leasing, FK-Bracher,* § 54 Rdnr. 67.

[179] Siehe dazu auch Begr. RegE zur 7. Novelle, BT-Drucks. 15/3640, S. 51.

83 Sind die Voraussetzungen der notwendigen Beiladung gegeben, folgt aus § 13 Abs. 2 S. 2 VwVfG eine **Benachrichtigungspflicht** der KartB und ein **Anspruch** des Betroffenen auf Beiladung.[180] Wie die einfache Beiladung setzt aber auch die notwendige Beiladung einen **Antrag** voraus.[181] Der notwendig Beizuladene soll also nicht automatisch am Verfahren beteiligt sein. Wurde ein notwendig Beizuladener mangels Antrag nicht beigeladen, liegt kein Rechtsfehler vor, sofern er Gelegenheit zur Antragstellung hatte.[182] Eine weitergehende Benachrichtigungspflicht besteht nicht; insbes. sind nicht sämtliche Wettbewerber von einem Zusammenschlussvorhaben zu unterrichten,[183] auch nicht alle Mitglieder eines Oligopols.[184]

84 Die Rechtsprechung zum GWB und zum VwVfG und die h. M. in der Literatur zum GWB und VwVfG gehen davon aus, dass die unterbliebene notwendige Beiladung zur **Rechtswidrigkeit der Verfügung** (inter omnes) führt.[185] Ist der Beiladungsmangel besonders schwerwiegend und offensichtlich, soll die Verfügung nach § 44 VwVfG sogar nichtig sein.[186] Die unterbliebene notwendige Beiladung wird als besonders **schwerwiegender Verfahrensmangel** angesehen.[187] Der Mangel ist offensichtlich, wenn die schwere Fehlerhaftigkeit der Verfügung für einen unvoreingenommenen, verständigen Beobachter ohne weiteres ersichtlich ist und sich ihm geradezu aufdrängt.[188] Der Mangel soll allerdings durch eine nachträgliche Anhörung des Betroffenen heilbar sein.[189] Im Fall der unterbliebenen notwendigen Beiladung soll die KartB die Beiladung noch im Beschwerdeverfahren **nachholen** können.[190] In den Fällen der einfachen Beiladung geht die Praxis bislang allerdings davon aus, dass eine Beiladung im Beschwerdeverfahren nur in Betracht kommt, wenn der Beiladungsantrag bereits vor Beginn des gerichtlichen Verfahrens gestellt wurde.[191] Ferner soll nach § 46 VwVfG eine Anfechtung der Sachentscheidung allein wegen einer unterbliebenen notwendigen Beiladung ausscheiden, wenn offensichtlich ist, dass dieser Verfahrensfehler die Entscheidung in der Sache nicht beeinflusst hat.[192] Das soll dann der Fall sein, wenn sich die mangelnde Ursächlichkeit des Fehlers für die Sachentscheidung mit Hilfe von Akten und sonstigen Unterlagen objektiv eindeutig nachweisen lässt und jeder vernünftige Zweifel ausgeschlossen ist, dass es bei Vermeidung des Fehlers zu einer **anderen Entscheidung in der Sache** gekommen wäre.[193] § 46 VwVfG ist bei Ermessensentscheidungen allerdings regelmäßig nicht anwendbar, weil in diesen Fällen die Fehlerrelevanz grds. nicht ausgeschlossen werden kann.[194] Ist die Verfügung mit Ablauf der Beschwerdefrist bestandskräftig geworden, scheidet eine Anfechtung (auch für den nicht beigeladenen Dritten) aus.[195] Einige Stimmen in der Literatur wollen dem nichtbeigeladenen Dritten zwar das Recht zubilligen, sich auch dann noch zu dem „nur scheinbar beendeten Verfahren" beiladen zu lassen und die Verfügung anzufechten.[196] Das dürfte – wenn

[180] KG WuW/E OLG 2247, 2257 – *Parallellieferteile;* WuW/E OLG 4753, 4759 – *VW-Leasing.*

[181] *Immenga/Mestmäcker-Bach,* GWB, § 54 Rdnr. 47 mwN zur Rspr.

[182] KG WuW/E OLG 933, 934 f.; BKartA TB 1968, 89 f.; *Immenga/Mestmäcker-Bach,* GWB, § 54 Rdnr. 45 mwN.

[183] KG WuW/E OLG 3213, 3219 – *Zum bösen Wolf.*

[184] KG WuW/E OLG 2663, 2664 – *Texaco-Zerssen.*

[185] KG WuW/E OLG 2193/2194 – *Basalt Union; FK-Bracher,* § 54 Rdnr. 77; *Kopp/Ramsauer,* VwVfG, § 13 Rdnr. 52.

[186] Grds. für möglich gehalten in OVG Münster NVwZ 1988, 74 f.

[187] *Kopp/Ramsauer,* VwVfG, § 13 Rdnr. 51a, 52.

[188] *Kopp/Ramsauer,* VwVfG, § 44 Rdnr. 12 mwN zur Rspr.

[189] *Kopp/Ramsauer,* VwVfG, § 13 Rdnr. 53.

[190] *Immenga/Mestmäcker-K. Schmidt,* GWB, § 54 Rdnr. 47.

[191] BGH WuW/E BGH 2077, 2078 – *Coop Supermagazin;* KG WuW/E OLG 4363, 4364 f. – *Wieland Langenberg.* Ob diese Einschränkung auch für die notwendige Beiladung gilt, ist soweit ersichtlich noch nicht entschieden.

[192] *FK-Bracher,* § 54 Rdnr. 76.

[193] *Kopp/Ramsauer,* VwVfG, § 46 Rdnr. 36 f.

[194] *Kopp/Ramsauer,* VwVfG, § 46 Rdnr. 32 mwN zur Rspr.

[195] *FK-Bracher,* § 54 Rdnr. 77.

[196] *Immenga/Mestmäcker-Bach,* GWB, § 54 Rdnr. 45; *K. Schmidt,* Kartellverfahrensrecht, 511.

– aber nur dann in Betracht kommen, wenn der Beizuladene mangels In-Kenntnis-Setzung zuvor keine Gelegenheit hatte, einen Beiladungsantrag zustellen.[197] Der BGH geht allerdings davon aus, dass der notwendig Beizuladene dann, wenn eine Benachrichtigung von dem Verfahren unterblieben ist, die Entscheidung der KartB auch dann noch anfechten kann, wenn diese Entscheidung gegenüber den Verfahrensbeteiligten unanfechtbar geworden ist.[198]

6. Zeitpunkt der Beiladung. Das Beiladungsverfahren ist ein **Nebenverfahren,** das vom Hauptverfahren abhängig ist. In zeitlicher Hinsicht bedeutet das: Das (Haupt-)Verfahren muss bereits anhängig sein. Eine Beiladung schon vor Einleitung des Verfahrens ist unzulässig.[199] Der vor Einleitung des Verfahrens gestellte Beiladungsantrag ist rechtlich ein nullum. Er muss also nach Einleitung des Verfahrens nochmals gestellt werden. Umgekehrt darf das Hauptverfahren noch nicht rechtskräftig abgeschlossen sein. 85

Umstritten war lange, bis wann ein zulässiger Beiladungsantrag gestellt sein muss und ob die KartB Dritte noch nach Abschluss des Verwaltungsverfahrens beiladen kann.[200] In seinen insofern gleichlautenden Beschlüssen iS „Versicherergemeinschaft"[201] und „Universitätsklinikum Greifswald"[202] hat der BGH beide Fragen entschieden.[203] Ein Beiladungsantrag kann danach rechtzeitig nur bis zum Abschluss des kartellbehördlichen Verfahrens, im konkreten Fall also bis zum Erlass der das Verfahren abschließenden Entscheidung (§ 61), gestellt werden. Danach könne das primäre Ziel der (einfachen) Beiladung, die Förderung der kartellbehördlichen Sachaufklärung, nicht mehr erreicht werden. Zwar könne die Beiladung auch noch nach Erlass der Verfügung bis zur Einlegung der Beschwerde angeordnet werden. Dies setze aber eine rechtzeitige **Antragstellung vor Verfahrensabschluss** voraus. Eine Ausnahme von diesem Erfordernis käme nur in Betracht, wenn der Drittbetroffene den Antrag nicht stellen konnte, weil die KartB den Bescheid erlassen hat, ohne dass das Verfahren in der Öffentlichkeit bekannt wurde. Das bedeute auch keine Verkürzung eines etwaigen Beschwerderechts. Nach der Rechtsprechung des Senats sei ja auch der beschwerdebefugt, der zwar die subjektiven Voraussetzungen der Beiladung erfüllt, dessen Antrag aber aus verfahrensökonomischen Gründen abgelehnt worden sei.[204] Das Erfordernis rechtzeitiger Antragstellung gelte auch für die notwendige Beiladung. Insofern gebe es lediglich die Besonderheit, dass der notwendig Beizuladene auch ohne Beiladung beschwerdebefugt sei, wenn er einen Beiladungsantrag mangels Benachrichtigung vom Verfahren nicht habe stellen können. 86

Die Beiladung ist eine Verfügung mit **Dauerwirkung.** Entfallen die Beiladungsvoraussetzungen nachträglich, kann die KartB ihre Beiladung unter den Voraussetzungen von § 48 Abs. 1 VwVfG zurücknehmen.[205] Die einseitige Rücknahme des Beiladungsantrags durch den Beigeladenen soll nicht genügen.[206] Ist gegen die Beiladung Beschwerde eingelegt, muss das Gericht die Beiladung bei Wegfall der sie ursprünglich rechtfertigenden Gründe aufheben. Das kommt etwa dann in Betracht, wenn der Beigeladene seine die Beiladung begründende geschäftliche Betätigung während des Verfahrens aufgibt.[207] 87

---

[197] KG WuW/E OLG 933, 934.

[198] BGH WuW/E DE-R 1544, 1545 – *Zeiss/Leica* unter Verweis auf *Immenga/Mestmäcker-Bach,* GWB, § 54 Rdnr. 47; *K. Schmidt,* DB 2004, 527, 529; *Langen/Bunte-Schneider,* Kartellrecht, § 54 Rdnr. 38.

[199] KG WuW/E OLG 964, 965 – *Autoschmiermittel;* OLG München WuW/E OLG 1033, 1034 – *Örtliche Stromverteilung.*

[200] Ausführlich zum Streitstand *Bien* WuW 2009, 166.

[201] BGH WuW/E DE-R 2728 – *Versicherergemeinschaft.*

[202] BGH WuW/E DE-R 2725 – Universitätsklinikum Greifswald.

[203] Kritisch dazu *Stancke* WuW 2010, 642.

[204] BGH WuW/E DE-R 1857, 1859 f. – *pepcom.*

[205] *Becker* ZWeR 2003, 199, 211.

[206] *Immenga/Mestmäcker-Bach,* GWB, § 54 Rdnr. 54 mwN.

[207] OLG Düsseldorf B. v. 23.12.2002 – Kart 37/02 (V), S. 5/6.

88 **7. Wirkung der Beiladung.** Die Wirkung der Beiladung beginnt mit dem Wirksamwerden der Beiladungsverfügung. Der Beigeladene hat den vorgefundenen Stand des Verfahrens hinzunehmen. Die Beiladungswirkung endet mit dem Verfahren, also auch bei Rücknahme des Hauptantrages. Sie dauert auch im Beschwerdeverfahren fort, endet aber bei Rücknahme der Beschwerde im Hauptverfahren. Die Wirkung der Beiladung endet auch mit der Aufhebung der Beiladungsverfügung, und zwar **ex nunc,** wenn die Beiladungsverfügung erfolgreich angefochten wird. Die KartB darf nach h. M. eine widerrechtlich ausgesprochene Beiladung aufheben. Die rechtmäßig ausgesprochene Beiladung kann grds. nicht widerrufen werden, es sei denn, sie ist erschlichen oder neu bekannt gewordene Tatsachen rechtfertigen die Ablehnung des Beiladungsantrages.

89 Während des anhängigen Verfahrens hat der Beigeladene alle Verfahrensrechte, insbes. das Recht auf Stellungnahme (§ 56) und Akteneinsicht (§ 29 VwVfG). Nach § 71 Abs. 1 S. 3 dürfen Beschwerdeentscheidungen auch auf Tatsachen und Beweismittel gestützt werden, von denen Beigeladenen aus wichtigen Gründen, insbes. zur Wahrung von Betriebs- oder Geschäftsgeheimnissen, weder durch Akteneinsicht noch durch Vortrag des Akteninhaltes Kenntnis gewährt wird. Das gilt allerdings nur für den Fall der einfachen Beiladung, nicht für die notwendige Beiladung (s. oben Rdnr. 79f. und § 54 Rdnr. 113f.). Die KartB hat das bei der Ausübung des Beiladungsermessens zu berücksichtigen.[208]

90 **8. Beschwerde.** Die Beiladungsentscheidung ist eine Verfügung, die mit der Beschwerde anfechtbar ist. Beschwerdeberechtigt ist jeder am Hauptsacheverfahren Beteiligte. Die Entscheidung unterliegt der gerichtlichen Nachprüfung insbesondere dahingehend, ob das Ermessen rechtswidrig bzw. verwaltungswidrig – also unzweckmäßig – ausgeübt wurde (§ 71 Abs. 5)[209] (s. § 54 Rdnr. 108f.).

91 Die Beschwerde gegen eine Beiladung hat **keine aufschiebende Wirkung;** der Beigeladene bleibt Verfahrensbeteiligter, solange die Verfügung nicht aufgehoben worden ist. Auf Antrag kann das Beschwerdegericht die aufschiebende Wirkung ganz oder teilweise anordnen, wenn entweder ernstliche Zweifel an der Rechtmäßigkeit der angefochtenen Beiladung bestehen oder die Vollziehung für den Betroffenen eine unbillige, nicht durch überwiegende öffentliche Interessen gebotene Härte zur Folge hätte (§ 65 Abs. 3 S. 3 iVm S. 1 Nr. 2 oder 3).

92 Die **Ablehnung** der Beiladung kann der Antragsteller mit der Beschwerde anfechten. Das Hauptverfahren wird trotz der Beschwerde weitergeführt und ist u. U. schon vor der Entscheidung über die Beiladung rechtskräftig beendet.[210]

93 Gegen Entscheidungen des OLG über Beiladungsentscheidungen der KartB ist unter den Voraussetzungen von § 74 seit der 7. GWB-Novelle (2005) auch die **Rechtsbeschwerde** statthaft.

E. Verfahrensregeln

I. Einleitung

94 Das Kartellverwaltungsverfahren ist vorrangig im GWB geregelt. Die Regelungen sind allerdings lückenhaft. Diese Lücken sind unter Rückgriff auf das auch im Kartellverfahrensrecht subsidiär anwendbare VwVfG zu schließen.[211] Das folgt aus § 1 Abs. 1 VwVfG. Danach gelten die allgemeinen Vorschriften des VwVfG, „soweit nicht Rechtsvorschriften des Bundes inhaltsgleiche oder entgegenstehende Bestimmungen enthalten". Die Vorschriften des GWB (als Spezialgesetz) sind also vorrangig anzuwenden.

---

[208] *Immenga/Mestmäcker-K. Schmidt,* GWB, § 71 Rdnr. 4; *K. Schmidt,* FIW-Schriftenreihe 1992, 92; *R. Werner,* Fs. Pfeiffer, 1988, 821, 831; die Auffassung des KG in WuW/E OLG 3910 ist für die einfache Beiladung überholt.

[209] KG WuW/E OLG 2356, 2359 – *Sonntag Aktuell.*

[210] Vgl. hierzu *GK-Junge,* § 51 GWB Rdnr. 22.

[211] BGH WuW/E BGH 3035, 3036 – *Nichtzulassungsbeschwerde.*

Umstritten ist allerdings, unter welchen Voraussetzungen die Vorschriften des GWB die Anwendung der allgemeinen Vorschriften des VwVfG ausschließen. Wird der Anwendungsvorrang weit ausgelegt, würden die Vorschriften des VwVfG möglicherweise auch dann verdrängt, wenn das GWB keine Regelung für den konkreten Fall enthielte. Die Lücke im GWB würde dann als bewusste und abschließende Nicht-Regelung verstanden. So ist das OLG Düsseldorf in einer seiner Entscheidungen zum Fall *E.ON/Ruhrgas* davon ausgegangen, dass die Vorschriften des VwVfG durch das GWB selbst dann verdrängt werden können, wenn das GWB keine Regelung zur konkreten Thematik enthält[212] (dort für § 45 VwVfG). Diese Rechtsprechung steht jedoch nicht im Einklang mit § 1 Abs. 1 VwVfG. Er ist so zu verstehen, dass die Regelungen des VwVfG nur dann verdrängt werden, wenn das **Spezialgesetz ausdrücklich eine andere Regelung** trifft.[213] Für die §§ 45 und 46 VwVfG hat der Gesetzgeber inzwischen (2005) in § 56 Abs. 4 klargestellt, dass sie auch im Kartellverwaltungsverfahren anzuwenden sind. Über die Anwendbarkeit etwa der §§ 48, 49 VwVfG im Kartellverwaltungsverfahren ist damit freilich nichts gesagt.[214] 95

II. Justizförmiges Verfahren

1. Unabhängige Beschlussabteilungen. Entscheidungen des BKartA werden von Beschlussabteilungen getroffen (§ 51 Abs. 2 S. 1), die justizähnlich in der Besetzung mit einem oder einer Vorsitzenden und zwei Beisitzern entscheiden (§ 51 Abs. 3). Die Verteilung der Geschäfte zwischen den einzelnen Beschlussabteilungen regelt der Präsident des BKartA mit Zustimmung des BMWi. Vorsitzende und Beisitzer müssen Beamte auf Lebenszeit sein und die Befähigung zum Richteramt oder zum höheren Verwaltungsdienst haben; letzteres stellt die Beteiligung von Nichtjuristen, insbes. Ökonomen, sicher. Zur Vermeidung von Interessenkollisionen dürfen sie nicht Inhaber, Leiter oder Mitglied des Vorstandes bzw. des Aufsichtsrates eines Unternehmens, Kartells oder einer Wirtschafts- oder Berufsvereinigung sein (§ 51 Abs. 5). Außerdem gelten die Befangenheitsregeln der §§ 20, 21 VwVfG. 96

2. Rechtliches Gehör (§ 56 Abs. 1 GWB). *a) Bedeutung, Umfang.* § 56 gewährleistet das rechtliche Gehör. Der Grundsatz des rechtlichen Gehörs hat Verfassungsrang (Art. 103 Abs. 1 GG). Er ist auch in §§ 28 Abs. 1 und 66 VwVfG kodifiziert. Die KartB muss den Beteiligten **Gelegenheit zur Stellungnahme** geben (§ 56 Abs. 1). Vertretern der von den Verfahren berührten Wirtschaftskreise kann die KartB in geeigneten Fällen Gelegenheit zur Stellungnahme geben (§ 56 Abs. 2). Das können Einzelpersonen, Unternehmen und Verbände sein. Anders als für die Beiladung wird keine erhebliche Interessenberührung verlangt. Die Anhörung steht im pflichtgemäßen Ermessen der KartB. Wünsche interessierter Wirtschaftskreise nach Anhörung wird sie nur ablehnen dürfen, wenn andernfalls eine **übermäßige Verfahrensverzögerung** zu befürchten ist oder es andere ähnliche Gründe gibt.[215] Auch bei Verfahrensbeteiligten kann unter den Voraussetzungen des § 28 Abs. 2 VwVfG ausnahmsweise von einer Anhörung abgesehen werden. Vor einer abschließenden Sachentscheidung wird das jedoch regelmäßig bedenklich sein.[216] Das KG hat entschieden, dass § 28 Abs. 2 Nr. 2 VwVfG, wonach es einer Anhörung nicht bedarf, wenn die Einhaltung einer Frist in Frage gestellt würde, eine unterbliebene Anhörung im Fusi- 97

[212] OLG Düsseldorf WuW/E DE-R 1013 f. – *E.ON/Ruhrgas;* anders dann aber – ebenfalls zu § 45 VwVfG – OLG Düsseldorf WuW/E DE-R 1239, 1241 – *TEAG;* zur Zulässigkeit des Nachholens einer fehlenden Begründung in entsprechender Anwendung von § 45 VwVfG auch OLG Düsseldorf B. v. 15.1.2007, Kart. 17/06 (IV), S. 7 – *Scandlines/Fährhafen Puttgarden* (Beiladungssache).

[213] In diesem Sinne auch das KG für den Widerruf einer kartellbehördlichen Verfügung nach § 48 VwVfG, KG WuW/E OLG 3685, 3690 – *Aral.*

[214] Dazu *Wiedemann,* Fs. Hirsch, 2008, S. 341.

[215] *Langen/Bunte-Schneider,* Deutsches Kartellrecht, § 56 GWB Rdnr. 26.

[216] Vgl. zum Meinungsstand *FK-Bracher,* § 56 GWB Rdnr. 7.

onskontrollverfahren nicht rechtfertigt, wenn die Eilbedürftigkeit die Folge eigener vorheriger Säumigkeit der Behörde ist.[217] Wegen der an die Untersagungsverfügung geknüpften Rechtsfolgen des fortdauernden Vollzugsverbots (§ 41 Abs. 1, § 81 Abs. 2 Nr. 1) kommt auch eine nachträgliche Anhörung (§ 45 Abs. 1 Nr. 3 VwVfG) nicht in Betracht. Die gesetzlichen Ausschlussfristen (§ 40 Abs. 1 S. 1, Abs. 2 S. 2) haben zur Folge, dass bei ihrem Verstreichen eine Untersagung nicht mehr möglich ist.[218]

98 Das rechtliche Gehör umfasst nicht nur die Gelegenheit zur Stellungnahme, sondern auch die Erteilung der hierzu erforderlichen Informationen.[219] Jedem Verfahrensbeteiligten sind die für die Beurteilung der KartB maßgeblichen Tatsachen mitzuteilen; er muss Gelegenheit haben, sich hierzu und zu den damit untrennbar verbundenen Rechtsfragen zu äußern. In Verfahren der Zusammenschlusskontrolle gibt das BKartA den Beteiligten im Hauptprüfverfahren auch dann Gelegenheit, zu einer „Abmahnung" Stellung zu nehmen, wenn es beabsichtigt, das Vorhaben freizugeben. Nach Ansicht des OLG Düsseldorf darf die KartB ihrer Entscheidung nur diejenigen Tatsachen, bedeutsamen Erklärungen von Beteiligten und Beweisergebnisse zugrunde legen, zu denen sich **alle Beteiligten äußern konnten** (so für das Beschwerdegericht § 71 Abs. 1 S. 2); bei neuem Vorbringen oder Erklärungen von Beteiligten, die nach Ansicht der KartB für die Entscheidung erheblich sein können, müssen vor der Entscheidung die anderen Beteiligten **noch einmal angehört** werden.[220] Hinsichtlich der Abstimmung von Auflagen oder Bedingungen nach § 40 Abs. 3 ist das BKartA allerdings nicht verpflichtet, alle Beteiligten zu jeder neuen Fassung eines „Auflagenpapiers" zu hören, das zwischen dem BKartA und den am Zusammenschluß beteiligten Unternehmen ausgetauscht wird.[221] Denn die Auflagen oder Bedingungen greifen nicht in die Rechte der übrigen Verfahrensbeteiligten ein (Gedanke des § 28 Abs. 1 VwVfG). Außerdem führt das BKartA in der Praxis **Markttests** durch, bevor es eine Entscheidung mit Auflagen oder Bedingungen erlässt. Dabei können Dritte zu dem „Auflagenpapier" Stellung nehmen. Zum Anspruch auf rechtliches Gehör kann es im Einzelfall allerdings auch gehören, dass die KartB den Beteiligten Gelegenheit gibt, eigene Sachverhaltsermittlungen anzustellen sowie Rechtsrat von dritter Seite einzuholen.[222]

99 Auf welche Weise den Beteiligten Gelegenheit zur Stellungnahme gegeben und welche Zeitspanne ihnen hierfür eingeräumt werden muss, hängt von den konkreten Umständen des Einzelfalles ab. Das BKartA muss die Schwierigkeit von Rechtsfragen und die Notwendigkeit von tatsächlichen Feststellungen berücksichtigen; erforderliche Sachverhaltsaufklärungen durch die Beteiligten werden im allgemeinen Anlass zur Einräumung längerer Fristen bieten.[223] Findet nur eine Besprechung bei der KartB, aber keine mündliche Verhandlung statt, so muss die KartB nicht jeden Verfahrensbeteiligten hierzu laden.[224] Eine knappe **Äußerungsfrist** genügt, wenn die KartB allein aufgrund der Angaben des Betroffenen entscheidet, ohne andere ihm unbekannte Ermittlungsbefugnisse zu verwenden.[225] Drei Wochen reichen, wenn das betroffene Unternehmen von Anfang an durch einen mit der Problematik und der Auffassung der Behörde vertrauten Rechtsanwalt vertreten wurde.[226] Vor allem in Verfahren der Zusammenschlusskontrolle können die Fristen allerdings auch deutlich kürzer sein. Einen Anspruch auf Erörterung seiner Argumentation, insbes.

---

[217] KG WuW/E OLG 2411, 2415 f. – *Synthetischer Kautschuk I.*

[218] WuW/E BGH 2389, 2392 – *Coop Schleswig-Holstein – Deutscher Supermarkt.*

[219] Vertiefend KG WuW/E OLG 2140 f. – *Einbauküchen.*

[220] OLG Düsseldorf, WuW/E DE-R 1013, 1024 – *E.ON/Ruhrgas; FK-Bracher,* § 56 GWB Rdnr. 15; *Langen/Bunte-Schneider,* Deutsches Kartellrecht, § 56 GWB Rdnr. 2.

[221] So aber das OLG Düsseldorf im Verfahren *E.ON/Ruhrgas* für das BMWi im Ministererlaubnis-Verfahren.

[222] OLG Düsseldorf WuW/E DE-R 1239, 1240 – *TEAG* mwN.

[223] KG WuW/E OLG 2507, 2509 – *Veba-Stadtwerke Wolfenbüttel.*

[224] KG WuW/E OLG 3577, 3580 – *Hussel-Mara.*

[225] BGH WuW/E BGH 2150, 2152 – *Edelstahlbestecke;* KG WuW/E OLG 3137, 3139 – *Rheinmetall-WMF.*

[226] KG WuW/E OLG 3577, 3580 – *Hussel-Mara.*

auf ein **Rechtsgespräch,** hat der Beteiligte grds. nicht. Wesentliche Veränderungen des Verfahrens, auch der rechtlichen Gesichtspunkte, sind aber mitzuteilen; Überraschungsentscheidungen sollen vermieden werden. **Verspätetes Vorbringen,** dessen Berücksichtigung das Verfahren nicht verzögern würde, darf nicht zurückgewiesen werden.[227] Die KartB kann dazu verpflichtet sein, dem Betroffenen Gelegenheit zu geben, ein von ihm in Auftrag gegebenes Privatgutachten zumindest mündlich zu erläutern, soweit es entscheidungserhebliche Punkte des Streitfalles betrifft.[228]

b) Heilung. Verfahrensfehler bei der Gewährung rechtlichen Gehörs führen zur Rechtswidrigkeit der Entscheidung, soweit keine Heilung erfolgt. § 56 Abs. 4 stellt seit der 7. GWB-Novelle (2005) klar, dass **§ 45 VwVfG** auch im Kartellverfahren Anwendung findet. Das hatte das OLG Düsseldorf zumindest für das Ministererlaubnisverfahren bezweifelt.[229] Nach § 45 Abs. 2 VwVfG kann die erforderliche **Anhörung** bis zum Abschluss des gerichtlichen Verfahrens **nachgeholt** werden.[230] Erforderlich ist, dass die Anhörung ordnungsgemäß erfolgt und ihre Funktion für den Entscheidungsprozess der Behörde uneingeschränkt erreichen kann. Die KartB darf die Ergebnisse der nachträglichen Anhörung nicht nur zur Kenntnis nehmen. Sie muss sie vielmehr – nach außen erkennbar – auch zum Anlass nehmen, ihre Entscheidung kritisch, unvoreingenommen und ergebnisoffen zu überprüfen.[231] **100**

Daneben gilt **§ 46 VwVfG.** Das stellt § 56 Abs. 4 klar. Danach kann die Aufhebung eines Verwaltungsaktes, der nicht nichtig ist, nicht allein deshalb beansprucht werden, weil er unter Verletzung von Vorschriften über das Verfahren zustande gekommen ist, wenn offensichtlich ist, dass die Verletzung die Entscheidung in der Sache **nicht beeinflusst** hat. Das entspricht den Grundsätzen der Prozessökonomie. **101**

Erforderlich ist die Gewissheit, dass der Mangel auf die Entscheidung keinen Einfluss gehabt haben kann und die Entscheidung jedenfalls inhaltlich so hätte erlassen werden müssen. Das ist bei gebundenen Entscheidungen der Fall, in denen der Behörde weder ein Ermessen noch ein Beurteilungsspielraum oder ein planerischer Spielraum eingeräumt ist. Gleiches gilt, wenn der an sich vorhandene Spielraum im konkreten Fall auf Null reduziert war. Anders liegt es bei Entscheidungen, in denen die KartB einen **Ermessens- und Beurteilungsspielraum** hat. Denn dort kann in der Regel nicht ausgeschlossen werden, dass die Behörde bei Beachtung der Verfahrensvorschriften zu einer anderen Sachentscheidung hätte kommen können.[232] Das gilt allerdings nicht ausnahmslos. Ist der formelle Fehler aus tatsächlichen Gründen ohne Einfluss auf die Behördenentscheidung geblieben und hat er sich nachweislich nicht auf die Entscheidungsfindung der Behörde ausgewirkt, kommt auch bei Ermessens-, Beurteilungs- oder Planungsentscheidungen eine Aufhebung der Entscheidung wegen eines Verfahrensfehlers nicht in Betracht.[233] In diesem Sinne sind etwa die unterbliebene weitere Aufklärung, die keine weiteren Erkenntnisse zu Tage gefördert hätte, oder die Weisung eines gesetzlich ausgeschlossenen Amtsträgers, die nicht befolgt wurde, als letztlich unbeachtlich angesehen worden.[234] Dass neben §§ 45 und 46 VwVfG auch die übrigen Regelungen des VwVfG im kartellbehördlichen Verfahren gelten, soweit hier das GWB eine eigene Regelung enthält, bedarf nach Ansicht des Gesetzgebers keiner besonderen Klarstel- **102**

---

[227] BVerfG NJW 1980, 277 ff.

[228] OLG Düsseldorf WuW/E DE-R 1239, 1240 f. – *TEAG.*

[229] OLG Düsseldorf WuW/E DE-R 1013, 1016 ff. – *E.ON/Ruhrgas;* krit. dazu *Staebe* WuW 2003, 714, 724. Für die Zulässigkeit der Heilung später aber OLG Düsseldorf WuW/E DE-R 1239, 1241 – *TEAG.*

[230] Krit. hierzu *Schenke* NJW 1997, 81 ff.; *FK-Bracher,* § 56 GWB Rdnr. 35 hält diese Regelung für verfassungswidrig.

[231] OLG Düsseldorf WuW/E DE-R 1239, 1241 – *TEAG.*

[232] OLG Düsseldorf WuW/E DE-R 926, 941 – *E.ON/Ruhrgas; Kopp/Ramsauer,* VwVfG, § 46 Rdnr. 32 f.

[233] OLG Düsseldorf WuW/E DE-R 926 – *E.ON/Ruhrgas* mwN.

[234] OLG Düsseldorf WuW/E DE-R 953, 954 – *Lufthansa/Eurowings.*

lung.[235] Im Kartellbeschwerdeverfahren gelten die Regelungen des allgemeinen Verwaltungsrechts nach h. M. hingegen nur mit Einschränkungen, weil hier eine umfassende Rechtskontrolle und in gewissen Grenzen auch eine Zweckmäßigkeitskontrolle stattfindet.

103 **3. Akteneinsicht.** Ein Recht auf Akteneinsicht ist im GWB nur für das Beschwerdeverfahren geregelt; im Kartellverwaltungsverfahren gilt § 29 VwVfG.

104 *a) Umfang, Zeitpunkt, Ablauf.* Die KartB hat den Beteiligten Einsicht in die das Verfahren betreffenden Akten zu gewähren, soweit deren Kenntnis zur Geltendmachung oder Verteidigung ihrer Interessen **erforderlich** ist (§ 29 Abs. 1 VwVfG). Das Akteneinsichtsrecht erstreckt sich nicht nur auf die eigentliche Verfahrensakte, sondern auf alle Akten, die mit dem Gegenstand des Verfahrens in Zusammenhang stehen und für die Entscheidung von Bedeutung sein können. Hierzu gehören neben beigezogenen Akten auch Vorakten.[236] Nicht nur „beschriebenes Papier" unterliegt der Einsicht, sondern auch Fotos, Karten, Filme, Ton- und Videobänder, aber nicht Entscheidungsentwürfe und Arbeiten zur unmittelbaren Vorbereitung von Entscheidungen (§ 29 Abs. 1 S. 2 VwVfG). Nur bei hinreichendem Aktenzugang können die Beteiligten ihren Anspruch auf rechtliches Gehör angemessen wahrnehmen.[237] Ein Recht auf Akteneinsicht besteht nur während des **anhängigen Verfahrens,** nicht mehr nach dessen Abschluss. Die Einsicht erfolgt grds. bei der Behörde, die die Akten führt (§ 29 Abs. 3 VwVfG). Ein Anspruch auf Übersendung von Akten oder einzelner Schriftsätze im Original oder in Kopie besteht nicht. Die Versendung ist aber oft zweckmäßig und wird vom BKartA auch praktiziert.[238] Im Beschluss *Einbauküchen*[239] erörterte das KG, ob bei besonders umfangreichen Amtsakten (4000 Blatt nach Fragebogenaktion) der beantragte Kopiensatz der gesamten Amtsakten zur Herstellung der „Waffengleichheit" bei pflichtgemäßer Ermessensausübung hätte bewilligt werden müssen. Das Gericht ließ die Frage offen, weil im gegebenen Fall für den größten Teil der Amtsakten aus anderen Gründen ein Anspruch auf Abschriften bestand. Die Fragebogenaktion war eine förmliche Beweisaufnahme, nämlich eine schriftliche Zeugenvernehmung (§ 377 Abs. 3 ZPO). Führt das BKartA im Rahmen seiner Ermittlungen eine Beweisaufnahme durch, haben die Beteiligten entsprechend § 299 ZPO einen Anspruch auf Abschrift der Beweisergebnisse. Tatsächlich dürften die Beteiligten jedenfalls bei umfangreichen Akten auch ohne förmliche Beweisaufnahme ein Recht auf (kostenpflichtige) Ausfertigung von **Kopien** haben.[240] Eine Ausnahme müsste insofern allerdings eigentlich für Bußgeldverfahren gelten, in denen Unternehmen, die mit dem BKartA nach der Bonus-Bekanntmachung kooperieren, wegen etwaiger **Discovery-Risiken** in den USA oder dem UK nur mündlich vorgetragen und keine Schriftsätze eingereicht haben. Von diesem mündlichen Vortrag gibt es in der Akte zwar Protokolle des BKartA. Würden Dritten zum Zwecke der Akteneinsicht aber Kopien dieser Protokolle zugänglich gemacht, wären diese Dokumente „discoverable". Das BKartA ist jetzt in einigen Verfahren dazu übergegangen, dem Unternehmen einen Datenträger zu übersenden mit der Verpflichtung, sich von dem Inhalt des Datenträgers nur Notizen zu machen bzw. seinen Inhalt abzudiktieren und den Datenträger anschließend zu vernichten oder dem BKartA zurückzusenden. Kopien irgendwelcher Art dürfen die Unternehmen nicht machen. Da der Datenträger damit aber dokumentiert zunächst im Besitz der Unternehmen ist, erscheint es sehr zweifelhaft, ob die Dokumente so tatsächlich vor einer Discovery geschützt sind. Die Kommission verfährt in diesem Punkt anders. Sie gewährt Akteneinsicht in „Leniency-Statements" nur vor Ort in Brüssel. Anträge privater Dritter, die mit einer Akteneinsicht in Bußgeldverfahren vor allem Schaden-

---

[235] Begr. RegE zur 7. Novelle, BT-Drucks. 15/3640, 63 re Sp.

[236] KG WuW/E OLG 3908, 3910.

[237] S. auch Bekanntmachung der Kommission über Akteneinsicht bei Wettbewerbsverfahren, Kurzf. in WuW 1997, 225.

[238] *FK-Bracher,* § 56 GWB Rdnr. 10.

[239] KG WuW/E OLG 2140 ff. – *Einbauküchen.*

[240] *Langen/Bunte-Schneider,* Deutsches Kartellrecht, § 56 GWB Rdnr. 13.

ersatzklagen vorbereiten wollen („follow-on claims"), lehnt das BKartA grds. ab.[241] Sie gewährt Einsicht nur in die um Geschäfts- und Betriebsgeheimnisse bereinigten Bußgeldbescheide. Diese Praxis hat das AG Bonn bestätigt. Die Kommission verfährt mit mündlichen Kooperationsbeiträgen nach ihrer Leniency-Mitteilung genauso.[242]

b) Grenzen. Grenzen für die Akteneinsicht ergeben sich aus § 29 Abs. 2 VwVfG. Danach ist die Behörde zur Gestattung der Akteneinsicht nicht verpflichtet, soweit durch sie die ordnungsgemäße Erfüllung ihrer Aufgaben beeinträchtigt wird oder soweit die Vorgänge, namentlich wegen des **Geheimnisschutzes** Beteiligter, geheimgehalten werden müssen. Die Vorschrift erstreckt sich auch auf vertrauliche Auskünfte, die aufgrund schutzwürdigen Vertrauens darauf, dass sie vertraulich bleiben, gegeben wurden.[243] Dieser **Informantenschutz** wird häufig bei Anzeigen wegen Behinderungs- oder Diskriminierungsvorwürfen verlangt (sog. „Ross- und Reiter"-Problem, s. § 51 Rdnr. 13, § 52 Rdnr. 22). Nach § 30 VwVfG haben ferner alle Beteiligten einen Anspruch darauf, dass das BKartA ihre **Betriebs- und Geschäftsgeheimnisse** nicht unbefugt offenbart (zum Begriff ausführlich § 54 Rdnr. 117). Wann die Befugnis zur Offenbarung besteht, ist nicht geregelt, was als Mangel der Bestimmung angesehen wird.[244] Wegen der rechtsstaatlichen Bedeutung der Akteneinsicht sind alle Ausnahmen restriktiv zu handhaben. Die Verweigerung muss auf gewichtige, konkrete und hinreichend „plausibel" gemachte Gründe gestützt werden. Auch das Geheimhaltungsbedürfnis darf die Behörde nicht pauschal behaupten, sondern muss ihre Wertung der Umstände, die es begründen, so einleuchtend darlegen, dass die Wertung unter Berücksichtigung rechtsstaatlicher Belange noch als triftig anerkannt werden kann.[245] Ein Verstoß der KartB gegen § 30 VwVfG hat nicht die Kassation der angefochtenen Entscheidung zur Folge, sondern begründet allenfalls **Schadenersatzansprüche.**[246] Werden von der KartB bestimmte Informationen nicht als Geschäftsgeheimnis anerkannt, ist die vorbeugende Unterlassungsbeschwerde statthafter Rechtsbehelf gegen die Offenlegung dieser Informationen im Rahmen der Akteneinsicht.[247] Allerdings scheidet eine Anerkennung als Geschäftsgeheimnis aus, wenn die fraglichen Angaben und Daten etwa wegen ihres hohen Aggregationsgrades keine hinreichenden Schlüsse auf geheimhaltungsbedürftige Informationen erlauben.[248] Ist das aber der Fall, genießen die Geheimhaltungsinteressen grds. Vorrang vor den Interessen Dritter. Das hat das BVerfG etwa in Zusammenhang mit dem TKG klargestellt. Zwar würde der weitgehende Geheimnisschutz für Kalkulationsunterlagen der *Deutsche Telekom* den Rechtsschutz ihrer Wettbewerber gegen Entscheidungen der BNetzA weniger effektiv werden lassen. Doch sei „die Entgeltkontrolle kein Mittel, um Wettbewerbern auf dem Telekommunikationsmarkt Vorteile im Kampf gegen den bisherigen Marktbeherrscher durch Zugang zu geheimhaltungsbedürftigen Informationen einzuräumen".[249] Diese Grundsätze gelten auch im Kartellrecht. 105

Ob die Versagung der Akteneinsicht mit der Beschwerde **angefochten** werden kann, ist streitig.[250] Einerseits ist der Begriff „Verfügung" in § 63 Abs. 1 S. 1 weit auszulegen. Er ist nicht nur anzuwenden, wenn jemand durch den Erlass, die Ablehnung oder die Unterlas- 106

[241] Rdnr. 22 Bekanntmachung BKartA Nr. 9/2006 über den Erlass und die Reduktion von Geldbußen in Kartellsachen – Bonusregelung – vom 7.3.2006.

[242] Rdnr. 31 ff. Mitteilung der Kommission über den Erlass und die Ermäßigung von Geldbußen in Kartellsachen („Leniency-Bekanntmachung"); ausführlich dazu *MüKo-Klose,* Europäisches Wettbewerbsrecht, Leniency-Bekanntmachung, Rdnr. 59 ff.

[243] *Kopp/Ramsauer,* VwVfG, § 29 Rdnr. 37a.; s. auch Hauptgutachten der Monopolkommission 1996/97 Rdnr. 465.

[244] *R. Werner,* Fs. Pfeiffer, 1988, 821 mwN.

[245] BVerwGE 66, 233, 236; KG WuW/E OLG 3908, 3911.

[246] KG WuW/E DE-R 451, 452 – *Herlitz/Landré.*

[247] OLG Düsseldorf WuW/E DE-R 1070, 1071 – *Offenlegung von Geschäftsgeheimnissen.*

[248] OLG Düsseldorf aaO.

[249] BVerfG WuW/E DE-R 1715, 1723 – *Deutsche Telekom.*

[250] Bejahend KG WuW/E OLG 3908, 3909 f. – *Umfang der Akteneinsicht – Nachweis der Berechtigung des Geheimnisschutzes.*

sung eines Verwaltungsaktes in seinen Rechten verletzt wird, sondern auch dann, wenn dies durch eine andere hoheitliche Maßnahme geschieht.[251] Andererseits wird die Ablehnung der Akteneinsicht als Verfahrensfehler qualifiziert, der analog § 44a VwGO nur mit der abschließenden Sachentscheidung angefochten werden kann.[252] Das KG hat die Versagung der Akteneinsicht in einem Fusionskontrollverfahren als **beschwerdefähige Verfügung** angesehen.[253]

107 Das OLG Düsseldorf hat in einem Verfahren den Antrag der beteiligten Unternehmen auf Offenlegung der vom BKartA ermittelten exakten Marktanteile abgelehnt.[254] In der mündlichen Verhandlung hatte das Gericht zu Protokoll gegeben, dass der Senat in Kenntnis der exakten Marktanteile bestätigen könne, dass das BKartA die Rundung wie angegeben vorgenommen habe und detailliert ausgeführt, dass die Befürchtung einer Rundung zum Nachteil der Beteiligten und einer Überzeichnung deren Marktstellung nicht gerechtfertigt sei. Auf diese Ausführungen in der mündlichen Verhandlung nahm das OLG in seinem Beschluss ausdrücklich Bezug.

108 **4. Untersuchungsgrundsatz (§ 57 Abs. 1 GWB).** *a) Allgemein.* Nach § 57 Abs. 1 gilt im Kartellverwaltungsverfahren der **Untersuchungsgrundsatz.** Trotz des missverständlichen Wortlautes („kann") ist die KartB zur Aufklärung des entscheidungserheblichen Sachverhaltes von Amts wegen verpflichtet. Die KartB hat deshalb bei der Frage, ob sie überhaupt aufklärend tätig wird, keinen Ermessensspielraum. Sie ist nicht an das Vorbringen der Beteiligten gebunden; vielmehr kann sie alle für eine Verfügung erforderlichen Tatsachen erforschen und Beweise nach pflichtgemäßem Ermessen erheben. Die Behörde muss den Sachverhalt sorgfältig aufklären, also umfassend ermitteln. Anregungen der Beteiligten ist nachzugehen, wenn sie zur Aufklärung des Sachverhaltes beitragen, auch wenn sie zur Beweisführung selbst nicht geeignet sind. Zur Wahrung des **Neutralitätsgrundsatzes** sind auch die Umstände aufzuklären, die zugunsten eines oder mehrerer Beteiligter sprechen.[255] Die KartB darf im Rahmen ihrer Ermittlungen nicht durchschnittliche Erfahrungswerte zugrunde legen; sie ist vielmehr verpflichtet, die besonderen Verhältnisse des Einzelfalles zu prüfen.[256] Die Ermittlungen dürfen umgekehrt auch nicht über das Verfahrensziel hinausgehen. Die Wahl der Beweismittel bestimmt sich nach der Eignung.[257] Grenzen für Ermittlungsmaßnahmen ergeben sich aus dem Grundsatz der **Verhältnismäßigkeit.** Einschneidende Beweiserhebungen müssen in einem angemessenen Verhältnis zur Bedeutung der Hauptsache stehen. Für die KartB darf es kein milderes Mittel zur Feststellung der beweispflichtigen Tatsache geben.

109 *b) Ermittlungsbefugnisse.* § 57 Abs. 2 S. 1 sieht eine Beweiserhebung durch Augenschein, Zeugen und Sachverständige vor; die genannten Vorschriften der ZPO sind sinngemäß anwendbar. § 57 Abs. 2 S. 1 gewährleistet lediglich für die wichtigsten Beweismittel eine Formalisierung des Verfahrens. Daneben sind der Urkundenbeweis, die Einholung amtlicher Auskünfte, Auskünfte und Nachprüfungen im Verfahren nach § 59 (s. § 52 Rdnr. 3 ff.) und die Anhörung von Beteiligten zulässig. Es steht der KartB frei, daneben sonstige Ermittlungen durchzuführen und andere Erkenntnisquellen zu nutzen. Die Informationen, die durch die Ermittlungen gewonnen werden, sind **aktenkundig** zu machen.

110 Die Zulassung des **Augenscheinsbeweises** gibt der KartB das Recht, sich durch unmittelbare Sinneswahrnehmung Kenntnis von einem Sachverhalt zu verschaffen. Nicht gere-

---

[251] BGH WuW/E BGH 1264, 1265 – *Asbach Uralt.*

[252] *Langen/Bunte-Schneider,* Deutsches Kartellrecht, § 56 GWB Rdnr. 18; BVerwG NJW 1979, 177; BVerwG NJW 1982, 120; *Knack/Henneke/Ritgen,* § 29 VwVfG Rdnr. 37 mwN.

[253] KG WuW/E OLG 3908, 3909 f. – *Umfang der Akteneinsicht – Nachweis der Berechtigung des Geheimnisschutzes.*

[254] OLG Düsseldorf WuW/E DE-R 1987 ff. – *Sanacorp/ANZAG.*

[255] Vgl. KG WuW/E OLG 2411, 2417 – *Synthetischer Kautschuk I.*

[256] KG WuW/E OLG 1596, 1598 – *Dauerbackwaren.*

[257] Näher hierzu *Immenga/Mestmäcker-K. Schmidt,* GWB, § 57 Rdnr. 5.

gelt ist in § 57, unter welchen Voraussetzungen eine **Pflicht zur Duldung** der Augenscheinnahme besteht. Da eine erzwingbare Mitwirkungspflicht der Betroffenen an der Sachaufklärung nicht besteht, gibt es auch keine generelle Pflicht, eine Augenscheinnahme zu dulden. Nach h. M. besteht eine solche Pflicht nur aufgrund einer Anordnung in den Grenzen des § 59 und ferner gemäß § 58 bei der Beschlagnahme.[258] In der Praxis ist die Sachaufklärung durch Betriebsbesichtigungen oft zweckmäßig und wird in der Regel ohne Probleme geduldet. Ein **Anwesenheitsrecht** der Beteiligten folgt aus der entsprechenden Anwendung des § 66 Abs. 2 VwVfG.

Die **Zeugenvernehmung** braucht nicht vor der gesamten Beschlußabteilung stattzufinden; es reicht die Vernehmung durch ein Mitglied der Beschlußabteilung bzw. KartB. Zeugnisfähig sind alle natürlichen Personen mit Ausnahme der Verfahrensbeteiligten sowie deren gesetzliche oder satzungsmäßigen Vertreter. Für sie gilt § 59 Abs. 2 GWB. Organmitglieder ohne Vertretungsmacht, nicht vertretungsberechtigte Gesellschafter, Prokuristen sowie sonstige leitende Angestellte eines Beteiligten können Zeugen sein.[259] Die Zeugnispflicht umfasst die **Pflicht zum Erscheinen** und auch die **Pflicht zur Aussage,** soweit kein Zeugnisverweigerungsrecht besteht (§§ 383–387 ZPO).[260] Nach § 57 Abs. 3 soll eine Vernehmungsniederschrift gefertigt werden. Die KartB kann das Amtsgericht um die Beeidigung eines Zeugen ersuchen, wenn sie die Beeidigung zur Herbeiführung einer wahrheitsgemäßen Aussage für notwendig erachtet (§ 57 Abs. 6). Vor der Vereidigung muss der Zeuge die Möglichkeit haben, seine Aussage zu berichtigen. Die Entscheidung über die Beeidigung ist nicht selbständig anfechtbar. Gemäß § 57 Abs. 2 S. 1 iVm § 377 Abs. 3 ZPO kann eine Zeugenvernehmung auch durch **schriftliche Beantwortung** der Beweisfragen erfolgen, soweit die KartB das für ausreichend erachtet. Die Anordnung muss eindeutig erkennen lassen, dass es sich um eine Zeugenvernehmung handelt. Eine spätere Ladung bleibt weiterhin möglich. **111**

Die KartB machen im Verwaltungsverfahren kaum von der Möglichkeit der Zeugenvernehmung Gebrauch. Die Berichterstatter des BKartA führen aber häufig **Telefongespräche** mit Dritten, z. B. um in Missbrauchsverfahren oder bei Zusammenschlussanmeldungen Angaben zum Marktvolumen zu verifizieren. Diese informellen Ermittlungen sollten stets in Aktenvermerken dokumentiert werden. Das gleiche gilt für informelle Anfragen bei sachverständigen Personen. **112**

Im Bußgeldverfahren bevorzugen die KartB den Urkundenbeweis. Grund ist wahrscheinlich, dass etwaige Falschaussagen vor der KartB nicht mit Strafe bedroht sind (§ 153 StGB) und dass das Verfahren nach § 57 Abs. 2 zeitaufwendig ist. Allerdings werden in Verfahren nach der Bonus-Bekanntmachung des BKartA zumeist die Beschuldigten selbst vernommen, soweit sie mit dem BKartA kooperieren. **113**

Sachverständige sind Personen, die der KartB die Kenntnis allgemeiner Erfahrungssätze auf ihrem Sachgebiet vermitteln, aus denen die KartB dann weitere Schlussfolgerungen ziehen kann. Der Sachverständigenbeweis bezieht sich nur auf die Tatsachenermittlung; ein Rechtsgutachten ist kein Sachverständigengutachten. Privatgutachten unterliegen dem Urkundenbeweis und sind als Parteivorbringen zu würdigen.[261] Die Beeidigung eines Sachverständigen ist wegen der unterbliebenen Verweisung auf § 410 ZPO nicht möglich. Nach § 408 ZPO kann der Sachverständige mit denselben Gründen, die zur Zeugnisverweigerung berechtigen, die Erstellung eines Gutachtens verweigern. Eine schriftliche Begutachtung anstelle einer Vernehmung ist die Regel (§ 411 ZPO). Insgesamt erfolgt aber die Einholung von Sachverständigengutachten sehr selten[262] **114**

Die KartB kann Gegenstände, die als Beweismittel für die Ermittlung von Bedeutung sein können, **beschlagnahmen** (§ 58 Abs. 1 S. 1). Das sichert bzw. ermöglicht die Be- **115**

---

[258] *Immenga/Mestmäcker-K. Schmidt,* GWB, § 57 Rdnr. 14 mwN.

[259] *Immenga/Mestmäcker-K. Schmidt,* GWB, § 57 Rdnr. 16.

[260] Näher hierzu *FK-Bracher,* § 57 GWB Rdnr. 36.

[261] *Immenga/Mestmäcker-K. Schmidt,* GWB, § 57 Rdnr. 22.

[262] Als Beispiel für eine Einholung BKartA B. v. 27.1.2010, S. 13; insoweit in WuW/E DE-V 1879 ff. – *Scandlines,* nicht abgedruckt.

weisführung durch Urkunden und Augenschein. Die Vorschrift gilt nur im Verwaltungsverfahren und hat in der Praxis – soweit ersichtlich – kaum Bedeutung erlangt. Nach § 59 Abs. 1 Nr. 1 kann die KartB auch die Herausgabe von Unterlagen verlangen. Im Bußgeldverfahren sind die §§ 94ff. StPO iVm § 46 OWiG heranzuziehen. Zutritts- oder Durchsuchungsrechte bestehen nur nach § 59. § 97 StPO gilt als allgemeiner Grundsatz aber auch im Verwaltungsverfahren entsprechend.[263] Danach unterliegen bestimmte Gegenstände nicht der Beschlagnahme, wenn sie sich im Gewahrsam des zur Zeugnisverweigerung Berechtigten befinden. **Anwaltskorrespondenz,** die sich beim Beschuldigten befindet, darf nach h. M. grds. beschlagnahmt werden.[264] Nach der hier vertretenen Ansicht muss Anwaltskorrespondenz aber wie im EU-Recht auch unabhängig von ihrem Fundort vorlage- und beschlagnahmefrei sein.[265] Das gilt zumindest für die verfahrensbezogene Anwaltskorrespondenz,[266] und zwar auch für den Schriftwechsel, der vor der Eröffnung des förmlichen Verfahrens geführt wurde. Es geht nicht an, dass der Gesetzgeber die Unternehmen mit der Abschaffung der Administrativfreistellung zu einer Selbsteinschätzung zwingt, die häufig nur unter Einschaltung von kartellrechtlich spezialisierten Anwälten geleistet werden kann, die von diesen Anwälten erstellten Gutachten dann aber beschlagnahmt werden können.[267]

116 Bedeutung als Beweismittel hat ein Gegenstand (bewegliche Sachen und auch ganze Räume), der geeignet erscheint, im Rahmen eines konkreten Verfahrens als Beweismittel Verwendung zu finden. Die KartB muss für jeden einzelnen Gegenstand prüfen, ob eine solche Möglichkeit gegeben ist. Deshalb ist es in der Regel unzulässig, wenn die gesamten Geschäftsunterlagen beschlagnahmt werden.[268] Die Beschlagnahme kann sowohl ausschließlich innerbetriebliche wie auch gleichzeitig privat genutzte Unterlagen betreffen. Sie ist nicht erforderlich, wenn der Gewahrsamsinhaber zur freiwilligen Herausgabe bereit ist. Die Beschlagnahme der Originalunterlagen ist nicht erforderlich, wenn **Fotokopien** für den Beweiszweck ausreichen.[269]

117 Zuständig für die **Anordnung** ist die KartB (§ 58 Abs. 1). Im Gegensatz zu § 98 Abs. 1 StPO und § 46 OWiG bedarf es keiner richterlichen Anordnung. Die kartellbehördliche Verfügung ist dem Betroffenen unverzüglich bekanntzugeben, d. h. spätestens bei Durchführung der Beschlagnahme. Gemäß § 58 Abs. 3 S. 2 ist der Betroffene über sein Recht, um eine **richterliche Entscheidung** gegen die Beschlagnahme nachzusuchen, zu informieren. Die Verfügung kann auch mündlich ausgesprochen werden. Sie muss in jedem Fall aber begründet werden.[270] Umstritten ist, ob die Beschlagnahmeverfügung als **Kollegialentscheidung** ergehen muss.[271] Da der Beschlagnahme keine richterliche Anordnung zugrunde liegt, ist jedenfalls eine Entscheidung des Kollegialorgans zu fordern. Vor der Anordnung einer Beschlagnahme sind grds. die Betroffenen anzuhören. Ausnahmen beste-

---

[263] *Kapp/Schröder* WuW 2002, 555, 556; aA *Immenga/Mestmäcker-K. Schmidt,* GWB, § 58 Rdnr. 6; *FK-Bracher,* § 58 GWB Rdnr. 9 und 11, der die Beschlagnahme anwaltlicher Akten im Kartellverwaltungsverfahren jedoch unter dem Gesichtspunkt der Verhältnismäßigkeit ablehnt; sowie *Langen/Bunte-Schneider,* Deutsches Kartellrecht, § 58 GWB Rdnr. 2.

[264] Zuletzt bestätigt durch LG Bonn WuW/E DE-R 1787, 1788 f. – *Anwaltskorrespondenz.*

[265] So auch *Bechtold,* GWB, § 59 Rdnr. 1 unter Verweis auf EuGH U. v. 18.5.1982, Slg. 1982, 1575 = WuW/E EWG/MUV 575 – *AM & S; Kapp/Schröder,* WuW 2002, 555 ff.; dazu auch LG Bonn WuW/E DE-R 917, 918 – *Der grüne Punkt;* LG Bonn WuW/E DE-R 1787, 1789 – *Anwaltskorrespondenz.*

[266] *Bechtold,* GWB, § 59 Rdnr. 16.

[267] *Lotze/Mayer,* Gericht gewährt keinen Schutz für kartellrechtliche Gutachten, FAZ v. 5.4.2006, S. 23.

[268] *FK-Bracher,* § 58 GWB Rdnr. 8; *Immenga/Mestmäcker-K. Schmidt,* GWB, § 58 Rdnr. 3.

[269] *FK-Bracher,* § 58 GWB Rdnr. 10; *Immenga/Mestmäcker-K. Schmidt,* GWB, § 58 Rdnr. 4; aA *Langen/Bunte-Schneider,* Deutsches Kartellrecht, § 58 GWB Rdnr. 2.

[270] *Immenga/Mestmäcker-K. Schmidt,* GWB, § 58 Rdnr. 11; wohl aA *Langen/Bunte-Schneider,* Deutsches Kartellrecht, § 58 GWB Rdnr. 3.

[271] *FK-Bracher,* § 58 GWB Rdnr. 12; Immenga/*Mestmäcker-K. Schmidt,* GWB, § 58 Rdnr. 8; *Langen/Bunte-Schneider,* Deutsches Kartellrecht, § 58 GWB Rdnr. 3.

hen nur in den Fällen des § 28 Abs. 2 VwVfG, d.h. bei Gefahr im Verzuge und bei Gefährdung des Zweckes der Beschlagnahme.

Betroffener iSd § 58 Abs. 1 ist zunächst derjenige, der Gewahrsam an den zu beschlagnahmenden Gegenständen hat. Unter diesen Begriff fallen natürliche wie juristische Personen. Maßgeblich ist der vollstreckungsrechtliche Gewahrsamsbegriff. Weiterhin ist Betroffener aufgrund der Rechtsschutzgarantie des Art. 19 Abs. 4 GG auch derjenige, in dessen Rechte durch die Beschlagnahme eingegriffen wird, somit auch der Eigentümer und jeder sonstige dinglich Berechtigte.[272] 118

Die **Durchführung** der Beschlagnahme – d. h. der Vollzug – geschieht in der Regel durch Begründung öffentlich-rechtlichen Gewahrsams. War weder der Betroffene noch ein erwachsener Angehöriger bei der Beschlagnahme anwesend oder hat der Anwesende der Beschlagnahme ausdrücklich widersprochen, soll die KartB gemäß § 58 Abs. 2 binnen drei Tagen die **richterliche Bestätigung** bei dem Amtsgericht beantragen, in dessen Bezirk sie ihren Sitz hat. Der Betroffene kann jederzeit gegen die gerichtliche Entscheidung Beschwerde beim Landgericht einlegen. Dabei finden die §§ 306 bis 310, 311a StPO entsprechende Anwendung. Die **Verstrickung** endet, wenn die beschlagnahmten Sachen freigegeben werden (sog. Entstrickung).[273] Hat die KartB den Behördengewahrsam zur Anfertigung von Kopien benutzt, so erledigt sich das Verfahren nicht bereits mit Rückgabe der Originale. 119

c) Mitwirkungspflichten der Beteiligten. Der im Kartellverfahren geltende Amtsermittlungsgrundsatz befreit die Unternehmen nicht von gewissen **Mitwirkungsobliegenheiten.** Gemäß § 26 Abs. 2 VwVfG sollen sie bei der Ermittlung des Sachverhaltes mitwirken, insbes. Hinweise an die KartB geben, in welche Richtung sie ermitteln muss, um die für die Unternehmen günstigen Umstände festzustellen. Wenn ein Beteiligter die ihm günstigen Unterlagen für die Ermittlung zur Verfügung stellen kann, braucht die KartB ihrerseits keine kostspieligen und zeitraubenden Untersuchungen anzustellen.[274] Die Mitwirkungspflichten beruhen auf der Erwägung, dass die Unternehmen als primäre Wissensträger in der Regel eher die Möglichkeit haben, den entscheidungserheblichen Sachverhalt sachgerecht darzustellen und ggf. Beweismittel zu benennen. Die Mitwirkung muss zumutbar sein; der Verhältnismäßigkeitsgrundsatz gilt auch hier. Verweigert ein Beteiligter die Mitwirkung, kann die KartB hieraus ihre Schlüsse ziehen. § 26 Abs. 2 VwVfG begründet keine durchsetzbaren Mitwirkungspflichten, sondern nur eine Mitwirkungslast. Formale Mitwirkungspflichten bestehen nur in den gesetzlich genannten Fällen. Die Marktbeherrschungsvermutungen (§ 18 Abs. 4 und Abs. 6) und die Abhängigkeitsvermutung (§ 20 Abs. 1 S. 2) beseitigen nicht den Amtsermittlungsgrundsatz, sie verstärken jedoch die Mitwirkungsobliegenheiten der Beteiligten. § 36 enthält darüber hinaus eine Beweislastumkehr („Dies gilt nicht, wenn …“). Die Beweislastregelung in § 20 Abs. 4 dient vor allem der gerichtlichen Geltendmachung von Ansprüchen (§ 33 iVm § 20 Abs. 3); im kartellbehördlichen Verfahren kommt sie wegen der weitreichenden Ermittlungsbefugnisse der KartB kaum in Betracht.[275] 120

5. Mündliche Verhandlung (§ 56 Abs. 3 GWB). Ob die KartB eine mündliche Verhandlung durchführt, steht in ihrem Ermessen.[276] Nur im Ministererlaubnisverfahren ist die öffentliche mündliche Verhandlung obligatorisch. Allerdings kann auch hier mit Einverständnis der Beteiligten ohne mündliche Verhandlung entschieden werden (§ 56 Abs. 3 S. 3 2. Hs.). Nach § 56 Abs. 1 a. F. konnte jeder Beteiligte durch Antrag eine mündliche Anhörung erzwingen. Das fand der Gesetzgeber der 7. GWB-Novelle (2005) nicht mehr sachgerecht. Eine obligatorische mündliche Verhandlung könne in der Zusammenschlusskontrolle zu Schwierigkeiten führen, wenn der Antrag kurz vor Fristablauf gestellt werde; 121

---

[272] *FK-Bracher,* § 58 GWB Rdnr. 14; *Immenga/Mestmäcker-K. Schmidt,* GWB, § 58 Rdnr. 19.
[273] *Immenga/Mestmäcker-K. Schmidt,* GWB, § 58 Rdnr. 13.
[274] KG WuW/E OLG 1160, 1164 – *Haushaltspanels.*
[275] *Langen/Bunte-Nothdurft,* Deutsches Kartellrecht, § 20 Rdnr. 151.
[276] Zu den dabei zu berücksichtigenden Aspekten *FK-Bracher,* § 56 GWB Rdnr. 23.

auch in Missbrauchsfällen, in denen die öffentliche Erörterung des Missbrauchsvorwurfs abschreckend wirken sollte, erscheine eine obligatorische mündliche Verhandlung nicht mehr notwendig.[277] Tatsächlich haben solche Anhörungen außerhalb des Ministererlaubnis-Verfahrens soweit ersichtlich seit vielen Jahren nicht mehr stattgefunden.[278] Die mündliche Verhandlung ist Teil des rechtlichen Gehörs.[279] Sie dient der Erörterung der Sache in tatsächlicher und rechtlicher Hinsicht und kann zu einer **formlosen Einigung** mit der KartB führen. Die KartB sollte eine öffentliche mündliche Verhandlung erst anberaumen, wenn die Ermittlungen im Wesentlichen abgeschlossen sind und eine Abstellungsverfügung ernsthaft in Betracht kommt. Auch sind die Beteiligten schon vor der mündlichen Verhandlung zu hören; ihnen sind die wesentlichen Erwägungen mitzuteilen, Akteneinsicht und die Möglichkeit der Stellungnahme zu gewähren.[280] Für den Verlauf der mündlichen Verhandlung ist § 68 VwVfG entsprechend anzuwenden. Alle Beteiligten sind mit angemessener Frist zu laden (§ 67 VwVfG). Die Behörde entscheidet **nicht aufgrund mündlicher Verhandlung,** sondern unter Würdigung des **Gesamtergebnisses** des Verfahrens. Das gilt seit der 7. GWB-Novelle (2005) ausdrücklich auch für das Ministererlaubnisverfahren. § 56 Abs. 3 S. 3 a. F. verwies für die öffentliche mündliche Verhandlung im Ministererlaubnisverfahren noch auf die Regelung in § 56 Abs. 3 S. 1 für das Missbrauchsverfahren, in dem die KartB „aufgrund" öffentlicher mündlicher Verhandlung zu entscheiden hatte. Daraus hatte das OLG Düsseldorf gefolgert, dass im Ministererlaubnisverfahren der gesamte entscheidungserhebliche Sachverhalt einschließlich entscheidungsrelevanter Erklärungen von Beteiligten Gegenstand der mündlichen Verhandlung sein müsse. Bei neuem Vorbringen oder neuen Erklärungen von Beteiligten müssten die anderen Beteiligten vor der Entscheidung noch einmal angehört werden, soweit die neuen Erklärungen für die Entscheidung erheblich sein könnten.[281] Zumindest seit Wegfall des Tatbestandsmerkmals „aufgrund öffentlicher mündlicher Verhandlung" durch die 7. GWB-Novelle (2005) muss auch eine Verhandlung im Ministererlaubnisverfahren nicht mehr diesen sehr weitgehenden Anforderungen genügen. Dennoch ist eine möglichst umfassende Erörterung des Streitstandes in der mündlichen Verhandlung wünschenswert. Der Gesetzgeber hat außerdem klargestellt, dass im Ministererlaubnisverfahren die Anwesenheit des „Entscheiders" (d. h. in der Regel des Ministers) in der mündlichen Verhandlung nicht zwingend geboten ist.[282] Das OLG Düsseldorf hatte die Anwesenheit des Entscheiders im Ministererlaubnisverfahren *E.ON/Ruhrgas* noch für zwingend erforderlich gehalten.[283]

122 Die KartB kann von Amts wegen oder auf Antrag eines Beteiligten die **Öffentlichkeit ausschließen.** Maßstab ist § 172 GVG. Gemäß § 56 Abs. 3 S. 2 hat sie die Öffentlichkeit ganz oder für einen Teil der Verhandlung auszuschließen, wenn eine **Gefährdung der öffentlichen Ordnung,** insbes. der Staatssicherheit, oder die Gefährdung eines wichtigen Geschäfts- oder Betriebsgeheimnisses, zu besorgen ist. Wird der Antrag auf Ausschluss der Öffentlichkeit abgelehnt, kann dagegen Beschwerde eingelegt werden. Die Beschwerde hat keine aufschiebende Wirkung. Sieht ein Beteiligter seine Geschäfts- und Betriebsgeheimnisse gefährdet, soll ein Antrag auf Erlass einer einstweiligen Anordnung zulässig sein.[284]

---

277 Begr. RegE zur 7. Novelle, BT-Drucks. 15/3640, S. 41 re Sp.

278 Zuletzt wohl im Fall *TEAG,* BKartA B. v. 14.2.2003, WuW/E DE-V 722, 725.

279 OLG Düsseldorf WuW/E DE-R 926, 934 – *E.ON/Ruhrgas; Säcker/Boesche,* in: *Säcker* (Hrsg.), Reform des Energierechts, 2003, 173, 191.

280 *Lieberknecht,* Schwerpunkte 1977/78, 65, 73.

281 OLG Düsseldorf WuW/E DE-R 885, 889 – *E.ON/Ruhrgas;* WuW/E DE-R 926, 936 f. – *E.ON/Ruhrgas;* so auch *Möschel* BB 2002, 2077, 2078; ablehnend: *Bechtold* BB 2003, 1021, 1022 f.; *Bunte,* BB 2002, 2393, 2396; *Staebe* WuW 2003, 714, 720 f.

282 Begr. RegE zur 7. Novelle, BT-Drucks. 15/3640, 41 re Sp.

283 OLG Düsseldorf WuW/E DE-R 885, 888 f. – *E.ON/Ruhrgas;* WuW/E DE-R 926, 933 ff. – *E.ON/Ruhrgas;* so auch *Möschel* BB 2002, 2077; *Säcker/Boesche,* in: *Säcker,* Reform des Energierechts, 2003, 173, 192; ablehnend: *Baron,* Schwerpunkte 2002, 105, 120; *Bunte* BB 2002, 2393, 2393 f.; *Staebe* WuW 2003, 714, 719 f.

284 *FK-Bracher,* § 56 GWB Rdnr. 37; aA *Immenga/Mestmäcker-K. Schmidt,* GWB, § 56 Rdnr. 19.

Praktisch kann das nur werden, wenn der Antrag auf Ausschluss der Öffentlichkeit schon bei der Ankündigung der mündlichen Verhandlung gestellt und abgelehnt wird oder wenn die mündliche Verhandlung längere Zeit unterbrochen wird.

Der Gesetzgeber hat mit der 7. GWB-Novelle (2005) schließlich klargestellt, dass die §§ 45 und 46 VwVfG auch für die Anhörung und die mündliche Verhandlung nach § 56 gelten. Das OLG Düsseldorf hatte im Verfahren *E.ON/Ruhrgas* eine Heilung der von ihm angenommenen Mängel der in jenem Verfahren durchgeführten öffentlichen mündlichen Verhandlung über § 45 VwVfG abgelehnt.[285] **123**

III. Verfahrensabschluss

1. Formelle Verfügung. Der Begriff der Verfügung ist im Kartellverfahren **weit auszulegen.**[286] Es ist jede Entscheidung oder andere hoheitliche Maßnahme, die die KartB zur Regelung eines Einzelfalles auf dem Gebiet des Kartellverwaltungsrechts trifft und die auf unmittelbare Rechtswirkung nach außen gerichtet ist (§ 35 VwVfG).[287] Der Begriff der Verfügung iSd § 63 Abs. 1 bzw. § 61 Abs. 1 ist identisch mit dem des Verwaltungsaktes, weil nur endgültige Regelungen im Außenverhältnis einer gerichtlichen Kontrolle unterzogen werden sollen.[288] Keine Verfügungen iSd § 61 sind bloße Mitteilungen oder schlichte Untätigkeit der KartB, verfahrensleitende Maßnahmen und Maßnahmen außerhalb des förmlichen Verwaltungsverfahrens.[289] **124**

a) Tenor, Bestimmtheitsgebot. Der Verfügungstenor muss hinreichend bestimmt sein. Entscheidend ist der **objektive Erklärungsinhalt** des Verwaltungsakts, wie er sich aus der Sicht des verständigen Empfängers ergibt.[290] Der Adressat muss in die Lage versetzt werden, zu erkennen, was von ihm gefordert wird.[291] Es genügt, dass sich der Regelungsgehalt aus der Verfügung insgesamt einschließlich ihrer Begründung ergibt.[292] Insoweit muss die Begründung aber eindeutig und unmissverständlich sein; ein unklarer Hinweis auf eine Anlage ohne nähere Erläuterung reicht nicht aus.[293] Hinweise auf Preislisten, gültige Tarife anderer Unternehmen o. ä. sind zulässig, wenn sie dem Adressaten vorliegen oder ohne weiteres zugänglich sind.[294] Ferner muss die Verfügung geeignet sein, Grundlage für Maßnahmen ihrer zwangsweisen Durchsetzung zu sein, was sich nach den Besonderheiten des anzuwendenden und mit dem Verwaltungsakt umzusetzenden materiellen Rechts richtet.[295] Keinesfalls darf die Konkretisierung dessen, was gefordert ist, der Vollstreckung überlassen sein.[296] Der BGH betont, dass die Anforderungen an die Bestimmtheit aber auch nicht so hoch sein dürfen, dass sie die Umsetzung des gesetzlichen Regelungsauftrags praktisch un- **125**

---

[285] OLG Düsseldorf WuW/E DE-R 1013, 1017 ff. – *E.ON/Ruhrgas;* zustimmend *Möschel* BB 2002, 2077, 2078; ablehnend: *Baron,* Schwerpunkte 2002, 105, 120 f.; *Bunte* BB 2002, 2393, 2397; *Posser/Reitz* RdE 2003, 255 ff.; *Säcker/Boesche,* in: *Säcker,,* Reform des Energierechts, 2003, 173 ff.; *Staebe* WuW 2003, 714, 723 f.

[286] BGH WuW/E BGH 1264, 1265 – *Asbach Uralt.*

[287] OLG Düsseldorf WuW/E DE-R 1070, 1071 – *Energie-AG Mitteldeutschland.*

[288] BGH B. v. 29.4.2008 KVZ 45/07.

[289] *Immenga/Mestmäcker-Bach,* GWB, § 61 Rdnr. 6 ff.

[290] BGH WuW/E DE-R 977, 978 – *Fährhafen Puttgarden.*

[291] BGH WuW/E DE-R 711, 715 – *Ost-Fleisch;* WuW/E DE-R 977, 978 – *Fährhafen Puttgarden;* OLG Düsseldorf WuW/E DE-R 569, 572 – *Puttgarden II.*

[292] BGH WuW/E BGH 2627, 2631 – *Sportübertragungen* mwN; BGH WuW/E DE-R 711, 715 – *Ost-Fleisch*; WuW/E DE-R 977, 978 – *Fährhafen Puttgarden;* OLG Düsseldorf WuW/E DE-R 589, 590 – *Freie Tankstellen.*

[293] BGH WuW/E BGH 3009, 3011 – *Stadtgaspreis Potsdam.*

[294] BGH WuW/E BGH 2967, 2968 f. – *Strompreis Schwäbisch-Hall;* WuW/E BGH 2990, 2992 f. – *Importarzneimittel;* OLG Stuttgart WuW/E OLG 5231, 5236 – *Strompreis Schwäbisch-Hall.*

[295] BGH WuW/E BGH 2953, 2957 – *Gasdurchleitung,* BGH WuW/E DE-R 977, 978 – *Fährhafen Puttgarden.*

[296] OLG Düsseldorf WuW/E DE-R 589, 599 – *Freie Tankstellen.*

möglich machen.[297] Die Anforderungen an die Bestimmtheit der behördlichen Anordnung seien vor allem dann gering zu halten, wenn es bei der Abwägung von Bestimmtheitsgebot einerseits und verfassungsrechtlich geschützten Freiheitsrechten des Adressaten andererseits dem Adressaten überlassen bleiben müsse, in welcher Weise er einer gesetzlichen, durch den Verwaltungsakt konkretisierten Verpflichtung nachkommen wolle.[298] Hat die KartB Schwierigkeiten mit der Formulierung eines hinreichend bestimmten vollstreckbaren Verwaltungsaktes, soll sie zunächst eine Art **Grundverfügung** bzw. **Teilverfügung** erlassen können; die weiteren Einzelheiten sollen einem späteren Verfahren vorbehalten werden können. So erachtete es der BGH im ersten Fall *Puttgarden* für zulässig, dass das BKartA es dem Adressaten zunächst nur untersagte, den Zugang zu seiner Infrastruktureinrichtung schlechthin zu verweigern. Die *Bedingungen für den Zugang* müsse das BKartA in dieser Grundverfügung hingegen noch nicht festlegen.[299] Im zweiten Fall *Puttgarden* beschränkte sich das BKartA darauf, einen Verstoß gegen Art. 102 AEUV und § 19 GWB festzustellen und erlegte *Scandlines* auf, ein „Zugangsangebot" vorzulegen und darüber zu verhandeln.[300]

126 Auch das Verbot einer Lieferverweigerung, das einem **Kontrahierungsgebot** gleichkommt, darf den Freiraum des Gebotsadressaten nicht mehr als notwendig einengen.[301] Wird im Wege zivilrechtlicher Klage (§§ 20 Abs. 1 und 2, 33) eine Belieferung verlangt, gilt das Bestimmtheitsgebot des § 253 Abs. 2 Nr. 2 ZPO, weil ein vollstreckungsfähiges Urteil ergehen muss. Die Waren, deren Lieferung verlangt wird, sind nach Gegenstand und Zahl genau zu bestimmen.[302]

127 Künftige Zuwiderhandlungen gegen einzelne Vorschriften des GWB können vorbeugend untersagt werden, wenn nach dem konkreten Sachverhalt die ernste Besorgnis begründet ist, dass die Zuwiderhandlung unmittelbar oder jedenfalls in naher Zukunft bevorsteht. Wenn diese Voraussetzungen nicht vorliegen, ist die **vorbeugende Unterlassungsverfügung** nur eine allgemein gehaltene Aufforderung zu gesetzmäßigem Verhalten, die bereits aus dem Gesetz abzuleiten ist. So hat die Rechtsprechung für die Rechtmäßigkeit einer in die Zukunft gerichteten auf § 22 Abs. 4 und 5 in der Fassung vor der 6. GWB-Novelle (heute: § 19) gestützten Untersagungsverfügung verlangt, dass das darin umschriebene Verhalten unter allen Umständen **missbräuchlich** sein müsse.[303] Dasselbe gilt heute für § 19 Abs. 2 und für § 20 iVm § 32.

128 *b) Begründung; Nachschieben von Gründen.* Verfügungen nach § 61 Abs. 1 bedürfen der Begründung. Der Begründungszwang dient dem Rechtsschutz der Beteiligten und der objektiven **Richtigkeitsgewähr** des Verfahrensergebnisses. Die Begründung muss es dem Beteiligten ermöglichen, die Verfügung in tatsächlicher und rechtlicher Hinsicht zu überprüfen[304] und sich darüber schlüssig zu werden, ob er die Entscheidung hinnehmen oder anfechten möchte.[305] Die Begründung soll deshalb erkennen lassen, welche Normen die KartB angewendet hat, inwiefern sie die Voraussetzungen der Norm bejaht und in welcher Weise sie von ihrem Ermessen Gebrauch gemacht hat. Darüber hinaus sind jedenfalls die

---

297 BGH WuW/E DE-R 977, 981 – *Fährhafen Puttgarden.*

298 BGH WuW/E DE-R 977, 981 – *Fährhafen Puttgarden* mit Verweis auf BVerwGE 84, 335, 338 f.; so inzwischen zur Ausfüllung einer Abstellungsverfügung auch OLG Düsseldorf, B. v. 20.6.2006 – 2 Kart 1/06, insofern nicht in WuW/E DE-R 1757 – *E.ON-Ruhrgas* abgedruckt.

299 BGH WuW/E DE-R 977, 979 f. und 982 f. – *Fährhafen Puttgarden.*

300 BKartA B. v. 27.1.2010, S. 2, insoweit in WuW/E DE-V 1879 ff. – *Scandlines,* nicht abgedruckt.

301 BVerfG WuW/E DE-R 557, 559 f. – *Importarzneimittel-Boykott;* BGH WuW/E BGH 2990, 2992 – *Importarzneimittel;* BGH WuW/E DE-R 977, 982 – *Fährhafen Puttgarden.*

302 BGH WuW/E BGH 1885, 1886 – *Adidas;* WuW/E BGH 2125, 2126 – *Technics;* KG WuW/E OLG 4524, 4525 – *Rock- und Popkonzerte;* KG B. v. 21.1.1997, Kart U 2429/96, UA S. 16.

303 BGH WuW/E BGH 2967, 2976 – *Strompreis Schwäbisch-Hall;* WuW/E BGH 3021, 3025 – *Stadtgaspreise;* KG WuW/E OLG 5165, 5181 – *Gasdurchleitung.*

304 KG WuW/E OLG 1074, 1077 – *Feuerfeste Steine.*

305 KG WuW/E OLG 3577, 3580 – *Hussel-Mara.*

wichtigsten entgegenstehenden Argumente der Beteiligten zu erörtern.[306] Ermessensentscheidungen müssen die Ermessensausübung erkennen lassen. Die Begründung kann zwar knapp sein, sie muss jedoch die **tragenden Erwägungen** enthalten.[307] Als ausreichend wird es erachtet, wenn eine Missbrauchsverfügung nur auf den allgemeinen Missbrauchstatbestand verweist und sich nicht ausdrücklich damit auseinandersetzt, ob einer der im Gesetz besonders umschriebenen Missbrauchstatbestände vorliegt.[308] Nach Ansicht des OLG Düsseldorf indiziert die Zugrundelegung eines unvollständigen Sachverhalts – über einen bloßen Mangel der Begründung der Verfügung hinaus (§ 61 Abs. 1) – zugleich eine fehlerhafte Betätigung des der KartB bei der Entscheidung nach § 32 zugewiesenen Ermessens. Eine solchermaßen fehlerhafte Entscheidung sei aufzuheben, weil dem Beschwerdegericht unbeschadet der Regelung in § 70 Abs. 1 eine eigene Ermessensentscheidung versagt sei.[309]

Ein **Nachschieben von Gründen** ist gegeben, wenn eine Sachentscheidung im Be- 129
schwerdeverfahren auf neue Tatsachen gestützt wird. Das ist zulässig, wenn die nachgeschobenen Gründe bereits bei Erlass der Verfügung vorlagen, diese in ihrem Wesen nicht geändert und der Beschwerdeführer nicht in seiner Rechtsverteidigung beeinträchtigt wird. Bei Verwaltungsakten mit Dauerwirkung hat das Beschwerdegericht auch den Vortrag neu eingetretener Tatsachen zu berücksichtigen[310] (s. § 54 Rdnr. 105 ff.).

c) Heilung. Ungenügende Bestimmtheit oder fehlende oder mangelhafte Begründung 130
machen die Verfügung außer in den Fällen des § 44 VwVfG zwar nicht nichtig, jedoch verfahrensfehlerhaft. Die Verfügung ist formell **anfechtbar.** Bis zum Abschluss des Beschwerdeverfahrens kann der Mangel aber geheilt werden (§ 45 Abs. 2 VwVfG).[311] War offensichtlich, dass die Verletzung die Entscheidung in der Sache nicht beeinflusst hat, bleibt die Anfechtungsbeschwerde erfolglos (§ 46 VwVfG, s. oben Rdnr. 100 ff.).

d) Rechtsmittelbelehrung. Die Verfügung muss eine Rechtsmittelbelehrung enthalten (§ 61 131
Abs. 1 S. 1). Ein Hinweis auf § 65 (vorläufiger Rechtsschutz) wird für zweckmäßig gehalten, eine Verpflichtung dazu kann jedoch aus § 61 Abs. 1 nicht hergeleitet werden.[312] Bei fehlender Rechtsmittelbelehrung gilt für die Beschwerde nach § 58 VwGO (analog) die **Jahresfrist** ab Zustellung.

e) Zustellung. Nach § 61 Abs. 1 S. 1 ist eine kartellbehördliche Verfügung den Beteiligten 132
zuzustellen. Das Zustellungsverfahren richtet sich nach den Vorschriften des Verwaltungszustellungsgesetzes (VwZG). Die Zustellung erfolgt entweder durch Übergabe eines Schriftstückes in Urschrift, Ausfertigung oder beglaubigter Abschrift oder durch Vorlage der Urschrift (§ 2 Abs. 1 S. 1 VwZG). Eine wirksame Zustellung liegt nur bei **ordnungsgemäßer Ausfertigung** vor. Die Urkunde muss mit einem Dienstsiegel versehen sein und einen vom Urkundsbeamten unterzeichneten Ausfertigungsvermerk enthalten.[313] Zustellungsmängel bewirken, dass weder die Verfügung wirksam noch die Beschwerdefrist in

[306] KG WuW/E OLG 2411, 2417 – *Synthetischer Kautschuk I.*

[307] OLG Düsseldorf WuW/E OLG 1820, 1821.

[308] So für § 103 Abs. 5 idF vor der 6. GWB-Novelle BGH WuW/E BGH 2967, 2970 – *Strompreis Schwäbisch-Hall.*

[309] OLG Düsseldorf WuW/E DE-R 589, 599 – *Freie Tankstellen;* kritisch dazu FK-*Bracher,* § 61 Rdnr. 12.

[310] *Immenga/Mestmäcker-Bach,* GWB, § 61 Rdnr. 15; *Immenga-Mestmäcker-K. Schmidt,* GWB, § 71 Rdnr. 6 ff.

[311] *FK-Bracher,* § 61 GWB Rdnr. 24; *Bunte* BB 2002, 2393, 2396; soweit *Bechtold,* GWB, § 61 Rdnr. 4, *Immenga/Mestmäcker-K. Schmidt,* GWB, § 61 Rdnr. 15 und *Langen/Bunte-Schneider,* Deutsches Kartellrecht, § 61 GWB Rdnr. 10 von einer Heilungsmöglichkeit nur bis zur Einlegung der Beschwerde ausgehen, entspräche das der Regelung in § 45 VwVfG a. F. und beruht wohl auf einem Versehen.

[312] *Immenga/Mestmäcker-Bach,* GWB, § 61 Rdnr. 16; im Ergebnis zustimmend *Langen/Bunte-Schneider,* Deutsches Kartellrecht, § 61 Rdnr. 11.

[313] BGH WuW/E BGH 2389, 2390 – *Coop Schleswig-Holstein – Deutscher Supermarkt;* WuW/E BGH 2433, 2436 – *Gruner+Jahr – Zeit.*

Lauf gesetzt wird. Sie können durch erneute Zustellung geheilt werden. Auch tritt gemäß § 9 VwZG eine Heilung ein, wenn den Verfahrensbeteiligten das Schriftstück nachweislich auf andere Weise als durch formgerechte Zustellung erreicht hat.

133 Ist für mehrere Verfahrensbeteiligte ein **Vertreter** bestellt, ist die Zustellung eines Schriftstückes an ihn für alle Beteiligten ausreichend, wenn ersichtlich ist, dass der Zustellungswille sich auf alle Verfahrensbeteiligten erstreckt hat. Wenn die nach § 8 Abs. 2 VwZG erforderliche Zahl von Ausfertigungen nicht zugestellt wurde, kann dies als Verletzung einer bloßen Ordnungsvorschrift unschädlich sein.[314]

134 Nach § 61 Abs. 1 S. 3 stellt die KartB Verfügungen, die gegenüber einem Unternehmen mit Sitz außerhalb des Geltungsbereiches des GWB ergehen, der im Inland ansässigen Person zu, die das Unternehmen dem BKartA als zustellungsbevollmächtigt benannt hat (s. auch § 39 Abs. 3 S. 2 Nr. 6). Hat das Unternehmen keine zustellungsbevollmächtigte Person benannt, so stellt die KartB die Verfügungen durch **Bekanntmachung im Bundesanzeiger** zu (§ 61 Abs. 1 S. 4). Die Veröffentlichung einer Untersagungsverfügung innerhalb der Untersagungsfrist bewirkt die rechtzeitige Zustellung; die Wartefrist des § 15 Abs. 3 VwZG ist nicht anwendbar.[315] Der Vergabeüberwachungsausschuss des Bundes (§§ 104, 106 Vergabekammer, s. Rdnr. 28) hat die Bekanntgabe einer Entscheidung der Vergabeprüfstelle durch Übersendung an einen Gesellschafter, der als federführend für eine ARGE (BGB-Gesellschaft) aufgetreten war, unter Bezugnahme auf § 41 Abs. 1 VwVfG und § 7 Abs. 1 und 3 VwZG als wirksam angesehen.[316]

135 *f) Vollstreckung.* Nach § 86a finden die allgemeinen Vorschriften über den **Verwaltungszwang** Anwendung.[317] Die Höhe des Zwangsgeldes beträgt allerdings abweichend von den allgemeinen Vorschriften mindestens € 1000 und höchstens € 10 Mio. (§ 86a S. 2). Dadurch sollen auch finanzstarke Unternehmen wirksam zur Befolgung kartellbehördlicher Verfügungen angehalten werden können.[318] Grds. kann jede Verfügung, die einen Befehl enthält, mittels Verwaltungszwang durchgesetzt werden. In der Praxis wird er in der Regel durch das Bußgeldverfahren ersetzt. Der Verwaltungszwang ist jedoch dann von Bedeutung, wenn eine Handlung erzwungen werden soll, die ihrerseits dem Fortgang des Verwaltungsverfahrens dient, also vor allem bei der Anmeldung nach § 39, der Auskunft nach § 59 und der Beschlagnahme nach § 58.[319] Die Androhung eines Zwangsmittels ist eine kartellbehördliche Verfügung und unterliegt damit den Vorschriften des § 61 (Begründung etc.) und der Anfechtung nach § 63 Abs. 1. Die Beschwerde hat keine aufschiebende Wirkung.

136 *g) Bindungswirkung einer Verfügung für den Zivilrichter.* Das GWB enthält keinen allgemeinen Grundsatz, nach dem der Verfügung einer KartB Feststellungswirkung für den Zivilprozess zukommt. Nach § 33 Abs. 4 ist aber ein (Zivil-)Gericht, bei dem wegen eines Verstoßes gegen eine Vorschrift des GWB oder Art. 101 oder 102 AEUV **Schadensersatz** begehrt wird, „insoweit an die Feststellung eines Verstoßes gebunden, wie sie in einer bestandskräftigen Entscheidung der KartB, der Kommission oder der Wettbewerbsbehörde oder des als solche handelnden Gerichts in einem anderen Mitgliedstaat getroffen wurde". Mit der **Feststellungswirkung** kartellbehördlicher Entscheidungen (die Regierungsbegründung spricht insofern irreführend von „Tatbestandswirkung") will der Gesetzgeber die Geltendmachung und Durchsetzung von Schadensersatzansprüchen erleichtern. Die Fest-

---

[314] BGH WuW/E BGH 2433, 2436 – *Gruner+Jahr – Zeit;* KG WuW/E OLG 2228, 2229 – *Zeitungsmarkt München.*

[315] KG WuW/E OLG 2411, 2417 – *Synthetischer Kautschuk I.*

[316] Vergabeüberwachungsausschuss des Bundes WuW/E Verg 48f. – *Asbestbeseitigung Palast der Republik II.*

[317] So schon die bisherige Rechtslage vor Einführung von § 86a als ausdrücklicher Verweisungsnorm BGH WuW/E BGH 1126, 1130 – *Schaumstoff II;* BKartA WuW/E BKartA 425, 433 – *Automarkt.*

[318] Begr. RegE zur 7. Novelle, BT–Drucks. 15/3640, 68 re Sp.

[319] *Immenga/Mestmäcker-Bach,* GWB, § 61 Rdnr. 20.

stellungswirkung soll nach dem Gesetzeswortlaut aber ausdrücklich nur für *Schadensersatzverfahren* und dann auch nur für *bestandskräftige Entscheidungen* der KartB gelten. Eine „analoge" Anwendung der Vorschrift auch auf andere Fälle (Zahlungsklagen aus Verträgen, Feststellungsklagen) scheidet daher aus. Es handelt sich nach ihrer systematischen Verortung und der Begründung des Gesetzgebers ersichtlich um eine Ausnahmeregelung.

Zwar hat der Zivilrichter auch das unmittelbar anwendbare europäische Kartellrecht zu **137**
beachten. Muss der Zivilrichter über die Beurteilung einer Vereinbarung nach Art. 101 oder 102 AEUV befinden, die bereits Gegenstand einer Entscheidung der Kommission war, darf er keine Entscheidung erlassen, die der Entscheidung der Kommission zuwiderliefe (Art. 16 Abs. 1 VO Nr. 1/2003). Dort geht es jedoch ausdrücklich nur um Entscheidungen der Kommission, nicht auch solche der nationalen KartB. Art. 16 VO Nr. 1/2003 trifft also keine Regelung dazu, ob der Zivilrichter die Entscheidung einer **nationalen Behörde** zu berücksichtigen hat. Diese Frage ist aus dem nationalen Recht zu beantworten. *Bornkamm* vertritt dazu die Auffassung, dass „das Kartellverwaltungsverfahren Vorrang vor dem Zivilprozess haben muss".[320] Er stützt sich dafür vor allem auf die *Masterfood*-Entscheidung des EuGH,[321] deren Wertung er ins deutsche Recht überträgt. Untersagungsverfügungen der KartB hätten nicht lediglich deklaratorischen Charakter. Sie seien vielmehr rechtsgestaltend, weil das in einer Verfügung ausgesprochene Verbot nicht nur zwischen Behörde und Betroffenen wirke. Entsprechend würden die Zivilgerichte Verbotsverfügungen von Verwaltungsbehörden „regelmäßig eine Tatbestandswirkung" zuweisen. Das gelte vor allem für bestandskräftige Verfügungen. Sei die Verfügung der KartB noch nicht bestandskräftig, biete es sich an, dass der Zivilrichter das Verfahren nach § 148 ZPO **aussetze** und den Ausgang des Kartellverwaltungsverfahrens abwarte.[322] Diese Thesen überzeugen nicht. Das zeigt ein Umkehrschluss aus der Regelung in § 33 Abs. 4. Einer solchen Vorschrift bedürfte es nicht, wenn die Zivilgerichte ohnehin an die Verfügungen einer KartB gebunden wären. Wenn *Bornkamm* davon spricht, dass Verbotsverfügungen von Verwaltungsbehörden im Zivilprozess regelmäßig Tatbestandswirkung hätten, ist das missverständlich. Bornkamm spricht von „Tatbestandswirkung", meint aber „Feststellungswirkung". Nur bei Verfügungen, denen nach dem Willen des Gesetzgebers ausdrücklich „Feststellungswirkung" zukommen soll, wäre der Zivilrichter aber tatsächlich an die Verfügung der KartB gebunden. „Tatbestandswirkung" bedeutet lediglich, dass der Zivilrichter die Existenz der Verfügung zur Kenntnis nehmen muss. Die Tatsache, dass Verfügungen „regelmäßig eine Tatbestandswirkung" haben, hilft also nicht weiter, wenn man – wie *Bornkamm* – den Verfügungen der KartB eine darüber hinausgehende Bindungswirkung zumessen will. Auch die These, dass Untersagungsverfügungen rechtsgestaltend sind, vermag nicht zu überzeugen. Die Verbote in § 1 GWB und Art. 101 Abs. 1 und 102 AEUV wirken unmittelbar. Verträge, die gegen diese Verbote verstoßen, sind nichtig (Art. 101 Abs. 2 AEUV, § 134 BGB), ohne dass es dafür einer Verfügung der KartB bedürfte. Die Verfügung der KartB ist damit zwingend lediglich deklaratorisch. Allerdings wird ein Zivilrichter die Verfügung einer KartB zur Kenntnis nehmen müssen, wenn er etwa über einen Erfüllungsanspruch aus einem vom BKartA nach § 32 beanstandeten Vertrag zu entscheiden hat. Gebunden ist er an die Entscheidung des BKartA jedoch nicht.

2. Schriftliche Mitteilung der Beendigung eines Verwaltungsverfahrens. Soweit **138**
ein Verfahren nicht mit einer Verfügung abgeschlossen wird, die den Beteiligten zugestellt wird, ist seine Beendigung den Beteiligten **schriftlich mitzuteilen** (§ 61 Abs. 2). Die Mitteilung ist kein Verwaltungsakt, sondern hat als bloßer Informationsakt lediglich **deklaratorische Bedeutung.** Sie ist deshalb nach h. M. nicht anfechtbar.[323] Die Einstellung ist eine verfahrensleitende Maßnahme. Nach der Verfahrenseinstellung sind Beweiserhebun-

---

[320] *Bornkamm* ZWeR 2003, 73, 85; *Bornkamm/Becker* ZWeR 2005, 213, 219.
[321] EuGH U. v. 14.12.2000, Slg. 2000 I, 11369 = WuW/E EU-R 389 ff. – *Masterfoods/HB Ice Cream.*
[322] *Bornkamm* ZWeR 2003, 73, 82 f.
[323] Vgl. nur *Langen/Bunte-Schneider,* Deutsches Kartellrecht, § 61 GWB Rdnr. 32.

gen, Beschlagnahmen und einstweilige Anordnungen nicht mehr zulässig. Bei echten Antragsverfahren (z. B. § 24, Wettbewerbsregeln) ist § 61 Abs. 2 nicht anwendbar, weil diese Verfahren mit einer Verfügung abgeschlossen werden müssen.[324]

IV. Widerruf und Rücknahme von Verwaltungsakten/ Vertrauensschutz/Wiederaufnahme des Verfahrens

139 Erklärungen der KartB können in der Form eines feststellenden begünstigenden Verwaltungsaktes ergehen (s. oben Rdnr. 44), der nur nach Maßgabe der §§ 48ff. VwVfG zurückgenommen bzw. widerrufen werden kann, soweit nicht Spezialregelungen – wie § 40 Abs. 3a – eingreifen.[325] Mit Blick auf § 1 Abs. 1 VwVfG, wonach das VwVfV nur Anwendung findet, soweit nicht ein Bundesgesetz eine inhaltsgleiche oder entgegenstehende Regelung enthält, ist allerdings nach dem Gesamtkontext der jeweils betroffenen kartellrechtlichen Vorschrift zunächst zu prüfen, ob die §§ 48, 49 VwVfG im konkreten Falle tatsächlich anwendbar sind.[326] § 48 VwVfG erfasst nicht nur die ausdrückliche Rücknahme von Verwaltungsakten, sondern findet auch Anwendung, wenn ein späterer Verwaltungsakt in Widerspruch zu einem früheren Verwaltungsakt ergeht und insoweit eine andere Regelung trifft, ohne den früheren Verwaltungsakt aufzuheben oder abzuändern.[327]

140 Die Rücknahme eines rechtswidrigen Verwaltungsaktes unterliegt der Jahresfrist des § 48 Abs. 4 VwVfG. Maßgeblich für den Beginn der Frist ist die **positive Kenntnis** aller die Rücknahme rechtfertigenden Tatsachen. Bei einem Rechtsirrtum beginnt die Frist in dem Zeitpunkt, in dem die Behörde ihren Irrtum erkennt oder erkennen müßte.[328] Die Jahresfrist gilt für die Behörde nicht, wenn der Verwaltungsakt durch arglistige Täuschung, Drohung oder Bestechung erlangt wurde (§ 48 Abs. 4 S. 2 VwVfG).

141 Auch im Kartellverwaltungsverfahren gilt der Grundsatz des **Vertrauensschutzes.** Ein schützenswertes Vertrauen kann durch jedes Verhalten der Behörde entstehen, das beim Betroffenen den Eindruck erweckt, er könne sich auf ein Nichteinschreiten der Behörde verlassen. Eine Änderung der behördlichen Rechtsauffassung ist keine Änderung der Sach- oder Rechtslage im Sinne von § 38 Abs. 3 VwVfG und ist ihr auch nicht gleichzusetzen.[329] Allein aus der langjährigen Duldung eines rechtswidrigen Zustandes durch die Behörde kann ein Betroffener keinen Bestandsschutz herleiten.[330] Die Betroffenen können sich jedoch dann auf ein Nichteinschreiten der Behörde verlassen, wenn es ihnen **zugesichert** wurde und die Behörde **langjährig nichts unternommen** hat, um die Betroffenen auf Bedenken gegen ihren früheren Standpunkt und auf eine mögliche Revision desselben hinzuweisen.

142 Das KG hat für den schwer subsumierbaren Zusammenschlusstatbestand des wettbewerblich erheblichen Einflusses (§ 37 Abs. 1 Nr. 4) entschieden, dass die KartB nicht untätig bleiben darf, wenn ihr ein Erwerbsvorgang vorsorglich mitgeteilt, aber zum Ausdruck gebracht wird, dass es nach Auffassung der Beteiligten an einem anmeldepflichtigen Vorgang fehlt. Die KartB könne sich so nicht die Untersagung unbefristet vorbehalten. Sie habe im Verfahren der Zusammenschlusskontrolle eine **Mitwirkungspflicht.** Halte sie eine Anmeldung für erforderlich und erwecke sie dennoch bei den Beteiligten den Eindruck, die Mitteilung reiche aus oder es werde aus dem Fehlen einer förmlichen Anmeldung keine ihnen nachteilige Konsequenz gezogen, begännen die Fristen der Zusammen-

---

324 Näher *Immenga/Mestmäcker-Bach,* GWB, § 61 Rdnr. 24; aA *FK-Bracher,* § 61 GWB Rdnr. 32.

325 Instruktiv zur Anwendbarkeit der §§ 48, 49 VwVfG im Kartellverfahrensrecht KG WuW/E OLG 3685, 3690 – *Aral.*

326 KG WuW/E OLG 3685, 3690 – *Aral;* aaO; zum Streitstand in Rechtsprechung und Literatur ausführlich *Wiedemann,* Fs. Hirsch, 2008, S. 341, 343ff.

327 *Kopp/Ramsauer,* VwVfG, § 48 Rdnr. 29.

328 *Kopp/Ramsauer,* VwVfG, § 48 Rdnr. 153.

329 KG WuW/E OLG 3685, 3694f. – *Aral.*

330 BGH WuW/E BGH 1717, 1722 – *Haus- und Hofkanalguß;* WuW/E BGH 2697, 2705f. – *Golden Toast;* KG WuW/E OLG 3685, 3695 – *Aral.*

schlusskontrolle zu laufen.[331] Diese Rechtsprechung muss auch dann gelten, wenn es den Unternehmen mit ihrer Anfrage darum geht, ob ein Vorhaben spürbare Inlandsauswirkungen iSd § 130 Abs. 2 hat oder einer der Ausnahmetatbestände in § 35 Abs. 2 GWB erfüllt ist.

Statthaft ist auch im Verfahren der KartB ein **Antrag auf Wiederaufnahme** nach § 51 Abs. 1 Nr. 1 VwVfG. Danach hat die Behörde auf Antrag des Betroffenen über die Aufhebung oder Änderung eines unanfechtbaren Verwaltungsaktes zu entscheiden, wenn sich die dem Verwaltungsakt zu Grunde liegende Sach- oder Rechtslage nachträglich zu Gunsten des Betroffenen geändert hat. Voraussetzung für die Zulässigkeit eines solchen Antrags ist, dass der Betroffene die aus seiner Sicht für das Wiederaufgreifen sprechenden Gründe nicht bereits im Ausgangsverfahren, insbes. durch Rechtsbehelf, hätte geltend machen können (§ 51 Abs. 2 VwVfG). Außerdem muss der Antrag binnen drei Monaten ab Kenntnis des Grundes für das Wiederaufgreifen gestellt werden. Diese Frist hatte der Antragsteller im Fall *KS-Quadro* nach Ansicht des BKartA versäumt.[332] 143

F. Sonstiges Verwaltungshandeln

I. Informationsanfragen, Beratungen

Außerhalb des förmlichen Verwaltungsverfahrens kann eine **Beratungstätigkeit** der KartB stattfinden. Hierbei ist zwischen der **abstrakten Beratung** der beteiligten Wirtschaftskreise (etwa mittels des Leitfadens des BKartA zur Marktbeherrschung in der Fusionskontrolle) und der **Beratung in konkreten Einzelfällen** im Wege formloser Verfahrenshilfe zu unterscheiden. Sie erfolgt entweder aufgrund von Informationsanfragen oder als Teil des förmlichen Verfahrens. Bevor das BKartA mit der 6. GWB-Novelle die Befugnis erhielt, eine Freigabe von Zusammenschlüssen mit Bedingungen oder Auflagen zu verbinden, war die Beratungstätigkeit vor allem für die damalige Zusagenpraxis von Bedeutung.[333] In einem System der Legalausnahme ist die Beratungstätigkeit der KartB heute vor allem im Anwendungsbereich von § 1 bzw. Art. 101 AEUV wichtig.[334] 144

II. Freigaben im Fusionskontrollverfahren

Ist das BKartA vor Ablauf der Monatsfrist in § 40 Abs. 1 S. 1 der Ansicht, dass der angemeldete Zusammenschluß nicht zu untersagen ist, teilt es das den beteiligten Unternehmen in der Regel mit. Eine gesetzliche Verpflichtung hierzu besteht nicht. Anders als im Hauptprüfverfahren (§ 40 Abs. 2 S. 1) ist die „Freigabe" im Vorprüfverfahren keine Verfügung, sondern eine formlose **Verwaltungsmitteilung.** Ihre Rechtsnatur war zunächst umstritten. Das KG stufte sie als Verwaltungsakt mit Bindungswirkung ein.[335] Der BGH hält sie für eine gerichtlich nicht anfechtbare Entscheidung, durch die die Wirkungen vorweggenommen werden, die das Gesetz in § 40 Abs. 1 S. 1 für den Fall vorsieht, dass die dort bestimmte **Monatsfrist** abläuft, ohne dass das BKartA eine Mitteilung über die Einleitung des Hauptprüfverfahrens gemacht hat.[336] Offengelassen hat der BGH, ob und wie ausnahmsweise eine Rechtsschutzmöglichkeit eröffnet werden könnte, wenn es sich um den seltenen Fall handeln sollte, dass ein Dritter in einem subjektiven öffentlichen Recht 145

[331] KG WuW/E OLG 4737, 4744 – *Pinneberger Tageblatt; GK-Harms/Wissel,* 4. Aufl., § 24 Rdnr. 958; *Kleinmann/Bechtold,* Fusionskontrolle, 2. Aufl., § 24 Rdnr. 215.
[332] BKartA B. v. 14.2.2008, B 1 – 165/01, S. 5 – *KS-Quadro.*
[333] Dazu *Werner* in der 1. Aufl., § 53 Rdnr. 111.
[334] Dazu *Wiedemann,* Fs. *Bechtold,* 2006, 627 ff.
[335] KG WuW/E OLG 5849, 5850 – *Großverbraucher* mwN.
[336] BGH WuW/E DE-R 1571, 1572 – *Ampere.*

berührt ist.[337] Die Freigabe im **Hauptprüfverfahren** unterliegt als Verfügung einer **Begründungs- und Bekanntmachungspflicht.**

III. Abmahnungen

146 **Formlose** Abmahnungen sind in der Praxis üblich. Mit ihnen fordert das BKartA die betroffenen Unternehmen auf, das beanstandete Verhalten abzustellen. Leisten sie dieser Abmahnung Folge, bedarf es keiner weiteren Maßnahmen seitens der KartB. Andernfalls muss unverzüglich ein förmliches Verfahren eingeleitet werden.

147 Bis zur 6. GWB-Novelle waren zumindest bei Missbrauchstatbeständen **formelle** Abmahnungen vorgesehen. Nicht nur dort dürfte sich dieses Erfordernis aber auch heute noch allg. aus dem Anspruch auf rechtliches Gehör in § 56 Abs. 1 ergeben.[338]

IV. Auskünfte, Bekanntmachungen (§§ 27, 43, 62 GWB)

148 Die KartB haben belastende Verfügungen in Kartell- und Missbrauchsverfahren im Bundesanzeiger bekanntzumachen (§ 62 S. 1). Entsprechende Pflichten finden sich auch für Wettbewerbsregeln (§ 27 Abs. 2) und für das Fusionskontrollverfahren (§ 43). Nach § 27 Abs. 5 erteilt die KartB zu anerkannten Wettbewerbsregeln auf Anfrage Auskunft über die Angaben nach § 24 Abs. 4 S. 1. Positiventscheidungen nach § 32c können von der KartB bekannt gemacht werden (§ 62 S. 2). Die KartB entscheidet über die Bekanntmachung also nach pflichtgemäßem Ermessen. Dass insofern keine Bekanntmachungspflicht bestehen soll, erscheint allerdings mit Blick auf den Normzweck von § 32c, für Rechtsklarheit vor allem bei neuartigen Sachverhalten zu sorgen, gesetzgeberisch missglückt.[339] Unabhängig von den Bekanntmachungspflichten haben die KartB auch die Möglichkeit, Verfügungen in geeigneter Form – etwa auf ihrer Internet-Seite – im vollen Wortlaut oder in gekürzter Form zu veröffentlichen.[340] Besondere Bedeutung haben in der Praxis des BKartA seit einigen Jahren die sog. Fallberichte, in denen es ausgewählte Entscheidungen schon vor der Veröffentlichung im Tätigkeitsbericht (dazu Rdnr. 150) zusammenfasst.[341]

149 Streitig ist,[342] ob es sich bei der Bekanntmachung um einen Verwaltungsakt handelt, der dann mit der Beschwerde nach § 63 anfechtbar wäre.[343] Der Regelungsgehalt einer bloßen Bekanntmachung erscheint zweifelhaft.[344] Statthafter Rechtsbehelf – etwa bei einer unrichtigen Bekanntgabe – ist deshalb die allg. Leistungsbeschwerde.[345] In der Praxis tragen die KartB Berichtigungswünschen bei offensichtlichen Unrichtigkeiten aber auch auf bloß informelle Anregung hin Rechnung.

V. Tätigkeitsberichte, Veröffentlichung von Verwaltungsgrundsätzen (§ 53 GWB)

150 Das BKartA veröffentlicht alle zwei Jahre einen Bericht über seine Tätigkeit[346] sowie über die Lage und Entwicklung in seinem Aufgabengebiet und die allgemeinen Weisungen des

[337] AaO.

[338] *Langen/Bunte-Bornkamm,* Deutsches Kartellrecht, § 32 Rdnr. 11.

[339] So auch *Karl/Reichelt* DB 2005, 1436, 1443.

[340] Begr. RegE zur 7. Novelle, BT-Drucks. 15/3640, 64 re Sp.

[341] Ausführlich dazu *FK-Jungermann,* § 53 GWB Rdnr. 32 f.

[342] *Langen/Bunte-Kallfaß,* Deutsches Kartellrecht, § 43 GWB Rdnr. 4.

[343] Bejahend *Bechtold,* GWB, § 62 Rdnr. 4.

[344] *Langen/Bunte-Kallfaß,* Deutsches Kartellrecht, § 43 GWB Rdnr. 4

[345] So auch OLG Düsseldorf B. v. 9.10.2014 VI-Kart. 5/14 (V) – *Pressemitteilung des Bundeskartellamts;* darin bestätigte das OLG, dass das BKartA unbeschadet des Einspruchs gegen einen von ihm erlassenen Bußgeldbescheid dessen Adressaten namentlich nennen darf, wenn es zugleich darauf hinweist, dass der Bescheid noch nicht rechtskräftig ist.

[346] S. hierzu *Immenga/Mestmäcker-Klaue,* GWB, § 53 Rdnr. 1.

BMWi nach § 52 (§ 53 Abs. 1 S. 1 und 2). Ferner veröffentlicht das Amt fortlaufend seine Verwaltungsgrundsätze. Das sind Leitlinien, nach denen das Amt eine unbestimmte Zahl von Fällen materiell und formell zu entscheiden beabsichtigt.[347] Hierdurch tritt eine **Selbstbindung** ein mit der Folge, dass nur bei Vorliegen besonderer Umstände im Einzelfall von den Grundsätzen abgewichen werden darf. Die Gerichte sind an die Verwaltungsgrundsätze des BKartA nicht gebunden. Nach § 53 Abs. 3 erstellt das BKartA außerdem einen Bericht über sein Monitoring der Strom- und Gasmärkte und leitet diesen der BNetzA zu.

G. Gebühren

Im Verfahren vor der KartB werden Kosten (Gebühren und Auslagen) zur Deckung des Verwaltungsaufwandes erhoben (§ 80 Abs. 1). Die gebührenpflichtigen Handlungen sind **abschließend** in § 80 Abs. 1 genannt. Wer abhängig von der Verfahrensart Kostenschuldner ist, regelt § 80 Abs. 6. Auskunftsbeschlüsse (§§ 59, 50) und andere Maßnahmen der Sachaufklärung einschließlich formeller Zwischenverfügungen sind für sich allein nicht gebührenpflichtig.[348] Höchstsätze, ermäßigte Sätze und Ausnahmevorschriften finden sich in § 80 Abs. 2. Der Höchstsatz für Abstellungsverfügungen nach § 32, Verpflichtungszusagen nach § 32b, Positiv-Entscheidungen nach § 32c und Entscheidungen über den Entzug einer Freistellung nach § 32d beträgt € 25 000 (§ 80 Abs. 2 S. 2 Nr. 2). Die Höhe der konkreten Gebühr bestimmt sich nach dem personellen und sachlichen **Aufwand der KartB** (Kostendeckungsprinzip) unter Berücksichtigung der **wirtschaftlichen Bedeutung,** die der Gegenstand der gebührenpflichtigen Handlung hat (Äquivalenzprinzip, § 80 Abs. 2 S. 1). Anders als der Wortlaut der Vorschrift vermuten lässt, ist die wirtschaftliche Bedeutung das in erster Linie maßgebliche Kriterium. Denn es stellt anders als das Kostendeckungsprinzip auf den Einzelfall ab.[349] Bei durchschnittlicher wirtschaftlicher Bedeutung ist in der Regel die Hälfte des Höchstbetrages angemessen.[350] Bei geringerer Bedeutung ist der Mittelwert entsprechend herabzusetzen, ohne dass es für diese Berechnung feste Regeln gibt. Entscheidend sind die Umstände des Einzelfalles.[351] Auch die vorsorgliche Anmeldung eines Zusammenschlussvorhabens ist gebührenpflichtig (§ 80 Abs. 2 Nr. 1).[352] Sie ist im Gesetz zwar nicht ausdrücklich vorgesehen; auch sie löst aber ein Tätigwerden der Behörde aus.[353] § 80 Abs. 1 S. 2 Nr. 1 unterscheidet nicht zwischen der zwingenden und einer bloß vorsorglichen Anmeldung.[354] Bei bloß vorsorglicher Anmeldung entfällt die Gebührenpflicht allerdings ausnahmsweise dann, wenn der angemeldete Vorgang offensichtlich nicht in den Geltungsbereich der Zusammenschlusskontrolle fällt und der Anmeldende sich über deren Voraussetzungen völlig im Unklaren war.[355] Wird die Anmeldung innerhalb von drei Monaten nach Eingang bei der KartB zurückgenommen, ist die Hälfte der Gebühr zu entrichten (§ 80 Abs. 5 S. 2); für den Beginn des Fristablaufes kommt es nicht auf die Vollständigkeit der Anmeldung an.[356] Wurde ein der Zusammenschlusskontrolle unterfallender Zusammenschluss ohne Freigabe vollzogen und ein späteres Entflechtungsverfahren eingestellt, haften nach § 80 Abs. 6 Nr. 3 alle Unternehmen, die zur Anmeldung verpflichtet gewesen waren, für die Gebühr. In Verfahren nach der Zusam- 151

---

[347] *Immenga/Mestmäcker-Klaue,* GWB, § 53 Rdnr. 4.

[348] *Immenga/Mestmäcker-Stockmann,* GWB, § 9 Rdnr. 2 ff. und § 80 Rdnr. 1 ff., insbes. 12 und Anh.

[349] OLG Düsseldorf WuW/E DE-R 514, 520 – *Tequila;* aA *FK-Bracher,* § 80 GWB Rdnr. 24.

[350] OLG Düsseldorf WuW/E DE-R 514, 519 – *Tequila.*

[351] KG WuW/E OLG 4366; WuW/E OLG 5287, 5288 – *Finanzbeteiligung Gebühr;* WuW/E OLG 5339, 5340 – *Untergeordnete Bedeutung;* OLG Düsseldorf WuW/E DE-R 514, 521 – *Tequila.*

[352] KG WuW/E DE-R 470, 472 – *Hapag-Lloyd/TUI.*

[353] Zur Alternative eines im GWB allerdings nicht vorgesehenen Antrags auf einen sog. „no-jurisdiction letter" und dessen etwaige Gebührenpflicht *Burholt/Schaper* WuW 2010, 1217.

[354] OLG Düsseldorf WuW/E DE-R 514, 521 f. – *Tequila.*

[355] KG WuW/E DE-R 470, 472 – *HapagLloyd/TUI.*

[356] KG WuW/E OLG 3384, 3385 – *Kabelfernsehpilotprojekt.*

menschlusskontrolle fordern die Beschlussabteilungen die Gebühren in der Regel formlos mit der Freigabe an, erlassen aber auf entsprechende Bitte einen förmlichen Gebührenbeschluss.

152 Gegen ihn ist die **Beschwerde** zulässig (§ 63 Abs. 1 iVm § 7 Abs. 1 KartKostV) und bei deren Zulassung durch das Beschwerdegericht auch die Rechtsbeschwerde. Wird nur die **teilweise** Aufhebung des Kostenbescheides verlangt, kann der Antrag auf „angemessene Herabsetzung der Gebührenhöhe" lauten, wenn sich aus der Begründung entnehmen lässt, welcher Betrag für angemessen gehalten wird. Die Angabe „zwischen x-€ und y-€" ist ausreichend.[357]

153 Auch nach der Rechtsprechung kommt dem Tatbestandsmerkmal der **wirtschaftlichen Bedeutung** besonderes Gewicht zu. Auf die Intensität der Wettbewerbsbeschränkung wird ebenfalls abgestellt. Bei Zusammenschlüssen ist ihre Auswirkung auf das Marktgeschehen und auch die Höhe des betroffenen Umsatzes zu berücksichtigen.[358]

154 Handelt es sich um regelmäßig wiederkehrende Vorgänge mit beschränkter zeitlicher Geltung, ist das bei der Bewertung des **Verwaltungsaufwandes** zu berücksichtigen (*Pauschalgebührensätze,* s. § 80 Abs. 3). So war etwa bei Anmeldung einer Vielzahl weitgehend identischer Konzessionsverträge nach § 103 a. F. für die einzelne Anmeldung lediglich ein unterdurchschnittlicher persönlicher und sachlicher Aufwand anzunehmen.[359] Der Verwaltungsaufwand ist nicht im Einzelnen zu berechnen, jedoch darf das gesamte Gebührenaufkommen ihn nicht überschreiten.[360] Im Einzelfall kommt es darauf an, wer den persönlichen und sachlichen Aufwand ausgelöst hat. Verwendet die KartB präsente Kenntnisse in einem späteren Verfahren, wirkt sich das kostenmindernd aus, weil insoweit kein Bearbeitungsaufwand verursacht worden ist.[361] Dem OLG Düsseldorf zufolge soll sich der Verwaltungsaufwand allerdings nur dann auf die Gebührenhöhe auswirken dürfen, wenn der Aufwand im konkreten Fall nicht der konkreten wirtschaftlichen Bedeutung entsprach, sondern deutlich höher oder deutlich geringer war.[362]

155 Bei der gerichtlichen Überprüfung von Kostenbescheiden wird von einem weiten **Ermessensspielraum** der Behörde ausgegangen.[363] Eine Selbstbindung, die zu gleichmäßiger Ermessensausübung verpflichtet, kommt nur dann in Betracht, wenn sich für bestimmte Fälle eine feste Verwaltungsübung gebildet hat und im konkreten Fall keine wesentlichen Unterschiede bestehen.[364] Auch bei Berücksichtigung der Tatsache, dass die Kostenbescheide des BKartA von verschiedenen, voneinander unabhängigen Beschlussabteilungen erlassen werden, können aber erhebliche Unterschiede bei vergleichbaren Fällen oder Fallgruppen gegen den Gleichbehandlungsgrundsatz oder das Willkürverbot verstoßen.[365] Eine mangelhafte Begründung für die Gebührenfestsetzung kann entsprechend § 45 Abs. 1 Nr. 2 VwVfG dadurch geheilt werden, dass das BKartA in seiner Beschwerdeerwiderung eine ausführliche Begründung nachholt.[366]

156 Schlechte Vermögensverhältnisse eines Kostenschuldners führen nicht zur Gebührenermäßigung aus Billigkeitsgründen, sondern zur Anwendung der §§ 1 KartKostV, 19 VwKostG.[367] Nach § 19 VwKostG gelten für die Stundung, die Niederschlagung und den

---

357 KG WuW/E OLG 4859, 4861 – *Versicherungsgebühren;* WuW/E OLG 5287, 5288 – *Finanzbeteiligung Gebühr.*

358 KG WuW/E OLG 4143, 4144 mwN – *Objektgesellschaft*; OLG Düsseldorf B. v. 24.2.2010 VI-Kart 11/09 (V).

359 OLG Naumburg WuW/E OLG 5471, 5475 f. mwN – *Gebührenermessen bei Konzessionsvertrag.*

360 OLG Düsseldorf WuW/E DE-R 514, 520 – *Tequila.*

361 KG WuW/E OLG 5291, 5293 – *Angaben des Anmelders.*

362 OLG Düsseldorf WuW/E DE-R 514, 520 f. – *Tequila.*

363 OLG Düsseldorf WuW/E DE-R 514, 519 – *Tequila;* OLG Düsseldorf B. v. 24.2.2010 VI-Kart 11/09 (V).

364 S. hierzu KG WuW/E OLG 3456; 5287, 5288 – *Finanzbeteiligung Gebühr.*

365 KG WuW/E DE-R 34 – *Bekleidungsfutterstoffe.*

366 OLG Düsseldorf B. v. 24.2.2010, VI-Kart 11/09 (V).

367 KG WuW/E OLG 1784, 1785.

Erlass von Forderungen des Bundes auf Zahlung von Gebühren, Auslagen und sonstige Nebenleistungen die Vorschriften der **Bundeshaushaltsordnung.** In Fällen, in denen ein anderer Rechtsträger als der Bund Kostengläubiger ist, gelten die für ihn verbindlichen entsprechenden Vorschriften. Nach § 59 der Bundeshaushaltsordnung darf das zuständige Ministerium Ansprüche nur (1) stunden, wenn die sofortige Einziehung mit erheblichen Härten für den Anspruchsgegner verbunden wäre und der Anspruch durch die Stundung nicht gefährdet wird, (2) niederschlagen, wenn feststeht, dass die Einziehung keinen Erfolg haben wird, oder wenn die Kosten der Einziehung außer Verhältnis zur Höhe des Anspruchs stehen, (3) erlassen, wenn die Einziehung nach Lage des Einzelfalles für den Anspruchsgegner eine besondere Härte bedeuten würde. Das gleiche gilt für die Erstattung oder Anrechnung von geleisteten Beträgen und für die Freigabe von Sicherheiten. Solche Maßnahmen bedürfen allerdings der Zustimmung des BMF, soweit es nicht darauf verzichtet.

Die Bundesregierung regelt als Rechtsverordnung nach § 80 Abs. 9 die Kostenerstattung **157**
zugunsten der Beteiligten des kartellbehördlichen Verfahrens (§§ 8, 9 KartKostV), wobei die Kostenerstattung in § 8 soweit ersichtlich keine praktische Bedeutung hat.

§ 54 Rechtsmittel gegen Entscheidungen der Kartellbehörden

Übersicht

Schrifttum: *Baron,* Meinungen zur 6. GWB-Novelle, WuW 1998, 651 ff.; *Baron,* Die Ministererlaubnis auf dem auf dem Prüfstand – Erfahrungen aus dem aktuellen Fall E.ON/Ruhrgas, FIW-Schriftenreihe, Schwerpunkte 2002, Heft 196, 105 ff.; *Barth/Budde,* Die Implementierung des SIEC-Tests im GWB und ihre Folgen für die nationale Fusionskontrolle – Teil 1, BB 2011, 1859 ff.; *Bechtold/Buntscheck,* Die Entwicklungen des deutschen Kartellrechts 2001 bis 2003, NJW 2003, 2866 ff.; *Bechtold,* Erweiterung der Beschwerdebefugnis im Kartellverfahren, NJW 2007, 562 ff.; *Becker,* „Greenpeace" und andere Beiladungsentscheidungen des OLG Düsseldorf, ZWeR 2003, 199 ff.; *Boekhoff/Franßen,* Zur Beschwerdebefugnis eines Dritten, insb. eines Verbandes, bei Beschwerden gegen Fusionsfreigaben, WuW 2002, 668 ff.; *Bornkamm,* Richterliche Kontrolle von Entscheidungen im deutschen und europäischen Kartellverwaltungsverfahren, ZWeR 2010, 34 ff.; *Cox/Jens/Markert,* Handbuch des Wettbewerbs, 1981; *Deichfuß,* Kostenverteilung im kartellverwaltungsrechtlichen Beschwerde- und Rechtsbeschwerdeverfahren, BB 2000, 469 ff.; *Deselaers/Wagner/Liebach,* Neue Entwicklungen im einstweiligen Rechtsschutz im Kartellverwaltungsverfahren: der Soda-Club-Beschluss des BGH, WuW 2007, 882 ff.; *Dormann,* Drittklagen im Recht der Zusammenschlusskontrolle, 2000; *Emmerich,* Fusionskontrolle 2012/13, 25 ff.; *Gieseler,* Die kartellrechtliche Fortsetzungsfeststellungsbeschwerde – Zu den Zulässigkeitsvoraussetzungen des § 71 Abs. 2 Satz 2 GWB, 2014; *Herrlinger,* Von Springer/ProSieben bis Total/OMV: Die Rechtsprechung des BGH zum Fortsetzungsfeststellungsinteresse, WuW 2013, 332 ff.; *Hintze,* Aus der Praxis des Kartellsenats beim Kammergericht, insbesondere /die Anwendungsmöglichkeit volkswirtschaftlicher Theorien, WuW 1970, 571 ff.; *Kapp/Meßmer,* Keine Drittanfechtung von Freigabeentscheidungen ohne vorherige Beiladung, WuW 2004, 917 ff.; *Körber,* Der SIEC-Test im GWB – Verhältnis zum Unionsrecht und Auswirkungen auf die Praxis, WuW 2014, 250 ff.; *Lange,* Handbuch zum deutschen und europäischen Kartellrecht, 2. Auflage 2006; *Laufkötter,* Die Rolle des Dritten im neuen Recht der Zusammenschlusskontrolle, WuW 1999, 671 ff.; *Meyer-Lindemann,* Die Entscheidung zum Fall „Wirtschaftsprüferhaftpflicht", ZWeR 2009, 522 ff.; *Neef,* Drittbeschwerde nicht beigeladener Unternehmen in der Fusionskontrolle, GRUR 2008, 30 ff.; *Pfeiffer,* Grundfragen der Rechtskontrolle im Kartellverfahren, FIW-Schriftenreihe, Schwerpunkte

1978/79, Heft 91, 1ff.; *Säcker,* Die Erweiterung der Beschwerdebefugnis im Kartellverwaltungsprozess, Fs. Hirsch, 2008, 323ff.; *Säcker/Boesche,* Drittschutz im Kartellverwaltungsprozess. Erkenntnisse aus dem Verfahren „E.ON/Ruhrgas" für die Novellierung des GWB, ZNER 2003, 76ff.; *K. Schmidt,* Wirtschaftsverwaltungsrecht vor den Kartellsenaten. Die Praxis zu §§ 63ff. GWB als Beitrag zum Verwaltungsrechtsschutz im Wirtschaftsrecht, Fs. Selmer, 2004, 499ff.; *K. Schmidt,* Beiladung und Gerichtsschutz Dritter im Verfahren der Zusammenschlusskontrolle nach dem GWB, DB 2004, 527ff.; *ders.,* Die kartellrechtliche Rechtsbeschwerde (§ 74 GWB) nach der Siebten Novelle, DB 2007, 2188ff.; *Schnelle/Denzel,* Einstweiliger Rechtsschutz im Verfahren der Beschwerde gegen fusionsrechtliche Untersagungsentscheidungen, WuW 2009, 632ff.; *Scholz,* Konkurrenzprobleme bei behördlichen Produktkontrollen, Recht-Technik-Wirtschaft, Band 29, 1983, 31ff.; *Steffens/Boos,* Die Entscheidung „Habet/Lekkerland" des Bundesgerichtshofs, ZWeR 2004, 431; *Steinberger,* Klage-(Beschwerde-)befugnis Dritter gegen Freigaben von Zusammenschlüssen durch das Bundeskartellamt, WuW 2000, 345ff.; *Werner,* Der Konflikt zwischen Geheimnisschutz und Sachaufklärung im Kartellverfahren, Fs. Pfeiffer, 1988; *Westermann,* Widerlegung der Oligopolvermutung nach der Entscheidung des BGH in Sachen Phonak/GN Store, ZWeR 2011, 333ff.; *Veelken,* Drittschutz in der Fusionskontrolle, WRP 2003, 207ff.; *Zöttl,* Drittrechtsschutz ohne Rechte? – Stand und Perspektiven des Rechtsschutzes Dritter in der deutschen Fusionskontrolle vor der 7. GWB-Novelle, WuW 2004, 474ff.

A. Beschwerde (§§ 63ff. GWB)

I. Zuständige Gerichte

Das gerichtliche **Beschwerdeverfahren** ist in §§ 63ff. geregelt. Die Beschwerde ist zulässig gegen Verfügungen der KartB wie auch gegen das Unterlassen einer beantragten Verfügung (§ 63 Abs. 1 S. 1, Abs. 3). Die Beschwerde tritt an die Stelle der Klage vor dem Verwaltungsgericht. Der Gesetzgeber hat das gerichtliche Verfahren zur Überprüfung kartellbehördlicher Verfügungen in Abweichung von der verwaltungsprozessualen Generalklausel des § 40 VwGO den Zivilgerichten übertragen. Das dient der **Konzentration aller kartellrechtlichen Gerichtsverfahren** bei spezialisierten Spruchkörpern derselben Gerichtsbarkeit. Das Bußgeldverfahren (dazu §§ 55, 57 des Hdb.) und die Zivilprozesse mit kartellrechtlichen Anspruchsgrundlagen (dazu §§ 59ff. des Hdb.) hätten nach der grundgesetzlichen Zuständigkeitsverteilung zwischen den Gerichtsbarkeiten ohnehin den ordentlichen Gerichten übertragen werden müssen. Durch die Zuweisung der Kartellverwaltungsverfahren an die Zivilgerichte wurde vermieden, dass die Auslegung des GWB durch Divergenzen zwischen verschiedenen Gerichtszweigen belastet wird.[1] § 63 enthält keinen numerus clausus der in kartellgerichtlichen Verfahren zulässigen Rechtschutzformen. Unter kartellgerichtlichen Streitigkeiten sind jedenfalls alle öffentlich-rechtlichen Streitigkeiten zu verstehen, an denen eine KartB als Beklagte (Beschwerdegegnerin) beteiligt ist, und die – unabhängig von der Handlungsform – ein Handeln der Kartellbehörde betreffen, das seine Grundlage im GWB hat.[2] Einzige Ausnahme sind Streitigkeiten von Krankenkassen mit dem BKartA. Insofern ist der Rechtsweg zu den Gerichten der Sozialgerichtsbarkeit eröffnet.[3] 1

Die **Rechtsnatur** des Kartellbeschwerdeverfahrens ist umstritten: Es wird entweder als **verwaltungsgerichtliche Klage** oder als durchlaufender Instanzenzug gesehen. Eine klare dogmatische Einordnung des Beschwerdeverfahrens wird dadurch erschwert, dass die Beschwerde der objektiven Richtigkeitskontrolle der Verwaltungspraxis wie auch dem durch Art. 19 Abs. 4 GG gesicherten individuellen Rechtsschutz des Beschwerdeführers dient.[4] Für die Einordnung als Verwaltungsstreitverfahren spricht, dass Gegenstand des Beschwer- 2

[1] *Pfeiffer* Schwerpunkte 1978/79, 1, 2.

[2] OVG Münster WuW/E DE-R 3784 – Zuständigkeitskonzentration; so nunmehr auch ausdrücklich OLG Düsseldorf B. v. 9.10.2014, VI-Kart 5/14 (V) – Pressemitteilung des BKartA (unter Verweis auf die vorgenannte Entscheidung des OVG Münster).

[3] So schon BSG GesR 2011, 38.

[4] Näher zum Ganzen *Bechtold,* GWB, § 63 Rdnr. 2; *KK-Deichfuß,* § 63 GWB Rdnr. 3; *K. Schmidt,* Kartellverfahrensrecht, 520ff.

deverfahrens Verfügungen der KartB sind und sich Beschwerdeführer und KartB als Verfahrensgegner gegenüberstehen. Allerdings weicht das Kartellbeschwerdeverfahren teilweise vom verwaltungsgerichtlichen Verfahren ab; § 73 verweist zu mehreren Themenkreisen (Zustellungen, Termine, Fristen u. a.) auf Regelungen der ZPO.

3 Nach § 63 Abs. 4 entscheidet über die Beschwerde ausschließlich das für den **Sitz der KartB zuständige OLG.** Für das BKartA ist das OLG Düsseldorf zuständig, ebenso für Beschwerden gegen eine Ministererlaubnis des BMWi im Fusionskontrollverfahren (§ 42). Bis zum Umzug des BKartA von Berlin nach Bonn war das KG zuständig.[5]

4 Über die Rechtsbeschwerde entscheidet der BGH (§ 74, dazu unten Rdnr. 136ff.). Bestehen Zweifel, welches OLG zuständig ist, hat der BGH in entsprechender Anwendung von § 36 ZPO das zuständige OLG zu bestimmen.

II. Zulässigkeit

5 **1. Beschwerdearten:** Das GWB regelt ausdrücklich nur die Anfechtungsbeschwerde (§ 63 Abs. 1), die Verpflichtungsbeschwerde (§ 63 Abs. 3) und die Fortsetzungsfeststellungsbeschwerde (§ 71 Abs. 2 S. 2 und 3). Um dem Grundsatz eines lückenlosen Rechtsschutzes in Art. 19 Abs. 4 GG zu genügen, ist unter bestimmten Voraussetzungen aber auch eine allgemeine Leistungsbeschwerde und nach richtiger Ansicht auch eine allgemeine Feststellungsbeschwerde zulässig.

6 *a) Anfechtungsbeschwerde (§ 63 Abs. 1):* Gegenstand der Anfechtungsbeschwerde ist das Begehren, eine bestimmte Verfügung ganz oder teilweise aufzuheben oder abzuändern (s. § 66 Abs. 4 Nr. 1). Das Gesetz unterscheidet nicht zwischen Anfechtungs- und Nichtigkeitsgründen.[6] Allerdings kann (nur) die Nichtigkeit der angefochtenen Verfügung noch nach Ablauf der Frist des § 66 Abs. 1 geltend gemacht werden.[7] Der Begriff der Verfügung entspricht dem des Verwaltungsaktes. Wie die Maßnahme bezeichnet wird, ist ohne Bedeutung. In der Rechtsprechung wird der Begriff Verfügung im Interesse des Rechtsschutzes weit ausgelegt: Verfügung ist jede hoheitliche Maßnahme, durch die der Beschwerdeführer in seinen Rechten verletzt zu werden behauptet.[8] Mit der Anerkennung der allg. Leistungsbeschwerde besteht für eine so weite Auslegung allerdings eigentlich kein Bedürfnis mehr.[9]

7 **Anfechtbar sind:**

– Verfügungen, die in der Hauptsache ergehen;
– Entscheidungen in Nebenverfahren, z. B. Auskunfts- und Prüfungsverlangen, Auskunftsbeschlüsse gegen Dritte, Vorabentscheidungen nach § 55, Beiladungsverfügungen;
– Kostenentscheidungen der KartB;
– Nebenbestimmungen zur Freigabe eines Zusammenschlusses im Hauptprüfverfahren, zumindest dann, wenn der Beschwerdeführer geltend macht, dass die Untersagungsvoraussetzungen nicht vorliegen und der angemeldete Zusammenschluss deshalb ohne jede Einschränkung freigegeben werden müsste;[10] etwas anderes gilt, wenn allein die Rechtswidrigkeit der Nebenbestimmungen einer Freigabe in Rede steht, weil in diesem Fall die **isolierte Aufhebung der Nebenbestimmungen** zur uneingeschränkten Freigabe eines an sich zu untersagenden Zusammenschlusses und damit zu einer mit der Rechtslage nicht in Einklang stehenden Beschwerdeentscheidung führen würde;[11]
– Zwischenverfügungen, die eine verbindliche Regelung treffen, ohne das Verfahren in der Hauptsache endgültig abzuschließen (z. B. einstweilige Anordnungen).

---

[5] Näher hierzu OLG Düsseldorf WuW/E DE-R 514, 515ff. – *Tequila.*
[6] *Immenga/Mestmäcker-K. Schmidt,* GWB, § 63 Rdnr. 13.
[7] *KK-Deichfuß,* § 63 GWB Rdnr. 11; *Immenga/Mestmäcker-K. Schmidt,* GWB, § 66 Rdnr. 7.
[8] BGH WuW/E BGH 1264, 1265f. – *Asbach Uralt.*
[9] *KK-Deichfuß,* § 63 GWB Rdnr. 11.
[10] BGH WuW/E DE-R 1681, 1684 – *DB Regio/üstra;* so auch bereits die Vorinstanz OLG Düsseldorf WuW/E DE-R 1397, 1399 – *ÖPNV Hannover.*
[11] OLG Düsseldorf WuW/E DE-R 1397, 1399f. – *ÖPNV Hannover.*

Nicht anfechtbar sind: 8
- innerdienstliche Maßnahmen und Meinungsäußerungen der KartB;
- formlose Anfragen;
- Freigaben im Vorprüfverfahren der Fusionskontrolle;[12]
- die nach § 53 Abs. 1 S. 3 bekanntzugebenden Verwaltungsgrundsätze;
- die Einleitung des Verfahrens, weil sie den Beteiligten keine Verpflichtungen auferlegt;
- Abmahnungen (s. § 53 Rdnr. 146 f.), weil sie erst einen Verwaltungsakt ankündigen, selbst jedoch keine verbindliche Wirkung entfalten;
- die Einstellung des Verfahrens nach § 61 Abs. 2;
- verfahrensleitende und -gestaltende Anordnungen der KartB, z. B. die Ladung zur mündlichen Verhandlung oder eine Beweisanordnung.[13]
- bloße Schreiben des Amtes, mit denen es seine Rechtsauffassung zu einer in einem Fusionskontrollverfahren streitigen Frage kundgibt;[14]
- die Abgabe eines Verfahrens von einer LKartB an das BKartA.[15]

Streitig ist, ob die Versagung der Akteneinsicht angefochten werden kann[16] (s. § 53 9 Rdnr. 106).

b) Verpflichtungsbeschwerde/Untätigkeitsbeschwerde (§ 63 Abs. 3). Mit der Verpflichtungsbe- 10 schwerde begehrt der Beschwerdeführer den Erlass einer abgelehnten oder unterlassenen Verfügung (§ 63 Abs. 3 S. 1, § 42 VwGO). Ist das Rechtschutzbegehren darauf gerichtet, eine Verbindlicherklärung einer Verpflichtungszusage nach § 32b Abs. 1 S. 1, 2 ohne einen Widerrufsvorbehalt zu erlangen, so ist die Anfechtungsbeschwerde in eine Verpflichtungsbeschwerde auf Erlass einer Verbindlicherklärung ohne Beifügung eines Widerrufsvorbehalts umzudeuten.[17] Die Untätigkeitsbeschwerde (§ 63 Abs. 3 S. 2 und 3) ist zulässig, wenn die KartB einen Antrag auf Vornahme einer Verfügung ohne zureichenden Grund in angemessener Frist nicht beschieden hat. Bringt die KartB zum Ausdruck, nicht über den Antrag entscheiden zu wollen, steht das dem Ablauf einer angemessenen Frist gleich.[18] Angemessen ist eine Zeitspanne, in der unter Berücksichtigung der im konkreten Fall erforderlichen rechtlichen und tatsächlichen Untersuchungen eine Entscheidung normalerweise zu erwarten ist. Anders als § 75 VwGO sehen § 63 Abs. 3 S. 2 und 3 keine dreimonatige Wartefrist für die Untätigkeitsbeschwerde vor. Bei schwierigen kartellrechtlichen Fragen kann eine Bearbeitungsfrist von drei Monaten zu kurz sein; andererseits besteht oft ein erhebliches wirtschaftliches Interesse an einer schnelleren Entscheidung. Als Maßstab für die Angemessenheit wird in der Literatur auf die Dreimonatsfrist des § 9 Abs. 3 S. 1 a. F. (Freistellung bestimmter Kartelle durch Fristablauf) und darauf verwiesen, dass der BMWi über einen Erlaubnisantrag nach § 42 Abs. 4 innerhalb von vier Monaten nach Ablauf der für den Erlaubnisantrag geltenden Fristen entscheiden soll.[19] Ein Unterfall der Verpflichtungsbeschwerde ist die Bescheidungsbeschwerde, wodurch die Behörde bei fehlender Spruchreife zu einer neuen Entscheidung unter Berücksichtigung der Rechtsauffassung des Gerichts verpflichtet werden soll.[20]

c) Fortsetzungsfeststellungsbeschwerde (§ 71 Abs. 2 und 3). Die nachträgliche Feststellungsbe- 11 schwerde (Fortsetzungsfeststellungsbeschwerde)[21] ist zulässig, wenn sich die streitgegenständliche Verfügung **nach Einlegung der Beschwerde** durch Zurücknahme oder auf andere

[12] BGH WuW/E DE-R 1571, 1572 – *Ampere;* OLG Düsseldorf B. v. 30.6.2004, VI-Kart. 4/04 (V); B. v. 7.10.2004, VI-Kart. 3/04 (V) – *Ampere.*

[13] OLG Düsseldorf ZNER 2008, 383 f.

[14] OLG Düsseldorf WuW/E DE-R 3703, 3706 ff. – *Lenzing/Kehlheim.*

[15] KG WuW/E DE-R 2559, 2560 – *GASAG.*

[16] KG WuW/E OLG 3908, 3909 f.; *FK-Bracher,* § 56 GWB Rdnr. 37; *Immenga/Mestmäcker-K. Schmidt,* GWB, § 56 Rdnr. 10.

[17] OLG Frankfurt B. v. 14.3.2013, 11 W 33/12 (Kart).

[18] *Langen/Bunte-Lembach,* Deutsches Kartellrecht, § 63 GWB Rdnr. 41.

[19] *KK-Deichfuß,* § 63 GWB Rdnr. 49.

[20] *Langen/Bunte-Lembach,* Deutsches Kartellrecht, § 63 GWB Rdnr. 34

[21] Instruktiv zur Fortsetzungsfeststellungsbeschwerde *Gieseler,* Die kartellrechtliche Fortsetzungsfeststellungsbeschwerde.

Weise **erledigt** (§ 71 Abs. 2 S. 2). Das gilt für die Anfechtungs- wie für die Verpflichtungsbeschwerde.[22] Eine Erledigung der Hauptsache tritt ein, wenn die Verfügung der KartB gegenstandslos geworden ist, keine rechtlichen Wirkungen mehr äußert und deshalb die mit ihr verbundene **Beschwer** des Betroffenen (d. h. des Beschwerdeführers) **nachträglich entfällt**.[23] Erklärt die KartB, aus ihrer Verfügung keine Rechte mehr herzuleiten, führt das zur Erledigung.[24] Gleiches gilt, wenn sie ihre Verfügung zurücknimmt oder die Geltungsdauer der Verfügung abgelaufen ist.[25] Geben die Beteiligten ein Zusammenschlussvorhaben endgültig auf, führt das grds. ebenfalls zur Erledigung.[26] Eine Untersagungsverfügung erledigt sich etwa dann, wenn durch die Untersagung seitens des BKartA die aufschiebende Bedingung eines Kaufvertrages nicht mehr eintreten kann und das Zusammenschlussvorhaben deshalb von den Beteiligten nicht mehr weiterverfolgt wird.[27] Ein nach neuen Verhandlungen geschlossener Kaufvertrag stellt ein neues Vorhaben dar, das einer erneuten Prüfung durch das BKartA bedarf.[28] Keine Erledigung tritt ein, wenn der Veräußerer nach Untersagung eines Zusammenschlussvorhabens an einen Dritten verkauft, der ursprüngliche Erwerber jedoch das Recht erhält, die Beteiligung bei Obsiegen im Beschwerdeverfahren nunmehr direkt von diesem Dritten zu erwerben.[29] Das gilt zumindest dann, wenn die Beteiligten immer noch dasselbe Endziel verfolgen und der Dritte in Kenntnis des Umstands handelt, dass die Übertragung der Anteile an ihn und die bedingte Zurückübertragung nur eine Zwischenlösung für das ursprüngliche, ihn nicht betreffende Zusammenschlussvorhaben darstellt.[30] Die Anforderungen an das Bestehen eines Fortsetzungsfeststellungsinteresses sind im Fall eines erledigten Zusammenschlussvorhabens geringer als bei den übrigen Streitigkeiten.[31]

12 Der Beschwerdeführer kann seine Erledigungserklärung mit einem Fortsetzungsfeststellungsantrag verbinden.[32] Auch bei Erledigung einer Verfügung **vor** Beschwerdeeinlegung ist die Fortsetzungsfeststellungsbeschwerde zulässig.[33] Das ergibt sich aus einer Fortentwicklung des § 71 Abs. 2 S. 2 (entsprechend der analogen Fortbildung von § 113 Abs. 1 S. 4 VwGO). Voraussetzung dafür ist, dass ohne das erledigende Ereignis eine Anfechtungs- oder Verpflichtungsbeschwerde statthaft gewesen wäre, dass der Beschwerdeführer sowohl formell als auch materiell beschwert ist und dass er ein **berechtigtes Interesse an der Feststellung der Rechtswidrigkeit** hat.[34] Hierzu reicht jedes vernünftigerweise anzuerkennende schutzwürdige Interesse, sei es rechtlicher, wirtschaftlicher oder ideeller Art.[35]

---

22 BGH WuW/E DE-R 919, 922 – *Stellenmarkt für Deutschland.*

23 BGH WuW/E BGH 2211, 2213 – *Morris-Rothmans;* WuW/E BGH 2620, 2621 – *Springer-Kieler Zeitung;* OLG Düsseldorf WuW/E DE-R 781 – *Wal-Mart;* OLG Düsseldorf WuW/E DE-R 829, 831 – *Freie Tankstellen.*

24 BGH WuW/E DE-R 2161, 2162 – *Tariftreueerklärung III;* OLG Düsseldorf WuW/E DE-R 829, 831 – *Freie Tankstellen.*

25 BGH WuW/E DE-R 2161, 2162 – *Tariftreueerklärung; Bechtold,* GWB, § 71 Rdnr. 9.

26 OLG Düsseldorf WuW/E DE-R 1435, 1436 – *Agrana/Atys;* der BGH ging in der Rechtsbeschwerdeinstanz allerdings davon aus, dass die Beteiligten ihr Vorhaben gerade nicht endgültig aufgegeben hatten: BGH B. v. 31.5.2006, WuW/E DE-R 1783, 1785 f. – *Call-Option.*

27 OLG Düsseldorf WuW/E DE-R 1654, 1655 – *RUAG/MEN.*

28 OLG Düsseldorf WuW/E DE-R 1654, 1656 – *RUAG/MEN.*

29 BGH B. v. 31.5.2006, WuW/E DE-R 1783, 1785 f. – *Call-Option.*

30 AaO; ähnlich OLG Düsseldorf WuW/E DE-R 1625 – *Rothman/GFA Köthen.*

31 BGH WuW/E DE-R 3971, 3973 – Hörgeräteakustiker (BIHA); OLG Düsseldorf WuW/E DE-R 4153 – Akutstationäre Krankenhausdienstleistungen.

32 KG WuW/E OLG 4640, 4641 – *Hamburger Benzinpreise;* so auch OLG Düsseldorf WuW/E DE-R 829, 831 – *Freie Tankstellen;* zur einseitigen Erledigungserklärung BGH WuW/E BGH 2211, 2213 – *Philipp Morris/Rothmans;* BGH WuW/E BGH 2497, 2500 – *GEMA-Wertungsverfahren.*

33 OLG Düsseldorf WuW/E DE-R 2755, 2762 – *DFL-Vermarktungsrechte; Herrlinger* WuW 2013, 332, 333 f.

34 Zur Erledigung bei der Verpflichtungsbeschwerde BGH WuW/E DE-R 919, 922 – *Stellenmarkt für Deutschland.*

35 BGH WuW/E BGH 1556, 1558 – *Weichschaum III;* KG WuW/E OLG 1189, 1191 – *Import-Schallplatten;* WuW/E OLG 2441, 2443 – *Schulbuch-Vertrieb;* WuW/E OLG 3213, 3215 – *Zum bösen Wolf;* WuW/E OLG 5497, 5501 – *Fortsetzungsfeststellungsinteresse.*

Ein **Fortsetzungsfeststellungsinteresse** ist insbes. dann gegeben, wenn der Beschwerdeführer für sein künftiges Verhalten wissen muss, ob sein Verhalten in der Vergangenheit rechtmäßig war oder nicht – **Wiederholungsgefahr.**[36] Das OLG Düsseldorf hat eine Wiederholungsgefahr bejaht, wenn das Risiko besteht, dass die KartB erneut eine Verfügung mit dem Inhalt der erledigten Verfügung oder eine dieser gleichartigen Verfügung erlässt. Zwar genüge nicht jede abstrakte Möglichkeit einer Wiederholung.[37] Es reiche zur Begründung eines Feststellungsinteresses jedoch aus, wenn die Rechtslage hinsichtlich der ursprünglichen Verfügung unklar sei, die Wiederholung einer Fallgestaltung, die dieser Verfügung zugrunde gelegen habe, nach den Umständen nicht fernliegend sei, und schließlich der Beschwerdeführer die begehrte Feststellung im Sinne einer verlässlichen Grundlage für **künftige** geschäftliche Entscheidungen seinem weiteren Verhalten zugrunde legen wolle.[38] Im konkreten Fall (betr. Benzinpreisgestaltung) bejahte das OLG Düsseldorf die Wiederholungsgefahr. Dabei stellte es vor allem darauf ab, dass es in Zukunft immer wieder dazu kommen könne, dass sich der vom BKartA (dort: nach § 20 Abs. 4 a. F., jetzt: § 20 Abs. 3) beanstandete Sachverhalt wiederhole. Insofern müsse es genügen, dass die Beschwerdeführerinnen mit ihren Feststellungsanträgen für den Fall einer nach Lage der Dinge wiederholbaren und nach den Umständen nicht ausschließbaren Sachlage eine rechtliche Klärung für ihr künftiges Verhalten erstrebten. Dabei sei – für das Feststellungsinteresse – die Rechtswidrigkeit der ursprünglich angefochtenen und erledigten Verfügung zu unterstellen. Es sei nicht erforderlich, dass sich eine Wiederholung der untersagten Handlung – und damit eine Verbotsverfügung der KartB – bereits konkret abzeichne oder eine solche bevorstehe.[39] Voraussetzung für ein Feststellungsinteresse ist in jedem Fall aber, dass die Feststellung des Beschwerdegerichts überhaupt als Beurteilungsgrundlage für das künftige Verhalten des Beschwerdeführers in Betracht kommt.[40] Daran fehlt es insbes. dann, wenn die begehrte Beschwerdeentscheidung auch ergehen könnte, ohne dass die von der Beschwerdeführerin zur Begründung ihres Feststellungsinteresses in den Vordergrund gestellten materiell-rechtlichen Fragen behandelt werden müssten.[41] Gelegentlich wird aus Gründen der Prozessökonomie eine Feststellung wegen eines **beabsichtigten Schadensersatz-,** insbes. eines **Amtshaftungsprozesses** begehrt. Der Prozess muss konkret zu erwarten sein und darf nicht offenbar aussichtslos erscheinen.[42] In seiner Entscheidung *Total/OMV* bejahte der BGH ein Fortsetzungsfeststellungsinteresse des BKartA, weil es mit Blick auf seine Untersagungsentscheidung konkret mit Schadensersatzforderungen von *Total* rechnen müsse.[43] Voraussetzung für einen solchen Schadensersatzanspruch ist aber nicht nur die Rechtswidrigkeit der Entscheidung der KartB, sondern auch ein Verschulden der Beamten. Daran fehlte es etwa im Fall *Phonak/ReSound.*[44] Auch kann das Feststellungsinteresse durch eine fortdauernde Rufschädigung begründet werden.[45] Ein Feststellungsinteresse wegen des Bedürfnisses nach Rehabilitation besteht aber nur dann, wenn der angefochtene 13

[36] BGH WuW/E BGH 1367, 1368 – *Zementverkaufsstelle Niedersachsen.*

[37] So auch schon KG WuW/E OLG 5497, 5501 – *Fortsetzungsfeststellungsinteresse.*

[38] OLG Düsseldorf WuW/E DE-R 829 ff. – *Freie Tankstellen,* unter Verweis auf KG WuW/E OLG 2441, 2443 – *Schulbuch-Vertrieb* bzw. KG WuW/E OLG 2753, 2754 – *Springer-Elbe-Wochenblatt II;* in der WuW ist der hier zitierte Passus der Entscheidung des OLG Düsseldorf (BA, S. 10/11) allerdings nicht abgedruckt.

[39] OLG Düsseldorf WuW/E DE-R 829 ff. – *Freie Tankstellen* (BA, S. 10/11).

[40] KG WuW/E OLG 2441, 2443 – *Schulbuch-Vertrieb;* KG WuW/E OLG 2767, 2768 – *Anwendbarkeit des § 46 in Beschwerdeverfahren;* KG WuW/E OLG 3213, 3216 – *Zum bösen Wolf;* dazu auch OLG Düsseldorf WuW/E DE-R 1839 – *Springer/ProSiebenSat1.*

[41] OLG Düsseldorf WuW/E DE-R 829 ff. – *Freie Tankstellen* (BA, S. 10/11).

[42] BGH WuW/E BGH 1556, 1561 – *Weichschaum III;* zum Schadensersatz auch BGH WuW/E DE-R 1058, 1060 – *100, eins Radio Aachen.*

[43] BGH WuW/E DE-R 3591, 3592 – *Total/OMV.*

[44] LG Köln openJur 2013, 5942.

[45] KG WuW/E OLG 1074, 1075 – *Feuerfeste Steine;* OLG Hamburg WuW/E OLG 4713, 4714.

Beschluss fortdauernde diskriminierende Wirkungen haben kann. Das KG hat hierzu entschieden, dass etwa die Zuordnung eines Unternehmens zu einem Oligopol kein Rehabilitationsbedürfnis begründet.[46] Ebenso wie der Zivilprozess darf auch der verwaltungsgerichtliche Prozeß nicht auf die Klärung einer abstrakten Rechtsfrage gerichtet sein.[47] Um eine solche soll es sich aber gerade dann nicht handeln, wenn sich die etwa in einem Fusionskontrollverfahren aufgeworfenen Tatsachen- und Rechtsfragen im Fall künftiger Akquisitionen genauso stellen würden.[48] Im Fall *Springer/ProSieben-SAT 1* bejahte der BGH ein entsprechendes Feststellungsinteresse des *Springer*-Verlags. Das Zielunternehmen könne jederzeit wieder zum Verkauf stehen. Der *Springer*-Verlag sei jedoch für potentielle Verkäufer wenig interessant, solange diese davon ausgehen müssten, dass ein Verkauf an ihn an denselben Bedenken scheitern würde, die das BKartA schon gegen das aufgegebene Vorhaben vorgebracht hatte.[49] Der BGH will seine Entscheidung ausdrücklich auch als Annäherung an den Rechtsschutz gegen Fusionskontrollentscheidungen nach der EG-FKVO verstanden wissen.[50] In den Fällen *Phonak/GN Store,*[51] *EDEKA/Plus*[52] und *Total/OMV*[53] hat der BGH seine Rechtsprechung weiter präzisiert. Für das Fortsetzungsinteresse will er offensichtlich vor allem an drei Voraussetzungen anknüpfen: Ist das Zielunternehmen noch am Markt, kommt es erneut als Beteiligter eines Zusammenschlussvorhabens in Betracht und sind die Marktverhältnisse seit der Entscheidung des BKartA „im Wesentlichen unverändert" geblieben, so dass die Beurteilung durch das BKartA ihre „prägende Bedeutung" für die spätere Prüfung behält.[54] In der Praxis sollte der BGH künftig vor allem auf die letztgenannte Voraussetzung abstellen und ein Feststellungsinteresse (allein) bei deren Vorliegen bejahen.[55] Das gilt zumindest dann, wenn nach den Umständen des Falles innerhalb des Prognosezeitraums von maximal drei bis fünf Jahren erneut mit einem Vorhaben zu rechnen ist, für das die nachgereichte Beschwerdeentscheidung hinreichend präjudizielle Wirkung entfaltet.[56] **Maßgeblicher Zeitpunkt für die Entscheidung** über die Rechtmäßigkeit einer Fortsetzungsfeststellungsbeschwerde ist der Zeitpunkt der Erledigung der Verfügung.[57]

14 § 71 Abs. 3 eröffnet eine weitere Fortsetzungsfeststellungsbeschwerde. Wenn sich eine Verfügung nach §§ 32–32b oder 32d wegen nachträglicher Änderung der tatsächlichen Verhältnisse oder auf andere Weise erledigt, kann das Beschwerdegericht auf Antrag aussprechen, ob, in welchem Umfang und bis zu welchem Zeitpunkt die **Verfügung begründet** gewesen ist. Anders als nach § 72 Abs. 2 S. 2 stellt das Gericht also nicht lediglich fest, ob die Verfügung unzulässig oder unbegründet war. Ein berechtigtes Interesse ist nach § 72 Abs. 2 S. 2 ebenfalls nicht erforderlich; es wird von Gesetzes wegen vermutet.[58] § 70 Abs. 3 a.F. wurde durch die 4. GWB-Novelle (1980) eingefügt, um die Schadensersatzpflicht (§ 33) und die Mehrerlösabschöpfung (bzw. jetzt Vorteilsabschöpfung in § 34) verfahrensrechtlich zu ergänzen.[59] Beide Vorschriften finden auch Anwendung, wenn Unternehmen gegen eine Missbrauchsverfügung bzw. gegen eine Verfügung nach § 32 versto-

46 KG WuW/E OLG 5497, 5503 f. – *Fortsetzungsfeststellungsinteresse.*
47 KG WuW/E OLG 5225, 5227 – *Bekanntmachungsgebühr.*
48 BGH WuW/E DE-R 2221, 2222 f. – *Springer/ProSieben.*
49 BGH WuW/E DE-R 2221, 2223 – *Springer/ProSieben.*
50 BGH WuW/E DE-R 2221, 2224 – *Springer/ProSieben.*
51 BGH WuW/E DE-R 2905 – *Phonak/GN Store;* dazu *Westermann,* ZWeR 2011, 333, 335.
52 BGH WuW/E DE-R 3097 – *EDEKA/Plus.*
53 BGH WuW/E DE-R 3591, 3592 – *Total/OMV.*
54 Ausführlich und kritisch dazu *Herrlinger* WuW 2013, 332, 341 ff.
55 So schon *Herrlinger,* aaO.
56 OLG Düsseldorf WuW/E DE-R 4153 – *Akutstationäre Krankenhausdienstleistungen,* das allerdings davon ausgeht, dass ein solcher Fall praktisch nicht vorkommt.
57 *Immenga/Mestmäcker-K. Schmidt,* GWB, § 71 Rdnr. 9 mwN.
58 *Bechtold,* GWB, § 71 Rdnr. 19.
59 BGH WuW/E BGH 3009, 3013 – *Stadtgaspreis Potsdam;* WuW/E BGH 3021, 3022 – *Stadtgaspreise;* OLG München WuW/E OLG 5713, 5717.

ßen, die zwar zunächst rechtmäßig war, sich aber im Laufe des Beschwerdeverfahrens erledigt hat. Die Feststellung des Beschwerdegerichts ergeht auf Antrag. Die Vorschrift sagt nichts darüber, wer **antragsberechtigt** ist. Nach der Gesetzesbegründung sollte es nur die KartB sein, nach h. M. sind aber auch Dritte antragsberechtigt, wenn sie mögliche Ansprüche aus § 33 geltend machen können.[60]

15 Stellt das Beschwerdegericht nach § 71 Abs. 3 unanfechtbar fest, dass die erledigte Verfügung der KartB begründet war, führt das zu zivilrechtlichen Ansprüchen.[61] Ergeht eine solche Entscheidung nicht, liegt im Fall der Erledigung auch keine bestandskräftige Verfügung vor, auf die etwaige zivilrechtliche Ansprüche gestützt werden könnten.[62]

16 *d) Feststellungsbeschwerde.* Von der h. M. bisher **nicht anerkannt** ist die allgemeine Feststellungsbeschwerde. Zur Begründung wird angeführt, dass für sie kein Bedürfnis bestehe, weil § 63 dem Schutz gegen behördliche Maßnahmen diene. Das Beschwerdegericht sei grds. nur zur Entscheidung berufen, nachdem die KartB eine Verfügung erlassen oder pflichtwidrig unterlassen hat. Dieser Grundsatz würde durch die Zulassung einer allgemeinen Feststellungsbeschwerde unterlaufen.[63] Ob ein Verhalten, ein Vertrag oder ein Zusammenschluß kartellrechtlich zulässig ist, soll deshalb nicht durch eine allgemeine Feststellungsbeschwerde geklärt werden können. Unter den Voraussetzungen des § 32c kann die KartB jetzt allerdings – anders als nach früherem Recht – entscheiden, dass für sie kein Anlass zum Tätigwerden besteht. In der Literatur wird die allgemeine Feststellungsbeschwerde zum Teil als grds. zulässig, in jedem Fall aber als subsidiär gegenüber allen anderen Beschwerdearten angesehen.[64] Dieser Auffassung ist zuzustimmen. Anderenfalls bestünde im GWB eine **Rechtsschutzlücke.** Das erkennt offensichtlich auch der BGH an.[65] Ein Bedürfnis für eine allgemeine Feststellungsbeschwerde besteht etwa dann, wenn das BKartA davon ausgeht, ein bestimmter Zusammenschluß sei anmeldepflichtig, die beteiligten Unternehmen das aber z. B. mit Verweis auf einen der Ausnahmetatbestände in § 35 Abs. 2 oder aber die Regelung in § 130 Abs. 2 anders beurteilen. In einem solchen Fall ist es den Beteiligten nicht zumutbar, das Vorhaben „vorsorglich“ beim BKartA anzumelden. Gibt das BKartA den Zusammenschluß dann frei, könnten die Beteiligten die Frage der Anwendbarkeit der Zusammenschlusskontrolle nicht mehr gerichtlich klären lassen. Die Gebührenentscheidung des BKartA wäre mit Blick auf das Verursachungsprinzip in § 80 nicht anfechtbar. Verzichten die Beteiligten hingegen auf eine „vorsorgliche“ Anmeldung, riskieren sie, dass das BKartA ein Anzeigeerzwingungsverfahren einleitet, wenn nicht gar ein Bußgeldverfahren. Beides wären keine echten Optionen für die Beteiligten. Wegen des sehr engen Anwendungsbereichs der vorbeugenden Unterlassungsbeschwerde (dazu Rdnr. 18) muss in einem solchen Fall deshalb die allgemeine Feststellungsbeschwerde zulässig sein.

17 *e) Leistungsbeschwerde.* Mit der allgemeinen Leistungsbeschwerde kann ein kartellverwaltungsrechtlicher Anspruch verfolgt werden, der nicht auf die Aufhebung oder den Erlass eines kartellrechtlichen Verwaltungsaktes gerichtet ist, sondern Rechtsbeeinträchtigungen durch **sonstiges Verwaltungshandeln** beseitigen soll. Beispiele hierfür sind Folgenbeseitigungsansprüche und Störungsbeseitigungsansprüche. Eine Leistungsbeschwerde auf Änderung einer Bekanntmachung ist zulässig, aber nur ausnahmsweise dann begründet, wenn

---

[60] *Immenga/Mestmäcker-K. Schmidt,* GWB, § 71 Rdnr. 34a mwN; *KK-Deichfuß,* § 71 GWB Rdnr. 63.

[61] OLG Düsseldorf WuW/E DE-R 1058, 1060 – *Radio Aachen.*

[62] BGH WuW/E BGH 2084 – *ConExpo; Langen/Bunte-Bornkamm,* Deutsches Kartellrecht, § 33 GWB Rdnr. 91; *Immenga/Mestmäcker-Emmeric,* GWB, § 33 Rdnr. 36.

[63] KG WuW/E OLG 3685, 3697 f. – *Aral;* WuW/E OLG 4589, 4591 – *Blockheizkraftwerk;* WuW/E OLG 5225, 5227 – *Bekanntmachungsgebühren.*

[64] *Bechtold,* GWB, § 63 Rdnr. 139; *Immenga/Mestmäcker-K. Schmidt,* GWB, § 63 Rdnr. 11.

[65] BGH WuW/E DE-R 2395, 2406 – *Rheinhessische Energie;* aA OLG Düsseldorf WuW/E DE-R 2755, 2761 – *DFL-Vermarktungsrechte.*

im Einzelfall konkrete Umstände vorliegen, die eine schädigende Wirkung auf die beteiligten Unternehmen im Sinne einer Rechtsverletzung darstellen.[66]

18 *f) Vorbeugende Unterlassungsbeschwerde.* Auch eine vorbeugende Unterlassungsbeschwerde kann zur Verwirklichung effektiven Rechtsschutzes zulässig sein. Sie ist nicht darauf beschränkt, kartellbehördlichen Verfügungen entgegenzuwirken, sondern kommt auch in Betracht, wenn die behauptete Rechtsbeeinträchtigung von einem **schlichten Verwaltungshandeln** ausgehen soll. Hier ist etwa an eine dem Betroffenen vom BKartA angekündigte Presseerklärung zu denken, mit der die Öffentlichkeit über die Einleitung eines Bußgeldverfahrens wegen eines angeblichen Kartellverstoßes informiert werden soll. Immer ist aber ein besonderes **(qualifiziertes),** gerade auf die Inanspruchnahme des vorbeugenden Rechtsschutzes gerichtetes **Interesse** erforderlich.[67] Es setzt voraus, dass das Verwaltungshandeln unmittelbar bevorsteht und irreparable oder zumindest nur schwer auszugleichende Nachteile zur Folge hätte, so dass zum Schutz der Betroffenen sofortiger Rechtschutz geboten ist.[68] Die Befürchtung, das Amt könne künftig eine dem Beschwerdeführer missliebige Rechtsauffassung äußern, reicht für ein qualifiziertes Interesse nicht aus. Die vorbeugende Unterlassungsbeschwerde ist nur in Ausnahmefällen statthaft. Im Regelfall kann nämlich der Beschwerdeführer auf den vom Gesetz grds. als angemessen und ausreichend angesehenen nachträglichen Rechtsschutz verwiesen werden.[69] Eine vorbeugende Unterlassungsbeschwerde ist also nicht bereits immer dann zulässig, wenn ihm eine Verfügung nach § 32 oder § 32d droht. Der vorbeugende Rechtsschutz mittels vorbeugender Unterlassungsbeschwerde darf nicht dazu führen, einen gesetzlich nicht vorgesehenen Anspruch auf ein Negativattest einzuführen.[70] Eine vorbeugende Unterlassungsbeschwerde kann deshalb nicht mit dem Ziel betrieben werden, das Beschwerdegericht im Vorfeld zur Beurteilung der Rechtslage zu zwingen, mit dem Argument, dem Beschwerdeführer drohe eine Missbrauchs- oder Untersagungsverfügung, falls sein Verhalten gegen das Kartellgesetz verstoße.[71] Durch die Einführung von § 32c hat sich daran nichts geändert.[72] Das OLG Düsseldorf verwarf Beschwerden als unzulässig, mit denen die Beteiligten an dem Zusammenschluß der Kreiskliniken Esslingen mit dem Klinikum Esslingen und ihre verfahrensbevollmächtigten Rechtsanwälte die Veröffentlichung des Beschlusses verhindern wollten, mit dem das BKartA den Zusammenschluß untersagt hatte. Die für die Zulässigkeit der Beschwerden erforderliche Verletzung in eigenen Rechten sei schon im Ansatz nicht ersichtlich.[73] Stadt und Landkreis Esslingen wie die von ihnen beherrschten Krankenhäuser könnten sich als Teil der staatlichen Organisation nicht auf Grundrechte als Abwehrrechte gegenüber der Staatsgewalt berufen. Auch ein Verstoß gegen die Geheimhaltungspflicht nach § 30 VwVfG scheide aus. Eine Verletzung der Rechtsanwälte in eigenen Rechten sei von vornherein nicht erkennbar.

19 Der BGH hat im Einzelfall die Zulässigkeit einer außerordentlichen Beschwerde gegen mit ordentlichen Rechtsmitteln nicht anzugreifende Entscheidungen anerkannt, soweit die

---

[66] BGH WuW/E BGH 2760, 2761 – *Unterlassungsbeschwerde;* KG WuW/E OLG 4645, 4647 – *Bayerische Landesbank* mwN.

[67] BGH WuW/E BGH 2760, 2761 – *Unterlassungsbeschwerde;* KG WuW/E OLG 4645, 4647 – *Bayerische Landesbank;* OLG Düsseldorf WuW/E DE-R 1070, 1071 – *Energie-AG Mitteldeutschland; Lange,* Handbuch zum deutschen und europäischen Kartellrecht, Kap. 9 Rdnr. 1543.

[68] OLG Düsseldorf WuW/E DE-R 2755, 2758 – *DFL-Vermarktungsrechte;* OLG Düsseldorf WuW/E DE-R 3703, 3704 ff. – *Lenzing/Kehlheim.*

[69] OLG Düsseldorf WuW/E DE-R 2755, 2758 – *DFL-Vermarktungsrechte;* kritisch dazu *Langen/Bunte-Lembach,* Deutsches Kartellrecht, § 63 GWB Rdnr. 47.

[70] BGH WuW/E DE-R 2395, 2406 – *Rheinhessische Energie;* OLG Düsseldorf WuW/E DE-R 3703 – *Negativattest; Emmerich* AG 2014, 25, 31; *Langen/Bunte-Lembach,* Deutsches Kartellrecht, § 63 GWB Rdnr. 47.

[71] KG WuW/E OLG 3685, 3698 – *Aral; Immenga/Mestmäcker-K. Schmidt,* GWB, § 63 Rdnr. 9; *K. Schmidt;* DB 1992, S. 1277, 1279.

[72] OLG Düsseldorf WuW/E DE-R 1585, 1587 – *Sanacorp/ANZAG (Celesio).*

[73] B. v. 14.1.2015, Az. VI Kart 4/14 (V).

angefochtene Entscheidung an einem Mangel leidet, der sie als mit der geltenden Rechtsordnung schlechthin unvereinbar erscheinen lässt, weil sie jeder gesetzlichen Grundlage entbehrt und dem Gesetz inhaltlich fremd ist.[74]

2. Beschwerdebefugnis. Voraussetzung für die Zulässigkeit der Anfechtungsbeschwerde ist grds. die Beteiligung am Verfahren vor der KartB (§ 63 Abs. 2). Die Beschwerdebefugnis für die Verpflichtungsbeschwerde ergibt sich aus der Ablehnung oder Unterlassung einer beantragten Verfügung (§ 63 Abs. 3). Weitere Zulässigkeitsvoraussetzungen sind über den Wortlaut von § 63 hinaus die formelle und materielle Beschwer des Beschwerdeführers. 20

a) Gesetzliche Regelung (§ 63 Abs. 2 und 3). Nach § 63 Abs. 2 sind bei der **Anfechtungsbeschwerde** alle Personen und Vereinigungen von Personen beschwerdebefugt, die nach § 54 Abs. 2 und 3 am Verfahren vor der KartB beteiligt waren. Die Vorschrift geht – insbes. durch die Bezugnahme auf § 54 Abs. 2 Nr. 3 – über § 42 Abs. 2 VwGO hinaus. Als Beteiligter eines Verfahrens vor einer obersten Landesbehörde nach § 54 Abs. 3 kann das BKartA deren Entscheidung mit einer Beschwerde angreifen.[75] § 63 Abs. 2 begründet eine formale Beschwerdebefugnis. Bei Zusammenschlüssen durch Unternehmens- oder Anteilsveräußerung ist der **unmittelbare Veräußerer** wegen seines eigenen wirtschaftlichen Interesses am Zustandekommen des Zusammenschlusses zwingend am Verfahren beteiligt (§ 54 Abs. 2 Nr. 4).[76] 21

Auch ein **Beigeladener** nach § 54 Abs. 2 Nr. 3 ist als Verfahrensbeteiligter nach § 63 Abs. 2 beschwerdebefugt. Damit wird der Kreis der Beschwerdeberechtigten erheblich ausgedehnt, weil materielle Voraussetzung für die Beiladung lediglich eine Interessenberührung ist, wobei wirtschaftliche Interessen ausreichen (s. § 53 Rdnr. 75). Ohne durch die Verfügung in seinen Rechten verletzt zu sein, erlangt der Beigeladene ein subjektiv-öffentliches Recht auf gerichtliche Nachprüfung der Entscheidung der KartB.[77] Legt ein Beigeladener Beschwerde ein, wird insoweit für die Beschwerdebefugnis nur noch geprüft, ob er wirksam beigeladen worden ist, nicht auch, ob er mit Recht beigeladen wurde **(formalisierte Beschwerdebefugnis).**[78] 22

Dritte, deren Beiladungsantrag von der KartB aus Gründen der Verfahrensökonomie abgelehnt wurde und die ihre Beiladung auch nicht auf dem Beschwerdeweg erreichen konnten, sind nicht am kartellbehördlichen Verfahren beteiligt und deshalb nach dem Wortlaut von § 63 Abs. 2 nicht beschwerdebefugt. Das wurde von Rechtsprechung und Literatur zunächst auch so hingenommen.[79] Der BGH hat das Beschwerderecht später jedoch über den Wortlaut von § 63 Abs. 2 hinaus ausgedehnt.[80] Dritte, die die Voraussetzungen für eine Beiladung erfüllen und deren Antrag allein aus Gründen der Verfahrensökonomie abgelehnt wurde, sollen in „ergänzender Anwendung" von § 63 Abs. 2 Beschwerde gegen die Verfügung in der Hauptsache einlegen können. Weitere Voraussetzung ist allerdings, dass sie durch die Entscheidung **unmittelbar und individuell** in ihren **wirtschaftlichen Interessen** betroffen sind. Diese Voraussetzung deckt sich mit den Anforderungen an die für die Zulässigkeit der Beschwerde ebenfalls erforderliche materielle Beschwer (dazu unten Rdnr. 30) . Eine formelle Beschwer – d. h. die angefochtene Verfügung weicht 23

---

[74] BGH WuW/E DE-R 492 mwN – *Gewerbliche Spielgemeinschaften;* im konkreten Fall – Ablehnung der Kostenerstattung für eine Beigeladene mangels Teilnahme an der mündlichen Verhandlung – lehnte der BGH allerdings die Zulässigkeit einer außerordentlichen Beschwerde ab.

[75] *Langen/Bunte-Lembach,* Deutsches Kartellrecht, § 63 GWB Rdnr. 48.

[76] KG WuW/E OLG 2411, 2413 – *Synthetischer Kautschuk I.*

[77] BGH WuW/E BGH 2077, 2078 f. – *Coop-Supermagazin.*

[78] *Langen/Bunte-Lembach,* Deutsches Kartellrecht, § 63 GWB Rdnr. 21.

[79] OLG Düsseldorf, WuW/E DE-R 1291, 1292 f. – *Zeiss/Leica; Bechtold,* GWB, § 63 Rdnr. 5; *Kapp/Meßmer* WuW 2004, 917 ff.; *Loewenheim/Meessen/Riesenkampff-Kühnen,* Kartellrecht, § 63 GWB Rdnr. 14; *Langen/Bunte-Lembach,* Deutsches Kartellrecht, § 63 GWB Rdnr. 24 ff.

[80] BGH WuW/E DE-R 1857, 1859 – *pepcom;* kritisch dazu *Bechtold* NJW 2007, 562; vom BVerfG aber implizit gebilligt, BVerfG WuW/E DE-R 2667, 2670 – *Arealnetz.*

negativ vom Begehren des Antragstellers im Verwaltungsverfahren ab (dazu unten Rdnr. 30) – könnte der nicht beigeladene Beschwerdeführer von vornherein nicht dartun. Schließlich war er am Verwaltungsverfahren nicht beteiligt. Offen gelassen hat der BGH, ob der Antragsteller gegen die seinen Beiladungsantrag ablehnende Verfügung der KartB Beschwerde eingelegt haben muss, um in der Hauptsache beschwerdebefugt zu sein. Das erschiene jedoch als überflüssige Formalie. Hatte die KartB bereits ein oder mehrere vergleichbare Unternehmen seiner „Gruppe" (dazu oben § 53 Rdnr. 57 ff.) zum Verfahren beigeladen, hätte sie seinen Beiladungsantrag zu Recht abgelehnt und seine dagegen gerichtete Beschwerde keine Aussicht auf Erfolg. Ein Beiladungsantrag ist für die Beschwerdebefugnis aber dennoch erforderlich.[81] Ihn muss der Petent in jedem Fall vor Erlass der kartellbehördlichen Verfügung gestellt haben.[82]

24 Von der Beschwerdebefugnis bei Ablehnung eines Beiladungsantrags allein aus Gründen der Verfahrensökonomie zu unterscheiden ist die Frage, ob ein Dritter beschwerdebefugt ist, der zwar nicht am Verfahren beteiligt war (und im Zweifel auch keinen Beiladungsantrag gestellt hat), der aber geltend macht, dass ihn die Verfügung in seinen Rechten (und damit nicht lediglich in seinen wirtschaftlichen Interessen) verletzt. Nach heute wohl h. M. begründet auch die **Verletzung in einem subjektiven öffentlichen Recht** eine selbständige Beschwerdebefugnis.[83] Zwar ist der durch ein Verfahren subjektiv-rechtlich Betroffene von der KartB notwendig beizuladen und dann kraft Beteiligung beschwerdebefugt. Ist die Beiladung jedoch unterblieben, kann er sich für die Beschwerdebefugnis auf die Verletzung seines subjektiven öffentlichen Rechts berufen. Die Beschwerdebefugnis ist dann unabhängig davon gegeben, ob der Beschwerdeführer zunächst einen Beiladungsantrag stellt.[84] Ein solches Erfordernis wäre eine bloße Formalie.[85] Ob ein in seinen Rechten verletzter Dritter ggf. sogar eine formlose Freigabe im Vorprüfverfahren der Fusionskontrolle anfechten könnte, hat der BGH offengelassen.[86]

25 Anerkannt ist auch eine **Beschwerdebefugnis wegen sonstiger Verfahrensbeteiligung.** Dritte, gegen die in einem Nebenverfahren eine Zwischenverfügung ergeht, z. B. ein Auskunftsersuchen nach § 59 in einem nicht gegen sie gerichteten Verwaltungsverfahren, wären nach dem Gesetzeswortlaut nicht beschwerdebefugt, weil sie nicht zu den Verfahrensbeteiligten iSd § 54 Abs. 2 und 3 gehören. Dennoch sind sie beschwerdeberechtigt.[87] Denn das Auskunftsverlangen, das zur Vorbereitung eines Verwaltungsverfahrens dient, ist als Verfügung mit der Beschwerde anfechtbar. Das Auskunftsverlangen wird als Teil dieses Verwaltungsverfahrens angesehen (s. § 52 Rdnr. 3 ff.); dem Auskunftspflichtigen wird die Beschwerdebefugnis deshalb analog § 54 Abs. 2 Nr. 2 iVm § 63 Abs. 2 zugebilligt. Näher liegt es freilich, den Auskunftspflichtigen als Adressaten einer belastenden Verfügung der KartB und damit – ausgehend von der Zielsetzung des § 54 Abs. 2 – als Beteiligten eines besonderen Verfahrens anzusehen.[88]

---

[81] BGH WuW/E DE-R 3103, 3104 – *GABi Gas;* BGH aaO – *pepcom;* aA *Neef,* GRUR 2008, 30.

[82] BGH WuW/E DE-R 2728, 2730 – *Versicherergemeinschaft;* kritisch *Meyer-Lindemann* ZWeR 2009, 522, 535 ff.

[83] BGH WuW/E DE-R 1571, 1572 – *Ampere;* OLG Düsseldorf B. v. 7.10.2004 VI-Kart 3/04 (V) (Vorinstanz) – *Ampere;* KG WuW/E OLG 2720, 2722 – *Gepäckstreifenanhänger; KK-Deichfuß,* § 63 GWB Rdnr. 32; *Immenga/Mestmäcker-K. Schmidt,* GWB, § 63 Rdnr. 22 f.; *Steinberger* WuW 2000, 345, 351 f.

[84] So aber *Bechtold,* GWB, § 63 Rdnr. 5.

[85] In diesem Sinne auch *FK-Meyer-Lindemann,* § 63 GWB Rdnr. 34; *Säcker/Boesche* ZNER 2003, 76, 87; *K. Schmidt,* Fs. *Selmer,* 2004, 499, 511; *K. Schmidt* DB 2004, 527, 529; *Immenga/Mestmäcker-K. Schmidt,* GWB, § 63 Rdnr. 22; so wohl auch OLG Düsseldorf WuW/E DE-R 1291, 1292 f. – *Zeiss/Leica.*

[86] BGH WuW/E DE-R 1571, 1572 – *Ampere;* dazu auch OLG Düsseldorf B. v. 7.10.2004 VI-Kart 3/04 (V) (Vorinstanz) – *Ampere.*

[87] BGH WuW/E DE-R 3497 – *Niederbarnimer Wasserverband.*

[88] *K. Schmidt,* Kartellverfahrensrecht, 501 ff.; *K. Schmidt* BB 1977, 774, 775.

§ 63 enthält keine ausdrückliche Beschwerdebefugnis für **Verbände** zur Förderung gewerblicher Interessen.[89] Auch Beschwerden von Verbraucherverbänden sind im Gesetz nicht vorgesehen. Allerdings können Verbände insbes. über die Beiladung an Verfahren vor der KartB beteiligt sein. Für Verbraucherverbände ist das seit der 7. GWB-Novelle (2005) ausdrücklich in § 54 Abs. 2 Nr. 3 2. Hs. geregelt. Damit können auch Verbände über § 63 Abs. 2 ein formales Beschwerderecht haben. Beschwerdebefugt sind aber auch sie nur dann, wenn sie außerdem formell und materiell beschwert sind (s. Rdnr. 30 ff.). **26**

Bei der **Verpflichtungsbeschwerde** richtet sich die Beschwerdebefugnis nach § 63 Abs. 3. Sie ergibt sich aus der Ablehnung oder Unterlassung einer beantragten Verfügung durch die KartB. Nach dem Wortlaut von § 63 Abs. 3 steht die Beschwerdebefugnis nur dem Antragsteller zu. Antrag bedeutet hier jedoch nicht nur verfahrenseinleitender Antrag iSv § 54, sondern jede Geltendmachung eines Rechts auf eine Verfügung der KartB. Die Tatbestandsmerkmale „Antrag" und „Antragsteller" sollen lediglich gewährleisten, dass ein Begehren nur dann zum Gegenstand eines Beschwerdeverfahrens gemacht wird, wenn der KartB zuvor Gelegenheit zur Entscheidung gegeben wurde. Das OLG Düsseldorf hält eine Verpflichtungsbeschwerde auch dann für zulässig, wenn der Beschwerdeführer im Verwaltungsverfahren überhaupt keinen Antrag gestellt hat. Die Verpflichtungsbeschwerde sei schon dann zulässig, wenn sich etwa aus den Ausführungen in einem Beiladungsantrag ableiten lasse, dass ein angemeldetes Zusammenschlussvorhaben nach Auffassung des Beschwerdeführers entweder hätte untersagt werden müssen oder aber nur gegen Auflagen hätte freigegeben werden können.[90] Eine **Verfahrensbeteiligung** ist – im Gegensatz zur Anfechtungsbeschwerde – **nicht erforderlich.** Anderenfalls würde die Untätigkeitsbeschwerde leerlaufen. Der Antrag allein begründet nach h. M. aber noch keine Beschwerdebefugnis. Voraussetzung ist weiterhin die Behauptung eines Rechts auf die beantragte Verfügung.[91] Der Beschwerdeführer muss geltend machen, durch die Ablehnung oder Unterlassung der Verfügung in seinen **Rechten verletzt** zu sein. Der substantiierte Vortrag des Beschwerdeführers muss das Bestehen eines Rechts auf die Verfügung als möglich erscheinen lassen. Die Beschwerdebefugnis fehlt dann, wenn dieses Recht offensichtlich und nach keiner Betrachtungsweise bestehen kann.[92] **27**

Ein Bescheidungsrecht ist nur dann gegeben, wenn die materielle Vorschrift entweder ausdrücklich ein Antragsrecht vorsieht oder wenn sie **drittschützenden Charakter** hat, also auch dem Schutz des Beschwerdeführers dient. Es kommt darauf an, ob die materiellen Vorschriften nach der gesetzgeberischen Intention auch Individualschutzcharakter haben oder ausschließlich öffentlichen Interessen dienen. Bei der Prüfung, ob die Norm drittschützenden Charakter hat, geht die Praxis restriktiv vor. Es genügt nicht, wenn eine Norm oder die aufgrund einer Norm ergangene Verfügung zugunsten eines Betroffenen lediglich Rechtsreflexe auslöst. Die einschlägige Norm muss dem Beschwerdeführer ein Recht auf eine bestimmte Entscheidung der KartB einräumen. Ein Bescheidungsrecht war das (befristet geltende und daher mit der 8. GWB-Novelle entfallene) Recht eines Mittelstandskartells nach § 3 Abs. 2 a. F. auf Abgabe einer Erklärung der KartB nach § 32c.[93] **28**

Seit der 6. GWB-Novelle haben die Gerichte – soweit ersichtlich – in keinem Fall die Voraussetzungen des § 63 Abs. 3 als erfüllt angesehen.[94] So hat etwa das OLG Düsseldorf **29**

---

[89] BGH WuW/E DE-R 3284, 3285 – *Presse-Grossisten.*

[90] OLG Düsseldorf WuW/E DE-R 1462, 1463 – *Argenthaler Steinbruch.*

[91] KG WuW/E OLG 1758, 1759 – *Weichschaum II; Langen/Bunte-Lembach,* Deutsches Kartellrecht, § 63 GWB Rdnr. 38 f.; weiter geht *K. Schmidt,* Kartellverfahrensrecht, 524 ff.; *K. Schmidt* WuW 1986, 631, 632; *Immenga/Mestmäcker-K. Schmidt,* GWB, § 63 Rdnr. 32.

[92] BGH WuW/E BGH 995, 996 – *Taxiflug;* WuW/E BGH 1556, 1557 – *Weichschaum III;* WuW/E BGH 2058, 2059 – *Internord.*

[93] *Loewenheim/Meessen/Riesenkampff-Kühnen,* § 63 GWB Rdnr. 11.

[94] *Langen/Bunte-Lembach,* Deutsches Kartellrecht, § 63 GWB Rdnr. 41 mit Rspr.-Aktualisierung.

eine Beschwerde zurückgewiesen, mit der der Beschwerdeführer die Verschärfung von Auflagen zu einer Freigabeverfügung begehrte.[95] Die Zusammenschlusskontrolle diene nicht dem individuellen Interesse Einzelner, sondern dem öffentlichen Interesse an der Aufrechterhaltung des Wettbewerbs als Institution.[96]

30 *b) Rechtsschutzbedürfnis und Beschwer.* § 63 regelt die Beschwerdeberechtigung nicht abschließend; vielmehr müssen immer auch die allgemeinen Zulässigkeitsvoraussetzungen gegeben sein.[97] Zunächst ist ein allgemeines Rechtsschutzbedürfnis erforderlich. Der Beschwerdeführer muss nachteilig betroffen sein. Das Rechtsschutzbedürfnis fehlt bei schikanösen Beschwerden. Beim Adressaten einer Verfügung ist ein Rechtsschutzbedürfnis regelmäßig gegeben; die Möglichkeit, auf andere Weise Abhilfe zu schaffen, beseitigt das Rechtsschutzbedürfnis nicht, wenn sie nicht gleichwertig ist.[98] Weitere Zulässigkeitsvoraussetzung ist, dass der Beschwerdeführer **formell und materiell beschwert** ist.[99] Ein Dritter ist dann formell beschwert, wenn er zum Verfahren vor der KartB nach § 54 Abs. 2 Nr. 3 GWB beigeladen wurde, als Beigeladener einen Antrag gestellt hat und die Entscheidung der KartB negativ von seinem Begehren abweicht. Der „Mehrwert" dieser Zulässigkeitsvoraussetzung ist also gering.[100] Die materielle Beschwer ist ein **Minus** gegenüber der Verletzung in eigenen Rechten. Das ergibt sich seit der 7. GWB-Novelle (2005) bereits aus dem Wortlaut von § 65 Abs. 3 S. 4. Danach soll der Antrag eines Dritten auf Anordnung der aufschiebenden Wirkung seiner Beschwerde gegen die Freigabe eines Zusammenschlusses nur zulässig sein, wenn er geltend macht, durch die Verfügung in seinen Rechten verletzt zu sein. Entsprechend ist eine solche Rechtsverletzung gerade nicht Zulässigkeitsvoraussetzung für die Beschwerde selbst.[101] Der BGH verlangt für die materielle Beschwer, dass die angefochtene Entscheidung in eine **rechtlich geschützte Position** des Beschwerdeführers eingreift.[102] Bei einem Beigeladenen soll es allerdings genügen, wenn die Entscheidung für ihn wirtschaftlich nachteilig ist.[103] Der BGH begründet diese weite Auslegung damit, dass nach dem Willen des Gesetzgebers Wettbewerber der am Zusammenschluß beteiligten Unternehmen in der Lage sein sollten, die Freigabeentscheidung anzufechten. Schließlich könne auch gegen eine Freigabeentscheidung der Kommission jeder mit der Nichtigkeitsklage vorgehen, der durch die Entscheidung unmittelbar und individuell betroffen sei (Art. 263 AEUV).[104]

---

95 OLG Düsseldorf WuW/E DE-R 1462, 1463 – *Argenthaler Steinbruch.*

96 Dazu jetzt ausführlich auch OLG Düsseldorf WuW/E DE-R 1644, 1645 f. – *Werhahn.*

97 BGH WuW/E BGH 1562, 1564 – *Air-Conditioning-Anlagen;* WuW/E BGH 2077, 2078 f. – *Coop-Supermagazin.*

98 OLG Brandenburg B. v. 11.3.2014 Kart W 1/13; *Immenga/Mestmäcker-K. Schmidt,* GWB, § 63 Rdnr. 25 mwN.

99 BGH WuW/E BGH 2077, 2079 – *Coop-Supermagazin;* so nunmehr auch *Bechtold,* GWB, § 63 Rdnr. 7 f.; *Langen/Bunte-Kallfaß,* Deutsches Kartellrecht, § 40 GWB Rdnr. 32 (für die Beschwerde eines zum Fusionskontrollverfahren beigeladenen Dritten); vgl. zu dem insoweit vor der 7. GWB-Novelle noch bestehenden Streit *Boekhoff/Franßen* WuW 2002, 668, 670 ff.; *FK-Meyer-Lindemann,* § 63 GWB Rdnr. 36.

100 Vgl. aber OLG Düsseldorf WuW/E DE-R 2630, 2645 – *EDEKA/Plus.*

101 So allerdings auch schon der BGH für die alte Rechtslage WuW/E DE-R 1163, 1164 f. – *HABET/Lekkerland;* idS auch *Steffens/Boos* ZWeR 2004, 431, 444; für das Erfordernis einer Rechtsverletzung zumindest nach altem Recht *Dormann* WuW 2000, 245, 253; *Dormann,* Drittklagen im Recht der Zusammenschlusskontrolle, 2000, S. 110 und 118 f.; *Laufkötter* WuW 1999, 671, 674 f., der eine Rechtsgutverletzung aber schon dann bejahen will, wenn der Dritte durch den Zusammenschluss spürbar in seinen wettbewerblichen Möglichkeiten beeinträchtigt ist.

102 BGH WuW/E BGH 1562, 1564 – *Air-Conditioning-Anlagen;* WuW/E BGH 2077, 2079 – *Coop-Supermagazin;* OLG Düsseldorf WuW/E DE-R 569, 570 – *Puttgarden II.*

103 BGH WuW/E DE-R 1163, 1164 f. – *HABET/Lekkerland;* KG WuW/E OLG 5565, 5571 – *Fernsehübertragungsrechte* mwN; KG WuW/E DE-R 644, 645 – *tobaccoland III; Immenga/Mestmäcker-K. Schmidt,* GWB, § 63 Rdnr. 27.

104 BGH WuW/E DE-R 1163, 1165 – *HABET/Lekkerland.*

Das KG forderte für die Beschwerde eines Beigeladenen gegen die Freigabe eines Zusammenschlusses, dass der Beigeladene durch die angefochtene Entscheidung in seinen wettbewerblichen Möglichkeiten beeinträchtigt sein müsse.[105] BGH und OLG Düsseldorf bestimmten die materielle Beschwer nach dem Zweck der Fusionskontrolle, die Märkte möglichst offenzuhalten und Verschlechterungen der Wettbewerbsbedingungen auf den Märkten infolge übermäßiger Unternehmenskonzentration vorzubeugen. Der Dritte müsse durch die Freigabe in seinem eigenen unternehmerischen und wettbewerblichen Betätigungsfeld und Gestaltungsspielraum auf dem relevanten Markt – durch drohende negative Veränderung der Wettbewerbsbedingungen – betroffen sein.[106] Damit hat die materielle Beschwer gegenüber den Voraussetzungen für eine Beiladung nach § 54 Abs. 2 Nr. 3 eigenständige Bedeutung wohl nur noch für **Verbandsbeschwerden.** Macht ein Verband nicht eigene Interessen geltend, sondern die Interessen seiner Mitglieder, ist er selbst nicht Träger unternehmerischer, wettbewerblicher Interessen und mithin auch nicht materiell beschwert.[107] Er ist deshalb nicht beschwerdebefugt. Zwar geht die h. M. für die Beiladung davon aus, dass sich ein Verband auf die erhebliche Interessenberührung seiner Mitglieder berufen kann. Daraus ergibt sich jedoch kein Wertungswiderspruch zur materiellen Beschwer als einer Voraussetzung für die Beschwerdebefugnis. Die Beiladung von Verbänden im Fusionskontrollverfahren dient der **Kanalisierung der Mitgliederinteressen** und damit der **Konzentration und Beschleunigung des Verfahrens.** Die Beschwerde hingegen gewährleistet effektiven (Individual-)Rechtsschutz nach Maßgabe von Art. 19 Abs. 4 GG. Dem Kriterium der materiellen Beschwer kommt danach zumindest auch die Funktion zu, **unzulässige Popularklagen** von zulässigen Beschwerden der durch die Entscheidung des BKartA wirklich betroffenen Dritten zu trennen. Unbeschadet der erleichterten Beiladung über § 54 Abs. 2 Nr. 3 2. Hs. dürfte es Verbraucherzentralen und Verbraucherverbänden deshalb auch künftig regelmäßig an einer materiellen Beschwer fehlen. Das gilt allerdings auch für andere Verbände. Auch sie dürften zumeist nicht in ihrem **eigenen unternehmerischen** und **wettbewerblichen Betätigungsfeld** betroffen sein.[108] Etwas anderes gilt für eine materielle Beschwer von Lieferanten und Kunden der am Zusammenschluß beteiligten Unternehmen.[109] Letztlich entscheidend für die Betroffenheit des Dritten ist die drohende Verschlechterung der Wettbewerbsbedingungen auf dem relevanten Markt. Dass der Dritte in seinem eigenen unternehmerischen und wettbewerblichen Betätigungsfeld auf dem relevanten Markt betroffen sein muss, ist also eher ein Beispiel für die Betroffenheit des Dritten. Eine drohende Verschlechterung der Wettbewerbsbedingungen auf dem relevanten Markt kann Lieferanten und Kunden aber genauso treffen wie Wettbewerber.[110] Auch sie können deshalb materiell beschwert und beschwerdebefugt sein.[111] Voraussetzung ist allerdings immer, dass die Betroffenheit aus der angefochteten Entscheidung resultiert. So hat das OLG Düsseldorf die Beschwerde von *Kabel Deutschland* gegen eine Verpflichtungszusagenentscheidung mangels materieller Beschwer als unzulässig zurückgewiesen. *Kabel Deutschland* werde nicht durch die Verbindlicherklärung der von *RTL* und *Pro Sieben SAT 1* angebotenen Zusagen in ihren Interessen betroffen, sondern 31

[105] KG WuW/E DE-R 688, 689 – *HABET/Lekkerland;* so auch *Boekhoff/Franßen* WuW 2002, 668, 676.

[106] BGH WuW/E DE-R 2139 – *Anteilsveräußerung;* BGH WuW/E DE-R 3284 – *Presse-Grossisten;* OLG Düsseldorf WuW/E DE-R 4051 – *Liberty Global/Kabel BW;* OLG Düsseldorf WuW/E DE-R 759, 764 – *NetCologne.*

[107] So auch OLG Düsseldorf WuW/E DE-R 759, 764f. – *NetCologne;* aA *Boekhoff/Franßen,* WuW 2002, 668, 682f., die für die Beschwerdebefugnis eines Verbandes auf die Betroffenheit der Mitglieder abstellen wollen.

[108] BGH WuW/E DE-R 3284 – *Presse-Grossisten;* vgl. für entsprechende Erwägungen in energiewirtschaftsrechtlichen Streitigkeiten BGH WuW/E DE-R 2701 – *SWU Netze.*

[109] BGH WuW/E DE-R 1835, 1837 – *Deutsche Börse/London Stock Exchange.*

[110] In diesem Sinne wohl auch OLG Düsseldorf WuW/E DE-R 759, 762/763 – *NetCologne.*

[111] Das ist höchstrichterlich allerdings noch nicht geklärt, s. BGH WuW/E DE-R 2138, 2142 Rdnr. 24 – *Anteilsveräußerung.*

allenfalls durch deren privatrechtliche Umsetzung durch die Adressaten der Entscheidung nach § 32b.[112]

32 Ein berechtigtes Interesse an einer Sachentscheidung über die Beschwerde gegen die Untersagung eines Zusammenschlussvorhabens besteht allerdings auch dann, wenn die Beschwerdeführer sich noch nicht bindend zu seiner Verwirklichung verpflichtet haben. Denn auch die Anmeldefähigkeit eines geplanten Zusammenschlusses ist nicht davon abhängig, dass die Beteiligten sich bereits bindend zur Durchführung verpflichtet und alle Mitwirkungsberechtigten ihre Zustimmung erteilt haben. Es reicht aus, wenn für die Beschwerdeführer bei verständiger Einschätzung der Lage die Chance besteht, den Zusammenschluß wie vorgesehen zu verwirklichen.[113] Denkbar ist auch die Beschwerde eines Beigeladenen gegen die Untersagung eines Zusammenschlusses. Im Fall *Coop-Supermagazin* hat der BGH die Beschwer des Beigeladenen allerdings verneint. Ihm ging es mit seiner Beschwerde um die Klärung seiner Zugehörigkeit zu einem angeblich marktbeherrschenden Oligopol und damit letztlich um eine abstrakte Rechtsfrage.[114]

33 Unternehmen, die eine beantragte Verfügung erhalten haben, sind nicht beschwert. Hat die KartB einem Antrag mit einer anderen Begründung stattgegeben, stellt das keine Beschwer dar. Ein Veräußerer, der nachträglich nicht mehr am Zusammenschluß interessiert ist, hat keinen Anspruch auf Untersagung.[115] Die nachträgliche Meinungsänderung hinsichtlich der Wünschbarkeit des Zusammenschlusses begründet keine Beschwer.[116]

34 **3. Verfahrensbeteiligte.** *a) Gesetzliche Regelung.* § 67 legt fest, wer am Beschwerdeverfahren beteiligt ist. Es sind:

– Der **Beschwerdeführer** (§ 67 Abs. 1 Nr. 1), also wer eine Beschwerde eingelegt hat oder sich einer bereits eingelegten Beschwerde anschließt. Auf deren Zulässigkeit kommt es nicht an.

– Die **KartB,** deren Verfügung angefochten wird (§ 67 Abs. 1 Nr. 2), im Ministererlaubnisverfahren also (nur) das BMWi, nicht aber das BKartA. Soweit sich die Beschwerde gegen die Verfügung einer „obersten Landesbehörde" (LKartB) richtet, ist auch das BKartA am Verfahren zu beteiligen (§ 67 Abs. 2). Das gilt über den Wortlaut hinaus auch für die Untätigkeits- und die allg. Leistungsbeschwerde.[117] Wie § 54 Abs. 3 dient § 67 Abs. 1 Nr. 2 der einheitlichen Rechtsanwendung.

– Der **Beigeladene** (§ 67 Abs. 1 Nr. 3). Das Beschwerdegericht prüft nach h. M. im Hauptverfahren nur, ob der Dritte tatsächlich beigeladen wurde, nicht ob er beigeladen werden durfte.[118] Nur bei Beschwerden gegen die Beiladungsverfügung kann das Gericht die Beiladungsvoraussetzungen überprüfen.[119] Anders als die Verwaltungsgerichte (§ 65 VwGO) ist das Beschwerdegericht nicht befugt, den Kreis der Beteiligten durch eine Beiladung zu erweitern. § 54 Abs. 2 Nr. 3 hat die Beiladungsbefugnis ausdrücklich auf die KartB beschränkt.[120] Zwar kann ein Dritter auch noch während des Beschwerdeverfahrens beigeladen werden. Er muss den entsprechenden Antrag dann aber bereits **während des Verwaltungsverfahrens** gestellt haben. Auch in diesem Fall erfolgt die Beiladung durch die KartB und nicht durch das Beschwerdegericht. Ist eine notwendige Beiladung unterblieben, erschiene eine Beiladung des Betroffenen, nur um ihm die Be-

---

[112] OLG Düsseldorf B. v. 17.9.2014, VI-Kart 1/13 (V) – Anfechtung einer Verpflichtungszusagenentscheidung.

[113] KG WuW/E OLG 5364, 5370 – *HaGE Kiel.*

[114] BGH WuW/E BGH 2077, 2080 – *Coop-Supermagazin.*

[115] BGH WuW/E BGH 1557, 1561 – *Weichschaum III.*

[116] OLG Düsseldorf WuW/E DE-R 3723, 3725 – *Untersagungsbegehren.*

[117] *Langen/Bunte-Lembach,* Deutsches Kartellrecht, § 67 GWB Rdnr. 5.

[118] *Langen/Bunte-Lembach,* Deutsches Kartellrecht, § 63 GWB Rdnr. 7.

[119] Allg. Ansicht, s. etwa *Immenga/Mestmäcker-K. Schmidt,* GWB, § 67 Rdnr. 4.

[120] BGH WuW/E DE-R 2728, 2729 – *Versicherergemeinschaft;* BGH WuW/E DE-R 2725, 2726 – *Universitätsklinikum Greifswald.*

schwerde zu ermöglichen, als bloße Formalie. Der notwendig Beizuladende sollte dann direkt gegen die Entscheidung der KartB vorgehen können.[121]

35 *b) Erweiternde Auslegung.* § 67 wird nach fast einhelliger Meinung als zu eng und deshalb als gesetzgeberisch „verunglückt" angesehen. Denn danach sind nicht alle Personen als Beteiligte des Beschwerdeverfahrens anzusehen, die nach § 54 Abs. 2 am Verwaltungsverfahren beteiligt waren. Deshalb wird § 67 durch den **Grundsatz der Verfahrenskontinuität** erweitert: Jeder, der am Kartellverwaltungsverfahren beteiligt war, ist auch am Beschwerdeverfahren beteiligt.[122]

Beteiligt ist somit auch

- derjenige, der bei der KartB die Einleitung eines Verfahrens beantragt hat (§ 54 Abs. 2 Nr. 1);
- derjenige, gegen den sich das Verfahren richtet (§ 54 Abs. 2 Nr. 2);
- der Veräußerer in den Fällen des § 37 Abs. 1 Nr. 1 oder 3 (§ 54 Abs. 2 Nr. 4).

36 **4. Rücknahme der Beschwerde.** Im Gesetz nicht geregelt ist die Rücknahme der Beschwerde. Sie ist jedoch zulässig, und zwar bis zur Rechtskraft der Beschwerdeentscheidung. Sie verliert durch die Rücknahme ihre Wirksamkeit.[123] Vor der mündlichen Verhandlung unterliegt die Rücknahme keinen weiteren Voraussetzungen.[124] Nach Stellung der Anträge in der mündlichen Verhandlung ist die Rücknahme in entsprechender Anwendung von § 92 Abs. 1 VwGO nur noch mit Zustimmung der **beklagten KartB** möglich.[125]

III. Formalien der Beschwerde

37 **1. Anwaltszwang.** § 68 verlangt für das gesamte Beschwerdeverfahren und über § 76 Abs. 5 auch für das Rechtsbeschwerdeverfahren die Vertretung der Beteiligten durch einen Rechtsanwalt als Bevollmächtigten. Rechtsanwälte sind ohne Rücksicht auf den Ort ihrer Zulassung nach §§ 18ff. BRAO zur Vertretung zugelassen. Die Regelung erlaubt die Hinzuziehung des mit den Unternehmensverhältnissen oder der Branche besonders vertrauten ständigen Rechtsanwaltes oder eines auf Kartellrecht spezialisierten Rechtsanwaltes sowie die durchgehende Vertretung in der Beschwerde- und Rechtsbeschwerdeinstanz. Das Erfordernis der Vertretung durch einen Rechtsanwalt gilt für die Teilnahme an der mündlichen Verhandlung und grds. auch für alle anderen Prozesshandlungen. Ausnahmen ergeben sich aus § 78 Abs. 5 und 6 ZPO, die nach § 73 Nr. 2 entsprechende Anwendung finden. Anwaltliche Vertretung ist nicht erforderlich bei der Rücknahme eines Rechtsmittels, das der Beteiligte selbst ohne die gebotene anwaltliche Vertretung und daher unzulässig eingelegt hat. Für einen Antrag auf Herstellung der aufschiebenden Wirkung nach § 65 Abs. 3 ist anwaltliche Vertretung hingegen zwingend. Auch die weiteren Ausnahmen vom Anwaltszwang, die das Bundesverwaltungsgericht, das Bundessozialgericht und der Bundesfinanzhof für Prozesshandlungen im Revisionsverfahren entwickelt haben, gelten im kartellrechtlichen Beschwerdeverfahren nicht.

38 Die KartB kann sich nach § 68 S. 2 durch ein Mitglied der Behörde vertreten lassen. Davon wird fast ausnahmslos Gebrauch gemacht. Zu den vertretungsberechtigten Mitgliedern iSd § 68 S. 2 zählen alle **hauptberuflich Bediensteten.** Das BKartA kann deshalb nicht nur durch Mitglieder der Beschlußabteilung vertreten werden. Auch die Befähigung

---

[121] BGH WuW/E DE-R 1544, 1545 – *Zeiss/Leica; Langen/Bunte-Lembach,* Deutsches Kartellrecht, § 63 GWB Rdnr. 23; *Immenga/Mestmäcker-K. Schmidt,* GWB, § 63 Rdnr. 22; aA *Bechtold,* GWB, § 63 Rdnr. 6; *Loewenheim/Messen/Riesenkampff-Mees,* Kartellrecht, § 67 GWB Rdnr. 3.

[122] BGH WuW/E DE-R 2728 – *Versicherergemeinschaft;* KG WuW/E OLG 755, 756 – *Bauindustrie III; KK-Deichfuß,* § 67 GWB Rdnr. 5; *Immenga/Mestmäcker-K. Schmidt,* GWB, § 67 Rdnr. 4.

[123] BGH WuW/E BGH 3109 – *Herstellerleasing II.*

[124] *Bechtold,* GWB, § 63 Rdnr. 15; *Immenga/Mestmäcker-K. Schmidt,* GWB, § 63 Rdnr. 43.

[125] OLG Düsseldorf WuW/E DE-R 759, 760f. – *NetCologne.*

zum Richteramt wird nicht verlangt. In der Praxis erscheinen für das BKartA bei den OLGs im Allgemeinen der Vizepräsident und Mitglieder der Beschlußabteilung, beim BGH regelmäßig der Leiter der Prozessabteilung. LKartB lassen gelegentlich ihre Interessen durch einen Rechtsanwalt wahrnehmen.

39 **2. Fristen.** *a) Einlegungsfrist (§ 66 Abs. 1 und 2 GWB).* Die Beschwerde ist binnen einer Frist von einem Monat bei der KartB, deren Verfügung angefochten wird, schriftlich einzureichen (§ 66 Abs. 1 S. 1). Die Frist beginnt mit der Zustellung der Verfügung der KartB (§ 66 Abs. 1 S. 2). Es genügt, wenn die Beschwerde innerhalb dieser Frist beim Beschwerdegericht eingeht (§ 66 Abs. 1 S. 4). Der Tag der Zustellung ist nicht mitzurechnen (§ 187 Abs. 1 BGB iVm § 222 Abs. 1 ZPO, § 73 Nr. 2).

40 Die Beschwerdefrist von **einem Monat** gilt für die Anfechtungs- und Verpflichtungsbeschwerde, die auf eine Verfügung hin eingelegt werden. Auch auf die Fortsetzungsfeststellungsbeschwerde bei Erledigung der Hauptsache vor Einlegung der Beschwerde ist § 66 Abs. 1 S. 1 entsprechend anzuwenden. Die Untätigkeitsbeschwerde ist nicht fristgebunden (§ 66 Abs. 2). Gleiches gilt für die nach hiesiger Ansicht unter bestimmten (engen) Voraussetzungen zulässige allgemeine Feststellungsbeschwerde. Für die allgemeine Leistungsbeschwerde ist das KG von Fristgebundenheit ausgegangen.[126] Fehlt der Verfügung die Rechtsbehelfsbelehrung oder ist sie unrichtig, beträgt die Beschwerdefrist entsprechend § 58 Abs. 2 VwGO ein Jahr. Die Beschwerdebefugnis kann durch unangemessen langes Zuwarten **verwirkt** werden.[127]

41 Wird einem Verfahrensbeteiligten die Verfügung nicht zugestellt, ist streitig, ob ihm gegenüber die Beschwerdefrist trotzdem zu laufen beginnt. In der Literatur wird das abgelehnt, selbst dann, wenn er in anderer Weise Kenntnis vom Inhalt der Verfügung erlangt hat.[128] Das KG ist in entsprechender Anwendung von § 58 Abs. 2 VwGO von einer Beschwerdefrist von einem Jahr ausgegangen.[129] Auch das OLG Düsseldorf wendet § 58 Abs. 2 VwGO entsprechend an.[130] Das Gericht geht davon aus, dass es an der nach § 61 Abs. 1 S. 1 vorgeschriebenen Rechtsmittelbelehrung fehlt, wenn die Verfügung nicht wirksam zugestellt wurde.

42 Für das Ministererlaubnisverfahren gelten besondere Fristen (§ 66 Abs. 1 S. 3, Abs. 3 S. 2, 3).

43 Es ist zweckmäßig, die Beschwerde bei der KartB einzulegen, weil das Kartellverwaltungsverfahren **kein Widerspruchsverfahren** vorsieht (Gegenschluss aus § 68 VwGO). Das gibt der Behörde Gelegenheit, die Entscheidung zu überprüfen und eventuell ganz oder teilweise durch Verfügung (§ 61) abzuändern.[131] Gingen beim KG Beschwerden ein – sei es direkt, sei es durch Übersendung seitens der KartB – bestätigte der Vorsitzende dem Beschwerdeführer den Eingang, bat um Angaben zur Festsetzung des Verfahrenswertes der Beschwerde, um Mitteilung, ob schriftlich entschieden werden könne (§ 69 Abs. 1, 2. Hs.) und um Beachtung von § 71 Abs. 1 S. 2, wonach grds. nur Tatsachen und Beweismittel verwertet werden dürfen, zu denen sich alle Beteiligten äußern konnten. Ferner bat das KG um Angabe der vertretungsberechtigten Personen der Beschwerdeführer sowie um Abschriften der Schriftsätze für alle Beteiligten; ggf. wurde auf die Verfahrensbeteiligung kraft Kontinuität (s. oben Rdnr. 3) verwiesen. Auch diesen Beteiligten wurden Abschriften der eingehenden Schriftsätze zur Kenntnisnahme übersandt. Soweit ersichtlich ist das OLG Düsseldorf dieser Praxis des KG nicht gefolgt. Das ändert jedoch nichts an der Relevanz der aufgezählten Punkte.

---

[126] KG WuW/E OLG 1967, 1968 – *Westdeutsche Allgemeine Verlagsgesellschaft;* str., aA *Immenga/Mestmäcker-K. Schmidt,* GWB, § 66 Rdnr. 7.

[127] *KK-Deichfuß,* § 66 GWB Rdnr. 6.

[128] *FK-Bracher,* § 66 GWB; *KK-Deichfuß,* § 66 GWB Rdnr. 6; *Immenga/Mestmäcker-K. Schmidt,* GWB, § 66 Rdnr. 8.

[129] KG WuW/E OLG 1967, 1968 – *Westdeutsche Allgemeine Verlagsgesellschaft.*

[130] OLG Düsseldorf WuW/E DE-R 1545, 1546 – *VDZ-Wettbewerbsregeln.*

[131] S. hierzu *Immenga/Mestmäcker-K. Schmidt,* GWB, § 66 Rdnr. 5.

b) Begründungsfrist (§ 66 Abs. 3 GWB). In Anlehnung an § 520 Abs. 2 S. 1 ZPO und § 124a Abs. 3 S. 1 VwGO ist die Beschwerde nach § 66 Abs. 3 S. 1 seit der 7. GWB-Novelle (2005) innerhalb von **zwei Monaten** nach Zustellung der angefochtenen Verfügung zu begründen. Bei Beschwerden gegen die Untersagung eines Zusammenschlusses, für den ein Antrag auf Ministererlaubnis nach § 42 gestellt wurde, beginnt die Begründungsfrist mit der Zustellung der Entscheidung des Ministers, bei deren Anfechtung, zu dem Zeitpunkt, in dem die Untersagung unanfechtbar wird (§ 66 Abs. 3 S. 2 und 3). Bei der Untätigkeitsbeschwerde beträgt die Begründungsfrist einen Monat, und zwar ab Einlegung der Beschwerde (§ 66 Abs. 3 S. 2). Nach § 66 Abs. 3 S. 3 kann die Beschwerdebegründungsfrist vom Vorsitzenden des Beschwerdegerichts **verlängert** werden. Auch eine mehrfache Verlängerung ist möglich, wobei dann gemäß § 225 Abs. 2 ZPO der Gegenseite Gelegenheit zur Stellungnahme zu geben ist. Nach höchstrichterlicher Rechtsprechung darf die Frist **auch nach Fristablauf verlängert** werden, wenn das bis zum Ablauf des letzten Tages der Frist beantragt worden ist.[132] Die Beschwerdebegründung kann ebenso wie die Beschwerde sowohl bei der KartB als auch beim Beschwerdegericht eingereicht werden. 44

Wird eine Beschwerdebegründung durch Telefax übermittelt, so ist das Schriftformerfordernis nur dann gewahrt, wenn die Kopie vom Absender direkt dem Gericht bzw. der amtlichen Annahmestelle zugeht. Schaltet der Absender eine Privatperson als Überbringer ein, fehlt es an der nötigen Unmittelbarkeit des Übermittlungsvorganges.[133] 45

c) Gemeinsame Vorschriften für Beschwerdeschrift und -begründung. Die Beschwerdeschrift und die Beschwerdebegründung müssen durch einen Rechtsanwalt unterzeichnet sein; das gilt nicht für die Beschwerden der KartB (§ 66 Abs. 5). Die Beschwerde kann auch per Telegramm, Fernschreiben oder Telefax eingelegt werden und auch durch elektronische Übermittlung einer Textdatei mit eingescannter Unterschrift auf ein Faxgerät des Gerichts.[134] Die Berechnung des Fristablaufes richtet sich gemäß § 73 Nr. 2 nach §§ 187, 188 BGB iVm § 222 Abs. 1 und 2 ZPO. In Anwendung der §§ 522 Abs. 1 ZPO und 125 Abs. 2 VwGO prüft das Gericht, ob die Beschwerde form- und fristgerecht eingelegt worden ist, andernfalls ist sie als unzulässig zu verwerfen. Diese Entscheidung kann ohne mündliche Verhandlung ergehen. Dagegen ist die Rechtsbeschwerde statthaft; § 522 Abs. 1 S. 3 und 4 ZPO und §§ 125 Abs. 2, 152 VwGO finden keine Anwendung.[135] 46

Wird die Beschwerde oder -begründungsfrist versäumt, kann gemäß § 73 Nr. 2 in entsprechender Anwendung von §§ 233 ff. ZPO **Wiedereinsetzung in den vorigen Stand** gewährt werden. 47

3. Inhalt der Beschwerde. Die **Beschwerdeschrift** braucht nicht als solche bezeichnet zu werden. Maßgeblich ist, dass sich ihr entnehmen lässt, dass überhaupt Beschwerde eingelegt werden soll, wer der Beschwerdeführer und welches die KartB ist, gegen die sich das Verfahren richtet; auch die angefochtene Verfügung muss erkennbar sein, z. B. mittels Angabe von Datum, Aktenzeichen, Beifügung einer Kopie oder Wiedergabe des Inhalts. Allerdings braucht nicht angegeben zu werden, inwieweit die Verfügung angefochten wird. Es genügt bei einer Verpflichtungsbeschwerde, dass sie das Begehren des Beschwerdeführers enthält, ohne dass der Streitgegenstand bereits im Einzelnen bezeichnet werden müßte. Lediglich die Zielrichtung der Beschwerde muss erkennbar sein.[136] 48

Die **Beschwerdebegründung** muss die Erklärung enthalten, inwieweit die Verfügung angefochten und ihre Abänderung oder Aufhebung beantragt wird, ferner die Angabe der Tatsachen und Beweismittel, auf die sich die Beschwerde stützt (§ 66 Abs. 4). In der Beschwerdebegründung muss der Streitgegenstand bestimmt sein; sie muss den **Antrag** des 49

---

132 BGH NJW 1982, 1651 unter Aufgabe der früheren Rspr.
133 *Baumbauch/Lauterbach/Albers/Hartmann,* ZPO, § 519 Rdnr. 9.
134 Gemeinsamer Senat der obersten Gerichtshöfe des Bundes NJW 2000, 2340, 2341.
135 BGH WuW/E BGH 1173, 1174 – *Bayerischer Bankenverband.*
136 *FK-Bracher* § 66 GWB Rdnr. 13; *KK-Deichfuß,* § 66 GWB Rdnr. 14.

Beschwerdeführers enthalten. Es genügt allerdings, dass das Begehren durch **Auslegung** der Begründung ermittelt werden kann. Der Beschwerdeführer braucht nicht den gewünschten Tenor der gerichtlichen Entscheidung zu formulieren.[137] Der Sachverhalt muss verständlich dargestellt sein. Es müssen zwar nicht alle Einzelheiten des bereits Vorgebrachten wiederholt werden, jedoch genügt die pauschale Bezugnahme auf einen früheren Vortrag im Verwaltungsverfahren nicht. Auf einzelne Elemente des Vortrags kann der Beschwerdeführer aber Bezug nehmen.

50 Rechtsausführungen fordert das Gesetz zwar nicht. Ein gewisses Mindestmaß an **sachlicher Begründung** ist jedoch notwendig. Der Beschwerdeführer muss im Einzelnen darlegen, in welchen Punkten er die Würdigung der KartB und deren Rechtsansicht angreift.[138] Auch eine Darstellung der rechtlichen Bedenken ist regelmäßig zweckmäßig. Bei mehreren Beschwerden in derselben Sache ist nicht erforderlich, dass jeder Beschwerdeführer eine selbständige Erklärung dazu abgibt, aus welchen Gründen er die Verfügung oder das Verhalten der KartB als rechtswidrig ansieht. Ebenso wie mehrere Beschwerdeführer eine gemeinsame Stellungnahme abgeben können, wenn sie durch einen gemeinsamen Verfahrensbevollmächtigten vertreten werden, muss es ihnen im Fall getrennter Vertretung gestattet sein, sich die Begründung eines von ihnen zu eigen zu machen.[139] Wenn zunächst ein Eilantrag nach § 65 Abs. 3 gestellt und ausführlich begründet wurde, genügt für die später eingereichte Beschwerdebegründung eine Kurzfassung ggf. unter Beifügung der Begründung des Eilantrages.[140]

IV. Wirkung der Beschwerde

51 **1. Aufschiebende Wirkung (Suspensiveffekt).** Der Suspensiveffekt ist Ausdruck der verfassungsrechtlichen Rechtsschutzgarantie. Art. 19 Abs. 4 GG gewährleistet nicht nur einen Rechtsweg überhaupt. Der Rechtsschutz muss auch **effektiv** sein. Irreparable Entscheidungen sollen so weit wie möglich ausgeschlossen werden. Dennoch wurde der schon im Zuge der 7. GWB-Novelle (2005) stark eingeschränkte Suspensiveffekt mit der sog. Preismissbrauchsnovelle (2007) so gut wie abgeschafft. Begründet wurde dies mit dem angestrebten Gleichlauf der Beschwerdemöglichkeiten nach deutschem und europäischem Recht.[141] Im europäischen Recht bewirkt die Anfechtung von Entscheidungen der Kommission nicht automatisch auch einen Aufschub des Vollzugs (Art. 278 AEUV). Der Gesetzesverfasser der 7. GWB-Novelle (2005) hatte insofern noch differenzieren wollen. Während Beschwerden gegen Verfügungen nach §§ 19–21 Suspensiveffekt haben sollten, galt das für Verfügungen gestützt auf Art. 82 EG nicht. Der BGH lehnte diese unterschiedliche Behandlung jedoch ab.[142] Solange Beschwerden gegen eine Verfügung nach § 19 aufschiebende Wirkung hätten, müsse das auch für Verfügungen gestützt auf Art. 82 EG gelten. Deshalb sah sich der Gesetzgeber zum Handeln gezwungen. Eine Diskussion über die Sinnhaftigkeit der Gesetzesänderung erübrigt sich damit. An der Verfassungsmäßigkeit der Norm bestehen allerdings wohl keine ernsthaften Zweifel.[143] Zugleich kommt so aber den Vorschriften über die Anordnung der aufschiebenden Wirkung eine noch größere Bedeutung zu (§ 65 Abs. 3).

52 *a) Eintritt kraft Gesetzes.* Nur in den in § 64 Abs. 1 aufgeführten Fällen und im Fall des § 55 Abs. 1 (Vorabentscheidung über Zuständigkeit) hat die Beschwerde **aufschiebende Wirkung;**[144] die Vollziehung der kartellbehördlichen Verfügung wird **gehemmt,** ihre

[137] KG WuW/E OLG 4859, 4861 – *Versicherungsgebühren.*
[138] KG WuW/E OLG 5565, 5579 – *Fernsehübertragungsrechte.*
[139] KG WuW/E OLG 2753, 2754 – *Springer-Elbe-Wochenblatt II.*
[140] So vom OLG Düsseldorf akzeptiert in OLG WuW/E DE-R 569 ff. – *Puttgarden II.*
[141] Begr. RegE zur Preismissbrauchsnovelle, BT-Drucks. 16/5847, S. 12 li. Sp.
[142] WuW/E DE-R BGH 1802, 1804 – *Soda Club.*
[143] AA *Deselaers/Wagner/Liebach* WuW 2007, 882, 886.
[144] Seit der 8. GWB-Novelle verweist § 64 Abs. 1 Nr. 2 auch auf § 31b Abs. 3 und § 32 Abs. 2a.

Wirksamkeit bleibt hingegen unberührt. Durch das Eilverfahren des § 65 Abs. 3 S. 3 (Anordnung der aufschiebenden Wirkung durch das Beschwerdegericht) wird dafür Sorge getragen, dass im Einzelfall stets geprüft werden kann, ob auch in den Fällen eine aufschiebende Wirkung angeordnet werden muss, die in der Aufzählung des § 64 Abs. 1 nicht berücksichtigt sind.

Der Eintritt der aufschiebenden Wirkung setzt Beschwerdeeinlegung voraus. Die auf- 53
schiebende Wirkung wirkt auf den Zeitpunkt des Erlasses der angefochtenen Verfügung zurück. Für die Beschwerdeeinlegung entscheidet der Eingang der Beschwerde bei der KartB (§ 66 Abs. 1 S. 1). Die Beschwerdeeinlegung beim Beschwerdegericht wahrt zwar nach § 66 Abs. 1 S. 4 die Beschwerdefrist, führt aber nach h. M. noch nicht den Suspensiveffekt herbei. Dazu soll der **Eingang bei der KartB** erforderlich sein.[145] Wenn mit einer verspäteten Beschwerde ein Wiedereinsetzungsantrag verbunden wurde, tritt die aufschiebende Wirkung in diesem Fall erst mit der Wiedereinsetzung ein, dann allerdings rückwirkend.[146]

Die aufschiebende Wirkung hat zur Folge, dass der KartB jede auf Vollzug zielende 54
Maßnahme untersagt ist. Sie endet mit Abschluss des Beschwerdeverfahrens oder mit Sicherheitsleistung.[147] Das Beschwerdeverfahren ist abgeschlossen, wenn die Beschwerde zurückgenommen oder der Hauptsachebeschluss rechtskräftig wird.

b) Entsprechende Anwendung bei Lücken? Eine Erweiterung des Suspensiveffektes im Wege 55
der Analogie ist nach h. M. wegen des Enumerationsprinzips in § 64 nicht zulässig, zumindest ist insofern Zurückhaltung geboten. Etwa entstehende Rechtsschutzlücken füllt grds. § 65, nicht die analoge Anwendung des § 64 Abs. 1.[148]

c) Durch gerichtliche Anordnung (§ 64 Abs. 2 GWB). Das Beschwerdegericht kann nach 56
§ 64 Abs. 2 anordnen, dass eine einstweilige Anordnung der KartB nach § 60 ganz oder teilweise erst nach Abschluss des Beschwerdeverfahrens oder nach Leistung einer Sicherheit in Kraft tritt. Ein Antrag ist nicht erforderlich. Die Art der Sicherheitsleistung wird analog § 108 ZPO vom Gericht bestimmt. Die Anordnung des Beschwerdegerichts ist nicht anfechtbar, kann aber nach Abs. 2 S. 2 jederzeit aufgehoben und geändert werden. Jederzeit bedeutet allerdings nicht beliebig. Für den Erlass einer Anordnung nach Abs. 2 ist eine **Abwägung** des Rechtsschutzinteresses des Beschwerdeführers gegen das Vollzugsinteresse desjenigen erforderlich, in dessen Interesse die angefochtene Verfügung erlassen wurde. Das Beschwerdegericht entscheidet nach **pflichtgemäßem Ermessen.**[149] Welche Bedeutung der Vorschrift neben der Anordnung nach § 65 Abs. 3 S. 3 noch zukommt, ist zweifelhaft. Umstritten ist einerseits, ob die Aufrechterhaltung des § 64 Abs. 2 dem Zweck dienen soll, im Gegensatz zu § 65 Anordnungen des Beschwerdegerichts ohne Antrag und ohne besondere Anforderungen zu ermöglichen,[150] andererseits, ob § 65 Abs. 3 Nr. 2 und 3 S. 1 oder S. 3 (?) daneben sinngemäß anzuwenden ist.[151] Ohnehin werden einstweilige Anordnungen der KartB nur sehr selten erlassen.[152]

---

[145] *Immenga/Mestmäcker-K. Schmidt,* GWB, § 64 Rdnr. 10 mwN; *Loewenheim/Meessen/Riesenkampff-Kühnen,* § 64 Rdnr. 8.

[146] *FK-Birmanns,* § 64 GWB Rdnr. 33; *Immenga/Mestmäcker-K. Schmidt,* GWB, § 64 Rdnr. 11.

[147] *Immenga/Mestmäcker-K. Schmidt,* GWB, § 64 Rdnr. 16.

[148] H. M., vgl. *Langen/Bunte-Lembach,* Deutsches Kartellrecht, § 64 GWB Rdnr. 5; *Immenga/Mestmäcker-K. Schmidt,* GWB, § 64 Rdnr. 4; *KK-Deichfuß,* § 64 GWB Rdnr. 21; die Entscheidung des BGH in WuW/E BGH 667 – *Rechtselbische Zementpreise IV* betraf den Sonderfall eines Altkartells, die Entscheidung des KG in WuW/E OLG 5263, 5265 – *Krupp-Hoesch-Brüninghaus* den Sonderfall einer zur Entflechtung eingegangenen Veräußerungsverpflichtung in einem Zusagenvertrag mit dem BKartA; die Entscheidung des BGH in WuW/E BGH DE-R 1802 – *Soda-Club* erging noch zu § 64 Abs. 1 Nr. 1 in der Fassung vor der Preismissbrauchsnovelle (2007).

[149] *FK-Birmanns,* § 64 GWB Rdnr. 33; *Immenga/Mestmäcker-K. Schmidt,* GWB, § 64 Rdnr. 14.

[150] So *FK-Birmanns,* § 64 GWB Rdnr. 32.

[151] *Immenga/Mestmäcker-K. Schmidt,* GWB, § 64 Rdnr. 15 mwN.

[152] So z. B. im Fall OLG Stuttgart WuW/E OLG 2101 – *Anzeigentarif* und zuletzt das BKartA im Fall *Edeka/Tengelmann,* Mitteilung BKartA v. 4.12.2014.

57 **2. Entscheidungen nach § 65 GWB.** § 65 orientiert sich an § 80 VwGO. Er ermöglicht **einzelfallgerechte Korrekturen** des § 64 Abs. 1, und zwar auch, wenn – was seit der Preismissbrauchsnovelle (2007) die Regel ist – die Beschwerde keine aufschiebende Wirkung hat (§ 65 Abs. 3 S. 2 und 3). Dem BGH zufolge soll der Betroffene in entsprechender Anwendung von § 65 Abs. 3 S. 3 auch die Feststellung beantragen können, dass seine Beschwerde aufschiebende Wirkung hat, sofern die begründete Annahme besteht, dass die KartB die aufschiebende Wirkung einer Beschwerde verneinen würde.[153]

58 *a) Anordnung/Aussetzung der sofortigen Vollziehung durch die Kartellbehörde.* Nach § 65 Abs. 1 kann die KartB in den Fällen des § 64 Abs. 1 – d.h. bei aufschiebender Wirkung der Beschwerde – die sofortige Vollziehung der Verfügung anordnen, wenn das im öffentlichen Interesse oder im überwiegenden Interesse eines Beteiligten geboten ist. Hieran sind strenge Anforderungen zu stellen.[154] Die Anordnung kann bereits vor Einlegung der Beschwerde ergehen (Abs. 2).[155]

59 Das öffentliche Interesse am Erlass der zugrundeliegenden Verfügung reicht nicht aus; vielmehr muss die sofortige Vollziehung im öffentlichen Interesse geboten sein. Es muss gerade ein **Interesse am Sofortvollzug** bestehen. „Geboten" bedeutet hier mehr als nur eine sachliche Rechtfertigung durch öffentliche Interessen, allein die Zweckmäßigkeit genügt deshalb nicht.[156] Eine gegen einen Zusammenschluß gerichtete einstweilige Anordnung wird nicht allein durch die Begründung gerechtfertigt, dass das gesetzliche Vollzugsverbot der präventiven Fusionskontrolle gesichert und etwaige vor der Hauptsacheentscheidung möglicherweise eintretende Marktwirkungen verhindert werden sollen. Insoweit handelt es sich nur um das allgemeine Interesse an einer effektiven Gesetzesanwendung, das nicht über das Interesse hinausgeht, das die Hauptsacheentscheidung selbst rechtfertigt.[157]

60 Das öffentliche Interesse an der sofortigen Durchsetzung einer Verfügung kann sich aus dem Gewicht der Maßnahme für den Wirtschaftsablauf ergeben; z.B. wurde das überragende Interesse der Allgemeinheit an der Erhaltung und Existenzfähigkeit der Inhaber sog. freier Tankstellen bejaht.[158] Grds. kann die sofortige Vollziehung dazu dienen, befürchtete Nachteile für die Marktstruktur abzuwenden. Jedoch ist bei der Beurteilung der Zulässigkeit ein **strenger Maßstab** anzulegen.[159] Bei der Interessenabwägung sind auch die Kriterien des Abs. 3 zu berücksichtigen, d.h. die Behörde darf die Rechtmäßigkeit der Verfügung nicht einfach unterstellen und nur noch das Interesse an der sofortigen Vollziehung prüfen, denn dann würde sie die sofortige Vollziehung zur Regel und die nach § 64 Abs. 1 zumindest noch in bestimmten Fällen vorgegebene aufschiebende Wirkung zur Ausnahme machen.[160] Gegenstand der Abwägung ist das öffentliche Interesse oder das Interesse eines Beteiligten[161] (z.B. des auf Seiten der KartB streitenden Beigeladenen) an der Vollziehung der Verfügung und das Interesse des Verfügungsadressaten an wirksamem Rechtsschutz.

61 Wenn die Beschwerde – wie in der Regel – keine aufschiebende Wirkung hat, kann die KartB die Vollziehung aussetzen; die **Aussetzung** soll erfolgen, wenn die Voraussetzungen des Satzes 1 Nr. 3 (unbillige Härte) erfüllt sind (§ 65 Abs. 3 S. 2). Soweit ersichtlich kommen solche Anträge kaum vor. In der Praxis werden stattdessen Anträge zuweilen nach § 65 Abs. 3 S. 3 unmittelbar an das Beschwerdegericht gestellt. Geht ein solcher Eilantrag beim OLG Düsseldorf ein, ist es üblich, dass die KartB auf Anregung des Kartellsenats, den

---

[153] BGH WuW/E DE-R 1802, 1803f. – *Soda Club.*
[154] Vgl. hierzu KG WuW/E OLG 5132, 5133 – *Empfehlung Ersatzwagenkostenerstattung.*
[155] OLG Düsseldorf WuW/E DE-R, 2171 – *Wirtschaftsprüferhaftpflicht.*
[156] *FK-Birmanns,* § 65 GWB Rdnr. 17; *KK-Deichfuß,* § 65 GWB Rdnr. 7.
[157] KG WuW/E OLG 2145, 2146 – *Sonntag Aktuell II;* aA wohl OLG Düsseldorf WuW/E DE-R 926, 929ff. – *E.ON/Ruhrgas.*
[158] KG WuW/E OLG 1497f. – *AGIP I.*
[159] KG WuW/E OLG 5132, 5133 – *Empfehlung Ersatzkostenerstattung;* OLG Düsseldorf WuW/E DE-R 1094, 1095 – *TEAG.*
[160] *Immenga/Mestmäcker-K. Schmidt,* GWB, § 65 Rdnr. 7.
[161] *Immenga/Mestmäcker-K. Schmidt,* GWB, § 65 Rdnr. 6f.

Vollzug der Verfügung bis zur Entscheidung des OLG aussetzt. Die Erfahrung zeigt, dass das OLG Düsseldorf dem Antragsteller durchaus hinreichend Zeit für die Begründung seines Antrags lässt. Soweit ersichtlich kommt das BKartA der Bitte des OLG auf einstweilige Aussetzung des Vollzugs regelmäßig nach. Im Streitfall über eine solche zur Gewährung effektiven Rechtsschutzes erforderliche Zwischenklärung kann das OLG einen sog. **Hängebeschluss** erlassen.[162]

Das OLG Düsseldorf geht davon aus, dass auch in einem Heilungsverfahren nach § 45 VwVfG die vom Gericht gegen die ursprüngliche Verfügung erlassenen einstweiligen Anordnungen fortgelten, sofern nicht ein Aufhebungsverfahren nach § 65 Abs. 5 durchgeführt wurde.[163] Außerdem hat das OLG Düsseldorf klargestellt, dass § 65 auch im Verfahren der Ministererlaubnis Anwendung findet.[164] 62

b) Wiederherstellung bzw. Anordnung der aufschiebenden Wirkung durch Beschwerdegericht. Das Beschwerdegericht kann nach § 65 Abs. 3 die aufschiebende Wirkung ganz oder teilweise **wiederherstellen** (S. 1) bzw. **anordnen** (S. 3), wenn die Voraussetzungen für die Anordnung nach § 65 Abs. 1 nicht vorgelegen haben oder nicht mehr vorliegen (Nr. 1) oder wenn ernstliche Zweifel an der Rechtmäßigkeit der angefochtenen Verfügung bestehen (Nr. 2) oder wenn die Vollziehung für die Betroffenen eine unbillige, nicht durch überwiegende öffentliche Interessen gebotene Härte zur Folge hätte (Nr. 3). Sind die Voraussetzungen des § 65 Abs. 3 S. 1 Nr. 1–3 erfüllt, hat das Beschwerdegericht – anders als das der Wortlaut („kann") nahelegt – kein Ermessen. Es muss die entsprechende Wirkung wiederherstellen bzw. anordnen.[165] Die Darlegungs- und Beweislast für die Voraussetzungen in § 65 Abs. 3 S. 1 Nr. 2 und 3 trägt der Betroffene, die für § 65 Abs. 3 S. 1 Nr. 1 die KartB. 63

Ein seltener Fall von § 65 Abs. 3 S. 1 Nr. 1 lag dem Verfahren *Wasserversorgung O1* zugrunde. Dort war der Verfügungsadressat nach Erlass der Verfügung von einer Umstrukturierung der Wasserversorgung im Rahmen der Rekommunalisierung betroffen und nicht mehr in seiner Funktion als Wasserversorgungsunternehmen gegenüber Endverbrauchern tätig.[166] In der Praxis liegt der Schwerpunkt aber bei S. 3 iVm. S. 1 Nr. 2. Die danach erforderlichen **ernstlichen Zweifel an der Rechtmäßigkeit** können tatsächlicher oder rechtlicher – materiell-rechtlicher oder verfahrensrechtlicher – Art sein. Auch ernste verfassungsrechtliche Zweifel gehören dazu. Ernstliche Zweifel bestehen in der Regel dann, wenn nach **summarischer Einschätzung** des Gerichts die Aufhebung der angefochtenen Verfügung überwiegend wahrscheinlich ist,[167] z. B. wenn es höchstrichterliche Präjudizien zugunsten des Beschwerdeführers gibt. Zwingend ist das jedoch nicht. Nr. 2 ist nicht schon dann als erfüllt anzusehen, wenn die Rechtslage offen ist.[168] In der neueren Rechtsprechung der Verwaltungsgerichte wird vorausgesetzt, dass der Erfolg des Rechtsmittelführers wahrscheinlicher als sein Unterliegen ist. Nach der Rechtsprechung kann der Grad der ernstlichen Zweifel nicht nach einer starren Regel bestimmt werden, sondern ist von den Umständen des **Einzelfalles** abhängig.[169] Unsicherheiten bei der Beurteilung der Rechtmäßigkeit der Verfügung fallen umso mehr ins Gewicht, je stärker die Unternehmen durch 64

[162] So etwa OLG Düsseldorf WuW/E DE-R 3468 – *Fährhafen Puttgarden;* im konkreten Fall allerdings abgelehnt.

[163] OLG Düsseldorf WuW/E DE-R 943, 944 – *E.ON/Ruhrgas,* dort für die Beschwerde Dritter gegen eine Ministererlaubnis.

[164] OLG Düsseldorf WuW/E DE-R 926, 929 ff. – *E.ON/Ruhrgas.*

[165] OLG Düsseldorf WuW/E DE-R 589, 590 – *Freie Tankstellen;* WuW/E DE-R 926, 931 – *E.ON/Ruhrgas.*

[166] OLG Frankfurt WuW/DE-R 3238 – *Wasserversorgung O1.*

[167] OLG Düsseldorf WuW/E DE-R 1757, 1761 f. – *E.ON/Ruhrgas;* OLG Düsseldorf WuW/E DE-R 867, 868 – *Germania;* KG WuW/E OLG 5263, 5265 f. – *Krupp-Hoesch-Brüninghaus;* OLG Düsseldorf WuW/E DE-R 1473, 1474 – *Konsolidierer;* OLG Düsseldorf B. v. 17.7.2003 Kart 18/03 (V), BA S. 16 – *Stadtwerke Mainz.*

[168] OLG Düsseldorf WuW/E DE-R 867, 868 – *Germania.*

[169] KG WuW/E OLG 5263, 5266 – *Krupp-Hoesch-Brüninghaus* mwN.

eine sofortige Vollziehung belastet werden. Fehlt es an derartigen Härten, dann reicht der offene Verfahrensausgang nicht aus, die sofortige Vollziehung auszusetzen bzw. die aufschiebende Wirkung anzuordnen.[170] In der Entscheidung *Krupp-Hoesch/Brüninghaus* verneinte das KG eine nennenswerte Beeinträchtigung der Interessen der Beschwerdeführerin, bejahte hingegen ein erhebliches Interesse an der Durchsetzung der vom BKartA beabsichtigten Entflechtung.[171] Es ist nicht davon auszugehen, dass sich durch die Statthaftigkeit der Rechtsbeschwerde auch in Eilsachen die Grundlagen der vorstehend zitierten Rechtsprechung geändert haben.[172] Zwar mögen sich die Belastungen durch den Sofortvollzug tatsächlich auf einen gegenüber dem früheren Rechtszustand deutlich verkürzten Zeitraum beschränken. Allein daraus kann aber kein grds. Vorrang des Vollzugsinteresses vor dem Suspensivinteresse hergeleitet werden. Am Vollzug einer nach der Wahrscheinlichkeitsprognose des Gerichtes rechtswidrigen Entscheidung besteht gerade kein Vollzugsinteresse. Insofern ist es auch unerheblich, ob sich der Gesetzgeber grds. für den Sofortvollzug entschieden hat; andernfalls wäre § 65 Abs. 3 S. 1 Nr. 2 überflüssig. Das OLG Düsseldorf scheut sich auch nicht davor, weitreichende Rechtsfragen im Verfahren nach § 65 Abs. 3 S. 3 iVm. S. 1 Nr. 2 zu klären, so etwa die des für die **Bagatellmarktklausel** in § 35 Abs. 2 Nr. 2 relevanten Umsatzes.[173] Der BGH jedenfalls prüft die Entscheidung des Beschwerdegerichts im Eilverfahren nach § 65 Abs. 3 nur auf deren rechtliche Plausibilität; andernfalls würde die Hauptsache vorweggenommen.[174]

65 Nur schwerwiegende Nachteile können eine **unbillige Härte** (§ 65 Abs. 3 S. 1 Nr. 3) darstellen. Sie ist dann nicht unbillig, wenn der Betroffene sie im überwiegenden öffentlichen Interesse hinnehmen muss. Erforderlich ist also eine umfassende Abwägung der widerstreitenden Interessen.[175] Es gilt der Grundsatz, dass Existenzbedrohungen nicht hingenommen werden müssen und auch irreparable Folgen nur ausnahmsweise durch öffentliche Interessen aufgewogen werden können.[176] Bei der Prüfung der Zumutbarkeit kann einerseits die voraussichtliche Dauer des Verfahrens und andererseits der voraussichtliche Ausgang des Verfahrens im Voraus gewürdigt werden.[177] Von erheblicher Bedeutung ist auch, ob und mit welchem Aufwand das Unternehmen seine Marktstrategie ändern muss.[178] Im Verfahren *E.ON Ruhrgas – Langfristige Gasliefer*verträge verneinte das OLG Düsseldorf eine unbillige Härte. Das durch den Vollzug der Verfügung für die Betroffene eintretende Absatzrisiko sei jeder unternehmerischen Tätigkeit immanent. Überdies sei es nicht wahrscheinlich, dass die Betroffene durch den Vollzug unvermittelt einen erheblichen Teil ihres Gasabsatzes an Wettbewerber verlieren würde.[179] Im Verfahren *Wirtschaftsprüferhaftpflicht* ordnete das OLG Düsseldorf die aufschiebende Wirkung der Beschwerde gegen eine Untersagungsverfügung u. a. deshalb an, weil die Bf. bis zur Entscheidung in der Hauptsache aller Voraussicht nach mindestens die Hälfte ihres damaligen Gesamtbestandes an bestimmten Versicherungsverträgen durch Kündigung verloren haben würde.[180]

---

170 OLG Düsseldorf B. v. 17.7.2003 Kart 18/03 (V), BA S. 16 – *Stadtwerke Mainz;* OLG Düsseldorf WuW/E DE-R 1473, 1474 – *Konsolidierer;* KG WuW/E OLG 5263, 5265 f. – *Krupp-Hoesch-Brüninghaus.*

171 KG WuW/E OLG 5263, 5266 – *Krupp-Hoesch-Brüninghaus.*

172 So aber das BKartA im Verfahren gegen *E.ON Ruhrgas* wegen langfristiger Gaslieferverträge.

173 OLG Düsseldorf WuW/E DE-R 1931 f. – *Sulzer/Kelmix;* bestätigt durch BGH WuW/E DE-R 2135 f. – *Sulzer/Kelmix.*

174 BGH WuW/E DE-R 2133 f. – *Sulzer/Kelmix;* BGH WuW/E DE-R 2035, 2037 f. – *Lotto im Internet; K. Schmidt* hält die Rechtsbeschwerde gegen Beschlüsse des OLG über den Sofortvollzug trotz der Neufassung des § 74 für nicht statthaft, s. *K. Schmidt* DB 2007, 2188, 2190.

175 OLG Düsseldorf WuW/E DE-R 3993, 3994 – *Chemikalienhandel II.*

176 KG WuW/E OLG 1673 – *Valium-Librium.*

177 KG WuW/E OLG 1497, 1498 – *AGIP I;* WuW/E OLG 2875, 2876.

178 *Immenga/Mestmäcker-K. Schmidt,* GWB, § 65 Rdnr. 15; s. auch KG WuW/E OLG 1561, 1562 – *Brotindustrie.*

179 OLG Düsseldorf BeckRS 2006 08479, insofern nicht in WuW/E DE-R 1757 – *E.ON-Ruhrgas* abgedruckt.

180 OLG Düsseldorf WuW/E DE-R, 2171, 2173 – *Wirtschaftsprüferhaftpflicht.*

Seit der 7. GWB-Novelle (2005) ist ein Antrag auf Erlass einer Anordnung der aufschiebenden Wirkung einer Drittbeschwerde gegen eine fusionskontrollrechtliche Freigabeentscheidung nach § 40 Abs. 2 nur noch dann zulässig, wenn der Dritte geltend macht, durch die Verfügung *in seinen Rechten verletzt* zu sein (§ 65 Abs. 3 S. 4). Die Antragsbefugnis in Verfahren des vorläufigen Rechtsschutzes wird damit an die allgemeine Regelung in § 42 VwGO angepasst.[181] Diese Einschränkung ist zu begrüßen. Sie war im Gesetzgebungsverfahren umstritten. Sah der Gesetzesentwurf der Bundesregierung noch vor, den vorläufigen Rechtsschutz bei Beschwerden Dritter gegen Freigabeentscheidungen des BKartA wie auch bei der Ministererlaubnis nach § 42 Abs. 1 einzuschränken,[182] lehnte der Bundesrat diese Einschränkung in seiner Stellungnahme als systemfremd ab.[183] Der Vermittlungsausschuss verständigte sich auf eine Einschränkung des vorläufigen Rechtsschutzes nur für Freigabeentscheidungen des BKartA, nahm die Ministererlaubnis nach § 42 Abs. 1 wegen ihres Ausnahmecharakters und der besonders kritischen Diskussion in der Öffentlichkeit aber von der Neuregelung aus.[184] 66

Das OLG Düsseldorf hatte in einigen Fällen bei **Drittbeschwerden** gegen die Freigabe von Zusammenschlüssen bzw. eine Ministererlaubnis die aufschiebende Wirkung angeordnet und einstweilige Maßnahmen erlassen.[185] Diese Praxis war in der Literatur ganz überwiegend auf Ablehnung gestoßen.[186] In der Rechtsprechung des OLG Düsseldorf hatten die Interessen der Dritten im vorläufigen Rechtsschutzverfahren ein übermäßiges und vom Gesetzgeber so nicht gewolltes Gewicht. Sind die Voraussetzungen für eine Untersagung nach § 36 Abs. 1 nicht gegeben, haben die am Zusammenschluß beteiligten Unternehmen nicht nur einen Anspruch auf eine Freigabe ihres Zusammenschlusses, sondern auch auf eine rasche und verbindliche Entscheidung des BKartA. Dem dient nicht zuletzt das Fristenregime der Zusammenschlusskontrolle. Die Voraussetzung einer Verletzung in eigenen Rechten in § 65 Abs. 3 S. 4 führt nun zu einem sachgerechten Ausgleich der verfassungsrechtlich geschützten Interessen der am Zusammenschluß beteiligten Unternehmen an einem ungehinderten Vollzug des freigegebenen Vorhabens einerseits und den Rechtschutzmöglichkeiten Dritter andererseits. 67

Der Antragsteller muss sich auf eine Rechtsnorm berufen können, die zumindest auch seinem individuellen Schutz dient und ihm deshalb subjektive Rechte gewährt. Die Zusammenschlusskontrolle vermittelt solche subjektiven Rechte nicht. Sie dient **der Aufrechterhaltung des Wettbewerbs** als Institution und damit einem öffentlichen Interesse. Sie begründet keine subjektiven Rechte zugunsten von Konkurrenten oder der Marktgegenseite. Auch aus Art. 12, 14 und 2 GG lassen sich solche Rechte nicht herleiten. Die Verletzung allein wirtschaftlicher Interessen, wie etwa die bloße Verschlechterung der Wettbewerbssituation, fällt grds. schon nicht in den Schutzbereich von Art. 12 GG. Vor allem aber ist § 65 Abs. 3 S. 4 eine verfassungsgemäße Ausgestaltung des Gesetzesvorbehalts in Art. 12 Abs. 1 und 14 S. 1 GG.[187] 68

---

[181] Begr. RegE zur 7. Novelle, BT-Drucks. 15/3640, S. 65 li Sp.

[182] Begr. RegE zur 7. Novelle, BT-Drucks. 15/3640, S. 65 li Sp.

[183] Stellungnahme des Bundesrates zur Begr. RegE zur 7. Novelle, BT-Drucks. 15/3640, S. 80 re Sp., S. 81 li Sp.

[184] Beschlussempfehlung und Bericht des Ausschusses für Wirtschaft und Arbeit, BT-Drucks. 15/5049, S. 50 li Sp.

[185] OLG Düsseldorf WuW/E DE-R 665 – *NetCologne;* WuW/E DE-R 681 – *Trienekens;* WuW/E DE-R 885 – *E.ON/Ruhrgas;* WuW/E DE-R 926 – *E.ON/Ruhrgas*.

[186] *Baron* Schwerpunkte 2002, 105, 108 f.; *Bechtold* NJW 2001, 3159, 3165 f.; *Bechtold* BB 2003, 1021, 1023 ff.; *Bechtold/Buntscheck* NJW 2003, 2866, 2872 f.; *Zöttl* WuW 2004, 474, 480.

[187] BGH WuW/E DE-R 1571, 1572 – *Ampere;* OLG Düsseldorf WuW/E DE-R 1644, 1645 f. – *Werhahn* mwN; OLG Düsseldorf WuW/E DE-R 1293, 1296 – *TV Kofler;* WuW/E DE-R 1462, 1467 – *Argenthaler Steinbruch; Boekhoff/Franßen* WuW 2002, 668, 678 ff.; *Dormann,* Drittklagen im Rechte der Zusammenschlusskontrolle, 2000, 127 ff.; *Kapp/Messmer* WuW 2004, 917, 919 f.; für subjektive Rechte Dritter in der Zusammenschlusskontrolle *Säcker/Boesche* ZNER 2003, 76, 78 und 85; *Veelken* WRP 2003, 207, 211 ff.

69 Eine Freigabeentscheidung kann etwa dann in subjektive Rechte Dritter eingreifen, wenn der Dritte durch Geschäftsbeziehungen mit einem der Zusammenschlussbeteiligten eine besondere rechtliche Nähe zu der Transaktion aufweist. In Betracht kommen hier Auswirkungen der Freigabe auf **bestehende Verträge** oder Gemeinschaftsunternehmen der Zusammenschlussbeteiligten mit Dritten, auch bei Freigaben unter Auflagen. Eine Verletzung subjektiver Rechte wäre z.B. vorstellbar, wenn der Antragsteller an einem Gemeinschaftsunternehmen beteiligt ist, das wegen der Veräußerungsauflage zu einer Freigabe in seiner Existenz bedroht wäre. Ein solcher Fall lag dem EG-Verfahren *Kali+Salz* zugrunde.[188] Eine Verletzung subjektiver Rechte könnte auch dann vorliegen, wenn bestimmte Liefervereinbarungen oder Lizenzverträge eines Dritten dem Anwendungsbereich einer GVO entzogen würden, weil die andere Partei infolge des Zusammenschlusses die relevanten Marktanteilsschwellen überschreitet. Für den vorläufigen Rechtsschutz gegen die Vollziehung einer Ministererlaubnis nach § 42 Abs. 1 bleibt es hingegen bei der alten Rechtslage.[189] Das gilt auch für Beschwerden in der Hauptsache. Dort genügt für die Beschwerdebefugnis der Eingriff in eine rechtlich geschützte Position.

70 Die Tatsachen, auf die ein Antrag auf Wiederherstellung bzw. Anordnung der aufschiebenden Wirkung gestützt wird, sind **glaubhaft** zu machen (§ 65 Abs. 4 S. 2, § 123 Abs. 3 VwGO, § 920 Abs. 2 ZPO entsprechend). Zur Glaubhaftmachung ist auch die eidesstattliche Versicherung der Partei zugelassen. Darüber hinaus ist die Anwesenheit der Partei auch in der mündlichen Verhandlung über einen derartigen Antrag trotz anwaltlicher Vertretung regelmäßig zweckmäßig. Sie kann dort– falls erforderlich – noch ergänzende eidesstattliche Versicherungen abgeben. Eine Glaubhaftmachung, die nicht sofort vor Gericht erfolgt, ist unstatthaft (vgl. § 294 ZPO).

71 Die Streichung von § 65 Abs. 5 S. 2 a.F. durch die 7. GWB-Novelle (2005) bedeutet keine materielle Änderung. Die Unanfechtbarkeit von Beschlüssen, mit denen einem Antrag nach § 65 Abs. 3 entsprochen wurde, folgt bereits aus § 74.

72 **3. Einstweilige Anordnungen durch das Beschwerdegericht (§ 64 Abs. 3 iVm § 60 GWB).** Mit der Anhängigkeit des Beschwerdeverfahrens geht das Recht zum Erlass einstweiliger Anordnungen der KartB (s. § 53 Rdnr. 45ff.) auf das Beschwerdegericht über. Es kann diejenigen Maßnahmen anordnen, die auch die KartB während des Verwaltungsverfahrens hätte treffen können. Dabei gelten dieselben Grundsätze. § 65 ist aber lex specialis gegenüber §§ 64 Abs. 3 S. 1, 60 (§ 64 Abs. 3 S. 2). Anordnungen des Beschwerdegerichts ergehen durch Beschluss. Eine mündliche Verhandlung ist nicht erforderlich. Jedoch darf den betroffenen Unternehmen das **rechtliche Gehör** nur dann versagt werden, wenn es sich um einen dringenden Ausnahmefall handelt. Auch nach Einlegung der Rechtsbeschwerde ist das Beschwerdegericht für den Erlass einstweiliger Anordnungen zuständig (§ 76 Abs. 5 S. 2).

73 Das OLG Düsseldorf hat in einigen Fällen bei Drittbeschwerden gegen die Freigabe von Zusammenschlüssen die aufschiebende Wirkung der Beschwerde angeordnet und einstweilige Maßnahmen nach § 64 Abs. 3 iVm § 60 Nr. 3 erlassen[190] (namentlich ein Verbot der Stimmrechtsausübung durch den Erwerber). Die Literatur hat das zu Recht überwiegend kritisch gesehen.[191] Wegen der Neuregelung mit der 7. GWB-Novelle 2005 in § 64 Abs. 3 S. 2 ist dieses Thema jetzt weitgehend obsolet. Danach verdrängt § 65 in seinem Anwendungsbereich die Anordnungsbefugnis nach § 64 Abs. 3 S. 1 iVm § 60. Antragsbefugt ist dann nach § 65 Abs. 3 S. 4 von vornherein nur ein Dritter, der geltend machen kann, durch die Verfügung in seinen Rechten verletzt zu sein.

---

[188] EuGH U. v. 31.3.1998, Slg. 1998 I-1375 = WuW/E EU-R 31 – *Kali+Salz*.

[189] Beschlussempfehlung und Bericht des Ausschusses für Wirtschaft und Arbeit, BT-Drucks. 15/5049, S. 50 li. Sp.

[190] OLG Düsseldorf WuW/E DE-R 665 – *NetCologne;* WuW/E DE-R 681 – *Trienekens;* WuW/E DE-R 885 – *E.ON/Ruhrgas;* WuW/E DE-R 926 – *E.ON/Ruhrgas*.

[191] *Baron* Schwerpunkte 2002, 105, 108f.; *Bechtold* NJW 2001, 3159, 3165f.; *Bechtold* BB 2003, 1021, 1023ff.; *Bechtold/Buntscheck* NJW 2003, 2866, 2872f.; *Zöttl* WuW 2004, 474, 480.

Ging es nicht um die Beschwerde gegen eine Freigabeverfügung, sondern um die Beschwerde gegen eine Untersagung, war das Beschwerdegericht nach Ansicht des OLG Düsseldorf gehindert, mit einer einstweiligen Anordnung den Vollzug des Zusammenschlussvorhabens entgegen dem gesetzlichen Vollzugsverbot zu gestatten.[192] § 41 Abs. 2 enthalte für die Freistellung vom gesetzlichen Vollzugsverbot eine abschließende Spezialregelung, weshalb weder das BKartA nach § 60 noch das Beschwerdegericht nach §§ 64 Abs. 3 S. 1, 60 den Zusammenschlussbeteiligten eine Befreiung vom Vollzugsverbot durch einstweilige Anordnung erteilen könnten. Dem ist der BGH unter Verweis auf die h. M. in der Literatur nicht gefolgt. Nach Erlass einer Untersagungsverfügung sei in erster Linie das Beschwerdegericht dazu berufen, die nach § 41 Abs. 2 gebotene Abwägung auch unter Berücksichtigung des Umstands zu treffen, dass die angefochtene Entscheidung möglicherweise unter schweren formellen oder materiellen Mängeln leide. Ferner wäre der Rechtschutz für den Betroffenen beschränkt, wenn das Beschwerdegericht nur die Ermessensentscheidung des BKartA überprüfen könne.[193] 74

V. Verfahren vor dem Beschwerdegericht

1. Gesetzliche Grundlage. Der GWB-Gesetzgeber hat die Entwicklung des Kartellverfahrensrechts bewusst den Gerichten überlassen. § 73 enthält nur einzelne Hinweise auf bestimmte Vorschriften des GVG und der ZPO. Die Lücken werden im Wege der Rechtsanalogie zur VwGO und zur ZPO geschlossen, soweit in beiden Verfahrensordnungen übereinstimmende Regelungen enthalten sind.[194] Bei Abweichungen wird die VwGO zugrunde gelegt, weil das Beschwerdeverfahren dem Verwaltungsprozess sachlich nahesteht, der ebenfalls vom Prinzip der **Amtsaufklärung** beherrscht wird.[195] Fehlen bindende Verweise auf die ZPO (§ 73 Nr. 2), werden die §§ 63 ff. also grds. durch Anwendung allgemeiner verfahrensrechtlicher Grundsätze der VwGO unter Berücksichtigung der besonderen Eigenarten des GWB ergänzt.[196] Die Regeln der VwGO können aber nicht schematisch übernommen werden. Vielmehr muss stets geprüft werden, ob sie den Besonderheiten des Beschwerdeverfahrens gerecht werden. Es unterscheidet sich vom allgemeinen Verwaltungsstreitverfahren trotz vieler Gemeinsamkeiten erheblich. Kartellbehördliche Verfügungen haben oft unmittelbare und weitreichende Auswirkungen auf den Inhalt von zivilrechtlichen Verträgen. Wegen des von § 114 VwGO abweichenden Wortlauts des § 71 Abs. 5 besteht außerdem die Besonderheit, dass das Beschwerdegericht auch die Zweckmäßigkeitserwägungen der Behörde nachprüft (s. Rdnr. 107 f.). 75

2. Tatsacheninstanz. Das Beschwerdegericht ist Tatsacheninstanz. Die Beschwerde kann daher auch auf **neue Tatsachen und Beweismittel** gestützt werden (§ 63 Abs. 1 S. 2). Das Gericht erforscht den Sachverhalt aber von Amts wegen (§ 70 Abs. 1) und entscheidet nach seiner freien, aus dem Gesamtergebnis des Verfahrens gewonnenen Überzeugung (§ 71 Abs. 1 S. 1). Es kann auch solche Gesichtspunkte berücksichtigen, die der angefochtenen Verfügung nicht oder nicht ausdrücklich zugrunde lagen.[197] Das kann die Aufhebung oder auch die Bestätigung der angefochtenen Verfügung bewirken. Wird eine Verfügung vom Beschwerdegericht aus anderen als den von der Behörde aufgeführten Gründen aufrechterhalten, bedeutet das keine Verschlechterung der Rechtslage des Be- 76

[192] OLG Düsseldorf WuW/E DE-R 2069 – *Phonak/ReSound;* bekräftigt in OLG Düsseldorf, WuW/E DE-R 2304 – *Lotto Rheinland-Pfalz;* aA noch KG WuW/E OLG 2419, 2421 – *Synthetischer Kautschuk II.*

[193] BGH WuW/E DE-R 2507, 2511 – *Faber/Basalt;* dazu *Schnelle/Denzel* WuW 2009, 632.

[194] BGH WuW/E BGH 1367, 1370 – *Zementverkaufsstelle Niedersachsen II.*

[195] KG WuW/E OLG 1731 f. – *Vordruckalbum.*

[196] KG WuW/E OLG 1046 f. – *Kopierautomaten.*

[197] BGH WuW/E BGH 588, 594 – *Fensterglas IV;* WuW/E BGH 1678 – *Valium II;* KG WuW/E OLG 1244, 1249; WuW/E OLG 2053, 2060 – *Valium;* WuW/E OLG 3721, 3722 – *Coop/Wandmaker (Auskunftsbeschlüsse);* WuW/E OLG 3821, 3825 – *Coop/Wandmaker (Auskunftsbeschlüsse 2).*

schwerdeführers. Sie wird nur nicht zu seinen Gunsten verändert. Die Frage der Zulässigkeit einer Verböserung stellt sich nicht.

77 Das Beschwerdegericht kann eine Verfügung aber **nicht** auf eine **neue Rechtsgrundlage** stützen, wenn die KartB **ausdrücklich** auf eine bestimmte Rechtsgrundlage abgestellt hat. Eine auf § 12 in der Fassung vor der 6. GWB-Novelle gestützte Missbrauchsverfügung konnte nicht mit Art. 85 EGV (jetzt: Art. 101 AEUV), eine auf § 18 in der Fassung vor der 6. GWB-Novelle gestützte Unwirksamkeitserklärung nicht mit Art. 85, 86 EGV (jetzt: Art. 101, 102 AEUV) aufrechterhalten werden.[198] Der Verwaltungsakt darf nicht in seinem Wesen verändert werden. Es würde dem Grundsatz der Gewaltenteilung widersprechen, wenn das Gericht eine eigene neue Untersagungsverfügung erlassen würde. Eine unterschiedliche Bewertung von Missbrauchsgrenzen bedeutet aber keine Auswechslung der Grundlage einer Untersagungsverfügung.

78 **3. Untersuchungsgrundsatz (§ 70 GWB).** *a) Inhalt und Umfang.* § 70 Abs. 1 verpflichtet das Beschwerdegericht, den Sachverhalt **von Amts wegen** aufzuklären, denn das Kartellverwaltungsverfahren berührt wie alle Verwaltungsverfahren öffentliche Interessen. Der Umfang der Ermittlungstätigkeit bemisst sich nach den von den Beteiligten gestellten Anträgen. Das Gericht hat nicht nur auf den Wortlaut der Anträge abzustellen, sondern muss ihren Inhalt würdigen. Innerhalb dieses Rahmens muss es den entscheidungserheblichen Sachverhalt aufklären und Beweis durch Zeugen oder Sachverständige erheben, ohne an den Vortrag der Beteiligten gebunden zu sein.[199] Welche Ermittlungen zur Sachaufklärung erforderlich sind, entscheidet es nach pflichtgemäßem Ermessen.

79 Nach § 70 Abs. 2 hat der oder die Vorsitzende darauf hinzuwirken, dass Formfehler beseitigt, unklare Anträge erläutert, sachdienliche Anträge gestellt, ungenügende tatsächliche Angaben ergänzt, ferner alle für die Feststellung und Beurteilung des Sachverhaltes wesentlichen Erklärungen abgegeben werden. Das kann bereits vor der mündlichen Verhandlung durch Auflagen geschehen. Ferner kann das Beschwerdegericht den Beteiligten aufgeben, sich innerhalb einer bestimmten Frist zu aufklärungsbedürftigen Punkten zu äußern, Beweismittel zu bezeichnen und in ihren Händen befindliche Urkunden sowie andere Beweismittel vorzulegen (§ 70 Abs. 3). Im Allgemeinen werden Fristen von einem Monat bis sechs Wochen gesetzt. Der Gegenseite wird eine entsprechende Frist zur **Stellungnahme** gewährt. In der Praxis spielt die Ausübung der Fragepflicht in der mündlichen Verhandlung eine größere Rolle, weil hier eine Erörterung der Zweifelsfragen möglich und zweckmäßig ist (s. Rdnr. 90).

80 *b) Mitwirkungspflichten der Beteiligten.* Mitwirkungspflichten der Beteiligten folgen aus § 70 Abs. 3 und § 86 Abs. 1 VwGO. Das Gericht hat die Möglichkeit, die Beteiligten aus prozessökonomischen Gründen zur Aufklärung des Sachverhalts heranzuziehen, soweit sie dazu in der Lage sind. Es kann sowohl den Beschwerdeführern als auch der KartB aufgeben, sich zu aufklärungsbedürftigen Punkten zu äußern oder sonstige Auflagen erteilen oder die KartB zu (Nach-)Ermittlungen veranlassen,[200] z. B. die Vorlage von Urkunden oder bestimmte Tatsachenermittlungen. Zur Vorbereitung dieser Erklärungen kann eine Akteneinsicht nützlich sein (s. nachf. Rdnr. 93, 109ff., auch § 53 Rdnr. 103ff.). Kommen die Beteiligten der Aufforderung des Gerichts zur Mitwirkung innerhalb angemessener Frist nicht nach, so kann es aus der Versäumung Schlüsse ziehen und ohne Berücksichtigung der nicht beigebrachten Beweismittel entscheiden (§ 70 Abs. 3 S. 2); das gilt nicht, wenn der Beteiligte die Unterlagen noch vor der Entscheidung einreicht. § 70 Abs. 3 soll einer Prozessverschleppung entgegenwirken; er bewirkt auch eine gewisse Begrenzung der Amtsermittlungspflicht, beseitigt sie aber nicht.[201]

---

[198] BGH WuW/E BGH 588, 594 – *Fensterglas IV;* KG WuW/E OLG 4919, 4939 – *Pauschalreiseveranstalter II.*

[199] *Immenga/Mestmäcker-K. Schmidt,* GWB, § 70 Rdnr. 1.

[200] BGH WuW/E DE-R 2451, 2455 – *E.ON/Stadtwerke Eschwege;* OLG Düsseldorf WuW/E DE-R 2798, 2804 – *Bau- und Heimwerkermarkt.*

[201] S. hierzu KG WuW/E OLG 3821, 3824f.; *Immenga/Mestmäcker-K. Schmidt,* GWB, § 70 Rdnr. 7.

Von besonderer Bedeutung sind in diesem Zusammenhang die Vermutungstatbestände für Einzel- und oligopolistische Marktbeherrschung (§ 18 Abs. 4, 6). Durch sie werden die Mitwirkungspflichten der Unternehmen verstärkt. Es handelt sich nicht nur um Aufgreifkriterien. Das BKartA und die Gerichte werden zwar nicht von ihrer Ermittlungspflicht befreit; die Unternehmen haben aber alle zur Widerlegung der Vermutung geeigneten Tatsachen vorzutragen, soweit sie ihnen zugänglich sind. Bleibt trotz umfassender Sachaufklärung durch alle Beteiligten offen, ob eine Marktbeherrschung iSv § 18 Abs. 6 Nr. 1 gegeben ist oder nach § 36 begründet oder verstärkt wird, tragen die Unternehmen die materielle Beweislast (Beweisfolgelast). Die Oligopolvermutung des § 18 Abs. 6 Nr. 2 legt den Unternehmen für die Widerlegung der Vermutung sogar die **formelle Beweislast** (Beweisführungslast) auf. Sie müssen den Nachweis für die beiden in § 18 Abs. 7 zugelassenen Einwendungen erbringen. Das gilt nicht nur für die Zusammenschluß-, sondern auch für die Missbrauchskontrolle.[202] Ferner enthalten die §§ 20 Abs. 4, 36 Abs. 1 S. 2 und § 31 Abs. 3 Nr. 2 eine Beweislastumkehr. Die Unternehmen müssen darlegen und nachweisen, dass die tatsächlichen Voraussetzungen für eine Verbesserung der Wettbewerbsbedingungen vorliegen bzw. dass strukturelle Merkmale ihre im Verhältnis zu den Vergleichspreisen höheren Preise rechtfertigen.[203] Der Amtsermittlungsgrundsatz bleibt jedoch insofern unberührt, als die KartB verpflichtet ist, dem substantiierten Vortrag der Beteiligten nachzugehen.[204] 81

Der BGH hat zu den Vermutungen wiederholt darauf hingewiesen, dass die KartB und die Kartellgerichte ihre Voraussetzungen nachweisen müssen.[205] Auch durch diesen Nachweis werden sie nicht von der ihnen obliegenden Pflicht zur Ermittlung der gesamten Umstände des Einzelfalles, insbes. auch der zugunsten der Unternehmen sprechenden Umstände, und von ihrer Pflicht zu einer umfassenden Gesamtwürdigung befreit. Die GWB-Vermutungen können im Unterschied zur zivilrechtlichen Vermutung ihre Wirkung erst dann entfalten, wenn nach dieser Würdigung des Verfahrensergebnisses nicht auszuschließen ist, dass Marktbeherrschung besteht bzw. entstehen wird oder verstärkt würde. Zur Regelung in § 70 Abs. 4 s. oben § 51 Rdnr. 13 und § 52 Rdnr. 22. 82

c) Grenzen der Aufklärungspflicht. Die Ermittlungspflicht des Beschwerdegerichts hat aber auch Grenzen. Es muss den Sachverhalt nur soweit aufklären, als der **Vortrag der Beteiligten** reicht oder sich **entscheidungserhebliche Tatsachen** geradezu aufdrängen. Der Untersuchungsgrundsatz zwingt es nicht, allen denkbaren Möglichkeiten „von Amts wegen" nachzugehen. Vielmehr obliegt dem Gericht eine Aufklärungs- und Ermittlungspflicht nur insoweit, als der Vortrag der Beteiligten oder der Sachverhalt als solcher bei sorgfältiger Überlegung der sich aufdrängenden Gestaltungsmöglichkeiten dazu Anlass gibt.[206] Nicht näher begründeten Zweifeln oder vorgetragenen Erfahrungssätzen, für die keine konkreten Tatsachen sprechen, braucht das Gericht nicht nachzugehen. Bestehen allerdings ernsthafte Zweifel an der Richtigkeit der vom BKartA mitgeteilten Ermittlungsergebnisse, ist das Beschwerdegericht verpflichtet, eigene Erhebungen anzustellen[207] bzw. neue durch die KartB anstellen zu lassen. 83

Eine weitere Grenze für die Ermittlungspflicht des Beschwerdegerichts ergibt sich aus der Ermittlungspflicht der KartB. Ist eine Sachverhaltsaufklärung durch die KartB vollständig unterblieben oder erweisen sich die Ermittlungen der KartB als unverwertbar, weil die rechtliche Beurteilung des Beschwerdegerichts ganz andere Ermittlungen erfordert, kann das Beschwerdegericht die angefochtene Verfügung ausnahmsweise auch ohne Herbeiführung der Spruchreife aufheben, um der KartB Gelegenheit zu geben, diese Ermittlungen in 84

---

[202] *Baron* WuW 1998, 651, 652.

[203] BGH WuW/E BGH 2967, 2974 – *Strompreis Schwäbisch-Hall;* KG WuW/E OLG 5926, 5929 – *Spreegas; Immenga/Mestmäcker-Thomas,* GWB, § 36 Rdnr. 745.

[204] *Immenga/Mestmäcker-Thomas,* GWB, § 36 Rdnr. 745.

[205] BGH WuW/E BGH 1749, 1754 – *Klöckner-Becorit.*

[206] BGH WuW/E BGH 990, 993 – *Papierfiltertüten.*

[207] BGH WuW/E DE-R 2451, 2455 – *E.ON/Stadtwerke Eschwege.*

einem neuen Verwaltungsverfahren **nachzuholen.**[208] Das folgt aus einer entsprechenden Anwendung von § 113 Abs. 3 S. 1 VwGO. In entsprechender Anwendung der Frist in § 113 Abs. 3 S. 4 VwGO soll eine Aufhebung der angefochtenen Verfügung ohne Herbeiführung der Spruchreife grds. aber nur **innerhalb von sechs Monaten** seit Eingang der behördlichen Verfahrensakte beim Beschwerdegericht zulässig sein.[209] In allen anderen Fällen hat das Beschwerdegericht die Spruchreife herbeizuführen. Dabei ist zwar zu beachten, dass das Beschwerdegericht nur eine kassatorische Entscheidung treffen kann. Es kann die Verfügung der KartB nur aufheben, ist also nicht befugt, anstelle der KartB eine eigene, als sachdienlich angesehene Entscheidung zu treffen.[210] Allerdings setzt die Aufhebung der kartellbehördlichen Verfügung grds. voraus, dass die angefochtene Verfügung rechtswidrig ist. Das ist der Fall, wenn der zugrundeliegende Sachverhalt die Verfügung der KartB nicht rechtfertigt. Sind für diese Feststellung noch weitere Ermittlungen erforderlich, muss die KartB diese ergänzenden Ermittlungen durchführen, und zwar auch noch im Beschwerdeverfahren. Ihr stehen dafür dieselben hoheitlichen Befugnisse (§ 59 Abs. 1 und 6 GWB) zur Verfügung wie im Verwaltungsverfahren.[211]

85 **4. Mündliche Verhandlung (§ 69 GWB).** Für die Sachentscheidung in der Hauptsache (Beschwerdeentscheidung) ist die mündliche Verhandlung zwingend, es sei denn, alle Beteiligten erklären, dass sie mit einer schriftlichen Entscheidung einverstanden sind. Zwischenentscheidungen (z. B. §§ 64, 65) sowie isolierte Kostenentscheidungen können schriftlich ergehen. In seinem Beschluss *Bayerischer Bankenverband* bestätigte der BGH die Auffassung des KG, dass eine Beschwerde auch ohne mündliche Verhandlung analog §§ 522 Abs. 1 ZPO, 125 Abs. 2 VwGO als unzulässig verworfen werden kann, obwohl es ein Beschluss in der Hauptsache ist (§ 522 Abs. 1 S. 3 und 4 ZPO und §§ 125 Abs. 2, 152 VwGO gelten aber nicht, sondern §§ 74 ff.).[212]

86 *a) Ladung, Anordnung des persönlichen Erscheinens, Terminnachricht, Anwaltszwang.* Nach § 73 Nr. 2 sind die Vorschriften der ZPO über Ladungen, Termine und Fristen sowie über die Anordnung des persönlichen Erscheinens der Parteien anzuwenden (§§ 214 bis 229 und § 141 ZPO). Auch für die mündliche Verhandlung gilt Anwaltszwang (§ 68). Erscheinen die Beteiligten trotz rechtzeitiger Benachrichtigung nicht zum Verhandlungstermin oder sind sie dort nicht gehörig vertreten, kann gleichwohl in der Sache verhandelt und entschieden werden (§ 69 Abs. 2).

87 § 69 Abs. 2 ist allerdings nur anzuwenden, wenn das Gericht keine Anzeichen dafür hat, dass die Parteien aufgrund unvorhergesehener Ereignisse am Erscheinen und an einer rechtzeitigen Entschuldigung gehindert waren. In einem solchen Fall gebietet es der Grundsatz des rechtlichen Gehörs, dass eine neue mündliche Verhandlung anberaumt wird.

88 *b) §§ 169 bis 201 GVG iVm § 73 Nr. 1, insbes. § 172 Nr. 2, 174 Abs. 3 GVG.* Das Beschwerdeverfahren ist grds. öffentlich (§ 73 Nr. 1 iVm § 169 GVG), jedoch kann das Gericht für die gesamte mündliche Verhandlung oder einen Teil der Verhandlung die Öffentlichkeit aus den in § 172 GVG genannten Gründen ausschließen. § 172 Nr. 2 sieht den **Ausschluss der Öffentlichkeit** vor, wenn ein wichtiges Geschäfts-, Betriebs-, Erfindungs- oder Steuergeheimnis zur Sprache kommt, durch dessen öffentliche Erörterung überwiegende schutzwürdige Interessen verletzt würden. Er wird in der Regel anzuwenden sein, wenn das Gericht die Offenlegung von Geheimnissen nach Maßgabe des § 72 Abs. 2 S. 4 angeordnet hat, was aber praktisch kaum vorkommt (s. Rdnr. 121). Das KG verpflichtete die anwesenden Personen zuweilen zur Geheimhaltung von Tatsachen, die

---

[208] BGH WuW/E DE-R 1163, 1167 f. – *HABET/Lekkerland* mwN; KG WuW/E OLG 2140, 2144 – *Einbauküchen;* OLG Düsseldorf WuW/E DE-R 829, 839 – *Freie Tankstellen.*

[209] BGH WuW/E DE-R 1163, 1168 – *HABET/Lekkerland.*

[210] BGH WuW/E BGH 1345, 1346 – *Polyester-Grundstoffe;* BGH WuW/E BGH 2535, 2541 – *Lüsterbehangsteine;* BGH WuW/E BGH 2869, 2871 – *Pauschalreisen-Vermittlung II.*

[211] BGH WuW/E DE-R 2451, 2455 – *E.ON/Stadtwerke Eschwege;* BGH WuW/E DE-R 1163, 1166/1167 – *HABET/Lekkerland;* aA noch OLG Düsseldorf WuW/E DE-R 900, 902 ff. – *Blitz-Tip.*

[212] BGH WuW/E BGH 1173 f.

ihnen durch die Verhandlung oder durch ein die Sache betreffendes amtliches Schriftstück zur Kenntnis gelangten. Der Beschluss ist in das Sitzungsprotokoll aufzunehmen. Er ist anfechtbar. Die Beschwerde hat keine aufschiebende Wirkung (§ 174 Abs. 3 GVG). Für die anwesenden Amtsträger und Rechtsanwälte gilt die gesetzliche **Schweigepflicht** des § 203 StGB. Rechtsanwälte sind darüber hinaus durch ihr Berufsrecht zur Verschwiegenheit verpflichtet (§ 43a Abs. 2 BRAO, § 2 BerufsO). In einem Fall hat das OLG Düsseldorf in der mündlichen Verhandlung erklärt, dass es sich von der Exaktheit der vom BKartA vorgenommenen Rundungen der dessen Entscheidung zugrunde gelegten Marktanteile überzeugt habe, und die Marktanteile selbst dann in der Verhandlung nicht offengelegt.[213]

Verhandelt wird in deutscher Sprache (§ 184 GVG). Trägt ein Beteiligter in einer anderen Sprache vor, so ist ein Dolmetscher hinzuzuziehen. Hiervon kann abgesehen werden, wenn sämtliche beteiligten Personen der fremden Sprache mächtig sind (§ 185 Abs. 3 GVG). **89**

c) Gegenstand der mündlichen Verhandlung, Rechtsgespräch, Fragepflicht. Der Grundsatz des rechtlichen Gehörs bindet das Gericht und verpflichtet es, den Beteiligten Gelegenheit zu geben, sich umfassend zu den Tatsachen und Beweisen zu erklären, aber auch Rechtsausführungen zu machen. Das Prinzip der Mündlichkeit der Verhandlung ist aber nicht dahingehend zu verstehen, dass das gesamte oft sehr umfangreiche schriftsätzliche Vorbringen im Einzelnen mündlich vorzutragen ist. **90**

Beim OLG Düsseldorf trägt der Vorsitzende den wesentlichen Akteninhalt vor, wobei die tatsächlichen und rechtlichen Gesichtspunkte, die aus der vorläufigen Sicht des Kartellsenats besonders erörterungsbedürftig sind, hervorgehoben werden. Außerdem lässt er erkennen, zu welcher Rechtsauffassung das Gericht nach dem Ergebnis der Vorberatung neigt. Das rechtliche Gehör wird damit umfassend gewährt. Je nach dem welche vorläufige Rechtsauffassung das Gericht vertritt, kann es für die Parteien erforderlich sein, ihren Sachverhaltsvortrag zu ergänzen oder zu erweitern. Der wesentliche Inhalt der Akten kann auch vom Berichterstatter vorgetragen werden (§ 103 Abs. 2 VwGO); dies wird aber nicht praktiziert; außerdem besteht das richterliche Fragerecht (§ 104 Abs. 1 VwGO und § 139 Abs. 1 S. 1 ZPO). Der Inhalt der Ausführungen des Gerichts ist damit bereits Gegenstand der mündlichen Verhandlung. Anschließend tragen die Beteiligten die wesentlichen entscheidungserheblichen Umstände unter besonderer Berücksichtigung der vom Senat betonten Gesichtspunkte vor. Wegen der Einzelheiten wird zulässigerweise auf den Inhalt der Schriftsätze Bezug genommen. In jedem Fall müssen die Beschwerdeanträge gestellt und – falls erforderlich – vom Vorsitzenden mit den Beteiligten erörtert werden (§ 70 Abs. 2 – s. auch Rdnr. 79). Diese Vorschrift, die wörtlich mit § 86 Abs. 3 VwGO übereinstimmt, stellt keine Besonderheit der in § 70 Abs. 1 normierten Offizialmaxime dar; denn die Hinweispflicht des Vorsitzenden gilt ebenso im Zivilprozess, in dem die Dispositionsmaxime herrscht. Ein Verstoß kann mit der Rechtsbeschwerde gerügt werden.[214] **91**

5. Beweiserhebung. *a) Erforderlichkeit.* Eine Beweiserhebung ist erforderlich, wenn Tatsachen zwischen den Beteiligten streitig sind. Ist ein Punkt unstreitig, muss er nur dann aufgeklärt werden, wenn sich Zweifel an der Richtigkeit aufdrängen, denn es gilt das **Prinzip der materiellen Wahrheit.**[215] **92**

Der **Inhalt der Amtsakten** ist – sofern die KartB die Zustimmung zur Einsicht nicht verweigert (s. Rdnr. 112 ff.) – vom Beschwerdegericht zu berücksichtigen. Das Gericht entnimmt daraus die Einzelheiten, die zu dem angefochtenen Beschluss geführt haben. Etwaige Widersprüche zum Vortrag der Beteiligten (Behörden, Beschwerdeführer und sonstige Beteiligte) sind aufzuklären. Zu beachten ist aber, dass die Ermittlungsergebnisse der KartB, insbes. Ergebnisse von Befragungen, von erteilten Auskünften oder Durchsuchungen und Beschlagnahmen, keine Beweismittel sind. Soweit die Behörde die Ergebnisse solcher Ermittlungen in das Gerichtsverfahren einführt, legt sie damit nicht Beweise vor, **93**

[213] OLG Düsseldorf WuW/E DE-R 1987 – *Sanacorp/ANZAG.*
[214] *KK-Deichfuß,* § 70 GWB Rdnr. 24.
[215] *Immenga/Mestmäcker-K. Schmidt,* GWB, § 70 Rdnr. 5.

sondern unterbreitet einen Tatsachenvortrag. Sofern er bestritten wird, hat ihm das Beschwerdegericht mit **eigenen Beweiserhebungen** nachzugehen, es sei denn, dass ausnahmsweise ein Urkundenbeweis mit Hilfe der vom BKartA eingeholten Auskünfte in Betracht kommen sollte. Wenn kein Fall der §§ 415ff. ZPO vorliegt, ist das nur mit Zustimmung der Beteiligten zulässig.

94 Wegen der im Beschwerdeverfahren herrschenden Offizialmaxime gibt es grds. keine Beweisführungslast (zu den Ausnahmen s. Rdnr. 78f.). Die Beteiligten können selbstverständlich auch darüber hinaus Beweisanträge stellen. Wenn das Gericht ihnen nicht stattgibt, braucht es – anders als im Bußgeldverfahren – **keine Zwischenentscheidung** zu treffen. Es muss aber in der abschließenden Beschwerdeentscheidung erkennen lassen, weshalb einem Beweisantrag nicht entsprochen wurde. Sowohl nach den Grundsätzen der ZPO (§§ 286, 291, 356) als auch nach allgemeinem Verwaltungsrecht muss also mindestens einer der nachfolgenden Gründe ersichtlich sein: Die unter Beweis gestellte Tatsache ist unstreitig, offenkundig, für die Entscheidung ohne Bedeutung, bereits erwiesen oder kann als wahr unterstellt werden; das Beweismittel ist unzulässig, unerreichbar oder ungeeignet, die behauptete Tatsache zu beweisen.[216] Das Gericht darf hierbei allerdings die Beweiswürdigung nicht vorwegnehmen, so dass sich die Ungeeignetheit eines Zeugen nur ganz ausnahmsweise vor seiner Vernehmung feststellen lässt.

95 **Offenkundige Tatsachen** bedürfen gemäß § 291 ZPO keines Beweises. Sie sind allgemeinkundig, wenn weite, verständige Kreise sie für feststehend halten oder wenn es sich um gerichtskundige Tatsachen handelt, also solche, die das Gericht aus seiner jetzigen oder früheren amtlichen Tätigkeit kennt. In Betracht kommen dienstliche Mitteilungen, frühere Verfahren[217] oder Parallelverfahren, früher eingeholte Sachverständigengutachten oder Meinungsumfragen. Diese Tatsachen muss das Gericht den Beteiligten mitteilen und zum Gegenstand der Verhandlung machen, damit das rechtliche Gehör gewahrt ist.[218]

96 **Wirtschaftswissenschaftliche Theorien** sind im Allgemeinen keine offenkundigen Tatsachen. Sie werden auf der Grundlage von Modellanalysen aufgestellt, wobei der dem Gericht vorliegende Sachverhalt mit dem Modell keinesfalls übereinstimmen muss.[219] Jedoch können die Modellanalysen dem Kartellrichter helfen, die Einzelheiten und die Bedeutung eines Falles richtig einzuordnen und die wirtschaftlichen Rahmenbedingungen besser zu verstehen. Manchmal können wirtschaftswissenschaftliche Erfahrungssätze als Indizien bewertet werden und sich zu einem Beweis des ersten Anscheins verdichten. Er entfällt wieder, wenn ernstliche Anhaltspunkte für einen anderen als den typischen Geschehensablauf gegeben sind.[220]

97 *b) Verfahren.* § 73 Nr. 2 verweist auf die Vorschriften der ZPO, also auf die §§ 355ff. ZPO; daneben gilt § 96 VwGO. Das Beschwerdegericht kann Beweis durch **Augenschein** (§§ 371ff. ZPO), durch Vernehmung von **Zeugen** (§§ 373ff. ZPO), durch **Sachverständige** (§§ 402ff. ZPO) und **Urkunden** (§§ 415ff. ZPO) erheben. Die Anordnung einer schriftlichen Befragung nach § 377 Abs. 3 ZPO ist unter den dort genannten Voraussetzungen zulässig. Sie kommt insbes. zur Aufklärung von Marktanteilen in Betracht, wenn das Marktvolumen durch Ermittlung der Anteile aller Wettbewerber festgestellt werden muss. Die Beweisführung kann sich auch auf Indizien stützen; die Interessenlage kann Rückschlüsse zulassen.

98 Von den **Zeugnisverweigerungsgründen** (§§ 383–389 ZPO) kommt besonders § 384 Nr. 3 ZPO in Betracht. Danach unterliegen alle Tatsachen, an deren Geheimhaltung ein Gewerbetreibender ihrer Natur nach ein erhebliches, unmittelbares Interesse hat, dem Zeugnisverweigerungsrecht. Geschützt ist entweder das eigene Gewerbe des Zeugen oder

---

216 *Redeker/v. Oertzen,* VwGO, § 86 Rdnr. 29ff.; s. auch BGH NJW 1978, 1207; BVerwG NJW 1984, 2962; BAG NJW 1986, 2426.

217 BGH WuW/E BGH 1337, 1339 – *Aluminium-Halbzeug.*

218 *Baumbach/Lauterbach/Albers/Hartmann,* ZPO, § 291 Rdnr. 5.

219 *Hintze* WuW 1970, 571, 578f.

220 *Ulmer/Wiedemann,* in: Cox-Jens-Markert, Handbuch des Wettbewerbs, 1981, S. 281.

ein fremdes Gewerbe, zu dessen Geheimhaltung der Zeuge aufgrund seines Verhältnisses zum Betriebsinhaber (Geschäftsführer einer GmbH, Prokurist, Handlungsgehilfe) verpflichtet ist. Das gilt auch für den Geschäftsführer eines Industrieverbandes hinsichtlich ihm anvertrauter **Geschäftsgeheimnisse** der Mitglieder. Den Schutz fremder Geschäftsgeheimnisse gewährleistet ferner weitgehend § 383 Abs. 1 Nr. 6 ZPO. Der Zeuge muss die Tatsachen, auf die er die Weigerung gründet, angeben und glaubhaft machen (§ 386 ZPO). Er braucht aber nicht genau anzugeben, warum er das Zeugnis verweigert, denn anderenfalls würde das Geschäftsgeheimnis indirekt preisgegeben.[221]

Schon für den Zivilprozess wird eine enge Auslegung der Vorschrift vertreten; an der 99
Geheimhaltung muss ein erhebliches Interesse bestehen. Für das Kartellverwaltungsstreitverfahren, in dem Unternehmensinterna vielfach entscheidungserhebliche Bedeutung erlangen, gilt das besonders;[222] außerdem geht die Spezialregelung des § 72 Abs. 2 S. 4 vor, wonach die Offenlegung der vom Zeugen als Geschäftsgeheimnis angesehenen Tatsachen angeordnet werden kann (s. Rdnr. 121). Über die Rechtmäßigkeit des Aussageverweigerungsrechts entscheidet das Gericht nach Anhörung der Beteiligten entsprechend § 387 ZPO durch einen **Zwischenbeschluss.** Der Zeuge muss sich in diesem Zwischenstreit nicht durch einen Rechtsanwalt vertreten lassen. Eine sofortige Beschwerde gegen den Beschluss des Kartellsenats ist nicht zulässig.

6. Zwischenverfahren nach § 72 Abs. 2 S. 4–6 GWB. Durch die 5. GWB-Novelle 100
(1989) wurde zur Lösung des Konflikts zwischen den Geheimhaltungsinteressen einerseits und dem Anspruch auf rechtliches Gehör andererseits ergänzend die Möglichkeit eines **Zwischenverfahrens** eingeführt. Nach § 72 Abs. 2 S. 4–6 kann das Beschwerdegericht die **Offenlegung von Tatsachen** oder Beweismitteln, deren Geheimhaltung aus wichtigen Gründen, insbes. zur Wahrung von Betriebs- oder Geschäftsgeheimnissen, verlangt wird, durch Beschluss **anordnen,** soweit es für die Entscheidung auf diese Tatsachen oder Beweismittel ankommt, andere Möglichkeiten der Sachaufklärung nicht bestehen und nach Abwägung aller Umstände des Einzelfalles die Bedeutung der Sache für die Sicherung des Wettbewerbs das Interesse des von der Offenlegung Betroffenen an der Geheimhaltung überwiegt. Die Entscheidung des Beschwerdegerichts steht in seinem Ermessen.[223] Der Betroffene ist anzuhören. Er muss sich dabei nicht durch einen Rechtsanwalt vertreten lassen. Der Beschluss ist zu begründen. Betroffene können Verfahrensbeteiligte, Auskunftspflichtige oder auch Zeugen sein. Das Verfahren ist bisher nur selten angewendet worden. In der Praxis behilft sich etwa das OLG Düsseldorf mit „von-bis"-Werten oder gewissen Verallgemeinerungen. Das KG verneinte ein überwiegendes Interesse an der Geheimhaltung von Umsatzzahlen, wenn die anzugebenden Umsätze auf einem Markt erzielt werden, der eher transparent als durch geheimen Wettbewerb gekennzeichnet ist.[224] Die Angaben waren zur Ermittlung des Marktvolumens in einem Zusammenschlussfall erforderlich.[225] Als bedeutsam wurde es angesehen, dass zahlreiche andere Wettbewerber gleichlautende Beweisfragen ohne weiteres beantwortet hatten.[226] Das KG hat ferner entschieden, dass die Kenntnis aggregierter Zahlen über Umsätze mehrerer Filialen in einer Stadt für einen mehrere Jahre zurückliegenden Zeitraum auch unter dem Blickwinkel der Standortwahl für die Wettbewerber keinen konkreten wettbewerblich relevanten Vorteil bedeutet.[227] Gegen Zwischenentscheidungen nach § 72 Abs. 2 S. 4–6 ist nach Ansicht des BGH die Rechtsbeschwerde nicht statthaft; die betroffenen Unternehmen müssen Rechtsverstöße im Hauptsacheverfahren rügen.[228] Das leuchtet nicht ein,

---

[221] *Baumbach/Lauterbach/Albers/Hartmann,* ZPO, § 386 Rdnr. 4.

[222] KG WuW/E OLG 3539 f.

[223] BGH WuW/E DE-R 2879, 2880 – *Kosmetikartikel.*

[224] KG WuW/E OLG 5201, 5202 – *Offenlegung von Betriebsgeheimnissen.*

[225] So auch im Fall KG WuW/E DE-R 459, 460 – *Herlitz/Landré.*

[226] KG WuW/E OLG 5201, 5202 – *Offenlegung von Betriebsgeheimnissen.*

[227] OLG Düsseldorf WuW/E DE-R 2496 – *Globus/Distributa;* KG WuW/E OLG 3539 f.

[228] BGH WuW/E DE-R 2551, 2553 – *Wehrhahn/Norddeutsche Mischwerke; Langen/Bunte-Lembach,* Deutsches Kartellrecht, § 72 GWB Rdnr. 20; aA *Bechtold,* GWB, § 72 Rdnr. 3.

weil doch gerade die Beschränkung der Rechtsbeschwerde nur auf Entscheidungen in der Hauptsache abgeschafft worden ist.

VI. Beschwerdeentscheidung

101 **1. Form und Inhalt.** Nach § 71 Abs. 1 S. 1 entscheidet das Gericht im Beschwerdeverfahren durch **Beschluss.** Der GWB-Gesetzgeber ging – wohl mit Blick auf die Antrags- und Anmeldeverfahren – zunächst von Ähnlichkeiten mit dem FGG-Verfahren aus. Wenn der Beschluss ein Verfahren in der Hauptsache abschließt, entspricht er in der Sache jedoch einem verwaltungsgerichtlichen Urteil. Der Beschluss bindet das erkennende Gericht (§ 173 VwGO, § 318 ZPO) und kann nicht nachträglich abgeändert werden. Ausnahmen von diesem Grundsatz sind – wenn überhaupt – nur in sehr engen Grenzen zulässig[229] (s. Rdnr. 127). Der Beschluss ist zu begründen.

102 Ist die **Anfechtungsbeschwerde** zulässig und begründet, hebt das Beschwerdegericht die Verfügung der KartB auf (zur Kostenerstattung s. Rdnr. 151 ff.). Auch eine nur teilweise Aufhebung ist zulässig, wenn der angefochtene Verwaltungsakt teilbar ist, nämlich insoweit, als er rechtswidrig ist. Durch die teilweise Aufrechterhaltung darf keine **unzulässige Auswechslung der Grundlage** des Verwaltungsaktes stattfinden.[230] In entsprechender Anwendung von § 47 VwVfG und in seinen Grenzen ist auch eine Umdeutung zulässig, z. B. statt einer – zumindest vor der 7. GWB-Novelle (2005) – unzulässigen Gebotsverfügung ein entsprechendes Verbot.[231] Bei der **Verpflichtungsbeschwerde** (§ 71 Abs. 4) spricht das Gericht die Verpflichtung der KartB aus, die beantragte Verfügung vorzunehmen. Aus dem Grundsatz der Gewaltenteilung folgt, dass es die beantragte Verfügung nicht selbst erlassen kann. Bei einer erfolgreichen **Leistungsbeschwerde** wird die KartB vom Gericht zur Leistung verpflichtet. Bei einer erfolgreichen **Feststellungsbeschwerde** (§ 71 Abs. 2 S. 2) wird die beantragte Feststellung im Tenor ausgesprochen. Im Fall der **Fortsetzungsfeststellungsbeschwerde** ist die einverständliche Erledigungserklärung aller Verfahrensbeteiligten oder die Feststellung der Erledigung durch das Gericht erforderlich. Es entscheidet, ob die angefochtene Verfügung keine rechtliche Wirkung mehr entfalten kann, damit gegenstandslos ist, und die in ihr enthaltene Beschwer weggefallen ist.[232] Das gilt auch für die nachträgliche Feststellung gemäß § 71 Abs. 3.

103 Ist eine Beschwerde unzulässig, wird sie verworfen; ist sie unbegründet, wird sie zurückgewiesen. Obwohl die Zurückweisung in § 71 nicht genannt ist, ist sie in entsprechender Anwendung allgemeiner verfahrensrechtlicher Grundsätze geboten.[233]

104 **2. Entscheidungsgrundlage/Zeitpunkt.** Das Beschwerdegericht entscheidet nach seiner freien, aus dem Gesamtergebnis des Verfahrens gewonnenen Überzeugung (§ 71 Abs. 1 S. 1). Es gilt der Grundsatz der **freien Beweiswürdigung.** Der Umfang der Aufklärungspflicht ergibt sich aus § 70 Abs. 1 (s. Rdnr. 76 ff.).

105 Wie im allgemeinen Verwaltungsrecht[234] kommt es auch bei der kartellrechtlichen **Anfechtungsbeschwerde** grds. auf den Zeitpunkt des Erlasses der angefochtenen Verfügung an. Dabei ist zu beachten, dass für den materiell-rechtlichen Bestand eines Verwaltungsaktes nicht entscheidend ist, wie die Behörde den Sachverhalt bei Erlass gesehen hat, sondern wie er tatsächlich gewesen ist. Deshalb sind alle tatsächlichen Gründe vom Gericht zu berücksichtigen, die beim Erlass des Verwaltungsaktes vorlagen, auch wenn sie in seiner Be-

---

[229] KG WuW/E OLG 4328 f. – *Coop-Wandmaker* mwN.

[230] Vgl. hierzu BGH WuW/E BGH 1435, 1438 f. – *Vitamin B 12;* WuW/E BGH 1445, 1446 – *Valium;* KG WuW/E OLG 3051, 3082 – *Morris-Rothmans;* WuW/E OLG 1805, 1809 – *Sammelrevers.*

[231] *Immenga/Mestmäcker-K. Schmidt,* GWB, § 71 Rdnr. 14; hierzu auch BGH WuW/E DE-R 399, 402 – *Verbundnetz.*

[232] BGH WuW/E BGH 2620, 2621 – *Springer-Kieler-Zeitung;* KG WuW/E OLG 3213, 3215 – *Zum bösen Wolf;* s. auch *Immenga/Mestmäcker-K. Schmidt;* GWB, § 71 Rdnr. 24 – entscheidend sei die Erledigung des Rechtsschutzbegehrens.

[233] BGH WuW/E BGH 1435, 1438 – *Vitamin B 12.*

[234] S. hierzu *Redeker/v. Oertzen,* VwGO, § 108 Rdnr. 16 ff.

gründung nicht erwähnt werden.[235] Bei den im Kartellverfahren häufigen **Verwaltungsakten mit Dauerwirkung** ist auf den Zeitpunkt der letzten mündlichen Verhandlung abzustellen.[236] Verwaltungsakte mit Dauerwirkung sind etwa die Untersagung eines Zusammenschlusses[237] und die Beiladung.[238] Erklärt die KartB eine bestimmte Klausel in einem Vertrag für unwirksam, kann es sich um einen Verwaltungsakt mit Dauerwirkung handeln, denn dadurch wird es den Parteien dauerhaft verwehrt, sich auf die fragliche Klausel zu einigen.[239] Die Freigabe im Verfahren der Zusammenschlusskontrolle ist hingegen kein Verwaltungsakt mit Dauerwirkung.[240] Anders als bei der Untersagung ist maßgebender Zeitpunkt insofern also der der Verfügung des BKartA.[241] Geprüft wird, ob sich die Entscheidung der Behörde auf der Grundlage des zu diesem Zeitpunkt vorliegenden Tatsachenmaterials als zutreffend erweist.[242] Angesichts der Dauer der gerichtlichen Verfahren und des raschen Wandels der entscheidungserheblichen wirtschaftlichen Gegebenheiten führt nur das zu praxisgerechten Ergebnissen. War ein Verwaltungsakt mit Dauerwirkung bei seinem Erlass rechtmäßig, ist er aber durch eine Änderung der Sachlage oder der Rechtslage rechtswidrig geworden, kann er mit der Begründung aufgehoben werden, dass die Verfügung zwar anfänglich rechtmäßig gewesen, nachträglich aber fehlerhaft geworden ist.

Neue oder neu bekannt gewordene Umstände können aber auch zur Zurückweisung **106** der Beschwerde herangezogen werden (s. Rdnr. 76). Das gilt auch in Fusionskontrollverfahren, obwohl das BKartA zum Zeitpunkt der letzten mündlichen Verhandlung wegen des Ablaufs der Untersagungsfrist (§ 40 Abs. 2 S. 2) – außer in den Sonderfällen des § 40 Abs. 2 S. 4 und Abs. 6 – keine neue Untersagungsverfügung erlassen könnte. Auch ist eine Heilung von Verfahrensfehlern aus diesem Grunde abgelehnt worden (s. § 53 Rdnr. 97 a. E., 128 a. E. und oben Rdnr. 84 a. E.). Bestehen derartige Mängel nicht, kann das Gericht die fristgerecht erlassene Untersagungsverfügung entweder aufgrund der von der KartB gewürdigten Umstände oder aber aufgrund anderer, auch neuer oder neu bekannt gewordener Tatsachen bestätigen.[243] Insoweit hat Vorrang, dass aufgrund der zur Zeit der **letzten mündlichen Verhandlung** tatsächlich bestehenden Marktverhältnisse zu entscheiden ist. Entsprechend ist ggf. auch zugunsten der Beschwerdeführer zu berücksichtigen, dass sich ihre Marktanteile zu diesem Zeitpunkt entscheidungserheblich verringert haben.[244] Die Gefahr, dass die KartB eine Verfügung im Vertrauen darauf ohne hinreichende Aufklärung erlässt, besteht nicht. Bei völlig unzureichender Prüfung ist das Gericht nicht befugt, die Sachaufklärung anstelle der Behörde durchzuführen; die Verfügung wäre dann aufzuheben (s. Rdnr. 84).

Bei der Verpflichtungsbeschwerde kommt es auf den **Zeitpunkt** der letzten mündlichen **107** Verhandlung bzw. auf den Zeitpunkt der schriftlichen Entscheidung an (§ 69 Abs. 1 2. Hs.). Bei der Leistungs- und Feststellungsbeschwerde ergibt sich der maßgebliche Zeitpunkt für die Beschwerdeentscheidung aus dem Begehren des Beschwerdeführers. In der Regel ist das der Zeitpunkt der letzten mündlichen Verhandlung bzw. der der schriftlichen

---

[235] KG WuW/E OLG 2607, 2611 – *Raffinerie-Abnahmepreise.*

[236] BGH WuW/E DE-R 1163, 1169 f. – *HABET/Lekkerland; Langen/Bunte-Lembach,* Deutsches Kartellrecht, § 71 GWB Rdnr. 23.

[237] BGH WuW/E DE-R 1163, 1169 f. – *HABET/Lekkerland.*

[238] OLG Düsseldorf B. v. 23.12.2002 – Kart 37/02 (V); *Becker* ZWeR 2003, 199, 210 f.

[239] BGH WuW/E DE-R 399, 401 – *Verbundnetz.*

[240] BGH WuW/E DE-R 1163, 1169 f. – *HABET-Lekkerland;* für die Frage, ob ein Zusammenschlusstatbestand vorliegt, ist – wie bei der Freigabe auch – auf den Zeitpunkt des Erlasses der Verfügung abzustellen, s. BGH WuW/E DE-R 1419, 1421 – *trans-o-flex.*

[241] OLG Düsseldorf B. v. 14.8.2013 VI-Kart 1/12 (V) – *Liberty Global/Kabel BW; Emmerich,* AG 2014, 25, 31.

[242] BGH WuW/E BGH 1283, 1286 – *Asbach-Uralt; Immenga/Mestmäcker-K. Schmidt,* GWB, § 71 Rdnr. 8 mwN.

[243] KG WuW/E OLG 3807, 3810 – *Gruner+Jahr – Zeit.*

[244] KG WuW/E OLG 4648, 4649 – *Nordfleisch-CG Hannover.*

Entscheidung. Bei einer Fortsetzungsfeststellungsbeschwerde ist auf den Zeitpunkt abzustellen, der vor Erledigung maßgeblich gewesen wäre (s. Rdnr. 13f. und 105).[245]

108 **3. Umfang der Ermessensüberprüfung.** Nach § 71 Abs. 5 S. 1 ist die Verfügung auch dann unzulässig oder unbegründet, wenn die KartB von ihrem Ermessen fehlsamen Gebrauch gemacht hat, insbes. wenn sie die gesetzlichen Grenzen des Ermessens überschritten oder durch die Ermessensentscheidung Sinn und Zweck des Gesetzes verletzt hat. Mit der Einfügung des Wortes „insbesondere" und dem Hinweis auf Sinn und Zweck des GWB geht die Vorschrift weiter als § 114 VwGO. Nach h.M. wird dadurch der Bereich der gerichtlichen Ermessensüberprüfung über die nach allgemeinem Verwaltungsrecht geltenden Grenzen ausgedehnt. Es soll eine umfassende Rechtskontrolle und in gewissen Grenzen auch eine **Zweckmäßigkeitskontrolle** stattfinden.[246] Der Gesetzgeber wollte die volle gerichtliche Nachprüfung der Anwendung und Auslegung der zahlreichen, zum Teil neuartigen unbestimmten Rechtsbegriffe des GWB sicherstellen.[247] Das Gericht darf berücksichtigen, welche von verschiedenen rechtmäßigen Möglichkeiten der Ermessensausübung dem Sinn und Zweck des Gesetzes, also der auf die **Freiheit des Wettbewerbs** gerichteten Zielsetzung des GWB, am ehesten entspricht. Dabei wird die Entstehungsgeschichte häufig für das Verständnis der einzelnen Vorschriften herangezogen.[248] Das Beschwerdegericht kann die Ermessenserwägungen der Behörde ergänzen.[249] Das erlaubt in geeigneten Fällen eine schnelle Durchentscheidung, was im Kartellverwaltungsstreit besonders wichtig ist. Andernfalls haben sich die tatsächlichen Verhältnisse bis zur Rechtskraft häufig bereits erheblich verändert. Der Verwaltungsakt darf allerdings **nicht** in seinem **Wesen verändert** und auf eine völlig neue Rechtsgrundlage gestützt werden. Das Gericht darf nicht anstelle der KartB eine Verfügung erlassen.[250] Eine unterschiedliche Bewertung von Missbrauchsgrenzen enthält keine Auswechslung der Grundlage der Untersagungsverfügung (s. Rdnr. 77). Das Beschwerdegericht hat „im Hinblick auf den in Frage stehenden, zur Grundlage der Verfügung gemachten Lebensvorgang grds. alle tatsächlichen und rechtlichen Gesichtspunkte zu berücksichtigen und eigenverantwortlich zu würdigen".[251]

109 Eine Einschränkung der gerichtlichen Befugnisse ergibt sich aus § 71 Abs. 5 S. 2: Die Würdigung der **gesamtwirtschaftlichen Lage und Entwicklung** ist der Nachprüfung des Gerichts entzogen. Wirtschaftspolitische Wertungen sind dem BMWi vorbehalten. Bedeutung hat die Vorschrift heute nur noch bei Beschwerden gegen eine Ministererlaubnis nach § 42.[252] Hier muss das Beschwerdegericht eine innerhalb der durch seine Auslegung ermittelten Toleranzgrenze gelegene, nicht zu widerlegende Einschätzung des Ministeriums hinnehmen; die Entscheidung muss lediglich vernünftig begründet sein und **vertretbar** erscheinen.[253] Ob die zugrundeliegenden Tatsachen ohne Verfahrensverstoß richtig und vollständig festgestellt wurden, unterliegt allerdings der gerichtlichen Kontrolle.

---

[245] *Immenga/Mestmäcker-K. Schmidt,* GWB, § 71 Rdnr. 9.

[246] BGH WuW/E BGH 907, 911 – *Fensterglas VI;* WuW/E BGH 2021, 2022 – *Bahnhofsbuchhandel* mwN; *Bechtold,* GWB, § 71 Rdnr. 20; *FK-Birmanns,* § 71 GWB Rdnr. 62; *Loewenheim/Meessen/Riesenkampff-Kühnen,* Kartellrecht, § 71 GWB Rdnr. 50; *Immenga/Mestmäcker-K. Schmidt,* GWB, § 71 Rdnr. 35, 37; *v. Gamm* § 70 Rdnr. 12; aA *KK-Deichfuß,* § 71 GWB Rdnr. 65; auch die Änderung des Prüfungsmaßstabs in § 36 ändert an dem Umfang der Prüfung durch das Beschwerdegericht nichts, s. *Barth/Budde* BB 2011, 1859 Fn. 112; *Körber* WuW 2014, 250, 258; Begr RegE zur 8. Novelle, BT-Drucks. 17/9852, S. 28.

[247] *Pfeiffer* Schwerpunkte 1978/79, 1, 10.

[248] Z. B. BGH WuW/E BGH 3128, 3131 – *NJW auf CD ROM;* WuW(E BGH 2953, 2960 – *Gasdurchleitung.*

[249] KG WuW/E OLG 1951 – *Computer.*

[250] BGH WuW/E BGH 1345, 1346 – *Polyester-Grundstoffe;* WuW/E BGH 1435, 1438 – *Vitamin-B 12;* WuW/E BGH 1445, 1446f. – *Valium;* WuW/E BGH 1678, 1679 – *Valium II;* KG WuW/E OLG 4919, 4939 – *Pauschalreiseveranstalter II* mwN.

[251] Vgl. hierzu BGH WuW/E BGH 1445, 1446f. – *Valium.*

[252] KG WuW/E OLG 1937 – *Thyssen-Hüller; Bechtold,* GWB, § 71 Rdnr. 21; *Langen/Bunte-Lembach,* Deutsches Kartellrecht, § 71 GWB Rdnr. 71; *Immenga/Mestmäcker-K. Schmidt,* GWB, § 71 Rdnr. 44ff.

[253] KG WuW/E OLG 1937, 1938f. – *Thyssen-Hüller.*

Nur das **Subsumtionsergebnis** ist der Überprüfung durch die Gerichte entzogen, nicht die einzelnen **vorgelagerten Erhebungen,** Feststellungen und Erwägungen, die zur Ergebnisfindung erforderlich waren. Darüber hinaus kommt eine Aufhebung der Erlaubnis in Betracht, wenn allgemeingültige Wertungsgrundsätze oder Denkgesetze verletzt oder **sachfremde Erwägungen** angestellt wurden.[254] Zwar könnten die Ausführungen des Vorsitzenden des Kartellsenats des OLG Düsseldorf in der mündlichen Verhandlung im Fall *E.ON/Ruhrgas* vom 29.1.2003 vermuten lassen, dass das Gericht eine umfassendere Überprüfung einer Ministererlaubnis für zulässig erachtet. Der Vorsitzende Richter hatte dort Kritik an der Würdigung der Gemeinwohlvorteile durch den Minister geübt. In seinen Eilbeschlüssen in jenem Fall hat das OLG Düsseldorf den Umfang der gerichtlichen Überprüfbarkeit einer Ministererlaubnis allerdings nicht problematisiert, weil es für seine Entscheidungen nicht auf die Gemeinwohlerwägungen des Ministers ankam.

4. Rechtliches Gehör, Akteneinsicht, Geschäftsgeheimnisse. Nach § 71 Abs. 1 S. 2 darf der Beschluss nur auf Tatsachen und Beweismittel gestützt werden, zu denen sich die Beteiligten äußern konnten und die Gegenstand der mündlichen Verhandlung waren.[255] Hiermit wird dem verfassungsrechtlichen Gebot auf **rechtliches Gehör** in Art. 103 Abs. 1 GG entsprochen. Das Gericht kann das rechtliche Gehör nicht auf die von ihm für erheblich gehaltenen Tatsachen beschränken.[256] **110**

Die **Hauptbeteiligten,** also die Beschwerdeführer und die am Verfahren beteiligte KartB sowie im Fall des § 67 Abs. 2 das BKartA, haben ein uneingeschränktes Recht auf **Akteneinsicht.** Die in § 67 Abs. 1 Nr. 1 und 2 und Abs. 2 bezeichneten Beteiligten können die Akten des Gerichts einsehen und sich durch die Geschäftsstelle auf ihre Kosten Ausfertigungen, Auszüge und Abschriften erteilen lassen. § 299 Abs. 3 ZPO ist entsprechend anzuwenden (§ 72 Abs. 1). Eine Aushändigung zur Mitnahme oder Aktenversendung kann vom Gericht gestattet, jedoch nicht verlangt werden.[257] Das gilt auch für die Rechtsbeschwerde (§ 76 Abs. 5). **111**

Das Einsichtsrecht umfasst: Akten des Gerichts einschließlich Vorakten, Beiakten, Gutachten und Auskünfte. § 72 Abs. 2 S. 1 verlangt die Zustimmung der aktenführenden Stellen, denen die Akten gehören oder die die Äußerung eingeholt haben. Mit „gehören" ist nicht das Eigentum, sondern vielmehr die urkundliche Verfügungsberechtigung über den Vorgang gemeint (wie etwa auch in § 274 StGB). **112**

Den in § 67 Abs. 1 Nr. 3 bezeichneten Beteiligten **(Beigeladenen)** kann das Gericht nach Anhörung des Verfügungsberechtigten Akteneinsicht in gleichem Umfang gewähren (§ 72 Abs. 3). Hierüber hat es nach pflichtgemäßem Ermessen zu entscheiden. Es ist eine Interessenabwägung vorzunehmen, bei der der Anspruch auf rechtliches Gehör, der auch dem Beigeladenen zusteht, den Geheimhaltungsinteressen der Beteiligten gegenübersteht. Die Regelung wurde durch die 5. GWB-Novelle (1989) eingeführt. Die **rechtlich** betroffenen Beschwerdeführer sollen nicht in jedem Fall gezwungen sein, den **wirtschaftlich** betroffenen Beigeladenen Geschäftsgeheimnisse zu offenbaren oder – zur Vermeidung der Offenlegung – auf einen vollständigen Sachvortrag zu verzichten.[258] Die u. U. gebotene Beschränkung der Akteneinsicht des Beigeladenen zum Schutze der Wahrung von Betriebs- und Geschäftsgeheimnissen ist gegenüber dem völligen Verfahrensausschluss durch Ablehnung der Beiladung das mildere Mittel.[259] Das alles gilt aber nur für den einfachen **113**

---

[254] KG WuW/E OLG 1937, 1939 – *Thyssen-Hüller.*

[255] Zu gerichtlichen „Überraschungsentscheidungen" BVerfG GRUR-RR 2009, 441 Rdnr. 5; BGH WuW/E DE-R 2879, 2882 – *Kosmetikartikel.*

[256] BVerfG GRUR-RR 2009, 441 Rdnr. 5; BGH WuW/E DE-R 2879, 2882 – *Kosmetikartikel;* BGH WuW/E DE-R 2733 – *Versicherergemeinschaft;* BGH WuW/E DE-R 3971 – *Hörgeräteakustiker.*

[257] Ermessensentscheidung wegen analoger Anwendung des § 100 Abs. 2 VwGO; *KK-Deichfuß,* § 72 GWB Rdnr. 6.

[258] Begr. RegE zur 5. Novelle, BT-Drucks. 11/4610, abgedr. in WuW 1990, 332, 350; KG WuW/E OLG 2686 ist damit überholt.

[259] KG WuW/E OLG 2603, 2604.

Beigeladenen, also denjenigen, der in seinen wirtschaftlichen – nicht rechtlichen – Interessen erheblich berührt ist.

114 Eine Regelungslücke enthält § 72 bezüglich der **notwendig Beigeladenen.** Nach § 71 Abs. 1 S. 4 können gegenüber solchen Beigeladenen, die an dem streitigen Rechtsverhältnis derart beteiligt sind, dass die Entscheidung ihnen gegenüber nur einheitlich ergehen kann, Tatsachen und Beweismittel nur verwertet werden, soweit sie sich dazu **äußern konnten.** Das Beschwerdegericht kann also Tatsachen, hinsichtlich derer es einem notwendig Beigeladenen die Einsicht verwehrt hat, bei der Beschwerdeentscheidung nicht berücksichtigen. Das bedeutet, dass notwendig Beigeladene den Hauptbeteiligten in Bezug auf das Akteneinsichtsrecht gleichzustellen sind.[260]

115 Nach welcher Regelung Beteiligte einzuordnen sind, die § 67 nicht nennt, also z. B. Beteiligte kraft Verfahrenskontinuität (s. Rdnr. 35), ist streitig. In Betracht kommt die Anwendung von § 72 Abs. 1 oder Abs. 3 analog.[261] Im Übrigen ist die Regelung des § 72 abschließend. Dritte haben – ebenso wie nach § 100 VwGO – kein Recht auf Akteneinsicht. Die Betroffenen des Auskunftsverfahrens sind im Hinblick auf das Hauptverfahren einschließlich nachfolgender Beschwerdeverfahren unbeteiligte Dritte.[262]

116 Die KartB hat gemäß § 72 Abs. 2 S. 2 die Zustimmung zur Einsicht in die ihr gehörenden Unterlagen zu versagen, soweit das aus wichtigen Gründen geboten ist, insbes. zur Wahrung von Betriebs- oder Geschäftsgeheimnissen. Daneben gilt § 99 Abs. 1 S. 2 VwGO – Verweigerung der Zustimmung zur Akteneinsicht aus Gründen des Geheimwohls oder zwingender Geheimhaltungsinteressen durch die zuständige oberste Aufsichtsbehörde – analog. Das Gericht muss die Zustimmung der KartB nicht einholen, wenn diese die Unterlagen bereits im Verwaltungsverfahren offengelegt hat.[263] Im Übrigen ist schon im Hinblick auf § 203 Abs. 2 Nr. 1 StGB eine eigene Prüfungspflicht des Gerichts anzunehmen, soweit Anlass dazu besteht.

117 **Geschäftsgeheimnisse** sind alle Tatsachen, die im Zusammenhang mit einem Geschäftsbetrieb stehen, nach dem bekundeten Willen des Inhabers geheim gehalten werden sollen, für die Wettbewerbsfähigkeit des Unternehmens von Bedeutung und nicht offenkundig sind.[264] Offenkundigkeit fehlt, wenn Tatsachen nur einem begrenzten Personenkreis bekannt sind und nicht ohne weiteres aus zulässigen und erreichbaren Quellen entnommen werden können. In Betracht kommen kaufmännisches Wissen (Kalkulation, Umsatz, Gewinnspanne, Marktstrategien), Erklärungen eines Verfahrensbeteiligten zur künftigen Geschäftspolitik auf konkreten Märkten,[265] auch Einzelpreise und Konditionen. Je nach Lage des Falles können wirtschaftliche Vorteile für Konkurrenten und andere Marktteilnehmer erwachsen, wenn ihnen diese Daten bekannt werden. Ohne sachliche Rechtfertigung darf eine Behörde keine unterschiedlichen Start- oder Konkurrenzbedingungen schaffen.[266] Andererseits würde die Sachaufklärung erheblich behindert, wenn die KartB der Forderung nach vertraulicher Behandlung von Einzelangaben allzu großzügig nachkommen würde. Die Unternehmen müssen nachvollziehbar darlegen, warum ein Schutzbedürfnis besteht, wenn das nicht offenkundig ist. Für zeitlich zurückliegende (also „historische" Umsatzzahlen, Preise usw.) wird das meist nicht der Fall sein, andererseits werden sie zur Sachaufklärung in der Regel auch nicht ausreichen (s. auch § 52 Rdnr. 17). Für Betriebsgeheimnisse ist meist offenkundig, dass ihre Offenlegung geeignet ist, die Erfolgschancen eines Unternehmens zu beeinträchtigen. In Zweifelsfällen ist zu prüfen, ob dem Geheimnisschutz einerseits und dem Gebot zur Sachaufklärung andererseits durch

---

260 *Bechtold,* GWB, § 72 Rdnr. 5; *K. Schmidt,* FIW-Schriftenreihe 1992, 75 f.

261 Vgl. hierzu *Immenga/Mestmäcker-K. Schmidt,* GWB, § 72 Rdnr. 2.

262 KG WuW/E OLG 3542, 3543 – *Deutsche Lebensmittelwerke.*

263 *Immenga/Mestmäcker-K. Schmidt,* GWB, § 72 Rdnr. 7.

264 *Bechtold,* GWB, § 72 Rdnr. 2 mwN; *Hefermehl/Köhler/Bornkamm,* Gesetz gegen den unlauteren Wettbewerb, § 17 Rdnr. 4 ff.

265 KG WuW/E OLG 3908, 3911.

266 *Scholz,* Recht-Technik-Wirtschaft 1983 31 f. und 34 f. mwN.

eine neutralisierte, zusammengefasste tabellarische Darstellung mit aggregierten Daten u. ä. Genüge getan werden kann.

Geheimnisschutz wird nur dann anerkannt, wenn die Offenbarung zu konkreten nachteiligen Folgen für die Wettbewerbsfähigkeit des betroffenen Unternehmens führen würde. Der pauschale Hinweis auf Geschäftsgeheimnisse reicht für eine Verweigerung der Akteneinsicht nicht aus; vielmehr muss die **Berechtigung des Geheimnisschutzes** bis zu einem gewissen Grad nachgewiesen bzw. glaubhaft gemacht werden.[267] **118**

Im Kartellverwaltungsstreitverfahren kommt es besonders häufig zum Konflikt zwischen Geheimnisschutz und Sachaufklärung.[268] Auch § 72 Abs. 2 S. 3 eröffnet lediglich die Möglichkeit, die Vorlage eines Aktenstückes durch den Vortrag ihres Inhaltes zu ersetzen. Das kann ein geeignetes Mittel sein, eine Offenbarung nicht entscheidungserheblicher Umstände zu verhindern, darf aber nicht dazu dienen, wesentliche Umstände vor den Beteiligten zurückzuhalten.[269] Als problematisch ist es anzusehen, dass das Gericht die geheimhaltungspflichtigen Unterlagen zunächst einsehen muss, um deren Relevanz zu prüfen; damit erhält es Kenntnis von Tatsachen, die möglicherweise im Hauptverfahren nicht verwertet werden dürfen.[270] **119**

Im Fall *Sanacorp/ANZAG* hat das OLG Düsseldorf den Antrag beteiligter Unternehmen auf Offenlegung **exakter Marktanteile,** für die das BKartA einer Akteneinsicht nicht zugestimmt hatte, in den Gründen seines Beschlusses abgelehnt.[271] In der mündlichen Verhandlung hatte das Gericht erklärt, dass es die vom BKartA zugrunde gelegten Marktanteile geprüft und das BKartA die Marktanteile nicht zum Nachteil der Beteiligten gerundet habe. Im Fall *Laborchemikalien* verneinte das OLG Düsseldorf eine Verletzung des Anspruchs auf rechtliches Gehör wegen der Nichtgewährung von Einsicht in die Umsatzangaben der befragten Laborchemikalienhändler und -produzenten.[272] Das BKartA habe die ihm mitgeteilten Umsatzdaten zu Recht in Anlehnung an § 72 Abs. 2 Satz 2 GWB als Geschäftsgeheimnis gewertet, obschon diese älter als ein Jahr waren. Ein Nachteil bei der Sachentscheidung resultiere daraus nicht. Denn der Senat habe bei seiner Entscheidung nur die vom Amt mitgeteilten Umsatzspannen berücksichtigt, nicht aber die den Beschwerdeführern nicht offengelegten exakten Umsatzangaben. **120**

Im Fall *E. ON/Stadtwerke Eschwege* hat der BGH es für zulässig erachtet, dass das Beschwerdegericht seine Entscheidung u. a. auf eine vom BKartA erstellte Auswertung von Aktenordern („Markterhebung") gestützt hatte, obschon das BKartA seine Zustimmung zur Einsicht in die Ordner selbst verweigert hatte. Der BGH sah darin keinen Verstoß gegen § 71 Abs. 1 S. 2.[273] Die Verweigerung der erforderlichen Zustimmung zur Akteneinsicht ist für das Beschwerdegericht grds. bindend. § 99 Abs. 2 VwGO ist nicht, auch nicht analog anwendbar.[274] **121**

5. Entscheidung über die Zulassung der Rechtsbeschwerde. Aus dem Beschluss des Beschwerdegerichts muss hervorgehen, ob die Rechtsbeschwerde zugelassen ist oder nicht (§ 74). Schweigt die Beschwerdeentscheidung zur Frage der Zulassung, ist das Rechtsmittel nicht zugelassen.[275] Die Zulassung steht in der Regel im Beschlusstenor. Es genügt jede Formulierung, aus der sich klar ergibt, dass der Beschluss rechtsmittelfähig ist; auch eine Zulassung in den Gründen wird als ausreichend angesehen. Die Zulassung erfolgt mit Wirkung für und gegen alle zur Rechtsbeschwerde Berechtigten. Sie kann ebenso wie die Zulassung der Revision in Zivilsachen wirksam auf einen rechtlich und tatsächlich **122**

[267] KG WuW/E OLG 3908, 3911; OLG Düsseldorf WuW/E DE-R 1070, 1072 f. – *Energie-AG Mitteldeutschland.*

[268] Im Einzelnen *R. Werner,* Fs. Pfeiffer, 1988, 821 ff.

[269] KG WuW/E OLG 3917, 3931 – *Coop-Wandmaker.*

[270] So auch *Bechtold,* GWB, § 72 Rdnr. 4.

[271] OLG Düsseldorf WuW/E DE-R 1987 – *Sanacorp/ANZAG.*

[272] OLG Düsseldorf WuW/E DE-R 4730, 4733 f. – *Laborchemikalien.*

[273] BGH WuW/E DE-R 2451, 2455 – *E. ON/Stadtwerke Eschwege;* entsprechend auch OLG Düsseldorf WuW/E DE-R 2798, 2804 – *Bau- und Heimwerkermarkt.*

[274] BGH WuW/E DE-R 2879, 2881 – *Kosmetikartikel.*

[275] BGH WuW/E DE-R 2551 – *Wehrhahn/Norddeutsche Mischwerke.*

selbständigen Teil des Gesamtstreitstoffs beschränkt werden, über den zulässigerweise durch Teil- oder Grundurteil hätte entschieden werden können oder auf den der Rechtsmittelführer selbst das Rechtsmittel beschränken konnte.[276] So kann das Beschwerdegericht etwa seine Entscheidung über die Höhe der Anmeldegebühr von der Zulassung der Rechtsbeschwerde ausnehmen.[277]

123 Die Rechtsbeschwerde ist zuzulassen (§ 74 Abs. 2 Nr. 1 und Nr. 2):

a) wenn eine Rechtsfrage von **grundsätzlicher Bedeutung** zu entscheiden, also die Sache über den vorliegenden Einzelfall hinaus von Interesse ist.[278] Eine auf den Einzelfall abstellende Interessenabwägung hat z. B. keine grundsätzliche Bedeutung.[279] Umgekehrt ist etwa die Marktabgrenzung in einem bestimmten Bereich regelmäßig von grds. Bedeutung;[280] hier kann die Zulassung der Rechtsbeschwerde nicht mit dem bloßen Hinweis verweigert werden, es sei höchstrichterlich geklärt, dass die Marktabgrenzung nach den „Grundsätzen des Bedarfsmarktkonzepts" vorzunehmen ist.[281] Umgekehrt soll die bloße Tatsache, dass eine Vielzahl von Betrieben und Personen von der angegriffenen Verfügung betroffen sind, nicht genügen.[282]

b) Zur **Fortbildung des Rechts** oder zur **Sicherung einer einheitlichen Rechtsprechung,** also wenn eine Frage entweder noch nicht höchstrichterlich oder unterschiedlich entschieden ist. Dem steht es gleich, wenn die Beschwerdeentscheidung von der Rechtsprechung des BGH oder des Kartellsenats eines anderen OLG abweicht. Ist die Rechtsfrage hingegen vom BGH bereits geklärt, ist die Rechtsbeschwerde nicht zuzulassen.

Die Zulassung ist für den BGH bindend.

124 Lässt das Beschwerdegericht die Rechtsbeschwerde nicht zu oder enthält der Beschwerdebeschluss keinen Hinweis auf die Zulassung, ist binnen Monatsfrist die **Nichtzulassungsbeschwerde** (§ 75) möglich. Sie ist innerhalb der Begründungsfrist von einem Monat (§ 75 Abs. 3) mit ordnungsgemäßen Rügen zu begründen.[283] Eine Fristverlängerung für die Begründung der Nichtzulassungsbeschwerde durch einen unzuständigen Richter ist nicht ohne weiteres unwirksam. Vielmehr genießt die Partei, die sich auf die gewährte Fristverlängerung verlässt, grds. Vertrauensschutz. Das gilt insbes. in Fällen, in denen die gesetzliche Regelung dazu, wer die Fristverlängerung zu gewähren hat, unklar ist (Einlegung des Rechtsmittels beim iudex a quo, Entscheidung über die Fristverlängerung aber durch den iudex ad quem).[284]

125 Der BGH prüft lediglich, ob das Beschwerdegericht die Zulassung zu Recht abgelehnt hat. Auf die Erfolgsaussichten des beabsichtigten Rechtsmittels kommt es nicht an. Durch die Erhebung der Nichtzulassungsbeschwerde wird die **Rechtskraft** des Beschlusses **gehemmt.** Lässt der BGH die Rechtsbeschwerde nicht zu, so wird die Entscheidung des OLG mit der Zustellung des Beschlusses des BGH rechtskräftig (§ 75 Abs. 5 S. 1). Lässt der BGH die Rechtsbeschwerde zu, beginnt mit der Zustellung des Beschlusses des BGH der

---

[276] BGH WuW/E DE-R 1681, 1683 – *DB Regio/üstra* unter Verweis auf BGHZ 101, 276, 278; 111, 158, 166; *Immenga/Mestmäcker-K. Schmidt,* GWB, § 74 Rdnr. 9; aA *GK-Hinz,* § 73 GWB Rdnr. 9; *KK-Deichfuß,* § 74 GWB Rdnr. 14.

[277] BGHWuW/E DE-R 1681, 1683 – *DB Regio/üstra.*

[278] Näher hierzu BGH NZS 2012, 464 Rdnr. 4; KG WuW/E OLG 1515, 1519 – *Sicherheitsglas;* WuW/E OLG 3011, 3014 – *Funktaxi-Zentrale Lange;* WuW/E OLG 3159, 3163 – *Kunstversteigerer;* WuW/E OLG 3501, 3507 – *Märklin; Langen/Bunte-Lembach,* Deutsches Kartellrecht, § 74 GWB Rdnr. 6.

[279] KG WuW/E OLG 2312, 2316 – *Deutscher Landseer Club.*

[280] BGH WuW/E DE-R 1471, 1472 – *Stadtwerke Dachau;* BGH B. v. 4.4.2006 KVZ 33/05 – *Gruner+Jahr* (betreffend Marktabgrenzung bei Zeitschriften); in der folgenden Hauptsache entschied der BGH allerdings, dass die Marktabgrenzung grundsätzlich Sache des Tatrichters sei.

[281] BGH B. v. 4.4.2006 KVZ 33/05 – *Gruner+Jahr* (betreffend Marktabgrenzung bei Zeitschriften).

[282] BGH B. v. 8.6.2010 KVZ 46/09 – *Boykott der Milchbauern.*

[283] BGH WuW/E BGH 3035, 3036 – *Nichtzulassungsbeschwerde* mwN; WuW/E BGH 3113, 3114 – *Rechtschutz gegen Berufsordnung* mwN.

[284] BGH WuW/E DE-R 1471, 1472 – *Stadtwerke Dachau.*

Lauf der (Rechts-)Beschwerdefrist (§ 75 Abs. 5 S. 2). Der BGH muss seine Entscheidung über die Beschwerde gegen die Nichtzulassung der Rechtsbeschwerde nicht begründen.[285]

Seit der Neufassung des § 74 Abs. 1 durch die 7. GWB-Novelle (2005) ist die Rechtsbeschwerde nicht mehr nur gegen Beschlüsse in der Hauptsache statthaft, sondern auch gegen Eilentscheidungen nach § 65 Abs. 3, in Beiladungssachen oder bei Auskunftsverfügungen. Auf die Unterscheidung zu Beschlüssen in Nebenverfahren kommt es anders als früher nicht mehr an.[286] 126

In besonders gelagerten Fällen kann statt einer Rechtsbeschwerde zum BGH auch eine **Gegenvorstellung** beim Beschwerdegericht Erfolg haben. Die Rechtsprechung lässt Ausnahmen vom Grundsatz der Unabänderlichkeit unanfechtbarer Entscheidungen zu, wenn sie im offensichtlichen Widerspruch zum Gesetz, insbes. zu einer Verfassungsnorm stehen.[287] Praktische Bedeutung hat das vor allem bei Kostenentscheidungen.[288] Nach Auffassung von BGH und KG ist die Gegenvorstellung innerhalb der Monatsfrist der §§ 93 BVerfGG, 76 Abs. 3 GWB zu erheben.[289] 127

Die in § 74 Abs. 4 Nr. 1–6 genannten Gründe eröffnen die **zulassungsfreie Rechtsbeschwerde.** Sie entsprechen – abgesehen von der Nr. 3 – den absoluten Revisionsgründen des § 547 ZPO. Die nach Abs. 4 zulässige Rechtsbeschwerde führt stets nur zur Prüfung des gerügten Rechtsbeschwerdegrundes, also nicht zur Sachentscheidung durch das Rechtsbeschwerdegericht, ggf. aber zur Aufhebung und Zurückverweisung an das Beschwerdegericht. Als Versagung des rechtlichen Gehörs (Nr. 3) wird es auch angesehen, dass die Hinzuziehung eines gesetzlich nach § 67 Beteiligten unterlassen wurde. Bei mangelnder, nicht durch Rügeverzicht geheilter Vertretung eines Beteiligten (Nr. 4) kann jeder nach § 76 zur Rechtsbeschwerde Berechtigte die Rechtsbeschwerde erheben, nicht nur der mangelhaft Vertretene.[290] Das Fehlen von Gründen (Nr. 6) ist funktionell zu verstehen. Eine Entscheidung ist dann nicht mit Gründen versehen, wenn aus ihr nicht zu erkennen ist, welche tatsächlichen Feststellungen und welche rechtlichen Erwägungen für die getroffene Entscheidung **maßgeblich** waren. Ein Mangel liegt auch dann vor, wenn die Beweiswürdigung vollständig fehlt.[291] 128

6. Rechtsmittelbelehrung. Der Beschluss des Beschwerdegerichts muss eine Rechtsmittelbelehrung enthalten. Sie lautet: „Die Rechtsbeschwerde oder ggf. die Nichtzulassungsbeschwerde ist binnen einer Frist von einem Monat schriftlich beim Beschwerdegericht einzureichen. Die Frist beginnt mit der Zustellung des Beschwerdebeschlusses. Die Rechtsbeschwerde ist zu begründen. Die Begründung ist beim BGH einzureichen. Die Frist für die Begründung der Rechtsbeschwerde beträgt grds. **zwei Monate** (§§ 76 Abs. 5, 66 Abs. 3). Sie beginnt mit der Einlegung der Rechtsbeschwerde und kann auf Antrag vom Vorsitzenden des Rechtsbeschwerdegerichts verlängert werden. Die Begründung der Rechtsbeschwerde muss die Erklärung enthalten, inwieweit der Beschluss angefochten und dessen Abänderung oder Aufhebung beantragt wird. Die Rechtsbeschwerdeschrift und die Begründung müssen durch einen bei einem deutschen Gericht zugelassenen Rechtsanwalt unterzeichnet werden; das gilt nicht für die Rechtsbeschwerde des BKartA." Für Beschlüsse des Landessozialgerichts in Streitigkeiten, die die freiwillige Vereinigung von Krankenkassen nach § 172a des Fünften Buches Sozialgesetzbuch betreffen, gilt § 202 S. 3 SGG (§ 74 Abs. 1 S. 2). 129

7. Verkündung, Zustellung, Abschriften an Dritte. § 69 Abs. 1 sieht lediglich vor, dass über die Beschwerde aufgrund mündlicher Verhandlung entschieden wird, enthält 130

---

[285] BGH B. v. 18.5.2015 KZR 36/14 – *Anhörungsrüge.*

[286] Dazu die 1. Aufl. *Werner* § 54 Rdnr. 113.

[287] BGH WuW/E BGH 2478, 2479 – *Coop-Wandmaker;* BGH WuW/E DE-R 492 – *Gewerbliche Spielgemeinschaften.*

[288] BVerfG WuW/E VG 339, 341 – *Coop-Wandmaker,* Aufhebung von KG WuW/E OLG 4328; s. auch 4329.

[289] BGH WuW/E BGH 2478, 2479; KG WuW/E OLG 4328; die o. g. Entscheidung des BVerfG ließ diese Frage offen.

[290] BGH WuW/E BGH 2010, 2011 – *Taxi-Funk-Zentrale Kassel.*

[291] BGHZ 39, 333, 337 mwN.

jedoch keine Regelung der **Verkündung.** Es wird ergänzend auf § 310 ZPO zurückgegriffen. Danach findet die Verkündung entweder am Schluss der mündlichen Verhandlung oder in einem sofort anzuberaumenden Verkündungstermin statt, der nur dann über drei Wochen hinaus angesetzt werden soll, wenn wichtige Gründe, insbes. der Umfang oder die Schwierigkeit der Sache, das erfordern (§ 310 Abs. 1 S. 2 ZPO).

131 Diese Voraussetzungen liegen bei Kartellverwaltungsstreitverfahren fast immer vor. Darüber hinaus ist angesichts komplexer Sachverhalte, oft neuartiger Rechtsfragen, der Notwendigkeit wirtschaftlicher Prognosen und einer über den Einzelfall hinausgehenden Bedeutung vieler Fälle die Einhaltung des § 310 Abs. 2 ZPO, wonach die **vollständigen Entscheidungsgründe** im Verkündungstermin bereits vorliegen müssen, meistens unmöglich. Hier greift der Grundsatz, dass die allgemeinen Verfahrensvorschriften nur unter Beachtung der Besonderheiten des Kartellverwaltungsstreitverfahrens anzuwenden sind. Die beschwerdeführenden Unternehmen und auch die KartB haben in der Regel ein erhebliches Interesse, wenigstens den Beschlusstenor so schnell wie möglich zu erfahren, selbst wenn die Absetzung der **vollständigen Begründung** innerhalb von drei oder auch vier oder fünf Wochen nicht zu bewältigen ist. Die Wirksamkeit der Verkündung des Beschlusstenors wird dadurch nicht berührt.[292] Auch eine Verletzung des rechtlichen Gehörs liegt jedenfalls dann nicht vor, wenn Tatbestand und Entscheidungsgründe binnen fünf Monaten nach Verkündung schriftlich niedergelegt, von den Richtern besonders unterschrieben und der Geschäftsstelle übergeben werden.[293]

132 § 283 ZPO findet keine Anwendung. Nachgereichte Schriftsätze können nicht berücksichtigt werden, es sei denn, die Beteiligten erklären sich mit schriftlicher Entscheidung einverstanden (§ 69 Abs. 1 letzter Hs.) oder es wird eine erneute mündliche Verhandlung anberaumt.[294]

133 Erst mit Zustellung der vollständigen Entscheidung – Beschlusstenor mit Gründen und Rechtsmittelbelehrung – beginnt die Rechtsbeschwerdefrist zu laufen. Für Zustellungen von Amts wegen gelten die §§ 166–190 ZPO (§ 73 Nr. 2).

134 Häufig stellen **Dritte** Anträge auf Übersendung einer Beschlussabschrift. Da § 299 Abs. 2 ZPO in § 73 nicht aufgeführt ist, entscheidet hierüber regelmäßig der/die Vorsitzende des Kartellsenats. Wenn der Antragsteller ein rechtliches Interesse an der Übersendung der Beschlussabschrift glaubhaft macht, wird dem Antrag stattgegeben. Namen, Umsatzangaben und ähnliche Daten werden unkenntlich gemacht.

135 **8. Tatbestandsberichtigung.** Will ein Rechtsbeschwerdeführer eine Abweichung vom Parteivorbringen rügen, so muss er binnen zwei Wochen einen Antrag auf Tatbestandsberichtigung stellen, also die Berichtigung des als unstreitig festgestellten Sachverhalts beantragen (§ 320 ZPO, § 119 VwGO). Diese Verfahrensvorschriften sind auch auf Endentscheidungen anzuwenden, die in einem Beschlussverfahren ergehen.[295] Die Voraussetzungen und die Art und Weise der Entscheidung ergeben sich aus einer sinngemäßen Anwendung des dem Kartellverwaltungsstreitverfahren nahe stehenden § 119 VwGO.[296] Es kann **ohne mündliche Verhandlung** über den fristgerecht gestellten Antrag entschieden werden. Auch bei Entscheidungen, die nicht anfechtbar sind, ist wegen der von ihnen ausgehenden Rechtskraftwirkung und der Möglichkeit einer Wiederaufnahme nach h. L. ein Rechtsschutzbedürfnis für einen Berichtigungsantrag gegeben.[297] Das Gericht ist nicht an die Formulierung eines Tatbestandsberichtigungsantrages gebunden, weil er prozessualer, nicht materieller Natur ist. Eine nachträgliche Ergänzung oder Richtigstellung durch neues Vor-

---

[292] BGH NJW 1989, 1156, 1157.

[293] Gemeinsamer Senat der Obersten Gerichtshöfe des Bundes NJW 1993, 2603 ff.; s. auch BGH WuW/E BGH 2150, 2151 – *Edelstahlbestecke.*

[294] Allg. Ansicht; siehe hierzu *Bechtold,* GWB, § 69 Rdnr. 2; aA *FK-Meyer-Lindemann,* § 69 GWB Rdnr. 8.

[295] BGH WuW/E BGH 1367, 1370 – *Zementverkaufsstelle Niedersachsen.*

[296] Vgl. KG WuW/E OLG 1731 f. – *Vordruckalbum.*

[297] *Baumbach/Lauterbach/Albers/Hartmann,* ZPO, § 320 Rdnr. 12.

bringen ist nicht möglich. Ein Antrag auf Tatbestandsberichtigung ist unzulässig, wenn dadurch die vom Gericht vorgenommenen Bewertungen angegriffen werden.[298]

B. Rechtsbeschwerde

I. Formalien

1. Rechtsbeschwerdebefugnis. Gegen Beschlüsse des OLG findet die Rechtsbeschwerde an den BGH statt, wenn das OLG die Rechtsbeschwerde zugelassen hat (§ 74 Abs. 1) oder wenn ein Fall des § 74 Abs. 4 (zulassungsfreie Rechtsbeschwerde) vorliegt. Das Verfahren betreffende Zwischenentscheidungen sind grds. nicht mit der Rechtsbeschwerde anfechtbar.[299] Die Rechtsbeschwerde steht der KartB sowie den am Beschwerdeverfahren Beteiligten zu (§ 76 Abs. 1), d. h. dem Beschwerdeführer und den sonstigen Beteiligten nach § 67.[300] 136

Der Rechtsmittelführer muss formell und materiell beschwert sein. Die formelle Beschwer setzt voraus, dass dem Antrag des Beschwerdeführers mindestens teilweise nicht entsprochen wurde. Die KartB ist materiell beschwert, wenn die angefochtene Entscheidung nachteilig für sie ist. Im Sonderfall des § 67 Abs. 2 (Beteiligung des BKartA im öffentlichen Interesse) ist grds. **keine Beschwer** erforderlich.[301] 137

2. Einlegung, Frist, Form. Zur Einlegung, Frist und Form einer Rechtsbeschwerde s. oben Rdnr. 129. 138

3. Begründung. Die zugelassene Rechtsbeschwerde kann nur darauf gestützt werden, dass die Entscheidung auf einer Verletzung des Gesetzes beruht; die §§ 546, 547 ZPO gelten entsprechend (§ 76 Abs. 2 S. 1). Zulassungsfrei ist die Rechtsbeschwerde, wenn einer der in § 74 Abs. 4 genannten Gründe vorliegt. Sie entsprechen den absoluten Revisionsgründen in § 547 ZPO. Absoluter Rechtsbeschwerdegrund ist allerdings auch die Verletzung des rechtlichen Gehörs. Die Rechtsbeschwerde gleicht der Revision des Zivil- und Verwaltungsprozesses. 139

II. Umfang der rechtlichen Nachprüfung

1. Rüge von Verfahrensfehlern. Verfahrensverstöße werden nur geprüft, soweit sie gerügt sind. Dabei sind in Anlehnung an § 557 iVm 551 Abs. 3 Nr. 2 ZPO, § 139 Abs. 3 S. 4 VwGO die Tatsachen zu bezeichnen, auf die die Rüge gestützt wird.[302] In Betracht kommen neben Verfahrensverstößen im Verwaltungsverfahren auch Verstöße im Beschwerdeverfahren. Die Rüge einer Verletzung der Aufklärungspflicht (§ 70 Abs. 1) muss konkrete Aufklärungsmöglichkeiten aufzeigen; der allgemeine Hinweis auf die Amtsermittlungspflicht reicht nicht aus.[303] 140

Nach § 76 Abs. 2 S. 2 kann die Rechtsbeschwerde nicht darauf gestützt werden, dass die KartB unter Verletzung des § 48 ihre *Zuständigkeit* zu Unrecht angenommen hat. Für die Zuständigkeit des Beschwerdegerichts gilt die Verweisung des § 83 S. 1 VwGO auf §§ 17 bis 17b GVG. Danach prüft das Rechtsbeschwerdegericht nicht die Zuständigkeit des Beschwerdegerichts, wenn es über eine Rechtsbeschwerde befindet.[304] 141

---

[298] KG WuW/E OLG 1731, 1732 – *Vordruckalbum.*

[299] So für die Ablehnung einer Anordnung nach § 72 Abs. 2 S. 4 BGH WuW/E DE-R 2551 – *Wehrhahn/Norddeutsche Mischwerke.*

[300] Weitergehend *Immenga/Mestmäcker-K. Schmidt,* GWB, § 76 Rdnr. 1.

[301] *KK-Deichfuß,* § 76 GWB Rdnr. 3.

[302] BGH WuW/E BGH 967, 970 – *Zementverkaufsstelle Niedersachsen I;* WuW/E BGH 1367, 1370 – *Zementverkaufsstelle Niedersachsen II.*

[303] BGH WuW/E BGH 2575, 2577 – *Kampffmeyer-Plange* mwN.

[304] BGH, BGH Report 2003, 1088, 1089 f.

142 Eine Verletzung des Verfahrensrechts führt grds. nur zur Aufhebung, wenn der Beschluss **auf ihr beruht,** also die Entscheidung ohne den Verstoß anders ausgefallen wäre. Nach § 564 ZPO braucht eine Entscheidung nicht begründet zu werden, soweit das Revisionsgericht Rügen von Verfahrensmängeln nicht für durchgreifend erachtet. Beides gilt nicht für Rügen nach § 547 ZPO bzw. § 74 Abs. 4 (absolute Revisionsgründe).

143 **2. Verstöße gegen materielle Vorschriften.** Wird die Verletzung materiellen Rechts gerügt, ist die verletzte Rechtsnorm zu bezeichnen. Eine Gesetzesverletzung liegt vor, wenn eine Rechtsnorm **nicht oder nicht richtig** angewendet wurde.[305] Eine Beschränkung auf bestimmte Normen – wie bei § 137 Abs. 1 VwGO – gibt es nicht. Verletzt ist eine Rechtsnorm, wenn die Merkmale der Norm verkannt wurden **(Interpretationsfehler),** wenn die Anwendung der richtig ausgelegten Rechtsnorm auf den konkreten Fall unrichtig ist **(Subsumtionsfehler)** oder wenn gegen Denkgesetze oder Erfahrungssätze[306] (auch gesicherte wirtschaftswissenschaftliche Erfahrungssätze, s. aber Rdnr. 96) verstoßen wurde.[307] Soweit der Gesetzgeber bei den zahlreichen, oft neuartigen unbestimmten Rechtsbegriffen des GWB bestimmte wirtschaftswissenschaftliche Annahmen zugrunde gelegt hat, gehören sie zum Inhalt der Norm. Ferner darf bei der Subsumtion kein **Widerspruch** zwischen den tatsächlichen Annahmen und dem im Tatbestand festgehaltenen Verhandlungsergebnis bestehen.[308] Bloße Fehlbegründung rechtfertigt noch nicht die Aufhebung eines Beschlusses (§§ 561 ZPO, 144 Abs. 4 VwGO), vielmehr muss eine zutreffende materiell-rechtliche Würdigung zu einem anderen Ergebnis führen. Der Rechtsfehler muss also zu einer falschen Entscheidung geführt haben, d. h. sie muss auf dem Rechtsfehler **beruhen.**[309]

144 Soweit keine zulässigen und begründeten Rechtsbeschwerdegründe vorgebracht werden, ist das Rechtsbeschwerdegericht an die in der angefochtenen Entscheidung getroffenen tatsächlichen Feststellungen gebunden (§ 76 Abs. 4). Hierzu zählt auch die Beweiswürdigung des Tatrichters, soweit sie frei von Widersprüchen, Unklarheiten und Verstößen gegen die Denkgesetze oder gesicherte Erfahrungssätze ist; die Schlüsse des Tatrichters müssen möglich, brauchen aber nicht zwingend zu sein.[310]

145 Entscheidungen des Beschwerdegerichts zum vorläufigen Rechtsschutz nach § 65 Abs. 3 S. 3 können im Rechtsbeschwerdeverfahren nur beschränkt überprüft werden. Der BGH prüft das vom Beschwerdegericht gefundene Ergebnis nur auf **rechtliche Plausibilität.** Die Beschwerdeentscheidung hat im Rechtsbeschwerdeverfahren daher insoweit Bestand, als sie sich als vertretbar erweist.[311]

III. Inhalt der Entscheidung

146 Ist die Rechtsbeschwerde unzulässig, wird sie verworfen; ist sie sachlich nicht begründet, wird sie als unbegründet zurückgewiesen. Ist die Rechtsbeschwerde hingegen erfolgreich, so hebt das Rechtsbeschwerdegericht die Entscheidung auf. Auch eine Teilaufhebung ist zulässig.

147 Über den Beschwerdeantrag ist damit noch nicht entschieden. Wenn die Sache spruchreif ist, kann der BGH die Entscheidung selbst treffen.[312] Über die Zurückverweisung der Beschwerde hinaus darf keine Schlechterstellung des Rechtsbeschwerdeführers eintreten, es

---

305 Allgemein zum Prüfungsumfang *K. Schmidt* DB 2007, 2188, 2190.

306 *Immenga/Mestmäcker-K. Schmidt,* GWB, § 76 Rdnr. 6.

307 *Baumbach/Lauterbach/Albers/Hartmann,* ZPO, § 546 Rdnr. 4; dazu *auch Bornkamm* ZWeR 2010, 34, der mit der Anwendung von Erfahrungssätzen die „Einmischung" des BGH in Fragen der Marktabgrenzung oder der wirtschaftlichen Prognose rechtfertigt.

308 *Baumbach/Lauterbach/Albers/Hartmann,* ZPO, § 546 Rdnr. 4.

309 *Loewenheim/Meessen/Riesenkampff-Kühnen,* § 76 Rdnr. 7; *Immenga/Mestmäcker-K. Schmidt,* GWB, § 76 Rdnr. 6.

310 BGH WuW/E BGH 1337, 1341 – *Aluminium-Halbzeug.*

311 BGHWuW/E DE-R 2035, 2037 f. – *Lotto im Internet;* BGH WuW/E DE-R 2133 f. – *Sulzer/Kelmix.*

312 BGH WuW/E BGH 1829, 1840 – *Original-VW-Ersatzteile II.*

sei denn, auch der Gegner hat Rechtsbeschwerde eingelegt. Das **Verbot der Schlechterstellung** gilt im Rechtsbeschwerdeverfahren entsprechend § 557 ZPO und § 129 VwGO. Das schließt es aber nicht aus, dass ein Antrag statt als unzulässig als unbegründet abgewiesen wird.[313]

Grds. sind die nach Erlass der angefochtenen Entscheidung eingetretenen Änderungen der tatsächlichen Verhältnisse vom Rechtsbeschwerdegericht nicht zu berücksichtigen. Der BGH hat jedoch wiederholt entschieden, dass aus Gründen der Prozesswirtschaftlichkeit in bestimmtem Umfang Tatsachen, die sich erst während der Revisionsinstanz ereignet haben, bei der Urteilsfindung einzubeziehen sind. Hierzu gehören auch Entscheidungen des EuGH.[314] **148**

Rechtsänderungen, die nach Erlass der Beschwerdeentscheidung eingetreten sind, berücksichtigt der BGH, falls es nicht ausnahmsweise darum geht, ob die angefochtene Verfügung zur Zeit des Erlasses rechtmäßig war (s. hierzu Rdnr. 105 ff.; meistens ist der Zeitpunkt der letzten mündlichen Verhandlung maßgebend).[315] **149**

Ist die Sache mangels tatrichterlicher Aufklärung noch nicht entscheidungsreif – z. B. weil eine Beweisaufnahme erforderlich ist, die allein dem OLG als Tatsacheninstanz vorbehalten ist –, wird sie an das Beschwerdegericht **zurückverwiesen.** Das Beschwerdegericht ist bei erneuter Sachentscheidung an die rechtliche Beurteilung des Rechtsbeschwerdegerichts gebunden, zwar nicht an obiter dicta, jedoch an alle tragenden Gründe (§ 563 Abs. 2 ZPO, § 144 Abs. 6 VwGO). Nach Maßgabe dieser Rechtsauffassung ist der Sachverhalt neu aufzuklären. Von Ausnahmen abgesehen (s. Rdnr. 105 ff.) kommt es bei der erneuten Entscheidung des Beschwerdegerichts auf den Zeitpunkt der letzten mündlichen Verhandlung an.[316] **150**

C. Kosten/Streitwert

Nach den Vorschriften über die Kostentragung im GWB hat jeder am gerichtlichen Verfahren Beteiligte im Normalfall die ihm entstandenen Kosten selbst zu tragen.[317] Das Gericht kann allerdings anordnen, dass die **Kosten,** die zur zweckentsprechenden Erledigung der Angelegenheit notwendig waren, von einem Beteiligten ganz oder teilweise zu erstatten sind, wenn das der Billigkeit entspricht (§ 78 S. 1). Insoweit wird von Amts wegen entschieden, ein Kostenantrag ist nicht erforderlich.[318] Das Verfahren über die Anordnung der aufschiebenden Wirkung der Beschwerde ist gegenüber dem Hauptsacheverfahren kein gebührenrechtlich selbständiges Verfahren. Eine Kostenentscheidung erfolgt mithin nur im Hauptsacheverfahren.[319] Die Billigkeitsentscheidung nach § 78 S. 1 ist unter Abwägung der Umstände des Einzelfalles einschließlich des Verfahrensausgangs zu treffen.[320] § 78 S. 1 weicht vom Prinzip anderer Verfahrensordnungen ab, wonach sich die Kostenentscheidung grds. nach dem Ausgang des Verfahrens richtet (z. B. § 91 ZPO, § 154 Abs. 1 VwGO). Bei der Entscheidung über die **Gerichtskosten** haben die Kartellgerichte allerdings seit jeher den **Verfahrensausgang als maßgeblichen Gesichtspunkt** für die Billigkeitsentscheidung angesehen. Offen war lange Zeit, ob er auch für die Verteilung der **außergerichtlichen Kosten** zu berücksichtigen ist oder ob jede Partei ihre eigenen Kosten selbst tragen muss.[321] Die Frage wurde durch Beschluss des BVerfG vom 3.12.1986 geklärt. Danach ist es – zumindest im Normalfall – mit Art. 3 Abs. 1 GG unvereinbar, einem im gerichtlichen Verfahren obsiegenden Beschwerdeführer einen Kostenerstattungsanspruch zu versagen. **151**

---

[313] BGH WuW/E BGH 3021, 3026 – *Stadtgaspreise; Redeker/v. Oertzen,* VwGO, § 88 Rdnr. 4 f.

[314] BGH WuW/E BGH 2133, 2134 – *AEG-Telefunken* mwN.

[315] BGH WuW/E DE-R 399, 401 – *Verbundnetz; KK-Deichfuß,* § 76 GWB Rdnr. 26; so wohl auch BGHZ 130, 390, 399.

[316] KG WuW/E OLG 2053, 2054 – *Valium* mwN.

[317] BGH WuW/E BGH 1604, 1607 – *Sammelrevers 1974.*

[318] BGH WuW/E BGH 2627, 2643 – *Sportübertragungen* mwN; OLG Düsseldorf WuW/E DE-R 523, 528 – *SPNV.*

[319] OLG Düsseldorf WuW/E DE-R 2493 – *Sulzer/Kelmix.*

[320] Vgl. im Einzelnen *Langen/Bunte-Lembach,* Deutsches Kartellrecht, § 78 GWB Rdnr. 9 f.

[321] KG WuW/E OLG 2607, 2612 – *Raffinerie-Abnahmepreise.*

Das würde dazu führen, dass die aus dem einseitigen Anwaltszwang nach § 68 herrührende ungleiche Kostenbelastung für den obsiegenden Beschwerdeführer in aller Regel bestehen bliebe. Der Gleichheitssatz und der aus dem Rechtsstaatsgebot folgende Grundsatz, dass für die Verfahrensbeteiligten eine vergleichbare Kostenbelastung geschaffen und das Risiko am Verfahrensausgang gleichmäßig verteilt werden soll, würden verletzt. Dem Beschwerdeführer müsse zwar im Falle des Obsiegens nicht stets ein Kostenerstattungsanspruch zugebilligt werden; verfassungsrechtlich geboten sei aber eine Billigkeitsentscheidung, die alle Umstände des konkreten Falles einschließlich des Verfahrensausganges abwäge.[322]

152 Seitdem gehen die meisten Kartellgerichte davon aus, dass bei Fehlen entgegenstehender Billigkeitserwägungen der Verfahrensausgang maßgeblich ist.[323] Im Beschluss *NJW auf CD-ROM* vom 11. März 1997[324] hat der BGH ausgeführt, es entspreche nicht der Billigkeit, das BKartA mit den außergerichtlichen Kosten der obsiegenden Beschwerdeführerin zu belasten, weil Rechtsfragen von grundsätzlicher Bedeutung Gegenstand der Auseinandersetzung waren. Das OLG München hat in einem Fall die Kostentragung durch die unterlegene KartB abgelehnt, weil deren streitgegenständliches Auskunftsverlangen ursprünglich rechtmäßig war und die Beschwerde nur deshalb Erfolg hatte, weil die begehrten Auskünfte im Zeitpunkt der gerichtlichen Entscheidung nicht mehr erforderlich waren.[325]

153 Ein **Beigeladener** wird grds. nicht mit den Verfahrenskosten anderer Verfahrensbeteiligter belastet. Umgekehrt werden die außergerichtlichen Kosten eines Beigeladenen entsprechend der in § 162 Abs. 3 VwGO getroffenen Regelung anderen Verfahrensbeteiligten nicht allein deshalb auferlegt, weil sie im Verfahren unterlegen sind.[326] Eine Kostenerstattung durch unterlegene Verfahrensbeteiligte (Beschwerdeführer oder KartB) wird aber aus Billigkeitsgründen angeordnet, wenn ein Beigeladener ein besonderes Interesse am Verfahrensausgang hat und in dem Verfahren über grundsätzliche Rechtsfragen zu entscheiden ist, die für die Wettbewerbsbeziehungen zu den übrigen Beteiligten erhebliche Bedeutung haben.[327] Dabei ist die **Beteiligung an der mündlichen Verhandlung** für einen Anspruch auf Kostenerstattung zwingend.[328]

154 Entsprechende Erwägungen dürften für die Kosten **anderer Verfahrensbeteiligter** (insbes. anderer am Zusammenschlussverfahren Beteiligter) gelten. So waren etwa im Fall *Gruner+Jahr/National Geographic* der Erwerber und der Veräußerer Beschwerdeführer.[329] Ihnen wurden dann auch die Kosten der zurückgewiesenen Beschwerde auferlegt. Das Zielunternehmen war zwar am Zusammenschluss beteiligt und deshalb auch Beteiligter des Beschwerdeverfahrens. Es beteiligte sich jedoch nicht aktiv am Beschwerdeverfahren. Entsprechend wurden ihm vom OLG Düsseldorf keine Kosten auferlegt.

155 Wird bei **Hauptsacheerledigung** kein Fortsetzungsfeststellungsantrag gestellt, liegen aber widerstreitende Kostenanträge vor, so findet nach ständiger Rechtsprechung[330] eine Prüfung der Erfolgsaussichten der Beschwerde grds. nicht mehr statt. Angesichts der besonderen tatsächlichen und rechtlichen Schwierigkeiten der meisten Kartellverwaltungs-

---

322 BVerfG WuW/E VG 313, 319; 339, 342.

323 S. z.B. KG WuW/E OLG 4329, 4330f. – *Coop-Wandmaker.*

324 KVR 39/95, BA S. 22f., insoweit nicht abgedr. in WuW/E BGH 3128.

325 OLG München WuW/E OLG 5859, 5860 – *Gaspreisermittlung.*

326 KG WuW/E OLG 4363, 4365f. – *Wieland-Langenberg.*

327 BGH WuW/E BGH 2627, 2643 – *Sportübertragungen* mwN; KG B. v. 27.11.1991 Kart 28/90, BA S. 70f. – *Pauschalreisevermittlung II,* insoweit nicht abgedruckt in WuW/E OLG 4919ff.; KG B. v. 11.12.1996 – Kart 1/96, BA S. 47 – *Gewerbliche Spielgemeinschaften,* insoweit nicht abgedruckt in WuW/E OLG 5821; OLG Düsseldorf B. v. 27.10.2004 Kart 7/04 – *Tagesspiegel/Berliner Zeitung,* insoweit nicht abgedruckt in WuW/E DE-R 1361; OLG Düsseldorf WuW/E DE-R 2156f. – *GETECnet.*

328 BGH WuW/E DE-R 492, 493 – *Gewerbliche Spielgemeinschaften.*

329 OLG Düsseldorf WuW/E DE-R 1501, 1503 – *G+J/RBA.*

330 BGH WuW/E BGH 2620, 2621 – *Springer-Kieler Zeitung;* BGH WuW/E DE-R 420, 421 – *Erledigte Beschwerde;* KG WuW/E OLG 2720, 2721 – *Gepäckstreifenanhänger;* WuW/E OLG 2975, 2976 – *Orientteppich-Importmesse;* KG WuW/E DE-R 550, 551 – *Raiffeisen.*

streitverfahren widerspricht es dem Grundsatz der Prozessökonomie, trotz Hauptsacheerledigung noch die für die Entscheidung erheblichen Rechtsfragen zu prüfen oder den Sachverhalt weiter aufzuklären. Vielmehr ist nach billigem Ermessen unter Berücksichtigung des bisherigen Sach- und Streitstands zu entscheiden. Dabei genügt eine summarische Prüfung der Erfolgsaussichten in rechtlicher und tatsächlicher Hinsicht.[331] Aus Billigkeitsgründen sind deshalb in der Regel die **Kosten** gegeneinander aufzuheben bzw. **außergerichtliche Kosten nicht zu erstatten.**[332] Nur wenn im Einzelfall der Ausgang des Beschwerdeverfahrens ohne weitere Aufklärung hinreichend sicher abzusehen ist, kann das aus Billigkeitserwägungen zugunsten eines Verfahrensbeteiligten berücksichtigt werden, es sei denn, ein Beteiligter hat vermeidbar Verfahrenskosten veranlasst oder sich freiwillig in die Rolle des Unterlegenen begeben.[333] Entsteht Streit über die Rechtmäßigkeit der Verwaltungsgebühr, wird aus prozessökonomischen Gründen die Frage der Rechtmäßigkeit des sachlichen Verwaltungsaktes ebenfalls nicht mehr aufgeklärt, vielmehr ist grds. die Hälfte der Gebühr zu entrichten.[334]

Bei **Beschwerderücknahme** findet nicht § 516 Abs. 3 ZPO oder § 155 Abs. 2 VwGO, **156** sondern § 78 Anwendung. Bei der Entscheidung nach § 78 S. 1 sind auch nach Rücknahme der Beschwerde die Grundsätze anzuwenden, die bei der Erledigung der Hauptsache maßgeblich sind. Der vermutliche Ausgang des Verfahrens – ohne Beschwerderücknahme – kann deshalb nur berücksichtigt werden, wenn er ohne weitere Aufklärung hinreichend sicher festzustellen ist.[335] Ferner ist auch hier für die Billigkeitsentscheidung von Bedeutung, ob sich ein Beteiligter freiwillig in die Rolle des Unterlegenen begeben hat.[336] Hier kommt es darauf an, in wessen Sphäre das Kostenrisiko fällt. Das ist für den Beschwerdeführer etwa dann der Fall, wenn rechtliche Hinderungsgründe für eine Weiterverfolgung der Beschwerde nicht erkennbar sind und er seine Beschwerde dennoch zurücknimmt.[337] Umgekehrt fällt das Kostenrisiko in die Sphäre der KartB, wenn sie die streitbefangene Verfügung im Beschwerdeverfahren aufhebt; sie begibt sich dann freiwillig in die Rolle des Unterlegenen.[338]

Hat ein Beteiligter Kosten durch ein unbegründetes Rechtsmittel – das sind **157** zumindest Rechtsbeschwerden oder Nichtzulassungsbeschwerden – oder durch grobes Verschulden veranlasst, so sind ihm die Kosten aufzuerlegen (§ 78 S. 2). Das OLG Düsseldorf betrachtet auch die Beschwerde als Rechtsmittel.[339]

Grundlage für die Festsetzung des Streitwerts in Beschwerdeverfahren (Beschwerdewert) **158** und im Rechtsbeschwerdeverfahren (Rechtsbeschwerdewert) ist § 50 Abs. 1 S. 1 GKG iVm § 3 ZPO. Danach bestimmt das Gericht den **Beschwerdewert** nach freiem Ermessen. Entscheidend hierfür ist das objektive wirtschaftliche Interesse des Beschwerdeführers an einer Änderung der Entscheidung.[340] Das KG hat früher den Beschwerdewert aufgrund der Angaben der Beschwerdeführer über ihre wirtschaftlichen Interessen am Verfahrensausgang

---

[331] BGH WuW/E DE-R 3465, 3466 – *Universitätsklinikum Greifwald.*

[332] BGH WuW/E DE-R 2162, 2163 – *Tariftreueerklärung III;* BGH WuW/E DE-R 420, 421 – *Erledigte Beschwerde.*

[333] BGH WuW/E BGH 1947, 1948 – *Stuttgarter Wochenblatt;* KG WuW/E OLG 4147, 4148 – *VEW-Ruhrkohle* mwN; WuW/E OLG 4243, 4245 – *Morris-Rothmans;* WuW/E OLG 4648, 4649 – *Nordfleisch-CG Hannover;* WuW/E OLG 5437 – *Ruhrgas-Thyssengas;* OLG Düsseldorf B. v. 25.11.2013 VI-Kart 9/12 (V) – *Chemikalienhandel II.*

[334] KG WuW/E OLG 4569, 4570 f. – *Berliner Erklärung* mwN.

[335] BGH WuW/E BGH 1947, 1948 – *Stuttgarter Wochenblatt;* 2084; 3109 – *Herstellerleasing II;* KG WuW/E OLG 4147, 4148 – *VEW-Ruhrkohle;* WuW/E OLG 5311 f. – *Beschwerderücknahme.*

[336] KG WuW/E OLG 5311, 5312 – *Beschwerderücknahme* mwN; BGH B. v. 16.3.2015 KVR 75/13 – *Beschwerderücknahme im Rechtsbeschwerdeverfahren.*

[337] KG WuW/E OLG 5311, 5312 – *Beschwerderücknahme.*

[338] KG WuW/E OLG 5437, 5438 – *Ruhrgas-Thyssengas I.*

[339] OLG Düsseldorf WuW/E DE-R 523, 528 – *SPNV;* so auch *Bechtold,* GWB, § 78 Rdnr. 6; *FK-Bracher,* § 78 GWB Rdnr. 8; *Deichfuß* BB 2000, 469; *Langen/Bunte-Lembach,* Deutsches Kartellrecht, § 78 GWB Rdnr. 17.

[340] BGH WuW/E BGH 1804.

nach Anhörung der KartB festgesetzt. Zur Plausibilitätskontrolle wurde bei Verfahren der Zusammenschlusskontrolle 1/4 bis 1/5 des Kaufpreises herangezogen, wenn dieser bekannt war, andernfalls etwa 10% des Jahresumsatzes der fusionierenden Unternehmen. Trotz Abweichungen im Einzelfall will das OLG Düsseldorf hingegen grds. den vollen Kaufpreis berücksichtigen. Denn vor allem in ihm finde das Interesse Ausdruck, das die beteiligten Unternehmen dem durch den Anteilserwerb gewonnenen Einfluss auf das zu erwerbende Unternehmen und damit den durch den Zusammenschluß in Aussicht stehenden wettbewerblichen Aktivitäten beimessen.[341] Eine Ausnahme soll gelten, wenn im Einzelfall besondere Umstände dafür sprechen, dass sich der Wert des gewonnenen Einflusses und der Zufluss von wettbewerbsrelevanten Ressourcen nicht zutreffend im Kaufpreis wiederspiegeln.[342] Diese Rechtsprechung liegt allerdings nicht auf der Linie des BGH. Er will u.a. gerade deshalb den Beschwerdewert auf einen Bruchteil des Kaufpreises festsetzen, weil andernfalls der Zugang zum Beschwerdegericht durch ein zu hohes Prozessrisiko beeinträchtigt würde.[343] Das entspricht auch den Grundsätzen für die Streitwertberechnung im Verwaltungsprozess (etwa für die Anfechtungsklage gegen einen VA), der dem kartellgerichtlichen Verfahren in dieser Hinsicht trotz des Verweises auf § 3 ZPO in § 50 Abs. 1 S. 1 GKG deutlich mehr ähnelt als der Zivilprozess (etwa einer zivilgerichtlichen Klage auf Übertragung von Gesellschaftsanteilen). Bei einstweiligen Anordnungen (§ 60), einer Anordnung der aufschiebenden Wirkung oder Aufhebung der sofortigen Vollziehung (§ 65) werden 1/5 bis 1/4 des Wertes der Hauptsache angesetzt.

159 Im Verfahren über **Beschwerden eines Beigeladenen** ist bei der Bemessung des Streitwerts die Bedeutung der Sache für den Beigeladenen zu berücksichtigen. Die Streitwertbegrenzung auf € 250000 in § 50 Abs. 1 GKG, die zu risikolosen Rechtsmitteln geradezu einlud, wurde mit der 7. GWB-Novelle (2005) gestrichen. Der Gesetzgeber hielt die erst mit der 6. GWB-Novelle eingeführte Privilegierung von Beschwerden des Beigeladenen gegenüber Beschwerden des Verfügungsadressaten nicht mehr für sachgerecht.[344] Allerdings entspricht auch nach neuem Recht das Interesse des Beigeladenen idR nicht dem eines Zusammenschlussbeteiligten.

3. Abschnitt. Ordnungswidrigkeitenrecht und Strafrecht

Vorbemerkung zu §§ 55–58: Die Sanktionierung von Kartellabsprachen im Ordnungswidrigkeiten- und Strafrecht

Die Sanktionierung von Verstößen gegen kartellrechtliche Verbotsbestimmungen erfolgt zweigleisig. Neben der traditionellen Ahndung entsprechender Verstöße als Ordnungswidrigkeiten durch die jeweils zuständigen Kartellbehörden hat sich für einzelne Fallgruppen auch eine strafrechtliche Verfolgungspraxis herausgebildet. Die nachfolgende Darstellung der Ahndungsmöglichkeiten sowie der verfahrensrechtlichen Grundsätze nach deutschem Recht erstreckt sich daher gleichermaßen auf das Kartellordnungswidrigkeitenrecht und das Kartellstrafrecht.

---

[341] OLG Düsseldorf WuW/E DE-R 1501, 1503 – *G+J/RBA*.
[342] OLG Düsseldorf WuW/E DE-R 1501, 1503 – *G+J/RBA*.
[343] BGH WuW/E BGH 1804.
[344] Begr. RegE zur 7. Novelle, BT-Drucks. 15/3640, S. 71 li. Sp.

§ 55 Ordnungswidrigkeitenrecht

Übersicht

Schrifttum: *Achenbach,* Aus der 2003/2004 veröffentlichten Rechtsprechung zum Wirtschaftsstrafrecht, NStZ 2004, 549ff.; *ders.,* Ausweitung des Zugriffs bei den ahndenden Sanktionen gegen die Unternehmensdelinquenz, wistra 2002, 441 ff.; *ders.,* Schwerpunkte der BGH-Rechtsprechung zum Wirtschaftsstrafrecht, Fs. 50 Jahre Bundesgerichtshof, 2000, 593ff.; *ders.,* Bußgeldverhängung bei Kartellordnungswidrigkeiten nach dem Ende der fortgesetzten Handlung, WuW 1997, 393ff.; *ders.,* Das Schicksal der Verbandsgeldbuße nach § 30 OWiG bei Erlöschen des Täter-Unternehmensträgers durch Gesamtrechtsnachfolge, wistra 2012, 413ff.; *Achenbach/Ransiek,* Handbuch Wirtschaftsstrafrecht, 3. Aufl. 2012; *Bauer,* Die „heimlichen" Rechtsprechungsänderungen des Kartellsenats des Bundesgerichtshofes, wistra 1995, 170ff.; *ders.,* Zur Frage des Auskunftsverweigerungsrechts juristischer Personen und Personenvereinigungen, WuW 1989, 304f.; *Bauer/Wrage-Molkenthin,* Keine Tatidentität zwischen Aufsichtspflichtverletzung (§ 130 OWiG) und Beteiligung an der Kartellordnungswidrigkeit (§ 14 OWiG)?, WuW 1989, 789ff.; *dies.,* Zum Begriff der „Aufforderung" in § 26 Abs. 1 GWB, wistra 1988, 247ff.; *dies.,* Einheitliche Tat und Strafklageverbrauch in Kartellbußgeldsachen, WuW 1988, 10ff.; *dies.,* Zur rechtlichen Bewertung des Irrtums, über normative Tatbestandsmerkmale im Kartellrecht, WuW 1988, 586ff.; *Bechtold,* Kartellgesetz, 7. Aufl. 2013; *Boujong* (Hrsg.), Karlsruher Kommentar zum Gesetz über Ordnungswidrigkeiten, 3. Aufl. 2006; *Burchardi,* Einstieg in die Kriminalisierung des Kartellrechts?, in Schwerpunkte des Kartellrechts 1996, FIW H. 171, 43ff.; *Busche/Röhling,* Kölner Kommentar zum Kartellrecht, Band 2, 1. Aufl. 2014; *Dannecker,* Die Rechtsprechungsänderung zur fortgesetzten Handlung und ihre Konsequenzen für Wirtschafts- und Steuerstrafsachen, WiB 1994, 669ff.; *Dreher,* Kartellrechtscompliance, ZWeR 2004, 75ff.; *Fischer,* Entwicklungslinien der fortgesetzten Handlung, NStZ 1992, 415ff.; *Göhler,* Ordnungswidrigkeitengesetz, 16. Aufl. 2012; *Grützner/Reimann/Wissel,* Richtiges Verhalten bei Kartellamtsermittlungen im Unternehmen, 3. Aufl. 1993; *Hamm,* Das Ende der fortgesetzten Handlung, NJW 1994, 1636ff.; *Hecker,* Aufsichtspflichtverletzungen bei Zuwiderhandlungen Unternehmensfremder, GewArch 1999, 320ff.; *Hermanns/Kleier,* Grenzen der Aufsichtspflicht in Betrieben – Zur Bedeutung des § 130 OWiG in der Praxis, 1987; *Immenga/Mestmäcker,* GWB – Kommentar zum Kartellgesetz, 5. Aufl. 20014; *dies.*, EG-Wettbewerbsrecht, Band I Teil 2 5. Aufl. 2012; *Kleinmann/Berg,* Änderungen des Kartellrechts durch das Gesetz zur Bekämpfung der Korruption vom 13.8.1997, BB 1998, 277ff.; *Klusmann,* Das Ende der fortgesetzten Handlung im Kartellrecht?, WuW 1995, 271ff.; *Langen/Bunte,* Kommentar zum deutschen und europäischen Kartellrecht, Band 1 – Deutsches Kartellrecht, 12. Aufl. 2014; *Leube,* Neue Rechtsprechung zum Kartellordnungswidrigkeitenrecht, wistra 1987, 41ff.; *Loewenheim/Messen/Riesenkampff,* Kartellrecht, 2. Aufl. 2009; *Maschke,* Aufsichtspflichten in Betrieben und Unternehmen, 1997; *Mühlhoff,* Lieber der Spatz in der Hand … oder: Nach der Novelle ist vor der Novelle! Zu den wesentlichen Änderungen des allgemeinen Ordnungswidrigkeitenrechts und des Kartellordnungswidrigkeitenrechts durch die 8. GWB-Novelle, NZWiSt 2013, 321ff.; *Rebmann/Roth/Hermann,* Gesetz über Ordnungswidrigkeiten, Lfg. 18 (Stand: März 2013); *Schönke/Schröder,* Strafgesetzbuch, 28. Aufl. 2010; *Senge* (Hrsg.), Karlsruher Kommentar zum Gesetz über Ordnungswidrigkeiten, 3. Aufl. 2006; *Tessin,* Verletzung der Aufsichtspflicht bei Kartellverstößen, BB 1987, 984ff.; *Tiedemann,* Die „Bebußung" von Unternehmen nach dem 2. Gesetz zur Bekämpfung der Wirtschaftskriminalität, NJW 1988, 1169ff.; *ders.,* Die strafrechtliche Vertreter- und Unternehmenshaftung, NJW 1986, 1842ff.; *v. Gamm,* Kartellrecht, 2. Aufl. 1990; *v. Jaeger/Kokott/Pohlmann/Schroeder u. a. (Hrsg.),* Frankfurter Kommentar zum Kartellrecht, Stand: 81. Ergänzungslieferung, September 2014; *Wirtz,* Die Aufsichtspflichten des Vorstandes nach OWiG und KonTraG, WuW 2001, 342ff.

A. Der Ordnungswidrigkeitentatbestand des § 81 GWB

I. Hauptfallgruppen aus der Praxis

1 Ungeachtet der tatbestandlichen Vielfalt des § 81 Abs. 1 bis Abs. 3 GWB sind in der kartellrechtlichen Praxis nur einige wenige Tattypen von Kartell-Ordnungswidrigkeiten relevant. Im Vordergrund der Bußgeldverfahren des BKartA und der Landeskartellbehörden stehen mit einem Anteil von rund 80% der mit einer Bußgeldverhängung beendeten Verfahren Fälle, in denen es um Verstöße gegen das Kartellverbot in § 1 GWB geht (§ 81 Abs. 2 Nr. 1). Zunehmende Bedeutung haben Fälle, in denen unzulässige Preisbindungen oder sonstige vertikale Beschränkungen verfolgt werden.[1] Daneben gibt es immer wieder Fälle, in denen es um Verstöße gegen das fusionskontrollrechtliche Vollzugsverbot sowie gegen Boykott und Diskriminierungsverbote geht.[2]

2 Alle anderen Fallgruppen des § 81 Abs. 2 bis 3 GWB sind demgegenüber in der bußgeldrechtlichen Praxis nahezu irrelevant. Die praktische Bedeutung des durch die 7. GWB-Novelle eingeführten Bußgeldtatbestands des § 81 Abs. 1 GWB, der eine Bußgeldverhängung auch im Hinblick auf Verstöße gegen die Art. 101 Abs. 1 und Art. 102 AEUV ermöglicht, ist demgegenüber begrenzt. Sanktionsentscheidungen werden inzwischen regelmäßig „doppelt" begründet. Bis auf weiteres steht nach allgemeiner Ansicht den nationalen

[1] Siehe hierzu BKartA TB 2011/2012, S. 73f.

[2] Siehe hierzu *Immenga/Mestmäcker-Dannecker/Biermann,* GWB, Vor § 81 Rdnr. 9; BKartA, TB 2011/2012, S. 28f.; BKartA, TB 2009/2010, S. 164f.; BKartA, TB 2007/2008, S. 184f.; BKartA, TB 2005/2006, S. 230f.; BKartA, TB 2003/2004, S. 230f.; BKartA TB 2001/2002, S. 274f.; BKartA TB 1999/2000, S. 222f.; BKartA TB 1997/98, S. 184f.; BKartA TB 1995/96, S. 176; BKartA TB 1993/94, S. 168f.; BKartA TB 1991/92, S. 165f.

Behörden und Gerichten aber nur der Bußgeldrahmen aus dem GWB zur Verfügung. Art. 5 Abs. 2 VO Nr. 1/2003 kann von nationalen Behörden weder direkt noch analog angewendet werden.[3] Soweit im nationalen Bußgeldverfahren über § 81 Abs. 1 GWB (auch) die Verbotstatbestände der Art. 101 oder 102 AEUV zur Anwendung gelangen sollen, sind deren gegenüber § 1 GWB erweiterte Tatbestandsvoraussetzungen von Amts wegen in vollem Umfang zu prüfen, da sich nach zutr. Auffassung die gesetzliche Verweisung in § 81 Abs. 1 GWB nur auf den objektiven europarechtlichen Verbotstatbestand bezieht. In subjektiver Hinsicht gilt § 14 Abs. 1 OWiG. Auch für das Ermittlungsverfahren selbst gilt deutsches Recht,[4] allerdings nach hier vertretener Auffassung unter Beachtung weitergehender und damit aufgrund des Subsidiaritätsprinzips vorrangiger Verfahrensgarantien, wie z. B. des stets beachtlichen „Legal Privilege".[5] Die im Einzelfall erforderliche Prüfung umfasst daher auch die Frage des Bestehens einer Gruppenfreistellung oder einer Einzelfreistellung des jeweiligen Verhaltens gem. Art. 101 Abs. 3 AEUV, wobei im nationalen Bußgeldrecht keine täternachteiligen Beweislastverschiebungen durch Vermutungsregeln (iSv Art. 2 VO Nr. 1/2003) zulässig sind.[6] Auf Altfälle finden das im Sanktionsrecht anwendbare Rückwirkungsverbot (Art. 103 Abs. 2 GG) sowie das Günstigkeitsprinzip (§ 4 Abs. 3 OWiG)[7] Anwendung. In diesem Zusammenhang sind weitere, bei paralleler Behördenzuständigkeit im ECN[8] resultierende Divergenzen existent, die insgesamt noch nicht rechtlich gelöst erscheinen. Die nachfolgende Behandlung einzelner rechtlicher Aspekte kartellrechtlicher Bußgeldverfahren trägt daher der praktischen Bedeutung der jeweiligen Rechtsfragen Rechnung und versteht sich als gewichteter Überblick.

1. Unzulässige Kartellabsprachen zwischen Wettbewerbern. Nach § 81 Abs. 1 3
Nr. 1 GWB bußgeldbedroht ist zunächst die Zuwiderhandlung gegen das Verbot des Art. 101 Abs. 1 AEUV. Hiernach sind Vereinbarungen zwischen Unternehmen, Beschlüsse von Unternehmensvereinigungen und aufeinander abgestimmte Verhaltensweisen, welche den Handel zwischen Mitgliedstaaten zu beeinträchtigen geeignet sind und eine Verhinderung, Einschränkung oder Verfälschung des Wettbewerbs innerhalb des Binnenmarktes bezwecken oder bewirken, verboten. § 81 Abs. 2 Nr. 1 GWB enthält überdies eine Bußgeldsanktion für Verstöße gegen das Verbot des § 1 GWB, welcher seit der 7. GWB-Novelle insoweit – bis auf das Erfordernis der Beeinträchtigung des zwischenstaatlichen Handels – dem Wortlaut des Art. 101 Abs. 1 AEUV entspricht. Die hiernach verbotenen Vereinbarungen, abgestimmten Verhaltensweisen oder Beschlüsse haben einvernehmliche Beschränkungen des freien Wettbewerbs zum Ziel oder Inhalt, durch die sich die Nachfragebedingungen für die Marktgegenseite verschlechtern können.[9] In der Verfolgungspraxis bedeutungsvoll sind zunächst **Preisabsprachen.** Darunter werden alle Arten von Verständigungen zwischen Wettbewerbern iSv Absprachen oder abgestimmten Verhaltensweisen verstanden, durch die die Freiheit der Preisgestaltung für von ihnen Dritten angebotene Waren oder Dienstleistungen eingeschränkt wird, z. B. durch Koordinierung von Mindest- oder Festpreisen bzw. Preisbestandteilen. Auch **Gebietsabsprachen** sind verbotswidrig,[10] mittels derer Wettbewerber einen an sich einheitlichen Markt dadurch aufteilen, dass sie sich untereinander bestimmte geographisch definierte Gebiete in dem Sinne „überlassen", dass in diesen Gebieten jeweils keine konkurrierende Tätigkeit entfaltet wird. Entsprechendes gilt für **Kundenaufteilungen,** die wie Gebietsabsprachen funktionieren, aber nicht auf einen geographischen Marktraum, sondern auf einzelne Kunden oder Kundengruppen

[3] So zutr. OLG Düsseldorf U. v. 17.12.2012 – V – I Kat 7/12 (OWi) sowie BGH U. v. 16.12.2014 – KRB 47/13 – *Silostellgebühren II;* aA *Mühlhoff* NZWiSt 2013, 321, 325 f.
[4] So *Langen/Bunte-Raum,* § 81 Rdnr. 76.
[5] S. dazu näher unter Rdnr. 35.
[6] Zutr. *Langen/Bunte-Raum,* § 81 Rdnr. 76.
[7] Dazu näher § 57 Rdnr. 83.
[8] Dazu näher *Dieckmann,* § 41 Rdnr. 43 ff.
[9] Dazu näher *Lübbig* in § 8 Rdnr. 9 ff.
[10] BGH WuW/E BGH 2697 ff. – *Golden Toast.*

bezogen vereinbart werden.[11] Bedeutsam sind weiter **Quotenkartelle**,[12] denen die wettbewerbsbeschränkende Übereinkunft zugrundeliegt, dass bestimmte Anteile am verfügbaren Marktvolumen bestimmten Wettbewerbern zustehen sollen, was durch entsprechende „Angebotsdisziplin" oder sonstige Ausgleichsmechanismen erreicht wird. Die früher bei der Verfolgung unzulässiger Kartellabsprachen als Ordnungswidrigkeit zu beachtende Sonderregelung des § 81 Abs. 5 GWB a. F. wurde durch die 7. GWB-Novelle aufgehoben. Danach wurden früher nach § 1 GWB verbotene Vereinbarungen nicht als Ordnungswidrigkeiten verfolgt, wenn sie bei der Kartellbehörde angemeldet worden waren, und zwar solange die Behörde noch nicht widersprochen oder einen Freistellungsantrag noch nicht abgelehnt hatte.

4 **2. Submissionsabsprachen.** Kartellrechtliche Bußgeld- und Gerichtsverfahren stehen häufig im Zusammenhang mit der Vergabe von öffentlich oder privat ausgeschriebenen Aufträgen im Bau- und Beschaffungswesen. In derartigen Fällen spricht typischerweise ein fester oder variabler Kreis von Bietern (bzw. potentiellen Bietern) gelegentlich oder institutionalisiert Angebotskonditionen ab und gewährt sich reihum wechselnd Angebotsschutz bzw. sonstigen Ausgleich.[13] Solche Absprachen sind Verträge oder abgestimmte Verhaltensweisen iSv Art. 101 AEUV bzw. § 1 GWB, denen die Zielvorstellung der Beteiligten zugrundeliegt, einem bestimmten Bieter dadurch den Auftrag zu verschaffen, dass nicht autonom und nach Wettbewerbsgesichtspunkten kalkulierte, sondern die Auftragsvergabe an die jeweiligen Schutzbieter ausschließende Angebote abgegeben werden. Entsprechende Absprachen sind – was § 1 GWB weiter voraussetzt – regelmäßig geeignet, die Marktverhältnisse durch Beschränkung des Wettbewerbs zu beeinflussen, indem sie zumindest die Auswahlchancen der Marktgegenseite verschlechtern und dadurch zu einer Erhöhung des Preisniveaus der betroffenen Produkte oder Leistungen führen können. Im Zuge der Angleichung des Wortlauts des § 1 GWB an Art. 81 Abs. 1 EG (jetzt: Art. 101 Abs. 1 AEUV) durch die 6. GWB-Novelle wurde das Tatbestandsmerkmal der „Eignung zur Beeinflussung der Marktverhältnisse" gestrichen. § 1 GWB stellt nunmehr wie Art. 101 Abs. 1 AEUV lediglich auf „bezweckte" oder „bewirkte" Wettbewerbsbeschränkungen ab. Zwischen dieser im EU-Recht gewählten Formulierung und der Auslegung des Tatbestandsmerkmals der Eignung zur Beeinflussung der Marktverhältnisse in § 1 GWB in der Fassung vor der 6. GWB-Novelle durch die deutsche Rechtsprechung bestand nach Ansicht der Bundesregierung aber inhaltlich kein Unterschied, so dass letzteres entfallen konnte.[14]

5 Gemäß § 38 Abs. 1 Nr. 1 GWB in der Fassung vor der 6. GWB-Novelle setzte ordnungswidriges Handeln im Zusammenhang mit Kartellabsprachen zusätzlich voraus, dass sich die betreffenden Bußgeldadressaten über die aus § 1 Abs. 1 GWB in der Fassung vor der 6. GWB-Novelle folgende Unwirksamkeit oder Nichtigkeit eines Vertrages oder Beschlusses „hinwegsetzen". Entsprechendes galt gemäß § 38 Abs. 1 Nr. 8 GWB für das Zuwiderhandeln gegen das Verbot abgestimmter Verhaltensweisen. Bußgeldbedroht waren also bis dahin – anders als im Geltungsbereich des Art. 101 AEUV – nicht Absprachen oder Verhaltensabstimmungen als solche, sondern erst Handlungen, die ihrer Umsetzung dienten.[15] Solche Umsetzungsakte sollten alle Handlungen sein, die darauf abzielen, die unzulässige Absprache oder Abstimmung zu verwirklichen, und zwar unabhängig von ih-

---

[11] Siehe dazu BGH WuW/E BGH 3115 ff., 3118 – *Druckgußteile.*

[12] BKartA, Bußgeldbescheid v. 17.12.1998, WuW/E DE-V 132 ff. – *Osthafenmühle II;* BKartA, B. v. 7.5.1997 – *Starkstromkabel,* NJWE-WettbR 1997, 191 f.

[13] Siehe dazu zB BGH WuW/E BGH 2100 ff. – *Schlussrechnung;* WuW/E BGH 2329 ff. – *Prüfgruppe.*

[14] BReg., Begründung zum RegE der 6. Novelle, BT-Drucks. 13/9720, S. 31.

[15] St. Rechtsprechung des BGH, s. nur BGH WuW/E BGH 2727, 2728 – *Schutzangebot;* BKartA WuW/E BKartA 2871, 2873 – *Straßenstrich; Immenga/Mestmäcker-Dannecker/Biermann,* 3. Auflage, GWB, § 81 Abs. 1 Rdnr. 20.

rem jeweiligen Erfolg.[16] Die Gerichte nahmen insoweit eine **weite Auslegung**[17] vor. Als mögliche **Tathandlungen** des Hinwegsetzens (nach altem Recht, das bis zur Verjährung von Altfällen noch weiter Anwendung finden kann) waren bei Kartellabsprachen insbesondere anzusehen:

– die **Abgabe** eines nicht auf unabhängiger eigener Kalkulation beruhenden Angebots,[18]
– die auf Abstimmung oder rechtswidriger Absprache beruhende **Nichtabgabe**[19] oder
– **Rücknahme**[20] eines **Angebots,**
– sowie Handlungen, die der **Einreichung des Angebots vorangehen oder ihm nachfolgen,** wenn sie der Verwirklichung der unwirksamen Grundabrede dienen sollen, wie beispielsweise die **Übersendung von Kalkulationsunterlagen** oder Vertragsinhalten[21] an Absprachеteilnehmer;[22]
– das **Melden von Umsätzen** an die Meldestelle des **Kartells;**[23]
– auch das **Führen von Nachverhandlungen** auf der Grundlage eines vermeintlichen Wettbewerbsangebotes kann Hinwegsetzungshandlung sein,[24] es sei denn, die Ausschreibung wird vor Nachverhandlungen aufgehoben mit der Folge, dass sich der Kreis der Wettbewerber neu ordnen kann;[25]
– die Erteilung von **Zwischen- und Schlussrechnungen**[26] auf der Basis des abgegebenen abgesprochenen Angebots.

Stets erforderlich war eine **kausale Verbindung** zwischen zugrundeliegender Absprache und der ihr folgenden Handlung, die allerdings wegen des finalen Charakters der Absprache regelmäßig vorlag. Mit der tatsächlichen Beendigung einer Hinwegsetzungshandlung war nach altem Recht der Verstoß vollendet, also nicht mehr reversibel (z. B. durch Rücknahme des Angebots) oder korrigierbar (z. B. durch Änderung der Angebotspreise).[27] 6

Durch die 6. GWB-Novelle 1999 kam es zu einer Angleichung an das europäische Recht. 7
Nach § 81 Abs. 2 Nr. 1 GWB handelt seitdem ordnungswidrig, wer dem Kartellverbot in § 1 GWB zuwiderhandelt. Bußgeldbedroht ist damit seither die Absprache oder Verhaltensabstimmung selbst; ein Hinwegsetzen über das Verbot ist nicht mehr erforderlich. Die unter Rdnr. 5 dargestellte Rechtsprechung zum Tatbestandsmerkmal des Hinwegsetzens ist dennoch auch nach dem Inkrafttreten der 6. GWB-Novelle weiter von Bedeutung. Denn auch wenn § 1 GWB ein Hinwegsetzen über sein Verbot nicht mehr erfordert, so stellt weiterhin das Praktizieren einer verbotenen Abrede einen Verstoß gegen § 1 GWB dar.[28] Auch nach neuem Recht bilden wettbewerbswidrige Verhaltensweisen, die auf einer Vereinbarung oder Verhaltensabstimmung beruhen und deren Durchsetzung dienen, eine Tat.[29] Die Zusammenfassung solcher Handlungen zu einer rechtlichen Handlungseinheit hat zur Folge, dass

---

[16] BGH WuW/E BGH 2661, 2662; KG WuW/E OLG 4885, 4891 – *Branche Heizung/Klima/Lüftung; KK-Schöner,* Bd. 2, 2014, § 81 Rdnr. 28; *Immenga/Mestmäcker-Tiedemann,* GWB, 2. Aufl., § 38 Rdnr. 3 ff.; *Langen/Bunte-Hennig,* Kartellrecht, 8. Aufl., § 38 Rdnr. 30 jeweils mwN.

[17] BGH WuW/E BGH 2661, 2662.

[18] BGH WuW/E BGH 2100, 2102 – *Schlussrechnung.*

[19] *Langen/Bunte-Hennig,* 8. Aufl., § 38 Rdnr. 31.

[20] LKartB Baden-Württemberg WuW/E LKartB 157, 158 – *Leistungsverzeichnis.*

[21] BKartA NJWE-WettbR 1997, 191 f. – *Starkstromkabel.*

[22] BGH WuW/E BGH 2661, 2662.

[23] KG WuW/E OLG 1339, 1342 – *Linoleum.*

[24] BGH WuW/E BGH 2128, 2129; KG WuW/E OLG 4885, 4893 – *Branche Heizung/Klima/Lüftung.*

[25] BGH wistra 1995, 76, 77.

[26] S. BGH WuW/E BGH 2100, 2102 – *Schlussrechnung;* dazu auch *Leube* wistra 1987, 41.

[27] OLG Stuttgart WuW/E OLG 3397 – *Rheinhafen Dampfkraftwerk.*

[28] *FK-Achenbach,* § 81 GWB Rdnr. 43 f.; *Achenbach,* in Fs. 50 Jahre BGH, 593, 615; Bechtold, GWB, § 81 Rdnr. 11; nach *Achenbach,* NStZ 2004, 549, 552 folgt dies auch aus BGH, NJW 2004, 1539.

[29] BGH WuW/E DE-R 1567, 1568 – *Berliner Transportbeton I;* BGH B. v. 26.2.2013 – KRB 20/12, WuW/E DE-R 3861 ff., Rdnr. 23 – *Grauzement*; *Bechtold,* GWB, § 81 Rdnr. 11 und *FK-Achenbach,* § 81 GWB Rdnr. 44; *Langen/Bunte-Raum,* § 81 Rdnr. 94.

der Wettbewerbsverstoß erst beendet ist, wenn keine auf der gegen § 1 GWB verstoßenden Vereinbarung beruhenden Handlungen durch die Beteiligten mehr vorgenommen werden. Die Verjährung der Ordnungswidrigkeit, die nicht von der Vollendung, sondern von der Beendigung des wettbewerbswidrigen Verhaltens abhängig ist, beginnt folglich erst mit dem Ende der letzten auf der Vereinbarung oder Verhaltensabstimmung beruhenden und demselben wettbewerbswidrigen Zweck dienenden Handlung zu laufen.[30]

8 Submissionsabsprachen sind durch die mit dem **Gesetz zur Bekämpfung der Korruption**[31] eingeführte Strafvorschrift des § 298 StGB auch strafrechtlich sanktioniert. Nach dieser Bestimmung, die auf Taten anwendbar ist, die nach dem 20.8.1997 begangen worden sind, macht sich derjenige strafbar, der bei einer Ausschreibung oder freihändigen Vergabe nach vorausgegangenem Teilnahmewettbewerb ein Angebot abgibt, das auf einer Submissionsabsprache beruht.[32]

9 **3. Verstöße gegen fusionskontrollrechtliche Vorschriften.** Von § 81 Abs. 2 Nr. 1 GWB erfasst sind auch Verstöße gegen das Vollzugsverbot in § 41 Abs. 1 S. 1 GWB. Voraussetzung einer Bußgeldverhängung wegen Verstoßes gegen dieses Verbot ist die vollständige Erfüllung des gesetzlichen Verbotstatbestands. Tathandlung (Vollzugsakt) ist die Umsetzung der in § 37 Abs. 1 GWB aufgeführten Handlungen, die den fusionskontrollrechtlichen Zusammenschlussbegriff definieren.[33] Das BKartA ging in seiner Praxis zu § 38 Abs. 1 Nr. 8 GWB in der Fassung vor der 6. GWB-Novelle bei bestehender Fusionskontrollpflicht und nicht erfolgter Anmeldung generell von einer Verwirklichung des gesetzlichen Bußgeldtatbestandes aus,[34] wobei das Amt offenbar verkannte, dass ein Problem in der Abgrenzung (nicht tatbestandsmäßiger) versuchter und (verbotener) vollendeter Tathandlungen liegt (dazu Rdnr. 10/11). Taugliche Täter eines Verstoßes können nicht nur die unmittelbar im vollziehenden Unternehmen handelnden Entscheidungsträger sein, sondern auch deren externe Berater (wie z. B. Investment-Banker). Dem Tatbestandsmerkmal der „Mitwirkung" an der Zuwiderhandlung, das in § 38 Abs. 1 Nr. 8 GWB in der Fassung vor der 6. GWB-Novelle enthalten war, kam nach überwiegender Ansicht mit Rücksicht auf den Einheitstäterbegriff in § 14 OWiG, der Täterschaft und Teilnahme an Ordnungswidrigkeiten einheitlich erfasst, keine selbständige Bedeutung zu.[35] Es wurde (wohl) daher durch die 6. GWB-Novelle gestrichen.

10 Für die Frage, ab wann ein **Vollzug** vorliegt, sind die in § 37 Abs. 1 GWB verwendeten Legaldefinitionen maßgebend. Nicht bußgeldbedroht sind vorbereitende Handlungen, die noch nicht den jeweiligen Vollrechtserwerb im Sinne der Zusammenschlusstatbestände des § 37 Abs. 1 GWB begründen. So ist es beispielsweise zulässig und üblich, in Fällen des Anteilserwerbs gemäß § 37 Abs. 1 Nr. 3 GWB zu vereinbaren, dass der Vollzug des Anteilserwerbs unter der aufschiebenden Bedingung der Erteilung einer fusionskontrollrechtlichen Freigabe oder des Verstreichens der gesetzlichen Untersagungsfristen gemäß § 40 Abs. 2 GWB stehen soll.[36] Dagegen ist bei einer Mehrzahl von zusammenhängenden Übertragungsvorgängen (z. B. im Falle des Vermögenserwerbs gemäß § 37 Abs. 1 Nr. 1 GWB) streitig, ob schon der **Teilvollzug,** also die Übertragung auch nur einzelner Vermögensgegenstände bzw. wesentlicher Vermögensteile, **als Verstoß** zu bewerten ist. Zum Teil wird vertreten, dass „er-

---

[30] Siehe dazu näher unter Rdnr. 21 ff.; zur Verjährung im europäischen Recht: *Hellmann* in § 46 sowie *Immenga/Mestmäcker-Dannecker,* EG-WbR Bd. I Teil 2, Vor. Art. 25 f. VO 1/2003, Rdnr. 1 ff.

[31] BGBl. 1997 I Nr. 58 vom 19.8.1997.

[32] Einzelheiten s. unter § 56.

[33] Näher *Immenga/Mestmäcker-Dannecker/Biermann,* GWB, § 81 Abs. 1 i. V. m. 41 Abs. 1 Satz 1 Rdnr. 148 ff.

[34] Dazu *Langen/Bunte-Hennig,* Kartellrecht, 8. Aufl., § 38 Rdnr. 44, unter Hinweis auf BKartA TB 1987/88, S. 86.

[35] So z. B. *Langen/Bunte-Hennig,* Kartellrecht, 8. Aufl., § 38 Rdnr. 45; zum gleichen Ergebnis gelangt *Immenga/Mestmäcker-Tiedemann,* GWB, mit abweichender Begründung, s. *Immenga/Mestmäcker-Tiedemann,* GWB, 2. Aufl., § 38 Rdnr. 71 mwN.

[36] *Immenga/Mestmäcker-Dannecker/Biermann,* GWB, 3. Aufl, § 81 Abs. 1 Rdnr. 185.

folgsbezogen" nur der vollständige Vollzug[37] eines (noch) nicht freigegebenen, aber kontrollpflichtigen Zusammenschlusses einen Verstoß gegen das Vollzugsverbot darstellen soll. Andere Stimmen sehen unter Hinweis auf den Schutzzweck der Norm jede einzelne Teilvollzugs-Maßnahme „tätigkeitsbezogen" bereits als tatbestandserfüllend an.[38] Der BGH hat die Frage bisher nicht entschieden.[39] Die bloße Zahlung des Kaufpreises[40] sowie Gewährung von bloßen **Informations- oder Teilnahmerechten** an Sitzungen wichtiger Gremien zugunsten des künftigen Erwerbers während der Interimsperiode bis zur Bestätigung der Nichtuntersagung des angemeldeten Zusammenschlusses ist regelmäßig **nicht** als unzulässiger **(Teil-)Vollzug** zu bewerten. Entsprechende Rechte werden in der Praxis oft vereinbart, um dem Erwerber während der häufig mehrmonatigen Verhandlungs-/Genehmigungsphase eines Zusammenschlussvorhabens die Möglichkeit zu geben, von zwischenzeitlichen grundsätzlichen Veränderungen des vom Zusammenschluss betroffenen Geschäftsbetriebs oder Unternehmens nach der Unterzeichnung des Kauf- und Übertragungsvertrages, aber vor dessen Vollzug Kenntnis zu erhalten. Nicht selten können solche in der Interimsphase getroffenen Unternehmensentscheidungen die Bewertung des wirtschaftlichen Wertes der zu erwerbenden Anteile oder Vermögensgegenstände signifikant beeinflussen. Unzulässig ist hingegen die Vereinbarung weitergehender Rechte, wie beispielsweise von Zustimmungs- oder Blockadevorbehalten zugunsten des künftigen Erwerbers. In solchen, über bloße Informationsrechte hinausgehenden Rechten dürfte bereits ein Teilvollzug des Zusammenschlusses liegen. Gegen die Zusammenschlusstatbestände des § 37 Abs. 1 Nr. 2 und Nr. 4 GWB werden zum Teil verfassungsrechtliche Bedenken geltend gemacht, aus denen sich insofern ergeben soll, dass eine Geldbuße nur in eindeutigen Fällen verhängt werden darf.[41]

Gelegentlich werden **Verstöße** gegen das Vollzugsverbot von den Unternehmen auf- 11
grund fehlender Rechtskenntnisse erst **nachträglich entdeckt.** Das BKartA setzte in der Vergangenheit in derartigen Fällen in Ausübung seines Verfolgungsermessens[42] regelmäßig keine Bußgelder fest, wenn umgehend eine (dann allein noch mögliche) Anzeige gemäß § 39 Abs. 6 GWB erfolgte. Dies galt nicht, wenn im Einzelfall besondere Umstände vorlagen, die ein diesbezügliches „Versehen" unwahrscheinlich machten, wie z. B. eine besonders hohe Untersagungsnähe des Falls, ein wiederholter Verstoß des gleichen Unternehmens gegen das Vollzugsverbot oder eine erhebliche zeitliche Verzögerung der Anzeige. Inzwischen ist es aber häufiger zu Verfahren gegen Unternehmen, deren Vertreter sowie deren Rechtsanwälte – auch wegen fahrlässigen Verstoßes gegen das Vollzugsverbot – gekommen. Keine Bußgelder werden in der Regel in Fällen verhängt, die **Auslandszusammenschlüsse** betreffen und in denen die Freigabe des BKartA – z. B. weil nur ein kleiner Teil solcher Zusammenschlüsse Inlandsauswirkungen hat – nicht abgewartet worden ist.

Seit der 7. GWB-Novelle (2005) äußerst problematisch sind überdies die zivilrechtlichen 12
Folgen eines Verstoßes gegen das Vollzugsverbot. So sind nach § 41 Abs. 1 S. 2 GWB Rechtsgeschäfte, die gegen das Vollzugsverbot verstoßen, unwirksam. In der Vergangenheit wurde insofern von einer schwebenden Unwirksamkeit ausgegangen, insbesondere da § 41 Abs. 3 GWB a. F. für die Auflösung eines vollzogenen Zusammenschlusses eine vorherige Untersagung nach § 36 GWB voraussetzte.

Mit der Neufassung des § 41 Abs. 1 GWB im Zuge der 8. GWB-Novelle (2013) ist die schon zuvor geäußerte Auffassung einzelner Beamter des BKartA bestätigt worden,[43] nach der keine gesonderte Untersagungsverfügung vor der Auflösung bereits vollzogener Zusammenschlüsse erforderlich ist. Vielmehr benennt § 41 Abs. 1 S. 3 Nr. 3 nunmehr aus-

---

[37] *Bechtold,* GWB, § 81 Rdnr. 4; *FK-Rieger,* § 41 Rdnr. 7.
[38] *Langen/Bunte-Raum,* § 81 Rdnr. 120.
[39] S. BGH WuW/E DE-R 2579 – *Gruner + Jahr/RBA.*
[40] S. dazu näher oben *Richter/Steinvorth,* § 21 Rdnr. 55.
[41] Dazu näher *Immenga/Mestmäcker-Dannecker/Biermann,* GWB, § 81 Rdnr. 157 f.
[42] Dazu näher unter Rdnr. 13.
[43] So z. B. *Topel,* § 50 Rdnr. 12 ff.

drücklich das „Entflechtungsverfahren nach Abs. 3 als unmittelbare Folge des Vollzugs eines nicht angemeldeten Anschlusses.[44]

13 Gemäß § 81 Abs. 2 Nr. 3 GWB handelt auch derjenige ordnungswidrig, der entgegen § 39 Abs. 1 GWB Zusammenschlüsse nicht richtig oder nicht vollständig anmeldet, wobei für die Anforderungen an den Inhalt der Anmeldung auf § 39 Abs. 3 GWB zurückzugreifen ist. Wenn das Vorhaben ohne Anmeldung vollzogen wird, ist der Tatbestand des § 81 Abs. 2 Nr. 1 erfüllt (dazu Rdnr. 9/10).[45] Darin liegt die eigentliche Sanktion des § 39 Abs. 1 GWB. Gemäß § 81 Abs. 2 Nr. 4 iVm. § 39 Abs. 6 GWB handelt auch derjenige ordnungswidrig, der nach § 39 Abs. 6 GWB die unverzügliche **Anzeige des Vollzugs** eines dem BKartA angemeldeten Zusammenschlusses nicht, nicht richtig, nicht vollständig oder nicht rechtzeitig erstattet. Im Gegensatz zum Verstoß gegen das Vollzugsverbot in § 41 Abs. 1 GWB ist diese Ordnungswidrigkeit allerdings nicht mit einer Geldbuße bis zu 1 Million €, sondern nach § 81 Abs. 4 Satz 5 GWB nur mit einer Geldbuße bis zu 100 000 € bedroht. Bußgeldbedroht ist der Umstand der nicht „unverzüglich" erstatteten Anzeige. In der Praxis zu § 39 Abs. 1 Nr. 2 GWB in der Fassung vor der 6. GWB-Novelle, der den Verstoß gegen die Anzeigepflicht von nach § 23 Abs. 1 GWB in der Fassung vor der 6. GWB-Novelle nachträglich anzeigepflichtigen Zusammenschlüssen mit Bußgeld sanktionierte, war das BKartA großzügig. Die deutsche Fusionskontrolle ist seit 1998 generell präventiv ausgestaltet, und die Anzeigepflicht betrifft (nach Abschaffung der nachträglichen Fusionskontrolle) lediglich die Vollzugsanzeige, die nur wegen der Publizität und der Statistik des Amtes erfolgt. Eine innerhalb von sechs bis acht Wochen nach Vollzug erstattete Anzeige wird in der Regel noch als rechtzeitig gewertet.[46]

14 **4. Druckausübung.** Nach § 81 Abs. 3 Nr. 2 GWB bußgeldbedroht sind weiter Verstöße gegen das in § 21 Abs. 2 GWB normierte Verbot der Einflussnahme auf die unternehmerische Handlungsfreiheit Dritter. Wenn ein Unternehmen in diesem Sinne durch „Zuckerbrot oder Peitsche", also durch **Lockung oder Drohung** versucht, ein anderes Unternehmen zu einem Verhalten zu zwingen, das nicht zum Gegenstand einer vertraglichen Bindung gemacht werden darf, können Bußgelder verhängt werden. Gelegentlich geschieht dies in Fällen, in denen Unternehmen versuchen, über Repressalien die vor der 7. GWB-Novelle gemäß § 14 GWB a. F. und nunmehr gemäß § 1 GWB[47] verbotene vertikale **Preisbindung der zweiten Hand** durchzusetzen,[48] oder aber ein anderes Unternehmen zur Respektierung horizontal relevanter Wettbewerbsbeschränkungen iSv § 1 GWB anzuhalten (wie z. B. zur Einhaltung territorialer **Schutzgebiete** oder zum **Kundenschutz**). Als Mittel der Druckausübung werden die Androhung von Liefersperren, ein Abschneiden von Lieferquellen oder systematische Preisunterbietungen eingesetzt.[49] In der Praxis bestehen zahlreiche Abgrenzungsprobleme im Hinblick auf die fließenden Übergänge zwischen erlaubtem Wettbewerbshandeln und verbotener Druckausübung. Im Wesentlichen wird auf die Grundsätze zur strafrechtlichen Rechtsprechung im Bereich des Nötigungstatbestandes gemäß § 240 StGB verwiesen.[50]

15 Noch schwieriger ist die Abgrenzung in Fällen, in denen keine Repressalien, sondern Vorteile in Aussicht gestellt werden. Hier kann schon fraglich sein, ob der durch das Ankündigen von Vorteilen bei bestimmten Verhaltensweisen ausgelöste Abwägungsprozess und ein evtl. nachfolgender Wettbewerbsverzicht tatbestandsmäßig sein können, weil

---

[44] *Bechtold,* GWB, § 41 Rdnr. 26.

[45] So auch *FK-Achenbach* § 81 GWB 2005 Rdnr. 125.

[46] *Bechtold,* GWB, § 39 Rdnr. 26.

[47] Siehe Beschlussempfehlung des Ausschusses für Wirtschaft und Arbeit, BT-Drucks. 15/5049, S. 46.

[48] KG WuW/E OLG 5033, 5059 – *Einflußnahme auf die Preisgestaltung;* BKartA TB 95/96, 81 – *Effem,* 82 – *Schwartau,* 100 – *Wybert.*

[49] KG WuW/E OLG 5053, 5059 – *Einflußnahme auf die Preisgestaltung,* sowie *Langen/Bunte-Northdurft,* § 21 GWB Rdnr. 60, 66.

[50] Einzelbeispiele bei *Immenga/Mestmäcker-Dannecker/Biermann,* GWB, § 81 Abs. 1 Rdnr. 282 f.

eine entsprechende Interessenabwägung auf der Grundlage der Vertragsfreiheit typischerweise zulässig sein wird.[51] Das bloße Inaussichtstellen eines Vertragsschlusses ohne Abverlangen einer wettbewerbswidrigen Gegenleistung kann jedenfalls nicht den Bußgeldtatbestand erfüllen.[52] Bei Gewährung von wirtschaftlichen Vorteilen kann daher eine Bußgeldverhängung nur in Betracht kommen, wenn die jeweils gewährten Vorteile über die ansonsten in der entsprechenden Situation als Ausgleich für die Leistung zu erwartende Gegenleistung deutlich hinausgehen.[53] Der Tatbestand der Druckausübung ist bereits dann verwirklicht, wenn eine entsprechende Drohung oder Lockung ausgesprochen und vom Erklärungsadressaten vernommen worden ist; auf einen Erfolgseintritt kommt es nicht an.[54]

5. Boykott. Neben einem Verstoß gegen das Verbot der Druckausübung iSv § 21 Abs. 2 GWB ist bisweilen auch der Boykottatbestand (§ 21 Abs. 1) verwirklicht. Er wird in § 81 Abs. 2 Nr. 1 als Ordnungswidrigkeit bewertet. Der Unterschied zur Druckausübung liegt darin, dass bei Boykottaufrufen ein **Drei-Personen-Verhältnis** vorliegen muss, nämlich zwischen dem aufrufenden Täter, dem Adressaten des Aufrufs sowie dem Verrufenen.[55] Der typische Fall entsprechender Aufrufe ist die Veranlassung von **Liefersperren** in geschlossenen Vertriebssystemen gegenüber sich nicht an die Vertriebsbindung haltenden Außenseitern.[56] Es kommt auch beim Boykott nicht darauf an, dass sich der mit dem Aufruf beabsichtigte Erfolg tatsächlich realisiert, denn es handelt sich um ein **abstraktes Gefährdungsdelikt.**[57] Ausreichend ist der Zugang der Erklärung beim Adressaten, und zwar auch, wenn es sich insoweit um einen bereits aus anderem Grund zum Boykott Entschlossenen handelt.[58] Als Täter des Sonderdeliktes des Boykotts kommen Unternehmen und Unternehmensverbände[59] in Betracht, so dass handelnde Personen nur die in § 9 OWiG genannten sein können. Anstiftung und Beihilfe können dagegen durch jeden Dritten verwirklicht werden. Neben der Tathandlung des Aufrufs wird geprüft, ob die beabsichtigte Beeinträchtigung des Verrufenen ausnahmsweise nicht „unbillig" ist. Als in diesem Sinne die regelmäßig vorliegende **Unbilligkeit** ausschließende Rechtfertigungsgründe[60] sind die Abwehr eines rechtswidrigen Angriffs oder die Verhinderung der Verletzung eines rechtsbeständigen Alleinvertriebsrechts erwogen worden.[61] Darüber hinaus wird auch die Wahrnehmung berechtigter Interessen als Rechtfertigungsgrund anerkannt. Insofern muss selbst ein marktbeherrschendes Unternehmen ein Wettbewerbsverhalten nicht hinnehmen, das auf ein Trittbrettfahren zu seinen Lasten hinausläuft, sondern darf hierauf angemessen und mit gewisser Schärfe reagieren.[62] 16

Subjektiv ist neben dem allgemeinen Vorsatz bezüglich der objektiven Tatbestandsmerkmale zur Tatbestandserfüllung das Vorliegen einer **„Absicht" der unbilligen Beeinträchtigung** erforderlich. Es besteht weitgehend Einigkeit, dass das Absichtsmerkmal 17

---

[51] *Tessin* BB 1985, 2285.

[52] KG WuW/E OLG 2268 – *Anlagen für unterbrechungsfreie Stromversorgung.*

[53] Dazu BGH WuW/E BGH 2377, 2379 – *Abwasserbauvorhaben oberes Aartal.*

[54] BGH WuW/E BGH 858, 862 – *Konkurrenzfiliale; Immenga/Mestmäcker-Dannecker/Biermann,* GWB, § 81 Abs. 1 Rdnr. 287.

[55] Siehe z. B. KG WuW/E OLG 4108, 4110 – *Sportartikelhandel;* BGH WuW/E 395, 396 – *Beteiligungsverbot für Schilderpräger.*

[56] Siehe z. B. BGH WuW/E BGH 2562 ff. – *markt-intern-Dienst.*

[57] KG WuW/E OLG 3199, 3206 – *Sportartikelhandel.*

[58] *Immenga/Mestmäcker-Dannecker/Biermann,* GWB, § 81 Abs. 1 Rdnr. 270; aA für den Fall, dass der Verrufer Kenntnis von einem bereits vorhandenem Entschluss des Dritten hat: *Bauer/Wrage-Molkenthin,* wistra 1988, 247, 248 ff.

[59] Hierzu ausführlich KG WuW/E OLG 4108, 4110 f. – *Sportartikelhandel.*

[60] Anders *Immenga/Mestmäcker-Dannecker/Biermann,* GWB, § 81 Rdnr. 275, denen zufolge in den genannten Fällen eine Tatbestandslosigkeit vorliegt.

[61] BGH WuW/E BGH 2562, 2563 – *markt-intern-Dienst;* KG WuW/E OLG 2743, 2744 – *Kosmetik-Depots;* WuW/E OLG 4108, 4111 – *Sportartikelhandel.*

[62] OLG Düsseldorf WuW/E DE-R 1381, 1384 f. – *DSD.*

großzügig im Sinne zielgerichteten Handels auszulegen ist.[63] Bezüglich des Merkmals der Unbilligkeit des Boykotts reicht Eventualvorsatz[64] zur Tatbestandserfüllung.

18 **6. Unzulässige Empfehlungen.** Gemäß § 22 Abs. 1 GWB a. F. verboten und nach § 81 Abs. 1 Nr. 1 GWB a. F. bußgeldbedroht waren auch **einseitige Empfehlungen,** soweit sie darauf gerichtet waren, gesetzliche Verbote oder behördliche Verfügungen nach dem GWB durch entsprechendes Verhalten zu umgehen. Dieses Empfehlungsverbot wurde im Zuge der Anpassung des GWB an das europäische Wettbewerbsrecht durch die 7. GWB-Novelle (2005) aufgehoben. Nunmehr sind Empfehlungen allein an der Verbotsnorm des § 1 GWB zu messen, d. h. sie sind nur dann verboten, wenn sie als Vereinbarung, Beschluss oder abgestimmte Verhaltensweisen zu bewerten sind.[65] Für die Prüfung, ob Empfehlungen mit § 1 GWB vereinbar sind, ist nach dem Willen des GWB-Gesetzgebers auf die zu Art. 101 Abs. 1 AEUV entwickelten Rechtsgrundsätze abzustellen.[66] Für die Freistellung solcher Empfehlungen gilt grundsätzlich die an Art. 101 Abs. 3 AEUV angelehnte Vorschrift des § 2 GWB. Angesichts der durch diese Generalverweise entstandenen Rechtsunsicherheiten dürften Bußgelder bei Verstößen gegen das Empfehlungsverbot nur noch selten und in eindeutigen Fällen in Betracht kommen.

19 **7. Preisbindungsverbot.** Preisbindungen unterfallen im europäischen Recht seit jeher Art. 101 Abs. 1 AEUV. Im deutschen Recht waren Preisbindungen vor der 7. GWB-Novelle nach § 14 a. F. verboten. Diese Vorschrift wurde durch die 7. GWB-Novelle gestrichen. Im Rahmen dieser Novelle wurde jedoch auch die Beschränkung des § 1 GWB auf Horizontalverhältnisse aufgehoben, so dass das Kartellverbot nunmehr – ebenso wie Art. 101 Abs. 1 AEUV – auch Vertikalverhältnisse erfasst. Preisbindungen und sonstige Inhaltsbindungen unterfallen somit seitdem § 1 GWB. Unzulässig sind daher vertikale Preisabsprachen in Erstverträgen, nach denen ein Vertragsteil in der Bestimmung seiner Preise gegenüber Dritten (sog. Zweitverträge) nicht mehr frei ist.[67] Die Preisbindung muss jedoch erheblich sein, also die unternehmerische Gestaltungsfreiheit des Gebundenen spürbar beeinträchtigen.[68] Allerdings sind insofern die Bestimmungen der Gruppenfreistellungsverordnung für Vertikalvereinbarungen Nr. 330/2010, derzufolge insbesondere Höchstpreisbindungen (Art. 4 lit. a VO) freigestellt sind, und die Ausnahme für Zeitungen und Zeitschriften nach § 30 GWB zu beachten. In der Verfolgungspraxis des BKartA spielen in letzter Zeit Fälle vertikaler Preisbindung eine zunehmende Rolle, in denen insbesondere Markenartikler versuchen, Einfluss auf die Wiederverkaufspreise ihrer Einzelhändler zu nehmen.[69] Rechtlich problematisch ist in der Praxis häufig die Einstufung von Konditionenvereinbarungen in der Lieferkette, wenn also der Endkunde eines zuvor mehrstufig bearbeiteten oder veredelten Produktes den vorgelagerten Lieferanten seines unmittelbaren Lieferanten Einkaufspreise vorgibt bzw. diese mit seiner Einkaufsmacht verhandelt, ohne selbst direkt bei diesen einzukaufen. In solchen Fällen ist es bisher – soweit ersichtlich – noch nicht zu Bußgeldsanktionen gekommen. Es dürfte aber eine

---

[63] KK-*Schöner,* Bd. 2, 2014, § 81 Rdnr. 115, sowie *Immenga/Mestmäcker-Dannecker/Biermann,* GWB § 81 Abs. 1 Rdnr. 276 f., unter Hinweis auf OLG Stuttgart WuW/E OLG 2269 f. – *ARA Kollektion; FK-Achenbach* vertritt die Ansicht, dass das Absichtsmerkmal in § 21 Abs. 1 so zu interpretieren sei, dass auch die sichere Voraussicht der zumindest in Kauf genommenen Beeinträchtigung des Verrufenen davon erfasst wird, s. *FK* § 81 GWB 2005 Rdnr. 185.

[64] *Bauer/Wrage-Molkenthin,* WuW 1988, 593f; aA *Immenga/Mestmäcker-Dannecker/Biermann,* GWB, § 81 Abs. 1 Rdnr. 274.

[65] Zur Abgrenzung s. EuGH U. v. 13.7.2006, Slg. 2006 I-6585, Rdnr. 34 ff. – *Kommission/Volkswagen AG.*

[66] Begr. RegE 7. GWB-Novelle, BT-Drucks. 15/3640 S. 46.

[67] *Loewenheim/Meessen/Riesenkampff-Nordemann,* Kartellrecht, § 1 GWB Rdnr. 132.

[68] So *Bechtold,* GWB, § 1 Rdnr. 66; so zu § 14 GWB a. F. bereits BGH WuW/E DE-R 1101, 1105 – *1 Riegel extra.*

[69] Zum Beispiel Pressemitteilungen des BKartA v. 8.4.2009 – *Microsoft* (Office Home & Student 2007); v. 25.9.2009 – *Ciba Vision* (Kontaktlinsenpflegemittel); v. 15.10.2009 – *Phonak* (Hörgeräte); v. 20.8.2012 – TTS Tool (Markenwerkzeuge); v. 28.11.2013 – *Gardena.*

unzulässige Preisbindung vorliegen, da die wirtschaftliche Handlungsfähigkeit anderer Marktteilnehmer durch die Einflussnahme des Endkunden beschränkt wird. Da das Preisbindungsverbot nicht nur die jeweils handelnden Parteien schützen soll, sondern dem Institutionenschutz des Rechtsgut Wettbewerb dient, dürfte ein bloßes Einverständnis der Vorlieferanten mit der Preisbindung nicht tatbestandsausschließend wirken. Lösungsmöglichkeiten liegen im Abschluss echter dreiseitiger Verträge oder im eigenen Einkauf und sodann erfolgender Beistellung zu veredelnder Vorprodukte durch den späteren Endabnehmer.

II. Verjährung von Einzelverstoß und Serientat

Einige Kartell-Ordnungswidrigkeiten, wie beispielsweise ein Boykottaufruf, sind typischerweise Einzeltaten. Bei anderen Fallgruppen, wie denen der unzulässigen Druckausübung, vor allem aber bei Kartellabsprachen, handelt es sich dagegen regelmäßig um Dauer- oder Serientaten. Dies hat für die Ahndung solcher Taten wichtige Konsequenzen. 20

1. Grundsätze des Verjährungsrechts. Für GWB-Ordnungswidrigkeiten beträgt die **Verjährungsfrist** grundsätzlich gemäß § 81 Abs. 8 GWB iVm § 31 Abs. 2 Nr. 1 OWiG drei Jahre. Für Taten nach § 81 Abs. 1, Abs. 2 Nr. 1 und Abs. 3 GWB, also alle bedeutenden Fallgruppen von Verstößen, beträgt die Verjährungsfrist allerdings **fünf Jahre.** Diese Ausnahme ist mit der Neufassung des § 38 Abs. 5 GWB a. F. durch das Gesetz zur Bekämpfung der Korruption, das am 20.8.1997 in Kraft getreten ist, in das GWB aufgenommen worden. Es war zunächst fraglich, ob diese Verlängerung der Verjährung auch auf zum Zeitpunkt der Gesetzesänderung bereits begangene und beendete Taten zu erstrecken ist. Letzteres erscheint angesichts des im Strafrecht geltenden Rückwirkungsverbots aus Art. 103 Abs. 2 GG bedenklich. Seit der Entscheidung des Bundesverfassungsgerichts zur Zulässigkeit der rückwirkenden Verlängerung der Verjährung bei Mord[70] wird man allerdings davon ausgehen müssen, dass eine rückwirkende Verlängerung von Verjährungsfristen generell zulässig ist, weil der Täter jederzeit mit der Verjährungsunterbrechung rechnen muss und daher nicht auf den Eintritt der Verjährung im Sinne einer schutzwürdigen Vertrauensposition hoffen kann oder darf.[71] Die Verfolgbarkeit bereits verjährter Taten kann indes wegen des Verbots „echter Rückwirkung" nicht wieder aufleben.[72] Der BGH sieht dementsprechend eine Verjährungsverlängerung als verfassungsrechtlich zulässig an[73] und wendet sie auch auf zum Zeitpunkt der Gesetzesänderung bereits beendete Taten an.[74] 21

Der Lauf der Verjährungsfrist beginnt mit der Beendigung der Tat, § 31 Abs. 3 OWiG, und wird durch die in § 33 Abs. 1 Nr. 1–15 OWiG enumerativ aufgezählten Verfolgungsmaßnahmen jeweils unterbrochen. Hierbei ist der durch die 7. Novelle eingeführte § 81 Abs. 9 GWB zu beachten, der für Ordnungswidrigkeiten nach § 81 Abs. 1 GWB eine Verjährungsunterbrechung auch durch die § 33 Abs. 1 OWiG entsprechenden Handlungen der Kommission oder der Wettbewerbsbehörden anderer EU-Mitgliedstaaten vorsieht, sofern derselbe Fall betroffen ist. Insofern bleibt allerdings grundsätzlich fraglich, ob eine Verjährungsunterbrechung überhaupt durch die Handlung einer ausländischen bzw. supranationalen Behörde eintreten kann. Dies stellt einen Fremdkörper im Verjährungsrecht dar und dürfte in Konflikt zum Rechtsstaatsprinzip stehen. Selbst wenn man § 81 Abs. 9 GWB für verfassungsrechtlich unproblematisch hält, kann nur an die § 33 Abs. 1 OWiG entsprechenden Handlungen angeknüpft werden; die weiteren Voraussetzungen für eine Verjährungsunterbrechung müssen sich dagegen nach deutschem Recht richten. Selbst wenn also auf Unterbrechungshandlungen der Kommission abgestellt wird, so gilt die Unterbrechung 22

---

[70] BVerfGE 25, 269, 2. Leitsatz.

[71] S. dazu näher *Schönke/Schröder-Eser,* StGB § 2 Rdnr. 6f. mwN.

[72] BGH NJW 2004, 1539, 1541 – *Frankfurter Kabelkartell;* wie hier auch *Kleinmann/Berg,* BB 1998, 281.

[73] BGH NJW 2004, 1539, 1541 – *Frankfurter Kabelkartell.*

[74] BGH WuW/E DE-R 1490, 1491 – *Einspruchsrücknahme.*

nach deutschem Recht nur individuell, wirkt also anders als nach Art. 25 Abs. 4 VO Nr. 1/2003 nicht gegenüber allen an der Zuwiderhandlung beteiligten Unternehmen und Unternehmensvereinigungen. In der Praxis häufige **Unterbrechungshandlungen** nach § 33 Abs. 1 OWiG sind vor allem die erste Vernehmung des Betroffenen, die Bekanntgabe der Verfahrenseröffnung ihm gegenüber, die Anordnung dieser Maßnahmen sowie die Anordnung von Durchsuchungen oder Beschlagnahmen. Wichtig ist, dass die Unterbrechung jeweils nur **personenbezogen** wirkt, so dass sie nur dann eintreten kann, wenn die entsprechende Maßnahme sich gezielt gegen einen *bestimmten* Verdächtigen richtet.[75] Unterbrechungshandlungen gegenüber natürlichen Personen sind zugleich gegenüber nebenbetroffenen juristischen Personen oder Personenvereinigungen wirksam,[76] und zwar trotz des Wortlauts des § 33 Abs. 1 Satz 2 OWiG auch dann, wenn ein Verfahren gegen Nebenbetroffene erst nachträglich eingeleitet wird.[77] Dies bedeutet, dass auch die an sich verjährten Handlungen anderer Organe für die Bemessung der Geldbuße gegen das nebenbetroffene Unternehmen herangezogen werden können. Dazu müssen allerdings die Handlungen der Organe, d. h. die verjährten und die nicht verjährten Handlungen, aufgrund einer Bewertungseinheit eine einheitliche prozessuale Tat darstellen.[78] Nach jeder Unterbrechung beginnt die Verjährungsfrist neu zu laufen, bis zum Erreichen der **absoluten Verjährungsgrenze,** die gemäß § 33 Abs. 3 OWiG das Doppelte der gesetzlichen Verjährung beträgt. Das bedeutet, dass bei den in § 81 Abs. 2 Nr. 2 bis 6 GWB aufgeführten Ordnungswidrigkeiten innerhalb eines Zeitraums von sechs – bzw. für Taten nach § 81 Abs. 1, Abs. 2 Nr. 1 und Abs. 3 GWB von zehn – Jahren nach Verjährungsbeginn entweder ein Bußgeldbescheid erlassen und rechtskräftig geworden sein muss, oder – bei streitigem Bußgeldbescheid – innerhalb dieser Zeit zumindest ein erstinstanzliches Urteil vorliegen muss, wenn eine Ahndung der Tat nicht wegen Verjährung ausgeschlossen sein soll (§ 32 Abs. 2 OWiG). Eine Erweiterung der Verjährung kann gemäß § 33 Abs. 3 Satz 3 OWiG auch in den Fällen eintreten, in denen eine GWB-Ordnungswidrigkeit zugleich oder zunächst als Straftat in einem gerichtlich anhängigen Verfahren verfolgt wird; in solchen Fällen ist für die absolute Verjährungsgrenze die den Straftatbestand betreffende Regelung maßgeblich.[79]

23 **2. Einheitstäterbegriff und Zurechnung von Tathandlungen.** Aufgrund der teilweise kurzen Verjährungsfristen kommt den Fragen der Tatbeendigung und der Zurechenbarkeit von Tathandlungen große praktische Bedeutung zu. Letztere bestimmt sich zunächst nach dem in § 14 OWiG normierten Täterbegriff des Ordnungswidrigkeitenrechts. Danach sind auch von einzelnen Tätern verwirklichte Tathandlungen grundsätzlich allen Tatbeteiligten zuzurechnen, da im Ordnungswidrigkeitenrecht nicht nach unterschiedlichen Beteiligungsformen wie Mittäterschaft, Anstiftung oder Beihilfe differenziert wird, sondern ein **einheitlicher Täterbegriff** gilt.[80] Es handelt jeder ordnungswidrig, der irgendwie zur Verwirklichung des gesetzlichen Verbotstatbestands beiträgt. Dem BGH zufolge bedeutete dies z. B. für die Verwirklichung der Bußgeldtatbestände in § 38 Abs. 1 Nr. 1 GWB in der Fassung vor der 6. GWB-Novelle, dass auch derjenige Absprachetelnehmer bereits ordnungswidrig im Sinne eines „Hinwegsetzens" handelte, dem von einem anderen Absprachetelnehmer entsprechend dem gefassten Tatplan Kalkulationsunterlagen übersandt wurden.[81] Es ist gleichgültig, ob der Beteiligte die Tat als eigene oder

---

[75] *Immenga/Mestmäcker-Dannecker/Biermann,* GWB § 81 Rdnr. 593; *Grützner/Reimann/Wissel* Rdnr. 16; *Hermanns/Kleier* S. 104–106 mwN; siehe auch BGH B. v. 6.3.2007 – KRB 1/07 – 5 f.

[76] BGH WuW/E DE-R 1567, 1568 – *Berliner Transportbeton I;* BGH *Grauzement,* U. v. 26.2.2013, KRB 20/12, Rdnr. 23; *Langen/Bunte-Raum,* § 81 Rdnr. 47.

[77] BGH, BGHSt 46, 207, 208 ff.; BGH WuW/E BGH 3015, 3016 – *Unternehmens-Geldbuße.*

[78] BGH WuW/E DE-R 1567, 1568 – *Berliner Transportbeton I.*

[79] BGH, B. v. 19.12.1995 – KRB 33/95 – 14 f. = BGH WuW/E BGH 3057 – *Fortgesetzte Ordnungswidrigkeit II,* im Anschluss an BGH WuW/E BGH 2849, 2855 – *Arbeitsgemeinschaft Rheinausbau.*

[80] Siehe dazu näher *Göhler-Gürtler,* OWiG § 14 Rdnr. 1–10h, *Langen/Bunte-Raum,* § 81 Rdnr. 19.

[81] So BGH WuW/E BGH 2661, 2662.

fremde gewollt hat, die Tatherrschaft innehatte oder den Tatbestand in eigener Person verwirklicht hat.[82]

a) Die Beendigung der Tat und „Schlussrechnung"-Rechtsprechung des BGH. Zweifelhaft und im Einzelnen ungeklärt ist die Frage, bis zu welchem zeitlichen Endpunkt Tatteilnehmern im Ordnungswidrigkeitenrecht Tathandlungen zugerechnet werden können, wann also von der **Beendigung der Tat** auszugehen ist. Vom Zeitpunkt der Tatbeendigung hängt zugleich der Beginn der Laufzeit der Verjährung ab.[83] Für bestimmte Fallgruppen, wie beispielsweise einen Boykottaufruf oder Verstöße gegen fusionskontrollrechtliche Vollzugsverbote, fällt der Zeitpunkt der Tatbeendigung notwendig mit der Vollendung der Tathandlung zusammen. Wenn z.B. der Boykottaufruf erfolgt ist, ist der vom gesetzlichen Verbotstatbestand sanktionierte Gefährdungserfolg eingetreten und damit keine weitere Rechtsgutsverletzung mehr möglich; die Tat ist also zugleich auch beendet. Gleiches gilt für einen Verstoß gegen das fusionskontrollrechtliche Vollzugsverbot. Die vereinzelt vertretene Auffassung, ein solcher Verstoß stelle ein Dauerdelikt dar, dessen Verjährung erst nach Beendigung des rechtswidrigen Zustands beginnt,[84] ist zurückzuweisen. Es handelt sich vielmehr um einen Verstoß, dessen Verjährung bereits mit Abschluss der nach § 41 Abs. 1 Satz 1 GWB verbotenen Vollzugs- bzw. Mitwirkungshandlung zu laufen beginnt: Zunächst zeigt ein Blick auf den Wortlaut des § 41 Abs. 1 Satz 1 GWB, dass sich das Verbot ausschließlich auf den *Vollzug* eines Zusammenschlusses bzw. die Mitwirkung an diesem bezieht. Das von der Verbotsnorm erfasste Handlungsunrecht ist damit als Einzelakt definiert und erstreckt sich gerade nicht auf einen durch den Vollzug herbeigeführten rechtswidrigen Zustand. Letzteres wäre jedoch Voraussetzung für die Einordnung als Dauerdelikt. Diese Auslegung wird durch § 37 Abs. 1 GWB gestützt. Ein Zusammenschluss ist hier ebenfalls als rechtlicher „Einmal-Vorgang" definiert (Erwerb des Vermögens, der Kontrolle oder von Anteilen). Gleiches muss für den Vollzug eines solchen Zusammenschlusses gelten. Des Weiteren widerspricht die Einordnung als Dauerdelikt der Systematik des § 41 GWB. Der Gesetzgeber differenziert zwischen dem in § 41 Abs. 1 Satz 1 GWB normierten Vollzugsverbot und der nach § 41 Abs. 3 Satz 1 GWB möglichen Entflechtung beim Vorliegen der Untersagungsvoraussetzungen des § 36 Abs. 1 GWB. Dass es sich bei dem Verstoß gegen das Vollzugsverbot nicht um ein Dauerdelikt handeln kann, wird schließlich auch am Beispiel eines Zusammenschlusses deutlich, der die Untersagungsvoraussetzungen des § 36 Abs. 1 GWB nicht erfüllt. Die Voraussetzungen einer Entflechtung nach § 41 Abs. 3 Satz 1 GWB sind in diesem Fall nicht gegeben, so dass der durch den Vollzug des Zusammenschlusses herbeigeführte Zustand nicht den Wertungen des Gesetzgebers widerspricht. Damit fallen auch beim Verstoß gegen das fusionskontrollrechtliche Vollzugsverbot die Zeitpunkte der Tatvollendung und Tatbeendigung zusammen, so dass der Verstoß im Ergebnis punktuell erfolgt und nicht langlaufend sein kann. Die Verjährungsfrist beginnt demnach mit Abschluss der gegen § 41 Abs. 1 Satz 1 GWB verstoßenden Vollzugs- bzw. Mitwirkungshandlung zu laufen. Bei Kartellabsprachen betreffend Preise, Gebiete, Kunden oder Quoten ist die Tat solange nicht beendet, wie die Absprache praktiziert wird, also einzelne Umsetzungshandlungen erfolgen. Der BGH hat insofern entschieden, dass wettbewerbswidrige Verhaltensweisen, die auf einer Vereinbarung oder Verhaltensabstimmung beruhen und deren Durchsetzung dienen, eine Tat bilden, deren Verjährung erst mit der Beendigung des Kartells und folglich erst dann beginnt, wenn keine auf dieser Vereinbarung beruhenden Handlungen mehr vorgenommen werden.[85] Haben Wettbewerber z.B. die Verabredung getroffen, jeweils bestimmte Waren nicht in bestimmte Marktgebiete zu ver- 24

[82] *Göhler-Gürtler,* OWiG § 14 Rdnr. 7; s. auch BKartA WuW/E BKartA 2871, 2872 – *Straßenstrich.*
[83] S. o. Rdnr. 23.
[84] Zur Einordnung des Verstoßes gegen das fusionskontrollrechtliche Vollzugsverbot als Dauerdelikt siehe Tätigkeitsbericht BKartA 2005/2006, S. 43 und 80; dagegen zutr. *von Schreitter,* ZWeR 2015, 118, 132.
[85] BGH WuW/E DE-R 1567, 1568 – *Berliner Transportbeton I;* so auch OLG Düsseldorf WuW/E DE-R 1733, 1746 – *Papiergroßhandel.*

äußern, so tritt die Beendigung der Tat erst ein, wenn die Absprache aufgehoben oder sonst (auch einseitig durch „Lossagung") beendet wird, also nicht mehr das Handeln der Teilnehmer im Einzelfall bestimmt. Für andere Fallgruppen, wie z.B. die in der Rechtspraxis wichtigen Submissionsabsprachen, ist die Frage des Beendigungszeitpunktes der Tat hingegen zweifelhaft und im Einzelnen ungeklärt. Wegen der gleichwohl großen praktischen Bedeutung der mit dem Beendigungszeitpunkt zusammenhängenden Rechtsfragen, die auch in Bezug auf § 1 GWB unverändert fortbesteht, sind die relevanten Gesichtspunkte hier kurz zusammenzufassen: Für Submissionskartelle vertrat der BGH nach altem Recht (d.h. bis 1998) die Ansicht, dass bis zur Erstellung der **Schlussrechnung** und deren Übermittlung an den Auftraggeber Tathandlungen zugerechnet werden können,[86] und zwar auch in Fällen, in denen der Zuschlag erst aufgrund geführter Nachverhandlungen erteilt worden ist.[87] Nicht nur Tätigkeiten, die der unzulässigen Vereinbarung unmittelbar nachfolgten und die Gefahr einer Beeinträchtigung der Marktverhältnisse erstmals begründeten, seien Tathandlungen, sondern auch alle sonstigen Handlungen, die nach der Vorstellung des Täters dem im konkreten Fall verfolgten Ziel einer wettbewerbswidrigen Vereinbarung dienten, soweit sie die vom Gesetz sanktionierte Marktbeeinflussung zu verstärken geeignet seien. Dies habe zur Folge, dass die Beendigung der Tat erst mit dem Empfang der Schlussrechnung durch den Geschädigten angenommen werden könne; die erfolgreiche Abwicklung eines solchen Vertrages könne bis zum Empfang der Schlussrechnung noch vereitelt werden.[88] Entsprechend wird auch im Hinblick auf die Beendigung einer Aufsichtspflichtverletzung als Dauerordnungswidrigkeit[89] argumentiert: Der BGH nimmt an, dass eine Aufsichtspflichtverletzung nicht beendet ist, wenn noch weitere Anknüpfungstaten zu erwarten sind. Letzteres soll so lange der Fall sein, wie bereits vollendete Vortaten nicht beendet sind.[90] In Fällen, in denen der Zuschlag an Außenseiter erteilt wird, die Absprache also ohne Erfolg bleibt, ist die Tat allerdings für alle Beteiligten bereits mit dem Einreichen der Angebote als beendet anzusehen.[91]

25 Unklar ist dagegen, ob auch dem Schutzbieter nach der Submission des Angebots erfolgende Tathandlungen – wie die spätere Rechnungsstellung durch den Auftragnehmer – noch zugerechnet werden können. Häufig liegen zwischen Zuschlagserteilung und Schlussrechnung Zeiträume von mehreren Jahren, in denen der Schutzbieter mit dem Auftrag und seiner Ausführung keinen Kontakt mehr hat. Gleichwohl waren die Kartellbehörden in der Praxis jedenfalls bisher aufgrund der in der Vergangenheit kurzen Verjährung bestrebt, auch für die Bebußung von Schutzbietern an die Schlussrechnung anzuknüpfen, was die ansonsten jedenfalls bei größeren Bauvorhaben durch Zeitablauf limitierte Verfolgungsmöglichkeit zum Nachteil der Täter beträchtlich erweitert. Gegen diese weite Auslegung sprechen nicht nur verfassungsrechtliche Gesichtspunkte des in Art. 103 Abs. 2 GG verankerten Bestimmtheitsgebotes sowie des strafrechtlichen **Analogieverbots,** sondern auch der Charakter des § 81 Abs. 2 Nr. 1 GWB als abstraktes Gefährdungsdelikt, der eine „erfolgsbezogene" Verlegung des Verjährungszeitpunktes „nach hinten" nicht nahelegt.[92] Hinzu kommt, dass bei generellem Abstellen auf die Schlussrechnung die Frage der Tatbeendigung und damit des Verjährungsbeginns von nicht beeinflussbaren äußeren Umständen

---

[86] Siehe nur BGH WuW/E BGH 2100, 2102 – *Schlussrechnung;* diff. *Immenga/Mestmäcker-Tiedemann,* GWB, 2. Aufl., § 38 Rdnr. 10f., der unter bestimmten Voraussetzungen noch nach Beendigung der Tat relevante Tathandlungen annimmt.

[87] BGH WuW/E BGH 2128, 2129; dazu krit. *Hermanns/Kleier,* S. 102.

[88] BGH WuW/E BGH 2100, 2102 – *Schlussrechnung;* BGH wistra 1985, 76, 77; krit. dazu *Achenbach,* in Fs. 50 Jahre BGH, 593, 617ff.

[89] S. dazu noch näher Rdnr. 34.

[90] So BGH WuW/E BGH 2101, 2102 – *Schlussrechnung;* dagegen überzeugend krit. *Hermanns/Kleier* S. 98f.; s. auch *FK-Achenbach* Vor § 81 GWB Rdnr. 88.

[91] So KG WuW/E OLG 4885, 4891 – *Branche Heizung/Klima/Lüftung; Langen/Bunte-Raum,* § 81 Rdnr. 33.

[92] Hierzu ausführlich und überzeugend *Immenga/Mestmäcker-Tiedemann,* GWB, 2. Aufl., § 38 Rdnr. 10 mwN.

abhinge. So wäre der unter Umständen erst Jahre nach der Submission liegende Zeitpunkt der Einreichung einer Schlussrechnung durch den Absprachebegünstigten (oder auch deren völliges Ausbleiben)[93] für die übrigen Absprachteilnehmer zufällig und nicht zu beeinflussen. Es bestünde keine Rechtssicherheit, und auch die Befriedungsfunktion des Rechtsinstituts der Verjährung an sich stünde in Frage. Für derartige Fälle hat der BGH in dem allerdings vereinzelt gebliebenen Urteil *„Leerangebot"*[94] entschieden, dass verjährungsrechtlich zwischen beihilfeähnlichen Mithilfehandlungen und täterschaftlicher Tatverwirklichung zu differenzieren sei. In jenem Fall hat er ausgeführt, dass für den in der Submission eines nicht ausgefüllten Angebotsbogens gegen sofortige Ausgleichzahlung liegenden Tatbeitrag eines Gelegenheits-Schutzbieters die Verjährung für diesen bereits mit der Abgabe des Angebots einsetze,[95] weil sich der „Teilnahmevorsatz" des Schutzbieters nicht auf weitere, den Preisabsprachen folgende Handlungen der übrigen Absprachteilnehmer erstrecke.

Diese Wertung überzeugt zwar vom Ergebnis her, ist aber dogmatisch im Hinblick auf den einheitlichen Täterbegriff des § 14 OWiG, der gerade nicht zwischen Täterschaft und Teilnahme differenziert,[96] fragwürdig. Im Übrigen bleibt in der Entscheidung offen, ob von der Vergünstigung einer schon mit der Submission einsetzenden Verjährung lediglich der nur im Einzelfall gegen sofortigen Ausgleich Schutz gewährende Bieter, oder auch der in ein auf Dauer angelegtes Kartell eingebundene Schutzbieter erfasst sein soll, der sich zu einem späteren Zeitpunkt eine eigene Begünstigung durch Erhalt von Angebotsschutz erhofft. Denn zugleich wird in der Entscheidung für einen anderen Einzelfall, in dem derselbe Schutzbieter – wiederum gegen Ausgleichszahlung – ein ausgefülltes Schutzangebot submittiert hatte, festgestellt, dass insoweit (Mit-)Tätervorsatz vorliege und folglich die spätere Schlussrechnung des Auftragnehmers dem Schutzbieter als Tathandlung zuzurechnen sei.[97] 26

Später hat der BGH allerdings in einer Entscheidung zu § 38 GWB in der Fassung vor der 6. GWB-Novelle an seiner Schlussrechnung-Rechtsprechung festgehalten und diese ausdrücklich auf sämtliche Bieter, somit auch Schutzbieter, bezogen.[98] 27

Die Frage hat seit 1998 an Bedeutung verloren, da durch das Gesetz zur Bekämpfung der Korruption[99] einerseits die Verjährung nach Ordnungswidrigkeitenrecht u.a. für Ordnungswidrigkeiten iSv § 81 Abs. 1, Abs. 2 Nr. 1 und Abs. 3 GWB auf fünf Jahre verlängert worden ist und andererseits entsprechende Taten, d.h. Submissionsabsprachen, eher strafrechtlich gem. § 298 StGB verfolgt werden.[100] 28

b) Sonstige Zurechnungsgrenzen. Neben diesen Grundsätzen zur Zurechenbarkeit fremder Tathandlungen stellt sich in der Praxis die Frage, welchen sonstigen äußeren Ereignissen eine Zäsurwirkung für die Zurechnung von Tathandlungen zukommen kann. So kann beispielsweise fraglich sein, ob für einen Absprachteilnehmer das Stellen einer Schlussrechnung auch dann noch Tathandlung nach § 1 GWB iVm. § 81 Abs. 2 Nr. 1 GWB sein kann, wenn bereits zuvor **Verdachtsmomente** gegen ihn oder tatbeteiligte Dritte bestanden oder sogar entsprechende Ermittlungsergebnisse vorlagen. Bei größeren Bauvorhaben kommt es nicht selten vor, dass zwischen Auftragseingang und Abrechnung/Erteilung einer Zwischenrechnung mehrere Jahre vergehen, in denen (Teil-)Leistungen erbracht werden. Ermitteln Kartellbehörden und/oder Auftraggeber in diesem Zeitraum mit dem Ergebnis, dass ein entsprechender Tatverdacht vorliegt oder kommt es sogar zu einer rechtskräftigen Ahndung einzelner, so kann eine zeitlich später erteilte Schlussrechnung – auch wenn diese auf den Konditionen des ursprünglichen abgesprochenen Angebot beruht – wohl nicht 29

[93] Vgl. dazu *Hermanns/Kleier,* S. 101.
[94] BGH WuW/E BGH 2659, 2660.
[95] BGH aaO, 2659.
[96] Dazu *Langen/Bunte-Raum,* § 81 Rdnr. 19.
[97] BGH aaO, 2660.
[98] BGH NJW 2004, 1539, 1541 – *Frankfurter Kabelkartell.*
[99] BGBl. 1997 I Nr. 58 vom 19.8.1997.
[100] Zur Frage der Tatbeendigung bei § 298 StGB s. u. § 56 Rdnr. 23.

mehr als Tathandlung zu qualifizieren sein. Eine Fortführung der Tat im Sinne einer Sicherung der durch die Absprache erzielbaren wirtschaftlichen Vorteile ist dann in aller Regel nicht mehr möglich, jedenfalls soweit auch der Auftraggeber Kenntnisse von einem entsprechenden Tatverdacht hat; die Täuschung über den Wettbewerbsbezug des Angebots ist vorher beendet, eine weitere Rechtsgutbeeinträchtigung findet nicht mehr statt.[101]

30 In Fällen, in denen die zugrundeliegende Absprache nicht zur Preisübersetzung im Sinne eines über dem hypothetischen Wettbewerbspreis liegenden Preises geführt hat, wird häufig **zivilrechtlich** ein der Höhe des Zuschlagspreises entsprechender **Anspruch** des Auftragnehmers bestehen. Dies gilt jedenfalls, soweit im Einzelfall keine abweichenden Ausführungsbedingungen vereinbart worden sind oder aufgrund einer Nichtigkeit (z. B. nach Anfechtung gem. § 123 BGB) des zugrundeliegenden Vertrages die erbrachte Leistung nur nach bereicherungsrechtlichen Grundsätzen zu vergüten ist.[102] Auch in solchen Fällen kann eine Schlussrechnung zu Angebotspreisen mangels fortwirkender oder erneuter Rechtsgutsbeeinträchtigung weder für den Auftragnehmer noch für sonstige Tatteilnehmer als tatbestandliche Handlung zu werten sein.

B. Formen der Täterschaft

I. Unmittelbare Täterschaft und „Handeln für einen anderen"

31 Ordnungswidrigkeiten können im Kartellrecht wie auch sonst als tatsächliche Handlungen nur von natürlichen Personen begangen werden. Da Kartell-Ordnungswidrigkeiten generell ein Verhalten im Wirtschaftsverkehr und überwiegend auch ein unternehmerisches Verhalten voraussetzen, sind allerdings Erweiterungen der ordnungswidrigkeitenrechtlichen Relevanz des Handelns natürlicher Personen auf Dritte (natürliche und juristische Personen oder Personenvereinigungen) im Wege der Zurechnung erforderlich, um eine den wirtschaftlichen Gegebenheiten entsprechende Ahndung zu ermöglichen. Wenn beispielsweise ein Bußgeld gemäß § 81 wegen eines Verstoßes gegen das Kartellverbot in Art. 101 AEUV oder § 1 GWB verhängt werden soll, so sind unmittelbar bußgeldbedroht nur Unternehmen, da die Unternehmenseigenschaft als Tatbestandsvoraussetzung der beiden Verbotsvorschriften erfüllt sein muss. Da aber in den seltensten Fällen eine natürliche Person (z. B. als Einzelkaufmann) den Tatbestand erfüllt, wird im GWB-Ordnungswidrigkeitenrecht der Kreis der in Betracht kommenden Handlungstäter jeweils erweitert. Dies geschieht teilweise bereits in der Beschreibung des gesetzlichen Grundverbotstatbestandes, vor allem aber durch die Zurechnungsbestimmung des § 9 OWiG. Dort ist in Abs. 1 angeordnet, dass zum jeweiligen Deliktstatbestand gehörende **besondere persönliche Merkmale**[103] (wie beispielsweise die Unternehmer- bzw. Unternehmenseigenschaft iSv Art. 101 AEUV oder § 1 GWB) nicht bei den jeweils unmittelbar handelnden Vertretern des eigentlichen Normadressaten selbst vorzuliegen brauchen, sondern für eine Erfüllung des gesetzlichen Tatbestandes ausreichend ist, dass die entsprechenden Eigenschaften, Verhältnisse oder Umstände bei dem jeweils Vertretenen vorliegen.[104] In diesem Sinne liegt ein tatbestandsmäßiges „Handeln für einen anderen" vor, wenn der unmittelbar Handelnde einzeln oder gemeinsam mit anderen als **vertretungsberechtigtes Organ einer juristischen Person** handelt (also z. B. als GmbH-Geschäftsführer oder Vorstand einer AG oder eines eingetragenen Vereins); entsprechendes gilt beim Handeln als **vertretungsberechtigter Gesellschafter einer (teil-)rechtsfähigen Personengesellschaft**[105] (z. B. als Komplementär,

[101] S. BGH NJW 1985, 814.
[102] Zu zivilrechtlichen Folgen kartellrechtlicher Verstöße näher *Dieckmann* in § 40 und *Topel* in § 50.
[103] Dazu *Göhler-Gürtler,* OWiG § 9 Rdnr. 6.
[104] S. *Langen/Bunte-Raum,* § 81 Rdnr. 15.
[105] Die vorherige Beschränkung des § 9 Abs. 1 Nr. 2 OWiG auf Personenhandelsgesellschaften wurde durch Gesetz v. 22.8.2002, BGBl. I Nr. 61 v. 29.8.2002 geändert; dazu näher *Achenbach,* wistra 2002, 441, 442.

nicht aber Kommanditist einer KG;[106] bei GmbH & Co. KG: als Geschäftsführer der Komplementär-GmbH;[107] bei Außen-GbR, OHG und Partnerschaftsgesellschaft kommt es insofern auf den Gesellschaftsvertrag an)[108] oder als **gesetzlicher Vertreter** eines anderen (z. B. Konkursverwalter, Nachlassverwalter und Testamentsvollstrecker).[109] Dem **europäischen Kartellrecht** ist eine Verhängung von Geldbußen auch gegen die für die betroffenen Unternehmen handelnden natürlichen Personen fremd. Art. 23 Abs. 1 VO Nr. 1/2003 eröffnet der Kommission lediglich die Möglichkeit, Geldbußen gegen Unternehmen und Unternehmensvereinigungen festzusetzen.

Erweitert wird die o. g. Grundregelung in § 9 Abs. 2 OWiG auf nicht gesetzlich be- 32
stimmte, sondern gewillkürt vertretungsberechtigt Handelnde, sog. **„besondere Vertreter".** So kann auch der mit der mindestens teilweisen Betriebsleitung vom Betriebsinhaber Beauftragte mit selbständiger Entscheidungskompetenz (z. B. kaufmännischer oder technischer Leiter bzw. Filial-, Zweigstellen- oder sonstiger Bereichsleiter bis hin zur sachbearbeitenden Schreibkraft)[110] ordnungswidrig handeln, ferner derjenige, der mit der Wahrnehmung einzelner betrieblicher Funktionen in eigener Verantwortung beauftragt ist, soweit diese Aufgaben dem Betriebsinhaber obliegen. Auf eine Betriebsangehörigkeit des Beauftragten kommt es dabei nicht an, solange Leitungsaufgaben übertragen werden, so dass auch externe Berater als gewillkürte Vertreter in Betracht kommen (z. B. Rechtsanwälte, Wirtschaftsprüfer, Steuerberater oder Unternehmensberater).[111] Gemeinsame Voraussetzung aller vorgenannten Zurechnungstatbestände ist, dass der Handelnde jeweils in Erfüllung bzw. „Funktion" der ihm obliegenden oder von ihm übernommenen Aufgaben handelt.[112] Auf eine besondere äußere Form der Betrauung solcher besonderen Vertreter mit ihren Aufgaben kommt es nicht an, es genügt eine allgemeine Betriebsregelung und Handhabung.[113] Eine im Innenverhältnis bestehende Weisungsabhängigkeit ist ohne Belang.[114] Auch § 9 Abs. 2 OWiG begrenzt indes den Kreis verfolgbarer Tatbeteiligter nicht abschließend, da nach dem Einheitstäterbegriff des § 14 OWiG auch weitere Handelnde verfolgbar sein können, soweit iSv § 14 Abs. 1 S. 2 OWiG bei mindestens einem Täter die vom gesetzlichen Verbotstatbestand vorausgesetzten besonderen persönlichen Merkmale vorliegen.[115] So kann z. B. auch die mit einschlägigen Schreibarbeiten „helfende" Sekretärin des für die Kalkulation verantwortlichen Organs wegen einer Kartellordnungswidrigkeit verfolgt werden.[116] Inwieweit insoweit auch sog. „faktische Geschäftsführer"[117] oder Compliance-Beauftragte[118] als gewillkürte „Teilbereichsleiter" anzusehen sein können, ist fraglich.

II. Aufsichtspflichtverletzung gem. § 130 OWiG

1. Allgemeine Grundsätze. Eine weitere, in der Praxis wesentliche Ergänzung der 33
Ahndungsmöglichkeiten liegt schließlich in der durch § 130 OWiG eintretenden Erweiterung des Täterkreises auf Aufsichtspflichtige. Gemäß § 30 Abs. 1 OWiG kann eine Geldbuße gegen eine juristische Person oder Personenvereinigung festgesetzt werden, wenn ein Organmitglied, ein Generalbevollmächtigter, ein in leitender Stellung tätiger Prokurist oder

---

[106] OLG Düsseldorf VRS 1972, 118.
[107] BGHSt 28, 371, 372.
[108] *FK-Achenbach,* Vor § 81 GWB 2005 Rdnr. 55 f.; *Göhler-Gürtler,* OWiG, § 9 Rdnr. 10.
[109] Im einzelnen *Göhler-Gürtler,* OWiG § 9 Rdnr. 12 mwN.
[110] So zutr. *Langen/Bunte-Hennig,* 8. Aufl., § 38 Rdnr. 10; aA *Dreher,* ZWeR 2004, 75, 90.
[111] KK OWiG-*Rogall,* § 9 Rdnr. 81; *Langen/Bunte-Raum,* § 81 Rdnr. 16..
[112] *Tiedemann* NJW 1986, 1844 f.
[113] Vgl. BGH NJW 1972, 334 zur Parallelsituation im Arzthaftungsrecht.
[114] BGH NJW 1977, 2259, 2260; KG WuW/E OLG 4108, 4112 – *Sportartikelhandel.*
[115] *Göhler-Gürtler,* OWiG § 14 Rdnr. 11.
[116] So auch *Dreher,* ZWeR 2004, 75, 91.
[117] S. dazu *Langen/Bunte-Raum,* § 81 Rdnr. 18.
[118] *Rönnau/Schneider,* ZIP 2010, 53, 60 f.

Handlungsbevollmächtigter oder eine sonstige Person, die für die Leitung eines Betriebes oder Unternehmens verantwortlich handelt, eine Straftat oder Ordnungswidrigkeit begangen hat, durch die betriebsbezogene Pflichten verletzt worden sind. Die Vorschrift eröffnet also eine **Bebußungsmöglichkeit gegen das Unternehmen** auch dann, wenn der Betriebsinhaber (oder eine ihm nach § 9 OWiG gleichgestellte Person) nicht als unmittelbarer Handlungstäter belangbar ist, weil er z. B. selbst nicht aktiv gehandelt hat oder aus sonstigen Gründen außerstande war, die ihm obliegenden betrieblichen Pflichten unmittelbar zu erfüllen, es aber dennoch zu einer rechtswidrigen Grundtat im Sinne der Verletzung betriebsbezogener Pflichten durch einen subaltern Handelnden[119] gekommen ist. Dies ist von besonderer Bedeutung bei gezielt verheimlichten Kartellrechtsverstößen in Großunternehmen gegen den Willen der Unternehmensleitung. In solchen Fällen ist die Möglichkeit zur Belangung des unmittelbar Handelnden mitunter begrenzt (z. B. wenn dieser keine der in § 9 erfassten Pflichtenstellungen innehat), obwohl die Tat häufig ihre Ursache in der **mangelhaften Organisation und Beaufsichtigung des Betriebs** hat.[120] Daher knüpft § 130 OWiG die Bußgelddrohung an die dann vorliegende Aufsichtspflichtverletzung, also das vorsätzliche oder fahrlässige Unterlassen geeigneter und gebotener präventiver Belehrungs- und Überwachungsmaßnahmen des „Betriebsinhabers" im Hinblick auf das eingesetzte Personal bzw. mit betriebsbezogenen Pflichten beauftragter externer Dritter.

34 Dem als selbständige Dauerordnungswidrigkeit strukturierten Tatbestand der Aufsichtspflichtverletzung kommt in der Praxis vor allem deshalb große Bedeutung zu, weil es sich um einen **Auffangtatbestand**[121] handelt. Anders als bei vielen einzelnen Verbotsnormen, die eine vorsätzliche Begehungsweise durch den unmittelbar Handelnden voraussetzen und damit häufig für die Verfolgungsbehörden Beweisschwierigkeiten mit sich bringen, reicht zur Erfüllung des Verbotstatbestandes der Aufsichtspflichtverletzung bei feststehendem Verstoß eines zu Beaufsichtigenden bereits eine **fahrlässige Verletzung von betrieblichen Organisationspflichten** aus. **Organisationsmängel bei** der **Auswahl, Belehrung** und **Überwachung** von in kartellrechtlich relevanten Unternehmensbereichen eingesetzten **Mitarbeitern** sind in diesem Sinne zur Begründung eines Verstoßes geeignet. In der Praxis bedeutet dies, dass jedenfalls dann, wenn Organmitglieder nicht den Beweis einer ordnungsgemäßen Ausübung ihrer Aufsichtspflicht führen können, ihre Verfolgung und damit auch die Verfolgung des von ihnen vertretenen Unternehmens oder Verbands gemäß § 30 OWiG eröffnet ist. Die durch § 130 OWiG etablierte **garantieähnliche Haftung** entspricht derjenigen eines Unterlassungsdelikts. Der im Einzelfall einzuhaltende Umfang von Aufsichtspflichten orientiert sich an den betrieblichen Verhältnissen und Spezifika des betroffenen Unternehmens, darf aber niemals über das objektiv Mögliche und Zumutbare hinausgehen. Für Kartellverstöße – darunter insbesondere im Bereich von Submissionsabsprachen – liegt insoweit eine umfangreiche Rechtsprechung vor.[122] Darüber hinaus wird in der Literatur zunehmend ein ungeschriebenes Erfordernis der betriebstypischen Gefahr gerade solcher Zuwiderhandlungen, wie sie tatsächlich von den Mitarbeitern begangen wurden, gefordert.[123]

35 **2. Anforderungen an Aufsichtsmaßnahmen im Einzelnen.** *a) Grundsätze.* § 130 OWiG konkretisiert die erforderlichen Aufsichtsmaßnahmen nicht. In Rechtsprechung und Literatur wird betont, dass das Maß rechtlich gebotener Aufsicht von den Umständen des Einzelfalls abhänge.[124] Intern geht es darum, durchführbare und zumutbare Organisationsmaßnahmen zu ergreifen, die zur Beachtung der Rechtsordnung erforderlich und geeignet sind, ohne dass damit dem Aufsichtspflichtigen von staatlichen Stellen zu weitgehend vorgeschrieben wird, wie er den Betrieb in seinem Verantwortungsbereich zu organisieren hat.[125] Hinzu

---

[119] Siehe Rdnr. 31 f.
[120] Zusf. *Göhler-Gürtler,* OWiG § 130 Rdnr. 3 mwN.
[121] Ausf. *Hermanns/Kleier,* S. 66 mwN; *Maschke,* Aufsichtspflichtverletzungen, S. 27 f. mwN.
[122] Dazu näher Rdnr. 35 und 36.
[123] Siehe *FK-Achenbach,* Vor § 81 GWB 2005 Rdnr. 83; *Göhler-Gürtler,* OWiG § 130 Rdnr. 9.
[124] *Leube,* wistra 1987, 44 ff. mwN; *Maschke,* Aufsichtspflichtverletzungen, S. 38 ff.
[125] *Göhler-Gürtler,* OWiG § 130 Rdnr. 10 mwN; *Hermanns/Kleier,* S. 44, 65 f.

kommen Erfordernisse, die sich aus der Art des ausgeübten Geschäfts und aus einschlägigen individuellen Erfahrungen (z. B. Vortaten im Unternehmen)[126] ergeben können.[127] So kann unter Umständen eine organisatorische Trennung verschiedener Vertriebsschienen, die jeweils unterschiedlichen kartellrechtlichen Anforderungen unterliegen, erforderlich sein.[128] Die bloße Verteilung von Richtlinien für kartellrechtlich korrektes Verhalten wurde dagegen aufgrund der in dem fraglichen Betrieb bereits in der Vergangenheit aufgetretenen Kartellrechtsverstöße nicht als ausreichend angesehen.[129] Umgekehrt ist es weder möglich noch notwendig, Aufsichtsmaßnahmen zu treffen, die die Begehung aller denkbaren vorsätzlichen Verstöße gegen betriebliche Pflichten durch Dritte verhindern.[130] Bei der Konkretisierung der Maßnahmen sind deren Eignung, Erforderlichkeit und Zumutbarkeit[131] wie auch der Umstand zu berücksichtigen, dass überzogene, von zu starkem Misstrauen geprägte Aufsichtsmaßnahmen den Betriebsfrieden stören und die Würde des Arbeitnehmers verletzen können.[132] Als in diesem Sinne überzogen und im Übrigen ungeeignet hat der BGH die Ansicht des Kammergerichts zurückgewiesen, von Mitarbeitern seien detaillierte Aktennotizen über alle Kontakte mit anderen Unternehmen zu fordern.[133] Auch die Androhung arbeitsrechtlicher Sanktionen kann laut BGH nicht von vornherein als Bestandteil erforderlicher Aufsichtsmaßnahmen angesehen werden.[134] Insgesamt sind die Maßstäbe für die Aufsichtspflicht streng[135] und häufig praktisch kaum erfüllbar,[136] zumal § 130 OWiG nicht nur für kartellrechtliche Ordnungswidrigkeiten gilt, sondern für eine Vielzahl anderer Gesetze (z. B. im Arbeitsschutz- oder Umweltrecht). Die Rechtsprechung entwickelt – gerade auch in jüngerer Zeit im Zuge der neuen Compliance-Kultur – Vorstellungen von einem „idealen" Unternehmen, die in der Praxis nur schwer erfüllbar sind. Dies gilt insbesondere bei bewusst verheimlichten Verstößen gegen den Willen der Unternehmensleitung.[137] Das BKartA geht aber selbst davon aus, dass nachgewiesene Compliance-Bemühungen – „je nach Ausgestaltung und praktischer Durchführung" – die Haftung der Konzern- bzw. Unternehmensleitung aus Aufsichtspflichtverletzung nach § 130 OWiG vermeiden können sollen.[138]

b) Beispiele aus der Rechtsprechung. Vorbehaltlich gesteigerter Anforderungen im Einzelfall aufgrund besonderer Umstände sind die nachfolgend aufgezählten Maßnahmen kumulativ als zur Erfüllung der Aufsichtspflicht erforderlich und ausreichend bezeichnet worden:[139] **36**

– Bei Nutzung unverbindlicher Preisempfehlungen Information und Einholung rechtlicher Beratung über die Grenzen des kartellrechtlich Zulässigen und die typischerweise in diesem Zusammenhang begangenen Rechtsverstöße;[140]
– Sorgfältige **Auswahl geeigneter und zuverlässiger Mitarbeiter**;[141]

---

[126] *Göhler-Gürtler,* OWiG § 130 Rdnr. 13 mwN.

[127] *Tessin,* BB 1987, 984.

[128] BKartA, Bußgeldbescheid vom 8.8.2001 – B9–52612-P-120/00, S. 17 f. – nicht veröffentlicht.

[129] OLG Düsseldorf WuW/E DE-R 1733, 1745 – *Papiergroßhandel.*

[130] Dazu *Leube,* wistra 1987, 41, 44.

[131] *Hermanns/Kleier,* S. 67ff; *Dreher,* ZWeR 2004, 75, 94.

[132] BGH WuW/E 2262 ff., 2264 – *Aktenvermerke*; s. aber auch BGH WuW/E 2202 – *Brückenbau Hopener Mühlenbach.*

[133] BGH WuW/E BGH 2329, 2332 – *Prüfgruppe;* WuW/E BGH 2262, 2264 – *Aktenvermerke.*

[134] BGH WuW/E BGH 1799 – *Revisionsabteilung.*

[135] Eine instruktive Übersicht zur Entwicklung der Rechtsprechung bis 1988 geben *Hermanns/Kleier,* S. 44–55 mwN.

[136] So OLG Köln JMBl NRW 1973, 188; *Rotberg,* OWiG § 9 Rdnr. 17; *Hermanns/Kleier,* S. 56.

[137] *Langen/Bunte-Raum,* § 81 Rdnr. 31 sieht in Fällen von Exzessverstößen unter Hinweis auf KG WuW/E 2330, 2332 – *Revisionsabteilung* keine Aufsichtspflichtverletzung hinsichtlich der Exzesstat, aber nachlaufenden Handlungsbedarf der Aufsichtspflichtigen.

[138] TB 2011/2012, S. 32.

[139] Dazu näher *FK-Achenbach,* Vor § 81 GWB 2005 Rdnr. 80.

[140] KG WuW/E DE-R 83, 85 – *Jeans-Vertrieb.*

[141] KG WuW/E OLG 1449, 1457 – *bitumenhaltige Bautenschutzmittel II;* OLG Düsseldorf WuW/E DE-R 1733, 1745 – *Papiergroßhandel* s. a. *Hermanns/Kleier,* S. 42.

– Sorgfältige **Auswahl,** eindeutige Bestellung **und Überwachung (Betriebspflicht) von Aufsichtspersonen,** an die die (teilweise) Wahrnehmung von Aufsichtspflichten delegiert wird;[142]
– Wiederkehrende **schriftliche Belehrungen**[143] zur Beachtung einschlägiger kartellrechtlicher und strafrechtlicher Vorschriften und Herausgabe von Kartellrechtscompliance-Richtlinien[144] an die Mitarbeiter (üblicherweise im 12- bis 24-Monats-Rhythmus, und zwar anschaulich und möglichst anhand von Beispielen; bei Änderungen in Gesetzgebung oder Rechtsprechung können auch kürzere Zeiträume gelten);[145]
– Gegebenenfalls Organisation von **Seminarveranstaltungen mit Erläuterungen**[146] von kartellrechtlichen Verhaltensgeboten und Verhaltensverboten für potentiell „gefährdete" Mitarbeiter – typischerweise im Vertrieb;
– gegebenenfalls Vorformulierung der Mitarbeiterkorrespondenz oder umfassende schriftliche Information über das Vorgehen bei möglicherweise kartellrechtlich problematischen Konstellationen; eine „schlichte" Anweisung zur Konsultation der Rechtsabteilung wurde bei fehlendem kartellrechtlichen Problembewusstsein der Mitarbeiter als nicht hinreichend angesehen.[147]
– Durchführung **wiederkehrender unangekündigter Stichprobenkontrollen**[148] in sämtlichen Tochtergesellschaften und/oder Niederlassungen, in einer Art und Weise und Häufigkeit, dass für zu beaufsichtigende potentielle Handlungstäter ein reales „Entdeckungsrisiko" besteht. Hierzu kann bei größeren Betrieben die Errichtung einer entsprechenden **Revisions- oder Compliance-Abteilung** erforderlich sein. Solche Stichproben sollten erfolgen durch:
– Untersuchung von Angebots- und Projektakten, z.B. durch Prüfung, ob Vorkalkulationen erstellt und entsprechende Angebote abgegeben wurden;
– gezielte Suche nach Hinweisen auf bedenkliche Wettbewerberkontakte;
– gezielte Suche nach Hinweisen auf Zuwendungen an Bedienstete der Auftraggeber;
– im Verdachtsfalle erweiterte Prüfung von Akten (Geschäftsprüfung),[149] Befragung und ggf. individuelle Ermahnung betreffender Mitarbeiter; Durchführung arbeitsrechtlicher Sanktionen nach festgestellten Verstößen (Abmahnung/Versetzung/Kündigung), insbesondere im Wiederholungsfall;[150]
– Erstellung von Prüfungsprotokollen und -berichten durch die beauftragten Aufsichtspersonen für die zuständigen Unternehmensorgane und zeitabschnittsweise Erörterung von Prüfungsergebnissen mit den zuständigen Unternehmensorganen (als Teil der Überwachung der Aufsichtspersonen, soweit der Betriebsinhaber nicht selbst und unmittelbar tätig werden kann),
– Durchführung eines kartellrechtlichen Compliance-Programms[151] mit feststellbarer „Umsetzungsernsthaftigkeit".[152]

---

[142] BGH WuW/E BGH 2202, 2203 – *Brückenbau Hopener Mühlenbach;* KG WuW/E OLG 2330, 2332 – *Revisionsabteilung.*

[143] KG WuW/E OLG 3399, 3403 – *Bauvorhaben U-Bahn-Linie 6 – West;* WuW/E OLG 2476, 2478 – *japanische Hifi-Geräte.*

[144] Siehe hierzu näher *Dreher,* ZWeR 2004, 75, 96–98.

[145] Vgl. *Dreher,* ZWeR 2004, 75, 98.

[146] KG WuW/E OLG 2330, 2332 – *Revisionsabteilung;* WuW/E OLG 2476, 2478 – *japanische Hifi-Geräte.*

[147] KG, wistra 1999, 357, 359.

[148] BGH WuW/E BGH 2202, 2203 – *Brückenbau Hopener Mühlenbach;* WuW/E BGH 1799 – *Revisionsabteilung;* KG WuW/E OLG 3399, 3403 – *Bauvorhaben U-Bahn-Linie 6 – West;* OLG Düsseldorf WuW/E DE-R 1733, 1745 – *Papiergroßhandel.*

[149] BGH WuW/E BGH 2265; 2202, 2203 – *Brückenbau Hopener Mühlenbach; Hermanns/Kleier,* S. 52.

[150] BGH WuW/E BGH 1799 – *Revisionsabteilung.*

[151] *Bosch/Colbus/Harbusch,* WuW 2009, 740.

[152] *Langen/Bunte-Raum,* § 81 Rdnr. 28.

Wenn nach diesem Maßnahmenkatalog ernsthaft verfahren wird und die Aufsichtspflichtigen nicht selbst täterschaftlich GWB-Ordnungswidrigkeiten oder Straftaten begangen haben, kann ihnen auch dann keine Aufsichtspflichtverletzung vorgeworfen werden, wenn es gleichwohl zu Verstößen subalterner Mitarbeiter kommen sollte. Damit entfällt auch die Unternehmenshaftung nach § 30 OWiG, wenn alle Aufsichtspflichtigen ihren Pflichten genügt haben und der Handlungstäter selbst nicht zu dem in § 30 OWiG genannten Personenkreis gehört. Dies gilt jedoch nicht in den Fällen, in denen das Verhalten der Mitarbeiter dem Unternehmen nach **EU-Recht** ggf. verschuldensunabhängig aufgrund einer bestehenden wirtschaftlichen Einheit zugerechnet wird.[153] Angesichts der weiten Auslegung der Zwischenstaatlichkeitsklausel ist dies zu berücksichtigen, da insoweit neben § 1 GWB regelmäßig zugleich auch Art. 101 AEUV verletzt wird.

c) Einzel- oder Kollegialverantwortung. Grundsätzlich obliegt die Aufsichts- und Organisationspflicht im Sinne des § 130 OWiG der gesamten Leitung des Betriebs oder Unternehmens. Teilweise ist dementsprechend vertreten worden, dass die interne Geschäftsverteilung auf die bußgeldrechtliche Verantwortlichkeit von Organmitgliedern keinen Einfluss habe.[154] Die hM ist jedoch der Ansicht, dass nur derjenige nach § 130 OWiG zur Verantwortung zu ziehen ist, der intern tatsächlich zuständig ist, wobei umstritten ist, ob den in diesem Sinne nicht zuständigen Organmitgliedern bereits die Normadressateneigenschaft fehlt oder nur ein Schuldausschließungsgrund vorliegt.[155] Diskutiert wird weiter, ob Voraussetzung einer **Konzentration der Aufsichtsverantwortung auf einzelne Mitglieder von Kollegialorganen** eine geschäftsordnungsmäßige Aufgabenverteilung ist oder ob auch rein faktische Verhältnisse für die Annahme einer beschränkten Zuständigkeit ausreichen.[156] Ist eine eingeschränkte Zuständigkeit einzelner Organmitglieder – aufgrund der Geschäftsordnung des betreffenden Organs – gegeben, so bleibt fraglich, ob eine **Restverantwortung unzuständiger Organmitglieder** im Hinblick auf eine wiederauflebende Aufsichtspflicht vorliegen kann. Dies wird zum Teil angenommen, wenn für andere Organmitglieder Anlass zu Zweifeln an der ordnungsgemäßen Wahrnehmung der Aufsichtspflicht durch das für die Einhaltung kartellrechtlicher Bestimmungen zuständige Organmitglied besteht.[157] Ein „Hineinregieren" in den Geschäftsbereich eines anderen ist allerdings grundsätzlich nicht zumutbar.[158] Für den Fall, dass das zuständige Organmitglied selbst Täter der Zuwiderhandlung ist, wird bezweifelt, dass ein unzuständiges Organmitglied eine Aufsichtspflicht über einen gleichrangigen Kollegen hat. Bei dieser Konstellation kommt jedoch bei Kenntnis des unzuständigen Geschäftsführers von der Zuwiderhandlung eine Beteiligung an der Tat des Mitorgans durch pflichtwidrig unterlassenes Einschreiten in Betracht.[159] Existiert keine Zuständigkeitsverteilung unter den Organmitgliedern oder ist sie so unklar, dass ein Verantwortlicher nicht festgestellt werden kann, liegt darin ein Organisationsmangel, der eine Heranziehung aller Organmitglieder wegen Verletzung der allgemeinen Aufsichtspflicht möglich macht.[160] 37

d) Besondere Aufsichtspflichten. aa) Vortaten. Unabhängig von der Ressortzuständigkeit und deren Bedeutung für die Zurechnung von Aufsichtspflichten sind Art und Umfang der im Einzelfall erforderlichen Anweisungen und Kontrollen auch an der Unternehmensstruktur zu orientieren. In der obergerichtlichen Rechtsprechung ist mehrfach entschieden worden, 38

---

[153] Dazu *Hellmann* in § 46.

[154] So z. B. OLG Köln, JMBl. NRW 1973, 188.

[155] Dazu näher *Tessin,* BB 1987, 984, 989 mwN.

[156] Letzteres vertreten *Bauer/Wrage-Molkenthin* WuW 1988, 10, 11 mwN; siehe auch *Hermanns/Kleier,* S. 55 f.

[157] OLG Hamm NJW 1971, 817; siehe auch OLG Düsseldorf, wistra 2002, 357, 358 und *Göhler-Gürtler,* OWiG § 9 Rdnr. 15.

[158] *Göhler-Gürtler,* OWiG § 9 Rdnr. 17 mwN.

[159] So *Tessin,* BB 1987, 984, 989; *Hermanns/Kleier,* S. 56.

[160] *Rebmann/Roth/Herrmann,* OWiG § 130 Rdnr. 27 mwN; *FK-Achenbach,* Vor § 81 GWB 2005, Rdnr. 71.

dass eine **gesteigerte Aufsichtspflicht** insbesondere dann vorliegen kann, wenn in der Vergangenheit in bestimmten Geschäftsbereichen **bereits Verstöße** vorgekommen sind[161] oder aber konkrete Anhaltspunkte für entsprechende Tatpläne bestehen.[162] Für diese gesteigerte Aufsichtspflicht ist nicht Voraussetzung, dass bereits eine staatliche Verfolgung solcher Vorfälle eingeleitet oder gar abgeschlossen ist.[163]

39 *bb) Niederlassungsbezogene Aufsichtspflichten.* In der Rechtsprechung des BGH sind darüber hinaus besondere Grundsätze für Unternehmen mit rechtlich unselbständigen Regional-Niederlassungen im Sinne der Annahme von niederlassungsbezogenen „Aufsichtspflichten" aufgestellt worden, soweit die Unternehmensleitung – wie häufig – zentral ausgeübt wird. Für derartige Fälle hat der BGH entschieden, dass grundsätzlich auch dann, wenn es in mehreren Niederlassungen zu Zuwiderhandlungen gekommen ist, nachdem zentral die erforderlichen Aufsichtsmaßnahmen unterlassen worden sind, nur eine einheitliche Aufsichtspflichtverletzung des für die Aufsicht Verantwortlichen vorliegt und damit nicht mehrere selbständige Taten.[164] Dabei wird bisher die Frage, in welchem Verhältnis die dem regionalen Betriebsleiter (als unmittelbarem Normadressaten des § 130 OWiG) obliegende Aufsichtspflicht[165] zu derjenigen des zentral zuständigen Organs steht, übergangen, wenn schlicht eine Aufsichtspflicht des Organs über den Niederlassungsleiter angenommen wird.[166] Im Verhältnis mehrerer nachgeordneter Aufsichtspflichtiger kann nichts anderes gelten als bei Kollegialorganen. Organe müssen sich ebenso wie bei einer Zuständigkeitskonzentration untereinander auch bei subordinierten, aber selbständigen Zuständigkeiten von Betriebsleitern auf deren Pflichterfüllung verlassen können.[167] Eine Ausnahme sollten auch insoweit Fälle bilden, in denen konkrete Anhaltspunkte für die Nichterfüllung der Pflichten oder sonstige Organisationsmängel wie unzureichende Ausstattung des Betriebsleiters mit Personal- oder Sachmitteln oder Kompetenzen[168] bestehen.

40 Offengelassen hat der BGH die Frage, ob in Fällen, in denen besondere, gerade für einzelne Niederlassungen notwendige Aufsichtsmaßnahmen unterlassen worden sind, mehrere selbständige Taten angenommen werden können.[169] Praktisch relevant wird diese Frage allerdings wohl nur in Fällen, in denen der allgemeinen Aufsichtspflicht genügt worden ist und nur die niederlassungsbezogenen erforderlichen ergänzenden Aufsichtsmaßnahmen unterlassen werden. Für den häufigeren Fall völlig unterlassener oder unzureichender allgemeiner Aufsichtsmaßnahmen bleibt es bei der Ahndung der einheitlichen allgemeinen Aufsichtspflichtverletzung, die weitere Bußgeldverhängungen sperrt.[170]

41 *cc) Aufsichtspflichten im Konzern.* Noch nicht abschließend geklärt sind die Rechtsfragen der **Aufsichtspflicht** und ihrer Einhaltung **bei Konzernverhältnissen.**[171] Der BGH hat in einer Entscheidung aus dem Jahre 1981[172] offengelassen, ob die vertretungsberechtigten Organe einer Konzernobergesellschaft (Aktiengesellschaft) Täter nach § 130 OWiG in Bezug auf Kartellverstöße in einer Tochtergesellschaft (GmbH) – mit eigenen Aufsichtspflichten – sein können, hat aber angedeutet, dass einer solchen Haftungserstreckung die eigene Rechtspersönlichkeit der Tochtergesellschaft entgegenstehen könnte. Das BKartA hält demgegenüber

---

[161] OLG Frankfurt WuW/E OLG 3314 – *U-Bahn-Lose;* OLG Koblenz VRS 50 (1976), 54, 57; KG VRS 70 (1986), 29, 30.

[162] Zu den einzelfallabhängigen Anforderungen s. näher KK OWiG-*Rogall,* § 130 Rdnr. 51–65 mwN; OLG Stuttgart wistra 1987, 35.

[163] Dazu KK OWiG-*Rogall,* § 130 Rdnr. 64.

[164] WuW/E BGH 2205, 2206.

[165] So zutr. *Hermanns/Kleier,* S. 56.

[166] BGH WuW/E BGH 2205, 2206 – *Jeans;* WuW/E BGH 2148, 2149 – *Sportartikelhandel.*

[167] AA *Wirtz,* WuW 2001, 342, 346 f.

[168] *Hermanns/Kleier,* S. 56.

[169] BGH WuW/E BGH 2597, 2599 – *Golden Toast;* s. auch *Leube,* wistra 1987, 41, 46.

[170] Insoweit anschaulich: OLG Frankfurt NJW 1992, 2777, 2778.

[171] S. dazu *Göhler-Gürtler,* § 130 Rdnr. 5a; *Mühlhoff,* NZWiSt 2013, 321, 331: „völlig ungeklärter Rechtszustand".

[172] WuW/E BGH 1871 ff., 1876 – *Transportbeton-Vertrieb.*

ausdrücklich eine Aufsichtspflichtverletzung auch zwischen oder gegenüber juristisch selbständigen Konzerngesellschaften für gegeben, weil der Obergesellschaft eine Pflicht obliege, kartellrechtswidrige Handlungen von Gesellschaften unter ihrer Leitung zu verhindern. Ein erster streitiger Bußgeldbescheid, der hierzu im Verfahren *Tondachziegel* erlassen worden war, ist aber vor Durchführung des gerichtlichen Einspruchverfahrens aus Opportunitätsgesichtspunkten wieder zurückgenommen worden.[173] In der Literatur wird wohl noch überwiegend die Auffassung vertreten, dass eine solche Haftungserstreckung nicht möglich ist.[174] Faktisch überlagert wird die Frage des Vorliegens einer Aufsichtspflichtverletzung im Konzern inzwischen allerdings dann, wenn eine verstoßende Tochtergesellschaft umsatzbezogen unter Bezugnahme auf die wirtschaftliche Einheit, der sie angehört, sanktioniert wird.[175]

Wenn Adressat der Aufsichtspflicht nach § 130 OWiG das zuständige Organmitglied der betreffenden juristischen Person ist, so hat dieses Organmitglied in Bezug auf „sein" Unternehmen die erforderliche Aufsichtsstruktur zu schaffen. Wird diese Aufsichtsstruktur durch eine Konzernobergesellschaft konzernübergreifend geschaffen, so hat das zuständige Organmitglied einer Tochtergesellschaft unter Umständen keine Aufsichtshoheit mehr und ist möglicherweise nicht in der Lage, die sorgfältige Bestellung, Auswahl und Überwachung von Aufsichtspersonen innerhalb der „Konzernaufsicht" selbst zu kontrollieren.[176] Es läge eine Delegation der Wahrnehmung der Aufsichtspflicht nach oben vor, mit der die rechtliche Verantwortung gem. § 130 OWiG nicht korrespondieren würde. Aus diesem Grunde sollte in entsprechenden Fällen stets sichergestellt werden, dass Organmitglieder zentral „mitüberwachter" Tochtergesellschaften bei der Bestellung, Auswahl und Instruktion der Aufsichtspersonen innerhalb der „Konzernaufsicht" mitwirken.[177] Weiter sollte im Hinblick auf die erforderliche Überwachung von Aufsichtspersonen eine Berichtspflicht nicht nur an die Konzernobergesellschaft vorgesehen werden, sondern zugleich auch an die zuständigen Organe der betreffenden Tochterunternehmen. Dies kann z. B. dadurch erfolgen, dass das zuständige Organmitglied vor Ort Belehrungen oder Stichprobenaktionen begleitet und die beauftragten Aufsichtspersonen im Übrigen auf die spezifischen Verhältnisse der Tochtergesellschaft hinweist. 42

Zu beachten ist in diesem Zusammenhang auch, dass sich unter Umständen eine erweiterte Aufsichtspflicht des Konzernvorstands gegenüber selbständigen Tochtergesellschaften aus § 91 Abs. 2 AktG ergeben kann.[178] Hiernach treffen den Konzernvorstand konkrete Organisationspflichten für ein Risikomanagementsystem in den Tochtergesellschaften, um bestandsgefährdende Kartellrechtsverstöße zu vermeiden. Die Verletzung dieser Pflicht führt zwar nicht zur Verwirklichung eines Ordnungswidrigkeitentatbestandes, doch kann hieraus eine Schadensersatzpflicht gegenüber der Gesellschaft resultieren. Schließlich ist offen, wie sich die Rechtsprechung zu dem seit der 7. GWB-Novelle in § 81 Abs. 4 S. 2 GWB eingeführten neuen Tatbestandsmerkmal der „wirtschaftlichen Einheit" auf die Frage von Aufsichtspflichtverletzungen auswirken kann. Zwar handelt es sich bei § 81 Abs. 4 GWB in erster Linie um eine Norm, die die Rechtsfolgeseite von Verstößen betrifft; es ist aber denkbar, dass aus der diesbezüglichen Rechtsprechung künftig erweiterte Aufsichtspflichten auch zwischen und über rechtlich selbständige Gesellschaften resultieren können, da auch der BGH jetzt diesbezüglich von einem funktionalen Unternehmensbegriff auszugehen scheint.[179] Schließlich ist fraglich, ob und inwieweit *de lege lata* oder *de lege ferenda* Compliance-Bemühungen der Unternehmen und Konzerne bußgeldmindernd Berück- 43

---

173 Siehe dazu BKartA, TB 2011/2012, S. 67.

174 *Göhler-Gürtler,* OWiG § 130 Rdnr. 15a und Vor § 1 Rdnr. 13; *Hermanns/Kleier,* S. 55; aA *Dreher,* ZWeR 2004, 75, 103 ff. sowie *Mühlhoff,* NZWiSt 2013, 321, 332 und *Langen/Bunte-Raum,* § 81 Rdnr. 25.

175 So zutr. *Langen/Bunte-Raum,* § 81 Rdnr. 25.

176 So *Wirtz,* WuW 2001, 342, 348.

177 So auch *Dreher,* ZWeR 2004, 75, 104 und *Wirtz,* WuW 2001, 342, 349.

178 Siehe hierzu näher *Wirtz,* WuW 2001, 342, 349 ff.

179 Siehe BGH, B. v. 26.02.2013 – KRB 20/12, WuW/E DE-R 3861 ff. – *Grauzement.*

sichtigung finden können oder müssen. Die 8. GWB-Novelle hat hierzu keine ausdrückliche Regelung eingeführt. In den Materialien finden sich indes Hinweise, dass effektive Compliance-Aktivitäten schon nach derzeit geltendem Recht berücksichtigungsfähig sein sollen.[180] In der bisherigen Entscheidungspraxis ist es – soweit ersichtlich – aber noch nicht zu entsprechenden Bußgeldreduktionen gekommen.

III. Geldbuße gegen juristische Personen und Personenvereinigungen gem. § 30 OWiG

44 Seit jeher ist es im deutschen Kartellrecht möglich, für Verstöße gegen Sanktionsnormen nicht nur handelnde natürliche Personen, sondern auch die von ihnen vertretenen juristischen Personen oder Personenvereinigungen (Verbände) bußgeldrechtlich zu belangen. Damit soll verhindert werden, dass juristischen Personen oder Personenvereinigungen als regelmäßigen Nutznießern kartellrechtswidriger Verhaltensweisen ein Freiraum zukommt, in dem sie die Vorteile rechtswidriger Taten genießen können, ohne selbst die für die Nichtbeachtung der Rechtsordnung bestehenden Sanktionen fürchten zu müssen.[181] Anknüpfungsnorm für eine solche Verfolgung von Verbänden ist § 30 OWiG, der die Festsetzung einer Unternehmensbuße erlaubt, soweit eine natürliche Person als Organ, Organteil oder sonst Vertretungsberechtigter bzw. sonst verantwortlich handelnde Person[182] durch einen Verstoß gegen eine (kartellrechtliche) Verbotsnorm betriebsbezogene Pflichten verletzt hat oder die Bereicherung des Verbandes (juristische Person,[183] nichtrechtsfähiger Verein oder rechtsfähige Personengesellschaft iSv § 30 Abs. 1 Nrn. 1–5 OWiG) erstrebt oder erreicht hat.

45 **1. Selbständigkeit der Verbandsbuße.** Obwohl seit der Änderung des § 30 OWiG im Rahmen des 2. WiKG 1986 bestimmt ist, dass entsprechende Verbandsgeldbußen nicht mehr – wie zuvor – bloße Nebenfolgen, sondern aufgrund einer insoweit angenommenen Handlungsfähigkeit des Verbandes **Hauptfolgen eines Verstoßes und** damit **originäre Sanktionen**[184] sind, muss als Ahndungsvoraussetzung für die Verhängung einer Verbandsbuße zunächst stets die **Straftat oder Ordnungswidrigkeit eines Organs** oder gesetzlichen Vertreters iSv § 9 OWiG **als Anknüpfungstat** vorliegen.[185] Diese Anknüpfungstat ist bezüglich der Tatbestandsverwirklichung des gesetzlichen Verbotstatbestandes und der Schuld gleichzeitig als Tat des Handelnden und als Verbandstat zu qualifizieren.[186] Die Selbständigkeit der Verbandsbuße in diesem Sinne erlaubt auch die in § 30 Abs. 4 OWiG vorgesehene **isolierte Verfolgung der Verbandstat**[187] für Fälle, in denen ein Bußgeldverfahren im Hinblick auf die Anknüpfungstat gegenüber der handelnden natürlichen Person nicht eingeleitet, später eingestellt oder aus anderen Gründen gegenüber der natürlichen Person von Strafe abgesehen wird oder eine gesetzliche Sonderregelung – wie die des § 82 GWB – ausdrücklich die isolierte Verfolgbarkeit des Verbands vorsieht.[188] Dabei ist

---

[180] Beschlussempfehlung und Bericht des Wirtschaftsausschusses BT-Drucks. 17/11053, S. 21.

[181] KK OWiG-*Rogall,* § 30 Rdnr. 17.

[182] § 30 Abs. 1 Nr. 5 OWiG wurde durch das EU-Rechtsinstrumente-Ausführungsgesetz vom 22.8.2002, BGBl. I 2002, 3387, eingefügt; siehe hierzu *FK-Achenbach,* Vor § 81 GWB 2005 Rdnr. 92 ff.; *Achenbach/Ransiek-Achenbach,* HWSt, I 2 Rdnr. 8–10; *Rebmann/Roth/Hermann,* OWiG § 30 Rdnr. 18d.

[183] Einschl. GmbH & Co. KG bei Verstößen des Geschäftsführers der Komplementär-GmbH; s. BGH WuW/E BGH 2191.

[184] Siehe zusf. *Bauer* wistra 1995, 170, 172, zuvor bereits *ders.* WuW 1989, 304; *Tiedemann* NJW 1988, 1169, 1171; *FK-Achenbach* Vor § 81 GWB 2005 Rdnr. 102.

[185] Zu verfahrensrechtlichen Besonderheiten, wenn als Anknüpfungstat eine Straftat in Betracht kommt, s. noch unten § 56 Rdnr. 5.

[186] Dazu näher *Immenga/Mestmäcker-Dannecker/Biermann,* GWB, Vor § 81 Rdnr. 140–143 mwN.

[187] S. *Langen/Bunte-Raum,* § 81 Rdnr. 36.

[188] Die Bestimmung ist gem. § 107 GWB nur auf Fälle anwendbar, die am 20.8.1997 noch nicht bei einer Staatsanwaltschaft oder einem Gericht anhängig waren.

abgesehen von dem als Gegenausnahme in § 30 Abs. 4 OWiG geregelten Fall der fehlenden Verfolgbarkeit der Anknüpfungstat aus Rechtsgründen (z. B. Verjährung) unerheblich, warum die Verfolgung der Anknüpfungstat der natürlichen Person nicht (mehr) erfolgt. Auch in Fällen, in denen z. B. wegen einer Mehrzahl von in Betracht kommenden Handlungstätern nicht feststeht, wer die Anknüpfungstat begangen hat, kann eine isolierte Verfolgung des Verbandes stattfinden. Voraussetzung ist lediglich, dass bei jeder denkbaren Handlungsalternative die Verwirklichung mindestens einer Anknüpfungstat feststeht.[189] In der Praxis war bereits nach altem Recht diese „wahldeutige" Feststellung zumeist leicht zu treffen, da bei feststehendem Verstoß oft zumindest eine leicht fahrlässige Aufsichtspflichtverletzung iSv § 130 OWiG in Betracht kommt.[190] In der Sache setzt die Verhängung der Verbandsbuße demnach die Begehung einer Anknüpfungstat unter Verletzung derjenigen betrieblichen Pflichten voraus, die die vom Handelnden vertretene juristische Person treffen. Diese können sowohl in der Begehungsform der aktiven vorsätzlichen oder fahrlässigen Täterschaft der handelnden Leitungsperson als auch in Gestalt einer vorsätzlichen oder fahrlässigen Aufsichtspflichtverletzung der Leitungsperson mit Bezug auf von ihm auszuwählende oder zu überwachende Personen vorliegen, die selbst keine Leitungsfunktion im Sinne der Legaldefinition in § 30 Abs. 1 Nr. 1–5 OWiG (Organe, Organmitglieder, vertretungsberechtigte Gesellschaften, Generalbevollmächtigte, Prokuristen, Handlungsbevollmächtigte, sonstige Teilbetriebsleiter oder für die Überwachung der Geschäftsführung oder Ausübung von Kontrollbefugnissen in leitender Stellung zuständige Personen) innehaben.

Die neu geschaffene Regelung in § 30 Abs. 1 Nr. 5 OWiG erstreckt die Zurechnung über operativ verantwortliche Teilbetriebsleiter hinaus ausdrücklich auch auf Mitglieder von Kontrollorganen (Aufsichts-, Verwaltungs- und Beiräte), so dass Leitungs- und Überwachungsfunktionen gleichermaßen zurechnungsbegründend sein können. § 30 Abs. 1 Nr. 5 OWiG wird als die neue Zentralnorm angesehen, gegenüber den nur noch als Beispielen zu verstehenden Nr. 1–4.[191]

2. Bußgeldfestsetzung bei Rechtsnachfolge. Findet nach dem Verstoß ein Unternehmensübergang statt, stellt sich die Frage, inwieweit der Rechtsnachfolger für die von den Mitarbeitern des Rechtsvorgängers begangenen Kartellordnungswidrigkeiten haftet. Hierzu muss zwischen der Rechtslage vor und nach der 8. GWB-Novelle unterschieden werden. 46

a) Rechtslage vor Inkrafttreten der 8. GWB-Novelle 2013. Bis zum Inkrafttreten der 8. GWB-Novelle am 30.6.2013 fehlte es an einer gesetzlichen Regelung der Rechtsnachfolge. Aufgrund des im Ordnungswidrigkeitenrecht gemäß **Art. 103 Abs. 2 GG, § 3 OWiG** geltenden Bestimmtheitsgebotes und des Verbotes strafbegründender Analogie[192] kommt eine Bebußung des Rechtsnachfolgers für vor der Novelle vorgenommene Handlungen nur in Betracht, wenn sie von der bestehenden Regelung des § 30 Abs. 1 OWiG a. F. umfasst ist. Die äußerste Grenze der zulässigen Gesetzesinterpretation markiert dabei der noch mögliche Wortsinn aus Sicht des Normadressaten.[193] § 30 Abs. 1 OWiG a. F. bestimmt, dass sofern ein Organ oder eine sonstige Leitungsperson eine Straftat oder Ordnungswidrigkeit begangen hat, durch die Pflichten, welche die juristische Person oder Personenvereinigung treffen, verletzt worden sind oder die juristische Person oder die Personenvereinigung bereichert worden ist oder werden sollte, gegen diese eine Geldbuße festgesetzt werden kann. Entscheidend für die **bußgeldrechtliche Rechtsnachfolgehaftung** ist folglich, ob der (Gesamt-)Rechtsnachfolger als „diese" juristische Person im Sinne 47

[189] Dazu näher *Immenga/Mestmäcker-Dannecker/Biermann,* GWB, Vor § 81 Rdnr. 147, *Göhler-Gürtler,* OWiG § 30 Rdnr. 40; *FK-Achenbach,* Vor § 81 GWB 2005 Rdnr. 112.

[190] Einzelheiten dazu unter Rdnr. 34.

[191] So *Langen/Bunte-Raum,* § 81 Rdnr. 38.

[192] *Bohnert-Bohnert,* OWiG, § 3 Rdnr. 1 ff.

[193] St. Rechtsprechung: BVerfG v. 1.9.2008 – 2 BvR 2238/07, BVerfG 19.12.2002 – 2 BVR 666/02.

des § 30 Abs. 1 OWiG angesehen werden kann, deren Organe oder sonstige Leitungspersonen rechtswidrig gehandelt haben.[194]

Der **BGH**[195] vertritt die Auffassung, dass für die Rechtslage vor der 8. GWB-Novelle eine bußgeldrechtliche Inanspruchnahme des Gesamtrechtsnachfolgers ohne Verstoß gegen Art. 103 Abs. 2 GG nur unter engen Voraussetzungen möglich ist. Kumulativ müssen drei Bedingungen erfüllt sein: Erstens muss tatsächlich eine Gesamtrechtsnachfolge im zivilrechtlichen Sinne – etwa im Wege der Umwandlung – vorliegen.[196] Eine Einzelrechtsnachfolge genügt nicht. Darüber hinaus muss zweitens das operative Betriebsvermögen auf den **Gesamtrechtsnachfolger** übertragen worden sein. Hierzu muss die aufnehmende juristische Person unmittelbar den Geschäftsbetrieb übernehmen und als solchen fortführen. Drittens muss eine nahezu **wirtschaftliche Identität** zwischen dem Rechtsvorgänger und dem Gesamtrechtsnachfolger bestehen.[197] Eine solche ist nur dann anzunehmen, „wenn das „haftende Vermögen" weiterhin vom Vermögen des gem. § 30 OWiG Verantwortlichen getrennt, in gleicher oder in ähnlicher Weise wie bisher eingesetzt wird und in der neuen juristischen Person einen wesentlichen Teil des Gesamtvermögens ausmacht".[198] Auf konkrete Schwellenwerte oder Verhältniszahlen legt sich der BGH explizit nicht fest;[199] gemeint ist aber wohl ein insgesamt überwiegender und damit die aufnehmende Einheit fortan prägender Vermögensanteil.

In der **Literatur** wird bereits diese „einschränkende" weite Auslegung als ungesetzliche Haftungsausdehnung kritisiert. Das in Art. 103 Abs. 2 GG und § 3 OWiG verankerte Bestimmtheitsgebot besage, dass Tragweite und Anwendungsbereich der Normen des Ordnungswidrigkeitenrechts für den Normadressaten klar erkennbar sein müssen.[200] Im vorliegenden Fall sei jedoch nicht vorhersehbar, anhand welcher Kriterien die betroffenen Vermögen zu vergleichen seien.[201]

Die für Altfälle noch einige Jahre relevante Frage der Bußgeldhaftung nach altem Recht wird in zwei neueren, nicht rechtskräftigen Entscheidungen des 4. Kartellsenats des OLG Düsseldorf ungeachtet der beiden restriktiven BGH-Entscheidungen aus 2011 *(Versicherungsfusion und Transportbeton II)* wieder erweiternd beantwortet. Danach soll es zur Annahme einer Bußgeldhaftung eines Rechtsnachfolgers nach dem vor Juni 2013 geltenden Recht ausreichend sein, wenn neben der Gesamtrechtsnachfolge „bei wirtschaftlicher Betrachtung" das Vermögen der ursprünglich haftenden Gesellschaft „qualitativ und/oder quantitativ" einen wesentlichen Teil im Gesamtvermögen des Rechtsnachfolgers ausmache und in gleicher Weise eingesetzt werde wie zuvor. Dabei sollen auch bloße gesellschaftsrechtliche Beteiligungen im Sinne einer Haftungsbegründung relevant sein können.[202] Diese neuerliche Ausdehnung der Bußgeldhaftung über den Gesetzeswortlaut des § 30 Abs. 1 OWiG a. F. hinaus dürfte aber gerade nicht dem vom BGH in den Beschlüssen *Versicherungsfusion* und *Transportbeton II* betonten Postulat der Identität des ursprünglich haftenden

---

194 *Heinichen,* WRP 2012, 159, 162; BGH, B. v. 10.8.2011, KRB 55/10, WuW/E DE-R 3455 ff. Rdnr 17 – *Versicherungsfusion.*

195 Weiter offenbar *Langen/Bunte-Raum,* § 81 Rdnr. 41, der eine Haftung bei jedweden Rechtsänderungen im Konzern anzunehmen scheint, die zum Untergang des Unternehmens bei Fortbestand des Konzerns führen, was allerdings nicht im Falle einer Umwandlung gelten soll.

196 BGH, B. v. 10.8.2011, KRB 55/10, WuW/E DE-R 3455 ff. Rdnr. 16 – *Versicherungsfusion.*

197 BGH, B. v. 10.8.2011, KRB 55/10 WuW/E DE-R 3455 ff. – *Versicherungsfusion* und KRB 2/10 – *Transportbeton II;* BGH WuW/E BGH 2265; 2266; BKartA WuW/E BKartA 2871, 2873 – *Straßenstrich.*

198 BGH, B. v. 10.8.2011, KRB 55/10, WuW/E DE-R 3455 ff. Tz. 16 – *Versicherungsfusion* sowie KRB 2/10, Tz. 12 – *Transportbeton II;* kritisch hierzu: *Achenbach,* wistra 2012, 413, 415.

199 BGH, B. v. 10.8.2011, KRB 55/10, WuW/E DE-R 3455 ff. Tz. 16 f. u. Tz. 17– *Versicherungsfusion;* s. auch *Achenbach,* wistra 2012, 413, 414 f.

200 *Bohnert/Bohnert,* OWiG, § 3 Rdnr. 1 ff.

201 *Heinichen,* WRP 2012, 159, 164; *Achenbach,* wistra 2012, 413, 416. Überwiegend kritisch auch *Mäger/von Schreitter,* DB 2015, 1581 ff. (zu den Fällen *Kaffeeröster* und *Silostellgebühren*).

202 OLG Düsseldorf U. v. 15.4.2013 S. 309 f., Az. IV-4 Kart 2–6/10 OWi – *Flüssiggas.*

und des aufnehmenden und operativ unmittelbar das Geschäft fortführenden Rechtsnachfolgers[203] gerecht werden, denn sie ließe letztlich ein rein buchhalterisch bewertetes Halten einer Beteiligung als haftungsbegründend ausreichen und würde so die vom BGH gerade abgelehnte Aktionärshaftung einführen.[204]

Unabhängig von der Möglichkeit einer Sanktionierung des Rechtsnachfolgers tritt dieser jedenfalls in die **verfahrensrechtliche Stellung** des Rechtsvorgängers ein. Bereits vorgenommene prozessuale Handlungen wirken für und gegen ihn fort.[205]

b) Neuregelung des § 30 Abs. 2a OWiG. Im Rahmen der **8. GWB-Novelle** (2013) wurde mit § 30 Abs. 2a OWiG eine neue Regelung zur Festsetzung von Geldbußen bei Gesamtrechtsnachfolge oder partieller Gesamtrechtsnachfolge durch Aufspaltung (§ 123 Abs. 1 UmwG) eingeführt. Danach kann eine Geldbuße künftig – für nach dem 30.6.2013 begangene Taten[206] – unter erleichterten Voraussetzungen auch gegen den Rechtsnachfolger verhängt werden, wenn eine Gesamtrechtsnachfolge in das ursprünglich haftende Vermögen vorliegt, wobei der Wert des übernommenen Vermögens und die gegenüber dem Rechtsvorgänger angemessene Geldbuße nicht überschritten werden dürfen. Die Regelung gilt auch bei mehreren sukzessiven Gesamtrechtsnachfolgen.[207] Die Neuregelung knüpft im Sinne des **Rechtsträgerprinzips** formal an die juristische Person an, für die gehandelt worden ist und bildet damit nicht die rein funktional-wirtschaftliche Betrachtungsweise des Art. 23 VO Nr. 1/2003 nach, die für die Haftungszurechnung nur ein „Handeln für ein Unternehmen" voraussetzt.[208] Nur letzteres hätte es erlaubt, für die Zurechnung der Bußgeldhaftung allein auf den Verbleib der tatsächlichen Vermögensmasse abzustellen, zu deren Gunsten der Verstoß begangen wurde. Folglich erfasst die gesetzliche Neuregelung auch weiterhin nicht alle Fälle der Rechtsnachfolge[209] (nicht erfasst wird z. B. die Einzelrechtsnachfolge). 48

Der haftende Rechtsnachfolger tritt auch nach der jetzt ausdrücklichen Neuregelung in die Verfahrensstellung ein, in der sich der Rechtsvorgänger zum Zeitpunkt des Wirksamwerdens der Rechtsnachfolge befunden hat, § 30 Abs. 2a S. 3 OWiG.

Auch die Neuregelung des § 30 Abs. 2a S. 1 OWiG lässt sich nur schwer mit bestehenden gesetzlichen und verfassungsrechtlichen Regelungen in Einklang bringen:[210]

Eine Inanspruchnahme des Rechtsnachfolgers für eine bußgeldrechtliche Verantwortung des Rechtsvorgängers widerspricht zunächst dem im deutschen Kartellordnungswidrigkeitenrecht geltenden **Schuldgrundsatz *(„nulla poena sine culpa")*,**[211] der seine Grundlage in Art. 1 Abs. 1 Satz 1 GG und dem Rechtsstaatsprinzip aus Art. 20 Abs. 3 GG findet.[212] Eine juristische Person oder Personenvereinigung kann hiernach nur dann mit Sanktionen belastet werden, wenn ihr das Verschulden ihrer Repräsentanten als eigenes Verschulden zugerechnet wird (vgl. § 30 Abs. 1 OWiG). Muss nach der neuen gesetzlichen Regelung ein Rechtsnachfolger für die Sanktionen seines Rechtsvorgängers eintreten, wird er hingegen für fremdes Unrecht und fremde Schuld in Anspruch genommen.[213] Zum Teil wird in

---

[203] BGH B. v. 10.8.2011 – WuW DE-R 3455, Rdnr. 13 f. – *Versicherungsfusion.*

[204] In diese Richtung tendierend aber wohl *Langen/Bunte-Raum,* § 81 Rdnr. 41.

[205] BGH, B. v. 4.10.2007, Az. KRB 59/07, 7, 9; OLG Düsseldorf, U. v. 13.1.2010, VI-Kart 55/06 Owi – *Versicherungsfusion,* WuW/E DE-R 1932, 2933; BGH B. v. 10.8.2011, WuW DE-R 3455, Rdnr. 1 – *Versicherungsfusion.*

[206] So zutr. *Langen/Bunte-Raum,* § 81 Rdnr. 46; weitergehend zur Konstellation der Tatbeendigung vor dem 30.6.2013, aber nachzeitiger Rechtsnachfolge *Mühlhoff,* NZWiSt 2013, 321, 326.

[207] *Bosch/Fritzsche,* NJW 2013, 2225, 2229; Beschlussempfehlung Ausschuss für Wirtschaft und Technologie, BT-Drucks. 17/11053, 22.

[208] So *Langen/Bunte-Raum,* § 81 Rdnr. 15.

[209] S. *Mühlhoff,* NZWiSt 2013, 321, 327 f.; *Achenbach,* wistra 2013, 369, 373.

[210] Siehe etwa *Heinichen,* in: FIW-Tagungsband 2012, Heft 240, 40, 45 ff.

[211] *Yomere,* WuW 2013, 1187, 1194 f.

[212] Beck'scher Online-Kommentar StGB, *von Heintschel-Heinegg,* § 20 Rdnr. 2 m. w. N.

[213] So zutr. *Heinichen,* in: FIW-Tagungsband 2012, Heft 240, 40, 48; anders *Achenbach,* wistra 2012, 413, 417, der der Auffassung ist, dass dem Rechtsnachfolger nicht die Schuld zugerechnet, sondern lediglich die Last auferlegt wird, die vom Rechtsvorgänger begründete Geldbußforderung zu begleichen.

der Literatur indes unter Hinweis auf die *Lissabon*-Entscheidung des BVerfG[214] die Anwendbarkeit des Schuldgrundsatzes für Unternehmensbußen von vorherein in Abrede gestellt, weil das Schuldprinzip seine Grundlagen in der Menschenwürdegarantie des Art. 1 Abs. 1 GG habe, die auf Verbände keine Anwendung finde.[215]

Zweifelhaft ist auch die Vereinbarkeit des § 30 Abs. 2a OWiG mit dem **Gleichheitsgrundsatz des Art. 3 Abs. 1 GG:** Denn anders als bei juristischen Personen und Personenvereinigungen darf bei natürlichen Personen gem. § 101 OWiG eine Geldbuße weiterhin nicht in den Nachlass des Betroffenen vollstreckt werden. Einzig durch Maßnahmen ohne Sanktionscharakter, wie bspw. dem Verfall, können erlangte wirtschaftliche Vorteile beim Rechtsnachfolger abgeschöpft werden.[216] Diese Ungleichbehandlung ließe sich ggfs. noch damit rechtfertigen, dass „der Anreiz, das ursprünglich bußgeldrechtlich verantwortliche Rechtssubjekt zur Bußgeldvermeidung gezielt „sterben" zu lassen, nur bei juristischen Personen und Personenvereinigung bestehen mag".[217]

Nicht schlüssig ist dieses Haftungskonzept aber unter Berücksichtigung der Tatsache, dass § 30 Abs. 2a OWiG keine Fälle der Einzelrechtsübertragung, Abspaltung und Ausgliederung erfasst.[218] Die Bebußbarkeit eines Rechtsnachfolgers hängt also praktisch von der Ausgestaltung der Transaktion zwischen dem alten und dem neuen Rechtsträger ab.[219] So „haftet" der Vermögensnachfolger bei Übertragungen im Wege des asset deals allenfalls dann, wenn er mit einem dinglichen Arrest behaftetes Vermögen übernommen hat (vgl. § 30 Abs. 6 OWiG i. V.m § 111d StPO).[220] Auch künftig sind daher wohl – wie vom BGH in seinem Beschluss *Versicherungsfusion* für die Rechtslage vor der 8. GWB-Novelle ausdrücklich bestätigt – betroffenen Unternehmen Möglichkeiten eröffnet, durch die gezielte Wahl handels- oder gesellschaftsrechtlicher Gestaltungen drohenden bußgeldrechtlichen Sanktionen zu entgehen. Denn ein allgemeines Umgehungsverbot gilt über die Neuregelung der materiellen Haftung hinaus mangels gesetzlicher Regelung nicht.[221]

In der Literatur wird zudem vertreten, dass die Regelung des § 30 Abs. 2a S. 3 OWiG den Gesamtrechtsnachfolger nicht unerheblich in seinen **Verteidigungsrechten und seinem Anspruch auf rechtliches Gehör** (Art. 103 Abs. 1 GG) einschränke. Tritt die Gesamtrechtsnachfolge erst nach Abschluss des Beschwerdeverfahrens ein, ist der Rechtsnachfolger auf die in der Rechtsbeschwerdeinstanz zulässigen Verteidigungmöglichkeiten beschränkt. Zudem muss er etwaiges willkürliches Verteidigungsverhalten des Rechtsvorgängers gegen sich gelten lassen.[222] Die Auswirkungen der Rechtsnachfolge im Vollstreckungsverfahren richten sich wie bisher nach den allgemeinen Vorschriften, also §§ 90 Abs. 2 und 91 OWiG.[223]

C. Rechtskraft und Doppelahndung

I. Strafklageverbrauch

49 Nach dem in Art. 103 Abs. 3 GG verankerten Rechtsgrundsatz **„ne bis in idem"** ist die Verfolgbarkeit von Ordnungswidrigkeiten und Straftaten grundsätzlich verbraucht, wenn ein rechtskräftiger Verfahrensabschluss erreicht worden ist. Eine rechtskräftige *Ahndung als Straftat* steht einer Verfolgung der Tat als Ordnungswidrigkeit entgegen, soweit eine

---

214 S. *Mühlhoff,* NZWiSt 2013, 321, 328.
215 BVerfG NJW 2009, 2267, 2289 – *Vertrag von Lissabon.*
216 *Heinichen,* in: FIW-Tagungsband 2012, Heft 240, 40, 49.
217 *Heinichen,* in: FIW-Tagungsband 2012, Heft 240, 40, 49 f.
218 *Bosch/Fritzsche,* NJW 2013, 2225, 2229; *Yomere,* WuW 2013, 1187, 1194.
219 Kritisch dazu *Heinichen,* in: FIW-Tagungsband 2012, Heft 240, 40, 50.
220 Vgl. *Kessler,* WRP 2013, 1116, 1121; *Bosch/Fritzsche,* NJW 2013, 2225, 2229.
221 S. BGH, B. v. 18.8.2011 – KRB 55/10, WuW/E DE-R 3455 ff. Rdnr. 25 – *Versicherungsfusion; Mühlhoff,* NZWiSt 2013, 321, 327.
222 *Heinichen,* in: FIW-Tagungsband 2012, Heft 240, 40, 52.
223 Dazu *Mühlhoff,* NZWiSt 2013, 321, 326.

einheitliche Tat im Sinne des § 264 StPO gegeben ist. Bei Submissionsabsprachen ist eine solche einheitliche Tat gegeben, wenn die Verwirklichung des Betrugstatbestands und des Ordnungswidrigkeitentatbestands des § 81 Abs. 2 Nr. 1 iVm § 1 GWB in einer Ausführungshandlung zusammentreffen.[224] Soweit Ordnungswidrigkeiten im Bußgeldverfahren verfolgt worden sind und eine erneute Bußgeldverhängung in Frage steht, tritt materielle Rechtskraft im vorgenannten Sinne ein, wenn die ursprüngliche Bußgeldentscheidung formell rechtskräftig geworden ist. Dies ist der Fall, wenn die Entscheidung von den Verfahrensbeteiligten nicht oder nicht mehr mit ordentlichen Rechtsmitteln angegriffen werden kann.[225] Dieses Verfolgungshindernis reicht so weit wie die Entscheidungsbefugnis der Kartellbehörde. Daher kann ein rechtskräftiger Bußgeldbescheid *wegen einer Kartellordnungswidrigkeit* – anders als ein rechtskräftiges Urteil – nicht die Verfolgung derselben Tat als Straftat, sondern nur eine erneute Verfolgung als Kartellordnungswidrigkeit hindern (§ 84 OWiG). Umgekehrt besteht ein Verfolgungshindernis auch dann, wenn eine zweitentscheidende Kartellbehörde die kartellrechtliche Beurteilung des Erstverfahrens abweichend von der erstentscheidenden Behörde vornehmen will oder vornimmt. Ein rechtskräftiger Bußgeldbescheid verhindert stets die erneute Verfolgung einer Tat im prozessualen Sinne als Ordnungswidrigkeit.

Der Verbrauch der Verfolgbarkeit erstreckt sich auch auf solche Tatteile, die die erstent- **50** scheidende Behörde aus Gründen fehlender sachlicher Zuständigkeit nicht als Ordnungswidrigkeit hätte verfolgen können. Die Rechtskraft eines Bußgeldbescheids wird in diesem Sinne nicht durch die ursprüngliche Entscheidungsbefugnis der erstentscheidenden Verwaltungsbehörde begrenzt, da eine Tat im verfahrensrechtlichen Sinne nicht Gegenstand zweier verschiedener Bußgeldverfahren sein kann. Die Kartellbehörde, die eine Tat zum Gegenstand eines Ermittlungsverfahrens macht, trifft vielmehr eine umfassende „Kognitionspflicht", wie sie auch der Strafrichter zu beachten hat. Der zu verfolgende geschichtliche Vorgang ist deshalb erschöpfend im Hinblick auf verwirklichte Bußgeldtatbestände zu untersuchen. Ergeht schließlich ein Bußgeldbescheid und wird dieser rechtskräftig, so tritt damit eine Sperrwirkung hinsichtlich der Verfolgung aller denkbaren weiteren Bußgeldtatbestände ein, die durch die dem Bußgeldbescheid zugrunde liegende Handlung verwirklicht sein könnten. Dies gilt unabhängig davon, ob solche weiteren Ordnungswidrigkeiten von der erstentscheidenden Behörde erkannt oder übersehen worden sind. Es besteht eine absolute Sperrwirkung des rechtskräftig abgeschlossenen Erstverfahrens.[226] Es bleiben aber solche Vorgänge als Ordnungswidrigkeiten verfolgbar, die weder in äußerem noch in innerem Zusammenhang (i. S. einer rechtlichen Handlungseinheit) mit der bereits verfolgten Tat stehen und deshalb als selbständige Taten im verfahrensrechtlichen Sinne zu qualifizieren sind.[227] Eine einheitliche Tat im prozessualen Sinne liegt nicht bei bloß ursächlicher Verknüpfung zwischen zwei Handlungen vor. Maßgeblich ist, ob es sich nach Zeit und Ort der Begehung, Beteiligten und Tatgegenstand um einen eine Einheit bildenden geschichtlichen Vorgang handelt.[228] Bei der Sanktionsbemessung im Rahmen der strafrechtlichen Verfolgung nach bereits erfolgter Ahndung der Tat nach Ordnungswidrigkeitenrecht ist zu beachten, dass gem. § 86 Abs. 1 OWiG der ursprüngliche Bußgeldbescheid aufzuheben ist und eine Anrechnung der in diesem verhängten Sanktion zu erfolgen hat.

II. Aktive Täterschaft neben Aufsichtspflichtverletzung

Trotz des gelegentlich fließenden Übergangs[229] ist das Verhältnis von Aufsichtspflichtver- **51** letzung und aktiver Täterschaft jedenfalls dann problematisch, wenn in einem Bußgeldver-

[224] BGH WuW/E DE-R 1233, 1234 f. – *Frankfurter Kabelkartell.*
[225] KK OWiG – *Wache,* § 84 Rdnr. 2.
[226] KK OWiG – *Wache,* § 84 Rdnr. 3.
[227] S. BGH, B. v. 26.2.2013 – KRB 20/12, WuW/E DE-R 3861 ff. Rdnr. 21 – *Grauzement.*
[228] S. BGH NStZ 1995, 46 f.; BGH wistra 1997, 336 f.
[229] Dazu näher oben Rdnr. 33, 34.

fahren bereits rechtskräftig ein Bußgeld wegen einer Aufsichtspflichtverletzung verhängt worden ist und sodann in einem weiteren Bußgeldverfahren eine Buße wegen aktiver Täterschaft bezüglich einer Tat verhängt werden soll, die in denselben Tatzeitraum fällt, bzw. im umgekehrten Fall. So ist namentlich fraglich, ob nach der Bebußung eines Betroffenen wegen einer Aufsichtspflichtverletzung noch Raum für eine weitere Bußgeldentscheidung im Hinblick auf eine sich möglicherweise später erweisende unmittelbare täterschaftliche Beteiligung des Aufsichtspflichtigen ist. In einem entsprechend gelagerten Fall ist das KG davon ausgegangen, dass die Verhängung einer Zweitbuße nach rechtskräftiger Bebußung einer Aufsichtspflichtverletzung nicht möglich sei, weil eine Aufsichtspflichtverletzung und eine etwaige unmittelbare Beteiligung an der Grundtat verfahrensrechtlich dieselbe Tat bildeten. Es liege lediglich eine formale Unterscheidung der Tatbestände vor, die aus dem Ausnahme- und Auffangcharakter des Tatbestands des § 130 OWiG resultiere. Dies ändere aber nichts an dem Umstand, dass die gleiche Tat zugrunde liege, die lediglich rechtlich unterschiedlich als Aufsichtspflichtverletzung oder unmittelbarer Verstoß gewürdigt werde. Jedenfalls dann, wenn die Merkmale des erneut vorgeworfenen Verhaltens mit der rechtskräftig bebußten Tat übereinstimmten, sei die Tat in ihren wesentlichen Zügen identisch und damit bei rechtskräftiger Erstbuße nicht erneut verfolgungsfähig.[230]

52 Dieser Argumentation ist der BGH unter Hinweis auf die sich bei beiden Begehungsformen unterscheidenden Tatbilder nicht gefolgt. Der in casu als Aufsichtspflichtverletzung bewertete, gegen ein Vorstandsmitglied gerichtete Vorwurf, keine allgemeinen, umfassenden und nicht nur für eine einzelne Zweigniederlassung geltenden (Organisations-) Verfügungen erlassen zu haben, sei mit dem Vorwurf, sich selbst – in der Zeit der fehlenden allgemeinen Verfügung – unmittelbar an Baupreisabsprachen beteiligt zu haben, jedenfalls dann nicht identisch iSd § 264 StPO, wenn sich der Beteiligungsvorwurf nicht auf das Unterlassen der genannten allgemeinen Maßnahmen beschränke, sondern ein weiteres Verhalten erfasse, wie etwa das bewusste Unterlassen besonderer, speziell für eine einzelne Niederlassung notwendiger Maßnahmen.[231]

53 Das KG hat dennoch in einer Entscheidung aus dem Jahre 1998 ausgeführt, eine Verhängung einer Zweitbuße gegen die juristische Person wegen einer täterschaftlichen Begehung einer Kartellordnungswidrigkeit durch einen Verantwortlichen sei nach Abbußung einer durch ein Organ begangenen Verletzung einer speziellen Aufsichtspflicht nicht möglich.[232] Bei der Verletzung einer speziellen Aufsichtspflicht handele es sich insofern um dieselbe Tat iSv § 264 StPO wie bei der täterschaftlichen Begehung einer Kartellordnungswidrigkeit.

54 Trotz des Umstands, dass bei Zugrundelegung der BGH-Rechtsprechung gestaffelte Mehrfachverfahren möglich sind, die je nach Erkenntnisfortschritt der Verfolgungsbehörden eingeleitet werden können, ist danach für die Praxis davon auszugehen, dass Aufsichtspflichtverletzung und „echte" Handlungstäterschaft iSv § 14 OWiG tatmehrheitlich begangen und deshalb getrennt voneinander geahndet werden können,[233] allerdings gegenüber der haftenden jeweiligen Person im Hinblick auf § 264 StPO nur insgesamt einmal. Dies gilt erst recht seit der Einführung des § 298 StGB. So ist für aufsichtspflichtige Organe zu klären, ob der Grad ihrer Mitwirkung oder Duldung im Hinblick auf eine Zuwiderhandlung Dritter nach den Kategorien des StGB als Täterschaft (ggf. durch Unterlassen in Garantenstellung gem. §§ 25 iVm 13f. StGB) oder Beteiligung (Anstiftung oder Beihilfe iSv

---

[230] KG WuW/E OLG 4152, 4154; so auch *Göhler-Gürtler,* OWiG § 130 Rdnr. 31; *Rebmann/Roth/Herrmann,* OWiG § 130 Rdnr. 36.

[231] BGH WuW/E 2543, 2544; überzeugend krit. gegen diese BGH-Entscheidung äußern sich *Bauer/Wrage-Molkenthin,* WuW 1989, 789ff. im Anschluss an eine frühere Veröffentlichung in WuW 1988, 10ff.

[232] KG WuW/E DE-R 227 – *Kabelverlegung;* s. auch BGH WuW/E BGH 2904 – *Unternehmenssubmission.*

[233] So *Langen/Bunte-Raum,* § 81 Rdnr. 40; *Müller,* Die Stellung der juristischen Person im Ordnungswidrigkeitenrecht, S. 80, 91; zusf. und ausf. *Bauer,* wistra 1995, 170, 171.

§§ 26, 27 StGB) und nicht nur als bloße Aufsichtspflichtverletzung iSv § 130 OWiG zu werten ist. Die Kriterien für die damit rechtlich bedeutsame Abgrenzung zwischen nur ordnungswidrigkeitenrechtlich relevanter Aufsichtspflichtverletzung einerseits und strafrechtlicher Täterschaft oder Beteiligung andererseits sind anhand der bisherigen veröffentlichten Entscheidungspraxis nicht zu klären. Wenn mehrere Organe oder sonst Verantwortliche die ihnen obliegende Aufsichtspflicht jeweils nicht erfüllt haben, darf gegen das Unternehmen jedenfalls nur eine Geldbuße verhängt werden.[234]

III. Die Bedeutung der BGH-Rechtsprechung zum Fortsetzungszusammenhang

1. Rechtsprechung bis 1994. Bis Mitte 1994 ging die Rechtsprechung zum GWB-Ordnungswidrigkeitenrecht einheitlich von einer Anwendung des richterrechtlich entwickelten Rechtsinstituts des Fortsetzungszusammenhangs aus. Dies bedeutete z. B. bei langfristig operierenden Preis- oder Submissionskartellen, dass eine Vielzahl „an sich" selbständiger Einzeltaten zu einer einzigen juristischen Handlung zusammengefasst wurden, die dann mit einer einheitlichen Sanktion belegt werden konnte.[235] So wurden häufig selbst langjährige „Kettentaten" als einheitliche fortgesetzte Handlung geahndet. Diese Rechtslage eröffnete den Verfolgungsbehörden die Möglichkeit gewichteter Verfahrensabschlüsse und enthob sie der Notwendigkeit zur Ausermittlung einer unbegrenzten Vielzahl von Einzeltaten, weil für die Abfassung entsprechender Bußgeldbescheide vergleichsweise pauschale Feststellungen ausreichten („fortgesetzt handelnd in dem Zeitraum von – bis in mindestens x Fällen"). Andererseits waren bei Zugrundelegung einer fortgesetzten Handlung auch in diesem Zeitraum unentdeckt gebliebene Teilakte von der jeweiligen Ahndung mit umfasst, so dass sich ihre spätere gesonderte Verfolgung als Ordnungswidrigkeiten aus dem Gesichtspunkt des Strafklageverbrauchs verschloss.[236] Dies hatte für die betroffenen Unternehmen und Personen den Vorteil, dass bei einem Verfahrensabschluss durch rechtskräftigen Bußgeldbescheid für bestimmte Verfolgungszeiträume endgültig Rechtsfrieden eintrat. Gleichzeitig hatte dies aber den gewichtigen Nachteil, dass über die Annahme einer fortgesetzten Handlung auch solche Einzelakte berücksichtigt werden konnten, die bei isolierter Betrachtung gemäß § 31 Abs. 2 Nr. 1 OWiG verjährt gewesen wären, da die Verjährung erst mit der Beendigung des letzten Teilaktes für sämtliche Teilakte der fortgesetzten Handlung einsetzte.[237] So konnten selbst Verletzungshandlungen, die zehn oder mehr Jahre zurücklagen, bei der Bußgeldbemessung noch voll berücksichtigt werden. Insgesamt erleichterten die vorstehend geschilderten Umstände beidseitig die Findung „einvernehmlicher" Verfahrensabschlüsse, bei denen Bußgeldadressaten zuvor mit der Verfolgungsbehörde diskutierte Bußgeldfestsetzungen rechtskräftig werden ließen.[238] 55

2. Rechtsprechung seit 1994. Im Anschluss an das Urteil des Großen Senats für Strafsachen des BGH vom 3.5.1994[239] hat der Kartellsenat des BGH auch für das Kartell-Ordnungswidrigkeitenrecht die Lehre vom Fortsetzungszusammenhang aufgegeben und klargestellt, dass stattdessen eine tatmehrheitliche Ahndung erfolgen muss.[240] Im Kern begründet der BGH diese **„Abschaffung" des Fortsetzungszusammenhangs**[241] im Kartell-Ordnungswidrigkeitenrecht damit, dass es trotz eines „quasi-synallagmatischen Charakters" 56

---

[234] BGH wistra 1994, 233; s. a. *Göhler-Gürtler,* OWiG, § 30 Rdnr. 27b.

[235] Dazu grundsätzlich *Fischer,* NStZ 1992, 415 ff.

[236] BGHSt 15, 268, 270.

[237] BGHSt 36, 105, 109.

[238] Dazu zusf. *Klusmann,* WuW 1995, 271 ff.; *Hamm,* NJW 1994, 1636.

[239] WuW/E BGH 2929 ff. – *Fortgesetzte Handlung.*

[240] BGH WuW/E BGH 3043, 3048 f. – *Fortgesetzte Ordnungswidrigkeit;* WuW/E BGH 3057 – *Fortgesetzte Ordnungswidrigkeit II.*

[241] Zusf. *Achenbach,* WuW 1997, 393; *FK-Achenbach,* Vor § 81 GWB 1999 Rdnr. 159–162; *Burchardi* in: Schwerpunkte des Kartellrechts 1996, FIW H. 171, S. 44 f.

von Serien-Kartellabsprachen nicht zwingend sei, dass stets eine Mehrzahl von Absprachen getroffen werde. Kartellabsprachen könnten vielmehr auch einzeln begangen werden, so dass prinzipiell von Tatmehrheit auszugehen sei und bei auf Wiederholung angelegter Begehungsweise diesem Gesichtspunkt bei der Bußgeldbemessung Rechnung getragen werden könne.[242] In der Anwendungspraxis seither werden freilich häufig weiterhin verschiedene Teilakte, die jeweils tatbestandsverwirklichend sind, zu einer sog. natürlichen Handlungseinheit oder zu einer rechtlichen Bewertungseinheit zusammengefasst, insbesondere, wenn sie in Umsetzung einer kartellrechtswidrigen Grundabsprache erfolgen.[243] Anders stellt sich die Rechtslage im EU-Recht dar. Angesichts der ausdrücklichen Regelung des Verjährungsbeginns bei fortgesetzten Zuwiderhandlungen in Art. 25 Abs. 2 S. 2 VO Nr. 1/2003 wie auch schon in Art. 1 Abs. 2 S. 2 VO Nr. 2988/74 wird dort weiterhin die Zulässigkeit des Fortsetzungszusammenhangs auf EU-Ebene unterstellt.[244] Wegen der unterschiedlichen Ansätze können in der Praxis der nationalen Rechtsanwendung schwer auflösbare Widersprüche entstehen. Dies gilt jedenfalls dann, wenn im Rahmen einheitlicher Entscheidungen des Amtes eine parallele Anwendung von Art. 101 AEUV und § 1 GWB erfolgt, oder wenn es um den Umfang der Bindungswirkung iSv § 33 Abs. 4 GWB von europäischen Entscheidungen geht, in denen ein fortgesetzter Verstoß gegen Art. 101 AEUV festgestellt wurde.

57 **3. Konsequenzen.** Praktische Konsequenz der Abschaffung des Fortsetzungszusammenhangs ist, dass den Kartellbehörden wegen des im Ordnungswidrigkeitenrecht gem. § 20 OWiG bei Tatmehrheit geltenden Kumulationsprinzips seitdem für jede einzelne Tat der in § 81 Abs. 4 GWB definierte Bußgeld-Grundrahmen von bis zu 1 Mio. € bzw. bei Geldbußen gegen Unternehmen oder Unternehmensvereinigungen von bis zu 10% des Gesamtumsatzes zur Verfügung steht: Für die Verhängung von Bußgeldern in Millionenhöhe kommt es daher nicht mehr auf die früher erforderlichen – und häufig praktisch schwierigen – Mehrerlösberechnungen an.[245] Umgekehrt ist die Verfolgungsmöglichkeit nunmehr zeitlich durch die für jede Einzeltat gesondert zu bestimmende Verjährungsgrenze beschränkt. So können nur noch Taten verfolgt werden, die zum Zeitpunkt der Verjährungsunterbrechung nicht länger als drei bzw. fünf Jahre (§ 81 Abs. 8 Satz 2 GWB) zurückliegen.[246] Dies wirkt sich auch auf die Ahndung von Aufsichtspflichtverletzungen aus. Denn für den gesamten Zeitraum einer Aufsichtspflichtverletzung als Dauerordnungswidrigkeit[247] kann nur jeweils einmal der Bußgeldrahmen des § 81 Abs. 4 GWB ausgeschöpft werden, so dass nach altem Recht bei langen Tatserien zur Verhängung angemessener Bußen diesbezüglich doch Mehrerlösberechnungen erforderlich sein konnten. Dieses Problem tritt aber für Verstöße, die neuem Recht unterliegen (§ 81 Abs. 4 GWB) durch die mit der 7. GWB-Novelle (2005) eingeführte Möglichkeit, gegen Unternehmen und Unternehmensvereinigungen Bußen in Höhe von bis zu 10% des Gesamtumsatzes zu verhängen, praktisch in den Hintergrund. Das BKartA hat erstmals im September 2006 Leitlinien über die Festsetzung von Geldbußen nach diesem Sanktionsrahmen veröffentlicht.[248] Sie werden

---

[242] Nach *Burchardi* kann von einer einheitlichen Tat nur noch bei einer für mehrere Ausschreibungen getroffenen, übergreifenden Vereinbarung ausgegangen werden, in: Schwerpunkte des Kartellrechts 1996, FIW H. 171, S. 45.

[243] S. BGH, B. v. 26.2.2013 – KRB 20/12, WuW/E DE-R 3861 ff. Rdnr. 23 f. mwN – *Grauzement;* dazu wegen des Widerspruchs zur Entscheidung des Großen Strafsenats zu Recht krit. *Achenbach,* WuW 2013, 688, 690.

[244] Siehe dazu *Hellmann* in § 46 sowie *Immenga/Mestmäcker-Dannecker/Biermann,* EG-WbR, VO 1/2003, Art. 25 Rdnr. 12.

[245] Zusf. zum alten Recht *Achenbach,* WuW 1997, 393, 394.

[246] *FK-Achenbach,* § 81 GWB 2005 Rdnr. 335 und Vor § 81 GWB 2005 Rdnr. 162, dort auch zur sog. tatbestandlichen Bewertungseinheit.

[247] BGH WuW/E BGH 2205, 2206 f.

[248] BKartA, Bekanntmachung Nr. 38/2006 über die Festsetzung von Geldbußen nach § 81 Abs. 4 Satz 2 des Gesetzes gegen Wettbewerbsbeschränkungen gegen Unternehmen und Unternehmensvereinigungen – Bußgeldleitlinien – vom 15. September 2006.

zwischenzeitlich durch neue Leitlinien von 2013[249] ersetzt und auf alle laufenden (auch Altverfahren, die nach der 7. GWB-Novelle zu beurteilen sind) Verfahren angewendet. Damit hat das Amt von der entsprechenden Ermächtigung in § 81 Abs. 7 GWB Gebrauch gemacht. Es ist durchaus fraglich, ob diese Bußgeldleitlinien den Anforderungen, die § 17 Abs. 3 OWiG an die Einzelfall-Gerechtigkeit von Bußgeldbemessungen stellt, entsprechen.

Die Bußgeldberechnung erfolgt nach den Leitlinien 2013 auf Basis der vom Verstoß befangenen Umsätze. Im Ausgangspunkt wird ein Wert von 10% des kartellierten Umsatzes aus nicht verjährter Zeit mit einem an der Konzerngröße des verstoßenden Unternehmens orientierten Faktor multipliziert (zwischen 2 und 6 – oder größer bei Konzernumsätzen >100 Mrd. €). Von dem so ermittelten Betrag wird ein nicht festgelegter Prozentsatz als Bußgeld verhängt, der in der bisherigen Ahndungspraxis des Amtes für Hardcore-Verstöße zwischen 50 und 75% liegt.

Ob und inwieweit die Berücksichtigung von Konzernressourcen in diesem Zusammenhang verfassungskonform ist, ist streitig[250] und wird letztlich nur vom BVerfG geklärt werden können.

Das OLG Düsseldorf und der BGH scheinen sich nicht an die Leitlinien des BKartA gebunden zu sehen.[251] Im Einspruchsverfahren besteht daher im Falle einer Verurteilung bis auf weiteres das Risiko einer vollständigen Neuberechnung von Kartellbußgeldern, die im Sinne einer *reformatio in peius* auch höher ausfallen können als vom BKartA nach den Leitlinien verhängte Bußen.[252]

D. Vorsatz, Fahrlässigkeit und Irrtum

I. Vorsatz und Fahrlässigkeit

Im Ordnungswidrigkeitenrecht gelten im Hinblick auf Vorsatz und Fahrlässigkeit prinzipiell die auch im allgemeinen Strafrecht anwendbaren Grundsätze. Der Vorsatz des Han- 58
delnden, also das Wissen und Wollen der Tatbestandsverwirklichung, muss sich auf alle Merkmale des gesetzlichen Verbotstatbestands beziehen, und zwar unabhängig davon, ob es sich um normative, also bereits eine rechtliche (Be-)Wertung enthaltende (z.B.: Verbot des gegen § 1 GWB verstoßenden Vertrages in § 81 Abs. 2 Nr. 1 GWB), oder um deskriptive, also rein tatsächlich beschreibende Merkmale des gesetzlichen Tatbestands handelt. Bei § 81 Abs. 2 Nr. 1 als Blankett-Tatbestand muss sich der Vorsatz sowohl auf dessen Merkmale als auch auf die Merkmale des § 1 GWB erstrecken.[253] Im Hinblick auf normative Tatbestandsmerkmale ist nicht erforderlich, dass der Handelnde die juristische Begrifflichkeit im Einzelnen kennt und in seinen Willen einbezieht, sondern ausreichend, dass er deren sozialen Sinn in Form einer den wesentlichen Sachgehalt der juristischen Wertung umfassenden Parallelwertung in der Laiensphäre erfasst.[254] Die Übergänge zwischen Tatsachenkenntnis und juristischer Wertung sind indes häufig fließend, insbesondere bei Tathandlungen, die der Umsetzung einer gemäß Art. 101 AEUV bzw. § 1 GWB verbotenen Vereinbarung oder abgestimmten Verhaltensweise dienen. Denn es ist nicht vorstellbar, wie ein Täter bezüglich eines solchen Verstoßes vorsätzlich handeln soll, ohne die zivilrechtliche Unwirksamkeit des Vertrages zu kennen.[255] Umgekehrt dürfte sein Vorsatz in Frage stehen,

---

249 Leitlinien für die Bußgeldzumessung in Kartellordnungswidrigkeitenverfahren vom 25.6.2013, abzurufen unter www.bundeskartellamt.de.

250 S. dazu näher unter § 57 Rdnr. 88.

251 S. dazu nur *Mühlhoff,* NZWiSt 2013, 321, 329.

252 S. dazu BGH B. v. 26.2.2013 KRB 20/12, WuW/E DE-R 3861ff. Rdnr. 58 – *Grauzement.*

253 BGH WuW/E BGH 726, 732 – *Klinker; FK-Achenbach,* § 81 GWB 2005 Rdnr. 62.

254 Dazu näher *FK-Achenbach,* Vor § 81 GWB 2005 Rdnr. 138 sowie § 81 GWB 2005 Rdnr. 63; *Immenga/Mestmäcker-Dannecker/Biermann,* GWB, § 81 Abs. 2 Nr. 1 Rdnr. 133.

255 KG WuW/E OLG 2321, 2323f. – *Luftfotografie,* allerdings noch zu § 38 Abs. 1 Nr. 1 GWB a.F. und dem Tatbestandsmerkmal des „Hinwegsetzens".

wenn er in nachvollziehbarer Weise von einer mangelnden „Spürbarkeit" oder einer gegebenen Freistellung seines Verhaltens im Sinne von Art. 101 Abs. 3 AEUV ausgegangen ist.[256] Ähnliches gilt bei Verstößen gegen andere Verbote (z. B. in § 19 Abs. 2 Nr. 1 GWB für das Merkmal der Unbilligkeit der Behinderung). In der Verfolgungspraxis können Zweifel an der Vorsätzlichkeit eines Verstoßes oft erst durch Zustellung einer Abmahnung oder Abstellungsverfügung nach § 32 GWB – also durch Übermittlung der in Worte gefassten Rechtsauffassung der Kartellbehörde – zerstreut werden.[257] Zugleich dürfte in solchen rechtlichen Zweifelsfällen aber regelmäßig in Frage zu stellen sein, ob ein Bußgeldverfahren das geeignete Mittel zur Bekämpfung bestimmter, rechtlich zweifelhafter Kartellabsprachen sein kann.

59 Grundsätzlich genügt zur Tatbestandserfüllung **dolus eventualis;** auf Absicht oder Wissentlichkeit kommt es nur insoweit an, als der jeweilige Verbotstatbestand entsprechend qualifizierte Merkmale enthält. Gemäß § 81 Abs. 1 und Abs. 2 GWB kommt **neben Vorsatz** als Begehungsform der dort aufgeführten GWB-Ordnungswidrigkeiten nunmehr immer **auch Fahrlässigkeit** in Betracht.

II. Irrtumsfragen

60 Bedeutung erlangen Zweifel an der Vorsätzlichkeit tatbestandlichen Verhaltens im Zusammenhang mit den für das Ordnungswidrigkeitenrecht abschließenden Irrtumsregelungen in § 11 OWiG. Auf eine gesonderte Darstellung der strafrechtlichen Grundsätze zu den §§ 16 und 17 StGB wird hier mangels einschlägiger spezifisch kartellrechtlicher Entscheidungspraxis verzichtet. Die nachfolgend für das Kartellordnungswidrigkeitenrecht referierten Grundsätze dürften aber im Wesentlichen auch in unter strafrechtlichen Gesichtspunkten zu bewertenden Fällen entsprechend zum Tragen kommen.

61 **1. Tatbestandsirrtum.** § 11 Abs. 1 OWiG sieht vor, dass derjenige, der bei Begehung einer Handlung einen zum gesetzlichen Tatbestand gehörenden Umstand nicht kennt, nicht vorsätzlich handelt, eine Ahndung wegen fahrlässigen Handelns aber möglich bleibt, soweit auch diese tatbestandlich verfolgbar ist. Ein solcher **Tatbestandsirrtum** setzt beim Täter die (teilweise) Unkenntnis der in Wirklichkeit vorhandenen Umstände voraus, die zum gesetzlichen Tatbestand gehören. Dabei sind normative und deskriptive Tatbestandsmerkmale gleichermaßen betroffen, so dass nicht zwischen Tatsachen- und Rechtsirrtum zu unterscheiden ist, sondern nur zwischen **Tatsachenirrtum** iSv § 11 Abs. 1 und **Verbotsirrtum** iSv § 11 Abs. 2 OWiG. Ob ein Handelnder in Unkenntnis eines Tatbestandsmerkmals gehandelt hat, ist mitunter schwer zu ermitteln, insbesondere wenn das betreffende Merkmal der „Innenwelt" des Täters angehört. Im Zweifel ist auch insoweit nach dem Grundsatz *„in dubio pro reo"* zu verfahren. Zur Bejahung vorsätzlichen Handelns reicht aber – wie oben unter Rdnr. 58 ausgeführt – unabhängig von einer genauen juristischen Subsumtion bezüglich der normativen Tatbestandsmerkmale bereits eine Parallelwertung in der Laiensphäre aus, so dass keine überspannten Anforderungen an das „Tatbewusstsein" des Handelnden zu stellen sind. Ausreichend ist regelmäßig das Bewusstsein des Täters, eine kartellrechtlich verbotene Handlung vorzunehmen. Ein Tatbestandsirrtum liegt auch vor, wenn die einem Verbot zugrundeliegende individuelle Anordnung nicht wahrgenommen wurde. Beispiel: Der Handelnde hatte von einer rechtskräftigen Abstellungsverfügung nach § 32 GWB keine Kenntnis, als er dieser iVm § 81 Abs. 2 Nr. 2a) GWB zuwiderhandelte; die Ahndung des ebenfalls bußgeldbedrohten fahrlässigen Verstoßes bleibt trotz des vorliegenden Tatbestandsirrtums unberührt.[258] Schwierige Abgrenzungsfragen stellen sich beim **Subsumtionsirrtum,** also in Fällen, in denen der Handelnde zwar Sachverhalt und

---

[256] Dazu *Langen/Bunte-Raum,* § 82 Rdnr. 84; *Dreher/Thomas,* WuW 2004, 8, 14 ff.

[257] So zutr. *Immenga/Mestmäcker-Dannecker/Biermann,* GWB, Vor § 81 Rdnr. 102 mwN, dort auch zur Kritik für den Fall rechtlich nicht hinreichend begründeter Mitteilungen; s. auch KG WuW/E OLG 1253, 1263 – *Tubenhersteller II.*

[258] Näher *Göhler-Gürtler,* OWiG, § 11 Rdnr. 10.

Rechtsgebot kennt, aber irrig von einer mangelnden Tatbestandsmäßigkeit seines Tuns ausgeht. Beispiel: Der Handelnde irrt über das Merkmal des Verbotenseins eines Vertrages gemäß § 1 GWB. Die hM nahm – allerdings zum Subsumtionsirrtum in Bezug auf das Tatbestandsmerkmal der Unwirksamkeit eines Vertrages in § 1 GWB in der Fassung vor der 6. GWB-Novelle – an, dass in derartigen Fällen ein die Ahndung (mangels Fahrlässigkeitssanktion im Gesetz) ohne weiteres ausschließender Tatbestandsirrtum vorliegt. Da das Merkmal der Unwirksamkeit als normatives Tatbestandsmerkmal voll dem Vorsatzerfordernis unterliege und das Tatunrecht bei entsprechender Fehlvorstellung entfalle, müsse die Sanktion entfallen, was zu völliger Bußgeldfreiheit führen könne, selbst wenn dem Irrenden im Hinblick auf seinen Irrtum Sorgfaltspflichtverstöße vorzuwerfen seien.[259] Allerdings ist jetzt auch fahrlässiges Handeln bußgeldbedroht, § 81 Abs. 1 Nr. 1 bzw. Abs. 2 Nr. 1 GWB.

2. Verbotsirrtum. Ein Verbotsirrtum gemäß § 11 Abs. 2 OWiG liegt vor, wenn der 62 Handelnde über das Verbotensein seines Tuns irrt, weil er das Bestehen oder die Anwendbarkeit der betreffenden Rechtsvorschrift nicht kennt. Ein solcher Irrtum führt nur dann zur mangelnden Vorwerfbarkeit des Handelns wegen Schuldausschlusses, wenn er subjektiv nicht vermeidbar war. Zur Annahme eines Verbotsirrtums reicht es aus, dass der Handelnde sich keine Gedanken über das Unrechtmäßige seines Tuns gemacht hat; auf eine positive Vorstellung vom Erlaubtsein der betreffenden Handlung kommt es nicht an.[260] Umgekehrt schadet bereits das indifferente Bewusstsein, möglicherweise etwas Unerlaubtes zu tun,[261] auch bei gegenteiliger eigener Rechtsauffassung.[262]

In der Praxis steht regelmäßig die Frage der **Vermeidbarkeit** des Verbotsirrtums im 63 Vordergrund. Vermeidbar ist der Irrtum (nur) dann, wenn der Handelnde bei Anwendung der Sorgfalt, die nach der Sachlage objektiv zu fordern war und die er nach seinen persönlichen Verhältnissen erbringen konnte, in der Lage gewesen wäre, das Unerlaubte seines Handelns zu erkennen.[263] Auch insoweit kommt der Zweifelssatz zur Anwendung.[264] Die zu stellenden Anforderungen sind streng; der Betroffene hat alle intellektuellen Erkenntnismittel einzusetzen und gegebenenfalls erforderliche Auskünfte einzuholen.[265] Zu letzterem ist er jedenfalls dann verpflichtet, wenn er Anlass hatte, über die rechtliche Qualität seines Verhaltens nachzudenken[266] bzw. einen Impuls zur Überprüfung der Rechtmäßigkeit seines Verhaltens erhalten hat.[267] Die jeweils erforderliche Einzelfallprüfung lässt sich nicht vorwegnehmen. Auf die Grundsätze der Rechtsprechung ist hier nur schlagwortartig hinzuweisen: So ist zunächst generell anerkannt, dass im Geschäftsleben tätige Personen in verantwortlicher Stellung sich über die jeweiligen für ihr Geschäft maßgeblichen Vorschriften zu informieren und ihr Wissen ständig zu aktualisieren haben. Der **persönliche Ausbildungs- und Erfahrungsstand**[268] des Betroffenen sowie der Zuschnitt des jeweiligen Unternehmens sind dabei zu berücksichtigen.[269]

Ist der Handelnde selbst rechtsunkundig oder jedenfalls nicht ausreichend kartellrechts- 64 kundig, so trifft ihn eine **Erkundigungspflicht,** an die wiederum strenge Anforderungen

---

[259] Dazu näher *Immenga/Mestmäcker-Dannecker/Biermann,* GWB, Vor § 81 Rdnr. 100; KK-*Reher,* Bd. 2, 2014, Vor § 81 Rdnr. 97.

[260] Siehe nur *Göhler-Gürtler,* OWiG, § 11 Rdnr. 22.

[261] BGH LM Nr. 6 zu § 59 StGB a. F.

[262] So OLG Düsseldorf VRS 1967, 151.

[263] KG WuW/E OLG 2321, 2324 – *Luftfotografie;* WuW/E OLG 4108, 4111 – *Sportartikelhandel; Göhler-Gürtler,* OWiG, § 11 Rdnr. 23; zum Irrtum über die Handlungspflicht des Aufsichtspflichtigen iSv § 130 OWiG s. *Hermanns/Kleier,* S. 84 ff.

[264] *Göhler-Gürtler,* OWiG, § 11 Rdnr. 23.

[265] BGHSt 4, 5, seither st. Rechtsprechung; s. auch KK OWiG-*Rengier,* § 11 Rdnr. 58.

[266] *Göhler-Gürtler,* OWiG § 11 Rdnr. 24 mwN.

[267] KG WuW/E OLG 2321, 2324 – *Luftfotografie* mwN.

[268] OLG Frankfurt WuW/E OLG 4484, 4486 – *Gießener Modell;* KG WuW/E OLG 4065, 4072 – *marktintern-Dienst Sanitär/Installation.*

[269] KG WuW/E OLG 2321, 2324 – *Luftfotografie.*

gestellt werden. Nicht der unternehmensinterne Rat des Justistiars reicht zur Pflichterfüllung aus,[270] sondern es muss entweder die zuständige Kartellbehörde selbst befragt oder aber ein kartellrechtlich spezialisierter externer Berater konsultiert und im Zweifel mit der gutachterlichen Prüfung der relevanten Rechtsfragen beauftragt werden.[271] Die Rechtsauskunft einer IHK oder eines nicht einschlägig spezialisierten Rechtsanwalts sind als nicht ausreichend qualifiziert worden.[272]

65 Auf einen in diesem Sinne erteilten sachkundigen Rat darf sich der Auskunftssuchende nur verlassen, wenn sichergestellt ist, dass der Prüfung des Sachverständigen der volle relevante Sachverhalt zugrundegelegt worden ist. Wird trotz vollständiger Sachverhaltsunterbreitung die Rechtslage von der zuständigen Behörde[273] oder einem konsultierten Kartellrechtsberater[274] vorbehaltlos falsch bewertet, so ist der darauf beruhende Verbotsirrtum unvermeidbar. Äußern sich unzuständige oder nur ausschnittweise über den Sachverhalt unterrichtete Behörden unzutreffend, so ist der Verbotsirrtum vermeidbar.[275] Ist die jeweilige **Rechtslage** aufgrund einer noch nicht herausgebildeten höchstrichterlichen Rechtsprechung als **unsicher** zu qualifizieren, so handelt der das Risiko des Verstoßes in Kauf Nehmende, im Übrigen aber auf die Zulässigkeit seines Handelns Vertrauende dem BGH zufolge **in vermeidbarem Verbotsirrtum:** Wer seine Interessen trotz zweifelhafter Rechtslage auf Kosten fremder Rechte wahrnehme, trage grundsätzlich das Risiko einer unzutreffenden rechtlichen Beurteilung und handele daher, wenn seine Beurteilung nicht zutreffe, im Zweifel schuldhaft. Sein Rechtsirrtum könne in diesen Fällen nur entschuldigt sein, wenn ihm nach sorgfältiger Prüfung der Sach- und Rechtslage auch unter Berücksichtigung der schutzwürdigen Interessen des anderen Teils eine vorherige Klärung der Rechtslage nicht zuzumuten gewesen sei.[276] Ein in diesem Sinne schuldhaftes Handeln soll dem BGH zufolge sogar dann noch vorliegen können, wenn in einem laufenden Rechtsstreit Instanzgerichte die Rechtsaussicht des Handelnden bestätigt haben.[277] Diese Rechtsprechung ist indes zu streng, da sie in überzogener Weise das Risiko ungeklärter Rechtsfragen auf dem Rücken der Betroffenen ablädt.

66 Im Falle eines vermeidbaren Verbotsirrtums erfolgt eine Ahndung der Zuwiderhandlung als vorsätzlich. Eine fakultative Sanktionsmilderung nach dem Vorbild des § 17 StGB ist im OWiG nicht vorgesehen, sollte aber nach allg. Ansicht aufgrund der verminderten Schuld des Irrenden dennoch erfolgen.[278]

§ 56 Kartellstrafrecht (§§ 298 und 263 StGB)

Übersicht

---

270 BGH WuW/E BGH 1901, 1904 – *Transportbeton-Vertrieb II.*

271 BGH WuW/E BGH 1891, 1894 – *Ölbrenner II;* KG WuW/E OLG 2205, 2207 – *Jeans;* WuW/E OLG 4108, 4111 – *Sportartikelhandel;* weitere Nachw. bei *Langen/Bunte-Raum,* § 81 Rdnr. 64 f.

272 S. OLG München WuW/E OLG 4977, 4982 – *Parfum-Discount;* KG WuW/E OLG 2205, 2207 – *Jeans* sowie WuW/E OLG 3543, 3547 – *Kontaktlinsenpflegemittel;* anders für das allgemeine OWi-Recht wohl *Göhler-Gürtler,* OWiG, § 11 Rdnr. 26.

273 KG WuW/E OLG 3387, 3391 – *Altölpreise.*

274 BGH WuW/E BGH 1891, 1894 – *Ölbrenner II.*

275 BGH WuW/E BGH 2145, 2147 – *Nordmende;* OLG Frankfurt WuW/E OLG 4484, 4487 – *Gießener Modell.*

276 BGH WuW/E BGH 3121, 3127 – *Bedside-Testkarten;* davor bereits WuW/E BGH 2341, 2346 – *Taxizentrale Essen;* dazu *Langen/Bunte-Raum,* § 81 Rdnr. 66 und KK OWiG-*Rengier* § 11 Rdnr. 86 f.

277 So BGH WuW/E BGH 3121, 3127.

278 Siehe dazu nur *Immenga/Mestmäcker-Dannecker/Biermann,* GWB, Vor § 81 Rdnr. 109.

Schrifttum: *Achenbach,* Pönalisierung von Ausschreibungsabsprachen und Verselbständigung der Unternehmensgeldbuße durch das Korruptionsbekämpfungsgesetz 1997, WuW 1997, 958 ff.; *ders.,* Aus der 2012/2013 veröffentlichten Rechtsprechung zum Wirtschaftsstrafrecht, NStZ 2013, 697 ff.; *Bangard,* Aktuelle Probleme der Sanktionierung von Kartellabsprachen, wistra 1997, 161 ff.; *Baumann,* Zum Ärgernis Submissionsbetrug, Fs. Oehler, 1985, 291 ff.; *ders.,* Der Betrugsschaden beim Submissionsbetrug, Bauwirtschaft, 1973, 1517; Endlich strafrechtliche Bekämpfung des Submissionsbetruges, NJW 1992, 1661 ff.; *Bruns,* Können ordnungswidrige Preisabsprachen bei öffentlichen Ausschreibungen nach geltendem Recht auch als Betrug mit Kriminalstrafe geahndet werden?, NStZ 1983, 385 ff.; *Bülow,* Forschungsreihe der Bauindustrie, 1977, Bd. 39, S. 139ff; *Burchardi,* Einstieg in die Kriminalisierung des Kartellrechts? in Schwerpunkte des Kartellrechts 1996, FIW H. 171, 43 ff.; *Dierlamm,* Die Verfolgung von Submissionsabsprachen nach GWB/OWiG und Strafrecht (§ 298 StGB), ZWeR 2013, 192 ff. ; *Dölling,* Die Neuregelung der Strafvorschriften gegen Korruption, ZStW 2000, 334 ff.; *Finsinger,* Jahrbücher für Nationalökonomie und Statistik, 1984 Bd. 199/6, S. 575; *Gaier,* Garantien des deutschen Vefassungsrechts bei Verhängung von Kartellgeldbußen, wistra 2014, 161 ff.; *Göhler,* Ordnungswidrigkeitengesetz, 16. Aufl. 2012; *ders.* Aufhebung eines Bußgeldbescheides bei einer nachträglichen Verfahrenseinstellung nach § 153a I StPO wegen derselben Handlung?, NSTZ, 1984, 158 ff.; *Götting/Götting,* Kriminalisierung des Kartellrechts? Eine Analyse von Gesetzgebung und Rechtsprechung, ZfBR 2003, 341 ff.; *Greeve,* § 298 StGB und private Vergaben, BauRB 2004, 31 f.; *dies.,* Ausgewählte Fragen zu § 298 StGB seit Einführung durch das Gesetz zur Bekämpfung der Korruption vom 13.8.1997, NStZ 2002, 505 ff.; *Greeve/Leipold* (Hrsg.), Handbuch des Baustrafrechts, 2004; *Hefendehl,* Die Submissionsabsprache als Betrug – ein Irrweg!, JuS 1993, 805 ff.; *Hermanns/Kleier,* Grenzen der Aufsichtspflicht in Betrieben – Zur Bedeutung des § 130 OWiG in der Praxis, 1987; *Immenga/Mestmäcker,* Wettbewerbsrecht: Kommentar zum deutschen Kartellrecht, 5. Aufl. 2014; *dies.,* GWB, Kommentar zum Kartellgesetz, 2. Aufl., 1992; *dies.,* EU-Wettbewerbsrecht, 5. Aufl., 2012; *Jaath,* Empfiehlt sich die Schaffung eines strafrechtlichen Sondertatbestandes zum Ausschreibungsbetrug?, Fs. Schäfer, 1975, 89 ff.; *Jaeger/Kokott/Pohlmann/Schroeder (Hrsg.),* Frankfurter Kommentar zum Kartellrecht, Stand: 81. Ergänzungslieferung, September 2014; *Laufhütte/Rissing-van Saan u. a. (Hrsg.),* Leipziger Kommentar zum StGB, §§ 284–305a, 12. Aufl. 2008; *Joecks,* Zur Schadensfeststellung beim Submissionsbetrug, wistra 1992, 247 ff.; *Klees,* Europäisches Kartellverfahrensrecht, 2005; *Kleinmann/Berg,* Änderungen des Kartellrechts durch das „Gesetz zur Bekämpfung der Korruption" vom 13.8.1997, BB 1998, 277 ff.; *Korte,* Bekämpfung der Korruption und Schutz des freien Wettbewerbs mit den Mitteln des Strafrechts, NStZ 1997, 513 ff.; *Kuhlen,* Anmerkungen zu § 298 StGB, Fs. Lampe, 2003, 743 ff.; *Lackner/Kühl,* Strafgesetzbuch, 27. Aufl. 2011; *Lange,* Erfüllen Kartellabsprachen den Tatbestand des Betrugs?, ZWeR 2003, 352 ff.; *Langen/Bunte,* Kommentar zum deutschen und europäischen Kartellrecht, Band 2 – Europäisches Kartellrecht, 12. Aufl. 2014; *Lindacher,* Zulässigkeit und Schranken des Ausbedingens und Forderns von Vertragsstrafen zur Bekämpfung von Submissionsabsprachen, ZIP 1986, 817 ff.; *Lüderssen,* Submissionsabsprachen sind nicht eo ipso Betrug, wistra 1995, 243; *ders.,* Sollen Submissionsabsprachen zu strafrechtlichem Unrecht werden?, BB 1996, Beilage 11 zu Heft 25; *Moosecker,* Die Beurteilung von Submissionsabsprachen nach § 263 StGB, Fs. Lieberknecht, 1997, 407 ff.; *Nickel,* Submissionskartelle zwischen Kartell- und Strafrecht – Reichweite und Bedeutung der Bonusregelung des Bundeskartellamts, wistra 2014, 7 ff.; *Oldigs,* Die Strafbarkeit von Submissionsabsprachen nach dem neuen § 298 StGB, wistra 1998, 291 ff.; *Otto,* Wettbewerbsbeschränkende Absprachen bei Ausschreibungen, § 298 StGB, wistra 1999, 41 ff.; *Ranft,* Betrug durch Verheimlichung von Submissionsabsprachen – eine Stellungnahme zu BGHSt 38, 186, wistra 1994, 41 ff.; *Retemeyer,* Gewinnabschöpfung im Ordnungswidrigkeitenrecht, wistra 2012, 56 ff.; *Rönnau,* Täuschung, Irrtum und Vermögensschaden beim Submissionsbetrug, JuS 2002, 545 ff.; *Satzger,* Der Submissionsbetrung 1994, 144ff; *Schaupensteiner,* Submissionsabsprachen und Korruption im öffentlichen Bauwesen, ZRP 1993, 250 ff.; *Schönke/Schröder,* Strafgesetzbuch, 28. Aufl. 2010; *Senge* (Hrsg.), Karlsruher Kommentar zum Gesetz über Ordnungswidrigkeiten, 3. Aufl.

2006; *Soltész/Marquier,* Hält „doppelt bestraft" wirklich besser? – Der ne bis in idem-Grundsatz im Europäischen Netzwerk der Kartellbehörden, EuZW 2006, 102ff.; *Steindorff,* Gesetzgeberische Möglichkeiten zu verbesserter Durchsetzung des Gesetzes gegen Wettbewerbsbeschränkungen, ZHR 138, 504ff.; *Stoffers/Möckel,* Reichweite der Strafbarkeit von Submissionsabsprachen, NJW 2012, 3270ff.; *Tröndle/Fischer,* Strafgesetzbuch mit Nebengesetzen, 61. Aufl. 2014; *Volhard,* Schadensersatz bei Preisabsprachen in der neueren Rechtsprechung, Fs. Gaedertz, 1992, 599ff.; *ders.,* Schadensbezifferung und Schadensbeweis bei Submissionskartellen, Fs. Oppenhoff, 1985, 509ff.; *Walter,* § 298 StGB und die Lehre von den Deliktstypen, GA 2001, 131ff.; *ders.,* Submissionsbetrug bei freihändiger Vergabe – Anmerkung zu BGH, U. v. 22.07.2001 – 1 StR 576/00, JZ 2002, 254ff.; *Wolf/Burchardi,* Zuständigkeitsprobleme bei der Verfolgung von Submissionsabsprachen, Fs. Lieberknecht, 1997, 645ff.

A. Einleitung: Sanktionsrahmen im Ordnungswidrigkeiten- und Strafrecht

1 Der Gesetzgeber des GWB hatte sich 1957 für eine Zuordnung von Kartellverstößen zum Ordnungswidrigkeitenrecht und damit gegen das Strafrecht entschieden.[1] Diese Entscheidung ist teilweise revidiert worden. Nachdem geraume Zeit über die Erforderlichkeit einer strafrechtlichen Ahndung von Kartellverstößen diskutiert worden war[2] und sich in der Praxis gezeigt hatte, dass jedenfalls in dem besonders „betrugsnahen" Bereich der Submissionsabsprachen strafrechtliche Sanktionen angemessen und angezeigt sein können,[3] ist mit der zum 20.8.1997 vollzogenen Einführung des neuen Straftatbestandes „Wettbewerbsbeschränkende Absprachen bei Ausschreibungen" in § 298 StGB auch der Gesetzgeber dem zuvor vom BGH bereits durch eine weite Anwendung des allgemeinen Betrugstatbestandes eingeschlagenen Weg gefolgt. Geschütztes Rechtsgut ist nicht das Vermögen des Ausschreibenden, sondern der Wettbewerb an sich.[4] Aufgrund des abweichenden Schutzzwecks wird § 298 StGB aber wohl nicht als lex specialis zu § 263 StGB anzusehen sein.[5] Neben den weiterhin anwendbaren ordnungswidrigkeitenrechtlichen Bestimmungen[6] (insbesondere § 81 Abs. 1 bis Abs. 3 GWB) können §§ 298 StGB und 263 StGB parallel zur Anwendung kommen, soweit es um die Ahndung von Verstößen natürlicher Personen geht. In der Praxis scheint allerdings eher § 298 StGB zum Zuge zu kommen, was angesichts seiner leichteren Beweisbarkeit nicht verwundert.

2 Zu den zur Verfügung stehenden Sanktionsrahmen lässt sich danach allgemein folgendes sagen: Hinsichtlich der **Unternehmensbußen** hat sich durch das Gesetz zur Bekämpfung der Korruption grundsätzlich nichts geändert. Änderungen sind allerdings durch die 7. GWB-Novelle (2005) eingetreten sowie durch das Gesetz zur Bekämpfung von Preismissbrauch im Bereich der Energieversorgung und des Lebensmittelhandels[7] (2007). Nach der 8. GWB-Novelle können Nebenbetroffenen als den regelmäßigen Hauptnutznießern[8]

---

[1] Dazu BT-Drucks. II/1158 Teil B II und *FK-Achenbach,* Vor § 81 GWB 2005 Rdnr. 13.

[2] Dazu zusf. *Lüderssen,* wistra 1995, 243, 248; *ders.,* BB 1996, Beilage 11 zu Heft 25; *Schaupensteiner,* ZRP 1993, 250f.; *Immenga/Mestmäcker-Tiedemann,* GWB, 2. Aufl., Vor § 38 Rdnr. 4ff. (insbesondere Rdnr. 6–8); *Jaath,* in Fs. Schäfer, 103ff.; *Oldigs,* wistra 1998, 291, 293f.; *Steindorf,* ZHR 138 (1974), 504f.; *Wolf/Burchardi,* in Fs. Lieberknecht, S. 645, 660ff.; zur Historie der zahlreichen bisherigen Gesetzes-Initiativen zusf. *Joecks,* wistra 1992, 247 mwN; *FK-Achenbach,* Vor § 81 GWB 2005 Rdnr. 22ff.

[3] S. nur BGH WuW/E BGH 2849 – *Arbeitsgemeinschaft Rheinausbau* – sowie WuW/E BGH 2945ff. – *Rheinausbau II; Ranft,* wistra 1994, 41ff. mwN.

[4] Vgl. auch *Achenbach,* WuW 1997, 959 und *FK-Achenbach,* § 81 GWB 2005 Rdnr. 67: das Vermögen des Veranstalters und möglicher Mitbewerber soll „mitgeschützt" werden; so auch *Kleinmann/Berg,* BB 1998, 277; *Tröndle/Fischer,* Vor § 298 Rdnr. 6.

[5] So auch *Achenbach,* WuW 1997, 959; *Bangard,* wistra 1997, 168; *Oldigs,* wistra 1998, 296; *Kleinmann/Berg,* BB 1998, 281; *Dölling,* ZStW 2000, 334, 348: Idealkonkurrenz; aA *Walter,* JZ 2002, 254, 256.

[6] Dagegen *Achenbach,* WuW 1997, 959: § 38 Abs. 1 Nr. 1, 8 GWB in der bis zur 6. GWB-Novelle geltenden Fassung treten gemäß § 21 Abs. 1 S. 1 OWiG zurück.

[7] BGBl. 2007, Teil 1 Nr. 66, v. 21.12.2007, S. 2966.

[8] *Burchardi,* in: Schwerpunkte des Kartellrechts 1996, FIW H. 171, S. 43.

von Kartellordnungswidrigkeiten gem. § 81 Abs. 4 GWB Regelbußen bis zu 1 Mio. € auferlegt werden. Die Möglichkeit, über den Regelbußgeldrahmen hinaus eine Geldbuße bis zur dreifachen Höhe des durch die Zuwiderhandlung erlangten Mehrerlöses festzusetzen, besteht nicht mehr. Stattdessen kann ggü. Unternehmen gemäß § 81 Abs. 4 GWB – in Anlehnung an das europäische Recht – über den Betrag von 1 Mio. € hinaus eine Geldbuße von bis zu 10% des Gesamtumsatzes der jeweiligen „wirtschaftlichen Einheit“, der das zu bebußende Unternehmen angehört, verhängt werden. Der BGH ist der Auffassung, dass insoweit neben dem Jahresumsatz der originär verantwortlichen juristischen Person auch weitere Umsätze – nämlich die Umsätze der zu ihr im Konzernverbund stehenden Gesellschaften – hinzugerechnet werden müssten. Die Ahndungsempfindlichkeit und der sich hieraus ergebende Abschreckungseffekt bestimme sich nicht nach den wirtschaften Daten der juristischen Person, für die gehandelt wurde, sondern nach denjenigen für das Gesamtunternehmen, zu dem alle in einem Konzernverbund iSv § 18 AktG unter einheitlicher Leitung stehenden Unternehmen zuzurechnen seien.[9] Die Ahndungspraxis zeigt, dass dieser Bußgeldrahmen nicht nur theoretisch sehr hoch ist, sondern auch in der Praxis zu entsprechend nachhaltigen Bußgeldfestsetzungen führt. So hat das BKartA schon in den überwiegend noch nach altem Recht entschiedenen Fällen im Jahr 2012 Bußgelder iHv 316 Mio € verhängt, nach 189,8 Mio € im Jahr 2011; davon entfielen betraglich mehr als 99% der verhängten Bußgelder auf Unternehmensbußen.[10] Zuletzt wurden gegenüber weitgehend mittelständischen Unternehmen der Wurstindustrie Bußgelder in Höhe von insgesamt 338 Mio. €[11] und gegenüber verschiedenen Brauereien in Höhe von insgesamt 337,9 Mio. € verhängt.[12] Die höchste bisher verhängte Einzelbuße belief sich auf ca. 250 Mio. €.[13] In dem dieser Einzelbuße zugrundeliegenden Verfahren gegen mehrere Unternehmen der Zementindustrie sind im Jahre 2003 Bußgelder in Höhe von insgesamt mehr als 717 Mio. € festgesetzt worden.[14] Zuvor markierte das im „*Transportbeton*-Verfahren“ im Jahre 2001 verhängte Gesamtbußgeld in Höhe von 370 Mio. € das höchste in einem Verfahren verhängte Bußgeldvolumen, wobei sich dieses Gesamtbußgeld auch auf mehrere Kartelle bezog.[15]

Bereits nach bisherigem Kartellordnungswidrigkeitenrecht vor Inkrafttreten des Gesetzes zur Bekämpfung der Korruption bestand damit eine Ahndungspraxis, die theoretisch wie praktisch zu wirtschaftlichen Sanktionen geführt hat, die weit über die Praxis der Strafgerichte im Zusammenhang mit der Verhängung von Vermögensstrafen hinausreichten. Die höchste gesetzlich zulässige Geldstrafe beträgt für natürliche Personen gem. §§ 40 n. F. iVm 54 Abs. 2 StGB im Falle der Gesamtstrafenbildung 21,6 Mio. € (720 Tagessätze á 30.000 €), für Einzelverstöße 10,8 Mio. €. 3

Die **Verjährungsfrist**[16] für Taten nach §§ 263 und 298 StGB beträgt gem. § 78 Abs. 3 Nr. 4 StGB fünf Jahre. Die absolute Verjährung tritt nach 10 Jahren ein (§ 78c Abs. 3 StGB). Hinsichtlich der Unterbrechung der Verjährung gilt § 78c StGB.

Nach der zum 20.8.1997 in Kraft getretenen Neufassung des § 30 OWiG wurde diese Regelung modifiziert. Seither bestimmt sich die Höhe möglicher Unternehmensbußen in Fällen, in denen ein Verstoß gleichzeitig als Straftat und Ordnungswidrigkeit zu bewerten ist, nach dem jeweiligen Höchstmaß der angedrohten Geldbuße. Mit Wirkung ab dem 30.6.2013 erhöhte der Gesetzgeber schließlich den allgemeinen Rahmen für Geldbußen,

---

[9] BGH, B. v. 26.2.2013, KRB 20/12, WuW/E DE-R 3861 ff. Rdnr. 69 f. – *Grauzement.*

[10] BKartA, TB 2011/2012 S. 29.

[11] S. Pressemitteilung vom 15.7.2014, abrufbar unter www.bundeskartellamt.de.

[12] S. Pressemitteilung vom 2.4.2014, abrufbar unter www.bundeskartellamt.de.

[13] Dazu Begründung des Regierungsentwurfs einer 7. GWB-Novelle, BT-Drucks. 15/3640 S. 42.

[14] Pressemitteilung des BKartA vom 17.12.2003; das OLG Düsseldorf hat das Bußgeld später auf rund 400 Millionen Euro reduziert.

[15] Dazu Pressemitteilung des BKartA vom 9.5.2001.

[16] Zu den weitestgehend gleichen Grds. im OWi-Recht siehe ausf. oben § 55 Rdnr. 21 f.

§ 30 Abs. 2 OWiG, auf maximal 10 Mio. € bei vorsätzlichen bzw. 5 Mio. € bei fahrlässigen Taten.[17] Damit kann jetzt in Fällen, in denen eine Submissionsabsprache gegenüber natürlichen Personen nach § 298 StGB oder nach § 263 StGB verfolgt wird, parallel eine Unternehmensbuße verhängt werden, die über den unmittelbar in § 30 Abs. 2 Satz 1 OWiG n. F. vorgesehen Rahmen von bis zu 10 Mio. € hinaus gem. § 81 Abs. 4 GWB bzw. § 17 Abs. 4 OWiG errechnet werden kann. Gegenüber natürlichen Personen können Taten nach §§ 263 und 298 StGB mit Geldstrafe oder mit Freiheitsstrafe bis zu fünf Jahren geahndet werden. Soweit Ordnungswidrigkeiten verfolgt werden, gilt unverändert auch insoweit der Bußgeldrahmen des § 81 Abs. 4 S. 1 GWB von bis zu 1 Mio. € bzw. des § 17 Abs. 4 OWiG.

Gem. § 82 GWB gilt für die Verfolgung von Submissionsabsprachen, die regelmäßig sowohl gegen § 1 GWB und gegen § 298 StGB zugleich verstoßen, eine gespaltene Behördenzuständigkeit: Während idR das BKartA die Verfolgung und Ahndung der Unternehmen betreibt, bleibt die Staatsanwaltschaft für die strafrechtliche Verfolgung natürlicher Personen zuständig.[18]

B. Allgemeine Zuständigkeit der Verfolgungsbehörden

4 Für die Verfolgung von Kartell-Ordnungswidrigkeiten gegenüber natürlichen Personen und Verbänden sind grundsätzlich die Kartellbehörden zuständig, deren jeweilige örtliche Zuständigkeit sich nach § 48 GWB[19] bestimmt. Die Zuständigkeit für die Strafverfolgung, die sich nur gegen natürliche Personen richten kann, liegt hingegen ausschließlich bei der jeweils örtlich zuständigen Staatsanwaltschaft. In der bisherigen Praxis ist die Frage der Abgrenzung zwischen Straf- und Ordnungswidrigkeitenverfahren allein für Submissionsabsprachen relevant geworden, für die ausgehend von der Entscheidung des BGH vom 8. Januar 1992[20] der Weg zur Anwendung des § 263 StGB grundsätzlich eröffnet ist.[21] Inzwischen gilt ergänzend – ebenfalls nur für Submissionsabsprachen – § 298 StGB. Kommt danach eine Strafverfolgung wegen eines Kartellverstoßes in Betracht, so gilt folgendes:

5 Die Staatsanwaltschaft kann entweder von Anfang an selbst ermitteln oder jederzeit ein von der Kartellbehörde eröffnetes Ermittlungsverfahren gemäß §§ 21 iVm 42 und 43 OWiG an sich ziehen, um die zugrundeliegende Tat strafrechtlich zu verfolgen, soweit ein entsprechender Anfangsverdacht gem. § 152 StPO vorliegt.[22] Die gerichtliche Ahndung im Strafverfahren schließt eine weitere Tätigkeit der Kartellbehörde gegen den bestraften Täter unter ordnungswidrigkeitenrechtlichen Gesichtspunkten gemäß § 21 OWiG aus. Die Kartellbehörde muss in einem laufenden Ermittlungsverfahren die Sache an die Staatsanwaltschaft abgeben, wenn Anhaltspunkte dafür vorhanden sind, dass die untersuchte Tat eine Straftat ist, § 41 Abs. 1 OWiG.

6 Umgekehrt hindert die Ahndung eines Kartellverstoßes als Ordnungswidrigkeit nicht die spätere Einleitung eines auf die gleiche Tat bezogenen Strafverfahrens, solange die Ahndung als Ordnungswidrigkeit lediglich durch einen Bußgeldbescheid erfolgt ist und keine gerichtliche Entscheidung vorliegt (§ 84 Abs. 2 OWiG). Bereits erlassene Bußgeldbescheide sind bei späterer strafrechtlicher Verurteilung wegen derselben Tat durch das verurteilende Strafgericht aufzuheben (§ 86 Abs. 1 OWiG). Bei nur teilweiser Identität der Taten im Fall tatmehrheitlicher Ahndung ist der Bußgeldbescheid im Strafurteil entsprechend nur partiell aufzuheben. Verurteilt das Strafgericht nicht, sondern spricht es frei oder stellt das

---

[17] Dazu *Mühlhoff,* NZWiSt 2013, 321 f.
[18] S. dazu ausf. *Nickel,* wistra 2014, 7 ff.
[19] Siehe dazu näher § 57 Rdnr. 1 ff.
[20] BGH WuW/E BGH, 2849 ff. – *Arbeitsgemeinschaft Rheinausbau.*
[21] Zuvor noch anders: BGHSt 16, 367, zu den Einzelheiten sogleich näher unter Rdnr. 24.
[22] Dazu noch näher unter § 57 Rdnr. 6.

Verfahren ein, so ist jeweils zu prüfen, aus welchen Gründen diese Entscheidungen ergehen. Wird aufgrund eines Verfahrenshindernisses, das auch die Ordnungswidrigkeit betrifft, freigesprochen oder eingestellt, so ist der Bußgeldbescheid ebenfalls aufzuheben. Wird mangels Vorliegens eines Merkmals der Straftat freigesprochen, das für die Ordnungswidrigkeit keine Erheblichkeit hat, so kommt eine Aufhebung nicht in Frage. Gleiches gilt, wenn die Einstellung des Verfahrens aus Opportunitätsgründen gem. § 153 Abs. 2 StPO erfolgt, die eine Ahndung der Tat als Ordnungswidrigkeit nicht ausschließt. Dies gilt auch für den Fall einer nachträglichen Einstellung des Strafverfahrens nach § 153a Abs. 1 StPO, da der Umstand, dass wegen derselben Handlung bereits ein Bußgeldbescheid erlassen worden ist, bei der Auswahl und Bemessung der Auflagen berücksichtigt werden kann.[23] Die Pflicht zur Aufhebung des Bußgeldbescheids besteht unabhängig von der Rechtskraft des Bußgeldbescheids.[24] Bereits gezahlte oder beigetriebene Bußen sind auf eine im Strafverfahren verhängte Geldstrafe sowie die Verfahrenskosten anzurechnen (§ 86 Abs. 2 OWiG). Überzahlte Beträge sind dem Verurteilten zu erstatten.[25]

In der Praxis führen Staatsanwaltschaften und die zuständige Kartellbehörde oft parallele Ermittlungen. Diese **Verfahrensmehrheit** ist durch § 82 GWB sogar institutionalisiert worden. Nach § 82 Satz 1 GWB ist die nach § 48 GWB zuständige Kartellbehörde stets und unabhängig von der strafrechtlichen Verfolgung natürlicher Personen für die Festsetzung von **Unternehmensbußen** ausschließlich zuständig, wenn eine Submissionsabsprache gegen natürliche Personen strafrechtlich verfolgt wird oder eine Aufsichtspflichtverletzung iSv § 130 OWiG vorliegt, es sei denn (so § 82 Satz 2 GWB), die Kartellbehörde gibt das Verfahren an die zuständige Staatsanwaltschaft ab.[26] 7

Wohl als noch nicht abschließend geklärt anzusehen ist auch die Frage, ob neben solchen Verfahren der nationalen Behörden bei gleichzeitig für den zwischenstaatlichen Handel oder Dienstleistungsverkehr relevanten Fällen wegen derselben Handlung parallel durch die Kommission auch ein EU-Bußgeldverfahren nach der VO Nr. 1/2003 wegen eines möglichen Verstoßes gegen Art. 101 Abs. 1 AEUV durchgeführt werden kann;[27] nach EU-Recht (Art. 23 VO Nr. 1/2003) können nur Unternehmen mit Sanktionen belegt werden, es gilt allerdings zumindest innerhalb der Gemeinschaft nach inzwischen wohl gefestigter Rechtsprechung ein Doppelverfolgungsverbot. Im Verhältnis zwischen der Gemeinschaft und den Mitgliedstaaten dagegen fand dieser Grundsatz nach Ansicht des EuGH aufgrund der unterschiedlichen Schutzgüter von Gemeinschaftsrecht und nationalem Recht keine Anwendung.[28] Der EuGH hatte zunächst aus Billigkeitsgründen eine wechselseitige Pflicht zur Anrechnung der von der jeweils anderen Behörde verhängten Geldbuße gegen das Unternehmen angenommen.[29] Nachdem aber durch die VO Nr. 1/2003 ein System dezentraler Rechtsanwendung und paralleler Zuständigkeiten eingeführt wurde und in Art. 3 Abs. 1 VO Nr. 1/2003 ausdrücklich die Pflicht der mitgliedstaatlichen Wettbewerbsbehörden zur Anwendung von Art. 101 und 102 AEUV aufgenommen wurde, ist inzwischen jedoch von der Geltung des *ne bis in idem*-Grundsatzes auch im Verhältnis zwischen Mitgliedstaaten und Kommission auszugehen.[30] Unterschiedliche Schutzgüter des Gemein- 8

---

[23] So *Göhler,* NStZ 1984, 158; *Göhler-Seitz,* OWiG § 86 Rdnr. 7; sowie KK OWiG-*Wache,* § 86 Rdnr. 7.

[24] Siehe nur *Göhler-Seitz,* OWiG § 86 Rdnr. 1 mwN; KK OWiG-*Wache,* § 86 Rdnr. 5.

[25] *Göhler-Seitz,* OWiG § 86 Rdnr. 10b sowie Vor § 89 Rdnr. 13a.

[26] Zu Einzelheiten s. unter § 57 Rdnr. 9 f.

[27] Dazu näher *Immgena/Mestäcker-Dannecker/Biermann,* EU-Wettbewerbsrecht, Vor. Art. 23 VO 1/2003, Rdnr. 249 ff., 255 mwN.; sowie Ausf. oben § 6 Rdnr. 4.

[28] So EuGH U. v. 13.2.1969, Slg. 1969, 1 Rdnr. 11 – *Walt Wilhelm u. a./BKartA.*

[29] EuGH U. v. 13.2.1969, Slg. 1969, 1 Rdnr. 11 – *Walt Wilhelm u. a./BKartA;* EuG U. v. 9.7.2003, Slg. 2003 II-2597 Rdnr. 87 – *Archer Daniels Midland Co./Kommission.*

[30] *Langen/Bunte-Sura,* Kartellrecht, Bd. 2, Art. 23 VO Nr. 1/2003 Rdnr. 71; *Immenga/Mestmäcker-Dannecker/Biermann,* GWB, § 83 Rdnr. 19; § 81 Rdnr. 627; *Immgena/Mestäcker-Dannecker/Biermann,* EU-Wettbewerbsrecht, Vor. Art. 23 VO 1/2003, Rdnr. 249 ff.; so wohl auch *Klees,* Kartellverfahrensrecht, § 10 Rdnr. 66.

schaftsrechts und des nationalen Rechts können jedenfalls nicht mehr angenommen werden. Aufgrund der Regelung des Art. 11 Abs. 6 VO Nr. 1/2003, derzufolge die Zuständigkeit der mitgliedstaatlichen Wettbewerbsbehörden zur Anwendung der Art. 101 und 102 AEUV dann entfällt, wenn die Kommission ein Verfahren einleitet, ist es jedoch ausgeschlossen, dass es zu einer mehrfachen Bußgeldverhängung durch Kommission und Mitgliedstaaten kommt. Denkbar und praktisch relevant ist dagegen eine mehrfache Bußgeldverhängung durch verschiedene nationale Wettbewerbsbehörden.[31] Dies erfolgt häufig mit dem dogmatisch wenig nachvollziehbaren Argument, dass die jeweilige nationale Kartellbehörde nur Verstöße auf ihrem Territorium erfassen und ahnden wolle, so dass die Verfolgung durch andere Kartellbehörden in anderen Mitgliedstaaten möglich bleiben soll.[32]

In der Praxis erfolgt dabei oft keine Anrechnung[33] von bereits in gleicher Sache im Ausland verhängten nationalen Sanktionen, und zwar weder bei der Bußgeldbemessung noch bei der Prüfung der jeweiligen Leistungsfähigkeit. Als Argument wird regelmäßig auf den Umstand verwiesen, dass jede Behörde nur die in ihrer jeweiligen Jurisdiktion betroffenen Umsätze sanktioniere, also kumulative – weil parallele – nationale Sanktionen nach den „double jeopardy"-Grundsätzen nicht ausgeschlossen seien.

Wenn mehrere nationale Behörden parallel tätig werden bzw. die Kommission ein Verfahren erst nach der bereits erfolgten Bußgeldverhängung durch eine mitgliedstaatliche Wettbewerbsbehörde einleitet, ist nach zutreffender Auffassung eine erneute Bußgeldverhängung nach dem *ne bis in idem* Grundsatz ausgeschlossen.[34] Nach zutreffender Ansicht sollte aber zumindest bei nationaler Anwendung des EU-Kartellrechts (§ 50 GWB) von einer Anrechnungspflicht bereits in gleicher Sache verhängter Sanktionen auszugehen sein. Im Nachlauf zu gegen Unternehmen gerichteten Bußgeldverfahren nach EU-Recht kann es aber dessen ungeachtet zu Strafverfahren gegen natürliche Personen kommen.

9 Auch nach der Veröffentlichung der üblicherweise detailliert begründeten Bußgeldentscheidungen der Kommission im Amtsblatt der EG kann für die deutschen Staatsanwaltschaften ein Anfangsverdacht von Straftaten nach §§ 298 oder 263 StGB gegeben sein, der zur Aufnahme von Ermittlungen nach dem Legalitätsprinzip zwingt.[35]

C. Die Straftatbestände im Einzelnen

I. Wettbewerbsbeschränkende Absprachen bei Ausschreibungen (§ 298 StGB)

10 **1. Tatbestand.** Der für nach dem 20.8.1997 begangene Taten eingeführte § 298 StGB sieht in Abs. 1 vor, dass sich derjenige strafbar macht, der bei einer Ausschreibung über Waren oder gewerbliche Leistungen ein Angebot abgibt, das auf einer Absprache beruht, die den Ausschreibenden zur Annahme eines bestimmten Angebots veranlassen soll. In Abs. 2 wird der Ausschreibung gleichgestellt die freihändige Vergabe nach vorausgegangenem Teilnahmewettbewerb. Abs. 3 enthält eine Regelung zur tätigen Reue, nach der derjenige straflos bleibt, der freiwillig die Angebotsannahme oder spätere Leistungserbringung durch den Auftraggeber (Veranstalter) verhindert bzw. sich bei Ausbleiben des Erfolgseintritts aus anderen Gründen freiwillig und ernsthaft bemüht, die Annahme des Angebots oder das Erbringen der Leistung des Ausschreibenden zu verhindern.

11 § 298 StGB ist kein Sonderdelikt, sondern als abstraktes Gefährdungsdelikt strukturiert, das einen begrenzten Tatbereich im Vorfeld des Betrugs gem. § 263 StGB erfasst.[36] Er be-

[31] Hierzu näher *Langen/Bunte-Sura,* Kartellrecht, Bd. 2, Art. 23 VO Nr. 1/2003 Rdnr. 71.
[32] S. *Bechtold,* GWB, § 81 Rdnr. 9; *Langen/Bunte-Raum,* § 81 Rndr. 79.
[33] Dagegen: *Immenga/Mestmäcker-Dannecker/Biermann,* § 130 Rdnr. 380.
[34] So auch *Soltész/Marquier,* EuZW 2006, 102 ff.
[35] Siehe im Einzelnen dazu noch bei § 57 Rdnr. 12.
[36] *Achenbach,* WuW 1997, 959; *Kuhlen,* in Fs. Lampe, 743, 747; aA *Walter,* GA 2001, 131, 140 und *LK-Tiedemann,* § 298 Rdnr. 8.

droht bereits die Abgabe eines auf einer wettbewerbswidrigen Absprache beruhenden Angebots mit Strafe. Auf die Erregung eines Irrtums, eine Vermögensverfügung des Veranstalters oder gar einen Schadenseintritt kommt es nicht an.[37] Dem Betrugstatbestand gegenüber handelt es sich mithin um ein zum selbständigen Tatbestand erhobenes Versuchsdelikt, dessen Vollendung bereits in einem frühen Stadium des bei Submissionsabsprachen typischen Geschehensablaufs – nämlich mit dem Zugang des Angebots beim Veranstalter – eintritt.[38] Zu den zentralen Tatbestandsmerkmalen:[39]

Es muss zunächst eine konkrete **Ausschreibung** vorliegen. Aufgrund der Verwendung 12
des nach dem Wortlaut nicht eingeschränkten Begriffs der Ausschreibung sind vom Tatbestand des § 298 Abs. 1 StGB öffentliche sowie unbeschränkte und beschränkte Ausschreibungen aller Art gleichermaßen erfasst. Private Ausschreibungen unterfallen nach der Rechtsprechung des BGH jedenfalls dann dem Tatbestand des § 298 StGB, wenn das Vergabeverfahren in Anlehnung an die Bestimmungen der VOB/A ausgestaltet ist.[40] Ungeklärt ist jedoch, wann eine solche Ausgestaltung in Anlehnung an die VOB/A angenommen werden kann. Der BGH stellt darauf ab, dass sich das Vergabeverfahren in dem betreffenden Fall nach den wesentlichen Bestimmungen der VOB/A, namentlich den §§ 2 Nr. 1, 3 Nr. 1, 6 Nr. 1, 9, 10, 18 und 22, richtet. Fraglich bleibt jedoch, ob gegebenenfalls weitere Bestimmungen der VOB/A als wesentlich anzusehen sind und welche Bestimmungen der VOB/A kumulativ vorliegen müssen, damit eine ausreichende Anlehnung an die VOB/A gegeben ist.[41] In der Literatur wird die Frage der Voraussetzungen für eine Einbeziehung **privater Ausschreibungen** in den Tatbestand des § 298 StGB uneinheitlich beantwortet. So wird zum Teil gefordert, dass der private Auftraggeber einen eindeutigen Bindungswillen dokumentiert und nach der VOB/A in ihrer Gesamtheit verfährt.[42] Eine andere Ansicht stellt – vergleichbar der Ansicht des BGH – auf eine ähnliche Ausgestaltung des Vergabeverfahren wie nach der VOB/A ab, was nur dann nicht gegeben sein soll, wenn nicht fachkundige, unzuverlässige oder nicht leistungsfähige Unternehmen einbezogen werden oder aber der Gleichheitsgrundsatz nicht beachtet wird.[43] Die gesetzgeberische Intention zur möglichst lückenlosen Erfassung sämtlicher Ausschreibungsarten wird auch durch die in Abs. 2 ausgesprochene Erstreckung des Tatbestands auf freihändige Vergaben nach vorausgegangenem Teilnahmewettbewerb deutlich. Man wird bei der Tatbestandsabgrenzung aber wohl davon ausgehen können, dass die Aufforderung zur Abgabe eines individuellen Angebotes an einen einzelnen Anbieter ohne diesem gegenüber offengelegten Vergabewettbewerb noch nicht als Ausschreibung zu qualifizieren sein dürfte.[44] Schließlich fällt auch das in § 101 Abs. 4 GWB aufgeführte Verhandlungsverfahren aufgrund des eindeutigen Gesetzeswortlauts, der insofern nur von einer freihändigen Vergabe spricht, nicht unter § 298 Abs. 2 StGB.[45]

Die Ausschreibung muss sich auf **Waren oder gewerbliche Leistungen** beziehen. 13
Entsprechend der bisherigen Interpretation im Rahmen des GWB dürften die Begriffe weit zu verstehen sein und körperliche Sachen und Rechte („Waren") ebenso umfassen wie entgeltliche Leistungen im Geschäftsverkehr, auch solche der freien Berufe („gewerbliche Leistungen").[46]

---

[37] *Kleinmann/Berg,* BB 1998, 280.

[38] S. *Oldigsi* wistra 1998, 296; *Tröndle/Fischer,* § 298 Rdnr. 15.

[39] S. insgesamt instruktiv hierzu: *Stoffers/Möckel,* NJW 2012, 3270 ff.

[40] BGH NZBau 2003, 408.

[41] Vgl. hierzu *Greeve,* BauRB 2004, 31, 32.

[42] So *Greeve,* BauRB 2004, 31, 32; *Greeve/Leipold-Greeve,* § 10 Rdnr. 19–24.

[43] So *LK-Tiedemann,* § 298 Rdnr. 20; *Stoffers/Möckel,* NJW 2012, 3270, 3272.

[44] S. *Achenbach,* WuW 1997, 960; *Burchardi,* in: Schwerpunkte des Kartellrechts 1996, FIW H. 171, S. 49 zum Regierungsentwurf vom 19.6.1996; *Kleinmann/Berg,* BB 1998, 279, 280.

[45] Im Ergebnis ebenso *LK-Tiedemann,* § 298 Rdnr. 21; in diesem Sinne wohl auch *FK-Achenbach,* § 81 GWB 2005 Rdnr. 72; aA *Greeve,* NStZ 2002, 505, 506 und *Walter,* JZ 2002, 254, 256.

[46] *Kleinmann/Berg,* BB 1998, 279; *Otto,* wistra 1999, 41; *Stoffers/Möckel,* NJW 2012, 3270.

14 Hinsichtlich des im Gesetz gewählten Begriffs der **Absprache** ist der Tatbestand noch unschärfer. Der Begriff der Absprache findet sich nicht in der Verbotsbestimmung des § 1 GWB, die sich auf verbotene „Vereinbarungen", „Beschlüsse" oder „abgestimmte Verhaltensweisen" bezieht. Obwohl dieser Gesichtspunkt bereits im Gesetzgebungsverfahren als problematisch erkannt worden und vom Bundesrat im Hinblick auf eine gewünschte Einbeziehung von abgestimmten Verhaltensweisen eine entsprechende Präzisierungsbitte an die Bundesregierung übermittelt worden war, ist der ursprüngliche Begriff der „Absprache" beibehalten worden.[47] Während Vereinbarungen iSd § 1 GWB relativ klar unter den Begriff der Absprache zu subsumieren sein dürften, gilt dies für abgestimmte Verhaltensweisen nicht. Eine tatbestandliche Einbeziehung auch abgestimmter Verhaltensweisen würde daher eine ausdehnende Anwendung der Vorschrift im Sinne einer Analogie bedeuten, der im Strafrecht das verfassungsrechtliche Analogieverbot aus Art. 103 Abs. 2 GG entgegensteht.[48] Unklar ist, inwieweit auch vertikale Absprachen vom Verbotstatbestand erfasst sein können. Der BGH scheint dies inzwischen anzunehmen.[49]

15 Dem Merkmal der **Rechtswidrigkeit** der Absprache dürfte insoweit Bedeutung zukommen, als Mitglieder von nach §§ 2 und 3 GWB vom Verbot des § 1 freigestellten Kartellen Angebote abgeben.[50] Soweit solche Angebote nur im Kreise des freigestellten Kartells und nicht nachfolgend mit anderen Mitbietern abgesprochen werden, ist § 298 StGB nicht einschlägig, weil zwar ein abgesprochenes Angebot submittiert wird, die Absprache aber nicht rechtswidrig wäre. Auch (offene) Bietergemeinschaften sind zulässig und werden von der Vorschrift nicht erfasst. Andererseits setzt die Tatbestandserfüllung keine heimliche Begehung voraus.[51]

16 Für die **Abgabe des Angebotes** kommt es auf eine Kenntnisnahme oder gar Annahme des Angebots durch den Ausschreibenden nicht an.[52] Entscheidend ist allein, dass das Angebot – veranlasst durch den Täter – dem Empfänger zugeht.[53] Auf die Abgabe des Angebotes ist es nach Ansicht des BGH ohne Einfluss, wenn dieses nach dem vorgesehenen Submissionstermin und damit verspätet beim Ausschreibenden eingeht.[54] Ebenfalls ohne Einfluss auf die erfolgte Abgabe ist auch die Nichteinhaltung vergaberechtlicher Formvorschriften.[55]

17 Als problematisch erweist sich auch die Auslegung des Tatbestandsmerkmals des **Beruhens** der Angebotsabgabe auf einer unzulässigen Absprache. Diesbezüglich ist insbesondere fraglich, ob bereits die Kenntnis des Bietenden von einer unzulässigen Absprache und die Submission seines eigenen Angebots in Kenntnis dieser Absprache zur Tatbestandserfüllung ausreichen, oder ob – und gegebenenfalls in welcher Form – eine finale Verknüpfung bzw. ein Konsens zwischen Bietendem und Absprechendem gegeben sein muss. Die Frage hängt

---

47 S. Stellungnahme des Bundesrates zum Gesetzesentwurf, BT-Drucks. 13/6424 v. 5.12.1996, S. 7 linke Spalte sowie S. 12 rechte Spalte.

48 Zweifelnd auch *Kleinmann/Berg,* BB 1998, 280 und *Greeve/Leipold-Greeve,* § 10 Rdnr. 73–77; dagegen *Achenbach,* WuW 1997, 959: der für das abgestimmte Verhalten erforderliche Verständigungsakt könne unter den Begriff der Absprache subsumiert werden (ebenda Fn 15); einschränkend *Korte,* NStZ 1997, 516, der abgestimmte Verhaltensweisen dann für tatbestandsmäßig hält, wenn sie durch wechselseitige Information über künftiges Marktverhalten zu einer Koordination führen.

49 S. BGH NJW 2012, 3318 f.; aA *Greeve,* NStZ 2002, 505, 508 und *Kuhlen,* in Fs. Lampe, 2003, 743, 755–757; *Immenga/Mestmäcker-Dannecker/Biermann,* GWB, Vor § 81 Rdnr. 186; *LK-Tiedemann,* § 298 Rdnr. 14; *Tröndle/Fischer,* § 298 Rdnr. 10; *Lackner/Kühl-Kühl,* § 298 Rdnr. 3; *Schönke/Schröder-Heine,* § 298 Rdnr. 11.

50 Das Merkmal der Rechtswidrigkeit erfordert einen Verstoß gegen § 1 GWB, vgl. LG Düsseldorf U. v. 8.3.2007, Az. 24b Ns 9/06, Rdnr. 100.

51 *Kleinmann/Berg,* BB 1998, 279; *Lackner/Kühl-Kühl,* § 298 Rdnr. 3.

52 *Tröndle/Fischer,* § 298 Rdnr. 15.

53 *LK-Tiedemann,* § 298 Rdnr. 29.

54 BGH NZBau 2003, 408; aA *Tröndle/Fischer,* § 298 Rdnr. 15a; *Immenga/Mestmäcker-Dannecker/Biermann,* Vor § 81 Rdnr. 185.

55 BGH NZBau 2003, 408; aA *LK-Tiedemann,* § 298 Rdnr. 27, demzufolge die Rechtsfolgen einer Nichteinhaltung von Formvorschriften bei weniger gravierenden Mängeln im Ermessen der Vergabestelle stehen und *Greeve,* NStZ 2002, 505, 509, die offensichtlich rechtsungültige Angebote als nicht abgegeben ansieht.

unmittelbar zusammen mit dem in seiner Abgrenzung auch insoweit unklaren Begriff der „Absprache". *Achenbach* versteht das Tatbestandsmerkmal als Hinweis auf die erforderliche „Kausalität" zwischen Absprache und Angebot. Hierfür sollen die zu § 38 Abs. 1 Nr. 1 GWB in der bis zur 6. GWB-Novelle geltenden Fassung vom BGH entwickelten Grundsätze herangezogen werden, wonach das Angebot dazu dienen muss, der Absprache Geltung zu verschaffen.[56]

Das auf einer Absprache beruhende Angebot muss darüber hinaus dazu bestimmt sein, **18**
einem bestimmten Angebot zum Zuschlag zu verhelfen. Damit ist klar geregelt, dass sowohl der vom Kreis der Absprachеteilnehmer vorgesehene Auftragnehmer durch die Submission eines entsprechend niedrigen Angebots, als auch die jeweiligen Schutzbieter durch die Submission entsprechend höherer (oder aus sonstigen Gründen nicht zuschlagsfähiger) Angebote den gesetzlichen Tatbestand verwirklichen können. Derjenige, der aus anderen Gründen nicht selbst den Zuschlag erlangen, trotzdem aber ein Angebot abgeben will und daher zu hoch bietet, macht sich solange nicht strafbar, wie dies auf seiner autonomen Entscheidung und nicht auf einer Absprache mit anderen Bietern beruht.[57]

Strafbar kann nach den Grundsätzen zu Täterschaft und Teilnahme (Mittäterschaft und – **19**
hier – Beihilfe, §§ 25 Abs. 2, 27 StGB) auch das Fördern einer abgesprochenen Angebotsabgabe sein. Als Beispiel wird in der Literatur eine Strafbarkeit als Mittäter für möglich gehalten, wenn der Betreffende erheblich auf das Zustandekommen der Kartellabsprache Einfluss genommen und sich gegen Zahlung eines Ausgleichsbetrages abredegemäß nicht an der Ausschreibung beteiligt hat.[58] Darüber hinaus ist in der Literatur vorgeschlagen worden, den Vorstand einer Aktiengesellschaft aus Ingerenz haften zu lassen, wenn er sich an der Absprache beteiligt und das Angebot später durch einen Mitarbeiter einreichen lässt. Hier soll je nach Tatherrschaft mittelbare Täterschaft oder Beihilfe vorliegen.[59] Mindestens zweifelhaft ist die Frage der Anwendbarkeit der Strafbestimmung in Fällen, in denen zwar eine nach § 1 GWB kartellrechtswidrige Absprache vorliegt, diese Absprache sich aber nur mittelbar auf konkrete Ausschreibungssituationen bezieht. Treffen Wettbewerber z. B. eine **Gebietsabsprache, Kundenabsprache, Quotenabsprache** oder **eine Absprache über eine sachliche Marktaufteilung,** so schließen solche Absprachen häufig indirekt den Gesichtspunkt ein, dass bestimmte Absprachebeteiligte sich in bestimmten sachlichen oder räumlichen Gebieten generell einer Teilnahme am Wettbewerb und damit auch an Ausschreibungen enthalten. Aus diesem Grund können entsprechende allgemeine Kartellabsprachen mittelbar auch darauf abzielen, einem anderen – dem von der Absprache Begünstigten – zum Zuschlag zu verhelfen. In derartigen Fällen wird aber regelmäßig fraglich und im Ergebnis zu verneinen sein, dass entsprechende Absprachen „einem bestimmten Angebot" eines Dritten im Sinne des § 298 Abs. 1 StGB zum Zuschlag verhelfen sollen. Der Tatbestand setzt insoweit einen individuell konkreten Bezug der rechtswidrigen Absprache auf ein konkretes Ausschreibungsverfahren voraus, der bei allgemeinen Kartellabsprachen fehlt.[60]

Des Weiteren ist umstritten, ob nur Kartellmitglieder Täter des § 298 StGB sein können. So wurde in der Literatur zum Teil vertreten, nur Personen, die ein Angebot für ein an der Submissionsabsprache beteiligtes Unternehmen abgeben, könnten Täter des § 298 StGB sein.[61] Der BGH hat diese Frage bisher jedoch ausdrücklich offengelassen.[62] Aufgrund der Ausweitung des Tatbestandes auf vertikale Absprachen entschied der BGH zuletzt, dass sich

---

[56] *Achenbach,* WuW 1997, 959.

[57] Zweifelnd zur individuellen Funktion des Tatbestandsmerkmals „abzielen" *FK-Achenbach,* GWB 2005, § 81 Rdnr. 71: mit dem Merkmal „Ziel der Absprache" sei die innere Zweckrichtung des Absprachеinhalts gemeint.

[58] So *Achenbach,* WuW 1997, 959; aA *LK-Tiedemann,* § 298 Rdnr. 46.

[59] *Kleinmann/Berg,* BB 1998, 280.

[60] So auch BKartA TB 1995/96, S. 33; *Tröndle/Fischer,* § 298 Rdnr. 11.

[61] So *LK-Tiedemann,* § 298 Rdnr. 16–18 und 47–49 und *Greeve/Leipold-Greeve,* § 10 Rdnr. 100; *Schönke/Schröder-Heine,* § 298 Rdnr. 17 aA *Tröndle/Fischer,* § 298 Rdnr. 17b.

[62] BGH WuW/E DE-R 1287, 1290 – *Planungsbüro.*

nunmehr auch der Veranstalter nach den allgemeinen Abgrenzungsregeln als Täter strafbar machen kann.[63] Es soll nach der Einbeziehung vertikaler Kartellverstöße in den Anwendungsbereich des § 1 GWB durch die 7. GWB-Novelle im Jahr 2005 die Kartellrechtsakzessorietät des damit erweiterten Verbotstatbestands in § 298 StGB gewahrt bleiben, so dass seitdem zusätzlich auch vertikale Absprachen zwischen Bietern und Veranstaltern erfasst sein sollen.[64] Das OLG Celle hat insoweit Absprachen zwischen einem marktbeherrschenden Unternehmen und einem Subunternehmer als taugliche Verstöße iSd § 298 StGB angesehen.[65] Im Einzelnen wird allerdings aus den BGH-Entscheidungen nicht deutlich, unter welchen Umständen genau eine erweiterte Strafbarkeit vorliegen soll und wie sich diese zur selbständig zu prüfenden Frage des tauglichen Täterkreises verhält.[66]

20 Subjektiv muss der Täter hinsichtlich aller Merkmale des gesetzlichen Verbotstatbestands vorsätzlich handeln, wobei **bedingter Vorsatz ausreichend** sein dürfte.[67]

21 **2. Tätige Reue.** Dem Tatbestand zu § 298 Abs. 3 zufolge wird derjenige Täter einer wettbewerbsbeschränkenden Absprache bei Ausschreibungen im Sinne eines persönlichen Strafausschließungsgrundes straflos, der **nach der Vollendung** des Verbotstatbestandes durch Verhinderung der Annahme des Angebots oder aber der späteren Leistungserbringung (Zahlung) durch den Ausschreibungsveranstalter den Eintritt des Taterfolgs verhindert bzw. sich bei anderweitiger Kausalitätsunterbrechung freiwillig und ernsthaft bemüht hat, den Erfolgseintritt oder die Leistung des Veranstalters zu verhindern. Die Bestimmung greift unabhängig von der Art und Weise ein, in der der Täter die Erfolgsverhinderung herbeiführt. Als freiwillige Verhinderung des Erfolgseintritts werden nur Handlungen bewertet, die der Täter aus autonomen Motiven trotz noch für möglich gehaltener Tatvollendung vornimmt.[68] Bei mehreren Tatbeteiligten gilt für den Rücktritt des einzelnen Täters vom Versuch die allgemeine Bestimmung des § 24 Abs. 2 StGB entsprechend.[69]

22 Die für strafbare Beteiligungshandlungen wichtige Frage, wann die **Beendigung** des Delikts eintritt, wird ebenfalls anhand der Regelung in § 298 Abs. 3 StGB zu beantworten sein. Da der Täter noch bis zur Erbringung der Gegenleistung des Ausschreibenden tätige Reue üben kann, dürfte auch erst zu diesem Zeitpunkt die Beendigung der Tat eintreten.[70] Dabei wird davon auszugehen sein, dass tätige Reue nur bis zur ersten (Raten-) Zahlung des Ausschreibenden (Veranstalters) möglich ist, da nur bei einer vollständigen Verhinderung der Leistung – und damit jeglicher Zahlung des Ausschreibenden – der Eintritt des tatbestandlichen Erfolgs insgesamt ausbleibt.[71] Damit dürfte bei § 298 StGB zugleich von einem vor der Schlussrechnung liegenden Beendigungszeitpunkt auszugehen sein.[72]

23 Zu beachten ist weiter, dass § 298 Abs. 3 StGB nur für Taten nach Abs. 1 gilt, nicht jedoch für andere gleichzeitig verwirklichte Delikte, wie z. B. einen versuchten Betrug nach §§ 263, 22 StGB. Insoweit kann aber § 24 Abs. 1 StGB die Betrugsstrafbarkeit ausschließen.[73] In der Praxis dürfte regelmäßig von der gemäß § 154a StPO bestehenden Möglichkeit zur Beschränkung der Verfolgung auf den leichter anwendbaren § 298 StGB Gebrauch gemacht werden.

---

63 BGH B. v. 25.7.2012 – 2 StR 154/12, NJW 2012, 3318; Achenbach, NStZ 2013, 697, 701; Anm. von *Heuking*, BB 2013, 1155 sowie *Greeve*, NZWiSt 2013, 140 ff..

64 So jetzt *Langen/Bunte-Raum*, § 81 Rdnr. 10, zur str. Diskussion *LK-Tiedemann*, StGB 12. Aufl. 2008, § 298 Rdnr. 15.

65 OLG Celle, B. v. 29.3.2012, wistra 2012, 318.

66 S. dazu *Hohmann*, wistra 2013, 105, 106.

67 *FK*-Achenbach, GWB 2005, § 81 Rdnr. 73 (dolus eventualis); *Lackner/Kühl-Kühl*, § 298 Rdnr. 5.

68 Zu den diesbezüglich zahlreich vertretenen Theorien siehe im einzelnen *Tröndle/Fischer*, § 24 Rdnr. 19–21 mwN.

69 Ähnlich *Achenbach*, WuW 1997, 960.

70 So *Tröndle/Fischer*, § 298 Rdnr. 15b, § 264 Rdnr. 38.

71 Zur Parallelsituation bei § 264 StGB siehe *Tröndle/Fischer*, § 264 Rdnr. 41 mwN.

72 S. *Lackner/Kühl*, § 298 Rdnr. 7.

73 Zu Einzelheiten siehe *Tröndle/Fischer*, § 265b Rdnr. 39 sowie § 24 Rdnr. 7 ff.

II. Submissionsbetrug gem. § 263 StGB

24 **1. Tatbestand.** Mit Ausnahme des Schadensmerkmals sind bei Submissionsabsprachen regelmäßig auch die Voraussetzungen des Betrugstatbestands erfüllt. Der spätere Auftragnehmer erklärt entweder ausdrücklich – in Form einer in vielen Fällen vorgeschriebenen schriftlichen Versicherung – oder mindestens konkludent durch Angebotsabgabe in Verbindung mit dem Umstand, dass es sich um eine Ausschreibung handelt,[74] keine Preisabsprachen mit Wettbewerbern getroffen zu haben. Darin liegt eine **Täuschungshandlung.**[75] Gleiches gilt für die höhere Angebote submittierenden Schutzbieter, die insoweit als Täter eines fremdnützigen Betrugs, der gleichermaßen strafbar ist, handeln. Eine solche Täuschungshandlung ist auch im Falle einer freihändigen Vergabe, der eine Anfrage an mindestens zwei Unternehmen vorausgegangen ist, gegeben, da der Auftraggeber auch in diesem Falle vom Vorliegen eines Wettbewerbs zwischen den Anbietern ausgeht.[76] Beim Auftraggeber wird hierdurch auch regelmäßig ein entsprechender **Irrtum** erregt. Dies gilt nur dann nicht, wenn die Absprache zum Zeitpunkt der Vergabeentscheidung bzw. des Angebotseingangs dem Auftraggeber bereits bekannt ist. Ein Irrtum entfällt allerdings dann nicht, wenn der Auftraggeber das Vorliegen einer Absprache bloß vermutet.[77] Ferner wird auch eine durch den **Irrtum bedingte Vermögensverfügung** vorgenommen, da in der Annahme eines Vertragsangebots eine das Vermögen des Auftraggebers belastende Verbindlichkeit zu sehen ist.[78] Regelmäßig fraglich ist indes sodann die Entstehung eines **Vermögensschadens.** Hierfür ist nach dem herrschenden wirtschaftlichen Vermögensbegriff[79] Voraussetzung, dass der vom Auftraggeber letztlich gezahlte Preis höher liegt als derjenige, der ohne die zugrundeliegende Absprache und Täuschung zu zahlen gewesen wäre.[80] Als in diesem Zusammenhang erfüllbare Verwirklichungsformen des Betrugs werden einerseits der sog. **Eingehungsbetrug** (dazu Rdnr. 26 ff.) erörtert, bei dem der Handelnde seinen Geschäftspartner durch Täuschung zur Eingehung einer konkret vermögensgefährdenden Verbindlichkeit motivieren will, die mehr wert ist als die von ihm angebotene Gegenleistung.[81] Andererseits kommt, wenn nicht nur ein abgesprochenes Angebot submittiert, sondern später auch eine entsprechende Rechnung gestellt worden ist, **Erfüllungsbetrug** in Betracht, bei dem der Erfüllende täuschungsbedingt mehr leistet als er schuldet[82] (dazu Rdnr. 34 ff.).

25 In der bisherigen Praxis ist es gleichwohl noch nicht zu einer verbreiteten Anwendung des Straftatbestandes des § 263 StGB auf Submissionsabsprachen gekommen. Dies beruht auf den Schwierigkeiten, die mit der Schadensfeststellung zusammenhängen, da Zuschlagspreise in aller Regel nicht an feststehenden Vergleichspreisen gemessen werden können, sondern oft hypothetische Berechnungen anzustellen sind, deren Zulässigkeit und Beweiskraft im Hinblick auf die Formenstrenge des Strafrechts meist große Schwierigkeiten bereitet.[83] Auch nach der Einführung des § 298 StGB ist wegen der parallelen Anwendbarkeit des § 263 StGB[84] damit nicht nur für Altfälle aus der Zeit vor dem 20.8.1997, sondern

---

[74] Dazu *Baumann,* NJW 1992, 1661, 1664; *ders.,* Bauwirtschaft 1973, 1517 und *Eichler,* Bauwirtschaft 1993, 1039.

[75] So BGH, BGHSt 47, 83, 86 f.; BGH WuW/E DE-R 1233, 1234 – *Frankfurter Kabellkartell; Ranft,* wistra 1994, 41, 42.

[76] So BGH, BGHSt 47, 83, 87; im Ergebnis ebenso *Walter,* JZ 2002, 254; kritisch hierzu *Götting/Götting,* ZfBR 2003, 341, 342 f.; *Rönnau,* JuS 2002, 545, 546.

[77] So BGH, BGHSt 47, 83, 88; *Immenga/Mestmäcker-Dannecker/Biermann,* GWB, Vor § 81 Rdnr. 171; kritisch hierzu *Rönnau,* JuS 2002, 545, 546.

[78] Siehe nur *Ranft* aaO.

[79] Dazu *Lackner/Kühl,* StGB § 263 Rdnr. 34 f. mwN.

[80] Im einzelnen *Jaath,* in Fs. Schäfer, S. 89, 98–101; differenzierend *Ranft,* wistra 1994, 41, 42.

[81] Dazu BGHSt 16, 367, 373.

[82] BGH wistra 1997, 144, 146.

[83] Dazu ausführlich *Lüderssen,* wistra 1995, 243, 244, 246 f. mwN.

[84] *Oldigs* spricht insoweit bildlich von einer Normentreppe: § 1 GWB – § 298 StGB – § 263 StGB, wistra 1998, 296.

generell auf die in den beiden *Rheinausbau*-Entscheidungen[85] ausgeführten Grundsätze zurückzugreifen[86] (dazu im Folgenden):

26 **2. Eingehungsbetrug.** *a) Entscheidungen des BGH.* Der BGH hat in der ersten *Rheinausbau*-Entscheidung zunächst grundsätzlich entschieden, dass § 263 StGB auf Submissionsabsprachen Anwendung finden kann und insoweit für die Praxis den bis dato bestehenden dogmatischen Streit entschieden.[87] Im Hinblick auf eine denkbare Erfüllung des Tatbestandes des Eingehungsbetrugs hat der BGH ausgeführt, es komme für die Frage einer Schadensentstehung auf einen Vergleich zwischen dem geforderten Preis und dem Marktpreis der von der Absprache betroffenen Leistungen oder Waren an. Dabei geht der BGH davon aus, dass auch in Fällen, in denen sich ein fester Wert für die betroffenen Waren oder Dienstleistungen mangels eines entsprechenden Marktgeschehens oder aufgrund des Umstandes, dass Preise nach Zeit, Ort, Inhalt und Gegenstand des fraglichen Geschäfts sowie in Abhängigkeit von der Handelsstufe schwanken, nicht feststellen lässt, eine Möglichkeit zur Schadensfeststellung besteht. Selbst wenn – wie im entschiedenen Fall für kundenspezifisch nachgefragte Wasserbau-Arbeiten – erst die Ausschreibung selbst zu konkurrierenden Preisangeboten für das spezifische Leistungspaket führe und damit im Übrigen ein Marktgeschehen fehle, könne der Vergleich zwischen Marktpreis und gefordertem Preis vorgenommen werden. Dabei könnten diejenigen Preise zugrunde gelegt werden, die bei funktionierendem Wettbewerb erzielt worden wären. Die Prüfung, welche Preise bei funktionierendem Wettbewerb erzielt worden wären, obliege dem Tatrichter, der eine Reihe von Indizien gewichten könne und müsse. Entsprechende Hinweise auf die Berechnungsmöglichkeiten für **hypothetische Wettbewerbspreise** ließen sich zunächst den Grundsätzen zur (mittlerweile abgeschafften) Mehrerlösberechnung im Rahmen des § 81 Abs. 2 GWB a. F. entnehmen.[88] Außerdem ließen sich Angaben zu Durchschnittswerten für durch Preisabsprachen erzielte Mehrerlöse im Baugewerbe statistischen Untersuchungen entnehmen.[89] Weiter gelte der Erfahrungssatz, dass Submissionskartelle nicht gebildet und am Leben erhalten würden, wenn sie den Mitgliedern nicht zu höheren Preisen verhelfen würden, wobei es sich aber lediglich um eine Wahrscheinlichkeitsaussage handele, die anhand weiterer Beweisanzeichen daraufhin überprüft werden müsse, ob sie auch zutreffe.[90] Eine Wahrscheinlichkeit für einen Schadenseintritt folge auch daraus, dass bereits die Bekanntgabe, dass bestimmte Bieter sich an Ausschreibungen beteiligten, den Wettbewerb anerkanntermaßen beschränken und daher nach § 32 GWB selbständig untersagt werden könne. Es liege nahe, dass unter dem Druck des Wettbewerbs und in Unkenntnis konkurrierender Angebote Bieter schärfer kalkulierten und damit ohne Absprache niedrigere Preisangebote abgegeben würden. Schließlich sei die Vornahme von **Ausgleichszahlungen** an Schutzbieter[91] ein gewichtiges Indiz für den Schadenseintritt, da entsprechende Zahlungen auf das Absprachezeil einer Erzielung von über dem Marktpreisniveau liegenden Preisen schließen ließen.

27 In der Entscheidung *Flughafen München* hat der BGH ebenfalls die Bedeutung von Schmiergeld- und Ausgleichszahlungen für die Zulässigkeit der Annahme des Vorliegens von überhöhten Preisen bestätigt. Schmiergeldzahlungen und Ausgleichszahlungen werden als nahezu zwingende Beweisanzeichen dafür bezeichnet, dass der aufgrund der Absprache vereinbarte

---

[85] Siehe Fn. 3.

[86] Die Entscheidungen sind zum Teil auf heftige Kritik gestoßen, s. nur *Lüderssen,* aaO; *Ranft,* wistra 1994, 41 ff.; *Moosecker,* in Fs. Lieberknecht, S. 407 ff., insb. 413–421.

[87] Dazu BGH WuW/E BGH, 2849, 2852, mwN. – *Arbeitsgemeinschaft Rheinausbau.*

[88] BGH aaO, 2853, unter Hinweis auf *Immenga/Mestmäcker-Tiedemann,* GWB, 2. Aufl., § 38 Rdnr. 266 sowie *Langen/Hennig,* 8. Aufl., § 38 Rdnr. 93, 95.

[89] BGH aaO, unter Berufung auf *Finsinger,* Jahrbücher für Nationalökonomie und Statistik, 1984, Bd. 199/6, S. 575, 581; *Bülow,* Forschungsreihe der Bauindustrie, 1977, Bd. 39, S. 139 ff.; siehe auch *Bangard,* wistra 1997, 161.

[90] BGH wistra 2001, 103, 104.

[91] Der BGH hat auch Schmiergeldzahlungen an Vergabebeamte als „kategorische" Betrugsschäden in diesem Sinne qualifiziert, s. BGH wistra 1997, 144, 146.

Preis höher liegt als dies ohne Absprache der Fall gewesen wäre.[92] Dies legt die Annahme eines Mindestschadens jedenfalls in Höhe der bezahlten Schmiergelder und Ausgleichszahlungen nahe.[93] Hierdurch wird die Schadensfeststellung für die Praxis stark erleichtert.

b) Kritik im Schrifttum. Die *Rheinausbau*-Entscheidungen sind in der Literatur z. T. heftig kritisiert worden.[94] Neben grundsätzlichen Überlegungen zur Subsidiarität des allgemeinen Straftatbestandes des § 263 StGB im Hinblick auf den kartellrechtliche Verstöße gezielt erfassenden Bußgeldtatbestand in § 81 GWB[95] werden vor allem die weitgehend spekulativen Elemente der vom BGH vorgeschlagenen Indizien-Prüfung hinsichtlich des Vorliegens eines Betrugsschadens in Frage gestellt.[96] **28**

3. Erfüllungsbetrug. *a) Entscheidungen des BGH.* In den beiden *Rheinausbau*-Entscheidungen des BGH wird darüber hinaus die Möglichkeit eines strafbaren Erfüllungsbetruges erörtert, der sich im Wesentlichen aus zwei Gesichtspunkten ergeben könne: Bei öffentlichen oder mit öffentlichen Mitteln finanzierten Aufträgen werde im Absprachefall automatisch nach §§ 5 Abs. 3, 7, 9 VO PR Nr. 1/72[97] vom Auftraggeber lediglich der sogenannte **Selbstkostenfestpreis** geschuldet, so dass der Entschluss des Täuschenden, dieser Rechtsfolge zu entgehen, unter dem Gesichtspunkt des Erfüllungsbetrugs Bedeutung erlangen könne.[98] Diese Argumentation des BGH ist jedoch seit der ersatzlosen Aufhebung[99] der VO PR Nr. 1/72 überholt.[100] Außerdem kann nach Ansicht des BGH Erfüllungsbetrug vorliegen, wenn bei Angebotsabgabe, Vertragsabschluss oder der Einforderung des Werklohns der über das Vorliegen von Wettbewerb getäuschte Auftraggeber mindestens zeitweilig an der Geltendmachung ihm zustehender Schadensersatzansprüche gegenüber absprachebeteiligten Dritten gehindert würde. Der BGH hat klargestellt, dass durch die Verhinderung der Geltendmachung von Schadensersatzansprüchen kein Schaden iSv § 263 StGB begründet wird, da es insofern an der Stoffgleichheit zwischen dem angestrebten Vorteil und dem Schaden mangelt.[101] **29**

Weiter hat der BGH klargestellt, dass in Absprachefällen der Eingehungsbetrug bloßes Durchgangsstadium zum Erfüllungsbetrug sei. Die für den Vertragsabschluss ursächliche Täuschung bilde mit dem durch den Vertrag eintretenden Vermögensnachteil und der endgültigen Entstehung des diesem Nachteil entsprechenden Erfüllungsschadens eine Betrugstat.[102] **30**

b) Vorsatz und Irrtum. Bezüglich des Betrugsvorsatzes hat der BGH entschieden, dass dieser schon dann anzunehmen sei, wenn der betreffende Handlungstäter sich eines Kartellverstoßes bewusst war. Das erforderliche Unrechtsbewusstsein setze lediglich das Bewusstsein des Täters voraus, gegen die Rechtsordnung zu verstoßen.[103] Auf ein darüber hinausgehendes Bewusstsein, dass sein Handeln als Betrug zu bewerten ist, komme es nicht an.[104] Selbst wenn also ein Absprachteilnehmer lediglich in dem Bewusstsein handelte, **31**

[92] BGH, BGHSt 47, 83, 88; ebenso *Tröndle/Fischer,* § 263 Rdnr. 131; kritisch hierzu *Lange,* ZWeR 2003, 352, 363 und *Rönnau,* JuS 2002, 545, 550.

[93] *Rönnau,* JuS 2002, 545, 550.

[94] Siehe nur *Lüderssen,* wistra 1995, 243 ff.; *ders.,* in Beilage 11 zu BB 1996, S. 12 f.; *Moosecker,* in Fs. Lieberknecht, S. 407 ff. und die Nachw bei *FK-Achenbach,* § 81 GWB 2005, Rdnr. 80 in Fn. 2.

[95] *Lüderssen* aaO, 246.; aA *Jaath,* in Fs. Schäfer S. 89, 112; sowie *Baumann,* in Fs. Oehler, S. 291, 299 f.

[96] S. dazu ausführlich Vorauflage Rdnr. 30 ff. mwN.

[97] Verordnung über die Preise von Bauleistungen bei öffentlichen oder mit öffentlichen Mitteln finanzierten Aufträgen, BGBl. 1972 I, 293.

[98] BGH WuW/E BGH 2849, 2854 – *Arbeitsgemeinschaft Rheinausbau* – unter Hinweis auf BGHZ 51, 174, 181; BGHSt 8, 221, 226; s. auch *Immenga/Mestmäcker-Dannecker/Biermann,* GWB, Vor § 81 Rdnr. 177; dagegen überzeugend *Lüderssen,* wistra 1995, 243, 248 f.

[99] Durch Gesetz vom 16.6.1999, BGBl. I 1999, 1419.

[100] Siehe *FK-Achenbach,* § 81 GWB 2005 Rdnr. 79.

[101] BGH wistra 2000, 61, 62; BGH wistra 2001, 103, 104.

[102] BGH wistra 1997, 144, 146.

[103] Insoweit kann auf die Ausführungen oben § 51 Rdnr. 61 verwiesen werden.

[104] BGH aaO, 2949 f., unter Hinweis auf BGHSt 11, 263, 266; BGH wistra 86, 218.

sich ordnungswidrig zu verhalten, liege Betrugsvorsatz vor; die Annahme eines (unvermeidbaren) Verbotsirrtums gem. § 17 StGB scheide aus.[105]

32 Submissionsabsprachen werden zunehmend unter strafrechtlichen Gesichtspunkten verfolgt. Dies resultiert auch aus der steigenden Anzahl von Kronzeugen-Anträgen, die nach der Bonus-Regelung beim BKartA[106] und nach der Leniency-Notice bei der Europäischen Kommission gestellt werden. Die seitens der Antragsteller im Falle der Kooperation zu liefernden detaillierten Angaben zu den begangenen Verstößen finden Eingang in entsprechende Bußgeldentscheidungen und können so strafrechtliche Ermittlungen gegen natürliche Personen nach sich ziehen. Das BKartA leitet in ständiger Praxis Bonusanträge, aus denen sich ein Anfangsverdacht für strafbare Handlungen ergibt, zum Zwecke der Strafverfolgung beteiligter natürlicher Personen an die zuständigen Staatsanwaltschaften weiter.

III. Sonstige Straftatbestände

33 Neben der im Vordergrund stehenden Frage der Strafbarkeit von Submissionsabsprachen gemäß §§ 263, 298 StGB können durch – oder im Zusammenhang mit – Kartellverstöße(n) auch andere Straftatbestände erfüllt sein. Angesichts der im einzelnen vielschichtigen Rechtsfragen, aber auch der geringen praktischen Relevanz, wird an dieser Stelle nur ein Überblick gegeben: Im Zusammenhang mit **Ausschreibungsverfahren** – auch im privaten Bereich – kann es nach bisher geltendem Strafrecht zur Verwirklichung der Tatbestände der §§ 263 und 266 StGB **(Untreue)** kommen, wenn Planungsbeauftragte eingeschaltet sind, die vom Bauherrn mit der Vorbereitung der Vergabe betraut sind und dennoch Kartellabsprachen der Auftragnehmer fördern.[107] Bei Zurverfügungstellung geheimer Bietungsunterlagen durch den Vergebenden kann daneben § 17 Abs. 2 UWG **(Geheimnisverrat)**[108] zum Tragen kommen. Die Tatbestände der §§ 331 bis 334 StGB **(Bestechung/Vorteilsgewährung)** können einschlägig sein, soweit Amtsträger gegen Vorteilsnahme den getroffenen Kartellabsprachen zur Durchsetzung verhelfen. Auch insoweit hat das Gesetz zur Bekämpfung der Korruption wichtige Neuerungen gebracht. So wurde der damalige Straftatbestand der **Angestelltenbestechung** gem. § 12 UWG mit verschiedenen Tatbestandserweiterungen in das Strafgesetzbuch übernommen. **Einfache Bestechlichkeit** und **Bestechung im geschäftlichen Verkehr** sind gem. § 299 StGB und besonders schwere Fälle nach § 300 StGB strafbar, mit Strafdrohungen von bis zu drei bzw. fünf Jahren Freiheitsstrafe. § 299 StGB ist Antragsdelikt, eine Strafverfolgung von Amts wegen ist jedoch ebenfalls möglich bei besonderem öffentlichen Interesse (§ 301 StGB). Hinsichtlich der Amtsdelikte in §§ 331 ff. StGB wurden die teilweise mit Feststellungsschwierigkeiten verbundenen Tatbestände erweitert. So sind nach neuem Recht bereits jede Vorteilsannahme und -gewährung zur Beeinflussung der generellen Dienstausübung strafbar und nicht nur Zuwendungen im Hinblick auf bestimmte konkrete Diensthandlungen. Auch die Vergabe und Annahme von Vorteilen für Dritte sind tatbestandlich mitumfasst. **Nötigung** (§ 240 StGB) sowie **Erpressung** (§ 253 StGB) können in einigen Fallkonstellationen unzulässiger Nachteilsandrohung bzw. Vorteilsversprechung iSv §§ 21 Abs. 2, 81 Abs. 3 Nr. 2 GWB erfüllt sein, soweit entsprechende Drohungen mit dem Zweck der Willensbeugung erfolgen. Nachträgliche Vergeltungsmaßnahmen reichen zur Tatbestandserfüllung nicht aus, da nicht mit einem künftigen Übel gedroht wird.[109] Im Zusammenhang mit Handlungen

---

105 So auch *Baumann*, in Fs. Oehler, S. 291, 302; aA *Bruns*, NStZ 1983, 385, 390 unter Berufung auf die jahrzehntelange Nichtverfolgung von Submissionsabsprachen als Betrug.

106 Dazu *Hellmann*, in § 46.

107 Dazu BGH wistra 2000, 61; KG WuW/E OLG 4983, 4985 = EWiR, § 266 StGB 1/92, 697 mit Anm. *Niederleithinger*; BayObLG wistra 1996, 28, 30 f., mit besonders „großzügiger" Schadensfeststellung; *FK-Achenbach*, § 81 GWB 2005 Rdnr. 82.

108 BayObLG wistra 1996, 28, 31.

109 Dazu Zusf. *Immenga/Mestmäcker-Dannecker/Biermann*, GWB, Vor § 81 Rdnr. 197, 198 mwN.

nach §§ 20 und 21 GWB können auch die in §§ 185–187 StGB normierten Delikte der **Beleidigung, üblen Nachrede und Verleumdung** erfüllt sein. In Fällen des Preismissbrauchs können sich theoretisch schwierige Abgrenzungsfragen bezogen auf den **Wuchertatbestand** in § 291 StGB stellen;[110] praktisch Bedeutung gewonnen haben diese Fragen jedoch bisher nicht.

§ 57 Verfahrensrecht

Übersicht

[110] Dazu Einzelheiten bei *Immenga/Mestmäcker-Dannecker/Biermann,* GWB, Vor § 81 Rdnr. 202.

Schrifttum: *Achenbach,* Verfahrenssichernde und vollstreckungssichernde Beschlagnahme im Strafprozess, NJW 1976, 1076ff.; *ders.,* Bußgeldverhängung bei Kartellordnungswidrigkeiten nach dem Ende der fortgesetzten Handlung, WuW 1997, 393ff.; *ders.,* Die steuerliche Absetzbarkeit mehrerlösbezogener Kartellgeldbußen, BB 2000, 1116ff.; *ders.,* Bonusregelung bei Kartellstraftaten?, NJW 2001, 2232ff.; *ders.,* Verfassungswidrigkeit variabler Obergrenzen der Geldbußzumessung bei Kartellrechtsverstößen?, WuW 2002, 1154ff.; *ders.,* Grauzement, Bewertungseinheit und Bußgeldobergrenze, WuW 2013, 688ff; *Achenbach/Wegner,* Probleme der „reinen Ahndungsgeldbuße" im Kartellrecht (§ 81 Abs. 5 GWB), ZWeR 2006, 49ff.; *Bach,* Verschärfung von Unternehmensbußen – ein gescheiterter Versuch, in Festschrift für Rainer Bechtold, 2006, 1ff.; *Bach/Klumpp,* Nach oben offene Bußgeldskala, NJW 2006, 3524; *Bangard,* Aktuelle Probleme der Sanktionierung von Kartellabsprachen, wistra 1997, 161; *Barth/Budde,* Die Haftung des Bundeskartellamtes in gerichten Bußgeldverfahren, WuW 2010, 377ff.; *Bauer,* Zur Frage des Auskunftsverweigerungsrechts juristischer Personen und Personenvereinigungen, WuW 1989, 304ff.; *Bechtold,* Kartellgesetz, 7. Aufl. 2013; *ders.,* Modernisierung des EG-Wettbewerbsrechts, BB 2002, 2425ff.; *Brettel/Thomas,* Unternehmensbußgeld, Bestimmtheitsgrundsatz und Schuldprinzip im novellierten deutschen Kartellrecht, ZWeR 2009, 25ff; *Buntscheck,* Der „verunglückte Abschied" von der Mehrerlösgeldbuße für schwere Kartellverstöße, in Recht und Wettbewerb, Festschrift für Rainer Bechtold, 2006, 81ff.; *von Brevern/Hack,* Die „Nichtverfolgungszusage" des Bundeskartellamtes, WuW 2013, 936ff.; *Burchardi,* Einstieg in die Kriminalisierung des Kartellrechts?, in Schwerpunkte des Kartellrechts 1996, FIW H. 171, 43ff.; *Dannecker,* Beweiserhebung, Verfahrensgarantien und Verteidigungsrechte im europäischen Kartellordnungswidrigkeitenverfahren als Vorbild für ein europäisches Sanktionsverfahren, ZStW 1999, 256ff.; *Deselaers,* Uferlose Geldbußen bei Kartellverstößen nach der neuen 10% Umsatzregel des § 81 Abs. 4 GWB?, WuW 2006, 118ff.; *Dittert,* Die Reform des Verfahrens in der neuen EG-Fusionskontrollverordnung, WuW 2004, 148ff.; *Dolmanns/Eichler/Müller-Ibold,* Die Sicherung des „Legal Privilege" im Gemeinschaftsrecht, AnwBl 1999, 493ff.; *Dreher,* Kartellrechtscompliance, ZWeR 2004, 75ff.; *Dück/Eufinger/Schultes,* Das Spannungsverhältnis zwischen Kronzeugenregelung und Akteneinsichtsanspruch nach § 406e StPO, EuZW 2012, 418ff.; *Eilers/Klusmann,* Fortsetzung folgt: Der 4. Senat des BFH findet keine überzeugende Lösung zu der steuerlichen Absetzbarkeit von EU-Kartellrechtsbußen, NZKart 2014, 294ff.; *Engelsing,* Die neue Bonusregelung des Bundeskartellamts von 2006, ZWeR 2006, 179ff.; *ders.,* Die Bußgeldleitlinien der Europäischen Kommission von 2006, WuW 2007, 470ff.; *Fischer,* Strafgesetzbuch und Nebengesetze, 61. Aufl. 2014; *Geppert,* Zur Straf- und strafverfahrensrechtlichen Bewältigung von Serienstraftaten nach dem Wegfall der Rechtsfigur der „fortgesetzten Handlung", Teil 2, NStZ 1996, 118ff.; *Geißer,* Die Zusage der vertraulichen Behandlung einer Mitteilung bei der Straftatenklärung, GA 1985, 247ff.; *Gillmeister,* Ermittlungsbefugnisse im deutschen und europäischen Kartellordnungswidrigkeitenverfahren, 1985; *Göhler,* Ordnungswidrigkeitengesetz, 16. Aufl. 2012; *Greeve/Leipold (Hrsg.),* Handbuch des Baustrafrechts, 2004; *Grützner/Reimann/Wissel,* Richtiges Verhalten bei Kartellamtsermittlungen im Unternehmen, 3. Aufl. 1993; *Hannich (Hrsg.),* Karlsruher Kommentar zur StPO, 7. Aufl. 2013; *Hassemer/Dallmeyer,* Gesetzliche Orientierung im deutschen Recht der Kartellgeldbußen und das Grundgesetz, 2010, 29 ff.; *Haus,* Verfassungsprinzipien im Kartellbußgeldrecht – ein Auslaufmodell? Zu den anwendbaren Maßstäben bei der Bemessung umsatzbezogener Geldbußen nach § 81 Abs. 4 GWB, NZKart 2013, 183 ff.; *Hellmann,* Die Bonusregelung des BKartA im Lichte der Kommissionspraxis zur Kronzeugenmitteilung, EuZW 2000, 741 ff.; *Hermanns,* Die Ermittlungsbefugnisse der Kartellbehörden, 1972; *Hermanns/Kleier,* Grenzen der Aufsichtspflicht in Betrieben – Zur Bedeutung des § 130 OWiG in der Praxis, 1987; *Hilf/Hörmann,* Der Grundrechtsschutz von Unternehmen im europäischen Verfassungsverbund, NJW 2003, 1 ff.; *Immenga/Mestmäcker,* GWB-Kommentar zum Kartellgesetz, 5. Aufl. 2014; *Kapp,* Vertraulichkeit der Anwaltskorrespondenz im Kartellverfahren, WuW 2003, 142 ff.; *Kapp/Schröder,* Legal Privilege des EG-(Kartell-)Verfahrensrechts, WuW 2002, 555 ff.; *Kleinmann/Berg,* Änderungen des Kartellrechts durch das „Gesetz zur Bekämpfung der Korruption" vom 13.8.1997, BB 1998, 277 ff.; *Klusmann,* Das Ende der fortgesetzten Handlung im Kartellrecht?, WuW 1995, 271 ff.; *ders.,* Haften Kinder mit den Umsätzen ihrer Eltern?, in Festschrift für Cornelis Canenbley, 2012, 291 ff.; *Korte,* Bekämpfung der Korruption und Schutz des freien Wettbewerbs mit den Mitteln des Strafrechts, NStZ 1997, 513 ff.; *Krauß,* Die aktuelle Rechtsprechung zum Anwalts- und Verteidigerprivileg im deutschen Kartellbußgeldverfahren, WuW 2013, 24 ff.; *Lampert/Weidenbach,* Akteneinsicht zur Substantiierung einer Schadensersatzklage gegen Mitglieder eines Kartells – Beweisprobleme gibt es nicht!, WRP 2007, 152 ff.; *Langen/Bunte,* Kommentar zum deutschen und europäischen Kartellrecht, Band 1 – Deutsches Kartellrecht, 12. Aufl. 2014; *Loewenheim/Meessen/Riesenkampff,* Kartellrecht, 2. Aufl. 2009; *Lutz,* Amnestie für aufklärungsbereite Kartellanten?, BB 2000, 677 ff.; *Meesen,* Die 7. GWB-Novelle – verfassungsrechtlich gesehen, WuW 2004, 733 ff.; *Mestmäcker/Bremer,* Die koordinierte Sperre im deutschen und europäischen Recht der öffentlichen Aufträge, BB 1995, Beilage 19 zu Heft 50; *Meyer-Goßner,* Strafprozessordnung, 56. Aufl. 2013; *Meyer/Kuhn,* Befugnisse und Grenzen kartellrechtlicher Durchsuchungen nach VO Nr. 1/2003 und nationalem Recht, WuW 2004, 880 ff.; *Minoggio,* Das Schweigerecht der juristischen Person als Nebenbeteiligte im Strafverfahren, wistra 2003, 121 ff.; *Moosmayer,* Die neuen Leitlinien der Europäischen Kommission zur Festsetzung von Kartellgeldbußen, wistra 2007, 61 ff.; *Mundt,* Die Bußgeldleitlinien des Bundeskartellamtes, WuW 2007, 458 ff.; *Niederleithinger/Held,* Kartellrechtspraxis und Kartellrechtsprechung, 3. Aufl. 1988; *Niggemann,* Bußgeldpraxis nach deutschem und europäischem Kartellrecht, in Schwerpunkte des Kartellrechts 2001, 75 ff.; *Odenthal,* Auskunftsverweigerungsrecht nach § 55 StPO bei Gefahr ausländischer Strafverfolgung, NStZ 1985, 117ff; *Park,* Der Anwendungsbereich des § 110 StPO bei Durchsuchungen in Wirtschafts- und Steuerstrafsachen, wistra 2000, 453 ff.; *Pfeiffer* (Hrsg.), Karlsruher Kommentar zur Strafprozessordnung, 5. Aufl. 2003; *Rebmann/Roth/Hermann,* Gesetz über Ordnungswidrigkeiten; *Rebmann/Uhlig,* Beck'sche Kurzkommentare, Bnd. 43, BZRG; *Schönke/Schröder,* Strafgesetzbuch, 28. Aufl. 2010; *Senge* (Hrsg.), Karlsruher Kommentar zum Gesetz über Ordnungswidrigkeiten, 3. Aufl. 2006; *Schuster,* Zur Beschlagnahme von Unterlagen aus unternehmensinternen Ermittlungen im Kartellbußgeldverfahren, NZKart 2013, 191 ff.; *Soltész/Steinle/Bielesz,* Rekordgeldbußen versus Bestimmtheitsgebot, EuZW 2003, 202 ff.; *Stockmann,* Sanktionen als Instrumente zur Durchsetzung des Kartellrechts, in Schwarze (Hrsg.), Instrumente zur Durchsetzung des europäischen Wettbewerbsrechts, 2002, 93 ff.; *Thiele,* Zur Verfassungswidrigkeit des § 81 IV GWB, WRP 2006, 999 ff.; *Thomas,* Der Zeugenbeistand im Strafprozeß, NStZ 1982, 489 ff.; *Jaeger/Kokott/Pohlmann/Schroeder (Hrsg.),* Frankfurter Kommentar zum Kartellrecht, Stand 81. Ergänzungslieferung September 2014; *Vollmer,* Der Zugriff auf elektronisch gespeicherte Daten im Kartellordnungswidrigkeitenverfahren, WuW 2006, 235 ff.; *ders.,* Die Bußgeldleitlinien des Bundeskartellamts, ZWeR 2007, 168 ff.; *ders.,* Zinsen auf Geldbußen gem. § 81 Abs. 6 GWB, wistra 2013, 289 ff.; *Wegner,* Die Auswirkungen fehlerhafter Organisationsstrukturen auf die Zumessung der Unternehmensgeldbuße, wistra 2000, 361 ff.; *Weiß,* Haben juristische Personen ein Aussageverweigerungsrecht?, JZ 1998, 289 ff.; *Weitbrecht/Mühle,* Zur Verfassungsmäßigkeit der Bußgelddrohung gegen Unternehmen nach der 7. GWB-Novelle, WuW 2006, 1106 ff.; *Winterfeld,* BB 1976, 344ff; *Wolf/Burchardi,* Zuständigkeitsprobleme bei der Verfolgung von Submissionsabsprachen, in Fs. Lieberknecht, 1997, 645 ff.; *Wolter (Hrsg.),* Systematischer Kommentar zum Strafgesetzbuch.

A. Zuständigkeit der Verfolgungsbehörden

I. Landeskartellbehörden und Bundeskartellamt (§ 48 GWB)

Die Zuständigkeitsverteilung zwischen den unterschiedlichen Kartellbehörden ist in § 48 1
GWB geregelt, der eine gesetzliche Spezialbestimmung der Zuständigkeit iSv § 36 Abs. 1

OWiG ist. Danach sind gemäß § 48 iVm. § 81 Abs. 10 GWB für die Verfolgung von Ordnungswidrigkeiten grundsätzlich **alternativ** eine oder mehrere **Landeskartellbehörden oder** das **BKartA** sachlich zuständig.[1] Die Zuständigkeit im Einzelfall steht dabei in einem Subsidiaritätsverhältnis. Wenn das BKartA zuständig ist, sind die Landeskartellbehörden unzuständig. Die Zuständigkeit des BKartA richtet sich wiederum nach dem in § 48 Abs. 2 GWB normierten **Auswirkungsprinzip.** Danach ist das BKartA zur Verfolgung eines Verstoßes zuständig, wenn dessen Auswirkungen über das Gebiet eines Bundeslandes hinausreichen, wobei – nach abzulehnender Absicht – auch mittelbare Auswirkungen genügen sollen.[2] Hat eine Zuwiderhandlung Auswirkungen in nur einem Bundesland, so ist die Zuständigkeit des BKartA ausgeschlossen, auch wenn sich später weitere Auswirkungen in anderen Bundesländern ergeben könnten.[3] Auf einen bestimmten Mindestumfang länderübergreifender Auswirkungen kommt es nicht an; jede „noch so geringe" Auswirkung reicht zur Begründung der Zuständigkeit des BKartA aus.[4] Während diese Zuständigkeitsverteilung früher zwingend war, besteht seit der 7. GWB-Novelle (2005) die Möglichkeit einer einvernehmlichen Zuständigkeitsvereinbarung zwischen dem BKartA und einer Landeskartellbehörde nach § 49 Abs. 3 und 4 GWB. Bei einer beabsichtigten Abgabe einer Sache durch das BKartA an eine Landeskartellbehörde hat das BKartA alle Landeskartellbehörden über die Abgabe unter Setzung einer Widerspruchsfrist zu benachrichtigen. Widerspricht innerhalb dieser Frist eine der Landeskartellbehörden, so bleibt es bei der Zuständigkeit des BKartA. Eine Abgabevereinbarung zwischen den Kartellbehörden ist jedoch nicht willkürlich möglich, sie muss vielmehr durch besondere Umstände gerechtfertigt sein. Ein Grund für die auf Antrag des BKartA jetzt mögliche **Abgabe** eines Verfahrens durch eine Landeskartellbehörde **an das BKartA** kann sich insbesondere aus der grundsätzlichen Bedeutung des Falles ergeben. Daneben ist eine Abgabe an das BKartA auch dann als zulässig anzusehen, wenn die Bearbeitung des betreffenden Falles die Ressourcen der Landeskartellbehörde übersteigen würde.[5] Wenn kein besonderer Grund für eine Abgabe vorliegt, ist eine Zuständigkeitsvereinbarung zwischen den Kartellbehörden nicht zulässig. In der Praxis ist zudem eine faktische „Zuständigkeitsvereinbarung" dadurch möglich, dass die Betroffenen eines Bußgeldverfahrens die Unzuständigkeit einer tätig werdenden Kartellbehörde nicht rügen, da in diesem Fall gem. § 55 Abs. 2 GWB im Rechtsmittelverfahren ein Rügeverlust eintritt und die Tatsache, dass eine an sich unzuständige Kartellbehörde tätig geworden ist, nicht zur Nichtigkeit einer entsprechenden Bußgeldentscheidung führt.[6] Dies ändert nichts daran, dass bei Zweifeln über die örtliche oder sachliche Zuständigkeit einer Kartellbehörde vorab das Verfahren nach § 55 Abs. 1 GWB zur Bestimmung der Zuständigkeit durchgeführt werden kann.[7] Im Einzelfall diskutiert werden kann insbesondere die Frage, auf welche Auswirkungen einer Absprache für die Zuständigkeitsfrage abzustellen ist. Für Preis- und Submissionsabsprachen kommen als Anknüpfungspunkte für Auswirkungen theoretisch der Sitz des Kunden bzw. der ausschreibenden Auftraggeber, die Unternehmenssitze der sich beteiligenden Anbieter, aber auch die jeweiligen Orte möglicher Kartelltreffen, oder – bei überregional tätigen Unternehmen – der Sitz der jeweiligen Unternehmensleitung in Betracht.[8] Nach ganz überwiegender Ansicht sind die **Auswirkungen** indes **nachfragebezogen** zu bestimmen; danach ist auf den Ort (oder das Gebiet) abzustellen, an den die betreffenden Waren geliefert oder wo die geschuldeten

---

1 Dazu näher *Immenga/Mestmäcker-Klaue,* GWB, § 48 Rdnr. 4 ff., der für das bisher geltende Recht weitergehende Spezialzuständigkeiten des BKartA annimmt; dagegen aber BGH WuW/E BGH 1489, 1490 – *Brotindustrie.*

2 Str., dafür *Langen/Bunte-Schneider,* Kartellrecht, Bd. 1, § 48 GWB Rdnr. 13; aA KG WuW/E OLG 2284, 2285 – *Stadtwerke Frankfurt; Immenga/Mestmäcker-Klaue,* GWB, § 48 Rdnr. 8.

3 KG WuW/E OLG 1733, 1734 – *Brotindustrie.*

4 BGH WuW/E BGH 1489, 1490 – *Brotindustrie;* s. auch *Bechtold,* GWB, § 48 Rdnr. 6 mwN.

5 Begründung des Regierungsentwurfs der 7. GWB-Novelle, BT-Drucks. 15/3640, S. 60.

6 BGH WuW/E BGH 1489, 1490 – *Brotindustrie.*

7 Dazu näher *Immenga/Mestmäcker-Klaue,* GWB, § 48 Rdnr. 20 f.

8 Letzteres scheinen *Wolf/Burchardi,* in Fs. Lieberknecht, S. 645, 648 vorzuschlagen.

Leistungen erbracht werden (sollen)[9] oder an dem sich diskriminierendes Verhalten auswirkt.[10]

2 Auch für die örtliche Verfolgungszuständigkeit ergeben sich nach der Aufgabe des Rechtsinstituts des Fortsetzungszusammenhangs (dazu § 55 Rdnr. 51 ff.) Konsequenzen. Denn anders als bei der früher praktizierten Zusammenfassung zahlreicher Teilakte zu einer einheitlichen fortgesetzten Handlung, mit der regelmäßig auch Landesgrenzen überschreitende Auswirkungen des Kartells verbunden waren,[11] ist bei der nunmehr gebotenen Prüfung jedes einzelnen Verstoßes häufiger eine nur auf das Gebiet eines Bundeslandes beschränkte Wirkung der Absprache festzustellen. Beispiel: Überregional tätige Unternehmen sprechen fallweise im Bundesgebiet einzelne Gewerke ab. In derartigen Sachverhalten ist die Zuständigkeit des BKartA nur dann begründet, wenn ein über die Koordinierung von Einzelangeboten hinausgehender, ebenfalls tatbestandserfüllender Absprachеinhalt – wie z. B. eine übergeordnete Quotenabsprache – feststellbar ist.[12] Sind die einzelnen Absprachen nicht derart verklammert, so ist ausschließlich die jeweilige Landeskartellbehörde zuständig. Gerichtlich immer noch ungeklärt ist in diesem Zusammenhang, wie sich die Rechtslage nach der Aufgabe des Fortsetzungszusammenhangs mit der Rechtsprechung zur Aufsichtspflichtverletzung gem. § 130 OWiG verträgt. Ausgehend von der bisher vorherrschenden These, dass bei überregional – z. B. durch unterschiedliche Niederlassungen – tätigen Unternehmen die Mitglieder der Unternehmensleitungen einheitliche und damit alle Niederlassungen betreffende Aufsichtspflichten wahrzunehmen haben, könnte argumentiert werden, dass aufgrund dieser allgemeinen und zugleich überregionalen Aufsichtspflicht, die schon bei einem Einzelfall verletzt wäre, eine Zuständigkeit des BKartA gegeben ist.[13] Dies erscheint jedoch aus zwei Gründen unzutreffend. Zum einen widerspräche eine entsprechende Auslegung dem in § 48 GWB angelegten Prinzip der nachfragebestimmten örtlichen Zuständigkeit, auf die die überregionale Unternehmensorganisation der Bieter keinen Einfluss hat.[14] Zum anderen ist die auch bei Annahme einer Aufsichtspflichtverletzung erforderliche Anknüpfungstat des unmittelbar handelnden und vom Aufsichtspflichtigen zu beaufsichtigenden Täters für den Tatcharakter bestimmend; diese Anknüpfungstat wird aber nur ausnahmsweise zu überregionalen Auswirkungen iSd Vorstehenden führen. Die Zuständigkeit des BKartA für einzelne Beteiligte aufgrund eines überregionalen Charakters einer Absprache der Aufsichtspflichtverletzung kann daher nicht zu einer generellen Zuständigkeit des BKartA auch für diejenigen Beteiligten führen, für die überregionale Auswirkungen nicht feststellbar sind.[15]

3 Während nach bisherigem Recht allein das BKartA für die Anwendung des europäischen Rechts zuständig war, sind durch § 50 GWB in der Fassung der 7. GWB-Novelle (2005) nun auch die Landeskartellbehörden als zuständige Wettbewerbsbehörden für die Anwendung des europäischen Rechts bestimmt worden. Insofern sind die Landeskartellbehörden gemäß § 81 Abs. 10 GWB grundsätzlich auch für Bußgeldverfahren nach § 81 Abs. 1

---

[9] KG WuW/E OLG 2284, 2285 – *Stadtwerke Frankfurt; Langen/Bunte-Schneider,* Kartellrecht, Bd. 1, § 48 GWB Rdnr. 16.

[10] KG WuW/E OLG 2284, 2285 – *Stadtwerke Frankfurt;* WuW/E OLG 1733, 1734 – *Brotindustrie;* s. auch *Bechtold,* GWB, § 48 Rdnr. 8; differenzierend *Immenga/Mestmäcker-Klaue,* GWB, § 48 Rdnr. 7.

[11] Dazu *Wolf/Burchardi,* in Fs. Lieberknecht S. 695, 646.

[12] *Klusmann,* WuW 1995, 271, 282; weitergehend *Wolf/Burchardi,* die eine Zuständigkeit des BKartA immer dann annehmen, wenn zwischen verschiedenen lokalen Absprachen ein „do-ut-des"-Verhältnis besteht und nicht alle Einzelabsprachen sich auf Leistungen in einem Bundesland beziehen, in Fs. Lieberknecht S. 645, 650.

[13] So BKartA im Arbeitspapier „Aktuelle Probleme der Sanktionierung von Kartellabsprachen" vom 20.9.1996, S. 12 f.; weitgehend gleich mit: *Bangard,* wistra 1997, 161, 164.

[14] So bereits *Klusmann,* WuW 1995, 271, 282.

[15] So auch in *Immenga/Mestmäcker-Dannecker/Biermann,* GWB, § 81 Rdnr. 623; aA *Niederleithinger/Held,* Neue Kartellrechtspraxis und Kartellrechtsprechung, 3. Aufl. 1988, S. 31; *Wolf/Buchardi,* in Fs. Lieberknecht S. 648, 651, unter Berufung auf eine Zuständigkeit kraft Sachzusammenhangs; dag. zuvor KG WuW/E OLG 2284, 2286 – *Stadtwerke Frankfurt.*

GWB iVm. Art. 101, 102 AEUV zuständig. Die Zuständigkeitsabgrenzung zwischen BKartA und den Landeskartellbehörden bei Bußgeldverfahren wegen Verstoßes gegen Art. 101 oder 102 AEUV richtet sich nach den oben bereits dargestellten §§ 48 und 49 GWB. Insofern sind Fälle denkbar, in denen sich die Auswirkungen eines Verstoßes auf das Gebiet eines einzelnen Bundeslandes beschränken, aber trotzdem eine Beeinträchtigung des zwischenstaatlichen Handels in Betracht kommt.[16] Der Geschäftsverkehr mit der Kommission oder den Wettbewerbsbehörden anderer Mitgliedstaaten erfolgt allerdings stets über das BKartA, also auch dann, wenn eine oberste Landesbehörde für die Anwendung der Art. 101, 102 AEUV zuständig ist (§ 50 Abs. 2 GWB). Zum „Geschäftsverkehr" gehört insofern die Unterrichtung der Kommission über die Einleitung des Verfahrens (Art. 11 Abs. 3 VO Nr. 1/2003), die Übermittlung der Entscheidungsentwürfe (Art. 11 Abs. 4 VO Nr. 1/2003) und der Informationsaustausch nach Art. 12 VO Nr. 1/2003.[17] Das BKartA wird insoweit aber lediglich als Vertreter der obersten Landesbehörden tätig und ist damit inhaltlich an ihre Weisungen gebunden.[18]

4 In der Praxis ist also die Bedeutung der Zuständigkeitsfrage gestiegen. Allerdings sind Zuständigkeitsmängel im Verwaltungsverfahren solange ohne Relevanz für die Wirksamkeit erlassener Bußgeldbescheide, wie überhaupt eine Kartellbehörde tätig geworden ist.[19] Im Ordnungswidrigkeitenrecht können derartige, nicht zur Nichtigkeit führende, Rechtsmängel von Bußgeldentscheidungen meist nur im Rahmen des Einspruchs gegen die Endentscheidung geltend gemacht werden; dann aber sind sie häufig deshalb ohne Bedeutung, weil der Bußgeldbescheid ähnlich einer Anklageschrift nur Grundlage des gerichtlichen Verfahrens ist, so dass auch nur Mängel relevant sind, die diese Funktion beseitigen, wie z. B. die mangelnde Konkretisierung der vorgeworfenen Tat.[20]

II. Kartellbehörden und Staatsanwaltschaften

5 Die Zuständigkeit der Staatsanwaltschaft kann sich im Ermittlungsverfahren entweder originär oder aber nach Übergabe/Übernahme des Verfahrens durch die bzw. von der Kartellbehörde ergeben:

6 **1. Primäre Zuständigkeit der Staatsanwaltschaft.** Zunächst kann ein bei der Staatsanwaltschaft unmittelbar gem. § 158 Abs. 1 StPO angezeigter Sachverhalt von ihr wegen des Vorliegens eines Anfangsverdachts einer Straftat gem. § 152 Abs. 2 StPO zum Gegenstand eines strafrechtlichen Ermittlungsverfahrens gemacht werden. Für die Durchführung eines solchen Ermittlungsverfahrens ist ausschließlich die gem. § 7 ff. StPO örtlich zuständige Staatsanwaltschaft zuständig. In der Praxis betraf dies früher lediglich Fälle, in denen bei einem angezeigten Submissionskartell der Verdacht eines strafbaren Submissionsbetrugs gem. § 263 StGB oder – bei kollusiv handelnden Vergabehelfern bzw. Planungsbeauftragten im privaten Vergabebereich[21] – der Untreue gem. § 266 StGB gegeben war. Für Fälle, in denen der Anfangsverdacht von Taten nach § 298 StGB besteht, erfolgt wegen des in § 21 Abs. 1 OWiG geregelten grundsätzlichen Vorrangs des Strafrechts vor dem Ordnungswidrigkeitenrecht eine **ausschließliche Verfolgung der Straftat gegenüber natürlichen Personen** im Strafverfahren in primärer Zuständigkeit der Staatsanwaltschaft; die Kartellbehörde ist insoweit sachlich unzuständig. Wird das Verfahren wegen des Verdachts der Straftat von der Staatsanwaltschaft gem. §§ 153 oder 170 Abs. 2 StPO eingestellt, so besteht für die Kartellbehörde von diesem Zeitpunkt an die Möglichkeit zur Verfolgung der Tat als Ordnungswidrigkeit gem. § 21 Abs. 2 OWiG. Gleiches gilt für die Verfolgung der Tat gegenüber solchen Normadressaten (wie z. B. nebenbetroffenen juristi-

[16] Dazu *Klose* in § 53 Rdnr. 13 ff.
[17] *Bechtold,* GWB, § 50 Rdnr. 5.
[18] *Bechtold,* GWB, § 50 Rdnr. 6.
[19] Dazu *Immenga/Mestmäcker-Dannecker/Biermann,* GWB, § 81 Rdnr. 632–633 mwN.
[20] KG WuW/E OLG 1733, 1734 – *Brotindustrie.*
[21] KG EWiR § 266 StGB 1/92, 697; BayObLG wistra 1996, 28, 30.

schen Personen oder Personenvereinigungen), gegen die sich das Strafverfahren nicht richtet bzw. gerichtet hat. Stellt die Staatsanwaltschaft hingegen das Verfahren auch wegen der Ordnungswidrigkeit ein, so darf die Kartellbehörde die Verfolgung unter dem Gesichtspunkt der Ordnungswidrigkeit nur mit Zustimmung der Staatsanwaltschaft wieder aufnehmen, da anderenfalls die primäre Zuständigkeit der Staatsanwaltschaft unterlaufen würde.[22] Es gilt allerdings die Besonderheit, dass die gem. § 48 GWB örtlich zuständige Kartellbehörde gesetzlich zur Verfolgung juristischer Personen oder Personenvereinigungen nach § 30 OWiG ausschließlich zuständig ist, soweit sie das Verfahren nicht gem. § 82 S. 2 GWB an die Staatsanwaltschaft abgibt.

Wird das strafrechtliche Ermittlungsverfahren (ggf. mit Zustimmung des Gerichts) gem. 7
§ 153a StPO nach Erfüllung von Auflagen endgültig eingestellt oder wird der Verfolgte verurteilt oder gegen ihn Strafbefehl erlassen, so ist die weitere Verfolgung der Tat als Straftat oder Ordnungswidrigkeit wegen des eintretenden Strafklageverbrauchs insgesamt unzulässig.[23]

2. Abgabe des Verfahrens an die Kartellbehörde. In Ermittlungsverfahren, die zu- 8
nächst von der Staatsanwaltschaft geführt werden, kann auch der Fall eintreten, dass nach staatsanwaltschaftlichen Ermittlungen keine für eine Anklageerhebung (insbesondere gestützt auf § 263 StGB) hinreichenden Beweise zusammengetragen werden konnten. Dennoch sind häufig klare Anhaltspunkte dafür gegeben, dass die Verfolgung der verfahrensgegenständlichen Tat unter dem rechtlichen Gesichtspunkt der Verletzung eines Ordnungswidrigkeitentatbestandes (z. B. des § 81 Abs. 2 Nr. 1 GWB) möglich und geboten ist. Bei dieser Sachlage erfolgt regelmäßig die Einstellung des Verfahrens wegen der verfolgten Straftat bei gleichzeitiger Abgabe des Verfahrens zur Verfolgung der Tat als Ordnungswidrigkeit an die zuständige Kartellbehörde gem. § 43 OWiG iVm. Nr. 276 RiStBV Nr. 276. Häufig kommt es auch vor, dass die verfolgte Straftat – wie z. B. bei den zuweilen in Verbindung mit Kartellabsprachen stehenden Korruptionsdelikten – nicht unmittelbar mit der verwirklichten Ordnungswidrigkeit zusammenhängt. In diesen Fällen beschränken Staatsanwaltschaften zumeist die Strafverfolgung auf die verwirklichten Korruptionsdelikte, trennen den kartellrechtlichen Teil ab und geben diesen zur Verfolgung als Ordnungswidrigkeit gem. § 43 OWiG an die zuständige Kartellbehörde ab.

3. Abgabe des Verfahrens von der Kartellbehörde an die Staatsanwaltschaft. 9
Eine Verfolgungszuständigkeit der Staatsanwaltschaft kann sich auch dadurch ergeben, dass die zunächst wegen des Verdachts von Ordnungswidrigkeiten aktiv gewordene Kartellbehörde im Laufe des Ermittlungsverfahrens Anhaltspunkte für das gleichzeitige Vorliegen von Straftaten findet, die sie wegen des **Vorrangs des Strafrechts** sowie ihrer auf Ordnungswidrigkeiten beschränkten Kompetenz nicht verfolgen kann. In derartigen Fällen gibt die Kartellbehörde das Verfahren gem. § 41 Abs. 1 OWiG an die örtlich zuständige Staatsanwaltschaft insgesamt ab. Nach der Einführung von § 82 GWB durch die 7. GWB-Novelle beschränkt sich diese Abgabepflicht allerdings auf *Verfahren gegen natürliche Personen,* da nunmehr die ausschließliche Zuständigkeit der Kartellbehörden (mit im Ermessen stehender Verweisungsmöglichkeit an die Staatsanwaltschaft gem. § 82 S. 2 GWB) zur Verfolgung von Unternehmen/Verbänden positivrechtlich geregelt und auch § 40 OWiG entsprechend modifiziert worden ist. Soweit diese gesetzliche Zuständigkeitsregelung nicht eingreift, besteht eine **grundsätzliche Abgabepflicht.**[24] Mitunter kann in der Praxis die Frage problematisch sein, zu welchem Zeitpunkt die Kartellbehörde das Verfahren in diesem Sinne abzugeben hat. Oft ist am Anfang eines Ermittlungsverfahrens nicht auszuschließen, dass auch die Verletzung von Straftatbeständen in Betracht kommt. Häufig sind aber erst nach weitergehenden Ermittlungen der Kartellbehörde mit einiger Zuverlässigkeit

---

[22] *Immenga/Mestmäcker-Dannecker/Biermann,* GWB, § 81 Rdnr. 636 mwN.

[23] Dazu *Meyer-Goßner,* StPO, § 153a Rdnr. 45.

[24] So *Immenga/Mestmäcker-Dannecker/Biermann,* GWB, § 81 Rdnr. 634, 635 (nicht klar, ob „grundsätzliche" Abgabepflicht besteht); *KK-Schöner,* Bd. 2, 2014, § 81 Rdnr. 241.

Feststellungen dazu möglich. Da die Bestimmung des § 41 Abs. 1 OWiG keine zeitliche Festlegung in dem Sinne enthält, dass die ermittelnde Kartellbehörde unverzüglich nach dem erstmaligen Auftauchen strafrechtlicher Verdachtsmomente das Verfahren gegen natürliche Personen abzugeben hat, erscheint es sachgerecht, die Abgabepflicht auf den Zeitpunkt zu beziehen, in dem ein **gesicherter Verdacht** strafbaren Verhaltens vorliegt.[25] Dieser Zeitpunkt ist nicht notwendigerweise erst bei Abschluss der Ermittlungen erreicht, sondern kann auch schon davor liegen,[26] insbesondere wenn es um ein nach § 298 StGB strafbares Verhalten geht. Eine sofortige Abgabepflicht wird dagegen nur anzunehmen sein, wenn die Kartellbehörde selbst bereits in einem Verfahren ermittelt hat und die Umstände des Falles ein rasches Einschreiten der Staatsanwaltschaft nahelegen.[27] Nach der Abgabe des Verfahrens an die Staatsanwaltschaft prüft diese, ob ein Strafverfahren einzuleiten ist. Sieht die Staatsanwaltschaft daraufhin von der Einleitung eines Strafverfahrens ab, so gibt sie die Sache gem. § 41 Abs. 2 OWiG an die Kartellbehörde zur weiteren Ahndung zurück.[28] Dies dürfte bei der Prüfung von Fällen des § 298 StGB aufgrund der Vorverlegung der Strafbarkeitsschwelle allerdings nur noch selten der Fall sein. Die im Rahmen der Entscheidung nach § 41 OWiG über die Durchführung eines Strafverfahrens zu treffende Entschließung der Staatsanwaltschaft, ob die Tat als Straftat verfolgt wird oder nicht, ist für die Kartellbehörde verbindlich iSv § 44 OWiG.

10 **4. Übernahme des Verfahrens durch die Staatsanwaltschaft.** Korrespondierend zur Abgabe des Verfahrens durch die Kartellbehörde kann das Verfahren von der Staatsanwaltschaft auch ohne Mitwirkung der Kartellbehörde übernommen werden (§ 42 Abs. 1 OWiG). Dies ist dann zulässig, wenn sie eine Straftat verfolgt, die mit der von der Kartellbehörde verfolgten Ordnungswidrigkeit zusammenhängt. Dieser Zusammenhang besteht gem. § 42 Abs. 1 OWiG dann, wenn jemand sowohl einer Straftat als auch einer Ordnungswidrigkeit verdächtig ist, oder wenn hinsichtlich derselben Tat eine Person einer Straftat und eine andere einer Ordnungswidrigkeit beschuldigt wird. Diese sekundäre Zuständigkeit der Staatsanwaltschaft spielt in der kartellrechtlichen Praxis nur eine geringe Rolle. Der Übernahmeakt der Staatsanwaltschaft bedarf keiner besonderen Form, ist aber allen Beteiligten gegenüber klar erkennbar zu machen und zweckmäßigerweise auch in den Ermittlungsakten zu vermerken.[29] Übernimmt die Staatsanwaltschaft das Verfahren, so ist die Kartellbehörde am weiteren Verfahren nicht zu beteiligen. In der Regel wird aber die Staatsanwaltschaft vor der Verfügung der Übernahme mit der Kartellbehörde Rücksprache nehmen.

B. Verfahrensablauf und Rechte der Betroffenen

11 Die nachfolgenden Ausführungen zu verfahrensrechtlichen Einzelheiten des kartellrechtlichen Ermittlungsverfahrens beziehen sich in erster Linie auf das Verfahren bei Verfolgung einer Tat als Ordnungswidrigkeit durch die Kartellbehörde. Für das Strafverfahren gelten weitestgehend die gleichen Bestimmungen und Grundsätze.

I. Verfahrenseröffnung

12 Im Recht der Ordnungswidrigkeiten gilt hinsichtlich der Einleitung eines Bußgeldverfahrens, seiner Fortführung sowie seines Abschlusses das in § 47 Abs. 1 OWiG normierte **Opportunitätsprinzip.** Die zuständige Kartellbehörde kann also jeweils in den Grenzen

[25] Wie hier: *Wolf/Burchardi,* in Fs. Lieberknecht, S. 648, 654 f.

[26] *Göhler-Gürtler,* OWiG, § 41 Rdnr. 4; *KK* OWiG-*Lampe,* § 41 Rdnr. 13.

[27] *Göhler-Gürtler,* OWiG, § 41 Rdnr. 4; aA unter Berufung auf Ziff. 242 RiStBV wohl *Nickel,* wistra 2014, 7, 10.

[28] S. zur Form der Abgabe und Rückgabe *Göhler-Gürtler,* OWiG § 41 Rdnr. 10.

[29] Dazu *Göhler-Gürtler,* OWiG, § 42 Rdnr. 18, sowie RiStBV Nr. 277 Abs. 3.

pflichtgemäßer Ermessensausübung und unter Beachtung allgemeiner rechtsstaatlicher Grundsätze[30] frei entscheiden, ob, mit welcher Intensität und mit welchem Abschluss (Einstellung, Teileinstellung oder Bußgeldverhängung) sie ein Bußgeldverfahren nach dem OWiG führt. Insoweit besteht ein wichtiger Unterschied zum strafrechtlichen Verfahren, für das gem. § 152 Abs. 2 StPO das **Legalitätsprinzip** gilt. Danach ist die Staatsanwaltschaft verpflichtet, wegen aller verfolgbaren Straftaten einzuschreiten, sofern zureichende Anhaltspunkte vorliegen. Dies bedeutet Ermittlungszwang gegen jeden Verdächtigen und – wenn die Voraussetzungen dafür bestehen – **Anklagezwang.**[31] Ihren Entschluss zum Tätigwerden im Bußgeldverfahren kann die Kartellbehörde gem. §§ 46 Abs. 1 OWiG iVm. 158 StPO von Amts wegen (z.B. nach „verdächtigen" Presseveröffentlichungen), aufgrund von Feststellungen in anderen von der Behörde geführten Verwaltungsverfahren (wie beispielsweise Fusionskontrollverfahren im Hinblick auf das Vollzugsverbot gem. § 41 Abs. 1 iVm. § 81 Abs. 2 Nr. 1 GWB), aufgrund von freiwilligen oder gesetzlich vorgeschriebenen Mitteilungen anderer Behörden oder Gerichte (wie z.B. Unterrichtungen gem. §§ 90, 90a GWB) oder – wie in den weitaus meisten praktischen Fällen – aufgrund einer Anzeige oder Selbstanzeige im Rahmen eines Bonusantrags fassen.[32] Im Ordnungswidrigkeitenrecht gilt § 158 StPO sinngemäß; Anzeigen können also formlos mündlich oder schriftlich und anonym von jedermann erstattet werden.

Regelmäßig nehmen die Kartellbehörden den Aufwand eines Ermittlungsverfahrens in Ausübung ihres Opportunitätsermessens vor allem dann auf sich, wenn nicht nur eine Anzeige vorliegt, sondern gleichzeitig auch ein gut informierter und aussagebereiter Zeuge zur Verfügung steht. Oft sind solche Zeugen aus den unterschiedlichsten Gründen enttäuschte (ehemalige) Mitarbeiter von beteiligten Unternehmen, die auf Rache sinnen.[33] Die Kartellbehörden sind regelmäßig bereit, solchen **Anzeigeerstattern** oder Zeugen eine **vertrauliche Behandlung ihrer Identität** und z.T. auch ihrer zu Protokoll gegebenen Aussagen zuzusichern.[34] Dies geschieht bezüglich der Identität durch Nichtaufnahme entsprechender Angaben zur Person in die Ermittlungsakte,[35] die im Rahmen der Akteneinsicht auch Verteidigern der Verfahrensbetroffenen zugänglich zu machen ist.[36] Weiter begehren Anzeigeerstatter häufig die Zusicherung, dass sie selbst wegen der angezeigten Zuwiderhandlung nicht verfolgt werden, soweit sie an den angezeigten Zuwiderhandlungen beteiligt waren. Auch zu solchen Zusagen sind die Kartellbehörden in aller Regel in Ausübung ihres Verfolgungsermessens bereit. Immer häufiger kommen Verfahren auch durch **Selbstanzeigen im Rahmen der Bonusregelung** des BkartA[37] oder sonstiger Selbstanzeigen (z.B. bei der Europäischen Kommission, die den Vorgang zuständigkeitshalber an das BKartA abgeben kann) in Gang. Angesichts der in solchen Fällen von den Behörden erwarteten materiellen Selbstbezichtigungen ist der Informantenschutz praktisch zunehmend in den Hintergrund getreten. Spätestens zum Zeitpunkt der Gewährung von Akteneinsicht wird zumeist offenbar, wer welche belastenden Tatsachen vorgetragen hat. Auch sonst sind die rechtlichen Möglichkeiten des Zeugenschutzes im Ermittlungsverfahren in der Praxis vielfach begrenzt: In aller Regel reicht zur Verschleierung der Identität des Anzeigeerstatters die schlichte Namensnichtnennung in der Ermittlungsakte nicht aus, da die zum Gegenstand der Aussage gemachten tat- 13

[30] Zusammenfassend dazu *Immenga/Mestmäcker-Dannecker/Biermann,* GWB, Vor § 81 Rdnr. 231–237 mwN.

[31] BGHSt 15, 155; zur Verfolgungszuständigkeit der Staatsanwaltschaft allgemein siehe unter Rdnr. 6.

[32] Dazu LKartB NRW WuW 1976, 369 (60–80% aller Verfahren aufgrund von Anzeigen eingeleitet); *Grützner/Reimann/Wissel,* Rdnr. 11 (70–80%).

[33] *Grützner/Reimann/Wissel,* Rdnr. 11.

[34] Zu grundsätzlichen Zweifeln an der Berechtigung einer solchen „Kronzeugenpraxis" siehe ausf. *Grützner/Reimann/Wissel,* Rdnr. 47 sowie *Immenga/Mestmäcker-Dannecker/Biermann,* GWB, Vor § 81 Rdnr. 242 mwN.

[35] *Meyer-Goßner,* StPO, § 158 Rdnr. 16f. zur Parallelsituation im Strafverfahren.

[36] Dazu noch unten Rdnr. 45f.

[37] Bekanntmachung Nr. 9/2006 über den Erlass und die Reduktion von Geldbußen in Kartellsachen v. 7.3.2006.

sächlichen Schilderungen Rückschlüsse auf die Identität des Zeugen zulassen. Zudem kann eine Zeugenaussage insgesamt nur solange aus dem Verfahren und damit auch aus der Ermittlungsakte herausgehalten werden, wie es für die Entscheidungsbegründung auf diese Aussage – z. B. wegen der Erreichbarkeit anderer Beweismittel – nicht ankommt und auch nicht andere Umstände den Blick auf den Zeugen hinlenken.[38] Schließlich kann tatbeteiligten „Kronzeugen" Verfolgungsverschonung rechtswirksam nur iS einer Selbstbindung des Verwaltungsermessens im Anwendungsbereich des Ordnungswidrigkeitenrechts zugesagt werden. Wechselt die Verfahrensart – wie z. B. bei Submissionskartellen – später vom Ordnungswidrigkeitenrecht ins Strafrecht, so können wegen des dort geltenden Legalitätsprinzips solche Zusagen weder gegeben noch aufrechterhalten werden; eine strafrechtliche Ahndung auch der Tat des Kronzeugen ist dann unausweichlich.[39] Auch § 298 Abs. 3 StGB ändert daran nichts, da die tätige Reue eines Tatbeteiligten stets nur bis zur Beendigung der Tathandlung, nicht aber noch danach zu persönlicher Strafbefreiung führen kann.[40] Schließlich kann auch im Ordnungswidrigkeitenverfahren aus Gründen des Schutzes höherwertiger Rechtsgüter, zu denen im Einzelfall auch das grundrechtlich geschützte Verteidigungsinteresse eines Beschuldigten gehören kann, die Zusicherung vertraulicher Behandlung im Laufe des Verfahrens zu durchbrechen sein.[41] Gleiches gilt für den Fall, dass gegen den Anzeigeerstatter/Zeugen der Verdacht einer leichtfertigen oder vorsätzlichen Falschbezichtigung gegeben ist.[42] Die Möglichkeit zur Stellung eines Bonusantrags oder zur Inanspruchnahme einer Kronzeugenregelung besteht für Verstöße gegen § 298 StGB bis auf weiteres nicht; § 46b StGB ist auf § 298 StGB nicht anwendbar, da die Vorschrift keine im Mindestmaß erhöhte Freiheitsstrafe vorsieht.[43]

II. Ermittlungsmaßnahmen

14 In kartellrechtlichen Ordnungswidrigkeiten- wie Strafverfahren sind zulässige Beweismittel Zeugen, Sachverständige, Urkunden und Augenschein sowie die Einlassung – vor allem das Geständnis – des Betroffenen bzw. Beschuldigten.[44] Der Kartellbehörde stehen im Ermittlungsverfahren grundsätzlich dieselben, sich aus der StPO ergebenden Befugnisse und Ermittlungsinstrumente zur Verfügung wie der Staatsanwaltschaft (§ 46 Abs. 1 OWiG). Allerdings sind in § 46 Abs. 3 OWiG einige wichtige Ausnahmen geregelt. So darf die Kartellbehörde – anders als die Staatsanwaltschaft – keine Verhaftungen oder vorläufige Festnahmen vornehmen, Postsendungen und Telegramme beschlagnahmen oder Auskunftsersuchen zu den dem Post- oder Fernmeldegeheimnis unterliegenden Umständen erlassen.[45] Im Einzelfall ist stets das **Verhältnismäßigkeitsprinzip** zu beachten. Das bedeutet, dass bei allen Eingriffen in (Grund-)Rechte Verdächtiger oder Dritter die betreffende Ermittlungsmaßnahme nicht nur zur Erreichung des jeweiligen Ermittlungszwecks geeignet sein muss, sondern gleichzeitig auch auf die Umstände des konkreten Falles bezogen nicht außer Verhältnis zur Bedeutung der Sache und der Stärke des bestehenden Tatverdachts stehen darf.[46] Besonders strenge Anforderungen sind an die Anordnung einer regelmäßig einschneidend grundrechtsbeschränkenden Durchsuchung[47] zu stellen. In der

---

[38] *Geißer,* GA 1985, 247; *Meyer-Goßner,* StPO, § 158 Rdnr. 16 mwN.

[39] Dazu bereits *Knochenhauer* im Sitzungsprotokoll des Arbeitskreises Kartellrecht beim BKartA zum Thema „Aktuelle Probleme der Sanktionierung von Kartellabsprachen" vom 29.10.1996, S. 18.

[40] S. o. § 56 Rdnr. 22, 24.

[41] Vgl. dazu BVerwG DÖV 1965, 488, 489, *Immenga/Mestmäcker-Dannecker/Biermann,* GWB, Vor § 81 Rdnr. 240.

[42] So *Immenga/Mestmäcker-Dannecker/Biermann,* GWB, Vor § 81 Rdnr. 191; *Meyer-Goßner,* StPO, § 158 Rdnr. 17.

[43] S. dazu *Nickel,* wistra 2014, 7, 9.

[44] *Immenga/Mestmäcker-Dannecker/Biermann,* GWB, Vor § 81 Rdnr. 248 ff.

[45] Zu den Einzelheiten siehe Rdnr. 16 ff.

[46] BVerfGE 27, 211, 219 f.; *Göhler-Seitz,* OWiG, § 46 Rdnr. 9 mwN.

[47] Dazu BVerfGE 44, 353, 373.

Rechtspraxis werden entsprechende Anordnungen jedoch routinemäßig antragsgemäß erlassen, insbesondere von dem für das BKartA zuständigen AG Bonn. Als Ermittlungspersonen der Kartellbehörde im Ordnungswidrigkeitenverfahren – entsprechend der Staatsanwaltschaft im strafrechtlichen Ermittlungsverfahren – fungieren gem. § 53 Abs. 2 OWiG (bzw. gem. § 152 GVG) die jeweils örtlich zuständigen Beamten der Polizei,[48] zu denen in der Praxis oft auch Beamte der Landeskriminalämter gehören, insbesondere wenn Datenspiegelungen erfolgen.

Im laufenden Ermittlungsverfahren bestehen unterschiedliche **Rechtsschutzmöglichkeiten** gegen Anordnungen und Maßnahmen der Verfolgungsbehörden, die allerdings wegen der fehlenden aufschiebenden Wirkung und materiellrechtlich hoher Behördenfreundlichkeit der zuständigen Instanzgerichte in der Praxis nur selten erfolgversprechend sind. Gegen richterliche Anordnungen ist in der Regel die **Beschwerde** gem. § 304 StPO (im OWi-Verfahren iVm. § 46 Abs. 1 OWiG) gegeben. Gegen noch andauernde selbständige Anordnungen, Verfügungen und sonstige Maßnahmen der Kartellbehörden ist der Rechtsbehelf des bei der Kartellbehörde zu stellenden Antrags nach § 62 OWiG gegeben, über den das gem. § 68 OWiG zuständige Amtsgericht entscheidet.[49] Im Einzelnen: 15

1. Durchsuchung und Beschlagnahme. In fast allen Fällen bedienen sich die Kartellbehörden und Staatsanwaltschaften in der Praxis zunächst der Ermittlungsinstrumente der Durchsuchung und Beschlagnahme. 16

a) Durchsuchung bei Verdächtigen und Unverdächtigen. Durchsuchungen werden gem. § 46 Abs. 1 OWiG iVm. §§ 102 und 103 StPO entweder beim Verdächtigen (Betroffenen) oder bei anderen Personen (sog. Unverdächtigen) durchgeführt, und zwar häufig an mehreren Orten gleichzeitig. Sie dienen der Auffindung von Beweismitteln, insbesondere Unterlagen und sonstigen Aufzeichnungen, die den betreffenden Rechtsverstoß dokumentieren. Bei dem praktisch häufigsten Fall der Durchsuchung wegen des Verdachts von Preis- oder Submissionsabsprachen werden typischerweise Unterlagen gesucht, die Treffen mit Wettbewerbern dokumentieren und beschreiben. Dazu zählen z.B. Reisekostenabrechnungen, Kalender oder Besuchsberichte, Kalkulationsunterlagen (einschließlich von Wettbewerbern erhaltener Vorkalkulationen nebst entsprechender Zugangs- und Sendedokumentationen). Häufig werden inzwischen auch entsprechende EDV-Informationen gesucht und ausgedruckt oder auf Datenträger kopiert.[50] Durchsuchungen werden regelmäßig in Form eines „Überraschungsangriffs" durchgeführt, wenn und nachdem die jeweilige Verfolgungsbehörde aufgrund einer Anzeige oder sonstigen Information einen hinreichenden Anfangsverdacht im Hinblick auf bestimmte Zuwiderhandlungen hat. **Durchsuchungen bei Verdächtigen** können erfolgen, wenn ein Tatverdacht vorliegt und aufgrund kriminalistischer Erfahrung die Vermutung besteht, dass der Zweck der Durchsuchung erreicht werden kann, also eine gewisse Wahrscheinlichkeit besteht, dass Beweismittel aufgefunden werden.[51] Für die Beurteilung des Anfangsverdachts bezüglich einer Kartellordnungswidrigkeit sind dabei die tatsächlichen Umstände maßgeblich, auf die die Kartellbehörde ihren Antrag erkennbar stützen wollte.[52] Bei **Unverdächtigen** werden insoweit gesteigerte Anforderungen gestellt. Es muss über die kriminalistische Wahrscheinlichkeit des Auffindens hinaus aufgrund bestimmter bewiesener Tatsachen die Annahme gerechtfertigt sein, dass die Durchsuchung zur Auffindung von Beweismitteln führen werde.[53] In letzter Zeit häufiger vorgekommen sind auch (wiederholte) Durchsuchungen in späteren Stadien eines Ermittlungsverfahrens, einschließlich des gerichtlichen Einspruchsverfahrens. So hat das OLG Düsseldorf die Durchsuchung der Geschäftsräume und Beschlagnahme von Unterlagen 17

[48] Dazu *Immenga/Mestmäcker-Dannecker/Biermann,* GWB, Vor § 81 Rdnr. 227.
[49] Zusammenfassend *Grützner/Reimann/Wissel,* Rdnr. 50–53 mwN.
[50] Hierzu näher *Vollmer,* WuW 2006, 235 ff.
[51] *Meyer-Goßner,* StPO, § 102 Rdnr. 2 mwN.
[52] LG Bonn WuW/E DE-R 555 – *Transportbeton Wachau.*
[53] BGH MDR 1990, 105; *Meyer-Goßner,* StPO, § 103 Rdnr. 6.

verfahrensbetroffener Unternehmen zur Ermittlung von Umsatzzahlen angeordnet.[54] Der BGH hat diese Entscheidung, die vor Einführung des § 81a GWB durch die 8. GWB-Novelle ergangen war, bestätigt. Die Verfolgungsbehörde dürfe im Einzelfall prüfen und entscheiden, ob sie sich mit einem Auskunfts- oder Herausgabeverlangen begnügen muss oder eine Durchsuchungsanordnung ergreifen darf. Dabei soll es maßgeblich auf die Frage ankommen, ob die Verfolgungsbehörde sich auf die Vollständigkeit, Verlässlichkeit und Wahrhaftigkeit von Aussagen und dazu überlassenen Unterlagen des betreffenden Unternehmens verlassen könne. Dies hänge von der bisher gezeigten Kooperation und davon ab, ob die benötigten Unterlagen konkretisierbar oder lediglich abstrakt bezeichnet werden können.[55] In letzterem Fall soll offenbar stets eine Durchsuchung zulässig sein, insbesondere wenn die betreffende Partei nicht geständig ist. Diese Rechtsprechung ist rechtsstaatlich bedenklich, da sie intensive Grundrechtseingriffe gegenüber sich verteidigenden Unternehmen zu nicht tatbezogenen Fakten erlaubt, und zwar gerade auch dann, wenn die antragstellende Verfolgungsbehörde und/oder das anordnende Gericht selbst keine sichere Kenntnis von der Existenz entsprechender Unterlagen haben. Diese Problematik dürfte auch nach Einführung des § 81a GWB fortbestehen. Bei der nur ausnahmsweise (bei Beteiligungsverdacht) zulässigen **Durchsuchung von Anwaltskanzleien** kann nicht allein aus dem Bestehen eines Verteidigungsverhältnisses darauf geschlossen werden kann, dass der verdächtigte Mandant in seinem Besitz befindliche Beweismittel seinem Verteidiger übergeben hat.[56] Verdächtige iSd § 102 StPO können neben natürlichen Personen auch Verbände und Unternehmen sein, soweit gegen sie bei Bestätigung des Tatverdachts die Verhängung einer selbständigen Buße gem. § 30 OWiG in Betracht kommt. Dies beruht darauf, dass Verbandsbußen der Charakter selbständiger Sanktionen zukommt.[57]

18 *b) Anordnung der Durchsuchung.* Voraussetzung einer Durchsuchung ist im Regelfall gem. § 105 Abs. 1 StPO deren **richterliche Anordnung,** die auf Antrag der Kartellbehörde[58] oder Staatsanwaltschaft durch Beschluss des gem. § 162 StPO örtlich zuständigen Amtsgerichts erfolgt. Für den Beschluss bestehen keine besonderen Formerfordernisse;[59] in aller Regel werden entsprechende Beschlüsse jedoch schriftlich (aktenkundig) abgesetzt und begründet. Vor dem Erlass eines Durchsuchungsbeschlusses ist den Verfahrensbetroffenen kein rechtliches Gehör zu gewähren, weil dies in der Regel den Untersuchungszweck gefährden oder vereiteln würde. In dem Beschluss ist genau zu bezeichnen, gegen wen sich das Verfahren richtet, dass der Verdacht eines Verstoßes gegen eine konkrete Vorschrift gegeben ist[60] und welche Beweismittel mit der Durchsuchung aufgefunden werden sollen.[61] Wichtig ist auch die erforderliche Angabe des Durchsuchungsumfangs, da nur im Einzelnen im Durchsuchungsbeschluss benannte Objekte durchsucht werden dürfen. Diese Anforderungen gelten sowohl für Durchsuchungen nach § 102 StPO (bei Verdächtigen) als auch für solche nach § 103 StPO (bei Dritten).[62] Grundsätzlich kann sich die Durchsuchungsanordnung auf **Wohnungen** und andere **Räume** (wie Arbeits-, Betriebs- und Geschäftsräume) sowie befriedete Besitztümer (wie Betriebsgelände), **Sachen** (z. B. Schränke,

[54] S. z. B. OLG Düsseldorf, B. v. 12.4.2013, IV-4 Kart 1/10 sowie 7/10 OWi.

[55] BGH, B. v. 23.1.2014, KRB 48/13, Rdnr. 1.

[56] LG Fulda, wistra 2000, 155.

[57] So zutr. *Immenga/Mestmäcker-Dannecker/Biermann,* GWB, Vor § 81 Rdnr. 147.

[58] Im Zuge des durch die Kartellverfahrensverordnung VO Nr. 1/2003 entwickelten Netzwerks der Kartellbehörden (ECN) werden auch Anträge des BkartA auf Ersuchen ausländischer Kartellbehörden gestellt, vgl. z. B. BKartA Tätigkeitsbericht 2005/2006 (BT-Drucks. 16/5710) S. 42, mit Verweis auf den Beschluss des LG Duisburg vom 22.08.2006 (Az: 34 QS 114/06) zu einer vom BkartA beantragten Durchsuchungsanordnung auf Ersuchen der italienischen Wettbewerbsbehörde.

[59] BGH NStZ 1986, 84; str. für die richterliche Durchsuchungsanordnung, s. *Meyer-Goßner,* StPO, § 105 Rdnr. 3 mwN.

[60] LG Bonn WuW/E DE-R 555 – *Transportbeton Wachau.*

[61] LG Freiburg, wistra 2000, 159.

[62] AA LG Konstanz, wistra 2000, 118 mit kritischer Anmerkung *Burkhard.*

Schreibtische, Tresore, Kfz oder Gepäckstücke, technische Einrichtungen und EDV-Anlagen, und zwar grundsätzlich unabhängig von ihrer jeweiligen Lokalisierung) und **Personen** (insbesondere deren Kleidung) erstrecken.

Bei **Gefahr im Verzug,** wenn also die Aufschiebung der Durchsuchung bis zu einer richterlichen Entscheidung deren Erfolg gefährden würde, kann sie auch unmittelbar von einem zuständigen Kartell- oder Polizeibeamten als Hilfsbeamten formlos angeordnet und sofort durchgeführt werden. Der Begriff der Gefahr im Verzug ist jedoch eng auszulegen. Eine Gefahr im Verzug muss mit einzelfallbezogenen Tatsachen begründet werden. Reine Spekulationen, hypothetische Erwägungen oder bloße fallunabhängige Vermutungen sind nicht ausreichend.[63] Diese Eilfallkompetenz gilt allerdings nur, wenn zugleich auch die materiellen Durchsuchungsvoraussetzungen gem. §§ 102, 103 StPO erfüllt sind. Auf diese Weise können auch richterliche Durchsuchungsanordnungen ad hoc erweitert oder ersetzt werden, wenn sie sich während des Vollzugs als nicht ausreichend umfangreich oder falsch adressiert erweisen. Bei der Annahme von Gefahr im Verzug treffen die Behörden umfangreiche Dokumentations- und Begründungspflichten.[64] So muss der handelnde Beamte vor oder unmittelbar nach der Durchsuchung unter Bezeichnung des Tatverdachts und der gesuchten Beweismittel darlegen, warum von der Gefahr eines Beweismittelverlusts auszugehen war. Auch muss sich aus den Ermittlungsakten ergeben, dass tatsächlich versucht wurde, den Ermittlungsrichter zu erreichen. Eine bloß formularmäßige Erklärung, die sofortige Entscheidung des Ermittlungsrichters sei wegen der Komplexität des Falles und des Umfangs des Beweismaterials nicht möglich, reicht nicht aus (kommt in der Praxis aber regelmäßig vor). 19

c) Rechtsbehelfe gegen Durchsuchungsanordnung. Die Rechtmäßigkeit einer richterlich angeordneten Durchsuchung kann mit der **Beschwerde** gem. § 304 StPO (ggfs. iVm. § 46 Abs. 1 OWiG) an das zuständige Beschwerdegericht[65] überprüft werden; sie ist bis zum Abschluss der Durchsuchung zulässig. Als abgeschlossen gilt die Durchsuchung erst, wenn die Papiere nach vorläufiger Sicherstellung iSv § 110 StPO durchgesehen sind.[66] Einer Beschwerde kommt keine aufschiebende Wirkung zu, so dass die Durchsuchung durch Einlegung des Rechtsmittels in ihrer Durchführung nicht aufgehalten oder eingeschränkt werden kann. Bei Durchsuchungsanordnungen im Strafverfahren durch die Staatsanwaltschaft oder ihre Hilfsbeamten aufgrund von Gefahr im Verzug kann unter den gleichen Voraussetzungen analog § 98 Abs. 2 S. 2 StPO ein Antrag auf gerichtliche Entscheidung des örtlich zuständigen Amtsgerichts gestellt werden. Haben im Ordnungswidrigkeitenverfahren die Kartellbehörde oder ihre Ermittlungsorgane wegen Gefahr im Verzug die Durchsuchung angeordnet, kann (theoretisch) bei noch andauernder Durchsuchung ein entsprechender Antrag gem. § 62 OWiG zum gem. § 68 OWiG örtlich zuständigen Amtsgericht Bonn gestellt werden. 20

Teilweise streitig ist die Frage, ob auch nach dem Abschluss der Durchsuchung noch eine gerichtliche Überprüfung von Durchsuchungsanordnungen gegeben sein soll: Für die prozessual überholte und damit erledigte richterliche Durchsuchungsanordnung im Strafverfahren wird eine Zulässigkeit des entsprechenden Rechtsbehelfs dann angenommen, wenn wegen der erheblichen Folgen des Eingriffs oder bestehender Wiederholungsgefahr ein nachwirkendes Bedürfnis für eine Überprüfung (nachwirkendes Feststellungsinteresse aufgrund besonderer Diskriminierung oder bestehender Wiederholungsgefahr)[67] besteht.[68] Nach einer Entscheidung des BVerfG ist ein solches Rechtsschutzinteresse vor allem aber in Fällen tiefgreifender Grundrechtseingriffe gegeben, in denen sich die Belastung durch 21

[63] BVerfG, wistra 2001, S. 137, 140.
[64] Siehe hierzu BVerfG, wistra 2001, S. 137, 141 f.
[65] S. zur Zuständigkeit §§ 73, 74a Abs. 3, 74b, 121 Abs. 1 Nr. 2, 135 Abs. 2 GVG.
[66] S. hierzu näher *Park,* wistra 2000, 453, 457 f.
[67] *Göhler-Seitz,* OWiG, § 62 Rdnr. 10a.; Vor § 59 Rdnr. 123, 123a.
[68] BGH NJW 1979, 881, 882.

den Vollzug des angegriffenen Hoheitsakts nach dem typischen Verfahrensablauf so kurzfristig abspielt, dass während des Vollzugs eine gerichtliche Entscheidung kaum zu erlangen sein wird.[69] Ein Rechtsschutzinteresse des Betroffenen ist aufgrund des Gewichts des Art. 13 GG in Fällen von Wohnungsdurchsuchungen stets gegeben, aber auch in anderen Fällen tatsächlich nicht mehr fortwirkender Grundrechtseingriffe im Hinblick auf den Verfassungsgrundsatz effektiven Grundrechtsschutzes großzügig anzunehmen.[70] Eine entsprechende Rechtsschutzmöglichkeit wird auch für Anordnungen der Staatsanwaltschaft bzw. der Kartellbehörden und ihrer Ermittlungsorgane in Kartellsachen angenommen.[71]

22 Für die Überprüfung der Art und Weise des Vollzugs einer abgeschlossenen, nicht richterlich angeordneten Durchsuchung kann der Betroffene nach der neueren Rechtsprechung analog § 98 Abs. 2 S. 2 StPO die richterliche Entscheidung des zuständigen Amtsgerichts beantragen.[72] Das gleiche gilt für die Überprüfung der Art und Weise des Vollzugs einer richterlich angeordneten abgeschlossenen Durchsuchung, sofern die beanstandete *Art und Weise des Vollzugs* nicht ausdrücklicher und evidenter Bestandteil der richterlichen Anordnung war.[73] Vom BGH bisher ausdrücklich offen gelassen wurde jedoch die Frage, ob dann, wenn die beanstandete Art und Weise des Vollzugs ausdrücklicher Bestandteil der richterlichen Anordnung ist, ebenfalls ein Antrag analog § 98 Abs. 2 S. 2 StPO oder die Beschwerde zulässig ist.[74]

23 *d) Ablauf der Durchsuchung.* Bei der Durchsuchung haben der oder die **Gewahrsamsinhaber** (jeweils) ein **Anwesenheitsrecht,** ihre Anwesenheit ist aber nicht Rechtmäßigkeitsvoraussetzung der Durchsuchung. Verfahrensbetroffene haben daher keinen generellen Anspruch, anwesend zu sein, sondern nur dann, wenn sie selbst zugleich auch Gewahrsamsinhaber sind. Gewahrsamsinhaber ist derjenige, der die tatsächliche Sachherrschaft über die zu durchsuchenden Räume oder Sachen ausübt, also z. B. der Büroleiter eines zu durchsuchenden Büros. Eine Pflicht zur Ermöglichung der Anwesenheit bei zufälliger Abwesenheit des Anwesenheitsberechtigten besteht nicht, insbesondere keine Wartepflicht für den Fall, dass dieser seine Anreise ankündigt. Ein **Anwesenheitsrecht des Verteidigers** besteht ebenfalls grundsätzlich nicht. Ihm kann aber vom jeweiligen Hausrechtsinhaber – z. B. dem Geschäftsführer der betroffenen GmbH – bei Raum- oder Gebäudedurchsuchungen die Anwesenheit ebenso gestattet werden wie einem Betroffenen, der nicht Gewahrsamsinhaber ist.[75]

24 *e) Mitwirkungspflichten anwesender Personen.* An Durchsuchungen im Ordnungswidrigkeitenverfahren nehmen grundsätzlich Beamte der Kartellbehörde teil, die in aller Regel durch Gemeindebeamte (z. B. Kriminalpolizisten) als **Durchsuchungszeugen** iSv § 105 Abs. 2 StPO unterstützt werden. Die Durchsuchung wird ausschließlich von den durchsuchenden Beamten durchgeführt, der Betroffene oder sonstige Verfügungsberechtigte sind *nicht zur aktiven Mitwirkung,* sondern lediglich zur passiven Duldung der Durchsuchung *verpflichtet*. Bestimmte Verhaltenspflichten bestehen nicht. Aufgrund der Durchsuchung kann weder die Anwesenheit bestimmter Personen verlangt noch diejenige von zur Anwesenheit berechtigten Personen unterbunden werden. Die Verhängung von **„Stubenarrest"** durch die durchsuchenden Beamten ist ebenso **unzulässig** wie ein generelles Verbot gegenüber Anwesenden zu telefonieren.[76] Zweifelsfragen bestehen im Hinblick auf Gewahr-

---

[69] BVerfG, BVerfGE 96, 27, 40.

[70] BVerfG, BVerfGE 96, 27, 41 f.

[71] So *Göhler-Seitz,* OWiG, § 62 Rdnr. 1a, 2; *Grützner/Reimann/Wissel,* Rdnr. 154 f.; *KK-Reher,* Bd. 2, 2014, Vor § 81 Rdnr. 285.

[72] Vgl. BGH, BGHSt 44, 265; siehe hierzu auch BGH, wistra 1998, 353, 354 und BGH, wistra 1999, 66.

[73] Vgl. BGH NJW 1999, 3499, 3500.

[74] Vgl. BGH NJW 1999, 3499; siehe hierzu auch *Meyer-Goßner,* StPO, § 105 Rdnr. 17.

[75] S. *Immenga/Mestmäcker-Dannecker/Biermann,* GWB, Vor § 81 Rdnr. 228; *KK-Reher,* Bd. 2, 2014, Vor § 81 Rdnr. 255.

[76] Dazu ausführlich *Grützner/Reimann/Wissel,* Rdnr. 40/41.

samsinhaber (nicht: subalterne Mitarbeiter eines Betroffenen, die nur untergeordneten Mitgewahrsam über Geschäftsunterlagen oder sonstige Gegenständen ausüben),[77] die nicht Betroffene sind und deren „gehörige" Mitwirkung bei der Durchsuchung entsprechend § 95 Abs. 2 StPO zur Offenlegung bestimmter Unterlagen, wie beispielsweise geschützt gespeicherter EDV-Dateien, erforderlich sein kann. Besteht bei Unverdächtigen eine solche Mitwirkungspflicht, so können ggf. im Weigerungsfall Zwangsmittel nach § 70 StPO verhängt werden (z.B. Ordnungsgeld, Ordnungshaft oder Beugehaft). Häufig werden aber auch zum Zeitpunkt der Durchsuchung (noch) Unverdächtige sich der Mitwirkung unter Hinweis auf ihre mögliche spätere Beschuldigung oder ein bestehendes Zeugnisverweigerungsrecht gem. §§ 52ff. StPO entziehen können. Denn in der Regel ist bei einer Durchsuchung im Kartellermittlungsverfahren der Täterkreis weder im Durchsuchungsbeschluss abschließend definiert noch ist eindeutig erkennbar, gegen wen später ein Tatvorwurf gerichtet werden kann. Es reicht vielmehr für die Rechtmäßigkeit der Durchsuchungsanordnung aus, wenn sie sich gegen „die verantwortlichen Personen" eines verdächtigen Unternehmens richtet.[78] Eine Unterbrechung der Verjährung gegenüber den Verantwortlichen tritt allerdings – anders als im EU-Verfahrensrecht – bei entsprechend allgemein gefassten Durchsuchungsbeschlüssen nur ein, wenn deren Identität bereits aktenkundig ist und damit zum Zeitpunkt der Anordnung feststeht.[79]

f) Vorsätzliche Störungen. Vorsätzliche Störungen der Durchsuchung können gem. § 164 StPO durch zeitweilige Festnahme und Festhaltung des Störers unterbunden werden. Von solchen Störungen wird auszugehen sein, wenn Beweismittel vernichtet oder durchsuchende Beamte sonst vorsätzlich in die Irre geleitet werden, etwa durch falsche Hinweise oder das Verschließen von Durchsuchungsobjekten. Prophylaktische Einschränkungen der Bewegungsfreiheit von Anwesenden sind dagegen unzulässig und können eine im Ordnungswidrigkeitenrecht ansonsten unzulässige Festnahme darstellen. **25**

g) Beschlagnahme. Spätestens am Ende der Durchsuchung entscheiden die Beamten, welche Fundstücke für das weitere Verfahren benötigt werden. Über den Umfang zu beschlagnahmender Unterlagen muss unter Berücksichtigung des Verhältnismäßigkeitsprinzips entschieden werden. Insbesondere bei betrieblich benötigten Gegenständen oder Unterlagen (wie z.B. Kundenkartei oder PC) ist die Verfahrensrelevanz kritisch und im Einzelnen zu prüfen. Gegebenenfalls sind während der Durchsuchung oder kurzfristig nach der Mitnahme von Unterlagen Kopien zu fertigen, um den Betroffenen in seiner Geschäftstätigkeit nicht unangemessen zu behindern.[80] Die **Beschlagnahme** vorgefundener Beweismittel ist gem. § 94 Abs. 2 StPO (ggfs. iVm. § 46 Abs. 1 OWiG) anzuordnen, wenn die betreffenden Gegenstände nicht herrenlos sind und nicht freiwillig herausgegeben werden. Materielle Voraussetzung einer Beschlagnahmeanordnung ist, dass die zu beschlagnahmende Sache als Beweismittel benötigt wird.[81] In der Praxis werden bei Durchsuchungen des BKartA inzwischen mit Billigung des insoweit als Beschwerdegericht zuständigen LG Bonn regelmäßig große Datenmengen von Festplatten und Servern vor Ort gespiegelt und erst nachträglich – zum Teil Monate später – mit Hilfe forensischer Software ausgewertet. Die Entscheidung, in welchem Umfang die inhaltliche Durchsicht vorzunehmen, zu gestalten und wann diese zu beenden sei, soll dem eigenverantwortlichen Ermessensspielraum der Ermittlungsbehörden unterliegen.[82] Die Durchsuchung dauert dementsprechend lange an. Erst im Anschluss daran teilt das Amt mit, welche der dann identifizierten Datenfunde zur **26**

---

[77] *Grützner/Reimann/Wissel,* Rdnr. 175.

[78] LG Köln WuW/E AG/LG 365.

[79] So zutr. *Grützner/Reimann/Wissel,* Rdnr. 16 unter Hinweis auf BGHSt 24, 325; ebenso *Hermanns/Kleier,* S. 104.

[80] S. LG München I NStZ-RR 2003, 142; *Grützner/Reimann/Wissel,* Rdnr. 210; *Göhler-Seitz,* OWiG, Vor § 59 Rdnr. 83.

[81] S. *Achenbach,* NJW 1976, 1071.

[82] LG Bonn, B. v. 10.1.2011 – 27 Qs 33/10.

Akte genommen werden. Die übrigen Daten werden vernichtet. Diese technisch für die Ermittlungsbehörde komfortable Lösung ist rechtlich zu kritisieren. Zum einen wird das Ordnungsmodell einer ad hoc stattfindenden Durchsuchung und Beschlagnahme dadurch konterkariert, dass die physische Nachsuche nicht unmittelbar erfolgt, sondern auf unbestimmte Zeit ausgedehnt und an einen anderen Ort (Amtsräume des BKartA) verlegt wird.[83] Zum anderen wird wegen der ungesichteten Mitnahme großer Datengesamtheiten der Verhältnismäßigkeitsgrundsatz nicht gewahrt[84] und die Verletzung berechtigter Drittinteressen (Telekommunikationsgeheimnis) von vornherein in Kauf genommen. Schließlich wird das bei einer Durchsuchung stets gegebene Anwesenheitsrecht des Verteidigers umgangen, da das Amt Verteidigern die Anwesenheit bei der späteren Datendurchsicht regelmäßig verweigert. BKartA und LG Bonn gehen insoweit davon aus, dass nur dann, wenn Berufsgeheimnisträger von einer Durchsuchung betroffen seien, die Anwesenheit eines Anwalts bei der Unterlagendurchsicht zu gestatten sei. Ansonsten seien die Rechte der Betroffenen ausreichend dadurch gewahrt, dass einer späteren Beschlagnahme von als potenziell beweisrelevant eingestuften IT-Asservaten widersprochen werden könne.[85]

27 Die Beschlagnahmeanordnung ist grundsätzlich dem Richter vorbehalten (§ 98 Abs. 1 StPO), bei Gefahr im Verzug können aber auch die nach den jeweils einschlägigen innerdienstlichen Bestimmungen zuständigen Beamten bei Staatsanwaltschaft und Kartellbehörde sowie ihre Ermittlungspersonen tätig werden. Auch diesbezüglich entspricht die in der Praxis oft „großzügige" Inanspruchnahme der Beschlagnahmekompetenz bei Gefahr im Verzug durch Kartellbeamte nicht den gesetzlichen Vorgaben. Es ist bei verweigerter freiwilliger Herausgabe zumindest der Versuch zu unternehmen, die Beschlagnahmeanordnung durch den zuständigen Ermittlungsrichter vornehmen zu lassen.[86]

28 *h) Durchsicht von Geschäftspapieren.* **Geschäftspapiere** im weitesten Sinne[87] dürfen zum Zweck der Prüfung ihrer Verfahrensrelevanz und einer eventuell erforderlichen Beschlagnahme sichergestellt und am Ort der Durchsuchung nur von Kartellbeamten bzw. Staatsanwälten und auf deren Anordnung durch ihre Ermittlungspersonen durchgesehen werden, nicht aber ohne Genehmigung des Inhabers durch andere Beamte (§ 110 StPO). Ist eine Durchsicht der Papiere durch die die Durchsuchung durchführenden Kartellbeamten nicht vor Ort und während der Durchsuchung möglich, so haben diese das in § 110 StPO vorgesehene Siegelungsverfahren einzuleiten.

29 *i) Anordnung der Beschlagnahme.* Die Anordnung der Beschlagnahme ist grundsätzlich formfrei.[88] Sie ergeht in der Regel ohne vorherige Anhörung (iSv § 33 Abs. 4 Satz 1 StPO) des Betroffenen in Form eines Beschlusses, der schriftlich abgefasst, begründet und in den Akten vermerkt wird (vgl. § 34 StPO). Beschlagnahmeanordnungen können aber auch mündlich oder fernmündlich, telegraphisch oder fernschriftlich erfolgen.[89] Inhaltlich müssen entsprechende Anordnungen den oder die Beweisgegenstände mit solcher Genauigkeit bezeichnen, dass Zweifel über den Umfang der Maßnahme nicht aufkommen können,[90] was jedoch bei im Voraus erlassenen Beschlagnahmeanordnungen eine gewisse Unbestimmtheit bei der Bezeichnung zu beschlagnahmender Objekte (z. B. „Schriftstücke, Geschäftsunterlagen" usw.) nicht ausschließt. Unzulässig ist hingegen eine allgemeine Beschlagnahmeanordnung, nach der „die bei einer Durchsuchung aufgefundenen Gegenstände" als Beweismittel beschlagnahmt werden sollen.[91]

---

[83] Die zuständigen Instanzgerichte halten dies für zulässig, vgl. LG Bonn, B. v. 5.3.2012 – 27 QS 16/11; s. auch BKartA, TB 2011/2012, S. 38 mwN.

[84] S. dazu auch Rdnr. 28.

[85] S. LG Bonn, B. v. 23.8.2011 – 27 Qs 17/11; BKartA, TB 2011/2012, S. 38.

[86] Dazu bereits oben Rdnr. 19 a. E.

[87] Siehe zum Begriff der „Papiere" näher *Park,* wistra 2000, 453, 455.

[88] Str. für richterliche Anordnung, siehe *Göhler-Seitz,* OWiG Vor § 59 Rdnr. 85.

[89] S. im einzelnen *Meyer-Goßner,* StPO, § 98 Rdnr. 8 mwN.

[90] S. LG Lüneburg, JZ 1984, 343; LG Stuttgart StV 1986, 471; *Meyer-Goßner,* StPO, § 98 Rdnr. 9.

[91] BVerfG NStZ 1992, 91; zusf. *Meyer-Goßner,* StPO, § 98 Rdnr. 9 mwN.

j) Beschlagnahmeprivilegien. Zweifelsfragen können im Rahmen von Durchsuchungs- und Beschlagnahmeaktionen im Hinblick auf **Dokumente** entstehen, die sich (vorübergehend) **bei** zur Berufsverschwiegenheit verpflichteten **Geheimnisträgern** wie Rechtsanwälten, Wirtschaftsprüfern oder Steuerberatern befinden. Insoweit gilt zunächst grundsätzlich das **Beschlagnahmeverbot** gem. § 97 StPO (ggfs. iVm. § 46 Abs. 1 OWiG). Danach müssen Geheimnisträger diejenigen Gegenstände, auf die sich ein ihnen zustehendes Zeugnisverweigerungsrecht iSd §§ 52 StPO ff. erstreckt, nicht – auch nicht nach § 95 StPO – herausgeben oder deren Beschlagnahme dulden.[92] Dies ist unmittelbar einsichtig für Dokumente, die der jeweilige Geheimnisträger im Rahmen des bestehenden Vertrauensverhältnisses zur Prüfung oder Bearbeitung zur Verfügung gestellt bekommen hat. Problematischer ist die Frage, ob für die Verfolgungsbehörden Unterlagen erreichbar sind, die dem Geheimnisträger in der Absicht übergeben worden sind, sie dem Zugriff der Verfolgungsbehörden zu entziehen. Für das Ordnungswidrigkeitenrecht wird vertreten, dass dem Geheimnisträger bewusst zur **Zugriffsvereitelung** übergebene Dokumente nicht der Beschlagnahmefreiheit gem. § 97 StPO unterliegen sollen. Als rechtliche Begründung wird entweder der Gesichtspunkt des Rechtsmissbrauchs bzw. der Verwirkung[93] angeführt, oder aber darauf hingewiesen, dass solchermaßen entzogene Unterlagen nicht dem Vertrauensbereich des jeweiligen Mandatsverhältnisses zuzuordnen und damit von vornherein vom Schutzbereich des § 97 StPO ausgenommen sein sollen.[94] Der Schutzbereich des beratenden externen Anwalts ist seit der Einführung des neuen § 160a StPO im Februar 2011 erweitert; seither besteht auch ohne Vorliegen eines Verteidigerverhältnisses zugunsten des beratenden externen Rechtsanwalts ein grundsätzlich umfassendes Durchsuchungs- und Beschlagnahmeverbot. Die aktuelle Praxis zum Umfang der gesetzlichen Erhebungsverbote orientiert sich vor allem an drei Entscheidungen unterschiedlicher Landgerichte in überwiegend strafrechtlichem Zusammenhang:[95] 30

aa) Durchsuchung und Beschlagnahme beim externen Rechtsanwalt. Relativ klar ist die Rechtslage, soweit Erhebungsverbote hinsichtlich der Tätigkeit externer Rechtsanwälte betroffen sind: Nach hM gelten seit der Einführung des § 160a StPO die Garantien dieser Bestimmung sowie des § 97 Abs. 1 Nr. 1 StPO iVm §§ 52 Abs. 1 Nr. 3, 148, 434 Abs. 1, 444 Abs. 2 S. 2 StPO gem. § 46 Abs. 1 OWiG uneingeschränkt auch im Kartellordnungswidrigkeitenverfahren, einschließlich auf Verhängung von Verbandsgeldbußen gerichteter Verfahren.[96] Danach sind die **Durchsuchung von Kanzleiräumen** und die Beschlagnahme von im (Allein-)Gewahrsam des nicht selbst der Tatbegehung verdächtigen Anwalts[97] befindlichen **Beratungsunterlagen** grundsätzlich unzulässig, und zwar unabhängig von dem Bestand und der Reichweite eines Verteidigerprivilegs im Einzelfall. Jedenfalls stellt § 160a StPO klar, dass insoweit ein absolutes Erhebungsverbot gelten soll, das nur in Fällen der Verstrickung des Berufsgeheimnisträgers unanwendbar ist, § 160a Abs. 4 StPO.[98] In diesem Sinne ist wohl auch der Beschluss des LG Mannheim vom 3.7.2012 zu verstehen, in dem von einer parallelen Anwendbarkeit des § 160a StPO und des § 97 StPO und von einer grundsätzlichen Beschlagnahmefreiheit von Unterlagen beim Anwalt ausgegangen wurde.[99] Besteht der besonders sorgfältig zu prüfende Verdacht einer **Verstrickung des Rechtsanwalts,** so sind an Vorbereitung und Durchführung einer Durchsuchung der 31

---

92 *Immenga/Mestmäcker-Dannecker/Biermann,* GWB, Vor § 81 Rdnr. 268 mwN.

93 LG Köln BB 1974, 1548 f.

94 So *Immenga/Mestmäcker-Dannecker/Biermann,* GWB, Vor § 81 Rdnr. 271.

95 LG Hamburg NJW 2011, 942 – *HSH Nordbank;* LG Mannheim NStZ 2012, 713 sowie LG Bonn NZKart 2013, 204 – *Matratzen.*

96 So zutr. *Schuster,* NZKart 2013, 191, 193; *Immenga/Mestmäcker-Dannecker/Biermann,* GWB, Vor § 81, Rdnr. 268.

97 Zum Sonderfall des Mitgewahrsams eines verdächtigen Anwalts s. *Krauß,* WuW 2013, 24, 25 mwN.

98 So auch *Schuster,* aaO; *Krauß,* WuW 2013, 24, 25.

99 LG Mannheim wistra 2012, 400, 403, 407.

Kanzleiräume zur Vermeidung von Rechtsverletzungen Dritter besondere, erhöhte Anforderungen zu stellen. Insbesondere ist die insoweit übliche weiträumige Beschlagnahme von vor Ort inhaltlich zunächst nicht näher auf Relevanz geprüften Unterlagen nicht zulässig.[100] In einem kartellrechtlichen Verfahren, in dem es zur Durchsuchung der im Unternehmen befindlichen Räumlichkeiten einer sowohl das Unternehmen als auch Dritte beratenden selbständigen Rechtsanwältin gekommen war, hat das LG Bonn in bedenklich erweiternder und behördenfreundlicher Auslegung auch nach Einführung des § 160a StPO noch die Beschwerde gegen die Durchsuchung zurückgewiesen, weil das zu durchsuchende Unternehmen Mitgewahrsam an den Räumen der Rechtsanwältin gehabt habe und das BKartA bei der Durchsuchung nach den äußeren Umständen davon habe ausgehen dürfen, dass es sich um eine Syndikusanwältin handele, auf die § 160a StPO gem. § 53 Abs. 1 Nr. 1 StPO keine Anwendung finde.[101]

32 Die in § 160a StPO enthaltene klare Grundregelung ist zur Erhaltung der Arbeitsfähigkeit anwaltlicher Berater im Kartell-OWi-Recht essentiell, denn eine verantwortliche Aufklärung von Kartellverstößen, Beratung zu den jeweiligen Konsequenzen in strafrechtlicher, ordnungswidrigkeitenrechtlicher und auch zivilrechtlicher sowie arbeitsrechtlicher Hinsicht setzt voraus, dass der beratende Berufsgeheimnisträger nicht mit der zwangsweisen behördlichen Einsichtnahme in seine Beratungsunterlagen zu rechnen hat. Lediglich in den gesetzlich klar definierten Fällen der Verstrickung, also des Verdachts der Begehung von Strafvereitelung, Hehlerei oder Begünstigung bzw. der eigenen Tatbeteiligung des Berufsgeheimnisträgers an der untersuchten Tat, kann gem. § 97 Abs. 2 S. 1 und § 160a Abs. 4 StPO iVm § 46 OWiG auch bei einem externen Rechtsanwalt durchsucht und beschlagnahmt werden. Diese Konstellation dürfte indes im Kartellordnungswidrigkeitenrecht schon deshalb regelmäßig ausscheiden, weil Kartellordnungswidrigkeiten (mit Ausnahme von Submissionsabsprachen)[102] regelmäßig keine Straftatbestände erfüllen und damit als Vortaten der genannten Verstrickungsdelikte ausscheiden. Auch dürften anwaltlich erhobene Ermittlungsergebnisse und Beratungsinhalte im Zusammenhang von Kartellverstößen regelmäßig nicht als Gegenstände gelten können, die durch eine Straftat hervorgebracht werden, oder die iSv § 97 Abs. 2 StPO zur Begehung einer Straftat gebraucht oder bestimmt sind.

33 *bb) Dokument im Gewahrsam des Mandanten.* Praktisch relevanter ist die Frage, in welchem Umfang Anwaltskorrespondenz beim Mandaten (in seiner Eigenschaft als Betroffenem oder Drittem) dem Behördenzugriff unterliegt. Dies ist im Einzelnen streitig.[103] Für die Praxis maßgeblich dürfte insoweit insbesondere die Rechtsprechung des für Maßnahmen des BKartA als Beschwerdegericht zuständigen LG Bonn sein: Danach soll § 160a StPO keine Anwendung finden, wenn sich eine gem. §§ 102 oder 103 StPO durchgeführte Durchsuchung, die nicht bei einem Anwalt stattfindet, formal nicht gegen diesen, sondern gegen den Mandaten oder einen Dritten richtet.[104]

Beim Unternehmen befindliche Unterlagen können dann nur noch geschützt sein, wenn sie in den Schutzbereich des **Verteidigerprivilegs** gem. § 97 Abs. 1 Nr. 1 iVm § 53 Abs. 1 Nr. 2 und 2 iVm § 148 StPO fallen.[105] Nach h. M. unterliegen auch die Akten von Syndikusanwälten, welche deren anwaltliche Rechtsberatung betreffen, grundsätzlich nur dann einem Beschlagnahmeverbot, wenn sie sich im alleinigen Gewahrsam des Syndikusanwalts befinden.[106] Um das bestehende Beschlagnahmeverbot für solche Akten zu sichern,

---

[100] S. dazu näher *Krauß,* aaO, 25 f. unter Hinweis auf BVerfG NJW 2005, 1917.

[101] S. LG Bonn, B. v. 9.7.2012 – 27 Qs 12/12; BKartA, TB 2011/2012, S. 37.

[102] S. dazu näher oben § 55 Rdnr. 1 ff.

[103] S. dazu zusf. Rdnr. 34 f.

[104] Zu recht kritisch dazu: *Ballo,* NZWiSt 2013, 46, 52.

[105] S. dazu näher Rdnr. 35.

[106] Siehe hierzu den Nachweis bei *Dolmanns/Eichler/Ibold,* AnwBl 1999, 493, 498; so auch LG Bonn WuW/E DE-R 1787, 1791 – *Anwaltskorrespondenz,* zur Rechtslage vor Einführung des § 160a StPO.

empfiehlt es sich für betroffene Unternehmen demnach, (1) privilegierte Dokumente als solche zu kennzeichnen und (2) geschützte Unterlagen unter der Kontrolle der Rechtsabteilung – am besten gesondert – aufzubewahren.[107]

Nach Auffassung des LG Bonn soll sich das Verteidigerprivileg nur auf Unterlagen erstrecken, die nach Einleitung eines Ermittlungsverfahrens zwischen dem Beschuldigten und seinem Verteidiger zu Zwecken der Verteidigung ausgetauscht wurden.[108] Das Verteidigerverhältnis bestehe erst nach Erteilung und Annahme des Verteidigermandats, nicht schon zum Zeitpunkt der Anbahnung. Personell soll der Schutz von Verteidigerkorrespondenz auf Beratungsunterlagen, die sich auf den aktuell Beschuldigten als natürliche oder juristische Person beziehen, begrenzt sein. Wird also gegen eine Konzerngesellschaft – z. B. die Tochtergesellschaft – ermittelt, so soll Korrespondenz des Verteidigers mit der Muttergesellschaft nicht beschlagnahmefrei sein. Es dürfte sich in entsprechenden Fällen daher in der Praxis empfehlen, die Verteidigervollmacht von allen in wirtschaftlicher Einheit stehenden Unternehmen zeichnen zu lassen. Inhaltlich begrenzt das LG Bonn das Beschlagnahmeprivileg auf Unterlagen, die unmittelbar das Ermittlungsverfahren betreffen; hierzu sollen beispielsweise Unterlagen, die sich zu zivilrechtlichen Risiken eines Kartellverstoßes verhalten, nicht gehören.[109] Gleiches soll für anwaltliche Beratungsschreiben zu benachbarten, aber nicht identischen Verfahren gelten.[110]

Beide Einschränkungen der Beschlagnahmefreiheit überzeugen indes aus unterschiedlichen Gründen nicht: So darf zunächst nicht durch eine lebensfremde Einengung des Umfangs verteidigungsrelevanter Unterlagen der gesetzliche Erhebungsschutz unterlaufen werden. Im kartellrechtlichen Ordnungswidrigkeitenverfahren ist es selbstverständlich relevant, ob und in welchem Umfang zivilrechtliche Ansprüche Dritter aus einem vorgeworfenen oder selbst aufgedeckten Verstoß resultieren können. Neben dem unmittelbaren Sanktionsrisiko ist die Bewertung dieses Risikos regelmäßig maßgeblich für die Verteidigungsstrategie. Es ist eine oft zentrale Frage für die Verteidigungsstrategie, ob es in einem Ermittlungsverfahren gerade auch angesichts der im Falle einer Kooperation sicher resultierenden nachteiligen zivilrechtlichen Folgen sinnvoll erscheint, mit der zuständigen Behörde zu kooperieren und die Kronzeugenregelung in Anspruch zu nehmen. In diesem Zusammenhang stehende Beratung zu zivilrechtlichen Risiken als nicht relevant oder nicht mit der Verteidigung verbunden einzustufen, erscheint willkürlich. Es sollte stattdessen ein materieller Begriff des Verteidigungszusammenhangs zugrundegelegt werden, der den Sinnzusammemnhang der Beratungsinhalte berücksichtigt. Dabei ist zu berücksichtigen, dass interne Untersuchungen sowie die Beratung zu Kartellrisiken und zu Kartellfolgeschäden stets auf reaktive oder proaktive Verteidigung zielen und entsprechende Unterlagen daher nach § 97 Abs. 1 Nr. 1 StPO iVm § 46 Abs. 1 OWiG beschlagnahmefrei sein sollten.[111] In der Praxis empfiehlt sich der frühzeitige Abschluss von entsprechend detaillierten Mandatsvereinbarungen, die den Umfang und den Zusammenhang der beauftragten Einzelinhalte erkennen lassen.[112] Hinzu kommt Folgendes: Wenn nach der Rechtsprechung des BGH zum *„Grauzementkartell"* nunmehr auch im inländischen Recht eine Sanktionierung von „Unternehmen" im funktionalen Sinne als „wirtschaftliche Einheit" zulässig sein soll, dann 34

---

107 So *Dolmanns/Eichler/Ibold,* AnwBl 1999, 493, 498.

108 So eng auch *Krauß,* aaO, 27: Verteidigerunterlagen seien nur Unterlagen, die drei Voraussetzungen erfüllten: 1. Bestehendes Ermittlungsverfahren zum Zeitpunkt der Entstehung; 2. vorliegende Beauftragung des Anwalts mit der Verteidigung und 3. betreffende Unterlage wurde zum Zwecke der Verteidigung erstellt.

109 Dem steht die inzwischen auch in der EU-Schadensersatzrichtlinie 2014/104/EU (ABl. L 349/1 v. 5.12.2014) vertretene Zweigleisigkeit der Kartellverfolgung entgegen, die von einem notwendigen Zusammenwirken von behördlicher und privater Rechtsdurchsetzung ausgeht, vgl. dort Rdnr. 5 f.

110 Im Fall *Matratzen* betraf dies ein Schreiben der Anwälte hinsichtlich eines zum Ermittlungsverfahren des Amtes betreffend Matratzen parallel geführten EU-Verfahrens bezüglich Polyurethanschäume.

111 So zutr. *Schuster,* aaO, 194 mwN.

112 Dazu *Momsen/Grützner-Grützner,* Kapitel 4, Rdnr. 115.

müssen wohl auch die prozessualen Schutzrechte der Verteidigung in entsprechender Weise im Rahmen einer verfassungskonformen Auslegung auf die von Ermittlungen betroffene wirtschaftliche Einheit erstreckt werden. Es wäre rechtsstaatlich nicht vertretbar, eine Sanktion bezogen auf Konzernressourcen zu verhängen, die „freie Verteidigung" aber nur derjenigen Konzerngesellschaft zuzugestehen, gegen die sich das Verfahren formell richtet. Wegen der Konturlosigkeit des ausfüllungsbedürftigen Rechtsbegriffs der „wirtschaftlichen Einheit" wäre so einer Umgehung der Schutzbestimmungen zulasten des Betroffenen Tür und Tor geöffnet. Die Rechtsauffassung des LG Bonn erscheint aber auch im Hinblick auf das im EU-Recht bestehende umfassendere „Legal Privilege" zu eng und nicht haltbar:

35 *cc) Verhältnis von Verteidigerprivileg und „Legal Privilege".* Im Gemeinschaftsrecht ist anerkannt, dass die Korrespondenz zwischen Anwalt und verfahrensbetroffenen Unternehmen umfassend vor Einsichtnahme und „Mitnahme"[113] geschützt ist. Dies folgt aus dem gemeinschaftsrechtlich anerkannten Schutz des Anwaltsgeheimnisses, das nach dem dortigen Verständnis den Schutz von Unterlagen erfordert, die entweder von einem externen Anwalt oder von seinem Mandanten zur Anforderung der Verteidigung erstellt worden sind.[114] Als Rechtsgrundlage werden insoweit Art. 8 Abs. 1 EMRK iVm Art. 6 Abs. 1 u. 3 Lit. c EMRK, Art. 7, 47 Abs. 1 und Abs. 2 S. 2 sowie Art. 48 Abs. 2 GRCh sowie die gemeinsame Rechtstradition der Mitgliedstaaten angesehen.[115] Könnten nun im Kontext eines nationalen Verfahrens von den ermittelnden nationalen Behörde und Gerichten unter das „Legal Privilege" fallende Dokumente beschlagnahmt werden, so müsste dies nach hier vertretener Auffassung zumindest als Verstoß gegen unmittelbar geltendes, prioritäres Gemeinschaftsrecht zur Rechtswidrigkeit der Maßnahme und korrespondierenden Beschlagnahme- bzw. Verwertungsverboten führen. Denn selbst wenn – wie im Ausgangsfall des LG Bonn – der bestimmbare Inhalt eines parallelen EU-Ermittlungsverfahren sich von dem national untersuchten Verdachtsfall unterscheidet, entfallen dadurch nicht die selbständigen Garantien des Verteidigungsschutzes bezogen auf das EU-Verfahren. Warum sollte eine anderweitig ermittelnde nationale Behörde berechtigt sein, Unterlagen zu beschlagnahmen, die die Europäische Kommission in eigener Zuständigkeit nicht einsehen, zu den Akten nehmen oder verwerten dürfte? Nach zutreffender Auffassung muss die nationale Ermittlungsbehörde vielmehr von Amts wegen jedenfalls ein gemeinschaftsrechtlich bestehendes **Legal Privilege** beachten, und zwar unabhängig vom eigenen Verfahrenszusammenhang. Dies folgt unmittelbar aus dem gemeinschaftsrechtlichen Prinzip der Einheitlichkeit der Rechtsordnung sowie des Subsidiaritätsprinzips, demzufolge im Zweifel die gemeinschaftsrechtliche Regelung („Legal Privilege") vorgeht. Das LG Bonn stellt daher insoweit von vornherein zu Unrecht auf den Verfahrenszusammenhang der beschlagnahmten Unterlagen hinsichtlich des EU-Verfahrens ab; es hätte stattdessen unabhängig vom Verfahrenszusammenhang dieser Unterlagen bezogen auf das nationale Ermittlungsverfahren des BKartA wegen des offensichtlich anderweitig bestehenden „Legal Privilege" die diesbezügliche Beschlagnahme nicht aufrechterhalten dürfen.[116]

36 Ob daneben aus Gründen des „effet utile" im Hinblick auf die effektive Durchsetzung von Art. 101 AEUV und das Recht auf effektive Verteidigung grundsätzlich zur Vorbereitung und Durchführung von (möglichen) Bußgeldverfahren – einschließlich von durch Kronzeugenanträge selbst in Gang gesetzter Verfahren – *de lege ferenda* ein genereller und konzernweiter **Schutz von Beratungsunterlagen** (Audit-Ergebnisse, Interview-Vermerke, Zusammenfassungen von e-search-Ergebnissen etc.) geboten ist, sollte geprüft werden. Rechtspolitisch wäre dies zur Ermöglichung angemessener privater Ermittlungstätig-

---

[113] Im EU-Recht werden bei Nachprüfungen Unterlagen und Dateien nicht beschlagnahmt, sondern in Kopie mitgenommen; s. dazu näher oben § 42 Rdnr. 34.

[114] Zum nicht gegebenen Schutz entsprechender Unterlagen, die „inhouse" von Syndikusanwälten erstellt werden, s. o. § 42 Rdnr. 45.

[115] S. LG Bonn NStZ 2013, 204, 205 f.

[116] AA *Krauß,* WuW 2013, 24, 33.

keit, die wie die behördliche Ermittlungstätigkeit der Beendigung und Verhinderung von Kartellverstößen dient, wünschenswert und geboten. Denn es ist inkonsistent, von Unternehmen Compliance-Maßnahmen zu verlangen, deren praktische Durchführung aber durch weiträumige Zugriffsmöglichkeiten der Ermittlungsbehörden auf in diesem Zusammenhang entstehende Arbeitsprodukte zu erschweren oder gar zu vereiteln.

In korrespondierendem Umfang zu bestehenden Beschlagnahmeprivilegien sind auch Durchsuchungen (z. B. von Anwaltskanzleien) unzulässig.[117] **37**

k) Zufallsfunde. Werden bei einer Durchsuchung zufällig Gegenstände gefunden, auf die sich die Durchsuchung nicht bezieht, die aber auf das Vorliegen einer anderen Ordnungswidrigkeit oder Straftat hindeuten (Beispiel: Durchsuchung wegen des Verdachts eines unzulässigen Boykottaufrufs führt zum Auffinden von Beweismaterial über Preisabsprachen), so können diese Beweismittel als Zufallsfunde gem. § 108 Abs. 1 StPO (gegebenenfalls iVm. § 46 Abs. 1 OWiG) einstweilen in Beschlag genommen werden. Die zuständige Behörde entscheidet sodann nach den allgemeinen Grundsätzen, ob aufgrund des Zufallsfunds ein weiteres Verfahren einzuleiten ist, in dem dieser als Beweismittel benutzt werden kann. In diesem Fall ist die einstweilige Beschlagnahme in eine dauerhafte Beschlagnahme iSv § 98 StPO zu überführen; anderenfalls sind die einstweilig in Beschlag genommenen Gegenstände von der Ermittlungsbehörde freizugeben.[118] **38**

l) Richterliche Bestätigung und Rechtsbehelfe. Bei Durchsuchungsmaßnahmen wegen Kartellverstößen ist häufig die richterliche Anordnung der Durchsuchung mit derjenigen der Beschlagnahme etwaiger Beweismittel in einem schriftlich abgesetzten Beschluss verbunden. Erfolgt die Beschlagnahme generell oder im Einzelfall ohne vorherige richterliche Anordnung, so hat der sie anordnende Beamte binnen drei Tagen gem. § 98 Abs. 2 StPO die richterliche Bestätigung der Beschlagnahme zu beantragen, wenn der Betroffene bei der Beschlagnahme nicht anwesend war oder der Betroffene dieser widersprochen hat. Der Betroffene kann zudem jederzeit selbst die richterliche Entscheidung beantragen. In der Praxis läuft dieses Antragsrecht allerdings weitgehend leer, weil die zuständigen Gerichte entsprechende Anordnungen mehr oder weniger formularmäßig bestätigen. Daneben ist die Beschwerde gem. § 304 StPO gegen die noch nicht erledigte richterliche Beschlagnahmeanordnung sowie gegen die richterliche Bestätigung aufgrund eines Antrags nach § 98 Abs. 2 StPO[119] zulässig. Im Ordnungswidrigkeitenverfahren ist als Rechtsbehelf zudem der Antrag auf gerichtliche Entscheidung nach § 62 OWiG zu dem nach § 68 OWiG zuständigen Amtsgericht zulässig. Antragsberechtigt sind Gewahrsamsinhaber und zum Besitz berechtigte Personen.[120] **39**

m) Protokollierung von Durchsuchung und Beschlagnahme. Nach Beendigung der Durchsuchung, die grundsätzlich zusammenhängend und meist an einem Tag erfolgt, wird auf Verlangen des Betroffenen eine schriftliche Mitteilung **(Durchsuchungsprotokoll)** erstellt. Das Protokoll muss den Grund der Durchsuchung nennen, wobei eine abstrakte Angabe des Durchsuchungszwecks ausreicht. Bei Durchsuchungen nach § 102 StPO beim Verdächtigen muss darüber hinaus die Straftat oder Ordnungswidrigkeit angegeben werden, die Anlass zu der Durchsuchung gegeben hat, ohne dass allerdings die Ermittlungsbehörde zur Nennung tatsächlicher Einzelheiten gezwungen wäre.[121] **40**

Vor allem aber ist dem Betroffenen – je nach dem Ergebnis der Durchsuchung – entweder ein **Beschlagnahme- oder Sicherstellungsverzeichnis** oder eine **Negativbescheinigung** zu erteilen (§ 107 Satz 2 StPO). In diesen Verzeichnissen sind die in amtliche Verwahrung genommenen Unterlagen oder sonstigen Gegenstände unabhängig davon, ob sie freiwillig herausgegeben oder in Beschlag genommen wurden, identifizierbar aufzulisten. **41**

[117] *KK-Reher,* Bd. 2, 2014, Vor § 81 Rdnr. 270; *Grützner/Reimann/Wissel,* Rdnr. 206.
[118] Dazu näher *Meyer-Goßner,* StPO, § 108 Rdnr. 7.
[119] *Meyer-Goßner,* StPO, § 98 Rdnr. 31.
[120] *Göhler-Seitz,* OWiG, Vor § 59 Rdnr. 89; *Grützner/Reimann/Wissel,* Rdnr. 194.
[121] KK StPO-*Bruns,* § 107 Rdnr. 3; *Meyer-Goßner,* StPO, § 107 Rdnr. 2.

Insbesondere bei Unterlagen sollten dazu zumindest zusammenhängende Aktenkonvolute einzeln beschrieben werden, z. B. durch Auflistung der Überschriften der mitgenommenen Aktenordner. Nur dann ist sichergestellt, dass einerseits für an der Durchsuchung unbeteiligte Dritte später Klarheit über den Umfang der mitgenommenen Schriftstücke zu erzielen ist und andererseits ggf. gezielte Herausgabeverlangen im Hinblick auf bestimmte Beweismittelkonvolute gestellt werden können.[122] Inwieweit eine Rechtspflicht der durchsuchenden Behörde zu einer in diesem Sinne genauen Auflistung besteht, ist allerdings zweifelhaft.[123]

42 **2. Zeugenvernehmung.** Ein weiteres wichtiges Ermittlungsinstrument ist die Vernehmung von Zeugen gem. §§ 46 Abs. 1, 59 OWiG iVm. 48 ff. StPO. Zeugen sind alle Personen, die aufgrund eigener sinnlicher Wahrnehmung über Tatsachen berichten können, die mit der verfolgten Tat im Zusammenhang stehen. Solche Personen sind grundsätzlich verpflichtet, den Ermittlungsbehörden und Gerichten zur Verfügung zu stehen; es besteht **Zeugnispflicht** nach Maßgabe der folgenden Bestimmungen.

43 *a) Grundsätzliche Rechte und Pflichten der Zeugen.* Als Zeugen in Betracht kommen nur Personen, die in einem Verfahren gegen einen *anderen* als Beweismittel dienen können. Niemals Zeuge ist daher der Beschuldigte.[124] Zeugen sind auf eine Ladung hin verpflichtet, vor der Kartellbehörde, der Staatsanwaltschaft oder dem Gericht, nicht aber vor der Polizei, zu erscheinen und auszusagen (§§ 46 Abs. 1 OWiG iVm. 161a Abs. 1, 162 StPO). **Zeugenaussagen** werden in der Regel mündlich, können aber in geeigneten Fällen auch schriftlich gemacht werden.[125] Gegen die Anordnung einer Zeugenvernehmung sind keine förmlichen Rechtsbehelfe gegeben, zulässig ist aber die Erhebung einer Gegenvorstellung oder einer Dienstaufsichtsbeschwerde.[126] Begrenzt wird die Aussagepflicht von Zeugen durch die in §§ 52 bis 55 StPO geregelten Zeugnis- und Auskunftsverweigerungsrechte.[127] Die Ladung zur Vernehmung kann formlos, also auch mündlich, erfolgen, wird in der Regel jedoch schriftlich vorgenommen. Sie muss erkennen lassen, dass der Geladene in einer bestimmten Sache als Zeuge vernommen werden soll und einen Hinweis auf die gesetzlichen Folgen des Ausbleibens des Zeugen enthalten (§ 48 StPO iVm. § 46 Abs. 1 OWiG). Leistet der Zeuge einer Ladung der Kartellbehörde, Staatsanwaltschaft oder des Gerichts zur Vernehmung keine Folge, so kann gegen ihn ein Ordnungsgeld oder Ordnungshaft angeordnet werden (§ 51 StPO ggfs. iVm. § 46 Abs. 1 OWiG). Soweit der Ermittlungszweck – wie im Kartellverfahren regelmäßig – dies erlaubt, sind dem Zeugen vor der Vernehmung die Namen des oder der Beschuldigten bekanntzugeben.[128] Die nur so erreichbare Klarheit über die Zielrichtung des Verfahrens und die Identität des oder der Beschuldigten ist für den Zeugen besonders wichtig, um prüfen zu können, ob und in welchem Umfang ihm Auskunfts- oder Zeugnisverweigerungsrechte zustehen. Nur ausnahmsweise kann eine formlose ad hoc-Beschlussfassung durch die Kartellbehörde (im Falle des BKartA gem. § 51 Abs. 2 und 3 GWB nur durch die zuständige Beschlussabteilung) über die Zeugenvernehmung und ihre sofortige Durchführung durch einen vor Ort befindlichen Beamten nach mündlicher Ladung in Betracht kommen.[129] Über seine Rechte ist jeder **Zeuge** gem. § 57 StPO (ggfs. iVm. § 46 Abs. 1 OWiG) vor der Vernehmung, spätestens aber während der Vernehmung bei entsprechenden Anhaltspunkten durch den vernehmenden Beamten **zu belehren.** Die Vernehmung zur Sache kann bei dem Verdacht einer Tatbeteiligung des Zeugen jederzeit abgebrochen und – nach Belehrung gem. § 136 StPO – als **Beschuldigtenvernehmung** (sog. verantwortliche Vernehmung) fortgesetzt werden.

---

[122] Wie hier: *Grützner/Reimann/Wissel,* Rdnr. 103, 215.
[123] Ablehnend z. B. KK StPO-*Bruns,* § 107 Rdnr. 4; *Meyer-Goßner,* StPO, § 107 Rdnr. 3 mwN.
[124] Zu dessen Aussagepflichten siehe unter Rdnr. 49 f.
[125] *Göhler-Seitz,* OWiG, § 59 Rdnr. 20.
[126] *Göhler-Seitz,* OWiG, § 62 Rdnr. 33–40.
[127] Dazu näher unter Rdnr 44 ff.
[128] KK StPO-*Senge,* § 48 Rdnr. 6; vgl. auch RiStBV Nr. 64.
[129] Ablehnend *Grützner/Reimann/Wissel,* Rdnr. 43.

b) Zeugnisverweigerungsrechte. Nicht zur Beantwortung von Fragen zur Sache verpflichtet sind Zeugen, die sich auf ein gesetzliches **Zeugnisverweigerungsrecht** berufen können, das sie insgesamt der Aussagepflicht enthebt. Zeugnisverweigerungsberechtigt sind zunächst gem. §§ 46 Abs. 1 OWiG iVm. 52 Abs. 1 StPO bestimmte, enumerativ aufgezählte **Angehörige** des Betroffenen, namentlich dessen Verlobte, sein derzeitiger oder ehemaliger Ehegatte, sein Lebenspartner im Sinne des LPartG sowie in gerader Linie gegenwärtig oder ehemals verwandte (Eltern, Kinder, Großeltern, Enkel, Urgroßeltern, Urenkel) oder verschwägerte Personen (Angehörige des Ehegatten), ferner in der Seitenlinie bis zum 3. Grad Verwandte (voll- und halbbürtige Geschwister, Nichten und Neffen), oder bis zum 2. Grad Verschwägerte (Eltern, Großeltern, Urgroßeltern, Kinder, Enkel und Urenkel des Ehegatten sowie Schwager und Schwägerin).[130] Das Zeugnisverweigerungsrecht besteht bis zum rechtskräftigen Verfahrensabschluss (rechtskräftige Verurteilung oder rechtskräftiger Freispruch) gegen den Betroffenen. Es besteht danach nicht fort, insbesondere nicht gegenüber Mitbeschuldigten. Wird das Verfahren gegen den Betroffenen nicht durch ein rechtskräftiges Urteil, sondern im Kartell-Ordnungswidrigkeitenverfahren durch rechtskräftigen Bußgeldbescheid abgeschlossen, so entstehen im Hinblick auf das Zeugnisverweigerungsrecht von Angehörigen, aber auch das Aussageverweigerungsrecht des Beschuldigten selbst, Zweifelsfragen, soweit noch wegen derselben Tat Verfolgung droht (z.B. bei Vorliegen einer unter Umständen als Betrug zu qualifizierenden Submissionsabsprache). Ebenfalls zeugnisverweigerungsberechtigt sind die in § 53 StPO genannten **Berufsgeheimnisträger.** Dies sind im Kartellermittlungsverfahren vor allem Verteidiger, Rechtsanwälte, Wirtschaftsprüfer, Steuerberater und vereidigte Buchprüfer sowie die gem. § 53a StPO gleichgestellten Berufshelfer für die ihnen in dieser Eigenschaft anvertrauten oder bekannt gewordenen Tatsachen, und zwar auch über die Beendigung der Tätigkeit hinaus. Ein entsprechendes Zeugnisverweigerungsrecht besteht auch zugunsten des **Syndikusanwalts,** wobei das in § 53 StPO vorausgesetzte Vertrauensverhältnis nach zutreffender Ansicht nicht nur auf die Organmitglieder der juristischen Person, für die der Syndikusanwalt tätig wird, oder die in § 30 OWiG aufgezählten Vertretungsberechtigten, sondern auf alle Unternehmensangehörigen zu erstrecken ist.[131] Das Zeugnisverweigerungsrecht entfällt für die genannten Berufsgeheimnisträger, wenn sie von der Verschwiegenheitspflicht entbunden werden, § 53 Abs. 2 StPO (ggfs. iVm. § 46 Abs. 1 OWiG). Zur Aufhebung der Verschwiegenheitspflicht sind jeweils diejenigen berechtigt, zu deren Gunsten diese Pflicht gesetzlich begründet ist.[132] Sind mehrere Personen geschützt, so müssen alle eine entsprechende Erklärung abgeben, was auch durch schlüssiges Verhalten – z.B. die Benennung als Zeugen seitens des Geschützten[133] – erfolgen kann.[134] Kein Zeugnisverweigerungsrecht *sui generis* steht nach derzeitiger Rechtslage Compliance-Beauftragen zu, die im Auftrag des Unternehmens Kartellverstöße verhindern oder aufklären sollen. 44

Richter, Beamte und sonstige Angehörige des Öffentlichen Dienstes dürfen als Zeugen zu ihnen dienstlich bekannt gewordenen Umständen nur nach vorheriger Genehmigung des Dienstherrn vernommen werden (§ 54 Abs. 1 StPO ggfs. iVm. § 46 Abs. 1 OWiG).[135] Unter Verletzung der Belehrungspflichten gemachte Aussagen oder Aussagen von Personen, die sich erst nachträglich auf ihr Zeugnisverweigerungsrecht berufen, unterliegen grundsätzlich einem **Verwertungsverbot.**[136] 45

c) Auskunftsverweigerungsrechte. Zur **Auskunftsverweigerung** – also zur Nichtbeantwortung bestimmter einzelner Fragen – ist jeder Zeuge berechtigt, der sich oder einen Angehörigen iSv 52 Abs. 1 StPO durch die Beantwortung einzelner Fragen oder Fragenkom- 46

[130] Dazu näher *Meyer-Goßner,* StPO, § 52 Rdnr. 4–12 mwN.
[131] *Immenga/Mestmäcker-Dannecker/Biermann,* GWB, Vor § 81 Rdnr. 256.
[132] OLG Hamburg NJW 1962, 689, 691.
[133] So KK StPO-*Senge,* § 53 Rdnr. 50.
[134] Zu den Einzelheiten näher *Meyer-Goßner,* StPO, § 53 Rdnr. 45–47 mwN.
[135] *Göhler-Seitz,* OWiG, § 59 Rdnr. 38–41a.
[136] S. dazu genauer *Göhler-Seitz,* OWiG, § 59 Rdnr. 46 mwN.

plexe der Gefahr aussetzen würde, wegen einer vor der Aussage begangenen Straftat oder Ordnungswidrigkeit verfolgt zu werden (§§ 46 Abs. 1 OWiG iVm. 55 Abs. 1 StPO). In kartellrechtlichen Ermittlungsverfahren kann insbesondere derjenige Zeuge die Beantwortung von tatbezogenen Fragen verweigern, der in irgendeiner Weise täter- oder gehilfenschaftlich an der dem Ermittlungsverfahren zugrundeliegenden Tat beteiligt war,[137] also z. B. auch die Sekretärin, die von ihrem Vorgesetzen abgesprochene Preise an Wettbewerber übermittelt hat. Eine Verfolgungsgefahr im Sinne dieser Vorschrift besteht bereits dann, wenn die Einleitung eines Ermittlungsverfahrens (zu Recht oder zu Unrecht) droht. Hierbei ist das Bestehen einer entsprechenden Gefahr bereits weit im Vorfeld einer direkten Belastung zu bejahen, so z. B. wenn der Zeuge potentielle Beweismittel gegen sich selbst liefern müsste.[138] Ausgeschlossen ist die Gefahr der Selbst- oder Angehörigenbezichtigung nur dann, wenn mit Sicherheit ein Verfolgungshindernis, wie z. B. Verjährung oder Strafklageverbrauch, besteht. Nicht ausreichend ist insoweit die frühere Einstellung eines Ermittlungsverfahrens gem. §§ 170 Abs. 2 StPO oder 47 Abs. 1 OWiG, da die Ermittlungen bis zum Eintritt der Verjährung jederzeit wieder aufgenommen werden können.[139] Umstritten ist die Zulässigkeit sog. „Nichtverfolgungszusagen", die das BKartA in der Praxis sowohl im Ermittlungsverfahren als auch – in Kombination mit der im Einspruchsverfahren zur Prozessführung zuständigen GStA – häufig abgibt, um Zeugenaussagen von Personen zu erlangen, die sich auf ein Auskunftsverweigerungsrecht gem. § 55 StPO berufen können. Da entsprechende Zusagen nach hiesiger Rechtsauffassung rechtsverbindlich (also mit durchsetzbarer Bindungswirkung) nicht abgegeben werden können, dürfte eine Erzwingung von Zeugenaussagen über diesen Weg nicht zulässig sein;[140] eine höchstrichterliche Klärung der Zulässigkeit dieser Praxis steht indes aus. Ebenfalls nicht als Verfolgungshindernis ausreichend ist ein verhängter rechtskräftiger Bußgeldbescheid, wenn und soweit dieselbe Tat noch strafrechtlich verfolgt werden kann.[141]

47 *d) Aussagepflicht juristischer Personen oder Personenvereinigungen.* Zu Aussagepflichten und Zeugnis- bzw. Auskunftsverweigerungsrechten von juristischen Personen und Personenvereinigungen bestanden früher z. T. unterschiedliche Auffassungen.[142] Im Ergebnis wird wohl seit der Novellierung des § 30 OWiG, durch die der Charakter der Unternehmensbuße als originäre Sanktion und die unmittelbare Beschuldigtenfähigkeit von juristischen Personen gesetzlich bestimmt worden ist,[143] überwiegend angenommen, dass auch juristische Personen und Personenvereinigungen grundsätzlich (vertreten durch ihre Organe) zeugnispflichtig sind.[144] Fraglich ist jedoch, ob der juristischen Person auch ein Zeugnis- oder Auskunftsverweigerungsrecht zukommt. Das BVerfG hat die Erstreckung des Auskunftsverweigerungsrechts auf juristische Personen abgelehnt, da der Schutz vor einem Zwang zur Selbstbezichtigung vor allem im Interesse der Menschenwürde gewährt werde, die aber nicht auf juristische Personen erstreckt werden könne.[145] Dies folge unter anderem auch daraus, dass eine nach § 30 OWiG festgesetzte Geldbuße keinen Schuldvorwurf und keine ethische Missbilligung enthalte. Diese Entscheidung ist zu Recht auf starken Widerspruch gestoßen. So wird zum einen die Charakterisierung der Geldbußen durch das BVerfG kritisiert, die vor allem im Kartell-Ordnungswidrigkeitenrecht mit seinen sehr hohen Bußgeldern nicht

[137] Zu den unterschiedlichen Beteiligungsformen siehe bereits oben § 55 Rdnr. 31 ff.

[138] Siehe hierzu BVerfG wistra 2002, 135, 136 f.

[139] Dazu *Göhler-Seitz,* OWiG, § 59 Rdnr. 48 und Vor § 59 Rdnr. 161; KK OWiG-*Wache,* Vor § 53 Rdnr. 179.

[140] Zum Problem- und Meinungsstand s. ausf. *von Brevern/Hack,* WuW 2013, 936 ff., die im Ergebnis bei nur geringfügiger Beteiligung des Zeugen von einer Zulässigkeit und Durchsetzbarkeit von Nichtverfolgungszusagen ausgehen.

[141] Dazu näher *Meyer-Goßner,* StPO, § 55 Rdnr. 8 f.

[142] Grundlegend *Hermanns,* Ermittlungsbefugnisse der Kartellbehörden, S. 76 ff.

[143] S. dazu *Göhler-Gürtler,* OWiG, § 30 Rdnr. 28.

[144] So *Bauer,* WuW 1989, 304, 304 f.; *Göhler-Seitz,* OWiG, § 59 Rdnr. 49; differenzierter: *Immenga/Mestmäcker-Dannecker/Biermann,* GWB, Vor § 81 Rdnr. 251–255.

[145] BVerfG, BVerfGE 95, 220, 241f; siehe aber auch BVerfG, DB 1975, 1936.

zutreffend erscheint, zum anderen aber auch darauf hingewiesen, dass sich der Schutz vor einem Zwang zur Selbstbezichtigung auch aus dem Rechtsstaatsprinzip ergibt, auf welches sich juristische Personen berufen können.[146] Teilweise wird ein Auskunftsverweigerungsrecht juristischer Personen unter Verweis auf die EMRK angenommen.[147] Demzufolge sollen im Ergebnis die Organe der juristischen Person – unbeschadet etwaiger eigener Zeugnis- oder Auskunftsverweigerungsrechte – entweder unmittelbar oder analog §§ 46 Abs. 1 OWiG iVm. 55 Abs. 2 StPO die Auskunft verweigern können, sofern die Gefahr einer Bußgeldverhängung gegen die juristische Person besteht.[148] Ein entsprechendes Verweigerungsrecht wird allerdings nur bis zum jeweiligen Ausscheiden des Organs aus dem gesetzlichen Vertretungsverhältnis angenommen.[149] In den meisten Fällen werden „kundigen" Organen betroffener juristischer Personen parallel allerdings auch aus eigenem Recht zumindest Auskunftsverweigerungsrechte gem. § 55 Abs. 2 StPO zustehen. Denn aufgrund ihrer Organstellung werden sie selbst oft als aufsichtspflichtig anzusehen sein und daher als Täter nach § 130 OWiG in Betracht kommen. Im Falle einer bereits eingeleiteten persönlichen Verfolgung steht solchen Organen oder gesetzlichen Vertretern ohnehin das Schweigerecht des Betroffenen gem. §§ 46 Abs. 1 iVm. 136 StPO zu.[150]

e) Rechtsanwalt als Zeugenbeistand. In jedem Verfahrensstadium, also auch schon bei der ersten Vernehmung im Ermittlungsverfahren, haben Zeugen das Recht, sich eines Rechtsbeistands nach Wahl als Zeugenbeistand zu bedienen,[151] der folglich ein Anwesenheitsrecht hat.[152] Der Zeugenbeistand hat die Funktion, den Zeugen über seine Aussagepflichten rechtlich zu beraten; er kann darüber hinaus dabei behilflich sein, Aussagefehler und Missverständnisse bei weniger gewandten Zeugen zu vermeiden. Die rechtlichen Befugnisse des Zeugenbeistandes sind beschränkt in dem Sinne, dass sie über die Zeugenrechte nicht hinausgehen. Der Zeugenbeistand darf also weder für den Zeugen antworten noch hat er Frage- oder Antragsrechte. Der Zeuge kann sich allerdings vor der Beantwortung jeder einzelnen ihm gestellten Frage vertraulich mit seinem Beistand beraten, wobei ihm über den Inhalt dieser Beratungsgespräche ein Auskunftsverweigerungsrecht zusteht.[153] Eine Verweigerung der Anwaltskonsultation vor Beginn der Vernehmung ist indes nicht mit besonderen Rechtsbehelfen angreifbar.[154] Ansprüche des Zeugenbeistands auf Verlegung des Vernehmungstermins wegen eigener Verhinderung oder gar auf Unterlassung der Vernehmung bei Nichtanwesenheit des Zeugenbeistands bestehen nicht.[155] Ist der Zeugenbeistand aufgrund einer ad hoc angeordneten Zeugenvernehmung nach formloser und kurzfristiger Ladung für den Zeugen faktisch unerreichbar, andererseits aber eine so rasche Vernehmung nicht aus zwingenden Sachgründen geboten, so wird man zur Vermeidung einer Aushöhlung des Zeugenrechts auf rechtlichen Beistand eine angemessen lange Wartepflicht der vernehmenden Behörde annehmen müssen.[156] Ob die vernehmende Behörde über das 48

---

[146] So *Immenga/Mestmäcker-Dannecker/Biermann,* GWB, Vor § 81 Rdnr. 251; *Dannecker,* ZStW 1999, 256, S. 285 f.; *Minoggio,* wistra 2003, 121, 127 f.

[147] Siehe hierzu *Hilf/Hörmann,* NJW 2003, 1, 8; *Meyer/Kuhn,* WuW 2004, 880, 891 f.; *Minoggio,* wistra 2003, 121, 127; *Weiß,* JZ 1998, 289, 290 f.

[148] *Grützner/Reimann/Wissel,* Rdnr. 163, 178 mwN; *Immenga/Mestmäcker-Dannecker/Biermann,* GWB, Vor § 81 Rdnr. 251–255.

[149] BVerfG BB 1975, 1315 f.; *Immenga/Mestmäcker-Dannecker/Biermann,* GWB, Vor § 81 Rdnr. 255.

[150] Zutr. *von Winterfeld,* BB 1976, 346.

[151] Seit BVerfG 38, 105 st. Rechtsprechung, dazu näher *Sven Thomas* NStZ 1982, 489 sowie *Meyer-Goßner,* StPO, Vor § 48 Rdnr. 11, jeweils mwN.

[152] *Grützner/Reimann/Wissel,* Rdnr. 172 f., dort auch zum Anwesenheitsrecht des Verteidigers bei Vernehmung von Zeugen.

[153] OLG Düsseldorf NStZ 1991, 504; LG Lübeck StV 1993, 516.

[154] Vgl. näher *Grützner/Reimann/Wissel,* Rdnr. 52 f.

[155] BGH NStZ 1989, 484, 485; mit abl. Anm. *Krehl,* NStZ 1990, 192, 193.

[156] So zutr. *Hermanns,* aaO, Fn. 92, S. 65; aA *Immenga/Mestmäcker-Dannecker/Biermann,* GWB, Vor § 81 Rdnr. 257 und *Grützner/Reimann/Wissel,* Rdnr. 44, 172 f., die aber Zweifel an der generellen Rechtmäßigkeit der Ladung bei derartigen ad hoc-Zeugenvernehmungen äußern.

Recht zur Beiziehung eines Zeugenbeistandes belehren muss, ist streitig;[157] in der Praxis erfolgt eine solche Belehrung regelmäßig nicht. Da sich die Rechtsstellung des Zeugenbeistands nachhaltig von der des Verteidigers unterscheidet, kann ein Zeugenbeistand im selben Verfahren mehrere Zeugen gleichzeitig vertreten; § 146 StPO findet insoweit weder direkt noch entsprechend Anwendung.

49 **3. Vernehmung des Betroffenen bzw. Beschuldigten.** *a) Der Grundsatz der Aussagefreiheit.* Die Vernehmung des Betroffenen selbst ist in der Praxis selten eine weiterführende Erkenntnisquelle für die Verfolgungsbehörden, denn dem Betroffenen (Beschuldigten) steht nach dem im deutschen Recht geltenden Grundsatz, dass niemand als Zeuge gegen sich selbst auftreten muss, ein umfassendes Schweigerecht zu. Er ist zwar gem. § 163a Abs. 1 StPO (ggfs. iVm. § 46 Abs. 1 OWiG) spätestens vor dem Abschluss der Ermittlungen zum Tatvorwurf zu vernehmen (was ggf. auch durch schriftliche Gewährung rechtlichen Gehörs erfolgen kann)[158] und auch verpflichtet, auf Ladung zur Vernehmung vor Staatsanwaltschaft, Kartellbehörde oder Gericht zu erscheinen. Ihm ist aber in jeder Lage des Verfahrens umfassend gem. § 136 Abs. 1 Satz 2 StPO (ggfs. iVm. § 46 Abs. 1 OWiG) die **Aussage freigestellt,** worüber er vor Beginn der ersten Vernehmung zu belehren ist.[159] Die Beurteilung der Frage, ob und ggf. ab wann einem zu Befragenden diese Verfahrensgarantie zugute kommt, kann im Kartell-Ermittlungsverfahren zuweilen Schwierigkeiten aufwerfen. Denn bei zahlreichen der in § 81 GWB genannten Ordnungswidrigkeiten knüpfen die Tatbestände der Sanktionsnormen an vorhergehende Verwaltungsverfahren an, für die andere Grundsätze gelten. Im Interesse des Betroffenen muss daher von der Behörde jederzeit Klarheit darüber hergestellt werden, ob gegen ihn ein Ermittlungsverfahren wegen einer Kartell-Ordnungswidrigkeit oder lediglich ein Verwaltungsverfahren durchgeführt wird. Die Stellung eines umfassend zur Aussageverweigerung berechtigten Betroffenen erhält der Befragte in dem Moment, in dem die ersten behördlichen Maßnahmen getroffen werden, die erkennbar darauf abzielen, bußgeldrechtlich gegen ihn vorzugehen.[160] Als eine derartige Maßnahme wird häufig die in der Akte dokumentierte Verfahrenseröffnung in Betracht kommen. Alternativ kann die Betroffenen- bzw. Beschuldigteneigenschaft schon davor bei noch nicht zielgerichtet gegen einzelne Personen, jedenfalls aber in Verfolgungsabsicht aufgenommenen Ermittlungen anzunehmen sein. **Betroffene bzw. Beschuldigte** können die **Aussage** insgesamt **verweigern,** nur zu bestimmten Fragen antworten, ausschließlich sie entlastende Umstände vortragen oder gar wahrheitswidrige Angaben machen, soweit sie sich nicht durch solche Angaben (z. B. gem. §§ 145d oder 164 StGB) strafbar machen.[161] Das Recht, nicht zum Tatvorwurf auszusagen, erstreckt sich auch auf die Tatbeteiligung anderer. Unterbleibt eine ordnungsgemäße Belehrung nach § 136 Abs. 1 StPO, so unterliegt die Aussage einem Verwertungsverbot. Dies gilt auch dann, wenn zweifelhaft ist, ob der zu belehrende Betroffene/Beschuldigte sich seines Aussageverweigerungsrechts bewusst war, nicht aber, wenn feststeht, dass er in Kenntnis seiner Rechte ausgesagt hat.[162]

50 Die **Aussagefreiheit** des Betroffenen wird im Kartellordnungswidrigkeitenverfahren auch durch die Ermittlungsbefugnisse der Kartellbehörde gem. § 59 GWB nicht beschränkt. Zwar sieht die Bestimmung eine grundsätzliche Auskunftspflicht für alle natürlichen und juristischen Personen, Personenvereinigungen und deren Organe vor, soweit die Kartellbehörde zur Erfüllung von nach dem GWB übertragenen Aufgaben tätig wird und entsprechende Auskünfte verlangt. Trotz dieses weiten Wortlauts ist die Vorschrift indes nur

---

[157] Verneinend *Meyer-Goßner,* StPO Vor § 48 Rdnr. 11, dafür *Sven Thomas,* NStZ 1982, 489 sowie *Dahs,* NStZ 1983, 184.

[158] Siehe dazu *Immenga/Mestmäcker-Dannecker/Biermann,* GWB, Vor § 81 Rdnr. 278.

[159] Zu den Belehrungspflichten im einzelnen, insbesondere bei mehreren Vernehmungen, siehe *Meyer-Goßner,* StPO, § 136 Rdnr. 8 f.

[160] Dazu näher *Immenga/Mestmäcker-Dannecker/Biermann,* GWB, Vor § 81 Rdnr. 276.

[161] Enger *Meyer-Goßner,* StPO, § 136 Rdnr. 18: „kein Recht zur Lüge" mit Nachw. zur Gegenansicht.

[162] So auch BGHSt 38, 214.

auf Verwaltungsverfahren, nicht aber auf Bußgeldverfahren anwendbar.[163] Dies folgt insbesondere aus § 59 Abs. 5 GWB, der die Auskunftspflicht des Normadressaten ausdrücklich auf solche Angaben beschränkt, die für ihn oder seine Angehörigen keine Gefahr der Verfolgung wegen einer Straftat oder Ordnungswidrigkeit begründen. Um den Missbrauch der gewählten Verfahrensart und die Absenkung des Standards der garantierten Verfahrensrechte zu verhindern, ist ungeachtet des Fehlens einer entsprechenden gesetzlichen Belehrungspflicht davon auszugehen, dass im Bußgeldverfahren nur solche nach § 59 GWB erteilten Auskünfte gegen den Betroffenen verwendet werden dürfen, die nach ordnungsgemäßer Belehrung des Pflichtigen über seine Rechte aus § 59 Abs. 5 GWB schon im Verwaltungsverfahren erteilt worden sind. Anderenfalls dürfen diese Einlassungen im Bußgeldverfahren nicht verwertet werden.[164] Dies gilt auch für Äußerungen, die in europäischen Ermittlungsverfahren aufgrund der dort weitergehenden Mitwirkungspflichten des Unternehmens nach den Bestimmungen der VO Nr. 1/2003 gemacht worden sind. Solche Äußerungen dürfen in einem Bußgeld- oder Strafverfahren nach nationalem Recht nicht zum Nachteil des Betroffenen verwendet werden.[165] Umgekehrt berechtigt auch die (konkrete) Gefahr der Verfolgung des Betroffenen im Ausland zur Verweigerung der Aussage[166] vor den inländischen Verfolgungsbehörden.

Wenn der Beschuldigte eine Aussage verweigert, so dürfen hieraus keine für ihn nachteiligen Folgen entstehen.[167] Sofern der Beschuldigte die Aussage nur teilweise verweigert, kann dieses Schweigen allerdings von indizieller Bedeutung sein.[168] Auch aus der Wahrnehmung prozessualer Rechte durch einen Beschuldigten dürfen keine für ihn nachteiligen Schlüsse gezogen werden, so z. B. wenn er es ablehnt, seinen Verteidiger von der Schweigepflicht zu entbinden.[169] 51

b) Recht zur Verteidigerkonsultation. Im Zusammenhang mit der Belehrung des Betroffenen/Beschuldigten über seine Aussagefreiheit ist er von dem vernehmenden Beamten gleichzeitig über das ihm zustehende Recht zur jederzeitigen **Verteidigerkonsultation** zu belehren (§§ 46 Abs. 1 iVm. 136 Abs. 1 Satz 2 StPO sowie 137 Abs. 1 StPO). Anders als zuvor für den Zeugenbeistand ausgeführt, ist die Vernehmung des Betroffenen/Beschuldigten, der sich der Unterstützung eines Verteidigers versichern möchte, solange herauszuschieben, bis der Verteidiger zugegen ist, wenn und soweit die beabsichtigte Vernehmung zur Sache so lange abgewartet werden kann. Dem Betroffenen/Beschuldigten ist jedenfalls Gelegenheit zu geben, sich telefonisch mit einem Verteidiger seiner Wahl in Verbindung zu setzen.[170] Dem Verteidiger ist bei der Vernehmung die Anwesenheit zu gestatten; ihm stehen darüber hinaus aus eigenem Recht zahlreiche Verfahrensrechte, insbesondere Antragsrechte nach der StPO, das Akteneinsichtsrecht sowie das Recht, Rechtsmittel einzulegen, zu (dazu im Folgenden bei III.). 52

4. Informationsübermittlung. § 50a Abs. 1 GWB enthält seit 2005 eine Ermächtigung der zuständigen Kartellbehörde zum gegenseitigen Informationsaustausch mit der Kommission und den mitgliedstaatlichen Wettbewerbsbehörden. Damit wurde die fast gleichlautende Vorschrift des Art. 12 Abs. 1 der VO Nr. 1/2003 in deutsches Recht überführt. Von besonderer Bedeutung ist hierbei die Ermächtigung zum Austausch auch ver- 53

---

[163] So auch KK-*Schöner,* Bd. 2, 2014, § 81a Rdnr. 3; *Immenga/Mestmäcker-Dannecker/Biermann,* GWB, Vor § 81 Rdnr. 277.

[164] Die Rechtspflicht zur Belehrung folgt unmittelbar aus dem Rechtsstaatsprinzip; so auch *Gillmeister,* S. 45; ihm folgend *Immenga/Mestmäcker-Dannecker/Biermann,* GWB, Vor § 81 Rdnr. 277.

[165] So zutr. *Göhler-Gürtler,* OWiG, § 55 Rdnr. 8a, unter Berufung auf BVerfGE 56, 57; BGHSt 38, 214.

[166] Dazu LG Freiburg NJW 86, 3036; *Odenthal,* NStZ 85, 117, 118, zu § 55 StPO: Konkrete Gefahr der Verfolgung des Zeugen im Ausland.

[167] *Meyer-Goßner,* StPO, § 261 Rdnr. 16 mwN.

[168] BGHSt 20, 298, 300.

[169] BGH wistra 2000, 309, 310 f.

[170] Dazu *Meyer-Goßner,* StPO, § 136 Rdnr. 10.

traulicher Angaben, worunter laut § 50a Abs. 1 insbesondere auch Betriebs- und Geschäftsgeheimnisse zu verstehen sind. Die Kartellbehörden dürfen damit Informationen übermitteln, diese empfangen und als Beweismittel verwenden. Auch hier erfolgt der Geschäftsverkehr im Falle der Zuständigkeit einer obersten Landesbehörde allerdings über das BKartA. Die empfangenen Informationen dürfen nach § 50a Abs. 2 aber nur zum Zweck der Anwendung von Art. 101 oder 102 AEUV sowie in Bezug auf den Untersuchungsgegenstand als Beweismittel verwendet werden, für den sie von der übermittelnden Behörde erhoben wurden. Sofern jedoch die Vorschriften des GWB parallel zum Gemeinschaftsrecht angewandt werden und das GWB insoweit nicht zu abweichenden Ergebnissen führt, können die erlangten Informationen nach § 50a Abs. 2 S. 2 und Art. 12 Abs. 2 S. 2 VO Nr. 1/2003 auch für die Anwendung des GWB verwendet werden. Weder in § 50a Abs. 2 noch in Art. 12 Abs. 2 VO Nr. 1/2003 ist jedoch die Frage geregelt, ob im Ursprungsstaat rechtswidrig erlangte Informationen durch die empfangende Behörde als Beweismittel verwertbar sind. Nach allgemeinen Grundsätzen soll davon auszugehen sein, dass nur rechtmäßig erhobene Informationen verwertbar sind, wobei sich die Frage der Rechtmäßigkeit nach dem Verfahrensrecht der übermittelnden Behörde bestimmt.[171] Die deutschen Kartellbehörden dürfen insofern rechtmäßig erlangte und übermittelte Informationen selbst dann als Beweismittel verwenden, wenn eine entsprechende Informationserhebung nach deutschem Recht unzulässig wäre. So können beispielsweise nach dem Recht der übermittelnden Behörde rechtmäßig zu Stande gekommene Niederschriften von abgehörten Telefongesprächen durch das BKartA verwertet werden, auch wenn nach deutschem Recht das Abhören von Telefonaten zur Kartellverfolgung unzulässig ist.[172] Dies leuchtet unter rechtsstaatlichen Grundsätzen nicht ein. Wenn bei inländischer Erlangung entsprechender Beweismittel ein Verwertungsverbot bestünde, muss dies ebenso für im Ausland (nach inländischen Standards) unzulässig erlangte Beweismittel gelten. Zu berücksichtigen sind auch die in der Netzwerkbekanntmachung enthaltenen Austausch- und Verwendungsbeschränkungen in Leniency-Fällen.[173] In der Praxis besteht eine rechtliche Grauzone auch hinsichtlich der zuweilen exterritorialen Tätigkeit ausländischer Beamter im Zuge der Behördenzusammenarbeit (z. B. Sichtung von Daten und Unterlagen im Ausland vor deren Übermittlung durch die ersuchte Behörde). Die Netzwerkbekanntmachung soll zwar keine Bindungswirkung für die deutschen Kartellbehörden haben, sondern lediglich für die Kommission, jedoch hat das BKartA die in dieser Bekanntmachung aufgestellten Grundsätze auch für sich anerkannt.[174] Hiernach werden die im Rahmen eines Antrags auf Kronzeugenbehandlung vom Antragsteller freiwillig vorgelegten Informationen bzw. sonstige Informationen, die überhaupt nur aufgrund des Antrages erlangt werden konnten, grundsätzlich nur mit dessen Einverständnis einem anderen Mitglied des Netzes übermittelt. Ferner hat das BKartA in Rdnr. 21 seiner Bonusregelung eine entsprechende Regelung getroffen. Hiernach behandelt das BKartA die Identität eines Antragstellers auf Leniency bis zum Zugang eines Beschuldigungsschreibens an einen der Kartellbeteiligten vertraulich und wahrt grds. Geschäfts- und Betriebsgeheimnisse. Nach § 50a Abs. 3 bestehen überdies Einschränkungen hinsichtlich der Verwendungsmöglichkeit der übermittelten Informationen als Beweismittel in Verfahren gegen natürliche Personen. Nach § 50a Abs. 1 erhaltene Informationen dürfen hiernach nur dann zum Zweck der Verhängung von Sanktionen gegen natürliche Personen als Beweismittel verwendet werden, wenn das Recht der übermittelnden Behörde ähnlich geartete Sanktionen bei Verstößen gegen die Art. 101 und 102 AEUV vorsieht. Sofern die vorstehenden Voraussetzungen nicht erfüllt sind, ist eine Verwendung als Beweismittel in Verfahren gegen natürliche Personen auch dann möglich, wenn die Informationen unter

171 *Langen/Bunte-Schneider,* Kartellrecht, Band 1, § 50a GWB, Rdnr. 35 mwN.

172 So *Langen/Bunte-Schneider,* Kartellrecht, Band 1, § 50a GWB, Rdnr. 37.

173 Bekanntmachung der Kommission über die Zusammenarbeit innerhalb des Netzes der Wettbewerbsbehörden, ABl. 2004 C 101/43 Rdnr. 40f.

174 Vgl. Anlage zur Bekanntmachung der Kommission über die Zusammenarbeit innerhalb des Netzes der Wettbewerbsbehörden, ABl. 2004 C 101/43.

Beachtung des gleichen Schutzniveaus hinsichtlich der Wahrung der Verteidigungsrechte natürlicher Personen erhoben worden sind. § 50a Abs. 3 S. 3 stellt ausdrücklich klar, dass dieses Beweisverwertungsverbot einer Verwendung der Beweise in Verfahren gegen juristische Personen oder Personenvereinigungen aber nicht entgegensteht.

Des Weiteren ermächtigt § 50b Abs. 1 GWB das BKartA in den Fällen, die nicht durch die VO Nr. 1/2003 erfasst werden, zur Zusammenarbeit mit der Kommission und ausländischen Wettbewerbsbehörden. Das BKartA kann also Informationen empfangen, diese als Beweismittel verwenden und – unter den Voraussetzungen des § 50b Abs. 2 – auch an die Kommission bzw. die ausländischen Wettbewerbsbehörden übermitteln. § 50c GWB regelt sodann die Zusammenarbeit der deutschen Kartellbehörden mit anderen deutschen Behörden. § 50c Abs. 1 ermächtigt zunächst die Kartell- und die Regulierungsbehörden (also z.B. die BNetzA) dazu, untereinander Informationen einschließlich personenbezogener Daten und Betriebs- und Geschäftsgeheimnisse auszutauschen, soweit dies zur Erfüllung ihrer wettbewerbsrechtlichen Aufgaben erforderlich ist, sowie die ausgetauschten Informationen in ihren Verfahren zu verwerten. Nach der ausdrücklichen Regelung des § 50c Abs. 1 S. 2 sollen aber durch diese Ermächtigung Beweisverwertungsverbote unberührt bleiben. Nach § 50c Abs. 2 können die Kartellbehörden ferner mit der Bundesanstalt für Finanzdienstleistungsaufsicht, der Deutschen Bundesbank und den Landesmedienanstalten zusammenarbeiten und mit ihnen gegenseitig Erkenntnisse austauschen. Dies gilt allerdings nicht für vertrauliche Informationen sowie für nach § 50a bzw. Art. 12 VO Nr. 1/2003 erlangte Informationen. Danach findet also kein Austausch von Informationen der Europäischen Kommission mit der BNetzA statt, weil diese nach Art. 12 Abs. 2 VO Nr. 1 2003 nicht für „Wettbewerbsrecht" zuständig ist. 54

III. Verteidigerbestellung und Akteneinsicht

1. Verteidiger. Jeder in einem Kartellermittlungsverfahren Betroffene/Beschuldigte – also auch eine juristische Person oder Personenvereinigung iSv § 30 OWiG – kann sich zu seiner Verteidigung vom Beginn des Ermittlungsverfahrens an und in jedem nachfolgenden Verfahrensstadium der Unterstützung von **bis zu drei Verteidigern** (einschließlich deren Sozien[175] und Unterbevollmächtigten)[176] bedienen (§§ 60 bzw. 46 Abs. 1 OWiG iVm. 137 Abs. 1 StPO). Verteidiger können gem. § 138 Abs. 1 StPO sein bei einem deutschen Gericht zugelassene Rechtsanwälte, Rechtslehrer an deutschen Hochschulen, ordentliche und außerordentliche Professoren, einschließlich emeritierter, Honorarprofessoren und Privatdozenten, die an einer Universität oder gleichrangigen Hochschule dem juristischen Fachbereich angehören und rechtswissenschaftliche Vorlesungen halten dürfen, unter Umständen auch Lehrbeauftragte und wissenschaftliche Assistenten[177] (nicht aber Fachhochschullehrer)[178] sowie sonstige natürliche Personen, die gem. § 138 Abs. 2 StPO durch das Gericht gesondert zugelassen worden sind, wie z.B. ausländische Rechtsanwälte oder Assessoren.[179] Für Referendare gilt die Sonderregelung gem. §§ 46 Abs. 1 OWiG iVm. 142 Abs. 2 StPO. 55

Die Wirksamkeit der Begründung des Verteidigerverhältnisses richtet sich allein nach zivilrechtlichen Grundsätzen und setzt daher keine Bestellung des Verteidigers gegenüber der zuständigen Behörde durch Vorlage einer Verfahrensvollmacht voraus. Die Behörde kann vielmehr auf das Bestehen des Verteidigerverhältnisses formlos und durch schlüssiges Verhalten – wie z.B. das Erscheinen des Betroffenen/Beschuldigten in Begleitung eines Verteidigers zur Vernehmung oder das von einem Rechtsanwalt gestellte Akteneinsichtsgesuch – aufmerksam gemacht werden und muss von da an die besondere Verfahrensstellung des Verteidigers beachten. Lediglich bei Zweifeln an der **Vertretungsberechtigung** kann und 56

[175] *Grützner/Reimann/Wissel,* Rdnr. 72.
[176] *Göhler-Seitz,* OWiG, § 60 Rdnr. 15.
[177] Str., dafür *Göhler-Seitz,* OWiG, § 60 Rdnr. 6a mwN.
[178] BGHSt 34, 85, 87.
[179] Zum Zulassungsverfahren *Göhler-Seitz,* OWiG, § 60 Rdnr. 8–11 mwN.

muss die Vorlage einer Vollmacht verlangt werden. Gem. § 146 StPO (ggfs. iVm. § 46 Abs. 1 OWiG) besteht im kartellrechtlichen Ermittlungsverfahren wie auch sonst das **Verbot der Mehrfachverteidigung.** Danach ist es einem Verteidiger nicht erlaubt, mehr als einen Beschuldigten im gleichen Verfahren zu vertreten. Dies schließt die parallele Vertretung mehrerer Personen, also auch z.B. zweier Organe mit gleicher juristischer Person in demselben Verfahren aus, nicht aber die gleichzeitige Verteidigung einer juristischen Person oder Personenvereinigung und eines gesetzlichen Vertreters dieser juristischen Person etc.[180] oder die sukzessive Verteidigung mehrerer Betroffener oder Nebenbetroffener.[181] Zulässig ist auch die Vertretung verschiedener Beschuldigter durch bis zu jeweils drei unterschiedliche Rechtsanwälte, die derselben Sozietät angehören.[182]

57 Sowohl im strafrechtlichen Ermittlungsverfahren als auch im Ordnungswidrigkeitenverfahren kann die jeweilige Verfolgungsbehörde gehalten sein, gem. § 140 Abs. 2 S. 1 StPO (im OWiG-Verfahren iVm. § 46 Abs. 2 OWiG) von Amts wegen oder auf Antrag einem nicht anderweitig vertretenen Betroffenen/Beschuldigten einen **Pflichtverteidiger** beizuordnen. In der bisherigen Praxis ist dies regelmäßig unterblieben, obwohl auch im Ordnungswidrigkeitenrecht bei komplizierter Sachlage und drohenden schwerwiegenden Sanktionen Betroffene häufig nicht in der Lage sind, sich angemessen selbst zu verteidigen. Entsprechendes gilt für Strafverfahren, in denen Verstöße gegen § 298 verfolgt werden.

58 **2. Akteneinsicht.** Das wichtigste Recht der Verteidigung im Ermittlungsverfahren ist das **Recht auf Akteneinsicht** gem. § 147 StPO (im OWiG-Verfahren iVm. § 46 Abs. 1 OWiG). Während der Betroffene/Beschuldigte selbst sowie andere Personen in der Regel keine Akteneinsicht erhalten, ist diese dem Verteidiger baldmöglichst zu gewähren, **spätestens aber bei Abschluss der Ermittlungen.** Bis zu diesem Zeitpunkt kann die ermittelnde Behörde die Akteneinsicht beschränken oder zeitweilig ganz verweigern, soweit diese den Untersuchungszweck gefährden könnte (§ 147 Abs. 2 StPO). Eine entsprechende Verweigerung darf zwar nicht leichtfertig und grundsätzlich erfolgen, sie bedarf aber keines besonderen Nachweises und erfolgt in der Praxis regelmäßig.[183] Sobald ein entsprechender Verweigerungsgrund aufgrund des erreichten Ermittlungsfortschrittes oder sonstiger Umstände entfällt, muss die Behörde dem Verteidiger mitteilen, dass nunmehr das Recht zur uneingeschränkten Akteneinsicht (wieder) besteht (§ 147 Abs. 6 Satz 2 StPO). Jederzeit – also auch vor dem Abschluss der Ermittlungen – zugänglich zu machen sind Protokolle über mündliche oder schriftliche Vernehmungen des Betroffenen/Beschuldigten oder von Zeugen (§ 147 Abs. 3 StPO). Eine vorgezogene Teil-Akteneinsicht wird regelmäßig auch in Unterlagen gewährt werden können, die die Kartellbehörde bei dem Einsicht begehrenden Verdächtigen selbst beschlagnahmt hat.

59 Die Akteneinsicht erstreckt sich grundsätzlich auf **alle Akten** (und Asservate), die in dem geführten Verfahren verwendet werden sollen, insbesondere also diejenigen Akten, auf deren Grundlage die Entscheidung getroffen wird und die in einem Gerichtsverfahren dem erkennenden Gericht vorzulegen sind.[184] Dabei ist der Grundsatz der Aktenvollständigkeit zu beachten, demzufolge die Ermittlungsbehörden grundsätzlich alle diejenigen Dokumente zu den Akten zu nehmen haben, die für das Verfahren relevant sind, insbesondere solche Unterlagen, die zu Verfahrenszwecken erstellt worden sind.[185] **Nicht** im Wege der Akteneinsicht zugänglich zu machen sind lediglich **Handakten der Behörde sowie interne Vorentwürfe** von Urkunden, die in ihrer Endfassung zu den Akten gelangen, also z.B. der

---

180 So ausdrücklich BVerfGE 45, 272, 288; *Immenga/Mestmäcker-Dannecker/Biermann,* GWB, Vor § 81 Rdnr. 280; krit. dazu Göhler-*Gürtler,* OWiG, § 88 Rdnr. 14.

181 *Grützner/Reimann/Wissel,* Rdnr. 70.

182 BVerfGE 43, 79, 91; KK-*Reher,* Bd. 2, 2014, Vor § 81 Rdnr. 198; zu den Rechtsfolgen von Verstößen gegen § 146 StPO siehe KG WuW/E OLG 1780, 1781 – *Krawatten,* sowie *Grützner/Reimann/Wissel,* Rdnr. 71 mwN.

183 Göhler-*Seitz,* OWiG, § 60 Rdnr. 50f.

184 BGH StV 1988, 193, 194.

185 BGH v. 11.2.1987 – StB 1/87 und 2/87 bei *H. W. Schmidt,* MDR 1988, 357f.

Entwurf eines später in anderer Form erlassenen Beschuldigungsschreibens. Die Akteneinsicht muss ausreichend sein und in zumutbarer Weise gewährt werden. Das heißt, dass – anders als im Europäischen Recht, wo Akteneinsicht grundsätzlich nur einmal vor der Stellungnahme zu den Beschwerdepunkten gewährt wird – bei einem Anwachsen des Akteninhalts während des laufenden Verfahrens unter Umständen auch **mehrfach Akteneinsicht** zu gewähren ist.[186] In der Praxis werden die der Akteneinsicht unterliegenden Akten dem Verteidiger oder seinem Unterbevollmächtigten vielfach in den Räumen der die Akten führenden Ermittlungsbehörde vorgelegt. Für diesen Fall ist Gelegenheit zur Anfertigung von Kopien gegen Kostenerstattung zu gewähren. Alternativ werden zuweilen auch im Einvernehmen mit dem Verteidiger von der Behörde Kopien gefertigt und dem Verteidiger unter Versicherung der Vollständigkeit gegen Kostenerstattung übermittelt. Häufig werden die Ermittlungsakten dem Verteidiger schließlich unter Setzung einer angemessenen Überlassungsfrist zu treuen Händen im Original in seine Kanzleiräume übersandt,[187] der von diesen Akten sodann Kopien anfertigen darf, aber weder dem Beschuldigten noch dritten Personen Einsicht in das Original gewähren oder dieses ihnen gar überlassen darf.[188] Gegen eine Weigerung der Behörde zur Aktenüberlassung in die Kanzleiräume ist kein Rechtsmittel gegeben. Die vorstehenden Grundsätze gelten auch für wiederholte Akteneinsicht in weiteren Verfahren (einschließlich der gerichtlichen Verfahren) entsprechend.

Der **Verteidiger** ist **zur Weitergabe von Erkenntnissen** aus der Akteneinsicht an den 60
Betroffenen/Beschuldigten **berechtigt** und in der Regel auch verpflichtet.[189] Seine Unterrichtungsrechte und -pflichten erstrecken sich auch auf die Weitergabe von Kopien aus den Ermittlungsakten, die er im Rahmen der Akteneinsicht gefertigt hat oder die ihm von der Behörde überlassen worden sind. In Ausnahmefällen gehen Rechtsprechung und Teile der Literatur davon aus, dass dieses Weitergaberecht des Verteidigers eingeschränkt sein kann, wenn nämlich der Untersuchungszweck einer bevorstehenden Ermittlungsmaßnahme gefährdet wäre (wie beispielsweise in dem Fall, dass der Beschuldigte aus einem Aktenauszug von der unmittelbar bevorstehenden Durchsuchung seiner Wohnung erfahren könnte).[190] Eine solche Beschränkung wird man nach richtiger Ansicht angesichts des Rechts der Behörde, Akteneinsicht vorläufig gem. § 147 Abs. 2 StPO zu verweigern, allerdings nicht ohne weiteres annehmen können.

Der Beschuldigte selbst hat kein Recht auf Akteneinsicht. Einem Beschuldigten, der 61
keinen Verteidiger hat, können aber gemäß § 147 Abs. 7 StPO Auskünfte und Abschriften aus den Akten erteilt werden, soweit nicht der Untersuchungszweck gefährdet werden könnte und nicht überwiegende schutzwürdige Interessen Dritter entgegenstehen. Schutzwürdige Interessen Dritter können insbesondere die Wahrung der Intimsphäre oder der Schutz von Zeugen bzw. von Geschäfts- und Betriebsgeheimnissen sein.[191] Grundsätzlich dürfen die Akten dem Beschuldigten aber nicht überlassen werden.[192]

3. Rechtliches Gehör im Ermittlungsverfahren. Im strafrechtlichen Ermittlungs- 62
verfahren ist dem Beschuldigten Gelegenheit zu geben, sich zum Tatvorwurf zu äußern (§ 136 Abs. 1 StPO). Dies kann mündlich oder schriftlich und gegebenenfalls über einen Verteidiger erfolgen. Im Ordnungswidrigkeitenverfahren richtet sich die Anhörung des Betroffenen nach § 55 OWiG. Nach dieser Vorschrift ist dem Betroffenen Gelegenheit zu geben, sich zu Beschuldigungen zu äußern. Auch diese Äußerung kann entweder unmittelbar oder über einen Verteidiger mündlich oder schriftlich erfolgen. Häufig, insbesondere

---

186 *Meyer-Goßner,* StPO, § 147 Rdnr. 12 mwN.

187 Dies wird zT als im Kartellverfahren mit seinen regelmäßig großen Aktenvolumina einzig adäquate Art der Akteneinsicht qualifiziert, vgl. ausf. *Grützner/Reimann/Wissel,* Rdnr. 78.

188 Dazu *Meyer-Goßner,* StPO, § 147 Rdnr. 30 f. mwN.

189 KK-*Reher,* Bd. 2, 2014, Vor § 81 Rdnr. 185.

190 BGHSt 29, 99, 103; KK StPO-*Laufhütte* § 147 Rdnr. 12; *Meyer-Goßner,* StPO, § 147 Rdnr. 21; KK-Reher, Bd. 2, 2014, Vor § 81 Rdnr. 185.

191 BT-Drucks. 14/1484 S. 22.

192 *Meyer-Goßner,* StPO, § 147 Rdnr. 4.

in größeren Verfahren, fassen die Kartellbehörden ihren Ermittlungsstand in einer Abmahnung zusammen, die weitgehend einer späteren Bußgeldentscheidung ähnelt, und übermitteln diese den Betroffenen zur Rückäußerung gem. § 55 OWiG unter Setzung einer entsprechenden Frist. Eine Einlassungspflicht besteht auch in diesem Fall nicht.

IV. Beweiswürdigung und Abschluss des Ermittlungsverfahrens

63 **1. Ordnungswidrigkeitenverfahren.** Nach dem Abschluss der Ermittlungen entscheidet die ermittelnde Kartellbehörde aufgrund der vorliegenden Beweismittel, ob das Verfahren mangels Tatverdacht gem. §§ 46 Abs. 1 OWiG iVm. 170 Abs. 2 StPO oder gem. § 47 Abs. 1 OWiG aus Opportunitätsgründen einzustellen oder mit dem Ziel einer Sanktionsverhängung fortzuführen ist.

64 An die zur Vorbereitung dieser Entscheidung vorzunehmende **Beweiswürdigung** sind im Ordnungswidrigkeitenverfahren grundsätzlich die gleichen Anforderungen zu stellen wie im Strafverfahren. Das bedeutet, dass die Behörde von der Begehung einer kartellrechtswidrigen Tat durch den Betroffenen „überzeugt" sein muss,[193] wenn sie einen Bußgeldbescheid erlässt. Diese Überzeugung ist im Sinne subjektiver Gewissheit zu verstehen, nicht aber im Sinne der dennoch häufig verwendeten Formel, dass die Tatbegehung mit „an Sicherheit grenzender Wahrscheinlichkeit" feststehe.[194] **Subjektive Gewissheit** der Behörde liegt vor, wenn sie allenfalls noch geringe und entfernte Restzweifel an der Tatverwirklichung hat, die nach der Lebenserfahrung nicht mehr als echte Zweifel erscheinen, sondern zu vernachlässigen sind. Bleiben hingegen nach der Beweisaufnahme der Behörde im Ermittlungsverfahren substantiellere Zweifel an der schuldhaften Tatverwirklichung durch den Betroffenen bestehen, so müssen diese in Anwendung des Grundsatzes **„in dubio pro reo"** zu Lasten der Behörde gehen, die sodann von einer Verfahrensfortführung Abstand nehmen muss. Keinesfalls darf die Behörde trotz Vorliegens entsprechender Zweifel einen Bußgeldbescheid erlassen, etwa im Vertrauen darauf, dass dem Betroffenen Rechtsmittel zustehen.[195] Auch darf die Behörde im Ordnungswidrigkeitenverfahren nicht zu einer pauschalierenden Beweiswürdigung übergehen; es ist vielmehr gerade auch bei den im Kartellordnungswidrigkeitenrecht typischen Serientaten eine einzelfallbezogene Beweiswürdigung durch die das Bußgeld verhängende Behörde zu fordern.[196] Für die **Bewertung der Beweismittel im Einzelfall** bestehen keine besonderen, insbesondere keine gesetzlich ausgeformten Beweisregeln. Grundsätzlich ist aber anerkannt, dass die Gesetze der Logik, die Erfahrungssätze des Lebens, insbesondere des Wirtschaftsverkehrs, sowie wissenschaftliche Erkenntnisse zur Beweiswürdigung im Bußgeldverfahren herangezogen werden können.[197] Abzugrenzen sind solche zulässigen Gesichtspunkte der Beweiswürdigung von bloßen Vermutungen oder vermutungsähnlichen Beweiswürdigungen, wie sie etwa im Hinblick auf statistische Erfahrungswerte oder sog. „prima facie"-Beweisregeln in anderen Rechtsgebieten oder Rechtsordnungen bestehen.[198] So ist es im deutschen Ordnungswidrigkeiten- und Strafrecht beispielsweise als Nachweis einer Kartellabsprache nicht ausreichend, wenn feststeht, dass zwei Tatverdächtige regelmäßig miteinander telefoniert haben, ohne dass der Inhalt der Telefonate bekannt wäre, oder wenn Reisekostenabrechnungen den Rückschluss darauf zulassen, dass bestimmte Personen sich getroffen haben, ohne dass kartellrechtswidrige Gesprächsgegenstände solcher Treffen erwiesen wären.[199] Diese Grundsätze sind insbesondere auch in Fällen beachtlich, in denen die Bonus-

[193] BGHSt 10, 208, 209.

[194] S. dazu näher *Immenga/Mestmäcker-Dannecker/Biermann,* GWB, Vor § 81 Rdnr. 295 mwN.

[195] So *Göhler-Seitz,* OWiG, Vor § 65 Rdnr. 1.

[196] S. näher *Klusmann,* WuW 1995, 271, 280f.

[197] *Immenga/Mestmäcker-Dannecker/Biermann,* GWB, Vor § 81 Rdnr. 297.

[198] Dazu näher *Immenga/Mestmäcker-Dannecker/Biermann,* GWB, Vor § 81 Rdnr. 296–298 mwN.

[199] Als Beispiel instruktiv, wenn auch das gerichtliche Verfahren betreffend: KG WuW/E OLG 4885, 4888ff. – *Branche Heizung/Klima/Lüftung.*

Regelung[200] zur Anwendung kommt. Denn gerade wenn kooperierende „Kronzeugen" selbst keine Bußgelder mehr zu fürchten haben, werden oft ungenaue oder zu weitgehende Aussagen im Verfahren getätigt. Solche Aussagen dürfen nicht zulasten anderer Betroffener verwertet werden, wenn ihr Inhalt nicht auch anderweitig erwiesen ist. Für das europäische Bußgeldrecht folgt dies inzwischen auch aus der gerichtlichen Entscheidungspraxis.[201]

a) Einstellung des Verfahrens durch die Kartellbehörde. aa) Einstellung gem. § 170 Abs. 2 StPO iVm. § 46 Abs. 1 OWiG. Haben die Ermittlungen keinen hinreichenden Tatverdacht für das Vorliegen einer Zuwiderhandlung ergeben oder ist die Verfolgung einer vorliegenden Zuwiderhandlung aus Rechtsgründen, z.B. wegen des Bestehens eines Verfolgungshindernisses, nicht mehr möglich, so ist das Bußgeldverfahren nach § 170 Abs. 2 S. 1 StPO iVm. § 46 Abs. 1 OWiG einzustellen und die Verfahrenseinstellung dem Betroffenen bekanntzumachen. Die Einstellung nach § 170 Abs. 2 StPO mangels Tatverdachts hat Vorrang vor einer Einstellung nach § 47 Abs. 1 OWiG aus Opportunitätsgründen.[202] 65

bb) Einstellung gem. § 47 OWiG. Soweit nach dem Ermittlungsergebnis aus Opportunitätsgründen eine Verfahrenseinstellung nach § 47 OWiG in Betracht kommt,[203] z.B. wegen Geringfügigkeit oder Tod, kann diese ausschließlich **sanktionslos** erfolgen.[204] Es besteht im Ordnungswidrigkeitenverfahren nicht die Möglichkeit (wie im Strafverfahren gem. § 153a StPO), das Verfahren gegen Zahlung eines Geldbetrages oder nach Erfüllung sonstiger Auflagen einzustellen, wenn Tatfolgen und Schuld als gering anzusehen sind. § 153a StPO findet keine analoge Anwendung. Auch die Verfahrenseinstellung nach § 47 OWiG ist dem Betroffenen bekanntzumachen.[205] 66

b) Erlass eines Bußgeldbescheids. Geht die Behörde demgegenüber bei Abschluss der Ermittlungen von bewiesenen Anhaltspunkten für das Vorliegen einer oder mehrerer Kartellordnungswidrigkeiten aus und bejaht sie die Verfolgungsopportunität im Hinblick auf diese Taten, so wird sie das Ergebnis der Ermittlungen zunächst in einem **Beschuldigungsschreiben** zusammenstellen. Dieses wird vor der Abfassung des endgültigen Bußgeldbescheids den Betroffenen zur Stellungnahme zugeleitet, die somit rechtliches Gehör iSv § 55 OWiG erhalten. 67

aa) Streitiger Bescheid oder einvernehmliche Verfahrensbeendigung („Settlement"). In der Praxis finden häufig nach dem Abschluss der Ermittlungen der Kartellbehörde informelle Gespräche mit den Betroffenen und ihren Verteidigern statt, in denen die Möglichkeiten und Modalitäten der Verfahrensbeendigung („Deal") ausgelotet und „verhandelt" werden. Kann die Behörde nach solchen Gesprächen beispielsweise davon ausgehen, dass bei einer Ahndung der festgestellten Verstöße in bestimmter Höhe der jeweilige Bußgeldadressat die gegen ihn ergehende Entscheidung nicht mit dem Rechtsmittel des Einspruchs nach § 67 OWiG angreifen wird, so führt dies zu einer u. U. beträchtlichen Arbeitsentlastung, weil sie ihre Feststellungen in einem Beschuldigungsschreiben, vor allem aber in dem endgültigen Bußgeldbescheid auf ein Minimum beschränken kann (auch eine an sich zu knappe Begründung einer Bußgeldentscheidung ändert an deren Wirksamkeit zunächst nichts). Stellt die Behörde hingegen im Zuge dieser Gespräche fest, dass mit der Einlegung von Rechtsmitteln zu rechnen ist, so hat sie ein Interesse daran, die jeweiligen Feststellungen so fun- 68

[200] S. u. Rdnr. 93d.

[201] EuG U. v. 14.5.1998, Slg. 1998 II-1571 Rdnr. 91 – *Enso-Gutzeit Oy/Kommission* und U. v. 8.7.2004, Slg. 2004 II-2501 Tz. 219 – *JFE Engineering/Kommission.*

[202] *Göhler-Seitz,* OWiG, § 47 Rdnr. 22a.

[203] Zu Einzelheiten s. *Göhler-Seitz,* OWiG, § 47 Rdnr. 2–10.

[204] Dazu krit. *Bangard,* wistra 1997, 161, 164; s. auch *Mühlhoff,* NZWiSt 2013, 321, der eine gesetzliche Neuregelung zur Schaffung einer Ausnahme vom Verbot der Einstellung gegen Auflagen iSd § 47 Abs. 3 OWiG für Fälle vorschlägt, die erstinstanzlich vor dem OLG verhandelt werden.

[205] Vgl. RiStBV Nr. 88; KK-*Reher,* Bd. 2, 2014, Vor § 81 Rdnr. 158.

diert und ausführlich in dem Bußgeldbescheid vorzunehmen, dass das Rechtsmittelgericht sich zur Überprüfung der Vorwürfe allein anhand der benannten und in Bezug gesetzten Beweismittel in der Lage sieht. Umgekehrt haben die Verfahrensbetroffenen häufig ein Interesse daran, mit der Verfolgungsbehörde zu einer einvernehmlichen Verfahrensbeendigung zu kommen, um für in der Vergangenheit liegende Verstöße eine möglichst umfassende Erledigung zu erreichen und aufgrund des Entgegenkommens bei der Tatbestandsfeststellung mit möglichst milderen Sanktionen belegt zu werden.

69 Solche praktisch in jedem größeren Bußgeldverfahren stattfindenden Gespräche können allerdings verfahrensrechtlich nicht dazu führen, dass – z.B. in Form eines öffentlich-rechtlichen Vertrages – die Behörde oder Betroffene sich zu einem bestimmten prozessualen Verhalten verbindlich verpflichten. Denn anders als in vielen ausländischen Rechtsordnungen kann im deutschen Bußgeld- oder Strafverfahren der Betroffene nicht rechtswirksam im Sinne eines „plea agreements" im voraus auf die Einlegung von Rechtsmitteln verzichten.[206] Umgekehrt kann die Behörde für den Fall, dass sie überhaupt eine Sanktionsverhängung beabsichtigt, nicht von der Abfassung eines förmlichen Bußgeldbescheids absehen, da eine Verfahrenseinstellung gegen Auflagen – wie bereits ausgeführt – im Ordnungswidrigkeitenrecht nicht vorgesehen ist. Die Kartellbehörde hat im Falle der informellen Vorab-Verständigung lediglich unter Umständen die Möglichkeit, in dem Fall, dass doch Rechtsmittel eingelegt werden, einen einvernehmlich erlassenen Bußgeldbescheid aufzuheben und nachfolgend ggf. in veränderter Form neu zu erlassen.[207]

70 *bb) Formelle Anforderungen an die Abfassung eines Bußgeldbescheids.* Die äußeren Anforderungen an die Abfassung eines Bußgeldbescheids sind enumerativ in § 66 OWiG aufgezählt. Dort ist in Abs. 1vorgesehen, dass der Bußgeldbescheid neben einem betraglich festgelegten Bußgeld und der Entscheidung über die Kosten Angaben zur Person des Betroffenen und etwaiger Nebenbeteiligter, Namen und Anschrift seines Verteidigers, die Bezeichnung der Tat, die dem Betroffenen zur Last gelegt wird sowie Zeit und Ort ihrer Begehung und die gesetzlichen Merkmale der Ordnungswidrigkeit enthalten muss. Außerdem sind die angewendeten Bußgeldvorschriften und die verwendeten Beweismittel anzugeben. Gemäß § 66 Abs. 2 OWiG müssen ferner eine Rechtsmittelbelehrung sowie bestimmte Hinweise zur Vollstreckung der Buße gegeben werden. Gesetzlich nicht vorgesehen ist eine Verpflichtung der Behörde, eine umfassende rechtliche Begründung des Tatvorwurfs zu geben; sie wird in § 66 Abs. 3 OWiG sogar für entbehrlich erklärt. Diese geringen Anforderungen an die Begründung eines Bußgeldbescheids mögen im allgemeinen Ordnungswidrigkeitenrecht aufgrund des tendenziell geringeren Tatunrechtes angemessen und ausreichend sein; im Bereich des Kartell-Ordnungswidrigkeitenrechts ist eine entsprechend „dünne" Abfassung von Bußgeldbescheiden indes wegen der regelmäßig gravierenden wirtschaftlichen Sanktionen nicht hinnehmbar. Dem von einer substantiellen Bußgeldverhängung Betroffenen muss eine hinreichende Grundlage für die Entscheidung geboten werden, ob er sich dem durch den Bußgeldbescheid ausgesprochenen rechtlichen Gebot unterwerfen oder aber die Bußgeldentscheidung zur gerichtlichen Überprüfung stellen will.[208] Nach der herrschenden Ansicht ist daher jedenfalls bei wirtschaftlich bedeutenden Kartellordnungswidrigkeiten davon auszugehen, dass bei der Verhängung von Geldbußen in erheblicher Höhe und bei schwieriger Sach- und Rechtslage eine ungeschriebene Verpflichtung der Behörde zu angemessen ausführlicher rechtlicher Begründung der Entscheidung besteht.[209] In der Praxis sind die rechtlichen Subsumtionen der Kartellbehörden in Bußgeldbescheiden indes dennoch häufig vergleichsweise knapp, sei es, weil nicht mit der

---

[206] KK OWiG-*Bohnert,* § 67 Rdnr. 102.; zum Rechtsmittelverzicht nach Erlass des Bescheides s. § 58 Rdnr. 9.

[207] Merkblatt d. BKartA v. 23.12.2013.

[208] Dazu *Göhler-Seitz,* OWiG, § 66 Rdnr. 29; ähnlich *Hermanns/Kleier,* S. 107.

[209] Näher KK-*Reher,* Bd. 2, 2014, Vor § 81 Rdnr. 299; *Immenga/Mestmäcker-Dannecker/Biermann,* GWB, Vor § 81 Rdnr. 293 unter Hinweis auf BVerfGE 40, 276, 286.

Einlegung von Rechtsmitteln gerechnet wird, sei es, weil im Rechtsmittelverfahren das Gericht ohnehin die im Bußgeldbescheid erhobenen Vorwürfe in eigener Zuständigkeit und umfassend von Amts wegen erneut prüfen und würdigen muss.[210]

2. Strafverfahren. Führt nicht die Kartellbehörde, sondern die Staatsanwaltschaft das Ermittlungsverfahren im Zeitpunkt seines Abschlusses, so bestehen ebenfalls unterschiedliche Möglichkeiten einer abschließenden Entschließung: 71

a) Einstellung des Verfahrens nach § 170 Abs. 2 StPO. Die Staatsanwaltschaft kann das Verfahren gem. § 170 Abs. 2 StPO *mangels Tatverdachts* einstellen, wenn sich nach Abschluss der Ermittlungen kein für die Erhebung der öffentlichen Klage hinreichender Tatverdacht ergibt. Eine Entscheidung über Kosten oder Auslagen trifft die Staatsanwaltschaft in diesem Fall nicht, insbesondere trägt also der Beschuldigte seine Auslagen selbst. Nur ausnahmsweise entscheidet das Gericht der Hauptsache nach § 469 Abs. 2 StPO und bei Einstellung nach Klagerücknahme gem. § 467a StPO über die Kosten des Verfahrens und die Erstattung notwendiger Auslagen zugunsten des Beschuldigten. 72

b) Einstellung gem. § 153 StPO. Sind zwar für die Anklageerhebung ausreichende Verdachtsmomente gegeben, erscheint aber die Tatverfolgung aus Opportunitätsgesichtspunkten nicht erforderlich, weil die **Schuld** des Täters **gering** ist und kein öffentliches Interesse an der Verfolgung der Tat besteht, so kann die Staatsanwaltschaft das Verfahren mit Zustimmung des für die Eröffnung des Hauptverfahrens zuständigen Gerichts gem. § 153 StPO einstellen.[211] Der Zustimmung des Gerichts zur Einstellung bedarf es nicht, wenn die durch die Tat verursachten Folgen gering sind (§ 153 Abs. 1 S. 2 StPO). In geeigneten Fällen kann das öffentliche Interesse an der Strafverfolgung z. B. dadurch beseitigt werden, dass in einem parallel geführten Ermittlungsverfahren nach Ordnungswidrigkeitenrecht Sanktionen verhängt und von den Betroffenen akzeptiert werden, die als ausreichende Ahndung der verwirklichten Tat anzusehen sind. Zahlt beispielsweise ein persönlich Betroffener ein hohes Bußgeld, das die Kartellbehörde ihm im Hinblick auf eine Tat auferlegt, die gleichzeitig Straftat und Ordnungswidrigkeit ist, so dürfte in der Regel kein öffentliches Interesse an Strafverfolgung bestehen. 73

Eine Einstellung nach § 153 StPO kann auch beim Zusammentreffen von Straftat und noch nicht anderweitig geahndeter Ordnungswidrigkeit vorgenommen werden. In diesem Falle kann die Einstellung auf die Straftat beschränkt werden, so dass iSv § 21 Abs. 2 OWiG „eine Strafe nicht verhängt" wird und das Verfahren wegen der Verfolgung der Ordnungswidrigkeit an die Kartellbehörde abgegeben werden kann.[212] Eine Kosten- oder Auslagenentscheidung trifft die Staatsanwaltschaft auch bei dieser Entschließung nicht; das Gericht entscheidet (nur) bei einer Verfahrenseinstellung nach Klagerücknahme gem. § 467a StPO. 74

c) Einstellung gem. § 153a StPO. Die Staatsanwaltschaft kann im Hinblick auf eine Straftat das Verfahren auch nach § 153a StPO gegen Erfüllung von Auflagen einstellen, wenn das öffentliche Interesse an der Strafverfolgung durch die Erfüllung von **Auflagen** (regelmäßig die Zahlung einer Geldbuße an die Staatskasse oder eine gemeinnützige Einrichtung) und/oder Weisungen beseitigt werden kann und die Schwere der Schuld nicht entgegensteht. Diese Art der Verfahrenseinstellung setzt stets die **Zustimmung** des für die Eröffnung des Hauptverfahrens zuständigen **Gerichts** sowie **des Beschuldigten** voraus. Die Staatsanwaltschaft setzt dem Betroffenen eine Frist zur Erfüllung der vorgesehenen Auflagen oder Weisungen und verfügt gleichzeitig die einstweilige Einstellung des Verfahrens. Mit der Erfüllung der festgesetzten Auflagen tritt sodann ein dauerndes Verfahrenshindernis ein, so dass das Strafverfahren endgültig einzustellen ist. Anders als bei der Einstellung nach 75

---

[210] So z. B. BKartA WuW/E BKartA 2871 ff. – *Straßenstrich;* zum Prüfungsstandard: BGH B. v. 26.2.2013, KRB 20/12 WuW/E DE-R 3861 ff., Rdnr. 21 – *Grauzement.*

[211] Einzelheiten bei *Meyer-Goßner,* StPO, § 153 Rdnr. 3 f. sowie 16.

[212] Siehe dazu bereits oben BGH WuW/E 3043, 3047 – *Fortgesetzte Ordnungswidrigkeit;* anders die Vorinstanz OLG Frankfurt wistra 1995, 279, 280; *Meyer-Goßner,* StPO, § 153 Rdnr. 6.

§ 153 StPO bleibt neben einer Einstellung der Verfolgung gem. § 153a StPO für dieselbe prozessuale Tat keine Ahndungsmöglichkeit nach dem Ordnungswidrigkeitenrecht, weil die Anwendung des § 153a stets die richterliche Mitwirkung voraussetzt und eine Art Sachentscheidung mit strafrechtlichem Sanktionscharakter ist;[213] es tritt **Strafklageverbrauch** ein. Eine Kosten- und Auslagenentscheidung trifft die Staatsanwaltschaft nicht.

76 *d) Verfolgungsbeschränkung gem. §§ 154, 154a StPO.* Die Staatsanwaltschaft kann in geeigneten Fällen auch eine Beschränkung der Strafverfolgung gem. §§ 154, 154a StPO vornehmen, was in der Praxis insbesondere beim Zusammentreffen von kartellrechtlichen Verstößen und Korruptionsdelikten wie Vorteilsgewährung und -annahme vorkommt. In derartigen Fällen wird häufig die strafrechtliche Verfolgung auf Korruptionsdelikte beschränkt und den Kartellbehörden die Ahndung anderer Tatkomplexe nach kartellrechtlichem Ordnungswidrigkeitenrecht überlassen.[214]

77 *e) Anklageerhebung und Strafbefehlsantrag.* Kommt die Staatsanwaltschaft bei Abschluss der Ermittlungen zu dem Ergebnis, dass eine strafrechtliche Sanktion zu verhängen ist, so erhebt sie Anklage gem. §§ 199 Abs. 1 iVm. 200 StPO. Alternativ kommt bei Ermittlungsverfahren wegen Submissionsbetrugs, die unter dem Gesichtspunkt des § 263 StGB geführt wurden, auch die Beantragung eines Strafbefehls gem. § 407 StPO in Betracht. Während bei Erhebung der öffentlichen Klage mittels Anklageschrift das zuständige Strafgericht nach dem Abschluss des Zwischenverfahrens gem. §§ 199–211 StPO durch Beschluss über die Eröffnung des Hauptverfahrens (§ 203 StPO) und stets aufgrund mündlicher Verhandlung entscheidet, findet im Strafbefehlsverfahren eine mündliche Verhandlung nicht statt. Die Staatsanwaltschaft verfasst vielmehr einen Antrag, in dem die vorgesehene Sanktion, insbesondere Geldstrafe oder Freiheitsstrafe bis zu einem Jahr (§ 407 Abs. 2 Nr. 1 sowie Nr. 3 StPO) angegeben sowie eine verkürzte Darstellung der vorgeworfenen Taten enthalten sein müssen. Über den schriftlichen Antrag der Staatsanwaltschaft entscheidet das für das Hauptverfahren zuständige Gericht.

78 Wird Anklage erhoben oder gegen einen erlassenen Strafbefehl zwei Wochen nach Zustellung bei dem Gericht, das den Strafbefehl erlassen hat, gem. § 410 Abs. 1 StPO **Einspruch** eingelegt, so findet eine Hauptverhandlung nach den allgemeinen Grundsätzen des Strafprozesses, die hier nicht wiederzugeben sind (dazu § 58), statt.

V. Sanktionsbemessung und Kosten des Verfahrens

79 **1. Bußgeldbemessung nach GWB und OWiG.** Ausgangspunkt und Voraussetzung der Bußgeldbemessung ist ein dem gesetzlichen Verbotstatbestand entsprechendes rechtswidriges und vorwerfbares Handeln des betroffenen Normadressaten. Mit der Bußgeldbemessung soll eine das Tatunrecht quantifizierende Einordnung der betreffenden Tat unter Berücksichtigung der täterbezogenen Umstände und Gesichtspunkte vorgenommen werden.

80 *a) Gesetzliche Vorgaben für die Bußgeldbemessung.* Grundlage jeder Bußgeldzumessung ist zunächst die Bestimmung des anzulegenden Bußgeldrahmens. Für die in § 81 Abs. 1, Abs. 2 Nr. 1, 2a und Nr. 5 und Abs. 3 GWB genannten „großen" Ordnungswidrigkeiten (einschließlich der Aufsichtspflichtverletzung gem. § 130 OWiG) sieht § 81 Abs. 4 GWB die Verhängung von Bußgeldern von bis zu 1 Million € vor und darüber hinaus bei Unternehmen und Unternehmensvereinigungen von bis zu 10% des im vorausgegangenen Geschäftsjahr erzielten Gesamtumsatzes. Die früher bestehende Möglichkeit, wahlweise Bußgelder bis zur dreifachen Höhe des durch die Zuwiderhandlung erzielten *Mehrerlöses* festzusetzen, wurde durch die 7. GWB-Novelle abgeschafft. In den übrigen Fällen des § 81

---

[213] Näher *Meyer-Goßner,* StPO, § 153a Rdnr. 35; *Göhler-Gürtler,* OWiG, § 21 Rdnr. 27, jeweils mwN.

[214] Zu Einzelheiten des Verfahrens s. *Meyer-Goßner,* StPO, § 154 Rdnr. 3, 5 und 7; s. auch *Wolf/Buchardi,* in Fs. Lieberknecht, S. 645, 659; *FK-Achenbach,* Vor § 81 GWB 2005 Rdnr. 149 (s. Text).

Abs. 2 GWB kann nach § 81 Abs. 4 Satz 5 GWB eine Geldbuße von bis zu 100 000 € verhängt werden. Liegt ein bußgeldbedrohter fahrlässiger Verstoß im Sinne des § 81 vor, so reduzieren sich gem. § 17 Abs. 2 OWiG der Bußgeldhöchstbetrag auf 500 000 € und für umsatzbezogene Geldbußen auf maximal 5% des Gesamtumsatzes.[215] Neben § 81 GWB ist § 17 Abs. 4 OWiG anwendbar, wonach der Bußgeldrahmen des § 81 Abs. 4 GWB noch insoweit überschritten werden kann, als dies zur Abschöpfung des aus der Ordnungswidrigkeit erlangten *wirtschaftlichen Vorteils des Täters* erforderlich und geboten erscheint (§ 81 Abs. 5 GWB).[216] § 81 Abs. 5 GWB bestimmt nunmehr ausdrücklich, dass die Abschöpfung des wirtschaftlichen Vorteils über § 17 Abs. 4 OWiG im Ermessen der Kartellbehörde liegt. Sofern eine Geldbuße nach neuem Recht ohne Abschöpfungsanteil verhängt wird, ist bei der Bußgeldzumessung jedoch zu berücksichtigen, dass durch diese Vorschrift keine Verschärfung des Bußgeldrahmens erfolgen sollte. Demnach ist die Höhe einer reinen Ahndungsgeldbuße zukünftig um den Betrag zu mindern, der nach bisherigem Recht der Abschöpfung des wirtschaftlichen Vorteils diente.[217] Seit der 7. GWB-Novelle sind gegen juristische Personen festgesetzte Geldbußen gemäß § 81 Abs. 6 GWB im Falle der späteren Rücknahme eines zunächst eingelegten Einspruches zu verzinsen. Mit der Regelung sollte im Ausgangspunkt verhindert werden, dass von Anfang an aussichtslose Einsprüche eingelegt und später kurz vor einer gerichtlichen Entscheidung wieder zurückgenommen werden, um wegen der durch den Einspruch gem. § 89 OWiG suspendierten Zahlungsfälligkeit während der oft jahrelangen Wartezeiten auf eine gerichtliche Entscheidung durch Ersparung von Kreditzinsen oder Erzielung von Erträgen finanziell zu profitieren.

Da die Regelung die entsprechende Anwendbarkeit von § 288 Abs. 1 Satz 2 und § 289 Satz 1 BGB anordnet, sind die in der Praxis auflaufenden Zinsbeträge von 5% über dem Basiszins exorbitant hoch und haben mit tatsächlich ersparten Aufwendungen oder erzielbaren Finanzgewinnen wenig zu tun. Die Regelung greift zudem kategorisch in allen Fällen einer Einspruchsrücknahme ein und nicht nur in „Missbrauchsfällen", auf die sie eigentlich abzielen sollte. Sie ist daher sehr umstritten. Inzwischen hat allerdings das BVerfG auf Vorlage des 1. Kartellsenats des OLG Düsseldorf entschieden, dass die Regelung verfassungskonform sei.[218]

Das OLG Düsseldorf hat darüber hinaus entschieden, dass die Anwendung der Regelung keinem Ermessensspielraum unterliege, weil es für die Verweisungspflicht nicht von Wichtigkeit sei, ob ein Unternehmen den Einspruch in „missbräuchlicher" Absicht eingelegt habe.[219] Der Nachweis tatsächlich geringerer Refinanzierungskosten oder ziehbarer Früchte zur Minderung der gesetzlich vorgesehenen Zinshöhe bleibt dem Zinsschuldner damit ebensowenig vorbehalten wie der Nachweis einer nicht missbräuchlichen Einspruchseinlegung. Dies überzeugt nicht. Die oft sehr lange Verfahrensdauer liegt nicht im Einflussbereich der Einspruchführer, und es erscheint auch nicht angemessen, die Einlegung verfassungsrechtlich garantierter Rechtsbehelfe dann mit zusätzlichen Zahlungspflichten zu sanktionieren, wenn offensichtlich kein missbräuchliches Verhalten vorliegt, sondern eine spätere Einspruchsrücknahme z. B. auf eine nach Einspruchseinlegung ergangene neue höchstrichterlichen Rechtsprechung zu bis dato offenen Rechtsfragen zurückgeht. Es bleibt zu hoffen, dass hier bei nächster Gelegenheit gesetzgeberisch nachgebessert wird, da die gegenwärtige Regelung nicht nur de facto in vielen Fällen die Beschreitung des Rechtswegs „bestraft", sondern auch die Erledigung von Altverfahren durch Rücknahme des Einspruchs vor der Hauptverhandlung erschwert, was prozessökonomisch unsinnig ist.

---

215 *FK-Achenbach* § 81 GWB 2005 Rdnr. 238, 240.

216 Dazu noch unten Rdnr. 134.

217 BT-Drucks. 15/3640 S. 67.

218 BVerfG B. v. 19.12.2012 – 1 BvL 18/11, NJW 2013, 1418, 1425 ff., hierzu insg. *Gaier,* wistra 2014, 161, 163.

219 St. Rechtsprechung, zuletzt OLG Düsseldorf, B. v. 5.2.2014, V-4 Kart 3/14 (OWi), S. 3.

81 *aa) Bußgeldgrundrahmen.* Ausgangsnorm für die Bemessung des Bußgelds gegenüber natürlichen Personen innerhalb des gesetzlichen Bußgeldrahmens ist der für das gesamte Ordnungswidrigkeitenrecht geltende § 17 Abs. 3 OWiG, demzufolge das konkrete Bußgeld auf der Grundlage der **Bedeutung der Ordnungswidrigkeit** und des **Vorwurfs,** der den **Täter trifft,** festgesetzt werden soll.[220] Bei Kartellordnungswidrigkeiten als nicht geringfügigen Ordnungswidrigkeiten sind dabei stets die **wirtschaftlichen Verhältnisse** des Täters, insbesondere also seine finanzielle Leistungsfähigkeit, zu berücksichtigen.[221] Darüber hinaus sind gemäß der Bestimmung des § 81 Abs. 4 S. 6 GWB bei der Festsetzung der Geldbuße sowohl die **Schwere der Zuwiderhandlung** als auch deren **Dauer** zu berücksichtigen.

82 Grundregel der Zumessung innerhalb des für die jeweilige Tat bestehenden Bußgeldrahmens ist, dass der gesetzliche Bußgeldrahmen allein die Unter- und Obergrenze des verhängbaren Bußgelds als Sanktion für die Einzeltat markiert. Das Höchstmaß der zu verhängenden Geldbuße ist für die denkbar schwersten Fälle vorgesehen,[222] in denen das höchste Unrechts- und Schuldmaß anzunehmen ist und ein Milderungsgrund schlechthin nicht ersichtlich ist,[223] während der Mittelwert für durchschnittlich schwere Fälle gedacht ist.[224] Das bedeutet für die Praxis, dass der gesetzliche Bußgeldrahmen in durchschnittlichen Fällen bei weitem nicht ausgeschöpft werden darf.[225]

83 *bb) Sonderbußgeldrahmen gem. § 81 Abs. 2 GWB a. F./Mehrerlösbußen.* Eine Besonderheit des Kartell-Ordnungswidrigkeitenrechts war früher die Möglichkeit der Ausschöpfung des mehrerlösbezogenen Sonderbußgeldrahmens gem. § 81 Abs. 2 GWB a. F. Diese Möglichkeit wurde durch die 7. GWB-Novelle abgeschafft, gilt aber nach dem Günstigkeitsprinzip noch für Altfälle (dazu Rdnr. 85 f.). **Mehrerlös** im Sinne dieser Bestimmung war Rechtsprechung und Verwaltungspraxis zufolge der Differenzbetrag zwischen den tatsächlichen Einnahmen eines Verbotsadressaten infolge des begangenen GWB-Verstoßes und den hypothetischen Einnahmen, die er im gleichen Zeitraum ohne einen entsprechenden Verstoß erzielt hätte.[226] Mehrerlös war also die unmittelbar aufgrund und durch die Zuwiderhandlung erlangte Mehr-Einnahme.[227] Wegen des ausschließlichen Abstellens des Gesetzes auf „Erlöse" kam es für die Berechnung von Mehrerlös-Bußen weder darauf an, ob der Betroffene aufgrund erhöhter Preise Gewinne erzielt hat noch auf die etwaige Höhe solcher Gewinne. Denn im freien Wettbewerb besteht kein Anspruch auf die Erzielung auskömmlicher und kostendeckender Einnahmen. Von verstoßbedingten Mehrerlösen war vielmehr auch dann auszugehen, wenn im Ergebnis die geforderten Preise nicht auskömmlich oder **kostendeckend** waren, aber feststand, dass ohne den zugrundeliegenden Verstoß noch niedrigere Preise erzielt worden wären. Aus dem gleichen Grund kam es für die Mehrerlösberechnung grds. auch nicht auf **Kosten- oder Steueranteile**[228] an erzielten Mehreinnahmen an.

84 Trotz der vergleichsweise einfachen Definition des Mehrerlöses bereitete seine Feststellung in der Praxis jedenfalls dann große Probleme, wenn nicht ausnahmsweise beweiskräftige Einlassungen der Beteiligten zur Höhe absprachebedingter Mehrerlöse vorlagen.[229]

---

220 Siehe auch KG WuW/E DE-R 255, 256 – *Straßenmarkierung.*

221 Dazu in KK OWiG – *Mitsch* § 17 Rdnr. 31 ff.; *FK-Achenbach* § 81 GWB 2005 Rdnr. 272.

222 OLG Hamm VRS 41, 293; OLG Frankfurt MDR 1974, 859; OLG Düsseldorf JMBl. NRW 1983, 65, 66.

223 *Achenbach,* WuW 1997, 393, 398.

224 *Göhler-Gürtler,* OWiG § 17 Rdnr. 25 mwN.

225 *Göhler-Gürtler,* OWiG § 17 Rdnr. 25; *Achenbach,* WuW 1997, 393, 398.

226 BGH WuW/E BGH 2718, 2719 – *Bußgeldbemessung;* BGH WuW/E DE-R 1567, 1569 – *Berliner Transportbeton I;* KG WuW/E OLG 2369, 2375 – *Programmzeitschriften;* BKartA WuW/E BKartA 2005, 2007 – *Behälterglas.*

227 So *Immenga/Mestmäcker-Dannecker/Biermann,* GWB, § 81 Rdnr. 380.

228 Dazu BGH WuW/E BGH 2718 – *Bußgeldbemessung;* KG WuW/E OLG 2369, 2375 – *Programmzeitschriften;* zusf. *FK-Achenbach,* § 81 GWB 2005 Rdnr. 371 sowie *ders.,* WuW 1997, 393, 397 mwN.

229 BKartA WuW/E BKartA 2871, 2873 – *Straßenstrich.*

Denn die zu erwägenden hypothetischen Kausalverläufe sind von zahlreichen dynamischen Parametern beeinflusst, die eine im Hinblick auf die Sanktionsbemessung ausreichend sichere Feststellung negativer Auswirkungen eines Verstoßes auf die Marktgegenseite häufig nicht zulassen. Außer in den seltenen Fällen völlig unelastischer Nachfrage besteht ein Zusammenhang zwischen der Höhe eines geforderten Preises und den abgesetzten Mengen, der z.B. einen schlichten Vergleich von abgesprochenem und hypothetischem Wettbewerbs-Preisniveau nicht zulässt. Es war daher jeweils auch die preisabhängige Nachfrage-Elastizität in Rechnung zu stellen, also eine ergebnisbezogene Gesamtschau der hypothetischen Auswirkungen einer kartellrechtswidrigen Absprache vorzunehmen.[230] Die praktischen Schwierigkeiten einer Mehrerlösfeststellung wurden zuletzt im Verfahren *„Flüssiggas"* vor dem 4. Kartellsenat des OLG Düsseldorf deutlich, wo die Prüfung der Höhe etwaiger Mehrerlöse weite Teile der nahezu dreijährigen Hauptverhandlung mit über 100 Verhandlungstagen einnahm.[231]

Die **bei** der **Feststellung von Mehrerlösen** bestehenden Schwierigkeiten konnte auch die nachträglich durch die 4. GWB-Novelle eingefügte Möglichkeit zur **Mehrerlösschätzung** gem. § 81 Abs. 4 Satz 2 GWB a. F. nicht beseitigen. Denn als Mittel der Sanktionsbemessung sind Schätzungen nur in engen Grenzen und unter Beachtung des Gesetzlichkeitsprinzips gem. Art. 103 Abs. 2 GG sowie des Zweifelssatzes rechtstaatlich legitim.[232] Die Schätzung von Mehrerlösen konnte demgemäß nicht frei erfolgen, sondern nur auf „gesichertem Boden". Waren beispielsweise nach dem Ermittlungsergebnis möglicherweise Mehrerlöse zwischen 10 und 30% des betreffenden Umsatzes erzielt worden, so konnten sie nur in Höhe von 10% Eingang in die Bußgeldberechnung finden. Umgekehrt konnte der Sonderbußgeldrahmen bei Zweifeln daran, ob überhaupt Mehrerlöse entstanden sind, nicht zur Anwendung kommen. Nur die Höhe von dem Grunde nach feststehenden Mehrerlösen durfte geschätzt werden, nicht aber über den Ursächlichkeitszusammenhang zwischen GWB-Verstoß und erzieltem Erlös gemutmaßt werden.[233] Selbst wenn aber ein Mehrerlös dem Grunde nach feststand, so war eine Schätzung dennoch kaum möglich, da die für eine solche Schätzung erforderlichen Grundlagen nach einer Entscheidung des OLG Düsseldorf mit an Sicherheit grenzender Wahrscheinlichkeit festgestellt werden mussten.[234] Eine Schätzung war insbesondere auch bei Verkäufen unter Einstandspreisen – ebenso wie bei Werbemaßnahmen – unmöglich.[235] Dieser hohe Beweisstandard wurde aber im Juni 2005 vom BGH „kassiert". Dem BGH zufolge soll es nach der Lebenserfahrung naheliegen, dass die im Rahmen eines Kartells erzielten Preise höher seien als die im Wettbewerb erreichbaren Marktpreise. Die Bildung eines Kartells und seine Durchführung indizierten daher, dass die Beteiligten hieraus einen Vorteil zögen. Insofern spreche eine hohe Wahrscheinlichkeit dafür, dass das Kartell gebildet und erhalten werde, weil es höhere als am Markt sonst erzielbare Preise bringe. Zwar führte der BGH aus, dass der Tatrichter diese Wahrscheinlichkeit anhand weiterer Beweismittel daraufhin überprüfen müsse, ob sie im konkreten Fall zur Gewissheit wird, doch sind dem Gericht zufolge desto höhere Anforderungen an die Darlegungen des Tatrichters zu stellen, wenn er das Vorliegen eines wirtschaftlichen Vorteils verneinen will, je länger und nachhaltiger das Kartell praktiziert wurde und je flächendeckender es angelegt war.[236] Unklar ist nach der Rechtsprechung bisher, ob dieser Erfahrungssatz nur bei Preiskartellen oder ganz generell gelten soll. 85

---

[230] Siehe *Immenga/Mestmäcker-Dannecker/Biermann,* GWB, § 81 Abs. 4 Rdnr. 385.

[231] OLG Düsseldorf U. v. 15.4.2013, VI – 4 Kart 2–6/10 OWi.

[232] S. *FK-Achenbach,* § 81 GWB 2005 Rdnr. 374, sowie *Immenga/Mestmäcker-Dannecker/Biermann,* GWB, § 81 Abs. 4 Rdnr. 388.

[233] Vgl. OLG Düsseldorf WuW/E DE-R 1315, 1316 – *Berliner Transportbeton I;* OLG Düsseldorf U. v. 8.1.2004 – VI-Kart 48+50/01 OWi – *nicht veröffentlicht.*

[234] Siehe OLG Düsseldorf WuW/E DE-R 1315, 1318 – *Berliner Transportbeton I.*

[235] So BKartA WuW/E DE-V 911, 916 – *Fotoarbeitstasche.*

[236] BGH WuW/E DE-R 1567, 1569 f. – *Berliner Transportbeton I;* vgl. zur Mehrerlösgeldbuße auch BGH WuW/ E DE-R 2225 = WRP 2007, 1487 – *Papiergroßhandel.*

86 Im Hinblick auf den **Sonderbußgeldrahmen** bis zum Dreifachen des erlangten Mehrerlöses ist hervorzuheben, dass es sich insoweit um **keine fixe Multiplar-Strafe** handelte, sondern um einen Bußgeldrahmen, dessen Ausschöpfung denselben Grundsätzen unterlag, die auch bei der Bußgeldbemessung innerhalb des Bußgeldgrundrahmens zu beachten sind.

87 *cc) Bußgeldrahmen bis zu 10 % des Gesamtumsatzes.* Nach § 81 Abs. 4 GWB ist es seit der 7. GWB-Novelle möglich, gegen Unternehmen oder Unternehmensvereinigungen im Falle schwerwiegender Kartellordnungswidrigkeiten nach § 81 Abs. 1, Abs. 2 Nr. 1, 2 lit. a und Nr. 5 sowie Abs. 3 ein Bußgeld in Höhe von bis zu 10% des im der Behördenentscheidung vorausgegangenen Geschäftsjahr[237] erzielten Gesamtumsatzes zu verhängen. Diese Vorschrift ist an Art. 23 Abs. 2 der VO (EG) Nr. 1/2003 angelehnt und soll der Rechtsangleichung im Netzwerk der Wettbewerbsbehörden dienen. Hieraus erklärt sich auch der verunglückte Wortlaut, da der Gesetzgeber diese Vorschrift beinahe wörtlich in das GWB überführt hat, obwohl deren Formulierung im Zusammenhang mit § 81 Abs. 4 S. 1 GWB nicht unproblematisch ist. Insoweit könnte die neue Formulierung sowohl als Erweiterung, aber auch als Begrenzung des Regelbußgeldrahmens angesehen werden,[238] auch wenn der Gesetzgeber insofern wohl eine Erweiterung anstrebte.[239] Die Begriffe des „Unternehmens" und der „Unternehmensvereinigung" sind vor dem Hintergrund des § 30 OWiG dahingehend zu verstehen, dass es sich nur um juristische Personen, nicht rechtsfähige Vereine und rechtsfähige Personengesellschaften handeln kann. Im Gegensatz zum europäischen Recht ist der Sonderbußgeldrahmen damit nicht für **Einzelunternehmer** eröffnet.[240]

88 Bis zur Verkündung des „Gesetzes zur Bekämpfung von Preismissbrauch im Bereich der Energieversorgung und des Lebensmittelhandels"[241] hatte der Gesetzgeber nicht ausdrücklich geregelt, was unter dem Gesamtumsatz i. S. d. 10%-Grenze zu verstehen war und ob insoweit – wie im europäischen Recht – der Konzernumsatz maßgeblich sein sollte. § 81 Abs. 4 S. 2 a. F. stellte nach seinem eindeutigen Wortlaut auf den vom „an der Zuwiderhandlung beteiligten Unternehmen" erzielten Umsatz ab, so dass der Konzernumsatz schon nach dem Wortlaut nicht zu berücksichtigen sein konnte.[242] Die hier vertretene Ansicht, dass bis zur Preismissbrauchsnovelle nur der Umsatz des handelnden Unternehmens und nicht des Konzerns maßgeblich sein konnte, teilte auch der 1. Kartellsenat des OLG Düsseldorf im Fall *Silostellgebühren I.*[243] Nach Ansicht des BGH und des 4. Kartellsenats des OLG Düsseldorf im Fall *Grauzement*[244] war hingegen bereits zwischen dem 1.1.2005 (Inkrafttreten der 7. GWB-Novelle) und dem 22.12.2007 (Inkrafttreten der Preismissbrauchsnovelle) der Konzernumsatz miteinzubeziehen, und zwar ungeachtet des diese Auslegung

---

[237] Bis zum Inkrafttreten des Gesetzes zur Bekämpfung von Preismissbrauch im Bereich der Energieversorgung und des Lebensmittelhandels am 22.12.2007 war fraglich, auf welchen Zeitpunkt das „vorausgegangene Geschäftsjahr" zu beziehen war. Nachdem seither § 81 Abs. 4 Satz 2 entsprechend europäischer Rechtslage auf das der „Behördenentscheidung vorausgehende Geschäftsjahr" verweist, dürfte insoweit Klarheit herrschen; so bereits vor der Reform *Buntscheck,* Fs. Bechtold, 81, 90; dazu auch *FK-Achenbach,* § 81 GWB 2005 Rdnr. 245a; *Langen/Bunte-Raum,* § 81 Rdnr. 168; ein Abstellen auf das im Tatzeitpunkt letzte Geschäftsjahr wäre allerdings nach rechtsstaatlichen Grundsätzen vorzugswürdig gewesen, vgl. *Bechtold,* GWB, § 81 Rdnr. 34.

[238] So auch *Buntscheck,* Fs. Bechtold, 81, 83–85.

[239] *Bach,* in Fs. Bechtold, 1, 5f; *Bach/Klumpp,* NJW 2006, 3524.

[240] So *FK-Achenbach,* § 81 GWB 2005 Rdnr. 241 f.

[241] BGBl. 2007, Teil I Nr. 66 vom 21.12.2007, S. 2966.

[242] *Bechtold,* GWB, § 81 Rdnr. 31; *Loewenheim/Meessen/Riesenkampff-Cramer/Pananis,* Kartellrecht, 10. Teil (GWB) Rdnr. 61; *Deselaers,* WuW 2006, 118, 123.

[243] OLG Düsseldorf U. v. 29.10.2012, VI-Kart 1–6/12 – *Silostellgebühren I,* S. 81 ff.; zwischenzeitlich aufgehoben durch BGH B. v. 3.6.2014 – KRB 46/13, S. 5.

[244] BGH B. v. 26.2.2013, WuW/E DE-R 3861 ff., Rdnr. 67 ff. – *Grauzement;* OLG Düsseldorf U. v. 26.6.2009, VI-2a Kart 2–6/08, S. 232; bestätigt durch BGH B. v. 3.6.2014; Az. KRB 46/13, S. 5 f.

nicht nahelegenden Wortlauts der Bestimmung. Dieser Ansicht entsprechend waren auch die Bußgeldleitlinien des BkartA von 2006 ausgestaltet, nach denen die Umsätze miteinander verbundener Unternehmen für die Bestimmung der 10%-Grenze heranzuziehen waren.[245]

Durch die Preismissbrauchsnovelle wurde zum 22.12.2007 die Beschränkung auf „jedes an der Zuwiderhandlung beteiligte Unternehmen" gestrichen und ein neuer Satz 3 eingefügt, wonach nunmehr der weltweite Umsatz aller natürlichen und juristischen Personen zugrunde zu legen ist, die als „wirtschaftliche Einheit" operieren. Diese Neuregelung sollte die Angleichung an das europäische Recht bewirken, wonach konzernzugehörigen Tochterunternehmen Konzernumsätze zuzurechnen seien, soweit eine „wirtschaftliche Einheit" vorliege.[246] Ebenfalls aus Harmonisierungsgründen wollte der Gesetzgeber auch die im europäischen Recht geltenden Tatbestandsvoraussetzungen der „wirtschaftlichen Einheit" übernehmen.[247] Anders als dort gilt jedoch im deutschen Recht nach wie vor keine verschuldensunabhängige gesamtschuldnerische Haftung für Kartellverstöße im Konzern. Es kann also nicht eine Konzerngesellschaft für das kartellrechtswidrige Handeln einer anderen Gesellschaft oder deren Organe in Anspruch genommen werden. Dies folgt aus dem Gesetzeswortlaut (§ 81 Abs. 4 S. 2) und aus dem Schuldprinzip, wonach keine Bestrafung für fremdes Verschulden erfolgen kann. Es ist daher höchst zweifelhaft, ob die Neuregelung tatsächlich eine Bußgeldhaftung für fremde Ressourcen einführen kann.[248] Bei verfassungskonformer Auslegung der Vorschrift wird jedenfalls keine Umsatzzurechnung von nicht von der in Anspruch zu nehmenden Gesellschaft gesichert beherrschten Unternehmen vorgenommen werden können, also z.B. nicht von Mutter- oder Schwestergesellschaften im Konzern. Diese können im nationalen Recht nur bei eigener Tatbeteiligung als Nebenbetroffene haften. Dieser Grundsatz gilt im Übrigen auch im EU-Recht,[249] wenn auch vor dem Hintergrund eines dort erweiterten Zurechnungskonzepts. Im europäischen Recht können bei Vorliegen einer wirtschaftlichen Einheit Handlungen eines Unternehmens einem anderen zugerechnet werden.[250] Im deutschen Recht kann ein Unternehmen auch weiterhin nur dann mit einer Geldbuße belegt werden, wenn dessen Vertreter eine Ordnungswidrigkeit begangen hat (§ 30 OWiG).[251] § 30 Abs. 1 OWiG spricht ausdrücklich von der einzelnen „juristische(n) Person", nicht von dem Konzern, der Unternehmensgruppe oder der „wirtschaftlichen Einheit".[252] Wäre das BkartA bei der Bußgeldbemessung aber unabhängig von einer Tatbeteiligung der Muttergesellschaft berechtigt, auch deren Umsätze bei der Bebußung einer Tochtergesellschaft zu berücksichtigen, so könnte nicht nur eine den Jahresumsatz der Tochtergesellschaft (und die 10%-Höchstgrenze) um ein Vielfaches übersteigende und damit unverhältnismäßige Geldbuße verhängt werden. Vielmehr könnte zumindest wirtschaftlich auch, die Muttergesellschaft sanktioniert werden, obwohl diese keine Ordnungswidrigkeit begangen hat und selbst nicht bebußbar wäre.[253] In diesem Sinne kann auch auf die Rechtsprechung zur Aufsichtspflichtverletzung gem. § 130 OWiG rekurriert werden, in der der BGH herausgearbeitet hat, dass eine mehrstufige Ver-

---

245 BKartA, Bußgeldleitlinien v. September 2006, Rdnr. 19.

246 Beschlussempfehlung und Bericht des Ausschusses für Wirtschaft und Technologie, BT-Drucks. 16/7156, S. 12; Begründung des Referenentwurfs, S. 7, vgl. http://www.gesmat.bundesgerichtshof.de/gesetzesmaterialien/16_wp/preismissbrauch/refe_begr.pdf.

247 Vgl. zur wirtschaftlichen Einheit bereits oben, § 57 Rdnr. 88.

248 So *Achenbach,* WuW 2013, 700; *Klusmann,* in Fs. Canenbley, S. 291 ff. passim.

249 EuGH U. v. 2.10.2003, Rs. C-196/99 P, Slg. 2003, I-11005, Tz. 99 – *Aristrain;* EuGH U. v. 28.6.2005, Rs. C-189/02 u.a., Slg. 2005, I-5425, Tz. 117 – *Dansk Rorindustri;* s.a. *Steinle,* EWS 2004, 118, 121 ff.

250 EuGH U. v. 2.10.2003, Rs. C-196/99 P, Slg. 2003, I-11005, Tz. 99 – Aristrain; EuGH U. v. 28.6.2005, Rs. C-189/02 u.a., Slg. 2005, I-5425, Tz. 117 – *Dansk Rorindustri;* s.a. *Steinle,* EWS 2004, 118, 121 ff.

251 So im Ergebnis auch *Koch,* ZHR 171 (2007), 554, 565.

252 *Brettel/Thomas,* ZweR 2009, 25, 56.

253 *Buntscheck,* Fs. Bechtold, 81, 89.

antwortlichkeit über die Grenzen einer juristisch selbständigen Tochtergesellschaft hinaus nicht bestehen soll, sondern nur die Organe der unmittelbar handelnden Gesellschaft für Organisationsfehler bußgeldrechtlich haften sollen.[254] Schließlich ist durch die undefinierte Neuregelung der Bestimmtheitsgrundsatz verletzt, da § 81 Abs. 4 auf die Voraussetzungen einer dem deutschen Recht fremden „wirtschaftliche Einheit" nach europäischem Vorbild verweist. Deren Voraussetzungen sind bereits im europäischen Recht umstritten und wurden in der Rechtsprechung bisweilen uneinheitlich ausgelegt.[255] Zwar hat der Gerichtshof in seinem Urteil vom 10. September 2009 im Fall *Akzo* die bis dahin bestehende Streitfrage dahin entschieden, dass bei einer Muttergesellschaft, die 100% der Anteile ihrer Tochter hält, eine Vermutungsregel für eine wirtschaftliche Einheit gelte.[256] Jedenfalls bis *zu diesem Datum,* welches nach Inkrafttreten der Preismissbrauchsnovelle im Jahr 2007 lag, konnte diese Frage aber EU-rechtlich nicht als geklärt betrachtet werden. Offen ist zudem etwa, inwieweit Unternehmen, die nicht gesellschaftlich miteinander verbunden sind,[257] oder an denen lediglich dieselben natürlichen Personen beteiligt sind,[258] zu einer wirtschaftlichen Einheit nach EU-rechtlichem Verständnis zusammengefasst werden können. Die mangelnde gesetzliche Bestimmtheit wird dadurch verschärft, dass eine Anknüpfung an die Praxis des EU-Kartellrechts, also einer nicht der deutschen Gerichtsbarkeit unterstehenden Rechtsordnung, ein zusätzliches demokratisches Legitimationsdefizit aufwürfe. Eine Verweisung auf die Grundsätze der wirtschaftlichen Einheit im Sinne des EU-Rechts verstößt zudem gegen den *in dubio pro reo*-Grundatz. Denn für den unbestimmten Rechtsbegriff der wirtschaftlichen Einheit gilt im EU-Recht nach Maßgabe der *Akzo*-Entscheidung eine Vermutung *zu Lasten* des betroffenen Unternehmens.[259] Eine solche Vermutung soll zuweilen sogar bei paritätischen Gemeinschaftsunternehmen, soweit es ihnen an eigener Rechtspersönlichkeit fehlt, im Verhältnis zu ihren beiden Müttern gelten.[260] Im deutschen Recht ist die Anwendung solcher Vermutungen aufgrund des Grundsatzes *in dubio pro reo* im Strafrecht sowie im Bußgeldrecht unzulässig. Der deutsche Gesetzgeber kann daher nach hiesiger Auffassung nicht haftungsbegründend wie -erweiternd auf europäisches Recht verweisen und gleichzeitig geltenden Verfahrensgarantien – wie etwa dem Schuldprinzip – genügen.[261] Es ist daher grundsätzlich davon auszugehen, dass im Ordnungswidrigkeitenrecht die Zurechnung der wirtschaftlichen Leistungsfähigkeit verbundener Gesellschaften allenfalls downstream[262] erfolgen kann.[263]

89 Der BGH hat demgegenüber in seiner *Grauzementkartell*-Entscheidung[264] vom 26. Februar 2013 entschieden, dass § 81 Abs. 4 S. 2 GWB verfassungsgemäß sei, da weder ein

---

[254] So BGH WuW/E BGH 1871, 1876 – *Transportbeton-Vertrieb;* siehe auch *Achenbach* aaO.

[255] Vgl. nur die widersprüchlichen EuG-Urteile *Bolloré* (U. v. 26.4.2007, Rs. T 109/02 u.a., Tz. 129ff.) und *Akzo* (U. v. 12.12.2007, Rs. T 112/05, Tz. 57ff.). Einerseits sei eine 100%-Beteiligung lediglich ein Indiz, während weitere Elemente von den Behörden nachzuweisen seien. Andererseits wird bestimmende Einflussnahme bei 100%-Beteiligung vermutet, was nur in engen Grenzen widerlegt werden könne.

[256] EuGH U. v. 10.9.2009, RS. C-97/08 P, Tz. 60 – *Akzo.*

[257] Im Rahmen eines Vertriebsvermittlungsverhältnis die Zuwiderhandlung des Vertriebsmittlers dem Prinzipal zurechnend EuG U. v. 11.12.2003, Rs. T-66/99, Slg. 2003, II-5515 – *Minoan Lines* (rechtskräftig seit EuGH U. v. 17.11.2005, C-121/04 P, nicht in Slg. veröff.).

[258] Eine wirtschaftliche Einheit in diesem Fall zu Recht ablehnend EuGH U. v. 2.10.2003, Rs. C-196/99 P, Slg. 2003, I-11005, Tz. 99 – *Aristrain;* im Widerspruch dazu eine wirtschaftliche Einheit bejahend EuG U. v. 8.7.2008, Rs. T-52/03, Tz. 337ff. – *Knauf Gips KG/Kommission.*

[259] Siehe oben Fn. 256.

[260] EuG U. v. 27.9.2006, Rs. T-314/01, 2006, II-3085, Tz. 135ff. – *Avebe.*

[261] AA *Mühlhoff,* NZWiSt 2013, 321, 325, der Art. 5 Satz 2 VO Nr. 1/2003 für unmittelbar durch nationale Behörden und Gerichte anwendbar hält; dagegen aber OLG Düsseldorf, Urt. vom 17.12.2012, V-1 Kart 7/12 (OWi), BeckRS 2013, 04074 – *Silostellgebühren II.*

[262] KG WuW/E OLG 4572, 4574, für den Fall der fehlenden Bereitschaft einer ertragsstarken Konzernmutter, weitere Einlagen zu leisten.

[263] So im Ergebnis auch *Bechtold,* GWB, § 81 Rdnr. 33.

[264] BGH B. v. 26.2.13, Az. KRB 20/12, WuW/E DE-R 3861ff. – *Grauzement.*

Verstoß gegen das Rückwirkungsverbot[265] noch gegen den Bestimmtheitsgrundsatz vorliege. Das Argument des BGH, verfassungsrechtlichen Bedenken könne durch eine „verfassungskonforme" Interpretation der 10% Grenze als Obergrenze anstelle einer Kappungsgrenze gelöst werden, überzeugt jedoch nicht.[266] Eine Gesetzesauslegung gegen den erklärten Willen des Gesetzgebers[267] überschreitet immer die Grenzen einer zulässigen Auslegung. Die 10% Grenze des § 81 Abs. 4 S. 2 GWB ist eine Kappungsgrenze, und keine Bußgeldobergrenze.[268] Da insofern hinsichtlich des umsatzbezogenen Bußgeldrahmens eine abstrakt-generelle Obergrenze nicht festgelegt ist, bleiben die oben gegenüber dem mehrerlösbezogenen Bußgeldrahmen dargestellten **verfassungsrechtlichen Bedenken** bestehen.[269]

Mit dem exorbitant hohen Bußgeldrahmen wird den Kartellbehörden und -gerichten **90** ein rechtsstaatlich nicht mehr hinnehmbarer Entscheidungsspielraum zugestanden. Zum einen wird die im konkreten Fall einschlägige Bußgeldobergrenze nicht eindeutig festgelegt, was schon die Unsicherheiten hinsichtlich der in die Umsatzberechnung einzubeziehenden Unternehmen bzw. hinsichtlich der Frage, ob durch diese Regelung überhaupt eine über den Regelbußgeldrahmen von 1 Mio. € hinausgehende Bebußungsmöglichkeit geschaffen werden sollte, zeigen. Zum anderen enthält das GWB außer der allgemein gehaltenen Formulierung in § 81 Abs. 4 S. 6, derzufolge bei der Festsetzung der Höhe der Geldbuße sowohl die Schwere der Zuwiderhandlung als auch deren Dauer zu berücksichtigen ist, keine näheren Kriterien für die konkrete Geldbußenzumessung. Dies ist angesichts des möglichen Geldbußenrahmens bis zu mehreren Milliarden € schwerlich mit dem Bestimmtheitsgebot in Einklang zu bringen.[270] In diesem Sinne hat das BVerfG erst im Jahre 2002 die Vermögensstrafe nach § 43a StGB für nichtig erklärt und dabei besonders betont, dass der Gesetzgeber gehalten ist, die grundsätzlichen Entscheidungen zum Ausmaß denkbarer Rechtsfolgen selbst zu treffen und dem Richter den Rahmen möglichst klar vorzugeben, innerhalb dessen er sich bewegen muss. Hiernach seien die Anforderungen umso strenger, je intensiver der Eingriff wirke.[271] Gerade bei einem möglicherweise in die Milliarden € gehenden Bußgeldrahmen sind insofern äußerst strenge Anforderungen an die gesetzlichen Vorgaben zu stellen. Die Regelung des § 81 Abs. 4 S. 2 GWB genügt diesen Anforderungen offensichtlich nicht, sondern eröffnet einen extrem breiten Strafrahmen, für dessen Ausfüllung der Gesetzgeber den Rechtsanwendern keine hinreichenden Kriterien an die Hand gegeben hat.[272] Daran vermögen auch die Bußgeldrichtlinien des BkartA nichts zu ändern.[273]

---

[265] S. dazu auch *Langen/Bunte-Raum,* § 81 Rdnr. 4 sowie 64, der insoweit einen „eindeutigen" Willen des Gesetzgebers zum lückenlosen Anschluss an die Vorgängerregelung sieht und vertritt, dass Unsicherheiten über den Zeitpunkt des Inkrafttretens eines Gesetzes „nie" zur Unwirksamkeit der Norm führen können sollen.

[266] So zutr. *Achenbach,* WuW 2013, 688, 695; *Haus,* NZKart 2013, 183, 185 f.

[267] BT-Drucks. 16/7156, 11; BT-Drucks. 15/5049, 50.

[268] So auch *Bechtold,* GWB § 81 Rdnr. 30; *Achenbach,* WuW 2013, 688, 694; *Hassemer/Dallmeyer,* 39ff; *Mundt,* WuW 2007, 458, 465; Bußgeldleitlinien des BKartA von 2006 in Punkt III und Nr. 18; aA *Immenga/Mestmäcker-Dannecker/Biermann,* § 81 Rdnr. 412; *Loewenheim/Meesen/Riesenkampf-Cramer/Pananis,* § 81 Rdnr. 60.

[269] So auch *Bechtold* GWB § 81 Rdnr. 29; *Achenbach,* WuW 2013, 688, 692 ff.; aA *Loewenheim/Meesen/Riesenkampff-Cramer/Pananis,* § 81 Rdnr. 60; *Langen/Bunte-Raum,* § 81 Rdnr. 150.

[270] So auch *Bechtold,* GWB, § 81 Rdnr. 29.

[271] BVerfGE 105, 135, 155 f.

[272] *FK-Achenbach,* § 81 GWB 2005 Rdnr. 246.; *Bechtold,* GWB, § 81 Rdnr. 37; *Bach,* Fs. Bechtold, 1, 8; *Buntscheck,* Fs. Bechtold, 81, 91 ff.; *Thiele,* WRP 2006, 999, 1002 ff.; für verfassungsrechtlich unbedenklich halten diese Bestimmung dagegen *Langen/Bunte-Raum,* Kartellrecht, Band 1, § 81 GWB Rdnr. 150 und *Weitbrecht/Mühle,* WuW 2006, 1106, 1110 ff.; vgl. zu entsprechenden Bedenken gegenüber der europäischen RegelungKK-*Schütz,* Bd. 4, 2013, Art. 23 VO Nr. 1/2003 Rdnr. 3 ff.; *Bechtold,* BB 2000, 2425, 2430 f.; *Soltész/Steinle/Bielesz,* EuZW 2003, 202, 207 ff.; *Dittert,* WuW 2004, 148, 156 f.

[273] So auch BGH B. v. 26.2.2013, Az. KRB 20/12WuW DE-R 3861 ff., Rdnr. 57 – *Grauzement.*

Zwar hat der Gesetzgeber dem Amt in § 81 Abs. 7 GWB die Befugnis zum Erlass von Verwaltungsvorschriften zuerkannt; Leitlinien der Verwaltung können jedoch einen gesetzlichen Rahmen nur ausfüllen, nicht erweitern. Ist der gesetzliche Bußgeldrahmen selbst das Problem, so können auch die besten Leitlinien des Amtes diesen Mangel nicht beheben. Zudem ist nur das Amt selbst, nicht aber sind die Gerichte an die Leitlinien gebunden.[274]

91 An der Verfassungswidrigkeit des in § 81 Abs. 4 S. 2 GWB eröffneten Bußgeldrahmens ändert auch die Entscheidung des EuG zu EU-rechtlichen Parallelfrage im Verfahren *Degussa/Kommission* nichts. Das EuG bejahte in dieser Entscheidung zwar die Vereinbarkeit der entsprechenden europarechtlichen Regelung des Art. 17 Abs. 2 VO Nr. 17 (jetzt Art. 23 Abs. 2 VO Nr. 1/2003) mit höherrangigem Recht.[275] Die Ansicht des EuG, dass eine Bestimmung des Gemeinschaftsrechts mit dem gemeinschaftsrechtlichen Bestimmtheitsgebot in Einklang stehe, kann jedoch keinerlei Auswirkungen auf die Frage haben, ob eine GWB-Norm dem im Grundgesetz verankerten Bestimmtheitsgebot entspricht. Die europarechtlichen Bestimmungen genügen den strengen Anforderungen des deutschen Verfassungsrechts in vielerlei Hinsicht nicht. So ist beispielsweise eine sanktionsrechtliche Haftung ohne Verschulden nach EU-Recht möglich, im deutschen Recht jedoch aus verfassungsrechtlichen Gründen unzulässig.[276] Die europäischen Gerichte können nicht den Schutzstandard des deutschen Verfassungsrechts und seiner Prinzipien absenken. Es kann daher nicht überzeugen, die umstrittene und verfassungsgerichtlich ungeprüfte Rechtslage auf europäischer Ebene als Rechtfertigung für die Einführung entsprechender Vorschriften in Deutschland anzuführen.

92 Das BKartA hat im Juni 2013 neue **Leitlinien für die Bußgeldzumessung** in Kartellordnungswidrigkeiten veröffentlicht[277] und damit die durch die *Grauzement*-Entscheidung praktisch für unanwendbar erklärten Leitlinien von 2006[278] ersetzt. Die vom BGH unternommene Auslegung der 10% Grenze des § 81 Abs. 4 GWB als umsatzbezogene Bußgeldobergrenze hatte eine umfassende Überarbeitung der Leitlinien von 2006 erforderlich gemacht, die sich weitgehend an den europäischen Leitlinien orientiert und insbesondere die 10%-Grenze als Kappungsgrenze interpretiert hatte. Derzeit noch weitgehend unklar ist die Frage, wie im deutschen Recht der Umfang einer für Zwecke der Bußgeldzumessung zu betrachtenden wirtschaftlichen Einheit zu bestimmen sein soll. Der BGH hat in seiner Entscheidung *„Grauzementkartell"* insoweit vorgeschlagen, die Verbundklausel des § 36 Abs. 2 GWB zur Ausfüllung des unbestimmten Rechtsbegriffs in § 81 Abs. 4 GWB anzuwenden. Danach sollen bei der Bußgeldbemessung gegenüber der Konzerngesellschaft, für die kartellrechtswidrig gehandelt wurde, die weltweiten Umsätze aller derjenigen Gesellschaften berücksichtigt werden, deren Umsätze gem. § 36 Abs. 2 GWB im Rahmen der fusionskontrollrechtlichen Schwellenwertbestimmung einzubeziehen wären. Dies überzeugt nicht, weil die vom BGH zur Begründung dieser These herangezogenen Gesetzesmaterialien zu § 36 Abs. 2 GWB gerade nicht erkennen lassen, dass diese Vorschrift bei ihrer Einführung 1999 auch auf § 81 GWB oder § 30 OWiG Anwendung finden sollte. Sie wurde vielmehr zu einem Zeitpunkt eingeführt, in dem der gesetzliche Sonderbußgeldrahmen sich nicht an Konzernumsätzen, sondern der Höhe kartellbedingter Mehrerlöse orientiert hat.[279] Ein gesetzgeberischer Wille der Durchbrechung des in § 30 OWiG normierten Rechtsträgerprinzips durch Anwendung der fusionskontrollrechtlich motivierten **Verbundklausel** ist daher nicht unterstellbar; der BGH legt die Bestimmung des § 36

[274] S. BGH i. S. *Grauzement* aaO.

[275] EuG U. v. 5.4.2006, Rs. T-279/02, Slg. 2006 II – 897, Rdnr. 66 ff. – *Degussa/Kommission.*

[276] *Klusmann,* in Fs. Canenbley, 291, 296 ff. m. w. N.

[277] Leitlinien für die Bußgeldzumessung in Kartellordnungswidrigkeiten vom 15. Juni 2013.

[278] Bekanntmachung Nr. 38/2006 über die Festsetzung von Geldbußen nach § 81 Abs. 4 S. 2 GWB gegen Unternehmen und Unternehmensvereinigungen – Bußgeldleitlinien – vom 15. September 2006.

[279] Hierzu im einzelnen *Achenbach,* WuW 2013, 688, 703 mwN.

Abs. 2 GWB vielmehr offensichtlich nachträglich erweiternd und in systematischer Spannung zum **Rechtsträgerprinzip** aus.[280]

dd) Bestehen einer „Sanktionslücke“ zwischen Verkündung der 7. GWB-Novelle 2005 und Inkrafttreten der Preismissbrauchsnovelle 2007? Die Einführung des § 81 Abs. 4 S. 2 GWB n. F. erfolgte im Zuge der 7. GWB-Novelle durch Änderungsgesetz zum 7. Juli 2005, verkündet im Bundesgesetzblatt am 12. Juli 2005. Gleichzeitig hob dieses Gesetz den alten Bußgeldtatbestand des § 81 Abs. 2 GWB a. F. auf. Das Änderungsgesetz ordnete das Inkrafttreten der neuen Bestimmungen zum 1. Juli 2005 – und damit zu einem früheren Zeitpunkt – an. Nachträglich erkannte der Gesetzgeber diesen Mangel des *„unbeabsichtigten rückwirkenden Inkrafttretens des § 81 GWB der Fassung des Gesetzes zum 7. Juli 2005“* und entschied sich deshalb *„aus Gründen der Rechtssicherheit“* dafür, den Wortlaut des § 81 GWB im Zuge der Einführung der Preismissbrauchsnovelle 2007 vollständig neu bekanntzumachen.[281] 93

Mehrere Stimmen in der Literatur halten die rückwirkende Inkraftsetzung des neuen Bußgeldtatbestands des § 81 Abs. 4 GWB n. F. für mit dem verfassungsrechtlichen Rückwirkungsverbot des Art. 103 Abs. 2 GG unvereinbar und damit unzulässig.[282] Diese Erkenntnis führt zum Erfordernis einer aufgespalteten Betrachtung der Wirksamkeit des GWB-Änderungsgesetzes vom 7. Juli 2005: Das Rückwirkungsverbot des Art. 103 Abs. 2 GG erfasst allein den Teil dieses Gesetzes, der eine Verschlechterung zulasten von Tätern bewirkt, also hier die betroffene Neuregelung der Bußgeldvorschrift des § 81 Abs. 4 GWB n. F. Gleichzeitig war die Aufhebung der früheren Bußgeldvorschrift des § 81 Abs. 2 GWB a. F. dagegen eine für Täter günstige Bestimmung, welche nicht dem verfassungsrechtlichen Rückwirkungsverbot unterfiel und damit zum 1. Juli 2005 wirksam werden konnte.[283] Nach dieser Auffassung wurde also der alte Bußgeldtatbestand aufgehoben, ohne dass er durch einen (wirksamen) neuen ersetzt wurde. Es ist damit zu einer **„irreversiblen Sanktionslücke“** für die Zeit nach dem 1. Juli 2005 gekommen, in der eine Rechtsgrundlage für die Bebußung kartellordnungswidrigen Verhaltens fehlte.[284] Teilweise wird angenommen, dass diese Lücke sogar dazu führt, dass auch vor dem 1. Juli 2005 begangenes kartellrechtswidriges Handeln aufgrund des lex mitior-Grundsatzes des § 4 Abs. 3 OWiG nunmehr nicht mehr geahndet werden kann.[285] Erst durch die Neubekanntmachung des § 81 GWB im Zuge der Einführung der Preismissbrauchsnovelle 2007 konnte der Gesetzgeber die *„Sanktionslücke“* mit Wirkung für die Zukunft danach wieder schließen. Der BGH hat sich jedoch im *Grauzement*-Fall dieser Argumentation nicht angeschlossen und entschieden, dass die Bestimmung zum Inkrafttreten des GWB-Änderungsgesetzes vom 7. Juli 2005 *„verfassungskonform dahin auszulegen [ist], dass jedenfalls die Neufassung des § 81 GWB nicht vor Verkündung des Gesetzes und damit nicht rückwirkend in Kraft getreten ist“*.[286] Der BGH begründet dies damit, dass *„Zweifel“* hinsichtlich des Zeitpunkts des Inkrafttretens eines Gesetzes allein nicht dazu führen können, dass dieses unwirksam sei.[287] Des Weiteren sei der *„erkennbare Wille des Gesetzgebers“* bei der 7. GWB-Novelle nicht gewesen, *„die Bußgeldvorschrift rückwirkend in Kraft zu setzen“*.[288]

---

[280] Zu verfassungsrechtlichen Bedenken aufgrund der daraus resultierenden Durchbrechung des Rechtsträgerprinzips s. *Haus,* NZKart 2013, 183, 188 f.

[281] Entwurf der Bundesregierung zur Preismissbrauchsnovelle, BT-Drucks. 16/5847, S. 12.

[282] Siehe *Bechtold,* GWB, 7. Aufl., § 81 Rdnr. 2 u. 5. Auflage, § 81 Rdnr. 1a; *Stefan Thomas,* ZWeR 2010, S. 138 ff.; ferner *Wegner,* NJW 2008, S. 3271. AA *Achenbach,* WuW 2013, S. 688, 691 f.; *Immenga/Mestmäcker-Dannecker/Biermann,* GWB, § 81 GWB Rdnr. 4; *Langen/Bunte-Raum,* Kartellrecht Band 1, § 81 GWB Rdnr. 4.

[283] Zur dogmatischen Begründung ausführlicher *Stefan Thomas,* ZWeR 2010, S. 138, 151 f.; kritisch dazu *Achenbach,* WuW 2013, S. 688, 691 f.

[284] *Stefan Thomas,* ZWeR 2010, S. 138.

[285] *Stefan Thomas,* ZWeR 2010, S. 138, 155 ff.

[286] BGH B. v. 26.2.2013, Az. KRB 20/12 WuW/E DE-R 3861 ff., Rdnr. 47 – *Grauzement.*

[287] BGH B. v. 26.2.2013, Az. KRB 2/12 WuW/E DE-R 3861 ff., Rdnr. 48 – *Grauzement.*

[288] BGH B. v. 26.2.2013, Az. KRB 20/12 WuW/E DE-R 3861 ff., Rdnr. 49 – *Grauzement.*

94 Die Begründung des BGH vermag aus verfassungsrechtlicher Sicht nicht zu überzeugen. Die Bestimmung des Inkrafttretens ist Teil des Inhalts eines Gesetzes, welches ebenso wie dessen materiell-rechtlicher Gehalt den Anforderungen der Verfassung entsprechen muss.[289] Darüber hinaus gab es bei Einführung der 7. GWB-Novelle gerade keinen *„erkennbaren"* Willen des Gesetzgebers, dass die Bestimmung des § 81 Abs. 4 GWB nicht rückwirkend gelten solle.[290] Dies geht aus dem Wortlaut des Änderungsgesetzes wegen der spezifischen Bestimmung zum Datum des gesetzgeberisch beabsichtigten Inkrafttretens der Neuregelung deutlich hervor. Sogar der Gesetzgeber selbst ging in der – zeitlich deutlich späteren – Diskussion zur Preismissbrauchsnovelle 2007 von einem zwar *„unbeabsichtigten"*, aber dennoch objektiv gegebenen rückwirkenden Inkrafttreten der Vorschrift oder zumindest einer Unklarheit diesbezüglich aus.[291] Klarheit wird diesbezüglich wohl nur das BVerfG schaffen können, das in mehreren anhängigen Fällen mit dieser Frage befasst werden könnte.

95 *ee) Buße zur Abschöpfung des wirtschaftlichen Vorteils gem. § 17 Abs. 4 OWiG.* Der Bußgeldrahmen des § 17 Abs. 4 OWiG ist grundsätzlich weiter gefasst als der Sonderbußgeldrahmen des § 81 Abs. 4 GWB; daher kann eine Überschreitung des Bußgeldrahmens des § 81 Abs. 4 in Anwendung des § 17 Abs. 4 OWiG zulässig sein.[292] Durch die 7. GWB-Novelle wurde die Anwendung des § 17 Abs. 4 OWiG bei der Zumessung der Geldbuße in das **Ermessen der Kartellbehörde** gestellt. Hierdurch sollte klargestellt werden, dass Bußgelder – entsprechend dem europäischen Vorbild – auch einen *reinen* **Ahndungszweck** verfolgen können,[293] aber nicht müssen. Mit dieser Regelung dürfte sich auch der nach altem Recht bestehende Streit, ob § 81 Abs. 4 GWB und § 17 Abs. 4 OWiG stets nebeneinander anzuwenden sind[294] oder § 17 Abs. 4 OWiG erst zur Anwendung kommt, wenn der Bußgeldrahmen des § 81 Abs. 4 GWB betraglich überschritten werden soll,[295] erledigt haben. Der Begriff des wirtschaftlichen Vorteils iSv § 17 Abs. 4 OWiG ist anders zu verstehen als der in § 81 Abs. 2 GWB a. F. verwendete Begriff des Mehrerlöses. Als durch die Zuwiderhandlung erlangter **wirtschaftlicher Vorteil** ist **(nur)** der wirtschaftliche **Nettovorteil** anzusehen, der dem Täter im Ergebnis verbleibt. Neben zusätzlich erzielten Einnahmen sind daher auch sonstige bleibende Vermögensvorteile berücksichtigungsfähig. Dies können die Verbesserung der Marktposition, die Ersparnis sonst notwendiger Kosten sowie andere Verbesserungen der wirtschaftlichen Gesamtsituation des Täters (oder des betroffenen Unternehmens) sein.[296] Nach einer Entscheidung des BayObLG sind aber bei der Bußgeldzumessung gegenüber juristischen Personen nach § 30 OWiG für die Bestimmung des Umfangs des wirtschaftlichen Vorteils solche Vorteile nicht mit einzubeziehen, die durch inzwischen verjährte Zuwiderhandlungen natürlicher Personen erlangt wurden.[297] Von den erzielten wirtschaftlichen Vorteilen sind zudem alle **Aufwendungen** abzuziehen, die solche Vorteile im wirtschaftlichen Sinne mindern, insbesondere also aufge-

[289] BVerfGE 42, 263, 283; 45, 297, 326.

[290] AA *Immenga/Mestmäcker-Dannecker/Biermann,* GWB, § 81 Rdnr. 4.

[291] Siehe auch *Bechtold,* GWB, 7. Aufl., § 81 Rdnr. 2; *Stefan Thomas,* ZWeR 2010, S. 138, 146 f.

[292] BGH wistra 1991 268, 269; *Langen/Bunte-Raum,* § 81 Rdnr. 184.

[293] BT-Drucks. 15/3640, S. 67. Allerdings kann diese Vorschrift aufgrund verfassungsrechtlicher Erwägungen nicht so verstanden werden, dass die Kartellbehörde frei entscheiden kann, ob sie in einem Fall den wirtschaftlichen Vorteil in ihrer Entscheidung berücksichtigt, während sie anderen Tätern wirtschaftliche Vorteile belässt. Dies wäre mit dem Gleichheitssatz nicht vereinbar, so dass § 81 Abs. 5 so zu auszulegen ist, dass eine reine Ahndungsgeldbuße ohne jede Vorteilsabschöpfung nicht möglich ist, vielmehr i. S. d. § 17 Abs. 4 OWiG wirtschaftliche Vorteile zu berücksichtigen sind, vgl. *Achenbach/Wegner,* ZWeR 2006, 49, 62.

[294] So *Achenbach,* WuW 1997, 393, 398, unter Hinweis auf die sonst eintretende verfassungswidrige Vorenthaltung von Steuervorteilen; so wohl auch BGH WuW/E DE-R 1487, 1489 f. – *Steuerfreie Mehrerlösabschöpfung.*

[295] So wohl BGH wistra 1991, 268, 269; ähnlich BKartA WuW/E BKartA 2871, 2873 – *Straßenstrich.*

[296] Dazu näher und im einzelnen *FK-Achenbach,* § 81 GWB 2005 Rdnr. 297 f.

[297] Vgl. BayObLG, wistra 1999, 71, 73.

wandte Kosten, die Arbeitskraft des Täters, eingesetzte Sach- und Produktionsmittel sowie sonstige faktisch aufgewendete Mittel einschließlich rechtlich missbilligter Aufwendungen wie z.B. gezahlter Schmiergelder.[298] Da als abzuschöpfender wirtschaftlicher Vorteil iSv § 17 Abs. 4 OWiG nur Netto-„Gewinne" in Betracht kommen, sind auch die zur Erlangung des wirtschaftlichen Vorteils zu entrichtenden oder im Zusammenhang mit der Entstehung des Vorteils fällig werdenden Steuern[299] abzusetzen. Dies sollte bei nicht abgeschlossenen Besteuerungsverfahren unmittelbar in diesen erfolgen (§ 4 Abs. 5 Nr. 8 EStG), ansonsten durch die Kartellbehörde bzw. das Kartellgericht, was entsprechende Ermittlungen erfordert und voraussetzt. Entstandene wirtschaftliche Vorteile können auch geschätzt werden.[300] Abzulehnen ist aber die Ansicht, insoweit von einer Beweistlastumkehr auszugehen, die dem Tatrichter stets dann eine erhöhte Darlegungslast aufbürden will, wenn er trotz Vorliegen eines Kartells keinen wirtschaftlichen Vorteil annehmen will. Denn selbst wenn es der Lebenserfahrung entsprechen mag, dass Kartelle oft zur Steigerung eigener Gewinne gebildet werden, so trifft dies nicht in jedem Fall zu und kann daher im Sanktionsrecht nicht beweislos zum Nachteil der Betroffenen unterstellt werden.[301] Entfallen erlangte Vorteile iSd § 17 Abs. 4 OWiG zwischen der Tat und der Entscheidung, so ist dies bei der Bußgeldbemessung zu berücksichtigen; der ursprüngliche Vorteil darf dann nicht mehr zum Nachteil des Betroffenen verwertet werden.[302] Behördlich abgeschöpfte wirtschaftliche Vorteile sollen an die Geschädigten analog § 99 Abs. 2 OWiG auszukehren sein, wenn diese titulierte Ansprüche vorweisen können.[303]

ff) Verfallsanordnung nach § 29a OWiG. Im Kartellordnungswidrigkeitenverfahren bisher ebenfalls ohne große praktische Bedeutung geblieben – vermutlich wegen der ebenfalls anwendbaren Abschöpfungsregelung des § 17 Abs. 4 OWiG – ist die gesetzlich vorhandene Möglichkeit zur Anordnung des Verfalls. Zum Teil wird die Anwendbarkeit des § 29a Abs. 2 OWiG im Kartellordnungswidrigkeitenrecht unter Hinweis auf den Rechtsgedanken des § 73 Abs. 1 S. 2 StGB abgelehnt.[304] § 29a OWiG sieht vor, dass bei Vorliegen einer objektiv verwirklichten Anknüpfungstat einer natürlichen Person durch die Bußgeldbehörde der Verfall auch gegenüber einem Dritten – regelmäßig einer juristischen Person – angeordnet werden kann, allerdings gem. § 30 Abs. 5 OWiG nur, wenn keine Unternehmensbuße verhängt wird.[305] Die juristische Person kann dabei entweder diejenige juristische Person sein, die für die Anknüpfungstat ggfs. auch nach § 30 OWiG einzustehen hätte, ober aber eine sonstige – dritte – juristische Person. Die Anordnung des Verfalls bedeutet, dass nach dem „Bruttoprinzip"[306] aus der Vortat erlangte wirtschaftliche Vorteile abgeschöpft werden können, also ohne die bei einer Abschöpfung des erlangten wirtschaftlichen Vorteils iSv § 17 Abs. 4 OWiG im Sinne des dort anwendbaren „Nettoprinzips"[307] erfolgende Anrechnung von Aufwendungen und Steuern.[308] Die Verfallsanordnung könnte sich dementsprechend also auf kartellbedingte Mehrumsätze einer juristischen Person beziehen, auch wenn auf diese Steuern gezahlt wurden und zu ihrer Erzielung Aufwendungen zu tätigen waren. Alternativ könnten auch ersparte Aufwendungen „erlangt" sein, wo- 96

---

[298] Dazu *FK-Achenbach,* § 81 GWB 2005 Rdnr. 301 f.

[299] S. dazu näher unter Rdnr. 132 ff.

[300] OLG Karlsruhe NJW 1975, 973.

[301] AA *Langen/Bunte-Raum,* § 81 Rdnr. 185 unter Hinweis auf BGH NJW 2006, 163, 165 – *Berliner Transportbeton I.*

[302] KK OWiG-*Mitsch* § 17 Rdnr. 121; siehe auch BGH WuW/E DE-R 1487, 1489 f. – *Steuerfreie Mehrerlösabschöpfung.*

[303] So *Langen/Bunte-Raum,* § 81 Rdnr. 187.

[304] S. dazu *Mühlhoff,* NZWiSt 2013, 321, 325.

[305] So *Langen/Bunte-Raum,* § 81 Rdnr. 187.

[306] Dazu näher *Krumm,* NJW 2011, 196.

[307] S. o. unter ee).

[308] Insoweit aA *Langen/Bunte-Raum,* § 81 Rndr. 190, der von einer vorzunehmenden Berücksichtigung von Steuerzahlungen wie bei der Mehrerlösabschöpfung gem. § 17 Abs. 4 OWiG ausgeht, unter Berufung auf BGHSt 47, 260, 264 ff.

bei erhaltene Vergütungen trotz des Bruttoprinzips ohne Umsatzsteuer zu berücksichtigen sind.[309] Für verfallen erklärte wirtschaftliche Vorteile sind ggfs. an Geschädigte nach § 99 Abs. 2 OWiG auszukehren. Ist die verfolgte Anknüpfungstat zugleich Straftat, gelten die §§ 73 ff. StGB, so dass in diesen Fällen allein die StA zuständige Behörde ist. Verfahrensrechtlich ist beachtlich, dass eine Verfallsanordnung nur solange erfolgen kann, wie das Verfahren gegen den Anknüpfungstäter anhängig und noch nicht abgeschlossen ist. Ansonsten besteht ein Verfahrenshindernis für ein selbständiges, auf Anordnung des Drittverfalls gerichtetes Verfahren.[310]

Formal gelten für einen Bescheid zur Anordnung des Drittverfalls die gleichen Anforderungen wie an einen Bußgeldbescheid, also §§ 66 Abs. 1 Nr. 3 sowie 87 Abs. 6 iVm Abs. 3 S. 2 OWiG. Der Verfallsbescheid muss insbesondere die Tat, die der Anordnung des Verfalls zugrundeliegen, genau bezeichnen[311]

Eine entsprechende Anordnung kann bei Verfallsbeträgen von mehr als 250 € mit der Rechtsbeschwerde angefochten werden, §§ 79 Abs. 1 Nr. 2 u. 3, 80 Abs. 1 u. 2 sowie 87 Abs. 5 u. 6 OWiG.

97 *b) Die Zumessungskriterien im Einzelnen.* Grundsätzlich lassen sich die in Verwaltungspraxis und Rechtsprechung im Einzelnen entwickelten Zumessungskriterien in drei Kategorien einteilen. Berücksichtigt werden erstens tatbezogene Kriterien, die allein den äußeren Geschehensablauf betreffen, zweitens täterbezogene, also subjektiv schuldorientierte Kriterien, und drittens die wirtschaftliche Leistungsfähigkeit des Betroffenen.

98 *aa) Tatbezogene Zumessungskriterien.* Ungeachtet der streitigen Frage, inwieweit Gesichtspunkte der strafrechtlichen Zumessungslehre, insbesondere des § 46 Abs. 2 StGB, auch für die Sanktionsbemessung im Kartell-Ordnungswidrigkeitenverfahren maßgeblich sein können,[312] werden jedenfalls im Ergebnis vergleichbare Kriterien angewandt. Als **bußgelderhöhende Faktoren** sind berücksichtigt worden:

– erhebliche negative Tatauswirkungen[313] wie insbesondere nachhaltige Strukturverschlechterungen durch die Erstreckung von unzulässigen Absprachen auf große Teile oder die Gesamtheit des relevanten Inlandsmarkts[314] sowie auf einen Markt mit einer erheblichen wirtschaftlichen Bedeutung und Größenordnung,[315] die besondere Bedeutung der betroffenen Produkte für die Marktgegenseite[316] oder eine Verknappung des Warenangebots,[317] drastische Erhöhungen der Abgabepreise der betroffenen Produkte oder Dienstleistungen, [318] praktisch irreparable Auswirkungen, [319] das Ausmaß des bei Dritten eintretenden Schadens, z.B. durch entstehende Lieferschwierigkeiten,[320]
– Umstände der Tatbegehung, wie Gewaltanwendung[321] oder sonstige Aufwendung besonderer krimineller Energie im Sinne einer besonderen Intensität des Verstoßes,[322] wie z.B. bei besonderen Geheimhaltungsmaßnahmen,[323] obwohl diese eigentlich in der Natur der Sache liegen,

---

309 So *Retemeyer,* wistra 2012, 56, 58 mwN.

310 OLG Celle, B. v. 29.10.2008, NZV 2008, 50; *Retemeyer,* aaO.

311 S. dazu näher OLG Stuttgart, B. v. 26.2.2014, wistra 2014, 285.

312 Siehe dazu z.B. *Immenga/Mestmäcker-Dannecker/Biermann,* GWB, § 81 Abs. 4 Rdnr. 433.

313 BGH WuW/E BGH 2718, 2720 – *Bußgeldbemessung;* KG wistra 1999, 357, 359; OLG Düsseldorf WuW/E DE-R 1315, 1320 – *Berliner Transportbeton I.*

314 KG WuW/E OLG 3175, 3180 – *Preisanpassungsklausel.*

315 KG WuW/E DE-R 228, 232 – *Osthafenmühle.*

316 BKartA WuW/E BKartA 2505, 2506 – *Behälterglas.*

317 BKartA WuW/E BKartA 2005, 2009 – *Behälterglas.*

318 KG WuW/E OLG 2369, 2374 – *Programmzeitschriften.*

319 KG WuW/E DE-R 228, 232 – *Osthafenmühle.*

320 BKartA WuW/E BKartA 2505, 2506 – *Behälterglas.*

321 Dazu *Immenga/Mestmäcker-Dannecker/Biermann,* GWB, § 81 Abs. 4 Rdnr. 376.

322 KG WuW/E OLG 2363, 2374 – *Programmzeitschriften* sowie KG WuW/E OLG 1449, 1456 – *bitumenhaltige Bautenschutzmittel II.*

323 KG WuW/E/OLG 1264, 1268 – *Zahnpasten.*

– die Dauer, der Organisationsgrad und die Häufigkeit entsprechender Verstöße.[324]

Bußgeldmindernd wirken sich aus: 99

– geringe wirtschaftliche und sonstige Folgen der Tat,[325]

– der Charakter der verwirklichten Ordnungswidrigkeit als bloßer Ordnungsverstoß, wie z. B. im Falle der Verletzung von Notifizierungspflichten im Rahmen der Fusionskontrolle, wenn keine Untersagungsnähe des nicht angemeldeten Zusammenschlusses besteht,

– rechtliche Zweifelsfragen im Zusammenhang mit der Tatbestandserfüllung,[326]

– eine besonders lange Dauer des Bußgeldverfahrens und des sich anschließenden gerichtlichen Rechtsmittelverfahrens;[327] bei einer justizbedingten Verfahrensverzögerung von 18 Monaten wurde in einem Fall eine Minderung der an sich gebotenen Bußgelder von 15% als angemessen angesehen,[328] im Fall *Grauzementkartell* zuletzt für eine erst knapp zwei Jahre nach Ablauf der Wochenfrist des § 347 Abs. 1 StPO erfolgte Gegenerklärung der GStA im Rechtsbeschwerdeverfahren eine Bußgeldminderung von 5%,[329]

– fehlende Vorteile der Tat für den Täter.[330]

Generell gilt, dass diese Umstände nicht doppelt berücksichtigt werden dürfen. Diejenigen Umstände, die bereits zur Erfüllung des gesetzlichen Verbotstatbestands (wie beispielsweise das Vorliegen einer marktbeherrschenden Stellung bei der Ahndung eines Verstoßes nach §§ 81 Abs. 2 Nr. 1 iVm. 19 Abs. 2 Nr. 1 GWB) begriffsnotwendig vorausgesetzt werden, dürfen nicht als Begründung zur Bußgelderhöhung herangezogen werden, weil sie bereits in dem anzulegenden Bußgeldgrundrahmen Berücksichtigung gefunden haben.[331] 100

bb) Schuldbezogene Zumessungskriterien. Sie beziehen sich auf das Ausmaß des Vorwurfs, der den Täter trifft, also seine individuelle Schuld. Als **bußgelderhöhende Umstände** wurden bewertet: 101

– besonders verwerfliche Motive des Täters für sein Handeln, wie rücksichtsloses Gewinnstreben,[332]

– der Grad der Vorsätzlichkeit des Handelns, wie z. B. das bewusste Hinwegsetzen des Täters über eine kartellbehördliche Mahnung,[333]

– Ergreifung nur unzureichender Maßnahmen zur Abstellung rechtswidrigen Tuns nach Kenntniserlangung von diesem wettbewerbswidrigen Verhalten oder nach Einleitung eines Ordnungswidrigkeitenverfahrens,[334]

– einschlägige Vortaten des Handelnden, soweit diese sanktioniert wurden und noch nicht aus dem Gewerbezentralregister getilgt sind,[335]

– eine häufig wiederholte Täterschaft über lange Zeiträume,[336]

---

[324] KG WuW/E DE-R 83, 87 – *Jeans-Vertrieb;* weitere Nachweise bei *FK-Achenbach,* § 81 GWB 2005 Rdnr. 259.

[325] OLG Stuttgart WuW/E OLG 1299, 1302 – *Feuerwehrschutzanzüge;* LKartB Baden-Württemberg WuW/E LKartB 285, 288 – *Mindesteintrittspreise.*

[326] KG WuW/E/OLG 1253, 1264 – *Tubenhersteller II.*

[327] BGH WuW/E DE-R 1233, 1235 – *Frankfurter Kabelkartell;* BGH WuW/E BGH 2336, 2337 – *U-Bahnbau Frankfurt.*

[328] Siehe OLG Düsseldorf WuW/E DE-R 1315, 1320 – *Berliner Transportbeton I.*

[329] BGH, B. v. 26.2.2013, KRB 20/12 WuW/E DE-R 3861 ff., Rdnr. 89–91 – *Grauzement.*

[330] OLG Düsseldorf WuW/E DE-R 1315, 1320 – *Berliner Transportbeton I.*

[331] Dazu genauer *FK-Achenbach,* § 81 GWB 2005 Rdnr. 252 f.; *Immenga/Mestmäcker-Dannecker/Biermann,* GWB, § 81 Abs. 4 Rdnr. 447.

[332] KG WuW/E OLG 3387, 3394 – *Altölpreise.*

[333] LKartB Bayern WuW/E LKartB 183, 185 – *Zahntechniker-Innung.*

[334] KG WuW/E DE-R 83, 87 – *Jeans-Vertrieb.*

[335] S. dazu *Immenga/Mestmäcker-Dannecker/Biermann,* GWB, § 81 Abs. 4 Rdnr. 459, dort auch zur Frage der Verwertbarkeit einschlägiger Vorstrafen.

[336] KG WuW/E OLG 1569, 1570 – *Tierpflegemittel;* BKartA WuW/E BKartA 1417, 1426 – *Süddeutsche Zementhersteller.*

– die mangelnde Einsicht des Täters in das Unrecht der begangenen Zuwiderhandlung,[337] unter Umständen auch eine besonders herausgehobene berufliche Stellung des Täters, wie z. B. aufgrund seiner juristischen Qualifikation,[338] oder
– Vorbildfunktion des Betroffenen für seine Mitarbeiter,[339]
– fehlende Vorkehrungen zur Vermeidung von Kartellverstößen[340] bzw. völliges Fehlen unternehmensinterner Compliance-Regeln.[341]

102 **Bußgeldmindernd** wurden täterbezogen berücksichtigt:
– ein Handeln aus „Not", z. B. zur Existenzsicherung oder Abwendung des Verlustes von Arbeitsplätzen,[342]
– sonstige wirtschaftliche Schwierigkeiten,[343] wobei eine schwierige Wettbewerbssituation dem Täter nur bedingt zugute gehalten werden kann,[344]
– eine eher passive Tatbeteiligung oder eine Tatbeteiligung, die lediglich aufgrund der Druckausübung anderer zustande kam,[345]
– rechtliche Zweifel oder Unsicherheiten des Täters im Hinblick auf das Verbotensein seines Handelns[346] oder
– das Vorliegen eines (vermeidbaren) Verbotsirrtums,[347]
– die subalterne Stellung des Betroffenen im Unternehmen bzw. das Handeln auf Anweisung von Vorgesetzten,[348]
– die Einstellung des kartellrechtswidrigen Verhaltens aus eigenem Antrieb,[349]
– einsichtsvolles und kooperatives Verhalten von Tätern nach der Tat, insbesondere durch das Ablegen eines Geständnisses[350] und die Herausgabe relevanter Unterlagen bei Ankündigung einer Durchsuchung,[351]
– die behördliche Duldung des Verstoßes,[352]
– das Bemühen, durch anwaltliche Beratung oder Compliance-Programme Gesetzesverstöße auszuschließen,[353]
– eine rechtsstaatswidrige Verfahrensverzögerung.[354]

---

[337] *Göhler-Gürtler,* OWiG § 17 Rdnr. 26a mwN.

[338] KG WuW/E OLG 1265, 1268 – *Zahnpasten.*

[339] KG WuW/E OLG 1029, 1033 – *Anzeigensperre,* krit. dazu *Immenga/Mestmäcker-Dannecker/Biermann,* GWB, § 81 Abs. 4 Rdnr. 464, jeweils mwN.

[340] KG WuW/E DE-R 83, 87 – *Jeans-Vertrieb.*

[341] *Langen/Bunte-Raum,* § 81 Rdnr. 181.

[342] KG WuW/E OLG 3387, 3393 – *Altölpreise;* OLG Düsseldorf WuW/E OLG 2488, 2494 – *Heizöl-Spediteure.*

[343] KG WuW/E OLG 5121, 5131 – *Treibstoffzuschläge.*

[344] KG WuW/E DE-R 228, 232 – *Osthafenmühle.*

[345] OLG Düsseldorf WuW/E OLG 2488, 2494; OLG Stuttgart WuW/E OLG 3981, 3982 – *Trägerhose.*

[346] KG WuW/E OLG 1253, 1264 – *Tubenhersteller II.*

[347] OLG Frankfurt WuW/E OLG 4944, 4950 – *Fahrschullehrer-Absprache.*

[348] OLG Stuttgart WuW/E OLG 3981, 3982 – *Trägerhose.*

[349] BKartA WuW/E DE-V 911, 917 – *Fotoarbeitstasche.*

[350] OLG Düsseldorf U. v. 8.1.2004 – VI-Kart 48+50/01 OWi – *nicht veröff.;* KG WuW/E OLG 1100, 1102 – *Fotohändlerverband;* BKartA WuW/E BKartA 1689, 1693 – *Heizungs- und Klimatechnik;* dag. krit. *Grützner/Reimann/Wissel,* Rdnr. 82 mwN.

[351] BKartA, Bußgeldbescheid vom 2.9.2003 – B 7–69/03, S. 10 – *nicht veröff.*

[352] OLG Frankfurt WuW/E OLG 4484, 4488 – *Gießener Modell.*

[353] KG WuW/E OLG 1394, 1399 – *japanischer Fotoimport; Grützner/Reimann/Wissel,* Rdnr. 82; siehe hierzu näher *Dreher,* ZWeR 2004, 75, 92f. und *Wegner,* wistra 2000, 361, 363, inzwischen auch die Materialien zur 8. GWB-Novelle: BT-Drucks. 17/11053, S. 21; aA *MüKo-Vollmer,* § 81 Rdnr. 90; BKartA TB 2011/2012, S. 31f.: Compliance-Bemühungen können Haftung wegen Aufsichtspflichtverletzung vermeiden, sollen aber bei Bußgeldbemessung nicht berücksichtigt werden.

[354] S. dazu BGH B. v. 26.2.2013, Az: KRB 20/12WuW/E DE-R 3861ff. – *Grauzement;* S. 37: Ausspruch der Anrechnung von 5% des verhängten Bußgelds als vollstreckt; BGH B. v. 3.6.2013, Az: KRB 46/13 WuW/E DE-R 4317, 4319 – *Silostellgebühren III.*

103 *cc) Die Berücksichtigung der wirtschaftlichen Leistungsfähigkeit des Täters gem. § 17 Abs. 3 OWiG.* Es ist im nationalen Recht anerkannt, dass jedenfalls bei schwereren Ordnungswidrigkeiten, zu denen Kartellordnungswidrigkeiten durchgehend zählen, unabhängig von der Tatschwere und dem Ausmaß der Täterschuld von Amts wegen gem. § 17 Abs. 3 OWiG (iVm. § 18 OWiG)[355] auch die wirtschaftlichen Verhältnisse des Täters zu berücksichtigen sind. Es sind im Ergebnis nur solche Bußgeldfestsetzungen zulässig, die den Täter nicht über Gebühr und damit unverhältnismäßig empfindlich treffen. Die Bußgeldfestsetzung darf insbesondere nicht dazu führen, dass der Täter über längere Zeit einkommenslos gestellt oder gar in den Konkurs getrieben würde. Bei hohen Bußgeldfestsetzungen müssen vielmehr sämtliche sich auf die wirtschaftlichen Verhältnisse[356] des Täters auswirkenden Faktoren berücksichtigt werden. Dazu zählen vor allem seine Einkommenshöhe[357] sowie seine Vermögenslage[358] und Schuldenlast, sofern sie die Leistungsfähigkeit des Täters auf lange Sicht beeinträchtigt.[359] Unter Umständen können auch bloße Erwerbsmöglichkeiten,[360] Einkünfte des Ehegatten, soweit diese sich auf die finanziellen Verhältnisse des Täters auswirken,[361] oder auch die Ertragslage des Unternehmens, an dem der Betroffene beteiligt ist,[362] berücksichtigt werden.[363]

104 *dd) Bußgeldhöhe und -kumulation bei Tatmehrheit.* Bei Serientaten stellt sich das Problem der Oberbegrenzung von einzeln für jede Zuwiderhandlung festgesetzten Geldbußen, da einerseits sehr hohe Bußgeldrahmen zur Verfügung stehen und andererseits gemäß § 20 OWiG alle Einzelbußen schlicht – ohne Abzugsmöglichkeiten – addiert werden, also das **Kumulationsprinzip**[364] gilt. Anders als im Strafrecht, wo durch Erhöhung der verwirkten höchsten Einzelstrafe nach § 54 StGB eine Gesamtstrafe gebildet wird, die die Summe der verwirkten Einzelstrafen nicht erreichen darf, besteht keine gesetzlich vorgesehene Möglichkeit zur Bildung einer Gesamtbuße. Auch die in § 54 Abs. 2 Satz 2 StGB vorgesehene maximale Begrenzung von Vermögensstrafen auf den Wert des Vermögens des Täters und bei Geldstrafen auf eine Höchstzahl von Tagessätzen besteht im Ordnungswidrigkeitenrecht nicht. Addiert nun aber die Kartellbehörde bei einer Tatserie schlicht gem. § 20 OWiG einzeln jeweils innerhalb des Bußgeld-Grundrahmens von bis zu 1 Mio. € festgesetzte Geldbußen, so können leicht Beträge entstehen, die das im Strafrecht zulässige Höchstmaß für Geldstrafen weit übersteigen, so dass eine restriktive Normanwendungspraxis nicht nur vernünftig, sondern angesichts des im Sanktionsrecht allgemein geltenden Übermaßverbots auch erforderlich erscheint.[365] Schon für die alte Rechtslage vor der Aufgabe des Fortsetzungszusammenhangs war im Hinblick auf das Verfassungsgebot schuldangemessenen Strafens[366] vertreten worden, dass die Höhe von Bußen im Kartellordnungswidrigkeitenrecht jedenfalls dann als unverhältnismäßig anzusehen sei, wenn eine extreme Überschreitung des Vergleichsmaßstabs der Geldstrafe des Kriminalstrafrechts vorliegt.[367] Da keine spezifischen Konkurrenzregeln existieren, stehen nur unvollkommene gesetzliche Möglichkeiten zur

---

355 *Göhler-Gürtler,* OWiG § 18 Rdnr. 1.

356 BKartA WuW/E BKartA 2871, 2874 – *Straßenstrich.*

357 KG WuW/E OLG 3387, 3394 – *Altölpreise;* WuW/E DE-R 1679, 1682 – *Alte Preisaufdrucke;* OLG München WuW/E OLG 3395, 3397 – *Orthopäden.*

358 *Göhler-Gürtler,* OWiG § 17 Rdnr. 21; KK OWiG – *Mitsch* § 17 Rdnr. 87.

359 KK OWiG – *Mitsch* aaO.

360 So *Göhler-Gürtler,* OWiG § 17 Rdnr. 21, *FK-Achenbach,* § 81 GWB 2005 Rdnr. 273.

361 Dazu näher KK OWiG-*Mitsch* § 17 Rdnr. 88.

362 *Immenga/Mestmäcker-Dannecker/Biermann,* GWB, § 81 Abs. 4 Rdnr. 469.

363 Zur Bußgeldbemessung ggü. dem Unternehmen siehe Rdnr. 87 ff.

364 S. dazu ausf. *Achenbach,* WuW 1997, 393, 394 f., und *FK-Achenbach,* Vor § 81 GWB 2005 Rdnr. 151 ff.

365 Hierzu im einzelnen *Achenbach,* WuW 1997, 393, 395 f., mwN zur verfassungsrechtlichen Rechtsprechung

366 Vgl. BVerfG NJW 1994, 1339.

367 Für Personenbußen differenzierend wegen der im Ordnungswidrigkeit nicht vorgesehenen Sanktion der Freiheitsstrafe: *Achenbach,* WuW 1997, 393, 399.

Verfügung:[368] Zum einen können Teile von Tatserien im Wege der Einstellung nach § 47 Abs. 1 OWiG in Ausübung des Verfolgungsermessens fallengelassen werden.[369] Zum anderen ist eine geringere Bemessung der einzelnen Geldbußen bei Tatmehrheit[370] oder aber die analoge Anwendung von § 54 StGB zu erwägen.[371]

105 In der **Praxis** werden bei schweren Kartellverstößen gegenüber persönlich Betroffenen Bußgelder verhängt, die bis zu einem Jahres-Netto-Einkommen betragen können. Häufig werden zum Zweck der Bußgeldbemessung von den Kartellbehörden die letzten Jahressteuererklärungen angefordert, zu deren Vorlage Betroffene jedoch nicht verpflichtet und die Finanzbehörden wegen des Steuergeheimnisses nicht berechtigt sind. Die absolute Höhe von Bußgeldern gegenüber natürlichen Personen spielt in der Bußgeldstatistik des Amtes keine Rolle (in 2012 1,6 Mio € von 316 Mio. € verhängter Bußgelder nach 2,4 Mio € von 189,8 Mio € in 2011).[372]

106 *ee) Die Regelung des § 81 Abs. 4 S. 6 GWB.* Gemäß § 81 Abs. 4 S. 6 GWB, der durch die 7. GWB-Novelle als Satz 4 eingefügt wurde, sind bei der Festsetzung der Höhe der Geldbuße sowohl die **Schwere der Zuwiderhandlung** als auch **deren Dauer** zu berücksichtigen. Diese Vorschrift entspricht insoweit Art. 23 Abs. 3 VO (EG) Nr. 1/2003. Sie wirft die Frage nach ihrem Verhältnis zu § 17 Abs. 3 OWiG und der hierauf aufbauenden Rechtsprechung und Verwaltungspraxis auf. § 81 Abs. 4 S. 6 GWB wurde erst in letzter Minute in den Gesetzentwurf aufgenommen. Die Vorschrift steht insbesondere in engem Zusammenhang mit dem umsatzbezogenen Bußgeldrahmen des § 81 Abs. 4 S. 2 GWB. Da den Gesetzgebungsmaterialien insofern nicht entnommen werden kann, dass § 81 Abs. 4 S. 6 GWB eine Spezialregelung gegenüber § 17 Abs. 3 OWiG darstellen und damit dessen Anwendbarkeit im Kartellordnungswidrigkeitenrecht ausgeschlossen werden sollte, wird man § 81 Abs. 4 S. 6 GWB wohl lediglich als Klarstellung, nicht aber als inhaltliche Neuregelung ansehen können. Dies gilt umso mehr, als auch nach altem Recht bereits die Schwere der Zuwiderhandlung und deren Dauer berücksichtigt wurden. Hinzu kommt, dass die Leitlinien des BKartA sich nur auf den rein umsatzbezogenen definierten Bußgeldrahmen des § 81 Abs. 4 S. 2 GWB beziehen, sich also von vornherein nicht für die Bemessung von Geldbußen heranziehen lassen, bei denen der Bußgeldgrundrahmen (von bis zu 1 Mio. € bzw. 100 000 €) zur Anwendung kommt. Würde § 81 Abs. 4 S. 6 GWB die Anwendung des § 17 Abs. 3 OWiG sperren, so wäre unklar, anhand welcher Kriterien zukünftig die Bußgeldzumessung vorzunehmen wäre. Auch kann nicht angenommen werden, dass für die Zumessung von Bußgeldern innerhalb des Bußgeldgrundrahmens des § 81 Abs. 4 S. 1 und 5 GWB andere Kriterien als für die Zumessung von Bußgeldern anhand des umsatzbezogenen Bußgeldrahmens gelten sollen. Letztendlich wird aber nur die Rechtsprechung Klarheit zur Bedeutung dieser Norm schaffen können.

107 *c) Bußgeldzumessung gegenüber juristischen Personen und Personenvereinigungen. aa) Grundsätze.* Für die Bußgeldzumessung gegenüber juristischen Personen und Personenvereinigungen gelten unmittelbar oder sinngemäß die gleichen Grundsätze wie gegenüber natürlichen Personen.[373] Im Hinblick auf die vorstehend unter b) behandelten Grundsätze zu täter- und tatbezogenen Zumessungskriterien ist allerdings beachtlich, dass diese auf die das Unternehmen oder den Verband vertretenden Organe zu beziehen sind, da hier die Betroffenen selbst nicht handlungsfähig sind.[374] **Zentrales Kriterium** der Zumessung ist neben

---

[368] Ausf. *FK-Achenbach,* Vor § 81 GWB 2005 Rdnr. 152.

[369] So *Göhler-Gürtler,* OWiG § 20 Rdnr. 2; *Klusmann,* WuW 1995, 271, 278; krit. *Geppert,* NStZ 1996, 118, 119 in Fn. 93.

[370] So BGH WuW/E BGH 2929, 2941 – *Fortgesetzte Handlung; Achenbach,* WuW 1997, 393, 401 f.

[371] *Geppert,* NStZ 1996, 118, 119 f.; siehe auch BayObLG NJW 1994, 2302, 2304 f.; KK OWiG-*Bohnert* § 20 Rdnr. 7.

[372] S. dazu BKartA, TB 2011/2012, S. 28.

[373] BGH WuW/E BGH 2718, 2720 – *Bußgeldbemessung; Immenga/Mestmäcker-Dannecker/Biermann,* GWB, § 81 Abs. 4 Rdnr. 473; *FK-Achenbach,* § 81 GWB 2005 Rdnr. 281.

[374] Dazu bereits näher oben Rdnr. 80.

der grundsätzlichen „Schwere" der Tat auch bei der Unternehmensbuße die **wirtschaftliche Lage des Unternehmens** zum Zeitpunkt der Bußgeldentscheidung. Da das Hauptinteresse der Kartellbehörden regelmäßig in einer nachhaltigen Bebußung des Unternehmens als dem meist eigentlichen und alleinigen Nutznießer von Kartell-Ordnungswidrigkeiten liegt, ist eine besonders gründliche Prüfung seiner wirtschaftlichen Lage erforderlich.[375] Dennoch werden nicht selten Bußgelder verhängt, die bis an die absolute Leistungsgrenze der betroffenen Unternehmen gehen; es ist zu erwarten, dass sich diese Entwicklung angesichts des nochmals verschärften Bußgeldrahmens künftig noch verstärken wird. Dabei dürfen Bußgelder schon aufgrund des mit der Bebußung verbundenen Zwecks einer Pflichtenmahnung, also eines auf das zukünftige Verhalten des Betroffenen im Wirtschaftsverkehr bezogenen Appells, nicht dazu führen, dass das Unternehmen künftig aufgrund der Buße nicht oder nicht mehr wettbewerbsfähig am Wirtschaftsverkehr teilnehmen kann. Die Existenz und Wettbewerbsfähigkeit von natürlichen wie juristischen Personen dürfen vielmehr durch die Bußgeldauferlegung nicht nachhaltig gefährdet werden.[376] Eine durch eine besonders hohe Bußgeldfestsetzung eintretende Gefährdung von Arbeitsplätzen kann daher als Verletzung des Übermaßverbots eingestuft werden.[377] Ist über das Vermögen eines Betroffenen zum Zeitpunkt der Entscheidung ein Insolvenzverfahren anhängig und ist damit zu rechnen, dass nach dessen Abschluss keine Vermögenswerte verbleiben, die eine Fortsetzung der Betriebstätigkeit ermöglichen würden, so hat eine Bußgeldverhängung zu unterbleiben; andernfalls ginge nicht nur eine Pflichtenmahnung ins Leere, sondern käme auch die Beitreibung der Geldbuße von vornherein nicht mehr in Betracht.[378] Weiterhin ist bei der Bußgeldbemessung gegen die juristische Person auch eine gegen einen etwaigen Alleingesellschafter in seiner Funktion als Organ der juristischen Person verhängte Geldbuße zu berücksichtigen.[379] Die gesetzliche Obergrenze von 10% des weltweiten Umsatzes der wirtschaftlichen Einheit, der die zu bebußende Gesellschaft angehört, darf nach den allgemeinen Zumessungsgrundsätzen nur in denkbar schwersten Fällen ausgeschöpft werden; der in der Praxis vorherrschende Regelfall ist dagegen noch erheblich unterhalb des theoretisch denkbaren Mittelwertes im unteren Drittel des Sanktionsrahmen anzusetzen.[380]

bb) Bußgeldleitlinien des BKartA. Im September 2006 hat das BKartA von der Ermächtigung in § 81 Abs. 7 GWB Gebrauch gemacht und Leitlinien über die Festsetzung von Geldbußen veröffentlicht.[381] Diese Leitlinien lehnten sich in weiten Teilen an die entsprechenden Grundsätze der Kommission an.[382] Am 25. Juni 2013 hat das BKartA neue Leitlinien[383] erlassen. Aufgrund der Entscheidung des BGH im *Grauzementkartell*-Fall[384] – zwischenzeitlich bestätigt im Fall *Silostellgebühren*[385] –, § 81 Abs. 4 GWB „verfassungskonform" im Sinne einer Bußgeldobergrenze auszulegen,[386] waren die Leitlinien von 2006, die § 81 Abs. 4 GWB verfassungwidrig als „Kappungsgrenze" eingestuft hatten, nicht mehr haltbar. Die neuen Leitlinien aus 2013 haben die damit insgesamt nicht mehr anwendbaren Leitli- 108

375 BGH WuW/E BGH 2295, 2296.

376 *Achenbach,* WuW 1997, 393, 399f.

377 So auch *Achenbach,* WuW 1997, 393, 402.

378 KG WuW/E OLG 4885, 4894 – *Branche Heizung/Klima/Lüftung.*

379 KG WuW/E DE-R 83, 88 – *Jeans-Vertrieb.*

380 So zutr. *Achenbach,* WuW 2013, 688, 704 mwN.

381 Bekanntmachung Nr. 38/2006 über die Festsetzung von Geldbußen nach § 81 Abs. 4 S. 2 GWB gegen Unternehmen und Unternehmensvereinigungen – Bußgeldleitlinien – vom 15. September 2006.

382 *Mundt,* WuW 2007, 458, 469; *Engelsing,* WuW 2007, 470, 471.

383 Leitlinien für die Bußgeldzumessung in Kartellordnungswidrigkeitenverfahren vom 25. Juni 2013, abrufbar unter www.Bundeskartellamt.de.

384 BGH B. v. 26.2.2013, WuW/E DE-R 3861ff., – *Grauzement,* NJW 2013, 1972 m. Anm. *Meyer-Lindemann.*

385 BGH B. v. 3.6.2014, WuW/E DE-R 4317ff.

386 Dazu bereits oben unter Rdnr. 89.

nien von 2006 ersetzt und gelten lediglich für die Festsetzung von Geldbußen anhand des umsatzbezogenen Geldbußenrahmens des § 81 Abs. 4 S. 2 GWB. Sie betreffen nicht die Geldbußenfestsetzung gegenüber Unternehmen und Unternehmensvereinigungen im Bereich Fusionskontrolle.[387] Die Leitlinien werden von der zuständigen GStA und den Gerichten kritisch und als für das gerichtliche Verfahren nicht verbindlich angesehen.[388] Das BKartA stellt in der Einleitung zu den Leitlinien 2013 klar, dass als wesentliche Bezugspunkte der Bußgeldberechnung der Konzernumsatz der verstoßenden wirtschaftlichen Einheit, der tatbezogene befangene Umsatz sowie die allgemeinen Zuweisungskriterien der Schwere und der Dauer des Verstoßes sowie der individuellen Leistungsfähigkeit sein sollen, was aus § 81 Abs. 4 S. 6 GWB und aus § 17 Abs. 3 OWiG folge.[389]

Ausdrücklich weist das BKartA darauf hin, dass sich die individuelle Bußgeldobergrenze nach den konzernweiten Gesamtumsätzen der verstoßenden Gesellschaft und mit ihr zu einer wirtschaftlichen Einheit verbundener weiterer Gesellschaften richte, und zwar bezogen auf das Geschäftsjahr vor der Behördenentscheidung. Diese „Rahmenspreizung" sei wegen der unterschiedlichen Ahndungsempfindlichkeit kleiner, mittlerer und großer Unternehmen erforderlich und könne zu deutlich unterschiedlichen Geldbußen für dieselbe Kartelltat führen.[390] Der tatbezogene Umsatz im Inland eigne sich als Bezugsgröße für das Gewinn- und Schadenspotential des Kartellverstoßes, während der Konzernumsatz der wirtschaftlichen Einheit die Ahndungsempfindlichkeit des konkreten Täters abbilde. Konkrete Feststellungen zu Tatfolgen seien wegen des umsatzbezogenen Bußgeldrahmens entbehrlich.[391] Der Bemessungsspielraum könne unter Berücksichtigung der o. g. Faktoren im konkreten Einzelfall enger sein als der gesetzliche Rahmen (0–10% vom Konzernumsatz). Dies sei im Rahmen einer wertenden Gesamtabwägung zu ermitteln, bei der auch positives Nachtatverhalten in Form eines Bonusantrags bzw. einer einvernehmlichen Verfahrensbeendigung berücksichtigt werde.

109 Bei der konkreten Bußgeldberechnung nach den Leitlinien 2013 ist zunächst der gesetzliche Bußgeldrahmen zu bestimmen, der zwischen 5 € (§ 17 Abs. 1 OWiG) und – bei vorsätzlichen Verstößen – 10% des weltweiten Konzernumsatzes derjenigen wirtschaftlichen Einheit liegt, der das verstoßende Unternehmen angehört. Die Obergrenze liegt bei fahrlässigen Verstößen gem. § 17 Abs. 2 OWiG bei 5% des weltweiten Konzernumsatzes.[392] Sodann geht das BKartA im Rahmen seiner mathematischen Betrachtung neuerdings von einem starren Ausgangswert in Höhe von 10% des während der Verstoßdauer erzielten tatbefangenen Umsatzes aus, der auch geschätzt werden können soll. Die insoweit zu berücksichtigenden Umsätze sollen nach Maßgabe des § 38 Abs. 1 GWB unter Einbeziehung von captiven, also konzerninternen kartellbefangenen Umsätzen ermittelt werden.[393] Sind als Kartellfolge keine Umsätze getätigt worden, sollen die hypothetischen Umsätze im Falle der Abwesenheit eines Verstoßes zugrundegelegt werden.[394] Bei kurzlaufenden Verstößen von weniger als 12 Monaten soll stets der Umsatz der letzten 12 Monate vor Beendigung

---

[387] BKartA, Bußgeldleitlinien 2013, Rdnr. 1.

[388] S. *Mühlhoff,* NZWiSt 2013, 321, 329: *„Die Bußgeldleitlinien des Bundeskartellamtes (§ 81 Abs. 7 GWB) werden auch nach der ihrer Neufassung seitens des Kartellsenats zu Recht nicht als maßgebend für die eigene (gerichtliche) Bußgeldbemessung angesehen. Abgesehen von ihrer verwaltungsinternen Natur ist der Straf- bzw. Bußgeldbemessung eine Mathematisierung, d. h. eine rechnerische Vorgehensweise, wie sie vom Bundeskartellamt aus Gründen der Rechtsanwendungsgleichheit und besseren Vorhersehbarkeit gewählt wurde, wesensfremd. Es wird letztlich seitens des Gerichtes eine völlig autonome Bewertung vorgenommen, die – wie die jüngsten Verfahren vor den Kartellsenaten des Oberlandesgerichts Düsseldorf gezeigt haben – deutlich höher, aber auch deutlich niedriger als im Bußgeldbescheid ausfallen kann."; Langen/Bunte-Raum,* § 81 Rdnr. 165: Leitlinien sind kein materielles Gesetz und binden daher das Gericht nicht.

[389] Leitlinien 2013, Tz. 1 u. 2.

[390] Leitlinien 2013, Tz. 3.

[391] Leitlinien 2013, Tz. 4 u. 6 (anders als früher bei der Mehrerlösermittlung).

[392] Leitlinien 2013, Tz. 8.

[393] S. Anm. 4 des BKartA zu den Leitlinien 2013.

[394] Leitlinien 2013, Tz. 10 f.

der Zuwiderhandlung berücksichtigt werden.[395] Auf diesen Wert wird ein Multiplikator angewendet, der der jeweiligen Unternehmensgröße Rechnung tragen soll. Dieser beträgt für wirtschaftliche Einheiten mit einem Umsatz von < 100 Mio. € 2–3, mit Umsätzen von 100 Mio. € bis zu 1 Mrd. € 3–4, von 1 Mrd. € – 10 Mrd. € 4–5 und von 10 Mrd. € bis 100 Mrd. € 5–6. Bei Konzernumsätzen > 100 Mrd. € – die freilich selten sind – sollen Multiplikatoren > 6 in Ansatz gebracht werden.[396] Innerhalb der jeweiligen Multiplikator-Bereiche scheint das BKartA ersten praktischen Erfahrungen zufolge jeweils Bruchzahlen zugrundezulegen: Beträgt der Konzernumsatz z. B. 500 Mio. €, so würde als Multiplikator für den befangenen Umsatz der Mittelwert zwischen 100 Mio € Umsatz (Faktor 2) und 1 Mrd. € Umsatz (Faktor 3), also 2,5 zugrundegelegt.

Der so ermittelte sog. „Ziffer 13"-Wert wird der weiteren Bußgeldberechnung zugrundegelegt, wenn er unterhalb des gesetzlichen Höchstrahmens gem. § 17 OWiG iVm § 81 Abs. 4 GWB liegt, also unter 10 % bei vorsätzlichen Verstößen. Liegt der Wert unter dieser Grenze, so soll aber im Rahmen einer Gesamtschau noch eine Erhöhung stattfinden können.

Sodann erfolgt mittels der allgemeinen Zumessungskriterien eine „Ziffer 16"-Gesamtwürdigung der tat- und täterbezogenen Kriterien im Sinne mildernder und strafverschärfender Faktoren, die weitgehend diskretionär und intransparent zur Anwendung eines prozentualen, unter 100 % des Zwischenwertes liegenden Wertes führt, mit dem der „Ziffer 13"-Wert multipliziert wird. Dieser soll bei hardcore-Verstößen (Preis-, Quoten-, Gebiets- und Kundenabsprachen) „im oberen Bereich" liegen.[397] Damit ist wohl ein Prozentsatz von > 66 %, also innerhalb des oberen Drittels des Bußgeldrahmens, gemeint. In der Praxis liegen die Ansätze auch schon einmal darunter, weil sich nach den o. g. Multiplikatoren oft exorbitant hohe „Ziffer 13"-Werte errechnen, die die betroffenen Unternehmen wirtschaftlich überfordern. Schließlich soll neben dieser Bebußung noch eine gesonderte Vorteilsabschöpfung gem. §§ 32, 34 GWB in Betracht kommen.[398] **110**

Von den errechneten „Ziffer 16"-Werten erfolgen Abschläge für Kooperation im Rahmen der Bonus-Bekanntmachung von 0–100 % und im Falle einer einvernehmlichen Verfahrensbeendigung von in der Praxis zusätzlichen 10 % Bußgeldabschlag.[399]

Die Leitlinien 2013 führen de facto insbesondere für konzernangehörige (Groß-)Unternehmen zu erheblich höheren Bußgeldern als die Leitlinien 2006,[400] oft aber auch als die Bußgeldleitlinien der EU, was angesichts der begrenzten räumlichen Verfolgungszuständigkeit des Amtes, aber auch angesichts der Tatsache, dass es sich laut BGH-Rechtsprechung bei der 10 %-Grenze gem. § 81 Abs. 4 GWB um eine Rahmen-Obergrenze und gerade nicht um eine Kappungsgrenze handeln soll, nicht überzeugt. Die Leitlinien 2013 sind deshalb und wegen der weitgehend schematischen Mathematisierung der Bußgeldbemessung umstritten. Letztere erhöhen zwar die Vorhersehbarkeit der ungefähren Sanktionshöhe, verhindern aber auch die im Sinne einer Einzelfallgerechtigkeit oft auch erforderliche „Abweichung nach unten". Die künftige gerichtliche Entscheidungspraxis wird zeigen, inwieweit eine einschränkende Auslegung und verhältnismäßigere Bußgeldbemessung innerhalb des extrem weiten gesetzlichen Bußgeldrahmens angemessen und auch erforderlich ist.

d) Bonusregelung des BKartA. Durch die Bekanntmachung Nr. 68/2000 vom 17.4.2000 hat das BKartA erstmalig eine Richtlinie für die Festsetzung von Bußgeldern gegenüber aufklärungsbereiten Kartellmitgliedern erlassen. Diese Bonusregelung soll Anreize für Kartellmitglieder erzeugen, ihre Beteiligung an einem Kartell einzustellen und das BKartA **111**

---

395 Leitlinien 2013, Tz. 12.
396 Leitlinien 2013, Tz. 13.
397 Leitlinien 2013, Tz. 16.
398 Leitlinien 2013, Tz. 17.
399 Leitlinien 2013, Tz. 18; s. auch die Leitlinien des BKartA für eine einvernehmliche Verfahrensbeendigung im TB 2007/2008, S. 35.
400 So auch *Bosch,* NJW 2014, 1714, 1717.

über die geheimen Absprachen zu informieren. Beim BKartA gehen im Schnitt zwischen 40 und 50 Bonusanträge pro Jahr ein.[401] Eine Antragspflicht besteht kartellrechtlich für betroffene Geschäftsleitungen nach dem Legalitätsprinzip nicht. Maßgeblich für die Entscheidung zur Kooperation bleibt vielmehr die im Einzelfall vorzunehmende Abwägung der Vor- und Nachteile hinsichtlich des Unternehmensinteresses.[402] Im März 2006 wurde die „alte" Bonusregelung von 2000 durch die Bekanntmachung Nr. 9/2006 ersetzt.[403] Die neue Bonusregelung – die sich in großen Teilen an der inzwischen ersetzten Leniency Notice der Kommission aus dem Jahre 2002 orientiert – bewirkt eine Selbstbindung des Verwaltungsermessens des BKartA.[404] Gleichwohl können die auf Grundlage dieser Richtlinie erlassenen Bußgeldbescheide von den Gerichten nach den allgemeinen Regeln überprüft werden.[405] Teilweise wurden zur „alten" Bonusregelung Bedenken hinsichtlich der Kompetenz des BKartA zur Festlegung dieser Richtlinie geäußert.[406] Das OLG Düsseldorf ging gleichwohl von der Ermächtigung des BKartA zum Erlass einer solchen Bonusregelung aus.[407] Seit der 7. GWB-Novelle ermächtigt § 81 Abs. 7 GWB das BKartA ausdrücklich zur Einführung entsprechender Richtlinien, auch für die Zusammenarbeit mit ausländischen Wettbewerbsbehörden. Durch § 81 Abs. 7 GWB sollte ausweislich der Begründung der RegE aber nicht die Befugnis der Landeskartellbehörden zur Festlegung entsprechender Grundsätze beschränkt werden.[408] Wie sich aus ihrem eindeutigen Wortlaut ergibt, findet die Bonusregelung lediglich Anwendung auf Kartelle, insbesondere auf Preis-, Quoten-, Kunden- und Gebietsabsprachen sowie Submissionsabsprachen, nicht aber auf vertikale Wettbewerbsbeschränkungen und einseitig missbräuchliches Verhalten nach §§ 19, 20 GWB bzw. Art. 102 AEUV. Dies wird in der Praxis wegen der oft vorliegenden rechtlichen Gemengelage (Bsp.: „hub and spoke") als unnötige Einengung empfunden.

112 Nach Abschnitt B Rdnr. 3 der Bonusregelung wird das BKartA einem Kartellbeteiligten die **Geldbuße** erlassen, wenn

1. er sich als erster Kartellbeteiligter an das BKartA wendet, bevor dieses über ausreichende Beweismittel verfügt, um einen Durchsuchungsbeschluss zu erwirken und
2. er das BKartA durch mündliche und schriftliche Informationen und – soweit verfügbar – Beweismittel in die Lage versetzt, einen Durchsuchungsbeschluss zu erwirken und
3. er nicht alleiniger Anführer des Kartells war oder andere zur Teilnahme an dem Kartell gezwungen hat und
4. er ununterbrochen und uneingeschränkt mit dem BKartA zusammenarbeitet.

113 Nach dem Zeitpunkt, zu dem das BKartA in der Lage ist, einen Durchsuchungsbeschluss zu erwirken, wird das BKartA gemäß Rdnr. 4 die Geldbuße *in der Regel* erlassen, wenn sich der Kartellbeteiligte

1. als erster Kartellbeteiligter an das BKartA wendet, bevor dieses über ausreichende Beweismittel verfügt, um die Tat nachzuweisen und
2. er das BKartA durch mündliche und schriftliche Informationen und – soweit verfügbar – Beweismittel in die Lage versetzt, die Tat nachzuweisen und
3. er nicht alleiniger Anführer des Kartells war oder andere zur Teilnahme an dem Kartell gezwungen hat und
4. er ununterbrochen und uneingeschränkt mit dem BKartA zusammenarbeitet und
5. keinem Kartellbeteiligten ein Erlass nach Rdnr. 3 der Bonusregelung gewährt werden wird.

---

401 S. BKartA, TB 2011/2012, S. 28.
402 Zutr. *Dreher,* ZWeR 2009 392, 397; *Langen/Bunte-Raum,* § 81 Rdnr. 197.
403 Zu den Gründen für die Neufassung *Engelsing,* ZWeR 2006, 179, 183 f.
404 *Immenga/Mestmäcker-Dannecker/Biermann,* GWB, § 81 Abs. 4 Rdnr. 513.
405 *Immenga/Mestmäcker-Dannecker/Biermann,* GWB, § 81 Abs. 4 Rdnr. 513.
406 *Immenga/Mestmäcker-Dannecker/Biermann,* GWB, § 81 Abs. 4 Rdnr. 538 mwN.
407 OLG Düsseldorf WuW/E DE-R 1733, 1737–1739 – *Papiergroßhandel.*
408 BT-Drucks. 15/3640 S. 67.

Sofern die Voraussetzungen für einen Erlass der Geldbuße nach Rdnr. 3 und 4 nicht erfüllt sind, kann noch eine **Reduktion der Geldbuße** um bis zu 50% in Betracht kommen. Hierzu muss der Kartellbeteiligte dem BKartA mündliche und schriftliche Informationen und – soweit verfügbar – Beweismittel vorlegen, die wesentlich dazu beitragen, die Tat nachzuweisen, und „ununterbrochen und uneingeschränkt" mit dem BKartA zusammenarbeiten. Der Umfang der Reduktion richtet sich dabei insbesondere nach dem Nutzen der Aufklärungsbeiträge und der Reihenfolge der Anträge (Rdnr. 5 der Bonusregelung). In der Praxis können so auch mehrere parallel nachrangig kooperierende Unternehmen noch Reduktionen von 10–50% erreichen. 114

Den Antragsteller treffen stets umfangreiche **Kooperationspflichten.** So muss er seine Teilnahme an dem Kartell nach Aufforderung durch das BKartA unverzüglich einstellen, alle ihm zugänglichen Informationen und Beweismittel an das BKartA übermitteln und die Zusammenarbeit mit dem BKartA vertraulich behandeln (Rdnr. 6–9 der Bonusregelung). Zu den zu übermittelnden Informationen und Beweismitteln gehören nach Auffassung des BKartA insbesondere auch alle für die Berechnung der Geldbuße bedeutsamen Angaben, d.h. solche über die Berechnung des Mehrerlöses für nach altem Recht zu behandelnde Fälle bzw. für nach neuem Recht zu behandelnde Fälle Angaben für die Berechnung der 10%-igen Umsatzgrenze in § 81 Abs. 4 S. 2 GWB. Auch sind im Hinblick auf die nach den Bußgeldleitlinien vorgenommene Festsetzung des Bußgeldgrundbetrages anhand des tatbezogenen Umsatzes Angaben über den Umsatz mit den von der Zuwiderhandlung betroffenen Produkten oder Dienstleistungen erforderlich.[409] Ein Unternehmen muss darüber hinaus alle an der Kartellabsprache beteiligten Beschäftigten benennen und auf deren Zusammenarbeit mit dem BKartA hinwirken (Rdnr. 10 der Bonusregelung). 115

Die Bonusregelung 2006 sieht auch ein sog. **Marker-System** vor, das es einem Kartellbeteiligten erlaubt, durch die Erklärung seiner Bereitschaft zur Zusammenarbeit einen rangwahrenden „Marker" zu setzen. Der Marker muss Angaben über Art und Dauer des Kartellverstoßes, die sachlich und räumlich betroffenen Märkte, die Identität der Beteiligten sowie darüber enthalten, bei welchen Wettbewerbsbehörden ebenfalls Anträge gestellt wurden oder dies beabsichtigt ist (Rdnr. 11 der Bonusregelung). Das BKartA setzt dem Antragsteller sodann eine Frist von höchstens acht Wochen, innerhalb derer Angaben zu machen sind, die einen Erlass oder eine Reduzierung der Geldbuße nach den Rdnr. 3 bis 5 der Bonusregelung ermöglichen (Rdnr. 12–15 der Bonusregelung). Die gewährte Frist zur Komplettierung eines Markers kann in Ausnahmefällen weiter verlängert werden, was jedenfalls dann möglich sein wird, wenn keine weiteren Kronzeugenanträge vorliegen. Sofern der Antragsteller die erforderlichen Angaben nicht fristgerecht macht, verliert er seinen Rang, und etwaige nachfolgende Antragsteller rücken im Rang auf (Rdnr. 16 der Bonusregelung). Lediglich in Fällen, in denen nach der Netzwerkbekanntmachung die Kommission für die Bearbeitung eines Falles besonders gut geeignet ist, braucht der Antragsteller den Marker nicht zu einem vollständigen Antrag auszuarbeiten, sofern er einen Antrag auf Leniency bei der Kommission gestellt hat. Nur wenn die Kommission das Verfahren nicht führt, muss der Antragsteller einen vollständigen Antrag beim BKartA einreichen. Diese Regelung dient der Vereinfachung von Leniency-Anträgen im Netzwerk der Wettbewerbsbehörden.[410] 116

Sowohl der Marker als auch der Antrag können mündlich gestellt werden (Rdnr. 11 und 15 der Bonusregelung). Hierdurch sollen die sich aus den sog. Discovery Verfahren der common law-Staaten (insbesondere USA und UK) ergebenden Probleme für die Kooperationsbereitschaft von Kartellbeteiligten behoben werden.[411] Solche Discoveryverfahren ermöglichen es Klägern in Schadensersatzprozessen unter Umständen, die Übergabe eines in schriftlicher Form vorhandenen Leniency-Antrages vom Beklagten zu verlan- 117

---

409 *Engelsing,* ZWeR 2006, 179, 189.
410 Dazu *Engelsing,* ZWeR 2006, 179, 192.
411 *Engelsing,* ZWeR 2006, 179, 191.

gen.[412] Das BKartA bestätigt dem Antragsteller das Setzen des Markers und den Zugang des Antrags unverzüglich in schriftlicher Form (Rdnr. 18 der Bonusregelung). Sobald die Voraussetzungen für einen Erlass nach Rdnr. 3 Nr. 1 und 2 der Bonusregelung vorliegen, sichert das BKartA dem Antragsteller schriftlich den Erlass der Geldbuße zu. Diese Zusicherung steht allerdings unter dem Vorbehalt, dass der Antragsteller nicht alleiniger Anführer war oder andere zur Teilnahme an dem Kartell gezwungen hat und er seine Kooperationspflichten erfüllt (Rdnr. 19 der Bonusregelung). Bei einem Antrag auf Erlass nach Rdnr. 4 der Bonusregelung bzw. einem Antrag auf Reduktion der Geldbuße teilt das BKartA dem Antragsteller nur seinen Rang mit und bestätigt ihm, dass er grds. für einen Erlass oder eine Reduktion in Frage kommt. Eine Entscheidung über Erlass oder Reduktion ergeht dann erst nach Durchsicht und Prüfung aller Informationen und Beweismittel (Rdnr. 20 der Bonusregelung). Verfahrensrechtlich wirkt sich der Erlass der Geldbuße letztendlich dahingehend aus, dass gegen den Kronzeugen kein Bußgeldbescheid ergeht, sondern eine Verfahrenseinstellung erfolgt.

118 Etwaige zivilrechtliche Ansprüche Dritter bleiben von der Bonusregelung unberührt.[413]

119 *e) Kosten im außergerichtlichen Verfahren.* Die Kosten des Bußgeldverfahrens setzen sich zusammen aus **Gebühren und Auslagen** der Staatskasse (§§ 464a Abs. 1 Satz 1 StPO, 105 Abs. 1 OWiG). Der Betroffene trägt die Verfahrenskosten nur dann, wenn dies in einem rechtskräftigen Bußgeldbescheid angeordnet ist (§§ 465 Abs. 1 StPO, 105 Abs. 1 OWiG). Als **Gebühr** fällt im Kartell-Ordnungswidrigkeitenverfahren vor der Kartellbehörde gem. § 107 Abs. 1 OWiG ein Betrag von 5% der verhängten Buße an. Die sich so errechnenden Beträge müssen einzeln mindestens 20 € und dürfen höchstens 7500 € betragen. Umstritten war, wie bei mehreren in einem Bescheid festgesetzten **Einzelbußen** zu verfahren ist. Während in der Literatur durchgehend angenommen wird, dass zu Zwecken der Gebührenberechnung mehrere in einem einheitlichen Bußgeldbescheid gegen einen Betroffenen oder einen Nebenbetroffenen verhängte Bußgelder **zu Zwecken der Wertbestimmung** zu **addieren** sind,[414] vertritt zumindest das BKartA die gegenteilige Auffassung.[415] Nachdem das Amtsgericht Tiergarten in einem Musterverfahren die Wertaddition zunächst bestätigt hatte,[416] entschied es in einem späteren Beschluss, dass für die Gebührenbemessung mehrere Einzelbußen nicht zu addieren seien.[417]

120 Daneben definiert § 107 Abs. 3 OWiG abschließend die zu erstattenden **Auslagen der Behörde,** die insbesondere in Reise-, Telekommunikations- sowie sonstigen Ermittlungskosten bestehen.[418] Während die Gebühren jedem Betroffenen gesondert in voller Höhe aufzuerlegen sind, werden Auslagen **nur gesamtschuldnerisch** geschuldet. Wird der Bußgeldbescheid aufgrund der Einlegung von Rechtsmitteln nicht rechtskräftig, so fällt die Gebühr gem. § 107 für das Verwaltungsverfahren nicht an, weil das Verfahren vor der Kartellbehörde und das sich anschließende gerichtliche Verfahren kostenmäßig als Einheit anzusehen sind.[419] An die Stelle der für das Verwaltungsverfahren zu verhängenden oder bereits verhängten Gebühr tritt die Gerichtsgebühr nach dem GKG (s. Kostenverzeichnis Nr. 7110), die entstandenen Auslagen sind Teil der Gerichtskosten.[420] Werden während des

[412] Vgl. z. B. Urteil des US District Court – Northern District of California: In re Rubber Chemicals Antitrust Litig., No. M04-cv-1648 MJJ (N. D. Cal. May 9, 2007). In diesem Verfahren wurde der Antrag des Klägers auf Übermittlung der entsprechenden EU-Dokumente mangels Sachdienlichkeit zurückgewiesen.

[413] *Hellmann,* EuZW 2000, 741, 744; *Lampert/Weidenbach,* WRP 2007, 152, 161.

[414] *Göhler-Gürtler,* OWiG § 107 Rdnr. 6a; KK OWiG – *Schmehl* § 107 Rdnr. 8, jeweils mwN.

[415] BKartA B. v. 31.3.1998 – B3–721111-A-14/94, S. 3 ff. – *nicht veröff.*

[416] B. v. 28.4.1997, Az. 351 Gs 5895/96.

[417] AG Tiergarten WuW/E DE-R 287 f. – *Fahrbahnmarkierung.*

[418] Zu den Einzelheiten s. insoweit KK OWiG-*Schmehl* § 107 Rdnr. 10–41.

[419] BGHSt 26, 183, 185.

[420] Zu weiteren Einzelheiten s. *Göhler-Gürtler,* OWiG § 107 Rdnr. 5 mwN.

Verfahrens Auslagen verursacht, die bei vernünftiger Verfahrensführung als von vornherein unnötig oder nicht zielführend zu qualifizieren gewesen wären, so sind diese den Betroffenen nicht aufzuerlegen. Es gelten die generellen Grundsätze zur Niederschlagung bzw. zur Nichterhebung solcher Auslagen.[421] Gegen unrechtmäßige Kostenansätze ist das nicht befristete Rechtsmittel des Antrags auf gerichtliche Entscheidung nach Maßgabe der §§ 108 Abs. 1 iVm. 62, 68 OWiG gegeben.[422]

Stellt die Kartellbehörde das Bußgeldverfahren ein, so trifft sie grundsätzlich keine Entscheidung über die Kosten des Verfahrens und die notwendigen Auslagen des Betroffenen. Die Verteidigerkosten werden also nicht erstattet. Eine vereinzelte Entscheidung des Amtsgerichts Heidelberg,[423] wonach im Falle einer Verfahrenseinstellung nach § 47 Abs. 1 Satz 2 OWiG Verteidigungsauslagen ausnahmsweise dann der Staatskasse auferlegt werden könnten, wenn die Behörde das Verfahren aufgrund dieses Verteidigungsvorbringens einstellen muss, ist auf einhellige Ablehnung gestoßen.[424] Nur ausnahmsweise, nämlich in Fällen, in denen die Behörde das Verfahren nach § 170 Abs. 2 StPO einstellt, weil es durch eine vorsätzlich oder leichtfertig erstattete unwahre Anzeige veranlasst worden ist (§§ 469 Abs. 1 Satz 1 StPO, 105 Abs. 1 OWiG), entscheidet sie durch selbständigen Kostenbescheid zulasten des Anzeigenden (vgl. § 108 Abs. 1 Satz 1 Nr. 1 OWiG). **121**

2. Anordnung des dinglichen Arrestes § 30 Abs. 6 OWiG. Mit der 8. GWB-Novelle, die am 26. Juni 2013 in Kraft getreten ist, wurde § 30 OWiG um Absatz 6 erweitert. Dort heißt es nunmehr, dass bei Erlass eines Bußgeldbescheids zur Sicherung der Geldbuße § 111d Abs. 1 Satz 2 StPO mit der Maßgabe anzuwenden ist, dass an die Stelle des Urteils der Bußgeldbescheid tritt. Sinn und Zweck dieser Neuregelung ist es, Vermögensverschiebungen entgegenzuwirken, die die Festsetzung und Vollstreckung einer angemessenen Geldbuße erschweren bzw. vereiteln können.[425] Auf Vermögen, die im Wege der Gesamtrechtsnachfolge verschoben werden, kann infolge des neu eingeführten § 30 Abs. 2a OWiG weiterhin zugegriffen werden. In Fällen der Einzelrechtsübertragung, Abspaltung und Ausgliederung, die nicht von § 30 Abs. 2a OWiG erfasst sind, bleibt dem Staat ein Zugriff auf den Rechtsnachfolger und dessen Vermögenswerte jedoch verwehrt. Zur Schließung dieser Lücke eröffnet der neu eingefügte Absatz die Möglichkeit einer Sicherstellung durch dinglichen Arrest gem. § 111d StPO. **122**

a) Prüfungsvoraussetzungen. Abweichend von § 111d StPO legt § 30 Abs. 6 OWiG n. F. fest, dass der **dingliche Arrest** zur Sicherung des zu erwartenden Bußgeldes bereits mit Erlass des Bußgeldbescheides angeordnet werden kann. Ein Erstarken des Bescheides in Rechtskraft muss nicht abgewartet werden.[426] **123**

Ferner muss gem. § 111d Abs. 2 StPO iVm § 917 ZPO die Besorgnis bestehen, dass ohne Verhängung des Arrestes die Vollstreckung des Urteils vereitelt oder wesentlich erschwert werden würde. Schon bestehende schlechte Vermögensverhältnisse reichen grundsätzlich nicht aus.[427]

Die Anordnung darf dabei nur so lange aufrechterhalten werden, wie sich dies mit dem Grundsatz der Verhältnismäßigkeit vereinbaren lässt. Auch durch vorläufige Maßnahmen wird der Betroffene erheblich in seiner wirtschaftlichen Handlungsfreiheit und seiner Ei-

---

421 Dazu *Göhler-Gürtler,* OWiG § 107 Rdnr. 31 f.; KK OWiG-*Schmehl* § 107 Rdnr. 46 f.

422 Zu Einzelheiten s. KK OWiG – *Schmehl* § 108 Rdnr. 8–12.

423 NZV 1993, 85 m. abl. Anm. *Schmehl* = JurBüro 1993, 238m abl. Anm. *D. Meyer,* 521.

424 *Göhler-Gürtler,* OWiG Vor § 105 Rdnr. 15; *Rebmann/Roth/Herrmann,* OWiG § 105 Rdnr. 25.

425 Beschlussempfehlung des Ausschusses für Wirtschaft und Technologie, BT-Drucks. 17/11053, S. 21.

426 Beschlussempfehlung des Ausschusses für Wirtschaft und Technologie, BT-Drucks. 17/11053, S. 21; *Heinichen,* FIW, Heft 240, 41–56, 52; *Mühlhoff,* NZWiSt 2013, 321, 328.

427 LG Kiel, B. v. 21.5.2001, Az. 36 Qs 45/01; OLG Frankfurt, U. v. 19.10.1993 – 3 Ws 614/93.

gentumsposition beeinträchtigt.[428] Mit Fortdauer der Maßnahme wachsen deshalb die Anforderungen an die Rechtfertigung der Anspruchssicherung.[429]

124 *b) Zuständigkeit.* Die Zuständigkeit für die Anordnung bestimmt sich wohl nach § § 111e StPO analog.

Grundsätzlich entscheidet das Gericht gem. § 111e Abs. 1 S. 1 StPO über die Tatbestandsmäßigkeit des dinglichen Arrests nach § 111d StPO. Erst bei Gefahr im Verzug ist auch die Staatsanwaltschaft zur Anordnung befugt. In diesen Fällen muss die Entscheidung jedoch gem. § 111e Abs. 2 StPO von Amts wegen eine Woche später gerichtlich bestätigt werden.

Ist die **Staatsanwaltschaft** für den Erlass des Bußgeldbescheides zuständig, spricht nichts gegen eine direkte Anwendung der allgemeinen Zuständigkeitsregel für Arrestanordnungen nach § 111e StPO. Eine spezialgesetzliche Regelung enthält das GWB nicht, so dass auf die lex generalis des OWiG zurückgegriffen werden kann. Es macht keinen Unterschied, ob die Staatsanwaltschaft die Anordnung wegen des Verfalls, der Einziehung von Wertersatz, einer Geldstrafe (s. § 111d Abs. 1 StPO) oder einer Geldbuße nach § 30 OWiG trifft. In allen Fällen hat sie das der Anordnung vorgelagerte Verfahren federführend begleitet und ist gleichermaßen in der Lage einzuschätzen, ob die Voraussetzungen des dinglichen Arrests vorliegen oder nicht.

125 Anders gestaltet sich die Situation, wenn einzig die **Kartellbehörde** in Verfahren wegen der Festsetzung einer Geldbuße gegen juristische Personen oder Personenvereinigungen ermittelt und bis zum Übergang in das gerichtliche Zwischenverfahren (nach Einspruchseinlegung) zuständig ist. § 111e StPO nennt zwar lediglich die Staatsanwaltschaft als bei Gefahr im Verzug zuständige Stelle, jedoch könnte § 111e StPO analog auf die Kartellbehörde anzuwenden sein. Dazu müssten eine planwidrige Regelungslücke sowie eine vergleichbare Interessenlage vorliegen.

Sinn und Zweck des Verweises in § 30 Abs. 6 OWiG ist es – wie oben beschrieben – dem Staat ein möglichst effektives Mittel an die Hand zu geben, um missbräuchlichen Vermögensverschiebungen, die eine Bebußung des Rechtsnachfolgers verhindern, entgegenzuwirken. Kartellbehörden, die in den Kartellsachverhalt eingearbeitet sind, können meist beurteilen, ob die Voraussetzungen des dinglichen Arrests vorliegen. Gerade wenn das BKartA nur durch Zufall von unmittelbar bevorstehenden Vermögensverschiebungen erfährt, würde kostbare Zeit verloren gehen, müsste die Staatsanwaltschaft sich erst in Unternehmensstrukturen und vom Kartellamt vorgelegte Unterlagen einarbeiten, bevor sie eine Anordnung treffen kann.

Gegen eine Analogie spräche zwar, dass die Staatsanwaltschaft als „objektivste Behörde der Welt“ unvoreingenommener über einen dinglichen Arrest entscheiden könnte als das BKartA. Dem kann jedoch entgegengehalten werden, dass es sich beim dinglichen Arrest lediglich um eine vorläufige Sicherungsmaßnahme handelt, die stets der gerichtlichen Überprüfung unterliegt.

Zudem stehen Kartellbehörden grundsätzlich dieselben Ermittlungsmaßnahmen zu wie der Staatsanwaltschaft (s. § 46 OWiG). Von diesem Gleichlauf der Befugnisse sollte beim dinglichen Arrest nicht systemwidrig abgewichen werden.

Aus den genannten Gründen ist davon auszugehen, dass der Gesetzgeber bei Überarbeitung des § 30 OWiG schlicht übersehen hat, den Tatbestand des § 111e StPO auf das BKartA auszuweiten, denn eine vergleichbare Interessenlage besteht.

126 In Fällen des § 82 GWB, in denen **Kartellbehörde und Staatsanwaltschaft** parallel ermitteln, könnte es an einer vergleichbaren Interessenlage fehlen. Die Vorschrift der Nr. 242 RiStBV verlangt eine frühzeitige, enge Zusammenarbeit zwischen den Behörden. Insofern könnte die Staatsanwaltschaft über ausreichend Informationen verfügen, um über die Anordnung nach § 111d StPO zu entscheiden. Dies ließe jedoch unberück-

---

[428] BVerfG, E. v. 7.7.2006, 2 BvR 583/06.
[429] BVerfG, E. v. 7.7.2006, 2 BvR 583/06.

sichtigt, dass im Strafverfahren der individuelle Schuldnachweis im Zentrum der Ermittlungen steht, wohingegen im Kartellordnungswidrigkeitenverfahren eine Verbandsgeldbuße auch verhängt werden kann, ohne dass die für das Unternehmen handelnde Person individualisiert werden muss.[430] Deshalb erscheint es mit Blick auf die oben geführte Argumentation sinnvoller, § 111e StPO auch in den Fällen des § 82 GWB analog anzuwenden.

c) Kritik an der Regelung. Dem BKartA und der Generalstaatsanwaltschaft Düsseldorf geht der neugefasste § 30 Abs. 6 OWiG nicht weit genug.[431] Sie weisen darauf hin, dass sich die Höhe des Bußgeldes nach der wirtschaftlichen Leistungsfähigkeit des Unternehmens zum Zeitpunkt der Bescheidung richte. Ziehe sich das Ermittlungsverfahren über Jahre hin, bliebe den Unternehmen genügend Zeit, um durch zwischenzeitliche Vermögensverschiebungen das Bußgeld zu reduzieren.[432] In den wenigsten Fällen ließe sich zudem ein Arrestgrund frühzeitig erkennen, da Umstrukturierungen und Vermögensverschiebungen nicht offenlegungspflichtig seien.[433] Der Grundsatz der Verhältnismäßigkeit gebiete es ferner ständig zu überprüfen, ob die Anordnung des dinglichen Arrestes noch aufrecht zu erhalten oder in der Höhe anzupassen sei. Aufgrund der Komplexität dieses Prüfungsvorgangs werde es zu vielen langwierigen (Beschwerde-)Verfahren kommen, die die Verfahrensdauer weiter in die Länge ziehen.[434] 127

Die Literatur steht der Neuregelung aus anderen Gründen kritisch gegenüber. Es sei wertungswidersprüchlich, dass in Ordnungswidrigkeitenverfahren dingliche Arreste zu einem früheren Zeitpunkt angeordnet werden können als im Strafverfahren, obwohl ihnen ein viel geringerer Unwertgehalt zukomme.[435] Zudem tangiere die Neuregelung die im Rechtsstaatsprinzip verankerte Unschuldsvermutung, die eigentlich bis zur rechtskräftigen Verurteilung im Straf- und Bußgeldverfahren gelte.[436] In ersten Entscheidungen des Kartellsenats des BGH zeichnet sich diesbezüglich eine eher behördenfreundliche – weite – Auslegung ab,[437] so dass künftig regelmäßig dann mit Arrestverfügungen zu rechnen sein dürfte, wenn hohe Bußgelder drohen.

3. Sanktionsbemessung im Strafverfahren. Bei Zuwiderhandlungen gegen § 298 StGB oder § 263 StGB kann grundsätzlich auf Geldstrafe oder auf Freiheitsstrafe von bis zu fünf Jahren erkannt werden (§ 263 Abs. 1 StGB). Im Bereich der strafrechtlichen Ahndung von kartellrechtlichen Verstößen gegenüber natürlichen Personen liegen bisher erst wenige veröffentlichte Entscheidungen vor, so dass hinsichtlich der Strafzumessung bis auf weiteres auf die allgemeinen Darstellungen zu § 46 StGB zu verweisen ist.[438] In der Gerichtspraxis dürfte – in Anlehnung an die bisherigen Zumessungsgrundsätze der Kartellbehörden im OWiG-Verfahren – für Verstöße gegen § 298 StGB vor allem die Verhängung von Geldstrafen in Betracht kommen.[439] 128

Die Ahndung gegenüber juristischen Personen und Personenvereinigungen unterliegt demgegenüber nach der Änderung des § 30 OWiG durch das Gesetz zur Bekämpfung der Korruption hinsichtlich der Bemessung von Bußgeldern keinen vom OWiG-Verfahren abweichenden Grundsätzen; es kann auf die vorstehenden Ausführungen, insbesondere Rdnr. 107 ff., verwiesen werden. 129

---

430 *Immenga/Mestmäcker-Raum,* § 82 Rdnr. 6.

431 Stellungnahme des BkartA zum Regierungsentwurf zur 8. GWB-Novelle, 22.6.2012, S. 3; *Mühlhoff,* NZWiSt 2013, 321, 328 f.

432 *Mühlhoff,* NZWiSt 2013, 321, 328 f.

433 *Mühlhoff,* NZWiSt 2013, 321, 328 f.

434 *Mühlhoff,* NZWiSt 2013, 321, 328 f.

435 *Heinichen,* FIW, Heft 240, 41, 52.

436 *Karlsruher-Kommentar OWiG-Wache,* Vorbemerkungen Bußgeldverfahren, Rdnr. 66; *Karlsruher-Kommentar StPO-Graf,* Vorbemerkung §§ 112–130, Rdnr. 8.

437 S. BGH, B. v. 3.6.2014, KRB 4/14.

438 Z. B. *Fischer,* § 46 Rdnr. 13 ff. mwN.

439 Dazu bereits zuvor die Ausführungen zu § 56 Rdnr. 3.

130 **4. Zahlungserleichterungen.** *a) Bußgeldverfahren.* Zahlungserleichterungen in Form von **Stundung oder Ratenzahlung** werden in der Praxis entgegen § 18 OWiG meist nicht bereits im Bußgeldverfahren, sondern erst im anschließenden Vollstreckungsverfahren erwogen und ggf. gewährt. Hierzu bedarf es – obwohl die Behörde dies an sich von Amts wegen zu prüfen hat – zumeist eines nach Rechtskraft der Bußgeldentscheidung zu stellenden **gesonderten Antrags** des Betroffenen, mit dem die Gründe für eine Unmöglichkeit der sofortigen Zahlung des Bußgeldbetrages darzulegen und durch Beifügung entsprechender Unterlagen, wie Kontoauszügen, Darlehensverträgen, Steuerberater-Bescheinigungen bzw. WP-Berichten, zu belegen sind. Die Kartellbehörde prüft sodann als gem. § 92 OWiG zuständige Vollstreckungsbehörde, ob angesichts der vorgelegten Unterlagen Zahlungserleichterungen gem. § 18 Abs. 1 OWiG gewährt werden können. Von dieser Möglichkeit wird allerdings in der Praxis nur zurückhaltend Gebrauch gemacht. Selten werden mehr als drei Raten zugestanden, die innerhalb eines relativ kurzen Zeitraumes zu zahlen sind, zumeist mit der Begründung, dass die schwachen wirtschaftlichen Verhältnisse des Antragstellers bereits bei der Bemessung der Grundbuße berücksichtigt worden seien. Werden Zahlungserleichterungen gewährt, so ist zu beachten, dass diese gem. § 18 Satz 2 OWiG regelmäßig mit der Auflage der Verzinsung und einer sog. **„Verfallsklausel"** bewilligt werden, derzufolge die gewährte Vergünstigung insgesamt entfällt, wenn der Betroffene einen Teilbetrag nicht rechtzeitig zahlt. Zu prüfen ist in dem auf Gewährung von Zahlungserleichterung gerichteten Verfahren stets die **Zumutbarkeit** der vom Gesetz für den Regelfall vorgesehenen sofortigen Zahlung des verhängten Betrages nach Rechtskraft gem. § 89 OWiG. Zahlungserleichterungen sind vorzusehen, wenn durch das Verlangen sofortiger Gesamtzahlung der Betroffene durch die Aufbringung des geforderten Betrages mehr als eine spürbare Einbuße in seiner wirtschaftlichen Lebensführung erleiden würde, z.B. weil er in ernste und existenzbedrohende wirtschaftliche Gefahren geraten würde.[440]

131 *b) Strafverfahren.* Das zu einer Geldstrafe verurteilende Strafgericht muss dem Verurteilten nach § 42 Satz 1 StGB bereits im Urteilstenor **Zahlungserleichterungen** zubilligen, wenn diesem nach seinen persönlichen wirtschaftlichen Verhältnissen die sofortige Zahlung der Strafe in einer Summe nicht zuzumuten ist. Insoweit ist auf die vorstehend für das OWiG-Verfahren wiedergegebenen Grundsätze und Kriterien zu verweisen. Auch im Strafverfahren kann nach dem Ermessen des Gerichts die Bewilligung von Ratenzahlungen mit einer Verfallsklausel verbunden werden, § 42 Satz 2 StGB. **Nach Rechtskraft** des strafrechtlichen Urteils bewilligt die **Staatsanwaltschaft** als Vollstreckungsbehörde gem. § 451 Abs. 1 StPO Zahlungserleichterungen nach Maßgabe der §§ 42 StGB, 459a StPO. Sie hat dabei nach § 42 Satz 3 StGB die Möglichkeit, Zahlungserleichterungen **auch** dann zu gewähren, **wenn** anderenfalls die **Schadenswiedergutmachung** durch den Verurteilten erheblich **gefährdet** wäre.[441]

132 **5. Steuerliche Behandlung von Geldbußen, Geldstrafen und Verfahrenskosten.** *a) Geldbußen nach § 17 Abs. 4 OWiG.* Gem. § 4 Abs. 5 Satz 1 Nr. 8 EStG sind Geldbußen, die von deutschen Behörden oder Gerichten oder von Organen der Europäischen Union festgesetzt werden, **Betriebsausgaben,** die den Gewinn nicht mindern dürfen. Nach § 12 Nr. 4 EStG gilt Entsprechendes für in einem Strafverfahren festgesetzte Geldstrafen. Geldbußen oder Geldstrafen sind also steuerlich grundsätzlich nicht absetzbar. Für Geldbußen, die gem. § 17 Abs. 4 OWiG den wirtschaftlichen Vorteil, der durch den Gesetzesverstoß erlangt wurde, abschöpfen, sieht die seit 1992 gültige Neufassung des § 4 Abs. 5 Satz 1 Nr. 8 Satz 4 EStG jedoch eine **Ausnahme vom Abzugsverbot** vor.[442] Danach gilt das Abzugsverbot für Geldbußen nicht, soweit der wirtschaftliche Vorteil, der durch den Ge-

---

[440] Dazu KK OWiG – *Mitsch,* § 18 Rdnr. 10, zum Verfahren Rdnr. 4.

[441] Zu Einzelheiten s. *Meyer-Goßner,* § 459a Rdnr. 3.

[442] Einführung durch das Steueränderungsgesetz vom 25.2.1992, Gesetz zur Entlastung der Familien und zur Verbesserung der Rahmenbedingungen für Investitionen und Arbeitsplätze (StÄndG 1992), BGBl. I 1992, 297.

setzesverstoß erlangt wurde, abgeschöpft worden ist, ohne dass Steuern vom Einkommen und Ertrag, die auf den wirtschaftlichen Vorteil entfallen, bei der Ermittlung des wirtschaftlichen Vorteils abgezogen worden sind. Die Regelung ist zugleich für die Körperschaftsteuer gem. § 8 KStG sowie für die Gewerbesteuer gem. § 7 GewStG maßgeblich. Dieser Neuregelung ging eine Entscheidung des Bundesverfassungsgerichts[443] voraus, derzufolge entsprechende Geldbußen entweder mit dem Abschöpfungsbetrag bei der Einkommensbesteuerung abgesetzt werden können oder ihrer Bemessung nur der um die absehbare Einkommensteuer verminderte Betrag zugrunde gelegt werden darf, um eine sonst faktisch eintretende doppelte Abschöpfung des wirtschaftlichen Vorteils (durch Verhängung der „Brutto"-Geldbuße einerseits und die Besteuerung des gesamten Vorteils andererseits) zu vermeiden.[444] Dabei trifft den Steuerpflichtigen die Feststellungslast für das Vorliegen der gesetzlichen Voraussetzungen.[445]

b) Geldbußen nach § 81 Abs. 4 GWB und Geldstrafen. Geldbußen, die nicht zu einer Ab- 133
schöpfung des wirtschaftlichen Vorteils nach § 17 Abs. 4 OWiG führen, sind steuerlich grundsätzlich nicht absetzbar. Dieses Abzugsverbot für Geldbußen galt laut einer Entscheidung des BFH[446] zum alten Recht (vor der 7. GWB-Novelle) jedoch nicht in Fällen, in denen ein Bußgeld unter Berücksichtigung des Mehrerlös-Sonderbußgeldrahmens des § 81 Abs. 4 GWB a. F. festgesetzt wurde. Dieser Entscheidung zufolge deckte sich der Mehrerlös nach § 81 Abs. 4 GWB a. F. und die Abschöpfung des wirtschaftlichen Vorteils i. S. v. § 17 Abs. 4 OWiG weitgehend,[447] so dass eine Bußgeldbemessung nach dem Mehrerlös stets auch zu einem gewissen Teil den wirtschaftlichen Vorteil mit abschöpfte. Insofern wurde der Mehrerlös, soweit er sich mit dem wirtschaftlichen Vorteil i. S. v. § 17 Abs. 4 OWiG deckte und bei der Mehrerlösbestimmung die darauf entfallende Ertragsteuerbelastung nicht berücksichtigt wurde, nach § 4 Abs. 5 Nr. 8 S. 4 EStG als steuerlich absetzbar angesehen.[448] An diese Rechtsprechung anknüpfend entschied der BGH jedoch, dass eine Mehrerlösgeldbuße nach § 81 Abs. 4 GWB a. F. auch eine reine Ahndungsfunktion haben könne. Aus diesem Grunde sei bei der Bußgeldbemessung stets zu bestimmen, ob und ggfs. welcher Anteil des Bußgeldes Ahndungs- und welcher Abschöpfungszwecken diene.[449]

Mit der Einführung des § 81 Abs. 5 GWB durch die 7. GWB-Novelle hat auch der Ge- 134
setzgeber klargestellt, dass Bußgelder rein ahndenden Charakter haben können sollen. Dies bedeutet jedoch nicht, dass zukünftig eine Vorteilsabschöpfung (und damit auch ein entsprechender steuerlicher Betriebsausgabenabzug) stets unterbleiben wird. Vielmehr kommt es darauf an, welche der gesetzlich eingeräumten Handlungsoptionen von der Kartellbehörde im Rahmen des ihr eingeräumten Ermessens wahrgenommen wird. Schöpft sie den wirtschaftlichen Vorteil nach § 81 Abs. 5 Satz 1 GWB iVm. § 17 Abs. 4 OWiG ab, ist der Abschöpfungsteil weiterhin abzugsfähig (sofern – wie praktisch regelmäßig der Fall – die Kartellbehörde die auf dem Vorteil lastenden Ertragssteuern nicht abzieht).[450] Gleiches gilt im Ergebnis für eine administrative Mehrerlösabschöpfung nach § 34 GWB, die die Behörde **neben** einer reinen Ahndungsbuße verhängen kann. Nicht abschließend geklärt ist dagegen die Behandlung des praktischen Regelfalls, in dem die Kartellbehörde eine – nach § 81 Abs. 5 GWB zulässige – rein ahndende Geldbuße festsetzt, ohne den Mehrerlös nach

---

443 BVerfG, U. v. 23.1.1990 – 1 BvL 4/87, 1 BvL 5/87, 1 BvL 6/87, 1 BvL 7/87, wistra 1990, 223 = EWiR § 38 GWB 1/90, 483 mit Anm. *Rahlmeyer;* dazu auch *Eilers/Klusmann,* NZKart 2014, 294.

444 Dazu näher *Achenbach,* WuW 1997, 393, 396f; Drüen, DB 2013, 1133, 1138.

445 *Kruschke,* in Herrmann/Heuer/Raupach, EStG/KStG, § 4 EStG Rdnr. 1733.

446 BFH, U. v. 9.6.1999 – I R 100/97, BStBl II 1999, 658 = DB 1999, 1983.

447 Ebenso Niedersächsisches FG, U. v. 27.4.2006 – 10 K 65/01, EFG 2006, 1737.

448 BFH, U. v. 9.6.1999 – I R 100/97, BStBl II 1999, 658, DB 1999, 1983, 1984 f.

449 BGH WuW/E DE-R 1487, 1489 f. – *Steuerfreie Mehrerlösabschöpfung.*

450 Nach BGH WuW/E DE-R 1487, 1489 f. – *Steuerfreie Mehrerlösabschöpfung* sollen Ertragssteuern nur dann bei der Bußgeldbemessung abgezogen werden, wenn das Besteuerungsverfahren für den betreffenden Veranlagungszeitraum endgültig abgeschlossen ist.

§ 34 GWB abzuschöpfen. Die (teilweise) steuerliche Abziehbarkeit scheidet auch in diesem Fall nicht per se aus, sofern die Behörde im Rahmen der Bußgeldbemessung nach § 81 Abs. 5 S. 2 GWB eventuelle wirtschaftliche Vorteile bußgelderhöhend berücksichtigt. Denn nach einer im Jahr 2004 ergangenen Entscheidung des BFH (wenn auch zu Geldbußen der EU-Kommission) muss der Abschöpfungsteil nicht explizit hervortreten; vielmehr reiche für die steuerliche Abzugsfähigkeit „jede betragsmäßige Korrespondenz“ zwischen der Geldbuße einerseits und einem erzielten wirtschaftlichen Vorteil andererseits aus.[451] Haben sich erzielte wirtschaftliche Vorteile bußgelderhöhend ausgewirkt – was ggfs. im Wege einer Schätzung (§ 162 AO) zu ermitteln ist – kann nach der hier vertretenen Auffassung der erhöhende Teil daher steuerlich abgezogen werden.[452] Die finanzgerichtliche Rechtsprechung der letzten Jahre hat allerdings bestätigt, dass Geldbußen ausnahmsweise tatsächlich auch lediglich einen reinen Ahndungscharakter haben können sollen, so dass in solchen Fällen eine teilweise Abzugsfähigkeit der Geldbuße als Betriebsausgabe gemäß § 4 Abs. 5 Satz 1 Nr. 8 Satz 4 EStG ausgeschlossen sein soll.[453] Man wird allerdings gerade nach der Einführung des strikt umsatzproportionalen Bußgeldrahmens in § 81 Abs. 4 S. 2 GWB sowie der neuen Bußgeldleitlinien des BKartA aus 2013,[454]die geradezu mathematisch und kategorisch an die tatbefangenen Umsätze anknüpfen, davon ausgehen können, dass schon wegen des Erlösbezugs der Bußgeldfestsetzung stets ein gewisser Anteil des Bußgelds tatsächlich abschöpfenden Charakter hat, wenn Tatfolgen in Form von kartellbedingten Mehrpreisen vorliegen.[455]

135 Wird eine Geldbuße gegen einen Arbeitnehmer für wettbewerbs- oder kartellrechtswidriges Verhalten verhängt, kann er die von ihm gezahlte Buße nicht von seinem zu versteuernden Einkommen abziehen; die Abzugsbeschränkung des § 4 Abs. 5 Nr. 8 EStG gilt nach § 9 Abs. 5 EStG auch für Arbeitnehmer. Nach § 12 Nr. 4 EStG gilt das gleiche bei Geldstrafen. Die mangelnde steuerliche Absetzbarkeit von Bußen und Strafen ist bei der Bußgeldbemessung aber als sanktionsmindernd zu berücksichtigen.[456] Übernimmt das Arbeitgeber-Unternehmen später die Zahlung, so handelt es sich grundsätzlich um Arbeitslohn; die Zahlung kann der Arbeitgeber zwar abziehen, gleichzeitig ist aber der Lohnsteuerabzug durchzuführen.[457] Übernimmt der Arbeitgeber auch noch die Lohnsteuer (stellt er den Arbeitnehmer also „netto“ frei), sind die übernommenen Lohnsteuerbeträge wiederum steuerpflichtiger Arbeitslohn.

136 *c) Verfahrenskosten.* Im Gegensatz zu Geldbußen und Geldstrafen sind die im Falle einer rechtskräftigen Bußgeldverhängung im Bußgeldbescheid festgesetzten Gebühren und Auslagen[458] in voller Höhe steuerlich abzugsfähig.[459] Gleiches gilt im Strafverfahren auch für Leistungen zur Erfüllung von Auflagen oder Weisungen iSv § 153a StPO, § 4 Abs. 5 Nr. 8 S. 2 EStG.[460] Strafverteidigungskosten sind dann als Betriebsausgabe abziehbar, wenn der strafrechtliche Vorwurf gegen den Steuerpflichtigen durch sein berufliches Verhalten veranlasst gewesen ist.[461] Eine Abzugsfähigkeit der Verfahrenskosten bei entsprechender betriebli-

---

451 BFH BB 2004, 2121, 2122; *Eilers/Schneider,* DStR 2007, 1507, 1509.

452 So zutreffend *Achenbach/Wegner,* ZWeR 2006, 49, 60 f.

453 FG Münster U. v. 5.10.2010 – 13 K 3807/06 F, EFG 2011, 421, in einem Fall wo das BkartA die Buße bewusst pauschal nur an der oberen Grenze des Regelbußgeldrahmens des § 81 Abs. 2 GWB n. F. orientiert hatte und nicht an den voraussichtlich sehr viel höheren Mehrerlösen; keine Zulassung der Revision durch den BFH zur Sicherung einer einheitlichen Rechtsprechung, da die Entscheidung des FG im Wesentlichen auf die Besonderheiten des Streitfalls zurückzuführen ist: BFH, B. v. 11.1.2012 – IV B 142/10, BFH/NV 2012, 784.

454 S. dazu oben Rdnr. 134.

455 In diesem Sinn für die Parallelfrage bei EU-Bußen *Eilers/Klusmann,* NZKart 2014, 294, 297 f.

456 BKartA WuW/E BKartA 2871, 2874 – *Straßenstrich.*

457 FG Köln EFG 2005, 756, zu Geldauflagen nach § 153a StPO; Rev. VI R 10/05.

458 Dazu näher Rdnr. 119 f.

459 Siehe nur BFH NJW 1991, 192; *Grützner/Reimann/Wissel,* Rdnr. 86.

460 *Bangard,* wistra 1997, 161, 164; *Kruschke,* in Herrmann/Heuer/Raupach, EStG/KStG, § 4 EStG Rdnr. 1723.

461 BFH U. v. 16.4.2013 – IX R 5/12, BStBl. II 2013, 806 = NJW 2013, 3263.

cher Veranlassung besteht selbst dann, wenn die Geldbuße selbst nicht gem. § 4 Abs. 5 Satz 1 Nr. 8 EStG abziehbar ist.[462]

6. Verzinsung des Bußgeldes. Durch die 7. GWB-Novelle wurde § 81 Abs. 6 GWB eine **Verzinsungspflicht** für gegen juristische Personen und Personenvereinigungen festgesetzte Geldbußen eingeführt. Hintergrund dieser Regelung war, den Unternehmen jeglichen Anreiz dafür zu nehmen, die Zahlung der Geldbuße möglichst lange hinauszuzögern.[463] Die Verzinsungspflicht beginnt zwei Wochen nach Zustellung des Bußgeldbescheids. Da sie sich aber nur auf die im Bußgeldbescheid festgelegte Geldbuße bezieht, entfällt die Verzinsungspflicht im Falle eines wirksamen Einspruchs, jedenfalls wenn dieser nicht zurückgenommen wird. Die Regelung ist in der Praxis eine große Belastung für die betroffenen Unternehmen. Der im Falle einer späteren Rücknahme des Einspruchs zu zahlende Zins liegt gem. § 288f. BGB derzeit bei 5% und damit beim 2–3fachen der tatsächlichen Refinanzierungskosten, die ein Einspruchsführer bei sofortiger Buße zu zahlen hätte. Da die Regelung weder das Vorliegen eines missbräuchlichen Verhaltens – z.B. in Gestalt der Einlegung eines offensichtlich aussichtslosen Rechtsbehelfs – voraussetzt, noch nach Auffassung des Gerichts im Einzelfall einer Rücknahme hinsichtlich des „Ob“ oder der Höhe einer Erhebung von Zinsen nach dem Gegenbeweis tatsächlich niedrigerer ersparter Zinsen zulässt,[464] wirkt sie sich als verfassungsrechtlich bedenkliche Zusatzstrafe dafür aus, dass von der Rechtsweggarantie Gebrauch gemacht wird. Es ist materiellrechtlich ungerecht, wenn z.B. nach Jahren des Wartens auf eine Hauptverhandlung aufgrund zwischenzeitlich neuer Rechtsprechung die Fortsetzung des Einspruchsverfahrens „ex nunc“ nicht mehr opportun erscheint und eine daraufhin erfolgende Einspruchsrücknahme mit einer hohen Zinslast/-sanktion „belohnt“ wird. Gleichwohl hat das BVerfG die Regelung auf eine Vorlage des 1. Kartellsenats des OLG Düsseldorf hin für verfassungsgemäß erklärt,[465] weil sie der Sache nach keine Zusatzstrafe sei, sondern nur die Wirkung einer bereits vorläufigen Sanktion perpetuiere.[466] 137

Problematisch ist die Regelung aber auch im Hinblick auf streitige Gerichtsentscheidungen, in denen erfolglose Einspruchsführer zu Bußgeldern verurteilt werden. Denn das entscheidende Gericht ist in seinem Rechtsfolgenanspruch nicht an den Ausgangsbescheid der Kartellbehörde gebunden, sondern entscheidet selbständig neu über eine Ahndung einer etwaigen Ordnungswidrigkeit. Dabei soll die in § 81 Abs. 6 GWB angeordnete Verzinsung der Geldbuße nach der Begründung des Regierungsentwurfs einen Hinweis an das Gericht enthalten, bei seiner Überprüfung auch den Zeitfaktor zu berücksichtigen.[467] Es kann daher dazu kommen, dass das zuständige Kartell-Oberlandesgericht die bis zum Urteil verstrichene Verfahrensdauer unter Zinsgesichtspunkten als straferhöhend in seine Ermessensentscheidung einbezieht, obwohl § 81 Abs. 6 GWB gerade nicht auf den Fall des voll durchgeführten und mit Urteil abgeschlossenen gerichtlichen Verfahrens anwendbar sein soll. Dies stünde dann zugleich in offenem Widerspruch zum Gebot der Sanktionsmilderung bei überlanger Verfahrensdauer, das aus Art. 6 EMRK bzw. Art. 20 Abs. 3 GG folgt und bei staatlich verursachten vermeidbaren Verfahrensverzögerungen einen Bußgeldabzug, nicht aber einen Zinszuschlag erfordert. 138

7. Sonstige Sanktionen und Sanktionsfolgen. Als Folge der behördlichen Ahndung von Kartellverstößen können sich weitere Rechtsfolgen für rechtskräftig gebußte oder verurteilte Betroffene ergeben: 139

---

[462] BFH U. v. 23.3.2011 – X R 59/09, BFH/NV 2011, 2047; *Wied,* in Blümich, EStG/KStG/GewStG, § 4 EStG Rdnr. 877.

[463] BT-Drucks. 15/3640, S. 67.

[464] So OLG Düsseldorf, B. v. 5.2.2014, Az V-4 Kart 3/14 (OWi), S. 2f.: „keine teleologische Reduktion“ auf Missbrauchsfälle.

[465] BVerfG B. v. 19.12.2012 – 1 BvL 18/11, NJW 2013, 1418ff.

[466] So dazu *Gaier,* wistra 5/2014, 161, 163

[467] Vgl. BT-Drucks. 15/3640, S. 67.

140 *a) Eintragung in das Gewerbezentralregister oder Bundeszentralregister. aa) Gewerbezentralregister.* Rechtskräftige Bußgeldentscheidungen der Kartellbehörden oder Gerichte sind von diesen gem. § 153a GewO dem beim Bundeszentralregister in Berlin geführten Gewerbezentralregister zur Eintragung mitzuteilen. **Eintragungspflichtig** sind gem. 149 Abs. 2 Nr. 3 GewO entsprechende Bußgeldentscheidungen, die bei oder im Zusammenhang mit der Ausübung eines Gewerbes oder dem Betrieb einer sonstigen wirtschaftlichen Unternehmung (sog. „Gewerbezusammenhang")[468] stehen – was bei Kartellordnungswidrigkeiten regelmäßig der Fall ist[469] – und für die eine Buße von mehr als 200 € verhängt worden ist. Bei Tatmehrheit iSv § 20 OWiG sind nur solche Bußen einzutragen, die einzeln mit mehr als 200 € Bußgeld belegt worden sind.[470] Die Eintragung kann sich auf Handelnde sowie auf iSv § 9 OWiG vertretene **natürliche und juristische Personen** beziehen .[471]

141 Vorhandene **Eintragungen** werden gem. § 153 GewO für Geldbußen bis zu 300 € nach drei Jahren und für höhere Geldbußen **nach fünf Jahren,** gerechnet vom Eintritt der Rechtskraft der Entscheidung an, **getilgt.** Enthält das Register mehrere Eintragungen, so werden auch einzelne Eintragungen erst getilgt, wenn für alle Eintragungen die vorgenannten Fristen abgelaufen sind (§ 153 Abs. 4 GewO). Bis zur Tilgung können die gem. § 150a GewO auskunftsberechtigten Behörden und öffentlichen Auftraggeber – gemäß § 150a Abs. 2 Nr. 4 GewO gehören auch die nach § 81 Abs. 10 GWB zuständigen Kartellbehörden hierzu – vorhandene Eintragungen in Erfahrung bringen und bei der Vorbereitung von Verwaltungsentscheidungen mit Gewerbebezug oder zu Zwecken der Strafverfolgung verwenden, soweit Eintragungen noch nicht tilgungsreif sind. Den von der Eintragung Betroffenen ist auf Antrag entweder nach Maßgabe des § 150 GewO Auskunft über den Registerinhalt zu geben oder gem. § 150a Abs. 5 GewO in die von einer Behörde angeforderte Auskunft Einsicht zu gewähren. Entsprechende Auskünfte aus dem Gewerbezentralregister können auch zur Vorbereitung von vergaberechtlichen Entscheidungen genutzt werden. Unternehmen mit entsprechenden Voreintragungen müssen dann ggfs. eine hinreichende Selbstreinigung nachweisen, um vergaberechtlich wieder als zuverlässig eingeschätzt zu werden.

142 *bb) Bundeszentralregister.* Im **Bundeszentralregister** werden lediglich rechtskräftige strafrechtliche Verurteilungen (Urteile und Strafbefehle) deutscher Gerichte eingetragen (§ 4 BZRG). Geldstrafen von bis zu 90 Tagessätzen sowie Freiheitsstrafen bis zu drei Monaten werden nach fünf Jahren getilgt, soweit keine Voreintragung vorliegt. Bei höheren Geldstrafen oder Freiheitsstrafen bis zu einem Jahr und bei vorliegender Voreintragung erfolgt die Tilgung nach zehn Jahren. Bei einer Verurteilung zu höherer Freiheitsstrafe beträgt die Tilgungsfrist 15 Jahre (zu Einzelheiten siehe § 46 BZRG).

143 Eintragungen werden gem. § 32 Abs. 1 und 2 in das (beschränkte) **amtliche Führungszeugnis** aufgenommen, soweit sie auf mehr als 90 Tagessätze oder drei Monate Freiheitsstrafe bei fehlender Voreintragung lauten. In unbeschränkte Führungszeugnisse für Behörden gem. § 32 Abs. 3 und 4 BZRG sind darüber hinaus sämtliche Verurteilungen mit Gewerbebezug aufzunehmen, soweit das Führungszeugnis für die in § 149 Abs. 2 Nr. 1 GewO bezeichneten Entscheidungen bestimmt ist. Nicht mehr in das Führungszeugnis aufgenommen werden Verurteilungen zu Geldstrafe oder bis zu drei Monaten Freiheitsstrafe, wenn diese länger als drei Jahre zurückliegen, sonstige Verurteilungen nach fünf Jahren (siehe § 34 Abs. 1 BZRG).

144 Der Verurteilte darf sich gem. § 53 BZRG gegenüber Dritten und Behörden als unbestraft bezeichnen, wenn die Verurteilung nicht in das beschränkte Führungszeugnis gem. § 32 Abs. 1 und 2 BZRG aufzunehmen oder wenn sie zu tilgen ist.[472]

---

[468] Dazu näher *Rebmann/Uhlig,* BZRG § 149 GewO Rdnr. 48.
[469] *Grützner/Reimann/Wissel,* Rdnr. 15.
[470] *Rebmann/Uhlig,* BZRG § 151 GewO Rdnr. 5.
[471] *Rebmann/Uhlig,* BZRG § 149 GewO Rdnr. 23.
[472] Zu Einzelheiten s. *Rebmann/Uhlig,* BZRG § 53 Rdnr. 6–10.

b) Ausschluss von weiteren Vergaben. Im öffentlichen Auftragswesen werden zunehmend häufiger rechtskräftig gebußte oder bestrafte Anbieter von der Teilnahme an künftigen Ausschreibungen ausgeschlossen. Die den meisten öffentlichen Ausschreibungen zugrundeliegenden Vergabeordnungen VOL/A sowie VOB/A sehen übereinstimmend vor, dass aufgrund einschlägiger Kartellverstöße iSv § 7 Nr. 5 lit. c) VOL/A bzw. § 8 Nr. 5 Abs. 1 lit. c) VOB/A als *persönlich unzuverlässig* einzustufende Anbieter ausgeschlossen werden können. Zum Teil bestehen auf Länderebene noch zusätzliche Regelungen, die für die Verwaltungspraxis genauere Kriterien bei der jeweils über die (in der Regel zu befristende) Auslistung zu treffenden Ermessensentscheidung enthalten.[473] Nicht selten wird ein Unternehmen nach diesen Regelungen zunächst zeitlich weiträumig vom weiteren Wettbewerb ausgeschlossen und seine Wiederzulassung an unterschiedliche Bedingungen geknüpft. Neben der finanziellen Kompensation eingetretener Schäden werden in diesem Sinne beispielsweise häufig auch personelle Konsequenzen wie die Entlassung oder Versetzung von Handlungstätern sowie konkrete organisatorische Maßnahmen gefordert, die zur Verhinderung von Wiederholungsfällen geeignet sind. Diese Praxis ist insbesondere bei fehlenden Ausweichmöglichkeiten der betroffenen Anbieter auf andere (private) Auftraggeber rechtlich bedenklich. Sie kann bis hin zu unzulässigem Nachfragemachtmissbrauch gem. §§ 19 Abs. 1, 20 Abs. 1 GWB oder verfassungswidrigen Eingriffen in die Berufs- und Gewerbefreiheit reichen, insbesondere wenn die als Voraussetzung der Wiederzulassung geforderten Maßnahmen wegen ihrer Tragweite das Verhältnismäßigkeitsgebot verletzen und strafähnlichen Charakter tragen.[474] Gegen Entscheidungen der Vergabebehörden, die häufig auch übergeordnet gleich für mehrere Vergabebereiche als **koordinierte Vergabesperren** angeordnet werden, ist verwaltungsrechtlicher Rechtsschutz gegeben. 145

c) Zivilrechtliche Schadensersatzansprüche. Soweit durch kartellrechtliche Verstöße zivilrechtliche Schäden verursacht worden sind, z. B. durch absprachebedingt überhöhte Preise, können seitens der Auftraggeber – unter Umständen auch von Wettbewerbern – zivilrechtliche Ersatzansprüche geltend gemacht werden. Die denkbaren Anspruchsgrundlagen sind unterschiedlich: Geschädigte Auftraggeber können aus **culpa in contrahendo** oder **positiver Verletzung** des geschlossenen Kauf- oder Werksvertrags[475] Ansprüche stellen. Auch deliktische Ansprüche gem. § 33 GWB oder nach § 823 Abs. 2 BGB iVm. verletzten Schutzgesetzen des Strafrechts kommen evtl. in Betracht.[476] Insbesondere schließt § 33 GWB die Anwendung anderer Vorschriften des Deliktsrecht grundsätzlich nicht aus.[477] Zu beachten ist, dass § 33 GWB lex specialis zu § 823 Abs. 2 BGB ist. Dies gilt nach der 7. GWB-Novelle auch für Schadensersatzansprüche wegen Verstößen gegen Art. 101 oder 102 AEUV. § 33 GWB verlangt nach der 7. GWB-Novelle keine Verletzung eines Schutzgesetzes mehr. Praktisch schwierig ist häufig – jedenfalls dann, wenn keine AGB-rechtlich zulässigen Bieterklauseln vereinbart sind, die den Schadensnachweis pauschalieren[478] – der vom Anspruchsteller zu führende Nachweis über Schadenseintritt und Schadenshöhe.[479] Zur Vorbereitung der Geltendmachung zivilrechtlicher Ansprüche können durch Kartellverstöße Verletzte gem. § 406e StPO (iVm. § 46 Abs. 1 OWiG) durch einen Rechtsanwalt die 146

---

[473] So z. B. in Hessen der Erlass vom 3.4.1995, Hessischer Staatsanzeiger v. 24.4.1995, 431; beanstandet durch das BKartA, TB 95/96, S. 29 (als Missbrauch von Nachfragemacht).

[474] Vgl. *Mestmäcker/Bremer,* Beilage 19 zu BB 1995, 20 ff.; BKartA TB 95/96, S. 29.

[475] S. dazu BGH WuW/E BGH 2849, 2855 – *Arbeitsgemeinschaft Rheinausbau.*

[476] Wegen der Einzelheiten s. unter § 50 Rdnr. 35 ff.

[477] *Loewenheim/Meessen/Riesenkampff-Rehbinder,* Kartellrecht, 10. Teil (GWB), § 33 Rdnr. 56; *Langen/Bunte-Bornkamm,* Kartellrecht, Bd. 1, § 33 GWB Rdnr. 148.

[478] S. BGH WuW/E BGH 3049, 3051 f. – *3 v. H. der Auftragssumme;* OLG Bremen WuW/E OLG 4225 ff. – *ZVB Hochbau.*

[479] Zur Darlegungslast nach rechtskräftiger Kartellbußgeldverhängung großzügig: OLG Düsseldorf OLG Report 17/93, 250; LG Berlin BauR 1996, 245; zu Art. 81 EG (jetzt: Art. 101 AEUV) siehe Fall *BT ./. Deutsche Telekom,* OLG Düsseldorf U. v. 16.6.1998, WuW/E DE-R 143 ff. – *Global One.*

Ermittlungsakten einsehen lassen.[480] In der Praxis wird vom BKartA nach Verfahrensschluss Akteneinsicht gewährt, wobei allerdings Geschäftsgeheimnisse von der Akteneinsicht ausgenommen werden.

147 Praktische Schwierigkeiten bestehen hinsichtlich sogenannter **Kronzeugen-Unterlagen,** also Unterlagen, die im Rahmen einer Kooperation der ermittelnden Kartellbehörde freiwillig zur Verfügung gestellt worden sind. Hier kommt es in Ermangelung einer einschlägigen gesetzlichen Regelung zum Wertungskonflikt: Kartellbehörden und Kronzeugen haben ein gleichgerichtetes Interesse daran, dass die gewünschte Kooperation in kartellrechtlichen Ermittlungsverfahren nicht durch eine Pflicht zur späteren Offenlegung von zu diesem Zweck erstellten Unterlagen gegenüber Dritten konterkariert wird. Zugleich soll aber die zivilrechtliche Durchsetzung von Kartellschadenersatz-Ansprüchen gefördert werden, weil man auch vom parallelen private enforcement profitieren will. Nachdem die grundsätzliche Lösung dieses Konfliktes in der „*Pfleiderer*"-Entscheidung des EuGH[481] offengelassen und dem nationalen Recht bzw. Gericht übertragen worden ist, besteht in der Praxis derzeit weitgehende Rechtsunsicherheit. Das BkartA und das AG Bonn gehen nach der *Pfleiderer*-Entscheidung weiterhin davon aus, dass die Akteneinsichtsrechte des (potentiell) Geschädigten sich nicht auf freiwillige von Kronzeugen gemachte Angaben beziehen sollen.[482] Auch das OLG Düsseldorf scheint die Linie zu verfolgen, dass im Rahmen der Opfer-Akteneinsicht alle historischen und nicht nur zu Verfahrenszwecken erstellten Unterlagen – nicht aber Bonusanträge – zugänglich zu machen sein sollen, ebenso wie Art. 6 Abs. 6 der EU-Schadensersatz-Richtlinie 2014/104 vom 26.11.2014 (ABl. Nr. L 349/1 vom 5.12.2014).[483] Soweit Akteneinsichtsersuche gem. § 406e StPO iVm § 46 OWiG beim BkartA gestellt werden und das BkartA in weiterem Umfang Akteneinsicht zu gewähren beabsichtigt als von den Verfahrensbetroffenen zugestanden, können diese Anträge auf gerichtliche Entscheidung stellen (§ 62 OWiG). Für die Entscheidung ist sodann das OLG Düsseldorf als Beschwerdegericht zuständig, und zwar letztinstanzlich, da nach Auffassung des BGH beidseitig keine Beschwerde gegen erstinstanzliche Entscheidungen des OLG über das Akteneinsichtsrecht des Verletzten nach § 406e Abs. 4 StPO statthaft ist.[484]

148 Problematisch ist auch die **Beiziehung von Ermittlungsakten im Zivilprozess.** Während die Klägerseite wegen der bestehenden Darlegungsprobleme hinsichtlich eines schuldhaft verursachten Kartellschadens oft pauschal vorträgt und „zum Beweis" des Vortrags die Beziehung der Ermittlungsakte beantragt, besteht aus Beklagtensicht im Falle der pauschalen Aktenbeiziehung die Gefahr des zivilprozessual unzulässigen Ausforschungsbeweises, wenn Ermittlungsakten ohne weiteres beigezogen und sodann beiden Prozessparteien nach § 299 ZPO zugänglich wären. Das OLG Hamm[485] und das BVerfG[486] sehen daher zwar grundsätzlich die Beziehung von Ermittlungsakten als prozessual zulässig an. Dies folge aus §§ 474 Abs. 1, 477 Abs. 2 und 4 sowie 478 StPO. Kooperationsbeiträge sollen danach keine „ungewöhnliche Art von Daten" im Sinne des § 477 Abs. 4 S. 2 StPO sein. Bei abgeschlossenen Ermittlungsverfahren bestehe keine Gefährdung des Unternehmenszwecks durch Aktenbeiziehung, und das rechtspolitische Argument der Gefährdung der Funktionsfähigkeit der Kronzeugenprogramme des BKartA wurde nicht als ausreichender rechtlicher Verweigerungsgrund angesehen. Gleichzeitig bestehe aber die verfassungsrechtliche Notwendigkeit, dass der beiziehende Tatrichter die Akten *vor* der Aufnahme in

---

[480] S. dazu Topel in § 50.

[481] EuGH U. v. 14.6.2011, R C-360/09, ECLI:EU:C:2011:389 – *Pfleiderer;* AG Bonn, U. v. 18.1.2012, 51 Cs 53/09 – *Pfleiderer.*

[482] S. dazu näher mwN *Dück/Eufinger/Schultes,* EuZW 2012, 418 ff.

[483] OLG Düsseldorf, B. v. 22.8.2012 – V-4 Kart 5+6/11, BB 2012, 2459 m. Anm. *Kapp/Hummel.*

[484] BGH, B. v. 18.2.2014, KRB 12/13, NZKart 2014, 235, Tz. 5 f. – *Kaffeeröster.*

[485] B. v. 26.11.2013, NZKart 2014, 107 – Einsicht in Strafakten, s. auch Anm. hierzu von *Steiger* in CCZ 2014, 95 und *Gussone* in BB – online – 2014 – 526-1.

[486] BVerfG NJW 2014, 1581.

die Prozessakten des Zivilprozesses inhaltlich prüfe und sodann nur in dem Umfang die Aufnahme der Unterlagen in die Zivilprozessakte verfüge, in dem dies nicht zu einer nicht prozessordnungskonformen Bevorzugung einer Partei führt bzw. zu respektierende Geschäfts- und sonstige Geheimnisse gewahrt blieben.

§ 58 Rechtsmittel im OWiG-Verfahren[1]

Übersicht

Schrifttum: *Bechtold,* GWB, 7. Aufl., 2013; *Busche/Röhling,* Kölner Kommentar zum Kartellrecht, Band 2, 1. Auflage 2014; *Göhler,* Ordnungswidrigkeitengesetz, 16. Aufl. 2012; *Hermanns/Kleier,* Grenzen der Aufsichtspflicht in Betrieben, 1987; *Immenga/Mestmäcker,* GWB-Kommentar zum Kartellgesetz, 5. Aufl. 2014; *Jaeger/Kokott/Pohlmann/Schroeder (Hrsg.),* Frankfurter Kommentar zum Kartellrecht, 81. Ergänzungslieferung September 2014; *Langen/Bunte,* Kommentar zum deutschen und europäischen Kartellrecht, Band 1 – Deutsches Kartellrecht, 12. Aufl. 2014; *Hannich,* Karlsruher Kommentar zur Strafprozessordnung, 7. Aufl. 2013; *Rebmann/Roth/Hermann,* Gesetz über Ordnungswidrigkeiten, 3. Aufl. (Stand: März 2013); *Senge (Hrsg.),* Karlsruher Kommentar zum Gesetz über Ordnungswidrigkeiten, 3. Aufl. 2006; *Wolf/Burchardi,* Zuständigkeitsprobleme bei der Verfolgung von Submissionsabsprachen, Fs. Lieberknecht, 1997, 645 ff.; *Wrage-Molkenthin/Bauer,* Die fehlende Zuständigkeit des Kartellsenats beim Oberlandesgericht für die strafrechtliche Aburteilung eines bei ihm als Kartellordnungswidrigkeit anhängigen Falles, wistra 1994, 83.

A. Einspruch gegen Bußgeldbescheid gem. § 67 OWiG zum OLG

I. Sonderrechtsweg vor Kartellgerichte

Gegen einen Bußgeldbescheid ist als Rechtsbehelf der Einspruch gem. § 67 OWiG gegeben. Anders als in sonstigen Bußgeldverfahren nach dem OWiG, bei denen der Betroffene gegen einen Bußgeldbescheid Einspruch zu dem jeweils örtlich zuständigen Amtsgericht als Strafgericht erheben kann, ist gegen Bußgeldbescheide der Kartellbehörden der Sonderrechtsweg vor die Kartellgerichte iSd §§ 83 und 84 GWB eröffnet. § 83 GWB re- 1

[1] Auf Rechtsmittel gegen strafrechtliche Verurteilungen, die sich nach den allgemeinen Regeln der StPO richten, wird hier nicht eingegangen.

gelt abweichend von § 68 Abs. 1 OWiG, dass über Rechtsmittel gegen Bußgeldbescheide das OLG entscheidet, in dessen Bezirk die zuständige Kartellbehörde ihren Sitz hat. Ist die örtliche und sachliche Zuständigkeit der Kartellbehörden streitig, so kommt es für die Bestimmung der gerichtlichen Zuständigkeit darauf an, welche Kartellbehörde den angegriffenen Bescheid erlassen hat.[2] Zuständiger Spruchkörper ist der jeweilige Kartellsenat in der Besetzung mit drei Berufsrichtern gem. §§ 83 Abs. 2 iVm 91 GWB.[3] Beim OLG Düsseldorf ist die Zuständigkeit nach dem Geschäftsverteilungsplan auf mehrere Kartellsenate verteilt.

II. Wesen des Einspruchs

2 Mit dem Einspruch wird die erlassene Bußgeldentscheidung grundsätzlich insgesamt angegriffen. Dabei ist der Einspruch als Rechtsbehelf eigener Art zu verstehen, der nicht nur zur Überprüfung der Begründung der angegriffenen Behördenentscheidung, sondern zu einer vollständigen tatsächlichen und rechtlichen Neubewertung des zugrundeliegenden Sachverhalts führt, für die gem. § 71 Abs. 1 OWiG die strafprozessualen Regeln Anwendung finden. Denn dem gem. § 83 Abs. 1 S. 1 GWB insoweit anstelle des AG zuständigen Kartell-OLG obliegt gem. § 77 Abs. 1 OWiG die Pflicht, von Amts wegen die Wahrheit zu erforschen. Der mit dem Einspruch angegriffene Bußgeldbescheid hat lediglich den Charakter einer Anklageschrift und begrenzt lediglich den Prozessgegenstand in persönlicher und sachlicher Hinsicht, also den Streitgegenstand iSv § 411 Abs. 4 StPO. Das Kartell-OLG ermittelt eigenständig den Sachverhalt und setzt ggfs. Geldbußen nach eigenem Ermessen und unabhängig von den Erwägungen im angegriffenen Bußgeldbescheid fest. Es ist bei seiner tatsächlichen und rechtlichen Überprüfung im Einspruchsverfahren auch nicht an den Vortrag oder die Prüfung bestimmter, vom Einspruchsführer erhobener Rügen gebunden, sondern in seinem „Prüfungsprogramm" gänzlich frei,[4] was einen wesentlichen Unterschied zum Klageverfahren vor den Unions-Gerichten darstellt.

3 Eine **Beschränkung des Einspruchs** ist grds. möglich, so z. B. auf einzelne Taten gem. § 67 Abs. 2 OWiG oder unter Umständen auf den Rechtsfolgenanspruch.[5] Eine (nachträgliche) Beschränkung des Einspruchs gem. § 67 Abs. 2 OWiG setzt voraus, dass die einzelnen Rügen/Angriffe trennbar sind. Dies ist dem BGH zufolge nur dann der Fall, wenn die Einspruchsrücknahme materiell-rechtlich selbständige Taten betrifft, die gesondert anfechtbar sind.[6] Keine selbständige, gesondert anfechtbare Tat soll vorliegen, wenn tatbestandserfüllende Einzelabsprachen lediglich eine kartellrechtswidrige Grundabsprache konkretisieren, mit der sie zu einer Bewertungseinheit verbunden sind.[7] Eine Beschränkung des Einspruchs auf einzelne Subsumtionen ist dagegen nicht möglich.[8] Durch den Einspruch wird das Gericht ermächtigt, eine **umfassende Beurteilung** der Bußgeldentscheidung vorzunehmen, und zwar ohne an die Feststellungen der den Bußgeldbescheid erlassenden Behörde gebunden zu sein. Für das Einspruchsverfahren im Ordnungswidrigkeitenrecht gelten grundsätzlich die gleichen Regeln wie im Strafrecht für den Einspruch gegen einen Strafbefehl (§ 71 OWiG). Der Einspruch führt dazu, dass die zur Überprüfung gestellte Entscheidung nicht vollstreckt werden kann. Sie wird durch die Entscheidung des Gerichts, das zu eigener Sachverhaltserforschung gem. § 77 OWiG ermächtigt ist, ersetzt. Der angefochtene Bußgeldbescheid dient damit im gerichtlichen Verfahren – wie im Strafprozess die

---

[2] KG WuW/E OLG 1733, 1734; *Immenga/Mestmäcker-Dannecker/Biermann,* GWB, § 83 Rdnr. 7 mwN.

[3] Wegen der Einzelheiten wird auf die Ausführungen von *Topel* in § 50 verwiesen; zur Zuständigkeit in Bundesländern mit mehreren OLG vgl. § 93 GWB.

[4] S. zusf. *Gaier,* wistra 2014, 161, 164 f.

[5] Vgl. BayObLG NZV 1999, S. 51; *FK-Wrage-Molkenthin/Bauer,* Vorbem. zu §§ 81–86 GWB 2005 Rdnr. 166 – 168; *Langen/Bunte-Raum,* § 81 Rdnr. 10.

[6] S. BGH, B. v. 26.2.2013 – KRB 2012 WuW/E DE-R 3861 ff., Rdnr. 22 – *Grauzement.*

[7] BGH aaO, Tz. 23.

[8] BGH, aaO, Tz. 22.

Anklageschrift – lediglich der Bezeichnung und Abgrenzung der prozessualen Tat(en), die zu verfolgen ist (sind). Die eigenständige Rechtswirkung des Bußgeldbescheids geht durch die Einlegung des Einspruchs unter und lebt nur dann wieder auf, wenn der Einspruch später zurückgenommen oder gem. § 70 OWiG rechtskräftig als unzulässig verworfen wird.[9]

III. Frist und Form

Gemäß § 67 Abs. 1 OWiG ist der Einspruch **binnen zwei Wochen nach Zustellung** 4 **schriftlich** oder zur Niederschrift bei der Kartellbehörde, die den Bußgeldbescheid erlassen hat, einzulegen. Die Einlegung des Einspruchs bei anderen Stellen, einschließlich des für das Einspruchsverfahren zuständigen OLG, wahrt die Frist nur, wenn von dort aus die zuständige Ausgangsbehörde fristgerecht über die Einspruchseinlegung unterrichtet wird.[10] Frühestens zulässig ist die Einspruchseinlegung nach dem Erlass der Bußgeldentscheidung, also bereits nach deren Unterschrift und noch vor ihrer Zustellung, ohne dass es auf die tatsächliche Kenntnisnahme vom Inhalt des Bescheids durch den Adressaten ankäme.[11] Wird die kurze Einspruchsfrist unverschuldet versäumt, so kann auf Antrag gem. § 52 OWiG Wiedereinsetzung in den vorigen Stand zu gewähren sein. Neben der unmittelbar mündlichen Einlegung des Einspruchs zu Protokoll der Behörde[12] kann dieser auch in jeder Weise telefonisch, telegrafisch, per Telefax oder Computerfax[13] eingelegt werden[14] und muss nicht als solcher bezeichnet werden.[15] Der Einspruch muss auch **nicht begründet** werden. In der Praxis wird gleichwohl oft bereits im Hinblick auf die von der Behörde gem. § 69 Abs. 2 OWiG vorzunehmende Zweckmäßigkeitsprüfung sowie die Frage, ob im schriftlichen Verfahren (§ 72 OWiG) entschieden werden soll, eine Begründung erfolgen.[16] Sie kann nach zunächst nur fristwahrender Einspruchseinlegung zu jedem Zeitpunkt des Verfahrens – zweckmäßigerweise jedoch rechtzeitig vor einem gerichtlichen Verhandlungstermin oder sonstiger Befassung des Gerichts mit dem Einspruch in der Sache – nachgereicht werden.

IV. Verfahren nach Einspruchseinlegung

1. Allgemeines. Nach der Einlegung des Einspruchs prüft die Kartellbehörde zunächst 5 die Wirksamkeit der Einspruchseinlegung. Ist der Einspruch nicht rechtzeitig oder sonst unwirksam eingelegt, so verwirft sie ihn als unzulässig. Gegen einen entsprechenden Bescheid ist innerhalb von zwei Wochen nach Zustellung der Antrag auf gerichtliche Entscheidung nach § 62 OWiG zulässig (§ 69 Abs. 1 OWiG). Ist der Einspruch zulässig, so prüft die Kartellbehörde, ob sie den Bußgeldbescheid – ggf. nach weiteren Ermittlungen – zurücknehmen oder aufrechterhalten will. Stellt die **Kartellbehörde** nach Rücknahme des Bußgeldbescheids das Verfahren ein, so trifft sie grundsätzlich keine Kostenentscheidung.[17] Sie hat aber nach §§ 467a Abs. 1 und 2 StPO, 105 Abs. 1 OWiG in Form eines **selbständigen Kostenbescheids** über die **notwendigen Auslagen** des Betroffenen zu entscheiden. Im Falle der Einstellung nach §§ 170 Abs. 2 Satz 1 StPO iVm 46 Abs. 1 OWiG sind diese der Staatskasse aufzuerlegen (§ 467a Abs. 1 Satz 1 StPO), sofern nicht die Voraussetzungen

[9] Dazu näher KK OWiG-*Bohnert,* § 67 Rdnr. 1–7.

[10] *Göhler-Seitz,* OWiG § 67 Rdnr. 14.

[11] BGHSt 25, 187, 189.

[12] Zur erforderlichen Eindeutigkeit der Einlegung des Einspruchs bei mündlicher Erklärung siehe OLG Düsseldorf JMBl NRW 1982, 175.

[13] GmS-OGB NJW 2000, 2340 ff.

[14] BGH NJW 1980, 1290 f.; KK-*Reher,* Bd. 2, 2014, Vor § 81 Rdnr. 305; *Immenga/Mestmäcker-Dannecker/Biermann,* GWB, Vor § 81 Rdnr. 304.

[15] *Immenga/Mestmäcker-Dannecker/Biermann,* GWB, Vor § 81 Rdnr. 306.

[16] *Hermanns/Kleier,* S. 121.

[17] Zu Ausnahmen vgl. § 469 Abs. 1 S. 1 StPO und KK OWiG-*Schmehl,* § 105 Rdnr. 14 a. E.

zungen des § 467 Abs. 2 oder 3 StPO oder des § 109a OWiG vorliegen. Im Falle der Einstellung nach § 47 Abs. 1 Satz 2 OWiG ist die Auslagenentscheidung gem. §§ 109a Abs. 2 OWiG sowie 467 Abs. 4 StPO zu treffen. Bei der Ausübung des nach letzterer Vorschrift eröffneten Ermessens kommt es auf die bestehende Verurteilungswahrscheinlichkeit, die Bereitschaft des Betroffenen zur Auslagentragung sowie sein Verhalten im Verfahren an.[18]

6 Entscheidet die Behörde, dass sie den Bußgeldbescheid aufrechterhalten will, so **übersendet** sie die **Akten** gem. § 69 Abs. 3 OWiG **an** die (General-)**Staatsanwaltschaft,** die für das im gerichtlichen Einspruchsverfahren zuständige OLG örtlich zuständig ist. Mit dieser Übersendung des Bußgeldvorgangs geht die Verfolgungszuständigkeit von der Kartellbehörde auf die Staatsanwaltschaft über (§ 69 Abs. 4 OWiG). Die Staatsanwaltschaft führt zunächst eine eigene Prüfung durch, in der sie ihre Entscheidungszuständigkeit, das Vorliegen von Verfahrenshindernissen, die Rechtskraft des Bußgeldbescheides, die Zuständigkeit der tätig gewordenen Verwaltungsbehörde, den Verfahrensgegenstand, das öffentliche Interesse an der Fortführung des Verfahrens, die hinreichende Ausermittlung der Sache und die Verurteilungswahrscheinlichkeit prüft.[19] Liegen die Ahndungsvoraussetzungen nach Auffassung der Staatsanwaltschaft vor und erkennt sie ein öffentliches Interesse an der Ahndung, leitet sie sodann die Akten entweder dem als Kartellgericht zuständigen OLG (§ 83 GWB) zu, oder – soweit sie die verfahrensgegenständliche Tat auch oder nur unter strafrechtlichen Gesichtspunkten (z. B. nach §§ 263, 298 StGB) verfolgt sehen will (vgl. § 45 OWiG) – dem erstinstanzlich gem. §§ 24ff., 73ff. GVG zuständigen Strafgericht und der dortigen Staatsanwaltschaft, oder sie stellt das Verfahren ein. Stellt die Staatsanwaltschaft das Verfahren ein, bevor sie die Akten dem OLG vorgelegt hat, so trifft sie grundsätzlich keine Entscheidung über die Verfahrenskosten. Ausnahmen bilden die Fälle der §§ 108a Abs. 1 OWiG, 467a Abs. 1 Satz 2, 467 Abs. 2 Satz 1 StPO. Hiernach sind die Kosten des Verfahrens, die der von dem Bußgeldbescheid Betroffene durch eine schuldhafte Säumnis verursacht hat, diesem aufzuerlegen. Stets muss die Staatsanwaltschaft nach Maßgabe der §§ 108a Abs. 1 OWiG, 467a Abs. 1 und 2 StPO über die notwendigen Auslagen des Betroffenen entscheiden. Insoweit gelten die vorstehenden Ausführungen zur Einstellung durch die Kartellbehörde im Einspruchsverfahren entsprechend.

7 Nach Vorlage der Akten an das OLG kann die Staatsanwaltschaft das Verfahren einstellen, nachdem sie die öffentliche Klage zurückgenommen hat (§§ 71 Abs. 1 OWiG, 411 Abs. 3 Sätze 1 und 2, 303 StPO). Eine Kostenentscheidung ergeht nur im Falle des § 467 Abs. 2 Satz 1 StPO, über die Auslagen ist dagegen in jedem Fall zu entscheiden. Die Auslagenentscheidung richtet sich nach § 467a StPO. Beide Entscheidungen trifft nicht die Staatsanwaltschaft, sondern das OLG.

8 Werden die Akten dem zuständigen **Gericht** vorgelegt, so muss dieses grds. eine **Sachentscheidung** erlassen. Sofern das Gericht aber von einer offensichtlich ungenügenden Sachverhaltsaufklärung ausgeht, so kann es die Sache mit Zustimmung der Staatsanwaltschaft auch unter Angabe der Gründe an die Kartellbehörde zurückgeben, die dadurch wieder verfolgungszuständig wird (§ 69 Abs. 5 S. 1 OWiG). Verneint das Gericht bei erneuter Übersendung den hinreichenden Tatverdacht einer Ordnungswidrigkeit, so kann es die Sache durch Beschluss endgültig an die Verwaltungsbehörde zurückgeben (§ 69 Abs. 5 S. 2 OWiG).

9 **2. Rücknahme des Einspruchs und Rechtsmittelverzicht.** Der Einspruchführer kann den Einspruch vor Beginn der Hauptverhandlung jederzeit zurücknehmen[20] bzw. nach Erlass des Bußgeldbescheides auf die Einlegung eines Einspruchs wirksam verzichten.[21] Für

[18] Im einzelnen str., vgl. *Göhler-Seitz,* OWiG § 47 Rdnr. 44–51; *Rebmann/Roth/Herrmann-Reichert,* OWiG § 105 Rdnr. 24b mwN.

[19] Dazu näher KK OWiG-*Bohnert,* § 69 Rdnr. 86–99.

[20] *Immenga/Mestmäcker-Dannecker/Biermann,* GWB, Vor § 81 Rdnr. 307.

[21] *Göhler-Seitz,* OWiG § 67 Rdnr. 41; zur Unzulässigkeit eines Rechtsmittelverzichts vor Erlass des Bescheides s. oben § 57 Rdnr. 55.

die Rücknahme des Einspruchs oder den Verzicht auf seine Einlegung gelten grundsätzlich die gleichen Formerfordernisse wie für seine Einlegung;[22] entsprechende Erklärungen sind also schriftlich oder mündlich zu Protokoll abzugeben. Der Verteidiger bedarf zur Rücknahme des Einspruchs oder einer Verzichtserklärung einer ausdrücklichen Ermächtigung iSv §§ 46 Abs. 1 OWiG iVm 302 Abs. 2 StPO. Wird ein eingelegter Einspruch in diesem Sinne gem. § 67 Abs. 2 OWiG iVm 302 StPO zurückgenommen, so wird von der Rechtsprechung diese Rücknahme zugleich als eine unwiderrufliche Verzichtserklärung im Hinblick auf eine bei noch laufender Frist ansonsten denkbare erneute Einspruchseinlegung angesehen.[23] Durch die Rücknahme des Einspruchs lebt der durch die Einspruchseinlegung zunächst rechtswirkungslos gewordene ursprüngliche Bußgeldbescheid wieder auf und wird zugleich rechtskräftig iSv § 84 Abs. 1 OWiG. Letzteres tritt auch bei wirksamer Erklärung des Verzichts auf Einlegung des Einspruchs nach dem Erlass des Bußgeldbescheides ein. Nach Beginn der gerichtlichen Hauptverhandlung erfordert die Einspruchsrücknahme die Zustimmung der GStA gem. § 71 Abs. 1 OWiG iVm §§ 303 S. 2 und 411 Abs. 3 S. 2 StPO.

3. Zuständigkeit des OLG/Verweisung an andere Spruchkörper. Die Zuständigkeit des OLG gem. § 83 GWB besteht ausschließlich für das Verfahren nach Einlegung des Einspruchs. Für Rechtsbehelfe gegen selbständig angreifbare Verfahrenshandlungen – z. B. im Ermittlungsverfahren vor Erlass des Bußgeldbescheides – bleiben auch nach Einspruchseinlegung die allgemeinen Gerichte, in aller Regel also das jeweils örtlich zuständige Amtsgericht, zuständig.[24] 10

a) Verweisung an das Strafgericht. Legt die zuständige Staatsanwaltschaft dem Kartellsenat des OLG die Akten vor, so ist grundsätzlich die volle Überprüfung der angegriffenen Entscheidung in tatsächlicher und rechtlicher Hinsicht eröffnet. Der Kartellsenat prüft daraufhin zunächst seine örtliche und sachliche Zuständigkeit sowie mögliche Verfahrenshindernisse. Stellt sich bei dieser Prüfung heraus, dass das OLG nicht zuständig ist, weil der zur Überprüfung gestellte Sachverhalt aus Sicht des Gerichts teilweise oder insgesamt strafrechtlich zu würdigen ist, so kommt bereits außerhalb der Hauptverhandlung die Verweisung des Verfahrens an das erstinstanzlich zuständige Strafgericht in Betracht. 11

Der BGH hat dazu entschieden, dass der Kartellsenat des OLG als spezialisierter Spruchkörper für die erstinstanzliche strafrechtliche Aburteilung einer ihm als Ordnungswidrigkeit vorgelegten Tat nicht zuständig ist, weil ihm insoweit die erforderliche Rechtsfolgenkompetenz fehle.[25] Dies sei indes kein Verfahrenshindernis, das den nur für Ordnungswidrigkeiten zuständigen Kartellsenat zur Einstellung des Verfahrens gem. § 206a StPO berechtige,[26] sondern begründe eine Verweisungskompetenz. Der Kartellsenat sei in derartigen Fällen gehalten, einen rechtlichen Hinweis nach § 81 Abs. 1 OWiG zu erteilen, wodurch das anhängige Ordnungswidrigkeitenverfahren in ein Strafverfahren übergeleitet werde. Sodann müsse der Kartellsenat analog § 270 StPO an das erstinstanzlich zuständige Strafgericht verweisen. Als solches komme das gem. §§ 7 ff. StPO zuständige Landgericht (dort die Wirtschaftsstrafkammer) oder Amtsgericht in Betracht. Die vorzunehmende Verweisung sei bindend; § 225a StPO mit der dort vorgesehenen Möglichkeit zur Rückverweisung könne nicht zur Anwendung gelangen, da die **Überleitung** des Bußgeldverfahrens in ein Strafverfahren nach Erteilung des Hinweises nach § 81 Abs. 1 OWiG **unumkehrbar** sei.[27] 12

---

[22] BGHSt 18, 257, 260.

[23] BGHSt 10, 245, 247.

[24] KG WuW/E OLG 3047, 3048; *Langen/Bunte-Raum,* Kartellrecht, Band 1, § 83 GWB Rdnr. 25; bei Maßnahmen des BKartA das AG Bonn.

[25] BGH WuW/E BGH 2865, 2866 – *Verweispflicht.*

[26] So noch als Vorinstanz das KG, WuW/E OLG 4983, 4988 – *Übergang zum Strafverfahren;* siehe a. *Wolf/Burchardi,* in Fs. Lieberknecht S. 645, 664 f., dort auch zur gerichtlichen Zuständigkeit de lege ferenda.

[27] So BGH WuW/E BGH 2865, 2867 mwN; krit. zur Verweisung *Göhler,* wistra 1996, 17 sowie 132, 136; aA wiederum *Wrage-Molkenthin/Bauer,* wistra 1994, 83 ff.

13 *b) Einstellungsurteil und -beschluss.* Bei Vorliegen eines Verfahrenshindernisses, wie z.B. durchgehend nicht ordnungsgemäßer Einlegung des Einspruchs, eingetretener Verjährung oder vorheriger anderweitiger rechtskräftiger Ahndung derselben prozessualen Tat, stellt das OLG das Verfahren außerhalb der Hauptverhandlung gem. §§ 46 Abs. 1 iVm 206a und 206b StPO durch Beschluss, in der Hauptverhandlung durch Urteil gem. §§ 46 Abs. 1 OWiG iVm 260 Abs. 3 StPO ein. Beschluss und Urteil müssen eine Kosten- und Auslagenentscheidung nach §§ 467 StPO iVm 46 Abs. 1, 71 Abs. 1 OWiG enthalten. Gegen Einstellungsbeschlüsse ist das Rechtsmittel der sofortigen Beschwerde gem. § 70 Abs. 2 OWiG gegeben. Einstellungsurteile sind mit der Rechtsbeschwerde gem. § 79 OWiG angreifbar (siehe dazu zugleich näher unter B. Rdnr. 21 ff.).

14 *c) Hauptverhandlung oder Beschlussverfahren.* Erfolgt keine Einstellung aus Verfahrensgründen, so prüft das Gericht, ob im schriftlichen Verfahren oder aufgrund einer Hauptverhandlung entschieden werden soll. Wird – wie regelmäßig in GWB-Ordnungswidrigkeitenverfahren – die Durchführung einer Hauptverhandlung vom Gericht für sinnvoll gehalten, so bestimmt das Gericht einen Termin. Liegen ausnahmsweise Gründe vor, die eine Entscheidung des Gerichts im **schriftlichen Beschlussverfahren** nahelegen, so müssen die Staatsanwaltschaft und der Betroffene zunächst angehört werden und dürfen diesem Verfahren nicht widersprechen (§ 72 Abs. 1 OWiG). Die Besonderheit des schriftlichen Beschlussverfahrens liegt verfahrensrechtlich darin, dass die ursprünglich im Bußgeldbescheid verhängte Sanktion nicht verschärft werden darf, während eine *reformatio in peius* nach durchgeführter Hauptverhandlung zulässig ist (§§ 71, 72 Abs. 3 Satz 2 OWiG iVm 46 Abs. 1 OWiG, 411 Abs. 4 StPO)[28] und in der jüngeren Praxis des OLG Düsseldorf auch durchaus vorkommt.[29]

15 **4. Ablauf der Hauptverhandlung.** In der Hauptverhandlung bildet der Bußgeldbescheid lediglich die Grundlage des Verfahrens. Daher sind im gerichtlichen Verfahren Mängel des Bußgeldbescheids, die nicht zu seiner Nichtigkeit führen sowie Verfahrensfehler der Kartellbehörde, die nicht zu einem Verwertungsverbot führen, grundsätzlich unbeachtlich.[30] Das Gericht kann gem. § 71 Abs. 1 OWiG entsprechend den Bestimmungen der StPO weitere Ermittlungsmaßnahmen anordnen und durchführen sowie vom Bußgeldbescheid abweichende Sanktionen verhängen. Gem. § 71 Abs. 2 OWiG kann es zur Vorbereitung der Hauptverhandlung insbesondere einzelne Beweiserhebungen anordnen und von Behörden Erklärungen über dienstliche Wahrnehmungen, Untersuchungen und Erkenntnisse anfordern, die in der Hauptverhandlung gem. § 77a Abs. 2 OWiG auch verlesen werden dürfen. Außerdem kann das Gericht dem Betroffenen Gelegenheit geben, sich innerhalb einer gesetzten Frist dazu zu äußern, welche Tatsachen und Beweismittel er zu seiner Entlastung vorbringen will. Das Gericht entscheidet vor Durchführung der Hauptverhandlung weiter darüber, ob mehrere Verfahren verbunden werden sollen, was bei (teil-)identischen Tatvorwürfen und Tätern in Betracht kommt (§ 71 Abs. 1 OWiG iVm 237 StPO). Sodann teilt es die Zusammensetzung des Gerichts entsprechend § 71 Abs. 1 OWiG iVm 222a StPO mit und lädt zur mündlichen Verhandlung, idR unter angemessener Ausdehnung der in § 217 Abs. 1 StPO vorgesehenen kurzen Ladungsfrist von einer Woche. Für den Betroffenen besteht **Teilnahmepflicht** an der mündlichen Verhandlung, von der er nach Maßgabe der Voraussetzungen des § 73 Abs. 2 OWiG aber auf Antrag entbunden werden kann, für seinen Verteidiger nur im seltenen Fall notwendiger Verteidigung iSd § 140 Abs. 2 StPO.[31]

16 Für den Verlauf der mündlichen Verhandlung ist als Besonderheit auf die Verfahrenserleichterung gem. § 78 OWiG hinzuweisen, die das Gericht im OWiG-Verfahren von

[28] Dazu *Hermanns/Kleier*, S. 121 f.

[29] So in den Verfahren *Flüssiggas* (OLG Düsseldorf IV-4 Kart 2–6/10 OWi, U. v. 15.4.2013) und *Melitta* (IV-4 Kart 5/11 Owi, U. v. 10.2.2014).

[30] *Immenga/Mestmäcker-Dannecker/Biermann*, GWB, § 83 Rdnr. 30.

[31] S. o. § 57 Rdnr. 44.

der Pflicht zur Verlesung von Schriftstücken sowie zur Protokollierung der wesentlichen Verhandlungsergebnisse befreit; Protokollierungspflichten gem. § 71 Abs. 1 OWiG iVm 273 Abs. 3 StPO bleiben unberührt. Somit hat der Vorsitzende die vollständige Niederschrift und Verlesung entweder von Amts wegen oder auf Antrag einer an der Verhandlung beteiligten Person anzuordnen, sofern es auf die Feststellung eines Vorgangs in der Hauptverhandlung oder des Wortlauts einer Aussage oder einer Äußerung ankommt.

§ 82a Abs. 1 GWB regelt seit der 7. GWB-Novelle (2005) die Beteiligung der Kartell- 17
behörde in dem Verfahren vor dem zuständigen Kartell-Oberlandesgericht. Danach kann das Gericht einem Vertreter der Kartellbehörde gestatten, Fragen an Betroffene, Zeugen und Sachverständige zu richten. Obgleich das Gericht nach dem Wortlaut des § 82a Abs. 1 GWB keiner Verpflichtung dazu unterliegt, dem Vertreter der Kartellbehörde das Stellen von Fragen zu gestatten, wird praktisch regelmäßig von dieser Möglichkeit Gebrauch macht.[32]

Der **Umfang der gerichtlichen Aufklärungspflicht** ist im Ordnungswidrigkeitenver- 18
fahren gem. § 77 Abs. 1 OWiG eingeschränkt. Danach ist das Tatgericht nicht zur Aufklärung um jeden Preis angehalten, sondern nur im proportionalen Umfang zur Bedeutung der Beweisfrage und den möglichen Beweisergebnissen. Das Tatgericht soll dem BGH zufolge insbesondere nicht verpflichtet sein, im Anschluss an eine fehlgeschlagene Beweiserhebung im vorliegenden Aktenmaterial nach weiteren Nachweismöglichkeiten zu suchen.[33] Beweisanträge können (gem. § 77, 77a OWiG) in größerem Umfang abgelehnt werden als im Strafprozess, nämlich neben § 244 Abs. 3 StPO auch dann, wenn der Tatrichter die beantragte Beweiserhebung nach seinem pflichtgemäßen Ermessen zur Erforschung der Wahrheit für nicht erforderlich hält, oder der gestellte Beweisantrag ohne verständigen Grund verspätet vorgebracht erscheint. Diese „Marscherleichterung" für das Tatgericht ist insbesondere für solche Fälle nicht sachgerecht, in denen sehr hohe Sanktionen im zwei- und dreistelligen Mio €-Bereich zur Verhandlung stehen. In solchen Fällen ist nicht nur die individuelle Pönalsierung nach Ordnungswidrigkeitenrecht viel höher als im verfahrensstrengeren Strafrecht mit seinen oft wesentlich niedrigeren Strafdrohungen. Es steht auch nur eine gerichtliche Tatsacheninstanz zur Verfügung, so dass ein evtl. zu Unrecht abgelehnter Beweisantrag die Wahrheitsfindung auf Dauer verhindern kann, wenn die Ablehnung keine revisionsrechtlichen Angriffspunkte im Rechtsbeschwerdeverfahren bietet, was wegen des subjektiven „Überzeugungsstandards" eher selten der Fall sein dürfte. In der Praxis werden zahlreiche Beweisanträge mit der o.g. Begründung zurückgewiesen. Insoweit ist im Sinne einer Ermessensreduktion bei drohenden hohen Bußgeldern dringend eine verfassungskonforme Auslegung und Einschränkung des Zurückweisungsrechts bei „großen Kartellordnungswidrigkeiten" angezeigt. Wegen der Einzelheiten der Durchführung der Hauptverhandlung, insbesondere der Verfahrensführung, Beweiserhebung sowie sonstiger prozessualer Einzelheiten wird auf die Ausführungen in § 54 verwiesen, die entsprechend auch für das Einspruchsverfahren gelten.

Das **OLG** kann nach Anhörung der Kartellbehörde gem. § 76 Abs. 1 Satz 2 OWiG und 19
mit Zustimmung der Staatsanwaltschaft im Rahmen des § 75 OWiG das **Verfahren in jeder Lage** durch Beschluss gem. § 47 Abs. 2 Satz 1 OWiG **einstellen.** Der Einstellungsbeschluss enthält eine Kosten- und Auslagenentscheidung nach §§ 467 StPO iVm 46 Abs. 1, 71 Abs. 1 OWiG. Streitig ist, ob das Gericht eine Einstellung nach § 47 Abs. 2 Satz 1 OWiG von einem Auslagenverzicht des Betroffenen abhängig machen darf.[34] Stellt das Gericht im Laufe des Verfahrens fest, dass es an einer verfolgbaren Ordnungswidrigkeit fehlt, so hat der Freispruch des Betroffenen durch Urteil Vorrang.

---

[32] *Bechtold*, GWB § 82a Rdnr. 3.

[33] S. BGH NJW 2005, 1381.

[34] Dafür *Göhler-Seitz,* OWiG § 47 Rdnr. 51; *KK* OWiG-*Senge,* § 79 Rdnr. 166; wohl auch *FK-Wrage-Molkenthin/Bauer,* Vorbem. zu §§ 81–86 GWB 2005 Rdnr. 16–17; dagegen: *Rebmann/Roth/Herrmann-Rebmann,* § 47 Rdnr. 27 aE; *KK* OWiG-*Bohnert,* § 47 Rdnr. 136.

20 **5. Verständigungslösung im gerichtlichen Verfahren gem. § 257c StPO.** Eine neue Möglichkeit zur Erledigung von gerichtlich anhängigen Einspruchsverfahren, von der das OLG Düsseldorf in einzelnen Fällen bereits Gebrauch gemacht hat, bietet die auch im OWi-Recht entsprechend anwendbare neu eingeführte Bestimmung des § 257c StPO. Danach kann eine Verständigung über den Verfahrensfortgang und den Rechtsfolgeanspruch (nicht über den Schuldanspruch) erzielt werden, wenn das Gericht die Verständigungslösung im konkreten Fall für geeignet hält. Die Bestimmung gibt den Verfahrensbeteiligten keinen Rechtsanspruch auf Verständigung oder dazu dienende Verhandlungen, sondern stellt den gerichtlich moderierten „deal" in das Ermessen der Gerichte. Insoweit wird man allerdings davon ausgehen müssen, dass dem Gericht eine Pflicht zur Ermessensausübung – also Prüfung – entsprechender Vorstöße der Verteidigung oder GStA obliegt und jedenfalls innerhalb derselben Verfahren auch ein grundsätzlicher Anspruch auf Gleichbehandlung verständigungsbereiter Betroffener und Nebenbetroffener besteht.

Der Verständigung geht eine Festlegung des denkbaren Rechtsfolgeanspruchs durch das Gericht sowie in der Regel ein in der Hauptverhandlung abgegebenes „Geständnis" der Betroffenen oder der Nebenbetroffenen voraus. Sie wird durch Zustimmung der Betroffenen oder der Nebenbetroffenen zum vorliegenden Vorschlag des Gerichts verbindlich. Die Umsetzung der Verständigung erfolgt sodann regelmäßig in Urteilsform. Gegenstand der Verständigung kann nach der neuen Praxis des OLG Düsseldorf neben einem voraussichtlichen Bußgeldrahmen („von bis") auch die Beschränkung des Einspruchs auf bestimmte Rechtsfragen sowie die Einigung auf die thematisch auf einzelne Rechtsfragen beschränkte Durchführung eines Rechtsbeschwerdeverfahrens sein.[35] Die näheren Einzelheiten werden sich erst in der künftigen Fall- und Entscheidungspraxis zeigen. Prozessual ist vom entscheidenden Tatgericht auf die Einhaltung der aus § 243 Abs. 4 Satz 1 StPO resultierenden Mitteilungspflicht zu achten. Danach muss der Vorsitzende zu Beginn der Hauptverhandlung nach Verlesung des Tatvorwurfs (Anklagesatzes bzw. Bußgeldbescheids) und vor der Belehrung und Vernehmung der Betroffenen mitteilen, ob Erörterungen nach §§ 202a, 212 StPO mit dem Ziel einer Einigung nach § 257c StPO stattgefunden haben und was ggf. deren wesentlicher Inhalt gewesen ist. Bei einer Verletzung dieser Mitteilungspflicht ist i. d. R. davon auszugehen, dass das Urteil auf diesem Verstoß beruht, so dass entsprechend bemakelte Entscheidungen revisionsrechtlich regelmäßig der Aufhebung unterliegen.[36]

21 **6. Abfassung des Urteils und Rechtskraft.** Am Ende der Hauptverhandlung entscheidet das Gericht durch Urteil, das nicht den Bußgeldbescheid aufhebt, bestätigt oder modifiziert, sondern von diesem unabhängig abzufassen ist. Das Urteil kann auf Freispruch, Verurteilung oder Einstellung des Verfahrens gem. §§ 46 Abs. 1 OWiG iVm 260 StPO lauten. Es ist schriftlich abzufassen und mit Gründen zu versehen. Die Entscheidungsgründe müssen so ausführlich sein, dass sie im anschließenden Rechtsbeschwerdeverfahren dem BGH als gem. § 79 OWiG zuständigem Rechtsbeschwerdegericht die volle rechtliche Überprüfung der Entscheidungsfindung ermöglichen. Es müssen also insbesondere Ausführungen zu den verschiedenen Beweismitteln sowie zu deren Würdigung durch das Beschwerdegericht niedergelegt sein.[37] Das Urteil des OLG (bzw. der Beschluss gem. § 72 OWiG) erwächst gem. § 84 Abs. 2 OWiG in **Rechtskraft,** soweit keine Rechtsbeschwerde eingelegt wird. Es sperrt folglich aufgrund des eintretenden **Strafklageverbrauchs** jegliche weitere oder nochmalige Verfolgung der abgeurteilten Tat unter ordnungswidrigkeitenrechtlichen und strafrechtlichen Gesichtspunkten und geht daher über die gem. § 84 Abs. 1 OWiG nur beschränkte Rechtskraft eines rechtskräftig gewordenen Bußgeldbescheids, der die Verfolgung derselben Tat als Straftat nicht ausschließt,[38] hinaus.[39]

---

[35] S. dazu OLG Düsseldorf U. v. 13.5.2014 – *Westfalia AG.*

[36] S. dazu BGH U. v. 13.2.2014, 1 StR-423/13, wistra 2014, 284.

[37] S. zu Einzelheiten *Göhler-Seitz,* OWiG § 71 Rdnr. 43.

[38] Dazu näher § 55 Rdnr. 46.

[39] Dazu näher *Immenga/Mestmäcker-Dannecker/Biermann,* GWB, § 83 Rdnr. 34–37 mwN, dort auch zur Problematik der Prüfung der Tatidentität.

Dies ist insbesondere bei Submissionsabsprachen von Bedeutung, sofern die Verwirklichung des Betrugstatbestandes und des Ordnungswidrigkeitentatbestands in einer Ausführungshandlung zusammentrifft.

B. Rechtsbeschwerde zum BGH gem. § 79 OWiG

I. Zuständiges Rechtsbeschwerdegericht

Für Entscheidungen im kartellrechtlichen Rechtsbeschwerdeverfahren ausschließlich zuständiger Spruchkörper ist gem. § 84 Satz 1 iVm § 94 Abs. 1 Nr. 2 GWB der Kartellsenat des BGH. 22

II. Wesen der Rechtsbeschwerde

Mit der Rechtsbeschwerde kann das im Einspruchsverfahren ergangene Urteil des OLG (bzw. der im schriftlichen Verfahren ergangene Beschluss) **nur in rechtlicher Hinsicht** zur **Überprüfung** gestellt werden. Das Rechtsbeschwerdeverfahren bildet verfahrensrechtlich und materiellrechtlich die Parallele zum Revisionsverfahren in Strafsachen (§ 79 Abs. 3 OWiG). Die Rechtsbeschwerde ist im kartellrechtlichen Ordnungswidrigkeitenverfahren stets gegeben, da die in § 79 Abs. 1 OWiG aufgezählten Bagatell-Gegenausnahmen (Festsetzung einer Geldbuße bis 250 €, wobei Einzelbußen zusammenzurechnen sind)[40] regelmäßig nicht eingreifen, so dass auch die gesonderte Zulassung der Rechtsbeschwerde gem. § 80 OWiG in der Praxis keine Rolle spielt. 23

III. Form und Frist

Die Rechtsbeschwerde ist entsprechend §§ 79 Abs. 3 OWiG iVm § 341 StPO **binnen einer Woche nach Verkündung** des Urteils zu Protokoll der Geschäftsstelle oder schriftlich bei dem Gericht einzulegen, dessen Urteil angefochten wird.[41] Hat die Urteilsverkündung nicht in Anwesenheit des Betroffenen stattgefunden, so beginnt die Frist erst mit der Zustellung der Entscheidung an diesen zu laufen, sofern nicht die Verkündung in Anwesenheit des mit schriftlicher Vollmacht versehenen Verteidigers stattgefunden hat. Die Rechtsbeschwerde ist gem. § 79 Abs. 3 S. 1 OWiG iVm § 344 Abs. 2 S. 2 StPO so zu begründen, dass aus der Begründung hervorgeht, welche verfahrensrechtliche oder materielle Rechtsnorm als verletzt gerügt wird. Die einen Verfahrensmangel begründenden Tatsachen müssen ebenfalls in der Begründung angegeben werden. Sie müssen so vollständig und so genau vorgetragen werden, dass das Rechtsbeschwerdegericht allein aufgrund der Rechtsbeschwerdeschrift prüfen kann, ob ein **Verfahrensfehler** vorliegt. Wird eine **Aufklärungsrüge** erhoben, so ist diese nur zulässig, wenn ein bestimmtes Beweismittel und ein bestimmtes zu erwartendes Beweisergebnis benannt werden und weiter die Umstände und Vorgänge dargelegt werden, die für die Beurteilung der Frage wesentlich sind, ob sich dem Gericht die vermisste Beweiserhebung aufdrängen musste.[42] Dabei ist es nach Auffassung des Kartellsenats des BGH auch erforderlich, Tatsachen vorzutragen, „die dem Erfolg der Rüge (möglicherweise) entgegenstehen".[43] 24

In der Praxis ist dabei wegen der im Ordnungswidrigkeitenverfahren gem. § 78 Abs. 1 S. 2 OWiG erleichterten Einführung von Schriftstücken in die Hauptverhandlung oft ein sehr umfangreicher Vortrag zur Mitteilung von relevanten Verfahrenstatsachen erforderlich, insbesondere wenn ökonomische Berechnungen angegriffen werden sollen und hierzu 25

[40] Dazu KK OWiG – *Senge,* § 79 Rdnr. 15 mwN.

[41] Ob die telefonische Einlegung zu Protokoll der Geschäftsstelle ausreicht, ist str.; s. dazu *Hermanns/Kleier,* S. 124 mwN.

[42] BGH B. v. 23.11.2005, KRB 23/04, NJW 2005, 1381.

[43] S. BGH B. v. 26.2.2013 KRB 20/12, WuW/E DE-R 3861 ff., Rdnr. 32 – *Grauzement.*

Rohdaten und schriftliche Gutachten eingeführt werden müssen. Derzeit bestehen insoweit keine rechtlichen Möglichkeiten zu kompakterem Vortrag, weil Verweise auf Datenträger oder Anlagen nach dem formenstrengen Revisionsrecht nicht zugelassen sind. Gem. §§ 79 Abs. 3 OWiG iVm 345 StPO sind die **Rechtsbeschwerdeanträge** und die **Begründung binnen eines Monats** nach Ablauf der Frist zur Einlegung des Rechtsmittels bei dem Gericht, dessen Urteil angefochten wird, anzubringen. Eine Verlängerung dieser Frist ist nicht möglich.[44] War das Urteil zu diesem Zeitpunkt noch nicht zugestellt, so beginnt die Monatsfrist mit der Zustellung an den Betroffenen. Entsprechend § 345 Abs. 2 StPO kann die Rechtsbeschwerde durch den Betroffenen oder seinen Verteidiger eingelegt werden. Die Rechtsbeschwerde-Begründung sowie die Anträge können dagegen nur von dem Verteidiger oder einem an einem deutschen Gericht zugelassenen Rechtsanwalt eingereicht werden. Während die **Verfahrensrügen** binnen der Monatsfrist vollständig auszuführen sind, kann der Vortrag zu **Sachrügen** – wie in der strafrechtlichen Revision – nach fristgerecht gestellten Rechtsbeschwerdeanträgen auch noch nach der Monatsfrist erfolgen.

IV. Gegenstand des Verfahrens

26 Der BGH prüft, ob die Entscheidung des OLG formelles oder materielles Recht verletzt, ob also relative oder absolute Revisionsgründe iSd §§ 337 und 338 StPO vorliegen, weil das OLG das bestehende Recht unrichtig angewendet hat (einschließend der Sachverhaltsfeststellung und der dafür bestehenden Regeln wie die Beachtung von Denkgesetzen und Erfahrungssätzen). Der BGH darf als Rechtsbeschwerdegericht keine neuen tatsächlichen Feststellungen treffen, obwohl er gem. § 84 Satz 2 GWB grundsätzlich auch zur Sachentscheidung befugt ist.[45] Er entscheidet über die Rechtsbeschwerde grundsätzlich ohne mündliche Verhandlung durch Beschluss (§ 79 Abs. 5 S. 1 OWiG), kann aber eine mündliche Verhandlung durchführen.[46]

V. Entscheidungsmöglichkeiten

27 Im Rechtsbeschwerdeverfahren kann der BGH gem. § 84 Satz 2 GWB die angefochtene Entscheidung des OLG aufheben und an dieses zurückverweisen, soweit er sich zu einer eigenen Sachentscheidung nicht in der Lage sieht, weil beispielsweise weitere Tatsachenfeststellungen erforderlich sind. In entsprechender Anwendung von § 354 Abs. 2 StPO kann der BGH die Sache an einen (regelmäßig) anderen Kartellsenat des OLG zurückverweisen.[47] Außerdem kann der BGH bei tatsächlicher Spruchreife die angefochtene Entscheidung des OLG gem. § 353 StPO aufheben oder die Rechtsbeschwerde als unbegründet zurückweisen (§ 79 Abs. 6 OWiG). Bei eigener Sachentscheidung gilt das **Verbot der reformatio in peius,** wenn die Rechtsbeschwerde zugunsten des Betroffenen eingelegt worden ist (§§ 79 Abs. 3 OWiG iVm 358 Abs. 2 StPO). Hinsichtlich der Möglichkeiten, das Verfahren noch in diesem Stadium einzustellen, gilt dasselbe wie für das Einspruchsverfahren vor dem OLG.

---

[44] KK StPO-*Gericke,* § 345 Rdnr. 1 mwN.

[45] Dazu näher *Immenga/Mestmäcker-Dannecker/Biermann,* GWB, § 84 Rdnr. 8-10; *Göhler-Seitz,* OWiG § 79 Rdnr. 47 mwN.

[46] BGH WuW/E DE-R 1694.

[47] *Bechtold,* GWB, § 84 Rdnr. 1; *Langen/Bunte-Raum,* § 84 Rdnr. 8.

11. Kapitel Kartellzivilprozesse

§ 59 Einführung, Rechtsweg, Zuständigkeit

Übersicht

Schrifttum: *Ahrens,* Der Wettbewerbsprozess, 7. Aufl. 2013; *ders.*, Der Beweis im Zivilprozess, 2015, *Basedow/Hopt/Zimmermann,* Handbuch des Europäischen Privatrechts, 2009; *Bechtold,* Kommentar zum GWB, 7. Aufl., 2013; *Bechtold/Bosch/Brinker,* EU-Kartellrecht, 3. Aufl. 2014; *Behrens/Hartmann-Rüppel/Herrlinger* (Hrsg.), Schadensersatzklagen gegen Kartellmitglieder, 2010; *Berneke/Schüttpelz,* Die einstweilige Verfügung in Wettbewerbssachen, 3. Aufl., 2015; *Bernhard,* Schadensberechnung vor und nach dem „Praktischen Leitfaden" der Europäischen Kommission, NZKart 2010, 488; *Brehm,* Die Vollstreckung der Beseitigungspflicht nach § 890 ZPO, ZZP 89 (1976), 178; *Brox/Walker,* Zwangsvollstreckungsrecht, 10. Aufl. 2014; *Bunte,* Kartellrecht, 2. Aufl. 2008; *Cepl/Voß,* Prozesskommentar zum gewerblichen Rechtsschutz, 2015; *Fritzsche,* Der Beseitigungsanspruch im Kartellrecht nach der 7. GWB-Novelle, WRP 2006, 42; *Grabitz/Hilf/Nettesheim,* Das Recht der Europäischen Union, 52. EL 2014; *Haratsch/Koenig/Pechstein,* Europarecht, 8. Aufl. 2012; *Heinichen,* Akteneinsicht durch Zivilgerichte in Kartellschadensersatzverfahren, NZKart 2014, 83; *Hempel,* Privater Rechtsschutz im deutschen Kartellrecht nach der 7. GWB-Novelle, WuW 2004, 362; *ders.*, Private Follow-on-Klagen im Kartellrecht, WuW 2005, 137; *ders.*, Einsicht in Kartellverfahrensakten nach der Transparenzverordnung – Neues aus Luxemburg, EuZW 2014, 297; *ders.*, An der schönen blauen Donau – Akteneinsicht in Kronzeugenanträge im Fluss, ZWeR 2014, 203; *Holzmüller,* Kartellrecht in der GKV nach dem AMNOG – Praktische Auswirkungen und erste Erfahrungen, NZS 2011, 485; *Hüschrath/Leheyda/Müller/Veith* (Hrsg.), Schadensermittlung und Schadensersatz bei Hardcore-Kartellen, 2012, *Hüßtege/Ganz,* Internationales Privatrecht, 5. Aufl. 2013; *Immenga/Mestmäcker,* Wettbewerbsrecht, Band 1 (Teil 1 und 2): Kommentar zum Europäischen Kartellrecht, 5.Aufl., 2012; Band 2: Kommentar zum GWB, 5. Aufl., 2014; *Inderst/Thomas,* Schadensersatz bei Kartellverstößen, 2014; *Jäckel,* Das Beweisrecht der ZPO, 2009; *Jaeger/Kokott/Pohlmann/Schroeder* (Hrsg.), Frankfurter Kommentar zum GWB, Stand: 81. Ergänzungslieferung September 2014; *Jüntgen,* Zur Verwertung von Kronzeugenerklärungen im Zivilprozess, WuW 2007, 126; *Kessel/Koch,* Anforderungen an die Leistungsverfügung auf Belieferung – unter besonderer Berücksichtigung von Fällen aus der Automobilindustrie, BB 2009, 1032; *Kirchhoff,* Sachverhaltsaufklärung und Beweislage bei der Anwendung des Art. 81 EG-Vertrag, WuW 2004, 745; *Klees,* Europäisches Kartellverfahrensrecht, 2005; *Klein,* Der Einfluss kartellrechtlich begründeter Einwendungen im Prozess auf die Zuständigkeit des Gerichts, NJW 2003, 16; *Klein/Burianski,* Ordnungsgeld statt Zwangsgeld – Effektivere Durchsetzung von Belieferungsansprüchen, NJW 2010, 2248; *Köhler/Bornkamm,* Gesetz gegen den unlauteren

Wettbewerb, 32. Aufl. 2014; *Kropholler/Hein,* Europäisches Zivilprozessrecht, 9. Aufl., 2011; *Lahme,* Die Eignung des Zivilverfahrens zur Durchsetzung des Kartellrechts, 2010; *Langen/Bunte,* Kommentar zum deutschen und europäischen Kartellrecht, 12. Aufl., Band 1: Deutsches Kartellrecht, 2014; Band 2: Europäisches Kartellrecht, 2014; *Loewenheim/Meessen/Riesenkampff,* Europäisches und Deutsches Kartellrecht, 2. Aufl. 2009; *Logemann,* Der kartellrechtliche Schadensersatz, 2009; *Lübbig,* Die zivilprozessuale Durchsetzung etwaiger Schadensersatzansprüche durch die Abnehmer eines kartellbefangenen Produkts, WRP 2004, 1254; *Mäsch* (Hrsg.), Praxiskommentar zum deutschen und europäischen Kartellrecht, 2010; *Meessen,* Der Anspruch auf Schadensersatz bei Verstößen gegen EU-Kartellrecht, 2011; *Milde,* Schutz des Kronzeugen im Spannungsfeld von behördlicher Kartellrechtsdurchsetzung und privaten Schadensersatzklagen, 2013; *Möschel/Bien* (Hrsg.), Kartellrechtsdurchsetzung durch private Schadensersatzklagen, 2010; *Münchener Kommentar zum Bürgerlichen Gesetzbuch,* 6. Aufl. 2012; *Münchener Kommentar zur Zivilprozessordnung* Band 1 und 3, 4. Aufl. 2013; Band 2, 4. Aufl. 2012; *Musielak/Voit,* Kommentar zur Zivilprozessordnung, 12. Aufl. 2015; *Niels/Jenkins/Kavanagh,* Economics for Competition Lawyers, 2011; *Nothdurft,* „The Trade followst he Flag", Festschrift Tolksdorf, 2014, 533; *Palandt,* Bürgerliches Gesetzbuch 73. Aufl. 2014; *Pechstein,* EU-Prozessrecht, 4. Aufl. 2011; *Rösler,* Europäische Gerichtsbarkeit auf dem Gebiet des Zivilrechts, 2012; *Rosenberg,* Die Beweislast, 5. Aufl. 1965; *Rosenberg/Schwab/Gottwald,* Zivilprozessrecht, 17. Aufl. 2010; *Sawang,* Geheimhaltung und rechtliches Gehör im Schiedsverfahren nach deutschem Recht, 2010; *Karsten Schmidt,* EG-Kartellrecht vor Zivilgerichten, NJW 1990, 2109; ders., Gesetzliches Kartell-Zivilprozessrecht, ZWeR 2007, 394; *Schmitt,* Kartellrechtliche Beurteilung von Kundenschutzklauseln in Austauschverträgen, WuW 2006, 1096; *Schockenhoff,* Die gerichtliche Durchsetzung von Belieferungsansprüchen aus § 26 II GWB, NJW 1990, 152; *A. Stadler,* Der Schutz von Unternehmensgeheimnissen im Zivilprozess, NJW 1989, 1202; *dies.,* Geheimnisschutz im Zivilprozess aus deutscher Sicht, ZZP 123 (2010), 261; *Staudinger,* BGB, Neubearbeitung 2010; *Schuschke/Walker,* Vollstreckung und Vorläufiger Rechtsschutz, 5. Aufl. 2011; *Schwarze/Weitbrecht,* Grundzüge des europäischen Kartellverfahrens, 2004; *Schweitzer,* Die neue Richtlinie für wettbewerbsrechtliche Schadensersatzklagen, NZKart 2014, 335; *Weitbrecht,* Schadensersatzansprüche der Unternehmer und Verbraucher wegen Kartellverstößen, NJW 2012, 881; *Stelkens/Bonk/Sachs,* Verwaltungsverfahrensgesetz, 8. Aufl. 2014; *Teplitzky,* Wettbewerbsrechtliche Ansprüche und Verfahren, 10. Aufl. 2011; *von Dietze/Janssen,* Kartellrecht in der anwaltlichen Praxis, 4. Aufl. 2011; *von Graevenitz,* Mitteilungen, Leitlinien, Stellungnahmen – Soft Law der EU mit Lenkungswirkung, EuZW 2013, 169; *v. Hoyningen-Huene/Boemke,* Beweisfragen bei Berufsfortkommensschäden (§ BGB § 252 S. 2 BGB, § 287 Abs. I ZPO), NJW 1994, 1757; *Wendenburg,* Das Vorabentscheidungsverfahren: Dialog mit dem EuGH DRiZ 2013, 404; *Wesselburg,* Drittschutz bei Verstößen gegen das Kartellverbot, 2010; *Zimmer/Logemann,* Unterliegen „Altfälle" der verschärften Schadensersatzhaftung nach § 33 GWB?, WuW 2006, 982; *Zöller,* Zivilprozessordnung, 30. Aufl. 2014; *Zöttl/Schlepper,* Die private Durchsetzung von kartellrechtlichen Schadensersatzansprüchen - Status Quo in Deutschland, EuZW 2012, 573.

A. Einführung

I. Vorbemerkung

Gegenstand der Darstellung in diesem Kapitel sind die prozessualen Besonderheiten der in § 87 GWB genannten Zivilverfahren. Für sie gelten zwar grundsätzlich die allgemeinen Vorschriften des Gerichtsverfassungsgesetzes und der Zivilprozessordnung, aber die **§§ 87 bis 89a GWB** enthalten besondere verfahrensrechtliche Bestimmungen für Kartellzivilprozesse[1] und auch die Bestimmungen der **§§ 90 bis 95 GWB** betreffen die Zivilgerichtsbarkeit in Kartellsachen. 1

Zudem treten in Kartellzivilverfahren **typische verfahrensrechtliche Fragestellungen** auf, die sich aus dem materiellen Kartellrecht ergeben. Zu denken ist in diesem Zusammenhang beispielsweise an die Bedeutung der in Art. 16 VO Nr. 1/2003 und § 33 Abs. 4 GWB geregelten **Bindungswirkung** von Entscheidungen der Kartellbehörden[2] für den Zivilprozess. Auch aus der Anwendung des materiellen europäischen Kartellrechts durch die deutschen Gerichte ergeben sich prozessuale Besonderheiten.[3] 2

---

[1] Die Begriffe „Kartellzivilprozess" und „Kartellzivilverfahren" werden in diesem Kapitel synonym gebraucht.

[2] S. § 60 Rdnr. 9 ff. und § 61 Rdnr. 19 ff.

[3] S. § 60.

3 Schließlich können sich im Zusammenhang mit den für Kartellzivilverfahren charakteristischen **Streitgegenständen** typische verfahrensrechtliche Probleme ergeben. Beispielhaft seien in diesem Zusammenhang die Schwierigkeiten bei der Durchsetzung von **Schadensersatzansprüchen** und **Belieferungsansprüchen** genannt.[4]

4 Wegen der in Kartellzivilprozessen auftretenden Fragestellungen des materiellen Kartellrechts wird auf die Erläuterungen durch andere Autoren dieses Handbuchs verwiesen. Das gilt besonders für die Darstellung der zivilrechtlichen Folgen von Verstößen gegen das europäische[5] und das deutsche[6] Kartellrecht.

II. Änderungen seit der 7. GWB-Novelle

5 **1. Verhältnis zur Sozialgerichtsbarkeit.** Als Folge der Änderungen der §§ 87 GWB, 69 SGB V und 51 SGG durch das Gesetz über die Neuordnung des Arzneimittelmarktes vom 22.12.2010 **(AMNOG)**[7] ist für Rechtsstreitigkeiten zwischen gesetzlichen Krankenkassen und Leistungserbringern nunmehr (wieder) der Rechtsweg zu den Zivilgerichten eröffnet.[8]

6 **2. 8. GWB-Novelle.** *a) Zuständigkeit der Kammer für Handelssachen.* Durch die am 30.6.2013[9] in Kraft getretenen Regelungen der 8. GWB-Novelle[10] wurde § 95 Abs. 2 Nr. 1 GVG geändert. Danach ist die Kammer für Handelssachen für solche Rechtsstreitigkeiten i. S. d. § 87 GWB nicht mehr zuständig, die **kartellrechtliche Schadensersatzansprüche** zum Gegenstand haben.

7 *b) Verbandsklagebefugnis.* Durch die Neufassung des § 33 GWB Abs. 2 Nr. 1 GWB[11] wurde klargestellt, dass auch **Verbände der Marktgegenseite** aktivlegitimiert sind, Unterlassungs- und Beseitigungsansprüche nach § 33 Abs. 1 GWB geltend zu machen, soweit ihnen eine erhebliche Zahl von betroffenen Unternehmen i. S. des § 33 Abs. 1 S. 3 GWB angehört.[12] Zukünftig sind außerdem **Verbraucherverbände i. S. von § 4 UKlaG** sowie die in die entsprechenden Verzeichnisse auf europäischer Ebene eingetragenen Einrichtungen klagebefugt (§ 33 Abs. 2 Nr. 2 GWB).

B. Rechtsweg

8 § 87 GWB begründet die ausschließliche sachliche Zuständigkeit der Landgerichte für bürgerliche Rechtsstreitigkeiten (§ 13 GVG), die die Anwendung des GWB, der Art. 101, 102 AEUV,[13] oder der Art. 53 oder 54 des EWR-Abkommens betreffen oder deren Entscheidung ganz oder teilweise von einer Frage abhängt, die durch Anwendung der genannten Vorschriften zu beantworten ist.

I. Bürgerliche Rechtsstreitigkeiten

9 Ob eine bürgerliche Rechtsstreitigkeit vorliegt, richtet sich nach der Natur des Rechtsverhältnisses, aus dem der Klageanspruch hergeleitet wird.[14] Bedeutsam ist insbesondere die

---

[4] S. § 61 Rdnr. 53 ff., 116 ff.
[5] S. *Dieckmann* in § 40.
[6] S. *Topel* in § 50.
[7] BGBl. I S. 2262.
[8] S. Rdnr. 18 ff., 20.
[9] Eine Ausnahme gilt für Art. 2 des Gesetzes, der erst am 1.1.2018 in Kraft tritt.
[10] BGBl. I S. 1738
[11] S. § 61 Rdnr. 15 ff.
[12] Vgl. zur Rechtslage vor der 8. GWB-Novelle: LG Köln GRUR-RR 2010, 124.
[13] Vormals Art. 81 und 82 EG
[14] GemS-OGB WuW/E BGH 2301 – *Orthopädische Hilfsmittel;* eingehend: Münchener Kommentar zur ZPO-*Zimmermann,* § 13 GVG Rdnr. 5 ff.

Abgrenzung zu den öffentlich-rechtlichen Streitigkeiten nicht verfassungsrechtlicher Art. Denn die anderen Gerichtsbarkeiten lassen sich – wie die Arbeitsgerichtsbarkeit – entweder als Spezialgebiet der bürgerlichen Rechtsstreitigkeiten verstehen,[15] oder es handelt sich um spezielle Formen der Verwaltungsgerichtsbarkeit, wie die Finanz- und die Sozialgerichtsbarkeit. Diese Spezialgerichtsbarkeiten erhalten ihre Aufgaben zudem durch enumerative Aufzählung[16] zugewiesen. Demgegenüber werden die Zuständigkeiten der Zivilgerichtsbarkeit und der allgemeinen Verwaltungsgerichtsbarkeit durch generalklauselartige Regelungen voneinander abgegrenzt, sofern nicht ausnahmsweise spezielle Zuweisungen vorliegen.[17] Die Abgrenzung zwischen bürgerlichen Rechtsstreitigkeiten und öffentlich-rechtlichen Streitigkeiten spielt im Kartellrecht insbesondere bei der Durchsetzung von Ansprüchen gegen Träger hoheitlicher Gewalt (die **„öffentliche Hand"**) eine Rolle.[18] Denn auch Träger hoheitlicher Gewalt können – unabhängig davon, ob sie privat- oder öffentlich-rechtlich organisiert sind – als **Unternehmen** i. S. des Kartellrechts und damit als Adressaten kartellrechtlicher Normen zu qualifizieren sein.[19]

Keine bürgerlichen Rechtsstreitigkeiten sind **Kartellbußgeldsachen** (§§ 81 ff. GWB) **10**
und **Streitigkeiten im kartellrechtlichen Verwaltungsrechtsschutz,** auch wenn insoweit nach §§ 63 Abs. 4, 74, 91, 94 GWB die Kartellsenate eines OLG bzw. des BGH zur Entscheidung berufen sind. Für sie gelten die Regeln des Bußgeldverfahrens bzw. die §§ 63 ff. GWB. Der ordentliche Rechtsweg ist für sie nicht eröffnet.[20]

Dagegen sind Verfahren bürgerliche Rechtsstreitigkeiten, in denen über den **Antrag auf** **11**
Vollstreckbarkeitserklärung oder Aufhebung eines Schiedsspruchs (§§ 1060, 1059 ZPO) zu entscheiden ist.[21]

II. Abgrenzungsfragen

1. Abgrenzung zu öffentlich-rechtlichen Streitigkeiten. *a) Allgemeines.* Der Ge- **12**
meinsame Senat der obersten Gerichtshöfe des Bundes (GemS-OGB) hat die Rechtsprechung zur Abgrenzung öffentlich-rechtlicher und bürgerlich-rechtlicher Streitigkeiten maßgeblich geprägt,[22] ohne sich dabei einer der im Schrifttum vertretenen Theorien anzuschließen.[23]

b) Grundsätze. Für die Abgrenzung ist grundsätzlich auf die **Natur des Rechtsverhält-** **13**
nisses abzustellen, aus dem der Klageanspruch hergeleitet wird. Dabei ist es entscheidend, ob die Beteiligten zueinander in einem hoheitlichen **Verhältnis der Über- und Unterordnung** stehen und ob sich der Träger hoheitlicher Gewalt der besonderen Rechtssätze des öffentlichen Rechts bedient.[24] Aus einem Gleichordnungsverhältnis kann allerdings

[15] Vgl. §§ 2 ff. ArbGerG.

[16] Vgl. § 51 SGG und § 33 FGO.

[17] Vgl. § 13 GVG und § 40 VwGO; Münchener Kommentar zur ZPO-*Zimmermann,* § 13 GVG Rdnr. 4.

[18] *Langen/Bunte-Bornkamm,* Deutsches Kartellrecht, § 87 Rdnr. 1.

[19] Zum kartellrechtlichen Unternehmensbegriff: *Wiedemann* in § 4; *Dohms* in § 35 Rdnr. 13 ff.; *Langen/Bunte-C.Stadler,* Deutsches Kartellrecht, § 130 Rdnr. 12 ff.; *Loewenheim/Meessen/Riesenkampff-Stockmann,* Europäisches und Deutsches Kartellrecht, § 130 Rdnr. 1 ff.; *Immenga/Mestmäcker-Emmerich,* GWB, § 130 Rdnr. 17 ff.

[20] *Immenga/Mestmäcker-Karsten Schmidt,* GWB, § 87 Rdnr. 3.

[21] *Immenga/Mestmäcker-Karsten Schmidt,* GWB, § 87 Rdnr. 3.

[22] GemS-OGB NJW 1976, 194 – *Auto-Analyzer;* NJW 1976, 1794 – *Studenten-Versicherung;* NJW 1986, 2359 – *Orthopädische Hilfsmittel;* NJW 1988, 772 – *Krankentransporte;* NJW 1988, 2295 – *Rollstühle; Ahrens-Bornkamm,* Der Wettbewerbsprozess, Kapitel 15 Rdnr. 20; *Loewenheim/Meessen/Riesenkampff-Dicks,* Europäisches und Deutsches Kartellrecht, § 87 Rdnr. 12.

[23] *Ahrens-Bornkamm,* Der Wettbewerbsprozess, Kapitel 15 Rdnr. 20; *FK-Meyer-Lindemann,* § 87 Rdnr. 14.

[24] GemS-OGB NJW 1988, 2295, 2296 – *Rollstühle; Ahrens-Bornkamm,* Der Wettbewerbsprozess, Kapitel 15 Rdnr. 20; *Loewenheim/Meessen/Riesenkampff-Dicks,* Europäisches und Deutsches Kartellrecht, § 87 Rdnr. 12.

noch nicht ohne weiteres auf das Vorliegen einer privatrechtlichen Streitigkeit geschlossen werden, weil auch das öffentliche Recht mit dem Institut des **öffentlich-rechtlichen Vertrags** eine gleichgeordnete Beziehung zwischen Berechtigten und Verpflichteten kennt. Im Fall eines Vertragsverhältnisses kommt es daher auf Gegenstand und Zweck des Vertrags und darauf an, ob der Vertragsgegenstand dem öffentlichen oder dem bürgerlichen Recht zuzurechnen ist. Für den öffentlich-rechtlichen Vertrag zwischen einem Träger öffentlicher Verwaltung und einer Privatperson ist dabei typisch, dass er an die Stelle einer sonst möglichen Regelung durch Verwaltungsakt tritt (vgl. § 54 S. 2 VwVfG, § 53 Abs. 1 S. 2 SGB X).[25]

14 Nach der Rechtsprechung des Gemeinsamen Senats der obersten Gerichtshöfe des Bundes[26] und des BGH ist für die Qualifizierung eines Begehrens als privatrechtlich entscheidend, ob das Verhalten des Hoheitsträgers wegen der beanstandeten **Auswirkungen im Verhältnis zum Kläger** als bürgerlich-rechtlich einzuordnen ist.[27] Das Verhalten von Trägern hoheitlicher Gewalt wird von der Rechtsprechung je nach Adressat des Verwaltungshandelns unterschiedlich beurteilt. Damit wird dem Umstand Rechnung getragen, dass die der öffentlichen Hand übertragenen hoheitlichen Befugnisse häufig nicht gegenüber jedermann, sondern nur gegenüber einem bestimmten Adressatenkreis bestehen. Soweit sich das öffentlich-rechtliche Handeln eines Trägers öffentlicher Gewalt **gegenüber Dritten** privatrechtlich auswirkt und zu bürgerlich-rechtlichen Ansprüchen dieser Dritten führt, handelt es sich bei dem Streit über die Begründetheit solcher Ansprüche um eine bürgerlich-rechtliche Streitigkeit i. S. des § 13 GVG. Das **Verwaltungshandeln gegenüber seinen Adressaten** ist in diesen Fällen als öffentlich-rechtlich einzuordnen, während es sich gegenüber Dritten nicht in dieser Weise qualifizieren lässt.[28] Die Annahme einer derartigen **„Doppelnatur des Verwaltungshandelns"** kommt nicht in Betracht, wenn eine solche Differenzierung nicht möglich ist, weil die von dem Träger hoheitlicher Gewalt ausgeübten Befugnisse gegenüber jedermann wirken.[29]

15 *c) Prozesse gegen fiskalisches Handeln der öffentlichen Hand.* Klagen gegen fiskalisches Handeln der öffentlichen Hand sind dann bürgerlich-rechtliche Streitigkeiten, wenn der mit ihnen geltend gemachte Anspruch privatrechtlicher Natur ist. Das ist bei Klagen der Fall, die auf kartellrechtliche Anspruchsgrundlagen gestützt werden (§ 87 S. 1 GWB).[30]

16 *d) Aktivprozesse der öffentlichen Hand.* Für Aktivprozesse der öffentlichen Hand gilt das zuvor Gesagte entsprechend. Stützt die öffentliche Hand ihr Begehren auf die ihr verliehenen hoheitlichen Befugnisse, liegt keine bürgerliche Streitigkeit vor. Wird das Begehren dagegen auf zivilrechtliche Grundlagen gestützt, handelt es sich um eine Streitigkeit i. S. des § 13 GVG.[31]

17 *e) Vorfragen.* **Öffentlich-rechtliche Vorfragen,** wie sie bei kartellrechtlichen Prozessen gegen öffentliche Unternehmen auftreten, machen aus einer bürgerlichen Rechtsstreitigkeit keine öffentlich-rechtliche. In diesem Fall bleiben die ordentlichen Gerichte zuständig. Eine Aussetzung des Rechtsstreits zur Vorfragenprüfung durch die Verwaltungsgerichte ist unter den Voraussetzungen des § 148 ZPO zulässig.[32] Eine **kartellrechtliche Vorfrage**

---

[25] *Ahrens-Bornkamm,* Der Wettbewerbsprozess, Kapitel 15, Rdnr. 20; zur Abgrenzung öffentlich-rechtlicher von zivilrechtlichen Verträgen s. *Stelkens/Bonk/Sachs-Bonk/Neumann,* Verwaltungsverfahrensgesetz § 54 VWfG, Rdnr. 72 ff.

[26] Vgl. Art. 95 Abs. 3 GG.

[27] *Ahrens-Bornkamm,* Der Wettbewerbsprozess, Kapitel 15 Rdnr. 21 ff.

[28] BGH NJW 1982, 2117, 2118 – *Brillen-Selbstabgabestellen; Ahrens-Bornkamm,* Der Wettbewerbsprozess, Kapitel 15 Rdnr. 24.

[29] BGH NJW 1998, 546, 547 – *Wirtschaftsjurist.*

[30] BGH GRUR 1974, 733 – *Schilderverkauf;* BGH NJW 1998, 3778 – *Schilderpräger im Landratsamt;* BGH NJW 2003, 753 – *Kommunaler Schilderprägebetrieb; Ahrens-Bornkamm,* Der Wettbewerbsprozess, Kapitel 15 Rdnr. 25.

[31] *Ahrens-Bornkamm,* Der Wettbewerbsprozess, Kapitel 15 Rdnr. 27 f..

[32] Vgl. z. B.: *Wagner* in Münchener Kommentar zur ZPO, § 148 Rdnr. 11 f.

i. S. des § 87 S. 2 GWB kann die Zuständigkeit der Kartell-Zivilgerichte in einer nichtprivatrechtlichen Rechtsstreitigkeit nicht begründen.[33]

2. Verhältnis zur Sozialgerichtsbarkeit. *a) Rechtslage bis zum 31.12.2010.* Durch das Gesetz zur Reform der gesetzlichen Krankenversicherung ab dem Jahr 2000 (GKV-Gesundheitsreformgesetz 2000) vom 22.12.1999[34] wurde durch den damals eingeführten § 87 Abs. 1 S. 3 GWB a. F. bestimmt, dass der Rechtsweg zu den Landgerichten für Rechtsstreitigkeiten aus den in § 69 SGB V a. F. genannten Rechtsbeziehungen nicht eröffnet sei. Eine entsprechende Aussage fand sich in § 51 Abs. 2 S. 2 SGG a. F. Der damals ebenfalls eingeführte § 69 SGB V a. F. schrieb die abschließende Geltung des Sozialrechts für die Rechtsbeziehungen zwischen gesetzlichen Krankenkassen und ihren Verbänden zu den so genannten Leistungserbringern (z. B. Ärzten, Physiotherapeuten und Apotheken) und deren Verbänden vor.[35] **18**

Mit dem Gesetz zur Stärkung des Wettbewerbs in der gesetzlichen Krankenkasse (GKV-WSG) wurde zwar im Hinblick auf die Rechtsprechung des EuGH[36] mit Wirkung ab dem 1.4.2007 die entsprechende Anwendung der §§ 19 bis 21 GWB auf die Rechtsbeziehungen zwischen Krankenkassen und den gesetzlichen Leistungserbringern angeordnet, ohne aber an der **Rechtswegzuweisung** zu den Sozialgerichten etwas zu ändern. **19**

b) Rechtslage ab dem 1.1.2011. Mit dem am 1.1.2011 in Kraft getretenen Arzneimittelmarktneuordnungsgesetz vom 22.10.2010 **(AMNOG)**[37] wurden die 1999 eingeführten Regelungen teilweise zurück genommen. Der Katalog der anwendbaren Vorschriften des Kartellrechts in § 69 SGB V wurde erweitert, die §§ 51 Abs. 2 S. 2 SGG a. F. und 87 S. 3 GWB a. F. wurden gestrichen und **Zuständigkeit der ordentlichen Gerichte** wieder hergestellt, was nunmehr in § 51 Abs. 3 SGG ausdrücklich klargestellt ist.[38] Diese Änderungen betreffen den Regelungsbereich des § 69 SGB V, also die **Rechtsbeziehungen zwischen Krankenkassen und Leistungserbringern,** nicht jedoch das Verhältnis der Krankenkassen zueinander und zu den Versicherten. Hieran hat sich auch durch die 8. GWB-Novelle nichts geändert. Die noch im Regierungsentwurf vorgesehene Ergänzung des § 4 Abs. 3 SGB V um den Satz *„Für das Verhältnis der Krankenkassen und ihrer Verbände untereinander und zu den Versicherten gelten die §§ 1 bis 3, 19 bis 21, 32 bis 34a, 48 bis 80 und 81 Absatz 2 Nummer 1, 2a und 6, Absatz 3 Nummer 1 und 2, Absatz 4 bis 10 sowie die §§ 82 bis 95 des Gesetzes gegen Wettbewerbsbeschränkungen entsprechend.“* hat keine Aufnahme in das am 30.6.2013 in Kraft getretene Gesetz gefunden.[39] **20**

III. Rechtswegzuständigkeit

1. Allgemeines. Die Zulässigkeit des Rechtswegs ist von dem angerufenen Gericht – wie alle **Sachentscheidungsvoraussetzungen** – in jeder Lage des Verfahrens von Amts wegen zu prüfen.[40] **21**

Grundlage der Prüfung ist dabei der – in diesem Zusammenhang als richtig zu unterstellende – einseitige Tatsachenvortrag des Klägers (bei negativen Feststellungsklagen auch des Beklagten) unabhängig davon, wie dieser selbst sein Vorbringen rechtlich einordnet. Dabei kommt es weder darauf an, ob der Vortrag schlüssig und substantiiert ist, noch ob ein bür- **22**

[33] *Immenga/Mestmäcker-Karsten Schmidt,* GWB, § 87 Rdnr. 6 a. E., 23.

[34] BGBl. I S. 2626.

[35] Vgl. zur Frage der Unternehmenseigenschaft der gesetzlichen Krankenversicherungen, die sie verneinenden Entscheidungen des EuGH U. v. 17.12.2003, verb. Rs. C-159/91 und C-160/91, Slg. 1993, I-637 Rdnr. 15, 18 – *Poucet und Pistre* und EuGH U. v. 16.3.2004, verb. Rs. C-264/01, C-306/01, C-354/01 und C-355/01, Slg. 2004, I-2493 – *AOK Bundesverband.*

[36] S. Fn. 35.

[37] BGBl. I S. 2262.

[38] Zum Gesetzgebungsverfahren: *Holzmüller,* NZS 2011, 485, 487.

[39] S. auch *Langen/Bunte-Bornkamm,* Deutsches Kartellrecht, 11. Aufl. 2011, § 87 Rdnr. 14.

[40] Münchener Kommentar zur ZPO- *Zimmermann,* § 13 GVG Rdnr. 28.

gerlich-rechtlicher Anspruch wirklich besteht.[41] Letzteres ist eine Frage der Begründetheit der Klage.

23 **2. Entscheidung über den Rechtsweg. § 17a GVG** regelt das Verfahren, in dem über die Zulässigkeit des Rechtswegs entschieden wird.[42] Hält das angerufene Gericht den zu ihm beschrittenen Rechtsweg für unzulässig, kann es den Rechtsstreit nach Anhörung der Parteien von Amts wegen verweisen (§ 17a Abs. 2 GVG). Erklärt ein Gericht den zu ihm beschrittenen Rechtsweg bestandskräftig[43] für unzulässig und verweist es den Rechtsstreit an ein Gericht einer anderen Gerichtsbarkeit, ist dieses an die Entscheidung über den Rechtsweg gebunden (§ 17 Abs. 2 S. 3 GVG).

24 Die Entscheidung kann durch **Vorabentscheidung** (§ 17a Abs. 3 GVG) oder im **Urteil** getroffen werden. Eine Vorabentscheidung muss ergehen, wenn eine Partei die Zulässigkeit des Rechtsweges rügt (§ 17a Abs. 3 S. 2 GVG). Ist die Zulässigkeit des Rechtsweges im Wege der Vorabentscheidung bestandskräftig bejaht worden, prüft das **Rechtsmittelgericht** diese Frage nicht erneut (§ 17a Abs. 5 GVG). Dies gilt nicht, wenn eine Vorabentscheidung trotz Rüge unterblieben ist.[44]

25 Die Bestimmungen über das Vorabentscheidungsverfahren gelten grundsätzlich auch in den **Verfahren des vorläufigen Rechtsschutzes,** also insbesondere auch in Verfahren, die auf Erlass einstweiliger Verfügungen gerichtet sind.[45] Wegen des Eilcharakters dieser Verfahren darf das erstinstanzliche Gericht von einer Vorabentscheidung nach § 17a Abs. 3 S. 2 GVG allerdings absehen und die Zulässigkeit des Rechtsweges zusammen mit der Sachentscheidung bejahen. Eine solche Entscheidung bindet das Berufungsgericht nicht, das die Rechtswegzuständigkeit bei **erneuter Rüge** in zweiter Instanz erneut prüft.[46]

C. Zuständigkeit der Kartellgerichte

I. Sachliche Zuständigkeit

26 **1. Ausschließliche Zuständigkeit.** *a) Allgemeines.* § 95 GWB bestimmt, dass die Zuständigkeit der nach dem GWB zur Entscheidung berufenen Gerichte ausschließlich ist. Bezogen auf die sachliche Zuständigkeit der Landgerichte wird diese Aussage in § 87 S. 1 GWB wiederholt. § 95 GWB gilt für alle Gerichte in allen Rechtszügen. Nicht erfasst sind die Schiedsgerichte. Sie sind keine staatlichen Gerichte und ihre Zuständigkeit ist im GWB nicht geregelt.[47]

27 Die Aussagen zur ausschließlichen Zuständigkeit in §§ 87, 95 GWB beziehen sich nur auf die durch das GWB begründeten Zuständigkeiten. Dies sind die **sachliche Zuständigkeit** der Landgerichte nach § 87 GWB, die besondere sachliche Kartell-Zuständigkeit einzelner Landgerichte auf Grund einer nach § 89 Abs. 1 GWB erlassenen Rechtsverordnung[48] und die Zuständigkeit besonderer Kartell-Oberlandesgerichte auf Grund einer nach §§ 93, 92 Abs. 1 GWB erlassenen Rechtsverordnung.[49] Auch die durch das GWB begründete Zuständigkeit der Kartellspruchkörper des Oberlandesgerichts und des BGH ist aus-

---

[41] *Loewenheim/Meessen/Riesenkampff-Dicks,* Europäisches und Deutsches Kartellrecht, § 87 Rdnr. 7.

[42] Dazu eingehend: *Loewenheim/Meessen/Riesenkampff-Dicks,* Europäisches und Deutsches Kartellrecht, § 87 Rdnr. 8 ff.

[43] Der Beschluss ist gem. § 17a Abs. 4 GVG mit der sofortigen Beschwerde angreifbar.

[44] BGH NJW 1993, 389, 390; BGH NJW 2000, 866 – *Kartenlesegerät; Loewenheim/Meessen/Riesenkampff-Dicks,* Europäisches und Deutsches Kartellrecht, § 87 Rdnr. 9.

[45] BGH, BeckRS 2014, 02203; *Berneke/Schüttpelz,* Die einstweilige Verfügung in Wettbewerbssachen, Rdnr. 263; *Loewenheim/Meessen/Riesenkampff-Dicks,* Europäisches und Deutsches Kartellrecht, § 87 Rdnr. 10.

[46] *Loewenheim/Meessen/Riesenkampff-Dicks,* Europäisches und Deutsches Kartellrecht, § 87 Rdnr. 10.

[47] *Immenga/Mestmäcker-Karsten Schmidt,* GWB, § 95 Rdnr. 2.

[48] S. Rdnr. 46.

[49] S. Rdnr. 65.

schließlich. Wegen der insoweit fehlenden Regelung im GWB ist die **örtliche Zuständigkeit** der Kartell-Landgerichte keine ausschließliche.

Soweit eine ausschließliche Zuständigkeit begründet ist, sind **Zuständigkeitsvereinbarungen** unzulässig (§ 40 Abs. 2 S. 1 ZPO). Auch durch **rügeloses Verhandeln** zur Hauptsache kann eine mit den ausschließlichen Zuständigkeiten des GWB nicht zu vereinbarende andere Zuständigkeit nicht begründet werden (§ 40 Abs. 2 S. 2 ZPO). 28

b) Vorrang der Zuständigkeit der Kartellgerichte. Die sachliche Zuständigkeit der Kartellgerichte geht anderen Zuständigkeitsregelungen vor. Das gilt auch, soweit die konkurrierenden Zuständigkeiten ebenfalls ausschließlichen Charakter haben (vgl. § 88 HS 2 GWB).[50] Gleiches gilt in Fällen der **Anspruchskonkurrenz,** d.h. wenn ein Klagebegehren sowohl auf kartellrechtliche als auch auf nichtkartellrechtliche Anspruchsgrundlagen gestützt wird. Auch ein solcher Rechtsstreit ist als Kartellstreitsache zu qualifizieren.[51] 29

2. Landgerichte (§ 87 GWB). *a) Grundlagen.* Für bürgerliche Rechtsstreitigkeiten, die die Anwendung des GWB, der Art. 101, 102 AEUV oder der Art. 53, 54 des EWR-Abkommens betreffen, sind die Landgerichte nach § 87 S. 1 GWB **streitwertunabhängig** ausschließlich zuständig. Diese ausschließliche Zuständigkeit ist auch dann begründet, wenn die Entscheidung eines Rechtsstreits ganz oder teilweise von der Entscheidung einer kartellrechtlichen **Vorfrage** abhängt, bei deren Beantwortung die in § 87 S. 1 GWB genannten Vorschriften anzuwenden sind (§ 87 S. 2 GWB). Die Regelungen in § 87 S. 1 und 2 GWB dienen der Vereinheitlichung der Kartellrechtspflege durch **Konzentration der Kartellzivilverfahren** bei bestimmten, besonders sachkundigen Gerichten. Dieser Absicht des Gesetzgebers ist bei der Anwendung des § 87 GWB Rechnung zu tragen. Die Regelungen des § 87 GWB werden durch die in § 89 Abs. 1 GWB vorgesehene Möglichkeit ergänzt, die sachliche[52] Zuständigkeit für Kartellzivilverfahren durch Rechtsverordnung einem Landgericht für die Bezirke mehrerer Landgerichte zuzuweisen. Auch die Sonderregelung der Klageverbindung des § 88 GWB ergänzt § 87 GWB.[53] 30

b) Kartellstreitsachen im engeren Sinn (§ 87 S. 1 GWB). Für die Annahme einer Kartellstreitsache im engeren Sinne reicht die bloße Rechtsbehauptung, der Anspruch ergebe sich aus den in § 87 S. 1 GWB genannten Vorschriften, nicht aus. Vielmehr ist auf den **Streitgegenstand** abzustellen, d.h. darauf, ob der Tatsachenvortrag der klagenden Partei (oder der beklagten Partei im Fall einer negativen Feststellungsklage) – seine Richtigkeit unterstellt – Rechtsbeziehungen oder Rechtsfolgen ergibt, für die die Zuständigkeit der Kartellgerichte besteht.[54] Unter dieser Voraussetzung sind auch Klagen aus **Kartellvereinbarungen und -beschlüssen** Kartellsachen i.S. des § 87 S. 1 GWB.[55] 31

Zu den Kartellstreitsachen im engeren Sinne gehören insbesondere **Leistungsklagen,**[56] mit denen Ansprüche aus § 33 Abs. 1 oder 3 GWB in Verbindung mit einer Verbotsnorm des 32

---

[50] *Loewenheim/Meessen/Riesenkampff-Dicks,* Europäisches und Deutsches Kartellrecht, § 87 Rdnr. 23; *Langen/Bunte-Bornkamm,* Deutsches Kartellrecht, § 87 Rdnr. 26f.

[51] BGH WuW/E BGH 2187 – *Abwehrblatt; Immenga/Mestmäcker-Karsten Schmidt,* GWB, § 87 Rdnr. 48; *Langen/Bunte-Bornkamm,* Deutsches Kartellrecht, § 87 Rdnr. 26.

[52] S. Rdnr. 45.

[53] S. Rdnr. 91ff.

[54] GemS-OGB NJW 1988, 2295, 2296 – *Rollstühle*; *Loewenheim/Meessen/Riesenkampff-Dicks,* Europäisches und Deutsches Kartellrecht, § 87 Rdnr. 17; abweichend: *Immenga/Mestmäcker-Karsten Schmidt,* GWB, § 87 Rdnr. 12ff., der § 87 S. 1 GWB nur auf solche Rechtsstreitigkeiten anwenden will, bei denen in der Hauptsache über kartellrechtliche Verbote oder Verbotssanktionen gestritten wird.

[55] BT-Drucksache 15/3640, S. 68; *Loewenheim/Meessen/Riesenkampff-Dicks,* Europäisches und Deutsches Kartellrecht, § 87 Rdnr. 16; anders aber *Immenga/Mestmäcker-Karsten Schmidt,* GWB, § 87 Rdnr. 14 und 20 und in ZWeR 2007, 394ff., der davon ausgeht, die 7. GWB-Novelle habe mit der Herausnahme der Rechtsstreitigkeiten aus Kartellvereinbarungen und -beschlüssen einen konzeptionellen Wandel mit sich gebracht, so dass § 87 S. 1 GWB im Wesentlichen nur noch solche Streitigkeiten erfasse, die sich unmittelbar mit der Anwendung materiellen Kartellrechts befassen.

[56] S. *Topel* in § 50 Rdnr. 35ff. und § 61 Rdnr. 4.

nationalen oder europäischen Kartellrechts oder Ansprüche aus § 34a GWB geltend gemacht werden. In diesem Zusammenhang ist zu beachten, dass es sich bei solchen Rechtsstreitigkeiten, die – bei feststehender Haftung dem Grunde nach – nur die **Höhe einer Schadensersatzverpflichtung** zum Gegenstand haben, nicht um Kartellstreitsachen handelt.[57]

33 Auch **Feststellungsklagen**,[58] die ihre Grundlage im nationalen oder europäischen Kartellrecht haben, sind Kartellstreitsachen. Gleiches gilt für negative Feststellungsklagen, wenn der Gegenstand des Rechtsverhältnisses, dessen Nichtbestehen festgestellt werden soll, kartellrechtlicher Art ist. Um Kartellstreitsachen im engeren Sinn handelt es sich in diesen Fällen, wenn sich kartellrechtliche Fragen für die Entscheidung über eine Feststellungsklage nicht lediglich als bloße Vorfragen i. S. des § 87 S. 2 GWB stellen.[59] Wird z. B. mit einer negativen Feststellungsklage das Nichtbestehen von Unterlassungsansprüchen geltend gemacht, deren der Beklagte sich wegen vermeintlicher Verstöße des Klägers gegen das Kartellrecht berühmt hat, liegt eine Kartellsache nach § 87 S. 1 GWB vor. Streiten die Parteien hingegen im Rahmen einer Feststellungsklage über das Bestehen von Ansprüchen aus einem Vertrag, gegen den der Anspruchsgegner einwendet, er sei wegen Verstoßes gegen Kartellrecht (ganz oder teilweise) unwirksam, handelt es sich um eine Streitigkeit i. S. des § 87 S. 2 GWB. Wenn der Einwand der Unwirksamkeit des Vertrages nicht nur auf einen Verstoß gegen das Kartellrecht, sondern auch auf andere, nicht-kartellrechtliche Gründe gestützt wird, ist das Kartellgericht zur Entscheidung des Rechtsstreits nach § 87 S. 2 GWB nur berufen, wenn die Entscheidung über die kartellrechtliche Vorfrage entscheidungserheblich ist.[60]

34 Streitigkeiten nach § 87 S. 1 GWB sind auch **Gestaltungsklagen**,[61] bei denen der Gestaltungsgrund in Verbotsnormen des GWB oder in Art. 101, 102 AEUV bzw. Art 53, 54 EWR-Abkommen liegt. Zu denken ist dabei insbesondere an Fälle aus dem Gesellschafts- und Schiedsverfahrensrecht.[62]

35 *c) Kartellstreitsachen im weiteren Sinn (§ 87 S. 2 GWB) – Rechtsstreitigkeiten mit kartellrechtlichen Vorfragen. aa) § 87 S. 2 GWB und die Rechtslage bis zu 6. GWB-Novelle.* Auch wenn der einem Klagebegehren zugrunde liegende Streitgegenstand selbst nicht kartellrechtlicher Natur ist, kann die Entscheidung des Rechtsstreits von einer **kartellrechtlichen Frage** abhängen. Nach § 87 S. 2 GWB begründet auch dies die **Zuständigkeit des Kartellgerichts.** Bis zur Einführung von § 87 S. 2 GWB durch die am 1.1.1999 in Kraft getretene 6. GWB-Novelle gab es die ausschließliche Zuständigkeit der Kartellgerichte für von der Entscheidung kartellrechtlicher Vorfragen abhängige Rechtsstreitigkeiten nicht. Wurde ein solcher Rechtsstreit bei einem Nicht-Kartellgericht anhängig gemacht, musste er nach § 96 Abs. 2 GWB a. F. ausgesetzt werden, um die Klärung der Vorfrage in einem **Zwischenstreit** vor dem Kartellgericht zu ermöglichen.[63] Dieses Verfahren war wenig praktikabel, weil es zu Prozessverzögerungen führte. Die Unterscheidung zwischen kartellrechtlicher Haupt- und Vorfrage[64] wurde deshalb durch die 6. GWB-Novelle insoweit aufgegeben, als die Kartellgerichte nunmehr von vornherein auch für solche Rechtsstreitigkeiten zuständig sind, in denen das Klagebegehren zwar nicht kartellrechtlicher Art ist, deren Entscheidung aber die Klärung kartellrechtlicher Vorfragen erfordert.[65]

---

[57] OLG Köln WuW/E OLG 1383, 1384; *Loewenheim/Meessen/Riesenkampff-Dicks,* Europäisches und Deutsches Kartellrecht, § 87 Rdnr. 15; anders jetzt: *Immenga/Mestmäcker-Karsten Schmidt,* GWB, § 87 Rdnr. 16.

[58] S. § 61 Rdnr. 5.

[59] *Immenga/Mestmäcker-Karsten Schmidt,* GWB, § 87 Rdnr. 18; *Langen/Bunte-Bornkamm,* Deutsches Kartellrecht, § 87 Rdnr. 12.

[60] S. dazu Rdnr. 37.

[61] S. § 61 Rdnr. 13.

[62] S. Rdnr. 36; *Immenga/Mestmäcker-Karsten Schmidt,* GWB, § 87 Rdnr. 17.

[63] *Langen/Bunte-Bornkamm,* Deutsches Kartellrecht, § 87 Rdnr. 16.

[64] BGH WuW/E BGH 2285 – *Spielkarten; Immenga/Mestmäcker-Karsten Schmidt,* GWB, § 87 Rdnr. 21; *Langen/Bunte-Bornkamm,* Deutsches Kartellrecht, § 87 Rdnr. 7 f.

[65] BT-Drucks. 13/9720, S. 46; *Immenga/Mestmäcker-Karsten Schmidt,* GWB, § 87 Rdnr. 21; *Langen/Bunte-Bornkamm,* Deutsches Kartellrecht, § 87 Rdnr. 7.

bb) Zuständigkeit des angerufenen Kartellgerichts. Die **Zuständigkeit des Kartellgerichts** ist ohne Rücksicht auf die Schlüssigkeit des Parteivortrags[66] schon dann gegeben, wenn die Abhängigkeit des Klageanspruchs von der Entscheidung einer kartellrechtlichen Vorfrage geltend gemacht wird. Das **angerufene Kartellgericht** ist in solchen Fällen aber auch dann zur Entscheidung des bei ihm anhängigen Prozesses berufen, wenn er aus einer nicht-kartellrechtlichen Anspruchsgrundlage **entscheidungsreif** ist. Es hat über den Klageanspruch umfassend zu befinden.[67] Das gilt nicht, wenn sich die kartellrechtliche Vorfrage nur bei der Prüfung eines **Hilfsantrags** stellen würde, über den aber – wegen der Entscheidungsreife des Rechtsstreits – nicht entschieden werden muss. Auch in diesem Fall kommt jedoch eine Verweisung durch das Kartellgericht nicht in Betracht, wenn dessen Zuständigkeit aus anderen Gründen gegeben ist. Die Zuständigkeit des Kartellgerichts für Entscheidung über andere als kartellrechtliche Ansprüche kann sich auch aus einer **Klageverbindung nach § 88 GWB** ergeben.[68] 36

cc) Unzuständigkeit des Nicht-Kartellgerichts. Das **Nicht-Kartellgericht** ist zur Entscheidung eines bei ihm anhängigen Rechtsstreits **nicht zuständig,** wenn der Ausgang des Rechtsstreits – auch ohne dass sich die Parteien ausdrücklich hierauf berufen – ganz oder teilweise von der Anwendung der in § 87 S. 2 GWB genannten kartellrechtlichen Vorschriften abhängt.[69] Die Beantwortung der Vorfrage muss **entscheidungserheblich** sein. Dabei ist auf den Zeitpunkt abzustellen, in dem das Nicht-Kartellgericht prüft, ob es wegen der ausschließlichen Zuständigkeit des Kartellgerichts nach § 87 S. 2 GWB an einer eigenen Sachentscheidung gehindert ist. Es bleibt zuständig, wenn es den Rechtsstreit ohne weiteres selbst entscheiden kann, ohne dabei Kartellrecht anwenden zu müssen.[70] Mit dem prozessualen Vorrang der Zuständigkeitsprüfung wäre es nicht zu vereinbaren, zur Klärung der Abhängigkeit der Entscheidung des Rechtsstreits von der kartellrechtlichen Vorfrage eine **Beweisaufnahme** zu Behauptungen durchzuführen, von denen die Begründetheit der Klage aus einer nicht-kartellrechtlichen Anspruchsgrundlage abhängt.[71] Auch in diesem Fall ist die kartellrechtliche Frage vorgreiflich, weil nur nach ihrer – ausschließlich dem Kartellgericht vorbehaltenen – Beantwortung festgestellt werden kann, ob der Rechtsstreit auch ohne Beweisaufnahme entscheidungsreif ist.[72] 37

Die kartellrechtliche Vorfrage muss sich zudem aufgrund **konkreten Tatsachenvortrags** der Parteien stellen. Ebenso wie für die Zuständigkeitsprüfung nach § 87 S. 1 GWB ist schlüssiger und substantiierter Vortrag nicht erforderlich. Denn das Nicht-Kartellgericht hat den Sachvortrag der Parteien grundsätzlich nicht auf seine kartellrechtliche Erheblichkeit zu überprüfen.[73] Unerheblich ist, ob sich die Parteien in der Beurteilung der rechtlichen Vorfrage einig sind.[74] Es ist auch nicht notwendig, dass sich die kartellrechtliche Vorfrage bereits aus dem Klägervortrag ergibt. Auch wenn sie sich – wie häufig, z. B. mit der Nichtigkeitseinwendung nach § 1 GWB i. V. m. § 134 BGB - erst aufgrund des **Beklagtenvortrags** stellt, begründet dies die Zuständigkeit des Kartellgerichts.[75] 38

---

[66] FK-*Meyer-Lindemann*, § 87 Rdnr. 30.

[67] *Loewenheim/Messen/Riesenkampff-Dicks,* Europäisches und Deutsches Kartellrecht, § 87 Rdnr. 20; *Langen/Bunte-Bornkamm,* Deutsches Kartellrecht, § 87 Rdnr. 15.

[68] S. Rdnr. 91 ff.

[69] *Langen/Bunte-Bornkamm,* Deutsches Kartellrecht, § 87 Rdnr. 14.

[70] KG GRUR-RR 2010, 120

[71] *Langen/Bunte-Bornkamm,* Deutsches Kartellrecht, § 87 Rdnr. 14.; *Loewenheim/Messen/Riesenkampff-Dicks,* Europäisches und Deutsches Kartellrecht, § 87 Rdnr. 19.

[72] *Langen/Bunte-Bornkamm,* Deutsches Kartellrecht, § 87 Rdnr. 14.

[73] KG GRUR-RR 2010, 120; *Loewenheim/Messen/Riesenkampff-Dicks,* Europäisches und Deutsches Kartellrecht, § 87 Rdnr. 19;

[74] *Langen/Bunte-Bornkamm,* Deutsches Kartellrecht, § 87 Rdnr. 31, *Loewenheim/Messen/Riesenkampff-Dicks,* Europäisches und Deutsches Kartellrecht, § 87 Rdnr. 19.

[75] *Langen/Bunte-Bornkamm,* Deutsches Kartellrecht, § 87 Rdnr. 22, 33; *Loewenheim/Messen/Riesenkampff-Dicks,* Europäisches und Deutsches Kartellrecht, § 87 Rdnr. 17.

39 Nach der Rechtsprechung zum früheren § 96 Abs. 2 GWB a. F. durfte das mit der Sache befasste Nicht-Kartellgericht über die kartellrechtliche Vorfrage selbst entscheiden, wenn sie sich rechtlich zweifelsfrei beantworten ließ, weil sie einfach gelagert oder durch die Rechtsprechung bereits geklärt war. Im Anschluss daran wird die Auffassung vertreten, auch bei der Anwendung des § 87 S. 2 GWB sei der die ausschließliche Zuständigkeit der Kartellgerichte begründende Begriff der kartellrechtlichen Vorfrage – ähnlich der in der Rechtsprechung des EuGH zur Frage der Vorlagepflicht nach Art. 267 AEUV entwickelten **„acte clair"-Doktrin**[76] – restriktiv dahin auszulegen, dass Nicht-Kartellgerichte auch die Entscheidung solcher kartellrechtlichen Fragen obliege, die durch die Rechtsprechung geklärt oder eindeutig lösbar seien.[77]

40 Die Notwendigkeit einer restriktiven Auslegung wird von *Bornkamm* damit begründet, dass die Kartellgerichte vor der Befassung mit abwegigen kartellrechtlichen Einwänden und der Überschwemmung mit Kartellstreitsachen zu schützen seien.[78] *Karsten Schmidt* plädiert vermittelnd dafür, die Zuständigkeitsregelung im Falle zweifelsfrei zu beantwortender Vorfragen nicht als ausschließliche zu verstehen, um zu vermeiden, dass jedes auch nur potentiell kartellrechtswidrige Verhalten die Zuständigkeit der Kartellgerichte begründe.[79]

41 Beide Meinungen führen zu ähnlichen Ergebnissen[80] und sind nicht ohne Widerspruch geblieben.[81] Beide bieten den Vorteil, dass sie dem entscheidungsbereiten Nicht-Kartellgericht eine eigene Sachentscheidung erlauben, ohne gegen den Grundsatz des gesetzlichen Richters[82] zu verstoßen. Sie erscheinen aber mit dem geltenden Recht nicht vereinbar.[83] Denn in der Begründung des Regierungsentwurfs der 6. GWB-Novelle wurde ausdrücklich kritisiert, die Zivilgerichte seien in dem Bemühen, das umständliche Aussetzungsverfahren nach § 96 Abs. 2 GWB a. F. zu vermeiden, bei der Bejahung einer eindeutigen Klärung der Rechtslage teilweise sehr weit gegangen, und eine nicht unerhebliche Zahl von kartellrechtlichen Streitigkeiten werde deshalb von an sich unzuständigen Gerichten entschieden.[84] Die Kartellgerichte können zudem nach geltendem Recht vor der Befassung mit Nicht-Kartellsachen ausreichend dadurch geschützt werden, dass an die Begründung der Entscheidungserheblichkeit kartellrechtlicher Vorfragen bei der Verweisung von Verfahren durch Nicht-Kartellgerichte strenge Anforderungen gestellt werden und die Bindungswirkung nach § 281 Abs. 2 S. 4 ZPO bei unzulängliche Begründung verneint wird.[85]

42 *d) Auftreten kartellrechtlicher Fragen im Laufe des Rechtsstreits.* Treten kartellrechtliche Fragen erst im Laufe des Rechtsstreits auf, z. B. aufgrund einer **Klageerweiterung** oder einer **Widerklage** oder weil ein kartellrechtlicher Einwand erst im Laufe des Rechtsstreits erhoben wird, wird dadurch die Zuständigkeit des Kartellgerichts für das laufende Verfahren begründet. Der Grundsatz der **perpetuatio fori** (§ 261 Abs. 3 Nr. 2 ZPO) findet keine Anwendung.[86] Für das amtsgerichtliche Verfahren ergibt sich dies schon aus § 506 ZPO.

43 *e) Vorläufiger Rechtsschutz.* Für die sachliche Zuständigkeit für Arrestverfahren und einstweilige Verfügungsverfahren mit kartellrechtlichem Streitgegenstand oder kartellrechtlicher Vor-

---

[76] S. § 60 Rdnr. 45.

[77] *Langen/Bunte-Bornkamm*, Deutsches Kartellrecht, § 87 Rdnr. 25 ff.

[78] *Langen/Bunte-Bornkamm*, Deutsches Kartellrecht, § 87 Rdnr. 25 f.

[79] *Immenga/Mestmäcker-Karsten Schmidt*, GWB, § 87 Rdnr. 34 ff.

[80] So auch *Langen/Bunte-Bornkamm*, Deutsches Kartellrecht, § 87 Rdnr. 27.

[81] *Bechtold*, GWB, § 87 Rdnr. 7; *Loewenheim/Meessen/Riesenkampff-Dicks*, Europäisches und Deutsches Kartellrecht, § 87 Rdnr. 21; *FK-Meyer-Lindemann*, § 87 Rdnr. 52 f.

[82] Vgl. Art. 101 Abs. 1 S. 2 GG und § 16 GVG.

[83] Ebenso *Bechtold*, GWB, § 87 Rdnr. 7, *Loewenheim/Meessen/Riesenkampff-Dicks*, Europäisches und Deutsches Kartellrecht, § 87 Rdnr. 21 und *FK-Meyer-Lindemann*, § 87 Rdnr. 53.

[84] BT-Drucks. 13/9720, S. 46.

[85] So wohl auch *Loewenheim/Meessen/Riesenkampff-Dicks*, Europäisches und Deutsches Kartellrecht, § 87 Rdnr. 22, 19.

[86] *Langen/Bunte-Bornkamm*, Deutsches Kartellrecht, § 87 Rdnr. 24.

frage gelten – abgesehen von der Sonderzuständigkeit des Amtsgerichts der belegenen Sache (§§ 919, 942 ZPO) – keine Besonderheiten. Zuständig sind allein die Kartellgerichte.[87]

44 **3. Besondere Kartell-Landgerichte kraft Zuweisung (§ 89 GWB).** *a) § 89 Abs. 1 GWB.* § 89 Abs. 1 GWB ermächtigt die Landesregierungen, durch Rechtsverordnungen bürgerliche Rechtsstreitigkeiten i. S. des § 87 GWB einem Landgericht für die Bezirke mehrerer Landgerichte zuzuweisen, wenn eine solche Zusammenfassung der Rechtspflege in Kartellsachen, insbesondere der Sicherung einer einheitlichen Rechtsprechung, dienlich ist. Die Ermächtigung kann auf die Landesjustizverwaltung übertragen werden (§ 89 Abs. 1 S. 2 GWB).

45 Bei der durch Rechtsverordnung begründeten Zuständigkeit handelt es sich um eine **besondere Form der sachlichen Zuständigkeit.** Das gilt allgemein für Vorschriften, die die Zuständigkeit eines Gerichts für die Bezirke mehrerer Gerichte nach sachlich-funktionellen Kriterien bestimmen.[88] Während die Regelungen der örtlichen Zuständigkeit an die lokalen Beziehungen der beteiligten Personen oder der Streitsache anknüpfen,[89] beruht die durch § 89 GWB geschaffene Konzentrationsmöglichkeit auf der sachlichen Erwägung der *„Sicherung einer einheitlichen Rechtsprechung"* in Kartellsachen.[90]

46 Aufgrund der Ermächtigung wurden folgende Gerichte als Kartellgerichte bestimmt:

in **Baden-Württemberg** (§ 13 Abs. 1 ZuVOJu v. 20.11.1998 – GBl. S. 680; zuletzt geändert durch VO v. 31.10.2013 – GBl. S. 311):
- Landgericht Mannheim für den OLG-Bezirk Karlsruhe,
- Landgericht Stuttgart für den OLG-Bezirk Stuttgart;

in **Bayern** (§ 33 Abs. 1 GZVJu v. 11.6.2012 – GVBl. S. 295; zuletzt geändert durch VO vom 10.12.2014 (GVBl S. 575):
- Landgericht München I für den OLG-Bezirk München,
- Landgericht Nürnberg-Fürth für die OLG-Bezirke Bamberg und Nürnberg;

in **Brandenburg** (§ 3 Abs. 1 Nr. 1 2. GerZV v. 8.5.2007, GVBl. II S. 113; zuletzt geändert durch VO v. 18.7.2012 – GVBl. II/12 Nr. 60):
- Landgericht Potsdam;

in **Hessen** (§ 42 JuZuV v. 3.6.2013 – GVBl. I S. 386):
- Landgericht Frankfurt/Main für LG-Bezirke Darmstadt, Frankfurt/Main, Lahn-Gießen, Hanau, Limburg, Wiesbaden,
- Landgericht Kassel für die LG-Bezirke Fulda, Kassel und Marburg;

in **Mecklenburg-Vorpommern** (§ 4 Abs. 1 Nr. 1 KonzVO v. 28.3.1994 – GVOBl. S. 514, zuletzt geändert durch VO v. 11.11.2013, GVOBl. S. 609):
- Landgericht Rostock für den OLG-Bezirk Rostock;

in **Niedersachsen** (§ 7 Abs. 1 ZustVO-Justiz v. 18.12.2009 – GVBl. S. 509; zuletzt geändert durch VO v. 21.9.2012 – GVBl. S. 358):
- Landgericht Hannover für alle LG-Bezirke;

in **Nordrhein-Westfalen** (§ 1 Nr. 1 Kartellgerichte-Bildungs-VO v. 30.8.2011 – GV NRW S. 469):
- Landgericht Düsseldorf für den OLG-Bezirk Düsseldorf,
- Landgericht Dortmund für den OLG-Bezirk Hamm,
- Landgericht Köln für den OLG-Bezirk Köln;

in **Rheinland-Pfalz** (§ 9 ZivilZustV 22.11.1985 – GVBl. S. 267; zuletzt geändert durch VO v. 6.3.2012 – GVBl. S. 117):
- Landgericht Mainz für die OLG-Bezirke Koblenz und Zweibrücken;

---

[87] *Langen/Bunte-Bornkamm,* Deutsches Kartellrecht, § 95 Rdnr. 5; *Loewenheim/Meessen/Riesenkampff-Dicks,* Europäisches und Deutsches Kartellrecht, § 87 Rdnr. 23.

[88] OLG Braunschweig WuW/E DE-R 4084; OLG Koblenz NJW-RR 2008, 552.

[89] *Zöller-Vollkommer,* ZPO, § 1 Rdnr. 7.

[90] *Immenga/Mestmäcker-Karsten Schmidt,* GWB, § 87 Rdnr. 1; *Loewenheim/Meessen/Riesenkampff-Dicks,* Europäisches und Deutsches Kartellrecht, § 89 Rdnr. 6.; OLG Koblenz NJW-RR 2008, 552.

in **Sachsen** (§ 12 JOrgVO v.14.12.2007, – GVBl. S. 600; zuletzt geändert durch VO 13.11.2012 – GVBl. S. 782):
– Landgericht Leipzig für den Bezirk des OLG Dresden;
in **Sachsen-Anhalt** (§ 6 Nr. 1 ZivilAGZustV v. 1.9.1992 – GVBl. S. 664; zuletzt geändert durch VO 28.7.2008 – GVBl. S. 287):
– Landgericht Magdeburg;
in **Schleswig-Holstein** (§ 1 KartsLGZustV v. 28.1.1958 – GVOBl. S. 118):
– Landgericht Kiel.
In **Thüringen** wurde von der Konzentrationsermächtigung nach 69 GWB bisher kein Gebrauch gemacht.

Für die Länder **Berlin, Bremen, Hamburg und das Saarland** ist eine Regelung in Ermangelung mehrerer Landgerichtsbezirke entbehrlich.

47 *b) Kartell-Landgerichte durch Staatsvertrag.* Die Möglichkeit, durch Staatsverträge zwischen Ländern die Zuständigkeit eines Landgerichts für einzelne Bezirke oder das gesamte Gebiet mehrerer Länder zu begründen (§ 89 Abs. 2 GWB), wurde bisher nicht genutzt.

48 *c) Auswirkung auf die anwaltliche Vertretung.* § 89 Abs. 3 GWB ist aufgrund eines offensichtlichen **Redaktionsversehens** im Gesetz verblieben.[91] Die Regelung hat nach der Aufhebung des Lokalisationsprinzips durch das Gesetz zur Neuordnung des Berufsrechts der Rechtsanwälte und der Patentanwälte vom 17.12.1999[92] keine Bedeutung mehr.[93]

49 **4. Rechtsfolgen fehlender Zuständigkeit.** *a) Allgemeines.* Die Gerichte prüfen ihre ausschließliche Zuständigkeit in jeder Lage des Verfahrens **von Amts wegen.**[94] Wird eine Kartellsache vor einem Nichtkartell-Landgericht anhängig gemacht, hat es den Rechtsstreit auf Antrag nach § 281 ZPO an das zuständige Kartellgericht zu verweisen.[95] Wird kein Verweisungsantrag gestellt, weist es die Klage als unzulässig ab.

50 Hat das Nicht-Kartell-Landgericht seine Zuständigkeit für eine Kartellsache zu Unrecht bejaht, kann die Berufung hierauf nicht gestützt werden. § 513 Abs. 2 ZPO schließt die Prüfung der Zuständigkeit des Gerichts erster Instanz aus, wenn dieses seine Zuständigkeit zu Unrecht angenommen hat. Dies gilt sowohl für die örtliche als auch für die sachliche Zuständigkeit, nicht aber für die internationale Zuständigkeit.[96] Nur im Fall der Abweisung der Klage als unzulässig wegen fehlender Zuständigkeit bleibt die Überprüfung im Berufungsverfahren möglich. In der Revisionsinstanz ist die Prüfung der Zuständigkeit des Gerichts des ersten Rechtszuges sowohl dann ausgeschlossen, wenn dieses seine Zuständigkeit zu Unrecht angenommen hat als auch dann, wenn es seine Zuständigkeit zu Unrecht verneint hat (§ 545 Abs. 2 ZPO).

51 Die vorstehenden Ausführungen gelten auch für den umgekehrten Fall, in dem das Kartell-Landgericht seine Zuständigkeit für eine Nicht-Kartellsache zu Unrecht bejaht hat.

52 Wird eine Nicht-Kartellsache vor ein Kartell-Landgericht gebracht, kann ein Verstoß gegen Zuständigkeitsregeln vorliegen, wenn für die Nicht-Kartellsache ein anderes Landgericht örtlich zuständig wäre. Als Rechtsfolge ergeben sich entweder eine Verweisung nach § 281 ZPO auf Antrag oder – bei fehlendem Antrag – die Abweisung der Klage als unzulässig. Das Kartell-Landgericht kann für die Nicht-Kartellsache auch durch Vereinbarung (§ 38 ZPO) oder rügelose Verhandlung zur Hauptsache (§ 39 ZPO) örtlich zuständig werden, wenn dem nicht eine sich aus anderen Gründen ergebende anderweitige ausschließliche Zuständigkeit entgegensteht.

---

[91] *Langen/Bunte-Bornkamm,* Deutsches Kartellrecht, § 89 Rdnr. 6.
[92] BGBl. I S. 2448.
[93] Vgl. für die neuen Bundesländer: BVerfG NJW 1996, 1882.
[94] *Zöller-Vollkommer,* ZPO, § 40 Rdnr. 2.
[95] So z.B. im Fall LG Braunschweig WuW/E DE-R 4400 – *Zuständigkeit von Landeskartellgerichten.*
[96] BGH NJW 2004, 1456, NJW 2005, 1660, 1662.

Weil die ausschließliche Zuständigkeit nach § 87 GWB streitwertunabhängig ist, kann theoretisch[97] auch der Fall auftreten, dass eine Nicht-Kartellsache vor ein Kartell-Landgericht gebracht wird, für die – wegen des 5000 Euro nicht übersteigenden Streitwerts – die sachliche Zuständigkeit des Amtsgerichts begründet ist. In diesem Fall geltend die vorstehenden Ausführungen entsprechend. **53**

b) Negative Kompetenzkonflikte. Erklären sich ein Nicht-Kartell-Landgericht und ein Kartell-Landgericht für unzuständig, wird das zuständige Gericht gemäß § 36 Abs. 1 Nr. 6 ZPO, der auch die sachliche Zuständigkeit betrifft,[98] durch das gemeinsame **Kartell-Oberlandesgericht** bestimmt. Dort ist für die Entscheidung in entsprechender Anwendung der §§ 87 S. 1, 91 GWB der **Kartellsenat** zuständig. Entsprechend ist im Fall des § 36 Abs. 2 ZPO das zuständige Kartell-Oberlandesgericht zur Zuständigkeitsbestimmung berufen, welches in Kartellsachen für den Bezirk des zuerst mit der Sache befassten Gerichts zuständig ist.[99] **54**

Bei der Entscheidung ist die dem Verweisungsausschluss gemäß § 281 Abs. 2 S. 3 und 4 ZPO zukommende **Bindungswirkung** zu beachten, die insbesondere dann zu verneinen ist, wenn die Verweisung bei verständiger Würdigung des Prozessstoffs einer vernünftigen Grundlage entbehrt.[100] **55**

Bei Meinungsverschiedenheiten verschiedener Spruchkörper desselben Gerichts, die ihre Grundlage in der gerichtsinternen Geschäftsverteilung haben, entscheidet das **Präsidium** des Gerichts (vgl. § 21e GVG). Das gilt nicht für die in §§ 95ff. GVG gesetzlich geregelte funktionelle Zuständigkeit der Kammer für Handelssachen („gesetzliche Geschäftsverteilung"). Über Zuständigkeitskonflikte zwischen Zivilkammer und Kammer für Handelssachen entscheidet in entsprechender Anwendung des § 36 Abs. 1 Nr. 6 ZPO das zuständige OLG. **56**

5. Oberlandesgerichte (§§ 91, 92, 93 GWB). *a) Zuständigkeit für Zivil-, Verwaltungs- und Bußgeldsachen.* Entsprechend dem Ziel der Konzentration von Kartellsachen werden bei den Kartellsenaten der Oberlandesgerichte die Beschwerden in Kartellverwaltungssachen nach §§ 63ff. GWB einschließlich der besonderen Beschwerdesachen nach § 58 Abs. 4 GWB, die Bußgeldsachen nach §§ 81ff. GWB sowie die Berufungen gegen Endurteile und die Beschwerden gegen sonstige Entscheidungen in bürgerlichen Rechtsstreitigkeiten nach § 87 GWB zusammengeführt. **57**

b) Kartellsenate. Bei den **Berufungen gegen Endurteile und Beschwerden gegen sonstige Entscheidungen in Kartellsachen** (§ 91 S. 2 GWB) handelt es sich um die allgemeinen Rechtsmittel nach der Zivilprozessordnung. Die Besonderheit für die zivilprozessualen Kartellsachen liegt darin, dass durch § 91 GWB auch für die zweite Instanz eine **Konzentration** bei besonders sachkundigen Gerichten angestrebt wird. Eine **erstinstanzliche Zuständigkeit der Kartellsenate** besteht in den Verfahren auf Aufhebung (§ 1059 ZPO), Anerkennung und Vollstreckbarerklärung (§§ 1060ff. ZPO) und Aufhebung der Vollstreckbarerklärung (§ 1061 ZPO) eines **Schiedsspruchs,** wenn dessen Gegenstand eine Kartellsache ist.[101] § 1062 Abs. 1 Nr. 4, Abs. 2 ZPO steht der Zuständigkeit der Kartellsenate nicht entgegen. Diese Vorschrift ist nur insoweit Spezialregelung gegenüber den §§ 87ff. GWB, als sie festlegt, dass als Eingangsinstanz das Oberlandesgericht und nicht das Landgericht zu entscheiden hat. In § 1062 ZPO wird nicht geregelt, ob ein Zivilsenat oder ein Kartellsenat zur Entscheidung berufen ist. Insoweit enthält § 91 GWB eine dem § 1062 ZPO vorgehende Spezialregelung. **58**

---

[97] In der Praxis wird dieser Fall in Kartellsachen wegen der die Wertgrenze des § 23 Abs. 1 Nr. 2 GVG regelmäßig überschreitenden Streitwerte kaum auftreten.

[98] BGH NJW 1984, 1624, 1625; *Musielak/Voit-Heinrich,* ZPO, § 36 Rdnr. 2.

[99] *Loewenheim/Meessen/Riesenkampff-Dicks,* Europäisches und Deutsches Kartellrecht, § 87 Rdnr. 29; anders jetzt aber OLG Düsseldorf WuW/E DE-R 3329.

[100] *Loewenheim/Meessen/Riesenkampff-Dicks,* Europäisches und Deutsches Kartellrecht, § 87 Rdnr. 29; s. auch Rdnr. 41.

[101] OLG Düsseldorf WuW/E DE-R 997 – *Zürcher Schiedsspruch; Immenga/Mestmäcker-Karsten Schmidt,* GWB, § 87 Rdnr. 72; a. A. *Geimer* in *Zöller,* ZPO, § 1062 Rdnr. 6; *FK-Bracher,* § 91 Rdnr. 10.

59 *c) Begriff der Kartellsache.* Die Auslegung des Begriffs Kartellsache ist für die Berufungsinstanz sowohl für die Frage, bei welchem Gericht die Berufung zulässigerweise eingelegt werden kann, als auch für die Zuständigkeit der Kartellsenate von Bedeutung.

60 *aa) Frühere Auslegung.* Bis zur 6. GWB-Novelle (1998) war umstritten, ob die Einordnung eines Rechtsstreits als Kartellsache nach seinem **Gegenstand** oder nach **formalen Kriterien** zu erfolgen hatte.[102] Für die Beurteilung nach formalen Kriterien sprach der Wortlaut des § 92 GWB a. F.; danach waren die Kartellsenate zuständig für Berufungen *„gegen Endurteile und die Beschwerde gegen sonstige Entscheidungen der nach den §§ 87, 89 GWB zuständigen Landgerichte".* Die herrschende Meinung wendete unter Berufung auf diesen Wortlaut formale Kriterien an.[103] Danach lag eine Kartellberufungssache nur dann vor, wenn das Landgericht erkennbar in seiner Eigenschaft als Kartellgericht entschieden hatte. Umstritten war (auch) die Frage, welche Voraussetzungen gegeben sein mussten, um die objektive Erkennbarkeit zu bejahen. Die am Wortlaut des § 92 GWB a. F. haftende Auslegung der herrschenden Meinung wurde dem Ziel der Konzentration der Kartellrechtsstreitigkeiten bei besonders sachkundigen Gerichten nicht gerecht. Das OLG Karlsruhe vertrat in der Entscheidung *„Fach-Tonband-Kassetten"*[104] die Auffassung, bei einem Widerspruch zwischen der gesetzlichen Formulierung und der deutlich erkennbaren Absicht des Gesetzgebers, besonders sachkundigen Gerichten den Vorrang einzuräumen, sei dieser Absicht der Vorzug zu geben.

61 *bb) Bestimmung durch die 6. GWB-Novelle.* Mit der 6. GWB-Novelle wurde § 92 GWB a. F. geändert. Seitdem bestimmt § 91 GWB, dass der Kartellsenat u. a *„über die Berufung gegen Endurteile und die Beschwerde gegen sonstige Entscheidungen in bürgerlichen Rechtsstreitigkeiten nach § 87 … GWB"* entscheidet. Alle Kartellsachen i. S. des § 87 GWB sind danach auch Kartellberufungssachen.[105] Dazu gehören sowohl die Rechtsstreitigkeiten, bei denen das Klagebegehren selbst kartellrechtlicher Natur ist, als auch solche mit kartellrechtlicher Vorfrage. Es kann sich die Frage stellen, ob es nach dieser Gesetzesänderung ausgeschlossen ist, das Vorliegen einer Kartellberufungssache nach formalen Kriterien zu bestimmen. *Karsten Schmidt* vertritt die Auffassung, im Interesse der Praxis sei am Doppeltatbestand festzuhalten.[106] Es diene der praktischen Vereinfachung und Rechtsklarheit, eine Kartellberufungssache auch dann anzunehmen, wenn das Landgericht „als Kartellgericht" entschieden habe, ohne dass es darauf ankomme, ob das Landgericht diese Zuständigkeit zu Recht oder zu Unrecht angenommen habe. Voraussetzung soll jedoch eine objektiv erkennbare Entscheidung des Landgerichts in der Eigenschaft als ausschließlich zuständiges Kartellgericht sein. Klare Kriterien hierfür können z. B. die Bezeichnung „als Kartellgericht" im Urteilskopf oder ein kennzeichnender Zusatz zum Aktenzeichen erster Instanz sein.

62 Eine Kartellberufungssache liegt auch vor, wenn ein **einheitliches Klagebegehren** sowohl aus kartellrechtlichen als auch aus nicht kartellrechtlichen Anspruchsgrundlagen hergeleitet werden kann. Die vorrangige kartellrechtliche Frage bestimmt die Qualifikation, auch dann, wenn die Entscheidung auf eine nicht-kartellrechtliche Begründung gestützt wird.[107]

63 *d) Fristwahrende Einlegung der Berufung.* Die Einordnung als Kartell- oder Nichtkartellsache hat im Berufungsverfahren insbesondere Bedeutung für die fristwahrende Einlegung der Berufung. Denn wegen der Möglichkeit der Bestimmung besonderer Kartell-Oberlandesgerichte nach § 92 GWB muss das für die Berufung über eine Kartellsache zu-

---

[102] BGH WuW/E BGH 1553 – *Pankreaplex;* OLG Karlsruhe WuW/E OLG 2300 – *Fach-Tonband-Kassetten;* OLG Köln WuW/E OLG 1025, *Immenga/Mestmäcker-Karsten Schmidt,* § 91 Rdnr. 10; *FK-Kleier,* § 96 Rdnr. 60.
[103] BGH WuW/E BGH 1553 – *Pankreaplex.*
[104] OLG Karlsruhe WuW/E OLG 2306 – *Fach-Tonband-Kassetten.*
[105] S. Rdnr. 31 ff.; *Langen/Bunte-Bornkamm,* Deutsche Kartellrecht, § 91 Rdnr. 6 f.
[106] *Immenga/Mestmäcker-Karsten Schmidt,* GWB, § 91 Rdnr. 10.
[107] S. Rdnr. 29; BGH GRUR 1985, 883 – *Abwehrblatt;* BGH GRUR 2013, 1069 – *Basis3.*

ständige Oberlandesgericht nicht mit dem Oberlandesgericht identisch sein, das für eine Nichtkartellsache zuständig sein würde. Der BGH hat zu der Rechtslage vor der 6. GWB-Novelle die Auffassung vertreten, die Berufungsfrist werde durch die Einlegung des Rechtsmittels bei dem allgemein zuständigen Oberlandesgericht stets gewahrt, auch wenn über die Berufung das – von diesem verschiedene – Kartell-Oberlandesgericht zu entscheiden habe.[108] Zur Begründung hat er ausgeführt, es gehöre zur Gewährleistung staatlichen Rechtsschutzes, dass der Rechtssuchende in die Lage versetzt werde, die verfahrensrechtlichen Wege zu erkennen, auf denen er sein Recht finden könne. Die Frage, ob es sich im Einzelfall um eine Kartellstreitigkeit handele, werde nicht selten übersehen und sei obendrein vielfach schwierig zu beantworten. Alle diese Gründe könnten zur Unsicherheit darüber führen, ob eine Kartellstreitigkeit vorliege. Es müsse auch bedacht werden, dass bei Auslegung und Anwendung des Gesetzes neben der Forderung nach Rechtsklarheit zu berücksichtigen sei, was der Gesetzgeber mit den Verfahrensvorschriften bezweckt habe. Der Absicht des Gesetzgebers, die Kartellsachen bestimmten Spruchkörpern zuzuweisen, liefe es zuwider, wenn schon die Einlegung der Berufung an zu strenge Voraussetzungen geknüpft würde. Im Interesse einer klaren, von Abgrenzungsschwierigkeiten freien Regelung hat der BGH daher die fristwahrende Einlegung der Berufung bei dem allgemein zuständigen Oberlandesgericht ausreichen gelassen, und zwar auch dann, wenn vernünftige Zweifel an der Zuständigkeit des Kartell-Oberlandesgerichts nicht bestehen können. Die Voraussetzungen für diese Handhabung sind weiterhin gegeben. Die Schwierigkeiten bei der Abgrenzung von Kartellsachen und Nicht-Kartellsachen für die Berufungsinstanz sind nicht dadurch entfallen, dass nunmehr die Rechtsnatur des Rechtsstreits für die Bewertung als Kartellsache maßgebend ist und nicht mehr formale Kriterien den Ausschlag geben, die im Prinzip einen eindeutigeren Anhaltspunkt für die Einordnung boten. **Wenn eine Berufung formal wirksam bei dem allgemein zuständigen Oberlandesgericht eingelegt wurde, ist die Einlegung bei diesem Gericht für die Fristwahrung maßgebend.**[109] Die Sache kann dann auf Antrag nach § 281 ZPO an das Kartell-Oberlandesgericht verwiesen werden. Diese Lösung kann zwar zu einer Durchbrechung des Grundsatzes führen, dass die Berufung durch Einlegung bei dem Berufungsgericht erfolgt (§ 519 Abs. 1 ZPO). Das ist jedoch angesichts der besonderen Verhältnisse in Kartellstreitigkeiten gerechtfertigt.[110]

e) Nachträgliche Kartellberufungssachen. Die Kartellsenate sind auch für Kartellsachen zuständig, in denen sich der kartellrechtliche Charakter erst in zweiter Instanz z. B. durch zulässige **Klageänderung, Widerklage** oder **Aufrechnung** ergibt. Das gilt auch in den Fällen, in denen sich erst in der zweiten Instanz eine **kartellrechtliche Vorfrage** stellt oder in denen erst in diesem Stadium des Verfahrens die Möglichkeit erkannt wird, den mit der Klage geltend gemachten Anspruch oder eine entscheidungserhebliche Einwendung auf kartellrechtliche Grundlagen zu stützen.[111] Die Sache ist in diesen Fällen entweder in entsprechender Anwendung des § 281 ZPO an das zuständige Kartell-Oberlandesgericht zu verweisen oder innerhalb des Kartell-Oberlandesgerichts an den Kartellsenat abzugeben. **64**

f) Besondere Kartellberufungsgerichte durch Zuweisung. Der **Konzentration** der Kartellrechtssachen bei besonders sachkundigen Gerichten dienen auch die Vorschriften der §§ 92 und 93 GWB. Die Zuständigkeit zur Entscheidung über die **Berufungen** gegen Endurteile und **Beschwerden** gegen sonstige Entscheidungen der nach den §§ 87, 89 GWB zuständigen Landgerichte können danach durch Rechtsverordnung der Landesregierung[112] einem oder **65**

[108] BGH WuW/E BGH 1553 – *Pankreaplex;* WuW/E BGH 873 – *Kugelschreiber.*

[109] So für das geltende Recht auch OLG Düsseldorf GRUR-RR 2011, 153 m. w. Nw.

[110] OLG Düsseldorf GRUR-RR 2011, 153 mit eingehender Begründung; *Loewenheim/Meessen/Riesenkampff-Dicks,* Europäisches und Deutsches Kartellrecht, § 91 Rdnr. 18.

[111] *Langen/Bunte-Bornkamm,* Deutsches Kartellrecht, § 91 Rdnr. 12 f.

[112] Die Befugnis kann auf die Landesjustizverwaltung übertragen werden (§ 92 Abs. 1 S. 2. GWB).

einigen der Oberlandesgerichte oder dem Obersten Landesgericht zugewiesen werden, wenn in einem Land mehrere Oberlandesgerichte errichtet sind. Voraussetzung ist, dass eine solche Zusammenfassung der Rechtspflege in Kartellsachen, insbesondere der Sicherung einer einheitlichen Rechtsprechung, dienlich ist. Auf Grund dieser Ermächtigung ist die Zuständigkeit nach § 87 GWB bei folgenden Oberlandesgerichten konzentriert:

in **Bayern** (§ 33 Abs. 2 GZVJu v. 11.6.2012 – GVBl. S. 295; zuletzt geändert durch VO vom 10.12.2014 (GVBl S. 575):
– bei dem OLG München für den OLG-Bezirk München,
– bei dem OLG Nürnberg für die OLG-Bezirke Bamberg und Nürnberg.
Für Entscheidungen über sofortige Beschwerden gegen Entscheidungen der Vergabekammer (§ 116 Abs. 1 und 2 GWB) ist allein das Oberlandesgericht München zuständig (§ 33 Abs. 3 GZVJu);

in **Niedersachsen** (§ 7 Abs. 2 ZustVO-Justiz v. 18.12.2009 – GVBl. S. 509; zuletzt geändert durch VO v. 21.9.2012 – GVBl. S. 358):
– bei dem OLG Celle;

in **Nordrhein-Westfalen** (§ 1 Nr. 2 Kartellgerichte-Bildungs-VO v. 30.8.2011 – GV NRW S. 469):
– bei dem OLG Düsseldorf.

66 *g) Kartell-Oberlandesgerichte durch länderübergreifende Zuweisung.* Von der Möglichkeit der §§ 94, 93 Abs. 2 GWB für eine länderübergreifende Zuweisung an ein bestimmtes Oberlandesgericht durch Staatsvertrag wurde bisher kein Gebrauch gemacht.

67 **6. Der Bundesgerichtshof (§ 94 GWB).** *a) Kartellsenat.* Bei dem BGH ist ein Kartellsenat gebildet, der in bürgerlichen Rechtsstreitigkeiten nach § 87 GWB über die Revision gegen Endurteile der Oberlandesgerichte, über die Revision gegen Endurteile der Landgerichte (§§ 542, 543 ZPO) einschließlich der Nichtzulassungsbeschwerde (§ 544 ZPO), über die Sprungrevision gegen Endurteile der Landgerichte (§ 566 ZPO) sowie über die Rechtsbeschwerde gegen Beschlüsse der Oberlandesgerichte in den Fällen des § 574 Abs. 1 ZPO entscheidet. Die Zuständigkeit des Kartellsenats ist **sachlich ausschließlich** (§ 95 GWB). Obwohl es sich um einen einheitlichen Kartellsenat für Verwaltungssachen, Bußgeldsachen und Zivilsachen handelt, ist es für die Anrufung des Großen Senates bzw. der Vereinigten Großen Senate notwendig, zu wissen, ob dieser als Zivil- oder als Strafsenat entschieden hat (§ 132 GVG). Deshalb bestimmt § 94 Abs. 2 GWB die gerichtsverfassungsrechtliche Zuordnung seiner Tätigkeit: Er gilt in Bußgeldsachen als Strafsenat, in allen übrigen Sachen als Zivilsenat.

68 *b) Begriff der Kartellsache.* Die Frage, ob eine Kartellrechtssache vorliegt, bestimmt sich auch für das Revisionsverfahren nach der **Rechtsnatur des Anspruchs.** Dies entspricht einhelliger Meinung[113] und folgt aus § 94 Abs. 1 Nr. 3 GWB, der auf *„bürgerliche Rechtsstreitigkeiten nach § 87 Absatz 1"*[114] abstellt. Die fehlende sachliche und örtliche Zuständigkeit des Gerichts des ersten Rechtszuges kann in der Revisionsinstanz nicht mehr gerügt werden (§ 545 Abs. 2 ZPO). Das gilt auch dann, wenn das Berufungsgericht die Revision zur Klärung der von ihm vertretenen Auffassung zugelassen hat. Überprüfbar bleibt die internationale Zuständigkeit.[115] Der BGH vertritt die Auffassung, mit der Revision könne in entsprechender Anwendung der §§ 565, 513 Abs. 2 ZPO nicht geltend gemacht werden, das Berufungsgericht habe seine Zuständigkeit zu Unrecht angenommen.[116]

69 *c) Unterbleiben der Abgabe an den Kartellsenat.* Trotz des Vorrangs des Kartellsenats gibt es Konstellationen, bei denen eine Abgabe eines vor einen Nichtkartellsenat gelangten

---

[113] BGH WuW/E BGH 1383, 1384 – *Abschleppunternehmen; Langen/Bunte-Bornkamm,* Deutsches Kartellrecht, § 94 Rdnr. 3.

[114] Bei dem Hinweis auf *Absatz 1* handelt es sich um ein Redaktionsversehen. § 87 GWB besteht nur noch aus einem Absatz.

[115] BGH NJW-RR 2006, 930.

[116] BGH NJW 2005, 1660.

Rechtsstreits an den Kartellsenat unterbleiben kann, nämlich dann, wenn die Sache auch ohne Eingehen auf die kartellrechtliche Hauptfrage entschieden werden kann oder ohnehin eine Zurückverweisung erfolgen muss.

Bei den Streitigkeiten mit **kartellrechtlichen Vorfragen** (§ 87 S. 2 GWB) gibt der Zivilsenat das Verfahren nur dann an den Kartellsenat ab, wenn es aus seiner Sicht auf die kartellrechtliche Frage entscheidend ankommt. Ferner braucht dann nicht an den Kartellsenat abgegeben zu werden, wenn bereits abzusehen ist, dass die getroffenen Feststellungen eine abschließende Entscheidung der kartellrechtlichen Fragen nicht erlauben werden, so dass ohnehin eine Zurückverweisung an das Berufungsgericht erfolgen muss, die auch der Zivilsenat aussprechen kann.[117] Von einer Abgabe sieht der Zivilsenat auch dann ab, wenn die kartellrechtliche Vorfrage von ihm ohne weiteres selbst beantwortet werden kann, sei es, dass sich die Antwort unzweifelhaft aus der Anwendung des Gesetzes ergibt oder dass die Rechtsfrage durch den Kartellsenat bereits entschieden wurde.[118] Dies gilt gleichermaßen für die Fälle, in denen der kartellrechtliche Einwand unbegründet ist, wie für diejenigen, in denen er durchgreift. 70

II. Funktionelle Zuständigkeit

1. Zivilkammer und Kammer für Handelssachen. Alle Kartellzivilprozesse waren bis zum Inkrafttreten der 8. GWB-Novelle (2013) Handelssachen. Das ergab sich aus § 95 Abs. 2 Nr. 1 GVG, in dem als Handelssachen u. a. die Rechtsstreitigkeiten qualifiziert wurden, in denen sich die Zuständigkeit des Landgerichts *„nach § 87 des Gesetzes gegen Wettbewerbsbeschränkungen"* richtete. Durch die 8. GWB-Novelle hat diese Zuständigkeit jedoch eine Einschränkung durch die **Herausnahme kartellrechtlicher Schadensersatzansprüche** erfahren.[119] 71

Für Kartellsachen i. S. des § 87 GWB, die andere als Schadensersatzansprüche zum Gegenstand haben, bleibt es dagegen bei der funktionellen Zuständigkeit der Kammer für Handelssachen, die im Gegensatz zur sachlichen Zuständigkeit keine ausschließliche ist. 72

Soweit Kartellsachen Handelssachen sind, bleibt es bei dem Nebeneinander der Zuständigkeit von Zivilkammer und Kammer für Handelssachen. Im Verhältnis dieser Spruchkörper gilt der **Grundsatz der Allzuständigkeit der Zivilkammer.**[120] Soll der Rechtsstreit vor die Kammer für Handelssachen gebracht werden, muss dies entweder vom Kläger in der Klageschrift zum Ausdruck gebracht werden (§ 96 Abs. 1 GVG) oder der Beklagte muss die Verweisung an die Kammer für Handelssachen fristgerecht (vgl. § 101 Abs. 1 GVG) beantragen. Dabei genügt es, wenn sich der Wille zur Befassung der Kammer für Handelssachen hinreichend deutlich aus den Umständen ergibt. Dazu kann es reichen, dass die Sache an „die Kartellkammer" adressiert ist, wenn die Zuständigkeit für Kartellsachen bei dem angerufenen Landgericht nur der Kammer für Handelssachen im Geschäftsverteilungsplan speziell zugewiesen ist. 73

2. Verweisungen zwischen Kammer für Handelssachen und Zivilkammer. Verweisungen zwischen der Kammer für Handelssachen und der Zivilkammer folgen den Regeln des Gerichtsverfassungsgesetzes. Vor der Zivilkammer kann der Beklagte Verweisung an die Kammer für Handelssachen nur beantragen, bevor er zur Sache verhandelt hat oder 74

[117] BGH *WuW*/E BGH 1397, 1398 – *Flugasche; Langen/Bunte-Bornkamm,* Deutsches Kartellrecht, § 94 Rdnr. 5 f.

[118] BGH *GRUR* 1985, 983, 984 – *Kfz-Rabatt;* WuW/E BGH 2005 f. – *Vertragsstrafenrückzahlung;* GRUR 1989, 39, 40 – *Flächenentlüftung; Langen/Bunte-Bornkamm,* Deutsches Kartellrecht, § 94 Rdnr. 7.

[119] § 95 Abs. 2 Nr. 1 GVG lautet jetzt – auszugsweise zitiert – wie folgt:

„Handelssachen i. S. dieses Gesetzes sind ferner die Rechtsstreitigkeiten, in denen sich die Zuständigkeit des Landgerichts nach … § 87 des Gesetzes gegen Wettbewerbsbeschränkungen, es sei denn, es handelt sich um kartellrechtliche Schadensersatzansprüche, … richtet".

[120] Münchener Kommentar zur ZPO - *Zimmermann,* § 96 GVG Rdnr. 1.

innerhalb der Frist zur Klageerwiderung oder Berufungserwiderung, wenn eine solche gesetzt wurde (§§ 98, 101 GVG). Von Amts wegen ist die Zivilkammer nicht befugt, den Rechtsstreit an die Kammer für Handelssachen zu verweisen (§ 98 Abs. 3 GVG). Anders die Kammer für Handelssachen, die den Rechtsstreit auch von Amts wegen an die Zivilkammer verweisen kann, wenn es sich weder um eine Kartellsache noch um eine sonstige Handelssache handelt (§§ 97 Abs. 2, 95 GVG). Die Verweisungsbeschlüsse zwischen der Zivilkammer und der Kammer für Handelssachen sind nicht anfechtbar (§ 102 GVG).

III. Örtliche Zuständigkeit

75 **1. Allgemeine Vorschriften der Zivilprozessordnung.** Die **örtliche Zuständigkeit** für Kartellsachen richtet sich nach den allgemeinen Vorschriften der Zivilprozessordnung (§§ 12ff. ZPO). Der Gesetzgeber hat davon abgesehen, die örtliche Zuständigkeit im GWB zu regeln. Die sachlich ausschließliche Zuständigkeit von Kartellgerichten kann jedoch mittelbar Auswirkung auf die örtliche Zuständigkeit haben. Soweit Kartellzivilverfahren aufgrund Rechtsverordnung nach § 89 Abs. 1 GWB bei besonderen Kartell-Landgerichten konzentriert sind, kann nur ein solches Landgericht auch örtlich zuständig sein.

76 Besteht die **sachliche Zuständigkeit mehrerer Kartellgerichte,** kann eine Vereinbarung über die örtliche Zuständigkeit eines dieser Gerichte getroffen werden. Das kann auch durch eine in Allgemeinen Geschäftsbedingungen enthaltene Gerichtsstandsvereinbarung geschehen. Die Reichweite einer solchen Vereinbarung ist im Einzelfall festzustellen. Das KG hat in seiner Entscheidung *„Gerichtsstandsklausel in AGB"* ausgesprochen, dass die *„alle vertraglichen und außervertraglichen Ansprüche aus der Geschäftsverbindung"* betreffende Gerichtsstandsklausel auch einen kartellrechtsdeliktischen Anspruch auf Weiterbelieferung zu den bisherigen Bedingungen umfasse.[121]

77 **2. Gerichtsstände.** Für die örtliche Zuständigkeit von Bedeutung sind neben den allgemeinen Gerichtsständen (§§ 12ff. ZPO) die besonderen Gerichtsstände des Erfüllungsortes (§ 29 ZPO) und der Gerichtsstand der unerlaubten Handlung (§ 32 ZPO). Der Gerichtsstand des Erfüllungsortes hat Bedeutung bei Klagen auf Erfüllung aus Kartellverträgen und aus Belieferungsverträgen, soweit diese bereits abgeschlossen sind und der Antrag sich daher auf Erfüllung des Vertrages richtet. Für Belieferungsansprüche, die sich aus Diskriminierung ergeben, gilt § 29 ZPO nicht, weil es sich hierbei nicht um vertragliche Ansprüche, sondern um **Ansprüche aus unerlaubter Handlung** handelt; Anspruchsgrundlage ist § 33 Abs. 1 oder 3 GWB i. V.m. §§ 19, 20 GWB. Der Gerichtsstand richtet sich in diesen Fällen nach § 32 ZPO. Er besteht an jedem Ort, an dem ein Tatbestandsmerkmal erfüllt wird. Das sind jeder **Handlungsort** und jeder Ort, an dem der **tatbestandsmäßige Erfolg** eintritt. Die Orte, an denen weitere Schadensfolgen eintreten, sind für die Begründung des Gerichtsstandes unerheblich. Ein Gerichtsstand der unerlaubten Handlung am Sitz des Klägers wird daher grundsätzlich nicht dadurch begründet, dass dort nur die Schadensfolgen eintreten. Eine Ausnahme von diesem Grundsatz gilt allerdings dann, wenn der zum Haftungstatbestand einer unerlaubten Handlung gehörende Erfolg (wie z. B. bei § 826 BGB) in einem (Vermögens-)Schaden des in seinen Rechten Verletzten liegt. In diesen Fällen, ist der Ort des Schadenseintritts der Erfolgsort.[122] Eine andere Beurteilung ergibt sich auch bei den Tatbeständen des Boykotts (§ 21 Abs. 1 GWB) und der Diskriminierung (§§ 19, 20 GWB). Bei diesen Vorschriften tritt der tatbestandsmäßige Erfolg am Sitz desjenigen ein, dessen Recht verletzt wird. Das ist in diesen Fällen der Wohn- bzw. Geschäftssitz des Klägers, weil sich dort der Mittelpunkt seiner geschäftlichen Betätigung und der Sitz innerhalb des Marktes befindet, an dem sich die Wettbewerbsbeschränkung auswirkt.[123]

---

[121] KG WuW/E OLG 5843 – *Gerichtsstandsklausel in AGB.*
[122] OLG Frankfurt NJOZ 2007, 4637, 4638.
[123] OLG Stuttgart WuW/E OLG 2018, 2019.

In dem der Entscheidung *„BMW-Importe“*[124] des Bundesgerichtshofs zu Grunde liegenden Rechtsstreit machte die deutsche Klägerin, die *BMW*-Personenkraftwagen aus Belgien importierte, Schadensersatzansprüche geltend, weil das belgische *BMW*-Tochterunternehmen ihren belgischen Vertragshändlern den Re-Export von *BMW*-Kraftwagen verboten hatte. Der BGH bejahte die örtliche und internationale Zuständigkeit am Sitz der Klägerin, weil die Zielrichtung des Handelns der Beklagten sowohl unter dem Gesichtspunkt des Boykotts als auch dem eines zum Schadensersatz verpflichtenden Verstoßes gegen Art. 81 EG (jetzt: Art. 101 AEUV) die Beeinträchtigung der Wettbewerbssituation der Klägerin im Inland war. **78**

IV. Internationale Zuständigkeit der deutschen Gerichte

1. Grundlagen. *a) Einführung.* Die internationale Zuständigkeit besagt, **welchem Staat oder welchen Staaten** die Befugnis zukommt, im konkreten Fall die Gerichtsbarkeit auszuüben.[125] Von der internationalen Zuständigkeit ist die internationalprivatrechtliche Frage nach dem anwendbaren materiellen Kartellrecht zu unterscheiden.[126] Die internationale Zuständigkeit deutscher Gerichte ist immer dann zu prüfen, wenn der Sachverhalt **Auslandsberührung** aufweist. Dabei wenden die deutschen Gerichte deutsches Verfahrensrecht als Recht des Gerichtsortes **(lex fori)** an.[127] Ob eine Norm dem Verfahrensrecht oder dem materiellen Recht zuzuordnen ist, beurteilt sich ebenfalls nach dem Recht des Gerichtsortes.[128] **79**

Die deutsche internationale Zuständigkeit in Kartellsachen ist nicht ausdrücklich geregelt. Anknüpfungspunkt ist die örtliche Zuständigkeit.[129] Die internationale und die örtliche Zuständigkeit unterscheiden sich durch ihren **Wirkungsbereich.** Die internationale Zuständigkeit betrifft die Zuständigkeit inländischer Gerichte in ihrer Gesamtheit, während die örtliche Zuständigkeit das vom Kläger konkret anzurufende Gericht bestimmt. Beide Zuständigkeiten sind gesondert zu prüfen. Während die örtliche Unzuständigkeit – außer bei Bestehen einer ausschließlichen Zuständigkeit – nur auf Rüge berücksichtigt wird (sonst wird die Zuständigkeit gem. § 39 ZPO durch rügeloses Verhandeln begründet), ist die internationale Zuständigkeit in jeder Lage des Verfahrens von Amts wegen zu beachten. Die Vorschriften, die eine Überprüfung der örtlichen Zuständigkeit in Berufungs- bzw. Revisionsverfahren ausschließen (§§ 513 Abs. 2, 545 Abs. 2 ZPO), finden auf die internationalen Zuständigkeit keine Anwendung. **80**

b) EU-Verordnungen und Staatverträge. Im internationalen Zivilverfahrensrecht haben EU-Verordnungen und Staatsverträge vor den allgemeinen innerstaatlichen Gesetzen und ungeschriebenen Regelungen Vorrang.[130] Für Kartellzivilverfahren ist die VO Nr. 1215/2012 **(EuGVVO oder Brüssel Ia-VO)**[131] von besonderer Bedeutung,[132] die mit Wirkung ab dem 10.1.2015 die bisherige VO Nr. 440/2001 (EuGVVO oder Brüssel I-VO)[133] neu gefasst und ersetzt hat. Ist der Anwendungsbereich der EuGVVO eröffnet, so richtet sich **81**

---

[124] BGH WuW/E BGH 1643, 1645 – *BMW-Importe.*

[125] BGHZ 44, 46 f. = NJW 1965, 1665.

[126] Vgl. dazu § 130 Abs. 2 GWB und Art. 6 Abs. 4 Rom II-VO; OLG Frankfurt, WRP 1992, 331, 332 (zu Rom II) und *Wiedemann* in § 5 Rdnr. 77/78.

[127] BGH NJW 1985, 552, 553.

[128] *Palandt/Thorn,* Einl. Vor Art. 3 EGBGB Rdnr. 3.

[129] *Immenga/Mestmäcker-Rehbinder,* GWB, § 130 Rdnr. 315.

[130] *Hüßtege/Ganz,* Internationales Privatrecht, S. 37.

[131] ABl. 2012 L 351/1.

[132] S. auch Nr. 3 der *„Bekanntmachung der Kommission über die Zusammenarbeit zwischen der Kommission und den Gerichten der EU-Mitgliedstaaten bei der Anwendung der Art. 81 und 82 des Vertrags“* [(jetzt: Art. 101, 102 AEUV] (ABl. 2004 C 101/54).

[133] ABl. 2001 2001 L12/1.

die internationale Zuständigkeit nur noch nach den in ihr getroffenen Regelungen. Ein Rückgriff auf die autonomen deutschen Zuständigkeitsvorschriften ist dann ausgeschlossen.[134]

82 **2. EuGVVO.** *a) Anwendbarkeit auf Kartellsachen.* Die EuGVVO hat das Europäische Gerichtsstands- und Vollstreckungsübereinkommen (EuGVÜ) als Verordnung i. S. des Art. 288 Abs. 2 S. 1 AEUV (vormals: Art. 249 Abs. 2 S. 1 EG) auf der Grundlage des Art. 65a, 3. Spiegelstrich EG (jetzt: Art. 81 Abs. 2a AEUV) mit Wirkung vom 1.3.2002 abgelöst. Sie ist in allen Mitgliedstaaten **unmittelbar geltendes Unionsrecht.**

83 Die EuGVVO findet auf Zivil- und Handelssachen Anwendung (Art. 1 Abs. 1 EuGVVO) und gilt damit auch für **Kartellzivilverfahren.** Die internationale Zuständigkeit nach der EuGVVO setzt einen grenzüberschreitenden Bezug voraus. Rechtsstreitigkeiten fallen dann unter die Verordnung, wenn sie einen Anknüpfungspunkt an das Hoheitsgebiet eines Mitgliedstaates aufweisen (Begründungserwägung Nr. 13 zur EuGVVO).

84 Die internationale Zuständigkeit nach der EuGVVO knüpft *grundsätzlich* an den *Wohnsitz* des Beklagten an. Wenn dieser seinen Wohnsitz in einem Mitgliedstaat hat, kann er nach Art. 5 Abs. 1 EuGVVO (bisher: Art. 2 Abs. 1 EuGVVO) vor den Gerichten dieses Mitgliedstaates verklagt werden. In einem anderen Mitgliedstaat kann er nur verklagt werden, wenn ein Gerichtsstand nach Art. 7 bis 26 EuGVVO, eine Gerichtsstandsvereinbarung nach Art. 25 (bisher: Art. 23 EuGVVO) oder die rügelose Einlassung nach Art. 26 EuGVVO (bisher: Art. 24 EuGVVO) vorliegen (Art. 5 Abs. 1 EuGVVO). Hat der Beklagte keinen Wohnsitz in einem Mitgliedstaat, kommt Art. 6 EuGVVO zur Anwendung. Grundsätzlich sind dann die autonomen nationalen Zuständigkeitsregeln heranzuziehen.

85 Das **Lugano-Übereinkommen** über die gerichtliche Zuständigkeit und die Vollstreckung gerichtlicher Entscheidungen in Zivil- und Handelssachen (LGVÜ) ist weiterhin im Verhältnis zu den Vertragsstaaten, die nicht Mitglied der Europäischen Union sind (Island, Norwegen, Schweiz), anzuwenden.

86 *b) Gerichtsstände der EuGVVO. aa) Allgemeines.* Die Gerichtsstände der EuGVVO entsprechen weitgehend dem deutschen Recht. Der Wohnsitz bestimmt sich gemäß Art. 62 EuGVVO (bisher: Art. 59 EuGVVO) nach dem Recht des Vertragsstaates, auf dessen Gebiet sich der Wohnsitz des Beklagten befindet. Der Sitz einer juristischen Person (Art. 63 EuGVVO; bisher: Art. 60 EuGVVO) ist demgegenüber **vertragsautonom** auszulegen. Ein Gerichtsstand der Niederlassung oder Agentur (Art. 7 Nr. 5 EuGVVO; bisher: Art. 5 Nr. 5 EuGVVO) ist zu bejahen, wenn eine Geschäftseinrichtung auf Dauer als Außenstelle eines Unternehmens hervortritt, von dieser unmittelbar Geschäfte für das Stammhaus abgeschlossen werden und sich ein Vertrag oder eine unerlaubte Handlung auf diese Niederlassung beziehen. Der Begriff des Erfüllungsortes (Art. 7 Nr. 1 EuGVVO; bisher: Art. 5 Nr. 1 EuGVVO) bestimmt sich abweichend von der früheren Praxis zum EuGVÜ nicht mehr nach dem internationalen Privatrecht des Urteilsstaates. Die Vorschrift enthält einen autonomen Begriff des Erfüllungsortes. Gerichtsstand der unerlaubten Handlung ist überall dort, wo *„das schädigende Ereignis eingetreten ist oder einzutreten droht"* (Art. 7 Nr. 3 EuGVVO; bisher Art. 5 Nr. 3 EuGVVO).[135] Die vertragsautonome Auslegung dieses Begriffes entspricht der des deutschen Rechts und bestimmt sich nach Handlungs- und Erfolgsort. Generell gilt, dass der Begriff des schädigenden Ereignisses **weit auszulegen** ist. Als Erfolgsort wird allerdings nicht jeder Ort erfasst, an dem nachteilige Folgen eines deliktischen Verhaltens spürbar werden, das bereits einen Schaden an einem anderen Ort verursacht hat. Vergleichbar der dem deutschen Recht geläufigen Trennung zwischen Rechtsgutsverletzung und Schaden wird eine Deliktszuständigkeit nur am **Ort des Erstschadens** begründet, nicht jedoch auch an dem Ort, an dem nur ein **Vermögensschaden als Folgeschaden** eingetreten ist. Hingegen können **reine Vermögensschäden** einen Erfolgsort dann

---

[134] *Hüßtege/Ganz,* Internationales Privatrecht, S. 43.

[135] EuGH U. v. 7.3.1995, Rs C-68/09, Slg. 1995, I-415 – *Fiona Shevill;* s. dazu auch *Wiedemann* in § 5 Rdnr. 69.

begründen, wenn es materiell-rechtlich zur Verwirklichung des Haftungstatbestandes der Verletzung eines bestimmten Rechtsguts nicht bedarf (z.B. in den Fällen des § 826 BGB).[136]

bb) Gerichtsstand des Sachzusammenhangs. Abweichend vom deutschen Recht, das keinen allgemeinen Gerichtsstand einer Streitgenossenschaft kennt,[137] können nach Art. 8 Nr. 1 EuGVVO (bisher: Art. 6 Nr. 1 EuGVVO) mehrere Personen vor dem Gericht, in dessen Bezirk einer der Beklagten seinen Wohnsitz hat, zusammen verklagt werden; die Regelung ist auch für internationale Kartelle relevant.[138] Ihr liegt das – ungeschriebene – Tatbestandsmerkmal des Sachzusammenhangs zugrunde.[139] Es liegt vor, wenn zwischen Klagen eine so enge Beziehung gegeben ist, dass eine gemeinsame Verhandlung und Entscheidung geboten erscheint, um widersprechende Entscheidungen zu vermeiden. Der Sachzusammenhang ist auch Gegenstand des Art. 30 EuGVVO (bisher: Art. 28 EuGVVO). **87**

cc) Gerichtsstand für einstweilige Maßnahmen. Für **einstweilige Maßnahmen** (Art. 35 EuGVVO; bisher: Art. 31 EuGVVO) gilt grundsätzlich das nationale Recht und zwar auch dann, wenn aufgrund der EuGVVO für die Entscheidung in der **Hauptsache** das Gericht eines anderen Mitgliedstaates zuständig wäre. Diesen weitgehenden Befugnissen der nationalen Gerichte für Eilmaßnahmen wird durch die Regelung für die Anerkennung von Entscheidungen in Art. 45 Abs. 1a) EuGVVO (bisher: Art. 34 Nr. 2 EuGVVO) eine gewisse Grenze gesetzt. Eine Anerkennung ist nämlich dann ausgeschlossen, wenn dem Beklagten, der sich nicht auf das Verfahren eingelassen hat, das verfahrenseinleitende Schriftstück oder ein gleichwertiges Schriftstück nicht ordnungsgemäß und nicht so rechtzeitig zugestellt worden ist, dass er sich verteidigen konnte. Das gilt nicht, wenn der Beklagte gegen die Entscheidung keinen Rechtsbehelf eingelegt hat, obwohl er die Möglichkeit dazu hatte.[140] **88**

c) Gerichtsstandsvereinbarungen. Nach Art. 25 EuGVVO (bisher: Art. 23 EuGVVO) können Parteien, von denen mindestens eine ihren Wohnsitz im Hoheitsgebiet eines Mitgliedstaates hat, unter Wahrung der in Art. 25 Abs. 1 EuGVVO aufgeführten **Formvorschriften** vereinbaren, dass ein Gericht oder die Gerichte eines Vertragsstaates über eine bereits entstandene Rechtsstreitigkeit oder über eine künftige aus einem bestimmten Rechtsverhältnis entspringende Rechtsstreitigkeit entscheiden sollen.[141] Diese Vorschrift gilt sowohl für die örtliche als auch für die internationale Zuständigkeit. **89**

Problematisch ist ihre Geltung für den Anwendungsbereich des GWB. Grundsätzlich ist die Vereinbarung der Zuständigkeit eines ausländischen Gerichts für eine allein dem deutschen Kartellrecht unterliegende Streitigkeit nach nationalem Recht unzulässig **(Derogationsverbot).**[142] Die in Art. 25 EuGVVO getroffene Regelung der ausschließlichen – internationalen und örtlichen – Zuständigkeit aufgrund einer auf ein konkretes Rechtsverhältnis bezogenen, den Anforderungen der Norm genügenden Parteivereinbarung geht dem Derogationsverbot jedoch vor.[143] **90**

---

136 EuGH U. v. 19.9.1995, Rs C-364/93, Slg.1995, I-2719 – *Marinari*; *Kropholler/Hein*, Europäisches Zivilprozessrecht, Art. 5 EuGVVO a.F., Rdnr. 87; *Musielak/Voit-A.Stadler*, ZPO, Art. 5 EuGVVO a.F., Rdnr. 24.

137 Vgl. aber § 88 GWB.

138 Vgl. dazu die Vorlage des LG Dortmund an den EuGH, abgedruckt in WuW/E DE-R 3946 = GRUR-Int 2013, 842.

139 EuGH U. v. 11.10.2007, Rs C-98/06, Slg. 2007, I-08319 – *Freeport plc/Olle Arnoldsson;* s. auch Wiedemann in § 5 Rdnr. 70ff.

140 Vgl. dazu: EuGH U. v. 28.4.2009, Rs C 420/07, Slg. 2009, I-3571 und BGH NJW-RR 2010, 571.

141 Vgl. dazu auch Art. 31 Abs. 2 EuGVVO, der so genannte *„Torpedoklagen"* erschweren soll.

142 Zum Meinungsstand: *Immenga/Mestmäcker-Karsten Schmidt*, GWB, § 87 Rdnr. 46.

143 *Langen/Bunte-Bornkamm*, Deutsches Kartellrecht, § 87 Rdnr. 30; *Loewenheim/Meessen/Riesenkampff-Dicks*, Europäisches und Deutsches Kartellrecht, § 87 Rdnr. 28; *Immenga/Mestmäcker-Karsten Schmidt*, GWB, § 87 Rdnr. 46 a.E.

D. Sonderregelung der Klageverbindung (§ 88 GWB)

I. Anspruchshäufung und Auswirkungen

91 Mit einer Klage in einer Kartellsache kann gemäß § 88 GWB die Klage wegen eines anderen Anspruchs verbunden werden, wenn dieser in **rechtlichem oder unmittelbarem wirtschaftlichen Zusammenhang** mit dem Anspruch steht, der bei dem nach § 87 GWB zuständigen Gericht geltend zu machen ist. Dies gilt auch dann, wenn für die Klage wegen des anderen Anspruchs eine abweichende ausschließliche Zuständigkeit gegeben ist. Die Vorschrift des § 88 GWB stellt eine zivilprozessuale Vereinfachung gegenüber den allgemeinen prozessualen Regelungen der Prozessverbindung in der Zivilprozessordnung dar. Sie erleichtert die objektive und subjektive Klagehäufung im Vergleich zu den restriktiveren Vorschriften des § 260 ZPO (objektive Klagehäufung), der §§ 59, 60 ZPO (Streitgenossenschaft) und des § 33 Abs. 2 ZPO (Widerklage).

92 Die Verbindung kann schon mit der **Klageschrift** oder erst **nachträglich** erfolgen. Waren die Voraussetzungen des § 88 GWB bei der Verbindung gegeben, bleibt die durch sie begründete Zuständigkeit auch dann erhalten, wenn nachträglich eine Trennung nach § 145 ZPO erfolgt. Wenn allerdings die Voraussetzungen des § 88 GWB nicht erfüllt sind, kann auf Rüge des Beklagten eine Abtrennung (§ 145 ZPO) zur Verweisung (§ 281 ZPO) an das zuständige Gericht führen.

93 Die für die Nichtkartellsache durch die Verbindung mit einer Kartellsache nach § 88 GWB begründete ausschließliche sachliche Zuständigkeit erstreckt sich neben der **sachlichen** auch auf die **örtliche, internationale und funktionelle** Zuständigkeit.[144]

94 **1. Objektive Klagehäufung.** Die Verbindung einer Kartellsache (§ 87 GWB) mit der Klage wegen eines anderen Anspruchs im prozessualen Sinn des § 253 Abs. 2 Nr. 2 ZPO ist eine objektive Klagehäufung. Dabei kann es sich um Leistungs-, Feststellungs- und Gestaltungsklagen handeln. Während § 260 ZPO voraussetzt, dass das Prozessgericht für alle prozessualen Ansprüche zuständig ist, erweitert § 88 GWB den Anwendungsbereich für die Klagehäufung auf prozessuale Ansprüche, für die zum Teil Kartellspruchkörper, zum Teil andere Spruchkörper der Zivilgerichtsbarkeit zuständig sind. § 88 GWB lässt die objektive Klagehäufung darüber hinaus auch dann zu, wenn für den nichtkartellrechtlichen Anspruch eine anderweitige ausschließliche Zuständigkeit besteht. Diese Regelung kann Auswirkungen auf die örtliche Zuständigkeit haben, nämlich dann, wenn nach § 89 Abs. 1 GWB ein Kartell-Landgericht für mehrere Gerichtsbezirke bestimmt ist. Dann folgt die örtliche Zuständigkeit der sachlichen Zuständigkeit. Dies gilt auch, wenn die örtliche Zuständigkeit eines anderen Gerichts vereinbart wurde. Mit kartellrechtlichen Ansprüchen nicht verbunden werden können solche Ansprüche, für die ein anderer Rechtsweg gegeben ist.

95 **2. Subjektive Klagehäufung.** Gegenstand des § 88 GWB ist auch die subjektive Klagehäufung i. S. der §§ 59, 60 ZPO. Danach können mehrere Personen gemeinsam klagen oder verklagt werden, wenn sie *„aus demselben tatsächlichen oder rechtlichen Grund berechtigt oder verpflichtet sind"* (§ 59 ZPO) oder *„gleichartige und auf einem im Wesentlichen gleichartigen tatsächlichen und rechtlichen Grund beruhende Ansprüche oder Verpflichtungen"* den Gegenstand des Rechtsstreits bilden (§ 60 ZPO). § 88 GWB setzt dagegen lediglich einen rechtlichen oder unmittelbaren wirtschaftlichen Zusammenhang für die Klageverbindung voraus und geht weiter als die §§ 59, 60 ZPO. Seine Wirkung wird nur durch das Tatbestandsmerkmal der „Unmittelbarkeit" eingeschränkt.

96 **3. Verbindung mit einer Widerklage.** Ohne dass sich dies aus dem Gesetzeswortlaut eindeutig ergibt, findet § 88 GWB auch auf Widerklagen Anwendung.[145] § 88 GWB be-

---

[144] *Loewenheim/Meessen/Riesenkampff-Dicks,* Europäisches und Deutsches Kartellrecht, § 88 Rdnr. 6

[145] OLG Koblenz WuW/E OLG 3263, 3269 – *Landesapotheker-Verein; Langen/Bunte-Bornkamm,* Deutsches Kartellrecht, § 88 Rdnr. 4; *Immenga/Mestmäcker-Karsten Schmidt,* GWB, § 88 Rdnr. 9.

wirkt auch insoweit eine Erweiterung der Verbindungsmöglichkeit. Bei dem Gericht der Klage kann eine Widerklage nach § 33 Abs. 2 ZPO i. V. m. § 40 Abs. 2 ZPO nicht erhoben werden, wenn für die Widerklage ein anderer, ausschließlicher Gerichtsstand begründet ist. Diese Einschränkung gilt nach § 88 HS 2 GWB in Kartellrechtsstreitigkeiten nicht.

II. Verbindung in derselben Prozessart

Weitere Voraussetzung für die Klageverbindung nach § 88 GWB ist, dass sie in derselben **97** Prozessart erfolgt.[146] Ansprüche in einem Urkundenprozess können daher nicht mit Ansprüchen im ordentlichen Verfahren verbunden werden. Das gleiche gilt für das Verhältnis von Ansprüchen, die einerseits im Hauptsacheverfahren und andererseits im Wege der einstweiligen Verfügung geltend gemacht werden. Innerhalb des Verfahrens auf Erlass einer einstweiligen Verfügung ist § 88 GWB jedoch anwendbar.

E. Streitwertanpassung (§ 89a GWB)

Das Kostenrisiko kann ein Hindernis für die private Rechtsdurchsetzung darstellen. Zu ih- **98** rer Erleichterung sieht der durch die 7. GWB-Novelle (2005) eingefügte § 89a GWB die Möglichkeit einer einseitig begünstigenden Streitwertanpassung vor. Durch sie kann das Kostenrisiko verringert werden, ohne von dem Grundsatz der Haftung des Unterliegenden abzuweichen. Die Formulierung der Vorschrift ist weitgehend dem § 23b UWG in der bis 2003 geltenden Fassung entlehnt.

Die Regelung betrifft Rechtsstreitigkeiten, in denen Ansprüche nach § 33 Abs. 1 und 3 **99** GWB (Beseitigung, Unterlassung, Schadensersatz) oder § 34a GWB (Vorteilsabschöpfung durch Verbände oder Einrichtungen) geltend gemacht werden. Eine Streitwertherabsetzung nach § 89a GWB ist auch in den Fällen zulässig, in denen das Klagebegehren auf konkurrierende Anspruchsgrundlagen gestützt wird.[147] Hingegen findet die Vorschrift keine Anwendung auf die Fälle des § 87 S. 2 GWB, d. h. auf Streitigkeiten, in denen sich lediglich eine kartellrechtliche Vorfrage stellt.[148]

Nach § 89a GWB kann das Gericht auf Antrag einer Partei anordnen, dass deren Ver- **100** pflichtung zur Zahlung von Gerichtskosten sich nach einem ihrer Wirtschaftslage angepassten *Teil des Streitwerts* bemisst.

Voraussetzung für die Streitwertanpassung ist, dass die Belastung mit den Prozesskosten **101** nach dem vollen Streitwert die wirtschaftliche Lage der Partei erheblich gefährden würde.[149] Das ist glaubhaft zu machen. In einer nicht veröffentlichten Entscheidung,[150] mit der es den von der Klägerin Antrag auf Herabsetzung des Streitwerts zurückgewiesen hat, hat das LG Düsseldorf im sogenannten *Zementkartell*-Prozess einen strengen Maßstab an die Feststellung einer erheblichen Gefährdung der wirtschaftlichen Lage angelegt und generell auch die Aufnahme eines wirtschaftlich tragbaren Kredits für zumutbar erachtet. Bei der Entscheidung ist auch zu berücksichtigen, ob und in welchem Umfang der antragstellenden Partei Kostenzusagen Dritter vorliegen.[151] Das Gericht kann nach § 89a Abs. 1 S. 2 GWB verlangen, dass der Antragsteller glaubhaft macht, dass die von ihm zu tragenden Kosten des Rechtsstreits weder mittelbar noch unmittelbar von einem Dritten übernommen werden. Veranlassung hierzu kann vor allem dann bestehen, wenn nicht der Geschädigte selbst Klage erhebt. Der Antrag auf Streitwertherabsetzung ist **vor der Verhandlung**

---

[146] *Langen/Bunte-Bornkamm,* Deutsches Kartellrecht, § 88 Rdnr. 5 unter Hinweis auf § 260 ZPO.
[147] *Bechtold,* GWB, § 89a Rdnr. 3.
[148] *Langen/Bunte-Bornkamm,* Deutsches Kartellrecht, § 89a Rdnr. 4.
[149] *Loewenheim/Meessen/Riesenkampff-Dicks,* Europäisches und Deutsches Kartellrecht, § 89a Rdnr. 4; *Langen/Bunte-Bornkamm,* § 89a Rdnr. 7–10; *Bechtold,* GWB, § 89a Rdnr. 4; *Immenga/Mestmäcker-Karsten Schmidt,* GWB, § 89a Rdnr. 9 f.
[150] B. v. 27.9.2005, 34 U (Kart) 147/05.
[151] Vgl. *Langen/Bunte-Bornkamm,* Deutsches Kartellrecht, § 8a Rdnr. 7.

zur Hauptsache zu stellen. Danach ist er nur zulässig, wenn der angenommene oder festgesetzte Streitwert später durch das Gericht heraufgesetzt wird (§ 89a Abs. 2 S. 3 GWB).

102 Die Entscheidung über den Herabsetzungsantrag ergeht nach Anhörung des Gegners (§ 89a Abs. 2 S. 4 GWB) durch Beschluss, der mit der sofortigen Beschwerde innerhalb der Zweiwochenfrist des § 567 Abs. 1 Nr. 2 ZPO anfechtbar ist.

103 Die Anordnung hat insbesondere zur Folge, dass die Verpflichtung der durch die Herabsetzung begünstigten Partei zur Zahlung von Gerichtskosten sich nach dem herabgesetzten Streitwert bemisst.[152] Auch die Gebühren ihres Rechtsanwalts hat sie nur nach dem herabgesetzten Streitwert zu entrichten. Soweit ihr die Kosten des Rechtsstreits auferlegt werden oder soweit sie diese übernimmt, hat sie die von dem Gegner entrichteten Gerichtsgebühren und die Gebühren seines Rechtsanwalts ebenfalls nur nach dem herabgesetzten Streitwert zu erstatten (§ 89a Abs. 1 S. 4 GWB). Soweit die außergerichtlichen Kosten dem Gegner auferlegt oder von ihm übernommen werden, kann der Rechtsanwalt der begünstigten Partei seine Gebühren von dem Gegner nach dem für diesen geltenden (höheren) Streitwert geltend machen (§ 89a Abs. 1 S. 5 GWB).

§ 60 Zivilprozess und Europäisches Kartellrecht

Übersicht

[152] *Langen/Bunte-Bornkamm,* Deutsches Kartellrecht, § 89a Rdnr. 17.

Schrifttum: s. vor § 59

A. Grundlagen

I. Die Anwendung europäischen Kartellrechts durch die Gerichte der Mitgliedstaaten

1 Direkter Rechtsschutz des Einzelnen vor dem Gerichtshof der Europäischen Union[1] ist nur in sehr beschränktem Umfang vorgesehen (vgl. Art. 263 Abs. 4, 265 Abs. 3 und Art 268, 340 Abs. 2 AEUV). In den weitaus meisten Rechtsstreitigkeiten, die Berührungspunkte mit dem Unionsrecht aufweisen, erfolgt der gerichtliche Rechtsschutz durch Anrufung der nationalen Gerichte nach mitgliedstaatlichem Prozessrecht.[2] *„Die mit der Anwendung des Rechts einschließlich des Gemeinschaftsrechts betrauten nationalen Gerichte stellen einen unabdingbaren Bestandteil der Gemeinschaftsrechtsordnung dar. An der ‚Schnittstelle' mehrerer Rechtssysteme leisten sie einen wichtigen Beitrag zur wirksamen Anwendung des Gemeinschaftsrechts und letztlich zur Weiterentwicklung des europäischen Integrationsprozesses.“*[3] Die Gerichte sind nach Art. 4 Abs. 3 EUV und aufgrund der Rechtsprechung des EuGH verpflichtet, das europäische Recht auf effektive Weise anzuwenden[4] und das nationale Recht europarechtskonform auszulegen.[5] Seit dem Vertrag von Lissabon schreibt Art. 19 Abs. 1 UAbs. 2 EUV primärrechtlich vor, dass die Mitgliedstaaten die erforderlichen Rechtsbehelfe zu schaffen haben, damit ein wirksamer Rechtsschutz in den vom Unionsrecht erfassten Bereichen gewährleistet ist.[6]

2 Die Art. 101 und 102 AEUV lassen auf Grund ihrer Verbotsnatur in den Personen der unmittelbar Beteiligten oder Betroffenen privatrechtliche Folgen entstehen, welche die Gerichte der Mitgliedstaaten zu wahren haben.[7] Sowohl Art. 101 als auch Art. 102 AEUV sind unmittelbar geltendes Recht und erzeugen unmittelbare privatrechtliche Wirkungen,[8] die sich nur zu einem Teil aus dem Unionsrecht ergeben. Das gilt insbesondere für Nich-

[1] Der Gerichtshof der Europäischen Union umfasst den Gerichtshof (EuGH), das Gericht (EuG) und die Fachgerichte (bisher existiert nur das Gericht für den öffentlichen Dienst der Europäischen Union – EuGöD); vgl. Art. 19 Abs. 1 EUV.

[2] Vgl. BGH WuW/E DE-R 3431 = NJW 2012, 928, Rdnr. 17 – *ORWI; Haratsch/Koenig/Pechstein,* Europarecht, Rdnr. 591; *Bechtold,* GWB, § 87 Rdnr. 18; *Immenga/Mestmäcker-Karsten Schmidt,* EU-Wettbewerbsrecht, Bd. 1, VO Nr. 1/2003, Anh. 2 Rdnr. 2 und Anh. 3 Rdnr 5.

[3] Schlussanträge *Léger* zu EuGH, Rs C-224/01, Slg. 2003, I-10239, Rdnr. 53 – *Köbler/Österreich.*

[4] *„Effet utile“;,* EuGH U. v. 20.9.2001, Rs C-453/99, Slg. 2001, I-6927 Rdnr. 25 – *Courage und Crehan;* U. v. 13.3.2007, Rs C-432/05, Slg. 2007, I-2271, Rdnr. 43 – *Unibet.*

[5] *Haratsch/Koenig/Pechstein,* Europarecht, Rdnr. 188 ff.

[6] S. *Rösler,* Europäische Gerichtsbarkeit auf dem Gebiet des Zivilrechts, S. 232 ff.

[7] *Immenga/Mestmäcker-Karsten Schmidt,* EU-Wettbewerbsrecht, Bd. 1, VO Nr. 1/2003, Anh. 2 Rdnr. 2 m. w. Nw.

[8] EuGH U. v. 28.2.1991, Rs C-234/89, Slg. 1991 I-977, 992 – *Delimitis/Henninger Bräu.*

tigkeitsfolgen des Art. 102 AEUV und für Unterlassungs-, Beseitigungs- und Schadensersatzansprüche, die **nationalem Recht** zu entnehmen sind.[9]

II. Der Grundsatz der Verfahrensautonomie und seine Einschränkungen

3 Für den gerichtlichen Rechtsschutz zur Durchsetzung des Unionsrechts gilt der Grundsatz der Verfahrensautonomie, d. h. die Gerichte wenden das nationale Verfahrensrecht an. Die Mitgliedstaaten der Union und damit auch die nationalen Gerichte haben ihre Befugnisse bei der Durchsetzung europäischen Rechts allerdings unter Wahrung des Unionsrechts auszuüben.[10] Das nationale Verfahrensrecht muss sich deshalb an den unionsrechtlichen Anforderungen messen lassen, die im Wesentlichen in den vom EuGH formulierten Geboten der Äquivalenz und Effektivität des nationalen Rechtsschutzes ihren Niederschlag gefunden haben. Danach darf die prozessuale Durchsetzung von unionsrechtlich gewährten Rechtspositionen vor mitgliedstaatlichen Gerichten nicht ungünstiger ausgestaltet sein als bei Klagen, die innerstaatliches Recht betreffen **(Äquivalenzgebot),** und die Ausübung der durch die Unionsrechtsordnung verliehenen Rechte darf nicht praktisch unmöglich oder übermäßig erschwert sein **(Effektivitätsgebot).**[11] Genügt eine nationale Verfahrensvorschrift im Einzelfall diesen Geboten nicht und lässt sich der Verstoß auch durch unionsrechtskonforme Auslegung der Norm nicht vermeiden, darf sie nicht angewendet werden.[12]

B. Die Kommission und die Gerichte der Mitgliedstaaten

I. Die Kommission

4 Nach Art. 17 Abs. 1 EUV ist es u. a. Aufgabe der Kommission, die allgemeinen Interessen der Union zu fördern und geeignete Initiativen zu diesem Zweck zu ergreifen. Sie sorgt für die Anwendung der Verträge und der von den Organen erlassenen Maßnahmen. Außerdem überwacht sie die Anwendung des Unionsrechts unter der Kontrolle des Gerichtshofs der Europäischen Union und übt nach Maßgabe der Verträge u. a. Exekutivfunktionen aus.

5 Das Verfahren zur Anwendung der Art. 101 und 102 AEUV wird durch die VO Nr. 1/2003[13] **(Kartellverfahrensverordnung)** i. V. m. der VO Nr. 773/2004[14] geregelt.[15] Nach Art. 4 bis 6 der VO Nr. 1/2003 besteht eine **parallele Zuständigkeit** von Kommission,[16] nationalen Behörden und nationalen Gerichten zur Anwendung der Art. 101 und 102 AEUV.[17]

---

[9] EuGH U. v. 20.9.2001, Rs C-453/99, Slg. 2001, I-6927 Rdnr. 25 – *Courage und Crehan*; *Langen/Bunte-Bulst,* Europäisches Kartellrecht, Art. 102 Rdnr. 389 ff.; *Immenga/Mestmäcker-Karsten Schmidt,* EU-Wettbewerbsrecht, Bd. 1, VO Nr. 1/2003, Anh. 2 Rdnr. 2.

[10] *Haratsch/Koenig/Pechstein,* Europarecht, Rdnr. 593.

[11] EuGH U. v. 10.7.1997, Rs C-261/95, Slg. 1997, I-4025 Rdnr. 27 – *Palmisani,* U. v. 20.9.2001, Rs C-453/99, Slg. 2001, I-6927 Rdnr. 25 – *Courage und Crehan.*

[12] *Haratsch/Koenig/Pechstein,* Europarecht, Rdnr. 593 f., 598.

[13] ABl. 2003 L 1/1, zuletzt geändert durch Anh. I ÄndVO (EG) Nr. 487/2009 vom 25.5.2009 (ABl.2009 L 148/1).

[14] ABl. 2004 L 123/18, zuletzt geändert durch Art. 1 Abs. 1 ÄndVO (EU) Nr. 519/2013 vom 21.2.2013 (ABl. 2013 L 158/74).

[15] *Haratsch/Koenig/Pechstein,* Europarecht, Rdnr. 1100.

[16] Vgl. zum Kommissionsverfahren: *Dieckmann* in §§ 41 ff.

[17] *Immenga/Mestmäcker-Karsten Schmidt,* EU-Wettbewerbsrecht, Bd. 1, Art. 1 VO Nr. 1/2003 Rdnr. 6.

II. Parallelzuständigkeit von Kommission und Gerichten im System der Legalausnahme

1. Rechtslage vor dem 1.5.2004. Die VO Nr. 17/62 ging von einem Verständnis des damaligen Art. 81 Abs. 3 EG (jetzt: Art. 101 Abs. 3 AEUV) als einer bloßen Ermächtigungsnorm aus. Für die Erteilung von Freistellungen war die Kommission ausschließlich zuständig (Art. 9 Abs. 1 VO Nr. 17/62). War eine Freistellung erteilt worden, war sie für die Zivilgerichte bindend. Die **Einzelfreistellung** stellte einen gestaltenden Verwaltungsakt dar, der die Rechtsfolgen des Art. 81 Abs. 1 (Verbot) und Abs. 2 (Nichtigkeit) EG (jetzt: Art. 101 Abs. 1 bzw. Abs. 2 AEUV) bindend ausschloss. Im Fall der **Gruppenfreistellung** handelte es sich um eine die Anwendbarkeit von Art. 81 Abs. 1 und 2 EG ausschließende Rechtsnorm. War eine Freistellung lediglich beantragt, konnte das Zivilgericht das bei ihm anhängige Verfahren nach § 148 ZPO aussetzen. Wenn es die Ablehnung des Freistellungsantrags für zweifelsfrei hielt, konnte es von einer Aussetzung aber auch absehen. Nach Art. 9 Abs. 1 VO Nr. 17/62 war die Kommission für Freistellungsentscheidungen nach Art. 81 Abs. 3 EG (jetzt: Art. 101 Abs. 3 AEUV) ausschließlich zuständig **(Freistellungsmonopol der Kommission).** Das Zivilgericht war nicht befugt, an Stelle der Kommission über das Vorliegen der Voraussetzungen des Art. 81 Abs. 3 EG zu befinden.[18] 6

2. Geltendes Recht. Mit der seit dem 1.5.2004 geltenden VO Nr. 1/2003 und dem von ihr ausgelösten Systemwechsel vom Genehmigungssystem zum **System der Legalausnahme**[19] besteht kein Freistellungsmonopol der Kommission mehr (Art. 1 Abs. 1 VO Nr. 1/2003). Hieraus folgt die **Parallelzuständigkeit der Zivilgerichte und der Kommission** bei der Prüfung und Anwendung der Art. 101, 102 AEUV (Art. 1 VO Nr. 1/2003).[20] Bei der Anwendung des Art. 101 Abs. 3 AEUV bieten die *„Leitlinien zur Anwendung von Artikel 81 Absatz 3 EG-Vertrag"*[21] (jetzt: Art. 101 Abs. 3 AEUV) eine gewisse Orientierung. Eine besondere Rolle bei der Anwendung der Vorschrift kommt nach wie vor den **Gruppenfreistellungsverordnungen** zu. Mit diesen Verordnungen werden bestimmte Typen von Vereinbarungen pauschal von der Anwendung des Art. 101 Abs. 1 AEUV freigestellt. Sie sind gemäß Art. 288 Abs. 2 AEUV in allen Teilen verbindlich und gelten unmittelbar und allgemein in allen Mitgliedstaaten.[22] Außerhalb des Anwendungsbereichs der Gruppenfreistellungen bleibt es bei der Anwendung von Art. 101 Abs. 1 und 3 AEUV im Einzelfall. 7

III. Das Verhältnis der Gerichte der Mitgliedstaaten zur Kommission

1. Allgemeines. Aus der Parallelzuständigkeit der Gerichte und der Kommission bei der Durchsetzung des EU-Kartellrechts ergeben sich **Abstimmungsprobleme,** denen mit unterschiedlichen Mitteln begegnet wird. Zu nennen sind vor allem die in § 15 VO Nr. 1/2003 aufgestellten Regeln über die Zusammenarbeit der Kommission mit den Gerichten der Mitgliedstaaten und die **Bindung der Gerichte** nach Art. 16 VO Nr. 1/2003.[23] Die Zusammenarbeit wird in der *„Bekanntmachung der Kommission über die Zusammenarbeit zwischen der Kommission und den Gerichten der EU-Mitgliedstaaten bei der Anwendung* 8

[18] *Immenga/Mestmäcker-Karsten Schmidt,* EU-Wettbewerbsrecht, Bd. 1, VO Nr. 1/2003, Anh. 3 Rdnr. 6 ff.

[19] S. *Wiedemann* in § 2 Rdnr. 6 und *Lübbig* in § 8 Rdnr. 61 ff.

[20] Zu dem in Art. 3 VO Nr. 1/2003 geregelten Verhältnis der Art. 101, 102 AEUV zu dem einzelstaatlichen Wettbewerbsrecht eingehend: *Immenga/Mestmäcker-Karsten Schmidt,* EU-Wettbewerbsrecht, Bd. 1, Art. 3 VO Nr. 1/2003, insbesondere Rdnr. 19 ff., 44 ff.

[21] ABl. 2004 C 101/97; zur Rechtsnatur der Leitlinien s. EuG U. v. 30.4.1998, C-214/95, Slg. 1998 II-00717, Rdnr. 89 – *SGDM.*

[22] *Basedow/Hopt/Zimmermann-Ellger,* Handbuch des Europäischen Privatrechts – Gruppenfreistellungsverordnungen.

[23] Im deutschen Recht enthält § 33 Abs. 4 GWB eine ähnliche Regelung; s. § 61 Rdnr. 19 ff.

der Artikel 81 und 82 des Vertrags"[24] (jetzt: Art. 101, 102 AEUV) ausführlich erläutert. Im Mittelpunkt der Zusammenarbeit steht die **wechselseitige Information** nach Art. 15 VO Nr. 1/2003, einschließlich der Befugnis der Kommission, sich als sachverständiger Beistand **(„amicus curiae")** in laufenden Gerichtsverfahren schriftlich oder mündlich zu äußern (Art. 15 Abs. 3 S. 2 VO Nr. 1/2003).

9 **2. Bindungswirkung nach Art. 16 VO Nr. 1/2003.** *a) Grundsatz.* Art. 16 Abs. 1 S. 1 VO Nr. 1/2003 bestimmt, dass mitgliedstaatliche Gerichte, die nach Art 101 AEUV oder Art. 102 AEUV über Vereinbarungen, Beschlüsse oder Verhaltensweisen zu befinden haben, die bereits Gegenstand einer Entscheidung der Kommission sind, nicht in einer Weise entscheiden dürfen, die der Entscheidung der Kommission zuwiderläuft. Das nationale Gericht hat aber nicht nur bereits ergangene Kommissionsentscheidungen zu beachten, sondern es muss schon die **Absicht der Kommission** berücksichtigen, eine Entscheidung in derselben Sache zu erlassen. Denn nach Art. 16 Abs. 1 S. 2 VO Nr. 1/2003 müssen die Gerichte der Mitgliedsstaaten es auch vermeiden, Entscheidungen zu treffen, die einer zwar noch nicht erlassenen, von der Kommission in einem von ihr eingeleiteten Verfahren aber beabsichtigten Entscheidung zuwider laufen. Zu diesem Zweck kann das einzelstaatliche Gericht die Kommission nach Art. 15 Abs. 1 VO Nr. 1/2003 um Auskunft bitten.[25] Zudem hat es zu prüfen, ob es notwendig ist, das vor ihm anhängige Verfahren im Hinblick auf das Kommissionsverfahren auszusetzen (Art. 16 Abs. 1 S. 3 VO Nr. 1/2003).[26] Diese Verpflichtung gilt unbeschadet der Rechte und Pflichten nach Art. 267 AEUV (Vorabentscheidungsverfahren).[27]

10 *b) Voraussetzungen. aa) Identität des Gegenstands.* Die Entscheidungen der Kommission sind nur dann bindend, wenn die Untersuchungsgegenstände des Kommissions- und des Gerichtsverfahrens identisch sind.[28] Vor allem sind die Gerichte der Mitgliedstaaten in personeller Hinsicht nicht an eine Kommissionsentscheidung gebunden, die gegenüber einem Dritten ergangen ist, der nicht Partei des gerichtlichen Verfahrens ist. Das gilt auch, wenn die entscheidungserheblichen tatsächlichen und rechtlichen Fragen des vom Gericht noch zu entscheidenden und des von der Kommission bereits entschiedenen Falls gleich sind.[29]

11 *bb) Entscheidungen mit Bindungswirkung.* Bindungswirkung entfalten Entscheidungen der Kommission,[30] in denen der Sache nach über Art. 101, 102 AEUV entschieden wurde.[31] Hierzu gehören insbesondere **Bußgeldentscheidungen** (Art. 23 VO Nr. 1/2003). Ihr wichtigster Teil ist die verbindliche Feststellung einer Zuwiderhandlung i. S. von Art. 7 VO Nr. 1/2003. Voraussetzung der Bindungswirkung ist, dass sich das Vorliegen einer Zuwiderhandlung unzweideutig aus der Begründung der Kommissionsentscheidung ergibt und dass es sich um ein sachlich, örtlich und zeitlich identisches Verhalten handelt. Entscheidungen der Kommission können so die Grundlage von Schadensersatzklagen vor nationalen Gerichten *(„Follow-on-Klagen")* sein.

12 Bindungswirkung nach Art. 16 VO Nr. Nr. 1/2003 kommt ferner insbesondere zu:
– Entscheidungen zur Feststellung und Abstellung von Zuwiderhandlungen (Art. 7 VO Nr. 1/2003);
– einstweilige Anordnungen (Art. 8 VO Nr. 1/2003).

Wenn die Kommission von einer einstweiligen Maßnahme absieht, weil kein Gemeinschaftsinteresse besteht, ist das mitgliedstaatliche Gericht nicht gehindert, aufgrund natio-

[24] ABl. 2004 C 101/54.
[25] S. Rdnr. 21.
[26] S. Rdnr. 19.
[27] S. Rdnr. 29 ff.
[28] *Möschel/Bien-Grünberger,* Kartellrechtsdurchsetzung durch private Schadensersatzklagen?, S. 166; *FK-Jaeger,* Art. 16 VO Nr. 1/2003 Rdnr. 6.
[29] *Möschel/Bien-Grünberger,* Kartellrechtsdurchsetzung durch private Schadensersatzklagen?, S. 167.
[30] Zu den von der Kommission in Zukunft beabsichtigten Entscheidungen vgl. Rdnr. 9 und 19 f.
[31] *Klees,* Europäisches Kartellverfahrensrecht, § 8 Rdnr. 110.

nalen Rechts einstweilige Anordnungen zu treffen, um die Gefahr eines ernsten, nicht wieder gutzumachenden Schadens zu vermeiden (z. B. Existenzgefahr durch missbräuchliche Lieferweigerung);
– Entscheidungen über die Nichtanwendbarkeit der Art. 101 und 102 AEUV (Art. 10 VO Nr. 1/2003), einschließlich der Gruppenfreistellungen und deren Entzug (Art. 29 VO Nr. 1/2003).[32]

Keine Bindungswirkung für die Frage, ob eine Zuwiderhandlung vorgelegen hat oder noch vorliegt, entfalten Entscheidungen nach Art. 9 VO Nr. 1/2003, mit denen Verpflichtungszusagen für verbindlich erklärt werden.[33] **13**

Entscheidungen der Kommission, ein Verfahren aus Opportunitätsgründen einzustellen, weil kein Interesse der Union an einer Verfolgung besteht, können die nationalen Behörden und Gerichte zwar rechtlich nicht binden, die nationale Entscheidungsfindung aber – abhängig vom Inhalt der Entscheidungsbegründung – faktisch beeinflussen. Dasselbe gilt für die Zurückweisung einer Beschwerde, es sei denn, die Entscheidung würde ausdrücklich feststellen, eine Zuwiderhandlung sei zu verneinen (in diesem Fall ist sie einer Entscheidung nach Art. 10 VO Nr. 1/2003 gleichzustellen). Informelle Beratungsschreiben und die Stellungnahmen der Kommission als „amicus curiae" entfalten ebenfalls keine rechtlich verbindliche Wirkung. **14**

c) Eintritt der Bindungswirkung von Kommissionsentscheidungen. Die Bindungswirkung der Entscheidung tritt grundsätzlich mit ihrer **Bekanntgabe** nach Art. 297 Abs. 2 AEUV ein. Ihre Bestandskraft ist nicht Voraussetzung für die Bindungswirkung, was darin begründet liegt, dass die Nichtigkeitsklage, mit der Kommissionsentscheidungen angegriffen werden können, nach § 263 S. 1 AEUV grundsätzlich keine aufschiebende Wirkung hat (Art. 278 AEUV).[34] **15**

d) Reichweite. Art. 16 Abs. 1 VO Nr. 1/2003 wendet sich an alle Gerichte der Mitgliedstaaten, jedoch nicht an Schiedsgerichte. Da aber Schiedssprüchen die Vollstreckbarkeitserklärung zu versagen ist, wenn das Schiedsgericht die Grundsätze des EU-Wettbewerbsrechts als „ordre public" nicht beachtet hat,[35] erscheint die Berücksichtigung einer von der Kommission in derselben Sache erlassenen Entscheidung durch das **Schiedsgericht** zwingend. **16**

Bindungswirkung entfalten die **Feststellung des Verstoßes** als solche und die sie tragenden **tatsächlichen Feststellungen.** Von der Bindungswirkung erfasst werden auch die in **Bußgeldentscheidungen** getroffenen Feststellungen zum **Verschulden.**[36] Nicht von der Bindungswirkung umfasst ist dagegen insbesondere die Frage ob, und in welchem Umfang ein **Schaden** entstanden ist und ob dieser durch den festgestellten Kartellrechtsverstoß verursacht wurde. Auch wenn die Kommission in ihrer Entscheidung die genauen Auswirkungen der Zuwiderhandlung bestimmt hat, bleibt es Sache des Zivilgerichts, im Einzelfall den Schaden desjenigen, der eine Schadensersatzklage erhoben hat, und die **Kausalität** zwischen dem Schaden und dem von der Kommission festgestellten Kartellrechtsverstoß festzustellen.[37] Würde sich die Bindungswirkung des Art. 16 VO Nr. 1/2003 nicht – ebenso wie bei § 33 Abs. 4 GWB[38] – auch auf die die Entscheidung **tragenden tatsächlichen Feststellungen** erstrecken, könnten die Gerichte der Mitgliedstaaten vom Kläger verlangen, die Tatsachen darzulegen und zu beweisen, aus denen sich der Wettbewerbsverstoß nach Auffassung der Kommission ergibt. Das Ziel, die Wirksamkeit der zivilrechtlichen **17**

---

[32] *Immenga/Mestmäcker-Ritter,* EU-Wettbewerbsrecht, Bd. 1, Art. 16 VO Nr. 1/2003 Rdnr. 3.

[33] *Meessen,* Der Anspruch auf Schadensersatz bei Verstößen gegen EU-Kartellrecht, S. 110; *Immenga/Mestmäcker-Ritter,* EU-Wettbewerbsrecht, Bd. 1, Art. 16 VO Nr. 1/2003 Rdnr. 3.

[34] *Hirsch,* ZWeR 2003, 233, 248; *Möschel/Bien-Grünberger,* Kartellrechtsdurchsetzung durch private Schadensersatzklagen?, S. 164; *Wesselburg,* Drittschutz bei Verstößen gegen das Kartellverbot, S. 205; vgl. auch EuGH U. v. 14.12.2000, C-344/98, Slg. 2000, I-11369 – *Masterfoods.*

[35] S. § 62 Rdnr. 24, 31.

[36] *Möschel/Bien-Grünberger,* Kartellrechtsdurchsetzung durch private Schadensersatzklagen?, S. 162.

[37] EuGH U. v. 6.11.2012, Rs C-199/11, Rdnr. 65 f. – *Otis u. a.*

[38] *Möschel/Bien-Grünberger,* Kartellrechtsdurchsetzung durch private Schadensersatzklagen?, S. 171 ff., 174.

Kartelldurchsetzung zu stärken, wird deshalb nur dann erreicht, wenn die Bindungswirkung auch die tatsächlichen Voraussetzungen des Kartellverstoßes umfasst.[39]

18 *e) Rechtsfolgen der Nichtbeachtung des Art. 16 Abs. 1 VO Nr. 1/2003.*[40] Die Nichtbeachtung des Art. 16 Abs. 1 VO Nr. 1/2003 durch die nationalen Gerichte und Behörden kann von der betroffenen Partei im Rahmen eines **Rechtsmittelverfahrens** gerügt werden. Grundsätzlich kann die Kommission zwar auch ein Vertragsverletzungsverfahren gegen den Mitgliedstaat nach Art. 258 AEUV einleiten, aber nur dann, wenn der nationale Richter (einschließlich der Rechtsmittelinstanz) offenkundig und wiederholt gegen das geltende Recht verstoßen hat, ohne dass der Mitgliedstaat dagegen etwas unternommen hätte. Der Einzelne kann in einem solchen Fall auch **Schadensersatzansprüche** gegen den Mitgliedstaat geltend machen.[41]

19 **2. Aussetzung nach § 148 ZPO.**[42] Zur Vermeidung widersprüchlicher Entscheidungen sieht Art. 16 Abs. 1 S. 2 VO Nr. 1/2003 außerdem vor, dass das nationale Gericht zu prüfen hat, ob es notwendig ist, das bei ihm anhängige Verfahren auszusetzen, um den Erlass einer Entscheidung zu vermeiden, die zu einer von der Kommission bereits erlassenen einer *von ihr beabsichtigten Entscheidung* im Widerspruch steht. Die Grundlage hierfür ist im deutschen Zivilprozessrecht § 148 ZPO. Die Kommission weist in Nr. 12 ihrer *„Bekanntmachung über die Zusammenarbeit zwischen der Kommission und den Gerichten"*[43] darauf hin, dass das Prozessgericht gehalten sein kann, bei der Kommission wegen der Einleitung eines Verfahrens und dessen Sachstand anzufragen und zur Vermeidung eines Entscheidungswiderspruchs eine Aussetzung in Erwägung zu ziehen.

20 Die Aussetzung nach § 148 ZPO erfolgt von Amts wegen oder auf Antrag der Parteien durch Beschluss. Die Rechtsfolgen ergeben sich aus § 249 ZPO. Gegen den Beschluss ist die sofortige Beschwerde nach § 252 ZPO gegeben.

21 **3. Kooperation von Kommission und Gerichten.** *a) Art. 15 VO Nr. 1/2003.* Die Kooperation der Gerichte der Mitgliedstaaten in Verfahren, in denen Art. 101, 102 AEUV zur Anwendung kommen, ist in Art. 15 VO Nr. 1/2003 geregelt.[44] Danach können die Gerichte die Kommission um die Übermittlung von in deren Besitz befindlichen Informationen und um Stellungnahmen zu Fragen bitten, die die Anwendung der Wettbewerbsregeln der Union betreffen (Art. 15 Abs. 1 VO Nr. 1/2003; s. dazu auch § 90a Abs. 3 GWB).

22 Die Mitgliedstaaten übermitteln der Kommission außerdem eine Kopie jedes schriftlichen Urteils eines einzelstaatlichen Gerichts über die Anwendung der Art. 101 oder 102 AEUV. Die betreffende Kopie wird unverzüglich übermittelt, nachdem das vollständige schriftliche Urteil den Parteien zugestellt wurde (Art. 15 Abs. 2 VO Nr. 1/2003; s. dazu auch § 90 Abs. 2 GWB).

23 Daneben können auch die **einzelstaatlichen Wettbewerbsbehörden** von sich aus den Gerichten ihres Mitgliedstaats schriftliche Stellungnahmen zur Anwendung der Art. 101 oder 102 AEUV übermitteln. Mit Erlaubnis des betreffenden Gerichts können sie vor den Gerichten ihres Mitgliedstaats auch mündlich Stellung nehmen (Art. 15 Abs. 3 S. 1, 2 VO Nr. 1/2003; s. dazu § 90 Abs. 2 GWB).

24 Sofern es die einheitliche Anwendung der Art. 101 oder 102 AEUV erfordert, kann die Kommission aus eigener Initiative den Gerichten der Mitgliedstaaten als **„amicus curiae"**

---

[39] *Möschel/Bien-Grünberger,* Kartellrechtsdurchsetzung durch private Schadensersatzklagen?, S. 175 ff., 176.

[40] Wegen der Folgen der von einer vorangegangenen Gerichtsentscheidung abweichenden späteren Kommissionsentscheidung vgl. *Immenga/Mestmäcker-Ritter,* EU-Wettbewerbsrecht, Bd. 1, Art 16 VO Nr. 1/2003 Rdnr. 8.

[41] *Immenga/Mestmäcker-Ritter,* EU-Wettbewerbsrecht, Bd. 1, Art 16 VO Nr. 1/2003 Rdnr. 13.

[42] Keine Besonderheiten bestehen hinsichtlich der Aussetzung im Hinblick auf anhängige Zivilprozesse. Hier gelten die allgemeinen Regeln des § 148 ZPO.

[43] S. Rdnr. 28.

[44] Eingehend: *Klees,* Europäisches Kartellverfahrensrecht, § 8 Rdnr. 38 ff.

schriftliche Stellungnahmen übermitteln. Sie kann mit Erlaubnis des betreffenden Gerichts auch mündlich Stellung nehmen (vgl. § 90a Abs. 2 S. 4 GWB). Zum ausschließlichen Zweck der Ausarbeitung ihrer Stellungnahmen können die Wettbewerbsbehörden der Mitgliedstaaten und die Kommission das Gericht ersuchen, ihnen alle zur Beurteilung des Falls notwendigen Schriftstücke zu übermitteln oder für deren Übermittlung zu sorgen (Art. 15 Abs. 3 S. 3 bis 4 VO Nr. 1/2003).

b) § 90a GWB. § 90a GWB regelt die Zusammenarbeit der deutschen Kartell-Gerichte mit der Europäischen Kommission und den Kartellbehörden und setzt die Vorgaben des **Art. 15 VO Nr. 1/2003** um. Danach sind die nach Art. 15 Abs. 2 VO Nr. 1/2003 zu übermittelnden Entscheidungsabschriften über das BKartA an die Kommission zu übersenden. Das BKartA darf der Europäischen Kommission die Unterlagen übermitteln, die es nach § 90 Abs. 1 S. 2 GWB erhalten hat. **25**

Die Europäische Kommission kann dem Gericht in Verfahren nach § 90a Abs. 1 GWB schriftliche Stellungnahmen übermitteln. Das Gericht übermittelt der Europäischen Kommission alle zur Beurteilung des Falls notwendigen Schriftstücke, wenn diese darum nach Art. 15 Abs. 3 S. 5 VO Nr. 1/2003 ersucht. Das Gericht übermittelt dem BKartA und den Parteien eine Kopie einer Stellungnahme der Kommission nach Art. 15 Abs. 3 S. 3 der VO Nr. 1/2003. **26**

§ 90a Abs. 3 GWB bestimmt in Übereinstimmung mit Art. 15 Abs. 1 VO Nr. 1/2003, dass das Gericht die Kommission um die Übermittlung ihr vorliegender Informationen oder um Stellungnahmen zu Fragen bitten kann, die die Anwendung der Art. 101 oder 102 AEUV betreffen. Das Gericht unterrichtet die Parteien über entsprechende Ersuchen und übermittelt ihnen und dem BKartA eine Kopie der Antwort der Europäischen Kommission. In den Fällen der Abs. 2 und 3 des § 90a GWB kann der Geschäftsverkehr zwischen dem Gericht und der Europäischen Kommission auch über das BKartA abgewickelt werden. **27**

c) Bekanntmachung der Kommission. Die *„Bekanntmachung der Kommission über die Zusammenarbeit zwischen der Kommission und den Gerichten der EU-Mitgliedstaaten bei der Anwendung der Artikel 81 und 82 des Vertrags"*[45] enthält keine verbindlichen Rechtsnormen,[46] sondern lediglich **Anwendungshilfen** für die einzelstaatlichen Gerichte (Nr. 42). Sie bezieht sich insbesondere auf die Zivilprozesspraxis (Nr. 4), erläutert in Abschnitt II (Nr. 3 bis 14) Aspekte der Anwendung des materiellen EU-Wettbewerbsrechts durch die mitgliedstaatlichen Gerichte und der dabei zu beachtenden Verfahrensgrundsätze. In Abschnitt III der Bekanntmachung werden die Einzelheiten des Verfahrens der Zusammenarbeit dargestellt.[47] **28**

C. Das Vorabentscheidungsverfahren nach Art. 267 AEUV

I. Grundlagen

Der Europäische Gerichtshof entscheidet nach Art 267 Abs. 1 AEUV im Wege der Vorabentscheidung auf Vorlage des Gerichts eines Mitgliedstaates über die Auslegung der Verträge und über die Gültigkeit und die Auslegung der Handlungen der Organe und Einrichtungen der Union. Die einzelstaatlichen Gerichte sind nach Art. 267 Abs. 2 AEUV zur Vorlage berechtigt, wenn sie die Vorabentscheidung für erforderlich halten. Nach Art. 267 Abs. 3 AEUV ist ein einzelstaatliches Gericht, dessen Entscheidung nicht mehr im innerstaatlichen Rechtsweg angefochten werden kann, unter den Voraussetzungen des Art. 267 Abs. 1 AEUV zur Vorlage verpflichtet. **29**

---

[45] ABl. 2004 C 101/54.

[46] Vgl. Art. 288 S. 5 AEUV; *von Graevenitz,* EuZW 2013, 169.

[47] Eingehend zu dem Inhalt der Bekanntmachung: *Immenga/Mestmäcker-Karsten Schmidt,* EU-Wettbewerbsrecht, Bd. 1, VO Nr. 1/2003, Anh. 3 Rdnr. 63 ff.

30 Das Vorabentscheidungsverfahren eröffnet als **nichtstreitiges Verfahren,** das **der Initiative der Parteien entzogen** ist,[48] die Möglichkeit der Zusammenarbeit zwischen nationalen Gerichten und dem Europäischen Gerichtshof, wenn in einem vor einem nationalen Gericht anhängigen Rechtsstreit das Unionsrecht berührende Fragen der Klärung durch den Europäischen Gerichtshof bedürfen. Das nationale Gericht erhält auf Vorlage vom EuGH eine **rechtsverbindliche Antwort auf die Frage nach Gültigkeit und/oder Auslegung des Unionsrechts.**

31 Für die Anwendung der sich aus der Vorlageentscheidung des Europäischen Gerichtshofs ergebenden Antwort in Bezug auf die Gültigkeit und/oder Auslegung von Unionsrecht auf den konkreten Fall bleibt der nationale Richter zuständig. Dieser hat auch über die Vereinbarkeit des nationalen Rechts mit dem vom Europäischen Gerichtshof ausgelegten Unionsrecht zu entscheiden.

32 Im Bereich des **Kartellrechts** beanspruchen **zwei Rechtsordnungen** – das Unionsrecht und das nationale Recht – zugleich **Geltung** auf dem Territorium der Mitgliedstaaten. Das Nebeneinander des Wettbewerbsrechts der Union und das der Mitgliedstaaten kann zu Konfliktlagen führen, weil die Rechtsordnung der Union nicht notwendig auf die gleichen Gesichtspunkte abstellt, die der nationale Gesetzgeber für wesentlich erachtet und der Unionsgesetzgeber darüber hinaus häufig nur punktuelle Regelungen trifft. Bei **Normenkonflikten** gilt der **Vorrang des Unionsrechts.** Der Europäische Gerichtshof[49] hat hierzu ausgeführt:

33 *„Die Geltungskraft des Vertrags und der für seine Anwendung getroffenen Maßnahmen darf nicht von Staat zu Staat aufgrund der nationalen Rechtsakte verschieden sein; andernfalls würde die Wirkung der Gemeinschaftsrechtsordnung beeinträchtigt und die Verwirklichung der Vertragsziele gefährdet werden. Normenkonflikte zwischen Gemeinschafts- und innerstaatlichem Kartellrecht sind daher nach dem Grundsatz des Vorrangs des Gemeinschaftsrechts zu lösen. Die Reichweite des Gemeinschaftsrechts bestimmt das Ausmaß ihres Vorrangs."* Durch Art. 3 der VO Nr. 1/2003 werden die **Grundsätze der parallelen Anwendung und des Vorrangs des Wettbewerbsrechts der EU** ausdrücklich geregelt.

II. Verfahren

34 **1. Allgemeines.** Zuständig für die Entscheidung über Vorabentscheidungsersuchen ist gemäß Art. 19 Abs. 3b) EUV i. V. m. Art 267 AEUV der **Gerichtshof der Europäischen Union.** Nach Art. 19 Abs. 1 EUV umfasst der Gerichtshof der Europäischen Union – abgesehen von den in der Vorschrift vorgesehenen Fachgerichten – den Gerichtshof **(EuGH)** und das Gericht **(EuG).** Art. 256 Abs. 3 UAbs. 1 AEUV sieht zwar die Möglichkeit vor, dem EuG die Zuständigkeit für Vorabentscheidungen in besonderen Sachgebieten zu übertragen. Von dieser Möglichkeit wurde bisher jedoch kein Gebrauch gemacht. Derzeit ist der EuGH für Vorabentscheidungen allein zuständig.

35 Der **Verfahrensablauf** vor dem EuGH (und dem EuG) ist in den Verträgen nur fragmentarisch geregelt. Einzelheiten finden sich im **Protokoll über die Satzung des Gerichtshofs der Europäischen Union.**[50] Das Vorabentscheidungsverfahren nach Art. 267 AEUV wird in Art. 23 des Protokolls behandelt. Detaillierte Regelungen hierzu enthält der dritte Titel (Art. 93ff.) der **Verfahrensordnung des Gerichtshofs.**[51] **Verfahrenssprache** vor dem EuGH ist die Sprache des vorlegenden Gerichts (Art. 37 Abs. 3 der Verfahrensordnung). Für die praktische Handhabung sind die **Empfehlungen des Gerichtshofs an die nationalen Gerichte** bezüglich der Vorlage von Vorabentscheidungsersuchen[52] bedeutsam.

[48] EuGH U. v. 19.1.1994, Rs C-364/92, Slg. 1994 I-43 Rdnr. 9 – *Sat Fluggesellschaft mbH.*

[49] EuGH U. v. 13.9.1969, Rs C-14/68, Slg. 1969, 1 – *Walt Wilhelm,* EuGH U. v. 26.11.1998, Rs C-7/97, Slg. 1998, I-7791 – *Bronner.*

[50] ABl. 2010 C 83/2010.

[51] ABl. 2012 L 265/1.

[52] ABl. 2012 C 338/1.

2. Vorlagefähige Fragen. Vorlagefähig sind Fragen des primären und des sekundären Unionsrechts, insbesondere die in Art. 288 AEUV genannten Rechtsakte. Die Vorlagefrage kann bei **primärem Unionsrecht**[53] nur auf dessen **Auslegung,** bei **sekundärem Unionsrecht**[54] auf dessen **Gültigkeit und Auslegung** zielen. Die Auslegung des nationalen Rechts kann dagegen nicht zum Gegenstand des Vorlageverfahrens gemacht werden, auch nicht im Hinblick auf seine Vereinbarkeit mit dem vorrangigen Unionsrecht. Die in diesen Fällen ebenfalls zulässige Vorlage muss vom Gericht auf die Auslegung des vorrangigen Unionsrechts hin formuliert werden. Allerdings hält der Gerichtshof in ständiger Rechtsprechung Fragen nach der Auslegung von Vorschriften des Unionsrechts auch dann für zulässig, wenn diese Vorschriften durch nationales Recht oder durch Vertrag auf rein innerstaatliche Sachverhalte ohne weiteren unionsrechtlichen Bezug für anwendbar erklärt worden sind.[55] Entsprechendes gilt in Fällen, in denen der nationale Gesetzgeber das innerstaatliche Recht dem Unionsrecht in der Absicht nachgebildet hat, innerstaatliche Sachverhalte genau so zu behandeln, wie solche, die durch Unionsrecht geregelt sind.[56] Der EuGH begründet diese Praxis mit dem Interesse an der einheitlichen Auslegung des Unionsrechts unabhängig davon, unter welchen Voraussetzungen es angewendet werden soll.[57] 36

Als **kartellrechtliche Vorlagefragen** kommen insbesondere in Betracht:

a) die Auslegung der einschlägigen Vertragsnormen (Art. 101, 102 AEUV),
b) die Vereinbarkeit der VO Nr. 1/2003 mit dem Primärrecht des Art. 101 Abs. 1, 3 AEUV,
c) die Auslegung der Fusionskontrollverordnung sowie der Gruppenfreistellungsverordnungen und
d) die Gültigkeit und Auslegung von Entscheidungen der Kommission.

Auch allgemeine, d. h. nicht im Vertrag oder in einer Verordnung zum Ausdruck gebrachte Rechts- oder Verwaltungsgrundsätze können Gegenstand des Vorlageverfahrens nach Art. 267 AEUV sein. Als Handlungen der Organe der Union unterliegen nicht nur rechtlich bindende Akte – Verordnungen oder Verwaltungsentscheidungen –, sondern auch nicht-bindende Rechtsakte wie z. B. Empfehlungen und Stellungnahmen[58] der Überprüfung durch den Gerichtshof. 37

3. Zur Vorlage befugte Gerichte. Art. 267 AEUV gilt nur für Gerichte. Der Begriff des Gerichts ist unionsrechtlicher Art. Da von ihm der Zugang zum EuGH abhängt, ist er **europaweit einheitlich** auszulegen und anzuwenden.[59] Bei der in der Rechtsprechung des EuGH zum Gerichtsbegriff vorgenommenen Gesamtwürdigung aller Umstände des Einzelfalls ist ausschlaggebend, dass es sich um eine unabhängige Stelle handelt, die auf gesetzlicher Grundlage errichtet ist, eine ständige und obligatorische Gerichtsbarkeit ausübt, ein streitiges Verfahren durchführt und auf der Grundlage von Rechtsnormen urteilt.[60] Bei dem Ausgangsverfahren muss es sich um ein gerichtsförmiges, streitiges Verfahren handeln. Verfahren des vorläufigen Rechtsschutzes sind mit erfasst. Verneint wird eine An- 38

---

[53] Bestimmungen des EUV und AEUV einschließlich ihrer Anlagen, Anhänge und Protokolle sowie deren späterer Ergänzungen und Änderungen durch völkerrechtliche Verträge und die Grundrechtscharta.

[54] Das von den Organen der Union im Rahmen der primärrechtlichen Verfahrensregeln erlassene (organgeschaffene, abgeleitete) Recht (Art. 288 AEUV: Verordnungen, Richtlinien oder Beschlüsse).

[55] EuGH U. v. 14.3.2013, Rs C-32/11, ECLI:EU:C:2013:160, Rdnr. 20 m. w. Nw. – *Allianz Hungária* = WuW/E EU-R 2696; *Pechstein,* EU-Prozessrecht, Rdnr. 768.

[56] EuGH U. v. 14.3.2013, Rs C-32/11, ECLI:EU:C:2013:160, Rdnr. 21 – *Allianz Hungária* = WuW/E EU-R 2696.

[57] EuGH U. v. 14.3.2013, Rs C-32/11, ECLI:EU:C:2013:160, Rdnr. 20 – *Allianz Hungária* = WuW/E EU-R 2696

[58] S. *von Graevenitz,* EuZW 2013, 169.

[59] Eingehend dazu: *Pechstein,* EU-Prozessrecht, Rdnr. 796 ff.

[60] EuGH U. v. 14.6.2011, Rs C-196/09, Slg. 2011, I-5105 Rdnr. 37 – *Miles u. a.*

wendung auf Schiedsgerichte.[61] Sie sind nach der gegenwärtigen Praxis weder nach Art. 267 Abs. 2 AEUV vorlageberechtigt noch nach Art. 267 Abs. 3 AEUV vorlagepflichtig. Nur für tarifvertragliche Schiedsgerichte, deren Zuständigkeit nicht vom Einvernehmen der Parteien abhängt, hat der Gerichtshof anders entschieden.[62] Mit *Karsten Schmidt* wäre ein Vorlagerecht von Schiedsgerichten zu begrüßen.[63]

39 **4. Voraussetzungen:** Art. 267 Abs. 2 AEUV setzt voraus, dass das vorlegende Gericht eine Entscheidung über die unter Art. 267 Abs. 2 AEUV fallende Vorfrage für **entscheidungserheblich** hält. Dies zu beurteilen obliegt grundsätzlich den nationalen Gerichten, die dabei einen weiten **Beurteilungsspielraum** haben. Der EuGH geht von einer **Vermutung der Entscheidungserheblichkeit** aus.[64] Nur wenn offensichtlich ist, dass die mit der Vorlage verbundene Frage der Auslegung oder der Beurteilung der Gültigkeit einer Unionsvorschrift in keinem Zusammenhang mit dem Ausgangsrechtsstreit steht, lehnt er die Befassung mit der vorgelegten Frage ab.[65]

40 Die Voraussetzungen der Vorlage müssen sich am Normzweck der Vorlageregelung orientieren. Art. 267 Abs. 2 AEUV dient der **Normauslegung,** nicht der Normenkontrolle. Deshalb ist es nicht erforderlich, dass das vorlegende Gericht die zur Vorlage führende Rechtsauffassung teilt. Nach einer verbreiteten Ansicht genügt es, dass das Gericht die Rechtslage für zweifelhaft hält.

41 **5. Wiederholte Vorlagen.** Eine wiederholte Vorlage derselben Rechtsfrage ist in verschiedenen Rechtssachen zulässig. Das beruht auf dem Fehlen einer formellen Bindungswirkung der Vorlageentscheidung über den Ausgangsrechtsstreit hinaus. Die wiederholte Vorlage derselben Rechtsfrage in derselben Rechtssache ist dagegen unzulässig. Weder darf dasselbe Gericht in derselben Rechtssache die identische Rechtsfrage nochmals vorlegen, noch darf ein Gericht anderer Instanz dies tun. Das ergibt sich aus der Bindung an die Vorabentscheidung. Zulässig ist allerdings die Vorlage einer neuen Rechtsfrage, die sich bei der Fortsetzung des Rechtsstreits ergibt.[66]

42 **6. Parallele Vorlagen.** Parallele Vorlagen sind zulässig. Sie sind sowohl als Vorlage verschiedener Rechtsfragen in derselben Sache durch dasselbe Gericht als auch durch verschiedene Gerichte möglich. Zulässig ist auch die Vorlage derselben Rechtsfrage durch mehrere Gerichte, z.B. in parallel geführten Rechtsstreitigkeiten über ein Vertriebssystem. Der Gerichtshof kann parallele Vorlagen verbinden und auch nachträglich eingehende Vorlagen mit berücksichtigen. Einem Gericht, das nach Art. 267 Abs. 2 AEUV zur Vorlage nur befugt, jedoch nicht verpflichtet ist, steht es frei, anstelle der Vorlage den Rechtsstreit in Erwartung der Vorabentscheidung nach § 148 ZPO auszusetzen, wenn ein anderes Gericht die Frage bereits vorgelegt hat.[67]

43 **7. Vorlagepflicht nach Art. 267 Abs. 3 AEUV.** Die Vorlagepflicht nach Art. 267 Abs. 3 AEUV besteht nur in **Hauptsacheverfahren.** In Verfahren des vorläufigen Rechtsschutzes ist das Gericht zur Vorlage berechtigt aber nicht verpflichtet. Auch bei Zwischenentscheidungen, die der Entscheidung in der Sache vorausgehen, gibt es keine Vorlagepflicht. Weniger eindeutig, weil nicht aus praktisch zwingenden Gründen geboten, ist die

---

61 EuGH U. v. 23.3.1982, Rs C-102/81, Slg. 1982, 1095, 1110 – *Nordsee; Pechstein,* EU-Prozessrecht, Rdnr. 810.

62 EuGH U. v. 17.10.1989, Rs C-109/88, Slg. 1989, 3199, Rdnr. 7f. – *Handels- og Kontorfunktionaerernes Ferbund I Danmark/Danfoss.*

63 *Immenga/Mestmäcker-Karsten Schmidt,* EU-Wettbewerbsrecht, Bd. 1, VO Nr. 1/2003, Anh. 3 Rdnr. 39.

64 EuGH U. v. 12.10.2010, Rs C-45/09, Slg. 2010, I-9361 Rdnr. 32 – *Rosenbladt.*

65 EuGH U. v. 7.12.2010, Rs C-439/08, Slg. 2010, I-12471 Rdnr. 41 – *VEBIC.*

66 *Immenga/Mestmäcker-Karsten Schmidt,* EU-Wettbewerbsrecht, Bd. 1, VO Nr. 1/2003, Anh. 3 Rdnr. 42.

67 *Immenga/Mestmäcker-Karsten Schmidt,* EU-Wettbewerbsrecht, Bd. 1, VO Nr. 1/2003, Anh. 3 Rdnr. 43.

Verneinung einer Vorlagepflicht bei der Entscheidung über die Kosten nach einer beiderseitigen Erledigungserklärung gemäß § 91a ZPO. Auch hier ist in Anbetracht der nur summarischen Prüfung lediglich eine Aussetzungsbefugnis und kein Aussetzungszwang zu bejahen.[68]

Abgesehen davon, dass eine Vorlagepflicht bei nicht entscheidungserheblichen Fragen nicht besteht, entfällt sie auch in zwei weiteren Fällen, nämlich: **44**

- wenn die in Rede stehende Frage durch den EuGH bereits entschieden ist **(„acte éclaire")** und das Gericht seiner Entscheidung die bestehende EuGH-Rechtsprechung zugrunde legt und **45**
- wenn die Auslegungsfrage keinem vernünftigen Zweifel unterliegt **(„acte clair")**. Das ist in erster Linie – aber nicht ausschließlich – der Fall, wenn die Rechtsfrage bereits in einem anderen Vorabentscheidungsverfahren geklärt wurde. Dem steht der Fall gleich, dass die richtige Auslegung auch ohne Klärung durch den EuGH **offenkundig** ist. Der BGH hat es hierfür ausreichen lassen, dass die richtige Anwendung des Unionsrechts derart offenkundig ist, dass für einen vernünftigen Zweifel an der Entscheidung der gestellten Frage für den betreffenden Streitfall kein Raum bleibt. Der EuGH stellt aber hohe Anforderungen und verlangt, dass die Auslegung auch aus der Sicht anderer mitgliedstaatlicher Gerichte **zweifelsfrei** ist.[69] **46**

8. Verfahren im Ausgangsrechtsstreit. Das Unionsrecht enthält keine Regelungen über das Vorlageverfahren im Ausgangsrechtsstreit.[70] Nach deutschem Zivilprozessrecht erfolgt die Vorlage durch Beschluss, mit dem regelmäßig auch die Aussetzung des Verfahrens gemäß § 148 ZPO angeordnet wird.[71] Die Aussetzung des Verfahrens erscheint indes nicht zwingend, wenn das Verfahren im Hinblick auf andere Teile des Streitgegenstands bis zur Entscheidung des EuGH sinnvoll gefördert werden kann. **47**

Mit dem **Inhalt des Vorabentscheidungsersuchens** befasst sich Art. 94 der Verfahrensordnung des EuGH.[72] Danach muss das Vorabentscheidungsersuchen außer den dem Gerichtshof zur Vorabentscheidung vorgelegten Fragen enthalten: **48**

a) eine kurze Darstellung des Streitgegenstands und des maßgeblichen Sachverhalts, wie er vom vorlegenden Gericht festgestellt worden ist, oder zumindest eine Darstellung der tatsächlichen Umstände, auf denen die Fragen beruhen;
b) den Wortlaut der möglicherweise auf den Fall anwendbaren nationalen Vorschriften und gegebenenfalls die einschlägige nationale Rechtsprechung;
c) eine Darstellung der Gründe, aus denen das vorlegende Gericht Zweifel bezüglich der Auslegung oder der Gültigkeit bestimmter Vorschriften des Unionsrechts hat, und den Zusammenhang, den es zwischen diesen Vorschriften und dem auf den Ausgangsrechtsstreit anwendbaren nationalen Recht herstellt.

Vor einer Vorlage ist den Parteien – gegebenenfalls im Rahmen einer mündlichen Verhandlung – **rechtliches Gehör** zu gewähren. **49**

Die Vorlagefrage ist im Tenor des Vorlagebeschlusses **abstrakt** zu formulieren. Voraussetzung für die Zuständigkeit des Gerichtshofs ist, dass die vorgelegte Frage klar erkennbar die Auslegung des Vertrages betrifft. Der Gerichtshof ist nicht an den Wortlaut der Vorlage gebunden, sondern kann mit Rücksicht auf die im Beschluss dargelegten Umstände und auf die dort aufgeworfene allgemeine Frage die für die Entscheidung des Rechtsstreits maßgeblichen unionsrechtlichen Fragen herausarbeiten. **50**

---

[68] *Immenga/Mestmäcker-Karsten Schmidt,* EU-Wettbewerbsrecht, Bd. 1, VO Nr. 1/2003, Anh. 3 Rdnr. 44.

[69] *Immenga/Mestmäcker-Karsten Schmidt,* EU-Wettbewerbsrecht, Bd. 1, VO Nr. 1/2003, Anh. 3 Rdnr. 46.

[70] In Nr. 29 seiner Empfehlungen geht der EuGH davon aus, dass das nationale Verfahren bis zur Entscheidung des EuGH ausgesetzt wird.

[71] Vgl. z. B. LG Dortmund WuW/E DE-R 3946 – *Gemeinsamer Gerichtsstand* = NZKart. 2013, 472.

[72] S. Rdnr. 35.

51 Eine Aufhebung des Vorlagebeschlusses durch das nationale Gericht bleibt auch nach der Vorlage möglich.[73] Der Gerichtshof ist daran gebunden. Das vorlegende Gericht bleibt insoweit Herr des Vorabentscheidungsverfahrens. Ist ein Rechtsstreit bei dem nationalen Gericht gegenstandslos geworden, so erledigt sich auch das Vorlageverfahren. Der Gerichtshof hat dann – ebenso wie bei Aufhebung des Vorlagebeschlusses – keinen Anlass mehr, die vorgelegte Frage zu beantworten.[74]

52 **9. Entscheidung des Gerichtshofs.** Der Gerichtshof kann, wenn eine zur Vorabentscheidung vorgelegte Frage mit einer Frage übereinstimmt, über die er bereits entschieden hat, und wenn die Antwort auf eine solche Frage klar aus der Rechtsprechung abgeleitet werden kann oder wenn die Beantwortung der zur Vorabentscheidung vorgelegten Frage keinen Raum für vernünftige Zweifel lässt, auf Vorschlag des Berichterstatters und nach Anhörung des Generalanwalts jederzeit die Entscheidung treffen, durch mit Gründen versehenen **Beschluss** zu entscheiden (Art. 99 der Verfahrensordnung des EuGH). Im Übrigen entscheidet der EuGH durch **Urteil.** Nimmt der Gerichtshof nach Art. 267 AEUV eine verbindliche Auslegung des Vertrags vor, so beschränkt er sich darauf, die Bedeutung der Normen des Unionsrechts aus Geist und Wortlaut des Vertrages abzuleiten, während es dem innerstaatlichen Richter vorbehalten bleibt, die in dieser Weise ausgelegten Normen auf den konkreten Fall anzuwenden.

53 Eine förmliche Zustellung des Urteils erfolgt an das vorlegende Gericht, nicht an die Parteien des Ausgangsrechtsstreits. Die Verfahrensbeteiligten erhalten Abschriften des Urteils.

54 **10. Urteilswirkungen.** Das Urteil wird mit der Verkündung formell rechtskräftig (Art. 91 Abs. 1 der Verfahrensordnung des EuGH). Es erwächst hierdurch auch in materielle Rechtskraft. Damit sind alle Instanzen des Ausgangsrechtsstreits ohne weiteres an das Urteil des Gerichtshofs gebunden.

55 Die Bindung der Gerichte im Ausgangsverfahren folgt unmittelbar aus der Rechtskraft der Vorabentscheidung. Gebunden sind alle in derselben Sache entscheidenden Gerichte, gleich welcher Instanz. Möglich bleibt aber, dass das nationale Gericht die vorgelegte Rechtsfrage im Ausgangsrechtsstreit nachträglich als nicht entscheidungserheblich einstuft. Die Fortsetzung des Ausgangsrechtsstreits kann dann, wenn eine andere Frage des Unionsrechts geklärt werden muss, zu einer erneuten Vorlage nach Maßgabe des Art. 267 Abs. 3 AEUV führen.

56 Hinsichtlich der Wirkungen außerhalb des Ausgangsverfahrens ist zu unterscheiden: Stellt der Gerichtshof die Ungültigkeit einer Organhandlung fest, so entfaltet das Urteil Bindungswirkungen auch außerhalb des Ausgangsverfahrens (erga omnes)[75] Dies entspricht im Ergebnis der Nichtigerklärung nach Art. 264 AEUV. Stellt der Gerichtshof dagegen die Gültigkeit einer Organhandlung fest, so entfaltet das Urteil keine allgemeine Bindungswirkung,[76] denn es ist nicht auszuschließen, dass neue, bislang nicht in die Prüfung einbezogene Gesichtspunkte zu einer anderen Beurteilung führen können und daher zu einer erneuten Vorlage führen. Auslegungsurteile entfalten dagegen eine eingeschränkte erga omnes-Wirkung. Die mitgliedstaatlichen Gerichte sind zwar verpflichtet, das Unionsrecht in der Auslegung des EuGH anzuwenden oder aber bei Zweifeln an der Richtigkeit der Auslegung erneut vorzulegen. Allerdings sperrt die erga omnes-Urteilswirkung nicht eine künftige Vorlage der gleichen Auslegungsfrage, vielmehr verbietet sie lediglich ein eigenmächtiges Abweichen von der Vorabentscheidung durch mitgliedstaatliche Gerichte. Auslegungs- und Gültigkeitsurteile wirken grundsätzlich **ex tunc.** Der Gerichtshof ist jedoch befugt, die Wirkungen seiner Urteile im Vorabentscheidungsverfahren für die Vergangenheit ein-

[73] Vgl. z. B. BGH NZKart 2015, 101, Rdnr. 8 f. – *Calciumkarbid-Kartell II.*

[74] *Immenga/Mestmäcker-Karsten Schmidt,* EU-Wettbewerbsrecht, Bd. 1, VO Nr. 1/2003, Anh. 3 Rdnr. 50.

[75] *Haratsch/Koenig/Pechstein,* Europarecht, Rdnr. 570.

[76] EuGH U. v. 29.5.1997, C-26/96, Slg. 1997, I-02817 Rdnr. 25 – *Rotexchemie.*

zuschränken[77] Diese zeitliche Beschränkung muss sich ausdrücklich aus dem Urteil ergeben.

57 **11. Rechtsfolgen verfahrensfehlerhafter Vorlage oder Nichtvorlage.** Der Vorlagebeschluss des Prozessgerichts ist unanfechtbar. Die Nichtvorlage durch ein nach Art. 267 Abs. 2 AEUV nur zur Vorlage berechtigtes Gericht ist als solche kein die Anfechtung eines Urteils tragender Rechtsfehler. Die Berufung oder Revision gegen ein ohne Vorlage ergangenes Urteil kann nur auf die unrichtige Anwendung von Unionsrecht gestützt werden, nicht auf die Nichtvorlage als solche. Die Nichtvorlage durch ein nach Art. 267 Abs. 3 AEUV zur Vorlage verpflichtetes Gericht kann wegen Erschöpfung des Rechtswegs kein Rechtsmittel eröffnen. In Betracht kommt eine Verfassungsbeschwerde zum BVerfG. Das BVerfG betrachtet den EuGH als gesetzlichen Richter i. S. v. Art. 101 Abs. 1 S. 2 GG.[78] Nach der Praxis des BVerfG kann die Verfassungsbeschwerde auf die Verletzung des Art. 267 Abs. 3 AEUV (vormals Art. 234 Abs. 3 EG) nur gestützt werden, wenn das vorlagepflichtige Gericht seine Vorlagepflicht grundsätzlich verkannt, insbesondere Art. 267 Abs. 3 AEUV in einer offensichtlich unhaltbaren Weise ausgelegt hat.[79] Das BVerfG sieht nicht jede Verletzung von Zuständigkeitsnormen als Verletzung des Art. 101 GG an, weil es diese als Bestandteil des rechtsstaatlichen Objektivitätsgebots und nicht als verfassungsrechtliche Sanktion jedes auf den gesetzlichen Richter bezogenen Verfahrensverstoßes ansieht.[80] Für die Verletzung des Art. 267 Abs. 3 AEUV bedeutet dies, dass ein Gericht, wenn es die europarechtliche Frage mit vertretbaren Gründen für zweifelsfrei erklärt und deshalb von der Aussetzung abgesehen hat, Art. 267 Abs. 3 AEUV verletzt haben mag, nicht aber Art. 101 Abs. 1 S. 2 GG.[81]

58 **12. Die Stellung der Parteien.** *a) Keine Initiativrechte.* Im Vorabentscheidungsverfahren wirken der EuGH und die Gerichte der Mitgliedstaaten in einem nicht streitigen Verfahren zusammen, in dem die Parteien lediglich Anspruch auf rechtliches Gehör haben. Die Parteien können daher weder die Unzuständigkeit des Gerichtshofs noch die Unzulässigkeit einer Vorabentscheidung mit der Begründung geltend machen, das nationale Gericht habe das Verfahren aufgrund unzutreffender Feststellungen in Gang gesetzt. Die Stellungnahmen der Parteien dienen allein dazu, dem EuGH die Entscheidung durch möglichst umfassende Informationen zu erleichtern.

59 *b) Vertretung.* Bei der Frage der Vertretung der Parteien trägt der Gerichtshof den Verfahrensvorschriften der nationalen Gerichte Rechnung. Als Prozessvertreter ist vertretungsberechtigt, wer dies auch in dem nationalen Rechtsstreit ist. Erfordert dieser keine anwaltliche Vertretung, ist eine solche auch vor dem EuGH nicht notwendig.

60 *c) Kosten.* Eine Kostenentscheidung ergeht in dem Vorabentscheidungsverfahren nicht, weil es sich lediglich um einen Zwischenstreit handelt. Über die in dem Zwischenstreit entstandenen außergerichtlichen Kosten (§ 38 RVG) entscheidet das nationale Gericht in seiner Endentscheidung.

D. Aktuelle Reformbestrebungen

I. Vorgeschichte

61 Den wesentlichen Anstoß für die aktuellen Bestrebungen der Kommission zur Verbesserung und Harmonisierung der rechtlichen Rahmenbedingungen der privaten Durchset-

[77] EuGH U. v. 26.4.1994, Rs C-228/92, Slg. 1994, I-1445 Rdnr. 19 f. – *Roquette Frères.*
[78] BVerfG NJW 1988, 1459.
[79] BVerfG NJW 1992, 678.
[80] BVerfG NJW 2011, 288 Rdnr. 48.
[81] Kritisch: *Immenga/Mestmäcker-Karsten Schmidt,* EU-Wettbewerbsrecht, Bd. 1, VO Nr. 1/2003, Anh. 3 Rdnr. 59.

zung des **europäischen Kartellrechts** in den Mitgliedstaaten der EU gab das Urteil des EuGH in der Rechtssache **Courage und Crehan,**[82] in dem der Gerichtshof ausdrücklich die Notwendigkeit eines effektiven kartellrechtlichen Zivilrechtsschutzes zugunsten aller Marktbeteiligten forderte.

62 Die von der Kommission beauftragte Anwaltskanzlei **Ashurst** legte 2004 eine umfangreiche Studie über die mitgliedstaatliche Rechtspraxis bei der Gewährung von Schadensersatz für Kartellverstöße vor,[83] die zu dem Ergebnis kam, dass dieser Rechtsbereich in den Mitgliedstaaten völlig unterentwickelt sei.[84] In der Folge erarbeitete die Kommission ein im Dezember 2005 veröffentlichtes Grünbuch[85] zur der Thematik. Die sich anschließende Diskussion mündete in dem 2008 veröffentlichten Weißbuch „Schadensersatzklagen wegen Verletzung des EG-Wettbewerbsrechts".[86]

II. Die Schadensersatzrichtlinie (RL 2014/104/EU) vom 26. November 2014

63 Im Juni 2013 stellte die Kommission den „*Vorschlag für eine Richtlinie … über bestimmte Vorschriften für Schadensersatzklagen nach einzelstaatlichem Recht wegen Zuwiderhandlungen gegen wettbewerbsrechtliche Bestimmungen der Mitgliedstaaten der Europäischen Union*"[87] vor. Das EU-Parlament legte seinen Standpunkt zu dem Richtlinienvorschlag in erster Lesung im April 2014 fest.[88] Die Richtlinie wurde unter Billigung des Standpunkts des Parlaments im November 2014 erlassen[89] und am 5.12.2014 im Amtsblatt der Europäischen Union veröffentlicht.[90] Sie ist am 25.12.2014 in Kraft getreten.[91] Die Mitgliedsstaaten haben sie bis zum 27.12.2016 umzusetzen.[92] Die Regelungen der Richtlinie können auch schon vor Ablauf der Umsetzungsfrist gewisse **Vorwirkungen** entfalten. Zwar ist insbesondere eine **richtlinienkonforme Auslegung** innerstaatlichen Rechts vor Ablauf der Umsetzungsfrist unionsrechtlich nicht geboten.[93] Dies schließt die Zulässigkeit einer solchen Auslegung – die nach innerstaatlichem Recht zu beurteilen ist – aber nicht aus. Nach der Rechtsprechung des BGH ist sie zulässig, solange sich die **Konformität mittels Auslegung im nationalen Recht** herstellen lässt und soweit dem Gesetzgeber ohnehin kein **Umsetzungsspielraum** bleibt.[94] Bei einer solchen Auslegung nationalen Rechts im Hinblick auf die Schadensersatzrichtlinie sind allerdings die zeitlichen Grenzen des Art. 22 Abs. 1 RL 2014/104/EU zu beachten, der bestimmt, dass den nationalen Vorschriften, die zur Umsetzung der materiell-rechtlichen Vorschriften der Richtlinie erlassen werden, keine Rückwirkung zukommen darf. Art. 22. Abs. 2 RL 2014/104/EU verlangt zudem, dass die in Umsetzung der Richtlinie erlassenen Vorschriften, die nicht unter Abs. 1 der Vorschrift

---

[82] EuGH U. v. 20.9.2001, Rs C-453/99, Slg. 2001, I-6927 Rdnr. 25 – *Courage und Crehan.*

[83] http://ec.europa.eu/competition/antitrust/actionsdamages/study.html.

[84] Das BKartA hat diesen Befund in seinem Diskussionspapier „*Private Kartellrechtsdurchsetzung*" im Jahr 2005 zu Recht als für Deutschland unzutreffend kritisiert und darauf hingewiesen, dass zum damaligen Zeitpunkt lediglich Ansprüche von Opfern von Hardcore-Kartellen nur einmal erfolgreich eingeklagt worden seien.

[85] http://eur-lex.europa.eu/LexUriServ/LexUriServ.do?uri=COM:2005:0672:FIN:DE:PDF.

[86] http://eur-lex.europa.eu/LexUriServ/LexUriServ.do?uri=COM:2008:0165:FIN:DE:PDF.

[87] http://eurlex.europa.eu/LexUriServ/LexUriServ.do?uri=COM:2013:0404:FIN:DE:PDF.

[88] Vgl. Art. 294 Abs. 3 AEUV.

[89] Vgl. Art. 294 Abs. 4 AEUV.

[90] ABl. 2014 L 349/1.

[91] Vgl. Art. 23 RL 2014/104/EU.

[92] Art. 21 Abs. 1 S. 1 RL 2014/104/EU; vgl. Art. 288 S. 4 AEUV; zur Anwendung des nationalen Rechts bei nicht fristgerechter Umsetzung s.: EuGH U. v. 4.9.2006, Rs C-212/09, Slg. 2006, I-6057, Rdnr. 110 ff. – *Adelner* und Grabitz/*Hilf/Nettersheim-Nettersheim,* Das Recht der Euopäischen Union, Art. 288 AEUV Rdnr. 134.

[93] *Haratsch/Koenig/Pechstein,* Europarecht, Rdnr. 386; *Grabitz/Hilf/Nettersheim-Nettersheim,* Das Recht der Euopäischen Union, Art. 288 AEUV Rdnr. 133, 118.

[94] BGH GRUR 1998, 824, 827 – *Testpreis-Angebot.*

fallen, nicht für vor dem 26.12.2014 bei einem nationalen Gericht erhobene Schadensersatzklagen gelten dürfen.

Die Richtlinie[95] betont das Recht Geschädigter auf **vollständigen Schadensersatz** 64 (Art. 1 RL 2014/14/EU). Art. 4 RL 2014/104/EU fordert die Gewährleistung der Grundsätze der **Effektivität und Äquivalenz**[96] für die Geltendmachung von Schadensersatzansprüchen wegen Zuwiderhandlungen gegen das Wettbewerbsrecht der Union. Die Regelungen der Richtlinie betreffen auch zivilverfahrensrechtliche Aspekte. In den Vorschriften des Kapitels II (Art. 5 bis 8 RL 2014/104EU) wird die ***„Offenlegung von Beweismitteln"*** thematisiert. In den Begründungserwägungen zu den Regelungen dieses Kapitels[97] wird darauf hingewiesen, dass die Feststellung einer Zuwiderhandlung gegen die Wettbewerbsvorschriften, die Berechnung des kartellrechtlichen Schadensersatzes und der Nachweis eines ursächlichen Zusammenhangs in der Regel eine komplexe Analyse der zugrundeliegenden Tatsachen und ökonomischen Zusammenhänge erfordere.[98] Viele relevante Beweismittel, die der Kläger benötige, um seinen Anspruch zu begründen, befänden sich in der Sphäre des Beklagten oder Dritter und seien dem Kläger häufig nicht hinreichend bekannt oder zugänglich **(„Informationsasymmetrie").** Auch Beklagte benötigten, soweit sie die Beweislast trügen (angesprochen ist damit insbesondere der passing-on-Einwand), unter Umständen Zugang zu Beweismitteln, die sich in der Sphäre des Klägers und/oder Dritter befänden.[99] Die Richtlinie sieht deshalb in Art. 5 Abs. 1 vor, dass beide Prozessparteien das **Gericht** ersuchen können, die **Offenlegung von Beweismitteln** anzuordnen. Die in Art. 5 RL 2014/104/EU geregelten Voraussetzungen der Vorlageanordnung sollen in allen Mitgliedstaaten den effektiven Zugang zu einem Mindestmaß an Beweisen gewährleisten. In Begründungserwägung Nr. 18 der RL 2014/104/EU wird einerseits betont, dass auch relevante Beweismittel, die **Geschäftsgeheimnisse oder sonstige vertrauliche Informationen** enthalten, zwar grundsätzlich für Schadensersatzklagen zur Verfügung stehen sollten. Gleichzeitig wird das Erfordernis eines angemessenen Schutzes solcher Informationen anerkannt. Die nationalen Gerichte sollen daher über eine Reihe von Mitteln zum Schutz vertraulicher Informationen vor Offenlegung während des Verfahrens verfügen. Zu diesen Mitteln zählen unter anderem die Unkenntlichmachung sensibler Passagen von Dokumenten, die Verhandlung unter Ausschluss der Öffentlichkeit, die Beschränkung des zur Kenntnisnahme der Beweismittel berechtigten Personenkreises und die Anweisung an Sachverständige, eine Zusammenfassung der Informationen in aggregierter oder sonstiger nichtvertraulicher Form vorzulegen. Die Maßnahmen zum Schutz von Geschäftsgeheimnissen und sonstigen vertraulichen Informationen sollen die Geltendmachung des Schadensersatzanspruchs in der praktischen Anwendung jedoch nicht behindern. Nach Art. 8 Abs. 1 RL 2014/104/EU haben die Mitgliedstaaten zu gewährleisten, dass die Gerichte **wirksam Sanktionen** gegen Parteien, Dritte und ihre rechtlichen Vertreter verhängen können, wenn diese die Offenlegungsanordnung nicht befolgen oder ihre Befolgung verweigern, relevante Beweismittel vernichten, die Erfüllung der mit einer Anordnung eines nationalen Gerichts zum Schutz vertraulicher Informationen auferlegten Verpflichtungen unterlassen oder verweigern oder gegen die in Kapitel II der Richtlinie vorgesehenen Beschränkungen der Beweisverwertung verstoßen.

Bei der Umsetzung der Richtlinie wird die **Rechtsprechung des EuGH zur Akteneinsicht Geschädigter**[100] in die Verfahrensakten europäisches Wettbewerbsrecht anwen- 65

[95] Zu den Einzelheiten der Richtlinie s. auch *Topel* in § 50.

[96] S. Rdnr. 3.

[97] Begründungserwägungen 14 ff. RL 2014/104/EU.

[98] Begründungserwägung 14 RL 2014/104/EU; vgl. dazu auch die *„Mitteilung der Kommission zur Ermittlung des Schadensumfangs bei Schadensersatzklagen wegen Zuwiderhandlungen gegen Art. 101 oder 102 des Vertrags über die Arbeitsweise der Europäischen Union"* (2013/C 167/07) und den von der Kommission hierzu entwickelten Leitfaden (abrufbar unter: http://ec.europa.eu/competition/antitrust/actionsdamages/quantification_guide_de.pdf).

[99] Vgl. Begründungserwägungen 14 und 15 RL 2014/104/EU.

[100] S. dazu § 61 Rdnr. 95 ff.

dender nationaler Kartellbehörden[101] und der Kommission[102] sowie zur Regelung des Zugangs zu Kronzeugenerklärungen und Kronzeugenunterlagen[103] zu beachten sein.

66 Die **Offenlegung von Beweismitteln, die in den Akten einer Wettbewerbsbehörde enthalten sind,** ist Gegenstand der Regelungen in Art. 6 RL 2014/104/EU, der in Abs. 6 ein **absolutes Offenlegungsverbot** für **Kronzeugenerklärungen und Vergleichsausführungen** vorsieht.[104]

67 Art. 9 RL 2014/104/EU fordert die Einführung einer **Bindungswirkung** an behördliche Entscheidungen, wie sie in Deutschland mit § 33 Abs. 4 GWB (an dem sich die Regelung orientiert) bereits umgesetzt ist. Darüber hinaus sieht die Richtlinie an verschiedenen Stellen materiell-rechtliche Regelungen vor, die Auswirkung auf die Beweislast haben und dem Geschädigten die Beweisführung im Prozess erleichtern sollen. Zu nennen sind in diesem Zusammenhang insbesondere die Art. 17 Abs. 2[105] und Art 14 Abs. 2 RL 2014/14/EU.[106] Zudem soll den Gerichten nach Art. 17 Abs. 1 eine Befugnis zur **Schadensschätzung** eingeräumt werden, die im deutschen Recht sowohl in § 33 Abs. 3 GWB als auch in § 287 ZPO bereits verankert ist.

§ 61 Zivilprozessualer Rechtsschutz in Kartellsachen

Übersicht

[101] EuGH U. v. 14.6.2011, Rs C-360/09, Slg. 2011, I-5161 ff. – *Pfleiderer* und U. v. 6.6.2013, Rs C-536/11, ECLI:EU:C:2014:1317 – *Donau Chemie u. a.* = WuW/E EU-R 2746

[102] EuGH U. v. 27.2.2014, Rs C-365/12 P, ECLI:EU:C:2014:112 – *Kommission/EnBW* = WuW/E EU-R 2939

[103] S. Rdnr. 9 der *„Mitteilung der Kommission über den Erlass und die Ermäßigung von Geldbußen in Kartellsachen"* (2006 C 298/11).

[104] Vgl. dazu: *Schweitzer,* NZKart 2014, 335, 342.

[105] S. § 61 Rdnr. 67.

[106] S. § 61 Rdnr. 70.

Schrifttum: s. vor § 59

A. Einleitung

1 Kartellrecht kann in unterschiedlicher Form Gegenstand bürgerlicher Rechtsstreitigkeiten sein. Es kann sowohl **offensiv,** als Anspruchsgrundlage, als auch **defensiv,** als Einwen-

dung gegen zivilrechtliche Ansprüche, eingesetzt werden. Beruft sich die klagende Partei zur Anspruchsbegründung auf Kartellrecht, folgt die Zuständigkeit der Kartellgerichte aus § 87 S. 1 GWB.[1] Verteidigt sich der Beklagte gegen eine Klage, indem er sich auf die Rechtsfolgen kartellrechtlicher Verbote beruft, und ist die damit aufgeworfene Vorfrage entscheidungserheblich, ist die Zuständigkeit der Kartellgerichte nach § 87 S. 2 GWB begründet.[2] Ein Beispiel hierfür ist der Einwand der Nichtigkeit wettbewerbsbeschränkender Abreden.[3]

2 Als Gegenstand von Kartellzivilprozessen stehen **Schadensersatzansprüche** gegen an **Hardcore-Kartellen**[4] beteiligte Unternehmen gegenwärtig im Mittelpunkt der Diskussion über die private Kartellrechtsdurchsetzung. Auf diese Klagen entfällt allerdings nach wie vor nur ein geringer Teil der Kartellzivilverfahren i. S. des § 87 GWB. Den **Schwerpunkt** der offensiven privaten Kartellrechtsdurchsetzung bilden nach wie vor Klagen, die sich auf die Verletzung von Missbrauchs- und Diskriminierungsverboten stützen oder kartellrechtswidrige Abreden im Horizontal- oder Vertikalverhältnis zum Gegenstand haben. Die entsprechende Feststellung des BKartA in seinem Diskussionspapier *„Private Kartellrechtsdurchsetzung Stand, Probleme, Perspektiven"*[5] aus dem Jahr 2005 trifft immer noch zu.

B. Verfahren

I. Klagearten

3 Die in den §§ 253 ff. ZPO geregelten Klagearten der Zivilprozessordnung lassen sich nach dem Gegenstand des mit ihnen angestrebten Rechtsschutzes einteilen in auf Durchsetzung materiell-rechtlicher Ansprüche gerichtete **Leistungsklagen,**[6] in auf positive oder negative Feststellung eines Rechtsverhältnisses oder dessen Inhalts gerichtete **Feststellungsklagen** (§ 256 ZPO)[7] und in die auf unmittelbare Herbeiführung der Änderung eines Rechtsverhältnisses gerichteten **Gestaltungsklagen.**[8]

4 **1. Leistungsklagen.** Gegenstand kartellrechtlicher Leistungsklagen sind die in § 33 GWB normierten Ansprüche auf **Unterlassung, Beseitigung** (§ 33 Abs. 1 GWB)[9] und **Schadensersatz** (§ 33 Abs. 3 GWB).[10]

5 **2. Feststellungsklagen.** Feststellungsklagen mit kartellrechtlichem Streitgegenstand können z. B. darauf gerichtet sein, die **Nichtigkeit** (§ 134 BGB) von kartellrechtswidrigen Rechtsgeschäften festzustellen. Feststellbar ist auch das Bestehen der **Verpflichtung zum Schadensersatz** nach § 33 Abs. 3 GWB.[11] Ein weiterer gesetzlicher Anwendungsfall der Feststellungsklage ist die Klage auf Feststellung der Unwirksamkeit einer **Schiedsvereinbarung,** die bis zur Einsetzung des Schiedsgerichts nach § 1032 Abs. 2 ZPO erhoben werden kann.

---

[1] S. § 59 Rdnr. 31 ff.

[2] S. § 59 Rdnr. 35 ff.

[3] S. *Topel,* § 50.

[4] S. zum Begriff auch: *Hüschelrath/Leheyda/Müller/Veith-Hüschelrath/Schweitzer,* Schadensermittlung und Schadensersatz bei Hardcore-Kartellen, S. 19 f.

[5] Abrufbar auf der Internetseite des BKartA.

[6] *Zöller-Greger,* ZPO, Vor § 253 Rdnr. 3.

[7] Gegenstand von Feststellungsklagen kann nach § 256 Abs. 1 ZPO auch die Anerkennung einer Urkunde oder die Feststellung ihrer Unechtheit sein. Derartige Klagebegehren spielen im Rahmen der hier behandelten Kartellzivilverfahren jedoch keine nennenswerte Rolle.

[8] *Zöller-Greger,* ZPO, Vor § 253 Rdnr. 8.

[9] S. Rdnr. 47 ff.

[10] S. Rdnr. 53 ff. und *Topel* in § 50 Rdnr. 35 ff.

[11] S. § 59 Rdnr. 37: Ein Rechtsstreit, in dem nur noch über die Höhe der Schadensersatzforderung gestritten wird, ist keine Kartellsache i. S. des § 87 S. 1 GWB.

Voraussetzung für die Zulässigkeit einer Feststellungsklage ist neben den allgemeinen Sachentscheidungsvoraussetzungen[12] das rechtliche Interesse des Klägers an alsbaldiger Feststellung. 6

Bei **negativen Feststellungsklagen** ist das Interesse an der alsbaldigen Feststellung insbesondere gegeben, wenn sich der Beklagte eines Anspruchs gegen den Kläger berühmt.[13] Kartellsache i. S. des § 87 GWB ist eine solche Klage dann, wenn die Leistungsklage als Kartellsache zu qualifizieren wäre, würde der vom Gegner behauptete Anspruch mit einer solchen geltend gemacht. 7

Positiven **Feststellungsklagen** fehlt regelmäßig das Feststellungsinteresse, wenn eine **bessere Rechtsschutzmöglichkeit** besteht, z. B. weil der Kläger **Leistungsklage** erheben kann.[14] Grundsätzlich steht der Zulässigkeit der Feststellungsklage auch die Möglichkeit entgegen, **Stufenklage** (§ 254 ZPO) auf Leistung zu erheben.[15] 8

Im gewerblichen Rechtsschutz und im Urheberrecht erkennt der BGH allerdings **Einschränkungen** dieses Grundsatzes an,[16] wenn die Rechtsverfolgung im Wege der Feststellungsklage trotz an sich möglicher Stufenklage durch prozessökonomische Erwägungen geboten ist.[17] Für die genannten Rechtsgebiete wird das insbesondere mit der Erwägung bejaht, dass die Begründung des Schadensersatzanspruchs häufig auch nach erteilter Auskunft Schwierigkeiten bereitet und eine eingehende sachliche Prüfung zur Schadensberechnung erfordert.[18] Ergänzend wird darauf hingewiesen, dass das Feststellungsurteil den Verletzten vor der **Verjährung** seiner Ansprüche im Umfang des gesamten Schadens schützt und dass es darüber hinaus prozessualer Erfahrung entspricht, dass die Parteien solcher Verfahren nach erfolgter Auskunft und Rechnungslegung in den meisten Fällen auf Grund des Feststellungsurteils zu einer Regulierung des Schadens finden, ohne weitere gerichtliche Hilfe in Anspruch zu nehmen. 9

Ob diese Grundsätze auch auf Kartellzivilverfahren übertragen werden können, ist durch die Rechtsprechung noch nicht geklärt. Das Argument des BGH, die Ermittlung der Schadenshöhe bereite nach Auskunftserteilung Schwierigkeiten[19] und erfordere eine eingehende sachliche Prüfung zur Berechnungsmethode des Schadens, dürfte zumindest auf Verfahren übertragbar sein, die Schadensersatzansprüche wegen Verstößen gegen Art. 101 AEUV oder § 1 GWB zum Gegenstand haben. Die Ermittlung und Darlegung des Schadens ist in diesen Fällen regelmäßig schwierig und erfordert häufig bereits vorprozessual die Einschaltung ökonomischer Sachverständiger, um die als Schätzungsgrundlage zur Verfügung stehenden Daten auszuwerten und entscheiden zu können, auf welche Methode der Schadensschätzung[20] die Klagebegründung gestützt werden soll. 10

Das Feststellungsinteresse lässt sich im Einzelfall auch mit dem unterschiedlichen Ende der **Verjährungsfristen** gegen verschiedene Anspruchsgegner rechtfertigen, wenn z. B. die **Hemmungswirkung** des § 33 Abs. 5 GWB zu unterschiedlichen Zeitpunkten endet, weil nicht alle Adressaten eines Bußgeldbescheides Rechtsmittel eingelegt haben. In derartigen Fällen kann deshalb das Interesse an der Feststellung der Haftung einzelner Kartellteilnehmer zum Schutz vor der Anspruchsverjährung zu bejahen sein, um den Abschluss des Bußgeldverfahrens gegen die übrigen, als **Gesamtschuldner** mithaftenden[21] Kartellteilnehmer abwarten und alle Kartellbeteiligten anschließend in **einem Prozess** gemeinsam auf Schadensersatz in Anspruch nehmen zu können. 11

---

[12] *Zöller-Greger,* ZPO, § 256 Rdnr. 7.

[13] *Zöller-Greger,* ZPO, § 256 Rdnr. 2, 14a.

[14] *Zöller-Greger,* ZPO, § 256 Rdnr. 7a.

[15] BGH NJW 1996, 2097, 2098; GRUR 2001, 1177 – *Feststellungsinteresse II;* BGH NJW 2003, 3274 – *Feststellungsinteresse III.*

[16] Vgl. dazu eingehend: *Bacher* in Ahrens, Der Wettbewerbsprozess, Kapitel 71 Rdnr. 6 ff.

[17] BGH NJW 2003, 3274 – *Feststellungsinteresse III.*

[18] BGHZ 2, 250, 253 = NJW 1951, 887; NJW-RR 2002, 834, 835 – *Feststellungsinteresse II.*

[19] S. Rdnr. 53 ff.

[20] S. Rdnr. 71 ff.

[21] BGH WuW/E DE-R 3431 = NJW 2012, 928, Rdnr. 80 – *ORWI.*

12 Obwohl das Feststellungsinteresse als **Sachentscheidungsvoraussetzung** in jeder Lage des Verfahrens von Amts wegen zu prüfen ist[22] und deshalb grundsätzlich auch im Zeitpunkt der letzten mündlichen Verhandlung noch vorliegen muss, ist in der Rechtsprechung – jedenfalls für die Berufungsinstanz – anerkannt, dass allein durch die als Folge veränderter Sachumstände im Lauf des Rechtsstreits möglich gewordene Leistungsklage das Feststellungsinteresse nicht entfällt.[23] Der Kläger braucht danach von einer einmal zulässigen Feststellungsklage nicht zur Leistungsklage überzugehen.

13 **3. Gestaltungsklagen.** Kartellrechtliche Gestaltungsklagen sind solche, bei denen sich die Rechtsgrundlage für die Gestaltung aus dem Kartellgesetz ergibt. In Betracht kommt z. B. eine Klage auf Erklärung der Unwirksamkeit eines kartellrechtswidrigen gesellschaftsrechtlichen Beschlusses. Eine gestaltende Klage ist auch eine solche auf Aufhebung eines Schiedsspruchs nach § 1059 Abs. 2 Ziff. 2b ZPO, wenn die Klage auf Verletzung einer Vorschrift des Kartellgesetzes gestützt wird.

II. Vorläufiger Rechtsschutz

14 Besonderheiten des vorläufigen Rechtsschutzes treten in Kartellzivilsachen vor allem bei der Durchsetzung von Belieferungs- und Zugangsansprüchen auf und werden im Zusammenhang mit diesen Ansprüchen dargestellt.[24] Im Übrigen kann auf die zur einstweiligen Verfügung in Wettbewerbssachen erschienene Literatur verwiesen werden.[25]

C. Besonderheiten

I. Verbandsklagebefugnis (§ 33 Abs. 2 GWB)

15 § 33 Abs. 2 GWB ist durch die 8. GWB-Novelle (2013) neu gefasst worden.[26] Nachdem das Landgericht Köln[27] im Jahr 2009 die Klagebefugnis eines **Verbandes der Marktgegenseite** unter Berufung auf den Wortlaut des Gesetzes verneint hatte, wurde durch die Neufassung in § 33 Abs. 2 Nr. 1 GWB klargestellt, dass auch diese Verbände klagebefugt sind. Insoweit geht die Regelung über die ihr ansonsten entsprechende des § 8 Abs. 2 Nr. 3 UWG[28] hinaus. Klagebefugt sind solche rechtsfähigen Verbände, deren **satzungsgemäßer Zweck** in der **Förderung gewerblicher oder selbstständiger beruflicher Interessen** besteht, wenn ihnen eine erhebliche Zahl von betroffenen Unternehmen i. S. des § 33 Abs. 1 S. 3 GWB angehört.[29] „Betroffene" Mitgliedsunternehmen können sowohl Wettbewerber als auch Unternehmen sein, die – z. B. als Abnehmer oder Zulieferer – die Marktgegenseite repräsentieren. Weitere Voraussetzung ist, dass die Verbände nach ihrer **personellen, sachlichen und finanziellen Ausstattung** in der Lage sind, ihre satzungsmäßigen Aufgaben der Verfolgung gewerblicher oder selbstständiger beruflicher Interessen tatsächlich wahrzunehmen.

16 Klagebefugt nach § 33 Abs. 1 Nr. 2 GWB sind Einrichtungen, die nachweisen, dass sie entweder

---

[22] Münchener Kommentar zur ZPO-*Becker-Eberhard,* § 256, Rdnr. 35.

[23] BGH NJW-RR 2004, 79, 81; Münchener Kommentar zur ZPO-*Becker-Eberhard,* § 256 Rdnr. 55 m. w. N.; *Zöller-Greger,* ZPO, § 256 Rdnr. 7c.

[24] S. Rdnr. 127 ff.

[25] S. insbesondere *Berneke/Schüttpelz,* Die einstweilige Verfügung in Wettbewerbssachen; *Ahrens,* Der Wettbewerbsprozess, Kapitel 43 ff., S. 813 ff.; *Teplitzky,* Wettbewerbsrechtliche Ansprüche und Verfahren, 53. Kapitel, S. 937 ff.; s. auch die Kommentierung der §§ 935 ff. ZPO bei *Schuschke/Walker,* Vollstreckung und Vorläufiger Rechtsschutz.

[26] S. § 59 Rdnr. 7.

[27] Vgl. zur Rechtslage vor der 8. GWB-Novelle: LG Köln GRUR-RR 2010, 124.

[28] S. dazu z. B. *Köhler/Bornkamm-Köhler,* Gesetz gegen den unlauteren Wettbewerb, 32. Aufl. 2014, § 8 UWG Rdnr. 3.52 ff.

[29] Vgl. OLG Düsseldorf WuW/E DE-R 3979 – *Konzessionsvertrag.*

a) in die Liste **qualifizierter Einrichtungen nach § 4 des Unterlassungsklagengesetzes (UKlaG)** oder

b) in das **Verzeichnis der Europäischen Kommission nach Art. 4 Absatz 3 der Richtlinie 2009/22/EG** des Europäischen Parlaments und des Rates vom 23. April 2009 über Unterlassungsklagen zum Schutz der Verbraucherinteressen[30] in der jeweils geltenden Fassung eingetragen sind.

Die Verbandsklagebefugnis verdient im Rahmen der Darstellung der zivilverfahrens- **17** rechtlichen Besonderheiten des Kartellzivilprozesses deshalb Erwähnung, weil sie nach der Lehre von der **„Doppelnatur"** sowohl die materiell-rechtliche **Anspruchsberechtigung** als auch die **Prozessführungsbefugnis** als **Sachentscheidungsvoraussetzung** betrifft.[31]

II. Prüfungskompetenz der Zivilgerichte

1. Das System der Legalausnahme. Die **Prüfungskompetenz der Gerichte** wurde **18** durch das mit Art. 1 Abs. 2 der VO Nr. 1/2003, eingeführte und vom deutschen Gesetzgeber mit der Änderung des § 2 Abs. 1 GWB durch die 7. GWB-Novelle nachvollzogene System der Legalausnahme[32] **ausgeweitet.** Ob wettbewerbsbeschränkende „Vereinbarungen, Beschlüsse und aufeinander abgestimmte Verhaltensweisen" die Freistellungs-Voraussetzungen des Art. 101 Abs. 3 AEUV erfüllen, ist danach auch von den Zivilgerichten zu entscheiden. Bei der Anwendung von § 2 Abs. 1 GWB gelten die **EU-Gruppenfreistellungsverordnungen**[33] entsprechend, die bestimmte **typisierte Verhaltensweisen** vom Kartellverbot des Art. 101 Abs. 1 AEUV **freistellen,** ohne dass es auf die Verwirklichung der Tatbestandsvoraussetzungen des Art. 101 Abs. 3 AEUV im Einzelfall ankäme. Die Übernahme der Gruppenfreistellungsverordnungen in das deutsche Recht bedeutet, dass außer der Freistellung von Art. 101 Abs. 1 AEUV auch eine Freistellung vom Verbot des § 1 GWB bewirkt wird.[34] Die Gruppenfreistellungsverordnungen des Unionsrechts gelten insoweit als deutsches Recht, ohne dass darauf ankommt, ob die zu prüfende Vereinbarung geeignet ist, den Handel zwischen den Mitgliedstaaten zu beeinträchtigen.[35] Die Gruppenfreistellungsverordnungen sind so auszulegen, wie sie im EU-Recht ausgelegt werden.[36] Deswegen kommt auch für das deutsche Recht den **Leitlinien** der Kommission zur Anwendung von Art. 101 Abs. 3 AEUV (früher: Art. 81 Abs. 3 EG) besondere Bedeutung zu.[37]

2. Bindung der Zivilgerichte an kartellbehördliche Entscheidungen (§ 33 Abs. 4 **19** **GWB).** *a) Grundsätze.* **Eingeschränkt** wird die Prüfungskompetenz der Zivilgerichte durch die in **§ 33 Abs. 4 S. 1 GWB** normierte Bindungswirkung der Gerichte an kartellbehördliche Entscheidungen, die allerdings nur für **Schadensersatzprozesse** und für **bestands- bzw. rechtskräftige** Entscheidungen gilt. Danach sind die Zivilgerichte an die Feststellung des Verstoßes gegen eine Vorschrift des GWB oder die Art. 101, 102 AEUV gebunden, wie sie in der Entscheidung einer Kartellbehörde oder des Gerichts eines Mitgliedstaates oder der Kommission getroffen wurde. Bei der Anwendung **europäischen Kartellrechts** gilt daneben auch die Bindungswirkung des **Art. 16 VO Nr. 1/2003** an Entscheidungen der **Kommission.**[38] Für den Eintritt der Bindungswirkung ist es ausreichend, dass die Feststel-

---

[30] ABl. 2009 L 110/30.

[31] Vgl. *Köhler/Bornkamm-Köhler,* Gesetz gegen den unlauteren Wettbewerb, § 8 Rdnr. 3.8 ff.; *Langen/Bunte-Bornkamm,* Deutsches Kartellrecht, § 33 Rdnr. 97.

[32] S. § 60 Rdnr. 6 ff. und *Wiedemann* in § 2 Rdnr. 6 und *Lübbig* in § 7 Rdnr. 61 ff.

[33] S. § 60 Rdnr. 7.

[34] *Bechtold,* GWB, § 2 Rdnr. 27.

[35] *Basedow/Hopt/Zimmermann-Ellger,* Handbuch des Europäischen Privatrechts – Stichwort *Gruppenfreistellungsverordnungen.*

[36] *Bechtold,* GWB, § 2 Rdnr. 27.

[37] ABl. 2004 C 101/97; zur Rechtsnatur der Leitlinien s. EuG, U. v. 30.4.1998, Rs C-214/95, Slg. 1998 II-00717, Rdnr. 89 – *SGDM.*

[38] S. § 60 Rdnr. 9 ff.

lung eines Verstoßes in der Entscheidung getroffen wurde, die im **Entscheidungstenor** selbst nicht unmittelbar zum Ausdruck kommen muss; es genügt wenn sie sich aus der **Begründung** ergibt.[39] Die Feststellungswirkung greift nur **zugunsten des Geschädigten** ein, nicht hingegen zugunsten desjenigen, der einen Kartellverstoß begangen hat. Es bleibt dem Geschädigten deshalb unbenommen, das Vorliegen eines Kartellverstoßes nachzuweisen, der über den nach § 33 Abs. 4 GWB der Feststellungswirkung unterliegenden Sachverhalt hinausgeht.[40] Wird im Bußgeldverfahren z. B. festgestellt, es hätten mehrere regionale Kartelle bestanden,[41] bleibt es den Geschädigten im Schadensersatzprozess unbenommen, sich darauf zu berufen, es sei ein bundesweites Kartell praktiziert worden.[42]

20 *b) Sachliche Reichweite – Tatbestands- oder Feststellungswirkung?* Ausweislich der Regierungsbegründung sollte mit § 33 Abs. 4 GWB eine **„Tatbestandswirkung"** für Follow-on-Klagen eingeführt werden.[43] Eine solche ist nach überwiegendem Sprachgebrauch im Prozessrecht dann angeordnet, wenn nach materiellem Recht der Erlass eines Verwaltungsakts als solcher Voraussetzung für den Eintritt von Rechtsfolgen ist. Das ist bei § 33 GWB nicht der Fall. Die Verpflichtung zum Schadensersatz wird allein durch den schuldhaften Kartellrechtsverstoß begründet. Dessen behördliche Feststellung ist für das Bestehen des Anspruchs unerheblich. Die Bindung von Gerichten an rechtliche Beurteilungen und Sachverhaltsfeststellungen, die einer Verwaltungsentscheidung zugrunde liegen, wird als **„Feststellungswirkung"** bezeichnet.[44] Eine solche ist Gegenstand der Regelung des § 33 Abs. 4 GWB. Die Bindung umfasst sowohl die Feststellung der die Entscheidung tragenden Sachverhaltselemente als auch deren rechtliche Wertung als Verstoß.[45] Die Feststellung eines Kartellverstoßes ist stets das Ergebnis der Subsumtion eines bestimmten Lebenssachverhalts unter die Tatbestandsmerkmale einer kartellrechtlichen (Verbots-)Norm. Die Feststellungswirkung des § 33 Abs. 4 GWB gilt deshalb für alle im kartellbehördlichen Verfahren festgestellten Elemente des Lebenssachverhalts, die notwendig sind, um das Geschehen als Kartellrechtsverstoß zu bewerten.[46] Weil alle Ge- und Verbotsnormen des GWB und die Art. 101, 102 AEUV einen Marktbezug aufweisen, gilt dies auch für die von der Kartellbehörde in ihrer Entscheidung vorgenommene **sachliche und räumliche Marktabgrenzung.**[47] Die Feststellungswirkung des § 33 Abs. 4 GWB erfasst insbesondere auch solche Umstände, die zugleich für die Bejahung des Kartellrechtsverstoßes und für die Beurteilung der Schadensentstehung oder der Schadenshöhe erheblich sind ***(„doppelrelvante Tatsachen").***[48] In subjektiver Hinsicht binden auch in **Bußgeldbescheiden** getroffene Feststellungen zum **Verschulden** das Zivilgericht.[49] Ebenso wie die Bindungswirkung des Art. 16 VO Nr. 1/2003[50] umfasst die Feststellungswirkung des § 33 Abs. 4 GWB nicht die

---

39 *Langen/Bunte-Bornkamm, Deutsches Kartellrecht,* § 33 Rdnr. 169.

40 *Inderst/Thomas,* Schadensersatz bei Kartellverstößen, S. 116.

41 Vgl. BGH WuW/E DE-R 3861, Rdnr. 26 – *Grauzementkartell.*

42 So im Fall LG Düsseldorf WuW/E DE-R 4087 – *Zementkartell II.*

43 BT-Drucks. 15/3640, S. 54; *Immenga/Mestmäcker-Emmerich,* GWB, § 33 Rdnr. 89.

44 Zur Terminologie: *Grünberger,* in Möschel/Bien, Kartellrechtsdurchsetzung durch private Schadensersatzklagen?, S. 171 ff., 174; *Nothdurft,* „The Trade follows the Flag", Festschrift Tolksdorf, S. 533 ff., 536 ff.; *Inderst/Thomas,* Schadensersatz bei Kartellverstößen, S. 106 f.

45 *Bechtold,* GWB, § 33 Rdnr. 42; *Langen/Bunte-Bornkamm,* Deutsches Kartellrecht, § 33 Rdnr. 169; *Nothdurft,* „The Trade follows the Flag", Festschrift Tolksdorf, S. 533 ff., 539 ff. und *Inderst/Thomas,* Schadensersatz bei Kartellverstößen, S. 104 ff., 107 ff.

46 *Nothdurft,* „The Trade follows the Flag", Festschrift Tolksdorf, S. 533 ff., 541.

47 *Inderst/Thomas,* Schadensersatz bei Kartellverstößen, S. 106 f., 111; *Nothdurft,* „The Trade follows the Flag", Festschrift Tolksdorf, S. 533 ff., 544 f.; a. A. OLG München WuW/E DE-R 3913 – *Fernsehwerbezeiten.*

48 *Nothdurft,* „The Trade follows the Flag", Festschrift Tolksdorf, S. 533 ff., 541; *Inderst/Thomas,* Schadensersatz bei Kartellverstößen, S. 108 ff.

49 *Langen/Bunte-Bornkamm,* Deutsches Kartellrecht, § 33 Rdnr. 171; *Möschel/Bien-Grüneberger,* Kartellrechtsdurchsetzung durch private Schadensersatzklagen?, S. 162 und 179 f.

50 Vgl. § 60 Rdnr. 17.

behördlichen Feststellungen dazu ob, und in welcher Höhe ein **Schaden** entstanden ist und ob dieser durch den festgestellten Kartellrechtsverstoß verursacht wurde.[51]

c) Persönliche Reichweite. In persönlicher Hinsicht beschränkt sich die Bindungswirkung aus rechtstaatlichen Gründen auf Schuldnerseite[52] auf diejenigen Personen, die am Verfahren beteiligt waren, rechtliches Gehör hatten und berechtigt waren, Rechtsmittel gegen die Entscheidung einzulegen. Obwohl in § 33 Abs. 4 GWB nicht ausdrücklich gesagt, werden andere Personen in die Bindungswirkung nicht miteinbezogen, selbst wenn ihnen in der fraglichen Entscheidung ebenfalls ein Kartellrechtsverstoß zur Last gelegt wird.[53] **21**

Entscheidungen i. S. der Vorschrift kommt zudem keine Bindungswirkung zum **Nachteil von Geschädigten** zu, weil diese nicht verfahrensbeteiligt sind, und sie wirken auch nicht zugunsten **des Schädigers.**[54] **22**

d) Räumliche Reichweite. In räumlicher Hinsicht ist die Bindungswirkung auf den Zuständigkeitsbereich der Behörde oder des Gerichts begrenzt, deren Entscheidung Bindungswirkung entfaltet. Die Bindungswirkung von Entscheidungen der Kommission kann sich auf Kartellrechtsverstöße im gesamten Gebiet der EU und des EWR erstrecken, während die Entscheidungen nationaler Behörden Bindungswirkung nur für in ihrem Zuständigkeitsgebiet begangene Kartellverstöße entfalten.[55] Feststellungen, die sich auf Gebiete außerhalb der räumlichen Zuständigkeit der Kartellbehörde beziehen, stehen danach im Schadensersatzprozess nicht gem. § 33 Abs. 4 GWB bindend fest und sind vom Kläger, der sich auf sie stützt, zu beweisen. **23**

e) Zeitliche Reichweite. Die Regelung des § 33 Abs. 4 GWB stellt zwar eine gegenüber der alten Rechtslage wesentliche Neuerung dar, hat aber lediglich eine Beweiserleichterung für potentielle Privatkläger zur Ermöglichung von Anschlussklagen („Follow-on-Klagen") und damit eine prozessuale Frage zum Gegenstand. Deshalb ist für ihre Anwendbarkeit nicht auf die Entstehung des Rechtsverhältnisses oder die Eröffnung des kartellbehördlichen oder gerichtlichen Verfahrens, sondern auf den Zeitpunkt seines bestands- oder rechtskräftigen Abschlusses abzustellen. Die Bindungswirkung nach Inkrafttreten der 7. GWB-Novelle am 1.7.2005 in Bestands- bzw. Rechtskraft erwachsener Entscheidungen, stellt weder eine unzulässige Rückwirkung noch eine sonstige Enttäuschung schutzwürdigen Vertrauens dar.[56] **24**

f) § 33 Abs. 4 GWB und Art. 16 VO Nr. 1/2003. Hat die **Kommission** einen Kartellrechtsverstoß festgestellt, kommt § 33 Abs. 4 GWB wegen Art. 16 Abs. 1 VO Nr. 1/2003 nur **deklaratorische** Bedeutung zu, auch wenn die Tatbestandsvoraussetzungen beider Vorschriften nicht völlig deckungsgleich sind. Während Art. 16 VO Nr. 1/2003 nicht auf **bestandskräftige Entscheidungen**[57] und **Schadensersatzansprüche** beschränkt ist und auch **beabsichtigte Entscheidungen** der Kommission erfasst, entfalten nach § 33 Abs. 4 GWB nicht nur Entscheidungen der Kommission, sondern auch solche der **mitgliedstaatlichen Gerichte und Kartellbehörden** Bindungswirkung. Ebenso wie bei Art. 16 VO Nr. 1/2003 bezieht sich die Bindungswirkung auf die Feststellung des Verstoßes und in Bußgeldverfahren auch des **Verschuldens,**[58] nicht dagegen auf den eines **Schadens** oder dessen Höhe sowie zur Schadenskausalität. **25**

---

[51] Vgl. die Begründung des Regierungsentwurfs zur 7. GWB-Novelle, BT-Drucks. 15/3640, S. 54 re. Sp. Mitte.

[52] OLG Düsseldorf WuW/E DE-R 4394 – *Schadenersatzpflicht der Lottogesellschaft.*

[53] *Bechtold,* GWB, § 33 Rdnr. 45; *Loewenheim/Meessen/Riesenkampff-Rehbinder,* Europäisches und Deutsches Kartellrecht, § 33 Rdnr. 60.

[54] *Bechtold,* GWB, § 33 Rdnr. 42; vgl. auch Rdnr. 19.

[55] BT-Drucks. 15/3640, S. 54; *Bechtold,* GWB, § 33 Rdnr. 43; *Immenga/Mestmäcker-Ritter,* EU-Wettbewerbsrecht, VO Nr. 1/ 2003, Art. 5, Rdnr. 8 ff.

[56] OLG Düsseldorf WuW/E DE-R 2763 Rdnr. 35 – *Post-Konsolidierer;* Bechtold, GWB, § 33 Rdnr. 41; vgl. *Immenga/Mestmäcker-Emmerich,* GWB, § 33 Rdnr. 85.

[57] S. § 60 Rdnr. 15.

[58] S. Rdnr. 20 und § 60 Rdnr. 16 f.

D. Darlegungs- und Beweislast[59]

I. Grundsätze

26 Im Gegensatz zu den vom **Amtsermittlungsgrundsatz** (Untersuchungsgrundsatz) geprägten Verwaltungs- (§§ 54 bis 80 GWB)[60] und Bußgeldverfahren (§§ 81 bis 86a GWB i.V. mit den Vorschriften des OWiG)[61] gilt im Kartellzivilprozess der **Beibringungsgrundsatz.**[62] Danach geben die Parteien dem Gericht die Tatsachen vor, die der gerichtlichen Entscheidung zugrunde gelegt werden. Sie haben für den Fall der Beweisbedürftigkeit von Tatsachenbehauptungen die erforderlichen Beweismittel zu beschaffen.

27 Im Rahmen der **Beweislast** wird zwischen der **Beweisführungslast** (subjektive oder formelle Beweislast) und der **Feststellungslast** (objektive oder materielle Beweislast) unterschieden.[63] Die Beweisführungslast ist Ausfluss des zivilprozessualen **Beibringungsgrundsatzes** und betrifft die Frage, welche Partei für die Wahrheit einer aufklärungsbedürftigen Tatsachenbehauptung Beweis anzutreten hat, um den Prozessverlust zu vermeiden (vgl. §§ 273 Abs. 2 Nr. 1, 282 Abs. 1 ZPO). Sie ist prozessualer Natur.[64]

28 Die Feststellungslast betrifft die **Folgen der Beweislosigkeit,** d.h. sie gibt dem nach § 300 Abs. 1 ZPO zur Sachentscheidung verpflichteten[65] Richter Antwort auf die Frage, zu wessen Nachteil im Falle eines **non liquet** zu entscheiden ist, wenn also die Wahrheit einer Tatsachenbehauptung nach durchgeführter Beweisaufnahme nicht festgestellt werden kann.[66]

29 Als **Darlegungslast** wird die Obliegenheit[67] bezeichnet, konkrete Angriffs- und Verteidigungsmittel in den Prozess einzuführen **(Behauptungslast)** und diese bei Bedarf – im Wechselspiel mit dem gegnerischen Vortrag – zu konkretisieren.[68] Die Verteilung der Darlegungslast folgt grundsätzlich der Beweisführungs- und Feststellungslast.

30 In den Fällen der sogenannten **„sekundären" Darlegungslast** steht die an sich darlegungs- und beweisbelastete Partei außerhalb des für ihren Anspruch erheblichen Geschehensablaufs, während der Prozessgegner alle wesentlichen Tatsachen kennt und deshalb über die besseren Kenntnisse des Sachverhalts verfügt. Unter diesen Voraussetzungen darf der Anspruchsgegner sich in der Regel nicht mit einfachem Bestreiten begnügen. Vielmehr muss er in den Grenzen des ihm Zumutbaren konkret darlegen, warum die von ihm bestrittenen Behauptungen unrichtig sind.[69] Grundlage der sekundären Darlegungslast sind § 138 Abs. 2 und 3 ZPO sowie der aus § 242 BGB abgeleitete Grundsatz der **redlichen Prozessführung.**[70] Genügt eine Partei der sie treffenden sekundären Darlegungslast nicht, gilt der Vortrag des Gegners nach § 138 Abs. 3 ZPO als **zugestanden.**[71]

31 Die **Grundregel für die Verteilung der Beweislast,** nach der der Anspruchsteller die Beweislast für die rechtsbegründenden und der Anspruchsgegner die Beweislast für die

---

59 Wegen der Besonderheiten bei Kartell-Schadensersatzprozessen s. Rdnr. 53ff.

60 *Bechtold,* GWB, § 57 Rdnr. 2.

61 *Bechtold,* GWB, Vorbemerkung §§ 81ff. Rdnr. 5.

62 *Musielak/Voit-Musielak,* ZPO, Einleitung Rdnr. 37.

63 *Ahrens,* Der Beweis im Zivilprozess, Kapitel 9 Rdnr. 22; *Jäckel,* Das Beweisrecht der ZPO, S. 175 Rdnr. 867.

64 *Jäckel,* Das Beweisrecht der ZPO, S. 175 Rdnr. 869.

65 Münchener Kommentar zur ZPO-*Musielak,* § 300 Rdnr. 1.

66 Münchener Kommentar zur ZPO-*Prütting,* § 286 Rdnr. 100.

67 *Zum Begriff: Staudinger-Olzen,* BGB, § 241 Rdnr. 120ff., 131.

68 Vgl. dazu z.B. BGH NJW 1999, 1404, 1405.

69 BGH NJW 1987, 2008; NJW 2005, 2614, 2615f.; *Ahrens,* Der Beweis im Zivilprozess, Kapitel 11 Rdnr. 22ff.; *Jäckel,* Das Beweisrecht der ZPO, S. 7 Rdnr. 36.

70 BGH NJW 1996, 522, 523; *Ahrens,* Der Beweis im Zivilprozess, Kapitel 11 Rdnr. 22ff.; *Jäckel,* Das Beweisrecht der ZPO, S. 7 Rdnr. 36.

71 BGH NJW 1996, 315, 317; *Ahrens,* Der Beweis im Zivilprozess, Kapitel 11 Rdnr. 22ff.; *Jäckel,* Das Beweisrecht der ZPO, S. 7 Rdnr. 36.

rechtsvernichtenden und rechtshemmenden Tatbestandsmerkmale trägt, gilt auch im Kartellzivilprozess. Dieses Grundprinzip gilt **unabhängig von der Parteirolle** für den Anspruchsinhaber auch dann, wenn er gegen den Klaganspruch aufrechnet oder einer negativen Feststellungsklage ausgesetzt ist.[72] Für die Anwendung der Art. 101, 102 AEUV ist dieses Grundprinzip in Art. 2 VO Nr. 1/2003 ausdrücklich geregelt.

Die Verteilung der Darlegungs- und Beweislast wird vielfach durch ausdrückliche gesetzliche Anordnungen, etwa durch die Formulierung von **Regel-Ausnahme-Verhältnissen** (*„es sei denn"*) oder ausdrücklich normierte **Vermutungstatbestände,** abweichend geregelt. **§ 292 ZPO** bestimmt, dass in den Fällen, in denen das Gesetz für das Vorhandensein einer Tatsache eine Vermutung aufstellt, der **Beweis des Gegenteils** zulässig ist, sofern nicht das Gesetz ein anderes vorschreibt. Dieser Beweis kann auch durch den Antrag auf **Parteivernehmung** nach § 445 ZPO geführt werden. Gesetzliche Vermutungen i. S. des § 292 ZPO führen deshalb – wenn nicht ausnahmsweise ihre Unwiderleglichkeit angeordnet ist – zu einer Umkehr der Beweislast für die vermuteten Tatsachen. 32

II. Besonderheiten der Marktbeherrschungsvermutungen in § 18 GWB und der Missbrauchsverbote in §§ 19 bis 21 GWB

1. Die Marktbeherrschungsvermutungen in § 18 Abs. 4, 6 und 7 GWB. – *a) Allgemeines.* Mit der 8. GWB-Novelle wurden die bisher in § 19 und § 20 Abs. 1 GWB enthaltenen Regelungen der Marktbeherrschung und ihres Missbrauchs getrennt.[73] § 18 GWB enthält jetzt die Regelungen zur Marktbeherrschung und zu den Marktbeherrschungsvermutungen. Die Tatbestände des § 18 Abs. 4 GWB (Vermutung der Einzelmarktbeherrschung), § 18 Abs. 6 GWB (Oligopol-Marktbeherrschungsvermutung) und § 18 Abs. 7 GWB (Widerlegung der Oligopol-Marktbeherrschungsvermutung) entsprechen denen des § 19 Abs. 3 GWB a. F. Der Gesetzgeber spricht in Bezug auf die Einzelmarktbeherrschung von *„Vermutung"*, während es in § 18 Abs. 6 GWB heißt, dass eine Gesamtheit von Unternehmen als marktbeherrschend *„gilt"*. Neu ist, dass die zuletzt genannte Regelung in § 18 Abs. 7 GWB ebenfalls als *„Vermutung"* bezeichnet wird. Nach der Begründung zum Regierungsentwurf[74] der 8. GWB-Novelle sollen mit der Neufassung jedoch keine Änderungen des materiellen Gehalts der Regelungen verbunden sein. 33

b) Einzelmarktbeherrschungsvermutung (§ 18 Abs. 4 GWB). Die Rechtsnatur dieser Vermutung ist unklar. Weitgehende Einigkeit besteht dahin, dass § 18 Abs. 4 GWB im Zivilverfahren keine Vermutung i. S. des § 292 ZPO begründet.[75] Nach h. M. begründet die Vorschrift in Kartell-Zivilverfahren lediglich eine Indizwirkung. Das in Anspruch genommene Unternehmen kann sich danach nicht auf einfaches Bestreiten zurückziehen, sondern muss substantiiert darlegen, warum es trotz der – vom Anspruchsteller zu beweisenden – Erfüllung des Vermutungstatbestands nicht marktbeherrschend ist.[76] 34

c) Oligopol-Marktbeherrschungsvermutungen (§ 18 Abs. 6, 7 GWB). § 18 Abs. 6 GWB führt im Zivilverfahren zu einer echten Beweislastumkehr.[77] Die Vermutungen können nur durch den Nachweis des strukturell gesicherten Fortbestands wesentlichen Wettbewerbs im Innenverhältnis (§ 18 Abs. 7 Nr. 1 GWB) oder des Fehlens einer überragenden Marktstellung im Außenverhältnis (§ 18 Abs. 7 Nr. 2 GWB) widerlegt werden. 35

---

[72] St. Rspr., vgl. BGH NJW 1999, 352, 353; 1986, 2427 m. w. Nw.; *Rosenberg,* Die Beweislast, S. 98 ff.; *Musielak/Voit-Foerste,* ZPO, § 286 Rdnr. 35.

[73] *Bechtold,* GWB, § 18 Rdnr. 67.

[74] BT-Drucks. 17/9852, S. 23.

[75] *Bechtold,* GWB, § 18 Rdnr. 68; *Immenga/Mestmäcker-Fuchs/Möschel,* GWB, § 18 Rdnr. 164.

[76] BGH NJW-RR 1988, 1069, 1070 – *Sonderungsverfahren* zum damaligen § 22 Abs. 3 GWB; OLG München WuW/E DE-R 2978, 2983 f., Rdnr 56 – *VISA-Bargeldabhebung.*

[77] *Bechtold,* GWB, § 18 Rdnr. 74; BGH WuW/E 1749, 1755; OLG Düsseldorf WuW/E DE-R 2477, 2488 – *Phonak/ReSound.*

36 **2. Das Verbot des Missbrauchs marktbeherrschender Stellungen nach § 19 GWB.** *a) Behinderungsmissbrauch (§ 19 Abs. 2 Nr. 1, 1. Alt. GWB).* § 19 Abs. 1 GWB verbietet als Generalklausel die missbräuchliche Ausnutzung einer marktbeherrschenden Stellung durch ein oder mehrere Unternehmen. Nach § 19 Abs. 2 Nr. 1 GWB liegt ein Missbrauch insbesondere vor, wenn ein marktbeherrschendes Unternehmen als Anbieter oder Nachfrager einer bestimmten Art von Waren oder gewerblichen Leistungen ein anderes Unternehmen unmittelbar oder mittelbar **unbillig behindert.** Die Beweislast für die „Unbilligkeit" der Behinderung trägt in zivilrechtlichen Auseinandersetzungen der Anspruchsteller, weil auch zulässiger (Leistungs-)Wettbewerb immer eine Behinderung anderer Unternehmen darstellt.[78]

37 *b) Diskriminierung (§ 19 Abs. 2 Nr. 1, 2. Alt. GWB).* Anbieter oder Nachfrager, die ein anderes Unternehmen unmittelbar oder mittelbar anders behandeln als gleichartige Unternehmen, sind für die **sachliche Rechtfertigung** ihres Verhaltens darlegungs- und beweispflichtig.[79] Das gilt auch für die (nur) von **§ 19 Abs. 1 GWB** erfasste **Diskriminierung von privaten Endverbrauchern.**[80]

38 *c) Ausbeutungsmissbrauch (§ 19 Abs. 2 Nr. 2 GWB).* Der Gesetzeswortlaut sieht zwar nicht ausdrücklich vor, dass der Ausbeutungsmissbrauch durch einen sachlich gerechtfertigten Grund ausgeschlossen werden kann. Nach Auffassung des BGH[81] erfüllt das Verhalten eines marktbeherrschenden Unternehmens den Tatbestand des Ausbeutungsmissbrauchs aber nicht, wenn es sachlich gerechtfertigt ist. Wer für das Fehlen bzw. das Bestehen einer sachlichen Rechtfertigung die Beweislast trägt, ist bisher nicht gerichtlich entschieden.[82]

39 *d) Strukturmissbrauch (§ 19 Abs. 2 Nr. 3 GWB).* Ein Missbrauch liegt nach § 19 Abs. 2 Nr. 3 GWB insbesondere in den Fällen vor, in denen ein marktbeherrschendes Unternehmen ungünstigere Entgelte oder Geschäftsbedingungen fordert, als es auf vergleichbaren Märkten von gleichartigen Abnehmern verlangt, es sei denn, der Unterschied ist sachlich gerechtfertigt. Im Zivilverfahren trägt das marktbeherrschende Unternehmen dafür die Beweislast.[83]

40 *e) Missbräuchliche Zugangsverweigerung (§ 19 Abs. 2 Nr. 4 GWB).* Nach § 19 Abs. 2 Nr. 4 GWB kann es missbräuchlich sein, wenn ein marktbeherrschendes Unternehmen sich weigert, einem anderen Unternehmen gegen angemessenes Entgelt Zugang zu den eigenen Netzen oder anderen Infrastruktureinrichtungen zu gewähren, *wenn es dem anderen Unternehmen aus rechtlichen oder tatsächlichen Gründen ohne die Mitbenutzung nicht möglich ist, auf dem vor- oder nachgelagerten Markt als Wettbewerber des marktbeherrschenden Unternehmens tätig zu werden.* Dies gilt nicht, wenn die Mitbenutzung aus betriebsbedingten oder sonstigen Gründen nicht möglich oder nicht zumutbar ist. Die Beweislast für die Unmöglichkeit oder Unzumutbarkeit des Mitbenutzens trägt der Inhaber des Netzes oder der Infrastruktureinrichtung.[84] Die übrigen Tatbestandsvoraussetzungen, d. h. insbesondere die Unangemessenheit des vom Einrichtungsinhaber geforderten Entgelts und sein Angewiesensein auf den Zugang i. S. des § 19 Abs. 2 Nr. 4 GWB, hat der Anspruchsteller zu beweisen.[85]

---

78 BGH WuW/E 3079, 3084 – *Stromeinspeisung* II; GRUR 1992, 191, 194 – *Amtsanzeiger; Bechtold,* GWB, § 19 Rdnr. 32, 42.

79 St. Rspr., vgl. BGH NJW 1981, 2355; WuW/E BGH 1814, 1819 – *Belieferungsunwürdige Verkaufsstätten II;* OLG Hamburg WuW/E DE-R 2831, 2840 – *CRS-Betreiber/Lufthansa; Bechtold,* GWB, § 19 Rdnr. 44.

80 BGH WuW/E DE-R 3145, 3156 – *Entega II.*

81 BGH NJW 1984, 1116; WuW/E BGH 1965 – *Gemeinsamer Anzeigentarif;* GRUR 1977, 269, 274 – *Valium I;* KG WuW/E OLG 2617, 2618 f. – *Regional unterschiedliche Tankstellenpreise.*

82 OLG Frankfurt WuW/E DE-R 3163, 3168, Rdnr. 28 – *Arzneimittelpreise* – zitiert nach juris; *Bechtold,* GWB, § 19 Rdnr. 56.

83 BGH WuW/E DE-R 375, 377; WuW/E DE-R 2739, 2740 – *Entega;* WuW/E DE-R 3145, 3156 – *Entega II*; *Bechtold,* GWB, § 19 Rdnr. 65.

84 *Bechtold,* GWB, § 19 Rdnr. 81.

85 *Bechtold,* GWB, § 19 Rdnr. 76.

f) Vorteilsgewährung (§ 19 Abs. 2 Nr. 5 GWB). Die durch die 8. GWB-Novelle in § 19 Abs. 2 Nr. 5 GWB aufgenommene Regelung zum **Missbrauch durch Aufforderung oder Veranlassung zur Gewährung von Vorteilen** ersetzt § 20 Abs. 3 Satz 1 GWB a. F., soweit er sich an marktbeherrschende Unternehmen richtete. Die Darlegungs- und Beweislast folgt den allgemeinen Regeln. Danach hat der Kläger alle anspruchsbegründenden Tatsachen vorzutragen und zu beweisen. Der Normadressat hat darzulegen und zu beweisen, dass die gewährten Vorteile sachlich gerechtfertigt sind.[86] 41

3. Das Verbot missbräuchlichen Verhaltens durch marktstarke Unternehmen und Unternehmen mit überlegener Marktmacht in § 20 GWB. *a) § 20 Abs. 1 GWB.* § 20 Abs. 1 GWB erweitert den Anwendungsbereich des **Behinderungs- und Diskriminierungsverbots** des § 19 Abs. 2 Nr. 1 GWB[87] auf **marktstarke Unternehmen** bzw. Unternehmen mit *„relativer Marktmacht"*. Für eine Abhängigkeit i. S. des § 20 Abs. 1 Satz 1 GWB ist im Zivilprozess grundsätzlich der diese behauptende Kläger darlegungs- und beweispflichtig. Der jetzt in § 20 Abs. 1 S. 2 GWB enthaltene Vermutungstatbestand wurde 1980 mit der 4. GWB-Novelle eingeführt und galt bis zur 5. GWB-Novelle im Jahr 1989 ausschließlich für das Untersagungsverfahren. Seitdem soll er auch im Zivilverfahren die Beweissituation des Abhängigen erleichtern.[88] Die Begründung zur 4. GWB-Novelle vertrat die Auffassung, diese Vermutung sie sei ebenso wie die nach § 22 Abs. 3 GWB a. F. (jetzt: § 18 Abs. 4 GWB) nur ein **„Aufgreiftatbestand".**[89] Dieser Gedanke wurde in der Begründung zur 5. GWB-Novelle übernommen.[90] Aus der Gesetzgebungsgeschichte ist deshalb folgern, dass die gleichen Grundsätze gelten sollen, die der BGH zur Bedeutung des jetzigen § 18 Abs. 4 GWB im Zivilverfahren entwickelt hat.[91] Das bedeutet, dass sich das in Anspruch genommene Unternehmen nicht auf unsubstantiiertes Bestreiten zurückziehen darf, sondern konkret darlegen muss, weshalb der Abhängigkeitstatbestand trotz Erfüllung der Vermutungsvoraussetzungen nicht bejaht werden kann. Gelingt ihm das nicht, ist von einer Abhängigkeit auszugehen. 42

b) § 20 Abs. 2 GWB. Nach § 20 Abs. 2 GWB ist der Tatbestand des **Missbrauchs durch Aufforderung oder Veranlassung zur Gewährung von Vorteilen,** der nach § 19 Abs. 2 Nr. 5 GWB für marktbeherrschende Unternehmen gilt, auch auf marktstarke Unternehmen anwendbar. Zur Beweislast gilt das zu § 19 Abs. 2 Nr. 5 GWB Gesagte entsprechend.[92] 43

c) § 20 Abs. 3, 4 GWB. Für das in § 20 Abs. 3 GWB geregelte **Behinderungsverbot** für Unternehmen mit überlegener Marktmacht sieht § 20 Abs. 3 Satz 2 GWB durch die dort gewählte Formulierung *„es sei denn"* eine auch im Zivilverfahren geltende **Beweislastumkehr** für das Merkmal des sachlich gerechtfertigten Grundes vor.[93] Zusätzlich enthält § 20 Abs. 4 GWB eine nur für § 20 Abs. 3 GWB relevante **Beweislastregel** zugunsten der behinderten Unternehmen. Wenn aufgrund bestimmter Tatsachen nach allgemeiner Erfahrung der **Anschein** besteht, dass eine unbillige Behinderung von kleinen oder mittleren Wettbewerbern vorliegt, muss dieser von dem Unternehmen mit überlegener Marktmacht widerlegt werden.[94] 44

d) § 20 Abs. 5 GWB. Bei der Ablehnung der Aufnahme in Wirtschafts- und Berufsvereinigungen sowie Gütezeichengemeinschaften trägt der Verband die Darlegungs- und Beweislast für die sachliche Rechtfertigung der ablehnenden Entscheidung.[95] 45

---

[86] *Immenga/Mestmäcker-Markert,* GWB, § 19 Rdnr. 383.
[87] S. Rdnr. 36 f.
[88] RegE, BT-Drucks. 11/4610, S. 22.
[89] BT-Drucks. 8/2136, S. 24.
[90] BT-Drucks. 11/4610, S. 22.
[91] S. Rdnr. 34.
[92] S. Rdnr. 41; *Bechtold,* GWB, § 20 Rdnr. 28.
[93] *Immenga/Mestmäcker-Markert,* GWB, § 20 Rdnr. 115.
[94] S. dazu: *Bechtold,* GWB, § 20 Rdnr. 49.
[95] *Immenga/Mestmäcker-Markert,* GWB, § 20 Rn. 169; *Bechtold,* GWB, § 20 Rdnr. 64.

46 **4. Das Boykottverbot (§ 21 GWB).** Für das Vorliegen der Voraussetzungen des § 21 Abs. 1 GWB, einschließlich der Unbilligkeit der Beeinträchtigungsabsicht, trifft im Zivilprozessgrundsätzlich denjenigen die Beweislast, der den Verbotsverstoß geltend macht. Nach den Grundsätzen des **ersten Anscheins** ist wegen der regelmäßigen Unbilligkeit beabsichtigter Beeinträchtigungen durch Aufforderung zur Liefer- oder Bezugssperre in der Regel der Auffordernde für die Umstände darlegungs- und beweispflichtig, aus denen sich ergibt, dass die Unbilligkeit ausnahmsweise zu verneinen ist.[96]

E. Abwehransprüche (§ 33 Abs. 1 GWB)

47 Im Gegensatz zu dem in § 33 Abs. 3 GWB geregelten Schadensersatzanspruch setzen die in § 33 Abs. 1 GWB normierten **Unterlassungs- und Beseitigungsansprüche** kein Verschulden voraus.[97] Der Anspruch auf Unterlassung eines durch kartellrechtliche Verbotstatbestände untersagten Verhaltens besteht bereits dann, wenn eine Zuwiderhandlung erstmalig **(„Erstbegehungsgefahr")** oder wiederholt **(„Wiederholungsgefahr")** droht (§ 33 Abs. 1 S. 2 GWB).[98] Während der Unterlassungsanspruch in die Zukunft gerichtet ist, kann mit Hilfe des Beseitigungsanspruchs die **Beseitigung** einer bereits geschehenen aber noch gegenwärtigen Beeinträchtigung verlangt werden.[99]

48 Die dogmatische **Einordnung** als Unterlassungs- oder Beseitigungsanspruch sagt nicht zwingend etwas darüber aus, welche konkrete Rechtsfolge sich im Einzelfall aus dem Verstoß gegen eine Verbotsnorm zugunsten des Betroffenen ergibt, d. h. welches **Klagebegehren** auf § 33 Abs. 1 GWB gestützt werden kann. Lässt sich der noch gegenwärtige Verstoß gegen ein kartellrechtliches Diskriminierungsverbot nur durch Zahlung beseitigen, kann sich aus dem Beseitigungsanspruch des § 33 Abs. 1 GWB auch ein **Zahlungsanspruch** ergeben.[100]

49 Unterlassungs- und Beseitigungsansprüche haben gemeinsam, dass grundsätzlich dem Schuldner die **Wahl** überlassen bleiben muss, wie er den Anspruch des Gläubigers erfüllen will. Es ist weder Sache des Gläubigers noch des Gerichts, zu bestimmen, wie der Unterlassungsschuldner seine Unterlassungsverpflichtung zu erfüllen hat. Diese Entscheidung obliegt ausschließlich dem Schuldner. Diesem Grundsatz kommt bei der Fassung des **Unterlassungsantrags** besondere Bedeutung zu.

50 Er ist grundsätzlich auf das Verbot der **konkreten Verletzungshandlung** zu richten. **Zusätze** zur Formulierung des Unterlassungsgebots sind nur zulässig, wenn sie zu **echten Einschränkungen** des Antrags führen, das eingeschränkt beantragte Verbot zur Erreichung des Rechtsschutzziels geeignet ist und es den Schuldner nicht unzumutbar in seiner **Wahlmöglichkeit** beschränkt. Letzteres kann z. B. der Fall sein, wenn ihm durch eine vermeintlich einschränkende Antragsformulierung in Wirklichkeit ein Verhalten geboten wird, auf das der Gläubiger keinen Anspruch hat.[101] Kann ein bestimmter Verstoß nur durch eine bestimmte Handlung vermieden werden, kann der Unterlassungsanspruch des § 33 Abs. 1 GWB allerdings den Anspruch auf Vornahme einer bestimmten Handlung begründen.[102]

---

[96] *Immenga/Mestmäcker-Markert,* GWB, § 21 Rdnr. 47.

[97] *Fritzsche,* Der Beseitigungsanspruch im Kartellrecht nach der 7. GWB-Novelle, WRP 2006, 42, 44; *Immenga/Mestmäcker-Emmerich,* GWB, § 33 Rdnr. 37, 43; *Langen/Bunte-Bornkamm,* Deutsches Kartellrecht, § 33 Rdnr. 109; s. dazu auch *Topel* in § 50.

[98] BGH WuW/E BGH 984 – *Konditionenanpassung; Langen/Bunte-Bornkamm,* Deutsches Kartellrecht, § 33 Rdnr. 111; *Immenga/Mestmäcker-Emmerich,* GWB, § 33 Rdnr. 37 f., 40; vgl. zur Frage des maßgeblichen Zeitpunkts für das Bestehen des Verbotstatbestands: BGH GRUR 2009, 79, Rdnr. 25 – *Gebäckpresse;* GRUR 2009, 845, Rdnr. 38 – *Internet-Videorecorder* und BGH GRUR 2009, 977, Rdnr. 11 – *Brillenversorgung.*

[99] *Langen/Bunte-Bornkamm,* Deutsches Kartellrecht, § 33 Rdnr. 109; Fritzsche, Der Beseitigungsanspruch im Kartellrecht nach der 7. GWB-Novelle, WRP 2006, S. 42, 45.

[100] *Langen/Bunte-Bornkamm,* Deutsches Kartellrecht, § 33 Rdnr. 109 f. m. w. Nw.

[101] BGH NJWE-WettbR 1998, 169, 171; LG Düsseldorf, U. vom 26.2.2014, 37 O 87/13 (EnW) Rdnr. 30 – zitiert nach juris; *Teplitzky,* Wettbewerbsrechtliche Ansprüche und Verfahren, 1. Kapitel, Rdnr. 5 und 51. Kapitel, Rdnr. 21 ff., jeweils m. w. Nw.

[102] *Langen/Bunte-Bornkamm,* Deutsches Kartellrecht, § 33 Rdnr. 113.

Entsprechendes gilt auch für den **Beseitigungsanspruch,** in dessen Natur es liegt, dass er nicht auf eine bestimmte Handlung gerichtet ist, sondern dass sich sein Inhalt stets nach der Art der Beeinträchtigung bestimmt. Alles was erforderlich ist, um den rechtswidrigen Störungszustand zu beseitigen, ist Gegenstand des Anspruchs.[103] Der Inhalt des Beseitigungsanspruchs hängt stets von der **Art und dem Umfang** der Beeinträchtigung ab. Näheres lässt sich deshalb nur für den Einzelfall sagen. Kann der Störungszustand auf unterschiedliche Art und Weise beseitigt werden, muss es dem Schuldner überlassen bleiben, wie er der Verpflichtung dazu nachkommt.[104] **51**

Auch die Schwierigkeit, den Unterlassungs- oder Beseitigungsanspruch in einen hinreichend **bestimmten Klageantrag** zu fassen (§ 253 Abs. 2 Nr. 2 ZPO), rechtfertigt keine Beschränkung des Beseitigungsanspruchs auf eine von mehreren möglichen Maßnahmen.[105] Der Umfang des materiell-rechtlichen Anspruchs bestimmt die Antragsfassung, nicht umgekehrt.[106] Kann ein materiell-rechtlicher Anspruch nicht anders als durch einen relativ unbestimmten Begriff umschrieben werden, muss die Unbestimmtheit ausnahmsweise hingenommen werden. Die Anforderungen an die Bestimmtheit müssen sich am Möglichen orientieren.[107] Allerdings muss der Antrag so gefasst sein, dass er die Möglichkeit der Zwangsvollstreckung **ohne Fortsetzung des Streits im Vollstreckungsverfahren** ermöglicht.[108] Gibt es mehrere konkrete Möglichkeiten, kann der Gläubiger auch verlangen, dass der Schuldner die Störung auf die eine oder andere Art und Weise beseitigt.[109] Auch in einem solchen **alternativen Verlangen** kommt das **Wahlrecht des Schuldners** zum Ausdruck, das erst in der Vollstreckung auf den Gläubiger übergeht.[110] Im Prozess ist die Geltendmachung eines solchen Alternativbegehrens zwar mit dem Risiko verbunden, dass ihm entgegen gehalten wird, der Antrag sei nicht hinreichend bestimmt.[111] Er begegnet aber keinen Bedenken, solange er die dem Schuldner zu Gebote stehenden Alternativen **vollständig** abbildet. Kann der Anspruchsgegner dartun, dass es noch weitere Möglichkeiten zur Beseitigung der Störung gibt, muss der Gläubiger diese entweder ebenfalls in seinen Antrag aufnehmen oder eine abstraktere Antragsfassung wählen.[112] **52**

F. Schadensersatzansprüche (§ 33 Abs. 3 GWB)

I. Vorbemerkung

Schadensersatzansprüche[113] gegen an **Hardcore-Kartellen Beteiligte**[114] stehen schon seit einiger Zeit wegen der mit der 7. GWB-Novelle zur Erleichterung der privaten Kartellrechtsdurchsetzung eingeführten Gesetzesänderungen und deren praktischer Anwen- **53**

[103] *Teplitzky,* Wettbewerbsrechtliche Ansprüche und Verfahren, 24. Kapitel, Rdnr. 1; *Ahrens-Bacher,* Der Wettbewerbsprozess, Kapitel 73, Rdnr. 12; *Köhler/Bornkamm-Bornkamm,* UWG, § 8 Rdnr. 1.81 ff.

[104] BGH NJW 1960, 2335; NJW 1977, 146; *Köhler/Bornkamm-Bornkamm,* UWG, § 8 Rdnr. 1.82.

[105] BGH NJW 1993, 1656, 1657, zum Unterlassungsanspruch aus § 1004 BGB.

[106] *Köhler/Bornkamm-Bornkamm,* UWG, § 8 Rdnr. 1.84.

[107] BGH GRUR 2002, 1088, 1089 – *Zugabenbündel;* zum Kartellrecht: BGH WuW/E BGH 2953 = GRUR 1995, 287, 289 – *Gasdurchleitung;* WuW/E DE-R 977 = GRUR 2003, 169, 170 – *Fährhafen Puttgarden; Köhler/Bornkamm-Bornkamm,* UWG, § 8 Rdnr. 1.84.

[108] BGH NJW 1999, 954; NJWE-WettbR 1998, 169, 170; NJW 1991, 1114; *Zöller-Greger,* ZPO, § 253 Rdnr. 13.

[109] Vgl. BGH GRUR 1954, 337, 338, 342 – *Radschutz; Teplitzky,* Wettbewerbsrechtliche Ansprüche und Verfahren, Kapitel 22 Rdnr. 8; *Bacher* in Ahrens, Der Wettbewerbsprozess, Kapitel 73 Rdnr. 17.

[110] *Zöller-Greger,* ZPO, § 253 Rdnr. 13c.

[111] Vgl. BGH NJW-RR 1990, 122;

[112] *Teplitzky,* Wettbewerbsrechtliche Ansprüche und Verfahren Kapitel 24 Rdnr 8.

[113] S. *Topel* in § 50 zum materiellen Recht.

[114] Zum Begriff: *Hüschelrath/Leheyda/Müller/Veith-Hüschelrath/Schweitzer,* Schadensermittlung und Schadensersatz bei Hardcore-Kartellen, S. 19 f.

dung sowie aufgrund der Diskussion des Richtlinienvorschlags der Kommission aus dem Jahr 2013[115] besonders im Blickpunkt. Durch das Inkrafttreten der **Schadensersatzrichtlinie** (RL 2014/104/EU)[116] Ende 2014 und ihre bis Ende 2016 erforderliche **Umsetzung** durch die Mitgliedstaaten wird die Diskussion zusätzlich belebt. Die Ausführungen dieses Abschnitts sollen die geltende Rechtslage darstellen. Gleichzeitig wird versucht, den Blick auf die zivilverfahrensrechtlich besonders bedeutsamen Regelungen der Schadensersatzrichtlinie zu lenken.

II. Klageantrag

54 Auf Schadensersatz gerichtete Leistungsklagen[117] sind in der Regel[118] auf Ausgleich in Geld gerichtet. Bei der Forderung einer Geldzahlung gehört zur Bestimmtheit des Antrags i. S. des § 253 Abs. 2 Nr. 2 ZPO grundsätzlich auch die Angabe eines **bestimmten Betrages,** zu dessen Zahlung der Beklagte verurteilt werden soll. Die Rechtsprechung lässt hiervon Ausnahmen in den Fällen zu, in denen die Höhe des zuzusprechenden Schadensersatzes von einer gerichtlichen **Schätzung** nach § 287 ZPO[119] – ggf. i. V. mit § 252 S. 2 BGB – abhängig ist oder in denen die Bestimmung der Forderungshöhe in das billige **Ermessen** des Gerichts gestellt wird. Voraussetzung für die Zulässigkeit eines unbezifferten Zahlungsantrages ist in diesen Fällen, dass der Kläger die **tatsächlichen Grundlagen** der Berechnung bzw. Schätzung umfassend darlegt, um dem Gericht die Bestimmung der Höhe des Anspruchs zu ermöglichen. Außerdem hat er die **Größenordnung** des begehrten Betrages, z. B. in Form eines Mindestbetrages, anzugeben.[120] Diese Grundsätze gelten auch für Kartell-Schadensersatzklagen.[121]

III. Schaden und Schadensnachweis

55 **1. Vermögenseinbuße und entgangener Gewinn.** Der ersatzfähige Schaden kann in einer **Vermögenseinbuße** *(„damnum emergens")* bestehen, die darin liegen kann, dass der Geschädigte einen **überhöhten Preis** ***(„overcharge")*** bezahlt hat.[122] Überhöht war der gezahlte Preis, wenn sich ohne das wettbewerbsbeschränkende Verhalten (unter ***„kontrafaktischen Bedingungen"***)[123] im Markt ein niedriger Preis gebildet hätte.

56 Die Haftung von Kartellbeteiligten erstreckt sich dabei nach Unionsrecht[124] und nach deutschem Recht[125] auch auf so genannte *„Preisschirmeffekte" („Umbrella-Pricing"),* d. h. den Teil der Preise, der aufgrund des kartellbedingt überhöhten Preisniveaus im Markt an einen nicht am Kartell beteiligten Verkäufe/Anbieter gezahlt wurde.[126] Nach der Rechtsprechung des EuGH zu Art. 101 AEUV kann ein durch das *„umbrella pricing"* Geschädigter den Ersatz des ihm durch die Mitglieder eines Kartells entstandenen Schadens verlangen, obwohl er keine ver-

[115] S. § 60 Rdnr. 63.

[116] S. § 60 Rdnr. 63 ff.

[117] Zu Feststellungsklagen s. Rdnr. 5 ff.

[118] Vgl. aber zur Einordnung von Belieferungsansprüchen als auf Naturalrestitution gerichtete Schadensersatzansprüche: *Langen/Bunte-Bornkamm,* Deutsches Kartellrecht, § 33 Rdnr. 114.

[119] S. Rdnr. 71 ff.

[120] BGHZ 4, 138 = NJW 1952, 539; 45, 91, BGH NJW 1966, 780; NJW 1982, 340; NJW 1984, 1807, 1809; NJW 1996, 2425; NJW 2002, 212; NJW-RR 2004, 863; *Zöller-Greger,* ZPO, § 253 Rdnr. 14; Münchener Kommentar zur ZPO-*Becker-Eberhard,* § 253 Rdnr. 117 ff.

[121] OLG Düsseldorf WuW/E DE-R 2311, Rdnr. 41 – zitiert nach juris (insoweit in WuW nicht abgedruckt).

[122] *Hüschelrath/Leheyda/Müller/Veith,* Schadensermittlung und Schadensersatz bei Hardcore-Kartellen, S. 79 ff.; vgl. *Inderst/Thomas,* Schadensersatz bei Kartellverstößen, S. 41 ff., S. 94 ff.

[123] BGH GRUR-RR 2009, 319; vgl. *Hüschelrath/Leheyda/Müller/Veith,* Schadensermittlung und Schadensersatz bei Hardcore-Kartellen, S. 79 ff.

[124] EuGH U. v. 5.6.2014, Rs C-557/12, ECLI:EU:C:2014:1317, Rdnr. 34 – *Kone u. a.* = WuW/E EU-R 3030.

[125] OLG Karlsruhe NZKart 2014, 366 unter II.2.c)cc)(2).

[126] Eingehend: *Inderst/Thomas,* Schadensersatz bei Kartellverstößen, S. 305 ff.

traglichen Beziehungen zu ihnen hatte, wenn erwiesen ist, dass das Kartell nach den Umständen des konkreten Falles und den Besonderheiten des betreffenden Marktes ein *„umbrella pricing"* durch eigenständig handelnde Dritte zur Folge haben konnte, und wenn diese Umstände und Besonderheiten den Kartellbeteiligten nicht verborgen bleiben konnten.[127]

Neben dem kartellbedingt überhöhten Teil der gezahlten Preise umfasst der ersatzfähige Schaden den **entgangenen Gewinn** *(„lucrum cessans")*, der darin liegen kann, dass wegen des überhöhten Preisniveaus von den betreffenden Produkten geringere Mengen verkauft werden konnten, als es bei einem niedrigeren Preisniveau in einem kartellfreien Markt der Fall gewesen wäre.[128] **57**

2. Schadensentstehung und Kausalität. *a) Haftungsbegründende und haftungsausfüllende Kausalität. aa) Abgrenzung.* Schadensersatzklagen gegen Kartellbeteiligte hängen zwar rechtlich nicht von der behördlichen Feststellung des Kartellrechtsverstoßes ab.[129] Wegen der Schwierigkeiten, derartige Verstöße nachzuweisen, sind die Gerichte in Fällen, in denen Schadensersatz gegen an Hardcore-Kartellen Beteiligte beansprucht wird, aber praktisch ausschließlich mit **Follow-on-Klagen** konfrontiert, in denen die Anspruchsteller sich auf die nach Art. 16 VO Nr. 1/2003[130] bzw. § 33 Abs. 4 GWB[131] bindende Feststellung des Verstoßes durch die EU-Kommission oder das BKartA stützen können. Da die **Bindungswirkung** sich nicht auf die Schadensentstehung und die Schadenshöhe erstreckt,[132] hat der Kläger beides nach den allgemeinen Grundsätzen über die Verteilung der Darlegungs- und Beweislast im Follow-on-Prozess nachzuweisen. **58**

Für das zum konkreten **Haftungsgrund** gehörende Geschehen ist dabei nach § 286 Abs. 1 ZPO grundsätzlich der volle Beweis zu erbringen, während der Kausalzusammenhang zwischen Haftungsgrund und Schaden, die sogenannte **haftungsausfüllende Kausalität,** und die **Schadenshöhe** im Wege der **Schätzung** nach § 287 ZPO (ggf. i. V. mit § 252 S. 2 BGB) festgestellt werden können.[133] **59**

Bei Ansprüchen, die auf Ersatz eines reinen Vermögensschadens gerichtet sind, erstreckt sich nach der Rechtsprechung des BGH der Bereich des nach § 286 Abs. 1 ZPO zu beweisenden Haftungsgrundes nur bis zu der Feststellung, dass der Anspruchsteller von dem Verstoß so betroffen war, dass **nachteilige Folgen** für ihn eintreten konnten.[134] Das ist insbesondere zu bejahen, wenn feststeht, dass der Kartellverstoß sich **im Markt** nachteilig (preiserhöhend) ausgewirkt hat[135] und der Anspruchsteller Waren oder Leistungen erworben hat, auf die sich das kartellrechtswidrige Verhalten bezog.[136] Steht dies fest, steht der Weg zur Anwendung der Beweiserleichterung des § 287 ZPO für den Nachweis der **Ursächlichkeit** des (bindend festgestellten) Kartellrechtsverstoßes für den eigentlichen Schadenseintritt und die **Schadenshöhe** offen. Der von dem Kläger nach § 286 Abs. 1 ZPO zu führende Beweis darf also nicht so weit ausgedehnt werden, dass für die Beweiserleichte- **60**

---

[127] EuGH U. v. 5.6.2014, Rs C-557/12, ECLI:EU:C:2014:1317, Rdnr. 34 – *Kone u. a.* = WuW/E EU-R 3030.

[128] *Inderst/Thomas,* Schadensersatz bei Kartellverstößen, S. 45.

[129] S. Rdnr. 20.

[130] S. § 60 Rdnr. 9 ff.

[131] S. Rdnr. 19 ff.

[132] S. Rdnr. 20 und § 60 Rdnr. 17.

[133] BGH NJW 1993, 3073, 3076; VersR 1982, 756; NJW 1952, 301; OLG Düsseldorf, WuW/E DE-R 4477 ff., unter II. A. 3. a.

[134] Vgl. BGH NJW 1993, 3073, 3076 m. w. Nw.; Münchener Kommentar zur ZPO – *Zimmermann,* § 287 Rdnr. 10; *Rosenberg/Schwab/Gottwald,* Zivilprozessrecht, § 114 II 3; a. A. *Inderst/Thomas,* Schadensersatz bei Kartellverstößen, S. 122.

[135] Vgl. dazu die widerlegbare Vermutung in Art. 17 Abs. 2 RL 2014/14/EU (ABl. 2014 L 349/1; s. auch: § 60 Rdnr. 63 ff.).

[136] Vgl. *Inderst/Thomas,* Schadensersatz bei Kartellverstößen, S. 121 f.

rung des § 287 ZPO nur noch die Feststellung der Höhe eines etwaigen Schadens verbleibt.[137]

61 *bb) Beweis der haftungsbegründenden Kausalität.* Der Nachweis, dass er im Kartellzeitraum kartellbefangene Produkte bezogen hat, wird dem Anspruchsteller regelmäßig keine unüberwindlichen Schwierigkeiten bereiten. Der Nachweis, dass sich das Verhalten der Kartellbeteiligten im Markt (im Fall eines Anbieterkartells) preiserhöhend ausgewirkt hat, ist dagegen häufig nur schwer zu führen. In diesem Zusammenhang spielt es auch eine Rolle, worin das wettbewerbsbeschränkende Verhalten bestand. Haben die Kartellbeteiligten Preise abgestimmt,[138] wird der Nachweis einer preiserhöhenden Wirkung in der Regel leichter zu führen sein als bei Verhaltensweisen, durch die der Preis nur mittelbar beeinflusst wurde, wie z. B. bei Quotenkartellen.

62 Dem Anspruchsteller können bei dem von ihm zu führenden Nachweis aber die **Grundsätze des ersten Anscheins** zu Gute kommen.[139] Grundlage des **Anscheinsbeweises** sind besonders zuverlässige Sätze der **Lebenserfahrung,** nach denen aus bestimmten Ursachen in aller Regel bestimmte Wirkungen hervorgehen und umgekehrt bestimmte Wirkungen auf bestimmte Ursachen rückschließen lassen.[140] Dabei müssen die Umstände des Einzelfalls in ihrer Gesamtheit so beschaffen sein, dass sich aus ihnen der Rückschluss auf die zu beweisende Behauptung aufdrängt.[141] Zudem muss der die Grundlage des Anscheinsbeweises bildende Sachverhalt entweder unstreitig oder nach Art. 16 VO Nr. 1/2003 bzw. § 33 Abs. 4 GWB bindend festgestellt oder bewiesen sein. Um den Anscheinsbeweis zu erschüttern, muss der Gegner die ernstliche Möglichkeit eines von der Lebenserfahrung abweichenden Ablaufs darlegen. Die Tatsachen, aus denen sich ein untypischer Verlauf ergibt, bedürfen ihrerseits des vom Gegner zu führenden vollen Beweises.[142]

63 Der BGH hat in seinem Beschluss vom 28.6.2005 – KRB 2/05 – ***Berliner Transportbeton I***[143] im Fall eines **Quotenkartells** ausgeführt, die Gründung eines Kartells diene grundsätzlich der Steigerung des Gewinns der am Kartell beteiligten Unternehmen. Die generelle Eignung eines Kartells, für seine Mitglieder wirtschaftliche Vorteile entstehen zu lassen, folge schon daraus, dass die beteiligten Unternehmen durch die Festlegung bestimmter Quoten der Notwendigkeit enthoben seien, sich im Wettbewerb am Markt zur Erlangung von Aufträgen gegen konkurrierende Unternehmen durchzusetzen, was regelmäßig über die von ihnen angebotenen Preise erfolge. Werde den beteiligten Unternehmen von vornherein eine fest umrissene Quote zugedacht, könnten die Marktmechanismen keine Wirkung entfalten. Damit werde grundsätzlich der Preiswettbewerb weitgehend außer Kraft gesetzt. Deshalb liege es nach der **Lebenserfahrung** nahe, dass die im Rahmen des Kartells erzielten Preise höher lägen als die im Wettbewerb erreichbaren Marktpreise. Das Unternehmen, das aufgrund der ihm zugebilligten Quote nicht im Wettbewerb bestehen müsse, werde regelmäßig seine Preissenkungsspielräume nicht nutzen. Die Bildung eines Kartells und seine Durchführung indizierten daher, dass den Beteiligten hieraus auch jeweils ein Vorteil erwachse. Unternehmen bildeten derartige Kartelle, um keine Preissenkung vornehmen und damit auch keine Gewinnschmälerung hinnehmen zu müssen. Deshalb spreche eine hohe Wahrscheinlichkeit dafür, dass das Kartell gebildet und erhalten werde, weil es höhere als am Markt sonst erzielbare

---

137 Vgl. BGH NJW 1993, 3073, 3076; OLG Düsseldorf, WuW/E DE-R 4477 ff., unter II.A.3.a.; *Rosenberg/Schwab/Gottwald,* Zivilprozessrecht, § 114 II 3.

138 Vgl. dazu BGH WuW/E DE-R 3431 = NJW 2012, 928, Rdnr. 9 – *ORWI* für den Fall eines Preiskartells.

139 *Hüschelrath/Leheyda/Müller/Veith-Hüschelrath/Schweitzer,* Schadensermittlung und Schadensersatz bei Hardcore-Kartellen, S. 53 f. Fn. 143.; *Inderst/Thomas,* Schadensersatz bei Kartellverstößen, S. 123 ff.

140 BGH NJW-RR 1988, 789, 790; NJW 2010, 1072 f.

141 BGH, U. v. 4.1.1951, III ZR 175/50 = NJW 1951, 195; BGHZ 2, 82, 85; BGH NJW 1987, 1944; OLG Schleswig NJW-RR 2011, 692, 693.

142 BGH NJW 1953, 584; NJW 1991, 230, 231; OLG Celle NJW-RR 1997, 1456, 1457; *Zöller-Greger,* ZPO, Vor § 284 Rdnr. 29.

143 WuW/E DE-R 1567 = NJW 2006, 163, 164 f.

Preise erbringe. Eine solche Wahrscheinlichkeitsaussage müsse der Tatrichter anhand weiterer Beweismittel daraufhin überprüfen, ob sie im konkreten Fall zur Gewissheit werde. Es möge ausnahmsweise Konstellationen geben, in denen aus der Tätigkeit eines Kartells kein Mehrerlös erwachse oder dies zumindest nicht auszuschließen sei. Da der Mehrerlös durch die Außerkraftsetzung der Marktmechanismen entstehe, seien dabei die zeitliche Dauer der Kartellabsprachen und ihre Intensität zu beachten. Je länger und nachhaltiger ein Kartell praktiziert worden sei und je flächendeckender es angelegt gewesen sei, umso höhere Anforderungen seien an die Verneinung eines wirtschaftlichen Vorteils aus der Kartellabsprache zu stellen.

Auch wenn die Entscheidung in einem **Bußgeldverfahren** ergangen ist und zudem nicht den durch das Kartell verursachten Schaden, sondern die Frage des den Kartellbeteiligten entstandenen Vorteils („Mehrerlös") im Blick hat, gelten die in ihr formulierten **Grundsätze der Lebenserfahrung** auch für die Beurteilung der Frage, welche Anforderungen an den Nachweis des Haftungsgrundes im Kartellschadensersatzprozess zu stellen sind. Es liegt nahe, die Argumentation des BGH auch im Zivilprozess zur Begründung eines Anscheinsbeweises heranzuziehen. **64**

Das Kammergericht hat in seinem Urteil vom 1.10.2009 – 2 U 17/03 – *Berliner Transportbeton*[144] die Argumente des BGH aufgegriffen und ist *„im Wege des* ***Anscheinsbeweises****"* davon ausgegangen, dass sich das Quotenkartell auch im Verhältnis zwischen den Parteien des Rechtsstreits preissteigernd ausgewirkt habe. Ein Quotenkartell habe **typischerweise** wettbewerbsbeschränkende Effekte, und zwar auch im Verhältnis zu einer marktmächtigen Marktgegenseite. Der einzelne Anbieter habe auf Grund des Quotenkartells einen geringeren Anreiz zur Senkung seiner Preise, weil er sich durch die Preissenkung ohnehin keine zusätzlichen Marktanteile erschließen könne, und eine größere Möglichkeit, die Preise zu erhöhen, weil er nicht Gefahr laufe, durch die Preiserhöhung Marktanteile an seine Wettbewerber zu verlieren. Eine untypische Situation habe die Beklagte nicht bzw. nicht in beachtlicher Weise vorgetragen; insbesondere habe sie nicht nachvollziehbar dargelegt, dass sie die Preisspielräume, die ihr das Quotenkartell eröffnete, nicht genutzt habe. **65**

Auch das OLG Karlsruhe ist in seinem Urteil vom 31.7.2013 – 6 U 51/12 (Kart.) – *Feuerwehrfahrzeuge*[145] davon ausgegangen, dass ein **Anscheinsbeweis** für die Betroffenheit der Klägerin durch einen Kartellverstoß bei der Bestellung eines Feuerwehr-Löschgruppenfahrzeugs spreche. **66**

Art. 17 Abs. 2 der Schadensersatzrichtlinie 2014/104/EU[146] sieht zugunsten der Betroffenen von Hardcore-Verstößen[147] die **Einführung einer widerlegbaren Vermutung** für die Schadensentstehung vor. Die Vermutung bezieht sich nur auf die haftungsbegründende Kausalität, also die Frage „ob" ein Schaden entstanden ist, nicht auf dessen Höhe.[148] **67**

cc) Schadensersatzansprüche mittelbarer Abnehmer/passing-on. Der auf einen Verstoß gegen Art. 101 Abs. 1 AEUV oder § 1 GWB gestützte Schadensersatzanspruch setzt voraus, dass ein **ursächlicher Zusammenhang** zwischen dem verbotenen Kartell und dem einem Marktteilnehmer entstandenen Vermögensnachteil besteht. Macht ein mittelbarer Abnehmer Schadensersatz gegenüber einem Kartellbeteiligten geltend, so muss er darlegen, dass der von ihm bezahlte Preis teilweise auf dem Kartellverstoß beruhte. Dies wird umso schwerer, je mehr Absatzstufen zwischen ihm und dem unmittelbaren Abnehmer liegen.[149] **68**

Die **Darlegungslast** dafür, dass und gegebenenfalls in welcher Höhe ein kartellbedingter Preisaufschlag auf die nachfolgende Marktstufe abgewälzt wurde **(passing-on),** trägt der **69**

---

[144] KG WuW/E DE-R 2773. Das KG hat die Revision gegen seine Entscheidung nicht zugelassen. Die dagegen erhobene Nichtzulassungsbeschwerde hat der BGH mit Beschluss vom 8.6.2010, KZR 44/09 (BeckRS 2010, 29191) zurück gewiesen.

[145] NZKart 2014, 366.

[146] ABl. 2014 L 349/1.

[147] Vgl. Schweitzer, NZKart. 2014, 335ff, 336, Fn. 19 unter Hinweis auf den in Art. 4 Nr. 14 RL 2014/104/EU definierten Kartellbegriff.

[148] *Schweitzer,* NZKart 2014, 335, 336.

[149] *Langen/Bunte-Bornkamm,* Deutsches Kartellrecht, § 33 Rdnr. 152.

mittelbare Abnehmer, der sich hierauf beruft.[150] Angesichts der ökonomischen Komplexität der Preisbildung und des unterschiedlichen Wettbewerbsdrucks auf den jeweiligen nachgelagerten Märkten spricht nach der Rechtsprechung des BGH **keine Vermutung** dafür, dass eine im zeitlichen Zusammenhang mit dem Kartell auftretende Preiserhöhung auf den Anschlussmärkten ursächlich auf das Kartell zurückzuführen ist. Die Kausalität muss vielmehr im Einzelfall nachgewiesen werden. Die Ursächlichkeit einer Kartellabsprache für die Preisbildung auf nachfolgenden Marktstufen ist dabei anhand des Preisniveaus zu ermitteln, das sich dort ohne die kartellbedingte Überteuerung eingestellt hätte. Die Preisbildung wird von zahlreichen Faktoren der Marktstruktur und der jeweiligen kaufmännischen Strategie beeinflusst. Daher genügt es für den erforderlichen Ursachenzusammenhang nicht, dass auch auf dem Anschlussmarkt im zeitlichen Zusammenhang mit dem Kartell die Preise gestiegen sind. Vielmehr bedarf es der Feststellung, dass die Preiserhöhung gerade auf das Kartellgeschehen und nicht etwa auf andere preisbildende Faktoren zurückgeht.[151] So ist es möglich, dass der Preissetzungsspielraum des Abnehmers auf der vorgelagerten Marktstufe nicht auf der durch das Kartell geschaffenen Marktlage, sondern auf einer davon unabhängigen, besonderen Marktstellung oder anderen Gegebenheiten des Anschlussmarkts beruht. Dann ist der vorgelagerte Abnehmer unabhängig von dem erhöhten Einstandspreis in der Lage gewesen, seinen Verkaufspreis anzuheben. Zu den Faktoren, die in diesem Zusammenhang erheblich sind, gehören die Preiselastizität von Angebot und Nachfrage, die Dauer des Verstoßes sowie die Intensität des Wettbewerbs auf der Stufe.[152] Müssen die meisten der dort auftretenden Anbieter den Kartellpreis entrichten und hat ihre Marktgegenseite keine oder nur geringe Ausweichmöglichkeiten, kann eine Kostenwälzung grundsätzlich jedenfalls dann als kartellbedingt angesehen werden, wenn der Wettbewerb auf dem Anschlussmarkt ansonsten funktionsfähig ist. Hat sich der weiterliefernde Abnehmer seinen Preissetzungsspielraum dagegen durch besondere kaufmännische Leistungen und Anstrengungen erworben, fehlt es an der erforderlichen adäquaten Kausalität des Kartells für die Preiserhöhung auf dem Folgemarkt.[153] Sind nach diesen Maßstäben auf dem Anschlussmarkt Verhältnisse gegeben, die eine Überwälzung des Kartellpreisniveaus auf die nachfolgende Marktstufe erlauben, kann der Kausalzusammenhang zwischen Kartell und Schaden der Folgeabnehmer nicht mit der Erwägung verneint werden, die Preispolitik des Direktabnehmers beruhe auf dessen autonomer Entscheidung. Nach der Rechtsprechung des BGH unterbricht das auf freier Entschließung beruhende Verhalten eines Dritten die Kausalität eines früheren Umstandes allenfalls dann, wenn es von dem Vorhanden- oder Nichtvorhandensein des früheren Umstandes gänzlich unabhängig war. Davon kann bei der Preisbildung eines Kaufmanns, keine Rede sein, die sich an den durch ein Kartell beeinflussten Gestehungskosten orientiert.[154]

70 Die **Schadensersatzrichtlinie (RL 2014/104/EU)**[155] normiert in Art. 14 Abs. 2 einen weitreichenden Anscheinsbeweis der Schadensweiterwälzung auf mittelbare Abnehmer über alle Marktstufen hinweg, wenn der Wettbewerbsverstoß und ein kartellbedingter Preisaufschlag im Verhältnis zum unmittelbaren Abnehmer nachgewiesen sind und der Anspruchsteller kartellbefangene Waren oder Dienstleistungen erworben hat.[156]

71 *b) Schadensschätzung nach § 287 ZPO. aa) Grundlagen.* Die **Differenzhypothese**[157] des deutschen Schadensersatzrechts ist auch für die Ermittlung der Schadenshöhe im Rahmen von Kartellverstößen maßgeblich. Danach ist zur Ermittlung der kartellbedingten Überhöhung des gezahlten Preises ein Vergleich des gezahlten mit dem **hypothetischen Preis**

---

[150] BGH WuW/E DE-R 3431 = NJW 2012, 928, Rdnr. 44ff. – *ORWI;* eingehend: *Inderst/Thomas,* Schadensersatz bei Kartellverstößen, S. 255ff.

[151] BGH WuW/E DE-R 3431 = NJW 2012, 928, Rdnr. 45 – *ORWI.*

[152] Dazu näher: *Inderst/Thomas,* Schadensersatz bei Kartellverstößen, 241ff., 274ff.

[153] BGH WuW/E DE-R 3431 = NJW 2012, 928, Rdnr. 47 – *ORWI.*

[154] BGH WuW/E DE-R 3431 = NJW 2012, 928, Rdnr. 48 – *ORWI.*

[155] S. § 60 Rdnr. 63f.

[156] Vgl. *Schweitzer,* NZKart 2014, 335, 338f.

[157] S. dazu *Grüneberg* in Palandt, Bürgerliches Gesetzbuch, Vorb v § 249 Rdnr. 10.

vorzunehmen, der sich ohne das Kartell im Markt gebildet hätte. Dieser hypothetische Preis kann nur **geschätzt** werden. Das gilt auch für den entgangenen Gewinn.

Soweit der Anwendungsbereich des § 287 Abs. 1 ZPO eröffnet ist,[158] entscheidet das Gericht unter Würdigung aller Umstände nach freier Überzeugung, ob und in welcher Höhe ein Schaden entstanden ist. § 287 ZPO ist kein Instrument der Amtsermittlung und zwingt das Gericht auch nicht zu einer Schätzung ohne hinreichende Grundlage. Vielmehr hat der Anspruchsteller dem Gericht die erforderlichen Anknüpfungstatsachen schlüssig darzulegen und ggf. nachzuweisen. Er darf die Schadensschätzung nicht durch bewusst unvollständige Angaben oder das Verschweigen wesentlicher Umstände erschweren.[159] Grundsätzlich sind alle Positionen einer Schadensberechnung einer Schätzung nach § 287 ZPO zugänglich, soweit deren exakte Ermittlung unverhältnismäßig schwierig ist.[160] Ist eine Schätzung des vollständigen Schadens nicht möglich, hat das Gericht zu prüfen, ob nicht wenigstens ein **Mindestschaden** zugesprochen werden kann.[161] 72

In den Fällen, in denen entgangener Gewinn beansprucht wird, kommt dem Kläger zudem die Beweiserleichterung des § 252 S. 2 BGB zugute. Ohne die Norm müsste der Geschädigte nach allgemeinen Beweislastgrundsätzen den vollen Nachweis erbringen, dass ihm ein Gewinn in der geltend gemachten Höhe entgangen ist. In den praktischen Auswirkungen bedeutet es allerdings kaum einen Unterschied, ob dem Geschädigten bei der Beweisführung mit § 252 S. 2 BGB oder mit § 287 ZPO geholfen wird. Soweit es auf „besondere Umstände" ankommt, aus denen sich wahrscheinlich ein Gewinn ergeben hätte, gelten für ihre Feststellung die Beweiserleichterungen des § 287 ZPO.[162] 73

bb) Der Leitfaden der Kommission. Als Begleitunterlage zur *„Mitteilung der Kommission zur Ermittlung des Schadensumfangs bei Schadensersatzklagen wegen Zuwiderhandlungen gegen Art. 101 oder 102 des Vertrags über die Arbeitsweise der Europäischen Union"*[163] hat die Kommission einen Leitfaden[164] zur Ermittlung des Schadensumfangs bei Schadensersatzklagen wegen Verletzung des Art. 101 oder 102 AEUV veröffentlicht, der den Gerichten und Parteien eine rechtlich unverbindliche Hilfestellung durch Informationen über die Schadensermittlung bei Zuwiderhandlungen gegen die EU-Wettbewerbsvorschriften geben soll. Sein Ziel ist es, einen Überblick über verschiedene Schadensformen zu bieten, die typischerweise durch wettbewerbswidrige Praktiken verursacht werden und anerkannte ökonomische Methoden zur Schadensermittlung darzustellen.[165] 74

Die Wahl der Schätzungsmethode hängt auch davon ab, auf welche Methode der – regelmäßig sachverständig beratene – Anspruchsteller selbst im Rahmen seiner Klagebegründung zurückgreift, was wiederum davon abhängt, welche Daten ihm als **Anknüpfungstatsachen** für eine Schätzung zur Verfügung stehen. Bei der Schadensschätzung wird von deutschen Gerichten regelmäßig nach der **Vergleichsmarktmethode** vorgegangen. Sie kann auf den zeitlichen Vergleich der Preise während der Durchführung des Kartellrechtsverstoßes mit den Preisen vor und/oder nach dem Kartellzeitraum **(zeitliche Vergleichsmarktmethode)** oder auf einen Vergleich der Preise im geographischen Auswirkungsbereich des Kartellrechtsverstoßes mit den Preisen außerhalb dieses Territoriums **(räumliche Vergleichsmarktmethode)** abstellen. Als dritte Möglichkeit können die 75

158 S. Rdnr. 60.

159 OLG Hamm NJW-RR 1990, 42 f.

160 *Zöller-Greger,* ZPO, § 287 Rdnr. 2.

161 BGH NJW 1994, 663, 664 f.; NJW-RR 1996, 1077, 1078 f.

162 Münchener Kommentar zum BGB-*Oetker,* § 252 Rdnr. 30; *v. Hoyningen-Huene/Boemke,* NJW 1994, 1757, 1760 f.

163 ABl. 2013 C 167/19.

164 *„Praktischer Leitfaden zur Ermittlung des Schadensumfangs bei Schadensersatzklagen im Zusammenhang mit Zuwiderhandlungen gegen Art 101 oder 102 des Vertrages über die Arbeitsweise der Europäischen Union":* http://ec.europa.eu/competition/antitrust/actionsdamages/quantification_guide_de.pdf.

165 S. dazu auch: *Niels/Jenkins/Kavanagh,* Economics for Competition Lawyers, Kapitel 10, S. 491 ff.; *Hüschelrath/Leheyda/Müller/Veith,* Schadensermittlung und Schadensersatz bei Hardcore-Kartellen; *Inderst/Thomas,* Schadensersatz bei Hardcore-Kartellen.

Preise kartellierter Produkte während des Kartellzeitraums mit den kartellfreien Preisen vergleichbarer anderer Produkte im geographischen Auswirkungsbereich des Kartellrechtsverstoßes verglichen werden.[166] Auch die Wahl des Referenzzeitraums im Rahmen der zeitlichen Vergleichsmarktanalyse hängt maßgeblich von den zur Verfügung stehenden Daten ab.

76 In Bezug auf Schäden, die auf kartellbedingten Preisüberhöhungen beruhen, stellt die Kommission in Teil 2 ihres Leitfadens in den Abschnitten II und III die **wesentlichen Methoden** zur Ermittlung der Differenz zwischen dem durch den Kartellrechtsverstoß beeinflussten und dem zuwiderhandlungsfreien Marktpreis dar. Sie weist darauf hin, dass alle beschriebenen Methoden grundsätzlich nützliche Erkenntnisse hinsichtlich aller Zuwiderhandlungen gegen die Art. 101 und 102 AEUV und die verschiedenen Schäden liefern können, die solche Zuwiderhandlungen in der Regel nach sich ziehen. Alle eignen sich grundsätzlich auch dazu, nicht nur die Höhe des rechtswidrigen Preisaufschlags in einem Preiskartell zu schätzen, sondern z. B. auch Absatz und Gewinn, die einem durch Behinderungsmissbrauch eines marktbeherrschenden Wettbewerbers geschädigten Unternehmen entgangen sind.[167]

77 Im Abschnitt II werden die in Betracht kommenden **Vergleichsmethoden**[168] und deren praktische Umsetzung[169] dargestellt, während im Abschnitt III[170] **Simulationsmodelle sowie Kosten- und finanzgestützte Analysemethoden** vorgestellt werden. Darüber hinaus wird darauf hingewiesen, dass neben den vorgestellten noch weitere Methoden existieren, die insbesondere für die Schätzung einer Ober- oder Untergrenze des erlittenen Schadens oder für eine ungefähre Schätzung von Nutzen sein können. Der Leitfaden informiert auch darüber, dass die Gerichte der Mitgliedstaaten in Fällen, in denen beispielsweise durch den Ausschluss eines neuen Teilnehmers vom Markt gegen Art. 101 oder 102 AEUV verstoßen wurde, Geschäftspläne als Informationsquelle für die wahrscheinlichen Unternehmensgewinne herangezogen haben.[171]

78 Die Kommission betont,[172] dass die Entscheidung, welcher Ansatz für die Schadensermittlung im konkreten Einzelfall als geeignet erachtet werden könne, nach geltendem Recht zu bestimmen sei. Zu den hierbei möglicherweise relevanten Erwägungen zählten das Beweismaß und die Beweislast, die Verfügbarkeit von Daten, der mit der Methode verbundene finanzielle und zeitliche Aufwand sowie die Verhältnismäßigkeit des Aufwands zur Höhe der betreffenden Schadensersatzforderung. Auch die Kosten und die Belastung des Geschädigten sowie deren Verhältnismäßigkeit könnten mit Blick auf den Effektivitätsgrundsatz bedeutsam werden. Die nach dem anwendbaren Recht zu treffende Entscheidung über die Schätzungsmethode hänge auch von der Verfügbarkeit anderer Beweismittel ab. Schließlich komme auch die alternative oder kumulative Anwendung mehrerer Methoden in Betracht.[173]

79 *c) Passing-on defence/Vorteilsausgleichung.* Der Ersatzanspruch des Geschädigten kann ausgeschlossen oder gemindert werden, wenn er den von ihm entrichteten kartellbedingten Preisaufschlag auf seine Kunden abwälzt **(passing-on).**[174] Die Abwälzung des kartellbedingten Vermögensnachteils schließt nicht bereits die **Entstehung eines Schadens** aus.[175]

80 Die Frage der Entscheidungserheblichkeit des passing-on ist nach den **Grundsätzen der Vorteilsausgleichung** zu beurteilen, die auf dem Gedanken beruhen, dass dem Ge-

---

[166] Vgl. Leitfaden, Rdnr. 27.
[167] Leitfaden, Rdnr. 122.
[168] Leitfaden, Rdnr. 32 ff.
[169] Leitfaden, Rdnr. 59 ff.
[170] Leitfaden, Rdnr. 96 ff.
[171] Leitfaden, Rdnr. 120 m. Nw.
[172] Leitfaden, Rdnr. 124.
[173] Leitfaden, Rdnr. 125.
[174] S. dazu: Rdnr. 70 ff.
[175] BGH WuW/E DE-R 3431 = NJW 2012, 928, Rdnr. 54 ff. – *ORWI.*

schädigten unter bestimmten Voraussetzungen diejenigen Vorteile zuzurechnen sind, die ihm in adäquatem Zusammenhang mit dem Schadensereignis zufließen. Der gerechte Ausgleich zwischen den bei einem Schadensfall widerstreitenden Interessen erfordert einerseits, dass der Geschädigte entsprechend dem schadensersatzrechtlichen Bereicherungsverbot nicht besser gestellt wird, als er ohne das schädigende Ereignis stünde. Andererseits sind nicht alle durch das Schadensereignis bedingte Vorteile auf den Schadensersatzanspruch anzurechnen, sondern nur solche, deren Anrechnung mit dem jeweiligen Zweck des Ersatzanspruchs übereinstimmt, d.h. deren Berücksichtigung dem Geschädigten zumutbar ist und den Schädiger nicht unangemessen entlastet.[176]

Voraussetzung einer Vorteilsausgleichung ist zunächst, dass die Preiserhöhung, die der Geschädigte gegenüber seinen Abnehmern durchsetzen kann, in **adäquatem Kausalzusammenhang** mit dem kartellbedingten Preisaufschlag steht. Die Kausalität des Kartells für den Vorteil, der dem Geschädigten in Form höherer Erlöse zufließt, ist nach den gleichen Maßstäben zu beurteilen, wie die Feststellung der kartellbedingten Preisabwälzung auf ihn.[177] 81

Die **Darlegungs- und Beweislast** für die tatsächlichen Voraussetzungen der Vorteilsausgleichung und insbesondere die Kausalität des Vorteils liegt beim Schädiger.[178] Um erfolgversprechend eine Vorteilsausgleichung geltend zu machen, muss der beklagte Kartellteilnehmer zunächst anhand der allgemeinen Marktverhältnisse auf dem relevanten Absatzmarkt plausibel dazu vortragen, dass eine Weiterwälzung der kartellbedingten Preiserhöhung zumindest ernsthaft in Betracht kommt. Weiter ist darzutun und gegebenenfalls nachzuweisen, dass ihr keine Nachteile des Abnehmers gegenüber stehen, durch die die Preiserhöhung (ganz oder teilweise) kompensiert worden ist. Der Kartellteilnehmer hat auch darzulegen, wie sich eigene Wertschöpfungsanteile des weiterverkaufenden Abnehmers (z.B. bei der Weiterverarbeitung der bezogenen Waren) gegebenenfalls auf den Vorteilsausgleich auswirken. Soweit sich Preiserhöhungen auf den eigenen Wertschöpfungsanteil des Weiterverkäufers beziehen, können sie nicht als kartellbedingt angesehen werden.[179] 82

Um die **Effizienz des Kartelldeliktsrechts** nicht zu gefährden, kommen nach Auffassung des BGH[180] **Erleichterungen bei der Darlegungslast** zugunsten der Kartellteilnehmer nur ausnahmsweise in Betracht. Die Bejahung einer **sekundären Darlegungslast** des Kartellgeschädigten setzt danach eine **umfassende Prüfung ihrer Erforderlichkeit und Zumutbarkeit** voraus, bei der sorgfältig abzuwägen ist, inwieweit dem Geschädigten insbesondere eine Darlegung zu wettbewerblich relevanten Umständen abverlangt werden kann, an deren Geheimhaltung er ein schützenswertes Interesse hat.[181] An der Erforderlichkeit einer Erleichterung der Darlegungslast des beklagten Kartellteilnehmers fehlt es nach Auffassung des BGH dann, wenn Marktteilnehmer der nachfolgenden Absatzstufe ihrerseits Ansprüche gegen ihn geltend machen. Die Informationen, die erforderlich sind, um eine Vorteilsausgleichung gegenüber seinem unmittelbaren Kunden durchzusetzen, erhält der Kartellteilnehmer in diesem Fall von den indirekten Abnehmern der nachfolgenden Absatzstufe, denn sie tragen die Darlegungs- und Beweislast dafür, dass kartellbedingte Preiserhöhungen auf sie abgewälzt worden sind.[182] Solange nicht feststeht, in welchem Umfang die kartellbedingten Preiserhöhungen auf nachfolgende Marktstufen weitergegeben wurden, kann sich der Schädiger regelmäßig durch eine **Streitverkündung** vor doppelter Inanspruchnahme schützen.[183] 83

[176] BGH NJW 2007, 2695; BGH WuW/E DE-R 3431 = NJW 2012, 928, Rdnr. 80 – *ORWI.*
[177] BGH WuW/E DE-R 3431 = NJW 2012, 928, Rdnr. 80 – *ORWI;* s. Rdnr. 68ff.
[178] BGHZ 94, 195, 217; BGH WuW/E DE-R 3431 = NJW 2012, 928, Rdnr. 64 – *ORWI.*
[179] BGH NJW 2007, 2695; BGH WuW/E DE-R 3431 = NJW 2012, 928, Rdnr. 69 – *ORWI.*
[180] BGH NJW 2007, 2695; BGH WuW/E DE-R 3431 = NJW 2012, 928, Rdnr. 70ff. – *ORWI.*
[181] BGH NJW 2007, 2695; BGH WuW/E DE-R 3431 = NJW 2012, 928, Rdnr. 71 – *ORWI.*
[182] BGH NJW 2007, 2695; BGH WuW/E DE-R 3431 = NJW 2012, 928, Rdnr. 72 – *ORWI.*
[183] BGH NJW 2007, 2695; BGH WuW/E DE-R 3431 = NJW 2012, 928, Rdnr. 73ff. – *ORWI.*

84 Eine sekundäre Darlegungslast der einen Kartellschaden einklagenden Abnehmer kann nach sorgfältiger Abwägung aller maßgeblichen Umstände des Einzelfalls insbesondere dann in Betracht kommen, wenn eine **Streitverkündung für den Kartellteilnehmer unzumutbar** ist, etwa wenn die potenziellen Anspruchsberechtigten auf ferneren Marktstufen nicht bekannt sind oder es sich dabei – wie insbesondere bei (privaten) Endabnehmern – um einen unüberschaubar großen Personenkreis handelt. Je höher die von dem Kartellteilnehmer darzulegende Wahrscheinlichkeit der Weiterwälzung des Schadens und je größer seine Beweisnot ist, desto eher kann dem Geschädigten eine Mitwirkung an der Aufklärung der insoweit maßgeblichen tatsächlichen Umstände zugemutet werden. Die Annahme einer sekundären Darlegungslast darf nicht dazu führen dass Kartellteilnehmer **unbillig entlastet** werden, insbesondere weil den Geschädigten der Anreiz für die Schadensersatzklage genommen wird, weil sie sich einer sie treffenden sekundären Darlegungslast nicht aussetzen wollen.[184] Wie weit die den Anspruchstellern gegebenenfalls obliegende Mitwirkung reicht, bedarf ebenfalls der **Abwägung unter Berücksichtigung aller Umstände des Einzelfalls.** Je sensibler die Angaben sind, die der Geschädigte machen soll, desto höhere Anforderungen sind an die Wahrscheinlichkeit zu stellen, dass mit ihrer Hilfe die Aufklärung eines praktisch ins Gewicht fallenden ausgleichspflichtigen Vorteils möglich ist. So kann eine Darlegungslast des Geschädigten hinsichtlich der von ihm berechneten Verkaufspreise umso eher erwogen werden, desto plausibler der Vortrag des Schädigers zu sonstigen für eine Vorteilsausgleichung sprechenden Umständen erscheint. Dabei können dem Abnehmer Angaben insbesondere dann zumutbar sein, wenn es sich wegen des zwischen der Beendigung des Kartells und der Klageerhebung liegenden **Zeitraums** um historische Daten handelt, denen keine oder kaum noch **Bedeutung für seine aktuelle Geschäftspolitik** zukommt.[185]

85 Nach **Art. 13 RL 2014/104/EU** haben die Mitgliedstaaten zu gewährleisten, dass der Beklagte in einem Verfahren über Schadensersatzklagen gegen einen Schadensersatzanspruch einwenden kann, dass der Kläger den sich aus der Zuwiderhandlung gegen das Wettbewerbsrecht ergebenden Preisaufschlag ganz oder teilweise weitergegeben hat, und dass der Beklagte, der die Beweislast für die Weitergabe des Preisaufschlags trägt, in angemessener Weise Offenlegungen von dem Kläger oder von Dritten verlangen kann.

IV. Informationsbeschaffung und Zugang zu Beweismitteln

86 **1. Problemaufriss/Art. 5 ff. RL 2014/104/EU.** Die Kommission weist in den Begründungserwägungen Nr. 14 und 15 der Schadensersatzrichtlinie (RL 2014/104/EU) darauf hin, dass die Feststellung einer Zuwiderhandlung gegen das nationale oder das Wettbewerbsrecht der Union in der Regel eine komplexe Analyse der zugrunde liegenden Tatsachen und wirtschaftlichen Zusammenhänge erfordert. Die für die Begründung eines Schadensersatzanspruchs erforderlichen Beweismittel befänden sich häufig ausschließlich im Besitz der gegnerischen Partei oder Dritter und seien dem Kläger nicht hinreichend bekannt und zugänglich. Das strenge rechtliche Erfordernis, dass der Kläger zu Beginn des Verfahrens im Detail alle für seinen Fall relevanten Tatsachen behaupten und dafür genau bezeichnete einzelne Beweismittel anbieten müsse, könne daher die wirksame Geltendmachung eines Schadensersatzanspruchs übermäßig erschweren. Den Beweismitteln komme bei der Erhebung von Schadensersatzklagen große Bedeutung zu. Da wettbewerbsrechtliche Streitigkeiten jedoch durch eine **Informationsasymmetrie** gekennzeichnet seien, sei es angebracht zu gewährleisten, dass die Kläger das Recht erhielten, die Offenlegung der für ihren Anspruch relevanten Beweismittel zu erwirken, ohne konkrete einzelne Beweismittel benennen zu müssen. Um den Grundsatz der Waffengleichheit zu wahren, solle diese Möglichkeit auch den Beklagten in Verfahren über Schadensersatzklagen zur Verfügung stehen. Das betritt

[184] BGH NJW 2007, 2695; BGH WuW/E DE-R 3431 = NJW 2012, 928, Rdnr. 74 ff. – *ORWI.*
[185] BGH NJW 2007, 2695; BGH WuW/E DE-R 3431 = NJW 2012, 928, Rdnr. 77. – *ORWI.*

insbesondere Einwendungen, für deren Voraussetzungen die Beklagten die Beweislast tragen, z. B. den Einwand der Schadensweiterwälzung **(passing-on defence).**[186]

Die Richtlinie enthält deshalb **Vorgaben für die Offenlegung von Beweismitteln (Art. 6 RL 2014/104/EU),** die in den Akten einer Wettbewerbsbehörde enthalten sind, und **Beschränkungen für die Verwertung** von allein durch Einsicht in die Akten einer Wettbewerbsbehörde erlangten Beweismitteln (Art. 7 RL 2014/104/EU). **Art. 5 RL 2014/104/EU** normiert die gerichtliche **Anordnung der Offenlegung von Beweismitteln durch die Parteien eines Schadensersatzprozesses oder durch Dritte.**[187] 87

Hieraus und aus den Ausführungen zur Schadensschätzung[188] wird deutlich, dass die erfolgreiche Durchsetzung von Schadensersatzansprüchen gegen Kartellbeteiligte nicht zuletzt vom **Zugang zu Informationen** abhängt, aus denen sich Anhaltpunkte für die **Schadenentstehung** und die **Höhe des Schadens** ergeben können. Solche Informationen können sich aus internen Dokumenten der Beklagten, u. U. aber auch Bonusanträgen[189] und beigefügten Protokollen der internen Befragung von Mitarbeitern der kartellbeteiligten Unternehmen zur Umsetzung und Durchsetzbarkeit der Kartellabsprachen einschließlich ihrer Auswirkungen auf den Marktpreis ergeben,[190] so dass ein erhebliches Interesse Geschädigter besteht, Zugang zu diesen Unterlagen zu erhalten. Dieses Ziel lässt sich insbesondere durch die Gewährung von **Einsicht in die Verfahrensakten** der Kommission oder der nationalen Kartellbehörden erreichen, die in der Vergangenheit allerdings sehr restriktiv gehandhabt wurde. Sowohl der EuGH als auch deutsche Gerichte haben sich bisher mit dieser Thematik befasst. 88

Während sich die Einsicht in Akten der Kommission nach Unionsrecht richtet,[191] richtet sich das Recht auf Akteneinsicht in die Akten der Kartellbehörden der Mitgliedstaaten nach nationalem Recht.[192] Wenden die nationalen Kartellbehörden europäisches Kartellrecht an, muss sich die Möglichkeit zur Einsichtnahme an den vom EuGH in ständiger Rechtsprechung betonten **Grundsätzen der Äquivalenz und Effektivität** messen lassen.[193] Bei der unionsrechtskonformen Auslegung des nationalen Rechts im Lichte dieser Grundsätze können die in Kapitel II der Schadensersatzrichtlinie (Art. 5 ff. RL 2014/104/EU) enthaltenen Regelungen zur Offenlegung von Beweismitteln schon vor Umsetzung der Richtlinie in den durch die Richtlinie selbst (insbesondere in Art. 22 RL 2014/104/EU) und der Rechtsprechung des BGH gezogenen Grenzen berücksichtigt werden.[194] Ob dies auch für das in Art. 6 Abs. 6 RL 2014/104/EU normierte **absolute Offenlegungsverbot** für **Kronzeugenerklärungen und Vergleichsausführungen** gilt, erscheint allerdings fraglich, weil nicht unzweifelhaft ist, ob es mit dem primärem Unionsrecht (Art. 101, 102 AEUV) und seiner Auslegung durch den EuGH im Zusammenhang mit dem Akteneinsichtsrecht privater Schadensersatzkläger[195] im Einklang steht.[196] 89

2. Einsicht in Verfahrensakten der Kommission. Art. 15 Abs. 3 UAbs. 1 AEUV bestimmt, dass jeder Unionsbürger sowie jede natürliche oder juristische Person mit Wohnsitz oder satzungsgemäßem Sitz in einem Mitgliedstaat das Recht auf Zugang zu Dokumenten der Organe, Einrichtungen und sonstigen Stellen der Union hat. Nach Art. 15 90

---

[186] S. Rdnr. 79 ff.
[187] S. *Topel* in § 50 und § 60 Rdnr. 64 f.
[188] S. Rdnr. 71 ff.
[189] S. Rdnr. 94.
[190] *Heinichen,* NZKart 2014, 83, 87; s. aber auch *Hempel,* ZWeR 2014, 203, 220.
[191] S. Rdnr. 90 f.
[192] EuGH U. v. 14.6.2011, Rs C-360/09, Slg. 2011, I-5161, Rdnr. 23 – *Pfleiderer;* U. v. 6.6.2013, Rs C-536/11, ECLI:EU:C:2014:1317, Rdnr. 26 – *Donau Chemie u. a.* = WuW/E EU-R 2746.
[193] EuGH U. v. 14.6.2011, Rs C-360/09, Slg. 2011, I-5161, Rdnr. 30 – *Pfleiderer;* U. v. 6.6.2013, Rs C-536/11, ECLI:EU:C:2014:1317, Rdnr. 27 – *Donau Chemie u. a.* = WuW/E EU-R 2746.
[194] S. § 60 Rdnr. 63.
[195] S. Rdnr. 95 ff.
[196] Vgl. *Schweitzer,* NZKart 2014, 335, 342 f.

Abs. 3 UAbs. 2 AEUV werden die allgemeinen Grundsätze und die Einschränkungen für die Ausübung des Zugangsrechts vom Europäischen Parlament und vom Rat durch Verordnungen festgelegt. Bisher[197] gilt sekundärrechtlich die **VO Nr. 1049/2001** *(„Transparenz VO")*.[198] **Rechtsgrundlage** für die Einsicht in Kartellverfahrensakten der Kommission ist Art. 2 Abs. 1 VO Nr. 1049/2001. Das danach bestehende Einsichtsrecht wird u. a. durch die Bestimmungen in Art. 4 Abs. 2, erster und dritter Spiegelstrich VO Nr. 1049/2001 eingeschränkt. Danach verweigern die Organe den Zugang zu einem Dokument, durch dessen Verbreitung der Schutz der geschäftlichen Interessen einer natürlichen oder juristischen Person und/oder der Schutz des Zwecks von Inspektions-, Untersuchungs- und Audittätigkeiten beeinträchtigt würde, es sei denn, es besteht ein überwiegendes öffentliches Interesse an der Verbreitung.

91 Mit Urteil vom 27.2.2014[199] über ein Akteneinsichtsgesuch, mit dem die Kommission auf **Zugang zu allen Dokumenten der Verfahrensakte** in Anspruch genommen wurde, hat der EuGH entschieden, dass die Kommission **ohne konkrete und individuelle Prüfung** jedes einzelnen Dokuments der Akte zu der **allgemeinen Vermutung** berechtigt sei, die Verbreitung dieser Dokumente beeinträchtige grundsätzlich den Schutz der geschäftlichen Interessen der an diesen Verfahren beteiligten Unternehmen und den Schutz des Zwecks der Untersuchungstätigkeiten im Zusammenhang mit solchen Verfahren i. S. v. Art. 4 Abs. 2, erster und dritter Spiegelstrich der VO Nr. 1049/2001. Allerdings schließe die allgemeine Vermutung nicht die Möglichkeit aus, sie für ein **bestimmtes Dokument** zu widerlegen oder ein überwiegendes öffentliches Interesse an der Verbreitung dieses Dokuments gem. Art. 4 Abs. 2 VO Nr. 1049/2001 nachzuweisen. Dagegen könne das Erfordernis der Nachprüfung, ob die betreffende allgemeine Vermutung tatsächlich Anwendung finde, nicht in dem Sinn ausgelegt werden, dass die Kommission alle im gegebenen Fall betroffenen Dokumente individuell prüfen müsse. Ein solches Erfordernis nehme der allgemeinen Vermutung ihre praktische Wirksamkeit, die darin bestehe, der Kommission zu ermöglichen, auf einen **allgemeinen Zugangsantrag** auch allgemein zu antworten.[200] In zeitlicher Hinsicht finden die vom EuGH formulierten Grundsätze bis zum bestandskräftigen Abschluss des Kommissionsverfahrens Anwendung. Der Gerichtshof begründet dies damit, dass ein Verfahren nach Art. 101 AEUV nicht mit dem Erlass der endgültigen Entscheidung der Kommission als abgeschlossen angesehen werden könne, ohne die Möglichkeit einer späteren Nichtigerklärung dieser Entscheidung durch die Unionsgerichte zu berücksichtigen. Nach Art. 233 EG könne die Nichtigerklärung einer solchen Entscheidung die Kommission veranlassen, neuerlich tätig zu werden, um gegebenenfalls eine neue Entscheidung nach Art. 101 AEUV zu erlassen. Damit könne die Kommission auch veranlasst sein, den Inhalt der Akte, die sich auf die für nichtig erklärte Entscheidung beziehe, erneut zu verwenden oder diese Akte in Ausübung der ihr mit der VO Nr. 1/2003 übertragenen Befugnisse durch weitere Elemente zu ergänzen.[201]

92 **3. Einsicht in Bußgeldakten[202] des BKartA.**[203] *a) Rechtsgrundlage und Zuständigkeit.* Rechtsgrundlage für die Akteneinsicht ist der über § 46 Abs. 1 OWiG anwendbare § 406e StPO, der ein **Akteneinsichtsrecht des Verletzten** bei Bestehen eines berechtigten Interesses begründet. Die Einsicht ist nach § 406e Abs. 2 StPO insbesondere zu versagen, so-

[197] Zu den Bemühungen um eine Novellierung der VO Nr. 1049/2001 vgl. *Grabitz/Hilf/Nettesheim-Krajewski/Rösslein,* Das Recht der Europäischen Union, Art. 15 AEUV Rdnr. 87 f.

[198] ABl. 2001 L 145/43.

[199] EuGH U. v. 27.2.2014, Rs C-365/12 P, ECLI:EU:C:2014:112 – *Kommission/EnBW* = WuW/E EU-R 2939, s. dazu die Anm. von *Hempel,* EuZW 2014, 297.

[200] EuGH U. v. 27.2.2014, Rs C-365/12 P, ECLI:EU:C:2014:112 Rdnr. 100 f. – *Kommission/EnBW* = WuW/E EU-R 2939.

[201] EuGH U. v. 27.2.2014, Rs C-365/12 P, ECLI:EU:C:2014:112 Rdnr. 99 – *Kommission/EnBW* = WuW/E EU-R 2939; kritisch dazu: *Hempel,* EuZW 2014, 297, 298 f.

[202] Zum Kartellverwaltungsverfahren s. *Hempel,* ZWeR 2014, 203, 211, 213 f.

[203] Vgl. dazu auch OLG Düsseldorf WuW/E DE-R 3622 – *Kafferöster.*

weit überwiegende schutzwürdige Interessen des Beschuldigten oder anderer Personen entgegenstehen. Sie kann versagt werden, soweit der Untersuchungszweck, auch in einem anderen Strafverfahren oder Bußgeldverfahren, gefährdet erscheint.

Nach §§ 46 Abs. 1 OWiG, 406e Abs. 4 S. 1 StPO entscheidet über die Gewährung der 93 Akteneinsicht im vorbereitenden Verfahren und nach rechtskräftigem Abschluss des Verfahrens die Kartellbehörde (das BKartA), im Übrigen der Vorsitzende des mit der Sache befassten Gerichts.[204] Gegen die Entscheidung des BKartA kann gemäß § 406e Abs. 4 S. 2 StPO gerichtliche Entscheidung durch das nach § 162 StPO zuständige Gericht beantragt werden. Die Entscheidung des Gerichts ist unanfechtbar, solange die Ermittlungen noch nicht abgeschlossen sind (§ 406e Abs. 4 S. 4 StPO). Außerdem ist die Beschwerde gegen erstinstanzliche Entscheidungen des Oberlandesgerichts über das Akteneinsichtsrecht des Verletzten nach § 406e Abs. 4 StPO nicht statthaft.[205] Die Entscheidungen werden nicht mit Gründen versehen, soweit durch deren Offenlegung der Untersuchungszweck gefährdet werden könnte (§ 406e Abs. 4 S. 5 StPO).

b) Entscheidungen. aa) OLG Düsseldorf – Kaffeeröster.[206] Gegenstand des Verfahrens waren 94 Gesuche von Abnehmern kartellbefangener Produkte auf Einsicht in die **vollständigen Bußgeldakten einschließlich der Bonusanträge** bestimmter Nebenbetroffener. Das Gericht gab den Anträgen nur insoweit statt, als es Einsicht in die anonymisierten, um Geschäftsgeheimnisse bereinigten Bußgeldbescheide gewährte und den Antragstellern eine Auflistung der sichergestellten Asservate überließ. Dagegen verweigerte es die Einsichtnahme in die Bonusanträge und die ihnen beigefügten Anlagen. Zur Begründung wurde ausgeführt, Tatsachen, aus denen sich ein Kartellverstoß ergebe, seien aufgrund ihrer Missbilligung durch die Rechtsordnung zwar grundsätzlich nicht als schutzbedürftige Geschäfts- und Betriebsgeheimnisse anzusehen. Die Schutzbedürftigkeit der Bonusanträge ergebe sich jedoch aus einem Vertrauenstatbestand, den das BKartA durch Rdnr. 22 der Bonusregelung[207] gesetzt habe. Demzufolge dürften die Kronzeugen darauf vertrauen, dass das BKartA privaten Dritten Akteneinsicht in die Bonusanträge und die dazu übermittelten Unterlagen im Rahmen des gesetzlich eingeräumten Ermessens grundsätzlich nicht gewähren werde. Dahinter habe das Informationsinteresse der Kartellgeschädigten im konkreten Fall zurückzutreten. Das Gericht verwies in diesem Zusammenhang auf die gewährte Einsicht in die Bußgeldbescheide, die Tatbestandswirkung des § 33 Abs. 4 GWB und den Umstand, dass die Bonusanträge keine Angaben zum hypothetischen Wettbewerbspreis der kartellbefangenen Produkte enthielten, die zum Nachweis der Entstehung eines adäquat kausal durch den Kartellverstoß verursachten Schadens geeignet seien.[208]

bb) EuGH – Pfleiderer und Donau Chemie. Nachdem das AG Bonn in der Rechtssache 95 ***Pfleiderer*** zunächst angeordnet hatte, dass Kartellgeschädigten vollständige Einsicht in die Akten des BKartA einschließlich der Bonusanträge zu gewähren sei, setzte es das Verfahren nach erhobenen Anhörungsrügen aus und legte dem EuGH die Frage vor, ob die Bestimmungen des europäischen Kartellrechts einer Gewährung von Akteneinsicht in die Bonusanträge und die ihnen beigefügten Unterlagen entgegen stünden.[209] Der EuGH entschied, dass es die kartellrechtlichen Bestimmungen der Union nicht untersagen, Kartellschadensersatz fordernden Personen den Zugang zu den Dokumenten eines Kronzeugenverfahrens zu gewähren. Es sei jedoch Sache der mitgliedstaatlichen Gerichte, auf der Grundlage des

---

[204] Vgl. OLG Düsseldorf WuW/E DE-R 3662 – *Kaffeeröster,* unter II. 1.

[205] BGH WuW/E DE-R 4218 = NJW 2014, 1194 – *Kaffeeröster.*

[206] WuW/E DE-R 3662; s. auch BGH WuW/E DE-R 4218 = NJW 2014, 1194 – *Kaffeeröster.*

[207] Rdnr. 22 der *„Bekanntmachung Nr. 9/2006 über den Erlass und die Reduktion von Geldbußen in Kartellsachen – Bonusregelung – vom 7. März 2006"* lautet: *„Das Bundeskartellamt wird Anträge privater Dritter auf Akteneinsicht bzw. Auskunftserteilung im Rahmen des gesetzlich eingeräumten Ermessens grundsätzlich insoweit ablehnen, als es sich um den Antrag auf Erlass oder Reduktion der Geldbuße und die dazu übermittelten Beweismittel handelt."*

[208] Vgl. *Heinichen,* NZKart 2014, 83.

[209] AG Bonn, Beschluss v. 4.8.2009, 51 Gs 53/09 – zitiert nach juris.

nationalen Rechts und unter Abwägung der unionsrechtlich geschützten Interessen zu bestimmen, unter welchen Voraussetzungen ein solcher Aktenzugang zu gewähren oder zu versagen sei.[210]

96 Das AG Bonn lehnte sodann eine Akteneinsicht in die Bonusanträge ab, gewährte sie jedoch in alle Asservate des BKartA.[211] Die Einsichtnahme in die Bonusanträge verweigerte es mit der Begründung, sie gefährde die zukünftige Aufdeckung und Verfolgung von Wettbewerbsverstößen. Es dürfe angenommen werden, dass sich Kartellbeteiligte ohne den Schutz der Kronzeugenanträge künftig davon abhalten ließen, von der Bonusregelung Gebrauch zu machen. Das Interesse an einem effektiven Schutz der kartellrechtlichen Kronzeugenprogramme wiege schwer, da es derzeit keine genauso wirksamen Mittel zur Aufdeckung und Verfolgung von gut geplanten und geheim getroffenen Kartellabsprachen gebe. Im Gegensatz dazu werde das Interesse an einem Schadensausgleich bei Versagung der Akteneinsicht in die Bonusanträge nicht unangemessen beeinträchtigt. Das Gericht verwies insoweit auf die Bindungswirkung des § 33 Abs. 4 GWB.

97 In seiner Entscheidung in der Rechtssache ***Donau Chemie*** über ein Vorabentscheidungsersuchen des OLG Wien erklärte der EuGH[212] § 39 Abs. 2 öKartG[213] für unvereinbar mit dem Unionsrecht. Insbesondere der **Effektivitätsgrundsatz** stehe einer nationalen Bestimmung entgegen, die eine Einsichtnahme von Schadensersatzklägern in die Akten eines kartellbehördlichen Bußgeldverfahrens einschließlich der Bonusanträge unabhängig vom konkreten Einzelfall stets von der Zustimmung aller am Bußgeldverfahren Beteiligten abhängig mache, ohne dass die nationalen Gerichte die Möglichkeit hätten, die betroffenen Interessen im Einzelfall gegeneinander abzuwägen. Wenn es den Kartellgeschädigten nur durch Einsichtnahme in die kartellbehördlichen Akten möglich sei, über die zur Begründung ihres Schadensersatzanspruchs notwendigen Beweise zu verfügen, habe eine starre gesetzliche Regel der Zugangsverweigerung zur Folge, dass das anerkannte Recht des Geschädigten auf Schadensersatz unmöglich gemacht oder zumindest übermäßig erschwert werde. Es bedürfe deshalb stets einer **Einzelfallbeurteilung.** Sie habe einerseits das Interesse des Geschädigten an der Einsichtnahme in die Dokumente zum Zwecke der Vorbereitung einer Kartellschadensersatzklage zu prüfen, wobei insbesondere die dem Geschädigten sonst zur Verfügung stehenden Möglichkeiten relevant seien. Andererseits gelte es aber auch, negative Auswirkungen der Akteneinsicht auf die Wirksamkeit des kartellrechtlichen Kronzeugenprogramms zu berücksichtigen. In Anbetracht der Bedeutung nationaler Kartellschadensersatzklagen für die Aufrechterhaltung wirksamen Wettbewerbs in der Union genüge die bloße Berufung auf eine abstrakte Gefahr für die Wirksamkeit eines Kronzeugenprogramms nicht, um den Zugang zu den Kronzeugenanträgen zu verweigern. Es bedürfe vielmehr des individuellen Nachweises einer konkreten Gefahr, dass ein bestimmtes Schriftstück das öffentliche Interesse an der Wirksamkeit eines nationalen Kronzeugenprogramms beeinträchtigen könnte, um den Zugang zu diesem Schriftstück zu verweigern.[214] Von dieser Rechtsprechung weichen **Art. 6 Abs. 6 und 7 Abs. 1 RL 2014/104/EU** ab, die ein striktes Offenlegungsverbot für Kronzeugenerklärungen und Vergleichsausführungen normieren.[215]

98 **4. Zugang zu Informationen im Zivilprozess.** *a) Akteneinsicht. aa) Einsicht in die Prozessakten des Kartellzivilgerichts.* Nach § 299 Abs. 1 ZPO können die **Parteien** die Prozessakten einsehen. Das sind die Akten, die bei dem Prozessgericht für einen Rechtsstreit angelegt werden. Bestandteile der Prozessakten sind insbesondere die bei Gericht einge-

---

[210] EuGH U. v. 14.6.2011, Rs C-360/09, Slg. 2011, I-5161 – *Pfleiderer.*

[211] AG Bonn NJW 2012, 947.

[212] EuGH U. v. 6.6.2013, Rs C-536/11, ECLI:EU:C:2014:1317 – *Donau Chemie u. a.* = WuW/E EU-R 2746.

[213] Die Vorschrift lautet: *„In die Akten des Kartellgerichts können am Verfahren nicht als Partei beteiligte Personen nur mit Zustimmung der Parteien Einsicht nehmen."*

[214] Vgl. *Heinichen,* NZKart 2014, 83, 84.

[215] S. dazu Rdnr. 89.

reichten Schriftsätze und deren Anlagen (§ 133 Abs. 1 ZPO), die gerichtlichen Protokolle (§§ 159, 160 ZPO), die Urschriften der Beschlüsse und Urteile, ebenso die Urschriften der Verfügungen, die Urkunden über die Zustellungen und amtlichen Schriftstücke. Dagegen werden die z. B. auf Anordnung nach § 142 ZPO vorgelegten Beweisurkunden nicht Bestandteil der Prozessakten, weil sie nach Abschluss des Prozesses wieder zurückzugeben sind.

Das gilt auch für **beigezogenen Akten von Behörden und anderer Gerichte;** insoweit besteht **kein Recht auf Einsicht gegenüber dem Prozessgericht** nach § 299 ZPO.[216] Sofern der Inhalt solcher Akten jedoch bei der Entscheidungsfindung berücksichtigt werden soll, können die Parteien verlangen, dass ihnen diese Akten zur Kenntnisnahme vorgelegt werden. Dieses Informationsrecht folgt unmittelbar aus Art. 103 Abs. 1 GG. Das Recht zur Kenntnisnahme besteht allerdings nur dann, wenn und soweit die Behörde oder das andere Gericht dem nicht widerspricht.[217] Fehlt das Einverständnis der überlassenden Stelle, so ist dem entscheidenden Gericht die Verwertung des Inhalts beigezogener Akten nicht möglich. Da die Informationsrechte der Parteien beschnitten sind, würde eine Entscheidung auf der Grundlage der der Einsicht entzogenen Akten einen Verstoß gegen Art. 103 Abs. 1 GG darstellen. Das entscheidende Gericht kann sich nicht über das fehlende Einverständnis der überlassenden Stelle hinwegsetzen. Die Wahrung öffentlicher Interessen steht nur der Behörde oder dem anderen Gericht zu und unterliegt nicht der Nachprüfung durch das Prozessgericht. 99

Eine Vorenthaltung des Einsichtsrechts in die Prozessakten, etwa zur Wahrung von Geschäfts- oder Betriebsgeheimnissen, ist nach § 299 Abs. 1 ZPO nicht vorgesehen. Da es sich bei der Akteneinsicht um eine besondere Ausprägung des Grundsatzes des rechtlichen Gehörs handelt, wäre eine solche Verweigerung der Einsicht eine Verletzung von Art. 103 Abs. 1 GG.[218] 100

Privaten Dritten kann der Vorstand des Gerichts ohne Einwilligung der Parteien die Einsicht der Akten nur gestatten, wenn ein rechtliches Interesse glaubhaft gemacht wird. Die der Einsicht unterliegenden Akten sind darauf zu prüfen, ob durch die Kenntnisnahme Dritter schutzwürdige Interessen der Parteien verletzt werden können. In diesen Fällen ist bei der Ermessensentscheidung das Geheimhaltungsbedürfnis der Parteien mit dem Informationsbedürfnis des Dritten abzuwägen.[219] 101

bb) Akteneinsicht durch das Kartellzivilgericht. Gerichte erhalten gemäß § 474 Abs. 1 StPO Einsicht in die Akten eines Strafverfahrens, wenn es für die Zwecke der Rechtspflege erforderlich ist. Gemäß § 49b OWiG gilt dies auch für die Akteneinsicht in die Unterlagen eines Kartellordnungswidrigkeitenverfahrens.[220] Akteneinsicht ist auf Ersuchen allen Gerichten zu gewähren, auch den Zivilgerichten. 102

Einem entsprechenden Einsichtsgesuch des mit einem Kartellzivilprozess befassten LG Berlin hat das OLG Hamm[221] stattgegeben. Der dem zugrunde liegende Sachverhalt zeichnete sich u. a. dadurch aus, dass die Ermittlungsakte der Staatsanwaltschaft sowohl die Kopie eines an das BKartA gerichteten Bonusantrags als auch den Deutschland betreffenden Teil der vertraulichen Fassung der Bußgeldentscheidung der Kommission enthielt, die beide **Bestandteil der staatsanwaltlichen Ermittlungsakte** geworden waren.[222] Das 103

[216] BGH NJW 1952, 305, 306; Münchener Kommentar zur ZPO-*Prütting,* Bd. 1, § 299 Rdnr. 6.

[217] Münchener Kommentar zur ZPO-*Prütting,* § 299 Rdnr. 6 m. w. Nw.

[218] Münchener Kommentar zur ZPO-*Prütting,* § 299 Rdnr. 7.

[219] Münchener Kommentar zur ZPO-*Prütting,* § 299 Rdnr. 25.

[220] S. Rdnr. 92 ff.

[221] OLG Hamm WuW/E DE-R 4101 = NZKart 2014, 107; vgl. dazu *Heinichen,* NZKart. 2014, 83, 85.

[222] Wäre es um Akteneinsicht in die zur Ermittlungsakte beigezogenen Akten des BKartA gegangen, hätte die Staatsanwaltschaft sich über den entgegen stehenden Willen des BKartA nicht hinwegsetzen dürfen. Denn aus **beigezogenen Akten,** die nicht Aktenbestandteil sind, dürfen nach **§ 478 Abs. 2 StPO** Auskünfte nur erteilt werden, wenn der Antragsteller die Zustimmung der Stelle nachweist, um deren Akten es sich handelt; Gleiches gilt für die Akteneinsicht (s. auch OLG Hamm

OLG Hamm hat in seiner Entscheidung nicht beanstandet, dass die Staatsanwaltschaft beabsichtigte, dem LG Berlin trotz des Widerspruchs des BKartA mit dem Hinweis Akteneinsicht zu gewähren, es werde davon ausgegangen, dass das Landgericht vor einer eventuellen Weitergabe von Teilen der Akte in eine *selbstständige Prüfung* eintreten und die *erforderliche Interessenabwägung* vornehmen werde. Die gegen die Entscheidung des OLG Hamm eingelegte Verfassungsbeschwerde wurde vom Bundesverfassungsgericht nicht zur Entscheidung angenommen.[223]

104 *b) Anordnung der Urkundenvorlegung nach § 142 ZPO.* Gerichtliche Entscheidungen, die die Anwendung des § 142 ZPO in Kartellzivilprozessen zum Gegenstand haben, sind bisher nicht bekannt geworden. Allerdings werden Anträge nach § 142 ZPO in derartigen Verfahren regelmäßig gestellt.

105 Richterliche Maßnahmen nach § 142 ZPO können den Zweck verfolgen, **undeutliches oder lückenhaftes Tatsachenvorbringen** der Parteien zu klären. Die Anordnung der Urkundenvorlage nach § 142 ZPO kann auch der **Bereitstellung von Beweismitteln** dienen.[224] Grundvoraussetzung für eine solche Anordnung ist schlüssiger Vortrag der beweisbelasteten Partei zur Prozessrelevanz der Urkunde.[225] Das Gericht kann zwar ohne Rücksicht auf die Beweislast anordnen, dass eine Partei oder ein Dritter Urkunden oder sonstige Unterlagen vorzulegen hat, die sich in ihrem oder seinem Besitz befinden und auf die eine Partei Bezug genommen hat. Die Parteien werden durch § 142 ZPO aber nicht von ihrer Darlegungs- und Beweislast befreit.[226] Die Vorschrift gibt dem Gericht deshalb nicht die Befugnis, unabhängig von schlüssigem Parteivortrag zum Zwecke der Informationsgewinnung Urkunden anzufordern. Das wäre eine **prozessordnungswidrige Ausforschung.**[227] Anträge, die Vorlage von Urkunden nach § 142 ZPO anzuordnen, scheitern häufig auch daran, dass die Urkunden nicht hinreichend genau bezeichnet werden können. Die bloße Behauptung der Existenz nicht näher konkretisierter Unterlagen reicht nicht aus, um eine Anordnung nach § 142 ZPO zu rechtfertigen.[228]

106 Die Anordnung nach § 142 ZPO steht im **pflichtgemäßen Ermessen** des Gerichts und ist der Nachprüfung durch die Revisionsinstanz entzogen, soweit das Gericht sein Ermessen nicht verkennt.[229] Bei der Ermessensausübung sind neben dem **Erkenntniswert und dem Grundsatz der Verhältnismäßigkeit** auch berechtigte **Belange des Geheimnis- und Persönlichkeitsschutzes** zu berücksichtigen.[230] Anordnungen nach § 142 ZPO werden in der mündlichen Verhandlung durch Gerichtsbeschluss, außerhalb der Verhandlung als vorbereitende Maßnahmen durch Verfügung gem. § 273 Abs. 2 Nr. 5 ZPO getroffen. Inhaltlich sind sie nicht nur prozessleitender Natur. Sie führen zur Ergänzung des Tatsachenstoffs bzw. der Beweise. Beschwerende Entscheidungen des Gerichts bedürfen der Begründung. Das folgt aus dem Rechtsstaatsprinzip (Art. 20 Abs. 2, 3 GG) und dem Anspruch der Parteien auf rechtliches Gehör (Art. 103 Abs. 1 GG).[231]

107 Die Ablehnung einer Maßnahme nach § 142 ZPO ist spätestens im Urteil zu begründen, soweit sie entscheidungserheblichen Tatsachenstoff betrifft. Die Entscheidung durch einen gesonderten Beschluss ist zwar möglich, aber nicht isoliert anfechtbar.[232]

WuW/E DE-R 4101 = NZKart 2014, 107, 111 f.); vgl. Rdnr. 99 zur vergleichbaren Rechtslage im Zivilprozess.

[223] BVerfG B. v. 6.3.2014, 1 BvR 3543/13 = NZKart 2014, 191.

[224] BGH NJW 2007, 155 f.; NJW 2000, 3488, 3490; *Musielak/Voit-Voit,* ZPO, § 142 Rdnr. 1; *Zöller-Greger,* ZPO, § 142 Rdnr. 1.

[225] *Zöller-Greger,* ZPO, § 142 Rdnr. 7.

[226] Münchener Kommentar zur ZPO-*Wagner,* § 142 Rdnr. 1.

[227] *Zöller-Greger,* § 142 Rdnr. 1 a. E.

[228] BGH NJW-RR 2007, 1393, Rdnr. 10.

[229] BGH NJW-RR 2007, 1393; Münchener Kommentar zur ZPO-*Wagner,* § 142 Rdnr. 3.

[230] BGH NJW 2007, 2989, 2992; *Zöller-Greger,* ZPO, § 142 Rdnr. 8 m. w. Nw.

[231] Münchener Kommentar zur ZPO-*Wagner,* § 142 Rdnr. 6.

[232] OLG Karlsruhe OLGR Karlsruhe 2005, 484; OLG Frankfurt OLGR Frankfurt 2005, 594; Münchener Kommentar zur ZPO-*Wagner,* § 142 Rdnr. 7; anders *Stein/Jonas/Leipold* § 142 Rdnr. 43.

Bei einer von Amts wegen getroffenen Anordnung nach § 142 Abs. 1 ZPO sind beide Parteien zur Vorlage verpflichtet. Kommt das Gericht mit der Vorlageanordnung dem **Beweisantrag** einer Partei nach (§§ 424, 425 ZPO), ist der **Gegner** dagegen nur unter den Voraussetzungen der §§ 422, 423 ZPO zur Vorlage verpflichtet.[233] **108**

Die prozessuale Vorlagepflicht des § 142 Abs. 2 ZPO erweitert und vereinfacht die sich aus §§ 422, 429 ZPO ergebenden Verpflichtungen, die eine materiell-rechtliche Herausgabe- oder Vorlagepflicht voraussetzen. Eine prozessuale Vorlagepflicht Dritter besteht nicht, wenn ihre Erfüllung unzumutbar ist oder dem Dritten ein Zeugnisverweigerungsrecht zusteht (§ 142 Abs. 2 ZPO).[234] Die Vorlegung ist gegen die Parteien nicht erzwingbar. Die Weigerung, der Anordnung Folge zu leisten, wird sich regelmäßig – insbesondere im Rahmen der Beweiswürdigung nach § 286 ZPO – zum Nachteil der sich weigernden Partei auswirken.[235] **109**

Gegen Dritte ist die Vorlage, wenn sie zu ihr verpflichtet sind, was ggf. in einem Zwischenstreit festzustellen ist (§§ 387–389 ZPO), mit Ordnungsmitteln (Ordnungsgeld oder Ordnungshaft, § 390) erzwingbar (§ 142 Abs. 2 S. 2 i. V. mit §§ 386 bis 390 ZPO). **110**

V. Schutz von Geschäftsgeheimnissen

Bei Offenlegung von vertraulichen Informationen und deren Verwertung im Zivilprozess stellt sich die Frage nach dem Schutz der berechtigten Geheimhaltungsinteressen der Betroffenen. Daran knüpfen die Regelungen in Art. 5 und 6 RL 2014/104/EU an. **111**

Es liegt auf der Hand, dass die Möglichkeit des Schutzes im Verfahren offengelegter Informationen in Wechselwirkung zu dem in Art. 5 Abs. 3 und Art. 6 Abs. 4 RL 2014/104/EU normierten Verhältnismäßigkeitsgrundsatz steht. Die Anordnung der Offenlegung geheimer Informationen wird umso eher verhältnismäßig sein, je zuverlässiger die offengelegten Daten geschützt werden können (vgl. Art 5 Abs. 3c) RL 2014/104/EU), **112**

Im deutschen Zivilprozessrecht gibt es keine ausreichenden verfahrensrechtlichen Regelungen, die den Schutz offen gelegter Geschäftsgeheimnisse gewährleisten und den Gerichten eine verfahrensrechtlich sichere Handhabung ermöglichen.[236] Insbesondere die Möglichkeit, unter Ausschluss der Öffentlichkeit zu verhandeln (§ 172 Nr. 2 GVG) oder die Verhängung eines durch § 353d StGB strafbewehrten besonderen Verschwiegenheitsgebots (§ 174 Abs. 3 GVG), stellen keine ausreichend wirksamen Instrumente zum Schutz von Geschäftsgeheimnissen dar, deren Berücksichtigung im Kartellzivilprozess nach der Richtlinie ermöglicht werden soll. **113**

In einem Urteil aus dem Jahr 2005 hat der BGH das Berufungsgericht darauf hingewiesen, es hätte im Rahmen einer Beweisaufnahme „*... den Bekl. aufgeben können, einem zu bestimmenden Sachverständigen die Kalkulationsgrundlagen vorzulegen (§ 144 Absatz I 2 ZPO). Den berechtigten Geheimhaltungsinteressen der Bekl. hätte dabei in der Weise Rechnung getragen werden können, dass der Sachverständige sich auf die Beantwortung der Frage beschränkt, ob eine Quersubventionierung der Laborgemeinschaft durch die Bekl. ... stattgefunden hat.*“[237] Diese Entscheidung war ersichtlich von dem Bemühen getragen, dem Kläger die Durchsetzung seines Anspruchs um den Preis der Einschränkung seines eigenen prozessualen Anspruchs auf rechtliches Gehör zu ermöglichen. In einer früheren Entscheidung[238] vertrat der BGH die Auffassung, dass ein gerichtliches Sachverständigengutachten als Beweismittel unverwertbar sei, wenn es auf Geschäftsunterlagen beruhe, die eine der Parteien nur dem Sachverständi- **114**

---

233 *Musielak/Voit-Voit,* ZPO, § 142 Rdnr. 7, Münchener Kommentar zur ZPO-*Wagner,* Bd. 1, § 142 Rdnr. 10 m. w. Nw.

234 *Greger* in Zöller-Greger, ZPO, § 142 Rdnr. 12 m. w. Nw.

235 Münchener Kommentar zur ZPO-*Wagner,* § 142 Rdnr. 13.

236 *A. Stadler,* ZZP Heft 123 (2010), 261, *dies.* NJW 1989, 1202; vgl. auch *Sawang,* Geheimhaltung und rechtliches Gehör im Schiedsverfahren nach deutschem Recht, S. 26 ff.

237 BGH NJW 2005, 3718, 3720.

238 BGH GRUR 1992, 191 – *Amtsanzeiger.*

gen aber weder dem Gericht noch der Gegenpartei, zur Verfügung gestellt habe und die im Verfahren nicht offengelegt worden seien.

115 Allerdings stößt die in der BGH-Entscheidung aus dem Jahr 2005 für möglich gehaltene Verfahrensweise dort an ihre Grenzen, wo auf Beklagtenseite mehrere als Gesamtschuldner haftende Kartellbeteiligte gemeinsam in Anspruch genommen werden, die aktuell weiterhin zueinander im Wettbewerb stehen. In solchen Fällen ist bereits die Offenlegung von Unternehmensinterna durch alle oder einzelne Beklagte als solche geeignet, das Geheimhaltungsinteresse der Betroffenen zu beeinträchtigen. Soweit die offen zu legenden Informationen Auswirkungen auf den Umfang der gesamtschuldnerischen Haftung der Kartellbeteiligten haben können, ist den Streitgenossen hierzu rechtliches Gehör zu gewähren. Denn Art. 103 Abs. 1 GG garantiert den Beteiligten eines gerichtlichen Verfahrens, das Recht, sich zu dem einer gerichtlichen Entscheidung zugrunde liegenden Sachverhalt vor Erlass der Entscheidung zu äußern, und verpflichtet das Gericht, das Vorbringen der Parteien zur Kenntnis zu nehmen und im Rahmen seiner Entscheidungsfindung zu erwägen.[239]

G. Belieferungsansprüche

I. Überblick

116 Die gerichtliche Durchsetzung von Belieferungsansprüchen kann die **Aufnahme** einer Lieferbeziehung aber auch die **Fortsetzung** der Belieferung nach deren Einstellung (Lieferstopp) im Rahmen laufender Geschäftsbeziehung zum Gegenstand haben. Besondere Schwierigkeiten bereiten dabei die Verfahren, die auf **dauerhafte Belieferung und damit auf in der Zukunft liegende, regelmäßig zu erbringende Leistungen** gerichtet sind.[240] Besondere verfahrensrechtliche Hürden sind auch bei der Durchsetzung besonders **eilbedürftiger** Belieferungsansprüche in Verfahren des vorläufigen Rechtsschutzes zu überwinden.[241]

117 Die **dogmatische Einordnung** von Belieferungsansprüchen wird unterschiedlich beurteilt.[242] Ob der Anspruch materiell-rechtlich als auf Naturalrestitution gerichteter Schadensersatzanspruch oder als Unterlassungs- oder Beseitigungsanspruch qualifiziert wird, ist für die prozessuale Durchsetzung von untergeordneter Bedeutung, wenn der Schuldner, den kartellrechtswidrigen Störungszustand nur durch die Belieferung beseitigen kann.[243] Zwar setzt die Begründetheit von Schadensersatzansprüchen ein Verschulden voraus, dessen Feststellung in der Praxis aber kaum Schwierigkeiten bereitet. Die dogmatische Einordnung des Anspruchs sagt zudem nicht zwingend etwas über den für die Fassung des Klage- oder Verfügungsantrags bedeutsamen Anspruchsinhalt aus.[244] Der BGH hat z. B. im Fall einer fortdauernden unzureichenden Vergütung für eingespeisten Strom aus Anlagen zur Erzeugung erneuerbarer Energien einen Anspruch auf Zahlung angemessener Vergütung aus dem Beseitigungsanspruch hergeleitet.[245]

118 Während bei Abbruch oder Beeinträchtigung von Lieferbeziehungen ein **direkter Belieferungsanspruch** gegeben sein kann, kann sich der Anspruch auf Aufnahme der Belie-

[239] BVerfGE 86, 133, 144 = ZIP 1992, 1020; BVerfG NJW-RR 2004, 1710, 1712.

[240] Klagen mit derartigem Inhalt sieht die ZPO in § 259 ausdrücklich vor.

[241] Eingehend zu der Thematik: *Weber,* GRUR 1988, 152; *Schockenhoff,* NJW 1990, 152; *Kessel/Koch,* BB 2009, 1032; *Klein/Burianski,* NJW 2010, 2248.

[242] Vgl. dazu *Fritzsche,* WRP 2006, 42 und *Langen/Bunte-Bornkamm,* Deutsches Kartellrecht, § 33 Rdnr. 114; *Immenga/Mestmäcker-Emmerich,* GWB, § 33 Rdnr. 45.

[243] S. Rdnr. 49 ff.

[244] S. Rdnr. 48.

[245] BGH WuW/E BGH 2805, 2811 – *Stromeinspeisung;* BGH WuW/E BGH 3074, 3076 – *Kraft-Wärme-Kopplung.*

ferung als Folge eines **Kontrahierungszwangs ergeben.**[246] Dieser Kontrahierungszwang kann im Falle des § 19 Abs. 2 Nr. 4 GWB auch auf Abschluss eines Zugangsvertrages gerichtet sein.[247]

II. Klageverfahren

1. Leistungsklage. Die Klage auf Belieferung dient der Durchsetzung eines materiellrechtlichen Anspruchs, dessen Inhalt die Begründetheit der Klage bestimmt und der deshalb für die Formulierung des Klageantrags maßgebend ist. Da eine Belieferung in der Regel nur gegen Bezahlung verlangt werden kann, kann die Begründetheit der Klage voraussetzen, dass die „Zug-um-Zug" zu erbringende Gegenleistung in den Klageantrag aufgenommen wird. Diese Notwendigkeit folgt also aus dem materiellen Recht.[248] 119

Die **prozessuale Bestimmtheit** des Antrags im Sinne des § 253 Abs. 2 Nr. 2 ZPO erfordert, dass aus einem seiner Formulierung entsprechenden Titel vollstreckt werden kann, ohne den Streit um die im Erkenntnisverfahren zu klärende Reichweite der korrespondierenden Rechte und Pflichten von Gläubiger und Schuldner in das Vollstreckungsverfahren zu verlagern.[249] 120

Klagen auf zukünftige und dauerhafte Belieferung mit vertretbaren Sachen scheitern häufig daran, dass ein diesen Anforderungen genügender Antrag nicht formuliert werden kann, weil zum Zeitpunkt der Antragstellung Mengen und genaue Bezeichnungen der Gegenstände nicht bekannt sind, auf deren Lieferung der Anspruchsteller in Zukunft angewiesen sein wird.

Nach der Rechtsprechung des BGH[250] entspricht ein Antrag, der darauf gerichtet ist, *„… die Beklagte zu verurteilen, auf Bestellungen der Klägerin diese mit den Sportschuhen aus der Fertigung der Beklagten in handelsüblichen Mengen zu den Preisen und Konditionen zu beliefern, die die Beklagte bei gleichen Mengenabnahmen üblicherweise anwendet.“* nicht den Anforderungen des § 253 Absatz 2 Nr. 2 ZPO. Nach dieser Vorschrift müsse – so der BGH – die Annahme eines konkreten Kaufangebots verlangt werden, in dem die zu liefernde Ware **nach Zahl und Gegenstand** genau zu bezeichnen sei.[251] Dahinter steht die Besorgnis, dass anderenfalls die Zwangsvollstreckung nicht ohne weitere Aufklärung möglich wäre.[252] Wenn der Kläger Bezeichnung und Menge der gewünschten Waren nicht genau angeben kann, bleibt ihm danach lediglich die Möglichkeit der Feststellungsklage.[253] 121

Auch die Bezeichnung der Gegenleistung hat so bestimmt zu erfolgen, dass ein Streit der Parteien über ihre Angemessenheit nicht in das Vollstreckungsverfahren verlagert werden kann.[254] Das wäre auch der Fall, wenn der Kläger dem Beklagten ein Leistungsbestimmungsrecht nach § 315 BGB einräumen würde. Denn auch dann ergäbe sich die billige Gegenleistung nicht aus dem Vollstreckungstitel selbst.[255] Im Falle einer Klage auf **Gewährung eines Netzzugangs** hat das OLG Düsseldorf[256] einen Antrag als hinreichend bestimmt und zulässig angesehen, in den ein bezifferter Höchstbetrag als Zug um Zug zu 122

---

[246] OLG Karlsruhe WuW/E OLG 2217, 2223 – *Allkauf-Saba; Immenga/Mestmäcker-Markert,* GWB § 19 Rdnr. 226 ff.

[247] LG Magdeburg WuW/E DE-R 542, 544 – *Euro Power; Immenga/Mestmäcker-Möschel,* GWB § 19 Rdnr. 346; s. dazu auch: *Wiedemann* in § 23 Rdnr. 242.

[248] OLG Düsseldorf WuW/E DE-R 847 Rdnr. 26 – *Linzer Gaslieferant,* zitiert nach juris.

[249] S. Rdnr. 52; BGH NJW 1999, 954; *Zöller-Greger,* ZPO, § 253 Rdnr. 13 – auch zu den übrigen Funktionen des Bestimmtheitsgrundsatzes.

[250] BGH GRUR 1981, 917 – *Sportschuhe;* WuW/E BGH 2125 = NJW 1985, 2135 – *Technics.*

[251] Vgl. auch KG WuW/E OLG 5875 – *U-Bahn-Buchhandlungen.*

[252] So *Schockenhoff,* NJW 1999, 152, 153; S. auch Rdnr. 52, 119.

[253] Vgl. OLG Karlsruhe NJW-RR 2008, 553; s. ferner unter Rdnr. 123.

[254] BGH NJW 1994, 586, 587; OLG Düsseldorf WuW/E DE-R 847 – *Linzer Gaslieferant; Zöller-Vollkommer,* ZPO, § 938 Rdnr. 4 unter dd).

[255] OLG Düsseldorf WuW/E DE-R 847 Rdnr. 20 – *Linzer Gaslieferant,* zitiert nach juris.

[256] OLG Düsseldorf WuW/E DE-R 847 – *Linzer Gaslieferant.*

erbringende Gegenleistung in den Antrag aufgenommen und der bezifferte Höchstpreis unter den Vorbehalt der teilweisen Rückforderung gestellt wurde.

123 Ein auf entgeltliche Belieferung oder sonstige Leistungserbringung gegen Entgelt gerichteter Antrag genügt grundsätzlich den Anforderungen des § 253 Absatz 2 Nr. 2 ZPO, wenn in ihm die **Hauptleistungspflichten** der Parteien hinreichend bestimmt beschrieben sind, so dass eine Vollstreckung aus dem Titel ohne Fortsetzung des Streits über diese Pflichten im Vollstreckungsverfahren möglich ist. Die **Bestimmtheit** des Antrags setzt nicht voraus, dass er mit der Formulierung eines annahmefähigen vollständigen Vertragsangebots auf den Abschluss eines Verpflichtungsvertrages mit allen Einzelbestimmungen gerichtet ist. In den Entscheidungen „*Sportschuhe*" und „*Technics*"[257] hat der BGH nicht entschieden, dass ein Klageantrag auf direkte Lieferung konkret bezeichneter Gegenstände bei ebenfalls konkret bezeichneten Voraussetzungen für die Lieferung – ohne dementsprechenden vorhergehenden Vertragsabschluss – mangels hinreichender Bestimmtheit **unzulässig** sei. Ob die vom Kläger für seinen Belieferungsantrag herangezogene materiellrechtliche Norm zunächst nur einen darauf gerichteten Vertragsschluss oder sogleich (auch) den Anspruch auf die Belieferung selbst rechtfertigt, ist keine Frage der Bestimmtheit des Antrags, sondern eine Frage seiner materiell-rechtlich zu beurteilenden **Begründetheit.**[258]

124 **2. Feststellungsklage.** Wenn es nicht möglich ist, den Anspruch in einen dem Bestimmtheitserfordernis des § 253 Abs. 2 Nr. 2 ZPO genügenden Klageantrag zu fassen, ist die Feststellungsklage trotz im Prinzip bestehender Leistungsklagemöglichkeit zulässig.[259] Als zulässig wird auch eine Klage auf Feststellung angesehen, dass ein Nachfrager einen Lieferanten zum Geschäftsverkehr zulassen muss.[260] Grundsätzlich zulässig ist auch eine **negative Feststellungsklage** eines Lieferanten,[261] dass eine Lieferverpflichtung gegenüber einem bestimmten Abnehmer nicht besteht, wenn sich der Abnehmer eines entsprechenden Anspruchs berühmt.

125 Ein Feststellungsurteil ist zur **Durchsetzung** eines Belieferungsanspruchs nicht geeignet, weil aus ihm nicht vollstreckt werden kann. Es kann nicht davon ausgegangen werden, dass die Belieferung ohne den Druck der Zwangsvollstreckung erfolgt. Auch wenn daher ein Feststellungsurteil für die Durchsetzung eines Anspruchs auf Belieferung nur geringe Bedeutung hat, kann es die Durchsetzung eines Schadensersatzanspruchs erleichtern. Die rechtskräftige Feststellung einer Zuwiderhandlung hat dem Grunde nach Feststellungswirkung für einen nachfolgenden Schadensersatzanspruch (§ 322 ZPO) und bei Folgeverfahren (vor allem des vorläufigen Rechtsschutzes), in denen die konkrete Bezeichnung der zu liefernden Ware möglich ist. Für das Folgeverfahren steht dann die festgestellte Verpflichtung zur Belieferung als gegeben fest.[262]

126 **3. Unterlassungsklage als effektivere Rechtsschutzmöglichkeit?** In der Literatur wird vorgeschlagen, einen auf Unterlassung der Nichtbelieferung gerichteten Antrag als zulässig anzuerkennen, um dem Belieferungsgläubiger die Möglichkeit effektiveren Rechtsschutzes zu eröffnen. Aus dem entsprechend titulierten Verbot soll die Zwangsvollstreckung nach § 890 ZPO betrieben und die Belieferung durch Verurteilung des Schuldners zu Ordnungsgeld oder Ordnungshaft erzwungen werden.[263] Diese Auffassung ist abzuleh-

---

[257] S. Rdnr. 121.

[258] OLG Düsseldorf WuW/E DE-R 847 – *Linzer Gaslieferant.*

[259] BGH WuW/E BGH 2125 – *Technics;* OLG Karlsruhe WuW/E OLG 2217, 2222 – *Allkauf – Saba*; OLG Düsseldorf WuW/E OLG 2167, 2171 – *Nordmende;* OLG Düsseldorf WuW/E OLG 2274, 2276 – *Fernmeldetürme;* OLG Hamburg WuW/E DE-R 213 – *Dentalmesse* (Hauptsacheverfahren).

[260] OLG Düsseldorf WuW/E OLG 2274, 2276 – *Fernmeldetürme.*

[261] BGH WuW/E BGH 1391, 1395 – *Rossignol.*

[262] *Immenga/Mestmäcker-Markert,* § 19 Rdnr. 227 ff., 231; *Schockenhoff,* NJW 1990, 156 f.; *Berneke/Schüttpelz,* Die einstweilige Verfügung in Wettbewerbssachen, Rdnr. 77.

[263] Vgl. dazu insbesondere *Schockenhoff,* NJW 1990, 152, 154; *Koch/Burianski,* NJW 2010, 2248 f. m. w. Nw.; vgl. dazu auch Münchener Kommentar zur ZPO-*Gruber,* § 890 Rdnr. 8 und § 887 Rdnr. 16.

nen, weil sie außer Acht lässt, dass aus einem Titel, dessen Tenor wie ein Unterlassungsgebot formuliert ist, nicht schon wegen seines Wortlauts nach § 890 ZPO zu vollstrecken ist. Für die Bestimmung, ob aus einem Vollstreckungstitel eine Handlung oder ein Unterlassen geschuldet ist, kommt es nicht auf die Formulierung des Entscheidungstenors, sondern darauf an, ob bei verständiger Auslegung des Titels ein Gebot zum Unterlassen oder zum Handeln ausgesprochen ist.[264] Da der Gläubiger mit dem Belieferungsanspruch in der Sache die Durchsetzung einer Handlungspflicht des Schuldners anstrebt, kommt die Vollstreckung nach § 890 ZPO aus einem solchen Titel nicht in Betracht. Fehlt es dem erstrittenen *„Unterlassungstitel"* an der für die Vollstreckung nach § 883 ZPO oder §§ 887, 888 ZPO erforderlichen Bestimmtheit, so ist die Zwangsvollstreckung aus ihm unzulässig.

III. Belieferungsansprüche im Wege der einstweiligen Verfügung

1. Allgemeines. Die Verfahren des vorläufigen Rechtsschutzes dienen der Gewährung **effektiven Rechtsschutzes.** Sie sind als **Eilverfahren** ausgestaltet, um die Sicherung – im Ausnahmefall aber auch die Erfüllung – von Ansprüchen durch eine schneller als in einem ordentlichen Klageverfahren ergehende gerichtliche Entscheidung zu erreichen. Während der Arrest (§ 916 ZPO) der Sicherung der Zwangsvollstreckung wegen Geldforderungen *(„Arrestansprüchen")* dient, können durch einstweilige Verfügungen (§ 935 ZPO) andere Ansprüche *(„Verfügungsansprüche")* gesichert werden.[265] Daneben ist nach § 940 ZPO die einstweilige Regelung streitiger Rechtsverhältnisse möglich. 127

Bestimmte Ansprüche lassen sich durch bloße Sicherungsmaßnahmen nicht wirksam schützen. Der Gläubiger ist auf den Erlass einer zur Befriedigung seines Anspruchs führenden Anordnung angewiesen, wenn die Durchsetzung seines Rechts andernfalls vereitelt würde oder wenn ihm bei Unterbleiben der Anordnung unverhältnismäßige Schäden drohen. Deswegen lässt die Praxis ausnahmsweise sogenannte ***„Leistungs- oder Befriedigungsverfügungen"***[266] zu, deren Vollzug zu einer Befriedigung des Antragstellers führt.[267] Dass über die dogmatische Begründung der Leistungsverfügung und ihre Abgrenzung zur Regelungsverfügung des § 940 ZPO Uneinigkeit besteht, hat für die praktische Rechtsanwendung keine Bedeutung.[268] 128

Um eine schnelle Entscheidung der Gerichte zu ermöglichen, ist das Verfügungsverfahren als **summarisches Verfahren** ausgestaltet: An die Feststellung der entscheidungserheblichen Tatsachen werden geringere Anforderungen gestellt als in einem ordentlichen Klageverfahren, und auch die Verteidigungsmöglichkeiten des Antragsgegners sind beschränkt.[269] Das Verfahren bietet deshalb eine geringere Gewähr für die Richtigkeit der getroffenen Entscheidung und bedarf deshalb der **Rechtfertigung** in Form eines besonderen Rechtsschutzbedürfnisses, des Verfügungsgrundes.[270] Ob der **Verfügungsgrund** Voraussetzung der Zulässigkeit oder der Begründetheit des Verfügungsantrags ist, ist umstritten.[271] Daraus, dass er 129

---

264 OLG Saarbrücken NJW-RR 2001, 163, mit zust. Anm. *Karsten Schmidt; Musielak/Voit-Lackmann,* Kommentar zur ZPO, § 890 Rdnr. 1 f.; *Schuschke/Walker-Sturhahn,* Vollstreckung und Vorläufiger Rechtsschutz, § 890 Rdnr. 4 (Fn. 25), 2.; *Berneke/Schüttpelz,* Die einstweilige Verfügung in Wettbewerbssachen, Rdnr. 59, 76.

265 Zum Streitgegenstand einstweiliger Verfügungsverfahren s. *Berneke/Schüttpelz,* Die einstweilige Verfügung in Wettbewerbssachen, Rdnr. 213; *Schuschke/Walker-Walker,* Vollstreckung und Vorläufiger Rechtsschutz, Vor § 916–945 Rdnr. 33 ff., 38 ff.

266 *Schuschke/Walker-Schuschke,* Vollstreckung und Vorläufiger Rechtsschutz, Vor § 935 Rdnr. 29 ff.

267 *Berneke/Schüttpelz,* Die einstweilige Verfügung in Wettbewerbssachen, Rdnr. 58 ff., 112.

268 Eingehend: *Brox/Walker,* Zwangsvollstreckungsrecht Rdnr. 1606 ff.

269 Eingehend: *Schuschke/Walker-Walker,* Vollstreckung und Vorläufiger Rechtsschutz, Vor § 916–945 Rdnr. 33 ff., 38 ff.

270 *Schuschke/Walker-Walker,* Vollstreckung und Vorläufiger Rechtsschutz, Vor § 916–945 Rdnr. 28 f., 32.

271 *Schuschke/Walker-Schuschke,* Vollstreckung und Vorläufiger Rechtsschutz, Vor § 916–945, Rdnr. 29 und § 917 Rdnr. 1,

vielfach als Sonderform des Rechtsschutzinteresses angesehen wird,[272] wird von einem Teil der Rechtsprechung und Literatur gefolgert, dass es sich um eine Zulässigkeitsvoraussetzung handele.[273] Diese Schlussfolgerung erscheint indes nicht zwingend, weil sich die Gefährdung der Durchsetzung des Verfügungsanspruchs auf die Verwirklichung des materiellen Arrestanspruchs bezieht. Erst wenn dieser für die Begründetheit des Gesuchs geprüft ist, lässt sich feststellen, ob seine Verwirklichung gefährdet ist. Die besseren Gründe sprechen deshalb dafür, den Verfügungsgrund als Voraussetzung der Begründetheit des Verfügungsantrags zu behandeln.[274] Da die Prüfung des Verfügungsgrundes allerdings nach allgemeiner Meinung offen bleiben kann, wenn sich der Antrag aus anderen Gründen als erfolglos erweist,[275] hat der Meinungsstreit in der Praxis nur geringe Bedeutung.

130 Ein **Verfügungsgrund** ist grundsätzlich anzunehmen, wenn die besondere Eilbedürftigkeit der Entscheidung nach den Umständen des Einzelfalls unter Anlegung eines objektiven Maßstabs zu bejahen ist.[276] Er ist für jeden Streitgegenstand und im Verhältnis zu jedem Antragsgegner gesondert festzustellen.[277]

131 In den nicht spezialgesetzlich geregelten[278] Fällen der **Leistungsverfügung** sind an den **Verfügungsgrund** und seine **Glaubhaftmachung strenge Anforderungen** zu stellen. Denn durch die Leistungsverfügung werden häufig vollendete Tatsachen geschaffen und beim Antragsgegner nicht mehr rückgängig zu machende Folgen herbeigeführt, die beim Antragsteller gerade verhindert werden sollen. Leistungsverfügungen dürfen deswegen und wegen der geringeren Richtigkeitsgewähr der im Verfügungsverfahren getroffenen Entscheidung nur ergehen, wenn die begehrte Leistungsanordnung **unumgänglich** ist, um die Entstehung eines **unverhältnismäßigen Vermögensschadens** auf Seiten des Antragstellers abzuwenden[279] oder eine **Vereitelung seines Verfügungsanspruchs** zu verhindern und wenn die im Einzelfall vorzunehmende **Interessenabwägung** zu seinen Gunsten ausgefallen ist.[280]

132 **2. Leistungsverfügungen auf Belieferung.** Um diskriminierendem oder missbräuchlichem Verhalten im Sinne der §§ 19, 20 GWB wirksam zu begegnen und gravierende Nachteile für sein Unternehmen abzuwenden, kann ein Antragsteller darauf angewiesen sein, dass dem Antragsgegner die Vornahme von Handlungen mit Erfüllungswirkung geboten wird. Der Erlass von Leistungsverfügungen kommt auch in Fällen in Betracht, in denen der Antragsteller auf die Belieferung mit **lebensnotwendigen Gütern** wie Wasser, Gas und Strom angewiesen ist.[281]

133 Für die Anforderungen, die an den **Verfügungsgrund** in den Fällen der Leistungsverfügung auf Belieferung zu stellen sind, gelten die zuvor dargestellten Grundsätze. Die in diesen Fällen zu erfüllenden Voraussetzungen werden in den hierzu letztinstanzlich (vgl. § 542 Abs. 2 S. 1 ZPO) ergangenen Entscheidungen der Oberlandesgerichte aller-

---

272 *Schuschke/Walker-Schuschke,* Vollstreckung und Vorläufiger Rechtsschutz, § 917 Rdnr. 1 m. Nw.

273 Vgl. z. B. *Berneke/Schüttpelz,* Die einstweilige Verfügung in Wettbewerbssachen, Rdnr. 104 m. Nw.

274 *Schuschke/Walker-Schuschke,* Vollstreckung und Vorläufiger Rechtsschutz, § 917 Rdnr. 1; *Cepl/Voß-Voß,* Prozesskommentar zum gewerblichen Rechtsschutz, § 940, Rdnr. 63.

275 *Cepl/Voß-Voß,* Prozesskommentar zum gewerblichen Rechtsschutz, § 940, Rdnr. 63 m. Nw.

276 *Berneke/Schüttpelz,* Die einstweilige Verfügung in Wettbewerbssachen, Rdnr. 106 f.; *Schuschke/Walker-Schuschke,* Vollstreckung und Vorläufiger Rechtsschutz, § 935 Rdnr. 14 ff. und § 940 Rdnr. 8 ff.

277 OLG Stuttgart NJWE-WettbR 1996, 111, 112; *Ahrens-Schmuckle,* Der Wettbewerbsprozess, Kapitel 45 Rdnr. 35, 48.

278 S. *Brox/Walker,* Zwangsvollstreckungsrecht, Rdnr. 1611.

279 OLG Düsseldorf MDR 1960, 58; OLG Hamm FamRZ 1988, 529; OLG Rostock MDR 1996, 1183; *Brox/Walker,* Zwangsvollstreckungsrecht Rdnr. 1614.

280 *Brox/Walker,* Zwangsvollstreckungsrecht Rdnr. 1611.

281 *Schuschke/Walker-Schuschke,* Vollstreckung und Vorläufiger Rechtsschutz, Vor § 935 Rdnr. 36 m. w. Nw.

dings uneinheitlich umschrieben.[282] Nach der aktuellen Rechtsprechung des OLG Düsseldorf[283] ist Voraussetzung für den Erlass einer Befriedigungsverfügung, dass der Antragsteller dringend auf die sofortige Erfüllung angewiesen ist, weil ihm andernfalls so erhebliche wirtschaftliche Nachteile drohen, dass ein Zuwarten nicht möglich und Verweisung auf späteren Schadensersatz nicht zumutbar ist. In die Abwägung muss einbezogen werden, inwieweit die Ablehnung einer Befriedigungsverfügung zu einer Rechtsverweigerung führt und ob der dem Antragsteller aus der Nichterfüllung drohende Schaden außer Verhältnis zu dem Schaden steht, der dem Antragsgegner aus der sofortigen Erfüllung droht. Die Erfolgsaussichten sind in der Weise in die Abwägung einzubeziehen, dass bei zweifelsfreier Berechtigung des Anspruchs der Anspruchsgegner weniger schutzwürdig ist. Eine Befriedigungsverfügung ist im Allgemeinen nicht allein deshalb gerechtfertigt, weil die geschuldete Leistung nur innerhalb eines bestimmten Zeitraumes vorgenommen werden kann und die rechtzeitige Entscheidung innerhalb dieser Frist im Klagewege nicht möglich ist.

Das Kammergericht[284] verlangt neben der Entstehung eines wesentlichen Nachteils bis **134** zur Entscheidung in der Hauptsache, dass eine *außergewöhnliche Notlage* des Antragstellers vorliegt. Soweit ein solcher Anspruch von Verbänden zur Förderung gewerblicher Interessen nach § 35 Abs. 3 GWB a. F. geltend gemacht werden könne,[285] müssten diesem Verband selbst Nachteile drohen. Das OLG Koblenz hat in seiner Entscheidung *„Aktuelle Tips"*[286] abweichend von der Auffassung des OLG Düsseldorf unter Berücksichtigung drohenden Zeitablaufs eine einstweilige Verfügung auf Leistung gewährt, weil ein Anspruch auf Schadensersatz in Form der Naturalrestitution nur noch bis zum Ende des laufenden Jahres möglich war und die Durchsetzung des Schadensersatzanspruchs keinen Aufschub duldete. Nach Meinung des Kreisgerichts Leipzig-Stadt[287] kann ein Belieferungsanspruch nur dann im Wege der einstweiligen Verfügung verfolgt werden, wenn durch die Nichtbelieferung ein großer finanzieller Nachteil droht, der durch eine ordnungsgemäße Geltendmachung des Erfüllungsanspruchs im Hauptsacheverfahren nicht aufgefangen werden kann. Das OLG Frankfurt[288] hat als Voraussetzung die *Gefährdung der wirtschaftlichen Existenz* verlangt. Die Durchsetzbarkeit von Belieferungsansprüche in einstweiligen Verfügungsverfahren ist auch mit der Begründung bejaht worden, dass dem Antragsteller ohne die sofortige Belieferung nicht unerhebliche Wettbewerbsnachteile drohen.[289]

Welche Anforderungen im konkreten Fall an den Verfügungsgrund zustellen sind, ist **135** stets unter Einbeziehung aller in Betracht kommenden Gesichtspunkte in die vorzunehmende **Gesamtwürdigung der widerstreitenden Interessen** zu entscheiden. Wurde das Bestehen eines Belieferungsanspruchs in einem vorangegangenen Klageverfahren bereits allgemein festgestellt, fällt dies im Rahmen der **Abwägung** zugunsten des Antragstellers ins Gewicht, weil die Rechtslage im Hinblick auf das Bestehen des Verfügungsanspruchs geklärt ist.[290] **Feststellende einstweilige Verfügungen** kommen grundsätzlich nicht in Betracht.[291] Soweit ihr Erlass ausnahmsweise in Erwägung zu ziehen ist, sind an den Verfügungsgrund ebenso strenge Anforderungen zu stellen wie bei einer Leistungsverfügung.[292]

---

[282] Vgl. KG WuW/E OLG 757; KG WuW/E OLG 5099; OLG Koblenz WuW/E OLG 4733; OLG Stuttgart WRP 1990, 780; OLG Düsseldorf WuW/E OLG 3787 – *Renault.*

[283] OLG Düsseldorf WuW/E DE-R 774 – *Kramer Progetha.*

[284] KG WuW/E OLG 4628 – *Berlin-Ausgabe des Gong.*

[285] KG WuW/E OLG 4564 – *Werbung an Einkaufswagen.*

[286] OLG Koblenz WuW/E OLG 4733 – *aktuelle Tips.*

[287] Kreisgericht Leipzig-Stadt WuW/E VG 321.

[288] OLG Frankfurt WuW/E OLG 4680 – *Neuform.*

[289] *Immenga/Mestmäcker-Markert,* GWB, § 20 Rdnr. 232.

[290] S. Rdnr. 124 f.

[291] *Berneke/Schüttpelz,* Die einstweilige Verfügung in Wettbewerbssachen, Rdnr. 114; *Brox/Walker,* Zwangsvollstreckungsrecht Rdnr. 1595 m. w. Nw.

[292] OLG Koblenz NJOZ 2009, 130.

136 Auf **Unterlassen** gerichtete Verfügungsanträge sind an den strengen Anforderungen für Leistungsverfügungen zu messen, wenn der Erlass des begehrten Verbots bei der gebotenen wirtschaftlichen Betrachtungsweise einer vollumfänglichen Erfüllung des Unterlassungsanspruchs gleichkommen und damit zu einer endgültigen Vorwegnahme der Hauptsache führen würde.[293]

137 **3. Antrag.** Zur Bestimmtheit des Verfügungsantrags gilt das zum Klageantrag Gesagte entsprechend.[294] Wie Sicherungsverfügungen und Regelungsverfügungen sind die Leistungsverfügungen zwar nur zur Überbrückung der Zeit bis zum Ergehen einer Hauptsacheentscheidung bestimmt. Regelmäßig besteht aber kein Anlass, sie abweichend von den allgemeinen Regeln bis zu einem bestimmten Zeitpunkt oder bis zur Hauptsacheentscheidung zu befristen. Vielmehr kann es dem Antragsgegner überlassen bleiben, die Aufhebung der einstweiligen Verfügung wegen Versäumung der Klageerhebung zur Hauptsache oder wegen Veränderung der Umstände zu betreiben.[295]

§ 62 Schiedsverfahren

Übersicht

---

[293] OLG Düsseldorf WuW/E DE-R 2947–2954 Rdnr. 42 ff. m. w. Nw. – *TNT Post/First Mail,* zitiert nach juris.

[294] S. Rdnr. 121 ff.

[295] *Berneke/Schüttpelz,* Die einstweilige Verfügung in Wettbewerbssachen, Rdnr. 61.

Schrifttum: *Eilmansberger,* Die Bedeutung der Art. 81 und 82 EG für Schiedsverfahren, SchiedsVZ 2006, 5; *ders.,* Entwicklungen der Schiedsgerichtsbarkeit im Kartellrecht in der Europäischen Union, Schriftenreihe der Deutschen Institution für Schiedsgerichtsbarkeit, Band 19; *Ensthaler,* GruppenfreistellungsVO für den Kfz-Vertrieb, WuW 2002, 1051; *v. Gamm,* Rechtswahl für internationale Wettbewerbsbeschränkungen und zwingendes Recht, NJW 1977, 1553; *Heukamp,* Schiedszusagen in der Europäischen Fusionskontrolle, 2006; *Hilbig,* Das gemeinschaftsrechtliche Kartellverbot im Internationalen Handelsschiedsverfahren, Münchener Universitätsschriften – Reihe der Juristischen Fakultät – Band 211, 2006; *Kühn,* Kartellrecht und Schiedsgerichtsbarkeit in der Bundesrepublik Deutschland, BB 1987, 621; *Lieberknecht,* Kartellrechtliche Probleme im internationalen Schiedsverfahren, Festschrift Sölter 1982, 311; *Schmidt, K.,* Heilung, Neuabschluss und Erklärungsbewusstsein beim Schiedsvertrag, MDR 1972, 989; *ders.,* Präklusion und Einlassung auf die schiedsgerichtliche Verhandlung zur Hauptsache, Beiträge zum Internationalen Verfahrensrecht und zur Schiedsgerichtsbarkeit, Festschrift Nagel, 1987, 373; *ders.,* Kartellrecht im Schiedsverfahren – Neuorientierung durch VO Nr. 1/2003 und 7. GWB-Novelle?, BB 2006, 1397; *ders.,* Gesetzliches Kartell-Zivilprozessrecht, ZWeR 2007, 394; *Steindorff,* Kartellrecht und Schiedsgerichtsbarkeit, WuW 1984, 189; *Vollmer,* Kartellschiedsklauseln in internationalen Wirtschaftsverträgen, GRUR Int 1986, 589; *Weigand,* Internationale Schiedsgerichtsbarkeit und das EuGVÜ, EuZW 1992, 529; *Zöller,* Zivilprozessordnung, 30. Aufl., 2014; *v. Zumbusch,* Die Schiedsfähigkeit privatrechtlicher Kartellrechtsstreitigkeiten nach US-, deutschem und EG-Recht, GRUR Int 1988, 541.

A. Neuregelung durch das SchiedsVfG

I. Bedeutung des § 91 GWB a. F.

§ 91 GWB a. F., der Schiedsvereinbarungen über künftige Rechtsstreitigkeiten für unwirksam erklärte, die nicht jedem Beteiligten auch das Recht gewährten, staatliche Gerichte anzurufen, war im Zusammenhang mit dem Ziel des Kartellgesetzes zu sehen, Kartellrechtsstreitigkeiten bei besonders sachkundigen – staatlichen – Gerichten zu konzentrieren. Er bildete einen Schutz für wirtschaftlich schwächere Vertragsparteien, die möglicherweise ihren Wunsch, künftige Rechtsstreitigkeiten staatlicher Gerichtsbarkeit zu unterwerfen, bei Vertragsverhandlungen nicht mit dem notwendigen Nachdruck vertreten konnten.[1] 1

Die Vorschrift ist durch das Gesetz zur Neuregelung des Schiedsverfahrensrechts (Schiedsverfahrens-Neuregelungs-Gesetz – SchiedsVfG vom 22.12.1997,[2] in Kraft getreten am 1.1.1998) aufgehoben worden.

[1] BR-Drucks. 211/96.
[2] BGBl. 1997 I S. 3224.

II. Gründe für die Neuregelung

2 Die Aufhebung des § 91 GWB a. F. erfolgte im Zusammenhang mit der Neugestaltung des Schiedsverfahrensrechts durch das SchiedsVfG. Hierbei stand der Wunsch des Gesetzgebers nach **Harmonisierung des nationalen und internationalen Schiedsverfahrensrechts** auf der Grundlage des von der Kommission für internationales Handelsrecht der Vereinten Nationen (UNCITRAL) entworfenen Modellgesetzes im Vordergrund. Das Ansehen der Schiedsgerichtsbarkeit als Alternative zur staatlichen Gerichtsbarkeit sollte gestärkt werden. Die Neugestaltung hat nach Meinung des Gesetzgebers keine Auswirkungen auf die Anwendung des materiellen Kartellrechts, weil auch die Schiedsgerichte die zwingenden Vorschriften des Kartellrechts anzuwenden haben.

III. Übergangsregelung

3 Art. 4 SchiedsVfG enthält Übergangsregelungen hinsichtlich der Wirksamkeit von vor dem Inkrafttreten des Gesetzes geschlossenen Schiedsvereinbarungen und des auf vor diesem Zeitpunkt begonnene Verfahren anzuwendenden Rechts.

4 **1. Schiedsvereinbarungen.** Die Wirksamkeit von Schiedsvereinbarungen, die vor dem Inkrafttreten des Gesetzes geschlossen wurden, beurteilt sich nach dem bisher geltenden Recht (§ 1 Abs. 1 des Art. 4 SchiedsVfG).

5 **2. Aufhebungs- und Vollstreckungsverfahren.** Wird die Aufhebung oder Vollstreckbarerklärung eines vor Inkrafttreten des Gesetzes ergangenen Schiedsspruchs beantragt, gilt für das Verfahren das neue Recht. Damit soll verhindert werden, dass auf längere Zeit eine gespaltene gerichtliche Zuständigkeit besteht. Nach der neuen Regelung ist nämlich das Oberlandesgericht für die Aufhebung (§ 1059 ZPO), die Vollstreckbarerklärung (§§ 1060 ff. ZPO) oder die Aufhebung der Vollstreckbarerklärung des Schiedsspruchs zuständig (§ 1062 ZPO), während nach altem Recht hierfür die Landgerichte zuständig waren.

6 **3. Zwangsvollstreckung aus schiedsrichterlichen Vergleichen.** Aus schiedsrichterlichen Vergleichen, die vor dem Inkrafttreten des Gesetzes geschlossen wurden, findet die Zwangsvollstreckung statt, sofern die Entscheidung über die Vollstreckung rechtskräftig oder für vorläufig vollstreckbar erklärt worden ist (§ 1 Abs. 4 des Art. 4 SchiedsVfG). Damit ist sichergestellt, dass aus Schiedsvergleichen, die nach bisherigem Recht wirksam geschlossen wurden, vollstreckt werden kann.

B. Schiedsvereinbarung

I. Begriff

7 Die Schiedsvereinbarung ist eine **privatrechtliche Vereinbarung** der Parteien, alle oder einzelne Streitigkeiten die zwischen ihnen in Bezug auf ein bestimmtes Rechtsverhältnis vertraglicher oder nichtvertraglicher Art entstanden sind oder künftig entstehen, der Entscheidung durch ein Schiedsgericht zu unterwerfen. Das Verfahren führt in der Regel zu einem **Schiedsspruch,** der unter den Parteien die Wirkungen eines rechtskräftigen gerichtlichen Urteils hat (§ 1055 ZPO). Ein **Vergleich** der Parteien kann auch in einen Schiedsspruch mit vereinbartem Wortlaut aufgenommen werden, der dieselben Wirkungen hat wie jeder andere Schiedsspruch zur Sache (1053 Abs. 2 S. 2 ZPO).

II. Abgrenzung

8 **1. Schiedsgutachtervertrag.** Von dem Schiedsvertrag ist der Schiedsgutachtervertrag zu unterscheiden. Dieser ist ein Vertrag zwischen den Parteien einerseits und dem Gutachter andererseits. Ein Kriterium für die Abgrenzung ist, welche Wirkung der Spruch des

Schiedsorgans nach dem ggfs. durch Auslegung zu ermittelnden Willen der Parteien haben soll. Gegenstand eines Gutachtervertrages sind in erster Linie **Tatsachenfeststellungen** (Wert, Preis oder Umfang des Schadens). Dem Schiedsgutachter kann aber auch die Entscheidung einer **rechtlichen Vorfrage** übertragen werden, von der die Entscheidung eines Rechtsstreits abhängig sein kann. Der Schiedsgutachtervertrag schließt schon seinem Wesen nach den ordentlichen Rechtsweg nicht aus. Seine Wirkungen beschränken sich im ordentlichen Rechtsstreit darauf, dass das Gericht an die von dem Gutachter festgestellten Tatsachen für seine Entscheidung – vorbehaltlich der im Rahmen der §§ 317–319 BGB überprüfbaren Grenzen der schiedsgutachterlichen Tätigkeit – gebunden ist. Auch das materielle Kartellrecht wird durch die schiedsgutachterliche Tätigkeit nicht berührt, weil ein Verstoß gegen das Kartellrecht zugleich einen Verstoß gegen den „ordre public" darstellen würde mit der Folge der Unbeachtlichkeit des Gutachtens im Prozess. Im Gegensatz zu dem Schiedsgutachtervertrag entziehen Schiedsverträge den staatlichen Gerichten den Rechtsstreit mit dem Ziel eines der Rechtskraft fähigen Schiedsspruchs durch das Schiedsgericht.

2. Außervertragliche Schiedsgerichte. Für Schiedsgerichte, die **nicht auf Vereinbarung beruhen,** gelten nach § 1066 ZPO die Verfahrensvorschriften der §§ 1025 ff. ZPO für vereinbarte Schiedsgerichte (§ 1029 ZPO) entsprechend. Nicht auf Vereinbarung beruhen u. a. Schiedsklauseln in Satzungen von – auch nicht rechtsfähigen – Vereinen und sonstigen Körperschaften für Streitigkeiten des Vereins, der sonstigen Körperschaft mit ihren Mitgliedern und vereinsrechtliche Streitigkeiten unter Mitgliedern.[3] Die Satzung oder eine zu ihrem Bestandteil gemachte Schiedsordnung müssen alle wesentlichen Punkte einer Schiedsvereinbarung enthalten. Auch nachträglich eintretende Mitglieder sind gebunden. Die nachträgliche Einfügung einer Schiedsklausel bindet die Mitglieder, wenn diese die Möglichkeit der Kündigung haben. **9**

Nicht unter die Vorschrift des § 1066 ZPO fallen **Schiedsklauseln in Gesellschaftsverträgen.** Wenn diese in Form einer Kommanditgesellschaft, einer Offenen Handelsgesellschaft oder einer Massen- oder Publikums-KG in einer Schiedsklausel die Anrufung eines Schiedsgerichts vorsehen, gilt diese nicht automatisch auch für nach Gründung der Gesellschaft eintretende Gesellschafter. Da der Beitritt zu einer Gesellschaft durch Vertrag mit den anderen Gesellschaftern stattfindet, ist die Übernahme eines bei Gründung der Gesellschaft abgeschlossenen Schiedsvertrages nicht selbstverständlich.[4] Vielmehr kommt der Warnfunktion der Formvorschriften besondere Bedeutung zu. Es ist daher mit dem neuen Gesellschafter eine Schiedsvereinbarung nach §§ 1029, 1031 ZPO abzuschließen, wobei unter den erleichterten Voraussetzungen des § 1031 Abs. 3 ZPO auch eine Bezugnahme auf die bereits bestehende Schiedsvereinbarung genügen kann. **10**

3. Verbandsgerichtsbarkeit. Eine Abgrenzung ist auch vorzunehmen zwischen dem schiedsrichterlichen Verfahren und der Verbandsgerichtsbarkeit, die auf Satzungen beruht. Es handelt sich hierbei nicht um Gerichtsbarkeit, sondern um den **Vollzug von Verbandsgewalt.**[5] Soweit Satzungsbestimmungen Schiedsklauseln enthalten, fallen diese unter die Vorschrift des § 1066 ZPO. Da die Schiedsklausel in einer Urkunde enthalten ist, besteht kein besonderes Bedürfnis für eine weitere Niederlegung des Inhalts. Das Schutzbedürfnis der Beteiligten wird als geringer angesehen als bei Schiedsverträgen, die durch Vertrag begründet werden. Es handelt sich jedoch nur dann um ein Schiedsgericht i. S. der §§ 1025 ff. ZPO, wenn die Entscheidung durch eine unabhängige und unparteiische Instanz getroffen wird. Läuft das Verfahren auf ein Richten des Verbandes in eigener Sache hinaus, liegt schon begrifflich nicht Schiedsgerichtsbarkeit, sondern Organhandeln vor. Jedoch wird trotz grundsätzlicher Anerkennung der Verbandsautonomie eine materiell-rechtliche Kontrolle der Satzung, auch unter dem Gesichtspunkt eines Verstoßes gegen das Kartellgesetz, vorgenommen.[6] **11**

---

[3] BGH WuW/E BGH 2052, 2053 – *Abonnentenwerbung.*

[4] BGH NJW 1990, 1049.

[5] BGH NJW 2004, 2226.

[6] BGH WuW/E BGH 451, 457 – *Export ohne WBS.*

III. Schiedsfähigkeit

12 Gegenstand einer Schiedsvereinbarung (Schiedsfähigkeit) kann jeder vermögensrechtliche Anspruch sein (§ 1030 ZPO). Daher sind die Ansprüche aus dem Kartellrecht schiedsfähig. Die ausschließliche sachliche Zuständigkeit der Kartellgerichte (§§ 87, 95 GWB) schließt die Schiedsfähigkeit der Kartellsachen nicht aus, weil sie sich nur auf die Zuständigkeit innerhalb der staatlichen Gerichtsbarkeit bezieht.

IV. Form der Schiedsvereinbarung

13 Die Schiedsvereinbarung kann in Form einer **selbständigen Vereinbarung** (Schiedsabrede) oder in Form einer **Klausel** in einem Vertrag (Schiedsklausel) geschlossen werden (§ 1029 Abs. 2 ZPO). Für die Form gilt § 1031 ZPO. Die Schiedsvereinbarung kann danach auch in einem Schriftwechsel oder anderen Formen der Nachrichtenübermittlung enthalten sein, die einen Nachweis der Vereinbarung sicherstellen. Unter bestimmten Voraussetzungen genügt ein nicht rechtzeitig erfolgter Widerspruch auf eine in einem übermittelten Schriftstück enthaltene Schiedsvereinbarung (Abs. 1, 2). Nimmt ein den Formerfordernissen der Abs. 1 oder 2 entsprechender Vertrag auf ein Schriftstück Bezug, das eine Schiedsklausel enthält, begründet dies eine Schiedsvereinbarung, wenn die Bezugnahme dergestalt ist, dass sie diese Klausel zum Bestandteil des Vertrages macht (Abs. 3). Nur dann, wenn an der Schiedsklausel eine Person beteiligt ist, die bei dem der Schiedsvereinbarung zu Grunde liegenden Geschäft zu einem Zweck handelt, der nicht ihrer gewerblichen Tätigkeit zugerechnet werden kann, muss die Vereinbarung in einer gesonderten, eigenhändig unterzeichneten Urkunde enthalten sein (Abs. 5). Der Mangel der Form kann durch Einlassung auf die schiedsrichterliche Verhandlung zur Hauptsache geheilt werden (§ 1031 Abs. 6 ZPO).

V. Ausschluss der staatlichen Gerichtsbarkeit

14 **1. Hauptsache.** Durch die Schiedsvereinbarung bestimmen die Parteien, dass ein Schiedsgericht unter Ausschluss der staatlichen Gerichte über alle oder einzelne Rechtsstreitigkeiten, die sich auf ein bestimmtes Rechtsverhältnis beziehen, entscheidet (§ 1029 ZPO). Nach der Neuregelung durch das SchiedsVfG ist es den Parteien verwehrt, eine Kompetenz-Kompetenz[7] des Schiedsgerichts zu begründen. Die Entscheidung über die Zuständigkeit des Schiedsgerichts ist letztlich dem staatlichen Gericht vorbehalten (§ 1040 ZPO i. V. m. § 1062 Abs. 1 Nr. 2, 4 ZPO). Die Vereinbarung kann die Möglichkeit vorsehen, wahlweise die staatlichen Gerichte anzurufen.

15 **2. Einstweilige Maßnahmen.** Nicht ausgeschlossen werden kann die staatliche Gerichtsbarkeit für vorläufige oder sichernde Maßnahmen in Bezug auf den Streitgegenstand des schiedsrichterlichen Verfahrens (§ 1033 ZPO). Unter den Begriff der **einstweiligen Maßnahmen** fallen einstweilige Verfügungen, Arreste (§§ 916 ff. ZPO), Beweissicherungen (§§ 485 ff. ZPO). Diese Maßnahmen können auch durch das Schiedsgericht angeordnet werden, sofern die Parteien nicht etwas anderes vereinbart haben (§ 1041 Abs. 1 ZPO).

16 Für die Vollziehbarkeit ist allerdings die **Mitwirkung der staatlichen Gerichte** erforderlich, die die Vollziehung der einstweiligen Maßnahme zulassen können (§ 1041 Abs. 2 ZPO). Die Erklärung der Vollziehbarkeit, die in die Zuständigkeit der Oberlandesgerichte fällt (§ 1062 Abs. 1 Nr. 3 ZPO), steht im Ermessen der staatlichen Gerichte; sie ist ausgeschlossen, wenn eine vergleichbare Maßnahme bereits bei einem staatlichen Gericht beantragt worden ist (§ 1041 Abs. 2 ZPO). Die Zuständigkeit des Schiedsgerichts und der staatlichen Gerichte bestehen ohne eine Rangfolge nebeneinander. Im Einzelfall kann das Verfahren vor den staatlichen Gerichten zweckmäßiger sein, weil einstweilige Verfügungen und Arreste keiner Vollstreckbarerklärung bedürfen (§§ 929, 936 ZPO), während die Voll-

[7] BGH NJW 2005, 1125.

ziehung der einstweiligen Maßnahmen des Schiedsgerichts der Zulassung durch die staatlichen Gerichte bedarf.

VI. Schiedsort

1. Bestimmung des Schiedsortes. Die Parteien können über den Ort des schiedsrichterlichen Verfahrens in der Schiedsabrede selbst oder später eine Vereinbarung treffen. Ist eine solche bis zur Konstituierung des Schiedsgerichts nicht getroffen, wird der Ort des schiedsrichterlichen Verfahrens von dem Schiedsgericht bestimmt (§ 1043 Abs. 1 ZPO). 17

2. Bedeutung des Schiedsortes. Liegt der Ort des schiedsrichterlichen Verfahrens in Deutschland, gilt für das Verfahren zwingend das 10. Buch der Zivilprozessordnung. Dies hat für die Anerkennung und Vollstreckung zur Folge, dass in diesen Verfahren ergangene Schiedssprüche als inländische anzusehen sind (§ 1025 Abs. 1, § 1060 ZPO). Die Parteien können abweichend von §§ 1025 ff. ZPO keine ausländische Verfahrensordnung im Ganzen vereinbaren. Dies ist nur möglich, wenn auch ein ausländischer Ort als Ort des Schiedsgerichts vereinbart wird. Der Schiedsort bestimmt, sofern er in Deutschland liegt, auch die örtliche Zuständigkeit der Oberlandesgerichte für das Aufhebungs- und Vollstreckungsverfahren (§§ 1059, 1060, 1061 ZPO). Der Schiedsort ist in dem Schiedsspruch anzugeben (§ 1043 Abs. 1 ZPO). 18

3. Vorrang kartellrechtlicher Zuständigkeitsvorschriften. Für das Aufhebungs- und Vollstreckungsverfahren in kartellrechtlichen Streitigkeiten sind die **Zuständigkeitsvorschriften des Kartellgesetzes** vorrangig. Grundsätzlich sind danach in der Eingangsinstanz die Kartell-Landgerichte (§ 87 GWB) und in der OLG-Instanz die Kartellsenate (§ 91 GWB) ausschließlich (§ 95 GWB) zuständig. Dies führt zu der ausschließlichen Zuständigkeit der Kartellsenate. § 1062 Abs. 1 Nr. 4, Abs. 2 ZPO steht der Zuständigkeit der Kartellsenate nicht entgegen. Diese Vorschrift ist nur insoweit Spezialregelung gegenüber den §§ 87 ff. GWB, als sie festlegt, dass als Eingangsinstanz das Oberlandesgericht und nicht das Landgericht zu entscheiden hat. In § 1062 ZPO wird nicht geregelt, ob ein Zivilsenat oder ein Kartellsenat zur Entscheidung berufen ist. Insoweit enthält § 91 GWB eine dem § 1062 ZPO vorgehende spezielle Regelung.[8] 19

VII. Materielles Recht

1. Rechtswahl. Die Frage, welches materielle Recht anzuwenden ist, hat insbesondere Bedeutung in internationalen Schiedsverfahren. Die Parteien können über das anzuwendende Recht in der Schiedsabrede oder auch später eine Vereinbarung treffen. Das Schiedsgericht hat dann die Streitigkeit in Übereinstimmung mit den Rechtsvorschriften zu entscheiden, die von den Parteien als auf den Inhalt des Rechtsstreits anwendbar bezeichnet worden sind (§ 1051 Abs. 1 S. 1 ZPO). Die Parteien können Bezug nehmen auf die Rechtsordnung oder einzelne Rechtsvorschriften eines bestimmten Staates. Soweit nichts anderes vereinbart ist, ist darunter die Verweisung auf die Sachvorschriften dieses Staates und nicht auf dessen Kollisionsrecht zu verstehen (§ 1051 Abs. 1 S. 2 ZPO). 20

Nur wenn die Parteien die anzuwendenden Rechtsvorschriften nicht bestimmt haben, entscheidet hierüber das Schiedsgericht; es wendet das Recht des Staates an, das zu dem Gegenstand des Verfahrens **die engsten Verbindungen** aufweist (§ 1051 Abs. 2 ZPO). Das anzuwendende Recht muss geeignet sein, zu einer anerkennungsfähigen Entscheidung zu führen. Ohne Bindung an eine Rechtsordnung kann das Schiedsgericht nach Billigkeit entscheiden, wenn die Parteien es ausdrücklich dazu ermächtigt haben (§ 1051 Abs. 3 ZPO). 21

---

[8] OLG Düsseldorf WuW/E DE-R 997 – *Zürcher Schiedsspruch;* vgl. *Immenga/Mestmäcker-Karsten Schmidt,* GWB, § 87 Rdnr. 73; a. A. *FK-Bracher* § 91 Rdnr. 10; *Zöller-Geimer,* ZPO. § 1062 Rdnr. 6.

22 **2. Grenzen der Rechtswahl.** *a) Inland.* Die freie Rechtswahl gilt nicht uneingeschränkt. Das gewählte Recht ist insoweit nicht anzuwenden, als zwingende gesetzliche Regelungen des deutschen Rechts entgegenstehen. Insbesondere das zwingend anwendbare deutsche Kartellrecht unterliegt nicht der Parteidisposition. Es ist dem „ordre public"[9] zuzurechnen, weil es der Wettbewerbsfreiheit als Grundlage der Wirtschaftsordnung dient. Auch die Vorschriften, die die privatrechtlichen Rechtsfolgen einer Verletzung des Kartellrechts regeln, schützen das Interesse der Allgemeinheit an der Erhaltung des Wettbewerbs und gehören daher zu dem Bereich des „ordre public". Die Art. 101, 102 AEUV sind unerlässlich für das Funktionieren des Binnenmarktes als einer „offenen Marktwirtschaft mit freiem Wettbewerb" (Art. 120 AEUV). Sie sind als unmittelbar anwendbares Unionsrecht dem deutschen „ordre public" zuzurechnen.[10]

23 *b) Inlandsauswirkung.* Liegt der Ort des schiedsrichterlichen Verfahrens in Deutschland (§ 1025 Abs. 1, § 1043 Abs. 1 ZPO) und handelt es sich daher um ein inländisches Verfahren, sind die zwingenden Vorschriften des Kartellgesetzes auch dann anzuwenden, wenn sich Wettbewerbsbeschränkungen, die außerhalb des Geltungsbereichs des Gesetzes veranlasst werden,[11] im Geltungsbereich des Gesetzes auswirken (§ 130 Abs. 2 GWB). Nach *Basedow*[12] gibt § 130 Abs. 2 GWB nur eine Regel wieder, die sich aus dem Sinnzusammenhang des Wettbewerbsbeschränkungsrechts von allein ergibt. Die Anwendung dieser Vorschrift ist zwingend. Sie kann ebenso wenig wie die übrigen Vorschriften des Kartellgesetzes durch Parteivereinbarung ausgeschlossen werden. Nur solche Inlandsauswirkungen werden erfasst, durch die das durch eine Vorschrift des Kartellgesetzes geschützte Rechtsgut im Inland beeinträchtigt wird. Maßgebend ist die objektive Inlandsauswirkung, ohne dass es darauf ankommt, ob die Wettbewerbsbeschränkung gezielt auf den Inlandsmarkt gerichtet war. Hierdurch soll der lückenlose Schutz des Inlandsmarktes erreicht werden.

24 **3. Verstoß gegen das Kartellrecht.** Eine Verletzung des Kartellrechts führt zur **Aufhebung des Schiedsspruchs,** wenn die Anerkennung oder Vollstreckung des Schiedsspruchs zu einem Ergebnis führt, dass der öffentlichen Ordnung („ordre public")[13] widerspricht (§ 1059 Abs. 2 Nr. 2b ZPO). Ein Antrag auf Vollstreckbarerklärung eines inländischen Schiedsspruchs ist aus den gleichen Gründen (§ 1060 Abs. 2 S. 1 i. V. m. § 1059 Abs. 2 Nr. 2b ZPO) abzulehnen.

25 Für ausländische Schiedssprüche, die vorliegen, wenn der Ort des Schiedsverfahrens nicht in Deutschland liegt, kommt das UN-Übereinkommen über die Anerkennung und Vollstreckung ausländischer Schiedssprüche zur Anwendung (BGBl. 1961 II S. 122). Nach dessen Art. V Abs. 2b) darf die Anerkennung und Vollstreckung nur versagt werden, wenn sie der öffentlichen Ordnung des Landes, in dem die Anerkennung und Vollstreckung nachgesucht wird, widersprechen würde. Insoweit ist kein Ermessen gegeben. Eine Vollstreckbarerklärung ist daher abzulehnen, wenn die Anerkennung des Schiedsspruchs gegen die inländische öffentliche Ordnung verstößt, wobei zur öffentlichen Ordnung die zwingenden Vorschriften des Kartellgesetzes und die Vorschriften der Art. 101, 102 AEUV gehören.[14]

---

[9] EuGH U. v. 23.3.1982, Rs C-102/81, Slg. 1982, 1095 – *Nordsee;* BGH ZZP 84 (1971) 203; *v. Gamm,* NJW 1977, 1553; BGH WuW/E BGH 313 – *Flugplatz;* BGH WuW/E BGH 810 – *Zimcofot;* BGH WuW/E BGH 823 – *Schweißbolzen;* vgl. *Immenga/Mestmäcker-Karsten Schmidt,* GWB, § 87 Rdnr. 75, 77.

[10] EuGH U. v. 1.6.1999, Rs C-126/97, Slg. 1999, I-3055 – *Eco Swiss;* BGH WuW/E BGH 1000 – *Fruchtsäfte;* BGH WuW/E BGH 1226 – *Eiskonfekt; Immenga/Mestmäcker-Karsten Schmidt,* GWB, § 87 Rdnr. 75.

[11] BGH WuW/E BGH 1643, 1645 – *BMW-Importe;* OLG Stuttgart WuW/E OLG 5815 – *Flugzeugschlepper;* BGH WuW/E DE-R 89 – *Selektive Exklusivität.*

[12] NJW 1989, 627, 628.

[13] S. Rdnr. 28.

[14] OLG Düsseldorf WuW/E DE-R 997 – *Zürcher Schiedsspruch.*

C. Verfahren auf Aufhebung und Vollstreckbarerklärung

I. Aufhebungsverfahren

1. Aufhebungsgründe. *a) Allgemein.* Die gerichtliche Aufhebung eines Schiedsspruchs 26
(§ 1059 Abs. 1 ZPO) kann nur auf die in § 1059 Abs. 2 ZPO aufgeführten Gründe gestützt werden. Der Aufhebungsantrag ist nur gegen einen im schiedsrichterlichen Verfahren i.S. der §§ 1059ff. ZPO erlassenen inländischen Schiedsspruch statthaft. Ob ein solcher Schiedsspruch vorliegt, ist eine von Amts wegen zu prüfende besondere Prozessvoraussetzung des Aufhebungsverfahrens.[15] Aus kartellrechtlicher Sicht sind die Aufhebungsgründe nach Abs. 2 Nr. 1a) und Nr. 2b) von Bedeutung. Nach Nr. 1a) ist zu prüfen, ob dem Schiedsspruch ein gültiger Schiedsvertrag zu Grunde liegt, nach Nr. 2b), ob die Anerkennung oder Vollstreckung zu einem Ergebnis führen würde, das der öffentlichen Ordnung („ordre public") widersprechen würde.

b) Wirksamkeit der Schiedsvereinbarung. Nach § 1059 Abs. 2 Nr. 1a) ZPO ist zu prüfen, ob 27
eine **wirksame Schiedsvereinbarung** (§ 1029 ZPO) vorliegt, die in Form einer Schiedsabrede oder einer Schiedsklausel geschlossen werden kann (§ 1029 Abs. 2 ZPO). Eine Schiedsvereinbarung kann nichtig sein, wenn die wirtschaftliche Entschließungs- und Bewegungsfreiheit einer Partei in sachlich nicht gerechtfertigter Weise übermäßig eingeschränkt wird (§ 138 BGB). Ein unzulässiger Zwang zum Abschluss einer Schiedsvereinbarung kann insbesondere bei **Formularverträgen** zu bejahen sein, wenn die schwächere Partei auf den Abschluss aus wirtschaftliche Gründen angewiesen ist und die stärkere Partei nicht bereit ist, den Hauptvertrag ohne Schiedsabrede abzuschließen. Die Wirksamkeit einer Schiedsklausel kann unabhängig von der Wirksamkeit des Vertrages zu beurteilen sein, wenn diese gerade dem Zweck dient, ein Schiedsgericht für Streitigkeiten aus dem Vertrag zu vereinbaren. Die Schiedsabrede oder die Schiedsklausel können jedoch auch kartellrechtswidrig und daher nichtig (§ 134 BGB) sein, wenn sie einer **Wettbewerbsbeschränkung** dienen;[16] diese Voraussetzung kann dann gegeben sein, wenn die Schiedsklausel integraler Bestandteil einer Kartellorganisation ist und Aufgabe des Schiedsgerichts die Durchsetzung der eingegangenen Verpflichtung ist.[17]

c) „ordre public". Nach § 1059 Abs. 2 Nr. 2b) ZPO prüft das Gericht, ob die Anerken- 28
nung oder Vollstreckung des Schiedsspruchs zu einem Ergebnis führen würde, das der öffentlichen Ordnung („ordre public") widerspricht. Die **wettbewerbsschützenden Normen des Kartellrechts** fallen unter diesen Begriff, weil die Freiheit des Wettbewerbs ein tragendes Prinzip der Wirtschaftsordnung ist.

Maßgebender Zeitpunkt für die Prüfung der Frage, ob der Schiedsspruch gegen den 29
„ordre public" verstößt, ist der der Entscheidung im Verfahren über seine Aufhebung (§ 1059 ZPO) oder seine Anerkennung und Vollstreckung (§ 1060 ZPO), nicht maßgebend ist der Zeitpunkt der Entscheidung des Schiedsgerichts, auch nicht der Zeitpunkt eines etwaigen Verstoßes gegen Vorschriften des Kartellrechts. Gegenstand der Überprüfung ist, ob der Schiedsspruch im Ergebnis gegen zwingende Vorschriften des Kartellrechts verstößt. Ein derartiger Verstoß kann auf einer Nichtanwendung, aber auch auf einer fehlerhaften Anwendung des Kartellrechts beruhen. Eine Kartellrechtswidrigkeit ist daher nicht etwa deshalb zu verneinen, weil sie „nur" das Ergebnis einer fehlerhaften Anwendung des Kartellrechts ist.

Die Frage der **Prüfungsdichte** im Aufhebungsverfahren steht nach *Geimer*[18] im Zu- 30
sammenhang mit der Funktion des „ordre public". Dieser hat eine Gerechtigkeits- und

[15] OLG Düsseldorf WuW/E DE-R 997 – *Zürcher Schiedsspruch;* BGH NJW 2004, 2226.

[16] OLG München WuW/E DE-R 4543 = SchiedsVZ 2015, 40, Rdnr. 53ff. – *Pechstein.*

[17] EuGH U. v. 27.9.1988, Rs C-65/85, Slg. 1988, 5249 – *Bayer/Süllhöfer; Eilmansberger,* SchiedsVZ, 5, 7f.; *Zumbusch,* GRUR-Int. 1988, 541, 547.

[18] *Zöller-Geimer,* ZPO, § 1059 Rdnr. 47, § 1061 Rdnr. 31.

eine Machtfunktion. Die Gerechtigkeitsfunktion soll den Bürger vor Missbrauch durch die Schiedsgerichte schützen, die Machtfunktion die fundamentale wirtschaftspolitische Konzeption des Staates. Soweit es um die Durchsetzung unmittelbarer Staatsinteressen geht, findet eine uneingeschränkte Überprüfung statt. Dieses Ergebnis entspricht der h. M.[19] Der Schiedsspruch wird unter dem Gesichtspunkt einer möglichen Kartellrechtswidrigkeit in tatsächlicher und rechtlicher Hinsicht überprüft, ohne dass das Gericht im Aufhebungs- und Vollstreckungsverfahren an die Rechtsauffassung oder die tatsächlichen Feststellungen des Schiedsgerichts gebunden wäre. Bei der Bewertung der Frage, ob ein Verstoß des Schiedsgerichts gegen Kartellrecht zu bejahen oder zu verneinen ist, verbleibt kein Einschätzungsspielraum für das Schiedsgericht; dessen Entscheidung ist vielmehr in vollem Umfang zu überprüfen. Eilmansberger[20] weist zutreffend darauf hin, dass sich die Parteien bei Einräumung eines Einschätzungsspielraums durch Einsetzen eines Schiedsgerichts der Anwendung des Kartellrechts zum Teil entziehen könnten. „De facto" wird eine Aufhebung des Schiedsspruchs dann nicht in Betracht kommen, wenn die Auffassungen des Schiedsgerichts und des Zivilgerichts im Aufhebungsverfahren in gleicher Weise vertretbar sind.

31 *d) EU-Kartellrecht.* Auch die Art. 101, 102 AEUV sind als unmittelbar geltendes Unionsrecht dem deutschen **„ordre public"** zuzurechnen. Diese grundlegenden Bestimmungen sind für die Erfüllung der Aufgaben der Union und insbesondere für das Funktionieren des Binnenmarktes unerlässlich.[21] Daraus folgt, dass ein nationales Gericht, soweit es nach seinen nationalen Verfahrensregeln einem Antrag auf Aufhebung eines Schiedsspruchs wegen Verletzung nationaler Bestimmungen des Kartellrechts stattgeben muss, verpflichtet ist, einem solchen Antrag auch dann stattzugeben, wenn er auf Verletzung der Verbote aus den Art. 101, 102 AEUV gestützt ist.

32 Art. 16 der VO Nr. 1/2003 sieht die Bindung der Gerichte an konkurrierende Kommissionsentscheidungen in der Weise vor, dass keine von diesen abweichende Entscheidung ergehen darf. Es ist zweifelhaft, ob die Schiedsgerichte rechtlich an Art. 16 der VO Nr. 1/2003 gebunden sind, weil die VO Nr. 1/2003 auf die nationalen Gerichte Anwendung findet, der EuGH die Schiedsgerichte jedoch nicht als Gerichte anerkennt. Es ist aber von einer **faktischen Bindung** auszugehen, weil anderenfalls mit einer Aufhebung im Aufhebungs- und Vollstreckungsverfahren gerechnet werden muss. Im Falle einer zu erwartenden Kommissionsentscheidung in einem bereits von dieser eingeleiteten Verfahren ist daher das Verfahren bis zum Erlass dieser Entscheidung auszusetzen. Wegen der fehlenden Anerkennung als Gericht hat das Schiedsgericht anders als die staatlichen Gerichte nicht die Möglichkeit, eine Entscheidung des EuGH durch eine Vorlage nach Art. 267 AEUV herbeizuführen, wenn es von einer Entscheidung der Kommission abweichen will. Eine Vorlage an den EuGH kann daher nur im Aufhebungs- und Vollstreckungsverfahren erfolgen. Auch eine Vorlage an den EuGH durch ein staatliches Gericht im Wege der „gerichtlichen Unterstützung" nach § 1050 ZPO dürfte aus der Sicht des EuGH nicht zulässig sein. Hierdurch würde die Vorlagefrage nicht zu einer solchen aus einem bei dem staatlichen Gericht anhängigen Rechtsstreit, sondern bleibt eine Frage des von dem EuGH nicht als Gericht anerkannten Schiedsgerichts.

33 Eine weitere Einschränkung für das schiedsrichterliche Verfahren ergibt sich schließlich daraus, dass die Regelung des Art. 15 der VO Nr. 1/2003 über den Informationsaustausch

[19] *Immenga/Mestmäcker-Karsten Schmidt,* GWB, § 87 Rdnr. 75; *ders.* BB 2006, 1397; *Zöller-Geimer,* ZPO, § 1059 Rdnr. 47, 49, 51–59, § 1061 Rdnr. 31.; *Eilmannsberger,* SchiedsVZ 2006, 14; OLG Düsseldorf WuW/E DE-R 1647 – *Regenerative Wärmeaustauscher;* a. A. *Heukamp,* Schiedszusagen in der Europäischen Fusionskontrolle, S. 166–170; *Hilbig,* Das gemeinschaftsrechtliche Kartellverbot im Internationalen Handelsschiedsverfahren, S. 55 für eingeschränkte Überprüfbarkeit; Thüringer OLG WuW/E DE-R 2219: bei einem plausiblen Ergebnis keine erneute umfängliche Überprüfung eines ausländischen Schiedsspruchs.

[20] SchiedsVZ 2006, 16.

[21] BGH ZZP 84 (1971) 203 f.

mit der Kommission keine Anwendung findet und dieser daher nur auf freiwilliger Basis erfolgen kann.

2. Verfahren. *a) Antrag.* Das Aufhebungsverfahren wird auf Antrag eingeleitet (§ 1059 Abs. 1 ZPO). Dieser muss innerhalb einer Frist von drei Monaten, nachdem der Antragsteller den Schiedsspruch empfangen hat, bei Gericht eingereicht werden (§ 1059 Abs. 3 ZPO). Er ist nicht mehr zulässig, wenn der Schiedsspruch von einem deutschen Gericht für vollstreckbar erklärt worden ist (§ 1059 Abs. 3 S. 4 i. V. m. § 1060 Abs. 1 ZPO). Allerdings sind die Aufhebungsgründe des § 1059 Abs. 2 Nr. 2 ZPO – fehlende Schiedsfähigkeit (a), „ordre public" (b) – im Vollstreckungsverfahren immer, also auch noch nach Ablauf der Frist des § 1059 Abs. 3 ZPO von Amts wegen zu berücksichtigen (§ 1060 Abs. 2 ZPO). **34**

b) Sachliche Zuständigkeit. Nach § 1062 Abs. 1 Nr. 4 ZPO ist das **Oberlandesgericht** sachlich zuständig. Wenn Gegenstand des Rechtsstreits eine Kartellsache i. S. des § 87 GWB oder nach Art. 101, 102 AEUV ist, kommen die Verfahrensvorschriften des Kartellgesetzes zur Anwendung. Nach § 91 GWB wird für Kartellsachen die Zuständigkeit des Kartellsenats begründet.[22] § 1062 Abs. 1 Nr. 4 ZPO steht dem nicht entgegen. Diese Vorschrift ist nur insoweit Spezialregelung gegenüber den §§ 87 ff. GWB, als sie festlegt, dass als Eingangsinstanz das Oberlandesgericht und nicht das Landgericht zu entscheiden hat. Es wird nicht geregelt, ob ein Zivilsenat oder ein Kartellsenat zur Entscheidung berufen ist. **35**

c) Örtliche Zuständigkeit. Nach § 1062 Abs. 1 ZPO ist örtlich zuständig das Oberlandesgericht, das in der Schiedsvereinbarung bezeichnet ist oder, wenn eine solche Bezeichnung fehlt, das Oberlandesgericht, in dessen Bezirk der Ort des schiedsrichterlichen Verfahrens liegt. Besteht kein deutscher Schiedsort, kommt § 1062 Abs. 2 ZPO zur Anwendung. § 1062 Abs. 5 ZPO sieht eine Konzentrationsermächtigung vor. Hiervon haben Rheinland-Pfalz durch Zuweisung an das OLG Koblenz und Bayern durch Zuweisung an das OLG München Gebrauch gemacht.[23] **36**

d) Entscheidung. Das Gericht entscheidet durch **Beschluss** (§ 1063 ZPO). Die Entscheidung kann lauten auf Ablehnung des Antrags, auf Aufhebung des Schiedsspruchs oder in geeigneten Fällen auch auf Zurückverweisung (§ 1059 Abs. 4 ZPO). Eine Abänderung der Entscheidung ist nicht möglich. Die Aufhebung ist eine rechtsgestaltende Entscheidung mit rückwirkender Kraft. Nach der Auslegungsregel des § 1059 Abs. 5 ZPO lebt die Schiedsvereinbarung im Zweifel wieder auf. Das ist dann nicht der Fall, wenn ein entgegenstehender Wille der Parteien erkennbar ist; auch dann nicht, wenn die Vereinbarung der Parteien über den Schiedsort und/oder das anzuwendende Recht zwangsläufig zu einem Verstoß gegen zwingendes Kartellrecht führen würde. Lebt die Schiedsvereinbarung nicht wieder auf, ist der Rechtsstreit vor den staatlichen Gerichten zu führen. **37**

II. Vollstreckbarerklärung

Die Voraussetzungen für die Vollstreckbarerklärung inländischer Schiedssprüche sind in § 1060 ZPO geregelt. Der Antrag ist unter Aufhebung des Schiedsspruchs abzulehnen, wenn einer der in § 1059 Abs. 2 ZPO bezeichneten Aufhebungsgründe vorliegt. Aufhebungsgründe nach § 1059 Abs. 2 Nr. 1 ZPO (Unwirksamkeit der Schiedsvereinbarung) sind dann nicht zu berücksichtigen, wenn die Fristen für ihre Geltendmachung (§ 1059 Abs. 3 ZPO) abgelaufen sind, ohne dass ein Aufhebungsantrag gestellt wurde. Dagegen sind die Aufhebungsgründe des § 1059 Abs. 2 Nr. 2 ZPO (fehlende Schiedsfähigkeit, „ordre public") immer, also auch noch nach Ablauf der Fristen zu berücksichtigen. Auch **38**

---

[22] OLG Düsseldorf WuW/E DE-R 997 – *Zürcher Schiedsspruch;* s. auch § 59 Rdnr. 58; vgl. *Immenga/Mestmäcker-Karsten Schmidt,* GWB, § 87 Rdnr. 73; a. A. *FK-Bracher,* § 91 Rdnr. 10; *Geimer* in Zöller, ZPO, § 1062 Rdnr. 6.

[23] Vgl. Zöller-*Geimer,* ZPO, § 1062 Rdnr. 9.

insoweit sind die Aufhebungsgründe nicht mehr zu berücksichtigen, wenn im Zeitpunkt der Zustellung des Antrags auf Vollstreckbarerklärung ein auf sie gestützter Aufhebungsantrag rechtskräftig abgewiesen ist. Die Rechtskraftwirkung nach nationalem Verfahrensrecht ist auch bei Anwendung des Unionsrechts zu beachten. Sie ist als auf dem grundlegenden Prinzip der Rechtssicherheit beruhend gerechtfertigt.

III. Anerkennung und Vollstreckung ausländischer Schiedssprüche

39 Ob ein inländischer oder ausländischer Schiedsspruch vorliegt, bestimmt sich in Anwendung des **Territorialitätsprinzips** nach dem Ort des Schiedsverfahrens. Liegt der Ort des Schiedsverfahrens nicht in Deutschland (§ 1025 Abs. 1 ZPO), liegt ein ausländischer Schiedsspruch vor. Die Anerkennung und Vollstreckung richtet sich dann gem. § 1061 Abs. 1 ZPO nach dem Übereinkommen vom 10. Juni 1958 über die Anerkennung und Vollstreckung ausländischer Schiedssprüche (BGBl. 1961 II 121; 1999 II S. 124). Nach Art. V des Übereinkommens darf die Anerkennung und Vollstreckung des Schiedsspruchs auch versagt werden, wenn sie der öffentlichen Ordnung des Landes, in dem der Schiedsspruch anerkannt und vollstreckt werden soll, widersprechen würde. Die Anerkennung kann daher bei Verstoß gegen zwingendes Kartellrecht aus den gleiche Gründen versagt werden wie die Vollstreckbarerklärung eines inländischen Schiedsspruchs (§ 1060 Abs. 2, § 1059 Abs. 2 Nr. 2b) ZPO). Soweit Staatsverträge durch das Übereinkommen nicht gegenstandslos geworden und weiterhin anwendbar sind, gilt das Meistbegünstigungsprinzip. Danach ist das anerkennungsfreundlichere Regelwerk anzuwenden.

D. Rechtsbehelfe bei Verletzung materiellen Kartellrechts

I. Einleitung

40 Nach dem SchiedsVfG kann das materielle Recht von den Parteien vereinbart und, wenn dies nicht geschieht, von dem Schiedsgericht bestimmt werden. Das danach anzuwendende Recht kann unter Umständen die Anwendung zwingenden deutschen Kartellrechts ausschließen. Das SchiedsVfG enthält verfahrensrechtliche Möglichkeiten, eine Klärung dieser Frage schon vor Erlass der schiedsgerichtlichen Entscheidung herbeizuführen.

II. Mögliche Verstöße gegen Kartellrecht

41 **1. Zwingende Anwendbarkeit nationalen Kartellrechts.** Die Vorschriften des Kartellgesetzes sind dem **„ordre public"** zuzurechnen, weil die Freiheit des Wettbewerbs zu den tragenden Grundlagen der Wirtschaftsordnung gehört. Dies gilt auch für das europäische Kartellrecht, das als unmittelbar wirkendes Unionsrecht in gleicher Weise verbindlich ist. Das nationale Kartellrecht ist nicht nur dann anwendbar, wenn wettbewerbswidrige Handlungen im Inland erfolgen, sondern auch dann, wenn sie außerhalb des Geltungsbereichs des Gesetzes veranlasst werden und Inlandsauswirkung haben (§ 130 Abs. 2 GWB). Die Inlandsauswirkung ist jedoch nur insoweit relevant, als sie ein durch eine Norm des Kartellgesetzes geschütztes Rechtsgut im Inland verletzt. Diese Rechtsnorm bestimmt sowohl den **Schutzzweck** als auch die **Schutzintensität.** Schutzzweck ist zum Beispiel die wettbewerbsbeschränkende Außenwirkung des § 1 GWB. Von der Schutzintensität hängt es ab, ob bereits eine Eignung zu einer Wettbewerbsbeschränkung den Tatbestand der Norm erfüllt oder tatsächliche Auswirkungen festgestellt werden müssen.

42 **2. Gefahr der Verletzung von Kartellrecht.** Das SchiedsVfG eröffnet verschiedene Möglichkeiten, ausländisches Recht zur Anwendung zu bringen, das unter Umständen die Anwendung des zwingenden nationalen Kartellrechts ausschließt:

a) Vereinbarung ausländischen Rechts. Die Parteien können nach § 1051 Abs. 1 ZPO das auf das Schiedsverfahren anwendbare Recht bezeichnen. Dies kann durch Bezugnahme auf das Recht oder die Rechtsordnung eines bestimmten Staates geschehen. Soweit nicht ausdrücklich etwas anderes vereinbart wird, ist die Bezugnahme als unmittelbare Verweisung auf die Sachvorschriften des Staates und nicht auf dessen Kollisionsrecht zu verstehen. **43**

b) Bestimmung des anwendbaren Rechts durch das Schiedsgericht. Haben die Parteien die anzuwendenden Rechtsvorschriften nicht bestimmt, muss das Schiedsgericht nach § 1051 Abs. 2 ZPO das Recht des Staates anzuwenden, mit dem der Gegenstand des Verfahrens die engsten Verbindungen aufweist. Auch bei Bestimmung des Rechts durch das Schiedsgericht sind Konstellationen denkbar, in denen deutsches Kartellrecht ausgeschlossen sein kann. Die engste Verbindung kann zum Beispiel zu dem Staat angenommen werden, in dem die Wettbewerbsbeschränkung veranlasst wird, ohne dass eine relevante Inlandsauswirkung berücksichtigt wird. **44**

c) Vereinbarung des Ortes des schiedsrichterlichen Verfahrens. Die Vereinbarung des Ortes des schiedsrichterlichen Verfahrens (§ 1043 Abs. 1 ZPO) kann auch zur Anwendung ausländischen Rechts führen, wenn nach den Kollisionsnormen am Ort des schiedsrichterlichen Verfahrens das materielle ausländische Recht maßgebend ist. Auch dieses kann unter Umständen die Anwendung des nationalen Kartellrechts ausschließen. **45**

III. Rechtsbehelfe

Neben der Möglichkeit, eine Verletzung materiellen Kartellrechts im Aufhebungs- und Vollstreckungsverfahren geltend zu machen, bestehen Rechtsbehelfe, die eine Klärung bereits vor Erlass des Schiedsspruchs ermöglichen: **46**

1. § 1032 ZPO. *a) § 1032 Abs. 1 ZPO.* Die Vorschrift behandelt die **Klagemöglichkeit** vor dem ordentlichen Gericht in einer Angelegenheit, die Gegenstand einer Schiedsvereinbarung ist. Zwar ist die Klage grundsätzlich als unzulässig abzuweisen, wenn der Beklagte dies vor der mündlichen Verhandlung zur Hauptsache rügt. Die Klage ist jedoch zulässig, wenn das Gericht feststellt, dass die Schiedsvereinbarung nichtig, unwirksam oder undurchführbar ist. Eine solche Nichtigkeit bzw. Unwirksamkeit wäre anzunehmen, wenn die Vereinbarung über das anzuwendende Recht oder den Schiedsort zwingend zu einer Verletzung deutschen Kartellrechts führen würde.[24] In einem solchen Fall ist die Klage vor dem ordentlichen Gericht durchzuführen. Die Klagemöglichkeit vor dem ordentlichen Gericht besteht nicht nur dann, wenn der Ort des schiedsrichterlichen Verfahrens in Deutschland liegt, sondern auch dann, wenn dieser im Ausland liegt (§ 1025 Abs. 2 ZPO). **47**

b) § 1032 Abs. 2 ZPO. § 1032 Abs. 2 ZPO sieht einen zeitlich begrenzten Feststellungsantrag vor den ordentlichen Gerichten vor. Zeitlich begrenzt bis zur Bildung des Schiedsgerichts kann Antrag auf **Feststellung der Zulässigkeit oder Unzulässigkeit des schiedsrichterlichen Verfahrens** gestellt werden. Der Antrag auf Feststellung der Unzulässigkeit ist begründet, wenn die unter 1.a) aufgeführten Gründe vorliegen. Auch diese Klagemöglichkeit besteht sowohl dann, wenn der Ort des schiedsrichterlichen Verfahrens in Deutschland liegt, als auch dann, wenn dieser im Ausland liegt. **48**

c) § 1032 Abs. 3 ZPO. Ist ein Verfahren nach § 1032 Abs. 1 oder 2 ZPO anhängig, kann ein schiedsrichterliches Verfahren gleichwohl eingeleitet oder fortgesetzt werden; es kann auch ein Schiedsspruch ergehen (§ 1032 Abs. 3 ZPO). Der Sinn dieser Regelung besteht darin, die Verschleppung des Schiedsverfahrens durch unbegründete Einwendungen zu verhindern.[25] In solchen Fällen stellt sich die Frage der **Konkurrenz** zwischen den Entscheidungen des staatlichen Gerichts und des Schiedsgerichts. Entscheidet das Schiedsge- **49**

[24] *Eilmansberger,* SchiedsVZ 2006, 5, 9; EuGH U. v. 23.3.1982, Rs C-102/81, Slg. 1982, 1095, Rdnr. 14f. – *Nordsee.*

[25] Münchener Kommentar zur ZPO-*Münch,* § 1032 Rdnr. 32.

richt vor dem staatlichen Gericht, hat dieses den Schiedsspruch zu beachten, dem nach § 1055 ZPO unter den Parteien die Wirkung eines rechtskräftigen gerichtlichen Urteils zukommt. Das gilt grundsätzlich solange, bis der Schiedsspruch im Aufhebungsverfahren (§ 1059 ZPO) oder im Vollstreckungsverfahren (§ 1060 Abs. 3 ZPO) aufgehoben worden ist.[26] In den Fällen, in denen das staatliche Gericht das Schiedsgericht für unzuständig hält, hat es das bei ihm anhängige Verfahren analog § 148 ZPO auszusetzen, um die Durchführung des Aufhebungsverfahrens nach § 1059 ZPO zu ermöglichen.[27] Ergeht die Sachentscheidung des staatlichen Gerichts vor der Entscheidung des Schiedsgerichts, hat dieses die Rechtskraft des staatlichen Urteils zu beachten. Missachtet es die staatliche Entscheidung, ist der Schiedsspruch nicht bloß anfechtbar, sondern nichtig.[28] Entsprechendes gilt, wenn ein staatliches Gericht im Verfahren nach § 1032 Abs. 2 ZPO die Unzulässigkeit des schiedsrichterlichen Verfahrens bzw. das Außerkrafttreten der Schiedsvereinbarung (rechtskräftig) festgestellt oder gem. § 280 ZPO die Einrede der Schiedsvereinbarung für unbegründet erklärt hat.[29]

50 **2. § 1040 Abs. 3 ZPO.** § 1040 Abs. 3 ZPO sieht eine weitere Möglichkeit für die Einschaltung des ordentlichen Gerichts vor. In einem Fall, in dem das Schiedsgericht über die eigene Zuständigkeit und im Zusammenhang damit über das Bestehen oder die Gültigkeit der Schiedsvereinbarung entschieden hat und seine Zuständigkeit auf Rüge durch **Zwischenentscheid** bejaht hat, kann innerhalb einer bestimmten Frist dagegen **Entscheidung durch das ordentliche Gericht** beantragt werden (§ 1040 Abs. 1, 3 ZPO). Auch wenn ein solcher Antrag anhängig ist, kann das Schiedsgericht das schiedsrichterliche Verfahren fortsetzen und einen Schiedsspruch erlassen (§ 1040 Abs. 3 S. 3 ZPO). Die Vorschrift des § 1040 ZPO findet nur Anwendung, wenn der Ort des schiedsrichterlichen Verfahrens in Deutschland liegt (§ 1025 Abs. 2, 3 ZPO).

[26] *Zöller-Geimer,* ZPO, § 1055 Rdnr. 14.
[27] *Zöller-Geimer,* ZPO, § 1032 Rdnr. 13.
[28] *Zöller-Geimer,* ZPO, § 1032 Rdnr. 14.
[29] *Zöller-Geimer,* ZPO, § 1032 Rdnr. 14.

Sachverzeichnis

Die fetten Zahlen verweisen auf die Paragraphen, die mageren Zahlen auf die Randnummern.

Interbankenentgelte 33 46 ff., 57, 267 ff.
Interbankenverkehr 33 283 ff., 291